Bibliothek

BV-Nr. 9/16

Ausgesondert siehe
Beleg-Nr. 4/2024

Schuschke · Walker
Vollstreckung und Vorläufiger Rechtsschutz
6. Auflage

Vollstreckung und Vorläufiger Rechtsschutz

nach dem achten und elften Buch der ZPO
einschließlich der europarechtlichen Regelungen

Kommentar

Herausgegeben von

Prof. Dr. iur. Winfried Schuschke
Vorsitzender Richter am Oberlandesgericht Köln a. D.,
Honorarprofessor an der Universität zu Köln

Prof. Dr. iur. Wolf-Dietrich Walker
Universitätsprofessor an der Justus-Liebig-Universität Gießen

Unter Mitarbeit von

Wilhelm Heinz Jennissen
Vors. Richter am OLG Köln a.D.

Bernd Raebel
Richter am BGH a.D.

Dr. Sibylle Kessal-Wulf
Richterin des Bundesverfassungsgerichts

Prof. Dr. Winfried Schuschke
Vors. Richter am OLG Köln a.D.,
Honorarprofessor an der Universität zu Köln

Dr. Martin Kessen, LL.M.
Richter am OLG Köln

Matthias Sturhahn
Vorsitzender Richter am LG Köln

Sathia Lorenz
Richter am LG Karlsruhe

Prof. Dr. Wolf-Dietrich Walker
Universitätsprofessor an der JLU Gießen

6. Auflage

Carl Heymanns Verlag 2016

Zitiervorschlag: Schuschke/Walker/*Verfasser*, ZPO, § … Rn. …

Bibliografische Information der Deutschen Nationalbibliothek

Die Deutsche Nationalbibliothek verzeichnet diese Publikation in der Deutschen Nationalbibliografie; detaillierte bibliografische Daten sind im Internet über http://dnb.d-nb.de abrufbar.

ISBN: ISBN 978-3-452-28281-1

www.wolterskluwer.de
www.carl-heymanns.de

Alle Rechte vorbehalten.
© 2016 Wolters Kluwer Deutschland GmbH, Luxemburger Straße 449, 50939 Köln.
Carl Heymanns – eine Marke von Wolters Kluwer Deutschland GmbH.

Das Werk einschließlich aller seiner Teile ist urheberrechtlich geschützt. Jede Verwertung außerhalb der engen Grenzen des Urheberrechtsgesetzes ist ohne Zustimmung des Verlages unzulässig und strafbar. Das gilt insbesondere für Vervielfältigungen, Übersetzungen, Mikroverfilmungen und die Einspeicherung und Verarbeitung in elektronischen Systemen.

Verlag und Autoren übernehmen keine Haftung für inhaltliche oder drucktechnische Fehler.

Umschlagkonzeption: Martina Busch, Grafikdesign, Homburg Kirrberg
Druck und Weiterverarbeitung: Williams Lea & Tag GmbH, München

Gedruckt auf säurefreiem, alterungsbeständigem und chlorfreiem Papier.

Vorwort

Seit Erscheinen der 5. Auflage im Jahr 2011 sind zahlreiche Gesetze, die das Zwangsvollstreckungsrecht und den Einstweiligen Rechtsschutz berühren, in Kraft getreten. Zu den wichtigsten gehören das Gesetz zur Umsetzung der Dienstleistungsrichtlinie in der Justiz, das 2. Erbrechtsgleichstellungsgesetz, das Gesetz zur Änderung des § 522 ZPO, das Gesetz zur Änderung von Vorschriften über Verkündung und Bekanntmachungen sowie der ZPO, des EGZPO und der AO, das Gesetz zur Einführung einer Rechtsbehelfsbelehrung im Zivilprozess und zur Änderung anderer Vorschriften, das Gesetz zur Änderung des AZR-Gesetzes, das Mietrechtsänderungsgesetz 2013, das Gesetz zur Reform des Seehandelsrechts, das Gesetz zur Übertragung von Aufgaben der freiwilligen Gerichtsbarkeit auf Notare, das Amtshilferichtlinien-Umsetzungsgesetz, das Gesetz zur Verkürzung des Restschuldbefreiungsverfahrens und zur Stärkung der Gläubigerrechte, das neue Gerichts- und Notarkostengesetz sowie das Gesetz zur Förderung des elektronischen Rechtsverkehrs mit den Gerichten mit der Einfügung der neuen §§ 945a, 945b ZPO. Hinzukommen die neue Gerichtsvollzieherordnung und die neue Geschäftsanweisung für Gerichtsvollzieher, die Zwangsvollstreckungsformularverordnung sowie die Schuldnerverzeichnisverordnung. Aus dem EU-Recht sind u. a. hervorzuheben die neue EuGVVO (die EUVO Nr. 1215/2012, sog. Brüssel Ia-VO) nebst dem deutschen Durchführungsgesetz und die geänderte EuUntVO. Das damals schon verkündete, aber in seinen wesentlichen Vorschriften noch nicht in Kraft getretene Gesetz zur Reform der Sachaufklärung in der Zwangsvollstreckung war in der Vorauflage zwar schon ansatzweise kommentiert. Aber nach dem zwischenzeitlichen Inkrafttreten des kompletten Gesetzes liegt nunmehr auch eine Fülle von Rechtsprechung und Literatur zu den neuen Normen und den Problemen ihrer praktischen Anwendung vor. Dieses Material wurde ebenso eingearbeitet wie die wiederum sehr umfangreiche neue Rechtsprechung und Literatur zum Vollstreckungsrecht insgesamt, zum europäischen Vollstreckungsrecht und zum einstweiligen Rechtsschutz. Die Neuauflage befindet sich auf dem Stand der Gesetzgebung, Rechtsprechung und Literatur von Juni 2015.

Auch im Kreis der Bearbeiter gibt es Änderungen: RiBGH a. D. Karl-Hermann Zoll ist ausgeschieden, sein Part wurde zusätzlich von Winfried Schuschke übernommen. Neu im Kreis der Bearbeiter ist RiLG Sathia Lorenz, der die §§ 850-856 ZPO gemeinsam mit Frau RinBVerfG Dr. Kessal-Wulf kommentiert.

Die Herausgeber und alle Autoren danken dem Carl Heymanns Verlag und insbesondere Frau Beate Imreh für die engagierte Unterstützung bei der Neuauflage des Kommentars. Darüber hinaus danken wir ganz herzlich allen Mitarbeitern, die uns bei der Arbeit an dieser Neuauflage unterstützt haben. Zu nennen sind insbesondere Frau Assessorin Marina Khachatryan, die Herren Assessoren Alexander Schmitt-Kästner und Andreas Storck, Frau Referendarin Claudia Kayser, die später hinzugekommenen Frau Referendarin Rafaela Carotenuto und Herr Referendar Konstantin Weis, ferner die Studentinnen Nathalie Dohmen und Cara Stegner, die Studenten Walter Fahrenbruch, Stefan Schaaf, Robin Steiner und Benjamin Stock sowie Frau Anke Hunger, alle Mitarbeiter an der Justus-Liebig-Universität Gießen.

Köln und Gießen im Juni 2015

Winfried Schuschke
Wolf-Dietrich Walker

Inhaltsverzeichnis

Vorwort	V
Inhaltsverzeichnis	VII
Abkürzungsverzeichnis	XXXVII
Literaturverzeichnis	XLVII

Zivilprozessordnung ... 1

Buch 8. Zwangsvollstreckung ... 1
Einführung Buch 8 ... 1

Abschnitt 1. Allgemeine Vorschriften ... 16

Vor §§ 704–707	Der Vollstreckungstitel als Grundlage der Zwangsvollstreckung	16
§ 704	Vollstreckbare Endurteile	30
§ 705	Formelle Rechtskraft	32
§ 706	Rechtskraft- und Notfristzeugnis	36
§ 707	Einstweilige Einstellung der Zwangsvollstreckung	40
Vor §§ 708–720a	Die vorläufige Vollstreckbarkeit	50
§ 708	Vorläufige Vollstreckbarkeit ohne Sicherheitsleistung	53
§ 709	Vorläufige Vollstreckbarkeit gegen Sicherheitsleistung	58
§ 710	Ausnahmen von der Sicherheitsleistung des Gläubigers	63
§ 711	Abwendungsbefugnis	65
§ 712	Schutzantrag des Schuldners	67
§ 713	Unterbleiben von Schuldnerschutzanordnungen	71
§ 714	Anträge zur vorläufigen Vollstreckbarkeit	73
§ 715	Rückgabe der Sicherheit	75
§ 716	Ergänzung des Urteils	77
§ 717	Wirkungen eines aufhebenden oder abändernden Urteils	79
§ 718	Vorabentscheidung über vorläufige Vollstreckbarkeit	93
§ 719	Einstweilige Einstellung bei Rechtsmittel und Einspruch	97
§ 720	Hinterlegung bei Abwendung der Vollstreckung	107
§ 720a	Sicherungsvollstreckung	109
§ 721	Räumungsfrist	114
Vor §§ 722–723	Die Vollstreckung aus ausländischen Titeln im Inland	126
§ 722	Vollstreckbarkeit ausländischer Urteile	137
§ 723	Vollstreckungsurteil	141
Vor §§ 724–734	Die vollstreckbare Ausfertigung	145
§ 724	Vollstreckbare Ausfertigung	153
§ 725	Vollstreckungsklausel	158

Inhaltsverzeichnis

§ 726	Vollstreckbare Ausfertigung bei bedingten Leistungen	160
§ 727	Vollstreckbare Ausfertigung für und gegen Rechtsnachfolger	171
§ 728	Vollstreckbare Ausfertigung bei Nacherbe oder Testamentsvollstrecker	190
§ 729	Vollstreckbare Ausfertigung gegen Vermögens- und Firmenübernehmer	194
§ 730	Anhörung des Schuldners	198
§ 731	Klage auf Erteilung der Vollstreckungsklausel	200
§ 732	Erinnerung gegen Erteilung der Vollstreckungsklausel	205
§ 733	Weitere vollstreckbare Ausfertigung	213
§ 734	Vermerk über Ausfertigungserteilung auf der Urteilsurschrift	219
Vor §§ 735–749	Besonderheiten bei der Zwangsvollstreckung in besondere Vermögensmassen, die der Berechtigung mehrerer Personen unterstehen	220
Vor §§ 735, 736	Der nicht eingetragene Verein, die Gesellschaft bürgerlichen Rechts, die Personenhandelsgesellschaften und die Wohnungseigentümergemeinschaft als Parteien der Zwangsvollstreckung. – Ein Überblick. –	221
§ 735	Zwangsvollstreckung gegen nicht rechtsfähigen Verein	230
§ 736	Zwangsvollstreckung gegen BGB-Gesellschaft	234
Vor §§ 737, 738	Zwangsvollstreckung bei Nießbrauch	238
§ 737	Zwangsvollstreckung bei Vermögens- oder Erbschaftsnießbrauch	241
§ 738	Vollstreckbare Ausfertigung gegen Nießbraucher	244
Vor §§ 739–745	Zwangsvollstreckung gegen Ehegatten und gegen Partner eingetragener gleichgeschlechtlicher Gemeinschaften	246
§ 739	Gewahrsamsvermutung bei Zwangsvollstreckung gegen Ehegatten und Lebenspartner	249
§ 740	Zwangsvollstreckung in das Gesamtgut	257
§ 741	Zwangsvollstreckung in das Gesamtgut bei Erwerbsgeschäft	260
§ 742	Vollstreckbare Ausfertigung bei Gütergemeinschaft während des Rechtsstreits	263
§ 743	Beendete Gütergemeinschaft	265
§ 744	Vollstreckbare Ausfertigung bei beendeter Gütergemeinschaft	267
§ 744a	Zwangsvollstreckung bei Eigentums- und Vermögensgemeinschaft	269
§ 745	Zwangsvollstreckung bei fortgesetzter Gütergemeinschaft	271
§ 746	(weggefallen)	272
Vor §§ 747–749	Zwangsvollstreckung in einen Nachlass	273
§ 747	Zwangsvollstreckung in ungeteilten Nachlass	275
§ 748	Zwangsvollstreckung bei Testamentsvollstrecker	277
§ 749	Vollstreckbare Ausfertigung für und gegen Testamentsvollstrecker	280
§ 750	Voraussetzungen der Zwangsvollstreckung	282
§ 751	Bedingungen für Vollstreckungsbeginn	299
§ 752	Sicherheitsleistung bei Teilvollstreckung	305
Vor §§ 753–763	Die Zwangsvollstreckung durch den Gerichtsvollzieher. – Ein Überblick	308
§ 753	Vollstreckung durch Gerichtsvollzieher	316
§ 754	Vollstreckungsauftrag und vollstreckbare Ausfertigung	322
§ 755	Ermittlung des Aufenthaltsorts des Schuldners	328
§ 756	Zwangsvollstreckung bei Leistung Zug um Zug	332
§ 757	Übergabe des Titels und Quittung	341

§ 758	Durchsuchung; Gewaltanwendung	345
§ 758a	Richterliche Durchsuchungsanordnung; Vollstreckung zur Unzeit	351
§ 759	Zuziehung von Zeugen	371
§ 760	Akteneinsicht; Aktenabschrift	373
§ 761	(weggefallen)	375
§ 762	Protokoll über Vollstreckungshandlungen	376
§ 763	Aufforderungen und Mitteilungen	380
§ 764	Vollstreckungsgericht	382
§ 765	Vollstreckungsgerichtliche Anordnungen bei Leistung Zug um Zug	385
Vor §§ 765a–777	Das Rechtsbehelfssystem der Zwangsvollstreckung	388
§ 765a	Vollstreckungsschutz	397
§ 766	Erinnerung gegen Art und Weise der Zwangsvollstreckung	420
§ 767	Vollstreckungsabwehrklage	439
Anhang zu § 767 ZPO		474
§ 768	Klage gegen Vollstreckungsklausel	479
§ 769	Einstweilige Anordnungen	484
§ 770	Einstweilige Anordnungen im Urteil	492
§ 771	Drittwiderspruchsklage	494
Anhang zu § 771 ZPO		521
§ 772	Drittwiderspruchsklage bei Verfügungsverbot	528
§ 773	Drittwiderspruchsklage des Nacherben	531
§ 774	Drittwiderspruchsklage des Ehegatten	533
§ 775	Einstellung und Beschränkung der Zwangsvollstreckung	534
§ 776	Aufhebung von Vollstreckungsmaßregeln	544
§ 777	Erinnerung bei genügender Sicherung des Gläubigers	547
§ 778	Zwangsvollstreckung vor Erbschaftsannahme	550
§ 779	Fortsetzung der Zwangsvollstreckung nach dem Tod des Schuldners	552
§ 780	Vorbehalt der beschränkten Erbenhaftung	555
§ 781	Beschränkte Erbenhaftung in der Zwangsvollstreckung	561
§ 782	Einreden des Erben gegen Nachlassgläubiger	562
§ 783	Einreden des Erben gegen persönliche Gläubiger	564
§ 784	Zwangsvollstreckung bei Nachlassverwaltung und -insolvenzverfahren	565
§ 785	Vollstreckungsabwehrklage des Erben	567
§ 786	Vollstreckungsabwehrklage bei beschränkter Haftung	569
§ 786a	See- und binnenschifffahrtsrechtliche Haftungsbeschränkung	572
§ 787	Zwangsvollstreckung bei herrenlosem Grundstück oder Schiff	574
§ 788	Kosten der Zwangsvollstreckung	576
§ 789	Einschreiten von Behörden	602
§ 790	Bezifferung dynamisierter Unterhaltstitel zur Zwangsvollstreckung im Ausland	603
§ 791	(weggefallen)	604
§ 792	Erteilung von Urkunden an Gläubiger	605
§ 793	Sofortige Beschwerde	608

Inhaltsverzeichnis

Anhang zu § 793	Rechtsbehelfe nach dem Rechtspflegergesetz im Zwangsvollstreckungsverfahren	612
§ 794	Weitere Vollstreckungstitel	616
§ 794a	Zwangsvollstreckung aus Räumungsvergleich	646
§ 795	Anwendung der allgemeinen Vorschriften auf die weiteren Vollstreckungstitel	650
§ 795a	Zwangsvollstreckung aus Kostenfestsetzungsbeschluss	652
§ 795b	Vollstreckbarerklärung des gerichtlichen Vergleichs	653
§ 796	Zwangsvollstreckung aus Vollstreckungsbescheiden	656
§ 796a	Voraussetzungen für die Vollstreckbarerklärung des Anwaltsvergleichs	658
§ 796b	Vollstreckbarerklärung durch das Prozessgericht	662
§ 796c	Vollstreckbarerklärung durch einen Notar	664
§ 797	Verfahren bei vollstreckbaren Urkunden	666
§ 797a	Verfahren bei Gütestellenvergleichen	673
§ 798	Wartefrist	675
§ 798a	(aufgehoben)	676
§ 799	Vollstreckbare Urkunde bei Rechtsnachfolge	677
§ 799a	Schadensersatzpflicht bei der Vollstreckung aus Urkunden durch andere Gläubiger	678
§ 800	Vollstreckbare Urkunde gegen den jeweiligen Grundstückseigentümer	682
§ 800a	Vollstreckbare Urkunde bei Schiffshypothek	685
§ 801	Landesrechtliche Vollstreckungstitel	686
§ 802	Ausschließlichkeit der Gerichtsstände	687

Abschnitt 2. Zwangsvollstreckung wegen Geldforderungen 689
Vor §§ 802a–882h Zum Begriff der Geldforderung in der Zwangsvollstreckung 689

Titel 1. Allgemeine Vorschriften 691

§ 802a	Grundsätze der Vollstreckung; Regelbefugnisse des Gerichtsvollziehers	691
§ 802b	Gütliche Erledigung; Vollstreckungsaufschub bei Zahlungsvereinbarung	693
§ 802c	Vermögensauskunft des Schuldners	699
§ 802d	Erneute Vermögensauskunft	712
§ 802e	Zuständigkeit	727
§ 802f	Verfahren zur Abnahme der Vermögensauskunft	730
§ 802g	Erzwingungshaft	744
§ 802h	Unzulässigkeit der Haftvollstreckung	757
§ 802i	Vermögensauskunft des verhafteten Schuldners	761
§ 802j	Dauer der Haft; erneute Haft	766
§ 802k	Zentrale Verwaltung der Vermögensverzeichnisse	769
§ 802l	Auskunftsrechte des Gerichtsvollziehers	777

Titel 2. Zwangsvollstreckung in das bewegliche Vermögen 782
Vor §§ 803–863 Das bewegliche Vermögen des Schuldners 782

Untertitel 1. Allgemeine Vorschriften ... 784
Vor §§ 803, 804 Die Pfändung und ihre Folgen ... 784
§ 803 Pfändung ... 792
§ 804 Pfändungspfandrecht ... 797
§ 805 Klage auf vorzugsweise Befriedigung ... 800
§ 806 Keine Gewährleistung bei Pfandveräußerung ... 805
§ 806a Mitteilungen und Befragung durch den Gerichtsvollzieher ... 807
§ 806b Gütliche und zügige Erledigung ... 810
§ 807 Abnahme der Vermögensauskunft nach Pfändungsversuch ... 811

Untertitel 2. Zwangsvollstreckung in körperliche Sachen ... 818
Vor §§ 808–827 Die Pfändung und Verwertung durch den Gerichtsvollzieher ... 818
§ 808 Pfändung beim Schuldner ... 819
§ 809 Pfändung beim Gläubiger oder bei Dritten ... 827
§ 810 Pfändung ungetrennter Früchte ... 832
§ 811 Unpfändbare Sachen ... 835
§ 811a Austauschpfändung ... 861
§ 811b Vorläufige Austauschpfändung ... 868
§ 811c Unpfändbarkeit von Haustieren ... 870
§ 811d Vorwegpfändung ... 872
§ 812 Pfändung von Hausrat ... 874
§ 813 Schätzung ... 876
§ 813a Aufschub der Verwertung ... 880
§ 813b Aussetzung der Verwertung ... 881
Vor § 814 Die Verwertung gepfändeter beweglicher Sachen – Ein Überblick ... 882
§ 814 Öffentliche Versteigerung ... 884
§ 815 Gepfändetes Geld ... 888
§ 816 Zeit und Ort der Versteigerung ... 893
§ 817 Zuschlag und Ablieferung ... 897
§ 817a Mindestgebot ... 904
§ 818 Einstellung der Versteigerung ... 908
§ 819 Wirkung des Erlösempfanges ... 910
§ 820 (weggefallen) ... 913
§ 821 Verwertung von Wertpapieren ... 914
§ 822 Umschreibung von Namenspapieren ... 917
§ 823 Außer Kurs gesetzte Inhaberpapiere ... 919
§ 824 Verwertung ungetrennter Früchte ... 920
§ 825 Andere Verwertungsart ... 922
Anhang zu § 825 ZPO ... 930
§ 826 Anschlusspfändung ... 934
§ 827 Verfahren bei mehrfacher Pfändung ... 937

Inhaltsverzeichnis

Untertitel 3. Zwangsvollstreckung in Forderungen und andere Vermögensrechte 939
Vor §§ 828–863 Die Systematik der §§ 828–863 939
§ 828   Zuständigkeit des Vollstreckungsgerichts 942
§ 829   Pfändung einer Geldforderung 946
Anhang zu § 829 ZPO 985
§ 829a   Vereinfachter Vollstreckungsantrag bei Vollstreckungsbescheiden 1008
§ 830   Pfändung einer Hypothekenforderung 1010
§ 830a   Pfändung einer Schiffshypothekenforderung 1015
§ 831   Pfändung indossabler Papiere 1016
§ 832   Pfändungsumfang bei fortlaufenden Bezügen 1018
§ 833   Pfändungsumfang bei Arbeits- und Diensteinkommen 1022
§ 833a   Pfändungsumfang bei Kontoguthaben 1024
§ 834   Keine Anhörung des Schuldners 1026
§ 835   Überweisung einer Geldforderung 1028
§ 836   Wirkung der Überweisung 1040
§ 837   Überweisung einer Hypothekenforderung 1049
§ 837a   Überweisung einer Schiffshypothekenforderung 1051
§ 838   Einrede des Schuldners bei Faustpfand 1052
§ 839   Überweisung bei Abwendungsbefugnis 1053
§ 840   Erklärungspflicht des Drittschuldners 1054
§ 841   Pflicht zur Streitverkündung 1063
§ 842   Schadensersatz bei verzögerter Beitreibung 1065
§ 843   Verzicht des Pfandgläubigers 1066
§ 844   Andere Verwertungsart 1069
§ 845   Vorpfändung 1072
§ 846   Zwangsvollstreckung in Herausgabeansprüche 1078
§ 847   Herausgabeanspruch auf eine bewegliche Sache 1079
§ 847a   Herausgabeanspruch auf ein Schiff 1083
§ 848   Herausgabeanspruch auf eine unbewegliche Sache 1084
§ 849   Keine Überweisung an Zahlungs statt 1090
§ 850   Pfändungsschutz für Arbeitseinkommen 1091
§ 850a   Unpfändbare Bezüge 1104
§ 850b   Bedingt pfändbare Bezüge 1112
§ 850c   Pfändungsgrenzen für Arbeitseinkommen 1123
Anlage zu § 850c Lohnpfändungstabelle (2015) 1135
§ 850d   Pfändbarkeit bei Unterhaltsansprüchen 1154
§ 850e   Berechnung des pfändbaren Arbeitseinkommens 1167
§ 850f   Änderung des unpfändbaren Betrages 1177
§ 850g   Änderung der Unpfändbarkeitsvoraussetzungen 1190
§ 850h   Verschleiertes Arbeitseinkommen 1193
§ 850i   Pfändungsschutz bei sonstigen Vergütungen 1201
§ 850k   Pfändungsschutzkonto 1208

§ 850l	Pfändungsschutz für Kontoguthaben aus wiederkehrenden Einkünften	1218
§ 851	Nicht übertragbare Forderungen	1221
§ 851a	Pfändungsschutz für Landwirte	1230
§ 851b	Pfändungsschutz bei Miet- und Pachtzinsen	1233
§ 851c	Pfändungsschutz bei Altersrenten	1238
§ 851d	Pfändungsschutz bei steuerlich gefördertem Altersvorsorgevermögen	1243
§ 852	Beschränkt pfändbare Forderungen	1245
§ 853	Mehrfache Pfändung einer Geldforderung	1248
§ 854	Mehrfache Pfändung eines Anspruchs auf bewegliche Sachen	1251
§ 855	Mehrfache Pfändung eines Anspruchs auf eine unbewegliche Sache	1253
§ 855a	Mehrfache Pfändung eines Anspruchs auf ein Schiff	1255
§ 856	Klage bei mehrfacher Pfändung	1256
§ 857	Zwangsvollstreckung in andere Vermögensrechte	1259
§ 858	Zwangsvollstreckung in Schiffspart	1283
§ 859	Pfändung von Gesamthandanteilen	1285
§ 860	Pfändung von Gesamtgutanteilen	1293
§§ 861, 862		1295
§ 863	Pfändungsbeschränkungen bei Erbschaftsnutzungen	1296

Titel 3. Zwangsvollstreckung in das unbewegliche Vermögen ... 1298

Vor §§ 864–871	Übersicht über Voraussetzungen und Rechtsbehelfe	1298
§ 864	Gegenstand der Immobiliarvollstreckung	1301
§ 865	Verhältnis zur Mobiliarvollstreckung	1306
§ 866	Arten der Vollstreckung	1311
§ 867	Zwangshypothek	1316
§ 868	Erwerb der Zwangshypothek durch den Eigentümer	1332
§ 869	Zwangsversteigerung und Zwangsverwaltung	1336
§ 870	Grundstücksgleiche Rechte	1337
§ 870a	Zwangsvollstreckung in ein Schiff oder Schiffsbauwerk	1338
§ 871	Landesrechtlicher Vorbehalt bei Eisenbahnen	1341

Titel 4. Verteilungsverfahren ... 1342

Vor §§ 872–882	Die Erlösverteilung bei Beteiligung mehrerer Gläubiger am Vollstreckungsverfahren	1342
§ 872	Voraussetzungen	1345
§ 873	Aufforderung des Verteilungsgerichts	1348
§ 874	Teilungsplan	1349
§ 875	Terminsbestimmung	1351
§ 876	Termin zur Erklärung und Ausführung	1352
§ 877	Säumnisfolgen	1355
§ 878	Widerspruchsklage	1356
§ 879	Zuständigkeit für die Widerspruchsklage	1363

Inhaltsverzeichnis

§ 880	Inhalt des Urteils	1365
§ 881	Versäumnisurteil	1366
§ 882	Verfahren nach dem Urteil	1367

Titel 5. Zwangsvollstreckung gegen juristische Personen des öffentlichen Rechts 1368
§ 882a Zwangsvollstreckung wegen einer Geldforderung 1368

Titel 6 Schuldnerverzeichnis 1372
Vorbemerkung vor §§ 882b–882h Vermögensverzeichnis und Schuldnerverzeichnis 1372
§ 882b Inhalt des Schuldnerverzeichnisses 1377
§ 882c Eintragungsanordnung 1383
§ 882d Vollziehung der Eintragungsanordnung 1387
§ 882e Löschung 1390
§ 882f Einsicht in das Schuldnerverzeichnis 1392
§ 882g Erteilung von Abdrucken 1394
Anhang zu § 882g ZPO 1399
§ 882h Zuständigkeit; Ausgestaltung des Schuldnerverzeichnisses 1405
Anhang zu § 882h ZPO 1406

Abschnitt 3. Zwangsvollstreckung zur Erwirkung der Herausgabe von Sachen und zur Erwirkung von Handlungen oder Unterlassungen 1411
Vor §§ 883–898 Überblick über die Regelungen des 3. Abschnitts 1411
§ 883 Herausgabe bestimmter beweglicher Sachen 1413
§ 884 Leistung einer bestimmten Menge vertretbarer Sachen 1422
§ 885 Herausgabe von Grundstücken oder Schiffen 1423
§ 885a Beschränkter Vollstreckungsauftrag 1444
§ 886 Herausgabe bei Gewahrsam eines Dritten 1450
§ 887 Vertretbare Handlungen 1453
§ 888 Nicht vertretbare Handlungen 1468
§ 888a Keine Handlungsvollstreckung bei Entschädigungspflicht 1488
§ 889 Eidesstattliche Versicherung nach bürgerlichem Recht 1489
§ 890 Erzwingung von Unterlassungen und Duldungen 1494
§ 891 Verfahren; Anhörung des Schuldners; Kostenentscheidung 1533
§ 892 Widerstand des Schuldners 1535
§ 892a Unmittelbarer Zwang im Verfahren nach dem Gewaltschutzgesetz 1538
§ 893 Klage auf Leistung des Interesses 1539
§ 894 Fiktion der Abgabe einer Willenserklärung 1541
§ 895 Willenserklärung zwecks Eintragung bei vorläufig vollstreckbarem Urteil 1550
§ 896 Erteilung von Urkunden an Gläubiger 1554
§ 897 Übereignung; Verschaffung von Grundpfandrechten 1555
§ 898 Gutgläubiger Erwerb 1557

Abschnitt 4. Eidesstattliche Versicherung und Haft ... 1559
§§ 899–915h ... 1559

Abschnitt 5. Arrest und einstweilige Verfügung ... 1560
Vor §§ 916–945b Gesamtüberblick über den Arrest, die einstweilige Verfügung und das Eilverfahren ... 1560
§ 916   Arrestanspruch ... 1596
§ 917   Arrestgrund bei dinglichem Arrest ... 1602
§ 918   Arrestgrund bei persönlichem Arrest ... 1611
§ 919   Arrestgericht ... 1614
§ 920   Arrestgesuch ... 1620
§ 921   Entscheidung über das Arrestgesuch ... 1632
§ 922   Arresturteil und Arrestbeschluss ... 1638
§ 923   Abwendungsbefugnis ... 1657
§ 924   Widerspruch ... 1661
§ 925   Entscheidung nach Widerspruch ... 1672
§ 926   Anordnung der Klageerhebung ... 1682
§ 927   Aufhebung wegen veränderter Umstände ... 1699
§ 928   Vollziehung des Arrestes ... 1714
§ 929   Vollstreckungsklausel; Vollziehungsfrist ... 1723
§ 930   Vollziehung in bewegliches Vermögen und Forderungen ... 1749
§ 931   Vollziehung in eingetragenes Schiff oder Schiffsbauwerk ... 1756
§ 932   Arresthypothek ... 1759
§ 933   Vollziehung des persönlichen Arrestes ... 1767
§ 934   Aufhebung der Arrestvollziehung ... 1770
Vor § 935 Vorläufiger Rechtsschutz durch einstweilige Verfügung – Überblick ... 1772
§ 935   Einstweilige Verfügung bezüglich Streitgegenstand ... 1874
Anhang zu § 935 ZPO ... 1891
§ 936   Anwendung der Arrestvorschriften ... 1941
§ 937   Zuständiges Gericht ... 1945
§ 938   Inhalt der einstweilgen Verfügung ... 1953
§ 939   Aufhebung gegen Sicherheitsleistung ... 1970
§ 940   Einstweilige Verfügung zur Regelung eines einstweiligen Zustandes ... 1973
§ 940a   Räumung von Wohnraum ... 1980
§ 941   Ersuchen um Eintragungen im Grundbuch usw. ... 1991
§ 942   Zuständigkeit des Amtsgerichts der belegenen Sache ... 1994
§ 943   Gericht der Hauptsache ... 2004
§ 944   Entscheidung des Vorsitzenden bei Dringlichkeit ... 2007
§ 945   Schadensersatzpflicht ... 2010
§ 945a   Einreichung von Schutzschriften ... 2033
§ 945b   Verordnungsermächtigung ... 2034

Inhaltsverzeichnis

Buch 11. Justizielle Zusammenarbeit in der Europäischen Union 2041
§§ 1067–1078 2041

Abschnitt 4. Europäische Vollstreckungstitel nach der Verordnung (EG) Nr. 805/2004 ... 2041
Vor §§ 1079–1086: Die Entstehungsgeschichte 2041

Titel 1. Bestätigung inländischer Titel als Europäische Vollstreckungstitel 2043
§ 1079 Zuständigkeit 2043
§ 1080 Entscheidung 2045
§ 1081 Berichtigung und Widerruf 2048

Titel 2. Zwangsvollstreckung aus Europäischen Vollstreckungstiteln im Inland 2050
§ 1082 Vollstreckungstitel 2050
§ 1083 Übersetzung 2051
§ 1084 Anträge nach den Artikeln 21 und 23 der Verordnung (EG) Nr. 805/2004 2052
§ 1085 Einstellung der Zwangsvollstreckung 2056
§ 1086 Vollstreckungsabwehrklage 2058

Abschnitt 5. Europäisches Mahnverfahren nach der Verordnung (EG) Nr. 1896/2006 2061
Vor §§ 1087–1096 Die Entstehungsgeschichte 2061

Titel 1 Allgemeine Vorschriften 2062
§ 1087 Zuständigkeit 2062
§ 1088 Maschinelle Bearbeitung 2063
§ 1089 Zustellung 2063

Titel 2 Einspruch gegen den Europäischen Zahlungsbefehl 2064
§ 1090 Verfahren nach Einspruch 2064
§ 1091 Einleitung des Streitverfahrens 2064

Titel 3 Überprüfung des Europäischen Zahlungsbefehls in Ausnahmefällen 2065
§ 1092 Verfahren 2065

Titel 4 Zwangsvollstreckung aus dem Europäischen Zahlungsbefehl 2066
§ 1093 Vollstreckungsklausel 2066
§ 1094 Übersetzung 2068
§ 1095 Vollstreckungsschutz und Vollstreckungsabwehrklage gegen den im Inland erlassenen Europäischen Zahlungsbefehl 2069

§ 1096 Anträge nach den Artikeln 22 und 23 der Verordnung (EG) Nr. 1896/2006; Vollstreckungsabwehrklage 2071

Abschnitt 6 Europäisches Verfahren für geringfügige Forderungen nach der Verordnung (EG) Nr. 861/2007... 2074

Vor §§ 1097–1109 Die Entstehungsgeschichte 2074

Titel 1 Erkenntnisverfahren 2076
§ 1097 Einleitung und Durchführung des Verfahrens 2076
§ 1098 Annahmeverweigerung auf Grund der verwendeten Sprache 2076
§ 1099 Widerklage 2076
§ 1100 Mündliche Verhandlung 2076
§ 1101 Erkenntnisverfahren 2076
§ 1102 Urteil 2076
§ 1103 Säumnis 2077
§ 1104 Erkenntnisverfahren 2077

Titel 2 Zwangsvollstreckung 2078
§ 1105 Zwangsvollstreckung inländischer Titel 2078
§ 1106 Bestätigung inländischer Titel 2080
§ 1107 Ausländische Vollstreckungstitel 2081
§ 1108 Übersetzung 2083
§ 1109 Anträge nach den Artikeln 22 und 23 der Verordnung (EG) Nr. 861/2007; Vollstreckungsabwehrklage 2084

Abschnitt 7 Anerkennung und Vollstreckung nach der Verordnung (EU) Nr. 1215/2012 . 2086

Vor §§ 1110–1117 Die Entstehungsgeschichte 2086

Titel 1 Bescheinigung über inländische Titel 2087
§ 1110 Zuständigkeit 2087
§ 1111 Verfahren 2089

Titel 2 Anerkennung und Vollstreckung ausländischer Titel im Inland 2091
§ 1112 Entbehrlichkeit der Vollstreckungsklausel 2091
§ 1113 Übersetzung oder Transliteration 2092
§ 1114 Anfechtung der Anpassung eines Titels 2093
§ 1115 Versagung der Anerkennung oder der Vollstreckung 2094
§ 1116 Wegfall oder Beschränkung der Vollstreckbarkeit im Ursprungsmitgliedstaat 2098
§ 1117 Vollstreckungsabwehrklage 2100

Inhaltsverzeichnis

Gesetz zur Ausführung zwischenstaatlicher Verträge und zur Durchführung von Abkommen der Europäischen Union auf dem Gebiet der Anerkennung und Vollstreckung in Zivil- und Handelssachen (Anerkennungs- und Vollstreckungsausführungsgesetz – AVAG) in der Fassung der Neubekanntmachung vom 3.12.2009 2103
    Vor AVAG 2103

Teil 1. Allgemeines 2106

Abschnitt 1. Anwendungsbereich; Begriffsbestimmungen 2106
§ 1   Anwendungsbereich 2106
§ 2   Begriffsbestimmungen 2107

Abschnitt 2. Zulassung der Zwangsvollstreckung aus ausländischen Titeln 2108
§ 3   Zuständigkeit 2108
§ 4   Antragstellung 2109
§ 5   Zustellungsempfänger 2110
§ 6   Verfahren 2111
§ 7   Vollstreckbarkeit ausländischer Titel in Sonderfällen 2112
§ 8   Entscheidung 2113
§ 9   Vollstreckungsklausel 2117
§ 10   Bekanntgabe der Entscheidung 2118

Abschnitt 3. Beschwerde, Vollstreckungsabwehrklage 2119
§ 11   Einlegung der Beschwerde; Beschwerdefrist 2119
§ 12   Einwendungen gegen den zu vollstreckenden Anspruch im Beschwerdeverfahren 2121
§ 13   Verfahren und Entscheidung über die Beschwerde 2122
§ 14   Vollstreckungsabwehrklage 2124

Abschnitt 4. Rechtsbeschwerde 2125
§ 15   Statthaftigkeit und Frist 2125
§ 16   Einlegung und Begründung 2125
§ 17   Verfahren und Entscheidung 2126

Abschnitt 5. Beschränkung der Zwangsvollstreckung auf Sicherungsmaßregeln und unbeschränkte Fortsetzung der Zwangsvollstreckung 2126
§ 18   Beschränkung kraft Gesetzes 2126
§ 19   Prüfung der Beschränkung 2126
§ 20   Sicherheitsleistung durch den Verpflichteten 2126
§ 21   Versteigerung beweglicher Sachen 2127
§ 22   Unbeschränkte Fortsetzung der Zwangsvollstreckung; besondere gerichtliche Anordnungen .. 2128

§ 23	Unbeschränkte Fortsetzung der durch das Gericht des ersten Rechtszuges zugelassenen Zwangsvollstreckung	2128
§ 24	Unbeschränkte Fortsetzung der durch das Beschwerdegericht zugelassenen Zwangsvollstreckung	2128

Abschnitt 6. Feststellung der Anerkennung einer ausländischen Entscheidung 2130

§ 25	Verfahren und Entscheidung in der Hauptsache	2130
§ 26	Kostenentscheidung	2130

Abschnitt 7. Aufhebung oder Änderung der Beschlüsse über die Zulassung der Zwangsvollstreckung oder die Anerkennung 2130

§ 27	Verfahren nach Aufhebung oder Änderung des für vollstreckbar erklärten ausländischen Titels im Ursprungsstaat	2130
§ 28	Schadensersatz wegen ungerechtfertigter Vollstreckung	2132
§ 29	Aufhebung oder Änderung ausländischer Entscheidungen, deren Anerkennung festgestellt ist	2132

Abschnitt 8. Vorschriften für Entscheidungen deutscher Gerichte und für das Mahnverfahren 2133

§ 30	Vervollständigung inländischer Entscheidungen zur Verwendung im Ausland	2133
§ 31	Vollstreckungsklausel zur Verwendung im Ausland	2133
§ 32	Mahnverfahren mit Zustellung im Ausland	2133

Abschnitt 9. Verhältnis zu besonderen Anerkennungsverfahren; Konzentrationsermächtigung 2133

§ 33	(weggefallen)	2133
§ 34	Konzentrationsermächtigung	2134

Teil 2. Besonderes 2134

Abschnitt 1. Übereinkommen über die gerichtliche Zuständigkeit und Vollstreckung gerichtlicher Entscheidungen in Zivil- und Handelssachen vom 27. September 1968 und vom 16. September 1988 2134

§ 35	Sonderregelungen über die Beschwerdefrist	2134
§ 36	Aussetzung des Beschwerdeverfahrens	2134

Abschnitt 2. (weggefallen) 2134

§ 37 – 39	(weggefallen)	2134

Inhaltsverzeichnis

Gesetz zur Geltendmachung von Unterhaltsansprüchen im Verkehr mit ausländischen Staaten (Auslandsunterhaltsgesetz – AUG) vom 23.5.2011 2135
Vor AUG 2135

Kapitel 1 Allgemeiner Teil 2137

Abschnitt 1 Anwendungsbereich; Begriffsbestimmungen 2137
§ 1 Anwendungsbereich 2137
§ 2 Allgemeine gerichtliche Verfahrensvorschriften 2138
§ 3 Begriffsbestimmungen 2138

Abschnitt 2 Zentrale Behörde 2138
§ 4 Zentrale Behörde 2138
§ 5 Aufgaben und Befugnisse der zentralen Behörde 2139
§ 6 Unterstützung durch das Jugendamt 2139

Abschnitt 3 Ersuchen um Unterstützung in Unterhaltssachen 2140

Unterabschnitt 1 Ausgehende Ersuchen 2140
§ 7 Vorprüfung durch das Amtsgericht; Zuständigkeitskonzentration 2140
§ 8 Inhalt und Form des Antrages 2140
§ 9 Umfang der Vorprüfung 2141
§ 10 Übersetzung des Antrages 2141
§ 11 Weiterleitung des Antrages durch die zentrale Behörde 2142
§ 12 Registrierung eines bestehenden Titels im Ausland 2142

Unterabschnitt 2 Eingehende Ersuchen 2142
§ 13 Übersetzung des Antrages 2142
§ 14 Inhalt und Form des Antrages 2142
§ 15 Behandlung einer vorläufigen Entscheidung 2143

Abschnitt 4 Datenerhebung durch die zentrale Behörde 2143
§ 16 Auskunftsrecht der zentralen Behörde zur Herbeiführung oder Änderung eines Titels 2143
§ 17 Auskunftsrecht zum Zweck der Anerkennung, Vollstreckbarerklärung und Vollstreckung eines Titels 2143
§ 18 Benachrichtigung über die Datenerhebung 2144
§ 19 Übermittlung und Löschung von Daten 2144

Inhaltsverzeichnis

Abschnitt 5 Verfahrenskostenhilfe 2144

§ 20 Voraussetzungen für die Bewilligung von Verfahrenskostenhilfe 2144
§ 21 Zuständigkeit für Anträge auf Verfahrenskostenhilfe nach der Richtlinie 2003/8/EG 2144
§ 22 Verfahrenskostenhilfe nach Artikel 46 der Verordnung (EG) Nr. 4/2009 und den Artikeln 14 bis 17 des Haager Übereinkommens vom 23. November 2007 über die internationale Geltendmachung der Unterhaltsansprüche von Kindern und anderen Familienangehörigen .. 2145
§ 23 Verfahrenskostenhilfe für die Anerkennung, Vollstreckbarerklärung und Vollstreckung von unterhaltsrechtlichen Titeln 2145
§ 24 Verfahrenskostenhilfe für Verfahren mit förmlicher Gegenseitigkeit 2145

Abschnitt 6 Ergänzende Zuständigkeitsregelungen; Zuständigkeitskonzentration 2146

§ 25 Internationale Zuständigkeit nach Artikel 3 Buchstabe c der Verordnung (EG) Nr. 4/2009 .. 2146
§ 26 Örtliche Zuständigkeit 2146
§ 27 Örtliche Zuständigkeit für die Auffang- und Notzuständigkeit 2146
§ 28 Zuständigkeitskonzentration; Verordnungsermächtigung 2147
§ 29 Zuständigkeit im Anwendungsbereich der Verordnung (EG) Nr. 1896/2006 2147

Kapitel 2 Anerkennung und Vollstreckung von Entscheidungen 2147

Abschnitt 1 Verfahren ohne Exequatur nach der Verordnung (EG) Nr. 4/2009 2147

§ 30 Verzicht auf Vollstreckungsklausel; Unterlagen 2147
§ 31 Anträge auf Verweigerung, Beschränkung oder Aussetzung der Vollstreckung nach Artikel 21 der Verordnung (EG) Nr. 4/2009 2147
§ 32 Einstellung der Zwangsvollstreckung 2148
§ 33 Einstweilige Einstellung bei Wiedereinsetzung, Rechtsmittel und Einspruch 2148
§ 34 Bestimmung des vollstreckungsfähigen Inhalts eines ausländischen Titels 2148

Abschnitt 2 Gerichtliche Zuständigkeit für Verfahren zur Anerkennung und Vollstreckbarerklärung ausländischer Entscheidungen 2148

§ 35 Gerichtliche Zuständigkeit; Zuständigkeitskonzentration; Verordnungsermächtigung 2148

Abschnitt 3 Verfahren mit Exequatur nach der Verordnung (EG) Nr. 4/2009 und den Abkommen der Europäischen Union 2149

Unterabschnitt 1 Zulassung der Zwangsvollstreckung aus ausländischen Titeln 2149

§ 36 Antragstellung 2149
§ 37 Zustellungsempfänger 2149
§ 38 Verfahren 2150
§ 39 Vollstreckbarkeit ausländischer Titel in Sonderfällen 2150
§ 40 Entscheidung 2150
§ 41 Vollstreckungsklausel 2150

Inhaltsverzeichnis

§ 42 Bekanntgabe der Entscheidung 2151

Unterabschnitt 2 Beschwerde, Rechtsbeschwerde 2151
§ 43 Beschwerdegericht; Einlegung der Beschwerde; Beschwerdefrist 2151
§ 44 (weggefallen) 2152
§ 45 Verfahren und Entscheidung über die Beschwerde 2152
§ 46 Statthaftigkeit und Frist der Rechtsbeschwerde 2153
§ 47 Einlegung und Begründung der Rechtsbeschwerde 2153
§ 48 Verfahren und Entscheidung über die Rechtsbeschwerde 2153

Unterabschnitt 3 Beschränkung der Zwangsvollstreckung auf Sicherungsmaßregeln und unbeschränkte Fortsetzung der Zwangsvollstreckung 2153
§ 49 Prüfung der Beschränkung 2153
§ 50 Sicherheitsleistung durch den Schuldner 2154
§ 51 Versteigerung beweglicher Sachen 2154
§ 52 Unbeschränkte Fortsetzung der Zwangsvollstreckung; besondere gerichtliche Anordnungen .. 2154
§ 53 Unbeschränkte Fortsetzung der durch das Gericht des ersten Rechtszuges zugelassenen Zwangsvollstreckung 2154
§ 54 Unbeschränkte Fortsetzung der durch das Beschwerdegericht zugelassenen Zwangsvollstreckung 2155

Unterabschnitt 4 Feststellung der Anerkennung einer ausländischen Entscheidung 2155
§ 55 Verfahren 2155
§ 56 Kostenentscheidung 2155

Abschnitt 4 Anerkennung und Vollstreckung von Unterhaltstiteln nach völkerrechtlichen Verträgen 2156

Unterabschnitt 1 Allgemeines 2156
§ 57 Anwendung von Vorschriften 2156
§ 58 Anhörung 2156
§ 59 Beschwerdefrist 2156
§ 59a Einwendungen gegen den zu vollstreckenden Anspruch im Beschwerdeverfahren 2156
§ 60 Beschränkung der Zwangsvollstreckung kraft Gesetzes 2156

Unterabschnitt 2 Anerkennung und Vollstreckung von Unterhaltstiteln nach dem Haager Übereinkommen vom 23. November 2007 über die internationale Geltendmachung der Unterhaltsansprüche von Kindern und anderen Familienangehörigen 2157
§ 60a Beschwerdeverfahren im Bereich des Haager Übereinkommens 2157

Unterabschnitt 3 Anerkennung und Vollstreckung von Unterhaltstiteln nach dem Haager Übereinkommen vom 2. Oktober 1973 über die Anerkennung und Vollstreckung von Unterhaltsentscheidungen 2157

§ 61   Einschränkung der Anerkennung und Vollstreckung 2157
§ 62   Beschwerdeverfahren im Anwendungsbereich des Haager Übereinkommens 2157

Unterabschnitt 4 Übereinkommen über die gerichtliche Zuständigkeit und die Vollstreckung gerichtlicher Entscheidungen in Zivil- und Handelssachen vom 16. September 1988 2158

§ 63   Sonderregelungen für das Beschwerdeverfahren 2158

Abschnitt 5 Verfahren bei förmlicher Gegenseitigkeit 2158

§ 64   Vollstreckbarkeit ausländischer Titel 2158

Kapitel 3 Vollstreckung, Vollstreckungsabwehrantrag, besonderes Verfahren; Schadensersatz 2158

Abschnitt 1 Vollstreckung, Vollstreckungsabwehrantrag, besonderes Verfahren 2158

§ 65   Vollstreckung 2158
§ 66   Vollstreckungsabwehrantrag 2158
§ 67   Verfahren nach Aufhebung oder Änderung eines für vollstreckbar erklärten ausländischen Titels im Ursprungsstaat 2159
§ 68   Aufhebung oder Änderung ausländischer Entscheidungen, deren Anerkennung festgestellt ist   2159

Abschnitt 2 Schadensersatz wegen ungerechtfertigter Vollstreckung 2160

§ 69   Schadensersatz wegen ungerechtfertigter Vollstreckung 2160

Kapitel 4 Entscheidungen deutscher Gerichte; Mahnverfahren 2160

§ 70   Antrag des Schuldners nach Artikel 19 der Verordnung (EG) Nr. 4/2009 2160
§ 71   Bescheinigungen zu inländischen Titeln 2160
§ 72   Bezifferung dynamisierter Unterhaltstitel zur Zwangsvollstreckung im Ausland 2161
§ 73   Vervollständigung inländischer Entscheidungen zur Verwendung im Ausland 2161
§ 74   Vollstreckungsklausel zur Verwendung im Ausland 2161
§ 75   Mahnverfahren mit Zustellung im Ausland 2161

Kapitel 5 Kosten; Übergangsvorschriften 2162

Abschnitt 1 Kosten 2162

§ 76   Übersetzungen 2162

Abschnitt 2 Übergangsvorschriften ... 2162
§ 77 Übergangsvorschriften ... 2162

Verordnung (EU) Nr. 1215/2012 des Europäischen Parlaments und des Rates vom 12. Dezember 2012 über die gerichtliche Zuständigkeit und die Anerkennung und Vollstreckung von Entscheidungen in Zivil- und Handelssachen – Brüssel-Ia-VO – ... 2165
Vor Brüssel-Ia-VO ... 2165

Kapitel I Anwendungsbereich und Begriffsbestimmungen ... 2181
Art. 1 ... 2181
Art. 2 ... 2181
Art. 3 ... 2182

Kapitel II Zuständigkeit ... 2182

Abschnitt 1 Allgemeine Bestimmungen ... 2182
Art. 4 ... 2182
Art. 5 ... 2182
Art. 6 ... 2182
Art. 7 ... 2183
Art. 8 ... 2183
Art. 9 ... 2184

Abschnitt 3 Zuständigkeit für Versicherungssachen ... 2184
Art. 10 ... 2184
Art. 11 ... 2184
Art. 12 ... 2184
Art. 13 ... 2184
Art. 14 ... 2185
Art. 15 ... 2185
Art. 16 ... 2185

Abschnitt 4 Zuständigkeit bei Verbrauchersachen ... 2186
Art. 17 ... 2186
Art. 18 ... 2186
Art. 19 ... 2186

Abschnitt 5 Zuständigkeit für individuelle Arbeitsverträge ... 2187
Art. 20 ... 2187

Art. 21	2187
Art. 22	2187
Art. 23	2187

Abschnitt 6 Ausschließliche Zuständigkeiten ... 2188
Art. 24	2188
Art. 25	2191
Art. 26	2191

Abschnitt 8 Prüfung der Zuständigkeit und der Zulässigkeit des Verfahrens ... 2192
Art. 27	2192
Art. 28	2192

Abschnitt 9 Anhängigkeit und im Zusammenhang stehende Verfahren ... 2192
Art. 29	2192
Art. 30	2193
Art. 31	2193
Art. 32	2193
Art. 33	2194
Art. 34	2194

Abschnitt 10 Einstweilige Maßnahmen einschließlich Sicherungsmaßnahmen ... 2195
Art. 35	2195

Kapitel III Anerkennung und Vollstreckung ... 2199

Abschnitt 1 Anerkennung ... 2199
Art. 36	2199
Art. 37	2201
Art. 38	2202

Abschnitt 2 Vollstreckung ... 2204
Art. 39	2204
Art. 40	2208
Art. 41	2209
Art. 42	2211
Art. 43	2213
Art. 44	2214

Abschnitt 3 Versagung der Anerkennung und Vollstreckung 2216

Unterabschnitt 1 Versagung der Anerkennung 2216
Art. 45 2216

Unterabschnitt 2 Versagung der Vollstreckung 2224
Art. 46 2224
Art. 47 2224
Art. 48 2230
Art. 49 2230
Art. 50 2232
Art. 51 2232

Abschnitt 4 Gemeinsame Vorschriften 2234
Art. 52 2234
Art. 53 2235
Art. 54 2237
Art. 55 2238
Art. 56 2240
Art. 57 2240

Kapitel IV Öffentliche Urkunden und gerichtliche Vergleiche 2240
Art. 58 2240
Art. 59 2242
Art. 60 2242

Kapitel V Allgemeine Vorschriften 2243
Art. 61 2243
Art. 62 2243
Art. 63 2243
Art. 64 2243
Art. 65 2243

Kapitel VI Übergangsvorschriften 2244
Art. 66 2244

Kapitel VII Verhältnis zu anderen Rechtsinstrumenten 2244
Art. 67 2244
Art. 68 2244

Art. 69	2245
Art. 70	2245
Art. 71	2245
Art. 72	2246
Art. 73	2246

Kapitel VIII Schlussvorschriften ... 2246
Art. 74	2246
Art. 75	2246
Art. 76	2247
Art. 77	2247
Art. 78	2247
Art. 79	2248
Art. 80	2248

Verordnung (EG) Nr. 44/2001 des Rates vom 22. Dezember 2000 über die gerichtliche Zuständigkeit und die Anerkennung und Vollstreckung von Entscheidungen in Zivil- und Handelssachen ... 2249

Vor Brüssel-I-VO ... 2249

Kapitel II Zuständigkeit ... 2251

Abschnitt 6 Ausschließliche Zuständigkeiten ... 2251
Art. 22 ... 2251

Abschnitt 10 Einstweilige Maßnahmen einschließlich solcher, die auf eine Sicherung gerichtet sind ... 2251
Art. 31 ... 2251

Kapitel III Anerkennung und Vollstreckung ... 2252
Art. 32 ... 2252

Abschnitt 1 Anerkennung ... 2253
Art. 33	2253
Art. 34	2255
Art. 35	2257
Art. 36	2258
Art. 37	2259

Abschnitt 2 Vollstreckung 2260
Art. 38 2260
Art. 39 2263
Art. 40 2265
Art. 41 2266
Art. 42 2269
Art. 43 2269
Art. 44 2273
Art. 45 2274
Art. 46 2275
Art. 47 2277
Art. 48 2279
Art. 49 2280
Art. 50 2281
Art. 51 2282
Art. 52 2282

Abschnitt 3 Gemeinsame Vorschriften 2282
Art. 53 2282
Art. 54 2283
Art. 55 2283
Art. 56 2283

Kapitel IV Öffentliche Urkunden und Prozessvergleiche 2284
Art. 57 2284
Art. 58 2285

Kapitel V Allgemeine Vorschriften 2286
Art. 59 2286
Art. 60 2286
Art. 61 2287
Art. 62 2287
Art. 63 2287
Art. 64 2287
Art. 65 2287

Kapitel VI Übergangsvorschriften 2288
Art. 66 2288

Kapitel VII Verhältnis zu anderen Rechtsinstrumenten 2288

Art. 67	2288
Art. 68	2288
Art. 69	2289
Art. 70	2294
Art. 71	2294
Art. 72	2295

Kapitel VIII Schlussvorschriften ... 2295
| Art. 73 | 2295 |
| Art. 74 | 2295 |

Verordnung (EG) Nr. 805/2004 des Europäischen Parlaments und des Rates vom 21. April 2004 zur Einführung eines europäischen Vollstreckungstitels für unbestrittene Forderungen – EuVTVO – ... 2297
Vor EuVTVO ... 2297

Kapitel I Gegenstand, Anwendungsbereich und Begriffsbestimmungen ... 2303
Art. 1	Gegenstand	2303
Art. 2	Anwendungsbereich	2303
Art. 3	Vollstreckungstitel, die als Europäischer Vollstreckungstitel bestätigt werden	2306
Art. 4	Begriffsbestimmungen	2306

Kapitel II Der Europäische Vollstreckungstitel ... 2313
Art. 5	Abschaffung des Vollstreckbarerklärungsverfahrens	2313
Art. 6	Voraussetzungen für die Bestätigung als Europäischer Vollstreckungstitel	2314
Art. 7	Kosten in Verbindung mit dem gerichtlichen Verfahren	2319
Art. 8	Teilbarkeit der Bestätigung als Europäischer Vollstreckungstitel	2321
Art. 9	Ausstellung der Bestätigung als Europäischer Vollstreckungstitel	2322
Art. 10	Berichtigung oder Widerruf der Bestätigung als Europäischer Vollstreckungstitel	2322
Art. 11	Wirkung der Bestätigung als Europäischer Vollstreckungstitel	2324

Kapitel III Mindestvorschriften für Verfahren über umstrittene Forderungen ... 2325
Art. 12	Anwendungsbereich der Mindestvorschriften	2325
Art. 13	Zustellung mit Nachweis des Empfangs durch den Schuldner	2326
Art. 14	Zustellung ohne Nachweis des Empfangs durch den Schuldner	2326
Art. 15	Zustellung an die Vertreter des Schuldners	2330
Art. 16	Ordnungsgemäße Unterrichtung des Schuldners über die Forderung	2330
Art. 17	Ordnungsgemäße Unterrichtung des Schuldners über die Verfahrensschritte zum Bestreiten der Forderung	2331
Art. 18	Heilung der Nichteinhaltung von Mindestvorschriften	2333

Inhaltsverzeichnis

Art. 19   Mindestvorschriften für eine Überprüfung in Ausnahmefällen 2335

Kapitel IV   Vollstreckung 2336
Art. 20   Vollstreckungsverfahren 2336
Art. 21   Verweigerung der Vollstreckung 2338
Art. 22   Vereinbarungen mit Drittländern 2340
Art. 23   Aussetzung oder Beschränkung der Vollstreckung 2340

Kapitel V   Gerichtliche Vergleiche und öffentliche Urkunden 2342
Art. 24   Gerichtliche Vergleiche 2342
Art. 25   Öffentliche Urkunden 2342

Kapitel VI   Übergangsbestimmung 2342
Art. 26   Übergangsbestimmung 2342

Kapitel VII   Verhältnis zu anderen Rechtsakten der Gemeinschaft 2343
Art. 27   Verhältnis zur Verordnung (EG) Nr. 44/2001 2343
Art. 28   Verhältnis zur Verordnung (EG) Nr. 1348/2000 2343

Kapitel VIII   Allgemeine und Schlussbestimmungen 2343
Art. 29   Informationen über Vollstreckungsverfahren und -behörden 2343
Art. 30   Angaben zu den Rechtsbehelfen, Sprachen und Stellen 2343
Art. 31   Änderungen der Anhänge 2344
Art. 32   Ausschuss 2344

Verordnung (EG) Nr. 1896/2006 des Europäischen Parlaments und des Rates vom 12. Dezember 2006 zur Einführung eines Europäischen Mahnverfahrens – EuMahnVO – 2345
Vor EuMahnVO 2345
Art. 1   Gegenstand 2352
Art. 2   Anwendungsbereich 2352
Art. 3   Grenzüberschreitende Rechtssachen 2353
Art. 4   Europäisches Mahnverfahren 2353
Art. 5   Begriffsbestimmungen 2353
Art. 6   Zuständigkeit 2354
Art. 7   Antrag auf Erlass eines Europäischen Zahlungsbefehls 2354
Art. 8   Prüfung des Antrags 2355
Art. 9   Vervollständigung und Berichtigung des Antrags 2355
Art. 10   Änderung des Antrags 2355
Art. 11   Zurückweisung des Antrags 2355

Art. 12	Erlass eines Europäischen Zahlungsbefehls	2356
Art. 13	Zustellung mit Nachweis des Empfangs durch den Antragsgegner	2356
Art. 14	Zustellung ohne Nachweis des Empfangs durch den Antragsgegner	2357
Art. 15	Zustellung an einen Vertreter	2357
Art. 16	Einspruch gegen den Europäischen Zahlungsbefehl	2357
Art. 17	Wirkungen der Einlegung eines Einspruchs	2358
Art. 18	Vollstreckbarkeit	2358
Art. 19	Abschaffung des Exequaturverfahrens	2358
Art. 20	Überprüfung in Ausnahmefällen	2359
Art. 21	Vollstreckung	2359
Art. 22	Verweigerung der Vollstreckung	2360
Art. 23	Aussetzung oder Beschränkung der Vollstreckung	2360
Art. 24	Rechtliche Vertretung	2360
Art. 25	Gerichtsgebühren	2360
Art. 26	Verhältnis zum nationalen Prozessrecht	2361
Art. 27	Verhältnis zur Verordnung (EG) Nr. 1348/2000	2361

Verordnung (EG) Nr. 861/2007 des Europäischen Parlaments und des Rates vom 11. Juli 2007 zur Einführung eines europäischen Verfahrens für geringfügige Forderungen – EuBagatellVO –........ 2363

Vor EuBagatellVO 2363

Kapitel I Gegenstand und Anwendungsbereich 2370

Art. 1	Gegenstand	2370
Art. 2	Anwendungsbereich	2371
Art. 3	Grenzüberschreitende Rechtssachen	2371

Kapitel II Das europäische Verfahren für geringfügige Forderungen 2371

Art. 4	Einleitung des Verfahrens	2371
Art. 5	Durchführung des Verfahrens	2372
Art. 6	Sprachen	2373
Art. 7	Abschluss des Verfahrens	2373
Art. 8	Mündliche Verhandlung	2373
Art. 9	Beweisaufnahme	2373
Art. 10	Vertretung der Parteien	2374
Art. 11	Hilfestellung für die Parteien	2374
Art. 12	Aufgaben des Gerichts	2374
Art. 13	Zustellung von Unterlagen	2374
Art. 14	Fristen	2374
Art. 15	Vollstreckbarkeit des Urteils	2374
Art. 16	Kosten	2374

Inhaltsverzeichnis

Art. 17 Rechtsmittel 2374
Art. 18 Mindeststandards für die Überprüfung des Urteils 2375
Art. 19 Anwendbares Verfahrensrecht 2375

Kapitel III Anerkennung und Vollstreckung in einem anderen Mitgliedstaat 2375
Art. 20 Anerkennung und Vollstreckung 2375
Art. 21 Vollstreckungsverfahren 2375
Art. 22 Ablehnung der Vollstreckung 2376
Art. 23 Aussetzung oder Beschränkung der Vollstreckung 2376

Kapitel IV Schlussbestimmungen 2376
Art. 24 Information 2376
Art. 25 Angaben zu den zuständigen Gerichten, den Kommunikationsmitteln und den Rechtsmitteln
2377
Art. 26 Durchführungsmaßnahmen 2377
Art. 27 Ausschuss 2377
Art. 28 Überprüfung 2377

Verordnung (EG) Nr. 4/2009 des Rates vom 18. Dezember 2008 über die Zuständigkeit, das anwendbare Recht, die Anerkennung und Vollstreckung von Entscheidungen und die Zusammenarbeit in Unterhaltssachen – EuUnterhaltsVO – 2379
Vor EuUnterhaltsVO 2379

Kapitel I Anwendungsbereich und Begriffsbestimmungen 2394
Art. 1 Anwendungsbereich 2394
Art. 2 Begriffsbestimmungen 2394

Kapitel II Zuständigkeit 2395
Art. 3 Allgemeine Bestimmungen 2395
Art. 4 Gerichtsstandsvereinbarungen 2395
Art. 5 Durch rügelose Einlassung begründete Zuständigkeit 2396
Art. 6 Auffangzuständigkeit 2396
Art. 7 Notzuständigkeit (forum necessitatis) 2396
Art. 8 Verfahrensbegrenzung 2396
Art. 9 Anrufung eines Gerichts 2397
Art. 10 Prüfung der Zuständigkeit 2397
Art. 11 Prüfung der Zulässigkeit 2397
Art. 12 Rechtshängigkeit 2398
Art. 13 Aussetzung wegen Sachzusammenhang 2398
Art. 14 Einstweilige Maßnahmen einschließlich Sicherungsmaßnahmen 2398

Kapitel III Anwendbares Recht 2398
Art. 15 Bestimmung des anwendbaren Rechts 2398

Kapitel IV Anerkennung, Vollstreckbarkeit und Vollstreckung von Entscheidungen 2398
Art. 16 Geltungsbereich dieses Kapitels 2398

Abschnitt 1 In einem Mitgliedstaat, der durch das Haager Protokoll von 2007 gebunden ist, ergangene Entscheidungen 2399
Art. 17 Abschaffung des Exequaturverfahrens 2399
Art. 18 Sicherungsmaßnahmen 2399
Art. 19 Recht auf Nachprüfung 2399
Art. 20 Schriftstücke zum Zwecke der Vollstreckung 2400
Art. 21 Verweigerung oder Aussetzung der Vollstreckung 2400
Art. 22 Keine Auswirkung auf das Bestehen eines Familienverhältnisses ... 2401

Abschnitt 2 In einem Mitgliedstaat, der nicht durch das Haager Protokoll von 2007 gebunden ist, ergangene Entscheidungen 2401
Art. 23 Anerkennung 2401
Art. 24 Gründe für die Versagung der Anerkennung 2401
Art. 25 Aussetzung des Anerkennungsverfahrens 2401
Art. 26 Vollstreckbarkeit 2402
Art. 27 Örtlich zuständiges Gericht 2402
Art. 28 Verfahren 2402
Art. 29 Nichtvorlage des Auszugs 2402
Art. 30 Vollstreckbarerklärung 2402
Art. 31 Mitteilung der Entscheidung über den Antrag auf Vollstreckbarerklärung ... 2403
Art. 32 Rechtsbehelf gegen die Entscheidung über den Antrag 2403
Art. 33 Rechtsmittel gegen die Entscheidung über den Rechtsbehelf 2403
Art. 34 Versagung oder Aufhebung einer Vollstreckbarerklärung 2403
Art. 35 Aussetzung des Verfahrens 2404
Art. 36 Einstweilige Maßnahmen einschließlich Sicherungsmaßnahmen .. 2404
Art. 37 Teilvollstreckbarkeit 2404
Art. 38 Keine Stempelabgaben oder Gebühren 2404

Abschnitt 3 Gemeinsame Bestimmungen 2404
Art. 39 Vorläufige Vollstreckbarkeit 2404
Art. 40 Durchsetzung einer anerkannten Entscheidung 2404
Art. 41 Vollstreckungsverfahren und Bedingungen für die Vollstreckung . 2405
Art. 42 Verbot der sachlichen Nachprüfung 2405
Art. 43 Kein Vorrang der Eintreibung von Kosten 2405

Inhaltsverzeichnis

Kapitel V Zugang zum Recht 2405
Art. 44 Anspruch auf Prozesskostenhilfe 2405
Art. 45 Gegenstand der Prozesskostenhilfe 2406
Art. 46 Unentgeltliche Prozesskostenhilfe bei Anträgen auf Unterhaltsleistungen für Kinder, die über die Zentralen Behörden gestellt werden 2406
Art. 47 Fälle, die nicht unter Art. 46 fallen 2407

Kapitel VI Gerichtliche Vergleiche und öffentliche Urkunden 2407
Art. 48 Anwendung dieser Verordnung auf gerichtliche Vergleiche und öffentliche Urkunden 2407

Kapitel VII Zusammenarbeit der Zentralen Behörden 2407
Art. 49 Bestimmung der Zentralen Behörden 2407
Art. 50 Allgemeine Aufgaben der Zentralen Behörden 2408
Art. 51 Besondere Aufgaben der Zentralen Behörden 2408
Art. 52 Vollmacht 2409
Art. 53 Ersuchen um Durchführung besonderer Maßnahmen 2409
Art. 54 Kosten der Zentralen Behörde 2409
Art. 55 Übermittlung von Anträgen über die Zentralen Behörden 2410
Art. 56 Zur Verfügung stehende Anträge 2410
Art. 57 Inhalt des Antrags 2410
Art. 58 Übermittlung, Entgegennahme und Bearbeitung der Anträge und Fälle durch die Zentralen Behörden 2411
Art. 59 Sprachenregelung 2412
Art. 60 Zusammenkünfte 2412
Art. 61 Zugang der Zentralen Behörden zu Informationen 2412
Art. 62 Weiterleitung und Verwendung der Informationen 2413
Art. 63 Benachrichtigung der von der Erhebung der Informationen betroffenen Person 2414

Kapitel VIII Öffentliche Aufgaben wahrnehmende Einrichtungen 2414
Art. 64 Öffentliche Aufgaben wahrnehmende Einrichtungen als Antragsteller 2414

Kapitel IX Allgemeine Bestimmungen und Schlussbestimmungen 2414
Art. 65 Legalisation oder ähnliche Förmlichkeiten 2414
Art. 66 Übersetzung der Beweisunterlagen 2414
Art. 67 Kostenerstattung 2415
Art. 68 Verhältnis zu anderen Rechtsinstrumenten der Gemeinschaft 2415
Art. 69 Verhältnis zu bestehenden internationalen Übereinkommen und Vereinbarungen 2415
Art. 70 Der Öffentlichkeit zur Verfügung gestellte Informationen 2415
Art. 71 Informationen zu Kontaktdaten und Sprachen 2416
Art. 72 Änderung der Formblätter 2416
Art. 73 Ausschuss 2416

Inhaltsverzeichnis

Art. 74 Überprüfungsklausel 2417
Art. 75 Übergangsbestimmungen 2417

Stichwortverzeichnis 2419

Abkürzungsverzeichnis

a. A.	anderer Ansicht
a. a. O.	am angegebenen Ort
a. E.	am Ende
a. F.	alte Fassung
a. M.	andere(r) Meinung
abl.	ablehnend
Abs.	Absatz
Abschn.	Abschnitt
Abt.	Abteilung
AcP	Archiv für die civilistische Praxis
AEUV	Vertrag über die Arbeitsweise der Europäischen Union
AFG	Arbeitsförderungsgesetz
AfP	Archiv für Presserecht
AG	Aktiengesellschaft; Amtsgericht
AGB	Allgemeine Geschäftsbedingungen
AGBG	Gesetz zur Regelung des Rechts der Allgemeinen Geschäftsbedingungen
AGG	Allgemeines Gleichbehandlungsgesetz
AK	Alternativkommentar
AktG	Aktiengesetz
AktO	Aktenordnung
allgem.	allgemein(e)
Alt.	Alternative
ÄndG	Änderungsgesetz
AnfG	Anfechtungsgesetz
Anh.	Anhang
Anl.	Anlage
Anm.	Anmerkung
AnmeldeVO	Anmeldeverordnung
AnwBl.	Anwaltsblatt
AO	Abgabenordnung
AOK	Allgemeine Ortskrankenkasse
AP	Arbeitsrechtliche Praxis
ArbG	Arbeitsgericht
ArbGeb	Der Arbeitgeber
ArbGG	Arbeitsgerichtsgesetz
AR-Blattei	Arbeitsrecht-Blattei
ArbZG	Arbeitszeitgesetz
arg.e	Argument aus
ARGE	Arbeitsgemeinschaft
ARSt	Arbeitsrecht in Stichworten
Art.	Artikel
AtomG	Atomgesetz
Aufl.	Auflage
AUG	Auslandsunterhaltsgesetz
AuR	Arbeit und Recht
AusführungsG	Ausführungsgesetz
AusführungsVO	Ausführungsverordnung
AVAG	Gesetz zur Ausführung zwischenstaatlicher Verträge und zur Durchführung von Verordnungen und Abkommen der Europäischen Gemeinschaft auf dem Gebiet der Anerkennung und Vollstreckung in Zivil- und Handelssachen (Anerkennungs- und Vollstreckungsausführungsgesetz – AVAG) vom 19. Februar 2001
AWD	Außenwirtschaftsdienst des Betriebs-Beraters
AWG	Außenwirtschaftsgesetz
AZ	Aktenzeichen

Abkürzungsverzeichnis

B.	Beschluss
BAföG	Bundesausbildungsförderungsgesetz
BAG	Bundesarbeitsgericht
BAGE	Entscheidungen des Bundesarbeitsgerichts
BankGesch.	Bankgeschäfte
BAnz.	Bundesanzeiger
BauR	Baurecht
BaWü	Baden-Württemberg
BayBezO	Bayerische Bezirksordnung
BayGO	Bayerische Gemeindeordnung
BayJMBl.	Bayerisches Justizministerialblatt
BayLKrO	Bayerische Landkreisordnung
BayObLG	Bayerisches Oberstes Landesgericht
BayObLGZ	Entscheidungen des Bayerischen Obersten Landesgerichts in Zivilsachen
BayVerfGH	Sammlung von Entscheidungen des Bayerischen Verwaltungsgerichtshofs mit Entscheidungen des Bayerischen Verfassungsgerichtshofs, des Dienststrafhofs und des Bayerischen Gerichtshofs für Kompetenzkonflikte
BB	Der Betriebs-Berater
BBergG	Bundesberggesetz
BBesG	Bundesbesoldungsgesetz
BBG	Bundesbeamtengesetz
Bd.	Band
BDSG	Bundesdatenschutzgesetz
BeamtVG	Beamtenversorgungsgesetz
BEG	Bundesentschädigungsgesetz
BEEG	Bundeselterngeld- und Elternzeitgesetz
ber.	berichtigt
BErzGG	Bundeserziehungsgeldgesetz
betr.	betreffend
BetrAVG	Gesetz zur Verbesserung der betrieblichen Altersversorgung
BetrVG	Betriebsverfassungsgesetz
BeurkG	Beurkundungsgesetz
BezG	Bezirksgericht
BFH	Bundesfinanzhof
BFH/NV	Sammlung amtlich nicht veröffentlichter Entscheidungen des BFH
BGB	Bürgerliches Gesetzbuch
BGBl.	Bundesgesetzblatt
BGH	Bundesgerichtshof
BGHZ	Entscheidungen des Bundesgerichtshofs in Zivilsachen
BGSG	Bundesgrenzschutzgesetz
BinnSchG	Binnenschifffahrtsgesetz
BKGG	Bundeskindergeldgesetz
BMJ	Bundesministerium der Justiz
BNotO	Bundesnotarordnung
BPatG	Bundespatentgericht
BRAGO	Bundesgebührenordnung für Rechtsanwälte
BRAO	Bundesrechtsanwaltsordnung
BRRG	Rahmengesetz zur Vereinheitlichung des Beamtenrechts
Brüssel-Ia-VO	Verordnung (EU) Nr. 1215/2012 des Europäischen Parlaments und des Rates vom 12.12.2012 über die gerichtliche Zuständigkeit und die Anerkennung und Vollstreckung von Entscheidungen in Zivil- und Handelssachen
BSeuchG	Bundesseuchengesetz
BSHG	Bundessozialhilfegesetz
BT	Bundestag
BT-Drucks./-Drs.	Bundestags-Drucksache
Buchst.	Buchstabe
BUrlG	Bundesurlaubsgesetz
BVerfG	Bundesverfassungsgericht

BVerfGE	Entscheidungen des Bundesverfassungsgerichts
BVerfGG	Bundesverfassungsgerichtsgesetz
BVerwG	Bundesverwaltungsgericht
BVG	Bundesversorgungsgesetz
BW	Baden-Württemberg
BWNotZ	Mitteilungen aus der Praxis. Zeitschrift für das Notariat in Baden-Württemberg
bzw.	beziehungsweise
CDU	Christlich-Demokratische Union
Co.	Compagnie, Kompanie
CPO	Civilprozessordnung
CR	Computer und Recht
d.h.	das heißt
DAV	Deutscher Anwaltsverein
DAVorm.	Der Amtsvormund
DB	Der Betrieb
DDR	Deutsche Demokratische Republik
DepotG	Depotgesetz/Gesetz über die Verwaltung und Anschaffung von Wertpapieren
ders.	derselbe
DesignG	Designgesetz
DGVZ	Deutsche Gerichtsvollzieher-Zeitung
dies.	dieselbe(n)
Diss.	Dissertation
DM	Deutsche Mark
DNotZ	Deutsche Notar-Zeitschrift
DÖV	Die Öffentliche Verwaltung
DRiZ	Deutsche Richter-Zeitung
DStZ	Deutsche Steuer-Zeitung
DtZ	Deutsch-Deutsche Rechtszeitschrift
DVO	Durchführungsverordnung
EFG	Entscheidungen der Finanzgerichte
EFZG	Entgeltfortzahlungsgesetz
EG	Einführungsgesetz, Europäischer Gerichtshof
EGBGB	Einführungsgesetz zum Bürgerlichen Gesetzbuch
EGInsO	Einführungsgesetz zur Insolvenzordnung
EGStGB	Einführungsgesetz zum Strafgesetzbuch
EG-Vertrag	Vertrag zur Gründung der Europäischen Wirtschaftsgemeinschaft vom 25.3.1957
EGZPO	Einführungsgesetz zur Zivilprozessordnung
Einf.	Einführung
Einl.	Einleitung
EMRK	Europäische Menschenrechtskonvention
ENeuOG	Eisenbahnneuordnungsgesetz
entspr.	entsprechend
ErbbauRG	Gesetz über das Erbbaurecht
ErbbauVO	Erbbaurechtsverordnung
ErbR	Zeitschrift für die gesamte erbrechtliche Praxis
EStG	Einkommensteuergesetz
EU	Europäische Union
EuBagatellVO/EuGFVO	Verordnung (EG) Nr. 861/2007 des Europäischen Parlaments und des Rates vom 11.7.2007 zur Einführung eines europäischen Verfahrens für geringfügige Forderungen
EuBewVO	Verordnung (EG) Nr. 1206/2001 des Rates vom 28.05.2001 über die Zusammenarbeit zwischen den Gerichten der Mitgliedstaaten auf dem Gebiet der Beweisaufnahme in Zivil- oder Handelssachen

Abkürzungsverzeichnis

EuEheVO	Verordnung (EG) Nr. 2201/2003 des Rates vom 27.11.2003 über die Zuständigkeit und die Anerkennung und Vollstreckung von Entscheidungen in Ehesachen und in Verfahren betreffend die elterliche Verantwortung und zur Aufhebung der Verordnung (EG) Nr. 1347/2000
EuGH	Gerichtshof der Europäischen Gemeinschaften
EuGHE	Entscheidungen des Gerichtshofs der Europäischen Gemeinschaften
EuGVÜ	Europäisches Übereinkommen vom 27.9.1968 über die gerichtliche Zuständigkeit und die Vollstreckung gerichtlicher Entscheidungen in Zivil- und Handelssachen
EuGVVO	Europäische Verordnung (Nr. 44) vom 22.12.2000 über die gerichtliche Zuständigkeit und die Anerkennung und Vollstreckung von Entscheidungen in Zivil- und Handelssachen
EuMahnVO	Verordnung (EG) Nr. 1896/2006 des Europäischen Parlaments und des Rates vom 12.12.2006 zur Einführung eines Europäischen Mahnverfahrens
EuUnterhaltsVO-E	Vorschlag für eine Verordnung des Rates über die Zuständigkeit und das anwendbare Recht in Unterhaltssachen, die Anerkennung und Vollstreckung von Unterhaltsentscheidungen und die Zusammenarbeit im Bereich der Unterhaltspflichten
EuVTVO	Verordnung (EG) Nr. 805/2004 des Europäischen Parlaments und des Rates vom 21.4.2004 zur Einführung eines europäischen Vollstreckungstitels für unbestrittene Forderungen
EuZVO	Verordnung (EU) Nr. 1393/2007 des Europäischen Parlaments und des Rates vom 13.11.2007 über die Zustellung gerichtlicher und außergerichtlicher Schriftstücke in Zivil- oder Handelssachen in den Mitgliedstaaten (Zustellung von Schriftstücken) und zur Aufhebung der Verordnung (EG) Nr. 1348/2000 des Rates
EuZW	Europäische Zeitschrift für Wirtschaftsrecht
EWG	Europäische Wirtschaftsgemeinschaft
EWGV	Vertrag zur Gründung der Europäischen Wirtschaftsgemeinschaft vom 25.3.1957
EWG-VO	Verordnung der Europäischen Wirtschaftsgemeinschaft
EWiR	Entscheidungen zum Wirtschaftsrecht
EWIV	Europäische Wirtschaftliche Interessenvereinigung
EzA	Entscheidungssammlung zum Arbeitsrecht
f.	folgende, für
FamFG	Gesetz über das Verfahren in Familiensachen und in den Angelegenheiten der freiwilligen Gerichtsbarkeit
FamFR	Familienrecht und Familienverfahrensrecht
FamRZ	Zeitschrift für das gesamte Familienrecht
Festschr.	Festschrift
ff.	fortfolgende
FG	Festgabe, Finanzgericht
FGB	Familiengesetzbuch der DDR
FGG	Gesetz über die Angelegenheiten der freiwilligen Gerichtsbarkeit (aufgehoben)
FGO	Finanzgerichtsordnung
FGPrax	Praxis der Freiwilligen Gerichtsbarkeit
Fn.	Fußnote
FoVo	Forderung und Vollstreckung
FPR	Familie Partnerschaft Recht
FreizügG/EU	Gesetz über die allgemeine Freizügigkeit von Unionsbürgern
FS	Festschrift
Fußn.	Fußnote
GBO	Grundbuchordnung
GbR	Gesellschaft bürgerlichen Rechts
GBVfg.	Grundbuchverfügung
GebrMG	Gebrauchsmustergesetz

Abkürzungsverzeichnis

GS	Gedächtnisschrift
gem.	gemäß
GEMA	Gesellschaft für musikalische und mechanische Vervielfältigungsrechte
GemSOGB	Gemeinsamer Senat der obersten Gerichtshöfe des Bundes
GeschmMG	Geschmacksmustergesetz
GesO	Gesamtvollstreckungsordnung
GewKG	Gewerbe- und Kaufmannsgericht (Zeitschrift)
GewO	Gewerbeordnung
GewSchG	Gewaltschutzgesetz
gez.	gezeichnet
GG	Grundgesetz
ggf.	gegebenenfalls
GKG	Gerichtskostengesetz
GmbH	Gesellschaft mit beschränkter Haftung
GmbHG	Gesetz betreffend die Gesellschaft mit beschränkter Haftung
GmbH-Rdsch.	GmbH-Rundschau
GNotKG	Gerichts- und Notarkostengesetz
GO BW	Gemeindeordnung von Baden-Württemberg
GO NW	Gemeindeordnung für Nordrhein-Westfalen
Goltd.A.	Goltdammer's Archiv für Strafrecht
Grundz.	Grundzüge
GRUR	Gewerblicher Rechtsschutz und Urheberrecht
GRURPrax	Gewerblicher Rechtsschutz und Urheberrecht Praxis im Immaterialgüter- und Wettbewerbsrecht
GS	Großer Senat
GüKG	Güterkraftverkehrsgesetz
GV NW	Gesetz- und Verordnungsblatt für Nordrhein-Westfalen
GVG	Gerichtsverfassungsgesetz
GVGA	Geschäftsanweisung für Gerichtsvollzieher
GVKostG	Gesetz über die Kosten der Gerichtsvollzieher
GVKostGr	Gerichtsvollzieherkostengrundsätze
GVO	Gerichtsvollzieherordnung
GWB	Gesetz gegen Wettbewerbsbeschränkungen
HandwO	Handwerksordnung
HansOLG	Hanseatisches Oberlandesgericht
HausratsVO	Hausratsverordnung (aufgehoben)
HdbVR	Handbuch des vorläufigen Rechtsschutzes
HdbWettbewerbsR	Handbuch des Wettbewerbsrechts, 3. Aufl., München 2005
HeimArbG	Heimarbeitsgesetz
hess.	hessisch(es)
HessGO	Hessische Gemeindeordnung
HessSchAG	Hessisches Schiedsamtsgesetz
HGB	Handelsgesetzbuch
HinterlG	Hinterlegungsgesetz (der Länder)
HinterlO	Hinterlegungsordnung (aufgehoben)
h. M.	herrschende Meinung
HpflG	Haftpflichtgesetz
HRR	Höchstrichterliche Rechtsprechung
Hs.	Halbsatz
HUVÜ	Haagener Übereinkommen über die Anerkennung und Vollstreckung von Entscheidungen auf dem Gebiet der Unterhaltspflicht gegenüber Kindern
i. d. F.	in der Fassung
i. d. R.	in der Regel
i. E.	im Ergebnis
IHKG	Gesetz zur vorläufigen Regelung des Rechts der Industrie- und Handelskammern

Abkürzungsverzeichnis

i. S. (v., d.)	im Sinne (von, des)
i. V. (m.)	in Verbindung (mit)
insbes.	insbesondere
InsO	Insolvenzordnung
IntFamRVG	Gesetz zur Aus- und Durchführung bestimmter Rechtsinstitute auf dem Gebiet des internationalen Familienrechts
InVO	Insolvenz und Vollstreckung
IPRax	Praxis des Internationalen Privat- und Verfahrensrechts
IPRspr	Die deutsche Rechtsprechung auf dem Gebiete des Internationalen Privatrechts (IP)
JA	Juristische Arbeitsblätter
JBeitrO	Justizbeitreibungsordnung
JMBl.NW	Justizministerialblatt Nordrhein-Westfalen
JR	Juristische Rundschau
JurA	Juristische Analysen
Jura	Juristische Ausbildung
JurBüro	Juristisches Büro
JuS	Juristische Schulung
Justiz	Die Justiz
JVEG	Gesetz über die Vergütung von Sachverständigen, Dolmetscherinnen, Dolmetschern, Übersetzerinnen und Übersetzern sowie die Entschädigung von ehrenamtlichen Richterinnen, ehrenamtlichen Richtern, Zeuginnen, Zeugen und Dritten
JW	Juristische Wochenschrift
JWG	Gesetz für Jugendwohlfahrt
JZ	Juristenzeitung
Kap.	Kapitel
KG	Kammergericht, Kommanditgesellschaft
KJ	Kritische Justiz
KJHG	Kinder- und Jugendhilfegesetz
KKZ	Kommunal-Kassen-Zeitschrift
KO	Konkursordnung
KontrRG	Kontrollratsgesetz
KostO	Kostenordnung
KostVerz.	Kostenverzeichnis
K&R	Kommunikation und Recht
KreisG	Kreisgericht
KSchG	Kündigungsschutzgesetz
KTS	Konkurs-, Treuhand- und Schiedsgerichtswesen
KUrhG	Gesetz betreffend das Urheberrecht an Werken der bildenden Künste und der Fotografie
KV	Kostenverzeichnis
LAG	Landesarbeitsgericht
LG	Landgericht
Lit.	Literatur
LM	Nachschlagewerk des Bundesgerichtshofs, herausgegeben von Lindenmaier/Möhring
LMK	Lindenmaier/Möhring, Kommentierte BGH-Rechtsprechung
LPartG	Lebenspartnerschaftsgesetz
LRG NW	Landesrundfunkgesetz Nordrhein-Westfalen
LSG	Landessozialgericht
LStDV	Lohnsteuer-Durchführungsverordnung
LuftfzRG	Gesetz über die Rechte an Luftfahrzeugen
LuftVG	Luftverkehrsgesetz

LugÜ	Übereinkommen vom 16.9.1988 über die gerichtliche Zuständigkeit und die Vollstreckung gerichtlicher Entscheidungen in Zivil- und Handelssachen (sog. Luganoübereinkommen)
LugÜ 2007	Luganer Übereinkommen vom 30.10.2007
LVerbO NW	Landschaftsverbandsordnung Nordrhein-Westfalen
m.w.N.	mit weiteren Nachweisen
MarkenG	Markengesetz
MD VSW	Magazindienst des Verbandes Sozialer Wettbewerb
MDR	Monatsschrift für Deutsches Recht
MediationsG	Mediationsgesetz
MedR	Medizinrecht
MietRÄndG	Mietrechtsänderungsgesetz
MittRhNotK	Mitteilungen der Rheinischen Notar-Kammer
MMR	MultiMedia und Recht
Mot.	Motive
MuSchuG	Mutterschutzgesetz
MüKo	Münchener Kommentar
n.F.	neue Fassung
NATO	North Atlantic Treaty Organization; Nordatlantikpakt
Nds. Rpfl	Niedersächsische Rechtspflege
NJ	Neue Justiz (DDR)
NJW	Neue Juristische Wochenschrift
NJWE-MietR	NJW-Entscheidungsdienst, Miet- und Wohnungsrecht
NJW-RR	Neue Juristische Wochenschrift, Rechtsprechungs-Report Zivilrecht
Nr.	Nummer
Nrn.	Nummern
NuR	Natur und Recht
NVwZ	Neue Zeitschrift für Verwaltungsrecht
NVwZ-RR	Neue Zeitschrift für Verwaltungsrecht, Rechtsprechungs-Report
NW	Nordrhein-Westfalen
NZA	Neue Zeitschrift für Arbeitsrecht
NZA-RR	Neue Zeitschrift für Arbeitsrecht, Rechtsprechungs-Report
NZG	Neue Zeitschrift für Gesellschaftsrecht
NZI	Neue Zeitschrift für Insolvenz- und Sanierungsrecht
NZM	Neue Zeitschrift für Mietrecht
NZS	Neue Zeitschrift für Sozialrecht
o.ä.	oder ähnliches
OGH	Oberster Gerichtshof in Österreich
OGH Brit	Entscheidungen des Obersten Gerichtshofs für die Britische Zone in Zivilsachen
OHG	offene Handelsgesellschaft
OLG	Oberlandesgericht
OLGE	Die Rechtsprechung der Oberlandesgerichte auf dem Gebiete des Zivilrechts
OLGR	OLG-Report
OLGRspr.	Die Rechtsprechung der Oberlandesgerichte auf dem Gebiete des Zivilrechts
OLGZ	Entscheidungen der Oberlandesgerichte in Zivilsachen
OVG	Oberverwaltungsgericht
OWiG	Ordnungswidrigkeitengesetz
PatG	Patentgesetz
PflVG	Pflichtversicherungsgesetz
PostG	Gesetz über das Postwesen
PostVerfG	Postverfassungsgesetz
pp.	und so weiter
PresseG NW	Pressegesetz Nordrhein-Westfalen

Abkürzungsverzeichnis

Prot.	Protokolle
r + s	Recht und Schaden
RdA	Recht der Arbeit
RDG	Rechtsdienstleistungsgesetz
RdL	Recht der Landwirtschaft
Rdn.	Randnummer
RDV	Recht der Datenverarbeitung (Zeitschrift)
Rdz.	Randzahl
Recht	Das Recht (Zeitschrift)
RG	Reichsgericht
RGBl.	Reichsgesetzblatt
RGZ	Entscheidungen des Reichsgerichts in Zivilsachen
RHeimStG	Reichsheimstättengesetz
RIW	Recht der internationalen Wirtschaft
Rn.	Randnummer
Rpfleger	Der Deutsche Rechtspfleger
RPflG	Rechtspflegergesetz
Rspr.	Rechtsprechung
RuP	Recht und Politik
RVG	Rechtsanwaltsvergütungsgesetz
RVG-VV	Rechtsanwaltsvergütungsgesetz-Vergütungsverzeichnis
S.	Seite/Satz
SaarlRuStZ	Saarländische Rechts- und Steuerzeitschrift
Sachgeb.	Sachgebiet
SAE	Sammlung arbeitsrechtlicher Entscheidungen
SchAG NRW	Schiedsamtsgesetz Nordrhein-Westfalen
SchG	Schulgesetz
SchiffsRegO	Schiffsregisterordnung
SchlHA	Schleswig-Holsteinische Anzeigen
SchRG	Gesetz über Rechte an eingetragenen Schiffen oder Schiffsbauwerken
SchlHA.	Schleswig-Holsteinische Anzeigen
SchlHOLG	Schleswig-Holsteinisches Oberlandesgericht
SchuVVO	Schuldnerverzeichnisverordnung
scil.	scilicet
SGb	Die Sozialgerichtsbarkeit (Zeitschrift)
SGB I	Sozialgesetzbuch Allgemeiner Teil
SGB II	Sozialgesetzbuch Grundsicherung für Arbeitsuchende
SGB III	Sozialgesetzbuch Arbeitsförderung
SGB IV	Sozialgesetzbuch Sozialversicherung, Kapitel 1: gemeinsame Vorschriften für die Sozialversicherung
SGB VI	Sozialgesetzbuch Gesetzliche Rentenversicherung
SGB VIII	Sozialgesetzbuch Kinder- und Jugendhilfe
SGB X	Sozialgesetzbuch Verwaltungsverfahren, Kapitel 2: Schutz der Sozialdaten
SGB XII	Sozialgesetzbuch Sozialhilfe
SGG	Sozialgerichtsgesetz
sog.	sogenannte(r)
SortenSchG	Sortenschutzgesetz
SozG	Sozialgericht
SpuRt	Zeitschrift für Sport und Recht
StAZ	Das Standesamt
StGB	Strafgesetzbuch
StPO	Strafprozessordnung
str.	Streitig
StrEG	Gesetz über die Entschädigung für Strafverfolgungsmaßnahmen
StrRehaG	Strafrechtliches Rehabilitierungsgesetz
StrVollstrO	Strafvollstreckungsordnung

StVG	Straßenverkehrsgesetz
StVollzG	Strafvollzugsgesetz
StW	Die neue Steuerwarte
TVG	Tarifvertragsgesetz
u.	und
U.	Urteil
u. ä.	und ähnliches
u. U.	unter Umständen
UÄndG	Gesetz zur Änderung unterhaltsrechtlicher, verfahrensrechtlicher und anderer Vorschriften
Überbl.	Überblick
Übers.	Übersicht
UKlaG	Unterlassungsklagengesetz
UrhG	Urhebergesetz
Urt.	Urteil
usw.	und so weiter
UVG	Unterhaltsvorschussgesetz
UWG	Gesetz gegen den unlauteren Wettbewerb
v.	vor, von, vom
VerbrKrG	Verbraucherkreditgesetz
vergl.	vergleiche
VermBG	Vermögensbildungsgesetz
VermG	Vermögensgesetz
VermVV	Verordnung über das Vermögensverzeichnis
VersR	Versicherungsrecht (Zeitschrift)
VerwRspr.	Verwaltungsrechtsprechung in Deutschland
VG Wort	Verwertungsgesellschaft Wort
VGH	Verwaltungsgerichtshof
vgl.	vergleiche
VMBl.	Ministerialblatt des Bundesministers der Verteidigung
VOB/B	Verdingungsordnung für Bauleistungen, Teil B: Allgemeine Vertragsbedingungen für die Ausführung von Bauleistungen
Vorbem.	Vorbemerkung
VRG	Vorruhestandsgesetz
VRS	Verkehrsrechts-Sammlung
VVG	Gesetz über den Versicherungsvertrag
VwGO	Verwaltungsgerichtsordnung
VwVfG	Verwaltungsverfahrensgesetz
VwVG	Verwaltungsvollstreckungsgesetz
WahlprüfG	Wahlprüfungsgesetz
WahrnG/UrhWarnG	Urheberrechtswahrnehmungsgesetz
Warn.	Warneyer, Rechtsprechung des Reichsgerichts (bzw. Bundesgerichtshofs)
WE	Wohnungseigentum (Zeitschrift)
WEG	Wohnungseigentumsgesetz
WehrsoldG	Wehrsoldgesetz
WG	Wechselgesetz
WiGBl.	Gesetzblatt der Verwaltung des Vereinigten Wirtschaftsgebietes
WiRO	Wirtschaft und Recht in Osteuropa
WiStG	Wirtschaftsstrafgesetz
WM	Wertpapier-Mitteilungen
WRP	Wettbewerb in Recht und Praxis
WRV	Verfassung des Deutschen Reiches (Weimarer Reichsverfassung)
WuB	Zeitschrift für Wirtschafts- und Bankrecht
WuM	Wohnungswirtschaft und Mietrecht

Abkürzungsverzeichnis

WuW	Wirtschaft und Wettbewerb
WWSU	Wirtschafts- und Währungsunion
WZG	Warenzeichengesetz
z. B.	zum Beispiel
z. T.	zum Teil
z. Z.	zur Zeit
ZfA	Zeitschrift für Arbeitsrecht
ZfBR	Zeitschrift für deutsches und internationales Baurecht
ZGR	Zeitschrift für Unternehmens- und Gesellschaftsrecht
ZHR	Zeitschrift für das gesamte Handelsrecht und Wirtschaftsrecht
Ziff.	Ziffer
ZIP	Zeitschrift für Wirtschaftsrecht
ZMR	Zeitschrift für Miet- und Raumrecht
ZPO	Zivilprozessordnung
ZRHO	Rechtshilfeordnung für Zivilsachen
ZRP	Zeitschrift für Rechtspolitik
ZTR	Zeitschrift für Tarifrecht
zust.	zustimmend
zutr.	zutreffend
ZVG	Gesetz über die Zwangsversteigerung und die Zwangsverwaltung
ZZP	Zeitschrift für Zivilprozess

Literaturverzeichnis

(Spezielle Monografien und Aufsätze zum Zwangsvollstreckungsrecht sind bei den allgemeinen Vorbemerkungen sowie bei den einzelnen Vorschriften nachgewiesen.)

1. Kommentare zur Zivilprozessordnung

Alternativkommentar Kommentar zur Zivilprozessordnung	1987 (§§ 704 bis 915 bearb. von *Schmidt-von Rhein, Deppe-Hilgenberg,* §§ 916 bis 945 bearb. v. *Damm*)
Baumbach/Lauterbach/Albers/ Hartmann	Kommentar zur Zivilprozessordnung, 73. Aufl. 2015 (bearb. v. *Hartmann*)
Kindl/Meller-Hannich/Wolf	Gesamtes Recht der Zwangsvollstreckung, 2. Aufl. 2013 (bearb. v. *Berndtsen, Garber, Giers, Gruber, Haertlein, Handke, Kessel, Kindl, Koch, Kohte, Krone, Mäsch, Meller-Hannich, Müller, Netzer, Noethen, Onderka, Plastrotmann, Radke, Rensen, Schneiders, Schultes, Sievers, Sternal, Stumpe, Stürner*)
Münchener Kommentar	Kommentar zur Zivilprozessordnung, Bd. 2, 4. Aufl. 2012 (§§ 704 bis 915h bearb. v. *Brinkmann, Eickmann, Götz, Gottwald, Gruber, Heßler, K. Schmidt, Smid, Wagner, Wolfsteiner*, §§ 916 bis 945 bearb. v. *Drescher*); Bd. 3, 4. Aufl. 2013 (§§ 1079 bis 1086 bearb. v. *Adolphsen*, Europäisches Zivilprozessrecht bearb. v. *Gottwald*)
Musielak/Voit	Kommentar zur Zivilprozessordnung, 12. Aufl. 2015 (§§ 704 bis 915h bearb. v. *Lackmann, Voit, Becker*, §§ 916 bis 945 bearb. v. *Huber*, §§ 1079 bis 1086 bearb. v. *Lackmann*)
Prütting/Gehrlein	ZPO Kommentar, 7. Aufl. 2015 (§§ 704 bis 915h bearb. v. *Ahrens, Flury, Kroppenberg, Meller-Hannich, Olzen, Schneider, Scheuch, Tombrink, Zempel*, §§ 916 bis 945 bearb. v. *Fischer*, §§ 1079 bis 1086 bearb. v. *Halfmeier*)
Saenger	Zivilprozessordnung, 6. Aufl. 2015 (§§ 704 bis 915h bearb. v. *Gierl, Kemper, Kindl, Pukall, Rathmann, Saenger*, §§ 916 bis 945 bearb. v. *Kemper*, §§ 1079 bis 1086 bearb. v. *Saenger*)
Stein/Jonas	Kommentar zur Zivilprozessordnung, Bd. 7-9, 22. Aufl. 2002 ff. (§§ 704 bis 915h bearb. v. *Münzberg, Brehm*, §§ 916 bis 945 bearb. v. *Grunsky*)
Thomas/Putzo	Kommentar zur Zivilprozessordnung, 36. Aufl. 2015 (§§ 704 bis 721 u. §§ 724 bis 945 bearb. v. *Seiler*, §§ 722, 723 u. §§ 1079 bis 1086 bearb. v. *Hüßtege*)
Wieczorek/Schütze	Kommentar zur Zivilprozessordnung, Bd. 4, 3. Aufl. 1999 (§§ 704 bis 915h bearb. v. *Paulus, Heß, Schütze, Salzmann, Steiner, W. Lüke, Storz, Loeser*); Bd. 10/2, 4. Aufl. 2015 (§§ 864-915h bearb. v. *Bittmann, Rensen, Schreiber, Wax*); Bd. 11, 4. Aufl. 2014 (§§ 916 bis 945 bearb. v. *Thümmel*); Bd. 12, 4. Aufl. 2013 (§§ 1079 ff. u. Internationales Zivilprozessrecht bearb. v. *Schütze*)
Zimmermann	Kommentar zur Zivilprozessordnung, 9. Aufl. 2011
Zöller	Kommentar zur Zivilprozessordnung, 30. Aufl. 2014 (§§ 704 bis 915h bearb. v. *Stöber, Geimer, Herget*, §§ 916 bis 945 bearb. v. *Vollkommer*, §§ 1079 bis 1086 bearb. v. *Geimer*)

2. Monografien, Lehr- und Handbücher (auch) zum Zwangsvollstreckungsrecht

Baumann/Brehm	Zwangsvollstreckung, 2. Aufl. 1982
Baur/Stürner/Bruns	Zwangsvollstreckungsrecht, 13. Aufl. 2006
Behr	Grundlagen des Zwangsvollstreckungsrechts, 3. Aufl. 1998
A. Blomeyer	Zivilprozeßrecht, Vollstreckungsverfahren, 1975 mit Nachtrag 1979
Brox/Walker	Zwangsvollstreckungsrecht, 10. Aufl. 2014
Bruns/Peters	Zwangsvollstreckungsrecht, 3. Aufl. 1987
Dierck/Morvilius/Vollkommer	Handbuch des Zwangsvollstreckungsrechts, 2009
Fischer	Vollstreckungszugriff als Grundrechtseingriff, 2006
Gaul/Schilken/ Becker-Eberhardt	Zwangsvollstreckungsrecht, 12. Aufl. 2010
Gerhardt	Grundbegriffe des Vollstreckungs- und Insolvenzrechts, 1985
U. Gottwald/Mock	Zwangsvollstreckung, 7. Aufl. 2015
Grunsky/Jacoby	Zivilprozessrecht, 14. Aufl. 2014
Grunsky	Grundzüge des Zwangsvollstreckungs- und Insolvenzrechts, 5. Aufl. 1996
Hasselblatt/Sternal	Beck'sches Formularbuch Zwangsvollstreckung, 2. Aufl. 2012
Heiderhoff/Skamel	Zwangsvollstreckungsrecht, 2. Aufl. 2013
Heussen/Damm	Zwangsvollstreckung für Anfänger, 11. Aufl. 2014
Hintzen	Taktik in der Zwangsvollstreckung, Teil I, 5. Aufl. 2000, Teil II, 4. Aufl. 1998, Teil III, 4. Aufl. 1999
Hintzen	Handbuch der Immobiliarvollstreckung, 3. Aufl. 1999
Hintzen	Vollstreckung durch den Gerichtsvollzieher, 3. Aufl. 2008
Hintzen/Wolf	Die Mobiliarvollstreckung in der Praxis, 2. Aufl. 1999
Jauernig/Berger	Zwangsvollstreckungs- und Insolvenzrecht, 23. Aufl. 2010
Keller	Handbuch Zwangsvollstreckungsrecht, 2013
Lippross	Vollstreckungsrecht, 11. Aufl. 2014
Lackmann	Zwangsvollstreckungsrecht, 10. Aufl. 2013
G. Lüke/Hau	Zwangsvollstreckungsrecht, Prüfe dein Wissen, 3. Aufl. 2008
W. Lüke	Zivilprozessrecht – Erkenntnisverfahren, Zwangsvollstreckung, Europäisches Zivilverfahrensrecht, 10. Aufl. 2011
Möbius/Kroiß	Zwangsvollstreckung, Examenskurs für Rechtsreferendare, 6. Aufl. 2011
Musielak	Grundkurs ZPO, 12. Aufl. 2014
Paulus	Zivilprozessrecht. Erkenntnisverfahren und Zwangsvollstreckung und Europäisches Zivilprozessrecht, 5. Aufl. 2013
von Sachsen Gessaphe	Zwangsvollstreckungsrecht, 2014
Saenger/Ulrich/Siebert	Gesetzesformulare ZPO, 2. Aufl. 2012
Stamm	Die Prinzipien und Grundstrukturen des Zwangsvollstreckungsrechts, 2007
Steinert/Theede/Knop	Zwangsvollstreckung in das bewegliche Vermögen, 9. Aufl. 2013
Stöber	Zwangsvollstreckung in das unbewegliche Vermögen, 9. Aufl. 2010
Tempel/C. Theimer/A. Theimer	Mustertexte zum Zivilprozess, Bd. II: Besondere Verfahren erster und zweiter Instanz – Relationstechnik, 7. Aufl. 2012
Weber/Dospil	Mandatspraxis Zwangsvollstreckung, 2010
Wertenbruch	Die Haftung von Gesellschaften und Gesellschaftsanteilen in der Zwangsvollstreckung, 2000
Zimmermann	ZPO-Fallrepetitorium, 10. Aufl. 2015

3. Monografien, Lehr- und Handbücher (auch) zum einstweiligen Rechtsschutz

Ahrens	Der Wettbewerbsprozess, 7. Aufl. 2014
Baur	Studien zum einstweiligen Rechtsschutz, 1967
Baur/Stürner/Bruns	Zwangsvollstreckungsrecht, 13. Aufl. 2006
Berger	Einstweiliger Rechtsschutz im Zivilrecht, 2006
Berneke/Schüttpelz	Die einstweilige Verfügung in Wettbewerbssachen, 3. Aufl. 2015
Brox/Walker	Zwangsvollstreckungsrecht, 10. Aufl. 2014
Bruns/Peters	Zwangsvollstreckungsrecht, 3. Aufl. 1987
Dörner/Luczak/Wildschütz	Handbuch des Fachanwalts Arbeitsrecht, 12. Aufl. 2015 (Arrest und einstweilige Verfügung bearb. von *Stichler*)
Dunkl/Moeller/Baur/Feldmeier	Handbuch des vorläufigen Rechtsschutzes, 3. Aufl. 1999
Erfurter Kommentar	Kommentar zum Arbeitsrecht, 15. Aufl. 2015 (§§ 62, 85 ArbGG bearb. von *Koch*)
Finkelnburg/Dombert/Külpmann	Vorläufiger Rechtsschutz im Verwaltungsstreitverfahren, 6. Aufl. 2011
Gaul/Schilken/Becker-Eberhard	Zwangsvollstreckungsrecht, 12. Aufl. 2010
Gießler/Soyka	Vorläufiger Rechtsschutz in Familiensachen, 5. Aufl. 2010
Gottwald	Einstweiliger Rechtsschutz in Verfahren nach der ZPO, 1998
Grunsky	Grundzüge des Zwangsvollstreckungs- und Insolvenzrechts, 5. Aufl. 1996
Jauernig/Berger	Zwangsvollstreckungs- und Insolvenzrecht, 23. Aufl. 2010
Kasseler Handbuch	Handbuch zum Arbeitsrecht, Bd. 2, 2. Aufl. 2000 (Arrest und einstweilige Verfügung bearb. von *Ascheid*)
Klevemann	Anwalts-Handbuch Einstweiliger Rechtsschutz, 2. Aufl. 2013
König	Einstweilige Verfügungen im Zivilverfahren, 4. Aufl. 2012 (zum österreichischen Recht)
Kopp/Schenke	Verwaltungsgerichtsordnung, 21. Aufl. 2015
Korinth	Einstweiliger Rechtsschutz im Arbeitsgerichtsverfahren, 3. Aufl. 2015
Kuhla/Hüttenbrink	Der Verwaltungsprozess, 3. Aufl. 2002
Lackmann	Zwangsvollstreckungsrecht, 10. Aufl. 2013
Leipold	Grundlagen des einstweiligen Rechtsschutzes, 1971
Melullis	Handbuch des Wettbewerbsprozesses, 3. Aufl. 2000
Münchener Handbuch	Handbuch zum Arbeitsrecht, Bd. 2, 3. Aufl. 2009 (Einstweiliger Rechtsschutz bearb. von *Jacobs*)
Nirk/Kurtze	Wettbewerbsstreitigkeiten, 2. Aufl. 1992
Schoch	Vorläufiger Rechtsschutz und Risikoverteilung im Verwaltungsrecht, 1988
Schoch/Schneider/Bier	Verwaltungsgerichtsordnung, Loseblatt Stand März 2015 (§ 123 VwGO bearb. von *Schoch*)
Teplitzky	Wettbewerbsrechtliche Ansprüche und Verfahren, 10. Aufl. 2011
Walker	Der einstweilige Rechtsschutz im Zivilprozeß und im arbeitsgerichtlichen Verfahren, 1993

Literaturverzeichnis

4. Monografien, Kommentare Lehr- und Handbücher zum internationalen Zivilprozess

Adolphsen	Europäisches Zivilverfahrensrecht, 2. Aufl. 2015
Geimer	Internationales Zivilprozessrecht, 7. Aufl. 2014
Geimer/Schütze	Der internationale Rechtsverkehr in Zivil- und Handelssachen, Loseblatt Stand 2014
Geimer/Schütze	Europäisches Zivilverfahrensrecht, Kommentar, 3. Aufl. 2010
Hess	Europäisches Zivilprozessrecht, 2010
Hess/Pfeiffer/Schlosser	The Brussels I – Regulation (EC) No. 44/2001, The Heidelberg Report on the Application of Regulation Brussels I in 25 Member States (Study JLS/C4/2005/03), 2. Aufl. 2008
Kropholler/von Hein	Europäisches Zivilprozessrecht, Kommentar, 9. Aufl. 2011
Leible/Freitag	Forderungsbeitreibung in der EU, 2008
Linke/Hau	Internationales Zivilverfahrensrecht, 6. Aufl. 2015
Nagel/Gottwald	Internationales Zivilprozessrecht, 7. Aufl. 2013
Rauscher	Europäisches Zivilprozessrecht, 5. Aufl. 2006;
Ders.	Europäisches Zivilprozess- und Kollisionsrecht EuZPR/EuIPR, Kommentar, Bearb. 2010-2015
ders.	Internationales Privatrecht, mit internationalem und europäischem Verfahrensrecht, 4. Aufl. 2012
Reinmüller	Internationale Rechtsverfolgung, 2008
Schack	Internationales Zivilverfahrensrecht, 6. Aufl. 2014
Schlosser	EU-Zivilprozessrecht, Kommentar, 3. Aufl. 2009
Schmidt	Europäischer Zivilprozess, 2004

5. Kommentare und Handbücher zu angrenzenden Rechtsgebieten

Arnold/Meyer-Stolte/Rellermeyer/Hintzen/Manfred	Kommentar zum Rechtspflegergesetz, 8. Aufl. 2015
Bader/Creutzfeldt/Friedrich	Kommentar zum Arbeitsgerichtsgesetz, 5. Aufl. 2008
Bassenge/Roth	Kommentar zum FamFG und zum Rechtspflegergesetz, 12. Aufl. 2009
Bumiller/Harders/Schwamb	Kommentar zum FamFG, 11. Aufl. 2015
Bumiller/Winkler	Kommentar zum FamFG, 9. Aufl. 2009
Dassler/Schiffhauer/Hintzen/Engels/Rellermeyer	Kommentar zum Zwangsversteigerungsgesetz, 14. Aufl. 2013
Dörndorfer	Kommentar zum Rechtspflegergesetz, 2. Aufl. 2014
Germelmann/Matthes/Prütting	Kommentar zum Arbeitsgerichtsgesetz, 8. Aufl. 2013 (§ 62 bearb. v. *Germelmann*, § 85 bearb. von *Matthes/Spinner*)
GK-ArbGG	Gemeinschaftskommentar zum Arbeitsgerichtsgesetz, Loseblatt Stand Dez. 2014 (§§ 62 und 85 bearb. von *Vossen*)
Gift/Baur	Das Urteilsverfahren vor den Gerichten für Arbeitssachen, 1993 (Arrest und einstweilige Verfügung bearb. von *Baur*)
Grunsky/Waas/Benecke/Greiner	Kommentar zum Arbeitsgerichtsgesetz, 8. Aufl. 2014 (§ 62 bearb. v. *Benecke*, § 85 bearb. v. *Greiner*)
Hauck/Helml/Biebl	Kommentar zum Arbeitsgerichtsgesetz, 4. Aufl. 2011 (§ 62 bearb. v. *Helml*, § 85 bearb. v. *Hauck*)
Kissel/Mayer	Kommentar zum Gerichtsverfassungsgesetz, 7. Aufl. 2013
K. Schmidt	Insolvenzordnung, 18. Aufl. 2013
Schwab/Weth	Kommentar zum Arbeitsgerichtsgesetz, 4. Aufl. 2015 (§§ 62 und 85 bearb. v. *Walker*)
Stöber	Kommentar zum Zwangsversteigerungsgesetz, 20. Aufl. 2012

Zivilprozessordnung

in der Fassung der Bekanntmachung vom 5. Dezember 2005 (BGBl. I S. 3202; 2006 I S. 431; 2007 I S. 1781), zuletzt geändert durch Gesetz vom 8. 7. 2014 (BGBl. I 890).

Buch 8 Zwangsvollstreckung

Einführung Buch 8

Übersicht

	Rdn.			Rdn.
I.	Anwendungsbereich des 8. Buches der ZPO	1	2. Die Zulässigkeit von Vollstreckungsvereinbarungen	11
II.	Einzelzwangsvollstreckung und Gesamtvollstreckung in der Insolvenz	4	VI. Vollstreckungsverfahren und Erkenntnisverfahren	13
III.	Zwangsvollstreckungsrecht und Grundgesetz	5	VII. Das Vollstreckungsverhältnis als besonderes Schuldverhältnis zwischen den Beteiligten	15
1.	Die Zwangsvollstreckung als Vorgang des öffentlichen Rechts	5	1. Zwischen Gläubiger und Schuldner	15
2.	Besonderheiten zum Anspruch auf rechtliches Gehör im Vollstreckungsverfahren (Art. 103 Abs. 1 GG)	6	2. Zwischen Gläubiger und Dritten	16
			VIII. Gebühren und Kosten – Prozesskostenhilfe	17
IV.	Zwangsvollstreckungsrecht als Zivilverfahrensrecht	9	1. Gebühren der Vollstreckungsorgane	17
V.	Parteiherrschaft im Vollstreckungsverfahren	10	2. Gebühren der beteiligten Rechtsanwälte	18
1.	Der Gläubiger als Herr des Vollstreckungsverfahrens	10	3. Prozesskostenhilfe für das Vollstreckungsverfahren	19

Literatur zu allgemeinen Problemen des Vollstreckungsrechts:
Arens, Die Prozessvoraussetzungen in der Zwangsvollstreckung, FS Schiedermair, 1976, S. 1; *Bartels*, Der Verzicht auf den gesetzlichen Vollstreckungsschutz, Rpfleger 2008, 397; *Baumgärtel*, Probleme der Beweislastverteilung in der Zwangsvollstreckung, FS G. Lüke, 1997, 1; *Bittmann*, Treu und Glauben in der Zwangsvollstreckung, ZZP 1984, 32; *Böhm*, Ungerechtfertigte Zwangsvollstreckung und materiellrechtliche Ausgleichsansprüche, 1971; *Emmerich*, Zulässigkeit und Wirkungsweise der Vollstreckungsverträge, ZZP 1969, 417; *Fischer*, Der fehlerhafte Zugriff in der Zwangsvollstreckung, Rpfleger 2007, 12; *Fleddermann*, Die Zwangsvollstreckung aus arbeitsgerichtlichen Titeln, ArbRAktuell 2011, 318128; *Gaul*, Rechtsverwirklichung durch Zwangsvollstreckung in rechtsgrundsätzlicher und rechtsdogmatischer Sicht, ZZP 1999 (Bd. 112), 135; *ders.*, Ungerechtfertigte Zwangsvollstreckung und materielle Ausgleichsansprüche, AcP 1973, 323; *ders.*, Zur Struktur der Zwangsvollstreckung, Rpfleger 1971, 1, 41, 81; *ders.*, Zulässigkeit und Geltendmachung vertraglicher Vollstreckungsbeschränkung, JuS 1971, 347; *Giers*, Die Zwangsvollstreckung aus Titeln gegen Minderjährige, DGVZ 2008, 145; *Götte*, Zur Wiedereinführung einer Rangfolge der Zwangsvollstreckungsmittel, ZZP 1987, 412; *Hartwig*, Die Zwangsvollstreckung im Arbeitsgerichtsverfahren, Jura 2009, 203; *Henckel*, Prozessrecht und materielles Recht, 1970; *Hergenröder*, Die Vollstreckungsvereinbarung im System der Zwangsvollstreckung, DGVZ 2013, 145; *Hoffmann*, Die Aufgabenverteilung zwischen Vollstreckungsorgan und erkennendem Gericht, Diss. Saarbrücken 1972; *ders.*, Die Prüfung der Partei- und Prozessfähigkeit im Vollstreckungsverfahren, KTS 1973, 149; *Keip*, Umfang und Grenzen eines sozialen Schuldnerschutzes in der Zwangsvollstreckung, Diss., Hamburg 2000; *Kleffner*, Zur Zulässigkeit des Verzichts auf den Pfändungsschutz des § 811 ZPO, DGVZ 1991, 108; *Lüke*, Betrachtungen zum Prozessrechtsverhältnis, ZZP 1995 (Bd. 108), 427; *ders.*, Die Entwicklung der öffentlich-rechtlichen Theorie der Zwangsvollstreckung in Deutschland, FS H. Nakamura, 1996, 1150; *Münzberg*, Der vollstreckbare Anspruch in unstreitig erwirkten Vollstreckungstiteln, JZ 1998, 738; *Naendrup*, Gläubigerkonkurrenz bei fehlerhaften Zwangsvollstreckungsakten, ZZP 1972, 311; *Pawlowski*, Die Wirtschaftlichkeit der Zwangsvollstreckung, ZZP 1977, 345; *Petersen*, Die gewillkürte Vollstreckungsstandschaft, ZZP 2001 (Bd. 114), 485; *Philipp*, Zulässigkeit und Durchsetzbarkeit von Parteivereinbarungen in der Zwangsvollstreckung, Rpfleger 2010, 456; *Rick*, Schuldnerschutz in der Zwangsvollstreckung, Diss., Aachen 2002; *Rinck*, Parteivereinbarungen in der Zwangsvoll-

streckung aus dogmatischer Sicht, Diss. Passau 1996; *Roth*, Zwangsvollstreckung gegen prozessunfähige Schuldner, JZ 1987, 895; *Rothoeft*, Die Bedeutung und Tragweite des Prinzips der Publizität im Vollstreckungsrecht, 1966; *Scherer*, Der Parteibegriff in der Zwangsvollstreckung, JR 1996, 34; *Scherf*, Vollstreckungsverträge, 1971; *Schlosser*, Vollstreckungsrechtliches Prioritätsprinzip und verfassungsrechtlicher Gleichheitssatz, ZZP 1984, 121; *Kirsten Schmidt*, Vollstreckung im eigenen Namen durch Rechtsfremde, 2001; *Schug*, Zur Dogmatik des vollstreckungsrechtlichen Vertrages, Diss. Bonn 1969; *Seibel/Grothe/Harbeck/Kessel/Schultes/Sievers/Volpert/Wilhelm*, Zwangsvollstreckungsrecht aktuell, 2. Aufl. 2013; *Stamm*, Die Prinzipien und Grundstrukturen des Zwangsvollstreckungsrechts, 2007; *ders.*, Die Erfassung von Besitz, Eigentum und Vermieterpfandrecht in der Herausgabe- und Übereignungsvollstreckung, ZZP 2013, 427; *Strauß*, Nichtigkeit fehlerhafter Akte der Zwangsvollstreckung, Diss. Tübingen 1994; *Stürner*, Prinzipien der Einzelzwangsvollstreckung, ZZP 1986, 291; *Wagner*, Prozessverträge. Privatautonomie im Verfahrensrecht, 1998; *Wieser*, Der Grundsatz der Erforderlichkeit in der Zwangsvollstreckung, ZZP 1987, 146; *ders.*, Die Dispositionsbefugnis des Vollstreckungsgläubigers, NJW 1988, 665; *ders.*, Der Grundsatz der Geeignetheit in der Zwangsvollstreckung, ZZP 1985, 427.

B. Literatur zur Zwangsvollstreckung aus Titeln nach dem FamFG:
Cirullies, Vollstreckung in Familiensachen, 2009; *ders.*, Die Vollstreckung von Zwangs- und Ordnungsmitteln, insbesondere in Familiensachen, Rpfleger 2011, 573; *ders.*, Vollstreckung aus Titeln nach § 86 FamFG, FPR 2012, 473; *Dörndorfer*, Vollstreckung nach dem FamFG, JurBüro 2011, 4; *Giers*, Die Vollstreckung nach dem FamFG – Ausblick, FPR 2008, 441; *Jungbauer*, Zwangsvollstreckung in Familiensachen nach dem FamFG – Die allgemeinen Regeln, FoVo 2010, 66; *Schlünder*, Die Vollstreckung nach dem FamFG, FamRZ 2009, 1636; *Schulte-Bunert*, Die Vollstreckung nach der ZPO gem. §§ 95 f. FamFG, FPR 2012, 491; *Vogel*, Vollstreckung von Endentscheidungen nach dem FamFG, FPR 2011, 526.

C. Literatur zum Verhältnis von Insolvenzverfahren und Einzelzwangsvollstreckungsverfahren:
App, Unzulässige und noch zulässige Maßnahmen von Insolvenzgläubigern nach Eröffnung eines Insolvenzverfahrens über das Vermögen des Schuldners, DGVZ 2004, 67; *ders.*, Zur Zwangsvollstreckung aus einem gerichtlich bestätigten Insolvenzplan in das bewegliche Vermögen des Schuldners, DGVZ 2003, 49; *Th. Fischer*, Vollstreckungstitel von Insolvenzgläubigern nach Eröffnung des Verbraucherinsolvenzverfahrens, ZInsO 2005, 69; *Foerste*, Zwangsvollstreckung und Insolvenzanfechtung – ein Prüfstein subjektiver Auslegung, FS Musielak, 2004, 141; *Gaumann/Liebermann*, Die zwangsweise Durchsetzung des Weiterbeschäftigungsanspruchs durch den Arbeitnehmer im Insolvenzverfahren des Arbeitgebers, NZA 2005, 908; *Grothe*, Die vollstreckungsrechtliche »Rückschlagsperre« des § 88 InsO, KTS 2001, 205; *Heyner*, Insolvenzrecht – mit Blick auf die Zwangsvollstreckung, 2004; *Jacoby*, Die Anfechtbarkeit von Deckungen durch Zwangsvollstreckung und auf Grund von Zwangsvollstreckungsdruck, KTS 2005, 371; *Liwinska*, Das Zusammentreffen von Einzelzwangsvollstreckung und Insolvenzantragsverfahren, InVo 2002, 125; *Marotzke*, Die Anfechtbarkeit von Vollstreckungsmaßnahmen wegen Benachteiligung konkurrierender Gläubiger, ZInsO 2006, 7; *Viertelhausen*, Einzelzwangsvollstreckung während des Insolvenzverfahrens, 1999; *ders.*, Vollstreckungsmaßnahmen im Vorfeld des Insolvenzverfahrens, JurBüro 2000, 6.

D. Literatur zu verfassungsrechtlichen Problemen des Vollstreckungsrechts:
Fahland, Die Bedeutung des Verhältnismäßigkeitsgrundsatzes im Vollstreckungsrecht, VOP 1981, 328; *D. Fischer*, Die unverhältnismäßige Zwangsvollstreckung, Rpfleger 2004, 599; *N. Fischer*, Vollstreckungszugriff als Grundrechtseingriff, 2005; *ders.*, Der fehlerhafte Zugriff in der Zwangsvollstreckung, Rpfleger 2007, 12; *Gerhardt*, Bundesverfassungsgericht, Grundgesetz und Zivilprozess, speziell: Zwangsvollstreckung, ZZP 1982, 467; *Gilles*, Effektivität des Rechtsschutzes und verfassungsmäßige Ordnung, 1983; *Pilz*, Die Privatisierung des Gerichtsvollzieherwesens im Lichte der Verfassung, DGVZ 2010, 65; *Schuschke*, Lebensschutz contra Eigentumsgarantie – Zu den Grenzen des § 765a ZPO in der Räumungsvollstreckung, NJW 2006, 874; *ders.*, Reichweite und Grenzen gerichtlicher Fürsorge gegenüber suizidgefährdeten Schuldnern im Lichte des Grundgesetzes, NZM 2011, 304; *ders.*, Die Einstellung der Räumungsvollstreckung, mit besonderem Augenmerk auf Fällen mit Suizidrisiken, NZM 2015, 233; *Vollkommer*, Verfassungsmäßigkeit des Vollstreckungszugriffs, Rpfleger 1982, 1; *Walker*, Grundrechte in der Zwangsvollstreckung – Eine Skizze, Gedächtnisschrift für M. Wolf, 2011, S. 561 ff; *Weyland*, Der Verhältnismäßigkeitsgrundsatz in der Zwangsvollstreckung, 1987; *Wieser*, Der Grundsatz der Verhältnismäßigkeit in der Zwangsvollstreckung, ZZP 1985, 50; *ders.*, Der Grundsatz der Verhältnismäßigkeit in der Zwangsvollstreckung, 1989.

E. Literatur zu einer grundlegenden Reform des deutschen Vollstreckungsrechts
Brunner, Die europäischen Leitlinien für eine bessere Umsetzung der bestehenden Empfehlung des Europarates über die Zwangsvollstreckung, DGVZ 2012, 61; *Gaul*, Die erneute Gesetzesvorlage zur Reform des Gerichtsvollzieherwesens, ZZP 2011 (Bd. 124), 271; *B. Hess*, Rechtspolitische Perspektiven der Zwangsvollstreckung, JZ 2009, 662; *ders.*, Rechtspolitische Perspektiven der Zwangsvollstreckung, DGVZ 2010, 7; *Schönrock*, Privatisierung und Wettbewerb der Gerichtsvollzieher, DGVZ 2011, 57; *Stamm*, Reformbedarf in der Zwangsvollstreckung? Die Schaffung eines zentralen Vollstreckungsorgans, JZ 2012, 67.

Einführung Buch 8 ZPO

I. Anwendungsbereich des 8. Buches der ZPO

Der Inhalt des 8. Buches der ZPO geht über die in der Überschrift allein herausgestellte »Zwangsvollstreckung« hinaus: Der 5. Abschnitt (§§ 916–945) regelt das gesamte Arrest- und Verfügungsverfahren, nicht nur die Vollstreckung (dort Vollziehung genannt) aus den in diesen Eilverfahren ergangenen Titeln. Entsprechend ist hinsichtlich des Anwendungsbereiches des 8. Buches zu unterscheiden: Während der 5. Abschnitt nur das Verfahren (einschließlich Vollziehung) im Bereich der ordentlichen Gerichtsbarkeit und, über die Verweisung in § 62 Abs. 2 ArbGG, der Arbeitsgerichtsbarkeit anspricht, ist der Anwendungsbereich der Abschnitte 1–4, die die Zwangsvollstreckung zum Gegenstand haben, weiter: Sie gelten nicht nur für die Zwangsvollstreckung aus zivilgerichtlichen Urteilen einschließlich der Urteile der Arbeitsgerichte (§ 62 Abs. 2 ArbGG)[1] und aus den in § 794 genannten weiteren nach den Regeln der ZPO zustande gekommenen Titeln (unabhängig davon, ob die in diesen Titeln titulierte Forderung ihrerseits aus dem Bereich des Zivilrechts oder auch des öffentlichen Rechts herrührt),[2] sondern darüber hinaus für die Vollstreckung zahlreicher außerhalb der ZPO geregelter Vollstreckungstitel.[3] Insoweit kommen auch landesrechtliche Titel als Vollstreckungsgrundlage in Betracht (§ 801 Abs. 1 ZPO), soweit sich die landesrechtliche Regelung im Rahmen der grundgesetzlichen Ordnung bewegt[4]. 1

Auch die Vollstreckung von Titeln aus dem Bereich der freiwilligen Gerichtsbarkeit und des Familienrechts ist im FamFG trotz einiger Sonderregeln überwiegend an die Zwangsvollstreckung nach dem 8. Buch der ZPO angelehnt[5]. 2

1. Das FamFG unterscheidet zwischen

a. dem Einsatz von Zwangsmitteln während des Verfahrens (§ 35 FamFG), um gerichtliche Anordnungen zur Vornahme oder Unterlassung einer Handlung durchzusetzen (Beispiele: Anordnung gem. § 382 FamFG, ein Testament abzuliefern; Anordnung gem. §§ 404, 405 FamFG auf Aushändigung von Unterlagen bei der Dispache; Zwangsberichtigung des Grundbuches gem. § 82 GBO)

und

b. der Zwangsvollstreckung aus Endentscheidungen und sonstigen Titeln (Aufzählung der Titel: § 86 FamFG) im normalen FamFG-Verfahren (geregelt in §§ 86 – 96a FamFG)

sowie

c. der Zwangsvollstreckung in Ehe- und Familienstreitsachen (geregelt in § 120 FamFG).

2. Die 3 genannten Vollstreckungsfälle sind strikt zu trennen und dürfen nicht willkürlich vermengt werden[6]:

a. Gerichtliche Anordnungen im Verfahren auf Vornahme oder Unterlassung einer Handlung werden durch Festsetzung von Zwangsgeld, subsidiär von Zwangshaft, durchgesetzt (§ 35 Abs. 1

---

1 Einen Überblick über die Besonderheiten der Zwangsvollstreckung aus arbeitsgerichtlichen Titeln geben *Hartwig*, Jura 2009, 203 ff und *Fleddermann*, ArbRAktuell 2011, 318128.
2 *BGH*, Rpfleger 2006, 139; *Hintzen*, Rpfleger 2006, 584.
3 Siehe hierzu den Überblick: vor §§ 704–707 Rdn. 3–6.
4 Dies zu überprüfen wäre allerdings nicht Aufgabe der Vollstreckungsorgane, sondern müsste mit einer Titelgegenklage gem. § 767 ZPO analog geltend gemacht werden: BGH, BeckRS 2012, 15371. Zu den Grenzen aus Art. 3 GG, die landesgesetzlichen Regelungen, die bestimmten Anstalten des öffentlichen Rechts die Selbsttitulierung ihrer zivilrechtlichen Ansprüche erlauben: BVerfG, NJW 2013, 797 mit Anm. *Sachs*, JuS 2013, 571.
5 Einen guten Überblick über die Zwangsvollstreckung nach dem FamFG geben: *Dörndorfer*, JurBüro 2011, 4 und FPR 2012, 478, sowie *Cirullies*, FPR 2012, 473 und FamFR 2013, 496 sowie *Vogel*, FPR 2011, 526. Siehe ferner MüKo/*Fischer*, § 120 ZPO Rn. 2.
6 OLG Saarbrücken, BeckRS 2013, 16147 mit ausführlicher, die Problematik klar hervorhebender Anmerkung durch *Cirullies*, FamFR 2013, 496.

FamFG). Beschlüsse, die derartige Anordnungen enthalten, müssen auf die Möglichkeit ihrer Durchsetzung mittels Zwangsmitteln hinweisen (§ 35 Abs. 2 FamFG). Befolgt der Verpflichtete die Anordnung doch noch, ehe das Zwangsgeld beigetrieben ist, unterbleibt die weitere Vollstreckung. Das Zwangsgeld soll den Willen des Verpflichteten beugen, damit er die Handlung doch noch durchführt, und ihn nicht dafür »bestrafen«, dass er bisher untätig geblieben war. Ist eine Sache herauszugeben oder eine vertretbare Handlung vorzunehmen, kann das Gericht alternativ zur Zwangsmittelfestsetzung anordnen, dass nach §§ 883, 886, 887 ZPO vorzugehen sei (§ 35 Abs. 4 FamFG).

b. Ist ein Titel aus einem »normalen« FamFG-Verfahren zu vollstrecken, so regeln die §§ 86 – 96a FamFG das Verfahren: In Amtsverfahren findet auch die Vollstreckung nur von Amts wegen statt; in Antragsverfahren hat der Berechtigte die Vornahme der Vollstreckungshandlungen zu beantragen (§ 87 Abs. 1 FamFG).

aa) Die Vollstreckung von Entscheidungen über die Herausgabe von Personen und die Regelung des Umgangs mit Personen erfolgt durch Ordnungsmittel (Ordnungsgeld oder Ordnungshaft). Das einzelne Ordnungsgeld darf 25.000,- € nicht übersteigen (§ 89 Abs. 1 und Abs. 3 FamFG). Über das Ordnungsmittel muss bereits in der Entscheidung, die vollstreckt werden soll, belehrt worden sein (89 Abs. 2 FamFG).[7] Das Ordnungsmittel ist mit seiner Festsetzung verwirkt. Es kommt also nicht in Wegfall, wenn der Umgangsanordnung bei späterer Gelegenheit doch noch Folge geleistet wird. Das Gericht kann auch unmittelbaren Zwang anordnen, allerdings nicht gegen ein Kind, um ein Umgangsrecht durchzusetzen (§ 90 Abs. 2 FamFG).

bb) Zur Durchsuchung der Wohnung des Verpflichteten bedarf es der richterlichen Durchsuchungsanordnung (§ 91 FamFG).

cc) Die Zwangsvollstreckung im Übrigen erfolgt, wenn das FamFG nichts anderes im Einzelfall bestimmt, dann, wenn Geldleistungen beigetrieben, vertretbare und nicht vertretbare Handlungen durchgesetzt, Unterlassungen oder die Abgabe einer Willenserklärung erzwungen werden sollen, abweichend von den §§ 89 ff. FamFG nach den Regeln des 8. Buches der ZPO (§ 95 FamFG).

c. In Ehe- und Familienstreitsachen erfolgt die Zwangsvollstreckung immer unmittelbar nach dem 8. Buch der ZPO (§ 120 FamFG). Die Sonderregelungen der §§ 86 – 96a FamFG gelten hier nicht. Dennoch bleiben auch diese Verfahren letztlich FamFG-Verfahren, sodass etwa über Anträge (– also nicht Klagen –) gem. § 767 ZPO durch Beschluss zu entscheiden ist.

3. Beschlüsse, die im Vollstreckungsverfahren nach dem FamFG ergangen sind, sind nach § 87 Abs. 4 FamFG mit der Beschwerde nach §§ 567 ff. ZPO anfechtbar. Eine Rechtsbeschwerde ist nur zulässig, wenn sie vom Beschwerdegericht zugelassen wurde.[8]

4. Für die Vollstreckung ausländischer familiengerichtlicher Titel und ausländischer Titel aus dem Bereich der freiwilligen Gerichtsbarkeit enthält § 110 FamFG eine Regelung, die im Kern den §§ 722, 723 ZPO entspricht: Die Entscheidung muss in der Bundesrepublik anerkennungsfähig sein. Ist dies der Fall, spricht das Amtsgericht durch Beschluss die Vollstreckbarkeit aus.

3 Ferner ist das 8. Buch der ZPO anwendbar auf die Vollstreckung von Titeln aus dem Bereich der Verwaltungsgerichtsbarkeit (§ 167 VwGO), soweit die VwGO in den §§ 169–172 keine Sonderregelungen enthält, von Titeln der Finanz- (§ 151 FGO) und der Sozialgerichte (§ 198 Abs. 1 SGG), ja sogar im Bereich der Abgabenvollstreckung durch die Finanzbehörden (§§ 249 ff. AO).[9] Soweit die Vorschriften der AO nicht einfach auf die Regelungen der ZPO verweisen, wiederholen sie zum Teil wörtlich deren Regelungen. Die AO enthält allerdings auch abweichende Regelungen, aus denen deutlich wird, dass die Abgabenvollstreckung doch Verwaltungsvollstreckung ist.

---

[7] BGH, NJW 2011, 3163.
[8] BGH, NJW 2011, 3163.
[9] Siehe hierzu die ausführliche Kommentierung der eigenständigen Regelungen der AO durch *Fritsch* bei: *Pahlke/Koenig*, Abgabenordnung, §§ 249 ff. AO.

Auch die vollstreckbaren Titel der EG (Urteile des EuGH und des EuG, Entscheidungen der Kommission und des Rates) werden gegenüber Individuen (also nicht gegenüber den Mitgliedsstaaten) nach der ZPO vollstreckt (Art. 256 Abs. 2, 244 EUV).

Nicht nach dem 8. Buch der ZPO, auch nicht in entsprechender Anwendung, ist dagegen bei der eigentlichen Verwaltungsvollstreckung (Vollstreckung der öffentlich-rechtlichen Hoheitsträger aus Verwaltungsakten gegen den Bürger) vorzugehen. Hier enthalten die Verwaltungsvollstreckungsgesetze des Bundes und der Länder eigenständige Regeln.[10] Besonders geregelt, wenn auch durch weitgehende Verweisung auf das 8. Buch der ZPO (§ 8 JBeitrO), ist auch die Vollstreckung von Ansprüchen (§ 1 JBeitrO) der Justizbehörden durch die Gerichtskassen als Vollstreckungsbehörden (§ 2 JBeitrO)[11].

II. Einzelzwangsvollstreckung und Gesamtvollstreckung in der Insolvenz

Die Zivilprozessordnung regelt, wenn auch unvollkommen (da wichtige Teile in das ZVG, aber auch in das AnfG ausgegliedert sind), die Zwangsvollstreckung durch einzelne Gläubiger gegen den aus dem Wirtschaftsleben noch nicht durch Eröffnung des Insolvenzverfahrens ausgeschiedenen Schuldner: Jeder Gläubiger, der zuvor einen Vollstreckungstitel erwirkt hat, betreibt – im Grundsatz – unabhängig von den anderen in eigener Verantwortung, wenn auch unter Einschaltung staatlicher Vollstreckungsorgane, die Befriedigung seines titulierten Anspruchs. Im Gegensatz hierzu findet im Insolvenzverfahren eine Gesamtliquidation des Schuldnervermögens durch ein hierzu bestelltes Organ, den Insolvenzverwalter, statt mit dem Ziel der anteiligen gleichmäßigen Befriedigung aller Gläubiger (§ 1 Satz 1 InsO), und zwar unabhängig davon, ob sie bereits einen Vollstreckungstitel erwirkt haben oder nicht. Ein bereits vorhandener, aber noch nicht vollstreckter Titel gewährt während des Insolvenzverfahrens keine Vorteile. Während der Dauer des Insolvenzverfahrens sind keinerlei Vollstreckungsmaßnahmen[12] durch einzelne Gläubiger des Schuldners weder in die Insolvenzmasse bzw. zulasten der Insolvenzmasse[13] noch in das sonstige Vermögen des Schuldners[14] möglich (§ 89 Abs. 1 InsO). Sogar im letzten Monat vor Eröffnung des Insolvenzverfahrens eingeleitete Vollstreckungsmaßnahmen, z. B. also eine bereits wirksam ausgebrachte Pfändung oder eine bereits eingetragene Zwangshypothek, verlieren ihre Wirksamkeit[15] (und zwar gegenüber jedermann und nicht nur relativ im Verhältnis zu den Insolvenzgläubigern), soweit die Vollstreckung noch nicht beendet war (§ 88 InsO).[16] Erst nach Beendigung des Insolvenzverfahrens kann wieder zur Einzelzwangsvollstreckung gegen den Schuldner übergegangen werden (§ 201 InsO). In der Verbraucherinsolvenz folgt nach der Aufhebung des Insolvenzverfahrens auf das Vollstreckungsgebot nach § 89 Abs. 1 und Abs. 2 InsO das ebenso umfassende Verbot der Einzelvollstreckung gem. § 294 Abs. 1 InsO im Restschuldbefreiungsverfahren. Es gilt auch für solche

---

10 Entgegen AG Bergisch-Gladbach, DGVZ 1998, 191 ist über § 90 Abs. 1 OWiG auch bei der Vollstreckung von Bußgeldbescheiden der Berufsgenossenschaften das VerwVollstrG und nicht das 8. Buch der ZPO anzuwenden.
11 Zu den Zulässigkeitsvoraussetzungen der Vollstreckung durch Abnahme der Vermögensauskunft aus einem Vollstreckungsauftrag der Justizkasse: BGH, BeckRS 2015, 09433.
12 Also nicht nur Pfändungen: BGH, MDR 2013, 1001.
13 Streitig ist, ob dies auch für die Durchsetzung eines vor Eröffnung des Insolvenzverfahrens erstrittenen Weiterbeschäftigungsanspruchs des Arbeitnehmers nach Eröffnung des Insolvenzverfahrens gilt: Einzelheiten: *Gaumann/Liebermann*, NZA 2005, 908.
14 BGH, ZIP 2009, 818; BAG, GWR 2013, 364; AG Essen, NZI 2009, 252.
15 Soweit fortlaufende Bezüge des Schuldners vor Eröffnung des Insolvenzverfahrens gepfändet worden waren, ist das Pfändungspfandrecht aber nur soweit und solange unwirksam, als die Zwecke des Insolvenzverfahrens und der möglichen Restschuldbefreiung dies rechtfertigen: BGH, NZI 2011, 365.
16 BGH, ZIP 2006, 479. Zum vergleichbaren § 7 Abs. 3 GesO: BGH, NJW 1995, 1159 mit Anm. von *Walker* in WuB VI G. GesO 1.95 und Anm. von *K. Schmidt* in JuS 1995, 649 sowie von *Lohkemper*, KTS 1996, 221. Ferner: OLG Hamburg, InVo 1997, 268.

Gläubiger, deren Forderung aus einer vorsätzlich begangenen unerlaubten Handlung stammt, die vor der Eröffnung des Insolvenzverfahrens begangen wurde.[17]

Nicht berührt von der Eröffnung des Insolvenzverfahrens wird die Vollstreckung von Ansprüchen, die sich gegen den Schuldner persönlich, nicht gegen sein Vermögen richten, etwa von Unterlassungsansprüchen[18] oder von Ansprüchen auf Vornahme nicht vertretbarer Handlungen[19].

Das Verbot der Einzelzwangsvollstreckung gilt mit der Eröffnung des Insolvenzverfahrens. Vor Eröffnung des Insolvenzverfahrens vorgenommene Vollstreckungshandlungen sind andererseits nicht bereits aus diesem Grunde dauerhaft insolvenzfest; sie können vielmehr der Insolvenzanfechtung (§§ 129 ff. InsO) unterliegen[20] mit der Folge, dass das in der Vollstreckung Erlangte an den Insolvenzverwalter auf Antrag zurückzugewähren ist. Allerdings gilt für sie regelmäßig nicht wie ansonsten für vorsätzliche Rechtshandlungen im Übrigen die lange Anfechtungsfrist des § 133 Abs. 1 InsO.[21]

Wird nach der Eröffnung des Insolvenzverfahrens die Einzelzwangsvollstreckung unzulässigerweise fortgesetzt[22], können dies der Insolvenzverwalter und der Gemeinschuldner[23] mit der Erinnerung gem. § 766 ZPO rügen, auch wenn die Vollstreckungshandlungen schon ohne Weiteres unwirksam sind.

III. Zwangsvollstreckungsrecht und Grundgesetz

1. Die Zwangsvollstreckung als Vorgang des öffentlichen Rechts

5   Die Zwangsvollstreckung nach dem 8. Buch der ZPO, d.h. die zwangsweise Befriedigung oder Sicherung eines titulierten Anspruchs durch Einschaltung der staatlichen Vollstreckungsorgane ist ein Vorgang des **öffentlichen Rechts**,[24] wenn auch die Wirkungen des Vollstreckungszugriffs teilweise privatrechtlicher Natur sind.[25] Die staatlichen Vollstreckungsorgane handeln demgemäß nicht im (privatrechtlichen) Auftrag des Gläubigers, sondern werden auf Antrag des Gläubigers in Ausübung der staatlichen Vollstreckungsgewalt (– als Ausfluss des staatlichen Gewaltmonopols[26] –) kraft eigenen Rechts tätig. Ob vom Staat mit Vollstreckungsgewalt beliehene freiberufliche Amtsträger – nach notwendiger entsprechender Änderung des Grundgesetzes – das staatliche Vollstreckungsmonopol in gleicher Weise neutral handhaben können wie die bisherigen beamteten staatlichen Vollstreckungsorgane, wie dies in der Vergangenheit aufgrund verschiedener

---

17 BGH, NJW-RR 2012, 1131; LG Saarbrücken, VuR 2013, 389.
18 KG, NZI 2000, 222.
19 So der Anspruch auf Erteilung eines Arbeitszeugnisses oder Zwischenzeugnisses für die Zeit vor Eröffnung des Insolvenzverfahrens: LAG Düsseldorf, MDR 2004, 651; LAG Köln, JurBüro 2008, 496; LAG Hamm, BeckRS 2012, 67520.
20 Einzelheiten: *Foerste*, FS Musielak, 2004, 141 ff. Siehe ferner: BGH, NJW-RR 2008, 1441 mit Anm. durch *Koza*, EWiR 2008, 569, durch *Riedel*, ZVI 2008, 420 und durch *Flöther/Hohmann*, jurisPR-InsR 26/2008; BAG (6 AZR 466/12), FD-ArbR 2013, 351628. Gegen die ganz h. M. allerdings AG Reinbeck, NZI 2012, 277.
21 BGH, DGVZ 2005, 66; OLG Karlsruhe, ZIP 2008, 1687.
22 Die Einzelzwangsvollstreckung, soweit sie vor Eröffnung des Insolvenzverfahrens begonnen hatte, aber noch nicht beendet war, wird durch die Eröffnung des Insolvenzverfahrens nicht nur unterbrochen, sie wird vielmehr unzulässig; § 240 ZPO ist insoweit nicht anwendbar: BGH, BGHR 2007, 630 mit Anm. durch *Schuschke*; BGH, NJW-RR 2009, 60.
23 Bad Kreuznach, ZInsO 2007, 507.
24 Heute unbestrittene allgem. Meinung; beispielhaft: BGHZ 93, 287; BGH, WM 2009, 664; *Brox/Walker*, Rn. 1; *Lüke*, ZZP 1995, 434; *Stein/Jonas/Münzberg*, vor § 704 Rn. 16.
25 Zum Streit um die Rechtsnatur des Pfändungspfandrechts als Paradebeispiel dieser Zuordnung siehe: vor §§ 803, 804 Rdn. 10 ff.
26 BGHZ 146, 17, 19; BGH, WM 2009, 664, 666.

Bundesratsinitiativen[27] immer wieder diskutiert wurde, erscheint sehr fraglich.[28] Die Tätigkeit der Gerichtsvollzieher ist in so hohem Maße Ausübung des staatlichen Gewaltmonopols, dass es – auch unter Berücksichtigung der berufspolitischen Interessen der derzeit vom Gesetzgeber sicher zu stiefmütterlich behandelten Gerichtsvollzieher – als verfassungspolitischer Rückschritt ins 19. Jahrhundert erscheint, diese Tätigkeit zu privatisieren. Den Anliegen der Gerichtsvollzieher muss durch eine bessere finanzielle Ausstattung und eine Verbesserung der Ausbildung bei entsprechender Erweiterung der Zuständigkeiten des Gerichtsvollziehers als staatlichem Vollstreckungsorgan Rechnung getragen werden.[29] Ob die finanzielle Besserstellung der Gerichtsvollzieher allerdings allein auf Kosten der an der Zwangsvollstreckung Beteiligten geschehen sollte, wie dies im letztlich gescheiterten Entwurf eines »Gesetzes zur Stärkung des Erfolgsbezuges im Gerichtsvollzieherkostenrecht«[30] vorgesehen war,[31] ist fraglich. Die Sicherung einer effektiven Zwangsvollstreckung ist eine gesamtstaatliche Aufgabe.

Als verfassungsrechtlich und verfassungspolitisch schon im Ansatz gänzlich unvertretbar abzulehnen ist die nunmehr in § 885a Abs. 3 und Abs. 4 ZPO vorgenommene Übertragung von Vollstreckungsaufgaben auf den Gläubiger als Vollstreckungsorgan in eigener Sache. Dass dieser nämlich bei der Räumung der Schuldnerwohnung und der Verwertung der Schuldnerhabe wie ein Vollstreckungsorgan tätig werden soll, zeigt die in § 885a Abs. 7 ZPO angeordnete Möglichkeit, die Kosten seines Handelns als Vollstreckungskosten abrechnen zu können. In Grundrechte eingreifende Zwangsbefugnisse im Rahmen eines staatlichen Verfahrens allein einer durch Eigeninteressen befangenen Privatperson zu übertragen, verletzt das Rechtstaatsprinzip.[32]

Die Zwangsvollstreckung als hoheitliches Handeln gegenüber dem Schuldner als betroffenem Bürger unterliegt allen **verfassungsmäßigen Schranken**, die Eingriffen des Staates in die Sphäre, insbesondere in die Grundrechte[33], des Bürgers gesetzt sind.[34] Vor allem ist im Vollstreckungsverfahren auch der für alles staatliche Handeln gegenüber dem Bürger geltende Grundsatz der Verhältnismäßigkeit zu beachten.[35] Er bedeutet allerdings nicht, dass etwa geringfügige Forderungen des Gläubigers nicht mit staatlichen Zwangsmitteln durchgesetzt werden könnten und deshalb praktisch zu Naturalobligationen verkümmerten, weil die Vermögensinteressen des Gläubigers geringer zu werten

---

27 BT-Drucks. 16/5727 S. 1 ff und BT-Drucks. 17/1225 S. 1 ff.
28 Siehe hierzu die kritischen Anmerkungen durch *Gaul*, ZZP 2011 (Bd. 124), 271 ff; *Pilz*, DGVZ 2010, 65; *Schuschke*, DGVZ 2008, 33; *Schönrock*, DGVZ 2011, 57. Siehe ferner den der damals geplanten Novelle letztlich zustimmenden Überblick über die Diskussionsbeiträge bei *Hintzen*, Rpfleger 2010, 471, 474.
29 Siehe hierzu die Anregungen durch *Stamm*, JZ 2012, 67.
30 BR-Drucks. 898/10 und BR-Drucks. 401/13.
31 Ein Teil der Vorschläge ist später im 2. Kostenrechtsmodernisierungsgesetz aufgegangen.
32 Dass staatliche Zwangsbefugnisse nicht in die Hände Privater gelegt werden können, zeigt auch § 890 Abs. 2 ZPO: Die Ordnungsmittelandrohung ist immer dem Prozessgericht vorbehalten und kann nicht von den Parteien selbst wirksam in einen Prozessvergleich aufgenommen werden: BGH, GRUR 2012, 957.
33 Nahezu immer wird Art. 14 GG zulasten des Schuldners tangiert (siehe hierzu BVerfG, NJW 2009, 1259), oft (bei Ablehnung von Vollstreckungsmaßnahmen) auch zulasten des Gläubigers; meist werden auch Art. 13 GG und Art. 2 GG (so im Fall der Verhaftung des Schuldners) eingeschränkt, oft auch Art. 12 GG. Siehe hierzu auch *Schuschke*, DGVZ 2008, 33, 34 sowie NZM 2015, 233.
34 Einzelheiten: *Gerhardt*, ZZP 1982, 467; *Gaul/Schilken/Becker-Eberhard*, § 3 I; *Schuschke*, NJW 2006, 874; *Stürner*, ZZP 1986, 291; *Vollkommer*, Rpfleger 1982, 1; siehe ferner: BVerfGE 26, 215; 31, 275; 42, 263; 52, 214.
35 Streitig; siehe die Gegenüberstellung der Positionen bei *Wieser*, Der Grundsatz der Verhältnismäßigkeit in der Zwangsvollstreckung, S. 7 ff.; *D. Fischer*, Rpfleger 2004, 599; siehe ferner: *Schuschke*, WRP 2000, 1008 m. w. N. zum Meinungsstand sowie *Schuschke*, NJW 2006, 874; *ders.*, DGVZ 2008, 33, 34; *ders.*, NZM 2011, 304. Das BVerfG betont regelmäßig die Geltung des Grundsatzes der Verhältnismäßigkeit bei Eingriffen im Wege der Zwangsvollstreckung: BVerfG, NZM 1998, 21; BVerfG, NJW-RR 2001, 1523; BVerfG, NJW 2004, 49; BVerfG, NZM 2005, 657; BVerfG, NZI 2009, 252; siehe auch: FG Hamburg, InVo 2000, 431 und BFH, InVo 2001, 177.

seien als die dem Schuldner durch staatliche Zwangsmaßnahmen drohenden Beschränkungen.[36] Führt aber im Einzelfall eine Abwägung zwischen den widerstreitenden Interessen von Schuldner und Gläubiger zu dem Ergebnis, dass die der Zwangsvollstreckung entgegenstehenden, unmittelbar der Erhaltung von Leben und Gesundheit dienenden Interessen des Schuldners ersichtlich wesentlich schwerer wiegen als diejenigen Belange, deren Wahrung und Durchsetzung die staatliche Vollstreckungsmaßnahme dienen soll, so kann der staatliche Vollstreckungseingriff verfassungswidrig und damit unzulässig sein,[37] in absoluten Ausnahmefällen sogar auf Dauer.[38]

Der aus dem Rechtsstaatsprinzip des Art. 20 Abs. 3 GG abgeleitete Grundsatz der »fairen Verfahrensführung« gilt uneingeschränkt auch im Vollstreckungsrecht und erfordert, dass den Beteiligten in allen Stadien ein effektiver Rechtsschutz zu gewähren ist[39]. Er kann es in krassen Einzelfällen auch einmal verbieten, einen bestandskräftigen Titel überhaupt zu vollstrecken, wenn nämlich auch der Schutz der Rechtskraft eine Mitwirkung des Staates an der Durchsetzung offensichtlichen Unrechts nicht zu rechtfertigen vermag.[40]

Dass die Akte der Zwangsvollstreckung als Grundrechtseingriffe nach Ausschöpfung der Rechtsbehelfe der ZPO der Überprüfung durch das Bundesverfassungsgericht unterliegen, führt nicht dazu, dass inzident auch der der Vollstreckung zugrunde liegende Vollstreckungstitel noch einmal daraufhin überprüft wird, ob er etwa seinerseits auf verfassungswidrigen Erwägungen beruht, obwohl dieser Titel (etwa wegen Fristversäumnis) nicht mehr mit der Verfassungsbeschwerde angefochten werden kann.[41]

2. Besonderheiten zum Anspruch auf rechtliches Gehör im Vollstreckungsverfahren (Art. 103 Abs. 1 GG)

6   Da das Vollstreckungsverfahren nach dem 8. Buch der ZPO ein gerichtliches Verfahren ist, besteht grundsätzlich ein verfassungsmäßiger Anspruch des Schuldners auf rechtliches Gehör, bevor eine Entscheidung oder gerichtliche Maßnahme gegen ihn ergeht. Dieser Grundsatz bedarf jedoch einer einschränkenden Modifizierung, wo die vorherige Anhörung des Schuldners zu einer Gefährdung der Zwangsvollstreckung führen müsste. Es ist mit dem Grundgesetz vereinbar, dass die Gelegenheit zum rechtlichen Gehör der Maßnahme erst unverzüglich nachfolgt, wenn ansonsten der Zweck der gerichtlichen Maßnahme gefährdet würde und wenn im nachfolgenden Verfahren sichergestellt ist, dass die Maßnahme nicht zu irreparablen Schäden beim Betroffenen führen und dass sie, wenn die nachfolgende Anhörung ihre Nichtberechtigung ergibt, unverzüglich wieder aufgehoben werden kann.[42] Deshalb ist der Schuldner etwa vor der Pfändung von Forderungen nicht zu hören (§ 834), damit er nicht noch schnell über sie zulasten des Gläubigers verfügen kann. Auch zur Vorbereitung einer Sachpfändung erscheint eine vorherige Anhörung des Schuldners, die ihn nur dazu veranlassen kann, noch Vermögensgegenstände zu verheimlichen, nicht angezeigt. Gleiches

---

36 AG Saarlouis, JurBüro 2004, 504 (hinsichtlich einer Forderung von 6, 39 Euro).
37 BVerfGE 44, 353; 51, 324; 52, 214; *Schuschke*, NJW 2006, 874; *Schuschke*, DGVZ 2007, 33; *Schuschke*, NZM 2015, 233.
38 BVerfG, NZM 1998, 21; 2005, 657; kritisch hierzu: *Linke*, NZM 2002, 205; *Schuschke*, NJW 2006, 874. Regelmäßig wird das Vollstreckungsgericht in derartigen Fällen dafür Sorge zu tragen haben, dass die Lebensgefahr für den Schuldner mit Mitteln des öffentlichen Rechts oder des Betreuungsrechts gebannt wird, sodass die Zwangsvollstreckung ihren Fortgang nehmen kann; denn der in Art. 14 GG verankerte Vollstreckungsanspruch des Gläubigers erfordert es, dass das Gericht alles unternimmt, um auch seine Interessen neben den Interessen des Schuldners zu wahren; Einzelheiten insoweit: *Schuschke*, DGVZ 2008, 33, 34 und NZM 2011, 304 sowie NZM 2015, 233.
39 BVerfG, NJW 2009, 1259. Zu den gerade unter diesem Aspekt verfassungsrechtlich äußerst bedenklichen Regelungen in § 940a Abs. 2 und Abs. 3 ZPO siehe dort.
40 Einzelheiten: Anh. zu § 767 ZPO; siehe ferner BVerfG, NJW-RR 1993, 232.
41 BVerfG, GRUR 2007, 618.
42 BVerfGE 18, 399; 51, 97; 57, 346.

gilt vor Eröffnung des Zwangsversteigerungsverfahrens und vor Eintragung einer Zwangshypothek. Hier muss der Gläubiger vor vorrangigen Verfügungen über das Grundstück geschützt werden. Die Rechte des Schuldners sind in diesen Fällen ausreichend dadurch gewahrt, dass der Schuldner sogleich nach Durchführung der Pfändung Erinnerung einlegen kann und dass die Pfändung oder sonstige Beschlagnahme zunächst nur zu einer Sicherung des Gläubigers, nicht aber zu einem endgültigen Rechtsverlust aufseiten des Schuldners führt. Die Möglichkeit sofortiger einstweiliger Anordnungen auf den Rechtsbehelf des Schuldners hin gewährleistet eine weitere Sicherung des Schuldners.

In allen anderen Fällen ist dem Schuldner zunächst rechtliches Gehör vor der Entscheidung einzuräumen, damit er den Sachverhalt aus seiner Sicht darlegen kann und damit das Gericht die Möglichkeit einer Interessenabwägung erhält. Äußert der Schuldner sich nicht, so gilt zwar nicht uneingeschränkt § 138 Abs. 3,[43] er ist sogar in den meisten Fällen im Zwangsvollstreckungsrecht, in dem den Schuldner keine Mitwirkungspflicht trifft, unanwendbar. Jedoch kann fast immer ohne weitere Amtsermittlung davon ausgegangen werden, dass der Schuldner keinen für ihn günstigeren Sachverhalt vortragen kann.

Eine unter Verletzung des Anspruchs auf rechtliches Gehör ergangene Entscheidung ist nicht nichtig, sondern nur anfechtbar. Der Mangel wird, sobald der Schuldner im Rahmen der Anfechtung rechtliches Gehör erhält, rückwirkend geheilt. Gegen nicht mehr anfechtbare Entscheidungen, die unter Verletzung rechtlichen Gehörs ergangen sind, gibt es auch im Vollstreckungsverfahren die Gehörsrüge in analoger Anwendung des § 321a. Die Kosten eines Erinnerungs- oder Beschwerde- oder Rügeverfahrens, das durchgeführt werden muss, um rechtliches Gehör zu erhalten, können im Einzelfall den voreiligen Gläubiger treffen, auch wenn sich das Verfahren nach Anhörung erledigt.

IV. Zwangsvollstreckungsrecht als Zivilverfahrensrecht

Die Zuordnung des Vollstreckungsrechts zum öffentlichen Recht allein ist nicht ausreichend. Das Zwangsvollstreckungsrecht nach dem 8. Buch der ZPO ist in erster Linie **Zivilverfahrensrecht**,[44] und zwar Recht der streitigen Gerichtsbarkeit. Das gilt nicht nur für die zahlreichen im 8. Buch geregelten besonderen Klagen (etwa §§ 731, 767, 768, 771, 805, 878), die das Vollstreckungsverfahren begleiten können, sondern auch für die eigentliche Zwangsvollstreckung selbst. Deshalb ist, soweit sich aus den besonderen Verfahrensregeln des 8. Buches nicht Abweichendes ergibt, auch auf die allgemeinen Grundsätze der ZPO zurückzugreifen.[45] So müssen Gläubiger wie Schuldner als Beteiligte des Vollstreckungsverfahrens gleichermaßen **parteifähig** sein;[46] es gilt § 50. Der Gläubiger als der die Zwangsvollstreckung aktiv betreibende Teil muss auch **prozessfähig** sein; für den nichtprozessfähigen Gläubiger muss also stets der gesetzliche Vertreter tätig werden;[47] dieser muss, wenn die Prozessunfähigkeit bereits zum Zeitpunkt der Titulierung vorlag, bereits im Titel benannt

---

43 Zum speziellen Problem des Schweigens des Schuldners im Klauselerteilungsverfahren zu Behauptungen des Gläubigers im Hinblick auf besondere Klauselvoraussetzungen siehe § 726 Rdn. 11.
44 BGH, BGHR 2007, 630 mit Anm. *Schuschke*, 632; *Jauernig/Berger*, § 1 Rn. 2, 3.
45 BGH, BGHR 2007, 630.
46 *Brox/Walker*, Rn. 22; *Jauernig/Berger*, § 1 Rn. 37.
47 Hat der gesetzliche Vertreter für den Minderjährigen einen Titel erstritten und die Zwangsvollstreckung aus diesem Titel für den Minderjährigen begonnen, kann der ehemals Minderjährige aber selbstverständlich ohne Weiteres die Zwangsvollstreckung allein fortsetzen, sobald er volljährig geworden ist: OLG Zweibrücken, NJWE-FE 2000, 53. Aus einem zeitlich auf den Eintritt der Volljährigkeit befristeten Titel können danach allerdings von niemandem mehr Rechte hergeleitet werden: OLG Brandenburg, FamRZ 2004, 1888.

sein.[48] Gleiches gilt aber auch für den Schuldner[49], und zwar nicht nur, soweit ihm gegenüber prozessrechtliche Akte vorzunehmen sind (z. B. Zustellungen,[50] Verhängung von Ordnungsmitteln, Verhaftung) oder soweit er im Vollstreckungsverfahren selbst aktiv werden muss (Angaben zum Vermögensverzeichnis, Einlegung der Erinnerung oder sofortigen Beschwerde, Anhörung zu Behauptungen des Gläubigers). Auch dann, wenn gegenüber dem Schuldner nur Handlungen tatsächlicher Art vorzunehmen sind (Wegnahme eines Gegenstandes), muss der Schuldner prozessfähig sein oder aber ein gesetzlicher Vertreter bestellt[51] bzw. der bereits bestellte Vertreter hinzugezogen werden.[52] Denn nur der Vertreter kann die Ordnungsgemäßheit der Handlung beurteilen und anhand dieser Beurteilung entscheiden, ob Rechtsbehelfe eingelegt werden sollen.[53] Sind gegenüber einem Gericht Erklärungen abzugeben, für die die Vertretung durch Anwälte geboten ist, gilt dies auch für die Zwangsvollstreckung (z. B. Anwaltszwang für Ordnungsmittelanträge an das Landgericht gem. § 890). Auch die **Prozessführungsbefugnis** spielt im Vollstreckungsverfahren insofern eine Rolle, dass als Gläubiger grundsätzlich nur derjenige die Vollstreckung betreiben kann, ohne sich einer Klage aus § 767 auszusetzen, der auch Inhaber des titulierten Anspruchs ist. Eine der gewillkürten Prozessstandschaft entsprechende isolierte »Vollstreckungsstandschaft« ist der ZPO fremd.[54] Dagegen gilt eine gesetzliche oder gewillkürte[55] Prozessstandschaft, solange sie besteht, im Vollstreckungsverfahren fort.[56]

V. Parteiherrschaft im Vollstreckungsverfahren

1. Der Gläubiger als Herr des Vollstreckungsverfahrens

10 Der **Gläubiger** ist insofern der Herr des Vollstreckungsverfahrens, als er es grundsätzlich durch seinen **Antrag** einleitet und auch jederzeit durch Rücknahme seines Antrages beenden kann. Soweit allerdings aufgrund seines Antrages bereits eine staatliche Beschlagnahme erfolgte, endet diese nicht automatisch mit der Antragsrücknahme, es bedarf noch eines Aufhebungsbeschlusses oder einer Aufhebungshandlung durch das Vollstreckungsorgan, die allerdings als Folge der Antragsrücknahme zwingend zu erfolgen hat[57]. Zur Rücknahme seines Antrages bedarf der Gläubiger – anders als im Erkenntnisverfahren – in keinem Stadium des Verfahrens der Zustimmung des Schuldners.

Der Gläubiger ist Herr des Verfahrens auch insoweit, als er nicht genötigt ist, den gesamten titulierten Anspruch zu vollstrecken, sondern seinen Antrag auf einen Teil des Anspruchs beschränken

---

48 Ein Titel ohne Angabe jeglichen gesetzlichen Vertreters gegen einen Minderjährigen wäre nicht vollstreckbar: AG Strausberg, DGVZ 2002, 43. Ein Wechsel der gesetzlichen Vertretung kann mit § 766 ZPO geltend gemacht werden: OLG Koblenz, InVo 2006, 64.
49 BGH, DGVZ 2011, 209; AG Strausberg, DGVZ 2006, 79; *Brox/Walker*, Rn. 25; *Fischer*, WuM 2012, 178; Jauernig/*Berger*, § 1 Rn. 37; Stein/Jonas/*Münzberg*, vor § 704 Rn. 79.
50 LG Frankfurt, DGVZ 2002, 91; AG Gütersloh und LG Bielefeld, DGVZ 2003, 92.
51 BGH, DGVZ 2011, 209.
52 *Giers*, DGVZ 2008, 145, 146; *Schuschke*, DGVZ 2008, 33, 35.
53 So die ganz h. M.; a. A.: *Baumbach/Lauterbach/Hartmann*, Grundz § 704 Rn. 40.
54 BGH, NJW 1985, 80; NJW-RR 1991, 61; NZM 2001, 1078; InVo 2004, 199; OLG Köln, InVo 2002, 467; a. A. allerdings *Petersen*, ZZP 2001, 485. Einzelheiten siehe § 727 Rdn. 29 sowie: *Kirsten Schmidt*, Vollstreckung im eigenen Namen durch Rechtsfremde, 2001.
55 Zum Begriff BGH, InVo 2004, 199; OLG Köln, InVo 2002, 467.
56 *Schuschke*, NZM 2005, 81 ff. zur Vollstreckung von vom WEG-Verwalter in Prozessstandschaft für die Wohnungseigentümer erstrittenen Titeln. Siehe auch BGH, NZM 2001, 1078.
57 BGH, NJW 2008, 3067.

kann.[58] Es steht ihm zudem frei, den Zeitpunkt zu bestimmen, an dem er die Zwangsvollstreckung beginnt.[59] Im Rahmen der Zwangsvollstreckung wegen Geldforderungen ist es darüber hinaus allein seine Entscheidung, ob er in das bewegliche Vermögen, in Forderungen und sonstige Rechte oder in das unbewegliche Vermögen vollstrecken lässt. Er bestimmt dies allein durch seinen Antrag an das zuständige Vollstreckungsorgan, ohne etwa an eine bestimmte Reihenfolge der Zwangsvollstreckungsmittel gebunden zu sein. Vereinzelte Tendenzen, über den Verhältnismäßigkeitsgrundsatz doch zu einer gewissen Rangfolge zu kommen und jedenfalls Grundbesitz zu privilegieren, sind abzulehnen.[60] Der **Schuldner** muss am Vollstreckungsverfahren zur Verbesserung der Vollstreckungsaussichten des Gläubigers gegen ihn nur eingeschränkt insoweit mitwirken, als er zur Erstellung eines Vermögensverzeichnisses verpflichtet ist, sofern er nicht freiwillig erfüllt. Es steht ihm also frei, durch freiwillige Zahlung den ihm unliebsamen Zugriff auf sein Vermögen abzuwenden. Der Gläubiger kann die ihm angebotene freiwillige Leistung nicht deshalb ablehnen, weil der Schuldner nicht zum Zwecke der Erfüllung, sondern ausdrücklich nur zur Abwendung der Zwangsvollstreckung leisten will.

2. Die Zulässigkeit von Vollstreckungsvereinbarungen

Die Parteien sind darüber hinaus auch insoweit gemeinsam Herren des Verfahrens, als sie in gewissem Rahmen **Vollstreckungsvereinbarungen** treffen können, die das Verfahren wirksam beeinflussen können.[61] Unproblematisch sind insoweit Vereinbarungen, durch die Gläubiger und Schuldner übereinkommen, eine Zwangsvollstreckung solle ausgeschlossen sein, es solle allein bei freiwilligen Leistungen des Schuldners verbleiben.[62] Ebenso unproblematisch sind Vereinbarungen, dass der Gläubiger nicht alle nach dem Titel und den gesetzlichen Verfahrensvorschriften gegebenen Möglichkeiten ausschöpfen können soll (z. B. Vollstreckung nur in bestimmte oder gerade nicht in bestimmte Gegenstände, Vollstreckung nicht vor einem bestimmten Zeitablauf u. ä.).[63] Keine Vollstreckungsvereinbarungen zwischen dem Gläubiger und dem Schuldner sind allerdings die zwischen dem Gerichtsvollzieher und dem Schuldner ausgehandelten Ratenzahlungen im Rahmen des § 802b Abs. 2 ZPO. Denn der Gerichtsvollzieher handelt insoweit als staatliches Vollstreckungsorgan, nicht als Vertreter des Gläubigers[64].

Dagegen sind vorherige vollstreckungserweiternde Abreden zulasten des Schuldners (Möglichkeit, auch in unpfändbare Gegenstände vollstrecken zu können; Verzicht auf den Pfändungsschutz zur Nachtzeit; u. ä.) grundsätzlich unzulässig und nichtig.[65] Dies schließt aber nicht aus,

11

---

58 Zur bewussten Vollstreckung lediglich einer Teilforderung: LG Bremen, JurBüro 2011, 607. Die Möglichkeit der Beschränkung auf Teilbereiche des titulierten Anspruchs gilt nicht nur für Zahlungsansprüche, sondern für Ansprüche aller Art, so auch für Herausgabetitel. So kann die Zwangsvollstreckung aus einem Räumungstitel allein darauf beschränkt werden, den Schuldner persönlich aus der Wohnung zu setzen, ohne zugleich seine Habe zu räumen, auch wenn der Titel dahin lautet, dass die Wohnung »geräumt« herauszugeben sei (sog. »Berliner Räumung«). Der Gesetzgeber hat dies jetzt in § 885a ZPO ausdrücklich als Möglichkeit anerkannt.
59 OLG Zweibrücken, NJW-RR 2009, 4.
60 *Götte*, ZZP 1987, 412. Ebenso verneint FG Hamburg, InVo 2000, 431 zu Recht einen Vorrang der Sachpfändung gegenüber einer Kontenpfändung.
61 Siehe hierzu insbesondere: *Emmerich*, ZZP 1969, 417; *Gaul*, JuS 1971, 347; *Hergenröder*, DGVZ 2013, 145; *Scherf*, Vollstreckungsverträge, Köln, 1971 sowie *Rinck*, Parteivereinbarungen in der Zwangsvollstreckung aus dogmatischer Sicht, Diss. Passau 1996.
62 BGH, JZ 1955, 613; NJW 1968, 700 und WM 1991, 1099; siehe auch: *Brox/Walker*, Rn. 202; *Jauernig/Berger*, § 1 Rn. 28–34; *Philipp*, Rpfleger 2010, 456, 460.
63 Zur Frage, wie der Schuldner die Verletzung derartiger Vereinbarungen im Verfahren geltend machen kann, siehe § 766 Rdn. 15 und § 767 Rdn. 25; ferner: *Philipp*, Rpfleger 2010, 456, 465.
64 OLG Karlsruhe, ZIP 2008, 1687.
65 *Baur/Stürner/Bruns*, Rn. 10.3; *Brox/Walker*, Rn. 203; *Jauernig/Berger*, § 1 Rn. 28; *Philipp*, Rpfleger 2010, 456, 463; *Stein/Jonas/Münzberg*, vor § 704 Rn. 100 ff.

dass der Schuldner im Einzelfall bei Vornahme einer ganz konkreten Vollstreckungsmaßnahme wirksam auf Pfändungsschutz verzichtet (z. B. ausdrücklich der Pfändung eines an sich unpfändbaren Gegenstandes zustimmt)[66] oder einfach gegen eine seinen gesetzlichen Schutz missachtende Vollstreckungsmaßnahme keinen Rechtsbehelf einlegt.[67] Dass über eine einzelne ganz konkrete Vollstreckungsmaßnahme hinausgehende vollstreckungserweiternde Vereinbarungen zulasten des Schuldners ausgeschlossen sind, hat seinen Grund zum einen darin, dass die Mehrzahl der Schuldnerschutzvorschriften auch öffentlichen Belangen dient (z. B. der Entlastung der öffentlichen Sozialkassen), zum anderen aber darin, dass ansonsten in vorformulierten Verträgen oder Allgemeinen Geschäftsbedingungen der Schuldnerschutz weitgehend ausgeschlossen würde (unabhängig davon, ob solche AGB letztlich wirksam wären) und der soziale Schuldnerschutz in der Praxis oft leerliefe. Schließlich wären die Vollstreckungsorgane auch nicht in der Lage, die Wirksamkeit solcher Vereinbarungen sicher zu beurteilen. Die gesamte Zwangsvollstreckung wäre mit erheblichen Unsicherheiten belastet.

12 Vollstreckungsvereinbarungen über zwingende Verfahrensvoraussetzungen und die zwingenden Formen des Vollstreckungsablaufs sind nicht möglich und binden die Vollstreckungsorgane nicht. So können die Parteien nicht vereinbaren, dass die Zwangsvollstreckung auch ohne Titel stattfinden solle[68] oder dass nach Erlöschen der titulierten Forderung der Titel nunmehr eine andere, bisher nicht titulierte Forderung umfassen solle. Ebenso wenig können die Parteien wirksam auf das Erfordernis einer Vollstreckungsklausel verzichten oder auf das Anlegen von Pfandsiegeln bei der Pfändung beweglicher Sachen. Das Verfahren selbst ist insoweit allein Ausfluss der staatlichen Vollstreckungsmacht. Es ist im öffentlichen Interesse konzipiert und damit der Parteiherrschaft ganz entzogen. Unproblematisch sind dagegen von der gesetzlichen Regel zu Lasten des Schuldners abweichende Vollstreckungsvereinbarungen da, wo das Gesetz sie ausdrücklich zulässt (§§ 816 Abs. 1, 825 ZPO).[69]

VI. Vollstreckungsverfahren und Erkenntnisverfahren

13 Vollstreckungsverfahren und Erkenntnisverfahren sind im deutschen Recht streng voneinander getrennt. Zunächst muss schon nicht jedem Titel ein Erkenntnisverfahren vorausgehen (Prozessvergleiche ohne streitige Verhandlung; vollstreckbare Urkunden; Anwaltsvergleiche gem. § 796a; Beschlüsse ohne mündliche Verhandlung). Ist aber der Titel Ergebnis eines Erkenntnisverfahrens, so können Mängel dieses Verfahrens nur mit den jeweiligen Rechtsmitteln, nicht aber im nachfolgenden Vollstreckungsverfahren geltend gemacht werden.[70] Ist das Verfahren rechtskräftig abgeschlossen, so muss sein Ergebnis hingenommen werden, auch wenn es verfahrensfehlerhaft zustande gekommen sein oder inhaltlich nicht dem materiellen Recht entsprechen sollte, es sei denn, die Voraussetzungen der Wiederaufnahme (§§ 578 ff.) liegen ausnahmsweise vor oder der Schuldner kann im Einzelfall den Schadensersatzanspruch aus § 826 BGB auf Unterlassung der weiteren Ausnutzung des Titels[71] geltend machen. Im Vollstreckungsverfahren unmittelbar können Mängel aus dem Erkenntnisverfahren durch die Vollstreckungsorgane nie berücksichtigt werden. Das gilt auch dann uneingeschränkt, wenn wie in den Fällen der §§ 887, 888, 890 ausnahmsweise

---

66 Sehr str.; im Ergebnis wie hier: KG, NJW 1960, 682; KG, DGVZ 1956, 89; OLG Stuttgart, WM 1994, 110; *Bartels*, Rpfleger 2008, 397 ff.; *Baur/Stürner/Bruns*, Rn. 10.4; *Emmerich*, ZZP 1969, 415 ff.; *Jauernig/Berger*, Zwangsvollstreckungs- und Insolvenzrecht, § 32 II A; *Kleffner*, DGVZ 1991, 108; *Wieczorek/Schütze/Lüke*, § 811 Rn. 13; a.A. die wohl überwiegende Meinung, beispielhaft: *Brox/Walker*, Rn. 303; *Hergenröder*, DGVZ 2013, 145, 148; *Philipp*, Rpfleger 20190, 456, 463; *Thomas/Putzo/Seiler*, § 811 Rn. 5; *Zöller/Stöber*, § 811 Rn. 10. Einzelheiten hinten: § 811 Rdn. 10 und 15 (im Ergebnis a.A. als hier).
67 Zur Wirksamkeit derartiger Vollstreckungsmaßnahmen siehe: vor §§ 803, 804 Rdn. 6 und 15.
68 Siehe auch: vor §§ 704–707 Rdn. 1.
69 *Hergenröder*, DGVZ 2013, 145, 148.
70 LG Wuppertal, DGVZ 1999, 184.
71 Einzelheiten siehe im Anh. zu § 767.

das Prozessgericht auch das Vollstreckungsorgan ist, erst recht natürlich, wenn die Vollstreckung durch den Gerichtsvollzieher, das durch den Rechtspfleger repräsentierte Vollstreckungsgericht oder das Grundbuchamt erfolgt.[72] Dem steht auch das Rechtsstaatsprinzip des Art. 20 Abs. 3 GG nicht entgegen. Der Schutz der Rechtssicherheit durch die Rechtskraft hat im Rahmen der Gewährleistung des Rechtsstaates regelmäßig gleich hohen Rang wie die Forderung nach absoluter Gerechtigkeit im Einzelfall.[73]

Soweit erst nach Abschluss des Erkenntnisverfahrens materiellrechtliche Einwendungen gegen den titulierten Anspruch entstehen, die im Erkenntnisverfahren objektiv nicht geltend gemacht werden konnten,[74] sind diese Einwendungen im eigentlichen Vollstreckungsverfahren ebenfalls ausgeschlossen. Die Vollstreckungsorgane haben stets nur die formellen Voraussetzungen für ihr Tätigwerden, nicht aber die materiellrechtliche Berechtigung des Gläubigers, den Schuldner in Anspruch nehmen zu dürfen, zu überprüfen. Um dem Schuldner dennoch Rechtsschutz vor ungerechtfertigter Inanspruchnahme zu gewähren, ermöglicht die ZPO mit der Vollstreckungsabwehrklage gem. § 767 bzw. mit der Titelgegenklage gem. § 767 analog ein neues, allerdings inhaltlich beschränktes Erkenntnisverfahren außerhalb des Vollstreckungsverfahrens. Es ist vor seinem Abschluss mit dem Vollstreckungsverfahren nur insoweit verzahnt, als das Prozessgericht die Möglichkeit hat, durch einstweilige Anordnungen vorläufig in das Vollstreckungsverfahren einzugreifen, um seine spätere Sachentscheidung nicht von vornherein leer laufen zu lassen. 14

VII. Das Vollstreckungsverhältnis als besonderes Schuldverhältnis zwischen den Beteiligten

1. Zwischen Gläubiger und Schuldner

Durch den Vollstreckungsantrag allein wird zwischen dem Gläubiger und dem Schuldner noch **kein** Schuldverhältnis derart begründet, dass der Gläubiger für alle fahrlässig beim Schuldner verursachten Schäden aufzukommen habe, die auf Vollstreckungsmaßnahmen, die sich später als nicht beständig erweisen, zurückzuführen sind. Insbesondere haftet der Gläubiger nicht für jedes Verhalten der Vollstreckungsorgane.[75] Soweit »Begleitschäden« im Rahmen der Zwangsvollstreckung durch pflichtwidriges Handeln des Gerichtsvollziehers entstehen, tritt allein die Amtshaftung des Staates ein[76]. Soweit der Gläubiger voreilig vollstreckt und sich sein Titel nachträglich als nicht beständig erweist, enthält § 717 eine Spezialregelung. Soweit der Gläubiger im Übrigen durch Zwangsvollstreckung zulasten des Schuldners etwas erhält, was ihm materiellrechtlich nicht gebührt, ist er in der Regel nur zur Herausgabe nach Bereicherungsrecht verpflichtet.[77] 15

Übernimmt der Gläubiger durch Absprache mit dem Schuldner, etwa durch Vollstreckungsvereinbarung, über den gesetzlichen Rahmen hinausgehende weitergehende Verpflichtungen, so wird hierdurch allerdings ein Schuldverhältnis begründet, aus dem der Gläubiger für die Folgen der Schlecht- oder Nichterfüllung einzustehen hat. So ist der Gläubiger, der es übernommen hat, das Vollstreckungsgericht von zwischenzeitlich erfolgten freiwilligen Zahlungen des Schuldners zu unterrichten und der dieser Verpflichtung schuldhaft (es gilt hier auch § 278 BGB, etwa im Hinblick auf den eingeschalteten Rechtsanwalt) nicht nachgekommen ist, dem Schuldner gem. § 280 BGB zum Ersatz der Schäden verpflichtet, die dieser dadurch erleidet, dass das Vollstreckungsverfahren fortgesetzt wird.[78]

---

72 OLG München, FamRZ 1992, 1207.
73 BVerfGE 15, 319; 60, 267; BVerfG, NJW-RR 1993, 232.
74 Einzelheiten zur sog. Präklusion materiellrechtlicher Einwendungen siehe: § 767 Rdn. 30–34.
75 OLG Celle, DGVZ 1999, 75.
76 BGH, WM 2009, 664.
77 Siehe: Vor §§ 765a–777 Rdn. 13.
78 BGH, MDR 1985, 486.

2. Zwischen Gläubiger und Dritten

16 Zwischen dem Gläubiger und **Dritten**, auf deren Vermögen der Gläubiger im Zuge der Vollstreckung gegen den Schuldner irrtümlich zugreift, wird mit der Beschlagnahme ein gesetzliches Schuldverhältnis begründet, das den Gläubiger verpflichtet, allen Hinweisen[79], dass der beschlagnahmte Gegenstand nicht zum Schuldnervermögen gehöre, sorgfältig nachzugehen.[80] Kommt er dieser Verpflichtung schuldhaft nicht nach, ist er zum Schadensersatz verpflichtet. Auch in diesem Rahmen gilt § 278 BGB. Werden im Übrigen Dritte von der Zwangsvollstreckung gegen den Schuldner betroffen, haben sie Ersatzansprüche gegen den Gläubiger nur, wenn ausnahmsweise die Voraussetzungen des § 823 BGB vorliegen. Soweit sie durch Amtspflichtverletzungen der Vollstreckungsorgane Schaden erleiden, sind Ersatzansprüche aus Art. 34 GG i. V. mit § 839 BGB gegeben. Ersatzansprüche gegen den Schuldner bestehen nur, wenn zu diesem bereits vor der Vollstreckung eine Sonderrechtsbeziehung bestand (etwa Miete, Leihe, Verwahrung im Hinblick auf den von der Vollstreckung erfassten Gegenstand) und Verpflichtungen aus diesem Rechtsverhältnis verletzt wurden.[81]

VIII. Gebühren und Kosten – Prozesskostenhilfe

1. Gebühren der Vollstreckungsorgane

17 Für die Gebühren und Auslagen des Vollstreckungsgerichts ist das **GKG** maßgeblich, nicht das GNotKG oder das FamGKG, da die Zwangsvollstreckung der streitigen Gerichtsbarkeit zugeordnet ist. Gebührentatbestände finden sich insbesondere in KV Nr. 2110–2243. Für die Kosten des in der Zwangsvollstreckung tätigen Gerichtsvollziehers gilt das Gesetz über die Kosten der Gerichtsvollzieher (GvKostG) vom 19.4.2001[82] in der Fassung des 2. Kostenrechtsmodernisierungsgesetzes.[83] Für die Gebühren des Grundbuchamtes als Vollstreckungsorgan gilt das GNotKG.

2. Gebühren der beteiligten Rechtsanwälte

18 Die Gebühren des **Rechtsanwaltes** für die Mitwirkung am Vollstreckungsverfahren aufseiten des Gläubigers oder des Schuldners bestimmen sich nach den §§ 18 Nr. 3–Nr. 21, 19 Abs. 1 Nr. 11, 12, 16 RVG i. V. m. VV Nr. 3309–3312.[84] Wirkt der Rechtsanwalt an einem der im 8. Buch geregelten Klageverfahren (z. B. §§ 731, 767, 768, 771, 805, 878) mit, gelten die allgemeinen Regeln des § 19 Abs. 1 RVG i. V. m. VV Nr. 3100 ff.

3. Prozesskostenhilfe für das Vollstreckungsverfahren

19 Die für das Verfahren auf Erlangung des Titels bewilligte **Prozesskostenhilfe** wirkt nicht automatisch fort in der Zwangsvollstreckung[85], die sich also nicht als Fortsetzung des jeweiligen Rechtszuges darstellt[86]. Es wäre auch unzulässig, bereits im Erkenntnisverfahren die Prozesskostenhilfe für die Zwangsvollstreckung schlechthin mitzubewilligen.[87] Die für die Zwangsvollstreckung in das bewegliche Vermögen bewilligte Prozesskostenhilfe umfasst alle Vollstreckungshandlungen im

---

79 Der Gerichtsvollzieher ist verpflichtet, Hinweise auf Dritteigentum, die er im Rahmen der Vollstreckung erhält, ins Protokoll aufzunehmen und sie mit dem Protokoll an den Gläubiger weiterzuleiten.
80 Einzelheiten: Anh. § 771; kritisch zu dieser Konstruktion *Lüke*, ZZP 1995, 452.
81 Einzelheiten: Anh. § 771.
82 BGBl. I 2001, 623.
83 BGBl. I 2013, 2586.
84 Einzelheiten sind in der Kommentierung der einzelnen Vollstreckungsabschnitte dargestellt.
85 AG Gifhorn, InVo 2004, 419.
86 *Thomas/Putzo/Reichold*, § 119 ZPO Rn. 10.
87 *Baumbach/Lauterbach/Hartmann*, § 119 Rn. 50 Stichwort »Zwangsvollstreckung«; *Behr/Hantke*, Rpfleger 1981, 265; *Bobenhausen*, Rpfleger 1984, 397; *Thomas/Putzo/Reichold*, § 119 Rn. 10; *Zöller/Philippi*, § 119 Rn. 33, 35.

Bezirk des Vollstreckungsgerichts (§ 119 Abs. 2). Will der Gläubiger später zusätzlich die Zwangsvollstreckung in das unbewegliche Vermögen des Schuldners betreiben, bedarf es eines erneuten Prozesskostenhilfeantrages,[88] und zwar für jede Art der Immobiliarvollstreckung gesondert.[89] Die Notwendigkeit von Prozesskostenhilfe wird nach den allgemeinen Regeln geprüft. Insbesondere ist auch § 115 Abs. 3 jeweils neu zu beachten. Die Erfolgsaussicht (§ 114) des Gläubigers in der Zwangsvollstreckung wird nur dann zu verneinen sein, wenn die gänzliche Vermögenslosigkeit des Schuldners bereits gerichtsbekannt ist, sodass weitere Vollstreckungsversuche mutwillig erscheinen.[90] Zuständig für die Bewilligung der Prozesskostenhilfe in der Zwangsvollstreckung ist das Vollstreckungsgericht (dort: der Rechtspfleger), soweit nicht ausnahmsweise das Prozessgericht Vollstreckungsorgan ist (§ 117 Abs. 1 Satz 3).[91] Ob dem Vollstreckungsgläubiger ein Rechtsanwalt beizuordnen ist (§ 121 Abs. 2), entscheidet sich danach, ob rechtliche Schwierigkeiten im Vollstreckungsverlauf zu erwarten sind[92] und ist für jede Vollstreckungsmaßnahme gesondert zu prüfen.[93] Einem Unterhaltsgläubiger wird in der Regel schon im Hinblick auf die sich aus § 850d ZPO ergebenden Schwierigkeiten jedenfalls bei der Forderungspfändung ein Anwalt beizuordnen sein.[94] Aber auch dem »normalen« Gläubiger wird im Regelfall bei der Forderungspfändung wegen der zu erwartenden rechtlichen Schwierigkeiten – schon im Hinblick auf das recht unübersichtliche und nicht leicht zu verstehende, nach § 829 Abs. 4 ZPO zwingend vorgeschriebene Antragsformular – regelmäßig[95] die Beiordnung eines Anwalts zu bewilligen sein.[96] Bei der Mobiliarvollstreckung wird dagegen regelmäßig die Hilfe durch einen Anwalt nicht notwendig sein.[97] Entscheidend ist, ob in einem vergleichbaren Fall ein kostenbewusster bemittelter Gläubiger anwaltliche Hilfe in Anspruch nehmen würde.[98] Einem minderjährigen Unterhaltsgläubiger kann die nach Einzelfallprüfung im Übrigen erforderliche Beiordnung eines Rechtsanwalts für die Zwangsvollstreckung im Wege der Prozesskostenhilfe nicht mit der Begründung versagt werden, er könne sich insoweit der Hilfe des Jugendamtes bedienen.[99] Denn diese Hilfe ist keine der Beratung durch einen unabhängigen Rechtsanwalt gleichwertige Betreuung. Bei der Durchsetzung von Ansprüchen auf Vornahme von Handlungen oder auf Unterlassung wird regelmäßig die Beiordnung eines Anwalts geboten sein.[100]

Dem Vollstreckungsschuldner wird Prozesskostenhilfe in der Regel erst nach Durchführung der Vollstreckungsmaßnahme für ein mögliches Erinnerungs- oder Beschwerdeverfahren nach entsprechender Prüfung der Erfolgsaussichten zu gewähren sein.[101] Die Beiordnung eines Rechtsanwalts ist zunächst immer dann zu gewähren, wenn auch der Gläubiger anwaltlich vertreten ist (Grundsatz der Waffengleichheit, § 121 Abs. 2, 2. Fall ZPO);[102] im Übrigen gilt der gleiche Maßstab wie für den Gläubiger.

---

88 *Thomas/Putzo/Reichold*, § 119 Rn. 10.
89 BGH, NJW-RR 2004, 787; *Musielak/Fischer*, § 119 Rn. 8; *Thomas/Putzo/Reichold*, § 119 Rn. 10.
90 *Musielak/Fischer*, § 119 Rn. 8; *Thomas/Putzo/Reichold*, § 119 Rn. 10.
91 Werden der Vollstreckungsantrag und der Prozesskostenhilfeantrag miteinander verbunden, muss, um Verzögerungen der Vollstreckung zu vermeiden, klargestellt sein, ob der Vollstreckungsantrag unabhängig vom Erfolg des Prozesskostenhilfeantrages gestellt ist: AG Gifhorn, InVo 2004, 419.
92 A. A.: LG Koblenz, JurBüro 2002, 321 (Anwalt sei grundsätzlich beizuordnen).
93 BGH, MDR 2010, 286.
94 BGH, NJW-RR 2012, 1153.
95 Allerdings nicht ohne Einzelfallprüfung: BGH, BGHR 2003, 1302 mit Anm. *Reichling*, ProzRB 2003, 350; BGH, FamRZ 2004, 789 und NJW 2006, 1204. A. A. (Für die Beantragung eines Pfändungs- und Überweisungsbeschlusses regelmäßig keine Anwaltsbeiordnung): LG Zweibrücken, Rpfleger 2009, 392.
96 Für den Fall der Pfändung der Ansprüche aus Bankverbindung: LG Arnsberg, Rpfleger 2006, 89.
97 LG Bayreuth, DGVZ 1999, 138; LG Kleve, JurBüro 2001, 156; LG Rostock, JurBüro 2003, 385.
98 BVerfG, 1 BvR 1974/08, vom 2.9.2010.
99 BGH, NJW 2006, 1204; FamRZ 2006, 856.
100 OLG Brandenburg, OLGR 2006, 918.
101 BGH, NJW-RR 2004, 787.
102 LG Kleve, NJW-RR 2011, 1291.

Abschnitt 1. Allgemeine Vorschriften

Vor §§ 704–707 Der Vollstreckungstitel als Grundlage der Zwangsvollstreckung

Übersicht

	Rdn.		Rdn.
I. Der Vollstreckungstitel als notwendige Voraussetzung der Zwangsvollstreckung	1	bb) Firmenbezeichnungen.	10
II. Vollstreckungstitel in und außerhalb der ZPO	2	cc) Titel der Wohnungseigentümereigenschaft aus der Zeit vor der WEG-Reform	11
1. Vollstreckungstitel nach Bundesrecht	2	dd) Vollstreckung aus Titeln, denen eine überholte Rechtsansicht zugrunde liegt	12
2. Landesrechtliche Vollstreckungstitel	3		
3. Europarechtliche Vollstreckungstitel	4		
4. Vollstreckungstitel aus der früheren DDR	5	b) Bestimmte Bezeichnung des Anspruchs	13
5. Ausländische Vollstreckungstitel	6	aa) Geldleistungstitel allgemein	14
III. Notwendiger Inhalt aller Vollstreckungstitel	7	bb) Bruttolohnurteile	17
1. Allgemein	7	cc) Sonstige Leistungstitel	18
2. Einzelheiten	8	3. Verfahren bei zu unbestimmten Titeln	19
a) Bezeichnung der Parteien	8	IV. Zeitliche Geltungsdauer eines Titels	20
aa) Auslegungshilfen	9	V. Räumlicher Geltungsbereich eines Titels	22

Literatur:

Bauer, Unwesentlich unrichtige Benennung des Schuldners im Schuldtitel, JurBüro 1967, 961; *Bepler*, Bestimmtheit eines Unterlassungstitels im Beschlussverfahren, jurisPR-ArbR 43/2004; *Berner*, Schuldtitel über zahlenmäßig unbestimmte Ansprüche, insbesondere über Lohnbruchteile, Rpfleger 1960, 79; *Beys*, Vollstreckungstitel als übergesetzliches Erfordernis der Zwangsvollstreckung – Aus Anlass der hellenischen Sonderregelung zur Kreditsicherung von Aktiengesellschaften, FS Gerhardt, 2004; *Biede*, Anlagen zum Schuldtitel, DGVZ 1974, 154; *Blomeyer*, Die sog. Bruttoklage auf den Arbeitslohn – Ein später Ruf nach dem Gesetzgeber, RdA 2011, 203; *Christmann*, Der Gesamtschuldner als Vollstreckungsschuldner, DGVZ 1987, 81; Christopoulos: Prozessvergleich – Unbestimmte Formulierungen als Risiko fehlender Vollstreckungsfähigkeit, MDR 2014, 438; *v. Falck*, Implementierung offener ausländischer Vollstreckungstitel, 1998; *Honsel*, Die Räumungsvollstreckung gegen Personenmehrheiten, 1992; *Ide*, Zur Zulässigkeit und zum Umfang sog. »Bruttolohn-Urteile«, DB 1968, 803; *Joswig*, Neues zur Unwirksamkeit der Unterwerfung unter die sofortige Zwangsvollstreckung wegen Verstoßes gegen das Rechtsberatungsgesetz, ZfIR 2004, 45; *Münch*, Ausländische Tenorierungsgewohnheiten kontra inländische Bestimmtheitsanforderungen, RWI 1989, 18; *ders.*, Titulierung durch Bezugnahme, DNotZ 1995, 749; *Nierwetberg*, Die Auslegung des Vollstreckungstitels – auch mithilfe der Klageschrift?, Rpfleger 2009, 201; *Münzberg*, Der vollstreckbare Anspruch in unstreitig erwirkten Vollstreckungstiteln, JZ 1998, 378; *Reul*, Zwangsvollstreckung bei Wertsicherungsklauseln in notariellen Urkunden, MittBayNot 2005, 265; *Schladebach*, Die einstweilige Verfügung gegen namentlich nicht bekannte Personen, ZMR 2000, 72; *Schüler*, Die Problematik hinsichtlich der Vollstreckungsfähigkeit von Schuldtiteln, die fehlerhaft oder ungenau sind., DGVZ 1982, 65; *Schumacher*, Vollstreckungsbedenken gegen Bruttolohnurteile, ZZP 1957, 300; *Schuschke*, Parteiberichtigung und Parteiänderung in wohnungseigentumsrechtlichen Verfahren, NZM 2009, 417; *Striewe*, Titelergänzende Feststellungsklage und Prozesskostenhilfe, NZI 2011, 619; *Sutschet*, Bestimmter Klageantrag und Zwangsvollstreckung, ZZP 2006, 279; *Vollkommer*, Titelgegenklage zur Abwehr der Zwangsvollstreckung aus einem Vollstreckungsbescheid über einen nicht individualisierten Anspruch, Rpfleger 2004, 336; *Wieser*, Die Vollstreckbarkeit im weiteren Sinn, ZZP 1989, 251; *Zenker*, Zur Vollstreckbarkeit von Unterhaltsvergleichen mit Anpassungsklausel, FamRZ 2006, 1248.

I. Der Vollstreckungstitel als notwendige Voraussetzung der Zwangsvollstreckung

1   Grundsätzlich kann die Zwangsvollstreckung nur aufgrund eines zur Vollstreckung geeigneten Titels betrieben werden. Da es bei der Zwangsvollstreckung um hoheitliche Eingriffe in private Rechte geht,[1] kann es nicht dem Belieben der Parteien überlassen werden, irgendwelche Urkunden als Vollstreckungstitel zu vereinbaren, es bedarf vielmehr der gesetzlichen Festlegung, aus welchen

---

1 Siehe auch: Allgem. Vorbem. Rdn. 5.

Urkunden mit welchem Inhalt die Zwangsvollstreckung möglich sein soll. Zur Vollstreckung geeignete Titel können aufgrund besonderer gesetzlicher Ermächtigung, gegebenenfalls auch durch einzelne Landesgesetzgeber (§ 801 ZPO), nicht nur von einem Gericht nach den Regeln der ZPO erstellt, sondern auch von Behörden oder sonstigen Personen[2] errichtet worden sein (etwa durch Sozialämter, Jugendämter, Notare, Rechtsanwälte usw.). In diesen Fällen ist besonders darauf zu achten, ob die vorgelegte Urkunde sich im Rahmen der gesetzlichen Ermächtigung hält.[3] Ist dies nicht der Fall, stellt die Urkunde auch keinen Titel dar. Werden aus Urkunden, die nach keiner gesetzlichen Definition als Titel geeignet sind, Vollstreckungsmaßnahmen eingeleitet, so sind diese von Anfang an nichtig[4], nicht nur anfechtbar.[5] Ist etwa aufgrund einer derartigen von vornherein nicht als Titel geeigneten Urkunde die Zwangsvollstreckung wegen einer Geldforderung durch Pfändung betrieben worden, ist das Vollstreckungsobjekt weder verstrickt noch mit einem Pfandrecht belastet.[6] Ob eine vorgelegte Urkunde ein Titel ist, ist von allen damit befassten Organen in jedem Stadium, also auch schon bei der Klauselerteilung,[7] von Amts wegen zu beachten. Allerdings kann im Klauselerteilungsverfahren nicht dem Einwand nachgegangen werden, eine notarielle Urkunde sei deshalb kein Titel, weil die Unterwerfungsklausel unter die Zwangsvollstreckung aus materiellrechtlichen Gründen (z. B. Verstoß gegen § 307 BGB) nichtig sei[8]. Hier ist die formelle Ordnungsgemäßheit des Titels so lange zu beachten, bis auf eine Titelgegenklage nach § 767 ZPO analog hin die Zwangsvollstreckung aus diesem Titel für unzulässig erklärt wurde.

Erkennt ein Vollstreckungsorgan später, dass es ohne Vollstreckungstitel tätig geworden ist, hat es den Schein der wirksamen Vollstreckung von Amts wegen, also nicht erst auf einen Rechtsbehelf hin, aufzuheben, etwa durch Ablösung des Pfandsiegels oder Aufhebung eines Pfändungsbeschlusses. In wenigen abschließend normierten Fällen lässt das Gesetz ausnahmsweise die Beitreibung einer privaten Schuld durch ein staatliches Vollstreckungsorgan auch ohne einen Titel zu, der das Beizutreibende als geschuldet ausweist. Der wichtigste dieser Ausnahmefälle ist § 788.[9] Der ursprüngliche Titel bezeichnet die Vollstreckungskosten noch nicht. Es bedarf auch keines nachträglichen gerichtlichen Festsetzungsbeschlusses,[10] sondern lediglich des privaten Nachweises durch den Gläubiger gegenüber dem Gerichtsvollzieher.

Wird ein Titel aufgehoben oder fällt er aus anderen Gründen weg, ist eine Vollstreckung aus dem nun nicht mehr wirksamen Titel nicht mehr möglich[11]. Dieses Problem ist vor allem im Rahmen des § 890 ZPO von Bedeutung, wenn der Titel nach der Zuwiderhandlung, aber vor der Verhängung von Ordnungsmitteln aufgehoben wurde[12].

---

2 Zu den Grenzen der Ermächtigung von Anstalten und Körperschaften des öffentlichen Rechts zur Selbsttitulierung eigener Ansprüche: BVerfG, NJW 2013, 1797. Zu den Anforderungen an eine Ermächtigungsgrundlage zur Selbsttitulierung: VG Berlin, BeckRS 2010, 51362.
3 So wären etwa Räumungstitel über Wohnraum in notariellen Urkunden nicht zur Vollstreckung geeignet; ebenso Urkunden der Sozialbehörden, in denen der Empfänger darlehnsweise geleisteter Sozialhilfe sich der Zwangsvollstreckung aus einer zur Sicherung dieses Darlehns bestellten Grundschuld in sein Grundstück unterwirft: OLG Hamm, JurBüro 2001, 607.
4 OLG Schleswig, BeckRS 2015, 03635.
5 Entspricht der Titel der gesetzlichen Ermächtigungsgrundlage, ist diese selbst allerdings verfassungsrechtlich fragwürdig, ist der Titel nicht per se nichtig, das gilt auch für die aufgrund dieses Titels vorgenommenen Vollstreckungsakte (§ 82 Abs. 1 i. V. mit § 78 BVerfGG). Das Bundesverfassungsgericht kann bis zur gesetzlichen Neuregelung Übergangsregelungen vorsehen: BVerfG, NJW 2013. 1797.
6 Siehe auch: Vor §§ 803, 804 Rdn. 5.
7 Siehe auch: Vor §§ 724–734 Rdn. 11.
8 BGH, NJW 2009, 1887.
9 Einzelheiten: § 788 Rdn. 28, 29.
10 Zur Möglichkeit, einen solchen Beschluss dennoch zu erwirken, siehe: § 788 Rdn. 30.
11 KG, NJW-RR 2004, 68; KG, ZMR 2009, 610; OLG Frankfurt, NJW-RR 2011, 1290.
12 Einzelheiten insoweit unten § 890 Rdn. 13, 14.

II. Vollstreckungstitel in und außerhalb der ZPO

1. Vollstreckungstitel nach Bundesrecht

2   Die ZPO nennt als Vollstreckungstitel zunächst das rechtskräftige oder für vorläufig vollstreckbar erklärte **Endurteil** (§ 704). Hinzu kommen die in § 794 Abs. 1 Nr. 1–5 genannten Titel,[13] ferner **Arrest** und **einstweilige Verfügung**, auch soweit sie im Beschlusswege ergangen sind (§§ 929, 936), **Vorbehaltsurteile**, die, ohne Endurteile zu sein, gem. § 599 Abs. 3 im Hinblick auf die Zwangsvollstreckung als Endurteile anzusehen sind. Außerhalb der ZPO finden sich noch in zahlreichen Bundesgesetzen Vollstreckungstitel, aus denen nach den Vorschriften der ZPO die Zwangsvollstreckung betrieben werden kann.

Auch die in Art. 86 Abs. 1 FamFG genannten Titel[14] sind grundsätzlich nach dem 8. Buch der ZPO zu vollstrecken (Art. 95 FamFG), soweit das FamFG nicht im Einzelfall in den §§ (86 Abs. 2 und 3, 87 ff FamFG abweichende Bestimmungen enthält, ebenso die in Ehesachen und Familienstreitsachen ergangenen Titel (§ 120 FamFG)[15]. Bedeutsamster Unterschied zur Vollstreckung nach der ZPO ist, dass es zur Vollstreckung eines Titel aus einem FamFG-Verfahren nur dann eines Vollstreckungsantrages bedarf, wenn das Verfahren selbst auf Antrag eingeleitet wird. Titel aus Amtsverfahren werden durch das Gericht von Amts wegen vollstreckt.

Einen Überblick über die wichtigsten der Vollstreckungstitel außerhalb der ZPO geben §§ 36 ff. GVGA.[16]

Ist einer nichtgerichtlichen Institution, etwa einem Sozialversicherungsträger oder dem Jugendamt, durch Gesetz (z. B. nach § 66 Abs. 4 SGB X) die Befugnis übertragen[17], nach der ZPO zu vollstreckende Titel erstellen zu können, muss sie sich insoweit auch an die Formstrenge der ZPO halten: Nur die der gesetzlichen Ermächtigung in vollem Umfange entsprechende Urkunde ist vollstreckbar.[18]

2. Landesrechtliche Vollstreckungstitel

3   Neben die in Bundesgesetzen geregelten Titel treten dann noch die in Landesgesetzen vorgesehenen Vollstreckungstitel (§ 801),[19] die ebenfalls im gesamten Bundesgebiet vollstreckbar sind.

3. Europarechtliche Vollstreckungstitel

4   Schließlich sind die in der Bundesrepublik vollstreckbaren europarechtlichen Titel zu nennen (Urteile des EuG und EuGH, Entscheidungen der Kommission und des Rates), die gegenüber Individuen nach den Regeln der ZPO zu vollstrecken sind (Art. 256 Abs. 2, 244 EUV).

4. Vollstreckungstitel aus der früheren DDR

5   Vollstreckungstitel, die in der früheren **DDR** oder in Berlin-Ost errichtet oder erwirkt sind, sind kraft besonderer Regelung im Einigungsvertrag[20] grundsätzlich im gesamten Bereich deutscher

---

13   Einzelheiten siehe hinten in der Kommentierung zu § 794.
14   Einzelheiten: *Prütting/Helms/Hammer*, § 86 FamFG Rn. 14–17.
15   Zur Systematik der Vollstreckung nach dem FamFG vergl. *Prütting/Helms/Hammer*, § 86 FamFG Rn. 2b–5. Siehe ferner vorn in der Allgem. Einführung zum 8. Buch Rdn. 2.
16   Zum Rechtscharakter der GVGA siehe: vor §§ 753–763 Rdn. 5.
17   Zu den Grenzen dieser Ermächtigungsmöglichkeiten: BVerfG, NJW 2013, 1797.
18   AG Augsburg, DGVZ 2004, 77; VG Berlin, BeckRS 2010, 52362.
19   Siehe auch: § 801 Rdn. 1.
20   Die Einzelheiten sind in Art. 18 Abs. 1 des Einigungsvertrages und in Anl. I Kap. III Sachgebiet A, Abschn. III Nr. 5 Buchst. i–k des Einigungsvertrages geregelt.

im Tenor der Entscheidung nicht, sodass nicht sicher ist, wer welche Leistung zu erbringen hat, ist der Titel zur Vollstreckung ungeeignet[39].

Wird die Partei notwendigerweise durch eine andere Person vertreten und genügen Name und Anschrift dieser Person zur zweifelsfreien Identifizierung der Partei selbst, so wird der Titel nicht zu unbestimmt, wenn die Partei ohne eigene Adresse aufgeführt ist.[40] Sind auf Gläubiger- oder Schuldnerseite im Titel mehrere Personen aufgeführt, so gehört zur erforderlichen Bestimmtheit des Titels auch, dass das Beteiligungsverhältnis klargestellt ist (z. B. als Gesamtgläubiger, als Gesamtschuldner),[41] wobei auch insoweit auf den gesamten Inhalt des Titels als Auslegungshilfe zurückgegriffen werden kann. Bleiben Zweifel hinsichtlich der Person der Parteien oder hinsichtlich ihres Beteiligungsverhältnisses offen, so ist der Titel nicht vollstreckungsfähig.

bb) Firmenbezeichnungen

Nach § 17 HGB kann ein Kaufmann unter seiner Firma klagen und verklagt werden. Häufig treten aber auch Nichtkaufleute oder Minderkaufleute unter einer »Firma« auf, um deutlich zu machen, dass sie innerhalb ihres Geschäftsbetriebes tätig werden wollen. Ein Titel für oder gegen eine Person unter einer solchen Bezeichnung ist dann vollstreckungsfähig, wenn der Gläubiger oder Schuldner für die Vollstreckungsorgane zweifelsfrei identifizierbar ist. Dies ist insbesondere der Fall, wenn der Name der Partei neben den anderen (Fantasie-) Zusätzen Teil der angeblichen Firma ist.[42] Eine reine Fantasiebezeichnung wird in der Regel dazu führen, dass der Titel nicht vollstreckbar ist.[43]

10

cc) Titel der Wohnungseigentümereigenschaft aus der Zeit vor der WEG-Reform

Besondere Probleme hinsichtlich der Bestimmung der »richtigen Partei« sind durch die Regelungen der Teilrechtsfähigkeit der Wohnungseigentümergemeinschaft in § 10 Abs. 6 und Abs. 7 WEG sowie durch die Regelungen zur Beschlussanfechtungsklage in § 44 WEG entstanden.[44] Sind in einem Urteil hinsichtlich eines Anspruchs, der der rechtsfähigen Wohnungseigentümergemeinschaft zusteht, fälschlicherweise die einzelnen Wohnungseigentümer zum Zeitpunkt der Titulierung als Gläubiger genannt, können auch nur sie aus diesem Titel vollstrecken, nicht die Gemeinschaft.[45] Liegt umgekehrt wegen fehlerhafter Handhabung des § 44 WEG[46] ein Titel gegen die Gemeinschaft als solche vor, der nur gegen einen Teil der Wohnungseigentümer hätte ergehen müssen, kann aus ihm auch nur gegen das Gemeinschaftsvermögen vollstreckt werden, nicht in das Privatvermögen der eigentlich betroffenen Eigentümer.

11

dd) Vollstreckung aus Titeln, denen eine überholte Rechtsansicht zugrunde liegt

Eine spätere Änderung der Rechtsprechung, die dazu führt, dass ein seinerzeit titulierter Anspruch heute nicht mehr tituliert würde, steht der weiteren Vollstreckbarkeit dieses Titels gegen den im Titel genannten Schuldner (oder auch zugunsten des im Titel genannten Gläubigers) zunächst nicht entgegen; die neue Rechtslage kann allenfalls in besonderen Fällen, wenn nämlich die frühere

12

---

39 OLG Köln, OLGR 2008, 644 (das Rubrum sprach vom Kläger und vom Beklagten; der Tenor gab dem Schuldner etwas auf).
40 LG Hannover, MDR 1986, 59.
41 LG Hamburg, AnwBl. 1974, 166; LG Berlin, Rpfleger 1976, 477 und Rpfleger 1979, 145; bedenklich daher OLG Oldenburg, FamRZ 1990, 899.
42 LG Frankenthal, InVo 2007, 72.
43 OLG Köln, NJW-RR 1996, 292.
44 *Schuschke*, NZM 2009, 417.
45 OLG München, FGPrax 2013, 156.
46 Zur richtigen Handhabung des § 44 WEG, wenn dem Anfechtungskläger nicht sogleich die neueste Liste der übrigen Wohnungseigentümer vorliegt: BGH, ZWE 2011, 328; BGH, BeckRS 2011, 08183; BGH, ZWE 2013, 96.

Rechtsprechung vom Bundesverfassungsgericht als verfassungswidrig verworfen wurde, erfolgreich mit der Vollstreckungsabwehrklage geltend gemacht werden.[47] Entscheidungen gelten nur inter partes. Sie stehen, abgesehen vom besonderen Fall der ausdrücklich festgestellten Verfassungswidrigkeit einer Gesetzesauslegung, nie unter dem Vorbehalt gleich bleibender Rechtsansichten des Gerichts. Insoweit ergeben sich auch keine Abweichungen für Titel auf künftige wiederkehrende Leistungen.[48]

b) Bestimmte Bezeichnung des Anspruchs

13 Sodann müssen dem Titel selbst[49], d. h., dem Tenor unter Hinzuziehung des Tatbestandes und der Entscheidungsgründe,[50] nicht erst weiteren in der Akte befindlichen Urkunden und Schriftsätzen, die nicht Teil des Titels sind[51], unzweideutig Inhalt und Umfang[52] des zu vollstreckenden Anspruchs zu entnehmen sein[53]. Das Vollstreckungsorgan muss also in der Lage sein, ohne Verwertung der Gerichtsakten oder anderer erst beizuziehender Urkunden die Vollstreckung durchzuführen.[54] Sprachliche Unklarheiten und Unsauberkeiten können allerdings vom Vollstreckungsorgan ausgelegt werden.[55] Zweifel hinsichtlich dessen, was aus dem Titel vollstreckt werden darf, können sich sowohl aus der Formulierung des zu vollstreckenden Anspruchs im Titel als auch aus dem äußeren Erscheinungsbild des Titels (z. B. Zusätze in anderer Schrift)[56] ergeben. Ausnahmsweise ergibt nicht der Wortlaut des Titels bereits unmittelbar den zu vollstreckenden Inhalt, wohl aber kann dem Gesetz entnommen werden, dass gerade aus einem solchen Titel mit einem bestimmten Ziel vollstreckt werden kann (Beispiele: Insolvenzeröffnungsbeschluss, § 27 InsO, als Herausgabetitel gegen

---

47 BVerfG, ZIP 2006, 60 lässt insoweit eine entsprechende Anwendung des § 79 BVerfGG auch zugunsten Dritter zu.

48 Auch bei § 323 ZPO genügt eine Änderung der Rechtsprechung allein noch nicht, um eine Abänderung des Titels für die Zukunft zu erstreiten: OLG Koblenz, NJW 2007, 1146 mit Anm. *Schürmann*; a.A. insoweit allerdings: *Zöller/Vollkommer*, § 323 Rn. 32. Zur Frage, wann eine Rechtsprechungsänderung zum Erfolg einer Abänderungsklage ausnahmsweise ausreichen kann: BGH, NJW 2006, 1654.

49 Das gilt auch für Prozessvergleiche als Titel: BAG, NJW 2012, 2358; BAG, NJ 2012, 82; OLG Saarbrücken, BeckRS 2013, 16947; ebenso auch für im Inland zu vollstreckende ausländische Titel: OLG Köln, FamFR 2011, 344 mit Anm. *Finger*.

50 BGH, GRUR 2014, 605; OLG Saarbrücken, BeckRS 2014, 17816.

51 Nierwetberg, Rpfleger 2009, 201. A.A. für Titel, die durch das Prozessgericht vollstreckt werden (hier könnten zur Auslegung auch die Antrags- bzw. Klageschrift herangezogen werden): OLG Schleswig, OLGReport 2009, 581. Dem kann aber nicht zugestimmt werden, da derartige »Auslegungen« leicht zu einer Korrektur des Titels führen könnten.

52 BAG, NZA 2009, 917; LAG Düsseldorf, Rpfleger 2009, 517 mit Anm. *Stuntz*, jurisPR-ArbR 27/2009 (Anm. 6); OLG Düsseldorf, FGPrax 2013, 58.

53 Im Ehewohnungsverfahren (§§ 200 ff FamFG) kann dem bloßen Zuweisungsbeschluss hinsichtlich der Ehewohnung an nur einen Ehepartner noch nicht zwingend die Anordnung der Räumung durch den anderen Ehepartner entnommen werden. Fehlt eine solche Anordnung ist der reine Zuweisungsbeschluss daher noch kein Räumungstitel: OLG Stuttgart, FamRZ 2002, 559; *Schuschke*, NZM 2009, 137, 138; *Eckebrecht*, FPR 2008, 436. A.A. (die Entscheidung über den Überlassungsanspruch ist bereits ein vollstreckbarer Räumungstitel): Erbarth in MüKo/ZPO, § 209 FamFG Rn. 5.

54 BGH, BeckRS 2014, 14945.

55 So ist ein Urteil, wonach »8% Zinsen über dem Basiszinssatz« zu zahlen seien, dahin auszulegen, dass Zinsen in Höhe von 8 Prozentpunkten über dem Basiszinssatz tituliert sind (BGH, NJW-RR 2013, 501) oder eine Bestimmung in einem Vergleich als Titel, dass bei einer bestimmten prozentualen Veränderung des (zu diesem Zeitpunkt bereits abgeschafften) »Lebenshaltungskostenindexes eines 4-Personen- Arbeitnehmerhaushalts der mittleren Einkommensgruppe in der Bundesrepublik Deutschland« die geschuldete Miete zu ändern sei, dahin, dass der »Allgemeine Verbraucherpreisindex« gemeint sei (BGH, WuM 2013, 32).

56 Vergl. LG Berlin, Rpfleger 1973, 31.

den Insolvenzschuldner[57] hinsichtlich der Insolvenzmasse, § 148 Abs. 2 InsO; Anordnungsbeschluss hinsichtlich der Zwangsverwaltung, § 146 ZVG, als Herausgabetitel gegen den Schuldner[58] betreffend den Besitz des Grundstücks sowie einer vom Schuldner bereits vereinnahmten Mietkaution[59]).

aa) Geldleistungstitel allgemein

Ist eine zu zahlende **Geldschuld** dem Titel[60] nicht unmittelbar zu entnehmen, vielmehr nur unter Zuhilfenahme von Urkunden, die nicht Teil des Titels sind, sondern sich in den Gerichtsakten oder gar in den Unterlagen Dritter (Kontounterlagen eines Kreditinstituts, Bafög-Akten, Gutachten eines Sachverständigen, Akten oder bestimmten Konten eines Notars[61] u. ä.) befinden, zu ermitteln, ist der Titel grundsätzlich nicht vollstreckungsfähig.[62] Anlagen können nur dann zur Bestimmung der aus dem Titel geschuldeten Leistung mit herangezogen werden, wenn sie ausdrücklich zum Bestandteil des Titels gemacht und diesem auch angefügt sind.[63] Die bloße Bezugnahme auf sie reicht nicht (z. B. Verpflichtung, den »vereinbarten« Pachtzins weiterzuzahlen).[64] Anderes gilt hinsichtlich einer Bezugnahme dann, wenn allein allgemein zugängliche amtliche Veröffentlichungen zur Bestimmung der Höhe des Anspruchs mit herangezogen werden müssen, ohne dass es weiterer rechtlicher oder tatsächlicher Überlegungen bedürfte[65] (z. B.: 5 Prozentpunkte über dem jeweiligen Basiszinssatz gem. § 1 Abs. 1 Diskontsatzüberleitungsgesetz[66], gem. § 288 BGB; Zinsen in Höhe des jeweiligen Kommunalabgabengesetzes;[67] Koppelung der Steigerungsrate eines Anspruchs an den vom Statistischen Bundesamt amtlich veröffentlichten Allgemeinen Verbraucherpreisindex;[68] Beginn des Zinslaufes ab dem Tage einer bestimmten Eintragung im Grundbuch;[69] Dynamisierung des zu zahlenden Unterhaltsbetrages gem. § 1612a Abs. 1 BGB auf der Grundlage der RegelbetragsVO[70] oder Bestimmung des zu zahlenden Unterhaltsbetrages »in Höhe von 107 % des Regelbetrages der dritten Altersstufe der Düsseldorfer Tabelle«[71]).

14

---

57 Befindet sich die Masse allerdings im Besitz eines Dritten, so ist der Herausgabeanspruch gegen diesen im ordentlichen Verfahren zu titulieren: *Kreft/Depré*, § 148 InsO Rn. 10; *Uhlenbruck*, § 148 InsO Rn. 5. Der Insolvenzeröffnungsbeschluss ist Titel allein gegen den Insolvenzschuldner: LG Trier, NZM 2005, 599.
58 Nicht gegen sonstige, das Grundstück nur aufgrund von Vereinbarungen mit dem Schuldner besitzende Dritte: LG Göttingen, Rpfleger 2006, 32.
59 BGH, BGHReport 2005, 1145.
60 Hierzu gehört nicht nur die Urteilsformel; vielmehr müssen auch Tatbestand und Entscheidungsgründe zur Auslegung mit herangezogen werden: OLG Saarbrücken, InVo 1999, 360.
61 BGH, NJW-RR 2012, 1342.
62 BGH, NJW 1986, 1440; OLG Hamburg, MDR 1959, 767; OLG Saarbrücken, OLGZ 1967, 34; OLG Hamm, Rpfleger 1974, 28; LG Köln, JurBüro 1976, 254; OLG Karlsruhe, OLGZ 1984, 341; KG, NJW-RR 1988, 1406; OLG Köln, OLGReport 1992, 339; OLG Hamm, MDR 2000, 350.
63 OLG Zweibrücken, InVo 2004, 330.
64 OLG Koblenz, InVo 2002, 508.
65 *Brox/Walker*, Rn. 42; *Schüler*, DGVZ 1982, 65; BGHZ 22, 54; BGH, NJW 1986, 1440.
66 *Harnacke*, DGVZ 2001, 70. Zur Auslegung, wenn von »x % Zinsen über dem Basiszinssatz« die Rede ist: BGH, NJW-RR 2013, 501; OLG Hamm, JurBüro 2005, 442.
67 OLG Zweibrücken, InVo 1999, 283.
68 BGH, WuM 2013, 32; BGH, NJW-RR 2004, 649; BGH, MDR 2005, 534. Dies gilt auch für ausländische Titel, die eine entsprechende Verweisung auf amtliche Indices enthalten: OLG Köln, JurBüro 2000, 269.
69 BGH, InVo 2000, 280.
70 OLG Jena, NJW-RR 2000, 1027. Ist hierauf allerdings ein Kindergeldbetrag anzurechnen, so muss dieser beziffert ausgewiesen sein, damit der Titel bestimmt genug bleibt: OLG Naumburg, OLGReport 2008, 545.
71 LG Mönchengladbach, MDR 2006, 1315.

15 Ein solcher Fall liegt regelmäßig aber nicht vor, wenn ein Anspruch an die jeweilige Höhe eines bestimmten **Beamtengehalts** gebunden wird:[72] Welche Einkommensteile zum Gehalt oder auch zum Grundgehalt eines Beamten zu zählen sind (Urlaubsgeld, Weihnachtsgeld, Stellen- oder Leistungszulagen usw.), ist im Einzelfall zweifelhaft, ständigen Änderungen unterworfen[73] und bedarf zusätzlicher rechtlicher Überlegungen, die im Vollstreckungsverfahren nicht angestellt werden können. Ein solcher Titel ist deshalb nur wegen des bezifferten Betrages, nicht wegen der erst zu ermittelnden Steigerungsbeträge vollstreckungsfähig. Ebenfalls zu unbestimmt sind Titel, in denen der Schuldner zur Zahlung eines bestimmten Bruchteiles seines Gehaltes (oder sonstiger näher bezeichneter Einkünfte) verpflichtet wurde,[74] da hier der zu vollstreckende Betrag nur mithilfe zusätzlicher Urkunden (Gehaltsabrechnung u. Ä.) ermittelt werden könnte.

16 Nicht vollstreckbar ist ferner ein Titel, durch den der Schuldner zwar zur Zahlung ziffernmäßig bestimmter Beträge, aber unter Anrechnung der Höhe nach nicht festgestellter Ersparnisse oder sonstiger Leistungen verurteilt wurde,[75] da der letztlich zu zahlende Endbetrag nicht aus dem Titel zu ermitteln ist[76]. Ergibt sich der abzuziehende Betrag dagegen jeweils konkret, also ziffernmäßig feststehend, aus einer gesetzlichen Regelung, auf die Bezug genommen ist, reicht eine entsprechende Bezugnahme (z. B.: »abzüglich des jeweils gültigen Kindergeldsatzes«;[77] nicht ausreichend dagegen »abzüglich des nach § 1612b Abs. 5 BGB anrechenbaren Kindergeldes«[78]). Unzureichend ist schließlich ein Titel, in dem nur die Elemente zur Berechnung der Forderung des Gläubigers niedergelegt sind, der Betrag selbst aber nicht beziffert ist.[79]

bb) Bruttolohnurteile

17 Kein Problem der hinreichenden Bestimmtheit des titulierten Zahlungsanspruchs sind die sog. **Bruttolohnurteile**.[80] Dass der Arbeitgeber einen Teil des titulierten Betrages aufgrund steuerrechtlicher und sozialversicherungsrechtlicher Bestimmungen nicht an den Gläubiger (Arbeitnehmer) auszuzahlen, sondern unmittelbar an das Finanzamt, die Krankenkasse usw. abzuführen hat, beeinträchtigt die Vollstreckung des titulierten Betrages nicht: Ist der Arbeitgeber (Schuldner) seinen öffentlichrechtlichen Verpflichtungen bereits nachgekommen, kann er in Höhe dieser Zahlungen die Zwangsvollstreckung durch Nachweise nach § 775 Nr. 4, 5 abwenden.[81] Ansonsten kann der Gläubiger (Arbeitnehmer) den vollen Betrag vollstrecken und seinerseits die Abgaben usw. abführen. Streiten Arbeitgeber und Arbeitnehmer darüber, ob als vom Arbeitnehmer gegen sich geltend zu

---

72 BGHZ 22, 54; BGH, JurBüro 2010, 324 mit teilweise krit. Anm. *Lackmann*, LMK 2010, 301909; OLG Nürnberg, NJW 1957, 1286; LG Essen, MDR 1972, 958; OLG Köln, FamRZ 1986, 1018; *Schüler*, DGVZ 1982, 65; *Musielak/Lackmann*, § 704 Rn. 8; **a. A.** (ausreichend): *Brox/Walker*, Rn. 42; *Jauernig/Berger*, § 1 Rn. 23; *Wieczorek/Heß*, § 704 Rn. 11; AG Recklinghausen, DGVZ 1976, 140.
73 BGH, JurBüro 2010, 324.
74 LG Saarbrücken, SaarlRuStZ 1957, 16; AG Ludwigshafen, BB 1963, 900; LG Bonn, Rpfleger 1974, 29; OLG Braunschweig, FamRZ 1979, 928.
75 BGH, NJW 2006 695 (»unter Anrechnung bereits bezahlter Beträge«); LAG Tübingen, AP Nr. 1 zu § 732 ZPO mit Anm. von *Pohle*; OLG Zweibrücken, MDR 2002, 541; OLG Zweibrücken, FamRZ 2003, 692; OLG Koblenz, NJW 2009, 3519 (Zahlung einer bestimmten Summe abzüglich eines Betrages, der sich aus den mit einem PKW gefahrenen Kilometern, errechnet nach dem Tachostand, ergibt).
76 Das gilt auch für Vergleiche, wenn zwar die Parteien wissen, welche Abzüge sie sich vorbehalten haben, dies aber für das Vollstreckungsorgan nicht ohne weiteres bezifferbar ist: LAG Düsseldorf, Rpfleger 2009, 517.
77 OLG Köln, OLGReport 2002, 31.
78 OLG Naumburg, OLGReport 2008, 545.
79 KG, Rpfleger 1970, 359.
80 BAG, NJW 1964, 1338 mit Anm. *Putzo*, NJW 1964, 1823; BAG, NJW 1979, 2634; BAG, NJW 1985, 646; LG Köln, JurBüro 1964, 916; LG Freiburg, Rpfleger 1982, 347; LG Mainz, Rpfleger 1998, 530; OLG Frankfurt, OLGZ 1990, 327; LG Karlsruhe, InVo 2004, 334; ausführlich zur Problematik: *Blomeyer*, RdA 2011, 203.
81 OLG Frankfurt, OLGZ 1990, 327; AG Köln, DGVZ 1999, 46.

lassende Erfüllung zu viel an Sozialabgaben abgeführt wurden, muss der Arbeitgeber die zutreffende Erfüllung mit der Vollstreckungsabwehrklage geltend machen[82]. Unterschlägt der Arbeitnehmer die im Bruttolohn enthaltenen Sozialversicherungsanteile und verbraucht sie für sich selbst, sodass der Arbeitgeber vom Sozialversicherungsträger noch einmal in Anspruch genommen wird, kann der Arbeitgeber sich beim Arbeitnehmer gem. § 826 BGB schadlos halten.[83] Ist der Arbeitnehmer als Schuldner zur Rückzahlung eines Betrages, der dem Bruttolohn entspricht, verurteilt worden, so mag dies materiellrechtlich fehlerhaft sein. Der Zwangsvollstreckung des gesamten Betrages gegen den Schuldner steht dies nicht entgegen.[84]

cc) Sonstige Leistungstitel

Noch erheblich größere Bestimmtheitsprobleme als bei Zahlungstiteln können bei **sonstigen Leistungstiteln** auftreten. Herauszugebende Sachen sind so genau zu umschreiben, dass der Gerichtsvollzieher keinen Zweifel haben kann, welchen Gegenstand er wegnehmen muss.[85] Räumungstitel müssen zweifelsfrei ergeben, ob in ihnen auch zusätzliche Handlungsverpflichtungen selbstständig tituliert sind[86]. Im Einzelfall kann der Sinn des Urteilstenors sich erst durch Hinzuziehung der Entscheidungsgründe erschließen und es kann dann dazu kommen, dass die Auslegung des Tenors zu einem etwas anderen Gegenstand führt, als der engere Wortsinn ergibt[87]. Insoweit dürfen aber keinerlei Zweifel verbleiben, damit der Titel nicht seine Bestimmtheit verliert.

18

Zu unbestimmt ist etwa die Verurteilung zur Herausgabe von »Kopien der Software der Klägerin«,[88] zur Herausgabe der »Buchführungsunterlagen der Klägerin« für bestimmte Jahre,[89] neben einem genau bezeichneten PKW »der entsprechenden Fahrzeugpapiere«[90] oder »der persönlichen Habe« des Klägers. Nicht vollstreckbar wäre auch eine Verpflichtung des Schuldners, »ein Drittel seines Grundbesitzes an den Gläubiger zu übertragen«[91] oder die Verpflichtung, einen in den Luftraum des Nachbargrundstücks hineinragenden Baukörper »insoweit« zu beseitigen, wie er einen Überbau darstelle.[92] Unzureichend ist auch ein Titel, der den Schuldner zur Beseitigung von Baumängeln verpflichtet, ohne diese selbst im Urteil konkret zu bezeichnen.[93] Nicht ausreichend zur Bezeichnung insoweit wäre die Verweisung im Tenor auf ein Abnahmeprotokoll, das nicht unmittelbarer Bestandteil des Titels ist, oder auf ein noch zu erstellendes Sachverständigengutachten[94]. Ähnliches gilt für die Verurteilung, »das Arbeitszeugnis entsprechend dem der Klageschrift beiliegenden Ent-

---

82 *Hintzen*, Rpfleger 2010, 471, 473.
83 LAG BaWü, BB 1993, 1876.
84 A.A. (nicht vollstreckungsfähig): LG Hamburg, NJW 1966, 786.
85 OLG München, DGVZ 1999, 56; LG Stendal, DGVZ 2008, 77.
86 Ausführlich hierzu *Schuschke*, DGVZ 2010, 137 ff.
87 OLG Brandenburg, FamRZ 2009, 1085: Nach dem Tenor waren die monatlichen Verdienstabrechnungen herauszugeben; der Beklagte erhielt jedoch nur wöchentliche Verdienstabrechnungen von seinem Arbeitgeber ausgestellt.
88 AG Offenbach, NJW-RR 1989, 445.
89 OLG Köln, OLGReport 1992, 404; weniger eng: OLG Düsseldorf, InVo 2001, 341.
90 OLG Saarbrücken, NJW-RR 2005, 1302.
91 OLG Koblenz, OLGZ 1976, 380.
92 OLG Köln, JuS 1985, 151.
93 OLG München, NJW-RR 1988, 22; auch der Sachverhalt der Entscheidung des OLG Nürnberg, EWiR 1994, 935, gibt einen solchen viel zu unbestimmten Titel wieder; vergl. hierzu *Schuschke*, EWiR 1994, 935; siehe ferner: OLG Hamm, MDR 2000, 350 (Bezugnahme in einem Vergleich auf ein nicht beigefügtes Sachverständigengutachten); OLG Düsseldorf, NJW-RR 2001, 1223. Wie der genau bezeichnete Mangel zu beseitigen ist, muss dagegen nicht bereits im Titel festgelegt sein; das Fehlen dieser Angaben macht den Titel deshalb nicht unbestimmt: OLG Koblenz, NJW-RR 1998, 1770.
94 OLG Saarbrücken, NJW-RR 2010, 95; OLG Hamm, BeckRS 2010 13469.

wurf abzuändern«[95] oder ein »wohlwollendes«[96] oder »pflichtgemäßes qualifiziertes«[97] Arbeitszeugnis zu erstellen, den Kläger »weiterzubeschäftigen«, ohne dass die Art der ausgeurteilten Beschäftigung hinreichend ersichtlich ist.[98] Wird ein Arbeitgeber in einem Kündigungsschutzverfahren verurteilt, den Kläger »zu unveränderten Arbeitsbedingungen als Meister[99]« oder als »Lagerleiter«[100] weiterzubeschäftigen, so müssen diese Arbeitsbedingungen dem Titel nicht in Einzelheiten entnommen werden können, damit ein solcher Tenor vollstreckbar ist. Es genügt, wenn die Art der ausgeurteilten Beschäftigung aus dem Titel ersichtlich ist.[101] Zu unbestimmt ist die Verpflichtung, »die Gehaltsabrechnungen der Klägerin ab dem ... zu korrigieren«, wenn nicht konkret angegeben ist, welche genauen inhaltlichen Änderungen geschuldet sein sollen[102]. Ebenso zu unbestimmt ist ein Urteil, durch das der Beklagte verurteilt worden ist, zusammen mit dem Kläger die Auseinandersetzung der zwischen den Parteien zustande gekommenen BGB-Gesellschaft durchzuführen,[103] ebenso ein Urteil mit dem Tenor, »Auskunft zu erteilen über die Einkommens- und Vermögensverhältnisse durch Vorlage eines geordneten Verzeichnisses«.[104] Ebenfalls zu unbestimmt ist ein Titel, der den Schuldner zur Auskunft über den Bestand eines Erbes bei Eintritt des Erbfalles verurteilt, wenn die Angabe des Todes des Erblassers fehlt[105]. Dass dieser aus den Standesamtsregistern ermittelt werden könnte, ist unerheblich.

Ein Vollstreckungstitel, der auf Freistellung von einer Verbindlichkeit gerichtet ist, muss die Höhe der Zahlungsverpflichtung, von der freigestellt werden soll, angeben.[106] Nicht vollstreckungsfähig wäre auch ein Urteil, das zur Freistellung von Gewährleistungsansprüchen verurteilt, aber offen lässt, ob und welche Gewährleistungsansprüche überhaupt bestehen,[107] ebenso ein Urteil auf Freistellung von einer Zahlungsverpflichtung ohne genaue Angabe der Höhe der Zahlungsverpflichtung, von der freigestellt werden soll.[108] Ist zur Vermeidung von Nachteilen für eine Gesellschaft nach einem Titel Auskunft nur an einen zur Verschwiegenheit verpflichteten Sachverständigen zu leisten, so ist ein solcher Titel regelmäßig nur vollstreckungsfähig, wenn gleichzeitig im Einzelnen bestimmt ist, in welchem Umfang der Sachverständige die Information an den Gläubiger weitergeben darf.[109] Zu unbestimmt sind schließlich auch Titel, die inhaltlich widersprüchlich sind.[110] Es ist nicht Aufgabe der Vollstreckungsorgane, solche Widersprüche durch eine Entscheidung zu lösen.

---

95 LAG Köln, MDR 2003, 778.
96 LAG Köln, BeckRS 2013, 70596; LAG Sachsen, NZM-RR 2013, 251.
97 BAG, NJ 2012, 82.
98 Zu den erforderlichen Angaben, damit ein Weiterbeschäftigungsurteil oder ein Urteil auf Abschluss eines Arbeitsvertrages vollstreckbar ist: BAG, BeckRS 2012, 72248; BAG, NZA 2009, 917; LAG Schleswig-Holstein, NZA-RR 2013, 101 (unrichtig aber, soweit auch der aus dem Urteil selbst nicht ersichtliche Akteninhalt zur Auslegung mit herangezogen wird).
99 LAG Baden-Württemberg, NZA-RR 2000, 663.
100 LAG Rheinland-Pfalz, InVo 2006, 38.
101 BAG, NZM 2009, 917; a. A.: LAG Rheinland-Pfalz, InVo 2007, 73.
102 LAG Rheinland-Pfalz, JurBüro 2008, 496.
103 OLG Hamm, ZIP 1983, 871. Nach OLG München, OLGReport 1992, 62 soll allerdings die Verurteilung eines Testamentsvollstreckers, die Auseinandersetzung des Nachlasses durchzuführen, hinreichend bestimmt sein. Das unterschiedliche Ergebnis lässt sich damit begründen, dass der Gesellschafter nur die Mitwirkung bei der Auseinandersetzung schuldet, während der Testamentsvollstrecker die Auseinandersetzung insgesamt selbst herbeiführen muss.
104 OLG Frankfurt, FamRZ 1991, 1334. Weiteres Beispiel einer unzureichenden Umschreibung eines Auskunfts- und Abrechnungsanspruchs: LAG Düsseldorf, InVo 2004, 157.
105 OLG Köln, JurBüro 2009, 215.
106 OLG Saarbrücken, FamRZ 1999, 110; OLG Stuttgart, InVo 2000, 174.
107 KG, MDR 1999, 118.
108 OLG Saarbrücken, InVo 1999, 360.
109 BayObLG, NJW-RR 1989, 932.
110 LG Münster, JMBlNW 1958, 245.

Ist zur Abgabe einer Willenserklärung verurteilt worden, muss sie im Urteil (– zumindest unter Zuhilfenahme des Tatbestandes und der Entscheidungsgründe –) so genau bezeichnet sein, dass nach Eintritt der Rechtskraft im Rahmen des § 894 ZPO unzweifelhaft feststeht, welche Erklärung genau abgegeben ist.[111] Die in einem Prozessvergleich übernommene Verpflichtung, eine Bankbürgschaft in einer Höhe freizugeben, die einen von der anderen Partei mit einer noch zu erhebenden Klage geltend gemachten Rückzahlungsanspruch übersteigt, wäre unter diesem Aspekt, weil zu unbestimmt, nicht vollstreckungsfähig.[112] Ein im Hinblick auf § 894 ZPO zu unbestimmt formuliertes Urteil kann nicht ersatzweise mit der Begründung nach § 888 ZPO vollstreckt werden, der Schuldner wisse genau, was er zu erklären habe.[113] Die Systematik der ZPO schließt ein solches Wechseln der Vollstreckungsarten aus.

Unterlassungsverpflichtungen, etwa im Wettbewerbsrecht, im Bereich des Ehrenschutzes, aber auch des Arbeitsrechts, müssen so konkret umschrieben sein, dass im Verletzungsfall feststeht, ob der Kern des Unterlassungsgebotes noch beachtet wurde oder nicht.[114] Duldungstitel dürfen die Duldungspflicht nicht nur allgemein umschreiben, sie müssen die zu duldende Handlung nach Inhalt und Umfang konkret und unzweideutig bezeichnen[115]. Unterlassungs- und Duldungsverpflichtungen sind andererseits nicht deshalb nicht vollstreckbar, weil sie nicht erfüllt werden können, ohne dass der Schuldner konkrete Handlungen vornimmt;[116] denn geschuldet ist der im Titel bezeichnete Unterlassungserfolg, auch wenn mehr als ein Nichtstun (Unterlassen) des Schuldners erforderlich ist, um ihn herbeizuführen. Wegen der Besonderheiten der immissionsrechtlichen Unterlassungsklage werden in diesem Bereich (ohne dass schnelle Analogien für andere Bereiche möglich wären) Klageanträge mit dem Gebot, allgemein und umfassend Störungen bestimmter Art, beispielsweise Geräusche und Gerüche, zu unterlassen, als zulässig angesehen.[117] Folgt man dem im materiellen Recht, dann müssen diesen Anträgen entsprechende Unterlassungsurteile auch zur Vollstreckung geeignet sein, da die Anforderungen an § 253 Abs. 2 Nr. 2 (»bestimmte Anträge«) und das Bestimmtheitserfordernis für Titel in der Zwangsvollstreckung miteinander korrespondieren müssen. Sollen allerdings Geräusche erst ab einer bestimmten Lautstärke unterlassen werden, müssen diese konkret umschrieben sein.[118]

3. Verfahren bei zu unbestimmten Titeln

Lassen sich Widersprüchlichkeiten oder Unklarheiten des Tenors nicht aus dem Titel selbst ohne Weiteres klären oder ergibt nicht das Gesetz, auf das die vage Formulierung Bezug nimmt, wenigs-   19

---

111 BGH, NJW 2011, 3161 mit Anm. *Walker*, LMK 2011, 321441; BAG, NJW 2012, 2358: OLG Saarbrücken, BeckRS 2014, 17816.
112 OLG Saarbrücken, NZBau 2013, 776.
113 OLG Saarbrücken, BeckRS 2014, 17816.
114 LAG Hamm, BeckRS 2014, 69415 (Unterlassen des Verrats von Betriebsgeheimnissen: Der Antrag muss das zu schützende Betriebsgeheimnis zwar nicht offenbaren, es aber doch so deutlich beschreiben, dass zu ersehen ist, was geschützt werden soll). Beispiele einer zu unbestimmten Unterlassungsverpflichtung: BGHZ 162, 365 (lediglich Wiederholung des Patentanspruchs ohne Angabe, inwieweit die angegriffene Ausführungsform überhaupt Merkmale des Patentanspruchs verwirklicht); BGH, NJW 2005, 2550 (»zu unterlassen, ..., wenn nicht deutlich und unübersehbar darauf hingewiesen wird, ...«); LAG Nürnberg, NZA-RR 2006, 137 (die »Verlagerung der Beschäftigten auf eine andere Firma zu unterlassen, weil diese am Streik teilgenommen haben«); LG Oldenburg, VersR 2000, 385.
115 OLG Köln, ZMR 2009, 626.
116 BGH, WuM 2007, 209.
117 BGH, NJW 1993, 1656; OLG Jena, InVo 2001, 341; *Wieczorek/Heß*, § 704 Rn. 17.
118 Die Angabe »Zimmerlautstärke« wäre insoweit zu unbestimmt und daher nicht vollstreckbar: LG Berlin, GE 2012, 341.

tens einen bestimmten Mindestinhalt,[119] ist der Titel nicht vollstreckbar.[120] Besteht der Tenor des Titels aus einem bestimmten und einem unbestimmten Teil (z. B. einem festem Grundbetrag und einer unbestimmten Wertsicherungsklausel), ist die Vollstreckung aus dem bestimmten Teil allerdings uneingeschränkt möglich.[121] Ist der Titel deshalb unklar, weil Divergenzen zwischen dem Tenor und den Entscheidungsgründen bestehen, darf das Vollstreckungsorgan nicht von sich aus entscheiden, welche Variante die richtige ist. Es ist an den Tenor gebunden und muss diesen vollstrecken[122]. Eine Korrektur könnte nur das Prozessgericht im Verfahren nach §§ 319 ff ZPO vornehmen.

Der Gläubiger kann im Fall eines unklaren und daher nicht vollstreckbaren Titels nicht einfach einen neuen widerspruchsfreien Titel erstreiten.[123] Der Schuldner, der sich gegen die Vollstreckung aus dem zu unbestimmten Titel sowohl mit der Klauselerinnerung gem. § 732 als auch mit der Vollstreckungserinnerung gem. § 766 wehren kann,[124] könnte einer derartigen Titelverdopplung erfolgreich fehlendes Rechtsschutzbedürfnis entgegenhalten. Dem Interesse des Gläubigers ist ausreichend dadurch Genüge getan, dass er Feststellungsklage mit dem Ziel erheben kann, dass der zur Vollstreckung geeignete Inhalt des zu unbestimmten oder widersprüchlichen Titels festgestellt werde.[125] Auf diese Weise wird eine Titelverdopplung vermieden, da das Feststellungsurteil selbst – abgesehen von seiner Kostenentscheidung – nicht vollstreckbar, sondern nur Auslegungshilfe zum Leistungsurteil ist. Eine Titelverdopplung würde zwar nicht zu einer Verdopplung des Anspruchs führen,[126] aber doch zu einer zusätzlichen Gefährdung des Schuldners, falls später doch einmal ein Vollstreckungsorgan den ersten Titel für vollstreckungsfähig halten sollte.

IV. Zeitliche Geltungsdauer eines Titels

20 Der wirksame Titel ist so lange als Vollstreckungsgrundlage geeignet, bis er entweder durch eine sich aus dem Titel selbst ergebende Befristung seine Wirksamkeit verliert oder bis er durch die restlos erfolgreiche Vollstreckung verbraucht ist oder bis die Zwangsvollstreckung aus ihm für unzulässig erklärt wurde. Er kann zeitweise seine Eignung zur Zwangsvollstreckung verlieren, wenn die Vollstreckung aus ihm einstweilen eingestellt wird. Dass der Schuldner in einem Verfahren (Berufung, Vollstreckungsabwehrklage usw.) den titulierten Anspruch bestreitet, berührt den Titel als Vollstreckungsgrundlage so lange nicht, wie nicht auf dem dafür gegebenenfalls vorgesehenen Wege (z. B. §§ 707, 719, 769) die Zwangsvollstreckung eingestellt wurde. Das gilt auch für den Fall, dass der Schuldner Verfassungsbeschwerde gegen den Titel erhoben hat.[127]

21 Materiellrechtlich verjährt der titulierte Anspruch, soweit nicht ausnahmsweise die kürzere Verjährung nach § 197 Abs. 2 BGB zum Zuge kommt, in dreißig Jahren, auch wenn der Anspruch als solcher an sich einer kürzeren Verjährung unterliegt (§ 197 Abs. 1 Nr. 3 und Nr. 4 BGB). Die

---

119 BAG, BAGReport 2004, 413 mit Anm. durch *Bepler*, jurisPR-ArbR 43/2004.
120 *Hintzen*, Rpfleger 2010, 471. Weitere Beispiele unklarer Titel: OLG Köln, FamRZ 1999, 107; LG Saarbrücken, DGVZ 1997, 29.
121 BGH, NJW-RR 2006, 148. Kritisch hierzu: *Zenker*, FamRZ 2006, 1248.
122 BGH, BeckRS 2008 16684.
123 BGHZ 36, 14; a. A. (neue Leistungsklage möglich) die wohl h. M.: *Brox/Walker*, Rn. 44; *Baur/Stürner/Bruns*, Rn. 13.3; *Thomas/Putzo/Seiler*, Vorbem. § 704 Rn. 22; OLG Zweibrücken, NJW-RR 1997, 1; OLG Zweibrücken, FamRZ 2003, 692.
124 BGH, NJW 2006, 695; LG Traunstein, Rpfleger 2004, 366; *Banert*, MDR 2004, 605, 607. Ob der Schuldner insoweit auch Vollstreckungsabwehrklage in analoger Anwendung des § 767 ZPO erheben kann, ist sehr streitig. Ja: BGH, NJW-RR 2004, 472; BGH, NJW-RR 2004, 1135; BGH, NJW 2006, 695; *Vollkommer*, Rpfleger 2004, 336; *Walker/Reichenbach*, EWiR 2004, 257; kritisch: *Joswig*, ZfIR 2004, 45; *Rimmelspacher*, WuB VI E § 767 ZPO 2.04 (§ 732 sei jedenfalls auch anwendbar).
125 BGHZ, 36, 14; BGH, NJW 1972, 2268; BGH, NJW 1997, 2320; *Hintzen*, Rpfleger 2010, 471.
126 BAG, DB 1967, 2036.
127 LG Bochum, Rpfleger 1985, 448.

mögliche Verjährung ist von den Vollstreckungsorganen nicht zu beachten, sondern muss vom Schuldner mit der Klage nach § 767 geltend gemacht werden. Die Frist kann regelmäßig, wenn nicht ganz besondere Umstände im Einzelfall vorliegen,[128] nicht durch den Verwirkungseinwand verkürzt werden. Auch ein über viele Jahre hin nicht vollstreckter ausgeurteilter Anspruch ist nicht allein durch diesen Zeitablauf verwirkt.[129] Es müssen vielmehr immer zu dem reinen Zeitablauf zusätzliche besondere Umstände hinzutreten, die bei dem Verpflichteten das Vertrauen erwecken, der Berechtigte werde ihn nicht mehr in Anspruch nehmen.[130] Der Schuldner kann grundsätzlich nicht darauf vertrauen, dass der Gläubiger alsbald nach Titelerlangung vollstrecken werde. Das gilt nicht nur für Zahlungstitel, sondern für Titel jeglichen Inhalts, also auch für Wohnraumräumungstitel[131].

V. Räumlicher Geltungsbereich eines Titels

Ein in der Bundesrepublik bzw. in der früheren DDR errichteter Titel kann ohne Weiteres nur in der Bundesrepublik vollstreckt werden. Ob er auch in einem anderen Land als Grundlage einer Zwangsvollstreckung anerkannt wird, richtet sich, soweit nicht EG-Recht anderes vorsieht, nach den Rechtsregeln dieses Landes.[132] Diese Regeln bestimmen dann auch, wie die Anerkennung des deutschen Titels in diesem Land zu erreichen und in welcher Form die Vollstreckung selbst durchzuführen ist.

22

---

128 Ob bei Räumungstiteln, die längere Zeit nicht vollstreckt wurden, ein solcher besonderer Umstand anzunehmen ist, ist streitig (bejahend etwa: AG Kronach, DGVZ 2005, 187), grundsätzlich aber auch zu verneinen, selbst wenn der Gläubiger bereits mehrfach Vollstreckungsaufträge erteilt, diese aber wegen Teilzahlungen auf die Mietrückstände wieder zurückgenommen haben sollte; so zu Recht: LG Hannover, MDR 1979, 495; LG Münster, DGVZ 1989, 156; AG Horb und LG Rottweil, DGVZ 2005, 182; a.A. aber in dieser Konstellation: AG Hannover, NdsRPfl. 1968, 82; LG Itzehoe, WuM 1995, 662; AG Bad Neuenahr/Ahrweiler, DGVZ 2005, 79.
129 OLG Bamberg, JurBüro 2011, 384; LG Darmstadt, Rpfleger 1985, 243.
130 BGH, NJW 2010, 1074; BGH, WM 2014, 82.
131 AG Hamburg-Blankenese, ZMR 2006, 783; *Börstinghaus*, jurisPR-MietR 11/2006; a.A.: LG Paderborn, DGVZ 2006, 75 (Verwirkung des Vollstreckungsrechts).
132 Siehe auch die Anmerkungen zu § 791.

§ 704 Vollstreckbare Endurteile

Die Zwangsvollstreckung findet statt aus Endurteilen, die rechtskräftig oder für vorläufig vollstreckbar erklärt sind.

Übersicht

	Rdn.		Rdn.
I. Endurteile	1	III. Urteile ohne vollstreckungsfähigen Inhalt	4
II. Endgültig und vorläufig vollstreckbare Urteile	2		

Literatur:
Fleddermann, Die Zwangsvollstreckung aus arbeitsgerichtlichen Titeln, ArbRAktuell 2011, 318128; *Schiedermair*, Die Wirkung der Anfechtung von Zwischenurteilen nach §§ 275, 304 ZPO auf das Endurteil, JuS 1961, 212; *Tiedemann*, Die Rechtskraft von Vorbehaltsurteilen. Überlegungen zum Begriff der formellen Rechtskraft, ZZP 1980, 23; *Wieser*, Die Vollstreckbarkeit im weiteren Sinn, ZZP 1989, 261.

I. Endurteile

1 Die ZPO behandelt das **Endurteil** (§ 300 Abs. 1) als den Modellfall eines Vollstreckungstitels. Sie stellt deshalb die allgemeinen Grundsätze über die Voraussetzungen der Zwangsvollstreckung und die allgemeinen Regeln, die für jede Art der Zwangsvollstreckung gelten, zunächst einmal am Beispiel dieses Titels dar, ehe dann in den §§ 794–801 abweichenden Besonderheiten anderer Titel angesprochen werden. Unter Endurteil i. S. des § 704 sind nicht nur die den Rechtsstreit in seiner Gänze beendende Urteile zu verstehen, sondern auch Teilurteile (§ 301) und kraft der in §§ 302 Abs. 3, 599 Abs. 3 enthaltenen Regelung Vorbehaltsurteile,[1] ferner Versäumnisurteile nach § 330[2] und § 331,[3] nicht nach § 347 Abs. 2, sowie Anerkenntnisurteile (§ 307). Neben den Endurteilen der ordentlichen Gerichte in der Bundesrepublik sind über § 62 ArbGG auch die Endurteile der Arbeitsgerichte solche i. S. des § 704. Gleiches gilt für Endurteile der Zivilgerichte der früheren DDR.[4]

II. Endgültig und vorläufig vollstreckbare Urteile

2 **Rechtskräftig** sind Endurteile, sobald die formelle Rechtskraft (§ 705) eingetreten ist. Die **vorläufige Vollstreckbarkeit** von Endurteilen der ordentlichen Gerichtsbarkeit richtet sich nach §§ 708 ff.; Endurteile der Arbeitsgerichte sind nach § 62 Abs. 1 ArbGG ohne Weiteres, soweit nicht einem Antrag nach § 62 Abs. 1 S, 2 ArbGG stattgegeben wurde, vorläufig vollstreckbar,[5] bis die formelle Rechtskraft eintritt. Fehlt bei einem Urteil eines Zivilgerichts der Ausspruch der vorläufigen Vollstreckbarkeit, muss gem. § 716 ein entsprechendes Ergänzungsurteil[6] im Verfahren nach § 321 beantragt werden. Urteile, durch die ein Arrest oder eine einstweilige Verfügung angeordnet wurden, bedürfen nicht des gesonderten Ausspruchs der vorläufigen Vollstreckbarkeit im Urteilstenor. Sie sind auch ohne einen solchen Ausspruch ohne Weiteres vorläufig vollstreckbar.[7] Ist ein ordnungsgemäß für vorläufig vollstreckbar erklärtes Urteil durch das Berufungsgericht gem. § 538 Abs. 2 aufgehoben worden und wird dann das Berufungsurteil seinerseits vom Revisionsgericht aufgehoben und wird der Rechtsstreit zur erneuten Verhandlung und Entscheidung an das Beru-

---

1 BGHZ 69, 270; BGH, NJW 1967, 566.
2 BGHZ 35, 340.
3 BGH, NJW 1961, 1969.
4 Siehe auch: Vor §§ 704–707 Rdn. 5.
5 *Fleddermann*, ArbRAktuell 2011, 318128.
6 Einzelheiten: § 716 Rdn. 3.
7 Siehe hierzu: § 929 Rdn. 2.

fungsgericht zurückverwiesen, so lebt die vorläufige Vollstreckbarkeit des erstinstanzlichen Urteils wieder auf.[8]

Trotz formeller Rechtskraft nur vorläufig vollstreckbar sind Endurteile, deren Bestand von der Rechtskraft eines Zwischenurteils abhängt (Zuständigkeit des Gerichts wurde durch Zwischenurteil bejaht; dieses Zwischenurteil ist angefochten und noch nicht rechtskräftig; hinsichtlich des zwischenzeitlich zur Sache selbst ergangenen Endurteils ist die Rechtsmittelfrist abgelaufen).[9] Hier gilt die hinsichtlich der vorläufigen Vollstreckbarkeit im Urteil getroffene Regelung so lange weiter, bis auch das Zwischenurteil endgültig bestandskräftig geworden ist.

III. Urteile ohne vollstreckungsfähigen Inhalt

Die förmliche Vollstreckbarerklärung nach §§ 708 ff. und die tatsächliche Vollstreckbarkeit eines Urteils können auseinander fallen, wenn ein Urteil keinen vollstreckungsfähigen Inhalt hat (Feststellungs- und Gestaltungsurteile). Während alle Endurteile für vorläufig vollstreckbar zu erklären sind,[10] kommt die Zwangsvollstreckung tatsächlich nur aus Leistungsurteilen, durch die dem Schuldner ein konkretes Tun (Zahlung, Herausgabe, Abgabe einer Willenserklärung, Vornahme einer Handlung usw.) oder ein bestimmtes Unterlassen aufgegeben wurde, in Betracht. Da es letztlich der Zweck jedes Leistungsurteils ist, dass aus ihm die Zwangsvollstreckung betrieben werden kann, dürften Leistungsurteile ohne vollstreckungsfähigen Inhalt[11] nicht ergehen. Ist der Kläger nicht in der Lage, sein Petitum vollstreckungsfähig zu formulieren, muss seine Klage als unzulässig abgewiesen werden.

---

8 BGH, NJW 1982, 1397; PG/*Kroppenberg*, § 704 Rn. 13; a.A.: KG, NJW 1989, 3025.
9 *Musielak/Lackmann*, § 704 Rn. 2; *Schiedermair*, JuS 1961, 212; a.A. (endgültig vollstreckbar): *Gelhaar*, VersR 1964, 2.
10 Einzelheiten: Vor §§ 708–720 Rdn. 2, 3.
11 Beispiele: Vor §§ 704–707 Rdn. 16, 18.

§ 705 Formelle Rechtskraft

¹Die Rechtskraft der Urteile tritt vor Ablauf der für die Einlegung des zulässigen Rechtsmittels oder des zulässigen Einspruchs bestimmten Frist nicht ein. ²Der Eintritt der Rechtskraft wird durch rechtzeitige Einlegung des Rechtsmittels oder des Einspruchs gehemmt.

Übersicht

	Rdn.		Rdn.
I. Materielle und formelle Rechtskraft....	1	III. Wirkung des Eintritts der formellen Rechtskraft..................	7
II. Zeitpunkt des Eintritts der formellen Rechtskraft.....................	2	IV. Besonderheiten hinsichtlich arbeitsgerichtlicher Urteile................	8
1. Urteile	2		
2. Beschlüsse.....................	6		

Literatur:
Braun, Rechtskraft und Rechtskraftbeschränkung im Zivilprozeß, JuS 1986, 364; *Gaul*, Die Entwicklung der Rechtskraftlehre seit Savigny und der heutige Stand, FS Flume, 1978, S. 443; *Homfeld*, Die Beachtung der Rechtskraft im Zivilprozess von Amts wegen, Diss. Passau 2001; *Kellermann*, Die Rechtskraft klageabweisender Urteile, JA 2004, 151; *Prütting*, Die Grundlagen des Zivilprozesses im Wandel der Gesetzgebung, NJW 1980, 361; *Schreiber*, Die Rechtskraft im Zivilprozess, Jura 2008, 121; *Tiedemann*, Die Rechtskraft von Vorbehaltsurteilen, ZZP 1980 (Bd. 93), 23; *Werner*, Rechtskraft und Innenbindung zivilprozessualer Beschlüsse im Erkenntnis- und summarischen Verfahren, 1983.

I. Materielle und formelle Rechtskraft

1 Die materielle Rechtskraft (§ 322) bezieht sich auf den Inhalt einer Entscheidung: Sie bindet jeden künftigen Richter an die hinsichtlich des Streitgegenstandes getroffene Feststellung in der Weise, dass eine erneute Entscheidung über die festgestellte Rechtsfolge ausgeschlossen ist.[1] Sie verändert nicht das materielle Recht, greift aber insofern auch in die unmittelbaren Beziehungen der Parteien ein, als diese sich nach der Entscheidung richten müssen,[2] soweit sie nicht einvernehmlich etwas anderes vereinbaren. Die formelle Rechtskraft dagegen betrifft die Unanfechtbarkeit einer Entscheidung. Der formellen Rechtskraft fähig können daher nur Entscheidungen sein, die entweder von Anfang an unanfechtbar sind, weil jedes Rechtsmittel gegen sie ausgeschlossen ist, oder die später unanfechtbar werden, weil ein Rechtsmittel nunmehr nicht mehr gegen sie möglich ist. Sie betrifft also nicht nur Entscheidungen, die einem befristeten Rechtsmittel oder dem Einspruch (§ 338) unterliegen,[3] sondern alle Entscheidungen, die ab irgendeinem Zeitpunkt aus Rechtsgründen einer Abänderung nicht zugänglich sind. Formell rechtskräftig sind deshalb auch Entscheidungen, die zwar an sich unbefristet anfechtbar sind, bei denen aber wirksam auf ein Rechtsmittel verzichtet wurde oder gegen die der zulässige Rechtsweg ausgeschöpft ist. Somit sind über den Wortlaut der §§ 705 ZPO, 19 EGZPO hinaus nicht nur Urteile (Endurteile, Zwischenurteile, Versäumnisurteile), sondern auch Beschlüsse, die entweder mit ihrem Erlass unanfechtbar oder aber beschwerdefähig sind, grundsätzlich der formellen Rechtskraft fähig. Dagegen sind Titel, die keine Entscheidung des Gerichts, sondern einseitige Parteierklärungen (Unterwerfung unter die Zwangsvollstreckung in einer materiellen Urkunde) beinhalten, der Rechtskraft nie fähig.[4]

Die formelle Rechtskraft tritt unabhängig davon ein, ob eine Entscheidung auch der materiellen Rechtskraft fähig ist. Dagegen ist die formelle Rechtskraft immer notwendige Voraussetzung der materiellen Rechtskraft: Materielle Rechtskraft tritt erst im Zeitpunkt der Unanfechtbarkeit der Entscheidung ein. Die Möglichkeit, gegen eine Entscheidung nach Ablauf aller Rechtsmittelfristen oder nach Ausschöpfung aller Rechtsmittel noch Nichtigkeits- oder Restitutionsklage (§§ 578 ff.),

---

1 BGHZ 34, 339; 35, 340; 36, 365; 93, 288; 123, 34; *Gaul*, FS Flume, 1978, S. 525; *Zöller/Vollkommer*, vor § 322 Rn. 19.
2 *Gaul*, FS Flume, 1978, S. 525.
3 So aber *Thomas/Putzo/Seiler*, § 705 Rn. 1a; *Zöller/Stöber*, § 705 Rn. 1.
4 BGH, BGHReport 2007, 393.

Nichtigkeitsbeschwerde (§ 577 Abs. 2 Satz 3) oder Verfassungsbeschwerde einlegen zu können, beeinträchtigt zunächst die formelle Rechtskraft nicht.[5] Ein Erfolg dieser Klagen oder Beschwerden eröffnet selbstständig (ganz oder teilweise) die Möglichkeit einer neuen Sachentscheidung. Soweit dabei die alte Entscheidung aufgehoben wird, wird selbstverständlich nicht nur ihre materielle, sondern auch ihre formelle Rechtskraft gegenstandslos.

II. Zeitpunkt des Eintritts der formellen Rechtskraft

1. Urteile

Soweit ein Rechtsmittel gegen ein Urteil kraft Gesetzes generell ausgeschlossen und nicht nur im Einzelfall nicht zugelassen worden ist, wird das Urteil mit der Verkündung rechtskräftig. Dies gilt für Revisionsurteile des BGH und für Urteile der Oberlandesgerichte, durch die über die Anordnung, Abänderung oder Aufhebung eines Arrestes oder einer einstweiligen Verfügung oder über die vorzeitige Besitzeinweisung im Enteignungsverfahren bzw. im Umlegungsverfahren entschieden worden ist (§ 545 Abs. 2); ferner für Zwischenurteile, dass eine Klageänderung nicht vorliege oder dass eine Klageänderung zuzulassen sei (§ 268).

Dagegen werden, soweit nicht statthaft ein Rechtsmittel eingelegt ist, alle diejenigen Urteile erst mit Ablauf der Rechtsmittelfrist rechtskräftig, gegen die die Berufung zulässig oder die Revision grundsätzlich statthaft ist (auch wenn im Einzelfall die Revision nicht zugelassen worden ist).[6] In allen Fällen, in denen ein Rechtsmittel im Grundsatz möglich ist, kann über die Unzulässigkeit des Rechtsmittels im konkreten Fall abschließend nur das Rechtsmittelgericht entscheiden. Wurde in Fällen dieser Art ein statthaftes, aber wegen Nichterreichung der Rechtsmittelsumme oder wegen Nichtzulassung des Rechtsmittels unzulässiges Rechtsmittel eingelegt, tritt die formelle Rechtskraft nicht schon mit Ablauf der Rechtsmittelfrist, sondern erst mit Rechtskraft der die Unzulässigkeit aussprechenden Entscheidung ein.[7] Dies ist aus Gründen der Rechtssicherheit erforderlich, auch wenn es dadurch der das unzulässige Rechtsmittel Einlegende in der Hand hat, die Rechtskraft einer Entscheidung zeitlich hinauszuschieben.

Bei Teilentscheidungen tritt die Rechtskraft hinsichtlich des nicht angefochtenen Titels erst ein, wenn feststeht, dass weder eine Erweiterung des Rechtsmittels noch ein Anschlussrechtsmittel mehr möglich ist.[8]

Entgegen dem Wortlaut des § 705 Satz 1 tritt Rechtskraft schon vor Ablauf der Rechtsmittelfrist ein, wenn wirksam auf Rechtsmittel verzichtet wurde, sodass eine Anfechtung des Urteils ausgeschlossen ist.[9] Letzteres ist nur dann der Fall, wenn der Rechtsmittelverzicht entweder von beiden Parteien[10] oder aber von der allein durch die Entscheidung beschwerten Partei erklärt wurde.[11] Die Erklärung muss gegenüber dem Gericht abgegeben werden.[12] Sind mehrere Parteien durch die

---

5 BVerfG, NJW 1996, 1736; *Zöller/Stöber*, § 705 Rn. 1.
6 Wie hier: BGHZ 4, 294; 44, 395; 109, 213; BAG, BB 1979, 1242; KG, VersR 1972, 352; OLG Celle, NJW 1977, 204; OLG München, NJW 1979, 114; OLG Hamm, NJW 1980, 713; KG, NJW 1983, 2266; BGH, NJW-RR 1990, 323; *Gerhardt*, FS Beitzke, 1979, S. 191; *Prütting*, NJW 1980, 361.
7 GmS-OGB, NJW 1984, 1027; BGH, NJW-RR 1990, 323; LSG Essen, FamRZ 1983, 1037; BSG, FamRZ 1985, 595; KG, JR 1952, 247 (für den Fall der Rücknahme der unzulässigen Berufung).
8 BGH, NJW 1992, 2296; BGH, NJW 1994, 657; OLG München, NJW 1966, 1082; OLG Karlsruhe, MDR 1983, 676.
9 *Brox/Walker*, Rn. 48; *Thomas/Putzo/Seiler*, § 705 Rn. 7; *Zöller/Stöber*, § 705 Rn. 9.
10 BGH, FamRZ 1954, 108; BGH, NJW 1989, 170; OLG Stuttgart, FamRZ 1969, 104.
11 A.A. aber (immer Verzicht aller Parteien erforderlich): *Thomas/Putzo/Seiler*, § 705 Rn. 7; *Zöller/Stöber*, § 705 Rn. 9.
12 *Zöller/Stöber*, § 705 Rn. 9; a.A. (auch Erklärung gegenüber der Partei ausreichend): OLG Düsseldorf, FamRZ 1965, 278.

Entscheidung beschwert, tritt die formelle Rechtskraft erst in dem Augenblick ein, in dem auch die letzte Verzichtserklärung wirksam wird.[13]

2. Beschlüsse

6 Soweit ein Rechtsmittel gegen sie kraft Gesetzes generell ausgeschlossen ist (§ 567 Abs. 1 und 2), werden sie mit ihrem Erlass formell rechtskräftig. Im Übrigen werden beschwerdefähige Beschlüsse mit Ablauf der Rechtsmittelfrist (§ 569 Abs. 1), und soweit sie angefochten wurden, mit Ausschöpfung der Rechtsmittel (§ 574 Abs. 1 Nr. 2), oder mit einem wirksamen Rechtsmittelverzicht rechtskräftig. Hinsichtlich der Wirksamkeit des Verzichts gilt das zum Rechtsmittelverzicht bei Urteilen Dargestellte entsprechend.[14] Dass ein mögliches Rechtsmittel verwirkt wäre, reicht dagegen nicht aus, um Rechtskraft anzunehmen.

III. Wirkung des Eintritts der formellen Rechtskraft

7 Urteile sind mit dem Eintritt der formellen Rechtskraft endgültig und ohne Sicherheitsleistung vollstreckbar. Die Befugnis, die vorläufige Zwangsvollstreckung durch Sicherheitsleistung abwenden zu können, entfällt.[15] War zur Abwendung der vorläufigen Vollstreckung eine selbstschuldnerische Prozessbürgschaft geleistet, dann kann der Gläubiger nach Eintritt der äußeren Rechtskraft des Urteils den Bürgen in Anspruch nehmen. Mit der formellen Rechtskraft tritt auch die materielle Rechtskraft ein, soweit der Inhalt der Entscheidung der materiellen Rechtskraft fähig ist.

IV. Besonderheiten hinsichtlich arbeitsgerichtlicher Urteile

8 Erstinstanzliche arbeitsgerichtliche Urteile in vermögensrechtlichen Streitigkeiten werden, auch wenn der Beschwerdewert nach § 64 Abs. 2 Buchst. b ArbGG nicht erreicht und die Berufung nicht zugelassen ist, erst mit Ablauf der Berufungsfrist oder, soweit eine Anfechtung erfolgt ist, mit der die Berufung als unzulässig verwerfenden Entscheidung formell rechtskräftig[16], nicht schon mit ihrer Verkündung. Der im Urteil festgesetzte Streitwert (§ 61 Abs. 1 ArbGG) und der Wert des Beschwerdegegenstandes müssen sich nicht decken. Es obliegt allein dem Berufungsgericht, festzustellen, ob die Rechtsmittelsumme nicht erreicht ist.

Grundurteile, soweit es sich nicht um solche nach §§ 5 Abs. 4 Satz 3 KSchG, 17 BfG handelt, gelten gem. § 61 Abs. 3 ArbGG abweichend von § 304 Abs. 2 nicht als Endurteile, sind also gar nicht anfechtbar.[17] Mängel des Grundurteils können erst mit einem gegen das Schlussurteil gerichteten Rechtsmittel geltend gemacht werden.[18] Grundurteile sind deshalb auch nicht isoliert formell rechtskräftig, sondern erst zusammen mit dem Schlussurteil unanfechtbar. Nicht mit der Revision angefochtene Endurteile der Landesarbeitsgerichte werden im Hinblick auf § 72 ArbGG immer erst nach Ablauf der Revisionsfrist bzw., soweit die Revision nicht zugelassen war, der Frist für die Nichtzulassungsbeschwerde (§ 72a Abs. 2 Satz 1 ArbGG) formell rechtskräftig. War Nichtzulassungsbeschwerde eingelegt, tritt formelle Rechtskraft erst mit deren Verwerfung ein. Kontradiktorische Urteile des Bundesarbeitsgerichts werden mit ihrer Verkündung formell rechtskräftig.

Hinsichtlich des Rechtsmittelverzichts gilt das zu den Urteilen der ordentlichen Gerichtsbarkeit Dargestellte[19] entsprechend.

---

13 OLG Celle, FamRZ 1978, 920.
14 Siehe oben Rdn. 5.
15 BGHZ 69, 270.
16 GMP/*Germelmann*, § 64 ArbGG Rn. 3.
17 ErfKomm/*Koch*, § 61 ArbGG Rn. 1; GMP/*Germelmann*, § 61 ArbGG Rn. 43.
18 GMP/*Germelmann*, § 61 ArbGG Rn. 43.
19 Siehe oben Rdn. 5.

War ein zu mehreren Streitgegenständen ergangenes Urteil des Arbeitsgerichts nur hinsichtlich eines Streitgegenstandes mit der Berufung angefochten worden, wird die Entscheidung zu den übrigen Streitgegenständen mit Schluss der mündlichen Verhandlung vor dem Landesarbeitsgericht formell rechtskräftig. Diese Streitgegenstände können deshalb mit der Revision gegen das Urteil des Landesarbeitsgerichts nicht erneut aufgegriffen werden.[20]

---

20 BAG, MDR 1977, 787.

§ 706 Rechtskraft- und Notfristzeugnis

(1) Zeugnisse über die Rechtskraft der Urteile sind auf Grund der Prozessakten von der Geschäftsstelle des Gerichts des ersten Rechtszuges und, solange der Rechtsstreit in einem höheren Rechtszuge anhängig ist, von der Geschäftsstelle des Gerichts dieses Rechtszuges zu erteilen.

(2) ¹Insoweit die Erteilung des Zeugnisses davon abhängt, dass gegen das Urteil ein Rechtsmittel nicht eingelegt ist, holt die Geschäftsstelle des Gerichts des ersten Rechtszuges bei der Geschäftsstelle des für das Rechtsmittel zuständigen Gerichts eine Mitteilung in Textform ein, dass bis zum Ablauf der Notfrist eine Rechtsmittelschrift nicht eingereicht sei. ²Einer Mitteilung der Geschäftsstelle des Revisionsgerichts, dass ein Antrag auf Zulassung der Revision nach § 566 nicht eingereicht sei, bedarf es nicht.

Übersicht	Rdn.		Rdn.
I. Anwendungsbereich	1	3. Umfang der Prüfung	6
II. Bedeutung des Rechtskraftzeugnisses	2	4. Inhalt des Rechtskraftzeugnisses	9
III. Verfahren zur Erlangung des Rechtskraftzeugnisses	4	5. Amtshaftung	10
		IV. Teilrechtskraftzeugnis	11
1. Antrag	4	V. Rechtsbehelfe	12
2. Zuständigkeit	5	VI. Gebühren	13

I. Anwendungsbereich

1   Das Rechtskraftzeugnis (**Abs. 1**) dient dem Nachweis der formellen Unanfechtbarkeit einer Entscheidung. Es ist deshalb auch **auf Antrag** zu allen Entscheidungen zu erteilen, die der formellen Rechtskraft fähig sind, also zu Urteilen, Vollstreckungsbescheiden und zu rechtskraftfähigen Beschlüssen.[1] Die Rechtskraft eines Urteils ist auf Verlangen nicht nur auf diesem selbst, sondern auch auf dem zu ihm ergangenen Kostenfestsetzungsbeschluss zu bescheinigen.[2] Das Notfristzeugnis (**Abs. 2**) kommt nur zu Entscheidungen in Betracht, die mit einem befristeten Rechtsmittel angefochten werden können.

II. Bedeutung des Rechtskraftzeugnisses

2   Im Bereich der **Zwangsvollstreckung** ist der Nachweis der Rechtskraft für den Gläubiger von Bedeutung, dessen Titel zunächst nur gegen Sicherheitsleistung vorläufig vollstreckbar war. Er kann nunmehr ohne Sicherheitsleistung auch über den Rahmen des § 720a hinaus vollstrecken und seine endgültige Befriedigung aus den gepfändeten Gegenständen des Schuldners suchen. Eine bereits geleistete Sicherheit kann gegen Vorlage des Rechtskraftzeugnisses gem. § 715 zurückverlangt werden (die Anordnung trifft der Rechtspfleger). Hat der Schuldner zur Abwendung der Zwangsvollstreckung Sicherheit geleistet, so kann der Gläubiger nach Eintritt der Rechtskraft unter Vorlage des Titels und der Rechtskraftbescheinigung unmittelbare Auszahlung des vom Schuldner hinterlegten Betrages an sich verlangen.

3   Über das Vollstreckungsverfahren hinaus ist der Nachweis der Rechtskraft einer Entscheidung nach zahlreichen verfahrensrechtlichen (z. B. § 582 ZPO) und materiellrechtlichen Vorschriften (z. B. §§ 204 Abs. 2, 864 Abs. 2, 1470 Abs. 1, 1561 Abs. 2 Nr. 1, 2193 Abs. 2, 2342 Abs. 2 BGB) erforderlich. Das Rechtskraftzeugnis ist eine reine Beweisurkunde i. S. § 418, hat also keine Auswirkungen auf den tatsächlichen Eintritt der Rechtskraft.[3] Es ist auch nicht die einzige Möglichkeit, die

---

1   Siehe hierzu auch § 705 Rdn. 6.
2   OLG Frankfurt, MDR 1956, 361.
3   BGH, FamRZ 1971, 635.

Rechtskraft einer Entscheidung nachzuweisen. Der durch das Zeugnis geführte Beweis kann nach den allgemeinen Regeln (§ 418 Abs. 2) widerlegt werden.[4]

III. Verfahren zur Erlangung des Rechtskraftzeugnisses

1. Antrag

Die Rechtskraft einer Entscheidung wird nicht von Amts wegen nach Eintritt der Unanfechtbarkeit bescheinigt, sondern nur auf **Antrag** eines am Verfahren Beteiligten (Parteien und Streitgehilfen) oder des Rechtsnachfolgers eines solchen Beteiligten (z. B. des Insolvenzverwalters).[5] Sonstige Dritte müssen ein berechtigtes Interesse darlegen,[6] da das Rechtskraftzeugnis eine amtliche Auskunft über ein sie zunächst nicht betreffendes Rechtsverhältnis enthält.

2. Zuständigkeit

Zuständig ist der Urkundsbeamte der Geschäftsstelle des Gerichts des ersten Rechtszuges, es sei denn der Rechtsstreit ist bei einem höheren Gericht anhängig; in diesem Fall ist der Urkundsbeamte der Geschäftsstelle dieses Gerichts zuständig (**Abs. 1**). Die Zuständigkeit der Geschäftsstelle des Rechtsmittelgerichts beginnt erst mit der Einreichung einer Rechtsmittelschrift; die bloße Einreichung eines Gesuchs um Prozesskostenhilfe macht den Rechtsstreit noch nicht im höheren Rechtszuge anhängig.[7] Die Zuständigkeit der Geschäftsstelle der Rechtsmittelinstanz dauert an, solange dieses Gericht die Akten im Zusammenhang mit dem Rechtsmittel (z. B. auch noch zur Kostenabrechnung nach der Rechtsmittelentscheidung) vorliegen hat. Danach ist wieder die Geschäftsstelle des erstinstanzlichen Gerichts zuständig, auch wenn die Entscheidung, um die es geht, vom Rechtsmittelgericht erlassen wurde.

3. Umfang der Prüfung

Der Urkundsbeamte **prüft** den Eintritt der Rechtskraft in eigener Zuständigkeit zunächst anhand der Prozessakten (**Abs. 1**). Seine Prüfung ist eine formelle, dahingehend, ob die Rechtsmittelfrist ungenutzt verstrichen oder ob ein Rechtsmittel noch anhängig ist. Ob das Rechtsmittel zulässig eingelegt ist, hat er ebenso wenig zu prüfen,[8] wie, ob die einer arbeitsgerichtlichen Entscheidung beigefügte Rechtsmittelbelehrung (§ 9 Abs. 5 ArbGG) richtig war.[9] Ist unklar, ob überhaupt eine Rechtsmittelfrist zu laufen begonnen hat, ist das Zeugnis dahin zu erteilen, dass ein Rechtsmittel »bis zum .... (Tag der Bescheinigung)« nicht eingelegt wurde.[10]

Reichen die Prozessakten nicht aus, um die Rechtskraft festzustellen, insbesondere, soweit das Rechtsmittel bei einem anderen Gericht einzulegen ist, holt die Geschäftsstelle eine schriftliche (auch in Form einer Email) Mitteilung der Geschäftsstelle des zuständigen Rechtsmittelgerichts ein, dass dort bis zum Ablauf der Notfrist eine Rechtsmittelschrift nicht eingereicht sei (**Abs. 2**) (sog. **Notfristzeugnis**). Ein Zeugnis der Geschäftsstelle des Revisionsgerichts, dass auch kein Antrag auf Zulassung der Sprungrevision gem. § 566 eingereicht worden sei, muss nicht zusätzlich vorgelegt werden (**Abs. 2 Satz 2**). Der Grund hierfür liegt in § 566 Abs. 3 Satz 2: Wegen der Pflicht zur unverzüglichen Information durch das Revisionsgericht ist das erstinstanzliche Gericht selbst in der Lage, zuverlässig festzustellen, ob Sprungrevision eingelegt ist.

---

4 BGH, BB 1953, 690.
5 LG Wiesbaden, KTS 1963, 125.
6 **A.A.** (auch Dritte erhalten das Zeugnis ohne Nachweis eines berechtigten Interesses): *Stein/Jonas/Münzberg,* § 706 Rn. 11 (verlangt aber jedenfalls Darlegung eines solchen Interesses); *Thomas/Putzo/Seiler,* § 706 Rn. 5; wie hier: *MüKo/Götz,* § 706 Rn. 3; *Zöller/Stöber,* § 706 Rn. 3.
7 BGH, JR 1956, 345; **a.A.**: *Wieczorek/Heß,* § 706 Rn. 5.
8 *Stein/Jonas/Münzberg,* § 706 Rn. 7; *Zöller/Stöber,* § 706 Rn. 5.
9 LAG Kiel, SchlHA 1984, 15.
10 BGH, MDR 2003, 826.

8 Die Geschäftsstelle des Rechtsmittelgerichts muss auch dann das Vorliegen eines Rechtsmittels mitteilen, wenn das rechtzeitig eingegangene Rechtsmittel nach Ansicht des Urkundsbeamten der Geschäftsstelle unzulässig ist (Einlegung durch die Partei selbst statt durch einen Rechtsanwalt; Nichterreichen der Rechtsmittelsumme; Nichtzulassung der Revision). Die Prüfung der Zulässigkeit des Rechtsmittels ist Sache der Richter. Umgekehrt ist mitzuteilen, dass bis zum Ablauf der Rechtsmittelfrist keine Rechtsmittelschrift eingegangen sei, wenn zwar ein Rechtsmittel eingegangen ist, dies aber erkennbar verspätet erfolgt war. Der Urkundsbeamte braucht dann vor Absendung seiner Mitteilung an die erstinstanzliche Geschäftsstelle nicht abzuwarten, ob etwa erfolgreich Wiedereinsetzung beantragt werden wird. Ist unklar, ob – etwa, weil Zweifel an der Korrektheit der Zustellung geäußert werden – eine Rechtsmittelfrist zu laufen begonnen hat oder ob sie unterbrochen ist, ist die Mitteilung dahin zu formulieren, dass ein Rechtsmittel »bis heute« nicht eingelegt worden ist[11].

4. Inhalt des Rechtskraftzeugnisses

9 Die Rechtskraft wird durch einen Vermerk auf der Entscheidung selbst bescheinigt. Der Vermerk hat regelmäßig folgenden Wortlaut: »Vorstehendes Urteil ist rechtskräftig.« Eine abweichende (aber sinngemäße) Formulierung ist unschädlich. Der Vermerk ist mit dem Datum seiner Ausstellung zu versehen und vom Urkundsbeamten unter Angabe seiner Funktion zu unterschreiben. Dass und wem ein Rechtskraftzeugnis erteilt wurde, ist in den Akten zu vermerken.

Das Notfristzeugnis lautet im Allgemeinen sinngemäß: »Innerhalb der Rechtsmittelfrist ist zum Urteil des ... keine Rechtsmittelschrift eingegangen«.

5. Amtshaftung

10 Die **Amtspflicht** des Urkundsbeamten der Geschäftsstelle, ein Rechtskraftzeugnis nur bei nachgewiesener Rechtskraft zu erteilen, obliegt ihm nur gegenüber den Antragsberechtigten, nicht aber gegenüber am Rechtsstreit unbeteiligten Dritten, denen das Rechtskraftzeugnis später von einer Prozesspartei vorgelegt wird.[12] Es besteht insoweit auch kein Vertrauensschutz, der zu Amtshaftungsansprüchen Veranlassung geben könnte.

IV. Teilrechtskraftzeugnis

11 Ein Zeugnis, das die Rechtskraft nur eines Teils der Entscheidung bescheinigt, ist grundsätzlich möglich.[13] Dieser Teil darf dann allerdings auch nicht mehr mit einem Anschlussrechtsmittel angefochten werden können.[14] Das ist dann der Fall, wenn hinsichtlich dieses Teils ein eindeutiger Rechtsmittelverzicht vorliegt oder wenn die letzte mündliche Verhandlung hinsichtlich des angefochtenen Teiles in der Rechtsmittelinstanz stattgefunden hat oder wenn Berufungs- und Anschlussberufungsfrist abgelaufen sind, sodass weder eine Rechtsmittelerweiterung noch ein Anschlussrechtsmittel möglich ist[15]. Das Teilrechtskraftzeugnis muss den rechtskräftigen Teil genau bezeichnen (»... ist hinsichtlich Ziff. ... des Tenors rechtskräftig.«).

V. Rechtsbehelfe

12 Gegen die Versagung wie gegen die Erteilung eines Rechtskraft- oder Notfristzeugnisses hat die beschwerte Partei die Erinnerung nach § 573.[16] Auch beim Rechtsmittelgericht besteht für die Erinnerung kein Anwaltszwang. Gegen eine die Erinnerung zurückweisende Entscheidung des Gerichts

---

11 BGH, BGHReport 2003, 828.
12 BGH, MDR 1960, 288.
13 BGH, NJW 1989, 170; OLG Karlsruhe, Justiz 1971, 59; PG/*Kroppenberg*, § 706 Rn. 4.
14 Siehe hierzu auch: § 705 Rdn. 4.
15 OLG Oldenburg, OLGReport 2004, 543.
16 KG, FamRZ 1974, 447 (zum damaligen § 576 ZPO).

ist die – nunmehr generell befristete – Beschwerde (§ 567) möglich. Hinsichtlich der Rechtsbeschwerde gegen die Beschwerdeentscheidung (§ 574 ff.) gelten die allgemeinen Regeln[17].

VI. Gebühren

Für die Erteilung des Rechtskraftzeugnisses werden keine Gerichtsgebühren erhoben. Für den Anwalt, der die Partei schon im Prozess vertreten hat, entstehen keine zusätzlichen Gebühren durch die Beantragung der Rechtskraftbescheinigung. Für den Anwalt, der die Partei nur in der Zwangsvollstreckung vertritt, ist die Beantragung durch die 3/10-Gebühr VV 3309 mit abgegolten. Der Anwalt, der die Partei ausschließlich bei der Beschaffung des Rechtskraftattests vertritt, erhält für diese Tätigkeit ebenfalls die 3/10-Gebühr gem. VV 3309, aber berechnet von einem Streitwert, der nur einen Bruchteil des Hauptsachestreitwerts ausmacht.[18]

13

Das Erinnerungsverfahren nach § 573 Abs. 1 lässt ebenfalls keine gesonderten Gerichts- oder Anwaltskosten entstehen. Es ist Teil des Verfahrens auf Attesterteilung und mit diesem als Einheit zu sehen.

---

17 PG/*Kroppenberg*, § 706 Rn. 10.
18 *Wieczorek/Schütze/Heß*, § 706 Rn. 15.

§ 707 Einstweilige Einstellung der Zwangsvollstreckung

(1) ¹Wird die Wiedereinsetzung in den vorigen Stand oder eine Wiederaufnahme des Verfahrens beantragt oder die Rüge nach § 321a erhoben oder wird der Rechtsstreit nach der Verkündung eines Vorbehaltsurteils fortgesetzt, so kann das Gericht auf Antrag anordnen, dass die Zwangsvollstreckung gegen oder ohne Sicherheitsleistung einstweilen eingestellt werde oder nur gegen Sicherheitsleistung stattfinde und dass die Vollstreckungsmaßregeln gegen Sicherheitsleistung aufzuheben seien. ²Die Einstellung der Zwangsvollstreckung ohne Sicherheitsleistung ist nur zulässig, wenn glaubhaft gemacht wird, dass der Schuldner zur Sicherheitsleistung nicht in der Lage ist und die Vollstreckung einen nicht zu ersetzenden Nachteil bringen würde.

(2) ¹Die Entscheidung ergeht durch Beschluss. ²Eine Anfechtung des Beschlusses findet nicht statt.

Übersicht

		Rdn.
I.	Anwendungsbereich des Abs. 1	1
II.	Verhältnis zum allgemeinen Vollstreckungsschutz	4
III.	Verfahren	5
IV.	Zu den inhaltlichen Möglichkeiten der Entscheidung	8
1.	Ermessensentscheidung	8
2.	Folgende Anordnungen sind im Einzelnen möglich	9
	a) Einstweilige Einstellung der Zwangsvollstreckung gegen vom Schuldner zu stellende Sicherheitsleistung	9
	b) Einstellung der Zwangsvollstreckung ohne Sicherheitsleistung (Abs. 1 Satz 2)	10
	c) Anordnung, dass die Zwangsvollstreckung nur gegen Sicherheitsleistung stattfinde	11
	d) Anordnung, dass die Vollstreckungsmaßregeln gegen Sicherheitsleistung aufzuheben seien	12
	e) Sonstige Anordnungen	13
V.	Besonderheiten im arbeitsgerichtlichen Verfahren	14
VI.	Wirkungen des Einstellungsbeschlusses	15
VII.	Rechtsbehelfe	16
1.	Abänderung von Amtswegen	16
2.	Ausschluss ordentlicher Rechtsmittel	17
	a) Möglichkeit der Gehörsrüge gem. § 321a	17
	b) Außerordentliche Beschwerde wegen greifbarer Gesetzeswidrigkeit	18
VIII.	Gebühren	20

Literatur:
Behr, Die vollstreckungsinternen Rechtsbehelfe, JurBüro 1995, 405; *Dütz*, Einstweilige Abwendung von Vollstreckungsmaßnahmen in der Arbeitsgerichtsbarkeit, Betr. 1980, 1069, 1120; *Fink/Ellefret*, Auswirkungen einer prozessrichterlichen Einstellung der Zwangsvollstreckung auf den Drittschuldner, MDR 1998, 1272; *Hackenberger/Schmidt*, Wiederherstellung einer aufgehobenen einstweiligen Verfügung im Wettbewerbsprozess durch Einstellung der Zwangsvollstreckung, DB 1970, 20; *Häsemeyer*, Endgültige Zuweisung des Vollstreckungsschadens durch einstweilige Einstellung der Zwangsvollstreckung?, NJW 1986, 1028; *Hellhake*, Einstweilige Einstellung der Zwangsvollstreckung nach §§ 707, 719 Abs. 1 ZPO in direkter und analoger Anwendung, Diss. Bonn 1997; *Henckel*, Vorbeugender Rechtsschutz im Zivilrecht, AcP 1974, 97; *Kamper*, Die Anfechtbarkeit richterlicher Entscheidungen nach dem Grundgesetz. Eine Untersuchung der dem Gesetzgeber durch das Grundgesetz gezogenen Grenzen der der Rechtsmittelbeschränkung, Diss. Marburg 1996; *Karst*, Die einstweilige Einstellung der Zwangsvollstreckung ohne Sicherheitsleistung aus einem Versäumnisurteil, MDR 2003, 1391; *Klette*, Zur (regelmäßig nicht zulässigen) einstweiligen Einstellung der Zwangsvollstreckung aus Unterlassungs-Urteilsverfügungen, GRUR 1982, 471; *Kley*, Die außerordentliche Beschwerde. Rechtsgrundlagen und Verfahren der Beschwerde wegen greifbarer Gesetzeswidrigkeit, Diss. München 1998; *Kreft*, Greifbare Gesetzeswidrigkeit – Gedanken zur Entlarvung eines Phantoms, FS Karin Graßhof, 1998, 185; *Lippross*, Grundlagen und System des Vollstreckungsschutzes, 1983; *Maurer*, Einstweilige Anordnungen in der Zwangsvollstreckung nach Einlegung zivilprozessualer Rechtsbehelfe, Diss. Tübingen 1981; *Orlich*, Einstellung der Zwangsvollstreckung aus rechtskräftigen Vorbehaltsurteilen, NJW 1974, 260; *E. Schneider*, Hinweise für die Prozesspraxis, ... 2. Befriedigung aus einer gem. § 707 Abs. 1 ZPO geleisteten Sicherheit, JurBüro 1966, 911; *Vogel*, Schutzschriften auch im Zwangsvollstreckungsverfahren?, NJW 1997, 554; *Vollkommer*, Zur Einführung der Gehörsrüge in den Zivilprozess, FS E. Schumann, 2001, S. 507; *ders.*, Erste praktische Erfahrungen mit der neuen Gehörsrüge gem. § 321a ZPO, FS Musielak, 2004, 619.

I. Anwendungsbereich des Abs. 1

Die einstweilige Einstellung oder Erschwerung der Zwangsvollstreckung nach dieser Vorschrift ist unmittelbar möglich, wenn Antrag auf Wiedereinsetzung in den vorigen Stand (§ 233) wegen Versäumung der Einspruchs-, Rechtsmittel- oder Rechtsmittelbegründungsfrist im Hinblick auf ein Urteil gestellt ist, wenn eine Anhörungsrüge gem. § 321a erhoben oder wenn zur Wiederaufnahme eines durch rechtskräftiges Endurteil geschlossenen Verfahrens Nichtigkeits- oder Restitutionsklage (§ 578) anhängig gemacht wurde oder wenn nach einem Vorbehaltsurteil gem. §§ 302, 599 der Rechtsstreit im Nachverfahren (§§ 302 Abs. 4, 600) fortgesetzt wird. Kraft ausdrücklicher gesetzlicher Verweisung ist § 707 darüber hinaus anwendbar in den Fällen der §§ 700 Abs. 1, 719 Abs. 1 (Einspruch oder Berufung gegen ein für vorläufig vollstreckbar erklärtes Urteil bzw. gegen einen Vollstreckungsbescheid), 924 Abs. 3 (Widerspruch gegen einen Beschluss, durch den ein Arrest angeordnet oder eine einstweilige Verfügung erlassen wurde), 1065 Abs. 2 (Rechtsbeschwerde gegen einen Beschluss, durch den ein Schiedsspruch bzw. ein Schiedsvergleich für vorläufig vollstreckbar erklärt wurde). In Ehesachen und Familienstreitsachen ist § 707 Abs. 1 durch § 120 Abs. 2 Satz 3 FamFG dahingehend modifiziert anwendbar, dass die Zwangsvollstreckung nur dann eingestellt oder beschränkt werden darf, wenn der Verpflichtete glaubhaft macht, dass die Vollstreckung ihm einen nicht zu ersetzenden Nachteil bringen würde.

1

Entsprechend (ohne dass eine ausdrückliche gesetzliche Regelung vorhanden ist) ist die Vorschrift anwendbar, wenn die Unwirksamkeit eines Prozessvergleichs durch Fortsetzung des ursprünglichen Rechtsstreits geltend gemacht wird;[1] wenn die Aufhebung einer einstweiligen Verfügung oder eines Arrestes wegen veränderter Umstände im Verfahren gem. § 927 geltend gemacht wird;[2] wenn die Kammer für Baulandsachen zur Entscheidung gegen eine vorzeitige Besitzeinweisung der Enteignungsbehörde angerufen ist;[3] wenn eine unvollständige Entscheidung über die vorläufige Vollstreckbarkeit getroffen wurde und deshalb die Ergänzung des Urteils beantragt ist, bis zur Entscheidung über den Ergänzungsantrag;[4] wenn der Schuldner Wiedereinsetzungsantrag gem. § 186 InsO wegen Versäumung des Prüfungstermins gestellt hat (einstweilige Einstellung der Zwangsvollstreckung aus dem Insolvenzplan i. V. mit der Tabelle).

Dagegen ist **nicht** § 707, sondern § 769 entsprechend anwendbar, wenn der Schuldner Abänderungsklage nach § 323[5] oder Klage auf Unterlassung der Zwangsvollstreckung nach § 826 BGB erhoben hat.[6] Die beiden Möglichkeiten ähneln sich zwar, auch hinsichtlich ihrer beschränkten Anfechtbarkeit,[7] § 769 lässt dem Gericht aber größere Freiheit, da eine dem § 707 Abs. 1 Satz 2 entsprechende Regelung fehlt.[8] § 719 Abs. 2 und nicht § 707 ist anzuwenden, wenn das mit der

2

---

1 BGHZ 28, 175; OLG Karlsruhe, NJW 1954, 436; OLG Hamburg, MDR 1955, 747; OLG Schleswig, JurBüro 1956, 148; LAG Düsseldorf, NJW 1963, 555; OLG Düsseldorf, MDR 1974, 52; OLG Zweibrücken, FamRZ 1975, 104; *Stein/Jonas/Münzberg*, § 707 Rn. 28; *Zöller/Herget*, § 707 Rn. 3; a. A. (§ 769 ZPO sei einschlägig): LAG Frankfurt, BB 1995, 1648.
2 OLG Braunschweig, MDR 1956, 557.
3 OLG Hamburg, MDR 1968, 1017; KG, NJW 1969, 1072; OLG Zweibrücken, OLGZ 1973, 254; OLG Karlsruhe, MDR 1983, 943.
4 LG Hannover, MDR 1980, 408.
5 Siehe § 769 Rdn. 1; ferner OLG Schleswig, JR 1949, 88.
6 Zum Streit, ob an Stelle der einstweiligen Einstellung der Zwangsvollstreckung etwa nur eine einstweilige Verfügung auf Unterlassung der Zwangsvollstreckung in Betracht kommt, siehe *Raebel*, § 769 Rdn. 1 (dort aber im Ergebnis a. A. als hier vertreten); ferner OLG Köln, NJW-RR 1995, 576; LG Berlin, MDR 2005, 1254. Der BGH, JurBüro 1961, 551 sowie OLG Frankfurt, JurBüro 1969, 360; OLG Karlsruhe, FamRZ 1982, 400 wenden sowohl § 707 als auch § 769 nebeneinander entsprechend an. *Wieczorek/Heß*, § 707 Rn. 9 befürwortet dagegen die entsprechende Anwendung von § 707 ZPO wegen der restitutionsähnlichen Natur der auf § 826 BGB gestützten Klage.
7 Siehe § 769 Rdn. 14.
8 Gegen die Anwendbarkeit der §§ 707, 769 im Rahmen von Klagen gem. § 826 BGB ausführlich unten: *Raebel*, § 769 Rdn. 1.

Revision angefochtene, die Berufung als unzulässig verwerfende Urteil auf einer Ablehnung des Antrages auf Wiedereinsetzung in den vorigen Stand gegen die Versäumung der Berufungsfrist beruht.[9] Weder § 707 noch § 769 sind anwendbar, wenn gegen die zu vollstreckende Entscheidung Verfassungsbeschwerde eingelegt worden ist.[10] Hier kann allein das Bundesverfassungsgericht mit den Mitteln des BVerfGG einstweilige Regelungen treffen. Schließlich ist § 707 nicht entsprechend anwendbar zur einstweiligen Einstellung der Zwangsvollstreckung aus einem im Verfügungsverfahren ergangenen Kostenfestsetzungsbeschluss, wenn zwar der Hauptprozess anhängig ist, der Schuldner jedoch gegen die einstweilige Verfügung keinen Widerspruch eingelegt hat.[11]

3 Hinsichtlich der durch Beschwerde anfechtbaren Entscheidungen, einschließlich der durch Beschwerde anfechtbaren Urteile[12] (z. B. § 99 Abs. 2 ZPO), ist § 570 die speziellere Regelung gegenüber §§ 707, 719. Dieser Weg ist deshalb auch insoweit der einzig zulässige, es sei denn, dass das Gesetz im Einzelfall noch speziellere Regelungen enthält (so §§ 732 Abs. 2, 766 Abs. 1 Satz 2, 769). Die einstweilige Einstellung der Zwangsvollstreckung aus Entscheidungen, deren Vollstreckung nach der EuGVVO zu betreiben ist, regelt Art. 51 EUVO 1215//2012 (Brüssel II –VO).

Hinsichtlich der Vollstreckung aus arbeitsgerichtlichen Titeln enthält § 62 Abs. 1 Satz 3 ArbGG eine den § 707 modifizierende Regelung.[13]

Im Sozialgerichtsprozess[14] und im Verfahren vor den Finanzgerichten[15] ist die entsprechende Anwendung des § 707 grundsätzlich möglich.

II. Verhältnis zum allgemeinen Vollstreckungsschutz

4 Die Regelung des § 707 ist nicht insoweit abschließend, dass neben einer derartigen Entscheidung des Prozessgerichts ein darüber hinausgehender Antrag an das Vollstreckungsgericht nach § 765a unzulässig wäre.[16] Allerdings fehlt für den Antrag nach § 765a ZPO das Rechtsschutzinteresse, wenn den Interessen des Antragstellers mit einer Entscheidung des Prozessgerichts nach § 707 Genüge getan wäre und kein Einstellungsantrag beim Prozessgericht gestellt ist.[17]

III. Verfahren

5 Die einstweiligen Anordnungen nach Abs. 1 erfolgen nie von Amts wegen (anders als nach §§ 732 Abs. 2, 766 Abs. 1 Satz 2), sondern immer nur auf **Antrag** des jeweiligen Vollstreckungsschuldners. Der Antrag ist erst zulässig, wenn der Antrag auf Wiedereinsetzung bereits gestellt, die Nichtigkeits- oder Restitutionsklage bereits anhängig ist oder das Nachverfahren tatsächlich betrieben wird. Es genügt nicht, dass hinsichtlich eines dieser Verfahren lediglich Prozesskostenhilfeantrag gestellt ist.[18] Dagegen ist keine Zulässigkeitsvoraussetzung, dass aus dem angegriffenen Titel bereits die Zwangsvollstreckung begonnen wurde. Ist die Zwangsvollstreckung bereits beendet, fehlt dem

---

9 BGH, NJW 1964, 2415; *Thomas/Putzo/Seiler*, § 707 Rn. 4.
10 LG Mannheim, NJW 1960, 1624.
11 OLG Karlsruhe, OLGZ 1973, 486.
12 *Stein/Jonas/Münzberg*, § 707 Rn. 26.
13 Einzelheiten unten Rdn. 14.
14 LSG Hamburg, MDR 1955, 698.
15 BFH, BB 1974, 449.
16 LG Köln, MDR 1962, 741; *Zöller/Herget*, § 707 Rn. 5.
17 LG Mannheim, MDR 1968, 590.
18 OLG Düsseldorf, JMBlNW 1970, 236; *Stein/Jonas/Münzberg*, § 707 Rn. 2.

Antrag allerdings das Rechtsschutzinteresse.[19] Denn über § 707 kann nie die Rückabwicklung einer bereits beendeten Zwangsvollstreckung erreicht werden. Der Schuldner ist in einem solchen Fall auf seine materiellrechtlichen Ausgleichsansprüche angewiesen.

Ausschließlich **zuständig** zur Entscheidung über den Antrag ist das Gericht, das über das Wiedereinsetzungsgesuch zu entscheiden hat, bei dem die Nichtigkeits- oder Restitutionsklage anhängig gemacht wurde oder bei dem das Nachverfahren anhängig ist, nicht etwa das Vollstreckungsgericht. Die Zuständigkeit des erstinstanzlichen Gerichts, bei dem das Nachverfahren anhängig ist, gem. § 707 zu entscheiden, wird nicht dadurch beseitigt, dass gegen das Vorbehaltsurteil die zugelassene Revision eingelegt ist, über die noch nicht entschieden wurde. Insbesondere steht § 719 Abs. 2 einer erstinstanzlichen Entscheidung nach § 707 Abs. 1 nicht entgegen.[20] Es entscheidet der Richter, der auch für die Hauptsacheentscheidung zuständig ist, gegebenenfalls also auch der Einzelrichter beim Landgericht[21] oder der Vorsitzende der Kammer für Handelssachen. Soweit für das Verfahren zur Hauptsache Anwaltszwang besteht, besteht auch für den Antrag gem. § 707 Abs. 1 Anwaltszwang.

6

Mündliche Verhandlung über den Antrag ist möglich (§ 128 Abs. 4), aber unüblich. Dem Gläubiger muss jedoch **rechtliches Gehör** gewährt werden.[22] Ist die Entscheidung im Einzelfall so dringlich – der Gerichtsvollzieher beginnt schon mit dem Versteigerungstermin, der Gläubiger ist aber unerreichbar –, dass eine Anhörung den Rechtsschutz für den Schuldner vereiteln würde, muss die Anhörung nachgeholt und die Entscheidung sodann nochmals inhaltlich überprüft werden.[23] Die Entscheidung ergeht durch **Beschluss** (Abs. 2 Satz 1). Der Beschluss muss nur dann begründet werden, wenn das Gericht den Ausnahmefall des § 707 Abs. 1 Satz 2 für gegeben erachtet.[24] Der Beschluss über die einstweilige Einstellung der Zwangsvollstreckung **wirkt** bereits von dem Zeitpunkt an, in welchem er existent geworden ist, d. h. mit dem Zeitpunkt des ersten Hinausgehens der Entscheidung,[25] nicht erst mit der Zustellung nach § 329 Abs. 2 Satz 2. Ob Zustellung oder nur formlose Mitteilung erforderlich ist, ist streitig;[26] im Hinblick auf eine mögliche Gehörsrüge gegen die Entscheidung[27] ist aber der Zustellung der Vorzug zu geben.

7

IV. Zu den inhaltlichen Möglichkeiten der Entscheidung

1. Ermessensentscheidung

Ob das Gericht eine der in Abs. 1 Satz 1 genannten Anordnungen trifft und welche, steht in seinem pflichtgemäßen Ermessen. Das Gericht muss bei seiner Entscheidung die Parteiinteressen gegeneinander abwägen; es hat dabei davon auszugehen, dass grundsätzlich das Interesse des Gläubigers, aus einem rechtskräftigen oder auch nur vorläufig vollstreckbaren Titel die Zwangsvollstreckung

8

---

19 Keine Beendigung der Zwangsvollstreckung liegt vor, wenn der Schuldner zwar freiwillig, aber ausdrücklich nur zur Abwendung der Vollstreckung geleistet hat: OLG München, MDR 1985, 1034. In diesem Fall fehlt allerdings das Rechtsschutzbedürfnis für eine Entscheidung nach § 707 ZPO, wenn der Schuldner sich gegen weitere Vollstreckungsversuche gem. §§ 775, 776 ZPO wehren kann: *Wieczorek/Heß*, § 707 Rn. 19.
20 OLG Nürnberg, NJW 1982, 392.
21 OLG Schleswig, SchlHA 1975, 63.
22 *Schneider*, MDR 1973, 357; OLG Celle, MDR 1986, 63.
23 OLG Celle, MDR 1970, 243 und MDR 1986, 63; *Wieczorek/Heß*, § 707 Rn. 16. OLG Köln, JurBüro 1988, 1086 hält eine automatische Befristung für überflüssig und will die Initiative, ob das Gericht sich noch einmal mit der Einstellung befassen müsse, dem Gläubiger überlassen.
24 *Stein/Jonas/Münzberg*, § 707 Rn. 5; *Thomas/Putzo/Seiler*, § 707 Rn. 10; *Zöller/Herget*, § 707 Rn. 19. Dagegen halten immer eine Begründung für erforderlich: OLG Köln, OLGReport 2000, 28; *Wieczorek/Heß*, § 707 Rn. 17.
25 BGHZ 25, 60.
26 Zustellung erforderlich: *Thomas/Putzo/Seiler*, § 707 Rn. 10; lediglich formlose Mitteilung: *Zöller/Herget*, § 707 Rn. 19.
27 Siehe unten Rdn. 17.

betreiben zu dürfen, schutzwürdiger ist als das Abwendungsinteresse des Schuldners[28], sodass ein Obsiegen des Schuldners im Verfahren – nach summarischer Prüfung – überwiegend wahrscheinlich erscheinen muss[29].

Das Gericht hat neben den Erfolgsaussichten des anhängigen Verfahrens (Wiedereinsetzungsgesuch, Wiederaufnahmeklage, Nachverfahren usw.)[30] auch die wirtschaftlichen Auswirkungen einer einstweiligen Einschränkung der Vollstreckung einerseits, der ungehinderten Fortsetzung der Vollstreckung andererseits für die Parteien zu berücksichtigen.[31] Ebenso kann die Art des Vollstreckungstitels bei der Abwägung von Bedeutung sein. So wird die Beschränkung der Zwangsvollstreckung aus einem Urteil, durch das eine einstweilige Verfügung erlassen oder bestätigt wurde, nur ausnahmsweise unter besonderen Umständen in Betracht kommen[32], etwa, wenn die Aufhebung der einstweiligen Verfügung wegen offensichtlich fehlender Dringlichkeit oder wegen des sehr zweifelhaften Verfügungsanspruchs ganz überwiegend wahrscheinlich erscheint.[33] Ähnliches gilt wegen der Eilbedürftigkeit der Reaktion für einen Titel, der einen presserechtlichen Gegendarstellungsanspruch gewährt.[34] Eine einstweilige Einstellung der Zwangsvollstreckung ist auch dann möglich, wenn der Gläubiger schon nach dem Titel nur gegen Sicherheitsleistung vollstrecken darf.[35] Bei der Abwägung kann berücksichtigt werden, dass der Schuldner gegebenenfalls schon vor Titelbeschaffung die Möglichkeit hatte, einen Schutzantrag nach § 712 zu stellen[36] und dass er hiervon keinen Gebrauch gemacht hat.[37] Umstände, die dem Schuldner zwar lästig sind (z. B. Sicherungsvollstreckung in bewegliche Sachen), ihm aber keine wirtschaftlichen Nachteile bringen, rechtfertigen keine Anordnungen nach § 707 Abs. 1 Satz 1.[38] Die gründliche Abwägung der beiderseitigen Interessen darf nicht deshalb zulasten des Schuldners unterbleiben, weil er sich den gegen ihn gerichteten Titel durch »Flucht in die Säumnis« selbst zuzuschreiben habe.[39]

2. Folgende Anordnungen sind im Einzelnen möglich

a) Einstweilige Einstellung der Zwangsvollstreckung gegen vom Schuldner zu stellende Sicherheitsleistung

9   Die Art und Höhe der Sicherheitsleistung bestimmt das Gericht gem. § 108. Das Pfandstück, das der Gläubiger durch eine Vollstreckungsmaßnahme erlangt hat, kann nicht als Sicherheit für die Einstellung dienen; hierfür kommt vielmehr nur ein von der Vollstreckung nicht betroffener

---

28 OLG Düsseldorf, MDR 1987, 415; OLG Köln, DB 1975, 1699.
29 OLG Bremen, OLGReport 2008, 533.
30 BGH NJW 1992, 1458; *Wieczorek/Heß*, § 707 Rn. 21.
31 KG, FamRZ 1978, 413; OLG Köln, MDR 1974, 407; KG, OLGReport 2008, 673 (Fortsetzung der Zwangsräumung der Gewerberäume würde die Existenz des Beklagten vernichten); OLG Koblenz, OLGR 2008, 649 (die dem Gläubiger in der Zwangsvollstreckung zu erteilende Auskunft wird ihm demnächst sowieso bekannt werden); OLG Rostock, FamFR 2011, 319765 (Das vom Gläubiger in der Zwangsvollstreckung Erlangte wäre wegen seiner völligen Vermögenslosigkeit im Fall des Erfolges des Verfahrens von ihm mit absoluter Sicherheit nicht zurückzuerlangen).
32 OLG Köln, GRUR 1982, 504; OLG Frankfurt, MDR 1983, 585; OLG Frankfurt, WRP 1991, 405; OLG Frankfurt, BeckRS 2013, 17702; siehe auch: § 929 Rdn. 5. **A.A.** (Einstellung sei nie möglich): *Musielak/Lackmann*, § 707 Rn. 3.
33 OLG Rostock, OLGReport 2008, 211; OLG Frankfurt, BeckRS 2013, 17702.
34 OLG Köln, JMBlNW 1972, 141.
35 OLG Düsseldorf, MDR 1966, 932; OLG Celle, MDR 1987, 505; OLG Köln, NJW-RR 1987, 189; OLG Hamburg, MDR 1990, 161; *Brox/Walker* Rn. 177; *Wieczorek/Heß*, § 707 Rn. 19.
36 Dass er einen solchen Antrag nicht gestellt hat, schließt aber eine Einstellung der Zwangsvollstreckung nach § 707 Abs. 1 nicht generell aus: KG, MDR 2005, 117. Die Rechtsprechung des BGH zu § 719 Abs. 2 ist nicht übertragbar.
37 OLG Frankfurt, MDR 1985, 62.
38 OLG Köln, JurBüro 1979, 448.
39 OLG Köln, NJW-RR 2002, 428.

Gegenstand in Betracht.[40] Das schließt nicht aus, das Pfandstück bei der Bestimmung der Sicherheit wertmäßig zu berücksichtigen.[41] Die Einstellung kann sich auch nur auf einen Teil des zu vollstreckenden Anspruchs beziehen.[42] Eine Einstellung mit der Maßgabe, dass nur die Beitreibung der Gerichtskosten zu unterbleiben habe, kommt allerdings nicht in Betracht.[43] Die Sicherheitsleistung ist jeweils so zu bemessen, dass der Gläubiger, wenn er die Zwangsvollstreckung schließlich doch fortsetzen kann, durch die Verzögerung keinen Schaden erleidet. Leistet der Schuldner die Sicherheit nicht, geht die Zwangsvollstreckung ohne Einschränkung weiter. Der Gläubiger kann also z. B. eine von ihm gepfändete und ihm zur Einziehung überwiesene Forderung, ohne durch den bloßen Beschluss nach § 707 hieran gehindert zu sein, weiter persönlich einziehen, wenn der Schuldner die ihm nachgelassene Sicherheit nicht geleistet hat; § 839 ist in einem solchen Fall nicht zugunsten des Schuldners anwendbar.[44]

b) Einstellung der Zwangsvollstreckung ohne Sicherheitsleistung (Abs. 1 Satz 2)

Sie ist **nur** zulässig, wenn der Schuldner glaubhaft macht (§ 294), dass er zur Sicherheitsleistung nicht in der Lage ist und – also kumulativ! – die Vollstreckung ihm einen nicht zu ersetzenden Nachteil bringen, etwa zu seiner wirtschaftlichen Existenzvernichtung führen würde[45]. Die Einstellung der Zwangsvollstreckung ohne Sicherheitsleistung ist also die Ausnahme;[46] das gilt auch dann, wenn der Erfolg des vom Schuldner betriebenen Verfahrens (Wiederaufnahmeklage usw.) nach dem bisherigen Aktenstand als wahrscheinlich erscheint.[47] Der unersetzbare Nachteil muss gerade durch die Zwangsvollstreckung selbst herbeigeführt werden,[48] darf also nicht nur mittelbare Folge der Vollstreckung sein, so, wenn der Schuldner geltend macht, die Fortsetzung der Zwangsvollstreckung würde seinen Kredit gefährden.[49] Ebenso ist die infolge der Zwangsvollstreckung drohende Insolvenz einer Gesellschaft jedenfalls dann kein »nicht zu ersetzender Nachteil«, wenn die gepfändeten Vermögensgegenstände ohne weiteres durch Geldleistungen ersetzt werden können.[50] Ein nicht zu ersetzender Nachteil liegt nicht schon darin, dass vom Gläubiger beigetriebene laufende Unterhaltsbeträge angesichts dessen Vermögenslage später vom Schuldner mit Wahrscheinlichkeit nicht wieder zurückerlangt werden könnten.[51] Letzteres folgt aus der Systematik der §§ 116 Abs. 3 Satz 3, 120 Abs. 2 FamFG.[52] Dagegen läge ein nicht zu ersetzender Nachteil etwa darin, dass der Erfolg der Zwangsvollstreckung auch durch Geld nicht wieder rückgängig gemacht werden könnte. Dies wäre meist bei Auskünften über betriebliche Geheimnisse (Umsatzzahlen, Gewinnspannen

---

40 LG Köln, JMBlNW 1955, 41; OLG Celle, JurBüro 1959, 513; OLG Schleswig, JurBüro 1969, 1111; *Zöller/Herget*, § 707 Rn. 12.
41 OLG Celle, JurBüro 1959, 513.
42 *Schneider*, MDR 1973, 358.
43 OLG Nürnberg, JurBüro 1964, 286.
44 LG Hamburg, MDR 1952, 45.
45 KG, OLGR 2008, 673.
46 OLG Frankfurt, MDR 1969, 317. Diese enge Sicht ist durchaus verfassungskonform: BVerfG, FamRZ 2004, 1014.
47 OLG Hamm, NJW 1981, 132; KG, MDR 1984, 61; KG, MDR 1985, 330; OLG Köln, OLGReport 2004, 180.
48 OLG Celle, OLGZ 1969, 458.
49 OLG Köln, JMBlNW 1969, 272.
50 OLG Frankfurt, MDR 1982, 239 und MDR 1985, 507.
51 OLG Hamm, MDR 1999, 1404; OLG Hamm, FamRZ 1997, 1489; OLG Hamm, FamRZ 1996, 113; OLG Brandenburg, BeckRS 2014, 02159 (anders allerdings, wenn es um die Beitreibung von Unterhaltsrückständen geht); a. A.: OLG Rostock, FamFR 2011, 306 mit kritischer Anm. *Cirullies*.
52 Ausführlich hierzu: OLG Brandenburg, BeckRS 2014, 02159.

usw.) der Fall[53], aber auch bei Unterlassungen, wenn die unterlassene Handlung praktisch nicht den Schaden wieder ausgleichend nachgeholt werden kann.[54]

c) Anordnung, dass die Zwangsvollstreckung nur gegen Sicherheitsleistung stattfinde

11 Eine solche Anordnung kann auch dann sinnvoll sein, wenn der Titel selbst schon vorsieht (etwa im Fall des § 709 Satz 1), dass der Gläubiger nur gegen Sicherheitsleistung vorläufig vollstrecken dürfe. Denn zum einen kann durch eine solche Anordnung auch die Möglichkeit der Sicherungsvollstreckung nach § 720a abgeschnitten werden, zum anderen kann die im Titel vorgesehene Sicherheitsleistung inhaltlich modifiziert (Zulassung nur noch bestimmter Sicherheiten) oder der Höhe nach erweitert werden.[55] Bei der Festsetzung der Sicherheitsleistung sind alle dem Schuldner aus einer möglichen Vollstreckung drohenden Schäden zu berücksichtigen. Hat der Gläubiger die Zwangsvollstreckung bereits begonnen, so bleiben die bisherigen Vollstreckungsmaßnahmen bestehen. Der Gläubiger kann aber nunmehr die Vollstreckung nur fortsetzen, wenn er die angeordnete Sicherheitsleistung erbringt.

d) Anordnung, dass die Vollstreckungsmaßregeln gegen Sicherheitsleistung aufzuheben seien

12 Diese Sicherheit **muss** so bemessen werden, dass sie mindestens der Sicherheit entspricht, die der Gläubiger seinerseits durch seine Vollstreckungsmaßnahmen bisher gewonnen hatte.[56] Die Anordnung kommt nur in Betracht, wenn die Zwangsvollstreckung nicht bereits beendet war. § 707 dient grundsätzlich nicht dem Zweck, die abgeschlossene, aber möglicherweise materiellrechtlich nicht gerechtfertigte Vollstreckung wieder rückgängig zu machen. Weist der Schuldner die Sicherheitsleistung nach, hat das Vollstreckungsorgan gem. § 776 die in der Anordnung genannten Vollstreckungsmaßregeln aufzuheben. Solange der Schuldner die Sicherheitsleistung nicht erbracht hat, ist der Gläubiger nicht gehindert, die begonnenen Vollstreckungsmaßnahmen auch durch Verwertung fortzusetzen und so gegebenfalls die Zwangsvollstreckung zu beenden, sodass die Anordnung letztlich leer läuft.

Ist das Verfahren, in dessen Rahmen der Schuldner Sicherheitsleistung gem. § 707 geleistet hatte, rechtskräftig abgeschlossen, so ist auf Antrag des Schuldners auch dann eine Frist nach § 109 Abs. 1 zu bestimmen, wenn das Verfahren zulasten des Schuldners beendet wurde und der Gläubiger noch nicht befriedigt ist[57]. Es ist Sache des Gläubigers, rechtzeitig auf die Sicherheitsleistung zuzugreifen.

e) Sonstige Anordnungen

13 Die Aufzählung der möglichen Anordnungen in § 707 Abs. 1 ist nicht abschließend. Die Befugnis, die Zwangsvollstreckung ganz einzustellen, schließt als Minus auch die Befugnis ein, nur ganz bestimmte Vollstreckungsmaßregeln zu untersagen, etwa den Zugriff auf bestimmte Vermögensgegenstände[58] zu unterbinden, oder umgekehrt die Zwangsvollstreckung nur noch in bestimmte Vermögensgegenstände zuzulassen (z. B. Einstellung der Zwangsvollstreckung, soweit sie nicht in das unbewegliche Vermögen betrieben wird).[59] Schließlich kann die Zwangsvollstreckung auch auf die Sicherungsvollstreckung beschränkt werden.[60]

---

53 Dass auch hier Ausnahmen möglich sind, zeigt OLG Koblenz, OLGReport 2008, 649.
54 *Stein/Jonas/Münzberg*, § 707 Rn. 11.
55 PG/*Koppenberg*, § 707 Rn. 11.
56 *Stein/Jonas/Münzberg*, § 707 Rn. 18.
57 OLG Stuttgart, JurBüro 2010, 497.
58 BGHZ 18, 399.
59 BGHZ 18, 219.
60 *Gaul/Schilken/Becker-Eberhard*, § 11 Rn. 31.

V. Besonderheiten im arbeitsgerichtlichen Verfahren

Nach § 62 Abs. 1 Satz 3 ArbGG **kann** die Zwangsvollstreckung aus einem arbeitsgerichtlichen Urteil in den Fällen der §§ 707 Abs. 1, 719 Abs. 1 **nur** eingestellt werden, wenn der Beklagte glaubhaft macht, dass die Vollstreckung ihm einen nicht zu ersetzenden Nachteil bringen würde.[61] Das Ermessen des Gerichts ist also deutlich eingeschränkt. Auch die möglichen Anordnungen des Gerichts sind beschränkt: Die Einstellung der Zwangsvollstreckung ist nur **ohne** Sicherheitsleistung möglich, wie § 62 Abs. 1 Satz 4 ArbGG klarstellt. Die übrigen Möglichkeiten, die § 707 vorsieht,[62] sind nicht anwendbar. Die einstweilige Einstellung der Zwangsvollstreckung muss nicht den gesamten vollstreckbaren Anspruch betreffen; es kommt auch eine teilweise Einstellung oder die Einstellung einzelner Vollstreckungsmaßnahmen in Betracht. An die Beurteilung, ob ein nicht zu ersetzender Nachteil zu erwarten ist, ist ein strenger Maßstab anzulegen.[63] So rechtfertigt etwa der Gesichtspunkt, dass die im Wege der Zwangsvollstreckung durchgesetzte tatsächliche Beschäftigung eines Arbeitnehmers nachträglich nicht mehr rückgängig gemacht werden kann, noch nicht den Schluss, damit entstehe für den Arbeitgeber ein nicht zu ersetzender Nachteil.[64] Es müssten vielmehr weitere Umstände aus der betrieblichen Sphäre des Arbeitgebers bzw. der persönlichen Sphäre des Arbeitnehmers hinzukommen, um diese Annahme zu rechtfertigen.

14

VI. Wirkungen des Einstellungsbeschlusses

Der Schuldner kann gem. § 775 Nr. 2[65] ZPO durch Vorlage des Beschlusses und gegebenenfalls Nachweis einer angeordneten Sicherheitsleistung erreichen, dass die Vollstreckungsorgane die Zwangsvollstreckung nicht fortsetzen. Bisherige Vollstreckungsmaßnahmen bleiben gem. § 776 Satz 2 ZPO bestehen, sofern im Einstellungsbeschluss nicht ausdrücklich ihre Aufhebung angeordnet ist. Für die Aufhebung selbst ist in diesem Fall das Vollstreckungsorgan, das die Vollstreckungsmaßnahmen vorgenommen hat, zuständig[66] – im Fall einer Forderungspfändung also das Vollstreckungsgericht –, nicht etwa das Prozessgericht, das den Beschluss nach § 707 erlässt. Die Vollstreckungsorgane haben die Einstellung, wenn sie ohne Benachrichtigung seitens des Schuldners von ihr erfahren, auch von Amts wegen zu beachten.[67] Als »einstweilige« Anordnung gilt die Einstellung nur bis zur Entscheidung des Verfahrens, in dem sie ergangen ist. Sie tritt dann automatisch, ohne dass es einer Aufhebung bedarf, außer Kraft.

15

Vollstreckungsmaßnahmen, die unter Missachtung des Einstellungsbeschlusses vorgenommen werden, sind nicht nichtig, sondern lediglich anfechtbar.[68] Es entsteht also sowohl Verstrickung als auch ein Pfändungspfandrecht. Eine Verwertung trotz Einstellung der Zwangsvollstreckung führt, wenn sich der Titel nachträglich als bestandskräftig erweist, zum endgültigen Vermögensverlust. Wird der Titel nachträglich aufgehoben, sind nur materiellrechtliche Ausgleichsansprüche möglich.

VII. Rechtsbehelfe

1. Abänderung von Amtswegen

Das Gericht ist an seinen Einstellungsbeschluss ebenso wenig wie an die Ablehnung einer einstweiligen Anordnung gebunden und kann seinen Beschluss, wenn es **neue** Tatsachen erfährt, nach

16

---

61 Beispiele hierfür siehe bei *Fleddermann*, ArbRAktuell 2011, 318128.
62 Siehe oben Rdn. 11–13.
63 *Reinhard/Böggemann*, NJW 2008, 1263, 1267; *Franken/Natter/Rieker, NZA 2008, 377, 379*.
64 BAG, NZA 1985, 706; LAG Frankfurt, DB 1983, 2640; LAG Berlin, DB 1980, 2448; *Fleddermann*, ArbRAktuell 2011, 318128.
65 Es ist also nicht nach Nr. 3 zu verfahren; OLG Frankfurt, InVo 1999, 149.
66 OLG Koblenz, OLGReport 2006, 934.
67 Siehe auch § 775 Rdn. 8 und 14.
68 OLG Stuttgart, Rpfleger 1975, 407; LG Berlin, Rpfleger 1976, 26.

Anhörung der betroffenen Partei abändern.[69] Der Vortrag neuer Tatsachen und die Bitte, den Beschluss nochmals in ihrem Lichte zu überdenken, stellen deshalb noch keinen Rechtsbehelf dar, sondern nur die Anregung zu einer Abänderung von Amts wegen. Als Rechtsbehelf ist eine solche Eingabe erst aufzufassen, wenn der durch den Beschluss Beschwerte entweder eine abweichende Entscheidung aufgrund des bisherigen Sachverhalts beantragt oder wenn das Gericht bei neuem Sachvortrag zu einer Abhilfe von Amts wegen nicht bereit ist, der Beschwerte aber auf einer Entscheidung besteht.

2. Ausschluss ordentlicher Rechtsmittel

a) Möglichkeit der Gehörsrüge gem. § 321a

17 Ein Rechtsmittel ist nach **Abs. 2 Satz 2** grundsätzlich **unzulässig**[70]. Der Grund für diese Regelung liegt darin, dass das Rechtsmittelgericht nicht im Rahmen der Prüfung der Erfolgsaussicht der Klage usw. das erstinstanzliche Gericht in der Sache präjudizieren soll, bevor dieses sich überhaupt mit der Sache selbst befasst hat. Dieser Grund gilt gleichermaßen für die Ablehnung des Erlasses einer einstweiligen Anordnung[71] wie für deren Erlass. Abs. 2 Satz 2 gilt auch im arbeitsgerichtlichen Verfahren (§ 62 Abs. 1 ArbGG).[72] Soweit im Rahmen der Entscheidung über den Antrag gem. § 707 Abs. 1 allerdings das Grundrecht eines der Beteiligten auf rechtliches Gehör oder ein anderes Verfahrensgrundrecht (Verbot willkürlicher Entscheidungen; Gebot des »fair trial«; Recht auf Entscheidung durch den gesetzlichen Richter)[73] verletzt wurde, besteht die Möglichkeit, im Rahmen und **nach den Regeln des § 321a ZPO**, § 78a ArbGG eine Überprüfung der Entscheidung im Wege der sog. **Gehörsrüge** durch das Gericht, das sie erlassen hatte, zu beantragen[74]. Diese Möglichkeit ist auch ausreichend und schließt weitere im Gesetz nicht vorgesehene »außerordentliche« Rechtsbehelfe oder Rechtsmittel grundsätzlich in allen Fällen, deshalb auch im Fall des § 707 Abs. 2, aus.[75]

b) Außerordentliche Beschwerde wegen greifbarer Gesetzeswidrigkeit

18 Trotz des klaren und uneingeschränkten Wortlauts des Abs. 2 Satz 2 und trotz der Möglichkeit der Gehörsrüge gem. § 321a bzw. § 321a analog lässt allerdings ein Teil der Literatur[76] und der Rechtsprechung[77] nach wie vor darüber hinaus die zur Rechtslage vor der ZPO-Reform 2001 von Rechtsprechung und Literatur entwickelte »außerordentliche« Beschwerde gegen eine Entschei-

---

69 OLG Köln, FamRZ 2001, 1627; *Schneider*, MDR 1980, 529; *Wieczorek/Heß*, § 707 Rn. 32.
70 OLG Saarbrücken, OLGR 2008, 441; KG, MDR 2008, 1356.
71 OLG Bremen, OLGR 2005, 591.
72 GMP/*Germelmann*, § 62 ArbGG Rn. 48.
73 Nach *Musielak*, § 321a Rn. 4 sind diese Grundrechte im – weit gefassten – Grundrecht auf rechtliches Gehör schon mit enthalten, sodass § 321a insoweit unproblematisch unmittelbar zur Anwendung käme. Jedenfalls aber muss der Rechtsbehelf bei Verletzung dieser Grundrechte in analoger Anwendung des § 321a von dessen Zielsetzung her, das BVerfG zu entlasten, zur Anwendung kommen: OLG Naumburg, OLGR 2005, 929 mit Anm. *Schäfer*, jurisPR-FamR 4/2006; *Schuschke*, NZM 2003, 463, 464.
74 BGH, MDR 2008, 1175 (V. Zivilsenat) lehnt die Anwendung des § 321a ZPO bei Rüge anderer Grundrechtsverletzungen als des Rechts auf rechtliches Gehör ab. BGH, NJW-RR 2007, 1654 (VII Zivilsenat) will dagegen in diesen Fällen § 321a ZPO entsprechend anwenden. BVerfG, NJW 2006, 2907 sieht für eine »Gegenvorstellung«, die über die Rüge der Verletzung der Art. 101 Abs. 1 S. 2, 103 Abs. 1 GG hinausgeht, keine Grundlage. Gegen die analoge Anwendung des § 321a auf andere Grundrechtsverletzungen als nur die Verletzung des Grundrechts auf rechtliches Gehör auch: *Allgayer*, NJW 2013, 3484.
75 BGH, Rpfleger 2002, 320; BGH, BGHR 2003, 1367 mit Anm. *Fischer*, ProzRB 2003, 349; BGH, NJW 2004, 2224; MDR 2005, 927; BAG, InVo 2004, 237; OLG Frankfurt, InVo 2003, 195; OLG Koblenz, OLGReport 2003, 392; OLG Köln, OLGReport 2004, 180; OLG Naumburg, OLGReport 2005, 929. Dies ist verfassungsrechtlich auch nicht zu beanstanden: BVerfG, NJW 2003, 1924.
76 *Schneider*, MDR 2004, 549; *Vollkommer*, FS Musielak, 2004, 619 ff.; *Zöller/Herget*, § 707 Rn. 22.
77 Beispielhaft: OLG Köln, OLGR 2001, 412; NJW-RR 2002, 428; OLG Saarbrücken, InVo 2002, 64; OLG Schleswig, OLGR 2004, 130; OLG Hamm, FamRZ 2005, 994.

dung nach Abs. 1 zu, wenn diese »greifbar gesetzwidrig« sei.[78] Dies ist jedoch ausnahmslos abzulehnen. Ein solches inhaltlich so unbestimmtes Rechtsmittel widerspräche allen Anforderungen an die Rechtssicherheit und dem Gebot der Rechtsklarheit. Dem Schutz der Beteiligten ist durch die Möglichkeit, gegen willkürliche Gerichtsentscheidungen,[79] soweit nicht bereits § 321a ZPO greift, gegebenenfalls Verfassungsbeschwerde einlegen zu können, Genüge getan.

Im arbeitsgerichtlichen Verfahren sind Entscheidungen der Landesarbeitsgerichte nach § 707 Abs. 1, § 62 Abs. 1 Satz 5 ArbGG ausnahmslos unanfechtbar, selbst dann, wenn sie unter erheblichen Mängeln leiden.[80] Auch hier kann allenfalls eine Verfassungsbeschwerde helfen. 19

VIII. Gebühren

Durch eine Entscheidung über Anträge nach § 707 Abs. 1 entstehen keine zusätzlichen Gerichtsgebühren zu denen des Verfahrens der Hauptsache. Wird über den Antrag im schriftlichen Verfahren entschieden, entstehen auch keine zusätzlichen Anwaltsgebühren. Findet jedoch eine abgesonderte mündliche Verhandlung statt, erhält der Anwalt gem. VV 3328 als Gebühr 0,5 der in § 13 RVG bestimmten Gebühren zusätzlich. Der Streitwert bestimmt sich insoweit nach § 3.[81] Angemessen ist im Hinblick auf die Vorläufigkeit der Einstellung ein Bruchteil des Wertes des noch vollstreckbaren Anspruchs.[82] 20

---

[78] Grundsätzlich zum Begriff der »greifbaren Gesetzeswidrigkeit«: *Pawlowski*, Diss. Tübingen 1992 (siehe auch die Besprechung dieser Diss. durch *Voßkuhle*, ZZP 1995, 271); *Tappeiner*, Diss. Frankfurt 1997; *Pawlowski*, FS E. Schneider, 1997, 39; *Kley*, Diss. München 1998; *Kreft*, FS Graßhof, 1998, 185.
[79] Zur Frage, wann eine Gerichtsentscheidung als willkürlich bezeichnet werden kann: BVerfG, NJW 1995, 2911; BGH, BeckRS 2011, 23718.
[80] GMP/*Germelmann*, § 62 ArbGG Rn. 48.
[81] *Thomas/Putzo/Hüßtege*, § 3 Rn. 188.
[82] BGH, NJW 1991, 2280; *Hartmann*, Kostengesetze, Anh.I § 48 GKG Rn. 145; *Thomas/Putzo/Hüßtege*, § 3 Rn. 188.

Vor §§ 708–720a Die vorläufige Vollstreckbarkeit

Übersicht

	Rdn.		Rdn.
I. Zweck der vorläufigen Vollstreckbarkeit.	1	3. Keine »vorläufige« Vollstreckbarkeit von Titeln nach dem FamFG	5
II. Anwendungsbereich der Regeln über die vorläufige Vollstreckbarkeit	2	III. Wirkungen der vorläufigen Vollstreckbarkeit	6
1. Titel nach der ZPO	2		
2. Sonderregel für Urteile der Arbeitsgerichte	4	IV. Beendigung der »vorläufigen« Vollstreckbarkeit	7

Literatur:

Arens, Prozessrecht und materielles Recht, AcP 1973, 250; *Beckers*, Die Abwendung der Vollstreckung aus arbeitsgerichtlichen Titeln durch Sicherheitsleistung des Schuldners, NZA 1997, 1322; *Blomeyer*, Vorläufig vollstreckbares Urteil: Wird der Klageanspruch durch die Vollstreckung oder ihre Abwendung erfüllt?, JR 1979, 490; *Boeckmann/Kluth*, Die Behandlung des Zurückbehaltungsrechts im Falle vorläufiger Zwangsvollstreckung, MDR 2002, 1042; *Braun*, Erfüllung, Verzugsbeendigung und Verzugszinsen bei Abwehrleistungen und vorläufiger Vollstreckung, AcP 1984, 152; *Brögelmann*, Die Anordnung der vorläufigen Vollstreckbarkeit in Zivilurteilen, JuS 2007, 1006; *Czub*, Die schuldtilgende Wirkung der Beitreibung aus einem vorläufig vollstreckbaren Titel, ZZP 1989 (Bd. 102), 273; *Dölling*, Die Vollstreckbarerklärung zur Kostenentscheidung im Zivilurteil, MJW 2014, 2468; *Dütz*, Einstweilige Abwendung von Vollstreckungsmaßnahmen in der Arbeitsgerichtsbarkeit, DB 1980, 1069; *Fleddermann*, Die Zwangsvollstreckung aus arbeitsgerichtlichen Titeln, ArbRAktuell 2011, 318128; *Giers*, Die vorläufige Vollstreckbarkeit, DGVZ 2008, 8; *ders.*, Vollstreckung und Sicherheitsleistung, DGVZ 2011, 122; *Häsemeyer*, Beteiligtenverhalten im Zivilrechtsstreit, ZZP 2005 (Bd. 118), 265; *Henckel*, Prozessrecht und materielles Recht, 1970; *Kerwer*, Die Erfüllung in der Zwangsvollstreckung, 1996; *Kreutz*, Die Leistung zur Abwendung der Zwangsvollstreckung nach einem vorläufig vollstreckbaren Urteil, 1994; *Krüger*, Die Leistung zur Abwendung der Zwangsvollstreckung im Spannungsfeld zwischen materiellem und formellen Recht, NJW 1990, 1208; *Oetker*, Die Festsetzung der Sicherheitsleistung bei vorläufig vollstreckbaren Urteilen, ZZP 1989 (Bd. 102), 449; *Rellermeyer*, Varianten der landesrechtlichen Hinterlegungsgesetze, Rpfleger 2011, 129; *Schilken*, Grundfragen der vorläufigen Vollstreckbarkeit, JuS 1990, 641; *Schröer:* Die vorläufige Vollstreckbarkeit des Zivilurteils, JA 1990, 105; *Treber*, Der Austausch von prozessualen Sicherheitsleistungen, WM 2000, 343; *Ulrici*, Vorläufige Vollstreckbarkeit im Beschlussverfahren, jurisPR-ArbR 35/2012 (Anm. 6); *Vogg*, Einstweiliger Rechtsschutz und vorläufige Vollstreckbarkeit: Gemeinsamkeiten und Wertungswidersprüche, 1991; *Wieser*, Die Vollstreckbarkeit im weiteren Sinn, ZZP 1989 (Bd. 102), 261.

I. Zweck der vorläufigen Vollstreckbarkeit

1   Der Schuldner kann bereits den Rechtsstreit bis zum Erlass des Titels erheblich in die Länge ziehen und dem Gläubiger durch eine umfangreiche Beweisaufnahme hohe Kosten verursachen, ohne selbst nennenswerte Aufwendungen hierfür machen zu müssen. Wenn der Schuldner auch noch alle denkbaren Rechtsmittel ausschöpfen könnte, ehe der Gläubiger schließlich erstmals den titulierten Anspruch verwirklichen dürfte, könnte im Einzelfall das Verständnis für den Rechtsstaat und das Vollstreckungsmonopol des Staates erheblichen Schaden nehmen. Die Justiz könnte als bloßes Instrument zahlungsunwilliger Schuldner, sich auf Kosten der Gläubiger den Verpflichtungen zu entziehen, missverstanden werden. Dem soll das Institut der vorläufigen Vollstreckbarkeit entgegenwirken: Jeder gerichtlich erstrittene Titel soll alsbald verwirklicht werden können. Andererseits muss der Schuldner davor geschützt werden, dass der Gläubiger nach einem sachlich unberechtigten »Zufallssieg« nicht wieder gutzumachenden Schaden anrichtet. Mit der Möglichkeit der sofortigen Vollstreckung korrespondieren eine verschärfte Haftung des Gläubigers für Schäden aus voreiliger Vollstreckung und die Verpflichtung, den Schuldner jedenfalls vor namhafteren Schäden durch Sicherheitsleistung zu schützen. Das System der §§ 708 ff. dient also einerseits dem Gläubigerschutz vor ungebührlicher Verzögerung der Rechtsverwirklichung, andererseits dem Schuldnerschutz vor voreiliger, im Ergebnis sachlich nicht gerechtfertigter Vollstreckung. Als Nebeneffekt soll die Justiz vor überflüssigen Rechtsmittelverfahren, die nur zur Verzögerung der Vollstreckung durchgeführt werden, freigehalten werden. Dass dieses in zahlreichen Gesetzesänderungen sehr verfeinerte System nicht die einzige Möglichkeit der Problemlösung ist, zeigen die unterschiedlichen

andersartigen Regelungen im europäischen Umland. Aufs Ganze gesehen hat der in der ZPO geregelte Weg sich aber bewährt und sollte beibehalten werden.

II. Anwendungsbereich der Regeln über die vorläufige Vollstreckbarkeit

1. Titel nach der ZPO

Alle nicht sofort rechtskräftigen Endurteile[1] sind für vorläufig vollstreckbar zu erklären. Ein ausdrücklicher Ausspruch der Vollstreckbarkeit im Urteilstenor erübrigt sich nur bei Urteilen, durch die ein Arrest angeordnet oder eine einstweilige Verfügung erlassen wurde. Diese Urteile sind per se, also auch ohne Anordnung im Tenor, vorläufig vollstreckbar.[2] Ob das Urteil einen unmittelbar vollstreckungsfähigen Inhalt hat oder nicht (z. B. Feststellungsurteile), ob es wenigstens Grundentscheidung über einen Kostenfestsetzungsbeschluss sein kann oder ob auch das nicht der Fall ist (z. B. Teilfeststellungsurteil), spielt für den Ausspruch der vorläufigen Vollstreckbarkeit im Tenor keine Rolle. Es sind also auch Urteile, aus denen ganz sicher keine Zwangsvollstreckung stattfinden kann, für vorläufig vollstreckbar zu erklären.[3] Der Umfang dessen, was aus solchen Urteilen tatsächlich vollstreckt werden kann (z. B. nur die Kostenentscheidung), ist nur für die Frage, ob und welche Sicherheit zu leisten ist, von Bedeutung.

Ohne Weiteres vollstreckbar, ohne dass es insoweit eines ausdrücklichen gerichtlichen Ausspruches bedürfte, sind dagegen die in § 794 Abs. 1 genannten Titel. Die Anordnung der vorläufigen Vollstreckbarkeit im Tenor wäre in diesen Fällen sogar fehlerhaft.

2. Sonderregel für Urteile der Arbeitsgerichte

Kraft Gesetzes ohne besonderen Ausspruch[4] und immer ohne Sicherheitsleistung vorläufig vollstreckbar sind auch die Urteile der Arbeitsgerichte, gegen die Einspruch oder Berufung zulässig ist (§ 62 Abs. 1 Satz 1 ArbGG). Hier eröffnet aber das Gesetz den umgekehrten Weg: Nach § 62 Abs. 1 Satz 2 ArbGG hat das Arbeitsgericht auf Antrag, der vor dem Schluss der mündlichen Verhandlung, auf die das Urteil ergeht, zu stellen ist,[5] im Tenor des Urteils die vorläufige Vollstreckbarkeit auszuschließen, wenn der Schuldner dies beantragt und dabei glaubhaft macht, dass die Vollstreckung ihm einen nicht zu ersetzenden Nachteil[6] bringen würde. Abweichend von § 712 Abs. 2 spielen überwiegende Belange des Klägers im Rahmen der Abwägung keine Rolle.[7] Nachteile, die durch Schadensersatz in Geld später wieder ausgeglichen werden können, sind nicht unersetzbar.[8] Ein nicht zu ersetzender Nachteil im Rahmen der Vollstreckung von Geldleistungen ist aber grundsätzlich dann gegeben, wenn von der Vermögenslosigkeit des Vollstreckungsgläubigers auszugehen ist und nicht damit gerechnet werden kann, dass im Fall der Abänderung der Entscheidung eine Rückzahlung erfolgen könnte.[9]

---

1 Zum Begriff des Endurteils siehe § 704 Rdn. 1.
2 Siehe auch: § 929 ZPO Rdn. 2.
3 Enger (bei Feststellungsurteilen, Gestaltungsurteilen usw. sei nur die Kostenentscheidung für vorläufig vollstreckbar zu erklären): *Brögelmann*, JuS 2007, 1006, 1007; *Wieczorek/Heß*, Vor §§ 708–720 Rn. 7. Wie hier aber bereits RGZ 99, 130; ebenso: *Thomas/Putzo/Seiler* Vorbem. §§ 708–720 Rn. 1; *Schuschke/Kessen/Höltje*, Zivilrechtliche Arbeitstechnik, Rn. 444.
4 LAG Berlin-Brandenburg, BeckRS 2012, 71317; *Ulrici*, jurisPR-ArbR 35/2012 (Anm. 6).
5 GMP/*Germelmann*, § 62 ArbGG Rn. 29.
6 Beispiele derartiger Nachteile: *Fleddermann*, ArbRAktuell 2011, 318128.
7 GMP/*Germelmann*, § 62 ArbGG Rn. 18.
8 GMP/*Germelmann*, § 62 ArbGG Rn. 19.
9 LAG Hessen, NZA 1992, 427; ArbG Weiden, JurBüro 2000, 217; GMP/*Germelmann*, § 62 ArbGG Rn. 19.

3. Keine »vorläufige« Vollstreckbarkeit von Titeln nach dem FamFG

5 Das FamFG kennt das Institut der vorläufigen Vollstreckbarkeit nicht. Im FamFG-Verfahren ergangene Beschlüsse sind mit ihrem Wirksamwerden vollstreckbar (§ 86 Abs. 2 FamFG) (grundsätzlich also mit Bekanntgabe an denjenigen, für den der Beschluss seinem wesentlichen Inhalt nach bestimmt ist (§ 40 Abs. 1 FamFG[10]); in Familienstreitsachen tritt die Wirksamkeit in der Regel erst mit Rechtskraft ein (§ 116 Abs. 3 Satz 1 FamFG); das Gericht kann aber die sofortige Wirksamkeit anordnen[11]), auch soweit die Vollstreckung im Übrigen nach der ZPO verläuft.

III. Wirkungen der vorläufigen Vollstreckbarkeit

6 Soweit das Gesetz nichts anderes vorsieht – dies ist etwa in § 894, §§ 725, 751 Satz 2 BGB, § 135 HGB, § 66 Abs. 1 GenG geschehen –, sind vorläufig vollstreckbare Urteile in gleicher Weise zu vollstrecken wie rechtskräftige, sobald der Gläubiger die Voraussetzungen der vorläufigen Vollstreckbarkeit, gegebenenfalls also Sicherheitsleistung, nachweist (§ 751 Abs. 2 ZPO). Bei der Vollstreckung von Leistungsurteilen ist demnach nicht nur eine Sicherung des Gläubigers durch Beschlagnahme von Schuldnervermögen möglich, sondern auch die Verwertung des Pfändungsgutes und die Auskehr des Erlöses an den Gläubiger. Obwohl der Gläubiger somit befriedigt wird, tritt durch die freiwillige Leistung des Schuldners allein zur Abwendung der Zwangsvollstreckung aus einem vorläufig vollstreckbaren Titel[12] ebenso wie durch die zwangsweise Befriedigung des Gläubigers aus einem solchen Titel keine materiellrechtliche Erfüllung nach § 362 BGB ein.[13] Das gilt auch, soweit ein Herausgabeanspruch aus § 985 BGB tituliert war.[14] Der der Erfüllung entgegenstehende Wille des Schuldners ist nur bei rechtskräftigen und endgültig vollstreckbaren Titeln ohne Bedeutung. Durch die Befriedigung des Gläubigers aus einem nur vorläufig vollstreckbaren Titel wird allerdings der Schuldnerverzug beseitigt.[15] Solange der Gläubiger den Vollstreckungserlös nutzen kann, laufen keine Verzugszinsen. Gibt der Schuldner bei der Vollstreckung aus dem nur vorläufig vollstreckbaren Titel kund, dass er den Vermögensverlust als endgültigen hinzunehmen gewillt ist, tritt ausnahmsweise sofortige Erfüllungswirkung ein.

IV. Beendigung der »vorläufigen« Vollstreckbarkeit

7 Mit Rechtskraft des Titels entfällt die »Vorläufigkeit«. Nunmehr kann der Gläubiger auch ohne die gegebenenfalls angeordnete Sicherheitsleistung vollstrecken und sich aus einer vom Schuldner zur Abwendung der Vollstreckung geleisteten Sicherheit befriedigen.[16] Umgekehrt entfällt die Vollstreckbarkeit überhaupt, sobald ein Urteil ergeht, durch das das vorläufig vollstreckbare Urteil aufgehoben oder dahingehend abgeändert wird, dass sein bisher vollstreckbarer Inhalt wegfällt. Diese Wirkung tritt sogleich mit Verkündung des aufhebenden oder abändernden Urteils ein. Bereits durchgeführte Vollstreckungsmaßnahmen, die noch nicht zur Beendigung der Zwangsvollstreckung geführt haben, müssen aufgehoben werden (§§ 775 Nr. 1, 776). Soweit die Zwangsvollstreckung bereits beendet war, kommen nur noch Ansprüche aus § 717 in Betracht.

---

10 In einigen Fällen verlegt das FamFG das Wirksamwerden allerdings auf den Zeitpunkt der formellen Rechtskraft, so in §§ 40 Abs. 2, 184 Abs. 1, 198 Abs. 1, 209 Abs. 2 S. 1, 324 Abs. 1, 422 Abs. 1.
11 Hierzu: *Giers*, DGVZ 2011, 122, 123.
12 BGH, NJW 1990, 2756.
13 BGH, MDR 1976, 1005; BGHZ 86, 267; BGH, WuM 2009, 57; BGH, WM 2014, 1180 mit Anm. *Geisler,* jurisPR-BGHZivilR 13/2014 (Anm. 4); *Braun*, AcP 1984, 152; *Brox/Walker*, Rn. 315; *Jauernig/Berger*, § 2 Rn. 40; *Kerwer*, Die Erfüllung in der Zwangsvollstreckung, S. 135; **a.A.** (Erfüllung gem. § 362 BGB tritt ein): *Stein/Jonas/Münzberg*, § 708 Rn. 4, 4 a; **wiederum a.A.** (es trete eine auflösend bedingte materiellrechtliche Erfüllung des titulierten Anspruchs ein): *Czub*, ZZP 1989, 284; *Wieczorek/Heß*, vor §§ 708–720 Rn. 20.
14 BGH, WM 2014, 1180. **A.A.** für diesen Fall: BeckOK-BGB/*Fritzsche*, § 985 Rn. 10; Staudinger/*Gursky*, § 985 Rn. 48, 55.
15 Siehe auch: § 754 Rdn. 10.
16 Siehe auch: § 705 Rdn. 7.

§ 708 Vorläufige Vollstreckbarkeit ohne Sicherheitsleistung

Für vorläufig vollstreckbar ohne Sicherheitsleistung sind zu erklären:
1. Urteile, die auf Grund eines Anerkenntnisses oder eines Verzichts ergehen;
2. Versäumnisurteile und Urteile nach Lage der Akten gegen die säumige Partei gemäß § 331a;
3. Urteile, durch die gemäß § 341 der Einspruch als unzulässig verworfen wird;
4. Urteile, die im Urkunden, Wechsel- oder Scheckprozess erlassen werden;
5. Urteile, die ein Vorbehaltsurteil, das im Urkunden-, Wechsel- oder Scheckprozess erlassen wurde, für vorbehaltlos erklären;
6. Urteile, durch die Arreste oder einstweilige Verfügungen abgelehnt oder aufgehoben werden;
7. Urteile in Streitigkeiten zwischen dem Vermieter und dem Mieter oder Untermieter von Wohnräumen oder anderen Räumen oder zwischen dem Mieter und dem Untermieter solcher Räume wegen Überlassung, Benutzung oder Räumung, wegen Fortsetzung des Mietverhältnisses über Wohnraum auf Grund der §§ 574 bis 574b des Bürgerlichen Gesetzbuchs sowie wegen Zurückhaltung der von dem Mieter oder dem Untermieter in die Miträume eingebrachten Sachen;
8. Urteile, die die Verpflichtung aussprechen, Unterhalt, Renten wegen Entziehung einer Unterhaltsforderung oder Renten wegen einer Verletzung des Körpers oder der Gesundheit zu entrichten, soweit sich die Verpflichtung auf die Zeit nach der Klageerhebung und auf das ihr vorausgehende letzte Vierteljahr bezieht;
9. Urteile nach §§ 861, 862 des Bürgerlichen Gesetzbuchs auf Wiedereinräumung des Besitzes oder auf Beseitigung oder Unterlassung einer Besitzstörung;
10. Berufungsurteile in vermögensrechtlichen Streitigkeiten. Wird die Berufung durch Urteil oder Beschluss gemäß § 522 Abs. 2 zurückgewiesen, ist auszusprechen, dass das angefochtene Urteil ohne Sicherheitsleistung vorläufig vollstreckbar ist;
11. andere Urteile in vermögensrechtlichen Streitigkeiten, wenn der Gegenstand der Verurteilung in der Hauptsache 1250 Euro nicht übersteigt oder wenn nur die Entscheidung über die Kosten vollstreckbar ist und eine Vollstreckung im Wert von nicht mehr als 1500 Euro ermöglicht.

Übersicht

	Rdn.		Rdn.
I. Allgemeines	1	5. Nr. 5	6
II. Die einzelnen Fälle der vorläufigen Vollstreckbarkeit ohne Sicherheitsleistung	2	6. Nr. 6	7
		7. Nr. 7	8
1. Nr. 1	2	8. Nr. 8	9
2. Nr. 2	3	9. Nr. 9	10
3. Nr. 3	4	10. Nr. 10	11
4. Nr. 4	5	11. Nr. 11	12

Literatur:
Deckenbrock/Dötsch, Probleme bei der vorläufigen Vollstreckbarkeit landgerichtlicher Berufungsurteile, ProzRB 2003, 90; *Dölling*, Die Vollstreckbarerklärung der Kostenentscheidung im Zivilurteil, NJW 2014, 2468; *Eisenhardt*, Abwendung der vorläufigen Vollstreckbarkeit eines Urteils auf Räumung von Wohnraum, NZM 1998, 64.

I. Allgemeines

Die Vorschrift fasst die Fallgruppen zusammen, in denen Urteile nach der ZPO für vorläufig vollstreckbar zu erklären sind, ohne dass die Vollstreckbarkeit von einer Sicherheitsleistung des Gläubigers abhängig gemacht werden dürfte. Der Tenor lautet in diesen Fällen also schlicht: »Das Urteil ist vorläufig vollstreckbar«. Für die in den Nrn. 4–11 geregelten Fälle sieht § 711 Satz 1 darüber hinaus zwingend vor, dass dem Schuldner nachzulassen ist, die Zwangsvollstreckung des Gläubigers (aus dem nur vorläufig vollstreckbaren Titel) gegen Sicherheitsleistung abzuwenden, wenn nicht der Gläubiger seinerseits Sicherheit vor der Vollstreckung leistet (Ausnahme: § 713). Die Anordnung der vorläufigen Vollstreckbarkeit erfolgt in allen Fällen des § 708 im Tenor des Urteils von Amts wegen, ohne dass es eines Antrages bedürfte. Ist der Ausspruch im Urteil vergessen worden, muss gem. § 716 ein entsprechendes Ergänzungsurteil[1] im Verfahren nach § 321 beantragt werden; Gleiches gilt für eine vergessene Anordnung nach § 711 Satz 1.

Sind mehrere Fälle aus aus dem Katalog der Nrn. 1–11 gleichzeitig einschlägig, muss das Gericht die für den Gläubiger günstigste Möglichkeit wählen, soweit sich im Hinblick auf § 711 Satz 1 Unterschiede ergeben, es sei denn, dass sich aus dem Sinn der gesetzlichen Regelung ein anderes Konkurrenzverhältnis ergibt.[2]

Hat das Gericht »versehentlich« ein nach § 708 ohne Sicherheitsleistung vorläufig vollstreckbares Urteil nach § 709 nur gegen Sicherheitsleistung für vorläufig vollstreckbar erklärt, kann es diesen Fehler nicht nach § 319 korrigieren, es sei denn die Fehlerhaftigkeit des Tenors ergibt sich ohne jeden Zweifel aus den Entscheidungsgründen.[3]

II. Die einzelnen Fälle der vorläufigen Vollstreckbarkeit ohne Sicherheitsleistung

1. Nr. 1

2   Anerkenntnis- und Verzichtsurteile (§§ 306, 307); bei Verzichtsurteilen entfällt die Abwendungsbefugnis nach § 711 Satz 1 auch dann, wenn die vom Beklagten gegen den Kläger zu vollstreckenden Kosten den Höchstbetrag der Nr. 11 übersteigen.[4]

2. Nr. 2

3   Versäumnisurteile einschließlich der zweiten Versäumnisurteile (§§ 330, 331, 345) sowie Urteile nach Lage der Akten (§ 331a) gegen – nicht: für! – die säumige Partei.[5] Nach streitiger mündlicher Verhandlung ergangene Urteile, die ein Versäumnisurteil aufrechterhalten, fallen nicht unter Nr. 2. Für sie enthält § 709 Satz 3 ZPO eine Sonderregel (Anordnung, dass die Vollstreckung aus dem Versäumnisurteil nunmehr nur noch gegen Sicherheitsleistung fortgesetzt werden dürfe).

3. Nr. 3

4   Urteile gem. § 341 Abs. 1, durch die der Einspruch gegen ein Versäumnisurteil als unzulässig verworfen wird. Wird gem. § 341 Abs. 2 Satz 1 durch Beschluss entschieden, ist nicht § 708 Nr. 3, sondern § 794 Abs. 1 Nr. 3 einschlägig; der Beschluss ist ohne Weiteres, ohne dass es eines besonderen Ausspruchs bedürfte, vollstreckbar.

4. Nr. 4

5   Urteile, die im Urkunden-, Wechsel- oder Scheckprozess erlassen werden, und zwar zusprechende ebenso wie abweisende Urteile. Die Regelung der Nr. 4 geht der in Nr. 1 insoweit vor, als auch bei Anerkenntnisvorbehaltsurteilen im Urkundsprozess ein Ausspruch nach § 711 Satz 1 zu ergehen hat.[6] Nur dies wird der speziellen Situation des Vorbehaltsurteils gerecht. Nr. 4 gilt nicht für Urteile im Nachverfahren.

---

1 Einzelheiten: § 716 Rdn. 3.
2 Zum Verhältnis von Nr. 1 und Nr. 4 siehe unten Rdn. 5; zum Verhältnis von Nr. 2 und Nr. 10 siehe unten Rdn. 11.
3 KG, NJOZ 2014, 1668.
4 Musielak/*Lackmann*, § 708 Rn. 5.
5 Musielak/*Lackmann*, § 708 Rn. 5.
6 LG Aachen, ZIP 1985, 1021; a. A. allerdings die ganz überwiegende Meinung: LG Koblenz, NJW-RR 1991, 512; *Musielak/Lackmann*, § 708 Rn. 6; *Thomas/Putzo/Seiler*, § 708 Rn. 5; Zöller/*Herget*, § 708 Rn. 6.

5. Nr. 5

Urteile im Nachverfahren (§ 600), durch die ein im Urkunden-, Wechsel- oder Scheckprozess ergangenes Vorbehaltsurteil für vorbehaltlos erklärt wird; wird dagegen im Nachverfahren das Vorbehaltsurteil abgeändert und die Klage abgewiesen, gilt Nr. 5 nicht, sondern, soweit nicht Nr. 11 einschlägig ist, § 709.

6. Nr. 6

Urteile, durch die ein beantragter Arrest oder eine einstweilige Verfügung nach mündlicher Verhandlung abgelehnt oder im Beschlusswege erlassene Arreste oder einstweilige Verfügungen nach Widerspruch aufgrund mündlicher Verhandlung ganz oder teilweise[7] wieder aufgehoben werden; der Arrest und die einstweilige Verfügung selbst sind ohne besonderen Ausspruch ohne Weiteres vorläufig vollstreckbar. Auch Urteile, die nach Widerspruch und mündlicher Verhandlung einen Arrest oder eine einstweilige Verfügung bestätigen, sind ohne Weiteres und ohne besonderen Ausspruch – er schadet auch nicht – vorläufig vollstreckbar. Urteile der Oberlandesgerichte, durch die über die Anordnung, Abänderung oder Aufhebung eines Arrestes oder einer einstweiligen Verfügung entschieden wird, sind mit ihrer Verkündung rechtskräftig (§ 542 Abs. 2).

7. Nr. 7

Die Vorschrift erfasst Urteile (stattgebende ebenso wie klageabweisende) in Mietstreitigkeiten, und zwar sowohl in Bezug auf Wohnräume als auch auf Geschäftsräume[8] und sonstige Räumlichkeiten. Nicht hierher zählen Urteile in Streitigkeiten über privat oder gewerblich genutzte Freiflächen[9] sowie in Pachtstreitigkeiten[10]. Vor der Vollstreckung aus Wohnraum betreffenden Räumungsurteilen ist gegebenenfalls eine gem. § 721 gewährte Räumungsfrist zu beachten.

8. Nr. 8

Die Vorschrift gilt für Unterhalts*urteile* unabhängig davon, auf welcher Grundlage der Unterhaltsanspruch tituliert wurde, ob es sich um eine erstmalige Titulierung oder um ein Abänderungsurteil nach § 323 handelt,[11] ob das Urteil schon den Zahlungsanspruch tituliert oder bei einer Stufenklage zunächst in der ersten Stufe nur den Auskunftsanspruch,[12] ob es sich schließlich um den regelmäßigen Unterhalt oder um Sonderunterhalt (z. B. Heilbehandlungskosten) handelt.[13] Für Unterhalts*beschlüsse* in Familienstreitsachen gilt die Nr. 8 allerdings nicht, da insoweit § 120 FamFG eine abweichende Regelung enthält.[14] Dadurch hat die Norm insgesamt viel an Bedeutung verloren. Ansprüche auf Zahlung einer Leibrente sind keine Unterhaltsansprüche. Rentenansprüche wegen Entziehung einer Unterhaltsforderung sind Ansprüche des früheren Unterhaltsberechtigten gegen einen Dritten infolge des Todes des ursprünglichen Unterhaltsverpflichteten, also Ansprüche aus §§ 844 Abs. 2, 618 Abs. 3 BGB, 62 Abs. 3 HGB, 5 Abs. 2 HaftpflichtG, 13 Abs. 2 StVG, 38 Abs. 2 LuftVG, 28 Abs. 2 AtomG oder 36 Abs. 2 BGrenzSchG. Renten wegen Verletzung des Körpers oder der Gesundheit können auf Ansprüchen aus § 843 BGB beruhen, nicht aber aus § 845

---

7 *Musielak/Lackmann*, § 708 Rn. 7.
8 *Fischer* in Bub/Treier, Handbuch der Geschäfts- und Wohnraummiete, 4. Aufl., Kap. IX Rn. 367.
9 OLG Düsseldorf, JMBlNW 1993, 138.
10 OLG Düsseldorf, BeckRS 2008 14692; a.A. (analog auch bei Pachtverhältnissen anwendbar): *Schmid*, ZMR 2000, 507.
11 So auch *Musielak/Lackmann*, § 708 Rn. 8; *Zöller/Herget*, § 708 Rn. 10. A. A. aber (Abänderungsurteile nur nach § 709 vorläufig vollstreckbar): OLG Zweibrücken, OLGReport 2008, 387.
12 AG Hamburg, FamRZ 1977, 815; *Wieczorek/Heß*, § 708 Rn. 13; *Zöller/Herget*, § 708 Rn. 10; a.A. (§ 709): OLG München, NJW-RR 1990, 1022.
13 OLG Karlsruhe, FamRZ 2000, 1166.
14 Siehe auch: Vor §§ 708 – 720a Rdn. 5.

BGB, da dort nicht der Gesundheitsschaden, sondern der Verlust der Dienste des Geschädigten für den Anspruchsteller anspruchsbegründend ist. Weitere Anspruchsgrundlagen insoweit sind §§ 618 Abs. 3 BGB, 62 Abs. 2 HGB, 8 HaftpflG, 13 Abs. 2 StVG, 38 LuftVG und 30 Abs. 2 AtomG. Hierher gehören aber auch vertragliche Rentenansprüche (Arbeitsvertrag, Versicherungsvertrag usw.) wegen Körperverletzung oder Gesundheitsbeschädigung. Der Kreis ist entsprechend weit zu ziehen wie bei § 850b Abs. 1 Nr. 1. Soweit sich die Ansprüche »auf die Zeit nach der Klageerhebung und auf das ihr vorausgehende letzte Vierteljahr« beziehen, ist die Höhe der Ansprüche für die Anwendbarkeit der Nr. 8 ohne Bedeutung. Werden zusätzliche Ansprüche auf rückständigen Unterhalt oder auf rückständige Renten, die bereits länger als ein Vierteljahr vor Klageerhebung fällig waren, mittituliert, ist über die vorläufige Vollstreckbarkeit insoweit gesondert zu entscheiden. Liegt der zusätzlich zugesprochene Betrag unter eintausendzweihundertfünfzig Euro, ist Nr. 11 anzuwenden, ansonsten § 709.[15] Der Tenor kann etwa lauten: »Das Urteil ist vorläufig vollstreckbar, soweit der Kläger den rückständigen Unterhalt für die Zeit vom ... bis ... vollstreckt, jedoch nur gegen Sicherheitsleistung in Höhe von ...«

9. Nr. 9

10 Aufgrund der Verweisung auf §§ 861, 862 BGB in §§ 865, 869 BGB gilt die Vorschrift auch bei Urteilen zugunsten des Teilbesitzers oder mittelbaren Besitzers auf Wiedereinräumung dieses Besitzes.

10. Nr. 10

11 Die Vorschrift gilt für alle Berufungsurteile der Landgerichte ebenso wie der Oberlandesgerichte in vermögensrechtlichen Streitigkeiten, soweit diese nicht ausnahmsweise mit der Verkündung rechtskräftig werden (§ 542 Abs. 2),[16] also auch für Urteile, die die angefochtene Entscheidung aufheben und die Sache zur erneuten Verhandlung und Entscheidung in die erste Instanz zurückverweisen.[17] Der Ausspruch in einem Berufungsurteil über die vorläufige Vollstreckbarkeit ohne Sicherheitsleistung, das ein erstinstanzliches Urteil durch Zurückweisung der Berufung bestätigt, macht auch dieses Urteil in der Hauptsache ohne Sicherheitsleistung vorläufig vollstreckbar, wie Satz 2 klarstellt. Ist zur Vollstreckung aus dem erstinstanzlichen Urteil bereits Sicherheit geleistet, kann diese nunmehr zurückgefordert werden. Berufungsurteile in nichtvermögensrechtlichen Streitigkeiten sind gem. § 709 gegen Sicherheitsleistung für vorläufig vollstreckbar zu erklären.[18] Nr. 10 ist, wie Satz 2 ebenfalls klarstellt, auch anzuwenden auf Beschlüsse nach § 522 Abs. 2, durch die eine Berufung als offensichtlich unbegründet zurückgewiesen wird. In beiden Fällen des Satz 2 ist im Beschluss von Amts wegen zur Klarstellung auszusprechen, dass das erstinstanzliche Urteil, soweit es angefochten war, nunmehr ohne Sicherheitsleistung vorläufig vollstreckbar ist. § 711 bleibt weiterhin zu beachten. Verwerfungsbeschlüsse nach § 522 Abs. 1 sind dagegen ausschließlich nach § 794 Abs. 1 Nr. 3 zu behandeln.

11. Nr. 11

12 Urteile in vermögensrechtlichen Streitigkeiten, gleich welches Gericht der ordentlichen Gerichtsbarkeit sie erlassen hat, sind ferner dann – soweit sie nicht schon ausnahmsweise mit ihrer Ver-

---

15 Wie hier: *Zöller/Herget*, § 708 Rn. 10; a.A. (nur § 709 anzuwenden): *Schmitt*: NJW 1955, 493; **wiederum a.A.** (§ 708 Nr. 11 nur, wenn der zugesprochene Gesamtbetrag einschließlich der unter § 708 Nr. 8 fallenden Beträge 1250,– Euro nicht übersteigt): *Stein/Jonas/Münzberg*, § 708 Rn. 23, 23 a.

16 Siehe insoweit § 705 Rdn. 2, 3.

17 Wie hier: OLG Frankfurt, OLGZ 1968, 436; OLG München, Rpfleger 1982, 111; OLG Karlsruhe, JZ 1984, 635; OLG Düsseldorf, JurBüro 1985, 1729; *Thomas/Putzo/Seiler*, § 708 Rn. 11; *Musielak/Lackmann*, § 708 Rn. 9; *Zöller/Herget*, § 708 Rn. 12; **a. A.** (kein Ausspruch der vorläufigen Vollstreckbarkeit): OLG Köln, JurBüro 1969, 645; *Stein/Jonas/Münzberg*, § 708 Rn. 10.

18 OLG München, MDR 1980, 408.

kündung rechtskräftig werden – für vorläufig vollstreckbar ohne Sicherheitsleistung zu erklären, wenn der Gegenstand der **Verurteilung** in der Hauptsache 1250,– Euro nicht übersteigt. Wie hoch dabei der Streitwert des Rechtsstreits insgesamt ist, ist ohne Bedeutung. Gleiches gilt für Urteile, aus denen nur die Entscheidung über die Kosten vollstreckbar ist (z. B. Feststellungsurteile oder aufhebende und zurückverweisende Berufungsurteile der Landgerichte), wenn an zu vollstreckenden Kosten insgesamt nicht mehr als 1500,– Euro anfallen können[19]. Im ersteren Fall (Hauptsache nicht über 1250,– Euro) werden die Zinsen (als Nebenforderung) und Kosten, auch wenn letztere 1500,– Euro bei Weitem übersteigen (z. B. bei Einholung eines Sachverständigengutachtens) nicht mitberechnet, sodass der aus der Entscheidung insgesamt zu vollstreckende Betrag durchaus beträchtlich sein kann. Hat sich im zweiten Fall (Kosten nicht über 1500,– Euro) das Gericht bei seiner Prognose verrechnet – es hat z. B. den Vorschuss für Zeugen und Sachverständige unberücksichtigt gelassen –, kann es selbst seine Entscheidung nicht berichtigen. Das Urteil bleibt ohne Sicherheitsleistung entsprechend seinem Tenor vorläufig vollstreckbar. Die Entscheidung kann nur durch das Rechtsmittelgericht, sei es durch Vorabentscheidung nach § 718, sei es durch einstweilige Anordnungen nach § 719 »korrigiert« werden, falls im Übrigen ein zulässiges Rechtsmittel eingelegt ist.

Können aus einem Urteil mehrere Streitgenossen vollstrecken, ist für die Anwendbarkeit der Nr. 11 entscheidend, wie viel der einzelne Streitgenosse theoretisch vollstrecken kann[20] nicht, wie viel alle Streitgenossen zusammen insgesamt vollstrecken können. Die Anordnung muss deshalb u. U. im Tenor hinsichtlich der einzelnen Streitgenossen unterschiedlich ergehen (»Das Urteil ist vorläufig vollstreckbar, für den Kläger zu ... jedoch nur gegen Sicherheitsleistung in Höhe von ...«). Auch dann, wenn mehrere Streitgenossen unterlegen sind, ist hinsichtlich jedes Einzelnen zu fragen, ob seine Schuld isoliert die in Nr. 11 genannte Grenze überschreitet oder nicht. Denn der Grund für die Regelung in Nr. 11 ist, dass der Gesetzgeber bei Schadensersatzansprüchen aus § 717 nach voreiliger Vollstreckung kein Realisierungsrisiko für den Schuldner gesehen hat, wenn er vom einzelnen vollstreckenden Gläubiger Beträge dieser Größenordnung zurückverlangt. 13

Beide Alternativen der Nr. 11 gelten nur für Urteile in vermögensrechtlichen Streitigkeiten. Bei nichtvermögensrechtlichen Streitigkeiten ist auch dann, wenn nur Kosten unter 1500,– Euro vollstreckt werden können, § 709 anzuwenden.[21] Denn die bloße Möglichkeit, allein Kosten, also allein eine Geldschuld, vollstrecken zu können, macht die Streitigkeit selbst noch nicht zu einer vermögensrechtlichen. 14

---

19 Zur Berechnung der anfallenden Kosten insoweit ausführlich *Dölling*, NJW 2014, 2468 ff.
20 *Dölling*, NJW 2014, 2468, 2471; PG/*Kroppenberg*, § 708 Rn. 1; Thomas/Putzo/*Seiler*, § 708 Rn. 15; *Zöller/ Herget*, § 708 Rn. 13.
21 *Baumbach/Lauterbach/Hartmann*, § 708 Rn. 12; **a. A.** (Nr. 11 sei analog anzuwenden): Stein/Jonas/*Münzberg*, § 708 Rn. 30; *Wieczorek/Heß*, § 708 Rn. 21; *Zöller/Herget*, § 708 Rn. 13.

§ 709 Vorläufige Vollstreckbarkeit gegen Sicherheitsleistung

¹Andere Urteile sind gegen eine der Höhe nach zu bestimmende Sicherheit für vorläufig vollstreckbar zu erklären. ²Soweit wegen einer Geldforderung zu vollstrecken ist, genügt es, wenn die Höhe der Sicherheitsleistung in einem bestimmten Verhältnis zur Höhe des jeweils zu vollstreckenden Betrages angegeben wird. ³Handelt es sich um ein Urteil, das ein Versäumnisurteil aufrechterhält, so ist auszusprechen, dass die Vollstreckung aus dem Versäumnisurteil nur gegen Leistung der Sicherheit fortgesetzt werden darf.

Übersicht

		Rdn.			Rdn.
I.	Anwendungsbereich der Norm	1	1.	Überprüfung durch das Vollstreckungsorgan von Amts wegen	7
II.	Zweck der Sicherheitsleistung	2	2.	Vollstreckungsandrohung auch ohne Sicherheitsleistung	8
III.	Höhe der Sicherheit	3			
IV.	Art der Sicherheitsleistung	5	3.	Verzicht auf vorläufige Vollstreckung vor Rechtskraft	9
V.	Urteile, die ein Versäumnisurteil aufrechterhalten	6			
VI.	Wirkungen der Anordnung einer Sicherheitsleistung	7	4.	Rückerlangung der Sicherheitsleistung nach Rechtskraft	10

Literatur:
Fest, Die Hinterlegung zum Zwecke der Sicherheitsleistung und der Erfüllung, JA 2009, 258; *Foerste*, Die Zustellung der Prozessbürgschaft, NJW 2010, 3611; *Giers*, Vollstreckung und Sicherheitsleistung, DGVZ 2011, 122; *Häublein*, Vorläufige Vollstreckbarkeit bei Aufrechterhaltung von Versäumnisurteilen, §709 S. 2 ZPO, JA 1999, 53; *Holtkamp*, Sicherheitsleistung und Abwendungsbefugnis seit dem 1. Januar 2002, DRiZ 2002, 274; *Oetker*, Die Festsetzung der Sicherheitsleistung bei vorläufig vollstreckbaren Urteilen, ZZP 1989 (Bd. 102), 449; *Rellermeyer*, Varianten der landesrechtlichen Hinterlegungsgesetze, Rpfleger 2011, 129; *Treber*, Austausch von prozessualen Sicherheitsleistungen, WM 2000, 343; *Zawar*, Vorläufige Vollstreckbarkeit von Urteilen, denen eine auf Auflassung gerichtete Klage zugrunde liegt, JZ 1975, 168.

I. Anwendungsbereich der Norm

1 Die Vorschrift gilt für alle Endurteile, die weder unter §708 fallen, noch bereits mit ihrer Verkündung rechtskräftig sind.[1] Können aus einem Urteil mehrere Streitgenossen die Vollstreckung betreiben, so ist hinsichtlich jedes Einzelnen gesondert zu prüfen, ob für ihn einer der Fälle des §708 vorliegt oder nicht. Im letzteren Fall ist dann §709 anzuwenden.[2] Ob die Partei, die aus dem Urteil vollstrecken kann, »insolvenzsicher« ist oder nicht, spielt für die Anordnung der Sicherheitsleistung keine Rolle. Deshalb ist auch für den obsiegenden Fiskus Sicherheitsleistung anzuordnen, wenn ein Fall des §709 vorliegt,[3] obwohl seine Zahlungsunfähigkeit bei Ersatzansprüchen nach voreiliger Vollstreckung nicht zu befürchten ist.

II. Zweck der Sicherheitsleistung

2 Die nach Satz 1 zu bestimmende Sicherheit hat **nur** die Aufgabe, den für den Fall der Abänderung des erstinstanzlichen Urteils gegebenen Schadensersatzanspruch aus §717 Abs. 2 abzusichern.[4] Sie soll im Rahmen der Vollstreckung von Geldforderungen also gewährleisten, dass der Schuldner sämtliche von ihm im Wege der Zwangsvollstreckung beigetriebenen Beträge (– neben der Hauptforderung also auch die Zinsen und Kosten[5] –) zurückerhält zuzüglich eines Schadensersatzbetrages dafür, dass er das aus seinem Vermögen geschöpfte Geld nicht selbst hat nutzen können. Im Rah-

---
1 Siehe §705 Rdn. 2.
2 Siehe auch §708 Rdn. 13.
3 BGH, MDR 1963, 290; *Musielak/Lackmann*, §709 Rn. 1.
4 KG, NJW 1977, 2270.
5 BGH, NJW 2015, 77.

men sonstiger Vollstreckung soll sie den Schaden abdecken, der dem Schuldner etwa aus dem zeitweiligen Unterlassen eines Vorhabens, dem Dulden von Geschehnissen zugunsten des Gläubigers, dem Verlust eines Gegenstandes, der Eintragung einer Vormerkung nach § 895[6] bis zur möglichen Abänderung des Titels erwachsen kann. Dagegen ist es nicht Aufgabe der Sicherheitsleistung, dem Gläubiger die Zwangsvollstreckung so zu erschweren, dass er von einer Verwirklichung des titulierten Anspruchs vor Rechtskraft absieht. Dies wird besonders deutlich durch die Möglichkeit der Sicherungsvollstreckung nach § 720a.

III. Höhe der Sicherheit

Sie folgt zwangsläufig aus dem Zweck der Sicherheitsleistung:[7] Einerseits muss sie regelmäßig über den beizutreibenden Beträgen liegen,[8] da auch der Schaden des Schuldners den bloßen Verlust des Geleisteten übersteigen wird; andererseits darf sie nicht so bemessen sein, dass der Gläubiger mehr leisten muss als er dem Schuldner gegebenenfalls Schaden zufügen kann. Im Hinblick auf **Satz 2** bestehen keine Bedenken, auf Antrag des Gläubigers hin, aber auch von Amts wegen die Sicherheitsleistung schon im Tenor derart zu bestimmen, dass Sicherheit »in Höhe des jeweils beizutreibenden Betrages[9] zuzüglich x Prozent« oder »100 x % des beizutreibenden Betrages« zu leisten sei. Üblich in der Praxis sind insoweit Anordnungen von 110–120 %.[10] § 752 stellt diesbezüglich ausdrücklich klar, dass selbst ohne eine solche Anordnung im Tenor wegen Teilbeträgen mit entsprechend reduzierter Sicherheitsleistung vollstreckt werden darf.[11] Sollen wiederkehrende Leistungen vollstreckt werden, ist diese Art der Tenorierung sogar notwendig, um dem Gläubiger nicht auf unbestimmte Zeit Vorleistungen aufzuerlegen.[12] Kann der Gläubiger einerseits wegen eines Anspruchs, der nicht auf eine Geldleistung gerichtet ist (z. B. eines Unterlassungsanspruchs oder eines Auskunftsanspruchs), andererseits auch wegen eines Geldbetrages, etwa der Kosten des Rechtsstreits vollstrecken, so empfiehlt es sich, die Sicherheitsleistung getrennt festzusetzen, um dem Gläubiger, der möglicherweise die hohe Sicherheitsleistung in der Hauptsache nicht erbringen kann, jedenfalls die Beitreibung seiner Kosten zu ermöglichen (Tenorierung etwa: »Das Urteil ist vorläufig vollstreckbar, jedoch in der Hauptsache nur gegen Sicherheitsleistung in Höhe von ..., wegen der Kosten gegen Sicherheitsleistung in Höhe von ...«).

Wird in einem solchen Fall die Sicherheitsleistung aber nur wegen der beizutreibenden Geldforderung festgesetzt (»Das Urteil ist vorläufig vollstreckbar gegen Sicherheitsleistung in Höhe von x% des beizutreibenden Betrages«), so bezieht sich die Anordnung der vorläufigen Vollstreckbarkeit auch nur auf die Geldleistung, nicht auf den weiteren zugesprochenen Anspruch[13]. Das Urteil bedarf insoweit der Ergänzung.

Eine vom Gläubiger nach dem Tenor Zug um Zug zu erbringende Gegenleistung ist bei der Festsetzung der Höhe der Sicherheit außer Acht zu lassen; denn die Gegenleistung sichert den Schuldner nicht vor Vollstreckungsschäden. Auch bei Urteilen über nichtvermögensrechtliche Streitigkeiten

---

6 *Zawar*, JZ 1975, 168.
7 BGH, NJW 2015, 77; siehe auch oben Rdn. 2.
8 Siehe auch unten Rdn. 8.
9 Das ist weniger missverständlich, als wenn zwischen dem vollstreckbaren und dem »zu vollstreckenden« Betrag unterschieden wird: OLG Celle, NJW 2003, 73.
10 Musielak/*Lackmann*, § 709 Rn. 6; Schuschke/Kessen/*Höltje*, Zivilrechtliche Arbeitstechnik Rn. 452; Thomas/Putzo/*Seiler*, § 709 Rn. 4; Zöller/*Herget*, § 709 Rn. 6.
11 Zur Berechnung der Teilsicherheitsleistung im Fall der Teilvollstreckung im Rahmen des § 752 ZPO siehe dort; ferner: *Behr*, JurBüro 2000, 117, 118.
12 Für diesen Fall h. M.; siehe auch *Zöller/Herget* 709 Rn. 6.
13 OLG Koblenz, OLGR 2008, 649.

ist für die Höhe der Sicherheitsleistung der dem Schuldner aus voreiliger Vollstreckung drohende Schaden maßgeblich,[14] der gegebenenfalls zu schätzen ist.

4 Ist die Sicherheitsleistung infolge eines Denkfehlers zu hoch (oder zu niedrig) festgesetzt worden, kann das erkennende Gericht seinen Fehler nicht selbst korrigieren.[15] Insoweit ist dann eine auf den Ausspruch der vorläufigen Vollstreckbarkeit beschränkte Berufung zulässig[16]. Das Berufungsgericht muss gegebenenfalls gem. § 718 Abs. 1 über die vorläufige Vollstreckbarkeit vorab verhandeln und entscheiden. Reine Rechenfehler können gem. § 319 berichtigt werden; dann muss aber auch aus dem Urteil der Rechenfehler nachvollziehbar zu erkennen sein. § 319 kann nicht dazu dienen, falsche Denkansätze nachträglich zu »berichtigen«.

IV. Art der Sicherheitsleistung

5 Gem. § 108 Abs. 1 bestimmt das Gericht nach freiem Ermessen, in welcher Art die Sicherheit zu leisten ist. Das Gericht hat insoweit Vereinbarungen, die die Parteien über die Art der Sicherheit getroffen haben, auf Antrag zu berücksichtigen.[17] Hat das Gericht keine konkrete Bestimmung getroffen, so ist die Sicherheitsleistung durch schriftliche, unwiderrufliche, unbedingte und unbefristete Bürgschaft eines im Inland zum Geschäftsbetrieb zugelassenen Kreditinstituts oder durch Hinterlegung[18] von Geld oder von in § 234 Abs. 1 und 3 BGB genannten Wertpapieren[19] zu erbringen. Bei einer Mehrzahl von Vollstreckungsschuldnern muss hinsichtlich der Bürgschaft bestimmt sein, dass die Mitgläubiger, nicht nur Gesamtgläubiger, des Prozessbürgen sein sollen, damit eine ausreichende Sicherheit gegeben ist.[20] Hat der Kläger infolge verdeckter Abtretung in Wahrheit eine fremde Forderung als gewillkürter Prozessstandschafter verfolgt, ist auch er derjenige, für den als Forderungsberechtigten die die Sicherheit darstellende Bürgschaft ausgestellt sein muss, nicht der wahre Forderungsinhaber.[21]

Eine andere mögliche Form der Sicherheitsleistung, die dem Gläubiger auf seinen Antrag zu gestatten ist, ist die Bestellung oder Abtretung einer Grundschuld (§ 232 Abs. 1 BGB). Sie kann aber nur dann als ausreichende Sicherheit angesehen werden, wenn die Gesamtbelastung des Grundstücks einschließlich der zu bestellenden Grundschuld die Hälfte des Grundstückswertes nicht übersteigt.[22]

V. Urteile, die ein Versäumnisurteil aufrechterhalten

6 **Urteile, die ein Versäumnisurteil,** das seinerseits gem. § 708 Nr. 2 ohne Sicherheitsleistung vorläufig vollstreckbar war, **aufrechterhalten** (§ 343 Satz 1), sind gem. Satz 3 in der Weise für vollstreckbar zu erklären, dass angeordnet wird, dass die Vollstreckung aus dem Versäumnisurteil

---

14 OLG München, VersR 1980, 724; *Zöller/Herget,* § 709 Rn. 5; **a. A.** (nicht zu berücksichtigen): *Oetker,* ZZP 1989, 449, 457.
15 KG, JR 1966, 388; vergl. *auch* Musielak/*Lackmann,* § 709 Rn. 10; *Thomas/Putzo/Seiler,* Vorbem. § 708 Rn. 12.
16 OLG Rostock, OLGR 2008, 1004; Thomas/Putzo/Seiler, vor §§ 708–720 Rn. 16; Zöller/Herget, § 716 Rn. 2; **a. A.:** OLG Köln, NJW-RR 2006, 66.
17 *Kotzur,* DGVZ 1990, 161; *Thomas/Putzo/Hüßstege,* § 108 Rn. 3.
18 Die Hinterlegungsstelle ergibt sich aus den jeweiligen Hinterlegungsgesetzen der Länder, nachdem die Hinterlegungsordnung des Bundes durch Gesetz vom 23.11.2007 (BGBl. I 2007, 2614) mit Wirkung vom 1.12.2012 aufgehoben worden ist. Siehe insoweit zu den landesrechtlichen Besonderheiten der einzelnen Bundesländer: *Rellermeyer,* Rpfleger 2012, 129. Das hinterlegte Geld ist immer durch die Hinterlegungsstelle zu verzinsen, auch wenn es im Landesrecht an einer entsprechenden ausdrücklichen Regelung fehlen sollte: LG Leipzig, JurBüro 2006, 89.
19 Zur in § 234 Abs. 1 S. 1 BGB angesprochenen Mündelsicherheit vergl. § 1807 Abs. 1 Nr. 2–5 BGB.
20 LG Düsseldorf, InVo 2004, 159.
21 BGH, InVo 2006, 20.
22 OLG Frankfurt, MDR 1977, 409.

nunmehr nur noch gegen Sicherheitsleistung **fortgesetzt** werden dürfe. Da nur die Fortsetzung der Vollstreckung von einer Sicherheitsleistung abhängig ist, werden bereits durchgeführte Vollstreckungsmaßnahmen nicht berührt. Sie bleiben unverändert bestehen, ohne dass der Gläubiger zu ihrer Aufrechterhaltung Sicherheiten nachschieben müsste (§§ 775 Nr. 2, 776 Satz 2, 2. Halbs.). Die gem. Satz 3 anzuordnende Sicherheitsleistung ist dennoch so hoch zu bemessen, als hätte der Gläubiger bisher noch nicht vollstreckt, als müsste der Schuldner noch vor den Schäden der umfassenden Vollstreckung aus dem Titel abgesichert werden.[23] Es findet deshalb keine Aufklärung im Erkenntnisverfahren darüber statt, was bereits an Vollstreckung unternommen wurde. Der Tenor lautet demgemäß: »Das Urteil ist vorläufig vollstreckbar gegen Sicherheitsleistung in Höhe von ... €. Die Zwangsvollstreckung aus dem Versäumnisurteil darf nur fortgesetzt werden, wenn diese Sicherheitsleistung geleistet ist.«

VI. Wirkungen der Anordnung einer Sicherheitsleistung

1. Überprüfung durch das Vollstreckungsorgan von Amts wegen

Ob die nach Satz 1 angeordnete Sicherheitsleistung erbracht ist, ist vom Vollstreckungsorgan gem. §§ 756, 765 vor Beginn der Zwangsvollstreckung von Amts wegen zu prüfen, soweit der Vollstreckungsauftrag nicht nur auf Sicherungsvollstreckung lautet. Im Klauselerteilungsverfahren spielt die Sicherheitsleistung noch keine Rolle (§ 726 Abs. 1). Will der Gläubiger bis zur Rechtskraft des Titels zunächst nur die Sicherungsvollstreckung betreiben (§ 720a), entfällt die Notwendigkeit der Sicherheitsleistung so lange, bis der Schuldner seinerseits durch Sicherheitsleistung gem. § 720a Abs. 3 den Gläubiger dazu zwingt, die angeordnete Sicherheit doch noch zu leisten.

2. Vollstreckungsandrohung auch ohne Sicherheitsleistung

Da im Hinblick auf § 720a die Sicherheitsleistung nicht mehr Voraussetzung für den Beginn der Zwangsvollstreckung schlechthin aus nach § 709 vorläufig vollstreckbaren Urteilen ist, kann der Gläubiger dem Schuldner durch seinen Anwalt auch schon vor Erbringung der Sicherheitsleistung die Zwangsvollstreckung mit der Folge androhen lassen, dass die Kosten dieses Schreibens nach § 788 Abs. 1 erstattungsfähig sind,[24] soweit nur die besonderen Voraussetzungen für eine Sicherungsvollstreckung (§§ 720a Abs. 1, 750 Abs. 3) schon vorliegen.

3. Verzicht auf vorläufige Vollstreckung vor Rechtskraft

Verzichtet der Kläger wirksam,[25] nachdem er aus einem gegen Sicherheitsleistung vorläufig vollstreckbaren Urteil zu vollstrecken versucht hat, auf die weitere Vollstreckung bis zum Eintritt der Rechtskraft des Urteils derart, dass der Schuldner vor weiteren Vollstreckungsversuchen gesichert ist,[26] so kann er vom Schuldner gem. § 109 die Rückgabe der von ihm gestellten Sicherheit verlangen, wenn er dem Schuldner eine Sicherheit geringeren Umfanges zur Verfügung stellt, die den durch die bisherigen Vollstreckungsakte entstandenen Schaden des Schuldners und die Kosten einer von diesem gegebenenfalls zur Abwendung der Zwangsvollstreckung gestellten Sicherheit abdeckt.[27] Ein solches Verlangen läuft nicht auf eine unzulässige Änderung der Entscheidung nach

---

23 *Thomas/Putzo/Seiler*, § 709 Rn. 6; *Zöller/Herget*, § 709 Rn. 9; **a.A.:** *Häublein*, JABl. 1999, 53; *Musielak/Lackmann*, § 709 Rn. 9.
24 Siehe auch § 788 Rdn. 7, 17; OLG Hamburg, JurBüro 1972, 442; OLG Köln, JurBüro 1982, 1525; **a.A.** (Nachweis der Sicherheitsleistung erforderlich): OLG Koblenz, VersR 1985, 1149; OLG Düsseldorf, Rpfleger 1977, 459; OLG Schleswig, JurBüro 1990, 531; *Musielak/Lackmann*, § 788 Rn. 17; *Zöller/Stöber*, § 788 Rn. 6.
25 Zur Möglichkeit solcher vollstreckungsbeschränkenden Vereinbarungen siehe: Allgem. Vorbem. Rdn. 6.
26 Zur Geltendmachung solcher Vereinbarungen: *Musielak/Lackmann*, § 766 Rn. 7 einerseits, *Zöller/Herget*, § 767 Rn. 12 andererseits.
27 OLG München, JurBüro 1979, 126.

§ 709 ZPO Vorläufige Vollstreckbarkeit gegen Sicherheitsleistung

§ 709 Satz 1 heraus, es zieht vielmehr nur die Konsequenz daraus, dass die vorläufige Vollstreckbarkeit des Titels bis zu seiner Rechtskraft ganz entfallen ist.

4. Rückerlangung der Sicherheitsleistung nach Rechtskraft

10   Ist das Urteil rechtskräftig oder durch Vergleich abgeändert worden, der Anlass der Sicherheitsleistung also endgültig entfallen und nicht bereits in die Sicherheit vollstreckt, so ist zur Rückerlangung der Sicherheitsleistung nach § 715 bzw. § 109 vorzugehen wenn nicht freiwillig auf die Sicherheitsleistung verzichtet wird[28]. War die Sicherheitsleistung durch Bankbürgschaft erbracht, ist der Antrag auf Erlöschen der Bürgschaft gerichtet.[29] Die Entscheidung des Rechtspflegers nach § 715 ist nur mit der Erinnerung gem. § 11 Abs. 2 RpflG anfechtbar.[30]

---

28 Zur Unterscheidung beider Möglichkeiten im Einzelnen siehe: § 715 Rdn. 1.
29 OLG Jena, InVo 2003, 159.
30 OLG Köln, InVo 2005, 554.

§ 710 Ausnahmen von der Sicherheitsleistung des Gläubigers

Kann der Gläubiger die Sicherheit nach § 709 nicht oder nur unter erheblichen Schwierigkeiten leisten, so ist das Urteil auf Antrag auch ohne Sicherheitsleistung für vorläufig vollstreckbar zu erklären, wenn die Aussetzung der Vollstreckung dem Gläubiger einen schwer zu ersetzenden oder schwer abzusehenden Nachteil bringen würde oder aus einem sonstigen Grunde für den Gläubiger unbillig wäre, insbesondere weil er die Leistung für seine Lebenshaltung oder seine Erwerbstätigkeit dringend benötigt.

Übersicht	Rdn.			Rdn.
I. Zweck der Vorschrift	1	III.	Sachliche Voraussetzungen	3
II. Verfahren	2	IV.	Beispiele	4

I. Zweck der Vorschrift

Die nach § 709 von Amts wegen zu treffende Entscheidung, dass der Gläubiger den titulierten Anspruch nur gegen Sicherheitsleistung durch Zwangsvollstreckung befriedigen kann, kann für den Gläubiger im Einzelfall eine unbillige, ja unzumutbare Härte bedeuten, die auch durch die Möglichkeit der vorläufigen Sicherungsvollstreckung nicht abgemildert werden kann. Der Schuldner kann durch ein Rechtsmittel den Eintritt der Rechtskraft u. U. so weit hinausschieben, dass die spätere Vollstreckung nicht mehr den gewünschten Erfolg zu bringen vermag. Der Gläubiger aber kann das Urteil nicht allein wegen der angeordneten Sicherheit mit der Berufung anfechten.[1] Hier will § 710 Abhilfe schaffen. Die Vorschrift gilt sowohl für die Fälle des § 709 Satz 1 und Satz 3 als auch für den Fall des § 711.

II. Verfahren

Die Entscheidung nach § 710 setzt einen **Antrag** des Gläubigers voraus. Er ist gem. § 714 Abs. 1 vor Schluss der mündlichen Verhandlung zu stellen, damit er noch im Urteil berücksichtigt werden kann. Ob ein in der ersten Instanz vergessener Antrag in der Berufungsinstanz mit der Möglichkeit nachgeholt werden kann, eine Vorabentscheidung nach § 718 zu erreichen, ist sehr streitig.[2] Die den Antrag begründenden Angaben sind glaubhaft zu machen (§§ 714 Abs. 2, 294). Ohne diese Glaubhaftmachung darf dem Antrag nur entsprochen werden, wenn der Gegner den Angaben ausdrücklich zustimmt oder sich ausdrücklich mit einer Entscheidung nach § 710 zugunsten des Gegners einverstanden erklärt. Die Entscheidung ergeht im Urteil. Der Tenor lautet, wenn dem Antrag stattgegeben wird: »Das Urteil ist vorläufig vollstreckbar.« Wird dem Antrag nicht stattgegeben, ist das Urteil, wie in § 709 vorgesehen, gegen Sicherheitsleistung für vorläufig vollstreckbar zu erklären. In den Entscheidungsgründen ist in diesem Fall darzulegen, warum die Voraussetzungen des § 710 nicht vorliegen.

III. Sachliche Voraussetzungen

Sachliche Voraussetzungen, damit dem Gläubiger die Sicherheitsleistung erlassen werden kann: Zunächst muss der Gläubiger nicht oder nur unter erheblichen Schwierigkeiten in der Lage sein, die Sicherheitsleistung aufzubringen. Dies ist etwa der Fall, wenn der Gläubiger mittellos ist oder die Mittel nur dann zur Verfügung hat, wenn er auf einen wesentlichen Teil seiner eigenen Lebensqualität verzichten würde oder wenn er nur zu ungewöhnlich ungünstigen Bedingungen Kredit erlangen kann. Hinzukommen (also kumulativ zu prüfen!) muss, dass ein Zuwarten mit der Vollstreckung für den Gläubiger unbillig wäre. Letzteres ist insbesondere der Fall, wenn der Gläubiger durch die Verzögerung einen schwer zu ersetzenden oder in seinem ganzen Umfang schwer

---

1 OLG Köln, OLGReport 2005, 646.
2 Einzelheiten: § 714 Rdn. 2.

abzusehenden Nachteil erleiden würde oder wenn er die Leistung für seinen Lebensunterhalt oder seine Erwerbstätigkeit dringend benötigt. Die vier im Gesetz genannten Fälle sind nur Beispiele. Sie zeigen aber das Gewicht an, das die Unbilligkeit für den Gläubiger zumindest haben muss. Gewöhnliche finanzielle Nachteile, die sich etwa aus der fortschreitenden Geldentwertung oder einer bei Titulierung nicht zu überblickenden Zinsentwicklung ergeben können, reichen nicht aus. Eine Abwägung der Gläubigerbelange gegen die Schuldnerinteressen findet im Rahmen des § 710 nicht statt. Es wird vielmehr einseitig allein auf das Gewicht der vom Gläubiger geltend gemachten Nachteile abgestellt. Dem Schuldner bleibt es überlassen, seine Interessen gegebenenfalls durch einen eigenen Antrag nach § 712 Abs. 1 geltend zu machen. Treffen auf diese Weise Gläubiger- und Schuldnerantrag zusammen, dann hat allerdings gem. § 712 Abs. 2 eine Interessenabwägung stattzufinden.

IV. Beispiele

4 **Beispiele**, bei denen Unbilligkeit des Zuwartens bejaht werden könnte: Der Gläubiger benötigt einen herauszugebenden Gegenstand dringend zur Fortsetzung der eigenen Arbeit, ohne Fortsetzung dieser Tätigkeit wäre der ganze Betrieb gefährdet; der Gläubiger hat erhebliche Vorleistungen zugunsten des Schuldners erbracht, aufgrund dieser Vorleistungen fehlt ihm nun das Geld zur Aufrechterhaltung seines Betriebes; ohne den herauszugebenden Gegenstand käme der Gläubiger seinerseits einem Dritten gegenüber in Verzug und sähe sich beträchtlichen Schadensersatzansprüchen ausgesetzt.[3] Dass die Verzögerung in jedem Fall gleich zu einer Existenzvernichtung des Gläubigers führt, ist nicht Voraussetzung. Ernsthafte Schwierigkeiten genügen.

---

3 Weitere Beispiele finden sich in der Gesetzesbegründung: BT-Drucks. 7/2729, S. 108.

§ 711 Abwendungsbefugnis

¹In den Fällen des § 708 Nr. 4 bis 11 hat das Gericht auszusprechen, dass der Schuldner die Vollstreckung durch Sicherheitsleistung oder Hinterlegung abwenden darf, wenn nicht der Gläubiger vor der Vollstreckung Sicherheit leistet. ²§ 709 Satz 2 gilt entsprechend, für den Schuldner jedoch mit der Maßgabe, dass Sicherheit in einem bestimmten Verhältnis zur Höhe des auf Grund des Urteils vollstreckbaren Betrages zu leisten ist. ³Für den Gläubiger gilt § 710 entsprechend.

Übersicht	Rdn.		Rdn.
I. Anordnung von Amts wegen:	1	III. Absehen von der Abwendungsbefugnis:	
II. Sicherheitsleistung oder Hinterlegung:	2	Satz 3:	3
		IV. Weiteres Verfahren:	4

I. Anordnung von Amts wegen:

Der Ausspruch nach Satz 1 hat **von Amts wegen,** also ohne Antrag des Schuldners zu erfolgen. Er darf nur im Fall des § 713 unterbleiben. Das gilt für alle Fälle des § 708 Nr. 4–11. Ein Anerkenntnis-Vorbehaltsurteil im Scheckverfahren ist ein Fall von § 708 Nr. 4, nicht Nr. 1, sodass in ihm ein Ausspruch gem. § 711 Satz 1 zu erfolgen hat.[1] Hat das Gericht den Ausspruch der Abwendungsbefugnis zugunsten des Schuldners vergessen, so kann der Schuldner gem. §§ 716, 321 **Ergänzungsurteil** beantragen. Der Schuldner darf den Antrag auf Ergänzungsurteil nicht versäumen, will er hinsichtlich einer möglichen Einstellung der Zwangsvollstreckung in der Revisionsinstanz keine Nachteile in Kauf nehmen: Unterlässt er den Antrag auf Urteilsergänzung innerhalb der gesetzlichen Frist, so sind die Vollstreckungsnachteile, die er infolgedessen erleidet, in der Regel für ihn nicht unabwendbar gewesen und daher auch nicht unersetzbar im Sinne des § 719 Abs. 2.[2]

II. Sicherheitsleistung oder Hinterlegung:

Ob das Gericht die Abwendung durch **Sicherheitsleistung** oder durch **Hinterlegung** gestattet (oder beides zulässt), steht im richterlichen Ermessen. Hat der Schuldner Anregungen in dieser Hinsicht gegeben, wird das Gericht sie aufgreifen, wenn nicht schwerwiegende Gläubigerbelange entgegenstehen. Die Tenorierung kann etwa lauten: »Das Urteil ist vorläufig vollstreckbar. Dem Beklagten wird nachgelassen, die Zwangsvollstreckung seitens des Klägers durch Sicherheitsleistung in Höhe von ... abzuwenden, wenn nicht der Kläger seinerseits vor der Vollstreckung Sicherheit in gleicher Höhe – oder auch bei unterschiedlichem Interesse differenzierend: in Höhe von ... – leistet«.

Die Höhe der Sicherheitsleistung muss nicht durch einen bestimmt errechneten Euro-Betrag bezeichnet werden, sondern kann, wenn die Vollstreckung eines Zahlungstitels abgewendet werden soll, wie in § 709 Satz 2 durch einen Zuschlag auf den beizutreibenden Betrag bestimmt werden. Der Schuldner darf allerdings im Gegensatz zum Gläubiger keine Teilsicherheit leisten, sondern muss in Höhe des gesamten vollstreckbaren Betrages Sicherheit erbringen, um die Zwangsvollstreckung, die der Gläubiger ohne Sicherheitsleistung betreiben könnte, abzuwenden (**Satz 2**). Das ist bei der Tenorierung entsprechend zum Ausdruck zu bringen.[3] Die Sicherheit ist so zu bemessen, dass sie den ganzen dem Gläubiger durch die zeitweilige Nichtvollstreckung des Titels möglichen Schaden umfasst[4].

---

1 LG Aachen, NJW-RR 1986, 359; **a. A.:** OLG Koblenz, NJW-RR 1991, 512.
2 BGH, MDR 1978, 127; BGH, ZIP 1981, 1268.
3 OLG Celle, InVo 2003, 238.
4 Zur Höhe der Sicherheitsleistung, durch die der Schuldner die Vollstreckung eines auf Wohnraumräumung lautenden Titels abwenden will: KG, BeckRS 2010, 11804.

III. Absehen von der Abwendungsbefugnis: Satz 3:

3   Macht der Gläubiger die Voraussetzungen des §710[5] glaubhaft und stellt er einen entsprechenden **Antrag,** so kann das Gericht nach Satz 3 davon absehen, die Abwendungsbefugnis anzuordnen. Es verbleibt dann bei der Tenorierung nach §708, also einfach: »Das Urteil ist vorläufig vollstreckbar«. Die Anwendung des Satz 3 ist zu begründen, damit deutlich wird, dass die Abwendungsbefugnis nicht nur versehentlich nicht ausgesprochen wurde. Eine Anfechtung dieser Entscheidung ist nur im Rahmen des §718 möglich.

IV. Weiteres Verfahren:

4   Leistet der Schuldner die ihm nachgelassene Sicherheit nicht, kann der Gläubiger ohne Weiteres vollstrecken,[6] allerdings darf die Vollstreckung zunächst noch nicht zu seiner Befriedigung führen: Gem. §720 ist gepfändetes Geld oder der Erlös gepfändeter Sachen zunächst zu hinterlegen; gem. §839 dürfen gepfändete Forderungen zunächst nur zur Einziehung überwiesen werden und nur mit der Wirkung, dass der Drittschuldner den Schuldbetrag zu hinterlegen hat. Diese Einschränkungen gelten so lange, wie die Abwendungsbefugnis im Titel wirksam ist, **also noch Sicherheit zur Vollstreckungsabwendung geleistet werden könnte.** Sie entfällt, wenn das Urteil, das sie enthält, rechtskräftig, aufgehoben oder hinsichtlich des Ausspruches nach §711 Satz 1 abgeändert wird. Das gilt auch, wenn es sich bei dem rechtskräftig gewordenen Urteil um ein Wechselvorbehaltsurteil handelt, hinsichtlich dessen das Nachverfahren noch anhängig ist.[7]

5   Hat, nachdem der Schuldner zur Abwendung Sicherheit geleistet hat, auch der Gläubiger Sicherheit geleistet, ist die Zwangsvollstreckung durchzuführen.[8] Wenn der Gläubiger die ihm mögliche Sicherheitsleistung erbracht hat, gelten die Beschränkungen der §§720, 839 nicht mehr. Er kann also seine Befriedigung in der Zwangsvollstreckung suchen, wie wenn er von vornherein einen nach §709 vorläufig vollstreckbaren Titel erwirkt hätte.[9] Er muss dann allerdings auch die ihm vom Schuldner zur Abwendung der Zwangsvollstreckung als Sicherheitsleistung übergebene Prozessbürgschaft zurückgeben.[10]

6   Ist für den Schuldner die Veranlassung zur Sicherheitsleistung dadurch entfallen, dass das die Abwendungsbefugnis enthaltende Berufungsurteil in der Revisionsinstanz aufgehoben und die Sache an das Berufungsgericht zurückverwiesen worden ist,[11] oder dass der Gläubiger seinerseits Sicherheit geleistet hat,[12] kann der Schuldner Rückgabe seiner Sicherheit gem. §109 verlangen.[13]

7   Leistet der Schuldner erst die ihm nachgelassene Sicherheit, nachdem der Gläubiger bereits mit der Zwangsvollstreckung begonnen hatte, ist die weitere Zwangsvollstreckung gem. §775 Nr. 3 einzustellen, sobald der Schuldner die Sicherheitsleistung in der vorgesehenen Form[14] nachweist. Gem. §776 sind darüber hinaus zugleich die bereits getroffenen Vollstreckungsmaßregeln aufzuheben.[15]

---

5 Siehe dort Rdn. 3.
6 OLG Koblenz, MDR 1985, 943.
7 BGHZ 69, 270.
8 AG Bad Wildungen, DGVZ 1984, 92. Das gilt auch dann, wenn der Tenor dahin gefasst ist, dass der Schuldner die Zwangsvollstreckung durch Sicherheitsleistung abwenden könne, wenn nicht der Gläubiger »zuvor« Sicherheit geleistet habe: OLG Zweibrücken, InVo 1999, 254.
9 LG Heidelberg, MDR 1993, 272; OLG Köln, InVo 1999, 290.
10 OLG Köln, InVo 1999, 290.
11 OLG Frankfurt, Rpfleger 1985, 32.
12 OLG Oldenburg, Rpfleger 1985, 504.
13 Es gilt das zu §709 Rdn. 10 Gesagte.
14 Siehe §751 Rdn. 11, 12.
15 Einzelheiten: §776 Rdn. 2, 3.

§ 712 Schutzantrag des Schuldners

(1) ¹Würde die Vollstreckung dem Schuldner einen nicht zu ersetzenden Nachteil bringen, so hat ihm das Gericht auf Antrag zu gestatten, die Vollstreckung durch Sicherheitsleistung oder Hinterlegung ohne Rücksicht auf eine Sicherheitsleistung des Gläubigers abzuwenden; § 709 Satz 2 gilt in den Fällen des § 709 S. 1 entsprechend. ²Ist der Schuldner dazu nicht in der Lage, so ist das Urteil nicht für vorläufig vollstreckbar zu erklären oder die Vollstreckung auf die in § 720a Abs. 1, 2 bezeichneten Maßregeln zu beschränken.

(2) ¹Dem Antrag des Schuldners ist nicht zu entsprechen, wenn ein überwiegendes Interesse des Gläubigers entgegensteht. ²In den Fällen des § 708 kann das Gericht anordnen, dass das Urteil nur gegen Sicherheitsleistung vorläufig vollstreckbar ist.

Übersicht

	Rdn.		Rdn.
I. Zweck der Norm	1	III. Möglichkeiten des Schuldnerschutzes	5
II. Voraussetzungen im Einzelnen	2	1. Sicherheitsleistung durch den Schuldner	5
1. Antrag	2	2. Sicherheitsleistung seitens des Gläubigers	6
2. Nicht zu ersetzender Nachteil für den Schuldner	3	3. Keine vorläufige Vollstreckbarkeit	7
		IV. Reichweite der Vollstreckungsbeschränkung	9
3. Entgegenstehende überwiegende Gläubigerinteressen	4	V. Ende der Beschränkungen	10

Literatur:

Eisenhardt, Abwendung der vorläufigen Vollstreckbarkeit eines Urteils auf Räumung von Wohnraum, NZM 1998, 64; *E. Schneider*, Der Ausschluß vorläufiger Vollstreckbarkeit im Urteil, JurBüro 1965, 969; *Spieker*, Einstellung der Zwangsvollstreckung in zeiter Instanz ohne Antrag in erster Instanz, NZFam 2015, 241.

I. Zweck der Norm

Auch dann, wenn der Gläubiger nur gegen Sicherheitsleistung vorläufig vollstrecken kann, kann diese Vollstreckung beim Schuldner Nachteile bewirken, die durch einen Zugriff auf die Sicherheitsleistung nicht auszugleichen sind. Für diese Fälle gibt Abs. 1 die Möglichkeit, dem Schuldner eine Abwendungsbefugnis einzuräumen, die der Gläubiger auch durch eine Sicherheitsleistung nicht unterlaufen kann. Da diese Abwendungsbefugnis aber ihrerseits dem in den §§ 708–711 zum Ausdruck gekommenen Grundsatz zuwiderläuft, dass der Gläubiger seinen einmal erstrittenen Titel unabhängig von Rechtsbehelfsmöglichkeiten des Schuldners schnell soll verwirklichen können, weil in der Regel bis zur Titelerlangung schon erhebliche Zeit verstrichen ist, die der Schuldner für sich nutzen konnte, müssen die Voraussetzungen der Gewährung einer solchen Abwendungsbefugnis restriktiv gestaltet sein und auch restriktiv angewendet werden, damit sie eine seltene Ausnahme bleibt.

II. Voraussetzungen im Einzelnen

1. Antrag

Zunächst muss ein **Antrag** des Schuldners vorliegen, der in einer mündlichen Verhandlung der Instanz, für deren Urteil er gelten soll, bis zum Schluss der letzten mündlichen Verhandlung gestellt sein muss, damit er im Urteil noch berücksichtigt werden kann (§ 714 Abs. 1). Ein sich auf die Vollstreckung des erstinstanzlichen Urteils beziehender Antrag muss also bis zum Schluss der letzten mündlichen Verhandlung erster Instanz gestellt sein und kann nicht erst in der Berufungsinstanz nachgeholt werden;[1] ein sich auf das zweitinstanzliche Urteil beziehender Antrag muss demgemäß in der mündlichen Verhandlung zweiter Instanz gestellt sein. Hat das Berufungsgericht allerdings angekündigt, dass es die Berufung ohne mündliche Verhandlung durch Beschluss nach § 522 Abs. 2

---

[1] OLG Naumburg, BeckRS 2014, 09223 mit Anm. *Toussaint*, FD-ZVR 2014, 358774.

zurückweisen will, ist der Antrag bereits durch Einreichung des ihn enthaltenden Schriftsatzes wirksam gestellt.[2] Ob der Antrag für die erstinstanzliche Entscheidung nicht doch in der Berufungsinstanz mit der Möglichkeit des § 718 noch nachgeholt werden kann, wenn er in der ersten Instanz vergessen wurde, ist allerdings sehr streitig.[3] Hat der Schuldner in der Berufungsinstanz den Schutzantrag nicht gestellt, obgleich er bereits erkennen konnte, dass ihm nach Erlass des Berufungsurteils durch die Vollstreckung erhebliche Nachteile erwachsen werden, vergibt er damit in der Regel gleichzeitig alle Chancen für den Erfolg eines Einstellungsantrages nach § 719 Abs. 2 in der Revisionsinstanz.[4] Er kann sich insoweit nicht darauf berufen, die Antragstellung nach § 712 sei ihm unzumutbar gewesen, weil er dem Kläger in der Antragsbegründung zugleich Hinweise für künftige Vollstreckungsmaßnahmen hätte geben müssen.[5]

2. Nicht zu ersetzender Nachteil für den Schuldner

3   In sachlicher Hinsicht muss der Schuldner darlegen und glaubhaft machen (§ 714 Abs. 2), dass die Vollstreckung ihm auch dann, wenn der Gläubiger Sicherheit leisten würde, einen **nicht zu ersetzenden Nachteil** bringen würde. Es genügt nicht, wie in § 710, bereits ein nur »schwer zu ersetzender oder schwer abzusehender Nachteil«.[6] Auch durch Geld nicht wieder gutzumachen wären etwa Schäden durch Auskünfte über Betriebsgeheimnisse, soweit die Auskünfte an den Gläubiger selbst und nicht nur an einen zur Verschwiegenheit verpflichteten, zwischen den Parteien stehenden Dritten zu erteilen sind; ein nicht zu ersetzender Nachteil kann im Einzelfall auch bei Herausgabe eines einmaligen Gegenstands, bei Stilllegung eines Betriebes[7] oder beim Unterlassen eines mit gleichem Erfolg nie mehr wiederholbaren Verhaltens drohen. Droht einer sowieso schon in Liquidation befindlichen Gesellschaft bei einer möglichen Zwangsvollstreckung die Insolvenz, ist dies kein unersetzlicher Nachteil.[8] Dass der Schuldner wegen der schlechten Vermögensverhältnisse des Gläubigers befürchtet, mögliche Ersatzansprüche gem. § 717 später u. U. nicht realisieren zu können, sodass ein Vollstreckungsschaden nicht oder nur unzureichend ersetzt werden könnte, macht die durch die Vollstreckung drohenden Nachteile allein noch nicht »unersetzlich« i. S. von Abs. 1, da ansonsten finanzschwache Gläubiger immer von der sofortigen Vollstreckung ausgeschlossen werden könnten.[9] Zudem wird sich ein solcher Nachteil durch die Sicherheitsleistung des Gläubigers immer in Grenzen halten lassen.[10] Dass aus dem Titel auf Räumung einer Wohnung vollstreckt werden kann, ist nicht per se ein nicht zu ersetzender Nachteil,[11] da ansonsten § 708 Nr. 7 weitgehend leer liefe.

3. Entgegenstehende überwiegende Gläubigerinteressen

4   Schließlich dürfen **nicht überwiegende Interessen** des Gläubigers einem vorläufigen Aufschub der Zwangsvollstreckung entgegenstehen. Das Gericht muss deshalb immer eine Abwägung der beiderseitigen Interessen vornehmen und diese Abwägung auch in den Entscheidungsgründen nach-

---

2   BGH, NJW 2012, 1292.
3   Einzelheiten: § 714 Rdn. 2.
4   BGH, MDR 1979, 138; GRUR 1980, 329; GRUR 1980, 755; WM 1984, 321; NJW 1996, 197 und 2103 mit Anm. v. *K. Schmidt*, JuS 1996, 1036; BGH, BGHR 2006, 1055; BGH, MDR 2008, 885; BGH, NJW 2012, 1292. Einzelheiten: § 719 ZPO Rdn. 12.
5   BGH, JurBüro 1986, 385.
6   PG/*Kroppenberg*, § 712 Rn. 3. Weniger eng: *Thomas/Putzo/Seiler*, § 712 Rn. 4.
7   OLG Hamm, OLGZ 1987, 89. Dies muss aber nicht immer so sein. Kannte der Schuldner bei Aufnahme seiner unternehmerischen Tätigkeit bereits das Risiko des ihm drohenden Unterlassungsanspruchs, so kann auch die zu erwartende Existenzvernichtung den Vollstreckungsschutz nicht begründen: BGH, ZIP 1996, 1798.
8   OLG Frankfurt, MDR 1985, 507.
9   OLG Hamm, FamRZ 1997, 1489.
10 *Wieczorek/Heß*, § 712 Rn. 7.
11 So allerdings *Eisenhardt*, NZM 1998, 64.

vollziehbar darstellen. Das Interesse des Gläubigers an der Zwangsvollstreckung überwiegt schon dann, wenn die dem Schuldner aus einer Vollstreckung drohenden Nachteile nicht größer sind als die Nachteile für den Gläubiger aus einem Aufschub der Vollstreckung.[12] Denn im Kollisionsfall hat immer das Interesse des Gläubigers, den endlich erstrittenen Titel auch vollstrecken zu können, den Vorrang.[13] Obwohl die Interessenabwägung von Amts wegen vorzunehmen ist, gilt auch für die Berücksichtigung der Gläubigerinteressen der Beibringungsgrundsatz: Nur, was der Gläubiger von sich aus geltend und im Bestreitensfalle auch gem. §714 Abs.2 glaubhaft gemacht hat, kann in die Abwägung einfließen.

III. Möglichkeiten des Schuldnerschutzes

1. Sicherheitsleistung durch den Schuldner

Als Regelergebnis eines begründeten Schuldnerschutzantrages sieht **Abs. 1 Satz 1** vor, dass es dem Schuldner gestattet wird, die Vollstreckung durch Sicherheitsleistung oder Hinterlegung ohne Rücksicht auf eine Sicherheitsleistung des Gläubigers abzuwenden. Die nach §§708, 709 getroffene Entscheidung über die vorläufige Vollstreckbarkeit wird in einem solchen Fall durch den Zusatz ergänzt: »Der Beklagte – bzw. Kläger – darf die Zwangsvollstreckung durch Sicherheitsleistung in Höhe von ... abwenden.« Die Sicherheitsleistung ist der Höhe nach so zu bemessen, dass sie alle Schäden des Gläubigers abdeckt, die ihm daraus drohen, dass er nicht sofort die Zwangsvollstreckung betreiben konnte. Die Berechnung kann in der vereinfachten Form des §709 Satz 2 erfolgen. Beabsichtigt der Schuldner, nur zu einem Teil die Zwangsvollstreckung abzuwenden, ist §752 entsprechend heranzuziehen.[14]

2. Sicherheitsleistung seitens des Gläubigers

In den Fällen des §708 kann das Gericht gem. **Abs. 2 Satz 2** anordnen, dass das Urteil nur gegen Sicherheitsleistung seitens des Gläubigers vorläufig vollstreckbar ist, falls die Interessenabwägung ergeben hat, dass einerseits das Gläubigerinteresse an einer Zwangsvollstreckung überwiegt, andererseits aber das Schuldnerinteresse eine Vollstreckung ohne Absicherung der möglichen Ansprüche des Schuldners aus §717 verbietet. In diesem Fall wird abweichend von §§708, 711 so tenoriert, als läge eine Entscheidung nach §709 vor.

3. Keine vorläufige Vollstreckbarkeit

Ganz ausnahmsweise, wenn sowohl das Schuldnerinteresse an einer vorläufigen Abwendung der Zwangsvollstreckung deutlich überwiegt als auch der Schuldner zusätzlich glaubhaft machen kann, dass er zu einer Sicherheitsleistung nicht in der Lage ist, kann das Gericht nach **Abs. 1 Satz 2, 1. Alt.** davon absehen, das Urteil überhaupt für vorläufig vollstreckbar zu erklären. Anders als in §710 genügt es nicht, dass der Schuldner nur erhebliche Schwierigkeiten hat, die Sicherheit aufzubringen. Er muss zur Sicherheitsleistung gänzlich außer Stande sein. Kann der Gläubiger nur wegen einer Geldforderung vollstrecken, so sieht **Abs. 1 Satz 2, 2. Alt.** als weitere Möglichkeit des Schuldnerschutzes vor, dass die vorläufige Vollstreckbarkeit des Titels zwar erhalten bleibt, die Vollstreckung aber auf die in §720a Abs. 1 und 2 bezeichneten Maßnahmen beschränkt wird. Diese Möglichkeit wird als den Gläubiger weniger belastend immer vorzuziehen sein, wenn der Schuldner nicht ausnahmsweise glaubhaft machen kann, dass selbst eine reine Sicherungsvollstreckung bereits nicht zu ersetzende Nachteile brächte. Dies kann der Fall sein, wenn schon die Sicherungsvollstreckung den Schuldner wirtschaftlich vollständig blockiert und damit seine wirtschaftliche Existenz ernsthaft gefährdet.

---

12 PG/*Kroppenberg*, §712 Rn.4.
13 So auch der Wille des Gesetzgebers; vergl. die BT-Drucks. 7/2729 S. 109.
14 *Behr*, JurBüro 2000, 117, 118; PG/*Kroppenberg*, §717 Rn. 5; **a.A.:** *Thomas/Putzo/Seiler*, §752 Rn. 2.

8   Im Fall von Abs. 1 Satz 2, 1. Alt. wird im Tenor einfach der Ausspruch der vorläufigen Vollstreckbarkeit weggelassen.[15] In den Gründen wird dann klargestellt, dass es sich um kein Versehen, sondern um eine bewusste Schuldnerschutzentscheidung nach §712 Abs. 1 Satz 2 handelt. Ist das Urteil ausnahmsweise nicht mit Entscheidungsgründen versehen (§313a), empfiehlt es sich, einen klarstellenden Hinweis in den Tenor aufzunehmen: »Das Urteil ist gem. §712 Abs. 1 Satz 2 nicht vorläufig vollstreckbar.«.[16] Im Fall von Abs. 1 Satz 2, 2. Alt. ist der gem. §708 oder §709 formulierte Ausspruch der vorläufigen Vollstreckbarkeit im Tenor durch den Satz zu ergänzen: »Die Zwangsvollstreckung ist auf die in §720a Abs. 1 und Abs. 2 bezeichneten Maßregeln beschränkt.«

IV. Reichweite der Vollstreckungsbeschränkung

9   Die im Tenor ausgesprochene Vollstreckungsbeschränkung zugunsten des Schuldners gilt automatisch **auch für die Kostenentscheidung**.[17] Sie ist deshalb ohne weiteres in den Kostenfestsetzungsbeschluss mit zu übernehmen.

V. Ende der Beschränkungen

10 Sobald die Entscheidung rechtskräftig geworden ist, entfallen alle Einschränkungen für den Gläubiger.[18] Der Schuldner kann nun die Zwangsvollstreckung nicht weiter abwenden.[19] Der Gläubiger kann die Vollstreckung jetzt ohne Sicherheitsleistung bis zur Befriedigung des titulierten Anspruchs betreiben.

---

15 *Musielak/Lackmann*, §712 Rn. 3.
16 *Wieczorek/Heß*, §712 Rn. 14.
17 *Zöller/Herget*, §712 Rn. 8.
18 *Wieczorek/Heß*, §712 Rn. 18.
19 BGH, NJW 1978, 43.

§ 713 Unterbleiben von Schuldnerschutzanordnungen

Die in den §§ 711, 712 zu Gunsten des Schuldners zugelassenen Anordnungen sollen nicht ergehen, wenn die Voraussetzungen, unter denen ein Rechtsmittel gegen das Urteil stattfindet, unzweifelhaft nicht vorliegen.

Übersicht	Rdn.		Rdn.
I. Zweck der Norm	1	III. Unzulässigkeit jeglichen Rechtsmittels	3
II. Anwendungsbereich der Norm	2		

Literatur:
Brocke, Die Tenorierung der vorläufigen Vollstreckbarkeit bei Anwendbarkeit des § 713 ZPO, DRiZ 1995, 226.

I. Zweck der Norm

Durch die Vorschrift soll verhindert werden, dass der Schuldner, nur um in den Genuss von die Vollstreckung hinausschiebenden Anordnungen zu kommen, unnötige und sachlich nicht gerechtfertigte Rechtsmittel einlegt. Die Vorschrift dient also sowohl den Interessen des Gläubigers wie der Allgemeinheit (Entlastung der Justiz). Obwohl die Norm als Sollvorschrift formuliert ist, handelt es sich um zwingendes Recht;[1] der Richter hat also keinen Ermessensspielraum, ob er von den Vollstreckungsschutzanordnungen absehen will oder nicht. 1

II. Anwendungsbereich der Norm

Die Vorschrift bezieht sich nicht auf die Urteile, die sofort mit ihrer Verkündung rechtskräftig werden.[2] Bei diesen entfällt von vornherein jeder Ausspruch über eine »vorläufige« Vollstreckbarkeit. Sie gilt auch nicht für diejenigen Urteile, die zwar von einer Partei nicht selbstständig angefochten werden können (z. B. weil die Beschwer dieser Partei die Rechtsmittelsumme nicht erreicht), wohl aber im Wege der Anschließung,[3] weil jedenfalls der Gegner zulässigerweise ein Rechtsmittel einlegen kann. Die Anschlussberufung bzw. -revision sind zwar keine Rechtsmittel im eigentlichen Sinne, vom Zweck der Norm her aber hier als solche zu behandeln. Die Vorschrift bezieht sich vielmehr auf jene Urteile, gegen die grundsätzlich – in abstracto – ein Rechtsmittel statthaft ist, die aber im konkreten Einzelfall nicht zulässigerweise angefochten werden können, weil die Berufungs- oder Revisionssumme nicht erreicht oder weil ein Rechtsmittel nicht zugelassen worden ist.[4] 2

III. Unzulässigkeit jeglichen Rechtsmittels

Unzweifelhaft nicht statthaft[5] sind Rechtsmittel nur dann, wenn auch das Rechtsmittelgericht die Zulässigkeit nicht anders beurteilen kann als das Instanzgericht. Dies ist der Fall, bei denen die jeweilige Beschwer (durch Verurteilung oder Klageabweisung) die Berufungssumme nicht erreicht (§§ 511 Abs. 2 Nr. 1) und eine Zulassung des Rechtsmittels nicht in Betracht kommt oder gesetzlich (§ 542 Abs. 2) ausgeschlossen ist. Hat das Rechtsmittelgericht dagegen noch die Möglichkeit, die Beschwer anderweitig festzusetzen oder das Rechtsmittel unabhängig vom Beschwerdewert zuzulassen, ist es nicht »unzweifelhaft«, dass das Rechtsmittel auch tatsächlich unstatthaft ist.[6] 3

---

1 Herrschende Meinung; beispielhaft: *Musielak/Lackmann,* § 713 Rn. 4; *Wieczorek/Heß,* § 713 Rn. 4; *Zöller/Herget,* § 713 Rn. 1; **a. A.** (Gericht hat Ermessensspielraum): *Baumbach/Lauterbach/Hartmann,* § 713 Rn. 1.
2 PG/*Kroppenberg,* § 713 Rn. 2. Einzelheiten: § 705 Rdn. 2.
3 Ganz überwiegende Meinung; beispielhaft: *Baumbach/Lauterbach/Hartmann,* § 713 Rn. 2; PG/*Kroppenberg,* § 713 Rn. 3; *Thomas/Putzo/Seiler,* § 713 Rn. 3; *Wieczorek/Heß,* § 713 Rn. 3; *Zöller/Herget,* § 713 Rn. 3.
4 Einzelheiten: § 705 Rdn. 3.
5 Der Maßstab entspricht dem in § 313a Abs. 1 S. 1 ZPO: *Baumbach/Lauterbach/Hartmann,* § 713 Rn. 2.
6 *Leppin,* MDR 1975, 900; *Musielak/Lackmann,* § 713 Rn. 2.

4 §713 stellt allein auf die Zulässigkeit eines Rechtsmittels, nicht auf dessen Begründetheit ab. Diese kann und darf durch das Instanzgericht nicht vorab beurteilt[7] werden. Ist also ein Rechtsmittel im Einzelfall statthaft, greift §713 auch dann nicht ein, wenn für das Gericht etwa durch eine Entscheidung in einer Parallelsache »feststeht«, dass das Rechtsmittel erfolglos bleiben müsse.

---

[7] Thomas/Putzo/*Seiler*, §713 Rn. 4.

§ 714 Anträge zur vorläufigen Vollstreckbarkeit

(1) Anträge nach den §§ 710, 711 Satz 3, § 712 sind vor Schluss der mündlichen Verhandlung zu stellen, auf die das Urteil ergeht.

(2) Die tatsächlichen Voraussetzungen sind glaubhaft zu machen.

Übersicht	Rdn.		Rdn.
I. Antragserfordernis	1	III. Glaubhaftmachung	3
II. Keine Nachholung des in 1. Instanz vergessenen Antrags	2	IV. Ergänzungsurteil	4

I. Antragserfordernis

Die Vorschrift stellt klar, dass Anordnungen nach §§ 710, 711 Satz 3, 712 nie von Amts wegen ergehen, sondern immer einen Antrag des durch die Anordnung zu Begünstigenden voraussetzen. Der Antrag ist vor Schluss der mündlichen Verhandlung vor dem Gericht zu stellen, in dessen Urteil die Anordnung aufgenommen werden soll. Soll also dem Gläubiger ermöglicht werden, das erstinstanzliche Urteil des Amts- oder Landgerichts, für das § 709 anzuwenden wäre, gem. § 710 ohne vorherige Sicherheitsleistung vollstrecken zu können, muss der Gläubiger seinen Antrag spätestens in der letzten mündlichen Verhandlung der 1. Instanz stellen. Will der Schuldner erreichen, dass der Gläubiger aus einem Berufungsurteil entgegen §§ 708 Nr. 10, 711 auch gegen Sicherheitsleistung nicht vollstrecken kann, wenn der Schuldner seinerseits Sicherheit leistet, muss der Schuldner also seinen Antrag gem. § 712 bis zum Schluss der letzten mündlichen Verhandlung Berufungsgericht gestellt haben.

II. Keine Nachholung des in 1. Instanz vergessenen Antrags

Ein in der ersten Instanz vergessener Antrag nach §§ 710, 711 Satz 3, 712 kann in der Berufungsinstanz nicht mit dem Ziel nachgeholt werden,[1] dass über ihn gem. § 718 vorab zu verhandeln und das erstinstanzliche Urteil insoweit einstweilen – bis zur Entscheidung über die vorläufige Vollstreckbarkeit des Berufungsurteils – zu korrigieren wäre.[2] Das mag sich nicht schon unmittelbar aus dem Wortlaut des § 714 ergeben,[3] folgt aber zwingend aus dem Zweck des § 718. Dieser besteht in der Korrektur fehlerhafter erstinstanzlicher Entscheidungen zur vorläufigen Vollstreckbarkeit.[4] Damit wäre es unvereinbar, wenn die Berufungsinstanz erstmals über einen in der ersten Instanz versäumten Antrag entscheiden müsste, zumal es sich hierbei um einen den Inhalt des Urteils mitbestimmenden Sachantrag i. S. § 297 handelt, dessen erstmalige Entscheidung nicht der dafür unzuständigen Instanz überlassen werden kann. Die Gegenmeinung steht auch im Widerspruch zur sehr strengen Rechtsprechung des BGH zu § 719 Abs. 2[5] für den Fall, dass in der Berufungs-

---

[1] So aber: OLG Düsseldorf, NJW 1969, 1910; OLG Hamburg, MDR 1970, 244; OLG Karlsruhe, OLGZ 1975, 485; OLG Frankfurt, FamRZ 1983, 1260; OLG Düsseldorf, FamRZ 1985, 307 und FamRZ 1990, 539; OLG Hamm, NJW-RR 1987, 252; OLG Koblenz, NJW-RR 1989, 1024; OLG Stuttgart, MDR 1998, 858; OLG Köln, FamRZ 2003, 693; OLG Zweibrücken, NJW-RR 2003, 75; *Wieczorek/Heß*, § 712 Rn. 2 und § 714 Rn. 3.

[2] Wie hier: OLG Hamm, MDR 1967, 121; OLG Frankfurt, MDR 1971, 850; OLG Köln, OLGZ 1979, 113; OLG Frankfurt, MDR 1982, 415; OLG Frankfurt, NJW-RR 1986, 486 und OLGZ 1994, 106; OLG Karlsruhe, NJW-RR 1989, 1470; OLG Celle, OLGReport 1994, 326; KG, MDR 2000, 495; OLG Frankfurt, OLGReport 2009, 207; OLG Naumburg, BeckRS 2014, 09223 mit Anm. *Toussaint*, FD-ZVR 2014, 358774; *Musielak/Lackmann*, § 714 Rn. 2; PG/*Kroppenberg*, § 714 Rn. 3; *Thomas/Putzo/Seiler*, § 714 Rn. 5; *Zöller/Herget*, § 714 Rn. 1.

[3] So aber: *Musielak/Lackmann*, § 714 Rn. 2; PG/*Kroppenberg*, § 714 Rn. 3; *Zöller/Herget*, § 714 Rn. 1.

[4] Siehe § 718 Rdn. 2; ferner OLG Frankfurt, MDR 1982, 415; **a. A.**: OLG Koblenz, NJW-RR 1989, 1024.

[5] Siehe § 719 Rdn. 12; ferner § 711 Rdn. 1 und § 712 Rdn. 2.

instanz dort mögliche Vollstreckungsschutzanträge nicht gestellt wurden. Soweit die Umstände, die einen Vollstreckungsantrag rechtfertigen könnten, erst nach dem Schluss der mündlichen Verhandlung erster Instanz aufgetreten sind – sodass von einem Vergessen der Anträge nicht die Rede sein kann –, kann dem Anliegen des Schuldners mit § 719 Abs. 1 Rechnung getragen werden. Dass der Schuldnerschutz nach § 719 weniger Möglichkeiten bietet als § 712,[6] erklärt sich aus der andersartigen Prozesssituation – dem Gläubiger wird eine Vollstreckungsmöglichkeit, die er bereits hatte, wieder eingeschränkt –. Diese andere Situation verbietet dann eben auch die Nachholung eines Antrages aus § 712. Dem Gläubiger, der Anträge nach §§ 710, 711 Satz 2 vergessen hat, bietet § 720a einstweilige Möglichkeiten.

III. Glaubhaftmachung

3 Die Tatsachenbehauptungen, mit denen Anträge nach §§ 710, 711 Satz 3, 712 begründet werden, sind **glaubhaft** zu machen (**Abs. 2**). Zulässig sind alle Glaubhaftmachungsmittel des § 294, insbesondere auch die eigene eidesstattliche Versicherung der Partei selbst. Die Glaubhaftmachung ist auch erforderlich, wenn der Gegner sich nicht zum Antrag äußert, nicht aber, wenn er die entscheidungserheblichen Tatsachen einräumt oder einer Entscheidung entsprechend dem jeweiligen Antrag zustimmt.

IV. Ergänzungsurteil

4 Hat das Gericht einen Antrag nach §§ 710, 711 Satz 3, 712 übersehen, obwohl er ordnungsgemäß gestellt war, muss die beantragende Partei gem. §§ 716, 321 Ergänzungsurteil erwirken. Bezieht das Übersehen sich nicht auf den Vollstreckungsantrag als solchen, sondern nur auf die gewünschte besondere Art der Sicherheitsleistung, ist jederzeit nachträglicher ergänzender Beschluss im Rahmen des § 108[7] möglich.

---

6 Darauf weisen insbesondere *Stein/Jonas/Münzberg*, § 714 Rn. 3 und *Wieczorek/Heß*, § 714 Rn. 3 hin.
7 Siehe auch § 709 Rdn. 5.

§ 715 Rückgabe der Sicherheit

(1) ¹Das Gericht, das eine Sicherheitsleistung des Gläubigers angeordnet oder zugelassen hat, ordnet auf Antrag die Rückgabe der Sicherheit an, wenn ein Zeugnis über die Rechtskraft des für vorläufig vollstreckbar erklärten Urteils vorgelegt wird. ²Ist die Sicherheit durch eine Bürgschaft bewirkt worden, so ordnet das Gericht das Erlöschen der Bürgschaft an.

(2) § 109 Abs. 3 gilt entsprechend.

Übersicht	Rdn.			Rdn.
I. Anwendungsbereich der Norm	1	IV.	Zugriff des Schuldners auf die vom Gläubiger hinterlegte Sicherheitsleistung	5
II. Verfahren	2	V.	Rechtsmittel	6
III. Zugriff des Gläubigers auf die vom Schuldner hinterlegte Sicherheitsleistung	4	VI.	Gebühren	7

I. Anwendungsbereich der Norm

Hat der **Gläubiger** nach §§ 709, 711, 712 Abs. 2 Satz 2 Sicherheit geleistet und ist das für vorläufig vollstreckbar erklärte Urteil zwischenzeitlich rechtskräftig geworden, so erleichtert die Vorschrift dem Gläubiger die Rückerlangung seiner Sicherheit. Ist ein Teil des Urteils rechtskräftig geworden, so kann der Gläubiger den entsprechenden Teil der Sicherheitsleistung zurückverlangen. Tut er dies nicht und bestand die Sicherheit in einer selbstschuldnerischen Bankbürgschaft, so kann er für diesen Teil auch keine Avalzinsen mehr gem. § 788 vom Schuldner erstattet verlangen[1]. 1

Der in § 715 vorgesehene Weg ist für den Gläubiger nicht der einzig mögliche; er kann stattdessen auch das Verfahren nach § 109 wählen. Der Schuldner dagegen hat immer nur den Weg nach § 109[2]. Endet das Verfahren nicht durch rechtskräftiges Urteil, sondern durch beiderseitige Erledigungserklärung, Vergleich oder Klagerücknahme, so ist auch für den Gläubiger § 715 nicht anwendbar.[3] es bleibt ihm dann ebenfalls allein der Weg nach § 109.

II. Verfahren

Zunächst ist ein **Antrag** des Gläubigers erforderlich. Er ist an das Gericht zu richten, das die Sicherheitsleistung angeordnet oder zugelassen hat. Der Antrag kann bei jedem Gericht auch von der Partei persönlich vor der Geschäftsstelle zu Protokoll erklärt werden (**Abs. 2** mit § 109 Abs. 3 Satz 1). Dem Antrag ist ein **Rechtskraftzeugnis** (§ 706) beizufügen. Liegt ein Rechtskraftzeugnis noch nicht vor, ist es aber vom selben Gericht zu erteilen, das auch über den Antrag nach § 715 zu entscheiden hat, so können beide Anträge trotz der unterschiedlichen Zuständigkeit (einerseits Geschäftsstelle, andererseits Rechtspfleger) miteinander verbunden werden. Das Rechtskraftzeugnis muss ergeben, dass das Urteil allen Parteien gegenüber, zu deren Gunsten die Sicherheitsleistung erbracht wurde, rechtskräftig ist.[4] 2

Über den Antrag entscheidet der **Rechtspfleger** (§ 20 Nr. 3 RPflG). Er hat dem Schuldner vor der Entscheidung rechtliches Gehör zu gewähren. Eine mündliche Verhandlung ist nicht erforderlich (§ 109 Abs. 3 Satz 2). Die Entscheidung ergeht durch **Beschluss**. Die Vorlage dieses Beschlusses bei der Hinterlegungsstelle reicht aus, um die Rückgabe der Sicherheit zu erlangen. War die Sicherheit durch selbstschuldnerische Bürgschaft erbracht, so ordnet das Gericht statt der Rückgabe der Sicherheit das Erlöschen der Bürgschaft an (**Abs. 1 Satz 2**). 3

---

1 OLG Koblenz, BeckRS 2002, 00370.
2 PG/*Kroppenberg*, § 715 Rn. 1.
3 Ebenso *Musielak/Lackmann*, § 715 Rn. 1; PG/*Kroppenberg*, § 715 Rn. 2; *Wieczorek/Heß*, § 715 Rn. 3; *Zöller/Herget*, § 715 Rn. 1.
4 Siehe auch § 706 Rdn. 10.

§ 715 eröffnet dem Rechtspfleger kein Ermessen. Er muss also auch dann, wenn der Schuldner widerspricht und Rechte an der Sicherheitsleistung geltend macht, dem Antrag stattgeben, wenn die Voraussetzungen des Satzes 1 vorliegen. Auch der Nachweis des Schuldners, dass er zwischenzeitlich wegen seiner vermeintlichen Rechte auf die Sicherheitsleistung Klage erhoben oder an der Sicherheitsleistung ein Pfändungs- oder Arrestpfandrecht erworben habe, berechtigt den Rechtspfleger nicht, den Gläubiger auf das Verfahren nach § 109 zu verweisen oder gar den Antrag in einen solchen nach § 109 Abs. 1 umzudeuten. Mögliche konkurrierende gerichtliche Beschlüsse hinsichtlich der hinterlegten Sicherheit zu beurteilen, ist in diesem Fall allein Sache der Hinterlegungsstelle.

III. Zugriff des Gläubigers auf die vom Schuldner hinterlegte Sicherheitsleistung

4   Hatte der Schuldner zur Vollstreckungsabwehr hinterlegt, so kann der obsiegende Gläubiger von der Hinterlegungsstelle unter Vorlage des Titels und der Rechtskraftbescheinigung **unmittelbare Auszahlung** der Sicherheit an sich verlangen. Dies ergibt sich aus §§ 378, 379 BGB. War zur Abwendung der Vollstreckung Sicherheitsleistung durch selbstschuldnerische Bürgschaft erbracht, so kann der obsiegende Gläubiger nach Eintritt der Rechtskraft den Bürgen in Anspruch nehmen.[5]

IV. Zugriff des Schuldners auf die vom Gläubiger hinterlegte Sicherheitsleistung

5   Hatte der Gläubiger Sicherheit geleistet, um vollstrecken zu können, hatte aber letztlich der Schuldner in der Sache obsiegt, so muss der Schuldner, um sich aus der Sicherheit befriedigen zu können, zunächst einen Titel gegen den Gläubiger über seinen Vollstreckungsschaden erwirken. Er hat also keine erleichterte Zugriffsmöglichkeit. Allerdings kann er, da der Gläubiger in einem solchen Fall nicht nach § 715, sondern nur nach § 109 die Rückgabe seiner Sicherheit betreiben kann, mit dem Nachweis der Klageerhebung zunächst die Rückzahlung an den Gläubiger blockieren und sich dadurch eine Vermögensmasse sichern, aus der er später nach Titelerlangung seine Befriedigung betreiben kann.

V. Rechtsmittel

6   Gegen die Entscheidung des Rechtspflegers, einem Antrag nach § 715 Abs. 1 stattzugeben, ist die Erinnerung gem. § 11 Abs. 2 RpflG zulässig,[6] ebenso gegen die Ablehnung des Rückgabeantrages.[7]

VI. Gebühren

7   Die Entscheidung nach Abs. 1 ergeht gerichtsgebührenfrei. Für den Anwalt, der auch den Prozess betrieben hat, ist die Tätigkeit im Rahmen des Abs. 1 durch die Gebühren für den Prozess (§ 19 Abs. 1 Satz 2 Nr. 7 RVG). Als Einzeltätigkeit wird der Antrag auf Rückgabe der Sicherheit gem. VV Nr. 3403 mit 0,8 der Gebühr des § 13 RVG vergütet.

---

5 BGH, NJW 1978, 43; siehe auch § 705 Rdn. 7.
6 OLG Köln, JurBüro 2005, 554.
7 A.A. insoweit (Beschwerde): *Thomas/Putzo/Seiler*, § 715 Rn. 5; *Zöller/Herget*, § 715 Rn. 6.

§ 716 Ergänzung des Urteils

Ist über die vorläufige Vollstreckbarkeit nicht entschieden, so sind wegen Ergänzung des Urteils die Vorschriften des § 321 anzuwenden.

Übersicht	Rdn.		Rdn.
I. Anwendungsbereich der Norm	1	III. Verfahren	3
II. Bedeutung des Berichtigungs- bzw. Ergänzungsverfahrens	2	IV. Gebühren	4

I. Anwendungsbereich der Norm

Entgegen dem zu engen Wortlaut der Vorschrift ist § 716 nicht nur anzuwenden, wenn über die vorläufige Vollstreckbarkeit gar nicht entschieden ist, wenn also schon der Grundausspruch nach §§ 708, 709 vergessen wurde, sondern auch, wenn die Abwendungsbefugnis nach § 711 nicht angeordnet[1] oder ausdrücklich gestellte Anträge nach §§ 710, 712 Abs. 1 unbeschieden geblieben sind. Die Vorschrift ermöglicht aber keine Abänderung einer falschen Entscheidung zur vorläufigen Vollstreckbarkeit, etwa also das Austauschen eines ausdrücklich auf §§ 708, 711 gestützten Tenors durch einen § 709 entsprechenden. Ist vergessen worden, die Höhe oder die – beantragte besondere – Art der Sicherheitsleistung im Tenor anzugeben, so bedarf es des Verfahrens nach § 716 nicht.[2] Die Höhe kann durch Berichtigungsbeschluss nach § 319 analog, die Art der Sicherheitsleistung durch Beschluss nach § 108 ergänzt werden.[3] Die Art der Sicherheitsleistung kann im Übrigen später auch noch auf Antrag durch das Gericht, das sie angeordnet hatte, geändert werden, wenn im Urteil bereits eine bestimmte Sicherheitsleistung zugelassen war.[4] Hat das Gericht sich bei Festsetzung der Höhe der Sicherheitsleistung nur verrechnet, ist ebenfalls § 319 anwendbar. Liegt der Entscheidung, ob überhaupt Sicherheit zu leisten ist oder zur Höhe der Sicherheitsleistung aber ein rechtlicher Denkfehler zugrunde, kann nur das Rechtsmittelgericht korrigieren, ggfls. im Verfahren gem. § 718.[5]

1

II. Bedeutung des Berichtigungs- bzw. Ergänzungsverfahrens

Hat es das Gericht vergessen, über Anträge nach §§ 710, 711 Satz 3, 712 zu entscheiden, und unterlässt es der Antragsteller, die Ergänzung des Urteils nach §§ 716, 321 herbeizuführen, so kann er die Anträge nicht mit der Berufung wiederholen und über eine Vorabentscheidung nach § 718 quasi eine Ergänzung des erstinstanzlichen Urteils bewirken.[6] Was erstinstanzlich beantragt, dort aber noch gar nicht entschieden ist, kann nicht Gegenstand eines Berufungsurteils sein. Hat der Schuldner es versäumt, seinen erstinstanzlich übergangenen Vollstreckungsschutzantrag durch Ergänzungsurteil bescheiden zu lassen, so kann er sich in der Berufungs- bzw. Revisionsinstanz zur Begründung eines Antrags nach § 719 Abs. 1 bzw. Abs. 2 in der Regel nicht mehr darauf berufen, aus der Vollstreckung drohe ihm ein nicht zu ersetzender Nachteil.[7] Etwas anderes wird nur dann anzunehmen sein, wenn sich in der Rechtsmittelinstanz neue, bisher nicht zu berücksichtigende Umstände ergeben.

2

---

1 BGH, FamRZ 1993, 50; *Musielak/Lackmann*, § 716 Rn. 1.
2 A.A., soweit die Höhe der Sicherheitsleistung versehentlich nicht angegeben wurde, allerdings die ganz h. M. (Ergänzungsurteil erforderlich): *Musielak/Lackmann*, § 716 Rn. 1; PG/*Kroppenberg*, § 716 Rn. 2; *Stein/Jonas/Münzberg*, § 716 Rn. 1; *Thomas/Putzo/Seiler*, § 716 Rn. 1; *Wieczorek/Heß*, § 716 Rn. 1; *Zöller/Herget*, § 716 Rn. 1.
3 Siehe insoweit auch § 709 Rdn. 5.
4 *Wieczorek/Heß*, § 716 Rn. 2.
5 OLG Rostock, OLGReport 2008, 1004. Siehe auch § 709 Rdn. 4.
6 A.A.: *Thomas/Putzo/Seiler*, § 716 Rn. 2; *Wieczorek/Heß*, § 716 Rn. 3.
7 Einzelheiten: § 719 ZPO Rdn. 14.

III. Verfahren

3 Das Verfahren richtet sich nach § 321. Erforderlich ist zunächst ein **Antrag**. Die Zweiwochenfrist des Abs. 2 beginnt in der Regel mit der Zustellung des unvollständigen Urteils. Setzt die Ergänzung des Urteils die vorherige Berichtigung des Tatbestandes voraus, so beginnt die Frist für den Antrag auf Urteilsergänzung erst mit der Zustellung des Berichtigungsbeschlusses.[8] Im Übrigen ist die Frist des Abs. 2 eine Notfrist, die nicht verlängert werden kann. Über den Antrag **ist** mündlich zu verhandeln, es sei denn, dass ausnahmsweise die Voraussetzungen des schriftlichen Verfahrens gem. § 128 Abs. 2 und 3 vorliegen. Die Entscheidung erfolgt in jedem Fall durch Ergänzungs**urteil**. Das Ergänzungsurteil über die vorläufige Vollstreckbarkeit kann nicht selbstständig mit einem Rechtsmittel angegriffen werden. Eine Berufung gegen das Urteil in der Hauptsache erfasst ohne Weiteres auch das Ergänzungsurteil, über dessen Inhalt gegebenenfalls dann gem. § 718 im Berufungsverfahren vorab entschieden werden kann. Hat das Gericht unzulässigerweise durch Beschluss über die Ergänzung (oder die Ablehnung einer Ergänzung) entschieden, ist dieser Beschluss mit der Beschwerde anfechtbar[9].

IV. Gebühren

4 Durch das Ergänzungsurteil – oder die eine Ergänzung ablehnende Entscheidung – entstehen keine zusätzlichen Gerichtsgebühren; Gleiches gilt für die Gebühren des Anwalts, der bereits den Rechtsstreit in der Hauptsache geführt hat (§ 19 Abs. 1 Satz 2 Nr. 6 RVG). Betreibt der Anwalt nur das Urteilsergänzungsverfahren, entstehen für ihn 0,8 der Gebühren des § 13 RVG (VV Nr. 3403).[10]

---

8 BGH, Rpfleger 1982, 231.
9 OLG Jena, OLGReport 1997, 389.
10 *Zöller/Herget*, § 716 Rn. 4.

§ 717 Wirkungen eines aufhebenden oder abändernden Urteils

(1) Die vorläufige Vollstreckbarkeit tritt mit der Verkündung eines Urteils, das die Entscheidung in der Hauptsache oder die Vollstreckbarkeitserklärung aufhebt oder abändert, insoweit außer Kraft, als die Aufhebung oder Abänderung ergeht.

(2) ¹Wird ein für vorläufig vollstreckbar erklärtes Urteil aufgehoben oder abgeändert, so ist der Kläger zum Ersatz des Schadens verpflichtet, der dem Beklagten durch die Vollstreckung des Urteils oder durch eine zur Abwendung der Vollstreckung gemachte Leistung entstanden ist. ²Der Beklagte kann den Anspruch auf Schadensersatz in dem anhängigen Rechtsstreit geltend machen; wird der Anspruch geltend gemacht, so ist er als zur Zeit der Zahlung oder Leistung rechtshängig geworden anzusehen.

(3) ¹Die Vorschriften des Absatzes 2 sind auf die im § 708 Nr. 10 bezeichneten Berufungsurteile, mit Ausnahme der Versäumnisurteile, nicht anzuwenden. ²Soweit ein solches Urteil aufgehoben oder abgeändert wird, ist der Kläger auf Antrag des Beklagten zur Erstattung des von diesem auf Grund des Urteils Gezahlten oder Geleisteten zu verurteilen. ³Die Erstattungspflicht des Klägers bestimmt sich nach den Vorschriften über die Herausgabe einer ungerechtfertigten Bereicherung. ⁴Wird der Antrag gestellt, so ist der Anspruch auf Erstattung als zur Zeit der Zahlung oder Leistung rechtshängig geworden anzusehen; die mit der Rechtshängigkeit nach den Vorschriften des bürgerlichen Rechts verbundenen Wirkungen treten mit der Zahlung oder Leistung auch dann ein, wenn der Antrag nicht gestellt wird.

Übersicht

		Rdn.
I.	Außer-Kraft-Treten der vorläufigen Vollstreckbarkeit	1
II.	Beachtung durch die Vollstreckungsorgane von Amts wegen	3
III.	Der Schadensersatzanspruch nach Abs. 2 Satz 1	4
1.	Anwendungsbereich der Vorschrift	4
2.	Voraussetzungen einer Haftung nach Abs. 2 Satz 1	8
3.	Zum Umfang der Schadensersatzpflicht	11
4.	Einwendungen und Einreden des zum Schadensersatz verpflichteten Gläubigers	14
5.	Die Parteien des Schadensersatzanspruchs	16
IV.	Die Geltendmachung des Schadensersatzanspruchs	18
1.	Inzidentantrag	19
2.	Selbstständige Leistungsklage	20
3.	Widerklage	21
V.	Der Anspruch aus Abs. 3 Satz 2	22
1.	Verhältnis des Anspruchs aus Abs. 3 Satz 2 zum Schadensersatzanspruch nach Abs. 2	23
2.	Verhältnis zu anderen eine Erstattungspflicht regelnden prozessualen Vorschriften	25
3.	Zum Umfang der Haftung	26
4.	Keine entsprechende Anwendung des Abs. 3 auf Vermögenseinbußen, die der Vollstreckungsgläubiger aufgrund des Berufungsurteils erlitten hat	27
VI.	Die Geltendmachung der Bereicherungshaftung	28
VII.	Einfluss des Abs. 3 auf § 719 Abs. 2	29
VIII.	Verhältnis des Bereicherungsanspruchs nach Abs. 3 zu den allgemeinen Anspruchsnormen des BGB	30
IX.	Kein Anspruch aus § 839 BGB	31
X.	Entsprechende Anwendung im arbeitsgerichtlichen Verfahren und in der Abgabenvollstreckung	32

Literatur:

Allekotte, (Zwangs-)Vollstreckungsrechtliche Stolperfallen in Patentverletzungsstreitigkeiten, GRUR-Prax 2014, 119; *Altmeppen,* Gefährdungshaftung nach § 717 Abs. 2 ZPO und unberechtigte Schutzrechtsverwarnung, ZIP 1996, 168; *Arens,* Prozessrecht und materielles Recht, AcP 1973, 250; *Baur,* Studien zum einstweiligen Rechtsschutz, 1967; *Becker-Eberhard,* Die nicht erledigte Vollstreckung aus einem vorläufig vollstreckbaren Titel – OLG Saarbrücken, NJW-RR 1998, 1068 –, JuS 1998, 884; *Blomeyer,* Vorläufig vollstreckbares Urteil: Wird der Klageanspruch durch die Vollstreckung oder ihre Abwendung erfüllt?, JR 1979, 490; *Boemke-Albrecht,* Wiederaufleben der vorläufigen Vollstreckbarkeit, NJW 1991, 1333; *Dütz,* Vollstreckungsverhältnis als Arbeitsverhältnis, AuR 1987, 317; *Flieger,* Ein Beitrag zu Streitgegenstand und Klagegrund, MDR 1980, 189; *Gaul,* Die Haftung aus dem Vollstreckungszugriff, ZZP 1997 (Bd. 110), 1; *ders.,* Die Haftung aus der Vollziehung eines ungerechtfertigten Steuerarrestes und Steuerbescheids, JZ 2013, 760; *Gerlach*, Ungerechtfertigte Zwangsvollstreckung und ungerechtfertigte Bereicherung, 1986; *Götz*, Zivilrechtliche Ersatzansprüche bei schädigender Rechtsverfolgung, Berlin 1989; *Häsemeyer*, Schadenshaftung im Zivilrechtsstreit, 1979; *ders.*, Endgültige Zuweisung des Vollstreckungsschadens durch einstweilige Einstellung der Zwangsvollstreckung?, NJW 1986, 1028; *Hau*, Grenzen des Haftungsprivilegs nach § 717 Abs. 3 ZPO, NJW 2005, 712; *Henckel*, Prozessrecht und materielles Recht, 1970; *Kohler*, Überholte Vollstreckungsabwehr und verschärfte Bereicherungshaftung, ZZP 1986 (Bd. 99), 34; *Krafft*, Die Schadensersatzpflicht aus § 717 Abs. 2 ZPO, JuS 1997, 934; *Kreutz*, Die Leistung zur Abwendung der Zwangsvollstreckung nach einem vorläufig vollstreckbaren Urteil, Diss. Bochum 1994; *Lindacher*: Die Haftung wegen unberechtigter Schutzrechtsverwarnung oder Schutzrechtsklage, ZHR 1980 (Bd. 144), 350; *G. Lüke*, Betrachtungen zum Prozessrechtsverhältnis, ZZP 1995 (Bd. 108), 427; *Luh*, Die Haftung des aus einer vorläufigen, auf Grund verfassungswidrigen Gesetzes ergangenen Entscheidung vollstreckenden Gläubigers, Diss. Frankfurt 1979; *Münzberg*, Der Schutzbereich der Normen §§ 717 Abs. 2, 945 ZPO, FS H. Lange, 1992, 559; *Nieder*, Anspruchsverfolgung nach § 717 ZPO gegen Rechtsnachfolger, NJW 1975, 1000; *ders.*, Oberlandesgerichtliche Unterlassungsurteile und Bereicherungsausgleich nach § 717 III ZPO im Patentrecht, GRUR 2013, 32; *Niederelz*, Die Rechtswidrigkeit des Gläubiger- und Gerichtsvollzieherverhaltens in der Zwangsvollstreckung unter besonderer Berücksichtigung der Verhaltensunrechtslehre. Zugleich ein Beitrag zur dogmatischen Einordnung des § 717 Abs. 2 ZPO, Diss. Bonn 1975; *Öhm*, Ungerechtfertigte Zwangsvollstreckung und materiellrechtliche Ausgleichsansprüche, 1971; *Olzen*, Aufrechnung gegenüber dem Anspruch aus § 717 Abs. 2 ZPO., FS Rolf A. Schütze, 1999, S. 603; *Piekenbrock*, Zur Rechtfertigung des Haftungsprivilegs nach § 717 Abs. 3 ZPO, JR 2005, 446; *Reimann*, § 717 III ZPO – eine Gerechtigkeitslücke im Patentverletzungsrecht – GRUR 2009, 326; *Saenger*, Zur Schadensersatzpflicht bei vorzeitigen Vollstreckungsmaßnahmen des materiell berechtigten Gläubigers, JZ 1997, 222; *Schlosser*, Wann ist ein Urteil aufgehoben?, FS Nakamura, 1996, 51.

I. Außer-Kraft-Treten der vorläufigen Vollstreckbarkeit

1 Wird das für vorläufig vollstreckbar erklärte Urteil rechtskräftig, so ist es nunmehr endgültig vollstreckbar. Die im Tenor genannten Voraussetzungen der vorläufigen Vollstreckbarkeit treten ebenso außer Kraft wie die Möglichkeit des Schuldners, die Vollstreckbarkeit noch abwenden zu können.[1]

2 Wird ein für vorläufig vollstreckbar erklärtes Urteil auf ein Rechtsmittel hin in der Hauptsache oder – im Verfahren gem. § 718 – hinsichtlich der Vollstreckbarkeitserklärung aufgehoben oder abgeändert, so tritt seine vorläufige Vollstreckbarkeit in dem Umfang außer Kraft, in dem die Rechtsmittelentscheidung die Aufhebung oder Abänderung ausspricht. Diese Wirkung tritt sofort mit der **Verkündung**[2] des aufhebenden oder abändernden Urteils ein, nicht erst mit dessen Rechtskraft; sie ist auch unabhängig davon, ob dieses Urteil für vorläufig vollstreckbar erklärt wurde und ob die Voraussetzungen seiner vorläufigen Vollstreckbarkeit erfüllt sind. Die Vollstreckung aus dem aufgehobenen Titel ist gem. § 775 Nr. 1 einzustellen.

Wird ein auch noch zu diesem Zeitpunkt nur vorläufig vollstreckbares – also noch nicht rechtskräftig gewordenes – Vorbehaltsurteil im Nachverfahren aufgehoben, entfällt seine vorläufige Vollstreckbarkeit ebenfalls bereits mit der Verkündung des Urteils im Nachverfahren. Ist das Vorbehaltsurteil aber schon rechtskräftig, wenn das aufhebende Urteil im Nachverfahren ergeht, ist § 717 Abs. 1 nicht mehr einschlägig.[3] Nach Vorlage des zumindest vorläufig vollstreckbaren Urteils im Nachverfahren ist aber gem. §§ 775 Nr. 1, 776 Satz 1 zu verfahren. Ist das Urteil im Nachverfahren nur gegen Sicherheitsleistung vorläufig vollstreckbar, muss vor einer Einstellung der Zwangsvollstreckung aus dem rechtskräftigen Vorbehaltsurteil die Sicherheitsleistung nachgewiesen werden.[4]

Wird in einer Familienstreitsache ein Versäumnisbeschluss, in dem die sofortige Wirksamkeit der Entscheidung angeordnet wurde (§ 116 Abs. 3 Satz 2 FamFG), nach Einspruch des Schuldners zwar aufrechterhalten, diese Entscheidung aber nicht für sofort wirksam erklärt, entfällt die bisherige

---

1 Siehe auch: Vor §§ 708–720a Rdn. 6.
2 Im schriftlichen Verfahren tritt an die Stelle der Verkündung die Zustellung des Urteils, §§ 310 Abs. 3, 307 Abs. 2, 331 Abs. 3.
3 Allgem. Meinung; beispielhaft: *MüKo/Götz*, § 717 Rn. 5; *Stein/Jonas/Münzberg*, § 717 Rn. 1; *Thomas/Putzo/Seiler*, § 717 Rn. 4; *Wieczorek/Heß*, § 717 Rn. 7.
4 LG Hamburg, NJW 1959, 489 mit abl. Anm. *Lent*.

Vollstreckbarkeit in entsprechender Anwendung des § 717 Abs. 1.[5] Die Vollstreckung ist nunmehr gem. § 775 Nr. 1 einzustellen.

II. Beachtung durch die Vollstreckungsorgane von Amts wegen

Das Außer-Kraft-Treten der vorläufigen Vollstreckbarkeit eines Titels ist von den Vollstreckungsorganen **von Amts wegen** zu beachten, sobald sie von der aufhebenden oder abändernden Entscheidung Kenntnis erlangen, auch wenn diese Kenntnis aus einem anderen Verfahren als dem laufenden Vollstreckungsverfahren herrührt. Der Gläubiger, der aus einem nicht mehr vollstreckbaren Titel unter Ausnutzung der Unkenntnis der Vollstreckungsorgane weiter vollstreckt, haftet dem Schuldner aus unerlaubter Handlung gem. §§ 823, 826 BGB.[6] Geht das Vollstreckungsorgan einem Hinweis auf die aufhebende oder abändernde Entscheidung nicht nach, kann die Amtshaftung gem. § 839 BGB i. V. Art. 34 GG begründet sein, wenn durch den Fortgang der Vollstreckung irreversible Tatbestände geschaffen wurden.

3

III. Der Schadensersatzanspruch nach Abs. 2 Satz 1

1. Anwendungsbereich der Vorschrift

Die Norm gilt unmittelbar zunächst nur für die Fälle, in denen entweder der Gläubiger aus einem erst vorläufig vollstreckbaren **Urteil** eines Zivil- oder Arbeitsgerichts[7] schon vollstreckt oder der Schuldner zur Abwendung der Vollstreckung aus einem solchen Urteil Leistungen erbracht hat und in denen sich später auf einen Rechtsbehelf oder ein Rechtsmittel hin dieses Urteil nicht als beständig erwiesen hat, sondern **aufgehoben** oder **abgeändert** wurde. Eine Abänderung in diesem Sinne liegt auch vor, wenn eine bisherige unbedingte Verurteilung aufgrund eines schon erstinstanzlich geltend gemachten Zurückbehaltungsrechts durch eine Zug-um-Zug-Verurteilung ersetzt wird.[8] Die beiderseitige Erledigungserklärung des Rechtsstreits nach Urteilserlass steht dagegen einer Aufhebung des Urteils i. S. Abs. 2 nicht gleich.[9]

4

Gem. § 1065 Abs. 2 Satz 2 gilt die Vorschrift ferner, wenn ein vorläufig vollstreckbarer Beschluss über die Vollstreckbarkeit eines Schiedsspruchs oder eines Schiedsvergleichs aufgehoben wird. Vergleichbare Regelungen enthalten für den Fall der Abänderung eines Vorbehaltsurteils im Nachverfahren §§ 302 Abs. 4 Satz 2, 600 Abs. 2[10], für den Fall, dass ein Arrest oder eine einstweilige Verfügung aufgehoben werden, § 945 und für den Fall der unberechtigten Vollstreckung aus sofort vollstreckbaren Urkunden § 799a[11].

Entsprechend anwendbar ist die Vorschrift nach voreiliger Zwangsvollstreckung aus Beschlüssen, die nach Beschwerde aufgehoben[12] oder abgeändert werden, oder aus Kostenfestsetzungsbeschlüssen, die sich nach Aufhebung oder Abänderung des Hauptsachetitels als nicht beständig herausgestellt haben.[13] Ebenso muss die Vorschrift entsprechend gelten, wenn der Gläubiger bereits aus dem zur Höhe des Anspruchs ergangenen Urteil vollstreckt hat, während später vom Rechtsmittelgericht das vorausgegangene Grundurteil rechtskräftig aufgehoben oder derart abgeändert wird, dass die

5

---

5 BGH, NJW 2013, 3584 mit Anm. *Kreutz*, FamFR 2013, 448.
6 *Brox/Walker*, Rn. 74.
7 Zur Anwendung des § 717 Abs. 2 auch im arbeitsgerichtlichen Verfahren: BAG, NZA-RR 2009, 314; BAG, NZA 2013, 216; BAG, NJW 2015, 894 mit Anm. *Kolb*, NJW 2015, 896; LAG Düsseldorf, BeckRS 2012, 72417. Siehe auch unten Rdn. 32.
8 BGH, NZBau 2007, 446; LAG Köln, NZA-RR 2006, 660.
9 AG Neuss (87 C 1564/11), Urteil vom 15. 3. 2013.
10 Dass diesen Vorschriften der gleiche Grundgedanke zugrunde liegt, auch: BGH, BGHReport 2005, 1282.
11 *Vollkommer*, ZIP 2008, 2060 ff.
12 BGH, BGHR 2006, 401 bei rechtskräftiger Aufhebung des die Vergütung des Insolvenzverwalters festsetzenden Beschlusses.
13 BGH, ZIP 1982, 1054; *Brox/Walker*, Rn. 81; MüKo/*Götz*, § 717 Rn. 11.

Entscheidung zur Höhe nicht mehr durch das Grundurteil gedeckt ist.[14] Schließlich muss Abs. 2 entsprechend angewendet werden, wenn der Gläubiger aufgrund einer Klausel nach §§ 727–729 gegen einen anderen als den im Titel ursprünglich ausgewiesenen Schuldner, vollstreckt hat und die Klausel später nach einer Klauselerinnerung (§ 732) oder Klauselgegenklage (§ 768) endgültig – also unanfechtbar – wieder aufgehoben wurde.[15] Sehr streitig ist, ob § 717 Abs. 2 entsprechend anwendbar ist, wenn aus einem sofort vollziehbaren Steuer- oder Abgabenbescheid vollstreckt wurde, der später aber durch Abänderung oder Aufhebung seine Vollstreckbarkeit verlor.[16] Die ablehnende Auffassung des BGH wird der Interessenlage nicht gerecht. Das Allgemeininteresse an »richtigen« Urteilen ist kein anderes als an richtigen Steuerbescheiden.

6   **Keine** Anwendung findet Abs. 2, wenn es sich bei dem später in Wegfall gekommenen Titel um einen Prozessvergleich handelte.[17] Diese Titel sind von vornherein nicht nur vorläufig, sondern endgültig vollstreckbar. Hier ist ein Ausgleich nur im Rahmen der §§ 812, 823, 826 BGB möglich. Für vollstreckbare Urkunden enthält § 799a eine Spezialregelung[18]. Nicht anwendbar ist § 717 ferner, wenn das Urteil, aus dem die Vollstreckung betrieben wurde, nicht durch einen Akt des Gerichts, sondern nach Erledigungserklärung der Hauptsache[19] durch die Parteien oder aufgrund eines Prozessvergleichs[20] seine Eigenschaft als Vollstreckungstitel eingebüßt hat. Auch hier richten sich mögliche Ausgleichsansprüche allein nach den allgemeinen zivilrechtlichen Vorschriften.

War der aufgehobene Titel selbst nicht zur Vollstreckung geeignet (z. B. Feststellungsurteil), so findet Abs. 2 keine Anwendung, wenn lediglich in Erwartung eines auf dem aufgehobenen Urteil basierenden Vollstreckungstitels geleistet wurde[21] und diese Leistung sich als voreilig erwies. Der Ausgleich erfolgt hier nach §§ 812 ff. BGB. Ebenfalls kein Fall des Abs. 2 liegt vor, wenn aus einem formell rechtskräftigen Urteil vollstreckt wurde, das wegen inhaltlicher Unbestimmtheit nicht der materiellen Rechtskraft fähig ist, und wenn die Vollstreckung später wegen der Unbestimmtheit des Titel – und nicht, weil der Anspruch nicht besteht –, etwa im Erinnerungsverfahren gem. § 766 für unzulässig erklärt wurde.[22]

7   Abs. 2 ist kein allgemeiner Gedanke dahingehend zu entnehmen, dass derjenige, der im Rahmen des Zwangsvollstreckungsverfahrens durch Ausnutzung einer gerichtlichen Entscheidung, die sich später als nicht bestandsfest erweist, einem anderen Nachteile zufügt, ohne Rücksicht auf Verschulden ersatzpflichtig ist. So haftet ein Dritter, der in einem Rechtsstreit nach § 771 Abs. 1 zunächst die Einstellung der Zwangsvollstreckung nach § 771 Abs. 3 erreicht hatte, dem Gläubiger nicht ohne eigenes Verschulden auf Schadensersatz, wenn die einstweilige Einstellung der Zwangsvollstreckung sich nachträglich als ungerechtfertigt erweist.[23] In einem solchen Fall scheidet auch eine Haftung aus § 823 Abs. 1 BGB aus, falls der Widerspruchskläger die Rechtslage nur leicht fahrlässig verkannt hatte.[24]

---

14 *Schiedermair*, JuS 1961, 212.
15 MüKo/*Götz*, § 717 Rn. 11; *Wieczorek/Heß*, § 717 Rn. 47.
16 Für die analoge Anwendung überzeugend *Gaul*, JZ 2013, 760, 770; ferner: *Tipke/Kruse*, § 324 AO Rn. 56. Gegen die analoge Anwendung: BGH, NJW-RR 2012, 1490, 1491; BGHZ 39, 77; BGHZ 83, 190; BGH, NJW 2001, 1067; MüKo/*Götz*, § 717 Rn. 12. Siehe auch unten Rdn. 32.
17 BGH, WM 1965, 767; WM 1977, 656; OLG Karlsruhe, Justiz 1975, 100; OLG Düsseldorf, NJW-RR 1992, 1530; MüKo/*Götz*, § 717 Rn. 12.
18 *Vollkommer*, ZIP 2008, 2060 ff.
19 BVerwG, NJW 1981, 699; BGH, NJW 1988, 1268 mit Anm. *Matthies*, ZZP 1989, 102.
20 OLG Karlsruhe, OLGZ 1979, 330; OLG Rostock, OLGReport 2004, 130; MüKo/*Götz*, § 717 Rn. 12.
21 BAG, NJW 1989, 3173; LAG Köln, NZA-RR 2006, 660.
22 BGH, NJW-RR 1999, 1223.
23 BGH, NJW 1985, 1959 mit Anm. *Häsemeyer*, NJW 1986, 1028 und *Gerhardt*, JR 1985, 508; OLG Naumburg, BeckRS 2011, 04399; MüKo/*Götz*, § 717 Rn. 12; *Wieczorek/Heß*, § 717 Rn. 48; **a. A.**: LG Frankfurt, MDR 1980, 409.
24 BGHZ 74, 9 und BGH, NJW 1985, 1959.

§ 717 Abs. 2 kann auch nicht der allgemeine Gedanke entnommen werden, dass der Gläubiger immer für »Begleitschäden« aus einer nicht in gehöriger Weise durchgeführten Zwangsvollstreckung ohne eigenes Verschulden hafte. Soweit der Gerichtsvollzieher im Rahmen seiner Amtsführung pflichtwidrig handelt, ist der Schuldner diesbezüglich auf den Amtshaftungsanspruch verwiesen[25].

2. Voraussetzungen einer Haftung nach Abs. 2 Satz 1

Der Gläubiger muss entweder aus einem nur vorläufig vollstreckbaren Urteil[26] vollstreckt oder der Schuldner zur Abwendung der Vollstreckung aus einem solchen Titel Aufwendungen gemacht haben **und** dieses Urteil muss in dem Teil, hinsichtlich dessen vollstreckt bzw. auf den geleistet wurde (Hauptsache oder Kosten), auf einen Rechtsbehelf oder ein Rechtsmittel hin wieder aufgehoben oder abgeändert worden sein. Letzteres ist auch der Fall, wenn erstinstanzlich fehlerhaft ein Leistungsverweigerungsrecht nicht berücksichtigt wurde, das dann zweitinstanzlich, nachdem schon vollstreckt ist, zuerkannt wird[27]. Warum das Urteil aufgehoben oder abgeändert wurde, ob aus formellen oder materiellen Gründen, ist gleichgültig.[28] Der Anspruch entsteht nicht bereits mit der Vollstreckung, sondern erst mit der Verkündung der aufhebenden oder abändernden Entscheidung.[29] Wird diese Entscheidung ihrerseits in der Revisionsinstanz derart aufgehoben oder abgeändert, dass die Voreiligkeit der Vollstreckung nun nicht mehr feststeht, entfällt der Anspruch, der bis dahin bestanden hatte und auch durchsetzbar war,[30] wieder rückwirkend.[31]

8

Dass der vollstreckende Gläubiger schuldhaft gehandelt hat, dass er also etwa die Fehlerhaftigkeit seines Titels hätte erkennen müssen, ist keine Anspruchsvoraussetzung, erst recht nicht, dass die aufhebende oder abändernde Entscheidung ihrerseits »richtig« oder auch nur unanfechtbar ist. Es handelt sich um eine »prozessuale Gefährdungshaftung«:[32] Der Gläubiger weiß, dass er aus einem nur vorläufig vollstreckbaren Titel vorgeht. Er weiß, dass er sich seines Vollstreckungserfolges erst nach Rechtskraft der Entscheidung sicher sein darf. Umgekehrt wird dem Schuldner zugemutet, dass er aus einem noch gar nicht endgültig gesicherten Titel die Vollstreckung dulden muss. Das lässt sich nur rechtfertigen, wenn der Schuldner sicher sein kann, dass er, sobald dieser – für ihn fragwürdige – Titel in Wegfall gekommen ist, ohne »wenn und aber« des voreilig vollstreckenden Gläubigers auf möglichst schnellem und einfachem Wege seine Vermögenseinbußen ersetzt erhält.[33]

9

Leistungen des Schuldners zur Abwendung der Zwangsvollstreckung i. S. von Abs. 2 sind zunächst alle Zahlungen, die der Schuldner nach einer vorläufig vollstreckbaren Entscheidung zur Vermeidung der ansonsten drohenden Vollstreckung geleistet hat.[34] Wurde Arbeitslohn gezahlt, so zählen zu den Leistungen auch die abgeführten Steuern und der Arbeitnehmeranteil des Gesamtsozial-

10

---

25 BGH, NJW-RR 2009, 658.
26 Oder einem vergleichbaren Titel; siehe oben Rdn. 4, 5.
27 BGH, NJW-RR 2007, 1029.
28 BGH, MDR 1972, 765; BGH, NJW 1980, 2527; LG Berlin-Charlottenburg, NJW 1956, 1763 mit Anm. *Lent*; OLG Köln, JMBlNW 1964, 184;.
29 BAG, NZA 2009, 314, 318; OLG Koblenz, MDR 1957, 427; OLG Karlsruhe, OLGZ 1979, 370; *Stein/Jonas/Münzberg*, § 717 Rn. 12; *Thomas/Putzo/Seiler*, § 717 Rn. 11; a. A. (Entstehung bereits mit der Vollstreckung des später aufgehobenen Titels) OLG Zweibrücken, OLGReport 2008, 86, 88. Offengelassen in BGH, NJW-RR 2009, 407.
30 MüKo/*Götz*, § 717 Rn. 8.
31 *Baur*, Studien zum einstweiligen Rechtsschutz, S. 115; *Stein/Jonas/Münzberg*, § 717 Rn. 15; OLG Nürnberg, OLGZ 1973, 45.
32 BGHZ 69, 373; 85, 110; BGH, MDR 1997, 1054; BGH, BGHReport 2006, 401; BGH, NJW 2011, 2518; MüKo/*Götz*, § 717 Rn. 7; *Stein/Jonas/Münzberg*, § 717 Rn. 9; *Wieczorek/Heß*, § 717 Rn. 12; *Zöller-Herget*, § 717 Rn. 3.
33 Siehe hierzu insbesondere *Baur*, Studien zum einstweiligen Rechtsschutz, S. 114 f.
34 AG Recklinghausen und LG Bochum, VersR 1980, 659.

versicherungsbeitrages.³⁵ Eine »Leistung« ist aber auch ein Unterlassen, falls der Schuldner nach einem Verbotsurteil sein bisheriges Tun nicht fortsetzt oder eine beabsichtigte Handlung nicht aufnimmt (z. B. Produktionseinstellung oder Hinausschieben des Produktionsbeginns nach wettbewerbsrechtlichem Unterlassungstitel).³⁶ Die »Leistung« muss nicht unmittelbar an den Vollstreckungsgläubiger erfolgt sein, sodass hierher auch die Sicherheitsleistung durch Hinterlegung oder durch Zustellung einer Bürgschaftsurkunde zählen.³⁷ Zur **Abwendung der Zwangsvollstreckung** ist immer dann geleistet worden, wenn der Gläubiger durch sein Verhalten (z. B. durch den Nachweis der Sicherheitsleistung oder durch ein Aufforderungsschreiben seines Prozessbevollmächtigten)³⁸ zu erkennen gegeben hat, dass er mit der Vollstreckung nicht bis zur Rechtskraft des Titels zuwarten werde, sodass auf den Schuldner Vollstreckungsdruck³⁹ ausgeübt wurde, er also Veranlassung hatte, etwas zur Abwendung der Zwangsvollstreckung zu unternehmen.⁴⁰ Leistet der Schuldner dagegen ohne Veranlassung seitens des Gläubigers – das bloße Erstreiten des Titels und auch die Beantragung der Vollstreckungsklausel sind noch keine »Veranlassung«⁴¹ – oder leistet der Schulder nach Vereinbarung mit dem Gläubiger etwas anderes als das nach dem Titel Geschuldete⁴², so trägt er das Risiko seines voreiligen Verhaltens selbst. Eine »freiwillige« Leistung des Schuldners auf einen nur vorläufig vollstreckbaren Titel vor Androhung von Vollstreckungsmaßnahmen durch den Gläubiger empfiehlt sich deshalb nur, wenn der Schuldner den Titel endgültig hinnehmen und unnötige Vollstreckungskosten durch ein anwaltliches Aufforderungsschreiben⁴³ vermeiden will.

3. Zum Umfang der Schadensersatzpflicht

11 Es gelten §§ 249 ff. BGB.⁴⁴ Zu ersetzen ist deshalb aller materielle Schaden, der dem Schuldner infolge der Durchführung der Zwangsvollstreckung oder der Leistungen zu ihrer Abwendung adäquat kausal entstand. Immaterielle Schäden des Schuldners infolge der »Belästigungen« durch die Vollstreckung werden nicht ersetzt.⁴⁵ Ebenso sind Schäden, die nicht aus dem eigentlichen Vollstreckungseingriff herrühren, sondern nur dadurch entstanden sind, dass Dritte von der Vollstreckung erfahren und dem Schuldner deshalb keinen weiteren Kredit gewährt haben, nicht zu erstatten.⁴⁶ Den Schuldner vor solchen Schäden zu bewahren, liegt außerhalb des Schutzzwecks der Norm. Immer muss es sich bei dem, was der Schuldner ersetzt verlangen kann, um tatsächliche Schäden handeln. Fiktive Schäden werden nicht ersetzt. So kann ein Schuldner, für den eine Haftpflichtversicherung auf die Urteilssumme des vorläufig vollstreckbaren Titels bezahlt hatte, nach Aufhebung des Urteils nicht Ersatz der Kreditzinsen verlangen, die er hätte aufwenden müssen, wenn er in Höhe der Urteilssumme einen Kredit aufgenommen hätte, statt seine Versicherung in Anspruch zu nehmen.⁴⁷ Schließlich werden auch sog. »Begleitschäden« der Zwangsvollstreckung, die nicht

---

35 BAG, NZA 2013, 216; LAG Düsseldorf, BeckRS 2012, 72417.
36 BGH, VersR 1962, 1057; LG München, NJW 1961, 1631; *Nieder*, GRUR 2013, 32.
37 *Brox/Walker*, Rn. 76.
38 Entscheidend ist, dass Vollstreckungsdruck erkennbar geworden ist: BGH, BGHReport 2006, 401, 403; BGH, NJW 2011, 2518; *Musielak/Lackmann*, § 717 Rn. 9. Erbringt der Gläubiger die ihm auferlegte Sicherheitsleistung, will er vorläufig dennoch nicht vollstrecken, muss er dies dem Schuldner ausdrücklich mitteilen, um Vollstreckungsdruck auszuschließen: *Allekotte*, GRUR-Prax 2014, 119.
39 BAG, NZA 2015, 189.
40 Vergl. *Baur*, Studien zum einstweiligen Rechtsschutz, S. 116; MüKo/*Götz*, § 717 Rn. 15.
41 A. A. hinsichtlich des Klauselantrages: *Stein/Jonas/Münzberg*, § 717 Rn. 31.
42 BAG, NZA 2015, 189, 190, 191.
43 Siehe insoweit: § 788 Rdn. 18.
44 BGHZ 69, 373; *Musielak/Lackmann*, § 717 Rn. 12.
45 OLG Hamburg, MDR 1965, 202; MüKo/*Krüger*, § 717 Rn. 18; a. A.: RGZ 143, 118; *Baur/Stürner/Bruns*, Rn. 15.26 (allerdings auf Ausnahmefälle begrenzt).
46 BGHZ 85, 110; Musielak/*Lackmann*, § 717 Rn. 12; a. A.: *Baur/Stürner/Bruns*, Rn. 15.36; *Stein/Jonas/Münzberg*, § 717 Rn. 26; *Wieczorek/Heß*, § 717 Rn. 20.
47 OLG Hamm, ZIP 1983, 119; BGH, NJW 1985, 128.

aus der »Voreiligkeit« der Vollstreckung herrühren, sondern daraus, dass das Vollstreckungsorgan die Zwangsvollstreckung nicht in gehöriger Weise durchgeführt hat, unabhängig davon, ob es aus einem nur vorläufig vollstreckbaren Titel vollstreckte oder aus einem bereits rechtskräftigen Titel, nicht von § 717 Abs. 2 erfasst. Soweit der Gerichtsvollzieher in diesen Fällen pflichtwidrig handelte, tritt allein Amtshaftung ein[48].

Im Einzelnen kommen z. B. als zu ersetzende Schäden des Vollstreckungsschuldners in Betracht: Die Urteilssumme selbst; auf geleisteten Arbeitslohn abgeführte Steuern und der Arbeitnehmeranteil des abgeführten Gesamtsozialversicherungsbeitrages;[49] Kreditzinsen, die dem Schuldner entstanden sind, weil er den Betrag finanzieren musste; die Kosten (z. B. Zinsen, Bürgschaftsprovision)[50] einer Sicherheitsleistung zur Vollstreckungsabwehr;[51] entgangene Zinsen und entgangene sonstige Gewinne, weil der Schuldner die Summe seinem Aktivvermögen entnommen hat, mit dem er sonst hätte arbeiten können; entgangener Gewinn, weil der Schuldner einen Unterlassungstitel befolgt hat;[52] die Kosten des Rechtsstreits, soweit sie beigetrieben waren, und die Kosten der Zwangsvollstreckung;[53] Vermögenseinbußen, weil ein in der Vollstreckung versteigerter Gegenstand erheblich weniger erbracht hat als den Verkehrswert; zusätzlich entgangener Gewinn, weil der Schuldner selbst diesen Gegenstand hätte gewinnbringend veräußern können; Kursverluste von Wertpapieren, die der Schuldner während der Zeit ihrer Beschlagnahme nicht werterhaltend veräußern konnte; erhöhte Kreditkosten, die dem Schuldner deshalb entstanden sind, weil er das vom Gläubiger mit einer Zwangshypothek belastete oder mit der Eintragung des Zwangsversteigerungsvermerks faktisch gesperrte Grundstück nicht als Kreditsicherung einsetzen konnte; Zwangsgeld gem. § 888,[54] Ordnungsgeld nach § 890.[55] Ist aus einem erstinstanzlichen Urteil, das fehlerhaft ein Leistungsverweigerungsrecht nicht berücksichtigt hatte, vollstreckt worden, so umfasst der Anspruch des Schuldners nach § 717 Abs. 2 den Betrag, in Höhe dessen ihm zweitinstanzlich das Leistungsverweigerungsrecht zugestanden wird[56]. Der Schadensersatz muss nicht immer in einer Geldzahlung bestehen: Hat etwa der Gläubiger einen Titel nach § 883 vollstreckt, geht der Anspruch auf Rückgabe des weggenommenen Gegenstandes. Auch sonst können Handlungen des Gläubigers zur Wiederherstellung des durch die Vollstreckung veränderten Zustandes geschuldet sein (z. B. Beseitigung von Eingriffen, die aufgrund eines Duldungstitels durchgeführt worden waren).

Da es sich bei dem Anspruch aus Abs. 2 Satz 1 um einen Schadensersatzanspruch handelt, ist es für den Anspruchsumfang unerheblich, ob der Gläubiger durch die Vollstreckung oder die Leistungen zur Abwendung der Vollstreckung seinerseits Vorteile hatte. Auch dann, wenn das Vermögen des Gläubigers keinerlei Zuwachs erfahren hat (so im Fall der Gestellung einer Bankbürgschaft durch den Schuldner zum Zwecke der Abwendung von Vollstreckungsmaßnahmen des Gläubigers), sind alle Vermögenseinbußen des Schuldners (so etwa die Bürgschaftsprovision) wieder gut zu machen. Hier liegt der Unterschied zum nach Bereicherungsrecht zu berechnenden Anspruch nach Abs. 3 Satz 2.

---

48 BGH, NJW-RR 2009, 658. Siehe auch oben Rdn. 7.
49 BAG, NZA 2013, 216; LAG Düsseldorf, BeckRS 2012, 72417.
50 BayVGH, KommunalPraxis BY 2006, 340.
51 LG Saarbrücken, DGVZ 1997, 169.
52 BGHZ 69, 373; OLG Düsseldorf, Urt. v. 4.5.2006 – I 2 U 112/05.
53 Zur Erstattung der Vollstreckungskosten siehe auch § 788 Rdn. 31 u. 32.
54 *Allekotte*, GRUR-Prax 2014, 119, 120; *Wieczorek/Heß*, § 717 Rn. 19; *Zöller/Herget*, § 717 Rn. 7.
55 Äußerst streitig; wie hier: OLG Karlsruhe, MDR 1979, 150; *Brox/Walker*, Rn. 1108; *Stein/Jonas/Münzberg*, § 717 Rn. 30; *Zöller/Herget*, § 717 Rn. 7 und *Zöller/Stöber*, § 890 Rn. 26; a. A.: OLG Frankfurt, OLGZ 1980, 336; OLG Koblenz, WRP 1983, 575; *Jauernig*, NJW 1973, 1673; *Wieczorek/Heß*, § 717 Rn. 20.
56 BGH, NJW-RR 2007, 1029.

4. Einwendungen und Einreden des zum Schadensersatz verpflichteten Gläubigers

14 Dem Gläubiger stehen alle Einreden und Einwendungen zu, die auch sonst gegen zivilrechtliche Schadensersatzansprüche zulässig sind. Er kann Mitverschulden (§ 254 BGB) sowohl hinsichtlich der Entstehung des Schadens überhaupt als auch hinsichtlich der Schadenshöhe einwenden,[57] etwa weil der Schuldner es, obwohl zumutbar, unterlassen hat, die Vollstreckung durch Sicherheitsleistung abzuwenden, oder weil er gegen eine verfahrensrechtlich unzulässige Vollstreckung keine Erinnerung eingelegt hat. Der Schuldner ist grundsätzlich verpflichtet, den Gläubiger auf außergewöhnlich hohe Schäden, die aus einer Vollstreckung drohen, hinzuweisen.[58] Der Einwand aus § 254 BGB kann allerdings nie dazu führen, dass der Gläubiger etwas, was ihm selbst als Vermögenszuwachs aus der Vollstreckung zugeflossen ist, behalten darf.[59] Das, was er aus dem vorläufig vollstreckbaren Titel beigetrieben hat, muss er immer herausgeben, da es ja gerade Funktion des Abs. 2 ist, dem Gläubiger den Vollstreckungserfolg wieder zu nehmen, wenn sich der nur vorläufig vollstreckbare Titel – jedenfalls vorläufig – als nicht beständig erwiesen hat.[60]

15 Der Gläubiger kann mit Gegenansprüchen nach den allgemeinen Voraussetzungen aufrechnen[61], allerdings nicht mit dem ursprünglich titulierten Anspruch, den er vollstreckt hatte.[62] Letzteres verbietet wieder der Zweck des Abs. 2 Satz 1. Der Schadensersatzanspruch entfällt auch nicht, soweit die Klageforderung durch ein weiteres, wiederum nur vorläufig vollstreckbares Urteil erneut zuerkannt wird, sondern erst mit Rechtskraft eines solchen Urteils.[63] Schließlich kann der Gläubiger gegebenenfalls **Verjährung** einwenden. Die Verjährungsfrist beträgt gem. § 195 BGB drei Jahre.[64] Der Lauf der dreijährigen Verjährungsfrist beginnt mit dem Erlass der aufhebenden Entscheidung,[65] bzw. wenn die Partei erst später von der Entscheidung Kenntnis erlangt, mit dem Zeitpunkt der Kenntniserlangung,[66] also nicht erst mit deren Rechtskraft, aber auch nicht schon mit dem Vollstreckungsakt. Ist zur Abwendung der Zwangsvollstreckung aus einem nicht rechtskräftigen arbeitsgerichtlichen Urteil geleistet worden, so ist der Anspruch aus § 717 Abs. 2 ein »Anspruch aus dem Arbeitsverhältnis«, hinsichtlich dessen eine solche Ansprüche betreffende tarifliche Ausschlussfrist zu beachten ist. Aus Gründen der Rechtssicherheit beginnt diese tarifliche Ausschlussfrist aber erst mit der Rechtskraft des aufhebenden oder abändernden Urteils[67].

5. Die Parteien des Schadensersatzanspruchs

16 Der Anspruch nach Abs. 2 Satz 1 steht nur dem **Vollstreckungsschuldner** zu, gegen den sich die voreilige Vollstreckung richtete oder der zur ihrer Abwendung Leistungen erbracht hat. Dritte, die durch die Vollstreckung ebenfalls Schäden erlitten, etwa weil eine ihnen gehörende Sache versteigert worden ist, können nicht nach dieser Vorschrift vorgehen.[68] Welche Rolle der Vollstreckungsschuldner in dem Prozess, der zum Vollstreckungstitel führte, gespielt hat, ist trotz des anders lau-

---

57 BGH, NJW 1957, 1926; *Wieczorek/Heß*, § 717 Rn. 22.
58 BGH, VersR 1962, 1057.
59 BAG, NZA-RR 2009, 314, 317; OLG Celle, BeckRS 2004 02439.
60 BAG, NZA-RR 2009, 314, 317; *Pecher*, Die Schadensersatzansprüche aus ungerechtfertigter Vollstreckung, S. 95; *Stein/Jonas/Münzberg*, § 717 Rn. 8, 36; *Zöller/Herget*, § 717 Rn. 6.
61 BGH, NJW 1983, 2527; OLG Zweibrücken, OLGReport 2008, 86.
62 BGH, ZZP 1959 (Bd. 72), 200; MDR 1997, 1054; BAG, WM 1964, 767; OLG Frankfurt, BauR 2005, 753; *Giers* in Kindl/Meller-Hannich/Wolf, § 717 Rn. 13; MüKo/*Götz*, § 717 Rn. 20.
63 BGH, MDR 1997, 1054 mit Anm. *K. Schmidt*, JuS 1998, 84. Dafür, dass der Anspruch auch dann nicht entfalle: *Saenger*, JZ 1997, 227. **A. A.** (ab bestätigendem Titel Aufrechnung möglich): *Stein/Jonas/Münzberg*, § 717 Rn. 28; *Wieczorek/Heß*, § 717 Rn. 12 a, 14.
64 *Brox/Walker*, Rn. 79; *Stein/Jonas/Münzberg*, § 717 Rn. 24.
65 BGH, NJW 1957, 1926; BGHZ 75, 1; OLG Karlsruhe, OLGZ 1979, 370.
66 BGH, BGHZ 169, 308.
67 BAG, NZA-RR 2009, 314, 317.
68 Zu den Ausgleichsansprüchen betroffener Dritter siehe den Anh. zu § 771 ZPO.

tenden Wortlauts des § 717 Abs. 2 Satz 1, der den Anspruch scheinbar nur dem Beklagten zubilligt, ohne Bedeutung. Vollstreckungsschuldner kann auch der Kläger sein, dessen Klage abgewiesen und dem die Kostenlast auferlegt wurde.[69] Neben dem Titelschuldner steht der Anspruch auch dessen Rechtsnachfolger zu, gegen den aufgrund einer Klausel nach § 727 ff. vollstreckt worden ist.[70] Dagegen ist der Dritte, der gem. § 267 Abs. 1 Satz 1 BGB zur Abwendung der Zwangsvollstreckung gegen den Schuldner geleistet hat, nicht gem. § 717 Abs. 2 anspruchsberechtigt.[71]

Der Anspruch richtet sich gegen den Vollstreckungsgläubiger. Dies können nach dem Inhalt des Titels sowohl der Kläger als auch der Beklagte sein. Hat ein Rechtsnachfolger des Titelgläubigers aufgrund einer ihm nach § 727 erteilten Klausel die Vollstreckung betrieben – etwa die Bank, der der Titelgläubiger die Forderung abgetreten hat –, so kann der Anspruch sowohl gegen den ursprünglichen Titelgläubiger geltend gemacht werden (– dies ist erforderlich, wenn der Prozess mit ihm nach wie vor anhängig ist und der Anspruch im Verfahren nach Abs. 2 Satz 2 geltend gemacht werden soll[72] –) als auch gegen den Rechtsnachfolger (– wenn in einem eigenen Prozess außerhalb des Weges nach Abs. 2 Satz 2 vorgegangen werden soll[73] –). Ist der Anspruch gegen den ursprünglichen Titelgläubiger im Verfahren gem. Abs. 2 Satz 2 geltend gemacht worden, muss der obsiegende Vollstreckungsschuldner sich analog § 727 Vollstreckungsklausel gegen den Rechtsnachfolger erteilen lassen, der ihm materiellrechtlich allein haftet.[74] Der ursprüngliche Titelgläubiger könnte einer Vollstreckung mit der Klage nach § 767 begegnen.   17

IV. Die Geltendmachung des Schadensersatzanspruchs

Der Schadensersatzanspruch kann ab seiner Entstehung gegen sonstige Ansprüche des ursprünglichen Titelgläubigers zur Aufrechnung gestellt werden. Die Aufrechnung wirkt dann auf den Zeitpunkt des aufhebenden oder abändernden Berufungsurteils zurück.[75] Ihre Wirksamkeit wird in dem gerichtlichen Verfahren überprüft, in dem der Schuldner des Schadensersatzanspruchs, also der ursprüngliche Titelgläubiger, seinerseits diesen sonstigen Anspruch verfolgt.   18

Es sind zudem mehrere Möglichkeiten denkbar, wie der Vollstreckungsschuldner selbst seinen Schadensersatzanspruch gerichtlich geltend machen kann:

1. Inzidentantrag

Der Titelschuldner – nicht dessen Rechtsnachfolger, gegen den aufgrund einer Klausel nach §§ 727 ff. vollstreckt wurde – kann, wenn und solange der Rechtsstreit noch anhängig ist, also auch noch in der Revisionsinstanz,[76] seinen Anspruch auf Schadensersatz mit einem schlichten Antrag, den Vollstreckungsgläubiger zur Zahlung zu verurteilen, im anhängigen Rechtsstreit geltend machen, ohne ausdrücklich Widerklage erheben zu müssen (sog. »**Inzidentantrag**«).[77] Wird der Antrag auf diese Weise geltend gemacht, so ist der Anspruch gem. Abs. 2 Satz 2, 2. Alt. schon als zur Zeit der Zahlung oder Leistung rechtshängig geworden anzusehen. Es sind daher rückwirkend   19

---

69 MüKo/*Götz*, § 717 Rn. 13.
70 BGH, NJW 1985, 128; *Wieczorek/Heß*, § 717 Rn. 18.
71 BGH, NJW 1985, 853; 1994, 1416 (zum vergleichbaren Fall des § 945 ZPO); *Musielak/Lackmann*, § 717 Rn. 11; *Wieczorek/Heß*, § 717 Rn. 18.
72 BGH, NJW 1967, 1966; *Musielak/Lackmann*, § 717 Rn. 14; PG/*Kroppenberg*, § 717 Rn. 17; *Stein/Jonas/Münzberg*, § 717 Rn. 19; *Wieczorek/Heß*, § 717 Rn. 35; a.A. (der Inzidentantrag habe sich bereits gegen den Rechtsnachfolger zu richten): MüKo/*Götz*, § 717 Rn. 25; *Zöller/Herget*, § 717 Rn. 12.
73 BGH, ZZP 1968, 289; *Stein/Jonas/Münzberg*, § 717 Rn. 20.
74 BGH, ZZP 1968, 289; KG, NJW 1977, 2270; *Stein/Jonas/Münzberg*, § 717 Rn. 20.
75 BGH, NJW-RR 2009, 407. A.A. (bereits auf den Zeitpunkt, in dem die nach § 717 Abs. 2 zurückgeforderte Leistung erbracht wurde): OLG Celle, BeckRS 2008, 03693.
76 BGH, NJW 1994, 2095; MüKo/*Götz*, § 717 Rn. 23; *Thomas/Putzo/Seiler*, § 717 Rn. 15.
77 In der Sache handelt es sich allerdings um eine Art privilegierte Widerklage: vergl. *Nieder*, NJW 1975, 1001; *Wieczorek/Heß*, § 717 Rn. 31; a.A. (Rechtsbehelf eigener Art): *Stein/Jonas/Münzberg*, § 717 Rn. 37.

auf diesen Zeitpunkt Rechtshängigkeitszinsen zu zahlen. Durchsetzbar und damit auch seinerseits zu einer Aufrechnung geeignet ist der Anspruch allerdings erst ab Erlass des Berufungsurteils[78].

Es ist nicht Voraussetzung des Inzidentantrages, dass das aufhebende Urteil, durch das sich die Vollstreckung als voreilig erweist, bereits ergangen ist; es genügt vielmehr, dass der Vollstreckungsschaden schon eingetreten ist. Praktisch bedeutet dies, dass der Antrag schon auf Verdacht für den Fall gestellt werden kann, dass das Berufungs- oder Revisionsurteil den Hoffnungen des Vollstreckungsschuldners entsprechen wird. Der Antrag erhöht den Streitwert des anhängigen Verfahrens nicht, soweit nur die Urteilssumme nebst den beigetriebenen Zinsen, die Kosten und die Vollstreckungskosten zurückverlangt werden.[79] Wird dagegen zusätzlicher Vollstreckungsschaden geltend gemacht, so ist er den Streitwert erhöhend anzusetzen.[80] Die Entscheidung über den Antrag wird mit der den Vollstreckungstitel aufhebenden Entscheidung rechtskräftig. Sie verliert andererseits automatisch ihre Wirksamkeit, wenn die aufhebende Entscheidung ihrerseits im Instanzenwege wieder aufgehoben wird. Gleiches gilt, wenn im Revisionszug der ursprüngliche Klageanspruch übereinstimmend in der Hauptsache für erledigt erklärt wird. Die Erledigungserklärung lässt nicht nur das Berufungsurteil in der Sache, sondern auch die in ihm enthaltene Entscheidung über einen Inzidentantrag wirkungslos werden. Die Entscheidung über den Inzidentantrag ist ein ganz normaler Urteilsausspruch, der deshalb auch nach den Regeln der §§ 708 ff. für vorläufig vollstreckbar zu erklären ist. Die Entscheidung wird wie jedes Zivilurteil vollstreckt.

2. Selbstständige Leistungsklage

20 Der Vollstreckungsschuldner, und zwar sowohl der ursprüngliche Titelschuldner als auch dessen möglicher Rechtsnachfolger, kann seinen Schaden auch mit einer **selbstständigen Leistungsklage** geltend machen. Für sie fehlt auch dann nicht das Rechtsschutzbedürfnis, wenn die Möglichkeit des Inzidentantrages noch besteht oder bestanden hat.[81] Sie ist nach den allgemeinen Regeln beim ordentlichen Gericht am Gerichtsstand der §§ 12 ff. bzw. 32[82] zu erheben, bzw., wenn der ursprüngliche Vollstreckungstitel ein arbeitsgerichtlicher war, beim Arbeitsgericht.[83] Das selbstständige Leistungsurteil wird nicht automatisch hinfällig, wenn das aufhebende Urteil, das Ausgangspunkt des Schadensanspruchs war, seinerseits im Instanzenzug wieder aufgehoben wird. Der Gläubiger muss vielmehr gegebenenfalls Vollstreckungsabwehrklage erheben, da der titulierte Schadensersatzanspruch wieder entfallen ist. Anders als beim Inzidentantrag nach Abs. 2 Satz 2 findet bei der selbstständigen Leistungsklage keine Rückdatierung der Rechtshängigkeit auf den Zeitpunkt der Zahlung bzw. Leistung statt. Die schnelle Verwirklichung des Schadensersatzanspruchs kann daran scheitern, dass das Gericht den Rechtsstreit über den Schadensersatzanspruch des Vollstreckungsgläubigers gem. § 148 bis zur Rechtskraft der Entscheidung über die Klage des Vollstreckungsgläubigers aussetzt.[84] Der Zweck des § 717 Abs. 2 steht einer solchen Aussetzung nicht entgegen.[85] Auch hier zeigt sich ein deutlicher Vorteil des Inzidentverfahrens, wo eine solche Aussetzung nicht möglich ist.

3. Widerklage

21 Schließlich kann der Vollstreckungsschuldner nach den allgemeinen Regeln seinen Schadensersatzanspruch im Wege der **Widerklage** geltend machen. Für diese Widerklage gilt allerdings anders als

---

78 BGH, MDR 2009, 290.
79 BGHZ 38, 237 und BGH, MDR 1962, 391.
80 OLG Frankfurt, NJW 1956, 1644; LAG Berlin, MDR 1978, 345; OLG Frankfurt, JurBüro 1973, 1104.
81 BGH, MDR 1972, 765.
82 BGH, NJW 2011, 2518; MüKo/*Götz*, § 717 Rn. 22.
83 *Stein/Jonas/Münzberg*, § 717 Rn. 74.
84 Zu dieser Möglichkeit: OLG Köln, JMBlNW 1964, 184.
85 LAG Köln, MDR 1993, 684; ebenso OLG Düsseldorf, NJW 1974, 1714f. für den Fall, dass mit der Klageforderung aufgerechnet wird.

für den Inzidentantrag nach Abs. 2 Satz 2 dann § 533. Der Weg über die »gewöhnliche« Widerklage wird vor allem dann zu gehen sein, wenn der Vollstreckungsschuldner einerseits die Verbindung mit dem laufenden Verfahren sucht, andererseits noch andere Personen als den Titelgläubiger (z. B. den Rechtsnachfolger oder dessen Vertreter persönlich) mit einbeziehen will.

V. Der Anspruch aus Abs. 3 Satz 2

War der nur vorläufig vollstreckbare Titel, aus dem der Gläubiger die Vollstreckung betrieben hat, ein im streitigen Verfahren ergangenes Berufungsurteil in einer vermögensrechtlichen Streitigkeit, so ist der Gläubiger, der im Vertrauen auf den Bestand dieses Urteils die Zwangsvollstreckung betrieben hat, nicht zum Schadensersatz nach Abs. 2, sondern nur zur Herausgabe des aufgrund des Urteils Gezahlten oder Geleisteten verpflichtet, wenn das Urteil aufgehoben oder abgeändert wird, die Vollstreckung sich also doch als voreilig erweist. Anders als bei Abs. 2 genügt es, um den Erstattungsanspruch auszulösen, dass »auf Grund des Urteils« Zahlungen geleistet wurden, ohne dass erforderlich ist, dass der Vollstreckungsgläubiger das förmliche Zwangsvollstreckungsverfahren eingeleitet und der Schuldner unter Vollstreckungsdruck geleistet hat.[86] Die Erstattungspflicht des Vollstreckungsgläubigers[87] nach Abs. 3 bestimmt sich nach den Vorschriften über die Herausgabe einer ungerechtfertigten Bereicherung (Rechtsfolgen-, nicht Rechtsgrundverweisung). Der ursprüngliche Grund für diese Haftungsmilderung ist, dass Urteile, die ausnahmslos von einem Kollegium gefällt werden, grundsätzlich eine größere Gewähr der Beständigkeit bieten, ist entfallen[88], nachdem auch in Berufungssachen, insbesondere der Landgerichte, weitgehend der Einzelrichter entscheidet. Dennoch ist es nicht möglich, de lege lata die Einzelrichterentscheidungen in Berufungssachen aus dem Anwendungsbereich des § 717 im Wege »teleologischer Auslegung der Norm« herauszunehmen.[89]

1. Verhältnis des Anspruchs aus Abs. 3 Satz 2 zum Schadensersatzanspruch nach Abs. 2

Hat der Gläubiger bereits aus dem erstinstanzlichen Urteil vollstreckt, die Vollstreckung dann fortgesetzt, als das erstinstanzliche Urteil vom Berufungsgericht bestätigt wurde, und wird dann der Vollstreckungstitel in der Revisionsinstanz ganz oder teilweise aufgehoben oder abgeändert, sodass die Vollstreckungsmöglichkeit entfällt, so ist für die Vollstreckung bis zum Berufungsurteil Schadensersatz nach Abs. 2 zu leisten, während für die Vollstreckung danach nur nach Bereicherungsrecht gehaftet wird. Die Abgrenzung, welcher Schaden noch auf der Vollstreckung bis zum bestätigenden Berufungsurteil beruht, kann nicht nach dem Zeitpunkt, wann dieser Schaden tatsächlich eingetreten ist, vorgenommen werden, da auch nach dem Berufungsurteil zu Tage getretene Schäden ihren Grund allein in der Vollstreckung des erstinstanzlichen Urteils haben können. Es muss vielmehr darauf abgestellt werden, ob die geltend gemachten Schäden auch eingetreten wären, wenn schon das Berufungsgericht ebenso wie das Revisionsgericht entschieden hätte, ob die Schadensursache also schon in vollem Umfange durch die erstinstanzliche Entscheidung gesetzt wurde.[90] Ist das der Fall, so sind diese Schäden unabhängig vom Zeitpunkt ihres Eintritts nach Abs. 2 zu ersetzen;[91] treten die Vermögenseinbußen aber nur deshalb ein, weil über die bestätigende Berufungsentscheidung hinaus weiter vollstreckt wird, so kommt ein Ausgleich nur noch nach

---

86 BGH, NJW 2011, 2518 mit Anm. *Timme,* NJW 2011, 2521 und Anm. *Schreiber,* ZZP 2011 (Bd. 124), 382; BAG, ZTR 2003, 567; BAG, BeckRS 2009, 66276; LAG Baden-Württemberg, BeckRS 2009, 69770; a. A. (kein Unterschied zu Abs. 2): MüKo/*Krüger,* § 717 Rn. 30; *Musielak/Lackmann,* § 717 Rn. 16.
87 Hinsichtlich der Passiv- und auch Aktivlegitimation gilt das oben Rdn. 16, 17 Gesagte entsprechend; siehe ferner BGH, NJW 1967, 1966 mit Anm. *Grunsky,* ZZP 1968, 291.
88 Zum Versuch einer neuen Rechtfertigung des Haftungsprivilegs: *Piekenbrock,* JR 2005, 446; BGH, NJW 2011, 2518, 2520.
89 Dies schlägt *Hau,* NJW 2005, 712 vor.
90 OLG Düsseldorf, Urt. v. 4.5.2006 – I 2 U 112/05.
91 BGHZ 69, 373.

Bereicherungsgrundsätzen in Betracht. Die Beweislast dafür, wann der Grund für den konkreten Schaden gelegt wurde, trägt der den Anspruch geltend machende Vollstreckungsschuldner.

24 Die vorstehenden Ausführungen haben bereits gezeigt, dass die Haftungsmilderung nach Abs. 3 nicht nur eintritt, wenn das Berufungsurteil selbst den Vollstreckungstitel bildet, wenn es also im Tenor vom landgerichtlichen Titel abweicht, sondern auch dann, wenn das Berufungsurteil das erstinstanzliche Urteil voll bestätigt, sodass dieses der Vollstreckungstitel bleibt. Entscheidend ist nur, dass die Vollstreckung erst nach dem Berufungsurteil durchgeführt wurde und dass diese Vollstreckung die Ursache der Vermögenseinbuße war.

2. Verhältnis zu anderen eine Erstattungspflicht regelnden prozessualen Vorschriften

25 Nach § 788 Abs. 3 sind dem Schuldner die Kosten der Zwangsvollstreckung zu erstatten, wenn das Urteil, aus dem die Zwangsvollstreckung erfolgt ist, aufgehoben wird. Er kann insoweit einen Kostenfestsetzungsbeschluss nach §§ 103 ff. erwirken.[92] § 788 Abs. 3 erweitert nicht den Haftungsumfang über § 717 Abs. 3 hinaus: Die Vorschrift muss so gelesen werden, dass sie sich nur auf diejenigen Vollstreckungskosten bezieht, die der Schuldner zuvor dem Gläubiger erstattet hatte – diese Kosten erfasst auch § 717 Abs. 3 als »Leistung« des Vollstreckungsschuldners an den Gläubiger –, nicht aber auf Kosten, die dem Schuldner zur Abwendung der Zwangsvollstreckung entstanden sind (etwa die Provision für eine Bürgschaft als Sicherheitsleistung).[93] Diese Kosten, die nicht nach Abs. 3 zurückverlangt werden können, da der Gläubiger von Anfang an nicht um sie bereichert war, können auch nicht über § 788 Abs. 3 beigetrieben werden. § 788 Abs. 3 erweitert also nur die Möglichkeiten des Vollstreckungsschuldners im Fall des § 717 Abs. 2, nicht aber des Abs. 3.[94]

3. Zum Umfang der Haftung

26 Herauszugeben ist alles, was der Vollstreckungsschuldner aufgrund des aufgehobenen vorläufig vollstreckbaren Titels an den Vollstreckungsgläubiger mit der Wirkung gezahlt oder geleistet hatte,[95] dass dieser ursprünglich insoweit bereichert war. Dass diese Bereicherung später weggefallen sei, kann vom Vollstreckungsgläubiger nicht eingewendet werden.[96] Denn seine Haftung ist gem. **Abs. 3 Satz 4, 2. Halbs.** vom Zeitpunkt der Zahlung oder Leistung an ihn verschärft, als wäre der Bereicherungsanspruch damals schon rechtshängig gemacht worden (§ 818 Abs. 4 BGB). Für den Empfänger von Unterhaltsleistungen, die aufgrund einer nicht dem materiellen Recht entsprechenden einstweiligen Anordnung geleistet worden sind, tritt die verschärfte Haftung des Bereicherungsschuldners aber nicht rückwirkend schon mit der Rechtshängigkeit des Antrages auf Feststellung ein, dass die Unterhaltspflicht nicht bestehe.[97] Die empfangenen Leistungen sind vom Zeitpunkt der Zahlung an gem. §§ 818 Abs. 4, 288, 291 BGB mit 5 bzw. 8 Prozentpunkten über dem Basiszinssatz zu verzinsen, ohne dass es insoweit einer Inverzugsetzung bedürfte.[98]

4. Keine entsprechende Anwendung des Abs. 3 auf Vermögenseinbußen, die der Vollstreckungsgläubiger aufgrund des Berufungsurteils erlitten hat

27 Abs. 3 enthält keinen allgemeinen Gedanken dahingehend, dass alle Vermögenseinbußen, die durch ein letztlich nicht beständiges Berufungsurteil einer Prozesspartei erwachsen, von der anderen Prozesspartei insoweit nach Bereicherungsgrundsätzen auszugleichen seien, als sie durch dieses Urteil

---

92 Einzelheiten: § 788 Rdn. 32.
93 Einzelheiten und Nachweise siehe § 788 Rdn. 34.
94 Sehr streitig; zu den abweichenden Auffassungen siehe § 788 Rdn. 34.
95 Siehe hierzu Rdn. 22.
96 BAG, NJW 1961, 1989; BAG, ZTR 2003, 567; LAG Baden-Württemberg, BeckRS 2009, 69770; *Wieczorek/Heß*, § 717 Rn. 29.
97 BGHZ 93, 183.
98 LAG Hamm, NJW 1976, 1119.

Vorteile erlangt habe. Deshalb kann der Vollstreckungsgläubiger, der durch Vollstreckung des erstinstanzlichen Urteils auf dem Grundstück des Schuldners eine Zwangshypothek hatte eintragen lassen, die dann nach Aufhebung dieses Urteils durch das Berufungsgericht gem. § 868 als Eigentümergrundschuld auf den Vollstreckungsschuldner überging, nicht gem. § 717 Abs. 3 von diesem Bereicherungsausgleich hierfür verlangen, wenn das Berufungsurteil später in der Revisionsinstanz aufgehoben und der erstinstanzliche Titel wiederhergestellt wird.[99]

VI. Die Geltendmachung der Bereicherungshaftung

Auch die Bereicherungshaftung kann gem. **Abs. 3 Satz 2** durch Inzidentantrag, d.h. also noch in der Revisionsinstanz, in den noch anhängigen Rechtsstreit eingeführt werden. Wird der Antrag gestellt, so ist der Anspruch auf Erstattung schon als zur Zeit der Zahlung oder Leistung rechtshängig geworden anzusehen (**Abs. 3 Satz 4, 1. Halbs.**). Der Anspruch kann aber ebenso wie der Schadensersatzanspruch gem. Abs. 2 auch mit der selbstständigen Leistungsklage verfolgt werden.[100] Auch hier kann im Gerichtsstand des § 32 ZPO geklagt werden, was insbesondere von Bedeutung ist, wenn der ursprüngliche Kläger seinen Wohnsitz im Ausland hat.[101] Denn auch der Anspruch aus Abs. 3 Satz 2 ist ein nach den Grundsätzen der Gefährdungshaftung begründeter Erstattungsanspruch, kein einfacher Bereicherungsanspruch.

28

Eine selbstständige neue Widerklage ist dagegen in der Revisionsinstanz nicht möglich.

VII. Einfluss des Abs. 3 auf § 719 Abs. 2

Dass der Vollstreckungsgläubiger bei der voreiligen Vollstreckung aus einem Berufungsurteil gem. Abs. 3 nur noch nach Bereicherungsgrundsätzen haftet, darf nicht dazu führen, dass die Vollstreckung aus einem solchen Urteil »vorsichtshalber« in aller Regel gem. § 719 Abs. 2 vom Revisionsgericht einstweilen eingestellt wird, wenn im Fall einer Abänderung dieses Urteils Schäden drohen, die nach § 717 Abs. 3 nicht zu ersetzen sind. Die Abänderung dieses Urteils muss vielmehr mit erheblicher Wahrscheinlichkeit zu erwarten sein, da grundsätzlich das Interesse des Gläubigers, endlich aus dem Berufungsurteil vollstrecken zu können, als vorrangig zu beurteilen ist.[102]

29

VIII. Verhältnis des Bereicherungsanspruchs nach Abs. 3 zu den allgemeinen Anspruchsnormen des BGB

Die Regelung nach Abs. 3 ist nicht nur eine abschließende im Hinblick auf die übrigen Erstattungsvorschriften in der ZPO,[103] sie schließt auch einen Rückgriff auf Ansprüche aus § 823 Abs. 1 – fahrlässige Eigentumsverletzung durch Zwangsvollstreckung –, § 826 BGB – sittenwidrige Ausnutzung eines als unrichtig erkannten Berufungsurteils –, positive Forderungsverletzung eines durch den Vollstreckungszugriff begründeten gesetzlichen Schuldverhältnisses – Fortsetzung der Vollstreckung aufgrund des Berufungsurteils, obwohl hätte erkannt werden können, dass das Revisionsgericht eine andere Rechtsauffassung vertreten werde –, aus. Nicht berührt werden Ansprüche aus §§ 823 Abs. 2 BGB, 263 StGB, 826 BGB, soweit das Berufungsurteil durch eine Straftat erschlichen worden war.

30

IX. Kein Anspruch aus § 839 BGB

Schadensersatzansprüchen gegen den Staat wegen des »falschen« Berufungsurteils steht in aller Regel § 839 Abs. 2 Satz 1 BGB entgegen. Damit bleibt es als Folge des § 717 Abs. 3 denkbar, dass

31

---

99 BGH, MDR 1971, 378.
100 Siehe oben Rdn. 20.
101 BGH, NJW 2011, 2518 mit Anm. *Schreiber,* ZZP 2011 (Bd. 124), 382.
102 Einzelheiten: § 719 Rdn. 15.
103 Siehe oben Rdn. 23–25.

§ 717 ZPO   Wirkungen eines aufhebenden oder abändernden Urteils

dem Schuldner aus einer voreiligen Vollstreckung Schäden erwachsen, die er endgültig tragen muss und unter keinem rechtlichen Gesichtspunkt von irgendjemandem ersetzt verlangen kann.

X. Entsprechende Anwendung im arbeitsgerichtlichen Verfahren und in der Abgabenvollstreckung

32   Im arbeitsgerichtlichen Verfahren sind § 717 Abs. 2 und Abs. 3 grundsätzlich anwendbar, Abs. 2 auch im arbeitsgerichtlichen Beschlussverfahren (§§ 62, 85 ArbGG)[104]. Eine Einschränkung ist nur geboten, wenn es um die Haftung vermögensloser betriebsverfassungsrechtlicher Stellen geht.

Entgegen der gefestigten Rechtsprechung des BGH[105] sollte § 717 Abs. 2 auch in der Abgabenvollstreckung analog zur Anwendung kommen, wenn aus einem sofort vollziehbaren Steuerbescheid vollstreckt worden war, der sich später als nicht beständig erwies.[106] Die Verweisung hier allein auf etwaige Amtshaftungsansprüche ist nicht interessengerecht und beruht auf einer überholten hoheitsgläubigen Perspektive.

---

104   BAG, NJW 2015, 894 mit Anm. *Kolb*, NJW 2015, 896.
105   Siehe oben Rdn. 5.
106   *Gaul*, JZ 2013, 760, 770.

§ 718 Vorabentscheidung über vorläufige Vollstreckbarkeit

(1) In der Berufungsinstanz ist über die vorläufige Vollstreckbarkeit auf Antrag vorab zu verhandeln und zu entscheiden.

(2) Eine Anfechtung der in der Berufungsinstanz über die vorläufige Vollstreckbarkeit erlassenen Entscheidung findet nicht statt.

Übersicht	Rdn.			Rdn.
I. Die Vorabentscheidung über die vorläufige Vollstreckbarkeit in der Berufungsinstanz (Abs. 1)................	1	5.	Verfahren und Kosten...............	6
		6.	Entsprechende Anwendung im Verwaltungsprozess	8
1. Zweck der Regulierung...............	1	7.	Anwendung in Familienstreitverfahren..	9
2. Antragsberechtigung...............	3	II.	Unanfechtbarkeit der in der Berufungsinstanz über die vorläufige Vollstreckbarkeit erlassenen Entscheidungen.......	10
3. Rechtsschutzinteresse	4			
4. Inhalt der Entscheidung.............	5			

Literatur:
Groeger, Sicherheitsleistung bei vorläufig vollstreckbaren erstinstanzlichen Urteilen – Ermäßigung bei beschränkt eingelegter Berufung, NJW 1994, 431.

I. Die Vorabentscheidung über die vorläufige Vollstreckbarkeit in der Berufungsinstanz (Abs. 1)

1. Zweck der Regelung

Die erstinstanzliche Entscheidung über die vorläufige Vollstreckbarkeit wird mit der Entscheidung des Berufungsgerichts in der Hauptsache, die immer mit einer neuen Entscheidung über die vorläufige Vollstreckbarkeit zu verbinden ist, soweit das Berufungsurteil nicht sofort rechtskräftig wird[1], hinfällig. Insofern bestünde kein Rechtsschutzbedürfnis, die Entscheidung über die vorläufige Vollstreckbarkeit anzufechten. Andererseits kann diese Entscheidung sowohl den Gläubiger wie den Schuldner erheblich belasten. Die Entscheidung des Berufungsgerichts in der Hauptsache kann, insbesondere wenn noch eine Sachverhaltsaufklärung erforderlich ist, lange auf sich warten lassen. Insofern besteht dann ein dringendes Bedürfnis, vorab die erstinstanzliche Entscheidung zur vorläufigen Vollstreckbarkeit zu überprüfen und gegebenenfalls zu korrigieren, soweit sie inhaltlich fehlerhaft ist, die §§ 708 ff. also unrichtig angewendet wurden,[2] bis diese erstinstanzliche Entscheidung später durch die Entscheidung zur Vollstreckbarkeit des Berufungsurteils ersetzt wird. Diesem Bedürfnis zu entsprechen, ist Zweck des Abs. 1.

Aus der Zweckrichtung, die Korrektur fehlerhafter erstinstanzlicher Entscheidungen zu ermöglichen, folgt, dass Anträge zur vorläufigen Vollstreckbarkeit, die im erstinstanzlichen Verfahren nicht gestellt worden waren, dort also weder falsch entschieden noch vergessen werden konnten, nicht Gegenstand eines Antrages auf Vorabentscheidung nach § 718 sein können.[3] Will eine Partei die

---

1 Siehe hierzu § 705 Rdn. 2.
2 OLG Köln, BeckRS 2013, 09764.
3 Wie hier: OLG Hamm, MDR 1967, 221; OLG Frankfurt, MDR 1971, 850; OLG Frankfurt, MDR 1982, 415; OLG Karlsruhe, NJW-RR 1989, 1470; Thomas/Putzo/*Seiler*, § 714 Rn. 5; **a. A.:** OLG Hamburg, MDR 1970, 244; OLG Karlsruhe, OLGZ 1975, 484; OLG Frankfurt, MDR 1984, 60; OLG Koblenz, NJW-RR 1989, 1024; OLG Frankfurt, FamRZ 1990, 539 und OLGZ 1994, 106; *Wieczorek/Heß*, § 718 Rn. 6; weitere Nachweise siehe bei § 714 Rdn. 2.

Beschränkung der vorläufigen Vollstreckbarkeit aus Gründen erreichen, die erstinstanzlich noch nicht vorlagen, muss sie einen Antrag nach §§ 719 Abs. 1, 707 stellen.[4]

2. Antragsberechtigung

3 Der Antrag zur vorläufigen Vollstreckbarkeit und zur Vorabverhandlung und -entscheidung kann sowohl vom Berufungskläger als auch im Wege der Anschlussberufung[5] vom Berufungsbeklagten gestellt werden. Er kann nicht alleiniger Inhalt der Berufung sein. Das Urteil muss auch in der Hauptsache angegriffen sein, da ansonsten nicht von einer »Vorabentscheidung« gesprochen werden könnte[6]. Der Berufungsantrag muss dabei neben dem Antrag zur Hauptsache zunächst nur den Sachantrag zur vorläufigen Vollstreckbarkeit enthalten, während der Verfahrensantrag zur Vorabverhandlung und -entscheidung hierüber auch noch nachträglich gestellt werden kann.

3. Rechtsschutzinteresse

4 Ist die Zwangsvollstreckung bereits beendet oder hat der Schuldner zur Abwendung der Zwangsvollstreckung bereits freiwillig geleistet, so fehlt für einen Antrag nach § 718 das **Rechtsschutzinteresse**[7], weil eine Änderung des Ausspruches zur vorläufigen Vollstreckbarkeit die beendete Vollstreckung nicht mehr beeinflussen kann. Dagegen ist das Rechtsschutzinteresse nicht schon deshalb zu verneinen, weil der Antragsteller sein Ziel auch mit einem Vollstreckungsschutzantrag nach §§ 719, 707 erreichen könnte.[8] Vollstreckungsschutzentscheidungen nach diesen Vorschriften geben, weil leichter abänderbar, nicht die gleiche Sicherheit wie eine Vorabentscheidung nach Abs. 1. Einem Antrag des Vollstreckungsschuldners auf Beschränkung der Vollstreckung im Wege der Vorabentscheidung fehlt das Rechtsschutzinteresse nicht deshalb, weil der Gläubiger noch nicht mit der Vollstreckung begonnen hat; es würde aber dann fehlen, wenn der Gläubiger verbindlich erklärt hat, dass er auf eine Zwangsvollstreckung vor Rechtskraft verzichte.

4. Inhalt der Entscheidung

5 Im Rahmen der Entscheidung über einen Antrag nach § 718 findet keine Prüfung der Hauptsache statt; allein die Vollstreckbarerklärung wird auf ihre Richtigkeit nach §§ 708 ff überprüft[9]. Inhalt einer Entscheidung nach § 718 können die Höhe der Sicherheitsleistung, die Frage, ob überhaupt Sicherheit zu leisten ist, und alle vom Gericht übergangenen oder gegen den jeweiligen Antragsgegner entschiedenen Vollstreckungsschutzanträge sein. Zur Höhe der Sicherheitsleistung zählt es auch, wenn Aufspaltung der Sicherheitsleistung in mehrere Teilbeträge begehrt wird, etwa hinsichtlich der einzelnen unterschiedlichen Anträge zur Hauptsache, aber auch hinsichtlich der

---

[4] OLG Köln, GRUR 2000, 254 will eine Entscheidung nach § 718 auch zulassen, wenn eine Erhöhung der im angefochtenen Urteil festgesetzten Sicherheitsleistung erstrebt wird, obwohl die erstinstanzlich angeordnete Sicherheitsleistung dem dortigen Antrag entsprach, wenn sich aber später herausgestellt hat, dass der dem Schuldner aus einer möglichen Vollstreckung drohende Schaden höher ist, als zunächst angenommen.
[5] OLG Düsseldorf, FamRZ 1985, 307; OLG Frankfurt, NJW-RR 1988, 189; a.A. (Antrag auch ohne Anschlussberufung möglich): LG Hamburg, MDR 1968, 591; VGH Kassel, NVwZ 1987, 517; OLG Koblenz, OLGR 2008, 649; *Wieczorek/Heß*, § 718 Rn. 6.
[6] OLG Frankfurt, BeckRS 2012, 11701; OLG Köln, NJW-RR 2006, 66; LAG Mainz, NZA-RR 2006, 48; PG/*Kroppenberg*, § 718 Rn. 2; MüKo/*Götz*, § 718 Rn. 2. A.A. (Beschränkung der Berufung allein auf die Vollstreckbarerklärung möglich): OLG Rostock, NJW-RR 2009, 498; *Thomas/Putzo/Seiler*, vor §§ 708–720 Rn. 16.
[7] OLG Hamm, MDR 1949, 359; OLG Köln, MDR 1980, 764; OLG Hamburg, VersR 1984, 895; *Musielak/Lackmann*, § 718 Rn. 2; *Zöller/Herget*, § 718 Rn. 1; a.A.: *Stein/Jonas/Münzberg*, § 718 Rn. 4.
[8] So aber OLG Karlsruhe, OLGZ 1986, 254. Wie hier: *Wieczorek/Heß*, § 718 Rn. 6.
[9] KG, NJW-RR 2009, 648; OLG Köln, BeckRS 2013, 09764.

Hauptsache und der Kosten[10], oder hinsichtlich eines Teiles der Hauptsache.[11] Insoweit handelt es sich nicht um nachgeholte Schutzanträge i. S. von Rdn. 2 oben. Das erstinstanzliche Gericht hätte eine solche Aufteilung schon von Amts wegen vornehmen können und vielfach in Fürsorge für den obsiegenden Gläubiger auch vornehmen sollen, um ihm die Vollstreckung nicht unnötig zu erschweren. Eine Änderung der Art der angeordneten Sicherheitsleistung kann für sich allein nicht Gegenstand einer Vorabentscheidung nach § 718 sein;[12] denn dies kann das erstinstanzliche Gericht selbst durch Ergänzungsbeschluss bewirken.[13]

5. Verfahren und Kosten

Die Entscheidung ergeht in der Regel durch **Teilurteil** nach mündlicher Verhandlung.[14] Es besteht Anwaltszwang (§ 78 ZPO). Liegen die Voraussetzungen des § 128 Abs. 2 vor, darf die Entscheidung auch im schriftlichen Verfahren ergehen.[15] Für die Entscheidung ist beim Oberlandesgericht der Senat, nicht der Einzelrichter zuständig.[16] Ist der Antrag offensichtlich unzulässig, kann gem. § 522 Abs. 2 ausnahmsweise durch Beschluss über ihn entschieden werden. Der Beschluss ist gem. Abs. 2 i. V. mit § 522 Abs. 3 nicht anfechtbar.[17]

6

Durch die Vorabentscheidung fallen weder gesonderte Gerichts- noch Anwaltskosten an.[18] Die Entscheidung ist deshalb auch nicht mit einer Kostenentscheidung zu versehen[19]. Es ist kein gesonderter Streitwert für sie festzusetzen.[20] Soweit im Zuge der Vorabverhandlung und -entscheidung Auslagen angefallen sind, zählen sie zu den Kosten des Rechtsstreits.

7

6. Entsprechende Anwendung im Verwaltungsprozess

Die Vorabentscheidung nach Abs. 1 ist auch im Verwaltungsstreitverfahren zulässig.[21] Dagegen ist die Vorschrift nicht entsprechend anwendbar im Revisionsverfahren vor dem Bundesfinanzhof.[22]

8

7. Anwendung in Familienstreitverfahren

Nach § 120 Abs. 2 Satz 1 FamFG sind Endentscheidungen in Familienstreitsachen mit Wirksamwerden, d. h. regelmäßig mit Rechtskraft (§ 116 Abs. 3 Satz 1 FamFG), soweit das Gericht nicht die sofortige Wirksamkeit angeordnet hat (§ 116 Abs. 3 Satz 2 FamFG), vollstreckbar, es sei denn, das Gericht hat gem. § 120 Abs. 2 Satz 2 FamFG auf Antrag die Vollstreckung vor Rechtskraft eingestellt. Ist nun die sofortige Wirksamkeit angeordnet oder diese Anordnung unterlassen worden, so kann diese Entscheidung nicht im Rahmen der Beschwerde vorab gem. §§ 120 Abs. 1 FamFG, 718 ZPO angefochten werden. Denn §§ 120 Abs. 1 FamFG, 718 ZPO werden durch die Spe-

9

---

10 KG, GRUR 1988, 751.
11 OLG Düsseldorf, FamRZ 1985, 307.
12 OLG Frankfurt, NJW-RR 1986, 486; OLG Köln, MDR 1997, 392; *Schneider*, MDR 1983, 906; *Wieczorek/Heß*, § 717 Rn. 5; **a. A.** aber OLG Frankfurt, ZIP 1981, 538.
13 Siehe § 709 Rdn. 5.
14 OLG Bamberg, FamRZ 1990, 184; OLG Frankfurt, OLGZ 1994, 470; *Wieczorek/Heß*, § 718 Rn. 9.
15 VGH Kassel, NVwZ 1990, 275; **a. A.** (Entscheidung ausschließlich nach mündlicher Verhandlung): *Musielak/Lackmann*, § 718 Rn. 2.
16 OLG Frankfurt, OLGZ 1990, 495 PG/*Kroppenberg*, § 718 Rn. 5; *Thomas/Putzo/Seiler*, § 718 Rn. 1a; **a. A.** (auch der Einzelrichter zuständig): *Zöller/Herget*, § 718 Rn. 3.
17 MüKo/*Götz*, § 718 Rn. 4.
18 OLG Hamm, MDR 1975, 501.
19 MüKo/*Götz*, § 718 Rn. 4.
20 **A. A.**: KG, MDR 1974, 323.
21 OVG Bremen, NJW 1967, 2222; VGH Kassel, NVwZ 1987, 517.
22 BFH, WM 1971, 973.

zialregelung in § 120 Abs. 2 Satz 3 FamFG mit Verweis auf §§ 707, 719 Abs. 1 ZPO verdrängt.[23] Hiernach kann die Zwangsvollstreckung nur unter den dort genannten engen Voraussetzungen vorläufig eingestellt werden, während eine Nachholung der unterlassenen Anordnung der sofortigen Wirksamkeit allenfalls im Rahmen des § 64 Abs. 3 FamFG (einstweilige Anordnung) möglich ist.[24]

II. Unanfechtbarkeit der in der Berufungsinstanz über die vorläufige Vollstreckbarkeit erlassenen Entscheidungen

10 Sowohl die Vorabentscheidungen nach Abs. 1 als auch die Entscheidung zur vorläufigen Vollstreckbarkeit im Berufungsurteil zur Hauptsache selbst sind weder beim Berufungsgericht noch beim Revisionsgericht anfechtbar. § 718 ist im Revisionsverfahren nicht entsprechend anwendbar.[25] Das gilt auch dann, wenn die Vorschriften der §§ 708 ff. offensichtlich fehlerhaft angewendet worden sind. Fehlerhaften Entscheidungen zulasten des Schuldners kann das Revisionsgericht gegebenenfalls im Rahmen des § 719 Abs. 2 die Spitze nehmen.

---

23 OLG Karlsruhe, BeckRS 2013, 15872; OLG Karlsruhe, NJOZ 2013, 1925; **a. A.** für den Fall, dass die sofortige Wirksamkeit nicht angeordnet wurde (§ 718 dann anwendbar): OLG München, BeckRS 2013, 10744.
24 OLG Bamberg, FamRZ 2013, 481; **a. A.** insoweit (Nachholung nicht möglich): OLG Karlsruhe, BeckRS 2013, 15872.
25 BGH, WuM 2005, 736; 2006, 269.

§ 719 Einstweilige Einstellung bei Rechtsmittel und Einspruch

(1) ¹Wird gegen ein für vorläufig vollstreckbar erklärtes Urteil der Einspruch oder die Berufung eingelegt, so gelten die Vorschriften des § 707 entsprechend. ²Die Zwangsvollstreckung aus einem Versäumnisurteil darf nur gegen Sicherheitsleistung eingestellt werden, es sei denn, dass das Versäumnisurteil nicht in gesetzlicher Weise ergangen ist oder die säumige Partei glaubhaft macht, dass ihr Säumnis unverschuldet war.

(2) ¹Wird Revision gegen ein für vorläufig vollstreckbar erklärtes Urteil eingelegt, so ordnet das Revisionsgericht auf Antrag an, dass die Zwangsvollstreckung einstweilen eingestellt wird, wenn die Vollstreckung dem Schuldner einen nicht zu ersetzenden Nachteil bringen würde und nicht ein überwiegendes Interesse des Gläubigers entgegensteht. ²Die Parteien haben die tatsächlichen Voraussetzungen glaubhaft zu machen.

(3) Die Entscheidung ergeht durch Beschluss.

Übersicht	Rdn.			Rdn.
I. Einstweilige Einstellung der Zwangsvollstreckung im Berufungsrechtszug	1	2.	Keine Maßnahmen bei Unzulässigkeit der Revision	12
1. Antrag	2	3.	Keine Maßnahmen bei versäumtem Schutzantrag nach § 712	13
2. Keine schematische Entscheidung	3	4.	Keine Maßnahmen zur Korrektur unzureichender Sachanträge	14
3. Einstellung der Vollstreckung aus einstweiliger Verfügung	4	5.	»Nicht zu ersetzender Nachteil«	15
4. Mögliche Maßnahmen des Berufungsgerichts	5	6.	Überwiegendes Gläubigerinteresse	18
II. Einstweilige Einstellung der Zwangsvollstreckung aus einem Versäumnisurteil nach Einspruch	6	7.	Umfang der einstweiligen Einstellung	19
III. Entsprechende Anwendung der Norm	7	8.	Verhältnis von § 719 Abs. 2 zu § 707 Abs. 1	20
IV. Rechtsbehelfe	9	9.	Entsprechende Anwendung von § 719 Abs. 2 in Familienstreitsachen	21
V. Einstweilige Einstellung der Zwangsvollstreckung im Revisionsrechtszug (Abs. 2)	10	10.	Kein Rechtsmittel	22
1. Postulationsfähigkeit	11	11.	Gebühren	23
		12.	Arbeitsgerichtliches Verfahren	24

Literatur:

Eisenhardt, Folgen des erstinstanzlich versäumten Schutzantrages gegen drohende Räumung, NZM 1999, 785; *Haakshorst/Comes*, Die Rückgabe der vom Gläubiger geleisteten Sicherheit im Falle des § 719 ZPO, NJW 1977, 2344; *Hackenberger/Schmidt*, Wiederherstellung einer aufgehobenen einstweiligen Verfügung im Wettbewerbsprozeß durch Einstellung der Zwangsvollstreckung, BB 1970, 20; *Karst*, Die einstweilige Einstellung der Zwangsvollstreckung ohne Sicherheitsleistung aus einem Versäumnisurteil, MDR 2003, 1391; *Müssig*, Die einstweilige Einstellung der Zwangsvollstreckung aus einem Versäumnisurteil bzw. Vollstreckungsbescheid in den Fällen des § 719 Abs. 1 S. 2, 2. HS ZPO ohne Sicherheitsleistung, ZZP 1985 (Bd. 98), 324; *Spieker*, Einstellung der Zwangsvollstreckung in zweiter Instanz ohne Antrag in erster Instanz, NZFam 2015, 241.

I. Einstweilige Einstellung der Zwangsvollstreckung im Berufungsrechtszug

Hat der Schuldner das ihn beschwerende erstinstanzliche, vorläufig vollstreckbare Urteil mit der Berufung angefochten, so kann er beim Berufungsgericht[1] beantragen, dass es entsprechend den Möglichkeiten des § 707[2] die Zwangsvollstreckung einstweilen einstellt oder beschränkt. 1

---

1 Das erstinstanzliche Gericht ist zur Entscheidung über einen Einstellungsantrag nach § 719 Abs. 1 nicht befugt; vergl. OLG Nürnberg, JurBüro 1964, 523.
2 Siehe dort Rdn. 9–14.

§ 719 ZPO Einstweilige Einstellung bei Rechtsmittel und Einspruch

1. Antrag

2 Der Antrag kann erst gestellt werden, wenn tatsächlich Berufung eingelegt wurde, nicht schon im Rahmen eines der Berufungseinlegung vorgeschalteten Prozesskostenhilfe-Prüfungsverfahrens.[3] Ist das Verfahren nach Berufungseinlegung durch Eröffnung des Insolvenzverfahrens über das Vermögen einer Partei unterbrochen worden, so hindert diese Unterbrechung nicht Schutzanträge gem. § 719 Abs. 1.[4] Wird der Antrag allein mit Umständen begründet, die schon in erster Instanz vorlagen und die dort einen Antrag nach § 712 gerechtfertigt hätten, der aber unterblieben ist, so ist der Antrag nach § 719 Abs. 1 unzulässig[5], da er darauf hinausliefe, außerhalb des § 718[6] den unterbliebenen Antrag nachzuholen. Dass § 719 Abs. 1 und Abs. 2, was nahezu unstreitig ist,[7] unterschiedliche Ziele verfolgen, wie zur Begründung der Gegenmeinung angeführt wird, steht der Gleichbehandlung insoweit deshalb nicht entgegen.

Der Antrag muss die begehrte Maßnahme näher bezeichnen. Die Tatsachen, die den Antrag begründen sollen, sind gem. § 714 Abs. 2 glaubhaft zu machen. Einem Antrag, die Zwangsvollstreckung einzustellen, fehlt nicht deshalb das Rechtsschutzinteresse[8], weil der Gläubiger seinerseits nur gegen Sicherheitsleistung vollstrecken und der Schuldner eine Sicherungsvollstreckung schon nach § 720a durch Sicherheitsleistung verhindern kann.[9] Ob der Schuldner tatsächlich Nachteile auch bei einer Zwangsvollstreckung nur gegen Sicherheitsleistung zu befürchten hat, ist erst eine Frage der Begründetheit des Antrages. Insoweit ist dann ein strenger Maßstab anzulegen.[10] Dass der Schuldner zur Abwendung der Zwangsvollstreckung aus dem Urteil bereits geleistet hat, beeinflusst die Zulässigkeit des Antrages nicht, da der Schuldner ein Interesse daran haben kann, die Leistung nach Einstellung der Zwangsvollstreckung zurückzufordern.[11]

2. Keine schematische Entscheidung

3 Das Berufungsgericht darf über den Antrag nicht schematisch entscheiden, sondern muss alle Umstände des Einzelfalls in seine Erwägungen mit einbeziehen.[12] Hierzu gehören das grundsätzliche Interesse des Gläubigers, einen langwierig erstrittenen Titel nun zügig vollstrecken zu können[13], die (im Rahmen einer summarischen Prüfung wahrscheinlichen[14]) Erfolgsaussichten der Berufung

---

3 OLG Düsseldorf, JMBlNW 1970, 236; MüKo/*Götz*, § 719 Rn. 3; *Musielak/Lackmann*, § 719 Rn. 2; *Wieczorek/Heß*, § 719 Rn. 3. A.A. (§ 719 ZPO ist im Prozesskostenhilfeverfahren analog anzuwenden): OLG Brandenburg, MDR 2005, 1192.

4 BGH, InVo 2001, 445; OLG Bamberg, NJW-RR 1989, 576.

5 OLG Frankfurt, NJW 1984, 2955; OLG Frankfurt, NJW-RR 1986, 486; OLG Frankfurt, GRUR 1989, 373; OLG Köln, InVo 1997, 167; LG Frankfurt, NZM 1999, 1136; LG Hanau, NZM 1999, 801; OLG Koblenz, FamRZ 2000, 1165; *Baumbach/Lauterbach/Hartmann*, § 719 Rn. 3; a.A. die wohl überwiegende Meinung: OLG Düsseldorf, NJW-RR 1987, 702; OLG Frankfurt, NZFam 2015, 426 (zu § 120 FamFG); OLG Hamburg, BeckRS 2013, 06273; OLG Jena, OLG-NL 1997, 240 und MDR 2002, 117; KG, MDR 2005, 117; OLG Karlsruhe, GRUR-RR 2010, 120, 121; OVG Berlin, JurBüro 1999, 384; MüKo/*Götz*, § 719 Rn. 6; *Musielak/Lackmann*, § 719 Rn. 3; Schmidt-Futterer/*Lehmann-Richter*, Mietrecht, 11. Aufl., Einleitung Räumungsvollstreckung Rn. 11; Saenger/*Kindl*, § 719 Rn. 3; Stein/Jonas/*Münzberg*, § 719 Rn. 3; Thomas/Putzo/*Seiler*, § 719 Rn. 3; Zöller/*Herget*, § 719 Rn. 3; *Wieczorek/Heß*, § 719 Rn. 3.

6 Siehe hierzu § 718 Rdn. 2.

7 Siehe unten Rdn. 13.

8 So aber OLG Bamberg, NJW-RR 1989, 576; OLG Köln, NJW-RR 1987, 189.

9 Wie hier: OLG Düsseldorf, MDR 1966, 932; OLG Frankfurt, MDR 1984, 764 und NJW 1976, 2137; OLG Hamburg, NJW-RR 1990, 1024.

10 So auch OLG Frankfurt, MDR 1984, 764; OLG Saarbrücken, MDR 1997, 1157; OLG Hamm, FamRZ 2001, 174; *Wieczorek/Heß*, § 719 Rn. 4; sehr eng: OLG Köln, OLGReport 1994, 1053.

11 OLG München, MDR 1985, 153.

12 OLG Köln, DB 1971, 2469; OLG Karlsruhe, GRUR-RR 2010, 120, 121.

13 OLG Köln, JurBüro 1975, 1111.

14 OLG Karlsruhe, GRUR-RR 2010, 120, 122.

des Schuldners[15], die beiden Parteien aus der Entscheidung unmittelbar drohenden Nachteile, d. h. die Gefahr für den Gläubiger, wegen Vermögensverfalls des Schuldners bald nicht mehr erfolgreich vollstrecken zu können, ebenso wie die Gefahr für den Schuldner, nach einer möglichen Änderung des Titels nur schwer zu ersetzende Nachteile hinnehmen zu müssen[16], z. B., dass der Gläubiger wegen Mittellosigkeit zur Rückzahlung der beigetriebenen Beträge nicht in der Lage sein wird.[17] Der Umstand, dass zunächst überhaupt vollstreckt und dabei auch auf bewegliche Sachen des Schuldners zugegriffen wird, die nach einer Versteigerung als solche nicht mehr zurückerlangt werden können, kann für sich genommen die Einstellung regelmäßig nicht rechtfertigen;[18] ebenso wenig, dass der Schuldner zeitweilig in seiner allgemeinen Handlungs- und Erwerbsfreiheit beschränkt ist, wenn er während der Zeit des Berufungsverfahrens einen Unterlassungstitel befolgt.[19] Diese Umstände können in aller Regel vor Eingang der Berufungsbegründung nicht ausreichend beurteilt werden, sodass eine Bescheidung des Antrages in einem früheren Stadium selten in Betracht kommt[20], jedoch nicht ausgeschlossen ist[21]. In jedem Fall ist dem Gegner vor der Entscheidung rechtliches Gehör zu gewähren[22], wenn auch gegebenenfalls die Stellungnahmefrist erheblich abgekürzt werden kann. Da die Entscheidung durch Beschluss ergeht (**Abs. 3**), ist mündliche Verhandlung möglich, aber nicht erforderlich (§ 128 Abs. 4). Soll ausnahmsweise ohne Anhörung entschieden werden, ist die Entscheidung unter den Vorbehalt ihrer sofortigen Abänderung nach Anhörung des Gegners zu stellen.[23] Außerdem sind in einem solchen Fall an die Darlegungs- und Glaubhaftmachungspflicht zulasten des Schuldners erhöhte Anforderungen zu stellen.[24]

3. Einstellung der Vollstreckung aus einstweiliger Verfügung

Die vorläufige Einstellung der Zwangsvollstreckung aus einer durch Urteil erlassenen oder bestätigten einstweiligen Verfügung ist nicht grundsätzlich ausgeschlossen, kommt aber nur in extremen Ausnahmefällen in Betracht[25], wenn nach der Berufungsbegründung und der Stellungnahme des Gegners zum Einstellungsantrag ganz überwiegend wahrscheinlich ist, dass die einstweilige Verfügung keinen Bestand haben kann.[26] Denn die einstweilige Verfügung stellt ihrerseits schon eine nur vorläufige Regelung dar, und der Charakter dieser vorläufigen Regelung würde unterlaufen, wenn die noch vordergründigere Prüfung im Verfahren auf vorläufige Einstellung der Zwangsvollstreckung bei bloßen Zweifeln dazu führen könnte, eine einstweilige Regelung außer Kraft zu setzen.[27]

4

Ist eine durch Beschluss erlassene einstweilige Verfügung oder ein Arrest durch Urteil wieder aufgehoben worden, so verlieren die bereits durchgeführten Vollstreckungsmaßnahmen nicht automatisch ihre Wirksamkeit; deshalb kann der Antrag auf einstweilige Einstellung der Zwangsvoll-

---

15 OLG Köln, DB 1971, 2469 und JurBüro 1975, 1111; OLG Frankfurt, NJW 1976, 2737; OLG Bamberg, NJW-RR 1989, 575; OLG Celle, NdsRpfl 1993, 131; OLG Bremen, OLGReport 2008, 533.
16 KG, OLGReport 2008, 673 (z. B. die Gefährdung der wirtschaftlichen Existenz bei Räumung des Geschäftslokals).
17 BGH, FamRZ 2007, 554.
18 OLG Schleswig, SchlHA 1976, 184; OLG Köln, OLGZ 1979, 113.
19 BGH, NJW 1961, 76; BGH, ZIP 2000, 1405 mit Kurzkommentar *Vollkommer*, EWiR 2001, 95.
20 OLG Köln, NJW-RR 1987, 189.
21 KG, OLGReport 2008, 673.
22 BVerfG, NJW 1982, 2234; OLG Celle, MDR 1986, 63.
23 OLG Celle, MDR 1970, 243.
24 OLG Frankfurt, FamRZ 1989, 87.
25 OLG Koblenz, WRP 1981, 545; OLG Köln, GRUR 1982, 504; OLG Frankfurt, JurBüro 1983, 1265; OLG Frankfurt, GRUR 1989, 456 und 932 sowie WRP 1991, 405; OLG Rostock, OLGReport 2008, 211; *Musielak/Lackmann*, § 719 Rn. 3. Einzelheiten siehe unter § 929 Rdn. 5 (mit zahlreichen weiteren Nachweisen aus der Rspr.).
26 OLG Frankfurt, BeckRS 2013, 17702.
27 OLG Frankfurt, GRUR 1989, 932.

streckung aus einem solchen den Arrest oder die einstweilige Verfügung aufhebenden Urteil sich nicht nur auf die Vollstreckung des Kostenerstattungsanspruchs beziehen, sondern auch darauf, die bereits durchgeführten Vollstreckungsmaßnahmen vorläufig aufrechtzuerhalten.[28] Dagegen kann im Wege der einstweiligen Einstellung der Zwangsvollstreckung aus einem solchen Urteil nicht erreicht werden, dass die ursprüngliche einstweilige Verfügung oder der Arrestbefehl als Titel für neue Vollstreckungsmaßnahmen vorläufig erhalten bleiben;[29] denn die Aufhebung des Titels wird gem. §§ 717 Abs. 1, 775 mit der Verkündung des Urteils wirksam.

4. Mögliche Maßnahmen des Berufungsgerichts

5   Als mögliche Maßnahmen im Rahmen der einstweiligen Einstellung oder Beschränkung der Zwangsvollstreckung kann das Berufungsgericht alle diejenigen anordnen, die auch gem. § 707 Abs. 1 möglich sind.[30] Soll dem Schuldner gestattet werden, die Zwangsvollstreckung seinerseits durch Sicherheitsleistung abzuwenden, muss die Sicherheitsleistung so bemessen werden, dass sie alle möglichen Schäden des Gläubigers auffängt, die diesem daraus entstehen können, dass er nunmehr erst nach Abschluss der Berufungsinstanz eigene Vollstreckungsmaßnahmen in die Wege leiten kann. Hatte der Gläubiger bereits eine Pfändung in die Wege geleitet, kommt das Pfandstück als Sicherheitsleistung nach Einstellung der Zwangsvollstreckung nicht in Betracht.[31] Anordnungen nach § 719 können immer nur die Zwangsvollstreckung durch den Gläubiger des Rechtsstreits (Kläger oder Beklagter je nach Inhalt des erstinstanzlichen Urteils) betreffen, nicht Maßnahmen Dritter aus eigenem Recht, etwa der Gerichtskasse. So wäre eine Anordnung, dass die Beitreibung der Gerichtskosten durch die Gerichtskasse bis zum Erlass des Berufungsurteils zu unterbleiben habe, durch § 719 nicht gedeckt.[32]

II. Einstweilige Einstellung der Zwangsvollstreckung aus einem Versäumnisurteil nach Einspruch

6   Grundsätzlich gilt das oben unter I Dargestellte entsprechend. Jedoch sind durch **Abs. 1 Satz 2** die Möglichkeiten des Gerichts beschränkt. Eine Einstellung der Zwangsvollstreckung kommt grundsätzlich **nur** gegen vom Schuldner zu leistende **Sicherheit** in Betracht, es sei denn, dass das Versäumnisurteil nicht in gesetzlicher Weise (§ 335) ergangen ist oder die säumige Partei glaubhaft macht, dass ihre Säumnis unverschuldet[33] war. **Darüber hinaus** müssen die Voraussetzungen des § 707 Abs. 1 Satz 2 vorliegen[34], da § 719 gegenüber § 707 keine Erleichterung, sondern eine Erschwernis darstellen soll. Diese enge Auslegung ist im Übrigen auch verfassungsrechtlich nicht zu beanstanden.[35] Für die einstweilige Einstellung der Zwangsvollstreckung aus einem **Vollstreckungsbescheid** gelten die vorstehenden Grundsätze entsprechend: Sie darf ohne Sicherheitsleistung nur dann erfolgen, wenn der Schuldner glaubhaft gemacht hat, dass der Vollstreckungsbescheid nicht in gesetzlicher Weise ergangen oder die Versäumung der Frist für den Widerspruch gegen den

---

28   OLG Köln, VersR 1973, 1032; OLG Frankfurt, OLGZ 1976, 373.
29   OLG Düsseldorf, NJW 1970, 54; KG, NJW-RR 1996, 1088 **a.A.**: OLG Düsseldorf, MDR 1962, 660 MDR 1994, 727.
30   Siehe dort Rdn. 9–14.
31   OLG Celle, NJW 1959, 2268; OLG Schleswig, JurBüro 1969, 1111.
32   OLG Nürnberg, JurBüro 1964, 286.
33   Zum Verschulden: OLG Frankfurt, NJW-RR 1998, 1450.
34   OLG Hamburg, NJW 1979, 1464 mit Anm. *Kniesch*, JA 1979, 549; OLG Frankfurt, MDR 1982, 588; KG, MDR 1979, 679; KG, NJW 1984, 316; KG, MDR 1985, 330; OLG Köln, OLGReport 2000, 33; *MüKo/Götz*, § 719 Rn. 7; *Saenger/Kindl*, § 719 Rn. 4; **a.A.**: OLG Hamm, MDR 1978, 412; LG Düsseldorf, MDR 1981, 941; OLG Köln, JurBüro 1988, 1086; OLG Celle, MDR 1999, 1345; OLG Stuttgart, NJW-RR 2003, 713; *Karst*, MDR 2003, 1391; *Müssig*, ZZP 1985, 324; *Baumbach Lauterbach/Hartmann*, § 719 Rn. 3; *Musielak/Lackmann*, § 719 Rn. 6; *Thomas/Putzo/Seiler*, § 719 Rn. 5; *Zöller/Herget*, § 719 Rn. 2; *Wieczorek/Heß*, § 719 Rn. 6.
35   BVerfG, FamRZ 2002, 1014.

Mahnbescheid unverschuldet war.³⁶ Hinsichtlich der Glaubhaftmachung der besonderen Voraussetzungen gem. Abs. 1 Satz 2 gilt § 294. Es kann also eine eigene eidesstattliche Versicherung der Partei oder eine anwaltliche Versicherung ihres Prozessbevollmächtigten ausreichend sein.

III. Entsprechende Anwendung der Norm

1. **Zur entsprechenden Anwendung** der §§ 707 Abs. 1, 719 Abs. 1 auf Fälle, in denen eine ausdrückliche Regelung dieser Art fehlt, siehe die Ausführungen zu § 707.³⁷ 7

2. **Für die Beschwerdeverfahren in Ehe- und Familienstreitsachen** modifiziert § 120 Abs. 2 Satz 3 FamFG die Anwendung der §§ 707 Abs. 1, 719 Abs. 1 dahingehend, dass eine Einstellung oder Beschränkung der Vollstreckung nur angeordnet werden darf, wenn der Verpflichtete glaubhaft gemacht hat, dass die Vollstreckung ihm einen nicht zu ersetzenden Nachteil bringen würde.³⁸ 8

IV. Rechtsbehelfe

Rechtsmittel gegen Entscheidungen nach Abs. 1 sind nicht zulässig (§ 707 Abs. 2 Satz 2). Verletzungen von Verfahrensgrundrechten können aber auf Antrag innerhalb der Rügefrist wie im Fall des § 707 über eine Rüge nach § 321a analog durch das Berufungsgericht korrigiert werden.³⁹ 9

Zur Beschwerdemöglichkeit im arbeitsgerichtlichen Verfahren gilt das zu § 707 Dargestellte.⁴⁰

V. Einstweilige Einstellung der Zwangsvollstreckung im Revisionsrechtszug (Abs. 2)

Für den Revisionsrechtszug gilt ein schärferer Maßstab, bevor die Zwangsvollstreckung aus einem dort zur Überprüfung anstehenden vorläufig vollstreckbaren Urteil einstweilen eingestellt werden kann. Der Prozessstoff ist in der Regel schon in zwei Instanzen geprüft worden; der Gläubiger hat nunmehr ein erhebliches Interesse, seinen Titel verwirklichen zu dürfen. Die Möglichkeit von Nachteilen für den Schuldner im Zuge weiterer Vollstreckung ist deshalb kein ausreichender Einstellungsgrund. Es muss vielmehr glaubhaft gemacht sein, dass sich das angefochtene Urteil als nicht beständig erweist, ein nicht zu ersetzender Nachteil entstehen würde **und** dass einer Einstellung der Zwangsvollstreckung nicht überwiegende Interessen des Gläubigers entgegenstehen. Im Einzelnen gilt: 10

1. Postulationsfähigkeit

Der Antrag muss – auch bereits im Verfahren der Nichtzulassungsbeschwerde – durch einen beim BGH zugelassenen Rechtsanwalt gestellt werden.⁴¹ 11

2. Keine Maßnahmen bei Unzulässigkeit der Revision

Ist die vom Schuldner eingelegte Revision nicht zulässig, weil die Revisionsgrenze nicht erreicht⁴², die Revision nicht zugelassen und Nichtzulassungsbeschwerde nicht zulässig ist oder weil die Revisionsfrist nicht gewahrt wurde usw., oder ist die Revision ganz offensichtlich unbegründet,⁴³ kommt eine Einstellung der Zwangsvollstreckung bis zur Verwerfung der Revision bzw. Entscheidung über die Nichtzulassungsbeschwerde von vornherein nicht in Betracht.⁴⁴ Gleiches gilt für die Zeit, in der 12

---

36 OLG Düsseldorf, MDR 1980, 675; LG Kleve, MDR 1966, 154; MüKo/*Götz*, § 719 Rn. 8.
37 Dort Rdn. 1–3.
38 Siehe hierzu § 707 Rdn. 10.
39 Einzelheiten siehe § 707 Rdn. 17–19.
40 Siehe dort Rdn. 19 a. E. sowie LAG Hamm, MDR 1972, 362.
41 BGH, InVo 2004, 511; BGH, GE 2004, 1092.
42 BGH, BeckRS 2013, 19230.
43 BGH, WuM 2014, 681.
44 BGHZ 8, 47.

der Schuldner, ohne bereits Revision eingelegt zu haben, lediglich sein Prozesskostenhilfegesuch für eine mögliche Revision verfolgt. Ist die Revision schon nach den eigenen Ausführungen des Revisionsklägers offensichtlich unbegründet, verbietet sich ebenfalls eine einstweilige Einstellung der Zwangsvollstreckung[45] bis zur förmlichen Entscheidung über die Zurückweisung der Revision. In allen diesen Fällen ist es denkgesetzlich unmöglich, dass dem Schuldner ein Schaden entstehen könnte, vor dem § 719 Abs. 2 schützen will. Hier würde eine Einstellung der Zwangsvollstreckung ausschließlich den Gläubiger gefährden.

3. Keine Maßnahmen bei versäumtem Schutzantrag nach § 712

13 Hat es der Schuldner versäumt, in der Berufungsinstanz einen Schutzantrag nach § 712 zu stellen, obwohl die einen solchen Antrag rechtfertigenden Gründe damals bereits vorlagen, ist ein auf diese Gründe gestützter Einstellungsantrag sowohl im Revisionsverfahren als auch bereits im Verfahren über die Nichtzulassungsbeschwerde[46] unzulässig, da er auf eine bloße Nachholung des versäumten Antrages, die die ZPO nicht vorsieht, hinausliefe.[47] Gleiches gilt aber auch, wenn die Begründung des Einstellungsantrages zwar auf zusätzlichen Tatsachen beruht, aber letztlich doch auf Entwicklungen fußt, die bereits einen Antrag nach § 712 gerechtfertigt hätten. Lagen die Gründe allerdings in der Berufungsinstanz zwar objektiv vor, hatte der Gläubiger aber Veranlassung gegeben, den Schutzantrag nicht zu stellen, etwa durch die Zusicherung, vor Rechtskraft nicht vollstrecken zu wollen, kann der Antrag nach § 719 trotz unterlassener Antragstellung in der Vorinstanz dennoch erfolgreich im Revisionsverfahren bzw. im Verfahren der Nichtzulassungsbeschwerde der Revision gestellt werden.[48] Gleiches gilt, wenn der Beklagte darauf vertrauen durfte, dass er die Vollstreckung aus dem Urteil nach § 711 Satz 1 werde abwenden dürfen, das Berufungsgericht aber eine solche Anordnung in grob unrichtiger Anwendung des § 713 unterlassen hatte.[49] Dass der Antrag aufgrund falscher rechtlicher Beurteilung seines Anwalts unterlassen wurde, hilft dem Schuldner nicht.[50]

Wurde der Schutzantrag in der Berufungsinstanz gestellt, im Berufungsurteil aber übergangen, muss der Schuldner gem. §§ 716, 321 Ergänzungsurteil beantragen. Versäumt er dies, ist ein auf die Wiederholung der Gründe zu § 712 gestützter Einstellungsantrag ebenfalls unzulässig.[51] Die Verpflichtung, bereits im Berufungsverfahren einen Schutzantrag zu stellen, gilt für jeden Vollstreckungsschuldner, auch für den Fiskus.[52] Wird über die Berufung im Verfahren nach § 522 Abs. 2 ZPO entschieden, muss der Schutzantrag schriftsätzlich vor dieser Entscheidung gestellt werden. Versäumt der Schuldner dies, obwohl es ihm zumutbar war, kommt eine Einstellung durch das Revisionsgericht ebenfalls nicht in Betracht.[53]

---

45 BGH, WuM 2012, 571; BGH, BeckRS 2013, 01964.
46 BGH, WuM 2011, 528.
47 Ständige Rspr. des BGH, beispielhaft: **BGH**: NJW 1998, 3570; NJW-RR 1998, 1603; NZM 1999, 794; NJW 2001, 375; NJW-RR 2002, 573; FamRZ 2003, 1924; WuM 2004, 553; FamRZ 2006, 1107 und 1263; BGHReport 2006, 1055; NZM 2008, 611; WuM 2008, 612; BeckRS 2009 89504 mit Anm. *Lackmann*, LM 2010 298401; NZM 2011, 122; NJW-RR 2011, 705; WuM 2012, 510; BeckRS 2013, 08623; NJW-RR 2014, 969; GRUR 2014, 1028. In der Sache wie der BGH: BVerwG, NVwZ 1998, 1177.;.
48 BGH, WuM 2006, 400; 2007, 209.
49 BGH, WuM 2007, 545.
50 BGH, NZM 2011, 122.
51 **BGH**: MDR 1962, 970; MDR 1964, 212; MDR 1978, 127; ZIP 1981, 1268; NZM 2000, 382; WuM 2005, 736; WuM 2008, 613; BeckRS 2013, 14580.
52 BGH, MDR 1963, 290.
53 BGH, NJW 2012, 1292.

4. Keine Maßnahmen zur Korrektur unzureichender Sachanträge

Verfolgt der Schuldner mit dem Einstellungsantrag ein Ziel, das er in der Berufungsinstanz schon mit einem Sachantrag hätte erreichen können, so ist der Antrag ebenfalls nicht zulässig[54], da er auf eine Vorabkorrektur der Berufungsentscheidung hinausliefe. Konnte es der Schuldner etwa in der Berufungsinstanz durch entsprechenden Antrag erreichen, dass er die vom Gläubiger verlangten Auskünfte nur an eine zur Verschwiegenheit verpflichtete Person, etwa einen Wirtschaftsprüfer, erteilen müsse, kann er dieses Ziel nicht nachträglich mit einem Einstellungsantrag gem. § 719 Abs. 2 verfolgen.[55]

14

5. »Nicht zu ersetzender Nachteil«

Wann der Schuldner durch die Zwangsvollstreckung[56] einen »**nicht zu ersetzenden Nachteil**« erleidet, ist eine Frage des jeweiligen Einzelfalles. Regelmäßig mit der Vollstreckung eines Urteils gleichartigen Inhalts einhergehende Nachteile rechtfertigen die einstweilige Einstellung der Zwangsvollstreckung grundsätzlich nicht, da derartige Urteile sonst nicht vorläufig vollstreckbar wären.[57] Dass Nachteile aus der Vollstreckung (oder zur Vollstreckungsabwehr) von Berufungsurteilen, die keine Bereicherung des Gläubigers bewirkt haben, nach § 717 Abs. 3 später nicht zu ersetzen sind, so etwa die Kosten einer Bürgschaft zur Abwendung der Zwangsvollstreckung gem. § 711, führt nicht in jedem Fall dazu, dass der Schuldner auf Antrag vor diesen Nachteilen zu schützen wäre. Sonst liefe etwa § 711 völlig leer. Andererseits kann § 717 Abs. 3 im Einzelfall durchaus ein Grund sein, die Zwangsvollstreckung einstweilen einzustellen, wenn etwa das Befolgen eines Unterlassungsanspruchs zu einer erheblichen Betriebsgefährdung aufseiten des Schuldners führen würde, ein Ausgleich hierfür später aber nach § 713 Abs. 3 nicht zu erwarten wäre.[58] Ein nicht zu ersetzender Nachteil wird regelmäßig anzunehmen sein, wenn durch die Vollstreckung bereits endgültige Verhältnisse geschaffen werden, die auch beim Erfolge der Revision aus der Natur der Sache heraus fortbestehen blieben.[59] Dies ist bei einer Verurteilung zur Auskunftserteilung aber dann nicht der Fall, wenn die Auskunft nur gegenüber einer zur Berufsverschwiegenheit verpflichteten Person und nicht unmittelbar dem Gläubiger persönlich gegenüber zu erbringen ist, da dann hinreichend für den Schutz des Schuldners, falls das Urteil keinen Bestand haben sollte, gesorgt ist[60]. Kann der Schuldner den aus der Vollstreckung der Hauptsache nebst Kosten drohenden Schaden durch Sicherheitsleistung abwenden und ist er zur Sicherheitsleistung auch in der Lage, so droht ihm jedenfalls solange kein die Einstellung nach Abs. 2 rechtfertigender Nachteil, wie der Gläubiger nicht seinerseits Sicherheit geleistet hat[61], danach auch nur insoweit, wie der mögliche Schaden durch die Sicherheitsleistung nicht abgedeckt werden kann. Kann der Gläubiger ohne Sicherheitsleistung vollstrecken, ist der Schuldner zur Abwendung der Vollstreckung durch Sicherheitsleistung seinerseits nicht in der Lage oder befugt und ist mit einiger Sicherheit vorauszusehen, dass der

15

---

54 BGH, NJWE-WettbR 1997, 157.
55 BGH, GRUR 1979, 807; zur einstweiligen Einstellung der Zwangsvollstreckung, wenn zur Auskunftserteilung und zum Widerruf verurteilt wurde, allgemein: BGH, NJW-RR 1991, 186; BGH, GRUR 1996, 78; BGH, NJWE-WettbR 1999, 139.
56 Wird der Nachteil (z. B. eine drohende Suizidgefahr) ganz unabhängig von einer möglichen Vollstreckung des Titels bereits durch die bloße Existenz des Titels hervorgerufen – soweit diese Dinge sich wirklich trennen lassen –, muss zum Schutze des Schuldners mit anderen Mitteln als der Einstellung der Zwangsvollstreckung, etwa mit Maßnahmen aus dem Bereich des öffentlichen Rechts oder des Betreuungsrechts, gearbeitet werden: BGH, NZM 2002, 624. Einzelheiten insoweit: *Schuschke*, NJW 2006, 874; DGVZ 2008, 33; NZM 2011, 304.
57 BGH, NJW 2000, 3008; BGH, BeckRS 2014, 15474.
58 BGH, MDR 1951, 482.
59 BGH, NJW 1956, 1717; BGH, WRP 1979, 715.
60 BGH, ZUM 2015, 53.
61 BGHZ 7, 398; 11, 303; BGH, MDR 1961, 686; BGH, NJW-RR 2012, 1088 mit Anm. *Danckwerts*, GRUR-Prax 2012, 397.

Gläubiger wegen Mittellosigkeit nach Abänderung des Vollstreckungstitels zur Rückzahlung beigetriebener Beträge nicht in der Lage sein wird, droht dem Schuldner durch die Vollstreckung regelmäßig ein nicht zu ersetzender Nachteil.[62]

Dass im Rahmen einer Räumungsvollstreckung aus einem erst vorläufig vollstreckbaren Titel auch zahlreiche wertvolle Tiere von einem Grundstück entfernt werden müssen, stellt für den Mieter keinen nicht zu ersetzenden Nachteil dar, der einen Einstellungsantrag nach § 719 Abs. 2 rechtfertigen könnte.[63] Denn eine Vernichtung der Tiere nach § 885 Abs. 4 Satz 1 Halbs. 1 ZPO droht den im Rahmen einer Räumung in Verwahrung genommenen Tieren nie, weil dies gegen das Tierschutzgesetz verstieße.[64] Der hohe Kostenaufwand einer anderweitigen Unterbringung aber ist allein, auch wenn er die finanziellen Möglichkeiten des Schuldners übersteigt, kein nicht zu ersetzender Nachteil.

16 Handelt es sich bei der Schuldnerin um eine Gesellschaft, die bereits aufgelöst ist und liquidiert wird, so stellt es keinen nicht zu ersetzenden Nachteil dar, wenn ihr durch die Zwangsvollstreckung auch noch die Insolvenz droht.[65] Der Schuldner muss sich hinsichtlich der Frage, ob ihm durch die Vollstreckung Nachteile drohen, an seinem bisherigen Prozessvorbringen messen lassen. Hatte er ein Auskunftsverlangen des Gläubigers mit der Begründung bestritten, er habe mehr, als er dem Gläubiger schon mitgeteilt habe, an auskunftspflichtigen Geschäften nicht getätigt, so kann er, wenn er dennoch zur Auskunft verurteilt wurde, nicht glaubhaft behaupten, es erwachse ihm ein Nachteil daraus, dass er dem Gläubiger noch einmal etwas mitteile, was dieser schon wisse.[66]

17 Liegt der befürchtete nicht zu ersetzende Nachteil im drohenden Suizid des Schuldners, ist besonders sorgfältig zu prüfen, ob nicht andere Maßnahmen aus dem Bereich der öffentlich-rechtlichen Gefahrenabwehr (Unterbringung durch die Gesundheitsbehörden) oder der vormundschaftsgerichtlichen Fürsorge (Einrichtung einer Betreuung) zum Schutze des Schuldners einzuleiten sind an Stelle einer allein zulasten des Gläubigers gehenden, u. U. dauerhaften Einstellung der Zwangsvollstreckung.[67]

6. Überwiegendes Gläubigerinteresse

18 Ein **überwiegendes Interesse** des Gläubigers steht der Einstellung der Zwangsvollstreckung in jedem Fall dann entgegen, wenn der Schuldner durch die Einstellung erreichen würde, dass das angefochtene Urteil zum Nachteil des Gläubigers seine materielle Wirkung einbüßen würde.[68] Es ist aber auch schon ausreichend, dass glaubhaft gemacht ist, dass die dem Gläubiger aus einer Verzögerung der Vollstreckung erwachsenden Schäden mindestens so hoch – also nicht unbedingt höher – sind als die, die dem Schuldner bei einer Fortsetzung der Vollstreckung drohen. Führt die Abwägung der Gläubiger- und Schuldnerinteressen nicht zu einem eindeutigen Ergebnis, so genießen die Gläubigerinteressen grundsätzlich den Vorrang.[69]

7. Umfang der einstweiligen Einstellung

19 Die einstweilige **Einstellung** der Zwangsvollstreckung soll nicht weiter reichen als die Schadensabwehr es erfordert und kommt nicht in Betracht, wenn etwa andere Maßnahmen, die nicht allein

---

62 BGH, BGHReport 2007, 409; BGHZ 183, 281.
63 BGH, BeckRS 2013, 19777.
64 BGH, NJW 2012, 2889.
65 BGH, NJW-RR 1987, 62; schon für die Berufungsinstanz weitergehend: OLG Köln, ZIP 1994, 1053.
66 BGH, LM Nr. 12 zu § 719 ZPO.
67 BGH, WuM 2005, 735. Einzelheiten insoweit: *Schuschke*, NJW 2006, 874; NZM 2011, 304; NZM 2015, 233.
68 BGH, JZ 1965, 540 mit Anm. *Baur*; BGH, NJW 2000, 3008.
69 BGH, ZZP 1997 (Bd. 110), 371 mit krit. Anm. *Bachmann* S. 373; BGH, WuW 1997, 162; *Wieczorek/Heß*, § 719 Rn. 14.

zulasten des Gläubigers gehen, zum Schutze des Schuldners ausreichen.⁷⁰ Droht dem Schuldner nur durch die Vollstreckung in bestimmte Vermögenswerte ein nicht zu ersetzender Schaden, so kann die Einstellung sich darauf beschränken, gerade nur diese Vermögenswerte (z. B. bestimmte Geschäftskonten) von der Zwangsvollstreckung freizustellen.⁷¹ Keine nach § 719 Abs. 2 zu beantragende Maßnahme ist es, wenn der Schuldner nur in anderer Art Sicherheit leisten will, als dies im Berufungsurteil angeordnet ist.⁷² Anordnungen über die Art der Sicherheitsleistung hat auch nach Revisionseinlegung im Rahmen der §§ 108 ff. das Gericht zu treffen, das die Sicherheitsleistung bestimmt hatte.

Liegen die Voraussetzungen des § 719 Abs. 2 vor, kann auch in der Revisionsinstanz Einstellung nur gegen Sicherheitsleistung angeordnet werden. Einstellung der Zwangsvollstreckung ohne Sicherheitsleistung ist nur zulässig, wenn glaubhaft gemacht wird, dass der Schuldner zur Sicherheitsleistung nicht in der Lage ist (entsprechend § 707 Abs. 1 Satz 2)⁷³.

8. Verhältnis von § 719 Abs. 2 zu § 707 Abs. 1

Ist in einem Urkundenprozess gegen ein Vorbehaltsurteil Revision eingelegt, während das Nachverfahren bereits beim Landgericht durchgeführt wird, so wird die Zuständigkeit des Landgerichts zur einstweiligen Einstellung der Zwangsvollstreckung aus dem Vorbehaltsurteil gem. § 707 Abs. 1 durch die noch laufende Revision nicht beschnitten;⁷⁴ insbesondere ist das Landgericht nicht durch § 719 Abs. 2 gehindert. Umgekehrt ist auch dann nur § 719 Abs. 2, nicht aber § 707 Abs. 1 maßgebend, wenn das mit der Revision angefochtene, die Berufung als unzulässig verwerfende Urteil auf einer Ablehnung des Antrages auf Wiedereinsetzung in den vorigen Stand gegen die Versäumung der Berufungsfrist beruht.⁷⁵

9. Entsprechende Anwendung von § 719 Abs. 2 in Familienstreitsachen

Die dargestellten Grundsätze gelten sinngemäß auch hinsichtlich der Einstellung der Zwangsvollstreckung durch das Rechtsbeschwerdegericht in einer Familienstreitsache. Auch hier kommt eine Einstellung nach §§ 120 Abs. 1 FamFG, 719 Abs. 2 ZPO nicht in Betracht, wenn der Schuldner es versäumt hat, vor dem Beschwerdegericht einen Antrag auf Einstellung oder Beschränkung der Zwangsvollstreckung nach § 120 Abs. 2 Satz 2 FamFG zu stellen.⁷⁶

10. Kein Rechtsmittel

Gegen die Entscheidung des Revisionsgerichts nach Abs. 2 gibt es naturgemäß **kein Rechtsmittel**. Gegenvorstellungen sind aber möglich, auch mit dem Ziel, die Einstellung wieder ganz aufzuheben.⁷⁷ Der einmal zurückgewiesene Antrag kann, wenn sich neue Umstände ergeben, die eine andere Beurteilung rechtfertigen, auch wiederholt werden.

11. Gebühren

Hinsichtlich der **Gebühren** gilt sowohl für das Einstellungsverfahren nach Abs. 1 wie für das nach Abs. 2 das zu § 707 Ausgeführte.⁷⁸

---

70 Siehe auch oben Rdn. 17.
71 BGH, WM 1955, 1617 und 1618.
72 BGH, NJW 1966, 1028.
73 BGH, BeckRS 2009 89504 mit Anm. *Lackmann*, LMK 2010, 298401.
74 BGH, ZIP 1981, 1385.
75 BGH, NJW 1964, 2415.
76 BGH, NJW-RR 2013, 1093; BGH, FamRZ 2011, 884; BGH, NJW-RR 2011, 705.
77 BGH, MDR 1963, 295; *Wieczorek/Heß*, § 719 Rn. 16.
78 Siehe dort Rdn. 20.

§ 719 ZPO   Einstweilige Einstellung bei Rechtsmittel und Einspruch

12. Arbeitsgerichtliches Verfahren

24 Auch im Revisionsverfahren vor dem Bundesarbeitsgericht[79] und vor dem Bundesverwaltungsgericht[80] ist § 719 Abs. 2 anwendbar.

---

79 BAG, MDR 1958, 877; NJW 1971, 910.
80 BVerwG, JZ 1961, 100; NVwZ 1998, 1177.

§ 720 Hinterlegung bei Abwendung der Vollstreckung

Darf der Schuldner nach § 711 Satz 1, § 712 Abs. 1 Satz 1 die Vollstreckung durch Sicherheitsleistung oder Hinterlegung abwenden, so ist gepfändetes Geld oder der Erlös gepfändeter Gegenstände zu hinterlegen.

Übersicht	Rdn.		Rdn.
I. Anwendungsbereich	1	III. Auswirkungen der Vorschrift auf den Vollstreckungsablauf	3
II. Zweck der Vorschrift	2		

I. Anwendungsbereich

Die Vorschrift hat nur Bedeutung bei der Zwangsvollstreckung wegen Geldforderungen in körperliche Sachen[1] (§§ 808–827), wozu auch beim Schuldner vorgefundenes Bargeld zählt (§ 808 Abs. 2). Im Rahmen der Zwangsvollstreckung in Forderungen findet sich in § 839 eine entsprechende Regelung. Voraussetzung für die Anwendbarkeit der Vorschrift ist, dass das Urteil, gegebenenfalls in Verbindung mit einem Ergänzungsurteil (§ 716) oder einer Vorabentscheidung (§ 718), eine Anordnung nach § 711 Satz 1 oder nach § 712 Abs. 1 Satz 1 enthält. Im Fall des § 711 Abs. 1 Satz 1 gilt die Vorschrift nur so lange, wie nicht der Gläubiger seinerseits Sicherheit geleistet hat; denn die Befugnis des Schuldners zur Abwendung der Zwangsvollstreckung entfällt mit der Sicherheitsleistung des Gläubigers. Nicht anwendbar ist § 720 in den Fällen der §§ 707, 719, wenn die Einstellung der Zwangsvollstreckung von einer Sicherheitsleistung des Schuldners abhängig gemacht ist[2]. In diesen Fällen kann der Gläubiger solange ungehindert mit dem Ziel seiner Befriedigung vollstrecken, wie die Sicherheitsleistung nicht tatsächlich vom Schuldner erbracht ist.[3]

1

II. Zweck der Vorschrift

Hat der Schuldner die Möglichkeit, die Zwangsvollstreckung durch Sicherheitsleistung abzuwenden, so soll sie nicht durch eine allzu rasche Vollstreckung seitens des Gläubigers unterlaufen werden können; denn mit der Beendigung der Zwangsvollstreckung entfällt die Möglichkeit ihrer Abwendung.[4] In der Zeit, in der der Schuldner sich um die Aufbringung der Sicherheit bemühen kann, soll der Gläubiger sich durch die Vollstreckung nur sichern, aber nicht befriedigen können. Hat der Schuldner dann die Sicherheit erbracht – und der Gläubiger die Abwendungsbefugnis nicht seinerseits durch Sicherheitsleistung unterlaufen –, so sind die sichernden Vollstreckungsmaßnahmen gem. §§ 775 Nr. 3, 776 wieder aufzuheben, das aus der Vollstreckung hinterlegte Geld ist also an den Schuldner zurückzuzahlen.

2

III. Auswirkungen der Vorschrift auf den Vollstreckungsablauf

Enthält das Urteil eine Anordnung nach §§ 711 Satz 1, 712 Abs. 1 Satz 1, hat der Schuldner die Sicherheit aber noch nicht geleistet, so kann der Gläubiger, wenn seinerseits die Vollstreckungsvoraussetzungen vorliegen, mit der Vollstreckung beginnen. Der Gerichtsvollzieher kann beim Schuldner vorgefundene körperliche Sachen pfänden. Soweit es sich dabei um Geld handelt, ist es sogleich zu hinterlegen; die Aushändigung an den Gläubiger wäre Amtspflichtverletzung.[5] Gepfändete bewegliche Sachen im Übrigen können versteigert und an den Ersteher (endgültig) abgeliefert werden. Der Erlös ist dann nicht an den Gläubiger auszukehren, sondern zu hinterlegen. Leistet der Gläubiger im Fall des § 711 nun seinerseits Sicherheit, ist das Hinterlegte an ihn

3

---

1 Zum Begriff siehe: Vor §§ 803–863 Rdn. 2.
2 PG/*Kroppenberg*, § 720 Rn. 1.
3 BGH, NJW 1968, 398; LG Berlin, MDR 1970, 787; *Wieczorek/Heß*, § 720 Rn. 4; *Zöller/Herget*, § 720 Rn. 5.
4 Siehe auch § 819 Rdn. 2 und 9.
5 BayObLG, MDR 1976, 852.

abzuführen.⁶ Geld, das der Schuldner freiwillig an den Gläubiger zum Zwecke der Abwendung der Zwangsvollstreckung zahlt, muss von diesem nicht hinterlegt werden, kann also zum Zwecke der Befriedigung verwendet werden.⁷ Zahlt der Schuldner nicht an den Gläubiger selbst, sondern an den Gerichtsvollzieher und ordnet er dabei nicht an, dass das Geld lediglich zu hinterlegen⁸ sei, so hat der Gerichtsvollzieher nicht von sich aus zu hinterlegen, sondern das Geld an den Gläubiger abzuliefern. § 720 ist insoweit nicht einschlägig.⁹

---

6 BGHZ 12, 92; *Wieczorek/Heß*, § 720 Rn. 6.
7 *Musielak/Lackmann*, § 720 Rn. 1; *Zöller/Herget*, § 720 Rn. 5.
8 Zur Verpflichtung des Gerichtsvollziehers, auch lediglich zur Hinterlegung bestimmtes Geld anzunehmen, siehe § 754 Rdn. 4.
9 *Zöller/Herget*, § 720 Rn. 4; *Wieczorek/Heß*, § 720 Rn. 7.

§ 720a Sicherungsvollstreckung

(1) ¹Aus einem nur gegen Sicherheit vorläufig vollstreckbaren Urteil, durch das der Schuldner zur Leistung von Geld verurteilt worden ist, darf der Gläubiger ohne Sicherheitsleistung die Zwangsvollstreckung insoweit betreiben, als
a) bewegliches Vermögen gepfändet wird,
b) im Wege der Zwangsvollstreckung in das unbewegliche Vermögen eine Sicherungshypothek oder Schiffshypothek eingetragen wird.

²Der Gläubiger kann sich aus dem belasteten Gegenstand nur nach Leistung der Sicherheit befriedigen.

(2) Für die Zwangsvollstreckung in das bewegliche Vermögen gilt § 930 Abs. 2, 3 entsprechend.

(3) Der Schuldner ist befugt, die Zwangsvollstreckung nach Abs. 1 durch Leistung einer Sicherheit in Höhe des Hauptanspruchs abzuwenden, wegen dessen der Gläubiger vollstrecken kann, wenn nicht der Gläubiger vorher die ihm obliegende Sicherheit geleistet hat.

Übersicht	Rdn.		Rdn.
I. Zweck der Norm	1	3. Offenbarungsversicherung und Eintragung ins Schuldnerverzeichnis	6
II. Voraussetzungen der Sicherungsvollstreckung	2	IV. Abwendungsbefugnis des Schuldners (Abs. 3)	7
1. Titel auf Geldleistung	2	1. Art und Höhe der Sicherheitsleistung	7
2. Zustellung des Titels	3	2. Wirkung der Sicherheitsleistung des Schuldners	8
III. Durchführung der Sicherungsvollstreckung	4	V. Keine weitergehende Einstellung der Zwangsvollstreckung	9
1. Überblick	4	VI. Gebühren des Rechtsanwalts	10
2. Pfändung	5		

Literatur:

Burchard, § 720a ZPO und die Waffengleichheit, NJW 2002, 2219; *Fahlbusch*, Die Zustellung bei der Sicherungsvollstreckung, Rpfleger 1979, 94; *Fölsch*, Die Sicherungsvollstreckung aus einem nur gegen Sicherheit vorläufig vollstreckbaren Urteil, NJW 2009, 1128; *Graf Lambsdorff*, Die Problematik der Sicherungsvollstreckung, NJW 2002, 1303; *Hök*, Der schnelle Vollstreckungszugriff in Europa, insbesondere zum Recht der Sicherungsvollstreckung in Deutschland und Frankreich, JurBüro 2001, 179; *Münzberg*, Sicherheitsleistung (insbesondere Bankbürgschaft) und Sicherungsvollstreckung – ein Überblick, JurBüro 1995, 568; *Neugebauer*, Reform der Sachaufklärung – Die Auskunftspflicht des Schuldners über sein Vermögen, MDR 2012, 1441; *Rellermeyer*, Varianten der landesrechtlichen Hinterlegungsgesetze, Rpfleger 2011, 129; *Wasserl*, Reform der Sachaufklärung, DGVZ 2013, 85.

I. Zweck der Norm

Im Rahmen der Zwangsvollstreckung von Geldforderungen durch Pfändung beweglichen Vermögens oder durch Beschlagnahme von Grundstücken oder grundstücksgleichen Rechten gilt das Prioritätsprinzip.[1] In allen Fällen, in denen § 710 nicht anwendbar ist, wären leistungsschwache Gläubiger, die keine Sicherheitsleistung aufbringen können, von vornherein benachteiligt, da sie bis zur Rechtskraft ihres Titels oder jedenfalls bis zum Wegfall der Verpflichtung, Sicherheit leisten zu müssen – etwa nach Erstreitung eines bestätigenden Berufungsurteils, § 708 Nr. 10 –, zuwarten müssten, ehe sie pfänden könnten. Andererseits fügt die bloße Pfändung ohne Verwertung des Pfandobjekts dem Schuldner in der Regel noch keine bleibenden Nachteile zu, vor denen er durch Sicherheitsleistung geschützt werden müsste. Der böswillige Schuldner, der durch den Prozessverlust vorgewarnt ist und weiß, dass die Vollstreckung irgendwann auf ihn zukommt, erhält zudem durch das infolge Leistungsschwäche erzwungene Zuwarten des Gläubigers die Möglichkeit, Ver-   1

---

1 Zum Prioritätsprinzip siehe § 804 Rdn. 4 ff.

mögenswerte beiseite zu schaffen. §720a versucht in diesem Dilemma einen Ausgleich zwischen den Interessen des finanzschwachen Gläubigers einerseits und des Schuldners andererseits. Dem Gläubiger wird ermöglicht, auch ohne Sicherheitsleistung rangwahrend zu pfänden, ohne die Vollstreckung bis zur Befriedigung durchführen zu dürfen; dem Schuldner wird die Möglichkeit eingeräumt, eine ihm lästige Pfändung oder Beschlagnahme durch Sicherheitsleistung abwenden zu können. Die Sicherungsvollstreckung hat damit eine ähnliche Funktion wie der Arrest: Die künftige Befriedigung des Gläubigers wird durch die Beschlagnahme von Schuldnervermögen vorbereitet, der Schuldner kann die Beschlagnahme durch Stellen einer Sicherheit lösen. Die Möglichkeit der Sicherungsvollstreckung dient darüber hinaus einem justizpolitischen Zweck: Der Schuldner soll von aussichtslosen Rechtsmitteln, die er nur einlegt, um den Beginn der Vollstreckung hinauszuzögern, abgehalten werden[2]. Dies kann zu einer Entlastung der Justiz führen. Die dem §720a zugrunde liegenden, durchaus ausgewogenen Erwägungen stehen auch im Einklang mit der Verfassung und benachteiligen keinesfalls einseitig den Schuldner.[3]

II. Voraussetzungen der Sicherungsvollstreckung

1. Titel auf Geldleistung

2   Der Gläubiger hat einen auf eine Geldleistung[4], d. h. entweder einen unmittelbar auf Zahlung eines Geldbetrages oder aber einen auf Duldung der Zwangsvollstreckung wegen einer Geldforderung[5] lautenden Titel, der gem. §709 oder aufgrund von Schutzanordnungen gem. §712 Abs. 1 Satz 2 oder Abs. 2 Satz 2 nur gegen Sicherheit vorläufig vollstreckbar ist. Bei dem Titel kann es sich neben einem Urteil auch um einen Kostenfestsetzungsbeschluss[6] handeln, der auf einem Urteil beruht, das nur gegen Sicherheitsleistung vorläufig vollstreckbar ist (§795 Satz 2); denn die Sicherheitsleistung im Urteil gilt dann auch für diesen Titel.[7]

Auf Titel nach dem FamFG ist die Norm nicht entsprechend anwendbar, da das Institut der nur vorläufigen Vollstreckbarkeit dem FamFG fremd ist[8].

2. Zustellung des Titels

3   Dieser Titel muss dem Schuldner gem. §750 Abs. 3 wenigstens zwei Wochen vor Vollstreckungsbeginn zugestellt werden. Es genügt insofern die Amtszustellung gem. §317. Die Vollstreckungsklausel muss dem Schuldner nur dann in der gleichen Frist zugestellt worden sein – insoweit kommt nur Parteizustellung in Betracht –, wenn es sich um eine der in §750 Abs. 2 genannten Klauseln – also nach §§726 Abs. 1, 727–729, 738, 742, 744, 745 Abs. 2, 749 – handelt;[9] denn mit der Vollstreckung aus dem einfachen Titel muss der Schuldner jederzeit rechnen, während er trotz der möglichen Anhörung im Rahmen des §730 von der Erteilung der qualifizierten Klausel nicht

---

2 *Fölsch*, NJW 2009, 1128.
3 So zu Recht: *Burchard*, NJW 2002, 2219 gegen *Graf Lambsdorff*, NJW 2002, 1302. Siehe auch *Schuschke*, BGHR 2005, 1283 und OLG Celle, BauR 2010, 819 ff.
4 Zum Begriff der Geldforderung: Vor §§ 803–882a Rdn. 1 ff.
5 BGH, FGPrax 2013, 189.
6 Die Sicherungsvollstreckung aus einem Kostenfestsetzungsbeschluss ist auch dann zulässig, wenn der Kostenfestsetzung ein die Klage abweisendes Urteil zu Grunde liegt, dessen Ausspruch zur Hauptsache nicht vollstreckbar ist: OLG Köln, Rpfleger 1996, 358.
7 KG, Rpfleger 1984, 246.
8 *Fölsch*, NJW 2009, 1128, 1129.
9 Wie hier:BGH, BGHReport 2005, 1282 mit Anm. *Schuschke*, BGHReport 2005, 1283 und *Jaspersen*, ProzRB 2005, 290; *Brox/Walker*, Rn. 154; *Münzberg*, Rpfleger 1983, 58; *Wieczorek/Heß*, §720a Rn. 8; a. A. (auch einfache Klausel muss zugestellt werden): LG München, DGVZ 1984, 73; OLG Schleswig, NJW-RR 1988, 700; OLG Karlsruhe, DGVZ 1990, 186; LG Göttingen, DGVZ 1995, 73; OLG Düsseldorf, MDR 1997, 42; OLG Hamm, NJW-RR 1998, 87.

in jedem Fall unbedingt erfährt. Trotz des zweideutigen Wortlauts bezieht sich der Satzteil »und die Vollstreckungsklausel« in Abs. 3 also nur auf Abs. 2.

Spätestens zu Beginn der Vollstreckung muss allerdings auch die einfache Klausel vorliegen. Ist der Beginn der Vollstreckung im Einzelfall von weiteren besonderen Voraussetzungen abhängig (Eintritt eines bestimmten Kalendertages, Zug-um-Zug-Leistung des Gläubigers usw.), müssen auch diese zu Vollstreckungsbeginn nachgewiesen sein; denn Abs. 1 befreit nur vom Nachweis der Sicherheitsleistung.

III. Durchführung der Sicherungsvollstreckung

1. Überblick

Zunächst ist im Rahmen der Sicherungsvollstreckung die Beauftragung des Gerichtsvollziehers zur gütlichen Erledigung der Zwangsvollstreckung durch Zahlungsvereinbarungen (§ 802b), aber auch zur Abnahme der Vermögensauskunft nach § 802c möglich.[10] Sodann kann bewegliches Vermögen[11] auf Antrag des Gläubigers an das jeweils zuständige Vollstreckungsorgan nach den allgemeinen Regeln (also §§ 808, 829, 857) gepfändet werden. Die Sicherungsvollstreckung in unbewegliches Vermögen erfolgt durch Eintragung einer Sicherungshypothek bzw. einer Schiffshypothek auf Antrag des Gläubigers. Gepfändetes Geld ist zu hinterlegen (Abs. 3 i. V. mit § 930 Abs. 2). Gleiches gilt für den auf den pfändenden Gläubiger im Verteilungsverfahren entfallenden Erlösanteil, falls andere Gläubiger, die ihrerseits zur Verwertung des Pfändungsgutes berechtigt waren, die Versteigerung des Pfändungsgutes herbeigeführt hatten. Unter den Voraussetzungen des § 930 Abs. 3 kann ausnahmsweise der die Sicherungsvollstreckung Betreibende die Anordnung des Vollstreckungsgerichts erwirken, dass das Pfändungsgut versteigert werden darf. In diesem Fall ist der Erlös ebenfalls zu hinterlegen. 4

2. Pfändung

Da die Pfändung selbst sich nach den allgemeinen Regeln richtet und auch die nämlichen Wirkungen wie jede Pfändung sonst entfaltet (Verstrickung und Pfändungspfandrecht[12]), genügt die im Rahmen einer Sicherungsvollstreckung durchgeführte Pfändung den Anforderungen des § 845 Abs. 2.[13] Auch zur Zulässigkeit einer Vorpfändung ist es daher nicht erforderlich, dass der Gläubiger die im Urteil als Voraussetzung der vorläufigen Vollstreckbarkeit bestimmte Sicherheit geleistet hat. 5

3. Offenbarungsversicherung und Eintragung ins Schuldnerverzeichnis

Schließlich genügt eine erfolglose Sicherungsvollstreckung auch, um den Schuldner, soweit noch das vor 2013 geltende Vollstreckungsrecht zur Anwendung kommt, gem. § 807 alten Rechts zur eidesstattlichen Versicherung laden zu lassen.[14] Denn § 807 a.R. knüpfte nur an eine ordnungsgemäße Pfändung oder den Nachweis an, dass eine solche Pfändung nicht zur Befriedigung des Gläubigers führen werde, nicht aber daran, dass der Gläubiger sich jetzt bereits aus der Pfändung tatsächlich befriedigen darf. Hätte man anders entschieden, liefe die Möglichkeit der Sicherungsvollstreckung in vielen Fällen gänzlich ins Leere.[15] Im neuen Vollstreckungsrecht ab 2013 sind die verweigerte Vermögensauskunft nach § 802c ebenso wie die erfolglose Sicherungsvollstreckung 6

---

10 *Neugebauer*, MDR 2012, 1441; *Wasserl*, DGVZ 2013, 85, 91.
11 Zum Begriff: Vor §§ 803–863 Rdn. 1.
12 Näheres hierzu: Vor §§ 803, 804 Rdn. 3 ff.
13 BGHZ 93, 71; KG, Rpfleger 1981, 240; *Fölsch*, NJW 2009, 1128; siehe ferner § 845 Rn. 3.
14 Wie hier: BGH, DGVZ 2006, 69 und BGH, JurBüro 2007, 155; KG, Rpfleger 1989, 291 mit Anm. *Behr*; OLG Koblenz, MDR 1991, 63; OLG München, MDR 1991, 64; OLG Hamburg, InVo 1999, 403; LG Stuttgart, DGVZ 2003, 91; *Bielau*, DGVZ 2007, 130; *Hölk*, MDR 2006, 841; *Wieczorek/Heß*, § 720a Rn. 11.
15 Siehe auch § 807 Rdn. 4.

ausreichende Grundlage für die Eintragung des Schuldners ins Schuldnerverzeichnis nach § 882c Abs. 1 Nr. 1 und Nr. 2.[16] Abs. 1 Nr. 3 scheidet dagegen aus, da im Rahmen der Sicherungsvollstreckung noch keine Befriedigung verlangt und erwartet werden darf.

IV. Abwendungsbefugnis des Schuldners (Abs. 3)

1. Art und Höhe der Sicherheitsleistung

7 Der Schuldner kann der Sicherungsvollstreckung zuvorkommen, indem er Sicherheit in Höhe des zu vollstreckenden Hauptanspruchs leistet. Diese Befugnis bedarf keines Ausspruches im Titel.[17] Die Sicherheitsleistung hat in der Form des § 108 Abs. 1 Satz 1 zu erfolgen, wenn das Gericht keine andere Bestimmung nach § 108 Abs. 1 Satz 2 getroffen hat. Die »Hauptsache«, hinsichtlich der Sicherheit zu leisten ist, ist zur Abwendung der Vollstreckung aus dem Urteil selbst die reine Urteilssumme ohne Zinsen und Kosten[18], zur Abwendung der Vollstreckung aus dem Kostenfestsetzungsbeschluss die Summe der dort festgesetzten Kosten ohne Zinsen.[19]

2. Wirkung der Sicherheitsleistung des Schuldners

8 Der Schuldner kann die Sicherheitsleistung auch noch erbringen, wenn der Gläubiger die Sicherungsvollstreckung bereits durchgeführt und Vermögensgegenstände des Schuldners beschlagnahmt hat. Der Nachweis der Sicherheitsleistung führt zur Einstellung der Zwangsvollstreckung nach § 775 Nr. 3 und zur Aufhebung der Vollstreckungsmaßnahmen gem. § 776. Der Gläubiger kann dies nur verhindern, wenn er seinerseits die im Urteil vorgesehene Sicherheitsleistung erbringt. Trotz des Wortes »vorher« in Abs. 3 kann der Gläubiger jederzeit, also auch nach einer Sicherheitsleistung durch den Schuldner, dessen Abwendungsbefugnis durch eigene Sicherheitsleistung unterlaufen.[20] Dies folgt aus dem Zweck des Abs. 3. Erbringt der Gläubiger seine Sicherheitsleistung, kann er nicht nur die bisherigen Sicherungsmaßnahmen, die er nach Abs. 1 Satz 1 schon durchgeführt hat, aufrecht erhalten, er kann sich nunmehr auch aus dem beschlagnahmten Vermögen des Schuldners befriedigen (**Abs. 1 Satz 2**). Wird das Urteil, dessen Sicherungsvollstreckung der Beklagte durch seine Sicherheitsleistung abwenden wollte, später aufgehoben, entfällt der Anlass zur Sicherheitsleistung; der Beklagte kann nach § 109 ZPO Rückgabe der Sicherheit verlangen[21]. Wird das Urteil aber rechtskräftig oder auf ein Rechtsmittel hin bestätigt, so muss der Beklagte gem. § 380 BGB i.V. mit der Regelung im Hinterlegungsgesetz des jeweiligen Bundeslandes[22] (z. B. § 22 Abs. 3 Nr. 1 HinG NRW) der Freigabe des hinterlegten Betrages zugunsten des Klägers zustimmen, damit dieser sich aus diesem Betrag befriedigen kann[23]. Die Forderung aus einer zur Abwendung der Sicherungsvollstreckung geleisteten Prozessbürgschaft wird mit der Rechtskraft des Urteils, dessen Vollstreckung abgewendet werden sollte, fällig, ohne dass es noch einer Leistungsaufforderung durch den Titelgläubiger bedürfte[24].

---

16 *Wasserl*, DGVZ 2013, 85, 91.
17 OLG Karlsruhe, Rpfleger 2000, 555.
18 **A.A.** (auch Zinsen und Kosten): OLG Jena, NJW-RR 2002, 1505.
19 *Stein/Jonas/Münzberg*, § 720a Rn. 10.
20 Allgem. Meinung; beispielhaft: *Baumbach/Lauterbach/Hartmann*, § 720a Rn. 5; *Stein/Jonas/Münzberg*, § 720a Rn. 14; *Wieczorek/Heß*, § 720a Rn. 13; *Zöller/Stöber*, § 720a Rn. 10; OLG Düsseldorf, BeckRS 2009 04458; OLG München, DGVZ 1990, 186. A. A. allerdings: OLG Jena, MDR 2007, 1448.
21 OLG Düsseldorf, BeckRS 2009 04458.
22 Rellermeyer, Rpfleger 2011, 129.
23 Einzelheiten: OLG Celle, BauR 2010, 819 ff.
24 BGH, NJW 2015, 351 mit Anm. *Stamm*, LMK 2015, 365737.

V. Keine weitergehende Einstellung der Zwangsvollstreckung

Ist der Schuldner zur Sicherheitsleistung nicht in der Lage, so ist eine nachträgliche einstweilige Einstellung der Sicherungsvollstreckung ohne Sicherheitsleistung des Schuldners **nicht** möglich.[25] Das folgt aus § 712 Abs. 1 Satz 2. Der Schuldner muss in einem solchen Fall schon im Erkenntnisverfahren den Antrag stellen, das Urteil nicht für vorläufig vollstreckbar zu erklären. Hat er den Antrag versäumt, kann er ihn nicht im Berufungsverfahren mit dem Antrag auf Vorabentscheidung (§ 718) nachholen.[26] Er muss in einem solchen Fall die Sicherungsvollstreckung hinnehmen; würde bereits die Einleitung der Sicherungsvollstreckung notwendigerweise zur Insolvenzreife führen[27], mag im Einzelfall § 765a helfen.

9

VI. Gebühren des Rechtsanwalts

Die Sicherungsvollstreckung ist Vollstreckung i. S. von VV Nr. 3309, sodass der sie betreibende Rechtsanwalt durch sie die 3/10-Gebühr nach § 13 RVG verdient;[28] die Fortsetzung der Vollstreckung nach Rechtskraft oder Wegfall der Verpflichtung zur Sicherheitsleistung ist kein neues Geschäft, sondern mit der bereits verdienten Gebühr abgegolten. Die bloße Androhung der Sicherungsvollstreckung löst die Gebühr nur aus, wenn die Wartefrist des § 750 Abs. 3 bereits abgelaufen ist, die Sicherungsvollstreckung also tatsächlich durchgeführt werden könnte.[29]

10

---

25 OLG Frankfurt, NJW-RR 1986, 359; a. A. (wenn dem Schuldner sonst nicht wieder gut zu machender Schaden drohe): OLG Brandenburg, MDR 2005, 233.
26 Siehe § 714 Rdn. 2.
27 Siehe den Fall OLG Köln, OLGR 1994, 153.
28 *Hartmann*, Kostengesetze, VV 3309 Rn. 38; LG Freiburg, AnwBl 1980, 378 (noch zu § 57 BRAGO).
29 Zur Erstattungsfähigkeit dieser Gebühr siehe § 788 Rdn. 18.

§ 721 Räumungsfrist

(1) ¹Wird auf Räumung von Wohnraum erkannt, so kann das Gericht auf Antrag oder von Amts wegen dem Schuldner eine den Umständen angemessene Räumungsfrist gewähren. ²Der Antrag ist vor dem Schluss der mündlichen Verhandlung zu stellen, auf die das Urteil ergeht. ³Ist der Antrag bei der Entscheidung übergangen, so gilt § 321; bis zur Entscheidung kann das Gericht auf Antrag die Zwangsvollstreckung wegen des Räumungsanspruchs einstweilen einstellen.

(2) ¹Ist auf künftige Räumung erkannt und über eine Räumungsfrist noch nicht entschieden, so kann dem Schuldner eine den Umständen nach angemessene Räumungsfrist gewährt werden, wenn er spätestens zwei Wochen vor dem Tage, an dem nach dem Urteil zu räumen ist, einen Antrag stellt. ²§§ 233 bis 238 gelten sinngemäß.

(3) ¹Die Räumungsfrist kann auf Antrag verlängert oder verkürzt werden. ²Der Antrag auf Verlängerung ist spätestens zwei Wochen vor Ablauf der Räumungsfrist zu stellen. ³§§ 233 bis 238 gelten sinngemäß.

(4) ¹Über Anträge nach den Absätzen 2 oder 3 entscheidet das Gericht erster Instanz, solange die Sache in der Berufungsinstanz anhängig ist, das Berufungsgericht. ²Die Entscheidung ergeht durch Beschluss. ³Vor der Entscheidung ist der Gegner zu hören. ⁴Das Gericht ist befugt, die im § 732 Abs. 2 bezeichneten Anordnungen zu erlassen.

(5) ¹Die Räumungsfrist darf insgesamt nicht mehr als ein Jahr betragen. ²Die Jahresfrist rechnet vom Tage der Rechtskraft des Urteils oder, wenn nach einem Urteil auf künftige Räumung an einem späteren Tage zu räumen ist, von diesem Tage an.

(6) Die sofortige Beschwerde findet statt
1. gegen Urteile, durch die auf Räumung von Wohnraum erkannt ist, wenn sich das Rechtsmittel lediglich gegen die Versagung, Gewährung oder Bemessung einer Räumungsfrist richtet;
2. gegen Beschlüsse über Anträge nach den Absätzen 2 oder 3.

(7) ¹Die Absätze 1 bis 6 gelten nicht für Mietverhältnisse über Wohnraum im Sinne des § 549 Abs. 2 Nr. 3 sowie in den Fällen des § 575 des Bürgerlichen Gesetzbuchs. ²Endet ein Mietverhältnis im Sinne des § 575 des Bürgerlichen Gesetzbuches durch außerordentliche Kündigung, kann eine Räumungsfrist höchstens bis zum vertraglich bestimmten Zeitpunkt der Beendigung gewährt werden.

Übersicht

	Rdn.		Rdn.
I. Anwendungsbereich der Norm	1	2. Angemessenheit	11
II. Verhältnis zu anderen Vollstreckungsschutzvorschriften – Verhältnis zum materiellrechtlichen Mieterschutz	3	a) Umstände zugunsten des Räumungsschuldners	12
1. §§ 711, 712, 719	3	b) Umstände zugunsten des Gläubigers	13
2. § 765a ZPO	4	3. Länge der Frist	14
3. §§ 574, 574c BGB	5	V. Verlängerung oder Verkürzung einer bereits gewährten Frist (Abs. 3)	15
III. Verfahren zur erstmaligen Bewilligung einer Räumungsfrist	6	VI. Auswirkungen der Räumungsfrist auf die materiellrechtlichen Beziehungen der Parteien	17
1. Räumungsfrist im Räumungsurteil (Abs. 1)	6	1. Fortbestand der Mietzahlungspflicht	17
2. Erstmalige Gewährung einer Räumungsfrist nach Erlass des Räumungsurteils (Abs. 2 und Abs. 4)	7	2. Regelmäßig kein Neuabschluss eines Mietvertrages	18
IV. Die sachlichen Voraussetzungen für die Gewährung einer Räumungsfrist	10	VII. Rechtsbehelfe gegen die Gewährung oder Versagung einer Räumungsfrist bzw. Fristverlängerung (Abs. 6)	19
1. Wohnraum	10	VIII. Kosten	21

Literatur:

Belz, Der Mieter einer Eigentumswohnung in der Räumungsvollstreckung, DWE 2005, 92; *Bühler*, Zur rechtlichen Behandlung von Mischmietverhältnissen, insbesondere in der höchst- und obergerichtlichen Rechtsprechung, ZMR 2010, 897; *Emmert*, Suizidgefahr im Fall der Räumungsvollstreckung, jurisPR-Mietrecht 4/2006; *Fischer*, Die unverhältnismäßige Zwangsvollstreckung, Rpfleger 2004, 599; *Haentjens*, Grenzen staatlicher Pflichten zum Schutze der Gesundheit in der Zwangsvollstreckung?, NJW 2004, 3609; *Hoffmann*, Die materielle und prozessuale Rechtslage bei Gewährung einer Räumungsschutzfrist gem. §721 ZPO., Diss. Augsburg, 2000; *Lippross*, Grundlagen und System des Vollstreckungsschutzes, 1983; *Müller*, Das Benutzungsverhältnis zwischen Vermieter und Mieter nach Gewährung einer Räumungsfrist gem. §721 ZPO, MDR 1971, 253; *Münzberg*, Die Fristen für Anträge des Räumungsschuldners gemäß §§721 Abs. 2 Satz 1, Abs. 3 Satz 2, 794 a Abs. 1 Satz 2, WuM 1993, 9; *Schach*, Nutzungsansprüche des Vermieters nur bis (verspätete) Rückgabe der Mietsache, jurisPR-Mietrecht 26/2005; *ders.*, Ansprüche des Vermieters gegen Ordnungsbehörde nach Mieteinweisung, jurisPR-Mietrecht 6/2006; *Scherer*, Vollstreckung bei Suizidgefahr, DGVZ 1995, 33; *Schmidt-Futterer*, Die rechtliche Behandlung des Mischmietverhältnisses im Räumungsverfahren, NJW 1966, 583; *Schumacher*, Wohnraummiete und Betreuung, NZM 2003, 257; *Schuschke*, Lebensschutz contra Eigentumsgarantie – Zu den Grenzen des §765a ZPO in der Räumungsvollstreckung, NJW 2006, 874; *ders.*, Titel auf Wohnungsräumung nach dem neuen FamFG, NZM 2010, 137; *ders.*, Räumungsprozess und Räumungsvollstreckung, 3. Aufl. 2014.; *ders.*, Reichweite und Grenzen gerichtlicher Fürsorge gegenüber suizidgefährdeten Schuldnern im Lichte des Grundgesetzes, NZM 2011, 304; *ders.*, Die Einstellung der Räumungsvollstreckung, NZM 2015, 233; *Sturm*, Räumungsvollstreckung und Räumungsschutz gemäß §765a ZPO unter Berücksichtigung der zweiten Zwangsvollstreckungsnovelle, 2001; *Walker/Gruß*, Räumungsschutz bei Suizidgefahr und altersbedingter Gebrechlichkeit, NJW 1996, 352; *Weyhe*, Altes und Neues zum Räumungsschutz nach §765a ZPO, NZM 2000, 1147.

I. Anwendungsbereich der Norm

Soll durch **Urteil** auf Räumung von **Wohnraum**[1] erkannt werden (Abs. 1) oder ist bereits durch Urteil auf künftige Räumung erkannt, so ermöglicht es die Vorschrift dem **Prozessgericht**, dem Räumungsschuldner eine angemessene Räumungsfrist zu gewähren. Ohne eine solche Frist sind auch Räumungsurteile grundsätzlich sofort vorläufig vollstreckbar[2].

Die Vorschrift gilt nicht für Räumungsvergleiche. Insoweit enthält §794a eine – dem §721 allerdings weitgehend angepasste – Sonderregelung.[3] Ebenso unanwendbar ist die Vorschrift bei Räumungstiteln im Rahmen des einstweiligen Rechtsschutzes (§940a ZPO). Hier widerspricht die Verpflichtung zur kurzfristigen Vollstreckung des Titels (§929 ZPO) der Gewährung von Räumungsfristen.[4] Gegenüber Entscheidungen nach §§200 ff FamFG (Ehewohnungssachen), die einem der Partner die Räumung der Wohnung aufgeben, ist die Vorschrift des §721 ebenfalls nicht anwendbar. In diesen Fällen kann die Gewährung bzw. Verlängerung einer Räumungsfrist aber Teil der einstweiligen Regelung über die Benutzung der Ehewohnung bzw. der Anordnungen nach §209 FamFG sein. Diese Möglichkeit verdrängt auch die Anwendung des §765a.[5] Ist Räumungstitel ein Zuschlagsbeschluss nach §93 ZVG oder ein Eröffnungsbeschluss des Insolvenzverfahrens (§§27, 148 Abs. 2 InsO), so ist §721 gleichfalls unanwendbar.[6] Hier muss gegebenenfalls ein Antrag gem. §765a gestellt werden.[7]

Grundsätzlich unerheblich für die Anwendbarkeit der Norm ist es, aus welchem Rechtsgrunde die Räumung von Wohnraum verlangt wurde, ob aufgrund mietrechtlicher, pachtrechtlicher[8] oder

---

1 Zum Begriff unten Rdn. 10.
2 KG, OLGReport 2008, 811.
3 Siehe §794a Rdn. 1.
4 Einzelheiten: §940a Rdn. 13, 14.
5 OLG Dresden, OLGR 2005, 542; *Schuschke*, NZM 2010, 137, 139.
6 LG Hamburg, MDR 1971, 671; *Thomas/Putzo/Seiler*, §721 Rn. 2; *Stöber*, ZVG, §93 Rn. 5; *Zöller/Stöber*, §721 Rn. 1; **a.A.:** LG Mannheim, MDR 1967, 1018; OLG München, OLGZ 1969, 43.
7 OLG München, OLGZ 1969, 43; LG Kiel, NJW 1992, 1174; *Wieczorek/Paulus*, §721 Rn. 12.
8 LG Mannheim, MDR 1971, 223.

sachenrechtlicher Vorschriften, etwa § 985 BGB.[9] Der Räumungsgrund ist erst im Rahmen der Begründetheit des Antrages von Bedeutung, wenn es darum geht, ob eine und welche Räumungsfrist »den Umständen nach angemessen« ist.

Eine Ausnahme hiervon gilt nach **Abs. 7**, wenn Rückgabe der Wohnung nach Ablauf eines befristeten Mietverhältnisses, auf das § 549 Abs. 2 Nr. 3 BGB anwendbar ist, verlangt wird oder wenn es sich um in § 575 BGB genannten besonderen Wohnraum handelt. In einem solchen Fall sind die Schutzvorschriften der Abs. 1–6 in Gänze unanwendbar. Der Mieter soll im Fall der vorzeitigen Beendigung eines Zeitmietverhältnisses i. S. dieser Norm über den Bestandschutz dieses Zeitmietverhältnisses hinaus keinen Räumungsschutz genießen, da er sich jedenfalls auf das vertragsgemäße Ende seines Mietvertrages einrichten konnte. Könnte der Vermieter bei Abschluss des Zeitmietvertrages sich nicht darauf verlassen, dass er nach dessen Ende wieder über die Wohnung verfügen kann, würde er diesen Vertrag meist nicht abschließen. Der Wohnraum stünde leer. Durch die Sonderregelung soll also erreicht werden, dass der Zweck des § 575 BGB nicht verfahrensrechtlich unterlaufen wird.

Kein Räumungsurteil i. S. der vorstehenden Ausführungen liegt vor, wenn ein Ehegatte vom Liebhaber des anderen Ehegatten, den dieser mit in die eheliche Wohnung aufgenommen hatte, Beseitigung der Ehestörung durch Räumung der Ehewohnung verlangt hat.[10] Bei einem derartigen Titel steht der Schutz der Ehe im Vordergrund, nicht die Besitzverschaffung an den Räumlichkeiten.

II. Verhältnis zu anderen Vollstreckungsschutzvorschriften – Verhältnis zum materiellrechtlichen Mieterschutz

1. §§ 711, 712, 719

3   Die Anwendbarkeit der §§ 709 ff., insbesondere der §§ 711, 712, 719 wird durch § 721 nicht berührt.[11] Hinzuweisen ist auf die Rechtsprechung des BGH[12], wonach ein Antrag nach § 721 ebenso wie ein Antrag nach § 719 Abs. 1[13] einen in der Berufungsinstanz unterlassenen Antrag nach § 712, der wiederum nach der ständigen, gefestigten BGH-Rechtsprechung zu § 719 Abs. 2 zwingende Voraussetzung für eine Einstellung der Zwangsvollstreckung durch das Revisionsgericht im Revisionsverfahren bzw. im Verfahren der Nichtzulassungsbeschwerde ist[14], nicht ersetzt.

Ist der Schuldner nur unter der Bedingung zur Räumung verurteilt worden, dass der Gläubiger ihm eine geeignete Ersatzwohnung nachweist, und ist dem Gläubiger gem. § 726 Abs. 1 Vollstreckungsklausel erteilt worden, weil er den Nachweis erbracht habe[15], kann der Schuldner, der dies bestreitet, einstweiligen Räumungsschutz auch nach § 732 Abs. 2 oder im Zuge einer Klage nach § 768 nach § 769 erlangen.

2. § 765a ZPO

4   Soweit die Frist des § 721 Abs. 5 im konkreten Fall nicht ausreicht oder soweit ein Schutzantrag nach § 721 aus formellen Gründen unzulässig ist (z. B. Fristversäumnis nach Abs. 3), kann im Ein-

---

9 *Baumbach/Lauterbach/Hartmann*, § 721 Rn. 5; *Musielak/Lackmann*, § 721 Rn. 2; *Wieczorek/Paulus*, § 721 Rn. 4.
10 OLG Celle, NJW 1980, 711; LG Freiburg, FamRZ 2005, 1252; *Musielak/Lackmann*. § 721 Rn. 2; *Schuschke*, NZM 2010, 137, 139; *Zöller/Stöber*, § 721 Rn. 1.
11 *Stein/Jonas/Münzberg*, § 721 Rn. 1.
12 BGH, WuM 2004, 678.
13 BGH, GuT 2004, 129.
14 Einzelheiten: § 719 Rdn. 13, 14.
15 Siehe hierzu § 726 Rdn. 2.

zelfall ein Vollstreckungsschutzantrag gem. § 765a erfolgreich sein.[16] Erforderlich ist immer, dass ein besonderer Härtefall vorliegt, dem in anderer Weise nicht Rechnung getragen werden kann. § 765a darf nicht dazu dienen, die Fristen in § 721 grundsätzlich aufzuweichen und auf diese Weise den Gesetzgeber zu korrigieren. Solange noch Anträge nach § 721 möglich sind, schließt diese Möglichkeit eine Schutzentscheidung nach § 765a aus;[17] ansonsten hätte der Räumungsschuldner die Möglichkeit, Prozessgericht und Vollstreckungsgericht gegeneinander auszuspielen.

3. §§ 574, 574c BGB

Der materiellrechtliche Mieterschutz wird durch die Möglichkeit, dem zur Räumung verpflichteten Mieter Räumungsfristen zu gewähren, nicht beeinflusst. So sind insbesondere die Voraussetzungen der Sozialklausel des § 574, 574 c BGB unabhängig davon zu prüfen, ob den Bedürfnissen des Schuldners auch mit einer Räumungsfrist nach § 721 Abs. 1 Rechnung getragen werden könnte.[18] Denn durch §§ 574, 574c BGB wird die materiellrechtliche Rechtsbeziehung zwischen Vermieter und Mieter unmittelbar gestaltet, während § 721 nur die Vollstreckungsmöglichkeit eines Räumungstitels hinausschiebt, das durch eine berechtigte Kündigung beendete Mietverhältnis aber nicht wieder aufleben lässt.[19]

Soweit sich im Einzelfall aus materiellem Recht ein Anspruch auf Vollstreckungsaufschub ergeben sollte[20], ist dieser Anspruch mit § 767 durchzusetzen. § 721 ist insoweit nicht einschlägig.

III. Verfahren zur erstmaligen Bewilligung einer Räumungsfrist

1. Räumungsfrist im Räumungsurteil (Abs. 1)

Schon im Rechtsstreit auf Erlangung des Räumungsurteils hat das Gericht von Amts wegen, also nicht nur auf Antrag des Schuldners darüber zu befinden, ob dem Schuldner eine angemessene Räumungsfrist zu gewähren ist[21], die den möglichen Beginn der Vollstreckung des Titels zeitlich hinausschiebt (Folge: § 751 Abs. 1). Da die Räumungsfrist bereits von Amts wegen zu erwägen ist, kann sie dem Schuldner auch in einem Versäumnisurteil zugebilligt werden[22], soweit bereits der Vortrag des Gläubigers hinreichende Anhaltspunkte für ihre Notwendigkeit bietet. Der Umstand, dass die Möglichkeit einer Räumungsfrist auch von Amts wegen zu prüfen ist und dass die Räumungsfrist auch ohne Antrag eingeräumt werden kann, darf den Anwalt des Beklagten aber nicht dazu veranlassen, seinerseits von einem Antrag (einschließlich dessen hinreichender Begründung) abzusehen. Ein solches Versäumnis wäre pflichtwidrig und kann einen Schadensersatzanspruch begründen.[23]

Der Antrag des Schuldners, ihm eine Räumungsfrist zu bewilligen, muss vor Schluss der mündlichen Verhandlung[24] gestellt werden, auf die das Urteil ergeht. »Urteil« in diesem Sinne ist auch

---

16 LG Göttingen, MDR 1967, 847; LG Wuppertal, MDR 1968, 52; LG Mannheim, MDR 1968, 925 und ZMR 1969, 220; LG Kempten, MDR 1969, 1015; LG Lübeck, ZMR 1970, 122; LG Kiel, ZMR 1970, 372; OLG Rostock, OLGReport 1996, 211; LG Darmstadt, DGVZ 2000, 376.
17 Siehe hierzu § 765a Rdn. 2.
18 OLG Stuttgart, OLGZ 1969, 14; OLG Oldenburg, ZMR 1971, 329; LG Freiburg, MDR 1966, 419; a. A. (die Möglichkeit, dem Schuldner mit § 721 ausreichend zu helfen, schließe § 574 BGB aus): LG Mannheim, MDR 1967, 131.
19 Siehe hierzu auch unten Rdn. 17.
20 Siehe hierzu OLG München, NJW-RR 1991, 17.
21 BVerfG, NZM 1999, 212; KG, WuM 2008, 153, 155; LG Rostock, NJW-RR 2001, 442; *Wieczorek/Paulus*, § 721 Rn. 16.
22 LG Mannheim, MDR 1966, 242; LG München, WuM 1982, 81; LG Köln, NJW-RR 1987, 143; LG Rostock, NJW-RR 2001, 442; *Musielak/Lackmann*, § 721 Rn. 2.
23 OLG Hamm, NJW-RR 1995, 526.
24 AG Hamburg Blankenese, ZMR 2010, 695, 696.

das Berufungsurteil, ja sogar das Revisionsurteil.[25] Daher kann der Räumungsschutzantrag auch erstmalig in der Berufungsinstanz gestellt werden.[26] In diesem Fall muss er aber mit einem Antrag nach § 719 Abs. 1 kombiniert werden, damit bis zum Berufungsurteil nicht bereits geräumt ist. Ist der streitige Räumungsprozess abgeschlossen, kann der Antrag später isoliert nur noch unter den Voraussetzungen der Abs. 2 und 4 gestellt werden.[27]

Die den Antrag rechtfertigenden Umstände sind, soweit streitig, vom Schuldner zu beweisen, also nicht nur glaubhaft zu machen. Das Gericht hat seine Entscheidung nicht nur zu begründen, wenn es dem Antrag stattgibt, sondern auch, wenn es den Antrag ablehnt. Dies folgt schon daraus, dass die Ablehnung gem. Abs. 6 selbstständig anfechtbar ist. Die Entscheidung muss im Urteil selbst, nicht in einem gesonderten Beschluss neben dem Urteil ergehen. Das gilt auch, wenn das Urteil ein Versäumnis- oder Anerkenntnisurteil ist[28]. Ist die Entscheidung gesetzeswidrig in einem gesonderten Beschluss ergangen, ist dieser auf die Beschwerde hin ohne Sachprüfung aufzuheben[29]. Hat das Gericht den Antrag in den Entscheidungsgründen einfach übergangen, so kann der Schuldner nach **Abs. 1 Satz 3** Ergänzungsurteil gem. § 321 beantragen. Er muss dabei die Frist des § 321 Abs. 2 beachten.[30] Bis zur Entscheidung über den Ergänzungsantrag kann das Gericht **auf Antrag** – also nicht von Amts wegen – die Zwangsvollstreckung wegen des Räumungsanspruchs – also nicht die Zwangsvollstreckung aus dem Urteil schlechthin – einstweilen einstellen. Ob der Antrag einfach übergangen ist oder ob das Gericht den Antrag konkludent abgelehnt hat, obwohl es ihn nicht ausdrücklich beschieden, ist durch Auslegung des Urteils zu ermitteln. Im Zweifel ist von einer Ablehnung des Antrages auszugehen.[31] War kein Antrag gestellt, ist davon auszugehen, dass das Gericht, wenn irgendwelche Umstände ersichtlich waren, die eine Räumungsfrist für erwägenswert erscheinen ließen, die Möglichkeit einer Räumungsfrist von Amts wegen geprüft und konkludent abgelehnt hat. Daher kommt in diesen Fällen eine spätere Urteilsergänzung nicht in Betracht.[32] Bestand aber nach dem Akteninhalt keine ernsthafte Veranlassung, sich mit der Möglichkeit einer Räumungsfrist auseinanderzusetzen, kann das Schweigen im Urteil nicht isoliert mit der Beschwerde gegen einen stillschweigenden, die Räumungsfrist konkludent ablehnenden Beschluss angefochten werden. In einem solchen Fall kann eine Räumungsfrist nachträglich nur noch nach § 765a erlangt werden[33].

2. Erstmalige Gewährung einer Räumungsfrist nach Erlass des Räumungsurteils (Abs. 2 und Abs. 4)

7   Wird auf künftige Räumung geklagt (§ 259), so ist der Schuldner oft nicht in der Lage, die eine Räumungsfrist rechtfertigenden Umstände bereits schlüssig darzulegen, weil er selbst noch nicht überblicken kann, ob er rechtzeitig Ersatzwohnraum zu zumutbaren Bedingungen finden werde oder nicht. Er kann deshalb von einem Antrag nach Abs. 1 zunächst absehen. Ebenso kann das Gericht in einem solchen Fall trotz eines Antrages nach Abs. 1 im Urteil ausdrücklich – also nicht durch schlichtes »Übergehen«, wie in Abs. 1 Satz 3 angesprochen – die Entscheidung über eine Räumungsfrist offenlassen, weil die von den Parteien streitig dargestellte künftige Entwicklung noch nicht hinreichend aufklärbar erschien (»Über den Antrag des Beklagten auf Gewährung einer Räumungsfrist konnte derzeit weder positiv noch negativ entschieden werden, weil ...«). Schließlich kann der Beklagte, dessen Antrag nach Abs. 1 vom Gericht im Rahmen der Entscheidung nach

---

25 BGH, WuM 2014, 354; BGH, NJW 1963, 1307.
26 OLG Köln, MDR 1980, 764; OLG Koblenz, BeckRS 2013, 10531.
27 BGH, WuM 2014, 354, 355.
28 OLG München, BeckRS 2010, 05171.
29 OLG München, BeckRS 2010, 05171 mit Anm. *Mack-Oberth,* jurisPR-MietR 10/2010 (Anm. 4).
30 LG Karlsruhe, MDR 1980, 764.
31 LG Köln, NJW-RR 1987, 143.
32 LG Rostock, NJW-RR 2001, 442.
33 AG Hamburg-Blankenese, ZMR 2010, 695, 696.

§ 259 übergangen wurde – also nicht zurückgewiesen wurde! –, sich hiermit zunächst abfinden und vom Antrag auf Ergänzungsurteil absehen. In allen diesen Fällen – es muss sich immer um Urteile auf künftige Räumung handeln[34] – kann der Schuldner den Antrag auf Gewährung einer Räumungsfrist noch nach Erlass des Räumungsurteils stellen. Er muss dies, wenn der Antrag nicht als unzulässig zurückgewiesen werden soll, spätestens zwei Wochen vor dem Tage tun, an dem nach dem Urteil zu räumen ist. Bei Berechnung der Zweiwochenfrist wird der festgesetzte Räumungstag mitgerechnet. Die Frist verlängert sich nicht dadurch, dass der letzte Tag der Frist (also der Räumungstag) auf einen Samstag, Sonntag oder allgemeinen Feiertag fällt, auch wenn an diesem Tag nicht geräumt werden könnte.[35] Obwohl die Frist keine Notfrist im technischen Sinne ist, gelten die §§ 233–238 entsprechend (**Abs. 2 Satz 2**), ist also bei Fristversäumnis eine Wiedereinsetzung in den vorigen Stand möglich.[36] Hierbei sollte großzügig verfahren werden, um nicht Anträge nach § 765a zu provozieren.

Der Antrag ist beim Prozessgericht des ersten Rechtszuges zu stellen,[37] es sei denn, der Rechtsstreit ist noch in der Berufungsinstanz anhängig, dann ausnahmsweise beim Berufungsgericht (**Abs. 4 Satz 1**). In der Berufungsinstanz anhängig ist der Rechtsstreit von Einlegung der Berufung an bis zur Entscheidung über die Berufung oder deren Rücknahme. Nach Entscheidung über die Berufung – Verkündung des Berufungsurteils – ist die erste Instanz auch dann wieder zuständig, wenn die Akten sich noch wegen der Kostenfestsetzung oder ähnlicher Nebenherfahren beim Berufungsgericht befinden. Während der Anhängigkeit beim Revisionsgericht ist ebenfalls wieder das Gericht der ersten Instanz zuständig.[38]

Die Entscheidung ergeht im Fall des Abs. 2 durch **Beschluss**. Eine mündliche Verhandlung ist daher nicht erforderlich, aber möglich (**Abs. 4 Satz 2** i. V. § 128 Abs. 4). In jedem Fall muss der Gläubiger vor der Entscheidung rechtliches Gehör erhalten (**Abs. 4 Satz 3**). Das Gericht kann, auch ohne entsprechenden Antrag des Schuldners, um Zeit zur sachgemäßen Vorbereitung seiner Entscheidung zu gewinnen, zunächst **einstweilige Anordnungen** der in § 732 Abs. 2 bezeichneten Art erlassen, also insbesondere die Räumungsvollstreckung gegen oder ohne Sicherheitsleistung einstweilen einstellen. Solche Anordnungen empfehlen sich insbesondere dann, wenn der Antrag erst kurz vor Ablauf der Frist nach Abs. 2 Satz 1 gestellt wurde und zu befürchten ist, dass er vor dem Räumungstag nicht rechtzeitig beschieden werden kann. Denn sobald geräumt ist, entfiele das Rechtsschutzbedürfnis für den Antrag.

IV. Die sachlichen Voraussetzungen für die Gewährung einer Räumungsfrist

1. Wohnraum

Zunächst kommt die Gewährung einer Räumungsfrist nur in Betracht, soweit **Wohnraum** herauszugeben ist, nicht aber gewerblich genutzte Räume[39] oder sonstige Grundstücke. Wurde der Raum ursprünglich als Gewerberaum vermietet, wird er vom Schuldner aber ausschließlich zu Wohnzwecken genutzt, so handelt es sich im Sinne von § 721 ZPO um Wohnraum.[40] Ebenso schließt es die Anwendung des § 721 nicht aus, dass die Räume dem Hauptmieter als Gewerberäume vermietet wurden, wenn der vom Vermieter auf Räumung in Anspruch genommene Untermieter sie

---

34 War zur sofortigen Räumung verurteilt und der Räumungsschutzantrag nicht möglich, weil die ihn tragenden Umstände erst nach Rechtskraft des Urteils entstanden sind, kommt nur § 765a in Betracht: LG Darmstadt, NZM 2000, 376.
35 LG Berlin, NJW-RR 1993, 144.
36 AG Lübeck, MDR 1971, 846.
37 BGH, NJW 1990, 2823.
38 BGH, NJW 1990, 2823.
39 OLG München, NZM 2001, 710.
40 OLG Köln, WuM 1997, 336; *Musielak/Lackmann*, § 721 Rn. 3.

tatsächlich als Wohnung nutzt.[41] Der herauszugebende Wohnraum muss vom Schuldner selbst und den mit ihm zusammenlebenden Personen (Familienangehörigen, Lebenspartner, Hausangestellten) genutzt werden, nicht von außen stehenden dritten Personen, denen der Schuldner diesen Wohnraum nur gegen Miete überlassen hat.[42] Lautet der Titel sowohl auf Herausgabe gewerblicher Räume als auch auf Räumung von Wohnraum (z. B. Gaststätte und dazugehörige Wohnung des Wirtes)[43], so kommt die Gewährung einer Räumungsfrist ausschließlich für den Wohnraum, soweit eine Trennung der Räumlichkeiten in Privaträume und in Gewerberäume tatsächlich möglich ist und die Gewerberäume dadurch in ihrer Funktion nicht beeinträchtigt werden, in Betracht.[44] Der Vermieter oder Verpächter muss in einem solchen Fall dafür Sorge tragen, dass der Schuldner während der Räumungsfrist weiterhin ungehinderten Zugang zur Wohnung hat, auch wenn die gewerblichen Räume bereits anderweitig weiterverpachtet sind. Ein vom Schuldner tatsächlich bewohnter Raum verliert seine Eigenschaft als Wohnraum nicht dadurch, dass der Schuldner ihn auch gewerblich nutzt, z. B. als Werkstatt eines Handwerkers in seiner Wohnung. Dass in einem solchen Fall die Nutzung als Wohnraum überwiegt, ist nicht erforderlich.[45]

2. Angemessenheit

11 Die Fristgewährung überhaupt und die Länge der gewährten Frist müssen »**den Umständen nach angemessen**« sein. Dies bedeutet, dass eine Abwägung der Interessen und Möglichkeiten des Schuldners einerseits und der Interessen des Gläubigers andererseits vor dem Hintergrund der objektiven Lage auf dem jeweiligen Wohnungsmarkt stattzufinden hat. Das Gericht hat bei dieser Abwägung einen Ermessensspielraum[46], sodass »feste« Regeln nicht aufgestellt werden können.

a) Umstände zugunsten des Räumungsschuldners

12 **Zugunsten des Räumungsschuldners** fallen beispielsweise ins Gewicht die objektiven Schwierigkeiten auf dem lokalen Wohnungsmarkt;[47] die subjektiven Schwierigkeiten des konkreten Schuld-

---

41 OLG Köln, OLGReport 1996, 222.
42 A. A.: LG Lübeck, ZMR 1993, 223 (für den Fall, dass ein Verein, der Träger eines sog. Frauenhauses war, zur Räumung dieser Einrichtung verurteilt worden war); KG, GE 2013, 618 mit Anm. *Flatow*, jurisPR-MietR 6/2013, Anm. 6 (für den Fall, dass die vermieteten Räume als Altenheim genutzt wurden). Dem kann nicht gefolgt werden, weil sich dies mit der engen Zielsetzung der Norm, den Schuldner und seine Angehörigen vor kurzfristiger Obdachlosigkeit zu bewahren, nicht in Einklang bringen lässt. Beim Räumungsschutz für den Verein oder den Altenheimbetreiber ginge es darum, ihm die Erfüllung seiner sozialpolitischen Aufgaben weiter zu ermöglichen. Hier muss die Lösung im öffentlichen Recht gesucht werden.
43 Der Anwendbarkeit des § 721 steht dabei grundsätzlich nicht entgegen, dass der Gesamtvertrag als Pachtvertrag bezeichnet und als solcher zu werten ist: OLG Köln, ZMR 2007, 114.
44 OLG Hamburg, MDR 1972, 955; LG Köln, NJW-RR 1989, 404; LG Hamburg, NJW-RR 1993, 662; LG Mannheim, ZMR 1993, 79 und ZMR 1994, 21; *Bühler*, ZMR 2010, 897, 924.
45 MüKo/*Götz*, § 721 Rn. 8; *Musielak/Lackmann*, § 721 Rn. 3; *Stein/Jonas/Münzberg*, § 721 Rn. 8; *Thomas/Putzo/Seiler*, § 721 Rn. 1; a. A. (Wohnnutzung müsse auch dann überwiegen): BGH, NJW 1977, 1394; *Schmidt-Futterer*, NJW 1966, 583; *Zöller/Stöber*, § 721 Rn. 2.
46 OLG Hamm, NJW-RR 1995, 526; LG Mannheim, MDR 1966, 611 und MDR 1968, 419; AG Starnberg, WuM 1980, 204. Zu weitgehend deshalb KG, WuM 2008, 153, 155, das dem Schuldner immer von Amtswegen eine Frist zur Wohnungssuche einräumen will.
47 LG Berlin, NJW-RR 1989, 1358; LG Hamburg, WuM 1988, 316.

ners infolge hohen Alters[48], körperlicher Gebrechen oder einer vorübergehenden Erkrankung;[49] das geringe Einkommen;[50] die Notwendigkeit, ein Kind im Grundschulalter bei einem Wohnungswechsel mitten im Schuljahr umschulen zu müssen;[51] die ungewöhnlich lange Dauer des Mietverhältnisses;[52] die Notwendigkeit, andernfalls innerhalb kurzer Zeit zweimal umziehen zu müssen, da feststeht, dass innerhalb der Frist des Abs. 5 Satz 1 eine neue Wohnung oder ein Eigenheim bezugsfertig sein wird;[53] die kurz bevorstehende Geburt eines Kindes.

Zu Lasten des Schuldners kann z. B. ins Gewicht fallen, dass die Frist des Abs. 5 Satz 1 sowieso nicht ausreicht, bis der Neubau des Schuldners, in den er umziehen will, fertig gestellt ist[54] oder dass gar feststeht, dass auch in weiterer Zukunft für ihn kein Ersatzraum zur Verfügung stehen werde;[55] dass der Schuldner im Fall des Abs. 2 nach Urteilserlass bis zur Antragstellung keinerlei oder nur ganz unzureichende Bemühungen unternommen hatte, eine angemessene Ersatzwohnung zu finden[56] (die Frage, welche Bemühungen unternommen werden müssen, lässt sich nur anhand der konkreten Umstände des Einzelfalles beurteilen[57]) oder dass er auch nach dem Urteil keinerlei Zahlungen an den Vermieter geleistet und dadurch seine Mietschulden weiter vergrößert hat[58]; dass der Schuldner über überdurchschnittlich gute Einkünfte verfügt, die es nicht unbillig erscheinen lassen, dass er auch eine deutlich teurere Ersatzwohnung anmietet oder die Kosten eines mehrfachen Umzuges trägt;[59] dass der Schuldner die Wohnung schuldhaft so heruntergewirtschaftet hatte, dass dem Gläubiger durch längeres Zuwarten eine erhebliche Eigentumsgefährdung droht. Allerdings kann im Einzelfall der Umstand, dass der Schuldner längere Zeit nicht nach einer Ersatzwohnung gesucht hatte, dann an Bedeutung verlieren, wenn er jetzt eine Ersatzwohnung konkret fest in Aussicht hat und gewährleistet ist, dass er in der Räumungsfrist bis zum Umzug die Miete bzw. Nutzungsentschädigung pünktlich und ohne Abzüge bezahlen wird.[60]

---

48 LG Münster, ZMR 1969, 219; LG Essen, ZMR 1969, 219.
49 Besteht infolge der Erkrankung Suizidgefahr beim Schuldner für den Fall der Durchsetzung des Räumungstitels kommt eine Räumungsfrist nur so lange in Betracht, wie erforderlich ist, entweder eine entsprechende Therapie in Eigeninitiative des Schuldners durchzuführen oder um öffentlich-rechtliche (z. B. aufgrund der Landesunterbringungsgesetze) oder betreuungsgerichtliche (z. B. Einleitung eines Betreuungsverfahrens) Schutzmaßnahmen zugunsten des Schuldners in die Wege zu leiten. Einzelheiten: *Schuschke,* NJW 2006, 874; NZM 2011, 304 und DGVZ 2008, 33. Siehe ferner: *Beyer,* ZflR 2006, 535; *Nesemann,* ZflR 2006, 557. Gegebenenfalls ist über die zeitlichen Möglichkeiten des § 721 ZPO hinaus die Gewährung von Schutz im Rahmen des § 765a ZPO erforderlich.
50 AG Dortmund, ZMR 1970, 121.
51 LG Berlin, NJW-RR 1989, 1358: LG Berlin, NJOZ 2015, 402.
52 AG Stolberg, ZMR 1970, 212.
53 LG Köln, ZMR 1970, 371; LG Mannheim, ZMR 1970, 371; LG Stuttgart, Rpfleger 1985, 71; LG Düsseldorf, WuM 1989, 387.
54 AG Münster, ZMR 1971, 157; LG Kassel, ZMR 1967, 187.
55 LG Mönchengladbach, ZMR 1990, 463.
56 BayObLG, MDR 1975, 492. Nach LG Wuppertal, WuM 1996, 429 müssen diese Bemühungen erst nach Rechtskraft des Räumungsurteils beginnen. Dem kann nicht gefolgt werden. Auch Räumungsurteile sind schließlich vorläufig vollstreckbar. Dass die Räumungsfrist immer eine Verfassungsbeschwerde des räumungsunwilligen Schuldners mit einbeziehen muss (so HessStGH, NZM 1999, 495 und AG Frankfurt, NZM 1999, 67), geht zu weit (so auch LG Frankfurt, NZM 1998, 498 und NZM 1999, 168). Im Einzelfall mag aber § 765a greifen.
57 LG Mannheim, ZMR 1990, 463 sah es als ausreichend an, dass eine von Sozialhilfe lebende ausländische Mieterin mit zwei Kleinkindern lediglich die Wohnungsbehörde eingeschaltet hatte, da sie auf dem freien Wohnungsmarkt sowieso chancenlos gewesen wäre.
58 OLG Stuttgart, OLGReport 2006, 884.
59 AG Augsburg, MDR 1967, 49; LG Lübeck, SchlHA 1971, 87.
60 OLG Koblenz, BeckRS 2013, 10531.

b) Umstände zugunsten des Gläubigers

13 **Zugunsten des Gläubigers** kann etwa ins Gewicht fallen, dass er die Wohnung als Werkswohnung dringend benötigt, um für den Schuldner, der sein Arbeitsverhältnis selbst gekündigt hatte, eine Ersatzkraft zu finden;[61] dass er oder nahe Verwandte, die die Wohnung beziehen sollen, obdachlos würden;[62] dass er oder andere Hausmitbewohner vom gewalttätigen Schuldner körperliche Beeinträchtigungen befürchten müssen.[63] **Unbeachtlich** ist, dass der Gläubiger die Wohnung schon sofort ab dem Räumungstermin weitervermietet hat und deshalb seinerseits Schadensersatzansprüche befürchten muss, wenn der Schuldner nicht pünktlich auszieht;[64] ansonsten wäre § 721 zu leicht zu unterlaufen. Auch ist es dem Vermieter zuzumuten, gewisse Verzögerungen geplanter Bau- oder Umbaumaßnahmen mit der Gefahr etwaiger Preissteigerungen in Kauf zu nehmen.[65] Schließlich muss der Vermieter auch gewisse Belästigungen durch den Mieter, die die Kündigung des Mietverhältnisses gerechtfertigt hatten, die aber keine objektive Gefahr darstellen, eine begrenzte weitere Zeit hinnehmen, wenn dem Mieter ansonsten Obdachlosigkeit drohen würde.[66]

3. Länge der Frist

14 Hinsichtlich der **Länge der Frist** ist die Höchstdauer (einschließlich aller Verlängerungen) von **einem Jahr (Abs. 5 Satz 1)** zu beachten. Die Frist sollte nicht von Anfang an voll ausgeschöpft werden[67], da dies die Bemühungen des Schuldners um eine Ersatzwohnung lähmt und eine Aushöhlung der gesetzlichen Zeitschranke über § 765a von vornherein heraufbeschwört. Die Jahresfrist des Abs. 5 Satz 1 rechnet vom Tage der Rechtskraft des Urteils an, durch das die Verpflichtung zur Räumung ausgesprochen wurde, oder, wenn nach einem Urteil auf künftige Räumung erst an einem späteren Tage als dem der Rechtskraft zu räumen ist, von diesem Tage an. Die einzelnen gewährten Fristen beginnen für sich genommen, falls der Räumungstag nicht datumsmäßig festgelegt ist, mit der Verkündung des Urteils (Fälle des Abs. 1) oder mit der Zustellung des jeweiligen Beschlusses (Fälle der Abs. 2 und 3).[68] Die Frist für einzelne Räume der Wohnung unterschiedlich festzusetzen, ist zulässig[69] und bietet sich etwa dann an, wenn dem Vermieter dadurch ermöglicht wird, einzelne Räume ohne unzumutbare Belästigungen für den Mieter vorab instand zu setzen oder umzubauen.

V. Verlängerung oder Verkürzung einer bereits gewährten Frist (Abs. 3)

15 Innerhalb der Höchstgrenze des Abs. 5 Satz 1, die auch bei mehrfacher Verlängerung durch das Prozessgericht nicht überschritten werden kann (anschließend ist im Rahmen des § 765a ZPO das Vollstreckungsgericht zuständig), darf das Prozessgericht auf **Antrag** eine bereits gewährte Räumungsfrist **verlängern**, wenn dies den Umständen nach angemessen ist. Hat der Schuldner innerhalb der ursprünglichen Frist keinerlei ernsthafte Bemühungen um eine Ersatzwohnung unternommen, scheidet eine Fristverlängerung aus, wenn nicht besonders gewichtige neue Umstände aufseiten des Schuldners eingetreten sind (plötzliche ernsthafte Erkrankung u. ä.);[70] Gleiches gilt, wenn der Schuldner schon während der bisherigen Räumungsfrist keinerlei Zahlungen an den Vermieter geleistet hat[71]. Der Schuldner muss seine Bemühungen nach den allgemeinen Beweislastgrund-

---

61 LG Mannheim, MDR 1966, 847.
62 Ablehnend insoweit AG Dortmund, ZMR 1970, 121.
63 AG Helmstedt, WuM 1987, 63.
64 LG Mannheim, MDR 1967, 596; AG Dortmund, ZMR 1970, 372.
65 LG Mannheim, ZMR 1969, 219.
66 LG Itzehoe, ZMR 1969, 219.
67 LG Wuppertal, NJW 1966, 260.
68 LG Mannheim, MDR 1970, 594.
69 LG Lübeck, SchlHA 1967, 151; a. A.: LG Kiel, SchlHA 1965, 241.
70 AG Köln, MietRB 2003, 33; LG München I, NZM 2005, 360.
71 OLG Stuttgart, OLGReport 2006, 884.

sätzen konkret und substantiiert darlegen und gegebenenfalls nachweisen.[72] Einer Beweisaufnahme bedarf es allerdings nicht, wenn der Gläubiger den konkreten Vortrag des Schuldners lediglich mit Nichtwissen bestreitet.[73] Der Verlängerungsantrag muss bei Gericht spätestens 2 Wochen vor Ablauf der ursprünglichen Räumungsfrist eingegangen sein. Bei Fristversäumnis ist in entsprechender Anwendung der §§ 233–238 Wiedereinsetzung möglich (**Abs. 3 Satz 3**). Eine Erkrankung des Schuldners entschuldigt die Fristversäumnis aber nur, wenn der Schuldner gleichzeitig darlegt, dass er den Antrag auch nicht durch einen Vertreter stellen konnte. Hat der Gläubiger die abgelaufene gerichtliche Räumungsfrist zunächst außergerichtlich verlängert, so kommt eine gerichtliche Verlängerung dieser privaten Fristverlängerung im Rahmen des § 721 nicht in Betracht.[74] Ansonsten würde Abs. 3 Satz 2 unterlaufen.

Die dem Schuldner im Urteil bzw. in einem gerichtlichen Beschluss gewährte Räumungsfrist kann im Einzelfall auf Antrag des Gläubigers auch verkürzt werden, wenn eine erneute Interessenabwägung ergibt, dass überwiegende Interessen des Gläubigers eine frühere Räumung erfordern. Allerdings darf das Prozessgericht des ersten Rechtszuges die vom Berufungsgericht gewährte Räumungsfrist nur aufgrund neuer Tatsachen abkürzen, die zum Zeitpunkt der Berufungsentscheidung noch nicht vorlagen;[75] sonst würde der Instanzenzug durch die Verkürzungsentscheidung umgekehrt. Für eine Fristverkürzung kann etwa sprechen, dass der Gläubiger dem Schuldner eine zumutbare Ersatzwohnung angeboten hat, oder dass das Verhalten des Schuldners sich in für den Gläubiger unzumutbarer Weise verändert hat. Nicht ausreichend ist, dass der Schuldner während der Zeit der bisherigen Fristverlängerung keinen Mietzins gezahlt hat. Eine in einem Räumungsvergleich zwischen den Parteien vereinbarte Räumungsfrist kann dagegen weder in direkter noch in analoger Anwendung des § 721 oder des § 794a verkürzt werden[76]. 16

VI. Auswirkungen der Räumungsfrist auf die materiellrechtlichen Beziehungen der Parteien

1. Fortbestand der Mietzahlungspflicht

Das Mietverhältnis bleibt mit dem Zeitpunkt seiner wirksamen Kündigung beendet, auch wenn dem Schuldner eine Räumungsfrist gewährt wird (vergl. § 571 Abs. 2 BGB: »... von der Beendigung des Mietverhältnisses bis zum Ablauf der Räumungsfrist ...«).[77] Der Mieter hat gem. § 546a Abs. 1 BGB weiter den vereinbarten Mietzins zu zahlen. Der Vermieter kann aber auch, falls die ortsübliche Vergleichsmiete höher ist als die vereinbarte Miete, diese Vergleichsmiete als Entschädigung für die verspätete Rückgabe der Räume verlangen (§ 546a Abs. 1 Satz 1, 2. Halbs. BGB); denn die Räumungsfristgewährung beseitigt den Verzug des Schuldners nicht. Allerdings sind über diesen Anspruch nach § 546a Abs. 1 BGB hinaus weitergehende Schadensersatzansprüche, etwa auf entgangenen Gewinn bei möglicher Neuvermietung, kraft ausdrücklicher Regelung in § 571 Abs. 2 BGB ausgeschlossen;[78] Gleiches gilt für weitergehende Bereicherungsansprüche oder Ansprüche aus dem Eigentümer-Besitzer-Verhältnis. Der Gläubiger kann dieses Ergebnis nicht dadurch umgehen, dass er im Mietvertrag weitergehende Ansprüche vereinbart (§ 571 Abs. 3 BGB). § 571 Abs. 2 BGB gilt nicht, wenn die Räumungsfrist nicht vom Prozessgericht nach § 721, sondern vom Vollstreckungsgericht gem. § 765a gewährt wurde. In diesem Fall sind die Entschädigungsansprüche des Gläubigers nach §§ 546a Abs. 2, 571 Abs. 1 BGB zu beurteilen.[79] Da das Mietverhältnis während der gerichtlichen Räumungsfrist nicht weiter aufrechterhalten wird, treffen den Mieter in dieser 17

---

72 **A.A.** zur Beweislast: LG Itzehoe, ZMR 1969, 219 (Gläubiger müsse nachweisen, dass ein Bemühen erfolgversprechend gewesen wäre).
73 LG Mannheim, MDR 1965, 721.
74 LG Wuppertal, NJW 1967, 832; **a.A.**: LG Essen, NJW 1968, 162.
75 LG Münster, MDR 1968, 52.
76 LG München. ZMR 2014, 991.
77 *Musielak/Lackmann*, § 721 Rn. 11.
78 *Musielak/Lackmann*, § 721 Rn. 11.
79 *Palandt/Weidenkaff*, § 571 BGB Rn. 5; *Erman/Lützenkirchen*, § 546a BGB Rn. 4.

§ 721 ZPO Räumungsfrist

Zeit Instandhaltungspflichten, die sich allein aus dem Vertrag ergeben (Schönheitsreparaturen, Pflicht zur Erneuerung geringwertiger Einrichtungsgegenstände pp.), nicht.

2. Regelmäßig kein Neuabschluss eines Mietvertrages

18 Macht der Vermieter nach Ablauf der Räumungsfrist längere Zeit vom Räumungstitel keinen Gebrauch und nimmt er widerspruchslos die laufenden weiteren Mietzinszahlungen des Mieters entgegen, so kann hierin im Einzelfall konkludent der **Neuabschluss eines Mietvertrages** liegen.[80] Regelmäßig werden die genannten Umstände aber nicht ausreichen, um einen Vertragsneuabschluss zu bejahen, da der Mieter auch nach Ablauf der Räumungspflicht zur Zahlung einer Nutzungsentschädigung verpflichtet bleibt, die Annahme der Zahlungen also keinen besonderen Erklärungswert hat. Das Vollstreckungsorgan hat diese Umstände, wenn es später doch mit der Räumungsvollstreckung betraut wird, nicht von sich aus (auch nicht unter dem Gesichtspunkt der materiell-rechtlichen unzulässigen Rechtsausübung oder unter dem des Verzichts auf den Räumungsanspruch) zu berücksichtigen.[81] Zu überprüfen, ob etwa durch das mehrfache Absehen von der Zwangsräumung ein neuer Miet- oder Pachtvertrag zu Stande gekommen ist, der ein neues Recht zum Besitz für den Schuldner begründet hat, übersteigt die Kompetenzen des Gerichtsvollziehers. Selbst ein angeblicher, schriftlicher, neuer Mietvertrag wäre keine von Amts wegen zu berücksichtigende Urkunde im Sinne des § 775 Nr. 4. Der Mieter muss diesen Einwand vielmehr mit der Klage gem. § 767 geltend machen.[82]

Nimmt der Gläubiger seinen Räumungsantrag mehrfach zurück, weil Teilzahlungen auf Mietrückstände geleistet werden, so ist die Fortsetzung der Räumungsvollstreckung, regelmäßig auch kein **Missbrauch prozessualer Möglichkeiten**.[83] Der Gerichtsvollzieher darf einen Antrag, ein Räumungsurteil zu vollstrecken, daher nicht allein deshalb als rechtsmissbräuchlich zurückweisen, weil der Gläubiger einen solchen Antrag in den letzten Jahren schon mehrfach gestellt, ihn dann aber nach der Tilgung von Miet- oder Nutzungsentschädigungsrückständen jeweils wieder zurückgenommen hatte. Es ist durchaus legitim, den Herausgabetitel als Druckmittel zu benutzen, um Zahlungen, auf die ein Anspruch besteht, zu erlangen. Eine Verwirkung des prozessualen Vollstreckungsrechts wird so gut wie nie anzunehmen sein.

VII. Rechtsbehelfe gegen die Gewährung oder Versagung einer Räumungsfrist bzw. Fristverlängerung (Abs. 6)

19 Ist die Frist im erstinstanzlichen Urteil gewährt worden und will der **Mieter** in erster Linie seine Verpflichtung zur Räumung, hilfsweise die Bemessung der Räumungsfrist angreifen, muss er nach den allgemeinen Regeln Berufung einlegen, mit der er dann beide Einwände verfolgen kann. Will er dagegen nur die Versagung oder zu kurze Bemessung der Räumungsfrist im erstinstanzlichen Urteil angreifen, muss er gem. Abs. 6 Satz 1 Nr. 1 **sofortige Beschwerde** einlegen. Ist über die Frist erst im Berufungsurteil des Landgerichts entschieden, ist die Beschwerde nach Abs. 6 nicht zulässig,[84] sondern nach den allgemeinen Regeln Rechtsbeschwerde ausnahmsweise dann möglich, wenn sie vom Berufungsgericht zugelassen wurde (§ 574 Abs. 1). Der Mieter muss alle ihm ungünstigen Entscheidungen in Beschlüssen nach Abs. 2 und Abs. 3, die das erstinstanzliche Prozessgericht getroffen hat, mit der sofortigen Beschwerde anfechten. Für Entscheidungen des Berufungsgerichts durch

---

80 LG Düsseldorf, MDR 1979, 496; OLG Hamm, OLGZ 1982, 112.
81 Unrichtig daher AG Kronach, DGVZ 2005, 187. Wie hier: *Börstinghaus,* jurisPR-MietR 11/2006.
82 LG Freiburg, DGVZ 1989, 155.
83 Zutreffend deshalb: LG Hannover, MDR 1979, 495; LG Münster, DGVZ 1989, 156; AG Horb und LG Rottweil, DGVZ 2005, 182; AG Hamburg-Blankenese, ZMR 2006, 783; a. A. aber: AG Hannover, NdsRPfl. 1968, 82; LG Itzehoe, WuM 1995, 662; AG Bad Neuenahr/Ahrweiler, DGVZ 2005, 79 LG Paderborn, DGVZ 2006, 75. AG München, DGVZ 2006, 123; AG Dorsten, DGVZ 2007, 142.
84 KG, NJW-Spezial 2012, 285.

Beschluss sind unanfechtbar, auch soweit sie eine bisherige, dem Mieter günstige Entscheidung abändern, wenn nicht ausnahmsweise die Rechtsbeschwerde zugelassen wurde (§ 574 Abs. 1).

Ist das Räumungsurteil ein Versäumnisurteil, so richtet sich der Einspruch ebenfalls nicht nur gegen den eigentlichen Räumungsbefehl, sondern auch gegen die Versagung einer Räumungsfrist.[85] Für eine sofortige Beschwerde neben dem Einspruch fehlte daher das Rechtsschutzbedürfnis.

Die gleichen Rechtsmittel wie der Mieter bzw. Räumungsschuldner hat auch der **Räumungsgläubiger**: Hatte er nicht nur Räumung verlangt, sondern auch die Verurteilung zur Zahlung rückständiger Mietzinsen, ist seine Zahlungsklage teilweise abgewiesen worden, während dem Räumungsanspruch unter Bewilligung einer Räumungsfrist für den Schuldner stattgegeben wurde, so kann er seinen Zahlungsanspruch mit der Berufung weiterverfolgen und mit dieser Berufung gleichzeitig die Gewährung der Räumungsfrist angreifen. Will er aber nur die Gewährung oder zeitliche Bemessung der Räumungsfrist im Urteil oder in einem Beschluss nach Abs. 2 oder Abs. 3 angreifen oder seinen zurückgewiesenen Antrag auf Verkürzung einer Räumungsfrist weiterverfolgen, muss er sofortige Beschwerde einlegen. Hat der Gläubiger (oder der Schuldner) in Unsicherheit über die Rechtsbehelfe sowohl sofortige Beschwerde im Hinblick auf die Räumungsfrist als auch Berufung im Hinblick auf die sonstige Hauptsache eingelegt, so hat die Berufung den Vorrang, beide Begehren sind also einheitlich im Berufungsurteil zu bescheiden.[86]

20

VIII. Kosten

Die Beschlüsse nach Abs. 2 und 3 sind mit einer eigenständigen Kostenentscheidung nach §§ 91 ff. zu versehen.[87] Es handelt sich also nicht um Kosten der Zwangsvollstreckung nach § 788.[88] Der Gegenstandswert richtet sich nach dem auf die Räumungsfrist entfallenden Nutzungsentgelt.[89] Stimmt der Gläubiger einer beantragten Fristverlängerung sogleich zu, wenn der Schuldner die sie rechtfertigenden Gründe schlüssig dargelegt hat, ist § 93 zulasten des Schuldners anzuwenden.[90] Über die Kosten einer sofortigen Beschwerde nach Abs. 6 ist gem. §§ 91, 97 zu entscheiden.

21

Im Räumungsprozess erhöht der Antrag des Beklagten auf Bewilligung einer Räumungsfrist den Streitwert nicht. Die Bewilligung einer solchen Frist führt also nicht grundsätzlich zu einer Teilkostenbelastung des Klägers.[91] Bei der Kostenentscheidung im Urteil ist aber grundsätzlich **§ 93b** zu beachten. Abs. 3 dieser Vorschrift gibt dem Gericht die Möglichkeit, dem Räumungskläger die gesamten Kosten des Rechtsstreits aufzuerlegen, wenn von Anfang an nur über die Räumungsfrist streitig verhandelt wurde[92] und ein vernünftiger Kläger von sich aus einer solchen Frist zugestimmt hätte. Da § 93b an § 721 anknüpft, ist der Begriff des »Wohnraums« in dieser Vorschrift ebenso wie im Rahmen des § 721 zu verstehen[93].

Hatte der Mieter vor Einleitung des Räumungsprozesses seine Verpflichtung zur Räumung generell und unabhängig von der Gewährung einer Räumungsfrist bestritten, scheidet eine Kostenentscheidung zum Nachteil des Vermieters aus.[94]

---

85 LG München, NZM 1999, 308.
86 LG Landshut, NJW 1967, 1374 mit Anm. *Schmidt-Futterer*.
87 LG Konstanz, MDR 1967, 307.
88 LG Wuppertal, JMBlNW 1965, 95; a. A.: *Schmid*, ZMR 1982, 129.
89 OLG Koblenz, NZM 2005, 360.
90 LG Essen, Rpfleger 1971, 407.
91 OLG Stuttgart, MDR 1956, 555; OLG München, OLGReport 1994, 172.
92 Siehe insoweit auch AG Warendorf, ZMR 1971, 156; AG Münster, ZMR 1971, 156.
93 OLG Köln, OLGReport 1996, 222; Einzelheiten oben Rdn. 10.
94 OLG Koblenz, ZMR 2004, 910.

Vor §§ 722–723 ZPO Die Vollstreckung aus ausländischen Titeln im Inland

Vor §§ 722–723 Die Vollstreckung aus ausländischen Titeln im Inland

Übersicht	Rdn.		Rdn.
I. Allgemeiner Überblick	1	1. Unmittelbar geltendes sekundäres	
II. Entwicklung auf europäischer Ebene	2	Gemeinschaftsrecht	14
1. Vollstreckbarkeitsverfahren nach Verordnungen der EU	3	2. Abkommen der Europäischen Gemeinschaft	15
2. Abschaffung des Exequaturverfahrens durch die EuVTVO	4	3. Multilaterale Verträge	16
3. Anpassung der ZPO an die EuVTVO	5	4. Bilaterale Verträge mit Nicht EU-Mitgliedern	17
4. Systemwechsel im Familienrecht	6	5. Bilaterale Verträge mit EU-Mitgliedern und Vertragspartnern des LugÜ	18
5. Weitere Rechtsakte der EU bis 2012	7	6. Autonomes deutsches Recht	19
6. Ende des Vollstreckbarkeitsverfahrens in Europa – Die Brüssel-Ia-VO	11	IV. Prüfungsreihenfolge	20
7. Demnächst – Beschluss zur vorläufigen Kontenpfändung	12	V. Zwangsvollstreckung von Titeln aus der früheren DDR	21
III. Überblick zu den Rechtsgrundlagen	13		

Literatur:
A. Allgemein:
Arnold, Anerkennungs- und Vollstreckungsabkommen in Zivil- und Handelssachen nach der Deutschen Einigung, BB 1991, 2240; *A. Bach*, Zehn Jahre Auslandsunterhaltsgesetz, FamRZ 1996, 1250; *I. Bach*, Grenzüberschreitende Vollstreckung in Europa, 2008; *Baumann*, Die Anerkennung und Vollstreckung ausländischer Entscheidungen in Unterhaltssachen, Diss. Regensburg 1988; *Böhmer*, Das Auslandsunterhaltsgesetz (AUG) vom 19. Dezember 1986, IPRax 1987, 139; *Borges*, Das Doppelexequatur von Schiedssprüchen, 1997; *Classen*, Effektive und kohärente Justizgewährleistung im europäischen Rechtsschutzverbund, JZ 2006, 157; *Breuer*, Übernationale Rechtsgrundlagen für die Anerkennung und Vollstreckbarkeit von Unterhaltstiteln, FamRB 2014, 30;*Dolinar*, Vollstreckung aus einem ausländischen, einen Schiedsspruch bestätigenden Exequatururteil – Gedanken zur Merger-Theorie, FS Rolf A. Schütze, 1999, S. 187; *Dopffel*, Vollstreckbarerklärung indexierter Unterhaltstitel, IPRax 1986, 277; *Dörfelt*, Gerichtsstand sowie Anerkennung und Vollstreckung nach dem Bunkeröl-Übereinkommen, IPRax 2009, 470; *Geimer*, Anerkennung ausländischer Entscheidungen in Deutschland, 1995; ders., Zur Prüfung der Gerichtsbarkeit in der internationalen Zuständigkeit bei der Anerkennung ausländischer Urteile, Diss. München, 1966; ders., Zur Nichtanerkennung ausländischer Urteile wegen nichtordnungsgemäßen erststaatlichen Verfahrens, JZ 1969, 12; ders., Internationales Zivilprozeßrecht, 4. Aufl., 2001; ders., Vollstreckbare Urkunden ausländischer Notare, DNotZ 1975, 461; ders., Das Menschenrecht auf ein faires gerichtliches Verfahren im »Rückspiegel« des internationalen Anerkennungsrechts, IPRax 2006, 298; *Glossner*, Das UN-Übereinkommen über die Anerkennung und Vollstreckung ausländischer Schiedssprüche vom 10. Juni 1958–40 Jahre danach, FS Rolf A. Schütze, 1999, S. 221; *Gottwald*, Die internationale Zwangsvollstreckung, IPRax 1991, 285; *Haas*, Anerkennung und Vollstreckung ausländischer und internationaler Schiedssprüche, 1991; *Handbuch* des internationalen Zivilverfahrensrechts, herausg. vom *Max-Planck-Institut*, 1982 ff.; *Harsági/Kengyel*, Grenzüberschreitende Vollstreckung in der Europäischen Union, 2011;*Hau*, Das Internationale Zivilverfahrensrecht im FamFG, FamRZ 2009, 821; *Heiderhoff*, Fiktive Zustellung und Titelmobilität, IPRax 2013, 309;*Heß*, Aktuelle Perspektiven der europäischen Prozessrechtsangleichung, JZ 2001, 573; *Heß/Hub*, Die vorläufige Vollstreckbarkeit ausländischer Urteile im Binnenmarktprozess, IPRax 2003, 93; *Hohloch*, Grenzüberschreitende Unterhaltsvollstreckung, FPR 2004, 315; *Hub*, Die Neuregelung der Anerkennung und Vollstreckung in Zivil- und Handelssachen und das familienrechtliche Anerkennungs- und Vollstreckungsverfahren, NJW 2001, 3145; *Janzen*, Die neuen Haager Übereinkünfte zum Unterhaltsrecht und die Arbeiten an einer EG-Unterhaltsverordnung, FPR 2008, 218; *Jayme/Kohler*, Europäisches Kollisionsrecht, IPRax 2003, 485, 2004, 481, 2005, 481; *Kallweit*, Anerkennung und Vollstreckung ausländischer Urteile in Deutschland, Jura 2009, 585; *Koch*, Ausländischer Schadensersatz vor deutschen Gerichten, NJW 1992, 3073; *Kotrschal/Stalberg*, Die grenzüberschreitende Vollstreckung von Pfändungs- und Überweisungsbeschlüssen in Geldforderungen ausländischer Drittschuldner, insbesondere in ausländische Bankguthaben, BKR 2009, 38; *Lindacher*, Internationale Unterlassungsvollstreckung, FS F. Gaul, 1997, S. 399; ders., Zum Wert oder Unwert der Vollstreckungsklage (§§ 722, 723 ZPO), FS F. Rolf A. Schütze, 1999, S. 427; *Mankowski*, Entwicklungen im Internationalen Privat- und Prozessrecht, RIW 2004, 587; 2005, 561; ders., Zur Zuständigkeit für ein Vollstreckbarkeitsverfahren bei Vorhandensein inländischer Vermögenswerte, JR 1997, 464; *Martiny*, Grenzüberschreitende Unterhaltsdurchsetzung nach europäischem und internationalem Recht, FamRZ 2008, 1681; *Nelle*, Titel und Vollstreckung im internationalen Rechtsverkehr. Einwendungen gegen den titulierten Anspruch im deutschen und europäischen Zivilprozeßrecht, 2000; *Schilling*, Das Exequatur und die EMRK, IPRax 2011, 31;

Schlosser, Doppelexequatur zu Schiedssprüchen und ausländischen Gerichtsentscheidungen?, IPRax 1985, 141; *ders.*, Materielles Recht und Prozeßrecht und die Auswirkungen der Unterscheidung im Recht der Internationalen Zwangsvollstreckung, 1992; *ders.*, Zur Vollstreckung ausländischer Urteile bei schlüssiger Darlegung des Vorhandenseins von Vermögenswerten, JZ 1997, 364; *Schütze*, Der Abschied vom Doppelexequatur ausländischer Schiedssprüche, RiW 2009, 817;Zur Vollstreckung ausländischer Zivilurteile bei Zweifeln an der Verbürgung der Gegenseitigkeit, DB 1977, 2129; *ders.*, Zur Zuständigkeit im Vollstreckbarerklärungsverfahren nach §§ 722 ff. ZPO, NJW 1983, 154; *ders.*, Deutsches Internationales Zivilprozessrecht unter Einschluss des Europäischen Zivilprozessrechts, 2. Aufl. 2005; *Spickhoff*, Möglichkeiten und Grenzen neuer Tatsachenfeststellungen bei der Anerkennung ausländischer Entscheidungen, ZZP 1995 (Bd. 108), 475; *Storme*, Ein einheitlicher *Sujecki*, Die Europäische Mediationsrichtlinie, EuZW 2010, 7; *von Falck*, Implementierung offener ausländischer Vollstreckungstitel. Vollstreckbarerklärung ausländischer Titel und inländischer Bestimmtheitsgrundsatz, 1998; *Unger*, Internationale Unterhaltsrealisierung in der EU und weltweit, FamRZ 2013, 1941;*Wagner*, Zur Vereinheitlichung des internationalen Zivilverfahrensrechts, NJW 2003, 2344; 2004, 1855; EuZW 2006, 424; *ders.*, Aktuelle Entwicklungen in der justiziellen Zusammenarbeit in Zivilsachen, NJW 2011, 1404.

B. Zu europarechtlichen Grundlagen für die grenzüberschreitende Vollstreckung
siehe die Literaturangaben zur EuVTVO und zur Brüssel-Ia-VO

C. Besonderheiten im Hinblick auf einzelne Staaten:
- *Arabische Staaten*: *Bälz*, Anerkennung und Vollstreckung von ausländischen Zivilurteilen und Schiedsgerichten in arabischen Staaten, RIW 2012, 354; *ders.*, Die Anerkennung und Vollstreckung von ausländischen Zivilurteilen und Schiedsgerichten in den arabischen Staaten Nordafrikas, RIW 2013, 55.
- *Bosnien-Herzegowina:Pürner*, Zur Gegenseitigkeit gem. § 328 Abs. 1 Nr. 5 ZPO im Verhältnis zu Bosnien und Herzegowina; IPRax 2007, 34.
- *China*: *Barth/Johnston*, Ist im Verhältnis zur Volksrepublik China die Gegenseitigkeit verbürgt? IHR 2007, 133; *Czernich*, Die Vollstreckung fremder Urteile und Schiedssprüche in der VR China, RIW 1995, 650; *Neelmeier*, Verbürgung der Gegenseitigkeit zwischen Deutschland und China? SchiedsVZ 2007, 102; *Schütze*, Zur Verbürgung der Gegenseitigkeit bei der Urteilsanerkennung im deutsch-chinesischen Verhältnis, RIW 2008, 1.
- *Großbritannien:Botur*, Besonderheiten bei der Vollstreckbarerklärung englischer Unterhaltsentscheidungen in Deutschland, FPR 2010, 519; Buchold, Die Vollstreckung deutscher Titel in Großbritannien, NJW 2007, 2734; *Kilgus*, Zur Anerkennnung und Vollstreckbarerklärung englischer Schiedssprüche in Deutschland, Diss. Tübingen 1994.
- *Iran*: *Wurmnest/Yassari*, Die Anerkennung und Vollstreckung ausländischer Urteile im Iran – Folgerungen für die Verbürgung der Gegenseitigkeit gemäß § 328 I Nr. 5 ZPO, IPRax 2006, 217.
- *Israel:Pirrung*, Zu den Anerkennungs- und Vollstreckungsverträgen der Bundesrepublik Deutschland mit Israel und Norwegen, IPRax 1982, 130.
- *Italien:Kayser/Dornblüth*, Anerkennung und Vollstreckbarerklärung italienischer Zahlungsbefehle nach der EuGVVO, ZIP 2013, 57.
- *Kenia*: *Schütze*, Die Anerkennung und Vollstreckbarerklärung ausländischer Zivilurteile und Schiedssprüche in Kenia, JR 1985, 52.
- *Niederlande*: *Seggewiße*, Die Vollstreckung deutscher Titel in den Niederlanden, NJW 2008, 2156; *Sujecki*, Niederländisches Gesetz zur Durchführung der Verordnung (EG) Nr. 805/2004 zum Europäischen Vollstreckungstitel, IPRax, 2006 525; *Wolf*, Die Anerkennungsfähigkeit von Entscheidungen im Rahmen eines niederländischen kort geding-Verfahrens nach dem EuGVÜ, EuZW 2000, 11.
- *Norwegen*: Siehe Israel.
- *Österreich*: *Böhmer*, Vollstreckbarerklärung ausländischer Unterhaltstitel, insbesondere österreichischer Titel, IPRax 1991, 90;
- *Polen*: *Bytomski*: Zur Frage der Anerkennung und Vollstreckung polnischer Urteile über vermögensrechtliche Ansprüche in der Bundesrepublik Deutschland, FamRZ 1997, 986; *Gralla*, Polen: Neues internationales Zivilverfahrensrecht, WIRO 2011, 204; *Schlichte*, Vollstreckbarkeit ausländischer Titel in Polen, WIRO 2003, 235.
- *Russische Föderation*: *Breig/Schröder*, Wende in der russischen Rechtsprechung zur Anerkennung und Vollstreckung ausländischer Gerichtsentscheidungen? IPRax 2003, 359; *Kurzynsky-Singer*, Anerkennung ausländischer Urteile durch russische Gerichte, RabelsZ 74, 493; *Laptew*, Zur Vollstreckbarkeit russischer Gerichtsentscheidungen in Deutschland: Neue Entwicklungen, WIRO 2006, 198; *Laptew/Kopylow*, Zum Erfordernis der Gegenseitigkeit bei der Vollstreckung ausländischer Urteile zwischen der Russischen Föderation und der Bundesrepublik Deutschland (Fall Yukos Oil Company), IPRax 2008, 143; *Peters/Schumann*, Die Anerkennung und Vollstreckung ausländischer Schiedsgerichts- und Gerichtsurteile in wirtschaftlichen Streitfällen auf dem Territorium der Russischen Föderation, WIRO 2008, 289 u. 328; *Rausch*, Unterhaltsvollstreckung in Russland, FPR 2007, 448; *Steinbach*, Anerkennung und Vollstreckung ausländischer Urteile und Schiedssprüche in der Russischen Föderation, 2003.

- *Spanien*: *Löber/Lozano/Steinmetz*: Anerkennung und Vollstreckung deutscher Titel in Spanien, NJOZ 2008, 4874; *Steinmetz*, Anwendbarkeit der Ausschlussfrist in der spanischen ZPO auch auf ausländische Vollstreckungstitel?, RIW 2009, 301.
- *Schweiz*: *Pauckstadt*, Zur Vollstreckbarerklärung schweizerischer Kostenentscheidungen, IPRax 1984, 17.
- *Südafrika*: *Schütze*, Zur Verbürgung der Gegenseitigkeit im Verhältnis zu Südafrika, IPRax 2010, 428.
- *Tschechien*: *Giese/Fritzsch*, Zur Vollstreckbarkeit deutscher Urteile in der Tschechischen Republik, WIRO 2002, 206.
- *Türkei*: *Krüger/Nomer-Ertan*, Neues internationales Privatrecht in der Türkei, IPRax 2008, 281; *Rumpf*, Vollstreckung ausländischer Urteile und Schiedssprüche in der Türkei, InVo 2002, 261 u. 305.
- *Taiwan*: *Etgen*, Die Anerkennung und Vollstreckung deutscher Zivilurteile in der Republik China auf Taiwan, RIW 1995, 205.
- *Vereinigte Staaten*: *Herrmann*, Die Anerkennung US-amerikanischer Urteile in Deutschland unter Berücksichtigung des Ordre public: eine rechtsvergleichende Untersuchung zum Justizkonflikt zwischen Deutschland und den USA, 2000; *Koritz*, Zwangsvollstreckung deutscher Forderungen und Urteile in den USA – eine immer noch (fast) unendliche Geschichte, FPR 2013, 391; *Schütze*, Deutsch-amerikanische Urteilsanerkennung, 1992; *ders.*, Überlegungen zur Anerkennung und Vollstreckbarerklärung US-amerikanischer Zivilurteile in Deutschland – Zur Kumulierung von ordre- public-Verstößen, FS R. Geimer, 2002, S. 1025; *Stiefel/Stürner*, Die Vollstreckbarkeit US-amerikanischer Schadensersatzurteile in exzessiver Höhe, VersR 1987, 829.
- *Weißrussland*: *Linke/Shevtsov*, Das neue Internationale Zivilprozessrecht der Republik Belarus, IPRax 2002, 311.

I. Allgemeiner Überblick

1 Die ZPO regelt die Vollstreckung aus ausländischen Titeln in den §§ 722, 723 nur subsidiär für den Fall, dass nicht unmittelbar EG-Recht gilt oder multilaterale bzw. bilaterale Abkommen speziellere Regeln enthalten. Entsprechendes gilt in Familiensachen und Verfahren der freiwilligen Gerichtsbarkeit für die Anerkennung und Vollstreckung ausländischer Titel nach den §§ 108 – 110 FamFG. Soweit derartige Abkommen bestehen, sind die in ihnen enthaltenen Regeln für die deutsche Rechtspraxis durch das AVAG[1], das AUG und diejenigen sonstigen Ausführungsgesetze, die durch diese beiden Gesetze nicht außer Kraft gesetzt wurden,[2] transformiert. Die Mehrzahl der multi- und bilateralen Abkommen enthält nicht Regeln für alle denkbaren Vollstreckungstitel aus den jeweiligen Vertragsstaaten, sondern nur für bestimmte Gruppen von Titeln, entweder nach ihrem materiellen Inhalt (z. B. Unterhaltstitel) oder nach der Art ihres Zustandekommens (z. B. Kostenentscheidungen in bestimmten Verfahren; Urteile und gerichtliche Entscheidungen; Schiedssprüche). Deshalb können im Verhältnis zu einigen Staaten auch mehrere Vollstreckungsabkommen je nach Titel Geltung haben.

II. Entwicklung auf europäischer Ebene

2 Erheblichen Einfluss auf die grenzüberschreitende Vollstreckung hat in den letzten Jahren die Entwicklung auf europäischer Ebene erlangt. Gem. Art. 61 lit. c), 65 lit. a) EGV in der Fassung des Vertrags von Amsterdam vom 2.10.1997 konnte der Europäische Rat im Bereich der justiziellen Zusammenarbeit in Zivilsachen Maßnahmen erlassen. Hierzu gehört u. a. die Verbesserung und Vereinfachung der Anerkennung und Vollstreckung gerichtlicher Entscheidungen in Zivil- und Handelssachen. Von dieser Kompetenz, und derjenigen der Nachfolgeregelung in Art. 81 AEUV ist bereits in relativ großem Umfang Gebrauch gemacht worden.

1. Vollstreckbarkeitsverfahren nach Verordnungen der EU

3 Ein erster Schritt erfolgte im familienrechtlichen Bereich. Unter Hinweis darauf, dass Schwierigkeiten bei der Erhebung familienrechtlicher Klagen und insbesondere bei der grenzüberschreitenden Anerkennung und Vollstreckung familienrechtlicher Entscheidungen ein ernsthaftes Hindernis für den freien Personenverkehr in der EU darstellten,[3] erging am 29.5.2000 die EuEheVO (Brüssel II).

---

1 Kommentierung in diesem Buch.
2 Siehe § 1 Abs. 1 AVAG.
3 Erwägungsgrund 4.

Für den Bereich des Zivilprozesses ist auf der Grundlage des EuGVÜ, der alle damaligen Mitgliedstaaten beigetreten waren, mit der am 1.3.2002 in Kraft getretenen **Verordnung (EG) Nr. 44/2001 vom 22.12.2000 –Brüssel I(EuGVVO)** –[4]das Verfahren über die Anerkennung und Vollstreckung gerichtlicher Entscheidungen in Zivil- und Handelssachen modifiziert und teilweise vereinfacht worden.[5]

2. Abschaffung des Exequaturverfahrens durch die EuVTVO

Entsprechend den Schlussfolgerungen des Europäischen Rates in seiner Sitzung vom 15. und 16.10.1999 in Tampere[6] hatten der Rat und die Europäische Kommission am 24.11.2000 ein Maßnahmenprogramm zur Umsetzung des Grundsatzes der gegenseitigen Anerkennung gerichtlicher Entscheidungen in Zivil- und Handelssachen beschlossen, das u. a. die Abschaffung des Exequaturverfahrens für unbestrittene Forderungen vorsah, und zwar als eine der Prioritäten der Gemeinschaft, weil die rasche Beitreibung ausstehender Forderungen eine absolute Notwendigkeit für den Handel sei.[7] Diese Arbeiten hatten zunächst mit der EuVTVO vom 21.4.2004 einen ersten Abschluss gefunden.[8]Diese ermöglicht es bei »unstreitigen Titeln« (Anerkennungs- und Versäumnisurteilen, notariellen Urkunden, Vergleichen) aufgrund einer im Urteilsstaat erteilten Bestätigung in einem anderen Mitgliedstaat die Zwangsvollstreckung zu betreiben.[9]

3. Anpassung der ZPO an die EuVTVO

Das Inkrafttreten der EuVTVO mit der Möglichkeit, Titel aus anderen Mitgliedstaaten der EU unmittelbar in Deutschland zu vollstrecken, hatte Änderungen der ZPO, insbesondere zu den Belehrungen bei Zustellung der Klageschrift und der Ladungen zur Folge. Die notwendigen vollstreckungsrechtlichen Anpassungen erfolgten mit einer Neufassung des §790 (seit dem 1.9.2009 ersetzt durch §245 FamFG) sowie einer Ergänzung des 11. Buches der ZPO über die justizielle Zusammenarbeit in der Europäischen Union um einen 4. Abschnitt mit den §§1079 bis 1086.

4. Systemwechsel im Familienrecht

Der mit der EuVTVO eingeleitete Systemwechsel ist etwa zeitgleich auf den familienrechtlichen Bereich ausgedehnt worden. Die EuEheVO vom 29.5.2000 (Brüssel II) ist durch diejenige vom 27.11.2003 (Brüssel II a) ersetzt worden, die zwar weiterhin ein Vollstreckbarkeitserklärungsverfahren vorsieht, indes für Entscheidungen über das Umgangsrecht und die Kindesrückgabe eine unmittelbare Vollstreckbarkeit einer im Ursprungsmitgliedstaat ergangenen Entscheidung aufgrund einer dort erfolgten Bestätigung im Vollstreckungsmitgliedstaat ermöglicht.[10]

5. Weitere Rechtsakte der EU bis 2012

In der Folgezeit wurde die unmittelbare Vollstreckbarkeit der in einem Mitgliedstaat ergangenen Entscheidungen auf Titel ausgedehnt, die in einem neu geschaffenen **europäischen Mahnverfahren** und in einem **europäischen Verfahren über geringfügige Forderungen** (Nettohauptforderungen bis 2.000 Euro) ergangen sind.[11] Die Ausführungsbestimmungen hierzu finden sich in den neu geschaffenen Abschnitten 5 und 6 des 11. Buches der ZPO (§§1087–1109).

---

4 ABl. EG Nr. L 12 S. 1.
5 Siehe Anhang.
6 Auszugsweise abgedruckt in NJW 2000, 1925.
7 ABl.EG 2001 C 12/1.
8 Vergl. näher zur Entstehungsgeschichte *Stein*, IPRax 2004, 181; *Wagner*, IPRax 2002, 75; *ders.*, IPRax 2005, 189 sowie Einleitung EuVTVO Rn. 1f.
9 Siehe Anhang.
10 Näher *Prütting/Helms/Hau*, §110 FamFG Rn. 3f., 8ff.
11 Siehe Anhänge.

8 Seit dem 18.6.2011 sind aufgrund der **EuUnterhaltsVO** Unterhaltstitel aus dem Anwendungsbereich der Brüssel-I-VO und der EuVTVO herausgelöst und außer solchen aus Großbritannien und Dänemark auch dann in einem anderen Mitgliedstaat unmittelbar vollstreckbar, wenn sie in einem streitigen Verfahren ergangen sind. Die Ausführungsbestimmungen zu der Verordnung finden sich im Kapitel 2, Abschnitte 1 bis 3 des AUG (§§ 30 – 56).

9 Zu beachten ist ferner die am 13.6.2008 in Kraft getretene Richtlinie 2008/52/EG des Europäischen Parlaments und des Rates v. 21.5.2008 über bestimmte Aspekte der Mediation in Zivil- und Handelssachen – **EuMedRL** –.[12] Diese enthält u. a. in Art. 6 Vorgaben an die Mitgliedsländer der EU für die Vollstreckbarkeit von Vereinbarungen in grenzüberschreitenden Fällen, die gem. Art. 12 bis zum 21.5.2011 umzusetzen waren. In Deutschland sind diese Vorgaben bereits dadurch erfüllt, dass Mediationsvereinbarungen als Vergleiche nach § 794 Nr. 1, öffentliche Urkunden nach § 794 Nr. 5 oder für vollstreckbar erklärte Anwaltsvergleiche nach §§ 796a ff. tituliert werden können[13]. Nur darauf, nämlich auf die Vollstreckbarkeit einer Mediationsvereinbarung als inländischer Titel bezieht sich Art. 6 EuMedRL. Soll die Vereinbarung in einem anderen Mitgliedsland vollstreckt werden, ist der gleiche Weg wie bei anderen inländischen Titeln einzuhalten, also entweder im Inland eine Bestätigung des Vergleichs bzw. der öffentlichen Urkunde nach der EuVTVO einzuholen oder in dem anderen Mitgliedstaat das Verfahren der Vollstreckbarkeitserklärung nach Art. 38 ff. Brüssel-I-VO zu betreiben.[14]

10 Die Lücke, die sich daraus ergibt, dass nach dessen Art. 1 Abs. 2 a) die Brüssel-I-VO nicht auf das Erbrecht anwendbar war (jetzt Art. 1 Abs. 2 f Brüssel-Ia-VO) wurde durch die Verordnung (EU) Nr. 650/2012 des Europäischen Parlaments und des Rates vom 4.7.2012 über die Zuständigkeit, das anzuwendende Recht, die Anerkennung und Vollstreckung von Entscheidungen und die Annahme und Vollstreckung öffentlicher Urkunden in Erbsachen sowie zur Einführung eines Europäischen Nachlasszeugnisses – **EU-ErbrechtsVO** – geschlossen.[15] Diese Verordnung, die in ihren wesentlichen Teilen am 17.8.2015 in Kraft treten wird und die sowohl für Verfahren der streitigen wie auch der freiwilligen Gerichtsbarkeit anzuwenden ist, enthält in ihren Art. 39 bis 58 ein Anerkennungs- und Vollstreckungskonzept, das auf demjenigen der Brüssel-I-VO beruht.

6. Ende des Vollstreckbarkeitsverfahrens in Europa – Die Brüssel-Ia-VO

11 Ein – vorläufiger – Abschluss des Maßnahmenprogramms zur gegenseitigen Anerkennung gerichtlicher Entscheidungen innerhalb der EU erfolgte mit der Verordnung über die gerichtliche Zuständigkeit und die Anerkennung und Vollstreckung gerichtlicher Entscheidungen in Zivil- und Handelssachen vom 12.12.2012 – **Brüssel Ia** –.[16] Sie gilt ab dem 10.1.2015 und ersetzt von diesem Zeitpunkt an die Verordnung Nr. 44/2001. Im Anwendungsbereich der Brüssel-Ia-VO entfällt das Vollstreckbarkeitsverfahren für alle Urteile aus gerichtlichen Verfahren, die ab dem 10.1.2015 eingeleitet und für gerichtliche Vergleiche und öffentliche Urkunden, die nach diesem Zeitpunkt geschaffen worden sind.[17] Die Ausführungsbestimmungen hierzu finden sich in dem neu geschaffenen Abschnitt 7 des 11. Buches der ZPO (§§ 1110–1117).

7. Demnächst – Beschluss zur vorläufigen Kontenpfändung

12 Ab dem 18.1.2017 wird die Verordnung (EU) Nr. 655/2014 vom 15.5.2014 zur Einführung eines Verfahrens für einen Beschluss zur vorläufigen Kontenpfändung anwendbar sein.[18] Mit ihr soll die

---

12 ABl. EU Nr. L 136 S. 3; dazu näher *Hess*, EuZPR S. 597 ff.; *Sujecki*, EuZW 2010, 7.
13 *Hess*, EuZPR S. 598.
14 Sujecki, EuZW 2010, 7, 10.
15 ABl. EU Nr. L 201/107.
16 ABl. EU Nr. L 351 S. 1, zuletzt geändert durch die VO Nr. 542/2014 – ABl. Nr. L 163 S. 1.
17 Siehe Anhang.
18 ABl. EU Nr. L 189 S. 59.

grenzüberschreitende Eintreibung von Forderungen erleichtert werden. Sie gilt in allen Zivil- und Handelssachen mit einem in Art. 2 aufgeführten Katalog von Ausnahmen (Güterstände, Testaments- und Erbrecht, Forderungen aus Insolvenzverfahren, soziale Sicherheit, Schiedsgerichtsbarkeit). Der durch die Verordnung eingeführte Pfändungsbeschluss soll es einem Gläubiger ermöglichen, seine Forderung in einem einseitigen Verfahren vor dem Gericht der Hauptsache **ohne Anhörung des Schuldners** schon während oder gar vor dem Hauptsacheverfahren durch einen Zugriff auf Konten in anderen Mitgliedstaaten zu sichern.

III. Überblick zu den Rechtsgrundlagen

Die in der Praxis wichtigsten Rechtsgrundlagen für die Durchsetzung ausländischer Titel im Inland sind zusammengefasst folgende: 13

1. Unmittelbar geltendes sekundäres Gemeinschaftsrecht

a) Verordnung (EG) Nr. 44/2001 des Rates vom 22.12.2000 über die gerichtliche Zuständigkeit und die Anerkennung und Vollstreckung von Entscheidungen in Zivil- und Handelssachen – **EuGVVO – Brüssel I –**.[19]   14

b) Verordnungen (EG) Nr. 1347/2000 vom 29.5.2000 – **EuEheVO 2000 – Brüssel II –**[20] und Nr. 2201/2003 vom 27.11.2003 – **EuEheVO 2003 – Brüssel IIa –**[21] über die Zuständigkeit und die Anerkennung und Vollstreckung von Entscheidungen in Ehesachen und in Verfahren betreffend die elterliche Verantwortung.

c) Verordnung (EG) Nr. 805/2004 des Europäischen Parlaments und des Rates vom 21.4.2004 zur Einführung eines europäischen Vollstreckungstitels für unbestrittene Forderungen – **EuVTVO –**.[22]

d) Verordnung (EG) Nr. 1896/2006 des europäischen Parlaments und des Rates vom 12.12.2006 zur Einführung eines Europäischen Mahnverfahrens – **EuMahnVO –**,[23].

e) Verordnung (EG) Nr. 867/2007 des Europäischen Parlaments und des Rates vom 11.7.2007 zur Einführung eines europäischen Verfahrens für geringfügige Forderungen – **EuBagatellVO –**.[24]

f) Verordnung (EG) Nr. 4/2009 des Rates vom 18.12.2008 über die Zuständigkeit, das anzuwendende Recht, die Anerkennung und Vollstreckung von Entscheidungen und die Zusammenarbeit in Unterhaltssachen – **EuUnterhaltsVO –**[25] in Verbindung mit dem hierin in Bezug genommenen Haager Protokoll vom 23.11.2007 über das auf Unterhaltspflichten anzuwendende Recht.[26]

g) **Verordnung (EU) Nr. 650/2012** des Europäischen Parlaments und des Rates vom 4.7.2012 über die Zuständigkeit, das anzuwendende Recht, die Anerkennung und die Vollstreckung von Entscheidungen und die Annahme und Vollstreckung öffentlicher Urkunden in Erbsachen sowie zur Einführung eines Europäischen Nachlasszeugnisses – **EU-ErbrechtsVO –**.[27]

---

[19] ABl. EG Nr. L 12 vom 16.1.2001 S. 1, zuletzt geändert durch VO (EU) 416/2010 vom 12.5.2010 (ABl. Nr. L 119 S. 7).
[20] ABl. EG Nr. L 160 S. 19.
[21] ABl. EU Nr. L 338 S. 15.
[22] ABl. EU Nr. L 143 S 15.
[23] ABl. EU Nr. L 399 S. 1.
[24] ABl. EU Nr. L 199 S. 1.
[25] ABl. EU 2009 Nr. L 7 S. 1.
[26] ABl. EU 2009 Nr. L 331 S. 17.
[27] ABl. EU Nr. L 201 S. 107 mit Berichtigungen im ABl. EU Nr. 2012 L 344 S. 3, ABl. EU 2013 Nr. L 41 S. 16 und im ABl. EU 2013 Nr. L 60 S. 140.

h) **Verordnung (EU) Nr. 1215/2012** des Europäischen Parlaments und des Rates vom 12.12.2012 über die gerichtliche Zuständigkeit und die Anerkennung und Vollstreckung von Entscheidungen in Zivil- und Handelssachen – **Brüssel-Ia-VO** –.[28]

2. Abkommen der Europäischen Gemeinschaft

a) Abkommen vom 19.10.2005 zwischen der Europäischen Gemeinschaft und dem Königreich Dänemark über die gerichtliche Zuständigkeit und die Anerkennung und Vollstreckung von Entscheidungen in Zivil- und Handelssachen,[29] mit dem die Anwendbarkeit der Brüssel-I-VO vertraglich auf Dänemark erstreckt wurde. Zugleich ist hierin vorgesehen, dass Dänemark deren spätere Änderungen innerstaatlich umsetzen darf und diese dadurch unmittelbar zur Anwendung bringen kann.

b) Übereinkommen vom 30.10.2007 über die gerichtliche Zuständigkeit und die Anerkennung und Vollstreckung in Zivil- und Handelssachen – **LugÜ 2007** –[30] zwischen der Europäischen Gemeinschaft sowie Island, Norwegen und der Schweiz mit dem im Wesentlichen die Vorschriften der Brüssel-I-VO im Verhältnis zu den verbliebenen Vertragsstaaten des LugÜ übernommen wurden. Das Übereinkommen ist am 1.1.2010 mit Wirkung für alle EU-Mitgliedstaaten und für Norwegen in Kraft getreten. Im Verhältnis zur Schweiz gilt es seit dem 1.1.2011. und zu Island seit dem 1.5.2011.[31] Die Durchführungsbestimmungen hierzu finden sich im AVAG und – soweit das Übereinkommen auf Unterhaltssachen anwendbar ist – im AUG.

3. Multilaterale Verträge

a) **Brüsseler Übereinkommen** über die gerichtliche Zuständigkeit und die Vollstreckung gerichtlicher Entscheidungen in Zivil- und Handelssachen vom 27. 09.1968 – **EuGVÜ** – (in verschiedenen Fassungen aufgrund der Beitrittsübereinkommen vom 9.10.1978, 25.10.1982, 26.5.1989 und 29.11.1996),[32] das aufgrund der Brüssel-I-VO sowie des unter Ziffer 2. a) genannten Abkommens heute nur noch für ältere Titel Bedeutung hat.

b) **Lugano-Übereinkommen** über die gerichtliche Zuständigkeit und die Vollstreckung gerichtlicher Entscheidungen in Zivil- und Handelssachen vom 16.9.1988 – **LugÜ** –,[33] das nach dem Beitritt der übrigen Vertragsstaaten zur EU nur noch im Verhältnis zu Island, Norwegen und der Schweiz gilt.

c) **Haager Übereinkommen** über die internationale Geltendmachung von Unterhaltsleistungen für Kinder und andere Familienangehörige vom 23.11.2007 – **HUÜ 2007** –[34].

d) Haager Übereinkommen über die Anerkennung und Vollstreckung von Unterhaltsentscheidungen vom 2.10.1973 – **HUÜ 1973** –[35] mit Durchführungsbestimmungen im AUG.[36]

---

28 ABl. EU Nr. L 351 S. 1.
29 ABl. EU Nr. L 299 S. 62.
30 ABl. EU Nr. L 339 S. 1.
31 ABl. EU Nr. L 138 S. 1.
32 Letzte Fassung BGBl. II 1998, 1411.
33 BGBl. II 1994, 2658.
34 Text abrufbar über die Webseite der Haager Konferenz für Internationales Privatrecht unter http://www.hcch.net.
35 BGBl. II 1986, 826.
36 Liste der Vertragsstaaten bei *Geimer/Schütze*, Internationaler Rechtsverkehr, Nr. 795 und im Justizportal NRW unter www.justiz.nrw.de/Bibliothek/ir_online_db/ir_htm/vertragsstaaten02101973.htm.

e) Haager Übereinkommen über die Anerkennung und Vollstreckung von Entscheidungen auf dem Gebiet der Unterhaltspflicht gegenüber Kindern vom 15.4.1958 – **HUÜ 1958** –[37] mit eigenem Ausführungsgesetz vom 18.7.1961.[38]

f) New Yorker UN-Übereinkommen über die Geltendmachung von Unterhaltsansprüchen im Ausland vom 20.6.1956 – **UNUÜ 1956** –,[39] welches die Geltendmachung von Unterhaltsansprüchen in den Vertragstaaten über hierin vorgesehene Stellen ermöglicht. In Deutschland ist das Bundesamt für Justiz zuständige Übermittlungs- und Empfangsstelle.[40]

g) **Haager Zivilprozessübereinkommen** vom 1.3.1954 – **HZPrÜbk** –,[41] das in Verbindung mit dem Ausführungsgesetz vom 18.12.1958[42] in beschränktem Umfang die Vollstreckung von rechtskräftigen Kostenentscheidungen ermöglicht.[43]

h) New Yorker UN-Übereinkommen über die Anerkennung und Vollstreckung ausländischer Schiedssprüche – **UNSchÜ** – vom 10.6.1958.[44]

i) Europäisches Übereinkommen über die internationale Handelsschiedsgerichtsbarkeit – **EuSchÜ** – vom 21.4.1961.[45]

4. Bilaterale Verträge mit Nicht EU-Mitgliedern

a) **Deutsch-israelischer Vertrag** vom 20.7.1977[46] mit Durchführungsbestimmungen im AVAG.   17

b) **Deutsch-tunesischer Vertrag** vom 19.7.1966[47] mit eigenem Ausführungsgesetz vom 29.4.1969.[48]

c) **Deutsch-türkischer Vertrag** vom 28.5.1929[49] mit Wiederinkraftsetzung vom 29.5.1952.[50]

d) **Deutsch-norwegischer Vertrag** vom 17.6.1977 mit Durchführungsbestimmungen im AVAG.[51]

5. Bilaterale Verträge mit EU-Mitgliedern und Vertragspartnern des LugÜ

Es gibt im europäischen Rechts- und Wirtschaftsraum verschiedene bilaterale Verträge, die jeweils   18
mit Inkrafttreten des EuGVÜ bzw. des entsprechenden Beitrittsabkommens, des LugÜ und nunmehr der Brüssel-I-VO ersetzt worden sind (Art. 55 EuGVÜ/LugÜ sowie Art. 69 Brüssel-I-VO). Sie sind damit nur noch für ältere Titel maßgeblich oder für Titel aus solchen Materien, die vom Anwendungsbereich der Übereinkommen bzw. Verordnungen auf europäischer Ebene ausgenommen sind. Nachdem inzwischen durch die EuErbR-VO auch das von der Brüssel-I-VO ausgenommene Erbrecht europarechtlich geregelt ist, haben diese Abkommen praktisch keine nennenswerte Relevanz mehr. Soweit sie im Einzelfall noch Anwendung finden, richtet sich ihre Durchführung – abgesehen vom deutsch-spanischen Abkommen – nicht nach dem AVAG, sondern nach

---

37 BGBl. II 1961, 1006; Liste der Vertragsstaaten im Justizportal NRW unter www.justiz.nrw.de/Bibliothek/ir_online_db/ir_htm/vertragsstaaten15041958.htm.
38 BGBl. I 1961, 1033.
39 BGBl. II 1959, 149.
40 Liste der Vertragsstaaten unter www.bundesjustizamt.de/DE/Themen/Buergerdienste/AU/UN/Vertragstaaten/Vertragsstaaten_node.html (Unterschiedliche Schreibweisen beachten!).
41 BGBl. II 1958, 576.
42 BGBl. I 1958, 939.
43 Liste der Vertragsstaaten bei *Geimer/Schütze*, Internationaler Rechtsverkehr, Nr. 355.
44 BGBl. II 1961, 121; Liste der Vertragsstaaten bei *Geimer/Schütze*, Internationaler Rechtsverkehr Nr. 714.
45 BGBl. II 1964, 425; Liste der Vertragsstaaten bei *Geimer/Schütze*, Internationaler Rechtsverkehr, Nr. 718.
46 BGBl. II 1980, 926.
47 BGBl. II 1969, 889.
48 BGBl. I 1969, 333.
49 RGBl. II 1930, 2.
50 BGBl. II 1952, 608.
51 BGBl. II 1981, 341.

den speziellen alten Ausführungsgesetzen zu den einzelnen Abkommen. In diesem eingeschränkten Anwendungsbereich gelten noch:

a) **Deutsch-italienisches Abkommen** vom 9.3.1936 über die Anerkennung und Vollstreckung gerichtlicher Entscheidungen in Zivil- und Handelssachen[52] und die hierzu ergangene AusführungsVO vom 18.5.1937.[53]
b) **Deutsch-belgisches** Abkommen vom 30.6.1958 über die gegenseitige Anerkennung und Vollstreckung von gerichtlichen Entscheidungen, Schiedssprüchen und öffentlichen Urkunden in Zivil- und Handelssachen[54] sowie das dazu ergangene Ausführungsgesetz vom 26.6.1959.[55]
c) **Deutsch-britisches Abkommen** vom 14.7.1960 über die gegenseitige Anerkennung und Vollstreckung von gerichtlichen Entscheidungen in Zivil- und Handelssachen[56] sowie das hierzu ergangene Ausführungsgesetz vom 28.3.1961.[57]
d) **Deutsch-griechischer Vertrag** über die gegenseitige Anerkennung und Vollstreckung von gerichtlichen Entscheidungen, Vergleichen und öffentlichen Urkunden in Zivil- und Handelssachen[58] vom 4.11.1961 sowie das hierzu ergangene Ausführungsgesetz vom 5.2.1963.[59]
e) **Deutsch-niederländischer Vertrag** vom 30.8.1962 über die gegenseitige Anerkennung und Vollstreckung gerichtlicher Entscheidungen und anderer Schuldtitel in Zivil- und Handelssachen[60] und das zu ihm ergangene Ausführungsgesetz vom 15.1.1965.[61]
f) **Deutsch-spanischer Vertrag** über die Anerkennung und Vollstreckung von gerichtlichen Entscheidungen und Vergleichen sowie vollstreckbaren öffentlichen Urkunden in Zivil- und Handelssachen vom 14.11.1983.[62]
g) **Deutsch-österreichischer Vertrag** über die gegenseitige Anerkennung und Vollstreckung von gerichtlichen Entscheidungen, Vergleichen und öffentlichen Urkunden in Zivil- und Handelssachen vom 6.6.1959.[63] Hinzu tritt in der Bundesrepublik das Ausführungsgesetz vom 8.3.1960.[64]
h) **Deutsch-schweizerisches Abkommen** über die gegenseitige Anerkennung und Vollstreckung von gerichtlichen Entscheidungen und Schiedssprüchen vom 02.11.1929.[65] Hierzu tritt in der Bundesrepublik die **Ausführungs-VO** vom 23.8.1930.[66]
i) **Deutsch-norwegischer Vertrag** über die gegenseitige Anerkennung und Vollstreckung gerichtlicher Entscheidungen und anderer Schuldtitel in Zivil- und Handelssachen vom 17.6.1977.[67]

---

52 RGBl. II 1937, 145.
53 RGBl. II 1937, 143.
54 BGBl. II 1959, 766.
55 BGBl. I 1959, 425; siehe auch BGH, AWD 1975, 695; 1978, 56; LG Dortmund, NJW 1977, 2035; LG Landau, RWI 1984, 995.
56 BGBl. II 1961, 301.
57 BGBl. I 1961, 301; siehe auch: BGH, AWD 1970, 270 und 1978, 410; FamRZ 1968, 24; OLG Oldenburg, RIW 1986, 555.
58 BGBl. II 1963, 109.
59 BGBl. I 1963, 129.
60 BGBl. II 1965, 27.
61 BGBl. I 1965, 17 i.V.m. BGBl. I 1976, 3281 (dort Art. 7 Ziff. 16).
62 BGBl. II 1987, 35.
63 BGBl. II 1960, 1246.
64 BGBl. I 1960, 169 i.V.m. BGBl. I 1976, 3281 (dort Art. 7 Ziff. 12); siehe auch BGH, NJW 1993, 1270; OLG München, Rpfleger 1982, 302; OLG Braunschweig, NdsRpfl 1983, 226.
65 RGBl. II 1930, 1066.
66 RGBl. II 1930, 1209. Zu Problemen der Vollstreckung aus Schweizer Urteilen siehe auch: BGH, NJW 1986, 1440; OLG Köln, FamRZ 1979, 718; OLG Frankfurt, IPrax 1984, 32.
67 BGBl. II 1981, 342.

6. Autonomes deutsches Recht

Neben den §§ 722, 723 ZPO sollte das Gesetz zur Geltendmachung von Unterhaltsansprüchen im Verkehr mit ausländischen Staaten vom 19.12.1986 – **AUG 1986** –[68] die Verfolgung und Durchsetzung von Unterhaltsansprüchen im Ausland erleichtern, wenn völkerrechtliche Verträge bzw. internationale Übereinkommen nicht bestanden, aber mit dem betreffenden Staat die Gegenseitigkeit verbürgt war. Das neue Auslandsunterhaltsgesetz vom 23.5.2011 – **AUG** –[69] geht über diese Zielrichtung weit hinaus. Es dient in Ergänzung zum AVAG und zum IntFamRVG im Wesentlichen als Aus- und Durchführungsgesetz zu unmittelbar geltenden europarechtlichen Regelungen und völkerrechtlichen Verträgen zum internationalen Unterhaltsverfahrensrecht (enumerative Auflistung in § 1 Abs. 1 Ziff. 1 und 2 AUG). Daneben ist der ursprüngliche Zweck beibehalten worden. Gem. § 1 Abs. 1 Nr. 3, Abs. 2 AUG dient es weiterhin der Geltendmachung von gesetzlichen Unterhaltsansprüchen im Verkehr mit solchen Staaten bzw. Teilstaaten oder Provinzen, bei denen der Bundesminister der Justiz die Verbürgung der Gegenseitigkeit festgestellt und im BGBl. bekannt gemacht hat (förmliche Gegenseitigkeit). Die gerichtliche und außergerichtliche Verfolgung der Ansprüche erfolgt nach den §§ 4 ff. AUG über eine Zentrale Behörde als Empfangs- und Übermittlungsbehörde, mit deren Aufgaben das Bundesamt für Justiz betraut ist.[70] Derzeit ist der Rechtsverkehr mit 48 US-amerikanischen Bundesstaaten, 11 kanadischen Provinzen und der Republik Südafrika eröffnet. Eine aktuelle Vertragsstaatenliste kann über die Internetseite des Bundesamtes für Justiz aufgerufen werden.[71] Unterhaltstitel aus den Vertragsstaaten können zudem gem. § 64 Abs. 1 AUG im Verfahren nach § 110 Abs. 1, 2 FamFG für vollstreckbar erklärt werden, und zwar auch dann, wenn sie nicht rechtskräftig sind. Ferner ist nach Maßgabe des § 64 Abs. 2 AUG i. V. m. § 238 FamFG nach einer Vollstreckbarerklärung auf Antrag eine Abänderung der festgesetzten Unterhaltsleistung möglich.

IV. Prüfungsreihenfolge

Soll ein ausländischer Titel in Deutschland[72] vollstreckt werden, muss die Prüfung daher wie folgt verlaufen:
1. Eröffnet der Titel in zeitlicher und sachlicher Hinsicht eine unmittelbare Vollstreckungsmöglichkeit nach der Brüssel-Ia-VO, der EuVTVO, der EuMahnVO, der EuBagatellVO oder der EuUnterhaltsVO i. V. m. § 1082 ff. unter direkter Einschaltung der deutschen Vollstreckungsorgane?
2. Handelt es sich ggf. um ein familienrechtliches Rechtsinstrument, das eine Vollstreckung mit oder ohne Exequatur eröffnet, z. B. nach der EuUnterhaltsVO i. V. m. dem AUG?

Wenn nein:
1. Gilt in zeitlicher und sachlicher Hinsicht die Brüssel-I-VO bzw. das LugÜ oder das LugÜ 2007 und/oder ein durch Art. 71 Brüssel-I-VO nicht ausgeschlossenes Übereinkommen zur Regelung der Anerkennung und Vollstreckung von Entscheidungen für ein besonderes Rechtsgebiet, z. B. bei Unterhaltsentscheidungen das HUVÜ 1973?

---

[68] BGBl. I 1986, 2563 in der Fassung des Gesetzes vom 17.12.2006 – BGBl. I 2006, 3171.
[69] BGBl. I, 1109.
[70] Näher zu den Aufgaben der Zentralen Behörde nach dem AUG und zur Rechtsnatur ihrer Entscheidungen (Justizverwaltungsakt gem. § 23 EGGVG) *Veith*, FPR 2013, 51.
[71] Http://www.bundesjustizamt.de/DE/Themen/Buergerdienste/AU/AUG/Vertragsstaaten/Staatenliste_node.html.
[72] Die für die »alte« Bundesrepublik vor dem 3.10.1990 geltenden Regeln gelten ohne Einschränkung in den 5 neuen Bundesländern. Dagegen sind die Vollstreckungsabkommen, die die frühere DDR geschlossen hatte, soweit sie nicht auch schon vor dem 3.10.1990 in der Bundesrepublik galten, mit dem Wegfall der DDR als Völkerrechtssubjekt gegenstandslos geworden. Siehe auch: *Arnold*, BB 1991, 2240.

Wenn beides ja: Wahlrecht des Gläubigers.[73]

Wenn beides nein:
1. Gibt es ein sonstiges bi- oder multilaterales Vollstreckungsabkommen, das zum Zeitpunkt des Titelerlasses schon Geltung hatte und unter dessen sachlichen Geltungsbereich der Titel fällt?
2. Handelt es sich um einen gesetzlichen Unterhaltsanspruch aus einem Staat, mit dem gem. § 1 Abs. 1 Nr. 3, Abs. 2 AUG die Gegenseitigkeit verbürgt ist, sodass eine Vollstreckbarerklärung nach §§ 64 AUG, 110 FamFG möglich ist?

Wenn nein: Es ist Klage nach §§ 722, 723 zu erheben, für die ansonsten das Rechtsschutzbedürfnis fehlen würde.[74]

V. Zwangsvollstreckung von Titeln aus der früheren DDR

21 Die frühere DDR war nie Ausland i. S. der §§ 328, 722, 723.[75] Art. 18 Abs. 1 des Einigungsvertrages und Anl. I Kap. III Sachgebiet A, Abschn. III Nr. 5 Buchst. i–k zum Einigungsvertrag legen deshalb ausdrücklich fest, dass die Entscheidungen der staatlichen Gerichte der DDR – also nicht die der sog. gesellschaftlichen Gerichte – fortgelten und nach dem für Entscheidungen der Gerichte der Bundesrepublik geltenden Recht (also auch nach dem 8. Buch der ZPO) vollstreckt werden, ohne dass insoweit irgendwelche Besonderheiten gelten.[76]

---

73 Siehe Art. 71 Brüssel-Ia-VO Rn. 1 und Art. 71 Brüssel-I-VO Rn. 1.
74 KGR 1998, 89.
75 BVerfGE 36, 1 ff. (zum Grundlagenvertrag).
76 Näheres siehe vor §§ 722, 723 Rn. 16 in der 4. Auflage.

§ 722 Vollstreckbarkeit ausländischer Urteile

(1) Aus dem Urteil eines ausländischen Gerichts findet die Zwangsvollstreckung nur statt, wenn ihre Zulässigkeit durch ein Vollstreckungsurteil ausgesprochen ist.

(2) Für die Klage auf Erlass des Urteils ist das Amtsgericht oder Landgericht, bei dem der Schuldner seinen allgemeinen Gerichtsstand hat, und sonst das Amtsgericht oder Landgericht zuständig, bei dem nach § 23 gegen den Schuldner Klage erhoben werden kann.

Übersicht

		Rdn.			Rdn.
I.	Anwendungsbereich	1	IV.	Streitwert	8
II.	Funktion des Vollstreckungsurteils	3	V.	Widerklage	9
III.	Klageerhebung, Inhalt der Entscheidung	4			

I. Anwendungsbereich

Die §§ 722, 723 finden nur Anwendung, soweit nicht aufgrund von EU-Recht sowie multi- oder bilateraler Abkommen gesonderte Regelungen bestehen;[1] solche Vereinbarungen enthalten entweder ein einfacheres Verfahren als die ZPO es für den Regelfall vor Augen hatte oder sie erweitern den Kreis der der Anerkennung und Vollstreckung im Inland zugänglichen Titel. Denn die §§ 722, 723 gelten zudem nur für Urteile und andere **gerichtliche Entscheidungen** (Kostenfestsetzungsbeschlüsse, Vollstreckungsbescheide), also nicht für Vergleiche, notarielle Urkunden und sonstige nach den ausländischen Rechtsordnungen mögliche Titel.[2] Die Vollstreckung ausländischer Schiedssprüche, soweit nicht völkerrechtliche Sonderregeln eingreifen, regelt § 1061 ZPO. Dieser verweist auf das UN-Übereinkommen über die Anerkennung und Vollstreckung ausländischer Schiedssprüche vom 10.6.1958.[3] Schließlich ist zu beachten, dass das Verfahren nach §§ 722, 723 nur zur Anwendung kommt, wenn die spätere Zwangsvollstreckung aus dem Titel nach den Regeln des 8. Buches der ZPO ablaufen würde, nicht aber nach dem FamFG (wie etwa ein Titel auf Herausgabe eines Kindes von einem Elternteil an den anderen). Im letzteren Falle ist nach §§ 95, 110 FamFG zu verfahren. 1

Ausländische Exequatururteile können im Inland nicht ihrerseits für vollstreckbar erklärt werden, sondern nur der dem ausländischen Exequaturteil zugrunde liegende ausländische Titel (**Verbot der Doppelexequatur**). Der Grund hierfür liegt darin, dass andernfalls die Voraussetzungen der Anerkennung oder Vollstreckbarerklärung nicht mehr überprüft werden könnten. Von diesem Grundsatz hatte der BGH für ausländische Exequatururteile, die – der doctrine of merger folgend – sich nicht auf eine Bestätigung oder Vollstreckbarerklärung eines Schiedsspruchs beschränkten, sondern eine selbstständige Verurteilung des Beklagten enthielten, früher eine Ausnahme gemacht.[4] Diese Rspr. hat er jedoch inzwischen aufgegeben.[5] Dem Gläubiger verbleibt aber die Möglichkeit, den Schiedsspruch, der der ausländischen Exequaturentscheidung zugrunde liegt, im Verfahren nach § 1061 TPO bzw. einschlägigen völkerrechtlichen Verträgen für vollstreckbar zu erklären.[6] 2

---

1 Siehe den Überblick: Vor §§ 722, 723 Rn. 13–19.
2 Wie hier: *MüKo/Gottwald*, § 722 Rn. 21; *Thomas/Putzo/Hüßtege*, §§ 722, 723 Rn. 5; a. A. *Zöller/Geimer*, § 722 Rn. 8; 10.
3 BGBl. II 1961, S. 121.
4 BGH NJW 1984, 2765.
5 BGH NJW 2009, 2826; zustimmend die Lit., z. B. *Schütze*, RIW 2009, 817; *Zarth/Gruschinske*, EWiR 2009, 759.
6 *Genius-Devime*, jurisPR-BGHZivilR 19/2009 Anm. 2.

II. Funktion des Vollstreckungsurteils

3   Aus ausländischen Titeln, die in den Anwendungsbereich des § 722 fallen, findet niemals unmittelbar die Zwangsvollstreckung statt, sondern immer nur im Zusammenhang mit einem inländischen Vollstreckungsurteil,[7] das die Zulässigkeit der Zwangsvollstreckung aus diesem Titel ausdrücklich ausspricht. Eine Parteivereinbarung, den Titel auch ohne Vollstreckungsurteil als Vollstreckungsgrundlage zu akzeptieren, ist nichtig;[8] denn sie würde den numerus clausus der Vollstreckungstitel durchbrechen.[9] Deshalb kommt auch ein Prozessvergleich in einem Verfahren nach §§ 722, 723, die Zwangsvollstreckung aus einem ausländischen Titel zu dulden, nicht als Ersatz für ein Vollstreckungsurteil in Betracht. Ein Vergleich, der gerade nicht die Vollstreckbarkeit des ausländischen Titels zum Gegenstand hat, sondern mit dem originär eine neue inländische Zahlungsverpflichtung begründet wird, ist dagegen möglich.[10] Die Möglichkeit, nach §§ 722, 723 vorzugehen und auf diesem Wege die Vollstreckbarkeit eines ausländischen Titels hier zu erreichen, schließt die Zulässigkeit einer auf denselben Streitgegenstand gerichteten Leistungsklage im Inland nicht grundsätzlich aus.[11] Denn weder entfaltet die Rechtskraft des ausländischen Urteils ohne weiteres Wirkungen im Inland, noch ist der Weg über das Vollstreckungsurteil immer der einfachere und billigere Weg. In Fällen dieser Art ist allerdings immer erforderlich, dass der Kläger sein Rechtsschutzbedürfnis für die Leistungsklage im Inland besonders darlegt und begründet.[12]

III. Klageerhebung, Inhalt der Entscheidung

4   Das Verfahren zur Erwirkung des Vollstreckungsurteils wird durch Klageerhebung nach den allgemeinen Regeln (§§ 253, 261) eingeleitet. Der Antrag hat dahin zu lauten, »die Zwangsvollstreckung aus dem ... (genaue Bezeichnung des Titels) wegen ... (Angabe, inwieweit die Zwangsvollstreckung ermöglicht werden soll)[13] gegen den Beklagten zuzulassen.«

5   Die Klage ist entsprechend den Regeln der §§ 23 Nr. 1 (nicht auch Nr. 2), 23 a, 23 b, 27, 71 GVG bei dem Amts- oder Landgericht anhängig zu machen, bei dem der Schuldner seinen allgemeinen Gerichtsstand (§§ 12 ff.) hat oder, in Ermangelung eines solchen Gerichtsstandes, bei dem Amts- oder Landgericht, bei dem er nach § 23 verklagt werden kann[14] (**Abs. 2**). Die Zuständigkeit ist gem. § 802 eine ausschließliche.[15] Die Amts- und Landgerichte sind auch für die Zulassung der Vollstreckung aus arbeitsgerichtlichen ausländischen Titeln zuständig.[16] Die Zuständigkeit der Familiengerichte ist dann gegeben, wenn die Sache, wäre sie im Inland zu entscheiden gewesen, als Familiensache einzuordnen gewesen wäre.[17]

---

7   Einzelheiten zum Verfahren und zum Inhalt: unten Rn. 4–8 sowie § 723 Rn. 5.
8   *Zöller/Geimer*, § 722 Rn. 50.
9   Vor §§ 704–707 Rn. 1.
10 *MüKo/Gottwald*, § 722 Rn. 37; *Prütting/Gehrlein/Kroppenberg*, § 722 Rn. 10.
11 BGH, NJW 1964, 1626; BGH, NJW 1979, 2477; BGH, NJW 1987, 1146; OLG Hamm, FamRZ 1991, 718; OLG München, NJW-RR 1997, 571; *MüKo*/Gottwald, § 722 Rn. 47; a. A. (Klage auf Vollstreckungsurteil gehe immer vor): AG Hamburg-Altona, FamRZ 1990, 420; OLG Oldenburg, FamRZ 1984, 1096; *Stein/Jonas/Schumann*, § 328 Rn. 29.
12 BGH, NJW 1987, 1146.
13 Zur Konkretisierung eines zu unbestimmten ausländischen Titels im Antrag auf Vollstreckbarkeitserklärung siehe BGH, NJW 1986, 1440; 1990, 3084.
14 Es genügt insoweit das schlüssige Vorbringen, dass sich im Bezirk des angerufenen Gerichts Vermögen des Schuldners befinde. Dass dieses zur Befriedigung des Gläubigers ausreiche, muss nicht geltend gemacht sein: BGH, ZIP 1997, 159 mit kritischer Anm. *Walker*, EwiR 1997, 329.
15 *Stein/Jonas/Münzberg*, § 722 Rn. 13.
16 *Zöller/Geimer* § 722 Rn. 51.
17 BGHZ 88, 113; BGH, NJW 1980, 2025; OLG Hamburg, FamRZ 1978, 907 ff.; LG Tübingen, FamRZ 1979, 610; *MüKo/Gottwald*, § 722 Rn. 33; *Thomas/Putzo/Hüßtege*, § 722 Rn. 10.

Die Klage hat der Gläubiger zu erheben, der im Inland die Vollstreckung aus dem Titel betreiben will. Dies ist, wenn die Vollstreckbarerklärung eines auf Kindesunterhalt lautenden Titels erstrebt wird, regelmäßig nicht der sorgeberechtigte Elternteil,[18] sondern das Kind selbst, vertreten durch den sorgeberechtigten Elternteil.[19] Klagt nach einer Abtretung der im Ausland titulierten Forderung nicht der Rechtsnachfolger, sondern der ursprüngliche Gläubiger, beurteilt sich dessen Prozessführungsbefugnis nach deutschem Prozessrecht, sodass die Klage nur dann zulässig ist, wenn er ein eigenes schutzwürdiges Interesse an der Erwirkung des Vollstreckungsurteils hat.[20] Zu richten ist die Klage aus § 722 gegen den in dem ausländischen Urteil ausgewiesenen Schuldner. Lässt sich eine entsprechende Personenidentität nicht feststellen, geht dies zulasten des für die Vollstreckbarkeitsvoraussetzungen darlegungs- und beweispflichtigen Klägers.[21]

Da es alleiniges Ziel der Klage ist, die Vollstreckbarerklärung des ausländischen Titels im Inland zu erreichen, fehlt für die Klage das Rechtsschutzbedürfnis, wenn der ausländische Titel keinen vollstreckbaren Inhalt hat; insoweit genügt allerdings eine vollstreckbare Kostenentscheidung. Ist der Tenor der ausländischen Entscheidung für sich genommen aber nur deshalb nicht vollstreckbar, weil er nach den hier geltenden Regeln zu unbestimmt formuliert ist, enthält der Titel jedoch konkrete Hinweise auf die Kriterien, nach denen die Leistungspflicht im Einzelfall zu bestimmen ist (z. B. Bindung einer Unterhaltsrente an den schweizerischen Landesindex für Konsumentenpreise),[22] so scheitert seine Vollstreckbarerklärung allerdings nicht, soweit die zur Konkretisierung erforderlichen Umstände im Inland sicher und zweifelsfrei feststellbar sind. In einem solchen Fall ist es zulässig und geboten, die Konkretisierung im Tenor der Vollstreckbarerklärung vorzunehmen.[23] Im Rahmen der Auslegung und Konkretisierung eines ausländischen Vollstreckungstitels können auch Forderungen, welche im ausländischen Vollstreckungstitel nicht ausdrücklich erwähnt werden, im Inland für vollstreckbar erklärt werden, sofern sie im Erststaat ohne eine solche Titulierung im Wege der Zwangsvollstreckung beigetrieben werden können.[24] Eine Konkretisierung scheidet indes dann aus, wenn sich die Bemessungsfaktoren auf ein individuelles Vertragsverhältnis beziehen, dessen Einzelheiten in der Regel nur die Vertragsparteien kennen, oder wenn bei dem Anknüpfungsmaßstab mehrfache Interpretationen möglich sind.[25] 6

Da mit dem Vollstreckbarkeitsverfahren ein neuer Titel geschaffen wird, es sich also trotz seiner systematischen Stellung im 8. Buch der ZPO um ein Erkenntnis- und nicht um ein Zwangsvollstreckungsverfahren handelt, führt die Eröffnung eines Insolvenzverfahrens über das Vermögen des Beklagten zu einer Unterbrechung des Verfahrens nach § 240 ZPO.[26] 7

IV. Streitwert

Für den **Streitwert** maßgeblich ist der Wert des im Inland zu vollstreckenden Anspruchs nach hiesigen Wertmaßstäben,[27] nicht der Wert des Titels in seinem Herkunftsland. 8

---

18 Wenn die ausländische Rechtsordnung nicht ausnahmsweise ihm selbst den Anspruch zuordnet.
19 AG Lahnstein, NJW-RR 1986, 560.
20 OLG Hamburg, NJW-RR 1996, 510.
21 OLG Köln, JurBüro 1995, 496.
22 Siehe hierzu BGH, NJW 1986, 1440 mit Anm. *Dopffel*, IPRax 1986, 277.
23 BGH, NJW 1993, 1801; OLG Hamburg, RWI/AWD 1994, 424. Siehe oben Fußn. 9 und insbesondere Art. 38 Brüssel-I-VO Rn. 4.
24 BGH NJW 2014, 702.
25 OLG Köln, FamRZ 2012, 384.
26 BGH NJW-RR 2009, 279; OLG Köln ZIP 2007, 2287 jeweils mit Nachweisen zum Meinungsstand und mit zustimmender Anm. *Cranshaw* jurisPR-InsR 6/2008 Anm. 3 und 19/2008 Anm. 3.
27 Dieser Wert ist auch für die Gebührenberechnung maßgebend. Kosten und Zinsen, die im ausländischen Urteil zuerkannt sind, werden grundsätzlich bei der Streitwertfestsetzung nicht berücksichtigt. Für die Kosten gilt hiervon allerdings dann eine Ausnahme, wenn sie im ausländischen Urteil ziffernmäßig ausdrücklich genannt sind; vergl. hierzu BGH, WM 1956, 1506.

V. Widerklage

9 Da Streitgegenstand der Klage nach §§ 722, 723 nur die Vollstreckbarerklärung des ausländischen Titels, nicht der dort titulierte Anspruch selbst ist, ist eine **Widerklage**, die nur mit dem im ausländischen Titel geltend gemachten sachlichen Anspruch in Zusammenhang steht (z. B. Gegenansprüche aus einem Verkehrsunfall, aus dem auch die im Ausland titulierten Ansprüche herrühren), **nicht** zulässig, wohl aber eine Widerklage, die die Vollstreckbarkeit des Titels betrifft (z. B. negative Feststellungsklage, dass der Titel auch, soweit seine Vollstreckbarerklärung derzeit nicht begehrt wird, im Inland nicht für vollstreckbar erklärt werden kann).

§ 723 Vollstreckungsurteil

(1) Das Vollstreckungsurteil ist ohne Prüfung der Gesetzmäßigkeit der Entscheidung zu erlassen.

(2) ¹Das Vollstreckungsurteil ist erst zu erlassen, wenn das Urteil des ausländischen Gerichts nach dem für dieses Gericht geltenden Recht die Rechtskraft erlangt hat. ²Es ist nicht zu erlassen, wenn die Anerkennung des Urteils nach § 328 ausgeschlossen ist.

Übersicht

	Rdn.			Rdn.
I. Keine Überprüfung der Gesetzmäßigkeit der Entscheidung	1	3.	Nachträgliche materiell rechtliche Einwendungen gegen den titulierten Anspruch	4
II. Umfang der Überprüfung	2	III.	Tenor des Vollstreckungsurteils	5
1. Rechtskraft des ausländischen Titels	2	IV.	Rechtsmittel	6
2. Ausschluss der Anerkennung nach § 328	3	V.	Zwangsvollstreckung	7

I. Keine Überprüfung der Gesetzmäßigkeit der Entscheidung

Da Streitgegenstand des Verfahrens auf Erlangung des Vollstreckungsurteils nicht der titulierte Anspruch als solcher, sondern nur seine Vollstreckbarkeit im Inland ist, hat das deutsche Gericht zur **Begründetheit** der Klage nach §§ 722, 723 nie zu überprüfen, ob das ausländische Gericht nach den dortigen materiell rechtlichen Vorschriften sachlich richtig entschieden hat (**Abs. 1**). Auch das ausländische Verfahren, das dem Titel voranging, wird nur insoweit einer Prüfung unterzogen, als die Verfahrensfehler im Hinblick auf § 328 Abs. 1 Nr. 1, 2, 3, 4 einer Anerkennung entgegenstehen könnten: Prüfungsmaßstab ist hierbei zudem nicht das ausländische Recht in seiner Auslegung durch die dortige Rechtsprechung und Literatur, sondern gemessen an deutschen rechtsstaatlichen Regeln. 1

II. Umfang der Überprüfung

Im Einzelnen hat das Gericht zu prüfen:

1. Rechtskraft des ausländischen Titels

Ein Vollstreckungsurteil darf nur erlassen werden, wenn der Titel nach dem Recht seines Ursprungslandes rechtskräftig geworden ist (**Abs. 2 Satz 1**). Deshalb scheidet ein Vollstreckungsurteil nach § 723 hinsichtlich aller Titel, die nur vorläufig vollstreckbar sind oder die der Rechtskraftwirkung von vornherein nicht zugänglich sind (notarielle Urkunden, Prozessvergleiche), grundsätzlich aus. Ist dagegen ein ausländisches Urteil rechtskräftig, schließt eine nach dem Recht des Urteilsstaates ausnahmsweise bestehende Vernichtbarkeit eine Vollstreckbarerklärung nach § 722 so lange nicht aus, bis das Urteil im Erststaat aufgehoben ist.[1] 2

2. Ausschluss der Anerkennung nach § 328

Hinsichtlich der Zuständigkeit des ausländischen Gerichts (**§ 328 Abs. 1 Nr. 1**) reicht es aus, dass sie sich allein aus einer Zuständigkeitsvereinbarung der Parteien ergab. Dass die im Inland vorgesehene Belehrung gem. § 504 durch das ausländische Gericht nicht entsprechend durchgeführt wurde, ist dabei unerheblich.[2] Andererseits muss das deutsche Gericht die Zuständigkeit des ausländischen Gerichts selbstständig prüfen[3] und ist an dessen Rechtsauffassung nicht gebunden, auch wenn im Urteil auf die Zuständigkeitsfrage ausführlich eingegangen sein sollte,. Auch neues Vorbringen der 3

---

1 BGHZ 120, 334.
2 OLG Frankfurt, VersR 1980, 58.
3 OLG München, NJW 1975, 504 mit Anm. *Geimer*, NJW 1975, 1086.

Parteien zur Zuständigkeitsfrage ist zu beachten.[4] Erst recht bindet es das deutsche Gericht nicht, dass das ausländische Gericht in einer Versäumnisentscheidung konkludent seine Zuständigkeit bejaht hatte.[5]

Die fehlerhafte Zustellung der Klage, die Grundlage der ausländischen Entscheidung war, ist nicht von Amts wegen, sondern nur auf Rüge des Beklagten hin zu beachten (**§ 328 Abs. 1 Nr. 2**).

§ 328 Abs. 1 Nr. 3 ist an Art. 27 Nr. 3 EuGVÜ[6] angelehnt und Ausdruck des Grundsatzes der Priorität.

Der deutsche ordre public (**§ 328 Abs. 1 Nr. 4**) kann sowohl durch den materiell rechtlichen Inhalt der Entscheidung[7] als auch durch das zum Titelerlass führende Verfahren (Verletzung des rechtlichen Gehörs,[8] willkürliche Manipulation der Richterbank) tangiert werden. Die Anerkennung der Entscheidung und damit der Erlass eines Vollstreckungsurteils sind aber erst ausgeschlossen, wenn dies mit wesentlichen Grundsätzen des deutschen Rechts **offensichtlich** unvereinbar wäre, insbesondere mit den Grundrechten unvereinbar ist. Die Vollstreckbarerklärung kann insbesondere nicht schon deshalb versagt werden, weil die ausländische Entscheidung in einem Verfahren erlassen worden ist, das von zwingenden Vorschriften des deutschen Prozessrechts abweicht. Ein Versagungsgrund besteht vielmehr nur dann, wenn das Urteil des ausländischen Gerichts auf einem Verfahren beruht, das von den Grundprinzipien des deutschen Verfahrensrechts in einem solchen Maße abweicht, dass es nicht als in einem geordneten, rechtsstaatlichen Verfahren ergangen angesehen werden kann, also fundamentale Verstöße vorliegen.[9] Zu diesen wesentlichen Grundsätzen zählt es z. B. auch nicht, dass bereits der Tenor des für vollstreckbar erklärenden Urteils den zu vollstreckenden Anspruch ziffernmäßig in allen Einzelheiten konkretisiert. Eine in dieser Hinsicht unpräzise tenorierte Entscheidung kann deshalb anerkannt werden, wenn diese Konkretisierung aufgrund von in der Entscheidung enthaltenen Angaben, Vorschriften und ähnlichen im Inland gleichermaßen zugänglichen und sicher feststellbaren Umständen im Tenor des Vollstreckungsurteils nachgeholt werden kann.[10] Denn erst dieser ist die Grundlage für die Vollstreckung im Inland und muss deshalb den Anforderungen hier an die erforderliche Bestimmtheit von Vollstreckungstiteln gerecht werden.[11] Dagegen kann evtl. ein nach der ausländischen Verfahrensordnung ordnungsgemäß ergangenes ausländisches Urteil dann unter Verletzung rechtlichen Gehörs zustande gekommen sein und gegen den verfahrensrechtlichen nationalen ordre public verstoßen, wenn für eine öffentliche Zustellung der Klageschrift nebst Terminsladung nach deutschem Recht die Voraussetzungen nicht gegeben waren.[12]

Die Anerkennung eines ausländischen Urteils ist ferner ausgeschlossen, wenn die Gegenseitigkeit gem. **§ 328 Abs. 1 Nr. 5** nicht verbürgt ist. Die Gegenseitigkeit ist als gewährleistet anzusehen, wenn die Anerkennung und Vollstreckung eines deutschen Urteils in dem Urteilsstaat auf keine wesent-

---

4 BGH, NJW 1994, 1413 mit Anm. *Geimer*, LM H. 5/95 § 32 ZPO Nr. 15.
5 BGHZ 52, 30.
6 Dessen Text siehe: Art. 34 Brüssel-I-VO.
7 Beispielhaft: BGH, NJW 1992, 3096 zu einem US-Urteil auf Schadensersatz, der pauschal neben der Zuerkennung von konkretem Ersatz für materielle und immaterielle Schäden zugesprochen worden war.
8 BGH, NJW 1980, 529; LG Frankfurt, NJW-RR 1986, 742; OLG Köln, OLGR 1994, 266.
9 BGH NJW 1990, 2201.
10 BGH, NJW 1986, 1440; 1990, 3084; siehe auch § 722 Rn. 6.
11 Einzelheiten zum Bestimmtheitserfordernis: Vor §§ 704–707 Rn. 7.
12 OLG Köln OLGR 2002, 87.

lich größeren Schwierigkeiten stößt[13] als die Anerkennung und Vollstreckung dieses Urteils in der Bundesrepublik Deutschland.[14]

3. Nachträgliche materiell rechtliche Einwendungen gegen den titulierten Anspruch

Das deutsche Gericht hat zwar nicht zu prüfen, ob der hier zu vollstreckende Anspruch ursprünglich bestand und vom ausländischen Gericht nach den dortigen materiell rechtlichen Vorschriften zutreffend tituliert wurde (Abs. 1), dem Schuldner ist es aber nicht verwehrt, nachträgliche materiell rechtliche Einwendungen (z. B. Erfüllung, Aufrechnung, Stundung, Erlass, Rechtskraft einer Ehescheidung bei einem Titel auf Zahlung von Trennungsunterhalt), die er gegen einen inländischen Titel in den Grenzen des § 767 Abs. 2 geltend machen könnte, im gleichen Umfange gegen den Anspruch auf Vollstreckbarerklärung geltend zu machen.[15] Er muss dies sogar tun, will er mit einer späteren Vollstreckungsabwehrklage, die auf diese Einwendungen gestützt ist, nicht an § 767 Abs. 3 scheitern.[16] Für die Frage der Präklusion nach § 767 Abs. 2 ist das ausländische Prozessrecht maßgeblich, falls die Einwendung zwar im deutschen Verfahren bereits zulässig gewesen wäre, nicht aber nach dem Recht des Staates, das den für vollstreckbar zu erklärenden Titel erlassen hat. Lautet der Titel auf laufende Unterhaltszahlungen, so ist allerdings hinsichtlich der materiellen Einwendungen die Konkurrenz von § 323 mit § 767 zu beachten.[17] Soll die nachträgliche verminderte Leistungsfähigkeit des Schuldners geltend gemacht werden, kann dies nicht im Anerkennungsverfahren geschehen, sondern nur in einem neuen Abänderungsverfahren.[18]

4

III. Tenor des Vollstreckungsurteils

Der **Tenor des Vollstreckungsurteils** hat dahin zu lauten, dass die näher bezeichnete Entscheidung, soweit der Schuldner durch sie verurteilt wurde, ... (den Betrag X zu zahlen oder den Gegenstand Y herauszugeben usw.) für vollstreckbar erklärt wird.

5

Eine Umrechnung des auf eine ausländische Währung lautenden Titels findet im Tenor des Vollstreckungsurteils nicht statt,[19] Sie wird erst vom Vollstreckungsorgan bei der Zwangsvollstreckung zum Tageskurs vorgenommen.[20] Die Kostenentscheidung im Vollstreckungsurteil ergeht nach den §§ 91 ff. So ist etwa bei der Beurteilung der Frage im Rahmen der Kostenentscheidung, ob der im Ausland Verurteilte Anlass zur Durchführung des Vollstreckbarkeitsverfahren i. S. d. § 93 gegeben hat, ist nicht das Recht des Staates, aus dem der ursprüngliche Titel stammt, maßgeblich, sondern das Recht des Staates in dem die Vollstreckbarerklärung erfolgen soll.[21] Das Urteil ist nach den allgemeinen Regeln der §§ 708 ff. für vorläufig vollstreckbar zu erklären.

---

13 Ob dies der Fall ist, ist wieder dem Länderteil in *Geimer/Schütze*, Internationaler Rechtsverkehr, Bd. II, zu entnehmen. Ob allein bürgerkriegsähnliche Unruhen in einem Land ausreichen, um zu sagen, dass unter diesen Umständen eine Vollstreckung deutscher Titel nicht gewährleistet sei (so zu Bosnien-Herzegowina: OLG Köln, OLGR 1994, 266), erscheint sehr fraglich.
14 OLG Köln, FamRZ 1995, 306.
15 BGHZ 59, 116; BGHZ 84, 17; BGH, NJW 1990, 1419;1993, 1270; BGH NJW 2010, 1750; *Stein/Jonas/Münzberg.* § 723 Rn. 3.
16 *Zöller/Geimer*, § 722 Rn. 104; *Müko/Gottwald*, § 722 Rn. 52 (a. A. noch Rn. 46 der Vorauflage) mit weiteren Nachweisen.
17 Grundsätzlich hierzu: § 767 Rn. 5.
18 KG, NJW 1991, 644; siehe auch unten Rn. 6.
19 BGH, NJW 1980, 2017; OLG Karlsruhe, IPRax 1987, 169; OLG Düsseldorf, NJW 1988, 2185; *Maier-Reimer*, NJW 1985, 2049; *K. Schmidt*, ZZP 98, 32.
20 Siehe hierzu: Vor §§ 803–882a. Ist ausdrücklich auch im Inland in der Fremdwährung zu zahlen, erfolgt die Wegnahme der ausländischen Banknoten gem. § 883 ZPO.
21 OLG Köln InVo 2002, 163.

IV. Rechtsmittel

6 Das Urteil unterliegt nach den allgemeinen Regeln (§§ 511 ff., §§ 542 ff.) der Berufung und der Revision bzw. der Nichtzulassungsbeschwerde. Materiell rechtliche Einwendungen, die erst nach der letzten mündlichen Verhandlung, auf die das Vollstreckungsurteil erging, entstanden sind, können mit der Klage gem. § 767 geltend gemacht werden. Sie ist darauf zu richten, »die Zwangsvollstreckung aus dem Vollstreckungsurteil des ... für unzulässig zu erklären«.

Will der Schuldner gegenüber einem Unterhaltstitel geltend machen, die Unterhaltsbedürftigkeit des Gläubigers sei nachträglich entfallen oder seine eigene Fähigkeit, Unterhalt zu leisten, habe sich wesentlich verringert, so muss er Abänderungsklage gem. § 323 erheben. Im Verfahren auf Erlass des Vollstreckungsurteils könnte er diesen Einwand dagegen noch nicht geltend machen, da er auf eine nachträgliche inhaltliche Abänderung des ausländischen Titels hinausliefe.[22] Wird der ausländische Titel nach Rechtskraft des Vollstreckungsurteils in seinem Herkunftsland in einem Wiederaufnahmeverfahren, z. B. aufgrund einer Nichtigkeitsklage, aufgehoben, so entfällt das Vollstreckungsurteil nicht automatisch. Der Schuldner muss vielmehr auch gegen das Vollstreckungsurteil Restitutionsklage erheben (§ 580 Nr. 6).[23]

V. Zwangsvollstreckung

7 Die **Zwangsvollstreckung** aus dem Vollstreckungsurteil in Verbindung mit dem ausländischen Titel erfolgt im Inland nach den allgemeinen Regeln, nach denen auch deutsche Titel vollstreckt werden.[24] »Titel« im Sinne der vollstreckungsrechtlichen Regeln ist dabei das Vollstreckungsurteil; d. h. seine Zustellung muss gem. § 750 nachgewiesen werden; es ist nach Erfüllung gem. § 757 Abs. 1 an den Schuldner auszuliefern, usw.

---

22 BGH, NJW 1990, 1419; KG, NJW 1991, 644; OLG Karlsruhe FamRZ 1999, 309 mit zustimmender Anm. *Gottwald*; a. A. *Zöller/Geimer*, § 722 Rn. 85, 98, 107.
23 *Gaul/Schilken/Becker-Eberhard*, § 12 II 4 Rn. 31.
24 OLG Zweibrücken, JurBüro 2001, 270.

Vor §§ 724–734   Die vollstreckbare Ausfertigung

Übersicht

	Rdn.			Rdn.
I.	Zweck....................	1	1. Rechtsbehelfe des Gläubigers.........	13
II. Titel, die keiner vollstreckbaren Ausfertigung bedürfen................	5	2. Rechtsbehelfe des Schuldners.........	14
		VI. Entsprechende Anwendung der §§ 724–734.....................	15
III. Einfache und besondere Klauseln.....	7		
IV. Verfahren......................	8	VII. Gebühren.......................	16
V. Rechtsbehelfe....................	13		

Literatur:

Alff, Klauselprobleme in der Immobilarvollstreckungspraxis, Rpfleger 2001, 385; *Becker-Eberhard*, In Prozessstandschaft erstrittene Leistungstitel in der Zwangsvollstreckung, ZZP 1991 (Bd. 104), 413; *Berger*, Die subjektiven Grenzen der Rechtskraft bei Prozessstandschaft, 1992; *Blume*, Die subjektiven Grenzen der Rechtskraft im Rahmen des § 325 Abs. 2 ZPO, 1999; *Clemens*, Zu den Wirkungen von Geständnis, Nichtbestreiten und Anerkenntnis im Klauselerteilungsverfahren, Diss., Bochum 1995; *Everts*, Von gesetzlichen Verboten und zwingendem Recht – zur Zulässigkeit des Nachweisverzichts im Klauselerteilungsverfahren, DNOTZ 2013, 730; *Frankenberger/Holz:* Die Verfallklausel in der Zwangsvollstreckung, Rpfleger 1997, 93; *Heintzmann*, Vollstreckungsklausel für den Rechtsnachfolger bei Prozessstandschaft, ZZP 1979, 61; *Herler*, Das Schicksal von grundpfandrechtlich gesicherten (notleidenden) Darlehnsforderungen im Veräußerungsfall, NZM 2012, 7; *Hoffmann*, Die Rechtsbehelfe während des Klauselerteilungsverfahrens, Jura 1995, 411; *Jäckel*, Rechtsbehelfe im Klauselverfahren, JuS 2005, 610; *Jaspersen*, Sinn und Zweck der Vollstreckungsklausel, Rpfleger 1995, 4; *Jurksch*, Wenn Gläubiger oder Schuldner wechseln; Rechtsnachfolgeklauseln gem. §§ 727 ff. ZPO, MDR 1996, 984; *Kaiser*, Rechtsbehelfe von Gläubiger und Schuldner bei Streitigkeiten im Rahmen von Verfall-, Wegfall- und Wiederauflebensklauseln, NJW 2010, 39; *Lamberz*, Klauselerteilung durch den Urkundsbeamten statt durch den Rechtspfleger, Rpfleger 2013, 371; *Loritz*, Die Umschreibung der Vollstreckungsklausel, ZZP 1982, 310; *Lüke*, Vollstreckungsstandschaft, Vollstreckungsabwehrklage und Schuldnerschutz, JuS 1996, 588; *Münzberg*, Titeln mit Verfallklauseln, Rpfleger 1997, 413; *ders.*, Vollstreckungsstandschaft und Einziehungsermächtigung, NJW 1992, 1867; *Pflugmacher*, Beweiserhebung und Anerkenntnis im Klauselerteilungsverfahren unter besonderer Berücksichtigung eines materiellen Rechtsprechungsbegriffs, Diss. Bonn, 2000; *Saenger*, Die Klausel als Voraussetzung der Zwangsvollstreckung, JuS 1992, 861; *Sauer/Meiendresch*, Funktionsteilung und Bindungswirkung im Klauselverfahren, Rpfleger 1997, 289; *Scherer*, Zulässigkeit einer Vollstreckungsstandschaft?, RPfleger 1995, 89; *Schlosser*, Die Vollstreckungsklausel der ZPO, Jura 1984, 88; *Schreiber*, Allgemeine Voraussetzungen der Zwangsvollstreckung: Titel, Klausel, Zustellung, Jura 2005, 670; *Schreinert*, Erteilung der Vollstreckungsklausel durch den Notar gegen den Schuldner im Insolvenzverfahren, RNotZ 2013, 161.

I. Zweck

Dass der Gläubiger in der Regel nicht einfach den in seinen Händen befindlichen Vollstreckungstitel dem Vollstreckungsorgan zum Zwecke der Zwangsvollstreckung aushändigen kann – also etwa das ihm gem. § 317 Abs. 1 von Amts wegen zugestellte Urteil oder die Ausfertigung des Verhandlungsprotokolls (§§ 159 ff.), in dem sich die Niederschrift des gerichtlichen Vergleichs befindet (§ 794 Abs. 1 Nr. 1) –, sondern dass er sich zunächst zusätzlich um eine besondere Ausfertigung, die mit einer Vollstreckungsklausel versehen ist, bemühen muss, hat mehrere Gründe: Das Original des Titels verbleibt grundsätzlich bei der Stelle, die den Titel erstellt hat – das Originalurteil, der Originalbeschluss und die Urschrift des Protokolls mit dem Vergleich bei den Gerichtsakten, die Originalurkunde beim Notar (vergl. insoweit §§ 45 Abs. 1, 47 BeurkG). Das vom Gläubiger ersuchte Vollstreckungsorgan ist in der Regel nicht bei der die Originalurkunde verwahrenden Stelle tätig. Es hat bei der Vollstreckung nicht nur nicht die Originalakten, sondern oft noch nicht einmal den vollständigen Titel zur Hand (zur verkürzten Urteilsausfertigung: § 317 Abs. 2 Satz 2). Noch schwieriger wird die Situation dadurch, dass die Vollstreckung auch von einem anderen Gläubiger oder gegen einen anderen Schuldner, als aus dem Titel selbst ersichtlich, betrieben werden kann (vergl. §§ 325 ff., 727 ff.). Zweifelsfragen, verbunden oft mit schwierigsten materiellrechtlichen Problemen, die dann möglicherweise erst unmittelbar beim Vollstreckungsversuch auftauchen, könnten vom Vollstreckungsorgan kaum schnell an Ort und Stelle geklärt werden. Die Vollstreckung

1

müsste vorläufig abgebrochen werden; der Überraschungseffekt der Zwangsvollstreckung[1] ginge weitgehend verloren. Deshalb wird im Vorschaltverfahren der §§ 724–734 die Vollstreckbarkeit und Vollstreckungsreife des Titels, die Berechtigung des im Titel nicht genannten Gläubigers zur Zwangsvollstreckung aus dem Titel, die Verpflichtung des im Titel nicht genannten Schuldners zur Duldung der Zwangsvollstreckung aus dem Titel geprüft und das positive Ergebnis dieser Prüfung mit Bindungswirkung für das Vollstreckungsorgan[2] durch die Vollstreckungsklausel bescheinigt. Trotz dieser bindenden Bescheinigung ist das Vollstreckungsorgan aber weiterhin zur selbstständigen Überprüfung berechtigt und verpflichtet, ob die übergebene Urkunde grundsätzlich – ohne dass es auf eine Kenntnis der speziellen Akte ankommt – als Vollstreckungstitel in Betracht kommt[3] und ob ihr Inhalt im konkreten Fall vollstreckungsfähig ist.[4] Eine irrtümlich mit Klausel versehene Privaturkunde wird durch die auf sie gesetzte Klausel nicht zum geeigneten Vollstreckungstitel[5], ein zu unbestimmter Tenor nicht allein durch die Klausel vollstreckungsfähig. Liegen aber die äußeren Anzeichen eines Titels mit vollstreckungsfähigem Inhalt vor, so prüft das Vollstreckungsorgan nur noch das Vorhandensein und die Formgerechtigkeit der Klausel, nicht deren sachlich-rechtliche Zulässigkeit. Gleiches gilt auch für das Vollstreckungs- und Beschwerdegericht im Verfahren nach §§ 766, 793 und § 11 RpflG; denn ihre Prüfungskompetenz übersteigt grundsätzlich nicht die der Vollstreckungsorgane.[6]

2 Die Vollstreckungsklausel muss grundsätzlich zu Beginn der Zwangsvollstreckung vorliegen (§ 750 ZPO). Wird aus einem Titel, der der Klausel bedarf[7], dennoch ohne die erforderliche Klausel vollstreckt, ist die Vollstreckung aber nicht nichtig, sondern nur mit der Erinnerung anfechtbar. Der Mangel kann durch Nachholung der Klausel auch noch im Erinnerungsverfahren, ja sogar noch im Verfahren der sofortigen Beschwerde bis zur Beendigung der Zwangsvollstreckung geheilt werden[8]. Wurde die Zwangsvollstreckung durch Zwangsversteigerung eines Grundstücks betrieben, ist eine Heilung allerdings nur noch bis zur Erteilung des Zuschlags möglich[9].

3 Die Klauselerteilung bereitet die spätere Zwangsvollstreckung vor, ist aber noch nicht Teil der Vollstreckung selbst.[10] Deshalb unterbricht der Antrag auf Erteilung einer Vollstreckungsklausel nicht nach § 212 Abs. 1 Nr. 2 BGB die Verjährung.[11]

---

1 Vergl. Allg. Einführung Rdn. 6.
2 OLG Frankfurt, JurBüro 1976, 1122; LG Hanau FamRZ 1981, 199; *Jauernig/Berger*, § 4 Rn. 4; PG/*Kroppenberg*, § 724 Rn. 1; *Wolfsteiner*, DNotZ 2013, 193; vergl. auch § 750 Rdn. 8. Da das Vollstreckungsorgan die Klausel als solche nicht überprüft, kann auch mit § 766 nicht gerügt werden, dass aus einem Titel vollstreckt wird, auf den anstelle des zuständigen Rechtspflegers der unzuständige Urkundsbeamte der Geschäftsstelle die Klausel gesetzt hatte; denn diese Klausel ist nicht nichtig: BGH, NJW-RR 2012, 1146; BGH, NJW-RR 2012, 1148; BGH, NJW-RR 2013, 437; OLG Zweibrücken, MDR 1997, 593; OLG Zweibrücken, JurBüro 2003, 492. Ebenso wenig kann es überprüfen, ob die in einer qualifizierten Klausel in Bezug genommenen Urkunden auch tatsächlich das belegen, was das die Klausel erteilende Organ durch sie als bewiesen angenommen hat. Unrichtig insoweit daher BGH, DNotZ 2013, 190.
3 Beispielsfälle: Vergleich ohne Verfahren, das er ganz oder teilweise beenden konnte, BGHZ 15, 190 ff.; Vergleich, der nicht erkennen lässt, dass er den Parteien vorgelesen und von ihnen genehmigt wurde, LG Essen MDR 1975, 937.
4 Ausführlich hierzu: Vor §§ 704–707 Rdn. 7–18.
5 *Stöber*, MittBayNot 2009, 393, 394.
6 BGH, NJW-RR 2012, 1146; BGH, NJW-RR 2012, 1148; BGH, NJW-RR 2013, 437; OLG Hamm, FamRZ 1981, 199 f.
7 Einzelheiten insoweit unten Rdn. 5.
8 BGH, MDR 2010, 771.
9 BGH, MDR 2010, 771.
10 BGH MDR 1976, 837 f.; OLG Frankfurt, OLGZ 1968, 170 f; PG/*Kroppenberg*, § 724 Rn. 2.
11 OLG Brandenburg, OLGReport 2001, 412; AG Bad Säckingen, FamRZ 1995, 1221; Erman/Schmidt-Räntsch, § 212 BGB Rn. 14; Palandt/*Ellenberger*, § 212 BGB Rn. 10.

Entscheidungen, die nur vorläufig die Vollstreckung behindern, den Bestand des Titels selbst aber nicht berühren, stehen der Klauselerteilung nicht entgegen: So ist es für die Klauselerteilung unbeachtlich, dass die Zwangsvollstreckung aus dem Titel einstweilen eingestellt ist (etwa nach §§ 707, 719), oder dass der Schuldner zur Abwendung der Vollstreckung Sicherheit geleistet hat (etwa nach §§ 711, 712).[12] Gleiches gilt für eine noch nicht rechtskräftige Entscheidung nach § 767, die auf ein Rechtsmittel hin noch abgeändert werden könnte. Das Verfahren auf Erteilung einer Vollstreckungsklausel wird durch die Insolvenzeröffnung über das Vermögen des Schuldners nicht unterbrochen.[13]

Die Vollstreckungsklausel muss zu Beginn der Vollstreckung vorliegen. Hiervon muss das Vollstreckungsorgan sich vergewissern.[14] Dies gilt auch dann, wenn Vollstreckungsorgan das Prozessgericht ist, das sich anhand der bei ihm vorliegenden Titelurschrift leicht über die Identität von Original und Ausfertigung Gewissheit verschaffen kann.[15] Das Fehlen der erforderlichen Vollstreckungsklausel führt nicht zur Nichtigkeit einer dennoch erfolgten Vollstreckung. Der Vollstreckungsakt ist mit der Erinnerung gem. § 766 anfechtbar; der Mangel kann allerdings mit Wirkung ex tunc durch nachträgliche Klauselerteilung geheilt werden.[16]

II. Titel, die keiner vollstreckbaren Ausfertigung bedürfen

Nicht alle vollstreckungsfähigen Titel bedürfen der Vollstreckungsklausel. Sie ist nicht erforderlich beim Vollstreckungsbescheid (§ 796 Abs. 1), ebenso nicht bei Urteilen, durch die ein Vollstreckungsbescheid nur aufrecht erhalten bleibt[17]; bei Arresten und einstweiligen Verfügungen (§§ 929 Abs. 1, 936), unabhängig davon, ob sie durch Urteil oder Beschluss erlassen wurden; beim Haftbefehl (§§ 901, 909); beim Pfändungsbeschluss nach § 830 Abs. 1 (Titel zur Wegnahme des Hypothekenbriefes); beim Überweisungsbeschluss im Fall des § 836 Abs. 3 sowie beim gem. § 105 unmittelbar aufs Urteil gesetzten Kostenfestsetzungsbeschluss (§ 795a). Auch die Anordnung nach § 149 Abs. 2 ZVG, dass der Schuldner das Grundstück zu räumen habe, bedarf keiner Vollstreckungsklausel.[18] Vollstreckungsbescheide, Arreste und einstweilige Verfügungen bedürfen der Vollstreckungsklausel allerdings dann, wenn die Zwangsvollstreckung für einen anderen als den im Titel bezeichneten Gläubiger oder gegen einen anderen als den im Titel bezeichneten Schuldner erfolgen soll (§ 796 Abs. 1, 929 Abs. 1).

Da nur der den vollstreckungsfähigen Anspruch beinhaltende Titel der Klausel bedarf, nicht aber sonstige Urkunden, die weitere Voraussetzungen der Zwangsvollstreckung nachweisen, bedarf auch ein den erstinstanzlichen Titel bestätigendes Berufungsurteil, das nur den Nachweis erbringt, dass das ursprünglich nur gegen Sicherheitsleistung vorläufig vollstreckbare Urteil nunmehr unbedingt vollstreckbar ist, nicht neben dem erstinstanzlichen Urteil noch seinerseits der Klausel.[19] Dagegen ist das teilweise bestätigende Berufungsurteil mit einer Klausel zu versehen, wenn erst dieses mit der notwendigen Bestimmtheit ergibt, welche Zahlungspflicht noch verbleibt.[20]

Für **Titel nach dem FamFG** enthalten die §§ 53 Abs. 1, 86 Abs. 3 FamFG Sonderregeln: Alle Vollstreckungstitel nach dem FamFG, also auch Vergleiche (§ 86 Abs. 1 Nr. 3 FamFG)[21], außer einstweiligen Anordnungen bedürfen der Vollstreckungsklausel nur, wenn die Vollstreckung nicht durch

---

12 LG Kleve, DGVZ 1978, 680 mit Anm. *Wolfsteiner*.
13 BGH, ZIP 2008, 527.
14 OLG Köln, OLGReport 2001, 20; OLG Köln, BeckRS 2011, 03692.
15 OLG Düsseldorf, OLGZ 76, 376; OLG Hamburg, WRP 1981, 221; OLG Köln, BeckRS 2011, 03692.
16 OLG Hamburg, WRP 1981, 221 und NJW-RR 1986, 1502; *Stein/Jonas/Münzberg*, Vor § 704 Rn. 129.
17 AG Bonn, MDR 1969, 675.
18 LG Hamburg, Rpfleger 2004, 304.
19 OLG Celle, JurBüro 1985, 1731.
20 BGH, NJW 1998, 613.
21 OLG Brandenburg, NZFam 2015, 328 mit Anm. *Breidenstein*.

das Gericht erfolgt, das den Titel erlassen hat (§ 86 Abs. 3); das ist etwa bei der Vollstreckung aller Titel wegen einer Geldforderung der Fall[22], aber auch bei Titeln auf Herausgabe eines Kindes nach Umzug[23], wenn nunmehr das neue Wohnsitzgericht vollstrecken muss (§ 88 Abs. 1 FamFG). Einstweilige Anordnungen nach dem FamFG bedürfen abweichend hiervon einer Vollstreckungsklausel nur dann, wenn aus ihnen für oder gegen einen anderen als den im Beschluss bezeichneten Beteiligten vollstreckt werden soll (§ 53 Abs. 1 FamFG)[24]. Grund ist die vom Gesetzgeber beabsichtigte Anpassung des Rechts der einstweiligen Anordnungen an das Recht der einstweiligen Verfügung, hier also § 929 Abs. 1 ZPO.

III. Einfache und besondere Klauseln

7 Die Klausel hat nicht nur die Funktion, dem Vollstreckungsorgan nachzuweisen, dass die ihm zur Vollstreckung übergebene Urkunde mit dem Original des Titels übereinstimmt und dass es sich bei ihr um eine ordnungsgemäß zu Stande gekommene Ausfertigung handelt[25], sondern darüber hinaus bestimmten nach Einleitung des Erkenntnisverfahrens oder nach Erstellung des Titels stattgefundenen Entwicklungen, die aus dem Titel nicht ablesbar sind, Rechnung zu tragen, um den aufwendigen Weg eines neuen Erkenntnisverfahrens insoweit zu vermeiden. Diese besonderen Fälle regeln die §§ 726 Abs. 1, 727–729. Da in diesem Rahmen oft schwierige Rechtsfragen zu beantworten, Urkunden auszulegen und bei der Formulierung der Klausel abweichend vom Grundtext des § 725 individuellen Besonderheiten Rechnung zu tragen ist, ist die Klauselbeurteilung insoweit dem Rechtspfleger übertragen (§ 20 Nr. 12 RpflG), soweit gerichtliche Titel infrage stehen. Bei notariellen Urkunden unterscheidet § 797 Abs. 2 ZPO nicht zwischen einfachen und qualifizierten Klauseln.

Während die einfache vollstreckbare Ausfertigung dem Schuldner, dem schon der Titel zugestellt ist, nicht nochmals zuzustellen ist, muss nach § 750 Abs. 2 die besondere Klausel einschließlich der öffentlichen bzw. öffentlich beglaubigten Urkunden, die zum Nachweis der besonderen Voraussetzungen der qualifizierten Klausel dienten, dem Schuldner vor oder zu Vollstreckungsbeginn zugestellt werden.

IV. Verfahren

8 Das Verfahren auf Erteilung einer Vollstreckungsklausel ist noch nicht Zwangsvollstreckungsverfahren, sondern Annex des Erkenntnisverfahrens. Es wird durch die Eröffnung des Insolvenzverfahrens nicht unterbrochen und wird auch nicht bereits gem. § 89 Abs. 1 InsO unzulässig[26].

Die Klausel wird nur auf Antrag erteilt. Antragsberechtigt ist nur der zur Vollstreckung aus dem Titel befugte Gläubiger, nicht aber ein im Titel nur begünstigter Dritter. Dies gilt auch für Vergleiche zugunsten Dritter i. S. § 328 BGB, in denen dem Dritten ein eigenes Forderungsrecht eingeräumt wurde, ohne dass sie selbst dem Rechtsstreit zum Zwecke des Vergleichsabschlusses förmlich[27] beigetreten sind.[28] Auch in den Fällen des § 265 ist, soweit nicht § 727 eingreift, nicht

---

[22] *Prütting/Helms/Hammer,* FamFG, § 86 Rn. 21; MüKo/*Zimmermann,* § 86 FamFG Rn. 30; *Zimmermann,* Das neue FamFG, Rn 253.
[23] BT-Drucks. Nr. 16/6308 S. 217.
[24] *Bumiller/Harders,* § 53 FamFG Rn. 1; Prütting/Helms/*Stößer,* § 53 FamFG Rn. 2; *Giers,* FPR 2008, 442; *ders.,* FGPrax 2009, 47, 50; *Looff,* FamRZ 2008, 1391, 1392. Diese Auffassung ist auch durch die Gesetzesmaterialien gedeckt: BT-Drucks. 16/6308 S. 201.
[25] BGH, NJW 1963, 1307.
[26] BGH, BGHReport 2009, 403.
[27] Zu den zu beachtenden Förmlichkeiten zählt allerdings nicht der Anwaltszwang; BGH, NJW 1983, 1433.
[28] Wie hier: OLG München, NJW 1957, 1367; OLG Celle, NJW 1966, 1367; OLG Frankfurt, MDR 1973, 321; KG, NJW 1973, 2032; AG Bonn, Rpfleger 1997, 224; *Loritz,* ZZP 1982, 337; *Becker-Eberhard,* ZZP 1991 (Bd. 104), 413; Musielak/*Lackmann,* § 724 Rn. 5; Thomas/Putzo/*Seiler,* § 724 Rn. 7; Zöller/*Stöber,* § 724 Rn. 3; **a. A.:** Baur/Stürner/Bruns, Rn. 16.19; Stein/Jonas/*Münzberg,* § 724 ZPO Rn. 8 a.

der materiellrechtliche Rechtsinhaber, sondern der im Titel ausgewiesene Kläger allein antragsberechtigt.[29] Gleiches gilt für den Fall der gewillkürten Prozessstandschaft, auch wenn der Beklagte zur Zahlung zu Händen des tatsächlichen Rechtsinhabers verurteilt worden ist (etwa durch die Formel: »Der Beklagte wird verurteilt, an den Kläger ... Euro zu Händen der X-Bank, Konto-Nr. ... zu zahlen«).[30] Der Grund ist in allen Fällen der gleiche: Die Stellung als Vollstreckungsgläubiger wird, abgesehen von den Fällen der §§ 727, 728, nicht aufgrund materiellen Rechts, sondern aufgrund prozessrechtlicher Vorgänge erworben, die demgemäß auch eine Grundlage im Prozessrecht finden müssen.[31] Dem Schuldner ist keine Klausel zu erteilen, auch wenn er nach dem Titel vom Gläubiger Zug um Zug gegen die eigene Leistung eine Gegenleistung verlangen kann, soweit dieser Anspruch nicht auf eine Widerklage hin selbstständig tituliert ist.[32] Denn der Zug-um-Zug-Anspruch gibt dem Schuldner keine eigene Vollstreckungsmöglichkeit. Für den Antrag auf Erteilung der Vollstreckungsklausel besteht, unabhängig zu welchem Titel die Klausel erstrebt wird, nie Anwaltszwang.[33]

Der Antrag ist zu richten, soweit eine einfache Klausel zu einem Urteil, einer anderen gerichtlichen Entscheidung oder einem Prozessvergleich begehrt wird, an den Urkundsbeamten der Geschäftsstelle (§ 153 GVG) des Gerichts des ersten Rechtszuges und, wenn der Rechtsstreit noch bei einem höheren Gericht anhängig ist, an den Urkundsbeamten der Geschäftsstelle dieses Gerichts (§§ 724 Abs. 2, 795). Ist der Rechtsstreit durch einen Vergleich in einem höheren Rechtszug beendet worden, ist der Urkundsbeamte der Geschäftsstelle dieses Gerichts so lange zuständig, wie sich die Akte noch dort befindet, danach wieder der Urkundsbeamte der Geschäftsstelle des ersten Rechtszuges. In der Regel sind bei größeren Gerichten mehrere Geschäftsstellen eingerichtet. Zuständig ist dann der Urkundsbeamte der Geschäftsstelle des Spruchkörpers, der den Titel erlassen hat. 9

Wird in den vorgenannten Fällen eine qualifizierte Klausel (§§ 726 Abs. 1–729) erstrebt, ist der Rechtspfleger (§ 20 Nr. 12 RpflG) bei den genannten Gerichten zuständig. Für die Erteilung einer vollstreckbaren Ausfertigung eines Vollstreckungsbescheides (in den Fällen der §§ 727 ff.) ist der Rechtspfleger des Amtsgerichts zuständig, das den Mahnbescheid erlassen hatte.[34] Das gilt auch, wenn es sich bei diesem Amtsgericht aufgrund der Konzentrationsmöglichkeiten für das Mahnverfahren um eines der sog. zentralen Mahngerichte des entsprechenden Bundeslandes handelt.[35] Die Klausel auf notariellen Urkunden, und zwar die einfache ebenso wie die qualifizierte, wird vom Notar erteilt, der die Urkunde verwahrt (§ 797 Abs. 2). Der Notar erteilt sich darüber hinaus selbst gem. §§ 154 Abs. 1, 155 KostO die Vollstreckungsklausel auf seine auf den Vorschriften der KostO beruhende Kostenrechnung.[36] Die Klausel zu vollstreckbaren Urkunden des Jugendamtes (§ 59 SGB VIII) erteilt der zuständige Beamte dieser Behörde (§ 60 SGB VIII).

Die Klausel zu gegen Individuen zu vollstreckenden Titeln der EG (Urteile des EuG und des EuGH, Entscheidungen der Kommission und des Rates) erteilt der Bundesminister der Justiz.[37]

---

29 BGH. MDR 1984, 385 und NJW 1993, 1396; KG, JR 1956, 303; *Heintzmann*, ZZP 1979 (Bd. 92), 61, 65; a. A: *Kion*, NJW 1984, 1601 m.w. Nachw.
30 OLG Düsseldorf, JurBüro 1967, 256; KG, Rpfleger 1971, 103; HansOLG Hamburg, FamRZ 1984, 927; LG Essen, DGVZ 1972, 154; PG/*Kroppenberg*, §724 Rn. 6; *Thomas/Putzo/Seiler*, §724 Rn. 7; *Stein/Jonas/Münzberg*, §727 Rn. 45.
31 Vergl. auch die Fallkonstellationen OLG Schleswig, MDR 1983, 761 und OLG Saarbrücken, Rpfleger 1978, 227.
32 OLG Frankfurt, OLGReport 1994, 227.
33 Thomas/Putzo/*Seiler*, §724 Rn. 5.
34 BGH, NJW 1993, 3141.
35 BGH, NJW 1993, 3141; OLG Hamm, RPfleger 1994, 30.
36 Soweit der Notar allerdings nach anderen Vorschriften Ansprüche auf Begleichung seiner Kosten zu haben meint, muss er diese nach den allgemeinen Vorschriften einklagen: KG, OLGReport 1998, 54.
37 Bekanntmachung vom 3.2.1961, BGBl. II 1961, S. 50.

10 Der Urkundsbeamte der Geschäftsstelle hat den Schuldner vor der Klauselerteilung nie zu hören (arg. e contrario aus § 730);[38] dagegen kann der Schuldner vor Erteilung einer qualifizierten Klausel gehört werden. Seine Anhörung empfiehlt sich dort immer, bevor ein Antrag des Gläubigers mit der Begründung zurückgewiesen wird, die erforderlichen Nachweise durch öffentliche oder öffentlich beglaubigte Urkunden fehlten.

11 Im Rahmen der Klauselerteilung prüft der Urkundsbeamte (Rechtspfleger, Notar usw.) in jedem Fall, ob ein zu diesem Zeitpunkt grundsätzlich vollstreckbarer Titel[39] mit einem auch im konkreten Fall vollstreckungsfähigen Inhalt vorliegt.[40] Da die Klausel Voraussetzung einer späteren Zwangsvollstreckung ist, würde das Rechtsschutzbedürfnis für einen Klauselantrag fehlen, wenn feststeht, dass der Titel etwa wegen Unbestimmtheit des Tenors nicht vollstreckbar ist. Nicht zu prüfen hat der die Klausel Erteilende, ob der materielle Anspruch, der in dem Titel verlautbart, je bestanden hat oder noch besteht.[41] Er hat auch nicht zu prüfen, ob etwa materiellrechtliche Gründe (z. B. § 826 BGB[42]) einer Vollstreckung entgegenstehen. Er muss die Klausel also erteilen, auch wenn er weiß, dass der Anspruch bereits außerhalb der Zwangsvollstreckung erfüllt ist oder dass der titulierte Zinsanspruch von der Rechtsprechung als sittenwidrig beurteilt wird. Ausnahmsweise würde das Rechtsschutzbedürfnis für die Erteilung einer Klausel fehlen, wenn zwischen allen Beteiligten zweifelsfrei unstreitig ist, dass der titulierte Anspruch nicht besteht.[43]

12 Der Text der Klausel ist in § 725 festgelegt. Jedoch sind im Einzelfall Abweichungen erforderlich, wenn die Klausel nicht zum gesamten titulierten Anspruch erteilt wird oder wenn eine Namensänderung klargestellt werden soll. Besonderheiten ergeben sich auch aus den §§ 727–729.

V. Rechtsbehelfe

1. Rechtsbehelfe des Gläubigers

13 Gegen die vollständige oder teilweise Versagung der Klausel durch den **Urkundsbeamten,** aber auch gegen die Erteilung einer Klausel durch den Urkundsbeamten, die ordnungsgemäß durch den Rechtspfleger hätte erteilt werden müssen, hat der Gläubiger die Erinnerung nach § 573 Abs. 1. Sie ist an das Prozessgericht, dem der Urkundsbeamte zugeordnet ist, zu richten. Der Urkundsbeamte kann der Erinnerung, bevor er sie dem Gericht zur Entscheidung vorlegt, selbst abhelfen. Bestätigt das Prozessgericht durch – zu begründenden – Beschluss den Urkundsbeamten, so ist dieser Beschluss mit der befristeten Beschwerde (§ 573 Abs. 2) anfechtbar. Für die Rechtsbeschwerde gegen die Beschwerdeentscheidung gelten die allgemeinen Regeln (§ 574 Abs. 1).[44]

Hat der **Rechtspfleger** die Klauselerteilung ganz oder teilweise verweigert, ist sofortige Beschwerde nach §§ 11 Abs. 1 RpflG, 567 gegeben. Dies gilt auch dann, wenn der Rechtspfleger unzuständigerweise anstelle des Urkundsbeamten entschieden hatte.[45] Der Rechtspfleger darf der Beschwerde selbst abhelfen (§ 572 Abs. 1). Hilft er nicht ab, so hat das Beschwerdegericht zu entscheiden. Die Nichtabhilfeentscheidung ergeht durch Beschluss, der den Parteien formlos mitzuteilen ist (§ 329 Abs. 2). Zur Rechtsbeschwerde gegen die Beschwerdeentscheidung gelten die allgemeinen Regeln (§ 574).

---

38 *Thomas/Putzo/Seiler,* § 724 Rn. 5.
39 Die vorläufige Einstellung der Zwangsvollstreckung aus dem Titel interessiert insoweit nicht; vergl. Rdn. 3.
40 Zu den Anforderungen an die Bestimmtheit eines Titels vergl.: Vor §§ 704–707 Rdn. 7–18. Nicht vollstreckungsfähig ist darüber hinaus auch ein Titel, durch dessen Vollstreckung das Vollstreckungsorgan selbst gegen deutsche Gesetze verstoßen würde.
41 OLG München, NJW-RR 1995, 763 (zum Einwand mangelnder Fälligkeit).
42 Siehe Anh. § 767 Rdn. 1; a. A. (für den Fall, dass die Vollstreckung erkennbar gegen die guten Sitten oder gegen Treu und Glauben verstoßen würde): OLG München, NJW-RR 1995, 763.
43 BayObLG, InVo 2000, 101.
44 OLG Zweibrücken, FamRZ 2000, 964.
45 OLG Köln, InVo 2004, 414.

Hat der Notar die beantragte Klausel verweigert, steht dem Gläubiger gem. §§ 54 BeurkG, 15 Abs. 2 BNotO die Beschwerde nach §§ 58 ff FamFG zu. Über die Beschwerde entscheidet eine Zivilkammer des Landgerichts, in dessen Bezirk der Notar seinen Sitz hat.

Hat der Gläubiger in den Fällen der qualifizierten Klausel nach §§ 726 Abs. 1, 727–729 den ihm obliegenden Beweis nicht mit öffentlichen bzw. öffentlich beglaubigten Urkunden führen können und war der Schuldner auch nicht bereit, die die Schlussfolgerung des Bedingungseintritts, der Rechtsnachfolge usw. tragenden Tatsachen zuzugestehen, sodass die Klausel im Klauselerteilungsverfahren nicht erteilt werden konnte und durfte, so kann er Klage auf Erteilung der Vollstreckungsklausel nach § 731 erheben, um nunmehr mit den allgemeinen Beweismitteln des Zivilprozesses seinen Beweis zu führen.

2. Rechtsbehelfe des Schuldners

Dem Schuldner stehen als selbstständige Verteidigungsmittel gegen die Klauselerteilung nur die Erinnerung nach § 732, der der Urkundsbeamte bzw. der Rechtspfleger selbst abhelfen kann[46], und die Klauselgegenklage nach § 768 zu, unabhängig davon, wer die Klausel erteilt hat. §§ 573, 567, 54 BeurkG werden durch diese spezielleren Rechtsbehelfe verdrängt[47]. Hinsichtlich der vom Notar erteilten Klausel verweisen §§ 795, 797 auf die §§ 732, 768.   14

Die Erinnerung nach § 732 und die Klage nach § 768 stehen dem Schuldner wahlweise zur Verfügung,[48] soweit formelle Einwendungen (z. B. Fehlen des erforderlichen Urkundsbeweises), die nur mit § 732 geltend gemacht werden können[49], und materiellrechtliche Einwendung (z. B. Nichteintritt der angeblich bewiesenen Bedingung) sich decken. Der Klage nach § 768 ZPO fehlt also nicht das Rechtsschutzbedürfnis, wenn auch der einfachere und billigere Weg eines Vorgehens nach § 732 möglich erscheint.[50] Dies folgt schon daraus, dass sich die Rechtsschutzziele der beiden Verteidigungsmittel des Schuldners nicht decken.

Gegen die Zwangsvollstreckung aus einem Titel ohne erforderliche Vollstreckungsklausel kann der Schuldner sich mit der Erinnerung nach § 766 wehren.

VI. Entsprechende Anwendung der §§ 724–734

Die §§ 724 ff. gehen zunächst nur von den Titeln des § 704 Abs. 1 aus, also rechtskräftigen oder für vorläufig vollstreckbar erklärten Urteilen. Für die in § 794 ZPO genannten weiteren Titel ordnet § 795 aber die entsprechende Anwendung der §§ 724 ff. an, soweit sich in den §§ 795a–800a keine Sonderregelungen finden. Sonderregelungen zum Klauselrecht erhalten §§ 795a 2. Halbs, 795b, 796 Abs. 1 u. 3, 797 Abs. 1–5, 797a Abs. 1–4, 799, 800 Abs. 2 u. 3 sowie 800a Abs. 2. Eine weitere Verweisung auf das Klauselrecht der ZPO findet sich in § 257 InsO. Obgleich in §§ 62 Abs. 2, 85 Abs. 1 Satz 3 ArbGG nur im Hinblick auf »die Zwangsvollstreckung« auf die Vorschriften des 8. Buches der ZPO verwiesen wird, gilt auch das Klauselrecht der ZPO entsprechend. Prozessgericht i. S. §§ 724 ff. ist dann das Arbeitsgericht.   15

VII. Gebühren

Gerichtsgebühren entstehen durch den Antrag auf Erteilung einer Vollstreckungsklausel zu Urteils- oder Vergleichsausfertigungen nur, wenn eine weitere vollstreckbare Ausfertigung (§ 733) beantragt wird (§ 12 GKG, KV GKG 2110).   16

---

46 OLG Koblenz, InVo 2002, 510.
47 OLG Köln, Rpfleger 2007, 154; *Hintzen*, Rpfleger 2008, 452, 453.
48 BGH, MDR 2005, 113.
49 BGH, Rpfleger 2005, 53; 2005, 612; BGH, InVo 2006, 24.
50 Siehe § 768 Rdn. 2.

Vor §§ 724–734 ZPO Die vollstreckbare Ausfertigung

Der Notar erhält in den Fällen der §§ 726–729 ZPO eine halbe Gebühr (KVfG 18000), für die Erteilung einer weiteren vollstreckbaren Ausfertigung eine Festgebühr von 20,- € (KVfG 18001) während die Klauselerteilung im Übrigen gebührenfreies Nebengeschäft der Errichtung der Urkunde ist (§ 93 Abs. 1 GNotKG)). Das gilt auch dann, wenn ausnahmsweise ein anderer Notar als der, der die Urkunde errichtet hat, die Klausel erteilen muss. Der Geschäftswert richtet sich nach dem Betrag, der mit der vollstreckbaren Ausfertigung beigetrieben werden kann (§ 118 GNotKG).

Der Rechtsanwalt erhält für den Antrag auf Erteilung der Vollstreckungsklausel keine gesonderte Gebühr. Diese Tätigkeit ist vielmehr durch die Gebühren für den Rechtszug bzw. das Verfahren mit abgegolten (§ 19 Nr. 12 RVG), bzw. durch die Vollstreckungsgebühr (VV 3309).

§ 724 Vollstreckbare Ausfertigung

(1) Die Zwangsvollstreckung wird auf Grund einer mit der Vollstreckungsklausel versehenen Ausfertigung des Urteils (vollstreckbare Ausfertigung) durchgeführt.

(2) Die vollstreckbare Ausfertigung wird von dem Urkundsbeamten der Geschäftsstelle des Gerichts des ersten Rechtszuges und, wenn der Rechtsstreit bei einem höheren Gericht anhängig ist, von dem Urkundsbeamten der Geschäftsstelle dieses Gerichts erteilt.

Übersicht

		Rdn.			Rdn.
I.	Anwendungsbereich der Norm	1	4.	Prüfung der besonderen Titelvoraussetzungen	7
II.	Titel, die keiner Klausel bedürfen	2	V.	Klauselerteilungs- und Zwangsvollstreckungsverfahren	8
III.	Antragsberechtigung	3			
IV.	Prüfung des Antrages	4	VI.	Zuständigkeiten	9
1.	Formfreiheit	4	VII.	Weitere vollstreckbare Ausfertigungen	11
2.	Prüfung der Formalien der Ausfertigung	5			
3.	Prüfung des Titels selbst	6			

I. Anwendungsbereich der Norm

Die Vorschrift bezieht sich unmittelbar nur auf rechtskräftige oder für vorläufig vollstreckbar erklärte Endurteile i.S. § 704. Kraft der Verweisung in § 795 gilt sie auch für die Titel des § 794, ebenso für alle anderen Vollstreckungstitel, die nach den Vorschriften der ZPO vollstreckt werden, soweit die jeweiligen Verweisungsvorschriften keine Besonderheiten vorsehen, wie etwa § 795b. 1

II. Titel, die keiner Klausel bedürfen

Die Vollstreckungsklausel ist notwendige Voraussetzung für den Beginn der Zwangsvollstreckung nach dem 8. Buch der ZPO.[1] Ihr Vorhandensein muss deshalb vom Vollstreckungsorgan auch immer von Amts wegen überprüft werden.[2] Dass der Gläubiger sie leicht hätte erlangen können, da insoweit nichts streitig war, spielt keine Rolle.[3] 2

Ausnahmen (keine Klausel erforderlich):[4] Arrest und einstweilige Verfügung (§§ 929 Abs. 1, 936); einstweilige Anordnungen nach dem FamFG (§ 53 FamFG); Titel nach dem FamFG, die vom Gericht, das den Titel erlassen hat, vollstreckt werden (§ 86 Abs. 1 FamFG); nach § 105 Abs. 1 unmittelbar auf das Urteil gesetzte Kostenfestsetzungsbeschlüsse (§ 795a); Vollstreckungsbescheide (§ 796 Abs. 1); Haftbefehle (§ 802g); als Vollstreckungsgrundlage für Hilfspfändungen durch Wegnahme von Urkunden der Pfändungsbeschluss nach § 830 Abs. 1 und der Überweisungsbeschluss nach § 836 Abs. 3; Herausgabebeschlüsse gem. § 149 Abs. 2 ZVG.

III. Antragsberechtigung

Die Klausel kann nur von dem im Rubrum des Titels als Gläubiger Ausgewiesenen oder demjenigen beantragt werden, dem in §§ 727, 728, 742, 749 ein Anspruch auf den Titel ergänzende Klausel zuerkannt ist. Es genügt dagegen nicht, dass sich aus dem Tenor, dem Tatbestand oder den Entscheidungsgründen eine materiellrechtliche Berechtigung abweichend vom Rubrum ergibt, etwa für den materiell Berechtigten in den Fällen der gewillkürten Prozessstandschaft und des § 265.[5] In 3

---

[1] Die mit der Klausel versehene vollstreckbare Ausfertigung muss zu Beginn der Zwangsvollstreckung dem Vollstreckungsorgan noch vorgelegt werden können. Es genügt nicht der Nachweis, dass sie einmal vorhanden war: OLG Köln, InVo 2000, 350.
[2] OLG Köln, JurBüro 2011, 325; LSG Bayern, BeckRS 2012, 70468.
[3] LAG Rheinland-Pfalz, JurBüro 2009, 329.
[4] Siehe auch vor §§ 724–734 Rdn. 5.
[5] Vor §§ 724–734 Rdn. 8.

diesen Fällen kommt eine Klauselerteilung für den materiell Berechtigten nur unter den Voraussetzungen des § 727 in Betracht. Es steht auch nicht im Belieben der Parteien, für einen Dritten, der an der Titelerlangung nicht durch eigene prozessrechtliche Erklärungen mitgewirkt hat, einen Titel zu schaffen, etwa durch einen Prozessvergleich zugunsten Dritter, in dem dem Dritten ein eigenes Forderungsrecht i. S. des § 328 Abs. 1 BGB eingeräumt wird.[6] Das gilt im Grundsatz auch für nach § 1629 Abs. 3 BGB von einem Elternteil im eigenen Namen erstrittene Unterhaltstitel zugunsten eines Kindes. Nach Rechtskraft des Scheidungsausspruchs kann aus einem derartigen Unterhaltstitel zunächst der Elternteil, der den Titel erstritten hat, als Gläubiger die Zwangsvollstreckung betreiben und daher auch Klausel für sich nach § 724 ZPO beantragen, solange nicht für das Kind nach §§ 120 FamFG, 727 ZPO Klausel erteilt wurde[7]. Wird für das Kind Klausel erteilt, muss die dem Elternteil erteilte vollstreckbare Ausfertigung eingezogen werden, damit keine Doppelvollstreckung ermöglicht wird. Der Unterhaltsverpflichtete kann den Wegfall der materiellen Vertretungsbefugnis und der Prozessstandschaft mit dem Antrag gem. §§ 120 FamFG, 767 ZPO geltend machen. Der Wegfall der sich aus § 1629 Abs. 3 BGB ergebenden Prozessstandschaft wird also von Amts wegen weder im Klauselverfahren noch in der anschließenden Zwangsvollstreckung berücksichtigt.[8] Das gilt grundsätzlich auch nach Eintritt der Volljährigkeit des Kindes.[9] Auch hier muss der Schuldner Vollstreckungsabwehrklage erheben, wenn er die Vollstreckung durch den anderen Elternteil nicht mehr hinnehmen will.

IV. Prüfung des Antrages

1. Formfreiheit

4   Der Antrag kann mündlich zu Protokoll der Geschäftsstelle oder schriftlich angebracht werden. Er unterliegt auch dann, wenn er sich an ein Kollegialgericht wendet, nicht dem Anwaltszwang. Die dem Anwalt erteilte Prozessvollmacht legitimiert automatisch auch zur Klauselbeantragung (§ 81).

2. Prüfung der Formalien der Ausfertigung

5   Der die Klausel Erteilende[10] prüft in jedem Fall, ob die ihm vorliegende Ausfertigung mit dem ihm ebenfalls vorliegenden Original übereinstimmt. Ausfertigung i. S. der ZPO ist eine amtlich erstellte Abschrift von einer bei den Gerichtsakten (bzw. den notariellen Akten: §§ 47, 49 BeurkG) befindlichen Urschrift[11]. Dass es sich um keine Privatabschrift, sondern um eine Ausfertigung handelt, ist durch den sog. Ausfertigungsvermerk auf der Urkunde deutlich gemacht (»Für die Übereinstimmung der vorstehenden Ausfertigung mit der Urschrift gez. N.N. als Urkundenbeamter d. Geschäftsstelle«). Wird die Ausfertigung erst zum Zwecke des § 724 hergestellt, können der Ausfertigungsvermerk und die Klausel (Wortlaut: § 725) in einem Text zusammengefasst werden.[12] Ist eine ordnungsgemäße Klausel auf eine Titelabschrift gesetzt, die ihrerseits nicht den formalen Anforderungen an eine ordnungsgemäße Ausfertigung genügt, z. B. weil die Beglaubigung durch den Urkundenbeamten der Geschäftsstelle fehlt, so werden durch die Klausel die Mängel der Ausfertigung mit der Wirkung geheilt, dass die Urkunde nunmehr als vollgültige vollstreckbare Ausfertigung anzusehen ist.[13]

---

6   Siehe Vor §§ 724–734 Rdn. 8.
7   Erman/*Michalski/Döll*, § 1629 BGB Rn. 20; MüKo-BGB/*Huber*, § 1629 BGB Rn. 96; Staudinger/*Pechel-Gutzeit*, § 1629 BGB Rn. 383; Zöller/*Stöber*, § 724 Rn. 3.
8   LG Konstanz, FamRZ 2014, 1122.
9   **A.A.** insoweit (Volljährigkeit müsse von Amts wegen berücksichtigt und Klausel für den Elternteil daher versagt werden): Musielak/*Lackmann*, § 724 Rn. 5; Zöller/*Stöber*, § 724 Rn. 3. Es besteht aber kein Grund, eine solche Prüfung des materiellen Rechts dem Urkundenbeamten der Geschäftsstelle zu übertragen.
10 Siehe Rdn. 9 sowie Vor §§ 724–734 Rdn. 9.
11 PG/*Kessen*, § 169 Rn. 5.
12 Beispiel: § 725 Rdn. 4.
13 BGH, NJW 1963, 1307; BGH, JurBüro 1963, 397.

3. Prüfung des Titels selbst

Weiter prüft der die Klausel Erteilende, ob die Urkunde generell als Titel in Betracht kommt, ob also ein förmlich wirksames (etwa von den Richtern unterschriebenes und verkündetes) Urteil, ein unter formalen Gesichtspunkten wirksamer Vergleich[14], eine äußerlich ordnungsgemäß errichtete notarielle Urkunde vorliegt[15]. Da bei einem ohne mündliche Verhandlung im Vorverfahren ergangenen Versäumnisurteil (§ 331 Abs. 3) die Zustellung an beide Parteien die Verkündung des Urteils ersetzt (§ 310 Abs. 3), muss in diesen Fällen vor Klauselerteilung auch die wirksame Zustellung nachgewiesen werden[16]. Ein Nicht-Titel würde auch durch eine die übrigen Formalien berücksichtigende Klausel nicht zur – auch nur anfechtbaren – Vollstreckungsgrundlage. Wird aus ihm dennoch vollstreckt, muss dies mit der Erinnerung gem. § 766 ZPO geltend gemacht werden.

Mängel des Titels, die seine Wirksamkeit nicht berühren, wohl aber die Zwangsvollstreckung aus ihm erschweren können (etwa eine falsche Schreibweise des Namens des Schuldners oder eine falsche Personenstandsangabe[17]), stehen der Klauselerteilung nicht entgegen. Bei Urteilen ist vor Klauselerteilung zu prüfen, ob sie rechtskräftig oder für vorläufig vollstreckbar erklärt sind (§ 704 Abs. 1).

Schließlich ist zu prüfen, ob der Titel auch in concreto einen vollstreckungsfähigen Inhalt hat, da ein Rechtsschutzbedürfnis zur Erteilung einer Klausel für einen Titel, aus dem eine Vollstreckung nie in Betracht kommt, nicht ersichtlich ist. Ob die Vollstreckung dagegen auch zurzeit möglich oder aber vorläufig eingestellt oder nach Eröffnung des Insolvenzverfahrens durch § 89 InsO gehindert ist, spielt für die Klauselerteilung keine Rolle.[18] Ebenso sind alle materiellrechtlichen Überlegungen zum titulierten Anspruch[19] (etwa der Erfüllungseinwand[20], der Einwand mangelnder Fälligkeit[21] oder der Einwand der Novation der Forderung durch außergerichtlichen Vergleich) im Klauselverfahren ohne Bedeutung, selbst wenn sie später im Vollstreckungsverfahren nach § 775 Nr. 4 u. 5 Berücksichtigung finden müssen.

4. Prüfung der besonderen Titelvoraussetzungen

Schließlich müssen der Rechtspfleger bzw. der Notar in den Fällen der qualifizierten Klausel nach §§ 726 ff. auch das Vorliegen der dort genannten besonderen Voraussetzungen und deren ordnungsgemäßen Nachweis überprüfen. Einzelheiten siehe bei diesen Vorschriften.

V. Klauselerteilungs- und Zwangsvollstreckungsverfahren

Die Klauselerteilung entbindet das Vollstreckungsorgan später im Rahmen der Zwangsvollstreckung von der Überprüfung der Ordnungsgemäßheit der ihm vorliegenden Ausfertigung und der

---

14 Die materiellrechtliche Wirksamkeit des Vergleichs (etwa im Hinblick auf eine Anfechtung nach §§ 119, 123 BGB) kann nicht im Klauselverfahren geprüft, sondern muss im Wege der Fortsetzung des Rechtsstreites im ordentlichen Verfahren oder durch Vollstreckungsgegenklage geltend gemacht werden; OLG Köln, AnwBl 1982, 113 f.
15 Ob die Unterwerfung unter Zwangsvollstreckung in dieser Urkunde etwa aus materiellrechtlichen Gründen (z.B. Verstoß gegen die §§ 307 ff BGB) unwirksam ist, ist nicht im Klauselverfahren zu prüfen, der Schuldner muss dies vielmehr mit einer Klage gem. § 767 analog geltend machen: BGH, NJW 2009, 1887.
16 OLG Koblenz, JurBüro 2010, 154.
17 AG Mönchengladbach, JurBüro 1964, 696 und MDR 1962, 138.
18 Siehe Vor §§ 724–734 Rdn. 3 und Rdn. 8.
19 Insbesondere die Frage, ob der titulierte Anspruch – noch – besteht, auch wenn sie »zweifelsfrei« zu beantworten wäre; a. A. (beim zweifelsfreien Nichtbestehen des Anspruchs): BayObLG, ZfIR 2004, 879.
20 LG Leipzig, MittRhNotK 2000, 406: Ausnahmsweise könnte das Rechtsschutzinteresse fehlen, wenn die Erfüllung unstreitig wäre.
21 OLG München, NJW-RR 1995, 763.

materiellen Voraussetzungen der Klauselerteilung[22] (z. B. der §§ 726 ff.), nicht aber von der Prüfung, ob die vorliegende Urkunde überhaupt ein Titel ist und ob dieser einen vollstreckungsfähigen Inhalt hat. Diese Prüfung müssen unabhängig von einander sowohl der die Klausel Erteilende als auch das Vollstreckungsorgan vornehmen.

Ob die Klauselerteilung anfechtbar ist, ist nur mit den Rechtsbehelfen des Klauselverfahrens überprüfbar, nicht aber mit § 766.[23] Ist die Klausel allerdings nichtig, weil sie selbst nach Form und Inhalt nicht den Mindestanforderungen des § 725 entspricht oder aber, weil sie nicht vom Urkundsbeamten oder Rechtspfleger des nach § 724 Abs. 2 zuständigen Gerichts[24] erteilt wurde, so muss das Vollstreckungsorgan die Zwangsvollstreckung ablehnen, weil es an einer notwendigen Voraussetzung der Zwangsvollstreckung fehlt.

Das Fehlen der Klausel macht die dennoch erfolgte Zwangsvollstreckung anfechtbar, aber nicht nichtig. Wird die Klauselerteilung nachgeholt, wird der Vollstreckungsakt rückwirkend voll wirksam.

VI. Zuständigkeiten

9   Die Zuständigkeitsregelung des Abs. 2, die für Urteile und Prozessvergleiche als Titel gilt, ist durch § 20 Nr. 12 RpflG teilweise dahin ergänzt worden, dass bei den qualifizierten Klauseln der §§ 726 Abs. 1, 727–729, 738, 742, 744, 745 Abs. 2, 749 der Rechtspfleger an die Stelle des Urkundsbeamten der Geschäftsstelle tritt. Hat der Urkundsbeamte fälschlicherweise eine Klausel erteilt, die der Rechtspfleger hätte erteilen müssen, ist die Klauselerteilung anfechtbar, aber nicht nichtig;[25] hat er umgekehrt einen Fall der §§ 726 ff. angenommen, den Antrag deshalb an den Rechtspfleger weitergeleitet und hat dieser dann in der irrigen Annahme seiner Zuständigkeit die Klausel erteilt, ist die Klausel allein aus diesem Grunde nicht anfechtbar (§ 8 Abs. 5 RpflG). Dagegen wäre die Klausel nichtig, wenn der Richter sie erteilen würde. §§ 5, 6, 8 Abs. 1 RpflG sind nicht einschlägig, da es sich bei der Klauselerteilung nicht um ein ursprünglich richterliches, dem Rechtspfleger übertragenes Geschäft handelt. Dass ein nach der internen Geschäftsverteilung des zuständigen Gerichts unzuständiger Urkundsbeamter (bzw. Rechtspfleger) die Klausel erteilt hat, beeinträchtigt ihre Wirksamkeit nicht.

10 Der Rechtsstreit ist bei einem höheren Gericht anhängig, wenn dort eine Rechtsmittelschrift eingegangen ist. Der bloße Eingang eines Prozesskostenhilfegesuches ohne gleichzeitige unbedingte Rechtsmitteleinlegung macht den Rechtsstreit noch nicht beim höheren Gericht anhängig.[26] Der Rechtsstreit bleibt beim höheren Gericht »anhängig«, wenn dieses seine rechtsprechende Tätigkeit in der Sache abgeschlossen (z. B. durch Verkündung des Urteils), der Urkundsbeamte dieses Gerichts aber den Fall aktenmäßig für die Instanz noch nicht erledigt hat (Zustellung der Ausfertigungen nach § 317, Rückgabe der zu den Akten gereichten Asservate usw.). Die Anhängigkeit endet mit der Rücksendung der Akten zur ersten Instanz. Gleiches gilt, wenn der Rechtsstreit in der höheren Instanz durch einen Vergleich beendet wurde. Die Vollstreckungsklausel zu diesem Vergleich erteilt der Urkundsbeamte (Rechtspfleger) der höheren Instanz so lange, wie dort die Akten noch bearbeitet werden. Nach Rücksendung der Akten zur ersten Instanz ist nunmehr der dortige Urkundsbeamte (Rechtspfleger) für diese Klauselerteilung zuständig.[27]

---

22 BGH, NJW-RR 2012, 1146; BGH, NJW-RR 2012, 1148; BGH, NJW-RR 2013, 437; OLG Frankfurt, JurBüro 1976, 1122; AG Oldenburg, DGVZ 1989, 142.
23 Vergl. die Übersicht über die Rechtsbehelfe im Klauselverfahren: Vor §§ 724–734 Rdn. 13, 14.
24 Einzelheiten nachfolgend Rdn. 9.
25 Einzelheiten und Nachweise aus der Rspr.: § 726 Rdn. 18; differenzierend zwischen nach § 726 (keine Nichtigkeit) und § 727 (Nichtigkeit) zu erteilenden Klauseln: *Lamberz*, Rpfleger 2013, 371, 373.
26 BGH, ZZP 69, 195 ff.
27 Allgem. Meinung; vergl. *Zöller/Stöber*, § 725 Rn. 1.

VII. Weitere vollstreckbare Ausfertigungen

Die Klausel ist erteilt, wenn sie vom Gericht an den beantragenden Gläubiger abgesandt wurde. Wenn sie ihn nicht erreicht, etwa bei der Post verloren geht, muss nach den Regeln des § 733 eine »weitere vollstreckbare Ausfertigung« beantragt werden.[28] Dem Schuldner ist die vollstreckbare Ausfertigung nur im Sonderfall des § 750 Abs. 2 zuzustellen. Hat der Schuldner die nach dem Titel geschuldete Leistung einschließlich der Kosten erbracht, ist ihm die vollstreckbare Ausfertigung auszuhändigen (§ 757 Abs. 1).

11

---

28 LG Köln, JurBüro 1969, 1217.

§ 725 Vollstreckungsklausel

Die Vollstreckungsklausel:

»Vorstehende Ausfertigung wird dem usw. (Bezeichnung der Partei) zum Zwecke der Zwangsvollstreckung erteilt«

ist der Ausfertigung des Urteils am Schluss beizufügen, von dem Urkundsbeamten der Geschäftsstelle zu unterschreiben und mit dem Gerichtssiegel zu versehen.

Übersicht	Rdn.		Rdn.
I. Klausel nur auf Vollstreckungstitel	1	IV. Berichtigung von Schreibfehlern	4
II. Wortlaut der Klausel	2	V. Ausfertigung gegen mehrere Schuldner	5
III. Sonstige Förmlichkeiten der Klausel	3		

I. Klausel nur auf Vollstreckungstitel

1 Die Vollstreckungsklausel ist auf die Ausfertigung des Titels[1] zu setzen, der vollstreckt werden soll. Ergeht also nach der Verurteilung des Schuldners – sei es in derselben Instanz (z. B. nach §§ 343, 600 Abs. 1, 700 Abs. 3 ZPO), sei es in der Rechtsmittelinstanz – ein weiteres Urteil, durch welches die verurteilende Erkenntnis aufrechterhalten bzw. bestätigt wird, so ist Grundlage der Zwangsvollstreckung und deshalb allein der Klausel bedürftig nur das erste Urteil, dessen Tenor ja auch allein den zu vollstreckenden Anspruch im Wortlaut umschreibt.[2] Dass in der weiteren Entscheidung dem Schuldner die nach der ersten Verurteilung angewachsenen weiteren Kosten auferlegt worden sind, macht sie insoweit nicht zum selbstständigen Vollstreckungstitel. Dieser Kostenausspruch im Tenor bildet nur die Grundlage für einen weiteren Kostenfestsetzungsbeschluss als neuen Titel. Ebenso ist das die Verurteilung aussprechende, nicht das sie bestätigende Urteil mit Klausel auszufertigen, wenn das erste Urteil die Vollstreckung von einer Sicherheitsleistung abhängig gemacht hat, das letztere dagegen unbedingt für vorläufig vollstreckbar erklärt wird (etwa im Hinblick auf § 708 Nr. 10 ZPO).[3] Im Hinblick auf § 751 Abs. 2 ZPO genügt es, dass der Gläubiger dem Vollstreckungsorgan eine einfache Ausfertigung der zweiten Entscheidung vorlegt, um nachzuweisen, dass er von der Pflicht zur Sicherheitsleistung zwischenzeitlich befreit ist.[4] Bestätigt das zweite Urteil das erste nur teilweise, so kommt es auf die Fassung des Tenors an, welches der Urteile die Leistungspflicht des Schuldners in der für die Vollstreckung erforderlichen bestimmten Form umschreibt. Gegebenenfalls sind beide Urteile zum Zwecke der vollstreckbaren Ausfertigung miteinander zu verbinden.[5]

II. Wortlaut der Klausel

2 Die Vollstreckungsklausel muss ihrem Wortlaut nach nicht zwingend dem im Gesetz vorgeschriebenen Muster entsprechen. Dieses gibt nur den notwendigen Mindestinhalt wieder. Oft sind Abweichungen und Zusätze aus der konkreten Fallgestaltung heraus sogar notwendig. So, wenn die Klausel nur wegen eines Teils des Urteilsausspruches erteilt wird, etwa weil der andere Teil einen zu unbestimmten und damit nicht vollstreckbaren Inhalt hat, oder wenn die Klausel für oder gegen eine andere Partei als die im Titel genannte erteilt wird (§§ 727 ff. ZPO), oder, wenn der beantragende Gläubiger nur eine Teilklausel, etwa nur hinsichtlich des auch titulierten dinglichen Anspruchs erstrebt. Die Klausel wiederholt den zu vollstreckenden Anspruch, der sich ja schon aus

---

1 Zum Begriff der Ausfertigung: § 317 Abs. 4 ZPO sowie BGH, EWiR 1992, 1245 mit Anm. *Schuschke*. Siehe auch PG/*Kessen*, § 169 Rn. 5 und PG/*Kroppenberg*, § 725 Rn. 1.
2 BGH, WuM 2015, 41; OLG Celle, JurBüro 1985, 1731.
3 OLG Celle, JurBüro 1985, 1731.
4 OLG Köln, MDR 1998, 120; *Stein/Jonas/Münzberg*, § 725 Rn. 6; *Zöller/Stöber*, § 725 Rn. 6.
5 OLG München, NJW 1956, 996.

dem Tenor ergibt, nicht noch einmal. Sie darf inhaltlich über den Titel, zu dem sie erteilt ist, nie hinausgehen, insbesondere auf keine anderen als die zugesprochenen Leistungen gerichtet sein, sich etwa auf Zinsen und sonstige Nebenleistungen erstrecken, die gar nicht zugesprochen sind.

Wird die Ausfertigung erst zum Zwecke der Klauselerteilung hergestellt, können Ausfertigungsvermerk und Klausel in einem Text miteinander verbunden werden.[6]

III. Sonstige Förmlichkeiten der Klausel

Zu den weiteren Förmlichkeiten der Klausel gehört, dass sie vom Urkundsbeamten (Rechtspfleger) unter Hinzufügung der entsprechenden Amtsbezeichnung (»als Urkundsbeamter der Geschäftsstelle«, »als Rechtspfleger«) unterzeichnet wird. Es muss sich um eine individuelle Unterschrift handeln;[7] eine bloße Paraphe genügt nicht[8], ebenso wenig ein Unterschriftsstempel. Ferner ist die Klausel mit dem Gerichtssiegel (bzw. einem das Siegel ersetzenden Stempelabdruck) zu versehen. Die Beifügung des Datums ist nicht erforderlich, aber zweckmäßig. Der Streit, ob diese Anforderungen auch für Vollstreckungsbescheide gelten, die von einem zentralen Mahngericht in automatisierter Bearbeitung erstellt wurden[9] oder ob insoweit § 703b Abs. 1 ZPO entsprechend angewendet werden kann,[10] sodass hier ein Dienstsiegel ohne zusätzliche persönliche Unterschrift ausreicht, ist durch die Neufassung des § 703b, die jetzt auch die Vollstreckungsklauseln ausdrücklich nennt, erledigt.

3

IV. Berichtigung von Schreibfehlern

Schreibfehler und ähnliche offenbare Unrichtigkeiten der Klausel können vom Urkundsbeamten (Rechtspfleger) jederzeit auch von Amts wegen in entsprechender Anwendung des § 319 ZPO berichtigt werden. Einwendungen des Schuldners gegen die »berichtigte« Klausel sind nur mit den Rechtsbehelfen des Klauselrechts[11] durchsetzbar. Unbedeutende Schreibfehler beim Namen einer Partei im Titel hindern die Klauselerteilung nicht und erfordern auch nicht zwingend eine Berichtigung bei Klauselerteilung, wenn die eindeutige Identifizierung der Partei durch den Schreibfehler nicht behindert ist[12].

4

V. Ausfertigung gegen mehrere Schuldner

Sind in einem Urteil mehrere Schuldner zu unterschiedlichen Leistungen verurteilt worden (Teilschuldner), ist dem Gläubiger für jeden Schuldner eine gesonderte Ausfertigung[13] zu erteilen. Trotz der Mehrzahl von Ausfertigungen liegt kein Fall des § 733 ZPO vor. Richtet sich der Titel dagegen gegen Gesamtschuldner, ist nur eine vollstreckbare Ausfertigung gegen alle[14] zu erteilen. Mehrere in einem Titel zusammengefasste Teilgläubiger erhalten je eine eigene vollstreckbare Ausfertigung, Gesamtgläubiger dagegen nur eine gemeinsame[15].

5

---

6 Formulierungsvorschlag etwa: »Diese mit der Urschrift übereinstimmende Ausfertigung wird dem Kläger zum Zwecke der Zwangsvollstreckung erteilt«.
7 Die Unterschrift muss so individualisiert sein, dass die Identität der unterzeichnenden Person anhand der Unterschrift ohne Weiteres festgestellt werden kann; vergl. BGH, EWiR 1992, 1245 mit Anm. *Schuschke*.
8 AG Bremen, DGVZ 1981, 61.
9 So AG Leutkirch, DGVZ 2011, 93; LG Berlin, BeckRS 2009, 00126.
10 So AG Unna, DGVZ 2011, 214; AG St. Ingbert, DGVZ 2012, 165.
11 Vergl. die Übersicht: Vor §§ 724–734 Rdn. 13 und 14.
12 BGH, WuM 2015, 41.
13 *Musielak/Lackmann*, § 724 Rn. 8; Thomas/Putzo/*Seiler*, § 724 Rn. 11.
14 PG/*Kroppenberg*, § 724 Rn. 8.
15 A.A. (jeder Gesamtgläubiger könne eine eigene Ausfertigung verlangen): KG, NJW-RR 2000, 1409, 1410; PG/*Kroppenberg*, § 724 Rn. 8.

§ 726 Vollstreckbare Ausfertigung bei bedingten Leistungen

(1) Von Urteilen, deren Vollstreckung nach ihrem Inhalt von dem durch den Gläubiger zu beweisenden Eintritt einer anderen Tatsache als einer dem Gläubiger obliegenden Sicherheitsleistung abhängt, darf eine vollstreckbare Ausfertigung nur erteilt werden, wenn der Beweis durch öffentliche oder öffentlich beglaubigte Urkunden geführt wird.

(2) Hängt die Vollstreckung von einer Zug um Zug zu bewirkenden Leistung des Gläubigers an den Schuldner ab, so ist der Beweis, dass der Schuldner befriedigt oder im Verzug der Annahme ist, nur dann erforderlich, wenn die dem Schuldner obliegende Leistung in der Abgabe einer Willenserklärung besteht.

Übersicht

	Rdn.		Rdn.
I. Zweck und Systematik der Vorschrift	1	III. Umfang und Art der Beweisführung	8
II. Der durch den Gläubiger zu beweisende Eintritt einer Tatsache	3	1. Umfang der Beweisführung	8
		2. Mittel der Beweisführung	9
1. Grundlage für die Beweislast des Gläubigers	3	3. Offenkundige Tatsachen	10
		4. Zugestandene Tatsachen	11
2. Beispiele der Anwendbarkeit des § 726 Abs. 1	4	5. Beweislastvereinbarungen	12
		IV. Von § 726 nicht erfasste Bedingungen	13
3. Entsprechende Anwendung bei »bedingten« Titeln	5	V. Klauselerteilung bei Zug-um-Zug-Verurteilungen	14
4. Fälle, in denen den Schuldner die Beweislast trifft, dass die Vollstreckung nicht begonnen oder fortgesetzt werden darf (sodass § 726 nicht zur Anwendung kommt)	6	1. Nach §§ 803–893 ZPO zu vollstreckende Titel	15
		2. Nach § 894 ZPO zu vollstreckende Titel	16
		3. Titel gem. § 322 Abs. 2 BGB	17
		VI. Folgen eines Verstoßes gegen § 726	18
5. Wahlschuld	7		

Literatur:
Benner, Zur erforderlichen Klausel beim Vergleich mit Widerrufsvorbehalt, Rpfleger 2004, 89; *Böttcher*, Zwangsvollstreckungsunterwerfung durch einen Vertreter. Zugleich Besprechung der Entscheidung des BGH vom 21.9.2006 – V ZB 76/06 –, BWNOTZ 2007, 109; *Clemens*, Zu den Wirkungen von Geständnis, Nichtbestreiten und Anerkenntnis im Klauselerteilungsverfahren, Diss., Bochum 1995; *Clemente*, Neuerungen im Immobiliardarlehens- und Sicherungsrecht, ZfIR 2008, 589; *Cranshaw/Gietl*, Titel oder Klausel – Räumung gegen Mit«besitzer« nach § 93 ZVG, ZfIR 2010, 753; *Dieckmann*, Zur Frage der Erteilung der vollstreckbaren Ausfertigung(en) der Grundschuldbestellungsurkunde nach dem Risikobegrenzungsgesetz (insbesondere § 1193 BGB n. F.), BWNotZ 2009, 144; *Dörndörfer*, Qualifizierte Vollstreckungsklauseln, DGVZ 2000, 82; *Everts*, Von gesetzlichen Verboten und zwingendem Recht – zur Zulässigkeit des Nachweisverzichts im Klauselerteilungsverfahren, DNotZ 2013, 730; *Frankenberger/Holz*, Die Verfallklausel in der Zwangsvollstreckung, Rpfleger 1997, 93; *Gabius*, Die Vollstreckung von Urteilen auf Leistung nach Empfang der Gegenleistung, NJW 1971, 866; *Geißler*, Der Annahmeverzug des Schuldners bei der Vollstreckung von Zug-um-Zug-Titeln, DGVZ 2012, 1; *Herrler*, Kein Schutz des Schuldners beim Forderungsverkauf im Klauselerteilungsverfahren, NZM 2012, 7; *Joswig*, Nichtbestreiten, Geständnis und Anerkenntnis im Klauselerteilungsverfahren, RPfleger 1991, 144; *Kaiser*, Rechtsbehelfe von Gläubiger und Schudner bei Streitigkeiten im Rahmen von Verfall-, Wegfall- oder Wiederaufleibensklauseln, NJW 2010, 39; *Münzberg*, Geständnis, Geständnisfiktion und Anerkenntnis im Klauselerteilungsverfahren?, NJW 1992, 201; *ders.*, Titel mit Verfallklausel, Rpfleger 1997, 413; *Niemeyer/König*, Annahmeverzug durch überhöhte Klage Zug um Zug, NJW 2013, 3213; *Nierwetberg*, Klauselerteilung durch den Rechtspfleger bei Widerrufsvergleichen, Rpfleger 2005, 292; *Pflugmacher*, Beweiserhebung und Anerkenntnis im Klauselerteilungsverfahren unter besonderer Berücksichtigung eines materiellen Rechtsprechungsbegriffs, Diss. Bonn, 2000; *Rebhan*, Anforderungen an eine Vollstreckungsbedingung i. S. von § 726 ZPO, DNotZ 2011, 266; *Ruzik*, Risikoerhöhung durch Risikobegrenzung? – Die Auswirkungen des § 1193 II S. 2 auf die Zwangsvollstreckung aus der Grundschuld, ZInsO 2008, 1225; *Schilken*, Wechselbeziehungen zwischen Vollstreckungsrecht und materiellem Recht bei Zug-um-Zug-Leistungen, AcP 1981, 355; *Schmid/Voss*, Die Sicherungsgrundschuld nach dem Risikobegrenzungsgesetz, DNotZ 2008, 740; *K. Schmidt*, Zivilprozessuale und materiellrechtliche Aspekte des § 283 BGB, ZZP 1974, 49; *Schreinert*, Erteilung der Vollstreckungsklausel durch den Notar gegen den Schuldner im Insolvenzverfahren, RNotZ 2013, 161; *Sommer*, Das Risikobegrenzungsgesetz in der notariellen Praxis, RhNotZ 2009, 578; *Vollmer*, Die Kündigung der Sicherungsgrundschuld nach dem Risikobegrenzungsgesetz, MittBaxNot

2009, 1; *Zimmer*, Vertretungsprobleme bei der Grundpfandrechtsbestellung und der Vollstreckungsunterwerfung, ZfIR 2008, 487.

I. Zweck und Systematik der Vorschrift

Es gibt eine Reihe von Umständen, deren Vorliegen vor Beginn der Vollstreckung feststehen muss, die aber bei Titelschaffung noch nicht Berücksichtigung finden konnten oder jedenfalls für den Titel noch keine Bedeutung hatten. Ein Teil dieser Umstände soll nun im Klauselverfahren festgestellt werden, damit das Vollstreckungsorgan von ihnen ohne weitere Prüfung als gegeben ausgehen kann. Andere Umstände dagegen sollen erst vom Vollstreckungsorgan bei Vollstreckungsbeginn selbst überprüft werden. Diese Unterscheidung zu treffen, ist in erster Linie Funktion des § 726. Im Hinblick auf § 20 Nr. 12 RpflG ist § 726 darüber hinaus für die Frage von Bedeutung, wer für die Klauselerteilung zuständig ist, der Urkundsbeamte oder der Rechtspfleger. Die qualifizierten Klauseln des § 726 Abs. 1 sind, unabhängig davon, ob im konkreten Fall schwierige Rechtsfragen zu entscheiden sind oder Fragen, die auch der Urkundsbeamte ohne weiteres beantworten könnte, vom Rechtspfleger zu erteilen. Bestimmte an sich dem § 726 zuzuordnende, regelmäßig allein nach der Aktenlage zu erteilende Klauseln hat der Gesetzgeber durch die Sonderregelung des § 795b selbst dem Urkundsbeamten der Geschäftsstelle zugewiesen.

1

Im Klauselverfahren soll bereits abschließend und für das Vollstreckungsorgan bindend geprüft werden, ob der Gläubiger, der nach dem Inhalt des Titels vor der Vollstreckung den Eintritt einer bestimmten Tatsache beweisen muss, den ihm obliegenden Beweis gehörig geführt hat[1]. Zwei solcher »Tatsachen« sollen abweichend von dieser Grundregel aber doch erst vom Vollstreckungsorgan nachgeprüft werden: die Erbringung der Sicherheitsleistung (§ 751 Abs. 2) und die Befreiung des Gläubigers von seiner gleichzeitigen Leistungspflicht bei der Durchsetzung von Ansprüchen, die nur gegen eine Zug-um-Zug vom Gläubiger zu bewirkende Leistung realisiert werden können (§§ 756, 765). Ist insoweit allerdings ein Anspruch des Gläubigers auf Abgabe einer Willenserklärung zu vollstrecken, so ist auch bei Zug-um-Zug-Leistungen doch wieder die Grundregel (Nachweis der »Tatsache« der Befreiung des Gläubigers von seiner gleichzeitigen Leistungspflicht schon bei der Klauselerteilung) einschlägig.

2

Tatsachen, deren Eintritt der Schuldner zu beweisen hat, will er sich unter Berufung auf sie gegen die Vollstreckung wehren, sind im Klauselverfahren ohne Bedeutung. Für sie gilt § 726 nicht. Sie müssen vom Schuldner mit § 767 geltend gemacht werden.

§ 726 gilt nicht nur für Urteile, sondern auch für alle anderen Titel, die einer Klausel bedürfen[2], insbesondere auch für vollstreckbare Urkunden, vollstreckungsfähige Beschlüsse, auch solche im arbeitsgerichtlichen Verfahren[3], und Prozessvergleiche (für die § 795b allerdings eine teilweise von § 726 abweichende Regelung enthält).

II. Der durch den Gläubiger zu beweisende Eintritt einer Tatsache

1. Grundlage für die Beweislast des Gläubigers

Entscheidend für die Frage, ob der Titel eine Bedingung enthält, deren Eintritt der Gläubiger vor Beginn der Zwangsvollstreckung nachzuweisen hat, ist nur die Formulierung des Titels selbst, nicht, wem die Beweislast nach der materiellrechtlichen Anspruchsgrundlage, aus der der titulierte Anspruch hergeleitet wird, an sich obliegen würde. Der Titel ist insoweit auszulegen[4]. Es ist zu

3

---

1 Der Titel muss, um vollstreckungsfähig sein, die Bedingung so eindeutig formulieren, dass ihr Eintritt überhaupt feststellbar ist. Ein Klageantrag, der eine Bedingung formuliert, deren Eintritt nicht zuverlässig feststellbar wäre, ist schon unzulässig: BAG, NJW 2009, 872.
2 Vor §§ 724–734 Rdn. 5 und Rdn. 15.
3 BAG, NJW 2009, 872.
4 BGH, BeckRS 2010, 21498.

fragen, ob durch die jeweilige »Bedingung«[5] im Titel dem Gläubiger die Zwangsvollstreckung erst ermöglicht oder jedenfalls erschwert werden oder ob nur dem Schuldner die Möglichkeit eingeräumt werden sollte, die Zwangsvollstreckung hinauszuschieben oder abzuwenden. Letztlich darf aber nichts in den Titel hineingelesen werden, was nicht irgendwie in seinem Wortlaut angelegt ist.[6] Können nach dem Titel verschiedene Leistungen vollstreckt werden, bedarf es zudem der Prüfung, ob die Bedingung sich auf die Leistung bezieht, wegen der Vollstreckungsklausel beantragt wird.[7]

2. Beispiele der Anwendbarkeit des § 726 Abs. 1

4   Es handelt sich überwiegend um Fälle, in denen der Anspruch aufschiebend bedingt ist. Hier sind in erster Linie die vielfältigen Fragestellungen des § 259 von Bedeutung, etwa: Verurteilung des Bürgen zur Zahlung für den Fall, dass zuvor die Vollstreckung gegen den Hauptschuldner ohne Erfolg versucht wurde (§ 771 BGB); Verurteilung des Mieters zur Räumung für den Fall, dass der Vermieter ihm näher bestimmte Ersatzräume beschafft hat[8] (diese Bedingung muss allerdings aus dem Titel selbst hervorgehen, nicht etwa nur bei zutreffender Rechtsanwendung aus dem materiellen Recht folgen, ohne aber im Titel erwähnt worden zu sein[9]); im Vergleich übernommene Verpflichtung zur Räumung für den Fall, dass ein bestimmter Mietrückstand aufläuft;[10] in notarieller Urkunde übernommene Verpflichtung zur Räumung von Gewerberäumen, falls das Mietverhältnis aus bestimmten Gründen gekündigt wurde;[11] Verurteilung zur Zahlung des Werklohnes, wenn zuvor bestimmte Mängel beseitigt sind;[12] Verurteilung zur Zahlung nur für den Fall, dass eine Entscheidung in einem anderen Rechtsstreit nicht angefochten, dort also rechtskräftig wird; Verurteilung zu einer Leistung für den Fall, dass der Gläubiger zuvor eine bestimmte Vorleistung erbracht hat;[13] Verpflichtung zur Zahlung für den Fall, dass die Fertigstellung bestimmter Bauleistungen nachgewiesen wird[14]. Unter § 726 Abs. 1 fallen ferner die Fälle, in denen Zinsen nur für den Fall der nicht rechtzeitigen Tilgung der Hauptschuld zugesprochen werden.[15] Schließlich gehören hierher die Fälle des § 14 Bang.[16] Auch der Ablauf einer nicht auf einen konkreten Kalendertag (insoweit § 751 Abs. 1) fixierten Frist (1 Monat nach einem bestimmten Ereignis; 3 Tage nach Ausübung eines Wahlrechts; usw.) ist ein Fall des § 726 Abs. 1, soweit die Frist nicht nur dem Schuldner zur

---

5 Bei Titeln, für die die Vorschrift des § 767 Abs. 2 nicht gilt, kann »Bedingung« nicht nur der Eintritt eines künftigen Ereignisses sein, sondern auch das Vorliegen vergangener oder gegenwärtiger, den Parteien nicht bekannter Tatsachen: OLG Köln, InVo 2000, 102.
6 BGH, NJW-RR 2011, 2803.
7 Beispiele: OLG Köln, OLGReport 2004, 260; LG Arnsberg, DGVZ 2002, 123.
8 Zum Räumungstitel mit Ersatzraumklausel: OLG Karlsruhe, MDR 1955, 47; LG Stade MDR 1959, 303; LG Memmingen, MDR 1960, 54; AG Mönchengladbach, MDR 1963, 603; OLG Hamm, JMBlNW 1964, 160 (= ZMR 1965, 157); OLG Frankfurt und LG Darmstadt, DGVZ 1982, 29.
9 KG, DtZ 1991, 348.
10 AG Rastatt, Rpfleger 1997, 75.
11 LG Wuppertal, ZMR 2000, 836.
12 OLG Oldenburg, Rpfleger 1985, 448.
13 OLG Frankfurt, MDR 1991, 162 und OLG Frankfurt, JurBüro 1997, 496. Zu den Fällen der Verurteilung nicht nach Vorleistung, sondern »Zug um Zug« gegen eine Gegenleistung oder »nach Empfang einer Gegenleistung« siehe unten Rdn. 14–17.
14 BGH, NZM 2008, 2928; OLG Bamberg, NJW 2008, 2928; *Hintzen*, Rpfleger 2010, 471, 472. Soweit es dabei um den Nachweis durch die Fertigstellungsbescheinigung nach § 641a BGB ging, ist zu beachten, dass diese Vorschrift durch das FoSiG mit Wirkung vom 1.1.2009 aufgehoben wurde (BGBl. I 2022), allerdings für zwischen dem 1.5.2000 und dem 31.12.2008 geschlossene Verträge fortgilt.
15 BayObLG, DNotZ 1976, 366.
16 *Huber*, AnfG, 10. Aufl., § 14 Rn. 13.

Abwendung der bedingungslos zulässigen Zwangsvollstreckung eingeräumt wurde.[17] Auch die Fälle der Wertsicherungsklauseln gehören hierher;[18] soweit es um die Vollstreckung des (ursprünglich noch nicht bezifferten) Erhöhungsbetrages geht und soweit die Klauseln überhaupt so bestimmt abgefasst sind, dass die Vollstreckung nicht an der Unbestimmtheit der Bedingung oder der Unbestimmtheit des beizutreibenden Betrages scheitert.[19] Hat schließlich die Unterhaltsvorschusskasse einen auf sie lautenden Titel über künftige Unterhaltsansprüche erwirkt unter der Bedingung, dass sie in dieser Zeit auch Leistungen nach dem Unterhaltsvorschussgesetz für das Kind erbringt, so muss sie beweisen, dass sie diese Leistungen erbracht hat, bevor sie vollstrecken kann[20].

Bei der Auslegung des Inhalts der Bedingung ist immer zu berücksichtigen, dass eine Zwangsvollstreckung überhaupt noch möglich bleibt, dass eine Klauselerteilung also nicht mangels Nachweisbarkeit des Bedingungseintritts ausgeschlossen wird[21]; denn § 726 wollte dem Gläubiger die Zwangsvollstreckung letztlich erleichtern, indem er den Nachweis des Bedingungseintritt ins Klauselverfahren verwies und nicht einen weiteren Rechtsstreit erforderte.

Ein praktisch besonders bedeutsamer Fall des § 726 ist die Zwangsvollstreckung aus Sicherungsgrundschulden[22]. Hier muss die Kündigung des Grundschuldkapitals (§ 1193 BGB)[23] nach § 726 nachgewiesen werden, bevor insoweit eine vollstreckbare Ausfertigung der Grundschuldurkunde erteilt werden darf. Der Ablauf der Kündigungsfrist muss aber vor Klauselerteilung nicht erst abgewartet werden, da das Vollstreckungsorgan ihn anhand des in der Klausel mitzuteilenden Zeitpunkts der Kündigungserklärung gem. § 751 Abs. 1 selbst errechnen kann.[24] Klauseln in vorformulierten Grundschuldbestellungsverträgen, dass zu Titulierungszwecken auch auf den Nachweis der Kündigung vor Klauselerteilung verzichtet werde, sind als Umgehung des gesetzlichen Schutzzweckes nichtig und damit unbeachtlich.[25]

§ 1193 BGB kann auf sog. abstrakte Verkehrshypotheken nicht entsprechend angewendet werden.[26] Dies widerspräche seiner systematischen Stellung im Gesetz.

Die in notariellen Verträgen über eine Grundschuldbestellung nebst Zwangsvollstreckungsunterwerfung im Zusammenhang mit einer Baufinanzierung zu findende Klausel, wonach die Grundschuld nur verwertet werden dürfe, wenn sichergestellt sei, dass die gewährten bzw. zu gewährenden Kredite nur für die Bebauung des Grundstücks verwendet würden, enthält bei sachgerechter

---

17 Siehe Rdn. 6 und 7. Aus diesem Grunde ist § 510b kein Fall des § 726. Zu einem Vergleich mit dem Inhalt des § 510b: OLG Hamburg, MDR 1972, 1040. Ebenfalls kein Fall des § 726 liegt bei der Verurteilung des Schuldners vor, innerhalb einer bestimmten Frist bestimmte Auskünfte zu erteilen und bei Nichtbefolgung einen bestimmten Geldbetrag zu zahlen. Auch hier ist sogleich die Klausel vom Urkundsbeamten zu erteilen; vollstreckbar ist allein der Geldbetrag: AG Friedberg/Hessen, DGVZ 1991, 47.
18 BGH, NJW 1986, 1440 und NJW 1990, 3084; OLG Stuttgart, JZ 1987, 579; **a.A.:** OLG München, IPRax 1988, 291.
19 Näheres hierzu: Vor §§ 704–707 Rdn. 14–17. Das Klauselverfahren kann hier nicht dazu dienen, die Versäumnisse bei Titelerrichtung wieder wettzumachen.
20 OLG Schleswig, MDR 2010, 752 (ausdrückliche Aufgabe der abweichenden Ansicht in SchlHA 2008, 125).
21 BGH, MDR 2010, 1212.
22 Ausführlich zu diesem Fall: *Dieckmann*, BWNotZ 2009, 144; *Ruzik*, ZInsO 2008, 1225; *Schmid/Voss*, DNotZ 2008, 740; *Sommer*, RhNotZ 2009, 578; *Volmer*, MittBayNot 2009, 1.
23 Für die Zinsen gilt § 726 nicht, da deren Fälligkeit zu fixen Terminen bestimmt ist: *Dieckmann*, BWNotZ 2009, 144, 148. **A.A.** (auch hier gelte § 1193 BGB): *Clemente*, ZfIR 2008, 589, 596.
24 Wie hier: *Dieckmann*, BWNotZ 2009, 144, 149; *Volmer*, MittBayNot 2009, 1, 6; *Schmid/Voss*, DNotZ 2008, 740, 755. **A.A.** (Klauselerteilung erst nach Ablauf der Kündigungsfrist): OLG Frankfurt, Rpfleger 1973, 323.
25 **A.A.:** *Evertz*, DNotZ 2013, 730.
26 OLG Köln, DNotZ 2013, 768.

Auslegung keine vom Gläubiger vor Beginn der Zwangsvollstreckung zu beweisende Bedingung.[27] Vielmehr muss es der Schuldner mit §767 ZPO geltend machen, wenn seiner Ansicht nach die materiellen Voraussetzungen der Grundschuldverwertung nicht vorliegen. Denn es kann nicht ohne weitere deutliche Anhaltspunkte davon ausgegangen werden, dass die Beteiligten zulasten des Gläubigers eine Bedingung vereinbaren wollten, deren Eintritt nicht durch öffentliche oder öffentlich beglaubigte Urkunden nachgewiesen werden könnte, dass sie also die Zwangsvollstreckung aus dem Titel von vornherein einschränken wollten.

Unter §726 fallen ferner die sog. »Wiederauflebensklauseln«[28] (im Gegensatz zu den Verfallklauseln[29], nach denen eine bereits erlassene Schuld wieder aufleben soll, falls der Schuldner bestimmte Bedingungen nicht einhält.

3. Entsprechende Anwendung bei »bedingten« Titeln

5 Bei notariellen Urkunden, in denen ein als Vertreter Auftretender die Unterwerfungserklärung nach §794 Abs. 1 Ziff. 5 abgegeben hat, ohne schon bei der Errichtung der Urkunde seine Bevollmächtigung durch öffentliche oder öffentlich beglaubigte Urkunde nachgewiesen zu haben, ist offen, ob ein vollstreckbarer Titel vorliegt oder nicht. Fehlt die Bevollmächtigung oder ist sie unwirksam erteilt, so liegt kein Titel vor[30], da die Unterwerfungserklärung unwirksam ist.[31] Nicht die Zwangsvollstreckung aus der Urkunde ist in diesen Fällen durch die Genehmigung bedingt, sondern schon die Existenz des Titels. Auch hier muss aber §726 entsprechend angewendet werden.[32] Der BGH, der grundsätzlich §726 ZPO analog für anwendbar hält[33], lässt in diesen Fällen allerdings die einfache Klausel ausreichen, wenn die Vollmacht oder die nachträgliche Genehmigung des Vertretenen in öffentlicher oder öffentlich beglaubigter Urkunde mit dem Beginn der Vollstreckung dem Schuldner zugestellt werden[34]. Wird die Klausel ohne Überprüfung der Vollmacht erteilt, ist dieser Mangel nicht von den Vollstreckungsorganen zu prüfen, sondern kann nur mit den Rechtsbehelfen des Klauselverfahrens gerügt werden[35].

Gleiches wie für notarielle Urkunden gilt für Vergleiche, an denen für einen der Beteiligten i. S. §794 Abs. 1 Ziff. 1 ein Vertreter ohne Vertretungsmacht mitgewirkt hat.[36] Auch ein Widerrufsvergleich oder ein Vergleich, der erst nach Rechtskraft einer Entscheidung in der Sache wirksam werden soll, sind an sich bedingte Titel: Erst wenn die Widerrufsmöglichkeit entfallen oder die in Bezug genommene Entscheidung rechtskräftig geworden ist, kann aus ihn vollstreckt werden. Dennoch ist für die Klauselerteilung aus derartigen Vergleichen aufgrund §795b der Urkundsbeamte zuständig und nicht der Rechtspfleger, soweit sich die für die Klauselerteilung notwendigen Tatsachen allein aus den Gerichtsakten ermitteln lassen. Letzteres ist nicht der Fall, wenn der Vergleich auch gegenüber der gegnerischen Partei widerrufen werden kann. In diesen Fällen verbleibt es bei der Zuständigkeit des Rechtspflegers für die Klauselerteilung[37].

---

27 BGH, NJW-RR 2011, 424 mit Anm. *Rebhan*, DNotZ 2011, 266.
28 *Kaiser*, NJW 2010, 39.
29 Zu diesen siehe unten Rdn. 6.
30 Das verkennt OLG Köln, MDR 1969, 150. Wie hier: *Zimmer*, ZfIR 2008, 487, 490.
31 OLG Zweibrücken, InVo 2002, 510.
32 BGH, MDR 2013, 174; BayObLG, MDR 1964, 603; LG Essen, Rpfleger 1973, 324; OLG Zweibrücken, InVo 1999, 185; *Hintzen*, Rpfleger 2010, 471.
33 BGH, NJW 2008, 2928; BGH, NJW 2008, 2266 mit Anm. *Zimmer*, NJW 2008, 2268. Zustimmend: *Vollmer*, ZfIR 2008, 514.
34 BGH, NJW-RR 2007, 358 mit Anm. *Bolkart*, MittBayNot 2007, 338 und *Alff*, Rpfleger 2007, 38; sowie *Zimmer*, ZfIR 2007, 111; BGH, NZM 2008, 541. Ausführlich zu dieser BGH-Rspr.: *Böttcher*, BWNotZ 2007, 109.
35 BGH, MDR 2013, 174 mit Anm. *Wellner*, LG Mannheim, JurBüro 2009, 330.
36 OLG Nürnberg, JurBüro 1960, 173.
37 LG Koblenz, Rpfleger 2011, 389.

Schließlich muss § 726 entsprechend in den Fällen herangezogen werden, in denen die Zwangsvollstreckung aus einem Titel durch Urteil nach § 767 für »zur Zeit unzulässig« erklärt worden ist (weil Stundung gewährt ist, eine Vollstreckungsvereinbarung entgegensteht, usw.).[38] Das Vollstreckungsorgan wäre überfordert, zu prüfen, wann es die Zwangsvollstreckung fortsetzen darf. Hier muss durch eine neue Klausel unter den Voraussetzungen des § 726 Klarheit geschaffen werden.

Obgleich die Vollstreckung des Anspruch des Erstehers auf Räumung eines Grundstücks aus § 93 Abs. 1 Satz 1 ZVG gegen Besitzer, die weder der Vollstreckungsschuldner noch Mieter des Grundstücks sind (z. B. mitbesitzende Familienangehörige des Schuldners) im eigentlichen Sinne nicht bedingt ist, bedarf es zur Vollstreckung gegen diese Personen doch einer Klausel analog § 726 Abs. 1[39], da ihre Eigenschaft als Räumungsschuldner (nämlich Besitzer, die keine Mieter sind) aus dem Titel selbst nicht ersichtlich ist.[40]

Kein Fall eines bedingten Titels i. S. der vorstehenden Ausführungen liegt vor, wenn in einem Prozessvergleich die Zahlung einer Vertragsstrafe für den Fall der Verletzung einer Unterlassungsverpflichtung versprochen wird. Der Vergleich schafft hier nur die Anspruchsgrundlage, tituliert aber noch nicht den einzelnen Anspruch.[41] Es fehlt also auch nach einer Verletzung der Unterlassungsverpflichtung an einem Titel hinsichtlich des konkreten Anspruchs.

4. Fälle, in denen den Schuldner die Beweislast trifft, dass die Vollstreckung nicht begonnen oder fortgesetzt werden darf (sodass § 726 nicht zur Anwendung kommt)

Das sind zunächst die Fälle, in denen nach dem Inhalt des Titels die Zwangsvollstreckung bis zum Eintritt einer (auflösenden) Bedingung zulässig sein soll (Beispiel: Verpflichtung zur Leistung von Unterhalt soll entfallen, falls Gläubigerin mit anderem Mann nichteheliche Lebensgemeinschaft begründet oder sich wiederverheiratet). Praktisch am bedeutsamsten sind aber die Fälle der sog. Verfallklauseln oder kassatorischen Klauseln[42] (Beispiele: Dem Schuldner ist im Vergleichswege die Leistung ratenweise gestundet; kommt er mit einer Rate in Verzug, soll der gesamte Restbetrag fällig sein. Oder: Die Schuld ist vergleichsweise auf 5000 Euro festgesetzt; sie soll in monatlichen Raten von 500 Euro getilgt werden; sind acht Raten pünktlich bezahlt, soll die Restsumme erlassen sein.[43] Oder: Der Schuldner ist zur Räumung einer Wohnung verpflichtet; er soll aber weiter in ihr wohnen dürfen, wenn er monatlich pünktlich eine bestimmte Nutzungsentschädigung bezahlt[44]). In diesen Fällen erhält der Gläubiger die Klausel zum titulierten Gesamtanspruch bzw. zum titulierten Räumungsanspruch sogleich vom Urkundsbeamten. Es ist dann Aufgabe des Schuldners, sich auf den Bedingungseintritt, die pünktliche Zahlung usw. zu berufen und diese gegebenenfalls zu beweisen.[45] Ihm steht hierfür das Verfahren nach § 767 zur Verfügung. Die pünktliche Zahlung kann er im Fall des § 775 Ziff. 5 ZPO auch gegenüber dem Vollstreckungsorgan geltend machen. Bei der Klauselerteilung jedoch sind diese Einwände ohne jeden Belang.[46]

---

38 OLG Koblenz, Rpfleger 1985, 449.
39 Gaul/Schilken/*Becker-Eberhard*, § 16 Rn. 15 will stattdessen § 727 Abs. 1 analog anwenden.
40 Einzelheiten: *Schuschke*, NZM 2005, 681, 687; *ders.*, DGVZ 2009, 160, 164; ferner AG Westerburg, DGVZ 2005, 46 mit Anm. *Seip*. Der Lösungsweg von *Cranshaw/Gietl*, ZfIR 2010, 753 verkennt die Tragweite des § 93 ZVG und übersieht den einfacheren Weg über § 726 ZPO analog.
41 OLG Hamburg, MDR 1965, 584.
42 Hierzu: *Kaiser*, NJW 2010, 39.
43 OLG Frankfurt, OLGReport 1993, 42.
44 Weitere Varianten: LG Köln, MDR 1959, 394. Anders, wenn die Räumungspflicht erst entstehen soll, wenn ein bestimmter Mietrückstand aufgelaufen ist: AG Rastatt, Rpfleger 1997, 75.
45 BGH, DNotZ 1965, 544; OLG Köln, DGVZ 1968, 10; OLG Bamberg, JurBüro 1975, 517; LG Mannheim, Rpfleger 1982, 72; *Stein/Jonas/Münzberg*, § 726 Rn. 6.
46 LG Kleve, DNotZ 1978, 680 mit Anm. *Wolfsteiner*.

5. Wahlschuld

7 Unabhängig von der Frage der Beweislast liegt kein Fall von § 726 vor, wenn eine Wahlschuld (§ 264 BGB) tituliert ist.[47] Hier werden beide Leistungen unbedingt geschuldet. Hat aber der Gläubiger eine davon beigetrieben, ist die Schuld insgesamt erloschen. Ebenso ist § 726 nicht anwendbar bei Verurteilungen nach § 510b[48] und bei entsprechend gestalteten Vergleichen.[49] Ist in einem Fall des § 283 BGB der Ersatzanspruch bereits als künftige Leistung gem. § 259 tituliert[50], so ist die Klausel für alle Ansprüche vorab vom Urkundsbeamten zu erteilen. Erst im Rahmen der Zwangsvollstreckung stellt das Vollstreckungsorgan fest (z. B. wenn es vergeblich die Herausgabevollstreckung versucht hat), wann die hilfsweise Verurteilung zum Tragen kommt.

III. Umfang und Art der Beweisführung

1. Umfang der Beweisführung

8 Nicht nur die Frage, wer beweisbelastet ist, sondern auch die, was zu beweisen ist, richtet sich allein nach dem Titel. Ist nach dem materiellen Recht mehr zu beweisen als im Titel Berücksichtigung gefunden hat, so entscheidet allein der Titel. Da, wo die Parteien die Formulierung des Titels selbst festlegen (Prozessvergleich, notarielle Urkunde), haben sie es auch in der Hand, den Gläubiger vom Nachweis bestimmter Tatsachen (etwa der Hingabe des Darlehens im Hinblick auf den titulierten Darlehensrückzahlungsanspruch[51], der Kündigung der Hypothek (§ 1141 BGB), der Fälligkeit der Forderung[52], usw.) zu befreien[53], soweit ihre Gestaltungsfreiheit nicht, so etwa bei Verwendung Allgemeiner Geschäftsbedingungen, beschränkt ist.[54] Letzteres ist besonders bei der formularmäßigen Bestellung von Sicherungsgrundschulden der Fall[55]. Hier scheitert die Vereinbarung des Verzichts auf den Nachweis der Kündigung an § 307 BGB, da er dem Zweck des § 1193 Abs. 2 BGB zuwider liefe[56]. Ist der Gläubiger wirksam vom Nachweis des Bedingungseintritts befreit, dann ist es Sache des Schuldners, den Nichteintritt der entsprechenden Tatsache im Verfahren nach § 767 geltend zu machen und seinerseits zu beweisen.[57]

2. Mittel der Beweisführung

9 Als Mittel der Beweisführung sieht Abs. 1 öffentliche oder öffentlich beglaubigte Urkunden vor. Der Begriff der öffentlichen Urkunde ergibt sich aus § 415 Abs. 1, der der öffentlich beglaubigten Urkunde aus §§ 129 BGB, 40, 65 BeurkG. Die Beweiskraft der Urkunde richtet sich nach §§ 415–418 bzw. den jeweiligen Spezialregelungen, z. B. §§ 165, 314. Grundsätzlich hat der Gläubiger die Urkunden vorzulegen. § 792 erleichtert ihm dabei die Erlangung der erforderlichen Urkunden. Befindet sich die Urkunde bereits in den Akten des die Klausel erteilenden Rechtspflegers oder

---

47 KG, OLGZ 18, 394.
48 Musielak/*Wittschier,* § 510b Rn. 8; Thomas/Putzo/*Reichold,* § 510b Rn. 109; Zöller/*Herget,* § 510b Rn. 10.
49 OLG Hamburg MDR 1972, 1040; OLG Düsseldorf, JMBlNW 1987, 95. Auch der Fall OLG Frankfurt, Rpfleger 1975, 326 dürfte richtigerweise hier einzuordnen sein.
50 Zur Zulässigkeit einer solchen Verurteilung: *K. Schmidt,* ZZP 1974 (Bd. 138), 68; OLG Schleswig, NJW 1966, 1929; a. A. (die Anwendbarkeit des § 259 verneinend): OLG München, OLGZ 65, 11.
51 BGH, NJW 1981, 2756.
52 KG, DNotZ 1983, 699 mit Anm.*Münzberg,* ZZP 1983, 372; OLG Düsseldorf, DNotZ 1977, 4.
53 BGH, NJW 1981, 2756; *Brambring,* DNotZ 1977, 573.
54 BGH, InVo 2002, 108.
55 Der formularmäßige Abschluss der Sicherungsverträge ist die Regel: *Schmid/Voss,* DNotZ 2008, 740, 751.
56 *Dieckmann,* BWNotZ 2009, 144, 152, 153M; *Sommer,* RhNotZ 2009, 578, 585; Zöller/*Stöber,* § 797 Rn. 12. A. A. (keine Bedenken aus §§ 134, 307 BGB): LG Lübeck, Rpfleger 2009, 451; LG Meiningen, BeckRS 2013, 20901; *Everts,* DNotZ 2013, 730, 739; *Schmid/Voss,* DNotZ 2008, 740, 754; *Staudinger/ Wolfsteiner,* § 1193 BGB Rn. 8.
57 BGH, NJW 1981, 2756.

Notars, genügt die Bezugnahme[58]. Die Originalurkunden müssen dem Rechtspfleger oder Notar nicht bis zur Klauselerteilung unmittelbar vorliegen. Haben sie ihm im Rahmen seiner Prüfung vorgelegen, reicht im Weiteren ein Aktenvermerk, dass die Urkunden vorgelegen haben und dass durch sie der erforderliche Nachweis geführt worden war,[59] aus.

Ist der erforderliche Nachweis durch Urkunden geführt, muss der die Klausel Erteilende die Urkunden im Text der Klausel namhaft machen (Folgerung aus § 750 Abs. 2, da der Gerichtsvollzieher wissen muss, welche Urkunden er zuzustellen hat). Diese Urkunden sind dem Schuldner dann nach § 750 Abs. 2 in Abschrift spätestens bei Beginn der Vollstreckung zuzustellen.

3. Offenkundige Tatsachen

Obwohl in Abs. 1 nicht erwähnt, gilt entspr. § 727 Abs. 1, dass der Nachweis durch öffentliche oder öffentlich beglaubigte Urkunden nicht erforderlich ist, soweit die zu beweisenden Tatsachen bei dem Gericht (Notar) offenkundig sind. Hinsichtlich des Begriffs der Offenkundigkeit gelten die zu § 291 von Rechtsprechung und Literatur entwickelten Grundsätze.[60] Geht der Rechtspfleger (Notar) von der Offenkundigkeit einer Tatsache aus, so hat er dies in der Klausel zu erwähnen.

10

4. Zugestandene Tatsachen

Der Eintritt der Tatsache braucht auch dann nicht nachgewiesen zu werden, wenn der Schuldner sie gegenüber dem Rechtspfleger (bzw. Notar) im Rahmen der Anhörung (§ 730) (gegebenenfalls auch schriftlich) ausdrücklich zugesteht (§ 288).[61]

11

Streitig ist in diesem Zusammenhang, ob auch bloßes Schweigen auf eine Anfrage des Gerichts als Zugeständnis genügt, ob also § 138 Abs. 3 entsprechende Anwendung finden kann. Die Frage ist zu verneinen.[62] Denn der Schuldner ist zu einer aktiven Mitwirkung bei der Zwangsvollstreckung nicht verpflichtet. Aus seinem Untätigbleiben können deshalb Schlüsse nicht gezogen werden. Ebenso wenig wie sein Schweigen reicht eine privatschriftliche Mitteilung des Schuldners an den Gläubiger als Nachweis des Zugestehens aus. Dass das ausdrückliche, also nicht nur fingierte Zugeständnis gegenüber dem die Klausel erteilenden Rechtspfleger den Nachweis des Eintritts der Tatsache ersetzt mit der Folge, dass der die Klausel Erteilende nicht mehr berechtigt ist, die Vorlage von Urkunden pp. zu verlangen, folgt daraus, dass der Schuldner schon im Titel auf den Nachweis des Tatsacheneintritts ganz verzichten könnte.[63] § 726 Abs. 1 will den Schuldner schützen, ermöglicht ihm aber auch den Verzicht auf den Schutz. Das Geständnis ist in der Klausel zu erwähnen.

---

58 OLG Jena, NZG 2012, 1350.
59 OLG Jena, InVo 2002, 422.
60 Hierzu: OLG Jena, NZG 2012, 1350; OLG Jena, InVo 2002, 422; LG Konstanz, Rpfleger 2012, 267, 268; OLG München, ZEV 2014, 367; *Musielak/Huber*, § 291 Rn. 1, 2; *Thomas/Putzo/Reichold*, § 291 Rn. 1, 2; *Zöller/Greger*, § 291 Rn. 1; Wellner, MittBayNot 2013, 164, 166.
61 BGH, Rpfleger 2005, 611; BGH, JurBüro 2009, 163; OLG München, MDR 1955, 682; OLG Frankfurt, Rpfleger 1975, 326; KG OLGZ 83, 218; OLG Köln, MDR 1990, 452; OLG Stuttgart, Rpfleger 2005, 207; a. A.: LG Detmold, Rpfleger 2001, 310; *Becker-Eberhard* in Gaul/Schilken/Becker-Eberhard. § 16 Rn. 130, 131 (weder Anerkenntnis noch Geständnis reichten aus).
62 Wie hier: BGH, Rpfleger 2005, 610 und BGH, Rpfleger 2005, 611; BGH, JurBüro 2009, 163; OLG Stuttgart, MDR 1990, 1021 und OLG Stuttgart, Rpfleger 2005, 207; OLG Zweibrücken, NJW-RR 1991, 638; OLG Nürnberg, NJW-RR 1993, 1340; OLG Bamberg, JurBüro 1994, 615; OLG Köln, MDR 1993, 381; OLG Köln, VersR 1994, 1370 und 1372; OLG Braunschweig, MDR 1995, 94; LG Mannheim, Rpfleger 1997, 394; OLG Schleswig, InVo 1999, 186; LG Detmold, Rpfleger 2001, 310; OLG Saarbrücken, Rpfleger 2001, 447; OLG Dresden, Rpfleger 2003, 673; OLG Nürnberg, JurBüro 2006, 272; OLG Oldenburg, BeckRS 2013, 02905; Gaul/Schilken/*Becker-Eberhard*, § 16 Rn 130; *Joswig*, RPFleger 1991, 144; *Münzberg*, NJW 1992, 201; *Musielak/Lackmann*, § 726 Rn. 5; *Thomas/Putzo/Seiler*, § 726 Rn. 6; *Zöller/Stöber*, § 727 Rn. 20.
63 Siehe oben Rdn. 8.

5. Beweislastvereinbarungen

12 So wie die Parteien dem Gläubiger die ihm nach dem materiellen Recht treffende Beweislast ganz abnehmen können[64], können sie auch vereinbaren, dass der Gläubiger zwar beweisbelastet sein, den erforderlichen Nachweis aber anders als durch öffentliche Urkunden führen können soll.[65] So kann der Nachweis durch Privaturkunden für ausreichend erklärt oder auf den vollen Nachweis zugunsten einer bloßen Glaubhaftmachung verzichtet werden. Auch hier ist in der Klausel kenntlich zu machen, worauf der Nachweis (die Glaubhaftmachung) beruht. § 750 Abs. 2 ist auch insoweit bei Beginn der Vollstreckung zu beachten. Bei derartigen Vereinbarungen in Formularverträgen sind wiederum die §§ 307 ff BGB zu beachten. Es gilt das oben Gesagte[66].

IV. Von § 726 nicht erfasste Bedingungen

13 Vom Gläubiger nachzuweisende Tatsachen, deren Eintritt Voraussetzung des Beginns der Zwangsvollstreckung ist, sind an sich auch die Leistung der im Urteil angeordneten Sicherheit (§§ 708 ff.) und der Ablauf eines im Titel bestimmten Kalendertages. In diesen Fällen wird aber die Klausel aufgrund besonderer gesetzlicher Regelung sogleich vom Urkundsbeamten der Geschäftsstelle gem. §§ 724, 725 erteilt; das Vollstreckungsorgan prüft den Bedingungseintritt in eigener Verantwortung vor Beginn der Zwangsvollstreckung (§ 751 Abs. 1 und Abs. 2). In diesen Zusammenhang gehören auch §§ 721 (Räumungsfrist), 750 Abs. 3, 798, 798a (Wartefristen), deren Ablauf allein das Vollstreckungsorgan feststellt.

V. Klauselerteilung bei Zug-um-Zug-Verurteilungen

14 Kann der Gläubiger nach dem Inhalt des Titels die Leistung nur **Zug-um-Zug** gegen eine von ihm selbst zu erbringende Gegenleistung verlangen, so ist zu unterscheiden:

1. Nach §§ 803–893 ZPO zu vollstreckende Titel

15 Sollen Ansprüche auf Geld oder vertretbare Sachen, auf Herausgabe beweglicher oder unbeweglicher Sachen, auf ein Tun, Dulden oder Unterlassen vollstreckt werden, so erteilt der Urkundsbeamte unbedingt die Vollstreckungsklausel nach §§ 724, 725; erst vor Beginn der Zwangsvollstreckung wird vom Vollstreckungsorgan gem. §§ 756, 765[67] geprüft, ob der Gläubiger seine Gegenleistung erbracht hat (bzw. im Fall des § 756 zum Angebot durch den Gerichtsvollzieher bereitstellt) oder von seiner gleichzeitigen Leistungspflicht befreit ist, weil er schon zuvor geleistet hat oder der Schuldner sich im Annahmeverzug (Gläubigerverzug, §§ 293 ff. BGB) befindet.[68] Der Gläubiger soll durch diese Regelung vor einer zeitlich allzu langen Vorleistung (verbunden mit dem Risiko der schwindenden Leistungsfähigkeit aufseiten des Schuldners) bewahrt werden.

2. Nach § 894 ZPO zu vollstreckende Titel

16 Handelt es sich bei der dem Schuldner nach dem Urteil als zu vollstreckendem Titel obliegenden Leistung um die Abgabe einer Willenserklärung, so muss im Hinblick auf die Regelung des § 894 Abs. 1 Satz 1 sichergestellt werden, dass die Zug-um-Zug-Gegenleistung des Gläubigers vor Eintritt der Fiktion der Willenserklärung erbracht wird. Deshalb schiebt § 894 Abs. 1 Satz 2 den Eintritt der

---

64 Siehe oben Rdn. 8.
65 LG Stade, MDR 1953, 557; OLG Celle, NdsRpfl. 1954, 58; OLG Stuttgart, NJW-RR 1986, 549; OLG Köln, InVo 2000, 102.
66 Siehe oben Rdn. 8.
67 Ist das Prozessgericht Vollstreckungsorgan, gilt § 765 entsprechend; vergl. LG Frankenthal, Rpfleger 1976, 109.
68 Ausführlich zum Annahmeverzug des Schuldners bei der Zug-um-Zug-Vollstreckung: *Geißler*, DGVZ 2012, 1. Zur Frage, ob der Gläubiger den Schuldner auch durch eine überhöhte Zug-um-Zug-Klage in Annahmeverzug setzen kann, bejahend: *Niemeyer/König*, NJW 2013, 2313.

Fiktion in diesen Fällen hinaus bis zur Erteilung einer qualifizierten vollstreckbaren Ausfertigung nach Rechtskraft und ordnet § 726 Abs. 2 an, dass der Nachweis, dass der Schuldner befriedigt oder im Verzug der Annahme sei, vom Gläubiger dem Rechtspfleger schon im Klauselverfahren geführt werden müsse. Für den Nachweis gelten die nämlichen Anforderungen wie in § 765.[69] Wird in einem solchen Fall nur eine einfache Klausel vom Urkundsbeamten erteilt, tritt die Fiktion, auch wenn die Klausel nicht angefochten wird, nicht ein.[70]

Bei Verurteilung zur Abgabe einer Löschungsbewilligung Zug um Zug gegen Zahlung einer noch von einem Sachverständigen festzusetzenden angemessenen Gegenleistung ist schon bei Erteilung der Vollstreckungsklausel (nicht erst im insoweit zu spät kommenden Verfahren nach § 767) durch den Rechtspfleger zu prüfen, ob der vom Sachverständigen festgesetzte Wert, dessen Zahlung der Gläubiger nachzuweisen hat, etwa offenbar unbillig ist.[71] In diesem Fall hat der Gläubiger erst eine neue Wertfestsetzung zu veranlassen.

Ist der Titel, nach dem der Schuldner die Abgabe der Willenserklärung schuldet, kein Urteil, sondern ein Prozessvergleich, also nicht der Rechtskraft fähig, sodass § 894 Abs. 1 Satz 1 nicht eingreift, so gelten auch §§ 894 Abs. 1 Satz 2, 726 Abs. 2 nicht.[72] Die Willenserklärung ist dann eine unvertretbare Handlung. Es gelten die allgemeinen Regeln (Klausel durch den Urkundsbeamten; Vorgehen des Vollstreckungsorgans nach § 765).

3. Titel gem. § 322 Abs. 2 BGB

Lautet der Titel auf »Leistung nach Empfang der Gegenleistung« (§ 322 Abs. 2 BGB), so gelten wegen §§ 322 Abs. 3, 274 Abs. 2 BGB die gleichen Regeln für die Klauselerteilung und die Vollstreckung wie bei einer Verurteilung Zug-um-Zug gegen die Gegenleistung.[73] Für die Klauselerteilung ist also grundsätzlich der Urkundsbeamte nach §§ 724, 725 zuständig. 17

Lautet die Verurteilung auf Leistung gegen Aushändigung einer Quittung oder einer über die Schuld ausgestellten Urkunde, so liegt im vollstreckungsrechtlichen Sinne gar keine Verurteilung zu einer nur Zug-um-Zug zu erfüllenden Leistung vor. §§ 726 Abs. 2, 756, 765 sind nicht einschlägig.[74]

VI. Folgen eines Verstoßes gegen § 726

Nimmt der Urkundsbeamte irrtümlich seine Zuständigkeit an und erteilt nach §§ 724, 725 ohne Nachweise die Klausel, so ist diese fehlerhaft und mit den Rechtsbehelfen des Klauselverfahrens anfechtbar, aber nicht nichtig.[75] Solange die Klauselerteilung nicht erfolgreich angefochten ist, kann das Vollstreckungsorgan die Zwangsvollstreckung nicht unter Hinweis auf die fehlerhafte Klausel ablehnen.[76] Demgemäß kann die »falsche Klausel« auch nicht im Vollstreckungsverfahren mit 18

---

69 Siehe dort Rdn. 4.
70 OLG Hamm, FGPrax 2014, 100.
71 BGH, Rpfleger 1972, 397.
72 OLG Frankfurt, Rpfleger 1980, 291 f.
73 OLG Karlsruhe, MDR 1975, 938; LG Arnsberg, DGVZ 1983, 151; *Gabius*, NJW 1971, 866; siehe aber auch OLG Stuttgart, DGVZ 1986, 60.
74 Einzelheiten § 756 Rdn. 3 und § 765 Rdn. 2.
75 Wie hier: BGH, Rpfleger 2012, 321; OLG Zweibrücken, MDR 1997, 593; LG Kassel, JurBüro 1986, 1255; *Hintzen*, Rpfleger 2012, 604, 605; *Musielak/Lackmann*, § 726 Rn. 4; *Lackmann*, Zwangsvollstreckungsrecht, Rn. 726; *Thomas/Putzo/Seiler*, § 724 Rn. 5; a. A.: BGH, NJW 2006, 776; OLG Hamm, Rpfleger 2011, 621; OLG Hamm, NJW-RR 1987, 957; OLG Dresden, MDR 2010, 1491; OLG Frankfurt, MDR 1991, 162; KG, InVo 2000, 65; OLG Hamm, InVo 2001, 29;. Zu den Rechtsbehelfen des Schuldners: Vor §§ 724–734 Rdn. 14.
76 OLG Frankfurt, JurBüro 1976, 1122; JurBüro 1977, 1462; OLG Hamm, FamRZ 1981, 199; AG Oldenburg, DGVZ 1989, 142; a. A.: OLG Hamm, NJW-RR 1987, 957.

§ 766 ZPO gerügt werden.[77] Die Beurteilung, ob im Titel eine vom Gläubiger oder vom Schuldner nachzuweisende Bedingung der Vollstreckbarkeit (bzw. Nichtvollstreckbarkeit) enthalten ist, ist oft nicht ganz einfach. Ebenso ist die Frage, ob der Gläubiger im Titel von der Pflicht zur Beweisführung freigestellt ist, oft nur schwierig zu beantworten. U.U. ist das Ergebnis sogar streitig. Deshalb kann eine Fehlentscheidung hier nie so offensichtlich sein, dass dies zur Nichtigkeit der Klausel führen müsste. Es kann letztlich für die Klauselerteilung kein anderer Maßstab gelten als für die Beurteilung der Nichtigkeit von Vollstreckungsakten[78] oder allgemein von Verwaltungsakten.

Gleiches gilt für eine Fehlentscheidung des Rechtspflegers hinsichtlich des Nachweises des Bedingungseintritts. Auch insoweit ist die zu Unrecht erteilte Klausel nur mit den Klauselrechtsbehelfen anfechtbar und bis zu ihrer Anfechtung vom Vollstreckungsorgan zu beachten.[79] Die Vollstreckung aufgrund einer solchen fehlerhaften Klausel ist ebenfalls nicht mit § 766 anfechtbar.[80] Erst nach Beseitigung der Klausel wird die Vollstreckung selbst fehlerhaft. Der Schuldner kann nun nach §§ 775 Ziff. 1, 776 vorgehen. Etwas anderes gilt allerdings im Fall des § 726 Abs. 2, wenn durch die Klauselerteilung die Abgabe einer Willenserklärung des Schuldners ersetzt werden soll. Diese Wirkung kann nur eine vom Rechtspfleger erteilte Klausel herbeiführen.[81] Hier wird kein weiteres Vollstreckungsorgan tätig; die vorstehend erörterten Zweifel können nicht auftreten. Andererseits kann jeder, dem gegenüber die Willenserklärung als abgegeben gelten soll, ohne weiteres prüfen, ob der rechtskräftige Titel mit einer vom Rechtspfleger ausgestellten Vollstreckungsklausel versehen ist.

Hat der Rechtspfleger zu Unrecht seine Zuständigkeit angenommen und an Stelle des Urkundsbeamten die Klausel erteilt, ist dies wegen § 8 Abs. 5 RpflG unanfechtbar und folgenlos.

---

77 BGH, NJW-RR 2012, 1146; BGH, NJW-RR 2012, 1148; BGH, NJW-RR 2013, 437.
78 Siehe insoweit: Vor §§ 803, 804 Rdn. 4. Die Problematik ähnelt der, dass der funktionell unzuständige Gerichtsvollzieher ein Zubehörstück eines Grundstücks gepfändet hat. Dort aber nimmt die ganz überwiegende Auffassung lediglich Anfechtbarkeit und nicht Nichtigkeit der Pfändung an.
79 Dies hat BGH, DNotZ 2013, 190 nicht beachtet. Hierauf weist *Wolfsteiner*, DNotZ 2013, 193 zu Recht hin.
80 BGH, NJW-RR 2013, 437; BGH, NJW-RR 2011, 1148; BGH, NJW-RR 2011, 1146; OLG Zweibrücken, MDR 1997, 593; LG Meiningen, BeckRS 2013, 20901.
81 KG, KGR 1999, 355.

§ 727 Vollstreckbare Ausfertigung für und gegen Rechtsnachfolger

(1) Eine vollstreckbare Ausfertigung kann für den Rechtsnachfolger des in dem Urteil bezeichneten Gläubigers sowie gegen denjenigen Rechtsnachfolger des in dem Urteil bezeichneten Schuldners und denjenigen Besitzer der in Streit befangenen Sache, gegen die das Urteil nach § 325 wirksam ist, erteilt werden, sofern die Rechtsnachfolge oder das Besitzverhältnis bei dem Gericht offenkundig ist oder durch öffentliche oder öffentlich beglaubigte Urkunden nachgewiesen wird.

(2) Ist die Rechtsnachfolge oder das Besitzverhältnis bei dem Gericht offenkundig, so ist dies in der Vollstreckungsklausel zu erwähnen.

Übersicht	Rdn.
I. Zweck	1
II. Beispiele einer Rechtsnachfolge auf Gläubigerseite	4
1. Rechtsnachfolger des Gläubigers	5
a) Erbe	5
b) Nachfolgegesellschaft	6
c) Forderungsübergang kraft Gesetzes	7
aa) Beispielsfälle im BGB, HGB und WG	8
bb) Beispielsfälle aus dem Arbeitsrecht und dem Recht der sozialen Sicherheit	9
cc) Fälle nach dem UVorschG	10
d) Forderungsübergang kraft Hoheitsaktes	11
e) Forderungsübergang kraft Abtretung	12
f) Eigentumserwerb an der streitbefangenen Sache	13
g) Parteien kraft Amtes	14
2. Rechtsnachfolger des Gläubigers sind nicht	15
a) Forderungsinhaber im Fall der gewillkürten Prozessstandschaft	15
b) Früherer Geschäftsführer der aufgelösten Gesellschaft	16
c) Gesellschaft, die ihre Rechtsform geändert hat	17
d) Nachfolger des abgelösten WEG-Verwalters	18
e) Ersteher eines Grundstücks nach vorausgegangener Zwangsverwaltung	19

	Rdn.
III. Beispiele der Rechtsnachfolge auf Schuldnerseite	20
1. Rechtsnachfolger des Schuldners ist	21
a) Erbe	21
b) Befreiender Schuldübernehmer	22
c) Betriebsübernehmer	23
d) Erwerber der streitbefangenen Sache nach Rechtshängigkeit	24
e) Folgeorganisationen nach Aufspaltung	25
f) Praxisabwickler	26
2. Rechtsnachfolger des Schuldners ist dagegen nicht	27
a) Mitübernehmer der Schuld	27
b) Persönlich haftende Gesellschafter der liquidierten oHG	28
c) Erwerber des Gesellschaftsanteils einer BGB-Gesellschaft	29
IV. Keine »gewillkürte Vollstreckungsstandschaft«	31
V. Verfahren	32
1. Antrag	32
2. Nachweis der Rechtsnachfolge durch öffentliche oder öffentlich beglaubigte Urkunden	33
3. Zustellung der Nachweise der Offenkundigkeit	36
4. Klage nach § 731 ZPO	37
5. Zweitausfertigung nach § 733 ZPO	38
VI. Rechtsmittel	39
VII. Gebühren	40

Literatur:

Alff, Endgültiges Aus für die Notarbescheinigung nach § 21 BNotO als Rechtsnachfolgerurkunde i. S. § 750 Abs. 2 ZPO?, Rpfleger 2014, 173; *Baer,* Umschreibung eines Räumungstitels gegen den Untermieter nach § 727 ZPO, ZMR 2013, 334; *Baumgärtel,* Probleme der Rechtskraft und Vollstreckbarkeitserklärung im Falle einer Firmenübertragung während eines schwebenden Zivilprozesses, DB 1990, 1905; *Baur,* Rechtsnachfolge in Verfahren und Maßnahmen des einstweiligen Rechtsschutzes, FS Schiedermair, 1976, 19; *Becker-Eberhardt,* In Prozessstandschaft erstrittene Leistungstitel in der Zwangsvollstreckung, ZZP 1991 (Bd. 104), 413; *Berger,* Die subjektiven Grenzen der Rechtskraft bei Prozessstandschaft, 1992; *Blume,* Die subjektiven Grenzen der Rechtskraft im Rahmen des § 325 Abs. 2 ZPO, 1999; *Bolkart,* Prozessuale Rechtsnachfolge in titulierte Grundpfandrechte, DNotZ 2010, 483; *Brüggemann,* Rechtsnachfolge in Unterhaltsansprüche, DAVorm 1993, 217; *Calavros,* Urteilswirkungen zu Lasten Dritter, 1978, (dazu: *Wolf,* AcP 180, 430); *Clemente,* Vollstreckbare Grundschuld, ZfIR 2010, 441; *Dieckmann,* Dingliche Zwangsvollstreckungsunterwerfung bei Abtretung der Sicherungsgrundschuld und Eigentümerschutz nach BGHZ 185, 133 oder: (Gelungenes?) Richterrecht durch obiter dictum im Versäumnisurteil, BWNotZ 2011, 42; *Dinstühler,* Rechtsnachfolge und einstweiliger Rechtsschutz, 1995; *Fromm,* Formfehlerhafte Klauselumschreibung nach Abtretung kreditvertraglicher Sicherheiten, ZfIR 2008, 664; *Fromm,* Formfehlerhafte Klauselumschreibung nach Abtretung kreditvertraglicher Sicherheiten, ZfIR 2008, 664; *Heinrich,* Der gewillkürte Parteiwechsel, 1990; *Heintzmann,* Vollstreckungsklausel für den Rechtsnachfolger bei Prozessstandschaft, ZZP 1979, 61; *Herrler,* Zwangsvollstreckung aus titulierter (Sicherungs-) Grundschuld nach Gläubigerwechsel – prozessuale Rückbeziehung von § 1192 Abs. 1a BGB, BB 2010, 1931; *ders.,* Konkretisierung der Vorgaben des BGH zur Umschreibung der Vollstreckungsklausel – erste Antworten sowie alte und neue Fragen, BKR 2010, 449; *ders.,* Kein Schutz des Schuldners beim Forderungsverkauf im Klauselerteilungsverfahren. Das Schicksal von grundpfandrechtlich gesicherten (notleidenden) Darlehensforderungen im Veräußerungsfall, NZM 2012, 7; *Hinrichs/Jaeger,* Die Zwangsvollstreckung durch den Zessionar einer Sicherungsgrundschuld, NJW 2010, 2017; *Hüffer,* Das Rechtsschutzinteresse für eine Leistungsklage des Gläubigers und die subjektiven Grenzen der Rechtskraft in den Fällen unmittelbarer und entsprechender Anwendung des § 727 ZPO, ZZP 1972, 229; *Joswig,* Nichtbestreiten, Geständnis und Anerkenntnis im Klauselerteilungsverfahren, RPfleger 1991, 144; *Jurksch,* Wenn Gläubiger oder Schuldner wechseln; Rechtsnachfolgeklauseln gemäß §§ 727 ff. ZPO, MDR 1996, 984; *Kesseler,* »Rechtsnachfolge« in Vollstreckungsklauseln, WM 2011, 486; *Kion,* Zum Recht des Rechtsnachfolgers auf Erteilung der Vollstreckungsklausel, NJW 1984, 1601; *Kolling,* Aktuelle Rechtsprechung zur Zwangsvollstreckung durch den Zessionar einer Sicherungsgrundschuld, BKR 2011, 501; *Lackmann,* Probleme der Klauselumschreibung auf einen neuen Gläubiger, FS Musielak, 2004, 287; *Loritz,* Die Umschreibung der Vollstreckungsklausel, ZZP 1982, 310; *ders.,* Rechtsnachfolge und Umschreibung der Vollstreckungsklausel in den Verfahren des einstweiligen Rechtsschutzes, ZZP 1993 (Bd. 106), 3; *Lüke,* Vollstreckungsstandschaft, Vollstreckungsabwehrklage und Schuldnerschutz, JuS 1996, 588; *Maihold,* Zwangsvollstreckungsrecht-Vollstreckung fremder Titel, JA 2000, 841; *Mels/Franzen,* Rechtsnachfolge in die gesetzliche Unterlassungsschuld des Wettbewerbsrechts. Zugleich eine kritische Stellungnahme zur Schuldennachfolgeentscheidung des BGH, GRUR 2008, 968; *Milzer,* § 727 ZPO als Verbraucherschutznorm? Praktische Konsequenzen aus dem Urteil des BGH vom 30.3.2010 (XI ZR 200/09), BWNotZ 2011, 62; *Müller,* Der Zeitpunkt der Legalzession des Sozialhilfeträgers nach § 116 I SGB X, NZS 1994, 13; *Münzberg,* Geständnis, Geständnisfiktion und Anerkenntnis im Klauselerteilungsverfahren?, NJW 1992, 201; *ders.,* Vollstreckungsstandschaft und Einziehungsermächtigung, NJW 1992, 1867; *ders.,* Bemerkungen zur prozessualen Rechtsnachfolge, Diss. Hamburg 1963; *Obermaier,* Die Rechtsnachfolge in das Vollstreckungsverfahren beim Tode einer Partei, Diss. München 1970; *Peters,* Rechtsschutzversicherung und prozessuale Kostenerstattung, ZZP 2005 (Bd. 118), 47; *Petersen,* Die gewillkürte Vollstreckungsstandschaft, ZZP 2001 (Bd. 114), 485; *Rudnik,* Der Übergang von Unterhaltsansprüchen nach § 33 SGB II, FamRZ 2005, 1941; *Scheel,* Zur Umschreibung von Vollstreckungsklauseln, NotBZ 2001, 248, 286; *Scherer,* Zulässigkeit einer Vollstreckungsstandschaft, Rpfleger 1995, 89; *Schilken,* Veränderungen der Passivlegitimation im Zivilprozeß, 1988; *K. Schmidt,* Titelumschreibung im wechselrechtlichen Rembourßregress, ZZP 1973, 188; *Kirsten Schmidt,* Vollstreckung im eigenen Namen durch Rechtsfremde, 2001; *Schreiber/Birnbreier,* Die Berichtigung der Insolvenztabelle bei Rechtsnachfolge, ZInsO 2009, 2377; *Schreinert,* Erteilung der Vollstreckungklausel durch den Notar in Insolvenzverfahren, RNotZ 2013, 161; *Schumann,* Die Prozessmächtigung (die gewillkürte Prozessstandschaft) und der Rechtsschutz des Beklagten, FS Musielak 2004, 457; *Schuschke,* Parteiberichtigung und Parteiänderung in wohnungseigentumsrechtlichen Verfahren, NZM 2009, 417; *ders.,* Erleichterte Räumungsvollstreckung gegen Mit- und Nachbesitzer, DGVZ 2009, 160; *Skauradszun,* Der Eintritt in den Sicherungsvertrag als neue Voraussetzung im Klauselerteilungsverfahren, MDR 2010, 845; *Sommer,* Die künftige notarielle Praxis im Klauselerteilungsverfahren, RNotZ 2010, 378; *Soutier,* Die Umschreibung von Vollstreckungsklauseln – eine Anleitung für die Praxis, MitBayNot 2011, 181 (Teil I), 275 (Teil II), 366 (Teil III); *H. P. Westermann,* Haftung für Nachlassschulden bei Beerbung eines Personengesellschafters durch eine Erbengemeinschaft, AcP 173, 24; *Wolf/Lecking,* Geltendmachung von Kindesunterhalt durch einen Elternteil gegen den anderen in gesetzlicher Prozessstandschaft, MDR 2010, 1299.

I. Zweck

1 Nach § 325 wirkt das rechtskräftige Urteil auch für und gegen die Personen, die nach dem Eintritt der Rechtshängigkeit Rechtsnachfolger der Prozessparteien geworden sind oder den Besitz einer im entschiedenen Prozess streitbefangenen Sache in solcher Weise erlangt haben, dass eine der Parteien oder ihr Rechtsnachfolger mittelbarer Besitzer geworden ist. Einem neuen Prozess des Rechtsnachfolgers gegen den alten Schuldner ebenso wie einem neuen Rechtsstreit des alten Gläubigers gegen den neuen Schuldner stünde in den Grenzen dieser Urteilswirkung die Einrede der bereits entschiedenen Sache entgegen.[1] Andererseits kann nach der Grundregel des § 750 Abs. 1, 1. Hs. die

---

1 AG Mönchengladbach, JurBüro 1963, 495; offen gelassen: BGH, BB 1957, 625; **a. A.:** *Pohlmann,* ZZP 1999 (Bd. 112), 125.

Zwangsvollstreckung aus einem Titel nur für und gegen die Personen betrieben werden, die in dem Vollstreckungstitel als Gläubiger und als Schuldner bezeichnet sind. Die Kluft zwischen der erweiterten Urteilswirkung einerseits und den Anforderungen der Zwangsvollstreckung andererseits zu überbrücken, ist zunächst Aufgabe des § 727. Die Norm hat aber auch darüber hinaus Bedeutung: Zusammen mit §§ 728, 729, 738, 742, 744, 745 Abs. 2, 749 regelt sie die Möglichkeit der titelerstreckenden (titelumschreibenden) Vollstreckungsklausel auch zu Titeln, die noch nicht rechtskräftig[2] oder der Rechtskraft nicht fähig sind (vergl. § 795), und für und gegen im Titel selbst nicht aufgeführte Personen, die nicht in einem in § 325 eng umschriebenen Verhältnis zum »Streitgegenstand« stehen. Insoweit dient die Norm auch der Vermeidung unnötiger Prozesse und Kosten. Die Klausel legitimiert den Rechtsnachfolger auch zu Handlungen und Anträgen, die dem Titelschuldner vorbehalten sind. So kann der Rechtsnachfolger des Titelgläubigers erst Kostenfestsetzungsbeschluss zum Titel beantragen, wenn der Titel auf ihn umgeschrieben ist[3].

Dagegen ist es nicht Aufgabe der §§ 727 ff., den Titel in Fällen »zu berichtigen«, in denen bei völliger Personenidentität zwischen den Parteien nach dem Titel und dem tatsächlichen Gläubiger bzw. Schuldner nun Schwierigkeiten in der Zwangsvollstreckung auftreten, weil eine Partei nachträglich ihren Namen geändert hat, sei es durch Heirat[4], Umfirmierung[5], Gesellschafter[6]- oder Formwechsel[7] oder aufgrund ähnlicher Umstände.[8] In diesen Fällen hat das Vollstreckungsorgan die Personenidentität selbst nachzuprüfen[9]. Sie ist ihm gegebenenfalls durch Vorlage der Heiratsurkunde, eines Handelsregisterauszuges pp. oder einer erweiterten Meldeauskunft[10] zweifelsfrei nachzuweisen.[11] Eine »Klauselumschreibung« insoweit kommt deshalb nicht in Betracht.[12] Es wäre allerdings nicht zu beanstanden, wenn in einem solchen Fall der Urkundsbeamte (bzw. Notar) in der von ihm nach den allgemeinen Regeln der §§ 724, 725 zu erteilenden Klausel, nachdem ihm ein entsprechender Nachweis erbracht wurde, vermerken würde, dass der Gläubiger bzw. Schuldner nunmehr einen neuen Namen führt (sog. »Beischreibung«). Ein solcher Vermerk würde das Vollstreckungsorgan von der ihm obliegenden Identitätsprüfung nicht befreien, ihm aber u. U. die Arbeit erleichtern, zumal das Vollstreckungsorgan insoweit nicht zu intensiven Recherchen verpflichtet ist.[13] Es besteht deshalb auch ein Anspruch auf eine derartige Ergänzung der Klausel.[14] Da bei einem solchen Vermerk in Wahrheit keine »Klauselumschreibung« vorgenommen worden wäre, löst seine Beantragung auch keine Gebühr aus.[15] Erst recht kann über § 727 oder § 727 analog kein von Anfang an

2

---

2 BGH, MDR 2001, 1190.
3 BGH, WuM 2010, 371.
4 AG Mönchengladbach, JurBüro 1961, 394; BB 1962, 615; JurBüro 1963, 714; FamRZ 1964, 633; AG Frankfurt, FamRZ 1964, 296; AG Köln, JurBüro 1968, 249, 750; LG Braunschweig, FamRZ 1995, 1212; LG Koblenz, FamRZ 2003, 1483.
5 LG Berlin, MDR 1970, 244; AG Hamburg, DGVZ 1982, 158; OLG Zweibrücken, GRUR 1988, 485; LG Frankenthal, DGVZ 1997, 75.
6 OLG Saarbrücken, NJOZ 2008, 3089.
7 BGH, DGVZ 2004, 73.
8 OLG Hamm, MDR 1962, 994; OLG Nürnberg, JurBüro 1980, 144; OLG Saarbrücken, WRP 1985, 662; OLG Hamm, Rpfleger 2001, 190; LG Hannover, JurBüro 2005, 275.
9 *Schuschke*, NZM 2009, 417, 419.
10 LG Braunschweig, FamRZ 1995, 1212.vergl. auch BGHZ 80, 129; BayObLG, NJW 1956, 1800.
11 BGH, Rpfleger 2011, 677.
12 Wie hier: *Stein/Jonas/Münzberg*, § 727 Rn. 10; *Thomas/Putzo/Seiler*, § 727 Rn. 4; *Zöller/Stöber*, § 727 Rn. 31. Für eine analoge Anwendung des § 727 in diesen Fällen: LG Köln, JurBüro 1968, 160; OLG Frankfurt, Rpfleger 1973, 64; AG Krefeld, MDR 1977, 762.
13 BGH, Rpfleger 2011, 677; BGH, BeckRS 2013, 21012.
14 OLG Hamm, Rpfleger 2001, 190.
15 BayObLG, JurBüro 1978, 1557.

unrichtiger Titel auf die nunmehr »richtige« Partei »korrigiert« werden[16], etwa ein auf den falschen Gläubiger ausgestellter Kostenfestsetzungsbeschluss.[17] Hier muss ein neuer Titel des richtigen Gläubigers erwirkt werden. Ebenso wenig ist es Aufgabe des § 727, einen ungenauen und die Partei mehrdeutig bezeichnenden Titel klarzustellen.[18] Schließlich liegt auch kein Fall des § 727 vor, wenn die Parteien gleich geblieben sind, aber die im Titel genannte Haftungsgrundlage Veränderungen unterworfen wurde. Auch hier ist es Aufgabe des Vollstreckungsorgans, die Identität festzustellen. Ist etwa in der vollstreckbaren Urkunde als Haftungsgegenstand ein Grundstück genannt, so kann in das daraus gem. §§ 3, 8 WEG entstandene Wohnungseigentum ohne »Umschreibung« der Vollstreckungsklausel vollstreckt werden.[19] Die »Identität« ist anhand des Grundbuchs nachzuweisen. Erweist sich ein Titel als nicht vollstreckbar, weil die »richtige« Partei in ihm so ungenau bezeichnet ist, dass das Vollstreckungsorgan ihre Identität nicht ermitteln kann[20], kann dieser Fehler ebenfalls nicht in der Klausel berichtigt werden.[21] § 727 ist hier auch nicht entsprechend anwendbar.

3   In jedem Fall ist also für die direkte oder entsprechende Anwendung des § 727 erforderlich, dass auf Gläubiger- oder Schuldnerseite ein nachträglicher Personenwechsel stattgefunden hat (ein Wechsel in der Person des Vertreters genügt nicht; in diesem Fall wäre eine Titelumschreibung nicht erforderlich;[22] es kann aber ein entsprechender Vermerk[23] auf dem Titel angebracht werden). Der Personenwechsel kann auf tatsächlichen Umständen, auf Gesetz, Vertrag, Hoheitsakt beruhen. Auch Veränderungen im Gesellschafterbestand einer BGB-Gesellschaft fallen in den Anwendungsbereich des § 727, soweit die Gesellschafter im Rubrum des Titels aufgeführt werden müssen, weil sie etwa im Hinblick auf § 47 GBO vollstreckungsrelevant sind.[24]

Bei dem Personenwechsel kann es sich um eine Gesamtrechtsnachfolge (etwa als Erbe) oder auch nur um eine Einzelrechtsnachfolge hinsichtlich des titulierten Anspruchs (z. B. Erwerb der Gläubigerstellung durch Abtretung oder der Schuldnerstellung durch privative Schuldübernahme) handeln. Der Personenwechsel muss bei Urteilen und Prozessvergleichen nach Rechtshängigkeit, bei den übrigen Titeln nach der Entstehung des Titels (z. B. Errichtung der notariellen Urkunde)[25] stattgefunden haben.[26] Das folgt einerseits aus der Verweisung auf § 325 in § 727, andererseits aus dem oben Dargelegten. Ist die Rechtsnachfolge nicht erst nach Rechtshängigkeit eingetreten, scheidet eine Klauselumschreibung aus.[27]

---

16 Das gilt auch für Titel, die vor der Entscheidung des BGH, NJW 2005, 2061 zugunsten oder zulasten aller einzelnen Wohnungseigentümer an Stelle der teilrechtsfähigen Wohnungseigentümergemeinschaft ergangen sind. Die Rechtsprechungsänderung und die spätere Gesetzesänderung haben nicht dazu geführt, dass die teilrechtsfähige Gemeinschaft nunmehr Rechtsnachfolgerin der im Titel namentlich aufgeführten Wohnungseigentümer ist. Im Einzelnen zu diesem Problem: Schuschke, NZM 2009, 417, 419.
17 OLG Düsseldorf, AnwBl. 1980, 378.
18 A. A. insoweit OLG Düsseldorf, InVo 1998, 24.
19 LG Berlin, Rpfleger 1985, 159 mit Anm. *Witthinrich*; LG Essen, Rpfleger 1986, 101; a. A.: LG Weiden, Rpfleger 1984, 280.
20 Einzelheiten insoweit: Vor §§ 704–707 Rdn. 9–11.
21 KG Rpfleger 1982, 191.
22 Ebenso *Stein/Jonas/Münzberg*, § 727 Rn. 11.
23 Siehe oben Rdn. 2.
24 BGH, NZM 2011, 209.
25 KG, Rpfleger 2009, 251.
26 Unrichtig deshalb LAG München, NZA 1987, 827. Wie hier: OLG Düsseldorf, InVo 1998, 26; LAG Düsseldorf, JurBüro 1999, 273.
27 LG Stuttgart, ZMR 2012, 731.

Ein nachträglicher Wechsel der Partei, der zu einer Klauselumschreibung nötigt, liegt nicht vor, wenn eine Partei kraft Amtes[28] (etwa ein Insolvenzverwalter) nach dem Tod oder der Entlassung des bisherigen Amtsinhabers ausgewechselt wird.[29] Unsicherheiten können durch Beischreibung des neuen Amtsinhabers beseitigt werden.

Der Personenwechsel darf den Rechtscharakter und die inhaltliche Identität der Forderung nicht verändern (aus einer öffentlich-rechtlichen Gebühr wird ein privates Leistungsentgelt; aus einer Insolvenzschuld wird eine Masseschuld; usw.). Ansonsten würde der angebliche Nachfolger einen noch gar nicht titulierten Anspruch verfolgen.[30] In einem solchen Fall müsste der Anspruch nach dem Wegfall des ursprünglichen Gläubigers und Titelinhabers neu tituliert werden.

II. Beispiele einer Rechtsnachfolge auf Gläubigerseite

Rechtsnachfolger des Gläubigers i. S. § 727 ist derjenige, der an Stelle des im Titel genannten Gläubigers nach dem oben bezeichneten Zeitpunkt den nach dem Titel zu vollstreckenden Anspruch selbst (im Eigeninteresse oder aber auch als Treuhänder) oder jedenfalls die Berechtigung erworben hat, den Anspruch im eigenen Namen und Interesse geltend zu machen. 4

Einzelheiten:

1. Rechtsnachfolger des Gläubigers

a) Erbe

der Erbe (§ 1922 BGB). Die Rechtsnachfolge tritt unmittelbar mit dem Erbfall ein; der Ablauf der 5
Ausschlagungsfrist (§ 1944 BGB) ist deshalb vor Klauselerteilung nicht abzuwarten. Im Hinblick auf §§ 2032 Abs. 1, 2033 Abs. 2, 2038 BGB ist die Klausel vor Auseinandersetzung des Nachlasses im Fall des Vorhandenseins mehrerer Erben grundsätzlich allen gemeinschaftlich zu erteilen. Beantragt ein Miterbe im Hinblick auf § 2039 BGB allein eine Klausel, ist sie ihm mit der Einschränkung zu erteilen, dass Leistung nur an alle Erben gemeinschaftlich erfolgen kann. Für jeden weiteren Miterben kann Klausel dann nur unter den Voraussetzungen des § 733 erteilt werden. Ist ein Nachlasspfleger bestellt, weil die Erben noch unbekannt sind, hat die Umschreibung der Klausel auf »die unbekannten Erben, vertreten durch den Nachlasspfleger« zu erfolgen[31], falls aus dem Titel vollstreckt werden soll. Eine bereits dem verstorbenen Erblasser erteilte Klausel reicht insoweit zur Vollstreckung durch den Nachlasspfleger zugunsten der Erben nicht aus.[32]

b) Nachfolgegesellschaft

die Nachfolgegesellschaft oder der nachfolgende Einzelkaufmann in den in § 1 Abs. 1 UmwG 6
genannten Fällen der Neuformung von Rechtsträgern und die das Geschäft des Einzelkaufmanns weiter betreibende Personenhandelsgesellschaft im Fall des § 28 Abs. 1 Satz 2 HGB. Hier liegt, falls die Firma neu gebildet wurde, nicht nur eine schlichte Namensänderung vor, die nach den in Rdn. 2 dargestellten Grundsätzen zu behandeln wäre; der Gläubiger ist nur wirtschaftlich, aber nicht rechtlich die gleiche Persönlichkeit geblieben. Daher bedarf es der Rechtsnachfolgeklausel

---

28 Keine Partei kraft Amtes, sondern gewillkürter Prozessstandschafter ist der WEG-Verwalter, der Ansprüche der Eigentümergemeinschaft im eigenen Namen geltend machen darf. Nach einem Wechsel im Verwalteramt kann der neue Verwalter erst nach Übertragung der Ansprüche den Titel gem. § 727 ZPO auf sich umschreiben lassen: LG Hannover, NJW 1970, 436; *Musielak/Lackmann*, § 727 Rn. 13; a. A.: OLG Düsseldorf, ZMR 1997, 315. Offen gelassen: BayObLG, InVo 2000, 250.
29 LG Essen, NJW-RR 1992, 576; *Stein/Jonas/Münzberg*, § 727 Rn. 27 hält eine Klauselumschreibung in diesem Fall zwar ebenfalls nicht für notwendig, aber für möglich.
30 LG Köln, InVo 2000, 29; OLG München, InVo 2000, 52.
31 LG Stuttgart, Justiz 1994, 87; Erman/*Schlüter*, § 1960 BGB Rn. 22.
32 A. A.: AG Hamburg, DGVZ 1992, 43.

auch, wenn die neue Gesellschaft vollständig namensgleich mit dem ursprünglichen Titelgläubiger ist.[33] Ändert sich der Bestand einer BGB-Gesellschaft, wird die Gesellschaft dadurch zwar keine neue Gesellschaft. Soll aber im Wege einer Grundbucheintragung für diese Gesellschaft vollstreckt werden, bedarf es im Hinblick auf § 47 GBO einer die neuen Gesellschafter mitaufführenden Klausel gem. § 727 analog.[34]

c) Forderungsübergang kraft Gesetzes

7   **derjenige, auf den kraft Gesetzes eine Forderung übergegangen ist.** Wesentlich ist, dass nach den jeweiligen gesetzlichen Regelungen tatsächlich die alte Forderung auf den neuen Gläubiger übergeht (§ 412 BGB), und dass nicht nur im Gefolge des Erlöschens des alten Anspruchs ein **neuer** Anspruch beim neuen Gläubiger, etwa als Ausgleich für die Mitwirkung beim Erfüllen des alten Anspruchs, entsteht. Im Einzelnen ist hervorzuheben:

aa) Beispielsfälle im BGB, HGB und WG

8   Fälle des gesetzlichen Forderungsübergangs im BGB sind etwa §§ 268 Abs. 3, 426 Abs. 2, 774 Abs. 1, 1143 Abs. 1, 1225, 1249, 1607 Abs. 2, 1615 b BGB; im HGB §§ 442 Abs. 2, 465 Abs. 2 HGB. Ferner sind hier § 86 VVG und § 59 RVG zu nennen. Sehr streitig ist die Frage, ob im Fall des Remboursregresses (Art. 47 Abs. 3, 49 WG) der Einlösende Rechtsnachfolger des ihn aus dem Wechsel in Anspruch Nehmenden ist mit der Folge, dass er dessen Titel gegen seine Vormänner und den Akzeptanten auf sich umschreiben lassen kann. Eine weit verbreitete Meinung lehnt dies ab.[35] Ihr kann jedoch nicht gefolgt werden. § 727 ist hier vielmehr anwendbar.[36] Der Fall ist letztlich trotz der gravierenden Unterschiede im Einzelnen § 426 Abs. 2 BGB immer noch so sehr vergleichbar, dass eine unterschiedliche Handhabung in der Vollstreckung nicht zu vertreten wäre. Ein von der Frage der Rechtsnachfolge gänzlich zu trennendes Problem in diesem Zusammenhang ist, ob der den Gläubiger befriedigende Gesamtschuldner im Fall des § 426 Abs. 2 BGB, der Einlösende im Fall des Art. 47 Abs. 3 WG usw. den ihm obliegenden Beweis mit den Mitteln des § 727 erbringen kann.[37] Er muss gegebenenfalls den Weg über § 731 ZPO gehen, um die Klausel zu erlangen.

bb) Beispielsfälle aus dem Arbeitsrecht und dem Recht der sozialen Sicherheit

9   Im Arbeitsrecht und im Recht der sozialen Sicherheit sind als wichtige Fälle des gesetzlichen Forderungsübergangs zu nennen: §§ 6 EFZG[38], 332 SGB III, 115, 116 SGB X, 94 SGB XII, 37 BAföG.

cc) Fälle nach dem UVorschG

10 Im Fall der Leistungen nach dem UVG[39] können Schwierigkeiten entstehen, wenn der Titel nicht auf denjenigen lautet, dessen Rechtsnachfolger das Land ist.[40] Dass der Titel in Prozessstandschaft

---

33 OLG Jena, NZG 2012, 1350.
34 BGH, NZM 2011, 209.
35 OLG Hamburg, MDR 1968, 248 und 1014; *Baumbach/Lauterbach/Hartmann*, § 727 Rn. 5; *Greilich*, MDR 1982, 15 ff.; *Loritz*, ZZP 1982, 336; *Thomas/Putzo/Seiler*, § 727 Rn. 12; *Zöller/Stöber*, § 727 Rn. 7.
36 Im Ergebnis wie hier: LG Münster, MDR 1980, 1030; *Liesecke*, WM 1973, 1154 ff; *K. Schmidt*, ZZP 1973 (Bd. 137), 188 ff.
37 Ungenau insoweit LG Bonn, MDR 1965, 493, KG, NJW 1955, 913 und BayObLG NJW 1970, 1800, die offensichtlich wegen der Beweisschwierigkeit schon die Rechtsnachfolge infrage stellen. Mit anderer Begründung die Anwendbarkeit des § 727 in den Fällen des § 426 Abs. 2 BGB ebenfalls verneinend: *Loritz*, ZZP 1982, 335.
38 Einzelheiten: *Diehl*, ZfS 2007, 543.
39 Der Anspruch geht nicht erst mit der Anzeige an den Verpflichteten (§ 7 Abs. 2 Nr. 2 UVG) über: OLG Karlsruhe, FamRZ 1981, 72; OLG Stuttgart, FamRZ 1993, 227; OLG Zweibrücken, FamRZ 2000, 964; a. A.: *Helwich*, Rpfleger 1983, 226.
40 OLG Hamburg, FamRZ 1982, 425; KG, FamRZ 1985, 627; OLG Düsseldorf, FamRZ 1985, 628.

von einem Elternteil gem. § 1629 Abs. 3 BGB und nicht vom anspruchsberechtigten Kind im eigenen Namen erstritten wurde, steht der Anwendung des § 727 ZPO zugunsten der Unterhaltsvorschusskasse aber nicht entgegen.[41] Der Prüfung bedarf ferner, ob alle nachgewiesenen Leistungen tatsächlich von der Unterhaltsvorschusskasse erbracht wurden und nicht teilweise vom bei der nämlichen Behörde angesiedelten Sozialamt.[42] Hat der Träger der Unterhaltsvorschusskasse einen Titel über künftige Leistungen erwirkt, Unterhaltsvorschussleistungen aber nicht mehr bewirkt, kann der Titel nicht gem. § 727 ZPO auf das unterhaltsberechtigte Kind umgeschrieben werden, da der Titel zugunsten der Unterhaltsvorschusskasse unter der Bedingung steht, dass die titulierten Vorschussleistungen auch bezahlt werden.[43] Für den Fall, dass die Unterhaltsansprüche schon auf das Land übergegangen waren, als sie noch nicht tituliert waren, kann das Land nach § 7 Abs. 4 Satz 3 UVG die Ansprüche treuhänderisch auf das Kind zurückübertragen, damit es diese titulieren lässt. Nach einer Rückübertragung oder einem vereinbarten Rückfall kann das Land dann Klausel nach § 727 beantragen.[44]

d) Forderungsübergang kraft Hoheitsaktes

derjenige, auf den der Anspruch kraft Hoheitsakt (Gerichtsbeschluss oder Verwaltungsakt) **übergegangen** ist. Hier sind zu nennen: § 835 Abs. 1 und 2 ZPO (Überweisung an Zahlungs Statt zum Nennwert), § 33 SGB II (Überleitung von Ansprüchen auf den Leistungsträger von Arbeitslosengeld), § 93 Abs. 1 SGB XII (Übergang auf den Sozialhilfeträger nach Überleitungsanzeige), § 50 SGB-I (Überleitung von Ansprüchen zur Sicherung des Lebensunterhalts bei Unterbringung des Leistungsberechtigten), § 23 Abs. 3 GüKG (Rückforderungsanspruch bei vorsätzlicher Tarifabweichung).

11

Zu § 93 Abs. 1 SGB XII ist zu beachten, dass die – an sich mögliche – Überleitung auch zukünftiger Ansprüche auf den Sozialhilfeträger den Forderungsübergang aufschiebend bedingt durch die tatsächliche Erbringung der Sozialleistungen bewirkt.[45] Deshalb kommt eine Klauselumschreibung für künftige Ansprüche des Berechtigten nicht in Betracht, es sei denn, dass für diesen künftigen Zeitraum ausnahmsweise schon vorab Sozialleistungen erbracht wurden.[46] Denn es liegt dann insoweit noch gar keine Rechtsnachfolge vor. In zeitlicher Hinsicht ist zu beachten, dass eine Titelumschreibung nur in Betracht kommt, soweit der Rechtsübergang auf den Sozialhilfeträger (als Folge der tatsächlichen Erbringung der Sozialleistungen) nicht bereits vor Rechtshängigkeit des titulierten Anspruchs eingetreten war.[47] Dies folgt aus der Bezugnahme auf § 325.

---

41 OLG Düsseldorf, FamRZ 1997, 826; OLG Zweibrücken, FamRZ 2000, 964. Auch das Kind selbst muss im Übrigen, wenn es nach rechtskräftigem Abschluss des Scheidungsverfahrens den von einem Elternteil in Prozessstandschaft erstrittenen Titel, etwa nach Eintritt der Volljährigkeit, im eigenen Namen vollstrecken will, sich Klausel gem. § 727 erteilen lassen: OLG Hamm, InVO 2001, 257; OLG Naumburg, OLGReport 2007, 248; OLG Koblenz, MDR 2014, 596; **a.A.** (Kind kann ohne Weiteres ohne Klauselumschreibung selbst vollstrecken): AG Menden, FamRZ 2001, 1625. Gleiches gilt für den Elternteil, der den Unterhalt für das Kind vorgestreckt hat und der nun aus einem auf das Kind lautenden Titel vollstrecken will: AG Tempelhof-Kreuzberg, DGVZ 2002, 44.
42 OLG Oldenburg, FamRZ 1982, 953.
43 OLG Köln, InVo 2002, 375; OLG Schleswig, OLGReport 2008, 193; OLG Hamm, FamFR 2011, 400; **a.A.** insoweit: OLG Koblenz, NJOZ 2006, 3316. Zu unterscheiden hiervon ist der Fall, dass die Unterhaltsvorschusskasse die auf sie übergegangenen Ansprüche an das Kind zurück abtritt. Hier wird das Kind Rechtsnachfolger kraft Abtretung: OLG Schleswig, SchlHA 2010, 90.
44 Zu den Vorzügen und Schwierigkeiten dieser Vorgehensweise: OLG Stuttgart, BeckRS 2014, 14192 mit Anm. *Erdrich*, NZFam 2014, 753.
45 BGHZ 20, 131; BGH, Rpfleger 1982, 64; *Stein/Jonas/Münzberg*, § 727 Rn. 14 b.
46 LG Hannover, Rpfleger 1968, 95; LG Stade, Rpfleger 1975, 67; OLG Köln, Rpfleger 1979, 28 und InVo 1999, 157; OLG Stuttgart, Rpfleger 1981, 313; OLG Bamberg, FamRZ 1983, 204; *Helwich*, Rpfleger 1983, 226.
47 OLG Düsseldorf, FamRZ 1972, 402 und InVo 1998, 26; OLG Hamm, FamRZ 1981, 915.

Obwohl insoweit keine volle Rechtsnachfolge vorliegt, sondern nur eine Einziehungsbefugnis im eigenen Namen und Interesse, ist auch die Überweisung zur Einziehung gem. § 835 Abs. 1 als Rechtsnachfolge kraft Hoheitsakts einzuordnen.[48] Wer daher eine bereits titulierte Forderung hat pfänden und sich zur Einziehung überweisen lassen, kann aus dem schon vorliegenden Titel nach Klauselumschreibung unmittelbar vollstrecken. Dass die gepfändete und überwiesene Forderung vom Vollstreckungsschuldner als uneigennützigem Treuhänder seinerseits nur in Prozessstandschaft für einen Dritten tituliert worden war, kann nicht im Verfahren nach § 727 berücksichtigt werden, sondern müsste vom Treugeber mit der Klage gem. § 771 geltend gemacht werden.[49]

e) Forderungsübergang kraft Abtretung

12 **derjenige, dem der Anspruch durch Rechtsgeschäft abgetreten wurde.** Hier ist in erster Linie die Forderungsabtretung gem. §§ 398 ff. BGB zu nennen, ferner die Übertragung einer Grundschuld, §§ 1191, 873 BGB[50]. Erstreckt sich die Vollstreckungsunterwerfung aus einer notariellen Urkunde nur auf Ansprüche aus einer treuhänderisch gebundenen Sicherungsgrundschuld muss zur Erteilung der Rechtsnachfolgerklausel nicht nur die Abtretung der Grundschuld, sondern auch der Eintritt des Zessionars in den Sicherungsvertrag (durch Übernahme aller Verpflichtungen[51]) nachgewiesen werden.[52] Ob die Unterwerfung in dieser Weise eingeschränkt ist, ist durch Auslegung zu ermitteln. Eine formularmäßige Unterwerfungsklausel kann, – aber nur dann, wenn die Urkunde im Wortlaut entsprechende unmissverständliche Anhaltspunkte enthält, also nicht grundsätzlich und in jedem Fall allein aufgrund einer reinen Interessenabwägung[53] –, unter dem Aspekt der kundenfreundlichsten Auslegung (Auslegungskriterium bei der Bewertung der Hinweise im Text) dahin verstanden werden.[54] Ob der Nachweis in der gehörigen Form erbracht ist, ist im Klauselerteilungsverfahren und mit den in diesem Verfahren vorgesehenen Rechtsbehelfen[55], nicht etwa im Prozess gem. § 767 zu überprüfen. Ist die Verpflichtung des Grundschuldgläubigers in dem Sicherungsvertrag vereinbart und bietet der neue Grundschuldgläubiger dies unwiderruflich an, kann der Schuldner den Schuldbeitritt nicht zurückweisen, ohne seinerseits treuwidrig zu handeln.[56]

Auch der ursprünglich im Titel genannte Gläubiger bedarf der Klausel gem. § 727, wenn er die Forderung zunächst abgetreten hatte, dem neuen Gläubiger daraufhin Rechtsnachfolgerklausel erteilt

---

48 RGZ 57, 328; BGHZ 86, 339; OLG Frankfurt, NJW 1983, 2266; KG, OLGZ 83, 205; OLG Jena, InVo 2000, 207; *K. Schmidt*, JuS 1984, 64; *Münzberg*, ZZP 1983, 372.
49 A.A. (schon Verweigerung der Rechtsnachfolgeklausel): OLG Celle, InVo 2000, 104.
50 Ausführlich hierzu: *Fromm*, ZfIR 2008, 664 ff.
51 Herrler, BB 2010, 1931, 1937. Zur Frage, wie diese Übernahme ausgestaltet werden kann: BGH, NJW 2012, 2354.
52 BGHZ 185, 133 mit Anm. *Kraayvanger/Günther*, BB 2010, 1499 und *Schulz*, EWiR 2010, 409. Siehe ferner: *Clemente*, ZfIR 2010, 441, 443; *Skauradszun*, MDR 2010, 845; *Sommer*, RNotZ 2010, 378. Das gilt aber nicht, wenn im Zuge der Abtretung eine neue Darlehensverpflichtung begründet wird: LG Heidelberg BKR 2010, 472.
53 BGH, NJW 2011, 2803; BGH, BeckRS 2011, 23247; BGH, BeckRS 2011, 27248; BGH, DNotZ 2012, 53.
54 BGHZ 185, 133 ff. muss entsprechend eingeschränkt verstanden werden. Über den BGH noch hinausschießend: LG Bamberg, NJOZ 2011, 1813. Zur – scheinbaren – Kontroverse zwischen BGHZ 185, 133 und BGH, NJW 2011, 2803 (XI. Zivilsenat einerseits und VII. Zivilsenat andererseits) ausführlich: *Dieckmann*, BWNotZ 2011, 42; *Herrler*, NZM 2012, 7; *Kesseler*, WM 2011, 486; *Kolling*, BKR 2011, 501; *Milzer*, BWNotZ 2011, 62.
55 BGHZ, 185, 133; BGH, BeckRS 2013, 12160.
56 OLG Hamm, JurBüro 2012, 162.

und die Forderung dann wieder an den alten Gläubiger zurück abgetreten worden war.[57] Mit der Abtretung einer titulierten Forderung ist nicht ohne Weiteres auch der titulierte Kostenerstattungsanspruch mit abgetreten[58], da es sich um eine selbstständige Forderung handelt.

Auch der Gesellschafter einer BGB-Gesellschaft, der nach Auflösung der Gesellschaft im Wege der Liquidation einzelne Forderungen aus dem früheren gemeinschaftlichen Bestand erworben hat, bedarf der Klausel nach § 727 zur Vollstreckung eines noch auf alle Gesellschafter lautenden Titels.[59]

Ist die Forderung im Laufe des Prozesses abgetreten worden, hat der alte Gläubiger den Rechtsstreit gem. § 265 Abs. 2 zu Ende geführt, ist der Schuldner aber schon im Titel zur Zahlung zu Händen des neuen Gläubigers verurteilt[60], so erhält der neue Gläubiger dennoch nicht nach §§ 724, 725, sondern nur unter den Voraussetzungen des § 727 Vollstreckungsklausel zu diesem Titel.[61] Liegen die Voraussetzungen des § 727 etwa in zeitlicher Hinsicht (Näheres Rdn. 3) nicht vor, scheidet eine Vollstreckung durch den neuen Gläubiger aus.

f) Eigentumserwerb an der streitbefangenen Sache

derjenige, der das Eigentum an dem Gegenstand, dessen Besitz oder Nutzung im Streit war, nach Rechtshängigkeit erworben hat und damit Inhaber der auf Herausgabe (etwa § 985 BGB), künftiges Nutzungsentgelt (etwa § 535 BGB oder auch § 566 BGB) o. Ä. lautenden Ansprüche geworden ist. Der Eigentumserwerb an der Sache kann auf Rechtsgeschäft (§§ 873 ff., 829 ff. BGB) oder Hoheitsakt (etwa § 90 ZVG) beruhen. 13

g) Parteien kraft Amtes

Hinsichtlich der »Rechtsnachfolge« in die Gläubigerstellung als Partei kraft Amtes (Testamentsvollstrecker, Insolvenzverwalter[62], auch ausländischer Insolvenzverwalter[63], Zwangsverwalter, usw.) oder nach einer Partei kraft Amtes (Gemeinschuldner nach Aufhebung des Insolvenzverfahrens; Erbe nach Beendigung der Testamentsvollstreckung usw.) enthalten §§ 728 Abs. 2, 748, 749 eine Sonderregelung, die aber zur entsprechenden Anwendung des § 727 führt. 14

2. Rechtsnachfolger des Gläubigers sind nicht

a) Forderungsinhaber im Fall der gewillkürten Prozessstandschaft

derjenige, der schon bei Rechtshängigkeit Rechtsinhaber war, mit der gewillkürten Prozessstandschaft[64] durch einen Dritten aber einverstanden war, nun jedoch den Titel selbst vollstrecken möch- 15

---

57 OLG Brandenburg, FamRZ 2007, 62. Weitergehend (auch dann, wenn dem neuen Gläubiger noch keine Klausel erteilt worden war): LG Mühlhausen, DGVZ 2012, 13. Dies verkennt jedoch die Formalisierung des Klauselverfahrens; schließlich beantragt der im Titel ausgewiesene Gläubiger die Klausel. Dass dem die Klausel erteilenden Organ grundsätzlich nur die Prüfung der formellen Voraussetzungen der Klauselumschreibung obliegt, nicht die Prüfung materiellrechtlicher Fragen zum titulierten Anspruch: LG Bielefeld, BKR 2011, 333.
58 OLG Hamburg, JurBüro 1974, 1035.
59 LG Hannover, AnwBl. 1972, 133 mit Anm. *Matzen*.
60 Siehe Vor §§ 724–734 Rdn. 8.
61 BGH, NGW 1984, 806 mit Anmerkungen von *Kion*, NJW 1984, 1601 (abl.) und *Gerhardt*, JR 1984, 288 (zust.); KG, JR 1956, 303; LG Essen, Rpfleger 1972, 320; siehe ferner: Vor §§ 724–734 Rdn. 8.
62 AG Hamburg-Altona, DGVZ 2012, 55.
63 Zum englischen Trustee insoweit: BGH, MittBayNot 2012, 155 mit Anm. *Bierhenke*, MitBayNot 2012, 167.
64 Zu den Voraussetzungen der ursprünglichen gewillkürten Prozessstandschaft: BGH, WM 1999, 676; BGH, ZIP 2000, 149; BGH, NZG 2008, 711; BGH, NJ 2012, 246 mit Anm. *Jäckel*; OLG Stuttgart, BeckRS 2007 1581; OLG München, NJW-RR 2007, 285; *Frank*, ZZP 1979, 321 ff; MüKo/*Lindacher*, Vorbem. §§ 50 ff. Rn. 56–69; Musielak/*Weth*, § 51 ZPO Rn. 26–30.

te.[65] Hier hat nie ein Wechsel der Rechtsinhaberschaft stattgefunden. Auch die Verfügungsbefugnis über das Recht wechselte nicht, da die Einziehungsermächtigung es (jedenfalls in der Regel) nicht ausschließt, dass der Rechtsinhaber sein Recht selbst geltend macht. Deshalb liegt hier kein § 728 Abs. 2 vergleichbarer Fall[66] vor. Der Rechtsinhaber muss sich an den Dritten halten. Der Dritte kann die Last der Vollstreckung auch nicht in der Weise auf den Rechtsinhaber zurück übertragen, dass er ihn nun seinerseits zur Durchführung der Zwangsvollstreckung im eigenen Namen ermächtigt. Eine solche Vollstreckungsstandschaft ohne Legitimation im Titel oder durch die Klausel kennt die ZPO nicht (Einzelheiten Rdn. 26).

b) Früherer Geschäftsführer der aufgelösten Gesellschaft

16 der frühere Gesellschafter der aufgelösten Gesellschaft, wenn ihm nicht im Einzelfall im Zuge der Liquidation ein Anspruch abgetreten wurde. Die Gesellschaft bleibt vielmehr als Liquidationsgesellschaft fortbestehen und muss den »vergessenen Anspruch« selbst geltend machen.[67]

c) Gesellschaft, die ihre Rechtsform geändert hat

17 die Gesellschaft, die ohne Identitätsänderung[68] die Rechtsform ändert, dabei aber kontinuierlich weiter besteht[69] oder der neue Gesellschafter beigetreten sind,[70] soweit die Namen dieser Gesellschafter nicht, wie bei § 47 GBO, vollstreckungsrechtlich bedeutsam sind.[71] Beispielhaft sind hier zu nennen die im Titel als solche genannte BGB-Gesellschaft, die zur oHG erstarkt ist; die oHG, die durch Aufnahme von Kommanditisten zur KG wird; die KG, die nach dem Ausscheiden des letzten Kommanditisten zur oHG wird; die als BGB-Gesellschaft verklagte Anwaltssozietät, die einen weiteren Sozius aufnimmt[72]. In diesen Fällen vermerkt der Urkundsbeamte bei der Klauselerteilung im Wege der Beischreibung die neue Firma; das Vollstreckungsorgan kann auch ohne einen solchen Vermerk die Identität zu Beginn der Vollstreckung selbst feststellen.[73]

d) Nachfolger des abgelösten WEG-Verwalters

18 der neue WEG-Verwalter, falls sein Vorgänger Ansprüche der Wohnungseigentümergemeinschaft nicht nach § 27 Abs. 2 Nr. 5 WEG, sondern im eigenen Namen hatte titulieren lassen.[74] Insoweit liegt nachprozessuale »Nachfolge« in der gewillkürten Prozessstandschaft vor, nämlich eine der ZPO fremde »Vollstreckungsstandschaft«. Der neue Verwalter muss sich die Ansprüche durch Abtretung übertragen lassen, um eine Klausel nach § 727 beantragen zu können.

---

65 Wie hier: OLG Düsseldorf, JurBüro 1967, 256; KG, Rpfleger 1971, 103; LG Hannover, NJW 1970, 436 mit Anm. *Diester;* Olzen, JR 1985, 288; **a. A.** aber (§ 727 unmittelbar anwendbar): *Heintzmann,* ZZP 1979 (Bd. 143), 61 ff.; für eine entsprechende Anwendung: *Stein/Jonas/Münzberg,* § 727 Rn. 31 (der die entsprechende Anwendung in diesem Fall aber selbst als an sich regelwidrig bezeichnet); BGH, NJW 1988, 2375; LAG München, NJW-RR 1987, 956; OLG Köln, OLGReport 1993, 290; offen gelassen dagegen: BGH, JZ 1983, 150.
66 So aber *Loritz,* ZZP 1982, 332.
67 Einzelheiten: *K. Schmidt,* Gesellschaftsrecht, § 11 V 6.
68 Hinsichtlich der Fälle, in denen die Umwandlung mit einer Identitätsänderung verbunden ist, vergl. oben Rdn. 6.
69 BGH, DGVZ 2004, 73.
70 OLG Saarbrücken, NJOZ 2008, 3089.
71 Sie hierzu oben Rdn. 3 und Rdn. 6.
72 OLG Saarbrücken, NJOZ 2008, 3089.
73 Siehe oben Rdn. 2.
74 Nach BGH, NZM 2011, 278 mit Anm. *Elzer,* DNotZ 2011, 485, ferner: LG Karlsruhe, ZWE 2009, 410 dürfte dies nach Anerkennung der Teilrechtsfähigkeit der Wohnungseigentümergemeinschaft nicht mehr zulässig sein. Hinsichtlich alter Titel stellt sich das Problem aber nach wie vor.

e) Ersteher eines Grundstücks nach vorausgegangener Zwangsverwaltung

der Ersteher eines Grundstücks, das nach vorausgegangener Zwangsverwaltung zwangsversteigert worden war, im Hinblick auf einen vom Zwangsverwalter erstrittenen Titel gegen einen Mieter, durch den dieser zur Räumung verurteilt worden ist.[75] Der Ersteher benötigt einen neuen eigenen Titel.

III. Beispiele der Rechtsnachfolge auf Schuldnerseite

Rechtsnachfolger des Schuldners i.S. § 727 ist, wer nach Eintritt der Rechtshängigkeit bzw. nach Erstellung des Titels (vergl. oben Rdn. 3) **an Stelle** des im Titel genannten Schuldners seinerseits Schuldner des titulierten Anspruchs oder Besitzer der im Streit befangenen Sache in der in § 325 Abs. 1 beschriebenen Weise geworden ist.

Einzelheiten:

1. Rechtsnachfolger des Schuldners ist

a) Erbe

dessen Erbe (§§ 1922, 1967 BGB); hierbei ist zu beachten, dass die Gesamtrechtsnachfolge unmittelbar mit dem Erbfall eintritt (§ 1942 Abs. 1 BGB), dass die Ausschlagung der Erbschaft durch den zunächst berufenen Erben aber zur Folge hat, dass der Anfall an den Ausschlagenden als nie erfolgt gilt (§ 1953 Abs. 1 BGB). Eine Pflicht gegenüber den Vollstreckungsgläubigern des Erblassers, sich zur Annahme oder Ausschlagung der Erbschaft zu äußern, besteht für den Erben nicht. Ist die Erbschaft ausdrücklich angenommen, so entfällt die Möglichkeit der Ausschlagung (§ 1943 BGB; zur Anfechtung der Annahme: §§ 1954–1957 BGB). Deshalb ist es zum Nachweis der Rechtsnachfolge auf Schuldnerseite immer erforderlich, dass die Annahme der Erbschaft oder der Ablauf der Ausschlagungsfrist nachgewiesen wird; eine Titelumschreibung gegen den (die) Erben vor Annahme der Erbschaft ist also nicht möglich (§ 1958 BGB).[76]

Hat der Gläubiger bereits vor dem Tod des Erblassers mit der Zwangsvollstreckung begonnen, so benötigt er zur Fortsetzung der Zwangsvollstreckung (insgesamt, nicht nur der einzelnen Vollstreckungsmaßnahme, die gerade eingeleitet war) nur dann eine Klausel gegen den (die) Erben, wenn er auch in deren persönliches Vermögen[77] und nicht allein in den Nachlass vollstrecken will (§ 779). Die Zwangsvollstreckung in den Nachlass, soweit nicht ein persönliches Tun, Dulden oder Unterlassen der Erben in Rede steht, kann aufgrund des ursprünglichen Titels ohne Rechtsnachfolgerklausel in vollem Umfang fortgesetzt werden. Zur Zwangsvollstreckung in den ungeteilten Nachlass benötigt der Gläubiger, der nicht schon zu Lebzeiten des Erblassers mit der Vollstreckung begonnen hatte, eine Klausel gegen alle Miterben (§ 747). Will der Gläubiger aus dem Titel gegen den Erblasser nur einen der Miterben persönlich in Anspruch nehmen, sei es durch Vollstreckung in dessen sonstiges Privatvermögen (§ 2058 BGB), sei es durch Vollstreckung in den (abstrakten) Erbanteil (§ 2033 BGB), genügt eine Klausel gegen diesen Erben[78], die zu erteilen ist, ohne dass es hierzu eines Erbscheins hinsichtlich der gesamten Erbfolge oder einer Auseinandersetzung unter den Miterben bedürfte.[79] Der Einwand des § 2059 BGB ist weder im Klauselverfahren noch vom Vollstreckungsorgan zu beachten. Er muss vom Erben gem. §§ 781, 785, 767 mit der Vollstreckungsabwehrklage geltend gemacht werden. Der Umschreibung eines gegen den Erblasser erwirkten Unterhaltstitels gem. §§ 120 FamFG, 727 ZPO gegen den nach § 1586b Abs. 1 Satz 1 BGB für die Unterhaltsschuld weiterhaftenden Erben steht nicht entgegen, dass die Haftung gem. § 1586b

---

[75] BGH, WM 2012, 1439.
[76] *Bamberger/Roth/Seidl,* § 1958 BGB Rn. 5; *Erman/Schlüter,* § 1958 Rn. 5; *Palandt/Weidlich,* § 1958 BGB Rn. 2.
[77] LG Duisburg, Rpfleger 1999, 549.
[78] BayObLG, NJW 1970, 1801.
[79] LG Leipzig, InVo 2004, 114.

Abs. 1 Satz 3 BGB der Höhe nach beschränkt ist.[80] Zur Umschreibung auf den Erbeserben bedarf es in diesen Fällen nicht der vorausgehenden Klauselerteilung gegen den Erben.[81]

Nicht Rechtsnachfolgerin des Erblassers ist seine Witwe, die die Erbschaft ausgeschlagen hat, aber Versorgungsbezüge als Witwe bezieht.[82]

b) Befreiender Schuldübernehmer

22 derjenige, der mit befreiender Wirkung die Schuld des im Titel genannten Schuldners übernommen hat (§ 414 BGB).[83] Die wohl überwiegende Auffassung, die hier § 727 ablehnt[84], überzeugt nicht. Die nach §§ 414, 415 BGB notwendige Zustimmung des Gläubigers zum Schuldnerwechsel sichert den alten Schuldner hinreichend vor weiterer Inanspruchnahme. Er kann nach §§ 767, 769, gegebenenfalls sogar nach § 775 Nr. 4 vorgehen. Zudem ist der vom BGH[85] vorgeschlagene alternative Weg nur gangbar, wenn die befreiende Schuldübernahme noch während des zum Titel führenden Rechtsstreits erfolgt, während die hier vertretene Auffassung in allen Fällen zu einem interessengerechten Ergebnis führt.

c) Betriebsübernehmer

23 derjenige, der nach § 613a Abs. 1 BGB die Pflichten aus einem Arbeitsverhältnis mit einem Betrieb oder Betriebsteil übernommen hat.[86] Es handelt sich im Hinblick auf § 613a Abs. 2 BGB zwar nur um einen gesetzlichen Schuldbeitritt. Normalerweise reicht der bloße Schuldbeitritt nicht aus[87], um eine Rechtsnachfolge zu bejahen, auch nicht in entsprechender Anwendung des § 729 Abs. 1. Der arbeitsrechtliche Schutzzweck des § 613a BGB erfordert jedoch eine Ausnahme. Lag der Betriebsübergang bereits vor Rechtshängigkeit des zum Titel führenden Verfahrens, kann § 727 allerdings nicht angewendet werden, da dann die Voraussetzungen des § 325 ZPO nicht vorliegen, auf die nicht verzichtet werden kann.[88]

d) Erwerber der streitbefangenen Sache nach Rechtshängigkeit

24 derjenige, der den Besitz an der im Streit befangenen Sache nach Rechtshängigkeit bzw. nach Titelstellung (siehe Rdn. 3) als Besitzmittler für den Gläubiger oder Schuldner oder auch als Eigenbesitzer[89] erlangt hat. Hierher zählen insbesondere auch die Fälle, in denen ein Ehegatte oder Lebensgefährte an Stelle des anderen, der Alleinmieter der Wohnung ist, nach dessen Auszug die Wohnung in Alleinbesitz nimmt. Das gegen den aus der Wohnung bereits ausgezogenen Ehegatten oder Gefährten noch zu dessen Mitbesitzzeit erstrittene Räumungsurteil kann nunmehr gegen den

---

80 BGH, MDR 2005, 95; OLG Koblenz, MDR 2004, 238; OLG Frankfurt, InVo 2003, 239; MüKo-BGB/*Maurer*, § 1586b Rn. 25.
81 OLG Koblenz, MDR 2004, 238.
82 OLG München, NJW-RR 1988, 576.
83 Sehr streitig; wie hier: OLG Schleswig, SchlHA 1959, 198; LG Hamburg, DNotZ 1969, 704; *Baumbach/Lauterbach/Hartmann*, § 325 Rn. 7; *Zöller/Vollkommer*, § 325 Rn. 24-26; *Zöller/Stöber*, § 727 Rn. 16; *Calavros*, Urteilswirkungen zulasten Dritter, 1978, S. 62.
84 BGH, LM § 265 ZPO Nr. 14; BGHZ 61, 140 ff. (mit zahlreichen Nachweisen zur älteren Literatur); *Brox/Walker*, Rn. 118; *Musielak/Lackmann*, § 727 Rn. 6; *Stein/Jonas/Münzberg*, § 727 ZPO Rdz. 19; *Thomas/Putzo/Seiler*, § 727 Rn. 13.
85 BGHZ 61, 143/144.
86 BAG, BB 1977, 395; (offen gelassen in BAG, NJW 1979, 234); BAG, NJW 2010, 2909; LAG Düsseldorf, NZA-RR 1996, 242; LAG Frankfurt, BeckRS 2013, 65743; MüKo-BGB/*Müller-Glöge*, § 613a BGB Rn. 215; ErfKomm/*Preis*, § 613a BGB Rn. 180.
87 Einzelheiten Rdn. 26.
88 BAG, NJW 2010, 2909; LAG Köln, BeckRS 2010, 74652; ErfKomm/*Preis*, § 613a BGB Rn. 180.
89 BGH, NJW 1981, 1517.

in der Wohnung Zurückgebliebenen umgeschrieben werden.[90] Praktische Schwierigkeiten werden insoweit allerdings die erforderlichen Nachweise im Hinblick auf § 325 ZPO machen. Gleiches gilt in den Fällen, in denen der Mieter die Räumlichkeiten unberechtigt untervermietet und nach seinem eigenen Auszug den Untermieter im Besitz der Räume zurückgelassen hatte[91].

Der wahre Eigentümer ist in entsprechender Anwendung des § 727 nach Eigentumsberichtigung als Rechtsnachfolger des verurteilten Bucheigentümers.[92]

Der Erwerber eines Grundstücks, von dessen Zustand Störungen ausgehen, ist dagegen nicht grundsätzlich Rechtsnachfolger des zur Beseitigung des störenden Zustands verurteilten Veräußerers. Eine »Verdinglichung« der Beeinträchtigung[93], die zur Annahme einer Rechtsnachfolge führen kann, liegt jedenfalls bei fortschreitenden Entwicklungsprozessen nicht vor.[94]

e) Folgeorganisationen nach Aufspaltung

Wird ein Titelschuldner durch Aufspaltung aufgelöst, so sind die durch die Aufspaltung entstandenen neuen Rechtsträger die Rechtsnachfolger des Titelschuldners, gegen die der Gläubiger die Umschreibung des Titels verlangen kann.[95]   25

f) Praxisabwickler

Der Abwickler einer Anwaltskanzlei (§ 55 BRAO) ist hinsichtlich der von ihm verwalteten Rechtsanwaltsanderkonten des früheren Rechtsanwalts Rechtsnachfolger. Gegen ihn ist daher Rechtsnachfolgeklausel zu einem gegen den früheren Rechtsanwalt erwirkten Titel zur Vollstreckung in diese Konten zu erteilen.[96] Dagegen kann ein vom Abwickler selbst eingerichtetes Anderkonto, dessen Guthaben den Zwecken der Abwicklung dient, nicht zur Befriedigung der Gläubiger des früheren Rechtsanwalts im Wege der Zwangsvollstreckung herangezogen werden.[97]   26

2. Rechtsnachfolger des Schuldners ist dagegen nicht

a) Mitübernehmer der Schuld

derjenige, der die titulierte Schuld nur mitübernimmt, sei es aufgrund Vertrages, sei es aufgrund gesetzlicher Regelung.[98] Die in § 729 Abs. 1 und 2 angesprochenen Fälle des gesetzlichen Schuldbeitritts können auf andere Fälle nicht erweiternd übertragen werden[99], da ihr Charakteristikum – der nachträgliche Entzug der gesamten Haftungsgrundlage – für die übrigen Fälle des gesetzlichen oder vertraglichen Schuldbeitritts gerade nicht typisch ist. Wer der fortbestehenden Schuld eines anderen nur kumulativ beitritt, folgt ihm nicht in seiner Rolle als Schuldner nach, sondern teilt sie nur mit ihm.   27

---

90 LG Mannheim, NJW 1962, 815 mit Anm. *Rheinspitz*, NJW 1962, 1402; LG Münster, MDR 1973, 934.
91 *Schuschke*, DGVZ 2009, 160; *Baer*, ZMR 2013, 334.
92 OLG Hamm, NJW 1999, 1038; LG Rostock, NJW-RR 2001, 1024.
93 BGHZ 28, 153.
94 OLG Düsseldorf, NJW 1990, 1000.
95 OLG Frankfurt, NJWE-WettbR 2000, 269.
96 OLG Karlsruhe, MDR 2005, 117.
97 OLG Nürnberg, NJW-RR 2006, 1434.
98 BGH, Rpfleger 1974, 260.
99 Zur Ausnahme hinsichtlich des § 613a BGB siehe oben Rdn. 23.

b) Persönlich haftende Gesellschafter der liquidierten oHG

28 die früheren persönlich haftenden Gesellschafter einer liquidierten Personenhandelsgesellschaft.[100] § 129 Abs. 4 HGB wirkt insoweit auch nach der Auflösung der Gesellschaft weiter. Der Gläubiger muss, wenn kein Gesellschaftsvermögen mehr vorhanden ist, einen Titel gegen die Gesellschafter persönlich erwirken (beachte aber § 159 Abs. 1 HGB).

c) Erwerber des Gesellschaftsanteils einer BGB-Gesellschaft

29 der Übernehmer des Gesellschaftsanteiles einer GbR hinsichtlich der persönlichen Haftung des früheren Gesellschafters im Hinblick auf einen gegen diesen früheren Gesellschafter vorliegenden Titel.[101]

30 Gegen einen durch Verschmelzung selbstständiger Unternehmen entstandenen Rechtsnachfolger kann nicht aus einem nur gegen einen seiner Rechtsvorgänger ergangenen Unterlassungstitel vollstreckt werden, wenn auch nur dieser Rechtsvorgänger gegen das ihn betreffende Unterlassungsverbot verstoßen hatte[102]. Wohl kann der Rechtsnachfolger aber wegen eigener Verstöße gegen das Unterlassungsgebot, wenn es den Rechtsvorgänger nicht nur höchstpersönlich betraf[103], nach Titelumschreibung in Anspruch genommen werden[104].

IV. Keine »gewillkürte Vollstreckungsstandschaft«

31 Ist auf Gläubigerseite der Anspruch auf einen neuen Gläubiger übergegangen, so kann der alte Gläubiger sich seine Vollstreckungsbefugnis nicht dadurch erhalten und eine Klage nach § 767 erfolgreich abwenden, dass er sich vom neuen Gläubiger zur Durchführung bzw. Fortsetzung der Zwangsvollstreckung im eigenen Namen für fremde Rechnung ermächtigen lässt.[105] Gleiches gilt für den neuen Gläubiger, der sich den Aufwand der Klauselumschreibung und die Last und die Kosten der Vollstreckung im eigenen Namen ersparen will. Materiellrechtliche Inhaberschaft der Forderung und Vollstreckungsbefugnis sollten nur in den vom Gesetz vorgesehenen Fällen auseinander fallen (so § 265 Abs. 2; ferner die Fälle der Partei kraft Amtes als Gläubiger; vergl. § 728 Rdn. 9). Die Anerkennung einer »gewillkürten Vollstreckungsstandschaft« derart, dass der im Titel ausgewiesene Gläubiger, der sein Recht an einen Dritten verloren hat, von diesem zur Durchführung der Zwangsvollstreckung ermächtigt wird, oder dass umgekehrt der im Titel ausgewiesene Gläubiger ohne Abtretung des materiellen Rechts einen Dritten zur Durchführung der Zwangsvollstreckung im eigenen Namen ermächtigt, wäre der ZPO fremd.[106] Die Zulassung der gewillkürten Prozessstandschaft durch die Rechtsprechung[107] erfordert nicht auch die Anerkennung einer Vollstreckungsstandschaft: Der Prozessstandschafter ist Titelgläubiger.[108] Der Geltendmachung seiner

---

100 AG München, KTS 1966, 122; LG Kiel, SchlHA 1975, 164; AG Essen, Rpfleger 1976, 24; OLG Düsseldorf, Rpfleger 1976, 327; OLG Hamm, NJW 1979, 51; OLG Frankfurt, DB 1982, 590.
101 BGH, NZG 2007, 140.
102 OLG Köln, OLGR 2009, 408.
103 Siehe hierzu *Mels/Franzen,* GRUR 2008, 968, 974.
104 Gleiches gilt für einen Insolvenzverwalter, der nach Verfahrenseröffnung und Titelumschreibung selbst gegen ein ursprünglich gegen den Gemeinschuldner ergangenes Unterlassungsverbot verstößt: OLG Frankfurt, jurisPR-InsR 4/2009 mit Anm. durch *Tetzlaff.*
105 A.A. zu § 767 ZPO: BGH, KTS 1993, 267.
106 BGH, NJW 1985, 809 mit kritischer Anmerkung *Brehm,* JZ 1985, 342 ff. und *Olzen,* JR 1985, 288 ff.; BGH, NJW-RR 1992, 61; *Musielak/Lackmann,* § 727 Rn. 11. Für die Zulässigkeit einer gewillkürten Vollstreckungsstandschaft: OLG Dresden, OLG-NL 1995, 163; *Petersen,* ZZP 2001, 485 ff. Ausführlich zur Problematik der »Vollstreckungsstandschaft«, ihre Zulässigkeit im Ergebnis verneinend: *Kirsten Schmidt,* Vollstreckung im eigenen Namen durch Rechtsfremde, 2001.
107 So BGHZ 78, 1; BGH, NJW 1986, 850; NJW 1981, 2640; NJW 1979, 924; jeweils mit Nachweisen der älteren Rechtsprechung.
108 Siehe auch oben Rdn. 15.

fehlenden Aktivlegitimation in der Vollstreckung steht § 767 Abs. 2 entgegen. Wechselt allerdings die materiellrechtliche Befugnis erst nach Titelerlangung, ist der Schuldner mit seinen Einwänden nicht präkludiert.

V. Verfahren

1. Antrag

Die Klausel gem. § 727 wird nur auf Antrag des Gläubigers, der die Zwangsvollstreckung betreiben will, erteilt.[109] Zuständig ist das Prozessgericht und dort der der Rechtspfleger (§ 20 Nr. 12 RpflG), soweit die Klausel zu Urteilen und gerichtlichen Urkunden sowie Prozessvergleichen zu erteilen ist.

Nach Eingang eines Einspruchs gegen einen vom Mahngericht erlassenen Vollstreckungsbescheid ist für die Klauselerteilung nicht mehr das Mahngericht, sondern das Gericht zuständig, an welches das Verfahren aufgrund des Einspruchs abgegeben worden ist. Dabei ist es unerheblich, ob der Rechtsstreit dort noch anhängig ist[110]. Der Notar[111] erteilt die Klausel zu notariellen Urkunden, zu Urkunden nach § 60 SGB VIII der zuständige Beamte des Jugendamtes.[112]

Der die Klausel Erteilende prüft[113] die allgemeinen Voraussetzungen[114] zur Erlangung einer Vollstreckungsklausel sowie, ob die behauptete Rechtsnachfolge[115] durch öffentliche oder öffentlich beglaubigte Urkunden nachgewiesen oder ob sie offenkundig ist. Hinsichtlich der Offenkundigkeit gilt das zu § 726 Dargestellte:[116] Auch Tatsachen, die der Gegner ausdrücklich zugestanden hat, gelten als offenkundig[117]. Dagegen gilt § 138 Abs. 3 nicht. Durch bloßes Schweigen auf eine Behauptung wird eine Tatsache noch nicht offenkundig. Der die Klausel Erteilende hat nicht zu prüfen, ob der zu vollstreckende Anspruch noch besteht[118], erst recht nicht, ob er ursprünglich zu Recht tituliert wurde.

Das Rechtsschutzbedürfnis für einen angeblichen Rechtsnachfolger, seinerseits noch eine Klausel erteilt zu erhalten, fehlt, wenn schon die Zwangsvollstreckung des Titelgläubigers endgültig wegen des Untergangs des Anspruchs gem. § 767 für unzulässig erklärt wurde.[119] Liegt auf Schuldnerseite Rechtsnachfolge im Besitz vor, so ist für die Klauselerteilung unbeachtlich, ob der Schuldner etwa gutgläubig i. S. von § 325 Abs. 2 erworben hat.[120] Der Schuldner muss diesen Einwand nach

---

109 Siehe: Vor §§ 724–734 Rdn. 8 sowie § 724 Rdn. 4.
110 OLG Hamm, BeckRS 2012, 17224.
111 OLG Düsseldorf, DNotZ 1977, 571 mit Anm. *Brambring*.
112 LG Berlin, FamRZ 1970, 421; LG Frankenthal, DAVorm 1970, 148; KG, FamRZ 1974, 211 und OLGZ 1973, 112.
113 Die Prüfung hat bei jeder Klauselumschreibung selbstständig zu erfolgen. Bei einer weiteren Umschreibung der Klausel auf einen Rechtsnachfolger besteht also keine Bindung an eine frühere unrichtige Klauselumschreibung: KG, NJW-RR 1997, 253. Eine titelübertragende Vollstreckungsklausel beweist jeweils nur, dass ab dem Zeitpunkt der Erteilung dieser Klausel die Vollstreckung gegen die dort genannte Person betrieben werden darf, nicht dagegen, dass auch tatsächlich Rechtsnachfolge stattgefunden hat: OLG Köln, FGPrax 2009, 6.
114 Siehe: Vor §§ 724–734 Rdn. 11 sowie § 724 Rdn. 5, 6.
115 Und nicht etwa nur Teilakte der Rechtsnachfolge; zu Recht insoweit zum Erwerb einer Grundschuld durch Abtretung: *Fromm*, ZfIR 2008, 664.
116 Siehe § 726 Rdn. 11; ferner: BGH, Rpfleger 2005, 611; OLG Saarbrücken, InVo 2001, 447; OLG Dresden, InVo 2004, 116; LG Detmold, NVersZ 2001, 524.
117 **A. A.** (weder Geständnis noch Anerkenntnis reichten aus; zumindest müsse, wenn es um eine Rechtsnachfolge auf Gläubigerseite gehe, auch der alte Gläubiger zustimmen): Gaul/Schilken/*Becker-Eberhard*, § 16 Rn 130, 131.
118 Vor §§ 724–734 ZPO Rdn. 11; § 724 Rdn. 6; ferner OLG Karlsruhe, OLGZ 1977, 121; OLG München, Rpfleger 1974, 29; LG Bielefeld, BKR 2011, 333.
119 OLG Frankfurt, FamRZ 1998, 967.
120 RGZ 79, 168.

§§ 767, 768 geltend machen, nicht nach § 732[121], da in diesem letzteren Verfahren keine Möglichkeit der Feststellung gutgläubigen Erwerbs besteht. Hat der Schuldner diese Rechtsbehelfe nicht rechtzeitig, d. h. vor Beendigung der Zwangsvollstreckung wahrgenommen, so führt dies nicht zu einem Eigentumswechsel zurück zum Gläubiger. Der als neuer Schuldner in Anspruch Genommene kann sein Eigentum auch nachträglich noch mit der allgemeinen Leistungsklage gestützt auf § 985 BGB geltend machen.[122]

2. Nachweis der Rechtsnachfolge durch öffentliche oder öffentlich beglaubigte Urkunden

33 Der Gläubiger muss den Nachweis, dass er Rechtsnachfolger des Titelschuldners ist, durch öffentliche oder öffentlich beglaubigte Urkunden erbringen,[123] soweit die die Rechtsnachfolge begründenden Tatsachen nicht ausnahmsweise offenkundig sind[124]. Dass Handelsregisterauszüge heute über das Internet mittels des allgemeinzugänglichen Registerportals »www.handelsregister.de« von jedermann eingesehen werden können, macht den Registerinhalt noch nicht offenkundig und ersetzt nicht den Nachweis durch öffentliche oder öffentlich beglaubigte Urkunden[125] Gleiches gilt für alle öffentlich zugänglichen Register.

Die dargestellte Nachweisverpflichtung gilt auch für einen **Rechtsschutzversicherer**, der die Kosten des Rechtsstreits vorfinanziert hatte und der nun unter Berufung auf § 86 VVG eine Umschreibung des Kostenfestsetzungsbeschlusses, der zugunsten seines Versicherungsnehmers ergangen war, auf sich selbst begehrt.[126] Auch er kann sich nicht damit begnügen, neben der Zustimmung seines Versicherungsnehmers seine Einzahlungsbelege als Privaturkunden vorzulegen, es sei denn, der Gegner gesteht ausdrücklich (nicht durch bloßes Schweigen, nachdem ihm Gelegenheit zur Stellungnahme gegeben wurde[127]) zu, dass der Rechtsschutzversicherer alle im Kostenfestsetzungsbeschluss ausgewiesenen Kosten vorgelegt hat.[128]

34 Wieweit die Beweiskraft der vorgelegten Urkunden reicht, ist im Einzelfall sorgfältig zu prüfen.

a) Beispiele:

Die Stellung als Erbe wird grundsätzlich durch Vorlage des Erbscheins nachgewiesen. Da der Gläubiger den Erbschein (§§ 2353 ff. BGB) bzw. die ihm erteilte Ausfertigung (§ 357 Abs. 2 FamFG) oft gleichzeitig für vielfältige Zwecke benötigt, genügt auch die Vorlage einer vom Notar öffentlich beglaubigten Erbscheinabschrift.[129] Der Gläubiger, der die Erbenstellung des Schuldners nachweisen muss, kann an Stelle des Schuldners den Antrag auf Erteilung eines Erbscheines stellen (§ 792). Er

---

121 A.A.: *Brox/Walker*, Rn. 118; *Zöller/Stöber*, § 727 Rn. 26.
122 BGHZ 4, 283.
123 LAG München, NJW-RR 1987, 956; LAG Schleswig, Rpfleger 1989, 162; OLG Stuttgart, FamRZ 2001, 838; OLG Düsseldorf, ZfIR 2001, 688. Ein Urteil, das den Beklagten verpflichtet, eine Abtretungserklärung beglaubigen zu lassen, ersetzt nicht die öffentlich beglaubigte Abtretungserklärung und ist daher kein hinreichender Nachweis für diese im Rahmen des § 727 ZPO: BayObLG, NJW-RR 1997, 1015.
124 Zur Frage der »Offenkundigkeit« ausführlich § 726 Rdn. 10, 11. Zur »Offenkundigkeit« in der Form der »Gerichtskundigkeit« infolge des Verhaltens und der Zugeständnisse des »Rechtsnachfolgers« in anderen Verfahren beim gleichen Gericht: OLG München, ZEV 2014, 367. Dass die Beteiligten eine Zession im Bundesanzeiger veröffentlichen lassen, macht die Rechtsnachfolge dagegen noch nicht offensichtlich: LG Bonn, BeckRS 2009 87735.
125 OLG Naumburg, NJW-RR 2012, 638.
126 OLG Saarbrücken, VersR 1989, 955; OLG Bamberg, JurBüro 1992, 195; OLG Köln, VersR 1994, 1371 und 1372; OLG Köln, ZfS 1994, 384.
127 Ausführlich zur »Offenkundigkeit« durch Zugestehen: § 726 Rdn. 11. Gegen die heute h. M. aber und für die Anwendbarkeit des § 138 Abs. 3: OLG Koblenz, JurBüro 1990, 1675 und MDR 2003, 1014; OLG Saarbrücken, JurBüro 1991, 726; OLG Düsseldorf JurBüro 1991, 1552.
128 Insoweit zu eng: OLG Karlsruhe, r + s 1995, 184.
129 LG Mannheim, Rpfleger 1973, 64; beachte aber § 435.

kann dann sogleich auch eine Ausfertigung für sich selbst beantragen (§ 357 Abs. 2 FamFG).[130] Im Einzelfall kann der Nachweis der Erbenstellung auch durch andere öffentliche Urkunden, etwa eine Urteilsausfertigung oder die Vorlage eines öffentlichen Testaments in Verbindung mit einer Niederschrift über die Testamentseröffnung, die ergibt, dass alle Erbschaftsanwärter der letztwilligen Verfügung nicht widersprochen haben, erbracht werden.[131]

b) Hat die Rechtsnachfolge mehrere Voraussetzungen, so muss der Nachweis auch hinsichtlich aller Voraussetzungen erbracht werden. So benötigt der Träger der Sozialhilfe, der nach § 93 SGB XII übergegangene Ansprüche mithilfe eines noch vom Altgläubiger erstrittenen Titels vollstrecken will, sowohl einen Nachweis, dass dem Schuldner die Überleitung der Ansprüche mitgeteilt wurde, als auch einen Nachweis über seine tatsächlich erbrachten Leistungen.[132] In der Regel wird dieser Nachweis erbracht werden durch das beim Sozialamt verbliebene Original der Überleitungsanzeige (oder eine beglaubigte Zweitschrift), die Posturkunde über die Zustellung der Überleitungsanzeige und eine als öffentliche Urkunde nach § 418 anzusehende Aufstellung des Sozialamtes über die Höhe der erbrachten Leistungen[133], deren Richtigkeit dienstlich versichert wird.[134] Der reine Leistungsnachweis reicht hier also ebenso wenig[135] wie die schlichte Vorlage beglaubigter Kopien der Sozialamtsakte.[136] Im ersteren Fall fehlt der Überleitungsnachweis, im zweiten der konkrete Leistungsnachweis. Hatte das Sozialamt die Überleitungsanzeige nicht nach § 3 VwZG durch die Post mit Zustellungsurkunde, sondern nach § 4 VwZG durch die Post mittels eingeschriebenen Briefes zugestellt, so genügt zum Nachweis des Zugangs der Überleitungsanzeige auch der Posteinlieferungsschein[137], da die Wahrscheinlichkeit des Verlustes einer solchen Sendung minimal und der Schuldner durch § 768 hinreichend geschützt ist.

Das zum Leistungsnachweis bei § 93 SGB XII Gesagte gilt auch im Fall des § 94 SGB XII (bei dem nur der Überleitungsnachweis entfällt).[138]

c) Der Träger der Unterhaltsvorschusskasse, der den nach § 7 UVG übergeleiteten Anspruch[139] aus einem Titel des Unterhaltsberechtigten vollstrecken will, hat die an diesen erbrachten Unterhaltsleistungen nachzuweisen. Hierzu genügt eine Zeugnisurkunde der Behörde (§ 418), in der der zuständige Beamte der auszahlenden Stelle die Leistung bestätigt und dabei die Art der Leistung (Barauszahlung, Überweisung) angibt.[140] Dagegen wäre eine Quittung des gerichtlichen Vertreters des Leistungsempfängers über den Empfang von Unterhaltsleistungen als Nachweis unzureichend.[141]

d) Im Fall des § 37 Abs. 1 BAföG muss das Land, das eine vollstreckbare Ausfertigung gegen die unterhaltspflichtigen Eltern des Leistungsempfängers beantragt, nicht nur die Auszahlung der Leistungen durch öffentliche Urkunde nachweisen (der Nachweis lediglich der Bewilligung der

---

130 KG, Rpfleger 1978, 140.
131 Siehe die vergleichbare Regelung in § 61 Abs. 1 S. 2 GBO.
132 Siehe insoweit auch Rdn. 11.
133 OLG Hamm, FamRZ 1981, 915; OLG Bamberg, FamRZ 1983, 204; OLG Köln, InVo 1997, 159; OLG Zweibrücken, InVo 1998, 25; OLG Hamm, FamRZ 1999, 999; OLG Karlsruhe, FamRZ 2004, 125 und InVo 2004, 238; a. A. (diese Aufstellung sei nicht ausreichend): OLG Hamburg, FamRZ 1997, 1489.
134 OLG Bamberg, FamRZ 1983, 204.
135 OLG Düsseldorf, Rpfleger 1986, 392.
136 OLG Stuttgart, NJW-RR 1987, 1504.
137 OLG Stuttgart, MDR 1981, 696; a. A. (Posteinlieferungsschein als Nachweis ungeeignet): KG, Rpfleger 1974, 211.
138 OLG Karlsruhe, InVo 2000, 352; OLG Stuttgart, FamRZ 2001, 838.
139 Siehe vorn Rdn. 9.
140 OLG Hamburg, FamRZ 1982, 425; OLG Stuttgart, NJW-RR 1986, 1505.
141 OLG Hamburg, FamRZ 1982, 425; KG, FamRZ 1985, 627; OLG Stuttgart, NJW-RR 1986, 1505.

Leistungen reicht nicht aus¹⁴²), sondern auch, in welcher Höhe das Einkommen und Vermögen der Eltern auf den Bedarf des Auszubildenden nach dem BAföG anzurechnen ist.¹⁴³

e) Aus dem gleichen Grund muss der Gläubiger, der den Lohnanspruch des Schuldners gegen seinen Arbeitgeber, soweit dieser Anspruch im Rahmen des § 850c pfändbar ist, für sich hat pfänden und sich hat überweisen lassen, nicht nur den Pfändungs- und Überweisungsbeschluss vorlegen, um eine Rechtsnachfolgeklausel zu einem Titel des Arbeitnehmers gegen den Arbeitgeber zu erlangen, sondern auch den Nachweis erbringen, dass von dem Pfändungs- und Überweisungsbeschluss überhaupt pfändbare Lohnbeträge erfasst werden.¹⁴⁴

3. Zustellung der Nachweise der Offenkundigkeit

36 In den Text der Klausel ist nicht nur die Bezeichnung des Rechtsnachfolgers entsprechend § 130 Ziff. 1 aufzunehmen, sondern auch, woher der die Klausel Erteilende sein Wissen um die Rechtsnachfolge bezogen hat. Es sind also entweder die öffentlichen Urkunden, die zusammen den Nachweis erbracht haben, anzuführen oder der Hinweis, dass und weshalb die Rechtsnachfolge offenkundig ist. Zweck der Regelung ist es, dem Vollstreckungsorgan auf einfache Weise die Überprüfung im Rahmen des § 750 Abs. 2 zu ermöglichen, was im Einzelnen zuzustellen ist (nicht aber auch, ob die Klausel zu Recht und mit diesem Inhalt erteilt werden durfte¹⁴⁵). Im Hinblick auf diesen alleinigen Zweck ist es überflüssig, neben der Bezeichnung der Urkunden auch ihren wesentlichen Inhalt in der Klausel zu wiederholen. Eine solche Angabe würde die Zustellung der Urkunde selbst nicht erübrigen.¹⁴⁶

4. Klage nach § 731 ZPO

37 Kann der Gläubiger den ihm obliegenden Nachweis nicht mit den in § 727 vorgesehenen Beweismitteln erbringen, so bleibt ihm die Klausel nicht endgültig versagt; er kann sie sich noch mit der Klage nach § 731 erstreiten. In diesem Verfahren stehen ihm alle Beweismittel der ZPO zur Verfügung. Dagegen steht es nicht in seinem Belieben, stattdessen neue Leistungsklage gegen den neuen Schuldner zu erheben.¹⁴⁷

5. Zweitausfertigung nach § 733 ZPO

38 In der Praxis ist es dem Gläubiger als Rechtsnachfolger oft nicht möglich, die seinem Vorgänger erteilte vollstreckbare Ausfertigung vorzulegen, um auf diese die Rechtsnachfolgerklausel zu erhalten. In diesen Fällen müssen zusätzlich alle Voraussetzungen des § 733 erfüllt sein, ehe dem Gläubiger eine neue, weitere Ausfertigung mit der Klausel nach § 727 erteilt werden kann.¹⁴⁸

VI. Rechtsmittel

39 Siehe den Überblick: Vor §§ 724–734 Rdn. 13 und 14.

Der Rechtspfleger kann sowohl im Fall der (befristeten) Beschwerde des Gläubigers gem. § 11 RpflG, § 567 als auch im Fall des § 732 (Erinnerung des Schuldners gegen die Bewilligung der Umschreibung) zunächst selbst darüber entscheiden, ob er dem Rechtsbehelf abhilft. Werden neue

---

142 OLG Köln, FamRZ 1994, 52.
143 OLG Stuttgart, FamRZ 1995, 489.
144 LAG Düsseldorf, Rpfleger 1997, 119.
145 Deshalb darf der Gerichtsvollzieher auch nicht die Zustellung der Urkunden ablehnen, weil er deren Inhalt (etwa aus datenschutzrechtlichen Erwägungen) beanstandet: OLG Hamm, DGVZ 2011, 130.
146 LG Berlin, Rpfleger 1966, 21.
147 A.A. insoweit: LG Berlin, r + s 1995, 184.
148 Einzelheiten § 733 Rdn. 3, 4; vergl. ferner OLG Stuttgart, NJW-RR 1990, 126.

tatsächliche oder rechtliche Gesichtspunkte geltend gemacht, so sollte die Nichtabhilfeentscheidung erkennen lassen, dass der Rechtspfleger sich auch mit diesen noch auseinandergesetzt hat.[149]

Gegen die Ablehnung der Titelumschreibung durch den Notar ist die Beschwerde nach §§ 54 BeurkG, 58 ff. FamFG der zutreffende Rechtsbehelf.[150]

VII. Gebühren

Siehe: Vor §§ 724–734 Rdn. 16.

40

Nimmt der Antragsteller, nachdem er erkannt hat, dass er den ihm obliegenden Nachweis nicht führen kann, seinen Klauselumschreibungsantrag zurück, sind ihm die Kosten des Verfahrens in entsprechender Anwendung des § 269 Abs. 3 Satz 2 aufzuerlegen.[151] Diese Kostenentscheidung ist dann nur gem. § 269 Abs. 3 Satz 5 anfechtbar.

---

149 LG Mannheim, Rpfleger 1972, 364 mit Anm. *Meyer-Stolte*.
150 KG, OLGZ 1973, 112.
151 OLG Hamm, OLGReport 1997, 237.

§ 728 Vollstreckbare Ausfertigung bei Nacherbe oder Testamentsvollstrecker

(1) Ist gegenüber dem Vorerben ein nach § 326 dem Nacherben gegenüber wirksames Urteil ergangen, so sind auf die Erteilung einer vollstreckbaren Ausfertigung für und gegen den Nacherben die Vorschriften des § 727 entsprechend anzuwenden.

(2) ¹Das Gleiche gilt, wenn gegenüber einem Testamentsvollstrecker ein nach § 327 dem Erben gegenüber wirksames Urteil ergangen ist, für die Erteilung einer vollstreckbaren Ausfertigung für und gegen den Erben. ²Eine vollstreckbare Ausfertigung kann gegen den Erben erteilt werden, auch wenn die Verwaltung des Testamentsvollstreckers noch besteht.

Übersicht	Rdn.		Rdn.
I. Zweck	1	III. Titelumschreibung für den Erben nach Beendigung der Verfügungsbefugnis des Testamentsvollstreckers (Abs. 2 Satz 1)	6
II. Titelumschreibung bei Nacherbfolge (Abs. 1)	2	IV. Titelumschreibung gegen den Erben (Abs. 2 Satz 2)	7
1. Die Fälle des § 326 Abs. 1 ZPO	2	V. Titel für und gegen den Erblasser	8
2. Der Fall des § 326 Abs. 2 ZPO	3	VI. Titelumschreibung für und gegen sonstige Parteien Kraft Amtes	9
3. Nachweis der Voraussetzungen des § 326 Abs. 1 bzw. Abs. 2	4	VII. Verfahren	10
4. Verurteilung des Vorerben zur Erfüllung von Nachlassverbindlichkeiten	5		

Literatur:
Jaspersen, Vollstreckung nach Anordnung der Nachlassverwaltung, Rpfleger 1995, 243; *Schreinert*, Erteilung der Vollstreckungsklausel durch den Notar gegen den Schuldner im Insolvenzverfahren, RNotZ 2013, 161.

I. Zweck

1 §§ 326, 327 erstrecken in bestimmten Fällen die Rechtskraft von Urteilen in Rechtsstreitigkeiten zwischen einem Vorerben und einem Dritten bzw. einem Testamentsvollstrecker und einem Dritten auch auf den Nacherben bzw. den Erben. Da der Nacherbe nicht Rechtsnachfolger des Vorerben, der Erbe nicht Rechtsnachfolger des Testamentsvollstreckers nach Beendigung der Testamentsvollstreckung sind, beide vielmehr allein Rechtsnachfolger des Erblassers und nur Nachfolger in der Verfügungsbefugnis über den Nachlass nach dem Vorerben bzw. dem Testamentsvollstrecker, würde § 727 diese Fälle nicht erfassen. Andererseits gelten im Hinblick auf § 750 Abs. 1 die schon in § 727 Rdn. 1 dargelegten Erwägungen. Durch die Anordnung der entsprechenden Anwendung des § 727 wird zunächst also wieder die Kluft zwischen der erweiterten Urteilswirkung einerseits und den Anforderungen der Zwangsvollstreckung andererseits überbrückt.

Darüber hinaus enthält § 728 Abs. 2 zusammen mit den Regelungen für vergleichbare Fälle in §§ 738, 742, 744, 745 Abs. 2, 749, denen allen gemeinsam ist, dass eine Änderung der Verfügungsbefugnis über das Zugriffsobjekt der Zwangsvollstreckung stattgefunden hat und dass die Vollstreckung nunmehr für und gegen eine andere Person durchgeführt werden muss als die im Titel genannte, ein allgemeines Prinzip für ähnliche im Gesetz nicht ausdrücklich geregelte Fälle: Auch beim Eintritt einer anderen Figur der Partei kraft Amtes als der im Gesetz angesprochenen und bei Beendigung dieser Funktion muss eine Klauselerteilung für den neuen Gläubiger bzw. gegen den neuen Schuldner möglich sein, § 727 also ebenfalls entsprechend angewendet werden.

Auch § 728 gilt über § 795 nicht nur für Urteile, sondern für alle Titel.

II. Titelumschreibung bei Nacherbfolge (Abs. 1)

1. Die Fälle des § 326 Abs. 1 ZPO

2 § 326 Abs. 1 bringt in zwei Fällen eine Rechtskrafterstreckung zugunsten des Nacherben: Eine gegen den Vorerben als Erben geltend gemachte Klage ist abgewiesen worden. Oder: Der Vorerbe

hat erfolgreich von einem Dritten die Herausgabe eines der Nacherbfolge unterliegenden Gegenstandes verlangt. In beiden Fällen ist die Nacherbfolge eingetreten (§§ 2100, 2139 BGB), **nachdem** das vom Vorerben erstrittene Urteil schon rechtskräftig war. Will der Nacherbe aus dem obsiegenden Urteil die Hauptsache (nicht die Kosten, da es sich insoweit um einen persönlichen Anspruch des Vorerben, der auf seine Erben übergeht, handelt) vollstrecken, kann er die den Titel auf ihn umschreibende Klausel beantragen.

2. Der Fall des § 326 Abs. 2 ZPO

§ 326 Abs. 2 enthält dagegen einen Fall der Rechtskrafterstreckung zulasten des Nacherben: Der Vorerbe ist mit einer Klage gegen einen Dritten auf Herausgabe eines der Nacherbfolge unterliegenden Gegenstandes, über den der Vorerbe ohne Zustimmung des Nacherben verfügen durfte (§§ 2112, 2136 BGB), abgewiesen worden. Auch hier muss der Nacherbfall **nach** Rechtskraft des Urteils eingetreten sein. Will nun der Dritte die Kostenentscheidung gegen den Nacherben vollstrecken, kann er eine den Titel gegen diesen umschreibende Klausel beantragen.

3. Nachweis der Voraussetzungen des § 326 Abs. 1 bzw. Abs. 2

Der Eintritt der Nacherbfolge und die Voraussetzungen der Rechtskrafterstreckung nach § 326 sind, soweit nicht offenkundig[1], durch öffentliche oder öffentlich beglaubigte Urkunde nachzuweisen. Der Nachweis der Nacherbfolge wird in der Regel durch einen dem Nacherben (bzw. dem Gläubiger für den Nacherben gem. §§ 792 ZPO, 357 Abs. 2 FamFG) für den Fall der Nacherbschaft erteilten Erbschein erbracht.[2]

Der Nachweis der Voraussetzungen des § 326 wird in der Regel durch die Prozessakten (Nachlassverbindlichkeit bzw. der Nacherbfolge unterliegender Gegenstand als Gegenstand des Urteils; Zeitpunkt der Rechtskraft) und die Akten des Nachlassgerichts (Befreiung des Vorerben von Beschränkungen) zu führen sein.

4. Verurteilung des Vorerben zur Erfüllung von Nachlassverbindlichkeiten

Keine Rechtskrafterstreckung zulasten des Nacherben nach § 326 Abs. 1 findet bei Urteilen statt, durch die der Vorerbe zur Erfüllung einer Nachlassverbindlichkeit verurteilt wurde.[3] Deshalb greift insoweit auch § 728 nicht ein: Der obsiegende Nachlassgläubiger erhält bei Eintritt der Nacherbfolge keine den Titel gegen den Nacherben umschreibende Klausel.

III. Titelumschreibung für den Erben nach Beendigung der Verfügungsbefugnis des Testamentsvollstreckers (Abs. 2 Satz 1)

Urteile aus Aktivprozessen des Testamentsvollstreckers über seiner Verwaltung unterliegende Rechte (§§ 2205, 2212 BGB) wirken auch zugunsten des Erben. Ihm kann eine den Titel auf ihn umschreibende Klausel aber erst nach Beendigung der Verwaltung des Testamentsvollstreckers erteilt werden. Gleiches gilt für obsiegende Urteile aus Passivprozessen des Testamentsvollstreckers (Prozesse über Nachlassverbindlichkeiten), soweit der Testamentsvollstrecker prozessführungsbefugt war (§ 2213 BGB). Da hier der Testamentsvollstrecker die Kosten aus dem verwalteten Nachlass bestreitet, betrifft auch der Kostenerstattungsanspruch den Nachlass. Will der Erbe ihn nach Beendigung der Testamentsvollstreckung geltend machen, benötigt er eine den Titel umschreibende Klausel.

Seine Erbenstellung kann der Erbe durch Vorlage eines Erbscheins nachweisen. Der Nachweis der Beendigung der Verfügungsbefugnis des Testamentsvollstreckers richtet sich nach den konkreten Umständen; z. B.: Vorlage einer Geburtsurkunde, falls die Testamentsvollstreckung bei Erreichung

---

1 Siehe hierzu § 726 Rdn. 10, 11 und § 727 Rdn. 33.
2 Vergl. die ähnliche Regelung in § 35 Abs. 1 GBO und hierzu BGH, NJW 1982, 2499.
3 *Musielak/Musielak*, § 326 Rn. 2.

eines bestimmten Lebensalters durch den Erben endet; Vorlage einer Sterbeurkunde des Testamentsvollstreckers im Fall des § 2210 BGB usw.[4]

IV. Titelumschreibung gegen den Erben (Abs. 2 Satz 2)

7 Soweit Urteile gegen den Testamentsvollstrecker nach § 327 Abs. 1 und 2 auch **gegen** den Erben wirken, kann der obsiegende Dritte sich sofort vollstreckbare Ausfertigung gegen den Erben erteilen lassen, braucht also nicht die Beendigung der Testamentsvollstreckung abzuwarten. Diese verfahrensrechtliche Regelung in Abs. 2 Satz 2 ist eine Folge aus der materiellrechtlichen Regelung in § 2213 BGB. Die Klausel gegen den Erben kann durchaus sinnvoll sein. Mit dem Titel gegen den Testamentsvollstrecker kann nur in das seiner Verwaltung unterliegende Vermögen vollstreckt werden (siehe auch § 749 Satz 2). Mit dem auf den Erben umgeschriebenen Titel kann die Vollstreckung in das gesamte Vermögen des Erben betrieben werden. Es ist diesem dann überlassen, gem. §§ 780 Abs. 2, 781 ff. seine Haftungsbeschränkung klageweise geltend zu machen.

V. Titel für und gegen den Erblasser

8 Ist der Titel noch vom Erblasser oder noch gegen den Erblasser erstritten worden, mit dem Erbfall dann Testamentsvollstreckung über den Nachlass jedenfalls im Hinblick auf das titulierte Recht oder den titulierten Anspruch eingetreten, so greift § 749 ein. Hatte die Zwangsvollstreckung schon gegen den Erblasser begonnen, so bedarf es, soweit nicht eine persönliche Mitwirkung des Testamentsvollstreckers oder des Erben erforderlich ist, keiner Titelumschreibung zur Fortsetzung der Zwangsvollstreckung in den Nachlass (§ 779 Abs. 1).[5]

VI. Titelumschreibung für und gegen sonstige Parteien Kraft Amtes

9 Die in §§ 749, 728 Abs. 2 für den Fall der Testamentsvollstreckung enthaltene Regelung muss entsprechend für andere Fälle, in denen eine Partei kraft Amtes die Verfügungsbefugnis über fremdes Vermögen übernimmt oder in der der Eigentümer von einer Partei kraft Amtes die Verfügungsbefugnis erhält (zurückerhält), angewandt werden. Auch in diesen Fällen findet keine Rechtsnachfolge im eigentlichen Sinne statt: Der Insolvenzverwalter ist nicht Rechtsnachfolger des Gemeinschuldners,[6] der Zwangsverwalter nicht des Grundstückseigentümers. Der Gemeinschuldner (oder ein an seine Stelle getretener Treuhänder für das Schuldnervermögen oder für Teile dieses Vermögens) ist nach Aufhebung des Insolvenzverfahrens oder nach Freigabe einzelner Gegenstände, auf die der Titel sich bezieht,[7] nicht Rechtsnachfolger des Insolvenzverwalters[8] usw. Andererseits sind sie nicht nur Vertreter der von ihnen verwalteten Vermögensmassen, sondern handeln im eigenen Namen, sodass § 750 Abs. 1 es erfordert, dass sie bei der Zwangsvollstreckung im Titel oder jedenfalls in der Klausel als Gläubiger bzw. Schuldner namhaft gemacht sind. Deshalb kann ein vom späteren Gemeinschuldner erwirkter Titel auf den Insolvenzverwalter,[9] ein vom Insolvenzverwalter erwirkter Titel nach Aufhebung des Insolvenzverfahrens auf den Gemeinschuldner[10], ein zugunsten des Zwangsverwalters ergangener Titel nach Aufhebung des Zwangsverwaltungsverfahrens auf den Grundstückseigentü-

---

[4] Siehe auch KG, NJW-RR 1987, 3 (Beschlussausfertigung des Nachlassgerichts über Beendigung der Testamentsvollstreckung).
[5] Vergl. § 727 Rdn. 20.
[6] *Schreinert*, RNotZ 2013, 161 spricht von einer »verfahrensrechtlichen« Rechtsnachfolge.
[7] Die Löschung des Insolvenzvermerks bei einem freigegebenen Grundstück beweist allein die Freigabe noch nicht. Auch insoweit bedarf es des Nachweises durch öffentliche Urkunde: LG Köln, RNotZ 2013, 175.
[8] Der BGH scheint in NJW 1992, 2159 allerdings davon auszugehen, da er § 728 nicht neben § 727 erwähnt.
[9] Das gilt auch für ausländische Insolvenzverwalter; zum englischen Trustee insoweit: BGH, MittBayNot 2012, 155.
[10] BGH, NJW 1992, 2159; LAG Düsseldorf, MDR 2006, 537; LG Lübeck, DGVZ 1980, 140.

mer[11] umgeschrieben werden. Der Insolvenzverwalter, der eine Titelumschreibung auf sich betreibt, genießt hinsichtlich des Nachweises seiner Berufung in das Amt keine Beweisprivilegien[12].

Ein gegen den späteren Gemeinschuldner ergangener Titel kann wegen § 89 InsO nur dann gegen den Insolvenzverwalter umgeschrieben werden, wenn ausnahmsweise die Einzelzwangsvollstreckung gegen ihn möglich ist[13], d.h. wenn der Titel ein Aus- oder Absonderungsrecht (§§ 47, 49 InsO) betrifft. Betrifft der Titel eine Schuld, die nur der Gemeinschuldner selbst erfüllen kann, weil sie ihren Charakter ändern würde, erfüllte sie der Insolvenzverwalter, so scheidet eine Umschreibung gegen den Insolvenzverwalter ebenfalls aus. Er ist dann insoweit schon nicht Rechtsnachfolger[14].

Auch der Nachlassverwalter (§ 1981, 1985 BGB) ist Partei kraft Amtes i.S. der vorstehenden Regeln. Beim Nachlasspfleger bedarf es dagegen keiner Titelumschreibung, da er nur Vertreter des Erben ist (vergl. die Verweisung auf die Vormundschaftsregeln in § 1915 BGB), ein Parteiwechsel nach Beendigung der Pflegschaft also nicht stattfindet.

Eine Art Partei kraft Amtes, auf die die §§ 727, 728 Abs. 2, 749 entsprechend anzuwenden sind, ist schließlich auch der Kanzleiabwickler nach einem verstorbenen Rechtsanwalt (§ 55 Abs. 1 BRAO).[15]

VII. Verfahren

Hinsichtlich der Zuständigkeit und des Verfahrens im Übrigen gilt das zu § 727 Ausgeführte entsprechend. 10

---

11 OLG Düsseldorf, OLGZ 1977, 250.
12 BGH, Rpfleger 2005, 610; *Schreinert*, RNotZ 2013, 161, 162.
13 Beispiele unzulässiger Umschreibung: LG Köln, KTS 1963, 118; OLG Hamm, OLGZ 1965, 298; OLG Düsseldorf, OLGZ 1980, 484; OLG Hamburg, KTS 1983, 599.
14 OLG Hamm, OLGReport 2008, 496.
15 OLG Karlsruhe, MDR 2005, 117; LG Hamburg, MDR 1970, 429.

§ 729 Vollstreckbare Ausfertigung gegen Vermögens- und Firmenübernehmer

(1) Hat jemand das Vermögen eines anderen durch Vertrag mit diesem nach der rechtskräftigen Feststellung einer Schuld des anderen übernommen, so sind auf die Erteilung einer vollstreckbaren Ausfertigung des Urteils gegen den Übernehmer die Vorschriften des § 727 entsprechend anzuwenden.

(2) Das gleiche gilt für die Erteilung einer vollstreckbaren Ausfertigung gegen denjenigen, der ein unter Lebenden erworbenes Handelsgeschäft unter der bisherigen Firma fortführt, in Ansehung der Verbindlichkeiten, für die er nach § 25 Abs. 1 Satz 1, Abs. 2 des Handelsgesetzbuchs haftet, sofern sie vor dem Erwerb des Geschäfts gegen den früheren Inhaber rechtskräftig festgestellt worden sind.

Übersicht

	Rdn.			Rdn.
I. Zweck	1	VI.	Verfahren	6
II. Vermögensübernahme (Abs. 1)	2	1.	Nachweis der Vermögens- oder Firmenübernahme	6
III. Erwerb eines Handelsgeschäfts unter Lebenden bei Fortführung der bisherigen Firma (Abs. 2)	3	2.	Inhalt der Klausel	7
IV. Entsprechende Anwendung der Norm	4	VII.	Keine entsprechende Anwendung im Fall des § 25	8
V. Rechtskräftige Feststellung der Schuld des Urschuldners	5	VIII.	Gebühren	9

Literatur:
Deckenbrock/Dötsch, Titelumschreibung analog § 729 ZPO auf den eintretenden Gesellschafter?, Rpfleger 2003. 644.

I. Zweck

1 Die Vorschrift ist keine Folgeregelung zu den §§ 325 ff. Der Vermögens- oder Firmenübernehmer ist nicht Rechtsnachfolger des früheren Inhabers. Es findet auch keine Rechtskrafterstreckung von Urteilen gegen den früheren Inhaber zulasten des Übernehmers statt.[1] Andererseits hat der Übernehmer dem Gläubiger die lohnende Zugriffsmöglichkeit auf das Schuldnervermögen wirtschaftlich entzogen. Die nach § 25 Abs. 1 Satz 1 HGB fortbestehende Haftung des früheren Schuldners ist praktisch oft wertlos. Die angeordnete Haftung des Übernehmers im Fall des zwischenzeitlich aufgehobenen § 419 BGB a. F. mit dem übernommenen Vermögen bzw. im Fall der Firmenfortführung sogar unbeschränkt mit seinem ganzen Vermögen[2] neben dem bisherigen Schuldner bietet dem Gläubiger dagegen wirtschaftlich oft allein erfolgversprechende Aussichten. In dieser Situation ist es billig, den Gläubiger nicht nur darauf zu verweisen, dass er sich gegen den neuen Mit-Schuldner einen eigenständigen Titel besorgen kann. Der Weg ist langwierig. Inzwischen steht das übernommene Vermögen auch schon den Gläubigern des neuen Schuldners als Haftungsobjekt für dessen neue und alte eigene Schulden zur Verfügung. Deshalb ordnet § 729 die entsprechende Anwendung des § 727 an. Dem neuen Schuldner geschieht durch die Titelerweiterung kein Unrecht: Da er an dem vorausgegangenen Verfahren weder beteiligt war noch die Rechtskraft der Entscheidung gegen ihn wirkt, kann er mögliche materiellrechtliche Einwendungen in vollem Umfang über § 767 geltend machen. Die Präklusion des § 767 Abs. 2 gilt im Hinblick auf das alte Verfahren nicht.[3]

---

[1] Sehr streitig; wie hier: BGH, NJW 1984, 793; NJW 1957, 420; WM 1970, 1291; andeutungsweise auch schon: BGHZ 3, 385; *Hüffner*, ZZP 1972, 235 ff.; Müko/*Wolfsteiner*, § 729 Rn. 2; *Stein/Jonas/Münzberg*, § 729 Rn. 1, 2; **a. A.** (Rechtskrafterstreckung): *v. Olshausen*, JZ 1976, 88.

[2] *Baumbach/Hopt*, § 25 HGB Rn. 10 mit weiteren Nachweisen; *Heymann/Emmerich*, § 25 HGB Rd. 30; *Koller/Roth/Morck*, § 25 HGB Rn. 7.

[3] Müko/*Wolfsteiner*, § 729 Rn. 2; *Stein/Jonas/Münzberg*, § 729 Rn. 2.

Da Abs. 1 und Abs. 2 übereinstimmend die *rechtskräftige* Feststellung der Schuld des Urschuldners *vor* der Vermögensübernahme bzw. dem Erwerb des Handelsgeschäfts unter Firmenfortführung voraussetzen[4], hatte der Übernehmer auch die Möglichkeit, sich über das, was auf ihn zukommt, objektiv zu informieren, ehe er den Übernahmevertrag abschloss.

II. Vermögensübernahme (Abs. 1)

Die Regelung schließt begrifflich an den bereits am 1.1.1999 mit dem Inkrafttreten der InsO außer Kraft getretenen § 419 BGB a. F. an. Sie hat daher auch nur noch Bedeutung für Fälle, in denen die Vermögensübernahme vor dem genannten Zeitpunkt liegt. Die einmal begründete Haftung des Vermögensübernehmers ist durch den späteren Wegfall der Norm nicht mehr berührt worden. Andererseits ist § 729 Abs. 1 eine rein verfahrensrechtliche Norm. Sie schafft nicht etwa anstelle des aufgehobenen § 419 BGB nunmehr die Grundlage für eine materiellrechtliche Haftung des Vermögensübernehmers für Verbindlichkeiten des Übertragenden gegenüber dessen alten Gläubigern. Daher fehlt auch für einen Klauselantrag nach § 729 Abs. 1 das Rechtsschutzinteresse, wenn nach der eigenen Behauptung des Antragstellers die Vermögensübernahme[5] nach dem 1.1.1999 stattgefunden haben soll, sodass eine Haftung nach dem alten § 419 BGB offenkundig ausscheidet.

Die Beschränkung der Haftung des Übernehmers auf das übernommene Vermögen nach § 419 Abs. 2 BGB a. F. spielt im Rahmen der Klauselerteilung keine Rolle. Sie ist mit der Vollstreckungsabwehrklage gem. §§ 786, 785, 767 geltend zu machen.[6]

III. Erwerb eines Handelsgeschäfts unter Lebenden bei Fortführung der bisherigen Firma (Abs. 2)

Begrifflich schließt die Regelung an § 25 Abs. 1 Satz 1 und Abs. 2 HGB an.[7] Dass der bisherigen Firma ein Nachfolgezusatz oder unwesentliche Änderungen beigefügt werden, beeinträchtigt die Haftung nicht.[8] Die einmal begründete Haftung entfällt nachträglich nicht dadurch, dass später die Firma doch geändert und nicht weiter fortgeführt wird.[9] Der nach § 25 Abs. 2 HGB mögliche Haftungsausschluss ist im Klauselverfahren von Amts wegen zu beachten, wenn er sich aus dem vom Gläubiger zum Nachweis der Firmenfortführung oder vom Schuldner im Rahmen seiner Anhörung nach § 730 vorgelegten Handelsregisterauszug ergibt.[10] Ansonsten muss ihn der als Schuldner in Anspruch Genommene im Rahmen der §§ 768, 767 geltend machen. Ebenfalls nach §§ 768, 767 ist der Einwand, die titulierte Verbindlichkeit gegen den Urschuldner sei nicht im Betriebe des Geschäfts begründet worden, es handle sich um eine reine Privatschuld, geltend zu machen.

Die Wirksamkeit des Grundgeschäftes für den Erwerb des Handelsgeschäftes nebst Firmenfortführung spielt schon für die Haftung nach § 25 HGB keine Rolle[11] und ist dann erst recht für die Frage der titelerweiternden Klausel ohne Belang.

---

4 OLG Köln, OLGReport 1994, 180.
5 Entscheidend ist nicht der Zeitpunkt des Vertragsschlusses, sondern des dinglichen Rechtsübergangs: OLG Hamm, OLGReport 1992, 170.
6 Diese Möglichkeit gilt selbstverständlich nur für Vermögensübernahmen vor dem 1.1.1999. Mangels Haftung kann jetzt auch eine Haftungsbeschränkung keine Rolle mehr spielen.
7 Zur Firmenfortführung und der damit verbundenen Haftung: OLG Celle, JurBüro 2005, 609.
8 *Baumbach/Hopt*, § 25 HGB Rn. 7; *Koller/Roth/Morck*, § 25 HGB Rn. 6;.
9 AG Mönchengladbach, DGVZ 1963, 142.
10 Denn § 729 Abs. 2 ist grundsätzlich nur anwendbar, wenn auch nach § 25 HGB gehaftet wird: OLG Köln, OLGReport 1994, 180.
11 BGHZ 18, 252; 22, 239; NJW 1992, 112; *Koller/Roth/Morck*, § 25 HGB Rn. 4 b; *Baumbach/Hopt*, § 25 HGB Rn. 5.

IV. Entsprechende Anwendung der Norm

4 Über die beiden im Gesetz geregelten Fälle hinaus ist § 729 und über ihn § 727 *entsprechend* anzuwenden sowohl auf den Erbschaftskauf (entsprechende Anwendung des Abs. 1)[12] als auch auf den Fall des § 28 Abs. 1 Satz 1 HGB (entsprechende Anwendung des Abs. 2).[13] Im Fall des § 28 Abs. 1 Satz 1 HGB kann Klausel allerdings nur gegen die neue Gesellschaft erteilt werden.[14] Der Fall muss § 129 Abs. 4 HGB entsprechend behandelt werden.

V. Rechtskräftige Feststellung der Schuld des Urschuldners

5 Sowohl Abs. 1 als auch Abs. 2 lassen die Erteilung der titelerweiternden Klausel nur zu, wenn bereits *vor* der Vermögensübernahme bzw. dem Erwerb des Handelsgeschäfts die Schuld des Urschuldners *rechtskräftig* festgestellt war. Abzustellen ist auf die formelle Rechtskraft des § 705. Bei den Titeln des § 794 tritt an die Stelle der Rechtskraft der Zeitpunkt der Entstehung des Titels, also der Protokollierung des Vergleichs, der Errichtung der Urkunde usw.

VI. Verfahren

1. Nachweis der Vermögens- oder Firmenübernahme

6 Hinsichtlich der Zuständigkeit für die Klauselerteilung gilt das zu § 727 Ausgeführte.[15]

Der Gläubiger muss den Nachweis der Vermögensübernahme bzw. des Erwerbs des Handelsgeschäfts unter Firmenfortführung, den Nachweis der vorherigen Rechtskraft des Urteils gegen den Urschuldner bzw. bei Titeln, die nicht in Rechtskraft erwachsen, den Nachweis des Zeitpunkts ihrer Entstehung durch öffentliche bzw. öffentlich beglaubigte Urkunden erbringen, soweit nicht die Tatsachen, die die vorgenannten Rechtsbegriffe ausfüllen, offenkundig sind. Als öffentlich beglaubigte Urkunde zum Nachweis einer Vermögensübernahme vor dem 1.1.1999 wird in der Regel nur ein notarieller Vertrag in Betracht kommen. Ihm muss, wenn es sich bei dem übernommenen Vermögen um einen einzelnen Gegenstand handelt, auch entnommen werden können, dass dem Übernehmenden bewusst war, dass der erworbene Gegenstand das gesamte oder doch nahezu gesamte Vermögen des Veräußerers darstellt.[16]

Der Erwerb des Handelsgeschäfts unter Firmenfortführung wird meist durch einen Handelsregisterauszug (§ 9 Abs. 2 HGB) nachgewiesen werden[17], im Einzelfall aber auch durch einen notariellen Vertrag, gegebenenfalls auch durch ein Urteil in einer anderen Sache gegen den Übernehmer, in dem die Voraussetzungen der §§ 25, 28 HGB bereits festgestellt sind.[18] Der Zeitpunkt der Rechtskraft ergibt sich aus dem Zeugnis nach § 706.

Dass es sich bei der gegen den Urschuldner titulierten Verbindlichkeit um eine solche handelt, die im Betriebe seines Handelsgeschäfts begründet wurde, wird nach § 344 HGB vermutet. Deshalb braucht der Gläubiger insoweit keinen Nachweis zu erbringen. Der im Hinblick auf § 25 HGB in Anspruch Genommene muss die Vermutung in dem Verfahren nach §§ 768, 767 widerlegen.

---

12 H. M.; für alle: Musielak/*Lackmann*, § 729 Rn. 1; Zöller/*Stöber*, § 729 Rn. 13.
13 H. M.; für alle: Brox/*Walker*, Rn. 124; MüKo/*Wolfsteiner*, § 729 Rn. 10; Musielak/*Lackmann*, § 729 Rn. 1; Thomas/Putzo/*Seiler*, § 729 Rn. 3.
14 Str.; wie hier: Baumbach/*Hopt*, § 28 HGB, Rn. 5; MüKo-HGB/*Thiessen*, § 28 HGB Rn. 33; Oetker/*Vossler*, § 28 HGB Rn. 28; a. A. (für Klauselerteilung auch gegen den Gesellschafter): Stein/Jonas/*Münzberg*, § 729 Rn. 8;.
15 Siehe § 727 Rdn. 27.
16 OLG Düsseldorf, NJW-RR 1993, 959.
17 Oetker/*Vossler*, § 25 HGB Rn. 57.
18 Aus den Urkunden muss sich jeweils nicht nur ergeben, dass der neue Unternehmer die Firma, also den Namen des alten Unternehmensträgers, fortführt, sondern auch, dass das Unternehmen in seinem wesentlichen Bestand fortgeführt wird: OLG Schleswig, InVo 2000, 208.

Kann der Gläubiger den ihm obliegenden Beweis nicht in der nach §§ 727, 729 erforderten Art erbringen, bleibt ihm die Möglichkeit, die Klausel im Wege der Klage nach § 731 zu erlangen.

2. Inhalt der Klausel

Die Klausel gegen den Urschuldner und die titelerweiternde Klausel gegen den neuen Schuldner können auf eine Ausfertigung gesetzt werden.[19] Wird gegen den Übernehmer eine zusätzliche Ausfertigung beantragt, ist § 733 zu beachten. Die Klausel gegen den Übernehmer muss in jedem Fall zum Ausdruck bringen, dass der Urschuldner und der neue Schuldner gesamtschuldnerisch haften. Dies kann etwa durch den Zusatz geschehen: »Der Vermögensübernehmer (bzw. Erwerber des Handelsgeschäfts) XY und der ursprüngliche Schuldner YZ haften als Gesamtschuldner«. Im Übrigen muss die Klausel den § 725 Rdn. 2 und 3 und § 727 Rdn. 34 dargestellten Anforderungen an den Inhalt jeder Klausel und den besonderen Anforderungen an den Inhalt einer qualifizierten Klausel entsprechen.

VII. Keine entsprechende Anwendung im Fall des § 25

Sind die Vermögensübernahme bzw. der Erwerb des Handelsgeschäfts schon vor Rechtskraft des Urteils gegen den Urschuldner erfolgt oder liegt nur ein Fall des § 25 Abs. 3 HGB vor, so kann die Klausel auch nicht unmittelbar nach § 727 beantragt werden[20], denn es handelt sich dann nur um Fälle der kumulativen Schuldmitübernahme, die nie von § 727 erfasst wird.[21] Der Gläubiger muss in diesen Fällen erneute Leistungsklage, jetzt gegen den Übernehmer, erheben, um einen selbstständigen Titel auch gegen den Übernehmer zu erlangen.

VIII. Gebühren

Siehe: Vor §§ 724–734 Rdn. 16.

---

19 Vergl. § 725 Rdn. 5.
20 BGH, Rpfleger 1974, 260 mit Anm. *Eickmann*.
21 Vergl. § 727 Rdn. 24.

§ 730 Anhörung des Schuldners

In den Fällen des § 726 Abs. 1 und der §§ 727 bis 729 kann der Schuldner vor der Erteilung der vollstreckbaren Ausfertigung gehört werden.

Übersicht	Rdn.			Rdn.
I. Zweck	1	IV.	Rechtsbehelfe	5
II. Verfahren	2	V.	Gebühren	6
III. Keine Anhörung in den Fällen der Art. 38 ff EuGVVO bzw. Art. 39 ff. EU VO Nr. 2015/2012	4			

I. Zweck

1 In den Fällen der sog. qualifizierten Klausel kann sich der Gläubiger die ihm obliegenden Nachweise ersparen, wenn die nachzuweisenden Tatsachen offenkundig sind.[1] Offenkundig sind über § 291 (allgemeinkundig und gerichtskundig[2] hinaus auch solche Tatsachen, die der Schuldner bei seiner Anhörung, sei es schriftlich, sei es mündlich zu Protokoll ausdrücklich, also nicht durch bloßes Schweigen, zugesteht.[3] Dieses Zugeständnis erübrigt dem Gläubiger den Weg über § 731, dem Schuldner u. U. unnötige Kosten. Deshalb sollte der Rechtspfleger, ehe er das Klauselgesuch eines Gläubigers zurückweist, der nicht alle für den von ihm zu erbringenden Nachweis erforderlichen Urkunden vorlegen kann, zunächst immer den Schuldner anhören.[4] Auch der Schuldner kann im Übrigen im Rahmen seiner Anhörung den sich aus den vom Gläubiger vorgelegten Urkunden zunächst ergebenden Beweis durch neuere oder einen anderen Zusammenhang herstellende öffentliche Urkunden widerlegen, sodass der Beweis nicht mehr als geführt anzusehen ist[5], der Gläubiger auf den Weg nach § 731 zu verweisen ist.

§ 730 ist keine besondere Ausprägung des Grundrechts aus Art. 103 GG in der Zwangsvollstreckung. Der Anspruch des Schuldners auf rechtliches Gehör ist durch die Regelungen der §§ 732, 768 hinreichend gewahrt, selbst wenn vor Klauselerteilung keine Anhörung stattgefunden hat. Deshalb ist das »kann« in § 730 auch nicht in ein »muss« umzudeuten. Ist die Rechtslage anhand der vorgelegten Urkunden zugunsten des Gläubigers eindeutig, sollte der Überraschungseffekt der Zwangsvollstreckung nicht durch eine überflüssige Anhörung vereitelt werden.

II. Verfahren

2 Der Rechtspfleger entscheidet nach freiem Ermessen, ob er den Schuldner (bzw. neuen Schuldner) vor der Klauselerteilung anhört. Er wird es tun, wenn er hierdurch weiteren Aufschluss erwartet. Insbesondere wird er den Schuldner hören, wenn dem Gläubiger die erforderlichen Urkunden fehlen und ein Zugeständnis des Schuldners nach der vom Gläubiger vorgelegten außergerichtlichen Korrespondenz nicht ausgeschlossen erscheint.

3 Die Anhörung kann schriftlich (Regelfall), aber auch mündlich erfolgen.

Unzulässig, weil systemwidrig (den schnellen Überraschungszugriff vereitelnd), ist die Anhörung des Schuldners vor Erteilung der einfachen Klausel nach §§ 724, 725.

---

1 Vergl. § 726 Rdn. 10 und § 727 Rdn. 33.
2 Zur Begriffsdefinition: *Musielak/Huber*, § 291 ZPO Rn. 1, 2; *Thomas/Putzo/Reichold*, § 291 ZPO Rn. 1, 2; *Zöller/Greger*, § 291 Rn. 1, 1a.
3 Vergl. § 726 Rdn. 11 und § 727 Rdn. 32, 33.
4 OLG Hamm, RPfleger 1991, 161 mit Anm. *Münzberg*; *Zöller/Stöber*, § 730 Rn. 1.
5 Dieser Gegenbeweis durch öffentliche oder öffentlich beglaubigte Urkunden ist vom die Klausel Erteilenden – vom Rechtspfleger ebenso wie vom Notar – in jedem Fall zu beachten; vergl. BayObLG, ObLGReport 1995, 80.

III. Keine Anhörung in den Fällen der Art. 38 ff EuGVVO bzw. Art. 39 ff. EU VO Nr. 2015/2012

Ist die Klausel noch nach der EuGVVO zu erteilen (Art. 38, 53 ff. EuGVVO), so entfällt die Anhörung des Schuldners gem. Art. 41 Satz 2 EuGVVO auch dann, wenn es sich nach deutschem Recht um eine qualifizierte Klausel handeln würde, eine Anhörung des Schuldners nach § 730 also möglich wäre. Dies ist verfassungsrechtlich nicht zu beanstanden, da über Art. 43 EuGVO das Recht auf Gehör gewahrt bleibt. Der Schuldner erfährt nach § 10 AVAG unverzüglich nach der Klauselerteilung von Amts wegen den Gesamtinhalt der vollstreckbaren Ausfertigung. Ab 15.1.2015 ist die EUGVVO durch die EU VO 2015/2012 ersetzt. Dann wird nach deren Art. 41 Abs. 1 Satz 2 die Vollstreckung nach den gleichen Bedingungen durchgeführt wie eine inländische Entscheidung.

IV. Rechtsbehelfe

Hinsichtlich der Rechtsbehelfe des Gläubigers und des Schuldners im Klauselverfahren gilt das in der Vorbemerkung vor §§ 724–734 Rdn. 13 und Rdn. 14 Gesagte.

V. Gebühren

Gerichtsgebühren entstehen durch das Anhörungsverfahren nicht, auch wenn dieses vom Gläubiger beantragt wird, um ihm zu helfen, den ihm nicht möglichen Urkundsbeweis zu ersetzen.[6] Für den Rechtsanwalt ist das gesamte Klauselverfahren durch die Gebühren im vorausgegangenen Hauptverfahren mit abgegolten. Vertritt er die Partei nur in der Zwangsvollstreckung, so ist das Klauselverfahren durch die Vollstreckungsgebühren gem. VV 3309, 3310 RVG mit erfasst.[7]

---

[6] Zu möglichen Gerichtsgebühren im Klauselverfahren im Übrigen siehe: Vor §§ 724–734 Rdn. 16.
[7] Einzelheiten: Vor §§ 724–734 Rdn. 16.

§ 731 Klage auf Erteilung der Vollstreckungsklausel

Kann der nach dem § 726 Abs. 1 und den §§ 727 bis 729 erforderliche Nachweis durch öffentliche oder öffentlich beglaubigte Urkunden nicht geführt werden, so hat der Gläubiger bei dem Prozessgericht des ersten Rechtszuges aus dem Urteil auf Erteilung der Vollstreckungsklausel Klage zu erheben.

Übersicht

	Rdn.		Rdn.
I. Zweck	1	VI. Prozessuale Nebenentscheidungen und Tenorierung	8
II. Rechtsnatur der Klage	2	VII. Klauselerteilung nach erfolgreicher Klage	9
III. Parteien des Rechtsstreits	3	VIII. Rechtsmittel	10
IV. Zulässigkeit der Klage	4	IX. Erneute Klage aus dem materiellen Recht	11
1. Statthaftigkeit	4		
2. Zuständigkeit des Gerichts	5		
3. Rechtsschutzbedürfnis	6		
V. Begründetheit der Klage	7		

Literatur:
Barnert, Klauselerinnerung und Vollstreckungsabwehrklage in der neueren Rechtsprechung des BGH, MDR 2004, 605; *Hoffmann,* Die Rechtsbehelfe während des Klauselerteilungsverfahrens, Jura 1995, 411; *Hüffner,* Das Rechtsschutzinteresse für eine Leistungsklage des Gläubigers, ZZP 1972, 229 ff.; *Jäckel,* Rechtsbehelfe im Klauselverfahren, JuS 2005, 610; *Jungbauer,* Die Zwangsvollstreckungsklausel, Rechtsmittel und Rechtsbehelfe nach der ZPO-Reform, JurBüro 2002, 285; *Napierala,* Vollstreckungsklausel nach erfolgreicher Klauselklage, Rpfleger 1989, 493; *Schlosser,* Gestaltungsrecht und Gestaltungsklage, Bielefeld 1966.

I. Zweck

1   Ist in den Fällen der §§ 726 Abs. 1, 727–729, 738, 742, 744, 745 Abs. 2, 749 dem Gläubiger der ihm obliegende Nachweis durch öffentliche oder öffentlich beglaubigte Urkunden nicht möglich oder nicht gelungen, hat er also die Klausel beim für die Klauselerteilung Zuständigen nicht erhalten können, so soll er die Klausel doch noch mit allen Beweismitteln des Zivilprozesses, also auch Zeugen, Privaturkunden, Parteivernehmung, Sachverständigengutachten, in einem ordentlichen Rechtsstreit erstreiten können. Für den Gläubiger hat dieses Verfahren den Vorzug, dass er nur noch die besonderen Voraussetzungen der Vollstreckungsklausel darlegen und beweisen muss, nicht, wie bei einer erneuten Leistungsklage, die Voraussetzungen des Anspruchs selbst. Zugleich wird in den Fällen der §§ 727, 728 der Rechtskrafterstreckung hinsichtlich des schon vorhandenen Titels Rechnung getragen.

Kann der Gläubiger auf Klauselerteilung zu einem bereits vorhandenen Titel klagen, ist dies der speziellere Klageweg, der eine erneute Leistungsklage (um einen parallelen Titel zu erstreiten) ausschließt.[1]

Hat der Antrag des Gläubigers auf Klauselerteilung allein deshalb keinen Erfolg gehabt, weil schon die allgemeinen Voraussetzungen für die Erteilung jeglicher Vollstreckungsklausel[2] verneint wurden, weil etwa der Tenor des Titels als für die Vollstreckung zu unbestimmt[3] oder die vorgelegte Urkunde nicht als Titel angesehen wurde, kann der Gläubiger hiergegen nur Erinnerung bzw. Beschwerde einlegen.[4] Bleiben diese Rechtsbehelfe erfolglos, sodass der Titel nicht vollstreckt werden kann,

---

[1] A.A. die wohl überwiegende Meinung, insbesondere der Rspr.: BGH, NJW 1987, 2863; LG Berlin, r + s 1995, 184; *Baumbach/Lauterbach/Hartmann,* § 731 Rn. 2; *Kindl/Meller-Hannich/Wolf/Giers,* § 731 Rn. 3; *Riecke,* DGVZ 2006, 81; *Thomas/Putzo/Seiler,* § 731 Rn. 1. **Wie hier** aber: *Stein/Jonas/Münzberg,* § 731 Rn. 6;.
[2] Siehe § 724 Rdn. 5 und 6 und Vor §§ 724–734 Rdn. 11.
[3] Siehe: Vor §§ 704–707 Rdn. 14–18; dass diese Frage nicht im Verfahren nach § 731 ZPO geklärt werden kann, auch: BGHZ 45, 287 f.
[4] Einzelheiten: Vor §§ 724–734 Rdn. 13.

muss der Gläubiger gegebenenfalls einen neuen, von seinem Inhalt her durchsetzbaren Vollstreckungstitel erstreiten.[5] Die Klausel kann in einem solchen Fall nicht über § 731 erlangt werden.

II. Rechtsnatur der Klage

Die Klage ist, da der beklagte Schuldner die Klausel weder erteilt noch auch nur bewilligt, keine Leistungsklage. Sie ist entgegen der h. M. auch keine Feststellungsklage[6], sondern prozessuale Gestaltungsklage.[7] Denn der Rechtspfleger (Notar usw.) dürfte in diesen Fällen die Klausel nicht ohne Anordnung durch das Urteil erteilen. Es wird demnach kein Streit und keine Ungewissheit über die Möglichkeit der Klauselerteilung beendet, sondern diese Möglichkeit überhaupt erst eröffnet. Die praktischen Auswirkungen des dogmatischen Streits sind allerdings gering[8]. Ein der einen Theorie folgender Antrag ist vom Gericht, wenn es der anderen Theorie folgt, schlicht umzudeuten. Das nach § 256 erforderliche Feststellungsinteresse deckt sich hier mit dem Rechtsschutzinteresse.

III. Parteien des Rechtsstreits

Die Parteien des Rechtsstreits nach § 731 sind auf Klägerseite derjenige, der als Gläubiger für sich die Klausel anstrebt, und auf Beklagtenseite derjenige, gegen den die Vollstreckung tatsächlich betrieben werden soll. Die Parteien müssen also nicht identisch sein mit denjenigen, die im zu vollstreckenden Titel bezeichnet sind, da auf Gläubiger- und Schuldnerseite Rechtsnachfolge usw. vorliegen kann. Ist der Beklagte der im Titel bezeichnete Schuldner und hatte er im ursprünglichen Rechtsstreit einen Prozessbevollmächtigten, so ist diesem die Klage zuzustellen, da die Vollmacht fortwirkt, §§ 81, 172.

IV. Zulässigkeit der Klage

1. Statthaftigkeit

Die Klage ist **statthaft**, wenn sie auf Erlangung einer nach §§ 726 Abs. 1, 727–729, 738, 742, 744, 745 Abs. 2 – also nicht nach §§ 724, 726 Abs. 2 vom Urkundsbeamten – zu erteilenden (qualifizierten) Vollstreckungsklausel gerichtet ist – jedenfalls auch – mit dem Ziel, die besonderen Voraussetzungen dieser Klausel (also nicht nur die allgemeinen jeder Vollstreckungsklausel) nachzuweisen. Eine für den titulierten Anspruch getroffene Schiedsabrede betrifft nicht die Klage gem. § 731, deren Streitgegenstand nicht schiedsfähig ist[9].

2. Zuständigkeit des Gerichts

Zuständig ist, soweit es sich bei dem zu vollstreckenden Titel um ein Urteil oder einen Prozessvergleich handelt, das Prozessgericht des ersten Rechtszuges des früheren Rechtsstreits. Das ist gegebenenfalls auch das Familiengericht oder das Arbeitsgericht. Ausnahmsweise kann die Klage auch erstmalig beim Berufungsgericht erhoben werden, wenn beim an sich zuständigen Gericht erster Instanz eine andere Klage, etwa eine Leistungsklage, anhängig war und in der Berufungsinstanz dann durch Klageänderung der bis dahin verfolgte Antrag in einen solchen nach § 731 geändert wird.

---

5 Siehe auch unten Rdn. 11.
6 So aber die h. M.: KG, OLGReport 2007, 1054, 1056; *Baumbach/Lauterbach/Hartmann*, § 731 Rn. 1; *Brox/Walker*, Rn. 131; *Jauernig/Berger*, § 4 Rn. 29; *Musielak/Lackmann*, § 731 Rn. 2; *Zöller/Stöber*, § 731 Rn. 4. Aus BGHZ 72, 28 ist entgegen *Baumbach/Lauterbach/Hartmann*, a.a.O. keine Festlegung auf die Feststellungsklage zu entnehmen.
7 Wie hier: *Schlosser*, Gestaltungsrecht und Gestaltungsklage, S. 99; *Stein/Jonas/Münzberg*, § 731 ZPO Rn. 8.
8 So auch: MüKo/*Wolfsteiner*, § 731 Rn. 5.
9 KG, OLGReport 2007, 1054.

Für andere Titel als Urteile betreffende Klauselklagen ist die Zuständigkeit geregelt in §§ 796 Abs. 3 (Vollstreckungsbescheide), 797 Abs. 5 (vollstreckbare Urkunden), 797a Abs. 3 (Gütestellenvergleiche), 800 Abs. 3 (vollstreckbare Urkunden, die ein Grundpfandrecht betreffen und in denen sich der Schuldner der Zwangsvollstreckung mit dinglicher Wirkung gegen den jeweiligen Grundstückseigentümer unterworfen hat), 800a Abs. 2 (vollstreckbare Urkunden über eine Schiffshypothek), 1060, 1062 (Schiedssprüche), 202 Abs. 1 InsO (Auszug aus der Tabelle), § 257 InsO (Vollstreckung aus dem Insolvenzplan), 371 Abs. 2 FamFG (Erbauseinandersetzungs-Vereinbarung nach Bestätigungsbeschluss). Für Beschlüsse als Titel gem. § 794 Abs. 1 Nr. 2, 2a, 2b und Entscheidungen als Titel gem. § 794 Abs. 1 Nr. 3, 3a ZPO gilt über § 795 die Zuständigkeitsregel des § 731 entsprechend: »Prozessgericht des ersten Rechtszuges« ist das Gericht, das die Entscheidung erlassen hat bzw. das erstinstanzliche Gericht in diesem Instanzenzug.

Die Zuständigkeit ist wegen § 802 eine ausschließliche.

3. Rechtsschutzbedürfnis

6 Das **Rechtsschutzbedürfnis** für die Klage fehlt, wenn der Gläubiger die Klausel auf einfacherem, weniger prozessual förmlichem Wege erlangen kann[10]. Regelmäßig ist erforderlich, dass der Gläubiger zunächst beim Rechtspfleger (Notar usw.) die Klausel beantragt hatte. Dies gilt auch dann, wenn dem Gläubiger die erforderlichen Urkunden fehlen[11], da der Schuldner im Rahmen der Anhörung nach § 730 die beweisbedürftigen Tatsachen zugestehen könnte. Haben die Parteien allerdings untereinander schon vor Einschaltung des Rechtspflegers ohne Ergebnis über die mögliche Klauselerstreckung korrespondiert, erübrigt sich der Antrag an den Rechtspfleger, da das Ergebnis einer möglichen Anhörung gem. § 730 schon vorher feststünde. Hat der Rechtspfleger den Antrag abgelehnt[12], so ist hinsichtlich der Frage, ob vor Klageerhebung auch noch das Beschwerdeverfahren (§§ 11 RpflG, 567) durchzuführen ist (bzw. gegen die ablehnende Entscheidung des Notars das Beschwerdeverfahren nach §§ 54 BeurkG, 58 ff. FamFG), zu differenzieren:[13] Hat der beantragte Gläubiger keine oder nur unzureichende Urkunden und hat der Schuldner sich schon ablehnend geäußert, erübrigt sich die Beschwerde. Hat der Rechtspfleger die vorgelegten Urkunden oder das Geständnis des Schuldners nur unzutreffend gewürdigt, ist zunächst das Beschwerdeverfahren einzuleiten. Nicht erforderlich ist aber, dass der Gläubiger in jedem Fall bei einer der Beschwerde nicht abhelfenden Entscheidung des Rechtspflegers das Verfahren vor dem Beschwerdegericht erfolglos zu Ende führt.

Hat der Gläubiger die erforderlichen Urkunden zwar nicht, kann er sie sich aber in zumutbarer Weise auf relativ einfachem Wege besorgen, muss er diesen Weg beschreiten[14]. Der Gläubiger muss in der Klageschrift darlegen, warum er nicht den einfacheren und billigeren Weg des Klauselantrages an den Rechtspfleger (Notar usw.) gegangen ist.

V. Begründetheit der Klage

7 Die Klage ist begründet, wenn die allgemeinen Voraussetzungen zur Klauselerteilung vorliegen, die besonderen Voraussetzungen der §§ 726 Abs. 1, 727–729, 738, 742, 744, 745 Abs. 2 (Eintritt

---

10 KG, OLGReport 2007, 1054, 1056.
11 A.A. insoweit: *Brox/Walker*, Rn. 133; *Stein/Jonas/Münzberg*, § 731 Rn. 3.
12 Der Rechtspfleger darf den Antrag nicht mit dem Hinweis auf eine bereits sicherheitshalber anhängig gemachte Klage gem. § 731 ablehnen, da das Verfahren nach §§ 726 ff vorrangig vor dem Klageverfahren ist: OLG Köln, Beschl. vom 5.5.2010 – 16 W 16 und 17/10 –.
13 Wie hier: *Baumbach/Lauterbach/Hartmann*, § 731 Rn. 2; *Zöller/Stöber*, § 731 Rn. 2; für die Durchführung der Erinnerung in jedem Fall: *Thomas/Putzo/Seiler*, § 731 Rn. 6; Erinnerung sei nur in Ausnahmefällen erforderlich: *Stein/Jonas/Münzberg*, § 731 Rn. 4; Erinnerung sei nie erforderlich: *Brox/Walker*, Rn. 133.
14 Kindl/Meller-Hannich/Wolf/*Giers*, § 731 Rn. 8.

der Tatsache, Rechtsnachfolge, Wechsel der Verfügungsbefugnis, Vermögensübernahme, Erwerb des Handelsgeschäfts unter Firmenfortführung usw.) zur Überzeugung des Gerichts bewiesen sind.

Darüber hinaus darf, wenn die Klage erfolgreich sein soll, der Beklagte sich nicht erfolgreich mit Einwendungen verteidigt haben, die er, würde er sich selbst aktiv gegen die Vollstreckung wenden wollen, ansonsten mit der Klage nach § 767 Abs. 1 geltend machen müsste[15]. Dass der Schuldner derartige Einwendungen bereits im Prozess nach § 731 bringen **kann**, ist unbestritten[16] und ein Gebot der Prozessökonomie. Schließlich ist für das Verfahren nach § 767 dasselbe Gericht zuständig wie für das nach § 731. Zudem ist ein Rechtsschutzinteresse für eine Klausel, mit deren Hilfe letztlich doch nie die Vollstreckung betrieben werden könnte, nicht ersichtlich.[17] Letzteres und der in § 767 Abs. 3 enthaltene Gedanke, dass der Schuldner im Rahmen der Vollstreckung gehalten ist, alle Einwendungen so früh wie möglich geltend zu machen, wenn er mit diesen Einwendungen nicht präkludiert werden will, sind die Begründung dafür, dass der Schuldner die Einwendungen schon als Verteidigung gegen eine Klage nach § 731 bringen **muss**, soweit er dies auch nur theoretisch kann, um sie nicht prozessual zu verlieren.

Ein der Klage stattgebendes Urteil schneidet dem Schuldner alle Einwendungen gegen die Klauselerteilung, die er in diesem Rechtsstreit hätte geltend machen können, für mögliche spätere eigene Rechtsbehelfe nach §§ 732, 768 ab. Der Schuldner ist also in jedem Fall genötigt, diese Einwände vollständig schon im Verfahren des Gläubigers nach § 731 zur Geltung zu bringen.[18]

VI. Prozessuale Nebenentscheidungen und Tenorierung

Die **Kostenentscheidung** folgt den §§ 91 ff. Es ist also auch ein sofortiges Anerkenntnis des Beklagten mit der Kostenfolge des § 93 denkbar. § 788 ist nicht einschlägig.

Das Urteil ist nach den Regeln der §§ 708 ff. für **vorläufig vollstreckbar** zu erklären[19]. Der **Streitwert** entspricht dem vollen Wert der (noch) zu vollstreckenden Forderung nach den Regeln des § 4.[20] Es fallen die Gebühren wie bei gewöhnlichen Klagen an, also nicht etwa nur die Vollstreckungsgebühr.

Der Tenor lautet: »Dem Kläger ist gegen den Beklagten Vollstreckungsklausel zum ... (genaue Bezeichnung des Titels) zu erteilen«. Soweit die Klausel nur für einen Teil des im Titel genannten Anspruchs zulässig ist, ist dies ebenfalls im Tenor deutlich zu machen.[21]

VII. Klauselerteilung nach erfolgreicher Klage

Aufgrund des zusprechenden Urteils erteilt der Rechtspfleger (Notar usw.), wenn der zu vollstreckende Titel seinerseits vorläufig vollstreckbar oder rechtskräftig ist, nunmehr die Klausel. Der Rechtspfleger, nicht etwa der Urkundsbeamte[22], ist zuständig, da die Klausel auch nach dem Urteil nach § 731 eine solche nach §§ 726 Abs. 1, 727–729 bleibt.[23] Es können sich auch nach dem Urteil

---

15 Diese Einwendungen werden aber nicht von Amts wegen berücksichtigt; sie müssen ausdrücklich erhoben sein: Musielak/*Lackmann*, § 731 Rn. 7.
16 *Brox/Walker*, Rn. 134; Kindl/Meller-Hannich/Wolf/*Giers*, § 731 Rn. 11; Musielak/*Lackmann*, § 731 Rn. 7; Thomas/Putzo/*Seiler*, § 731 Rn. 7; Stein/Jonas/*Münzberg*, § 731 Rn. 13; Zöller/*Stöber*, § 731 Rn. 4.
17 Siehe auch: Vor §§ 724–734 Rdn. 11.
18 H. M.: Stein/Jonas/*Münzberg*, § 731 Rn. 13, 17.
19 MüKo/*Wolfsteiner*, § 731 Rn. 17.
20 OLG Köln, KTS 1970, 52; Kindl/Meller-Hannich/Wolf/*Giers*, § 731 Rn. 13.
21 Siehe § 725 Rdn. 2.
22 So aber *Baur/Stürner/Bruns*, Rn. 18.19; *Brox/Walker*, Rn. 135; *Thomas/Putzo/Seiler*, § 731 Rn. 9; Zöller/Stöber, § 731 Rn. 6; *Napierala*, Rpfleger 1989, 493.
23 Wie hier: *Baumbach/Lauterbach/Hartmann*, § 731 Rn. 1; *Gaul/Schilken/Becker-Eberhard*, § 17 Rn. 16; Kindl/Meller-Hannich/Wolf/*Giers*, § 731 Rn. 14; Stein/Jonas/*Münzberg*, § 731 Rn. 7.

neue Einwendungen gegen die Klausel ergeben haben, die dort noch keine Berücksichtigung finden konnten. Dies zu prüfen, obliegt dem Rechtspfleger, nicht dem Urkundsbeamten.

Gegen die nunmehr erteilte Klausel stehen dem Schuldner die Rechtsbehelfe der §§ 732, 768 nur dann zu, wenn sie auf Einwendungen gestützt werden, die **nach Rechtskraft** des Urteils nach § 731 entstanden sind.

Das Urteil wird wie jedes Urteil gem. § 317 von Amts wegen zugestellt. Eine weitere Zustellung zu Beginn der Vollstreckung des eigentlichen Titels nach § 750 Abs. 2 ist nicht erforderlich. Damit insoweit für das Vollstreckungsorgan Klarheit besteht, sollte in der Klausel erwähnt werden, dass sie aufgrund eines Urteils nach § 731 erteilt wurde. Das die Zulässigkeit der Klauselerteilung aussprechende Urteil bedarf nicht seinerseits auch noch einer Vollstreckungsklausel.

VIII. Rechtsmittel

10   Urteile nach § 731 sind nach den allgemeinen Regeln mit der Berufung (§§ 511 ff.) bzw. der Revision (§§ 542 ff.) angreifbar.

IX. Erneute Klage aus dem materiellen Recht

11   Kann der Gläubiger nach § 731 vorgehen, so ist diese Klage der speziellere Weg und es fehlt das Rechtsschutzbedürfnis für eine neue Klage aus dem materiellen Recht gegen den Rechtsnachfolger usw.[24], es sei denn, die Möglichkeit der Umschreibung der Klausel ist im Einzelfall rechtlich bestritten. In diesem Fall wäre es dem Gläubiger nicht zuzumuten, etwa gegensätzliche Entscheidungen zur Zulässigkeit der beiden Klagen hinnehmen zu müssen. Es wäre auch mit der verfassungsrechtlichen Garantie eines effektiven Rechtsschutzes nicht vereinbar, wenn dem Rechtsinhaber in allen Verfahrensarten jeweils ohne sachliche Prüfung die Durchsetzung seines Rechts verwehrt würde.[25]

---

24   Sehr streitig; siehe oben Rdn. 1.
25   BVerfG, InVo 1997, 212.

§ 732 Erinnerung gegen Erteilung der Vollstreckungsklausel

(1) ¹Über Einwendungen des Schuldners, welche die Zulässigkeit der Vollstreckungsklausel betreffen, entscheidet das Gericht, von dessen Geschäftsstelle die Vollstreckungsklausel erteilt ist. ²Die Entscheidung ergeht durch Beschluss.

(2) Das Gericht kann vor der Entscheidung eine einstweilige Anordnung erlassen; es kann insbesondere anordnen, dass die Zwangsvollstreckung gegen oder ohne Sicherheitsleistung einstweilen einzustellen oder nur gegen Sicherheitsleistung fortzusetzen sei.

Übersicht

	Rdn.
I. Allgemeines	1
II. Zulässigkeit der Klauselerinnerung	2
1. Statthaftigkeit	2
2. Zuständigkeit des Gerichts	4
3. Kein Anwaltszwang – Formfreiheit	5
4. Fristen	6
III. Begründetheit des Rechtsbehelfs	7
1. Allgemeine Voraussetzungen der Klauselerteilung	9
2. Besondere Voraussetzungen der qualifizierten Klausel	9
3. Sonstige Fehler im Klauselerteilungsverfahren	10
4. Nachträgliche Fehlerbeseitigung im Erinnerungsverfahren	11
IV. Verfahren	12
1. Abhilfebefugnis	12
2. Rechtliches Gehör	13
3. Entscheidungstenor	14
4. Kostenentscheidung	15
V. Rechtsbehelfe	16
VI. Einstweilige Anordnungen (Abs. 2)	17
1. Möglicher Inhalt einstweiliger Anordnungen	17
2. Anfechtung einstweiliger Anordnungen	18
VII. Unterlassene Klauselanfechtung und materielles Recht	19
VIII. Entsprechende Anwendung der Norm	20

Literatur:

Barnert, Klauselerinnerung und Vollstreckungsabwehrklage in der neueren Rechtsprechung des BGH, MDR 2004, 605; *Bork*, Die Wirksamkeit von Unterwerfungsklauseln in Allgemeinen Geschäftsbedingungen, ZIP 2008, 2049; *Gaul*, Das Rechtsbehelfssystem der Zwangsvollstreckung – Möglichkeiten und Grenzen einer Vereinfachung, ZZP 1972, 251 ff.; *Henckel*, Vorbeugender Rechtsschutz im Zivilrecht, AcP 1974, 97 ff.; *Hoffmann*, Die Rechtsbehelfe während des Klauselerteilungsverfahrens, Jura 1995, 411; *Schlosser*, Die Vollstreckungsklausel der ZPO, Jura 1984, 88.

I. Allgemeines

Der Schuldner muss nicht abwarten, bis ein angeblicher Gläubiger, der eine Forderung gegen ihn durch Rechtsnachfolge erworben haben will, sich Klausel zum Titel hat erteilen lassen, sondern kann vorab durch negative Feststellungsklage klären lassen, dass der Gläubiger nicht berechtigt ist, aus einem von einem Dritten erstrittenen Titel gegen ihn zu vollstrecken.[1] Ansonsten kann der Schuldner vorbeugend allenfalls im Rahmen seiner Anhörung nach § 730 Einfluss auf die Klauselerteilung nehmen. Die bloße Ankündigung eines Notars, er beabsichtige dem Gläubiger eine vollstreckbare Ausfertigung zu erteilen, ist weder nach § 54 BeurkG noch nach § 15 Abs. 2 BNotO anfechtbar[2]. Ist die Klausel einmal erteilt, so stehendem Schuldner, unabhängig davon, wer die Klausel erteilt hat (Urkundsbeamter, Rechtspfleger, Notar usw.), als selbstständige Verteidigungsmittel nur die Erinnerung nach § 732 und die Klauselgegenklage nach § 768, je nach dem Inhalt seiner Verteidigung, nicht aber daneben die allgemeinen Rechtsbehelfe[3], etwa die nach § 573, § 11 RpflG, 58 ff. FamFG zur Verfügung. § 732 ist der speziellere Rechtsbehelf gegenüber den genann-

1

---

[1] OLG Karlsruhe, OLGReport 2008, 443.
[2] OLG München, OLGReport 2008, 659.
[3] OVG Jena, JurBüro 2009, 274.

ten allgemeinen Rechtsbehelfen.⁴ In jedem Fall soll das Gericht, dessen Urkundsbeamter oder Rechtspfleger die Klausel erteilt hat, in positiver wie in negativer Hinsicht zu den Einwendungen des Schuldners Stellung nehmen und auch einen ablehnenden Beschluss begründen. Der Schuldner kann dann selbst entscheiden, ob er die nächste Instanz noch anrufen will.

Die Vollstreckungsorgane haben angebliche Mängel im Klauselerteilungsverfahren nicht zu prüfen, insbesondere nicht, ob im Klauselverfahren die besonderen Voraussetzungen der §§ 726, 727 zutreffend geprüft und bejaht wurden. Es kann deshalb auch nicht mit § 766 ZPO gerügt werden, dass sie aus einem Titel mit angeblich unwirksamer Klausel vollstreckt haben. Der Schuldner ist insoweit allein auf die klauselspezifischen Rechtsbehelfe verwiesen⁵.

II. Zulässigkeit der Klauselerinnerung

1. Statthaftigkeit

2   Die Erinnerung ist **statthaft**, wenn der Schuldner mit ihr Einwendungen gegen eine bereits erteilte Klausel, die Fehler formeller Art im Klauselerteilungsverfahren betreffen, erhebt. Ein förmlicher Fehler in diesem Sinne liegt auch vor, wenn der Rechtspfleger im Fall der Klauselerteilung die besonderen materiellrechtlichen Voraussetzungen der §§ 726 Abs. 1, 727–729 bejaht hat, obwohl sie sich gar nicht schlüssig aus dem Gläubigervorbringen und den vom Gläubiger zum Nachweis seines Vorbringens vorgelegten Urkunden ergeben⁶. Denn diese Schlüssigkeitsprüfung gehört zu den dem Rechtspfleger obliegenden Förmlichkeiten. Dagegen ist die Klauselerinnerung nicht der richtige Rechtsbehelf, um materiellrechtliche Einwendungen gegen den titulierten Anspruch selbst geltend zu machen.⁷ Auch der Einwand des Schuldners, der sich in einer notariellen Urkunde der sofortigen Zwangsvollstreckung unterworfen hat, die Unterwerfungserklärung sei wegen Verstoßes gegen § 307 BGB nichtig, kann nicht im Klauselerinnerungsverfahren verfolgt werden⁸. Gleiches gilt für Einwendungen, die die Befugnis des Gläubigers betreffen, den Anspruch (noch) weiter zu verfolgen (z. B. Beendigung einer früheren Prozessstandschaft⁹). Diese Einwendungen müssen mit der Vollstreckungsabwehrklage gem. § 767 verfolgt werden¹⁰. Die Klauselerinnerung ist auch nicht der richtige Rechtsbehelf, um gegen die Erteilung einer qualifizierten Klausel mit der Begründung vorzugehen, die besonderen Klauselvoraussetzungen lägen trotz des insoweit schlüssigen Vortrages des Gläubigers und des sich aus vorliegenden Urkunden zu seinen Gunsten ergebenden Anscheins in Wahrheit nicht vor.¹¹ Insoweit ist allein § 768 der richtige Weg. § 732 und § 768 stehen aber dann zur freien Wahl des Schuldners, wenn formelle Einwendungen (Fehlen des erforderlichen Urkundsbeweises usw.) und materiellrechtliche Einwendungen (Nichteintritt der angeblich bewie-

---

4   Wie hier im Verhältnis zur FamFG-Beschwerde (wenn also der Notar die Klausel erteilt hatte): OLG Frankfurt, Rpfleger 1981, 314; wie hier im Verhältnis zu § 11 RpflG: LG Frankenthal, MDR 1983, 237; OLG Karlsruhe, Rpfleger 1983, 118; OLG Celle AnwBl. 1984, 215; OLG Stuttgart, MDR 1984, 591; *Brox/Walker*, Rn. 136; *Stein/Jonas/Münzberg*, § 732 Rn. 9. Für die Anwendbarkeit des § 11 RpflG anstelle des § 732 ZPO dagegen: LAG Hamm, MDR 1971, 612; OLG Hamburg, FamRZ 1981, 980.
5   BGH, MDR 2013, 174 mit Anm. *Toussaint*, FD-ZVR 2012, 336612; BGH, NJW-RR 2013, 437; BGH, NJW-RR 2012, 1148; BGH, NJW-RR 2012, 1146; LG Detmold, JurBüro 2011, 274; LG Mannheim, JurBüro 2009, 330.
6   BGH, BeckRS 2010, 21498.
7   BGH, Rpfleger 2005, 33 und Rpfleger 2005, 612; BGH, InVo 2006, 24; OLG Düsseldorf, Rpfleger 1977, 67; OLG Köln, AnwBl. 1982, 113 f.; OLG Hamburg, KTS 1983, 599; OLG Düsseldorf, OLGZ 1984, 93; *Brox/Walker*, Rn. 139; **a. A.**: OLG Koblenz, DNotZ 1972, 190; LG Duisburg, KTS 1964, 187.
8   BGH, WM 2009, 846 mit Anm. durch *Toussaint*, jurisPR-BGHZivilR 9/2009; BGH, BeckRS 2009 13176; *Bork*, ZIP 2049, 2059. **A. A.**: LG Hamburg, ZfIR 2008, 543 mit Anm. durch *Clemente*, ZfIR 2008, 545.
9   OLG Köln, FamRZ 1985, 826.
10 BGH, NZI 2008, 364; BGH, BeckRS 2009 13176. Für die Anwendbarkeit des § 732 insoweit: Rimmelspacher, WuB VI E § 767 ZPO 2.04.
11 **A. A.** insoweit: *Brox/Walker*, Rn. 143.

senen Bedingung usw.) sich decken. Gleiches gilt, wenn der Einwand sowohl unter § 732 als auch unter § 767 analog zu subsumieren wäre. Auch insoweit hat der Schuldner dann ein Wahlrecht.[12] Dass er den Einwand bereits vergeblich im Verfahren nach § 732 geltend gemacht hat, hindert den Schuldner im Übrigen nicht, ihn auch noch einmal mit der Titelgegenklage nach § 767 analog zu verfolgen[13].

Der Einwand, der Titel sei inhaltlich zu unbestimmt und daher zur Vollstreckung nicht geeignet, kann sowohl im Klauselerteilungsverfahren erhoben werden als auch gegenüber dem Vollstreckungsorgan im Lauf der Vollstreckung. Ist der Einwand im Rahmen einer Klauselerinnerung zurückgewiesen worden, kann er mit der Erinnerung gem. § 766 wiederholt werden, falls das Vollstreckungsorgan aus dem inhaltlich zu unbestimmten Titel dann vollstreckt[14]. Insoweit wird nicht ein Fehler im Klauselerteilungsverfahren gerügt[15], sondern ein eigenständiger Fehler des Vollstreckungsorgans. 3

2. Zuständigkeit des Gerichts

Zuständig zur Entscheidung über die Erinnerung ist, soweit es um die Klausel zu Urteilen oder Prozessvergleichen geht, das Gericht (dort immer der Richter[16]), von dessen Geschäftsstelle bzw. Rechtspfleger die Klausel erteilt worden ist. Dies kann also auch das Arbeitsgericht, die Kammer für Handelssachen oder das Familiengericht[17] sein. War im Rechtsstreit der Einzelrichter originär gem. § 348 zuständig gewesen oder ist das Urteil beim Landgericht vom Einzelrichter in einem ihm gem. § 348a zur Entscheidung übertragenen Rechtsstreit erlassen, der Vergleich in einem solchen Fall vor ihm geschlossen worden, ist auch der Einzelrichter im Klauselverfahren zuständig.[18] Ist die Klausel erst auf Anweisung des Richters erteilt worden, so ist der anweisende Richter nicht gem. § 41 Nr. 6 von der späteren Entscheidung im Rahmen des § 732 ausgeschlossen.[19] 4

Im **arbeitsgerichtlichen Verfahren** entscheidet der Vorsitzende, wenn die Entscheidung ohne mündliche Verhandlung ergeht, gem. § 53 Abs. 1 Satz 1 ArbGG auch dann allein, wenn der Titel unter Mitwirkung der Arbeitsrichter erlassen wurde.

Für andere Titel als Urteile und Prozessvergleiche ist die Zuständigkeit besonders geregelt in §§ 797 Abs. 3 (vollstreckbare Urkunden), 797 a Abs. 2 u. Abs. 4 Satz 3 (Gütestellenvergleiche). Für alle übrigen Titel gilt über § 795 die Zuständigkeitsregel des § 732 Abs. 1 Satz 1 entsprechend.

Die Zuständigkeit ist wegen § 802 eine ausschließliche.

3. Kein Anwaltszwang – Formfreiheit

Für die Einlegung der Erinnerung besteht **kein Anwaltszwang**. Sie kann auch mündlich **zu Protokoll der Geschäftsstelle** erklärt werden. 5

4. Fristen

Die Erinnerung ist vom Zeitpunkt der Klauselerteilung an zulässig bis zur Beendigung der Zwangsvollstreckung[20] durch vollständige Befriedigung des Gläubigers. Andere Fristen hat der Schuldner 6

---

12 BGH, MDR 2005, 113.
13 OLG Celle, JurBüro 2010, 159.
14 OLG Hamm, BeckRS 2010 13469.
15 Siehe hierzu oben Rdn. 1.
16 OLG Frankfurt, InVo 2002, 421.
17 OLG Düsseldorf, FamRZ 1978, 427; OLG Stuttgart, Rpfleger 1979, 145.
18 **A.A.**: OLG Oldenburg, NJW 1963, 257; wie hier *Zöller/Stöber*, § 732 Rn. 14.
19 OLG Frankfurt, Rpfleger 1968, 194.
20 LG Hildesheim, NJW 1962, 1256.

nicht zu beachten[21], insbesondere nicht die Zweiwochenfrist für die Beschwerde. Das Recht zur Erinnerung wird auch durch längeres Zuwarten oder durch Dulden der Zwangsvollstreckung über eine längere Zeit hin nicht verwirkt.[22]

Für die Klauselerteilung fehlt das Rechtsschutzinteresse, wenn der Gläubiger den unzulässigerweise mit einer Klausel versehenen Titel an das Vollstreckungsgericht mit der Bitte um Aufhebung der bereits eingeleiteten Vollstreckungsmaßnahmen zurückgegeben und dem Schuldner schriftlich erklärt hat, auf eine Zwangsvollstreckung aus dieser vollstreckbaren Ausfertigung zu verzichten.[23]

III. Begründetheit des Rechtsbehelfs

7 Die Erinnerung ist begründet, wenn die formellen Voraussetzungen für die Klauselerteilung zum Zeitpunkt der Erinnerungsentscheidung[24] nicht vorliegen oder wenn die erteilte Klausel selbst inhaltlich fehlerhaft ist. Dies ist der Fall, wenn die allgemeinen Voraussetzungen der Erteilung jeglicher Klausel fehlen[25] oder wenn der erforderliche Nachweis[26] der besonderen Voraussetzungen einer qualifizierten Klausel nicht in gehöriger Weise erbracht ist oder wenn schließlich die Voraussetzungen für die in concreto erteilte Klausel (wenn auch vielleicht für eine andere) nicht gegeben sind.

8 Einzelheiten:

1. Allgemeine Voraussetzungen der Klauselerteilung

Die **allgemeinen Voraussetzungen** der Klauselerteilung fehlen etwa, wenn kein (wirksamer) Antrag auf Klauselerteilung gestellt war (Antrag durch eine prozessunfähige oder zur Antragstellung nicht berechtigte Person),[27] wenn der angebliche Titel kein (in formeller Hinsicht wirksamer)[28] Vollstreckungstitel i. S. der ZPO ist,[29] wenn der Titel keinen in concreto vollstreckungsfähigen Inhalt hat, etwa weil der Vollstreckungsgläubiger aus ihm nicht einwandfrei hervorgeht[30] oder weil die zu vollstreckende Leistung zu ungenau bezeichnet ist[31], oder weil schließlich der Schuldner in einer Form bezeichnet ist, dass die Zwangsvollstreckung gegen ihn nicht möglich ist (Titel z. B. gegen eine BGB-Gesellschaft unter einer nur unzureichenden, die Identität nicht sicher klärenden Etablissements-Bezeichnung[32]).

---

21 OLG Karlsruhe, JurBüro 1983, 776.
22 Unrichtig deshalb OLG Frankfurt, FamRZ 1984, 302.
23 OLG Köln, ProzRB 2003, 329 mit abl. Anm. *Jaspersen*.
24 Dieser Zeitpunkt ist maßgebend, nicht der der Klauselerteilung: OLG Köln, InVo 2003, 240.
25 Siehe: Vor §§ 724–734 Rdn. 11 und § 724 Rdn. 6.
26 Zur Nichterforderlichkeit des Nachweises wegen Offenkundigkeit vergl. § 726 Rdn. 10 und Rdn. 11 und § 727 Rdn. 35.
27 Einzelheiten: § 724 Rdn. 3.
28 Im Fall BGH, DNotZ 2005, 845 lag im Ergebnis allerdings ein wirksamer Titel vor. Der Streit, ob eine formell ordnungsgemäße Unterwerfungsklausel in einer notariellen Urkunde nach § 307 BGB unwirksam ist, ist nicht mit der Klauselerinnerung zu klären: BGH, WM 2009, 846. Diese Prüfung muss im Rahmen einer Klage des Schuldners analog § 767 erfolgen.
29 Beispiele: BGHZ 15, 190; LG Essen, MDR 1975, 937.
30 Beispiele: BGH, WM 1958, 1194.
31 Beispiele: BGHZ 22, 54; BGH, JA 1982, 308; OLG Köln, JurBüro 1976, 254; NJW 1985, 274 und OLGReport 1998, 372; OLG Hamm, MDR 1974, 239; OLG Düsseldorf, MDR 1986, 328; OLG Frankfurt, OLGReport 1998, 132; LG Essen, DNotZ 1973, 26.
32 OLG Köln, InVo 2000, 103.

2. Besondere Voraussetzungen der qualifizierten Klausel

Der Nachweis der **besonderen Voraussetzungen einer qualifizierten Klausel** ist nicht nur dann nicht gehörig erbracht, wenn der Gläubiger keine öffentlichen oder öffentlich beglaubigten Urkunden vorgelegt hat, obwohl die nachzuweisenden Tatsachen nicht offenkundig waren, sondern auch dann, wenn der Schuldner seinerseits durch die Vorlage anderer öffentlicher oder öffentlich beglaubigter Urkunden entweder bei seiner Anhörung nach § 730 oder im Rahmen der Erinnerung den Nachweis widerlegt oder doch so weit erschüttert hat, dass er nicht mehr als hinreichend gesichert erscheint. Der Schuldner kann ferner geltend machen, die von ihm zugestandenen Tatsachen ließen den Schluss auf das Vorliegen der besonderen Voraussetzungen der Klausel nicht zu, diese seien deshalb nicht offenkundig. Oder: Die Beweiskraft der vorgelegten Urkunden reiche nicht so weit, wie vom Rechtspfleger (Notar usw.) angenommen.

3. Sonstige Fehler im Klauselerteilungsverfahren

Die Klausel ist auch fehlerhaft, d.h. anfechtbar, wenn das unzuständige Organ die Klausel erteilt hat[33], wenn erforderliche (u. U. sogar vom Gläubiger auch beantragte) Beschränkungen nicht in den Text der Klausel aufgenommen wurden[34], wenn die Klausel für mehr erteilt wurde, als nach dem Titel vollstreckt werden kann[35], wenn die Klausel gegen einen anderen als den, gegen den sie beantragt wurde, erteilt ist. Dass in diesen Fällen eine andere Klausel erteilt werden könnte, steht dem Erfolg der Erinnerung nicht entgegen, da das entscheidende Gericht selbst diese andere Klausel ja nicht erteilen kann. Ist die zu vollstreckende Leistung allerdings teilbar und betrifft der Mangel nur einen Teil, so braucht die Klausel nicht gänzlich aufgehoben zu werden, sondern nur hinsichtlich der Teilleistung.[36]

4. Nachträgliche Fehlerbeseitigung im Erinnerungsverfahren

Waren die Einwendungen des Schuldners zur Zeit der Klauselerteilung begründet, sind die Mängel aber später in Wegfall gekommen und liegen zur Zeit der Erinnerungsentscheidung alle Voraussetzungen für eine Klauselerteilung in der konkreten Form vor, so bleibt die Erinnerung letztlich erfolglos; denn sie ist keine Art der Dienstaufsichtsbeschwerde, die die Korrektheit des die Klausel Erteilenden zum Gegenstand hat, sondern dient allein der Überprüfung, ob eine der Voraussetzungen der Zwangsvollstreckung **noch** ordnungsgemäß gegeben ist.[37] Die Erinnerung ist deshalb umgekehrt begründet, wenn zum Zeitpunkt der Klauselerteilung deren Voraussetzungen vorlagen, später aber in Wegfall gekommen sind (z.B.: Die im Rahmen des § 726 nachzuweisende behördliche Genehmigung ist später zurückgenommen worden).

IV. Verfahren

1. Abhilfebefugnis

Der Urkundsbeamte und der Rechtspfleger dürfen, bevor die Sache dem Richter zur Entscheidung vorgelegt wird, selbst der Erinnerung abhelfen.[38] Tun sie dies, so stehen dem Gläubiger die Rechtsbehelfe zu, die ihm auch bei ursprünglicher Verweigerung der Klausel zustünden.[39]

---

33 Einzelheiten Vor §§ 724–734 Rdn. 9; § 724 Rdn. 9; § 726 Rn. 18; § 727 Rdn. 31.
34 Beispiele: OLG München, NJW 1956, 996; LG Berlin, Rpfleger 1970, 293.
35 Hierzu: § 725 Rdn. 2.
36 Insoweit zu weit gehend: LG Essen, NJW 1972, 2050 (mit Anm. *Pohlmann,* NJW 1973, 199).
37 Wie hier: OLG München, MDR 1955, 682; OLG Nürnberg, MDR 1960, 318; KG, NJW-RR 1987, 3; OLG Köln, InVo 2003, 240.
38 OLG Koblenz, InVo 2002, 510; OLG Stuttgart, Rpfleger 1997, 521; LAG Düsseldorf, Rpfleger 1997, 119; *Musielak/Lackmann,* § 732 Rn. 9; *Stein/Jonas/Münzberg,* § 732 Rn. 9.
39 Siehe Vor §§ 724–734 Rdn. 13; § 731 Rdn. 1.

2. Rechtliches Gehör

13 Die Entscheidung des Gerichts kann, da sie durch Beschluss ergeht, ohne mündliche Verhandlung ergehen (Abs. 1 Satz 2 i. V. § 128 Abs. 4). Im Hinblick auf Art. 103 Abs. 1 GG ist dem Gläubiger aber jedenfalls vor der Entscheidung Gelegenheit zur schriftlichen Äußerung zu geben. Denn es droht ihm über §§ 775 Nr. 1, 776 bei voreiliger Entscheidung, soweit er schon vollstreckt hat, zumindest Rangverlust, wirtschaftlich u. U. der Verlust einer sinnvollen Vollstreckungsmöglichkeit überhaupt.

3. Entscheidungstenor

14 Die Entscheidung ergeht durch Beschluss, der in jedem Fall zu begründen ist. Der Tenor lautet im Fall des Obsiegens: »Die Zwangsvollstreckung aus der am ... für den Gläubiger XY« (das ist nicht unbedingt der im Titel selbst genannte Gläubiger) »erteilten Vollstreckungsklausel« (nicht etwa aus dem Titel schlechthin) »wird für unzulässig erklärt« (eventuell einschränkend: »soweit sie über einen Betrag von ... nebst ... hinaus erteilt wurde.«, o. ä. Konstellationen).[40] Im Fall ihrer Unzulässigkeit bzw. Unbegründetheit wird »die Erinnerung zurückgewiesen«.

4. Kostenentscheidung

15 Die Kostenentscheidung ergeht nach §§ 91 ff. Im Fall des Unterliegens des Gläubigers ist § 91, nicht § 97 anzuwenden, da das Gericht mit der Erinnerung erstmalig bemüht wurde, also keine gerichtliche Entscheidung erfolglos angegriffen wurde.[41] Die § 97 anwendende Gegenmeinung übersieht, dass der Schuldner bisher keine Möglichkeit hatte, dem Gericht seine Argumente vorzutragen, sodass jedenfalls § 97 Abs. 2 nie passt. Nimmt der Schuldner seine Erinnerung vor der Entscheidung zurück, so ist auf Antrag des Gegners entsprechend §§ 269 Abs. 3, 515 Abs. 3 durch Beschluss auszusprechen, dass den Schuldner die Kosten des Verfahrens treffen.[42]

Gerichtsgebühren entstehen durch die Erinnerung nicht. Der Rechtsanwalt erhält die Gebühren gem. VV Nr. 3309, 3310 RVG, die durch eine eventuell bereits verdiente allgemeine Vollstreckungsgebühr nicht mit abgegolten sind (§ 18 Nr. 6 RVG).[43] Die Gebühr fällt bei den Rechtsanwälten beider Seiten an. Der Streitwert entspricht der Höhe der noch zu vollstreckenden Forderung bzw., wenn der Schuldner sich nur zu einem Teil gegen die Vollstreckung wendet, der Höhe dieses Teilbetrages. Für die Berechnung der Forderung gelten die allgemeinen Regeln.

V. Rechtsbehelfe

16 Wird die Erinnerung zurückgewiesen, hat der Schuldner die Beschwerde (§ 567). Ebenfalls Beschwerde nach § 567 steht dem Gläubiger zu, wenn der Erinnerung des Schuldners stattgegeben und die Klausel aufgehoben wurde[44]. Für die Zulassung der Rechtsbeschwerde gegen die jeweilige Beschwerdeentscheidung gelten die allgemeinen Regeln (§ 574).

---

40 *Musielak/Lackmann*, § 732 Rn. 9; gegen die Zulässigkeit derartiger Einschränkungen aber: LG Essen, NJW 1972, 2050.
41 Wie hier: *Musielak/Lackmann*, § 732 Rn. 9; *Wieczorek/Paulus*, § 732 Rn. 33; **a. A.** (für § 97 ZPO): *Stein/Jonas/Münzberg*, § 732 Rn. 15; *Thomas/Putzo/Seiler*, § 732 Rn. 12; *Zöller/Stöber*, § 732 Rn. 15.
42 OLG Bamberg, JurBüro 1973, 3.
43 *Hartmann*, Kostengesetze, § 18 RVG Rn. 36.
44 LG Hamburg, ZfIR 2008, 543.

VI. Einstweilige Anordnungen (Abs. 2)

1. Möglicher Inhalt einstweiliger Anordnungen

Die Einlegung der Erinnerung hat keine aufschiebende Wirkung. Die Klausel bleibt also vorläufig als vom Vollstreckungsorgan in vollem Umfange zu beachtend bestehen.[45] Da der Gläubiger vor der Entscheidung über die Erinnerung auch noch zu hören ist, könnte sich der Verfahrensabschluss so lange hinauszögern, dass die Erinnerung schließlich durch Beendigung der Zwangsvollstreckung unzulässig würde. Deshalb kann das Gericht durch einstweilige Maßnahmen den Fortgang der Zwangsvollstreckung hemmen oder jedenfalls den Schuldner vor Schäden sichern, die ihm aus einer Fortsetzung der Vollstreckung erwachsen könnten. Aus diesem Zweck des Abs. 2 folgt, dass das Gericht nicht im Wege einstweiliger Anordnung bereits erfolgte Vollstreckungsmaßnahmen wieder aufheben kann.[46] Ein solcher Schritt brächte dem Schuldner mehr als eine bloße Hemmung des Vollstreckungsfortganges. Die Entscheidung nach Abs. 2 setzt keinen Antrag des Schuldners voraus, kann also auch von Amts wegen erfolgen. Sie soll nur ergehen, wenn das Begehren des Schuldners nach der dem Gericht vorliegenden Erinnerungsbegründung oder den dem Gericht sonst erkennbaren Umständen schlüssig erscheint. Bei der Vollstreckung arbeitsgerichtlicher Titel gilt § 62 Abs. 1 Satz 4 ArbGG nicht entsprechend, im Rahmen des § 732 Abs. 2 ist also auch die Anordnung einer Sicherheitsleistung möglich.[47] Bei von vornherein aussichtslosen Einwendungen besteht keine Veranlassung, den Vollstreckungsfortgang aufzuhalten.

17

Da der Urkundsbeamte und der Rechtspfleger der Erinnerung von sich aus abhelfen dürfen, können sie auch einstweilige Anordnungen treffen.[48] Es erscheint allerdings zweckmäßig, in diesen Fällen, um Verzögerungen zu vermeiden, die Sache sogleich dem Richter vorzulegen. Die einstweiligen Anordnungen werden mit der endgültigen Entscheidung über die Erinnerung automatisch gegenstandslos.

2. Anfechtung einstweiliger Anordnungen

Sowohl die einstweiligen Anordnungen des Richters als auch die richterlichen Beschlüsse, einstweilige Anordnungen nicht zu erlassen, sind grundsätzlich unanfechtbar.[49] Es gelten die nämlichen Erwägungen wie zu § 707 Abs. 2 Satz 2[50] und zu § 769. Erging die Entscheidung unter Verletzung von Verfahrensgrundrechten, ist allerdings die Rüge gem. § 321a (analog) zulässig.

18

Einstweilige Anordnungen des Urkundsbeamten sind nach § 573 Abs. 1, solche des Rechtspflegers mit der sofortigen Erinnerung nach § 11 Abs. 2 RpflG anfechtbar, über die der Richter des Amtsgerichts abschließend zu entscheiden hat.[51] Die Entscheidung des Richters hierzu ist dann nach den obigen Erwägungen unanfechtbar.

---

45 Siehe § 724 Rdn. 8.
46 H.M.: HansOLG Hamburg, MDR 1958, 44; *Stein/Jonas/Münzberg*, § 732 Rn. 13; *Zöller/Stöber*, § 732 Rn. 17.
47 Einzelheiten: *Reinhard/Böggemann*, NJW 2008, 1263, 1268.
48 So auch *Zöller/Stöber*, § 732 Rn. 17.
49 H.M.: OLG Hamm, JMBlNW 1956, 17 und MDR 1979, 852; OLG Düsseldorf, JZ 1957, 548; OLG Hamburg, MDR 1958, 44; OLG Stuttgart, Justiz 1994, 88; *Musielak/Lackmann*, § 732 Rn. 10; *Stein/Jonas/Münzberg*, § 732 Rn. 14; *Zöller/Stöber*, § 732 Rn. 17; *Wieczorek/Paulus*, § 732 Rn. 32; a. A. für den Fall, dass die Anordnung nicht erlassen wurde: *Künkel*, MDR 1989, 309.
50 Vergl. § 707 Rdn. 17.
51 OLG Köln, NJW-RR 2001, 69.

VII. Unterlassene Klauselanfechtung und materielles Recht

19 Nimmt der Schuldner den Rechtsbehelf nach § 732 nicht wahr, so hat dies keine materiellrechtlichen Folgen für ihn. Er wird nicht tatsächlich Rechtsnachfolger, wenn er es nicht war usw.[52] Es findet noch nicht einmal eine Beweislastumkehr dahingehend statt, dass von seiner Rechtsnachfolgerschaft bis zum Beweis des Gegenteils auszugehen wäre.[53] Lediglich im weiteren Ablauf der konkreten Zwangsvollstreckung ist die nicht angefochtene Vollstreckungsklausel dahingehend zu beachten, dass der Schuldner als Rechtsnachfolger usw. in Anspruch genommen werden kann.

VIII. Entsprechende Anwendung der Norm

20 § 732 ist entsprechend anwendbar, wenn im Streit unter mehreren Klauselprätendenten ein Gläubiger mit formellen Einwendungen die Klauselerteilung an einen anderen anfechten will.[54]

---

52 BGHZ 4, 283.
53 OLG Köln, FGPrax 2009, 6.
54 A. A. (keine analoge Anwendung): OLG Stuttgart, InVo 2000, 350; *Wieczorek/Paulus*, § 732 Rn. 7.

§733 Weitere vollstreckbare Ausfertigung

(1) Vor der Erteilung einer weiteren vollstreckbaren Ausfertigung kann der Schuldner gehört werden, sofern nicht die zuerst erteilte Ausfertigung zurückgegeben wird.

(2) Die Geschäftsstelle hat von der Erteilung der weiteren Ausfertigung den Gegner in Kenntnis zu setzen.

(3) Die weitere Ausfertigung ist als solche ausdrücklich zu bezeichnen.

Übersicht	Rdn.			Rdn.
I. Zweck	1	2.	Anhörung des Schuldners vor der Erteilung der Ausfertigung	10
II. Zuständigkeit	2			
III. Verfahren	3	3.	Verständigung des Schuldners nach Erteilung der Ausfertigung	11
1. Rechtsschutzinteresse des Gläubigers an weiterer Ausfertigung	3	4.	Kenntlichmachung der weiteren Ausfertigung	12
a) Verlust der Erstausfertigung	4	5.	Gebühren	13
b) Rückgabe der Erstausfertigung an den Schuldner	5	IV.	Rechtsmittel	14
c) Ausfertigung für den Rechtsnachfolger	6	1.	Gläubiger	14
		2.	Schuldner	15
d) Gleichzeitige Vollstreckung an vielen Orten erforderlich	7	V.	Vollstreckung aus zu Unrecht erteilter Zweitausfertigung	16

Literatur:

Bartels, Die (weitere) vollstreckbare Ausfertigung für den Rechtsnachfolger, ZZP 2003 (Bd. 116), 57; *Behr*, Doppel- und Simultanvollstreckung, JurBüro 1994, 581; *Jurksch*, Die weitere vollstreckbare Ausfertigung gem. §733 ZPO, InVo 1996, 175; *H. Schneider*, Gerichts- und Rechtsanwaltskosten bei der Erteilung einer weiteren vollstreckbaren Ausfertigung (§733 ZPO) im Bereich des GKG, JurBüro 2004, 632; *N. Schneider*, Kosten einer weiteren vollstreckbaren Ausfertigung bei Verlust der Erstausfertigung, DGVZ 2011, 26.

I. Zweck

Die vollstreckbare Ausfertigung des Titels ist Grundlage der Zwangsvollstreckung. Könnte der Gläubiger beliebig viele vollstreckbare Ausfertigungen verlangen, bestünde trotz §757 die Gefahr, dass der Schuldner wegen der nämlichen titulierten Forderung mehrfach auf Erfüllung in Anspruch genommen würde. Bliebe ihm als Schutz allein §767, wäre dies zu umständlich und kostenaufwändig. §733 will die Gefahr schon an der Wurzel bannen. 1

Entsprechend dieser Zweckrichtung liegt kein Fall des §733 vor, wenn auf die gleiche Ausfertigung eine weitere oder eine neue Klausel gesetzt wird, etwa weil zunächst nur eine Teilklausel beantragt war und nunmehr wegen des restlichen Anspruchs ebenfalls Klausel verlangt wird, oder weil auf die alte Ausfertigung für den Rechtsnachfolger des ursprünglichen Klägers Klausel nach §727 gesetzt werden soll.[1] Ebenso liegt kein Fall des §733 vor, wenn aus einem Titel mehrere Schuldner unterschiedliche Leistungen schulden (Teilschuldner) und dem Gläubiger für jeden Schuldner eine gesonderte Ausfertigung erteilt wird.[2] Gleiches muss gelten, wenn mehrere Gläubiger jeweils nur eine Teilklausel für einen anderen Teil des titulierten Anspruchs beantragen (so in den Fällen der Teilrechtsnachfolge), wenn für jeden dieser Teile aber nur einmal vollstreckbare Teilausfertigung verlangt wird.[3] Konsequenterweise ist §733 auch dann nicht einschlägig, wenn der Gläubiger die alte Ausfertigung an das Gericht **zurückgibt**, etwa weil sie Schreibfehler enthält oder später durch äußere Einflüsse schwer lesbar geworden ist, aber auch, weil der neue Gläubiger die Klausel nach

---

[1] OLG München, JurBüro 1972, 702; LG Frankenthal, DAVorm. 1970, 148.
[2] *Zöller/Stöber*, §733 Rn. 2.
[3] *Zöller/Stöber*, §733 Rn. 2. OLG Köln, OLGReport 1993, 314 will dagegen auch hier §733 ZPO anwenden.

§ 727 (etwa aus Gründen der besseren Lesbarkeit oder größeren Klarheit) auf eine neue Ausfertigung erhalten soll.[4] In diesen Fällen wird die Klausel nach den allgemeinen Regeln der §§ 724–729 ohne die zusätzlichen Erschwernisse des § 733 vom Urkundsbeamten, Rechtspfleger, Notar usw. erteilt. § 733 setzt also voraus, dass jedenfalls die theoretische Möglichkeit besteht, dass gegen denselben Schuldner außerhalb der Gerichts-, Notar- oder Behördenakten mehr als eine vollstreckbare Ausfertigung im Umlauf ist. Wird bei Erteilung der Zweitausfertigung gleichzeitig die verlorene Erstausfertigung für ungültig erklärt, kann aus dieser, sollte sie wieder auftauchen, nicht mehr vollstreckt werden[5].

II. Zuständigkeit

2 Handelt es sich bei dem Titel um ein Urteil, einen Prozessvergleich oder einen Beschluss in einer Familienstreitsache, ist der Rechtspfleger (§ 20 Nr. 12 RpflG) des auch für die erste Klauselerteilung zuständigen Gerichts zuständig[6], für die Erteilung der weiteren Ausfertigung eines Vollstreckungsbescheides (die Erstausfertigung bedarf in der Regel keiner Klausel: § 796 Abs. 1) der Rechtspfleger[7] des Mahngerichts[8], es sei denn, der Rechtsstreit befindet sich aufgrund Einspruchs gegen den Vollstreckungsbescheid beim Prozessgericht; in diesem Fall ist das Prozessgericht zuständig.[9] Die Landesregierungen sind ermächtigt, diese Rechtspflegeraufgabe ganz oder teilweise dem Urkundsbeamten der Geschäftsstelle zu übertragen (§ 36b Abs. 1 Nr. 4 RpflG). Bevor die Behörde eine weitere Ausfertigung der behördlichen Urkunde[10] zum Zwecke der Zwangsvollstreckung erteilen darf, ist gem. § 797 Abs. 3 eine Ermächtigung des Amtsgerichts (Rechtspflegers), in dessen Bezirk diese Behörde ihren Amtssitz hat, einzuholen. Um die Ermächtigung hat die Behörde nachzusuchen, nicht der Gläubiger.[11] Der Notar entscheidet dagegen selbst über die Erteilung einer weiteren Ausfertigung zu einer seiner Urkunden (§ 797 Abs. 3 in der ab 1.9.2013 geltenden Fassung[12]).

III. Verfahren

1. Rechtsschutzinteresse des Gläubigers an weiterer Ausfertigung

3 Der für die Erteilung der weiteren Ausfertigung Zuständige prüft zunächst, ob die Voraussetzungen für eine Klauselerteilung, würde es sich um einen Erstantrag handeln, im Hinblick auf den beantragenden Gläubiger immer noch gegeben sind. Darüber hinaus ist zu prüfen, ob ein Rechtsschutzbedürfnis dafür, eine weitere vollstreckbare Ausfertigung in Umlauf zu setzen, gegeben ist. Insoweit muss der Gläubiger ein berechtigtes Interesse glaubhaft gemacht haben[13] und es dürfen im Rahmen der gebotenen Abwägung nicht überwiegende Interessen des Schuldners entgegenstehen[14]. Ein Rechtsschutzbedürfnis, eine zweite vollstreckbare Ausfertigung zu erhalten, wird insbesondere in folgenden Fällen zu bejahen sein:

---

4 Zöller/Stöber, § 733 Rn. 3. Wie hier für den vergleichbaren Fall des § 797 Abs. 3: KG, OLGZ 1973, 112; OLG Düsseldorf, DNotZ 1977, 571 mit Anm. *Brambring*.
5 LG Lübeck, DGVZ 2009, 79.
6 Siehe: § 724 Rdn. 9 und Rdn. 10.
7 LG Berlin, Rpfleger 1971, 74.
8 OLG Stuttgart, InVo 2005, 31.
9 BGH, FamRZ 2006, 1371.
10 KG, OLGZ 1973, 112.
11 OLG Düsseldorf, DNotZ 1977, 571.
12 BGBl. I 2013, 1800.
13 LG Leipzig, JurBüro 2015, 102.
14 OLG Celle, MDR 2009, 827, 828.

a) Verlust der Erstausfertigung

Die Erstausfertigung ist beim Gläubiger oder dessen anwaltlichen Vertreter[15] verloren gegangen oder zerstört worden[16], unabhängig davon, ob ein Verschulden des Gläubigers zum Verlust geführt hat[17]. Ist auch bei Gericht das Original des Titels verloren gegangen oder zerstört worden, ist zunächst das förmliche Verfahren zur Titelrekonstruktion einzuleiten. Dabei ist ausreichend, dass der rekonstruierte Titel, von dem die Zweitausfertigung erteilt wird, inhaltlich, wenn auch nicht im Wortlaut, mit dem ursprünglichen Titel übereinstimmt.[18] Ist eine Rekonstruktion nicht möglich, muss der Antrag auf Erteilung einer Zweitausfertigung abgelehnt werden.

4

Ein Fall des »Verlorengehens« liegt auch vor, wenn die Erstausfertigung zwar bei Gericht abgesandt wurde, den Gläubiger aber nie erreicht hat. Es genügt, dass der Verlust der Erstausfertigung glaubhaft gemacht wird.[19] Der volle Nachweis des Verlustes kann, da praktisch kaum möglich, nicht verlangt werden.[20] Es ist dann Sache des Schuldners, im Rahmen seiner Anhörung konkrete Umstände aufzuzeigen, dass die Zweitausfertigung zur Doppelvollstreckung missbraucht werde[21].

b) Rückgabe der Erstausfertigung an den Schuldner

Der Gerichtsvollzieher oder der Gläubiger selbst[22] haben dem Schuldner den Titel gem. § 757 Abs. 1 ausgehändigt, obwohl die Zwangsvollstreckung noch nicht beendet war, sei es, dass er die zu vollstreckende Forderung selbst falsch berechnet hat, sei es, dass schon der Gläubiger sich bei Erteilung des Vollstreckungsauftrages geirrt hatte: In diesen Fällen muss der Gläubiger zum Nachweis seines Rechtsschutzbedürfnisses glaubhaft machen, dass er zur weiteren Zwangsvollstreckung aus dem Titel noch berechtigt ist.[23] Es kann sich dabei auch um bisher nicht berücksichtigte Vollstreckungskosten handeln, die vor Beendigung der Zwangsvollstreckung schon angefallen waren.[24] Die Glaubhaftmachung hat in der Weise zu erfolgen, dass der Gläubiger seine Gesamtforderung berechnet und das bisher Vollstreckte bzw. vom Schuldner Erhaltene in Abzug bringt.[25] Er kann hierzu Urkunden, gegebenenfalls aber auch eine eigene eidesstattliche Versicherung vorlegen (§ 294 Abs. 1).

5

c) Ausfertigung für den Rechtsnachfolger

Der Rechtsnachfolger (Nachfolger in der Verfügungsbefugnis) des alten Gläubigers kann von diesem den Titel nicht erlangen, sei es, weil er ihn nicht findet, sei es, weil er nicht herausgabewillig

6

---

15 Zur Glaubhaftmachung insoweit genügt eine anwaltliche Versicherung; LG Leipzig, JurBüro 2015, 102.
16 LAG Niedersachsen, BeckRS 2003 41443: Der Rechtsanwalt des Gläubigers hatte seine Handakte nebst vollstreckbarer Ausfertigung des Titels in der irrigen Annahme vernichtet, der Fall sei endgültig abgeschlossen.
17 OLG Schleswig, InVo 2000, 353 will allerdings dann, wenn der Gläubiger die vollstreckbare Ausfertigung selbst zerstört hat, nur ausnahmsweise das Rechtsschutzbedürfnis für die Erteilung einer neuen Ausfertigung bejahen. Dem nicht gefolgt werden.
18 LG Leipzig, Rpfleger 2013, 351.
19 OLG Saarbrücken, OLGReport 2007, 837 (schlüssige Darlegung ausreichend); weiter gehend (beweisen): LG Hechingen, Rpfleger 1984, 151.
20 OLG Düsseldorf, FamRZ 1994, 1271; zu weit gehend (Glaubhaftmachung erforderlich, wann und unter welchen Umständen die Erstausfertigung verloren gegangen ist): OLG Celle, OLGReport 1995, 216.
21 OLG Saarbrücken, OLGReport 2007, 837.
22 A.A. für den Fall, dass der Gläubiger den Titel selbst zurückgegeben hatte: OLG Karlsruhe, NJW-RR 2013, 1019.
23 Wie hier (Glaubhaftmachung genügt): OLG Stuttgart, Rpfleger 1976, 144; OLG Hamm, Rpfleger 1979, 431; OLG Düsseldorf, MDR 2013, 427; LG Hagen, Rpfleger 2013, 284.
24 Zu eng insoweit OLG Frankfurt, Rpfleger 1978, 104.
25 LG Zweibrücken, DGVZ 1971, 13.

ist:²⁶ Ist der neue Gläubiger im Besitz dieses Titels, besteht für eine Zweitausfertigung kein Rechtsschutzbedürfnis. Der neue Gläubiger kann sich dann entweder auf den alten Titel die umschreibende Klausel erteilen lassen oder, wenn dadurch etwa Unklarheiten oder sonstige Schwierigkeiten vermieden werden, gegen Rückgabe der alten Ausfertigung eine neue Erstausfertigung beantragen. Deshalb muss der eine Zweitausfertigung beantragende Rechtsnachfolger grundsätzlich glaubhaft machen, dass er nicht im Besitz der Erstausfertigung ist.²⁷ Ansonsten erhält er eine Zweitausfertigung nur unter den gleichen Bedingungen, unter denen auch der ursprüngliche Gläubiger bei Behalt der Erstausfertigung eine zusätzliche Zweitausfertigung erhalten würde.

d) Gleichzeitige Vollstreckung an vielen Orten erforderlich

7   Der Gläubiger muss, wenn er seine Forderung erfolgreich realisieren will, möglichst gleichzeitig, sei es an verschiedenen Orten, sei es in verschiedene Vermögenswerte (Grundstück, Forderungen, bewegliche Sachen) vollstrecken, da bei einer hintereinander gestaffelten Vollstreckung zu befürchten wäre, dass andere Gläubiger zuvorkommen.²⁸

8   Mehrere Gesamtgläubiger²⁹ wollen nebeneinander die Vollstreckung versuchen³⁰ oder gegen mehrere Gesamtschuldner soll gleichzeitig vorgegangen werden.³¹

9   **Kein** Rechtsschutzinteresse des Gläubigers ist dagegen anzunehmen, wenn er nicht im Besitz der vollstreckbaren Ausfertigung ist, weil sein – früherer – Prozessbevollmächtigter, etwa wegen nicht befriedigter Gebührenansprüche, ein Zurückhaltungsrecht an ihr geltend macht.³² Der Gläubiger muss hier notfalls die Herausgabe des Titels gerichtlich durchsetzen³³.

2. Anhörung des Schuldners vor der Erteilung der Ausfertigung

10   Neben den Interessen des Gläubigers muss der die Zweitausfertigung Erteilende immer in besonderem Maße die Interessen des Schuldners berücksichtigen. Dies gebietet es, dem Schuldner vor der Erteilung der Zweitausfertigung immer Gelegenheit zur Stellungnahme zu geben, wenn nicht offensichtlich ist, dass dem Schuldner ein Nachteil nicht entstehen kann oder wenn nicht ausnahmsweise die Interessen des Gläubigers eine Überraschungsentscheidung unumgänglich machen.

---

26 LG Koblenz, DNotZ 1970, 409; OLG Stuttgart, Justiz 1980, 327; KG, FamRZ 1985, 627; OLG Stuttgart, NJW-RR 1990, 126; OLG Jena, OLG-NL 1999, 258. Das OLG München, Rpfleger 2005, 457 will dagegen dem Rechtsnachfolger die Zweitausfertigung versagen, wenn die Herausgabe der Ausfertigung deshalb verweigert wird, weil der ursprüngliche Gläubiger den Rechtsübergang bestreitet. Siehe im Übrigen auch den Sonderfall Rdn. 9.
27 Wie hier: *Zöller/Stöber*, § 733 Rn. 12; weiter gehend: KG, FamRZ 1985, 627: Der Antragsteller müsse auch glaubhaft machen, warum er die alte Ausfertigung nicht beschaffen könne. Dagegen will OLG Frankfurt, NJW-RR 1988, 512 in einem solchen Fall gar keine Zweitausfertigung erteilen. OLG Hamm, FamRZ 1991, 965 will dem neuen Gläubiger dagegen immer ohne weiteres eine auf ihn umgeschriebene Ausfertigung erteilen, ohne dass es eine Rolle spiele, warum er die dem ursprünglichen Gläubiger erteilte Ausfertigung nicht zurückgebe.
28 OLG Karlsruhe, Rpfleger 1977, 453; OLG Karlsruhe, InVo 2000, 353; KG, Rpfleger 2011, 622.
29 Zu dem Fall, dass mehrere Teilgläubiger nebeneinander vorgehen wollen, siehe oben Rdn. 1.
30 OLG Köln, MDR 1989, 1111; **a. A.** (keine Teilausfertigungen an einzelne Gesamtgläubiger): OLG Hamm, OLGReport 1992, 170.
31 LG Leipzig, JurBüro 2004, 599. AG Dortmund, InVo 1999, 319 will gegen mehrere Gesamtschuldner Ausfertigungen auch ohne konkrete Angaben erteilen.
32 LG Hannover, Rpfleger 1981, 444; OLG Saarbrücken, AnwBl. 1981, 161; **a. A.** insoweit: OLG Stuttgart, Justiz 1995, 15; wiederum **a. A.** (Zweitausfertigung jedenfalls, wenn der Gläubiger Notunterhalt vollstrecken will): OLG Hamm, FamRZ 1998, 640; wiederum **a. A.** (die Zweitausfertigung sei dann zu erteilen, wenn der den Titel zurückhaltende Prozessbevollmächtigte aus dem Titel seinerseits nicht mehr vollstrecke): OLG Schleswig, NJOZ 2010, 1484.
33 OLG Celle, MDR 2009, 827, 828.

Letzteres kann im Einzelfall bei den oben Rdn. 7 erörterten Gegebenheiten geboten sein. Es ist immer äußerste Zurückhaltung angezeigt.

3. Verständigung des Schuldners nach Erteilung der Ausfertigung

In jedem Fall ist der Schuldner, wenn eine weitere Ausfertigung erteilt worden ist, umgehend hiervon zu informieren, damit er sogleich in die Lage versetzt wird, Rechtsmittel[34] einzulegen (**Abs. 2**). Ein Versäumnis dieser Information berührt die Wirksamkeit der Ausfertigung allerdings nicht, rechtfertigt für sich genommen also kein Rechtsmittel gegen die vollstreckbare Zweitausfertigung.

4. Kenntlichmachung der weiteren Ausfertigung

Die weitere vollstreckbare Ausfertigung ist ausdrücklich als solche zu kennzeichnen (»Zweite Ausfertigung«, »Dritte Ausfertigung« usw.) (**Abs. 3**). Wird dies unterlassen, so ist das für den Fortgang des Vollstreckungsverfahrens allerdings unschädlich. Moniert der Schuldner die fehlende Kennzeichnung, ist sie umgehend nachzuholen. Das Vollstreckungsorgan hat die Ausfertigung zum Zwecke der Ergänzung dem für die Erteilung der Ausfertigung Zuständigen zuzuleiten.

5. Gebühren

Für die Erteilung einer weiteren Ausfertigung ist die Festgebühr gem. KV Nr. 2110 zu zahlen.[35] Darüber hinaus werden die Auslagen gem. KV Nr. 9000 erhoben. Der Notar erhält die Festgebühr gem. Nr. 18001 KVfG. Ergibt sich die Notwendigkeit der Erteilung einer Zweitausfertigung durch den Notar, weil aufgrund eines Verschuldens des Notars nicht nachweisbar ist, dass die Erstausfertigung den Gläubiger erreicht hat, kann er die Gebühren nicht in Ansatz bringen.[36] Der Rechtsanwalt erhält die Gebühren gem. § 18 Nr. 7, VV Nr. 3309 RVG. Die Tätigkeit im Rahmen des § 733 ist also durch die Gebühr für die Mitwirkung im Rahmen der Zwangsvollstreckung im Übrigen nicht abgegolten. Der Streitwert entspricht dem Wert der zu vollstreckenden Forderung.[37] Soweit das Gericht vor der Erteilung der Zweitausfertigung den Schuldner hört, erhält dessen Anwalt die Gebühr gem. VV Nr. 3310 RVG.[38]

Im Rahmen der Entscheidung über die Erteilung der Zweitausfertigung ergeht keine Kostenunterscheidung. Der Gläubiger erhält die ihm entstandenen Kosten nach § 788 Abs. 1 erstattet, es sei denn, dass er die Notwendigkeit einer Zweitausfertigung allein zu vertreten hat (Verlust der Erstausfertigung o. ä.).[39]

IV. Rechtsmittel

1. Gläubiger

Der Gläubiger hat gegen den Beschluss des Rechtspflegers, durch den der Antrag auf Erteilung einer weiteren vollstreckbaren Ausfertigung oder auf Ermächtigung zur Erteilung einer solchen Ausfertigung (§ 797 Abs. 3) zurückgewiesen wurde, die Möglichkeit der **Beschwerde** nach §§ 11 RpflG, 567.[40] Er kann die weitere Ausfertigung dagegen nicht durch Klage nach § 731 erstreiten[41],

---

34 Siehe unten Rdn. 15.
35 Wird die Erteilung einer neuen vollstreckbaren Ausfertigung erforderlich, weil die ursprüngliche Ausfertigung im Verantwortungsbereich des Gerichts verloren ging, ist diese Gebühr nach § 21 Abs. 1 GKG nicht zu erheben: KG, JurBüro 2008, 43. Siehe auch *H. Schneider*, JurBüro 2004, 632.
36 KG, NJOZ 2010, 244.
37 LG München, JurBüro 1999, 326.
38 *Hartmann*, Kostengesetze, § 18 RVG Rn. 38.
39 OLG Karlsruhe, InVo 2005, 32; AG Leipzig, JurBüro 2004, 214. Siehe auch § 734 Rdn. 1.
40 OLG Frankfurt, Rpfleger 1978, 104.
41 Siehe auch § 731 Rdn. 1; ferner MüKo/*Wolfsteiner*, § 733 Rn. 25.

da dieses Verfahren ganz anderen Zwecken als der Prüfung der Voraussetzungen des § 733 dient. Bleibt der Rechtsbehelf erfolglos, kann der Gläubiger nur entweder auf Herausgabe des Titels gegen denjenigen, der ihn besitzt, klagen[42] oder erneut aus dem ursprünglichen Rechtsverhältnis um einen neuen Titel streiten.[43] Lehnt der Notar, die Erteilung einer weiteren vollstreckbaren Ausfertigung ab, kann der Gläubiger hiergegen mit der Beschwerde gem. § 54 BeurkG vorgehen.[44]

2. Schuldner

15 Der Schuldner hat nur die Erinnerung nach § 732[45], auch dann, wenn der Notar die weitere vollstreckbare Ausfertigung erteilt hatte.[46] Im Rahmen dieses Verfahrens sind einstweilige Anordnungen zugunsten des Schuldners möglich.

V. Vollstreckung aus zu Unrecht erteilter Zweitausfertigung

16 Wird aus einer zu Unrecht erteilten Zweitausfertigung die Zwangsvollstreckung betrieben, so sind die Vollstreckungsmaßnahmen voll wirksam. Es gilt das zu § 724 Rdn. 8 Ausgeführte entsprechend.

---

42 OLG Stuttgart, Rpfleger 1976, 144.
43 BGH, BB 1957, 625 (für den Fall des Aktenverlustes).
44 OLG Köln, Rpfleger 2007, 154.
45 OLG Naumburg, FamRZ 2003, 685; *Zöller/Stöber*, § 733 Rn. 14.
46 OLG Köln, Rpfleger 2007, 154.

§ 734 Vermerk über Ausfertigungserteilung auf der Urteilsurschrift

¹Vor der Aushändigung einer vollstreckbaren Ausfertigung ist auf der Urschrift des Urteils zu vermerken, für welche Partei und zu welcher Zeit die Ausfertigung erteilt ist. ²Werden die Prozessakten elektronisch geführt, so ist der Vermerk auf einem gesonderten elektronischen Dokument festzuhalten. ³Das Dokument ist mit dem Urteil untrennbar zu verbinden.

Übersicht	Rdn.		Rdn.
I. Zweck......................	1	II. Verfahren......................	2

I. Zweck

Die Norm sichert das Verfahren nach § 733, da bei der die Urschrift verwahrenden Stelle auf diese Weise immer bekannt sein müsste, wem wann welche Erst- oder Zweitausfertigung bereits erteilt wurde. Die Verpflichtung gilt über § 795 für alle Arten von Titeln. 1

Die Versendung der Erstausfertigung per Post an den Antragsteller geschieht regelmäßig auf dessen Risiko, da Satz 1 die »Aushändigung« an der die Akten führenden Stelle (Gericht, Notar) als den Regelfall ansieht[1]. Er hat deshalb bei einem Verlust der Erstausfertigung auf dem Postweg regelmäßig keinen Anspruch, dass ihm in diesem Fall die Zweitausfertigung kostenfrei erteilt wird.

II. Verfahren

Der Vermerk wird auf die tatsächliche Urschrift gesetzt, wenn die Urschrift bei der die Akten führenden Stelle, an die spätere Anträge auf Erteilung einer Ausfertigung zu richten sind, verwahrt wird. Befindet sich wie in den Fällen der §§ 541 Abs. 2, 565 bei dieser Stelle nur eine beglaubigte Abschrift, ist vom Sinn der Norm her der Vermerk auf diese beglaubigte Abschrift zu setzen. Dies gilt auch schon, wenn die Klausel bereits von der Geschäftsstelle des Gerichts des höheren Rechtszuges erteilt wird.[2] Nur so kann später die Geschäftsstelle (der Rechtspfleger) des Gerichts des ersten Rechtszuges lückenlos feststellen, wem wann welche vollstreckbaren Ausfertigungen erteilt wurden.[3] 2

Satz 2 und 3 regeln das Verfahren für den Fall der elektronischen Aktenführung (§ 298a). 3

---

1 KG, NJOZ 2010, 244.
2 *Stein/Jonas/Münzberg*, Anm. zu § 733 ZPO; AG Bergisch-Gladbach, Rpfleger 1989, 336.
3 Ebenso *Zöller/Stöber*, § 734 Rn. 1.

Vor §§ 735–749 Besonderheiten bei der Zwangsvollstreckung in besondere Vermögensmassen, die der Berechtigung mehrerer Personen unterstehen

Übersicht

	Rdn.		Rdn.
I. Allgemeines	1	II. Einmann-Gesellschaft und einziger Gesellschafter	4

I. Allgemeines

1   Ist Schuldner ein durch eine Personengesamtheit repräsentiertes Sondervermögen (etwa ein nicht rechtsfähiger Verein, eine noch nicht auseinandergesetzte Erbengemeinschaft), wird das Schuldnervermögen von einem Dritten kraft Amtes verwaltet (Testamentsvollstrecker, Insolvenzverwalter) oder steht einem Dritten die Nutznießung am Schuldnervermögen zu (Vermögensnießbrauch, Nießbrauch an einer Erbschaft), so stellt sich im Hinblick auf § 750 Abs. 1 schon bei Einleitung des Erkenntnisverfahrens, bei Abfassung der notariellen Urkunde usw. die Frage, gegen wen der Titel erwirkt, wer dort also als Schuldner namentlich bezeichnet werden müsse, um später erfolgreich die Ansprüche in der Vollstreckung verwirklichen zu können. Die §§ 735–737, 740, 741, 743, 745, 747–749 enthalten insoweit eine Reihe von Sondervorschriften, die teils einen Titel gegen das Sondervermögen oder dessen Verwalter ausreichen lassen, teils einen Titel gegen alle Träger des Sondervermögens und teils sowohl einen Leistungstitel gegen den Vermögensinhaber als auch einen Duldungstitel gegen den Verwalter fordern.

2   Ähnliche Probleme stellen sich, wenn gegen den (früheren) Vermögensinhaber ein Titel erstritten wurde, nachträglich aber dieses Vermögen der Verwaltung (Nutznießung) eines Dritten unterstellt wurde. Hier enthalten die §§ 738, 742, 744, 745 Abs. 2, 749 Regelungen für die titelumschreibende Vollstreckungsklausel, die sich an § 727 anlehnen.

3   Die Regelung in den §§ 735–749 ist insoweit unvollkommen, als man im Anschluss an §§ 735, 736 Vorschriften über die Zwangsvollstreckung gegen Personenhandelsgesellschaften erwarten dürfte, die sich aber nicht dort, sondern in §§ 124 Abs. 2, 161 HGB befinden, und als in § 749 nur der Testamentsvollstrecker angesprochen ist, ausdrückliche Regelungen für die anderen Parteien kraft Amtes aber fehlen.[1]

Andererseits ist § 739 heute ein Fremdkörper im Rahmen der §§ 735 ff., da sein jetziger Inhalt mit der unter Rdn. 1 angesprochenen Problematik nichts zu tun hat und eigentlich als Sonderfall des unbeachtlichen Widerspruchs des besitzenden (mitbesitzenden) Dritten hinter § 809 eingefügt werden müsste.

II. Einmann-Gesellschaft und einziger Gesellschafter

4   Ist das Sondervermögen derart verselbstständigt, dass es eine eigene juristische Person darstellt, auch wenn es wirtschaftlich einer einzigen natürlichen Person zuzuordnen ist (Einmann-GmbH; Aktiengesellschaft, deren Aktien in einer Hand liegen; rechtsfähige Stiftung mit beherrschendem Stifter; demnächst: europäische Einmann- Gesellschaft), stellt sich die vorstehend dargestellte Problematik nicht. Es ist ein Titel gegen die juristische Person erforderlich, nur gegen diese kann sich die Zwangsvollstreckung aus diesem Titel dann richten. Eine »Durchgriffs – Zwangsvollstreckung« ist der ZPO grundsätzlich fremd, wenn sich auch im Einzelfall unter besonderen Umständen die Berufung auf die formell getrennten Rechtspersönlichkeiten als unzulässige Rechtsausübung darstellen kann.

---

[1] Siehe hierzu auch schon oben § 728 Rdn. 9.

Vor §§ 735, 736 Der nicht eingetragene Verein, die Gesellschaft bürgerlichen Rechts, die Personenhandelsgesellschaften und die Wohnungseigentümergemeinschaft als Parteien der Zwangsvollstreckung. – Ein Überblick. –

Übersicht

	Rdn.
I. Der nicht eingetragene Verein als Partei in der Zwangsvollstreckung	1
1. Gläubiger	1
2. Schuldner	2
II. Die Gesellschaft des bürgerlichen Rechts als Partei in der Zwangsvollstreckung	3
1. Gläubigerin	3
2. Schuldnerin	4
III. Die offene Handelsgesellschaft, die Kommanditgesellschaft und die Partnerschaftsgesellschaft als Parteien in der Zwangsvollstreckung	5
IV. Die Reederei	6
V. Hinsichtlich der Rechtsverhältnisse im Zuge der Gründung einer GmbH ist zu unterscheiden	7
1. Die Gesellschaft im Vorgründungsstadium	7
2. Vorgesellschaft	8
VI. Die Wohnungseigentümergemeinschaft	9
VII. Gewerkschaften und politische Parteien als Parteien der Zwangsvollstreckung	11
1. Gewerkschaften	11
2. Politische Parteien	13
3. Bürgerinitiativen	14
VIII. Abgabenrechtliche Vollstreckung gegen nicht rechtsfähige Personenvereinigungen	15

Literatur:

Abramenko, Zu den praktischen Auswirkungen der neuen Rechtsprechung zur Teilrechtsfähigkeit der Wohnungseigentümergemeinschaft auf das Verfahrensrecht, ZMR 2005, 749; *Bachmayer,* Die BGH-Rechtsprechung zur Rechtsfähigkeit der GbR – ein Irrweg. Weshalb und wie der Gesetzgeber korrigierend eingreifen sollte, BWNotZ 2009, 122; *Baldringer/Jordans,* Personengesellschaften im Erkenntnis- und Zwangsvollstreckungsverfahren, ProzRB 2004, 194; *Behr,* Die Vollstreckung in Personengesellschaften, NJW 2000, 1137; *ders.,* Die Vollstreckung wegen die BGB-Gesellschaft nach der aktuellen BGH-Entscheidung zur Parteifähigkeit, InVo 2001, 357; *Beuthien,* Ist die Innengesellschaft nicht rechtsfähig?, NZG 2011, 161; *ders.,* Was hat die »rechtsfähige Personengesellschaft« Neues gebracht? Zur Entzauberung der Gruppenlehre, NZG 2011, 481; *Bieder,* Rechtsfähigkeit der (Außen-) GbR, NZI 2001, 235; *Böhringer,* Zur Grundbuchfähigkeit der Wohnungseigentümergemeinschaft, Rpfleger 2006, 53; *Brehm,* Die Haftung des Vermögens einer Gesellschaft bürgerlichen Rechts für private Schulden der Gesellschafter, KTS 1983, 21; *Breuninger,* Die BGB-Gesellschaft als Rechtssubjekt im Wirtschaftsverkehr, 1991; *Briesemeister,* Rechtsfähigkeit der WEG-Gemeinschaft und Verfahren, ZWE 2006, 15; *Bub,* Zur Teilrechtsfähigkeit der Wohnungseigentümergemeinschaft, NJW 2005, 2590; *Dauner-Lieb,* Ein neues Fundament für die BGB-Gesellschaft, DStR 2001, 356; *de Lousanoff,* Partei- und Prozessfähigkeit der unechten und fehlgeschlagenen Vor-GmbH, NZG 2008, 490; *Demharter,* Grundbuchfähigkeit der rechtsfähigen Wohnungseigentümergemeinschaft, NZM 2005, 601; *Fischer,* Teilrechtsfähigkeit der Wohnungseigentümergemeinschaft, NZI 2005, 586; *Häublein,* Mehrhausanlagen und rechtsfähige der Gemeinschaft, ZWE 2010, 149; *Hügel,* Die Rechtsfähigkeit der werdenden Wohnungseigentümergemeinschaft, ZWE 2010, 122; *ders.,* Die Mehrhausanlage nach der Reform des WEG, NZM 2010, 8; *Jauernig,* Zur Rechts- und Parteifähigkeit der Gesellschaft bürgerlichen Rechts, NJW 2001, 2231; *Kunz,* Die Vorgesellschaft im Prozess und in der Zwangsvollstreckung. Eine Untersuchung zur Rechts- und Verfahrenssubjektivität der echten und unechten Vorgesellschaft, Diss. Freiburg 1992; *ders.,* Die Vorgesellschaft im Prozess und in der Zwangsvollstreckung, 1994; *Lehmann-Richter,* Umfang und Ausgestaltung der Rechtsfähigkeit der Gemeinschaft der Wohnungseigentümer – § 10 Abs. 6 WEG, ZWE 2012, 463; *Lenenbach,* Die verdeckte Repräsentation der BGB-Gesellschaft bei einer Klage gegen alle Gesellschafter nach § 736 ZPO, WM 2011, 385; *Lepsius,* Personalisierungstendenzen beim Verein und bei der Wohnungseigentümergesellschaft, JZ 2006, 998; *Lüke,* Der Bundesgerichtshof zur Parteifähigkeit der Gesellschaft bürgerlichen Rechts. Ariadnefaden aus dem Labyrinth oder Durchtrennung des gordischen Knotens, FS A. Ishikawa, 2001, 253; *Lutz,* Die Gesellschaft bürgerlichen Rechts im Zivilprozess – Aktuelle Rechtsprobleme, GWR 2012, 327441; *Müller,* Antworten auf offene Fragen der werdenden Gemeinschaft, FS Werner Merle, 2010, 255; *ders.,* Zuordnung und Übergang des Verwaltungsvermögens gem. § 10 VII WEG, ZWE 2012, 472; *Müther,* Zivilprozessuale Probleme der »neuen« BGB-Gesellschaft, MDR 2002, 987; *Pohlmann,* Rechts- und Parteifähigkeit der Gesellschaft bürgerlichen Rechts: Folgen für Erkenntnisverfahren, Zwangsvollstreckung und freiwillige Gerichtsbarkeit, WM 2002, 1432; *Prütting,* Der nichtrechtsfähige Verein im Zivilprozess, in der Zwangsvollstreckung und Insolvenz sowie im Grundbuch, FS Dieter Reuter, 2011, S. 263; *Raster,* Die Verselbständigung der Gesellschaft des bürgerlichen Rechts im Zivilprozess und in der Zwangsvollstreckung, Diss., Mannheim 2001; *Rühlicke,* Gesamthand, rechtsfähige Personengesellschaft, juristische Person und Wohnungseigentümergemeinschaft. Ein Beitrag zur Dogmatik der Rechtsfähigkeit, ZWE 2007, 261; *K. Schmidt*, Die BGB-Außengesellschaft: rechts- und parteifähig, NJW 2001, 993; *ders.*, Schwierigkeiten mit dem Prozessrecht der GbR, oder: Steine statt Brot? Zum Stand der Rechtsfortbildung im formellen Recht, NJW 2008, 1841; *ders.*, Verbandszweck und Rechtsfähigkeit im Vereinsrecht: Eine Studie über Erwerb und Verlust der Rechtsfähigkeit nichtwirtschaftlicher und wirtschaftlicher Vereine, 1984; *J.-H. Schmidt*, Zwangsvollstreckung in das Verwaltungsvermögen, ZWE 2012, 341; *Schneider*, Zwangsvollstreckung von Beitragsforderungen gegen den werdenden Wohnungseigentümer, ZWE 2010, 341; *Schuschke*, Parteiberichtigung und Parteiänderung in wohnungseigentumsrechtlichen Verfahren, NZM 2009, 417; *Steffek*, Die Gesellschaft bürgerlichen Rechts im Grundbuch, ZIP 2009, 1445; *Tebben*, Karlsruhe locuta causa finita: Die Gesellschaft bürgerlichen Rechts im Grundbuch, NZG 2009, 288; *Weidenmann*, Neuere Rechtsprechung des BGH zur Haftung und Vollstreckung bei der Gesellschaft bürgerlichen Rechts, BWNotZ 2004, 130; *Weller*, Zur Rechtskrafterstreckung zwischen der Gesellschaft des bürgerlichen Rechts und ihren Gesellschaftern, ZZP 2011 (Bd. 124), 491; *Wertenbruch*, Die Haftung von Gesellschaften und Gesellschaftsanteilen in der Zwangsvollstreckung, 2000; *ders.*, Die BGB-Gesellschaft in der Zwangsvollstreckung, DGVZ 2001, 97; *ders.*, Die Parteifähigkeit der GbR – die Änderungen für Gerichts- und Vollstreckungspraxis, NJW 2002, 324; *Wieser*, Rechtsfähige BGB-Gesellschaft – Neue Rechtlage nach der BGH-Entscheidung, MDR 2001, 422; *Wilhelm*, Die Grundbuchfähigkeit der Gesamthandsgesellschaft bürgerlichen Rechts, NZG 2011, 801; *E. Wolf*, Grundlagen des Gemeinschaftsrechts, AcP 1973, 97 ff.

Literatur zur Sonderproblematik: Bürgerinitiativen, Politische Parteien und Gewerkschaften als Parteien der Zwangsvollstreckung:

Bulla, Aktive Parteifähigkeit von Gewerkschaften im ordentlichen Zivilprozess, DB 1965, 620; *Fenn*, Zivilprozessualer Rechtsschutz unter rivalisierenden Gewerkschaften, JuS 1965, 175; *ders.*, Zur aktiven Parteifähigkeit von gewerkschaftlichen Bezirksverbänden im Zivilprozess, ZZP 1973 (Bd. 86), 177; *Kainz*, Die Parteifähigkeit regionaler Untergliederungen politischer Parteien im Zivilprozess, NJW 1985, 2618; *Kemfler*, Politische Parteien und Grundbuch, NJW 2000, 3763; *Morlok/Schulte-Trux*, Staatstragend, aber nicht grundbuchfähig? Zur Grundbuchfähigkeit politischer Parteien, NJW 1992, 2058. *Pappermann*, Prozessuale Fragen im Rechtsstreit politischer Parteien, JZ 1969, 485; *Roellecke*, Das Gesetz über die politischen Parteien und das bürgerliche Recht, DRiZ 1968, 117; *Seitz/Schmidt/Schoener*, Die Gegendarstellung im Wahlkampf, NJW 1980, 1553.

I. Der nicht eingetragene Verein als Partei in der Zwangsvollstreckung

1. Gläubiger

1 Nach § 50 Abs. 2 hat ein nichtrechtsfähiger Verein heute im Prozess die Stellung eines rechtsfähigen Vereins. Was für den Prozess gilt, gilt auch für die Zwangsvollstreckung. Der nichtrechtsfähige Verein kann also als solcher, vertreten durch seinen Vorstand, aus Titeln, die er als Gläubiger erstritten hat, uneingeschränkt die Zwangsvollstreckung betreiben.

2. Schuldner

2 Ist der Verein selbst der ausgewiesene **Titelschuldner**, weil er auch selbst gem. § 50 Abs. 2 verklagt war, so kann aus einem solchen Titel **nur** in das Vereinsvermögen, das als solches individualisierbar sein muss,[1] vollstreckt werden.[2] Das gilt auch dann, wenn die Mitglieder ausnahmsweise mit ihrem Privatvermögen für Vereinsschulden haften, etwa aus § 54 Satz 2 BGB. Der Gläubiger braucht insoweit einen Titel gegen die Mitglieder persönlich, um in ihr Privatvermögen vollstrecken zu können. Die Mitglieder können Vollstreckungseingriffe aus einem Titel gegen den Verein in ihr Privatvermögen mit § 771 abwehren; in besonderen Einzelfällen mag der Klage gem. § 771 ZPO allerdings die Einrede der unzulässigen Rechtsausübung entgegenstehen.[3] Dem Verein selbst (vertreten durch die dazu berufenen Organe) stehen bei der Vollstreckung aus einem gegen ihn gerichteten Titel alle Verteidigungsmöglichkeiten des Schuldners zu: Er kann gegen die Klauselerteilung nach § 768 klagen, Vollstreckungsabwehrklage nach § 767 erheben, das Vollstreckungsverfahren nach § 766 rügen.

---

1 AG Stendal, DGVZ 2006, 95.
2 MüKo/*Heßler*, § 735 Rn. 3; Stein/Jonas/*Münzberg*, § 735 Rn. 2.
3 Einzelheiten: § 735 Rdn. 6.

Während aus einem Titel gegen den Verein nie in das Privatvermögen eines Mitgliedes vollstreckt werden kann, kann aus einem Titel gegen alle Vereinsmitglieder auch in das Vereinsvermögen vollstreckt werden.[4] Ist das Vermögen des Vereins aus formellen Erwägungen allen Mitgliedern zugeordnet, so bei Grundstücken des Vereins, die wegen der umstrittenen Grundbuchfähigkeit des nicht eingetragenen Vereins nach früherem Recht nur für die Mitglieder eingetragen worden sind, genügt zur Vollstreckung ein Titel gegen den Verein selbst[5], der auch nicht »umgeschrieben« werden muss. Allerdings muss der Gläubiger vor Beginn der Vollstreckung nachweisen, dass die Eingetragenen »der Verein« sind. In der Mehrzahl der Fälle wird schon das Grundbuch ergeben, dass die Eingetragenen »als Vereinsmitglieder« eingetragen sind. Gleiches muss gelten, wenn – etwa bei mitgliederstarken Vereinen – ein Treuhänder das Vereinsvermögen hält. Durch eine solche Konstruktion kann der Verein die Zwangsvollstreckung nicht vereiteln. Es bedarf keiner Titelumschreibung, für die es im Übrigen auch keine Rechtsgrundlage gäbe.

II. Die Gesellschaft des bürgerlichen Rechts als Partei in der Zwangsvollstreckung

1. Gläubigerin

Die Gesellschaft bürgerlichen Rechts wurde jahrzehntelang in der Rechtsprechung[6] sowie noch bis 2001 auch nach überwiegender, wenn auch im Laufe der Jahre immer mehr umstrittener Auffassung in der Literatur[7] als nicht parteifähig angesehen, bis der II. Zivilsenat des BGH eine radikale Wende vollzog.[8] Er hat die Parteifähigkeit der (Außen-)[9] Gesellschaft bürgerlichen Rechts grundsätzlich und uneingeschränkt anerkannt und lässt daher einen Titel, der die Gesellschaft als solche als Gläubigerin nennt,[10] zur Zwangsvollstreckung durch diese zu und umgekehrt einen Titel gegen die Gesellschaft als solche zur Zwangsvollstreckung in das Gesellschaftsvermögen ausreichen. Soll die BGB-Gesellschaft als Gläubigerin einer Zwangshypothek in das Grundbuch eingetragen werden, muss allerdings § 47 Abs. 2 GBO beachtet werden; der Titel muss nicht nur die GbR, sondern auch die Namen aller aktuellen Gesellschafter enthalten.[11] Enthält er nur die Namen der Gesellschafter, aber mit dem Zusatz »als Gesellschafter der X-GbR«, ist als Gläubigerin die GbR als solche unter zusätzlicher Angabe der genannten Gesellschafter anzusehen und entsprechend ins Grundbuch einzutragen.[12]

3

---

4 Einzelheiten § 735 Rdn. 2.
5 H.M.; *Stein/Jonas/Münzberg*, § 735 Rn. 3.
6 Beispielhaft:: BGHZ 23, 317; BGHZ 80, 222; OLG Düsseldorf, OLGReport 1995, 242 und OLGReport 1997, 23; OLG Köln, InVo 2000, 103.
7 Einen kurzen Abriss der geschichtlichen Entwicklung bis BGH, NJW 2001, 1056 gibt *K. Schmidt*, auf dessen jahrzehntelangen Bemühungen die Entscheidung wesentlich fußt, in NJW 2001, 993; zur geschichtlichen Entwicklung auch: *K. Schmidt*, Gesellschaftsrecht, § 60 IV.
8 Urteil vom 29.1.2001 – II ZR 331/00 –, BGHZ 146, 341 = NJW 2001, 1056. Der neuen Rspr. des BGH hat sich das BAG zwischenzeitlich uneingeschränkt angeschlossen: BAG, NZA 2005, 264. Vor einer Überschätzung der Bedeutung der Entscheidung, die zwischenzeitlich Allgemeingut wurde, warnte vergeblich *Jauernig*, NJW 2001, 2231. Zu Recht weist auch *K. Schmidt*, NJW 2008, 1841 darauf hin, dass mit der Entscheidung des BGH vom 29.1.2001 die praktischen Schwierigkeiten noch nicht behoben sind und »ein zwiespältiges Bild« verblieben ist.
9 Zur Frage, wann auch eine BGB-Innengesellschaft parteifähig ist: *Beuthien*, NZG 2011, 161.
10 Zur Parteifähigkeit einer baurechtlichen ARGE als Gläubigerin und der Möglichkeit, sie als Gläubigerin einer Sicherungshypothek ins Grundbuch einzutragen: KG, JurBüro 2010, 493. Führt die BGB-Gesellschaft einen eigenen Namen, bedarf es nicht der namentlichen Aufführung aller Gesellschafter im Titel. Haben umgekehrt alle Gesellschafter nach der alten Rechtslage einen noch nicht abgeschlossenen Prozess begonnen, bedarf es zur Titulierung zugunsten der Gesellschaft keiner Parteiänderung, es genügt eine Rubrumsberichtigung: BGH, NZM 2003, 235.
11 OLG Naumburg, FGPrax 2014, 200.
12 OLG Nürnberg, FGPrax 2014, 202.

Vor §§ 735, 736 ZPO Der nicht eingetragene Verein, die BGB-Gesellschaft

Von der hier skizzierten Problematik zu unterscheiden sind die Fälle, in denen ein Gesellschafter allein (actio pro socio) oder ein Dritter einen Titel auf »Leistung an die Gesellschaft« erwirkt haben. Hier ist Titelgläubiger allein der klagende Gesellschafter oder der Dritte, nicht die begünstigte Gesellschaft.[13]

2. Schuldnerin

4 Da die BGB-Gesellschaft nun auch als passiv parteifähig angesehen wird, ist konsequenterweise ein gegen die BGB-Gesellschaft als solche ergangener Titel auch nur gegen diese – also allein in das Gesellschaftsvermögen – vollstreckbar. § 736 läuft insoweit nicht leer, da nach wie vor auch ein gegen sämtliche Gesellschafter gerichteter Titel zur Zwangsvollstreckung in das Gesellschaftsvermögen[14] ausreicht[15]. Er hat darüber hinaus den Vorteil, dass aus ihm zugleich auch in das Privatvermögen der Gesellschafter vollstreckt werden kann, soweit er nicht ausnahmsweise im Tenor die Einschränkung enthält, dass nur mit dem Gesellschaftsvermögen gehaftet werde. Die BGB-Gesellschaft ist in Konsequenz ihrer Parteifähigkeit auch grundbuchfähig[16] und kann nunmehr unter ihren satzungsmäßigen Namen, wenn auch wegen § 47 Abs. 2 GBO nur unter Beifügung der Namen aller Gesellschafter[17], ins Grundbuch eingetragen werden.[18] Bei der Vollstreckung eines Titels allein gegen alle Gesellschafter in ein noch vor Inkrafttreten des neuen § 47 Abs. 2 GBO nach damaligem »Zwischenrecht« allein auf die Gesellschaft eingetragenes Grundstück ergeben sich dann allerdings praktische Schwierigkeiten. Es bedarf des Nachweises in der Form des § 29 GBO, dass diese Personen die Gesellschaft bilden[19]. Soweit die Gesellschaft als Gläubigerin vollstreckt, erfordert § 47 Abs. 2 GBO ebenfalls einen alle Gesellschafter angebenden (nicht einen auf sie als Gläubiger lautenden) Vollstreckungstitel, wenn durch Eintragung einer Zwangshypothek vollstreckt werden soll, damit alle für die Eintragung erforderlichen Angaben aus dem als Eintragungsunterlage nach der GBO allein in Betracht kommenden Titel ersichtlich sind.[20]

Ein Titel gegen die Gesellschaft als solche ist kein Titel zur Vollstreckung in das Privatvermögen des einzelnen Gesellschafters.[21] Er kann auch nicht gegen einen Gesellschafter »umgeschrieben« werden, falls sich das Gesellschaftsvermögen als unzulänglich erweist.

III. Die offene Handelsgesellschaft, die Kommanditgesellschaft und die Partnerschaftsgesellschaft als Parteien in der Zwangsvollstreckung

5 Nach §§ 124 Abs. 1, 161 Abs. 2 HGB, 7 Abs. 2 PartGG sind die OHG, die KG und die Partnerschaftsgesellschaft aktiv und passiv parteifähig. Zur Vollstreckung in das Gesellschaftsvermögen ist

---

13 Siehe auch: Vor §§ 724–734 Rdn. 8.
14 BGH, NJW 2004, 3632; BGH, BGHR 2007, 160; OLG Schleswig, Rpfleger 2006, 261; OLG Köln, BeckRS 2014, 10512; *Lutz*, GWR 2012, 327441; *Musielak/Weth*, § 50 Rn. 22 b; *K. Schmidt*, NJW 2008, 1841, 1842; *Zöller/Stöber*, § 736 Rn. 3. Kritisch hierzu: *Lenenbach*, WM 2012, 385, 387.
15 Nach BGH, NJW 2008, 1378 soll dagegen ein Titel gegen alle Gesellschafter, auf Abgabe einer Willenserklärung, die die Gesellschaft schuldet, nicht ausreichen, um nach Rechtskraft die Willenserklärung gem. § 894 zu fingieren. Zu Recht dagegen: *K. Schmidt*, NJW 1841, 1842. Es geht bei der Anwendung des § 736 nicht darum, ob die Gesellschafter ihrerseits einzeln persönlich auch die Willenserklärung schulden – das tun sie nicht –, sondern um eine rein prozessrechtliche Frage.
16 BGH, NJW 2009, 594; KG NJW 2008, 3444; *Böttcher/Blasche*, NZG 2007, 121; *Demuth*, BB 2002, 1555; *Ott*, NJW 2003, 1223; *Steffek*, ZIP 2009, 1445; *Ulmer/Steffek*, NJW 2002, 330, 338.
17 Zur Aufgabe des § 47 Abs. 2 GBO trotz Rechtsfähigkeit der BGB-Gesellschaft: *Wilhelm*, NZG 2011, 801, 805. Zu diesem Problem auch: *Kesseler*, NJW 2011, 1909.
18 Zu den praktischen Schwierigkeiten des Grundbuchvollzuges der Eintragung einer BGB-Gesellschaft: *Toussaint*, jurisPR-BGHZivilR 2/2009 Anm. 2.
19 Hierzu: *Weidenmann*, BWNotZ 2004, 130, 138 f.
20 OLG Naumburg, BeckRS 2014, 14967 (verkürzt wiedergegeben in NJW-Spezial 2014, 561).
21 LG Bonn, DGVZ 2004, 75.

immer ein Titel gegen die Gesellschaft selbst erforderlich (§§ 124 Abs. 2, 161 Abs. 2 HGB). Ein Titel gegen alle Gesellschafter genügt nicht.[22] Liegt ein Titel gegen alle Gesellschafter einer BGB-Gesellschaft vor, die später zur oHG erstarkte und entsprechend umfirmierte, so kann er auch gegen die oHG weiter vollstreckt werden, ohne dass es einer Klauselumschreibung nach § 727 bedürfte.[23]

Ein Wechsel der Gesellschafter berührt die Vollstreckbarkeit eines Titels gegen die Gesellschaft nicht; es bedarf keiner Klauselumschreibung, Klauselergänzung o. ä. Aus einem Titel gegen die Gesellschaft kann nicht in das Privatvermögen der Gesellschafter vollstreckt werden (§ 129 Abs. 4 HGB). Es ist insoweit auch keine Umschreibung des Titels, auch nach Auflösung der Gesellschaft nicht, möglich.[24] Hat doch einmal aus einem Titel gegen die Gesellschaft Zwangsvollstreckung in Gegenstände aus dem Privatvermögen eines Gesellschafters stattgefunden, so steht dem Erfolg seiner Klage aus § 771 aber häufig der Einwand der unzulässigen Rechtsausübung entgegen, da der Gesellschafter für die Gesellschaftsschuld auch persönlich uneingeschränkt haftet (§ 128 HGB) und die Erwirkung eines Titels gegen ihn in der Regel ohne Schwierigkeiten möglich ist.[25] Keine unzulässige Rechtsausübung ist es dagegen, wenn der Gesellschafter in der Vollstreckung gegen ihn liegende mögliche Verfahrensfehler mit § 766 rügt, etwa die Verletzung des § 809, weil der gepfändete Gegenstand gar nicht im Gewahrsam der Gesellschaft stand. Es ist nicht Aufgabe der Vollstreckungsorgane, unter Verletzung der für sie geltenden Verfahrensregeln zur Wahrung »einer höheren Gerechtigkeit« Rechte Dritter zu verletzen.

Die Umwandlung einer OHG in eine KG oder umgekehrt beeinträchtigt die Vollstreckung eines gegen die bisherige Gesellschaft gerichteten Titels nicht. Es ist auch keine Klauselumschreibung notwendig.[26]

IV. Die Reederei

Die Reederei ist aktiv und passiv parteifähig (§ 489 HGB). Für sie gilt daher das für OHG und KG Dargestellte.[27]   6

V. Hinsichtlich der Rechtsverhältnisse im Zuge der Gründung einer GmbH ist zu unterscheiden

1. Die Gesellschaft im Vorgründungsstadium

Im Vorgründungsstadium[28], wenn die Gesellschaft noch nicht durch Abschluss des Gesellschaftsvertrages errichtet ist, liegt, wenn die in Entstehung begriffene spätere Gesellschaft mit Willen der potentiellen Gründer schon nach außen tätig wird, eine oHG vor, wenn das »Vorgebilde« ein Handelsgewerbe betreibt[29], ansonsten eine BGB-Gesellschaft. Liegt ein Titel für oder gegen diese **Vorgründungsgesellschaft** vor, so gelten für die Zwangsvollstreckung die oben für die BGB-Gesellschaft[30] bzw. für die OHG[31] dargestellten Regeln.[32] Schon bei Titelerlangung sollte zweckmäßigerweise darauf geachtet werden, dass alle Gesellschafter im Tenor erscheinen, falls das »Vorgebilde«   7

---

22 Baumbach/*Hopt*, § 124 HGB Rn. 45; Zöller/*Stöber*, § 736 Rn. 8.
23 Siehe hierzu: § 727 Rdn. 2 und 17; BGH, BB 1967, 143; zweifelnd aber: Baumbach/*Hopt*, § 124 HGB Rn. 45.
24 BGHZ 62, 133. Siehe auch: § 727 Rdn. 25.
25 Einzelheiten: § 771 Rdn. 42.
26 Siehe § 727 Rdn. 17.
27 Allgem. Meinung; Stein/Jonas/*Münzberg*, § 736 Rn. 9; Zöller/*Stöber*, § 736 Rn. 8.
28 Zur Terminologie: Baumbach/Hueck/*Fastrich*, GmbH-Gesetz, § 11 Rn. 36; Bormann, OLGReport 2002, 27; Stein/Jonas/*Münzberg*, § 735 Rn. 5.
29 BGH, NJW 1983, 2822; BGHZ 91, 151; Baumbach/Hueck/*Fastrich*, GmbH-Gesetz, § 11 Rn. 36.
30 Rdn. 4.
31 Rdn. 5.
32 Stein/Jonas/*Münzberg*, § 735 Rn. 5.

nur eine BGB-Gesellschaft darstellt, damit später aus diesem Titel auch in das Vermögen der einzelnen BGB-Gesellschafter vollstreckt werden kann.

Die spätere GmbH ist nicht ohne weiteres Rechtsnachfolgerin der Vorgründungsgesellschaft.[33] Deshalb kommt eine Klauselumschreibung eines gegen die Vorgründungsgesellschaft erwirkten Titels gegen die GmbH nur in Betracht, wenn sie im Wege befreiender Schuldübernahme an die Stelle der Vorgründungsgesellschaft getreten ist.[34]

2. Vorgesellschaft

8   Die **Vorgesellschaft**, die zwischen der wirksamen Gründung der GmbH und ihrer Eintragung gegeben ist[35], wird von Rechtsprechung[36] und Literatur[37] als Rechtsform eigener Art angesehen, auf die schon weit gehend GmbH-Recht anzuwenden ist. Unabhängig von der unterschiedlichen Beurteilung vieler Einzelheiten besteht Einigkeit, dass die Vorgesellschaft aktiv und passiv parteifähig ist[38], sei es in entspr. Anwendung des § 124 HGB, sei es in Anlehnung an die GmbH-Regeln. Die Vorgesellschaft kann als Gläubiger wie als Schuldner selbst an der Zwangsvollstreckung teilnehmen. Zur Vollstreckung in das Gesellschaftsvermögen bedarf es also eines Titels gegen die Vorgesellschaft.[39] Die Vorgesellschaft ist wie die spätere GmbH nicht Rechtsnachfolger der Vorgründungsgesellschaft. Dagegen besteht zwischen Vorgesellschaft und späterer GmbH Identität.[40] Aus einem Titel gegen die Vorgesellschaft kann also ohne weiteres, ohne dass es einer Titelumschreibung bedürfte, gegen die GmbH vollstreckt bzw. weiter vollstreckt werden. Löst sich die Vorgesellschaft auf, ohne dass es zur Eintragung der GmbH kommt, so bleibt sie als Liquidationsgesellschaft bis zur Beendigung der Liquidation parteifähig[41], auch in der Zwangsvollstreckung. Gibt die Vor-GmbH ihre Eintragungsabsicht endgültig auf, führt sie aber ihre Tätigkeit fort, wird sie wieder zur BGB-Gesellschaft bzw. oHG.[42] Es gelten dann auch wieder die insoweit dargestellten Regeln.[43]

VI. Die Wohnungseigentümergemeinschaft

9   Die **Wohnungseigentümergemeinschaft** ist gem. § 10 Abs. 6 und 7 WEG teilrechtsfähig und insoweit auch aktiv und passiv parteifähig. Ihre Rechtsfähigkeit beschränkt sich auf die Teilbereiche des Rechtslebens, bei denen die Wohnungseigentümer im Rahmen der Verwaltung des gemeinschaftlichen Eigentums am Rechtsverkehr teilnehmen.[44] Hierunter fallen Rechtsgeschäfte und sonstige

---

33 BGH, NJW 1983, 2822; BGH, WM 1985, 479.
34 Siehe: § 727 Rdn. 21. Diejenigen, die auch bei privativer Schuldübernahme eine Rechtsnachfolge ablehnen, müssen in jedem Fall eine Titelumschreibung gegen die GmbH ablehnen: vergl. *Stein/Jonas/Münzberg*, § 727 Rn. 19 und § 735 Rn. 5.
35 Zur Terminologie: *Baumbach/Hueck/Fastrich*, GmbH-Gesetz, § 11 Rn. 17; *Bormann*, OLGReport 2002, 27; *Lutter/Hommelhoff/Bayer*, § 11 GmbHG Rn. 7.
36 Beispiele: BGHZ 21, 242; 51, 30; 80, 129 BGH, NJW 1998, 1079; BGH, NZG 2003, 1167; BAG, NZA 2006, 673; OLG Hamm, NZG 2006, 754.
37 Beispielhaft: Baumbach/Hueck/*Fastrich*, § 11 GmbHG Rn. 6, 7; Henssler/Strohn/*Schäfer*, § 11 GmbHG Rn. 15; *Lutter/Hommelhoff*, § 11 GmbHG Rn. 3.
38 BGHZ 21, 242 ff.; 45, 338 ff.; 51, 30 ff.; Baumbach/Hueck/*Fastrich*, § 11 GmbHG Rn. 17; MüKo-GmbHG/*Merkt*, § 11 GmbHG Rn. 53; Henssler/Strohn/*Schäfer*, § 11 GmbHG Rn. 16.
39 BGH, NJW 1998, 1079; Baumbach/Hueck/*Fastrich*, § 11 GmbHG Rn. 17; MüKo-GmbHG/*Merkt*, § 11 GmbHG Rn. 53.
40 BGHZ 80, 129.
41 BGH, NZG 2008, 466.
42 BGH, NZG 2008, 466; LG Dresden, EWiR 2002, 285 mit Kurzkommentar durch *Saenger; de Lousanoff*, NZG 2008, 490.
43 Hinsichtlich der Besonderheiten, die beim Scheitern einer Vorgesellschaft einer Einmann-GmbH gelten: *Petersen*, NZG 2004, 400.
44 Zum Umfang und zur Ausgestaltung dieser Teilrechtsfähigkeit im Einzelnen: *Lehmann-Richter*, ZWE 2012, 463; Erman/*Grziwotz*, § 10 WEG Rn. 4, 5.

Rechtshandlungen im Verkehr mit Dritten sowie die Verfolgung von Ansprüchen der Gemeinschaft gegen einzelne Wohnungseigentümer im Inneren, etwa von Ansprüchen auf Beitragszahlung oder Leistung von Schadensersatz.[45] Die Gemeinschaft bildet ein eigenes Verwaltungsvermögen (§ 10 Abs. 7 WEG),[46] aus dem Ansprüche gegen die Gemeinschaft zu befriedigen sind und in das die Zwangsvollstreckung aus Titeln gegen die Wohnungseigentümergemeinschaft stattzufinden hat.[47]

Die Abwehr von Störungen innerhalb der Gemeinschaft (z. B. Ansprüche auf Rückbau unerlaubter baulicher Veränderungen) betrifft nicht den Rechtsverkehr des Verbandes und ist daher Angelegenheit der Wohnungseigentümer als Einzelpersonen mit der Folge, dass Verfahrensbeteiligte auch nur die einzelnen Wohnungseigentümer sind.[48] Die Wahrnehmung der Eigentümerrechte am Gemeinschaftseigentum als solcher obliegt ebenfalls den Eigentümern (§ 10 Abs. 1 WEG) und nicht allein dem teilrechtsfähigen Verband. Die Abgrenzung, welche Ansprüche dem teilrechtsfähigen Verband zustehen und welche – allein oder jedenfalls auch – den Eigentümern, kann im Einzelfall Schwierigkeiten bereiten, die die Rechtsprechung von Fall zu Fall klären muss.[49] Die aktive und passive Parteifähigkeit der Wohnungseigentümergemeinschaft im Prozess und in der Zwangsvollstreckung[50] sowohl als Gläubigerin als auch als Schuldnerin bei der Vollstreckung in das Verwaltungsvermögen ist nach § 10 Abs. 6 und 7 WEG kein grundsätzliches Problem[51]; die Frage, wann im Einzelfall die teilrechtsfähige WEG und wann die Gesamtheit der Wohnungseigentümer materiellrechtlich zuständig sind, wird im Detail wohl dauerhaft strittig bleiben[52].

In großen Mehrhausanlagen werden oft aus praktischen Gründen zur Abwicklung der Verwaltung Untergemeinschaften gebildet[53]. Diese sind weder rechts- noch parteifähig[54]. Partei in Streitigkeiten aus Handlungen der Untergemeinschaft ist allein die Gesamt-Wohnungseigentümergemeinschaft.

Auch die sog. **werdende Wohnungseigentümergemeinschaft**[55], die im WEG nicht ausdrücklich geregelt ist, wird von der Rechtsprechung und der überwiegenden Auffassung in der Literatur im gleichen Umfange wie die spätere Wohnungseigentümergemeinschaft selbst als teilrechtsfähig und

10

---

45 Zur Abgrenzung der Zuständigkeiten von Gemeinschaft und Eigentümern: *Fischer*, NZI 2005, 586, 587; *Hügel*, DNotZ 2005, 753; *Wenzel*, ZWE 2006, 462.
46 Einzelheiten insoweit: *Müller*, ZWE 2012, 472; Erman/*Grziwotz*, § 10 WEG Rn. 15.
47 Einzelheiten insoweit: *J.-H. Schmidt*, ZWE 2012, 341.
48 Dies deutlich klarstellend: OLG München, OLGR 2005, 645; *Demharter*, NZM 2006, 81. *Wenzel*, ZMR 2006, 245 will der Gemeinschaft allerdings das Recht einräumen, den Beseitigungsanspruch durch Beschluss an sich zu ziehen. Danach sei er dann nur noch Gemeinschaftsangelegenheit. Sicherer erscheint der Weg, dass die Gemeinschaft sich im Zweifelsfall von den Eigentümern hilfsweise als gewillkürter Prozessstandschafter legitimieren lässt: *Pause/Vogel*, NJW 2006, 3670.
49 Hierauf weist zu Recht *Armbrüster*, ZWE 2005, 369, 383 hin. Zu den Abgrenzungsproblemen auch: *Kreuzer*, ZMR 2006, 15 und *Jennißen*, NZM 2006, 203.
50 Zur Zwangsvollstreckung von Titeln, die vor dem 2.6.2005 nach dem damaligen Rechtszustand gegen die im Titel einzeln namentlich aufgezählten Wohnungseigentümer ergangen sind, siehe: Vor §§ 704–707 ZPO Rdn. 11 sowie *Schuschke*, NZM 2009, 417.
51 Insoweit dann auch nicht die Eintragung der Gemeinschaft als Gläubigerin im Grundbuch: OLG Hamm, WuM 2010, 441.
52 Zu den Problemen, die sich insoweit aus ungenauen oder auch unrichtigen Parteibezeichnungen in wohnungseigentumsrechtlichen Titeln ergeben: *Schuschke*, NZM 2009, 417.
53 Näheres hierzu: *Häublein*, ZWE 2010, 149; *Hügel*, NZM 2010, 8.
54 *Hügel*, NZM 2010, 8, 9.
55 Zum Begriff: BGHZ 177, 53; Bärmann/*Klein*, § 10 WEG Rn. 16–18; Erman/*Grziwotz*, § 10 WEG Rn. 14; *Hügel*, ZWE 2010, 122; Pick in *Bärmann*, WEG, 11. Aufl. 2010, Einl., Rn. 50 ff; Schneider, ZWE 2010, 341.

damit in diesem Teilbereich auch als parteifähig angesehen[56]. Sie kann also als Gläubigerin auftreten, um rückständige Wohngeldansprüche gegen ihre Mitglieder titulieren[57] und auch vollstrecken zu lassen, aber auch als Schuldnerin in Anspruch genommen werden, soweit sie etwa als Auftraggeberin aufgetreten ist oder sonst Ansprüche, etwa als Kostenschuldnerin in Verfahren, in denen sie unterlegen war, gegen sie tituliert wurden. Dagegen sind die Grundsätze über den Fortbestand der im Handelsregister gelöschten Gesellschaft auf die **aufgelöste Wohnungseigentümergemeinschaft**, die noch Ansprüche verfolgt oder gegen die noch Ansprüche geltend gemacht werden, nicht anwendbar. Sie ist nach ihrer Auflösung nicht mehr parteifähig[58].

VII. Gewerkschaften und politische Parteien als Parteien der Zwangsvollstreckung

1. Gewerkschaften

11 Im **arbeitsgerichtlichen Verfahren** sind die **Gewerkschaften** nach § 10 ArbGG aktiv und passiv parteifähig. Dies gilt nicht nur für die jeweiligen Gewerkschaften als solche, sondern auch für ihre Unterorganisationen, die Bezirks- und Ortsverwaltungen, soweit diese selbst körperschaftlich organisiert sind und nicht nur eine reine Verwaltungszweigstelle der Gesamtorganisation ohne echte eigene Befugnisse darstellen.[59] Soweit es um arbeitsgerichtliche Titel geht, sind die Gewerkschaften bzw. ihre Unterorganisationen deshalb auch uneingeschränkt in der Lage, als Gläubiger bzw. Schuldner in der Zwangsvollstreckung zu fungieren. Die Anerkennung einer gewerkschaftlichen Unterorganisation im Titel als parteifähig bindet auch in der Zwangsvollstreckung.

12 Auch im Verfahren vor den **ordentlichen Gerichten** ist die uneingeschränkte aktive und passive Parteifähigkeit der Gewerkschaften, die aus historischen Erfahrungen heraus traditionell als nichtrechtsfähige Vereine organisiert sind, über § 50 Abs. 2 hinausgehend von der Rechtsprechung anerkannt.[60] Allerdings sieht der Bundesgerichtshof in der Regel[61] die gewerkschaftlichen Unterorganisationen im Gegensatz zur Rechtsprechung der Arbeitsgerichte nicht als parteifähig an. Nachdem der BGH in eingeschränktem Rahmen auch Untergliederungen nicht rechtsfähiger Vereine die Parteifähigkeit zuerkannt hat[62], muss diese Rechtsprechung aber wohl überdacht werden.

Für die Zwangsvollstreckung gilt wieder, dass die Anerkennung als Partei im Erkenntnisverfahren auch zur Durchsetzung des erstrittenen Titels als Gläubiger legitimiert. Im Hinblick auf die passive Parteifähigkeit in diesen Fällen ist anzumerken, dass die Anerkennung einer Gewerkschaftsunterorganisation als selbstständige Passivpartei i. S. § 50 Abs. 2 über § 735 dazu führt, dass auch nur in das Sondervermögen dieser Unterorganisation, nicht etwa in das gesamte Vermögen des Zentralverbandes vollstreckt werden kann. Der Gläubiger kann die im Erkenntnisverfahren erfolgreiche Inanspruchnahme der Unterorganisation, wenn sie sich im Vollstreckungsverfahren als weniger tunlich erweist, nicht »korrigieren« durch »Umschreiben« des Titels gegen die Dachorganisation.

---

56 BGHZ 177, 53; Bärmann/*Klein*, § 10 WEG Rn. 16–8; *Elzer*, ZMR 2008, 808, 811; *Hügel*, ZWE 2010, 122, 124; *Wenzel*, NZM 2009, 625, 628. A. A. (die werdende Gemeinschaft sei auch nicht teilrechtsfähig; im Prozess müssten die Mitglieder der werdenden Gemeinschaft als Bruchteilsgemeinschaft agieren): *Müller*, FS Werner Merle, 2010, 255.

57 Voraussetzung ist, dass der in Anspruch Genommene wirksam Mitglied der werdenden Gemeinschaft geworden ist: OLG Dresden, ZWE 2010, 188.

58 AG Bremerhaven, NJW-Spezial 2010, 482.

59 BAG, AP § 10 ArbGG 1979 Nr. 3; § 118 BetrVG 1972 Nr. 10; § 36 ZPO Nr. 5; BAG, NZA-RR 2000, 535; ErfKomm/*Koch*, § 10 ArbGG Rn. 5; GMP/*Matthes*, § 10 ArbGG Rn. 11.

60 BGHZ 42, 210; 43, 245; 50, 335. Zur Entwicklung der BGH-Rechtsprechung im Hinblick auf die Parteifähigkeit der Gewerkschaften und ihrer Untergliederungen siehe: *Schulz*, Die Parteifähigkeit nicht rechtsfähiger Vereine im Zivilprozess, S. 85 ff.

61 Siehe BGH, ZZP 1973, 177 einerseits und ZZP 1973, 214 andererseits. Kritisch zur einschränkenden BGH-Rspr.: *Fenn*, ZZP 1973, 177. 27.

62 BGH, NJW 2008, 69 mit Anm. durch *Geissler*, jurisPR-BGHZivilR 43/2007 Anm. 2.

2. Politische Parteien

Politische Parteien sind nach § 3 PartG sowohl als Dachorganisation (»Bundespartei«) wie auch als »Gebietsverband der jeweils höchsten Stufe« (in der Regel »Landesverband«) aktiv und passiv parteifähig.[63] Sie können insoweit unzweifelhaft sowohl auf Gläubigerseite als auch auf Schuldnerseite Partei der Zwangsvollstreckung sein. Zur Vollstreckung in das Parteivermögen ist ein Titel gegen den Bundes- bzw. Landesverband der Partei erforderlich. Die unteren Organisationsstufen der Parteien (Ortsverbände, Unterbezirksverbände, Bezirksverbände usw.), soweit sie nicht als selbstständiger Verein organisiert sind (dann § 50 Abs. 2)[64], sind grundsätzlich nicht parteifähig.[65] Ob hiervon für Auseinandersetzungen im politischen Meinungskampf (Ansprüche auf Unterlassung von Behauptungen, Durchsetzung eines presserechtlichen Gegendarstellungsanspruchs u. ä.) Ausnahmen zugelassen werden sollten, ist fraglich, da ja höhere Parteigliederungen vorhanden sind, die die Ansprüche verfolgen können. Ist im Erkenntnisverfahren die aktive bzw. passive Parteifähigkeit einer Untergliederung aber bejaht worden, bindet diese Feststellung auch für die Zwangsvollstreckung. Aus einem Titel gegen die örtliche Untergliederung einer Partei kann nicht in das Vermögen der Landes- bzw. Bundespartei vollstreckt werden.

13

3. Bürgerinitiativen

Sonstige Gebilde im politisch-gesellschaftlichen Bereich, die sich bewusst weder als politische Partei noch als Verein verstanden wissen wollen, insbesondere **»Bürgerinitiativen«** und »Bewegungen« aller Art sind im Rahmen des § 50 Abs. 2 nur dann passiv und aktivparteifähig[66], soweit sie in ihrer Organisation den Mindestanforderungen des Vereinsrechts genügen (Statut, gewählte Sprecher, Vertretungsbefugnis der Sprecher). Ansonsten können nur die persönlich Handelnden in Anspruch genommen werden. Die generelle aktive Parteifähigkeit derartiger Gebilde, wenn sie nur spontane Organisationsformen aufweisen, ist auch nach Änderung des § 50 Abs. 2 grundsätzlich zu verneinen. Dies gilt auch für Ansprüche im politischen Meinungskampf (Unterlassung von Behauptungen, presserechtlicher Gegendarstellungsanspruch).[67] Es müssen insoweit die einzelnen betroffenen Mitglieder klagen. Ist aber im Erkenntnisverfahren die Parteifähigkeit eines derartigen Zusammenschlusses bejaht worden, bindet dies auch in der Vollstreckung.

14

VIII. Abgabenrechtliche Vollstreckung gegen nicht rechtsfähige Personenvereinigungen

Hinsichtlich der Vollstreckung von Bescheiden von Finanzbehörden gegen nicht rechtsfähige Personenvereinigungen, die als solche steuerpflichtig sind, enthält § 267 AO eine Sonderregelung: Zur Vollstreckung in das Vermögen der Vereinigung genügt immer ein vollstreckbarer Verwaltungsakt gegen die Personenvereinigung selbst.[68]

15

---

63 BGHZ 73, 275 ff.; OLG Köln, NJW 1978, 2.
64 Zu diesem Fall: BGHZ 90, 331 ff.
65 OLG Frankfurt, MDR 1984, 1030; OLG Köln, NJW 1978, 227; OLG Zweibrücken, NJW-RR 1986, 181; OLG Celle, NJW 1989, 2477; a. A. insoweit *Kainz*, NJW 1985, 2619.
66 Siehe Rdn. 1. Zur Parteifähigkeit einer »Bürgerinitiative« im Verfahren zum Schutze ihres Namens: OLG Rostock, OLGReport 2009, 383.
67 A. A. insoweit LG Aachen, NJW 1977, 255.
68 Einzelheiten: Klein/*Brockmeyer*, § 267 AO Rn. 2; Pahlke/Koenig, Abgabenordnung, § 267 AO Rn. 2 ff.

§ 735 Zwangsvollstreckung gegen nicht rechtsfähigen Verein

Zur Zwangsvollstreckung in das Vermögen eines nicht rechtsfähigen Vereins genügt ein gegen den Verein ergangenes Urteil.

Übersicht

	Rdn.		Rdn.
I. Zweck	1	VI. Vollstreckung gegen einzelne Vereins-	
II. Titel gegen sämtliche Vereinsmitglieder.	2	mitglieder aus Titeln gegen den Verein	6
III. Vereinsvermögen	3	VII. Der wirtschaftliche Verein in der	
IV. Titel wegen anderer als vermögenswerter		Zwangsvollstreckung	7
Ansprüche	4	VIII. Zwangsvollstreckung nach Auflösung	
V. Titel gegen einzelne Vereinsmitglieder..	5	des Vereins	8

I. Zweck

1 Die Vorschrift zieht für die Vollstreckung die Konsequenzen aus § 50 Abs. 2 ZPO: Wenn es einen Titel gegen den Verein selbst gibt, muss dieser auch, soll die passive Parteifähigkeit des Vereins nicht sinnlos sein, vollstreckbar sein. Da schon die Väter des BGB und der ZPO trotz aller zeitbedingten Vorurteile[1] davon ausgingen, dass auch der nicht rechtsfähige Verein ein vom Privatvermögen der einzelnen Mitglieder und auch vom jeweiligen Bestand der Mitglieder unabhängiges Vermögen bilden könne[2], ist es nur konsequent, dass in gerade dieses Sondervermögen mit einem gegen den Verein lautenden Titel auch vollstreckt werden kann.

II. Titel gegen sämtliche Vereinsmitglieder

2 Durch den Terminus »genügt« macht der Gesetzgeber deutlich, dass er diesen Titel nicht als die einzige mögliche Vollstreckungsgrundlage in das Sondervermögen des Vereins ansieht. In entspr. Anwendung des § 736 ist ein gegen alle Vereinsmitglieder gerichteter Titel ebenfalls zur Vollstreckung ins Vereinsvermögen geeignet.[3] Dies war in der Vergangenheit eine Konsequenz aus der damaligen Fassung des § 50 Abs. 2: Da der Verein nach früher überwiegender Ansicht, ehe der Gesetzgeber im Jahr 2009 § 50 Abs. 2 entsprechend abänderte, nicht aktiv parteifähig war, mussten als Kläger für den Verein alle Mitglieder auftreten; unterlagen sie, waren sie die Schuldner im Kostenfestsetzungsbeschluss. Da der Verein selbst konsequenterweise lange auch nicht als grundbuchfähig angesehen wurde, musste ein gegen den Verein als Grundstückseigentümer zu erstreitender Titel sich formell gegen alle im Grundbuch eingetragenen Vereinsmitglieder richten. Als Folge der geänderten BGH-Rechtsprechung zur Parteifähigkeit[4] und der die BGH-Rechtsprechung dann nachvollziehenden Änderung des § 50 Abs. 2 im Jahr 2009 ist nun aber auch der nicht eingetragene Verein unter seinem Vereinsnamen grundbuchfähig[5]. Abweichend von den zu § 736 entwickelten Grundsätzen[6] muss in den Fällen, in denen aus Titeln gegen alle Vereinmitglieder in das Vereinsvermögen voll-

---

1 Mot., in *Mugdan* I S. 401 und Prot., in *Mugdan* I S. 640 ff.; vergl. ferner *Stoll*, in RG-Festgabe, Bd. II, 1929, S. 49 ff.
2 Dies wurde auch im damaligen § 203 KO (jetzt § 214 InsO) deutlich; Einzelheiten unten Rdn. 3.
3 Überwiegende Meinung; vergl.: *Musielak/Lackmann*, § 735 Rn. 1; Bamberger/Roth/*Schöpflin*, § 54 BGB Rn. 60; MüKo/Heßler, § 735 Rn. 17; Staudinger/ *Weik*, § 54 BGB Rn. 23; Stein/Jonas/*Münzberg*, § 735 Rn. 1; *Thomas/Putzo/Seiler*, § 735 Rn. 2; Zöller/*Stöber*, § 735 Rn. 2; **a. A.** jedoch: *Eckhardt* in Heidel/Hüßtege/Mansel/Noack, NK-BGB, Allgemeiner Teil, § 54 BGB Rn. 41; *Fabricius*, Relativität der Rechtsfähigkeit, 1963, S. 205; MüKo-BGB/*Reuter*, § 54 BGB Rn. 20; MüKo/*K. Schmidt/Brinkmann*, § 735 Rn. 11; *Prütting*, FS Reuter, 2011, 263.
4 BGH, NJW 2008, 69; hierzu: *Terner*, NJW 2008, 16.
5 MüKo-BGB/*Reuter*, § 54 BGB Rn. 27 ff.; *Nagel*, NJW 2003, 1646; *Ott*, NJW 2003, 1223; Staudinger/*Weick*, § 54 BGB Rn. 79, 80; **a. A.** aber nach wie vor: Bamberger/Roth/*Schöpflin*, § 54 BGB Rn. 28, 29 sowie die wohl immer noch gängige Alltagspraxis der Grundbuchämter.
6 § 736 Rdn. 2.

streckt werden soll, allerdings aus dem Titel hervorgehen, dass es sich um eine Verbindlichkeit des Vereins handelt, nicht etwa um eine reine Privatverbindlichkeit, die zufällig alle derzeitigen Vereinsmitglieder aus einem mit der Vereinsmitgliedschaft nicht zusammenhängenden Rechtsgrund trifft. Geht man, unabhängig vom Streit über die Zuordnung des Vereinsvermögens, jedenfalls mit der h. M.[7] davon aus, dass die Mitglieder über ihren Anteil am Vereinsvermögen nicht verfügen können und dass sie bei ihrem Ausscheiden aus dem Verein weder einen Anspruch auf Auseinandersetzung noch auf Abfindung haben, so kann das Vereinsvermögen auch nicht über den Umweg der entspr. Anwendung des §736 Haftungsgrundlage für Privatverbindlichkeiten der Vereinsmitglieder werden. Hier liegt trotz §54 Satz 1 BGB immer noch ein deutlicher Unterschied zur BGB-Gesellschaft.

III. Vereinsvermögen

Für die Zwangsvollstreckung ist es unerheblich, ob man als Träger des **Vereinsvermögens** den Verein selbst[8] oder die Gesamthand der jeweiligen Vereinsmitglieder[9] ansieht. In jedem Fall stellt es ein Sondervermögen dar, das von den nach der Satzung hierzu berufenen Vereinsorganen verwaltet wird.[10] Diese üben auch für den Verein den Gewahrsam aus. Sie vertreten den Verein in der Vollstreckung überall da, wo es auf den Willen, die Zustimmung, die Einwilligung oder den Verzicht des Schuldners ankommt. An sie sind die notwendigen Zustellungen zu richten. Zum Vereinsvermögen können bewegliche Sachen, Forderungen (auch gegen die Mitglieder auf Zahlung rückständiger Vereinsbeiträge[11]), aber auch Grundstücke zählen.[12] Letztere werden in der Regel aus früheren grundbuchrechtlichen Zwängen noch für die Mitglieder in ihrer Gesamtheit eingetragen sein. Dies hindert nicht, einen gegen den Verein selbst lautenden Titel, ohne dass es einer »Umschreibung« bedürfte, in das Grundstück zu vollstrecken.[13] Künftig wird, wenn es sich durchsetzt, dass der Verein auch unter seinem Namen im Grundbuch eingetragen ist, diese Schwierigkeit entfallen.

3

IV. Titel wegen anderer als vermögenswerter Ansprüche

Über den Wortlaut des §735 hinaus ist nicht nur aus Titeln wegen vermögenswerter Ansprüche in das Vermögen Zwangsvollstreckung gegen den Verein selbst möglich, sondern auch wegen Ansprüchen auf Herausgabe, auf Vornahme vertretbarer und unvertretbarer Handlungen, auf Duldung und Unterlassung.[14] Auch insoweit wird der Verein durch seine satzungsmäßig berufenen Organe, in der Regel den Vorstand, vertreten.

4

V. Titel gegen einzelne Vereinsmitglieder

Aus **Titeln gegen nur einzelne Vereinsmitglieder**, aber auch gegen alle Vereinsmitglieder, soweit eine reine Privatverbindlichkeit in Rede steht, kann nicht in das Vereinsvermögen vollstreckt werden.[15] Die Vereinsmitgliedschaft im Idealverein ist höchstpersönlich und deshalb unpfändbar. Dies gilt auch, wenn man der Auffassung vom Gesamthandsvermögen folgt, für den Anteil des Mitgliedes am Vereinsvermögen.[16] Ein Gläubiger eines Vereinsmitgliedes kann weder die Auflösung des Vereins noch die »Abfindung« eines Vereinsmitgliedes im Vollstreckungswege erzwingen. Auch

5

---

7 RGZ 113, 135; BGHZ 50, 329; *Erman/Westermann*, §54 BGB Rn. 8; *Palandt/Ellenberger*, §54 BGB Rn. 7.
8 So etwa *Bamberger/Roth/Schöpflin*, §54 BGB Rn. 13; *Hüffer*, Gesellschaftsrecht, §6, 2.
9 *Erman/Westermann*, §54 BGB Rn. 8; *Palandt/Ellenberger*, §54 BGB Rn. 7.
10 So die h. M.; beispielhaft: *Erman/Westermann*, §54 BGB Rn. 3; *Palandt/Ellenberger*, §54 BGB Rn. 7; jeweils mit weiteren Nachw.
11 RGZ 76, 276 ff.
12 Immer ist allerdings erforderlich, dass das Vereinsvermögen als solches individualisierbar ist: AG Stendal, DGVZ 2006, 95.
13 Siehe: Vor §§735, 736 Rdn. 2.
14 Einhellige Auffassung; vergl. beispielhaft: *Stein/Jonas/Münzberg*, §735 Rn. 2.
15 Siehe oben Rdn. 2.
16 BGHZ 50, 329.

dann, wenn aus Gründen des förmlichen Rechts, etwa der Grundbuchordnung, Teile des Vereinsvermögens auf dem Papier ausdrücklich allen Vereinsmitgliedern zugeordnet sind, ist der Anteil des Mitgliedes insoweit von seinen Privatgläubigern nicht pfändbar. Der Verein kann, wenn dennoch eine Pfändung erfolgte, nach § 771 vorgehen. Es gibt also **keinen** direkten oder indirekten Weg für einen Privatgläubiger eines Vereinsmitgliedes, sich Teile des Vereinsvermögens im Zuge der Zwangsvollstreckung nutzbar zu machen.

VI. Vollstreckung gegen einzelne Vereinsmitglieder aus Titeln gegen den Verein

6   Gegen das **einzelne Vereinsmitglied** kann aus Titeln gegen den Verein nicht vollstreckt werden, auch dann nicht, wenn es im Einzelfall neben dem Verein persönlich haften würde. Einer Klage nach § 771 könnte in diesem Fall auch nicht der Einwand der unzulässigen Rechtsausübung entgegengehalten werden, da der Fall nicht § 128 HGB vergleichbar ist. Es läge keine Haftung für fremde Schuld, sondern aus eigenem Handeln vor.

Das Vereinsmitglied, das nicht Vereinsorgan ist, braucht es auch nicht hinzunehmen, dass in seinem Besitz befindliches Vereinsvermögen gegen seinen Willen gepfändet wird. Es kann wie jeder Dritte nach §§ 766, 809 vorgehen.[17]

Richtet sich dagegen der Titel gegen alle einzeln im Titel genannten Vereinsmitglieder, so kann aus ihm auch in das Privatvermögen der Mitglieder vollstreckt werden, wenn der Titel selbst keine Beschränkung der Haftung auf das Vereinsvermögen enthält. Die Beschränkung muss ausdrücklich enthalten sein (bei Urteilen im Tenor oder in den Gründen, bei gerichtlichen Vergleichen im Vergleichstext) und darf sich nicht nur indirekt daraus ergeben, dass aus dem Gesamtzusammenhang abgeleitet werden kann, dass eine Vereinsverbindlichkeit tituliert ist. Zur Ermittlung solcher »Gesamtzusammenhänge« sind die Vollstreckungsorgane nicht berufen. Das Vereinsmitglied, das es im Erkenntnisverfahren versäumt hat, die Haftungsbeschränkung geltend zu machen, kann den Einwand wegen § 767 Abs. 2 nicht mit der Vollstreckungsabwehrklage nachholen.[18] Ob im Urteil in analoger Anwendung des § 786 die Beschränkung der Haftung des Vereinsmitgliedes statt endgültig festgestellt, nur vorbehalten werden kann (§ 780), sodass über § 785 die Möglichkeit der Vollstreckungsabwehrklage offenbleibt, ist sehr streitig[19], im Ergebnis aber abzulehnen.

VII. Der wirtschaftliche Verein in der Zwangsvollstreckung

7   Für den **wirtschaftlichen Verein** (§ 22 BGB) gelten die vorstehenden Ausführungen nur mit Einschränkungen, da auf ihn § 54 BGB auch heute noch uneingeschränkt anwendbar ist:[20] Zur Vollstreckung ins Vereinsvermögen genügt zwar auch ein Titel gegen den Verein, liegt aber ein Titel entsprechend § 736 gegen alle Mitglieder vor, so gelten hier die Regeln für die BGB-Gesellschaft. Im Hinblick auf § 54 Satz 2 BGB und auf die (im Gegensatz zum Idealverein) in der Regel bestehende persönliche Haftung für Vereinsverbindlichkeiten ist der Klage eines Mitglieds nach § 771, wenn aus einem Titel gegen den Verein irrtümlich in sein Privatvermögen vollstreckt wurde, der Erfolg versagt (§ 242 BGB).[21] Wohl bleibt dem Mitglied bei Verletzung von Verfahrensregeln die Möglichkeit der Vollstreckungserinnerung (§ 766).

Der Anteil des Mitgliedes am wirtschaftlichen Verein ist nach § 859 der Pfändung unterworfen. Das Verfahren und die sich daraus ergebenden Möglichkeiten des Gläubigers folgen den Regeln der Pfändung des Anteils an einer BGB-Gesellschaft.

---

17 Ganz h. M.; *Musielak/Lackmann*, § 735 Rn. 3; *Stein/Jonas/Münzberg*, Vor § 735 Rn. 3; *Zöller/Stöber*, § 735 Rn. 1.
18 Siehe auch BGH, ZZP 1955, 101 ff.
19 Gegen die analoge Anwendbarkeit ausführlich: MüKo/*K. Schmidt/Brinkmann*, § 786 Rn. 11.
20 H. M.: vergl. *Flume*, Allgem. Teil des Bürgerlichen Rechts, Band I/1, Die Personengesellschaft, § 7 I; ders., ZHR 1984, 517 ff.; MüKo-BGB/*Reuter*, § 54 BGB Rn. 25 (für das Außenverhältnis).
21 Siehe: Vor §§ 735, 736 Rdn. 5.

VIII. Zwangsvollstreckung nach Auflösung des Vereins

Nach **Auflösung des Vereins** kann ein Titel gegen den Verein so lange weiter in das noch vorhandene Vereinsvermögen vollstreckt werden, wie die erforderliche Mindestorganisation vorhanden ist (Liquidatoren, die für den Verein Gewahrsam ausüben, Zustellungen in Empfang nehmen, Erklärungen abgeben können). Die früheren Mitglieder des Vereins, die keine Organfunktion ausüben, sind nicht Rechtsnachfolger des aufgelösten Vereins i. S. § 727, es sei denn, dass sie im Einzelfall im Zuge der Liquidation Besitznachfolger im Hinblick auf streitbefangene Gegenstände i. S. der §§ 325, 727 Abs. 1 geworden sind.

§ 736 Zwangsvollstreckung gegen BGB-Gesellschaft

Zur Zwangsvollstreckung in das Gesellschaftsvermögen einer nach § 705 des Bürgerlichen Gesetzbuchs eingegangenen Gesellschaft ist ein gegen alle Gesellschafter ergangenes Urteil erforderlich.

Übersicht

	Rdn.		Rdn.
I. Ursprünglicher Zweck der Norm	1	VI. Haftungsbeschränkung auf das Gesellschaftsvermögen	6
II. Titel für und allein gegen die Gesellschaft	2	VII. Keine Vollstreckung aus Titel gegen die BGB-Gesellschaft gegen einzelne Gesellschafter	7
III. Gleichlautende Titel gegen alle Gesellschafter	3	VIII. Keine Vollstreckung aus Titel gegen nur einen Teil der Gesellschafter in das Gesellschaftsvermögen	8
IV. Titel wegen anderer als vermögenswerter Ansprüche	4	IX. Umwandlung der BGB-Gesellschaft in eine OHG	9
V. Vollstreckung bei von der Geschäftsführung ausgeschlossenen Gesellschaftern	5		

I. Ursprünglicher Zweck der Norm

1 Nach den Vorstellungen des BGB-Gesetzgebers[1] stellte die Gesellschaft bürgerlichen Rechts keine eigene Rechtspersönlichkeit dar. Die ZPO hatte ihr demgemäß weder die aktive noch – wie dem nichtrechtsfähigen Verein in der ursprünglichen Fassung des § 50 Abs. 2 – auch nur die passive Parteifähigkeit zuerkannt. Nach dem Willen des Gesetzgebers sollte es deshalb keinen Titel unmittelbar für die BGB-Gesellschaft als Gläubigerin[2] oder gegen die BGB-Gesellschaft als Schuldnerin geben. Daraus zog § 736 die Konsequenz: Zur Vollstreckung in das Gesellschaftsvermögen sollte ein Titel gegen alle Gesellschafter erforderlich sein.

II. Titel für und allein gegen die Gesellschaft

2 Seitdem am Ende einer langen Entwicklung in der Rechtswissenschaft[3] der II. Zivilsenat des BGH[4] der BGB-(Außen-) Gesellschaft die uneingeschränkte Partei- und Prozessfähigkeit zuerkannt hat[5], muss konsequenterweise auch ein Titel für die BGB-Gesellschaft als Gläubigerin und gegen die BGB-Gesellschaft als solche unter ihrem in der Satzung bestimmten Namen, in dem die einzelnen

---

1 Zum Auseinanderklaffen der tatsächlichen Entwicklung und der den §§ 705 ff. BGB zu Grunde liegenden Vorstellungswelt des BGB-Gesetzgebers und zu – maßvollen – Reformvorschlägen siehe umfassend: *K. Schmidt*, Gesellschaft bürgerlichen Rechts, in: Gutachten und Vorschläge zur Überarbeitung des Schuldrechts, Bd. III, 1983, S. 413 ff. Über diese Vorschläge ist der II. Zivilsenat des BGH mit seiner Entscheidung NJW 2001, 1056 = BGHZ 146, 341 jetzt weit hinausgegangen, indem er der BGB-Außengesellschaft ohne Einschränkungen die volle Parteifähigkeit im Zivilprozess zuerkannt hatte. Der Gesetzgeber ist seiner Verpflichtung, das durch die Rechtsprechung konstruierte, nicht in allen Punkten konsequent errichtete Gebäude wieder auf ein solides Fundament zu stellen, bisher nicht nachgekommen. Zu den offenen Fragen, die die neue BGH-Rechtsprechung nach wie vor aufwirft: *K. Schmidt*, NJW 2008, 1841.

2 Ein nach alter Rechtsauffassung zugunsten der Gesellschafter in ihrer gesamthänderischen Verbundenheit ergangener, das Gesellschaftsvermögen betreffender Titel kann nicht nachträglich einfach in einen Titel zugunsten der Gesellschaft als solcher »berichtigt« werden. **A. A.** insoweit: OLG Dresden, OLGReport 2006, 807.

3 Siehe den kurzen geschichtlichen Überblick bei *K. Schmidt*, NJW 2001, 993.

4 NJW 2001, 1056 = BGHZ 146, 341. Das BAG hat die Rechtsprechung des BGH ebenfalls übernommen: BAG, NJW 2005, 1004. Als Irrweg, den der Gesetzgeber bald wieder versperren sollte, bezeichnet diese im Übrigen in der Literatur überwiegend begrüßte Rechtsprechung allerdings *Bachmayer*, BWNotZ 2009, 122.

5 Zur Parteifähigkeit von BGB-Innengesellschaften: *Beuthien*, NZG 2011, 161.

Gesellschafter, jedenfalls soweit sie die Gesellschaft nicht als Geschäftsführer vertreten[6], nicht mehr expressis verbis aufgeführt sind[7], vollstreckbar sein. Das gilt auch für die Eintragung einer Zwangshypothek aus einem für die Gesellschaft als Gläubigerin erwirkten Titel auf dem Grundstück ihres Schuldners[8] und aus einem gegen die Gesellschaft unter ihrem Namen erwirkten Titel an einem Grundstück, das für die GbR unter dem Namen aller Gesellschafter[9] eingetragen wurde.[10] Hier bereitet allerdings § 47 Abs. 2 GBO ungewollt[11] praktische Schwierigkeiten, die aber, wenn man der BGH-Rechtsprechung nicht prinzipiell ablehnend gegenübersteht,[12] ohne unverhältnismäßigem Aufwand in entsprechend weiter Heranziehung des § 899a BGB lösbar sind.[13]

Der Zweck des § 736, der durch eine Änderung der Rechtsprechung natürlich nicht einfach aufgehoben werden kann, hat sich nun verändert: Zur Vollstreckung gegen die BGB-Gesellschaft genügt statt eines Titels gegen die Gesellschaft als solche auch ein Titel gegen alle Gesellschafter.[14] Ein solcher Titel hat den Vorteil, dass er gleichzeitig auch die Vollstreckung in das Privatvermögen der einzelnen Gesellschafter, die zum Zeitpunkt der Titulierung Gesellschafter waren und daher im Titel aufgeführt sind, erlaubt.

---

6 Grundsätzlich wird die BGB-Gesellschaft durch alle Geschäftsführer vertreten, denen die Geschäftsführungsbefugnis zusteht, soweit der Gesellschaftsvertrag hierzu keine abweichenden Bestimmungen enthält: BGH, DB 2010, 1873. Die zur Vollstreckung erforderliche Zustellung eines solchen Titels muss an den Geschäftsführer oder einen der Gesellschafter der BGB-Gesellschaft erfolgen: BGH, DGVZ 2006, 86.
7 A.A. insoweit (alle Gesellschafter müssen benannt sein): AG Hannover, DGVZ 2003, 123.
8 Zur Eintragung einer Sicherungshypothek zugunsten einer baurechtlichen ARGE: KG, FGPrax 2010, 171.
9 Dazu, dass die GbR heute unter ihrem eigenen, von den Namen der Gesellschafter ganz unabhängigen Namen in das Grundbuch eingetragen werden kann, wenn zusätzlich im Hinblick auf § 47 Abs. 2 GBO die Namen aller Gesellschafter eingetragen werden, siehe ausführlich die Kommentierung bei: vor §§ 735, 736 Rdn. 4 sowie die Hinweise auf Lit. und Rspr. dort. § 47 Abs. 2 GBO erfordert es demgemäß, dass bei auf die Gesellschaft als Gläubigerin oder Schuldnerin lautenden Titeln eine Eintragung ins Grundbuch im Wege der Zwangsvollstreckung nur möglich ist, wenn im Titel zusätzlich auch die Namen sämtlicher aktueller Gesellschafter angegeben sind: OLG Naumburg, FGPrax 2014, 200. Gegebenenfalls muss eine Vervollständigung des Titels nach § 319 beantragt werden.
10 Hierzu: *Wertenbruch*, WM 2003, 1785, 1789.
11 Es war nicht Ziel des Gesetzgebers durch Einführung der Norm, die Rechtsprechung des II. Zivilsenats zur Rechtsfähigkeit der BGB-Gesellschaft im Grundstücksrecht wieder auszuheben. Denn die Norm setzt das Ergebnis dieser Rechtsprechung gerade voraus. Zur Funktion des § 47 Abs. 2 GBO durchaus im Einklang mit der BGH-Rspr.: *Wilhelm*, NZG 2011, 801; *Kesseler*, NJW 2011, 1909.
12 In besonderem Maße kritisch: OLG Köln, FGPrax 2011, 13. Dass der BGH bei Beachtung der ihm durch die Gewaltenteilung verfassungsmäßig gesetzten Grenzen weder die Rechts- und Parteifähigkeit der BGB-Gesellschaft noch der Wohnungseigentümergemeinschaft noch des nichtrechtsfähigen Vereins als gegeben hätte erklären dürfen, sondern diese Aufgabe hätte dem Gesetzgeber überlassen müssen (ausführlich zu diesem Problem *Schuschke/Kessen/Höltje*, Zivilrechtliche Arbeitstechnik, 35. Auflage, Rn. 175, 176), kann heute keine Rolle mehr spielen, da der – u.U. schwache – Gesetzgeber durch die Einführung der §§ 47 Abs. 2 GBO, 899a BGB, durch die Änderung des WEG und des § 50 Abs. 2 ZPO dem Vorpreschen des BGH zwischenzeitlich gefolgt ist.
13 BGH, NJW 2009, 594 einerseits und BGH, NZM 2011, 517 andererseits zeigen hier Lösungsmöglichkeiten. Vergl. hierzu auch *Wilhelm*, NZG 2011, 801 und *Kesseler*, NJW 2011, 1909. OLG München, MDR 2011, 1381 bietet demgegenüber einen Lösungsweg über § 319 ZPO an. Hierzu kritisch: *Breithold*, InfoM 2011, 493.
14 BGH, NJW 2004, 3632; BGH, BGHReport 2007, 160; BGH, NJW 2008, 1378 (einschränkend: soweit die Gesellschafter auch für die Schuld der Gesellschaft persönlich haften); BGH, NJW 2011, 2048; OLG Schleswig, OLGR 2006, 187; OLG Köln, BeckRS 2014, 10512; *Dauner-Lieb*, DStR 2001, 356, 358; *K. Schmidt*, NJW 2008, 1841. Dies bleibt der entscheidende Unterschied zur OHG. Aus einem Titel gegen alle persönlich haftenden Gesamtschuldner kann nicht auch in das Gesellschaftsvermögen der OHG vollstreckt werden; siehe hierzu auch *Wertenbruch*, DGVZ 2001, 97.

III. Gleichlautende Titel gegen alle Gesellschafter

3 Entgegen dem Wortlaut »ein gegen alle Gesellschafter ergangenes Urteil« ist es zur Vollstreckung in das Gesellschaftsvermögen ausreichend, wenn gegen jeden einzelnen der Gesellschafter je ein gleich lautender, die gesamte Schuld (und nicht nur jeweils einen Teil der Verbindlichkeit[15]) betreffender Titel oder mehrere gleich lautende Titel teils gegen einen, teils gegen mehrere Gesellschafter (in der Summe insgesamt gegen alle) vorliegen.[16] Die Art der inhaltsgleichen Titel (Urteil, Vergleich, vollstreckbare Urkunde) kann gegen die einzelnen Gesellschafter unterschiedlich sein.[17] Sehr streitig ist, ob die Titel gegen die Gesellschafter eine Gesamthandschuld betreffen müssen[18], oder ob eine gleich lautende Privatschuld aller Gesellschafter (z. B. aus Verkehrsunfall, den der eine Gesellschafter als Fahrer mit dem Privat-PKW des anderen Gesellschafters bei einer privaten Vergnügungsfahrt schuldhaft verursacht hat) ausreicht.[19] Letzteres muss auch nach der Änderung der BGH-Rechtsprechung bejaht werden. Diese Auffassung entspricht nicht nur dem Willen des historischen Gesetzgebers, sie wird auch den Interessen der Gesellschaft am ehesten gerecht, da sie verhindert, dass der Gläubiger genötigt wird, alle Gesellschaftsanteile nach § 859 zu pfänden und die Auflösung der Gesellschaft zu betreiben, um seinen Anspruch befriedigen zu können. Es ist zudem im Einzelfall selten sauber abzugrenzen, ob eine reine Privatschuld oder nicht doch jedenfalls auch eine Gesellschaftsschuld vorliegt. Das Bedenken, dass die nunmehr rechts- und geschäftsfähige BGB-Gesellschaft nicht automatisch für die Schulden ihrer Gesellschafter haftet, muss demgegenüber zurücktreten.[20]

IV. Titel wegen anderer als vermögenswerter Ansprüche

4 Über den Wortlaut der Vorschrift hinaus gilt § 736 auch, wenn es um die Vollstreckung von Ansprüchen auf Herausgabe, auf Vornahme vertretbarer Handlungen, auf Duldung und Unterlassung sowie auf Abgabe einer Willenserklärung geht[21].

V. Vollstreckung bei von der Geschäftsführung ausgeschlossenen Gesellschaftern

5 Wenn jeder einzelne Gesellschafter Titelschuldner ist und nicht ein Titel allein gegen die Gesellschaft unter Angabe ausschließlich der Geschäftsführer erwirkt wurde, kann die Vollstreckung in Gesellschaftsvermögen auch bei Gesellschaftern erfolgen, die nach dem Gesellschaftsvertrag von der Geschäftsführung und Vertretung ausgeschlossen sind und die die der Gesellschaft gehörenden Gegenstände deshalb wie Dritte und nicht als Organe der Gesellschaft besitzen. Auch solche Gesellschafter können in diesem Fall nicht nach § 809 widersprechen. Dies zeigt ebenfalls, dass es nach wie vor zweckmäßig ist, nach Möglichkeit einen Titel gegen alle BGB-Gesellschafter zu erwirken.

VI. Haftungsbeschränkung auf das Gesellschaftsvermögen

6 Enthält der Titel, was in der Praxis selten sein wird, im Tenor oder in den Entscheidungsgründen eine ausdrückliche Beschränkung der Haftung der Gesellschafter auf das Gesellschaftsvermögen oder lautet der Titel, was nach Änderung der BGH-Rechtsprechung vermehrt vorkommen wird,

---

15 Hierzu ausführlich: BGH, NZG 2007, 140.
16 H.M.; beispielhaft: BGH, NJW 2011, 2048; *Baumbach/Lauterbach/Hartmann*, § 736 Rn. 3; *Thomas/Putzo/Seiler*, § 736 Rn. 2; *Wieser*, MDR 2001, 421; *Zöller/Stöber*, § 736 Rn. 6.
17 *Brüggemann*, DGVZ 1961, 33; *Musielak/Lackmann*, § 736 Rn. 4; *Stein/Jonas/Münzberg*, vor § 735 Rn. 6.
18 So *Kornblum*, BB 1970, 1450; MüKoBGB/*Ulmer*, § 718 BGB Rn. 46, 47; *Musielak/Lackmann*, § 736 Rn. 4; *Winter*, KTS 1983, 349 ff.; wohl auch *Brox/Walker*, Rn. 33. K. *Schmidt*, NJW 2001, 993 hält dies für eine zwingende Folge aus der neuen BGH-Rspr. zur Rechts- und Geschäftsfähigkeit der BGB-Gesellschaft.
19 OLG Schleswig, ZMR 2006, 389; *Brehm*, KTS 1983, 21 ff., 32 f.; *Hüffer*, FS Stimpel, S. 184; *Oehlerking*, KTS 1980, 14 ff., 22 f.; *Stein/Jonas/Münzberg*, § 736 Rn. 5; *Thomas/Putzo/Seiler*, § 736 Rn. 2; *Wieser*, MDR 2001, 421; *Zöller/Stöber*, § 736 Rn. 3.
20 A.A.: *K. Schmidt*, NJW 2001, 993.
21 Einschränkend, soweit es um die Abgabe einer Willenserklärung geht: BGH, NJW 2008, 1378. Kritisch zu dieser Entscheidung: *K. Schmidt*, NJW 2008, 1841.

allein auf die Gesellschaft, so kann aus einem solchen Titel nicht auch in das Privatvermögen der einzelnen Gesellschafter vollstreckt werden.[22] Die im Tenor ausgesprochene Haftungsbeschränkung ist durch den Gesellschafter, wenn doch ein zu seinem Privatvermögen gehörender Gegenstand beschlagnahmt wurde, mit § 771 geltend zu machen. Ist ausnahmsweise die Zugehörigkeit zum Privatvermögen offenkundig, kann der Gesellschafter auch nach § 766 vorgehen. Ist die Haftungsbeschränkung nicht bereits im Prozess geltend gemacht worden, kann sie nicht nachträglich mit der Vollstreckungsabwehrklage durchgesetzt werden. § 767 Abs. 2 steht dem entgegen.[23]

Aus einem Titel gegen alle Gesellschafter ohne Haftungsbeschränkung im Tenor kann auch in das Privatvermögen der Gesellschafter vollstreckt werden. Zum Privatvermögen zählt der jeweilige Gesellschaftsanteil, der nach § 859 Abs. 1 Satz 1 pfändbar ist. Wird aus einem Titel allein gegen die Gesellschaft in einen zum Privatvermögen eines Gesellschafters gehörenden Gegenstand vollstreckt, kann der Gesellschafter hiergegen mit der Klage nach § 771 vorgehen. Haftet er allerdings für Gesellschaftsschulden auch mit seinem Privatvermögen, kann dies seiner Klage – ähnlich wie im Fall der OHG-Gesellschafter – mit Erfolg entgegengehalten werden.

VII. Keine Vollstreckung aus Titel gegen die BGB-Gesellschaft gegen einzelne Gesellschafter

Ein gegen die BGB-Gesellschaft selbst, z. B. unter ihrer eigenständigen, mit den Gesellschafternamen nicht identischen Firma, lautender Titel ist nicht in einen Titel gegen alle Gesellschafter umdeutbar[24] und daher nur in das Gesellschaftsvermögen vollstreckbar. Das gilt auch dann, wenn als Vertreter dieser Gesellschaft alle tatsächlich vorhandenen Gesellschafter aufgeführt sind.[25] Soweit bisher die Zwangsvollstreckung aus einem derartigen nur die Gesellschaft und nicht die Gesellschafter als Beklagte nennenden Titel ganz abgelehnt worden war, bindet die Bestandskraft derartiger Entscheidungen nach der Änderung der BGH-Rechtsprechung nicht mehr, wenn nun erneut aus einem solchen Titel in das Gesellschaftsvermögen vollstreckt werden soll.

7

VIII. Keine Vollstreckung aus Titel gegen nur einen Teil der Gesellschafter in das Gesellschaftsvermögen

Ein nur gegen einen Teil der Gesellschafter, aber nicht gegen die Gesellschaft selbst gerichteter Titel (die Gesellschaft hat sich etwa nach Titelerlangung durch Aufnahme neuer Gesellschafter vergrößert) ist nicht in das Gesellschaftsvermögen, sondern nur in das Privatvermögen der als Titelschuldner aufgeführten Gesellschafter vollstreckbar.[26] Einer Vollstreckung in das Gesellschaftsvermögen kann die Gesamtheit der Gesellschafter mit einer Klage nach § 771 entgegentreten.

8

IX. Umwandlung der BGB-Gesellschaft in eine OHG

Erstarkt die Gesellschaft bürgerlichen Rechts später etwa durch Ausdehnung des Geschäftsumfanges oder Änderung des Geschäftszweckes zu einer OHG, so bleibt der gegen alle Gesellschafter erwirkte Titel auch gegen die OHG vollstreckbar. Er braucht nicht nach § 727 umgeschrieben zu werden.[27]

9

Trotz § 129 Abs. 4 HGB liegt in diesen Fällen weiterhin ein Titel vor, aus dem sowohl in das Gesellschaftsvermögen als auch in das Vermögen der Gesellschafter gleichzeitig vollstreckt werden kann. Entschiede man anders, träte das absurde Ergebnis ein, dass der Schuldner durch Verbesserung seiner wirtschaftlichen Lage (Vergrößerung seines Geschäftsbetriebes) die vollstreckungsrechtliche Situation des Gläubigers verschlechtern könnte.

---

22 BayObLG, ZfIR 2002, 419; LG Bonn, DGVZ 2004, 75; *Wertenbruch*, DGVZ 2001, 97; *Wieser*, MDR 2001, 421; *Zöller/Stöber*, § 736 Rn. 2.
23 A. A.: *Stein/Jonas/Münzberg*, § 735 Rn. 1 a.
24 LG Mainz, DGVZ 1973, 157; OLG Köln, InVo 2000, 103.
25 LG Berlin, Rpfleger 1973, 104 mit Anm. *Petermann*.
26 *Thomas/Putzo/Seiler*, § 736 Rn. 3.
27 Einzelheiten: Vor § 735, 736 Rdn. 4.

Vor §§ 737, 738 Zwangsvollstreckung bei Nießbrauch

Übersicht	Rdn.		Rdn.
I. Grundlagen des Nießbrauchs im BGB..	1	1. Nießbrauch an beweglichen Sachen und Rechten	4
II. Der Nießbraucher als Schuldner der Zwangsvollstreckung	2	2. Nießbrauch an einem Grundstück	4
III. Der Besteller (Eigentümer der Sache usw.) als Schuldner der Zwangsvollstreckung.........................	3	3. Nießbrauch am gesamten Vermögen....	5
		4. Nießbrauch an einer Erbschaft	6
		IV. Besteller und Nießbraucher als Gesamtschuldner......................	7

Literatur:
Jansen/Jansen, Der Nießbrauch in Zivil- und Steuerrecht, 9. Aufl. 2012; *Schüller*, Die Zwangsvollstreckung in den Nießbrauch, Diss. Bonn, 1978.

I. Grundlagen des Nießbrauchs im BGB

1 Die Bestellung eines Nießbrauchs ist sowohl an einzelnen Sachen (§§ 1030–1067 BGB) als auch an Rechten (§§ 1068–1084 BGB) als auch an einem Vermögen (§§ 1085–1088 BGB) oder an einer Erbschaft (§ 1089 BGB) möglich. Der Nießbraucher ist berechtigt, die Nutzungen der Sache zu ziehen (§ 1030 BGB); er darf die Sache besitzen (§ 1036 BGB), die mit dem Nießbrauch belastete Forderung einziehen (§ 1074 BGB). Er kann aber über die Sache selbst (oder das Recht) in der Regel nicht verfügen. Diese Befugnis bleibt beim Besteller des Nießbrauchs bzw. beim Eigentümer der Sache oder des Rechts. Da damit sowohl der Besteller als auch der Nießbraucher über wirtschaftliche Werte verfügen, die für ihre Gläubiger von Interesse sein können, bedurfte es einer die Interessen abgrenzenden Regelung. Diese findet sich teils im BGB, teils in der ZPO.

II. Der Nießbraucher als Schuldner der Zwangsvollstreckung

2 Nach § 1059 BGB ist der Nießbrauch selbst nicht übertragbar, wohl aber kann seine Ausübung einem anderen überlassen werden. Nach § 851 Abs. 1 hat das zur Konsequenz, dass er auch nicht pfändbar ist. Wo der Gesetzgeber infolge der gesellschaftsrechtlichen Umwandlungsvorschriften ausnahmsweise die Übertragung des Nießbrauches zulassen musste (§ 1059a BGB), hat er durch ausdrückliche Regelung (§ 1059b BGB) die Pfändbarkeit wieder ausgeschlossen. Dagegen ist die Ausübung des Nießbrauchsrechts nach § 857 Abs. 3 pfändbar. Ob diese Regelung bedeutet, dass die Beschlagnahme nur das obligatorische Recht auf Ausübung des Nießbrauchs erfasst oder auch das dingliche Recht selbst lediglich unter Beschränkung seiner Verwertbarkeit, ist sehr streitig.[1] Im Ergebnis führt sie jedenfalls dazu, dass der Nießbrauch dem Nießbraucher von seinen Gläubigern nicht auf Dauer entzogen werden kann.

Ist ein Grundstück bzw. eine Eigentumswohnung mit einem Nießbrauch belastet und hat ein Gläubiger des Nießbrauchers, der zumindest im mittelbaren Besitz des Grundstücks war, diesen Nießbrauch gem. § 857 Abs. 1 gepfändet, so kann der Gläubiger sich das Recht nicht einfach überweisen und aus dem Pfändungs- und Überweisungsbeschluss auf Räumung vollstrecken, er muss vielmehr gem. § 857 Abs. 4 die Anordnung der Verwaltung des Nießbrauchs erwirken, damit der Verwalter in analoger Anwendung des § 149 Abs. 2 ZVG einen Räumungstitel gegen den Nießbraucher beantragen und diesen dann nach § 885 vollstrecken kann.[2] Ist nur ein (ideeller) Teil des Grundstücks mit dem Nießbrauch belastet, besteht diese Möglichkeit nicht, da in diesem Fall

---

1 Der letzteren, zutreffenden Ansicht: BGHZ 62, 133 ff.; 95, 101 f.; BGH, NJW 2006, 1124; OLG Frankfurt, ZIP 1990, 1357; BayObLG, DNotZ 1998, 69.
2 Ausführlich hierzu: BGH, NJW 2006, 1124, 1125; BGH, BGHReport 2007, 368; BGH, NJW 2011, 1009.

Besteller und Nießbraucher zur gemeinsamen Nutzung des Grundstücks berechtigt sind und dem Besteller der Gebrauch nicht entzogen werden kann.³

Im Gegensatz zum Nießbrauch ist das Wohnungsrecht als beschränkte persönliche Dienstbarkeit grundsätzlich, das heißt, wenn es der typengerechten Ausgestaltung entspricht, auch in seiner Ausübung nicht übertragbar und damit auch unpfändbar (§ 1092 Abs. 1 Satz 2 BGB, §§ 857 Abs. 3, 851 Abs. 2).⁴

III. Der Besteller (Eigentümer der Sache usw.) als Schuldner der Zwangsvollstreckung

Insoweit ist zu unterscheiden: 3

1. Nießbrauch an beweglichen Sachen und Rechten

Ist der Nießbrauch nur an einzelnen beweglichen Sachen bestellt, so sind diese Sachen während der Dauer des Nießbrauchs praktisch dem Zugriff von Gläubigern des Bestellers, die Befriedigung wegen einer Geldforderung suchen, entzogen. In der Regel ist der Nießbraucher Besitzer der Sache (§ 1036 BGB). Sein Widerspruch gegen eine Pfändung ist schon nach § 809 zu beachten (insoweit § 766). Er ist zudem zur Klage nach § 771 befugt. Der Gläubiger des Bestellers kann nur dessen Anspruch nach § 1055 BGB auf Rückgabe der Sache nach Beendigung des Nießbrauchs nach §§ 846, 847 pfänden.

Entsprechendes gilt beim Nießbrauch an einzelnen Rechten: Der Nießbraucher kann gegen eine Vollstreckung in das Recht nach § 771 klagen.

Ist der Nießbrauch in anfechtbarer Zeit bestellt worden und liegt ein Anfechtungsgrund vor, so muss der Nießbraucher nach § 11 AnfG dulden, dass in die Sache vollstreckt wird, als wäre der Nießbrauch nicht bestellt. Der Klage des Nießbrauchers nach § 771 könnte in diesem Fall die Anfechtbarkeit einredeweise (§ 9 AnfG) entgegengehalten werden.

2. Nießbrauch an einem Grundstück

Der Nießbrauch an einem Grundstück schließt weder die Zwangsversteigerung noch die Zwangsverwaltung des Grundstücks durch Gläubiger des Bestellers grundsätzlich aus. Hinsichtlich **der Zwangsversteigerung** ist zu unterscheiden, ob der betreibende Gläubiger einen besseren dinglichen Rang hat als der Nießbraucher oder nicht. Hat er einen schlechteren Rang, wird der Nießbrauch in das geringste Gebot aufgenommen (§ 44 ZVG) und bleibt nach dem Zuschlag bestehen (§§ 52 Abs. 1, 91 Abs. 1 ZVG). Der Ersteher des Grundstücks tritt an die Stelle des bisherigen Bestellers, soweit die §§ 1030 ff. BGB in Rede stehen. Hat der betreibende Gläubiger einen besseren Rang, erlischt der Nießbrauch mit dem Zuschlag (§§ 52 Abs. 1 Satz 2, 91 Abs. 1 ZVG). Der Nießbraucher wird dadurch nicht rechtlos. Er erwirbt einen Anspruch auf Wertersatz in Form einer Rente aus dem Versteigerungserlös (§§ 92, 121 ZVG), soweit der Erlös hierfür ausreicht. **Zwangsverwaltung** erscheint in diesen Fällen wirtschaftlich wenig sinnvoll, da die Nutzungen ja dem Nießbraucher zustehen.⁵ Ist der Nießbrauch gegenüber einer Grundschuld, aus der die Zwangsvollstreckung betrieben wird, nachrangig, so benötigt der Grundschuldgläubiger dennoch für die unbeschränkte Anordnung der Zwangsverwaltung einen auf den Nießbraucher lautenden Duldungstitel.⁶ Solch ein Duldungstitel ist nicht nur ein im Klageverfahren erstrittenes Urteil, sondern auch eine notarielle Urkunde, in der sich der Grundstückeigentümer in der Weise der sofortigen Zwangsvollstreckung unterworfen hat, dass die Zwangsvollstreckung aus der Urkunde gegen den jeweiligen Eigentümer

4

---

3 BGH, BGHReport 2007, 368.
4 BGH, WuM 2007, 30.
5 Einzelheiten *Stöber*, Zwangsversteigerungsgesetz, § 146 ZVG Rn. 11; ferner OLG Köln, NJW 1957, 1769 mit Anm. *Dempewolf*.
6 BGH, NZM 2003, 490; *Stöber*, ZVG, § 146 Rn. 11.3.

des Grundstücks zulässig sein soll (§§ 794 Abs. 1 Nr. 5, 800 ZPO)[7]. Zu dieser Urkunde bedarf es dann noch einer gegen den Nießbraucher gerichteten, dahin eingeschränkten Vollstreckungsklausel, dass die Zwangsvollstreckung auf die Duldung der Zwangsverwaltung des mit dem Nießbrauch belasteten Grundstücks gerichtet ist (§§ 727, 325, 795 Satz 1 ZPO).[8]

3. Nießbrauch am gesamten Vermögen

5   Ist der Nießbrauch am **gesamten Vermögen**[9] bestellt, so muss in zeitlicher Hinsicht unterschieden werden: Bestand der Nießbrauch schon, als die Forderung, wegen der die Vollstreckung betrieben wird, erst begründet wurde, so kann der Gläubiger auf das mit dem Nießbrauch belastete Vermögen nicht zugreifen, wenn nicht ausnahmsweise das AnfG eingreift. Er kann, wenn der Nießbrauch zeitlich befristet ist, die Rechte des Bestellers aus § 1055 BGB nach §§ 846, 847 pfänden, um sich wenigstens einen Vorrang beim späteren Zugriff auf die einzelnen Sachen zu sichern. War die Forderung dagegen schon entstanden, als der Nießbrauch erst bestellt wurde, so kann der Besteller sich seiner Haftung gegenüber seinen Gläubigern nicht mehr einfach durch die Nießbrauchbestellung entziehen. Der Nießbraucher ist nicht schutzwürdig, weil er sich über die Verpflichtungen des Bestellers informieren konnte. Deshalb sieht § 1086 Satz 1 BGB vor, dass in diesem Fall die Gläubiger des Bestellers weiterhin Befriedigung ihrer Forderungen aus den dem Nießbrauch unterliegenden Gegenständen verlangen können. Kommen Besteller und Nießbraucher (ihr Verhältnis zueinander in Fällen dieser Art, um die Inanspruchnahme des Nießbrauchers so schonend wie möglich zu gestalten, regelt § 1087 BGB) dem Befriedigungsverlangen des Gläubigers nicht nach, so muss dieser notgedrungen gegen beide die Zwangsvollstreckung betreiben. Hierfür regeln nun die §§ 737, 738 die Voraussetzungen, je nachdem, ob der Nießbrauch schon vor Erlangung des Titels gegen den Besteller bestellt war (§ 737), oder ob er erst nach rechtskräftiger Titulierung der Schuld des Bestellers bestellt wurde (§ 738). Im ersteren Fall ist ein eigener Duldungstitel gegen den Nießbraucher erforderlich, im zweiten genügt titelumschreibende Klausel gegen den Nießbraucher. War zum Zeitpunkt der Nießbrauchbestellung der Anspruch gegen den Besteller schon rechtshängig und richtete sich dieser Anspruch auf Herausgabe einer bestimmten Sache oder Abtretung einer bestimmten Forderung, auf die der Nießbrauch sich erstreckt, so bedarf es des gesonderten Duldungstitels gegen den Nießbraucher dann nicht, wenn er i. S. von § 325 Besitzer der streitbefangenen Sache und damit i. S. von § 727 Rechtsnachfolger des Bestellers geworden ist. Hier greift § 727 unmittelbar ein: Der Titel gegen den Besteller kann umgeschrieben werden.[10]

4. Nießbrauch an einer Erbschaft

6   Ist der **Nießbrauch an einer Erbschaft** bestellt, so gelten wegen der Nachlassverbindlichkeiten die Regelungen der §§ 737 Abs. 1, 738 Abs. 1 entsprechend.

IV. Besteller und Nießbraucher als Gesamtschuldner

7   Sind Besteller und Nießbraucher hinsichtlich des materiellrechtlichen Anspruchs Gesamtschuldner (siehe § 1088 BGB), so benötigt der Gläubiger, um den Leistungsanspruch gegen den Nießbraucher durchsetzen zu können, einen eigenen Leistungstitel gegen den Nießbraucher; diesen kann er dann auch in das Privatvermögen des Nießbrauchers und nicht nur, wie in den Rdn. 5 dargestellten Fällen, in die dem Nießbrauch unterliegenden Gegenstände vollstrecken.

---

7 BGH, NJW 2014, 1740.
8 BGH, NJW 2014, 1740.
9 Für die Frage, ob das »gesamte« Vermögen belastet ist, wenn der Nießbrauch formal nur an einzelnen Vermögensgegenständen bestellt wurde, müssen die zum früheren § 419 BGB entwickelten Grundsätze entsprechend herangezogen werden: BGHZ 66, 217; 93, 135.
10 Allgem. Meinung; vergl. *Baumbach/Lauterbach/Hartmann*, § 737 ZPO, Rn. 2; *Stein/Jonas/Münzberg*, § 737 Rn. 4; *Zöller/Stöber*, § 737 Rn. 3.

§ 737 Zwangsvollstreckung bei Vermögens- oder Erbschaftsnießbrauch

(1) Bei dem Nießbrauch an einem Vermögen ist wegen der vor der Bestellung des Nießbrauchs entstandenen Verbindlichkeiten des Bestellers die Zwangsvollstreckung in die dem Nießbrauch unterliegenden Gegenstände ohne Rücksicht auf den Nießbrauch zulässig, wenn der Besteller zu der Leistung und der Nießbraucher zur Duldung der Zwangsvollstreckung verurteilt ist.

(2) Das gleiche gilt bei dem Nießbrauch an einer Erbschaft für die Nachlassverbindlichkeiten.

Übersicht

		Rdn.			Rdn.
I.	Erforderlichkeit eines zusätzlichen Duldungstitels	1	3.	Nießbrauch an verbrauchbaren Sachen	4
II.	Fälle, in denen kein eigenständiger zusätzlicher Duldungstitel erforderlich ist	2	III.	Keine Vollstreckung in das Privatvermögen des Nießbrauchers	5
			IV.	Rechtsbehelfe	6
1.	Bei Nießbrauch bereits titulierte Verbindlichkeit	3	V.	Nießbrauch an Erbschaft	7
2.	Verbindlichkeit an bestimmter, bereits streitbefangener Sache	3	VI.	Der Nießbrauch in der Abgabenvollstreckung	8

I. Erforderlichkeit eines zusätzlichen Duldungstitels

Hatte der Besteller eines Nießbrauches an seinem gesamten Vermögen (§ 1085 BGB) zum Zeitpunkt der Nießbrauchsbestellung bereits Verbindlichkeiten – wobei es genügt, dass die Nießbrauchsbestellung noch nicht vollkommen abgeschlossen war, als die Forderung endgültig entstand[1] –, so gibt § 1086 Satz 1 BGB den betreffenden Gläubigern einen materiellrechtlichen Anspruch gegen den Nießbraucher auf Duldung der Zwangsvollstreckung in die dem Nießbrauch unterliegenden Gegenstände. Diesen Anspruch muss der Gläubiger sich zusätzlich titulieren lassen, wenn er aus einem Titel gegen den Besteller des Nießbrauchs in diese Gegenstände vollstrecken will. Neben einem Duldungsurteil kommt insoweit als Titel auch eine Bewilligung gem. § 794 Abs. 2 i. V. mit Abs. 1 Nr. 5, § 800, gegebenenfalls in Verbindung mit § 727 in Betracht[2]. Die Duldungspflicht ist beschränkte Leistungspflicht, sodass die Klage des Gläubigers gegen den Nießbraucher Leistungsklage[3], nicht etwa Feststellungs- oder Gestaltungsklage ist. In diesem Rechtsstreit muss der klagende Gläubiger beweisen, dass der Nießbrauch tatsächlich am gesamten Vermögen bestellt ist; äußerlich liegt ja nur eine Vielzahl von Bestellungsakten an einzelnen Gegenständen vor (§ 1085 BGB). Leistungsklage gegen den Schuldner und Duldungsklage gegen den Nießbraucher können in einer gemeinschaftlichen Klage miteinander verbunden werden. Ist für die Leistungsklage gegen den Schuldner der Rechtsweg zu den Arbeitsgerichten gegeben, so hat das Arbeitsgericht über die gleichzeitig erhobene Duldungsklage mit zu entscheiden.

Der Nießbraucher kann nach § 794 Abs. 2 den Titel gegen sich auch in einer notariellen Urkunde (§ 794 Abs. 1 Nr. 5) freiwillig erstellen.

---

1 MüKo-BGB/*Pohlmann*, § 1086 Rn. 2, 3; *Stein/Jonas/Münzberg*, § 737 Rn. 2.
2 BGH, NZM 2014, 526; MüKo-BGB/*Pohlmann*, § 1086 Rn. 7.
3 MüKo-BGB/*Pohlmann*, § 1086 Rn. 7.

II. Fälle, in denen kein eigenständiger zusätzlicher Duldungstitel erforderlich ist

2 Eines eigenständigen, zusätzlichen Duldungstitels bedarf es aber abweichend von der in Rdn. 1 dargestellten Regel **in drei Fällen nicht**:

1. Bei Nießbrauch bereits titulierte Verbindlichkeit

Die Verbindlichkeit des Bestellers bestand nicht nur bei Nießbrauchsbestellung, sie war auch schon rechtskräftig tituliert. Hier greift § 738 ein. Einzelheiten siehe dort.

2. Verbindlichkeit an bestimmter, bereits streitbefangener Sache

3 Die Verbindlichkeit des Bestellers bezieht sich auf eine **bestimmte Sache**. Hierüber war schon ein Rechtsstreit rechtshängig, wenn auch nicht rechtskräftig entschieden, als der Nießbrauch am Vermögen, zu dem auch die streitbefangene Sache zählt, bestellt wurde. Hier greift zunächst § 265 ein. Liegen die Voraussetzungen des § 325 vor, so kann der Gläubiger zu dem gegen den Besteller erwirkten Titel gemäß § 727 vollstreckbare Ausfertigung gegen den Nießbraucher beantragen und die Vollstreckung hinsichtlich der streitbefangenen Sache durchführen, soweit nicht der gute Glauben des Nießbrauchers entgegensteht (§ 325 Abs. 2 und 3).[4] Die Möglichkeit, diesen Weg zu gehen, beseitigt das Rechtsschutzinteresse für eine Duldungsklage.[5]

3. Nießbrauch an verbrauchbaren Sachen

4 Gehören **verbrauchbare Sachen** zu dem mit dem Nießbrauch belasteten Vermögen und ist der Nießbraucher Eigentümer dieser Sachen geworden (vergl. §§ 1067 Abs. 1, 1075 Abs. 2, 1084 BGB), so ist der Vermögensnießbraucher zum Ersatz des Wertes dieser Sachen verpflichtet. Diese Verpflichtung besteht beim Vermögensnießbrauch – im Gegensatz zu § 1067 BGB – nicht nur gegenüber dem Besteller des Nießbrauchs, sondern unmittelbar gegenüber den Gläubigern des Bestellers (§ 1086 Satz 2 BGB), und zwar diesen gegenüber ohne Rücksicht auf die Dauer des Nießbrauchs mit sofortiger Fälligkeit. Aufgrund eines gegen den Besteller erwirkten Titels ist der Gläubiger in der Lage, den Anspruch des Bestellers auf Wertersatz gemäß § 829 zu pfänden und sich zur sofortigen Einziehung überweisen zu lassen.[6] Der Nießbraucher ist insoweit schlicht Drittschuldner[7].

III. Keine Vollstreckung in das Privatvermögen des Nießbrauchers

5 Der Duldungstitel in Verbindung mit dem gegen den Besteller erwirkten Leistungstitel legitimiert nur zur Vollstreckung in die **dem Nießbrauch unterliegenden Gegenstände**, nicht aber in das Privatvermögen des Nießbrauchers im Übrigen[8]. Privatvermögen des Nießbrauchers, d.h. nicht mehr zum Vermögen des Bestellers gehörig, sind auch Früchte, die der Nießbraucher bereits gezogen hat (§§ 100, 99 BGB), sowie als »Gebrauchsvorteile« i.S. § 100 BGB fällige, aber noch nicht eingezogene Miet- und Pachtzinsen, ferner verbrauchbare Sachen (§ 1067 BGB; siehe auch Rdn. 4).

Hat der Gläubiger einen Leistungstitel gegen den Nießbraucher wegen dessen persönlicher Schuld nach § 1088 BGB, so kann er insoweit auch in das Privatvermögen des Nießbrauchers vollstrecken.

---

4 Siehe auch § 727 Rdn. 27; **a. A.** (kein Gutglaubenserwerb möglich): *Stein/Jonas/Münzberg*, § 738 Rn. 2.
5 *Musielak/Lackmann*, § 737 Rn. 3.
6 Heute allgem. Meinung; beispielhaft: *Stein/Jonas/Münzberg*, § 737 Rn. 5; *Wieczorek/Salzmann*, §§ 737, 738 Rn. 7.
7 MüKo-BGB/*Pohlmann*, § 1086 Rn. 6.
8 MüKo-BGB/*Pohlmann*, § 1086 Rn. 5.

IV. Rechtsbehelfe

Die Nichtbeachtung des §737 (Vollstreckung ohne erforderlichen Duldungstitel) kann der Nieß- 6
braucher als Verfahrensfehler mit der Vollstreckungserinnerung (§766) rügen. Darüber hinaus kann er sein materielles Recht, soweit es durch die Vollstreckung tangiert wird (also nicht bei Immobiliarvollstreckung durch Zwangsversteigerung[9]), mit der Drittwiderspruchsklage (§771) geltend machen. Hier kann ihm der Vollstreckungsgläubiger allerdings gegebenenfalls den materiell-rechtlichen Einwand des §1086 BGB entgegenhalten. Solange der Nießbraucher neben der Klage auch die Erinnerung betreibt, wird der Gläubiger aber nicht umhinkommen, den Duldungstitel zu erwirken.

V. Nießbrauch an Erbschaft

Ist der Nießbrauch an einer Erbschaft bestellt, so gilt hinsichtlich der Vollstreckung titulierter 7
Nachlassverbindlichkeiten das vorstehend Ausgeführte entsprechend.

VI. Der Nießbrauch in der Abgabenvollstreckung

Für die Vollstreckung von Bescheiden der Finanzbehörden gilt gem. §264 AO 1977 §737 ent- 8
sprechend. An die Stelle des zivilprozessrechtlichen Duldungstitels tritt der Duldungsbescheid gem. §191 Abs. 1 AO. Der Duldungsbescheid beseitigt das Widerspruchsrecht aus §262 AO.[10]

---

9 Siehe: Vor §§737, 738 Rdn. 4.
10 Einzelheiten: *Pahlke/Koenig/Fritsch*, Abgabenordnung, §264 AO Rn. 5.

§ 738 Vollstreckbare Ausfertigung gegen Nießbraucher

(1) Ist die Bestellung des Nießbrauchs an einem Vermögen nach der rechtskräftigen Feststellung einer Schuld des Bestellers erfolgt, so sind auf die Erteilung einer in Ansehung der dem Nießbrauch unterliegenden Gegenstände vollstreckbaren Ausfertigung des Urteils gegen den Nießbraucher die Vorschriften der §§ 727, 730 bis 732 entsprechend anzuwenden.

(2) Das gleiche gilt bei dem Nießbrauch an einer Erbschaft für die Erteilung einer vollstreckbaren Ausfertigung des gegen den Erblasser ergangenen Urteils.

Übersicht	Rdn.		Rdn.
I. Titelerstreckende Klausel gegen den Nießbraucher analog § 727	1	III. Verfahren bei Klauselerteilung	3
		IV. Nießbrauch an Erbschaft	4
II. Unmittelbare Anwendung des § 727 ...	2	V. Gebühren	5

I. Titelerstreckende Klausel gegen den Nießbraucher analog § 727

1   Ist die Nießbrauchsbestellung am gesamten Vermögen des Schuldners erst nach rechtskräftiger Feststellung seiner Schuld (bei den Titeln nach § 794 Abs. 1 tritt an die Stelle der Rechtskraft der Zeitpunkt der Entstehung des Titels[1]) erfolgt, bedarf der Gläubiger zur Vollstreckung in die dem Nießbrauch unterliegenden Gegenstände keines eigenen selbstständigen Duldungstitels gegen den Nießbraucher, sondern nur einer den rechtskräftigen Titel des Gläubigers gegen den Schuldner nunmehr gegen den Nießbraucher umschreibenden Vollstreckungsklausel. Hierfür ist die entsprechende Anwendung der §§ 727, 730–732 angeordnet.

II. Unmittelbare Anwendung des § 727

2   Lautete der Titel auf Herausgabe einer konkreten Sache und erstreckt sich der später bestellte Nießbrauch auch auf diese Sache, so bedarf es nicht der entsprechenden Anwendung des § 727, da der Nießbraucher insoweit Rechtsnachfolger des Bestellers i. S. § 325 ist, sodass § 727 unmittelbar anwendbar ist.[2]

III. Verfahren bei Klauselerteilung

3   Zuständig zur Klauselerteilung ist der Rechtspfleger (§ 20 Nr. 12 RPflG). Soweit die entsprechenden Tatsachen nicht offenkundig sind[3], hat der Gläubiger durch öffentliche oder öffentlich beglaubigte Urkunden die Nießbrauchsbestellung am Vermögen, ihren Zeitpunkt sowie den Zeitpunkt der Rechtskraft des Titels gegen den Schuldner nachzuweisen. Die über die Nießbrauchsbestellung errichtete notarielle Urkunde (§ 311 BGB) kann der Gläubiger über § 792 erlangen.[4] Ist bei der Belastung nur einzelner Gegenstände fraglich, ob sie in Wahrheit das gesamte Vermögen ausmachen oder nicht, muss der Gläubiger notfalls nach § 731 klagen.

---

1 Vergl. § 729 Rdn. 5.
2 Siehe auch § 737 Rdn. 3.
3 Siehe § 726 Rdn. 10, 11 sowie § 727 Rdn. 35. Auch hier genügt Schweigen des Schuldners im Rahmen seiner Anhörung zu den Behauptungen des Gläubigers nicht, um die behaupteten Tatsachen als offenkundig zu behandeln: OLG Zweibrücken, OLGReport 2005, 596.
4 Zum Nachweis, dass ein Nießbrauch aufgrund eines Vermächtnisses erlangt wurde, reicht die Vorlage des das Vermächtnis anordnenden notariellen Testaments nicht aus, da das Vermächtnis zunächst nur einen schuldrechtlichen Anspruch auf Bestellung des Nießbrauch begründet: OLG Zweibrücken, OLGReport 2005, 596.

IV. Nießbrauch an Erbschaft

Ist der Nießbrauch an einer Erbschaft bestellt, so gelten die vorstehenden Ausführungen entsprechend für die Erteilung einer vollstreckbaren Ausfertigung des gegen den Erblasser vorliegenden Titels (Abs. 2).

V. Gebühren

Gebühren: Wie § 727 Rdn. 40.

Vor §§ 739–745 Zwangsvollstreckung gegen Ehegatten und gegen Partner eingetragener gleichgeschlechtlicher Gemeinschaften

Übersicht

	Rdn.		Rdn.
I. Notwendigkeit besonderer Regelungen .	1	II. Anwendung auf eingetragene gleichgeschlechtliche Partnerschaften	4
1. Schwierigkeiten im Hinblick auf § 809 . .	1		
2. Keine Beschränkung der Zwangsvollstreckung durch § 1365 BGB	2	III. Keine Anwendung auf nichteheliche Lebensgemeinschaften	5
3. Besondere Probleme im Fall der Gütergemeinschaft	3	IV. Entsprechende Anwendung in der Abgabenvollstreckung	6

Literatur:

App, Zwangsvollstreckung bei in ehelicher Gütergemeinschaft lebenden Schuldnern, JurBüro 2000, 570; *J. Braun*, Gleichgeschlechtliche Partnerschaft und Ehe, ZRP 2001, 14; *Brosius-Gersdorf*, Gleichstellung von Ehe und Lebenspartnerschaft, FamFR 2013, 169; *Brox*, Zur Frage der Verfassungswidrigkeit der §§ 1362 BGB, 739 ZPO, FamRZ 1981, 1125; *Christmann*, Die Gütertrennung bei der Zwangsvollstreckung gegen Ehegatten, DGVZ 1986, 106; *Erchinger*, Probleme bei der Zwangsvollstreckung gegen die Partner einer eheähnlichen Gemeinschaft, Diss., Tübingen 1987; *Ernst*, Mobiliar- und Räumungsvollstreckung gegen den Partner einer nichtehelichen Lebensgemeinschaft, JurBüro 2004, 407; *Finger*, Bundesverfassungsgericht, Grundgesetz und Zivilprozess, speziell: Zwangsvollstreckung, ZZP 1982, 467 ff.; *Gerhardt*, Die Ehe unter besonderem Schutz der staatlichen Ordnung bei Zwangsvollstreckungen und Insolvenzverfahren?, GS A. Lüderitz, 2000, S. 189; *Grziwotz*, Nichteheliche Lebensgemeinschaft, 5. Aufl. 2014; *Hofmann*, Eigentumsvermutung und Gewahrsamsfiktion bei »Ehe ohne Trauschein«?, ZRP 1990, 409; *Kilian*, Probleme der Vollstreckung gegen Ehegatten; §§ 1362 BGB, 739 ZPO, JurBüro 1996, 67; *Knoll*, Die Herausgabevollstreckung beweglicher Sachen bei Ehegatten, Partnern einer nichtehelichen Lebensgemeinschaft und Mitgliedern einer Wohngemeinschaft, Diss. Münster 1999; *Löhnig/Würdinger*, Eigentums- und Gewahrsamsvermutung bei nichtehelichen Lebensgemeinschaften, FamRZ 2007, 1856; *Michael*, Lebenspartnerschaften unter dem besonderen Schutze einer (über-)staatlichen Ordnung – Legitimation und Grenzen eines Grundrechtswandels kraft europäischer Integration, NJW 2010, 3537; *Reinicke*, Zwangsvollstreckung gegen Ehegatten, DB 1965, 961 und 1001; *Schuschke*, Besitzrechtliche Fragen anlässlich der Zwangsvollstreckung in der Familienwohnung, FS Samwer, 2008, S. 303; *Thran*, Die analoge Anwendung der §§ 1362 BGB, 739 ZPO auf nichteheliche Lebensgemeinschaften, NJW 1995, 1458; *Tiedtke*, Gesamthand- und Gesamtschuldklage im Güterstand der Gütergemeinschaft, FamRZ 1975, 538; *Wolf*, Zur Verfassungsgemäßheit der §§ 739 ZPO, 1362 BGB nach der Entscheidung des BVerfG zur »Schlüsselgewalt«, FuR 1990, 216.

I. Notwendigkeit besonderer Regelungen

1. Schwierigkeiten im Hinblick auf § 809

1 Unabhängig vom Güterstand, in dem die **Eheleute** leben, führt das Zusammenleben in ehelicher Lebensgemeinschaft in der Regel zu für die Außenstehenden unklaren Besitzverhältnissen. Die Fragen, welche Gegenstände beide Ehegatten bzw. gleichrangig gemeinsam besitzen, welche jeder ausschließlich allein besitzt, inwieweit ein Ehegatte trotz äußeren Besitzanscheins nur als Besitzdiener zu behandeln ist, können in der Kürze der Zeit, in der etwa das Vollstreckungsorgan sich in einer Wohnung aufhalten kann, kaum abschließend geklärt werden. Der Gerichtsvollzieher muss im Hinblick auf §§ 808, 809 auf kaum überwindbare Schwierigkeiten stoßen. Das regelmäßige Zusammenleben in der Ehewohnung unabhängig davon, ob nur ein Ehegatte oder ob beide Mieter oder Eigentümer der Wohnung sind, muss zudem zu Problemen im Hinblick auf Art. 13 Abs. 1 und 2 GG in Verbindung mit §§ 758, 758a führen. Eine wenn auch unvollkommene Antwort auf die sich aus den unklaren Besitzverhältnissen ergebenden Probleme gibt § 739.

2. Keine Beschränkung der Zwangsvollstreckung durch § 1365 BGB

2 § 1365 BGB beschränkt die Möglichkeit der Zwangsvollstreckung gegen Ehegatten nicht. Maßnahmen der Zwangsvollstreckung in einen wesentlichen Vermögensteil eines Ehegatten bedürfen

daher nicht der Zustimmung des anderen Ehegatten.¹ Auch aus Art. 6 GG ist eine Anwendung des § 1365 BGB im Zwangsvollstreckungsverfahren gegen Ehegatten als Schuldner nicht geboten, da insoweit kein Vorrang des Art. 6 GG vor Art. 14 GG, der auf Gläubigerseite zu beachten ist, festgestellt werden kann.²

3. Besondere Probleme im Fall der Gütergemeinschaft

Weitere Schwierigkeiten bei der Zwangsvollstreckung gegen **Eheleute** ergeben sich aus dem ehelichen Güterrecht beim Güterstand der Gütergemeinschaft (§§ 1415–1518 BGB), wenn nur einer der Ehegatten der ursprüngliche Schuldner ist. Hier bedarf es wie in den übrigen Fällen, in denen mehrere an einem Vermögen beteiligt sind, der Klärung, wie der Titel beschaffen sein muss, der den Zugriff auf dieses Vermögen gestattet. Darüber hinaus bedürfen die Fälle der Regelung, in denen die gemeinsame Berechtigung erst nach Erlangung des Titels gegen einen Ehegatten begründet wurde oder wieder in Wegfall kam, nachdem ein zuvor ausreichender Titel gegen nur einen Ehegatten erstritten worden war. Eine Antwort auf diese Fragen unter Berücksichtigung der materiellrechtlichen Regelungen der §§ 1415 ff. BGB geben die §§ 740–745, 860. 3

II. Anwendung auf eingetragene gleichgeschlechtliche Partnerschaften

Die Vermutung des § 739 Abs. 1 gilt kraft ausdrücklicher gesetzlicher Anordnung in § 739 Abs. 2 auch für die Zwangsvollstreckung gegen Partner einer **eingetragenen gleichgeschlechtlichen Lebensgemeinschaft**. Der Gesetzgeber geht insoweit zu Recht davon aus, dass im Rahmen der Zwangsvollstreckung gegen Mitglieder einer solchen Partnerschaft die nämlichen Probleme auftreten, wie sie oben unter I.1. dargestellt wurden. 4

III. Keine Anwendung auf nichteheliche Lebensgemeinschaften

Die in den §§ 739–745, 860 enthaltenen Regelungen können bei der Zwangsvollstreckung gegen Personen, die in **nichtehelicher heterosexueller oder in nicht eingetragener gleichgeschlechtlicher Lebensgemeinschaft** miteinander leben, keine entsprechende Anwendung finden, und zwar weder zugunsten noch zulasten der Partner als Schuldner.³ Dies folgt zwingend aus der von den Partnern ja auch bewusst gewollten Nichtanwendbarkeit des materiellen Eherechts und ehelichen Güterrechts sowie des Rechts der eingetragenen Lebenspartnerschaften auf derartige Gemeinschaften. Die vollstreckungsrechtlichen Regelungen basieren untrennbar auf den Vorgaben aus dem materiellen Recht. Bei anderen materiellrechtlichen Vorgaben im Hinblick auf die Beziehungen der Partner, etwa der Annahme einer BGB-Gesellschaft oder einer schlichten Gemeinschaft in Bezug auf einzelne Gegenstände, sind auch andere vollstreckungsrechtliche Konsequenzen (etwa §§ 736, 857, 859) geboten. Die Analogieunfähigkeit der §§ 1362 BGB, 8 Abs. 1 LPartG, 739 ergibt sich im Übrigen auch schon daraus, dass es zu allen Zeiten gesellschaftlich durchaus begrüßte »Wohn- oder Lebensgemeinschaften« gab, die dem Gesetzgeber bekannt waren und bei denen die Besitz- 5

---

1 BGH, FamRZ 2006, 410 und 856; *Palandt/Brudermüller*, § 1365 BGB Rn. 8.
2 BGH, FamRZ 2006, 856.
3 Wohl noch überwiegende Auffassung; vergl. BGH, NJW 2007, 992 mit zustimmender Anm. *Metz*, NJW 2007, 995; OLG Köln, FamRZ 1990, 632; LG Frankfurt, NJW 1986, 729; AG Gütersloh, DGVZ 1979, 94; *Baur/Stürner/Bruns*, Rn. 19.9; *Baumbach/Lauterbach/Hartmann*, § 739 Rn. 3; *Brox/Walker*, Rn. 241; *Hofmann*, ZRP 1990, 409; Kindl/Meller-Hannich/Wolf/*Giers*, § 739 Rn. 15; MüKo-BGB/*Weber-Monecke*, § 1362 Rn. 10; *Musielak/Lackmann*, § 739 Rn. 4; *Saenger/Kindl*, § 739 Rn. 2; *Schuschke*, FS Samwer 2008, S. 303, 306 f; Staudinger/*Voppel*, § 1362 BGB Rn. 33; Stein/Jonas/*Münzberg*, § 739 Rn. 11; *Thomas/Putzo/Seiler*, § 739 ZPO Rn. 7; Zöller/*Stöber*, § 739 Rn. 5. A. A. (also für die analoge Anwendung der §§ 1362 BGB, 739 ZPO auf nichteheliche Lebensgemeinschaften) allerdings: *Burhoff*, FPR 2001, 1820; *Bosch*, FamRZ 1986, 876; *Grziwotz*, Nichteheliche Lebensgemeinschaft, § 21; *Löhnig/Würdinger*, FamRZ 2007, 1856; MüKo/*Heßler*, § 739 Rn. 19; *Pawlowski*, DGVZ 1988, 97; *Thran*, NJW 1995, 1458; *Palandt/Brudermüller*, Einl. v. 1297 BGB Rn. 28 und § 1362 BGB Rn. 1.

verhältnisse in ähnlicher Weise schwierig zu klären waren wie unter Eheleuten oder Partnern einer eingetragenen Lebenspartnerschaft. Man denke an im elterlichen Haushalt lebende erwachsene Kinder und bei den Kindern und Enkeln im Vielgenerationenhaushalt lebende Großeltern, an das in die häusliche Gemeinschaft aufgenommene Dienstpersonal, an sog. Gemeinschaftsunterkünfte von Arbeitnehmern, an Wohnheime mit Mehrbettzimmern u. ä. Hier hat der Gesetzgeber nie wegen der »schwierigen« Besitzverhältnisse Gewahrsamsvermutungen für die Vollstreckung aufstellen wollen. Gerade nur auf solche Zusammenlebenden die Vorschriften analog anwenden zu wollen, die in einer »eheähnlichen« Gemeinschaft leben, liefe auf eine Bestrafung der Partner dafür, dass sie nicht bürgerlich geheiratet haben bzw. ihre Partnerschaft nicht haben eintragen lassen, hinaus. Abgesehen davon, dass die Vollstreckungsorgane oft den Charakter einer Wohngemeinschaft (eheähnlich oder nicht) gar nicht zuverlässig klären könnten, wäre eine solche Ungleichbehandlung gegenüber anderen Gemeinschaften sicher verfassungswidrig. In jedem Fall war die Problematik dem Gesetzgeber spätestens 2001 bekannt, als er § 739 ZPO nur zulasten der eingetragenen Partnerschaften änderte, eine Einbeziehung weiterer Partnerschaften aber ablehnte. Seitdem kann von einer unbewussten Lücke im Gesetz, die es durch Analogie zu schließen gelte, in keinem Falle mehr gesprochen werden.[4]

IV. Entsprechende Anwendung in der Abgabenvollstreckung

6 Für die Vollstreckung von Bescheiden der Finanzbehörden gelten gem. § 263 AO 1977 die §§ 739, 740, 741, 743, 745 entsprechend.

---

4 Zu den Grenzen der Lückenschließung durch Analogie: *Schuschke*/Kessen/Höltje, Zivilrechtliche Arbeitstechnik, Rn. 188.

§ 739 Gewahrsamsvermutung bei Zwangsvollstreckung gegen Ehegatten und Lebenspartner

(1) Wird zu Gunsten der Gläubiger eines Ehemannes oder der Gläubiger einer Ehefrau gemäß § 1362 des Bürgerlichen Gesetzbuchs vermutet, dass der Schuldner Eigentümer beweglicher Sachen ist, so gilt, unbeschadet der Rechte Dritter, für die Durchführung der Zwangsvollstreckung nur der Schuldner als Gewahrsamsinhaber und Besitzer.

(2) Absatz 1 gilt entsprechend für die Vermutung des § 8 Abs. 1 des Lebenspartnerschaftsgesetzes zu Gunsten des Gläubigers eines der Lebenspartner.

Übersicht

	Rdn.
I. Verfassungsgemäßheit der Norm	
1. Abs. 1	1
2. Abs. 2	2
II. Zum Geltungsbereich der Norm	3
1. Güterstand	3
2. Vollstreckung in bewegliche Sachen	4
3. Keine Anwendung bei nichtehelichen, nicht eingetragenen Lebensgemeinschaften	5
4. Keine Anwendung	6
a) Getrenntleben der Ehegatten bzw. Lebenspartner	7
b) Im Hinblick auf Gegenstände, die zum persönlichen Gebrauch des anderen Ehegatten/Lebenspartners bestimmt sind	8
c) In den Räumen des Gewerbebetriebs des anderen Ehegatten/Partners	9
III. Wirkungen im Vollstreckungsablauf	10
1. Reichweite der Vermutung	10
2. Widerlegung der Vermutung	11
3. Verhältnis zu § 811	12
4. Gleichzeitige Vollstreckung gegen beide Ehegatten/Partner	13
IV. Rechtsbehelfe	14
1. Regelmäßig keine Erinnerung gem. § 766	14
2. Keine Widerlegung der Vermutung im Vollstreckungsverfahren im Wettstreit der Gläubiger	15
3. Drittwiderspruchsklage gem. § 771	16
a) Beweislastverteilung	16
b) Ehelicher Mitbesitz kein die Veräußerung hinderndes Recht	17
c) Arglisteinwand	18
d) Einwand aus §§ 1365, 1369 BGB	19
e) Spätere Besitzverschiebungen unter den Partnern	20

I. Verfassungsgemäßheit der Norm

1. Abs. 1

Der vielfach geäußerten Ansicht, **Abs. 1** der Norm sei im Hinblick auf Art. 6 Abs. 1 GG verfassungswidrig[1], weil er Ehepaare gegenüber nichtehelichen Lebensgemeinschaften benachteilige[2], kann nicht zugestimmt werden.[3] §§ 1362 BGB, 739 Abs. 1 ZPO sind nur ein Glied in einem System von Normen, die das Verhältnis der Ehegatten zueinander und ihre Beziehungen zu Dritten im Rechtsverkehr regeln. Hierunter befinden sich Regelungen, die Ehegatten weitergehend schützen als unverheiratet Zusammenlebende und solche, die Ehegatten, um ihre Teilhabe am Rechtsverkehr des täglichen Lebens – auch im Interesse ihrer Gläubiger – zu erleichtern, letztlich benachteiligen (vergl. etwa einerseits §§ 1365, 1369 BGB, andererseits §§ 1357 Abs. 1, 1362 BGB). Das Gesamtsystem ist aber durchaus geeignet, die besondere Bevorzugung der Ehe gegenüber anderen Lebens-

1

---

[1] So *Brox*, FamRZ 1981, 1127; *Brox/Walker*, Rn. 241; *Wolf*, FuR 1990, 216; *Pawlowski*, DGVZ 1988, 47. Kindl/Meller-Hannich/Wolf/*Giers*, § 739 Rn. 2 hält die Verfassungsgemäßheit der Norm jedenfalls für fraglich.

[2] Siehe hierzu: Vor §§ 739–745 Rdn. 3.

[3] Im Ergebnis wie hier: BVerfG 1991, 2695; OLG Köln, FamRZ 1990, 624; MüKo-BGB/*Weber-Monecke*, § 1362 Rn. 10; MüKo/*Heßler*, § 739 Rn. 21; *Münzberg*, DGVZ 1988, 90; Palandt/*Brudermüller*, § 1362 BGB Rn. 1; Saenger/*Kindl*, § 739 Rn. 2; Staudinger/*Voppel*, § 1362 BGB Rn. 33; offen gelassen: BGH, NJW 2007, 992.

gemeinschaften durch die Rechtsordnung zu verdeutlichen.[4] So stehen z. B. der Einschränkung des § 809 durch § 739 erweiterte Verteidigungsmöglichkeiten des Ehegatten, auf die nichteheliche Lebenspartner sich nicht berufen können, gegenüber, etwa nach §§ 811 Nr. 1 und 5 mit § 766 oder nach §§ 1365, 1369 BGB mit § 771. Selbst, wenn man das System nicht als vollkommen ausgewogen zugunsten der Ehegatten und Lebenspartner ansieht, ist die in § 739 erfolgte Differenzierung jedenfalls nicht willkürlich. Schließlich darf nicht übersehen werden, dass die durch § 739 gewährte Erleichterung des ersten (durch Rechtsbehelfe ja wieder revidierbaren) Zugriffs des Vollstreckungsgläubigers auch Erleichterungen für die Ehegatten mit sich bringt: Die Gläubiger werden nicht immer sofort bei der Begründung des Schuldverhältnisses auf die Mithaftung des anderen Ehegatten drängen, da er in der Vollstreckung die Mithaftung noch ganz formlos durch den Verzicht auf die Einlegung von Rechtsbehelfen übernehmen kann.

2. Abs. 2

2 Die gegen **Abs. 2** früher unter verfassungsrechtlichen Aspekten geäußerten Bedenken, ob die eingetragene Lebenspartnerschaft in der derzeitigen Form, die durch eine starke Anlehnung an das Eherecht des BGB gekennzeichnet ist, mit Art. 6 GG im Einklang steht oder nicht,[5] sind durch die Entwicklung der Verfassungswirklichkeit überholt. Das in der Sache berechtigte Anliegen, der gesellschaftlichen Diskriminierung gleichgeschlechtlicher Partnerschaften entgegenzusteuern, hätte die weitestgehende Anlehnung an das Eherecht und den dadurch hervorgerufenen Eindruck, es handele sich bei derartigen Partnerschaften um »Ehen besonderer Art«, sicher nicht zwingend erfordert. Der Gesetzgeber hatte hier einen großen Gestaltungsspielraum[6], den er auch erheblich selbstständiger als durch »Abkupfern« des Eherechts[7] hätte nutzen können. Zwischenzeitlich haben der Gesetzgeber und insbesondere das Bundesverfassungsgericht[8] aber die Lebenspartnerschaft schrittweise der »klassischen« Ehe weitgehend angenähert. Eine Korrektur dieser Entwicklung erscheint ausgeschlossen.

II. Zum Geltungsbereich der Norm

1. Güterstand

3 **Abs. 1** gilt uneingeschränkt, wenn die Eheleute im Güterstand der Zugewinngemeinschaft (§ 1363 BGB) oder in Gütertrennung (§ 1414 BGB) leben.[9] Leben sie dagegen im Güterstand der Gütergemeinschaft (§§ 1415, 1416 BGB), so gilt § 739 nur für die Vollstreckung in Sondergut (§ 1417 BGB)[10] und in Vorbehaltsgut (§ 1418 BGB), während für die Vollstreckung in das Gesamtgut die §§ 740–745 abschließende Sonderregelungen enthalten.

Für eingetragene Lebenspartner gilt **Abs. 2** sowohl, wenn sie in Ausgleichsgemeinschaft leben (§ 6 LPartG) als auch, wenn sie durch Lebenspartnerschaftsvertrag eine andere vermögensrechtliche Regelung (§ 7 LPartG) getroffen haben, da im Hinblick auf derartige Partnerschaften §§ 740–745

---

4 Kritisch insoweit allerdings *Gerhardt*, GS A. Lüderitz, 2000, S. 189.
5 Aus unterschiedlichen Gründen kritisch zu den Grundgedanken der Regelung: *J. Braun*, ZRP 2001, 14; *Maunz/Dürig/Badura*, Art. 6 Abs. 1 GG Rn. 56, 58, 58a–58f; *Sachs*, JR 2001, 45; *Scholz/Uhle*, NJW 2001, 393; *Kaiser*, JZ 2001, 617. Das BVerfG, BVerfGE 104, 51 und BVerfGE 105, 313 hat diese Bedenken von Anfang an nicht geteilt.
6 So schon OLG Köln, NJW 1993, 1997. Ausführlich und überzeugend insoweit das von der Mehrheitsmeinung abweichende Votum der Bundesverfassungsrichterin *Kessal-Wulf* und des Bundesverfassungsrichters *Landau*, NJW 2013, 2264 zur Entscheidung des BVerfG, NJW 2013, 2257.
7 Die unnötig starke Anlehnung an das Eherecht rügen auch *Finger*, MDR 2001, 199; *Kaiser*, 2001, 617; *Maunz/Dürig/Badura*, Art. 6 Abs. 1 GG Rn. 58 f.
8 BVerfG, FamRZ 2009, 1977; BVerfG, FamRZ 2012, 1472; BVerfG, NJW 2013, 2257.
9 AG Siegen, DGVZ 1977, 11; OLG Bamberg, DGVZ 1978, 9; OLG Düsseldorf, DGVZ 1981, 114.
10 Sondergut ist in der Regel allerdings sowieso unpfändbar (§§ 1417 Abs. 2 BGB, 851 Abs. 1, 857 Abs. 3 ZPO).

nicht zur Anwendung kommen, also keine verfahrensrechtlichen Sonderregelungen für bestimmte Güterstände gelten.

Als Vorschrift des Verfahrensrechts gilt § 739 auch für die Zwangsvollstreckung im Inland in das Vermögen ausländischer, in der Bundesrepublik lebender Ehegatten oder der Partner einer hier oder in ihrem Heimatland eingetragenen Lebenspartnerschaft, wenn deren die Ehewirkungen oder die Wirkungen einer eingetragenen Partnerschaft regelndes materielles Heimatrecht keine den §§ 1362 BGB, 8 LPartG entsprechende Vorschrift kennt.[11] §§ 1362 BGB, 8 LPartG sind insoweit als den § 739 ergänzende Verfahrensnormen zu lesen.

2. Vollstreckung in bewegliche Sachen

Wie schon der Wortlaut klarstellt, gilt die Norm nur, soweit **bewegliche Sachen** das Objekt der Zwangsvollstreckung sind, also zum einen für die Vollstreckung von Geldforderungen in bewegliche Sachen (§§ 808 ff.) sowie in Herausgabeansprüche, die auf die Besitzerlangung an beweglichen Sachen gerichtet sind (§ 846, 847)[12], zum anderen für die Vollstreckung von Herausgabeansprüchen gerichtet auf bewegliche Sachen (§ 883), ferner für die Vollstreckung in Forderungen und andere Vermögensrechte, soweit diese ausnahmsweise in bewegliche Sachen vollzogen wird (§ 831 ZPO) oder soweit in ihrem Rahmen bewegliche Sachen im Wege der Hilfspfändung beschlagnahmt werden (§§ 830 Abs. 1 Satz 2, 836 Abs. 3 Satz 2).

4

Für die Forderungspfändung im engeren Sinne gilt § 739 dagegen ebenso wenig wie für die Zwangsvollstreckung in das unbewegliche Vermögen, und zwar auch, soweit diese in bewegliche Sachen, nämlich Zubehörstücke (vergl. § 865 Abs. 2), erfolgt.[13] Erst recht spielt § 739 keine Rolle bei den Vollstreckungsarten, bei denen die unklaren Besitzverhältnisse unter Eheleuten/Lebenspartnern ohne Bedeutung sind, also §§ 887, 888, 890, 900.

3. Keine Anwendung bei nichtehelichen, nicht eingetragenen Lebensgemeinschaften

Schließlich muss zugunsten des Gläubigers desjenigen Ehegatten/Lebenspartners, der als Vollstreckungsschuldner in Anspruch genommen wird, eine der Eigentumsvermutungen der §§ 1362 BGB, 8 LPartG eingreifen. Das setzt den Bestand der Ehe/Lebenspartnerschaft zum Zeitpunkt der Vollstreckungsmaßnahme voraus. Ist sie zu diesem Zeitpunkt für nichtig erklärt oder geschieden bzw. aufgehoben (§§ 15 ff. LPartG), obwohl die früheren Eheleute/Lebenspartner noch (oder wieder) zusammenleben, gilt die Vermutung nicht. Sie ist auf nichteheliche (auch nacheheliche) nicht eingetragene Lebensgemeinschaften nicht entsprechend anwendbar.[14] Der Gegenstand, der Objekt der Vollstreckung sein soll, muss sich im Besitz eines Ehegatten/Lebenspartners oder beider Ehegatten/Lebenspartner befinden. Befindet er sich in der Familienwohnung (gemeinsamen Wohnung) des Schuldners, aber im Gewahrsam eines in die häusliche Gemeinschaft aufgenommenen Dritten (erwachsene Kinder, Großeltern usw.), greift die Vermutung der §§ 1362 BGB, 8 LPartG nicht. Damit bleibt dieser Besitz auch vollstreckungsrechtlich in vollem Umfange beachtlich (§ 809). An die Stelle des Besitzes eines Ehegatten/Lebenspartners i. S. §§ 1362 Abs. 1 BGB, 8 LPartG tritt, wenn über dessen Vermögen das Insolvenzverfahren eröffnet ist, der Besitz des Insolvenzverwalters, solange die Gegenstände im ehelichen bzw. gemeinsamen Heim verblieben sind.[15] Insoweit greift dann auch § 739. Die Zwangsvollstreckung eines Gläubigers des nicht im Insolvenzverfahren befindlichen Ehegatten/Partners gegen diesen verstößt nicht gegen § 89 InsO.

5

---

11 Kindl/Meller-Hannich/Wolf/*Giers*, § 739 Rn. 16; *Musielak/Lackmann*, § 739 Rn. 2; *Stein/Jonas/Münzberg*, § 739 Rn. 12.
12 BGH NJW 1993, 935.
13 OLG Bamberg, FamRZ 1962, 391; LG Coburg, FamRZ 1962, 387.
14 Vor §§ 739–745 Rdn. 4; siehe insbesondere BGH, NJW 2007, 992.
15 LG Frankenthal, MDR 1985, 64.

4. Keine Anwendung

6   Die Vermutung der §§ 1362 Abs. 1 Satz 1 BGB, 8 Abs. 1 LPartG greift nicht, wenn die Ehegatten/Lebenspartner getrennt leben und sich die Sachen im Besitze des Ehegatten/Lebenspartners befinden, der nicht Schuldner ist, ferner, wenn es sich um Sachen handelt, die ausschließlich zum persönlichen Gebrauch eines Ehegatten/Lebenspartners bestimmt sind und dieser Ehegatte/Lebenspartner wiederum nicht Schuldner ist (§§ 1362 Abs. 1 Satz 2 und Abs. 2 BGB, 8 Abs. 1 Satz 2 LPartG).

a) Getrenntleben der Ehegatten bzw. Lebenspartner

7   Bei der Frage, ob Eheleute/Lebenspartner getrennt leben, ist in der Regel lediglich auf die räumliche Trennung abzustellen, nicht aber auf subjektive Momente[16], soweit sie nicht für jedermann ohne weitere Nachforschung erkennbar sind und trotz äußerer Trennung der Ehepartner/Lebenspartner den Fortbestand der häuslichen Gemeinschaft nahe legen (längerer Krankenhaus- oder Kuraufenthalt; Gefängnisaufenthalt;[17] lang dauernde Geschäfts-, Dienst- oder Forschungsreise o. ä.).[18] Ein Indiz für den Fortbestand der häuslichen Gemeinschaft ist es, wenn der Ehegatte/Lebenspartner für die eheliche (gemeinsame) Wohnung beim Einwohnermeldeamt gemeldet geblieben ist.[19] Dieses kann der andere Ehegatte/Lebenspartner aber dem Vollstreckungsorgan gegenüber mit anderen Indizien durchaus widerlegen.[20] Letztlich entscheidend ist der äußere Eindruck, den das Vollstreckungsorgan beim Besuch der Wohnung gewinnt. Ein Getrenntleben i. S. §§ 1362 BGB 8, 12 LPartG kann im Einzelfall auch innerhalb der ehelichen/gemeinsamen Wohnung erfolgen; dann dürfen aber keine Räume gemeinsam benutzt werden, da dies gerade die unklaren Besitzverhältnisse begründet, über die durch die Vermutung des Gesetzes hinweggeholfen werden soll.

b) Im Hinblick auf Gegenstände, die zum persönlichen Gebrauch des anderen Ehegatten/Lebenspartners bestimmt sind

8   Ausschließlich zum persönlichen Gebrauch bestimmt müssen die Gegenstände, für die Abs. 2 eine von Abs. 1 **abweichende Vermutung** aufstellt, **ihrer Natur nach** sein, nicht nur nach der Abrede der Ehegatten/Lebenspartner. Die Briefmarken- oder Gemäldesammlung etwa ist auch dann nicht zum persönlichen Gebrauch nur eines Ehegatten/Lebenspartners bestimmt, wenn der andere sie nach einer Abrede der Partner nicht anfassen darf. Kleider, Schmuck[21], soweit es sich nicht um eine erkennbar nicht für den Gebrauch bestimmte Kapitalanlage[22] oder um neutrale Schmuckstücke (Goldketten o. ä.) handelt, typisches Arbeitsgerät, wie etwa die Geige des Orchestermusikers, Hilfsmittel für einen Kranken, eindeutig zuzuordnendes Sportgerät lassen sich vielfach ohne weiteres prima facie einem Ehegatten oder einem der Lebenspartner zuschreiben. Der äußere Eindruck und das Allgemeintypische sind deshalb allein maßgeblich, da das Vollstreckungsorgan Angaben über Abreden, atypische Verhaltensweisen o. ä. nicht überprüfen könnte.

c) In den Räumen des Gewerbebetriebs des anderen Ehegatten/Partners

9   Die Vermutung der § 1362 Abs. 1 BGB, 8 Abs. 1 LPartG gilt nach dem Sinn der Normen – unabhängig davon, ob man insoweit § 1362 Abs. 2 BGB entsprechend anwenden will[23] – auch nicht für Gegenstände, die zu einem von dem nicht schuldenden Ehegatten/Lebenspartner selbständig und

---

16 OLG Köln, FamRZ 1965, 510; LG Berlin, DGVZ 1973, 89.
17 OLG Düsseldorf, OLGR 1994, 208; LG Berlin, DGVZ 1991, 57;.
18 LG Münster, DGVZ 1978, 12 ff.
19 A. A. (ohne Weiteres kein Indiz): AG Karlsruhe-Durlach, DGVZ 1997, 77.
20 LG Essen, DGVZ 1972, 185; AG Berlin-Wedding, DGVZ 1998, 127.
21 BGHZ 2, 84.
22 BGHZ 59, 13.
23 So etwa *Müller*, Zwangsvollstreckung gegen Ehegatten, S. 11 f.

erkennbar allein betriebenen Erwerbsgeschäft[24] gehören und sich im alleinigen Gewahrsam dieses Ehegatten/Lebenspartners, deutlich getrennt von der ehelichen/gemeinsamen und der Gewahrsamssphäre des Schuldners, befinden.[25] Ist diese eindeutige Trennung nicht gegeben, etwa wenn Erwerbsgeschäft und Ehewohnung (gemeinsame Wohnung) im gleichen Haus gelegen und beide Ehegatten/Lebenspartner, wenn auch mit erheblich unterschiedlichem Zeiteinsatz im Geschäft tätig sind, verbleibt es dagegen bei der Vermutung der §§ 1362 Abs. 1 Satz 1 BGB, 8 Abs. 1 LPartG.[26] Befinden sich Gegenstände aus dem Erwerbsgeschäft in der Ehewohnung (gemeinsamen Wohnung) selbst, gilt die Vermutung des Abs. 1 nur dann nicht, wenn die oben Rdn. 8 dargelegten Umstände vorliegen.

III. Wirkungen im Vollstreckungsablauf

1. Reichweite der Vermutung

Befinden sich Gegenstände, für die entweder die Vermutung der §§ 1362 Abs. 1 Satz 1 BGB, 8 Abs. 1 Satz 1 LPartG oder umgekehrt die des § 1362 Abs. 2 BGB gilt, zum Zeitpunkt der Vollstreckung im Besitze eines der Ehegatten/Lebenspartner, so wird im Hinblick auf §§ 808, 883 vermutet, dass der Ehegatte/Lebenspartner, der Vollstreckungsschuldner ist, **alleiniger** Gewahrsamsinhaber ist. Die Gläubiger der Ehefrau können also die Briefmarkensammlung des Ehemannes im Safe in der Ehewohnung pfänden lassen, auch wenn sie die Ehefrau selbst nach den Abreden der Eheleute nicht einmal in die Hand nehmen dürfte; die Gläubiger der Ehefrau können in den im Schreibtisch des Ehemannes verwahrten Schmuck der Ehefrau vollstrecken, die Gläubiger des Ehemannes in die wertvolle Krawattennadel, die in der Schmuckschatulle der Ehefrau mitverwahrt wird, die Gläubiger des Lebenspartners, der selbst jeden Schmuck verabscheut, in den Schmuck des anderen Lebenspartners, der ihn allein nutzt, usw., ohne dass der Widerspruch des tatsächlich besitzenden, nicht schuldenden Ehegatten/Lebenspartners nach § 809 beachtlich wäre. Die Vermutung gilt **nur zugunsten** der Vollstreckungsgläubiger, nicht auch zu ihren Lasten. Die Gläubiger des Ehemannes können den in seinem alleinigen Gewahrsam befindlichen Schmuck der Ehefrau nach § 808 pfänden. Ein Widerspruch der Ehefrau nach § 809 (aufgrund angeblich vermuteten Mitbesitzes) wäre vom Vollstreckungsorgan nicht zu beachten, da sie tatsächlich nicht besitzende (mitbesitzende) Dritte wäre.[27]

2. Widerlegung der Vermutung

Die Vermutung des § 739 ist im Vollstreckungsverfahren nicht widerleglich, etwa durch Vorlage eines Gütertrennungsvertrages oder eines entsprechenden Lebenspartnerschaftsvertrages, in dem die einzelnen Gegenstände als Eigentum des nicht schuldenden Ehegatten/Lebenspartners ausdrücklich aufgeführt sind.[28] Gleiches gilt für die Vorlage des Kfz-Briefes für einen von beiden Ehegatten genutzten PKW[29]. Zum einen kann das Vollstreckungsorgan die Wirksamkeit solcher Vereinbarungen oder Erwerbstatbestände nicht überprüfen (ob z. B. nur ein Scheingeschäft vorliegt); zum anderen sagen derartige Verträge nur etwas über die Eigentumsverhältnisse, nicht aber über

---

24 Kindl/Meller-Hannich/Wolf/*Giers*, § 739 Rn. 7; Saenger/*Kindl*, § 739 Rn. 6.
25 LG Essen, FamRZ 1963, 650; LG Itzehoe, DGVZ 1972, 91; LG Mosbach, MDR 1972, 518.
26 LG Mosbach, MDR 1972, 518.
27 A.A.: *Baur/Stürner/Bruns*, Rn. 19.6; *Palandt/Brudermüller*, § 1362 BGB Rn. 10; wie hier: *Brox/Walker*, Rn. 238; *Stein/Jonas/Münzberg*, § 739 Rn. 21 a.
28 Wie hier: OLG Bamberg, DGVZ 1978, 9; AG Bonn, MDR 1963, 680; OLG Düsseldorf, ZIP 1981, 538; LG Essen, NJW 1962, 2307; OLG Karlsruhe, FamRZ 1970, 174; LG Verden, DGVZ 1981, 79; OLG Celle, InVo 2000, 57; *Brox/Walker*, Rn. 239; *Stein/Jonas/Münzberg*, § 739 Rn. 22; *Zöller/Stöber*, § 739 Rn. 9; **a.A.** (Widerlegung schon gegenüber dem Gerichtsvollzieher möglich): *Baur*, FamRZ 1958, 252; *Baur/Stürner/Bruns*, Rn. 19.4; OLG Stuttgart, FamRZ 1963, 297; LG München, DGVZ 2000, 22 (wenn auch die Widerlegung im konkreten Fall verneinend).
29 LG Oldenburg, DGVZ 2010, 14.

den Gewahrsam. Dieser allein ist für das Vollstreckungsorgan aber bedeutsam und hier will § 739 gerade klare Verhältnisse schaffen. Auf die Nichtbeachtung der Eigentumsverhältnisse kann deshalb auch keine Erinnerung nach § 766 gestützt werden (Einzelheiten unter Rdn. 14). Das Eigentum muss im Streitfall mit § 771 geltend gemacht werden.

3. Verhältnis zu § 811

12 Die Gewahrsamsvermutung des § 739 entheht den Gerichtsvollzieher nicht der Verpflichtung zur Prüfung, ob der zu pfändende Gegenstand etwa aus Gründen, die in der Person des nicht schuldenden Ehegatten/Lebenspartners liegen, gem. § 811 unpfändbar ist. Ist Schuldner z. B. der Ehemann, der in seinem Beruf keinen PKW benötigt, während die Ehefrau als Handelsvertreter zur Berufsausübung auf einen PKW angewiesen ist, so muss § 811 Nr. 5 auch dann, wenn davon ausgegangen wird, der PKW befinde sich allein im Besitz des schuldenden Ehemannes, zugunsten der Ehefrau Berücksichtigung finden.[30] Ähnliches gilt für § 811 Nr. 1, der ebenfalls den Schutz beider Ehegatten/Lebenspartner bezweckt, unabhängig davon, wer von ihnen den Gegenstand tatsächlich oder nach der Vermutung des § 739 in Gewahrsam hat. Andernfalls würde § 739, der nur hinsichtlich der Besitzverhältnisse Klarheit schaffen soll, über diese seine alleinige Funktion hinaus, als Einschränkung des sozialen Schuldnerschutzes Bedeutung gewinnen.

4. Gleichzeitige Vollstreckung gegen beide Ehegatten/Partner

13 § 739 kann gleichzeitig für die Gläubiger des Ehemannes und der Ehefrau bzw. beider Lebenspartner, die etwa beide den gleichen Gerichtsvollzieher mit der Vollstreckung beauftragt haben, zur Anwendung kommen.[31] Die Vermutung gilt immer nur für den jeweiligen Vollstreckungsakt und muss unabhängig von den Ergebnissen der Prüfung für andere Vollstreckungen jeweils neu ermittelt werden. In der Auseinandersetzung untereinander über den Vorrang und über die Verteilung des Vollstreckungserlöses müssen die Gläubiger nach § 771 vorgehen bzw. ihre Rechte im Verteilungsverfahren, gegebenenfalls mit der Klage nach § 878, geltend machen.

IV. Rechtsbehelfe

1. Regelmäßig keine Erinnerung gem. § 766

14 Der Ehegatte/Lebenspartner, zu dessen Lasten sich jeweils die Besitzvermutung des § 739 auswirkt, kann sein Eigentum nicht mit der **Erinnerung** nach § 766 geltend machen, auch wenn es sich aus »eindeutigen« Urkunden, etwa einem Gütertrennungsvertrag, einem Kfz-Brief[32], einem Kaufvertrag, einem Testament o. ä. ohne weitere Beweisaufnahme ergeben mag. Das Vollstreckungsorgan kann diese Urkunden nicht berücksichtigen. Deshalb war die »Art und Weise« seiner Vollstreckung auch nicht zu beanstanden und ist später nicht beanstandbar geworden. Der Eigentümer-Ehegatte (Eigentümer-Lebenspartner) wird durch die Nichtzulassung der Erinnerung nicht mehr und anders belastet als jeder Dritteigentümer, dessen Sachen sich im Besitz des Schuldners befanden und dort gepfändet wurden. Auch dieser ist allein auf § 771 angewiesen.

Dagegen ist die Erinnerung zulässig, soweit die Nichtanwendbarkeit des § 739 gerügt wird[33], etwa weil im selbstständigen Erwerbsgeschäft des Ehegatten vollstreckt wurde oder weil die im konkreten Fall gegenläufige Vermutung des § 1362 Abs. 2 BGB übersehen wurde. Ebenso ist Erinnerung mög-

---

30 Wie hier etwa: BGH, NJW-RR 2010, 642; OLG Hamm, WM 1984, 671 f.; LG Siegen, NJW-RR 1986, 224; LG Nürnberg, FamRZ 1963, 650; unrichtig OLG Stuttgart, FamRZ 1963, 297; *Kilian*, JurBüro 1996, 67.
31 Kindl/Meller-Hannich/Wolf/*Giers*, § 739 Rn. 9.
32 Dass ein Kfz-Brief schon grundsätzlich die Eigentumsvermutung nicht widerlegt: LG München, DGVZ 2000, 22.
33 Beispiele: LG Itzehoe, DGVZ 1972, 91; LG Berlin, DGVZ 1973, 89; LG Münster, DGVZ 1978, 12.

lich, wenn der Vollstreckungsschutz zugunsten des nicht besitzenden Ehegatten/Lebenspartners außer Acht gelassen wurde.[34]

2. Keine Widerlegung der Vermutung im Vollstreckungsverfahren im Wettstreit der Gläubiger

Der Gläubiger kann mit der Erinnerung geltend machen, dass zu Unrecht einem Widerspruch (§ 809) des nicht schuldenden Ehegatten/Lebenspartners nachgegeben wurde, obwohl er nach § 739 unbeachtlich gewesen wäre. Dagegen kann er nicht mit der Erinnerung geltend machen, ein anderer Gläubiger habe zu Unrecht auf den Gegenstand zugegriffen, obwohl nur für ihn, nicht aber für diesen die Vermutung greife oder obwohl dessen Schuldner gar nicht Eigentümer der Sache sei. Der Gläubiger muss diesen Einwand im Verteilungsverfahren geltend machen.[35] 15

3. Drittwiderspruchsklage gem. § 771

a) Beweislastverteilung

Der Eigentümer-Ehegatte/Lebenspartner muss sein Eigentum mit der Klage nach § 771 geltend machen. Er hat dabei den Erwerb des Eigentums vollbeweislich nachzuweisen, während der Gläubiger gegebenenfalls den nachträglichen Verlust des Eigentums an seinen Schuldner beweisen müsste. Es gilt zur Beweislastverteilung letztlich nichts anderes wie bei auf § 985 BGB gestützten Leistungsklagen.[36] 16

b) Ehelicher Mitbesitz kein die Veräußerung hinderndes Recht

Stützt der nicht schuldende Ehegatte/Lebenspartner die Drittwiderspruchsklage auf Besitz[37], so muss es sich in jedem Fall um einen anderen als nur den durch die eheliche/partnerschaftliche Lebensgemeinschaft begründeten Mitbesitz handeln, da dieser gerade durch § 739 als gegenüber den Gläubigern der Ehegatten/Lebenspartner irrelevant beiseite geschoben werden soll. Würde man anders entscheiden, wäre letztlich nichts aus dem gemeinsamen Besitz von Ehegatten/Lebenspartner pfändbar, da es in diesem Bereich auch kaum begründbare Herausgabeansprüche oder Auseinandersetzungsansprüche gibt. 17

c) Arglisteinwand

Schulden beide Ehegatten/Lebenspartner, etwa weil sie beide selbstständige Vertragspartner des Gläubigers sind oder weil sie über §§ 1357 BGB, 8 Abs. 2 LPartG (»beiderseitige Schlüsselgewalt«) gesamtschuldnerisch für die Forderung haften, liegt aber nur gegen einen Ehegatten/Lebenspartner ein Titel vor, so kann der Klage des anderen aus § 771 u. U. der Arglisteinwand[38] entgegengesetzt werden. Mit dem Urteil gegen den einen Ehegatten/Lebenspartner steht allerdings noch nicht auch nur dem Grunde nach fest, dass der andere ebenfalls haftet. Es müssen nicht nur die Feststellungen zur Schlüsselgewalt noch getroffen werden, auch der eigentliche Rechtsgrund der Haftung (Vertrag pp.) muss im Verhältnis zu ihm noch einmal festgestellt werden. Das unterscheidet den Fall von § 128 HGB. Die fehlenden Feststellungen können aber ohne Nachteile für den Eigentümer-Ehegatten/Lebenspartner im Rahmen des Prozesses nach § 771 nachgeholt werden, wobei insoweit den beklagten Vollstreckungsgläubiger die volle Beweislast trifft. 18

---

34 Siehe oben Rdn. 12.
35 Einschränkend insoweit *Stein/Jonas/Münzberg*, § 739 Rn. 31.
36 Hierzu: *Palandt/Bassenge*, § 985 BGB Rn. 8; *Schuschke* in *Baumgärtel/Laumen/Prütting*, Handbuch der Beweislast, Sachenrecht, 3. Aufl., § 985 BGB Rn 2–5, 14; vergl. auch BGH, NJW 1976, 238.
37 Zum Streit insoweit: *Thomas/Putzo/Seiler*, § 771 Rn. 21; MüKo/*K. Schmidt/Brinkmann*, § 771 Rn. 38.
38 Siehe unten *Raebel*, § 771 Rdn. 45.

d) Einwand aus §§ 1365, 1369 BGB

19   Hat der zu vollstreckende Titel einen Herausgabeanspruch zum Gegenstand, der der Erfüllung eines gegen § 1365 oder § 1369 BGB verstoßenden Rechtsgeschäfts dient, so kann der andere Ehegatte/Lebenspartner seine fehlende Zustimmung zu diesem Rechtsgeschäft ebenfalls mit § 771 geltend machen. Dagegen kann er, wenn die Zwangsvollstreckung wegen einer gewöhnlichen Geldforderung das Vermögen des schuldenden anderen Partners ganz aufzehren würde, sich nicht auf § 1365 BGB berufen. Die Norm schützt nur vor rechtsgeschäftlichen Verfügungen des anderen Partners, sichert dessen Vermögen aber nicht vor der Zwangsvollstreckung[39]. Gleiches gilt im Fall des § 1369 BGB: Wird wegen einer gewöhnlichen Geldforderung in einen Haushaltsgegenstand vollstreckt, kann im Einzelfall die Verletzung des § 811 Nr. 1 mit § 766 gerügt werden. Eine Klage nach § 771 im Hinblick auf § 1369 BGB wäre dagegen nicht erfolgreich.

e) Spätere Besitzverschiebungen unter den Partnern

20   Lagen die Voraussetzungen des § 739 im Zeitpunkt der Pfändung vor, so kann weder eine Erinnerung nach § 766 noch eine Drittwiderspruchsklage darauf gestützt werden, die Ehegatten/Lebenspartner hätten sich **nachträglich getrennt,** der nicht schuldende Ehegatte/Lebenspartner sei nunmehr Alleinbesitzer. Da nach der Pfändung der Besitz sowieso dem Gerichtsvollzieher gemittelt wird, spielen spätere Besitzverschiebungen unter den Eheleuten/Lebenspartnern keine Rolle mehr. Auch ein Eigentümerwechsel, etwa im Zuge eines Verfahrens in Haushaltssachen, kann nicht mehr bedeutsam werden, da der Ehegatte/Lebenspartner nur noch belastetes Eigentum erwerben könnte.

---

[39] BGH, FamRZ 2006, 410; BGH, FamRZ 2006, 856; OLG Düsseldorf, NJW 1991, 851; Erman/*Budzikiewicz*, § 1365 BGB Rn. 3; K. Schmidt, NJW 1971, 323.

§ 740 Zwangsvollstreckung in das Gesamtgut

(1) Leben die Ehegatten in Gütergemeinschaft und verwaltet einer von ihnen das Gesamtgut allein, so ist zur Zwangsvollstreckung in das Gesamtgut ein Urteil gegen diesen Ehegatten erforderlich und genügend.

(2) Verwalten die Ehegatten das Gesamtgut gemeinschaftlich, so ist die Zwangsvollstreckung in das Gesamtgut nur zulässig, wenn beide Ehegatten zur Leistung verurteilt sind.

Übersicht	Rdn.		Rdn.
I. Zweck	1	2. Beide Ehegatten als gemeinschaftliche Verwalter (Abs. 2)	3
II. Einzelheiten	2	III. Vollstreckung in das Vorbehalts- und Sondergut	5
1. Ein Ehegatte als alleiniger Verwalter (Abs. 1)	2	IV. Rechtsbehelfe	6

I. Zweck

Haben Ehegatten den Güterstand der Gütergemeinschaft vereinbart (§ 1415 BGB)[1], so werden das Vermögen der Frau und das Vermögen des Mannes gemeinschaftliches Vermögen beider Ehegatten (sog. Gesamtgut, § 1416 BGB). Vom Gesamtgut ausgeschlossen sind lediglich das Sondergut (§ 1417 BGB) und das Vorbehaltsgut (§ 1418 BGB). Während jeder Ehegatte sein Sonder- bzw. Vorbehaltsgut selbstständig verwaltet, wird das Gesamtgut von beiden Ehegatten gemeinschaftlich verwaltet, wenn der Ehevertrag nicht abweichend hiervon bestimmt, dass ein Ehegatte die Verwaltung allein übernimmt (§ 1421 BGB). Verwaltet nur ein Ehegatte das Gesamtgut allein, so können sowohl Gläubiger des verwaltenden Ehegatten als auch Gläubiger des anderen Ehegatten aus dem Gesamtgut Befriedigung verlangen, wobei jeweils der verwaltende Ehegatte für die Gesamtgutverbindlichkeiten des anderen Ehegatten auch persönlich haftet (§ 1437 BGB; Ausnahmen: §§ 1438–1440 BGB). Verwalten beide das Gesamtgut gemeinschaftlich, haftet es natürlich ebenfalls für ihrer beider Verbindlichkeiten (Ausnahmen: §§ 1461, 1462 BGB). **Jeder** Ehegatte haftet aber für die Gesamtgutverbindlichkeiten des anderen auch persönlich (§§ 1459, 1460 BGB). Diese materiellrechtliche Konstellation, bei der jeder Ehegatte im Einzelfall persönlicher Schuldner einer Gesamtgutverbindlichkeit sein kann, wirft die Frage auf, gegen wen nun der Gläubiger einen Titel erwirken muss, um erfolgreich **in das Gesamtgut**[2] vollstrecken zu können. Die §§ 740 ff. versuchen hierauf eine für die Gläubiger möglichst praktikable und für die Schuldner letztlich auch kostengünstige Antwort zu geben: Verwaltet nur ein Ehegatte das Gesamtgut, ist nur ein Titel gegen ihn **erforderlich,** aber auch ausreichend, um in das Gesamtgut zu vollstrecken (Abs. 1); verwalten beide das Gesamtgut gemeinschaftlich, so muss zur Vollstreckung ins Gesamtgut ein **Leistungstitel** gegen beide vorliegen.

Der ideelle Anteil eines Ehegatten am Gesamtgut kann während des Bestehens der Gütergemeinschaft nicht isoliert gepfändet werden (§ 860 ZPO), auch nicht bereits der künftige Anteil für den Fall der späteren Auflösung der Gütergemeinschaft.[3] Darin liegt keine ungebührliche Gläubigerbenachteiligung; denn es ist jedem Gläubiger zuzumuten, sich einen Titel gegen beide Ehepartner zu verschaffen, der dann den Zugriff auf das ungeteilte Gesamtgut ermöglicht.

---

1 Auch die in anderen Rechtsordnungen geregelte Gütergemeinschaft wäre einschlägig: BGH, NJW-RR 1998, 1377 zur Gütergemeinschaft niederländischen Rechts; OLG Zweibrücken, OLGR 2007, 425 und OLG Düsseldorf, NJW-RR 2010, 1662 zur Errungenschaftsgemeinschaft des italienischen Rechts.
2 Wegen der Vollstreckung in Vorbehalts- oder Sondergut siehe unten Rdn. 6.
3 OLG München, NJW-RR 2913, 527.

II. Einzelheiten

1. Ein Ehegatte als alleiniger Verwalter (Abs. 1)

2 Der verwaltende Ehegatte haftet unabhängig davon, welcher der Ehegatten ursprünglicher Schuldner ist, persönlich für die Gesamtgutverbindlichkeiten. Ist von vornherein der Leistungstitel gegen ihn erwirkt worden[4], genügt dieser Titel allein auch zur Vollstreckung[5]. Gegen den anderen Ehegatten, auch wenn er die Entstehung der Verbindlichkeit ausgelöst haben sollte, bedarf es weder eines Titels noch auch nur einer Klausel zum Titel gegen den Verwalter. Dies gilt auch dann, wenn der von der Verwaltung ausgeschlossene Ehegatte ausnahmsweise selbst wirksam Verwaltungsgeschäfte durchführen konnte (z. B. §§ 1428, 1429 BGB). Ein Titel gegen ihn allein ist zur Vollstreckung ins Gesamtgut in diesen Fällen nicht ausreichend[6] (**Ausnahmefall:** § 741). Der Vollstreckungstitel gegen den Verwalter wird in der Regel ein Leistungstitel sein, doch reicht, da Abs. 1 nicht ausdrücklich einen Leistungstitel verlangt, auch ein Titel, der den Verwalter zur **Duldung** der Zwangsvollstreckung in das Gesamtgut verpflichtet.[7] Da ein solcher Titel dann aber auch auf die Zwangsvollstreckung ins Gesamtgut beschränkt ist, ist er den Gläubigern nicht zu empfehlen.

2. Beide Ehegatten als gemeinschaftliche Verwalter (Abs. 2)

3 Da beide Ehegatten nicht nur gesamtschuldnerisch für die Gesamtgutverbindlichkeiten haften, sondern auch in der Vollstreckung nur gemeinsam Verfügungsberechtigte sind, ist ein **Leistungstitel** gegen beide erforderlich. Der Titel kann in getrennten Verfahren gegen jeden Ehegatten einzeln erstritten werden.[8] Er muss in diesem Fall ergeben, dass es sich um eine Gesamtgutverbindlichkeit handelt[9]. Dazu genügt nicht allein der Nachweis, dass die Beträge der Hauptforderungen aus beiden Titeln identisch sind. Der Schuldgrund als solcher muss – als der nämliche – erkennbar sein.[10]

Wegen des eindeutigen Wortlauts des Abs. 2 ist hier ein Duldungstitel nicht ausreichend.[11] Ein Titel gegen nur einen Ehegatten genügt in diesem Fall auch dann nicht, wenn dieser Ehegatte als Notgeschäftsführer aus konkretem Anlass allein handeln durfte.[12]

4 **3.** Die vorstehenden Grundsätze gelten für jede Art der Zwangsvollstreckung von Gesamtgutverbindlichkeiten in das Gesamtgut. Sie gelten auch für alle Arten von Titeln (vergl. § 795). Geht, wie in der Regel, aus dem Titel nicht hervor, dass es sich um eine Gesamtgutverbindlichkeit handelt, so geht das Vollstreckungsorgan zunächst bei seiner Prüfung davon aus, dass die Eheleute im gesetzlichen Güterstand der Zugewinngemeinschaft leben. Die Ehegatten müssen nachweisen, dass sie Gütergemeinschaft vereinbart haben. Im Hinblick auf § 1412 Abs. 1 BGB ist der sicherste Nachweis insoweit ein Auszug aus dem Güterrechtsregister (§ 374 Nr. 5 FamFG). Steht zur Überzeugung des Vollstreckungsorgans fest, dass die Ehegatten in Gütergemeinschaft leben und dass dies im Hinblick auf den Gläubiger zu berücksichtigen ist (§ 1412 Abs. 1, 2. Halbs. BGB), so hat es zunächst vom Regelfall auszugehen, dass beide Ehegatten das Gesamtgut gemeinschaftlich

---

4 Auch dann, wenn er nicht der »Urheber« der Verbindlichkeit ist, vergl. BGH, FamRZ 1975, 405.
5 OLG München, NJW-RR 2013, 527.
6 OLG Koblenz, Rpfleger 1956, 156; *Stein/Jonas/Münzberg*, § 740 Rn. 7.
7 Wie hier: *Stein/Jonas/Münzberg*, § 740 Rn. 5; *Saenger/Kindl*, § 740 Rn. 5; *Thomas/Putzo/Seiler*, § 740 Rn. 2; a.A. die wohl h. M.: *Baumbach/Lauterbach/Hartmann*, § 740 Rn. 3; *Kindl/Meller-Hannich/Wolf/Giers*, § 740 Rn. 4; MüKo/*Heßler*, § 740 Rn. 21; *Musielak/Lackmann*, § 740 Rn. 3; *Zöller/Stöber*, § 740 Rn. 7.
8 BGH, FamRZ 1975, 405; OLG Zweibrücken, OLGReport 2009, 544.
9 OLG Zweibrücken, OLGReport 2009, 544, 545.
10 OLG München, jurisPR-FamR 4/2013 mit Anm. *Giers* (Anm. 4).
11 LG München, DGVZ 1982, 188; LG Degendorf, FamRZ 1964, 49; *Kindl/Meller-Hannich/Wolf/Giers*, § 740 Rn. 10; *Thomas/Putzo/Seiler*, § 740 Rn. 3. A.A.: *Saenger/Kindl*, § 740 Rn. 6; *Stein/Jonas/Münzberg*, § 740 Rn. 6; *Tiedtke*, FamRZ 1975, 538.
12 Wie hier: *Musielak/Lackmann*, § 740 Rn. 3; *Saenger/Kindl*, § 740 Rn. 6; a.A.: *Baumbach/Lauterbach/Hartmann*, § 740 Rn. 5.

verwalten. Der Gläubiger muss dann nachweisen, dass er gegebenenfalls nur einen Titel benötigt, da der in seinem Titel ausgewiesene Schuldner allein verwaltungsbefugt ist.[13] Hinsichtlich der der Vollstreckung unterliegenden Gegenstände geht das Vollstreckungsorgan zunächst davon aus, dass sie zum Gesamtgut gehören.[14] Es ist Sache der Ehegatten, im Einzelfall nachzuweisen, dass ein Gegenstand zum Vorbehalts- oder Sondergut desjenigen gehört, der nicht im Titel als Schuldner ausgewiesen ist. Die konkreten Gewahrsamsverhältnisse am Gesamtgut spielen für die Vollstreckung keine Rolle.[15]

III. Vollstreckung in das Vorbehalts- und Sondergut

Zur Vollstreckung in das **Vorbehalts-** und **Sondergut** eines Ehegatten ist stets ein Titel gegen diesen erforderlich, und zwar unabhängig davon, welche Rolle er bei der Verwaltung des Gesamtgutes spielt. Mit einem uneingeschränkten Leistungstitel gegen den das Gesamtgut verwaltenden Ehegatten kann sowohl in das Gesamtgut als auch in dessen Vorbehalts- bzw. Sondergut (soweit letzteres überhaupt der Vollstreckung unterliegt) vollstreckt werden.[16] Steht fest, dass ein Gegenstand nicht zum Gesamtgut gehört, gilt bei der Vollstreckung gegen nur einen der Ehegatten wieder §739. 5

IV. Rechtsbehelfe

Wird in das Gesamtgut vollstreckt, obwohl einer der erforderlichen Titel fehlt, so hat im Fall der Alleinverwaltung des Gesamtguts durch einen Ehegatten nur der verwaltende Ehegatte den Rechtsbehelf der Erinnerung[17] nach §766; im Fall der gemeinschaftlichen Verwaltung steht der Rechtsbehelf beiden Ehegatten zu, auch demjenigen, gegen den der Titel schon vorliegt. Ist die Verbindlichkeit, wegen der die Vollstreckung betrieben wird, keine Gesamtgutverbindlichkeit, können beide Ehegatten gegen eine Vollstreckung ins Gesamtgut mit §771 vorgehen. Jeder Ehegatte kann gegen eine Vollstreckung in sein Vorbehaltsgut mit einem Titel, der nur den anderen Ehegatten oder das Gesamtgut betrifft, Klage nach §771 erheben. 6

Wird in das von beiden Ehegatten gemeinschaftlich verwaltete Gesamtgut aus einem nur gegen einen Ehegatten gerichteten Titel vollstreckt, kann der andere Ehegatte zwar auch zulässigerweise nach §771 klagen, die Klage wäre jedoch unbegründet (Einwand der unzulässigen Rechtsausübung), wenn es sich bei der zu vollstreckenden Verbindlichkeit um eine Gesamtgutverbindlichkeit handelt. 7

---

13 LG Frankenthal, Rpfleger 1975, 371.
14 LG München, FamRZ 1983, 172.
15 Allgem. Meinung; vergl. *Stein/Jonas/Münzberg*, §740 Rn. 16.
16 Zur Vollstreckung in das Gesamtgut aus einem Titels gegen einen der Ehegatten, wenn die Eheleute im Güterstand der Gütergemeinschaft nach italienischem Recht leben (Art. 177–197 C.c.): AG Menden, FamRZ 2006, 1471.
17 **A. A.** (beide Ehegatten können Erinnerung einlegen): Kindl/Meller-Hannich/Wolf/*Giers*, §740 Rn. 12; Musielak/*Lackmann*, §740 Rn. 7; Saenger/*Kindl*, §740 Rn. 8; Thomas/Putzo/*Seiler*, §740 Rn. 5. Wie hier dagegen: Baumbach/Lauterbach/*Hartmann*, §740 Rn. 8.

§ 741 Zwangsvollstreckung in das Gesamtgut bei Erwerbsgeschäft

Betreibt ein Ehegatte, der in Gütergemeinschaft lebt und das Gesamtgut nicht oder nicht allein verwaltet, selbständig ein Erwerbsgeschäft, so ist zur Zwangsvollstreckung in das Gesamtgut ein gegen ihn ergangenes Urteil genügend, es sei denn, dass zur Zeit des Eintritts der Rechtshängigkeit der Einspruch des anderen Ehegatten gegen den Betrieb des Erwerbsgeschäfts oder der Widerruf seiner Einwilligung zu dem Betrieb im Güterrechtsregister eingetragen war.

Übersicht

	Rdn.		Rdn.
I. Zweck	1	3. Kein Titel gegen den anderen Ehegatten	5
II. Einzelheiten	2	4. Keine Prüfung, ob Schuld aus dem Erwerbsgeschäft	6
1. Selbstständiges Erwerbsgeschäft	2		
2. Umfang der Prüfungspflicht	3	III. Rechtsbehelfe	7

I. Zweck

1 Nach §§ 1431, 1456 BGB kann der Ehegatte, der das Gesamtgut nicht oder nicht allein verwaltet, mit Einwilligung des verwaltenden Ehegatten ein Erwerbsgeschäft in der Weise selbstständig führen, dass er für die einzelnen Rechtsgeschäfte und Rechtsstreitigkeiten, die der Geschäftsbetrieb mit sich bringt, nicht in jedem Einzelfall wieder die Zustimmung des verwaltenden Ehegatten einholen muss. Er hat sie vorab pauschal mit der Einwilligung zum Betrieb des selbstständigen Erwerbsgeschäfts erhalten. Durch das rechtsgeschäftliche Wirken des das Erwerbsgeschäft führenden Ehegatten kann das Gesamtgut berechtigt und verpflichtet werden. Gäbe es nun nur § 740, müsste also immer zur Vollstreckung ins Gesamtgut noch ein Titel gegen den anderen Ehegatten erwirkt werden, wäre der das Erwerbsgeschäft führende erheblich diskriminiert und in seiner Geschäftstätigkeit gehindert. Deshalb sieht § 741 vor, dass zur Vollstreckung, auch in das Gesamtgut, ein Titel gegen diesen Ehegatten ausreicht. § 741 schließt § 740 nicht aus, er steht neben ihm zur Wahl. Ein Titel gegen den verwaltenden Ehegatten reicht also ebenso zur Vollstreckung aus wie ein Titel gegen den anderen, der selbstständig das Erwerbsgeschäft führt.

II. Einzelheiten

1. Selbstständiges Erwerbsgeschäft

2 Ein **selbstständiges Erwerbsgeschäft** führt nicht nur, wer als Einzelkaufmann oder persönlich haftender Gesellschafter[1], als selbstständiger Handwerker oder sonstiger selbstständiger Gewerbetreibender tätig ist, auch wer einen freien Beruf als Arzt, Rechtsanwalt, Steuerberater, Künstler usw. ausübt, zählt hierher, ebenso der Landwirt.[2] Nicht hierher gehört der angestellte Arbeitnehmer, auch wenn er in leitender Stellung in einem fremden Unternehmen tätig ist.

Selbstständig wird das Erwerbsgeschäft auch dann geführt, wenn noch andere vertretungsberechtigte Personen oder gar Mitinhaber (auch der andere Ehegatte[3]) vorhanden sind (Mitgesellschafter, Sozien einer Anwaltskanzlei usw.). Wer wirklich »die treibende Kraft« im Geschäft ist, spielt keine Rolle, auch nicht, wenn dies der das Gesamtgut verwaltende Ehegatte ist.[4] Vorgänge dieser Art liegen für das Vollstreckungsorgan nicht nachvollziehbar offen zu Tage. Das Erwerbsgeschäft wird

---

1 Staudinger/*Thiele*, § 1431 Rn. 7.
2 Wie hier: RGZ 144, 2 (Vereinigte Zivilsenate des RG); BGHZ 84, 333 und BGH NJW 1982, 1810; OLG Karlruhe, OLGZ 1976, 333; BayObLG, BayObLGReport 1995, 81; MüKo-BGB/*Kanzleiter*, § 1431 BGB Rn. 3; *Palandt/Brudermüller*, § 1431 BGB Rn. 2; Staudinger/*Thiele*, § 1431 Rn. 3.
3 BayObLG, Rpfleger 1983, 407.
4 Ebenso: *Palandt/Brudermüller*, § 1431 BGB Rn. 2.

auch dann noch geführt, und zwar bis zum Ende der Liquidation, wenn es nach Betriebsaufgabe abgewickelt wird.[5]

2. Umfang der Prüfungspflicht

Das Vollstreckungsorgan prüft vor Beginn der Vollstreckung wohl, ob der im Titel als Schuldner ausgewiesene Ehegatte das Erwerbsgeschäft selbstständig führt (Einblick ins Handelsregister, Überprüfung des nach § 15a GewO an der Betriebsstätte angebrachten Namensschildes)[6], es prüft aber nicht von sich aus, ob der das Gesamtgut verwaltende Ehegatte, um eine Haftung des Gesamtgutes auszuschließen, schon vor Rechtshängigkeit des Rechtsstreits, der dem zu vollstreckenden Titel zu Grunde liegt, dem (ihm bis dahin unbekannten) Betrieb des Erwerbsgeschäfts widersprochen oder seine ursprünglich erteilte Einwilligung widerrufen hat und ob Widerspruch bzw. Widerruf im Güterrechtsregister eingetragen sind (§§ 1431 Abs. 3, 1456 Abs. 3, 1412 BGB). Wird ihm aber bei der Vollstreckung mit öffentlichen bzw. öffentlich beglaubigten Urkunden (Auszug aus dem Güterrechtsregister, Nachweis des Zeitpunktes der Rechtshängigkeit etwa im Tatbestand des Urteils) nachgewiesen, dass die Vollstreckung in das Gesamtgut jedenfalls nicht nach § 741 zulässig ist, so lässt das Vollstreckungsorgan von der Vollstreckung ab bzw. stellt die begonnene Vollstreckung ein. Der wohl überwiegenden Meinung[7], dass das Vollstreckungsorgan einen solchen Nachweis grundsätzlich nicht zu beachten habe, kann nicht gefolgt werden.[8] Stehen die erforderlichen Tatsachen (Widerspruch bzw. Widerruf, Eintragung im Güterrechtsregister, Zeitpunkt der Eintragung und Zeitpunkt der Rechtshängigkeit) durch öffentliche Urkunden fest, so ist das Vollstreckungsorgan nicht überfordert, das Fehlen der Voraussetzungen der Zwangsvollstreckung in das Gesamtgut selbst festzustellen und sich der Feststellung entsprechend zu verhalten. Beachtet das Vollstreckungsorgan die Nachweise nicht, so kann der verwaltende Ehegatte die Nichthaftung des Gesamtgutes mit der Erinnerung nach § 766 geltend machen.[9] Ein erst nach Rechtshängigkeit (bei anderen Titeln als Urteilen: nach Entstehung des Titels) eingetragener Widerspruch bzw. Widerruf ist in der Vollstreckung ganz ohne Bedeutung.

Soll an einem Grundstück, das zum gemeinschaftlich verwalteten Gesamtgut gehört, aufgrund eines Vollstreckungstitels gegen nur einen der beiden Ehegatten eine Zwangshypothek eingetragen werden, müssen dem Grundbuchamt als Vollstreckungsorgan die Voraussetzungen des § 741 in der Form des § 29 GBO nachgewiesen werden.[10] Der Nachweis muss sich darauf erstrecken, dass zum Zeitpunkt des Erlasses der Eintragungsverfügung (mit ihm beginnt die Zwangsvollstreckung) ein Erwerbsgeschäft geführt wird.

3. Kein Titel gegen den anderen Ehegatten

Hat das Vollstreckungsorgan das Vorliegen der Voraussetzungen des § 741 festgestellt, so benötigt es zur Vollstreckung in das Gesamtgut nicht nur keinen Titel gegen den (mit-)verwaltenden Ehegatten, es hat auch dessen Gewahrsam und dessen Widerspruch gegen den Eingriff in seinen Gewahrsam (§ 809) ganz außer Betracht zu lassen[11] und davon auszugehen, dass zum Gesamtgut gehörende Gegenstände[12] sämtlich im Gewahrsam des das selbstständige Erwerbsgeschäft betreibenden Vollstreckungsschuldners sind.

---

5 BayObLG, BayObLGReport 1995, 81; OLG Karlsruhe, BeckRS 2010, 05829.
6 Zu den Grenzen der Prüfungspflicht des Vollstreckungsorgans: BayObLG, BB 1984, 1071.
7 *Baumbach/Lauterbach/Hartmann*, § 741 Rn. 6; *Stein/Jonas/Münzberg*, § 741 Rn. 7; *Thomas/Putzo/Seiler*, § 741 Rn. 3.
8 Wie hier aber: *Musielak/Lackmann*, § 741 Rn. 6; MüKo-/*Heßler*, § 741 Rn. 13; PG/*Kroppenberg*, § 741 Rn. 4; *Zöller/Stöber*, § 741 Rn. 7.
9 Siehe unten Rdn. 7.
10 BayObLG, BayObLGReport 1995, 81.
11 Wie hier: *Baumbach/Lauterbach/Hartmann*, § 741 Rn. 6; *Stein/Jonas/Münzberg*, § 741 Rn. 10.
12 Zur Vermutung insoweit siehe § 740 Rdn. 6.

4. Keine Prüfung, ob Schuld aus dem Erwerbsgeschäft

6 Nie zu prüfen hat das Vollstreckungsorgan, ob die zu vollstreckende Schuld auch tatsächlich im Erwerbsgeschäft des Schuldners entstanden ist oder ob es sich etwa um eine reine Privatverbindlichkeit handelt, für die das Gesamtgut materiellrechtlich gar nicht haftet. Die Zuordnung kann äußerst schwierig sein.[13] Hier muss der andere Ehegatte Klage nach § 774 erheben.

III. Rechtsbehelfe

7 Wird in das Gesamtgut nur mit einem Titel gegen den nicht- bzw. nicht allein verwaltenden Ehegatten vollstreckt und fehlen die Voraussetzungen des § 741, so können **beide** Ehegatten Erinnerung nach § 766 einlegen.[14] Haftet das Gesamtgut materiellrechtlich nicht für die zu vollstreckende Schuld, so kann der Ehegatte des Gewerbetreibenden nach §§ 774, 771 Widerspruchsklage erheben, weil das gegen den anderen Ehegatten ergangene Urteil ihm gegenüber unwirksam ist (z. B. wegen §§ 1439, 1440, 1461, 1462 BGB), aber auch, weil er die Aufnahme des Erwerbsgeschäftes nicht kannte, also gar nicht widersprechen oder widerrufen konnte (§§ 1431, 1456 BGB). Im Einzelfall können dem verwaltenden Ehegatten auch materiellrechtliche Einwände (§ 826 BGB) gegen die Vollstreckung in das Gesamtgut zustehen[15], so etwa, wenn der Titel gegen den anderen Ehegatten erschlichen war oder wenn dieser Ehegatte mit seinem Gläubiger bewusst zum Schaden des Gesamtgutes konspirierte.

Andere Personen als der Ehegatte können sich auf den Schutz nicht berufen und somit seine Nichtbeachtung auch nicht mit den Rechtsbehelfen gem. §§ 766, 774 geltend machen.[16]

---

13 Siehe etwa BGH, FamRZ 1982, 468.
14 MüKo/*Heßler.* § 741 Rn. 18; *Musielak/Lackmann,* § 741 Rn. 7; *Wieczorek/Paulus,* § 741 Rn. 10.
15 OLG Karlsruhe, OLGZ 1976, 333 ff.
16 BGH, BeckRS 2010, 05785.

§ 742 Vollstreckbare Ausfertigung bei Gütergemeinschaft während des Rechtsstreits

Ist die Gütergemeinschaft erst eingetreten, nachdem ein von einem Ehegatten oder gegen einen Ehegatten geführter Rechtsstreit rechtshängig geworden ist, und verwaltet dieser Ehegatte das Gesamtgut nicht oder nicht allein, so sind auf die Erteilung einer in Ansehung des Gesamtgutes vollstreckbaren Ausfertigung des Urteils für oder gegen den anderen Ehegatten die Vorschriften der §§ 727, 730 bis 732 entsprechend anzuwenden.

Übersicht

	Rdn.		Rdn.
I. Zweck	1	4. Verfahren, wenn bereits eine Klausel erteilt ist	5
II. Einzelheiten	2	5. Unzulässigkeit der erneuten Leistungs- bzw. Duldungsklage	6
1. Zuständigkeit	2		
2. Nachweise	3	6. Keine entsprechende Anwendung	7
3. Klausel für bzw. gegen den verwaltenden Ehegatten	4	III. Rechtsbehelfe	8

I. Zweck

Der Güterstand der Gütergemeinschaft wird mit dem formgültigen Vertragsschluss (§§ 1415, 1410 BGB) wirksam. Die bisherigen Verfügungsbefugnisse, soweit sie zum Gesamtgut gehörende Gegenstände betreffen, werden durch die Verwaltungsbefugnisse gem. §§ 1422, 1450 BGB ersetzt. Im Hinblick auf §§ 1433, 1455 Nr. 7 BGB wird dies, wenn es in einem bereits rechtshängigen Prozess eintritt, zunächst nicht offenbar. Der klagende bzw. beklagte nicht verwaltungsberechtigte (nicht allein verwaltungsberechtigte) Ehegatte erscheint als Gläubiger bzw. Schuldner im Titel. Erst recht ist dies so, wenn der Titel bereits bestand, als die Änderung eintrat. Da das Vollstreckungsorgan als erstes zu Beginn der Zwangsvollstreckung prüft (§ 750), ob aus diesem Titel für diesen Gläubiger oder gegen diesen Schuldner die Vollstreckung stattfinden kann, müsste es in den genannten Fällen an der Antragsberechtigung des im Titel nicht vorgesehenen nunmehr verwaltenden Ehegatten auf Gläubigerseite Zweifel haben oder es würde auf Schuldnerseite nicht an § 740 vorbeikommen. Hier greift § 742 ein und erspart die Notwendigkeit, einen neuen Titel für oder gegen den verwaltenden Ehegatten besorgen zu müssen, in dem er die für die Rechtsnachfolger-Vollstreckungsklausel geltenden Regeln für entsprechend anwendbar erklärt. 1

II. Einzelheiten

1. Zuständigkeit

Zuständig für die Klauselerteilung ist der Rechtspfleger (§ 20 Nr. 12 RpflG). Er hat neben den allgemeinen Voraussetzungen der Klauselerteilung[1] zu prüfen, ob nach Rechtshängigkeit des Rechtsstreits, dessen Urteil nunmehr vollstreckt werden soll, zwischen dem im Titel als Gläubiger bzw. Schuldner genannten Ehegatten und dem Ehegatten, für bzw. gegen den nunmehr Klausel erteilt werden soll, formgerecht Gütergemeinschaft vereinbart wurde. An die Stelle der Rechtshängigkeit tritt bei anderen Titeln als Urteilen der Zeitpunkt der Entstehung des Titels. 2

2. Nachweise

Der Zeitpunkt der Rechtshängigkeit, die formgültige Vereinbarung der Gütergemeinschaft und der Zeitpunkt des Inkrafttretens dieser Vereinbarung müssen vom die Klausel beantragenden Gläubiger durch öffentliche oder öffentlich beglaubigte Urkunden nachgewiesen werden. Die Urkunden, durch die der Rechtspfleger den Nachweis als geführt ansieht, sind in der Klausel zu bezeichnen. Sie sind zudem bei Beginn der Zwangsvollstreckung dem Schuldner zuzustellen (§ 750 Abs. 2). 3

---

1 Siehe § 724 Rdn. 4–6.

3. Klausel für bzw. gegen den verwaltenden Ehegatten

4 Die Klausel **für** den das Gesamtgut verwaltenden Ehegatten (oder bei gemeinschaftlicher Verwaltung: für beide Ehegatten gemeinschaftlich) ist unbeschränkt zu erteilen. Er tritt ja (bzw. sie treten gemeinsam) dem Schuldner gegenüber im eigenen Namen auf, wenn er die Zwangsvollstreckung gegen ihn betreibt (bzw. sie sie betreiben).

Die Klausel **gegen** den das Gesamtgut verwaltenden Ehegatten ist dagegen ausdrücklich eingeschränkt »als Gesamtschuldner in Ansehung des Gesamtgutes« zu erteilen. Die Klausel kann in diesem Fall etwa lauten: »Vorstehende Ausfertigung wird dem ... (Gläubiger) zum Zwecke der Zwangsvollstreckung gegen ... (Ehegatte, der im Titel schon als Schuldner ausgewiesen ist) und gegen ... (verwaltender Ehegatte) als Gesamtschuldner in Ansehung des Gesamtgutes der Gütergemeinschaft erteilt.«[2]

4. Verfahren, wenn bereits eine Klausel erteilt ist

5 Ist für den nicht verwaltenden (bzw. nicht allein verwaltenden) Ehegatten bereits Klausel erteilt, so ist die weitere Klausel entweder auf dieselbe Ausfertigung zu setzen, oder es sind bei Erteilung einer weiteren Ausfertigung zusätzlich die Erfordernisse des §733 zu beachten.[3] Es muss dann ein besonderes Interesse an dieser zweiten Ausfertigung dargelegt werden (z. B. Versuch der zeitgleichen Vollstreckung in das Vorbehaltsgut und in das Gesamtgut).

5. Unzulässigkeit der erneuten Leistungs- bzw. Duldungsklage

6 Ist die Erteilung einer vollstreckbaren Ausfertigung nach §742 möglich, fehlt für eine erneute Leistungs- bzw. Duldungsklage gegen den verwaltenden Ehegatten das Rechtsschutzbedürfnis[4], da es insoweit einen einfacheren und billigeren Weg zum Ziel gibt.

6. Keine entsprechende Anwendung

7 §742 ist **nicht** entsprechend anwendbar auf die Klauselerteilung zu Kostenfestsetzungsbeschlüssen, die nach klageabweisenden Urteilen zulasten des nicht-(allein-)verwaltenden Ehegatten in Prozessen ergehen, die dieser Ehegatte während der Zeit der Gütergemeinschaft im Hinblick auf zum Gesamtgut gehörende Gegenstände allein geführt hat (§1438 BGB).[5] Es handelt sich um einen gewöhnlichen Fall des §740.[6]

III. Rechtsbehelfe

8 Es gelten die gleichen Rechtsbehelfe wie im Fall des §727, also für den Gläubiger §11 RpflG, §567 bzw. die Klage gem. §731 im Fall der Ablehnung der Klausel, für den Schuldner §732 bzw. §768.[7]

---

2 Einen etwas abweichenden Formulierungsvorschlag macht *Zöller/Stöber*, §742 Rn. 8.
3 *Stein/Jonas/Münzberg*, §742 Rn. 9 a; *Zöller/Stöber*, §742 Rn. 7.
4 Siehe §727 Rdn. 1.
5 Wie hier: OLG Stuttgart, NJW-RR 1987, 258; LAG Nürnberg, AR-Blattei ES 1890 Nr. 64; **a.A.** (titelerstreckende Klausel möglich): OLG Nürnberg, JurBüro 1978, 762; LG Ellwangen, FamRZ 1976, 152.
6 Siehe *Stein/Jonas/Münzberg*, §740 Rn. 7.
7 Einzelheiten: §727 Rdn. 37 sowie Vor §§724–734 Rdn. 13 und 14.

§ 743 Beendete Gütergemeinschaft

Nach der Beendigung der Gütergemeinschaft ist vor der Auseinandersetzung die Zwangsvollstreckung in das Gesamtgut nur zulässig, wenn beide Ehegatten zu der Leistung oder der eine Ehegatte zu der Leistung und der andere zur Duldung der Zwangsvollstreckung verurteilt sind.

Übersicht	Rdn.			Rdn.
I. Zweck	1	3.	Vollstreckung nach Beendigung der Auseinandersetzung	4
II. Einzelheiten	2	III.	Rechtsmittel	5
1. Erforderliche Titel	2	IV.	Vollstreckung in den ideellen Anteil eines Ehegatten am Gesamtgut	6
2. Beginn der Vollstreckung vor Beendigung der Gütergemeinschaft	3			

I. Zweck

Wird die Gütergemeinschaft durch Vertrag, durch Aufhebungsurteil (§§ 1469, 1470 BGB), durch Auflösung der Ehe zu Lebzeiten der Ehegatten (Scheidung, Nichtigkeitserklärung, Aufhebungsurteil), durch den Tod eines Ehegatten (soweit nicht fortgesetzte Gütergemeinschaft, §§ 1483 ff. BGB, vereinbart war) aufgehoben, so bleibt die Gemeinschaft zur gesamten Hand (§ 1419 BGB) zunächst fortbestehen, bis die Ehegatten bzw. der überlebende Ehegatte und die Erben des Verstorbenen sich über das Gesamtgut auseinandergesetzt haben (§ 1471 BGB). Bis zur Auseinandersetzung verwalten die Ehegatten bzw. der überlebende Ehegatte und die Erben des anderen das Gesamtgut gemeinschaftlich, unabhängig davon, ob zuvor gemeinschaftliche Verwaltung oder Alleinverwaltung durch einen Ehegatten galt (§ 1472 BGB). Die Situation gleicht nunmehr der in § 740 Abs. 2 vorgesehenen. Entsprechend zieht § 743 die Konsequenzen: Soll nach Beendigung der Gütergemeinschaft, aber vor Abschluss der Auseinandersetzung in das Gesamtgut vollstreckt werden, benötigt der Gläubiger einen Titel gegen beide Ehegatten (bzw. gegen einen Ehegatten und die Erben des anderen). Einer der Titel wenigstens muss ein Leistungstitel sein; als zweiter genügt ein Titel auf Duldung der Zwangsvollstreckung in das Gesamtgut[1]. § 744 bringt für den Gläubiger insofern dann noch eine Erleichterung, als er sich gegen den bisher nicht verwaltenden Ehegatten statt eines zusätzlichen eigenen Titels nur eine zusätzliche Klausel zum Titel gegen den bisher allein verwaltenden Ehegatten besorgen muss, wenn sein Titel gegen den bisher allein verwaltenden Ehegatten schon vorlag, als die Beendigung der Gütergemeinschaft eintrat.

II. Einzelheiten

1. Erforderliche Titel

§ 743 geht davon aus, dass der Gläubiger zum Zeitpunkt der Beendigung der Gütergemeinschaft noch keinen Titel erwirkt hatte, der ihn zur Zwangsvollstreckung in das Gesamtgut berechtigte. Hatte er bereits einen solchen Titel, und zwar gegen den das Gesamtgut allein verwaltenden Ehegatten (nicht gegen den anderen nach § 741), so greift § 744 ein. Die erforderlichen Titel können in einem Urteil (Vergleich, Urkunde) zusammengefasst sein, es können aber auch getrennte Titel vorliegen. Nur einer **muss** ein Leistungstitel sein, der zweite kann auch ein Duldungstitel sein. Für den Gläubiger empfehlen sich aber immer Leistungstitel gegen beide, da er dann auch nach Beendigung der Auseinandersetzung in die den Ehegatten zugeteilten Gegenstände problemlos weiter vollstrecken kann (vergl. § 1480 BGB).

---

1 Thomas/Putzo/Seiler, § 743 Rn. 3.

2. Beginn der Vollstreckung vor Beendigung der Gütergemeinschaft

3　§ 743 gilt nicht, wenn die Zwangsvollstreckung bereits mit nur einem Titel gegen einen Ehegatten berechtigterweise begonnen hatte, als danach die Beendigung der Gütergemeinschaft eintrat. Die Zwangsvollstreckung kann in diesem Fall mit dem einen Titel fortgesetzt werden.[2]

3. Vollstreckung nach Beendigung der Auseinandersetzung

4　Nach Beendigung der Auseinandersetzung kann gegen den Ehegatten, der zur Zeit der Teilung persönlich haftete, mit einem gegen ihn gerichteten Leistungstitel unbeschränkt vollstreckt werden. Derjenige Ehegatte, der nur auf das Gesamtgut beschränkt gesamtschuldnerisch haftete, haftet nach Beendigung der Auseinandersetzung gem. § 1480 BGB zwar nunmehr auch persönlich als Gesamtschuldner, die persönliche Haftung beschränkt sich aber auf die ihm zugeteilten Gegenstände aus dem Gesamtgut. Die Beschränkung der Haftung wird nicht von Amts wegen berücksichtigt, sie ist nach § 786 mit der Vollstreckungsabwehrklage (§§ 785, 767) geltend zu machen.[3]

III. Rechtsmittel

5　Fehlt einer der erforderlichen Titel, haben beide Ehegatten, also auch derjenige, gegen den der Titel vorliegt, den Rechtsbehelf der Erinnerung nach § 766. Derjenige, gegen den der Titel fehlt, kann zudem nach § 771 klagen. Es gilt insoweit allerdings das zu § 740 Rdn. 7 Ausgeführte.

IV. Vollstreckung in den ideellen Anteil eines Ehegatten am Gesamtgut

6　Von der Zwangsvollstreckung in das Gesamtgut selbst zu unterscheiden ist die Vollstreckung in den ideellen Anteil eines jeden Ehegatten an dem Gesamtgut. Während diese Vollstreckung, solange die Gütergemeinschaft besteht, ausgeschlossen ist (§ 860 Abs. 1), und zwar auch in den künftigen Anteil nach Beendigung der Gemeinschaft,[4] ist nach Beendigung der Gemeinschaft der Anteil jedes Ehegatten am Gesamtgut zugunsten der Gläubiger des Anteilsberechtigten der Pfändung unterworfen (§ 860 Abs. 2). Für diese Vollstreckung benötigt der Gläubiger lediglich einen unbeschränkten Leistungstitel gegen seinen Schuldner, jedoch keinen irgendwie gearteten Titel gegen den anderen Ehegatten.

2　OLG Koblenz, Rpfleger 1956, 164; Kindl/Meller-Hannich/Wolf/Giers, § 743 Rn. 2; MüKo/Heßler, § 743 Rn. 9; Musielak/Lackmann, § 743 Rn. 2; Saenger/Kindl, § 743 Rn. 2; Zöller/Stöber, § 743 Rn. 4.
3　Stein/Jonas/Münzberg, § 743 Rn. 4.
4　OLG München, NJW-RR 2013, 527.

§ 744 Vollstreckbare Ausfertigung bei beendeter Gütergemeinschaft

Ist die Beendigung der Gütergemeinschaft nach der Beendigung eines Rechtsstreits des Ehegatten eingetreten, der das Gesamtgut allein verwaltet, so sind auf die Erteilung einer in Ansehung des Gesamtgutes vollstreckbaren Ausfertigung des Urteils gegen den anderen Ehegatten die Vorschriften der §§ 727, 730 bis 732 entsprechend anzuwenden.

Übersicht

	Rdn.		Rdn.
I. Zweck	1	2. Inhalt der Klausel	3
II. Einzelheiten	2	3. Titel zugunsten des Gesamtgutes	4
1. Zuständigkeit	2	III. Rechtsbehelfe	5

I. Zweck

Die Vorschrift bringt eine Erleichterung im Hinblick auf die Erfordernisse des § 743.[1]   1

II. Einzelheiten

1. Zuständigkeit

Die Klausel wird vom Rechtspfleger erteilt (§ 20 Ziff. 12 RpflG). Er prüft neben den allgemeinen Voraussetzungen jeglicher Klauselerteilung, ob der Titel, aus dem vollstreckt werden soll, sich gegen den bisher allein verwaltenden Ehegatten richtet, ob die Gütergemeinschaft beendet wurde, und zwar **nach** Rechtskraft des zu vollstreckenden Urteils bzw. nach Errichtung des zu vollstreckenden sonstigen Titels. Der Gläubiger muss die besonderen Voraussetzungen der Klausel, soweit sie nicht im Einzelfall offenkundig sind, durch öffentliche bzw. öffentlich beglaubigte Urkunden nachweisen (Beendigung der Gütergemeinschaft, Rechtskraft bzw. Entstehungszeitpunkt des Titels, Zeitpunkt der Beendigung der Gütergemeinschaft). Wegen der Möglichkeit, eine titelübertragende Klausel nach § 744 zu erlangen, fehlt für eine Leistungs- oder Duldungsklage gegen den anderen Ehegatten das Rechtsschutzinteresse.   2

2. Inhalt der Klausel

Solange die Gütergemeinschaft noch nicht endgültig auseinandergesetzt ist, ist die Klausel gegen den nicht verwaltenden Ehegatten beschränkt (»... gegen ... als Gesamtschuldner in Ansehung des Gesamtgutes der Gütergemeinschaft ...«) zu erteilen. Nach Beendigung der Auseinandersetzung ist sie unbeschränkt zu erteilen.[2] Die Haftungsbeschränkung auf die zugeteilten Gegenstände (§ 1480 BGB) ist gem. § 786 mit der Vollstreckungsabwehrklage (§§ 785, 767) geltend zu machen. Dass auch in diesem Fall eine Klauselerteilung möglich ist, also nicht ein neuer Leistungstitel gegen den nicht verwaltenden Ehegatten erwirkt werden muss, folgt aus dem Sinnzusammenhang der §§ 743, 744: Mit einem entsprechend § 743 erwirkten Leistungstitel kann auch nach Beendigung der Auseinandersetzung weiter vollstreckt werden.[3] Die Klausel nach § 744 tritt aber gerade an die Stelle dieses gesonderten Titels und soll ihn ganz, nicht nur teilweise, unnötig machen.   3

3. Titel zugunsten des Gesamtgutes

§ 744 regelt nur die Vollstreckung **gegen** den ursprünglich nicht mitverwaltenden Ehegatten in Ansehung des Gesamtgutes. Hatte der verwaltende Ehegatte vor Beendigung der Gütergemein-   4

---

[1] Vergl. insoweit auch § 743 Rdn. 1.
[2] Wie hier: *Baumbach/Lauterbach/Hartmann*, § 744 Rn. 1; Musielak/*Lackmann*, § 744 Rn. 3; PG/*Kroppenberg*, § 744 Rn. 2; Stein/Jonas/*Münzberg*, § 744 Rn. 3; **a. A.** (neuer Leistungstitel erforderlich): Kindl/Meller-Hannich/*Wolf/Giers*, § 744 Rn. 5; MüKo/*Heßler*, § 744 Rn. 13; Saenger/*Kindl*, § 744 Rn. 3; Zöller/*Stöber*, § 744 Rn. 6.
[3] Siehe § 743 Rdn. 4.

schaft einen Titel **zugunsten** des Gesamtgutes erstritten, so ist auf die Klauselerteilung zugunsten des erst nach der Beendigung der Gütergemeinschaft nunmehr mitverwaltenden anderen Ehegatten § 727 unmittelbar anzuwenden[4]. Er ist in Ansehung der Gesamtberechtigung Rechtsnachfolger des ursprünglich allein verwaltenden Ehegatten.

III. Rechtsbehelfe

5   Bei Ablehnung der Klausel kann der Gläubiger nach § 11 RpflG, § 567 vorgehen. Eine Klage nach § 731 wird nicht praktisch werden, da die erforderlichen Urkunden immer leicht zu beschaffen sein werden. Der Ehegatte, gegen den Klausel nach §§ 744, 727 erteilt wurde, kann nach §§ 732, 768 vorgehen.[5]

6   Bei einer Zwangsvollstreckung in das Gesamtgut ohne die erforderliche zusätzliche Klausel steht **beiden** Ehegatten die Erinnerung nach § 766 offen. Wird aus dem Titel in das Vorbehaltsgut bzw. in neues eigenes Vermögen des ursprünglich das Gesamtgut nicht verwaltenden Ehegatten vollstreckt, so kann er Klage nach § 771 erheben.

---

4 MüKo/*Heßler*, § 744 Rn. 11.
5 Einzelheiten insoweit: § 727 Rdn. 37.

§ 744a   Zwangsvollstreckung bei Eigentums- und Vermögensgemeinschaft

Leben Ehegatten gemäß Artikel 234 § 4 Abs. 2 des Einführungsgesetzes zum Bürgerlichen Gesetzbuch im Güterstand der Eigentums- und Vermögensgemeinschaft, sind für die Zwangsvollstreckung in Gegenstände des gemeinschaftlichen Eigentums und Vermögens die §§ 740 bis 744, 774 und 860 entsprechend anzuwenden.

Übersicht

	Rdn.			Rdn.
I. Entstehungsgeschichte und Zweck der Norm	1		III. Nachträgliche Entscheidung zugunsten des alten DDR-Güterrechts	3
II. Titel für und gegen einen der Ehegatten als Prozessstandschafter	2		IV. Verweisung auf § 860	4

Literatur:

Arnold, Zwangsvollstreckung bei fortgeltendem Güterstand der Eigentums- und Vermögensgemeinschaft (§ 744a ZPO), DtZ 1991, 80; *ders.*, Probleme der Zwangsvollstreckung nach der deutschen Einigung (II), DGVZ 1992, 20; *Brudermüller/Wagenitz*, Das Ehe- und Ehegüterrecht in den neuen Bundesländern, FamRZ 1990, 1294; *Grandke*, Familienrecht in der ehemaligen DDR nach dem Einigungsvertrag, DtZ 1990, 321; *Rauscher*, Die Überleitung des Ehegüterrechts im Einigungsvertrag (Art. 234 § 4 EGBGB), DNotZ 1991, 209; *Rellermeyer*, DDR-Güterstand und Teilungsversteigerung, RPfleger 1995, 321. *Schwab*, (Hrsg.); Familienrecht und deutsche Einigung, 1991; *Smid/Schöpf*, Auswirkungen des Einigungsvertrages auf das eheliche Güterrecht, NJ 1991, 21; *Stanewitsch*, Vollstreckung gem. § 744a ZPO in eheliches Eigentum und Vermögen, das dem FGB-Güterstand unterliegt, NJ 1991, 534; *Wassermann*, Die Zwangsvollstreckung gegen Ehegatten nach § 744a ZPO, FamRZ 1991, 507.

I. Entstehungsgeschichte und Zweck der Norm

Die Vorschrift ist durch Anl. 1 Kap. III Sachgeb. A Abschn. II Nr. 1 des Einigungsvertrages vom 18.09.1990 in die ZPO eingefügt worden. Sie regelt die Zwangsvollstreckung gegen Ehegatten, die nach der Wiedervereinigung von der Möglichkeit Gebrauch gemacht haben[1], den materiellrechtlichen Güterstand der Eigentums- und Vermögensgemeinschaft nach dem Familiengesetzbuch (FGB) der früheren DDR beizubehalten.[2] Diese Entscheidung muss in der durch Art. 234 § 4 Abs. 2, 3 EGBGB vorgeschriebenen Form bis spätestens 3.10.1992 getroffen worden sein.   1

Soweit Ehegatten von der Möglichkeit, den alten Güterstand beizubehalten, keinen Gebrauch gemacht haben, sodass für sie nunmehr der Güterstand der Zugewinngemeinschaft des BGB gilt (Art. 234 § 4 Abs. 1 EGBGB), gelten die Vorschriften der ZPO über die Zwangsvollstreckung gegen Ehegatten ohne die Besonderheiten des § 744a, insbesondere gilt auch die Vermutung des § 739. Soweit die Ehegatten keine ausdrückliche Aufteilung ihres bisherigen Altvermögens vorgenommen haben, haben sie an den Gegenständen des Altvermögens gem. Art. 234 § 4a Abs. 1 EGBGB gemeinschaftliches Eigentum zu gleichen Bruchteilen erworben. Die jeweiligen Miteigentumsanteile sind gem. § 857 für die Gläubiger jedes Ehegatten pfändbar.

II. Titel für und gegen einen der Ehegatten als Prozessstandschafter

Da das gemeinschaftliche Eigentum grundsätzlich von beiden Ehegatten gemeinschaftlich verwaltet wird, greift § 740 Abs. 2: Zur Vollstreckung ist ein Titel gegen beide Ehegatten erforderlich.[3] Da aber andererseits im Rahmen der Eigentums- und Vermögensgemeinschaft beide Ehegatten weitgehend befugt sind, einander zu vertreten[4], und da diese Vertretungsmacht auch für das gemeinsame   2

---

[1] Ihre Zahl soll relativ gering sein: Kindl/Meller-Hannich/Wolf/*Giers*, § 744a Rn. 1 spricht von rund 3.700 Ehepaaren.
[2] Zum Inhalt der güterrechtlichen Vorschriften der §§ 13–16 FGB/DDR vergl.: *Arnold*, DtZ 1991, 80; *Bosch*, FamRZ 1991, 878 und 1004; *Brudermüller/Wagenitz*, FamRZ 1990, 1294; *Smid/Schöpf*, NJ 1991, 21.
[3] *Arnold*, DtZ 1991, 83; Saenger/*Kindl*, § 744a Rn. 3; Stein/Jonas/*Münzberg*, § 744a Rn. 7.
[4] Einzelheiten: *Arnold*, DtZ 1991, 83 f.

Vermögen betreffende Prozesse gilt, kann in entsprechender Anwendung der §§ 727–729 Klausel gegen den anderen Ehegatten erteilt werden, wenn der Titel nur gegen einen von beiden erwirkt worden war, da dieser Ehegatte dann zugleich als Prozessstandschafter für den anderen aufgetreten sein dürfte. Jedenfalls kann aber der andere Ehegatte in diesem Fall gegen eine Vollstreckung in das Gemeinschaftsgut nicht mit Erfolg Klage nach § 771 erheben, soweit er für die Vollstreckungsforderung ebenfalls materiellrechtlich haftet. Es gelten insoweit die gleichen Erwägungen wie zur Drittwiderspruchsklage des gem. § 1357 BGB mithaftenden Ehegatten.

III. Nachträgliche Entscheidung zugunsten des alten DDR-Güterrechts

3 Haben die Ehegatten von der Möglichkeit, das alte DDR-Güterrecht beizubehalten, erst nachträglich, nachdem schon ein Titel gegen einen Ehegatten allein ergangen war, (aber selbstverständlich noch innerhalb der Frist des Art. 234 § 4 Abs. 2 und 3 EGBGB) Gebrauch gemacht, so gilt § 742 entsprechend. Es ist dann zur Vollstreckung in das Gemeinschaftsgut nachträglich auch Klausel gegen den anderen Ehegatten erforderlich.[5]

IV. Verweisung auf § 860

4 Die Verweisung auch auf § 860 bedeutet: Während des Bestehens der Eigentums- und Vermögensgemeinschaft kann der Anteil eines Ehegatten am Gemeinschaftsgut nicht als solcher gepfändet werden. Haben die Ehegatten aber die Beendigung der Gemeinschaft wirksam vereinbart, wird nunmehr der Anteil pfändbar. Aufgrund der Pfändung kann der Gläubiger seinen Schuldner zwingen (indem er etwa insoweit einen nach § 888 vollstreckbaren Titel aufgrund seines infolge der Pfändung erworbenen Mitwirkungsanspruchs erwirkt), die Auseinandersetzung der Gemeinschaft zu betreiben, um dann in einzelne Vermögensstücke oder den Verwertungserlös vollstrecken zu können. Der Gläubiger kann nicht selbst seinerseits die Auseinandersetzung durchführen. Die Regelung in §§ 1471 Abs. 2, 1419 Abs. 1 BGB zeigt, dass der Gesetzgeber auch im Stadium der Auseinandersetzung Dritte nicht unmittelbar in die engen familiären Beziehungen hineinwirken lassen wollte.[6]

---

5 Zum Verfahren insoweit: § 742 Rdn. 4–6.
6 A. A. (Der Gläubiger kann die Auseinandersetzung selbst nach den Vorschriften des FGB/DDR betreiben): *Arnold*, DtZ 1991, 85. Diese Gegenansicht deckt sich mit der h. M. zu § 860 ZPO. Einzelheiten siehe deshalb dort Rdn. 5, 6.

§ 745 Zwangsvollstreckung bei fortgesetzter Gütergemeinschaft

(1) Im Falle der fortgesetzten Gütergemeinschaft ist zur Zwangsvollstreckung in das Gesamtgut ein gegen den überlebenden Ehegatten ergangenes Urteil erforderlich und genügend.

(2) Nach der Beendigung der fortgesetzten Gütergemeinschaft gelten die Vorschriften der §§ 743, 744 mit der Maßgabe, dass an die Stelle des Ehegatten, der das Gesamtgut allein verwaltet, der überlebende Ehegatte, an die Stelle des anderen Ehegatten die anteilsberechtigten Abkömmlinge treten.

Übersicht	Rdn.		Rdn.
I. Zweck	1	II. Einzelheiten	2

I. Zweck

Nach § 1483 Abs. 1 BGB kann im Ehevertrag vereinbart werden, dass die Gütergemeinschaft nach dem Tode eines Ehegatten zwischen dem überlebenden Ehegatten und den gemeinschaftlichen Abkömmlingen fortgesetzt wird. Der Anteil des verstorbenen Ehegatten am Gesamtgut gehört in einem solchen Fall nicht zum Nachlass. Mit Eintritt der fortgesetzten Gütergemeinschaft erwirbt der überlebende Ehegatte die Stellung des das Gesamtgut allein verwaltenden Ehegatten, während die anteilsberechtigten Abkömmlinge dann die Stellung des anderen (nicht mitverwaltenden) Ehegatten innehaben (§ 1487 Abs. 1 BGB). § 745 zieht aus dieser Situation die vollstreckungsrechtlichen Konsequenzen: Während des Bestandes der fortgesetzten Gütergemeinschaft genügt zur Vollstreckung in das Gesamtgut ein Titel gegen den überlebenden – das Gesamtgut ja allein verwaltenden – Ehegatten. Das entspricht ganz dem § 740 Abs. 1. Nach Beendigung der fortgesetzten Gütergemeinschaft werden in Ansehung der Vollstreckung in das Gesamtgut konsequenterweise die §§ 743, 744 für entsprechend anwendbar erklärt. 1

II. Einzelheiten

Wegen der Einzelheiten kann auf die Anmerkungen zu § 740 Abs. 1 und zu §§ 743, 744[1] vollinhaltlich Bezug genommen werden: Bei bestehender fortgesetzter Gütergemeinschaft genügt ein Titel gegen den überlebenden Ehegatten. Nach Beendigung und vor endgültiger Auseinandersetzung ist neben einem Leistungstitel gegen den überlebenden Ehegatten ein Duldungstitel gegen die Abkömmlinge erforderlich. 2

---

1 Insbesondere § 743 Rdn. 2, 3, 5 und § 744 Rdn. 2, 3, 5.

§ 746 ZPO

§ 746

(weggefallen)

Aufgehoben durch das Gleichberechtigungsgesetz vom 18.6.1957 (BGBl. I S. 609).

Vor §§ 747–749 Zwangsvollstreckung in einen Nachlass

Übersicht	Rdn.		Rdn.
I. Übersicht über die gesetzlichen Regelungen	1	3. Vollstreckung in den Anteil eines Erben am Nachlass	4
1. Vollstreckung von Nachlassverbindlichkeiten	2	4. Pfändungsschutz für den Vorerben	5
2. Klauselumschreibung nach Änderung der Verfügungsbefugnis über den Nachlass	3	II. Abgabenvollstreckung gegen Erben	6

Literatur:
Ahner, Die Rechtsstellung der Erbengemeinschaft in Prozess und Zwangsvollstreckung, Diss., Bielefeld 2007; *Behr,* Zwangsvollstreckung in den Nachlass, Rpfleger 2002, 2; *Däumichen,* Zwangsvollstreckung gegen den Erben auf Grund eines Schuldtitels gegen den Erblasser (§ 92 GVGA), FoVo 2008, 155; *Dauner-Lieb,* Zwangsvollstreckung bei Nachlassverwaltung und Nachlasskonkurs, FS Gaul, 1997, S. 93; *Deubner,* Aus der Praxis: Die noch nicht beschränkte Erbenhaftung, JuS 1972, 207; *Esch,* Zur Zulässigkeit der Testamentsvollstreckung in Kommanditbeteiligungen, NJW 1981, 2222; *Garlichs,* Passivprozesse des Testamentsvollstreckers. Erkenntnisverfahren und Zwangsvollstreckung gegen den Testamentsvollstrecker und den durch Testamentsvollstreckung belasteten Erben, Diss. Konstanz 1995; *ders.,* Titelerfordernis bei der Vollstreckung in den ungeteilten Nachlass, Jur. Büro 1998, 242; *ders.,* Die Befugnisse zur Vollstreckungserinnerung bei Testamentsvollstreckung, Rpfleger 1999, 60; *Köpf,* Die Geltendmachung des Pflichtteilsanspruchs bei Testamentsvollstreckung: § 2213 Abs. 1 S. 3 BGB als halbzwingendes Recht, ZEV 2013, 235; *Liebs,* Die unbeschränkbare Verfügungsbefugnis, AcP 1975, 1; *Muscheler,* Verfügung über den Erbteil, ZErb 2010, 40; *Obermaier,* Die Rechtsnachfolge in das Zwangsvollstreckungsverfahren beim Tode einer Partei, DGVZ 1973, 10; *Roth,* Zwangsvollstreckung und unbekannter Erbe des Schuldners, NJW-Spezial 2010, 551; *Schindler,* Gesamtschuld- und Gesamthandsklage eines Miterbennachlassgläubigers, ZEV 2011, 295; *Soutier,* Die Umschreibung von Vollstreckungsklauseln – eine Anleitung für die Praxis, MittBayNot 2011, 181 (Teil), 275 (Teil II), 366 (Teil III); *Stürner,* Der lediglich rechtliche Vorteil, AcP 1973, 402; *Wolf,* Prinzipien und Anwendungsbereich der dinglichen Surrogation, JuS 1975, 710; *Zeisig,* Gesamtschuldklage und Gesamthandklage gegen Miterben, ZErb 2013, 52.

I. Übersicht über die gesetzlichen Regelungen

Die bei der Zwangsvollstreckung in einen Nachlass zu beachtenden Besonderheiten sind weit verstreut im 8. Buch der ZPO zu finden. **1**

1. Vollstreckung von Nachlassverbindlichkeiten

Lag bereits ein Titel gegen den Erblasser vor und hatte die Zwangsvollstreckung auch gegen diesen bereits begonnen[1], als dann der Erbfall eintrat, so regelt § 779 die Fortsetzung der bereits begonnenen Vollstreckung nunmehr in den Nachlass. **2**

Lag bereits ein Titel gegen den Erblasser vor, trat aber der Erbfall ein, bevor mit der Zwangsvollstreckung begonnen war, so kann die Zwangsvollstreckung gegen den neu in Anspruch zu nehmenden, aus dem Titel selbst nicht ersichtlichen Schuldner nur beginnen, wenn dieser jedenfalls aus der Vollstreckungsklausel namentlich hervorgeht (§ 750 Abs. 1). Gegen wen nach den Besonderheiten des jeweiligen Erbfalles (Alleinerbe; Erbengemeinschaft; fortgesetzte Gütergemeinschaft; Testamentsvollstreckung ist angeordnet; ein Nachlassverwalter ist bestellt; der Verstorbene war Rechtsanwalt, für den ein Kanzleiabwickler bestellt wurde[2]) und wie Klausel beantragt werden muss, regeln die §§ 727, 745, 747, 749.

Lag zum Zeitpunkt des Erbfalls noch kein Titel gegen den Erblasser vor und wollen Nachlassgläubiger oder auch persönliche Gläubiger des (der) Erben in den Nachlass vollstrecken, so regelt

---

1 Für die Frage, ob die Zwangsvollstreckung bereits begonnen hat, ist nicht auf die einzelne Zwangsvollstreckungsmaßnahme abzustellen, sondern auf die Zwangsvollstreckung im Ganzen: BGH, NJW 2010, 157; AG Bremen, JurBüro 2015, 209.
2 OLG Karlsruhe, Rpfleger 2005, 36; OLG Karlsruhe, InVo 2005, 103.

§ 778, wegen welcher Verbindlichkeiten und ab welchem Zeitpunkt überhaupt in den Nachlass vollstreckt werden kann, während §§ 747, 748 festlegen, wer in diesen Fällen im Titel als Schuldner ausgewiesen sein muss. § 1958 BGB ergänzt die Regelung materiellrechtlich.

Wie der als Erbe des Schuldners in Anspruch Genommene seine Haftung auf den Nachlass beschränken kann und wann und wie diese Beschränkung in der Zwangsvollstreckung zu berücksichtigen ist, regeln die §§ 780–785.

2. Klauselumschreibung nach Änderung der Verfügungsbefugnis über den Nachlass

3 Die Klauselumschreibung für den Fall, dass ein Titel zunächst gegen den Vorerben oder gegen den Testamentsvollstrecker erwirkt war, nachträglich die Verfügungsbefugnis über den Nachlass aber auf den Nacherben oder den Erben überging, regelt § 728.

3. Vollstreckung in den Anteil eines Erben am Nachlass

4 Die Vollstreckung nicht in den Nachlass selbst, sondern in den Anteil des Erben am Nachlass regelt § 859 Abs. 2. Die gleiche Frage hinsichtlich des Anteils des überlebenden Ehegatten und der anteilsberechtigten Abkömmlinge an der fortgesetzten Gütergemeinschaft spricht § 860 Abs. 2 an.

4. Pfändungsschutz für den Vorerben

5 Ein gewisser Pfändungsschutz für den Vorerben hinsichtlich der Erbschaftsnutzungen ist in § 863 geregelt.

II. Abgabenvollstreckung gegen Erben

6 Ist der **Vollstreckungstitel ein Bescheid der Finanzbehörden**, so gelten gem. § 265 AO die §§ 747, 748, 778, 779, 781–784 für die Vollstreckung gegen Erben entsprechend.

§ 747 Zwangsvollstreckung in ungeteilten Nachlass

Zur Zwangsvollstreckung in einen Nachlass ist, wenn mehrere Erben vorhanden sind, bis zur Teilung ein gegen alle ergangenes Urteil erforderlich.

Übersicht

	Rdn.		Rdn.
I. Zweck.	1	5. Vorbehalt der beschränkten Erbenhaftung.	6
II. Einzelheiten.	2	6. Vollstreckung in den ideellen Anteil eines Miterben	7
1. Erbengemeinschaft.	2		
2. Titel gegen die Erben	3		
3. Miterbe als Vollstreckungsgläubiger	4	III. Rechtsbehelfe.	8
4. Titel bereits gegen den Erblasser.	5		

I. Zweck

Sind mehrere Erben vorhanden, so wird gem. § 2032 Abs. 1 BGB der Nachlass bis zum Abschluss der Erbauseinandersetzung zunächst gemeinschaftliches Vermögen der Erben. Jeder Miterbe kann zwar über seinen Anteil am Nachlass als Ganzes, nicht aber über seinen Anteil an einzelnen Nachlassgegenständen verfügen (§ 2033 BGB). Grundsätzlich steht den Erben die Verwaltung des Nachlasses nur gemeinschaftlich zu (§ 2038 Abs. 1 BGB). Auch über einzelne Nachlassgegenstände können sie nur gemeinschaftlich verfügen (§ 2040 Abs. 1 BGB). Diese materiellrechtliche Ausgangssituation macht vollstreckungsrechtlich eine den §§ 736, 740 Abs. 2 vergleichbare Regelung notwendig. 1

II. Einzelheiten

1. Erbengemeinschaft

Der Nachlass, in den vollstreckt werden soll, muss mehreren Erben zustehen[1]; denn bei nur einem Erben stellt sich die Gesamthandsproblematik nicht. Der Nachlass muss noch ungeteilt (ganz oder auch nur teilweise) vorhanden sein[2]; denn mit dem Abschluss der Auseinandersetzung endet die Gesamthandsberechtigung. Schließlich darf der Nachlass nicht der Verwaltung eines Testamentsvollstreckers unterliegen, da sich in diesem Fall der Titel gegen diesen richten muss (§ 748 Abs. 1). Ebenso wenig darf Nachlassverwaltung angeordnet sein; denn nach § 1984 BGB bedarf es in diesem Fall zur Vollstreckung in den Nachlass eines Titels gegen den Nachlassverwalter. 2

2. Titel gegen die Erben

Der Titel gegen alle Erben kann neben einem Urteil auch jeder andere Vollstreckungstitel sein (§ 795)[3]. Es muss auch nicht ein einheitlicher Titel (Gesamthandstitel) gegen alle vorliegen, vielmehr genügt je ein gesonderter Titel gegen jeden Einzelnen (Gesamtschuldtitel). Der Titel muss ein Leistungstitel sein, ein Duldungstitel genügt nicht[4]. Ähnlich wie bei § 736 der Titel gegen alle Gesellschafter nicht über eine Gesellschaftsverbindlichkeit verlauten muss[5], so muss auch hier nicht unbedingt eine Nachlassverbindlichkeit tituliert sein. Es genügt jeder Titel, nach dem alle Erben aus demselben Rechtsgrund – welchem auch immer – als Gesamtschuldner haften.[6] 3

---

1 Musielak/Lackmann, § 747 Rn. 2.
2 MüKo/Heßler, § 747 Rn. 17; Musielak/Lackmann, § 747 Rn. 3.
3 Musielak/Lackmann, § 747 Rn. 3; PG/Kroppenberg, § 747 Rn. 2.
4 MüKo/Heßler, § 747 Rn. 11; Musielak/Lackmann, § 747 Rn. 3; PG/Kroppenberg, § 747 Rn. 2; Saenger/Kindl, § 747 Rn. 3.
5 Siehe § 736 Rdn. 2.
6 BGHZ 53, 110; Kindl/Meller-Hannich/Wolf/Giers, § 747 Rn. 4; MüKo/Heßler, § 747 Rn. 12; Schindler, ZEV 2011, 295 (zur Gesamtschuldklage eines Miterbennachlassgläubigers).

3. Miterbe als Vollstreckungsgläubiger

4 Ist ein Miterbe der die Vollstreckung betreibende Gläubiger, so genügen ein Gesamthandstitel oder mehrere Gesamtschuldtitel gegen die übrigen Miterben.[7]

4. Titel bereits gegen den Erblasser

5 Lag bereits ein Titel gegen den Erblasser vor, so braucht kein neuer Titel gegen die Erben erwirkt zu werden, es genügt vielmehr, wenn gegen alle Miterben Klausel nach §727 beantragt wird[8]. Diese Möglichkeit würde einer erneuten Klage gegen die Miterben sogar das Rechtsschutzbedürfnis nehmen.

5. Vorbehalt der beschränkten Erbenhaftung

6 Bei der Vollstreckung gegen die Erben wird die beschränkte Erbenhaftung, auch wenn sie im Urteil vorbehalten ist (§780 Abs. 1), zunächst nicht berücksichtigt (§781). Sie muss klageweise geltend gemacht werden.

6. Vollstreckung in den ideellen Anteil eines Miterben

7 Liegt nur ein Titel gegen einen der Erben vor, so kann aus ihm nur in den ideellen Anteil dieses Miterben am Nachlass als ganzem (§859 Abs. 2) oder in das übrige nicht oder (nach Teilauseinandersetzung) nicht mehr zum Nachlass gehörende Privatvermögen dieses Miterben vollstreckt werden, nicht aber in den Nachlass selbst.

III. Rechtsbehelfe

8 Fehlt einer der erforderlichen Titel, kann jeder Miterbe, auch der, gegen den ein Titel vorliegt, Erinnerung nach §766 einlegen. Die Klage des Miterben, gegen den ein Titel fehlt, nach §771 wäre zwar zulässig, ihrer Begründetheit stünde aber der Arglisteinwand entgegen[9], wenn der klagende Miterbe für die titulierte Forderung materiellrechtlich mithaftet, etwa gem. §§ 2058, 2059 BGB[10].

---

[7] BGHZ 53, 110; OLG Stuttgart, NJW 1959, 1735; OLG Köln, BeckRS 1996, 07456; MüKo-/Heßler, §747 Rn. 14; Schindler, ZEV 2011, 295, 297.
[8] MüKo-/Heßler, §747 Rn. 9; PG/Kroppenberg, §747 Rn. 3.
[9] Ebenso PG/Kroppenberg, §747 Rn. 4; Stein/Jonas/Münzberg, §747 Rn. 5.
[10] MüKo/Heßler, §747 Rn. 25.

§ 748 Zwangsvollstreckung bei Testamentsvollstrecker

(1) Unterliegt ein Nachlass der Verwaltung eines Testamentsvollstreckers, so ist zur Zwangsvollstreckung in den Nachlass ein gegen den Testamentsvollstrecker ergangenes Urteil erforderlich und genügend.

(2) Steht dem Testamentsvollstrecker nur die Verwaltung einzelner Nachlassgegenstände zu, so ist die Zwangsvollstreckung in diese Gegenstände nur zulässig, wenn der Erbe zu der Leistung, der Testamentsvollstrecker zur Duldung der Zwangsvollstreckung verurteilt ist.

(3) Zur Zwangsvollstreckung wegen eines Pflichtteilsanspruchs ist im Falle des Absatzes 1 wie im Falle des Absatzes 2 ein sowohl gegen den Erben als gegen den Testamentsvollstrecker ergangenes Urteil erforderlich.

Übersicht

		Rdn.
I.	Zweck	1
II.	Einzelheiten	2
1.	Testamentsvollstreckung hinsichtlich des gesamten Nachlasses	2
2.	Testamentsvollstreckung hinsichtlich einzelner Nachlassgegenstände	4
3.	Vollstreckung wegen eines Pflichtteilanspruches	5
4.	Vollstreckung wegen anderer als Nachlassverbindlichkeiten	6
III.	Rechtsbehelfe	7

I. Zweck

Der Testamentsvollstrecker ist nicht Vertreter der Erben im Hinblick auf den von ihm verwalteten Nachlass, sondern Inhaber eines eigenständigen privaten Amtes, das er im Rahmen der letztwilligen Anordnung kraft eigenen Rechts ausübt.[1] Prozesse über seiner Verwaltung unterliegende Rechte führt er als Partei kraft Amtes im eigenen Namen (§ 2212 BGB). Hinsichtlich der Passivprozesse enthält § 2213 BGB eine mehrspurige Regelung: Steht dem Testamentsvollstrecker die Verwaltung des Nachlasses zu (dazu: §§ 2205, 2209 BGB), so können Ansprüche, die sich gegen den Nachlass richten, sowohl gegen den Erben als auch gegen den Testamentsvollstrecker gerichtlich geltend gemacht werden; steht sie ihm nicht zu (dazu: § 2208 BGB), so ist die Geltendmachung nur gegen den Erben zulässig. Eine Ausnahme bildet die Geltendmachung von Pflichtteilansprüchen: Sie kann in jedem Fall nur gegenüber den Erben erfolgen. Ein Nachlassgläubiger, der seinen Anspruch gegen den Erben geltend macht, kann den Anspruch zusätzlich auch gegen den Testamentsvollstrecker dahin geltend machen, dass dieser die Zwangsvollstreckung in die seiner Verwaltung unterliegenden Nachlassgegenstände dulde. Aus diesen Regeln des materiellen Rechts zieht § 748 die vollstreckungsrechtlichen Konsequenzen unter Berücksichtigung der sich aus §§ 750, 808 ergebenden Erfordernisse.

1

II. Einzelheiten

1. Testamentsvollstreckung hinsichtlich des gesamten Nachlasses

Unterliegt der **gesamte Nachlass** der Verwaltung des Testamentsvollstreckers, so kann nach materiellem Recht zwar sowohl gegen den Erben als auch wahlweise gegen den Testamentsvollstrecker ein Titel erwirkt werden; da der Testamentsvollstrecker in diesem Fall aber der allein über den Nachlass Verfügungsberechtigte ist und die Nachlassgegenstände auch in Besitz haben wird (§ 2205 BGB), verspräche ein Titel gegen den Erben, der zudem wegen § 327 keine Wirkung gegen den Testamentsvollstrecker entfaltet, im Hinblick auf §§ 750 Abs. 1, 808, 809 praktisch wenig Erfolg. Deshalb ordnet § 748 Abs. 1 konsequenterweise an, dass in jedem Fall zur Vollstreckung in den Nachlass ein Titel gegen den Testamentsvollstrecker **erforderlich**, – aber auch genügend ist. Der

2

---

[1] Vergl. BGHZ 13, 203 ff.; 35, 296 ff.; NJW 1983, 40; *Bamberger/Roth/J. Mayer*, § 2197 BGB Rn. 4, 5; *Erman/M. Schmidt*, Vor § 2197 BGB Rn. 2, 3.; *Palandt/Weidlich*, Einf. v. § 2197 BGB Rn. 2.

§ 748 ZPO Zwangsvollstreckung bei Testamentsvollstrecker

Titel muss kein Leistungstitel sein, wie § 2213 Abs. 3 BGB zeigt. Es genügt ein Titel (auch nach § 794 Abs. 2), die Zwangsvollstreckung in den verwalteten Nachlass zu dulden.

3 Ein Leistungstitel gegen den Erben ist aber auch in dem Fall, dass der gesamte Nachlass der Verwaltung des Testamentsvollstreckers unterliegt, neben dem Titel gegen den Testamentsvollstrecker in der Praxis durchaus sinnvoll. Zum einen überwindet ein solcher Titel den Widerspruch des Erben, der mit Zustimmung des Testamentsvollstreckers einen Nachlassgegenstand im Alleingewahrsam hat, gegen den Eingriff in seine Besitzsphäre (§ 809).[2] Er ermöglicht eine richterliche Durchsuchungsanordnung gegen den Erben im Rahmen des § 758a. Darüber hinaus gestattet dieser Titel auch die Zwangsvollstreckung in das übrige, nicht zum Nachlass gehörende Vermögen des Schuldners. Es bleibt dann diesem überlassen, ob er seine gegebenenfalls beschränkte Erbenhaftung nach §§ 785, 767 geltend machen will. Schließlich ermöglicht dieser Titel die unkomplizierte Fortsetzung der Vollstreckung in den Nachlass, falls die Testamentsvollstreckung endet. Der Titel schützt den Gläubiger darüber hinaus bei Auslegungsschwierigkeiten des Willens des Erblassers über den Umfang der Kompetenz des Testamentsvollstreckers, da dann, wenn die Verwaltung sich nur auf einzelne Nachlassgegenstände beziehen sollte, in jedem Fall ein Leistungstitel gegen den Erben neben einem Duldungstitel gegen den Testamentsvollstrecker erforderlich wäre (Abs. 2).

2. Testamentsvollstreckung hinsichtlich einzelner Nachlassgegenstände

4 Steht dem Testamentsvollstrecker nur **die Verwaltung einzelner Nachlassgegenstände** zu, so ist in jedem Fall gegen den Erben ein Leistungstitel erforderlich; **darüber hinaus** benötigt der Gläubiger zur Vollstreckung in die der Verwaltung unterliegenden Gegenstände zusätzlich entweder auch einen Leistungstitel oder einen Titel auf Duldung der Zwangsvollstreckung in den Nachlass gegen den Testamentsvollstrecker.[3] Abs. 2 erwähnt den Duldungstitel nur deshalb ausdrücklich, damit deutlich wird, dass dieses Minus zum Leistungstitel auch ausreicht. Die Duldungsklage kann wie die Leistungsklage neben dem allgemeinen Gerichtsstand auch am Gerichtsstand nach § 28 erhoben werden. Im Antrag sind die Nachlassgegenstände, in die die Vollstreckung zu dulden ist, zu bezeichnen (§ 2213 Abs. 3 BGB: »die seiner Verwaltung unterliegenden Gegenstände«).[4] Das Duldungsurteil ist nach den allgemeinen Regeln (§§ 708 ff.) für vorläufig vollstreckbar zu erklären. Zur Zwangsvollstreckung in die nicht der Verwaltung des Testamentsvollstreckers unterliegenden Nachlassgegenstände bedarf es eines Titels allein gegen den Erben. In diesem Verfahren ist der Testamentsvollstrecker nicht zu beteiligen.[5]

3. Vollstreckung wegen eines Pflichtteilanspruches

5 Zur Zwangsvollstreckung wegen eines **Pflichtteilanspruchs**[6] ist immer, wenn in den verwalteten Nachlass vollstreckt werden soll, also bei Alleinverwaltung durch den Testamentsvollstrecker ebenso wie im Fall der Verwaltung nur einzelner Nachlassgegenstände durch ihn, sowohl ein gegen den

---

2 Wie hier: Kindl/Meller-Hannich/Wolf/*Giers*, § 748 Rn. 4; MüKo-/*Heßler*, § 748 Rn. 23; Saenger/*Kindl*, § 748 Rn. 3; Stein/Jonas/*Münzberg*, § 748 Rn. 3. A.A. die wohl noch h. M. (kein Widerspruchsrecht des Erben im Rahmen des § 809 ZPO, da dieser nicht als »Dritter« anzusehen sei): *Baumbach/Lauterbach/Hartmann*, § 748 Rn. 3; *Baur/Stürner/Bruns*, Rn. 20.21; *Musielak/Lackmann*, § 748 Rn. 7; PG/*Kroppenberg*, § 748 Rn. 3; *Thomas/Putzo/Seiler*, § 748 Rn. 2; *Zöller/Stöber*, § 748 Rn. 3.
3 Einem Testamentsvollstrecker, der nur Teile des Nachlasses verwaltet, gleichzusetzen ist der Kanzleiabwickler eines verstorbenen Rechtsanwalts: OLG Karlsruhe, Rpfleger 2005, 36; OLG Karlsruhe, InVo 2005, 103.
4 A.A. (Titel auf Duldung der Zwangsvollstreckung in den gesamten Nachlass ohne Bezeichnung einzelner Gegenstände, auch wenn diese die Vollstreckung erleichtern möge): Kindl/Meller-Hannich/Wolf/*Giers*, § 748 Rn. 5; *Musielak/Lackmann*, § 748 Rn. 5.; PG/*Kroppenberg*, § 748 Rn. 4; Saenger/*Kindl*, § 748 Rn. 4; Stein/Jonas/*Münzberg*, § 748 Rn. 4; auch *Zöller/Stöber*, § 748 Rn. 4 hält die Bezeichnung der einzelnen Gegenstände nur für zweckmäßig.
5 BFH, NJW-RR 1996, 1026.
6 Ausführlich zur Problematik: *Köpf*, ZEV 2013, 235.

Erben als auch ein gegen den Testamentsvollstrecker gerichteter Titel erforderlich (Abs. 3). Der Grund hierfür liegt in § 2213 Abs. 1 Satz 3 BGB. Bei der Vollstreckung in die der Verwaltung nicht unterliegenden Nachlassgegenstände bedarf der Pflichtteilsberechtigte allein eines Titels gegen den Erben. Ist zur Geltendmachung des Pflichtteilsanspruchs zunächst eine Auskunft auch des Erben selbst erforderlich, kann dieser Auskunftsanspruch nicht nur gegen den Erben allein tituliert, sondern der Auskunftsanspruch dann auch gegen den Erben allein vollstreckt werden.[7]

Das Urteil gegen den Erben erzeugt keine Bindungswirkung gegen den Testamentsvollstrecker (siehe § 327). Deshalb wirkt sich im Prozess gegen den Testamentsvollstrecker ein vom Erben in seinem Verfahren dem pflichtteilberechtigten Abkömmling gegenüber abgegebenes Anerkenntnis auch nicht präjudiziell aus.[8]

4. Vollstreckung wegen anderer als Nachlassverbindlichkeiten

Mit einem Titel gegen den Erben über andere als Nachlassverbindlichkeiten kann nicht in der Verwaltung des Testamentsvollstreckers unterliegende Nachlassgegenstände vollstreckt werden (§ 2214 BGB), sondern nur in den verwaltungsfreien Nachlass und in das übrige Privatvermögen des Erben. Der Grund hierfür liegt darin, dass die Eigengläubiger des Erben nicht mehr Rechte haben können als dieser selbst (§§ 2205, 2211 Abs. 1 BGB).

III. Rechtsbehelfe

Testamentsvollstrecker und Erbe[9] können nach § 766 Erinnerung einlegen, wenn einer der erforderlichen Titel fehlt. Der Testamentsvollstrecker kann zudem Erinnerung (§ 766) einlegen, wenn der Titel gegen den Erben, aus dem in den verwalteten Nachlass vollstreckt wird, nicht auf einer Nachlassverbindlichkeit basiert. Er kann in diesem Fall auch nach § 771 klagen[10].

---

7 OLG Dresden, ZEV 2003, 289.
8 OLG Celle, MDR 1967, 46.
9 Wie hier: *Musielak/Lackmann*, § 748 Rn. 8; PG/*Kroppenberg*, § 748 Rn. 6; *Zöller/Stöber*, § 748 Rn. 10. **A. A.** (falls nur der Titel gegen den Testamentsvollstrecker fehlt, nur Erinnerung des Testamentsvollstreckers, nicht auch des Erben): Kindl/Meller-Hannich/Wolf/*Giers*, § 748 Rn. 8; MüKo/*Heßler*, § 748 Rn. 30; Saenger/*Kindl*, § 748 Rn. 6; *Stein/Jonas/Münzberg*, § 748 Rn. 7.
10 AG Leverkusen, BeckRS 2002, 15553.

§ 749 Vollstreckbare Ausfertigung für und gegen Testamentsvollstrecker

¹Auf die Erteilung einer vollstreckbaren Ausfertigung eines für oder gegen den Erblasser ergangenen Urteils für oder gegen den Testamentsvollstrecker sind die Vorschriften der §§ 727, 730 bis 732 entsprechend anzuwenden. ²Auf Grund einer solchen Ausfertigung ist die Zwangsvollstreckung nur in die der Verwaltung des Testamentsvollstreckers unterliegenden Nachlassgegenstände zulässig.

Übersicht

	Rdn.		Rdn.
I. Zweck.	1	4. Ausfertigung gegen Erben und Testamentsvollstrecker	5
II. Einzelheiten	2	III. Entsprechende Anwendung der Norm	6
1. Zuständigkeit	2	IV. Rechtsbehelfe	7
2. Nachweise	3		
3. Inhalt der Klausel	4		

I. Zweck

1 Soweit Gegenstände des Nachlasses der Verwaltung des Testamentsvollstreckers unterliegen (das gilt auch für Forderungen jeglicher Art und sonstige Ansprüche), kann auch nur er allein über sie verfügen (§ 2205 BGB). Er allein kann seiner Verwaltung unterliegende Rechte gerichtlich geltend machen (§ 2212 BGB) und, soweit sie schon tituliert sind, im Wege der Zwangsvollstreckung beitreiben. Umgekehrt bedarf es zur Vollstreckung in der Verwaltung des Testamentsvollstreckers unterliegende Gegenstände jedenfalls auch eines Titels gegen den Testamentsvollstrecker (§ 748 Abs. 1 und Abs. 2). Soweit bereits ein Titel für oder gegen den Erblasser vorliegt, will § 749 die Beschaffung eines Titels für und gegen den Testamentsvollstrecker erleichtern, indem er die Möglichkeit der den Titel umschreibenden Klausel entsprechend § 727 eröffnet. Ist der Testamentsvollstrecker von der Verwaltung des Nachlasses ausgeschlossen, bedarf es einer Klausel gegen ihn nach § 749 nicht.

II. Einzelheiten

1. Zuständigkeit

2 Für die Klauselerteilung ist gem. § 20 Ziff. 12 RpflG der Rechtspfleger zuständig. Er prüft neben den allgemeinen Voraussetzungen jeglicher Klauselerteilung[1], ob ein Titel für oder gegen den Erblasser vorliegt, ob Testamentsvollstreckung mit zumindest eingeschränkter Verwaltungsbefugnis des Testamentsvollstreckers (§§ 2205, 2208 BGB) angeordnet und ob die Testamentsvollstreckung auch bereits eingetreten ist. Letzteres ist nach dem Tode des Erblassers ab Annahme des Amtes durch den Vollstrecker (§ 2202 BGB) gegeben, auch wenn noch nicht feststeht, wer Erbe sein wird (§ 2213 Abs. 2 BGB).

2. Nachweise

3 Zum Nachweis der besonderen Voraussetzungen der Klausel (oben Rdn. 2) genügt die Vorlage eines Testamentsvollstreckungszeugnisses (§ 2368 BGB), von dem der Gläubiger sich über § 792 eine Ausfertigung beschaffen kann. Da das Zeugnis erst ab Annahme des Amtes ausgefertigt werden kann, bedarf es keines zusätzlichen Nachweises der Annahme des Amtes.[2] Wenn die nachzuweisenden Tatsachen offenkundig (d. h. auch: ausdrücklich zugestanden) sind, bedarf es nach den allgemeinen Regeln[3] keiner Urkunden.

---

[1] Vor §§ 724–734 Rdn. 8, 9, 11 und § 724 Rdn. 5, 6.
[2] Musielak/Lackmann, § 749 Rn. 3; PG/Kroppenberg, § 749 Rn. 1; Thomas/Putzo/Seiler, § 749 Rn. 3; a. A.: Stein/Jonas/Münzberg, § 749 Rn. 2.
[3] § 727 Rdn. 35.

3. Inhalt der Klausel

In die Klausel ist die Eigenschaft als Testamentsvollstrecker ausdrücklich aufzunehmen. Ferner sind die Urkunden, aufgrund derer der Rechtspfleger seine Überzeugung gewonnen hat, in der Klausel zu bezeichnen. Aufgrund dieser Angaben kann das Vollstreckungsorgan dann in eigener Verantwortung die Beschränkung des § 749 Satz 2 beachten. 4

4. Ausfertigung gegen Erben und Testamentsvollstrecker

Soll das gegen den Erblasser ergangene Urteil im Hinblick auf § 748 Abs. 2 sowohl gegen den Erben als auch gegen den Testamentsvollstrecker ausgefertigt werden (was im Hinblick auf § 733 zweckmäßigerweise auf einer Urkunde geschieht), so richtet sich die Ausfertigung gegen den Erben unmittelbar nach § 727 und nur die gegen den Testamentsvollstrecker nach § 749. 5

III. Entsprechende Anwendung der Norm

§ 749 ist auf andere Parteien kraft Amtes, die an Stelle des Gläubigers oder des Schuldners die Verfügungsbefugnis über ein Vermögen übernommen haben (Nachlassverwalter[4], Insolvenzverwalter, Zwangsverwalter), entsprechend anzuwenden.[5] 6

IV. Rechtsbehelfe

Siehe § 744 Rdn. 5 und § 727 Rdn. 37. 7

---

[4] MüKo/*Heßler*, § 749 Rn. 7; Saenger/*Kindl*, § 749 Rn. 2.
[5] Einzelheiten: § 728 Rdn. 9.

§ 750 Voraussetzungen der Zwangsvollstreckung

(1) (1)¹Die Zwangsvollstreckung darf nur beginnen, wenn die Personen, für und gegen die sie stattfinden soll, in dem Urteil oder in der ihm beigefügten Vollstreckungsklausel namentlich bezeichnet sind und das Urteil bereits zugestellt ist oder gleichzeitig zugestellt wird. ²Eine Zustellung durch den Gläubiger genügt; in diesem Fall braucht die Ausfertigung des Urteils Tatbestand und Entscheidungsgründe nicht zu enthalten.

(2) (2)Handelt es sich um die Vollstreckung eines Urteils, dessen vollstreckbare Ausfertigung nach § 726 Abs. 1 erteilt worden ist, oder soll ein Urteil, das nach den §§ 727 bis 729, 738, 742, 744, dem § 745 Abs. 2 und dem § 749 für oder gegen eine der dort bezeichneten Personen wirksam ist, für oder gegen eine dieser Personen vollstreckt werden, so muss außer dem zu vollstreckenden Urteil auch die ihm beigefügte Vollstreckungsklausel und, sofern die Vollstreckungsklausel auf Grund öffentlicher oder öffentlich beglaubigter Urkunden erteilt ist, auch eine Abschrift dieser Urkunden vor Beginn der Zwangsvollstreckung zugestellt sein oder gleichzeitig mit ihrem Beginn zugestellt werden.

(3) (3)Eine Zwangsvollstreckung nach § 720a darf nur beginnen, wenn das Urteil und die Vollstreckungsklausel mindestens zwei Wochen vorher zugestellt sind.

Übersicht	Rdn.			Rdn.
I. Anwendungsbereich der Vorschrift	1		a) § 929 Abs. 2	30
II. Prüfung des zu vollstreckenden Titels	3		b) § 890	31
1. Generelle Titeleigenschaft	3	4.	Titel als Gegenstand der Zustellung	32
2. Vollstreckungsfähiger Inhalt	5	5.	Adressat der Zustellung	33
3. Gesetzliche Verbote	6	VII.	Zustellung der Vollstreckungsklausel und anderer Urkunden (Abs. 2)	36
4. Richtigkeit des Urteils	7			
III. Prüfung der Vollstreckungsklausel	8	1.	Durch den Rechtspfleger/Notar erteilte Klausel	36
IV. Vollstreckung für den Gläubiger	9			
1. Antrag des Gläubigers	10	2.	Folge der noch fehlenden Zustellung	39
2. Prozessfähigkeit des Gläubigers	11	VIII.	Besonderheiten bei der Sicherungsvollstreckung (Abs. 3)	40
3. Bezeichnung des Gläubigers	13			
4. Bestimmtheit der Gläubigerbezeichnung	14	1.	Wartefrist von zwei Wochen	40
5. Namensänderung beim Gläubiger	15	2.	Wartefrist und Vorpfändung	41
6. Personenwechsel auf Gläubigerseite	16	IX.	Sonstige Wartefristen	42
V. Vollstreckung gegen den Schuldner	17	1.	§ 798	43
1. Fehlerhafte Bezeichnung	18	2.	§ 845	43
2. Firma oder Gesellschaft als Schuldnerin	19	3.	Wartefristen außerhalb der ZPO	43
3. Namens- oder Firmenänderung	23	X.	Folgen von Verstößen gegen § 750	44
4. Gesetzlicher Vertreter des Schuldners	24	1.	Vollstreckung entgegen § 750	44
5. Gesamtschuldner	25	2.	Verzicht des Schuldners auf die Einhaltung des § 750	45
VI. Zustellung des Titels	26			
1. Grundsatz	26	3.	Rechtsbehelfe bei Verstößen gegen § 750	46
2. Nachweis der Zustellung	28			
3. Zustellung von Unterlassungsverfügungen	30	XI.	ArbGG, VwGO, AO	48

Literatur:
Aden, Die Identitätsprüfung durch den Gerichtsvollzieher bei der Namensänderung des Schuldners, MDR 1979, 103; *Alff*, Endgültiges Aus für die Notarbescheinigung nach § 21 BNotO als Rechtsnachfolgeurkunde i. s. v. § 750 Abs. 2 ZPO?, Rpfleger 2014, 173; *ders.*, Massenhafte Vollstreckungsmängel bei umwandlungsbedingter Rechtsnachfolge auf Gläubigerseite?, Rpfleger 2013, 183; *Becker-Eberhard*, In Prozeßstandschaft erstrittene Leistungstitel in der Zwangsvollstreckung, ZZP 104 (1991), 413; *Bielau*, Identität der Vollstreckungsparteien, DGVZ 2009, 193; *Brammsen*, Die Prüfung der Prozeßfähigkeit des Vollstreckungsschuldners durch die Vollstreckungsorgane, JurBüro 1981, 13; *Fahlbusch*, Die Zustellung bei der Sicherungsvollstreckung, Rpfleger 1979, 94; *Giers*, Die Vollstreckung aus Titeln gegen Minderjährige, DGVZ 2008, 145; *Kleffmann*, Unbekannt als Parteibezeichnung, 1983; *Kunz*, Der Minderjährige im Zwangsvollstreckungsverfahren, DGVZ 1979, 53; *Lindacher*, Die Scheinhandelsgesellschaft im Prozeß und in der

Zwangsvollstreckung, ZZP 96 (1983), 486; *Lisken*, Räumungstitel gegen »Unbekannt«, NJW 1982, 1136; *Münzberg*, Zustellung der Vollstreckungsklausel als Voraussetzung der Sicherungsvollstreckung, Rpfleger 1983, 58; *ders.*, Zum Anwendungsbereich des § 176 ZPO im Hinblick auf die Zwangsvollstreckung, DGVZ 2000, 177; *Nierwetberg*, Die Auslegung des Vollstreckungstitels – auch mithilfe der Klageschrift?, Rpfleger 2009, 201; *Raeschke-Kessler*, Einstweilige Verfügung gegen Unbekannt – Ein Mittel gegen Hausbesetzer?, NJW 1981, 663; *Roth*, Zwangsvollstreckung gegen prozeßunfähige Schuldner, JZ 1987, 895; *Scherer*, Räumungsvollstreckung gegen Hausbesetzer, DGVZ 1983, 132; *Schilken*, Verzicht auf Zustellung und Wartefrist in vollstreckbaren Urkunden?, DGVZ 1997, 81; *E. Schneider*, Der Beginn der Zwangsvollstreckung, JurBüro 1975, 304; *ders.*, Die Firma des Einzelkaufmannes im Vollstreckungsrubrum, JurBüro 1979, 489; *Schüler*, Die Problematik hinsichtlich der Vollstreckungsfähigkeit von Schuldtiteln, die fehlerhaft oder ungenau sind, DGVZ 1982, 65; *Seip*, Zustellung der Vollstreckungsklausel als Voraussetzung der Sicherungsvollstreckung, Rpfleger 1983, 56; *Walker*, Wegweisende BGH-Entscheidungen zum Zwangsvollstreckungsrecht seit Einführung der Rechtsbeschwerde, JZ 2011, 401 u. 453.

I. Anwendungsbereich der Vorschrift

Abs. 1 und Abs. 2 gelten für alle Arten der Zwangsvollstreckung, soweit nicht ausdrücklich im Gesetz[1] Ausnahmen vorgesehen sind. Die in ihnen genannten Vollstreckungsvoraussetzungen sind von allen Vollstreckungsorganen (Gerichtsvollzieher, Rechtspfleger, Grundbuchamt, Prozessgericht) gleichermaßen **vor Beginn** der sich gegen den Schuldner richtenden **Vollstreckungstätigkeit** (Betreten der Gewahrsamssphäre des Schuldners zum Zwecke der Mobiliarpfändung oder Herausgabevollstreckung, Absetzen des Pfändungs- und Überweisungsbeschlusses oder des Beschlusses, durch den die Zwangsverwaltung oder Zwangsversteigerung angeordnet wird, Eintragung einer Zwangshypothek,[2] Erlass des Ermächtigungsbeschlusses zur Ersatzvornahme, Androhung eines Zwangsgeldes, Verhängung eines Ordnungsmittels, Terminbestimmung zur Abgabe der eidesstattlichen Versicherung) zu überprüfen. Der Prüfungsmaßstab ist für alle Arten von Titeln (Urteile, Vollstreckungsbescheide, Vergleiche, Urkunden usw.) grundsätzlich gleich.[3] Dass ein Vollstreckungsorgan das Vorliegen der allgemeinen Vollstreckungsvoraussetzungen bei einem Vollstreckungsversuch bereits geprüft und bejaht hat, entbindet die anderen Vollstreckungsorgane, die später oder auch gleichzeitig um Vollstreckung desselben Titels ersucht werden, nicht von der selbstständigen und eigenverantwortlichen Prüfung. War die Vollstreckung auf Wunsch des Gläubigers ausgesetzt oder der Vollstreckungsantrag sogar wieder zurückgenommen worden, so muss auch das Vollstreckungsorgan, das ursprünglich das Vorliegen der allgemeinen Vollstreckungsvoraussetzungen bejaht hatte, beim Wieder-(Neu-)beginn der Vollstreckung eine erneute Überprüfung vornehmen.

§ 750 Abs. 1 und Abs. 2 sprechen nicht alle vom Vollstreckungsorgan zu überprüfenden allgemeinen Vollstreckungsvoraussetzungen an. Sie gehen als selbstverständlich davon aus, dass jedes Vollstreckungsorgan zunächst prüft, ob ein wirksamer Vollstreckungsantrag des Gläubigers, diese Art der Zwangsvollstreckung einzuleiten, vorliegt,[4] ob die als Vollstreckungsgrundlage vorgelegte Urkunde (Urteil, Vergleich, Vollstreckungsbescheid usw.) generell und seinem konkreten Inhalt nach als Vollstreckungstitel in Betracht kommt[5] und ob der Titel, soweit dies nach den gesetzlichen Vorschriften erforderlich ist,[6] mit einer Vollstreckungsklausel versehen ist. Dann erst folgt die Identitätsprüfung[7] hinsichtlich des die Vollstreckung beantragenden Gläubigers[8] und des in der

---

1 So vom Erfordernis der Zustellung des Titels in §§ 845, 929 Abs. 3 ZPO, 133 ZVG.
2 Zur Verpflichtung des Grundbuchamtes als Vollstreckungsorgan, auch die allgemeinen Vollstreckungsvoraussetzungen zu prüfen, BayObLG, Rpfleger 1982, 466.
3 So zu Recht für den Vollstreckungsbescheid LG Münster, Rpfleger 1962, 176 mit zust. Anm. *Bull*.
4 Einzelheiten unten Rn. 10–13 sowie § 753 Rn. 5 und 6.
5 Vgl. auch Vor §§ 724–734 Rn. 1; § 724 Rn. 6.
6 Zur Entbehrlichkeit einer Vollstreckungsklausel vgl. Vor §§ 724–734 Rn. 5.
7 Dazu *Bielau*, DGVZ 2009, 193.
8 Einzelheiten unten Rn. 13–16.

Vollstreckung in Anspruch zu nehmenden Schuldners[9] sowie die Überprüfung der Zustellung des Titels (gegebenenfalls auch der Klausel und sonstiger Urkunden, **Abs. 2**) an den Schuldner.

II. Prüfung des zu vollstreckenden Titels

1. Generelle Titeleigenschaft

3 Obwohl die zu vollstreckende Ausfertigung des Titels[10] bereits bei der Klauselerteilung daraufhin überprüft wurde, ob sie sowohl generell als auch ihrem konkreten Inhalt nach als Vollstreckungstitel in Betracht kommt, ist das Vollstreckungsorgan durch die erteilte Klausel nicht der eigenverantwortlichen Prüfung dieser Frage entbunden. Eine Privaturkunde oder ein den Voraussetzungen des § 794 Abs. 1 Nr. 1 nicht entsprechender Vergleich werden nicht durch eine äußerlich korrekte Klausel zum Vollstreckungstitel.[11] Liegt aber dem äußeren Anschein nach ein korrekter Vollstreckungstitel vor, so hat das Vollstreckungsorgan Einwendungen, die schon bei der Klauselerteilung zu berücksichtigen waren (etwa: Ausfertigung und Original stimmten inhaltlich nicht überein; das Original des Urteils oder des Vergleichsprotokolls seien trotz entsprechender Angaben in der Ausfertigung nicht unterschrieben; die Unterwerfung unter die sofortige Zwangsvollstreckung aus einer Urkunde i. S. § 794 Abs. 1 Nr. 5 sei von einem vollmachtlosen Vertreter erklärt worden),[12] nicht nachzugehen. Die Nichtbeachtung dieser Einwände kann demgemäß auch nicht mit § 766 gerügt werden.[13]

4 Hat das Vollstreckungsorgan berechtigte Zweifel, ob ein ihm vorliegender Titel noch die Urkunde ist, die zur Klauselerteilung vorgelegen hatte, etwa weil handschriftliche Zusätze den ursprünglichen Inhalt nicht mehr einwandfrei erkennen lassen[14] oder weil bei einem aus mehreren Blättern bestehenden Titel die Blätter nicht so miteinander verbunden sind, dass das den vollstreckungsfähigen Inhalt enthaltende Blatt gegen einen Austausch geschützt ist,[15] so hat es die Vollstreckung aus **dieser** Ausfertigung abzulehnen. Der Gläubiger muss sich gegebenenfalls eine neue Ausfertigung nach den Regeln des § 733 besorgen.

2. Vollstreckungsfähiger Inhalt

5 Neben der generellen Titeleigenschaft der ihm zur Vollstreckung vorliegenden Urkunde hat das Vollstreckungsorgan auch zu prüfen, ob der Titel einen vollstreckungsfähigen Inhalt hat,[16] insbesondere ob er Inhalt und Umfang des zu vollstreckenden Anspruchs eindeutig bestimmt.[17] Der Titel muss, soll er als Vollstreckungsgrundlage geeignet sein, aus sich selbst heraus verständlich sein und auch für jeden Dritten erkennen lassen, was der Gläubiger vom Schuldner verlangen kann.[18] Es genügt nicht, wenn der genaue Umfang und Inhalt des zu vollstreckenden Anspruchs sich durch Hinzuziehung von Urkunden Dritter, etwa der Kontoauszüge einer Bank, oder durch Einsicht in Anlagen zur Gerichtsakte ermitteln lassen. Diese dem Vollstreckungsorgan grundsätzlich verschlos-

---

9 Einzelheiten unten Rn. 17–23.
10 Zum Begriff der Ausfertigung vgl. § 724 Rn. 5; ferner: LG Bremen, Rpfleger 1961, 22.
11 Beispiele: Vor §§ 724–734 Rn. 1.
12 Vgl. § 726 Rn. 5.
13 Vgl. Vor §§ 724–734 Rn. 1.
14 LG Berlin, Rpfleger 1973, 31; LG Bremen, DGVZ 1982, 8; AG Burg/Fehmarn, DGVZ 1972, 75.
15 LG Berlin/AG Pankow, Rpfleger 2008, 586.
16 Einzelheiten Vor §§ 704–707 Rn. 8–18.
17 Zur Bedeutung der Zwangsvollstreckung für die Bestimmtheit von Klageantrag und Vollstreckungstitel *Sutschet*, ZZP 119 (2006), 279.
18 BGHZ 22, 54; BGH, JA 1982, 308 mit Anm. *Lippross;* BGH, Rpfleger 1995, 366 ff.; LM Nr. 49 zu § 253 ZPO; OLG Düsseldorf, MDR 1986, 328; OLG Köln, NJW 1985, 274; JurBüro 1976, 254; LAG Frankfurt, NZA 1988, 175; LAG Köln, NZA-RR 1996, 108; *Nierwetberg*, Rpfleger 2009, 201 ff.; *Schüler*, DGVZ 1982, 65 ff. Siehe auch die Beispiele für fehlende Bestimmtheit bei *Brox/Walker*, Rn. 42.

sene Ermittlung kann auch nicht vom Vollstreckungsgericht im Erinnerungsverfahren nach § 766 nachgeholt werden. Bei Unbestimmtheit des Titels muss vor einer Vollstreckung dessen maßgeblicher Inhalt erst in einem Erkenntnisverfahren festgestellt werden, in dem dann auch Umstände außerhalb des Titels berücksichtigt werden können.[19]

3. Gesetzliche Verbote

Schließlich prüft das Vollstreckungsorgan, ob das, was dem Schuldner im Titel aufgegeben ist, nicht etwa gesetzlich verboten ist. Der Staat kann nicht mit Zwangsmitteln etwas durchsetzen, was gegen seine eigene Ordnung verstößt. Hat etwa der Schuldner in einem Vergleich sich zu einer strafgesetzlich verbotenen Handlung verpflichtet, so kann die Erfüllung dieser Verpflichtung nicht nach §§ 887–890 erzwungen werden. Ist die titulierte Schuld als solche allerdings wertneutral (z. B.: Zahlung einer bestimmten Geldsumme, Herausgabe eines bestimmten Gegenstandes), so ist es für die Vollstreckung ohne jeden Belang, dass der Schuldgrund mit Recht und Gesetz oder den guten Sitten im Widerspruch steht (Wucherzins, Entgelt für eine strafbare Handlung, Herausgabe des für eine Straftat benötigten Gegenstandes). Der Schuldner kann Einwendungen gegen den Schuldgrund nur im Rahmen von § 767 oder allenfalls mit einer auf § 826 BGB gestützten Klage[20] geltend machen. Das Vollstreckungsorgan darf derartige Einwendungen nicht beachten.

6

4. Richtigkeit des Urteils

Dass das Urteil möglicherweise ein Fehlurteil ist (z. B.: Der titulierte Zinsanspruch ist erkennbar wucherisch.), darf vom Vollstreckungsorgan auch dann, wenn die Fehler auf der Hand liegen, nicht berücksichtigt werden. Den Einwand, materiellrechtlich nicht verpflichtet zu sein, muss der Schuldner im Erkenntnisverfahren vorbringen. Ist dort – aus welchen Gründen auch immer – ein Versäumnisurteil ergangen oder wurde sein Vorbringen etwa unter Anwendung der Verspätungsregeln (vgl. §§ 296, 531) nicht berücksichtigt, ist eine Korrektur im Vollstreckungsverfahren nicht mehr möglich.[21]

7

III. Prüfung der Vollstreckungsklausel

Soweit der zu vollstreckende Titel der Vollstreckungsklausel bedarf,[22] muss das Vollstreckungsorgan nachprüfen, ob eine dem äußeren Anschein nach korrekte Vollstreckungsklausel[23] erteilt ist. Dagegen hat das Vollstreckungsorgan nicht zu prüfen, ob das die Klausel erteilende Organ die besonderen Voraussetzungen der §§ 726 Abs. 1 – 729 zu Recht bejaht hat oder nicht.[24] Derartige Mängel der Klausel machen diese nach der Rechtsprechung des BGH nicht nichtig, sondern nur mit den besonderen Rechtsbehelfen des Klauselrechts (§§ 732, 768)[25] anfechtbar.[26]

8

IV. Vollstreckung für den Gläubiger

Erforderlich ist die namentliche Bezeichnung des Gläubigers, für den die Zwangsvollstreckung stattfinden soll.

9

---

19 *Nierwetberg*, Rpfleger 2009, 201, 205.
20 Einzelheiten: Anh. § 767 Rn. 2 ff.
21 OLG Köln, BB 1977, 510; siehe auch oben Rn. 6.
22 Vor §§ 724–734 Rn. 5 f.
23 § 725 Rn. 2 und 3.
24 Vor §§ 724–734 Rn. 1; ferner BGH, NJW-RR 2012, 1148; OLG Düsseldorf, JurBüro 1959, 38.
25 Vor §§ 724–734 Rn. 14.
26 BGH, NJW-RR 2012, 1146, 1147; 2012, 1148.

1. Antrag des Gläubigers

10 Die Zwangsvollstreckung findet grundsätzlich nur auf Antrag des Gläubigers statt. Der Antrag ist in jedem Einzelfall erneut an das Vollstreckungsorgan, das die gewünschte Vollstreckungsmaßnahme durchführen soll, zu richten.[27] Ein genereller Antrag »an die Justizbehörde«, die Vollstreckung eines Titels zu veranlassen, wäre unzulässig. Erweist sich eine Vollstreckungsmaßnahme (z. B. Sachpfändung) als unzulänglich, so schaltet das Vollstreckungsorgan nicht von sich aus ein anderes ein, dessen Maßnahmen erfolgversprechender erscheinen; es kann noch nicht einmal von sich aus Vorbereitungen in dieser Richtung treffen (vgl. § 845 Abs. 1 Satz 2). Der Gläubiger muss jeweils erneut seinerseits tätig werden.

2. Prozessfähigkeit des Gläubigers

11 Der Gläubiger muss, um den Antrag stellen zu können, prozessfähig sein (§§ 51, 52).[28] Für den nicht prozessfähigen Gläubiger muss der gesetzliche Vertreter tätig werden. Bestehen begründete Zweifel an der Prozessfähigkeit des beantragenden Gläubigers, so muss der Antrag zurückgewiesen werden. Gegebenenfalls muss ein Pfleger bestellt werden (§§ 1909 ff. BGB).

12 Juristische Personen stellen den Antrag durch ihr vertretungsberechtigtes Organ. Der zur Antragstellung berechtigte Gläubiger kann sich nach den allgemeinen Regeln durch einen Bevollmächtigten vertreten lassen. Die Bevollmächtigung ist dem Vollstreckungsorgan nachzuweisen. Die Vollmacht für das streitige Verfahren erstreckt sich auch auf die Zwangsvollstreckung (§ 81).

3. Bezeichnung des Gläubigers

13 Die Frage, wer antragsberechtigter Gläubiger ist, beantwortet sich nicht nach den Regeln des materiellen Rechts, sondern danach, wer im Titel selbst oder in einer den Titel umschreibenden Vollstreckungsklausel als Gläubiger bezeichnet ist.[29] Die fehlende materielle Berechtigung des so Bezeichneten kann nur im Verfahren nach § 767 geltend gemacht werden. Fehlt es an der Identität zwischen dem betreibenden Gläubiger und dem Titelgläubiger, darf die Vollstreckung nicht durchgeführt werden.[30] Ein solcher Fall liegt etwa vor, wenn der Titel auf die einzelnen Wohnungseigentümer einer Gemeinschaft lautet, während die Vollstreckung von der Wohnungseigentümergemeinschaft als teilrechtsfähigem Verband betrieben wird.[31] Bei Identitätsabweichungen zwischen Titel und Klausel ist die umschreibende Klausel maßgeblich. Sind allerdings im Titel von Anfang an die Parteien gar nicht bezeichnet, ist die Zwangsvollstreckung unzulässig, selbst wenn in der (ohne ausreichende Grundlage erteilten) vollstreckbaren Ausfertigung Parteien bezeichnet sind.[32] Ist ein Dritter im Titel als Empfangsberechtigter der Leistung bezeichnet, obwohl er nicht Prozesspartei (Vertragspartei beim Vergleich oder notariellen Vertrag) war (etwa wenn der Tenor lautet: »Der Beklagte wird verurteilt, an den Kläger zu Händen der ... Bank, Konto-Nr. ..., X Euro zu zahlen«), so ist dieser Dritte nicht Gläubiger der Zwangsvollstreckung,[33] also auch nicht zur Antragstellung befugt. Denn nicht die auf dem materiellen Recht beruhende Berechtigung zum Empfang der Leistung, sondern allein die nach den Regeln des Prozessrechts verbriefte Macht, die Leistung – an wen auch immer – **fordern** zu können, begründet die formelle Gläubigerposition.

---

27 OVG Berlin, DGVZ 1983, 90.
28 Zur Partei- und Prozessfähigkeit in der Zwangsvollstreckung allgemein vgl. Einführung Rn. 9.
29 BGH, WM 1963, 754; vgl. ferner Vor §§ 724–734 Rn. 8.
30 BGH, Rpfleger 2007, 479, 480.
31 BGH, DGVZ 2007, 68, 69.
32 OLG Brandenburg, NJW-RR 1998, 862; OLG Karlsruhe, NJW-RR 2001, 67, 68.
33 Siehe Vor §§ 724–734 Rn. 8.

4. Bestimmtheit der Gläubigerbezeichnung

Die Bezeichnung des Gläubigers im Titel bzw. in der Klausel muss so genau sein, dass sie dem Vollstreckungsorgan eine Identitätsprüfung zwischen dem ausgewiesenen und dem beantragenden Gläubiger ermöglicht und die verfahrensrechtlich korrekte Durchführung der Vollstreckungsmaßnahme gewährleistet. Dagegen bedarf es nicht der Bezeichnung des für den Gläubiger handelnden **Vertreters** im Titel.[34] Wer als Vertreter auftritt und nicht bereits im Titel als solcher ausgewiesen ist, muss seine Berechtigung dem Vollstreckungsorgan in geeigneter Form (Handelsregisterauszug, Vereinsregisterauszug, Familienstammbuch usw.) nachweisen. Die Anforderungen an die genaue Bezeichnung des Gläubigers dürfen nicht überspannt werden.[35] Sie können auch nicht für jede Art der Zwangsvollstreckung gleich beurteilt werden. So genügt die Gläubigerbezeichnung »die Eigentümer der Wohnungseigentumsanlage X, vertreten durch den Verwalter Y«, um einen allen Wohnungseigentümern gemeinschaftlich zustehenden Zahlungsanspruch im Wege der Mobiliar- oder Forderungspfändung zu vollstrecken.[36] Dagegen reicht diese Bezeichnung nicht aus, um für die Gemeinschaft oder den Verwalter eine Zwangshypothek zu erwirken;[37] denn die Bezeichnung »die Eigentümer« genügt nicht den Anforderungen der GBO, der Verwalter aber ist nicht selbst Gläubiger. Ähnliches gilt, wenn eine Anwaltssozietät »Rechtsanwalt X und Partner« einen Zahlungstitel erwirkt hat: Der namentlich bezeichnete Sozius kann als einer der Gesamtgläubiger für alle Sozien Vollstreckungsauftrag zur Mobiliar- oder Forderungspfändung erteilen,[38] dagegen ist die Sozietät als solche zu ungenau bezeichnet, um als Gläubigerin einer Zwangshypothek eingetragen werden zu können.[39] Die nicht namentlich genannten Sozii können keinen Vollstreckungsauftrag im eigenen Namen oder »für die Sozietät« erteilen.[40] Soll die geschuldete Leistung nach dem Titel an einen Dritten erbracht werden, ist auch dieser in der Urteilsformel hinreichend bestimmt zu bezeichnen.

14

5. Namensänderung beim Gläubiger

War der Gläubiger im Titel korrekt bezeichnet, hat sich sein Name aber bei völliger Personenidentität später geändert (Heirat, Umfirmierung, sonstige Namensänderung), bedarf es weder einer Titelberichtigung noch eines Hinweises in der Klausel.[41] Der Gläubiger kann seine Personenidentität dem Vollstreckungsorgan unmittelbar nachweisen, etwa durch Vorlage der Heiratsurkunde, des Personenstandsbuches, eines Handelsregisterauszuges usw. Eine Klarstellung durch das die Klausel erteilende Organ (nicht notwendig der Rechtspfleger, da kein Fall von § 727)[42] im Zusammenhang mit der Vollstreckungsklausel kann dem Vollstreckungsorgan hilfreich sein, bindet es aber nicht.[43]

15

6. Personenwechsel auf Gläubigerseite

Hat dagegen auf Gläubigerseite ein nachträglicher Personenwechsel stattgefunden, so kann der neue Gläubiger nur dann die Vollstreckung im eigenen Namen beantragen, wenn der Titel nach

16

---

34 LG Hamburg, MDR 1959, 219; LG Mönchengladbach, VersR 1961, 1052; AG Melsungen, DGVZ 1974, 91; HdbZVR/*Rellermeyer*, Kap. 1 Rn. 262; *Schüler*, DGVZ 1974, 97; *Stein/Jonas/Münzberg*, § 750 Rn. 23; *Wieczorek/Schütze/Salzmann*, § 750 Rn. 13; *Zöller/Stöber*, § 750 Rn. 14; a. A.: LG Hamburg, Rpfleger 1958, 276.
35 Beispiel: LG Berlin, Rpfleger 1966, 21.
36 BayObLG, NJW-RR 1986, 564; LG Hannover, JurBüro 1985, 1732; LG Kempten, Rpfleger 1986, 93.
37 OLG Celle, Rpfleger 1986, 484.
38 LG Gießen, DGVZ 1995, 88; AG Berlin-Wedding, DGVZ 1977, 25; a. A. *Musielak/Voit/Lackmann*, § 750 Rn. 10; *Wieczorek/Schütze/Salzmann*, § 750 Rn. 8; *Zöller/Stöber*, § 750 Rn. 4 (Titel überhaupt nicht vollstreckbar).
39 LG Bonn, Rpfleger 1984, 28.
40 LG Berlin, MDR 1977, 236; AG Berlin-Wedding, DGVZ 1978, 31.
41 BGH, NJW-RR 2011, 1335.
42 Siehe auch § 727 Rn. 2.
43 Ebenso PG/*Kroppenberg*, § 750 Rn. 9.

§§ 727, 728 auf ihn umgeschrieben wurde. An seine Bezeichnung in der Klausel sind die gleichen Anforderungen zu stellen wie an die des Gläubigers im Titel selbst.[44]

V. Vollstreckung gegen den Schuldner

17 Erforderlich ist ferner die namentliche Bezeichnung des Schuldners, gegen den die Zwangsvollstreckung durchgeführt werden soll. Die richtige Bezeichnung des Schuldners im Titel[45] ist nicht nur eine Formalie, sondern von großer praktischer Bedeutung, da sie hilft, den Vollstreckungszugriff auf Unbeteiligte zu verhindern.[46] Hier sind deshalb auch schärfere Anforderungen geboten als bei der Bezeichnung des Gläubigers, der sich schließlich noch durch den Besitz des Titels legitimieren muss. Andererseits sind kleine Ungenauigkeiten, die aber eine zweifelsfreie Identifizierung des Schuldners noch ermöglichen, ohne dass »detektivische« Nachforschungen geboten wären,[47] unschädlich, da es das Ziel der Norm eben nur ist, die Inanspruchnahme Unbeteiligter auszuschließen, nicht aber, den Anspruch des Schuldners auf korrekte Schreibweise seines Namens in öffentlichen Dokumenten zu gewährleisten.[48] Es reicht aus, wenn der Schuldner durch eine Auslegung anhand des Titels ohne Weiteres festgestellt werden kann. Bei dieser Auslegung können außerhalb des Titels liegende Umstände wegen der Formalisierung des Vollstreckungsverfahrens grundsätzlich nicht berücksichtigt werden.[49] Etwas anderes gilt nur, wenn das Prozessgericht zuständiges Vollstreckungsorgan ist und über eine Zwangsvollstreckungsmaßnahme aus einem selbst erlassenen Titel entscheidet; dann kann es sein Wissen aus dem Erkenntnisverfahren und damit ausnahmsweise auch außerhalb des Titels liegende Umstände bei der Auslegung mit heranziehen.[50] Zu dem besonderen Problem, ob bei der Räumungsvollstreckung im Titel jeder als Schuldner bezeichnet sein muss, der zur Zeit der Vollstreckung Mitbesitz an den Räumen hat,[51] siehe noch § 885 Rn. 17 ff. Im Einzelnen gilt folgendes:

1. Fehlerhafte Bezeichnung

18 Schreibfehler oder aus dem Einsatz der EDV resultierende Abweichungen (ae statt ä, oe statt ö usw.) stehen einer eindeutigen Identifizierung des Schuldners nicht entgegen, wenn sich im Titel genügend weitere Anhaltspunkte zur Personenbestimmung finden.[52] Gleiches gilt für Abkürzungen beim Vornamen[53] oder auch das Weglassen des Vornamens.[54] Auch eine unrichtige Personenstandsangabe[55] oder ein falscher Beruf oder Stand[56] schließen die Vollstreckbarkeit nicht grundsätzlich aus. Führt die fehlerhafte Bezeichnung allerdings zu Zweifeln oder trifft die unvollständige Bezeichnung auf mehrere Personen gleichermaßen zu,[57] so scheidet eine Vollstreckung aus.[58] Wenn lediglich die

---

44 Einzelheiten § 727 Rn. 31 ff.
45 Nach VGH Mannheim, NJW 1998, 3291, reicht es aus, wenn sich zwar dem Wortlaut des Titels allein nicht die Verpflichtung eines namentlich bezeichneten Beteiligten entnehmen lässt, sich dies jedoch zweifelsfrei aus dem Titel und der Vollstreckungsklausel ergibt.
46 BGH, NJW 2008, 3287.
47 OLG München, KTS 1971, 289.
48 LG Hannover, JurBüro 1980, 774; AG Mönchengladbach, JurBüro 1961, 394.
49 BGH, NJW 2010, 2137 f.
50 BGH, NJW 2004, 506, 507; NJW 2010, 2137, 2138.
51 Bejahend der BGH, z. B. BGH, NJW 2008, 3287.
52 LG Hannover, JurBüro 1980, 774; AG Köln, Rpfleger 1967, 220 (Kohl statt Köhl); AG Mönchengladbach, MDR 1962, 138 (Nitschke statt Nitzsche).
53 LG Hamburg, Rpfleger 1960, 20 und MDR 1961, 239; *Musielak/Voit/Lackmann*, § 750 Rn. 10; **a. A.** LG Hamburg, Rpfleger 1957, 257.
54 OLG Köln, MDR 1968, 762; AG Mönchengladbach, MDR 1962, 414.
55 AG Mönchengladbach, JurBüro 1964, 696.
56 LG Essen, JurBüro 1975, 1254.
57 LG Mainz, DGVZ 1973, 170.
58 Vgl. auch AG Göppingen, DGVZ 2000, 126.

im Vollstreckungsauftrag angegebene Anschrift des Schuldners von derjenigen im Titel abweicht, sollte dagegen eine Vollstreckung möglich sein, solange die vom Gerichtsvollzieher angetroffene Person nicht bestritten, Titelschuldner zu sein.[59]

2. Firma oder Gesellschaft als Schuldnerin

Ist der Schuldner mit seiner Firma bezeichnet, so ist zu differenzieren: **Existiert** die Firma eines Einzelkaufmanns tatsächlich im handelsrechtlichen Sinne, so genügt im Hinblick auf § 17 Abs. 2 HGB allein ihre Bezeichnung im Titel ohne Hinzufügung des Namens des Inhabers, um in das Geschäfts- und Privatvermögen des Firmeninhabers vollstrecken zu können.[60] Wechselt der Inhaber später, so ist aus dem alten Titel ohne titelumschreibende Klausel keine Vollstreckung gegen den neuen Firmeninhaber möglich.[61] Ist im Titel neben der Firma auch der Name des Inhabers genannt, so richtet sich der Titel nur gegen diese Person und zwar auch dann, wenn sie in Wahrheit gar nicht der Firmeninhaber ist.[62] Im letzteren Fall kann aus dem Titel nicht in das Firmenvermögen vollstreckt werden.

19

Ist eine Handelsgesellschaft mit ihrer Firma im Titel korrekt bezeichnet, so hindern überflüssige Zusätze, die inhaltlich unzutreffend sind (falsche Angabe der gesetzlichen Vertreter, unrichtige Bezeichnung einer Zweigstelle usw.), nicht die Vollstreckung in das Gesellschaftsvermögen.[63]

20

Ist dagegen im Titel eine **nicht existierende** Firma als Schuldnerin genannt, so ist der Titel nicht vollstreckbar, wenn nicht gleichzeitig der Name eines Inhabers genannt ist.[64] Es ist nicht Aufgabe des Vollstreckungsorgans zu klären, wer sich hinter der Scheinfirma verbirgt; dies gilt insbesondere auch für sog. Etablissementsbezeichnungen (»Boutique Paris«) als Schuldnerbezeichnung. Ist jedoch neben der angeblichen Firma eine Person als deren Inhaber namentlich bezeichnet, richtet sich der Titel gegen diese Person, sofern sie eindeutig zu identifizieren ist und mit dem Zusatz »Firma« nur die gewerbliche Tätigkeit der Person gekennzeichnet werden soll.[65]

21

Ist eine **Gesellschaft** als Schuldnerin im Titel aufgeführt, die in Wahrheit nicht existiert oder die über Gründungsvorbereitungen nicht hinausgekommen ist, so kann der Titel nicht gegen die Gründungsgesellschafter, den namentlich genannten Geschäftsführer oder den Namensgeber der Gesellschaft (»Schmitz-GmbH«) vollstreckt werden.[66] Aus einem Titel gegen eine GbR kann nicht in das Privatvermögen der Gesellschafter vollstreckt werden (§ 736 Rn. 7).[67]

22

3. Namens- oder Firmenänderung

War der Schuldner ursprünglich korrekt im Titel bezeichnet, hat er aber später seinen Namen oder seine Firma geändert, so steht dies einer Vollstreckung des Titels nicht entgegen, wenn das Vollstreckungsorgan die Identität klären kann.[69] Es gelten die gleichen Grundsätze wie oben Rn. 15

23[68]

---

59 A.A. AG Essen, DGVZ 2009, 207, wonach der Gerichtsvollzieher vom Gläubiger zuerst einen lückenlosen Nachweis über wechselnde Schuldneranschriften verlangen kann.
60 KG, JR 1953, 144; OLG Frankfurt, JurBüro 1973, 561; LG Aschaffenburg, NJW 1953, 1875.
61 AG Hannover, JurBüro 1974, 1307; AG Köln, JMBl.NW 1967, 164.
62 LG Koblenz, Rpfleger 1972, 458; AG München, DGVZ 1982, 172.
63 OLG Köln, Rpfleger 1975, 102; LG Berlin, Rpfleger 1974, 407.
64 KG, Rpfleger 1982, 191; OLG Hamm, MDR 1962, 994; OLG Köln, NJW-RR 1996, 292; LG Nürnberg-Fürth, Rpfleger 1958, 319; LG Stuttgart, MDR 1968, 504.
65 OLG Köln, NJW-RR 1996, 292.
66 LG Berlin, Rpfleger 1973, 104; AG Limburg, DGVZ 1981, 77.
67 BGH, NJW 2001, 1056; LG Bonn, DGVZ 2004, 75 f.
68 Siehe dazu LG Braunschweig, NJW 1995, 1971; AG Dresden, DGVZ 2005, 129.
69 BGH, NJW-RR 2011, 1335.

zur Namensänderung des Gläubigers dargelegt.[70] Einer Klauselumschreibung in entsprechender Anwendung des § 727 bedarf es auch hier nicht. Der Gläubiger führt den Nachweis der Identität des Schuldners zweckmäßigerweise durch Vorlage von Urkunden.[71] Diese sind aber dann nicht vonnöten, wenn die erforderliche Feststellung durch andere Umstände für das Vollstreckungsorgan gewährleistet bleibt.[72]

4. Gesetzlicher Vertreter des Schuldners

24 Der gesetzliche Vertreter des Schuldners muss im Titel nicht namentlich genannt sein. Dies gilt für juristische Personen, Handelsgesellschaften, Minderjährige und unter Betreuung oder Vormundschaft stehende Personen gleichermaßen.[73] Aus diesem Grunde ist es auch unschädlich, wenn der gesetzliche Vertreter falsch im Titel benannt ist. Umgekehrt reicht allerdings nur die Angabe des gesetzlichen Vertreters (z. B des Geschäftsführers einer GmbH) nicht aus, um aus dem Titel gegen den Vertretenen (die GmbH) vollstrecken zu können.[74] Ist bei Minderjährigen der gesetzliche Vertreter nicht namhaft gemacht, kann es allerdings insoweit praktische Schwierigkeiten geben, als das Vollstreckungsorgan u. U. die Ordnungsgemäßheit der Zustellung[75] nicht überprüfen kann. Ebenso können in diesen Fällen Schwierigkeiten auftreten, wenn im Laufe des Vollstreckungsverfahrens Willenserklärungen des Schuldners gegenüber dem Vollstreckungsorgan abzugeben sind (Einwilligung zum Betreten der Wohnung; Einwilligung in die Pfändung ansonsten unpfändbarer Gegenstände),[76] das Vollstreckungsorgan jedoch nicht weiß, wen es als gesetzlichen Vertreter hinzuziehen muss. Zwar muss das Vollstreckungsorgan den gesetzlichen Vertreter in diesen Fällen von Amts wegen ermitteln,[77] aufwendige Nachforschungen können aber nicht verlangt werden. Sie muss gegebenenfalls der Gläubiger anstellen.

5. Gesamtschuldner

25 Keine Frage der richtigen Bezeichnung des Schuldners im Titel ist es, ob bei einem gegen mehrere Schuldner als Gesamtschuldner lautenden Titel, zu dem nicht eine gemeinsame vollstreckbare Ausfertigung gegen alle Schuldner,[78] sondern je eine gegen die einzelnen Schuldner erteilt wurde,[79] mit dem Vollstreckungsauftrag gegen einen der Schuldner auch die gegen alle übrigen Schuldner erteilten vollstreckbaren Ausfertigungen vorgelegt werden müssen. Die Frage ist zu verneinen.[80] Ein gleichzeitiges Vorgehen gegen alle Gesamtschuldner, das durchaus geboten sein kann, wäre ansonsten ausgeschlossen. Die möglichen Gefahren für die Schuldner sind schon bei der Klauselerteilung zu berücksichtigen. Bedürfen die Titel keiner Klausel (Vollstreckungsbescheid), so kann doch nichts

---

70 LG Koblenz, JurBüro 1963, 302; AG Köln, JurBüro 1968, 159; AG Krefeld, MDR 1977, 762; AG Mönchengladbach, MDR 1962, 139; JurBüro 1963, 714; FamRZ 1964, 633.
71 Zur Eignung bestimmter Urkunden AG Dresden, DGVZ 2005, 129 f.
72 LG Verden, JurBüro 1986, 778.
73 Siehe schon Rn. 14 mit Nachweisen; ferner OLG Frankfurt, Rpfleger 1976, 27; LG Essen, JurBüro 1972, 76; LG Mönchengladbach, JurBüro 1961, 36.
74 AG Berlin-Tempelhof-Kreuzberg, DGVZ 2000, 126.
75 Siehe unten Rn. 33.
76 Zu dieser Möglichkeit siehe § 811 Rn. 16.
77 *Musielak/Voit/Lackmann* § 750 Rn. 17; einschränkend (nur Überprüfung des vom Gläubiger als gesetzlichem Vertreter Benannten) *Schüler,* DGVZ 1974, 98; *Stein/Jonas/Münzberg,* § 750 Rn. 23; *Wieczorek/Schütze/Salzmann,* § 750 Rn. 14.
78 So der Regelfall; siehe § 725 Rn. 5.
79 Vgl. § 733 Rn. 8.
80 Wie hier: LG Bremen, DGVZ 1982, 76; LG Stuttgart, Rpfleger 1983, 161; AG Groß-Gerau, Rpfleger 1981, 151 (mit Anm. *Spangenberg*); Hk-ZPO/*Kindl,* § 750 Rn. 4; *Thomas/Putzo/Seiler,* § 750 Rn. 7 a; *Wieczorek/Schütze/Salzmann,* § 750 Rn. 9; **a. A.** AG Mönchengladbach, DGVZ 1982, 79; AG Wolfratshausen, DGVZ 1981, 159.

anderes gelten, da ansonsten hier die Möglichkeit des gleichzeitigen Vollstreckungszugriffs gegenüber allen Schuldnern versperrt wäre.

VI. Zustellung des Titels

1. Grundsatz

Grundsätzlich darf die Zwangsvollstreckung nur beginnen, wenn der zu vollstreckende Titel dem Schuldner, gegen den vollstreckt werden soll, bereits zugestellt ist oder gleichzeitig zugestellt wird. Dieses Zustellungserfordernis sichert den Anspruch des Schuldners auf Gewährung des rechtlichen Gehörs.[81] Die Zustellung macht dem Schuldner klar, dass der Gläubiger seinen titulierten Anspruch zwangsweise durchsetzen wird, unterrichtet ihn über die förmlichen Grundlagen der Zwangsvollstreckung und gibt ihm Gelegenheit, deren Zulässigkeit zu prüfen. Die Möglichkeit der gleichzeitigen Zustellung kommt nur bei der Zwangsvollstreckung durch den Gerichtsvollzieher in Betracht, da nur er die Zustellung unmittelbar selbst vornehmen kann (§ 192). Für die Zustellung gelten die §§ 166 ff., die durch das Zustellungsreformgesetz vom 25.6.2001[82] mit Wirkung zum 1.7.2002 neu gefasst wurden. 26

Der Nachweis, dass die vollstreckbare Ausfertigung des Titels zugestellt ist, ist für alle Arten der Zwangsvollstreckung und für jede Art von Titel gleichermaßen notwendig.[83] Ausnahmen vom Erfordernis der Titelzustellung spätestens bei Vollstreckungsbeginn sind lediglich in den §§ 845, 929 Abs. 3 ZPO, 133 ZVG vorgesehen. 27

2. Nachweis der Zustellung

Wird der Titel nach seinem Erlass von Amts wegen gem. §§ 166 ff. zugestellt (Urteile gem. § 317 Abs. 1, vollstreckbare Beschlüsse gem. § 329 Abs. 3), so genügt die Zustellungsbescheinigung nach § 169 Abs. 1 auf dem Titel oder in gesonderter Urkunde, die keinen Zweifel über das, was zugestellt worden ist, aufkommen lässt, als Nachweis i. S. d. § 750 Abs. 1.[84] Eine zusätzliche Parteizustellung nach §§ 191 ff. ist überflüssig. Das gilt auch, wenn das Protokoll eines Vergleichs in einer Gewaltschutzsache (§ 86 Abs. 1 Nr. 3 FamFG, § 794 Abs. 1 Nr. 1) von Amts wegen zugestellt wurde; der Vergleich muss dann nicht noch zusätzlich auf Betreiben des Gläubigers zugestellt werden.[85] Umgekehrt genügt aber auch eine wirksame Parteizustellung (etwa wenn die Amtszustellung versäumt worden oder erkennbar fehlerhaft ausgeführt ist). In diesem Fall führt der Gläubiger den Nachweis mit der ihm übermittelten Zustellungsurkunde (§ 193 Abs. 3). Wird dem Gerichtsvollzieher eine Ausfertigung übergeben, auf der eine erfolgte Zustellung nicht vermerkt ist, muss die Ausfertigung noch zugestellt werden.[86] Können beide Seiten aus einem Titel vollstrecken und hat die eine Partei den Titel dem Gegner schon zustellen lassen, so genügt diesem der Nachweis hierüber als Zustellungsnachweis i. S. d. § 750 Abs. 1. Er braucht den Titel nicht noch seinerseits ebenfalls zustellen zu lassen,[87] wenn auch er die Vollstreckung betreiben will; denn der Zweck der Zustellung, dem Schuldner Kenntnis vom Titel zu verschaffen, ist schon durch die von ihm selbst veranlasste Zustellung erreicht. Zustellungsmängel können durch tatsächlichen Zugang geheilt werden (§ 189).[88] 28

---

81 BGH, Rpfleger 2007, 331, 332.
82 BGBl. I, S. 1206.
83 Bedenklich deshalb LG Tübingen, Rpfleger 1981, 453, das die Vollstreckungsbehörde im Verhältnis zum Vollstreckungsgericht von diesem Nachweis freistellen will.
84 OLG Köln, Rpfleger 1997, 31.
85 OLG Brandenburg, NJW-RR 2015, 520.
86 LG München, DGVZ 1996, 77.
87 OLG Frankfurt, Rpfleger 1981, 313.
88 Zur Anwendbarkeit des § 187 Abs. 1 im Rahmen des § 750 Abs. 1 siehe LG Düsseldorf, JurBüro 1987, 454.

29 Ist ein Titel einmal wirksam zugestellt worden, so muss er nicht erneut zugestellt werden, wenn er auf Klage auf Abänderung des Urteils nach § 323 hin teilweise eingeschränkt wurde.[89] Die Vollstreckung aus dem alten Titel aufgrund des ursprünglichen Zustellungsnachweises kann im nunmehr noch zulässigen Umfange ungehindert fortgesetzt werden.

3. Zustellung von Unterlassungsverfügungen

a) § 929 Abs. 2

30 Kein Problem des § 750 Abs. 1 ist die Frage, ob in einstweiligen Verfügungen enthaltene Unterlassungstitel innerhalb der Vollziehungsfrist des § 929 Abs. 2 auch dann im Parteibetrieb zugestellt werden müssen, wenn eine Zustellung des Verfügungsurteils (§ 922 Abs. 1) bereits von Amts wegen gem. § 317 Abs. 1 durchgeführt wurde.[90] Soweit eine solche Parteizustellung verlangt wird, wird das allein damit begründet, dass jede Zwangsvollstreckung ein bewusstes Tätigwerden des Gläubigers voraussetze. Da die Unterlassungsverfügung, wenn der Schuldner innerhalb der Vollziehungsfrist nicht gegen das Unterlassungsgebot verstoße, anders als durch Titelzustellung nicht vollzogen werden könne, müsse diese einzige Vollziehungsmöglichkeit notwendigerweise vom Gläubiger ausgehen.

b) § 890

31 Ebenso ist es keine Frage zu § 750 Abs. 1, ob Verstöße gegen einen Unterlassungstitel, der bereits mit einer Ordnungsmittelandrohung versehen war, nur dann mit Ordnungsmitteln nach § 890 geahndet werden können, wenn der Titel bereits vor ihrer Begehung zugestellt war, oder ob alle Verstöße nach Titelerlass und Ordnungsmittelandrohung einen Vollstreckungsantrag rechtfertigen, dem dann allerdings erst nach Titelzustellung entsprochen werden kann.[91] Letzteres ist zutreffend, da das Unterlassungsgebot bereits mit Titelerlass wirksam ist, soweit der Titel jedenfalls vorläufig vollstreckbar ist. § 750 Abs. 1 regelt dagegen nur den Vollstreckungsbeginn.

4. Titel als Gegenstand der Zustellung

32 Grundsätzlich ist nach § 750 Abs. 1 nur der Titel, nicht auch die Klausel zuzustellen. Letztere ist bei der Amtszustellung nach §§ 317 Abs. 1, 329 Abs. 3 auch noch gar nicht erteilt. Dies gilt auch für arbeitsgerichtliche Urteile als Titel.[92] Sind Urkunden oder sonstige Anlagen im Titel in der Weise in Bezug genommen, dass der zu vollstreckende Tenor ohne sie nicht verständlich ist, müssen sie mit zugestellt werden, damit die Vollstreckung aus dem Titel beginnen kann.[93] Bei Titeln, die nach § 890 zu vollstrecken sind, muss neben dem Unterlassungsgebot auch die vollständige Ordnungsmittelandrohung[94] zugestellt sein, damit ein Ordnungsmittel verhängt werden kann. Soll aus einem europäischen Vollstreckungstitel vollstreckt werden, muss die ausländische Entscheidung zugestellt werden. Eine Ausfertigung der Bestätigung als europäischer Vollstreckungstitel nach Art. 9 EuVTVO ist dem Schuldner von Amts wegen zuzustellen (§ 1080 Abs. 1 Satz 2).

5. Adressat der Zustellung

33 Die Zustellung muss an denjenigen erfolgt sein bzw. bei Vollstreckungsbeginn erfolgen, der tatsächlich als Schuldner in Anspruch genommen werden soll. Dieser muss mit dem im Titel bzw. in der

---

89 LG Hannover, Rpfleger 1970, 144.
90 Bejahend die h. M.; vgl. nur § 929 Rn. 28; verneinend *Walker*, Der einstweilige Rechtsschutz, Rn. 582 f. m. w. N. für beide Ansichten.
91 Einzelheiten § 890 Rn. 28; vgl. ferner OLG Hamburg, MDR 1957, 622; OLG Stuttgart, MDR 1962, 995.
92 OLG Frankfurt, JurBüro 1977, 1781.
93 OLG Saarbrücken, OLGZ 67, 34; AG Berlin-Wedding, DGVZ 1974, 158.
94 Zur Vollständigkeit OLG Düsseldorf, ZZP 76 (1963), 474 sowie § 890 Rn. 18, 28.

Klausel namentlich genannten Schuldner bei Titelerlangung identisch sein.[95] War der Schuldner bei Titelerlangung anwaltlich vertreten, dann muss die Zustellung an den Rechtsanwalt erfolgen (§§ 172 Abs. 1, 87), auch wenn das vorausgegangene Erkenntnisverfahren schon längere Zeit zurückliegt.[96] Eine Zustellung allein an die Partei persönlich (etwa durch den Gerichtsvollzieher anlässlich des Beginns der Vollstreckung) wäre unwirksam.

Ist der Schuldner minderjährig oder hat er sonst (z. B. als Gesellschaft bürgerlichen Rechts) einen gesetzlichen Vertreter (bei der GbR der Geschäftsführer oder die Gesellschafter, §§ 709, 714 BGB),[97] so muss die Zustellung an diesen erfolgen (soweit nicht wieder § 172 Abs. 1 eingreift). Ist der gesetzliche Vertreter aus dem Titel nicht zu ermitteln,[98] so ist es Sache des Gläubigers, den Vertreter ausfindig zu machen und dem Vollstreckungsorgan mitzuteilen. Das Vollstreckungsorgan darf keinesfalls allein aus der Tatsache, dass im Titel kein gesetzlicher Vertreter eines minderjährigen Schuldners namhaft gemacht war, folgern, dass der Schuldner für die in Betracht kommende Schuld partiell geschäftsfähig sein müsse.[99] Es hat die Prozessfähigkeit eigenständig zu prüfen, wenn diese im zuzustellenden Titel nicht durch das Gericht ausdrücklich festgestellt wurde. An eine solche Feststellung wäre das Vollstreckungsorgan allerdings gebunden. Wird der bei Titulierung minderjährige Schuldner bis zur Vollstreckung volljährig, ist er der richtige Vollstreckungsadressat.[100] 34

Existiert derzeit kein gesetzlicher Vertreter (etwa nach einer Amtslöschung einer GmbH),[101] so muss der Gläubiger gegebenenfalls für die Bestellung eines Vertreters Sorge tragen. 35

VII. Zustellung der Vollstreckungsklausel und anderer Urkunden (Abs. 2)

1. Durch den Rechtspfleger/Notar erteilte Klausel

Ist die Klausel nicht vom Urkundsbeamten, sondern aufgrund besonderer Prüfung (§§ 726 Abs. 1, 727–729, 738, 742, 744, 745 Abs. 2, 749) durch den Rechtspfleger (ggf. Notar oder Verwaltungsbehörde) zu erteilen, so müssen vor Beginn der Vollstreckung (bei der Vollstreckung durch den Gerichtsvollzieher bei Beginn der Vollstreckung) auch diese qualifizierte Vollstreckungsklausel und Abschriften der in ihr als Grundlage für die Entscheidung des Rechtspflegers (des Notars, der Verwaltungsbehörde) genannten öffentlichen oder öffentlich beglaubigten Urkunden[102] dem Schuldner zugestellt werden. Er soll daraus entnehmen können, dass und warum die nach dem ursprünglichen Titel noch nicht (oder jedenfalls für diesen Gläubiger nicht) anzunehmende Vollstreckungsreife gegen ihn nunmehr gegeben ist.[103] Zu den der Klauselerteilung zu Grunde liegenden Urkunden kann auch ein aktueller Auszug aus dem Genossenschaftsregister gehören, wenn sich daraus die Rechtsnachfolge auf Gläubigerseite ergibt.[104] Entsprechendes gilt, wenn der **Notar die vollstreckbare Ausfertigung** einer notariellen Urkunde **erteilt** (§ 797 Abs. 2), in der ein Vertreter des Schuldners die Unterwerfung unter die sofortige Zwangsvollstreckung erklärt hat; dann ist die öffentliche oder öffentlich beglaubigte Urkunde über die Vollmacht des Vertreters oder die Genehmigung seines vollmachtlosen Handelns durch den Vertretenen zuzustellen.[105] Ob bei einer 36

---

95 Oben Rn. 17–23.
96 LG Detmold, DGVZ 1999, 61.
97 Dazu BGH, NJW 2006, 2191 f.
98 Siehe oben Rn. 24.
99 LG Bonn, NJW 1974, 1387; AG Hannover, DGVZ 1974, 121; **a. A.** LG Essen, MDR 1956, 236.
100 Zu verschiedenen Fallgestaltungen bei der Vollstreckung gegen Minderjährige *Giers*, DGVZ 2008, 145 ff.
101 OLG Frankfurt, Rpfleger 1982, 290.
102 Näheres § 726 Rn. 9, § 727 Rn. 33; siehe auch AG Kaiserslautern, DGVZ 1990, 74; AG Schöneberg, DGVZ 1995, 190.
103 BGH, Rpfleger 2005, 547, 548.
104 BGH, Rpfleger 2013, 225, 226 mit krit. Anm. *Alff*, Rpfleger 2013, 183; BGH, Rpfleger 2014, 215 mit krit. Anm. *Alff*, Rpfleger 2014, 173.
105 BGH, Rpfleger 2007, 37 f. mit abl. Anm. *Alff*.

analog §727 erteilten Klausel bei einem bloßen Wechsel des Gesellschafterbestandes in der auf Schuldnerseite stehenden GbR auch die Urkunde über den Gesellschafterwechsel nach §750 Abs. 2 zugestellt werden muss, ist dagegen zweifelhaft; denn die Beifügung der Rechtsnachfolgeurkunde soll dem Schuldner lediglich die Prüfung einer wirklichen Rechtsnachfolge erlauben, um die es in solchen Fällen nicht geht.[106]

37 Wenn erst während der laufenden Zwangsvollstreckung die Voraussetzungen für eine vom Rechtspfleger zu erteilende qualifizierte Klausel eintreten, stellt sich die Frage, ob die Zwangsvollstreckung trotzdem fortgeführt werden darf. Das Problem stellt sich etwa dann, wenn der Gläubiger stirbt. Zum Teil wurde das bisher bejaht, falls die Fortsetzung der Vollstreckung ohne irgendeinen Antrag oder eine Handlung des Gläubigers möglich sei.[107] Der BGH leitet aus dem Zweck des §750 Abs. 2 ab, dass die Zwangsvollstreckung im Fall der Gesamtrechtsnachfolge auf Gläubigerseite nicht fortgesetzt werden dürfe, solange dem Schuldner keine Ausfertigung des Titels zugestellt worden sei, aus der sich die Vollstreckungsberechtigung des Rechtsnachfolgers des Gläubigers ergebe.[108]

38 Ob die Klausel aufgrund der in ihr aufgeführten Urkunden zu Recht erteilt wurde oder nicht, hat das Vollstreckungsorgan nicht zu prüfen.[109] Es hat die Vollstreckung nicht von der Zustellung anderer oder zusätzlicher Urkunden abhängig zu machen, auch wenn der die Klausel Erteilende eigentlich die Vorlage dieser Urkunden hätte verlangen müssen.[110] Dass die Klausel überhaupt oder in ihrer konkreten Ausgestaltung zu Unrecht erteilt wurde, ist allein mit den Rechtsbehelfen des Klauselverfahrens (§§732, 768)[111] geltend zu machen. Wurde die Klausel irrtümlich nach §§724, 725 erteilt, obwohl eine qualifizierte Klausel zu erteilen gewesen wäre, hat das Vollstreckungsorgan sie als solche zu akzeptieren und kann nicht seinerseits die Vorlage und Zustellung der Urkunden verlangen, die nach dem Inhalt des Titels den Eintritt der ursprünglich noch ausstehenden Vollstreckungsreife belegen könnten.[112] Sind, was praktisch selten sein dürfte, die Urkunden in ihrem Wortlaut schon in die Klausel aufgenommen worden, so ist die Klausel selbst als »Abschrift der Urkunden« zu werten; das Vollstreckungsorgan kann nicht noch die Zustellung zusätzlicher Abschriften verlangen.[113]

2. Folge der noch fehlenden Zustellung

39 Beantragt der Gläubiger die Vollstreckung, ohne sogleich die erforderlichen Zustellungen nachweisen zu können, so ist sein Antrag nicht sofort zurückzuweisen. Es ist ihm zunächst eine Frist zu setzen, in der er das Erforderliche nachholen kann.[114]

VIII. Besonderheiten bei der Sicherungsvollstreckung (Abs. 3)

1. Wartefrist von zwei Wochen

40 Die Sicherungsvollstreckung nach §720a kann – wenn die übrigen allgemeinen Vollstreckungsvoraussetzungen vorliegen[115] – nicht sogleich mit oder nach der Zustellung des Titels an den Schuldner beginnen. Es ist vielmehr eine zweiwöchige Wartefrist einzuhalten (Fristberechnung: §222). Sie soll

---

106 BGH, NJW 2011, 615, 617.
107 Z.B. OLG Hamm, JMBl. NRW 1963, 132; *Brox/Walker*, Rn. 24; *Gaul/Schilken/Becker-Eberhard*, §23 Rn. 21; *Stein/Jonas/Münzberg*, vor §704 Rn. 79.
108 BGH, Rpfleger 2007, 331, 332.
109 BGH, Rpfleger 2007, 331, 332.
110 Wie hier *Musielak/Voit/Lackmann*, §750 Rn. 22; *Stein/Jonas/Münzberg*, §750 Rn. 44; *Wieczorek/Schütze/Salzmann*, §750 Rn. 34; a.A. OLG Hamm, NJW-RR 1987, 957; LG Bonn, Rpfleger 1968, 125.
111 Siehe Vor §§724–734 Rn. 14.
112 Siehe §726 Rn. 18; a.A. OLG Frankfurt, Rpfleger 1973, 323; LG Bonn, Rpfleger 1968, 125.
113 OLG Frankfurt, Rpfleger 1977, 416; *Stephan*, Rpfleger 1968, 106.
114 AG Saarbrücken, MDR 1972, 1040.
115 Siehe oben Rn. 2.

dem Schuldner Gelegenheit geben, die nach § 720a Abs. 3 mögliche Sicherheitsleistung zur vorläufigen Abwendung der Zwangsvollstreckung aufzubringen. Die Frist beginnt nach dem Wortlaut des Abs. 3, wenn »das Urteil und die Vollstreckungsklausel« zugestellt sind. Das Urteil wird gem. § 317 Abs. 1 von Amts wegen zugestellt. Die zusätzliche Zustellung der Klausel soll gewährleisten, dass der Schuldner auch in solchen Fällen vor einer Sicherungsvollstreckung gewarnt wird, in denen er nach dem Titelinhalt noch nicht unmittelbar mit einer Vollstreckung zu rechnen braucht. Das ist der Fall, wenn erst noch eine titelergänzende oder titelumschreibende Klausel erteilt werden muss, die von zusätzlichen Voraussetzungen abhängig ist. Genügt dagegen eine einfache Klausel, die ohne Weiteres erteilt wird, ist der Schuldner schon durch die Zustellung des Urteils hinreichend vorgewarnt; deshalb ist der Abs. 3 einschränkend auszulegen in dem Sinne, dass für den Fristbeginn die Zustellung der einfachen Klausel nicht erforderlich ist.[116] In der Rechtsprechung der Oberlandesgerichte und im Schrifttum war es zwar lange herrschende Ansicht, dass in allen Fällen neben dem Titel auch die einfache Vollstreckungsklausel zugestellt sein muss.[117] Für die Gerichtsvollzieher war das in der früher geltenden Fassung der GVGA auch so vorgesehen. Der BGH hat sich jedoch der hier vertretenen Ansicht angeschlossen und bei der Sicherungsvollstreckung die Zustellung der einfachen Klausel für entbehrlich erklärt.[118] Dem trägt § 46 Abs. 2 Satz 2 GVGA in der seit 1.9.2013 geltenden Fassung Rechnung.

2. Wartefrist und Vorpfändung

Im Fall der Forderungspfändung kann die Zweiwochenfrist des Abs. 3 durch eine Vorpfändung nach § 845 überspielt werden. Sofort nach Erlangung des auf eine Geldleistung gerichteten, grundsätzlich vollstreckungsfähigen Titels kann der Gläubiger dem Drittschuldner und dem Schuldner die in § 845 Abs. 1 genannte Benachrichtigung[119] zustellen lassen. Zu diesem Zeitpunkt braucht der Titel weder vollstreckbar ausgefertigt noch dem Schuldner zugestellt zu sein.[120] Der Gläubiger erreicht so die vorläufige Beschlagnahme der Forderung. Wird die Vollpfändung rechtzeitig nachgeholt, behält das durch die Vorpfändung erlangte vorläufige Pfandrecht endgültig seinen Rang.[121]

41

IX. Sonstige Wartefristen

Neben Abs. 3 für den Fall der Sicherungsvollstreckung nach § 720a sieht das Gesetz noch in folgenden Fällen die Einhaltung einer Wartefrist vor Beginn der Zwangsvollstreckung vor:

42

1. § 798

Aus einem Kostenfestsetzungsbeschluss, der nicht auf das Urteil gesetzt ist[122] (Vollstreckungstitel gem. § 794 Abs. 1 Nr. 2), aus Beschlüssen nach § 794 Abs. 1 Nr. 4 b sowie aus den vollstreckbaren Urkunden nach § 794 Abs. 1 Nr. 5) darf die Zwangsvollstreckung erst beginnen, wenn der Titel mindestens **zwei Wochen** vorher zugestellt worden ist (Fristberechnung gem. § 222).

---

116 Vgl. LG Frankfurt, Rpfleger 1982, 296 f.; LG Münster, JurBüro 1986, 939; LG Verden, MDR 1985, 330; *Baur/Stürner/Bruns*, Rn. 15.17; *Brox/Walker*, Rn. 154; *Münzberg*, Rpfleger 1983, 58 ff.; *Stein/Jonas/Münzberg*, § 750 Rn. 5.
117 KG, Rpfleger 1988, 359; OLG Düsseldorf, DGVZ 1997, 42; OLG Hamm, Rpfleger 1989, 378; OLG Schleswig, NJW-RR 1988, 700; OLG Stuttgart, NJW-RR 1989, 1535; OLG Karlsruhe, DGVZ 1990, 186; LG Ansbach, DGVZ 1983, 77; LG Berlin, MDR 1987, 65; LG Darmstadt, NJW 1986, 2260; LG Düsseldorf, JürBüro 1986, 1254, 1255; LG Göttingen, DGVZ 1995, 73; LG Mönchengladbach, JurBüro 1987, 925; LG München, DGVZ 1984, 73; LG Ravensburg, JurBüro 1989, 260; *Fahlbusch*, Rpfleger 1979, 94; *Seip*, Rpfleger 1983, 56 sowie die h. M. in der Kommentarliteratur.
118 BGH, Rpfleger 2005, 547, 548 f.
119 Einzelheiten zum Inhalt der Benachrichtigung usw. vgl. die Anmerkungen zu § 845.
120 KG, ZIP 1980, 322; LG Frankfurt, Rpfleger 1983, 32.
121 Einzelheiten: § 845 Rn. 6.
122 Zum Festsetzungsbeschluss auf dem Urteil und der Ausfertigung siehe § 105.

2. § 845

Für die Vorpfändung gem. § 845 sind auch diese Wartefristen nicht einzuhalten. Es gilt das zu Rn. 41 Gesagte entsprechend.

3. Wartefristen außerhalb der ZPO

43 Außerhalb der ZPO finden sich vergleichbare Wartefristen für den Beginn der Zwangsvollstreckung insbesondere in folgenden Regelungen: § 254 Abs. 1 AO; § 3 Abs. 2 Buchst. c VwVG; § 106 Abs. 2 OWiG; § 84 Abs. 2 BRAO.

X. Folgen von Verstößen gegen § 750

1. Vollstreckung entgegen § 750

44 Liegt überhaupt ein vollstreckungsfähiger Titel vor,[123] so führt die Nichtbeachtung der Regeln des § 750 nicht zur Nichtigkeit der regelwidrig durchgeführten Zwangsvollstreckung, sondern lediglich zu deren Anfechtbarkeit.[124] Das gilt sowohl für den Fall, dass aus einem Titel ohne Klausel vollstreckt wurde,[125] als auch für die Fälle, dass der Schuldner weder im Titel noch in der Klausel benannt[126] oder der Gläubiger nicht entsprechend legitimiert war,[127] dass Zustellungsmängel vorlagen[128] oder die Zustellung gar ganz unterlassen wurde. Im Fall der Nichtbeachtung der Wartefristen kann allerdings durch die verfrühte Zwangsvollstreckung keine Priorität vor Fristablauf erschlichen werden.[129] Während ansonsten die nur anfechtbare Beschlagnahme dann, wenn die materiellrechtlichen Voraussetzungen[130] für das Entstehen eines Pfändungspfandrechts gegeben sind, zur Entstehung des Pfandrechts zum Zeitpunkt der Beschlagnahme führt, entsteht in diesem Fall das Pfandrecht erst im Zeitpunkt des Fristablaufes. Solange die Vollstreckung anfechtbar ist,[131] kann das Pfandrecht wieder beseitigt werden. Entfällt die Möglichkeit der Anfechtung,[132] ist das Pfandrecht als von Anfang an vollwirksam zu behandeln.[133] Zur **Heilung** eines Verstoßes gegen § 750 siehe Rn. 47.

2. Verzicht des Schuldners auf die Einhaltung des § 750

45 Die Zwangsvollstreckung ist trotz Nichtbeachtung der Voraussetzungen des § 750 von Anfang an nicht fehlerhaft und damit auch nicht anfechtbar, wenn der Schuldner auf die Beachtung dieser Formalien verzichtet. Der Verzicht kann dem Vollstreckungsorgan gegenüber, wenn dieses mit der Zwangsvollstreckung beginnen soll, erklärt werden.[134] In diesem Fall ist er zu protokollieren

---

123 Die Vollstreckung ohne jeglichen Titel führt zur Nichtigkeit aller Vollstreckungsakte; BGHZ 70, 313 ff.; OLG Hamburg, MDR 1974, 321; Einzelheiten: Vor §§ 803, 804 Rn. 5; a.A. wohl BGH, WM 1977, 840.
124 BGHZ 66, 79; BGH, LM Nr. 22 zu § 794 I Ziff. 5 ZPO (unter III 2) mit Anm. *Walker* und Anm. *Münzberg*, Rpfleger 1995, 367, 368. Siehe auch Vor §§ 803, 804 Rn. 4 ff.
125 Vor §§ 724–734 Rn. 4.
126 BGHZ 30, 175; BGH, NJW 1979, 2045; *Jauernig/Berger*, § 16 Rn. 5, § 7 Rn. 14 f.; a.A. *Bruns/Peters*, § 20 III 1 a.
127 Einführung Rn. 10.
128 BGHZ 57, 108; 66, 79; BGH, JZ 1976, 287; a.A. wohl OLG Hamburg, MDR 1965, 143.
129 OLG Hamm, NJW 1974, 1516; *Noack*, DGVZ 1977, 33; *Wieczorek/Schütze/Salzmann*, § 750 Rn. 39.
130 Vor §§ 803, 804 Rn. 6, 15.
131 Nachfolgend Rn. 46.
132 Wegen nachträglicher Heilung des Mangels oder weil die Zwangsvollstreckung beendet ist vgl. § 766 Rn. 31, 39.
133 *Stein/Jonas/Münzberg*, § 750 Rn. 12; vgl. ferner Vor §§ 803, 804 Rn. 16.
134 H.M.; vgl. *Brox/Walker*, Rn. 155; *Stein/Jonas/Münzberg*, § 750 Rn. 8; *Zöller/Stöber*, § 750 Rn. 22.

(§ 762 Abs. 2 Nr. 2). Der Verzicht kann aber auch bereits vorab erklärt werden.[135] In diesem Fall muss er allerdings dem Vollstreckungsorgan durch öffentlich beglaubigte Urkunde nachgewiesen werden. Dies folgt aus dem der Regelung der §§ 726 Abs. 1, 727 Abs. 1, 775 zu Grunde liegenden Gedanken: Im stark formalisierten Vollstreckungsverfahren sollen Ausnahmen vom Regelablauf nur Berücksichtigung finden, wenn ihr Vorliegen mit erhöhter Sicherheit und dazu noch relativ einfach nachprüfbar ist.[136] Wirksam ist deshalb ein Verzicht auf die förmliche Zustellung des Titels, wenn er bereits im Titel selbst (etwa der notariellen Urkunde oder der vor dem Urkundsbeamten des Jugendamtes errichteten Verpflichtungsurkunde) erklärt worden ist.[137] Gebräuchlich ist insoweit die beurkundete Erklärung des Schuldners, er habe eine beglaubigte Abschrift der Urkunde erhalten und verzichte auf eine förmliche Zustellung derselben. Unwirksam wäre dagegen eine Klausel in Allgemeinen Geschäftsbedingungen, der Schuldner verzichte schon vorab für den Fall, dass die Forderung gegen ihn tituliert werden müsse, auf die Zustellung des Titels vor Beginn der Zwangsvollstreckung oder die Einhaltung der Wartefristen.

3. Rechtsbehelfe bei Verstößen gegen § 750

Der Gläubiger kann, wenn die Zwangsvollstreckung zu Unrecht abgelehnt wird, hiergegen Erinnerung nach § 766 einlegen, soweit der Gerichtsvollzieher oder das Vollstreckungsgericht hätten tätig werden sollen. Das gilt nach umstrittener, aber richtiger Ansicht auch, wenn der mit Zustellung und Vollstreckung beauftragte Gerichtsvollzieher sich weigert, eine nach Abs. 2 notwendige Zustellung einer titelumschreibenden Klausel vorzunehmen.[138] Zwar bereitet die Zustellung die Zwangsvollstreckung erst vor, und sie ist nicht selbst Bestandteil der Zwangsvollstreckung, aber in der Ablehnung der Zustellung liegt gleichzeitig eine Ablehnung der Zwangsvollstreckung. Die sofortige Beschwerde nach § 793 kommt in Betracht, soweit das Prozessgericht die Zwangsvollstreckung abgelehnt hat, und die Beschwerde nach §§ 11 Abs. 1 RPflG, 71 GBO, wenn das Grundbuchamt den Vollstreckungsantrag zurückgewiesen hat.[139] Die gleichen Rechtsbehelfe hat der Schuldner, wenn unter Verstoß gegen § 750 gegen ihn vollstreckt wurde. Hat er allerdings auf die Einhaltung der Formvorschriften zunächst wirksam verzichtet,[140] so liegt in deren Nichtbeachtung kein Verfahrensmangel mehr, sodass ein nachträglicher Rechtsbehelf insoweit erfolglos wäre.

46

Verstöße gegen § 750 können auch nachträglich mit Rückwirkung geheilt werden.[141] Ein zunächst erfolgversprechender Rechtsbehelf wird deshalb unbegründet, wenn die Mängel zum Zeitpunkt der Entscheidung über den Rechtsbehelf nicht mehr vorliegen, wenn also z. B. die unterlassene Zustellung nachgeholt, die Klausel gegen den in Anspruch genommenen Schuldner besorgt und zugestellt wurde oder die nichtbeachtete Wartefrist inzwischen abgelaufen ist (insoweit allerdings keine Rückwirkung).[142] Der Schuldner kann sich der Kostentragungspflicht für den Rechtsbehelf in diesen Fällen durch eine Erledigungserklärung (§ 91a entspr.) entziehen.

47

---

135 Sehr streitig; wie hier LG Bad Kreuznach, DGVZ 1982, 189; LG Ellwangen, Rpfleger 1966, 145; *Berner*, Rpfleger 1966, 134; *Brox/Walker*, Rn. 155; *Emmerich*, ZZP 81 (1968), 425; HdbZVR/*Rellermeyer*, Kap. 1 Rn. 430; *Zöller/Stöber*, § 750 Rn. 22; a. A. LG Flensburg, Rpfleger 1960, 303; Hk-ZPO/*Kindl*, § 750 Rn. 13; MüKo/*Heßler*, § 750 Rn. 86; *Musielak/Voit/Lackmann*, § 750 Rn. 15; *Stein/Jonas/Münzberg*, § 750 Rn. 9; *Thomas/Putzo/Seiler*, § 750 Rn. 1 a. E.
136 Diese Formulierung trägt auch den Bedenken von *Stein/Jonas/Münzberg*, § 750 Rn. 9 Rechnung.
137 LG Bad Kreuznach, DGVZ 1982, 189.
138 MüKo/*Heßler*, § 750 Rn. 95; *Stein/Jonas/Münzberg*, § 766 Rn. 2; a. M. OLG Hamm, Rpfleger 2011, 93, 94.
139 Vgl. insoweit § 867 Rn. 28 sowie BayObLG, Rpfleger 1976, 66; OLG Frankfurt, JurBüro 1982, 1098; OLG Köln, OLGZ 1967, 499.
140 Siehe oben Rn. 45.
141 OLG Hamm, NJW-RR 1998, 87, 88; OLG Schleswig, NJW-RR 1988, 700.
142 Siehe oben Rn. 42.

XI. ArbGG, VwGO, AO

48 § 750 gilt auch bei der Vollstreckung von arbeitsgerichtlichen Titeln (§§ 62 Abs. 2, 85 Abs. 1 Satz 3 ArbGG)[143] und von Titeln nach § 168 VwGO (§ 167 Abs. 1 VwGO). Wenn gem. § 169 Abs. 1 Satz 1 (und ggf. gem. § 170 Abs. 1 Satz 3) VwGO das VwVG gilt, ist für die Vollstreckung ein Leistungsbescheid (§ 3 Abs. 2 Buchst. a VwVG) oder ein auf Herausgabe, auf Vornahme einer Handlung oder auf Duldung oder Unterlassung gerichteter Verwaltungsakt (§ 6 Abs. 1 VwVG) erforderlich, der den Betroffenen bekannt zu geben ist. Für die Abgabenvollstreckung ergeben sich die Voraussetzungen für den Beginn der Vollstreckung aus § 254 AO.

---

143 *Stein/Jonas/Münzberg*, § 750 Rn. 48 f.

§ 751 Bedingungen für Vollstreckungsbeginn

(1) (1)Ist die Geltendmachung des Anspruchs von dem Eintritt eines Kalendertages abhängig, so darf die Zwangsvollstreckung nur beginnen, wenn der Kalendertag abgelaufen ist.

(2) (2)Hängt die Vollstreckung von einer dem Gläubiger obliegenden Sicherheitsleistung ab, so darf mit der Zwangsvollstreckung nur begonnen oder sie nur fortgesetzt werden, wenn die Sicherheitsleistung durch eine öffentliche oder öffentlich beglaubigte Urkunde nachgewiesen und eine Abschrift dieser Urkunde bereits zugestellt ist oder gleichzeitig zugestellt wird.

Übersicht

		Rdn.			Rdn.
I.	Zweck und Anwendungsbereich	1	2.	Prüfung durch das Vollstreckungsorgan	10
II.	Eintritt eines Kalendertages (Abs. 1)	2	3.	Besonderheiten bei der Hinterlegung	11
1.	Kalendertag	2	4.	Besonderheiten bei Bankbürgschaft	12
2.	Anwendungsfälle	3	IV.	Rechtsfolgen eines Verstoßes gegen § 751	13
3.	Ablauf des Kalendertages	4			
4.	Vorratspfändung	6	V.	Verzicht des Schuldners auf die Einhaltung des § 751	14
5.	Dauerpfändung	7			
III.	Nachweis der Sicherheitsleistung	8	VI.	Rechtsbehelfe bei Verstößen gegen § 751	15
1.	Nachweis durch den Gläubiger	8	VII.	ArbGG, VwGO, AO	16

Literatur:
Foerste, Die Zustellung der Prozessbürgschaft, NJW 2010, 3611; *Jakobs*, Vorläufige Vollstreckbarkeit gegen Sicherheitsleistung unter besonderer Berücksichtigung der Prozeßbürgschaft, DGVZ 1973, 107 und 129; *Kotzur*, Zum Nachweis der als Sicherheitsleistung erbrachten Bankbürgschaft in der Zwangsvollstreckung, DGVZ 1990, 65; *Mümmler*, Sicherheitsleistung durch Bürgschaft, JurBüro 1971, 222; *Vogel*, Schutzschriften auch im Zwangsvollstreckungsverfahren, NJW 1997, 554.

I. Zweck und Anwendungsbereich

Da im Hinblick auf die beiden in § 751 angesprochenen Vollstreckungsvoraussetzungen die Vollstreckungsreife des Titels noch nicht bei der Klauselerteilung überprüft wird (§ 726 Abs. 1), muss das Vollstreckungsorgan die notwendigen Feststellungen in eigener Verantwortung vor Beginn der Zwangsvollstreckung nachholen. In beiden in § 751 angesprochenen Fällen ist dies ohne besondere Mühe möglich, sodass Interessen des Schuldners durch die Verlegung des Prüfungszeitpunktes auf den Vollstreckungsbeginn nicht gefährdet sind. Für den Gläubiger aber wird das Vollstreckungsverfahren erheblich beschleunigt, wenn er das Klauselverfahren und seine Bemühungen um die Bereitstellung der Sicherheitsleistung parallel betreiben und den Vollstreckungsantrag schon vor dem Kalendertag stellen kann, zu dem die Geltendmachung des Anspruchs möglich ist. § 751 gilt wie § 750 für alle Arten der Zwangsvollstreckung und für alle Vollstreckungsorgane.[1]

1

II. Eintritt eines Kalendertages (Abs. 1)

1. Kalendertag

Der Kalendertag muss als feststehendes Datum nur mithilfe der Angaben im Titel und unter Hinzuziehung eines Kalenders bestimmt werden können, ohne dass der Eintritt weiterer Umstände überprüft werden müsste (ansonsten wäre § 726 Abs. 1 einschlägig). Der klarste Fall ist die Nennung eines genauen Datums im Titel selbst (»wird verurteilt, am 15.1.2008 ... zu zahlen.«). Hierher gehören aber auch die Fälle, in denen das Datum als Ergebnis einer Rechnung von einem feststehenden Tag aus im Kalender (»drei Wochen nach Beendigung der Sommerschulferien Nordrhein-Westfalen 2008«) zu ermitteln ist oder an Stelle eines Datums ein kalendermäßig feststehendes Ereignis genannt ist (»Osterdienstag 2008«). Unter § 751 Abs. 1 sind auch die Fälle zu fassen, in

2

---

[1] Vgl. § 750 Rn. 1.

denen der Anspruch erst nach Ablauf einer bestimmten Frist ab Zustellung des Titels soll geltend gemacht werden können (z. B.: »2 Wochen nach Zustellung dieses Vergleiches ...«).[2] Das ergibt sich aus dem Sinn der Regelung in § 726 Abs. 1 einerseits und in § 751 Abs. 1 andererseits. Danach soll das Vollstreckungsorgan von der Überprüfung tatsächlich und rechtlich schwieriger Bedingungen für den Eintritt der Vollstreckungsreife freigestellt sein, aber andererseits soll keine Verzögerung der Vollstreckung durch ein langwierigeres Klauselverfahren eintreten, wenn das Vollstreckungsorgan allein anhand der Vollstreckungsunterlagen und des Kalenders die Vollstreckungsreife feststellen kann. Auch § 750 Abs. 3 spricht für dieses Ergebnis: Der Ablauf der Wartefrist wird ebenfalls vom Vollstreckungsorgan selbstständig berechnet. Die Zustellung muss das Vollstreckungsorgan ja ohnehin prüfen. Der Zustellungsnachweis ist Teil der Vollstreckungsunterlagen. Anders ist der Fall zu beurteilen, wenn nach dem Inhalt eines Unterhaltsvergleichs die Unterhaltszahlungen an einem bestimmten Tag nach Rechtskraft des Scheidungsurteils aufgenommen werden sollen (»... am 1. jeden Monats beginnend mit dem auf die Rechtskraft des Scheidungsurteils folgenden Monat ... zu zahlen«). Hier gehört das Scheidungsurteil nicht zu den notwendigen Vollstreckungsunterlagen, die das Vollstreckungsorgan selbst prüfen könnte. Vielmehr ist der Eintritt der Rechtskraft vor der Klauselerteilung zu prüfen, und zwar wegen der Sonderregelung des § 795b vom Urkundsbeamten der Geschäftsstelle.[3] Weder ein Fall von § 751 Abs. 1 noch von § 726 Abs. 1 ist gegeben, wenn nach dem Sinn und Zweck der titulierten Regelung eigentlich ein bestimmtes Fälligkeitsdatum für die Leistung genannt sein müsste, aber vergessen worden ist. Hier ist der Titel seinem Tenor entsprechend sofort vollstreckbar. Löst etwa ein Arbeitsgericht unter Festsetzung einer Abfindung ein Arbeitsverhältnis zu einem bestimmten Zeitpunkt auf, ohne im Tenor oder in den Gründen einen Fälligkeitszeitpunkt für die Abfindung festzustellen, so kann der Abfindungsgläubiger vor dem festgelegten Auflösungszeitpunkt vollstrecken.[4]

2. Anwendungsfälle

3   Die praktisch bedeutsamsten Anwendungsfälle des Abs. 1 sind Urteile auf künftige Leistungen (§§ 257–259), insbesondere Unterhalts- und Rentenleistungen betreffend, ferner Vergleiche und vollstreckbare Urkunden über derartige Leistungen (Unterhaltsvergleich, Grundstückskauf auf Rentenbasis) sowie Räumungsurteile über Wohnraum, in denen dem Schuldner eine Räumungsfrist bewilligt wurde (§ 721). Urteile der Amtsgerichte oder Arbeitsgerichte nach § 510b gehören ebenfalls hierher, falls die Frist, innerhalb derer die Handlung vorgenommen worden sein muss, datumsmäßig bestimmt oder bestimmbar (oben Rn. 2) ist.

3. Ablauf des Kalendertages

4   Da die in Abs. 1 angesprochene Frist ihren Grund eigentlich im materiellen Recht hat, obwohl sie durch ihre Aufnahme in den Titel auch eine prozessrechtliche Komponente erhalten hat, ist § 193 BGB zu berücksichtigen:[5] Ist der zunächst kalendermäßig korrekt ermittelte Tag ein Samstag, Sonntag oder ein gesetzlicher Feiertag an dem Ort, an dem vollstreckt werden soll, so tritt an seine Stelle der nächste Werktag.

5   Die Vollstreckung darf nach dem Gebot in Abs. 1 nie am Tage der Fälligkeit selbst, sondern immer erst nach seinem Ablauf, also am folgenden Tag beginnen. Ist dieser Tag nun seinerseits ein Sonntag oder ein Feiertag, dann greift § 758a Abs. 4 ein.

---

2   Wie hier *Brox/Walker*, Rn. 158; *Musielak/Voit/Lackmann*, § 751 Rn. 3; *Stein/Jonas/Münzberg*, § 751 Rn. 3; *Wieczorek/Schütze/Salzmann*, § 751 Rn. 4; a.A. HdbZVR/*Rellermeyer*, Kap. 1 Rn. 456; *Zöller/Stöber*, § 751 Rn. 2.
3   Vgl. § 726 Rn. 5 und § 795b Rn. 2.
4   OLG Köln, NJW-RR 1986, 159.
5   Wie hier: *Baumbach/Lauterbach/Hartmann*, § 751 Rn. 4; HdbZVR/*Rellermeyer*, Kap. 1 Rn. 455; *Musielak/Voit/Lackmann*, § 751 Rn. 4; *Stein/Jonas/Münzberg*, § 751 Rn. 2; *Wieczorek/Schütze/Salzmann*, § 751 Rn. 4; a.A. *Zöller/Stöber*, § 751 Rn. 2.

4. Vorratspfändung

Abs. 1 verhindert grundsätzlich Vorratspfändungen: Künftige Ansprüche sollen nicht schon vorab durch ein Pfändungspfandrecht lange im Voraus gesichert werden können, während dann Gläubiger bereits fälliger Ansprüche, die auch sofort zur Verwertung des Pfändungsgutes schreiten könnten, auf lange Zeit mit ihren nachrangigen Pfandrechten blockiert wären, nur weil sie ihren Titel später erlangt haben. Eine wichtige Ausnahme von diesem Grundsatz macht aber § 850d Abs. 3: Bei der Vollstreckung wegen gesetzlicher Unterhaltsansprüche und wegen Rentenansprüchen, die aus Anlass von Körper- oder Gesundheitsverletzungen zu zahlen sind, kann zugleich mit der Pfändung wegen fälliger Ansprüche[6] auch künftig fällig werdendes Arbeitseinkommen wegen der dann jeweils fällig werdenden Ansprüche gepfändet werden.[7] Die analoge Anwendung dieser Vorschrift auf Titel aus anderen künftigen Ansprüchen als Unterhalts- und Rentenansprüchen (z. B. künftigen Miet-, Erbbauzins-, Rentenforderungen aus Kaufverträgen) ist ebenso unzulässig[8] wie auf die Vollstreckung von künftigen Renten- und Unterhaltsansprüchen in andere künftige Ansprüche als Arbeitseinkommen.[9] Die Vorratspfändung bewirkt, dass der künftige Anspruch sofort gepfändet ist und mit dem Pfandrecht belastet zur Entstehung gelangt. Jede spätere Pfändung auch wegen bereits fälliger Ansprüche hat prioritätsjüngeren Rang.

5. Dauerpfändung

Das unterscheidet die Vorratspfändung von der von der Rechtsprechung aus Rationalisierungs- und Praktikabilitätsgründen zugelassenen sog. Dauerpfändung oder Vorauspfändung.[10] Sie kommt nur bei der Vollstreckung regelmäßig wiederkehrender künftiger Forderungen in Geldforderungen in Betracht. Um nicht in kurzen Abständen immer wieder einen neuen Pfändungs- und Überweisungsbeschluss erwirken zu müssen, kann der Gläubiger mit der ersten Pfändung wegen eines fälligen Anspruchs aufschiebend bedingte Pfändungen wegen der künftigen Ansprüche erwirken. Die Pfändungen werden aber nicht sogleich mit der Zustellung des Pfändungsbeschlusses an den Drittschuldner wirksam, sondern jeweils erst (entsprechend dem Gebot des § 750 Abs. 1) einen Tag nach der Fälligkeit des Anspruchs, wegen dem die Vollstreckung betrieben wird. Zwischenzeitlich ausgebrachte Pfändungen wegen bereits fälliger Ansprüche gehen, weil sie sofort wirksam werden, den Vorauspfändungen bis zur Fälligkeit im Rang vor.[11] Deshalb werden andere Gläubiger durch solche Vorauspfändungen auch nicht benachteiligt.[12] Die Vorauspfändung muss im Pfändungsbeschluss als solche kenntlich gemacht sein, sonst ist § 751 Abs. 1 verletzt. Eine Umdeutung einer unzulässigen Pfändung vor Fälligkeit in eine Vorauspfändung scheidet aus.

III. Nachweis der Sicherheitsleistung

1. Nachweis durch den Gläubiger

Von einer Sicherheitsleistung des **Gläubigers** hängt die Vollstreckung in den Fällen der §§ 709, 712 Abs. 2 Satz 2 ab, aber auch gem. § 711, wenn der Schuldner in den Fällen des § 708 Nr. 4

---

6 Also nicht allein wegen der künftigen Ansprüche, wenn die fälligen Ansprüche jeweils fristgerecht befriedigt werden; vgl. KG, MDR 1960, 931.
7 Einzelheiten: § 850d Rn. 18.
8 H. M., vgl. *Brox/Walker*, Rn. 160.
9 OLG Hamm, Rpfleger 1963, 19; LG Berlin, Rpfleger 1978, 331 und Rpfleger 1982, 434; AG Bad Homburg, WM 1985, 843; a. A. LG Saarbrücken, Rpfleger 1973, 373.
10 BGH, NJW 2004, 369, 370 mit zust. Anm. *Walker*, LMK 2004, 33; OLG München, Rpfleger 1972, 321; LG Düsseldorf, Rpfleger 1985, 119; AG Hamburg-Harburg, NJW-RR 2003, 149; *Brox/Walker*, Rn. 163; Hk-ZPO/*Kindl*, § 751 Rn. 1; *Stein/Jonas/Münzberg*, § 751 Rn. 4; *Wieczorek/Schütze/Salzmann*, § 751 Rn. 6. Vgl. zur Zulässigkeit einer Dauerpfändung in einem Erbanteil OLG Hamm, NJW-RR 1994, 895 f.
11 OLG Hamm, NJW-RR 1994, 895, 896; OLG München, Rpfleger 1972, 321; *Baur/Stürner/Bruns*, Rn. 21.10.
12 BGH, NJW 2004, 369, 370 mit zust. Anm. *Walker*, LMK 2004, 33.

bis 11 zunächst Sicherheit geleistet hat. Da die Leistung der Sicherheit bei der Klauselerteilung nicht überprüft wird, muss der Gläubiger sie dem Vollstreckungsorgan vor Vollstreckungsbeginn nachweisen. Lautet der Titel allerdings auf eine Geldleistung und beauftragt der Gläubiger das Vollstreckungsorgan nur mit einer Sicherungsvollstreckung i. S. § 720a,[13] so entfällt zunächst der Nachweis der Sicherheitsleistung. Er ist nachzuholen, sobald der Gläubiger über die rangwahrende Sicherung hinaus Befriedigung erstrebt (Verwertung der gepfändeten beweglichen Sache; Beantragung des Überweisungsbeschlusses hinsichtlich der gepfändeten Forderung; Beantragung auch der Zwangsversteigerung neben der Sicherungshypothek usw.). Ein Vollstreckungsantrag, dem der erforderliche Nachweis der Sicherungsleistung nicht beigefügt ist, ist nicht etwa zurückzuweisen, sondern – soweit die übrigen Voraussetzungen der Sicherungsvollstreckung vorliegen – als ein Antrag auf Einleitung der Sicherungsvollstreckung auszulegen. Das gilt auch dann, wenn der Antrag als solcher nicht bezeichnet ist. Eine Sicherungsvollstreckung kommt dann nicht in Betracht, wenn der Schuldner seinerseits bei Vollstreckungsbeginn nachweist, dass er Sicherheit zur Abwendung der Zwangsvollstreckung geleistet hat (§ 720a Abs. 3).

9   Der Nachweis der Sicherheitsleistung entfällt (vgl. § 48 Abs. 2 GVGA), wenn das ursprünglich nur vorläufig vollstreckbare Urteil zwischenzeitlich rechtskräftig geworden und die Rechtskraft durch Rechtskraftzeugnis (§ 706 Abs. 1) nachgewiesen ist. Gleiches gilt, wenn nach Zurückweisung der Berufung gegen dieses Urteil an die Stelle der vorläufigen Vollstreckbarkeit nach § 709 nunmehr die Vollstreckbarkeit ohne Sicherheitsleistung nach § 708 Nr. 10 getreten ist. Schließlich ist vom Nachweis der Sicherheitsleistung abzusehen, wenn eine gerichtliche Entscheidung vorgelegt wird, die gem. §§ 537, 558 und 718 die vorläufige Vollstreckbarkeit ohne Sicherheitsleistung angeordnet hat.

2. Prüfung durch das Vollstreckungsorgan

10   Das Vollstreckungsorgan hat eigenverantwortlich nachzuprüfen, ob die Sicherheitsleistung in der durch das Urteil angeordneten Art erbracht ist (vgl. § 48 Abs. 1 GVGA), ob also die Hinterlegung durchgeführt ist (wenn keine Bürgschaft nachgelassen ist) oder ob die Bürgschaft von einem Kreditinstitut der im Urteil umschriebenen Art (z. B. Großbank oder öffentlichen Sparkasse) erteilt und ob sie in der angeordneten Höhe bzw. ohne unzulässige Bedingungen erklärt ist.[14]

3. Besonderheiten bei der Hinterlegung

11   Ist die Sicherheitsleistung durch Hinterlegung von Geld oder bestimmten Wertpapieren (§§ 108 Abs. 1 ZPO, 234 Abs. 1, 3 BGB) erfolgt (Regelfall, wenn der Schuldtitel keine Bestimmung über die Art der Sicherheit enthält und die Parteien nichts anderes vereinbart haben [§ 108 Abs. 1 ZPO]), so wird der Nachweis hierüber nach den landesrechtlichen Bestimmungen, die am 1.12.2010 die frühere HinterlO abgelöst haben, in der Regel durch eine Bescheinigung der Hinterlegungsstelle über die Annahme erbracht werden. Eine Überweisungsquittung einer Bank oder ein Posteinzahlungsschein genügen nicht, da sie nicht die nach Landesrecht (bis 30.11.2010: § 6 Satz 1 HinterlO) notwendige Verfügung der Hinterlegungsstelle nachweisen. Dem Schuldner muss eine vollständige Abschrift dieser Urkunde entweder zugestellt sein (Nachweis insoweit durch Zustellungsurkunde) oder im Fall der Zwangsvollstreckung durch den Gerichtsvollzieher zu Beginn der Zwangsvollstreckung zugestellt werden. War der Schuldner im Prozess anwaltlich vertreten, so muss die Zustellung an den Prozessbevollmächtigten erfolgen (§ 172 Abs. 1).[15] Eine Zustellung an den Schuldner persönlich reicht in diesem Fall nicht aus.[16] Sind ausnahmsweise nicht Geld oder Wertpapiere, sondern eine Bürgschaftsurkunde zu hinterlegen,[17] darf die Zwangsvollstreckung beginnen, sobald

---

13   Siehe dort Rn. 4.
14   LG München, DGVZ 1974, 78.
15   *Zöller/Stöber*, § 751 Rn. 5.
16   **A. A.** OLG Düsseldorf, MDR 1978, 489; LG Bochum, Rpfleger 1985, 33; *Thomas/Putzo/Seiler*, § 751 Rn. 6.
17   Vgl. den Fall des OLG Hamburg, MDR 1982, 588.

das Original hinterlegt ist und eine beglaubigte (auch anwaltlich beglaubigte) Abschrift der Bürgschaftsurkunde, eine Ausfertigung der Annahmeanordnung und eine begl. Abschrift der Annahmequittung der Gerichtskasse dem Schuldner (bzw. seinem Prozessbevollmächtigten) zugestellt worden sind.

4. Besonderheiten bei Bankbürgschaft

Ist die Sicherheitsleistung durch Bankbürgschaft[18] gestattet (in der Praxis der Regelfall), dann braucht die Bürgschaftsurkunde selbst nicht als öffentliche bzw. öffentlich beglaubigte Urkunde errichtet zu sein. Es genügt trotz des anderslautenden Wortlauts des Abs. 2 eine Privaturkunde.[19] Der Grund ist darin zu sehen, dass der Wortlaut der Norm allein auf die Sicherheitsleistung durch Hinterlegung abstellt und dass es versäumt wurde, bei der späteren Einführung der Möglichkeit, auch durch Bankbürgschaft Sicherheit zu erbringen, eine Anpassung der Norm vorzunehmen. Diese Privaturkunde muss dem Schuldner bzw. seinem Prozessbevollmächtigten[20] vor Beginn der Zwangsvollstreckung (bei Vollstreckung durch den Gerichtsvollzieher spätestens zu Beginn der Zwangsvollstreckung) zugestellt sein. Die Zustellung wird normalerweise durch den Gerichtsvollzieher erfolgen; es genügt aber auch die Zustellung von Anwalt zu Anwalt.[21] Eine Zustellung des Originals der Bürgschaftsurkunde ist nur erforderlich, wenn sich aus ihr ergibt (die Formularurkunden der Banken sehen dies in der Regel vor), dass die Bürgschaft erlöschen solle, sobald die Urkunde – auch über Dritte – zurückgegeben wurde.[22] Ansonsten genügt die Zustellung einer beglaubigten Abschrift.[23] Der Nachweis, dass die Bürgschaftsurkunde dem Schuldner zugestellt ist, muss nicht noch seinerseits dem Schuldner zugestellt werden; das wäre ein zweckloser Formalismus.[24] Insoweit genügt der Nachweis gegenüber dem Vollstreckungsorgan. Hat der Gerichtsvollzieher die Zustellung selbst vorgenommen (oder ist er mit der Vornahme zu Vollstreckungsbeginn beauftragt), bedarf es ihm gegenüber natürlich keines weiteren Nachweises.[25]

12

IV. Rechtsfolgen eines Verstoßes gegen § 751

Ein Verstoß gegen § 751 macht die Zwangsvollstreckung nicht nichtig, sondern nur anfechtbar. Die Anfechtbarkeit kann rückwirkend beseitigt werden, wenn die anfänglichen Versäumnisse nachgeholt werden, wenn also etwa die fehlende Sicherheitsleistung nachträglich erbracht oder der fehlende Nachweis nachgereicht wird.[26] Ebenso tritt Heilung des Mangels mit rückwirkender Kraft ein, wenn bei unterlassener Sicherheitsleistung der Titel später durch einen Titel ersetzt wird, der

13

---

18 Zum Zustandekommen des Bürgschaftsvertrages zwischen dem Bürgen und dem Schuldner (als Gläubiger eines etwaigen Anspruches aus § 717 gegen den Vollstreckungsgläubiger) nach der Theorie des Zwangsvertrages siehe nur OLG Hamm, MDR 1975, 763; OLG Karlsruhe, MDR 1996, 525; *Brox/Walker*, Rn. 168; *Kroiß*, JuS 2007, 665, 667.
19 So auch die h. M.; vgl. OLG Frankfurt, NJW 1966, 1521 (mit abl. Anm. *Wüllerstorff*); OLG Hamburg, MDR 1982, 588; OLG Hamm, NJW 1975, 2025; LG Berlin, DGVZ 1973, 90; LG Itzehoe, DGVZ 1980, 156; LG Hannover, MDR 1964, 1012; LG Karlsruhe, NJW 1967, 2412; *Brox/Walker*, Rn. 169; *Stein/Jonas/Münzberg*, § 751 Rn. 12; *Wieczorek/Schütze/Salzmann*; § 751 Rn. 11; a. A. (mit weiteren Nachw.) *Baumbach/Lauterbach/Hartmann*, § 751 Rn. 7 (vgl. auch § 108 Rn. 11); *Wüllerstorff*, NJW 1966, 1521.
20 Siehe oben Rn. 11 mit Nachweisen.
21 OLG Düsseldorf, VersR 1981, 737; OLG Frankfurt, MDR 1978, 490; OLG Koblenz, ZIP 1993, 297; LG Aachen, Rpfleger 1983, 31; LG Augsburg, DGVZ 1998, 122; LG Hannover, DGVZ 1989, 141; LG Mannheim, Rpfleger 1989, 72.
22 BGH, MDR 1971, 388; LG Berlin, Rpfleger 1972, 422; AG Cuxhaven, DGVZ 1975, 123.
23 H. M.; dagegen *Foerste*, NJW 2010, 3611.
24 H. M.; BGH, NJW 2008, 3220, 3221; OLG Düsseldorf, MDR 1978, 489; OLG Hamm, MDR 1975, 763; LG Hannover, Rpfleger 1982, 348; vgl. *Brox/Walker*, Rn. 170; *Musielak/Voit/Lackmann*, § 751, Rn. 7.
25 OLG Hamm, MDR 1975, 763; OLG Düsseldorf, MDR 1978, 489; OLG Koblenz, ZIP 1993, 297, 298.
26 OLG Celle, NdsRpfl 1954, 7; siehe im Übrigen § 750 Rn. 44 ff.; ferner *Zöller/Stöber*, § 751 Rn. 8.

ohne Sicherheitsleistung vollstreckbar ist.[27] Im Fall des Abs. 2 wird das Pfändungspfandrecht schon mit dem anfechtbaren Vollstreckungsakt begründet. Gleiches gilt für die anfechtbar eingetragene Zwangshypothek.[28] Das Recht wird zum endgültigen, wenn die Anfechtbarkeit später entfällt.[29] Im Fall des Abs. 1 entsteht das Pfandrecht erst an dem Tag, der dem im Titel genannten Kalendertag nachfolgt. Es gelten insoweit die gleichen Erwägungen wie zu § 750 Abs. 3.[30]

V. Verzicht des Schuldners auf die Einhaltung des § 751

14 Der Schuldner kann auf die Sicherheitsleistung, die ja nur seinem Schutze im Hinblick auf § 717 dient, verzichten. Der Verzicht kann dem Gerichtsvollzieher gegenüber mündlich erklärt werden und ist dann von ihm im Protokoll festzuhalten. Den übrigen Vollstreckungsorganen ist der Verzicht durch öffentliche oder öffentlich beglaubigte Urkunde nachzuweisen.[31]

VI. Rechtsbehelfe bei Verstößen gegen § 751

15 wie § 750 Rn. 46. Falls der Schuldner sich schon gegen den Erlass eines Pfändungs- und Überweisungsbeschlusses mit der Begründung wehren will, die Voraussetzungen des § 751 Abs. 2 seien nicht eingehalten, kommt – da er vor der Pfändung nicht anzuhören ist (§ 834) – für ihn allenfalls die Einreichung einer Schutzschrift in Betracht.[32]

VII. ArbGG, VwGO, AO

16 Abs. 1 gilt gem. §§ 62 Abs. 2, 85 Abs. 1 Satz 3 ArbGG auch bei der Vollstreckung von arbeitsgerichtlichen Titeln. Abs. 2 ist hier grundsätzlich ohne Bedeutung, weil arbeitsgerichtliche Urteile gem. § 62 Abs. 1 Satz 1 ArbGG immer (ohne Sicherheitsleistung) vorläufig vollstreckbar und Beschlüsse gem. § 85 Abs. 1 Satz 1 ArbGG erst mit Rechtskraft (und dann ebenfalls ohne Sicherheitsleistung) vollstreckbar sind. Lediglich die Vollziehung eines Arrestes oder einer einstweiligen Verfügung kann im arbeitsgerichtlichen Urteilsverfahren gem. § 921 von einer Sicherheitsleistung des Gläubigers abhängig gemacht werden.[33] Insoweit gilt dann auch § 751 Abs. 2. Bei der Vollstreckung von Titeln nach § 168 VwGO ist § 751 ebenfalls anwendbar (§ 167 Abs. 1 VwGO). Für die Abgabenvollstreckung sind die Voraussetzungen für den Beginn der Vollstreckung in § 254 AO geregelt. Danach darf die Vollstreckung im Regelfall erst beginnen, wenn die Leistung fällig ist und der Vollstreckungsschuldner zur Leistung oder Duldung oder Unterlassung aufgefordert worden (Leistungsgebot) und seit der Aufforderung mindestens eine Woche verstrichen ist.

---

27 OLG Hamburg, MDR 1974, 321.
28 A.A. insoweit: BayObLG, Rpfleger 1976, 66; wie hier: OLG Frankfurt, MDR 1956, 111.
29 Wie § 750 Rn. 44.
30 Siehe § 750 Rn. 44.
31 Siehe § 750 Rn. 45.
32 Für die Zulässigkeit von Schutzschriften im Zwangsvollstreckungsverfahren *Vogel*, NJW 1997, 554.
33 *Walker*, Der einstweilige Rechtsschutz, Rn. 758. Dagegen kann im arbeitsgerichtlichen Beschlussverfahren die Vollziehung eines Arrestes oder einer einstweiligen Verfügung nicht von einer Sicherheitsleistung abhängig gemacht werden (*Walker*, a. a. O., Rn. 904), sodass insoweit auch § 751 Abs. 2 keine Rolle spielt.

§ 752 Sicherheitsleistung bei Teilvollstreckung

¹Vollstreckt der Gläubiger im Fall des § 751 Abs. 2 nur wegen eines Teilbetrages, so bemisst sich die Höhe der Sicherheitsleistung nach dem Verhältnis des Teilbetrages zum Gesamtbetrag. ²Darf der Schuldner in den Fällen des § 709 die Vollstreckung gemäß § 712 Abs. 1 Satz 1 abwenden, so gilt für ihn Satz 1 entsprechend.

Übersicht

	Rdn.		Rdn.
I. Zweck und Anwendungsbereich	1	3. Mehrfache Teilvollstreckung	6
II. Sicherheitsleistung des Gläubigers bei Teilvollstreckung	2	III. Abwendungsbefugnis des Schuldners bei Teilvollstreckungen (Satz 2)	7
1. Höhe der Sicherheit	2	IV. Rechtsbehelfe	9
2. Nachweis der Teilsicherheit	5		

Literatur:
Rehbein, Zur Bemessung der Teilsicherheitsleistung gem. § 752 ZPO, Rpfleger 2000, 55.

I. Zweck und Anwendungsbereich

Die Vorschrift wurde durch Art. 1 Nr. 4 der 2. Zwangsvollstreckungsnovelle[1] mit Wirkung zum 1.1.1999 neu gefasst. Sie regelt erstmals die (auch schon vorher allgemein anerkannte) von einer Sicherheitsleistung abhängige Vollstreckung wegen eines bloßen Teilbetrages. Durch diese Regelung soll die Teilvollstreckung, für die der Gläubiger insbesondere dann, wenn ihm mit einer ohne Sicherheitsleistung möglichen Sicherungsvollstreckung nach § 720a nicht gedient ist, ein berechtigtes Interesse haben kann, erleichtert werden. Dieser erleichterten Teilvollstreckung soll gleichzeitig die sich aus anderen Vorschriften ergebende Abwendungsbefugnis des Schuldners angepasst werden. Die Vorschrift gilt nur für die Vollstreckung wegen einer Geldforderung, die von einer dem Gläubiger obliegenden Sicherheitsleistung abhängt. 1

II. Sicherheitsleistung des Gläubigers bei Teilvollstreckung

1. Höhe der Sicherheit

Satz 1 stellt klar, dass der Gläubiger bei einer Teilvollstreckung nicht die gesamte Sicherheit leisten muss. Das gilt auch für die Gegensicherheitsleistung des Gläubigers im Fall des § 711 Satz 1, der von § 751 Abs. 2 erfasst wird. Die Höhe der Sicherheitsleistung berechnet sich nicht etwa isoliert nach dem zu vollstreckenden Teilbetrag. Sie bemisst sich vielmehr nach dem Verhältnis des Teilbetrages, der vollstreckt werden soll, zum Gesamtbetrag der titulierten Forderung. Die Berechnung erfolgt also nach der Formel (siehe auch § 48 Abs. 1 Satz 6, 7 GVGA) 2

$$\frac{\text{zu leistende Sicherheit}}{\text{im Titel ausgeworfene Gesamtsicherheit}} = \frac{\text{zu vollstreckender Teilbetrag}}{\text{titulierte Gesamtforderung}}$$

Daraus ergibt sich:

$$\text{zu leistende Sicherheit} = \frac{\text{zu vollstreckender Teilbetrag} \times \text{im Titel ausgeworfene Gesamtsicherheit}}{\text{titulierte Gesamtforderung}}$$

Mit der titulierten Gesamtforderung ist die Hauptforderung gemeint. Die Gesamtsicherheit bezieht sich zwar auch auf Zinsen und Kosten; sie ist aber auch dann für die Berechnung der Teilsicherheit maßgeblich, wenn nur wegen eines Teils der Hauptforderung ohne Zinsen und Kosten vollstreckt 3

---

1 BGBl. I 1997, 3039.

wird. Falls **nur wegen der titulierten Zinsen oder Kosten** vollstreckt wird, müssen diese bei der Berechnung nach der genannten Formel jeweils der Hauptforderung hinzugerechnet werden:

$$\text{zu leistende Gesamtsicherheit} = \frac{\text{zu vollstreckende Kosten oder Zinsen} \times \text{Gesamtsicherheit}}{\text{titulierte Gesamtforderung} + \text{Kosten oder Zinsen}}$$

4 Bei der Vollstreckung wegen eines **Teils einer fälligen wiederkehrenden Leistung** ist in der Berechnungsformel als Gesamtforderung der gesamte fällige Betrag der wiederkehrenden Leistung einzusetzen.

2. Nachweis der Teilsicherheit

5 Die so errechnete Teilsicherheit ist gem. § 751 Abs. 2 durch eine öffentliche oder öffentlich beglaubigte Urkunde nachzuweisen, von der eine Abschrift vor der Vollstreckung oder spätestens gleichzeitig zugestellt werden muss. Falls die nachgewiesene Teilsicherheit eine geringere Höhe hat, als es für die beantragte Teilvollstreckung erforderlich ist, darf das Vollstreckungsorgan (Gerichtsvollzieher oder Vollstreckungsgericht) den Antrag auf Teilvollstreckung nicht zurückweisen; vielmehr erfolgt die Vollstreckung dann nur in Höhe des jeweiligen Teilbetrages, für den eine Teilsicherheit nachgewiesen ist.[2]

3. Mehrfache Teilvollstreckung

6 Der Gläubiger kann aus demselben Titel auch mehrfach Teilvollstreckungen betreiben. Er muss dann jeweils erneut eine Teilsicherheit nachweisen. Für deren Berechnung gilt jeweils die Formel nach Satz 1. Es spricht grundsätzlich nichts dagegen, dass der Gläubiger einen vollstreckten Teilbetrag als Sicherheit für die nächste Teilvollstreckung einsetzt.[3] Allerdings können wiederholte Anträge auf Teilvollstreckungen rechtsmissbräuchlich[4] und daher vom Vollstreckungsorgan abzulehnen sein, wenn der Gläubiger kein nachvollziehbares Interesse an den Teilvollstreckungen hat und diese nur dazu benutzt, den Schuldner zu schikanieren.

III. Abwendungsbefugnis des Schuldners bei Teilvollstreckungen (Satz 2)

7 Aus Gründen der Waffengleichheit wird durch Satz 2 auch dem nach §§ 709, 712 Abs. 1 Satz 1 abwendungsbefugten Schuldner (**defensive Abwendungsbefugnis**) die Möglichkeit eingeräumt, die Teilvollstreckung durch eine Teilsicherheit abzuwehren. Die Berechnung der vom Schuldner zur Vollstreckungsabwendung zu leistenden Sicherheit bei einer Teilvollstreckung erfolgt nach der Formel zu Satz 1 (Rn. 2). Da der Schuldner vor Beginn der Vollstreckung oder nach erfolgter Teilvollstreckung nicht weiß, ob und in welcher Höhe der Gläubiger eine (weitere) Teilvollstreckung betreibt, kann es für ihn schwierig sein, eine passende Sicherheit bereit zu halten. Der Gesetzgeber hat das Problem gesehen und zu einer Höchstbetragsbürgschaft mit variabler Inanspruchnahme geraten.[5]

8 Satz 2 gilt nicht für die **offensive Abwendungsbefugnis** des Schuldners nach den §§ 711 Satz 1, 712 Abs. 1 Satz 1. Wenn der Gläubiger nämlich grundsätzlich ohne Sicherheitsleistung in vollem Umfang vollstrecken darf, muss man vom Schuldner für eine Abwendung auch volle Sicherheit verlangen.[6]

---

2 *Zöller/Stöber*, § 752 Rn. 4.
3 *Thomas/Putzo/Seiler*, § 752 Rn. 4; *Wieczorek/Schütze/Salzmann*, § 752 Rn. 3; **a. M.** *MüKo/Heßler*, § 752 Rn. 4.
4 *Brox/Walker*, Rn. 210; *Walker*, FS Stürner, 2013, 829, 833; *Zöller/Stöber*, § 752 Rn. 3.
5 BT-Drucks. 13/341, S. 14.
6 Zur Begründung des § 752 siehe nochmals BT-Drucks. 13/341, S. 14. Siehe dazu *Münzberg*, FS Lüke, 1996, 525 (527 ff.).

IV. Rechtsbehelfe

Wenn eine Teilvollstreckung durchgeführt werden soll, obwohl dafür keine dem Satz 1 entsprechende Teilsicherheit nachgewiesen ist, kann der Schuldner sich dagegen mit der Vollstreckungserinnerung nach § 766, bei einer Vollstreckung durch das Vollstreckungsgericht unter Umständen auch mit einer sofortigen Beschwerde nach § 793 wehren. Diese Rechtsbehelfe kommen auch gegen missbräuchliche Teilvollstreckungen in Betracht. Auch der Gläubiger kann nach den §§ 766 oder 793 vorgehen, wenn sein Antrag auf Teilvollstreckung wegen angeblich nicht ausreichender Teilsicherheit abgelehnt oder eine Abwendungsbefugnis des Schuldners nach Satz 2 zu Unrecht bejaht wird. Im Übrigen kann ein Verstoß gegen § 752 geheilt werden.[7]

9

---

[7] Siehe schon § 750 Rn. 44, 47 und § 751 Rn. 15.

Vor §§ 753–763 Die Zwangsvollstreckung durch den Gerichtsvollzieher. – Ein Überblick

Übersicht

		Rdn.				Rdn.
I.	Rechtsverhältnisse des Gerichtsvollziehers	1		a)	Privatisierung	8
1.	Gerichtsvollzieher als Beamter	2		b)	Übertragung weiterer Aufgaben	10
2.	Grenzen der Weisungsgebundenheit gegenüber dem Dienstvorgesetzten	4	II.		Dienstbehörde und örtlicher Wirkungskreis	11
3.	Tätigkeit des Gerichtsvollziehers als staatliches Vollstreckungsorgan	5	III.		Aufgaben des Gerichtsvollziehers in der Zwangsvollstreckung	14
4.	Pflicht zur beiderseitigen Interessenwahrung	6	IV.		Kosten der Gerichtsvollziehertätigkeit	15
5.	Grenzen der Weisungsgebundenheit gegenüber dem Gläubiger	7	V.		Rechtsbehelfe	17
				1.	Gegen den Gerichtsvollzieher	17
				2.	Des Gerichtsvollziehers	18
6.	Reformüberlegungen	8	VI.		Zwangsvollstreckung im arbeitsgerichtlichen Verfahren	20

Literatur:

Becker, Polizei und Gerichtsvollzieher, Die neue Polizei 1976, 94; *Becker-Eberhard*, Weitere Aufgaben für Gerichtsvollzieher/-innen – was ist rechtlich möglich und was (noch) nicht?, DGVZ 2014, 209; *Dütz*, Der Gerichtsvollzieher als selbständiges Organ der Zwangsvollstreckung, Berlin 1973; *ders.*, Freiheit und Bindung des Gerichtsvollziehers, DGVZ 1975, 49, 65, 81; *ders.*, Vollstreckungsaufsicht und verwaltungsmäßige Kostenkontrolle gegenüber Gerichtsvollziehern, DGVZ 1981, 97; *Eich*, Mehr als eine Notwendigkeit: Die Reform der Gerichtsvollzieherzwangsvollstreckung, ZRP 1988, 454; *Eickmann*, Vollstreckungssysteme und Gerichtsvollzieherstellung in Europa, DGVZ 1980, 129; *Fahland*, Die freiwillige Leistung in der Zwangsvollstreckung und ähnliche Fälle – Bindeglieder zwischen materiellem und Vollstreckungsrecht, ZZP 92 (1979), 432 ff.; *Gaul*, Der Gerichtsvollzieher – ein organisationsrechtliches Stiefkind des Gesetzgebers, ZZP 87 (1974), 241; *ders.*, Die erneute Gesetzesvorlage zur Reform des Gerichtsvollzieherwesens, ZZP 124 (2011), 271; *Gilleßen/Polzius*, Der Gerichtsvollzieher als gesetzlicher Vertreter des Landes, DGVZ 2001, 5; *Glenk*, Unverzichtbares Allerlei – Amt und Haftung des Gerichtsvollziehers, NJW 2014, 2315; *Gleußner*, Vollstreckungsverzögerung durch den Gerichtsvollzieher in den neuen Bundesländern, DGVZ 1994, 145; *Grawert*, Die Ordnung des Gerichtsvollzieherbeamten vor dem Grundgesetz, DGVZ 1989, 97; *Guntau*, Die rechtliche Wirkung der an den Gerichtsvollzieher geleisteten freiwilligen Zahlung zur Abwendung der Zwangsvollstreckung aus für vorläufig vollstreckbar erklärten Zahlungstiteln, DGVZ 1984, 17; *Habscheid*, Der Rechtspfleger in Europa, Rpfleger 1989, 434; *Hanke*, Erfolge oder Rückschläge? Zur Entwicklung des Zwangsvollstreckungsrechts seit 1974 und zur Rechtsstellung des Gerichtsvollziehers, DGVZ 1986, 17; *Harnacke/Bungardt*, Das neue Recht – Probleme über Probleme, DGVZ 2013, 1; *Midderhoff*, Der Rechtsbehelf bei Zustellungsverweigerung durch den Gerichtsvollzieher und das zur Entscheidung zuständige Gericht, DGVZ 1982, 23; *Mroß*, Der Gläubiger ist der Herr des Verfahrens, der Gerichtsvollzieher aber nicht sein Knecht, DGVZ 2011, 103; *Niederée*, Zur Stellung des Gerichtsvollziehers, DGVZ 1981, 17; *Pawlowski*, Die Wirtschaftlichkeit der Zwangsvollstreckung – eine besondere Aufgabe des Gerichtsvollziehers, ZZP 90 (1977), 345; *Polzius*, Aufgabengebiet und Systemfrage des Gerichtsvollziehers über das Jahr 2000 hinaus, DGVZ 1993, 103; *Schiffhauer*, Die Geltendmachung von Bagatellforderungen in der Zwangsversteigerung, ZIP 1981, 832; *Schilken*, Der Gerichtsvollzieher auf dem Weg in das 21. Jahrhundert, DGVZ 1995, 133; *E. Schneider*, Zur Beachtung von Treu und Glauben durch den Gerichtsvollzieher, DGVZ 1978, 85; *ders.*, Vollstreckungsmißbrauch bei Minimalforderungen, DGVZ 1978, 166; *ders.*, Prüfungspflicht des Gerichtsvollziehers bei Vollstreckung von Restforderungen, DGVZ 1982, 149; *H. Schneider*, Formstrenge und Wertung in der Vollstreckungstätigkeit des Gerichtsvollziehers, DGVZ 1986, 130; *ders.*, Die Ermessens- und Wertungsbefugnisse des

Gerichtsvollziehers, 1989; *Schuschke*, Die besonderen Aufgaben des Gerichtsvollziehers bei der Vollstreckung gegen psychisch kranke, insbesondere suizidgefährdete Personen, DGVZ 2008, 33; *Stamm*, Reformbedarf in der Zwangsvollstreckung? – Die Schaffung eines zentralen Vollstreckungsorgans, JZ 2012, 67; *Stojek*, Beweisaufnahme durch den Gerichtsvollzieher, MDR 1977, 458; *Stolte*, Der Gerichtsvollzieher-Vollstreckungsorgan zwischen Selbständigkeit und Weisungsgebundenheit, DGVZ 1987, 97; *ders.*, Rechtsschutzkasuistik für Gerichtsvollzieher, DGVZ 1988, 99; *Uhlenbruck*, Das Bild des Gerichtsvollziehers, DGVZ 1993, 97; *Walker*, Wegweisende BGH-Entscheidungen zum Zwangsvollstreckungsrecht seit Einführung der Rechtsbeschwerde, JZ 2011, 401 u. 453; *Wieser*, Der Grundsatz der Verhältnismäßigkeit in der Zwangsvollstreckung, ZZP 98 (1985), 50; *ders.*, Die Dispositionsbefugnis des Vollstreckungsgläubigers, NJW 1988, 665; *Zeiss*, Vollstreckungsautomat oder Entscheidungsträger? – Ein Beitrag zum Beurteilungsspielraum des Gerichtsvollziehers, DGVZ 1987, 145.

I. Rechtsverhältnisse des Gerichtsvollziehers

In Deutschland gab es ausweislich der Auskünfte der Landesjustizverwaltungen bei den Landesjustizministerien bzw. Oberlandesgerichten[1] im Jahr 2012 4.425 Gerichtsvollzieher. Diese erledigten insgesamt über 5,8 Mio. Zwangsvollstreckungs- und sonstige Aufträge. Die Summe der eingezogenen Parteigelder (ohne die aufgrund eingeleiteter Vollstreckungsmaßnahmen von Schuldnern und Drittschuldnern direkt an die Gläubiger geleisteten Zahlungen) betrug 1,246 Mrd. Euro. Die Rechtsverhältnisse des Gerichtsvollziehers sind, obwohl ihm nicht unwesentliche Aufgaben der Justiz übertragen sind und er insbesondere im Rahmen der Zwangsvollstreckung neben dem Vollstreckungsgericht eine zentrale Rolle spielt, in den §§ 154, 155 GVG nur recht unvollkommen angedeutet.

1. Gerichtsvollzieher als Beamter

Die entscheidende Aussage zum Status des Gerichtsvollziehers in § 154 GVG ist, dass er Beamter – und zwar im engen beamtenrechtlichen Sinne – ist. Die über die in den Beamtengesetzen des Bundes und der Länder geregelten allgemeinen Beamtenpflichten hinausgehenden Besonderheiten des Dienstverhältnisses der Gerichtsvollzieher sind jeweils nach Landesrecht in einer Verordnung über die Dienst- und Geschäftsverhältnisse der Gerichtsvollzieher und der Vollziehungsbeamten der Justiz[2] sowie in der bundesweit einheitlichen »Gerichtsvollzieherordnung« (GVO) der Länder vom 1.9.2013 geregelt, die aufgrund der Ermächtigung des § 154 GVG von den Landesjustizverwaltungen erlassen wurde.[3]

Der Gerichtsvollzieher ist Beamter des mittleren Dienstes.[4] Er muss über die gewöhnlichen Eingangsvoraussetzungen des mittleren Dienstes hinaus eine besondere Ausbildung durchlaufen, die mit der Gerichtsvollzieherprüfung abschließt. Als Beamter untersteht der Gerichtsvollzieher uneingeschränkt den allgemeinen beamtenrechtlichen Vorschriften, die das Verhältnis zum Dienstherren regeln.[5] Insbesondere unterliegt er wie jeder andere Beamte der allgemeinen Dienstaufsicht, die sich auch in generellen Weisungen für die Zukunft äußern kann. So kann der unmittelbare Dienstvorgesetzte (der aufsichtsführende Richter des Amtsgerichts, bei dem der Gerichtsvollzieher tätig ist) etwa die Tageszeitungen bestimmen, in denen alle gerichtsamtlichen Veröffentlichungen vorzunehmen sind, also auch die Bekanntmachungen des Gerichtsvollziehers (Versteigerungstermine usw.).[6] Die wichtigste Äußerung der allgemeinen Dienstaufsicht, erlassen vom zuständigen obersten Dienstherren, der Landesjustizverwaltung, ist die bundeseinheitlich geltende »Gerichtsvollzie-

---

1 Abgedruckt in DGVZ 2014, 27.
2 Z. B. Nordrhein-Westfalen: GVBl. 1984, 658.
3 Abgedruckt in *Schönfelder*, Deutsche Gesetze, Ergänzungsband unter Nr. 109 a.
4 Zu den Laufbahnvoraussetzungen des mittleren Dienstes siehe die Regelungen im Landesrecht, z. B. für Hessen § 21 Abs. 1 HBG.
5 BVerwG, NJW 1983, 896 und 899; *Gaul*, ZZP 87 (1974), 262 ff.; *Kissel/Meyer*, GVG, § 154 Rn. 4.
6 So schon RGZ 140, 429; 145, 213.

hergeschäftsanweisung« (GVGA).⁷ In ihr sind die in der ZPO und anderen Gesetzen verstreut zu findenden Verfahrensregeln, die der Gerichtsvollzieher bei Durchführung seiner Amtsaufgaben zu beachten hat, nicht nur übersichtlich zusammengefasst, sondern auch in leichter verständliche Verhaltensanordnungen übersetzt. Die Beachtung dieser Geschäftsanweisung gehört nach § 1 Satz 4 GVGA zu den allgemeinen Amtspflichten des Gerichtsvollziehers.

2. Grenzen der Weisungsgebundenheit gegenüber dem Dienstvorgesetzten

4   Abweichend von den allgemeinen beamtenrechtlichen Regelungen (etwa §§ 62, 63 BBG) kann der Dienstvorgesetzte dem Gerichtsvollzieher allerdings keine Weisungen zur Erledigung eines ganz konkreten einzelnen Vollstreckungsfalles erteilen (z. B. bestimmte Gegenstände für einen bestimmten Gläubiger zu pfänden, die der Gerichtsvollzieher für unpfändbar hält; von Bedenken gegen den vollstreckungsfähigen Inhalt eines Titels abzusehen; bestimmte Gegenstände aufgrund sozialpolitischer Erwägungen nicht zu pfänden; usw.). Der Gerichtsvollzieher führt die einzelne Vollstreckungsmaßnahme zunächst in eigener Verantwortung durch (bzw. lehnt sie ab).⁸ Sie ist, wenn der äußere Anschein einer wirksamen Vollstreckungsmaßnahme vorliegt,⁹ zunächst wirksam, bis sie von einem durch sie Beschwerten[10] wegen u. U. vorliegender Verfahrensfehler nach § 766 wirksam angefochten wird. Ob Vollstreckungsverfahrensfehler vorliegen, entscheidet mit vollstreckungsrechtlicher Relevanz allein der zuständige Vollstreckungsrichter beim Amtsgericht bzw. die übergeordneten Beschwerdegerichte. Der Dienstvorgesetzte kann dagegen nicht von Amts wegen Anweisung erteilen, eine fehlerhafte Vollstreckungsmaßnahme wieder aufzuheben. Er würde damit in die Kompetenz des Vollstreckungsgerichts eingreifen, das seine Auffassung ja nicht unbedingt teilen muss. Umgekehrt kann das Vollstreckungsgericht dem Gerichtsvollzieher nicht über den Einzelfall hinaus allgemeine bindende Weisungen für die Behandlung bestimmter Vorgänge geben (z. B. »Vollstreckungsrichtlinien beim Amtsgericht X«).

3. Tätigkeit des Gerichtsvollziehers als staatliches Vollstreckungsorgan

5   Bei seiner gesamten Tätigkeit als Gerichtsvollzieher, sowohl bei der Vornahme der eigentlichen Vollstreckungsakte (Pfändung, Versteigerung, Verhaftung usw.) als auch bei begleitenden Tätigkeiten für den Gläubiger (Annahme freiwilliger Zahlungen des Schuldners, Angebot der Gegenleistung im Rahmen des § 756, Anfertigung einer Vorpfändung,[11] freihändiger Verkauf des Pfändungsgutes im Rahmen des § 825; usw.) ist der Gerichtsvollzieher allein als staatliches Organ der Gerichtsverfassung tätig, nicht als privatrechtlicher Vertreter des Gläubigers.[12] Dies hat zur Folge, dass der Schuldner sich nicht über § 278 BGB beim Gläubiger für Fehlverhalten des Gerichtsvollziehers schadlos halten kann. Umgekehrt hat auch der Gläubiger keinen vertraglichen Anspruch gegen den Gerichtsvollzieher, wenn ihm durch dessen Verhalten ein Schaden entstanden ist. Vielmehr sind

---

7   Die ab 1.9.2013 geltende Fassung ist abgedruckt in *Schönfelder*, Deutsche Gesetze, Ergänzungsband unter Nr. 109. Zum Rechtscharakter der GVGA vgl. OLG Hamm, DGVZ 1977, 40 f.
8   Siehe insbesondere BVerwG, DGVZ 1982, 155; VG Berlin, DGVZ 1990, 6; *Dütz*, DGVZ 1975, 49, 65, 81; ferner: *Polzius*, DGVZ 1973, 161.
9   Vor §§ 803, 804 Rn. 4.
10 § 766 Rn. 20–25.
11 Zur Bedenklichkeit der vom Gesetzgeber insoweit vorgegebenen Konstruktion zu Recht *Baur*, NJW 1987, 2641 f.
12 Wie hier *Baumann/Brehm*, § 8 II 3; *Baumbach/Lauterbach/Hartmann*, § 815 Rn. 10; *Brox/Walker*, Rn. 12 und Rn. 314; *Bruns/Peters*, § 23 III 2; *Fahland*, ZZP 92 (1979), 432 ff.; HdbZVR/*Keller*, Kap. 2 Rn. 5; *Kissel/Meyer*, § 154 GVG Rn. 17; *Musielak/Voit/Lackmann*, § 753 Rn. 3; **a. A.** für den Fall der Annahme freiwilliger Leistungen des Schuldners *Blomeyer*, § 47 II; *Gerhardt*, § 8 II 2 a; Hk-ZPO/*Kindl*, § 753 Rn. 10; *Jauernig/Berger*, § 8 Rn. 9 f.; *Stein/Jonas/Münzberg*, § 753 Rn. 2, § 754 Rn. 17 und § 815 Rn. 23.

Gläubiger und Schuldner auf den Anspruch aus Art. 34 GG, § 839 BGB gegen den Dienstherrn angewiesen.[13]

4. Pflicht zur beiderseitigen Interessenwahrung

Als staatliches Vollstreckungsorgan hat der Gerichtsvollzieher die Interessen aller am Vollstreckungsverfahren Beteiligten im Rahmen der Gesetze zu berücksichtigen. Er muss also einerseits darauf bedacht sein, den titulierten Anspruch des Gläubigers so schnell, so reibungslos und so kostengünstig wie möglich[14] zu verwirklichen. Andererseits hat er zu versuchen, die Befriedigung des Gläubigers in einer den Schuldner unter den gegebenen Umständen am wenigsten belastenden Weise zu erwirken.[15] Sehr umstritten ist, ob ihn diese Rücksichtnahme dazu nötigt, Vollstreckungsaufträge wegen geringfügiger Forderungen abzulehnen, wenn der für den Schuldner aus der Vollstreckung zu erwartende Schaden (Versteigerung eines wertvollen Gegenstandes unter dem Verkehrswert, um aus dem Erlös die relativ geringe Forderung zu befriedigen) außer Verhältnis zur beizutreibenden Forderung steht.[16] Die Frage ist grundsätzlich zu verneinen. Die Berücksichtigung des Grundsatzes der Verhältnismäßigkeit beim Einsatz staatlicher Zwangsmittel[17] darf nicht dazu führen, dass kleinere Forderungen nicht mehr zwangsweise durchsetzbar sind, also zu Naturalobligationen werden. In besonders krassen Einzelfällen mag der Schuldner im Verfahren nach § 765a[18] die zeitweilige oder vollständige Einstellung der Zwangsvollstreckung erreichen können. Gerade § 765a Abs. 2 zeigt aber, dass abgesehen vom dort geregelten Ausnahmefall der Gerichtsvollzieher nicht zur Gewährung von Vollstreckungsschutz aus Billigkeits- oder Verhältnismäßigkeitserwägungen berufen ist.

6

5. Grenzen der Weisungsgebundenheit gegenüber dem Gläubiger

Als unabhängiges Vollstreckungsorgan ist der Gerichtsvollzieher auch nur in begrenztem Maße an »**Weisungen**« des Gläubigers gebunden: Der Gläubiger initiiert mit seinem Vollstreckungsantrag das Tätigwerden des Gerichtsvollziehers. Er bestimmt in diesem Antrag auch, in welchem Umfang die titulierte Forderung beigetrieben werden soll.[19] Die Zurücknahme des Vollstreckungsantrages beendet die Befugnis des Gerichtsvollziehers, noch weiter gegen diesen Schuldner aus diesem Titel für diesen Gläubiger vorzugehen. Der Gläubiger entscheidet durch Beantragung der richterlichen Durchsuchungsanordnung gem. § 758a, ob der Gerichtsvollzieher überhaupt die **Möglichkeit** erhalten soll, die Wohnung des Schuldners gegen dessen Willen zu durchsuchen;[20] er entscheidet durch den Antrag nach § 758a Abs. 4, ob der Gerichtsvollzieher die Vollstreckung zur Nachtzeit oder an Sonn- und Feiertagen versuchen kann.[21] Er kann aber nicht seinerseits festlegen, **wann** der Gerichtsvollzieher vollstrecken **muss**.[22] Er kann als Entgegenkommen gegenüber dem Schuldner bestimmte an sich pfändbare Gegenstände von der Vollstreckung ausnehmen und ebenso

7

---

13 BGH, LM § 839 BGB (Fi) Nr. 12; OLG Frankfurt, Rpfleger 1976, 367; LG Mannheim, ZMR 1966, 298; *Brox/Walker*, Rn. 12; *Kissel/Meyer*, § 154 GVG Rn. 22, 23.
14 *Pawlowski*, ZZP 90 (1977), 345 ff.
15 *Pawlowski*, ZZP 90 (1977), 345 ff., 358; vgl. auch § 81 GVGA.
16 Zum Meinungsstand: OLG Düsseldorf, NJW 1980, 1171; LG Aachen, JurBüro 1987, 924; LG Berlin, DGVZ 1979, 168; LG Wuppertal, NJW 1980, 297; AG Karlsruhe, NJW-RR 1986, 1256; *E. Schneider*, DGVZ 1978, 166; *ders.*, DGVZ 1983, 132; *Schiffhauer*, ZIP 1981, 832; *Zöller/Stöber*, § 753 Rn. 8.
17 BVerfG, NJW 1979, 2607; *Vollkommer*, JA 1982, 286 ff.; *Wieser*, ZZP 98 (1985), 50 ff.
18 Siehe dort insbesondere Rn. 18 ff.
19 Einzelheiten zum Problem des »Vollstreckungsantrages in Raten« siehe § 753 Rn. 6.
20 Einzelheiten: § 758a Rn. 31 ff.
21 Einzelheiten: § 758a Rn. 54 ff.
22 AG Geilenkirchen, DGVZ 1976, 188; AG Gelsenkirchen, DGVZ 1972, 120; AG Memmingen, DGVZ 1989, 27.

den Gerichtsvollzieher anweisen, welche Gegenstände dieser vorrangig pfänden soll.[23] An solche Weisungen ist der Gerichtsvollzieher gebunden, sofern ihre Ausführung ohne überflüssige Kosten und Schwierigkeiten und ohne Beeinträchtigung des Zwecks der Vollstreckung geschehen kann (vgl. § 58 Abs. 2 GVGA). »Weisungen« des Gläubigers im Übrigen (z. B. Aufnahme bestimmter Beobachtungen ins Protokoll;[24] Anzahl der Protokollausfertigungen; Angebot von Hilfestellungen, die die Kosten der Vollstreckung mindern können, z. B. Lagerraum, Fahrzeuge; Anweisung, an bestimmten Tagen nicht zu pfänden; u. ä. m.) hat der Gerichtsvollzieher als Anregungen zu berücksichtigen,[25] wenn sie nicht mit dem Gesetz und der GVGA im Widerspruch stehen (§ 31 Abs. 2 GVGA), wie ja auch sonst die öffentliche Verwaltung bei der Bearbeitung von Anträgen der Bürger deren Anliegen im Rahmen der gesetzlichen Möglichkeiten zu berücksichtigen hat.

6. Reformüberlegungen

a) Privatisierung

8   Der Bundesrat hat am 20.6.2007 einen Entwurf eines Gesetzes zur Reform des Gerichtsvollzieherwesens beschlossen.[26] Ziel dieses Entwurfs ist es, die Effizienz der Zwangsvollstreckung trotz der Sparzwänge, denen die Justiz unterliegt, mittel- und langfristig zu erhalten und zu verbessern. Zur Erreichung dieses Ziels sollen die Aufgaben der Gerichtsvollzieher nicht mehr durch justizeigene Beamte, sondern durch **Beliehene** erledigt werden, die auf eigene Rechnung, aber unter staatlicher Aufsicht tätig sind. Der Status der Beliehenen soll in einem eigenen Gesetz in Anlehnung an die Bestimmungen zur hauptberuflichen Amtsausübung des Notars geregelt werden. Das Gerichtsvollzieherkostenrecht soll kostendeckend ausgestaltet werden, was mit einer durchschnittlichen Anhebung der Gebühren um das Dreifache verbunden ist.[27]

9   Die Bundesregierung hat sich allerdings schon damals zu Recht klar gegen eine solche Privatisierung des Gerichtsvollzieherwesens ausgesprochen.[28] Die Vollstreckung gerichtlicher Entscheidungen ist eine hoheitliche Aufgabe. Die damit verbundene Anwendung unmittelbaren Zwangs einschließlich körperlicher Gewalt sollte unmittelbar staatlicher Verantwortung durch staatliche Organe vorbehalten bleiben. Außerdem ist die Verteuerung der Vollstreckungskosten weder mit den Interessen des Schuldners noch mit denen des Gläubigers vereinbar. Der Gesetzentwurf des Bundesrats ist zunächst nicht weiter verfolgt worden, sollte dann zwar auf Beschluss des Bundesrats vom 12.2.2010 in der 17. Legislaturperiode erneut in den Bundestag eingebracht und beraten werden, ist aber letztlich doch nicht umgesetzt worden.

b) Übertragung weiterer Aufgaben

10 Ferner gibt es Vorschläge, dem Gerichtsvollzieher weitere Aufgaben zu übertragen. Dabei geht es insbesondere um die Zuständigkeit für die Forderungsvollstreckung, die bisher beim Rechtspfleger am Vollstreckungsgericht liegt. Dadurch soll der Gerichtsvollzieher zum zentralen Vollstreckungs-

---

23 *Baur/Stürner/Bruns*, Rn. 8.5; *Brox/Walker*, Rn. 213; Hk-ZPO/*Kindl*, § 753 Rn. 8; MüKo/*Heßler*, § 753 Rn. 25; *Musielak/Voit/Lackmann*, § 753 Rn. 12; *Wieczorek/Schütze/Salzmann*, § 753 Rn. 11; einschränkend LG Berlin, MDR 1977, 146; *Stein/Jonas/Münzberg*, § 753 Rn. 9; *Zöller/Stöber*, § 753 Rn. 4; gegen Weisungsbefugnisse des Gläubigers BVerwG, DGVZ 1982, 155; *Kissel/Meyer*, GVG, § 154 Rn. 16.
24 § 762 Rn. 6; OLG Frankfurt, MDR 1982, 503; LG Essen, DGVZ 1981, 22; LG Heilbronn, MDR 1985, 773.
25 So auch *Mroß*, DGVZ 2011, 103 ff.
26 BT-Drucks. 16/5727.
27 Zur Privatisierung des Gerichtsvollzieherwesens siehe auch den Tagungsbericht von *Blaskowitz*, DGVZ 2007, 97.
28 BT-Drucks. 16/5727, S. 270. Kritisch zu einer Beleihung des Gerichtsvollziehers auch *Gaul*, ZZP 124 (2011), 271; *Schuschke*, DGVZ 2008, 33, 34 mit Fn. 20.

organ aufgewertet und statusrechtlich dem Rechtspfleger angeglichen werden.[29] Ein konkretes Gesetzgebungsverfahren gibt es dazu noch nicht.

II. Dienstbehörde und örtlicher Wirkungskreis

Dienstbehörde des Gerichtsvollziehers ist das **Amtsgericht**. Unmittelbarer Dienstvorgesetzter des Gerichtsvollziehers ist der aufsichtsführende Richter dieses Amtsgerichts. Die Fachaufsicht im Hinblick auf die Einhaltung der vollstreckungsrechtlichen Normen führt der Richter (nicht der Rechtspfleger, vgl. § 20 Nr. 17 Satz 2 RPflG), dem nach dem Geschäftsverteilungsplan dieses Amtsgerichts die Aufgaben des Vollstreckungsgerichts zugewiesen sind (§§ 21e Abs. 1, 27 GVG). 11

Der **Wirkungskreis** des Gerichtsvollziehers ist **örtlich begrenzt**. Ist bei einem Amtsgericht nur ein Gerichtsvollzieher tätig, so deckt sich sein örtlicher Wirkungskreis mit den Grenzen dieses Amtsgerichtsbezirks (§ 11 Abs. 1 GVO). Bei größeren Amtsgerichten, die mehrere Gerichtsvollzieher beschäftigen, weist der aufsichtsführende Richter (Präsident, Direktor) jedem von ihnen einen örtlich begrenzten Bezirk zu (Gerichtsvollzieherbezirk, § 10 Abs. 1 Satz 1 GVO). Um den Gläubigern das Auffinden des jeweils örtlich zuständigen Gerichtsvollziehers zu erleichtern, ist bei diesen Amtsgerichten eine »Verteilungsstelle« einzurichten, deren Aufgabe es ist, für die Gerichtsvollzieher bestimmte Eingänge entgegenzunehmen und an den zuständigen Gerichtsvollzieher weiterzuleiten (§ 22 Abs. 2 GVO). Die Einrichtung der Verteilungsstelle hindert den Gläubiger nicht, sich auch unmittelbar an den zuständigen Gerichtsvollzieher zu wenden. Bei einer Zug-um-Zug-Vollstreckung ist der vom Gläubiger beauftragte Gerichtsvollzieher für die anzubietende Gegenleistung auch dann zuständig, wenn diese innerhalb eines anderen Gerichtsvollzieherbezirks innerhalb desselben Landgerichtsbezirks »belegen« ist.[30] Nimmt ein Gerichtsvollzieher eine Amtshandlung außerhalb seines Gerichtsvollzieherbezirkes vor, so ist diese nicht allein aus diesem Grunde unwirksam (§ 14 Ziff. 2 GVO). Der Mangel ist für alle Beteiligten nicht so offensichtlich, dass nicht aus Gründen der Rechtssicherheit so lange von einer wirksamen Amtshandlung ausgegangen werden müsste, bis einer der durch die Amtshandlung Beschwerten sie mit der Erinnerung gem. § 766 erfolgreich angefochten hat.[31] Ist eine Erinnerung nicht mehr möglich, weil die Zwangsvollstreckung schon beendet ist,[32] so ist die Amtshandlung als von Anfang an wirksam anzusehen. 12

Der Gerichtsvollzieher muss innerhalb seines Bezirkes ein Büro einrichten, das er selbst zu unterhalten hat. Für seinen internen Büro- und Schreibbetrieb, nicht aber für seine nach außen hin gerichteten Tätigkeiten als Vollstreckungsorgan, kann der Gerichtsvollzieher sich Hilfskräfte, die er dann zu vergüten hat, anstellen. Soweit dagegen Hilfsbeamte für den eigentlichen Gerichtsvollzieherdienst benötigt werden, werden sie von den obersten Landesjustizbehörden oder den von ihnen ermächtigten Stellen (in Eilfällen vom aufsichtsführenden Richter des Amtsgerichts) eingeteilt.[33] Während ihres Einsatzes sind sie dann »der Gerichtsvollzieher« i. S. der ZPO. 13

III. Aufgaben des Gerichtsvollziehers in der Zwangsvollstreckung

Folgende Aufgaben im Rahmen der Zwangsvollstreckung sind den Gerichtsvollziehern übertragen (vgl. auch § 30 GVGA): 14
a) die im Parteibetrieb durchzuführenden Zustellungen (z. B. §§ 750, 845);
b) die Zwangsvollstreckung wegen Geldforderungen in bewegliche körperliche Sachen einschließlich der noch nicht vom Boden getrennten Früchte (§§ 803–827) und der Inhaber- und Orderpapiere (bei denen das Recht aus dem Papier dem Recht am Papier folgt);

---

29 Einzelheiten: *Becker-Eberhard*, DGVZ 2014, 209, 210 ff.; *Stamm*, JZ 2012, 67, 68 ff.
30 LG Berlin, DGVZ 1998, 26.
31 BGHZ 37, 127.
32 Siehe § 766 Rn. 31 f.
33 *Kissel/Meyer*, GVG, § 154 Rn. 9.

c) die Pfändung von Forderungen aus Wechseln und anderen Papieren, die durch Indossament übertragen werden können (§ 831);
d) die Bewirkung der Hilfspfändung von Legitimationspapieren (§ 836 Abs. 3 Satz 5) nach der Pfändung der Forderungen, über die sie ausgestellt sind, durch das Vollstreckungsgericht, und die Vornahme vorläufiger Hilfspfändungen (§ 106 GVGA);
e) die Zwangsvollstreckung zur Erwirkung der Herausgabe von beweglichen Sachen und von Personen sowie zur Erwirkung der Herausgabe, Überlassung und Räumung von unbeweglichen Sachen und eingetragenen Schiffen und Schiffsbauwerken (§§ 883–885);
f) die Zwangsvollstreckung zur Beseitigung des Widerstandes des Schuldners gegen Handlungen, die er nach §§ 887, 890 zu dulden hat (§ 892);
g) die Abnahme der eidesstattlichen Versicherung in den Fällen der §§ 807, 836 und 883 (§ 802e Abs. 1) sowie die Verhaftung des Schuldners im Rahmen des § 802g Abs. 1 (siehe § 802g Abs. 2 Satz 1), der §§ 888, 890 und im Rahmen der Vollziehung eines persönlichen Arrestes (§ 933).

IV. Kosten der Gerichtsvollziehertätigkeit

15 Die Kosten für die Tätigkeit des Gerichtsvollziehers richten sich nach dem Gesetz über Kosten der Gerichtsvollzieher (GvKostG) vom 19.4.2001.[34] Danach werden Gebühren und Auslagen (§ 1 Abs. 1 GvKostG), deren Höhe sich aus dem Kostenverzeichnis der Anlage zum GvKostG ergibt, erhoben. Die Kosten werden vom Gerichtsvollzieher angesetzt (§ 5 Abs. 1 GvKostG) und stehen der Landesjustizkasse zu. Sie werden als Kosten der Zwangsvollstreckung im Rahmen des § 788 beigetrieben.[35] Die Kosten im Zusammenhang mit einer Verwertung kann der Gerichtsvollzieher dem Erlös entnehmen (§ 15 Abs. 1 GvKostG). Die Durchführung des GvKostG richtete sich früher nach den Gerichtsvollzieherkostengrundsätzen (GvKostGr). Diese wurden im Jahr 2001 abgelöst durch bundeseinheitliche »Durchführungsbestimmungen zum Gerichtsvollzieherkostengesetz« (DB-GvKostG) der Landesjustizverwaltungen.[36] Dabei handelt es sich um landesrechtliche Verwaltungsbestimmungen, die für den Gerichtsvollzieher und die mit dem GvKostG befassten Verwaltungsstellen bindend sind, nicht aber für die Gerichte.

16 Der Gerichtsvollzieher, der ja zunächst ein Gehalt als Beamter des mittleren Dienstes bezieht, erhält als zusätzliche Vergütung von der Landesjustizverwaltung einen Anteil an den durch ihn vereinnahmten Gebühren. Einzelheiten regelt die Verordnung über die Vergütung für die Beamten im Vollstreckungsdienst. Daneben sehen die landesrechtlichen Sonderbestimmungen zusätzliche Entschädigungen zur Abgeltung der Bürokosten, Auslagenersatz und Reisekostenersatz vor.

V. Rechtsbehelfe

1. Gegen den Gerichtsvollzieher

17 Soweit der Gerichtsvollzieher bei seiner Amtstätigkeit vollstreckungsrechtliche Verfahrensregeln missachtet, können die dadurch Beschwerten **Erinnerung nach § 766** hiergegen einlegen. Soweit er dagegen allgemeine Dienstpflichten, die jeden Beamten treffen, einem Beteiligten gegenüber missachtet (z. B. Beleidigung, Körperverletzung, Missachtung der Geheimhaltungspflichten oder datenschutzrechtlicher Regelungen), kann der Betroffene **Dienstaufsichtsbeschwerde** einlegen. Während über die Erinnerung der Richter am Vollstreckungsgericht entscheidet, ist zur Erledigung der Dienstaufsichtsbeschwerde der aufsichtsführende Richter des Amtsgerichts berufen. Eine gleichzeitige Zuständigkeit beider für denselben Vorgang unter unterschiedlichen Aspekten ist denkbar; jedoch können Maßnahmen der Dienstaufsicht und des Disziplinarrechts nie in den Ablauf des Vollstreckungsverfahrens eingreifen und die dort erworbenen Rechte der Beteiligten antasten.[37]

---

34 BGBl. I 2001, S. 623 (*Schönfelder*, Nr. 123).
35 Einzelheiten: § 788 Rn. 26.
36 Siehe JMBl. NW 2001, S. 149.
37 LG Heidelberg, DGVZ 1982, 119.

Nicht vorgesehen ist eine **Ablehnung des Gerichtsvollziehers wegen Befangenheit**.[38] Das ist angesichts des Umstands, dass nach § 766 die Vollstreckungsgerichte Maßnahmen der Gerichtsvollzieher in weitestem Umfang auf Rechtmäßigkeit und Zweckmäßigkeit kontrollieren können und dem Betroffenen hinsichtlich des persönlichen Verhaltens des Gerichtsvollziehers zudem noch die Dienstaufsichtsbeschwerde zur Verfügung steht, verfassungsrechtlich unbedenklich.[39]

2. Des Gerichtsvollziehers

Der Gerichtsvollzieher selbst kann sich gegen Anweisungen des Vollstreckungsgerichts im Rahmen des § 766 nicht seinerseits mit der Erinnerung zur Wehr setzen,[40] auch wenn er unmittelbar oder mittelbar durch die Entscheidung des Vollstreckungsgerichts betroffen ist (etwa wenn er angewiesen wurde, die Zwangsvollstreckung gegen einen als gewalttätig bekannten Schuldner nicht abzulehnen) oder wenn er durch die seiner Ansicht nach fehlerhafte Untersagung einer Maßnahme in seinem Gebühreninteresse betroffen ist.

18

Hinsichtlich der Rechtsmittel gegen den Kostenansatz des Gerichtsvollziehers ist zu unterscheiden: Gläubiger und Schuldner können Erinnerung nach § 766 Abs. 2, 3. Fall einlegen; darüber entscheidet das Vollstreckungsgericht. Gegen die Erinnerungsentscheidung ist die sofortige Beschwerde gegeben; eine Rechtsbeschwerde zum BGH ist gem. § 5 Abs. 2 Satz 2 GvKostG i. V. m. § 66 Abs. 3 Satz 3 GKG nicht statthaft.[41] Der Staatskasse steht die Erinnerung nach § 5 Abs. 2 GvKostG zu; dafür ist das Amtsgericht zuständig, in dessen Bezirk der Gerichtsvollzieher seinen Amtssitz hat. Der Gerichtsvollzieher selbst hat kein Rechtsmittel gegen eine Erinnerungsentscheidung, die seinen ursprünglichen Kostenansatz herabsetzt.[42]

19

VI. Zwangsvollstreckung im arbeitsgerichtlichen Verfahren

Auch die in arbeitsgerichtlichen Verfahren ergangenen Titel sind durch den beim Amtsgericht tätigen Gerichtsvollzieher zu vollstrecken, ohne dass sich hinsichtlich der örtlichen Zuständigkeit, der vollstreckungsrechtlichen Kompetenzen, der Dienst- und Fachaufsicht und der Rechtsbehelfe Besonderheiten ergäben. Eine Besonderheit enthält lediglich § 11 GKG: Abweichend von § 4 GvKostG kann der Gerichtsvollzieher von dem die Vollstreckung beantragenden Gläubiger vor Beginn der Vollstreckung keinen Gebührenvorschuss verlangen. Dies gilt unabhängig davon, ob der beantragende Gläubiger Arbeitnehmer oder Arbeitgeber ist.

20

---

38 BGH, NJW-RR 2005, 149 f.
39 BVerfG, NJW-RR 2005, 365.
40 OLG Düsseldorf, NJW 1980, 1111; OLG Stuttgart, DGVZ 1979, 58; *Brox/Walker*, Rn. 1210; *Kissel/Meyer*, GVG, § 154 Rn. 7; a. A. OLG Düsseldorf, NJW 1980, 458; *Baumbach/Lauterbach/Hartmann*, § 766 Rn. 18; *Musielak/Voit/Lackmann*, § 793 Rn. 4.
41 BGH, DGVZ 2014, 257.
42 LG Koblenz, MDR 1978, 584.

§ 753 Vollstreckung durch Gerichtsvollzieher

(1) ¹Die Zwangsvollstreckung wird, soweit sie nicht den Gerichten zugewiesen ist, durch Gerichtsvollzieher durchgeführt, die sie im Auftrag des Gläubigers zu bewirken haben.

(2) ¹Der Gläubiger kann wegen Erteilung des Auftrags zur Zwangsvollstreckung die Mitwirkung der Geschäftsstelle in Anspruch nehmen. ²Der von der Geschäftsstelle beauftragte Gerichtsvollzieher gilt als von dem Gläubiger beauftragt.

(3) ¹Das Bundesministerium der Justiz wird ermächtigt, durch Rechtsverordnung mit Zustimmung des Bundesrates verbindliche Formulare für den Auftrag nach Absatz 2 einzuführen. ²Für elektronisch eingereichte Aufträge können besondere Formulare vorgesehen werden.

Übersicht	Rdn.		Rdn.
I. Vollstreckungsantrag	1	V. Bearbeitung des Antrags durch den Gerichtsvollzieher	8
II. Form des Antrags	2	VI. Rücknahme des Antrags	12
III. Inhalt des Antrags	5	VII. Rechtsbehelf gegen die Ablehnung oder Nichtbearbeitung des Antrags	13
IV. Notwendigkeit eines Antrags für jeden Titel	7	VIII. ArbGG, VwGO, AO	14

Literatur:
Seip, Wie soll der Vollstreckungsauftrag aussehen?, DGVZ 1971, 102; siehe ferner die Literatur Vor §§ 753–763.

I. Vollstreckungsantrag

1 Die Zwangsvollstreckung aus einem Titel wird nie von Amts wegen eingeleitet, sondern immer nur auf Initiative des Gläubigers. Dieser entscheidet, ob und in welchem Umfang er den titulierten Anspruch gegen den Schuldner zwangsweise durchsetzen lassen will. Ist eine Geldforderung tituliert, entscheidet der Gläubiger weiterhin, aus welcher Vermögensmasse des Schuldners er – zunächst – Befriedigung suchen will. Da insoweit unterschiedliche Vollstreckungsorgane zuständig sind, legt er mit dieser Entscheidung auch den Verfahrensgang fest, den er einzuschlagen hat. Hat er sich für die Zwangsvollstreckung in bewegliche körperliche Sachen einschließlich der noch nicht vom Boden getrennten Früchte und einschließlich der Inhaber- und Orderpapiere (§§ 803–827, 831) entschieden, so muss er sich an den Gerichtsvollzieher als Vollstreckungsorgan wenden.[1] Das Ersuchen wird in §§ 753, 754 als »Auftrag« bezeichnet, ist aber nach der heute im öffentlichen Recht üblichen Terminologie als **Antrag**[2] auf Einleitung eines öffentlich-rechtlichen Verfahrens anzusehen.[3] Denn das Vollstreckungsverfahren ist ein öffentlich-rechtlicher Vorgang, obwohl es – was im Übrigen auch sonst nicht ungewöhnlich ist – neben der Wahrung von Belangen der Allgemeinheit der Durchsetzung privater Interessen dient. Das Vollstreckungsrechtsverhältnis ist öffentlichrechtlicher Natur, und der Gerichtsvollzieher handelt nicht als privatrechtlich Beauftragter, sondern als Träger hoheitlicher Befugnisse..

II. Form des Antrags

2 Solange das Bundesministerium der Justiz von seiner Verordnungsermächtigung nach Abs. 3 keinen Gebrauch gemacht hat, kann der Antrag vom Gläubiger mündlich, also auch telefonisch und sogar durch ein schlüssiges Verhalten,[4] elektronisch oder schriftlich[5] gestellt werden. Bei schriftlichem

---

1 Zur Zuständigkeit des Gerichtsvollziehers im Rahmen der Zwangsvollstreckung siehe vor §§ 753–763 Rn. 12.
2 Vgl. die Terminologie in §§ 13 Abs. 1 Ziff. 1 und Abs. 2, 17 Abs. 1, 22 VwVfG.
3 Siehe Einführung Rn. 5 und Vor §§ 753–763 Rn. 5.
4 BGH, DGVZ 2005, 94, 95.
5 Zu den Formerfordernissen insoweit LG München I, DGVZ 1983, 57; AG Aachen, DGVZ 1984, 61.

Antrag reicht die eingescannte Unterschrift aus.[6] Der Gläubiger kann ihn unmittelbar an den zuständigen Gerichtsvollzieher,[7] an die – soweit sie eingerichtet ist – Gerichtsvollzieherverteilungsstelle[8] oder an die Geschäftsstelle (Abs. 2) sowohl des Prozessgerichts als auch des Vollstreckungsgerichts richten. Wendet der Gläubiger sich an ein »falsches« Gericht, hat dieses das Ersuchen an das zuständige Gericht weiterzuleiten[9] und den Gläubiger zu verständigen.

Nach **Abs. 3**, der durch Art. 1 Nr. 2, Art. 6 des Gesetzes zur Reform der Sachaufklärung in der Zwangsvollstreckung vom 29.7.2009[10] mit Wirkung zum 1.8.2009 eingefügt wurde, kann das Bundesministerium der Justiz durch Rechtsverordnung ein verbindlich zu verwendendes Formular für den Auftrag einführen. Das gilt auch für die elektronische Antragstellung. Durch diesen an § 829 Abs. 4 angelehnten **Formularzwang** soll eine Standardisierung des Vollstreckungsauftrags ermöglicht werden, um den Gerichtsvollziehern die Erfassung der bisher in sehr unterschiedlicher Form gestellten Aufträge zu erleichtern. Das gilt insbesondere für die Aufschlüsselung von Haupt- und Nebenforderungen sowie der Kosten. 3

Der Antrag kann vom Gläubiger **persönlich** (also kein Anwaltszwang) **oder durch einen Bevollmächtigten** gestellt werden. In diesem Fall ist die Vollmacht mit der Antragstellung nachzuweisen, soweit sie sich nicht schon aus dem vorgelegten Titel ergibt. Die für das streitige Verfahren erteilte Vollmacht wirkt weiter im Vollstreckungsverfahren (§ 81). 4

III. Inhalt des Antrags

Im Antrag sind der *Gläubiger*, für den vollstreckt werden, und der *Schuldner*, gegen den die Zwangsvollstreckung betrieben werden soll, so *genau zu bezeichnen*, dass die nach § 750 erforderliche Identitätskontrolle[11] problemlos durchgeführt werden kann. Es ist nicht Aufgabe des Gerichtsvollziehers, Amtsermittlungen anzustellen, wenn der Schuldner unter der angegebenen Anschrift nicht mehr zu ermitteln, oder wenn die Anschrift so ungenau ist, dass mehrere Aufenthaltsorte des Schuldners in Betracht kommen.[12] Andererseits ist es datenschutzrechtlich unbedenklich, wenn der Gerichtsvollzieher Erkundungen über die Adresse des Schuldners anstellt, um das Ergebnis im Protokoll festzuhalten, oder wenn er sich bei ungenauen Adressen zur richtigen Wohnung durchfragt.[13] Der Antrag muss auch *inhaltlich hinreichend bestimmt* sein. Dafür reicht es nicht aus, den Gerichtsvollzieher mit »geeigneten Maßnahmen der Zwangsvollstreckung« zu beauftragen.[14] In der Regel wird die inhaltliche Bestimmtheit dadurch gewahrt, dass in dem in der Praxis meist verwendeten Antragsformular die dort aufgelisteten Befugnisse des Gerichtsvollziehers nach § 802a Abs. 2 angekreuzt werden. Bei einer Zug-um-Zug-Vollstreckung (§ 756) muss auch die vom Gläubiger zu erbringende Gegenleistung hinreichend bestimmt sein.[15] 5

Dem Antrag sind die vollstreckbare Ausfertigung des Titels und die nach §§ 750, 751 erforderlichen Nachweise und Urkunden beizufügen. Der Antrag muss erkennen lassen, in welcher Höhe der Gläubiger die titulierte Forderung vollstrecken lassen will. Soweit der Gläubiger seinen Vollstreckungsauftrag auf die Pfändung bestimmter Gegenstände oder auf einen Teilbetrag seiner Forderung beschränkt, muss er dies eindeutig zum Ausdruck bringen. Für die Auslegung kommt es nicht 6

---

6 Mit dieser Tendenz auch BGH, DGVZ 2005, 94, 95; **a. A.** LG Ingolstadt, DGVZ 2003, 39; LG Stuttgart, DGVZ 2014, 196, 197.
7 Vor §§ 753–763 Rn. 12.
8 § 22 GVO; vgl. Vor §§ 753–763 Rn. 12.
9 Vgl. § 161 GVG.
10 BGBl. I, S. 2258, 2259; zur Begründung BT-Drucks. 16/10069, S. 23 (Gesetzentwurf des Bundesrates).
11 § 750 Rn. 14, 17, 18.
12 AG Darmstadt, DGVZ 1982, 175.
13 AG Leverkusen, DGVZ 1982, 175.
14 LG Heidelberg, DGVZ 2014, 93, 95.
15 Siehe § 756 Rn. 10.

auf die Absichten des Auftraggebers an, sondern auf die für den Empfänger erkennbaren Erklärungen.[16] Der Gläubiger kann einen geringeren als den titulierten Betrag nicht nur dann beitreiben lassen, wenn er dem Schuldner einen Teil erlassen will oder wenn dieser schon teilweise erfüllt hat; er ist vielmehr dem Vollstreckungsorgan keine Rechenschaft über seine Motivation schuldig, nur einen Teilantrag zu stellen. Das gilt sowohl für den Fall, dass der Gläubiger den Schuldner durch Teilvollstreckungen unter Druck setzen will, freiwillig pünktlich Raten zu zahlen,[17] als auch, wenn er eine seiner Meinung nach verbliebene, bezifferte Restforderung eintreiben will.[18] Es ist in diesem letzteren Fall Sache des Schuldners, entweder seine Leistungen in der Form des § 775 Ziff. 4 und 5 oder mittels Quittungen nach § 757 nachzuweisen oder nach § 767 Vollstreckungsabwehrklage zu erheben. In keinem der beiden Fälle kann vom Gläubiger verlangt werden, dass er dem Gerichtsvollzieher seine Gesamtforderung berechnet und die Teilforderung in diese Gesamtabrechnung einstellt.[19] Das ist gem. § 80 Abs. 3 GVGA nur »unter besonderen Umständen« möglich, insbesondere wenn es wegen zahlreicher Posten mit verschiedenem Zinslauf und mit Abschlagszahlungen einer umfangreichen Berechnung bedarf. Ausnahmsweise kann der Gerichtsvollzieher dann die wiederholte Vollstreckung von Teilbeträgen aus ein und demselben Titel ablehnen, wenn erkennbar ist, dass der Gläubiger den Schuldner durch die häufigen Besuche des Gerichtsvollziehers schikanieren will, weil keinerlei vernünftiger Grund für die zahlreichen Teilanträge ersichtlich ist.[20] Nicht schikanös ist es, dem Schuldner immer wieder durch neue Vollstreckungsanträge die Vollstreckung eines Herausgabetitels betreffend eine gegen Ratenzahlung gekaufte Sache anzudrohen, um ihn auf diesem Wege doch noch zur Zahlung der Raten anzuhalten, und bei Zahlungseingang den Antrag wieder zurückzuziehen. Deshalb ist der Gerichtsvollzieher in einem solchen Fall auch nicht berechtigt, den Herausgabetitel im Ergebnis dadurch einfach außer Kraft zu setzen, dass er die Anberaumung weiterer Wegnahmetermine ablehnt.[21] Der Schuldner hat es in der Hand, die wiederholten Besuche des Gerichtsvollziehers zum Zwecke der ratenweisen Vollstreckung einer Geldschuld dadurch abzuwenden, dass er freiwillig auf einmal den seiner Meinung nach offenen Restbetrag bezahlt und sich diese Zahlung vom Gerichtsvollzieher auf dem Titel quittieren lässt (§§ 754 Abs. 1, 757). Errechnet der Gerichtsvollzieher in einem solchen Fall, dass der titulierte Anspruch vollständig getilgt ist, hat er dem Schuldner den Titel auszuhändigen und weiteren Vollstreckungsanträgen somit die Basis zu entziehen.

Fügt der Gläubiger, der eine geringere als die titulierte Forderung beitreiben will, seinem Antrag – ohne dass dies erforderlich wäre – eine Abrechnung bei, so hat der Gerichtsvollzieher sie, soweit sie nachvollziehbar ist, zu überprüfen und, falls der Gläubiger die Forderung nach diesen Unterlagen falsch (zu hoch) berechnet hat, den Gläubiger auf seinen Fehler hinzuweisen. Bleibt der Gläubiger

---

16 LG Augsburg, DGVZ 1995, 154 f.
17 LG Kassel, DGVZ 1974, 175; AG Siegen, DGVZ 1974, 175; AG Würzburg, JurBüro 1975, 88; *Zöller/Stöber*, § 753 Rn. 7; *Musielak/Voit/Lackmann*, § 753 Rn. 11; a. A. (Vollstreckung in Teilbeträgen rechtsmissbräuchlich) AG Frankfurt, DGVZ 1974, 92.
18 Anders, wenn die Restforderung nicht beziffert wird und der Gerichtsvollzieher den noch offenen Betrag nicht mit Sicherheit berechnen kann; denn es ist dem Gerichtsvollzieher nicht zuzumuten, mit Eventualvorsatz möglicherweise mehr beizutreiben als geschuldet ist.
19 OLG Schleswig, DGVZ 1976, 135 mit Anm. *Zeiss*; LG Amberg, DGVZ 1992, 157; LG Bielefeld, DGVZ 1984, 87; LG Düsseldorf, MDR 1986, 505; LG Kaiserslautern, DGVZ 1982, 157; LG Oldenburg, Rpfleger 1980, 236; LG Stuttgart, DGVZ 1993, 156; AG Leonberg, DGVZ 1995, 157; *Brox/Walker*, Rn. 211; MüKo/*Heßler*, § 753 Rn. 27; a. A. OLG Köln, DGVZ 1983, 9; LG Aachen, DGVZ 1984, 297, DGVZ 1974, 61; LG Darmstadt, DGVZ 1984, 88; LG Hagen, DGVZ 1994, 91; LG Lübeck, DGVZ 1978, 76; LG Tübingen, DGVZ 1990, 43; AG Berlin-Schöneberg, JurBüro 1991, 1265; *E. Schneider*, DGVZ 1982, 149.
20 Allgem. Meinung; vgl. LG Frankfurt, DGVZ 1974, 174; AG Opladen, DGVZ 1974, 93; AG Wattenscheid, DGVZ 1974, 93. Ein anderes Beispiel für schikanöses Verhalten zeigt der Fall AG München, DGVZ 1985, 62.
21 OLG Hamm, DGVZ 1985, 58; LG Essen, NJW 1968, 407; a. A. OLG Köln, MDR 1964, 929 mit Anm. *E. Schneider*; AG Köln, JurBüro 1965, 1014.

bei seinem Antrag, muss der Gerichtsvollzieher ihm nachkommen, soweit der Schuldner nicht seine Leistungen nach §§ 775 Ziff. 4 und 5 belegen kann.[22] An falsche Zins- und Kostenberechnungen des Gläubigers ist der Gerichtsvollzieher nicht gebunden. Der Titel bildet immer die Grenze nach oben für das, was beigetrieben werden darf.

IV. Notwendigkeit eines Antrags für jeden Titel

Der Vollstreckungsantrag ist für jeden neuen Titel von neuem an den Gerichtsvollzieher bzw. die Geschäftsstelle zu richten.[23] Eine einmalige generelle Eingabe eines Gläubigers an die Geschäftsstelle, alle Titel, die dieser Gläubiger dort erstreitet, an den zuständigen Gerichtsvollzieher zur Vollstreckung weiterzuleiten, wäre unbeachtlich.[24] Dagegen kann hinsichtlich desselben Titels dem Gerichtsvollzieher ein »Dauerauftrag« zur Vollstreckung, bis der letzte Teilbetrag beigetrieben ist, erteilt werden.[25]

7

V. Bearbeitung des Antrags durch den Gerichtsvollzieher

Der Gerichtsvollzieher darf den Vollstreckungsantrag nur dann von vornherein zurückweisen, wenn die von ihm zu überprüfenden allgemeinen und besonderen Vollstreckungsvoraussetzungen trotz entsprechenden Hinweises nicht nachgewiesen sind.[26]

8

Dagegen hat er weder nachzuprüfen, ob der Titel zu Recht ergangen ist[27] (z. B. Vollstreckungsbescheid über erkennbar wucherische Kreditzinsen), noch, ob der Gläubiger den ursprünglich zu Recht erstrittenen Titel nunmehr aber sittenwidrig ausnutzt.[28] Diese Einwände sind allein mit § 767 geltend zu machen. Ausnahmsweise mag eine auf § 826 BGB gestützte Klage zulässig sein.[29] Im formalisierten Vollstreckungsverfahren können solche Einwände, die ihre Wurzeln letztlich im materiellen Recht haben, keine Berücksichtigung finden. Stellt sich im Laufe des zunächst eröffneten Vollstreckungsverfahrens heraus, dass der Vollstreckung Hindernisse entgegenstehen (vgl. § 775) oder dass keine durch den Gerichtsvollzieher pfändbaren Gegenstände vorhanden sind (vgl. §§ 811 ff.), hat der Gerichtsvollzieher das Verfahren einzustellen und dem Gläubiger hiervon Mitteilung zu machen.[30]

9

Der Gerichtsvollzieher hat hinsichtlich der Frage, ob er einen »Vollstreckungsauftrag« übernimmt, kein Ermessen. Ist er zur Erledigung des erteilten Auftrags zuständig, muss er diesen übernehmen und ausführen. Dazu gehört auch, dass er den Gläubiger über den Ausgang des Verfahrens unterrichtet. Diese Unterrichtung braucht nicht den gesamten Inhalt des Protokolls wieder zu geben; sie muss aber eine solche Aussagekraft haben, dass sie dem Gläubiger Klarheit darüber verschafft, welche weiteren Schritte von ihm zu veranlassen sind.[31] Der Gerichtsvollzieher muss auch Anträge ausführen, die sich »nicht lohnen« oder bei denen höhere Vollstreckungskosten anfallen als die bei-

10

---

22 *Zöller/Stöber*, § 753 Rn. 7; a. A. LG Nürnberg-Fürth, JurBüro 1982, 139.
23 Zu den gebührenrechtlichen Konsequenzen siehe *Kessel*, DGVZ 2001, 149.
24 OVG Berlin, DGVZ 1983, 90.
25 LG Bonn, DGVZ 1974, 56; der »Auftrag« gilt aber immer nur für die konkrete Vollstreckungsart, für die er erteilt wurde. So beinhaltet ein vom Gläubiger erteilter Verhaftungsauftrag noch keinen Auftrag an den Gerichtsvollzieher, aus diesem Anlass auch die Mobiliarvollstreckung zu versuchen; LG Berlin, DGVZ 1985, 59; a. A. AG Büdingen, DGVZ 1985, 78.
26 Vgl. § 750 Rn. 2 und § 751 Rn. 2 und 8.
27 Vgl. § 750 Rn. 7.
28 A. A. insoweit LG Koblenz, DGVZ 1982, 45; AG Freiburg, DGVZ 1982, 31; *E. Schneider*, DGVZ 1977, 129 und DGVZ 1978, 85; wie hier *Brehm*, JZ 1978, 262; *Musielak/Voit/Lackmann*, § 753 Rn. 13.
29 Siehe Anhang zu § 767; *Walker*, Festgabe 50 Jahre BGH, 2000, Bd. III, 367.
30 Einzelheiten: § 776 Rn. 1.
31 Zur Mitteilungspflicht des Gerichtsvollziehers über den Verfahrensausgang BGH, Rpfleger 2004, 364, 365.

zutreibende Summe.³² Entscheidend ist allein, ob die gesetzlichen Voraussetzungen der Zwangsvollstreckung vorliegen. Eine Ausnahme ist in § 32 GVGA geregelt. Nach § 32 Abs. 1 GVGA sendet der Gerichtsvollzieher dann, wenn er begründeten Anhalt für die Fruchtlosigkeit der Pfändung hat und wenn der Gläubiger nicht zugleich einen Auftrag zur Abnahme der eidesstattlichen Versicherung gestellt hat, den Schuldtitel mit einer entsprechenden Bescheinigung an den Gläubiger zurück. Selbst bei erwarteter Fruchtlosigkeit der Pfändung ist nach § 32 Abs. 2 GVGA der Vollstreckungsauftrag durchzuführen, wenn ein entsprechender Wunsch des Gläubigers ersichtlich ist. Für die Anwendung des § 32 GVGA ist dem Gerichtsvollzieher ein Ermessensspielraum eingeräumt.³³

11 Erreicht den Gerichtsvollzieher ein Vollstreckungsantrag, von dessen Bearbeitung er kraft Gesetzes ausgeschlossen ist (§ 155 GVG), hat er ihn an seinen geschäftsplanmäßigen Vertreter weiterzuleiten. Es bedarf weder eines förmlichen Ablehnungsantrages durch einen der Beteiligten noch einer die Ausschließung feststellenden gerichtlichen Entscheidung. Eine von einem kraft Gesetzes ausgeschlossenen Gerichtsvollzieher vorgenommene Vollstreckungshandlung ist nicht nichtig,³⁴ wohl aber mit § 766 anfechtbar.³⁵

VI. Rücknahme des Antrags

12 Der Gläubiger kann den Vollstreckungsantrag jederzeit wieder **zurücknehmen**. In diesem Fall werden die bisherigen Vollstreckungsmaßnahmen, soweit die Zwangsvollstreckung noch nicht beendet war, rechtsgrundlos. Der Gerichtsvollzieher hat sie wie bei einer entsprechenden Weisung des Gläubigers (vgl. § 64 Abs. 1 GVGA) von Amts wegen aufzuheben. Statt den Antrag ganz zurückzunehmen, kann der Gläubiger das Vollstreckungsverfahren aber auch in dem Stadium, in dem es sich gerade befindet, ruhen lassen. An eine Weisung des Gläubigers, die Zwangsvollstreckung vorläufig nicht weiterzubetreiben, ist der Gerichtsvollzieher gebunden.³⁶

VII. Rechtsbehelf gegen die Ablehnung oder Nichtbearbeitung des Antrags

13 Lehnt der Gerichtsvollzieher einen Vollstreckungsantrag ausdrücklich ab, steht dem Gläubiger hiergegen die Erinnerung gem. § 766 Abs. 2 zu (über die der Richter beim Vollstreckungsgericht entscheidet), nicht dagegen die Dienstaufsichtsbeschwerde (für deren Bescheidung der aufsichtsführende Richter des Amtsgerichts zuständig wäre). Lässt der Gerichtsvollzieher dagegen den Antrag einfach unbearbeitet, so kann der Gläubiger hiergegen nur Dienstaufsichtsbeschwerde erheben. Deren Resultat kann allerdings nie eine Anweisung an den Gerichtsvollzieher sein, den Antrag in einem bestimmten Sinne zu bearbeiten. Ob er die Zwangsvollstreckung beginnt oder den Antrag förmlich zurückweist, unterliegt der pflichtgemäßen (kein Ermessen!) Entscheidung des Gerichtsvollziehers.³⁷ Fällt die Entscheidung für den Gläubiger negativ aus, so kann er dann nach § 766 vorgehen (siehe oben).

VIII. ArbGG, VwGO, AO

14 Die Vorschrift gilt gem. §§ 62 Abs. 2, 85 Abs. 1 Satz 3 ArbGG auch bei der Vollstreckung von arbeitsgerichtlichen Titeln und gem. § 167 Abs. 1 VwGO bei der Vollstreckung von Titeln nach § 168 VwGO. Soweit die Vollstreckung zugunsten der öffentlichen Hand gem. § 169 Abs. 1 Satz 2 VwGO und die Vollstreckung gegen die öffentliche Hand gem. § 170 Abs. 1 Satz 2 VwGO durch den Gerichtsvollzieher erfolgt, wird dieser unmittelbar vom Gericht des ersten Rechtszuges bzw.

---

32 Vor §§ 753–763 Rn. 7.
33 LG Koblenz, DGVZ 1996, 12.
34 So aber: *Blomeyer*, § 4 I 3; *Bruns/Peters*, § 19 III 1 a; *Zöller/Lückemann*, § 155 GVG Rn. 1.
35 Wie hier *Baumbach/Lauterbach/Hartmann*, § 155 GVG Rn. 1; *Kissel/Meyer*, GVG, § 155 Rn. 4; *Stein/Jonas/Münzberg*, § 753 Rn. 4.
36 AG Straubing, Rpfleger 1979, 72.
37 Vor §§ 753–763 Rn. 5.

von dessen Vorsitzenden in Anspruch genommen, nicht aufgrund eines Auftrages des Gläubigers nach § 753. In der Abgabenvollstreckung gilt § 753 nicht. Die Vollstreckung in bewegliche Sachen führt die Vollstreckungsbehörde durch Vollziehungsbeamte durch, die zur Vollstreckung durch schriftlichen Auftrag der Vollstreckungsbehörde ermächtigt werden (§ 285 AO).

§ 754 Vollstreckungsauftrag und vollstreckbare Ausfertigung

(1) (1)Durch den Vollstreckungsauftrag und die Übergabe der vollstreckbaren Ausfertigung wird der Gerichtsvollzieher ermächtigt, Leistungen des Schuldners entgegenzunehmen und diese zu quittieren sowie mit Wirkung für den Gläubiger Zahlungsvereinbarungen nach Maßgabe des § 802b zu treffen.

(2) (2)[1]Dem Schuldner und Dritten gegenüber wird der Gerichtsvollzieher zur Vornahme der Zwangsvollstreckung und der in Absatz 1 bezeichneten Handlungen durch den Besitz der vollstreckbaren Ausfertigung ermächtigt. [2]Der Mangel oder die Beschränkung des Auftrags kann diesen Personen gegenüber von dem Gläubiger nicht geltend gemacht werden.

Übersicht	Rdn.		Rdn.
I. Neufassung seit 1.1.2013	1	cc) Beendigung des Schuldnerverzuges	12
II. Ermächtigung des Gerichtsvollziehers in seiner Beziehung zum Gläubiger (Abs. 1)	2	3. Weitergehende Befugnisse des Gerichtsvollziehers	13
1. Zweck der Norm	3	4. Rechtsbehelfe	15
2. Freiwillige Leistungen	4	III. Ermächtigung des Gerichtsvollziehers gegenüber dem Schuldner und Dritten (Abs. 2)	16
a) Aufforderung zu freiwilligen Leistungen	4	1. Zweck der Norm	17
b) Annahme von Zahlungen durch den Gerichtsvollzieher	5	2. Umfang der Legitimationswirkung	18
c) Erteilung einer Quittung	7	3. Rechtsfolgen bei Überschreitung des Vollstreckungsauftrags	19
d) Materiellrechtliche Wirkungen der freiwilligen Leistung	8	IV. ArbGG, VwGO	20
aa) Freiwillige Leistung zum Zwecke der Erfüllung	9	1. Abs. 1	20
bb) Freiwillige Leistung nur zur Abwendung der Zwangsvollstreckung	11	2. Abs. 2	21

Literatur:
Bierbach, Das Verzugsende in ausgesuchten Fällen der Zwangsvollstreckung, DGVZ 1993, 181; *Fahland*, Die freiwillige Leistung in der Zwangsvollstreckung und ähnliche Fälle – Bindeglieder zwischen materiellem und Vollstreckungsrecht, ZZP 92 (1979), 432; *Geißler*, Probleme der Leistungsgefahr in der Mobiliarvollstreckung, DGVZ 1991, 166; *Guntau*, Die rechtliche Wirkung der an den Gerichtsvollzieher geleisteten freiwilligen Zahlung zur Abwendung der Zwangsvollstreckung aus für vorläufig vollstreckbar erklärten Zahlungstiteln, DGVZ 1984, 17; *Kerwer*, Die Erfüllung in der Zwangsvollstreckung, 1996; *Krüger*, Die Leistung zur Abwendung der Zwangsvollstreckung im Spannungsfeld zwischen materiellem und formellem Recht, NJW 1990, 1208; *Messer*, Die freiwillige Zahlung des Schuldners in der Zwangsvollstreckung, 1966; *Oerke*, Ratenweise Forderungseinziehung trotz erfolgloser Pfändung, DGVZ 1992, 161; *Pawlowski*, Die rechtlichen Grundlagen der »ratenweisen Vollstreckung«, DGVZ 1991, 177; *ders.*, Zur Inkassobefugnis des Gläubigeranwalts, DGVZ 1994, 177; *Scherer*, Verzugsbeendigung durch Scheckübergabe an den Gerichtsvollzieher, DGVZ 1994, 129; *Schmidt-von Rhein*, Die Hinterlegung der vom Schuldner entgegengenommenen Sicherheitsleistung durch den Gerichtsvollzieher, DGVZ 1981, 145; *H. Schneider*, Ermessens- und Wertungsbefugnisse des Gerichtsvollziehers, 1989; *Wieser*, Die freiwillige Zahlung des Vollstreckungsschuldners an den Gerichtsvollzieher, DGVZ 1988, 129; *ders.*, Rateninkasso des Gerichtsvollziehers, DGVZ 1991, 129.

I. Neufassung seit 1.1.2013

1 Bis zum 31.12.2012 hatte § 754 die Überschrift »Vollstreckungsauftrag«, und die Norm bestand nur aus einem Absatz. Durch Art. 1 Nr. 3, Art. 6 des Gesetzes zur Reform der Sachaufklärung in

der Zwangsvollstreckung vom 29.7.2009[1] wurde § 754 mit Wirkung zum 1.1.2013 in zwei Absätze gegliedert. Der Inhalt von Abs. 2 war vorher in § 755 geregelt, der ebenfalls zum 1.1.2013 einen neuen Inhalt bekommen hat.

II. Ermächtigung des Gerichtsvollziehers in seiner Beziehung zum Gläubiger (Abs. 1)

Nach Abs. 1 ist der Gerichtsvollzieher durch den Vollstreckungsauftrag und die Übergabe der vollstreckbaren Ausfertigung zur Entgegennahme und Quittierung von freiwilligen Zahlungen des Schuldners ermächtigt. Ferner steht dem Gerichtsvollzieher die Befugnis gegenüber dem Schuldner und Dritten zum Abschluss von Zahlungsvereinbarungen nach § 802b zu.

1. Zweck der Norm

Abs. 1 begründet kein wie auch immer geartetes zivilrechtliches Auftrags- oder Dienstvertragsverhältnis zwischen dem Gläubiger und dem Gerichtsvollzieher. Die dienstliche Tätigkeit des Gerichtsvollziehers ist allein dem öffentlichen Recht zuzuordnen,[2] auch wenn sie im Verhältnis zwischen Gläubiger und Schuldner zivilrechtliche Folgen bewirkt (Begründung von Pfandrechten, Erfüllung usw.). Durch die Norm wird nur klargestellt, welche Kompetenzen über die zwangsweise Beitreibung des titulierten Anspruchs hinaus der Gerichtsvollzieher in seiner Beziehung zum Gläubiger hat.

2. Freiwillige Leistungen

a) Aufforderung zu freiwilligen Leistungen

Bevor der Gerichtsvollzieher zur Durchsetzung einer titulierten Geldschuld Vollstreckungsmaßnahmen ergreift, hat er grundsätzlich den Schuldner aufzufordern, die Hauptschuld samt Zinsen, Kosten und Vollstreckungskosten freiwillig zu begleichen (§ 59 Abs. 2 Satz 1 GVGA). Trifft er den Schuldner nicht an, wohl aber eine erwachsene Person, hat er die gleiche Aufforderung an diese zu richten (§ 59 Abs. 2 Satz 2 GVGA). Ist die beizutreibende Forderung gering und außer Verhältnis zu den Kosten, die durch ein Aufsuchen des Schuldners zum Zwecke der Zwangsvollstreckung entstünden, soll der Gerichtsvollzieher vorab schriftlich oder fernmündlich den Schuldner auf diesen Umstand hinweisen und ihn zur freiwilligen – kostensparenden – Zahlung auffordern, wenn gute Gründe zu der Annahme bestehen, dass der Schuldner der Aufforderung entsprechen und nicht die telefonische Vorwarnung dazu benutzen werde, das letzte pfändbare Gut beiseite zu schaffen (§ 59 Abs. 1 Satz 3 GVGA).

b) Annahme von Zahlungen durch den Gerichtsvollzieher

Der Gerichtsvollzieher ist nicht nur zur Annahme der vollständigen geschuldeten Leistung, sondern auch zur Annahme von Teilleistungen verpflichtet (§ 60 Abs. 1 Satz 1 GVGA).[3] Unter den Voraussetzungen des § 802b Abs. 2 kann er dem Schuldner Ratenzahlungen bewilligen. Die Pflicht zur Annahme besteht unabhängig davon, ob der Schuldner oder ein Dritter leistet. Ein Widerspruch des Schuldners steht dem nicht entgegen, sofern nicht auch der Gläubiger widerspricht (§ 267 Abs. 2 BGB). Ggf. muss der Gerichtsvollzieher den Gläubiger danach fragen, ob dieser die Leistung des Dritten ablehnt.[4] Umgekehrt ist er zur Annahme der ganzen geschuldeten Leistung auch dann ermächtigt, wenn der Gläubiger nur eine Teilvollstreckung beantragt hatte.[5] Grundsätzlich darf der Gerichtsvollzieher anstelle der geschuldeten Leistung ohne ausdrückliche Ermächtigung durch den

---

1 BGBl. I, S. 2258, 2259; zur Begründung BT-Drucks. 16/10069, S. 23 (Entwurf des Bundesrats) und BT-Drucks. 16/13432, S. 42 f. (Beschlussempfehlung und Bericht des Rechtsausschusses).
2 Einzelheiten: Einführung Rn. 5 und Vor §§ 753–763 Rn. 5 f.; ferner § 753 Rn. 1.
3 **A. A.** insoweit LG Dortmund, JMBl.NW 1969, 76.
4 *Baumbach/Lauterbach/Hartmann*, § 754 Rn. 10; MüKo/*Heßler*, § 754 Rn. 36; Zöller/*Stöber*, § 754 Rn. 3.
5 Siehe Rn. 18.

Gläubiger keine Ersatzleistungen an Erfüllungs Statt annehmen, wenn dem Schuldner nicht schon im Titel nachgelassen ist, die Zwangsvollstreckung durch eine Ersatzleistung abzuwenden (§ 60 Abs. 2 Satz 1, 2 GVGA). Eine Ausnahme gilt für den Fall, dass der Schuldner mit einem Scheck zahlt: Bar- und Verrechnungsschecks darf der Gerichtsvollzieher auch ohne Ermächtigung durch den Gläubiger annehmen. Er muss in diesem Fall zwar die Vollstreckungsmaßnahme (Pfändung) durchführen, darf aber Verwertungsmaßnahmen erst einleiten, wenn feststeht, dass der Scheck nicht eingelöst wird. Werden dem Gerichtsvollzieher Schecks übergeben, deren Einlösung durch eine Scheckkarte gesichert ist, hat er dagegen zunächst keine Vollstreckungsmaßnahmen durchzuführen, sondern die Zwangsvollstreckung einstweilen einzustellen. Den Titel erhält der Schuldner in diesen Fällen allerdings erst ausgehändigt, wenn die Schecks auch tatsächlich eingelöst werden.

6   Falls der Titel auf Leistung an einen Dritten gerichtet ist, muss der Gerichtsvollzieher die freiwillige Leistung des Schuldners ebenfalls entgegennehmen.[6] Ist dem Schuldner im Titel nachgelassen, die Zwangsvollstreckung durch Hinterlegung einer Sicherheit abzuwenden, so muss der Gerichtsvollzieher auch die ihm vom Schuldner zur Abwendung der Zwangsvollstreckung durch Hinterlegung angebotene Sicherheit entgegennehmen und für deren Hinterlegung Sorge tragen.[7] In entsprechender Anwendung von § 775 Nr. 3 hat er in diesem Fall die Zwangsvollstreckung einstweilen einzustellen, bis der Gläubiger seinerseits die Hinterlegung einer entsprechenden Sicherheit nachweist.

c) Erteilung einer Quittung

7   Der Gerichtsvollzieher hat dem Schuldner über das Empfangene eine Quittung zu erteilen, soweit Teilleistungen auf die titulierte Forderung erfolgt sind. Das ist auch auf dem Titel zu vermerken. Soweit die titulierte Schuld nebst Vollstreckungskosten voll getilgt wurde, ist dem Schuldner der Titel auszuhändigen (§ 757 Abs. 1).

d) Materiellrechtliche Wirkungen der freiwilligen Leistung

8   Die materiellrechtlichen Wirkungen der freiwilligen Leistung des Schuldners an den Gerichtsvollzieher sind sehr umstritten. Zunächst einmal muss differenziert werden, ob der Schuldner auf eine rechtskräftig feststehende oder durch Rechtsmittel nicht angreifbare Schuld zum Zwecke der Erfüllung leistet, oder ob bei nur vorläufig vollstreckbarem, durch Rechtsmittel noch abänderbarem Titel der Schuldner nur zur Abwendung der Zwangsvollstreckung zahlt, ohne dem Gläubiger das Geleistete endgültig zukommen lassen zu wollen.

aa) Freiwillige Leistung zum Zwecke der Erfüllung

9   Nach der hier vertretenen öffentlich-rechtlichen Amtstheorie[8] handelt der Gerichtsvollzieher auch dann, wenn er freiwillige Leistungen des Schuldners entgegennimmt, allein als staatliches Vollstreckungsorgan, nicht auch als privatrechtlicher Vertreter – sei es als rechtsgeschäftlicher,[9] sei es als gesetzlicher Vertreter[10] – des Gläubigers. Folgerichtig wird das von ihm in Empfang genommene Geld in öffentlich-rechtliche Verwahrung genommen und erst dann Eigentum des Gläubigers, wenn es ihm durch den Gerichtsvollzieher ausgehändigt wird. Dass der Gerichtsvollzieher bei der Annahme freiwilliger Leistungen allein als Amtsträger tätig wird, ergibt sich nicht nur daraus, dass er hierbei eine sich aus dem Gesetz (§§ 754, 755) ergebende Amtspflicht erfüllt, sondern auch

---

6 MüKo/*Heßler*, § 754 Rn. 35; *Stein/Jonas/Münzberg*, § 754 Rn. 18.
7 *Schmidt-von Rhein*, DGVZ 1981, 145; *Guntau*, DGVZ 1984, 24.
8 Wie hier auch *Baumann/Brehm*, § 8 II 3; *Baumbach/Lauterbach/Hartmann*, § 815 Rn. 10; *Brox/Walker*, Rn. 314; *Jauernig/Berger*, § 8 Rn. 5 ff.; *Fahland*, ZZP 92 (1979), 432; *Guntau*, DGVZ 1984, 17 ff.; *Kissel/Meyer*, § 154 GVG Rn. 17; *Musielak/Voit/Lackmann*, § 754 Rn. 2; vgl. im Übrigen: Einführung Rn. 5; Vor §§ 753–763 Rn. 5 f.
9 So etwa *Palandt/Ellenberger*, Einf. vor § 164 Rn. 10; BGB-RGRK-*Steffen*, Vorbem. 12 zu § 164.
10 So etwa *Stein/Jonas/Münzberg*, § 754 Rn. 17.

daraus, dass seine Stellung bei Annahme des Geldes im Verhältnis zum Schuldner nicht mit der des Gläubigers im Rahmen des Erfüllungsvorganges zu vergleichen ist: Erfolgt freiwillige Zahlung an den Gläubiger, so endet nicht automatisch die Zwangsvollstreckung; sie ist allenfalls unter den Voraussetzungen des § 775 Nr. 4, 5 einzustellen. Bei freiwilliger vollständiger Zahlung an den Gerichtsvollzieher endet die Zwangsvollstreckung. Der Gerichtsvollzieher **muss** dem Schuldner den Vollstreckungstitel herausgeben (§ 757). Anderseits muss der Gläubiger eine Erfüllung durch Aufrechnung akzeptieren, wenn die Aufrechnung nach materiellem Recht zulässig ist; der Gerichtsvollzieher hat die Aufrechnung völlig unberücksichtigt zu lassen. Dieser besonderen Stellung des Gerichtsvollziehers auch bei der Annahme freiwilliger Leistungen des Schuldners wird die sog. Vertretertheorie[11] in allen ihren Spielarten nicht gerecht.

Obwohl also Erfüllung der Schuld gem. § 362 Abs. 1 BGB erst eintritt, wenn der Gläubiger das Geld (sei es in Natur, sei es als Gutschrift auf seinem Konto) erhalten hat, die Zwangsvollstreckung demgemäß auch erst in diesem Zeitpunkt beendet ist (bis dahin also sowohl die Drittwiderspruchsklage als auch eine Anschlusspfändung möglich sind), geht die Gefahr des Verlustes bzw. der Veruntreuung des Geldes in entsprechender Anwendung der §§ 815 Abs. 3, 819 schon mit der Ablieferung an den Gerichtsvollzieher auf den Gläubiger über.[12] Die Interessenlage ist gleich zu beurteilen, ob der Schuldner nur unter dem Druck der sonst drohenden Vollstreckungsmaßnahmen freiwillig leistet oder ob er die zwangsweise Wegnahme des Geldes durch den Gerichtsvollzieher einfach duldet. Der Gesetzgeber hat im Übrigen auch in § 717 Abs. 2 Satz 1 gezeigt, dass er Leistungen zum Zwecke der Abwendung der Zwangsvollstreckung solchen »durch Zwangsvollstreckung« gleichstellt.

bb) Freiwillige Leistung nur zur Abwendung der Zwangsvollstreckung

Wenn der Schuldner nur zur Abwendung der Zwangsvollstreckung zahlt und sich die Rückforderung für den Fall vorbehält, dass der Titel abgeändert wird, nimmt der Gerichtsvollzieher das Geld zunächst in öffentliche Verwahrung, wird der konkrete Geldschein erst Eigentum des Gläubigers, wenn der Gerichtsvollzieher das Geld an ihn auskehrt. Es tritt in diesem Fall aber keine Erfüllung der titulierten Schuld vor Rechtskraft des Urteils bzw. vor dem Zeitpunkt, an dem der Schuldner seinen Vorbehalt gegen die Erfüllungswirkung fallen lässt, ein. Wird das Urteil abgeändert, kann der Schuldner seine Leistung ungeschmälert zurückfordern. § 814 BGB steht dem nicht entgegen.[13]

cc) Beendigung des Schuldnerverzuges

Mit dem Augenblick der freiwilligen Leistung an den Gerichtsvollzieher und nicht erst mit dem Zeitpunkt des Erfüllungseintritts endet der Schuldnerverzug. Der Gerichtsvollzieher kann also Verzugszinsen nur bis zu diesem Zeitpunkt berechnen und darf nicht noch einige Tage zuschlagen, die es dauern wird, bis das Geld dem Gläubiger ausgehändigt bzw. seinem Konto gutgeschrieben sein wird.[14]

3. Weitergehende Befugnisse des Gerichtsvollziehers

Weitergehende Befugnisse außerhalb des eigentlichen Vollstreckungsvorganges, als § 754 sie gibt, hat der Gerichtsvollzieher von Amts wegen, also ohne ausdrückliche Ermächtigung seitens des

---

11 Siehe außer den zuvor Genannten *Blomeyer*, § 47 II; *Gerhardt*, § 8 II 2 a.
12 Wie hier jetzt auch BGH, NJW 2009, 1085, 1086 mit Anm. *Walker/Klopp*, LMK 2009, 278710 (zur analogen Anwendung des § 815 Abs. 3). Vorher war die Frage sehr streitig. Zum früheren Meinungsstand siehe 4. Aufl., § 753 Fn. 11.
13 Allgem. Meinung; vgl. *Staudinger/Lorenz*, § 814 BGB Rn. 6 und 7; zur Wirkung einer Zahlung lediglich zur Abwendung der Zwangsvollstreckung siehe auch BGH, NJW 1990, 2756.
14 BGH, NJW 1981, 2244; *Guntau*, DGVZ 1984, 22, 23; a. A. (Verzugszinsen laufen weiter bis zum Erfüllungseintritt) *Braun*, DGVZ 1976, 19 und AcP 184 (1984), 152; *Gaul/Schilken/Becker-Eberhard*, § 14 Rn. 71.

Gläubigers, grds. nicht. Er darf aber unter den Voraussetzungen des § 802b Abs. 2, 3 gegen Ratenzahlungen durch den Schuldner die Vollstreckung aufschieben, solange der Gläubiger nicht widerspricht. Dagegen darf der Gerichtsvollzieher nicht auf – auch noch so unbedeutende – Teilbeträge verzichten, keine Aufrechnungs-, Minderungs- oder Rücktrittserklärung des Schuldners für den Gläubiger entgegennehmen. Lässt der Gerichtsvollzieher sich vom Gläubiger zur Abgabe bzw. Annahme derartiger Willenserklärungen bevollmächtigen, wird er insoweit nicht mehr als Amtsperson tätig – er erfüllt keine ihm amtlich obliegenden Verpflichtungen –, sondern ausschließlich als privatrechtlicher Vertreter des Gläubigers.[15] Der Gläubiger trägt dann das volle Risiko, dass der Gerichtsvollzieher nach innen wie nach außen sich im Rahmen seiner Vertretungsmacht hält. Lässt der Gerichtsvollzieher sich regelmäßig derartige Vollmachten erteilen, erscheint dies sowohl im Hinblick auf die beamtenrechtlichen Vorschriften als auch auf das Rechtsdienstleistungsgesetz (RDG) sehr bedenklich.

14 Soweit der Gerichtsvollzieher als Bote Erklärungen zwischen Gläubiger und Schuldner vermittelt, ist dies zwar unbedenklich; der jeweilige Absender trägt aber das volle Risiko der richtigen Übermittlung. Die Erklärungen werden erst wirksam, wenn sie dem Empfänger zugegangen sind.

4. Rechtsbehelfe

15 Verweigert der Gerichtsvollzieher die Empfangnahme der vom Schuldner angebotenen Leistung oder die Weiterleitung an den Gläubiger, können Schuldner und Gläubiger Vollstreckungserinnerung nach § 766 einlegen. Weigert sich der Gerichtsvollzieher im Hinblick auf eine entgegengenommene Leistung des Schuldners, die Vollstreckung zu beginnen oder festzusetzen, kann der Gläubiger sich dagegen ebenfalls mit der Erinnerung wehren, wenn er seine titulierte Forderung trotz der Leistung des Schuldners für nicht erfüllt hält. Erteilt der Gerichtsvollzieher dem Schuldner über dessen freiwillige Leistung keine Quittung (siehe Rn. 7), steht dem Schuldner die Erinnerung zu.[16]

III. Ermächtigung des Gerichtsvollziehers gegenüber dem Schuldner und Dritten (Abs. 2)

16 Abs. 2 entspricht dem bisherigen § 755, der seinerseits mit Wirkung zum 1.1.2013 einen neuen Inhalt bekommen hat. Verschiedene Befugnisse des Gerichtsvollziehers sind zwar auch in dem neuen § 802a Abs. 2 aufgezählt; aber diese Regelung betrifft aufgrund ihrer systematischen Stellung nur die Zwangsvollstreckung wegen Geldforderungen, nicht dagegen zum Beispiel die Herausgabevollstreckung nach §§ 883 ff. Dagegen gilt § 754 Abs. 2 aufgrund seiner Verortung bei den allgemeinen Vorschriften auch bei dieser Vollstreckungsart.

1. Zweck der Norm

17 Während Abs. 1 in erster Linie die Kompetenzen des Gerichtsvollziehers in seiner Beziehung zum Gläubiger anspricht, regelt Abs. 2 die Legitimation gegenüber dem Schuldner und Dritten. Der dem Gerichtsvollzieher nach § 5 GVO ausgestellte Dienstausweis zeigt nur, dass er überhaupt und in welchem Amtsbezirk er Gerichtsvollzieher ist. Dass er dagegen in **dieser** Zwangsvollstreckungssache als Gerichtsvollzieher tätig sein darf, ergibt sich für Schuldner und Dritte allein aus dem Besitz der vollstreckbaren Ausfertigung des Titels. Der Gerichtsvollzieher muss den Titel deshalb auf Verlangen vorzeigen. Er darf, wenn er sich nicht durch den Titel legitimieren kann, weil er ihn nicht dabei hat, keine Vollstreckungshandlungen vornehmen. Dennoch vorgenommene Vollstreckungshandlungen sind allerdings wirksam, wenn auch – solange die Legitimation nicht nachgeholt wird – anfechtbar.[17]

---

15 Str.; a. M. *Zöller/Stöber*, § 754 Rn. 6.
16 Siehe § 757 Rn. 14.
17 Ebenso MüKo/*Heßler*, § 754 Rn. 75.

2. Umfang der Legitimationswirkung

Auch wenn der Gläubiger nur einen Teilauftrag erteilt hat, kann der Schuldner die gesamte Restleistung an den Gerichtsvollzieher erbringen. Der Gerichtsvollzieher darf sie nicht als seinen »Auftrag« übersteigend zurückweisen. Der Gläubiger trägt gem. §§ 815 Abs. 3, 819 analog das Risiko des Verlustes dieser freiwilligen »Mehrleistungen« beim Gerichtsvollzieher.[18] Umgekehrt muss der Schuldner zunächst eine im Rahmen des Titels liegende, aber über den konkreten Vollstreckungsauftrag des Gläubigers hinausgehende Zwangsvollstreckung durch den Gerichtsvollzieher dulden und kann den Antragsmangel nur im Rahmen des § 766 rügen. 18

3. Rechtsfolgen bei Überschreitung des Vollstreckungsauftrags

Hat der Gerichtsvollzieher über den an ihn gerichteten Vollstreckungsantrag hinausgehend, aber im Rahmen des Titels vollstreckt, kann der Gläubiger sich gegenüber dem Schuldner im Rahmen von Ersatzansprüchen nach §§ 717 Abs. 2, 3 und 945 nicht darauf berufen, diese Vollstreckung habe er nicht veranlasst. Geht vom Gerichtsvollzieher beigetriebenes oder im Rahmen der Zwangsversteigerung erlangtes Geld verloren, trägt insoweit der Gläubiger auch dann das Verlustrisiko analog §§ 815 Abs. 3, 819, wenn der Gerichtsvollzieher mehr beigetrieben hat, als er nach dem ihm erteilten Teilvollstreckungsauftrag sollte. Die gleichen Wirkungen zulasten des Gläubigers treten ein, wenn der Gläubiger dem Gerichtsvollzieher den Auftrag bereits ganz entzogen hatte, die vollstreckbare Ausfertigung des Titels aber noch im Besitz des Gerichtsvollziehers verblieben war. 19

Erleidet der Gläubiger dadurch einen Schaden, dass der Gerichtsvollzieher nach außen hin wirksam den ihm erteilten Vollstreckungsauftrag überschreitet, haftet der Dienstherr nach Art. 34 GG, § 839 BGB.

IV. ArbGG, VwGO

1. Abs. 1

§ 754 Abs. 1 gilt auch bei der Vollstreckung von arbeitsgerichtlichen Titeln (§§ 62 Abs. 2, 85 Abs. 1 Satz 3 ArbGG) und von Titeln nach § 168 VwGO (§ 167 Abs. 1 VwGO), sofern die Vollstreckung durch den Gerichtsvollzieher erfolgt. Bei einer Inanspruchnahme des Gerichtsvollziehers unmittelbar vom Gericht des ersten Rechtszuges bzw. von dessen Vorsitzenden (§§ 169 Abs. 1 Satz 2, 170 Abs. 1 Satz 2 VwGO), ergibt sich die Ermächtigung i. S. d. § 754 aus der gerichtlichen Anordnung. 20

2. Abs. 2

Auch Abs. 2 gilt für die Vollstreckung von arbeitsgerichtlichen Titeln (§§ 62 Abs. 2, 85 Abs. 1 Satz 3 ArbGG) und von Titeln nach § 168 VwGO (§ 167 Abs. 1 VwGO). Wird der Gerichtsvollzieher unmittelbar vom Gericht des ersten Rechtszuges bzw. von dessen Vorsitzenden (§§ 169 Abs. 1 Satz 2, 170 Abs. 1 Satz 2 VwGO) in Anspruch genommen,[19] ist der Gerichtsvollzieher dem Vollstreckungsschuldner und Dritten gegenüber durch den Besitz der gerichtlichen Anordnung zur Vollstreckung ermächtigt. Er muss diese Anordnung auf Verlangen einer beteiligten Person vorzeigen. Gilt für die Vollstreckung das VwVG (vgl. § 169 Abs. 1 Satz 1 VwGO), ist der Gerichtsvollzieher gem. § 5 VwVG i. V. m. § 285 Abs. 2 AO durch den schriftlichen Auftrag der Vollstreckungsbehörde zur Vollstreckung ermächtigt. 21

---

18 Vgl. oben Rn. 10.
19 Siehe § 753 Rn. 14.

§ 755 Ermittlung des Aufenthaltsorts des Schuldners

(1) Ist der Wohnsitz oder gewöhnliche Aufenthaltsort des Schuldners nicht bekannt, darf der Gerichtsvollzieher auf Grund des Vollstreckungsauftrags und der Übergabe der vollstreckbaren Ausfertigung zur Ermittlung des Aufenthaltsorts des Schuldners bei der Meldebehörde die gegenwärtigen Anschriften sowie Angaben zur Haupt- und Nebenwohnung des Schuldners erheben.

(2) Soweit der Aufenthaltsort des Schuldners nach Absatz 1 nicht zu ermitteln ist, darf der Gerichtsvollzieher
1. zunächst beim Ausländerzentralregister die Angaben zur aktenführenden Ausländerbehörde sowie zum Zuzug oder Fortzug des Schuldners und anschließend bei der gemäß der Auskunft aus dem Ausländerzentralregister aktenführenden Ausländerbehörde den Aufenthaltsort des Schuldners,
2. bei den Trägern der gesetzlichen Rentenversicherung die dort bekannte derzeitige Anschrift, den derzeitigen oder zukünftigen Aufenthaltsort des Schuldners sowie
3. bei dem Kraftfahrt-Bundesamt die Halterdaten nach § 33 Abs. 1 Satz 1 Nr. 2 des Straßenverkehrsgesetzes

erheben. ²Ist der Schuldner Unionsbürger, darf der Gerichtsvollzieher die Daten nach Satz 1 Nummer 1 nur erheben, wenn ihm tatsächliche Anhaltspunkte für die Vermutung der Feststellung des Nichtbestehens oder des Verlusts des Freizügigkeitsrechts vorliegen. ³Eine Übermittlung der Daten nach Satz 1 Nummer 1 an den Gerichtsvollzieher ist ausgeschlossen, wenn der Schuldner Unionsbürger ist, für den eine Feststellung des Nichtbestehens oder des Verlusts des Freizügigkeitsrechts nicht vorliegt. ⁴Die Daten nach Satz 1 Nr. 2 und 3 darf der Gerichtsvollzieher nur erheben, wenn die zu vollstreckenden Ansprüche mindestens 500 Euro betragen; Kosten der Zwangsvollstreckung und Nebenforderungen sind bei der Berechnung nur zu berücksichtigen, wenn sie allein Gegenstand des Vollstreckungsauftrags sind.

Übersicht

	Rdn.		Rdn.
I. Überblick über die Neufassung seit 1.1.2013	1	IV. Ermittlung des Aufenthaltsorts des Schuldners bei der Meldebehörde (Abs. 1)	4
II. Zweck der Norm	2	V. Datenerhebung bei anderen Stellen	5
III. Allgemeine Voraussetzungen für die Aufenthaltsermittlung nach § 755	3	VI. Gebühren	10
		VII. ArbGG, VwGO, AO	11

Literatur:
Büttner, Die Unzulässigkeit der isolierten Aufenthaltsbestimmung nach § 755 ZPO, DGVZ 2014, 188; *Ehmann*, Ermittlung von Schuldneranschriften – Unerwartete Möglichkeiten bei Meldebehörde und Gerichtsvollzieher, NJW 2013, 1862; *Walker*, Die Ermittlungsbefugnisse des Gerichtsvollziehers im deutschen Zwangsvollstreckungsrecht, Festschrift Klamaris, 2015.

I. Überblick über die Neufassung seit 1.1.2013

1 § 755 hat mit Wirkung zum 1.1.2013 durch das Gesetz zur Reform der Sachaufklärung in der Zwangsvollstreckung vom 29.7.2009[1] einen vollständig neuen Inhalt bekommen. Der frühere Inhalt wurde in den heutigen § 754 Abs. 2 verschoben.

II. Zweck der Norm

2 Die Vorschrift überträgt dem Gerichtsvollzieher die Befugnis und die Aufgabe, unter bestimmten Voraussetzungen den Aufenthaltsort des Schuldners zu ermitteln. Das war bis zum 31.12.2012

---

[1] BGBl. I, S. 2258, 2259; zur Begründung BT-Drucks. 16/10069, S. 23 f. (Gesetzentwurf des Bundesrates) und BT-Drucks. 16/13432, S. 43 (Beschlussempfehlung und Bericht des Rechtsausschusses).

Sache des Gläubigers. Die Ermittlung durch den Gerichtsvollzieher soll der Verfahrensbeschleunigung dienen.[2] Auf die Kenntnis vom Wohnsitz des Schuldners ist der Gläubiger angewiesen, weil sich pfändbare Vermögensgegenstände und herauszugebende bewegliche Sachen in der Regel dort befinden werden. § 755 ist sowohl Rechtsgrundlage für die Ermittlungsbefugnis des Gerichtsvollziehers als auch Regelung für seine örtliche Zuständigkeit; denn Anknüpfungspunkt für die Aufenthaltsermittlung wird regelmäßig die letzte bekannte Anschrift des Schuldners sein, und nach dieser richtet sich auch die örtliche Zuständigkeit des Gerichtsvollziehers.[3]

III. Allgemeine Voraussetzungen für die Aufenthaltsermittlung nach § 755

Voraussetzung für die Aufenthaltsermittlung nach § 755 ist zunächst, dass der **Wohnsitz oder der gewöhnliche Aufenthaltsort** des Schuldners **nicht bekannt** ist. Das stellt sich möglicherweise erst heraus, wenn der Gerichtsvollzieher den Schuldner bei einem Vollstreckungsversuch unter der letzten bekannten Anschrift nicht angetroffen und seine neue Anschrift auch durch Befragen des ehemaligen Vermieters, Hausmeisters oder Wohnungsnachbarn nicht in Erfahrung gebracht hat. Ferner setzt die Ermittlung die **Übergabe der vollstreckbaren Ausfertigung** des Schuldtitels an den Gerichtsvollzieher voraus. Vor allem ist der Gerichtsvollzieher nicht von Amts wegen zur Ermittlung bei der Meldebehörde berechtigt. Vielmehr müssen zwei Anträge des Gläubigers vorliegen. Erstens kommt die Ermittlung bei der Meldebehörde nur aufgrund eines **konkreten Vollstreckungsauftrags** in Betracht;[4] ein isolierter Ermittlungsauftrag reicht nicht aus.[5] Falls der Gerichtsvollzieher ohne konkreten Vollstreckungsauftrag ermittelt, löst das keine Gebühr aus. Zweitens muss der Gläubiger einen **Auftrag zur Ermittlung** des Aufenthaltsorts gestellt haben. Das ergibt sich zwar nicht aus dem Gesetzestext, sondern nur aus der amtlichen Begründung zu § 755.[6] Aber der sachliche Grund für die Notwendigkeit eines solchen Auftrags ist, dass die Ermittlung eine besondere Gebühr (GvKostG-KV Nr. 440) auslöst. Der Ermittlungsauftrag kann durch Ankreuzen in dem Formular für den Vollstreckungsauftrag gestellt werden. Aufgrund eines entsprechenden Auftrags muss der Gerichtsvollzieher nach § 755 ermitteln. Wenn er nicht tätig wird, kann er dazu vom Gläubiger im Wege der Vollstreckungserinnerung nach § 766 Abs. 2 angehalten werden.

3

IV. Ermittlung des Aufenthaltsorts des Schuldners bei der Meldebehörde (Abs. 1)

Die Ermittlungsbefugnisse des Gerichtsvollziehers stützen sich vorrangig auf die Melderegister. Nach Abs. 1 erhält der Gerichtsvollzieher aufgrund des Vollstreckungsauftrags und der Übergabe der vollstreckbaren Ausfertigung die Befugnis, bei der Meldebehörde die gegenwärtigen Anschriften sowie Angaben zur Haupt- und Nebenwohnung des Schuldners zu erheben, wenn der Wohnsitz oder der gewöhnliche Aufenthaltsort des Schuldners nicht bekannt ist. Nur diese Daten dürfen abgefragt werden. Bei welcher Meldebehörde der Gerichtsvollzieher sich zuerst um die Aufenthaltsermittlung bemüht, wird sich regelmäßig nach der letzten bekannten Anschrift des Schuldners richten. Diese ist auch für die örtliche Zuständigkeit des Gerichtsvollziehers maßgeblich (§ 17 Abs. 1 Satz 1 GVO). Ist keine solche Anschrift bekannt, was selten vorkommen dürfte, obliegt die Aufenthaltsermittlung dem für den Wohnsitz des Gläubigers zuständigen Gerichtsvollzieher (§ 17 Abs. 1 Satz 2 GVO).[7] Ergibt sich aus der Aufenthaltsermittlung die Zuständigkeit eines anderen Gerichtsvollziehers, ist an diesen der Vollstreckungsvorgang von Amts wegen abzugeben (§ 17 Abs. 2 GVO).

4

---

2 BT-Drucks. 16/10069, S. 23.
3 BT-Drucks. 16/10069, S. 23.
4 BGH, DGVZ 2014, 257 (Ls.).
5 LG Heidelberg, DGVZ 2014, 93, 94; AG Halle, DGVZ 2014, 245; AG Wiesloch, DGVZ 2014, 20, 21; *Büttner*, DGVZ 2014, 188, 191 ff.
6 BT-Drucks. 16/10069, S. 23.
7 **A. A.** LG Frankenthal, Rpfleger 2013, 631 (jeder Gerichtsvollzieher im Bundesgebiet).

V. Datenerhebung bei anderen Stellen

5 Die in Abs. 2 geregelten Möglichkeiten der Datenerhebung beim Ausländerzentralregister, bei den Trägern der gesetzlichen Rentenversicherung und beim Kraftfahrt-Bundesamt sind **nachrangig**. Sie bestehen nur, wenn der Aufenthalt des Schuldners bei der Meldebehörde nach Abs. 1 nicht zu ermitteln ist. Zum Nachweis dieser Voraussetzung kann der Gläubiger dem Gerichtsvollzieher eine entsprechende Auskunft der Meldebehörde vorlegen, die er selbst eingeholt hat (vgl. auch § 31 Abs. 4 Satz 2 GVGA), sofern diese Auskunft aktuell ist.[8] Die Vorlage der Meldeauskunft eines Privatanbieters reicht nicht aus.[9] Die Ermittlungsmöglichkeiten nach Abs. 2 stehen untereinander nicht in einem Rangverhältnis.

6 Die Ermittlung des Aufenthaltsortes beim Schuldner ausländischer Staatsangehörigkeit erfolgt **zweistufig**: Gem. **Abs. 2 Satz 1 Nr. 1** darf der Gerichtsvollzieher beim **Ausländerzentralregister**, in dem keine Anschriften gespeichert sind, zunächst Angaben zur Ausländerbehörde sowie zum Zuzug oder Fortzug des Schuldners erheben. Bei der ermittelnden aktenführenden **Ausländerbehörde** kann sodann der letzte gemeldete Aufenthaltsort des Schuldners ausländischer Staatsangehörigkeit erfragt werden. Wenn der Schuldner **Unionsbürger** ist, darf der Gerichtsvollzieher Daten nach Nr. 1 nur erheben, wenn er tatsächliche Anhaltspunkte für die Vermutung hat, dass gem. §§ 6, 7 FreizügG/EU das Nichtbestehen oder der Verlust des Freizügigkeitsrechts (Recht auf Einreise und Aufenthalt) durch die Ausländerbehörde festgestellt wurde (Abs. 2 Satz 2). Liegt eine solche Feststellung nicht vor, dürfen aus dem Ausländerzentralregister keine Daten nach Abs. 2 Satz 1 Nr. 1 an den Gerichtsvollzieher übermittelt werden (Abs. 2 Satz 3).

7 Nach **Abs. 2 Satz 1 Nr. 2** darf der Gerichtsvollzieher bei den **Trägern der gesetzlichen Rentenversicherung** die dort bekannte derzeitige Anschrift, den derzeitigen oder zukünftigen Aufenthaltsort des Schuldners erfragen.

8 Gem. **Abs. 2 Satz 1 Nr. 3** darf er beim Kraftfahrt-Bundesamt die nach § 33 Abs. 1 Satz 1 Nr. 2 StVG gespeicherten Halterdaten zu einem Fahrzeug, als dessen Halter der Schuldner eingetragen ist, erheben.

9 Die Möglichkeiten nach Nr. 2 und 3 bestehen aber nur dann, wenn die zu vollstreckenden Ansprüche **mindestens 500 Euro** betragen (Abs. 2 Satz 4, 1. Halbs.). Bei der Berechnung dieser **Bagatellgrenze** sind alle vollstreckbaren Ansprüche desselben Gläubigers innerhalb eines Auftrags zusammenzurechnen, auch wenn sie in verschiedenen Urkunden tituliert sind. Die Kosten der Zwangsvollstreckung und Nebenforderungen sind nur zu berücksichtigen, wenn sie allein Gegenstand des Vollstreckungsauftrags sind (Abs. 2 Satz 4, 2. Halbs.), nicht dagegen neben einer Hauptforderung. Diese Bagatellgrenze soll sicherstellen, dass ein so erhebliches Interesse an der Datenermittlung besteht, dass die Zweckänderung bei der Nutzung der Daten im Rahmen der Zwangsvollstreckung gerechtfertigt ist[10]. Durch diese Einschränkung werden allerdings die Kleingläubiger benachteiligt, was im Hinblick auf Art. 3 Abs. 1 GG nicht unproblematisch ist[11]; denn für sie kann die Durchsetzung ihrer Forderung wichtiger sein als die Vollstreckung für einen Großgläubiger.

VI. Gebühren

10 Der Gerichtsvollzieher erhält für die Einholung einer jeden Auskunft bei einer der in § 755 genannten Stellen eine gesonderte Festgebühr (§ 10 Abs. 2 Satz 3 Nr. 3 GvKostG) nach KV Nr. 440 (Fassung ab 1.1.2013: 13 Euro). Ein vom Gläubiger eingeschalteter Rechtsanwalt erhält für den

---

8 AG Offenbach, DGVZ 2013, 188.
9 AG Strausberg, DGVZ 2015, 43.
10 So die Begründung der Beschlussempfehlung und des Berichts des Rechtsausschusses, BT-Drucks. 16/13432, S. 43.
11 *Fischer*, DGVZ 2010, 113, 115.

Antrag auf Aufenthaltsermittlung neben der 0,3-Verfahrensgebühr nach RVG-VV Nr. 3309 keine zusätzliche Gebühr.

VII. ArbGG, VwGO, AO

§ 755 gilt auch bei der Vollstreckung von arbeitsgerichtlichen Titeln (§§ 62 Abs. 2, 85 Abs. 1 Satz 3 ArbGG) und von Titeln nach § 168 VwGO (§ 167 Abs. 1 VwGO), sofern die Vollstreckung durch den Gerichtsvollzieher erfolgt.   11

§ 756 Zwangsvollstreckung bei Leistung Zug um Zug

(1) Hängt die Vollstreckung von einer Zug um Zug zu bewirkenden Leistung des Gläubigers an den Schuldner ab, so darf der Gerichtsvollzieher die Zwangsvollstreckung nicht beginnen, bevor er dem Schuldner die diesem gebührende Leistung in einer den Verzug der Annahme begründenden Weise angeboten hat, sofern nicht der Beweis, dass der Schuldner befriedigt oder im Verzug der Annahme ist, durch öffentliche oder öffentlich beglaubigte Urkunden geführt wird und eine Abschrift dieser Urkunden bereits zugestellt ist oder gleichzeitig zugestellt wird.

(2) Der Gerichtsvollzieher darf mit der Zwangsvollstreckung beginnen, wenn der Schuldner auf das wörtliche Angebot des Gerichtsvollziehers erklärt, dass er die Leistung nicht annehmen werde.

Übersicht

		Rdn.
I.	Zweck der Norm	1
II.	Anwendungsbereich der Norm	3
III.	Angebot der Leistung durch den Gerichtsvollzieher	6
1.	Annahmeverzugsbegründendes tatsächliches oder wörtliches Angebot (Abs. 1)	7
2.	Wörtliches Angebot des Gerichtsvollziehers und Annahmeverweigerung des Schuldners (Abs. 2)	8
3.	Einzelheiten zum Angebot	10
	a) Angebot einer beweglichen Sache	11
	b) Angebot zur Übereignung eines Grundstücks	13
	c) Angebot einer Forderung	14
	d) Angebot einer Handlung	15
	e) Angebot einer Geldzahlung, Aufrechnung	16
IV.	Nachweis der Befriedigung oder des Annahmeverzugs des Schuldners	17
1.	Nachweis der Befriedigung	18
2.	Nachweis des Annahmeverzuges	19
V.	Zustellung des Nachweises an den Schuldner	21
VI.	Rechtsbehelfe	24
1.	Rechtsbehelfe des Gläubigers	24
2.	Rechtsbehelfe des Schuldners	25
VII.	ArbGG, VwGO	26

Literatur:

Bank, Realisierung eines Kostenerstattungsanspruchs aus einem Rechtsstreit, in welchem der Schuldner zu einer Zug um Zug zu bewirkenden Leistung verurteilt worden ist, JurBüro 1980, 1137; *Christmann*, Die Tenorierung des Annahmeverzuges bei der Zug-um-Zug-Verurteilung des Schuldners, DGVZ 1990, 1; *Doms*, Eine Möglichkeit zur Vereinfachung der Zwangsvollstreckung bei Zug-um-Zug-Leistung, NJW 1984, 1340; *Fichtner*, Die Vollstreckung aus Titeln auf Leistung Zug um Zug nach der Zweiten Zwangsvollstreckungsnovelle und dem Schuldrechtsmodernisierungsgesetz, DGVZ 2004, 1, 17; *Geißler*, Der Annahmeverzug des Schuldners bei der Vollstreckung von Zug-um-Zug-Titeln, DGVZ 2012, 1; *Gilleßen/Jakobs*, Das wörtliche Angebot bei der Zug-um-Zug-Vollstreckung in der Praxis des Gerichtsvollziehers, DGVZ 1981, 49; *Günther*, Probleme bei der Vollstreckung von Zug-um-Zug-Urteilen aufgrund der Verklammerung von Leistung und Gegenleistung, DGVZ 2008, 177; *Kaiser*, Rechtsbehelfe bei der Zwangsvollstreckung aus Zug-um-Zug-Titeln, NJW 2010, 2330; *Körner*, Rechtsbehelf bei Mangelhaftigkeit der Gegenleistung nach Zug-um-Zug-Urteil, DGVZ 2006, 129; *Pauly*, Zug-um-Zug-Verurteilung wegen Baumängeln bei der Werklohnklage und Ablehnung der Nachbesserung durch den Auftraggeber – Rechtsfolgen für das Vollstreckungsverfahren und den Gerichtsvollzieher, DGVZ 2007, 177; *Scheffler*, Muß der Gläubiger aus einem Zug-um-

Zug-Titel vollstrecken?, NJW 1989, 1848; *Schibel*, Zug-um-Zug-Urteile in der Zwangsvollstreckung, NJW 1984, 1945; *Schilken*, Wechselbeziehungen zwischen Vollstreckungsrecht und materiellem Recht bei Zug-um-Zug-Leistungen, AcP 181 (1981), 355; *E. Schneider*, Prüfung der Gegenleistung durch den Gerichtsvollzieher, DGVZ 1978, 65; *ders.*, Vollstreckung von Zahlungstiteln Zug um Zug gegen Ausführung handwerklicher Leistungen, DGVZ 1982, 37.

I. Zweck der Norm

Im Klauselverfahren ist nach § 726 Abs. 2 grundsätzlich noch nicht nachzuweisen, dass der Schuldner, der seinerseits nur Zug um Zug gegen eine vom Gläubiger zu bewirkende Gegenleistung zur Leistung verpflichtet ist, bereits befriedigt oder im Verzug der Annahme ist. Die Überprüfung des Eintritts dieser Bedingung der Vollstreckung ist vielmehr dem Vollstreckungsorgan überlassen. Nur dann, wenn die zu vollstreckende Schuld in der Abgabe einer Willenserklärung liegt, die Vollstreckung also wegen § 894 ohne Vollstreckungsorgan vonstatten geht, ist diese Überprüfung ins Klauselverfahren vorverlagert.[1]

Die ZPO unterscheidet sodann in den §§ 756, 765, ob als Vollstreckungsorgan der Gerichtsvollzieher (dann § 756) oder das Vollstreckungsgericht, das Prozessgericht oder das Grundbuchamt (dann § 765) tätig werden soll. Da der **Gerichtsvollzieher** in der Regel »vor Ort« vollstreckt, also den Schuldner persönlich aufsucht, sieht das Gesetz für ihn als Regelfall vor, dass er persönlich die Zug-um-Zug-Leistung dem Schuldner tatsächlich in natura bzw., wo dies nach dem materiellen Recht ausreicht, wörtlich anbietet. Nach Abs. 2[2] reicht ein bloß wörtliches Angebot des Gerichtsvollziehers selbst dann aus, wenn es nicht annahmeverzugsbegründend ist, sofern der Schuldner erklärt, dass er die Leistung nicht annehmen werde. Drittens kann er mit der Vollstreckung beginnen, wenn ihm vorher der Nachweis erbracht wird, dass der Schuldner schon befriedigt oder im Verzug der Annahme ist. Die **übrigen Vollstreckungsorgane** arbeiten dagegen ausschließlich »vom Schreibtisch« aus. Sie benötigen deshalb immer vor der Vollstreckung den Nachweis, dass der Schuldner schon befriedigt oder im Verzug der Annahme ist.

II. Anwendungsbereich der Norm

§ 756 kommt nur dann zur Anwendung, wenn das zu vollstreckende Urteil tatsächlich im Tenor eine Verurteilung zur Leistung nur Zug um Zug gegen eine Gegenleistung enthält, nicht auch in den Fällen, in denen sich nur aus den Entscheidungsgründen oder gar aus weiteren Unterlagen[3] ein derartiges Zurückbehaltungsrecht ergibt oder in denen bei richtiger Sachbehandlung eine derartige Einschränkung der Leistungspflicht hätte tituliert werden müssen.[4] Umgekehrt ist § 756 bei einer Zug um Zug-Titulierung immer anwendbar, selbst wenn die vom Gläubiger zu erbringende »Leistung« nur in der Aushändigung einer Inhaberschuldverschreibung, eines Wechsels oder Schecks besteht. Zwar handelt es sich bei der Aushändigung dieser Urkunden nicht um eine vom Gläubiger geschuldete **Gegenleistung**, sondern lediglich um eine besondere Form der Quittungserteilung über die empfangene Leistung[5] (§ 797 BGB, Art. 39 Abs. 1, 50 Abs. 1 WG, 34, 47 ScheckG), sodass der Titel richtigerweise nicht auf »Leistung Zug um Zug gegen Herausgabe« der genannten Urkunde, sondern nur auf »Leistung gegen Aushändigung der Urkunde« lauten müsste. Aber im

---

1 Siehe § 726 Rn. 16.
2 Eingefügt durch die 2. Zwangsvollstreckungsnovelle zum 1.1.1999 (BGBl. I 1997, S. 3039).
3 KG, DGVZ 2000, 150.
4 OLG Stuttgart, DGVZ 1980, 60; AG Bielefeld, VersR 1977, 750.
5 Mit dieser Begründung noch gegen eine Anwendung des § 756 hier, 4. Aufl.; OLG Frankfurt, Rpfleger 1979, 144 (allerdings einen Sonderfall betreffend); OLG Hamm, JurBüro 1979, 913 (zum vergleichbaren Fall der Verurteilung »Zug um Zug gegen Übergabe eines Grundpfandbriefes und einer Löschungsbewilligung«); LG Aachen, DGVZ 1983, 75; LG Düsseldorf, DGVZ 1972, 59; *Musielak/Voit/Lackmann*, § 756 Rn. 2; *Zöller/Stöber*, § 756 Rn. 4.

formalisierten Zwangsvollstreckungsverfahren ist für das Vollstreckungsorgan allein der (wenn auch irrtümlich) auf Zug um Zug-Leistung lautende Titel maßgeblich.[6]

4 § 756 ist nicht nur zu beachten, wenn der Gläubiger die gesamte mit der Zug um Zug-Gegenleistung verknüpfte Leistung beitreiben lassen will, sondern auch, wenn es nur um einen Teilbetrag geht.[7] Andererseits gilt die Vorschrift nur für die im Titel auch ausdrücklich verknüpfte Zug-um-Zug-Gegenleistung, nicht für sonstige sich aus dem Titel ebenfalls ergebende Ansprüche, insbesondere nicht für den Anspruch auf Erstattung der Kosten des Rechtsstreits.[8]

5 Obwohl das Gesetz nur von »Zug um Zug zu bewirkenden Leistungen« spricht, gilt die Vorschrift in gleicher Weise, wenn der Titel auf Leistung »nach Empfang der Gegenleistung« lautet, also eine Vorleistungspflicht des Gläubigers enthält (§ 322 Abs. 2 BGB).[9]

III. Angebot der Leistung durch den Gerichtsvollzieher

6 Grundsätzlich muss der Gerichtsvollzieher dem Schuldner die Gegenleistung anbieten. Sein Angebot muss entweder annahmeverzugsbegründend sein oder (falls nicht) zur Leistungsablehnung durch den Schuldner führen.

1. Annahmeverzugsbegründendes tatsächliches oder wörtliches Angebot (Abs. 1)

7 Wie das Angebot des Gerichtsvollziehers beschaffen sein muss, um den Annahmeverzug des Schuldners zu begründen, ergibt sich aus den §§ 294 ff. BGB. Danach richtet sich auch, ob das Angebot der Gegenleistung in natura oder nur wörtlich zu erfolgen hat.[10] Nur dann, wenn der Titel zweifelsfrei für den Gerichtsvollzieher ergibt, dass der Vollstreckungsschuldner die Zug um Zug-Gegenleistung beim Vollstreckungsgläubiger abholen muss oder dass sonst eine Handlung des Vollstreckungsschuldners zur Bewirkung der Gegenleistung erforderlich ist (z. B. Abruf der Gegenleistung bei einem Dritten, mit Zustimmung des Vollstreckungsgläubigers; Weisungen für die Herstellung der noch anzufertigenden Sache; usw.)[11] oder dass der Vollstreckungsschuldner dem Vollstreckungsgläubiger schon vorher unzweideutig und definitiv erklärt hat, dass er die Leistung nicht annehmen werde, darf der Gerichtsvollzieher sich gem. § 295 BGB mit einem wörtlichen Angebot begnügen,[12] sofern der Gläubiger ihn dazu beauftragt und damit seine Leistungsbereitschaft gezeigt hat. Ansonsten ist zur Begründung des Annahmeverzuges ein tatsächliches Angebot zur rechten Zeit am rechten Ort in der rechten Weise und Vollständigkeit vonnöten (§ 294 BGB). In den Fällen der Holschuld muss der Gläubiger dem Gerichtsvollzieher nachweisen, dass er dem Schuldner die Möglichkeit des Abholens der geschuldeten[13] Sache auch tatsächlich eröffnet hatte. Zweckmäßigerweise lässt er die Aufforderung, die Sache abzuholen, dem Schuldner förmlich zustellen.[14]

---

6 BGH, NJW 2008, 3144, 3145.
7 LG Wuppertal, DGVZ 1986, 90; AG Schönau, DGVZ 1990, 45.
8 LG Hildesheim, NJW 1959, 537.
9 OLG Karlsruhe, MDR 1975, 938; OLG Köln, JurBüro 1989, 870; DGVZ 1989, 151; LG Arnsberg, DGVZ 1983, 151; *Gabius*, NJW 1971, 866.
10 Vgl. den Überblick über die materiellrechtlichen Fallkonstellationen bei *Kreuzer/Stehle*, JA 1984, 69 ff.
11 Siehe etwa OLG Oldenburg, JurBüro 1991, 1553 f.; LG Augsburg, DGVZ 1995, 8; LG Gießen, DGVZ 1986, 78; LG Ravensburg, DGVZ 1986, 88. Weitere Beispiele: *Jauernig/Stadler*, § 295 BGB Rn. 3; *Palandt/Grüneberg*, § 295 BGB Rn. 5.
12 LG Berlin, Rpfleger 1978, 63; LG Bonn, DGVZ 1983, 185; LG Dortmund, DGVZ 1977, 10; LG Düsseldorf, DGVZ 1980, 187; LG Freiburg, DGVZ 1979, 182; LG Ravensburg, DGVZ 1986, 88; AG Hamburg-Wandsbek, DGVZ 1980, 189; AG Hannover, DGVZ 1981, 45; AG Köln und LG Köln, DGVZ 1981, 41; AG Lampertheim, DGVZ 1980, 188; AG Sinzig, NJW-RR 1987, 704; *Gilleßen/Jakobs*, DGVZ 1981, 49.
13 Die Identität zwischen geschuldeter und bereitgestellter Sache ist vom Gerichtsvollzieher zu prüfen (OLG Oldenburg, MDR 1992, 74).
14 AG und LG Köln, DGVZ 1981, 41.

2. Wörtliches Angebot des Gerichtsvollziehers und Annahmeverweigerung des Schuldners (Abs. 2)

Durch Abs. 2, der erst durch die 2. Zwangsvollstreckungsnovelle[15] eingefügt wurde und am 1.1.1999 in Kraft getreten ist, ist die Vollstreckungsmöglichkeit auch auf den Fall erweitert worden, dass der Schuldner die Annahme erst zu Beginn des Vollstreckungsverfahrens auf das wörtliche Angebot des Gerichtsvollziehers, zu dem dieser aufgrund des Vollstreckungsauftrags gem. § 756 berechtigt ist, verweigert. Einer Annahmeverweigerung steht es gleich, wenn der Schuldner zwar Annahmebereitschaft, aber gleichzeitig die Verweigerung der ihm obliegenden Leistung signalisiert.[16] Ein vorheriges tatsächliches oder den Annahmeverzug des Schuldners nach § 295 BGB begründendes wörtliches Angebot des Gläubigers oder des Gerichtsvollziehers ist dann nicht erforderlich. Der Sinn dieser Erweiterung liegt darin, dass dem Gläubiger durch die Möglichkeit eines bloß wörtlichen Angebots durch den Gerichtsvollzieher ein möglicherweise aufwendiges und bei Annahmeverweigerung nutzloses tatsächliches Angebot erspart wird.[17] Das wörtliche Angebot des Gerichtsvollziehers und die Ablehnungserklärung des Schuldners sind nach § 762 Abs. 2 Nr. 2 zu protokollieren (§ 63 Abs. 1 Satz 5 GVGA; § 762 Rn. 5 f.). Dieses Protokoll ist auch für eine sich ggf. anschließende Vollstreckung durch das Vollstreckungsgericht erforderlich (siehe § 765 Nr. 2).

8

Ob Abs. 2 wirklich zu einer spürbaren Vollstreckungserleichterung führt, ist zu bezweifeln.[18] Jedenfalls kann der Schuldner das Verfahren trotz des Abs. 2 verzögern. Wenn er nämlich auf das bloß wörtliche Angebot des Gerichtsvollziehers zunächst Vollstreckungsbereitschaft signalisiert, liegen die Voraussetzungen des Abs. 2 nicht vor. Dann muss der Schuldner doch erst nach Abs. 1 in Annahmeverzug gesetzt werden, bevor der Gerichtsvollzieher mit der Vollstreckung beginnen kann.

9

3. Einzelheiten zum Angebot

Im Einzelnen hängen die Voraussetzungen eines ordnungsgemäßen Angebotes davon ab, welchen Inhalt die Gegenleistung hat:

10

a) Angebot einer beweglichen Sache

Hat der Vollstreckungsgläubiger dem Schuldner eine **bestimmte Sache** als Zug-um-Zug-Gegenleistung anzubieten, muss diese im Titel (andere Umstände, Listen, Verzeichnisse usw. dürfen nicht berücksichtigt werden)[19] so **genau bezeichnet** sein, dass sie ihrerseits zum Gegenstand einer Leistungsklage gemacht werden könnte,[20] damit der Gerichtsvollzieher zur Überprüfung in der Lage ist, ob der ihm übergebene Gegenstand mit dem geschuldeten identisch ist.[21] Herauszugebende Gegenstände sind so genau zu bezeichnen, dass der Gerichtsvollzieher sie zweifelsfrei identifizieren kann. So ist etwa die Tenorierung, wonach der Gläubiger dem Schuldner als Gegenleistung ein Fahrzeugmodell der oberen Mittelklasse zur Verfügung stellen muss, nicht hinreichend bestimmt.[22] Fehlt es an der notwendigen Bestimmtheit, darf der Gerichtsvollzieher nur vollstrecken, wenn der Schuldner den angebotenen Gegenstand freiwillig als den nach dem Urteil geschuldeten annimmt. Der Gerichtsvollzieher hat dies im Protokoll ausdrücklich zu vermerken. Die Prüfung, ob der im

---

15 BGBl. I 1997, S. 3039.
16 So BGH, Rpfleger 1997, 221 zum wörtlichen Angebot des Gläubigers; a. A. AG Schöneberg, DGVZ 2015, 43, wonach jedenfalls in der wiederholten Aussage, die geschuldete Leistung nicht erbringen zu können, keine Annahmeverweigerung liegen soll.
17 Zur Begründung BT-Drucks. 13/341, S. 14.
18 *Behr*, JurBüro 1998, Sonderheft, S. 4; *Münzberg*, FS Lüke, 1997, S. 525, 534 f.
19 KG, NJW-RR 1998, 424.
20 BGH, Rpfleger 1993, 206; KG, NJW-RR 1998, 424, 425; AG Euskirchen, DGVZ 2015, 119.
21 KG, NJW-RR 1994, 959; OLG Frankfurt, Rpfleger 1979, 432; AG und LG Hildesheim, DGVZ 2000, 93; LG Koblenz, DGVZ, 2000, 117.
22 AG Steinfurt, DGVZ 2014, 66, 67 und LG Münster, DGVZ 2014, 67 f.

Titel bezeichnete Gegenstand mit dem ihm zum Zwecke des Angebots an den Schuldner übergebenen identisch ist, nimmt der Gerichtsvollzieher eigenverantwortlich vor.[23] Seine Entscheidung kann im Erinnerungs- und Beschwerdewege nur korrigiert werden, wenn er die Grenzen seines Ermessens überschritten hat.[24] Rügen des Schuldners, der angebotene Gegenstand habe sich zwischen Titelerlass und Vollstreckungsbeginn derart verschlechtert, dass er ihn nicht mehr annehmen müsse, hat der Gerichtsvollzieher nur zu berücksichtigen, wenn die Mängel zu einer Identitätsänderung der angebotenen Sache geführt haben (geschuldet z. B. nach dem Titel ein Neuwagen, angeboten ein Schrottfahrzeug)[25] oder wenn im Titel ausdrücklich mangelfreie Leistung (z. B. von bestimmt bezeichneter Software auf einer Festplatte)[26] vorgeschrieben wurde. Ansonsten kann der Schuldner seine Einwendungen nur mit der Vollstreckungsabwehrklage geltend machen.[27] Bei einem Streit zwischen den Parteien um die Identität zwischen geschuldetem und angebotenem Gegenstand muss der Gläubiger auf Feststellung klagen, dass die von ihm angebotene mit der geschuldeten Leistung identisch ist.[28] Ist der angebotene Gegenstand mit dem nach dem Titel geschuldeten nicht (mehr) identisch, hat die Zwangsvollstreckung auch dann zu unterbleiben, wenn der Gläubiger behauptet, die Veränderung sei allein vom Schuldner zu vertreten.[29] Der Gläubiger muss diese Frage in einem neuen Erkenntnisverfahren, gegebenenfalls auf Feststellung, dass der Schuldner verpflichtet sei, den angebotenen veränderten Gegenstand anzunehmen, klären.[30]

11 Der Gerichtsvollzieher ist nicht berechtigt, bevor er die Zug-um-Zug-Gegenleistung anbietet, zur Minderung des Risikos des Gläubigers erst einmal zu prüfen, ob die beabsichtigte Zwangsvollstreckung erfolgversprechend sein wird. Es besteht insoweit auch keine Offenbarungspflicht des Schuldners gegenüber dem Gläubiger.[31] Der Gläubiger schuldet die Gegenleistung. Es ist sein Risiko, wenn er sie in der Hoffnung erbringt, dafür die von ihm zu beanspruchende Leistung zu erhalten.

12 Die Kosten, die dem Gläubiger auch selbst entstehen würden, wenn er seine Zug-um-Zug-Gegenleistung dem Schuldner ordnungsgemäß anbietet, sind keine Kosten der Zwangsvollstreckung. Mehrkosten durch die notwendige Einschaltung des Gerichtsvollziehers, die § 756 dem Gläubiger ausdrücklich ermöglicht, können dagegen nach § 788 beigetrieben werden.[32]

b) Angebot zur Übereignung eines Grundstücks

13 Kann der Gläubiger (Verkäufer) den Kaufpreis für ein Grundstück nur Zug um Zug gegen Auflassung des Grundstücks verlangen, reicht es aus, wenn er dem Schuldner (Käufer) einen unter Wahrung einer angemessenen Frist festgelegten Termin zur Auflassung vor dem Notar mitteilt. Bleibt der Schuldner diesem Termin einseitig fern oder nimmt er die dort abgegebene Auflassungs-

---

23 LG Frankenthal, MDR 1982, 61; LG Oldenburg, DGVZ 1974, 87.
24 LG Hannover, DGVZ 1984, 152; a.A. *Zöller/Stöber*, § 756 Rn. 16 (Beschwerdegericht entscheidet nach eigenem Ermessen).
25 H.M.; BGH, DGVZ 2005, 154; OLG Stuttgart, DGVZ 1991, 8; LG Bonn, DGVZ 1983, 187; LG Bremen, DGVZ 1977, 157, 158; LG Kleve, NJW-RR 1991, 704; LG Köln, DGVZ 2006, 136; LG Rottweil, DGVZ 1990, 171; *Brox/Walker*, Rn. 172; HdbZVR/*Rellermeyer*, Kap. 1 Rn. 490; *Musielak/Voit/Lackmann*, § 756 Rn. 4; *Stein/Jonas/Münzberg*, § 756 Rn. 22; *Zöller/Stöber*, § 756 Rn. 7.
26 LG Karlsruhe, DGVZ 1998, 27.
27 BGH, DGVZ 2005, 154; LG Hamburg, DGVZ 1984, 10; AG Darmstadt, DGVZ 1979, 126.
28 BGH, DGVZ 2011, 31, 32; LG Kleve, NJW-RR 1991, 704; LG Koblenz, DGVZ 2005, 76; LG Landau, DGVZ 1995, 87; LG Tübingen, DGVZ 1991, 61.
29 LG Bonn, DGVZ 1983, 187; a.A. LG Itzehoe, DGVZ 1987, 43.
30 LG Frankenthal, MDR 1982, 61.
31 Vgl. den Fall AG Landstuhl, VersR 1982, 479.
32 BGH, NJW 2014, 2508, 2509; OLG Hamburg, MDR 1971, 145; *Noack*, DGVZ 1975, 148.

erklärung nicht an oder bietet er nicht vor der Annahme den von ihm zu erbringenden Kaufpreis an, gerät er in Annahmeverzug.³³

c) Angebot einer Forderung

Hat der Vollstreckungsgläubiger dem Schuldner als Zug-um-Zug-Gegenleistung eine bestimmte **Forderung abzutreten**, so ist dem § 756 Genüge getan, wenn der Gerichtsvollzieher dem Schuldner eine Erklärung des Gläubigers übermittelt, dass er die Forderung abtritt. Ob die abgetretene Forderung tatsächlich besteht, ist im Vollstreckungsverfahren ebenso wenig zu prüfen³⁴ wie die Frage, ob die Abtretung nach den Regeln des materiellen Rechts etwa in Wirklichkeit ausgeschlossen ist. Diese Fragen entziehen sich der Beurteilungskompetenz des Gerichtsvollziehers. Sie sind gegebenenfalls mit der Vollstreckungsabwehrklage zu klären.

14

d) Angebot einer Handlung

Besteht die Zug-um-Zug-Leistung in vom Gläubiger zu bewirkenden Handlungen, müssen diese hinreichend bestimmt sein;³⁵ andernfalls hat der Titel insgesamt keinen vollstreckungsfähigen Inhalt. Sind vom Gläubiger als Gegenleistung **Nachbesserungsarbeiten** zu erbringen,³⁶ so genügt der Natur der Sache nach weder ein wörtliches noch ein tatsächliches **Angebot** (wenn nicht Annahmeverzug des Schuldners vorliegt; siehe unten Rn. 17 ff.). Der Gläubiger muss die Arbeiten vielmehr tatsächlich durchführen bzw. durchführen lassen.³⁷ Der Gerichtsvollzieher muss vor Beginn der Zwangsvollstreckung in eigener Sachkompetenz prüfen, ob ordnungsgemäß nachgebessert ist.³⁸ Die Prüfung hat sich auch auf alle mit der Nachbesserung verbundenen Nebenarbeiten³⁹ zu erstrecken. Der Gerichtsvollzieher darf in solchen Fällen nicht etwa die Vollstreckung mit der Begründung ablehnen, es fehle ihm die für die Nachprüfung erforderliche Sachkunde.⁴⁰ Er muss vielmehr gegebenenfalls einen Sachverständigen hinzuziehen,⁴¹ der ihn sachkundig macht. Lässt sich auf diese Weise der Nachweis der ordnungsgemäßen Nachbesserung nicht führen, muss der Gläubiger notfalls auf Feststellung klagen, dass er zu weiterer Nachbesserung nicht verpflichtet ist.⁴² Gesteht der Schuldner gegenüber dem Gerichtsvollzieher die Ordnungsgemäßheit der Nachbesserung zu, bedarf es nicht der Hinzuziehung eines Sachverständigen. Der Gerichtsvollzieher muss das Zugeständnis des Schuldners ins Protokoll aufnehmen.

15

Die Kosten der Hinzuziehung des Sachverständigen (natürlich nicht die Nachbesserungskosten) sind Kosten der Zwangsvollstreckung i. S. v. § 788.

e) Angebot einer Geldzahlung, Aufrechnung

Besteht die Gegenleistung in einer Geldzahlung, gegen die der Gläubiger mit einer anderen Geldforderung aufrechnen will, reicht es für § 756 nicht aus, wenn er den Gerichtsvollzieher beauftragt,

16

---

33 BGH, Rpfleger 1992, 207.
34 OLG Hamm, JurBüro 1955, 487.
35 KG, NJW-RR 1998, 424, 425; OLG Düsseldorf, NJW-RR 1999, 793, 794.
36 Eine im Werkvertragsrecht typische Konstellation; vgl. BGHZ 61, 46 f.; zur möglichen sogar doppelten Zug-um-Zug-Verurteilung vgl. BGH, NJW 1984, 1679.
37 OLG Stuttgart, DGVZ 1989, 11; LG Arnsberg, DGVZ 1983, 151.
38 BGH, NJW 1973, 1792; OLG Celle, NJW-RR 2000, 828; OLG Köln, JurBüro 1986, 1581; AG Mainz, DGVZ 1997, 172; LG Mühlhausen, DGVZ 2012, 186; AG Sinzig, DGVZ 2003, 75 f.
39 AG Gütersloh, DGVZ 1983, 78.
40 AG Pirmasens, MDR 1975, 62.
41 OLG Celle, NJW-RR 2000, 828; OLG Stuttgart, MDR 1982, 416; LG Hannover, DGVZ 1981, 88; LG Heidelberg, DGVZ 1977, 91; AG Mainz, DGVZ 1997, 172; Brox/Walker, Rn. 172; a. A. (keine »Beweisaufnahme« durch den Gerichtsvollzieher) Stojek, MDR 1977, 456.
42 BGH, MDR 1977, 133; vgl. ferner BGH, MDR 1962, 977; **a. M.** Zöller/Stöber, § 756 Rn. 16 (§ 766).

gegenüber dem Schuldner die Aufrechnung zu erklären.[43] Er muss vielmehr den Bestand der zur Aufrechnung gestellten Forderung gegen den Schuldner nachweisen. Wenn ihm das gelingt, kann er selbst die Aufrechnung erklären und den Nachweis i. S. v. Abs. 1 letzter Halbsatz führen.

IV. Nachweis der Befriedigung oder des Annahmeverzugs des Schuldners

17 Ein Angebot der Gegenleistung durch den Gerichtsvollzieher ist gem. Abs. 1 entbehrlich, wenn ihm vor der Vollstreckung durch öffentliche oder öffentlich beglaubigte Urkunden nachgewiesen wird, dass der Schuldner bereits befriedigt oder im Annahmeverzug ist.

1. Nachweis der Befriedigung

18 Der Nachweis der Befriedigung des Schuldners kann im Gegensatz zu § 775 Nr. 4 nicht durch eine vom Schuldner (als Gläubiger der Zug-um-Zug-Gegenleistung) ausgestellte Privaturkunde erbracht werden. Es muss vielmehr immer eine öffentliche oder öffentlich beglaubigte Urkunde (z. B. eine notariell beglaubigte Quittung, §§ 368 Satz 2, 369 Abs. 1 BGB) vorgelegt werden.[44] Der Grund für die unterschiedliche Regelung liegt darin, dass der Gläubiger im Fall des § 775 Nr. 4 im Hinblick auf § 776 weniger des Schutzes bedarf als der Schuldner, dem ja sofortige Vollstreckung droht, im Fall des § 756. Gesteht der Schuldner gegenüber dem Gerichtsvollzieher die Befriedigung zu oder ist sie offenkundig (der persönlich anwesende Gläubiger leistet in Gegenwart des Gerichtsvollziehers), so bedarf es ausnahmsweise nicht des Nachweises durch öffentliche Urkunde.[45] Allein die Tatsache, dass der Gerichtsvollzieher die vom Gläubiger Zug um Zug zu leistende Sache im Besitze des Schuldners sieht, ohne dass dieser zugesteht, sie vom Gläubiger erhalten zu haben, reicht als Nachweis nicht aus.[46] Wenn der Gerichtsvollzieher sich allerdings (ggf. mithilfe eines Sachverständigen) davon überzeugt hat, dass der Gläubiger seine ihm obliegende Leistung erbracht hat, ist ein zusätzlicher Nachweis nicht nötig.[47] Kann der Gläubiger den Nachweis, dass der Schuldner bereits befriedigt ist, nicht in der erforderlichen Weise erbringen, dann kann eine Klage auf Feststellung zulässig sein, dass der Schuldner befriedigt sei.[48] Ferner kommt eine Klage gegen den Schuldner auf unbedingte Duldung der Zwangsvollstreckung aus dem Titel in Betracht.[49] In diesen Verfahren stehen dem Gläubiger dann alle Beweismittel des ordentlichen Erkenntnisverfahrens zur Verfügung. Das obsiegende Urteil ersetzt in der Zwangsvollstreckung den anders nicht zu erbringenden Nachweis.[50]

2. Nachweis des Annahmeverzuges

19 Der Annahmeverzug kann sich aus dem Protokoll des Gerichtsvollziehers selbst ergeben, wenn dieser dem Schuldner die Zug-um-Zug-Gegenleistung gehörig i. S. der §§ 293 ff. BGB (am rechten Ort, zur rechten Zeit, in der rechten Weise) angeboten, der Schuldner die Annahme aber verweigert hatte. Ein solches gehöriges, den Annahmeverzug auslösendes Angebot liegt aber nicht vor, sofern der Gerichtsvollzieher, der dem Schuldner den Termin des Angebotsversuchs nicht eine angemessene Zeit vorher mitgeteilt hatte,[51] weder den Schuldner noch eine Ersatzperson antrifft, wenn er beim Schuldner mit der Gegenleistung vorstellig wird.[52]

---

43 Zöller/Stöber § 756 Rn. 6.
44 Dazu AG Reinbek, DGVZ 2012, 187.
45 LG Düsseldorf, DGVZ 1991, 39 mit Anm. Münzberg, DGVZ 1991, 88.
46 OLG Celle, Nds.Rpfl 1959, 19.
47 OLG Hamm, DGVZ 1995, 182, 183 f.
48 OLG Koblenz, Rpfleger 1993, 28.
49 BGH, NJW 1962, 2004.
50 KG, MDR 1975, 149.
51 Für diesen Fall LG München, DGVZ 1984, 115.
52 Zutreffend AG München, DGVZ 1980, 190.

Der Annahmeverzug kann auch in einem Urteil gegen den Schuldner festgestellt sein.[53] Lag er zum Zeitpunkt des Erlasses des zu vollstreckenden Leistungsurteils schon vor, kann er sich auch aus diesem selbst ergeben.[54] Allerdings genügt es nicht, dass der Tatbestand einen uneingeschränkten Klageabweisungsantrag des Beklagten (und jetzigen Schuldners) ausweist.[55] Der Annahmeverzug muss vielmehr entweder schon im Tenor festgestellt sein[56] oder sich zweifelsfrei aus dem Tatbestand oder den Entscheidungsgründen ergeben.[57] Ist der Annahmeverzug nachträglich, aber vor Beginn der Vollstreckung weggefallen (z. B. durch Erklärung der Annahmebereitschaft oder durch Unmöglichkeit der dem Gläubiger obliegenden Gegenleistung), kann der Schuldner das durch Klage nach § 767 geltend machen. Von sich aus wird der Gerichtsvollzieher den Wegfall des Annahmeverzuges nur berücksichtigen, wenn er unstreitig oder in Form des § 756 Abs. 1 nachgewiesen ist.[58]

20

V. Zustellung des Nachweises an den Schuldner

Die öffentlichen oder öffentlich beglaubigten Urkunden, mit deren Hilfe der Gläubiger dem Gerichtsvollzieher gegenüber den Nachweis geführt hat, dass der Schuldner befriedigt oder im Verzug der Annahme ist, müssen dem Schuldner in Abschrift entweder vor Vollstreckungsbeginn schon zugestellt sein oder gleichzeitig zugestellt werden. Beurkundet der Gerichtsvollzieher selbst den Annahmeverzug des Schuldners, dann bedarf es zur Zulässigkeit der unbedingten Vollstreckung allerdings nicht der Zustellung dieses Gerichtsvollzieher-Protokolls, wenn der Schuldner oder sein Vertreter bei der Protokollierung anwesend waren.[59]

21

Keiner förmlichen Zustellung bedarf dagegen das Sachverständigengutachten, mit dessen Hilfe der Gerichtsvollzieher selbst sich Gewissheit verschafft, ob die vom Gläubiger geschuldeten Nachbesserungsarbeiten ordnungsgemäß erledigt sind.[60] Es ist dem Schuldner aber als Teil des Protokolls (§ 762 Abs. 2 Nr. 2; vgl. § 63 Abs. 1 GVGA) formlos zu übermitteln.

22

Die Kosten der Zustellung sowie der Anfertigung der zuzustellenden Schriftstücke sind Kosten der Zwangsvollstreckung gem. § 788.

23

VI. Rechtsbehelfe

1. Rechtsbehelfe des Gläubigers

Lehnt der Gerichtsvollzieher die Zwangsvollstreckung ab, weil er hinsichtlich der Notwendigkeit des Angebots der Gegenleistung oder der Art der Vornahme oder der Gehörigkeit dieses Angebots anderer Ansicht ist als der Gläubiger, steht diesem die Erinnerung nach § 766 Abs. 2 zu. Das Vollstreckungs- und das Beschwerdegericht haben keine weitergehenden Möglichkeiten der Sachaufklärung als der Gerichtsvollzieher.[61] So ist z. B. keine Beweisaufnahme durch Zeugenvernehmung über die Befriedigung des Schuldners oder über seine endgültige Verweigerung der Annahme der Gegenleistung möglich. Zur Möglichkeit einer Feststellungsklage, dass der Schuldner bereits befriedigt oder im Verzug der Annahme ist, vgl. oben Rn. 18, 20.

24

---

53 KG, MDR 1975, 149; OLG Düsseldorf, NJW-RR 1993, 1088.
54 BGH, NJW 1982, 1049; LG Berlin, DGVZ 1972, 44; LG Hagen, DGVZ 1973, 75.
55 KG, NJW 1972, 2052; OLG Frankfurt, Rpfleger 1979, 432; LG Berlin, DGVZ 1978, 64; LG Düsseldorf, DGVZ 1980, 187; *Brox/Walker*, Rn. 173; a. A. LG Bonn, NJW 1963, 721.
56 LG Berlin, DGVZ 1972, 44; *Doms*, NJW 1984, 1340; *Schibel*, NJW 1984, 1945.
57 LG Detmold, DGVZ 1990, 41. Ein Hinweis allein im Tatbestand, dass der Gläubiger dem Schuldner die Gegenleistung zur Abholung zur Verfügung gestellt hatte, reicht nicht; vgl. OLG Köln, DGVZ 1989, 151; NJW-RR 1991, 383; AG Essen, DGVZ 1976, 189.
58 MüKo/*Heßler*, § 756 Rn. 46; *Musielak/Voit/Lackmann*, § 756 Rn. 7.
59 OLG Köln, NJW-RR 1986, 863.
60 Siehe oben Rn. 15.
61 Siehe § 766 Rn. 34 f.

2. Rechtsbehelfe des Schuldners

25 Der Schuldner kann die Verschlechterung des Zustandes der Gegenleistung oder andere materiellrechtliche Einwendungen gegen seine Verpflichtung zur Annahme der Gegenleistung mit der Vollstreckungsabwehrklage gem. §767 geltend machen.[62] Ebenfalls nach §767 muss der Schuldner vorgehen, wenn er sich zur Leistungsverweigerung berechtigt glaubt, weil der Gläubiger zwar die nach dem Titel geschuldete Gegenleistung in Form von Nachbesserungsarbeiten erbracht hat, zwischenzeitlich aber neue, weitere vom Gläubiger zu vertretende Mängel aufgetreten sind. Der Gerichtsvollzieher darf aufgrund solcher im Titel nicht genannter Mängel die Vollstreckung auch dann nicht verweigern, wenn sie offensichtlich oder unstreitig sind.[63] Will der Schuldner dagegen rügen, der Gerichtsvollzieher habe zu Unrecht die Gegenleistung als vollständig und fehlerfrei erbracht angesehen oder die Gegenleistung sei nicht mit der im Titel genannten identisch, ist die Erinnerung gem. §766 Abs. 1, nicht die Klage nach §767 der richtige Rechtsbehelf.[64]

VII. ArbGG, VwGO

26 §756 gilt auch bei der Vollstreckung von arbeitsgerichtlichen Titeln (§§62 Abs. 2, 85 Abs. 1 Satz 1 ArbGG) und von Titeln nach §168 VwGO (§167 Abs. 1 VwGO), sofern der Gerichtsvollzieher wegen einer Forderung vollstreckt, die von einer Zug um Zug zu bewirkenden Leistung des Gläubigers an den Schuldner abhängt.

---

[62] Wie hier AG Siegen, DGVZ 1997, 78; a. A. KG, NJW-RR 1989, 638 (auch hier sei §766 zu wählen).
[63] LG Bonn, DGVZ 1989, 12.
[64] KG, NJW-RR 1989, 638; *Kaiser*, NJW 2010, 2330, 2332.

§ 757 Übergabe des Titels und Quittung

(1) Der Gerichtsvollzieher hat nach Empfang der Leistungen dem Schuldner die vollstreckbare Ausfertigung nebst einer Quittung auszuliefern, bei teilweiser Leistung diese auf der vollstreckbaren Ausfertigung zu vermerken und dem Schuldner Quittung zu erteilen.

(2) Das Recht des Schuldners, nachträglich eine Quittung des Gläubigers selbst zu fordern, wird durch diese Vorschriften nicht berührt.

Übersicht

		Rdn.			Rdn.
I.	Zweck der Norm	1	IV.	Vermerk von Teilleistungen	12
II.	Auslieferung der vollstreckbaren Ausfertigung an den Schuldner	3	V.	Rechtsbehelfe	14
			VI.	Kosten	15
III.	Erteilung einer Quittung	10	VII.	ArbGG, VwGO	16

Literatur:
Eickmann, Die Quittung des Gerichtsvollziehers im Grundbuchverfahren, DGVZ 1978, 145; *Lücke*, Zur Klage auf Herausgabe des Vollstreckungstitels, JZ 1956, 475; *Münzberg*, Der Anspruch des Schuldners auf Herausgabe der vollstreckbaren Urteilsausfertigung nach Leistung, KTS 1984, 193; *Saum*, Zur Aushändigung der vollstreckbaren Ausfertigung des Titels an den Schuldner, JZ 1981, 695.

I. Zweck der Norm

Ist die nach dem Inhalt des Titels zu vollstreckende Forderung durch den Gerichtsvollzieher beigetrieben – sei es im Wege der Zwangsvollstreckung, sei es durch Entgegennahme freiwilliger Zahlungen –, so soll der Schuldner sicher sein, dass er von erneuten Vollstreckungsversuchen verschont bleibt. Erst der Besitz des Titels legitimiert den Gerichtsvollzieher zur Zwangsvollstreckung. Hat der Schuldner den Titel in Besitz und kann er im Rahmen der Anhörung nach § 733 Abs. 1 verhindern, dass dem Gläubiger eine neue Ausfertigung erteilt wird, so erreicht er diese Sicherheit in höchstmöglichem Maße. Die Quittung des Gerichtsvollziehers über die vereinnahmten Beträge ist darüber hinaus eine öffentliche Urkunde i. S. § 775 Nr. 4. Das gilt auch für den Fall, dass der Gerichtsvollzieher freiwillige Leistungen des Schuldners quittiert hat. Denn auch bei der Annahme freiwilliger Leistungen ist er ausschließlich als staatliches Vollstreckungsorgan tätig.[1] Der Vermerk von Teilleistungen auf der vollstreckbaren Ausfertigung erleichtert ihren Nachweis. 1

Abs. 1 gilt unabhängig davon, ob durch die vereinnahmten Beträge materiellrechtlich Erfüllung der Schuld eintritt oder ob auf einen nur vorläufig vollstreckbaren Titel ausschließlich unter dem Druck der Vollstreckung und unter dem Vorbehalt der Rückforderung bei Abänderung des Titels geleistet wurde. Die vom Gerichtsvollzieher ausgestellte Quittung sagt deshalb nichts darüber, ob der Gläubiger materiellrechtlich befriedigt und die Schuld endgültig erloschen ist. Soweit der Schuldner eine entsprechende Erklärung des Gläubigers oder auch nur eine des Inhalts, dass er die beigetriebenen Beträge vom Gerichtsvollzieher erhalten hat, verlangen kann, bleibt ein solcher Anspruch von Abs. 1 unberührt (Abs. 2). 2

II. Auslieferung der vollstreckbaren Ausfertigung an den Schuldner

Nur dann, wenn die gesamte nach der vollstreckbaren Ausfertigung des Titels beizutreibende Leistung in vollem Umfange[2] – wie geschuldet – erbracht ist, hat der Gerichtsvollzieher die in seinem Besitz befindliche vollstreckbare Ausfertigung an den Schuldner auszuliefern. 3

So wird etwa ein Räumungstitel nicht durch eine bloße symbolische Zwangsräumung (weil der Schuldner nach ordnungsrechtlicher Verfügung in der Wohnung bleiben darf) verbraucht, da die 4

---

1 § 754 Rn. 9.
2 Dazu LG Limburg, DGVZ 2011, 114.

weitere Vollstreckung aus ihm möglich bleibt.³ Die Auslieferung des Titels hat von Amts wegen auch dann zu erfolgen, wenn der Gläubiger sie dem Gerichtsvollzieher ausdrücklich untersagt hat.

5   Abzustellen ist immer auf den vollstreckbaren Teil des Titels, nicht etwa auf den Gesamtinhalt des Titels auch in Teilen, die gar nicht vollstreckbar ausgefertigt wurden. Ist der vollstreckbar ausgefertigte Teil des Titels verbraucht, ist die gesamte Ausfertigung auszuhändigen. Gleiches gilt, wenn die Vollstreckbarkeit eines Titels in Teilen später entfallen ist, der vollstreckbar gebliebene Teil aber erfüllt wurde.⁴

6   Für den Gerichtsvollzieher sind hinsichtlich der Beurteilung im Rahmen des §757 nur der titulierte Betrag einerseits und die darauf erbrachten Zahlungen andererseits maßgeblich, nicht dagegen sonstige materiellrechtliche Erwägungen, die der Schuldner nur mit §767 einwenden kann. Hat der Gerichtsvollzieher etwa auf Weisung des Gläubigers in dessen Vorbehaltseigentum beim Schuldner vollstreckt, in der Verwertung aber nur einen Teil der titulierten Forderung erlösen können, so darf er dem Schuldner den Titel nicht mit der Begründung aushändigen, der weitergehende Anspruch des Gläubigers sei wegen §508 Abs. 2 Satz 5 BGB erloschen.⁵

7   Richtet sich der Titel gegen mehrere Schuldner, so erhält ihn derjenige ausgehändigt, der tatsächlich geleistet hat. Haben mehrere die Leistung anteilig erbracht, so müssen sie sich einigen, wer den Titel erhalten soll. Erfolgt keine Einigung, nimmt der Gerichtsvollzieher den Titel vorläufig für alle in Verwahrung. Eine Rückgabe des verbrauchten Titels an den Gläubiger scheidet dagegen aus. Ähnlich ist der Fall zu handhaben, dass ein Dritter an Stelle des Schuldners im Rahmen des §267 BGB an den Gerichtsvollzieher zahlt, aber nicht in eine Auslieferung des Titels an den Schuldner einwilligt, etwa weil die Forderung mit der Bezahlung auf ihn übergegangen ist und er den Titel gem. §727 auf sich selbst umschreiben lassen möchte. Der Titel bleibt in diesem Fall beim Gerichtsvollzieher, bis der Gläubiger in eine Auslieferung an den Dritten einwilligt. Notfalls muss der Dritte diese Einwilligung nach materiellem Recht (§402 BGB) einklagen.⁶

8   Hat der Gerichtsvollzieher den Titel dem Schuldner zu früh ausgehändigt, obwohl noch ein Restbetrag zu vollstrecken ist, kann der Gläubiger nach §733 eine Zweitausfertigung beantragen.⁷

9   Hat der Schuldner nicht an den Gerichtsvollzieher, sondern an den Gläubiger persönlich geleistet, so ist der Gerichtsvollzieher nur mit Einwilligung des Gläubigers zur Auslieferung des Titels an den Schuldner berechtigt (§60 Abs. 3 Satz 2 GVGA). Ansonsten hat er, wenn ihm die Befriedigung des Gläubigers mit den Mitteln des §775 Nr. 4 und 5 nachgewiesen ist, die Zwangsvollstreckung einzustellen (nicht etwa bisherige Vollstreckungsmaßnahmen rückgängig zu machen)⁸ und den Titel an den Gläubiger zurückzugeben. Der Schuldner muss dann gegen die Zwangsvollstreckung nach §767 vorgehen. Nach h. M. kann er auch vom Gläubiger die Herausgabe des Titels in entsprechender Anwendung des §371 BGB fordern,⁹ soweit die Erfüllung unstreitig oder die Unzulässigkeit der Zwangsvollstreckung bereits rechtskräftig festgestellt ist.¹⁰ Das Rechtsschutzbedürfnis für eine Klage nach §371 BGB hat der BGH bejaht, obwohl der Schuldner auch schon durch ein obsiegendes Urteil nach §767 vor einer weiteren Vollstreckung aus dem Titel geschützt ist.¹¹ Die Klage aus §767 und die Leistungsklage auf Titelherausgabe können nach dieser Ansicht kumulativ erhoben

---

3   OLG Bamberg, JurBüro 1962, 176.
4   OLG Nürnberg, NJW 1965, 1867.
5   Zutreffend (noch zu §5 AbzG) LG Bonn, MDR 1966, 6; AG Bensberg, JurBüro 1969, 366.
6   Zur Erteilung einer Zweitausfertigung an den Dritten vgl. §733 Rn. 6.
7   OLG Hamm, Rpfleger 1979, 431; ferner §733 Rn. 5.
8   Siehe §776 Rn. 1.
9   BGH LM Nr. 3 zu §830 ZPO mit Anm. *Walker*; OLG Köln, NJW 1986, 1353 und FamRZ 1984, 1090; *Münzberg*, KTS 1984, 193; *Lüke*, JZ 1956, 475; einschränkend (kein Herausgabeanspruch) *Baur/Stürner/Bruns*, Rn. 45.31.
10 BGH LM Nr. 3 zu §830 mit Anm. *Walker*.
11 *Walker*, Anm. zu BGH LM Nr. 3 zu §830 (unter I 2).

werden. Der Schuldner hat auch die Möglichkeit, den Antrag auf Titelherausgabe als uneigentlichen Hilfsantrag für den Fall zu stellen, dass der Hauptantrag nach § 767 Erfolg hat.

III. Erteilung einer Quittung

Über **jede** in Empfang genommene Leistung – sei es im Rahmen der Zwangsvollstreckung, sei es aufgrund freiwilliger Leistung – muss der Gerichtsvollzieher dem Schuldner Quittung erteilen. Auch bei vollständiger Erfüllung durch den Schuldner erfolgt die Quittung in gesonderter Urkunde **neben** der Titelherausgabe. Sieht das Gesetz als besondere Form der Quittung, ohne die der Schuldner nicht zu leisten braucht, auch noch die Herausgabe von über die Schuld ausgestellten Urkunden vor (so in § 797 BGB, Art. 39 Abs. 1, 50 Abs. 1 WG, 34, 47 ScheckG), so gehört zur ordnungsgemäßen Quittierung auch die Übergabe des Originals[12] dieser Urkunden an den Schuldner. Im Übrigen bestimmt der Gerichtsvollzieher den Inhalt und die Form seiner Quittung im Einzelnen nach pflichtgemäßem eigenem Ermessen. Er ist nicht an das gebunden, was der Gläubiger etwa aufgrund besonderer Vereinbarung dem Schuldner in der Quittung bescheinigen muss. Insoweit muss der Schuldner sich an den Gläubiger selbst halten (Abs. 2). Die vom Gerichtsvollzieher erteilte Quittung ist eine öffentliche Urkunde.[13] Sie genügt den Erfordernissen des § 775 Nr. 4.

Hat nicht der Schuldner, sondern ein Dritter im eigenen Namen auf die titulierte Schuld an den Gerichtsvollzieher geleistet, so ist diesem die Quittung zu erteilen. Er kann sie gegebenenfalls im Rahmen des § 727 als Teil des ihm obliegenden Nachweises verwenden. Haben mehrere Schuldner Teilleistungen auf die titulierte Forderung erbracht, ist jedem über seine Leistung (nicht auch über die der anderen) Quittung zu erteilen.

IV. Vermerk von Teilleistungen

Neben der Quittung, die er dem Schuldner bzw. dem an seiner Stelle Leistenden erteilt, fertigt der Gerichtsvollzieher bei bloßen Teilleistungen, die nicht zum endgültigen Verbrauch des Titels führen, auf dem Titel selbst einen Vermerk über die Teilleistungen an. Der Vermerk schützt zum einen den Schuldner, wenn der Titel einem bisher noch nicht beteiligten Vollstreckungsorgan zur weiteren Vollstreckung vorgelegt wird, er erleichtert zum anderen auch dem Gläubiger die Berechnung der noch offenen Forderung. Allerdings kann der Gläubiger nicht verlangen, dass der Gerichtsvollzieher bei der auf dem Titel zu vermerkenden Teilleistung zugleich deren Verrechnung auf Kosten, Zinsen und Hauptforderung vornimmt.[14] Es genügt vielmehr die bloße Angabe des empfangenen Gesamtbetrages. Anderes muss allerdings gelten, wenn der Schuldner bei freiwilliger Teilleistung bewusst und ausdrücklich nur auf einen bestimmten von mehreren im Titel enthaltenen Ansprüchen gezahlt hat.

Der Vermerk auf dem Titel bezieht sich auf das, was der Gerichtsvollzieher als freiwillige Leistung oder als Erlös der Vollstreckung erhalten hat. Er besagt nichts darüber, ob der Gläubiger den ausgekehrten Betrag auch endgültig behalten durfte. Deshalb kommt keine Änderung des Vermerks in Betracht, wenn der Gläubiger später den Erlös an einen Dritten, etwa nach den Regeln des Bereicherungsrechts,[15] herausgeben musste.[16]

V. Rechtsbehelfe

Die Verweigerung der Auslieferung des Titels, die Erteilung oder Verweigerung einer Quittung sowie der Vermerk von Teilleistungen auf dem Titel können mit der Erinnerung (§ 766) angefoch-

---

12 AG und LG Saarbrücken, DGVZ 1990, 43.
13 Zu ihrer Eignung als öffentliche Urkunde in Grundbuchverfahren vgl. im Einzelnen *Eickmann*, DGVZ 1978, 145.
14 LG Hannover, DGVZ 1979, 72; LG Lüneburg, DGVZ 1981, 116.
15 Einzelheiten insoweit Anh. § 771 Rn. 2 ff.
16 AG Frankfurt, DGVZ 1974, 15.

ten werden. Das gilt aber nur bis zur Beendigung der Zwangsvollstreckung durch Aushändigung des Titels an den Schuldner.[17] Nach Beendigung der Zwangsvollstreckung fehlt es am Rechtsschutzbedürfnis für eine – am Ergebnis nichts mehr ändernde – Rückschau.[18] Ist der Titel dem Schuldner zu Unrecht ausgehändigt worden, kann der Gläubiger eine neue Ausfertigung im Rahmen des § 733 verlangen.[19]

VI. Kosten

15 Die Kosten der Quittung sind Kosten der Zwangsvollstreckung. Sie sind vom Schuldner also vorzuleisten, ehe ihm auch der Titel ausgeliefert wird.

VII. ArbGG, VwGO

16 § 757 gilt auch bei der Vollstreckung von arbeitsgerichtlichen Titeln (§§ 62 Abs. 2, 85 Abs. 1 Satz 3 ArbGG) und von Titeln nach § 168 VwGO, sofern die Vollstreckung durch den Gerichtsvollzieher erfolgt.

---

17 Zutreffend AG Frankfurt, DGVZ 1974, 15; *Musielak/Voit/Lackmann*, § 757 Rn. 10; *Zöller/Stöber*, § 757 Rn. 12; a. A. AG Herzberg, DGVZ 1966, 140.
18 Einzelheiten: § 766 Rn. 31 f.
19 Siehe oben Rn. 8.

§ 758 Durchsuchung; Gewaltanwendung

(1) Der Gerichtsvollzieher ist befugt, die Wohnung und die Behältnisse des Schuldners zu durchsuchen, soweit der Zweck der Vollstreckung dies erfordert.

(2) Er ist befugt, die verschlossenen Haustüren, Zimmertüren und Behältnisse öffnen zu lassen.

(3) Er ist, wenn er Widerstand findet, zur Anwendung von Gewalt befugt und kann zu diesem Zweck die Unterstützung der polizeilichen Vollzugsorgane nachsuchen.

Übersicht

	Rdn.
I. Zweck, Gegenstand und Anwendungsbereich der Norm	1
II. Durchsuchung von Wohnung und Behältnissen (Abs. 1)	2
1. Durchsuchung	3
2. Wohnung	3
3. Behältnisse	4
III. Öffnung verschlossener Türen und Behältnisse (Abs. 2)	5
IV. Gewaltanwendung bei Widerstand (Abs. 3)	8
1. Widerstand	9
2. Gewaltanwendung	9
3. Unterstützung durch polizeiliche Vollzugsorgane	10
V. Anwesenheitsrecht des Gläubigers	11
1. Anwesenheit des Gläubigers	11
2. Befugnisse des Gläubigers	12
3. Widerstand des Schuldners	13
VI. Rechtsbehelfe gegen die Tätigkeit des Gerichtsvollziehers	14
1. Rechtsbehelf des Gläubigers	14
2. Rechtsbehelf des Schuldners	15
3. Rechtsbehelf von Dritten	16
4. Schadensersatzansprüche	17
VII. Verfolgungsrecht des Gerichtsvollziehers	19
VIII. Kosten und Gebühren	20
IX. ArbGG, VwGO, AO	21

Literatur:

Bittmann, Nochmals: Arrestvollziehung und richterliche Durchsuchungsanordnung, NJW 1982, 2421; *ders.*, Wohnungsdurchsuchung bei Vorliegen mehrerer Vollstreckungsaufträge, DGVZ 1985, 163; *Christmann*, Die Anwesenheit des Gläubigers bei der Mobiliarpfändung in der Wohnung des Schuldners, DGVZ 1984, 83; *Herdegen*, Arrestvollziehung und richterliche Durchsuchungsanordnung, NJW 1982, 368; *Schüler*, Unterstützung des Gerichtsvollziehers durch die Polizei, DGVZ 1970, 97; *Walker*, Die Ermittlungsbefugnisse des Gerichtsvollziehers im deutschen Zwangsvollstreckungsrecht, Festschrift Klamaris, 2015; *Wertenbruch*, Zum Anwesenheitsrecht des Gläubigers bei der Durchsuchung im Rahmen der Mobiliarvollstreckung, DGVZ 1994, 19.

I. Zweck, Gegenstand und Anwendungsbereich der Norm

Die Vollstreckung durch den Gerichtsvollzieher setzt voraus, dass dieser auf das Vollstreckungsobjekt (zu pfändende oder herauszugebende Sache, zu verhaftender Schuldner) eine tatsächliche Zugriffsmöglichkeit hat. Falls der Schuldner ihm diesen Zugriff nicht freiwillig gewährt, muss der Gerichtsvollzieher Zwangsbefugnisse haben, um effektiv zu vollstrecken. Grundlage für die Zwangsbefugnisse ist § 758. Die Vorschrift ermächtigt den Gerichtsvollzieher, die Wohnung und Behältnisse des Schuldners zu durchsuchen (Abs. 1), verschlossene Türen und Behältnisse öffnen zu lassen (Abs. 2) und bei Widerstand gegen die Vollstreckung (notfalls mit Unterstützung polizeilicher Vollzugsorgane) Gewalt anzuwenden (Abs. 3). Falls die Vollstreckung ohne Einwilligung des Schuldners

§ 758 ZPO Durchsuchung; Gewaltanwendung

in dessen Wohnung erfolgen soll, müssen allerdings auch die zusätzlichen Voraussetzungen des § 758a Abs. 1 bis 3, 5 vorliegen. Bei einer Vollstreckung zur Nachtzeit oder an Sonn- und Feiertagen ist neben § 758 auch § 758a Abs. 4 zu beachten. § 758 steht im Abschnitt über die Allgemeinen Vorschriften innerhalb des Zwangsvollstreckungsrechts und gilt für jede Art der Vollstreckung durch den Gerichtsvollzieher, also für die Pfändung beweglicher Sachen, die Herausgabevollstreckung bei beweglichen und unbeweglichen Sachen und für die Verhaftung des Schuldners.

II. Durchsuchung von Wohnung und Behältnissen (Abs. 1)

2 Nach Abs. 1 ist der Gerichtsvollzieher zur Durchsuchung von Wohnung und Behältnissen des Schuldners berechtigt.

1. Durchsuchung

Den Begriff der Durchsuchung hat das BVerfG im Zusammenhang mit Art. 13 Abs. 2 GG wie folgt definiert:[1] Durchsuchung ist das ziel- und zweckgerichtete Suchen staatlicher Organe nach Personen oder Sachen oder zur Ermittlung eines Sachverhaltes, um etwas aufzuspüren, was der Inhaber der Wohnung von sich aus nicht offen legen oder herausgeben will. Mit der Befugnis zur Wohnungsdurchsuchung ist eine Befugnis zum Betreten der Wohnung verbunden. Zur Frage, ob umgekehrt eine richterliche Durchsuchungsanordnung auch dann erforderlich sein kann, wenn gar nichts gesucht werden muss, siehe § 758a Rn. 11.

2. Wohnung

3 Der Begriff der »Wohnung« in Abs. 1 ist ebenso wie in § 758a nicht eng zu sehen. Er umfasst auch Arbeits-, Betriebs- und Geschäftsräume,[2] und zwar nicht nur, wenn sie sich zusammen in einem Komplex mit »privaten« Wohnräumen befinden, sondern auch, wenn sie in reinen Geschäftshäusern oder auf ausschließlichem Industriegelände gelegen sind. Die Vorschrift ermöglicht auch die Durchsuchung von Garage, Hof und Garten des Schuldners. Da dessen Recht auf Unverletzlichkeit der Wohnung in Art. 13 Abs. 1 GG verfassungsrechtlich geschützt ist und in dieses Recht gem. Art. 13 Abs. 2 GG grundsätzlich nur aufgrund einer richterlichen Anordnung eingegriffen werden darf, sieht § 758a Abs. 1 die Notwendigkeit einer solchen Durchsuchungsanordnung vor. Selbst wenn die Voraussetzungen des § 758a vorliegen, ermöglicht § 758 nur die Durchsuchung der Wohnung »des Schuldners«, nicht der Wohnung von Dritten. § 809 zeigt deutlich, dass die Zwangsvollstreckung grundsätzlich nicht die Gewahrsamssphäre Dritter tangieren soll. Nur solche Dritte, die lediglich Mitgewahrsam an der Wohnung des Schuldners haben, sind unter den Voraussetzungen des § 758a Abs. 3 zur Duldung der Durchsuchung verpflichtet.[3]

3. Behältnisse

4 Behältnisse sind alle Räume, die zur Aufbewahrung von Sachen dienen können, aber (in Abgrenzung zu Wohn-, Arbeits- und Geschäftsräumen) nicht dazu bestimmt sind, von Menschen betreten zu werden. Auf die Größe kommt es nicht an. Typische **Beispiele:** Schrank, Koffer, Tasche, Kassette, Tresor, Truhe, Kleidungsstück. Solche Behältnisse dürfen grundsätzlich gem. Abs. 1 ohne besondere

---

1 BVerfGE 51, 97; NJW 1987, 2499.
2 BVerfGE 32, 54 ff. (mit kritischer Anmerkung *Battis*, JuS 1973, 25, 29); 76, 83; BFH, DGVZ 1989, 169, 170; OLG Hamburg, NJW 1984, 2898; LG Aachen, JurBüro 1982, 618; LG Düsseldorf, MDR 1981, 679; LG München, NJW 1983, 2390; AG Gütersloh, MDR 1980, 503; AG Wuppertal, DGVZ 1980, 11; *Bischof*, ZIP 1983, 522; *Dierck/Morvilius/Vollkommer/Hilzinger*, 3. Kap. Rn. 180; HdbZVR/*Keller*, Kap. 2 Rn. 227; Hk-ZPO/*Kindl*, § 758 Rn. 3; *Thomas/Putzo/Seiler*, § 758a Rn. 7; **a. A.** AG München, DGVZ 1995, 11; AG Tempelhof-Kreuzberg, MDR 1980, 62 und 502; *Baumbach/Lauterbach/Hartmann*, § 758 Rn. 17; *Behr*, NJW 1992, 2125 f.
3 Ebenso PG/*Kroppenberg*, § 758 Rn. 4.

richterliche Erlaubnis durchsucht werden (z. B. bei einer Taschenpfändung außerhalb der Wohnung des Schuldners). Wenn sie sich allerdings in Wohn-, Arbeits- oder Geschäftsräumen des Schuldners befinden, greift § 758a ein. Danach ist grundsätzlich die Einwilligung des Schuldners oder eine richterliche Durchsuchungsanordnung erforderlich. Die Berechtigung zur Durchsuchung der Wohnung erfasst auch die Durchsuchung der darin befindlichen Behältnisse.

III. Öffnung verschlossener Türen und Behältnisse (Abs. 2)

Der Gerichtsvollzieher ist befugt, verschlossene Haus-, Wohnungs- und Zimmertüren auch gegen den Willen des Schuldners öffnen zu lassen, damit er Zutritt zu den Räumlichkeiten erhält. Dazu bedient er sich im Zweifel der Hilfe von Fachleuten (Schlosser, Schlüsseldienst). Entgegen dem engen Gesetzeswortlaut (öffnen zu lassen) kann er die Öffnung aber auch selbst vornehmen, wenn ihm das sachgerecht möglich ist, zumal er dadurch zusätzliche Kosten vermeiden kann. Der Versuch, sich durch Zwangsöffnung zu den Räumlichkeiten des Schuldners Zutritt zu verschaffen, ist dem Schuldner in der Regel vorher schriftlich anzukündigen (§ 61 Abs. 6 Satz 3 GVGA), damit dieser Gelegenheit erhält, anwesend zu sein und gegebenenfalls durch freiwilliges Öffnen die Zwangsöffnung abzuwenden. Vor der gewaltsamen Wohnungsöffnung hat der Gerichtsvollzieher sich nochmals Gewissheit zu verschaffen, dass der Schuldner diese Räume auch noch bewohnt;[4] daran fehlt es etwa, wenn nach der endgültigen Trennung der Eheleute nur noch die (nicht schuldende) Ehefrau oder wenn gar ein Dritter als Nachmieter in den zu durchsuchenden Räumen wohnt. Zu den vom Schuldner nicht mitbewohnten Räumlichkeiten Dritter darf der Gerichtsvollzieher sich nicht durch Zwangsöffnung Zutritt verschaffen.

Ist die Öffnung von Türen und Behältnissen (Schränken, Schubladen usw.) zwangsläufig mit Beschädigungen verbunden, muss der Gerichtsvollzieher die Art der Öffnung wählen, die den geringsten Schaden erwarten lässt. Vor allem hat er – selbst bei Vorliegen einer Durchsuchungsanordnung – zunächst zu prüfen, ob er seinen Vollstreckungsauftrag nicht in anderer Weise (z. B. Taschenpfändung außerhalb der Wohnung; Pfändung des PKWs vor dem Haus usw.) ebenso gehörig und für den Gläubiger erfolgversprechend erledigen kann.[5] An eine Weisung des Gläubigers, auf jeden Fall in der Wohnung zu vollstrecken, ist der Gerichtsvollzieher nicht gebunden.

Soll die zwangsweise Öffnung und Durchsuchung der Wohnung erfolgen, um den Schuldner dort gem. §§ 802g ff. zu verhaften, müssen Anhaltspunkte dafür vorliegen, dass der Schuldner sich derzeitig in dieser Wohnung aufhält, ehe Gewalt angewendet wird.[6]

IV. Gewaltanwendung bei Widerstand (Abs. 3)

Widersetzt sich der Schuldner oder will er mit Gewalt die Vollstreckung verhindern, darf der Gerichtsvollzieher Gewalt gegen ihn anwenden (Abs. 3).

1. Widerstand

Der Begriff des Widerstandes i. S. d. § 758 Abs. 3 ist in § 62 Abs. 3 GVGA definiert. Danach ist Widerstand jedes Verhalten, das geeignet ist, die Annahme zu begründen, die Zwangsvollstreckung werde sich nicht ohne Gewaltanwendung durchführen lassen. Dafür kann schon die Drohung mit Gewalt ausreichen.[7] Eine bloße Befürchtung des Gerichtsvollziehers, der kein konkretes Verhalten zu Grunde liegt, reicht dagegen nicht aus. Unerheblich ist, ob der Widerstand vom Schuldner oder von einem Dritten geleistet wird, sofern der Dritte sich der Vollstreckung gegen den Schuldner widersetzt. Richtet sich der Widerstand des Dritten allerdings gegen den Eingriff in eigene Rechte

---

4 AG Mönchengladbach, DGVZ 1976, 91; AG Offenbach, DGVZ 1976, 92.
5 BGH, JurBüro 1957, 360 = ZZP 1957 (Bd. 70), 252; siehe auch K. Schmidt, MDR 1972, 379.
6 AG Berlin-Charlottenburg, DGVZ 1980, 141.
7 MüKo/Heßler, § 758 Rn. 14.

(Verteidigung der eigenen Gewahrsamssphäre, §§ 809, 886), so scheidet Gewaltanwendung gegen ihn aus.[8]

2. Gewaltanwendung

9 Gewalt darf der Gerichtsvollzieher nur zur Überwindung des Widerstandes gegen die Vollstreckung einsetzen. Eine Mitwirkung des Schuldners darf nicht mit Gewalt erzwungen werden. Dabei muss der Gerichtsvollzieher den Grundsatz der Verhältnismäßigkeit beachten. Insbesondere darf die Gewaltanwendung nicht über das Maß der Erforderlichkeit hinausgehen. Gem. § 759 sind zwei erwachsene Personen oder ein Gemeinde- oder Polizeibeamter als Zeugen zuzuziehen.

3. Unterstützung durch polizeiliche Vollzugsorgane

10 Ob der Gerichtsvollzieher persönlich den Widerstand bricht oder ob er **Polizeibeamte** um Unterstützung bittet, steht in seinem pflichtgemäßen Ermessen. Er hat dabei auch die Belange des Schuldners (Vermeidung unnötigen Aufsehens) zu berücksichtigen. Die hinzugezogenen Polizeibeamten prüfen zwar selbst, welche Maßnahmen sie unter Beachtung des Verhältnismäßigkeitsgrundsatzes ergreifen dürfen, nicht dagegen die Rechtmäßigkeit der Zwangsvollstreckung. Dafür bleibt der Gerichtsvollzieher verantwortlich.

V. Anwesenheitsrecht des Gläubigers

1. Anwesenheit des Gläubigers

11 Der Gerichtsvollzieher darf, obwohl die ZPO nichts über ein Anwesenheitsrecht des Gläubigers bei der Vollstreckung verlautet, den Gläubiger nicht davon abhalten, der Durchsuchung der Wohnung des Schuldners im Rahmen der Zwangsvollstreckung beizuwohnen.[9] Nach § 31 Abs. 7 Satz 1 GVGA ist der Gläubiger oder sein Vertreter rechtzeitig vom Gerichtsvollzieher über den Zeitpunkt der Vollstreckung zu benachrichtigen, wenn er seine Zuziehung zur Zwangsvollstreckung verlangt.

2. Befugnisse des Gläubigers

12 Allerdings haben der Gläubiger oder von ihm bevollmächtigte Vertreter keine eigene Durchsuchungsbefugnis; ein selbstständiges Eingreifen in den Gang der Vollstreckungsverhandlung darf der Gerichtsvollzieher nicht dulden (§ 31 Abs. 7 Satz 5 GVGA).[10] Der Gläubiger kann dem Gerichtsvollzieher allenfalls Anregungen und Hinweise geben oder ihm auf Verlangen (Vorsicht geboten!) mit Handlangerdiensten behilflich sein.

3. Widerstand des Schuldners

13 Stimmt der Schuldner der Anwesenheit des Gläubigers in seiner Wohnung nicht zu, so darf der Gerichtsvollzieher den Zutritt des Gläubigers zur Wohnung nur dann zwangsweise durchsetzen, wenn dies – ganz ausnahmsweise – in der richterlichen Durchsuchungsanordnung nach § 758a **ausdrücklich** gestattet ist. Da die Anwesenheit des Gläubigers in der Wohnung des Schuldners diesen zusätzlich erheblich belasten kann (man denke etwa an gegeneinander verbitterte frühere Eheleute), ist sie vom Richter nur in besonderen Ausnahmefällen, wenn die Zwangsvollstreckung sonst nicht sinnvoll durchführbar ist, zu gestatten.[11] Ist dem Gläubiger die Anwesenheit in der Wohnung des Schuldners gegen dessen Willen erlaubt worden, hat ihn der Gerichtsvollzieher gegebenenfalls vor

---

[8] *Stein/Jonas/Münzberg*, § 758 Rn. 9.
[9] Enger: LG Hannover, JurBüro 1988, 1578 mit Anm. *Jelinsky*; LG Stuttgart, NJW-RR 1992, 511 f. (nur ausnahmsweise Anwesenheitsrecht); AG Reinbek, DGVZ 2005, 44 (nur bei richterlicher Anordnung).
[10] *Stein/Jonas/Münzberg*, § 758 Rn. 12; *Zöller/Stöber*, § 758 Rn. 8.
[11] Vgl. zur Rechtslage vor Inkrafttreten des § 758a *Christmann*, DGVZ 1984, 83; AG Düren, NJW-RR 1986, 677; vollständig ablehnend LG Köln, DGVZ 1997, 152.

Gewaltanwendung seitens des Schuldners oder Dritter zu schützen (vgl. § 62 GVGA). Umgekehrt ist der Gerichtsvollzieher, da er die Vollstreckung leitet, dafür verantwortlich, dass es nicht zu unzulässigen Übergriffen des Gläubigers in die Rechtssphäre des Schuldners kommt.

VI. Rechtsbehelfe gegen die Tätigkeit des Gerichtsvollziehers

1. Rechtsbehelf des Gläubigers

Lehnt der Gerichtsvollzieher die Durchsuchung ganz oder teilweise (etwa einzelner Räume oder Behältnisse) ab, kann sich der **Gläubiger** dagegen mit der Erinnerung nach § 766 wenden. 14

2. Rechtsbehelf des Schuldners

Auch dem **Schuldner** steht gegen die Durchsuchung, die Anwendung von Gewalt oder die sonstigen Umstände des Eindringens in seine Wohnung die Vollstreckungserinnerung nach § 766 zu. Hat die Erinnerung Erfolg, sind die in zu beanstandender Weise erfolgten Vollstreckungsmaßnahmen für unzulässig zu erklären und vom Gerichtsvollzieher wieder aufzuheben.[12] Dadurch gewinnen andere in der Zwischenzeit korrekt begründete Pfandrechte den Vorrang. Eine – nachrangige – Neupfändung für den alten Gläubiger kommt nur in Betracht, wenn nunmehr ein korrektes Verfahren möglich ist. Da Verstöße gegen die §§ 758, 758a nur zur Anfechtbarkeit, nicht aber zur Nichtigkeit der erfolgten Vollstreckungsmaßnahmen führen, bleiben sie ohne Folgen für den Gläubiger, wenn sie nicht vor Beendigung der Zwangsvollstreckung erfolgreich gerügt wurden.[13] 15

3. Rechtsbehelf von Dritten

Für diejenigen **Dritten**, die sich durch die Durchsuchung, Gewaltanwendung oder durch die Umstände des Eindringens in die Räumlichkeiten **in eigenen Rechten** verletzt fühlen, ist ebenfalls die Möglichkeit der Erinnerung nach § 766 gegeben. 16

4. Schadensersatzansprüche

Für **Schäden**, die notwendigerweise bei der zulässigen Durchsuchung oder Gewaltanwendung an Sachen des Schuldners (etwa an Türen, Schlössern usw.) entstanden sind, muss der Schuldner selbst einstehen, ohne von jemandem Ersatz verlangen zu können. Für Schäden, die bei unzulässiger Gewaltanwendung oder durch Überschreiten des Erforderlichen entstanden sind, haftet nach Art. 34 GG, § 839 BGB der Staat als Dienstherr des Gerichtsvollziehers, nicht aber der Gläubiger, da der Gerichtsvollzieher bei der Vollstreckung weder sein Vertreter noch sein Verrichtungsgehilfe ist.[14] Bei der Haftung des Staates ist aber das Mitverschulden des Schuldners, der sich der Mitwirkung an der rechtmäßigen Zwangsvollstreckung verweigert und dadurch die Gefährdung seines Eigentums heraufbeschworen hat, mindernd zu berücksichtigen. 17

Erleiden Dritte bei der rechtmäßigen Vollstreckung Schäden (z. B. der Vermieter an der Wohnungstür, der Eigentümer an den dem Schuldner verliehenen und dort gewaltsam geöffneten Behältnissen), so steht ihnen ein Aufopferungsanspruch gegen den Staat zu, soweit sie vom Schuldner keinen Ersatz verlangen können. Für Schäden am Eigentum Dritter bei unrechtmäßiger Vollstreckung haftet der Staat als Dienstherr des Gerichtsvollziehers nach Art. 34 GG, § 839 BGB. Den Dritten kann das Mitverschulden des Schuldners nur insoweit entgegengehalten werden, als sich für sie hieraus ein anderweitiger Ersatzanspruch gegen den Schuldner ergibt. 18

---

12 *Zöller/Stöber*, § 758a Rn. 40.
13 Näheres Vor §§ 803, 804 Rn. 15.
14 Vor §§ 753–763 Rn. 5.

VII. Verfolgungsrecht des Gerichtsvollziehers

19 Die unter dem Stichwort »Verfolgungsrecht des Gerichtsvollziehers« erörterten Fragen[15] sind keine Probleme zu § 758, auch nicht zu seiner analogen Anwendung; denn die Vorschrift hat ausschließlich die Befugnisse des Gerichtsvollziehers gegenüber dem Schuldner (und gegebenenfalls dessen Helfershelfern) in der Gewahrsamssphäre des Schuldners zum Gegenstand. Beim sog. »Verfolgungsrecht« geht es aber um die (im Ergebnis zu verneinende) Frage, ob der Gerichtsvollzieher Gegenstände, die er bereits wirksam beschlagnahmt hat, auch mit Gewalt zurückholen darf, wenn sie vom Schuldner (oder auch von Dritten gegen den Willen des Schuldners) aus dessen Gewahrsamsbereich entfernt werden, um sie der weiteren Vollstreckung zu entziehen, etwa wenn die sich vom Schuldner trennende Ehefrau bei ihrem Auszug beim Schuldner gepfändete Gegenstände in ihre neue Wohnung mitnimmt. § 809 würde einem Verfolgungsrecht des Gerichtsvollziehers zwar nicht entgegenstehen; denn diese Vorschrift ist nur eine Wirksamkeitsvoraussetzung für die Pfändung, nicht dagegen für nachfolgende Vollstreckungsakte. Aber für Zwangsbefugnisse gegen Dritte fehlt es an einer Ermächtigungsgrundlage. § 758a Abs. 3 regelt eine Duldungspflicht nur für Mitbewohner des Schuldners, wenn dieser in eine Wohnungsdurchsuchung einwilligt. In allen anderen Fällen ist die Gewahrsamssphäre Dritter in der Zwangsvollstreckung grds. unantastbar. Selbst dann, wenn der Dritte sich den Gewahrsam rechtsmissbräuchlich nur zwecks Vollstreckungsvereitelung verschafft hat,[16] kann der Gerichtsvollzieher nur aufgrund richterlicher Durchsuchungsanordnung nach § 758a in die Wohnung des Dritten eindringen.[17]

VIII. Kosten und Gebühren

20 Die Kosten, die durch ein Vorgehen des Gerichtsvollziehers nach § 758 entstehen, sind notwendige Kosten der Zwangsvollstreckung gem. § 788. Kosten für die Anwesenheit des Gläubigers muss der Schuldner nur dann tragen, wenn die Anwesenheit des Gläubigers zur Durchführung der Vollstreckung notwendig ist. Für den Gerichtsvollzieher ist die Durchsuchung Teil der Pfändung, Wegnahme oder Verhaftung und in den Gebühren nach Nrn. 205, 221, 270 des Kostenverzeichnisses zum GvKostG schon mitberücksichtigt. Die Aufwendungen zur Entschädigung der zum Öffnen von Türen und Behältnissen sowie zur Durchsuchung von Schuldnern herangezogenen Personen sind Auslagen des Gerichtsvollziehers (Nr. 704 des Kostenverzeichnisses zum GvKostG), die nach § 1 Abs. 1 GvKostG erhoben werden. Angesetzt werden die tatsächlich entstandenen Beträge. Ihr Nachweis muss sich aus den Akten des Gerichtsvollziehers ergeben.

IX. ArbGG, VwGO, AO

21 § 758 gilt auch bei der Vollstreckung von arbeitsgerichtlichen Titeln (§§ 62 Abs. 2, 85 Abs. 1 Satz 1 ArbGG) und von Titeln nach § 168 VwGO (§ 167 Abs. 1 VwGO), soweit die Vollstreckung durch den Gerichtsvollzieher erfolgt. Richtet sich die Vollstreckung gem. § 169 (ggf. gem. § 170 Abs. 1 Satz 3) VwGO nach dem VwVG, ergeben sich die Befugnisse des Vollziehungsbeamten gem. § 5 VwVG aus § 287 AO. Die Absätze 1 bis 3 dieser Vorschrift stimmen inhaltlich mit § 758 überein.

---

15 Einzelheiten § 808 Rn. 14.
16 Siehe dazu § 809 Rn. 3.
17 *Brox/Walker*, Rn. 373.

§ 758a Richterliche Durchsuchungsanordnung; Vollstreckung zur Unzeit

(1) Die Wohnung des Schuldners darf ohne dessen Einwilligung nur auf Grund einer Anordnung des Richters bei dem Amtsgericht durchsucht werden, in dessen Bezirk die Durchsuchung erfolgen soll. ²Dies gilt nicht, wenn die Einholung der Anordnung den Erfolg der Durchsuchung gefährden würde.

(2) Auf die Vollstreckung eines Titels auf Räumung oder Herausgabe von Räumen und auf die Vollstreckung eines Haftbefehls nach *§ 802g* ist Absatz 1 nicht anzuwenden.

(3) Willigt der Schuldner in die Durchsuchung ein oder ist eine Anordnung gegen ihn nach Absatz 1 Satz 1 ergangen oder nach Absatz 1 Satz 2 entbehrlich, so haben Personen, die Mitgewahrsam an der Wohnung des Schuldners haben, die Durchsuchung zu dulden. ²Unbillige Härten gegenüber Mitgewahrsamsinhabern sind zu vermeiden.

(4) Der Gerichtsvollzieher nimmt eine Vollstreckungshandlung zur Nachtzeit und an Sonn- und Feiertagen nicht vor, wenn dies für den Schuldner und die Mitgewahrsamsinhaber eine unbillige Härte darstellt oder der zu erwartende Erfolg in einem Missverhältnis zu dem Eingriff steht, in Wohnungen nur auf Grund einer besonderen Anordnung des Richters bei dem Amtsgericht. ²Die Nachtzeit umfasst die Stunden von 21 bis 6 Uhr.

(5) Die Anordnung nach Absatz 1 ist bei der Zwangsvollstreckung vorzuzeigen.

(6) Das Bundesministerium der Justiz wird ermächtigt, durch Rechtsverordnung mit Zustimmung des Bundesrates Formulare für den Antrag auf Erlass einer richterlichen Durchsuchungsanordnung nach Absatz 1 einzuführen. ²Soweit nach Satz 1 Formulare eingeführt sind, muss sich der Antragsteller ihrer bedienen. ³Für Verfahren bei Gerichten, die die Verfahren elektronisch bearbeiten, und für Verfahren bei Gerichten, die die Verfahren nicht elektronisch bearbeiten, können unterschiedliche Formulare eingeführt werden.

Übersicht	Rdn.			Rdn.
I. Zweck und Entstehungsgeschichte der Norm	1		c) Allgemeine Vollstreckungsvoraussetzungen	38
II. Anwendungsbereich	4		d) Rechtsschutzbedürfnis	39
III. Richterliche Durchsuchungsanordnung	5		e) Glaubhaftmachung	41
1. Grundsätzliche Notwendigkeit einer Durchsuchungsanordnung (Abs. 1 Satz 1)	6		f) Rechtliches Gehör	42
a) Wohnung des Schuldners	6		g) Erteilung durch Beschluss	43
b) Durchsuchung	10	5.	Befugnisse des Gerichtsvollziehers aufgrund der Durchsuchungsanordnung	44
2. Entbehrlichkeit einer Durchsuchungsanordnung gegen den Schuldner	13	6.	Vorzeigen der richterlichen Durchsuchungsanordnung (Abs. 5)	46
a) Einwilligung des Schuldners (Abs. 1 Satz 1)	14	7.	Rechtsmittel gegen die Entscheidung	47
b) Gefährdung des Durchsuchungserfolges (Abs. 1 Satz 2)	19	8.	Rechtsbehelfe gegen die Tätigkeit des Gerichtsvollziehers	49
c) Räumungstitel und Haftbefehle (Abs. 2)	23	9.	Kosten und Gebühren	53
d) Duldungstitel	26	**IV.**	**Vollstreckung zur Unzeit (Abs. 4)**	54
e) Keine Entbehrlichkeit bei Herausgabetiteln und Arrestbefehlen	27	1.	Inhalt der Norm im Vergleich zum früheren § 761	54
3. Duldungspflicht von Mitgewahrsamsinhabern an der Wohnung des Schuldners (Abs. 3)	29	2.	Definitionen	55
4. Voraussetzungen für die Durchsuchungsanordnung und Verfahren	31	3.	Vollstreckung in Wohnungen	56
a) Antrag des Gläubigers	32		a) Voraussetzungen der richterlichen Erlaubnis	57
b) Zuständigkeit zur Erteilung	36		aa) Antrag des Gläubigers	58
			bb) Zuständigkeit	59
			cc) Allgemeine Vollstreckungsvoraussetzungen	60
			dd) Materielle Voraussetzungen	61
			b) Verfahren und Entscheidung	62

§ 758a ZPO Richterliche Durchsuchungsanordnung; Vollstreckung zur Unzeit

c) Rechtsbehelfe	64	b)	Missverhältnis zwischen Eingriff und zu erwartendem Erfolg	68
d) Gebühren	65	c)	Rechtsbehelfe	69
4. Vollstreckung außerhalb von Wohnungen	66	V.	ArbGG, VwGO, AO	70
a) Unbillige Härte	67			

Literatur
(Zur Rechtslage seit der zweiten Zwangsvollstreckungsnovelle von 1999):
Büttner, Gilt der Formularzwang des § 758a Abs. 6 ZPO auch für institutionelle Gläubiger?, DGVZ 2013, 150; *Fechter*, Neue Formulare für die Zwangsvollstreckung, Rpfleger 2013, 9; *Fischer/Weinert*, Richtervorbehalt und Wohnungsdurchsuchung, DGVZ 2005, 33; *Goebel*, § 758a ZPO – Fast nur Althergebrachtes in neuem Gewande, DGVZ 1998, 161; *Münzberg*, Bemerkungen zum Entwurf der zweiten Zwangsvollstreckungsnovelle, FS Lüke, 1997, 525, 536 ff.; *ders.*, Durchsuchung und Vollstreckung in Ruhezeiten (§ 758a ZPO), DGVZ 1999, 177; *Schilken*, Grundrechtlicher Wohnungsschutz und Vollstreckung nach der 2. Zwangsvollstreckungsnovelle, FS Beys, 2003, 1447; *Schultes*, Voraussetzungen der Räumungsvollstreckung nach der zweiten Zwangsvollstreckungsnovelle (§§ 794 Abs. 1 Nr. 5, 758a n. F. ZPO), DGVZ 1998, 177; *Schuschke*, Die Zwangsvollstreckung in und aus Wohnungen, die der Schuldner mit Dritten teilt, und Art. 13 Abs. 2 GG, DGVZ 1997, 49; *Walker*, Notwendigkeit und Umfang einer Durchsuchungserlaubnis für den Gerichtsvollzieher, FS Kollhosser, 2004, Bd. II, 755 *ders.* Grundrechte in der Zwangsvollstreckung – Eine Skizze, Gedächtnisschrift für Manfred Wolf, 2011.

I. Zweck und Entstehungsgeschichte der Norm

1 § 758a regelt, unter welchen Voraussetzungen der Gerichtsvollzieher für die Durchführung der Zwangsvollstreckung eine **richterliche Durchsuchungsanordnung** benötigt. Die Vorschrift wurde durch die zweite Zwangsvollstreckungsnovelle[1] eingefügt und ist zum 1.1.1999 in Kraft getreten. Eine vergleichbare Regelung gab es bis dahin nicht. Früher war jahrzehntelang umstritten, ob der damalige § 758, der den Gerichtsvollzieher zur Durchsuchung der Schuldnerwohnung ermächtigte, ohne etwa über die Notwendigkeit einer richterlichen Durchsuchungsanordnung zu regeln, mit Art. 13 Abs. 2 GG vereinbar war. Durch Beschluss des Bundesverfassungsgerichts vom 4.3.1979[2] und weitere ihm nachfolgende Entscheidungen des Bundesverfassungsgerichts[3] wurde dieser Streit abschließend dahin geklärt, dass die Durchsuchung der Wohnung des Schuldners gegen seinen Willen durch den Gerichtsvollzieher nur aufgrund einer besonderen richterlichen Anordnung zulässig ist; davon wurde nur bei Gefahr im Verzuge eine Ausnahme gemacht. Im Sinne dieser Rechtsprechung des Bundesverfassungsgerichts wurde der damalige § 758 verfassungskonform ergänzt. Die Einzelheiten des Verfahrens auf Erlangung der richterlichen Durchsuchungsanordnung waren vom Bundesverfassungsgericht im Wesentlichen offengelassen und der Entscheidung der damit befassten Vollstreckungs- und Beschwerdegerichte überlassen worden. Dazu hat sich dann im Laufe der Jahre eine in den groben Linien übereinstimmende, in vielen Einzelheiten aber divergierende Kasuistik entwickelt. Auf dieser Grundlage beruht die Fassung der **Absätze 1–3** des heutigen § 758a.

2 **Abs. 4**, der die Notwendigkeit einer richterlichen Durchsuchungsanordnung bei der **Vollstreckung zur Nachtzeit und an Sonn- und Feiertagen** regelt, geht auf den früheren § 761 Abs. 1 zurück. Schon nach dem § 761 a. F. war die Vollstreckung zu den genannten Zeiten nur eingeschränkt zulässig, um die persönliche Lebensführung des Schuldners nicht unangemessen zu belasten. Andererseits sollte die Vollstreckung zur Nachtzeit und an Sonn- und Feiertagen aber auch nicht vollständig ausgeschlossen sein, da manche Schuldner gerade zu diesen Zeiten wesentliche Einnahmen erzielen (Gaststätten, Taxiunternehmen, Schausteller z. B. bei Schützenfesten und Kirmesveranstaltungen) und die Gefahr groß ist, dass diese Einnahmen zu den »gewöhnlichen« Vollstreckungszeiten bereits wieder beiseite geschafft sind. Darüber hinaus sind manche Schuldner während der Woche zu ständig wechselnden und schwer festlegbaren Aufenthaltsorten unterwegs, sodass jedenfalls in solchen Fällen, in denen ihre Anwesenheit bei der Vollstreckung erforderlich erscheint, auch nur

---
1 BGBl. I 1997, S. 3039.
2 1 BvR 994/76, BVerfGE 51, 97.
3 BVerfG, NJW 1981, 2111; NJW 1987, 2499.

Vollstreckungshandlungen am Wochenende erfolgversprechend sind. Aus diesen Gründen sollte schon damals eine Vollstreckung zur Nachtzeit und an Sonn- und Feiertagen mit einer richterlichen Erlaubnis zulässig sein; die Entscheidung über die Zulässigkeit sollte dagegen nicht dem Ermessen des Gerichtsvollziehers überlassen werden. Diese Regelung findet sich – mit einzelnen Änderungen gegenüber der früheren Rechtslage – heute in § 758a Abs. 4.

Der jetzige **Abs. 5**, wonach die richterliche Anordnung nach Abs. 1 bei der Zwangsvollstreckung vorzuzeigen ist, war schon in § 761 Abs. 2 a. F. enthalten. Sie bezieht sich nunmehr (auch) auf die richterliche Anordnung zur Durchsuchung der Wohnung. 3

II. Anwendungsbereich

In den Anwendungsbereich der Vorschrift fallen alle Vollstreckungshandlungen des Gerichtsvollziehers, die dieser in der Wohnung des Schuldners oder zur Nachtzeit bzw. an Sonn- und Feiertagen vornimmt. Dabei kann es sich sowohl um die Zwangsvollstreckung wegen einer Geldforderung, also um die Pfändung einer beweglichen Sache, als auch um die Zwangsvollstreckung zur Erwirkung der Herausgabe von beweglichen Sachen handeln. Soweit es um die Vollstreckung eines Titels auf Räumung eines Grundstückes oder um die Verhaftung des Schuldners geht, ist eine besondere richterliche Durchsuchungsanordnung nach der ausdrücklichen Regelung in Abs. 2 nicht erforderlich. Jedoch findet Abs. 4 über die Notwendigkeit einer richterlichen Anordnung bei der Vollstreckung zur Nachtzeit und an Sonn- und Feiertagen auch in diesen Fällen Anwendung (vgl. auch § 33 Abs. 2 Satz 2 GVGA). 4

III. Richterliche Durchsuchungsanordnung

Die Voraussetzungen für die Notwendigkeit einer richterlichen Durchsuchungsanordnung ergeben sich aus den Abs. 1–3. 5

1. Grundsätzliche Notwendigkeit einer Durchsuchungsanordnung (Abs. 1 Satz 1)

Aus Abs. 1 Satz 1 ergibt sich der Grundsatz, dass die Wohnung des Schuldners nur aufgrund einer Anordnung des Richters beim Amtsgericht durchsucht werden darf.

a) Wohnung des Schuldners

Der Begriff der Wohnung entspricht demjenigen in § 758. Für seine Auslegung ist der Sinn des Art. 13 GG maßgeblich. Dazu vertritt das Bundesverfassungsgericht eine weite Auslegung.[4] Danach gehören zur Wohnung auch Arbeits-, Betriebs- und Geschäftsräume sowie Nebenräume und sonstiges befriedetes Besitztum wie Hofraum und Hausgarten (vgl. § 61 Abs. 1 Satz 2 GVGA).[5] Der Schutz des Art. 13 Abs. 2 GG umfasst somit alle Räumlichkeiten, die der Schuldner erkennbar der allgemeinen Zugänglichkeit entzogen und als sein befriedetes Besitztum ausgewiesen hat. Die Zwangsvollstreckung in Betriebs- oder Geschäftsräume gehört anders als die in vielen öffentlich-rechtlichen Regelungen vorgesehenen »Betretungs- und Besichtigungsrechte für Beauftragte von Behörden« nicht zu den durch Art. 13 Abs. 7 GG hinzunehmenden »Eingriffen und Beschränkungen«.[6] Ob der Schuldner die Räumlichkeiten intensiv nutzt oder nur zu bestimmten Zeiten (Ferienwohnung; nur wenige Stunden täglich geöffneter Kiosk),[7] ist für den Begriff der »Wohnung« unerheblich. Nicht zu den geschützten Räumen zählen diejenigen von öffentlichen Einrichtungen, z. B. der Sitzungssaal eines Gerichts.[8] 6

---

4 BVerfGE 32, 54.
5 *Walker*, FS Kollhosser, 2004, Bd. II, 755, 763.
6 BVerfGE 32, 54, 77; 51, 97, 106.
7 Bedenklich deshalb AG Hamburg, DGVZ 1981, 63, betreffend einen täglich – wenn auch nur für Stunden – genutzten festen Marktstand.
8 AG Augsburg, DGVZ 2012, 209 f.

7   Da zu den Wohnungen auch Betriebs- und Geschäftsräume gehören, gilt der Schutz der Unverletzlichkeit der Wohnung nicht nur für natürliche Personen, sondern auch für **juristische Personen und Personenvereinigungen**.[9] Das entspricht der Rechtsprechung des Bundesverfassungsgerichts.[10]

8   Die richterliche Erlaubnis nach Abs. 1 ist dagegen grundsätzlich nicht erforderlich bei einer sog. **Taschenpfändung**.[11] Art. 13 Abs. 2 GG bezieht sich nämlich nur auf die Durchsuchung der Wohnung und der Behältnisse in der Wohnung. Dagegen ist er bei der Durchsuchung von Taschen und anderen Behältnissen, die der Schuldner außerhalb seiner Wohnung bei sich trägt oder aufbewahrt, ebenso wenig anwendbar wie bei der Durchsuchung eines Pkws des Schuldners. Leistet der Schuldner bei einer Taschenpfändung außerhalb seiner Räumlichkeiten Widerstand, kann der Gerichtsvollzieher nach § 758 Abs. 3 polizeiliche Vollzugsorgane zur Unterstützung hinzuziehen, ohne zuvor eine richterliche Erlaubnis beantragen zu müssen.

9   Ebenfalls ist eine richterliche Anordnung nach Abs. 1 nicht erforderlich bei einer **Anschlusspfändung**, selbst wenn sich die zu pfändende Sache in der Wohnung des Schuldners befindet. Gem. § 826 braucht der Gerichtsvollzieher die Wohnung des Schuldners nämlich nicht zu betreten; vielmehr genügt es, dass er seine Pfändungserklärung protokolliert. Eine weitere Erstpfändung erfolgt dagegen in der Form des § 808. Dabei ist § 758a Abs. 1 zu beachten.

b) Durchsuchung

10 Auch der Begriff der Durchsuchung in Abs. 1 entspricht demjenigen in § 758 Abs. 1. Durchsuchung ist das ziel- und zweckgerichtete Suchen staatlicher Organe nach Personen oder Sachen oder zur Ermittlung eines Sachverhaltes, um etwas aufzuspüren, was der Inhaber der Wohnung von sich aus nicht offen legen oder herausgeben will.[12] Zwar bezieht sich der Wortlaut von § 758a Abs. 1 anders als derjenige des § 758 nur auf die Durchsuchung von Wohnungen, nicht dagegen auf diejenige von Behältnissen (Rn. 8); wenn das Behältnis sich aber in der Wohnung des Schuldners befindet, geht es letztlich um eine Wohnungsdurchsuchung.

11 Da der Schutzzweck des Art. 13 Abs. 2 GG darin besteht, dass der Schuldner in seinem Gewahrsamsbereich in Ruhe gelassen werden soll, hat der Begriff der Durchsuchung für die Notwendigkeit einer richterlichen Erlaubnis letztlich keine entscheidende Bedeutung.[13] Auch wenn man § 758a ZPO i. V. m. Art. 13 Abs. 2 GG nur bei Durchsuchungen im eigentlichen Sinn anwendet, bleibt noch der Grundsatz der Unverletzlichkeit der Wohnung nach Art. 13 Abs. 1 GG zu beachten; danach ist außer in den Sonderfällen des Art. 13 Abs. 7 GG für einen Eingriff in die Unverletzlichkeit der Wohnung auch dann eine richterliche Erlaubnis erforderlich, wenn der Eingriff nicht in einer Durchsuchung besteht. So ist eine richterliche Anordnung auch dann erforderlich, wenn innerhalb der Wohnung pfändbare oder herauszugebende Sachen des Schuldners gar nicht mehr gesucht werden müssen, sondern **offen zutage liegen**. Entscheidend dafür ist, dass der Gerichtsvollzieher auch in diesem Fall in den von Art. 13 Abs. 1, 2 GG geschützten Wohnbereich des Schuldners eindringen muss und auf eine Sache zugreifen will, die der Schuldner von sich aus nicht herausgibt.[14] Das gilt selbst dann, wenn der Gerichtsvollzieher schon vor dem Eindringen in die Wohnung weiß, dass und wo sich die zu pfändende oder wegzunehmende Sache in der Wohnung befindet.[15] Auch

---

9   Zur Zwangsvollstreckung gegen juristische Personen und Personenvereinigungen vgl. Vor §§ 735, 736 Rn. 2 ff.
10 BVerfGE 32, 54; 42, 212 ff.; ebenso HdbZVR/*Keller*, Kap. 2 Rn. 227; *Musielak/Voit/Lackmann*, § 758a Rn. 2; *Thomas/Putzo/Seiler*, § 758a Rn. 4; *Zöller/Stöber*, § 758a Rn. 7; **a. M.** *Baumbach/Lauterbach/Hartmann*, § 758 Rn. 19.
11 Ebenso AG Augsburg, DGVZ 2012, 209 (Taschenpfändung im Sitzungssaal eines Amtsgerichts).
12 BVerfGE 51, 97; NJW 1987, 2499; BGH, NJW-RR 2011, 1095; Rpfleger 2007, 36.
13 Anders BGH, NJW 2006, 3352 (Zutritt zur Wohnung, um Gas abzustellen, ist keine Durchsuchung).
14 *Brox/Walker*, Rn. 325; *Walker*, FS Kollhosser, 2004, Bd. II, 755, 757.
15 *Brox/Walker*, Rn. 325; MüKo/*Heßler*, § 758a Rn. 28.

der zwangsweise **Zutritt** zu einer Wohnung, um dort den Gas- oder Stromzähler abzustellen,[16] ist zwar nicht darauf gerichtet, nach etwas zu suchen, setzt aber wegen Art. 13 Abs. 1 GG eine richterliche Erlaubnis voraus. Diese ist in einem gegen den Schuldner gerichteten Zutrittstitel enthalten (Rn. 26).

Sofern dagegen der Gerichtsvollzieher die Wohnung eines Dritten **nur durchschreiten** muss, um dadurch in den geschützten Bereich des Schuldners gelangen und dort eine Vollstreckungshandlung vornehmen zu können, liegt hinsichtlich der Wohnung des Dritten keine Durchsuchung vor.[17] Wenn also der Schuldner mit der Zwangsvollstreckung in seiner Wohnung einverstanden ist, benötigt der Gerichtsvollzieher keine richterliche Anordnung im Sinne von Abs. 1, wenn er zwecks dieser Vollstreckung gegen den Schuldner andere Wohnräume eines Dritten durchschreiten muss. Dagegen kann der Dritte sich auch nicht unter Berufung auf § 809 wehren; denn diese Vorschrift greift nur ein, wenn eine in seinem Gewahrsam stehende Sache gepfändet werden soll. Die Entbehrlichkeit einer Durchsuchungsanordnung lässt sich mit § 758a Abs. 3 begründen, selbst wenn die Vorschrift unmittelbar nicht eingreift, weil der Schuldner und der Dritte keinen Mitgewahrsam an der Wohnung haben. Wenn nämlich der Schuldner und der Dritte ihre Wohnungen in Kenntnis der Tatsache bezogen haben, dass der Schuldner seine Wohnräume nur erreichen kann, wenn er diejenigen des Dritten durchschreitet, dann erstreckt sich das konkludente Einverständnis des Dritten mit dem Durchschreiten seiner Wohnung durch den Schuldner auch auf das Durchschreiten durch den Gerichtsvollzieher.

12

2. Entbehrlichkeit einer Durchsuchungsanordnung gegen den Schuldner

Eine Durchsuchungsanordnung gegen den Schuldner ist nach **Abs. 1, 2** in drei Fällen entbehrlich, nämlich erstens bei einer Einwilligung des Schuldners (Abs. 1 Satz 1), zweitens, wenn andernfalls der Durchsuchungserfolg gefährdet wäre (Abs. 1 Satz 2), und drittens bei der Vollstreckung von Räumungstiteln und Haftbefehlen (Abs. 2).

13

a) Einwilligung des Schuldners (Abs. 1 Satz 1)

Einer richterlichen Durchsuchungsanordnung bedarf es nach Abs. 1 Satz 1 nicht, wenn der Schuldner in die Durchsuchung seiner Wohnung durch den Gerichtsvollzieher einwilligt. Das entsprach schon vor Inkrafttreten des § 758a allgemeiner Ansicht. § 758a hat insoweit nur klarstellende Bedeutung; denn bei einer Einwilligung liegt schon begrifflich keine Durchsuchung vor. Bei einem minderjährigen Schuldner und bei einer juristischen Person ist die Einwilligung von dem gesetzlichen Vertreter zu erteilen. Die Einwilligung von Mitbewohnern oder Personal des Schuldners reicht grundsätzlich nicht aus. Soweit diese Personen allerdings Vertretungsmacht für die Abgabe der Einwilligungserklärung haben, können sie diese im Namen des Schuldners wirksam abgeben.[18]

14

Die Einwilligungserklärung muss nicht notwendigerweise ausdrücklich,[19] sondern sie kann **auch konkludent** erfolgen. Dafür reicht allerdings das bloße Fehlen eines Widerspruchs des Schuldners gegen die Vollstreckung nicht aus; das Gesetz verlangt vielmehr eine positive Einwilligung des Schuldners. Ferner liegt eine Einwilligung des Schuldners nicht schon darin, dass er seine Geschäftsräume dem Kundenverkehr und damit der Öffentlichkeit zugänglich macht.[20]

15

---

16 Dazu BGH, NJW 2006, 3352.
17 *Brox/Walker*, Rn. 326; MüKo/*Heßler*, § 758a Rn. 27; *Stein/Jonas/Münzberg*, § 758 Rn. 5, 7; *Walker*, FS Kollhosser, 2004, Bd. II, 755, 758.
18 Vgl. die amtliche Begründung zu § 758a in BT-Drucks. 13/341, S. 16; ferner HdbZVR/*Keller*, Kap. 2 Rn. 233; *Musielak/Voit/Lackmann*, § 758a Rn. 4; *Thomas/Putzo/Seiler*, § 758a Rn. 5; weitergehend MüKo/*Heßler*, § 758a Rn. 30; *Walker*, FS Kollhosser, 2004, Bd. II, 755, 765; *Zöller/Stöber*, § 758a Rn. 11.
19 So aber *Musielak/Voit/Lackmann*, § 758a Rn. 4.
20 MüKo/*Heßler*, § 758a Rn. 32; *Musielak/Voit/Lackmann*, § 758a Rn. 4; *Zöller/Stöber*, § 758a Rn. 12.

16 Die Einwilligung kann wirksam auf bestimmte Räume **beschränkt** werden. Wird sie mit anderen Vorbehalten oder Einschränkungen versehen, liegt eine Verweigerung der Einwilligung vor. Ein **Widerruf** der Einwilligung ist jederzeit möglich. Dem dürfte auch allenfalls in ganz seltenen Ausnahmefällen der Einwand des Rechtsmissbrauchs entgegenstehen, weil damit auch die von vornherein verweigerte Einwilligung nicht ersetzt werden kann. Erfolgt der Widerruf der Einwilligung erst nach einer durchgeführten Pfändung, bleibt diese wirksam. Ist allerdings zur Wegschaffung der wirksam gepfändeten Sache ein erneutes Eindringen in die Wohnung des Schuldners erforderlich, muss bei widerrufener Einwilligung eine richterliche Durchsuchungsanordnung beantragt werden.

17 Solange die erteilte Einwilligung des Schuldners nicht widerrufen ist, gilt sie **auch für nachfolgende Vollstreckungsakte** zugunsten desselben Gläubigers. Die Einwilligung ist daher auch Grundlage für eine spätere Abholung einer zuvor gepfändeten Sache.[21] Dagegen bezieht sie sich nicht auf spätere Pfändungen zugunsten anderer Gläubiger. Will der Gerichtsvollzieher **gleichzeitig für mehrere Gläubiger** pfänden, kann die Einwilligung nach Abs. 1 Satz 1 nur einheitlich erteilt oder verweigert werden.[22] Andernfalls könnte der Schuldner über den Rang der Pfändungspfandrechte bestimmen.

18 Die Einwilligung ist im Protokoll zu vermerken (§ 61 Abs. 1 Satz 1 GVGA). Aus § 61 Abs. 2 GVGA ergibt sich, dass der Gerichtsvollzieher den Schuldner oder die sonst in der Wohnung des Schuldners angetroffene Person **darüber belehren** muss, dass die Durchsuchung ohne richterliche Erlaubnis nur mit Einwilligung des Schuldners erfolgen kann. Bei einer Verweigerung der Einwilligung muss der Gerichtsvollzieher nach den Gründen fragen und die Erklärungen des Schuldners ihrem wesentlichen Inhalt nach im **Protokoll** festhalten. Diese Erklärungen können dann bei einer gerichtlichen Entscheidung über die Erteilung der Durchsuchungsanordnung berücksichtigt werden.

b) Gefährdung des Durchsuchungserfolges (Abs. 1 Satz 2)

19 Eine richterliche Durchsuchungsanordnung ist gem. Abs. 1 Satz 2 ferner entbehrlich, wenn ihre Einholung den Erfolg der Durchsuchung gefährden würde (vgl. auch § 61 Abs. 4 GVGA). Diese Regelung ist eine Konsequenz aus Art. 13 Abs. 2 GG, der bei Gefahr im Verzuge ebenfalls Durchsuchungen ohne richterliche Anordnung erlaubt. Das gilt eben auch für die Zwangsvollstreckung. »Gefahr im Verzug« (wird von der Rechtsprechung eng ausgelegt)[23] kann nur angenommen werden, wenn die mit der Anrufung des Richters verbundene Verzögerung (von der Feststellung der Notwendigkeit einer richterlichen Anordnung über die Benachrichtigung des Gläubigers und dessen Antrag an das Gericht bis zur richterlichen Entscheidung werden in der Regel mehrere Tage verstreichen) den Erfolg der Durchsuchung erkennbar gefährden würde.[24] Die allgemeine Gefahr, dass ein über die bevorstehende Vollstreckung vorgewarnter, erfüllungsunwilliger Schuldner möglicherweise Vollstreckungsgut beiseite bringt, reicht nicht aus;[25] denn sie ist immer gegeben, wenn ein Schuldner sich zunächst der Vollstreckung in seiner Wohnung verweigert. Es müssen vielmehr konkrete, aus der Person und den individuellen Verhältnissen des Schuldners herrührende Umstände hinzukommen.[26]

20 Selbst die allgemeine Dringlichkeit, die Voraussetzung für den Erlass eines jeden **Arrestes** und einer jeden **einstweiligen Verfügung** ist, genügt nicht;[27] denn auch mit dieser Dringlichkeit kann das

---

21 Vgl. AG Koblenz, DGVZ 1997, 188.
22 MüKo/*Heßler*, § 758a Rn. 34.
23 BVerfG, NJW 2001, 1121, 1122.
24 So schon vor Inkrafttreten des § 758a Abs. 1 S. 2 BVerfGE 51, 97 ff.
25 *Brox/Walker*, Rn. 327; *Zöller/Stöber*, § 758a Rn. 32.
26 Vgl. BVerfG, NJW 2001, 1121, 1123.
27 OLG Karlsruhe, DGVZ 1983, 139; LG Düsseldorf, DGVZ 1985, 60; *Amelung*, ZPP 88 (1975), 74, 91; *Walker*, Der einstweilige Rechtsschutz, Rn. 398; *ders.*, FS Kollhosser, 2004, Bd. II, 755, 766; a. A. AG Mönchengladbach-Rheydt, DGVZ 1980, 94; *Bischof*, ZIP 1983, 522; *Dierck/Morvilius/Vollkommer/Hilzinger*, 3. Kap. Rn. 199; *E. Schneider*, NJW 1980, 2377; *Zöller/Vollkommer*, § 930 Rn. 2.

Zuwarten um wenige Tage vereinbar sein. Sofern aber die besondere Dringlichkeit nach §942 Abs. 1 für die Notzuständigkeit des Amtsgerichts der belegenen Sache oder nach §944 für die Alleinzuständigkeit des Vorsitzenden zu bejahen ist, dürfte regelmäßig Gefahr im Verzug anzunehmen sein;[28] denn die erhöhte Dringlichkeit nach diesen Vorschriften steht dem Zeitverlust, der mit der Einholung einer richterlichen Durchsuchungsanordnung verbunden ist, entgegen. Dagegen bedeutet allein die Dringlichkeit nach §937 Abs. 2 als Voraussetzung für eine Entscheidung ohne mündliche Verhandlung entgegen verbreiteter Ansicht[29] nicht ohne Weiteres Gefahr im Verzug,[30] zumal auch die Durchsuchungsanordnung notfalls ohne mündliche Verhandlung ergehen kann.[31] Die Gründe für Gefahr im Verzug müssen sich nicht immer aus dem Tenor einer derartigen Beschlussverfügung ergeben. Der Gläubiger kann sie dem Gerichtsvollzieher auch in anderer Weise glaubhaft machen.

Ein klassisches **Beispiel** für Gefahr im Verzug liegt vor, wenn der Gerichtsvollzieher erfährt, dass der Schuldner sich alsbald und auf Dauer unter Mitnahme seiner Habe ins Ausland begeben will.[32] Ferner kann für Gefahr im Verzug ein unmittelbar bevorstehender Umzug des Schuldners[33] sowie eine Verschleuderung von Waren oder anderen Vermögensgegenständen sprechen. 21

Der **Gerichtsvollzieher** hat die Voraussetzung für eine Gefahr im Verzug selbst zu prüfen und nach **pflichtgemäßem Ermessen** zu entscheiden. Hat er Gefahr im Verzug bejaht, muss er sich diese Entscheidung nicht nachträglich durch den Richter genehmigen lassen.[34] Der Fall ist nicht mit der in Art. 104 Abs. 2 GG angesprochenen Freiheitsentziehung vergleichbar, sodass diese Norm und die zu ihr ergangene Rechtsprechung nicht entsprechend anwendbar sind.[35] Die Auslegung und Anwendung des Begriffs »Gefahr im Verzug« durch den Gerichtsvollzieher ist gerichtlich nachprüfbar; die Gerichte haben allerdings die schwierige Entscheidungssituation des Gerichtsvollziehers zu berücksichtigen.[36] 22

c) Räumungstitel und Haftbefehle (Abs. 2)

Abs. 1 ist nicht anzuwenden auf die Vollstreckung eines Titels auf Räumung oder Herausgabe von Räumen (§885) und auf die Vollstreckung eines Haftbefehls (§802g). In diesen Fällen wurde schon vor Inkrafttreten des §758a eine richterliche Durchsuchungsanordnung für entbehrlich gehalten, sofern es um die Vollstreckung aus einem richterlichen Titel ging[37] (vgl. auch §61 Abs. 8 GVGA). Das wurde damit begründet, dass in einem richterlichen Räumungstitel ebenso wie in einem richterlichen Haftbefehl bereits eine richterliche Durchsuchungsanordnung enthalten sei.[38] Bereits bei Erlass des Titels stehe nämlich fest, dass bei der Räumung auf die Wohnung des Schuldners und bei der Verhaftung auf die Person des Schuldners, wo auch immer er angetroffen wird, zugegriffen werden müsse. Dagegen sollte nach damals h. M. bei der Vollstreckung aus einem nicht richter- 23

---

28 *Walker*, Der einstweilige Rechtsschutz, Rn. 398; siehe auch Vor §§916–945 Rn. 76.
29 LG Düsseldorf, DGVZ 1985, 61; AG Mönchengladbach-Rheydt, DGVZ 1980, 94; *Behr*, NJW 1992, 2125, 2128; *Schneider*, NJW 1980, 2377, 2378; *Zöller/Stöber*, §758a Rn. 32.
30 *Walker*, Der einstweilige Rechtsschutz, Rn. 398.
31 OLG Saarbrücken, Rpfleger 1993, 146 f.; AG Wiesbaden, DGVZ 1995, 29; noch großzügiger LG Berlin, DGVZ 1993, 173; DGVZ 1988, 26; siehe auch Rn. 42.
32 So der Fall LG Kaiserslautern, DGVZ 1986, 62.
33 OLG Karlsruhe, DGVZ 1992, 41.
34 *E. Schneider*, NJW 1980, 2377; *Zöller/Stöber*, §758a Rn. 32.
35 **A. A.** insoweit *Kleemann*, DGVZ 1980, 3.
36 BVerfG, NJW 2001, 1121, 1124.
37 Zum damaligen Meinungsstand siehe nur 2. Auflage, §758 Rn. 2 a.
38 **Zur Räumungsvollstreckung** vgl. nur OLG Düsseldorf, NJW 1980, 458; LG Berlin, DGVZ 1981, 184; LG Düsseldorf, MDR 1980, 61; LG Heilbronn, DGVZ 1993, 43 f.; **zur Verhaftung des Schuldners** LG Berlin, AG Königstein, AG Köln, AG Siegen, alle DGVZ 1979, 170; LG Düsseldorf, DGVZ 1980, 10; LG Stuttgart, DGVZ 1980, 111.

lichen Titel (Räumungsvergleich; vom Rechtspfleger erlassener Zuschlagsbeschluss nach § 93 ZVG) immer eine zusätzliche richterliche Durchsuchungsanordnung erforderlich sein.[39] Demgegenüber erklärt der heutige Abs. 2 die Durchsuchungsanordnung bei der Räumungsvollstreckung und bei der Verhaftung unabhängig davon für entbehrlich, ob die Vollstreckung aus einem richterlichen oder einem nicht richterlichen Titel erfolgt.[40] Das ist unter dem Gesichtspunkt von Art. 13 Abs. 2 GG nicht unproblematisch. Der Gesetzgeber hat diese großzügige Regelung erstens damit begründet, dass eine Räumung keine Durchsuchung i. S. v. Art. 13 Abs. 2 GG sei; dieses Argument ist allerdings wenig überzeugend, wenn gleichzeitig eine Durchsuchungsanordnung auch dann verlangt wird, wenn eine zu pfändende oder wegzunehmende Sache gar nicht gesucht werden muss, sondern in der Wohnung offen zutage liegt. Ein zweites Argument des Gesetzgebers[41] leuchtet allerdings ein: Es wäre nämlich widersprüchlich, wenn durch die Notwendigkeit einer richterlichen Anordnung ausgerechnet demjenigen Schuldner grundsätzlich ein Recht auf ungestörte Wohnungsnutzung verliehen würde, dem in dem vollstreckbaren Titel das Recht auf Innehabung der Wohnung gerade abgesprochen wurde.[42] Außerdem ist in einem Räumungsvergleich bereits die Einwilligung des Schuldners in die Durchsuchung enthalten.

24 Wenn der Gerichtsvollzieher anlässlich der Räumung, die ohne Durchsuchungsanordnung zulässig ist, auch eine Pfändung für den Gläubiger vornehmen will, benötigt er dafür ebenfalls keine besondere richterliche Erlaubnis; denn für die Pfändung ist dann kein zusätzlicher Eingriff in die Wohnungssphäre des Schuldners erforderlich.[43]

25 Abs. 2 erfasst auch den Beschluss über die Anordnung der Zwangsverwaltung mit der Ermächtigung des Zwangsverwalters, sich den Besitz an dem Verwaltungsobjekt zu verschaffen. Aufgrund eines solchen Titels kann der Gerichtsvollzieher also den Schuldner aus dem Besitz setzen und den Zwangsverwalter in den Besitz einweisen, und er benötigt dafür selbst dann keine richterliche Erlaubnis, wenn die Besitzverschaffung die Wohnung des Schuldners betrifft.[44]

d) Duldungstitel

26 Ist der Schuldner dazu verurteilt, dem Gläubiger **Zutritt** zu seiner Wohnung zu verschaffen (und die Sperrung des Strom- oder Gaszählers zu dulden), liegt schon nach dem Wortlaut kein Fall des Abs. 2 vor. Ein solcher Duldungstitel unterscheidet sich von einem Räumungstitel auch dadurch, dass durch ihn dem Schuldner nicht das Recht auf Innehabung der Wohnung abgesprochen wird. Trotzdem ist für den Zutritt des Gläubigers keine besondere richterliche Erlaubnis erforderlich; diese liegt nämlich bereits in dem gerade auf Eingriff in den Schutzbereich der Wohnung gerichteten Titel selbst.[45] Wenn es sich bei dem Duldungstitel um einen Prozessvergleich handelt, in dem der Schuldner seine Zustimmung zum Betreten der Wohnung erklärt hat, ist ebenfalls keine richterliche Erlaubnis erforderlich.[46]

---

39 2. Aufl., § 885 Rn. 8.
40 Siehe dazu eingehend *Goebel*, KTS 1997, 143, 185 ff.
41 Siehe insgesamt zur Begründung des Abs. 2 BT-Drucks. 13/341, S. 16.
42 *Walker*, FS Kollhosser, 2004, Bd. II, 755, 760.
43 *Walker*, FS Kollhosser, 2004, Bd. II, 755, 761.
44 BGH, NJW-RR 2011, 1095 f.
45 BGH, NJW 2006, 3352, 3353, der zusätzlich darauf abstellt, dass es nicht um eine Durchsuchung gehe; vgl. auch LG Potsdam und LG Dessau, DGVZ 2006, 59; früher schon AG Berlin-Charlottenburg, DGVZ 1997, 190 (zur Rechtslage vor Inkrafttreten des § 758a).
46 AG Erkelenz, DGVZ 2007, 74 (wo allerdings schon der Schutzbereich des Art. 13 GG mangels Durchsuchung verneint wird).

e) Keine Entbehrlichkeit bei Herausgabetiteln und Arrestbefehlen

Ob die Vollstreckung eines **Titels auf Herausgabe beweglicher Sachen** eine richterliche Anordnung nach Abs. 1 voraussetzt, wenn in der Wohnung des Schuldners vollstreckt werden soll, war bis zur Einführung des § 758a heftig umstritten.[47] Überwiegend wird davon ausgegangen, dass dieser Streit durch den jetzigen Abs. 2 in dem Sinne geklärt ist, dass eine Durchsuchungsanordnung bei der Vollstreckung nach § 883 erforderlich sei, weil eine Ausnahme eben nur für die Räumungsvollstreckung bei unbeweglichen Sachen vorgesehen sei. Zwar ergibt sich aus der Begründung zu § 758a,[48] dass der Gesetzgeber dieses Problem mit der Regelung des Abs. 2 bewusst nicht endgültig entscheiden, sondern zunächst eine verfassungsgerichtliche Klärung abwarten wollte. Diese verfassungsgerichtliche Klärung liegt bisher nicht vor. Für die Notwendigkeit einer richterlichen Erlaubnis spricht aber, dass bei Erlass des Titels auf Herausgabe einer beweglichen Sache in der Regel noch gar nicht feststeht, ob es überhaupt zu einer Wohnungsdurchsuchung kommt, sodass der Richter sich über die Erlaubnis zur Wohnungsdurchsuchung auch noch keine Gedanken gemacht haben kann.[49] Auch § 61 Abs. 7 GVGA schreibt für den Gerichtsvollzieher die Einholung einer Erlaubnis vor.

27

Weder um Räumung noch um Verhaftung geht es bei der Vollziehung eines **Arrestbefehls**. In diesem kann deshalb eine richterliche Durchsuchungsanordnung auch noch nicht enthalten sein. Sie kann allenfalls wegen Gefahr im Verzug entbehrlich sein (siehe Rn. 20).

28

3. Duldungspflicht von Mitgewahrsamsinhabern an der Wohnung des Schuldners (Abs. 3)

Wenn der Schuldner mit anderen zusammen in einer gemeinschaftlichen Wohnung (Lebensgemeinschaft, Wohngemeinschaft) oder als Untermieter in der Wohnung des Hauptmieters wohnt, muss der Gerichtsvollzieher, der die Wohnung des Schuldners durchsuchen will, notgedrungen die Wohnung der an der Vollstreckung ansonsten nicht beteiligten Dritten betreten. Falls diese dann aus Solidarität mit dem Schuldner oder auch von diesem dazu animiert sich auf ihr eigenes Recht auf Unverletzlichkeit der Wohnung berufen, stellt sich die Frage, ob zusätzlich zu der richterlichen Durchsuchungsanordnung gegen den Schuldner auch eine Durchsuchungsanordnung gegen den oder die Dritten erforderlich ist. Das wurde schon vor Einfügung des § 758a von der h. M. verneint.[50] Nur nach dieser Ansicht war eine Zwangsvollstreckung in Räumen von Wohngemeinschaften und anderen Fällen, in denen Dritte Mitgewahrsam an der Wohnung des Schuldners haben, überhaupt möglich, zumal es für eine Durchsuchungsanordnung gegen den Dritten (Mitgewahrsamsinhaber) keine Rechtsgrundlage gibt. Diese damalige h. M. ist in Abs. 3 des § 758a Gesetz geworden. Danach müssen Mitgewahrsamsinhaber an der Wohnung des Schuldners die gegen diese gerichtete Durchsuchung dulden, falls der Schuldner in die Durchsuchung eingewilligt hat oder eine richterliche Durchsuchungsanordnung nach Abs. 1 ergangen bzw. wegen Gefahr im Verzug entbehrlich ist. Diese Regelung ist nicht nur im Sinne einer effektiven Zwangsvollstreckung praktisch, sondern auch sachgerecht.[51] Der Mitgewahrsamsinhaber an der Wohnung hat nämlich durch seinen Einzug in die Wohnung sein Recht auf ungestörtes Wohnen dahin eingeschränkt, dass andere Mitbewohner (also auch der Schuldner) im Rahmen des sozial Üblichen Besucher empfangen dürfen. Daher fingiert die Durchsuchungsanordnung gegen den Schuldner das Einverständnis des Mitbewohners

29

---

47 Für die Notwendigkeit einer besonderen richterlichen Anordnung etwa LG Berlin, DGVZ 1992, 11; *Baur/Stürner/Bruns*, Rn. 8.20, 39.4; *Zöller/Stöber*, 20. Aufl., § 758 Rn. 10, § 883 Rn. 10; **a. A.** hier 2. Aufl., § 758 Rn. 2 a; *Bischof*, ZIP 1983, 522, 525; *Lohkemper*, ZIP 1995, 1641, 1644; *E. Schneider*, NJW 1980, 2377, 2379.
48 BT-Drucks. 13/341, S. 17.
49 *Walker*, FS Kollhosser, 2004, Bd. II, 755, 762.
50 Siehe nur 2. Aufl., § 758 Rn. 8 mit zahlreichen Nachweisen sowie *Schuschke*, DGVZ 1997, 49.
51 Kritisch aber *Goebel*, KTS 1997, 143, 158 ff.; *Münzberg*, FS Lüke, 1997, 525, 537 ff.

mit dem Besuch des Gerichtsvollziehers.[52] Schon deshalb sind verfassungsrechtliche Bedenken im Hinblick auf ein eigenes Recht des Mitbewohners aus Art. 13 GG[53] unberechtigt.[54]

30 Der durch die Vollstreckung in der Schuldnerwohnung betroffene **Dritte** wird durch diese Regelung **nicht sachwidrig benachteiligt**. Er wird zwar in seinem Recht auf ungestörtes Wohnen beeinträchtigt, aber nicht durch eine gegen ihn gerichtete Vollstreckungshandlung; insofern ist er lediglich am Rande betroffen.[55] Davon abgesehen sieht Abs. 3 Satz 2 vor, dass **unbillige Härten** gegenüber den Mitbewohnern des Schuldners **zu vermeiden** sind. Deshalb hat der Gerichtsvollzieher etwa während einer schweren Erkrankung des Dritten oder eines Angehörigen oder bei einer ernsthaften Gesundheitsgefährdung (vgl. § 61 Abs. 11 GVGA) von einer Durchsuchung abzusehen. Dieser Schutz des Dritten geht über denjenigen des § 765a hinaus;[56] denn an die »unbillige Härte« i. S. v. Abs. 3 Satz 2 sind nicht dieselben strengen Anforderungen zu stellen wie an die »sittenwidrige Härte« i. S. v. § 765a.[57]

4. Voraussetzungen für die Durchsuchungsanordnung und Verfahren

31 Die Voraussetzungen, unter denen eine richterliche Durchsuchungsanordnung nach Abs. 1 zu erteilen ist, sind gesetzlich nicht geregelt.

a) Antrag des Gläubigers

32 Erweist sich eine Durchsuchungsanordnung als erforderlich, so ist sie vom Gläubiger zu **beantragen**. Der Gerichtsvollzieher ist weder von sich aus berechtigt noch im Auftrage des Gläubigers dazu verpflichtet, seinerseits die Anordnung zu beantragen (vgl. § 61 Abs. 3 Satz 1 GVGA).[58]

33 Der Antrag kann schriftlich, elektronisch oder zu Protokoll der Geschäftsstelle gestellt werden. Es besteht kein Anwaltszwang (§ 78 Abs. 3). Das Bundesministerium der Justiz hat von seiner Ermächtigung nach **Abs. 6** Gebrauch gemacht und durch die Zwangsvollstreckungsformular-Verordnung (ZVFV) vom 23.8.2012[59] mit Wirkung zum 1.9.2012 einen **Formularzwang** eingeführt.[60] Das der ZVFV als Anlage 1 beigefügte Formular für den Antrag auf richterliche Durchsuchungserlaubnis dient ebenso wie das zeitgleich eingeführte Formular für den Antrag auf Erlass eines Pfändungs- und Überweisungsbeschlusses der Vereinfachung durch Vereinheitlichung und ist seit dem 1.3.2013 verbindlich zu nutzen.

34 Der Antrag muss im Rahmen einer konkreten Vollstreckung unter Angabe der zu vollstreckenden Forderung[61] für eine ganz bestimmte Wohnung gestellt werden.[62] Der Antrag kann sich also bei

---

52 Einzelheiten: *Schuschke*, DGVZ 1997, 49, 52; ebenso PG/*Kroppenberg*, § 758a Rn. 9.
53 Vgl. etwa *Musielak/Voit/Lackmann*, § 758a Rn. 6; *Stein/Jonas/Münzberg*, § 758a Rn. 7.
54 Dazu auch *Walker*, FS Kollhosser, 2004, Bd. II, 755, 764.
55 Vgl. BT-Drucks. 12/8314, S. 17.
56 *Schuschke*, DGVZ 1997, 49, 53.
57 Für eine weite Auslegung des Begriffs der unbilligen Härte auch *Behr*, JurBüro 1998, Sonderheft, S. 5; *Goebel*, KTS 1997, 143, 162.
58 LG Aschaffenburg, DGVZ 1995, 185; LG Bamberg, DGVZ 1989, 152; LG Hannover, DGVZ 1983, 154; LG Koblenz, DGVZ 1981, 24; AG Heinsberg, NJW 1979, 1991; AG München, DGVZ 1981, 189; *Musielak/Voit/Lackmann*, § 758a Rn. 11; *Zöller/Stöber*, § 758a Rn. 23; **a. A.** (Gerichtsvollzieher zur Antragstellung berechtigt) *Schneider*, NJW 1980, 2377.
59 BGBl. I, S. 1823.
60 Dazu Fechter, Rpfleger 2013, 9.
61 LG Wiesbaden, NJW-RR 1998, 1289 (zur Substanziierungspflicht des Finanzamtes).
62 LG Berlin, DGVZ 1979, 166. Nach LG Lüneburg, JurBüro 1993, 496 m. Anm. *Mümmler* liegt ein ordnungsgemäßer Antrag auf Erlass einer Durchsuchungsanordnung auch dann vor, wenn sich Titelart, die erlassende Behörde sowie das Aktenzeichen und Datum des Titels nur aus den beigefügten Unterlagen ergeben.

einem bekanntermaßen renitenten Schuldner nicht vorab auf »alle in Betracht kommenden Fälle« beziehen. Die Anordnung ist mit der konkreten Vollstreckungsmaßnahme, auf die sie sich bezog, verbraucht. Sie muss für jeden Fall, in dem sie sich wieder als erforderlich erweist, erneut beantragt werden.

Der Antrag muss von jedem Gläubiger, der die Wohnung des Schuldners im Rahmen der Vollstreckung durchsuchen lassen will, soweit keine der oben unter II. erörterten Ausnahmen vorliegt, selbstständig gestellt werden; denn die für einen Gläubiger erteilte Genehmigung wirkt nur für diesen und die von ihm beabsichtigte Vollstreckung.[63]

b) Zuständigkeit zur Erteilung

Zuständig für die Erteilung der Genehmigung, soweit später der Gerichtsvollzieher nach den Vorschriften der ZPO die Vollstreckung betreiben soll, ist der **Richter** bei dem Amtsgericht, in dessen Bezirk die zu durchsuchende Wohnung gelegen ist. Im Hinblick auf § 802 ist die Zuständigkeit eine ausschließliche. Für die Erteilung der Durchsuchungsgenehmigung im Rahmen des (dem § 758a nachgebildeten) § 287 AO, nach dem sich auch die Vollstreckung im Verwaltungsverfahren richtet, sind ebenfalls die Amtsgerichte zuständig (§ 287 Abs. 4 Satz 3 AO).[64]

Bei der Erteilung der Durchsuchungsanordnung handelt es sich **nicht** um eine Aufgabe des **Vollstreckungsgerichts**, sodass § 20 Nr. 17 RPflG nicht eingreift und es deshalb auch keines ausdrücklichen Richtervorbehalts bedurfte. Im Übrigen verbietet schon Art. 13 Abs. 2 GG selbst eine Übertragung dieser Aufgabe auf den Rechtspfleger.

c) Allgemeine Vollstreckungsvoraussetzungen

Die Durchsuchungsanordnung ist schon ihrerseits Zwangsvollstreckung. Deshalb müssen alle Vollstreckungsvoraussetzungen vorliegen, ehe sie ergehen darf. Insbesondere muss dem Schuldner der Titel, der vollstreckt werden soll, bereits zugestellt[65] und es muss die Klausel erteilt sein. Die Erbringung der Sicherheitsleistung muss dagegen, falls Sicherungsvollstreckung nach § 720a möglich ist, nicht nachgewiesen sein. Denn auch zur Sicherungsvollstreckung in der Wohnung des Schuldners gegen dessen Willen ist eine richterliche Durchsuchungsanordnung erforderlich.

d) Rechtsschutzbedürfnis

Die Anordnung ist nur zulässig, wenn für sie ein Rechtsschutzbedürfnis des Gläubigers besteht. Dieses Rechtsschutzbedürfnis ist nur zu bejahen, wenn der Schuldner unmissverständlich zu erkennen gegeben hat, dass er die Durchsuchung seiner Räumlichkeiten im Rahmen der Zwangsvollstreckung freiwillig nicht gestatten werde.[66] Der Verweigerung der Durchsuchung durch den Schuldner steht diejenige durch einen Angestellten oder Familienangehörigen gleich.[67] Deshalb kann die Durchsuchungsanordnung nicht einfach vorsichtshalber vorab vor dem ersten Vollstreckungsversuch beantragt werden.[68] Andererseits reicht es aus, wenn der Gerichtsvollzieher den

---

63 Konsequenz aus BVerfG, NJW 1987, 2499; siehe auch oben Rn. 17; **a.A.** (Ausnutzen der Genehmigung durch weitere Gläubiger möglich) *Zöller/Stöber*, § 758a Rn. 8 mit weiteren Nachweisen.
64 *Zöller/Stöber*, § 758a Rn. 43 f.
65 LG Düsseldorf, MDR 1983, 238; **a.A.** LG Marburg, DGVZ 1982, 30.
66 Vgl. OLG Celle, Rpfleger 1987, 73; LG Aachen, DGVZ 1989, 172.
67 LG Berlin, DGVZ 1990, 137; LG Nürnberg-Fürth, DGVZ 1989, 14.
68 *Zöller/Stöber*, § 758a Rn. 19.

Schuldner bei mehreren Vollstreckungsversuchen nicht angetroffen hat,[69] sofern mindestens ein Vollstreckungsversuch angekündigt war[70] oder andere konkrete Umstände darauf hindeuten, dass der Schuldner den Gerichtsvollzieher in absehbarer Zeit nicht in die Räumlichkeiten lassen werde (z. B. der Schuldner ist mit unbekanntem Ziel auf längere Zeit verreist).[71] Ob es auch ausreichen kann, wenn der Schuldner bei mehreren unangekündigten Vollstreckungsversuchen nicht angetroffen wurde, hängt von den Umständen des Einzelfalles ab (z. B. Anzahl, Tages- und Wochenzeiten der Vollstreckungsversuche). Andererseits sind nicht mehrere vergebliche Vollstreckungsversuche zu verschiedenen Zeiten erforderlich, wenn die Unwilligkeit des Schuldners schon beim ersten deutlich wurde[72] oder wenn der Gerichtsvollzieher bei seinen Versuchen entsprechende Nachrichten hinterließ, in denen er die Einholung einer richterlichen Anordnung und die zwangsweise Öffnung der Wohnung ankündigte.[73] Insbesondere kann nicht verlangt werden, dass bei einem Schuldner, der bei einem angekündigten Besuch ohne Gründe nicht anwesend war, zunächst eine Vollstreckung zur Nachtzeit oder an Sonn- und Feiertagen versucht werde.[74] Auch diese wäre ja bei einer Vollstreckung in der Wohnung nur nach richterlicher Anordnung möglich (Abs. 4).

40 Das Rechtsschutzbedürfnis fehlt nicht deshalb, weil der Gläubiger bereits einen Haftbefehl gegen den Schuldner erwirkt hat.[75] Zwar ist die Vollstreckung eines Haftbefehls gem. § 758a Abs. 2 auch ohne richterliche Durchsuchungsanordnung möglich, aber nur zwecks Verhaftung des Schuldners, nicht zwecks gezielter Suche nach Wertgegenständen. Ferner ist das Rechtsschutzbedürfnis nicht allein aus dem Grund zu verneinen, dass die zu vollstreckende Forderung gering ist.[76] **Gerade bei geringfügigen Forderungen** kann der Schuldner sich den mit der Durchsuchung verbundenen Belästigungen ohne großen Schaden durch freiwillige Leistung entziehen. Würde man hier im Rahmen einer Verhältnismäßigkeitsabwägung den Eingriff in die Unverletzlichkeit der Wohnung nicht zulassen, wären solche Forderungen nicht beitreibbar und würden zu Naturalobligationen degenerieren.[77] Der auch im Zwangsvollstreckungsrecht zu beachtende Grundsatz der Verhältnismäßigkeit[78] verlangt es nicht, den Gläubiger zunächst auf andere Vollstreckungsarten, die den Schuldner weniger belasten, zu verweisen.[79] Liegt es am Schuldner, die mit der Durchsuchung verbundenen Belästigungen durch zumutbare eigene Maßnahmen einzudämmen,[80] so können die Belästigungen auch kein Grund für die Verweigerung der Durchsuchungsanordnung sein. Dagegen fehlt das Rechtsschutzbedürfnis, wenn durch vorausgegangene Vollstreckungsversuche bereits fest-

---

69 OLG Bremen, DGVZ 1989, 40; OLG Celle u. LG Hildesheim, Rpfleger 1987, 73; OLG Düsseldorf, Rpfleger 1979, 146; OLG Köln, BB 1995, 16; LG Aachen, DGVZ 1989, 172; LG Berlin, DGVZ 1979, 166; LG Darmstadt und LG München II, beide JurBüro 1980, 775, 776; LG Zweibrücken, MDR 1980, 62; AG Elmshorn, DGVZ 1990, 28; AG Kiel, DGVZ 1981, 40; AG Lünen, DGVZ 1990, 28; besonders großzügig LG Berlin, DGVZ 1988, 74.
70 Vgl. OLG Köln, Rpfleger 1995, 167; LG Hamburg, DGVZ 2010, 133; LG Köln, DGVZ 1993, 190.
71 Ebenso PG/*Kroppenberg*, § 758a Rn. 4.
72 LG Berlin, DGVZ 1990, 25; *Zöller/Stöber*, § 758a Rn. 20.
73 LG Hanau, DGVZ 2006, 76.
74 LG Berlin, DGVZ 1979, 166; LG Dortmund, DGVZ 1985, 170; LG Frankfurt, DGVZ 1980, 23; LG München und LG Zweibrücken, beide DGVZ 1979, 185.
75 LG Hamburg, DGVZ 2010, 133.
76 So aber LG Hannover, NJW-RR 1986, 1256 und JurBüro 1987, 932 mit Anm. *Mümmler;* **wie hier** OLG Düsseldorf, NJW 1980, 1171; LG Berlin, DGVZ 1979, 168; LG Konstanz, NJW 1980, 297; *Peters*, FS Baur, S. 550 ff.
77 Siehe auch Vor §§ 753–763 Rn. 6.
78 Zur Beachtung des Verhältnismäßigkeitsgrundsatzes im Verfahren auf Erlass des Durchsuchungsbeschlusses siehe etwa BVerfGE 51, 97; 57, 346; LG Hannover, Rpfleger 1995, 471; *Brox/Walker*, Rn. 329.
79 So aber *Behr*, DGVZ 1980, 52; *Rößler*, NJW 1979, 2138; **wie hier** KG, NJW 1982, 2326; LG Konstanz, MDR 1983, 238; *Peters*, FS Baur, S. 533.
80 Ein gutes Beispiel gibt LG Hannover, NJW-RR 1986, 288.

steht, dass die Mobiliarvollstreckung in der Wohnung des Schuldners fruchtlos verlaufen wird. Die erneute Durchsuchung erwiese sich in diesem Fall als bloße Schikane.

e) Glaubhaftmachung

Der Gläubiger muss die Voraussetzungen für die Erlangung einer Durchsuchungsanordnung glaubhaft machen. Er wird dies in der Regel durch Vorlage des Gerichtsvollzieherprotokolls über den fehlgeschlagenen Vollstreckungsversuch tun.   41

f) Rechtliches Gehör

Dem Schuldner ist nach umstrittener Ansicht regelmäßig vor der Durchsuchungsanordnung rechtliches Gehör zu gewähren.[81] Falls allerdings die Sicherung gefährdeter Interessen des Gläubigers in besonderen Verfahrenslagen einen schnellen und überraschenden Zugriff erfordern, kann die richterliche Durchsuchungsanordnung auch ohne Anhörung des Schuldners ergehen; dann reicht eine nachträgliche Anhörung aus.[82]   42

g) Erteilung durch Beschluss

Die Durchsuchungsanordnung ergeht durch Beschluss. Dieser Beschluss ist – jedenfalls kurz – zu begründen. Er ist dem Schuldner bei Beginn der Durchsuchung zuzustellen.[83] Ist der Schuldner vor Erlass des Beschlusses angehört worden, ist er ihm unabhängig davon, ob dann tatsächlich eine Durchsuchung durchgeführt wird, bekannt zu geben (§ 329 Abs. 2 Satz 1). Dem Gläubiger wird die Durchsuchungsanordnung formlos mitgeteilt (§ 329 Abs. 2); die ablehnende Entscheidung wird ihm zugestellt (§ 329 Abs. 3). Der Beschluss muss die Parteien der Zwangsvollstreckung, den zu vollstreckenden Titel und die zu durchsuchenden Räumlichkeiten genau bezeichnen.[84] Er gilt dann auch nur für diese Räumlichkeiten. Bei einem Umzug des Schuldners ist für dessen neue Wohnung auch eine neue Durchsuchungsanordnung zu erwirken.   43

5. Befugnisse des Gerichtsvollziehers aufgrund der Durchsuchungsanordnung

Die Durchsuchungsanordnung ermächtigt den Gerichtsvollzieher, verschlossene Haus-, Wohnungs- und Zimmertüren auch gegen den Willen des Schuldners zu öffnen bzw. von Fachleuten (Schlosser, Schlüsseldienst usw.) öffnen zu lassen (§ 758 Abs. 2), damit er Zutritt zu den Räumlichkeiten erhält. Der Versuch, sich auf diese Weise zu den Räumlichkeiten des Schuldners Zutritt zu verschaffen, ist dem Schuldner vorher anzukündigen (so ausdrücklich § 61 Abs. 6 Satz 3 GVGA), damit dieser Gelegenheit erhält, anwesend zu sein und gegebenenfalls durch freiwilliges Öffnen die Zwangsöffnung abzuwenden. Vor der gewaltsamen Wohnungsöffnung hat der Gerichtsvollzieher sich nochmals Gewissheit zu verschaffen, dass der Schuldner diese Räume auch noch bewohnt;[85] daran fehlt es etwa, wenn nach der endgültigen Trennung der Eheleute nur noch die (nicht schuldende) Ehefrau oder wenn gar ein Dritter als Nachmieter in den zu durchsuchenden Räumen wohnt. Zu den vom Schuldner nicht mitbewohnten Räumlichkeiten Dritter kann der Gerichtsvollzieher sich nicht aufgrund der Durchsuchungsanordnung gegen den Schuldner Zutritt verschaffen. In der Wohnung des Schuldners darf der Gerichtsvollzieher Vollstreckungshandlungen wie Siegelanlegung und Wegschaffung (§ 808), Wegnahme (§ 883) und Verhaftung (§ 802g Abs. 2) vornehmen und zur Vorbereitung solcher Vollstreckungshandlungen nach beweglichen Sachen   44

---

[81] BVerfGE 57, 346, 358 f.; LG Coburg, DGVZ 1997, 169; **a. A.** LG Darmstadt, DGVZ 1987, 86; LG Hannover, JurBüro 1987, 1059 mit Anm. *Hansens*, JurBüro 1987, 1568; JurBüro 1986, 1417; LG Verden, JurBüro 1996, 272.
[82] BVerfGE 57, 346, 359; 51, 97, 111.
[83] Wie hier LG Zweibrücken, DGVZ 1980, 27; *Thomas/Putzo/Seiler*, § 758a Rn. 18, 33.
[84] OLG Köln, JurBüro 1996, 213.
[85] AG Mönchengladbach, DGVZ 1976, 91; AG Offenbach, DGVZ 1976, 92.

und nach dem Schuldner suchen. Diese Vollstreckungsmaßnahmen werden anfechtbar, wenn die Durchsuchungsanordnung aufgehoben wird. Eine Durchsuchungsanordnung berechtigt den Gerichtsvollzieher, gleichzeitig auch andere Vollstreckungsaufträge durchzuführen, wenn dadurch keine weiteren Maßnahmen (Durchsuchung anderer Räume) erforderlich werden, durch die sich das Verweilen in den Räumen des Schuldners zwangsläufig verlängert (vgl. § 61 Abs. 9 GVGA).[86] Wenn die Vollstreckung aus weiteren Titeln lediglich den Aufenthalt des Gerichtsvollziehers in den Räumen des Schuldners verlängert, ist keine weitere richterliche Erlaubnis erforderlich; darin läge eine unnötige Förmelei, durch die nur zusätzliche Kosten verursacht werden.[87]

45 Eine richterliche Durchsuchungserlaubnis ermöglicht eine Wegnahme beim Schuldner auch dann, wenn diese nicht gleichzeitig mit der Pfändung, sondern erst zu einem späteren Zeitpunkt erfolgt. Die Wegnahme bedarf dann keiner erneuten Durchsuchungsanordnung.[88] Das zweite Betreten der Wohnung ist dann allerdings nur zu diesem Zweck, nicht zur Vornahme neuerlicher Pfändungsversuche erlaubt.

6. Vorzeigen der richterlichen Durchsuchungsanordnung (Abs. 5)

46 Die richterliche Durchsuchungsanordnung ist bei der Zwangsvollstreckung vorzuzeigen. Eine entsprechende Regelung war für die richterliche Erlaubnis zur Vollstreckung zur Nachtzeit und an Sonn- und Feiertagen schon in § 761 Abs. 2 a. F. enthalten und ist in dem jetzigen § 758a Abs. 5 auf die richterliche Durchsuchungsanordnung ausgedehnt worden.

7. Rechtsmittel gegen die Entscheidung

47 Vor Erlass der Durchsuchungsanordnung muss der Richter des Amtsgerichts stets die konkreten Belange des Vollstreckungsgläubigers und des Vollstreckungsschuldners gegeneinander abwägen. Auch wenn der Schuldner nicht angehört ist, ergeben sich dessen Einwände oder sein sonstiges Verhalten regelmäßig aus dem Protokoll des Gerichtsvollziehers. Die Durchsuchungsanordnung ist deshalb **in allen Fällen** eine **Entscheidung** im Rahmen des Vollstreckungsverfahrens und nicht eine bloße Vollstreckungsmaßnahme. Als solche ist sie **vom Schuldner** immer mit der **sofortigen Beschwerde** gemäß § 793 anzufechten[89] und nicht mit der unbefristeten Vollstreckungserinnerung gemäß § 766.[90] Gegen die Verweigerung der Durchsuchungsanordnung steht dem Gläubiger ebenfalls die sofortige Beschwerde zu.[91]

48 Die Durchsuchungsanordnung bildet, solange sie zulässigerweise angefochten ist, keine Rechtsgrundlage für eine noch ausstehende Durchsuchung. Das Beschwerdegericht hat deshalb, sobald ihm die sofortige Beschwerde vorliegt, die **Zwangsvollstreckung** in der Wohnung des Schuldners **einstweilen einzustellen**. Solange die Frist des § 569 Abs. 1 Satz 1 eingehalten ist, ist die Beschwerde auch noch nach Durchführung der Durchsuchung statthaft,[92] wenn sie nunmehr im Sinne eines

---

86 BVerfGE 76, 83.
87 *Walker*, FS Kollhosser, 2004, Bd. II, 755, 768.
88 AG Wiesbaden, DGVZ 1980, 28.
89 Wie hier OLG Hamm, Rpfleger 1984, 151; OLG Koblenz, Rpfleger 1985, 496; OLG Stuttgart, NJW-RR 1987, 759; LG Koblenz, DGVZ 1982, 91; *Brox/Walker*, Rn. 331; *E. Schneider*, NJW 1980, 2377.
90 So aber KG, NJW 1986, 1180; LG Arnsberg, NJW 1984, 499; LG Düsseldorf, MDR 1985, 62; LG Oldenburg, Rpfleger 1984, 471. Das OLG Karlsruhe, NJW-RR 1986, 550, will § 766 anwenden, wenn der Schuldner nicht angehört worden war, im Fall der Anhörung aber § 793; ebenso *Zöller/Stöber*, § 758a Rn. 36.
91 LG Berlin, DGVZ 1979, 166.
92 **A.M.** aber LG Frankfurt, NJW-RR 1987, 1343.

auf Feststellung der Rechtswidrigkeit gerichteten Begehrens des Schuldners zu verstehen ist.[93] Nach Beendigung der Zwangsvollstreckung wird es aber meist am Rechtsschutzinteresse fehlen.[94]

8. Rechtsbehelfe gegen die Tätigkeit des Gerichtsvollziehers

Lehnt der Gerichtsvollzieher die Durchsuchung ganz oder teilweise (etwa einzelner Räume oder Behältnisse) ab, kann sich der **Gläubiger** dagegen mit der Erinnerung nach §766 wenden. Den gleichen Rechtsbehelf hat der **Schuldner** gegen die Durchsuchung (auch nachträglich, wenn die Durchsuchung schon erfolgt ist),[95] die Anwendung von Gewalt oder die sonstigen Umstände des Eindringens in seine Wohnung. Hat die Erinnerung Erfolg, sind die in zu beanstandender Weise erfolgten Vollstreckungsmaßnahmen für unzulässig zu erklären und vom Gerichtsvollzieher wieder aufzuheben.[96] Dadurch gewinnen andere in der Zwischenzeit korrekt begründete Pfandrechte den Vorrang. Eine – nachrangige – Neupfändung für den alten Gläubiger kommt nur in Betracht, wenn nunmehr ein korrektes Verfahren möglich ist. Da Verstöße gegen §758a oder gegen das Gebot des Art. 13 Abs. 2 GG nur zur Anfechtbarkeit, nicht aber zur Nichtigkeit der erfolgten Vollstreckungsmaßnahmen führen, bleiben sie ohne Folgen für den Gläubiger, wenn sie nicht vor Beendigung der Zwangsvollstreckung erfolgreich gerügt wurden.[97]

49

Dritten, die sich durch die Durchsuchung, Gewaltanwendung oder durch die Umstände des Eindringens in die Räumlichkeiten **in eigenen Rechten** verletzt fühlen, ist ebenfalls die Möglichkeit der Erinnerung nach §766 gegeben.

50

Für **Schäden**, die notwendigerweise bei der zulässigen Durchsuchung oder Gewaltanwendung **an Sachen des Schuldners** (etwa an Türen, Schlössern usw.) entstanden sind, muss der Schuldner selbst einstehen, ohne von jemandem Ersatz verlangen zu können. Für Schäden, die bei unzulässiger Gewaltanwendung oder durch Überschreiten des Erforderlichen entstanden sind, haftet nach Art. 34 GG, §839 BGB der Staat als Dienstherr des Gerichtsvollziehers, nicht aber der Gläubiger, da der Gerichtsvollzieher bei der Vollstreckung weder sein Vertreter noch sein Verrichtungsgehilfe ist.[98] Bei der Haftung des Staates ist aber das Mitverschulden des Schuldners, der sich der Mitwirkung an der rechtmäßigen Zwangsvollstreckung verweigert und dadurch die Gefährdung seines Eigentums heraufbeschworen hat, mindernd zu berücksichtigen.

51

Erleiden **Dritte** bei der rechtmäßigen Vollstreckung **Schäden** (z. B. der Vermieter an der Wohnungstür, der Eigentümer an den dem Schuldner verliehenen und dort gewaltsam geöffneten Behältnissen), so steht ihnen ein Aufopferungsanspruch gegen den Staat zu, soweit sie vom Schuldner keinen Ersatz verlangen können. Für Schäden am Eigentum Dritter bei unrechtmäßiger Vollstreckung haftet der Staat als Dienstherr des Gerichtsvollziehers nach Art. 34 GG, §839 BGB. Den Dritten kann das Mitverschulden des Schuldners nur insoweit entgegengehalten werden, als sich für sie hieraus ein anderweitiger Ersatzanspruch gegen den Schuldner ergibt.

52

9. Kosten und Gebühren

Der Rechtsanwalt erhält für die Erwirkung der Durchsuchungsanordnung nur dann eine Gebühr nach §19 Abs. 2 Nr. 1 RVG i. V. m. Teil 3 Abschnitt 3 Unterabschnitt 3, 4 VV, wenn er **nur** für das Verfahren nach §758a (nicht mit der Zwangsvollstreckung insgesamt) beauftragt ist. Wenn der Anwalt dagegen mit der Durchführung der Zwangsvollstreckung oder der Vollziehung eines Arrestes oder einer einstweiligen Verfügung (§18 Abs. 1 Nr. 1, 2 RVG) beauftragt ist, kann das

53

---

93 BGH, Rpfleger 2008, 329, 330.
94 §766 Rn. 31.
95 Vgl. BVerfG, NJW 1998, 2131 f.; 1997, 2163 f.
96 *Zöller/Stöber*, §758a Rn. 40.
97 Näheres Vor §§803, 804 Rn. 15.
98 Vor §§753–763 Rn. 5.

Erwirken einer Durchsuchungsanordnung nicht gesondert abgerechnet werden; diese Tätigkeit ist dann durch die allgemeine Vollstreckungsgebühr abgegolten (§§ 19 Abs. 2 Nr. 1, 18 Abs. 1, 2 RVG). Eine Gerichtsgebühr fällt insoweit nicht an (vgl. § 1 Satz 1 GKG). Für den Gerichtsvollzieher ist die Durchsuchung Teil der Pfändung, Wegnahme oder Verhaftung und in den Gebühren nach Nr. 205, 220, 221, 270 des Kostenverzeichnisses in der Anlage zu § 9 GvKostG schon mitberücksichtigt. Die Aufwendungen zur Entschädigung der zum Öffnen von Türen und Behältnissen sowie zur Durchsuchung von Schuldnern herangezogenen Personen sind Auslagen des Gerichtsvollziehers (Nr. 704 des Kostenverzeichnisses in der Anlage zu § 9 GvKostG), die nach den Regeln der §§ 1 ff. GvKostG erhoben werden. Angesetzt werden die tatsächlich entstandenen Beträge. Ihr Nachweis muss sich aus den Akten des Gerichtsvollziehers ergeben.

IV. Vollstreckung zur Unzeit (Abs. 4)

1. Inhalt der Norm im Vergleich zum früheren § 761

54   Bis zum 31.12.1998 waren die Voraussetzungen für eine Nacht-, Sonntags- und Feiertagsvollstreckung in § 761 a. F. geregelt. Diese Regelung wurde durch die zweite Zwangsvollstreckungsnovelle in § 758a Abs. 4 verlagert und inhaltlich modifiziert. Im Gegensatz zu dem früheren § 761 hängen nach Abs. 4 die Voraussetzungen für die Zulässigkeit der Vollstreckung zu den genannten Zeiten davon ab, ob Vollstreckungshandlungen in oder außerhalb von Wohnräumen vorgenommen werden sollen. Zum Zweck des Abs. 4 siehe schon Rn. 2.

2. Definitionen

55   **Nachtzeit** umfasst nach der Legaldefinition in Abs. 4 Satz 2 die Stunden von 21 bis 6 Uhr. Diese Regelung wurde durch das Zustellungsreformgesetz vom 25.6.2001[99] eingefügt. Zu den **Feiertagen** gehören sowohl die bundeseinheitlich als auch die durch Landesgesetze unterschiedlich festgesetzten Feiertage. Aus der Tatsache, dass in Abs. 4 neben den Feiertagen nur die **Sonntage** erwähnt sind, ergibt sich, dass die arbeitsfreien Sonnabende von dieser Vorschrift nicht erfasst werden.

3. Vollstreckung in Wohnungen

56   Wenn der Gerichtsvollzieher zu den in Abs. 4 genannten Zeiten Vollstreckungshandlungen (auch die Vollstreckung eines Haftbefehls; Abs. 2 gilt nicht für die Vollstreckung nach Abs. 4)[100] in Wohnraum vornehmen will, benötigt er dafür eine **richterliche Erlaubnis**. Das gilt auch dann, wenn eine zur Tageszeit begonnene Vollstreckung nach Beginn der Nachtzeit fortgeführt werden soll (§ 33 Abs 2 Satz 8 GVGA). Diese Erlaubnis ist nicht automatisch in der Durchsuchungsanordnung nach Abs. 1 enthalten;[101] denn Abs. 4 hat gegenüber Abs. 1 einen eigenständigen Regelungsgehalt, welcher der zur Nachtzeit sowie an Sonn- und Feiertagen gesteigerten Schutzwürdigkeit des Schuldners Rechnung trägt.[102] Die Anordnung ist bei der Zwangsvollstreckung vorzuzeigen (§ 33 Abs. 2 Satz 5 GVGA), auch wenn sich der Wortlaut des Abs. 5 nur auf Abs. 1 bezieht. Der Begriff der Wohnung entspricht demjenigen in Abs. 1 (Rn. 6).

---

99   BGBl. I, S. 1206.
100   BGH, Rpfleger 2004, 715 f.; LG Frankfurt/Oder, DGVZ 2001, 85; **a.M.** AG Bad Doberan, DGVZ 2001, 92; AG Heidelberg, DGVZ 1999, 126; AG Nürtingen, NJW-RR 2003, 1146, 1147; AG Tostedt, DGVZ 2003, 62.
101   LG Regensburg, DGVZ 1999, 173; AG Tiergarten, DGVZ 2001, 79; Hk-ZPO/*Kindl*, § 758a Rn. 14; MüKo/*Heßler*, § 758a Rn. 77; *Thomas/Putzo/Seiler*, § 758a Rn. 31; **a.M.** HdbZVR/*Keller*, Kap. 2 Rn. 255; *Zöller/Stöber*, § 758a Rn. 35; AG Mannheim, DGVZ 1999, 142.
102   BGH, Rpfleger 2004, 715 f.

a) Voraussetzungen der richterlichen Erlaubnis

Deren Erteilung ist von vergleichbaren Voraussetzungen abhängig wie die richterliche Durchsuchungsanordnung nach Abs. 1: 57

aa) Antrag des Gläubigers

Die Erlaubnis wird nur auf Antrag des Gläubigers erteilt. Sie kann nicht vom Gerichtsvollzieher beantragt werden (vgl. § 33 Abs. 2 Satz 4 GVGA).[103] Der Antrag ist zu begründen und kann nicht einfach vorsorglich gestellt werden.[104] Als Begründung ausreichend ist es, dass je ein vergeblicher Vollstreckungsversuch während und außerhalb der üblichen Arbeitszeit an einem Werktag durchgeführt wurde.[105] In jedem Fall muss auch die Erfolgsaussicht einer Vollstreckung zur Nachtzeit pp. dargelegt sein.[106] 58

bb) Zuständigkeit

Zuständig für die Erteilung der Erlaubnis ist wie nach Abs. 1 der **Richter bei dem Amtsgericht**. Es handelt sich nicht um eine Aufgabe des Amtsgerichts als Vollstreckungsgericht (§ 764 Abs. 1), sodass sie nicht durch § 20 Nr. 17 RPflG automatisch dem Rechtspfleger übertragen ist.[107] Es geht vielmehr um eine originäre richterliche Aufgabe, die auch nicht im Einzelfall dem Rechtspfleger übertragen werden kann, weil es insoweit an einer Ermächtigungsgrundlage fehlt.[108] Eine vom Rechtspfleger dennoch erteilte Erlaubnis ist gem. § 8 Abs. 4 Satz 1 RPflG unwirksam.[109] Die noch im Entwurf der zweiten Zwangsvollstreckungsnovelle vorgesehene Übertragung auf das Vollstreckungsgericht und damit auf den Rechtspfleger[110] ist nicht Gesetz geworden. 59

cc) Allgemeine Vollstreckungsvoraussetzungen

Die Erlaubnis zur Vollstreckung zur Nachtzeit pp. ist schon Beginn der Zwangsvollstreckung. Deshalb müssen mit dem Antrag die allgemeinen Vollstreckungsvoraussetzungen (einschließlich der Vollstreckungsklausel) nachgewiesen werden.[111] Dagegen sind die Vollstreckungsvoraussetzungen, die im Hinblick auf § 720a erst in einem späteren Stadium nachgewiesen sein müssen, noch nicht erforderlich,[112] so die Sicherheitsleistung. 60

dd) Materielle Voraussetzungen

Die Vollstreckung zur Nachtzeit oder an einem Sonn- oder Feiertag muss **erforderlich** sein, um effektiv zu sein. Beispiel: Der Schuldner wurde bei mehreren Vollstreckungsversuchen zur üblichen Zeit nicht angetroffen.[113] Die Erforderlichkeit muss vom Gläubiger dargelegt und ggf. glaubhaft gemacht werden. Ein Verschulden des Schuldners oder Gefahr im Verzug ist nicht erforderlich. 61

---

103 *Brox/Walker*, Rn. 308; *Musielak/Voit/Lackmann*, § 758a Rn. 11, 20; *Zöller/Stöber*, § 758a Rn. 23.
104 Vgl. auch Rn. 34.
105 OLG Hamm, KTS 1984, 725; LG Trier, DGVZ 1981, 13; enger AG Gladbeck, MDR 1990, 1123.
106 LG Köln, MDR 1971, 588.
107 So zum früheren § 761 aber AG Gelsenkirchen-Buer, DGVZ 1975, 189; AG Pinneberg, DGVZ 1976, 60; AG Rinteln, Rpfleger 1974, 203; *Henze*, Rpfleger 1971, 10 und Rpfleger 1974, 283.
108 So zu Recht die h. M. zu § 761 a. F.; aus der Rspr. KG, DGVZ 1975, 57; OLG Düsseldorf, NJW 1978, 2205; OLG Hamburg, FamRZ 1979, 1046; LG Darmstadt, DGVZ 1977, 7; LG Hamburg, MDR 1977, 1026; LG Köln, DGVZ 1976, 10; MDR 1963, 225.
109 KG, DGVZ 1975, 57; OLG Düsseldorf, NJW 1978, 2205; LG Darmstadt, DGVZ 1977, 7.
110 BT-Drucks. 13/341, S. 4, 18.
111 BFH, NJW 1980, 2096; LG Düsseldorf, MDR 1983, 238; **a. M.** LG Marburg, DGVZ 1982, 30 f.
112 Siehe schon Rn. 38.
113 *Brox/Walker*, Rn. 308; zu eng AG Gladbeck, MDR 1990, 1123.

b) Verfahren und Entscheidung

62 Der Richter entscheidet über den Antrag nach **pflichtgemäßem Ermessen.** Er hat die Belange des Gläubigers und des Schuldners unter Berücksichtigung des bisherigen Vollstreckungsverlaufs gegeneinander abzuwägen. Außerdem hat er die Interessen mitbetroffener Dritter in seine Erwägungen mit einzubeziehen.[114] Hinsichtlich des **rechtlichen Gehörs** gilt das Gleiche wie bei der Entscheidung über den Antrag auf Durchsuchungsanordnung (Rn. 42).

63 Die Entscheidung ergeht durch **Beschluss.** Die Erlaubnis nach Abs. 4 ist regelmäßig zu befristen.[115] Sie muss zudem angeben, ob sie sich auf eine Vollstreckung zur Nachtzeit oder an einem Sonn- oder Feiertag bezieht oder auf beides. Sie kann nicht für unbegrenzt viele Vollstreckungsversuche erteilt werden.[116] Sie ist auch dann verbraucht, wenn der Vollstreckungsversuch, für den sie erteilt wurde, erfolglos war. Die Erlaubnis nach Abs. 4 enthält automatisch die Genehmigung zur Wohnungsdurchsuchung (§ 33 Abs. 2 Satz 7 GVGA).

c) Rechtsbehelfe

64 Gegen die Entscheidung, die die Erlaubnis versagt, hat der Gläubiger, gegen die Erteilung der Erlaubnis der Schuldner den Rechtsbehelf der sofortigen Beschwerde gem. § 793. Das gilt auch dann, wenn der Schuldner vor der Erteilung nicht gehört wurde.[117] Eine Entscheidung im Vollstreckungsverfahren und nicht eine bloße Vollstreckungsmaßnahme, die nach § 766 anzufechten wäre, liegt hier auch ohne Anhörung des Schuldners deshalb vor, weil der Richter die individuellen Belange des Gläubigers und des Schuldners, wie sie sich aus dem bisherigen Vollstreckungsverlauf ergeben, in jedem Einzelfall abwägen muss. Hat über den Antrag nach Abs. 4 fälschlicher Weise der Rechtspfleger entschieden, kommt für beide Parteien gem. § 11 Abs. 1 RPflG ebenfalls die sofortige Beschwerde nach § 793 in Betracht. Hat die sofortige Beschwerde Erfolg, ist die unter Verletzung des Abs. 4 vorgenommene Vollstreckungshandlung auf die Erinnerung nach § 766 hin für unzulässig zu erklären. Sie ist aufzuheben (§ 776) und nur dann neu vorzunehmen, wenn nunmehr alle Voraussetzungen einer ordnungsgemäßen Vollstreckung vorliegen. Die fehlende Erlaubnis nach Abs. 4 hat also nicht automatisch die Nichtigkeit der Vollstreckungsmaßnahmen zur Folge. Die Pfändung führt zunächst zur – anfechtbaren – Verstrickung und zur Begründung eines – durch die Anfechtung auflösend bedingten – Pfändungspfandrechts. Erfolgt keine Anfechtung bis zum Abschluss des Vollstreckungsverfahrens, sind die Vollstreckunghandlungen als von Anfang an wirksam zu behandeln.[118]

d) Gebühren

65 Für den **Rechtsanwalt,** der mit der Zwangsvollstreckung beauftragt ist und der die Erlaubnis beantragt, ist diese Tätigkeit mit der allgemeinen Vollstreckungsgebühr (§ 19 Abs. 2 Nr. 1 RVG) abgegolten, also keine besondere Angelegenheit. Gerichtsgebühren fallen durch die Erlaubniserteilung nicht an. Wird der **Gerichtsvollzieher** aufgrund der Erlaubnis zur Nachtzeit oder an Sonn- und Feiertagen tätig, so erhebt er hierfür die doppelten Gebühren (§ 11 GvKostG).

4. Vollstreckung außerhalb von Wohnungen

66 In den eher seltenen Fällen, in denen die Vollstreckung zur Nachtzeit oder an Sonn- und Feiertagen nicht in einer Wohnung i.S. des § 758a erfolgen soll, ist sie nach Abs. 4 nicht an eine richterliche

---

114 Ein krasses Beispiel der Beeinträchtigung Dritter gibt AG Groß-Gerau, Rpfleger 1983, 407.
115 BFH, NJW 1980, 2096; OLG Stuttgart, NJW 1970, 1329.
116 LG Mönchengladbach, DGVZ 1972, 91; AG Mönchengladbach, MDR 1972, 245; **a.A.** LG Hagen, JurBüro 1967, 673.
117 OLG Saarbrücken, Rpfleger 1993, 146f.; *Brox/Walker,* Rn. 309; **a.M.** KG, NJW 1986, 1180, 1181; *Wieser,* Rpfleger 1988, 293, 297.
118 Einzelheiten: Vor §§ 803, 804 Rn. 15.

Erlaubnis gebunden. Davon wird eine Entlastung der Gerichte erwartet, ohne dass die Gerichtsvollzieher zusätzlich belastet werden.[119] Die Vollstreckung zu diesen Zeiten ist aber **durch materielle Voraussetzungen eingeschränkt.** Diese hat der Gerichtsvollzieher selbst zu prüfen.

a) Unbillige Härte

Vollstreckungshandlungen nimmt er zu den genannten Zeiten nicht vor, wenn dies für den Schuldner oder seine Mitgewahrsamsinhaber eine unbillige Härte darstellt. Der Begriff der unbilligen Härte entspricht dem in Abs. 3. Sie kann nicht allein mit der Störung der Nacht- oder Sonntags- oder Feiertagsruhe begründet werden, weil andernfalls immer ein Hindernis für die Vollstreckung zu diesen Zeiten vorläge. Andererseits sind an die unbillige Härte nicht dieselben strengen Anforderungen zu stellen wie an die sittenwidrige Härte i. S. von § 765a.[120] Das folgt nicht nur aus dem unterschiedlichen Gesetzeswortlaut, sondern auch daraus, dass die Mitgewahrsamsinhaber gar nicht Adressaten der Vollstreckung sind und daher eher schutzwürdig sind als der von § 765a geschützte Schuldner selbst. Zudem geht es in Abs. 4 anders als in § 765a nicht um eine Aufhebung, Untersagung oder einstweilige Einstellung der Vollstreckung, sondern nur um ein Vollstreckungsverbot gerade zur Nachtzeit sowie an Sonn- und Feiertagen. In den übrigen Zeiten bleibt die Vollstreckung möglich. Deshalb dürfte etwa die Erkrankung des Mitgewahrsamsinhabers oder die z. B. für einen alten Menschen mit einer Nachtvollstreckung verbundene besonders belastende Aufregung als unbillige Härte i. S. des Abs. 4 ausreichen.

67

b) Missverhältnis zwischen Eingriff und zu erwartendem Erfolg

Ferner darf der Gerichtsvollzieher nicht nachts und an Sonn- und Feiertagen vollstrecken, wenn der zu erwartende Erfolg in einem Missverhältnis zu dem Eingriff steht. Mit Erfolg ist der Vollstreckungserfolg gemeint. Insoweit muss der Gerichtsvollzieher eine Prognose vornehmen. Der Eingriff bezieht sich auf die Störung des Schuldners und die Störung der Mitgewahrsamsinhaber. Eine unbillige Härte ist nicht erforderlich. Vielmehr spricht allein die besondere Belästigung zu den vom Gesetz geschützten Zeiten gegen die Zulässigkeit der Vollstreckung, wenn diese gerade zur Nachtzeit oder an einem Sonntag oder Feiertag keinen größeren Erfolg verspricht als die Vollstreckung in den übrigen Zeiten. Um diese Prognose vornehmen zu können, soll der Gerichtsvollzieher in der Regel wenigstens einmal außerhalb der in Abs. 4 genannten Zeiten die Vollstreckung vergeblich versucht haben (§ 33 Abs. 1 Satz 2 GVGA).

68

c) Rechtsbehelfe

Verweigert der Gerichtsvollzieher die Vollstreckung außerhalb von Wohnräumen zu den in Abs. 4 genannten Zeiten, steht dem Gläubiger gem. § 766 Abs. 2 die Vollstreckungserinnerung zu. Der Schuldner kann nach § 766 Abs. 1 ebenfalls Vollstreckungserinnerung einlegen, wenn er sich gegen die Vollstreckung wehren will, weil er die Voraussetzungen des Abs. 4 (keine unbillige Härte und kein Missverhältnis zwischen Eingriff und Vollstreckungserfolg) nicht für gegeben hält.

69

V. ArbGG, VwGO, AO

§ 758a gilt auch bei der Vollstreckung von arbeitsgerichtlichen Titeln (§§ 62 Abs. 2, 85 Abs. 1 Satz 1 ArbGG) und von Titeln nach § 168 VwGO (§ 167 Abs. 1 VwGO), soweit die Vollstreckung durch den Gerichtsvollzieher erfolgt. Richtet sich die Vollstreckung gem. § 169 (ggf. gem. § 170 Abs. 1 Satz 3) VwGO nach dem VwVG, ergeben sich die Befugnisse des Vollziehungsbeamten gem. § 5 VwVG aus § 287 AO. Die Absätze 4 bis 6 dieser Vorschrift stimmen inhaltlich mit Abs. 1, 3, 5 von § 758a überein. Zuständig für die richterliche Durchsuchungsanordnung ist auch hier das Amts-

70

---

119 BT-Drucks. 13/9088, S. 23.
120 Dazu § 765a Rn. 18 ff.; für eine weite Auslegung des Begriffs der unbilligen Härte auch (jeweils zu Abs. 3) *Behr*, JurBüro 1998, Sonderheft, S. 5; *Goebel*, KTS 1997, 143, 162.

gericht, in dessen Bezirk die Durchsuchung vorgenommen werden soll (§ 287 Abs. 4 Satz 3 AO), nicht dagegen das Finanzgericht. Der Formularzwang nach § 758a Abs. 6 i. V. m. der ZVFV gilt nicht für Anträge auf Erlass einer richterlichen Durchsuchungsanordnung nach § 284 Abs. 4 AO.[121] Die Vollstreckung zur Nachtzeit sowie an Sonn- und Feiertagen richtet sich nach § 289 AO, der inhaltlich mit dem früheren § 761 übereinstimmt und in allen Fällen eine schriftliche Erlaubnis der Vollstreckungsbehörde voraussetzt.[122]

---

121 BGH, Rpfleger 2014, 389; 2014, 436; LG Bonn, DGVZ 2013, 210; a. M. AG Leipzig, DGVZ 2014, 22.
122 Dazu LG Düsseldorf, DGVZ 1997, 157.

§ 759 Zuziehung von Zeugen

Wird bei einer Vollstreckungshandlung Widerstand geleistet oder ist bei einer in der Wohnung des Schuldners vorzunehmenden Vollstreckungshandlung weder der Schuldner noch ein erwachsener Familienangehöriger, eine in der Familie beschäftigte Person oder ein erwachsener ständiger Mitbewohner anwesend, so hat der Gerichtsvollzieher zwei erwachsene Personen oder einen Gemeinde- oder Polizeibeamten als Zeugen zuzuziehen.

Übersicht	Rdn.		Rdn.
I. Zweck der Norm	1	2. Nichtanwesenheit des Schuldners oder von erwachsenen Familienangehörigen, in der Familie beschäftigten Personen, erwachsenen ständigen Mitbewohnern	3
II. Voraussetzungen für die Hinzuziehung von Zeugen	2	III. Eignung und Rechtsstellung der Zeugen	7
1. Widerstand des Schuldners	2	IV. ArbGG, VwGO, AO	8

Literatur:
Alisch, Die strafrechtliche Bedeutung des § 759 ZPO, DGVZ 1984, 108. Siehe ferner die Literatur zu § 758.

I. Zweck der Norm

Die Vorschrift wurde zum 30.6.2013 neu gefasst.[1] Sie soll sicherstellen, dass die Einhaltung eines rechtsstaatlichen Vollstreckungsverfahrens jederzeit kontrollierbar bleibt und dass das Ansehen der Vollstreckungsorgane nicht durch unklare Verhältnisse gefährdet wird. § 759 schützt daher den Gerichtsvollzieher (vor unzutreffenden Anschuldigungen) und den Schuldner (vor später vielleicht nicht nachweisbaren Übergriffen im Rahmen der Vollstreckung). Er ist zwingendes Recht[2] und kann nicht durch Vereinbarung des Gerichtsvollziehers mit dem Schuldner außer Kraft gesetzt werden. Dennoch führt seine Nichtbeachtung weder zur Nichtigkeit noch auch nur zur Anfechtbarkeit des Vollstreckungsaktes über § 766.[3] Das Verhalten des Gerichtsvollziehers ist allerdings rechtswidrig, sodass der Widerstand leistende Schuldner nicht nach § 113 Abs. 1 StGB strafbar ist (§ 113 Abs. 3 StGB).[4] Er kann die Rechtswidrigkeit im Wege der Dienstaufsichtsbeschwerde geltend machen.

1

II. Voraussetzungen für die Hinzuziehung von Zeugen

1. Widerstand des Schuldners

Leistet der Schuldner bei der Vollstreckung Widerstand, ist diese sofort abzubrechen, bis es dem Gerichtsvollzieher gelungen ist, Zeugen hinzuzuziehen. Eine Ausnahme hiervon muss aber dann gelten, wenn die Unterbrechung mit Sicherheit dazu führen würde, dass die Vollstreckung anschließend ins Leere ginge. Hier muss der Gerichtsvollzieher jedenfalls, bevor er die Zeugen hinzuzieht, soviel Gewalt anwenden dürfen, dass der Schuldner an einer Flucht vor Verhaftung[5] oder an einem Beiseiteschaffen pfändbarer Werte einstweilen gehindert wird (z.B. Festhalten, bis die Zeugen zur Stelle sind). Widerstand im Sinne des Vorstehenden[6] ist jedes Verhalten, das geeignet ist, die Annahme zu begründen, die Zwangsvollstreckung werde sich nicht ohne Gewaltanwendung durchführen lassen (§ 62 Abs. 3 GVGA).

2

---

1 BGBl. I S. 1809, 1839.
2 BGHSt 5, 93; ganz h. M.
3 Hk-ZPO/*Kindl*, § 759 Rn. 2; MüKo/*Heßler*, § 759 Rn. 28; *Musielak/Voit/Lackmann*, § 759 Rn. 3; *Stein/Jonas/Münzberg*, § 759 Rn. 2; *Zöller/Stöber*, § 759 Rn. 4; a. M. *Gaul/Schilken/Becker-Eberhard*, § 26 Rn. 75.
4 MüKo/*Heßler*, § 759 Rn. 27.
5 BGHSt 5, 93.
6 Siehe schon § 758 Rn. 8.

2. Nichtanwesenheit des Schuldners oder von erwachsenen Familienangehörigen, in der Familie beschäftigten Personen, erwachsenen ständigen Mitbewohnern

3   Auch ohne Widerstandsleistung des Schuldners muss der Gerichtsvollzieher bei einer Vollstreckungshandlung Zeugen hinzuziehen, wenn sonst niemand anwesend ist, der die Vollstreckung beobachten und seine Beobachtungen ggf. weitergeben kann. Der insoweit geeignete Personenkreis entspricht demjenigen, an den nach § 178 Abs. 1 Nr. 1 eine Ersatzzustellung vorgenommen werden kann.

4   Zu den **Familienangehörigen** zählen diejenigen Personen, die mit dem Schuldner verheiratet (auch Lebenspartner), verwandt oder verschwägert sind. Eine häusliche Gemeinschaft mit dem Schuldner ist nicht erforderlich; die ständigen Mitbewohner bilden eine eigene Personengruppe. Nach dem bewusst so gefassten Gesetzeswortlaut müssen die Mitbewohner »erwachsen« sein, nicht volljährig. Entscheidend ist, dass die angetroffene Person in der Lage ist, den Vollstreckungsvorgang seiner Bedeutung nach zu erkennen und seine Beobachtungen wiederzugeben.[7] Ob dies der Fall ist, muss der Gerichtsvollzieher eigenverantwortlich entscheiden. Hat er Zweifel, muss er sich für die Zuziehung von Zeugen entscheiden.

5   Die **in der Familie beschäftigten Personen** werden regelmäßig erwachsen in diesem Sinne sein, auch wenn das nach dem Gesetzeswortlaut nicht erforderlich ist. Es kommt auf die tatsächliche Beschäftigung an, nicht auf das Vorliegen eines wirksamen Dienst- oder Arbeitsvertrags. Es muss sich aber um eine ständige, also auf eine gewisse Dauer angelegte Beschäftigung handeln. Typische Beispiele sind Haushaltshilfen, Koch/Köchin, Erzieherin, Hausmädchen, Gesellschafterin, Pflegepersonal. Unerheblich ist, ob die beschäftigte Person im Haushalt des Schuldners wohnt.

6   Als erwachsener **ständiger Mitbewohner** kommt nur in Betracht, wer mit dem Schuldner dauernd in derselben Wohnung zusammenwohnt. Das können etwa ein (nicht mit dem Schuldner verwandter) nichtehelicher Lebenspartner oder die Mitbewohner einer Wohngemeinschaft sein. Eine gemeinsame Lebensführung ist nicht erforderlich, nur eine gemeinsame Nutzung der Räume.

III. Eignung und Rechtsstellung der Zeugen

7   Als Zeugen sollen nach § 62 Abs. 2 Satz 2 GVGA »unbeteiligte und geeignet erscheinende Personen ausgewählt werden, die möglichst am Ort der Vollstreckung oder in dessen Nähe wohnen sollen«. Die Zeugen sollen das Protokoll mit unterzeichnen (§ 762 Abs. 2 Ziff. 4 ZPO sowie § 63 Abs. 3 Satz 3 GVGA). Auf Verlangen ist ihnen eine angemessene Entschädigung zu zahlen, die die Beträge nicht übersteigen soll, die nach dem JVEG zu zahlen wären. Die gezahlten Entschädigungen werden vom Gerichtsvollzieher als Auslagen beigetrieben (Nr. 703 Kostenverzeichnis zum GvKostG).

Ausnahmsweise kann, wenn andere Zeugen nicht greifbar sind, auch der Gläubiger[8] als Zeuge herangezogen werden oder die Person, die der Gerichtsvollzieher mit der Öffnung der Türen usw. beauftragt hatte. Allerdings sollte der Gerichtsvollzieher hier große Vorsicht walten lassen, um das Ziel der Regelung nicht zu gefährden.

IV. ArbGG, VwGO, AO

8   Die Vorschrift gilt auch bei der Vollstreckung von arbeitsgerichtlichen Titeln (§§ 62 Abs. 2, 85 Abs. 1 Satz 3 ArbGG) und von Titeln gem. § 168 VwGO (§ 167 Abs. 1 VwGO), sofern sie durch den Gerichtsvollzieher erfolgt. Für die Vollstreckung nach § 169 Abs. 1 (ggf. auch nach § 170 Abs. 1 Satz 3) VwGO gilt gem. § 5 VwVG die Regelung des § 288 AO, die inhaltlich mit § 759 ZPO übereinstimmt. In § 288 AO ist die Vollstreckung in Geschäftsräumen derjenigen in Wohnräumen des Schuldners ausdrücklich gleichgestellt.

---

7   MüKo/*Heßler*, § 759 Rn. 10; Zöller/*Stöber*, § 759 Rn. 2.
8   Wie hier *Stein/Jonas/Münzberg*, § 759 Rn. 3; Zöller/*Stöber*, § 759 Rn. 3; **a.A.** MüKo/*Heßler*, § 759 Rn. 20; Musielak/Voit/*Lackmann*, § 759 Rn. 2; *Thomas/Putzo/Seiler*, § 759 Rn. 3; Wieczorek/Schütze/*Salzmann*, § 759 Rn. 4.

§ 760 Akteneinsicht; Aktenabschrift

¹Jeder Person, die bei dem Vollstreckungsverfahren beteiligt ist, muss auf Begehren Einsicht der Akten des Gerichtsvollziehers gestattet und Abschrift einzelner Aktenstücke erteilt werden. ²Werden die Akten des Gerichtsvollziehers elektronisch geführt, erfolgt die Gewährung von Akteneinsicht durch Erteilung von Ausdrucken, durch Übermittlung von elektronischen Dokumenten oder durch Wiedergabe auf einem Bildschirm; dies gilt auch für die nach § 885a Absatz 2 Satz 2 elektronisch gespeicherten Dateien.

Übersicht	Rdn.		Rdn.
I. Regelungsgegenstand	1	IV. Akteneinsicht	4
II. Beteiligte am Vollstreckungsverfahren	2	V. Rechtsbehelfe	5
III. Antrag des Gläubigers	3	VI. ArbGG, VwGO	8

I. Regelungsgegenstand

Die Vorschrift regelt, wem und wie vom Gerichtsvollzieher auf Antrag Akteneinsicht zu gestatten und wem auf Antrag Abschrift einzelner Schriftstücke aus der Akte zu erteilen ist. Nicht angesprochen ist, welche Mitteilungen aus den Akten (oder auch über nicht urkundlich festgehaltene Vorgänge) der Gerichtsvollzieher von Amts wegen an wen zu machen hat. Nicht angesprochen ist zudem, wer über die in § 760 Genannten hinaus zwar nicht vom Gerichtsvollzieher, wohl aber von der Gerichtsverwaltung Akteneinsicht oder Abschriften aus den Akten erhalten kann. Die von Amts wegen zu machenden Mitteilungen sind in § 763 festgelegt.¹ Über § 760 hinaus ist der Gerichtsvollzieher verpflichtet, den Gläubiger so von der durchgeführten Maßnahme zu unterrichten, dass dieser in die Lage versetzt wird, sein weiteres Vorgehen im Rahmen der begonnenen Zwangsvollstreckung zu planen.² Dazu gehört auch die Mitteilung, ob der Gerichtsvollzieher beim Schuldner pfändbare Sachen vorgefunden habe oder nicht.³ Die Akteneinsicht durch Personen, die bei dem Vollstreckungsverfahren nicht beteiligt sind, ist in § 299 geregelt. 1

II. Beteiligte am Vollstreckungsverfahren

Am Vollstreckungsverfahren beteiligt sind neben dem Gläubiger und dem Schuldner alle Personen, die durch die Vollstreckung in eigenen Rechten betroffen oder mit eigenen Pflichten belegt sind. Das sind zum einen diejenigen, die sich am Gegenstand der Vollstreckung eines die Veräußerung hindernden oder die vorzugsweise Befriedigung gestattenden Rechts im Sinne der §§ 771, 805 berühmen. Dazu gehören ferner diejenigen, in deren Interesse Gegenstände des Schuldners der Pfändung nicht unterliegen (z. B. nach § 811 Abs. 1 Nr. 1 und Nr. 5), sowie diejenigen, deren Gegenstände bei einer Maßnahme nach § 758 beschädigt wurden oder in deren Besitzrecht eingegriffen wurde (§§ 809, 886). Schließlich sind der von der Verwaltung ausgeschlossene Ehegatte im Fall des § 740 und der Erbe im Fall des § 748 Abs. 1 beteiligt. 2

III. Antrag des Gläubigers

Der Gläubiger kann den erforderlichen Antrag schon mit dem Vollstreckungsantrag stellen. Es kann aber nicht in jedem Vollstreckungsantrag konkludent ein Antrag auf Mitteilung aller Umstände von Interesse gesehen werden.⁴ Dies folgt schon aus Nr. 700 Kostenverzeichnis zum GvKostG, wonach für alle Abschriften Schreibauslagen zu erheben sind. Es ist auch nicht rechtsstaatswidrig, es den 3

---

1 Einzelheiten dort Rn. 2.
2 BGH, Rpfleger 2004, 364, 365.
3 LG Hannover, DGVZ 1981, 39 f.; LG Köln, DGVZ 1995, 170; a. M. OLG Hamm, DGVZ 1977, 40; AG Rosenheim, DGVZ 2003, 124 f.
4 BVerwG, NJW 1983, 896; *Musielak/Voit/Lackmann*, § 760 Rn. 2; *Stein/Jonas/Münzberg*, § 760 Rn. 2; a. A. allerdings AG Itzehoe, DGVZ 1978, 15; *Seip*, DGVZ 1974, 170.

Beteiligten zu überlassen, welche Kenntnisse sie sich gebührenpflichtig über das hinaus verschaffen wollen, was ihnen nach ZPO, GVO und GVGA von Amts wegen mitzuteilen ist. Gegebenenfalls kann der Gerichtsvollzieher bei Übernahme des Auftrages darauf hinweisen, dass nicht notwendige Mitteilungen nur auf Antrag und gegen Erstattung der Schreibauslagen erfolgen.

IV. Akteneinsicht

4   Zu den Akten, in die Einsicht zu gewähren ist, gehören auch die Belege über Kosten für mehrere zusammen bearbeitete Sachen und gemeinsame Belegblätter bei Sammelakten (vgl. § 40 Abs. 4 GVO) sowie die Register (vgl. § 47 GVO).[5] Die Einsichtnahme hat in Gegenwart des Gerichtsvollziehers zu erfolgen (§ 42 Abs. 1 Satz 3 GVO), sodass eine Übersendung der Akten zu treuen Händen nicht in Betracht kommt.[6] Der zur Einsicht berechtigte Beteiligte kann das Recht auch durch einen Bevollmächtigten wahrnehmen lassen. Die das Vollstreckungsverfahren allgemein umfassende Vollmacht des Verfahrensbevollmächtigten des Gläubigers bzw. des Schuldners umfasst auch diese Berechtigung. Der mit Wirkung zum 1.4.2005[7] eingefügte Satz 2 ermöglicht bei elektronisch geführten Akten eine Einsichtnahme durch Erteilung von Ausdrucken, durch Übermittlung von elektronischen Dokumenten und durch Wiedergabe auf einem Bildschirm. Der mit Wirkung zum 1.5.2013[8] eingefügte 2. Halbsatz stellt klar, dass zu den elektronischen Akten des Gerichtsvollziehers auch die von diesem bei einer beschränkten Räumungsvollstreckung nach § 885a Abs. 2 Satz 2 zur Beweissicherung angefertigten elektronischen Bilder gehören.

V. Rechtsbehelfe

5   Gegen die Ablehnung der Akteneinsicht oder der Einsicht in einzelne Teile der Akten sowie gegen die Verweigerung der Erteilung von Abschriften haben die **betroffenen Beteiligten** die Erinnerung nach § 766, gegen den Ansatz der Schreibauslagen Erinnerung nach § 766 Abs. 2 ZPO bzw. § 5 GvKostG.[9]

6   Der **Gerichtsvollzieher** selbst hat gegen die einer Erinnerung stattgebende Entscheidung keinen Rechtsbehelf.

7   Die **übrigen Beteiligten** sind, bevor einem Antrag auf Akteneinsicht usw. stattgegeben wird, nicht zu hören.[10] Erfahren sie dennoch davon und wollen sie der Akteneinsicht mit der Begründung entgegentreten, der Antragsteller sei nicht Beteiligter und ihre Rechte (Datenschutz) würden durch die Einsicht berührt, müssen sie ebenfalls nach § 766 vorgehen.

VI. ArbGG, VwGO

8   § 760 gilt auch bei der Vollstreckung von arbeitsgerichtlichen Titeln (§§ 62 Abs. 2, 85 Abs. 1 Satz 3 ArbGG) und von Titeln nach § 168 VwGO (§ 167 Abs. 1 VwGO), sofern sie durch den Gerichtsvollzieher erfolgt.

---

5   MüKo/*Heßler*, § 760 Rn. 4 (zustimmend für Sammelbelege, nicht Dienstregister); *Stein/Jonas/Münzberg*, § 760 Rn. 1; a. A. *Zöller/Stöber*, § 760 Rn. 1.
6   AG Berlin-Charlottenburg, DGVZ 1978, 159.
7   Justizkommunikationsgesetz, BGBl. I, 837.
8   BGBl. I S. 434, 438.
9   Siehe Vor §§ 753–763 Rn. 17 ff.
10 PG/*Kroppenberg*, § /60 Rn. 3.

§ 761
(weggefallen)

Die Vorschrift, in der früher die Vollstreckung zur Nachtzeit und an Sonn- und Feiertagen geregelt war, ist durch Art. 1 Nr. 7 der 2. Zwangsvollstreckungsnovelle[1] mit Wirkung zum 1.1.1999 aufgehoben und durch den gleichzeitig neu eingefügten § 758a Abs. 4 ersetzt worden.

---

1 BGBl. I 1997, S. 3039.

§ 762 Protokoll über Vollstreckungshandlungen

(1) Der Gerichtsvollzieher hat über jede Vollstreckungshandlung ein Protokoll aufzunehmen.

(2) Das Protokoll muss enthalten:
1. Ort und Zeit der Aufnahme;
2. den Gegenstand der Vollstreckungshandlung unter kurzer Erwähnung der wesentlichen Vorgänge;
3. die Namen der Personen, mit denen verhandelt ist;
4. die Unterschrift dieser Personen und den Vermerk, dass die Unterzeichnung nach Vorlesung oder Vorlegung zur Durchsicht und nach Genehmigung erfolgt sei;
5. die Unterschrift des Gerichtsvollziehers.

(3) Hat einem der unter Nummer 4 bezeichneten Erfordernisse nicht genügt werden können, so ist der Grund anzugeben.

Übersicht

	Rdn.		Rdn.
I. Zweck der Norm	1	3. Abs. 2 Nr. 3 und 4 und Abs. 3	7
II. Begriff der Vollstreckungshandlung	2	IV. Beweiskraft des Protokolls	8
III. Inhalt des Protokolls	3	V. Gebühren	9
1. Abs. 2 Nr. 1	4	VI. Rechtsfolgen von Verstößen gegen § 762	10
2. Abs. 2 Nr. 2	5	VII. ArbGG, VwGO, AO	11

Literatur:
Holch, Zum Vollstreckungsprotokoll für mehrere Gläubiger, DGVZ 1988, 177; *ders.*, Müssen unpfändbare Sachen ins Protokoll?, DGVZ 1993, 145; *Mager*, Das Protokoll des Gerichtsvollziehers und die Erteilung von Abschriften hiervon, DGVZ 1989, 182; *Midderhoff*, Zum Umfang des Pfändungsprotokolls bei fruchtloser Pfändung, DGVZ 1983, 4; *Schüler*, Zum Umfang des Protokolls über eine erfolglose Pfändung, DGVZ 1983, 81.

I. Zweck der Norm

1 Die Protokollierungspflicht dient der Beweissicherung im Interesse aller Beteiligten an der Zwangsvollstreckung. Durch das Protokoll sind einerseits im Rahmen möglicher Rechtsbehelfe die erforderlichen Nachweise leicht durch öffentliche Urkunden zu führen (§§ 415, 418), andererseits sind auch für Anschlusspfändungen (§ 826) der Nachweis der Beschlagnahme, für das Verfahren nach §§ 807, 883 Abs. 2, 802c ff.) die erforderlichen Bescheinigungen zur Glaubhaftmachung praktisch einfach zu erbringen.[1]

II. Begriff der Vollstreckungshandlung

2 Vollstreckungshandlung im Sinne von Abs. 1 sind nach § 63 Abs. 1 Satz 2 GVGA alle Handlungen, die der Gerichtsvollzieher zum Zwecke der Zwangsvollstreckung vornimmt. Dazu gehören etwa das Betreten der Wohnung des Schuldners, ihre Durchsuchung, die Aufforderung zur Zahlung und die Annahme der Zahlung, die nachträgliche Wegschaffung der gepfändeten Sachen und ihre Verwertung. Eine Vollstreckungshandlung liegt auch vor, wenn der Gerichtsvollzieher nach schriftlicher Zahlungsaufforderung den Schuldner zu einem Vollstreckungsversuch aufsucht, ihn nicht antrifft, von weiteren Maßnahmen aber absieht, weil schon frühere Vollstreckungen erfolglos verlaufen sind.[2] Dagegen liegt keine Vollstreckungshandlung vor, wenn der Gerichtsvollzieher eine im Titel bezeichnete oder ihm sonst vom Gläubiger benannte Adresse aufsucht, dort aber feststellt,

---

1 Über die Annahme freiwilliger Zahlungen des Schuldners ist über die Aufnahme ins Protokoll hinaus nach § 60 Abs. 3 Satz 1 GVGA ein Aktenvermerk anzufertigen, wenn sie zur vollständigen Befriedigung des Gläubigers geführt und den Gerichtsvollzieher zur Aushändigung des Titels an den Schuldner veranlasst hat.

2 AG Herne, DGVZ 1983, 27.

dass der Schuldner unter dieser Anschrift gar nicht wohnt.[3] Ebenfalls keine Vollstreckungshandlungen sind Zustellungen, die der Gerichtsvollzieher im Rahmen der Vollstreckung durch andere Vollstreckungsorgane durchführt (z. B. von Beschlüssen nach §§ 829, 835).

III. Inhalt des Protokolls

Der notwendige Inhalt des Protokolls richtet sich nach §§ 762 Abs. 2 Nr. 1–5, Abs. 3, 763 Abs. 1. Darüber hinausgehende Erläuterungen finden sich in § 63 Abs. 1–5 GVGA. Einzelheiten:

1. Abs. 2 Nr. 1

Hierzu bestimmt § 63 Abs. 3 Satz 1 GVGA, das Protokoll solle in unmittelbarem Anschluss an die Vollstreckungshandlung und an Ort und Stelle aufgenommen werden. Würden Abweichungen von dieser Regel notwendig, sollten die Gründe hierfür im Protokoll angegeben werden. Nehme das Geschäft mehrere Tage in Anspruch, so solle das Protokoll an jedem Tag abgeschlossen und unterzeichnet werden. Richten sich die Gebühren für die Vollstreckungshandlung auch nach der aufgewendeten Zeit (so für Pfändungen gem. Nr. 205 Kostenverzeichnis zum GvKostG; ferner für die Vollstreckungshandlungen nach Nrn. 220, 221, 230, 240, 241, 242, 250 Kostenverzeichnis zum GvKostG), so ist hinsichtlich des Protokolls auch noch § 7 Abs. 1 Nr. 3 GVGA zu beachten: Es ist dann dort auch die Zeitdauer der Vollstreckungshandlung unter Beachtung der für die Kosten maßgebenden Grundsätze nach den einzelnen Zeitabschnitten genau anzugeben (vgl. auch Nr. 500 Kostenverzeichnis zum GvKostG).

2. Abs. 2 Nr. 2

Hierzu enthalten § 63 Abs. 1, 2 GVGA allgemeine, für alle Vollstreckungshandlungen des Gerichtsvollziehers gleich geltende Einzelheiten. Für die einzelnen Vollstreckungsarten sind in der GVGA zusätzliche Details in §§ 86 GVGA (Besondere Vorschriften über das Pfändungsprotokoll), 116 Abs. 2 GVGA (Protokollierung der Anschlusspfändung), 102 Abs. 4 GVGA (Pfändungsprotokoll bei der Pfändung von Früchten, die vom Boden noch nicht getrennt sind), 123 Abs. 3 GVGA (Pfändung von Forderungen aus Papieren, die durch Indossament übertragen werden können), 174 Abs. 3 GVGA (Protokoll über die Entgegennahme von Sachen im Rahmen der Zwangsvollstreckung in Ansprüche auf Herausgabe von beweglichen körperlichen Sachen), 127 Abs. 6 GVGA (Protokoll über die Wegnahme beweglicher Sachen), 128 Abs. 9 GVGA (Protokoll über die Vollstreckung von Ansprüchen auf Herausgabe unbeweglicher Sachen, insbesondere Wohnraum), 145 Abs. 2 GVGA (Protokoll über die Verhaftung von Personen) geregelt. Wesentliche Vorgänge, die in jedem Fall der Protokollierung bedürfen, sind das Angebot der Zug-um-Zug-Gegenleistung an den Schuldner und dessen Reaktion hierauf (§ 756), die Durchsuchung der Wohnung des Schuldners gegen dessen Willen und die Anwendung von Gewalt hierbei (§ 758), die Erklärungen Dritter im Rahmen des § 809, die Überlassung oder das Angebot von Austauschgegenständen gem. §§ 811a, 811b, der Verzicht des Schuldners auf notwendige Zustellungen, auf die Einhaltung der Wartefrist (§ 750),[4] auf den Pfändungsschutz hinsichtlich bestimmter Gegenstände;[5] wesentlich sind ferner alle in § 763 angesprochenen Aufforderungen.

Im Einzelnen streitig ist, wie detailliert das Protokoll sein muss, wenn der Gerichtsvollzieher alle in der Wohnung des Schuldners vorgefundenen Gegenstände für unpfändbar hält, den Vollstreckungsversuch also erfolglos beendet. Nach einer Ansicht soll der Gerichtsvollzieher nicht verpflichtet sein, die in der Wohnung des Schuldners gefundenen und für unpfändbar erachteten Gegenstände im Pfändungsprotokoll zu verzeichnen; dies sei von § 762 Abs. 2 Nr. 2, wonach der Gegenstand der Vollstreckungshandlung nur »unter kurzer Erwähnung der wesentlichen Vorgänge« zu protokollie-

---

3 AG München, DGVZ 1983, 170; a. A. AG Reutlingen, DGVZ 1990, 76.
4 Einzelheiten § 750 Rn. 40.
5 Zur Zulässigkeit eines solchen Verzichts siehe § 811 Rn. 14, 15.

ren ist, nicht mehr gedeckt.[6] Eine genaue Bezeichnung der für unpfändbar gehaltenen Gegenstände sei auch dann nicht erforderlich, wenn der Gläubiger das ausdrücklich beantragt habe; denn durch seinen Antrag könne der Gläubiger keine im Gesetz nicht vorgesehenen Pflichten des Gerichtsvollziehers begründen.[7] Nach der Gegenansicht muss der Gerichtsvollzieher auf Antrag des Gläubigers die vorgefundenen, aber wegen Unpfändbarkeit nicht gepfändeten Gegenstände zumindest nach Art, Beschaffenheit und Wert so bezeichnen, dass der Gläubiger einen Anhalt für die Beurteilung der Frage gewinnen kann, ob die Pfändung zu Recht unterblieben ist und ob möglicherweise eine Austauschpfändung in Betracht kommt.[8] Diese u. a. mit der früheren Fassung des heutigen § 86 Abs. 6 GVGA begründete Ansicht dient dem Interesse des Gläubigers an einer effektiven Zwangsvollstreckung, bedeutet aber auch eine erhebliche Mehrbelastung für die Gerichtsvollzieher. Wohl aus letztgenanntem Grund wurde die Vorgängerregelung des heutigen § 86 Abs. 6 GVGA mit Wirkung zum 1.11.1994 neu gefasst. Danach soll grds. der allgemeine Hinweis im Protokoll genügen, dass eine Pfändung der im Besitz des Schuldners befindlichen Sachen wegen Unpfändbarkeit unterblieben ist. Lediglich Sachen, deren Pfändung der Gläubiger ausdrücklich beantragt hat oder bei denen eine Austauschpfändung in Betracht kommt, sind unter Angabe der Gründe, aus denen die Pfändung (die vorläufige Austauschpfändung) unterlassen wurde, zu bezeichnen (§ 86 Abs. 6 Satz 2 Nr. 1, 3 GVGA). Weitere Angaben im Protokoll können nach § 86 Abs. 6 Satz 2 Nr. 2, 4 GVGA erforderlich sein, wenn eine Pfändung von Früchten auf dem Halm oder von Tieren unterblieben ist.

3. Abs. 2 Nr. 3 und 4 und Abs. 3

7   Aufzunehmen sind nicht nur der Schuldner oder die an seiner Stelle angetroffenen, zu seiner Familie gehörigen oder in dieser Familie dienenden erwachsenen Personen (§ 759) oder herausgabebereite Dritte (§ 809), sondern auch die hinzugezogenen Zeugen, Polizei- und Gemeindebeamten, ferner der anwesende Gläubiger oder dessen Bevollmächtigter. Nicht aufzunehmen sind im Regelfall die im Übrigen herangezogenen Hilfspersonen (Gehilfen des Gerichtsvollziehers, Handwerker usw.). Sie sind dann zu erwähnen, wenn ihre Inanspruchnahme gebührenrechtliche Konsequenzen hat. Unterschreiben müssen sie das Protokoll nur, wenn sie gleichzeitig als Zeugen i. S. § 759 fungiert haben. Verweigert eine der in Nr. 4 genannten Personen die Unterzeichnung, so sind diese Tatsache und der für die Verweigerung genannte Grund zu protokollieren (**Abs. 3**). Gleiches gilt, wenn den übrigen der Unterzeichnung vorausgehenden Formalien der Nr. 4 nicht genügt werden konnte.

IV. Beweiskraft des Protokolls

8   Die Beweiskraft des Protokolls richtet sich nach §§ 415, 418. Zur Widerlegung genügt es nicht, dass der Nachweis einer möglichen Unrichtigkeit geführt wird. Es muss vielmehr umgekehrt die Möglichkeit der Richtigkeit des Protokolls ausgeschlossen werden.[9]

---

6 Für eine geringere Protokollierungspflicht des Gerichtsvollziehers LG Bonn, DGVZ 1993, 41, 43; LG Köln, DGVZ 1983, 44; LG Mainz, DGVZ 2004, 74, 75; AG Beckum und LG Münster, DGVZ 1984, 45, 46; AG Darmstadt, DGVZ 1983, 169; AG Frankfurt, DGVZ 1990, 77; AG Hadamar, DGVZ 1988, 31; AG Reinbek, DGVZ 1997, 61 f.; AG Rosenheim, DGVZ 2003, 125; AG Winsen/Luhe, DGVZ 1987, 61; *Midderhoff*, DGVZ 1983, 4; *Schüler*, DGVZ 1983, 81.
7 LG Bonn, DGVZ 1993, 41, 43.
8 OLG Bremen, DGVZ 1989, 40; OLG Oldenburg, JurBüro 1989, 261 ff.; LG Bochum, JurBüro 1994, 308; LG Duisburg, JurBüro 1990, 1049; LG Frankenthal, DGVZ 1985, 88; LG Hannover, DGVZ 1989, 25; LG Heilbronn, MDR 1985, 773; LG Lübeck, JurBüro 1990, 1369; LG Saarbrücken, DGVZ 1994, 30; LG Siegen, DGVZ 1994, 45.
9 OLG Köln, NJW-RR 1986, 863.

V. Gebühren

Der Zeitaufwand für die Aufnahme des Protokolls ist bei der Berechnung des Zeitaufwandes der protokollierten Amtshandlung mit zu berücksichtigen (Nr. 500 i. V. m. Nrn. 205, 220, 221, 230, 240, 241, 242, 250 Kostenverzeichnis zum GvKostG). **9**

VI. Rechtsfolgen von Verstößen gegen § 762

Fehler des Protokolls oder Verstöße gegen § 762 berühren die Wirksamkeit der Vollstreckungsmaßnahmen nicht. Eine Ausnahme gilt für die Anschlusspfändung nach § 826.[10] Über § 766 kann aber eine Berichtigung des Protokolls bewirkt werden. **10**

VII. ArbGG, VwGO, AO

§ 762 ist bei der Vollstreckung von arbeitsgerichtlichen Titeln (§§ 62 Abs. 2, 85 Abs. 1 Satz 3 ArbGG) und von Titeln nach § 168 VwGO anwendbar (§ 167 Abs. 1 VwGO). Bei der Vollstreckung nach § 169 Nr. 1 (ggf. auch nach § 170 Abs. 1 Satz 3) VwGO gilt gem. § 5 VwVG für die über die Vollstreckungshandlung zu erstellende Niederschrift § 291 AO, der inhaltlich mit § 762 übereinstimmt. **11**

---

10 Einzelheiten § 826 Rn. 6.

§ 763 Aufforderungen und Mitteilungen

(1) Die Aufforderungen und sonstigen Mitteilungen, die zu den Vollstreckungshandlungen gehören, sind von dem Gerichtsvollzieher mündlich zu erlassen und vollständig in das Protokoll aufzunehmen.

(2) [1]Kann dies mündlich nicht ausgeführt werden, so hat der Gerichtsvollzieher eine Abschrift des Protokolls zuzustellen oder durch die Post zu übersenden. [2]Es muss im Protokoll vermerkt werden, dass diese Vorschrift befolgt ist. [3]Eine öffentliche Zustellung findet nicht statt.

Übersicht

	Rdn.		Rdn.
I. Zweck der Norm	1	IV. Unbekannter Aufenthaltsort	4
II. Aufforderungen und Mitteilungen	2	V. Rechtsfolgen eines Verstoßes gegen § 763	5
III. Protokollierung und schriftliche Übermittlung	3	VI. ArbGG, VwGO, AO	6

Literatur:
Elias, Zur Frage der abschriftlichen Übersendung von Protokollen der Zwangsvollstreckung an den nicht anwesenden Gläubiger von Amts wegen, DGVZ 1975, 33; *Ewers*, Erhält der bei der Zwangsvollstreckung nicht anwesend gewesene Gläubiger von Amts wegen eine Protokollabschrift, DGVZ 1974, 104; *Paschold/Paschold*, Sind die Abschriften des Zwangsvollstreckungsprotokolls des Gerichtsvollziehers nur auf Antrag zu beglaubigen?, DGVZ 1992, 39; *Seip*, Enthält der Antrag auf Durchführung der Vollstreckung auch ohne besondere Erklärung den Antrag auf Erteilung einer Abschrift des Pfändungsprotokolls?, DGVZ 1974, 170.

I. Zweck der Norm

1 Die Vorschrift dient allein dem Schuldnerschutz, nicht auch der – unerbetenen – Information des Gläubigers.[1] Sie kann deshalb nicht über die in Abs. 2 vorgesehenen Fälle hinaus als Legitimation dafür dienen, dem Gläubiger – im Hinblick auf Nr. 700 Kostenverzeichnis zum GvKostG stets gebührenpflichtige – Protokollabschriften zu übersenden, um die er nicht ausdrücklich gebeten hat. Auch aus dem Grundsatz »rechtsstaatlichen Verfahrens« lässt sich eine solche Informationspflicht in Protokollform nicht herleiten.[2] Nach § 34 GVGA hat der Gerichtsvollzieher den Gläubiger nur über die Erledigung des Auftrags zur Zwangsvollstreckung zu unterrichten und dafür – falls vorhanden – einen Vordruck zu verwenden. War die Vollstreckung erfolgreich, kann der Gläubiger dies zudem auf seinem Konto feststellen oder er erhält den weggenommenen Gegenstand oder das Protokoll der nach der Verhaftung nun doch geleisteten Offenbarungsversicherung. War die Vollstreckung erfolglos, erhält er den Titel zurück. Will der Gläubiger unentgeltlich mehr erfahren, kann er gem. § 760 beim Gerichtsvollzieher Akteneinsicht nehmen. Im Übrigen steht es ihm frei, jederzeit gebührenpflichtige Protokollabschriften zu beantragen. Der Antrag ist nicht konkludent in jedem Vollstreckungsauftrag mitenthalten,[3] wenn dort die Protokollabschrift nicht »abbestellt« ist; er muss ausdrücklich gestellt sein (formfrei).

II. Aufforderungen und Mitteilungen

2 **Aufforderungen** i. S. v. Abs. 1 sieht die ZPO selbst nicht ausdrücklich vor, setzt sie aber an vielen Stellen konkludent voraus (z. B. §§ 756, 758). Die Einzelheiten insoweit sind in der GVGA geregelt (etwa §§ 59 Abs. 2, 81 Abs. 1). **Mitteilungen** sind etwa in §§ 806a, 808 Abs. 3, 811b Abs. 2, 826 Abs. 3, 885 Abs. 2 vorgesehen.

---

1 BVerwG, NJW 1983, 898; OLG Hamm, JMBl.NW 1971, 33; DGVZ 1977, 40; LG Dortmund, DGVZ 1975, 74; LG Köln, DGVZ 1973, 169; AG Herne, DGVZ 1983, 28; AG Kerpen, DGVZ 1978, 119; *Gaul/Schilken/Becker-Eberhard*, § 26 Rn. 82.
2 So aber LG Hannover, DGVZ 1981, 39.
3 So aber *Seip*, DGVZ 1974, 170.

III. Protokollierung und schriftliche Übermittlung

Grundsätzlich sind die Mitteilungen und Aufforderungen mündlich zu erlassen und – zum Zweck der Beweissicherung – zu protokollieren. Ist die mündliche Mitteilung an den im Gesetz bzw. der GVGA vorgesehenen Adressaten nicht möglich, ist ihm eine Abschrift des Protokolls zuzustellen oder durch die Post zu übersenden. Die Übersendung erfolgt in der Regel durch einfachen Brief, wenn eine Zustellung durch Übergabe seitens des Gerichtsvollziehers nicht sogleich möglich ist. 3

IV. Unbekannter Aufenthaltsort

Ist der Aufenthalt des zu Benachrichtigenden unbekannt, erfolgt keine fingierte Benachrichtigung durch öffentliche Zustellung (Abs. 2 Satz 3). Es ist vielmehr nur im Protokoll zu vermerken, dass eine Benachrichtigung nicht möglich war. Letzteres ist nicht schon dann anzunehmen, wenn ein erster Benachrichtigungsversuch von der Post als unzustellbar, etwa weil die angegebene Adresse nicht zutreffe, zurückgesandt wird. Es müssen vielmehr in der Folgezeit zumutbare Versuche, die richtige Adresse zu ermitteln, erfolglos geblieben sein.[4] Seit 1.1.2013 gilt für die Ermittlung des Aufenthaltsorts des Schuldners der damals neu gefasste § 755. 4

V. Rechtsfolgen eines Verstoßes gegen § 763

Die unterbliebene Protokollierung oder Benachrichtigung berühren die Wirksamkeit der durchgeführten Vollstreckungshandlungen nicht. Sie sind auch auf eine Erinnerung nach § 766 hin nicht für unzulässig zu erklären. Ziel einer Erinnerung kann nur sein, die Protokollierung oder Benachrichtigung nachzuholen, falls im Einzelfall hierfür ein Rechtsschutzinteresse besteht. Dieses Rechtsschutzbedürfnis bedarf jeweils der Begründung. 5

VI. ArbGG, VwGO, AO

§ 763 gilt auch bei der Vollstreckung von arbeitsgerichtlichen Titeln (§§ 62 Abs. 2, 85 Abs. 1 Satz 3 ArbGG) und von Titeln nach § 168 VwGO (§ 167 Abs. 1 VwGO), sofern sie der Gerichtsvollzieher durchführt. Für die Vollstreckung nach § 169 Abs. 1 (ggf. auch nach § 170 Abs. 1 Satz 3) VwGO verweist § 5 VwVG auf § 290 AO. Diese Vorschrift ähnelt dem § 763. 6

---

[4] LG Essen, MDR 1973, 414.

§ 764 Vollstreckungsgericht

(1) Die den Gerichten zugewiesene Anordnung von Vollstreckungshandlungen und Mitwirkung bei solchen gehört zur Zuständigkeit der Amtsgerichte als Vollstreckungsgerichte.

(2) Als Vollstreckungsgericht ist, sofern nicht das Gesetz ein anderes Amtsgericht bezeichnet, das Amtsgericht anzusehen, in dessen Bezirk das Vollstreckungsverfahren stattfinden soll oder stattgefunden hat.

(3) Die Entscheidungen des Vollstreckungsgerichts ergehen durch Beschluss.

Übersicht	Rdn.		Rdn.
I. Anwendungsbereich	1	III. Funktionelle Zuständigkeit	7
1. Titel nach der ZPO	2	IV. Entscheidungen des Vollstreckungsgerichts (Abs. 3)	9
2. Titel nach ArbGG, VwGO und anderen Verfahrensordnungen	3	V. Rechtsbehelfe	10
II. Sachliche und örtliche Zuständigkeit	5		

Literatur:
Bernhard, Rechtspfleger-, Richter- und Rechtsprechungsbegriff, DRiZ 1981, 361; *Gaul*, Zur Struktur der Zwangsvollstreckung, Rpfleger 1971, 1, 41, 81; *Jakobs*, Mobiliarvollstreckung für Soziale Leistungsträger, DGVZ 1984, 163; *M. Wolf*, Richter und Rechtspfleger im Zivilverfahren, ZZP 99 (1986), 361.

I. Anwendungsbereich

1 Die Vorschrift gilt für alle Vollstreckungshandlungen, die **nach der ZPO** zu betreiben sind, soweit nicht die ZPO selbst das Prozessgericht als Vollstreckungsorgan bestimmt hat (so in §§ 887 ff.).[1]

1. Titel nach der ZPO

2 Das gilt zunächst für die Vollstreckung aus allen Titeln nach der ZPO. Auch dann, wenn für den Erlass des Titels ein besonderes Gericht der ordentlichen Gerichtsbarkeit zuständig ist, so etwa das Familiengericht, verbleibt es für die Vollstreckung dieses Titels bei der allgemeinen Regel des § 764 Abs. 1.[2] Dies ist eine Konsequenz der in der ZPO weitestgehend durchgeführten Trennung von Prozessgericht einerseits und Vollstreckungsgericht andererseits.

2. Titel nach ArbGG, VwGO und anderen Verfahrensordnungen

3 Richtet sich für Titel aus anderen Gerichtsbarkeiten oder aus besonderen Zweigen der Verwaltung die Vollstreckung aufgrund gesetzlicher Anordnung nach den Regeln des 8. Buches der ZPO, gilt dies auch für die Anwendbarkeit des § 764: Dies gilt sowohl für Titel der Arbeitsgerichte (§§ 62 Abs. 2, 85 Abs. 1 Satz 3 ArbGG) als auch für Kostenfestsetzungsbeschlüsse gem. § 11 Abs. 1 RVG, die von Verwaltungsgerichten,[3] Sozialgerichten oder Finanzgerichten erlassen wurden (§ 11 Abs. 2 Satz 3 RVG), ferner für Titel eines Sozialhilfeträgers, soweit er gem. § 66 Abs. 4 SGB X vollstreckt,[4] sowie auch für Titel von Sozialversicherungsträgern, die nicht von diesen selbst, sondern von den Vollstreckungsorganen der ZPO durchzusetzen sind.[5] Vollstreckungsgericht in all diesen Fällen ist also das **Amtsgericht**.

---

[1] Zur ausnahmsweisen Tätigkeit des Prozessgerichts als Vollstreckungsgericht in diesem Rahmen vgl. OLG Hamm, NJW-RR 1986, 421.
[2] So für familiengerichtliche Titel BGH, Rpfleger 1979, 195.
[3] OVG Lüneburg, AnwBl. 1984, 562; OVG Münster, Rpfleger 1986, 152 f.; LG Heilbronn, NJW-RR 1993, 575.
[4] Einzelheiten: *Jakobs*, DGVZ 1984, 163.
[5] OLG Frankfurt, Rpfleger 1977, 221; OLG München, OLGZ 1968, 176.

Für die Vollstreckung von **Titeln nach § 168 VwGO** bestimmt § 167 Abs. 1 Satz 2 VwGO, dass 4
Vollstreckungsgericht das Gericht des ersten Rechtszuges ist, also grds. das Verwaltungsgericht. Im
Rahmen der Verwaltungs- und verwaltungsgerichtlichen Vollstreckung ist § 764 aber dann von
Bedeutung, wenn für einzelne Vollstreckungsmaßnahmen das zivile Vollstreckungsgericht (so nach
§ 322 Abs. 1 Satz 2 AO)[6] in Anspruch zu nehmen ist. Wird zur Vollstreckung gegen oder für die
öffentliche Hand der Gerichtsvollzieher in Anspruch genommen (§§ 169 Abs. 1 Satz 2, 2. Halbs.,
170 Abs. 1 Satz 2, 3 VwGO), unterliegt er nach umstrittener Ansicht der Kontrolle (vgl. §§ 766,
765a, 802b Abs. 2) des Amtsgerichts als Vollstreckungsgericht.[7] Denn auch der im Wege der Amtshilfe tätige Gerichtsvollzieher ist als selbstständiges Organ der Rechtspflege den für ihn geltenden
Vorschriften unterworfen (siehe ausdrücklich auch § 170 Abs. 1 Satz 3 VwGO). Zu diesen Vorschriften gehört auch die Kontrolle durch das Vollstreckungsgericht i. S. d. § 764.

II. Sachliche und örtliche Zuständigkeit

Die in Abs. 1 und 2 geregelte sachliche und örtliche Zuständigkeit ist im Hinblick auf § 802 eine 5
ausschließliche (also keiner Prorogation zugängliche), soweit die ZPO nicht im Einzelfall etwas
anderes bestimmt. So findet sich in § 930 Abs. 1 Satz 3 eine von Abs. 1 abweichende (ebenfalls
ausschließliche) sachliche Zuständigkeitsregelung, in §§ 802e, 802i Abs. 1, 828 Abs. 2, 848 Abs. 1,
853, 854 Abs. 1 Satz 2 und Abs. 2 Satz 1, 855, 858 Abs. 2 eine von Abs. 2 abweichende Regelung der
örtlichen Zuständigkeit. Abzustellen ist jeweils auf den Zeitpunkt des Beginns der einzelnen Vollstreckungshandlung. Wechselt der Schuldner nach einer Vollstreckungshandlung den Wohnsitz, ist
für jede neue Vollstreckungshandlung auch der neue Wohnsitz maßgebend;[8] ändert sich der Wohnsitz des Schuldners aber, während eine begonnene Vollstreckung noch abgewickelt wird, dauert die
örtliche Zuständigkeit des ursprünglich zuständigen Vollstreckungsgerichts fort. So berührt eine
Wohnsitzverlegung des Schuldners nach Erlass des Pfändungsbeschlusses nicht die fortdauernde
örtliche Zuständigkeit des Vollstreckungsgerichts für nachfolgende Entscheidungen nach § 850 f.[9]

Kommt es unter mehreren möglicherweise zuständigen Amtsgerichten zu einem Kompetenzkon- 6
flikt, ist das zuständige Gericht in entsprechender Anwendung des § 36 Nr. 5 und Nr. 6 zu ermitteln.[10] Soll bei der Vollstreckung gegen mehrere Gesamtschuldner ein einheitliches Vollstreckungsgericht bestimmt werden, ist nach § 36 Nr. 3 zu verfahren.[11] Dies ist etwa notwendig, wenn eine
mehreren Schuldnern gemeinschaftlich zustehende Forderung gepfändet werden soll, die Schuldner
aber unterschiedliche persönliche Gerichtsstände haben.[12]

III. Funktionelle Zuständigkeit

Die Aufgaben, die nach den Regeln des 8. Buches der ZPO dem Vollstreckungsgericht zugewiesen 7
sind, werden gem. § 20 Nr. 17 RPflG vom **Rechtspfleger** wahrgenommen. Dem Richter vorbehalten geblieben ist lediglich die Entscheidung über die Erinnerung nach § 766. Keine Aufgaben des
Vollstreckungsgerichts, sondern originäre Aufgaben des Richters beim Amtsgericht und deshalb
auch von § 20 Nr. 17 RPflG überhaupt nicht tangiert sind die Ermächtigungen zur Wohnungsdurchsuchung (§ 758a Abs. 1) und zur Vollstreckung zur Nachtzeit pp. (§ 758a Abs. 4).[13]

---

6 *Tipke/Kruse*, AO, FGO, Loseblatt, § 322 AO Rn. 30 f.
7 *Gaul*, JZ 1979, 496, 508; *Gaul/Schilken/Becker-Eberhard*, § 4 Rn. 43; **a. A.** OLG Nürnberg, NJW 1957, 717.
8 Allgem. Meinung; vgl. *Zöller/Stöber*, § 764 Rn. 4.
9 OLG München, Rpfleger 1985, 154; *Gaul/Schilken/Becker-Eberhard*, § 27 Rn. 28.
10 BGH, NJW 1982, 2070; OLG Frankfurt, Rpfleger 1978, 260.
11 BayObLG, Rpfleger 1983, 288 und Rpfleger 1986, 98.
12 **A. A.** *Stein/Jonas/Münzberg*, § 764 Rn. 4 sowie vor § 704 Rn. 37 Fußn. 201, die § 36 Nr. 3 hier zwar nicht
   unbesehen, aber doch grundsätzlich für anwendbar halten.
13 Siehe § 758a Rn. 5 ff., 54 ff.

§ 764 ZPO Vollstreckungsgericht

8   In den Fällen der §§ 5, 6 RPflG hat der Rechtspfleger die ihm obliegenden Aufgaben an den Richter abzutreten, der dann an seiner Stelle entscheidet. Auch sonst wird ein Geschäft des Vollstreckungsgerichts, das der Richter – unberechtigterweise – an sich gezogen hat, nicht unwirksam oder auch nur anfechtbar (§ 8 Abs. 1 RPflG). Überschreitet dagegen der Rechtspfleger seine Befugnisse, indem er etwa eine Erinnerung nach § 766, also ein ihm nicht übertragenes Geschäft, bearbeitet, ist die Entscheidung des Rechtspflegers nichtig (§ 8 Abs. 4 Satz 1 RPflG). Bearbeitet der Rechtspfleger eine Sache weiter, die er nach §§ 5, 6 RPflG dem Richter im Einzelfall eigentlich hätte abgeben müssen, werden die Vollstreckungshandlungen des Rechtspflegers insoweit weder unwirksam oder auch nur anfechtbar (§ 8 Abs. 3 RPflG).

IV. Entscheidungen des Vollstreckungsgerichts (Abs. 3)

9   Abs. 3 wurde durch das Zivilprozessreformgesetz vom 27.7.2001[14] neu gefasst. Sein Regelungsgehalt beschränkt sich nunmehr auf die Entscheidungsform. Diese Regelung ersetzt den früheren Abs. 3, wonach die Entscheidungen des Vollstreckungsgerichts ohne mündliche Verhandlung ergehen konnten. Durch die Neufassung hat sich in der Sache jedoch nichts geändert; denn nach dem ebenfalls durch das Zivilprozessreformgesetz neu eingefügten § 128 Abs. 4 können alle gerichtlichen Entscheidungen, die nicht Urteile sind, ohne mündliche Verhandlung ergehen.

V. Rechtsbehelfe

10   Zwangsvollstreckungsmaßnahmen des Vollstreckungsgerichts (sowohl des Rechtspflegers als auch – sollte er im Einzelfall einmal über §§ 5, 6 RPflG insoweit tätig werden – des Richters) können von allen Betroffenen (Gläubiger, Schuldner, beschwerte Dritte) mit der Erinnerung nach § 766 angegriffen werden. Entscheidungen des Richters und solche des Rechtspflegers (vgl. § 11 Abs. 1 RPflG) beim Vollstreckungsgericht sind dagegen mit der sofortigen Beschwerde nach § 793 anfechtbar. Eine **Vollstreckungsmaßnahme** liegt immer dann vor, wenn gegen den Schuldner[15] im Rahmen des Vollstreckungsverfahrens staatlicher Zwang ausgeübt wurde, ohne dass ihm vorher Gelegenheit zum rechtlichen Gehör gegeben wurde. Eine **Entscheidung** ist dagegen anzunehmen, wenn ein Antrag an das Vollstreckungsgericht abgewiesen wurde oder wenn einem Antrag nach Abwägung der konkreten Interessengegensätze von Gläubiger und Schuldner, in der Regel also nach Anhörung des Antragsgegners, stattgegeben wurde.[16]

---

14 BGBl. I, S. 1887.
15 Auch wenn letztlich ein Dritter davon betroffen ist.
16 Einzelheiten und Beispiele siehe insoweit § 766 Rn. 6 ff.

§ 765 Vollstreckungsgerichtliche Anordnungen bei Leistung Zug um Zug

Hängt die Vollstreckung von einer Zug um Zug zu bewirkenden Leistung des Gläubigers an den Schuldner ab, so darf das Vollstreckungsgericht eine Vollstreckungsmaßregel nur anordnen, wenn
1. der Beweis, dass der Schuldner befriedigt oder im Verzug der Annahme ist, durch öffentliche oder öffentlich beglaubigte Urkunden geführt wird und eine Abschrift dieser Urkunden bereits zugestellt ist; der Zustellung bedarf es nicht, wenn bereits der Gerichtsvollzieher die Zwangsvollstreckung nach § 756 Abs. 1 begonnen hatte und der Beweis durch das Protokoll des Gerichtsvollziehers geführt wird; oder
2. der Gerichtsvollzieher eine Vollstreckungsmaßnahme nach § 756 Abs. 2 durchgeführt hat und diese durch das Protokoll des Gerichtsvollziehers nachgewiesen ist.

Übersicht	Rdn.		Rdn.
I. Zweck der Norm	1	V. Nachweis einer Vollstreckungsmaßnahme des Gerichtsvollziehers (Nr. 2)	5
II. Anwendungsbereich	2	VI. Rechtsbehelfe	6
III. Nachweis der Befriedigung oder des Annahmeverzuges (Nr. 1)	3	VII. ArbGG, VwGO	7
IV. Zustellung des Nachweises	4		

Literatur:
Siehe die Angaben zu § 756.

I. Zweck der Norm

Die Vorschrift dient denselben Zwecken wie § 756,[1] und zwar in den Fällen, in denen als Vollstreckungsorgan das Vollstreckungsgericht, das Prozessgericht[2] oder das Grundbuchamt[3] tätig werden sollen. Da diese ihre Vollstreckungstätigkeit grundsätzlich »vom Gerichtsschreibtisch« aus erledigen, ist es ausgeschlossen, dass sie selbst dem Schuldner die Zug-um-Zug-Gegenleistung anbieten. Es muss ihnen vielmehr immer mit dem Vollstreckungsantrag der Nachweis vorgelegt werden, dass der Schuldner hinsichtlich der Gegenleistung schon befriedigt oder im Verzug der Annahme ist. 1

II. Anwendungsbereich

Auch § 765 kommt nur zur Anwendung, wenn der zu vollstreckende Titel im **Tenor** die Leistungspflicht von einer echten Zug-um-Zug-Gegenleistung abhängig macht,[4] bzw., wenn die Leistung nach dem Titel erst nach Empfang der Gegenleistung zu erbringen ist.[5] Der Wortlaut erfasst zwar nur die Vollstreckung durch das Vollstreckungsgericht; § 765 ist aber bei der Vollstreckung durch das Prozessgericht oder durch das Grundbuchamt entsprechend anwendbar.[6] 2

III. Nachweis der Befriedigung oder des Annahmeverzuges (Nr. 1)

Zum Nachweis der Befriedigung des Schuldners oder seines Annahmeverzuges gilt das zu § 756 Ausgeführte.[7] Das Vollstreckungsgericht hat diesen Nachweis selbstständig zu prüfen und ist an 3

---

1 Siehe dort Rn. 1.
2 LG Frankenthal, Rpfleger 1976, 109.
3 OLG Hamm, Rpfleger 1983, 393.
4 Siehe § 756 Rn. 3 m. N.; zur Leistungspflicht Zug um Zug gegen Aushändigung eines Wechsels siehe darüber hinaus OLG Frankfurt, Rpfleger 1981, 312.
5 Siehe § 756 Rn. 5.
6 Allg. Ansicht; vgl. nur OLG Köln, Rpfleger 1997, 315; LG Frankenthal, Rpfleger 1976, 109; OLG Hamm, Rpfleger 1983, 393; Zöller/Stöber, § 765 Rn. 2.
7 Siehe dort Rn. 17-20.

Maßnahmen des Gerichtsvollziehers nicht gebunden.[8] Dem Grundbuchamt als Vollstreckungsorgan gegenüber (wenn also eine Zwangshypothek eingetragen werden soll) ist der Nachweis allerdings immer in der Form des § 29 GBO zu erbringen.[9] Hier reicht ein privates Geständnis des Schuldners, die Leistung erhalten zu haben, nie.

IV. Zustellung des Nachweises

4 Abweichend von § 756 müssen die öffentlichen bzw. öffentlich beglaubigten Urkunden, die den Nachweis erbringen, dass der Schuldner befriedigt bzw. im Verzug der Annahme ist, dem Schuldner schon zugestellt sein, wenn der Vollstreckungsantrag gestellt wird. Der Zustellungsnachweis muss dem Antrag beigefügt werden. Ist der Annahmeverzug des Schuldners oder dessen Befriedigung allerdings durch den örtlich zuständigen Gerichtsvollzieher[10] beurkundet worden, dann bedarf es zur Zulässigkeit der unbedingten Vollstreckung durch den Gläubiger nicht noch der Zustellung des Gerichtsvollzieher-Protokolls.[11] Der Schuldner hat ja dann das Protokoll entweder selbst unterzeichnet (§ 762 Abs. 2 Nr. 4), oder es ist ihm schon nach § 763 Abs. 2 übermittelt worden. Dem Vollstreckungsgericht, Prozessgericht oder Grundbuchamt, das die Vollstreckung durchführen soll, ist das Gerichtsvollzieher-Protokoll in diesen Fällen mit dem Vollstreckungsantrag vorzulegen.

V. Nachweis einer Vollstreckungsmaßnahme des Gerichtsvollziehers (Nr. 2)

5 Die Nr. 2 ist durch die 2. Zwangsvollstreckungsnovelle[12] mit Wirkung zum 1.1.1999 eingefügt worden. Danach kann das Vollstreckungsgericht auch dann eine Vollstreckungsmaßregel anordnen, wenn der Gerichtsvollzieher eine Vollstreckungsmaßnahme nach § 756 Abs. 2 durchgeführt hat und diese durch das Protokoll des Gerichtsvollziehers nachgewiesen ist. In der Nr. 2 liegt also lediglich eine Anpassung an den neuen § 756 Abs. 2. Dadurch wird auch die Zwangsvollstreckung durch das Vollstreckungsgericht bei Zug um Zug zu bewirkenden Leistungen insoweit gegenüber dem früheren Recht erleichtert, als dem Gläubiger ein möglicherweise kostenintensives und nutzloses tatsächliches Angebot der Gegenleistung erspart wird, wenn der Schuldner bereits auf das wörtliche Angebot des Gerichtsvollziehers erklärt hat, dass er die Leistung nicht annehmen werde.[13] Die Vorschrift greift dann ein, wenn der Schuldner erst in der Vollstreckung ein nach § 756 Abs. 2 ausreichendes wörtliches Angebot der Gegenleistung durch den Gerichtsvollzieher ablehnt und der Gläubiger dann das Vollstreckungsgericht beauftragt, weil die Vollstreckung durch den Gerichtsvollzieher nicht zur (vollständigen) Befriedigung des Gläubigers geführt hat. Das vergebliche wörtliche Angebot des Gerichtsvollziehers (§ 756 Abs. 2) muss durch dessen Protokoll (siehe § 762 Abs. 2 Nr. 2) dem Vollstreckungsgericht nachgewiesen werden.

VI. Rechtsbehelfe

6 Hinsichtlich der Rechtsbehelfe des Gläubigers, dessen Vollstreckungsantrag zurückgewiesen wurde, und des Schuldners, der den Nachweis als nicht gehörig erbracht ansieht, siehe § 756 Rn. 24 f. Will der Schuldner geltend machen, ihm seien neue Zurückbehaltungsgründe erwachsen, obwohl der Gläubiger seine Gegenleistung schon erbracht habe, muss er Klage nach § 767 erheben.[14] Der Gläubiger, der seine Gegenleistung nicht mehr erbringen und den Schuldner mit ihr nicht mehr in Annahmeverzug versetzen kann, der aber glaubt, sein Unvermögen sei vom Schuldner zu vertreten, muss die Frage in einem neuen Erkenntnisverfahren klären. Er kann gegebenenfalls auf Feststellung

---

8 LG Mainz, Rpfleger 1993, 253; *Baumbach/Lauterbach/Hartmann*, § 765 Rn. 3; MüKo/*Heßler*, § 765 Rn. 8; *Musielak/Voit/Lackmann*, § 765 Rn. 2; *Zöller/Stöber*, § 765 Rn. 3.
9 OLG Hamm, Rpfleger 1983, 393.
10 OLG Hamm, Rpfleger 1972, 148.
11 OLG Köln, Rpfleger 1986, 393.
12 BGBl. I 1997, S. 3039.
13 Zur möglicherweise nur begrenzten Wirkung dieser Regelung siehe § 756 Rdn. 8.
14 BGH, MDR 1962, 977.

klagen, dass die Pflicht zur Erbringung der Zug-um-Zug-Gegenleistung sei weggefallen, der Titel sei nun unbedingt vollstreckbar. Im Vollstreckungsverfahren ist dieser Einwand nicht zu berücksichtigen.

VII. ArbGG, VwGO

§ 765 gilt auch bei der Vollstreckung von arbeitsgerichtlichen Titeln (§§ 62 Abs. 2, 85 Abs. 1 Satz 3 ArbGG) und von Titeln nach § 168 VwGO (§ 167 Abs. 1 VwGO), sofern das Vollstreckungsgericht wegen einer Forderung vollstreckt, die von einer Zug um Zug zu bewirkenden Leistung des Gläubigers an den Schuldner abhängt. 7

Vor §§ 765a–777 Das Rechtsbehelfssystem der Zwangsvollstreckung

– Ein Überblick über den Rechtsschutz für Gläubiger, Schuldner und betroffene Dritte im Zusammenhang mit der Zwangsvollstreckung. –

Übersicht

		Rdn.
I.	Sinn der Rechtsbehelfe.............	1
II.	Rechtsbehelfe im Klauselverfahren	2
III.	Rechtsbehelfe gegen das Vollstreckungsverfahren	3
1.	Gegen die Tätigkeit des Gerichtsvollziehers....................	4
2.	Gegen Vollstreckungsmaßnahmen	5
	a) Des Vollstreckungsgerichts........	5
	b) Des Grundbuchamtes	6
	c) Des Prozessgerichts	7
3.	Gegen Entscheidungen..............	8
	a) Des Vollstreckungsgerichts.......	8
	b) Des Prozessgerichts	9
	c) Des Richters beim Amtsgericht	10
4.	Gegen die Verpflichtung zur sofortigen Abgabe der Vermögensauskunft	11
5.	Vorläufiger Rechtsschutz	12
IV.	Rechtsbehelfe aufgrund materiellrechtlicher Einwendungen	13
1.	Rechtsbehelfe des Schuldners	14
	a) Anspruch nicht entstanden	15
	aa) Rechtskraftfähige Entscheidung .	15
	bb) Vollstreckbare Urkunde	16
	cc) Vergleich..................	17
	dd) Vollstreckungsbescheid	18
	b) Anspruch weggefallen	19
	c) Anspruch einredebehaftet........	20
	d) Vollstreckung sittenwidrig	21
	e) Verfassungswidrigkeit einer anspruchsbegründenden Norm	22
2.	Rechtsbehelfe von Dritten	24
	a) Veräußerungshinderndes Recht	25
	b) Vorrangiges Befriedigungsrecht	26
	c) Vorrangiges Recht am Erlös	27
3.	Beschränkte Haftung des Schuldners ...	28
V.	Allgemeine Härteklausel	29
VI.	Materiellrechtliche Ausgleichsansprüche	30
1.	Ansprüche des Schuldners	31
2.	Ansprüche von Dritten.............	34
	a) §§ 812 ff. BGB	35
	b) Schadensersatz aus § 280 BGB.....	36
	c) Schadensersatz aus § 823 Abs. 1 BGB	37
VII.	Konkurrenz der Rechtsbehelfe........	38

Literatur:

Arens/Lüke, Die Rechtsbehelfe im Vollstreckungsverfahren, Jura 1982, 455; *Böhm*, Ungerechtfertigte Zwangsvollstreckung und materiellrechtliche Ausgleichsansprüche, 1971; *J. Braun*, Rechtskraft und Rechtskraftdurchbrechung von Titeln über sittenwidrige Ratenkreditverträge, 1986; *ders.*, Rechtskraftdurchbrechung bei rechtskräftigen Vollstreckungsbescheiden, ZIP 1987, 687; *M. Braun*, Rechtsbehelfe im Vollstreckungsrecht, JA, Übungsblätter für Referendare, 1990, 37, 92; *Bürck*, Erinnerung oder Klage bei Nichtbeachtung von Vollstreckungsvereinbarungen durch Vollstreckungsorgane, ZZP 85 (1972), 391; *Gaul*, Zur Struktur der Zwangsvollstreckung, Rpfleger 1971, 41, 81; *ders.*, Zulässigkeit und Geltendmachung vertraglicher Vollstreckungsbeschränkungen, JuS 1971, 371; *ders.*, Das Rechtsbehelfssystem der Zwangsvollstreckung – Möglichkeiten und Grenzen einer Vereinfachung, ZZP 85 (1972), 251; *ders.*, Ungerechtfertigte Zwangsvollstreckung und materielle Ausgleichsansprüche, AcP 173 (1973), 323; *Geißler*, Die Vollstreckungsklagen im Rechtsbehelfssystem der Zwangsvollstreckung, NJW 1985, 1865; *ders.*, Das System der vollstreckungsinternen Rechtsbehelfe, JuS 1986, 280; *ders.*, Die Rechtskraft des Vollstreckungsbescheides auf dem Prüfstand des sittenwidrigen Ratenkreditgeschäfts, NJW 1987, 166; *ders.*, Meinungsstreit und Kostenfragen um das Beschwerderecht des Gerichtsvollziehers, DGVZ 1990, 105; *Gerlach*, Ungerechtfertigte Zwangsvollstreckung und ungerechtfertigte Bereicherung, 1986; *Gilles*, Vollstreckungsgegenklage, sog. vollstreckbarer Anspruch und Einwendungen gegen die Zwangsvollstreckung im Zwielicht prozessualer und zivilistischer Prozeßbetrachtung, ZZP 83 (1970), 61; *Grunsky*, Voraussetzungen nach § 826 BGB bei sittenwidrigen Ratenkreditverträgen, ZIP 1986, 1361; *Hergenröder*, Die Vollstreckungsvereinbarung im System der Zwangsvollstreckung, DGVZ 2013, 145; *Kohte*, Rechtsschutz gegen die Vollstreckung des wucherähnlichen Rechtsgeschäfts nach § 826 BGB, NJW 1985, 2217; *Lippross*, Das Rechtsbehelfssystem der Zwangsvollstreckung, JA 1979, 9; *ders.*, Schadensersatzhaftung aus privatrechtswidrigen Zwangsvollstreckungsakten, JA 1980, 16; *ders.*, Grundlagen und System des Vollstreckungsschutzes, 1983; *Münzberg*,

Materielle Einwendungen im Erinnerungsverfahren, DGVZ 1971, 167; *ders.*, Rechtsschutz gegen die Vollstreckung des wucherähnlichen Geschäfts nach § 826 BGB, NJW 1986, 361; *Makowsky*, Die Präklusion materiell-rechtlicher Einwendungen im Zwangsvollstreckungsverfahren, JuS 2014, 901; *Neumüller*, Vollstreckungserinnerung, Vollstreckungsbeschwerde und Rechtspflegererinnerung, 1981; *E. Peters*, Materielle Rechtskraft der Entscheidungen im Vollstreckungsverfahren, ZZP 90 (1977), 145; *Preuß*, Rechtsbehelfe in der Zwangsvollstreckung, Jura 2003, 181 u. 540; *Renkl*, Rechtsbehelfe und Klagen in der Zwangsvollstreckung, JuS 1981, 514, 588, 666; *Schreiber*, Rechtsbehelfe in der Zwangsvollstreckung, Jura 1992, 25; *Walker*, Beseitigung und Durchbrechung der Rechtskraft, Festgabe 50 Jahre BGH, Bd. III, S. 367; *ders.*, Wegweisende BGH-Entscheidungen zum Zwangsvollstreckungsrecht seit Einführung der Rechtsbeschwerde, JZ 2011, 401 u. 453; *Wetzel*, Grundfälle zu den Klagen und Rechtsbehelfen im Zwangsvollstreckungsrecht, JuS 1990, 198; *Windel*, Die Rechtsbehelfe des Schuldners gegen eine Vollstreckung aus einer wirksamen materiellen Urkunde – zugleich ein Beitrag zum Rechtsschutzsystem des 8. Buches der ZPO, ZZP 102 (1989), 175.

I. Sinn der Rechtsbehelfe

Die Zwangsvollstreckung ist mit erheblichen Eingriffen in die Grundrechtssphäre des Schuldners verbunden.[1] Sie kann darüber hinaus zu erheblichen Belästigungen unbeteiligter Dritter führen. Der Wettlauf mehrerer Gläubiger, die aus der oft unzureichenden, der Vollstreckung unterliegenden Habe des Schuldners Befriedigung suchen, kann Auseinandersetzungen um den Vorrang heraufbeschwören.[2] Der Gläubiger mag die Arbeit der Vollstreckungsorgane als zu schwerfällig oder zu schuldnerfreundlich empfinden. In allen diesen Fällen muss eine gerichtliche Klärung der Einwände, Ansprüche und Einwendungen ermöglicht werden. Da der Titel die materielle Rechtslage zwischen Gläubiger und Schuldner nur für den Augenblick der Titelerlangung fixiert, nachträgliche Rechtsänderungen aber nicht berücksichtigt, muss sichergestellt sein, dass solchen Veränderungen auch rechtzeitig Rechnung getragen werden kann, ehe durch eine in der Sache nicht mehr berechtigte Vollstreckung oft nicht mehr wieder gutzumachender Schaden angerichtet ist. Auch insoweit muss ein gerichtliches Verfahren bereitstehen. Es kann sich nicht in allen Fällen um das gleiche Verfahren handeln: Je nachdem, ob der einzelne Vollstreckungsakt oder der zu vollstreckende Anspruch im Zentrum des Angriffs steht, ist das Vollstreckungsgericht oder das Prozessgericht sachnäher und deshalb auch entscheidungskompetenter. Je nachdem, ob der bloße Verfahrensablauf oder allein aus dem materiellen Recht abgeleitete Positionen zu beurteilen sind, ist ein eher formloses Beschlussverfahren, bei dem aber mehr Elemente der Amtsmaxime gelten, oder das förmliche streitige Erkenntnisverfahren sachgerechter. Je nachdem, welches Vollstreckungsorgan tätig war, muss auch ein Gericht mit mindestens gleicher Sachkompetenz die Fachaufsicht ausüben, wenn das Ergebnis alle Beteiligten befriedigen soll. Ein »Einheitsrechtsbehelf« für alle bis zur Beendigung der Zwangsvollstreckung zu beurteilenden Einwände gegen das Verfahren, Ansprüche auf den Vollstreckungsgegenstand und Einwendungen gegen den zu vollstreckenden Anspruch wäre somit kein Fortschritt im Hinblick auf einen besseren Rechtsschutz, sondern ein Verlust an Sachnähe und Sachkompetenz und deshalb eine Einbuße an Effizienz.[3]

1

II. Rechtsbehelfe im Klauselverfahren

Die Rechtsbehelfe des Klauselverfahrens[4] gehören, da das Klauselverfahren selbst als Annex des Erkenntnisverfahrens der Zwangsvollstreckung vorgelagert ist, nicht eigentlich in das Rechtsbehelfssystem der Zwangsvollstreckung. Dem steht nicht entgegen, dass diese Rechtsbehelfe auf Schuldnerseite auch noch während der bereits laufenden Zwangsvollstreckung möglich sind und dass in ihrem Rahmen nicht nur bis zur Entscheidung über den Rechtsbehelf eine einstweilige Einstellung der Zwangsvollstreckung erwirkt werden (§§ 732 Abs. 2, 769 Abs. 1), sondern dass ihr Ergebnis auch die Unzulässigkeitserklärung der Zwangsvollstreckung aus der vollstreckbaren Ausfertigung

2

---

1 Siehe den Überblick bei *Gerhardt*, ZZP 95 (1982), 467 ff.; ferner *Vollkommer*, JA 1982, 286 ff.; *Walker*, GS M. Wolf, 2011, 561.
2 Zum Prioritätsprinzip siehe Vor §§ 803, 804 Rn. 17, 18 und § 804 Rn. 4, 5.
3 Im Ergebnis ebenso *Gaul*, ZZP 85 (1972), 251 ff.; *Gaul/Schilken/Becker-Eberhard*, § 36 Rn. 32.
4 Siehe den Überblick bei Vor §§ 724–734 Rn. 13 f.

sein kann (§ 768), woraus sich unmittelbare Auswirkungen auf den Fortgang der Vollstreckung ergeben (§§ 775 Nr. 1, 776). Denn auch während des streitigen Erkenntnisverfahrens sind Entscheidungen mit Auswirkung auf eine bereits laufende Vollstreckung keine Seltenheit (etwa §§ 707, 718, 719), sodass aus diesen Wirkungen keine Zuordnung zum Vollstreckungsverfahren abgeleitet werden kann. Der Annexcharakter zum Erkenntnisverfahren wird besonders auch dadurch deutlich, dass zur Entscheidung aller in Betracht kommenden Klauselrechtsbehelfe (§§ 573, 11 Abs. 1 RPflG i. V. m. § 567, 731, 732, 768) das Prozessgericht berufen ist.

III. Rechtsbehelfe gegen das Vollstreckungsverfahren

3   Hier ist zum einen danach zu unterscheiden, ob eine Vollstreckungsmaßnahme oder eine Entscheidung, die im Zwangsvollstreckungsverfahren ergangen ist, angefochten werden soll.[5] Zum anderen ist der Urheber der Maßnahme oder Entscheidung von Bedeutung (Gerichtsvollzieher, Rechtspfleger, Vollstreckungsrichter, Richter des Amtsgerichts, Grundbuchamt, Prozessgericht). Hiernach ergibt sich folgende Einteilung der Rechtsbehelfe, mit denen Fehler des Vollstreckungs**verfahrens** gerügt werden können:

1. Gegen die Tätigkeit des Gerichtsvollziehers

4   Alle Handlungen und Maßnahmen des Gerichtsvollziehers im Rahmen der Zwangsvollstreckung (er trifft keine Entscheidungen im Sinne der obigen Unterscheidung) können von den durch sie Beschwerten mit der (unbefristeten) Erinnerung nach § 766 angefochten werden.

2. Gegen Vollstreckungsmaßnahmen

a) Des Vollstreckungsgerichts

5   Alle Vollstreckungsmaßnahmen (Gegensatz: Entscheidungen im Rahmen der Zwangsvollstreckung) des Rechtspflegers[6] am Vollstreckungsgericht und des (an seiner Stelle gem. §§ 5, 6 RPflG tätigen) Richters am Vollstreckungsgericht[7] sind ebenfalls mit der Erinnerung nach § 766 anzufechten.

b) Des Grundbuchamtes

6   Vollstreckungsmaßnahmen des Grundbuchamtes sind mit der Beschwerde nach §§ 71 GBO, 11 Abs. 1 RPflG anzufechten.[8]

c) Des Prozessgerichts

7   Das Prozessgericht als Vollstreckungsorgan trifft i. S. der obigen Unterscheidung im Rahmen der Zwangsvollstreckung ausschließlich Entscheidungen (Folge aus § 891). Sie sind mit der sofortigen Beschwerde nach § 793 anzufechten.

3. Gegen Entscheidungen

a) Des Vollstreckungsgerichts

8   Entscheidungen des Vollstreckungsgerichts im Rahmen der Zwangsvollstreckung sind, wenn sie vom Richter gefällt wurden, mit der sofortigen Beschwerde nach § 793 anzufechten. Gleiches gilt gem. § 11 Abs. 1 RPflG bei einer Entscheidung durch den Rechtspfleger. Ist das Vollstreckungs-

---

5   Unterscheidungskriterien insoweit: § 766 Rn. 6 ff.
6   H. M.; siehe § 766 Rn. 11; a. A. für die Rechtslage vor Änderung des § 11 RPflG zum 1.10.1998 (§ 11 RPflG sei einschlägig) *Habscheid*, KTS 1973, 95; *Kümmerlein*, Rpfleger 1971, 11; *Kunz*, Erinnerung und Beschwerde, S. 287 ff.
7   H. M.; a. A. (§ 793 sei einschlägig) *Kunz*, Erinnerung und Beschwerde, S. 120 ff.
8   *Brox/Walker*, Rn. 1166; *Musielak/Voit/Lackmann*, § 766 Rn. 8; *Zöller/Stöber*, § 766 Rn. 4.

gericht als Versteigerungsgericht im Rahmen des ZVG tätig geworden, wird § 793 durch die §§ 95–104 ZVG etwas modifiziert.

b) Des Prozessgerichts

Es gilt § 793.[9]

c) Des Richters beim Amtsgericht

Entscheidungen des Richters beim Amtsgericht, die er im Rahmen der Zwangsvollstreckung nicht als Vollstreckungsrichter zu fällen hat (Erlaubniserteilungen nach § 758a Abs. 1, 4),[10] sind mit der sofortigen Beschwerde nach § 793 anzufechten.[11]

4. Gegen die Verpflichtung zur sofortigen Abgabe der Vermögensauskunft

Ein Rechtsbehelf eigener Art, der die Erinnerung nach § 766 verdrängt, ist der **Widerspruch** des Schuldners gegen seine Verpflichtung zur sofortigen Abgabe der Vermögensauskunft gem. § 807 Abs. 2 Satz 1. Dieser Rechtsbehelf fällt insoweit aus dem Rahmen der übrigen hier unter III. zusammengefassten Rechtsbehelfe, als über ihn nicht der Richter entscheidet, sondern der Gerichtsvollzieher sein Verfahren unmittelbar danach zu richten hat. In § 802f, in dem das reguläre Verfahren zur Abnahme der Vermögensauskunft geregelt ist, ist dagegen ein solcher Widerspruch nicht vorgesehen, sodass der Schuldner sich gegen die grundsätzliche Pflicht zur Vermögensauskunft mit der Vollstreckungserinnerung nach § 766 wehren kann.

5. Vorläufiger Rechtsschutz

In allen vorstehend genannten Rechtsbehelfsverfahren ist vorläufiger Rechtsschutz, der die weitere Zwangsvollstreckung erst einmal hinausschiebt, möglich (§§ 766 Abs. 1 Satz 2, 570 ZPO, § 11 Abs. 2 Satz 4 RPflG, § 76 GBO).

IV. Rechtsbehelfe aufgrund materiellrechtlicher Einwendungen

Bei den Rechtsbehelfen, durch die materiellrechtliche Einwendungen gegen die (Fortsetzung der) Zwangsvollstreckung oder Ansprüche auf den Vollstreckungserlös zur Geltung gebracht werden sollen, ist zum einen zu unterscheiden, wer die Einwendungen vorbringen will (Schuldner; weitere Gläubiger, die gegen denselben Schuldner vollstrecken; durch die Zwangsvollstreckung betroffene Dritte). Zum anderen ist auf das Ziel der Intervention (Beendigung der Zwangsvollstreckung, Freigabe eines Vollstreckungsobjektes, vorrangige Befriedigung aus dem Vollstreckungserlös) abzustellen. In allen Fällen soll die materielle Rechtslage unter den jeweils Beteiligten abschließend – d. h. mit materieller Rechtskraft – entschieden werden. Deshalb sind alle hier in Betracht kommenden Rechtsbehelfe als Klagen, über die in einem förmlichen streitigen Erkenntnisverfahren zu entscheiden ist, ausgestaltet. Folgende Situationen sind zu unterscheiden:

---

[9] Vgl. bereits Rn. 5 unter c).
[10] Vgl. § 758a Rn. 5 ff., 54 ff.
[11] § 758a Rn. 47, 64.

1. Rechtsbehelfe des Schuldners

14 Der Schuldner kann materiellrechtlich gegen den titulierten Anspruch Folgendes einwenden:

a) Anspruch nicht entstanden

aa) Rechtskraftfähige Entscheidung

15 Soweit es sich um einen Titel handelt, der der materiellen Rechtskraft fähig ist, ist der Einwand vor Eintritt der Rechtskraft grundsätzlich nur mit den jeweils zulässigen Rechtsmitteln (Einspruch gegen Versäumnisurteile, Berufung, Revision, Beschwerde) möglich, danach aber – zum Schutze der Rechtskraft – ausgeschlossen. Nur wenn im Einzelfall ausnahmsweise die Voraussetzungen der Nichtigkeitsklage (§ 579) oder der Restitutionsklage (§ 580) vorliegen, kann über den Anspruch noch einmal in der Sache neu entschieden werden. Die Zwangsvollstreckung aus dem Titel muss im Übrigen, obwohl er zur materiellen Rechtslage in Widerspruch stehen mag, hingenommen werden. Es gibt insoweit also keinen Rechtsbehelf gegen die Zwangsvollstreckung.

bb) Vollstreckbare Urkunde

16 Ist der angebliche Anspruch dagegen in einer vollstreckbaren Urkunde tituliert, kann dieser Einwand mit der Vollstreckungsabwehrklage gem. § 767 geltend gemacht werden. Es gibt insoweit keine Präklusion.[12]

cc) Vergleich

17 Handelt es sich bei dem Titel schließlich um einen Vergleich (§ 794 Abs. 1 Nr. 1), muss der Einwand (nach Anfechtung des Vergleichs gem. §§ 119 ff. BGB oder aufgrund des § 779 BGB) durch Fortsetzung des ursprünglichen Verfahrens verfolgt werden.[13] Bis zur Entscheidung über die Wirksamkeit des Vergleichs (gegebenenfalls in einem Zwischenurteil) kann die Zwangsvollstreckung gem. § 707 analog einstweilen eingestellt werden.

dd) Vollstreckungsbescheid

18 Ist der Titel ein Vollstreckungsbescheid, kann sich der Schuldner gegen die Vollstreckung u. U. mit einer auf § 826 BGB gestützten Unterlassungsklage wehren. Voraussetzung ist, dass der Gläubiger den Titel in Ausnutzung der Tatsache, dass im Mahnverfahren keine Schlüssigkeitsprüfung durch das Gericht mehr stattfindet, und in der Erwartung, dass der Widerspruch bzw. Einspruch infolge der besonderen sozialen Situation des Schuldners wenig wahrscheinlich sei, sowie in Kenntnis aller Umstände, aus denen das Nichtbestehen des Anspruchs folgt, erschlichen hat.[14]

b) Anspruch weggefallen

19 Der Schuldner kann sich darauf berufen, die für einen **künftigen Anspruch auf wiederkehrende Leistungen** dem Titel zu Grunde liegende Prognose treffe nicht mehr zu; aufgrund veränderter Umstände nach Titelerlass sei **die Anspruchsgrundlage** ganz oder für einen Teil des titulierten Anspruchs entfallen. Dieser Einwand kann gegenüber allen Titeln (Urteil, Vollstreckungsbescheid, Beschluss, Urkunde, Vergleich) nur mit der Abänderungsklage gem. § 323 verfolgt werden. Bis zur

---

12 Einzelheiten: § 767 Rn. 30, 37.
13 Einzelheiten: § 767 Rn. 29, 37.
14 Einzelheiten: *Walker*, Festgabe 50 Jahre BGH, 2000, Bd. III, 367; Anh. § 767 Rn. 2 ff. In diesem Verfahren kann bis zur Entscheidung die Zwangsvollstreckung aus dem Vollstreckungsbescheid analog §§ 707, 769 einstweilen eingestellt werden.

Entscheidung kann die Zwangsvollstreckung aus dem – noch abzuändernden – ursprünglichen Titel in entsprechender Anwendung des §769[15] einstweilen eingestellt werden.

c) Anspruch einredebehaftet

Ferner kann der Schuldner geltend machen, gegen den Anspruch bestünden nunmehr Einwendungen und Einreden, die zum nachträglichen Erlöschen des Anspruchs oder zu seiner derzeitigen Nichtdurchsetzbarkeit geführt hätten. Diese Einwendungen sind gegenüber allen Titeln mit der **Vollstreckungsabwehrklage** gemäß § 767 geltend zu machen (unmittelbar oder über § 795). Dabei ist bei Urteilen die Präklusion bestimmter Einwendungen gem. § 767 Abs. 2,[16] bei Vollstreckungsbescheiden gem. § 796 Abs. 2 zu beachten. 20

d) Vollstreckung sittenwidrig

Weiterhin kann der Schuldner vortragen, der titulierte Anspruch sei nachträglich entfallen, und er (der Schuldner) sei gehindert gewesen, dies rechtzeitig geltend zu machen. Der Gläubiger wisse von dem Wegfall des Anspruches, nutze aber trotzdem seinen erlangten Titel aus. Deshalb verstoße die **weitere Zwangsvollstreckung gegen die guten Sitten**.[17] Hier kann der Schuldner ausnahmsweise Leistungsklage auf Unterlassung der Zwangsvollstreckung, gestützt auf § 826 BGB, erheben.[18] 21

e) Verfassungswidrigkeit einer anspruchsbegründenden Norm

Schließlich kann der Schuldner einwenden, die Norm, auf die der in einer gerichtlichen Entscheidung titulierte Anspruch gestützt sei, sei später für verfassungswidrig erklärt worden. Hier lässt § 79 Abs. 2 BVerfGG, soweit die Zwangsvollstreckung noch nicht beendet ist, eine **Vollstreckungsabwehrklage** in entsprechender Anwendung des § 767 zu. 22

In allen Fällen, in denen der Schuldner die Unzulässigkeitserklärung der Zwangsvollstreckung auf Dauer erstrebt (also nicht nur, wie bei der Stundung, für eine begrenzte Zeit), kann er neben dem Antrag auf Unzulässigkeit der Zwangsvollstreckung (§ 767) bzw. auf Unterlassung der Zwangsvollstreckung (§ 826 BGB) Herausgabe des Titels durch den Gläubiger verlangen. Anspruchsgrundlage insoweit ist § 371 BGB analog.[19] 23

2. Rechtsbehelfe von Dritten

Dritte, die sich eines Rechtes am Gegenstand der Vollstreckung berühmen, können folgendes geltend machen: 24

a) Veräußerungshinderndes Recht

Sie können sich darauf berufen, die Zwangsvollstreckung in diesen Gegenstand sei schlechthin unzulässig, da sie ein (sog. »die Veräußerung hinderndes«) Recht an diesem Gegenstand hätten,[20] das durch die Zwangsvollstreckung beeinträchtigt würde. Dieser Einwand ist mit der **Drittwiderspruchsklage** gem. § 771 geltend zu machen. Sonderfälle der Drittwiderspruchsklage regeln die §§ 772–774. Anstelle des »die Veräußerung hindernden Rechts« tritt hier ein nur relatives Veräußerungsverbot, die Beeinträchtigung der Rechte des Nacherben oder die Zugehörigkeit zum ehelichen Gesamtgut. 25

---

15 BGH, LM § 323 ZPO Nr. 1; KG, FamRZ 1978, 529; OLG Frankfurt, FamRZ 1982, 736; OLG Karlsruhe, NJW 1975, 314.
16 Einzelheiten: § 767 Rn. 32 ff.
17 BGH, NJW 1983, 2317 enthält ein einprägsames Beispiel.
18 Einzelheiten: *Walker*, Festgabe 50 Jahre BGH, 2000, Bd. III, 367; Anh. § 767 Rn. 2 ff.
19 *Brox/Walker*, Rn. 1327; *Gaul/Schilken/Becker-Eberhard*, § 16 Rn. 9.
20 Übersicht über »die Veräußerung hindernde Rechte«: § 771 Rn. 15 ff.

b) Vorrangiges Befriedigungsrecht

26 Dritte können ferner geltend machen, ihr Recht hindere zwar den Fortgang der Zwangsvollstreckung nicht, berechtige sie aber zur Befriedigung aus dem Erlös vor dem die Zwangsvollstreckung betreibenden Gläubiger. Für diesen Einwand ist die **Klage auf vorzugsweise Befriedigung** gem. § 805 gegeben.

c) Vorrangiges Recht am Erlös

27 Schließlich können Dritte vortragen, sie seien am Vollstreckungserlös, der zugunsten mehrerer Gläubiger hinterlegt ist, besser berechtigt als andere Gläubiger, die im Verteilungsplan aber vorrangig berücksichtigt seien. Dieser Einwand ist mit der **Widerspruchsklage** gem. § 878 geltend zu machen.

3. Beschränkte Haftung des Schuldners

28 Der Schuldner kann noch einwenden, dass er für den titulierten Anspruch nicht mit seinem ganzen Vermögen, sondern nur mit einer bestimmten Vermögensmasse (Nachlass, übernommenes Vermögen, Gesamtgut bzw. zugeteilte Gegenstände aus dem früheren Gesamtgut, Gegenstand eines Vermächtnisses) hafte (Einwand der beschränkten Haftung). Obwohl es von der Sache her insoweit nicht um Einwendungen gegen den titulierten Anspruch geht, sondern darum, bestimmte Gegenstände aus der Vollstreckung herauszuhalten, hat das Gesetz in §§ 785, 786 für diese Einwendungen die **Vollstreckungsabwehrklage** gem. § 767 vorgesehen.

V. Allgemeine Härteklausel

29 Der **Schuldner** kann schließlich geltend machen, die an sich formal in jeder Hinsicht ordnungsgemäße Vollstreckung eines materiellrechtlich nach wie vor bestehenden titulierten Anspruchs bedeute für ihn aufgrund besonderer Umstände eine ungewöhnliche Härte, die mit den guten Sitten nicht vereinbar sei. Dieser Einwand kann weder im Verfahren nach §§ 766, 793 berücksichtigt werden, noch im Rahmen der Klage nach § 767. Er ist **im besonderen Vollstreckungsschutzverfahren** nach § 765a geltend zu machen. In diesem rechtsbehelfsmäßig ausgestalteten Verfahren entscheidet über den Antrag zunächst nicht der Richter, sondern der Rechtspfleger. Der Richter wird erst im Rahmen der sofortigen Beschwerde (§ 11 Abs. 1 RPflG i. V. m. § 793) gegen die Entscheidung des Rechtspflegers tätig.

VI. Materiellrechtliche Ausgleichsansprüche

30 Die Geltendmachung von Ausgleichsansprüchen nach beendeter, materiellrechtlich ungerechtfertigter Zwangsvollstreckung ist möglich. Auch nach Beendigung der Zwangsvollstreckung sind der Schuldner und Dritte, in deren Rechtspositionen unberechtigterweise durch Zwangsvollstreckung eingegriffen wurde, nicht rechtlos:

1. Ansprüche des Schuldners

31 Dem Schuldner stehen, wenn der Titel später abgeändert oder aufgehoben wird, gegen den Gläubiger wegen der unberechtigten Vollstreckung oder der zur Abwendung der Vollstreckung erbrachten

Leistungen Schadensersatz- bzw. Bereicherungsansprüche nach § 717 Abs. 2 bzw. Abs. 3 zu.[21] Hat der Schuldner gezahlt, um einer drohenden Zwangsvollstreckung zuvorzukommen, steht ihm ein bereicherungsrechtlicher Rückforderungsanspruch auch dann zu, wenn die Vollstreckungsforderung bereits verjährt war (§ 813 Abs. 1 Satz 1 BGB). Dieser Anspruch ist nicht gem. §§ 813 Abs. 1 Satz 2, 214 Abs. 2 BGB ausgeschlossen; denn dieser Ausschluss gilt nur bei der freiwilligen Erfüllung verjährter Forderungen, nicht bei der Zahlung zur Abwendung der Zwangsvollstreckung.[22] Handelte es sich bei dem später aufgehobenen Titel um einen Arrest oder eine einstweilige Verfügung oder hat sich deren Anordnung sonst als von Anfang an ungerechtfertigt erwiesen, so hat der Schuldner wegen der Vollziehung (=Vollstreckung) Schadensersatzansprüche nach § 945.

Wurden Vermögensgegenstände des **Schuldners** verwertet, an denen der Gläubiger kein Pfändungspfandrecht hatte,[23] kann der Schuldner vom Gläubiger Herausgabe des ausgekehrten Erlöses aus Eingriffskondiktion (§ 812 Abs. 1 Satz 1, 2. Fall BGB) verlangen. Der Gläubiger kann diesem Anspruch gegenüber allerdings mit seinem titulierten Anspruch aufrechnen, soweit nicht im Einzelfall § 394 BGB entgegensteht.[24] Dass der Schuldner den Fortgang der unberechtigten Verwertung durch eine Erinnerung nach § 766 hätte stoppen, den Vermögensverlust also noch im Verlaufe des Vollstreckungsverfahrens hätte abwenden können, hindert den nachträglichen Bereicherungsanspruch nicht. 32

Hat der Gläubiger die Zwangsvollstreckung fortgesetzt, obwohl ihm der titulierte Anspruch zwischenzeitlich nicht mehr zustand, so steht dem **Schuldner** ebenfalls ein Anspruch aus Eingriffskondiktion gegen den Gläubiger auf Auskehr des empfangenen Erlöses zu. Auch dieser Anspruch scheitert nicht daran, dass der Schuldner es versäumt hat, mit einer Vollstreckungsabwehrklage (§ 767) den Fortgang der Vollstreckung zu stoppen.[25] 33

2. Ansprüche von Dritten

Dritte, die durch die Zwangsvollstreckung gegen den Schuldner einen unberechtigten Rechtsverlust erlitten haben, haben folgende Möglichkeiten:[26] 34

a) §§ 812 ff. BGB

Stand dem Dritten nach materiellem Recht der Verwertungserlös des Vollstreckungsobjektes zu, ist dieser aber, da der Dritte es versäumt hatte, nach § 771 vorzugehen, an den Gläubiger ausgekehrt worden, so kann der materiellrechtlich Berechtigte vom Gläubiger Herausgabe des Erlangten nach den Regeln der Eingriffskondiktion (§ 812 Abs. 1 Satz 1, 2. Fall BGB) verlangen.[27] Gleiches gilt, wenn der Dritte aus dem Verwertungserlös vorrangig zu befriedigen gewesen wäre, die Geltendmachung seiner Rechte aber versäumt hatte. 35

b) Schadensersatz aus § 280 BGB

Hat der Gläubiger Eigentumsrechte Dritter am Vollstreckungsobjekt oder das Erlöschen seiner Forderung **fahrlässig** (oder gar vorsätzlich) missachtet, ist er also dem Hinweis eines Dritteigentümers auf seine Rechte oder des Schuldners auf die Erfüllung der Forderung nicht sorgfältig nachgegangen und hat er die Zwangsvollstreckung fortgesetzt, ehe Rechtsbehelfe nach §§ 767, 771 oder vorläufige Maßnahmen nach § 769 zum Erfolg führen konnten, so ist er aus § 280 BGB zum 36

---

21 Einzelheiten: § 717 Rn. 4, 22.
22 BGH, NJW 2013, 3243 mit Anm. *Walker/Storck*, LMK 2013, 353033.
23 Siehe auch Vor §§ 803, 804 Rn. 15.
24 § 767 Rn. 46.
25 § 767 Rn. 46.
26 Einzelheiten: *Brox/Walker*, Rn. 456 ff.; vgl. auch *Jäckel*, JA 2010, 357, 361 ff.
27 Einzelheiten: Anh. § 771 Rn. 1 ff.

Schadensersatz verpflichtet. Durch den Zugriff oder weiteren Zugriff auf Gegenstände, an denen er kein Pfändungspfandrecht hatte, ist zwischen dem Gläubiger und dem Eigentümer ein gesetzliches Schuldverhältnis begründet worden, aus dem für den Gläubiger Sorgfaltspflichten erwuchsen.[28] Im Rahmen dieses Schuldverhältnisses hat der Gläubiger auch für das Verschulden von ihm eingeschalteter Dritter (Rechtsanwalt, Inkassobüro) gem. § 278 BGB einzustehen.

c) Schadensersatz aus § 823 Abs. 1 BGB

37 Gegen den vom Gläubiger eingeschalteten Rechtsanwalt, der, obwohl er die materiellrechtliche Nichtberechtigung der Vollstreckungsmaßnahme erkennen müsste, die Zwangsvollstreckung fortsetzen lässt, können Ansprüche aus § 823 Abs. 1 BGB (fahrlässiger Eigentumseingriff) bestehen.[29]

VII. Konkurrenz der Rechtsbehelfe

38 Einwände, die die Anfechtbarkeit einer Vollstreckungsklausel ergeben, können nur mit den Klauselrechtsbehelfen (§§ 732, 768) geltend gemacht werden, nicht auch mit der Erinnerung nach § 766.[30]

39 Im Rahmen der Erinnerung nach § 766 der Rechtspflegererinnerung nach § 11 Abs. 2 RPflG und der sofortigen Beschwerde nach § 793 (ggf. i. V. m. § 11 Abs. 1 RPflG) sind **nur** Einwände aus dem formellen Vollstreckungsrecht statthaft, nicht aber Einwendungen gegen die materielle Berechtigung zur Zwangsvollstreckung. Umgekehrt sind im Rahmen der Klagen nach §§ 767, 771, 805, 878 Einwände gegen das formelle Vollstreckungsverfahren als solche unstatthaft und nur insoweit von Bedeutung, als sie unmittelbar (also nicht erst nach einer Anfechtung des Vollstreckungsaktes) Auswirkungen auf die materielle Berechtigung zur Zwangsvollstreckung haben. Solange die Klagen nach §§ 767, 771, 805, 878 möglich sind, also bis zur Beendigung der Zwangsvollstreckung, sind Bereicherungs- oder Schadensersatzklagen aus materiellem Recht (oben VI) unzulässig. Die auf § 826 BGB gestützte Klage auf Unterlassung der Zwangsvollstreckung ist nur statthaft, wenn keine Klage nach § 767 möglich ist.

40 Soweit die ZPO für bestimmte Einwände besondere Verfahren vorgesehen hat (etwa §§ 767, 771), verdrängen diese Verfahren die allgemeinen Rechtsbehelfe: So wäre eine Klage auf Feststellung, dass der Kläger Eigentümer einer Sache ist, unzulässig, wenn eine Drittwiderspruchsklage nach § 771 möglich ist. Ebenso ist eine Klage auf Feststellung, dass ein Anspruch durch Erfüllung erloschen ist, unzulässig, falls der Einwand von § 767 erfasst wird.

41 Ist für das konkrete Begehren kein besonderer Rechtsbehelf vorgesehen, bleibt es bei den allgemeinen Klagen (Beispiel: Klage auf Feststellung, dass die Zug-um-Zug-Gegenleistung schon erbracht ist, falls der Nachweis nach § 756 nicht möglich ist).[31]

---

28 Einzelheiten: Anh. § 771 Rn. 7; vgl. ferner BGHZ 58, 207; BGH, NJW 1977, 384; NJW 1994, 2755 m. w. N.; **a. A.** insoweit *Gaul/Schilken/Becker-Eberhard*, § 41 Rn. 189.
29 BGH, JR 1979, 460 mit Anm. *Alisch*.
30 Vgl. § 724 Rn. 8.
31 Vgl. § 756 Rn. 20, 24.

§ 765a Vollstreckungsschutz

(1) Auf Antrag des Schuldners kann das Vollstreckungsgericht eine Maßnahme der Zwangsvollstreckung ganz oder teilweise aufheben, untersagen oder einstweilen einstellen, wenn die Maßnahme unter voller Würdigung des Schutzbedürfnisses des Gläubigers wegen ganz besonderer Umstände eine Härte bedeutet, die mit den guten Sitten nicht vereinbar ist. ²Es ist befugt, die im § 732 Abs. 2 bezeichneten Anordnungen zu erlassen. ³Betrifft die Maßnahme ein Tier, so hat das Vollstreckungsgericht bei der von ihm vorzunehmenden Abwägung die Verantwortung des Menschen für das Tier zu berücksichtigen.

(2) Eine Maßnahme zur Erwirkung der Herausgabe von Sachen kann der Gerichtsvollzieher bis zur Entscheidung des Vollstreckungsgerichts, jedoch nicht länger als eine Woche, aufschieben, wenn ihm die Voraussetzungen des Absatzes 1 Satz 1 glaubhaft gemacht werden und dem Schuldner die rechtzeitige Anrufung des Vollstreckungsgerichts nicht möglich war.

(3) In Räumungssachen ist der Antrag nach Absatz 1 spätestens zwei Wochen vor dem festgesetzten Räumungstermin zu stellen, es sei denn, dass die Gründe, auf denen der Antrag beruht, erst nach diesem Zeitpunkt entstanden sind oder der Schuldner ohne sein Verschulden an einer rechtzeitigen Antragstellung gehindert war.

(4) Das Vollstreckungsgericht hebt seinen Beschluss auf Antrag auf oder ändert ihn, wenn dies mit Rücksicht auf eine Änderung der Sachlage geboten ist.

(5) Die Aufhebung von Vollstreckungsmaßregeln erfolgt in den Fällen des Absatzes 1 Satz 1 und des Absatzes 4 erst nach Rechtskraft des Beschlusses.

Übersicht	Rdn.
I. Zweck der Norm	1
II. Verhältnis zu den speziellen Schuldnerschutznormen	2
III. Zum Anwendungsbereich der Norm – allgemein	6
1. Individualzwangsvollstreckung aus allen Titeln	6
2. Alle Arten der Individualzwangsvollstreckung	8
3. Zugunsten aller Schuldner	10
IV. Besonderheiten bei einzelnen Vollstreckungsarten	11
1. Zwangsvollstreckung in bewegliche Sachen	11
2. Vollstreckung in Geldforderungen und Rechte	12
3. Immobiliarvollstreckung	13
V. Zur Begründetheit des Vollstreckungsschutzantrages	14
1. Schutz vor konkreten Vollstreckungsmaßnahmen	14
2. Begründetheitsvoraussetzungen	15
a) Ganz besondere Umstände	16
b) Mit den guten Sitten unvereinbare Härte	18
aa) Fallgruppen	19
bb) Betroffenheit Dritter	27
cc) Mitverursachung des Schuldners	28
dd) Objektiver Maßstab	29
c) Berücksichtigung des Schutzbedürfnisses des Gläubigers	30
VI. Verfahren	34
1. Antrag	34
2. Zuständiges Gericht	35
3. Maßgeblicher Zeitpunkt für den Antrag	36
4. Zeitpunkt des Antrags bei der Räumungsvollstreckung (Abs. 3)	38
5. Form des Antrages	39
6. Rechtsschutzbedürfnis	40
7. Rechtliches Gehör	41
8. Einstweilige Anordnung (Abs. 1 Satz 2)	42
9. Form und Inhalt der Entscheidung	43
10. Rechtskraft	45
VII. Rechtsmittel	46
VIII. Aufhebung wegen veränderter Sachlage (Abs. 4)	49
IX. Eilaufschub durch den Gerichtsvollzieher (Abs. 2)	50
X. Kosten des Vollstreckungsschutzantrages	51
1. Kostenlast	51
2. Gebühren	54
XI. ArbGG, VwGO, AO	57

Literatur:
Behr, Generalklausel für Vollstreckungsschutz, Rpfleger 1989, 13; *Bindokat*, Vollstreckungsschutz gegen wegen Krankheit und Alters sittenwidrige Zwangsräumung, NJW 1992, 2872; *Dorn*, Zwangsräumung oder Räumungsschutz,

Rpfleger 1989, 262; *Erkelenz/Leopold/Marhöfer*, Zwangsvollstreckung bis in die Sozialhilfebedürftigkeit?, ZRP 2007, 48; *Fenger*, Vollstreckungsschutz bei Räumungsvergleichen, Rpfleger 1988, 55; *Fuchs-Wissemann*, Zur eigenartigen Entstehungsgeschichte des § 765a ZPO, DRiZ 1978, 4; *Gaul*, Die Verfassungswidrigkeit der Härteentscheidung nach § 765a ZPO wegen Verstoßes gegen den Richtervorbehalt aus Art. 92 GG, JZ 2013, 1081; *ders.*, Billigkeit und Verhältnismäßigkeit in der zivilgerichtlichen Vollstreckung öffentlichrechtlicher Abgaben, JZ 1974, 279; *ders.*, Treu und Glauben sowie gute Sitten in der Zwangsvollstreckung oder Abwägung nach »Verhältnismäßigkeit« als Maßstab der Härteklausel des § 765a ZPO, FS Gottfried Baumgärtel, 1990, S. 75; *Gerhardt*, Bundesverfassungsgericht, Grundgesetz und Zivilprozeß, speziell: Zwangsvollstreckung, ZZP 95 (1982), 467; *Gilleßen*, Die Räumungsvollstreckung und ihre Problembereiche – eine systematische Darstellung, DGVZ 2006, 185; *Götte*, Das Verhältnis der beizutreibenden Forderung zu den Kosten der Zwangsvollstreckung, DGVZ 1986, 179; *ders.*, Zur Wiedereinführung einer Rangfolge der Zwangsvollstreckungsmittel, ZZP 100 (1987), 412; *Kaiser*, Räumung und Vollstreckungsschutz bei Suizidgefahr, NJW 2011, 2412; *Lämmer/Muckle*, Die »Schutzschrift« in der Räumungsvollstreckung, NZM 2008, 69; *Lippross*, Das Rechtsbehelfssystem der Zwangsvollstreckung, JA 1979, 9; *ders.*, Grundlagen und System des Vollstreckungsschutzes, 1983; *Meyer*, Kontenschutz gem. § 765a ZPO?, Rpfleger 2007, 513; *Münzberg*, Pfändungsschutz für Schuldnergefühle gegenüber Tieren?, ZRP 1990, 215; *Scherer*, Vollstreckung bei Suizidgefahr, DGVZ 1995, 33; *M. Schmid*, Tiere in der Zwangsvollstreckung, JR 2013, 245; *E. Schneider*, Der Antrag aus § 765a ZPO im fortgeschrittenen Stadium des Zwangsversteigerungsverfahrens, MDR 1980, 617; *ders.*, Bemerkungen zur kostenträchtigen Beitreibung von Minimalforderungen, DGVZ 1983, 132; *ders.*, Krankheit und Suizidgefahr als Vollstreckungshindernis, JurBüro 1994, 321; *Scholz*, Zwangsräumung und Vollstreckungsschutz, ZMR 1986, 227; *Schur*, Vollstreckungsschutz nach § 765a ZPO im Insolvenzverfahren, KTS 2008, 471; *Schuschke*, Lebensschutz contra Eigentumsgarantie – Zu den Grenzen des § 765a ZPO in der Räumungsvollstreckung, NJW 2006, 874; *ders.*, Die besonderen Aufgaben des Gerichtsvollziehers bei der Vollstreckung gegen psychisch kranke, insbesondere suizidgefährdete Personen, DGVZ 2008, 33; *Seifert*, § 765a ZPO im Verfahren der Räumungsvollstreckung und der Zwangsversteigerung, Rpfleger 2015, 237; *Ulrich*, Suizid als sittenwidrige Härte des § 765a ZPO, Rpfleger 2012, 477; *Walker*, Grundrechte in der Zwangsvollstreckung – Eine Skizze, Gedächtnisschrift für Manfred Wolf, 2011, 561; *ders.*, Wegweisende BGH-Entscheidungen zum Zwangsvollstreckungsrecht seit Einführung der Rechtsbeschwerde, JZ 2011, 401 u. 453; *Walker/Gruß*, Räumungsschutz bei Suizidgefahr und altersbedingter Gebrechlichkeit, NJW 1996, 352; *Wieser*, Die zwecklose Zwangsversteigerung, Rpfleger 1985, 96; *ders.*, Der Grundsatz der Verhältnismäßigkeit in der Zwangsvollstreckung, ZZP 98 (1985), 50; *ders.*, Der Grundsatz der Verhältnismäßigkeit in der Zwangsvollstreckung, Köln, 1989.

I. Zweck der Norm

1 § 765a ist Ausdruck des Grundsatzes, dass das Gebot der Beachtung von Treu und Glauben in der Abwicklung des Privatrechtsverkehrs (§ 242 BGB) und das Verbot unzulässiger Rechtsausübung (§ 226 BGB) auch für die Zwangsvollstreckung gelten. Darüber hinaus ist die Norm der Ansatzpunkt, die verfassungsmäßig gewährleisteten Grundrechte des Schuldners in der Zwangsvollstreckung zur Geltung zu bringen, soweit sie in den einzelnen Verfahrensregeln nicht schon ausdrücklich abgesichert sind:[1] Da der Staat die Zwangsvollstreckung als eigenes Recht betreibt,[2] also nicht der verlängerte Arm des Gläubigers ist, hat er im Rahmen ihrer Durchführung auch dafür Sorge zu tragen, dass durch einen solchen erheblichen Eingriff in die Eigentums- und Freiheitssphäre des Schuldners nicht einseitig dessen elementare Grundrechte verletzt werden. Schließlich ist das Recht auf menschenwürdige Lebensbedingungen für den Schuldner nicht nur gegen Eingriffe des Staates geschützt (Art. 1 Abs. 1 GG). Dieses Recht zu achten, ist vielmehr auch Verpflichtung jedes einzelnen Bürgers (Art. 1 Abs. 2 GG). Auf der anderen Seite darf nicht außer Acht gelassen werden, dass der Staat das verfassungsmäßig garantierte Eigentumsrecht des Gläubigers (Art. 14 GG) im Interesse der Allgemeinheit schon dadurch beschränkt hat, dass er die Durchsetzung der Gläubigeransprüche nur in einem geordneten staatlichen Verfahren, das viele Erschwernisse zulasten des Gläubigers beinhaltet, zulässt. Der Schutz der Schuldnerinteressen darf nicht zur völligen Enteignung des Gläubigers führen. Es muss vielmehr beachtet werden, dass der Schuldner durch freiwillige Zahlungen die Vollstreckung abwenden, die »Belästigungen« durch sie vermeiden

---

1 BVerfGE 42, 64; 46, 325; 49, 220; 52, 219; 61, 135; siehe zum Grundrechtsschutz in der Zwangsvollstreckung ferner BVerfG, NJW 1991, 3207; 1992, 1155; 1994, 1272; 1994, 1719; NJW-RR 2012, 393; 2013, 626; NJW 2013, 290 mit Anm. *Walker/Storck*, WuB VI D. § 765a ZPO 1.13.
2 Einführung Rn. 5.

könnte. Dagegen hat der Gläubiger nur den Weg der Zwangsvollstreckung, wenn der Schuldner zur freiwilligen Erfüllung seiner Verpflichtungen nicht bereit ist. § 765a versucht, diesem Spannungsverhältnis gerecht zu werden.

II. Verhältnis zu den speziellen Schuldnerschutznormen

Die ZPO und das ZVG enthalten eine Vielzahl von speziellen Schuldnerschutzvorschriften: Im Interesse der Sicherung einer bescheidenen, aber menschenwürdigen Lebensführung des Schuldners und seiner Familie sind einzelne Vermögensgegenstände ganz oder teilweise dem Vollstreckungszugriff entzogen oder können ihm noch nachträglich entzogen werden (§§ 811 ff., 850a ff.). Vollstreckungen in das bewegliche Vermögen, bei denen von vornherein feststeht, dass sie noch nicht einmal zu einer Teilbefriedigung des Gläubigers führen werden, die also nur um ihrer selbst willen betrieben werden, sind unzulässig (§ 803 Abs. 2). Zum Schutze vor einer Verschleuderung der Habe des Schuldners sind bei der Verwertung bestimmte Wertgrenzen zu erreichen (§§ 817a ZPO, 85a ZVG). Falls diese Wertgrenzen aufgrund von Besonderheiten des Verfahrensablaufs nicht greifen, kann der Schuldner die Verschleuderung seines Vermögens allerdings auch als sittenwidrige Härte nach § 765a geltend machen.[3] Um es dem Schuldner zu ermöglichen, doch noch die Mittel für eine freiwillige Befriedigung des Gläubigers aufzubringen und so eine – in der Regel wirtschaftlich ungünstigere – Zwangsverwertung seines Vermögens zu vermeiden, ist ein zeitlicher Vollstreckungsaufschub vorgesehen (§ 802b Abs. 2, 30a ff. ZVG). Um dem Schuldner Zeit für die Beschaffung von Ersatzwohnraum einzuräumen, kann ihm Räumungsschutz bewilligt werden (§§ 721, 794a). Eine Vollstreckung zur Unzeit ist erschwert (§ 758a IV).

Diese Schutzvorschriften sind zum Teil von Amts wegen zu beachten, zum Teil wird der Schutz auf Antrag gewährt. Die Missachtung der von Amts wegen zu beachtenden Vorschriften kann mit der Erinnerung (§ 766) bzw. der sofortigen Beschwerde (§ 11 Abs. 1 RPflG i. V. m. § 793 ZPO), die Ablehnung von Schutzanträgen mit der sofortigen Beschwerderügt werden. Insoweit hat der Schuldner also bereits Rechtsbehelfe, um die Beachtung der Schutzvorschriften zu erzwingen. Kann der Schuldner diesen Weg gehen, so muss er dies auch. Die genannten Rechtsbehelfe sind spezieller und verdrängen, soweit sich das Schutzziel (z. B. Einstellung der Zwangsvollstreckung oder Erhöhung des Pfändungsfreibetrages) deckt, § 765a.[4] Andererseits kann Vollstreckungsschutz nach § 765a aber auch dann noch gewährt werden, wenn etwa eine nach § 721 gewährte Räumungsfrist abgelaufen ist[5] oder die Antragsfrist nach § 721 Abs. 2 versäumt wurde.[6]

Insofern ist dieser also ein Auffangrechtsbehelf,[7] durch den Gesichtspunkte zur Geltung gebracht werden sollen, die über das in den gesetzlich ausdrücklich geregelten Vollstreckungsschutzvorschriften Vorgesehene hinausgehen. Das bedeutet aber nicht, dass das, was über §§ 766, 793 oder mithilfe spezieller Vollstreckungsschutzanträge im Vollstreckungsverfahren hätte geltend gemacht werden können, nicht später noch zur Begründung eines Antrages nach § 765a herangezogen werden kann.[8]

Sind etwa die Fristen für speziellere Vollstreckungsschutzanträge versäumt worden, so ist es nicht ausgeschlossen, dass die Gründe, die dort hätten vorgebracht werden können und müssen, nunmehr zur Ausfüllung des Begriffs der »Härte, die mit den guten Sitten nicht vereinbar ist«, her-

---

[3] BGH, NJW-RR 2012, 398, 399; NJW 2004, 1803, 1805.
[4] BGH, NJW 2007, 2703, 2704 mit Anm. *Walker* in WuB VI D. § 765a ZPO 1.07; LG Halle, Rpfleger 2001, 439, 440; *Brox/Walker*, Rn. 1472.
[5] OLG Frankfurt, Rpfleger 1981, 24; OLG Köln, NJW-RR 1995, 1163.
[6] LG Darmstadt, NJW-RR 2000, 1178, 1179.
[7] So auch *Henckel*, Prozeßrecht und materielles Recht, S. 369; *Musielak/Voit/Lackmann*, § 765a Rn. 1; *Gaul/Schilken/Becker-Eberhard*, § 43 Rn. 2; a. A. *Zöller/Stöber*, § 765a Rn. 13.
[8] LG Darmstadt, NJW-RR 2000, 1178, 1179; a. A. im Ergebnis LG Göttingen, MDR 1967, 847; LG Wuppertal, MDR 1968, 52; *Rupp/Fleischmann*, Rpfleger 1985, 71.

angezogen werden.⁹ Der Schuldner hat also zunächst stets zu prüfen, ob **jetzt noch** speziellerer Vollstreckungsschutz für ihn möglich ist. Wenn ja, muss er diesen Weg gehen; wenn nein, kann er alle Gesichtspunkte, in denen er eine besondere Härte zu seinen Lasten sieht, zur Begründung eines Antrages gem. § 765a vorbringen.

III. Zum Anwendungsbereich der Norm – allgemein

1. Individualzwangsvollstreckung aus allen Titeln

6 Der Vollstreckungsschutzantrag ist gegen die Vollstreckung aus allen nach dem 8. Buch der ZPO zu vollstreckenden Titeln möglich.¹⁰ Auch Vergleiche enthalten nicht immanent einen Verzicht auf die Geltendmachung allgemeiner Vollstreckungsschutzanträge.¹¹ Der für die Vollstreckung nach §§ 86 ff. FamFG geltende Verweis in § 95 FamFG auf die ZPO bezieht sich auch auf den Vollstreckungsschutz des Schuldners nach § 765a.¹²

7 Die Norm gilt nur im Bereich der Individualzwangsvollstreckung, nicht für die Insolvenzeröffnung.¹³ Denn sie verlangt immer eine Abwägung der konkreten Gläubiger- und Schuldnerinteressen im Einzelfall. Dies ist im Rahmen der Insolvenzeröffnung, wenn oft noch nicht einmal alle Gläubiger feststehen, nicht möglich. Zudem sind nicht alle Gläubigerinteressen gleichgelagert. Wenn dagegen der Insolvenzverwalter aus dem Eröffnungsbeschluss gegen den Schuldner vollstreckt (insbes. Herausgabevollstreckung, vgl. § 148 Abs. 2 InsO), ist § 765a anwendbar.¹⁴

2. Alle Arten der Individualzwangsvollstreckung

8 § 765a gilt für alle Arten der Individualzwangsvollstreckung: Für die Zwangsvollstreckung wegen Geldforderungen in das bewegliche Vermögen (§§ 803 ff.), in Geldforderungen und andere Vermögensrechte (§§ 828 ff.), in das unbewegliche Vermögen, auch soweit sie sich nach dem ZVG richtet,¹⁵ für die Zwangsvollstreckung zur Erwirkung der Herausgabe von Sachen, insbesondere auch von Wohnraum¹⁶ und von Gewerberaum,¹⁷ zur Erwirkung von Handlungen und Unterlassungen,¹⁸ sowie für das Verfahren der Vermögensauskunft mit eidesstattlicher Versicherung (§§ 802c ff.) und Verhaftung (§ 802g).¹⁹

---

9 LG Mannheim, MDR 1968, 925; *Zöller/Stöber*, § 765a Rn. 13.
10 A.A. OLG München, FamRZ 1978, 196 hinsichtlich familiengerichtlicher Titel auf Räumung nach der HausratsVO.
11 OLG Hamm, NJW 1965, 1386; LG Darmstadt, MDR 1957, 741; LG Mannheim, MDR 1963, 226.
12 Dazu OLG Frankfurt, NJW-RR 2013, 776.
13 OLG Nürnberg, KTS 1971, 291; LG Nürnberg-Fürth, MDR 1979, 590 (jeweils zur KO); MüKo/*Heßler*, § 765a Rn. 20; *Gaul/Schilken/Becker-Eberhard*, § 43 Rn. 24; a.A. aber BGH, MDR 1978, 37; *Baumbach/Lauterbach/Hartmann*, § 765a Rn. 4; *Musielak/Voit/Lackmann*, § 765a Rn. 2; *Schur*, KTS 2008, 471, 479; *Stein/Jonas/Münzberg*, § 765a Rn. 41; *Zöller/Stöber*, § 765a Rn. 2.
14 BGH, NJW 2009, 78 f.; MüKo/*Heßler*, § 765a Rn. 22; MüKoInsO/*Füchsl/Weishäupl/Jaffé*, § 148 Rn. 72; *Schur*, KTS 2008, 471, 492.
15 BVerfG, NJW 1978, 368; Rpfleger 1979, 296; h. M.; Beispiele: OLG Bamberg, Rpfleger 1975, 144; OLG Celle, Rpfleger 1979, 116; OLG Düsseldorf, Rpfleger 1977, 266; OLG Frankfurt, Rpfleger 1979, 391.
16 BVerfGE 52, 221; NJW 1991, 3207; 1992, 1155; 1994, 1272; 1994, 1719; *Walker/Gruß*, NJW 1996, 352; h. M.; Beispiele: KG, NJW-RR 1986, 1510; OLG Frankfurt, JurBüro 1980, 1898; OLG Köln, NJW-RR 1995, 1163; LG Stuttgart, Rpfleger 1985, 71 (mit Anm. *Rupp/Fleischmann*); a.A. für den Fall, dass ein familiengerichtlicher Titel nach der HausratsVO vollstreckt wird OLG München, FamRZ 1978, 196.
17 BVerfG, NJW-RR 2001, 1523.
18 LG Frankenthal, Rpfleger 1982, 479.
19 Noch zur früheren Offenbarungsversicherung BVerfG, Rpfleger 1983, 80; OLG Hamm, NJW 1968, 2247; OLG Oldenburg, NdsRpfl 1965, 44.

Keine Individualzwangsvollstreckung in diesem Sinne ist die **Teilungsversteigerung** nach §§ 180 ff. ZVG. Deshalb wurde bei dieser verbreitet die Anwendung des § 765a abgelehnt.[20] Zusätzlich wurde dieses Ergebnis damit begründet, dass § 180 Abs. 1 ZVG nur auf Vorschriften des ersten und zweiten Abschnitts des ZVG verweist und dass es der Anwendung des § 765a auch gar nicht bedarf, da in diesem Verfahren Verstöße gegen Treu und Glauben und gegen das Schikaneverbot schon die Antragsberechtigung selbst ausschließen können. Trotzdem wurde von der Gegenansicht schon lange die Anwendbarkeit des § 765a bei der Teilungsversteigerung befürwortet.[21] Der BGH hat diese Frage noch in einer Entscheidung aus dem Jahr 2004 ausdrücklich offen gelassen,[22] sich jetzt aber ausdrücklich für die entsprechende Anwendbarkeit des § 765a ausgesprochen:[23] Diejenigen Regelungen, die das Zwangsversteigerungsverfahren wesentlich bestimmen, seien auch dann anzuwenden, wenn sie in Vorschriften enthalten seien, auf die § 180 Abs. 1 ZVG nicht ausdrücklich verweise. Zu diesen anzuwendenden Regelungen gehöre auch § 765a als Bestandteil des Schuldnerschutzes.

9

3. Zugunsten aller Schuldner

Der Vollstreckungsschutzantrag kann von jedem Schuldner gestellt werden, nicht nur von natürlichen Personen, sondern auch von Handelsgesellschaften und juristischen Personen. Auch der Insolvenzverwalter ist befugt, im Zwangsversteigerungsverfahren über ein dem Gemeinschuldner gehörendes Grundstück Vollstreckungsschutz gem. § 765a zu beantragen.[24] Es soll dann nach h. M. nicht auf die persönlichen Belange des Gemeinschuldners abzustellen sein, sondern auf das Interesse der vom Insolvenzverwalter betreuten Insolvenzmasse.[25] Daran ist zu Recht kritisiert worden, dass es bei den Interessen der Masse letztlich um Gläubigerinteressen geht, zu deren Schutz der § 765a aber nicht gedacht ist.[26] Da ein solches Versteigerungsverfahren nicht Teil des Insolvenzverfahrens ist, bleibt auch der Gemeinschuldner selbst, soweit er eigene Belange geltend machen will, antragsbefugt.[27]

10

IV. Besonderheiten bei einzelnen Vollstreckungsarten

1. Zwangsvollstreckung in bewegliche Sachen

Keine der besonderen Schutzvorschriften im Rahmen der Zwangsvollstreckung in bewegliche Sachen wegen Geldforderungen schließt im Einzelfall die Anwendung des § 765a aus.[28] So können

11

---

20 OLG Hamm, OLGZ 1972, 319; Rpfleger 1960, 253; OLG Koblenz, NJW 1960, 828; OLG München, NJW 1961, 787; LG Braunschweig, NdsRpfl 1977, 106; LG Frankenthal, Rpfleger 1985, 315; *Baur/Stürner/Bruns*, Rn. 47.3; *Baumbach/Lauterbach/Hartmann*, § 765a Rn. 5; *Brox/Walker*, Rn. 1473; *Drischler*, JurBüro 1981, 1441; MüKo/*Heßler*, § 765a Rn. 18; *Gaul/Schilken/Becker-Eberhard*, § 43 Rn. 23a; *Schneider*, MDR 1980, 617; *Stein/Jonas/Münzberg*, § 765a Rn. 3.
21 KG, NJW-RR 1999, 434; OLG Bamberg, NJW 1961, 129; OLG Bremen, Rpfleger 1979, 72; OLG Hamburg, MDR 1954, 369; OLG Karlsruhe, Rpfleger 1994, 223; OLG Köln, Rpfleger 1991, 197 f.; OLG München, NJW 1955, 149; OLG Schleswig, JurBüro 1964, 612; LG Augsburg, MDR 1976, 231; LG Stuttgart, MDR 1993, 83; *Musielak/Voit/Lackmann*, § 765a Rn. 2; PG/*Kroppenberg*, § 765a Rn. 4; Zöller/*Stöber*, § 765a Rn. 2.
22 BGH (IXa. Zivilsenat), NJW 2004, 3635, 3636 f.
23 BGH (V. Zivilsenat), Rpfleger 2007, 408, 410.
24 OLG Braunschweig, OLGZ 68, 62; OLG Celle, OLGZ 73, 252; ZIP 1981, 1005; OLG Hamm, NJW 1976, 1754; LG Köln, KTS 1968, 59 (jeweils zur KO).
25 OLG Braunschweig, OLGZ 68, 62; OLG Hamm, NJW 1976, 1754 (jeweils zur KO).
26 *Schur*, KTS 2008, 471, 483.
27 BGH, NJW 2009, 1283, 1284 (jedenfalls bei Berufung auf Suizidgefahr); OLG Celle, ZIP 1981, 1005 (zur KO); *Schur*, KTS 2008, 471, 484.
28 BGH, NJW 2008, 1678; NJW 2007, 2703, 2704 mit Anm. *Walker* in WuB VI D. § 765a ZPO 1.07; *Schur*, KTS 2008, 471, 488.

über den Katalog des § 811 hinaus Sachen der Pfändung entzogen werden.[29] Über § 802b Abs. 2 hinaus kann Aufschub bewilligt werden.[30] Trotz des Erreichens der Wertgrenze des § 817a kann der Zuschlag verweigert werden.[31] Keine der genannten Schutzvorschriften enthält eine abschließende Entscheidung des Gesetzgebers dahingehend, dass es keine anderen unbilligen Härten geben könne, wenn nur diese Normen beachtet seien.

2. Vollstreckung in Geldforderungen und Rechte

12 Gleiches gilt für die Schuldnerschutzvorschriften im Rahmen der Pfändung von Geldforderungen und anderen Vermögensrechten. Auch hier sind in allen Fällen Ausnahmesituationen denkbar, in denen für die Anwendung des § 765a noch Raum ist, obwohl die speziellen Schuldnerschutzvorschriften bereits ausgeschöpft sind oder für ihre Anwendung kein Platz ist. So kann weder gesagt werden, dass die fehlende Nennung einer Einkommensart in den §§ 850a ff. der völligen oder teilweisen Unpfändbarkeitserklärung auf Dauer oder für eine bestimmte Zeit im Einzelfall ausnahmslos entgegensteht,[32] noch, dass etwa § 850f es ausschlösse, im Einzelfall nicht nur Teile, sondern das gesamte Arbeitseinkommen dem Schuldner zu belassen.[33] Wenn bei der Pfändung des Kontoguthabens die Voraussetzungen des § 850k nicht vorliegen, kann der Schuldner sich auf § 765a berufen, wenn er auf das Geld existenziell angewiesen ist.[34]

3. Immobiliarvollstreckung

13 Im Rahmen der Immobiliarvollstreckung ist neben § 30a ZVG, wonach eine einstweilige Einstellung der Zwangsversteigerung möglich ist, wenn dadurch die Versteigerung vermieden werden kann und die Einstellung nicht unbillig ist, auch § 765a anwendbar.[35] So ermöglicht § 765a eine einstweilige Verfahrenseinstellung, wenn die Notfrist des § 30b Abs. 1 ZVG versäumt wurde, oder eine Versagung des Zuschlages,[36] obwohl die Möglichkeiten des § 85a ZVG erschöpft sind. In einem Antrag nach § 30a ZVG kann zugleich ein solcher nach § 765a zu sehen sein.[37] Das ist jedoch nicht immer der Fall; es müssen zumindest Tatsachen vorgetragen sein, die auf die Möglichkeit einer Einstellung gem. § 765a hindeuten.[38] Zur verfahrensrechtlichen Frage, bis wann und wo der Vollstreckungsschutzantrag gestellt sein muss, siehe unten Rn. 36 f.

V. Zur Begründetheit des Vollstreckungsschutzantrages

1. Schutz vor konkreten Vollstreckungsmaßnahmen

14 Ziel des Antrages kann nie die Unzulässigkeit jedweder Zwangsvollstreckung aus dem Titel schlechthin sein, sondern nur die Unzulässigkeit einzelner konkreter Zwangsvollstreckungsmaßnahmen.[39] Insbesondere kann mit § 765a nicht geltend gemacht werden, der Titel sei sachlich unrichtig, er

---

29 Beispiel: LG Heilbronn, DGVZ 1980, 111; ebenso *Schur*, KTS 2008, 471, 488.
30 *Gaul/Schilken/Becker-Eberhard*, § 43 Rn. 26; a. A. LG Essen, MDR 1955, 50.
31 *Behr*, KritJustiz 1980, 165.
32 Wie hier *Schur*, KTS 2008, 471, 489. A. A. OLG Düsseldorf, NJW-RR 1986, 1512; *Gaul/Schilken/Becker-Eberhard*, § 43 Rn. 28; *Stein/Jonas/Münzberg*, § 765a Rn. 39; im Ergebnis wie hier OLG Frankfurt, MDR 1956, 41; OLG Hamm, NJW 1957, 68; OLG München, MDR 1957, 103; OLG Nürnberg, Rpfleger 1958, 319; LG Berlin, DGVZ 1979, 43; NJW 1955, 309.
33 A. A. *Bruns/Peters*, § 48 III 2; *Gaul/Schilken/Becker-Eberhard*, § 43 Rn. 28; *Stein/Jonas/Münzberg*, § 765a Rn. 39.
34 BGH, NJW 2008, 1648.
35 BGHZ 44, 138, 141.
36 BGH, NJW-RR 2015, 393, 394 m. w. N. aus der ständigen Rechtsprechung.
37 BVerfGE 49, 220, 225.
38 OLG Karlsruhe, JurBüro 1995, 607.
39 Vgl. OLG Köln, NJW 1994, 1743.

sei erschlichen, seine Vollstreckung verstoße deshalb schlechthin gegen die guten Sitten.[40] Dieser Einwand muss, je nach Art des Titels, mit der Vollstreckungsabwehrklage nach §767 oder mit einer auf §826 BGB gestützten Unterlassungsklage geltend gemacht werden.[41] Im Vollstreckungsverfahren – und §765a ist ein Teil dieses Verfahrens – ist vom Bestehen (also der Sittengemäßheit) des titulierten Anspruchs auszugehen, solange nicht eine andere materiellrechtliche Rechtslage durch Urteil festgestellt ist. Scheitert die Begründetheit einer Klage an §767 Abs. 2, kann der Schuldner sich mit der präkludierten Einwendung auch nicht durch die Hintertür des §765a Gehör verschaffen.[42]

2. Begründetheitsvoraussetzungen

Damit gegen eine Vollstreckungsmaßnahme im Einzelfall Vollstreckungsschutz gewährt werden kann, müssen **kumulativ** drei Voraussetzungen vorliegen: Es muss sich um »ganz besondere Umstände« handeln, die dazu führen, dass die Maßnahme für den Schuldner auch dann »eine Härte bedeutet, die mit den guten Sitten nicht vereinbar ist«, wenn diese Abwägung »unter voller Würdigung des Schutzbedürfnisses des Gläubigers« erfolgt. Im Mittelpunkt steht die Voraussetzung der sittenwidrigen Härte, bei deren Prüfung nur ganz besondere Umstände herangezogen werden dürfen und das Schutzbedürfnis des Gläubigers berücksichtigt werden muss.

a) Ganz besondere Umstände

Das Erfordernis »ganz besonderer Umstände« macht deutlich, dass der Vollstreckungsschutz über alle besonderen gesetzlichen Vollstreckungsschutzvorschriften hinaus[43] die krasse Ausnahme bleiben muss.[44] Nachteile, die eine Vollstreckung regelmäßig mit sich bringen kann, wie z. B. die Pflicht zur Abgabe der eidesstattlich versicherten Vermögensauskunft und daraus folgend der Verlust der Kreditwürdigkeit,[45] die Gefahr der Verhaftung oder finanzielle Mehrbelastungen,[46] der Verlust an Lebensqualität durch das Angewiesensein auf ein einfaches Fernsehgerät statt eines im Wege der Austauschpfändung gepfändeten LCD-Flachfernsehers[47] oder durch Pfändung des Zweitwagens bei einer fünfköpfigen Familie[48] reichen nicht aus. Allein der Schmerz über den Verlust von Gegenständen, die man mit erheblichem Aufwand erworben hat oder an denen man gefühlsmäßig besonders hängt, ist kein solcher »ganz besonderer Umstand«, da er mehr oder minder jeden Schuldner, ob alt oder jung, ob krank oder gesund, trifft. Gleiches gilt für die Notwendigkeit, trotz angespannter Vermögenslage als Folge der Zwangsvollstreckung neue finanzielle Aufwendungen machen zu müssen (Umzug in eine neue Wohnung;[49] Wiederbeschaffung von Gegenständen). Drohende Arbeitslosigkeit[50] oder das Angewiesensein auf Sozialhilfe[51] reichen ebenfalls nicht aus. Auch die

---

40 OLG Frankfurt, OLGZ 1981, 250; OLG Hamburg, MDR 1970, 426; LG Frankenthal, Rpfleger 1984, 68; *Bloedhorn*, DGVZ 1976, 104; *Bruns/Peters*, §48 I 3; a.A. AG Braunschweig, DGVZ 1975, 12.
41 Vgl. Vor §§765a–777 Rn.14 ff. sowie Anh. §767 Rn.2 ff.
42 *Walker/Gruß*, NJW 1996, 352, 353.
43 Siehe oben Rn.2.
44 BGH, NJW-RR 2007, 417; OLG Hamm, NJW 1965, 1386; OLG Karlsruhe, WM 1967, 1287; OLG Köln, MDR 1954, 232; LG Kempten, Rpfleger 1998, 358, 359; LG Wiesbaden, MDR 1955, 620; i. E. ebenso *Brox/Walker*, Rn.1479.
45 Dazu LG Dresden, DGVZ 2003, 57.
46 LG Berlin, Rpfleger 2006, 329 (erhöhte Bankgebühren für Bareinzahlungen nach einer Kontenpfändung).
47 LG Wuppertal, DGVZ 2009, 41 f.
48 LG Wuppertal, DGVZ 2009, 43.
49 Vgl. jedoch hierzu den Fall OLG Köln, NJW-RR 1995, 1039 f.
50 LG Wiesbaden, DGVZ 1994, 120.
51 BGH, NJW 2005, 681, 682 mit Anm. *Schuschke*, LMK 2005, 64; OLG Düsseldorf, DGVZ 1986, 116; OLG Zweibrücken, NJW-RR 2002, 1664; kritisch *Erkelenz/Leopold/Marhöfer*, ZRP 2007, 48 f.

Prozessunfähigkeit des Schuldners ist kein ganz besonderer Umstand i. S. v. § 765a, sondern ein Verfahrenshindernis, das vom Vollstreckungsorgan ohnehin zu beachten ist.[52]

17 Die besonderen Umstände müssen die **konkrete Zwangsvollstreckung gegen diesen Schuldner von der Vollstreckung vergleichbarer Titel gegen andere Schuldner unterscheiden.** Sie können in der Person des Schuldners (hohes Alter,[53] Krankheit,[54] körperliche oder psychische Gebrechen,[55] Schwangerschaft[56] u. ä.), des Gläubigers (erkennbare Absicht, den Schuldner zu schikanieren, ohne materielles Eigeninteresse an der Vollstreckung),[57] im Zeitpunkt der Vollstreckung (z. B. wenige Tage vor der Bezugsmöglichkeit einer Ersatzwohnung;[58] kurz vor Schulende bei einer Familie mit vier schul- bzw. kindergartenpflichtigen Kindern;[59] an einem Tag, für den schon seit Längerem ein besonderes Familienfest geplant ist; am Beerdigungstag eines nahen Angehörigen usw.), im Ergebnis der Zwangsvollstreckung (Verlust eines nicht wiederzubeschaffenden Gegenstandes wegen einer recht geringfügigen Forderung) liegen. Eine Sonderregelung enthält Abs. 1 Satz 2 für den Fall, dass durch die Zwangsvollstreckung ein Tier betroffen wird. Hier können die »besonderen Umstände« auch aus den Lebensumständen und der Psyche des Tieres herrühren.

b) Mit den guten Sitten unvereinbare Härte

18 Wegen dieser Umstände muss die Vollstreckungsmaßnahme für den Schuldner eine Härte bedeuten, die mit den guten Sitten nicht vereinbar ist. Es genügt also nicht die Feststellung, dass Umstände vorliegen, die diese Vollstreckung zulasten des Schuldners von anderen unterscheidet. Bei der Prüfung der Voraussetzungen sind auch die Wertentscheidungen des Grundgesetzes und die dem Schuldner in der Zwangsvollstreckung zu gewährenden Grundrechte zu berücksichtigen.[60]

aa) Fallgruppen

19 In der Vollstreckungspraxis und der dazu ergangenen Rechtsprechung sind insbesondere folgende Fallgruppen von Bedeutung:

Eine sittenwidrige Härte für den Schuldner ist zu bejahen, wenn eine ernsthafte **Gefährdung seiner Gesundheit**[61] (Gefahr eines Schlaganfalles, eines Herzinfarkts,[62] schwerstkranker Schuldner,[63]

---

52 BGH, DGVZ 2011, 209, 210.
53 BVerfG, NJW 1998, 295 (99-jähriger Schuldner, der seit 38 Jahren in der zu räumenden Wohnung lebt); OLG Frankfurt, OLGZ 1980, 482; LG Heilbronn, DGVZ 1980, 111; LG Lübeck, ZMR 1970, 122; AG Lübeck, ZMR 1970, 372; AG Sonthofen, ZMR 1970, 372.
54 BVerfGE 62, 214, 220; KG, MDR 1967, 309; OLG Hamm, Rpfleger 1970, 405; LG Köln, DGVZ 1989, 185.
55 LG Mannheim, MDR 1965, 914.
56 OLG Frankfurt, OLGZ 1980, 482; LG Bonn, DGVZ 1994, 75.
57 OLG Frankfurt, JurBüro 1980, 1898. Vgl. *Zöller/Stöber*, § 765a Rn. 9, 13 m. w. N. Keine Schikane ist es regelmäßig, wenn der Gläubiger, um die Vollstreckungsmöglichkeiten auszuloten, erst einmal wegen eines Teilbetrages Vollstreckungsauftrag erteilt (LG München II, DGVZ 1984, 28).
58 LG Köln, ZMR 1970, 122; LG Stuttgart, Rpfleger 1985, 71 (mit Anm. *Rupp/Fleischmann*); AG Köln, ZMR 1971, 158.
59 OLG Köln, NJW-RR 1995, 1163.
60 Ständige Rechtsprechung des BVerfG; siehe etwa BVerfG, NJW 2004, 49; Rpfleger 2005, 614, 615; NJW-RR 2007, 228, 229; NJW-RR 2014, 583 f. und 584, 585.
61 BVerfG, NJW 1979, 1719; NJW 1998, 295; BGH, NJW 2009, 3440; KG, NJW-RR 1995, 848; OLG Brandenburg, Rpfleger 2001, 91; Rpfleger 2000, 406; OLG Düsseldorf, Rpfleger 1998, 208 (Suizidgefahr verneint); OLG Köln, DGVZ 1990, 9; NJW 1993, 2248 f.; LG Mainz, NJW-RR 1998, 1451; *Baumbach/Lauterbach/Hartmann*, § 765a Rn. 17, 19 m. w. N.; *Brox/Walker*, Rn. 1482 m. w. N.; HdbZVR/*Keller*, Kap. 1 Rn. 626; Hk-ZV/*Bendtsen*, § 765a Rn. 50.
62 BGH, NJW 2008, 1742.
63 BGH, NJW 2008, 1000.

Behandlung eines lebensbedrohlich erkrankten Schuldners,[64] **Lebensgefahr** für einen nachweisbar Herzkranken,[65] Gefahr einer Frühgeburt, erhebliche Verschlechterung eines Krankheitsbildes, **Selbstmordgefahr**[66]) oder eine gröbliche Missachtung seiner **Menschenwürde** (Zwangsräumung der Wohnung eines Sterbenden,[67] auch wenn eine Beschleunigung des Todes nicht nachweisbar) droht. Die konkrete Lebens- oder Gesundheitsgefahr muss nicht auf dem eigentlichen Vollstreckungsakt, sondern kann auch auf sich daraus ergebenden Folgen (Veränderung der gewohnten Umgebung) beruhen.[68] Der Schuldner muss die behauptete Suizidgefahr nicht durch Beibringung von Attesten nachweisen. Vielmehr reicht ein Antrag auf Einholung eines Sachverständigengutachtens zwecks Feststellung der Suizidgefahr aus. Diesem muss das Vollstreckungsgericht im Zweifel nachgehen, weil es die Suizidgefahr mangels eigener medizinischer Sachkunde in der Regel nicht selbst beurteilen kann.[69] Auf Antrag des Schuldners muss es den Sachverständigen mündlich anhören und dem Schuldner Gelegenheit zur Befragung geben.[70]

Selbst konkrete Gefahren für Leben oder Gesundheit des Schuldners sind aber **keine absoluten Schuldnerschutzgründe**, sondern erfordern eine Abwägung mit den Vollstreckungsinteressen des Gläubigers.[71] Deshalb kann es etwa bei einer Räumungsvollstreckung gegen eine sittenwidrige Härte sprechen, wenn im Gefahrenfall von Mitbewohnern kurzfristig wirksame Gegenmaßnahmen ergriffen werden können, wenn vormundschaftsgerichtliche Maßnahmen zum Schutz des Lebens des Schuldners in Betracht kommen und ausreichend erscheinen,[72] wenn eine Ingewahrsamnahme des Schuldners nach polizeirechtlichen Vorschriften oder eine Unterbringung nach landesrechtlichen Vorschriften möglich sind und genügen.[73] Solche Maßnahmen hat das Vollstreckungsgericht ggf. anzuregen. Wenn die zuständige Behörde Maßnahmen ergriffen hat, kann das Vollstreckungsgericht grundsätzlich davon ausgehen, dass diese ausreichend sind. Flankierende Maßnahmen muss es nur dann ergreifen, wenn konkrete Anhaltspunkte dafür bestehen, dass die bisherigen Maßnahmen nicht zur Beseitigung der Suizidgefahr geeignet sind oder sich die Sachlage nachträglich entscheidend verändert hat.[74] Eine sittenwidrige Härte kann auch dann zu verneinen sein, wenn der Betroffene schon bei früheren Zwangsvollstreckungsverfahren mit Selbsttötung gedroht, die Drohung aber niemals realisiert hat oder wenn das Vollstreckungsverfahren sich noch im Stadium der Vorbereitung des Versteigerungstermins befindet, sodass eine Zwangsräumung noch nicht zu gegenwärtigen ist.[75] Eine latente, schon vor dem Zuschlagsbeschluss in der Zwangsversteigerung bestehende Suizidgefahr des Schuldners reicht für eine sittenwidrige Härte nur aus, wenn

---

64 BGH, NJW-RR 2011, 1452 f.
65 OLG Hamm, Rpfleger 2001, 508.
66 BVerfG, NJW 2013, 290 mit Anm. *Walker/Storck*, WuB VI D. § 765a ZPO 1.13; NJW 2007, 2910; Rpfleger 2005, 614 ff.; NJW 1979, 2607; NJW 1991, 3207; NJW 1992, 1155; NJW 1994, 1272; NJW 1994, 1719; NJW 1998, 295, 296; NJW-RR 2001, 1523 (drohender »Bilanzselbstmord«); BGH, NJW-RR 2011, 300; DGVZ 2011, 49 u. 50; DGVZ 2006, 26; KG, NJW-RR 1995, 848; OLG Jena, NJW-RR 2000, 1251; OLG Köln, NJW 1993, 2248 f.; LG Mainz, NJW-RR 1998, 1451; *Walker/Gruß*, NJW 1996, 352.
67 Vgl. LG Stade, ZMR 1993, 339 f.
68 BGH, NJW 2009, 3440 f.
69 BVerfG, NJW-RR 2012, 393, 396 f.; BGH, NJW-RR 2011, 1000, 1001.
70 BVerfG, NJW-RR 2013, 626, 627.
71 BGH, NJW-RR 2011, 300 f.; Rpfleger 2010, 681; NJW 2009, 3440; NJW 2008, 1742, 1743; NJW-RR 2008, 1741, 1742; NJW 2008, 1000; NJW 2008, 586; NJW 2007, 3719; NJW 2006, 505, 506 und 508; NJW 2005, 1859, 1860; KG, NJW-RR 1995, 848; OLG Brandenburg, Rpfleger 2000, 406; OLG Köln, NJW 1993, 2248, 2249; LG Mönchengladbach, Rpfleger 2006, 332, 333; LG Rostock, DGVZ 2003, 155; LG Verden, DGVZ 2007, 14; *Ulrich*, Rpfleger 2012, 477, 480 ff.; *Walker/Gruß*, NJW 1996, 352, 354.
72 BGH, NJW-RR 2011, 1000, 1001 (Vollstreckungsschutz schon vor dem Zuschlag in der Zwangsversteigerung).
73 Zusammenfassend BGH, NJW 2011, 2807, 2809.
74 BGH, NJW 2011, 3207, 3209.
75 BVerfG, NJW-RR 2007, 228 ff.

der Schuldner konkret darlegt, dass sich diese Suizidgefahr durch den Zuschlag weiter verschärfen wird.[76] Andererseits darf das Vollstreckungsgericht nicht nur darauf abstellen, ob die behauptete Suizidgefahr im Moment der Untersuchung durch einen Sachverständigen gegeben ist, sondern es muss auch berücksichtigen, ob bei der späteren Räumung die Suizidgefahr akut wird; diese Prüfung darf es nicht dem mit der Räumung befassten Gerichtsvollzieher überlassen.[77] Die Suizidgefährdung eines Angehörigen des Schuldners rechtfertigt im Zweifel keinen Vollstreckungsschutz nach § 765a, wenn der Angehörige Berechtigter eines Wohnrechts ist, das nach den Versteigerungsbedingungen bestehen bleibt; denn in diesem Fall droht ihm auch bei Durchführung der Vollstreckung kein Verlust der Wohnung.[78]

21 **Weitere Beispiele:** Unabhängig von einer konkreten Gesundheitsgefahr wird Vollstreckungsschutz ferner sechs Wochen vor und acht Wochen nach einer Entbindung gewährt.[79] Für eine Familie mit vier schulpflichtigen Kindern kann eine Zwangsräumung wenige Wochen vor Schuljahresende eine sittenwidrige Härte bedeuten.[80] Ferner kann eine sittenwidrige Härte dann vorliegen, wenn etwa der Gläubiger eines Räumungsanspruches selbst (z. B. durch negative Informationen über den Schuldner) die Ursache dafür gesetzt hat, dass der Schuldner keine andere Wohnung findet.[81] Allein die Pfändung und Überweisung des Anspruchs auf Auszahlung des genossenschaftlichen Auseinandersetzungsguthabens, die mittelbar zum Verlust des genossenschaftlichen Wohnrechts des Schuldners führt und die Möglichkeit eröffnet, dass der Schuldner durch Kündigung seine derzeitige Wohnung verliert, bedeutet noch keine sittenwidrige Härte;[82] diese kann allenfalls in der zwangsweisen Räumung aufgrund einer erfolgten Kündigung liegen. Nicht ausreichend ist es auch, wenn der Schuldner eine zu räumende Ladenfläche untervermietet hat.[83] Die Eigentumsbeeinträchtigung (Art. 14 GG) durch Verlust eines wertvollen Gegenstands im Rahmen der Zwangsverwertung kann nur dann ausnahmsweise eine sittenwidrige Härte für den Schuldner darstellen, wenn der Gläubiger andere Möglichkeiten hat und nicht wahrnimmt, um seinen Anspruch zu befriedigen,[84] insbesondere, wenn dem Gläubiger ein zu seiner Befriedigung ausreichender Betrag bereitgestellt ist, dessen Auszahlung nur an einer mangelnden Mitwirkung des Gläubigers scheitert.[85] Die Verschleuderung von Vermögenswerten (insbesondere Wohnungseigentum) kann eine sittenwidrige Härte für den Schuldner bedeuten und einen Antrag nach § 765a rechtfertigen,[86] wenn ihr nicht schon mit anderen Rechtsbehelfen entgegengewirkt werden kann. Wenn eine Sozialleistung oder unpfändbares Arbeitseinkommen mangels eines eigenen Kontos des Schuldners absprachegemäß auf ein Konto eines Dritten gezahlt wird, unterliegt der Auszahlungsanspruch des Schuldners gegen den Dritten aus § 667 BGB zwar nicht dem Pfändungsschutz des § 850k. Da die Forderung gegen den Dritten aber letztlich auf eine Sozialleistung oder Arbeitseinkommen zurückgeht bzw. von der Zweckbestimmung des § 850k erfasst wird, kann in deren Pfändung für den Schuldner eine sittenwidrige Härte liegen.[87]

---

76 BGH, NJW-RR 2015, 393, 394; NJW 2009, 80 f.; vgl. auch LG Frankfurt, NJW-RR 2015, 461, 462.
77 BGH, NJW 2013, 290 mit Anm. *Walker/Storck*, WuB VI D. § 765a ZPO 1.13.
78 LG Gießen, Rpfleger 2007, 278.
79 LG Bonn, DGVZ 1994, 75; einschränkend LG Münster, DGVZ 2000, 24.
80 OLG Köln, NJW-RR 1995, 1163.
81 OLG Köln, NJW-RR 1995, 1039.
82 BGH, NJW-RR 2010, 157 f.
83 LG Hannover, NJW-RR 2015, 395 f.
84 Vgl. zur Problematik etwa *Stöber*, Einl. ZVG Rn. 55.5; viel zu weitgehend BVerfGE 49, 220 ff., insbesondere das Minderheitenvotum *Böhmer*, a. a. O. S. 237.
85 OLG Koblenz, Rpfleger 1985, 499 und 1986, 62.
86 BGH, NJW-RR 2012, 398, 399; NJW 2004, 1803, 1805.
87 So zur Rechtslage vor Inkrafttreten des heutigen § 850k BGH, NJW 2008, 1678 (Arbeitseinkommen); DGVZ 2009, 131, 132 und NJW 2007, 2703, 2704 (Sozialleistung) mit Anm. *Walker* in WuB VI D. § 765a ZPO 1.07.

Dagegen kann das **Missverhältnis zwischen beizutreibender Forderung und dem Wert des Voll-** 22
streckungsobjekts allein, wenn für den Gläubiger keine andere Möglichkeit der Vollstreckung
besteht, die Sittenwidrigkeit grds.[88] **nicht** begründen.[89] Ansonsten wären geringwertige Forderungen zu Naturalobligationen degradiert. Gerade bei geringwertigen Forderungen ist zu beachten,
dass es dem Schuldner leichter fallen müsste, sie zu befriedigen, und dass es oft nicht Unvermögen
zur freiwilligen Leistung, sondern Uneinsichtigkeit oder Rechthaberei (trotz des ergebnislosen Ausschöpfens aller Rechtsbehelfe) sind, die die Zwangsvollstreckung solcher Forderungen erforderlich
machen. Aus dem gleichen Grunde ist es nicht sittenwidrig, wenn die Kosten einer Vollstreckungsmaßnahme die beizutreibende Forderung deutlich übersteigen, sofern der Gläubiger keine zumutbare kostengünstigere Vollstreckungsmöglichkeit hat.[90]

Eine sittenwidrige Härte kann weiterhin in **ungewöhnlichen wirtschaftlichen Nebenfolgen** für 23
den Schuldner liegen, die mit dem eigentlichen Vollstreckungsvorgang nichts zu tun haben, z. B.
wenn eine Familie mit schweren gesundheitlichen Problemen bei einer Vollstreckung in ihren
Pkw nicht mehr in der Lage ist, die regelmäßig erforderlichen Arztbesuche durchzuführen,[91] oder
wenn dem Schuldner bei der Pfändung seines Girokontos, auf das nur der pfändungsfreie Teil des
Arbeitseinkommens oder nur unpfändbare Sozialleistungen überwiesen werden, die Kündigung
des Girovertrages und der Verlust des Arbeitsplatzes drohen würden;[92] denn eine solche Pfändung
würde nur den Schuldner schädigen, ohne dem Gläubiger zu nützen (siehe noch Rn. 24). Ob eine
Kontenpfändung allein wegen der konkreten Gefahr einer Kündigung des Kontos zu einer mit den
guten Sitten nicht zu vereinbarenden Härte führt,[93] ist dagegen zweifelhaft.[94] Für die Annahme
einer sittenwidrigen Härte reicht es nicht aus, dass dem Schuldner durch die Vollstreckung Mittel
entzogen werden, sodass er einen Prozess, für den ihm Prozesskostenhilfe mangels hinreichender
Erfolgsaussicht versagt wurde, nicht mit eigenen Mitteln führen kann.[95] Der Umstand, dass dem
Schuldner im Fall der Abgabe der eidesstattlichen Versicherung gem. § 14 Abs. 2 Nr. 7 BRAO der
Widerruf seiner Zulassung zur Rechtsanwaltschaft droht, bedeutet für ihn nicht ohne Weiteres eine
sittenwidrige Härte; andernfalls liefe § 14 Abs. 2 BRAO weitgehend leer.[96]

Schließlich kann eine Sittenwidrigkeit zu bejahen sein, wenn die Vollstreckung nur **dem Schuldner** 24
schadet, ohne dem Gläubiger zu nützen. Davon ist etwa bei der Pfändung eines Nießbrauchs
auszugehen, der unter der auflösenden Bedingung der Pfändung bestellt ist[97] und daher mit der
Pfändung wegfällt.[98]

In der Einleitung eines Zwangsversteigerungsverfahrens liegt noch **keine sittenwidrige Härte** für 25
den Schuldner darin, dass dem betreibenden Gläubiger so viele vorrangig Berechtigte vorgehen,

---

88 Ausnahmen (z. B. Versteigerung eines wertvollen Grundstücks wegen einer Restforderung von 5 Euro) sind allerdings nicht vollständig ausgeschlossen.
89 So aber offensichtlich für die Zwangsversteigerung eines Grundstücks BVerfGE 49, 220 ff.; im Ergebnis wie hier BGH, Rpfleger 2004, 722, 723; OLG Celle, ZIP 1981, 1005; OLG Frankfurt, Rpfleger 1979, 391; Rpfleger 1976, 25; LG Frankenthal, Rpfleger 1979, 433; LG Wuppertal, NJW 1980, 297; AG Braunschweig, DGVZ 1981, 186; AG Dinslaken, DGVZ 1982, 159; AG Karlsruhe, DGVZ 1986, 92; AG Staufen, DGVZ 1978, 189.
90 LG Wuppertal, NJW 1980, 297; AG Dinslaken, DGVZ 1982, 159; **a. A.** AG Kamen, DGVZ 1983, 190.
91 LG Kaiserslautern, Rpfleger 2006, 482, 483 (im konkreten Fall aber abgelehnt).
92 LG Mönchengladbach, Rpfleger 2005, 614; LG Osnabrück, NJW-RR 1996, 1456; AG Stuttgart, DGVZ 1997, 188. Zur Abgrenzung LG Traunstein, Rpfleger 2003, 309 (Ablehnung des § 765a, weil auch andere als unpfändbare Beträge auf dem Konto eingegangen waren).
93 So LG Berlin, Rpfleger 2006, 329, 330.
94 Ablehnend auch LG Frankfurt, Rpfleger 2006, 209.
95 BGH, NJW-RR 2007, 417.
96 BGH, NJW 2010, 1002 f.
97 Zur Zulässigkeit eines auflösend bedingten Nießbrauchs MüKo-BGB/*Pohlmann*, § 1030 Rn. 108.
98 OLG Frankfurt, OLGZ 11980, 482; *Brox/Walker*, Rn. 1482.

dass **vermutlich kein dem Gläubiger auszukehrender Barerlös** verbleibt.[99] Das Ergebnis einer Grundstücksversteigerung ist selten vorab genau einzuschätzen;[100] zudem ist an die Möglichkeit des § 114a ZVG zu denken.[101] §§ 30a ff. ZVG bieten dem Schuldner im Übrigen hinreichende Möglichkeiten, eine Befriedigung des Gläubigers auch noch nach Einleitung des Zwangsversteigerungsverfahrens in einer Weise anzustreben, dass letztlich die Versteigerung unterbleiben kann. Allenfalls dann, wenn eine Versteigerung offensichtlich zwecklos ist, kann nach einer Mindermeinung eine analoge Anwendung von § 803 Abs. 2 in Betracht kommen.[102] Ferner liegt in der Zwangsversteigerung nicht schon deshalb eine sittenwidrige Härte für den Schuldner, weil der Gläubiger möglicherweise mit der vom Schuldner angebotenen Schuldentilgung besser fährt als bei Durchführung der Zwangsversteigerung.[103]

26 Dass der **Titel**, der vollstreckt werden soll, **noch nicht rechtskräftig** ist und der Schuldner hofft, dass auf sein Rechtsmittel hin der Titel abgeändert wird, lässt die Vollstreckungsmaßnahmen für sich genommen **nie als sittenwidrige Härte** für den Schuldner erscheinen.[104] Ansonsten würde das Institut der vorläufigen Vollstreckbarkeit völlig ausgehöhlt. Der Schuldner muss in diesen Fällen die einstweilige Einstellung der Zwangsvollstreckung beim Prozessgericht gem. §§ 707, 719 beantragen.[105]

bb) Betroffenheit Dritter

27 In allen Fällen muss die Vollstreckungsmaßnahme eine besondere Härte für den Schuldner selbst, nicht nur für von der Vollstreckung mitbetroffene **Dritte** bedeuten.[106] Allerdings kann das Schicksal des Dritten im Einzelfall den Schuldner selbst so sehr persönlich berühren, dass im Betroffensein des Dritten auch eine sittenwidrige Härte für den Schuldner liegt.[107] Das war bisher vor allem bei der Zwangsräumung von Wohnraum der Fall, wenn ein mit dem Schuldner zusammen wohnender Angehöriger suizidgefährdet war. Diese Problematik hat zwar stark an Bedeutung verloren, seit der BGH verlangt, dass gegen jeden mitbesitzenden Mitbewohner ein eigener Räumungstitel vorliegen muss (siehe § 885 Rn. 18); diese Mitbewohner sind deshalb nicht mehr Dritte, sondern selbst Schuldner i. S. d. § 765a.[108] Sie spielt aber immer noch eine Rolle im Vorfeld einer Zwangsräumung, nämlich bei der Zwangsversteigerung eines Hauses, das (auch) von einem suizidgefährdeten Angehörigen des Schuldners bewohnt wird.[109] Eine Ausnahme von der Notwendigkeit einer eigenen Betroffenheit des Schuldners macht im Übrigen Abs. 1 Satz 2, sofern die Vollstreckung dem Schuldner anvertraute Tiere betrifft. Deren Belange sind vom Gericht bei der Abwägung mit zu berücksichtigen.

---

99 OLG Köln, MDR 1972, 877; LG Hannover, MDR 1984, 764; LG Lüneburg, MDR 1976, 1027; LG Oldenburg, Rpfleger 1982, 303.
100 OLG Koblenz, Rpfleger 1986, 25.
101 OLG Frankfurt, JurBüro 1976, 543 (mit Anm. *Mümmler*).
102 LG Augsburg, Rpfleger 1986, 146; LG Frankfurt, Rpfleger 1989, 35; LG Regensburg, NJW-RR 1988, 447; a. M. OLG Hamm, Rpfleger 1989, 34; LG Berlin, Rpfleger 1987, 209; LG Göttingen, Rpfleger 1988, 420; LG Krefeld, Rpfleger 1994, 35; LG Münster, Rpfleger 1989, 34 f.; LG Dortmund, JurBüro 1988, 1417; LG Freiburg, Rpfleger 1989, 469.
103 OLG Köln, JurBüro 1996, 159.
104 OLG Frankfurt, MDR 1981, 412.
105 LG Mannheim, MDR 1968, 590.
106 OLG Schleswig, SchlHA 1956, 115; LG Konstanz, Rpfleger 2007, 90; AG Groß-Gerau, Rpfleger 1983, 407.
107 BGH, NJW 2005, 1859 (Suizidgefahr beim Vater des Schuldners); OLG Frankfurt, NJW-RR 1994, 81; OLG Hamm, Rpfleger 2001, 508 (Lebensgefahr für Mutter der Schuldnerin); LG Magdeburg, Rpfleger 1995, 470 f. (siebenköpfige Familie, von denen mehrere Kinder schwerbehindert bzw. schulpflichtig sind); AG Groß-Gerau, Rpfleger 1983, 407.
108 *Schuschke*, NJW 2006, 874, 875.
109 Zu einem solchen Fall z. B. BGH, NJW-RR 2011, 1000.

cc) Mitverursachung des Schuldners

Die Sittenwidrigkeit der Härte wird nicht schon dadurch ausgeschlossen, dass der Schuldner sich durch eigene Maßnahmen (etwa durch Übertragung wesentlicher Vermögensteile auf nahe Angehörige) selbst in eine wirtschaftliche Situation gebracht hat, dass ihn nun Vollstreckungsmaßnahmen in seiner Existenz gefährden und ungewöhnlich hart treffen.[110] Bei der erforderlichen Abwägung der Gläubiger- und Schuldnerinteressen (siehe Rn. 30 ff.) kann dieses Schuldnerverhalten allerdings ins Gewicht fallen.[111] Insoweit ist es etwa bei der Räumungsvollstreckung zu berücksichtigen, wenn der Schuldner sich nicht um eine Ersatzwohnung bemüht[112] oder wenn der suizidgefährdete Schuldner nichts unternimmt, um seine extreme Reaktion auf die Vollstreckung zu verhindern.[113] Aber auch in diesem Fall (z. B. Therapieabbruch des suizidgefährdeten Schuldners) entfällt die Schutzbedürftigkeit des Schuldners nicht automatisch, nur weil dieser aus eigener Kraft nicht fähig ist, seine Situation mit fremder Hilfe zu bewältigen.[114] Ferner spricht es im Zweifel gegen eine sittenwidrige Härte der Räumungsvollstreckung, wenn der Schuldner an den Gläubiger weder Miete noch sonst eine Nutzungsentschädigung zahlt.[115]

28

dd) Objektiver Maßstab

Die Sittenwidrigkeit ist objektiv anhand der tatsächlichen Gegebenheiten festzustellen.[116] Es ist nicht erforderlich, dass den Gläubiger persönlich ein moralischer Vorwurf trifft.[117] Es genügt, dass allein das Ergebnis der Vollstreckungsmaßnahme das sittliche Bewusstsein aller billig und gerecht Denkenden verletzt.

29

c) Berücksichtigung des Schutzbedürfnisses des Gläubigers

Die Feststellung der Sittenwidrigkeit darf letztlich erst erfolgen, wenn nach Feststellung einer besonderen Härte der jeweiligen Maßnahme für den Schuldner auch eine Würdigung des Schutzbedürfnisses des Gläubigers vorgenommen wurde.[118] Hier ist insbesondere zu bedenken, dass der Gläubiger schon einen Titel erstritten hat:[119] Er kann darauf vertrauen, dass der Staat die Durchsetzung dessen, was er selbst für rechtens erklärt hat, nicht verweigern wird. Der Schuldner ist in der Regel auch nicht ohne sein Zutun Schuldner geworden: Er hat eine Leistung des Gläubigers erhalten, oder er hat diesem Schaden zugefügt. Es ist ein materielles Ungleichgewicht zulasten des Gläubigers entstanden, das wieder ausgeglichen werden muss. Dieses Ungleichgewicht kann um so drückender sein, wenn es sich etwa um Unterhaltsansprüche des Gläubigers oder um Ansprüche aus

30

---

110 Wie hier *Brox/Walker*, Rn. 1482; *Zöller/Stöber*, § 765a Rn. 7; a. A. KG, MDR 1960, 234; OLG Hamm, JurBüro 1960, 24.
111 LG Hildesheim, NJW-RR 1995, 1164; *Walker/Gruß*, NJW 1996, 352, 355.
112 Vgl. OLG Köln, NJW-RR 1995, 1163; LG Hannover, Rpfleger 1986, 439; LG Heilbronn, WuM 1993, 364; LG Hildesheim, NJW-RR 1995, 1164; LG Wuppertal, DGVZ 1995, 41 f.; *Walker/Gruß*, NJW 1996, 352, 355.
113 BVerfG, NJW 1992, 1155; OLG Köln, NJW 1993, 2248; LG Mönchengladbach, Rpfleger 2006, 332, 333; LG Verden, DGVZ 2007, 14, 15; *E. Schneider*, JurBüro 1994, 321, 324; *Walker/Gruß*, NJW 1996, 352, 355.
114 BGH, NJW-RR 2013, 628.
115 Vgl. OLG Köln, WM 1987, 1347; LG Bonn, WuM 1991, 284; LG Braunschweig, DGVZ 1991, 187; LG Darmstadt, Rpfleger 1991, 117 f.; LG Heilbronn, WuM 1993, 364; LG Hildesheim, NJW-RR 1995, 1164; a. M. LG Stade, ZMR 1993, 339, falls der Schuldner nur noch eine geringe Lebenserwartung hat.
116 AG Hannover, Rpfleger 1990, 174.
117 *Bruns/Peters*, § 48 II 1.
118 Zu Einzelheiten zu den berücksichtigungsfähigen Gläubigerinteressen bei der Räumungsvollstreckung siehe *Walker/Gruß*, NJW 1996, 352, 355 f.
119 BVerfGE 52, 214, 222; BGH, NJW 2008, 1742, 1743; NJW 2008, 1000; Rpfleger 2004, 722, 723; OLG Hamm, NJW 1957, 68; LG Braunschweig, DGVZ 1991, 187; LG Kempten, MDR 1969, 1015; *E. Schneider*, JurBüro 1994, 321, 324; *Walker/Gruß*, NJW 1996, 352.

unerlaubter Handlung handelt. Im Einzelfall ist zugunsten des Gläubigers ferner in Rechnung zu stellen, dass er etwa selbst dringend auf den Bezug der vom Schuldner zu räumenden Wohnung[120] oder auf den Eingang von Zahlungen angewiesen ist, um seine eigenen Verpflichtungen zu erfüllen, seinen Betrieb fortführen oder gar den Insolvenzeintritt abwenden zu können.[121] Der Gläubiger kann deshalb nicht auf andere Vollstreckungsarten verwiesen werden, die erheblich unsicherer sind als die von ihm gewählte,[122] da ihm u. U. ein nutzloses Zuwarten, nutzlose weitere Kosten und das Risiko, am Ende noch am Prioritätsgrundsatz zu scheitern, zugemutet würden. Ebenso kann es dem Gläubiger nicht angelastet werden, dass er den kostengünstigsten Vollstreckungsversuch unternimmt oder zunächst nur die Vollstreckung eines Teilbetrages betreibt, da er sein Kostenrisiko natürlich mitberücksichtigen darf. Schließlich fällt zugunsten des Gläubigers ins Gewicht, dass es ihm nicht zuzumuten ist, die Aufgaben der Sozialbehörden zu übernehmen.[123]

31 Deshalb muss das Gericht, das von Amts wegen den Lebens- und Gesundheitsschutz für den Schuldner mit der Eigentumsgarantie für den Gläubiger koordinieren muss,[124] auch bei einer Räumungsvollstreckung mit konkreter Suizidgefahr für einen Betroffenen sorgfältig prüfen, ob dieser Gefahr nicht auch auf andere Weise als durch Einstellung der Zwangsvollstreckung begegnet werden kann (z. B. Inanspruchnahme fachlicher Hilfe, Unterbringung in einem Krankenhaus, Ingewahrsamnahme nach polizeirechtlichen Vorschriften).[125] Für den Gläubiger kann es ratsam sein, das Vollstreckungsgericht durch eine »Schutzschrift« (ab 1.1.2016: §§ 945a, 945b) hinsichtlich der Möglichkeiten und der Pflicht, etwaigen Lebens- und Gesundheitsgefahren durch vorbeugende Maßnahmen zu begegnen, zu sensibilisieren.[126] Aber selbst wenn der Schuldner alle entsprechenden Auflagen missachtet und in keiner Weise zur Beseitigung seiner Suizidgefährdung beiträgt, kann im Zweifel nicht einfach die Vollstreckung begonnen oder fortgesetzt werden. Vielmehr sollte das Vollstreckungsgericht sich mit der nach dem jeweiligen Landesunterbringungsrecht zuständigen Gesundheitsbehörde in Verbindung setzen, die vorläufige Schutzmaßnahmen zugunsten des suizidgefährdeten Schuldners prüfen und ggf. beim zuständigen Gericht die Unterbringung des Schuldners zur Abwendung einer Gefahr für die öffentliche Sicherheit und Ordnung beantragen.[127] Ferner kann das Vollstreckungsgericht oder die Gesundheitsbehörde beim Vormundschaftsgericht die Bestellung eines Betreuers für den gefährdeten Schuldner nach § 1896 BGB anregen.

32 Ein anderer Maßstab als an Privatpersonen als Gläubiger ist an die **öffentliche Hand** als Gläubigerin anzulegen. Für sie gilt auch im Rahmen der Zwangsvollstreckung das **Übermaßverbot**:[128] So ist z. B. eine Haftvollstreckung, die den Schuldner wegen einer geringfügigen Forderung zur Vermögensoffenbarung zwingen soll, abzubrechen, wenn sie nicht in angemessener Zeit zum Erfolg führt. Die Zwangsversteigerung des vom Schuldner selbst bewohnten Einfamilienhausgrundstücks durch die öffentliche Hand als Gläubigerin hat zu unterbleiben, wenn das Meistgebot deutlich unter der Grenze des § 85a ZVG liegt, auch wenn kein anderes Schuldnervermögen vorhanden ist.[129]

---

120 OLG Köln, NJW-RR 1995, 1163; *E. Schneider*, JurBüro 1994, 321, 324; *Walker/Gruß*, NJW 1996, 352, 355.
121 *Walker/Gruß*, NJW 1996, 352, 355 f.
122 *Stöber*, Einl. ZVG Rn. 54.6.
123 BGH, NJW-RR 2011, 300, 301; NJW 2009, 3440; NJW 2008, 1742, 1743; NJW 2005, 1859, 1860; OLG Düsseldorf, DGVZ 1986, 116; OLG Frankfurt, Rpfleger 1981, 24; LG Braunschweig, DGVZ 1986, 116; DGVZ 1991, 187; *Schuschke*, NJW 2006, 874, 876; *Walker/Gruß*, NJW 1996, 352, 353.
124 *Schuschke*, NJW 2006, 874, 876.
125 BVerfG, NJW 2007, 2910, 2911; BGH, NJW-RR 2015, 393, 394; NJW 2008, 1742, 1743; NJW 2008, 586; NJW 2007, 3719; NJW 2006, 505, 506; NJW 2005, 1859, 1860; LG Frankfurt, NJW-RR 2015, 461, 463 ff.
126 *Lämmer/Muckle*, NZM 2008, 69; *Schuschke*, JuS 2008, 977, 982.
127 Einen detaillierten Vorschlag zum Vollstreckungsablauf bei einer Räumungsvollstreckung mit Suizidgefahr macht *Schuschke*, NJW 2006, 874, 876 f.; *ders.*, DGVZ 2008, 33.
128 LG Wuppertal, DGVZ 1986, 90.
129 BVerfGE 46, 325 ff.

Bei der Interessenabwägung auf Gläubigerseite sind ebenso wenig wie auf Schuldnerseite die Interessen und das Schutzbedürfnis Dritter zu berücksichtigen, soweit die Belange der Dritten nicht gleichzeitig unmittelbare Belange des Gläubigers sind. Benötigt etwa der Gläubiger das Geld dringend, um die Zwangsversteigerung des Hauses seiner Ehefrau, in dem sich die gemeinschaftliche eheliche Wohnung befindet, abzuwenden, so stellt das Interesse der Ehefrau am Erhalt ihres Hauses auch ein eigenes dringendes Interesse des Ehemannes, also hier des Gläubigers, dar. Zur Berücksichtigung der schutzwürdigen Belange betroffener Tiere siehe oben Rn. 17, 27. 33

VI. Verfahren

1. Antrag

Vollstreckungsschutz nach § 765a wird nur auf Antrag **des Schuldners** gewährt.[130] Ein Dritter ist niemals antragsberechtigt, auch wenn er (z. B. als gesundheitsgefährdeter Angehöriger des Schuldners) von der Zwangsvollstreckung betroffen ist.[131] Lediglich bei der Vollstreckung in einen zur Insolvenzmasse gehörenden Gegenstand ist der Insolvenzverwalter antragsberechtigt;[132] daneben behält der Schuldner sein Antragsrecht, soweit er die sittenwidrige Härte mit persönlichen Belangen (z. B. Suizidgefahr) begründet (siehe schon Rn. 10).[133] Das Antragserfordernis ist mit dem Grundgesetz vereinbar.[134] Denn in erster Linie muss der Schuldner selbst beurteilen, ob ihn etwas ungewöhnlich hart trifft oder ob er gegebenenfalls bereit ist, etwa zur Verringerung seiner Schulden Härten bewusst in Kauf zu nehmen. Deshalb **kann** ein gestellter Antrag auch **zurückgenommen werden**, und zwar bis zur Rechtskraft der Entscheidung. Dagegen ist ein **vorheriger Verzicht** auf den Vollstreckungsschutz nach § 765a und ein Verzicht während der konkreten Vollstreckung aus den gleichen Gründen wie bei § 811 (siehe dort Rn. 15, 16) **unzulässig**.[135] Für den Antrag ist **Prozessfähigkeit** des Schuldners erforderlich; fehlt sie, ist der Antrag nicht zu bescheiden.[136] Der Antrag muss nicht ausdrücklich auf § 765a bezogen werden. Es genügt ein Vorbringen, das zeigt, dass der Schuldner besondere Umstände, die die Vollstreckungsmaßnahme als unbillige Härte erscheinen lassen, geltend machen will.[137] Der Antrag kann auch mit anderen, insoweit ausdrücklich gestellten Anträgen verbunden sein, etwa mit der Erinnerung nach § 766 oder einem Einstellungsantrag nach § 30a ZVG.[138] Ein Antrag nach § 30a ZVG enthält aber nicht automatisch einen Antrag auf Vollstreckungsschutz nach § 765a.[139] Wenn das Vorbringen des Schuldners zwar die Möglichkeit ergibt, dass ein besonderer Härtefall i. S. v. § 765a Abs. 1 vorliegen könnte, sein Antrag aber trotzdem nicht ohne Weiteres als ein solcher nach § 765a ausgelegt werden kann, dann ist der Schuldner auf die Möglichkeit eines Vollstreckungsschutzantrags gem. § 139 hinzuweisen. Ein solcher Hinweis würde keinen Befangenheitsantrag rechtfertigen. Er erscheint vielmehr sogar verfassungsrechtlich geboten,[140] um ein rechtsstaatliches Verfahren zu gewährleisten. Das Unterlassen des Hinweises kann ein Verfahrensfehler i. S. § 83 Nr. 6 ZVG sein, der mit der Zuschlagsbeschwerde gerügt werden 34

---

130 OLG Neustadt, MDR 1956, 750; LG Limburg, Rpfleger 1977, 219; LG Düsseldorf, DGVZ 2000, 119; **a. A.** AG Bensheim, DGVZ 2004, 76 (von Amts wegen Einstellung der Vollstreckung durch den Gerichtsvollzieher analog § 765a).
131 Dazu LG Rostock, DGVZ 2003, 75.
132 OLG Braunschweig, NJW 1968, 164; OLG Hamm, NJW 1976, 1754; BVerfG, NJW 1979, 2510; **a. A.** OLG Celle, ZIP 1981, 1005.
133 BGH, NJW 2009, 1283, 1284.
134 BVerfG, NJW 1983, 560 (mit Anm. *Weber*, JuS 1983, 385).
135 OLG Hamm, NJW 1960, 104; LG Aachen, WuM 1996, 568.
136 BGH, DGVZ 2011, 209, 210.
137 OLG Frankfurt, Rpfleger 1979, 391; *Brox/Walker*, Rn. 1474; MüKo/*Heßler*, § 765a Rn. 71.
138 BVerfGE 49, 220, 225; *Gaul/Schilken/Becker-Eberhard*, § 43 Rn. 41; *E. Schneider*, MDR 1980, 617 und MDR 1983, 246.
139 OLG Karlsruhe, JurBüro 1995, 607; siehe schon Rn. 11.
140 BVerfGE 42, 64 ff.

kann. Auch der Gerichtsvollzieher, der nach der Räumungsankündigung von Suizidabsichten des Schuldners erfährt, hat diesen auf die Möglichkeit nach § 765a hinzuweisen und vor dem Ansetzen eines Räumungstermins zunächst abzuwarten, ob der Schuldner einen Vollstreckungsschutzantrag stellt.[141]

2. Zuständiges Gericht

35 Zuständig zur Entscheidung über den Antrag ist das Vollstreckungsgericht,[142] und zwar auch dann, wenn ein Titel eines Arbeitsgerichts oder eines Familiengerichts[143] vollstreckt wird. Das Vollstreckungsgericht, nicht das Prozessgericht, entscheidet auch, wenn Vollstreckungsschutz gegen eine drohende oder im Rahmen einer bereits angelaufenen Zwangsvollstreckung nach §§ 887 ff., 890 beantragt wird. So ist etwa der im Erkenntnisverfahren vergessene Antrag auf Gewährung einer Aufbrauchsfrist in Wettbewerbsstreitigkeiten[144] als besonderer Form der einstweiligen Aussetzung der Zwangsvollstreckung beim Amtsgericht anzubringen, auch wenn der Unterlassungstitel vom Oberlandesgericht stammt. Über den Antrag entscheidet der Rechtspfleger (§ 20 Nr. 17 RPflG). Das ist verfassungsrechtlich nicht unbedenklich; denn die Entscheidung über den Antrag nach § 765a ist materiell Rechtsprechung, und diese ist nach Art. 92 GG den Richtern anvertraut.[145] Ist der Antrag zusammen mit einer Erinnerung nach § 766 gestellt, hat ihn der Richter gem. § 6 RPflG im Zusammenhang mitzuentscheiden. Wird der Antrag erstmals mit der sofortigen Beschwerde oder befristeten Durchgriffserinnerung gegen eine sonstige vollstreckungsgerichtliche Entscheidung gestellt, so ist er nicht mit vom Beschwerdegericht zu entscheiden, sondern von der Beschwerde, mit der er ja auch sachlich nicht zusammenhängt, zu trennen und zunächst vom Vollstreckungsgericht erstinstanzlich zu entscheiden.[146] – Anstelle des Vollstreckungsgerichts kann wegen Sachzusammenhangs das **Insolvenzgericht** zur Entscheidung über einen Vollstreckungsschutzantrag zuständig sein. Das ist anzunehmen, wenn das Insolvenzgericht gem. § 36 Abs. 4 Satz 1 InsO darüber zu entscheiden hat, ob ein Vermögensgegenstand des Schuldners vom Pfändungsschutz der §§ 850 ff. erfasst wird und daher nicht zur Insolvenzmasse gehört (§ 36 Abs. 1 InsO), und wenn der Schuldner neben der Geltendmachung des Pfändungsschutzes gleichzeitig einen Antrag nach § 765a stellt.[147]

3. Maßgeblicher Zeitpunkt für den Antrag

36 Der Antrag kann ab dem Zeitpunkt gestellt werden, in dem die **Zwangsvollstreckung droht**.[148] Das ist in der Regel der Fall, sobald ein Vollstreckungstitel vorliegt. Bei der Zwangsversteigerung kann der Antrag unmittelbar nach deren Anordnung gestellt werden.[149] Bei der Räumungsvollstreckung ist es spätestens der Zeitpunkt der Ankündigung des Räumungstermins[150] bzw. des Ablaufs etwaiger Räumungsfristen gem. §§ 721, 794a; bei der Unterlassungsvollstreckung kann ab Rechtskraft des Titels ein Rechtsschutzbedürfnis für die Gewährung einer Aufbrauchsfrist gegeben sein. Im Verfahren auf Abgabe der eidesstattlichen Versicherung kann der Antrag bereits ab Ladung zur Abgabe der Vermögensauskunft (§ 802f Abs. 1 Satz 2) gestellt werden und nicht erst mündlich im Termin.

---

141 *Schuschke*, NJW 2006, 874, 876.
142 Siehe § 764 Rn. 1 und 5.
143 Dazu OLG Frankfurt, NJW-RR 2013, 776, 777.
144 Einzelheiten hierzu etwa bei *Hefermehl/Köhler/Bornkamm*, UWG. 27. Aufl., 2009, § 8 Rn. 1.58 ff.; Teplitzky, Wettbewerbsrechtliche Ansprüche und Verfahren, 9. Aufl., 2007, Kap. 57 Rn. 17 ff.
145 *Gaul*, JZ 2013, 1081 ff., der die Zuständigkeit des Rechtspflegers für verfassungswidrig hält.
146 OLG Köln, NJW-RR 1989, 189; *Brox/Walker*, Rn. 1476; *Zöller/Stöber*, § 765a Rn. 24; **a. A.** OLG Schleswig, JurBüro 1975, 1508; OLG Stuttgart, OLGZ 1968, 446; Hk-ZV/*Bendtsen*, § 765a Rn. 72; *E. Schneider*, MDR 1983, 546; MüKo/*Heßler*, § 765a Rn. 72; *Stein/Jonas/Münzberg*, § 765a Rn. 31.
147 BGH, NJW 2009, 78; ZIP 2008, 338 mit Anm. *Walker*, EWiR 2008, 383.
148 LG Heilbronn, WuM 1993, 364; *Brox/Walker*, Rn. 1477.
149 OLG Brandenburg, Rpfleger 2001, 91.
150 Zum Zeitpunkt des Antrags bei der Räumungsvollstreckung siehe auch Rn. 38.

Über den Antrag kann nur **bis spätestens zur Beendigung der Zwangsvollstreckung** entschieden werden,[151] da eine Entscheidung nach § 765a wie alle vollstreckungsinternen Rechtsbehelfe die rechtskräftigen materiellrechtlichen Folgen der endgültig beendeten Vollstreckung nicht mehr rückgängig machen kann. Dabei ist jeweils abzustellen auf die konkrete Vollstreckungsmaßnahme, gegen die Schutz begehrt wird: So kann der Schuldner auch nach Räumung seiner Wohnung und der Besitzeinweisung des Gläubigers noch Vollstreckungsschutz nach § 765a gegen die Maßnahmen beantragen, die der Gerichtsvollzieher hinsichtlich der geräumten beweglichen Sachen des Schuldners nach § 885 Abs. 2–4 trifft.[152] Andererseits kann der späteste Zeitpunkt für die Antragstellung durch zwingende Verfahrensvorschriften auch in ein früheres Stadium vor Beendigung der Zwangsvollstreckung vorverlegt sein. So muss ein Antrag, durch den die Zwangsversteigerung eines Grundstücks einstweilen aufgeschoben und der Zuschlag verhindert werden soll, schon vor der Entscheidung über den Zuschlag gestellt sein.[153] Dies folgt daraus, dass mit Rücksicht auf die besondere Regelung, welche die Zuschlagsbeschwerde im ZVG erfahren hat, mit diesem Rechtsbehelf neue, dem Versteigerungsgericht noch nicht bekannte Tatsachen und Beweismittel nicht geltend gemacht werden können (§ 100 ZVG), auch wenn es sich um Gründe nach § 765a handelt.[154] Eine Ausnahme lässt die Rechtsprechung in einer verfassungskonformen Einschränkung des § 100 ZVG allerdings dann zu, wenn der Schuldner sich auf eine ernsthafte Lebensgefahr beruft.[155] Erst wenn der Zuschlagsbeschluss rechtskräftig ist, kommt ein Antrag nach § 765a mit dem Ziel der Aufhebung des Zuschlagsbeschlusses nicht mehr in Betracht.[156] Weitergehend muss eine Ausnahme aus verfassungsrechtlichen Gründen immer dann gelten, wenn die Grundrechte des Schuldners aus Art. 1 Abs. 1, 2 Abs. 2 GG gefährdet würden, falls man bei der Entscheidung über die Zuschlagsbeschwerde nicht entsprechende neue Gründe zu § 765a berücksichtigen könnte. Insoweit muss dann § 100 ZVG verfassungskonform ausgelegt und ergänzt werden. Ist der Antrag nach § 765a zwar vor der Entscheidung über den Zuschlag, aber erst unmittelbar vor dem Versteigerungstermin gestellt worden, kann über ihn wegen der Notwendigkeit, den übrigen Beteiligten rechtliches Gehör zu gewähren (Rn. 41), nicht mehr vor dem Versteigerungstermin entschieden werden. Wenn der Antrag begründet ist, muss der Zuschlag versagt werden (§ 33 ZVG). Wenn er unbegründet ist, wird der Zuschlag erteilt; darin liegt automatisch die Ablehnung einer einstweiligen Einstellung aus § 765a.[157] Der Schuldner kann sein Rechtsmittel gegen die Zuschlagserteilung auch auf einen Verstoß gegen § 765a stützen.

4. Zeitpunkt des Antrags bei der Räumungsvollstreckung (Abs. 3)

Bei der Räumungsvollstreckung ist das Vertrauen des Gläubigers, nach Ablauf der gerichtlichen Räumungsfrist vollstrecken zu können, besonders schutzwürdig, da er im Vertrauen auf die Räumung möglicherweise weitervermietet, seine eigene Wohnung verkauft oder kündigt oder Reno-

---

151 Allgem. Meinung; *Gaul/Schilken/Becker-Eberhard*, § 43 Rn. 44; *Brox/Walker*, Rn. 1478; zu einer Ausnahme bei nachwirkender Beeinträchtigung LG Hamburg, WuM 1993, 417.
152 KG, NJW-RR 1986, 1510.
153 BGHZ 44, 144; OLG Celle, NdsRpfl 1978, 56; OLG Frankfurt, Rpfleger 1979, 391, Rpfleger 1975, 326; OLG Koblenz, MDR 1956, 558; NJW 1956, 1683; LG Frankenthal, Rpfleger 1984, 194; *Brox/Walker*, Rn. 1478; *Gaul/Schilken/Becker-Eberhard*, § 43 Rn. 31; *E. Schneider*, MDR 1980, 617; *Stöber*, Einl. ZVG Rn. 57.2; a. A. (Antrag auch erstmals mit der Zuschlagsbeschwerde in der Beschwerdeinstanz möglich) OLG Bamberg, Rpfleger 1975, 144 mit Anm. *Schiffhauer*; KG, NJW 1965, 2408; NJW 1957, 428; OLG Düsseldorf, JMBl.NW 1962, 127; HansOLG Hamburg, MDR 1958, 432; OLG Köln, JMBl. NW 1959, 181; OLG München, MDR 1959, 930; OLG Schleswig, SchlHA 1957, 76.
154 BGHZ 44, 144; *Stöber*, Einl. ZVG Rn. 59.8, 59.10. Ein nach § 100 ZVG zulässiger Beschwerdegrund kann es allerdings sein, dass das Gericht es unterlassen hatte, den Schuldner auf die Möglichkeit des § 765a hinzuweisen, wenn die Möglichkeit eines erfolgreichen Vollstreckungsschutzantrages nahelag.
155 BGH, NJW-RR 2011, 1000; NJW-RR 2008, 1741, 1743; NJW 2006, 505.
156 BVerfG, Rpfleger 2010, 383; BGH, NJW-RR 2010, 232; NJW-RR 2011, 1000.
157 OLG Karlsruhe, Rpfleger 1995, 471 f.

vierungsarbeiten in Auftrag gibt. Wenn der Schuldner erst kurzfristig vor dem Räumungstermin Vollstreckungsschutz nach § 765a beantragt, besteht die Gefahr, dass die von dem Gläubiger im Hinblick auf den Räumungstermin getätigten Aufwendungen nutzlos werden. Um das zu vermeiden, muss nach Abs. 3[158] bei der Räumungsvollstreckung ein Vollstreckungsschutzantrag nach § 765a grundsätzlich spätestens zwei Wochen vor dem festgesetzten Räumungstermin gestellt werden. Die Einhaltung der 2-Wochen-Frist ist zwingend. Der Vorschlag einer bloßen Soll-Regelung[159] mit der Möglichkeit, in Ausnahmefällen auch einen später gestellten Antrag zu berücksichtigen, hat sich nicht durchgesetzt. Der zwingende Charakter des Abs. 3 trägt erstens der besonderen Schutzwürdigkeit des Gläubigers Rechnung und hat zweitens zur Folge, dass Streitigkeiten über die Handhabung einer bloßen Soll-Frist vermieden werden. Der Räumungsschuldner wird nicht unangemessen benachteiligt, weil bei einer schuldlosen[160] Versäumung der 2-Wochen-Frist (z. B. bei nicht rechtzeitiger Ankündigung des Räumungstermins durch den Gerichtsvollzieher) und bei erst später entstandenen Vollstreckungsschutzgründen die Frist ohnehin nicht eingehalten werden muss. Für diese Ausnahmevoraussetzungen trägt der Schuldner die Darlegungs- und Beweislast. Die Frist beginnt 2 Wochen vor dem festgestellten Räumungstermin. Die Berechnung der Frist erfolgt genauso wie bei der Frist nach § 794a Abs. 1 Satz 2 und derjenigen nach § 721 Abs. 2 und Abs. 3 Satz 2. Der Antrag ist also spätestens an dem Wochentag zu stellen, der 2 Wochen später dem festgesetzten Räumungstag entspricht.

5. Form des Antrages

39 Der Antrag ist an keine Form gebunden. Er kann also mündlich zu Protokoll oder schriftlich gestellt werden. Da der Schuldner den Antrag persönlich stellen kann, ist es nicht erforderlich, dass er § 765a oder auch nur termini technici aus der Norm erwähnt. Der Antrag muss nur seinem Inhalt nach erkennen lassen, dass um Vollstreckungsschutz wegen besonderer persönlicher Umstände nachgesucht wird, die sich als ungewöhnliche Härte für den Schuldner darstellen. Der Antrag kann nur vom Schuldner gestellt werden. Die Norm ist nicht entsprechend auf Dritte oder gar den Gläubiger anwendbar.[161]

6. Rechtsschutzbedürfnis

40 Das Rechtsschutzbedürfnis für eine Entscheidung nach § 765a fehlt, wenn der Schuldner sein Ziel auf einfacherem und billigerem Wege erreichen kann. Ist etwa das Erkenntnisverfahren noch nicht abgeschlossen und besteht in diesem Verfahren noch die Möglichkeit, eine einstweilige Einstellung der Zwangsvollstreckung nach §§ 707, 719 durch das Prozessgericht zu erwirken, besteht für einen auf § 765a gestützten Einstellungsantrag an das Vollstreckungsgericht kein Rechtsschutzbedürfnis.[162] Ebenso fehlt das Rechtsschutzbedürfnis, wenn für das Rechtsschutzziel ein spezielleres Antragsverfahren in der ZPO vorgesehen ist und dieser Weg noch begangen werden kann.[163] Führt das speziellere Verfahren nicht zum gleichen Erfolg, können beide Anträge auch miteinander verbunden werden: § 850f. Abs. 1 z. B. erlaubt es nur, »einen Teil« des pfändbaren Arbeitseinkommens dem Schuldner zusätzlich zu belassen. Über § 765a kann für eine befristete Zeit auch der Rest

---

158 Eingefügt durch die 2. Zwangsvollstreckungsnovelle mit Wirkung zum 1.1.1999 (BGBl. I 1997, S. 3040, 3046).
159 BT-Drucks. 13/341, S. 4. Siehe dazu *Münzberg*, FS Lüke, 1997, S. 525, 541.
160 Dazu OLG Köln, NJW-RR 2001, 226 (Verschulden, wenn fristgerecht ein Anwalt mit der Beantragung von Vollstreckungsschutz hätte beauftragt werden können). Für eine Herabsetzung des Verschuldensmaßstabes *Behr*, JurBüro 1998, Sonderheft, S. 8; siehe dazu auch *Münzberg*, FS Lüke, 1997, S. 525, 541.
161 A.A. *Pöschl*, BWNotZ 1967, 129; zutreffend hiergegen *Stöber*, Einl. ZVG Rn. 53.3.
162 LG Mannheim, MDR 1968, 590; *Musielak/Voit/Lackmann*, § 765a Rn. 21; a.A. *Stein/Jonas/Münzberg*, § 765a Rn. 20, 40.
163 Siehe oben Rn. 3.

der Vollstreckung entzogen werden.¹⁶⁴ Mit Beendigung der Zwangsvollstreckungsmaßnahme endet auch das Rechtsschutzinteresse für einen Antrag nach § 765a. Eine Ausnahme ist möglich, wenn die Beeinträchtigung der Maßnahme noch fortwirkt.¹⁶⁵

7. Rechtliches Gehör

Über den Antrag kann ohne mündliche Verhandlung entschieden werden (§ 764 Abs. 3). In jedem Fall **muss** dem Gläubiger aber vor der Verhandlung rechtliches Gehör gewährt werden, da ansonsten dessen persönliche Belange nicht ausreichend berücksichtigt werden können. 41

8. Einstweilige Anordnung (Abs. 1 Satz 2)

Da der Antrag nach § 765a das Vollstreckungsverfahren nicht hemmt, ist in Abs. 1 Satz 2¹⁶⁶ dem Vollstreckungsgericht die Möglichkeit eingeräumt, die in § 732 Abs. 2 bezeichneten einstweiligen Anordnungen zu erlassen, um vorläufig schwere Nachteile vom Schuldner abzuwenden. Danach kann insbesondere die einstweilige Einstellung der Zwangsvollstreckung gegen oder ohne Sicherheitsleistung angeordnet oder die Fortsetzung der Zwangsvollstreckung von einer Sicherheitsleistung des Gläubigers abhängig gemacht werden. Voraussetzung ist, dass der Schuldner diese Nachteile glaubhaft gemacht hat.¹⁶⁷ Schon aufgrund der früheren Fassung des Abs. 1 wurde die Zulässigkeit von einstweiligen Anordnungen aufgrund einer entsprechenden Anwendung der §§ 766 Abs. 1 Satz 2, 732 Abs. 2 allgemein angenommen.¹⁶⁸ 42

9. Form und Inhalt der Entscheidung

Die Entscheidung über den Antrag ergeht durch Beschluss. Hat eine mündliche Verhandlung stattgefunden, ist zu verkünden (§ 329 Abs. 1 Satz 1). Ist die Entscheidung ohne mündliche Verhandlung ergangen, ist sie zuzustellen (§ 329 Abs. 2 Satz 2). Ein unzulässiger oder unbegründeter Antrag ist zurückzuweisen. Das Vollstreckungsgericht darf den Antrag, den es nicht für erfolgversprechend hält, dagegen nicht im vermeintlich wohlverstandenen Kosteninteresse des Schuldners ohne förmliche Entscheidung als erledigt betrachten.¹⁶⁹ Wird dem Vollstreckungsschutzantrag durch den Beschluss stattgegeben, so kann die Entscheidung dahin lauten, dass die konkrete Vollstreckungsmaßnahme (nie die Zwangsvollstreckung schlechthin)¹⁷⁰ ganz oder teilweise **aufgehoben**, die Vornahme einer drohenden Vollstreckungsmaßnahme **untersagt** oder die Zwangsvollstreckung **einstweilen eingestellt** wird. Lautet der Tenor auf Aufhebung einer Vollstreckungsmaßregel, ist **Abs. 5** zu beachten; bei Aufhebung einer Forderungspfändung ist also schon im Tenor klar zu sagen, dass die Aufhebung erst mit Rechtskraft des Beschlusses erfolgt, damit der Drittschuldner nicht zu vorschnell an den Schuldner leistet.¹⁷¹ Eine fälschlich erfolgte Aufhebung kann nicht rückwirkend aus der Welt geschafft werden. Es ist dann nur eine Neupfändung an bereiter Stelle, also gegebenenfalls mit Rangnachteilen für den Gläubiger möglich.¹⁷² Auch wenn der Gerichtsvollzieher zur Aufhebung einer Pfändungsmaßnahme bezüglich einer beweglichen Sache angewiesen wird, sollte im Tenor klargestellt werden, dass er erst nach Rechtskraft des Beschlusses tätig werden darf. Fehlt eine solche Klarstellung, hat der Gerichtsvollzieher aber Abs. 5 auch von Amts wegen zu beachten. Die Aufhebung einer gerichtlichen Entscheidung (z. B. Zuschlagsbeschluss in der Zwangsversteige- 43

---

164 Einzelheiten § 850f Rn. 5.
165 LG Hamburg, WuM 1993, 417.
166 Eingefügt durch die 2. Zwangsvollstreckungsnovelle mit Wirkung zum 1.1.1999 (BGBl. I 1997, S. 3046).
167 OLG Celle, MDR 1968, 333; LG Mönchengladbach, DGVZ 2000, 118, 119; *Brox/Walker*, Rn. 1485; *Stein/Jonas/Münzberg*, § 765a Rn. 26.
168 Siehe 2. Aufl., § 765a Rn. 17 a.
169 BVerfG, NJW 2014, 3771.
170 OLG Köln, Rpfleger 1994, 267; NJW-RR 1995, 1472.
171 Für diesen Fall vgl. OLG Stuttgart, NJW 1961, 34 mit Anm. *Riedel*.
172 OLG Saarbrücken, OLGZ 1971, 425.

rung) scheidet aus, wenn die Entscheidung rechtskräftig ist.[173] Eine Einstellung kann auch mit **Auflagen** (Zahlungsauflagen; Suche einer anderen Wohnung;[174] Wahrnehmung erfolgversprechender Behandlungsmöglichkeiten;[175] regelmäßige Nachweise einer fortdauernden Suizidgefahr alle sechs Monate)[176] verbunden werden.

44 Alle Maßnahmen sollten nur **zeitlich befristet** angeordnet werden, auch wenn Abs. 4 die Möglichkeit bietet (siehe unten Rn. 49), auf Antrag den Beschluss später wieder aufzuheben oder abzuändern. Die grundsätzliche Notwendigkeit einer Befristung besteht selbst dann, wenn bei Lebens- oder Gesundheitsgefahren für den Schuldner die Besserungsaussichten gering sind;[177] die staatliche Aufgabe, die Gesundheit des Schuldners zu schützen, kann grundsätzlich nicht auf unbegrenzte Zeit durch ein Vollstreckungsverbot gelöst werden.[178] Eine Untersagung der Vollstreckung ohne zeitliche Begrenzung kommt nur in ganz seltenen Ausnahmefällen in Betracht.[179] Erscheinen mehrere Maßnahmen möglich, um die besondere Härte für den Schuldner abzumildern oder von ihm abzuwenden, muss das Gericht sich für diejenige entscheiden, die den Gläubiger am wenigsten belastet.

10. Rechtskraft

45 Der Beschluss erwächst, wenn keine Rechtsmittel mehr gegen ihn möglich sind (siehe insoweit unten Rn. 46), in formelle Rechtskraft (Abs. 5), er ist aber auch hinsichtlich der Gründe, die er beschieden hat, der materiellen Rechtskraft fähig.[180] Dies bedeutet, dass derselbe Antrag nicht aus den bereits beschiedenen Gründen, falls er nicht erfolgreich war, wiederholt werden kann. Ein solcher Antrag wäre unzulässig.[181] Dagegen steht die materielle Rechtskraft eines ersten erfolglosen Vollstreckungsschutzverfahrens, einem weiteren Vollstreckungsschutzverfahren nach § 765a nicht entgegen, wenn es auf neue Tatsachen gestützt ist, gleichgültig, ob diese schon früher geltend gemacht werden konnten.[182] Dies ist jedoch bei der Abwägung der Gläubiger- und Schuldnerinteressen zu berücksichtigen.

VII. Rechtsmittel

46 Gegen den Beschluss des Rechtspflegers, durch den dem Antrag stattgegeben wurde, kann der **Gläubiger** sofortige Beschwerde nach § 793 Abs. 1 i. V. m. § 11 Abs. 1 RPflG einlegen; den gleichen Rechtsbehelf hat der **Schuldner** gegen einen Beschluss, durch den sein Antrag zurückgewiesen wurde. Das Beschwerdegericht kann, wenn es den Antrag des Schuldners für begründet erachtet, selbst über den Vollstreckungsschutz entscheiden und dieselben Schutzmaßnahmen anordnen, die auch das Vollstreckungsgericht veranlassen könnte.[183] Eine Zurückweisung des (vom Vollstreckungsgericht stattgegebenen) Vollstreckungsschutzantrages durch das Beschwerdegericht darf nicht allein mit der Begründung erfolgen, das die Suizidgefahr bestätigende ärztliche Gutachten liege schon

---

173 BGH, NJW-RR 2010, 232; bestätigt von BVerfG, Rpfleger 2010, 383 f.
174 BVerfG, Rpfleger 2005, 614, 616.
175 BVerfG, Rpfleger 2005, 614, 616; BGH, DGVZ 2010, 149, 150; NJW 2009, 78, 80; OLG Jena, NJW-RR 2000, 1251, 1252.
176 LG Mönchengladbach, Rpfleger 2006, 332, 333.
177 BGH, NJW 2014, 2288, 2290.
178 BGH, DGVZ 2010, 149, 150.
179 Dazu BVerfG, Rpfleger 2005, 614, 616; Rpfleger 1992, 259; NJW 1998, 295. Zur Notwendigkeit einer zeitlichen Befristung siehe z. B. BGH, NJW-RR 2015, 393, 394; OLG Jena, NJW-RR 2000, 1251, 1252.
180 LG Traunstein, MDR 1962, 580; *Gaul/Schilken/Becker-Eberhard*, § 43 Rn. 54; **a. A.** *Peters*, ZZP 90 (1977), 145, 153.
181 OLG Hamburg, MDR 1959, 78.
182 OLG Köln, NJW 1993, 2248.
183 Die Möglichkeit, nach § 572 Abs. 3 zurückzuverweisen, wird hierdurch nicht berührt.

einige Zeit zurück.[184] **Dritte**, die durch die Gewährung von Vollstreckungsschutz für den Schuldner indirekt belastet werden (z. B. der Meistbietende, der den Zuschlag wegen § 765a nicht erhält), können gegen die Vollstreckungsschutzentscheidung **nicht** ihrerseits sofortige Beschwerde einlegen, weil die Norm allein auf die Abwägung der Gläubiger- und Schuldnerinteressen abstellt.[185]

Die sofortige Beschwerde ist bei dem Amtsgericht, dessen Rechtspfleger entschieden hat (iudex a quo), oder bei dem Beschwerdegericht einzulegen (§ 569 Abs. 1 Satz 1). Gegen die Entscheidung des Beschwerdegerichts ist nur nach den allgemeinen Regeln des § 574[186] die Rechtsbeschwerde zum BGH zulässig.[187] Hat der Richter an Stelle des Rechtspflegers den Beschluss nach § 765a erlassen, hat die durch die Entscheidung beschwerte Partei den Rechtsbehelf der sofortigen Beschwerde (§ 793). 47

Einstweilige Maßnahmen (oben Rn. 42) können bis zur eigentlichen Vollstreckungsschutzentscheidung mit der befristeten Rechtspflegererinnerung (§ 11 Abs. 2 Satz 1 RPflG) angefochten werden, über die dann abschließend der Richter am Amtsgericht nach § 11 Abs. 2 Satz 3 RPflG entscheidet (also keine Weiterleitung an das Beschwerdegericht).[188] 48

VIII. Aufhebung wegen veränderter Sachlage (Abs. 4)

Ähnlich wie bei § 927 kann der Vollstreckungsschutzbeschluss auch nach Rechtskraft aufgehoben oder abgeändert werden, wenn die **Sachlage** (also nicht nur die Beweislage)[189] sich derart geändert hat, dass eine Reaktion geboten erscheint. Eine veränderte Sachlage liegt auch vor, wenn die im Beschluss noch nicht berücksichtigten Tatsachen zwar vor Erlass des Beschlusses bereits vorlagen, damals aber vom Schuldner noch nicht geltend gemacht werden konnten.[190] Der Aufhebungs- oder Abänderungsbeschluss kann **nur auf Antrag** ergehen. Antragsberechtigt sind der eine (Teil-) Rücknahme des Vollstreckungsschutzes erstrebende Gläubiger und der eine Erweiterung erstrebende Schuldner. Der jeweilige Gegner ist zum Antrag zu hören. Es entscheidet immer das **erstinstanzliche** Vollstreckungsgericht, auch wenn der Vollstreckungsschutzantrag erst auf die Beschwerde hin in zweiter Instanz erlassen worden war.[191] Der Beschluss nach Abs. 4 ist nach denselben Regeln anfechtbar wie der ursprüngliche Beschluss nach Abs. 1 (oben Rn. 43, 46). 49

IX. Eilaufschub durch den Gerichtsvollzieher (Abs. 2)

Wird dem Gerichtsvollzieher, der einen Anspruch auf Herausgabe von Sachen (einschließlich Wohnraum)[192] oder Personen zu vollstrecken hat (§§ 883–885), glaubhaft gemacht, dass die Voraussetzungen des § 765a zugunsten des Schuldners vorliegen **und** dass dem Schuldner die rechtzeitige Anrufung des Vollstreckungsgerichts nicht möglich war, so kann der Gerichtsvollzieher die Vollstreckung bis **längstens eine Woche**[193] hinausschieben. Die Vorschrift ist auf andere Vollstreckungen (insbesondere wegen Geldforderungen) **nicht** entsprechend anwendbar.[194] Wenn allerdings aufgrund der Pfändung und Überweisung einer Forderung gem. § 836 Abs. 3 Urkunden 50

---

184 OLG Köln, Rpfleger 1997, 33.
185 OLG Saarbrücken, OLGZ 1966, 182.
186 I. d. F. des 1. Justizmodernisierungsgesetzes vom 24.8.2004 (BGBl. I, S. 1887).
187 OLG Karlsruhe, WuM 1956, 966.
188 *Gaul/Schilken/Becker-Eberhard*, § 43 Rn. 47; a. A. (kein Rechtsmittel) OLG Celle, MDR 1968, 333.
189 Ebenso *Baumbach/Lauterbach/Hartmann*, § 765a Rn. 43.
190 *Brox/Walker*, Rn. 1490; MüKo/*Heßler*, § 765a Rn. 99; *Zöller/Stöber*, 765a Rn. 29.
191 *Donau*, NJW 1954, 1315; *Gaul/Schilken/Becker-Eberhard*, § 43 Rn. 56.
192 LG Mannheim, MDR 1962, 907.
193 Auch in Ausnahmefällen kommt eine Fristverlängerung nicht in Betracht: AG Hameln, ZMR 1972, 285; AG Köln, MDR 1968, 248; AG Wuppertal, DGVZ 1993, 14; *Baumbach/Lauterbach/Hartmann*, § 765a Rn. 41.
194 *Baumbach/Lauterbach/Hartmann*, § 765a Rn. 38; MüKo/*Heßler*, § 765a Rn. 105.

herausgegeben werden müssen, ist § 765a Abs. 2 analog anzuwenden.[195] Der Gerichtsvollzieher hat bei seiner Entscheidung kein freies Ermessen, er ist vielmehr rechtlich gebunden, die Entscheidung nach den gleichen Kriterien zu treffen, die auch für das Vollstreckungsgericht gelten.[196] Auf Erwägungen, die das Vollstreckungsgericht seiner Entscheidung nicht zu Grunde legen könnte (insbesondere materiellrechtliche Erwägungen zum zu vollstreckenden Anspruch), darf auch der Gerichtsvollzieher seine Aufschubsentscheidung nicht stützen. Wird dem Gerichtsvollzieher nach einer Woche nicht die Entscheidung des Vollstreckungsgerichts vorgelegt, **muss** er die Vollstreckung unverzüglich fortsetzen.

X. Kosten des Vollstreckungsschutzantrages

1. Kostenlast

51 Die Kosten des Vollstreckungsschutzantrages und die Entscheidung nach § 765a sind grundsätzlich Kosten der Zwangsvollstreckung, die der Schuldner nach § 788 Abs. 1 zu tragen hat, auch wenn sein Antrag in der Sache erfolgreich war.[197] Es bedarf insoweit keiner ausdrücklichen Kostenentscheidung im Beschluss, wenn sie auch nicht schädlich ist.[198] Will das Gericht aber im Einzelfall von der Möglichkeit des § 788 Abs. 4 Gebrauch machen und dem Gläubiger die Kosten ganz oder teilweise auferlegen,[199] so bedarf es der ausdrücklichen entsprechenden Tenorierung. Nach § 788 Abs. 4 richtet sich die Kostenentscheidung auch dann, wenn die Parteien das Vollstreckungsschutzverfahren übereinstimmend für erledigt erklären.[200]

52 Die Kostenentscheidung für ein erfolgloses Beschwerdeverfahren ergibt sich aus § 97. Bei einer erfolgreichen Beschwerde richtet sich die Kostenentscheidung nach §§ 91 ff.,[201] nicht nach § 788 Abs. 4.[202]

53 Die Verfahren nach § 765a Abs. 1 und Abs. 3 sind gesonderte Verfahren, sodass eine Entscheidung im Ausgangsverfahren, § 788 Abs. 4 anzuwenden, nicht automatisch auch für das Aufhebungsverfahren gilt.

2. Gebühren

54 Jedes neue Verfahren nach § 765a Abs. 1 oder Abs. 3 löst eine neue **Gerichtsgebühr** nach GKG-KV Nr. 2112 in Höhe von 20 Euro aus. Im Beschwerdeverfahren fällt nach GKG-KV Nr. 2121 eine Festgebühr von 30 Euro an, wenn die Beschwerde verworfen oder zurückgewiesen wird.

55 Der **Rechtsanwalt** erhält für jedes neue Verfahren nach § 765a Abs. 1 und Abs. 3, die nach § 18 Nr. 6 RVG besondere Angelegenheiten bilden, eine 0,3-Verfahrensgebühr nach RVG-VV Nr. 3309, die weder durch die allgemeine Vollstreckungsgebühr noch durch die sonstigen im Vollstreckungsverfahren bereits verdienten Gebühren (etwa durch ein Verfahren gem. § 766) mit abgegolten ist.

56 Der für die Rechtsanwaltsgebühren maßgebliche **Gegenstandswert** ist nach dem Interesse des Schuldners an der beantragten Schutzmaßnahme nach billigem Ermessen zu bestimmen (§ 25 Abs. 2 RVG). Das Interesse des Schuldners kann bei einem Räumungsschutzantrag nach der Höhe

---

195 BGH, NJW 2012, 1081, 1083 und 1223, 1224.
196 A.A. (Ermessensentscheidung) *Hanke*, DGVZ 1986, 17 ff.; wie hier *Gaul/Schilken/Becker-Eberhard*, § 43 Rn. 62.
197 OLG Köln, NJW-RR 1995, 1163 f.; LG Berlin, Rpfleger 1991, 219 f.
198 *Brox/Walker*, Rn. 1488.
199 Einzelheiten § 788 Rn. 36.
200 OLG Düsseldorf, NJW-RR 1996, 637.
201 BGH, NJW-RR 1989, 125 (zum erfolgreichen Erinnerungs- und Beschwerdeverfahren); *Baumbach/Lauterbach/Hartmann*, § 788 Rn. 9; *Musielak/Voit/Lackmann*, § 788 Rn. 6; *Stein/Jonas/Münzberg*, § 788 Rn. 58.
202 So aber OLG Karlsruhe, WuM 1986, 147; LG Göttingen, MDR 1956, 360; *Zöller/Stöber*, § 788 Rn. 27.

des für die begehrte Räumungsschutzzeit zu entrichtenden Miet- oder Nutzungsentgelts bemessen werden.[203]

XI. ArbGG, VwGO, AO

§ 765a gilt auch bei der Vollstreckung von arbeitsgerichtlichen Titeln (§§ 62 Abs. 2, 85 Abs. 1 Satz 3 ArbGG) und von Titeln nach § 168 VwGO (§ 167 Abs. 1 VwGO). Für die Vollstreckung zugunsten der öffentlichen Hand gem. § 169 Abs. 1 VwGO verweist § 5 VwVG auf § 258 AO. Danach kann die Vollstreckungsbehörde die Vollstreckung »einstweilen einstellen oder beschränken oder eine Vollstreckungsmaßnahme aufheben«, »soweit im Einzelfall die Vollstreckung unbillig ist«.

57

---

[203] LG Münster, Rpfleger 1996, 166 (noch zu § 57 Abs. 2 Satz 6 BRAGO).

§ 766 Erinnerung gegen Art und Weise der Zwangsvollstreckung

(1) Über Anträge, Einwendungen und Erinnerungen, welche die Art und Weise der Zwangsvollstreckung oder das vom Gerichtsvollzieher bei ihr zu beobachtende Verfahren betreffen, entscheidet das Vollstreckungsgericht. ²Es ist befugt, die im § 732 Abs. 2 bezeichneten Anordnungen zu erlassen.

(2) Dem Vollstreckungsgericht steht auch die Entscheidung zu, wenn ein Gerichtsvollzieher sich weigert, einen Vollstreckungsauftrag zu übernehmen oder eine Vollstreckungshandlung dem Auftrag gemäß auszuführen, oder wenn wegen der von dem Gerichtsvollzieher in Ansatz gebrachten Kosten Erinnerungen erhoben werden.

Übersicht

	Rdn.			Rdn.
I. Anwendungsbereich der Norm	1	3.	Betroffene Dritte	23
1. ArbGG, VwGO, AO	3		a) Inanspruchnahme als Schuldner oder Drittschuldner	24
2. Vollstreckung im Grundbuch	4		b) Nachrangige Gläubiger	24
3. Vollstreckung durch das Prozessgericht	5		c) Verletzung drittschützender Normen	25
4. Abgrenzung zur sofortigen Beschwerde nach § 793	6	4.	Gerichtsvollzieher	26
5. Abgrenzung zur befristeten Rechtspflegererinnerung nach § 11 Abs. 2 RPflG	11	IV.	Der Ablauf des Erinnerungsverfahrens	27
		1.	Antrag	27
6. Vorrang des Widerspruchs gegen die Sofortabnahme der Vermögensauskunft nach § 807 Abs. 2 Satz 1	12	2.	Zuständiges Gericht	28
		3.	Abhilfebefugnis	30
II. Im Erinnerungsverfahren statthafte Einwendungen – allgemein	13	4.	Zeitliche Grenzen	31
		5.	Rechtliches Gehör	33
1. Verfahrensrügen	13	6.	Beweislast	34
2. Einwendungen aus Parteivereinbarungen	15	7.	Zulässigkeit der Erinnerung	36
3. Abgrenzung zur Dienstaufsichtsbeschwerde	17	8.	Begründetheit der Erinnerung	37
		9.	Maßgeblicher Zeitpunkt	39
4. Zwangsmaßnahmen des Gerichtsvollziehers außerhalb der ZPO	18	10.	Tenor der Erinnerungsentscheidung	40
		11.	Kostenentscheidung	43
5. Überprüfung des Kostenansatzes	19	12.	Verkündung und Zustellung	44
III. Erinnerungsbefugnis	20	V.	Rechtsmittel gegen die Entscheidung	45
1. Gläubiger	21	VI.	Rechtskraft der Entscheidung	46
2. Schuldner	22	VII.	Einstweilige Maßnahmen	47

Literatur:
Becker, Die Vollstreckungserinnerung, § 766 ZPO, JuS 2011, 37; *Bischof*, Notwendige Sachentscheidung des Instanzgerichts bei Erinnerung, MDR 1976, 632; *J. Blomeyer*, Die Erinnerungsbefugnis Dritter in der Mobiliarvollstreckung, Diss. München 1966; *Brox/Walker*, Die Vollstreckungserinnerung, JA 1986, 57; *Bürck*, Erinnerung oder Klage bei Nichtbeachtung von Vollstreckungsvereinbarungen durch die Vollstreckungsorgane, ZZP 85 (1972), 391; *Christmann*, Zum Beschwerderecht des Gerichtsvollziehers im Kostenprüfungsverfahren nach § 766 Abs. 2 ZPO, DGVZ 1990, 19; *Garlichs*, Die Befugnis zur Vollstreckungserinnerung bei Testamentsvollstreckung, Rpfleger 1999, 60; *Gaul*, Zulässigkeit und Geltendmachung vertraglicher Vollstreckungsbeschränkungen, JuS 1971, 371; *ders.*, Das Rechtsbehelfssystem der Zwangsvollstreckung – Möglichkeiten und Grenzen einer Vereinfachung, ZZP 85 (1972), 251; *Geißler*, Das System des vollstreckungsinternen Rechtsschutzes, JuS 1986, 280; *ders.*, Meinungsstreit und Kostenfragen um das Beschwerderecht des Gerichtsvollziehers, DGVZ 1990, 105; *ders.*, Zum Beschwerderecht des Gerichtsvollziehers

in der Zwangsvollstreckung, DGVZ 1985, 129; *Hergenröder*, Die Vollstreckungsvereinbarung im System der Zwangsvollstreckung, DGVZ 2013, 145; *Kümmerlein*, Zum Verhältnis von § 11 RPflG zu § 766 ZPO, Rpfleger 1971, 11; *Kunz*, Erinnerung und Beschwerde, 1980; *Lippross*, Das Rechtsbehelfssystem der Zwangsvollstreckung, JA 1979, 9; *Münzberg*, Materielle Einwendungen im Erinnerungsverfahren, DGVZ 1971, 167; *ders.*, Verteilungsverfahren und Erinnerung nach § 766 ZPO, Rpfleger 1986, 252; *Neumüller*, Vollstreckungserinnerung, Vollstreckungsbeschwerde und Rechtspflegererinnerung, 1981; *Peters*, Materielle Rechtskraft der Entscheidungen im Vollstreckungsverfahren, ZZP 90 (1977), 145; *Philipp*, Zulässigkeit und Durchsetzbarkeit von Parteivereinbarungen in der Zwangsvollstreckung, Rpfleger 2010, 456; *K. Schmidt*, Die Vollstreckungserinnerung im Rechtssystem – Dogmatik und Praxis eines »Rechtsbehelfs eigener Art«, JuS 1992, 93; *Weiß*, Beschränkte Erinnerung gegen Eintragungen im Grundbuch, DNotZ 1985, 524; *Wittschier*, Die Vollstreckungserinnerung gem. § 766 ZPO, JuS 1999, 585; *Zeising*, Erinnerung versus sofortige Beschwerde in der Zwangsvollstreckung, Jura 2010, 93.

I. Anwendungsbereich der Norm

§ 766 betrifft Einwendungen (Erinnerungen) gegen **Vollstreckungsmaßnahmen** des Vollstreckungsgerichts (§ 764) und gegen das vom Gerichtsvollzieher im Rahmen der **Vollstreckung nach dem 8. Buch der ZPO** zu beobachtende Verfahren. Das gibt unabhängig davon, ob der durch diese Maßnahmen zu vollstreckende Titel ein Urteil eines Gerichts der ordentlichen Gerichtsbarkeit (einschließlich der Familiengerichtsbarkeit) oder der Arbeitsgerichte, eine auf Normen des Privatrechts oder des öffentlichen Rechts basierende Urkunde usw. ist. 1

Nicht anwendbar ist die Norm demnach im Rahmen von Vollstreckungen durch Vollstreckungsbeamte im Verwaltungsvollstreckungsverfahren,[1] aber auch im Rahmen von Vollstreckungen nach der ZPO durch das Grundbuchamt und das Prozessgericht. Nicht anwendbar ist die Norm ferner, wenn die Einwendungen sich gegen Entscheidungen (als Gegensatz zu Vollstreckungsmaßnahmen) des Vollstreckungsgerichts wenden (§ 793). 2

Einzelheiten:

1. ArbGG, VwGO, AO

§ 766 gilt auch bei der Vollstreckung von arbeitsgerichtlichen Titeln (§§ 62 Abs. 2, 85 Abs. 1 Satz 3 ArbGG).[2] Zuständig ist das Amtsgericht als Vollstreckungsgericht. Gem. § 167 Abs. 1 VwGO ist § 766 ZPO ebenfalls bei der Vollstreckung von Titeln nach § 168 VwGO anwendbar. Zuständig ist gem. § 167 Abs. 1 Satz 2 VwGO das Gericht des ersten Rechtszuges als Vollstreckungsgericht, i. d. R. also das Verwaltungsgericht. Auch soweit die öffentliche Hand aus verwaltungsgerichtlichen Urteilen gegen den Bürger vollstreckt (§ 169 VwGO), ist § 766 auf Rügen, die das Vollstreckungsverfahren betreffen, gemäß § 167 Abs. 1 Satz 1 VwGO entsprechend anwendbar, sodass eine unbefristete Erinnerung an das erstinstanzliche Verwaltungsgericht möglich ist.[3] Soweit dagegen Verwaltungsakte (z. B. Gebührenbescheide) im Verwaltungsvollstreckungsverfahren vollstreckt werden, fehlt es an einer entsprechenden Verweisungsnorm. Rechtsschutz ist hier nur in der Weise möglich, dass der Vollstreckungsakt als Verwaltungsakt seinerseits gem. § 42 VwGO angefochten wird, wenn sich der Widerspruch als nicht erfolgreich erwiesen hat (§§ 68 ff. VwGO).[4] In der Abgabenvollstreckung können Einwendungen gegen die Vollstreckung gem. § 256 AO mit dem Einspruch nach §§ 347 ff. AO geltend gemacht werden.[5] 3

---

[1] Zum umgekehrten Fall, dass der Bürger gegen die öffentliche Hand vollstrecken will, vgl. Einzelheiten § 882a Rn. 5 ff.

[2] GMP/*Germelmann*, ArbGG, § 62 Rn. 73; GWBG/*Benecke*, ArbGG, § 62 Rn. 27; *Schwab/Weth/Walker*, ArbGG, § 62 Rn. 90, § 85 Rn. 38.

[3] OVG Berlin, NJW 1984, 1370; VGH München, NJW 1984, 2484; OVG Münster, NJW 1980, 1709; *Gaul*, JZ 1979, 498; *Kopp/Schenke*, VwGO, § 169 Rn. 2.

[4] BVerwG, NJW 1961, 332 f.; NJW 1978, 335 ff.; *Kopp/Schenke*, VwGO, § 167 Rn. 19c.

[5] Zur Abgrenzung zwischen § 766 und § 347 AO AG Schöneberg, DGVZ 2012, 210. Über den Einspruch entscheidet die Finanzbehörde, die den Verwaltungsakt erlassen hat (§ 367 Abs. 1 Satz 1 AO).

2. Vollstreckung im Grundbuch

4   Soweit das Grundbuchamt als Vollstreckungsorgan tätig ist (Eintragung einer Zwangshypothek gem. §§ 867, 868, aber auch einer Vormerkung oder eines Widerspruchs nach § 895), ist die Beschwerde nach §§ 71 ff. GBO (auch wenn – wie in der Regel – der Rechtspfleger tätig war; vgl. § 11 Abs. 1 RPflG) der speziellere Rechtsbehelf, der an die Stelle des § 766 tritt.[6] Trotz des Doppelcharakters der vorgenannten Eintragungen als Vollstreckungsmaßnahme und als Akt des Grundbuchwesens werden allein die grundbuchrechtlichen Rechtsbehelfe den Sicherheitsanforderungen gerecht, die für das Grundbuch gelten müssen.

3. Vollstreckung durch das Prozessgericht

5   Vollstreckungsmaßnahmen des Prozessgerichts (§§ 887–890) können nur mit der sofortigen Beschwerde gem. § 793, **nie** mit der Erinnerung nach § 766 angefochten werden.[7] Dies gilt auch dann, wenn dem Schuldner unter Verletzung des § 891 kein rechtliches Gehör gewährt wurde.[8] Das hat seinen Grund zum einen darin, dass diese Vollstreckungsmaßnahmen immer »Entscheidungen« i. S. § 793 sind, da das Gericht in allen Fällen einen großen Spielraum hat, die ganz individuelle Situation der beteiligten Parteien zu berücksichtigen. Zum anderen ist für diese Entscheidungen meist eine erheblich intimere Kenntnis des Titels und des ihm zu Grunde liegenden Rechtsgebiets erforderlich, die vom Vollstreckungsgericht nicht verlangt werden kann. Seine Einschaltung wäre deshalb auch nicht sachgerecht.

4. Abgrenzung zur sofortigen Beschwerde nach § 793

6   Im Hinblick auf § 793 ist, soweit die Einwendungen sich gegen »die Art und Weise der Zwangsvollstreckung« durch das **Vollstreckungsgericht** richten, weiter zu differenzieren, ob eine **Entscheidung** des Vollstreckungsgerichts angegriffen werden soll oder **Vollstreckungsmaßnahmen** (Vollstreckungshandlungen) des Vollstreckungsgerichts.[9] Die Unterscheidung kann nicht danach vorgenommen werden, wer im Einzelfall für das Vollstreckungsgericht tätig war, der Richter oder der Rechtspfleger.[10] Denn die Unterscheidung in der ZPO zwischen § 766 und § 793 ist älter als die Übertragung der wesentlichen Aufgaben des Vollstreckungsgerichts auf den Rechtspfleger durch § 20 Nr. 17 RPflG. Das Gesetz ging von Anfang an davon aus, dass der Vollstreckungsrichter nicht nur Entscheidungen trifft, sondern auch Vollstreckungshandlungen vornimmt.

7   Entscheidend für die Einordnung gerichtlicher Maßnahmen als Vollstreckungsmaßnahme oder Entscheidung kann auch nicht die Bezeichnung (z. B. Beschluss oder Verfügung) sein, die der Richter (Rechtspfleger) ihnen gegeben hat. Ebenso wenig ist der inhaltliche Gegenstand (z. B. Pfändungs- und Überweisungsbeschluss oder Eröffnung des Zwangsversteigerungsverfahrens) maßgebend. Es sind durchaus »Entscheidungen« möglich, die einen Vollstreckungsakt zum Gegenstand haben.[11] Ausschlaggebender Gesichtspunkt ist vielmehr, dass die Abgrenzung zwischen Entscheidung und

---

[6] Vgl. zu § 11 RPflG a. F. BayObLG, Rpfleger 1976, 66; Rpfleger 1982, 98; OLG Frankfurt, Rpfleger 1981, 312; OLG Köln, OLGZ 1967, 499; OLG Stuttgart, WM 1985, 1371; LG Essen, Rpfleger 1975, 315; *Kunz*, Erinnerung und Beschwerde, S. 12. *Baumbach/Lauterbach/Hartmann*, § 867 Rn. 24 sehen dagegen sowohl die sofortige Beschwerde nach § 793 als auch die Beschwerde nach §§ 71 ff. GBO als zulässig an; beim Zusammentreffen beider Rechtsbehelfe sei die grundbuchmäßige Beschwerde als der umfassendere Rechtsbehelf zulässig.
[7] Ganz h. M.; vgl. *Gaul/Schilken/Becker-Eberhard*, § 37 Rn. 37 mit zahlreichen Nachweisen.
[8] A. A. (§ 766): *Blomeyer*, VollstrR, § 31 II 3.
[9] BGH, ZIP 2004, 1379.
[10] *Bruns/Peters*, § 14 I; *Gaul/Schilken/Becker-Eberhard*, § 37 Rn. 24 f.
[11] Beispiele: KG, Rpfleger 1978, 334; OLG Hamm, KTS 1977, 177 f.; LG Berlin, Rpfleger 1977, 222; LG Bochum, Rpfleger 1977, 178; LG Nürnberg-Fürth, Rpfleger 1977, 32; a. A. (Vollstreckungsakte des Vollstreckungsgerichts könnten nicht »Entscheidungen« sein) *Baur/Stürner/Bruns*, Rn. 43.4; *Neumüller*, Vollstreckungserinnerung, Vollstreckungsbeschwerde und Rechtspflegererinnerung, S. 91 ff.

Maßnahme kein Selbstzweck ist. Sie hängt vielmehr damit zusammen, dass über eine Erinnerung erneut das Vollstreckungsgericht, über eine sofortige Beschwerde dagegen das nächsthöhere Gericht entscheidet. Eine Selbstüberprüfung durch das Vollstreckungsgericht ist nur dann sinnvoll, wenn derjenige, der die Erinnerung einlegt, erstmals angehört wird und daher Argumente zur Sprache bringen kann, die bei Erlass des angegriffenen Beschlusses noch nicht berücksichtigt werden konnten.[12] Dagegen ist eine Überprüfung nach § 793 durch die nächsthöhere Instanz sachgerecht, wenn die vom Beschwerdeführer vorgetragenen Gesichtspunkte schon vom Vollstreckungsgericht berücksichtigt werden konnten, sodass eine wiederholte Befassung des Vollstreckungsgerichts mit der Sache kaum zu einer anderen Entscheidung führt. Deshalb liegt eine vom nächsthöheren Gericht nach § 793 zu überprüfende Entscheidung vor, wenn das Gericht nach Anhörung des Schuldners die konkreten widerstreitenden Interessen des Schuldners und des Gläubigers abgewogen und erst dann über den Antrag des Gläubigers erkannt hat.[13]

Eine Entscheidung liegt ebenfalls vor, wenn das Vollstreckungsgericht den Vollstreckungsantrag des Gläubigers abweist,[14] und zwar auch dann, wenn der Schuldner vorher nicht angehört wurde. Hier hat zwar keine Abwägung widerstreitender Interessen stattgefunden; aber die Argumente des allein beschwerten Gläubigers wurden vom Vollstreckungsgericht bereits berücksichtigt, sodass es sachgerecht ist, wenn er sich sogleich nach § 793 an das nächsthöhere Gericht wenden muss. 8

Eine bloße Vollstreckungsmaßnahme ist dagegen anzunehmen, wenn **gegen den Schuldner** staatlicher Zwang ausgeübt wurde, ohne dass er vorher angehört wurde.[15] Mit seinen Argumenten hat sich das Vollstreckungsgericht nämlich bei Erlass des Beschlusses noch nicht befasst, sodass es sinnvoll ist, wenn es gem. § 766 seinen eigenen Beschluss – jetzt unter Berücksichtigung des Schuldnervorbringens – überprüft. Typische Beispiele für solche Vollstreckungsmaßnahmen sind der Pfändungs- und Überweisungsbeschluss[16] und der Beschluss, das Zwangsversteigerungsverfahren zu eröffnen. Eine Abhilfe durch das Vollstreckungsgericht wäre zwar auch im Rahmen des Beschwerdeverfahrens möglich (§ 572 Abs. 1),[17] aber im Fall der Beschwerdeeinlegung beim judex ad quem (zu dieser Möglichkeit § 569 Abs. 1 Satz 1) nur auf dem Umweg über das Beschwerdegericht, das die Sache erst dem Vollstreckungsgericht zur Abhilfeprüfung zuleiten müsste. Im Übrigen ändert die Abhilfemöglichkeit des § 572 Abs. 1 nichts daran, dass es bei den Beschlüssen des Vollstreckungsgerichts ohne Anhörung des Schuldners nicht um eine Entscheidung i. S. d. § 793 geht. Einzelheiten, welche der gegen den Schuldner gerichteten gesetzlichen Tätigkeiten des Vollstreckungsgerichts im Rahmen des 8. Buches der ZPO und des ZVG als Vollstreckungshandlungen bzw. Entscheidungen einzuordnen sind, siehe jeweils bei den entsprechenden Vorschriften. Aus den genannten Gründen kommt eine Erinnerung nach § 766 auch dann in Betracht, wenn eine notwendige Anhörung des Schuldners fälschlicherweise unterblieben ist; denn auch in diesem Fall 9

---

12 *Brox/Walker*, Rn. 1181.
13 Wie hier: OLG Bamberg, JurBüro 1978, 605; KG, MDR 1954, 690; OLG Frankfurt, JurBüro 1992, 568; OLG Köln, Rpfleger 1991, 360 f.; OLG Stuttgart, JR 1956, 379; LG Bonn, DB 1979, 94; LG Düsseldorf, Rpfleger 1990, 376; LG Frankenthal, Rpfleger 1982, 231; sowie die in Rn. 8 genannte Rechtsprechung; *Blomeyer*, § 32 II 2; *Brox/Walker*, Rn. 1177 ff.; *Dierck/Morvilius/Vollkommer/Hilzinger*, 2. Kap. Rn. 212; Hk-ZPO/*Kindl*, § 766 Rn. 6; MüKo/*K. Schmidt/Brinkmann*, § 766 Rn. 18 ff.; *Gaul/Schilken/Becker-Eberhard*, § 37 Rn. 25; *Stein/Jonas/Münzberg*, § 766 Rn. 7; *Wieczorek/Schütze/Salzmann*, § 766 Rn. 19.
14 OLG Koblenz, NJW-RR 1986, 679; *Brox/Walker*, Rn. 1182; Hk-ZPO/*Kindl*, § 766 Rn. 6; *Stein/Jonas/Münzberg*, § 766 Rn. 11; *Wieczorek/Schütze/Salzmann*, § 766 Rn. 19.
15 *Brox/Walker*, Rn. 1182; *Dierck/Morvilius/Vollkommer/Hilzinger*, 2. Kap. Rn. 212; *Musielak/Voit/Lackmann*, § 766 Rn. 11 f.; *Stein/Jonas/Münzberg*, § 766 Rn. 3; *Zöller/Stöber*, § 766 Rn. 2.
16 Zur Einordnung des Pfändungs- und Überweisungsbeschlusses, der gem. § 834 ohne vorherige Anhörung des Schuldners ergangen ist, als Vollstreckungsmaßnahme siehe z. B. OLG Köln, NJW-RR 2001, 69.
17 Darauf abstellend *Wieser*, ZZP 115 (2002), 157 ff., der deshalb gegen Beschlüsse des Vollstreckungsgerichts immer die sofortige Beschwerde für statthaft hält.

hat sich das Vollstreckungsgericht bisher noch nicht mit den Argumenten des Schuldners befasst.[18] Zusammengefasst kommt es für die Einordnung einer vollstreckungsgerichtlichen Tätigkeit als Vollstreckungsmaßnahme oder als Entscheidung im Vollstreckungsverfahren in der Regel darauf an, ob derjenige, der den Rechtsbehelf einlegt, in diesem Verfahren erstmals angehört wird. Eine Vollstreckungsmaßnahme kann dabei nur dann vorliegen, wenn Adressat der vorausgegangenen Tätigkeit der nicht angehörte Schuldner war.

10 Ebenfalls nicht statthaft ist die Vollstreckungserinnerung gegen Beschlüsse des Richters beim Amtsgericht nach § 758a. Das gilt hier ausnahmsweise auch dann, wenn die beantragte Erlaubnis oder Durchsuchungsanordnung ohne Anhörung des Schuldners erlassen worden ist;[19] denn der Richter muss die Belange des Schuldners bei Entscheidungen nach § 758a ohnehin von Amts wegen berücksichtigen, weil dadurch die Grundrechte des Schuldners aus Art. 13 und 2 Abs. 1 GG berührt werden.[20] Statthafter Rechtsbehelf ist in diesen Fällen immer die sofortige Beschwerde nach § 793 Abs. 1 an die nächsthöhere Instanz.[21]

5. Abgrenzung zur befristeten Rechtspflegererinnerung nach § 11 Abs. 2 RPflG

11 Die Vollstreckungserinnerung und die befristete Rechtspflegererinnerung schließen sich gegenseitig aus. Gegen **Vollstreckungsmaßnahmen** des Vollstreckungsgerichts ist unabhängig davon, ob der Rechtspfleger (Regelfall, § 20 Nr. 17 RPflG) oder ausnahmsweise der Richter tätig wurde, § 766 der speziellere Rechtsbehelf.[22] Die Rechtspflegererinnerung nach § 11 Abs. 2 RPflG ist demgegenüber nur gegen **Entscheidungen** des Rechtspflegers statthaft, und zwar nur dann, wenn gegen eine entsprechende Entscheidung durch einen Richter kein Rechtsmittel gegeben wäre. Falls eine Entscheidung des Richters mit der sofortigen Beschwerde anfechtbar wäre, ist diese auch gegen die Entscheidung des Rechtspflegers gegeben (§ 11 Abs. 1 RPflG); dann sind sowohl die Vollstreckungserinnerung als auch die Rechtspflegererinnerung ausgeschlossen.

6. Vorrang des Widerspruchs gegen die Sofortabnahme der Vermögensauskunft nach § 807 Abs. 2 Satz 1

12 Einer sofortigen Abnahme der Vermögensauskunft nach § 807 Abs. 1 kann der Schuldner gem. § 807 Abs. 2 Satz 1 widersprechen. Der Gerichtsvollzieher hat sein Verfahren unmittelbar nach dem Widerspruch zu richten, und die Einschaltung eines Richters ist nicht erforderlich. Durch diese Widerspruchsmöglichkeit wird die Vollstreckungserinnerung verdrängt. In § 802f, der das reguläre Verfahren zur Abnahme der Vermögensauskunft regelt, ist dagegen ein Widerspruch nicht vorgesehen, sodass der Schuldner sich gegen seine grundsätzliche Pflicht zur Vermögensauskunft mit der Vollstreckungserinnerung nach § 766 wehren kann.

II. Im Erinnerungsverfahren statthafte Einwendungen – allgemein

1. Verfahrensrügen

13 Im Erinnerungsverfahren sind grundsätzlich nur Einwendungen statthaft, die die Ordnungsgemäßheit und Rechtmäßigkeit des von den Vollstreckungsorganen bei der Zwangsvollstreckung zu beobachtenden Verfahrens betreffen. Ein Verfahrensmangel liegt z. B. vor, wenn das Vollstreckungsorgan

---

18 LG Braunschweig, MDR 1955, 748; LG Frankfurt, Rpfleger 1984, 472; *Brox/Walker*, Rn. 1182; MüKo/*K. Schmidt/Brinkmann*, § 766 Rn. 17; *Wieczorek/Schütze/Salzmann*, § 766 Rn. 20; einschränkend: *Stein/Jonas/Münzberg*, § 766 Rn. 8.
19 OLG Saarbrücken, Rpfleger 1993, 146; *Brox/Walker*, Rn. 1184; a. A. KG, NJW 1986, 1180, 1181; *Wieser*, Rpfleger 1988, 293, 297.
20 OLG Hamm, NJW 1984, 1972; OLG Koblenz, MDR 1986, 64.
21 OLG Saarbrücken, Rpfleger 1993, 146; *Brox/Walker*, Rn. 1184; *Lackmann*, Rn. 156; *Wieser*, Begriff und Grenzfälle der Zwangsvollstreckung, S. 52 f.
22 *Brox/Walker*, Rn. 1176, 1276.

die Zwangsvollstreckung betreibt, obwohl eine der allgemeinen[23] oder besonderen Vollstreckungsvoraussetzungen fehlt oder ein Vollstreckungshindernis[24] vorliegt. Dazu gehört auch der Einwand, der Tenor des Vollstreckungstitels sei zu unbestimmt.[25] Dagegen können solche Einwendungen nicht mit der Erinnerung geltend gemacht werden, die sich gegen die materielle Berechtigung der Vollstreckung schlechthin oder des konkreten Vollstreckungsaktes wenden. Das Erinnerungsverfahren ist somit unzulässig für Einwendungen gegen den titulierten Anspruch,[26] auch für den Einwand, der Anspruch sei sittenwidrig und der Titel sei erschlichen.[27] Materiellrechtliche Einwände dieser Art können grundsätzlich nur mit der Vollstreckungsgegenklage nach § 767 oder allenfalls mit einer auf § 826 BGB gestützten Unterlassungsklage geltend gemacht werden.[28] Das gilt auch für sonstige Einwände, die darauf abzielen, die Vollstreckung sei nach den Vorschriften des materiellen Rechts, etwa zum Verbraucherkredit,[29] unzulässig. Um einen materiellen Einwand handelt es sich auch, wenn der Schuldner sich wegen Erteilung der Restschuldbefreiung (vgl. § 301 InsO) gegen die Vollstreckung wehrt. In diesem Fall liegt nicht etwa ein im Wege der Erinnerung geltend zu machendes Vollstreckungshindernis nach § 775 Nr. 1 vor; vielmehr muss die Vollstreckbarkeit des vor der Restschuldbefreiung ergangenen Titels durch gerichtliche Entscheidung nach § 767 beseitigt werden.[30] Auch der Einwand, es sei ein Insolvenzplanverfahren durchgeführt und alle Gläubiger seien anteilig befriedigt worden, ist materiellrechtlicher Natur und kann nicht nach § 766, sondern nur mit der Vollstreckungsgegenklage nach § 767 geltend gemacht werden.[31] Ebenso unzulässig sind Einwendungen Dritter, die sich materiellrechtlicher Berechtigungen am Gegenstand der Zwangsvollstreckung berühmen.[32] Sie müssen mit der Drittwiderspruchsklage gem. § 771 oder gegebenenfalls mit der Klage nach § 805 geltend gemacht werden. Eine Ausnahme gilt für den Fall der Pfändung trotz evidenten Dritteigentums.[33] Hier kann sich der Dritte statt mit § 771 auch mit der Erinnerung nach § 766 wehren.[34] Gehört die Sache nämlich ganz offensichtlich nicht zu dem der Forderung haftenden Vermögen, muss der Gerichtsvollzieher eine Pfändung unterlassen (vgl. § 71 Abs. 2 GVGA). Schließlich kann die Erinnerung nicht auf solche materiellrechtlichen Einwendungen gestützt werden, die sich gegen eine formell ordnungsgemäße Vollstreckungsklausel richten. Die materielle Richtigkeit der Klausel ist vom Vollstreckungsorgan gar nicht zu prüfen. Derartige Einwände kann der Schuldner mit der Klauselerinnerung nach § 732 geltend machen. Deshalb können etwa die Einwände des Schuldners, die Klausel sei nach §§ 724, 725 vom Urkundsbeamten zu Unrecht ohne die nach § 726 erforderlichen Nachweise erteilt worden[35] oder die Klausel für eine

---

23 Siehe etwa BGH, NJW 1992, 2159f. (Vollstreckungsklausel ist nicht auf den betreibenden Gläubiger umgeschrieben); LG Traunstein, Rpfleger 2004, 366 (fehlende Bestimmtheit des Vollstreckungstitels).
24 Zur Vollstreckungserinnerung bei einem Verstoß gegen das Vollstreckungshindernis des § 89 InsO (bis 31.12.1998 § 14 KO) siehe etwa OLG Frankfurt, ZIP 1995, 1689.
25 BGH, NJW 2013, 2287; NJW-RR 2009, 445.
26 Auch wenn sie unter den Parteien unstreitig sind; h. M.; vgl. beispielhaft BGH, LM Nr. 15 zu § 767 ZPO; OLG Düsseldorf, Rpfleger 1977, 67 und 416; *Gaul/Schilken/Becker-Eberhard*, § 37 Rn. 9; *Stein/Jonas/Münzberg*, § 766 Rn. 28 f.; **a. A.** OLG Köln, OLGZ 1988, 214; AG Melsungen, DGVZ 1971, 69; AG Nienburg, NdsRpfl 1964, 204 und 165, 43. Zum Sonderproblem des Einflusses des Vergleichsverfahrens auf einen titulierten Anspruch OLG Oldenburg, MDR 1954, 747; LG Köln, KTS 1961, 48.
27 Siehe auch Vor §§ 765a–777 Rn. 14 ff.
28 Zu § 826 BGB siehe *Walker*, Festgabe 50 Jahre BGH, 2000, Bd. III, 367. Wegen der Unterlassungsklage siehe Anh. § 767.
29 LG Bielefeld, NJW 1970, 337 (noch zum Abzahlungsgesetz).
30 BGH, NJW 2008, 3640, 3641.
31 Zu einem solchen Fall AG Leipzig, ZIP 2011, 2210, 2211.
32 Zur Unzulässigkeit materiellrechtlicher Einwendungen gegen die Teilungsversteigerung OLG Karlsruhe, FamRZ 1970, 194; OLG Schleswig, Rpfleger 1979, 471; *Gaul/Schilken/Becker-Eberhard*, § 37 Rn. 88; **a. A.** OLG Bremen, FamRZ 1984, 272; OLG Zweibrücken, OLGZ 1976, 455.
33 Ebenso PG/*Scheuch*, § 766 Rn. 7.
34 *Brox/Walker*, Rn. 259.
35 BGH, NJW-RR 2012, 1146 ff.; vgl. auch BGH, NJW-RR 2012, 1148.

notarielle Urkunde sei ohne wirksame Unterwerfungserklärung erteilt worden,[36] im Verfahren nach § 766 nicht berücksichtigt werden.

14 Es ist allerdings zu beachten, dass nicht jede Berufung auf eine Norm des materiellen Rechts einen Einwand schon zum – im Verfahren nach § 766 unzulässigen – materiellrechtlichen Einwand macht. So kann die Berufung des Schuldners auf den rechtskräftigen Abschluss des Scheidungsverfahrens im Rahmen des § 1629 Abs. 3 Satz 1 BGB gegenüber der Vollstreckung eines Titels auf Kindesunterhalt durch den als Prozessstandschafter genannten Elternteil sowohl die Rüge der materiellen Berechtigung beinhalten (nur nach § 767 geltend zu machen) als auch die Rüge, die Prozessführungsbefugnis des Vollstreckenden sei erloschen (insoweit § 766).[37] Der Hinweis, der Titel beruhe eindeutig nur auf § 1361 BGB, die Ehe sei aber rechtskräftig geschieden, beinhaltet nicht nur einen materiellrechtlichen Einwand gegen die Unterhaltsforderung, sondern auch den Einwand der Erschöpfung des Titels durch Zeitablauf (insoweit § 766).[38] Die Berufung eines Hypothekengläubigers auf §§ 1120 ff. BGB im Zusammenhang mit der Pfändung von Grundstückszubehör kann neben dem materiellrechtlichen Einwand (insoweit nur § 771) auch die Rüge der Verletzung des § 865 Abs. 2 (insoweit § 766) beinhalten. Im Zweifelsfalle ist hier anzunehmen, dass nur die mit der Erinnerung zulässigen Einwendungen geltend gemacht werden sollten.

2. Einwendungen aus Parteivereinbarungen

15 Streitig ist, wie Einwendungen aus Parteivereinbarungen, die allein das Vollstreckungsverfahren betreffen (sog. Vollstreckungsverträge),[39] geltend zu machen sind. Das betrifft etwa Vereinbarungen, einen Anspruch nicht oder nicht vor einem bestimmten Zeitpunkt zwangsweise beizutreiben oder nicht in bestimmte Gegenstände zu vollstrecken. Solche Vereinbarungen könnte man mit der Erinnerung nach § 766 geltend machen als Einwendungen, die das bei der Zwangsvollstreckung »zu beobachtende Verfahren betreffen«. Es ist aber auch an eine Klage nach § 767 zu denken, da die Einwendung ihren Grund in einem Vertrag der Parteien und nicht im für alle geltenden Verfahrensrecht hat. Während eine Auffassung[40] solche Einwendungen allein im Verfahren nach § 766 berücksichtigen will, sieht eine andere[41] allein die Klage nach § 767 Abs. 1, und zwar ohne die Einschränkung des § 767 Abs. 2, als statthaft an. Eine dritte Auffassung[42] schließlich sieht beide Möglichkeiten als zulässig an, je nach dem Inhalt der Vereinbarung: die Erinnerung, wenn nur der Verfahrensablauf durch die Vereinbarung betroffen wird, die Vollstreckungsabwehrklage, wenn die Vollstreckbarkeit des Anspruchs schlechthin berührt ist. Diese letztgenannte Auffassung verdient im Ergebnis den Vorzug. Das entscheidende Kriterium für die Abgrenzung zwischen der Vollstreckungserinnerung und der Vollstreckungsgegenklage liegt aber darin, ob der Abschluss und der Inhalt der Vollstreckungsvereinbarung leicht festzustellen und damit dem Vollstreckungsorgan zuzumuten ist.[43] Falls das zu bejahen ist, handelt es sich bei der Vereinbarung um ein vom Voll-

---

36 BGH, NJW 2012, 3518 f.
37 OLG Frankfurt, FamRZ 1983, 1268; **a. A.** (nur § 767 hier möglich) OLG München, FamRZ 1990, 653.
38 OLG Frankfurt, FamRZ 1982, 86; OLG Hamm, FamRZ 1980, 1060; AG Besigheim, FamRZ 1982, 1227 und MDR 1983, 238.
39 Zur Zulässigkeit vollstreckungsausschließender und -beschränkender Vereinbarungen siehe nur BGH, NJW 1968, 700; NJW 1991, 2295, 2296; OLG Köln, NJW-RR 1995, 675; *Brox/Walker*, Rn. 201 f.
40 OLG Hamm, MDR 1977, 675; OLG Karlsruhe, NJW 1974, 2242; *Baur/Stürner/Bruns*, Rn. 10.9; *Bruns/Peters*, § 17 IV; *Emmerich*, ZZP 82 (1969), 413.
41 BGH, NJW 1968, 700; OLG Hamburg, MDR 1972, 335; *A. Blomeyer*, § 34 IV 4; *J. Blomeyer*, ZZP 69 (1976), 495 ff.; *Gaul*, JuS 1971, 349; *Gaul/Schilken/Becker-Eberhard*, § 33 Rn. 54; *Hk-ZV/Sternal*, § 766 Rn. 9.
42 OLG Frankfurt, OLGZ 1981, 112; OLG Karlsruhe, NJW 1974, 2242; LG Bonn, JR 1972, 157; *Bürk*, ZZP 85 (1972), 391 ff.; *Christmann*, DGVZ 1985, 81; *Gerhardt*, § 14 I 1 b; *Hk-ZPO/Kindl*, § 766 Rn. 7; *MüKo/K. Schmidt/Brinkmann*, § 766 Rn. 38 f.; *Musielak/Voit/Lackmann*, § 766 Rn. 7 (mit Einschränkungen); *Stein/Jonas/Münzberg*, § 766 Rn. 23 f.; *Wieczorek/Schütze/Salzmann*, § 766 Rn. 46.
43 *Brox/Walker*, Rn. 204, 1168; wohl ebenso *Musielak/Voit/Lackmann*, § 766 Rn. 7.

streckungsorgan zu beachtendes Vollstreckungshindernis. Wird die Zwangsvollstreckung trotzdem durchgeführt, liegt darin ein Verfahrensfehler, der mit der Erinnerung nach § 766 geltend gemacht werden kann. Falls dagegen der Inhalt oder die Wirksamkeit der Vereinbarung nur durch eine umfangreiche Prüfung (u. U. erst aufgrund einer Beweisaufnahme) festgestellt werden kann, obliegt diese Prüfung nicht dem Vollstreckungsorgan. Die Durchführung der Zwangsvollstreckung ist in einem solchen Fall nicht verfahrensfehlerhaft. Das Vorliegen einer der Vollstreckung entgegenstehenden Vereinbarung muss dann nach § 767 geltend gemacht werden.

Stellt eine schriftliche Vollstreckungsvereinbarung gleichzeitig eine Stundung dar, ist sie selbstverständlich über § 775 Nr. 4 zu beachten. Die Nichtbeachtung dieser Norm wäre ein mit § 766 zu rügender Verfahrensfehler. Ebenso läge ein Verfahrensfehler vor, würde eine vor Titelerlass getroffene Vereinbarung, die zu einer Aufnahme der Vollstreckungsbeschränkung schon in den zu vollstreckenden Tenor gefunden hat, missachtet.[44] Denn hier würde das Vollstreckungsorgan eine Weisung des Titels selbst außer Acht lassen. Der vertragstreue Gläubiger hat es in der Hand, durch entsprechende Einschränkung seines Vollstreckungsauftrages[45] der Vollstreckungsvereinbarung von vornherein Geltung zu verschaffen und sich so die Klage nach § 767 Abs. 1 zu ersparen. Würde das Vollstreckungsorgan eine solche Einschränkung des Vollstreckungsauftrages durch den Gläubiger missachten, wäre dies wieder ein Verfahrensfehler, der mit § 766 gerügt werden könnte.

3. Abgrenzung zur Dienstaufsichtsbeschwerde

Nur Einwendungen, die gerade das **bei der Zwangsvollstreckung** zu beobachtende Verfahren betreffen, nicht aber solche gegen das Verhalten des Vollstreckungsorgans im Übrigen, können Gegenstand der Erinnerung sein. Geht es um die Einhaltung der allgemeinen Dienstpflichten, die jeden Beamten oder Richter treffen (Umgangston, Umgangsformen, Beachtung der Geheimhaltungspflichten und der datenschutzrechtlichen Regelungen), so muss die **Dienstaufsichtsbeschwerde** als Rechtsbehelf gewählt werden.[46] Dabei ist allerdings zu beachten, dass Maßnahmen der Dienstaufsicht nie in den eigentlichen Vollstreckungsablauf eingreifen und dort erworbene Rechte der Beteiligten antasten können.[47]

4. Zwangsmaßnahmen des Gerichtsvollziehers außerhalb der ZPO

Nicht jede Verwertung fremder Sachen durch öffentliche Versteigerung seitens des Gerichtsvollziehers und nicht jede zwangsweise Wegnahme von Sachen (oder Personen) durch den Gerichtsvollzieher ist Zwangsvollstreckung i. S. § 766. So sind Wegnahmen im Rahmen des § 35 Abs. 4 FamFG keine Zwangsvollstreckung im genannten Sinne.[48] Gleiches gilt für öffentliche Versteigerungen im Rahmen der §§ 1235 ff. BGB.[49] In beiden Fällen ist mangels »Zwangsvollstreckung« § 766 **nicht anwendbar**. Das gilt sowohl für den Gläubiger, wenn der Gerichtsvollzieher seine Mitwirkung verweigert, als auch für den Schuldner, dem etwas weggenommen oder dessen Sache versteigert werden soll.

5. Überprüfung des Kostenansatzes

Kraft ausdrücklicher Regelung in Abs. 2 kann neben dem Verfahrensablauf der Vollstreckung auch der Kostenansatz des Gerichtsvollziehers Gegenstand der Erinnerung sein. Beanstandet werden können alle Ansätze, die der Gerichtsvollzieher den Beteiligten in Rechnung gestellt hat.

---

44 BGH, MDR 1975, 747; OLG Düsseldorf, NJW-RR 1987, 640 (zur Berücksichtigung solcher Beschränkungen auch schon im Klauselverfahren).
45 Siehe Einzelheiten hierzu Vor §§ 753–763 Rdn. 7.
46 Zu deren Grenzen: LG München, DGVZ 1974, 157.
47 LG Heidelberg, DGVZ 1982, 119 sowie Vor §§ 753–763 Rdn. 4.
48 BayObLG, WM 1975, 1071; OLG Frankfurt, FamRZ 1980, 1038.
49 LG Mannheim, MDR 1973, 38; siehe hierzu auch §§ 180 ff. GVGA.

III. Erinnerungsbefugnis

20 Die Erinnerung ist kein echtes Rechtsmittel, da sie sich nicht gegen eine Entscheidung inter partes wendet, sondern die Überprüfung eines Verfahrens, also weitgehend tatsächlicher Umstände, erstrebt. Durch diese tatsächlichen Umstände können weit mehr Personen betroffen sein, als nur die unmittelbaren Parteien der Zwangsvollstreckung. Auch ihnen muss Gelegenheit gegeben werden, ihr »Betroffensein« geltend zu machen. Andererseits sind Popularrechtsbehelfe dem Zivilverfahrensrecht fremd. Deshalb müssen für die Erinnerungsbefugnis klare Grenzen gezogen werden.

1. Gläubiger

21 Am einfachsten ist diese Abgrenzung beim Gläubiger. Er kann nur betroffen sein durch die teilweise oder gänzliche Ablehnung seines Vollstreckungsantrages sowie durch den Kostenansatz des Gerichtsvollziehers. Soweit die Ablehnung durch das Vollstreckungsgericht (Rechtspfleger oder Richter) erfolgt, handelt es sich allerdings um »Entscheidungen«, die nicht gem. § 766, sondern mit § 793 (ggf. i. V. m. § 11 Abs. 1 RPflG) anzufechten sind.[50] Es verbleibt somit die gänzliche oder teilweise Ablehnung[51] durch den Gerichtsvollzieher. Sie ist auch in den ersten beiden Alternativen des **Abs. 2** ausdrücklich angesprochen.

2. Schuldner

22 Der Schuldner ist grundsätzlich durch jede gegen ihn gerichtete Vollstreckungsmaßnahme betroffen, aber auch durch die Ablehnung der Zwangsvollstreckung mangels Erfolgsaussicht (Unpfändbarkeitsbescheinigung).[52] Er kann deshalb die Verletzung aller Verfahrensnormen während der gegen ihn gerichteten Vollstreckung rügen, wenn diese Normen nicht ausnahmsweise **ausschließlich dem Schutz Dritter** dienen. Letzteres ist nur bei § 772 Satz 1[53] sowie bei § 809 (Pfändung beim **nicht zur Herausgabe bereiten Dritten**)[54] der Fall. Wenn der Schuldner sich darauf beruft, eine Sache in seinem Gewahrsam unterliege dem Vermieterpfandrecht und dürfe deshalb nicht im Wege der Herausgabevollstreckung weggenommen werden, ist er dafür weder erinnerungsbefugt[55] noch macht er überhaupt einen für die Statthaftigkeit der Erinnerung erforderlichen Verfahrensfehler geltend.

3. Betroffene Dritte

23 Dritte können in vielfacher Hinsicht durch eine Zwangsvollstreckungsmaßnahme betroffen sein:

a) Inanspruchnahme als Schuldner oder Drittschuldner

Werden sie **als Schuldner** in Anspruch genommen, obwohl der Titel sich gar nicht gegen sie richtet, so können sie nicht nur das Fehlen des Titels als Voraussetzung der Zwangsvollstreckung rügen,

---

50 Siehe oben Rn. 5; a. A. LG Koblenz, BB 1977, 1070 und MDR 1979, 844 (zu § 11 RPflG a. F.).
51 Eine teilweise Ablehnung liegt auch in der Erteilung einer Unpfändbarkeitsbescheinigung, deren Berechtigung der Gläubiger anzweifelt.
52 LG Hamburg, MDR 1964, 1012.
53 Wie hier OLG Hamburg, MDR 1966, 515; *Brox/Walker*, Rn. 1426; *Gaul/Schilken/Becker-Eberhard*, § 41 Rn. 123; *Stein/Jonas/Münzberg*, § 772 Rn. 10; **a. A.** (auch der Schuldner sei erinnerungsbefugt) *Baumbach/Lauterbach/Hartmann*, § 772 Rn. 6; *MüKo/K. Schmidt/Brinkmann*, § 772 Rn. 19; *Musielak/Voit/Lackmann*, § 772 Rn. 3; *Thomas/Putzo/Seiler*, § 772 Rn. 5; *Zöller/Herget*, § 772 Rn. 3; **noch anders** *Wieczorek/Schütze/Salzmann*, § 772 Rn. 7 (auch der Dritte sei nicht erinnerungsbefugt).
54 *Brox/Walker*, Rn. 1196; *MüKo/K. Schmidt/Brinkmann*, § 766 Rn. 28; *Gaul/Schilken/Becker-Eberhard*, § 37 Rn. 42; *Schilken*, DGVZ 1986, 145 ff.; a. M. wohl *Wieczorek/Schütze/Salzmann*, § 766 Rn. 43.
55 So in der Sache BGH, NJW-RR 2010, 281, der allerdings das Rechtsschutzbedürfnis des Schuldners verneint.

sondern auch alle anderen Verfahrensfehler, auf die ein Schuldner sich berufen könnte.[56] Das können bei der Räumungsvollstreckung z. B. im Titel nicht genannte Dritte sein, die ihren Mitbesitz geltend machen wollen. Ebenfalls in vollem Umfange wie der Schuldner erinnerungsbefugt sind diejenigen, die die Zwangsvollstreckung kraft gesetzlicher Vorschrift (§§ 740 Abs. 1, 741, 745 Abs. 1, 748 Abs. 1) **wie der Schuldner dulden müssen**, ohne mit der Drittwiderspruchsklage die Inanspruchnahme ihres Vermögens geltend machen zu können, obwohl der Titel sich nicht unmittelbar gegen sie richtet.[57] Schließlich ist auch der **Drittschuldner** in vollem Umfange hinsichtlich aller Verfahrensnormen erinnerungsbefugt:[58] Er wird durch die Pfändung der Forderung in gleicher Weise beeinträchtigt wie der Schuldner, obwohl er ja keine Veranlassung zur Zwangsvollstreckung gegeben hat. Deshalb muss er diese Beeinträchtigungen nur hinnehmen, wenn sie zwangsläufige Folge eines ordnungsgemäßen Vollstreckungsverfahrens sind.

b) Nachrangige Gläubiger

Solche Gläubiger, die durch die Aufhebung einer Vollstreckungsmaßnahme ihrerseits einen besseren Rang am Gegenstand der Vollstreckung erwerben würden, können alle Verfahrensfehler rügen, die zur Aufhebung der Beschlagnahme des Gegenstandes und zu ihrem Nachrücken führen können,[59] nicht aber solche, die nur Randerscheinungen des Vollstreckungsablaufes betreffen (etwa §§ 808 Abs. 2 Satz 1, 762, 763), die Pfändung selbst aber nicht berühren[60] oder ihnen auch selbst kein Pfandrecht verschaffen können.[61]

24

c) Verletzung drittschützender Normen

Darüber hinaus können Dritte die Verletzung **einzelner Verfahrensvorschriften**, die entweder gerade zu ihrem Schutz bestimmt sind (Beispiele: §§ 772 Abs. 1 Satz 1, 809 ZPO, 89 InsO) oder in deren Schutz sie jedenfalls neben dem Schuldner nach dem ausdrücklichen Gesetzeszweck miteinbezogen wurden (Beispiele: §§ 811 Abs. 1 Nr. 1, 2, 5, 10; 850 c Abs. 1; 865 Abs. 2) mit der Erinnerung rügen, soweit sie im Einzelfall durch die konkrete Vollstreckungsmaßnahme betroffen sind.[62] So kann der am Vollstreckungsverfahren nicht beteiligte vorrangige Unterhaltsgläubiger den nach § 7 Abs. 3 Satz 2 UVG bestehenden Vorrang seines Unterhaltsanspruchs im Vollstreckungsverfahren mit der Erinnerung nach § 766 geltend machen.[63] Ein faktisches Betroffensein durch die Zwangsvollstreckung genügt aber nicht, wenn der Dritte außerhalb des Schutzbereiches der verletzten Verfahrensnorm steht. So kann etwa der Gast nicht die Unpfändbarkeit von Hausrat geltend machen, auch wenn sein Aufenthalt bei dem Schuldner sich künftig weniger komfortabel gestaltet. Das Sozialamt einer Gemeinde kann nicht mit § 766 die Unpfändbarkeit einer Forde-

25

---

56 OLG Köln, JurBüro 1992, 702; *J. Blomeyer*, Die Erinnerungsbefugnis Dritter in der Mobiliarvollstreckung, S. 57 ff.; *Brox/Walker*, Rn. 1199; *Gaul/Schilken/Becker-Eberhard*, § 37 Rn. 46 f.
57 *J. Blomeyer*, a. a. O., S. 75 f.; MüKo/*K. Schmidt/Brinkmann*, § 766 Rn. 30; *Stein/Jonas/Münzberg*, § 766 Rn. 25.
58 BGHZ 69, 144; KG, MDR 1963, 853; Rpfleger 1976, 144; OLG Düsseldorf, VersR 1967, 750; OLG Hamburg, MDR 1954, 685; OLG Hamm, Rpfleger 1977, 109; OLG München, JurBüro 1982, 1417; *J. Blomeyer*, a. a. O., S. 69 ff.; *Brox/Walker*, Rn. 1200; *Musielak/Voit/Lackmann*, § 766 Rn. 19; *Gaul/Schilken/Becker-Eberhard*, § 37 Rn. 49; *Wieczorek/Schütze/Salzmann*, § 766 Rn. 50. Für den Drittschuldner ist die Möglichkeit der Erinnerung auch der einfachere und billigere Weg gegenüber einer Klage auf Feststellung, dass die Zwangsvollstreckung unwirksam sei, sodass für eine solche Klage das Rechtsschutzinteresse fehlt (BGHZ 69, 144 ff.).
59 BGH, NJW-RR 1989, 636.
60 Weitergehend (alle Verfahrensrügen): *Brox/Walker*, Rn. 1201; *Gaul/Schilken/Becker-Eberhard*, § 37 Rn. 50; *Wieczorek/Schütze/Salzmann*, § 766 Rn. 50.
61 Z. B. weil die nicht beachtete Unpfändbarkeit des Rechts auch ihnen gegenüber gelten würde; *Stein/Jonas/ Münzberg*, § 766 Rn. 35.
62 OLG Hamm, OLGZ 1984, 368; LG Berlin, MDR 1962, 62 und Rpfleger 1978, 268.
63 BGH, DGVZ 2015, 13, 16.

rung einwenden, auch wenn der Schuldner nach der Pfändung auf Sozialhilfe angewiesen ist.[64] Ein betroffener Dritter kann sich im Wege der Erinnerung **nicht auf materielle Vorschriften** (z. B. der Vermieter des Schuldners auf sein Vermieterpfandrecht)[65] berufen. Dafür stehen ihm die Klagen nach § 771 und nach § 805 zu.

4. Gerichtsvollzieher

26 Nicht als Dritter, sondern als Organ der Zwangsvollstreckung ist der Gerichtsvollzieher am Vollstreckungsverfahren beteiligt. Er ist deshalb auch grundsätzlich nicht erinnerungsbefugt, wenn er Weisungen des Vollstreckungsgerichts, die ihm etwa im Rahmen einer Entscheidung nach § 766 erteilt werden, für unzutreffend hält.[66] Das gilt auch dann, wenn sein Gebühreninteresse durch eine Entscheidung nach § 766 Abs. 2 unmittelbar betroffen ist.[67] Der Gerichtsvollzieher hat diese Entscheidungen als für ihn bindend hinzunehmen, so wie etwa ein Instanzgericht die zurückverweisende Entscheidung des übergeordneten Gerichts auch dann hinnehmen muss, wenn es dessen Rechtsmeinung nicht teilt. Dem Gerichtsvollzieher wird damit nichts Ungewöhnliches zugemutet. Soweit es um den Gebührenansatz geht, ist unmittelbarer Gläubiger der Staat, dessen Gebühreninteresse der Richter schon bei der Entscheidung nach § 766 Abs. 2 berücksichtigt hat. Es ist nicht Aufgabe des Gerichtsvollziehers, »Anwalt des Staates« gegen den Vollstreckungsrichter zu sein.[68]

IV. Der Ablauf des Erinnerungsverfahrens

1. Antrag

27 Die Erinnerung setzt einen Antrag an das Gericht voraus, der keiner besonderen Form bedarf. Er kann also sowohl schriftlich als auch zu Protokoll der Geschäftsstelle gestellt werden und braucht den Terminus »Erinnerung« nicht zu enthalten. Es genügt, dass er erkennen lässt, dass Einwendungen der oben unter II beschriebenen Art erhoben werden sollen. Das Gericht muss die Eingaben notfalls interessengerecht auslegen.[69] Eine Eingabe an den Gerichtsvollzieher ist zunächst noch keine Erinnerung. Er sollte deshalb nachfragen, ob er die Eingabe dem Gericht vorlegen soll, ehe er u. U. nicht gewollte weitere Kosten[70] verursacht.

2. Zuständiges Gericht

28 Zuständig zur Entscheidung ist das Vollstreckungsgericht. Das ist gem. § 764 Abs. 2 das **Amtsgericht**, in dessen Bezirk die Vollstreckung stattgefunden hat oder stattfinden soll.[71] Seine Zuständigkeit ist eine ausschließliche (§ 802). Wurde die angegriffene Vollstreckungsmaßnahme allerdings erst (ohne dass der Schuldner zuvor gehört wurde) vom **Beschwerdegericht** erlassen, ist dieses

---

64 LG Koblenz, MDR 1982, 503.
65 Dazu BGH, NJW-RR 2010, 281 f.
66 Wie hier OLG Düsseldorf, NJW 1980, 1111; NJW-RR 1993, 1280; OLG Oldenburg, NdsRpfl 1955, 35; OLG Stuttgart, DGVZ 1979, 58; LG Düsseldorf, DGVZ 1978, 27; NJW 1979, 1990; AG Leipzig, DGVZ 2013, 138; *Brox/Walker*, Rn. 1210; Hk-ZPO/*Kindl*, § 766 Rn. 10; *Musielak/Voit/Lackmann*, § 793 Rn. 4; *Gaul/Schilken/Becker-Eberhard*, § 37 Rn. 54; vgl. ferner Vor §§ 753–763 Rn. 18; **a. A.** OLG Düsseldorf, NJW 1978, 2205; LG Hamburg, DGVZ 1977, 139; LG Osnabrück, DGVZ 1980, 124.
67 LG Frankfurt, DGVZ 1993, 75; LG Koblenz, MDR 1978, 584; LG Lübeck, NJW-RR 2014, 1407 f.; *Brox/Walker*, Rn. 1258, 1210; Hk-ZV/*Sternal*, § 766 Rn. 32; *Zöller/Stöber*, § 766 Rn. 37; **a. A.** insoweit OLG Karlsruhe, DGVZ 1974, 114; AG Leipzig, DGVZ 2013, 138; *Christmann*, DGVZ 1990, 19; *Geißler*, DGVZ 1985, 129; *Gaul/Schilken/Becker-Eberhard*, § 25 Rn. 20 f.; *Wieczorek/Schütze/Salzmann*, § 766 Rn. 57.
68 Vgl. insoweit auch BVerwG, NJW 1983, 896.
69 OLG Düsseldorf, FamRZ 1984, 727.
70 Siehe unten Rdn. 43.
71 Siehe § 764 Rdn. 5.

ausnahmsweise das zur Entscheidung berufene Vollstreckungsgericht.[72] Die Zuständigkeit für die Entscheidung über eine Erinnerung gegen eine Vorpfändung nach § 845,[73] an der noch gar kein Vollstreckungsorgan beteiligt ist, ergibt sich aus § 828 über die Zuständigkeit für die Forderungspfändung. Gem. § 828 Abs. 2 ist also das Amtsgericht als Vollstreckungsgericht zuständig, an dem der Schuldner seinen allgemeinen Gerichtsstand hat.[74] Für die Entscheidung über Erinnerungen gegen Vollstreckungsmaßnahmen des Arrestgerichts (§ 930 Abs. 1 Satz 3) ist das **Arrestgericht** zuständig.[75] Über Erinnerungen des Insolvenzverwalters gegen Maßnahmen, die gegen das Vollstreckungsverbot des § 89 InsO verstoßen, entscheidet kraft der Sonderzuweisung in § 89 Abs. 3 InsO das **Insolvenzgericht** als besonderes Vollstreckungsgericht.[76] Die Insolvenzgerichte sind ferner dann zuständig, wenn das Vollstreckungsorgan unter Berufung auf § 89 Abs. 1, 2 InsO den Erlass der beantragten Vollstreckungsmaßnahme abgelehnt hat.[77] Gleiches gilt aufgrund der Zuweisung in §§ 36 Abs. 4 Satz 1 und 148 Abs. 2 InsO. Analog § 89 Abs. 3 InsO entscheiden die Insolvenzgerichte auch über Erinnerungen, die sich auf die in § 90 Abs. 1 InsO geregelten Vollstreckungsverbote bei Masseverbindlichkeiten beziehen oder darauf gestützt werden, dass die Insolvenz bei Vollstreckungsbeginn schon massearm i. S. v. § 207 InsO gewesen sei und die Pfändungen des Massekontos die Befriedigung in der Rangfolge des § 207 Abs. 3 InsO vereiteln.[78] Umstritten ist, ob analog § 89 Abs. 3 InsO auch dann die Zuständigkeit des Insolvenzgerichts gegeben ist, wenn die Erinnerung darauf gestützt wird, dass im Insolvenzeröffnungsverfahren gegen die Anordnung eines Vollstreckungsverbots nach § 21 Abs. 2 Nr. 3 InsO verstoßen wird.[79]

Entscheidet fälschlicherweise an Stelle des zuständigen Vollstreckungsgerichts das (für Beschwerdeentscheidungen zuständige) übergeordnete Landgericht, so greift nicht § 10 ein.[80] Die Unzuständigkeit stellt insoweit vielmehr einen neuen selbstständigen Beschwerdegrund dar.

3. Abhilfebefugnis

Die Entscheidung des Vollstreckungsgerichts hat der **Richter** zu treffen (§ 20 Ziff. 17 RPflG). Entscheidet statt dessen der funktionell unzuständige Rechtspfleger, hat das Beschwerdegericht die Sache an die erste Instanz zurück zu verweisen, ohne dass es darauf ankommt, ob die Entscheidung sachlich richtig war.[81] Jedoch kann der **Rechtspfleger**, der seine angefochtene Entscheidung nicht aufrechterhalten will, selbst der Erinnerung **abhelfen**.[82] So kann er einen Pfändungs- und Überweisungsbeschluss ganz oder teilweise wieder aufheben.[83] Tut er dies, so liegt in dieser Abhilfeentscheidung gleichzeitig eine Zurückweisung des Vollstreckungsantrages des Gläubigers, die von diesem

---

72 BGH, NJW 2011, 525 mit Anm. *Walker/Petri*, LMK 2010, 311735; OLG Frankfurt, JurBüro 1973, 160; OLG Hamm, MDR 1975, 938; KTS 1970, 228.
73 Dazu § 845 Rdn. 11.
74 OLG Hamm, DGVZ 2012, 13.
75 § 930 Rn. 17; BGH, NJW 1976, 1453; OLG Frankfurt, Rpfleger 1980, 485; OLG Hamm, JurBüro 1960, 451; OLG Karlsruhe, WM 1958, 1289; OLG Stuttgart, Rpfleger 1975, 407; LG Berlin, Rpfleger 1975, 229.
76 BGH, ZIP 2004, 732; NJW-RR 2007, 119.
77 BGH, DGVZ 2008, 24, 25.
78 BGH, NJW-RR 2007, 119 f.
79 Für die Zuständigkeit des Insolvenzgerichts analog § 89 Abs. 3 InsO (aus Gründen der Sachnähe) etwa HK-InsO/*Kirchhof*, § 21 Rn. 42; MüKo-InsO/*Haarmeyer*, § 21 Rn. 75; gegen die analoge Anwendung des § 89 Abs. 3 InsO (mangels planwidriger Regelungslücke) und für die Zuständigkeit des Vollstreckungsgerichts etwa AG Dresden, ZIP 2004, 778, 779.
80 OLG Hamm, Rpfleger 1974, 75.
81 BGH, Rpfleger 2005, 520, 521.
82 OLG Düsseldorf, JZ 1960, 258; OLG Frankfurt, Rpfleger 1979, 111; OLG Koblenz, Rpfleger 1978, 227; LG Bayreuth, JurBüro 1972, 336; LG Bochum, Rpfleger 1971, 409; LG Lübeck, Rpfleger 1974, 76; **a.A.** LG Berlin, Rpfleger 1965 (mit abl. Anm. *Biede*).
83 Gegen eine teilweise Abänderung LG Lüneburg, NdsRpfl 1981, 122.

mit der sofortigen Beschwerde nach § 793 (vgl. § 11 Abs. 1 RPflG) angefochten werden kann.[84] Der **Gerichtsvollzieher** ist nur **beschränkt** zur **Abhilfe** befugt. Er kann in den Fällen des Abs. 2 auf die Erinnerung des Gläubigers hin die zunächst abgelehnte Vollstreckungsmaßnahme doch vornehmen oder seinen Kostenansatz nach unten hin berichtigen.[85] Er kann aber keine Pfändungsmaßnahmen aufheben oder sonst in die vom Gläubiger durch die angefochtene Vollstreckungsmaßnahme einstweilen erworbene Rechtsposition eingreifen.

4. Zeitliche Grenzen

31   Die Erinnerung ist grundsätzlich erst **ab Beginn** der konkreten angefochtenen Vollstreckungsmaßnahme zulässig, nicht aber vorbeugend mit dem Ziel, den Gerichtsvollzieher bei künftigen Vollstreckungen zu einem den Dienstvorschriften entsprechenden Verhalten anzuhalten.[86] Deshalb kann die bloße Ankündigung des Gerichtsvollziehers, er werde demnächst vollstrecken, grundsätzlich noch nicht mit der Erinnerung angegriffen werden.[87] Ausnahmsweise ist die Erinnerung schon gegen eine unmittelbar drohende Vollstreckungsmaßnahme zulässig, wenn bereits mit Beginn der Vollstreckung erheblich in Grundrechte eingegriffen würde (drohende Verhaftung, unmittelbar bevorstehende Zwangsräumung der Wohnung)[88] und ein anderweitiger Rechtsschutz nicht möglich ist.[89] **Nach Beendigung** der Zwangsvollstreckung[90] insgesamt ist die Erinnerung grundsätzlich nicht mehr zulässig, weil dann das mit der Erinnerung verfolgte Ziel nicht mehr erreicht werden kann.[91] Soll nur eine bestimmte Vollstreckungsmaßnahme für unzulässig erklärt werden, fehlt das Rechtsschutzbedürfnis schon vor Beendigung der gesamten Vollstreckung, sofern die angegriffene Maßnahme von dem Vollstreckungsorgan nicht mehr aufgehoben (vgl. §§ 775 Nr. 1, 776), sondern nur durch eine erneute Zwangsvollstreckung gegen den Gläubiger rückgängig gemacht werden kann.[92] Nach Beendigung der einzelnen Zwangsvollstreckungsmaßnahme besteht ein Rechtsschutzinteresse für eine Erinnerung nach § 766 nur, wenn diese Maßnahme noch als Voraussetzung für weitere Vollstreckungsmaßnahmen fortwirkt und der durch die Maßnahme erzielte Erfolg noch tatsächlich rückgängig gemacht werden kann.[93] So ist die Mobiliarpfändung zwar mit der Erteilung einer Unpfändbarkeitsbescheinigung an den auftraggebenden Gläubiger beendet; die Unpfändbarkeitsbescheinigung ist aber Grundlage für die Erteilung weiterer Unpfändbarkeitsbescheinigungen gem. § 32 GVGA. Deshalb kann sie vom Schuldner mit der Erinnerung gem. § 766 angefochten werden.[94] Ist die versteigerte Sache dem Ersteher ausgehändigt und der Erlös dem Gläubiger aus-

---

84 Siehe oben Rn. 6 ff., 11; ferner OLG Koblenz, MDR 1983, 413.
85 *Gaul/Schilken/Becker-Eberhard*, § 37 Rn. 55.
86 OLG Köln, JurBüro 1989, 870; LG Berlin, DGVZ 1991, 9; LG Köln, DGVZ 1972, 154; AG Ahrensburg, SchlHA 1965, 18.
87 KG, DGVZ 1994, 113 f.
88 **A.M.** LG Berlin, DGVZ 2011, 172 mit abl. Anm. der Schriftleitung.
89 KG, ZIP 1983, 497; OLG Hamm, DGVZ 1983, 137; OLG Köln, JurBüro 1992, 702, 703 (Ankündigung des Gerichtsvollziehers, eine Mauer abzureißen).
90 Zu den danach aber noch möglichen materiellrechtlichen Ausgleichsansprüchen siehe Vor §§ 765a–777 Rn. 30 ff.
91 Allgem. Meinung; vgl. beispielhaft BGH, NJW-RR 2010, 785 (zum Rechtsschutzbedürfnis für die sofortige Beschwerde gegen die Erinnerungsentscheidung); OLG Düsseldorf, ZIP 1982, 366; OLG Köln, JMBl. NW 1988, 17; LG Aachen, Rpfleger 1962, 449; LG Düsseldorf, Rpfleger 1982, 112; LG Memmingen, DGVZ 1973, 120; AG Köln, JurBüro 1965, 814; *Dierck/Morvilius/Vollkommer/Hilzinger*, 2. Kap. Rn. 227; *Gaul/Schilken/Becker-Eberhard*, § 37 Rn. 59; HdbZVR/*Keller*, Kap. 1 Rn. 583; Hk-ZV/*Sternal*, § 766 Rn. 25; *Stein/Jonas/Münzberg*, § 766 Rn. 40.
92 BGH, Rpfleger 2005, 207 (Rückgängigmachung einer Besitzeinweisung des Gläubigers im Rahmen einer Räumungsvollstreckung).
93 Vgl. BGH Rpfleger 2005, 207; *Brox/Walker*, Rn. 1191; *Gaul/Schilken/Becker-Eberhard*, § 37 Rn. 59 f.; *Stein/Jonas/Münzberg*, § 766 Rn. 41.
94 OLG Hamburg, MDR 1964, 1012; LG Düsseldorf, DGVZ 1985, 152.

gekehrt worden,⁹⁵ können diese Vollstreckungsergebnisse nicht mehr rückgängig gemacht werden. Das gilt auch dann, wenn gepfändetes Bargeld beim Gläubiger abgeliefert worden ist, wenn der Drittschuldner die gepfändete Forderung an den Gläubiger gezahlt hat oder die Überweisung an Zahlungs Statt wirksam geworden ist, wenn die geräumte Wohnung an den Gläubiger übergeben worden ist. In diesen Fällen könnte eine erfolgreiche Erinnerung auf den Vollstreckungsablauf nicht mehr einwirken.⁹⁶ Sie liefe deshalb auf eine bloße Feststellung hinaus, dass das beendete Vollstreckungsverfahren nicht in Ordnung war. Eine solche Feststellung wäre nutzlos, da ihr auch im Rahmen von Schadensersatzklagen des Schuldners oder eines Dritten keine Bedeutung zukäme.⁹⁷ Hier liegt der Grund für die Unzulässigkeit der Erinnerung nach beendeter Zwangsvollstreckung. Steht der Weg der Erinnerung nach § 766 nicht mehr zur Verfügung, kann die Feststellung der Rechtswidrigkeit einer Maßnahme des Gerichtsvollziehers oder des Vollstreckungsgerichts auch nicht im Verfahren nach den §§ 23 ff. EGGVG erwirkt werden.⁹⁸

Bei der Frage, ob die Zwangsvollstreckung tatsächlich irreversibel beendet ist, darf allerdings nicht allein auf den Vollstreckungserfolg beim Gläubiger abgestellt werden. Für diesen ist die Räumungsvollstreckung mit der Rückerlangung des unmittelbaren Besitzes an der Wohnung beendet. Hat der Gerichtsvollzieher bei der Räumung Maßnahmen nach § 885 Abs. 3 getroffen, so bleiben diese für den Schuldner und gegebenenfalls auch Dritte anfechtbar, bis die ursprünglichen Besitzverhältnisse wiederhergestellt sind.⁹⁹ Umgekehrt kann die Vollstreckung für beteiligte Dritte bereits beendet sein, wenn der Vollstreckungserfolg zugunsten des Gläubigers noch nicht endgültig eingetreten ist. So endet die Möglichkeit, Erinnerung einzulegen, für nachrangige Gläubiger¹⁰⁰ schon, sobald die gesetzlichen Voraussetzungen für die Einleitung eines Verteilungsverfahrens gem. §§ 872 ff. vorliegen,¹⁰¹ wenn auch die Auszahlung an den erfolgreichen Gläubiger erst viel später erfolgt. 32

5. Rechtliches Gehör

Hinsichtlich der mündlichen Verhandlung gilt § 764 Abs. 3: Sie ist nicht notwendig, aber insbesondere da angebracht, wo die Parteien persönlich die Erinnerung eingelegt haben und eine mündliche Anhörung der Parteien zur Aufklärung (§ 139) des möglicherweise unklaren Sachverhalts beitragen kann. Rechtliches Gehör jedenfalls im schriftlichen Verfahren ist immer dann zwingend geboten (Art. 103 Abs. 1 GG), wenn das Gericht der Erinnerung des Schuldners oder eines Dritten stattgeben, die vom Gläubiger bereits erworbene Position also verschlechtern will. Im Rahmen des Erinnerungsverfahrens des Gläubigers gegen die Ablehnung einer beantragten Vollstreckungsmaßnahme ist der Schuldner dagegen nicht notwendig zu hören, wenn die beantragte Zwangsvollstreckungsmaßnahme selbst ohne sein Gehör möglich gewesen wäre (§ 834).¹⁰² 33

6. Beweislast

Der Erinnerungsführer muss im Erinnerungsverfahren die die Erinnerung begründenden Tatsachen beweisen, nicht nur glaubhaft machen.¹⁰³ Deshalb muss der Schuldner oder der durch das verletzte Gesetz geschützte Dritte solche Einwendungen vorbringen und beweisen, die eine Pfändung beschränken oder unzulässig machen.¹⁰⁴ Soweit es dabei um die Rüge geht, das Vollstreckungsorgan 34

---

95 LG Rottweil, DGVZ 1993, 57.
96 LG Aachen, Rpfleger 1962, 449; LG Braunschweig, DGVZ 1975, 154; AG Köln, DGVZ 1978, 30.
97 Einzelheiten: § 767 Rn. 10 und Anh. § 771; vgl. ferner LG Frankfurt, JurBüro 1983, 624.
98 KG, MDR 1982, 155; OLG Frankfurt, ZIP 1983, 497.
99 LG Hamburg, DGVZ 1981, 157.
100 Zu ihrer Erinnerungsbefugnis oben Rdn. 24.
101 OLG Koblenz, DGVZ 1984, 58; LG Koblenz, MDR 1983, 676.
102 KG, NJW 1980, 1341.
103 AG Köln, JurBüro 1965, 240; *Bruns/Peters*, § 14 III; *Gaul/Schilken/Becker-Eberhard*, § 37 Rn. 62; *Stein/Jonas/Münzberg*, § 766 Rn. 42.
104 BGH, DGVZ 2015, 13, 15.

habe die Voraussetzungen der konkreten Vollstreckungsmaßnahme (d. h. die allgemeinen Vollstreckungsvoraussetzungen und die besonderen Voraussetzungen der gewählten Vollstreckungsart) zu Unrecht bejaht oder auch verneint, kann der Erinnerungsführer den Nachweis nur mit den Mitteln führen, die er auch dem Vollstreckungsorgan gegenüber zur Verfügung hätte.[105] Denn der Fehler des Vollstreckungsverfahrens ist dann gerade darin zu sehen, dass trotz ausreichender Nachweise nicht oder ohne hinreichende Nachweise doch vollstreckt wurde. Darf das Vollstreckungsorgan etwa zu einer Frage keine Zeugen vernehmen, kann dies auch das Vollstreckungsgericht im Rahmen des Erinnerungsverfahrens nicht. Kann z. B. der Gerichtsvollzieher anhand des Titels, ihm zusätzlich übergebener Urkunden, gegebenenfalls eingeholter Auskünfte bei der Gemeinde die Identität des angeblichen Schuldners mit der im Titel genannten Person nicht feststellen,[106] so kann das Vollstreckungsgericht zu dieser Frage keine Zeugen vernehmen, da diese Möglichkeit auch für den Gerichtsvollzieher nicht besteht.

35 Darf der Gerichtsvollzieher dem Einwand, eine ihm im Rahmen des § 775 Nr. 4 vorgelegte formell wirksame Quittung sei wegen Irrtums angefochten worden, nicht durch eine Beweisaufnahme klären, kann auch das Vollstreckungsgericht diese Frage nicht aufklären, selbst wenn ihm entsprechende Urkunden, Zeugen usw. präsentiert werden.[107] Rügt der Erinnerungsführer aber den Ablauf der Vollstreckungsmaßnahme, also das, was das Vollstreckungsorgan getan, gesagt, gesehen oder übersehen hat oder haben soll, hat er alle Beweismittel der ZPO zur Verfügung.[108] Das Gericht hat in diesem Fall zusätzlich im Rahmen des Freibeweises die Möglichkeit, eine amtliche Auskunft des Gerichtsvollziehers einzuholen (§§ 144, 358a Nr. 2).

7. Zulässigkeit der Erinnerung

36 Die Entscheidung über die Erinnerung ergeht durch **Beschluss**, der zu begründen ist. Im Rahmen der **Zulässigkeit des Rechtsbehelfs** prüft der Richter, ob
a) die Einwendungen im Erinnerungsverfahren **statthaft** sind (keine materiellrechtlichen Einwände gegen den zu vollstreckenden Anspruch oder im Hinblick auf das Vollstreckungsobjekt; keine Einwände gegen die Rechtmäßigkeit der formell ordnungsgemäßen Klausel;[109] Angriff gegen das Verhalten des Gerichtsvollziehers in der Zwangsvollstreckung oder gegen eine Vollstreckungsmaßnahme des Vollstreckungsgerichts; kein spezieller Rechtsbehelf vorgesehen, z. B. der in § 807 Abs. 2 Satz 1 vorgesehene Widerspruch des Schuldners gegen die Sofortabnahme der Vermögensauskunft);
b) das angerufene Gericht **örtlich und sachlich zuständig** ist;
c) der Erinnerungsführer auch **erinnerungsbefugt** ist; gegebenenfalls auch, ob die allgemeinen Prozesshandlungsvoraussetzungen bei ihm vorliegen;
d) die **Zwangsvollstreckung bereits begonnen** hat (gegebenenfalls: unmittelbar bevorsteht) und ob sie **noch nicht beendet** ist;
e) ggf. aus anderen Gründen das **Rechtsschutzinteresse** fehlt, weil der Erinnerungsführer sein Ziel auch auf einem einfacheren oder kostengünstigeren Weg erreichen kann. So muss ein Gläubiger, der das vom Gerichtsvollzieher aufgenommene Vermögensverzeichnis des Schuldners für ungenau oder unvollständig hält, zunächst beim Gerichtsvollzieher Nachbesserung beantragen (löst keine neuen Kosten aus); erst wenn dieser Antrag abgelehnt wird, hat der Gläubiger ein berechtigtes Interesse an einer Erinnerung nach § 766, die zumindest eine Erhöhung der 0,3-Verfahrensgebühr gem. RVG-VV Nr. 3309 auf 0,5 nach Nr. 3500 zur Folge hat.[110] Ein

---

105 Vgl. auch § 750 Rdn. 4 ff.
106 Zu den Möglichkeiten der Identitätsfeststellung LG Verden, JurBüro 1986, 778; AG Leverkusen, DGVZ 1982, 175; AG München, DGVZ 1982, 172.
107 LG Mannheim, MDR 1967, 222.
108 *Gaul/Schilken/Becker-Eberhard*, § 37 Rn. 62.
109 BGH, NJW 2012, 1146, 1147; 2012, 3518 f.
110 BGH, NJW-RR 2008, 1163 f.

vorheriges Abhilfegesuch ist aber entbehrlich, wenn es wegen der bekannten Rechtsauffassung des Gerichtsvollziehers von vornherein aussichtslos ist.[111] Der Untermieter eines Mieters des Schuldners hat nach Ansicht des BGH kein Rechtsschutzinteresse für eine Erinnerung gegen die Anordnung der Zwangsverwaltung, weil seine Rechtsstellung durch die Anordnung oder Nichtanordnung der Zwangsverwaltung unmittelbar nicht berührt wird; sein Vertragspartner bleibt der Mieter.[112] Mit dieser Begründung könnte man auch die Erinnerungsbefugnis[113] verneinen.

8. Begründetheit der Erinnerung

Die Erinnerung ist **begründet**, wenn 37
a) die angefochtene Vollstreckungsmaßnahme unzulässig ist, weil die Voraussetzungen der Zwangsvollstreckung nicht sämtlich vorliegen oder weil bei der Durchführung der Vollstreckung Verfahrensfehler unterlaufen sind, die noch fortwirken (zur Heilung von Verfahrensfehlern unten Rn. 39), oder wenn
b) der Vollstreckungsantrag vom Gerichtsvollzieher zu Unrecht zurückgewiesen oder nicht antragsgemäß erledigt wurde, oder wenn
c) der Kostenansatz des Gerichtsvollziehers unrichtig ist.

Da der Erinnerungsführer die Erinnerung nicht im Einzelnen begründen muss, es vielmehr ausreicht, wenn er die von ihm beanstandete Maßnahme bezeichnet, muss der Richter bei der Prüfung der Begründetheit des Rechtsbehelfs das gesamte vom Vollstreckungsorgan zu beachtende Verfahren durchlaufen und darf sich nicht mit der Prüfung der vom Erinnerungsführer genannten Gründe für die Anfechtbarkeit der Maßnahme begnügen. Andererseits darf er über das vom Erinnerungsführer erstrebte Rechtsschutzziel nicht hinausgehen. Rügt der Schuldner etwa, der einzige in seinem Besitz befindliche Fernsehapparat habe nicht gepfändet werden dürfen, weil er nicht ihm gehöre, sondern nur geliehen sei, so wäre die vom Schuldner gegebene Begründung der Unpfändbarkeit zwar unzutreffend, das Gericht müsste aber die Unpfändbarkeit des Gerätes nach § 811 Abs. 1 Nr. 1[114] von Amts wegen berücksichtigen. Ebenso könnte es hier ungerügt berücksichtigen, dass der Titel sich nicht gegen diesen Schuldner richtet oder dass er noch nicht vollstreckbar ausgefertigt ist. Dagegen kann es nicht die sich etwa aus dem nämlichen Pfändungsprotokoll ergebende Pfändung auch des Küchenherdes von Amts wegen für unzulässig erklären, wenn dies nicht beantragt ist.[115] 38

9. Maßgeblicher Zeitpunkt

Für die Beurteilung, ob die Erinnerung zulässig und begründet ist, ist grundsätzlich der **Zeitpunkt der Beschlussfassung** durch das Gericht maßgeblich.[116] War der Rechtsbehelf bei seiner Einlegung noch unzulässig, weil die Vollstreckung noch nicht begonnen hatte, wird er mit Beginn der Maßnahme wirksam; ein bei seiner Einlegung zulässiger Rechtsbehelf wird, wenn etwa zwischenzeitlich die Zwangsvollstreckung irreversibel beendet ist, unzulässig. Eine zum Zeitpunkt ihrer Einlegung noch begründete Erinnerung wird unbegründet, wenn der Verfahrensfehler, der die Anfechtbarkeit auslöste, nachträglich beseitigt wird. Die nachträgliche Heilung anfechtbarer Vollstreckungsakte ist jederzeit möglich, während nichtige Vollstreckungsakte nur wiederholt, also fehlerfrei neu vorge- 39

---

111 AG Neubrandenburg, DGVZ 2014, 197 f.
112 BGH, Rpfleger 2012, 39, 40.
113 Rn. 20 ff.
114 Zur Unpfändbarkeit des einzigen Fernsehgerätes siehe § 811 Rn. 24.
115 OLG Frankfurt, OLGZ 1982, 239.
116 OLG Düsseldorf, NJW 1978, 2603; OLG Hamburg, MDR 1974, 321; OLG Hamm, Rpfleger 1974, 204; *Baur/Stürner/Bruns*, Rn. 43.13; *Brox/Walker*, Rn. 1233; Hk-ZPO/*Kindl*, § 766 Rn. 12; *Musielak/Voit/ Lackmann*, § 766 Rn. 23 f.; *Gaul/Schilken/Becker-Eberhard*, § 37 Rn. 62; HdbZVR/*Keller*, Kap. 1 Rn. 584; *Säcker*, NJW 1966, 2345; *Stein/Jonas/Münzberg*, § 766 Rn. 47; *Wieczorek/Schütze/Salzmann*, § 766 Rn. 38; **a. A.** KG, DGVZ 1966, 103 f.; *Bähr*, KTS 1969, 1, 19; *Bruns/Peters*, § 14 VI.

nommen werden können.[117] Da die Erinnerung im Gegensatz zur Dienstaufsichtsbeschwerde nicht die Aufgabe hat, das persönliche Verhalten der Vollstreckungsorgane als Angehörige des öffentlichen Dienstes auf die jederzeitige Rechtmäßigkeit hin zu überprüfen, sondern die Rechtmäßigkeit des Vollstreckungszugriffs zu gewährleisten, besteht für eine Aufhebung der Vollstreckungsmaßnahme kein Anlass mehr, wenn sie sich nachträglich als rechtmäßig erweist. Die Aufhebung ist auch nicht deshalb erforderlich, weil etwa der Gläubiger durch die anfechtbare Maßnahme einen ungerechtfertigten Vorsprung vor anderen Gläubigern[118] erworben hat. Denn nicht der Gläubiger, sondern das staatliche Vollstreckungsorgan hat die Verfahrensvorschriften bei der Pfändung verletzt. Die anderen Gläubiger finden bei ihren Vollstreckungsversuchen schon ein äußerlich vorbelastetes Vermögensobjekt vor und können sich darauf einrichten. Sie können die vorrangige Pfändung mit der Erinnerung angreifen, wenn sich der vorrangige Gläubiger nicht zur Beseitigung des Verfahrensmangels entschließt.

Ist der Anfechtungsgrund nachträglich entfallen, bleibt für den Erinnerungsführer nur die Möglichkeit, die Hauptsache für erledigt zu erklären.[119] Es ist dann nur noch gem. § 91a über die Kosten zu entscheiden.[120]

10. Tenor der Erinnerungsentscheidung

40 Hinsichtlich des Tenors der einer Erinnerung stattgebenden Entscheidung sind folgende Möglichkeiten zu unterscheiden: Obsiegt der Gläubiger gegen eine Weigerung des Gerichtsvollziehers, dem Antrag des Gläubigers entsprechend zu vollstrecken, so ist der Gerichtsvollzieher anzuweisen, entweder die Maßnahme dem Antrag entsprechend durchzuführen, oder, wenn noch nicht alle Voraussetzungen der Vollstreckung durch den Gerichtsvollzieher selbst geprüft waren, im Rahmen dieser Prüfung von den Bedenken abzusehen, die Gegenstand der Erinnerung waren. Hat der Schuldner oder ein Dritter gegen eine Pfändungsmaßnahme des Gerichtsvollziehers Erfolg, ist die Pfändung für unzulässig zu erklären. Das Gericht kann die Maßnahme nicht selbst aufheben, da nur der Gerichtsvollzieher das Pfandsiegel entfernen darf.[121] Es kann jedoch – muss aber nicht – den Gerichtsvollzieher im Beschluss anweisen, die Vollstreckung aufzuheben.[122] Zweckmäßigerweise schiebt das Gericht aber die Wirksamkeit seiner Entscheidung bis zur Rechtskraft entspr. § 570 Abs. 2 hinaus. Denn mit der Entfernung des Pfandsiegels erlischt das Pfandrecht auch dann, wenn sich die Erinnerungsentscheidung im Rechtsmittelzug als nicht beständig erweist.[123] Wird der Erinnerung gegen eine vom Vollstreckungsgericht als Vollstreckungsorgan durchgeführte Pfändung stattgegeben, so hat das Gericht die Pfändung auch selbst aufzuheben. Damit der Gläubiger aber keinen Schaden erleidet, falls das Rechtsmittelgericht die Lage anders beurteilt, sollte das Vollstreckungsgericht die Aufhebung der Pfändung nur aufschiebend bedingt für den Fall der Rechtskraft der Erinnerungsentscheidung aussprechen. Denn ein durch Aufhebung erloschenes Pfandrecht lebt nicht an seinem alten Rang wieder auf, wenn das Rechtsmittelgericht die Erinnerungsentscheidung abändert und die Erinnerung zurückweist.

41 Es muss durch Neupfändung an bereiter Stelle neu begründet werden.[124] Die Neupfändung kann vom Beschwerdegericht selbst vorgenommen werden.

---

117 Einzelheiten: Vor §§ 803, 804 Rdn. 7.
118 So aber *Bruns/Peters*, § 14 VI.
119 OLG Hamburg, MDR 1957, 234; LG Frankenthal, Rpfleger 1984, 361; *Gaul/Schilken/Becker-Eberhard*, § 37 Rn. 68; *Säcker*, NJW 1966, 2347.
120 Zur Kostenentscheidung allgemein siehe unten Rdn. 43.
121 OLG Oldenburg, MDR 1955, 300.
122 *Brox/Walker*, Rn. 1237.
123 BGHZ 66, 394 f.; OLG Hamm, JMBl.NW 1955, 175.
124 KG, MDR 1966, 515; OLG Frankfurt, JurBüro 1973, 160 (mit Anm. *Mümmler*); OLG Saarbrücken, OLGZ 1971, 425.

Wendet sich der Schuldner gegen die bevorstehende Wegnahme einer Sache oder die Räumung von Wohnraum, so ist die beabsichtigte Maßnahme für unzulässig zu erklären. **42**

11. Kostenentscheidung

Die Entscheidung ist grundsätzlich mit einer Kostenentscheidung zu versehen. § 788 ist nicht einschlägig, da der obsiegende Schuldner durch diese Regelung benachteiligt wäre.[125] Die Kostenentscheidung ist den §§ 91 ff. zu entnehmen; insbesondere ist auch § 93 anwendbar. Bei erfolgloser Erinnerung muss nach § 97 Abs. 1 der Erinnerungsführer die außergerichtlichen Kosten tragen.[126] Bei einer erfolgreichen Erinnerung ist eine Kostenentscheidung zulasten des Schuldners möglich.[127] War allerdings der Schuldner am Erinnerungsverfahren nicht beteiligt und hatte er keine Gelegenheit, sich zu äußern, unterbleibt beim Obsiegen des Gläubigers eine Kostenentscheidung;[128] die Kosten können dann nach § 788 beigetrieben werden.[129] Gerichtsgebühren fallen im Erinnerungsverfahren nicht an, Auslagen können durch die Ladung zu einer mündlichen Verhandlung durch Postzustellungsurkunde und durch die Zustellung des Beschlusses selbst entstehen. Die Rechtsanwälte erhalten eine 0,5-Gebühr nach RVG-VV Nr. 3500,[130] die aber für den Rechtsanwalt des Gläubigers durch die bereits verdiente allgemeine Verfahrensgebühr in der Zwangsvollstreckung nach RVG-VV Nr. 3309 in Höhe von 0,3 mitabgegolten ist; denn nach dem RVG sind wie schon nach der früheren BRAGO Vollstreckungs- und Erinnerungsverfahren eine Angelegenheit (§§ 19 Abs. 2 Nr. 2, 18 Abs. 1 Nr. 1 RVG).[131] **43**

12. Verkündung und Zustellung

Nach mündlicher Verhandlung ist die Entscheidung zu verkünden (§ 329 Abs. 1) und zusätzlich zuzustellen. Im Übrigen ist sie den Beteiligten, denen zuvor im Verfahren rechtliches Gehör gewährt worden war, zuzustellen (§ 329 Abs. 2 und 3). **44**

V. Rechtsmittel gegen die Entscheidung

Gegen die Entscheidung über die Erinnerung ist die sofortige Beschwerde gem. § 793 gegeben. Über sie entscheidet immer das im Rechtszug übergeordnete Gericht. Der Vollstreckungsrichter kann der Beschwerde selbst abhelfen (§ 572 Abs. 1).[132] Gegen die Entscheidung des Beschwerdegerichts ist nur unter den Voraussetzungen des § 574 die Rechtsbeschwerde möglich. **45**

VI. Rechtskraft der Entscheidung

Nach Ablauf der Frist zur Einlegung der sofortigen Beschwerde ist die Erinnerungsentscheidung **formell rechtskräftig** (§§ 793, 569 Abs. 1). Der **materiellen Rechtskraft** ist die Entscheidung in entsprechender Anwendung des § 322 Abs. 1 nur insoweit fähig, als die Parteien, denen im Erinnerungsverfahren rechtliches Gehör gewährt worden war, die Rügen, die Gegenstand des formell rechtskräftigen Erinnerungsverfahrens waren, nicht zum Gegenstand einer erneuten Erinnerung **46**

---

125 BGH, NJW-RR 1989, 125; AG Schmalenberg, Rpfleger 2005, 372; *Bruns/Peters*, § 14 V; *MüKo/K. Schmidt/Brinkmann*, § 766 Rn. 53; *Musielak/Voit/Lackmann*, § 766 Rn. 31; *Gaul/Schilken/Becker-Eberhard*, § 37 Rn. 68; *Stein/Jonas/Münzberg*, § 766 Rn. 45; **a. A.** (§ 788) LG Bochum, Rpfleger 1970, 357.
126 *Brox/Walker*, Rn. 1241; *Bruns/Peters*, § 14 V; *Zöller/Stöber*, § 766 Rn. 34.
127 BGH, NJW-RR 2009, 1384, 1385.
128 BGH, NJW 2004, 2979, 2980 f.
129 *Musielak/Voit/Lackmann*, § 766 Rn. 31; *Stein/Jonas/Münzberg*, § 766 Rn. 45.
130 Auch wenn sie einen betroffenen Dritten vertreten; LG Berlin, JurBüro 1974, 61.
131 LG Mönchengladbach, NJW-RR 2006, 1150.
132 I. d. F. des Zivilprozessreformgesetzes vom 27.7.2001 (BGBl. I, S. 1887). Nach § 577 Abs. 3 a. F. bestand keine Abhilfebefugnis.

gegen die nämliche Vollstreckungsmaßnahme machen können.[133] Am Verfahren bisher unbeteiligten Dritten, soweit sie nicht nur Rechtsnachfolger der ursprünglichen Parteien sind, bleibt die Rüge dagegen erhalten.[134] Auch die am Erinnerungsverfahren Beteiligten können sie in anderen Rechtsstreitigkeiten als einem erneuten Erinnerungsverfahren (z. B. Klagen auf Schadensersatz oder Bereicherungsausgleich) ohne Präjudiz wiederholen. Andere Rügemöglichkeiten als die, über die konkret rechtskräftig entschieden wurde, können im Rahmen der nämlichen Zwangsvollstreckung ohne Einschränkung zum Gegenstand neuer Erinnerungsverfahren gemacht werden. Es schadet nicht, dass sie zur Zeit des ersten, rechtskräftig abgeschlossenen Erinnerungsverfahrens bekannt waren oder hätten bekannt sein müssen. § 767 Abs. 2 und 3 sind im Rahmen des § 766 nicht entsprechend anwendbar.[135] Alle Beteiligten haben Anspruch darauf, dass das Vollstreckungsverfahren mit äußerster Korrektheit abläuft. Während präkludierte materiellrechtliche Einwände nach Abschluss der Vollstreckung noch im Rahmen materiellrechtlicher Ausgleichsansprüche weiterverfolgt werden können,[136] sind bloße Verfahrensrügen, die nicht die Nichtigkeit der Verstrickung betrafen, nach Beendigung der Zwangsvollstreckung endgültig abgeschnitten. Deshalb würde eine Präklusion im Erinnerungsverfahren zu ungewollten Härten führen.

VII. Einstweilige Maßnahmen

47 Der Richter kann zur Vorbereitung seiner Erinnerungsentscheidung, da die Erinnerung selbst den Fortgang des Vollstreckungsverfahrens noch nicht berührt, einstweilige Anordnungen, wie sie in § 732 Abs. 2 bezeichnet sind, treffen (**Abs. 1 Satz 2**). Insbesondere kann er anordnen, dass die weitere Vollstreckung einstweilen einzustellen sei oder dass sie nur gegen Sicherheitsleistung fortgesetzt werden dürfe. Die gleichen einstweiligen Anordnungen kann auch schon der Rechtspfleger treffen im Rahmen seiner Prüfung, ob er der Erinnerung nicht selbst abhelfen wolle.[137] Der Gerichtsvollzieher ist zu einer eigenmächtigen Einstellung der Zwangsvollstreckung außerhalb des § 765a Abs. 2 nicht befugt. Einstweilige Maßnahmen des Richters sind grundsätzlich unanfechtbar,[138] es sei denn, dass er Verfahrensgrundrechte (insbes. auf rechtliches Gehör, auf gesetzlichen Richter, Willkürverbot) eines Beteiligten verletzt hat. In diesem Ausnahmefall kann im Wege der Gehörsrüge (analog) § 321a eine Überprüfung der Maßnahme beantragt werden. Dagegen ist eine außerordentliche Beschwerde ausgeschlossen. Gegen die einstweiligen Anordnungen des Rechtspflegers ist als Rechtsbehelf die befristete Rechtspflegererinnerung nach § 11 Abs. 2 Satz 1 RPflG gegeben, über die der Richter des Amtsgerichts abschließend zu entscheiden hat. Eine Vorlage an das übergeordnete Gericht ist ausgeschlossen. Alle einstweiligen Anordnungen werden mit der Entscheidung über die Erinnerung selbst gegenstandslos.

---

133 Insoweit unstreitig; BGH, Rpfleger 2013, 549, 551; *Brox/Walker*, Rn. 1248; *Gaul/Schilken/Becker-Eberhard*, § 37 Rn. 76; *Stein/Jonas/Münzberg*, § 766 Rn. 55; einschränkend (das Ganze nämlich nur als Problem des Rechtsschutzbedürfnisses behandelnd) *Bruns/Peters*, § 14 VII 4; nach *PG/Scheuch*, § 766 Rn. 34, sind auch die Einwendungen präkludiert, die nicht in das Erinnerungsverfahren eingeführt worden sind.
134 *Brox/Walker*, Rn. 1249; MüKo/*K. Schmidt/Brinkmann*, § 766 Rn. 59; *Münzberg*, ZZP 80 (1967), 497; *Gaul/Schilken/Becker-Eberhard*, § 37 Rn. 78.
135 *Brox/Walker*, Rn. 1248; *Gaul/Schilken/Becker-Eberhard*, § 37 Rn. 76; offengelassen von BGH, Rpfleger 2013, 549, 551.
136 Siehe § 767 Rdn. 46.
137 LG Frankenthal, Rpfleger 1984, 424.
138 Vgl. § 732 Rdn. 18.

§ 767 Vollstreckungsabwehrklage

(1) Einwendungen, die den durch das Urteil festgestellten Anspruch selbst betreffen, sind von dem Schuldner im Wege der Klage bei dem Prozessgericht des ersten Rechtszuges geltend zu machen.

(2) Sie sind nur insoweit zulässig, als die Gründe, auf denen sie beruhen, erst nach dem Schluss der mündlichen Verhandlung, in der Einwendungen nach den Vorschriften dieses Gesetzes spätestens hätten geltend gemacht werden müssen, entstanden sind und durch Einspruch nicht mehr geltend gemacht werden können.

(3) Der Schuldner muss in der von ihm zu erhebenden Klage alle Einwendungen geltend machen, die er zur Zeit der Erhebung der Klage geltend zu machen imstande war.

Übersicht

	Rdn.
I. Zweck der Norm	1
II. Abgrenzung zu anderen Rechtsbehelfen	2
1. Vollstreckungserinnerung	3
2. Restitutions- und Nichtigkeitsklage	4
3. Notarkostenbeschwerde	5
4. Ordnungsgeldbeschlüsse (§ 890)	6
5. Abänderungsklage	6
6. Negative Feststellungsklage	7
7. Unterlassungsanspruch nach § 826 BGB	8
8. Allgemeiner Vollstreckungsschutz gem. § 765a	9
9. Bereicherungsausgleichsansprüche nach § 812 BGB	10
III. Streitgegenstand und Rechtsnatur der Klage	11
1. Streitgegenstand – Klageänderung	11
2. Prozessuale Gestaltungsklage	12
IV. Zulässigkeit der Klage	13
1. Statthaftigkeit	13
2. Zuständigkeit des Gerichts	14
3. Zeitliche Grenzen	15
4. Einrede des Schiedsvertrages	16
5. Einrede der rechtskräftig entschiedenen Sache	17
6. Rechtsschutzbedürfnis	18
7. Unterbrechung	19
V. Zur Begründetheit der Klage führende Einwendungen	20
1. Einwendungen gegen durch Urteil tituliertem Anspruch	21
a) Rechtshemmende Einwendungen	22
b) Rechtsvernichtende Einwendungen	23
c) Nachträgliche Gesetzesänderung	24
d) Spätere Änderung der Rechtsprechung	25
e) Spätere Änderung der tatsächlichen Verhältnisse	26
f) Vollstreckungsvereinbarungen	27
2. Einwendungen bei Vollstreckungsbescheid	28
3. Einwendungen gegen Vergleiche	29
4. Einwendungen gegen notarielle Urkunden	30
5. Einwendungen gegen Kostenfestsetzungsbeschlüsse	31
VI. Präklusion nach Absatz 2	32
1. Urteil	33
2. Versäumnisurteil als Titel	34
3. Vollstreckungsbescheid als Titel	35
4. Andere gerichtliche Entscheidungen als Titel	36
5. Vollstreckbare Urkunden und Prozessvergleiche als Titel	37
6. Vollstreckungsbeschränkende Vereinbarungen	38
VII. Vertraglicher Einwendungsausschluss	39
VIII. Beweislast	40
IX. Urteilsformel	41
X. Rechtskraftwirkungen	42
1. Stattgebendes Urteil	42
2. Abweisendes Urteil	43
XI. Konzentrationsgrundsatz nach Absatz 3	44
XII. Streitwert	45
XIII. Materiellrechtliche Ausgleichsansprüche des Schuldners nach beendeter Zwangsvollstreckung	46
XIV. Sonderformen der Vollstreckungsabwehrklage	47
1. Zahlungstitel ohne materielle Rechtskraft	47
2. Verfassungswidrige Gesetze (§ 79 BVerfG)	48
3. Wettbewerbsrechtliche Verbandsklage (§ 10 UKlaG)	49
4. Arrest und einstweilige Verfügung	50
5. Wohnungseigentumssachen	51
XV. Abgabenvollstreckung	52

§ 767 ZPO Vollstreckungsabwehrklage

Literatur
(zugleich auch zum Anhang zu § 767: Unterlassungsklage aus § 826 BGB):
Arens, Prozeßrecht und materielles Recht, AcP 1973, 250; *Arndt*, Vollstreckungsgegenklage zur Abwehr unzulässiger Vollstreckung aus Verwaltungsakten?, MDR 1964, 376; *Backhaus*, Befreiende Leistung des »bösgläubigen« Schuldners im Fall des § 407 Abs. 2 BGB und verwandter Vorschriften, JA 1983, 408; *Bamberg*, Die mißbräuchliche Titulierung von Ratenkreditschulden mit Hilfe des Mahnverfahrens, 1987; *Barnert*, Klauselerinnerung und Vollstreckungsabwehrklage in der neueren Rechtsprechung des BGH, MDR 2004, 605; *Baumgärtel/Scherf*, Ist die Rechtsprechung zur Durchbrechung der Rechtskraft nach § 826 BGB weiterhin vertretbar?, JZ 1970, 316; *Baumgärtel/Scherf*, Zur Problematik des § 767 Abs. 3, JR 1968, 368; *Beck*, Der Aufrechnungseinwand bei der Vollstreckungsgegenklage, NJW 2006, 336; *Beitzke*, Vollstreckungs-Abwehrklage gegen DDR-Urteile, IPRax 1983, 16; *Biester*, Die Präklusion von Gestaltungsrechten im Rahmen des § 767 Abs. 2, Diss. Münster 1975; *Bischopink*, Die gesetzliche Prozeßstandschaft des § 1629 III, 1 BGB, Diss. Münster 1997; *Blomeyer*, Rechtskraft- und Gestaltungswirkung der Urteile im Prozeß auf Vollstreckungsgegenklage und Drittwiderspruchsklage, AcP 1965, 481; *Borck*, Über unrichtig gewordene Unterlassungstitel und deren Behandlung, WRP 2000, 9; *Bornemann*, Die Präklusion von mängelbezogenen Einwendungen, ZGS 2006, 341; *Börstinghaus*, Vollstreckungsbescheide über Partnerschaftsvermittlungshonorare, MDR 1995, 551; *Braun*, Die Änderung der für die Verteilung maßgeblichen Verhältnisse – Überlegungen zur Interpretation von § 323 I –, FamRZ 1994, 1145; *ders.*, Rechtskraftdurchbrechung bei rechtskräftigen Vollstreckungsbescheiden, ZIP 1987, 687; *ders.*, Zinstitel und Abänderungsklage, ZZP 1995 (Bd. 108), 319; *Brehm*, Vollstreckungsgegenklage nach Beendigung der Zwangsvollstreckung, ZIP 1983, 1420; *Bürck*, Erinnerung oder Klage bei Nichtbeachtung von Vollstreckungsvereinbarungen durch die Vollstreckungsorgane, ZZP 1972, 391; *Burgard*, Die Präklusion der zweiten Vollstreckungsgegenklage, ZZP 1993 (Bd. 106), 23; *Deichfuß*, Die sogenannten Zukunftszinsen, MDR 1992, 334; *Denck*, Einwendungen des Arbeitgebers gegen die titulierte Forderung bei Lohnpfändung, ZZP 1979, 71; *Deneke-Stoll*, Zur Arglistklage gegen rechtskräftige Vollstreckungsbescheide, JuS 1989, 796; *Dreykluft*, Die Zulässigkeit von Gestaltungseinreden bei der Vollstreckungsgegenklage, Diss. Erlangen-Nürnberg 1970; *Eckardt*, Vollstreckungsgegenklage aufgrund der neuen Rechtsprechung zu Bürgschaften Familienangehöriger, MDR 1997, 621; *Ernst*, Gestaltungsrechte im Vollstreckungsverfahren, NJW 1986, 401; *Erting*, Abänderungsklage (§ 323) oder Vollstreckungsgegenklage (§ 767) zur Geltendmachung eigener Einkünfte des Kindes durch den außerehelichen Vater?, FamRZ 1965, 67; *Frühauf*, Die Grenzen des Zinsurteils, 1998; *Frühauf*, Zinsprognose und zivilrichterliche Verantwortung, NJW 1999, 1217; *Funke*, Rückzahlungsansprüche des Ratenkreditnehmers nach der Vollstreckung aus einem materiell unrichtigen Vollstreckungsbescheid, NJW 1991, 2001; *Gaul*, Die Ausübung privater Gestaltungsrechte nach rechtskräftigem Verfahrensabschluß – ein altes und beim verbraucherschützenden Widerspruchsrecht erneut aktuell gewordenes Thema, Gedächtnisschr. F. Knobbe-Keuk, 1997, S. 135; *ders.*, Materielle Rechtskraft, Vollstreckungsabwehr und zivilrechtliche Ausgleichsansprüche, JuS 1962, 1; *ders.*, Ungerechtfertigte Zwangsvollstreckung und materielle Ausgleichsansprüche, AcP 1973, 323; *ders.*, Zulässigkeit und Geltendmachung vertraglicher Vollstreckungsbeschränkung, JuS 1971, 347; *ders.*, Das Rechtsbehelfssystem der Zwangsvollstreckung – Möglichkeiten und Grenzen einer Vereinfachung, ZZP 1972, 251; *Geißler*, Die Rechtskraft des Vollstreckungsbescheides auf dem Prüfstand des sittenwidrigen Ratenkreditgeschäfts, NJW 1987, 166; *ders.*, Die Vollstreckungsklagen im Rechtsbehelfssystem der Zwangsvollstreckung, NJW 1985, 1865; *Gilles*, Vollstreckungsklage, sog. vollstreckbarer Anspruch und Einwendungen gegen die Zwangsvollstreckung im Zwielicht prozessualer und zivilistischer Prozeßbetrachtung, ZZP 1970, 61; *Gottwald*, Rechtsbehelfe in der Zwangsvollstreckung, ZAP 2000, 375; *ders.*, Verzugszinsen – Zeitlich unbegrenztes Zahlungsurteil auch bei überhöhtem Zinssatz?, MDR 1996, 980; *Graba*, Die Abänderung von Unterhaltstiteln, 3. Aufl., 2004; *ders.*, Die Vollstreckungsgegenklage bei Unterhaltsvergleich und Unterhaltsurteil, NJW 1989, 481; *Greilich*, Rechtsmittel und Vollstreckungsschutz bei unwirksamer Unterwerfungserklärung im Bauträgervertrag, BauR 2001, 12; *Grün*, Die Zwangsvollstreckung aus Vollstreckungsbescheiden über sittenwidrige Ratenkreditanforderungen, 1990; *dies.*, Vollstreckungsbescheid über sittenwidrige Ratenkreditforderung, NJW 1990, 2865; *dies.*, Verbraucherschutz contra Rechtskraft beim Versäumnisurteil über eine sittenwidrige Ratenkreditforderung, NJW 1991, 2401; *dies.*, Notwendigkeit und Zulässigkeit der Rechtskraftbeschränkung beim Vollstreckungsbescheid, NJW 1991, 2860; *Grunsky*, Rechtskraft und Schadensersatzansprüche wegen Erwirkung eines Titels, ZIP 1987, 1021; *ders.*, Rechtskraft des Vollstreckungsbescheids und ihre Durchbrechung nach den Urteilen des BGH vom 24. 9. 1987, WM 1987, 1349; *ders.*, Voraussetzungen und Umfang der Rechtskraftdurchbrechung nach § 826 BGB bei sittenwidrigen Ratenkreditverträgen, ZIP 1986, 1361; *Guckelberger*, Besonderheiten der Vollstreckungsabwehrklage im Verwaltungsprozeßrecht, NVwZ 2004, 662; *Gutsche*, Überwindung der Rechtskraft von Vollstreckungstiteln durch § 826 BGB, DtZ-Inf.1992, 72; *Haase*, Besondere Klagen im Vollstreckungsverfahren, JuS 1967, 561; *Hasler*, Vollstreckungsgegenklage gegen rechtskräftige »Bürgenurteile« aufgrund der neueren BVerfG-Rechtsprechung, MDR 1995, 1086; *Heinze*, Vollstreckungsgegenklage nach Erfüllung des durch einstweilige Anordnung gemäß § 620 titulierten Unterhaltsanspruchs, MDR 1980, 895; *Henckel*, Vorbeugender Rechtsschutz im Zivilrecht, AcP 1974, 97; *Hoffmann*, Prozessuale Präklusion und § 242 BGB hinsichtlich treuwidrig erklärter Prozeßaufrechnung, JR 1994, 265; *Hönn*, Dogmatische Kontrolle oder Verweigerung – Zur Rechtskraftdurchbrechung über § 826 BGB, FS G. Lüke, 1997, S. 265; *Hoppenz*,

Zum Vorrang der Abänderungsklage vor der Vollstreckungsabwehrklage, FamRZ 1987, 1097; *Horst*, Vollstreckungsabwehr titulierter Gewerbemietforderungen, GuT 2006, 63; *Jakoby*, Das Verhältnis der Abänderungsklage gemäß § 323 zur Vollstreckungsgegenklage gemäß § 767, 1991; *Janke*, Über den Gegenstand der Vollstreckungsgegenklage (§ 767), 1978; *Kainz*, Die Funktion und dogmatische Einordnung der Vollstreckungsabwehrklage in das System der Zivilprozeßordnung, 1984; Kaiser, Die Abgrenzung der Vollstreckungsabwehrklage zur prozessualen Gestaltungsklage sui generis, NJW 2010, 2933; *Klados*, § 826 BGB – Ein legitimes Mittel zur Durchbrechung der Rechtskraft?, JuS 1997, 705; *Kohler*, Ungehorsam und Vollstreckung im Zivilprozeß, AcP 1980, 141; *Kohte*, Rechtsschutz gegen die Vollstreckung des wucherähnlichen Rechtsgeschäfts nach § 826 BGB, NJW 1985, 2217; *Körner*, Rechtsbehelf bei Mangelhaftigkeit der Gegenleistung nach Zug-um-Zug-Urteil, DGVZ 2006, 129; *Kühne*, Materiellrechtliche Einwendungen gegen Prozeßvergleich und Vollstreckungsgegenklage, NJW 1967, 1115; *Lakkis*, Präklusion von Einwendungen aus zivilrechtlichen Ausgleichsansprüchen analog § 767 Abs. 3, ZZP 119 (2006), 432; *Lindacher*, Unterlassungsurteil und Rechtsprechungsänderung, GS Manfred Wolf 2011, 473; *Lippross*, Das Rechtsbehelfssystem der Zwangsvollstreckung, JA 1979, 9; *Lorenz*, Schwebende Unwirksamkeit und Präklusion im Zwangsvollstreckungsrecht, NJW 1995, 2258; *Lukassen*, Informationspflichten im Unterhaltsrecht. Die Verpflichtung zur unaufgeforderten Information, Diss. Münster 1992; *Lüke*, Vollstreckungsabwehrklage und fehlgeschlagene Aufrechnung im Vorprozeß, JuS 1995, 685; *ders.*, Zur Klage auf Herausgabe des Vollstreckungstitels, JZ 1956, 475; *Lukes*, Die Vollstreckungsabwehrklage bei sittenwidrig erschlichenen und ausgenutzten Urteilen, ZZP 1959, 99; *Mack*, Vollstreckungsabwehrklage und § 1053 Abs. 4, IDR 2006, 34; *Maihold*, Präklusion der Aufrechnung, JABl. 1995, 754; *Merz*, Die Vollstreckungsabwehrklage, Jura 1989, 449; *Münch*, Die Beweislastverteilung bei der Vollstreckungsgegenklage, NJW 1991, 795; *Münzberg*, Rechtsbehelfe nach Absinken rechtskräftig titulierter Verzugszinssätze, JuS 1988, 345; *ders.*, Der Anspruch des Schuldners auf Herausgabe der vollstreckbaren Urteilsausfertigung nach Leistung, KTS 1984, 193; *ders.*, Rechtsschutz gegen die Vollstreckung des wucherähnlichen Rechtsgeschäfts nach § 826 BGB, NJW 1986, 361; *ders.*, Vollstreckungsabwehrklagen gegen prozessuale Kostenansprüche und Probleme bei der Fassung der Anträge, NJW 1996, 2126; *Musielak*, Zur Klage nach § 826 gegen rechtskräftige Urteile, JA 1982, 7; *Otto*, Die Präklusion, 1970; *Otto*, Die inner- und außerprozessuale Präklusion im Fall der Vollstreckungsgegenklage, FS Henckel, 1995, S. 615; *Otto*, Grundprobleme der Vollstreckungsgegenklage, JA 1981, 606, 649; *Pawlowski*, Neue Vollstreckungsabwehrklage durch Rechtsfortbildung, DZWiR 1995, 20; *Prütting/Weth*, Rechtskraftdurchbrechung bei unrichtigen Titeln. Die Rechtsprechung zur Aufhebung sittenwidriger Entscheidungen und ihre Folgen für die Praxis, 2. Aufl. 1994; *Raab*, Zur analogen Anwendung der §§ 79 Abs. 2 S. 3 BVerfGG, 767 bei verfassungswidrig ausgelegten Normen, insbesondere bei Bürgschaften vermögensloser Familienangehöriger, Diss, Bochum 1998; *Renck*, Vollstreckungsabwehrklage bei Vollstreckung aus Vergleich, NJW 1992, 2209; *Rensen*, Schutz des Schuldners vor doppelter Inanspruchnahme – Vollstreckungsgegenklage gestützt auf die Unmöglichkeit befreiender Leistung an den Zedenten?, MDR 2001, 856; *Rieble/Rumler*, Zur Vollstreckungsabwehrklage gegen einen nichtigen Titel, MDR 1989, 499; *Rimmelspacker/Spellenberg*, Pfändung einer Gegenforderung und Aufrechnung, JZ 1973, 271; *Rottmann*, Die Vollstreckungsgegenklage. Gegenstand und Präklusion; Folgerungen der Gegenstandsbestimmung für Systematik und Rechtfertigung von Beschränkungen des Umfanges der Überprüfung der materiellen Rechtslage (§ 767 Abs. 2), Diss.

Göttingen 1996; *Sandkühler*, Konsumentenratenkredite in der gerichtlichen Praxis, JA 1988, 1; *Saum*, Zur Aushändigung der vollstreckbaren Ausfertigung des Titels an den Schuldner, JZ 1981, 695; *Schapp*, Die Präklusion von Gestaltungsrechten nach § 767 Abs. 2 ZPO, 2011; *Scherer*, Zulässigkeit der Vollstreckungsstandschaft, RPfleger 1995, 89; *Schlüter*, Erfüllung der Forderung als Erledigungsgrund im Arrestverfahren, ZZP 1967, 447; *K. Schmidt*, Präklusion und Rechtskraft bei wiederholten Vollstreckungsgegenklagen, JR 1992, 89; *ders.*, Vollstreckungsgegenklage – Prozeßrecht und materielles Recht in der Bewährung –, BGH-Festgabe, 2000, S. 491; *Schmidt*, Zivilprozessuale und materiellrechtliche Aspekte des § 283 BGB, ZZP 1974, 49; *Schmidt*, Vollstreckung im eigenen Namen durch Rechtsfremde. Zur Zulässigkeit einer »Vollstreckungsstandschaft«, Diss. Kiel, 2000; *Schneider*, Rechtsschutzmöglichkeiten gegen formelle Verlautbarungsmängel beim zivilprozessualen Urteil unter besonderer Berücksichtigung der Gruppe der Nichturteile, 1999; *Schuler*, Anfechtung, Aufrechnung und Vollstreckungsgegenklage, NJW 1956, 1497; *Schuschke*, Beweislast und Beweislastprobleme im Zuge der Geltendmachung des Erfüllungseinwandes im Vollstreckungsverfahren nach den §§ 887, 888, InVo 2005, 396; *Schwab*, Der verbraucherschützende Widerruf und die Grenzen der Rechtskraft, JZ 2006, 170; *Soyka*, Abgrenzung der Abänderungs- zur Vollstreckungsgegenklage, FuR 2006, 529; *Staechelin*, Die Klage aus § 826 BGB gegen die Zwangsvollstreckung, JA 1998, 578; *Stein*, Der Rechtsschutz in der Verwaltungsvollstreckung, DVBl. 1966, 595; *Steines*, Die Zuständigkeit für die verlängerte Vollstreckungsabwehrklage und für die neben der Vollstreckungsabwehrklage erhobene Zahlungsklage, KTS 1987, 27; *Steinmetz*, Sittenwidrige Ratenkreditverträge in der Rechtspraxis auf der Grundlage der BGH-Rechtsprechung, NJW 1991, 881; *Sutschet*, Bestimmter Klageantrag und Zwangsvollstreckung, ZZP 119 (2006), 279; *Thole*, Die Präklusionswirkung der Rechtskraft bei Gestaltungsrechten und ihr Verhältnis zu § 767 Abs. 2 ZPO, ZZP 124 (2011), 45; *Thran*, Die Vollstreckungsgegenklage nach §§ 767, JuS 1995, 1111; *Thümmel*, Zum Gerichtsstand bei der Vollstreckungsabwehrklage durch Streitgenossen, NJW 1986, 556; *Ulrich*, Abänderungsklage (§ 323) oder/und Vollstreckungsabwehrklage (§ 767) bei »unrichtig gewordenen« Unterlassungstiteln, WRP 2000, 1054; *Viertelhausen*, Tätigkeitsgrenzen der Inkassounternehmen in der Zwangsvollstreckung, DGVZ 2000, 55; *Vollkommer*, Rechtskraft und Vollstreckbarkeit bei im Urteil nicht berücksichtigten Zahlungen des Schuldners im Prozess, FS Stürner, 2013, S. 581, ders., Titelgegenklage zur Abwehr der Zwangsvollstreckung aus einem Vollstreckungsbescheid über einen nicht individualisierten Anspruch, Rpfleger 2004, 336; *ders.*, Neuere Tendenzen im Streit um die geminderte Rechtskraft des Vollstreckungsbescheids, FS Gaul, 1997, S. 759; *Völp*, Änderung der Rechts- und Sachlage bei Unterlassungstiteln, GRUR 1984, 486; *Waldner*, Kein Verstoß von § 323 gegen das Recht auf Gehör, NJW 1993, 2085; *Walker*, Beseitigung und Durchbrechung der Rechtskraft, BGH-Festgabe (Beck-Verlag), 2000, S. 367; *Walter*, Vollstreckungsgegenklage, Abänderungsklage und Probleme der Rechtskraft, DAVorm 1993, 231; *Weidner*, Die Pflicht zu ungefragter Information im Unterhaltsrecht. Rechtsnatur, Inhalt Ansprüche bei Pflichtverletzungen, Diss. Bayreuth 1991; *Wein*, Wann sind im Falle des § 767 Abs. 2 die Gründe einer Einwendung entstanden, mit der sich der Schuldner auf die von ihm selbst durch Ausübung eines Gestaltungsrechts geschaffene Rechtslage beruft?, Diss. Bochum 1971; *Weinzierl*, Die Präklusion von Gestaltungsrechten durch § 767 Abs. 2 unter besonderer Berücksichtigung der materiellen Rechtskraft, Diss. Augsburg 1997; *Werner*, Umgehung von Aufrechnungshindernissen, 2000; *Wesser*, Abwehr sittenwidrigen Titelmißbrauchs: Welche Rechtsschutzformen stehen dem Vollstreckungsschuldner zur Verfügung?, ZZP 2000, 161; *ders.*, Sittenwidrige Bürgschaftsverträge – Unzulässigkeit der Zwangsvollstreckung gem. § 79 II BVerfGG analog?, NJW 2001, 475; *Wielgoss*, Selbständiges Beweisverfahren und Vollstreckungsgegenklage, JurBüro 1999, 579; *Willingmann*, Rechtskraftdurchbrechung von Vollstreckungsbescheiden – Überlegungen zur gerichtlichen Behandlung von Forderungen aus Partnervermittlungsverträgen, VuR 1996, 263; *Wittschier*, Die Vollstreckungsgegenklage gem. § 767, JuS 1997, 450; *Zeuner*, Zur Bemessung der Rechtskraft in Fällen der Aufrechnung – Besprechung von BGHZ 89, 349, JuS 1987, 354; *Zuck*, Die Beseitigung groben prozessualen Unrechts, JZ 1985, 921.

I. Zweck der Norm

1 Der Zeitpunkt der Errichtung des Titels, insbesondere des Erlasses eines Urteils, gibt nur eine Momentaufnahme der Rechtsbeziehungen zwischen Gläubiger und Schuldner wieder. Auch dann, wenn beide Parteien den Titel als zutreffende Fixierung ihrer Beziehungen in diesem Augenblick akzeptieren, können sich unmittelbar danach schon neue Einwendungen ergeben, die aus der Sicht des Schuldners dazu führen, dass der Titel der neuen Rechtslage nicht mehr gerecht wird: Der titulierte Anspruch ist durch freiwillige Zahlung oder Aufrechnung mit einer Gegenforderung erloschen; der ursprünglich fällige Anspruch ist zwischenzeitlich gestundet; infolge Abtretung oder Pfändung und Überweisung der Forderung oder infolge gesetzlichen Forderungsübergangs ist der Gläubiger nicht mehr Inhaber oder Einziehungsberechtigter der Forderung; die Geschäftsgrundlage für den Anspruch ist weggefallen; es sind sonstige nachträgliche Einwendungen gegen ihn

entstanden. Alle diese Einwände können im Erinnerungsverfahren nicht geltend gemacht werden,[1] weil das Vollstreckungsorgan sie zu Recht außer Acht zu lassen hat (sieht man von den Ausnahmen in § 775 Nr. 4 und 5 ab); sie betreffen nicht den Ablauf des Vollstreckungsverfahrens. Da das Vollstreckungsverfahren aber letztlich nur der Verwirklichung des – im Titel fixierten – materiellen Rechts dient, muss außerhalb des Vollstreckungsverfahrens die Möglichkeit eröffnet sein, die Vollstreckbarkeit des mit dem materiellen Recht nicht mehr übereinstimmenden Titels auf Dauer (oder gegebenenfalls auf Zeit) zu beseitigen. Die die Einreden des Schuldners begründenden Tatsachen werden häufig streitig sein. Deshalb kommt nur ein Klageverfahren in Betracht. Es muss beim Prozessgericht angesiedelt sein, da dieses hinsichtlich aller den titulierten Anspruch selbst betreffenden Fragen die größte Sachkompetenz hat. Das Verfahren muss so gestaltet sein, dass die Rechtskraft des Titels, soweit er der Rechtskraft fähig ist, nicht unterlaufen wird. Diesen Anforderungen soll § 767 genügen.

II. Abgrenzung zu anderen Rechtsbehelfen

Die enge Zielsetzung der Vollstreckungsabwehrklage macht es erforderlich, diese Klage zu anderen in Betracht kommenden Rechtsbehelfen abzugrenzen[2] und die im Rahmen dieser Klage nicht statthaften Einwände des Schuldners anderweitig zuzuordnen: 2

1. Vollstreckungserinnerung

Verfahrensrügen gegen einzelne Vollstreckungsmaßnahmen[3] einschließlich der Rüge der Nichtbeachtung von § 775 Nrn. 1, 4, 5[4] sowie Rügen, die die allgemeinen Verfahrensvoraussetzungen des Vollstreckungsverfahrens betreffen,[5] sind mit der Erinnerung nach § 766 bzw. mit § 793, § 11 RPflG geltend zu machen.[6] Bezieht die Rüge sich auf das Fehlen eines Titels bzw. die mangelnde Vollstreckbarkeit der als Titel vorgelegten Urkunde, musste nach älterer Rechtsprechung der Weg der Klauselerinnerung beschritten werden (§ 732).[7] Diese Auffassung hat die neuere Rechtsprechung aufgegeben.[8] Liegen sowohl die Voraussetzungen einer Klauselerinnerung nach § 732 als auch einer unechten Vollstreckungsabwehrklage in entsprechender Anwendung des § 767 vor, so hat der Schuldner ein Wahlrecht.[9] Mit den Klauselrechtsbehelfen der §§ 732, 768 kann aber nicht eingewendet werden, die Unterwerfungserklärung einer notariellen Urkunde sei wegen unangemessener Benachteiligung des Schuldners gemäß § 307 Abs. 1 BGB unwirksam; dies ist nur im Wege der unechten Vollstreckungsabwehrklage geltend zu machen.[10] 3

Klauselerinnerung bzw. Klauselgegenklage sind auch zu erheben, wenn gerügt werden soll, die vom Gläubiger zu beweisenden Bedingungen der Vollstreckbarkeit des Titels (§ 726 Abs. 1) seien noch nicht eingetreten, der Titelgläubiger sei nicht hinreichend bestimmt oder der Vollstreckungsgläubiger aus dem Titel nach § 305c BGB nicht berechtigt[11] oder eine Klausel gem. § 727 habe wegen

---

1 Siehe § 766 Rdn. 13.
2 Vor §§ 765a–777 Rdn. 3, 5, 8.
3 BGH, NJW 1960, 2286; siehe auch MüKo/*K. Schmidt/Brinkmann*, § 767 Rn. 7.
4 OLG Koblenz, FamRZ 1985, 819.
5 OLG Frankfurt, MDR 1997, 194.
6 Zur Abgrenzung dieser Rechtsbehelfe: § 766 Rdn. 6, 11.
7 BGHZ 22, 54; 55, 255; BGH, NJW-RR 1987, 1149; BGH, NJW-RR 1990, 246; OLG Düsseldorf, OLGZ 1978, 248; OLG Frankfurt, InVo 1998, 235; MüKo/*K. Schmid/Brinkmann*, § 767 Rn. 8.
8 BGHZ 92, 347, 348; 118, 229, 232 ff.; BGH WM 1988, 109; NJW-RR 1999, 1080, 1081; ZIP 2004, 356, 358 mit Anm. *Walker/Reichenbach*, EWiR 2004, 257 und krit. Aufsatz *Barnert*, MDR 2004, 605.
9 BGH, BGH-Report 2004, 1518 mit Anm. *Hintzen*, WuB § 732 1.04, BGHZ 165, 223, 228; BGH, NJW-RR 2007, 1724 f.
10 BGH, WM 2009, 846 Rn. 12 und 15 (jedenfalls dann, wenn der Mangel nicht evident ist); WM 2010, 1022 Rn. 23 ff. m. Aufsatz Bork, WM 2010, 2057.
11 BGH, WM 2010, 1022 Rn. 18, 39 mit Aufsatz Bork, WM 2010, 2057.

unwirksamer Abtretung nicht erteilt werden dürfen.[12] Handelt es sich dagegen um Bedingungen, deren Nichteintritt der Schuldner beweisen muss,[13] so ist der Weg des §767 einzuschlagen, so etwa, wenn in einer notariellen Urkunde vereinbart wurde, dem Gläubiger sei Klausel ohne Nachweis der Kündigung eines Darlehns zu erteilen, und wenn der Schuldner die mangelnde Fälligkeit der Darlehnsforderung rügen möchte.[14]

Besteht der Verfahrensmangel in der Nichtbeachtung privater Vollstreckungsvereinbarungen zwischen Gläubiger und Schuldner, ist nicht §766, sondern doch die Klage nach §767 Abs. 1 der richtige Weg.[15]

2. Restitutions- und Nichtigkeitsklage

4   Soll ein Urteil als Titel rückwirkend beseitigt, der in ihm titulierte materiellrechtliche Anspruch als **von Anfang an** nicht bestehend festgestellt werden, kommen nur die **Nichtigkeits-** bzw. die **Restitutionsklage** (§§ 579, 580) mit ihren sehr engen Voraussetzungen in Betracht.

3. Notarkostenbeschwerde

5   Sachliche Einwendungen gegen vollstreckbare Ausfertigungen, die sich ein Notar für Kostenrechnungen gem. §155 KostO erteilt hat, sind im Verfahren des Rechtsbehelfs gem. §156 KostO geltend zu machen und nicht mit der Vollstreckungsabwehrklage.[16]

4. Ordnungsgeldbeschlüsse (§ 890)

Sie werden gemäß §6 Abs. 1 JBeitrO vollstreckt, dessen Nummer 1 nicht auf §767 ZPO verweist. Ist deshalb die Abwehrklage analog §767 ZPO ausgeschlossen, kommt mit gleicher Begründung eine Feststellungsklage gegen den Justizfiskus in Betracht.[17]

5. Abänderungsklage

6   Soll ein Titel über eine künftig fällig werdende **wiederkehrende** Leistung (insbesondere über eine Unterhaltsleistung) für die Zukunft abgeändert werden, weil die ursprünglich angenommenen **anspruchsbegründenden** Voraussetzungen später weggefallen sind, so muss dies mit der **Abänderungsklage** nach §323 geltend gemacht werden;[18] denn §767 lässt den anspruchsbegründenden Tatbestand unberührt und befasst sich nur mit rechtsvernichtenden bzw. rechtshemmenden Einwänden.[19] Insbesondere ermöglicht die Vollstreckungsabwehrklage keine Neuberechnung des Unterhaltsbedarfs in beiderlei Richtung. Im Einzelfall können rechtsvernichtende Einreden und Umstände, die den Anspruchsgrund selbst berühren, auch einmal zusammentreffen. In einem solchen Fall ist es zulässig, Vollstreckungsabwehrklage und Abänderungsklage in objektiver Klagehäufung,[20] aber auch in der Weise zu verbinden, dass in erster Linie ein Antrag aus §767, hilfsweise ein Anspruch aus §323 geltend gemacht wird.[21] Es ist allerdings zu beachten, dass ein und derselbe Umstand nie gleichzeitig eine Vollstreckungsabwehr- und eine Abänderungsklage begründen

---

12 OLG Frankfurt, Beschl. v. 29.01.2008 – 9 W 1/08 – (juris) zur Beanstandung einer Abtretung.
13 Siehe §726 Rdn. 6.
14 OLG München, NJW-RR 1992, 125.
15 Siehe §766 Rdn. 15; ferner BGH, NJW 1991, 2295 mit Anm. *Schilken*, JR 1992, 283; OLG Köln, NJW-RR 1995, 576; KG, InVo 1997, 242; OLG Karlsruhe, NJW-RR 1999, 941.
16 OLG Oldenburg, MDR 1997, 394.
17 Die Zulässigkeit der Feststellungsklage bejaht BGH, ZIP 2013, 798 Rn. 19.
18 BGH, BGH-Report 2005, 1207 mit Anm. *Kühner*.
19 BGHZ 100, 211 und BGH NJW-RR 1991, 1154; OLG Bamberg, NJWE-FER 1999, 97; OLG Bremen, NJWE-FER 2000, 161; LG Darmstadt, NJW 1958, 1540 mit Anm. *Lent*; siehe unten Rdn. 26.
20 OLG München, FamRZ 1992, 213.
21 BGH, FamRZ 1979, 573 mit Anm. *Baumgärtel*, FamRZ 1979, 791; MüKo/*K.Schmidt*, §767 Rn. 4.

kann.[22] Eine Wahlmöglichkeit zwischen beiden Klagen aufgrund des nämlichen Umstandes besteht deshalb nie.[23] Im Einzelfall kann die Abgrenzung, ob die anspruchsbegründenden Voraussetzungen betroffen sind oder ob eine rechtsvernichtende Einrede eingreift, schwierig sein:[24] Die rechtskräftige Scheidung der Ehe beendet den Anspruch auf Trennungsunterhalt nach § 1361 BGB. Der nacheheliche Unterhalt ist mit dem Trennungsunterhalt nicht identisch.[25] Wird deshalb nach der rechtskräftigen Scheidung aus einem Urteil auf Trennungsunterhalt weitervollstreckt, ist § 767 der richtige Weg der Verteidigung, nicht § 323.[26] Gegebenenfalls, wenn die Beschränkung des Titels auf § 1361 BGB offensichtlich ist, kann der Verbrauch des Titels auch mit § 766 geltend gemacht werden.[27] Soll der grundsätzliche Fortbestand des Unterhaltstitels dagegen nicht infrage gestellt, sondern nur eine Änderung der wirtschaftlichen Verhältnisse eingewendet werden, so etwa, dass der Unterhaltsberechtigte später ausreichendes eigenes Einkommen erworben oder es trotz ausreichender und zumutbarer Möglichkeiten unterlassen hat, eine eigene Erwerbstätigkeit aufzunehmen,[28] ist gegen Urteile und Vergleiche die Klage nach § 323, gegen einstweilige Anordnungen das Verfahren nach § 54 FamFG zu wählen.[29] Gegen rechtskräftige Unterlassungstitel kommt allein die Vollstreckungsabwehrklage in Betracht, eine Abänderung gem. § 323 ist ausgeschlossen.[30]

6. Negative Feststellungsklage

Ist streitig, wie der Titel auszulegen ist, welche Leistung der Gläubiger aus ihm zu beanspruchen hat (ein solcher Streit kann insbesondere bei nach §§ 883, 887, 888, 890 zu vollstreckenden Titeln bei unpräziser Tenorierung auftreten), so kann der Schuldner eine von ihm abgelehnte Auslegung nicht mit § 767 abwehren, sondern nur mit der negativen Feststellungsklage.[31] Denn er erhebt insoweit keine Einwendungen gegen den titulierten Anspruch, sondern bestreitet, dass der Anspruch, der gerade vollstreckt werden soll, überhaupt tituliert ist. Der Streit um die Auslegung eines Prozessvergleiches kann nur dann mit der Vollstreckungsabwehrklage ausgetragen werden, wenn er den nicht vollstreckbaren Inhalt betrifft, so etwa die Fragen, ob eine Aufrechnung des Vergleichsschuldners oder die Geltendmachung eines Zurückbehaltungsrechts gegen die vollstreckbare Zahlungspflicht aus dem Vergleich durch dessen sonstigen Inhalt, etwa eine erklärte Generalquittung, ausgeschlossen sind.[32]

Im Übrigen sind Klagen des Schuldners auf Feststellung, dass der titulierte Anspruch nicht oder nicht mehr besteht, soweit ein diesbezügliches Feststellungsinteresse (§ 256) im Einzelfall besteht

---

22 BGH, BGH-Report 2005, 1207, 1208; *Gaul/Schilken/Becker-Eberhard*, § 40 Rn. 164; *Rosenberg/Schwab/Gottwald*, § 158 IV.
23 A. A. insoweit: *Baumbach/Lauterbach/Hartmann*, § 323 Rn. 3; *Meister*, FamRZ 1980, 8.
24 Grundsätzlich zu dieser Abgrenzung: *Graba*, Die Abänderung von Unterhaltstiteln, 2. Aufl. 2000, Rn. 143 ff., 189 ff.
25 BGHZ 78, 130; OLG Oldenburg, FamRZ 1980, 1002; *Palandt/Brudermüller*, § 1361 BGB Rn. 7.
26 OLG Oldenburg, FamRZ 1980, 1002; OLG Hamm, FamRZ 1980, 1060; OLG Düsseldorf, FamRZ 1992, 943; OLG Köln, JurBüro 1996, 496; BGH, FamRZ 1981, 242; *Zöller/Herget*, § 767 Rn. 2.
27 Siehe § 766 Rdn. 13.
28 OLG Bamberg, NJWE-FER 1999, 97.
29 BGH, NJW 1983, 1331; BGH, BGH-Report 2005, 1207 = ZZP 119, 109 mit Anm. *Hau*.
30 BGH, NJW 2008, 1446, 1447 f.; BGHZ 181, 373 Rn. 21.
31 BGHZ 56, 11, 14; BGH, NJW 1973, 803 und NJW 1997, 2320; MüKo/*K. SchmidtBrinkmann*, § 767 Rn. 18. Will der Schuldner allerdings geltend machen, ein Urteil sei nicht vollstreckungsfähig, weil auch durch Auslegung nicht zu ermitteln sei, über welchen Anspruch eigentlich entschieden sei, sodass das Urteil gar nicht der Rechtskraft fähig sei, so soll dieser Einwand nach BGHZ 124, 164, 171 (mit Anm. *Foerste*, ZZP 1994, 370) mit einer Klage gem. § 767 analog geltend zu machen sein. Für diese Klage seien Abs. 2 und 3 des § 767 nicht entsprechend anwendbar. Siehe auch unten Rdn. 47.
32 BGH, NJW 1977, 583 f; OLG Jena, OLG-Report 2009, 346 Rn. 14; siehe unten Rdn. 29.

und die Rechtskraft des Titels dem nicht entgegensteht,[33] grundsätzlich neben § 767 möglich. Das Feststellungsinteresse ist allerdings nicht im Hinblick auf die Zwangsvollstreckung aus dem Titel zu bejahen; denn das Feststellungsurteil wäre als Entscheidung i. S. § 775 Nr. 1 ungeeignet und könnte den Fortgang der Vollstreckung nicht aufhalten.[34]

7. Unterlassungsanspruch nach § 826 BGB

8   Hat der Gläubiger den Titel, ohne dass die Voraussetzungen des § 580 Nr. 1–4 vorliegen, erschlichen (z. B. Erwirkung eines Vollstreckungsbescheides im automatisierten Mahnverfahren über eine erkanntermaßen nicht schlüssige, weil etwa gegen die guten Sitten verstoßende Forderung in der Hoffnung, dass der geschäftlich ungewandte Schuldner nicht Einspruch einlegen werde)[35] oder vollstreckt der Gläubiger einen später als unrichtig erkannten Titel in einer Weise weiter, die gegen die guten Sitten verstößt,[36] so steht dem Schuldner nach gefestigter Rechtsprechung[37] ein materiellrechtlicher Schadensersatzanspruch aus § 826 BGB auf Unterlassung der weiteren Zwangsvollstreckung und Herausgabe des Vollstreckungstitels zu. Er ist mit der Leistungsklage geltend zu machen. Diese Klage kann nie mit der Vollstreckungsabwehrklage nach § 767 konkurrieren, weil es bei ihr nicht um Einreden oder Einwendungen gegen den dem Grunde nach nicht zu beanstandenden Anspruch, sondern um den Anspruchsgrund selbst geht.[38]

8. Allgemeiner Vollstreckungsschutz gem. § 765a

9   Ist der Schuldner der Ansicht, nicht die Zwangsvollstreckung schlechthin, wohl aber eine einzelne Vollstreckungsmaßnahme sei mit den guten Sitten nicht vereinbar, so muss er insoweit Vollstreckungsschutzantrag nach § 765a stellen.[39] Da einzelne Vollstreckungsmaßnahmen nie Gegenstand einer Vollstreckungsabwehrklage sein können,[40] kommt eine Konkurrenz mit § 767 nie in Betracht.

9. Bereicherungsausgleichsansprüche nach § 812 BGB

10 Nach beendeter Zwangsvollstreckung, wenn eine Klage nach § 767 nicht mehr in Betracht kommt,[41] kann der Schuldner mit einer Leistungsklage auf Herausgabe der Bereicherung oder auf Schadensersatz vom Gläubiger das Vollstreckungsergebnis ganz oder teilweise zurückverlangen, wenn dieser vollstreckt hat, obwohl ihm die titulierte Forderung nicht mehr zustand.[42] Allerdings ist diese Klage nur begründet, wenn die Einreden gegen die Forderung nicht zuvor schon Gegenstand einer – erfolglosen – Klage nach § 767 waren. Beide Klagen sind also nie neben- oder hintereinander mög-

---

33 Dies ist bei Urteilen immer der Fall, nie dagegen bei vollstreckbaren Urkunden; BGH, NJW 1957, 23; siehe auch BGH, NJW 1977, 583.
34 RGZ 158, 149; BGH, NJW 2009, 1671 Rn. 14.
35 Beispiele: BGH, MDR 1969, 739; NJW 1987, 3256; NJW-RR 1987, 831; MDR 1999, 1069; BSG, NJW 1987, 2038; OLG Düsseldorf, NJW-RR 1987, 938; OLG Hamm, NJW-RR 1987, 297 und NJWE-FER 1997, 75; OLG Stuttgart, NJW 1987, 444 und NJW 1994, 330; OLG Bremen, NJW 1986, 1499; OLG Schleswig, NJW-RR 1992, 239; LG Koblenz, NJW-RR 1987, 166; LG Hamburg, NJW-RR 1986, 1051 und MDR 1985, 764; LG Würzburg, NJW-RR 1992, 52; LG Hanau, InVo 1999, 54; AG Bad Schwalbach, NJW-RR 1991, 2426.
36 BGH, NJW 1983, 2317; NJW 1986, 1751; NJW-RR 1987, 1032; MDR 1997, 397; OLG Köln, NJW-RR 1993, 570; OLG Bamberg, NJW-RR 1994, 454; LG Saarbrücken, NJW-RR 1986, 1049.
37 Einzelheiten siehe Anhang zu § 767: Klagen auf Unterlassung der Zwangsvollstreckung und auf Herausgabe des Titels.
38 So zutreffend OLG Stuttgart, OLGZ 1976, 333; a. A.: OLG Köln, NJW 1986, 1350. OLG Düsseldorf, FamRZ 1997, 827 will die Sittenwidrigkeit in Ausnutzung von Unterhaltstiteln sogar immer als Einrede im Rahmen der Vollstreckungsabwehrklage zulassen.
39 Siehe § 765a Rdn. 11.
40 BGH, NJW 1960, 2286.
41 Näheres hierzu unten Rdn. 15.
42 Einzelheiten unten Rdn. 46.

lich. Solange die Möglichkeit einer Klage nach § 767 noch besteht, ist die Bereicherungs- bzw. Schadensersatzklage unzulässig.[43]

III. Streitgegenstand und Rechtsnatur der Klage

1. Streitgegenstand – Klageänderung

Streitgegenstand der Vollstreckungsabwehrklage ist die Zulässigkeit der Zwangsvollstreckung des Gläubigers aus einem bestimmten Titel. Zugrunde liegt ihr ein privatrechtlicher Vollstreckungsunterlassungsanspruch des Schuldners gegen den Gläubiger.[44] Die Klage soll die Vollstreckbarkeit des angegriffenen Titels beseitigen, nicht, wie eine Wiederaufnahme nach § 591, den Titel aufheben. Die Vollstreckungsabwehrklage führt daher nicht zur Fortsetzung eines rechtskräftig beendeten Prozesses und nicht zu einer Neubeurteilung des zuerkannten Anspruchs nach Maßgabe des geänderten Sachverhalts.[45] Eine den Streitgegenstand erweiternde negative Zwischenfeststellungsklage gemäß § 256 Abs. 2 gegen den vollstreckbaren Anspruch ist möglich;[46] sie kann ebenso wie die Vollstreckungsabwehrklage aber nur mit Erfolg erhoben werden, soweit nicht die Rechtskraft des Erkenntnisverfahrens oder § 767 Abs. 2 entgegenstehen. In seinem Prozessstoff ist der Streitgegenstand der Vollstreckungsabwehrklage begrenzt durch vorgetragene Tatsachen, die Einwendungen oder erhobene Einreden gegen den vollstreckbaren Anspruch begründen können. Sonst wäre der Konzentrationsgrundsatz des § 767 Abs. 3 überflüssig. Schiebt der Kläger im Verlauf des Prozesses einwendungsbegründende Tatsachen nach, ist dies als Klageänderung zu behandeln, deren Zulässigkeit sich nach § 263 beurteilt.[47] Da der Kläger den Streitgegenstand bestimmt, können bei der Vollstreckungsabwehrklage offenkundige Tatsachen, auf welche keine Einwendung gestützt ist, nicht von Amts wegen berücksichtigt werden.[48]

11

2. Prozessuale Gestaltungsklage

Die Vollstreckungsgegenklage ist eine prozessuale Gestaltungsklage.[49] Das stattgebende Urteil nimmt dem betroffenen Titel die Vollstreckbarkeit. Diese kann der beklagte Vollstreckungsgläubiger nicht selbst aufheben; er kann lediglich auf die Rechte aus dem Titel verzichten. Deshalb genügt für die Vollstreckungsabwehr eine Unterlassungsklage nicht, obwohl ihr ein Unterlassungsanspruch zugrunde liegt. Anders als bei materiellen Gestaltungsurteilen tritt die Wirkung nicht erst mit dessen Rechtskraft ein, auch nicht erst mit Zustellung an den unterlegenen Gläubiger, sondern gemäß § 775 Nr. 1 mit der Vollstreckbarerklärung.[50] Eine konkrete richterliche Anordnung an die Vollstreckungsorgane, welche die Fortsetzung der Zwangsvollstreckung untersagt, ergeht nach § 767 nicht.

12

---

43 *Kainz*, Funktion und dogmatische Einordnung der Vollstreckungsgegenklage, S. 186; *Gaul/Schilken/Becker-Eberhard*, § 40 Rn. 175.
44 BGHZ 167, 150, 154, *Bettermann*, Die Interventionsklage als zivile Negatoria, FS Weber, 1975, S. 87, 94.
45 BGHZ 22, 54, 56; 55, 255, 256; 85, 367, 371; 100, 211, 212; 124, 164, 169; 127, 146, 149; BGH FamRZ, 1984, 878, 879; WM 1989, 1514, 1516; WM 2005, 1991, 1992; NJW 2009, 1282 Rn. 11; RGZ 75, 199, 201; 100, 98, 100; 165, 374, 380; BVerfGK, NJW 2000, 1936, 1938; a.A. RGZ 153, 216, 218; *Bettermann*, Rechtshängigkeit und Rechtsschutzform 1949, S. 45, 51 f; *A. Blomeyer*, AcP 165 [1965] 481, 493.
46 Vgl. BGH, FamRZ 1984, 878, 879; keine Zwischenfeststellungsklage in BGH, NJW 2009, 1671 entgegen der Anmerkung von J. Kaiser, aaO.
47 BGHZ 45, 231, 234; BGH, NJW, 1991, 2280, 2281; RGZ 55, 101, 104; a. A. *Bötticher*, MDR 1963, 933.
48 RGZ 109, 69, 70 zum Aufwertungseinwand in der Inflationszeit.
49 BGHZ 22, 54, 56; 55, 255, 256; 85, 367, 371; 127, 146, 149; 163, 150, 154; BGH FamRZ 1984, 878, 879; ZIP 1987, 945, 946; WM 1989, 1514, 1516; WM 2005, 1991, 1992; NJW-RR 2007, 1553, 1554 Rn. 19; NJW 2009, 1671 Rn. 8; RGZ 75, 199, 201; 100, 98, 100; 165, 374, 380; BVerfGK, NJW 2000, 1936, 1938; *Stein*, Grundfragen der Zwangsvollstreckung, 1913, S. 47; *Gaul/Schilken/Becker-Eberhard*, § 40 Rn. 13.
50 BGHZ 25, 60, 65.

Diese Anordnung hat abstrakt das Gesetz selbst getroffen, indem nach § 775 Nr. 1 die Zwangsvollstreckung einzustellen ist, wenn die Ausfertigung einer vollstreckbaren Entscheidung vorgelegt wird, aus der sich ergibt, dass die Zwangsvollstreckung aus dem bezeichneten Titel für unzulässig erklärt ist. Man kann daher dem Urteilsausspruch des § 767 eine Art Tatbestandswirkung zuschreiben.[51] Die auf *Kuttner*[52] zurückgehende Anordnungstheorie entbehrt der Grundlage. Unnötig ist die Vorstellung, dass mit dem stattgebenden Urteil der Vollstreckungsabwehrklage ein richterliches Verbot an den Gläubiger verbunden sei, die Zwangsvollstreckung weiter zu betreiben.[53] Der Erinnerungsgrund für den Schuldner hängt von einem solchen Verbot an den Gläubiger nicht ab. Unwirksamkeit des unzulässigen Vollstreckungsaktes als Verbotsfolge tritt unstreitig nicht ein, sondern nur Anfechtbarkeit nach den §§ 766, 793. Die Rechtsnatur der Vollstreckungsabwehrklage kann auch mit einer negativen Feststellung zur Vollstreckbarkeit des Titels nicht ausreichend erfasst werden, welche diesen jedenfalls zunächst unberührt ließe.[54] Die Feststellung einer Einwendung gegen den vollstreckbaren Anspruch würde die weitere Vollstreckbarkeit des Titels ohnehin nicht beseitigen. Selbst in den Fällen des § 775 Nr. 4 und 5 führt der Nachweis der Erfüllung nur zur einstweiligen Einstellung der Zwangsvollstreckung (§ 776 Satz 2), die aber auf Verlangen des Gläubigers wieder fortzusetzen ist. Ohne Gestaltungskraft des Urteilsausspruchs wäre die Klage des § 767 als Waffe des Schuldners zu schwach, um die (weitere) Vollstreckung des Gläubigers abzuwehren.[55]

IV. Zulässigkeit der Klage

1. Statthaftigkeit

13   Die Klage ist nur **statthaft,** wenn der Vollstreckungsschuldner aufgrund materiellrechtlicher Einwendungen oder Einreden gegen den titulierten Anspruch[56] oder aufgrund von Einwendungen aus einer Vollstreckungsvereinbarung zwischen den Parteien die (gänzliche oder teilweise) Beseitigung der Vollstreckbarkeit eines an sich wirksamen Titels erstrebt. Bestreitet er das Vorliegen eines Titels überhaupt oder eines Titels mit vollstreckungsfähigem Inhalt oder rügt er den den gesetzlichen Verfahrensregeln nicht entsprechenden Ablauf des Vollstreckungsverfahrens, so ist die Klage mit diesen Einwendungen nicht statthaft und damit unzulässig. Ebenso unstatthaft ist die Klage mit materiellrechtlichen Einwendungen gegen Titel, die ihrerseits nach ihrem Inhalt keine Grundlage für eine Zwangsvollstreckung darstellen können, etwa Feststellungs- und Gestaltungsurteile (z. B. Klage gegen ein Feststellungsurteil mit dem Einwand, das festgestellte Rechtsverhältnis sei nachträglich entfallen).[57] Denn hier wäre Klageziel nicht die Beseitigung der (sowieso nicht gegebenen) Vollstreckbarkeit des Titels, sondern Abänderung des Titels selbst.

2. Zuständigkeit des Gerichts

14   Hinsichtlich der (gem. § 802 ausschließlichen) Zuständigkeit des anzurufenden Gerichts ist nach der Art des Vollstreckungstitels zu unterscheiden:
   a) Die Klage gegen **Urteile** ist beim **Prozessgericht** des ersten Rechtszuges zu erheben, unabhängig davon, ob infolge einer Klageverbindung nach der Höhe des Streitwertes ansonsten jetzt ein anderes Gericht zuständig wäre.[58] Unter Prozessgericht ist das Gericht des Verfahrens zu

---

51 *Bettermann*, FS Weber, 1975, S. 87, 92.
52 *Kuttner*, Urteilswirkungen außerhalb des Zivilprozesses, 1914, S. 22.
53 So aber *Bruns/Peters*, § 15 II; *Bettermann*, FS Weber, 1975, S. 87, 93; *Kainz*, S. 56.
54 Befürwortend jedoch *Janke*, Über den Gegenstand der Vollstreckungsgegenklage (§ 767), 1978, S. 132; *Stamm*, Die Prinzipien und Grundstrukturen des Zwangsvollstreckungsrechts, 2007, S. 555 ff.
55 Vgl. BGHZ 124, 164, 171.
56 Ob sie schlüssig dargelegt sind und im Ergebnis auch tatsächlich durchgreifen, ist eine Frage der Begründetheit; *Stein/Jonas/Münzberg*, § 767 Rn. 16.
57 OLG Düsseldorf, WM 1984, 335; *Brox/Walker*, Rn. 1329; *Bruns/Peters*, § 15 II; *Zöller/Herget*, § 767 Rn. 5.
58 OLG Hamm, NJW-RR 2000, 65.

verstehen, in dem der Vollstreckungstitel geschaffen worden ist.[59] Da die Sachkunde dieses Gerichts ausgenutzt werden soll,[60] verbleibt es bei seiner Zuständigkeit auch dann, wenn ein neues Erkenntnisverfahren infolge Gesetzesänderung an ein anderes Gericht gelangen würde.[61] Es muss allerdings nicht der nämliche Spruchkörper, der den ursprünglichen Titel erlassen hat, entscheiden. Der Geschäftsverteilungsplan kann, auch wenn dies von der Sache her wenig zweckmäßig erscheint, insoweit eine andere Zuordnung treffen. Hatte im Vorprozess allerdings kraft Gesetzes ein besonderer Spruchkörper zu entscheiden (Familiengericht,[62] Kammer für Handelssachen, Kammer für Baulandsachen,[63] Wohnungseigentumsgericht[64]), so ist er auch für die Vollstreckungsabwehrklage maßgebend. Gegen Urteile der Arbeitsgerichtsbarkeit ist das Arbeitsgericht des ersten Rechtszuges, gegen Entscheidungen des Bundespatentgerichts ist dieses wiederum zuständig.[65] Wird ein Arbeitgeber in einem Drittschuldnerprozess rechtskräftig zur Lohnzahlung verurteilt und erhebt er dagegen Einwendungen, weil der Vollstreckungsschuldner inzwischen insolvent geworden ist, so handelt es sich um eine Vollstreckungsabwehrklage, mit der ein nachträglicher Wegfall der Aktivlegitimation des Vollstreckungsgläubigers gemäß § 89 Abs. 2 Satz 1 InsO (das Vollstreckungshindernis ist Vorfrage) behauptet wird. Die unrichtige Verweisung des Arbeitsgerichts gemäß § 17a Abs. 2 GVG an das Amtsgericht (Prozessgericht) soll aber für den Rechtsweg bindend sein und die Weiterverweisung an den Gerichtsstand des funktionell unzuständigen Insolvenzgerichts zur Zuständigkeit der dortigen Zivilabteilung führen.[66] Bei einer Klage gegen ein ausländisches Urteil ist das Gericht zuständig, das das Vollstreckungsurteil oder den Beschluss über die Zulassung der Zwangsvollstreckung erlassen und die Klausel erteilt hatte,[67] § 767 Abs. 1 ZPO ist auf die internationale Zuständigkeit nicht entsprechend anzuwenden[68].

b) Für Vollstreckungsabwehrklagen gegen **sonstige gerichtliche Entscheidungen** ist das Gericht zuständig, dessen Richter oder Rechtspfleger diese Entscheidungen erlassen hat (entsprechende Anwendung des § 767 Abs. 1 über § 795) bzw. das Gericht des ersten Rechtszuges insoweit.[69] Für Vollstreckungsbescheide gilt allerdings die Sonderregel des § 796 Abs. 3: Zuständig ist das Gericht, das erstinstanzlich für eine Entscheidung des Ausgangsfalles im streitigen Verfahren zuständig gewesen wäre.

---

59 BGH, NJW 1980, 188.
60 BGH, LM § 767 Nr. 42; BGH, NJW 1980, 1393.
61 OLG Stuttgart, NJW 1978, 1272; OLG Naumburg, FamRZ 2000, 1166.
62 BGH, NJW 1981, 346; OLG Hamburg, FamRZ 1984, 804; BGH, FamRZ 1992, 538. In diesem Fall ist dann für die Berufung auch der Familiensenat am OLG zuständig: OLG München, FamRZ 1978, 50; *Baumbach/Lauterbach/Hartmann*, § 767 Rn. 43; *Zöller/Herget*, § 767 Rn. 9. Bei Unterhaltstiteln ist die abweichende Regelung in § 232 Abs. 1 Nr. 2 Abs. 2 FamFG zu beachten. Die Vollstreckungsabwehrklage wird aber nicht deshalb zur Familiensache, weil nunmehr mit einem familienrechtlichen Anspruch aufgerechnet wird, wenn sie sich gegen einen Titel richtet, der keine Familiensache betrifft. Es bleibt das ursprüngliche Prozessgericht zuständig: OLG Hamm, FamRZ 1997, 1493; a. A. aber: OLG Hamm, FamRZ 1989, 875.
63 BGH, Rpfleger 1975, 219; KG, OLGZ 1972, 292.
64 BayObLG, WE 1991, 201; Einzelheiten zum Vollstreckungsabwehrantrag in entsprechender Anwendung des § 767 siehe unten Rdn. 51.
65 BPatG, GRUR 1982, 483.
66 BGH, NJW-RR 2011, 1497 Rn. 10 f.
67 Siehe auch Art. 16 Ziff. 5 EuGVÜ, Art. 22 Ziff. 5 EuGVVO und § 14 Abs. 2 AVAG; EuGH, NJW 1985, 2892.
68 BGHZ 44, 46, 47 f; 84, 17, 21 f.
69 BGH, NJW 1975, 829 (für Kostenfestsetzungsbeschlüsse); vergl. ferner BPatG, GRUR 1982, 483.

c) Für Klagen gegen vollstreckbare Urkunden (§ 794 Nr. 5) gilt die Sonderregel des § 797 Abs. 5.[70] Urkunden i. S. dieser Vorschrift sind nicht Prozessvergleiche.[71] Für diese ist das Gericht zuständig, bei dem der durch den Vergleich beendete Rechtsstreit in erster Instanz anhängig war.[72] Denn nur dieses Gericht besitzt die erforderliche Sachnähe zum Titel.

d) Vollstrecken Insolvenzgläubiger nach Aufhebung des Verfahrens aus der rechtskräftigen Tabelleneintragung ihrer Forderung gemäß § 201 InsO, muss der Schuldner Einwendungen, die den zur Tabelle festgestellten Anspruch selbst betreffen, durch Klage bei dem Amtsgericht geltend machen, bei dem das Insolvenzverfahren anhängig gewesen ist (§ 202 Abs. 1 Nr. 3 InsO), wenn nicht nach allgemeinen Vorschriften das Amtsgericht unzuständig ist. Das gilt auch, wenn nur darüber gestritten wird, ob die Tabellenforderung nach § 302 Nr. 1 InsO von der erteilten Restschuldbefreiung ausgenommen ist[73]. Die ausschließliche Zuständigkeit für die Vollstreckungsabwehrklage liegt in diesen Fällen bei dem Landgericht, zu dessen Bezirk das Insolvenzgericht gehört (§ 202 Abs. 2 InsO). Will der Insolvenzverwalter nachträglich Einwendungen gegen die festgestellte Tabellenforderung erheben[74], ohne dass ein Urteil darüber ergangen ist, bestimmt sich die gerichtliche Zuständigkeit entsprechend § 202 InsO. Eine ähnliche Lage wie für den Insolvenzverwalter mit nachträglichen Einwendungen gegen eine festgestellte Tabellenforderung kann sich für den Treuhänder ergeben, der bei seiner jährlichen Verteilung des Abtretungsaufkommens gemäß § 292 Abs. 1 InsO trotz nachträglichen Erlöschens der dort aufgenommenen Forderung eines Tabellengläubigers an das Schlussverzeichnis des Insolvenzverfahrens gebunden bleibt. Mangels Zwangsvollstreckung steht ihm eine Verteilungsabwehrklage analog § 767[75] zu, für die entsprechend § 202 Abs. 1 Nr. 3, Abs. 2 InsO ebenfalls die Eingangsgerichte am Sitz des Insolvenzgerichts zuständig sein dürften.

3. Zeitliche Grenzen

15 Die Einreichung der Vollstreckungsabwehrklage ist ab Erlass des Urteils bzw. Errichtung des Titels möglich,[76] ohne dass eine konkrete Zwangsvollstreckungsmaßnahme oder die Zwangsvollstreckung schlechthin unmittelbar drohen müsste.[77] Deshalb braucht noch nicht einmal Klausel zum Titel beantragt zu sein. Allein die abstrakte Möglichkeit, dass aus diesem Titel gegen den klagenden Schuldner vollstreckt werden könnte, ist ausreichend. Daher kann auch der Rechtsnachfolger oder der Firmenübernehmer aufseiten des alten Schuldners bereits Klage erheben, sobald Klausel gegen ihn erteilt werden könnte, unabhängig davon, ob sie in concreto auch nur beantragt ist.[78] Umgekehrt ist die Klage gegen den Rechtsnachfolger des im Titel ausgewiesenen Gläubigers bereits möglich, wenn der Titel noch nicht auf ihn umgeschrieben wurde, aber die Zwangsvollstreckung

---

70 Zur arbeitsgerichtlichen Zuständigkeit insoweit OLG Frankfurt, MDR 1985, 330; zur familiengerichtlichen Zuständigkeit bei Vollstreckungsabwehrklage gegen notariellen Unterhaltstitel: OLG Köln, InVo 2000, 188.
71 So aber OLG München, WM 1961, 768.
72 BGH, NJW 1980, 189; *Gaul/Schilken/Becker-Eberhard*, § 40 Rn. 129; MüKo/*K. Schmidt/Brinkmann*, § 767 Rn. 51, *Zöller/Herget*, § 767 Rn. 8.
73 Vgl. BGH, WM 2008, 2219 Rn. 8 ff; WM 2011, 93 Rn. 8; WM 2013, 2077 Rn. 8; NZI 2014, 568 Rn. 19 m.Anm. *Henning*.
74 Zur Notwendigkeit der Vollstreckungsabwehrklage für solche Einwendungen des Insolvenzverwalters siehe BGH, ZIP 2009, 243 Rn. 12.
75 BGHZ 193, 44 Rn. 6 ff. m.Anm. *Keller* WuB VI D. § 767 ZPO 1.12.
76 BGHZ 94, 29 f.; OLG Köln, JMBl 1990, 66; *Brox/Walker*, Rn. 1332; *Bruns/Peters*, § 14 III 3; *Gaul/Schilken/Becker-Eberhard*, § 40 Rn. 109.
77 BGH, NJW 1994, 1161, 1162; A. A. insoweit (nur »sofern eine konkrete Vollstreckungsmaßnahme bevorsteht«): *Thomas/Putzo/Seiler*, § 767 Rn. 14.
78 BGH, NJW 1980, 2198 f.; OLG Celle, NdsRpfl 1963, 37; a. A. (Klausel muss bereits erteilt sein): MüKo/*K. Schmidt/Brinkmann*, § 767 Rn. 43.

durch ihn schon droht, etwa weil er die Titelumschreibung vorbereitet oder betreibt;[79] Voraussetzung ist allerdings, dass dem Rechtsnachfolger die Klausel erteilt werden kann.[80] Die Klage ist so lange zulässig, wie aus dem Titel noch die Zwangsvollstreckung möglich ist. Das ist immer der Fall, solange der Gläubiger den Titel noch in Händen hält und die vom Schuldner geforderte Erklärung, keine Zwangsvollstreckungsmaßnahmen mehr einzuleiten, nicht (rechtzeitig) in einer dem § 775 Nr. 4 entsprechenden Form abgibt.[81] Das kann aber auch noch der Fall sein, wenn dem Schuldner der Titel bereits nach § 757 Abs. 1 ausgehändigt wurde, der Gläubiger aber sich noch einer nicht befriedigten Forderung aus dem Titel berühmt und die Gefahr besteht, dass er eine neue vollstreckbare Ausfertigung nach § 733 erhalten wird.[82] Bleiben Vollstreckungsmaßnahmen nach § 776 Satz 2, § 775 Nrn. 4 oder 5 einstweilen noch bestehen, ist auch die Abwehrklage weiter zulässig, wenn der Schuldner ein Interesse daran hat, auf diesem Wege ihre Aufhebung gemäß § 776 Satz 1, § 775 Nr. 1 zu erwirken[83].

Ist die Zwangsvollstreckung aber tatsächlich beendet, so können materiellrechtliche Einwendungen des Schuldners nur noch im Rahmen einer Schadensersatz- oder Bereicherungsklage[84] von Bedeutung sein. Lautet das Urteil auf Abgabe einer Willenserklärung, ist die Zwangsvollstreckung bereits mit Rechtskraft des Urteils beendet. Deshalb kommt gegen einen derartigen rechtskräftigen Titel ebenso wie gegen Gestaltungsurteile[85] eine Vollstreckungsabwehrklage nie in Betracht.[86] Die Vollstreckungsabwehrklage nach Beendigung der Zwangsvollstreckung ist deshalb nicht mehr zulässig,[87] weil ihr Ziel – die Beseitigung der Vollstreckbarkeit des Titels – bereits erreicht ist: Der Titel ist nach Beendigung der Zwangsvollstreckung verbraucht. Tritt die Beendigung der Zwangsvollstreckung während eines anhängigen Verfahrens über eine Vollstreckungsabwehrklage ein, ist eine Umstellung des Antrages auf Leistung von Schadensersatz oder Herausgabe der Bereicherung ohne Weiteres nach § 264 Nr. 3 möglich.[88]

Auch für Vollstreckungsabwehrklagen gegen Kostenfestsetzungsbeschlüsse gelten hinsichtlich der Zulässigkeit vom Titelerlass bis zur Beendigung der Zwangsvollstreckung keine Besonderheiten: Bei einer nach Kostenfestsetzung ergangenen Entscheidung, durch die der Streitwert abweichend niedriger festgesetzt wird, gilt die Frist des § 107 Abs. 2 nur für die erneute Kostenfestsetzung, nicht aber für die Vollstreckungsabwehrklage.[89]

4. Einrede des Schiedsvertrages

Haben die Parteien für ihre Rechtsbeziehungen eine Schiedsabrede getroffen, so greift die **Einrede des Schiedsvertrages** auch gegenüber der Vollstreckungsabwehrklage durch, wenn die mit ihr geltend gemachte Einwendung der Schiedsabrede unterliegt.[90] Eine nicht der Schiedsvereinbarung unterliegende Einrede kann dagegen mit der Vollstreckungsabwehrklage verfolgt werden. Dass der

16

---

79 BGH, NJW 1992, 2159, 2160.
80 BGHZ 120, 387, 391.
81 BGH, NJW 1994, 1161; OLG Köln, JurBüro 1999, 609.
82 Insoweit zu eng: *Brox/Walker*, Rn. 1332.
83 BGH, NJW 1955, 1556; siehe auch unten § 775 Rdn. 7, § 776 Rdn. 1.
84 Einzelheiten unten Rdn. 46.
85 RGZ 100, 98, 100; *Stein/Jonas/Münzberg*, § 767 Rn. 8.
86 OLG Hamburg, MDR 1998, 1051.
87 BGH, WM 1978, 439; NJW 1993, 3319, 3320; ZIP 2008, 796 Rn. 11; BayObLG, WE 1993, 278; *Brehm*, ZIP 1983, 1420; *Stein/Jonas/Münzberg*, § 767 Rn. 43; allgemeine Ansicht.
88 BAG, NJW 1980, 141 ff.
89 OLG München, MDR 1983, 137; *Thomes/Putzo/Hüßtege*, § 107 Rn. 2.
90 BGH, NJW 1987, 651, 652; MüKo/*K. Schmidt/Brinkmann*, § 767 Rn. 55; *Stein/Jonas/Schlosser*, § 1027a Rn. 5 (zur alten Fassung der §§ 1025 ff.; dem § 1027a entspricht nun § 1032); *Zöller/Geimer*, § 1032 Rn. 8; gegen die Zulässigkeit der Schiedseinrede gegenüber Vollstreckungsabwehrklagen: *Schwab*, ZZP 1987 (Bd. 100), 456.

Schuldner damit gegebenenfalls auf zwei Abwehrwege gedrängt wird, spricht nicht gegen die Zulässigkeit der Schiedseinrede. Er hätte an Stelle der Schiedsvereinbarung auf die Geltendmachung der Einrede vertraglich auch ganz verzichten können. Damit der Schiedsspruch über die Einwendung im Vollstreckungsverfahren Beachtung finden kann, muss in seine Vollstreckbarerklärung (§ 1063) ein Ausspruch über die Unzulässigkeit der Zwangsvollstreckung aus dem Titel aufgenommen werden (§ 775 Nr. 1).

5. Einrede der rechtskräftig entschiedenen Sache

17 Ist die Vollstreckungsabwehrklage eines von mehreren Gesamtschuldnern abgewiesen worden, so steht der Klage der anderen, die an diesem Verfahren nicht beteiligt waren, nicht die **Einrede der rechtskräftig entschiedenen Sache** entgegen, ebenso wie der Erfolg dieser Klage den anderen nicht unmittelbar im Rahmen des § 775 Nr. 1 zugutegekommen wäre.[91] Die rechtskräftige Abweisung der Klage eines Hypothekenschuldners, der auch Grundstückseigentümer ist, gegen den Hypothekengläubiger auf Bewilligung der Löschung der Hypothek wegen Zahlung steht nur einer Vollstreckungsabwehrklage des Schuldners gegen einen die Hypothek und die Forderung umfassenden Vollstreckungstitel wegen des dinglichen Anspruchs entgegen, nicht aber wegen der persönlichen Haftung des Schuldners.[92]

6. Rechtsschutzbedürfnis

18 Das **Rechtsschutzbedürfnis** für die Vollstreckungsabwehrklage entfällt nicht durch die bloße Möglichkeit, gegen das Urteil, aus dem die Vollstreckung stattfindet, Berufung einlegen und mit dieser den Einwand gegen den im Urteil festgestellten Anspruch geltend machen zu können.[93] Der Schuldner hat vielmehr die Wahl zwischen Berufung und Klage. Dem Gläubiger erwächst hieraus kein Nachteil, da ihm im Verfahren nach § 767 keine höheren Kosten erwachsen. Hat der Schuldner sich für die Berufung entschieden, so fehlt für eine gleichzeitige Vollstreckungsabwehrklage aber das Rechtsschutzbedürfnis.[94] Die Wahlmöglichkeit des Schuldners kann allerdings durch § 767 Abs. 2 einerseits, § 530 n. F.[95] andererseits beschränkt sein.

Eine Einigung zwischen Gläubiger und Schuldner darüber, dass eine Zwangsvollstreckung nicht mehr in Betracht komme, beseitigt das Rechtsschutzinteresse des Schuldners an einer Vollstreckungsabwehrklage nicht, solange der Gläubiger den Vollstreckungstitel noch in Händen hat.[96] Dies gilt auch für einen schriftlichen Verzicht des Gläubigers auf seine Rechte aus dem Vollstreckungstitel ohne dessen Herausgabe an den Schuldner,[97] da § 775 Nr. 4, § 776 den Schuldner nur unzureichend schützen. Erst recht entfällt das Rechtsschutzbedürfnis nicht dadurch, dass die obergerichtliche Rechtsprechung eine bestimmte Unterwerfungsklausel in notariellen Urkunden bereits für unwirksam erklärt hat und ein vernünftiger Gläubiger deshalb aus einer derartigen Klausel nicht mehr vollstrecken würde, wenn der konkrete Gläubiger seinen Titel bisher jedenfalls nicht herausgegeben hat.[98] Ebenso wenig steht der Umstand, dass der Vollstreckungsgläubiger seine vollstreckbare Ausfertigung derzeit verloren hat, der Zulässigkeit der Klage entgegen.[99] Insbesondere

---

91 LG Frankenthal, MDR 1983, 586.
92 BGH, ZZP 1954, 100.
93 VGH Mannheim, BVlBW 1985, 185; BAG, NZA 1985, 709; *Gaul/Schilken/Becker-Eberhard*, § 40 Rn. 85; *Stein/Jonas/Münzberg*, § 767 Rn. 41.
94 BAG, NJW 1980, 141; BAG, NZA 1985, 709; OLG Hamm, ZIP 1993, 523; a. A. für die besondere Vollstreckungsabwehrklage gem. § 786: OLG Frankfurt, NJW-RR 1992, 31.
95 Zivilprozessreformgesetz vom 27. 7. 2001, BGBl. I 2001, 1887. § 527 a. F. enthielt eine entsprechende Regelung.
96 BGH, DB 1976, 482 und NJW 1994, 1161; OLG Köln, JurBüro 1999, 609.
97 BGH, NJW 1955, 1556 und NJW 1992, 2148; OLG Hamm, WRP 1992, 195.
98 LG Frankenthal, NZM 2000, 927.
99 OLG Hamm, FamRZ 2000, 1166.

bei Unterhaltstiteln kann die Klage aber ausnahmsweise unzulässig geworden sein, wenn Vollstreckungsmaßnahmen nach den Umständen des Falles unzweifelhaft nicht mehr drohen[100].

Der allgemeine Grundsatz, dass für eine Klage das Rechtsschutzbedürfnis fehlt, wenn ihr Ziel auf einfacherem und kostengünstigerem Weg erreicht werden kann, gilt auch gegenüber der Vollstreckungsabwehrklage.[101] Es ist dabei allerdings zu beachten, dass Ziel der Klage die Beseitigung der Vollstreckbarkeit des Titels schlechthin, nicht nur die Abwehr einzelner konkreter Vollstreckungsmaßnahmen ist. Nur wenn der Schuldner **diesen** Erfolg mit dem einfacheren und kostengünstigeren Rechtsbehelf auch tatsächlich erreichen kann, kann das Rechtsschutzbedürfnis für die Klage verneint werden. Praktisch wird das nur der Fall sein, wenn der Schuldner neben den materiellrechtlichen Einreden gegen den titulierten Anspruch auch einwenden könnte, es liege in formeller Hinsicht kein Vollstreckungstitel i. S. der ZPO – mehr – vor.[102] Hier würde der formelle Einwand im Rahmen der §§ 732, 766 zur Beseitigung der Vollstreckbarkeit der nur als Titel erscheinenden Urkunde auf Dauer führen.[103] In diesem Fall sollte der Schuldner diesen Weg auch dann gehen, wenn er persönlich mehr an der Klärung seiner materiellrechtlichen Einwände interessiert wäre.[104] Die Möglichkeit, den Erfüllungseinwand auch im Vollstreckungsverfahren der §§ 887, 888 zu erheben,[105] schließt das Rechtsschutzbedürfnis für eine Vollstreckungsabwehrklage nicht aus. Denn der Schuldner kann damit nicht nur die einzelne Vollstreckungsmaßnahme verhindern, sondern die Vollstreckbarkeit des Titels rechtskräftig beseitigen.[106] Sieht das Gesetz sonstige einfachere Möglichkeiten vor, die Zwangsvollstreckung auf Dauer auszuschließen, so sind auch diese Wege anstelle der Vollstreckungsabwehrklage zu beschreiben. So muss der Schuldner nach der Klagerücknahme den Weg des § 269 Abs. 4 gehen,[107] in den Fällen des § 56 Abs. 1 u. 2 FamFG den Weg des § 56 Abs. 3 FamFG[108]

Leidet der Titel dagegen nur an noch beseitigbaren Mängeln, kann die Zwangsvollstreckung aus ihm in Zukunft also noch drohen, darf dem Schuldner die sofortige Klage nach § 767 oder eine Klage analog § 767[109] nicht verwehrt werden.

7. Unterbrechung

Die Vollstreckungsabwehrklage ist keine Maßnahme der Zwangsvollstreckung, sondern ein Erkenntnisverfahren über die Vollstreckbarkeit des bekämpften Titels. Die Vollstreckungsabwehrklage wird deshalb anders als Verfahren der Zwangsvollstreckung durch die Eröffnung des Insolvenzverfahrens über das Vermögen einer Partei oder die Bestellung eines allein entscheidenden vorläufigen Insolvenzverwalters für deren Vermögen nach § 240 ZPO unterbrochen.[110]

19

---

100 BGH, NJW 1984, 2826, 2827; NJW 1992, 2148; Beschl. v. 15. Dezember 2011 – IX ZR 230/09 Rn. 2 n. v.
101 *Brox/Walker*, Rn. 1333; MüKo/*K. Schmidt/Brinkmann*, § 767 Rn. 43.
102 Siehe insoweit auch oben Rdn. 3.
103 BGHZ 15, 190 f.; 22, 54; 55, 255 f.
104 A. A. die wohl h. M.: *Baur/Stürner/Bruns* Rn. 45.27; *Brox/Walker*, Rn. 1333; *Gaul/Schilken/Becker-Eberhard*, § 13 Rn. 76, § 40 Rn. 31; vgl. aber auch BGH, NJW 1992, 2160 mit Anm. *K. Schmidt*, JuS 1993, 166.
105 BGHZ 161, 67, 71 mit Bespr. *Becker-Eberhard*, LMK 2005, 31; *Brehm*, EWiR 2005, 173 und Aufsatz *Schuschke*, InVo 2005, 396; BGH, GuT 2005, 256.
106 Ebenso *Schuschke*, BGH-Report 2005, 197, 198 Anm.
107 AG Warburg, NJW-RR 1998, 1221.
108 Vergl. OLG Köln, FamRZ 1999, 1221.
109 Siehe unten Rdn. 47.
110 BGH, NJW-RR 2009, 60 Rn. 9.

V. Zur Begründetheit der Klage führende Einwendungen

20 Da durch § 767 die Rechtskraft, soweit die Titel ihrer fähig sind, nicht angetastet werden darf,[111] ist hinsichtlich der erfolgversprechenden Einwendungen nach der Art des Titels zu differenzieren. Darüber hinaus ist zu unterscheiden zwischen materiellrechtlichen Einwendungen[112] und solchen, die aus einer Parteivereinbarung gegen die Vollstreckung als Verfahrensvorgang hergeleitet werden.[113]

1. Einwendungen gegen durch Urteil titulierten Anspruch

21 Gegen »den durch ein **Urteil** festgestellten Anspruch« kommen nur rechtshemmende und rechtsvernichtende Einwendungen materiellrechtlicher Art, niemals rechtshindernde Einwendungen infrage, da das Entstandensein des Anspruchs durch das Urteil im Rahmen der Zwangsvollstreckung außer Zweifel steht.[114]

a) Rechtshemmende Einwendungen

22 **Rechtshemmende** Einwendungen sind insbesondere die Stundung,[115] das Zurückbehaltungsrecht,[116] die Einrede der fehlenden Fälligkeit[117] oder derzeit unzulässigen Rechtsausübung,[118] die Einrede des Notbedarfs des Schenkers (§ 519 BGB) bzw. des rückgabepflichtigen Beschenkten (§ 529 Abs. 2 BGB) sowie die Einrede der Verjährung,[119] sei es des titulierten Hauptanspruchs selbst (§ 214 Abs. 1 BGB)[120] oder des Zinsanspruchs (§ 217 BGB).[121] Einem dreißig Jahre lang befolgten Unterlassungsurteil kann allerdings nicht nach Ablauf der Frist des § 197 n. F. BGB mit Erfolg die Verjährungseinrede entgegengehalten werden,[122] da fortbestehende Unterlassungsansprüche sonst im 30-Jahres-Turnus immer neu tituliert werden müssten. Ist der Schuldner nicht aus eigener Verbindlichkeit, sondern als Gesellschafter aus § 128 HGB rechtskräftig verurteilt worden, so ist dem Zweck des § 129 Abs. 1 HGB zu entnehmen, dass er gegenüber der Zwangsvollstreckung nicht geltend machen kann, die bisher nicht titulierte Forderung des Gläubigers gegen die Gesellschaft sei verjährt.[123]

---

111 BGHZ 100, 211, 212; siehe weiter Rdn. 31 f.
112 Siehe hierzu auch: Vor §§ 765a–777 Rdn. 8.
113 Siehe hierzu auch: § 766 Rdn. 15.
114 Oben Rdn. 4.
115 BGH, WM 1967, 1199.
116 BGH, NJW 1962, 2004; BGHZ 118, 229, 242; *Renkl*, JuS 1981, 666; zu Recht ein Zurückbehaltungsrecht verneint wurde allerdings im Fall OLG Köln, JMBlNW 1983, 274; a. A. (nur § 766 möglich): KG, NJW-RR 1989, 638. Die Berücksichtigung des Zurückbehaltungsrechts im Rahmen des § 767 führt allerdings nicht zur Unzulässigkeit der Zwangsvollstreckung schlechthin aus dem Titel, sondern nur dazu, dass die Zwangsvollstreckung künftig nur noch Zug um Zug gegen die zu bezeichnende Gegenleistung zulässig ist: BGH, NJW-RR 1997, 1272.
117 OLG Hamm, NJW-RR 1988, 266 für vollstreckbare Urkunde.
118 OLG Düsseldorf, InVo 2000, 283.
119 BGHZ 59, 72, 74; BGH, NJW 1993, 1394; BayObLG, InVo 2000, 287 zur Geltendmachung der Vollstreckungsverjährung.
120 Auch der Bürge kann seine Vollstreckungsabwehrklage darauf stützen, dass die verbürgte Hauptforderung nach seiner, des Bürgen, rechtskräftigen Verurteilung verjährt ist: BGHZ 139, 214, 216; BGH, NJW 1999, 278; OLG Bamberg, MDR 1998, 796.
121 §§ 214, 217 BGB in der Fassung des seit 1. 1. 2002 geltenden Schuldrechtsmodernisierungsgesetzes; zum früheren § 218 Abs. 2 BGB siehe: BGH, NJW 1985, 1711 und NJW 1993, 3318; LG Koblenz, DGVZ 1985, 62.
122 BGHZ 59, 72, 74.
123 BGHZ 104, 76; BGH, NJW 1981, 2579.

b) Rechtsvernichtende Einwendungen

Rechtsvernichtende Einwendungen sind insbesondere: die Erfüllung,[124] aber auch alle Erfüllungssurrogate wie die befreiende Hinterlegung,[125] die befreiende Leistung durch Dritte,[126] die Befriedigung aus bereits anderweitig erlangten Sicherheiten, die Aufrechnung;[127] ferner der Verzicht oder der Erlass[128] und ein den Anspruch berührender späterer Vergleich;[129] der Rücktritt des Schuldners vom Vertrag, aus dem der titulierte Anspruch resultiert, nach Urteilserlass;[130] die Anfechtung;[131] Wegfall der Aktivlegitimation des Gläubigers durch Abtretung,[132] nachträgliche Unwirksamkeit einer Abtretung nach den § 91 Abs. 1, § 110 InsO, gesetzlichen Forderungsübergang,[133] durch Beendigung der gesetzlichen Prozessstandschaft nach § 1629 Abs. 3 BGB,[134] durch Pfändung und Überweisung der Forderung an einen Dritten[135] oder durch nachträgliche Unwirksamkeit einer Pfändung gemäß § 89 Abs. 2 InsO im Verhältnis zum Drittschuldner (der Erfolg der Klage kann in diesen Fällen nicht durch eine der Prozessstandschaft nachgebildete Vollstreckungsstandschaft unterlaufen werden;[136] sie ist dem deutschen Recht fremd.); Wegfall der Passivlegitimation des Schuldners durch befreiende Schuldübernahme; Umwandlung des titulierten Anspruchs in einen anderen noch nicht Titulierten im Fall des § 508 BGB (in der Fassung des Gesetzes vom 20. Sep-

23

---

124 LG Essen, MDR 1959, 399; LG Aachen, JurBüro 1969, 777; OLG Celle, JurBüro 1972, 827; LG Berlin, MDR 1976, 149; OLG Hamm, MDR 1977, 411; OLG Hamm, DGVZ 1980, 153; OLG Hamm, MDR 1983, 850; LG Bochum, MDR 1983, 65; OLG Bamberg, Rpfleger 1983, 79; BGH, NJW 1984, 2826; LAG Frankfurt, NZA 1992, 524; OLG Schleswig, InVo 2000, 172.
125 LG Karlsruhe, DGVZ 1984, 155.
126 OLG Hamm, WM 1984, 830; BGHZ 70, 151 (Anrechnung von Kindergeldzahlungen auf den Unterhaltsanspruch); AG Tempelhof-Kreuzberg, FamRZ 1975, 581 (Anrechnung einer Geschiedenenwitwenrente auf den Unterhaltsanspruch).
127 Dabei ist aber besonders auf die Präklusion nach Abs. 2 zu achten; Näheres unten Rdn. 33. Zur Auswirkung auf ein Urteil gem. § 767, wenn mit einer in einem vorläufig vollstreckbaren Urteil titulierten Forderung gegen die Titelschuld aufgerechnet worden war, das Urteil über die Aufrechnungsforderung sich aber nicht als beständig erweist: LG Amberg, MDR 1992, 1084.
128 OLG Düsseldorf, MDR 1958, 932.
129 LG Freiburg, MDR 1967, 503.
130 So schon RGZ 104, 17; siehe aber auch BGH, MDR 1978, 1011 zur Unzulässigkeit des Einwandes des Vertragsrücktritts des Zedenten gegenüber dem Zessionar.
131 Hier wirkt sich bei durch Urteil titulierten Ansprüchen die Präklusion nach Abs. 2 am stärksten aus, sodass der Einwand nur selten Erfolg haben wird; vergl. *Zöller/Herget*, § 767 Rn. 12 Stichwort »Anfechtung«; Einzelheiten unten Rdn. 33.
132 Hat der Gläubiger die Forderung allerdings schon vor Titelerlass abgetreten und erfährt der Schuldner erst nachträglich hiervon, so kann dies keine Vollstreckungsabwehrklage mehr begründen. Der Schuldner kann sich in diesem Fall vor einer doppelten Inanspruchnahme durch Hinterlegung schützen: BGH, NJW-RR 2001, 109 mit ablehnenden Anmerkungen von *Münzberg*, ZZP 2001, 229; *Rensen*, MDR 2001, 856 und *Foerste*, JZ 2001, 467 sowie Kurzkommentar von *Walker*, EWiR 2000, 1179.
133 OLG Düsseldorf, Rpfleger 1977, 416; LG Karlsruhe, DGVZ 1984, 155; OLG Hamm, DtZ 1992, 87.
134 *Zöller/Herget*, § 767 Rn. 12, Stichwort »Prozessführungsbefugnis«; AG Berlin-Charlottenburg, FamRZ 1984, 506; OLG Köln, FamRZ 1985, 626; OLG München, FamRZ 1990, 653; OLG Celle, FamRZ 1992, 842; OLG Hamm, FamRZ 1992, 843; OLG Oldenburg, FamRZ 1992, 844; OLG Köln, FamRZ 1995, 308; OLG München, FamRZ 1997, 1493; OLG Hamm, FamRZ 2000, 365; OLG Stuttgart, InVO 2001, 256; a.A.: OLG Frankfurt, FamRZ 1983, 1268; KG, FamRZ 1984, 505; vergl. zu diesem Problem auch § 766 Rdn. 13.
135 BGH, ZIP 1985, 341; BAG, NJW 1997, 1868; *Münzberg*, DGVZ 1985, 145.
136 BGH, NJW 1985, 558 mit krit. Anm. *Brehm*, JZ 1985, 342 und *Olzen*, JR 1985, 288; für die Zulässigkeit einer Vollstreckungsstandschaft insbesondere: *Gaul/Schilken/Becker-Eberhard*, § 40 Rn. 44; auch: OLG Bamberg, InVo 1998, 317; zur Problematik einer Vollstreckungsstandschaft siehe im Übrigen auch vorn: § 727 Rdn. 31.

tember 2013, BGBl. I S. 3643, vorher § 503 Abs. 2 Satz 2 BGB, vorher § 13 Abs. 3 VerbrKrG);[137] Wegfall des Räumungsanspruchs durch Ausübung eines Optionsrechts;[138] Wegfall des Anspruchs auf Trennungsunterhalt durch rechtskräftige Scheidung;[139] Wegfall des Unterhaltsanspruchs gegen den Scheinvater durch Feststellung der Nichtehelichkeit;[140] Wegfall des Anspruchs auf Barunterhalt nach Übernahme des Unterhalts in Natur.[141] Wegfall der Geschäftsgrundlage;[142] nachträgliche, vom Schuldner nicht zu vertretende Unmöglichkeit der Leistung,[143] Verwirkung[144].

Nach **Eröffnung des Insolvenzverfahrens** kann der Insolvenzverwalter gegen die Zulässigkeit der Zwangsvollstreckung eines Absonderungsberechtigten in die Masse einwenden, die Absonderungsberechtigung sei anfechtbar erworben worden.[145] Umgekehrt kann der Vollstreckungsschuldner der Vollstreckung eines noch vom nachmaligen Insolvenzschuldner erwirkten Urteils durch den Insolvenzverwalter mit dem Einwand entgegentreten, der Insolvenzverwalter habe nach § 103 InsO seinerseits die Vertragserfüllung abgelehnt.[146] Gegen insolvenzrechtlich unzulässige Vollstreckungsmaßnahmen steht dem Insolvenzverwalter nur die Erinnerung nach § 766 zu. Hierüber entscheidet gemäß § 89 Abs. 3 InsO das Insolvenzgericht. Zunächst im Wege der Erinnerung statt der Vollstreckungsabwehrklage kann sich der Insolvenzverwalter auch gegen die Vollstreckung eines Massegläubigers wehren, die nach § 210 InsO untersagt ist. Denn mit dem auf die Massearmut gestützten Vollstreckungsverbot wird ein Einwand gegen die Zulässigkeit der Zwangsvollstreckung erhoben, nicht jedoch eine materielle Einwendung gegen die vollstreckbare Masseschuld an sich.[147] Voraussetzung ist aber, dass der Insolvenzverwalter die Masseunzulänglichkeit glaubhaft macht. Gelingt ihm dies nicht, muss die Erinnerung zurückgewiesen werden. Der Insolvenzverwalter kann dann anschließend noch Vollstreckungsabwehrklage erheben.[148]

Nur mit Vollstreckungsabwehrklage kann der Einwand des Schuldners verfolgt werden, ein gegen ihn ergangenes Urteil oder sonstiger Titel sei wegen Erteilung der Restschuldbefreiung nicht mehr vollstreckbar[149]; nach § 301 Abs. 3 InsO verwandeln sich die von der Befreiung ergriffenen Verbindlichkeiten in Naturalobligationen.[150]

---

137 Vergl. zur insoweit vergleichbaren Problematik des früheren § 5 AbzG: AG Köln, ZZP 1958, 330; LG Flensburg, JurBüro 1965, 323; OLG Köln, JurBüro 1965, 815; LG Köln, JurBüro 1966, 709; LG Berlin, MDR 1974, 1025; BGH, BB 1976, 665; *Gaul/Schilken/Becker-Eberhard*, § 40 Rn. 41; *Brehm*, JZ 1972, 153.
138 BGH, MDR 1985, 574.
139 BGH, NJW 1981, 978; vergl. hierzu auch oben Rdn. 6 m. w. Nachw. sowie § 766 Rdn. 13. Der Einwand beruht auf der materiellrechtlichen Nichtidentität von Trennungs- und Scheidungsunterhalt. Der Unterhaltsanspruch des minderjährigen Kindes ist dagegen mit dem des volljährigen identisch, sodass eine Vollstreckungsabwehrklage nicht allein auf die Volljährigkeit gestützt werden könnte: LG Köln, NJW 1967, 1377; KG, FamRZ 1983, 746; a. A. insoweit: AG Altena, FamRZ 1982, 323.
140 OLG Düsseldorf, FamRZ 1987, 166; LG Lahnstein, FamRZ 1984, 1236.
141 Eine zeitweise Versorgung in Natur während eines Ferienaufenthaltes führt allerdings noch nicht zum Wegfall des Barunterhaltsanspruchs: BGH, NJW 1984, 2826.
142 LAG Hessen, NZA 1991, 960.
143 OLG Köln, NJW-RR 1991, 1022.
144 OLG Hamm, Beschl. v. 17. März 2014 – 6 UF 196/13, bei juris, zum Unterhaltsanspruch.
145 BGHZ 22, 128.
146 BGH, NJW 1987, 1702; MüKo/*K. Schmidt/Brinkmann*, § 767 Rn. 65; MüKo-InsO/*Huber*, § 103 Rn. 181.
147 BGH, BGH-Report 2006, 1555, 1557 gegen die früher herrschende Meinung zu § 60 Abs. 1 KO, vgl. insoweit BAG, NJW 1980, 141; BAG, ZIP 1986, 1338; *Kilger/K. Schmidt*, § 60 KO Anm. 2; *Kuhn/Uhlenbruck*, § 60 KO Rn. 3h.
148 BGH, ZInsO 2007, 1152 Rn. 9.
149 BGH, WM 2008, 2219 Rn. 8 ff; BGH, ZIP 2011, 37 Rn. 16.
150 BGH, WM 2008, 2219 Rn. 11; BGHZ 183, 258 Rn. 36.

c) Nachträgliche Gesetzesänderung

Hinsichtlich der **nachträglichen Änderung des Gesetzes,** auf dem der titulierte Anspruch beruht, muss unterschieden werden: Ein seinerzeit berechtigter einmaliger Zahlungsanspruch bleibt bestehen und kann deshalb auch weiter vollstreckt werden, wenn seine Anspruchsgrundlage vom Gesetzgeber später beseitigt wird;[151] stellt dagegen das BVerfG die Verfassungswidrigkeit der Anspruchsgrundlage später fest, gilt die Sonderregel des § 79 BVerfGG.[152] Wird eine titulierte vertretbare oder unvertretbare Handlung durch eine Gesetzesänderung später unzulässig, rechtfertigt dies die Vollstreckungsabwehrklage ebenso wie umgekehrt der Umstand, dass ein gesetzliches Unterlassungsgebot, das die Grundlage eines Unterlassungstitels bildete, aufgehoben oder inhaltlich abgeändert wird.[153] Betrifft die Gesetzesänderung nicht den materiellrechtlichen Unterlassungsanspruch, sondern nur die Befugnis, einen derartigen Unterlassungsanspruch gerichtlich durchzusetzen, so rechtfertigt sie die Vollstreckungsabwehrklage allerdings nicht (Beispiel: Trotz Einschränkung der Verbandsklagebefugnis durch Änderung des § 13 UWG a. F. bleibt ein von einem jetzt nicht mehr klagebefugten Verband früher erstrittener Titel vollstreckbar.[154] Soweit die Änderung des § 13 Abs. 2 UWG a. F. auch den zukünftigen Anspruch selbst betroffen hat, kann der Wegfall des Anspruchs mit § 767 verfolgt werden).[155] Ändert sich ein Gesetz, das materiellrechtliche Grundlage für die Titulierung eines künftigen Anspruchs oder wiederkehrender Ansprüche war, so rechtfertigt dieser Umstand die Abwehrklage wegen der noch nicht entstandenen (und nicht mehr entstehenden) Ansprüche.[156] Gegenüber einem gerichtlichen Unterhaltsvergleich kann die Anrechnung von Kindergeldzahlungen auf veränderter gesetzlicher Grundlage mit der Vollstreckungsabwehrklage im Wege einer ergänzenden Vertragsauslegung durchgesetzt werden.[157]

24

d) Spätere Änderung der Rechtsprechung

Eine **spätere Änderung der Rechtsprechung,** die dazu führt, dass der seinerzeit titulierte Anspruch heute nicht mehr tituliert würde, steht der weiteren Vollstreckbarkeit des Titels nicht entgegen, führt also nicht zum Erfolg der Abwehrklage.[158] Entscheidungen gelten nur inter partes. Sie stehen nie unter dem Vorbehalt gleichbleibender Rechtsansichten des Gerichts. Bei Titeln auf künftig wiederkehrende Zahlungen erkennt der Bundesgerichtshof einen Abänderungsgrund gemäß § 323 an, wenn sich infolge einer höchstrichterlichen Leitentscheidung die rechtlichen Maßstäbe zur Berechnung der Leistung in einer Weise verändert haben, dass dies in seinen Auswirkungen einer Gesetzesänderung oder einer Änderung der Rechtslage durch die Rechtsprechung des Bundesverfassungsgerichts gleichkommt.[159] Gegenüber einem rechtskräftigen Unterlassungstitel kann der Schuldner dagegen schon mit der Vollstreckungsabwehrklage geltend machen, ihm sei das untersagte Verhalten aufgrund einer Änderung der höchstrichterlichen Rechtsprechung nicht mehr verboten.[160] Für Änderungen der Rechtsprechung aufgrund einer verfassungskonformen Auslegung oder später erkannter Drittwirkung der Grundrechte gilt in entsprechender Anwendung § 79 BVerfGG.[161]

25

---

151 OLG Köln, WM 1985, 1539.
152 Einzelheiten unten Rdn. 48.
153 BGHZ 133, 316, 323; 181, 373 Rn. 18.
154 KG, NJW 1995, 1035 und 1036 sowie GRUR 1996, 997; OLG Köln, GRUR 1997, 316; BGH, NJW 2000, 3645 mit Kurzkommentar *Ulrich,* EWiR 2001, 137.
155 Siehe auch BGHZ 133, 316, 324 f und BGH, NJW 2000, 3645 zur Möglichkeit der Kündigung eines vertraglich eingeräumten Unterlassungsanspruchs.
156 BGH, FamRZ 1977, 461; OLG Schleswig, FamRZ 1986, 70.
157 BGHZ 70, 151, 157.
158 BGHZ 151, 316, 326 f; 181, 373 Rn. 19; OLG Köln, WM 1985, 1539.
159 BGHZ 148, 368, 378; 153, 372, 383 f; 181, 373 Rn. 22; vgl. ferner BGHZ 161, 73, 78 zu § 850g Satz 1.
160 BGHZ 181, 373 Rn. 21; *Lindacher,* GS Wolf S. 473 ff.; siehe oben Rdn. 6.
161 Siehe insoweit unten Rdn. 48.

e) Spätere Änderung der tatsächlichen Verhältnisse

26 Hinsichtlich einer **späteren Änderung der anspruchsbegründenden Verhältnisse** muss unterschieden werden: Stellt das Urteil bewusst nur auf die Verhältnisse zum Zeitpunkt der letzten mündlichen Verhandlung ab, ohne dass es zugleich eine Zukunftsprognose wie im Fall des § 259 mitenthält, so kann eine Veränderung der Verhältnisse den Anspruch auch nicht mehr berühren. Deshalb kann mit der Vollstreckungsabwehrklage nicht geltend gemacht werden, das einer rechtskräftigen Verurteilung zur Zahlung von Verzugszinsen zu Grunde liegende Zinsniveau habe sich nach dem Schluss der mündlichen Verhandlung verändert.[162] Das Zinsniveau ist hier bewusst festgeschrieben. Eine Änderung der Verhältnisse soll den Anspruch nicht mehr berühren. Ähnliches gilt für die Feststellung des Eigenbedarfs in einem Räumungsurteil; sein späterer Wegfall berührt den rechtskräftig titulierten Räumungsanspruch nicht mehr.[163] Führt die Änderung der Verhältnisse dagegen zum nachträglichen Erlöschen eines Dauerschuldverhältnisses, so kann hierauf auch die Vollstreckungsabwehrklage gestützt werden: Ist eine Werbeaussage als irreführend untersagt, so kann eine Veränderung der Umstände, durch die die Aussage nachträglich für die Zukunft wahrheitsgemäß wird, einen Einwand i. S. § 767 Abs. 1 stützen.[164] Kein nachträgliches Erlöschen des Anspruchs ist allerdings anzunehmen, wenn nicht die tatsächlichen Umstände, sondern nur die Möglichkeiten ihrer Bewertung und sachgerechten Beurteilung sich ändern, wenn etwa der Nachweis, dass eine Werbeaussage von Anfang an nicht täuschend war, durch neu entwickelte Beweismethoden erst später möglich wird. Dadurch würde die Ausnahmevorschrift den § 580 Nr. 7 Buchst. b unterlaufen.

Erweist sich die im Rahmen des § 259 gestellte Prognose tatsächlicher Art später als unrichtig, so rechtfertigt dies § 767 Abs. 1, wenn künftig wiederkehrende Leistungen in Rede stehen und deren Grundlage endgültig weggefallen ist.[165] Ist ein Urteil gem. § 259 über die künftige Räumung von Wohnraum vor Ablauf der Frist des § 574b Abs. 2 Satz 1 BGB[166] ergangen und übt der Mieter dann später fristgerecht sein Widerspruchsrecht aus, kann er es ebenfalls mit der Vollstreckungsabwehrklage gem. § 767 geltend machen[167]

f) Vollstreckungsvereinbarungen

27 Neben den Einwendungen, die den im Urteil festgestellten Anspruch betreffen, die also materiellrechtlich begründet sind, rechtfertigen auch Einwendungen aus bloßen Vollstreckungsvereinbarungen die Vollstreckungsabwehrklage.[168] Der Grund, die Geltendmachung dieser Vereinbarungen nicht im Rahmen des § 766 zuzulassen, liegt darin, dass die Vollstreckungsorgane das wirksame Zustandekommen und den Fortbestand solcher Vereinbarungen mit ihren Erkenntnismöglichkeiten nicht hinreichend überprüfen könnten. Die Beurteilung derartiger Vereinbarungen ist eine typisch richterliche Tätigkeit. Sie kann im ordentlichen Erkenntnisverfahren am sachgerechtesten vorgenommen werden.

---

162 Im Ergebnis zu dieser Frage ebenso BGHZ 100, 211; vgl. auch *Münzberg*, JuS 1988, 345; kritisch zur Rspr. des BGH: *Deichfuß*, MDR 1992, 334; *Gottwald*, MDR 1996, 980; *Frühauf*, Die Grenzen des Zinsurteils, 1998; *ders.*, NJW 1999, 1217.
163 AG Kemnath, MDR 1953, 232; AG Lübbecke, ZZP 1958, 331.
164 OLG Köln, NJW-RR 1987, 1471.
165 BAGE 42, 54, 57 f; OLG Zweibrücken, JurBüro 1979, 914; zur Abgrenzung zu § 323 insoweit vgl. oben Rdn. 6; siehe ferner *Zöller/Greger*, § 259 Rn. 2.
166 I. d. F. des Mietrechtsreformgesetzes vom 19. 6. 2001, BGBl. I 2001, 1149.
167 *MüKo/Becker-Eberhard*, § 259 Rn. 10.
168 Siehe auch § 766 Rdn. 15 sowie die Nachweise aus Lit. und Rspr. dort; ferner: OLG Frankfurt, InVo 2000, 217. Zur Abgrenzung von Vollstreckungsvereinbarungen zu bloßen schuldrechtlichen Sicherungsabreden (die aber auch mit § 767 geltend zu machen wären): OLG Hamm, Jur Büro 1999, 382; zum Vollstreckungsverzicht siehe OLG Brandenburg, Urt. v. 16.1.2014 – 5 U 45/13, bei juris, und oben Rdn. 15.

2. Einwendungen bei Vollstreckungsbescheid

Gegen einen durch **Vollstreckungsbescheid** festgestellten Anspruch kommen die nämlichen Einwendungen in Betracht wie gegen durch Urteil titulierte Ansprüche. Denn auch der Vollstreckungsbescheid ist der Rechtskraft fähig.[169] Auch hier sind also rechtshindernde Einwendungen ausgeschlossen.[170]

28

3. Einwendungen gegen Vergleiche

Vergleiche sind der Rechtskraft nicht fähig. Deshalb sind gegen in Vergleichen festgestellte Ansprüche grundsätzlich auch rechtshindernde Einwendungen möglich.[171] Allerdings stellt sich dafür hier eine andere Problematik: Der Prozessvergleich hat rechtlich eine Doppelnatur; neben dem materiellrechtlichen Vertrag, durch den der Anspruch festgestellt wird, enthält er übereinstimmende auf die Prozessbeendigung zielende Prozesshandlungen der Beteiligten.[172] Die beiden Seiten des Vergleichs sind untrennbar miteinander in der Weise verbunden, dass die anfängliche Unwirksamkeit der materiellrechtlichen Vereinbarung auch die prozessbeendigende Wirkung der Prozesserklärungen verhindert. In Fällen dieser Art fehlt es, wenn die rechtshindernde Einwendung Erfolg hat, an einem Vollstreckungstitel, der mit § 767 angegriffen werden könnte; der ursprüngliche Rechtsstreit ist noch nicht beendet; er muss deshalb fortgesetzt werden, und zwar in der Instanz, in der der Vergleich geschlossen wurde, gegebenenfalls also auch in der Revisionsinstanz.[173] Ist die Einwendung bestritten, muss sie im ursprünglichen Rechtsstreit geklärt werden.[174] Trifft die rechtshindernde Einwendung nicht zu, ist der Rechtsstreit also weiterhin durch den Vergleich beendet, ist die ursprüngliche Klage als nunmehr unzulässig abzuweisen.[175] Trifft die Einwendung gegen den Vergleich aber zu, ist der Rechtsstreit nunmehr in der Sache zu entscheiden. Sind aufgrund des Vergleichs bereits Leistungen erbracht worden, ist auch der Anspruch auf Rückerstattung dieser Leistungen in Fortführung des Ursprungsverfahrens geltend zu machen.[176] Ist die Einwendung gegen den Vergleich begründet, der Rechtsstreit in der Hauptsache selbst aber noch nicht entscheidungsreif, ist gegebenenfalls durch Zwischenurteil festzustellen, dass der Rechtsstreit nicht durch den Vergleich beendet ist. Ist die Fortsetzung des ursprünglichen Rechtsstreits ausnahmsweise aus verfahrensrechtlichen Gründen nicht möglich (z. B. abgeschlossenes einstweiliges Anordnungsverfahren in einer beendeten Familiensache), so muss die Überprüfung ausnahmsweise in einem

29

---

169 BGH, NJW 1987, 3256.
170 Siehe oben Rdn. 21; unrichtig (den Einwand der ursprünglichen Sittenwidrigkeit der Forderung zulassend): OLG Köln, ZIP 1986, 420; LG Münster, NJW-RR 1987, 506.
171 BGH, NJW 1953, 345; NJW-RR 1987, 1022; OLG Düsseldorf, NJW 1966, 2367.
172 Einzelheiten § 794 Rdn. 1; siehe ferner *Gaul/Schilken/Becker-Eberhard*, § 13 Rn. 13.
173 BAG, DB 1997, 1880.
174 BGHZ 28, 171; 87, 227, 230 f.; 142, 253, 254; BGH, NJW 1971, 467; NJW 1977, 583; NJW 1983, 996; NJW 1986, 1348; OLG Düsseldorf, NJW 1966, 2367; OLG Zweibrücken, OLGZ 1970, 185; OLG Hamburg, JuS 1975, 253; OLG Bamberg, JurBüro 1987, 1796; BAG, NJW 1964, 687; BayObLG, WE 1991, 199. *Bruns/Peters*, § 15 I 4; *Kühne*, NJW 1967, 1115; *MüKo/K. Schmidt/Brinkmann*, § 767 Rn. 13; *Zöller/Herget*, § 767 Rn. 7 Stichwort »Prozessvergleiche«; *Gaul/Schilken/Becker-Eberhard*, § 40 Rn. 106 sowie § 13 Rn. 16, die auch hier die Abwehrklage gem. § 767 zulassen, verkennen, dass bei erfolgreicher Einwendung kein Titel mehr vorliegt, sondern nur noch der (vom Vollstreckungsorgan zu beachtende) Schein eines Titels. Wie *Gaul/Schilken/Becker-Eberhard* auch *Baur/Stürner/Bruns*, Rn. 16.11; *Brox/Walker*, Rn. 1334. Der Schuldner kann auch nicht an Stelle der Fortsetzung des ursprünglichen Rechtsstreits neue Klage gestützt auf § 826 BGB auf Unterlassung der Zwangsvollstreckung aus dem Vergleich erheben. Ihr stünde die Rechtshängigkeit der Sache im Ursprungsverfahren entgegen: OLG Bremen, NJW-RR 2001, 1036.
175 BGH, NJW 1996, 3345 mit Anm. *Schuschke;* EWiR 1996, 1003.
176 BGH, NJW 1999, 2303 mit Anm. *Münzberg*, JZ 2000, 422 und *Becker-Eberhard*, ZZP 2000, 366.

gesonderten ordentlichen Klageverfahren (Feststellungsklage) erfolgen;[177] in einem solchen Fall wird man aber auch die Möglichkeit des § 767 nicht verneinen können.

Einwendungen, die den Vergleich insgesamt rückwirkend vernichten und deshalb zur Fortsetzung des ursprünglichen Rechtsstreits nötigen, sind insbesondere: die Anfechtung wegen Irrtums nach §§ 119, 123 BGB, die Geltendmachung eines streitausschließenden Irrtums i. S. § 779 BGB, der Einwand der Nichtigkeit wegen unzweifelhaften Gesetzes- oder Sittenverstoßes[178]; hierher gehören ferner die Einwendungen gegen die prozessrechtliche Wirksamkeit des Vergleichs, etwa wegen Fehlens der Prozesshandlungsvoraussetzungen. Bleibt nach dem Inhalt der Einwendungen dagegen der Vergleichsvertrag bestehen, erlischt nur der titulierte Anspruch oder wandelt er sich in seinem Inhalt, so bleibt die prozessbeendigende Wirkung der Prozesshandlungserklärungen unangetastet. Die Einwendungen müssen deshalb mit der Vollstreckungsabwehrklage geltend gemacht werden. Zu den mit § 767 geltend zu machenden Einwendungen gehören insbesondere: die Erfüllung, auch durch Leistungen Dritter;[179] das Fehlen oder der Wegfall der Geschäftsgrundlage, da beides nur zur Anpassung des fortbestehenden Vertrages führt;[180] der Rücktritt vom Vertrag nach §§ 320 ff. BGB, da er den Vertrag nur in ein Rückgewährschuldverhältnis wandelt;[181] die einverständliche Vertragsaufhebung, da sie nur ex nunc wirken kann.[182] Auch der Streit über die Reichweite (Auslegung) eines Prozessvergleichs kann im Wege der Vollstreckungsabwehrklage ausgetragen werden, da er den Bestand des Vertrages selbst nicht berührt;[183] diese Auslegung erwächst als Vorfrage jedoch nicht in Rechtskraft.

4. Einwendungen gegen notarielle Urkunden

30 Mit der Vollstreckungsabwehrklage gegen **notarielle Urkunden** können rechtshindernde Einwendungen neben rechtshemmenden und rechtsvernichtenden ohne Einschränkung vorgebracht werden, etwa der Einwand, es liege ein Scheinvertrag wegen Unterverbriefung vor,[184] die verbriefte Forderung sei wegen Verstoßes gegen die guten Sitten (z. B. wucherischer Kreditvertrag) nichtig[185] oder sie sei noch gar nicht zur Entstehung gelangt (z. B. Nichtvalutierung einer Hypothek).[186] Entscheidend für den Erfolg dieser Einreden ist natürlich immer das materielle Recht. So ist bei gem. § 794 Abs. 1 Nr. 5 titulierten Grundschulden die Begrenzung der Einredemöglichkeiten durch § 1191 BGB zu beachten: Ist etwa zugunsten einer finanzierenden Bank wegen Forderungen gegen den Bauträger eine Globalgrundschuld eingetragen, steht die Behauptung einzelner Erwerber, die Forderung betreffe nicht ihr konkretes Bauvorhaben, der Zwangsvollstreckung aus der Grundschuld nicht entgegen.[187]

Einwendungen, die nicht den materiellen Anspruch betreffen, sondern die Unterwerfung unter die Zwangsvollstreckung, die also die Titeleigenschaft der konkreten Urkunde in Zweifel ziehen, so etwa, wenn die Nichtigkeit der Unterwerfungserklärung wegen Verstoßes gegen Vorschriften der MaBV geltend gemacht wird, sind nicht unmittelbar nach § 767 geltend zu machen, sondern mit einer prozessualen Gestaltungsklage analog § 767.[188] Ein Vorgehen nach §§ 766, 732 wäre hier

---

177 OLG Hamm, FamRZ 1991, 582.
178 Siehe BGH, NJW-RR 2007, 263 Rn. 17 zu den Grenzen der Vergleichsnichtigkeit.
179 BGH, NJW 1978, 753.
180 BGH, NJW 1986, 1348; BVerwG, NJW 1994, 2306; OLG Köln, OLGR 1994, 230.
181 BGH, NJW 1984, 42; WM 1981, 792.
182 A. A. insoweit (Fortsetzung des alten Verfahrens): BAG, NJW 1983, 2212.
183 BGH, NJW 1977, 583; ThürOVG, DVBl 2009, 535; siehe oben Rdn. 7.
184 BGH, NJW 1985, 2423; OLG Düsseldorf, DNotZ 1983, 686 und OLGZ 1984, 93.
185 OLG Hamburg, NJW-RR 1986, 403.
186 OLG Köln, ZIP 1980, 112; OLG München, ZfJR 2001, 689 mit Anm. *Grziwotz* S. 691.
187 OLG Köln, OLGR 1995, 246.
188 BGHZ 118, 229, 234; 124, 164, 170 ff.; BGH, ZIP 2001, 2288, 2289; BGH-Report 2004, 553, 555; vgl. auch Kaiser, NJW 2010, 2933.

ungeeignet, da die Unwirksamkeit des Titels äußerlich nicht erkennbar ist und nur aufgrund rechtlicher Überlegungen ermittelt werden kann.[189]

5. Einwendungen gegen Kostenfestsetzungsbeschlüsse

Da im **Kostenfestsetzungsverfahren** nach §§ 103 ff. materiellrechtliche Einwendungen gegen die Kostentragungspflicht nicht berücksichtigt werden können, weil der Rechtspfleger keine Entscheidungskompetenz hat, ob die zur Aufrechnung gestellte Gegenforderung besteht oder ob die abweichende Vereinbarung über die Pflicht zur Kostenübernahme wirksam ist, können derartige Einwendungen uneingeschränkt mit der Vollstreckungsabwehrklage verfolgt werden.[190] Soweit aus dem Kostenfestsetzungsbeschluss auch hinsichtlich der festgesetzten Mehrwertsteuer die Zwangsvollstreckung betrieben wird, sind Einwendungen aus der Anrechnung abzugsfähiger Vorsteuerbeträge ebenfalls mit der Vollstreckungsabwehrklage geltend zu machen.[191]   31

Da andererseits im Festsetzungsverfahren der Rechtsanwaltsvergütung nach § 11 RVG materiellrechtliche Einwendungen gegen den Vergütungsanspruch die Titulierung verhindern können (§ 11 Abs. 5 RVG), müssen sie in diesem Festsetzungsverfahren auch geltend gemacht werden; die Präklusion nach § 767 Abs. 2 ist voll anwendbar.[192] Gleiches gilt für den Anrechnungseinwand gem. § 34 Abs. 2 RVG im Rahmen des Festsetzungsverfahrens nach § 11 RVG. Auch er kann und muss daher auch dort durchgesetzt werden.[193]

VI. Präklusion nach Absatz 2

Um den Schuldner anzuhalten, Einwendungen schon im Erkenntnisverfahren vorzubringen und so die Vollstreckung vor Verzögerungen zu schützen, eventuell auch, um die Rechtskraft der zu vollstreckenden Entscheidung abzusichern, schränkt **Absatz 2** den Kreis der Einwendungen, die die Klage begründen können, nochmals ein (sog. **Präklusion**).[194] Die jedenfalls seit 1994 vom Bundesgerichtshof[195] angenommene Absicherung der materiellen Rechtskraft des titulierten Anspruchs als Zweck der Präklusion ist allerdings mit Recht umstritten[196]. Diese Annahme lässt sich insbesondere mit dem Streitgegenstand[197] und den Rechtskraftwirkungen einer erfolgreichen Vollstreckungsabwehrklage[198] kaum in Einklang bringen. Die Vollstreckungsabwehrklage ist nicht das kontradiktorische Gegenteil der Verurteilungsklage. Dagegen kann die materielle Rechtskraft des vollstreckbaren Anspruchs ins Spiel kommen, sobald der Vollstreckungsschuldner die »verlängerte Vollstreckungsabwehrklage« in Gestalt einer Rückforderungs-[199] oder Feststellungsklage erhebt. Beantragt der Vollstreckungsschuldner festzustellen, dass der titulierte Anspruch durch eine prä-   32

---

189 Einzelheiten zur prozessualen Gestaltungsklage analog § 767 siehe unten Rdn. 47.
190 BGHZ 3, 381 ff.; BGH, LM § 767 Nr. 4; BGH, NJW 1994, 3292, 3293; BVerwG, NJW 2005, 1962; OLG Bremen, NJW-RR 1992, 765; OLG Hamm, NJW-RR 1991, 1334; differenzierend OLG Köln, MDR 2010, 998; *Stein/Jonas/Bork*, § 104 Rn. 14; *Zöller/Herget*, § 767 Rn. 20.
191 LG Landshut und LG Augsburg, JurBüro 1993, 421 mit Anm. *Mümmler*; LG München, NJW-RR 1992, 1342.
192 BGH, MDR 1976, 914; OLG Hamm, NJW 1956, 1763 (mit Anm. *Pohlmann*, NJW 1957, 107); OLG München, MDR 1957, 176; OLG Hamburg, MDR 1957, 367; OLG Hamburg, JZ 1959, 446 mit Anm. *Pohle*; OLG Nürnberg, MDR 1975, 1029; OLG Köln, NJW 1997, 1450.
193 BGH, NJW 1997, 743 zu § 19 BRAGO.
194 Zum Präklusionszweck RGZ 64, 228, 230; BGHZ 85, 64, 73 f.; 124, 164, 172; 125, 351, 353; 131, 82, 83; 139, 214, 224; 157, 47, 52; BGHZ 173, 328 Rn. 25; BGH, NJW 1997, 743.
195 BGHZ 125, 351, 353; 139, 214, 224; 157, 47, 52; 173, 328 Rn. 25 a. E.
196 Kritisch gegen die h. M. etwa *Schwab*, JZ 2006, 170, 173; *Schapp*, S. 42 f., 81, 268; *Thole*, ZZP 124, 45, 59 ff.; zustimmend Gaul/Schilken/Becker-Eberhard, § 40 Rn. 53 unter Hinweis auf § 797 Abs. 4.
197 Oben Rdn. 11.
198 Unten Rdn. 42.
199 Unten Rdn. 46.

kludierte Aufrechnung erloschen sei, greift dieses Klageziel schon in die materielle Rechtskraft des Erstprozesses ein[200]. Das wäre bei einer Zwischenfeststellungsklage gleichen Antrags nicht anders[201]. Der Einwendungsausschluss führt ansonsten, soweit er zum Tragen kommt, zur **Unbegründetheit**, nicht etwa zur Unzulässigkeit der Klage.[202] Auch dies spricht gegen einen unmittelbaren Rechtskraftbezug der Präklusion. Im Einzelnen ist zu unterscheiden:

1. Urteil

33 Ist der Titel ein nach streitigem Verfahren ergangenes **Urteil**, so sind alle Einwendungen ausgeschlossen, die der Schuldner bis zum Schluss der letzten mündlichen Verhandlung in der letzten Tatsacheninstanz[203] theoretisch hätte geltend machen können,[204] wenn nicht bei vollstreckbaren Unterhaltstiteln die Ausnahme des § 36 Nr. 2 EGZPO eingreift. Ob er sie auch tatsächlich geltend machen konnte, weil sie ihm überhaupt bekannt waren, ist gleichgültig.[205] Entscheidend ist allein, wann der die Einwendung begründende Tatbestand entstanden ist. Entstanden ist eine Einwendung aber noch nicht, wenn der Schuldner die Möglichkeit ungenutzt gelassen hat, sie erst entstehen zu lassen, und ihm die Interessenlage das Gegenteil noch nicht gebot[206].

Besteht die Einrede in der Ausübung eines Gestaltungsrechts (Anfechtung, Aufrechnung, Wandlung, Minderung, Kündigung, Rücktritt, Widerruf, auch nach dem VerbrKrG bzw. jetzt § 508 BGB[207] und dem HaustürWG[208] bzw. nunmehr § 355 BGB[209]), ist nach wie vor zwischen der Rechtsprechung[210] einerseits und der wohl überwiegenden Auffassung in der Literatur[211] andererseits streitig, ob auf den Zeitpunkt der Ausübung des Gestaltungsrechts (so die überwiegende

---

200 Vgl. BGH, NJW 2009, 1671 Rn. 12; *Thole*, aaO S. 66 f.
201 Das übersieht *Kaiser* in seiner Anm. NJW 2009, 1673 unter 4.
202 So schon RGZ 77, 352; allgem. M.; vergl. *Brox/Walker*, Rn. 1339; *Musielak/Lackmann*, Rn. 30.
203 *Gottwald*, § 767 Rn. 61; MüKo/*K. Schmidt/Brinkmann*, § 767 Rn. 76; *Musielak/Lackmann*, § 767 Rn. 32; *Stein/Jonas/Münzberg*, § 767 Rn. 27; *Thomes/Putzo/Seiler*, § 767 Rn. 21a; zur entsprechenden Anwendung bei Klagen gem. § 11 AnfG falls der Titel ein Urteil gegen den Schuldner ist, vgl. BGHZ 173, 328.
204 Dass der Einwand auch noch im Revisionsrechtszug hätte berücksichtigt werden können, hindert dagegen eine auf diese Einwendung gestützte Vollstreckungsabwehrklage nicht: BGHZ 139, 214, 220 ff.; BGH, NJW 1999, 278.
205 BGHZ 34, 274, 279; 42, 37 ff.; 61, 25, 27; 145, 352, 354; mit Kurzkomm. *Walker*; EWiR 2000, 1179; BGHZ 159, 122, 126; BGH, VersR 1982, 791; BAG, SAE 1977, 3; NJW 1980, 141 ff.; LG Mannheim, ZMR 1966, 279; OLG Celle, OLGZ 1970, 357; OLG Dresden, OLG-NL 1995, 163; *Brox/Walker*, Rn. 1342; *Gaul/Schilken/Becker-Eberhard*, § 40 Rn. 53; MüKo/*K. Schmidt/Brinkmann*, § 767 Rn. 77; sehr bedenklich: OLG Stuttgart, MDR 1986, 1034.
206 BGHZ 163, 339, 342 f. zur Herstellung einer Aufrechnungslage; BGH, NJW-RR 2010, 1598 Rn. 7; ebenso zur Nichtausübung einer Mietverlängerungsoption, die ein Besitzrecht gegen den Räumungsanspruch des Mieters begründet hätte, BGHZ 94, 2934 f.
207 Zur Problematik: *Gaul*, GS Knobbe-Keuk, 1997, S. 135.
208 OLG Hamm, NJW 1993, 140; a. A. insoweit (keine Präklusion): OLG Karlsruhe, NJW 1990, 2474; OLG Stuttgart, NJW 1994, 1225.
209 Zum gesetzgeberischen Hintergrund des von § 355 BGB i. d. F. des Schuldrechtsmodernisierungsgesetzes ab 01.01.2002 wieder abgelösten § 316a BGB: *Bülow/Artz*, NJW 2000, 2049.
210 RGZ 64, 228; BGHZ 24, 97 f.; 34, 274 ff.; 38, 122 f.; 42, 39 ff.; 94, 29 ff.; 100, 222, 225; 125, 351, 353; 157, 47, 52 f.; 163, 339, 342;173, 328 Rn. 25; BGH, NJW 1980, 2527 und NJW 1994, 2769; BGH, BGH-Report 2006, 283, 284 f.; NJW 2009, 1671 Rn. 11; WM 2012, 185 Rn. 16; BAGE 3, 18 ff., OLG Düsseldorf, MDR 1983, 586; OLG Hamburg, FamRZ 1992, 328; für das WEG-Verfahren ebenso KG, NJW-RR 1995, 719; mit der Rspr.: *Ernst*, NJW 1986, 401; *Geißler*, NJW 1985, 1867; MüKo/*K.Schmidt/Brinkmann*, § 767 Rn. 80; *Zöller/Vollkommer*, Vor § 322 Rn. 62 ff.; *Zöller/Herget*, § 767 Rn. 14.
211 *Baur/Stürner/Bruns*, Rn. 45.14; *Baumann/Brehm*, § 13 III 2 c; *Brox/Walker*, Rn. 1346; *Bruns/Peters*, § 15 I 3; *Gaul*, GS Knobbe-Keuk, 1997, S. 135; *Gerhardt*, § 15 II 1; *Otto*, JA 1981, 651 f.; *Gaul/Schilken/Becker-Eberhard*, § 40 Rn. 62 ff; *Schwab*, JZ 2006, 170; *Münzberg*, ZZP 119, 232 f.; *Stein/Jonas/Münzberg*, § 767 Rn. 38; *Thomas/Putzo/Seiler*, § 767 Rn. 22; siehe aber auch: OLG Hamm, BauR 1989, 743.

Literaturmeinung) oder auf den Zeitpunkt abgestellt werden muss, in dem das Recht theoretisch hätte erstmalig ausgeübt werden können (so die Rechtsprechung). Trotz der durchaus beachtlichen Bedenken der Literatur ist letztlich der strengen Auffassung der Rechtsprechung zu folgen: Nur eine solche restriktive Auslegung macht den Ausnahmecharakter des §767 deutlich und ist zum Schutze der Urteilswirkungen erforderlich: Das rechtskräftige Urteil belegt nicht nur das Bestehen des Anspruchs, sondern auch seine einredefreie Durchsetzbarkeit zum Zeitpunkt der letzten mündlichen Verhandlung in der letzten Tatsacheninstanz.[212] Der Schuldner wird genötigt, seine Verteidigung frühestmöglich offenzulegen;[213] der Gläubiger wird an der Verwirklichung seines oft mühsam erstrittenen Titels nicht durch Einwendungen gehindert, mit denen er nach dem Verfahrensverlauf nicht mehr zu rechnen brauchte. Kann ein Aufrechnungseinwand in der Berufungsinstanz nach §533 nicht mehr erhoben werden, ist der Schuldner damit auch in der Vollstreckungsabwehrklage ausgeschlossen.[214] Eine Feststellungsklage, dass die vollstreckbare Forderung durch Aufrechnung erloschen sei, hat der Bundesgerichtshof bereits für unzulässig erachtet, wenn eine auf dieselbe Aufrechnung gestützte Vollstreckungsabwehrklage wegen Präklusion abgewiesen worden ist.[215] Wird der erhobene Erfüllungseinwand in dem Urteil, welches den Anspruch festgestellt hat, unter Verletzung des rechtlichen Gehörs übergangen, kann dagegen nur die Anhörungsrüge gemäß §321a erhoben werden. Mit der Vollstreckungsabwehrklage ist der Erfüllungseinwand wegen §767 Abs. 2 nicht mehr durchsetzbar.[216] Zahlt der Schuldner auf einen nur vorläufig vollstreckbaren Titel, ist im Zweifel anzunehmen, dass die Rückforderung im Fall der Titelaufhebung vorbehalten wird. Die Erfüllung bleibt dann bis zur Unanfechtbarkeit des Titels in der Schwebe.[217] Folglich ist der Erfüllungseinwand gegen das rechtskräftige Urteil nicht nach §767 Abs. 2 ausgeschlossen.[218] Wird ein Beklagter trotz Erfüllung verurteilt, weil er die Zahlung infolge einer Nachlässigkeit weder bis zum Schluss der mündlichen Verhandlung vorgetragen noch mit einem zulässigen Einspruch geltend gemacht hat, so steht ihm in der Regel ein Anspruch auf Rückzahlung des Geleisteten wegen Zweckverfehlung – keine dauerhafte Erfüllung – nach §812 Abs. 1 Satz 1 oder Satz 2 Fall 2 BGB zu[219]. Dieser Bereicherungsanspruch entsteht erst mit der Rechtskraft der Verurteilung, sodass §767 Abs. 2 eine Vollstreckungsabwehrklage zur Aufrechnung dieses Anspruchs gegen die Titelforderung nicht hindert[220].

Dem Bundesgerichtshof[221] und dem Bundesarbeitsgericht[222] sind andererseits nicht ohne Weiteres Inkonsequenz vorzuwerfen,[223] wenn sie für einzelne vertraglich vereinbarte Gestaltungsrechte abweichend auf den Zeitpunkt der Ausübung abstellen wollen. Wenn Gestaltungserklärungen nicht ohnehin zurückwirken und für den Erklärenden in der Regel eindeutig vorteilhaft sind wie Anfechtung (§142 BGB) und Aufrechnung (§389 BGB), so kann es zweckwidrig sein, das Gestal-

---

212 RGZ 64, 228, 230; BGHZ 125, 351, 353; 139, 214, 224; BGH, NJW-RR 2006, 229, 231. *Gaul/Schilken/Becker-Eberhard*, §40 Rn. 53.
213 Der Gedanke des §533 spricht allerdings für die überwiegende Literaturmeinung; kritisch dagegen *Schwab*, a. a. O. Fn. 194 S. 175 f.
214 BGHZ 125, 351, 353 zu §530 Abs. 2 a. F.; BGH, Beschl. v. 7.10.2007 – IX ZR 162/06, n. v.
215 BGH, NJW 2009, 1671 Rn. 7, 13.
216 Vgl. LAG Rheinland-Pfalz, Urt. v. 1.4.2009 – 8 Sa 718/08, juris Rn. 35.
217 BGHZ 86, 267, 269.
218 BGH, NJW 1990, 2756; OLG München, MDR 2010, 1086; Prütting/Gehrlein/Scheuch, ZPO 2. Aufl. Rn. 21.
219 Offen gelassen BGH, MDR 2012, 368 Rn. 16 a. E.; siehe auch *Vollkommer*, FS *Stürner*, S. 597, 600 f.
220 *Vollkommer*, MDR 2012, 369; das dort besprochene Urteil des BGH besagt nichts Gegenteiliges, weil dort der Bereicherungsanspruch und seine Aufrechnung zur Klagebegründung nicht herangezogen worden war.
221 BGHZ 94, 29, 34 f. – Mietverlängerungsoption; in gewissem Sinne auch BGHZ 163, 339, 342 f. – zweistufige Gestaltungsmöglichkeit.
222 BAG AP, §767 Nr. 2 – Leistungsbestimmungsrecht.
223 Vergl. auch *Gaul/Schilken/Becker-Eberhard*, §40 Rn. 60.

tungsrecht schon mit der Erklärungsmöglichkeit nach § 767 Abs. 2 endgültig auszuschließen. Dies bedarf einer Prüfung der jeweiligen Interessenlage. Zumutbar ist beispielsweise dem Mieter, der sich gegen die Mietzahlungsklage des Vermieters auf seine außerordentliche Kündigung beruft, auch von der Möglichkeit zur ordentlichen Kündigung rechtzeitig Gebrauch zu machen. Entsprechend dem Regelfall ist er daher mit dieser Einwendung ausgeschlossen, wenn er gegen die Vollstreckung zukünftig fällig werdender Mieten die Abwehrklage erhebt.[224] Dagegen ist die Betriebskostenabrechnung des Vermieters nur eine Tathandlung nach § 259 BGB, die einen Erstattungsanspruch begründet und den Anspruch des Mieters auf Herausgabe von Vorauszahlungen trotz § 767 Abs. 2 zu Fall bringen kann[225].

Der Schuldner wird im Übrigen durch die weitgehende Präklusion nicht ganz rechtlos gestellt: Der Ausschluss des Aufrechnungseinwandes im Rahmen einer Vollstreckungsabwehrklage hindert den Schuldner nicht, seine Forderung im Rahmen einer selbstständigen Leistungsklage geltend zu machen.[226] Führt diese Klage zu einem vollstreckbaren Titel, so ist der Schuldner rechtlich in der Lage, die eigene Schuld zu pfänden und sich zur Einziehung überweisen zu lassen (Selbstpfändung).[227] Der Schuldner kann dann durch Erklärung gegenüber dem anderen Teil die wechselseitigen Forderungen verrechnen, ohne daran durch die Präklusion gehindert zu werden.[228] An die Stelle anderer Gestaltungsrechte kann im Einzelfall, wenn sie selbst nicht mehr ausgeübt werden können, ein Schadensersatzanspruch aus culpa in contrahendo oder positiver Vertragsverletzung treten, der ebenfalls selbstständig geltend gemacht werden kann.

2. Versäumnisurteil als Titel

34 Ist der Titel ein **Versäumnisurteil**, so sind durch Abs. 2 im Verfahren nach § 767 Abs. 1 alle Einwendungen ausgeschlossen, die zur Zeit ihrer Entstehung noch mit dem Einspruch gegen das Versäumnisurteil theoretisch hätten geltend gemacht werden können.[229] Hinsichtlich der Ausübung von Gestaltungsrechten gilt das Rdn. 33 Gesagte entsprechend.

3. Vollstreckungsbescheid als Titel

35 Beim **Vollstreckungsbescheid** sind nach § 796 Abs. 2 nur solche Einwendungen im Prozess nach § 767 zulässig, die nach Zustellung des Vollstreckungsbescheides entstanden sind und mit dem Einspruch nicht mehr geltend gemacht werden können. Die Rechtskraft von Vollstreckungsbescheiden ist auch nach Einführung des automatisierten Mahnverfahrens und dem damit verbundenen Wegfall der Schlüssigkeitsprüfung in diesem Verfahren grundsätzlich schützenswert. Der Fortbestand des § 796 Abs. 2 ist deshalb kein gesetzgeberisches Redaktionsversehen;[230] die dort vorgesehene Präklusion ist durchaus sinnvoll geblieben.[231]

4. Andere gerichtliche Entscheidungen als Titel

36 Hinsichtlich **anderer gerichtlicher Entscheidungen** (vollstreckbarer Beschlüsse) als Titel, die grundsätzlich jedenfalls der formellen Rechtskraft fähig sind, muss hinsichtlich der entsprechenden

---

224 BGH, BGH-Report 2006, 283, 285 = ZZP 119, 225 mit Anm. *Münzberg*.
225 BGH, NJW-RR 2010, 1598 Rn. 6 f.
226 BGH, NJW 2009, 1671 Rn. 12.
227 Oben § 829 Rdn. 11.
228 BGH, NJW 2011, 2649 Rn. 14; a. A. *Werner* S. 232 f.
229 RGZ 55, 187, 191; *Gaul/Schilken/Becker-Eberhard*, § 40 Rn. 86 f.; a. A. *Stein/Jonas/Münzberg*, § 767 Rn. 40; *Otto*, S. 72; vermittelnd OLG Hamm, NJW-RR 2000, 659: Keine Präklusion bei Erfüllung vor Ablauf der Einspruchsfrist, wenn zu diesem Zeitpunkt mit einer rechtswidrigen Einleitung der Zwangsvollstreckung nicht gerechnet zu werden brauchte; offengelassen BGH, NJW-RR 2012, 304 Rn. 11.
230 So aber OLG Köln, NJW 1986, 1350 ff.
231 BGHZ 101, 380, 382; BGH, NJW 1987, 3259; NJW 1988, 828.

Anwendung des § 767 Abs. 2 über § 795 differenziert werden: Einwendungen, die in dem dem Beschluss vorausgegangenen Verfahren hätten theoretisch geltend gemacht werden können, sind präkludiert.[232] Für Einwendungen, die dagegen in diesem Verfahren unbeachtlich waren, gilt die Schranke des § 767 Abs. 2 nicht. Im Vergütungsfestsetzungsverfahren für den Insolvenzverwalter sind Schadensersatzansprüche wegen Pflichtverletzungen nicht zu berücksichtigen. Daher ist die Geltendmachung der Aufrechnung mit derartigen, vor der Festsetzung entstandenen Schadensersatzansprüchen im Wege der Vollstreckungsabwehrklage nicht durch § 767 Abs. 2 präkludiert.[233] Im Verfahren auf Festsetzung des Rückerstattungsanspruchs des Geschädigten nach §§ 9, 11 WiStG können materiellrechtliche Gegenansprüche und sonstige Einwendungen aus dem materiellen Recht berücksichtigt werden. Deshalb sind bei der Vollstreckungsgegenklage gegen eine Rückerstattungsanordnung auch die Einwendungen nach Abs. 2 ausgeschlossen, die vor Erlass des Strafurteils (§ 11 Abs. 1 WiStG) oder vor Zustellung des Bußgeldbescheides (§ 11 Abs. 2 WiStG) entstanden sind[234] bzw. durch Ausübung eines Gestaltungsrechtes hätten zur Entstehung gebracht werden können.

5. Vollstreckbare Urkunden und Prozessvergleiche als Titel

Für **vollstreckbare Urkunden** erklärt § 797 Abs. 4 ausdrücklich § 767 Abs. 2 für **nicht** anwendbar. Mit der Vollstreckungsabwehrklage kann deshalb auch der Einwand verfolgt werden, der titulierte Anspruch habe schon bei Errichtung der Urkunde nicht bestanden (z. B. Scheingeschäft; ursprüngliche Sittenwidrigkeit des Vertrages usw.). Auch gegenüber **Prozessvergleichen** ist Abs. 2 nicht anwendbar.[235] Hier ist allerdings zu beachten, dass Einwendungen, die zur rückwirkenden Vernichtung des Anspruchs führen, in Fortsetzung des ursprünglichen Verfahrens geltend zu machen sind, da sie mit dem Anspruch auch den Titel aus der Welt schaffen.[236]   37

6. Vollstreckungsbeschränkende Vereinbarungen

Die Präklusion nach Absatz 2, soweit sie zum Zuge kommt (oben Rdn. 32–37), betrifft nur Einwendungen, die sich gegen den im Titel festgestellten Anspruch richten, nicht aber Einwendungen aus vollstreckungsbeschränkenden Vereinbarungen.[237] Sie können auch dann, wenn sie ausnahmsweise schon im Titel hätten berücksichtigt werden können, uneingeschränkt mit der Vollstreckungsabwehrklage geltend gemacht werden.   38

VII. Vertraglicher Einwendungsausschluss

Über den gesetzlichen Einwendungsausschluss nach § 767 Abs. 2 hinaus können die Parteien auch **vertraglich** vereinbaren, bestimmte Einwendungen nicht mit der Vollstreckungsabwehrklage geltend zu machen.[238] Ein solcher vertraglicher Einwendungsausschluss führt hinsichtlich der von ihm erfassten Einwendungen zum gleichen Ergebnis wie § 767 Abs. 2: Die Klage mit diesen Einwendungen ist unbegründet.   39

VIII. Beweislast

Hinsichtlich der **Beweislast** im Rahmen der Vollstreckungsabwehrklage ist zu unterscheiden: Ist das Entstehen des titulierten Anspruchs unstreitig oder steht der Anspruch jedenfalls aufgrund des   40

---

232 OLG Nürnberg, MDR 1975, 1029; BGH, MDR 1976, 914; OLG Frankfurt, MDR 1987, 331.
233 BGH, ZIP 1995, 290.
234 BGH, NJW 1982, 1047.
235 BGH, NJW 1953, 345; BGHZ 55, 255; BGHZ 85, 64 ff.; BGH, NJW-RR 1987, 1022; BAG, NJW 1968, 1301; BAG, NJW 1980, 800; LAG Mannheim, NJW 1978, 2055.
236 Einzelheiten vorn Rdn. 30.
237 BGH, NJW 1968, 700; OLG Hamburg, MDR 1972, 335; vergl. ferner § 766 Rdn. 15.
238 BGH, WM 1976, 907 ff.; BGH, NJW 1982, 2072; kritisch zum vereinbarten Einwendungsausschluss: *Gaul/Schilken/Becker-Eberhard*, § 40 Rn. 107.

Titels zwischen den Parteien fest, so muss der Schuldner alle Voraussetzungen der von ihm geltend gemachten rechtshemmenden oder rechtsvernichtenden Einwendungen beweisen.[239] Beruft sich der Schuldner dagegen darauf, der zu vollstreckende Anspruch habe nie bestanden, trifft den Gläubiger die Beweislast für das Entstehen des Anspruchs. Ob er den ihm obliegenden Beweis durch die zu vollstreckende Urkunde zunächst einmal geführt hat, sodass der Schuldner ihn widerlegen müsste, hängt von den Umständen des Einzelfalles ab: So muss grundsätzlich der Vollstreckungsabwehrkläger beweisen, dass die Forderung, die nach dem zu Grunde liegenden Sicherungsvertrag durch die vollstreckbare Grundschuld gesichert werden sollte, geringer sei als die Forderung, deretwegen der Gläubiger die Vollstreckung betreibt. Ergibt sich aber aus der Bestellungsurkunde, dass bei Bestellung der Grundschuld die Höhe der zu sichernden Forderung noch nicht feststand und streiten im Rahmen der Vollstreckungsabwehrklage die bei der Grundschuldbestellung Beteiligten über das Bestehen und die Höhe der Forderung, so ist der Gläubiger diesbezüglich beweisbelastet.[240]

Ist die vollstreckbare Urkunde über einen Darlehensrückzahlungsanspruch errichtet, muss der Gläubiger das Entstehen des Rückzahlungsanspruchs beweisen, selbst wenn die Urkunde ergibt, dass das Darlehen zum Zeitpunkt der Errichtung ausgezahlt war.[241] Bestimmt die notarielle Urkunde unter Umkehr der Beweislast, der Gläubiger solle für die Vollstreckung vom Nachweis des Entstehens und der Fälligkeit der Zahlungsverpflichtung befreit sein,[242] so ist dies unwirksam.

IX. Urteilsformel

41 Der **Tenor** des der Klage stattgebenden Urteils geht dahin, dass die Zwangsvollstreckung aus dem Titel ganz oder zum Teil, soweit der zu vollstreckende Anspruch nur teilweise erloschen ist,[243] für unzulässig erklärt wird. Ist die Vollstreckung nur zeitlich befristet unzulässig, so wird dies im Tenor durch Angabe des Fristablaufes, wenn dieser bekannt ist (»... vor dem ... für unzulässig erklärt«), oder durch die Kenntlichmachung der Befristung in anderer Weise (»... zur Zeit für unzulässig erklärt«) verdeutlicht.[244] Wird der vollstreckbar titulierte Anspruch durch die vorgebrachten Einwendungen nicht in voller Höhe vernichtet, ist dies ebenfalls im Tenor auszudrücken (»... in Höhe von ... Euro für unzulässig erklärt«).[245] Es kann auch eine Einschränkung der Vollstreckbarkeit dahin beantragt werden, dass die Vollstreckung von einer Zug um Zug zu bewirkenden Gegenleistung des Gläubigers abhängt.[246] Die Kostenentscheidung folgt den Regeln der §§ 91 ff. Es gilt also auch § 93.[247] Die vorläufige Vollstreckbarkeit richtet sich nach §§ 708 ff. Bei der Berechnung der Sicherheitsleistung ist zu berücksichtigen, dass der obsiegende Kläger bereits vor Rechtskraft das Urteil im Rahmen des § 775 Nr. 1 vorlegen und die Aufhebung der bisherigen Vollstreckungsmaßnahmen nach § 776 erreichen kann. Sie darf sich deshalb nicht nur an den zu vollstreckenden Kosten orientieren.

---

239 BGHZ 34, 274 ff.; BGH, NJW 1981, 2756; KG, InVo 1997, 221; *Münch*, NJW 1991, 795; *Rosenberg*, Die Beweislast, 5. Aufl. 1965, S. 394.
240 BGH, WM 1976, 666; OLG Düsseldorf, NJW-RR 1997, 444.
241 BGHZ 147, 203, 206 unter Aufgabe von BGH, NJW 1981, 2756.
242 BGHZ 147, 203, 208 ff. unter Aufgabe von BGH, NJW 1981, 2756.
243 BGH, NJW-RR 1991, 759.
244 OLG Koblenz, Rpfleger 1985, 200 und 449.
245 BGH, NJW-RR 1987, 59 und NJW-RR 1991, 759.
246 BGHZ 118, 229, 235.
247 Zur Klageveranlassung bezüglich der übrigen Gesamtschuldner bei Zwangsvollstreckung gegen nur einen Gesamtschuldner: OLG Frankfurt, InVo 1999, 64.

X. Rechtskraftwirkungen

1. Stattgebendes Urteil

Mit der unanfechtbaren prozessualen Gestaltung des stattgebenden Urteils[248] steht rechtskräftig fest, dass der vollstreckbare Anspruch des bekämpften Titels gegen den Schuldner nicht mehr zwangsweise durchgesetzt werden kann.[249] Dies lässt die materielle Rechtskraft des bekämpften Titels unberührt.[250] Der nicht mehr vollstreckbare Anspruch bleibt erfüllbar. Mit ihm kann auch aufgerechnet werden. Sein Erlöschen ist nicht (negativ) festgestellt. Das Bestehen der gegen den vollstreckbaren Anspruch geltend gemachten Einwendung erwächst nicht in Rechtskraft.[251] Ist die Abwehrklage deshalb begründet, weil der Kläger gegen den vollstreckbaren Anspruch mit einer Gegenforderung aufgerechnet hat, so stellt das Urteil auch das Erlöschen der Gegenforderung nach § 389 BGB nicht rechtskräftig fest. Der Bundesgerichtshof hat für den Prozess und die Vollstreckungsabwehrklage stets betont, dass die beiden Forderungen, die von der Aufrechnung notwendig gemeinsam gestaltet werden, entsprechend § 322 Abs. 2 hinsichtlich der Rechtskraft gleich behandelt werden müssen.[252] Verliert bei erfolgreicher Vollstreckungsabwehrklage der bekämpfte Titel nur seine Vollstreckbarkeit, so hat dies auch für die aufgerechnete Gegenforderung zu gelten.[253] Die materielle Rechtskraft erstreckt sich nicht auf den Bestand der aufgerechneten Gegenforderung.[254] War die Gegenforderung ihrerseits nicht vollstreckbar, so kann für sie im Umfang der Abwehrklage kein Titel mehr erwirkt werden. Eine Leistungsklage ist insoweit unzulässig und ein Feststellungsinteresse im Regelfall zu verneinen.[255] Da der Verbrauch der Gegenforderung aber nicht rechtskräftig feststeht, kann der Abwehrkläger mit dieser Forderung unter Umständen ein zweites Mal aufrechnen.[256] Um dies zu verhindern, kann der Abwehrbeklagte widerklagend beantragen, das Erlöschen der Gegenforderung festzustellen. Folge einer solchen Feststellung wäre dann aber wohl entsprechend § 322 Abs. 2 auch das rechtskräftige Erlöschen des vollstreckbaren Anspruchs nach § 389 BGB.

42

2. Abweisendes Urteil

Die Sachabweisung der Vollstreckungsabwehrklage bestätigt die Zulässigkeit der Zwangsvollstreckung aus dem bekämpften Titel trotz der vom Kläger geltend gemachten Einwendung(en). Die Entscheidung über diese Einwendung(en) oder das materiellrechtliche Bestehen des titulierten Anspruchs erwächst auch bei erfolgloser Vollstreckungsabwehrklage nicht in Rechtskraft.[257] Der Kläger kann die Vollstreckbarkeit des Titels nicht abermals mit dem zur Begründung der geltend gemachten Einwendung(en) in der ersten Vollstreckungsabwehrklage vorgetragenen Sachver-

43

---

248 Siehe oben Rdn. 12.
249 BGH, WM 1978, 439; FamRZ 1984, 878, 879 f; WM 1989, 1514, 1516; BGH, NJW-RR 2007, 1553, 1554 f. Rn. 19.
250 BGH, NJW 1995, 3318 f; NJW 2009, 1282 Rn. 11.
251 Wie Fn. 227.
252 BGHZ 48, 356, 359; 89, 349, 353; BGH, FamRZ 1984, 878, 880.
253 Offengelassen in BGH, NJW-RR 2007, 1553, 1555 Rn. 20.
254 Anders – jedoch nicht tragend – BGHZ 48, 356, 360; vgl. aber auch BGH, NJW-RR 2007, 1553, 1555 Rn. 20.
255 BGH, NJW 2009, 1671 Rn. 13.
256 Siehe etwa die Fallgestaltung von BGH, NJW-RR 2007, 1553, wo die Aufrechnungserklärung des erfolgreichen Abwehrklägers materiell unwirksam war, weil gegen den vollstreckbaren Anspruch nach § 394 BGB nicht aufgerechnet werden konnte.
257 BGH, FamRZ 1984, 878, 879; NJW 1992, 1899, 1900; NJW 2009, 1671 Rn. 9.

halt angreifen.²⁵⁸ Der Kläger kann aufgrund desselben Sachverhalts, der bereits Gegenstand der Vollstreckungsabwehrklage war, auch nicht wegen unzulässiger Zwangsvollstreckung aus dem Titel Schadensersatz verlangen.²⁵⁹ Stützt sich die abgewiesene Vollstreckungsabwehrklage auf die Aufrechnung mit einer Gegenforderung, über die sachlich entschieden wird, so gelten für die Gegenforderung nach dem Gleichbehandlungsgedanken dieselben Grundsätze wie im Erfolgsfall für die Gegenforderung und den nicht mehr vollstreckbaren Anspruch des Erkenntnisverfahrens: Die Gegenforderung verliert in Höhe des (erfolglos) bekämpften Titels ihre Vollstreckbarkeit; eine Leistungsklage ist in dieser Höhe unzulässig.²⁶⁰ Mit der Gegenforderung kann aber wie bei erfolgreicher Vollstreckungsgegenklage grundsätzlich anderweitig ein zweites Mal aufgerechnet werden. Auch der obsiegende Beklagte kann sich hiergegen schützen, wenn er Widerklage erhebt mit dem Antrag, die Unbegründetheit der Gegenforderung festzustellen. Hat die Vollstreckungsabwehrklage wegen Präklusion des Aufrechnungseinwands keinen Erfolg, so kann die aufgerechnete Forderung des Titelschuldners noch weiterhin selbstständig gegen den Vollstreckungsgläubiger durchgesetzt werden; die erklärte Aufrechnung bleibt auch materiell wirkungslos.²⁶¹

XI. Konzentrationsgrundsatz nach Absatz 3

44   Die Abweisung der Vollstreckungsabwehrklage bedeutet nicht, dass nunmehr Einwendungen gegen die weitere Vollstreckung des Titels auf Dauer ausgeschlossen sind. Grundsätzlich ist mit neuen Einwendungen auch wieder eine neue Klage möglich. Hierbei ist allerdings die Begrenzung durch **Abs. 3** zu beachten. Die Vorschrift will eine Häufung von Vollstreckungsabwehrklagen verhindern.²⁶² Sie ergänzt damit die Präklusion des Abs. 2 für wiederholte Vollstreckungsabwehrklagen und gilt auch in den Fällen, in denen Abs. 2 auf die erste Vollstreckungsabwehrklage nicht anzuwenden ist. Alle Einwendungen, die theoretisch bereits mit einer vorausgegangenen Vollstreckungsabwehrklage, Klauselgegenklage, Abänderungsklage gem. § 323²⁶³ oder in Verteidigung gegen eine Klage nach § 731, soweit über diese Klagen in der Sache entschieden wurde,²⁶⁴ hätten geltend gemacht werden können, sind ausgeschlossen.²⁶⁵ Auf Kenntnis des Schuldners oder darauf, dass das Unterlassen der früheren Geltendmachung schuldhaft war, kommt es nicht an.²⁶⁶ Es kann hier nichts anderes gelten wie bei § 767 Abs. 2. Für den Schuldner können im Ausgangsprozess auf Erlangung des Titels, an dem er als Beklagter beteiligt ist, keine höheren Anforderungen aufgestellt werden als in einem nachfolgenden Rechtsstreit nach § 767 Abs. 1, in dem er als Kläger fungiert. Der Wortlaut des Abs. 3 (»... geltend zu machen imstande war.«) spricht nicht zwingend für die

---

258 BGH, NJW 1960, 1460, 1461; FamRZ 1984, 878, 879; WM 1985, 703, 704; BVerfGK, NJW 2000, 1936, 1938; OLG Zweibrücken, WM 2003, 244, 245 mit Anm. *Brehm*, WuB § 767 1.03; BGH, Beschl. v. 12.12.2007 – IV ZR 20/07 – erstreckt dies auch auf eine nach Art. 33 EuGVVO anzuerkennende Abweisung einer Oppositionsklage gem. § 35 der österreichischen Exekutionsordnung.
259 BGH NJW 1960, 1460, 1461; siehe auch Rn. 45.
260 Vgl. MüKo/*K. Schmidt/Brinkmann*, § 767 Rn. 96; a. A. BGHZ 48, 356, 360 – nicht tragend; BVerfGK, NJW 2000, 1936, 1938.
261 BGH, NJW 2009, 1671 Rn. 12.
262 BGHZ 124, 164, 172 f.
263 OLG Hamm, FamRZ 1993, 581.
264 War eine dieser Klagen zwar rechtshängig, wurde sie aber später zurückgenommen oder in der Hauptsache für erledigt erklärt, kann sie die Präklusion nach Abs. 3 natürlich nicht bewirken: BGH, NJW 1991, 2280 mit Anm. *Brehm*, JR 1992, 71; BGHZ 124, 164, 173.
265 BGHZ 61, 25 ff.; BGH, MDR 1967, 586; BGH, NJW-RR 1987, 59; RGZ 55, 101, 103 f.; RG, ZZP 61, 142, 145; *Baumbach/Lauterbach/Hartmann*, § 767 Rn. 58; *Geißler*, NJW 1985, 1868; *Gottwald*, § 767 Rn. 69; *K. Schmidt*, JR 1992, 89; MüKo/*K. Schmidt/Brinkmann*, § 767 Rn. 90; *Thomas/Putzo/Seiler*, § 767 Rn. 29; *Zöller/Herget*, § 767 Rn. 22.
266 BGH, NJW-RR 1987, 59; NJW 1991, 2280, 2281; NJW 2013, 3243 Rn. 17.

Gegenmeinung,[267] da das »Imstandesein« sowohl objektiv wie auch subjektiv verstanden werden kann. Der Schuldner ist also verpflichtet, alle Einwendungen, die während eines Verfahrens über eine Vollstreckungsabwehrklage entstehen, auch in diesem Verfahren bereits geltend zu machen, will er mit ihnen nicht im weiteren Vollstreckungsverfahren ausgeschlossen sein.[268] Da das Nachschieben derartiger Einwendungen in einem laufenden Verfahren eine Klageänderung darstellt,[269] muss die Sachdienlichkeit ihrer Zulassung großzügig beurteilt werden, soll der Schuldner nicht zwischen die Mühlen der Verspätung einerseits und des § 767 Abs. 3 andererseits geraten.[270] Die Prozessführungsbefugnis eines einzelnen Miterben wird durch § 767 Abs. 3 nicht berührt.[271]

XII. Streitwert

Der Streitwert richtet sich grundsätzlich nach dem Wert der titulierten Hauptforderung, soweit ihre Vollstreckbarkeit beseitigt werden soll[272]; Zinsansprüche oder die Kosten sind Nebenforderungen (§ 4 Abs. 1) und nur dann zu berücksichtigen, wenn die Vollstreckbarkeit der Hauptforderung nicht im Streit ist.[273] Bei Unterhaltstiteln sind dem Jahresbetrag (§ 42 Abs. 1 GKG) die vom Antrag umfassten Rückstände hinzuzurechnen.[274] Wendet sich der Kläger gegen eine titulierte Verpflichtung zur Auskunfts- oder Rechnungslegung, richtet sich der Streitwert nach dem mit der Rechnungslegung verbundenen Aufwand.[275] Soll die Zwangsvollstreckung nur wegen eines Bruchteils des im Titel festgelegten Zahlungsanspruchs für unzulässig erklärt werden, so ist auch nur dieser Teilbetrag der Streitwertfestsetzung zugrunde zu legen.[276] Stützt der Kläger die Klage nur hilfsweise auf die Aufrechnung mit einer bestrittenen Gegenforderung, ist deren Wert streitwerterhöhend anzusetzen, falls über sie entschieden wird (§ 45 Abs. 3 GKG). Eine der Rechtskraft fähige Entscheidung über die Gegenforderung ergeht auch dann, wenn sie nur ihre Vollstreckbarkeit oder Klagbarkeit betrifft.[277]

45

Für die Gebühren der Vollstreckungsabwehrklage gilt nichts Besonderes. Die vorgerichtliche Tätigkeit des Rechtsanwalts vor Erhebung einer Vollstreckungsabwehrklage löst die allgemeine Gebühr für das Betreiben des Geschäfts aus[278].

XIII. Materiellrechtliche Ausgleichsansprüche des Schuldners nach beendeter Zwangsvollstreckung

Ist der Erlös der Versteigerung beweglicher Sachen oder der Zwangsversteigerung eines Grundstücks an den Gläubiger ausgehändigt, die überwiesene Forderung von ihm eingezogen worden, ist die Zwangsvollstreckung zwar beendet, eine Vollstreckungsabwehrklage nicht mehr möglich,[279] es steht aber auch dann nicht unwiderruflich fest, dass der Gläubiger den ihm aus der Vollstreckung zugeflossenen Vermögenszuwachs endgültig behalten darf. Denn unser Recht kennt keine sog.

46

---

267 Ihre Hauptvertreter: *Baumann/Brehm*, § 13 III 2 c; *Blomeyer*, § 33 V 5 a; *Brox/Walker*, Rn. 1357; *Bruns/Peters*, § 15 III 5; *Gerhardt*, § 15 III 2; *Münzberg*, ZZP 1974, 449 ff.; *Gaul/Schilken/Becker-Eberhard*, § 40 Rn. 116; *Stein/Jonas/Münzberg*, § 767 Rn. 52.
268 BGH, NJW-RR 1987, 59.
269 OLG Celle, MDR 1963, 932 mit Anm. *Bötticher*.
270 Siehe oben Rdn. 11.
271 BGHZ 167, 150, 153.
272 BGH, NJW 1995, 3318; NJW-RR 2009, 1431 Rn. 18; NJW-RR 2011, 505 Rn. 8; KG, Beschl. v. 5.7.2010 – 19 WF 62/10, juris Rn. 2.
273 BGH, WM 1956, 144; NJW 1995, 3318; BGH-Report 2006, 667.
274 BGH, KostRsp GKG a. F. § 17 Nr. 31.
275 BGH, ZEV 2009, 246 Rn. 11, 12; OLG Köln, JurBüro 2007, 488.
276 BGH, NJW 1962, 806; BGH-Report 2006, 667, 668; BGH, NJW-RR 2009, 1431 Rn. 18.
277 Siehe oben Rdn. 43.
278 BGH, NJW 2011, 1603 f.
279 Oben Rdn. 15.

»materielle Vollstreckungskraft«, die das Behaltendürfen des zugewiesenen Erlöses rechtfertigen würde,[280] sobald zwangsvollstreckungsrechtliche Klagen und Rechtsbehelfe nicht mehr möglich sind. Der Rechtsgrund für das endgültige Behaltendürfen des durch den Vollstreckungserlös erzielten Vermögenszuwachses ist das Pfändungspfandrecht.[281] Ist es erloschen, weil die gesicherte Forderung erloschen ist, so ist der Gläubiger um den dennoch empfangenen Vollstreckungserlös ungerechtfertigt bereichert (§ 812 Abs. 1 Satz 1, 2. Altern. BGB »in sonstiger Weise«).[282] Hat der Gläubiger schuldhaft (vorsätzlich oder fahrlässig) die Zwangsvollstreckung weiter betrieben, obwohl er keinen Anspruch aus dem Titel mehr hatte oder obwohl er den Anspruch zurzeit nicht weiter durchsetzen durfte, so ist er dem Schuldner zudem aus positiver Forderungsverletzung oder aus unerlaubter Handlung (fahrlässige Eigentumsverletzung, § 823 Abs. 1 BGB, gegebenenfalls auch aus § 826 BGB) zum Schadensersatz verpflichtet. Dem Schadensersatzanspruch kann nicht anspruchsmindernd (§ 254 BGB) entgegengehalten werden, dass der Schuldner es versäumt hat, Vollstreckungsabwehrklage zu erheben. Denn es besteht keine Verpflichtung zur Klageerhebung, auch nicht im Sinne einer analogen Präklusion zu § 767 Abs. 2 und 3, dass etwa materiellrechtliche Ausgleichsansprüche nicht mehr auf Einwendungen gestützt werden könnten, die schon während des Vollstreckungsverfahrens bestanden und theoretisch mit der Vollstreckungsabwehrklage hätten verfolgt werden können.[283] Indes setzt nach Beendigung der Zwangsvollstreckung die materiellrechtliche Bereicherungsklage lediglich die vorher mögliche Vollstreckungsabwehrklage fort[284]. Sie kann deshalb auf solche Einwendungen nicht mehr gestützt werden, welche für die Vollstreckungsabwehrklage bereits nach § 767 Abs. 2 oder 3 ausgeschlossen waren[285].

Hatte der Schuldner aber Vollstreckungsabwehrklage erhoben und war diese abgewiesen worden, so steht fest, dass die Zwangsvollstreckung jedenfalls nicht aus den Gründen, die Gegenstand der Klage waren, unrechtmäßig und pflichtwidrig war. Damit steht aber für eine auf die nämlichen Gründe gestützte spätere Schadensersatzklage des Schuldners auch schon fest, dass der Gläubiger nicht schuldhaft handelte.[286] Die Klage ist also, ohne dass eine erneute Sachaufklärung in Betracht käme, unbegründet. Aus den gleichen Gründen steht aufgrund eines solchen Urteils fest, dass der Gläubiger bei Empfang des Vollstreckungserlöses nicht bösgläubig i. S. § 819 Abs. 1 BGB war. Ob gleichzeitig feststeht, dass er durch den Vollstreckungserfolg überhaupt nicht rechtsgrundlos bereichert ist,[287] erscheint fraglich. Denn aufgrund des Misserfolgs der Klage steht weder rechtskräftig fest, dass der zu vollstreckende Anspruch besteht, noch dass die Einwendung gegen ihn nicht besteht.[288] Eine Bindung des Prozessgerichts im Bereicherungsprozess an die Entscheidung über das Nichtbestehen der mit der Vollstreckungsabwehrklage ausdrücklich geltend gemachten und im Urteil beschiedenen Einwendungen ist abzulehnen. Will der Gläubiger eine solche Erstreckung der Rechtskraft erreichen, muss er Feststellungswiderklage erheben.[289]

---

280 So aber in Analogie zur Rechtskraft: *Böhm*, Ungerechtfertigte Zwangsvollstreckung und materielle Ausgleichsansprüche, 1971, S. 85 ff.; wie hier etwa *Gaul/Schilken/Becker-Eberhard*, § 40 Rn. 177.
281 Einzelheiten: vor §§ 803, 804 Rdn. 16.
282 BGHZ 4, 2; 83, 278, 280; 99, 292, 294; 100, 211, 212 f.; BGH, NJW 1993, 3318; BGH-Report 2001, 744, 745; BAG, NJW 1980, 141; OLG Frankfurt, MDR 1982, 934; OLG Hamm, FamRZ 1993, 74.
283 *Stein/Jonas/Münzberg*, § 767 Rn. 55.
284 BGHZ 83, 278, 280; 163, 339, 342.
285 BGH, NJW 2013, 3243 Rn. 15.
286 *Brox/Walker*, Rn. 1374; *Gaul/Schilken/Becker-Eberhard*, § 40 Rn. 139; *Stein/Jonas/Münzberg*, § 767 Rn. 57; BGH, NJW 1960, 1460; a. A. *Lakkis*, ZZP 119, 435 ff.; siehe auch Rdn. 43.
287 So aber *Gaul/Schilken/Becker-Eberhard*, § 40 Rn. 139.
288 BGH, MDR 1985, 138 und NJW-RR 1990, 48; *Musielak/Lackmann*, § 767 Rn. 46; a. A. (Rechtskrafterstreckung auf die festgestellten Einwendungen): MüKo/*K. Schmidt/Brinkmann*, § 767 Rn. 96.
289 Oben Rn. 43; *Stein/Jonas/Münzberg*, § 767 Rn. 5; anders die Vorauflage Rn. 44 a. E.

XIV. Sonderformen der Vollstreckungsabwehrklage

1. Zahlungstitel ohne materielle Rechtskraft

Ist ein Zahlungstitel nicht der materiellen Rechtskraft fähig, weil nicht erkennbar ist, über welchen Anspruch das Gericht entschieden hat, so kann der Schuldner, obwohl er insoweit weder einen materiellrechtlichen Einwand gegen die titulierte Forderung geltend macht noch sich auf eine Vollstreckungsvereinbarung beruft, nach Auffassung des Bundesgerichtshofs[290] mit einer prozessualen Gestaltungsklage analog § 767 beantragen, dass die Zwangsvollstreckung aus dem Titel für unzulässig erklärt wird. Bei derartigen Klagen sind § 767 Abs. 2 und 3 nicht anwendbar. Eine Verbindung der echten mit der unechten Vollstreckungsabwehrklage analog § 767 Abs. 1 kommt in Betracht.[291]

47

Unbegründet ist eine prozessuale Gestaltungsklage analog § 767 Abs. 1, mit welcher der Schuldner gegenüber dem früheren Titel den Einwand der doppelten Titulierung ein und desselben Anspruchs geltend macht.[292] Der Schuldner muss diesen Einwand in dem Verfahren erheben, in dem der Gläubiger einen zweiten Titel erstrebt und notfalls deswegen Rechtsmittel einlegen. Der Schuldner soll eine prozessuale Gestaltungsklage (analog?) § 767 Abs. 1 aber darauf stützen können, dass ein Versäumnisurteil durch Prozessvergleich im Einspruchsverfahren wirkungslos geworden ist.[293]

Will der Schuldner schließlich geltend machen, die Zwangsvollstreckung aus einem notariellen Titel sei unzulässig, weil die Unterwerfungserklärung aus materiellrechtlichen Gründen, etwa wegen Verstoßes gegen die Vorschriften der MaBV, nichtig sei, muss er dies, obwohl letztlich insoweit das Fehlen eines wirksamen Titels gerügt wird, ebenfalls mit einer prozessualen Gestaltungsklage gemäß § 767 Abs. 1 tun,[294] da derartige materiellrechtliche Überlegungen im Rahmen der §§ 766, 732 fehl am Platze wären. § 767 Abs. 2 ist hierbei nach § 797 Abs. 4 nicht anzuwenden. Beanstandet der Schuldner, dass sich aus einer notariellen Unterwerfungserklärung der Titelgläubiger nicht mit hinreichender Deutlichkeit ergebe, ist dies im Verfahren des § 732 zu klären[295].

Haftet der Schuldner nur mit einer besonderen Vermögensmasse (so im Fall der beschränkten Erbenhaftung, der Haftung mit aus dem Gesamtgut zugeteilten Gegenständen oder mit einer als Vermächtnis erworbenen Sache), so eröffnen ihm die §§ 785–786a die Möglichkeit der Vollstreckungsabwehrklage zur Geltendmachung der Haftungsbeschränkung. Gleiches gilt für die Geltendmachung der Haftungsbeschränkung Minderjähriger.[296]

2. Verfassungswidrige Gesetze (§ 79 BVerfG)

Beruht die zu vollstreckende Entscheidung auf einer Norm, die später vom Bundesverfassungsgericht, sei es im Rahmen eines Normenkontrollverfahrens (§ 13 Nr. 6 BVerfGG), sei es aufgrund einer Verfassungsbeschwerde (§ 13 Nr. 8 a BVerfGG), für nichtig erklärt wurde, so ist die weitere Vollstreckung unzulässig (§ 79 Abs. 2 Satz 2 BVerfGG, gegebenenfalls i. V. mit § 95 Abs. 3 Satz 3 BVerfGG). Die Unzulässigkeit ist, wenn der Gläubiger sie nicht von sich aus beachtet, in ent-

48

---

290 BGHZ 124, 164, 171 mit Anm. *Foerste*, ZZP 1994, 365; BGH, NJW 1997, 2887; BGH-Report 2004, 506 mit Anm. *Rimmelspacher*, WuB § 767 2.04; BGH, ZIP 2004, 356 mit Anm. *Walker/Reichenbach*, EWiR 2004, 257; *Sutschet*, ZZP 119, 279, 292 ff.; *Vollkommer*, Rpfleger 2004, 336; Kaiser, NJW 2010, 2933.
291 BGHZ 118, 229, 236; 124, 164, 170 f.; BGH, BGH-Report 2004, 553, 555; vgl. auch BGHZ 183, 169 Rn. 11.
292 Anders aber OLG Oldenburg, InVo 1999, 317.
293 BGH, NJW-RR 2007, 1724, 1725 Rn. 11.
294 BGHZ 118, 229, 234; 124, 164, 171 f.; 185, 133 Rn. 15 und 18; BGH, ZIP 2001, 2288, 2289; BGH-Report 2004, 553; OLG Köln, InVo 1999, 50; OLG München, InVo 1999, 317 und NJW-RR 2001, 130; OLG Nürnberg, InVo 1999, 289; OLG Zweibrücken, WM 2002, 1927, 1928 mit Anm. *Walker/Graumann*, WuB § 767 1.02; die Entscheidung BGH NJW-RR 1999, 1080 betrifft einen Sonderfall.
295 BGH, NJW 2010, 2041 Rn. 18.
296 *Eckebrecht*, MDR 1999, 1248.

§ 767 ZPO Vollstreckungsabwehrklage

sprechender Anwendung des § 767 geltend zu machen (§ 79 Abs. 2 Satz 3 BVerfGG). Bereits vollstreckte Beträge können nicht aus ungerechtfertigter Bereicherung zurückgefordert werden (§ 79 Abs. 2 Satz 4 BVerfGG). Die Regelung der § 79 Abs. 2, § 95 Abs. 3 BVerfGG ist analog auf Fälle anwendbar, in denen nicht ein Gesetz unmittelbar oder mittelbar für verfassungswidrig erklärt worden ist, sondern eine gerichtliche Entscheidung, die ein an sich verfassungskonformes Gesetz in verfassungswidriger Weise angewendet hat: Die Entscheidung des Bundesverfassungsgerichts kommt in diesem Fall nicht nur demjenigen zugute, der sie selbst erstritten hat. Schuldner, die durch inhaltlich gleich begründete Entscheidungen (etwa im Rahmen einer »ständigen Rechtsprechung«), die aber nicht beim Bundesverfassungsgericht angegriffen waren, betroffen sind, können die Zwangsvollstreckung aus diesen Entscheidungen abwehren.[297] Dies dürfte aus Gründen der Rechtsschutzgleichheit auch dann gelten, wenn ein Oberstes Bundesgericht seine verfassungswidrige Rechtsprechung selbst korrigiert hat.

3. Wettbewerbsrechtliche Verbandsklage (§ 10 UKlaG)

49 Auf eine spätere Rechtsprechung stellt § 10 UKlaG ab: Ist einem AGB-Verwender die Benutzung einer bestimmten Klausel untersagt worden (§§ 8, 9 UKlaG), ergeht aber nachträglich eine Entscheidung des Bundesgerichtshofes oder des Gemeinsamen Senats der Obersten Gerichtshöfe des Bundes, welche die Verwendung dieser Bestimmung für dieselbe Art von Rechtsgeschäften nicht untersagt, so kann er unter Hinweis darauf Vollstreckungsabwehrklage erheben, wenn die Vollstreckung aus dem Urteil gegen ihn seinen Geschäftsbetrieb in unzumutbarer Weise beeinträchtigen würde. Auf die nach § 1 UKlaG ebenfalls möglichen Unterlassungsurteile gegen AGB-Empfehler ist die Norm entsprechend anzuwenden.[298] Die hier früher abgelehnte Analogie außerhalb des UKlaG im Hinblick auf wettbewerbsrechtliche Unterlassungsurteile wird vom Bundesgerichtshof inzwischen bejaht.[299] In Anwendung des § 795 ist § 10 UKlaG auch einschlägig gegenüber in Beschlussform ergangenen einstweiligen Verfügungen und gegenüber Vergleichen, die eine Unterlassungsverpflichtung bezüglich bestimmter AGB-Klauseln enthalten.

4. Arrest und einstweilige Verfügung

50 Bei Arrest und einstweiliger Verfügung als Vollstreckungstitel tritt an die Stelle der Vollstreckungsabwehrklage der **Antrag auf Aufhebung** wegen veränderter Umstände, § 927 Abs. 1. Einwendungen, die eine Vollstreckungsabwehrklage tragen könnten, rechtfertigen immer auch den Aufhebungsantrag, der als speziellerer Rechtsbehelf (sowohl im Hinblick auf das Verfahren als auch auf den erweiterten Kreis zulässiger Einwendungen) deshalb § 767 Abs. 1 keinen Raum mehr lässt.[300]

5. Wohnungseigentumssachen

51 In **Wohnungseigentumssachen** gelten nach den §§ 43 bis 50 WEG i. d. F. des Gesetzes zur Änderung des Wohnungseigentumsgesetzes und anderer Gesetze vom 26.03.2007[301] für die nach dem 30.06.2007 bei Gericht anhängig gewordenen Verfahren keine Besonderheiten mehr. Auch gegen

---

297 BVerfGE 115, 51 unter Aufhebung von BGHZ 151, 316; BGH, FamRZ 2006, 1024; NJW 2006, 2856, 2857.
298 *Staudinger/Schlosser*, § 10 UKlaG Rdn 5 m.w.N; *Palandt/Bassenge*, § 10 UKlaG Rn. 2; anders *Ulmer/Brandner/Hensen* AGB-Recht, 10. Aufl. 2006, § 10 UKlaG Rn. 4; *Erman/Roloff*, 13. Aufl., § 10 UKlaG Rn. 3.
299 Siehe oben Rdn. 25 und BGHZ 181, 373 Rn. 21, 24; ebenso *Baur/Stürner/Bruns*, Rn. 45.13 und *Prütting/Gehrlein/Scheuch*, ZPO 2. Aufl. § 767 Rn. 27; a. A. *Gaul*, FS Beitzke, 1979, S. 1050; *Gaul/Schilken/Becker-Eberhard*, § 40 Rn. 156 f.
300 Siehe auch OLG Koblenz, GRUR 1986, 94; OLG München, FamRZ 1993, 1101; Gaul/Schilken/Becker-Eberhard, § 77 Rn. 28; *Stein/Jonas/Grunsky*, § 928 Rn. 3; a. A.: *Baumbach/Lauterbach/Hartmann*, § 936 Rn. 17; *Zöller/Herget*, § 767 Rn. 7, Stichwort »einstw. Verfügungen«, soweit die einstweiligen Verfügungen auf eine Geldleistung gerichtet sind.
301 BGBl. I S. 370.

Vollstreckungstitel des bisherigen § 45 Abs. 3 WEG, die im Verfahren der Freiwilligen Gerichtsbarkeit entstanden sind, müssen materiellrechtliche Einwendungen gemäß Art. 1 § 62 des Gesetzes vom 26.03.2007 infolgedessen nach dem 30.06.2007 mit der Vollstreckungsabwehrklage vor dem Amtsgericht geltend gemacht werden. Gegenüber Alt- und Neutiteln gilt auch für die Vollstreckungsabwehrklage der Gerichtsstand des § 72 Abs. 2 Satz 1 GVG.[302]

XV. Abgabenvollstreckung

Keine Vollstreckungsabwehrklage in der **Abgabenvollstreckung:** In der Abgabenvollstreckung nach der AO ist die Möglichkeit einer Vollstreckungsabwehrklage nicht eröffnet.[303] Je nach Konstellation muss der zu vollstreckende Bescheid oder die konkrete Vollstreckungsmaßnahme bei den Finanzgerichten angefochten werden. Im Einzelfall kann zur Abwendung erst drohender Vollstreckungsmaßnahmen eine vorbeugende Unterlassungs- oder Feststellungsklage in Betracht kommen.[304]

52

---

302 BGH, NJW 2009, 1282 Rn. 10.
303 BFH, BStBl. II 1971, 702; BFH/NV 2002, 1547; *Tipke/Kruse*, AO § 256 Rn. 10.
304 Zu dieser Möglichkeit: BFH, BStBl. II 1976, 296, 297; *Tipke/Kruse*, AO § 256 Rn. 12.

Anhang zu § 767 ZPO

Klagen auf Unterlassung der Zwangsvollstreckung und auf Herausgabe des Vollstreckungstitels (§§ 826, 371 BGB)

Übersicht	Rdn.			Rdn.
I. Anwendungsbereich der auf § 826 BGB gestützten Unterlassungklage.........	1	II.	Anspruch auf Herausgabe sittenwidrig erlangter oder ausgenutzter Titel......	5
1. Materielle Unrichtigkeit des Titels.....	2	III.	Anspruch auf Titelherausgabe in sonstigen Fällen..................	6
2. Kenntnis von der Unrichtigkeit.......	3			
3. Hinzutreten besonderer Umstände.....	4			

Literatur:
siehe Vor § 767.

I. Anwendungsbereich der auf § 826 BGB gestützten Unterlassungklage

1 Ist der Schuldner rechtskräftig zu einer Leistung, sei es einer einmaligen (z. B. Rückzahlung eines Krediles nebst Zinsen), sei es einer fortlaufenden (z. B. Unterlassen eines bestimmten Tuns) oder einer regelmäßig wiederkehrenden (z. B. Zahlung einer Rente), verurteilt und ändert sich die Rechtsprechung in den die Entscheidung tragenden Grundsätzen später[1] – in Entscheidungen, die zwischen anderen Parteien zur gleichen Rechtsfrage ergingen –, sodass sich das Urteil nachträglich als »Fehlurteil« erweist, hilft dem Schuldner weder § 767 noch § 323 weiter: Soweit § 79 Abs. 2 Satz 3 BVerfGG nichts Anderes bestimmt, erweist sich § 767 als nicht anwendbar, weil es nicht um die Geltendmachung einer Einrede oder Einwendung gegen den (ursprünglich zu Recht) titulierten Anspruch geht, sondern darum, dass nach angeblich nunmehr geläuterter Rechtsauffassung der Anspruch des Gläubigers gegen den Schuldner von Anfang an dem Grunde nach nicht gegeben gewesen sein soll.[2] § 323 (etwa im Hinblick auf künftige Rentenzahlungen) ist nicht einschlägig, weil die anspruchsbegründenden (bzw. den Anspruch gerade von Anfang nicht tragenden) Tatsachen gleichgeblieben sind, nur ihre rechtliche Beurteilung sich geändert hat. Hier stellt sich die Frage, ob die Vollstreckung derartiger – aus der Sicht der gewandelten Rechtsprechung – Fehlurteile in der Zukunft weiter hingenommen werden muss oder ob die weitere Ausnutzung eines prozessual nicht mehr anfechtbaren, aber auch vom Gläubiger nunmehr als inhaltlich unrichtig erkannten Urteils »gegen die guten Sitten« verstößt. Die gleiche Frage stellt sich, wenn – mit[3] oder ohne Zutun des Gläubigers[4] – ein ganz oder teilweise inhaltlich unzutreffender Titel erlassen wurde, der aus Rechtsgründen oder aufgrund tatsächlicher Unmöglichkeit weder angefochten noch durch § 323 für die Zukunft abgeändert,[5] weder gemäß §§ 579 ff. beseitigt noch gemäß § 767 Abs. 1 hinsichtlich seiner Vollstreckbarkeit »entschärft« werden kann. Würde man in diesen Fällen immer die (weitere) Vollstreckung des Titels verweigern, weil die erkannte und bewusste Durchsetzung materiellrechtlichen Unrechts immer gegen »die guten Sitten«, das »Anstandsgefühl aller billig und gerecht Denkenden« verstoße, wäre das Institut der Rechtskraft, das schließlich dem Eintritt des Rechtsfriedens und dem

---

[1] Das kann auf einer Änderung der rechtsdogmatischen Betrachtungsweise, aber auch darauf beruhen, dass die wissenschaftlichen Erkenntnisse nichtjuristischer Art, die den Entscheidungen zugrunde gelegen haben, sich verändert haben. Beispielhaft: OLG Hamm, NJW 1998, 1800.
[2] Vergl. § 767 Rdn. 24, 25 und 48.
[3] Er unterlässt es z. B., das Gericht darauf hinzuweisen, dass sich seine Einkommensverhältnisse seit Einreichung seiner Unterhaltsklage zu seinen Gunsten erheblich verbessert haben. Zur Hinweispflicht insoweit: BGH, MDR 1999, 1069; enger als der BGH: OLG Hamm, NJWE-FER 1997, 827.
[4] Sein wahrheitsgemäßer Vortrag, der seinen Anspruch nachträglich zum Erlöschen gebracht hätte, wurde vom Gericht übergangen: OLG Düsseldorf, FamRZ 1997, 827.
[5] Im Fall BGH, NJW 1983, 2317 z. B. war der Schuldner durch Strafhaft in der DDR gehindert, die Abänderungsklage während der Laufzeit der Unterhaltsrente zu erheben.

Schutze der Rechtssicherheit dienen soll, weit gehend inhaltsleer geworden. Der Schuldner könnte unter Hinweis auf die guten Sitten immer wieder versuchen, das (nunmehr) »richtige Recht« durchzusetzen. Dass dies dem Willen des Gesetzgebers widerspräche, zeigt die relativ enge Regelung in den §§ 579, 580. Andererseits wurde die Rechtsprechung immer wieder mit Fällen konfrontiert, in denen der Gläubiger nicht nur einen auch von ihm (zwischenzeitlich oder von Anfang an) als inhaltlich unrichtig erkannten Titel vollstreckte, sondern dies unter Umständen tat, die sich als rechtsstaatlichem Denken krass widersprechende Ausnutzung des formellen Rechts darstellten. In langer Tradition hat die höchstrichterliche Rechtsprechung Grundsätze zu einem Schadensersatzanspruch aus § 826 BGB entwickelt, der auf Unterlassung der weiteren Zwangsvollstreckung,[6] Herausgabe des Vollstreckungstitels und Herausgabe des sittenwidrig erzielten Vollstreckungserfolges gerichtet ist.[7] Dieser Anspruch muss trotz der immer wieder in der Literatur nicht unberechtigt geäußerten Bedenken[8] zwischenzeitlich als gefestigtes **Gewohnheitsrecht** hingenommen werden. Er gilt für alle in der Bundesrepublik heute noch zu vollstreckenden Titel, soweit zwischen den Parteien materiellrechtlich deutsches Privatrecht gilt, und ist entgegen der Ansicht des BGH[9] durch den Einigungsvertrag nicht für Titel aus der früheren DDR ausgeschlossen.[10] Denn es handelt sich insoweit nicht um einen vollstreckungsrechtlichen Rechtsbehelf, sondern um einen allgemeinen materiellrechtlichen Anspruch, der mit einer normalen Leistungsklage durchgesetzt wird. Seine praktische Bedeutung ist durch die neuere Rechtsprechung des BVerfG eingeschränkt, nach der § 767 entsprechend § 79 Abs. 2 Satz 3 BVerfGG auch anwendbar ist, wenn es um die Korrektur ungewöhnlich belastender Vertragsfolgen, welche die Rechtsprechung bisher hingenommen hat, für den in seiner Verhandlungsstärke strukturell unterlegenen Vertragsteil durch Drittwirkung der Grundrechte im Rahmen bürgerlich-rechtlicher Generalklauseln geht.[11]

Der Anspruch hat folgende **Voraussetzungen:**[12]

1. Materielle Unrichtigkeit des Titels

Die materielle Unrichtigkeit des Titels muss feststehen. Sie darf also nicht nur einseitig vom Titelschuldner behauptet werden mit dem Ziel, den Sachverhalt erneut aufzuklären, damit sich am Ende vielleicht ein anderer Sachverhalt als erwiesen herausstellt als der, der seinerzeit der Entscheidung zugrunde gelegt wurde. Die Darlegungslast trägt insoweit der klagende Schuldner. Für die Frage der inhaltlichen Richtigkeit kommt es nicht darauf an, ob das damalige Gericht den Titel auch erlassen hätte, wenn es die heutigen Umstände schon gekannt hätte, sondern ob das jetzt über

2

---

6 Zum Antrag siehe BGHZ 26, 391, 394; BGH, NJW-RR 1987, 1032.
7 Vergl. BGHZ 50, 115, 118; 101, 380, 383 f; 103, 44, 50; 112, 54, 57; 151, 316, 327 ff.; BGH, NJW 1998, 2818; NJW 2006, 154, 156 f; BAGE 10, 88, 98; BSG, NJW 1987, 2038; ferner: *Musielak*, JA 1982, 7 ff.; *Hönn*, FS Lüke, 1997, S. 265; *Klados*, JuS 1997, 705; *Staechelin*, JA 1998, 578; *Braun*, Rechtskraft und Rechtskraftdurchbrechung von Titeln über sittenwidrige Ratenkreditverträge, 1986, S. 1 f.; 32 ff.; *Prütting/Weth*, Rechtskraftdurchbrechung bei unrichtigen Titeln, 2. Aufl., § 4 und § 5.
8 *Baumgärtel/Scherf*, JZ 1970, 316; *Gaul*, JuS 1962, 3 ff.; *Gaul*, Möglichkeiten und Grenzen der Rechtskraftdurchbrechung, 1986, S. 39 ff.; *Gaul/Schilken/Becker-Eberhard*, § 40 Rn. 174; *Musielak*, JA 1982, 11 ff.; *Baur/Stürner/Bruns*, Rn. 5.18 und 5.19; *Braun*, Rechtskraft und Rechtskraftdurchbrechung, 1986, S. 32 ff.; jeweils mit weiteren Nachweisen; *Prütting/Weth*, Rechtskraftdurchbrechung bei unrichtigen Titeln, 2. Aufl., §§ 4 und 5.
9 MDR 1995, 630.
10 Siehe auch vorn: Vor §§ 704–707 Rdn. 5.
11 BVerfGE 115, 51, 67 ff. im Gefolge von BVerfGE 89, 214, 229 ff.; siehe auch § 767 Rdn. 25, 48.
12 Vergl. die Zusammenfassung in den Entscheidungen: BGHZ 101, 380, 384 ff.; 103, 44; 112, 54 mit Anm. *Vollkommer*, NJW 1991, 1884; BGHZ 151, 316, 327 ff.; zur Doppelleistung infolge Titulierung erfüllter Schuld BGH, MDR 2012, 368 Rn. 15 mit Anm. *Vollkommer* und dessen Aufsatz FS *Stürner* S. 581, 590 ff; vergl. ferner BSG, NJW 1987, 2038; BGH, NJW-RR 1987, 831 und 1032; BGH, NJW 1993, 3204; NJW 1998, 2818; NJW 1999, 1257; BVerfG, NJW-RR 1993, 232 ist im Ergebnis überholt durch BVerfGE 115, 51, 67 ff.

den Schadensersatzanspruch aus § 826 BGB entscheidende Gericht den titulierten Anspruch für berechtigt hält.[13]

2. Kenntnis von der Unrichtigkeit

3   Der Titelgläubiger muss die Unrichtigkeit des Titels kennen.[14] Soweit der Schadensersatzanspruch darauf gerichtet ist, die Ergebnisse einer bereits durchgeführten Zwangsvollstreckung wieder rückgängig zu machen (Rückzahlung der bereits beigetriebenen Beträge), muss die Kenntnis im Zeitpunkt der Vollstreckung vorgelegen haben.[15] Sie kann sich aus den besonderen Umständen des Falles prima facie ergeben, etwa aus einem ungewöhnlich hohen Zinssatz, der geltend gemacht worden war,[16] aus der Art der geltend gemachten Forderung (etwa: Honorar für Partnerschaftsvermittlung)[17] oder aus der Verschleierung des wirklichen Anspruchshintergrundes (Angabe des Anspruchsgrundes »Darlehen« oder »Ratenzahlungsvertrag« an Stelle des wirklichen Anspruchsgrundes »Ehemäklerlohn«).[18] Soweit es nur um die Zulässigkeit einer künftigen Vollstreckung geht, genügt es dagegen, wenn dem Gläubiger diese

Kenntnis erst durch das zur Entscheidung über den Anspruch aus § 826 BGB berufene Gericht vermittelt wird.[19]

3. Hinzutreten besonderer Umstände

4   Es müssen **zusätzlich** zu diesen beiden Voraussetzungen weitere besondere Umstände **hinzutreten**, aufgrund derer es dem Gläubiger zugemutet werden muss, die ihm unverdient zugefallene Rechtsposition aufzugeben.[20] Diese Umstände können in der Art und Weise der Titelerlangung liegen oder aber sich aus späteren Gegebenheiten, die einem gewissenhaften Gläubiger einen Verzicht auf die weitere Vollstreckung nahegelegt hätten, ergeben.[21] Solche »besonderen Umstände« spielen aber dann keine Rolle, wenn der Gläubiger nur das aus dem Titel vollstreckt, was ihm nach der objektiven Rechtslage tatsächlich gebührt, nicht weitere zu Unrecht mittitulierte Beträge.[22]

a) Dass der Richter im Ausgangsverfahren rechtlich fehlerhaft gearbeitet und der Gläubiger dies – als unerhofftes Geschenk – hingenommen hat, macht die Titelerlangung noch nicht anstößig.[23] Der Gläubiger muss vielmehr gezielt auf den inhaltlich unrichtigen Titel hingearbeitet haben. Dies ist insbesondere dann anzunehmen, wenn der Gläubiger bewusst den Weg des Mahn-

---

13 BGHZ 101, 380, 384; *BGH-RGRK-Steffen*, § 826 BGB Rn. 81.
14 BGH, MDR 1997, 397 und Nachweise bei Fußn. 12.
15 BGH, MDR 1997, 397; AG Weilburg, NJWE-FER 1999, 80.
16 OLG Schleswig, NJW 1991, 986 und NJW-RR 1992, 239 kritisch insoweit: OLG Hamm, NJW-RR 1994, 1468. Zur Formel, nach der ein Zinssatz als ungewöhnlich hoch und damit erkennbar sittenwidrig eingestuft werden kann: *Palandt/Ellenberger*, § 138 BGB Rn. 26–29.
17 OLG Düsseldorf, VuR 1994, 355; OLG Stuttgart, NJW 1994, 330; LG Frankfurt, NJW-RR 1995, 634; verneinend BVerfGK, NJW 1993, 1125 für einen Altfall vor BGH, NJW 1990, 2550.
18 LG Würzburg, NJW-RR 1992, 52; AG Braunschweig, NJW-RR 1993, 953; OLG Stuttgart, NJW 1994, 330; *Börstinghaus*, MDR 1995, 551.
19 BGHZ 101, 380, 385; OLG Schleswig, NJW 1991, 986.
20 OLG Frankfurt, NJW-RR 1990, 307 und OLG Hamm, NJW-RR 1990, 307 wollen auf diese besonderen Umstände verzichten, wenn die titulierte Forderung grob sittenwidrig ist. Das ist entschieden zu weitgehend. So auch BGHZ 112, 54, 58 f: Auf das Vorliegen zusätzlicher besonderer Umstände kann nicht verzichtet werden. Ebenso: OLG Köln, NJW-RR 1991, 173. Das Rechtsstaatsprinzip des GG verlangt eine derartig weitgehende Durchbrechung der Rechtskraft nicht; denn auch der Schutz der Rechtskraft ist ein wesentliches Element des Rechtsstaats; so zu Recht BVerfG, MDR 1993, 232.
21 BGH, NJW 1987, 3257; BGH, NJW-RR 1987, 1032; BGHZ 101, 380, 385; 103, 44, 46 f; NJW-RR 1989, 622; *Kohte*, NJW 1985, 2224; OLG Frankfurt, MDR 1990, 441.
22 BGH, NJW-RR 1989, 622.
23 OLG Hamm, NJW 1991, 1361; OLG Düsseldorf, FamRZ 1997, 827; bedenklich daher: LG Köln, NJW 1991, 2427.

verfahrens ohne materielle Schlüssigkeitsprüfung gewählt hat, weil er befürchten musste, im ordentlichen Verfahren mangels Schlüssigkeit zu unterliegen.[24] Der »Missbrauch« des Mahnverfahrens muss dem Gläubiger dabei als solcher nicht bewusst gewesen sein.[25] Andererseits genügt es nicht, dass der Kläger im ordentlichen Verfahren objektiv den Titel nicht in gleicher Höhe wie im Mahnverfahren erstritten hätte, da in seiner Forderungsberechnung ein unbeabsichtigter Rechenfehler enthalten war, der im ordentlichen Verfahren auch bei Beantragung eines Versäumnisurteils aufgefallen wäre.[26] In einem solchen Fall wurde das Mahnverfahren nicht »missbraucht«. Ein »Erschleichen« des Titels kann auch zu bejahen sein, wenn der Gläubiger die persönliche Verteidigungsunfähigkeit des Schuldners (Krankheit, besondere Belastungen u. ä.) gezielt ausnutzt, um ein Versäumnisurteil zu erreichen, weil er in dieser Situation fest damit rechnet, der Schuldner werde gegebene Einwendungen (Verjährung, Anfechtung, Wandlung usw.) nicht geltend machen.

b) Der Gläubiger, der erkennt, dass der Schuldner gehindert ist, die Abänderung eines ursprünglich zu Recht erstrittenen Titels über wiederkehrende Leistungen wegen veränderter Verhältnisse nach § 323 zu beantragen, und der in Ausnutzung dieses Umstandes den Titel in alter Höhe weitervollstreckt, kann durch dieses Verhalten gegen die guten Sitten verstoßen.[27] Ebenso verhält sich ein Gläubiger sittenwidrig, der, obwohl er im Gegensatz zum Schuldner weiß, dass ihm der Anspruch nicht mehr zusteht, die geänderten Umstände nicht offenbart, obwohl ihn wegen der ganz erheblichen Veränderung eine Offenbarungspflicht trifft, und unverändert weitervollstreckt.[28] Dies ist etwa anzunehmen, wenn der Gläubiger eine rechtmäßig zuerkannte Unterhaltsrente weiter beitreibt, ohne die Aufnahme einer ihm ein nennenswertes Einkommen verschaffenden Erwerbstätigkeit zu offenbaren, die zum Wegfall des Unterhaltsanspruchs geführt hat.[29] Schließlich handelt auch der Gläubiger sittenwidrig, der den Titel dazu ausnutzt, eine Forderung zu vollstrecken, auf die der Titel sich nach der dem Gläubiger von vornherein erkennbaren Ansicht des Schuldners, der den Titel freiwillig errichtet hatte, gar nicht beziehen sollte.[30]

c) Ist der Schuldner in dem Verfahren, das zur Titelerlangung führt, anwaltlich vertreten und übersieht der Anwalt in Kenntnis des Sachverhalts Rügen, kann von einer Titelerschleichung durch den Gläubiger nicht mehr gesprochen werden.[31] Der Gläubiger muss, wenn er im Übrigen redlich handelt, den Schuldner nicht auf Schwachstellen seines Anspruchs hinweisen.

II. Anspruch auf Herausgabe sittenwidrig erlangter oder ausgenutzter Titel

Sind die vorstehenden sachlichen Voraussetzungen gegeben, kann der Schuldner je nachdem, ob bereits vollstreckt worden ist oder ob die Vollstreckung erst droht, Ersatz des durch die Vollstreckung bereits entstandenen Schadens und soweit der Titel noch nicht verbraucht und nach § 757 Abs. 1 zurückgegeben ist, Herausgabe des Titels oder aber Unterlassung der Zwangsvollstreckung und Herausgabe des Titels verlangen. Der Anspruch auf Titelherausgabe liegt darin begründet, dass die

---

24 BGHZ 101, 380, 387; 103, 44, 48; BGH, NJW 1993, 3204, 3205; OLG Stuttgart, NJW 1987, 444; OLG Bremen, NJW 1986, 1499; BGH, NJW-RR 1990, 303; OLG Karlsruhe, NJW-RR 1990, 941; LG Freiburg, NJW-RR 1990, 1139; LG Lübeck, NJW 1990, 2892.
25 BGHZ 101, 380, 388; OLG Zweibrücken, MDR 1990, 630; a. A.: OLG Hamm, NJW-RR 1994, 1468. Andererseits genügt allein die Wahl des Mahnverfahrens ohne jede besondere Motivation nicht, um bereits von einem Erschleichen des Titels sprechen zu können: BGH, NJW 1999, 1257, 1258.
26 BGH, NJW 1991, 1884.
27 BGH, NJW 1983, 2317.
28 OLG Düsseldorf, FamRZ 1997, 827.
29 Zur Offenbarungspflicht erhöhten eigenen Einkommens bei der Vollstreckung infolge Wegfalls der Bedürftigkeit unrichtig gewordener Unterhaltstitel: BGH, NJW 1986, 1754 und 2049; FamRZ 1988, 271; NJW 1999, 2804; OLG Bamberg, NJW-RR 1994, 454; OLG Celle, FamRZ 1992, 582.
30 OLG Hamm, FamRZ 2001, 559.
31 BGH, NJW 1987, 3259, 3260; die Entscheidung ist im Ergebnis überholt durch BVerfGE 115, 51, 67 ff.

unerlaubte Handlung gerade auch in der Erschleichung oder im unredlichen Behalt des Titels liegt. Die Naturalrestitution führt deshalb dazu, dem Gläubiger den Titel wieder zu nehmen.

Die Klage kann sowohl am allgemeinen Gerichtsstand des Gläubigers (als des Schuldners des Anspruchs aus § 826 BGB) als auch gem. § 32 bei dem Gericht erhoben werden, in dessen Bezirk die Zwangsvollstreckung durchgeführt wurde oder droht.[32]

Die Klage kann nur vom Schuldner erhoben werden, nicht von einem außerhalb der Vertragsbeziehungen stehenden Dritten, etwa von einem Verbraucherschutzverein, vordergründig gekleidet in einen Anspruch nach §§ 1, 13 Abs. 2 Nr. 3 UWG.[33]

III. Anspruch auf Titelherausgabe in sonstigen Fällen

6 Ist die Zwangsvollstreckung aus einem Titel aus anderen als den vorstehend erörterten Gründen auf Dauer unzulässig, weil der vollstreckbare Anspruch von vornherein nicht bestand oder außerhalb der Zwangsvollstreckung vollständig erfüllt worden ist, weigert sich der Gläubiger aber, dem Schuldner den Titel auszuhändigen, um ihn so vor weiteren Vollstreckungsversuchen ein für allemal zu schützen, so hat der Schuldner in analoger Anwendung des § 371 Satz 1 BGB einen Anspruch auf **Herausgabe des Titels**.[34] Der Schuldner darf in diesem Fall nicht schlechter stehen, als wenn die Zwangsvollstreckung durch Verbrauch des Titels unzulässig geworden wäre (§ 757 Abs. 1). Zulässig ist die Klage auf Titelherausgabe, weil der Gläubiger sie verweigert.[35] Verfehlt erscheint es, wenn der Bundesgerichtshof neuerdings sogar die mit einer Vollstreckungsabwehrklage wegen Verwirkung verbundene Klage auf Titelherausgabe für unzulässig erachtet, weil über den Abwehrantrag noch nicht rechtskräftig entschieden worden sei[36]. Für eine solche Beschränkung gibt es keinen Grund. Sie ist auch nicht »gefestigte Rechtsprechung«, sondern der XII. Zivilsenat hat das ungenau formulierte Urteil des IX. Zivilsenats, auf das er sich bezieht[37], missverstanden.[38]

Für die Begründetheit der Klage reicht es nicht aus, dass die Zwangsvollstreckung gemäß § 767 endgültig für unzulässig erklärt worden ist. Wie bei der negativen Feststellungsklage muss der Kläger im Streitfall außerdem beweisen, dass der vollstreckbare Anspruch nicht (mehr) besteht. Die Analogie ist nur statthaft, wenn sie nicht zur Umgehung von § 767 Abs. 2 führt. Die Klage auf Titelherausgabe kann die Vollstreckungsabwehrklage nicht verdrängen, weil sie **nicht** mit einem Antrag nach § 769 verbunden werden kann und weil ein ihr stattgebendes Urteil nicht die Wirkungen der § 775 Nr. 1, § 776 auslöst. Beide Klagen sind vielmehr in der Regel nebeneinander zu erheben, weil der Beklagte die Herausgabe des Titels nicht schuldet, solange er aus denselben noch vollstrecken kann. Steht die Unzulässigkeit der Zwangsvollstreckung des Titels fest, fällt die Titelausgabe in ihrem nach § 3 zu schätzenden Streitwert regelmäßig nicht erheblich ins Gewicht.[39]

---

32 OLG Hamm, NJW-RR 1987, 1337; OLG Köln, OLGR 2001, 226.
33 OLG Hamm, NJW-RR 1987, 459.
34 BGHZ 127, 146, 148 f; BGH, NJW 1994, 1161, 1162; WM 2008, 1806 Rn. 9; NJW 2009, 1671 Rn. 16; *MüKo/K. Schmidt/Brinkmann*, Rn. 20; *Musielak/Lackmann*, Rn. 14; *Saum*, JZ 1981, 695 ff.; ablehnend gegen diesen Anspruch: *Baur/Stürner/Bruns*, Rn. 45.31; *Gaul/Schilken/Becker-Eberhard*, § 40 Rn. 172.
35 Wie Wenzel in der Voraufl. jetzt *MüKo-BGB/Fezer*, 6. Aufl. § 371 Rn. 8; offengelassen BGHZ 127, 146, 148; BGH WM 2008, 1806 Rn. 9; einschränkend (nur wenn bereits über eine Klage gem. § 767 entschieden ist oder wenn wenigstens gleichzeitig eine solche Klage erhoben wird): *Lüke*, JZ 1956, 475 ff.; *Münzberg*, KTS 1985, 193; OLG Köln, NJW 1986, 1350, 1353; ebenso BGH, NJW 2009, 1671 Rn. 16, wobei aber Zulässigkeit und Begründetheit verwischt werden.
36 BGH, NJW-RR 2014, 195 Rn. 19.
37 BGH, NJW 2009, 1671 Rn. 16.
38 Wie hier: *Kaiser*, NJW 2014, 364, 366.
39 BGHZ 127, 146, 149 f; BGH, WM 2008, 1806 Rn. 12; NJW 2009, 1671 Rn. 16.

§ 768 Klage gegen Vollstreckungsklausel

Die Vorschriften des § 767 Abs. 1, 3 gelten entsprechend, wenn in den Fällen des § 726 Abs. 1, der §§ 727 bis 729, 738, 742, 744, des § 745 Abs. 2 und des § 749 der Schuldner den bei der Erteilung der Vollstreckungsklausel als bewiesen angenommenen Eintritt der Voraussetzung für die Erteilung der Vollstreckungsklausel bestreitet, unbeschadet der Befugnis des Schuldners, in diesen Fällen Einwendungen gegen die Zulässigkeit der Vollstreckungsklausel nach § 732 zu erheben.

Übersicht	Rdn.		Rdn.
I. Zweck der Norm	1	6. Klageverbindung	4
II. Abgrenzung zur Klauselerinnerung und Vollstreckungsabwehrklage	2	IV. Begründetheit der Klage	4
		1. Anspruchsvoraussetzungen	4
III. Zulässigkeit der Klage	3	2. Beweislast	5
1. Statthaftigkeit	3	3. Urteilsformel	6
2. Zuständigkeit	4	V. Präklusion	7
3. Einrede der Rechtskraft	4	VI. Streitwert	8
4. Kein Ausschluss des Erinnerungsrichters	4	VII. Entsprechende Anwendung der Norm	9
5. Rechtsschutzbedürfnis	4		

Literatur:
Jäckel, Rechtsbehelfe im Klauselverfahren, JuS 2005, 610; *Münzberg*, Titel mit Verfallklauseln, Rpfleger 1997, 413; *Renzing*, Die Beweislast bei der Klage gegen die Vollstreckungsklausel (§ 768), MDR 1976, 286.

I. Zweck der Norm

Das formlose Klauselerinnerungsverfahren nach § 732 wäre nicht geeignet, materiellrechtlichen Einwendungen des Schuldners gegen den im Klauselerteilungsverfahren zunächst einmal als bewiesen angenommenen Eintritt der besonderen Voraussetzungen für die Erteilung der sog. qualifizierten Vollstreckungsklausel in den gesetzlich bezeichneten Fällen mit der notwendigen Sorgfalt nachzugehen und insbesondere streitige Sachverhalte hinreichend zu klären. Das ordentliche streitige Erkenntnisverfahren bietet hier bessere Möglichkeiten. Zudem geht es dem Schuldner in den genannten Fällen nicht nur darum, die konkret angegriffene Klausel aufheben zu lassen, sondern es geht um die Unzulässigkeitserklärung der Zwangsvollstreckung aus der vorliegenden vollstreckbaren Ausfertigung schlechthin. Dieses Ziel, eine bis dahin zulässige Zwangsvollstreckung nunmehr unzulässig zu machen, ist nur durch eine prozessuale Gestaltungsklage zu erreichen.[1]

1

II. Abgrenzung zur Klauselerinnerung und Vollstreckungsabwehrklage

Die Erinnerung gem. § 732 dient der Überprüfung der verfahrensmäßigen Ordnungsgemäßheit der Klauselerteilung, und zwar jeder Klausel, der einfachen wie der qualifizierten: Liegen die Voraussetzungen jedweder Klauselerteilung vor?[2] Sind die besonderen Voraussetzungen der qualifizierten Klausel schlüssig vorgetragen? Sind sie auch durch öffentliche oder öffentlich beglaubigte Urkunden nachgewiesen bzw. offenkundig?[3] **Diese** Fragen sind allein mit der Klauselerinnerung zu klären.[4] Mit der Vollstreckungsabwehrklage sind nur materiellrechtliche Einwendungen gegen den vollstreckbaren Anspruch selbst zu erheben[5]. Werden jedoch gegen die Zwangsvollstreckung aus einer sog. qualifizierten Klausel **materiellrechtliche Einwendungen** erhoben, die sich auf die beson-

2

---

1 H.M.; vergl. *Gaul/Schilken/Becker-Eberhard*, § 17 Rn. 47; MüKo/*K. Schmidt/Brinkmann*, § 768 Rn. 6.
2 Siehe hierzu § 724 Rdn. 5, 6 BGH, BGH-Report 2004, 1518 f.; BGH-Report 2005, 1416 f.
3 Vergl. hierzu § 726 Rdn. 10, 11 und § 727 Rdn. 35.
4 BGHZ 22, 54 ff.; BGH, DB 1964, 1850; OLG Koblenz, NJW 1992, 378; vgl. aber auch BGH, BGH-Report 2004, 1518 f.; BGH-Report 2005, 1416 f.
5 Vergl. zur Abgrenzung auch KG, MDR 2008, 591.

deren Voraussetzungen dieser Klausel (Rechtsnachfolge, Firmenübernahme, Nießbrauchbestellung am Vermögen des Schuldners usw.) beziehen, ist die Klage nach §768 der richtige Rechtsbehelf.[6] Dazu gehören auch Fälle, in denen der Schuldner einer Grundschuld mit klauselmäßig notarieller Unterwerfungserklärung entgegenhält, der vollstreckende Zessionar sei nicht in die treuhänderischen Bindungen des Sicherungsvertrags eingetreten[7]. Nur soweit sich Angriffe gegen die Klausel aus formellen und materiellen Gründen überschneiden (etwa: Die behauptete Rechtsnachfolge ist schon gar nicht ordnungsgemäß nachgewiesen. Die Abtretung der Forderung, die materiellrechtlich die Rechtsnachfolge begründen sollte, ist aber auch wegen Scheingeschäfts unwirksam), hat der Schuldner die Wahl zwischen beiden gegen die Klausel gerichteten Rechtsbehelfen. Nur das will der Gesetzgeber mit dem Halbsatz »unbeschadet der Befugnis des Schuldners, in diesen Fällen Einwendungen gegen die Zulässigkeit der Vollstreckungsklausel nach § 732 zu erheben« zum Ausdruck bringen: Einer Klage nach §768 fehlt nicht das Rechtsschutzbedürfnis, wenn auch ein Vorgehen nach §732, dem einfacheren und billigeren Rechtsbehelf, sei es auch mit einer anderen Begründung, möglich erscheint. Dagegen wird hiermit nicht zum Ausdruck gebracht, dass im Urteil nach § 768 auch rein formelle Rügen zu bescheiden wären, wenn nur mit der Klage auch (etwa gar sachlich unbegründete) materiellrechtliche Einwendungen erhoben worden waren.[8] Will der Schuldner alle seine denkbaren Einwendungen beschieden erhalten, kann es also durchaus sinnvoll sein, beide Rechtsbehelfe nebeneinander zu erheben oder die Klauselgegenklage mit einer unechten Vollstreckungsabwehrklage[9] zu verbinden.

III. Zulässigkeit der Klage

1. Statthaftigkeit

3 Die Klage ist **statthaft**, wenn sie sich mit materiellrechtlichen Einwendungen der oben beschriebenen Art gegen eine konkrete qualifizierte Klausel wendet. Dass die Klausel fälschlicherweise vom Urkundsbeamten statt vom Rechtspfleger erteilt wurde, steht der Klage nicht entgegen.[10]

2. Zuständigkeit

Zuständig ist das Prozessgericht des ersten Rechtszuges (§767 Abs. 1, §802); bei vollstreckbaren Urkunden ist nach §797 Abs. 5 im allgemeinen Gerichtsstand des Schuldners zu klagen, bei Vollstreckungsbescheiden ist §796 Abs. 3 anzuwenden. Es gelten die nämlichen Grundsätze wie zu §767.[11]

3. Einrede der Rechtskraft

Dass der Schuldner den materiellrechtlichen Einwand schon – vergeblich – mit der Klauselerinnerung vorgebracht hatte, steht auch dann, wenn dort unzulässigerweise in der Sache über diesen Einwand entschieden worden war, der Zulässigkeit der Klage nicht entgegen.[12] Wohl aber greift der

---

6 BGH, Beschl. v. 17.09.1987 – III ZR 261/86 –, juris Rn. 4; BGHZ 185, 133 Rn. 18, 39; KG, NZI 2002, 606 für Rüge der Titelumschreibung gegen Insolvenzverwalter bei angeblicher Insolvenzforderung; OLG-Frankfurt Beschl. v. 29.01.2008 – 9W1/08 – juris Rn. 8, für Einwendung des Klägers gegen die Wirksamkeit der Forderungsabtretung an den in der umgeschriebenen Klausel gem. § 727 bezeichneten Rechtsnachfolger; OLG Brandenburg, Urt. v. 31.7.2008 – 5 U 107/07, juris Rn. 19; OLG Hamburg, Magazindienst 2010, 52, 53 f.; OLG Dresden, BKR 2010, 465, 467.
7 BGHZ 190, 172 Rn. 26 f. unter Modifikation von BGHZ 185, 133 Rn. 39.
8 So ausdrücklich: OLG Koblenz, NJW 1992, 378; ferner: MüKo/*K. Schmidt/Brinkmann*, §768 Rn. 4.
9 Siehe hierzu §767 Rdn. 47.
10 OLG Koblenz, NJW 1992, 378.
11 Siehe §767 Rdn. 14.
12 BGH, MDR 1976, 838; BGH-Report 2004, 1518 f.; MüKo/*K. Schmidt/Brinkmann*, §768 Rn. 4; Gaul/Schilken/Becker-Eberhard, § 17 Rn. 34.

Einwand der rechtskräftig entschiedenen Sache (§ 322), wenn die Klausel dem Gläubiger aufgrund einer Klage nach § 731 erteilt und hierbei über den Einwand entschieden worden war.[13]

4. Kein Ausschluss des Erinnerungsrichters

Ein Richter, der schon an der – ja ebenfalls in der Regel (§ 724 Abs. 2, § 732 Abs. 1) vom Prozessgericht zu treffenden – Entscheidung über die Klauselerinnerung mitgewirkt hat, ist nicht bei der Klauselgegenklage kraft Gesetzes vom Richteramt ausgeschlossen.[14]

5. Rechtsschutzbedürfnis

Das **Rechtsschutzbedürfnis** für die Klage ist gegeben, sobald die Klausel erteilt ist. Eine vorbeugende Klage auf Unterlassung der Klauselerteilung ist also nicht möglich. Andererseits braucht auch der Beginn der Zwangsvollstreckung nicht erst abgewartet zu werden. Die Klage ist möglich bis zur Beendigung der Zwangsvollstreckung. Ist die Klage versäumt worden, so schließt dies wie bei § 767 die spätere Geltendmachung von Bereicherungs- oder Schadensersatzansprüchen nicht aus.[15]

6. Klageverbindung

Die Klage nach § 768 kann auch mit einer echten Vollstreckungsabwehrklage nach § 767 verbunden werden.[16] So kann der als Schuldner in Anspruch Genommene etwa kumulativ einwenden, er sei nicht Rechtsnachfolger des ursprünglichen Schuldners, dieser habe im Übrigen die Schuld auch schon selbst vor Eintritt der angeblichen Rechtsnachfolge getilgt.

IV. Begründetheit der Klage

1. Anspruchsvoraussetzungen

Die Klage ist begründet, wenn die bei der Klauselerteilung nach § 726 Abs. 1, §§ 727–729, 738, 742, 744, 745 Abs. 2, § 749 als erwiesen angenommenen Tatsachen im Zeitpunkt der letzten mündlichen Verhandlung nicht vorliegen, mögen sie auch zum Zeitpunkt der Klauselerteilung seinerzeit vorgelegen haben. Unerheblich ist es andererseits umgekehrt, wenn die als erwiesen angesehene Tatsache erst im Laufe des Rechtsstreits nachträglich eingetreten ist (Der zunächst nur vermeintliche Erbe wurde erst durch Erbausschlagung seitens einer dritten Person nachträglich Erbe. – Die Bedingung für die Vollstreckbarkeit tritt erst wirksam im Laufe des Rechtsstreits ein; usw.).[17] Die Klausel erweist sich dann letztlich als zu Recht erteilt. Es handelt sich nicht um eine Klauselanfechtung, sondern um den Klauselerteilungsanspruch des Gläubigers, wenn darüber nicht nach Klage gemäß § 731 entschieden worden ist. Allerdings kann nicht ein Klauselerteilungsgesichtspunkt während des Rechtsstreits nachträglich durch einen anderen ersetzt werden: Erweist es sich etwa, dass der Beklagte (Gläubiger) nicht Rechtsnachfolger als Erbe ist, kann die Klausel nicht mit der Begründung aufrecht erhalten werden, er habe aber später die Forderung durch Abtretung seitens des Erben erworben. Denn das Prozessgericht erteilt die Klausel nicht selbst. Es könnte die Klausel deshalb nicht inhaltlich abändern und den wirklichen Umständen anpassen. In einem solchen Fall muss der Gläubiger eine neue – nunmehr zutreffende – Klausel beim Rechtspfleger beantragen.

---

13 Zur Präklusion des Einwandes, wenn er zwar nicht Gegenstand des Verfahrens nach § 731 war, dort aber hätte vorgebracht werden können, siehe unten Rdn. 7.
14 BGH, MDR 1976, 838.
15 BGHZ 4, 283; siehe ferner § 767 Rdn. 10.
16 MüKo/*K. Schmidt/Brinkmann*, § 768 Rn. 5.
17 MüKo/*K. Schmidt/Brinkmann*, § 768 Rn. 9; *Musielak/Lackmann*, § 768 Rn. 7; *Stein/Jonas/Münzberg*, § 768 Rn. 7; a. A. insoweit *Gaul/Schilken/Becker-Eberhard*, § 17 Rn. 41.

2. Beweislast

5 Die Beweislast für das Vorliegen der nach § 726 Abs. 1, § 727 ff. usw. bei der Klauselerteilung nachzuweisenden Tatsachen trägt der Beklagte, also der Gläubiger der angegriffenen vollstreckbaren Ausfertigung.[18] Dass der Gläubiger die Klausel vom Rechtspfleger nach Prüfung bereits erhalten hat, rechtfertigt keine generelle Beweislastumkehr zulasten des Schuldners. Soweit der Beweis durch öffentliche oder öffentlich beglaubigte Urkunden dem Rechtspfleger gegenüber geführt war, muss allerdings der Kläger (Schuldner) den Urkundenbeweis seinerseits durch andere Beweismittel entkräften (§§ 415, 416). Für den Fall, dass der klagende Schuldner sich gegen die Klausel nach § 727 auf seinen guten Glauben beim Erwerb der streitbefangenen Sache (§ 325 Abs. 2) beruft, legt auch die Gegenmeinung dem beklagten Gläubiger die Beweislast für die Bösgläubigkeit auf.[19]

3. Urteilsformel

6 Der Tenor des obsiegenden Urteils lautet: »Die Zwangsvollstreckung auf Grund der zu dem Urteil des ... vom ... am ... erteilten Vollstreckungsklausel gegen den Kläger wird für unzulässig erklärt.« Das Urteil ist nach den Regeln der §§ 708 ff. für vorläufig vollstreckbar zu erklären. Bei der Sicherheitsleistung ist zu berücksichtigen, dass der obsiegende Schuldner nicht nur seine Kosten vollstrecken kann, sondern dass schon das vorläufig vollstreckbare Urteil im Rahmen des § 775 Ziff. 1 vorgelegt werden kann mit dem Erfolg nach § 776.

V. Präklusion

7 Die zeitliche Beschränkung des § 767 Abs. 2 gilt für die Klagen nach § 768 nicht, ist aber für diejenigen Einwendungen aus § 767 Abs. 1 zu beachten, die zulässigerweise mit der Klauselabwehrklage kombiniert werden. Dagegen gilt für weitere Klauselabwehrklagen § 767 Abs. 3. Die Vorschrift gilt nicht nur für Einwendungen, die Gegenstand einer vorausgegangenen Klauselabwehrklage hätten sein können, sondern auch für solche, die der Schuldner in Verteidigung gegen eine Klage des Gläubigers nach § 731 hätte vorbringen können. Sie müssen dort bereits gebracht werden, wenn der Schuldner nicht mit ihnen ausgeschlossen werden will.[20] Obwohl die Vollstreckungsabwehrklage und die Klauselgegenklage uneingeschränkt miteinander verbunden werden können, nötigt § 767 Abs. 3 den Schuldner nicht, schon mit der Klauselgegenklage alle Einwendungen gegen den titulierten Anspruch selbst vorzubringen, die theoretisch – also unabhängig von der subjektiven Kenntnis des Schuldners bis zum Schluss – er mündlichen Verhandlung vorgebracht werden können. Das ist nur dann anders, wenn sich der Schuldner nicht auf Angriffe gegen die qualifizierte Klausel beschränkt, sondern eine Einwendung gegen den vollstreckbaren Anspruch erhebt.[21]

VI. Streitwert

8 Der Streitwert für die Klage ist nach § 3 festzusetzen. In aller Regel wird er deutlich niedriger anzusetzen sein als der titulierte Anspruch selbst.[22] Werden gleichzeitig auch Einwendungen gegen den titulierten Anspruch selbst geltend gemacht, gilt das zu § 767 in Rdn. 44 Ausgeführte.

---

18 *Brox/Walker*, Rn. 145; *Gottwald*, § 768 Rn. 8; *Jäckel*, JuS 2005, 610, 615; *Musielak/Lackmann*, § 768 Rn. 8; *Renzing*, MDR 1986, 286; *Stein/Jonas/Münzberg*, § 768 Rn. 6; *Zöller/Herget*, § 768 Rn. 2; OLG Köln, NJW-RR 1994, 893; a. A. (Kläger beweisbelastet): *Baumbach/Lauterbach/Hartmann*, § 768 Rn. 4; *Gaul/Schilken/Becker-Eberhard*, § 17 Rn. 40; MüKo/*K. Schmidt/Brinkmann*, § 768 Rn. 10; *Thomas/Putzo/Seiler*, § 768 Rn. 9.

19 RGZ 82, 35, 37 f.; *Gaul/Schilken/Becker-Eberhard*, § 17 Rn. 40 a. E.; MüKo/*K. Schmidt/Brinkmann*, § 768 Rn. 10.

20 RGZ 82, 35, 37.

21 MüKo/*K. Schmidt/Brinkmann*, § 768 Rn. 8; *Stein/Jonas/Münzberg*, § 768 Rn. 9; *Wieczorek/Schütze/Salzmann*, § 768 Rn. 4; a. A. die Vorauflage.

22 *Schneider/Herget*, Streitwertkommentar für den Zivilprozess, 11. Aufl., Rn. 4930; OLG Köln, MDR 1980, 852.

VII. Entsprechende Anwendung der Norm

§ 768 ist entsprechend anwendbar, wenn ein Gläubiger dem anderen mit materiellrechtlichen Einwänden das Recht auf die Klausel bestreitet.[23] Die ZPO enthält keinen eigenständigen Rechtsbehelf für diesen Fall. Die Klauselabwehrklage ist hier am ehesten geeignet, die materiellrechtlichen Argumente der Klauselprätendenten zu klären. Erörtert wird eine entsprechende Anwendung von § 768 auch für den Fall, dass dem Rechtsnachfolger neben dem Zedenten eine weitere vollstreckbare Ausfertigung erteilt worden ist.[24]

---

[23] *Brox/Walker*, Rn. 117; *Gaul/Schilken/Becker-Eberhard*, § 17 Rn. 51; MüKo/*K. Schmidt/Brinkmann*, § 768 Rn. 6; *Musielak/Lackmann*, § 768 Rn. 8; *Stein/Jonas/Münzberg*, § 727 Rn. 47 ff.; *Zöller/Herget*, § 768 Rn. 1.
[24] *Bartels*, ZZP 116 (2003), 57, 78.

§ 769 Einstweilige Anordnungen

(1) ¹Das Prozessgericht kann auf Antrag anordnen, dass bis zum Erlass des Urteils über die in den §§ 767, 768 bezeichneten Einwendungen die Zwangsvollstreckung gegen oder ohne Sicherheitsleistung eingestellt oder nur gegen Sicherheitsleistung fortgesetzt werde und dass Vollstreckungsmaßregeln gegen Sicherheitsleistung aufzuheben seien. ²Die tatsächlichen Behauptungen, die den Antrag begründen, sind glaubhaft zu machen.

(2) ¹In dringenden Fällen kann das Vollstreckungsgericht eine solche Anordnung erlassen, unter Bestimmung einer Frist, innerhalb der die Entscheidung des Prozessgerichts beizubringen sei. ²Nach fruchtlosem Ablauf der Frist wird die Zwangsvollstreckung fortgesetzt.

(3) Die Entscheidung über diese Anträge ergeht durch Beschluss.

(4) Im Fall der Anhängigkeit einer auf herabsetzung gerichteten Abänderungsklage gelten die Absätze 1 bis 3 entsprechend.

Übersicht

	Rdn.		Rdn.
I. Zweck der Norm	1	3. Höhe der Sicherheitsleistung	10
II. Das Verfahren nach Absatz 1 und 3	2	IV. Wirkung der Entscheidung	11
1. Antrag	2	V. Die Notentscheidung nach Absatz 2	12
2. Zuständigkeit	3	VI. Kosten	13
3. Zeitliche Grenzen	4	VII. Rechtsbehelfe	14
4. Mündliche Verhandlung	5	1. Entscheidungen des Prozessgerichts	14
5. Glaubhaftmachung	6	2. Entscheidungen des Vollstreckungsgerichts	15
6. Beschlussgründe	7		
III. Zum Inhalt der Entscheidung nach Absatz 1	8	3. Kostenentscheidung im Rechtsbehelfsverfahren	16
1. Erfolgsaussicht der beabsichtigten Klage	8	VIII. Abgabenvollstreckung	17
2. Zulässige Maßnahmen	9		

Literatur:
Dunkl/Moeller/Baur/Feldmeier, Handbuch des vorläufigen Rechtsschutzes, 3. Aufl., 1999; *Henckel*, Vorbeugender Rechtsschutz im Zivilrecht, AcP 1974, 97; *Peglau*, Einstweiliger Rechtsschutz bei Klage auf Titelherausgabe nach § 826 BGB, MDR 1999, 400; *Kaiser*, Besondere Anträge neben Zwangsvollstreckungsrechtsbehelfen des Schuldners, NJW 2014, 364.

I. Zweck der Norm

1 Die Erhebung einer Klage nach §§ 767, 768, 771–774, 785, 786, 805 hindert den Fortgang der Zwangsvollstreckung nicht und führt auch nicht von Amts wegen zu einer einstweiligen Einstellung der Vollstreckung. Erst ein zumindest vorläufig vollstreckbares Urteil ermöglicht den Erfolg der § 775 Nr. 1, § 776. Ist die Zwangsvollstreckung beendet, ehe es zur Entscheidung über die Klage gekommen ist, so wird die Klage unzulässig,[1] weil das Rechtsschutzbedürfnis entfällt. Hier schließt § 769 eine Lücke und ermöglicht einstweilige Anordnungen, um eine Sachentscheidung in Ruhe zu sichern. Durch den mit Art. 29 Nr. 18 des FGG-Reformgesetzes eingefügten Absatz 4 hat der Gesetzgeber klargestellt, dass § 769 auf Klagen zur Abänderung eines Titels auf wiederkehrende Leistungen wie schon in der bisherigen Rechtspraxis[2] entsprechend anzuwenden ist[3]. Bei Unterhaltsti-

---

[1] Vergl. § 767 Rdn. 15.
[2] Vergl. BGH, NJW 1986, 2057; NJW 1998, 2434; OLG Schleswig, JR 1949, 88; OLG Düsseldorf, JMBlNW 1966, 113; OLG Frankfurt, FamRZ 1978, 529; OLG München, FamRZ 1985, 495; OLG Frankfurt, NJW 1986, 1131; OLG Köln, FamRZ 1987, 963; OLG Zweibrücken, FamRZ 1995, 307; OLG Brandenburg, FamRZ 1996, 356.
[3] BT-Drucks. 16/6308 S. 326.

teln gilt § 769 jetzt nach § 242 FamFG entsprechend. Weiterhin unterbleiben sollte die Anwendung von § 769 bei den auf § 826 BGB gestützten Klagen auf Unterlassung der Zwangsvollstreckung.[4] Im letzteren Fall bedarf es daher einer selbstständigen einstweiligen Verfügung zur Unterbindung der Zwangsvollstreckung aus dem Titel bis zur Entscheidung über den Unterlassungsanspruch in der Hauptsache.[5] Der Hauptunterschied beider Lösungen liegt in der verschuldensunabhängigen Haftung des Antragstellers nach § 945, die im Fall einer einstweiligen Anordnung nach § 769 oder § 707[6] nicht eingreift.[7] Hier kann der Gläubiger aus seinem rechtskräftigen Titel vollstrecken, ohne nach § 717 Abs. 2, § 945 oder verwandten Vorschriften bei Aufhebung des Titels verschuldensunabhängig haften zu müssen. Beruft sich der Kläger auf ein die Veräußerung hinderndes Recht oder eine nachträglich entstandene Einwendung, so besagt die Rechtskraft des Titels über den Ausgang des Widerspruchs- oder Abwehrstreits nichts. Die Rechtskraft des Titels ist durch die Klagegründe nicht berührt. Deshalb ist es unbillig, den Kläger in diesen Fällen einer strengeren Haftung zu unterwerfen als den Vollstreckungsgläubiger.[8] Diese Erwägung trifft für die deliktische Vollstreckungsabwehr nicht zu. Hier streitet der Kläger aus besonderem Grund um die Durchbrechung der Rechtskraft, die zugunsten des Vollstreckungsgläubigers wirkt. Deshalb ist es sachgerecht, dem Kläger das Haftungsrisiko für Einstellungsschäden zuzuweisen und einstweiligen Rechtsschutz nach allgemeinen Vorschriften zu gewähren. Nicht entsprechend anwendbar ist § 769 auch im Rahmen von Klagen auf Titelherausgabe aus § 371 BGB,[9] die nicht mit einer Vollstreckungsabwehrklage verbunden sind.[10] Denn ein obsiegendes Urteil führt insoweit nicht automatisch zur Beendigung der Zwangsvollstreckung. Gleiches gilt für Verfahren über negative Feststellungsklagen,[11] dass der titulierte Anspruch nicht mehr bestehe,[12] oder auf Löschung einer in einer Urkunde nach § 794 Nr. 5 enthaltenen Grundschuld.[13] Auch hier kommt eine einstweilige Einstellung nach § 769 nicht in Betracht, weil auch das obsiegende Urteil seinerseits die Zwangsvollstreckung nicht beendet.[14] Da das Verfahren, in dessen Rahmen die einstweilige Einstellung der Zwangsvollstreckung aus dem

---

4 So aber: OLG Frankfurt, JurBüro 1969, 360; OLG Karlsruhe, FamRZ 1982, 400 und FamRZ 1986, 1141; OLG Zweibrücken, NJW 1991, 3041; OLG Karlsruhe, FamRZ 1992, 846; OLG Hamm, FamRZ 2002, 618; MüKo/*K. Schmidt/Brinkmann*, § 769 Rn. 4; *Zöller/Herget*, § 769 Rn. 1; wäre der einfachere Weg gem. § 769 möglich, wäre eine einstweilige Verfügung auf Unterlassung der Zwangsvollstreckung schon mangels Rechtsschutzinteresses ausgeschlossen: OLG Köln, NJW-RR 1995, 576; OLG Hamm, FamRZ 2002, 618.
5 Wie hier die wohl h. M.; vergl. RGZ 61, 359, 361; OLG München, MDR 1976, 763; KG, Beschl. v. 28.2.1977 – 9 W 488/77–, juris; LG Saarbrücken, NJW-RR 1986, 1049; OLG Hamm, MDR 1987, 505; OLG Frankfurt, NJW-RR 1992, 511; OLG Köln, NJW-RR 1995, 576; OLG Stuttgart, NJW-RR 1998, 70; AG Bad Schwalbach, NJW-RR 1991, 1405; AG Frankfurt, FamRZ 2000, 1165; LAG SchlHolst, NZA-RR 2004, 346; *Baumbach/Lauterbach/Hartmann*, § 769 Rn. 1; *Gottwald*, § 769 Rn. 2; *Musielak/Lackmann*, § 769 Rn. 1; *Peglau*, MDR 1999, 400; *Stein/Jonas/Münzberg*, § 707 Rn. 34 und § 769 Rn. 4.
6 *Braun*, Rechtskraft und Rechtskraftdurchbrechung von Titeln über sittenwidrige Ratenkreditverträge, S. 115, kommt bei deliktischer Vollstreckungsabwehr weder zu § 769 noch zur einstweiligen Verfügung, sondern will stattdessen § 707 analog anwenden; ebenso bereits BGH LM BEG 1956 § 209 Nr. 36 für die Zwangsvollstreckung gegen die Entschädigungsbehörde.
7 BGHZ 95, 10, 15 und BGHZ 158, 286, 292 f. zu § 771 Abs. 3; *Stein/Jonas/Grunsky*, § 945 Rn. 15; *Gaul/Schilken/Becker-Eberhard*, § 80 Rn. 2.
8 BGHZ 95, 10, 15.
9 Einzelheiten: Anh. § 767 Rdn. 6.
10 A. A.: OLG Düsseldorf, MDR 1953, 557.
11 Zur Möglichkeit derartiger Klagen siehe § 767 Rdn. 7.
12 Wie hier (keine Anwendung des § 769): OLG Hamm, FamRZ 1982, 411; OLG Hamburg, NJW-RR 1990, 7; *Stein/Jonas/Münzberg*, § 769 Rn. 4; a. A. aber die wohl h. M.: BGH, NJW 1985, 1074; OLG Stuttgart, FamRZ 1992, 203; *Gottwald*, § 769 Rn. 2; *Musielak/Lackmann*, § 769 Rn. 1a; MüKo/*K. Schmidt/Brinkmann*, § 769 Rn. 4.
13 OLG Braunschweig, JurBüro 1974, 238.
14 Für analoge Anwendbarkeit des § 769 aber: OLG Düsseldorf, FamRZ 1980, 1046; OLG Hamburg, FamRZ 1982, 412; OLG Stuttgart, FamRZ 1982, 1033; OLG Düsseldorf, FamRZ 1985, 1149; OLG Hamburg, FamRZ 1985, 1273.

Vollstreckungstitel erfolgen soll, am Ende zur Beseitigung des Vollstreckungstitels bzw. seiner Vollstreckbarkeit führen muss, kommt eine analoge Anwendung des § 769 schließlich auch nicht im Rahmen einer Vaterschaftsanfechtung im Hinblick auf einen bestandskräftigen Unterhaltstitel in Betracht.[15] Denn das Anfechtungsurteil beseitigt nicht unmittelbar die Vollstreckbarkeit des Unterhaltstitels.

Im Vollstreckungsabwehrverfahren gegen einen Titel im WEG-Verfahren gelten für nach dem 30.06.2007 bei Gericht anhängig gewordene Verfahren keine Besonderheiten mehr.[16]

II. Das Verfahren nach Absatz 1 und 3

1. Antrag

2   Eine Entscheidung nach § 769 Abs. 1 setzt einen **Antrag** voraus, der sich ebenso wie die Hauptsache gegen die Vollstreckung aus Titeln aller Art richten kann.[17] Er kann mit der Klage zusammen eingereicht werden, darf aber dann erst mit Zustellung der Klage beschieden werden,[18] da der Schuldner sonst durch Nichteinzahlung der Gerichtskosten für die Klage die Zwangsvollstreckung schikanös verzögern könnte. Reicht der Schuldner allerdings mit dem Klageentwurf ein Prozesskostenhilfegesuch ein, so kann über den gleichzeitigen Antrag nach § 769 schon im Prozesskostenhilfeverfahren entschieden werden;[19] denn in diesem Fall geht die Verzögerung der Klagezustellung nicht zulasten des Schuldners und das Gericht prüft in diesem Verfahren ja auch schon die Erfolgsaussichten der Klage.

2. Zuständigkeit

3   **Zuständig** zur Entscheidung ist grundsätzlich das Prozessgericht, das sich auch mit der Klage nach § 767 usw. zu befassen hat. Der Antrag ist, wenn sich der Rechtsstreit selbst schon in einer höheren Instanz befindet, auch beim Gericht höherer Instanz zu stellen.[20] Hat das angerufene Gericht hinsichtlich seiner Zuständigkeit in der Sache Zweifel, die nicht sofort ausgeräumt werden können, so ist es nicht gehindert, zunächst den Einstellungsantrag nach § 769 zu bescheiden, wenn die übrigen Voraussetzungen zweifelsfrei vorliegen.[21] Das entspricht allgemeinen Grundsätzen des einstweiligen Rechtsschutzes.[22] Stellt sich später die Unzuständigkeit des Gerichts heraus, bleibt die Einstellung dennoch wirksam.[23] Bei Kollegialgerichten entscheidet der Kollegialspruchkörper, nicht nur der Vorsitzende allein. Der Einzelrichter ist zur Entscheidung berufen, wenn er zu diesem Zeitpunkt auch bereits zur Entscheidung des Rechtsstreits gem. §§ 348 ff. n. F. berufen ist. Bei Kammern für Handelssachen entscheidet allerdings der Vorsitzende allein (§ 349 Abs. 2 Nr. 10).

---

15 OLG Düsseldorf, FamRZ 1972, 49; OLG Köln, FamRZ 1973, 155; OLG Hamburg, MDR 1975, 234; OLG Saarbrücken, DAVorm. 1985, 155; *Gottwald*, § 769 Rn. 2.
16 Siehe § 767 Rdn. 51.
17 Vergl. BGH, NJW 2005, 3282, 3283 zu einem Prozessvergleich.
18 OLG Düsseldorf, JMBlNW 1955, 224; LG Köln, MDR 1960, 770; OLG Celle, NJW 1967, 1282 mit Anm. *Weyer*, NJW 1967, 1969; OLG Brandenburg, FamRZ 1999, 1435; OLG Saarbrücken, InVo 2000, 246; *Gaul/Schilken/Becker-Eberhard*, § 40 Rn. 142.
19 Wie hier: OLG Stuttgart, MDR 1953, 50; OLG Hamburg, MDR 1958, 44; *Brox/Walker*, Rn. 1359; *Baumbach/Lauterbach/Hartmann*, § 769 Rn. 3; *Gaul/Schilken/Becker-Eberhard*, § 40 Rn. 142; *Stein/Jonas/Münzberg*, § 769 Rn. 7; a. A. (erst nach Bewilligung der Prozesskostenhilfe: KG, NJW 1956, 917; OLG Stuttgart, NJW 1963, 258; OLG Bamberg, FamRZ 1979, 732; OLG Hamburg, FamRZ 1982, 622; OLG Karlsruhe, FamRZ 1984, 186; OLG Schleswig, FamRZ 1990, 303; OLG Frankfurt, InVo 2000, 65; OLG Naumburg, InVo 2001, 26; *Zöller/Herget*, § 769 Rn. 4.
20 BGH, NJW 1952, 546; BGH, NJW 1982, 1397.
21 OLG Zweibrücken, MDR 1979, 324; OLG Hamburg, FamRZ 1984, 804.
22 Vergl. BGH, ZInsO 2007, 440 für Sicherungsmaßnahmen bei zweifelhaftem (internationalen) Gerichtsstand.
23 OLG Koblenz, FamRZ 1983, 939.

3. Zeitliche Grenzen

Dass die Zwangsvollstreckung schon begonnen hat oder auch nur konkret droht, ist zur Zulässigkeit des Antrages ebensowenig erforderlich wie zur Zulässigkeit der Vollstreckungsabwehrklage selbst.[24] Ist die Zwangsvollstreckung beendet, entfällt das Rechtsschutzbedürfnis für eine Entscheidung, die keine Wirkungen mehr entfalten könnte.

4. Mündliche Verhandlung

Eine mündliche Verhandlung ist nicht erforderlich (Abs. 3), in der Praxis auch weitgehend unüblich. Dem Gläubiger ist allerdings vor der Entscheidung, falls der Antrag des Schuldners nicht schon offensichtlich unzulässig oder unbegründet ist, rechtliches Gehör (Art. 103 Abs. 1 GG) zu gewähren.

5. Glaubhaftmachung

Der (klagende) Schuldner bzw. Dritte (im Fall des §771) muss alle tatsächlichen Behauptungen, die den Antrag auf einstweilige Anordnung begründen, glaubhaft machen (Abs. 1 Satz 2).[25] Die bloße Schlüssigkeit der eingereichten Klage reicht insoweit noch nicht aus. Das wird in der Praxis häufig – zulasten des von der Einstellung betroffenen Gläubigers – übersehen. Das Spektrum der möglichen Glaubhaftmachungsmittel ist allerdings deutlich breiter als das möglicher Beweismittel.[26]

6. Beschlussgründe

Die Entscheidung ergeht durch Beschluss (Abs. 3), der in jedem Fall, also nicht nur, wenn der Antrag abgelehnt wird, kurz begründet werden sollte.[27] Denn erst diese Begründung lässt erkennen, ob und in welchem Umfang das Gericht das gegebene Ermessen auch tatsächlich ausgeübt hat.[28] Teilweise wird eine Antragsablehnung deshalb auch für begründungspflichtig erachtet.[29] Der Beschluss ist zuzustellen.

III. Zum Inhalt der Entscheidung nach Absatz 1

1. Erfolgsaussicht der beabsichtigten Klage

Eine einstweilige Anordnung entsprechend Abs. 1 kann nur ergehen, wenn eine besondere Gefährdung des Schuldners durch den vorläufigen Fortgang der Zwangsvollstreckung glaubhaft gemacht ist und wenn zusätzlich die Klage nach ihrem Inhalt unter Berücksichtigung der vorgelegten Glaubhaftmachungsmittel Aussicht auf Erfolg verspricht:[30] Sie muss zulässig sein; darüber hinaus muss das Vorbringen des Klägers im Hinblick auf seinen Antrag schlüssig sein; es muss erkennbar sein, dass der Kläger für sein Vorbringen gegebenenfalls auch Beweismittel hat. Fehlt es an einer dieser Voraussetzungen, ist der Antrag abzulehnen, auch wenn eine einstweilige Einstellung der Zwangsvollstreckung gegen Sicherheitsleistung durch den Antragsteller für den Beklagten (Gläubiger)

---

24 Vergl. §767 Rdn. 15.
25 Wird die Erforderlichkeit einer einstweiligen Anordnung mit der Gefährdung der wirtschaftlichen Existenz des Vollstreckungsschuldners begründet, so muss dieser gegebenenfalls auch darlegen und glaubhaft machen, dass er noch werbend am Wirtschaftsleben teilnimmt: BGH NJW-RR 1993, 356.
26 OLG Jena, InVo 1998, 24.
27 OLG Karlsruhe, FamRZ 1993, 225.
28 OLG Celle, NJW 1966, 936; OLG Hamburg, NJW 1978, 1272; OLG Frankfurt, MDR 1999, 504; *Thomas/Putzo/Seiler*, §769 Rn. 10.
29 OLG Köln, FF 2002, 175.
30 OLG Karlsruhe, NJWE-FER 1999, 159; OLG Frankfurt, InVO 2001, 262.

»ungefährlich« (und für das Gericht mit weniger Arbeit verbunden) erscheint.[31] Nach dem mit Wirkung vom 19. August 2008 durch Art. 8 Nr. 2 des Risikobegrenzungsgesetzes[32] eingefügten neuen Absatz 1 Satz 2 hat die Festsetzung einer Sicherheitsleistung zu unterbleiben, wenn der Schuldner sie nicht aufbringen kann. Die weitere Voraussetzung der vorläufigen Einstellung ohne Sicherheitsleistung, die hinreichende Erfolgsaussicht der Hauptsache, hat nach der hier vertretenen Auffassung keine eigenständige Bedeutung, weil andernfalls die einstweilige Anordnung überhaupt abzulehnen wäre. Dies stellt jedoch der neue Satz 2, der an § 707 Abs. 1 Satz 2 angelehnt ist, zusätzlich klar. Der Gesetzgeber wollte damit insbesondere Kreditnehmer schützen, die sich in notarieller Urkunde der Zwangsvollstreckung unterworfen haben[33]; die Zurückdrängung der Sicherheitsleistung ist aber auf diese Fallgruppe nicht beschränkt.

2. Zulässige Maßnahmen

9   Die zulässigen Maßnahmen sind im Wesentlichen die des § 707 Abs. 1. Ihre Aufzählung in § 769 Abs. 1 ist nicht abschließend. So kann etwa bei der Herausgabevollstreckung (§ 883) als Minus zur gänzlichen Einstellung der Zwangsvollstreckung angeordnet werden, dass die Sache vorläufig nur an einen Sequester herauszugeben sei.[34] Bei der Frage, welche Maßnahme das Gericht wählt, hat es die den Beteiligten drohenden Nachteile abzuwägen[35] und nach Möglichkeit die den Gläubiger unter Berücksichtigung des Schutzbedürfnisses des Schuldners am wenigsten gefährdende Anordnung zu treffen. Im Arbeitsgerichtsprozess ist bei Auswahl der Maßnahme dem Grundgedanken des § 62 Abs. 1 ArbGG Rechnung zu tragen.[36]

3. Höhe der Sicherheitsleistung

10 Wird die einstweilige Einstellung der Zwangsvollstreckung gegen Sicherheitsleistung angeordnet, so ist die Sicherheitsleistung danach zu bemessen, dass alle denkbaren Schäden des Gläubigers durch die zeitweilige Hemmung der Vollstreckung[37] abgedeckt sind (Gefahr der späteren Nichtbeitreibbarkeit von Hauptsumme, Zinsen, Kosten, Kosten der eigenen Sicherheitsleistung des Gläubigers usw.). Diesen Aufhebungsschaden kann er in der Regel aus einem selbstständigen Garantieversprechen des Klägers ersetzt verlangen.[38] Darf der Gläubiger umgekehrt die Zwangsvollstreckung nur gegen Sicherheitsleistung fortsetzen, hat sich die Höhe der Sicherheit am denkbaren Anspruch des Schuldners bzw. an dem dem Dritten (§ 771) durch den Verlust der Sache drohenden Schaden zu orientieren.

IV. Wirkung der Entscheidung

11 »Bis zum Erlass des Urteils« ist die Entscheidung von den Vollstreckungsorganen auf Vorlage im Rahmen der § 775 Nr. 2, § 776 Satz 2, 2. Halbs. zu beachten. Wird die festgesetzte Sicherheitsleistung

---

31 Zur Ausnahme, wenn nicht sogleich klärbare Zweifel an der Zuständigkeit des angegangenen Gerichts vorliegen, siehe oben Rdn. 3.
32 V. 12. August 2008, BGBl. I S. 1666.
33 BT-Drucks. 16/9821 S. 18; aus dem Schrifttum zum Risikobegrenzungsgesetz vergl. *Clemente*, ZfIR 2008, 589, 596; *Schmidt/Voss*, DNotZ 2008, 740, 743; *Reiter/Methner*, ZGS 2009, 163, 168; *Wellenhofer*, JZ 2009, 1077, 1079; *Derleder*, ZIP 2009, 2221, 2229 f.
34 Ebenso *Zöller/Herget*, § 769 Rn. 7.
35 OLG Frankfurt, MDR 1969, 317; OVG Münster, DB 1970, 2073; LAG Frankfurt, BB 1985, 871.
36 LAG Hamm, MDR 1973, 259; LAG Baden-Württemberg, NZA 1988, 40; einschränkend: LAG Frankfurt, DB 1965, 225; LAG Bremen, NZA 1997, 338.
37 Eine Verjährung seiner Forderung infolge der Einstellung der Zwangsvollstreckung muss der Gläubiger allerdings nicht befürchten. Kann er keine verjährungsunterbrechende Vollstreckungshandlung vornehmen, weil ihm die Entscheidung nach § 769 zuvorkommt, so unterbricht der Beschluss nach § 769 seinerseits die Verjährung: BGHZ 122, 287, 293 f.
38 BGHZ 158, 286, 292 zur Prozessbürgschaft.

nicht erbracht, kann die Vollstreckung trotz der ergangenen einstweiligen Anordnung festgesetzt werden. In diesem Fall sind Einwendungen des Schuldners auch im Insolvenzeröffnungsverfahren, bei dem sich der antragstellende Gläubiger auf die vollstreckbare Forderung stützt, nicht zu berücksichtigen[39]. Mit Verkündung des Endurteils tritt die einstweilige Anordnung automatisch außer Kraft,[40] wenn nicht im Urteil neue Anordnungen gem. § 770 getroffen sind. Lautet der Tenor, die Zwangsvollstreckung werde »einstweilen« eingestellt, so gilt hinsichtlich der zeitlichen Befristung nichts anderes. Das Gericht kann auf Antrag seinen Beschluss wegen veränderter Umstände (etwa weil eine zwischenzeitliche Beweisaufnahme die Haltlosigkeit des Klägervorbringens ergeben hat) wieder aufheben[41] oder inhaltlich abändern (etwa durch Erhöhung der Sicherheitsleistung).[42] War nach Einstellung der Zwangsvollstreckung die Klage durch Versäumnisurteil abgewiesen worden und wird vom Kläger rechtzeitig gegen dieses Versäumnisurteil Einspruch eingelegt, so bedarf es keiner erneuten Anordnung nach § 769; die ursprüngliche Anordnung lebt mit dem Einspruch wieder auf.[43]

V. Die Notentscheidung nach Absatz 2

Droht dem Schuldner durch die Fortsetzung der Zwangsvollstreckung ein nicht unerheblicher Nachteil, kann aber nicht rechtzeitig eine Entscheidung des Prozessgerichts erreicht werden, so kann beim Vollstreckungsgericht eine vorläufige befristete Eilentscheidung beantragt werden. Ein derartiger dringender Fall liegt nicht vor, wenn der Schuldner aus Nachlässigkeit oder um sich die Prozesskosten zu ersparen, sich nicht an das Prozessgericht gewandt hat, dann aber in letzter Minute das Vollstreckungsgericht bemüht.[44] 12

Außer den allgemeinen Voraussetzungen für eine einstweilige Anordnung (oben Rdn. 8) muss der Antragsteller auch die besondere Dringlichkeit glaubhaft machen. Das Rechtsschutzbedürfnis für eine Entscheidung des Vollstreckungsgerichts fehlt, wenn bereits eine Entscheidung des Prozessgerichts vorliegt.[45]

Die Entscheidung ergeht durch Beschluss (Abs. 3). Verfahren und Entscheidung obliegen dem Rechtspfleger (§ 20 Nr. 17 RPflG). Im Beschluss muss dem Antragsteller eine Frist gesetzt werden, innerhalb der die Entscheidung des Prozessgerichts beizubringen ist. Nach fruchtlosem Ablauf der Frist tritt die Anordnung ohne Weiteres außer Kraft; die Zwangsvollstreckung kann fortgesetzt werden. Der Fristablauf hindert den Antragsteller nicht, später einen eigenständigen neuen Antrag nach Abs. 1 an das Prozessgericht zu stellen. Über ihn ist dann nach den allgemeinen Regeln zu entscheiden.

VI. Kosten

Weder der Beschluss nach Abs. 1 noch der nach Abs. 2 ist mit einer Kostenentscheidung zu versehen. Die Kosten des Verfahrens nach § 769 und die durch die Ausführung des Beschlusses erwachsenden Kosten sind solche des anhängigen oder im Fall des Abs. 2 noch anhängig zu machenden Rechtsstreits.[46] Deshalb kann der obsiegende Kläger im Rahmen der §§ 91 ff. auch die Erstattung der Bürgschaftsprovision und der Kosten, die er zur Erlangung der Bankbürgschaft durch Abtretung 13

---

39 BGH, ZInsO 2009, 2072 Rn. 5; ZIP 2010, 291 Rn. 6.
40 BGHZ 32, 240 ff.
41 OLG Hamburg, JurBüro 1977, 1460.
42 Ebenso *Thomas/Putzo/Seiler*, § 769 Rn. 16.
43 OLG Hamm, NJW-RR 1986, 1508.
44 Zutreffend *Baumbach/Lauterbach/Hartmann*, § 769 Rn. 8.
45 LG Berlin, JR 1949, 474.
46 OLG Köln, JurBüro 1974, 89; OLG Frankfurt, Rpfleger 1975, 437; OLG Hamburg, JurBüro 1977, 1627; OLG Düsseldorf, BB 1977, 1377; *Stein/Jonas/Münzberg*, § 769 Rn. 20; *Zöller/Herget*, § 769 Rn. 11.

und Bestellung von Grundschulden aufwenden musste, verlangen.[47] Kommt es ausnahmsweise nicht zur Durchführung eines Rechtsstreits, so sind in den Fällen des Abs. 2 die Kosten des Einstellungsverfahrens solche der Zwangsvollstreckung (§ 788 Abs. 1 Satz 1), in den Fällen des Abs. 1 kann entsprechend § 321 eine nachträgliche Kostenentscheidung beantragt werden[48].

Gerichtskosten entstehen in diesem Verfahren nicht, die Anwaltsgebühren richten sich nach VV Nr. 3309 RVG.

Über den Streitwert des Anordnungsverfahrens und die Kosten eines Beschwerdeverfahrens gegen eine Anordnung nach Abs. 1, 2 bzw. deren Verweigerung siehe unten Rdn. 16.

VII. Rechtsbehelfe

1. Entscheidungen des Prozessgerichts

14 **Entscheidungen des Prozessgerichts** sind wie im Fall des § 707 Abs. 2 Satz 2 nach inzwischen gefestigter Rechtsprechung des Bundesgerichtshofs weder mit der sofortigen Beschwerde noch mit einer außerordentlichen Beschwerde anfechtbar.[49] Das fast unübersehbare Meinungsbild des Schrifttums und der früheren oberlandesgerichtlichen Rechtsprechung[50] ist damit bedeutungslos geworden. Wenn kein rechtliches Gehör gewährt wurde, ist die Anhörungsrüge nach § 321a statthaft.[51]

2. Entscheidungen des Vollstreckungsgerichts

15 Gegen **Entscheidungen des Vollstreckungsgerichts** ist zunächst immer die befristete Erinnerung nach § 11 Abs. 2 RPflG gegeben, wenn der Rechtspfleger entschieden hat. Über sie entscheidet endgültig der Amtsrichter.[52] Hat – ausnahmsweise – sofort der Richter beim Vollstreckungsgericht über den Einstellungsantrag entschieden, ist seine Entscheidung unanfechtbar; hier kann nichts anderes gelten als in den Fällen des Abs. 1.[53] Hat er den Antrag abgelehnt, so mag der Schuldner einen neuen Antrag an das Prozessgericht richten; hat er ihm stattgegeben, muss das Prozessgericht sowieso innerhalb der gesetzten Frist mit der Sache befasst werden.

3. Kostenentscheidung im Rechtsbehelfsverfahren

16 Im Gegensatz zur erstinstanzlichen Entscheidung (oben Rdn. 13) hat die Verwerfung der unzulässigen Beschwerde auch eine Kostenentscheidung zu enthalten.[54] Sie richtet sich nach §§ 91 ff., 97. Der Beschwerdewert ist ebenso wie der Wert des Anordnungsverfahrens in der Regel mit 20 v.H. des Wertes der Hauptsache anzusetzen.[55] Er bemisst sich nach § 3, nicht nach § 6.[56]

---

47 OLG Düsseldorf, JurBüro 2001, 210.
48 LG Stade, NJW-RR 2013, 127.
49 BGHZ 159, 14, 15 ff.; BGH, NJW-RR 2006, 286; InVo 2006, 146; ebenso BAG, MDR 1998, 983.
50 Siehe Vorauflage.
51 BGHZ 159, 14, 18.
52 LG Frankenthal, Rpfleger 1981, 314; OLG Karlsruhe, InVo 1997, 101; *Brox/Walker*, Rn. 1364; *Gaul/Schilken/Becker-Eberhard*, § 40 Rn. 147; *Zöller/Herget*, § 769 Rn. 13.
53 Ebenso schon bisher: *Baur/Stürner/Bruns*, Rn. 45.26; *Brox/Walker*, Rn. 1364; *Gaul/Schilken*, § 40 Rn. 147; OLG Hamm, MDR 1977, 322.
54 Wie hier: OLG Celle, JurBüro 1997, 101; LG Aachen, MDR 1996, 1196; *Zöller/Herget*, § 769 Rn. 11; a. A. (keine Kostenentscheidung erforderlich): LG Frankfurt, Rpfleger 1985, 208; MüKo/*K. Schmidt/Brinkmann*, § 769 Rn. 37.
55 OLG Köln, VersR 1976, 975; OLG München, VersR 1982, 173.
56 So jetzt auch KG, Rpfleger 1982, 308 gegen KG, Rpfleger 1970, 36.

VIII. Abgabenvollstreckung

Gem. § 262 Abs. 2 AO 1977 gilt § 769 entsprechend für die Einstellung der Vollstreckung und die Aufhebung von Vollstreckungsmaßnahmen in der Abgabenvollstreckung, soweit ein Dritter das Widerspruchsverfahren gem. § 262 Abs. 1 AO betreibt. Zuständig sind insoweit die ordentlichen Gerichte als Prozessgericht,[57] in dringenden Fällen entsprechend § 769 Abs. 2 Satz 1 die Vollstreckungsbehörden,[58] nicht – was sinnwidrig wäre – die Finanzgerichte.

17

---

57 FG Berlin, EFG 1983, 567.
58 *Beermann/Gosch/Geist*, AO § 262 Rn. 47.

§ 770 Einstweilige Anordnungen im Urteil

¹Das Prozessgericht kann in dem Urteil, durch das über die Einwendungen entschieden wird, die in dem vorstehenden Paragraphen bezeichneten Anordnungen erlassen oder die bereits erlassenen Anordnungen aufheben, abändern oder bestätigen. ²Für die Anfechtung einer solchen Entscheidung gelten die Vorschriften des § 718 entsprechend.

Übersicht	Rdn.		Rdn.
I. Zweck und Anwendungsbereich der Norm	1	III. Rechtsbehelfe	3
II. Verfahren	2	IV. Abgabenvollstreckung:	4

I. Zweck und Anwendungsbereich der Norm

1 Die Anordnungen nach § 769 treten mit dem Urteil in dem Verfahren, in dem sie ergingen, automatisch außer Kraft.¹ Die Zwangsvollstreckung könnte im Fall der Klageabweisung also uneingeschränkt fortgesetzt werden, zumal die Einlegung eines Rechtsmittels nicht vollstreckungshemmend wirkt. Da das Berufungsgericht eigene Anordnungen nach § 769 erst treffen kann, wenn die Erfolgsaussichten des Rechtsmittels summarisch zu beurteilen sind, in der Regel also erst nach Vorliegen der Berufungsbegründungsschrift, wäre die Zwangsvollstreckung oft beendet, ehe das Rechtsmittelgericht überhaupt tätig werden könnte. Das Rechtsmittel hätte sich dann gleich miterledigt. Hier schließt § 770, der es dem Prozessgericht ermöglicht, den Schuldner durch einstweilige Anordnungen im Urteil weiter zu schützen, die Lücke.

Der Anwendungsbereich der Vorschrift entspricht dem des § 769.² Sie ist also auch überall da entsprechend anwendbar, wo in analoger Anwendung des § 769 einstweilige Anordnungen während des Verfahrens getroffen werden können.

II. Verfahren

2 Die Anordnungen gem. § 770 werden im Urteilstenor getroffen. Ein vorheriger Antrag des Klägers ist nicht erforderlich, sie können also auch von Amts wegen ergehen.³ Es ist auch nicht erforderlich, dass im laufenden Verfahren bereits Anordnungen nach § 769 ergangen waren. Während das Urteil in seinem Hauptausspruch oft nur gegen Sicherheitsleistung vorläufig vollstreckbar sein wird (§ 709), sind die in ihm enthaltenen einstweiligen Anordnungen sofort vollstreckbar (§ 775 Nr. 2, § 776). Deshalb sind solche Anordnungen auch in einem der Klage stattgebenden, aber nur gegen Sicherheitsleistung vorläufig vollstreckbaren Urteil sinnvoll, wenn die vermögenslose Partei zur Sicherheitsleistung nicht in der Lage wäre,⁴ den Effekt des § 775 Nr. 1 also während der Rechtsmittelfrist nicht herbeiführen könnte. Ihrem Inhalt nach sind die gleichen Anordnungen zulässig wie bei § 769.⁵ Waren im Verfahren bereits einstweilige Anordnungen ergangen, so genügt zu ihrer Weitergeltung im Tenor die Formel, die Anordnungen im Beschluss vom ... würden einstweilen aufrechterhalten. Die Anordnungen nach § 770 treten außer Kraft, wenn das Rechtsmittelgericht sie aufhebt oder abändert, wenn das Rechtsmittelurteil ergeht oder wenn das Urteil, in dem sie enthalten sind, ohne Rechtsmittelentscheidung rechtskräftig wird.

---

1 § 769 Rdn. 11.
2 § 769 Rdn. 1.
3 MüKo/*K. Schmidt/Brinkmann*, § 770 Rn. 5; *Thomes/Putzo/Seiler*, § 770 Rn. 2a; *Wieczorek/Salzmann*, § 770 Rn. 1.
4 Siehe § 775 Rdn. 8.
5 § 769 Rdn. 9.

III. Rechtsbehelfe

Die im Urteil enthaltenen einstweiligen Anordnungen sind nicht isoliert, sondern nur mit der Hauptsacheentscheidung nach den für diese geltenden Regeln anfechtbar.[6] Das Berufungsgericht kann auf Antrag über sie vorab gem. §718 Abs. 1 verhandeln und entscheiden (§770 Satz 2).[7] Diese Entscheidung des Berufungsgerichts ist der Revision nicht zugänglich (§718 Abs. 2), ebenso Anordnungen nach §770 im Berufungsurteil.

Das Berufungsgericht kann auch eigene Anordnungen nach §769 treffen.

IV. Abgabenvollstreckung:

Die Vorschrift gilt gem. §262 Abs. 2 AO 1977 wie auch §769 entsprechend in der Abgabenvollstreckung, wenn ein Dritter Widerspruchsklage gem. §262 Abs. 1 AO erhebt.

---

[6] Also Einspruch gegen Versäumnisurteil, Berufung gegen Endurteil erster Instanz, Revision gegen Berufungsurteil.
[7] MüKo/*K. Schmidt/Brinkmann*, §770 Rn. 8; *Wieczorek/Salzmann*, §770 Rn. 4.

§ 771 Drittwiderspruchsklage

(1) Behauptet ein Dritter, dass ihm an dem Gegenstand der Zwangsvollstreckung ein die Veräußerung hinderndes Recht zustehe, so ist der Widerspruch gegen die Zwangsvollstreckung im Wege der Klage bei dem Gericht geltend zu machen, in dessen Bezirk die Zwangsvollstreckung erfolgt.

(2) Wird die Klage gegen den Gläubiger und den Schuldner gerichtet, so sind diese als Streitgenossen anzusehen.

(3) ¹Auf die Einstellung der Zwangsvollstreckung und die Aufhebung der bereits getroffenen Vollstreckungsmaßregeln sind die Vorschriften der §§ 769, 770 entsprechend anzuwenden. ²Die Aufhebung einer Vollstreckungsmaßregel ist auch ohne Sicherheitsleistung zulässig.

Übersicht

		Rdn.
I.	Zweck der Norm	1
II.	Anwendungsbereich der Norm	2
III.	Rechtsnatur und Streitgegenstand der Klage	3
IV.	Rechtskraftwirkungen	4
1.	Stattgebendes Urteil	4
2.	Klagabweisung	5
V.	Verhältnis zu anderen Rechtsbehelfen	6
1.	Vollstreckungserinnerung	6
2.	Herausgabeklagen	7
3.	Feststellungsklage	8
4.	Klage auf vorzugsweise Befriedigung	9
VI.	Zulässigkeit der Drittwiderspruchsklage	10
1.	Statthaftigkeit	10
2.	Zuständigkeit	11
3.	Antragsfassung	12
4.	Rechtsschutzbedürfnis	13
VII.	Begründetheit der Klage: Die zum Widerspruch legitimierenden Drittrechte	15
1.	Eigentum, Miteigentum	19
2.	Vorbehaltseigentum	19
3.	Treugut	20
4.	Sicherungseigentum	21
5.	Die Inhaberschaft oder Mitinhaberschaft einer Forderung	22
6.	Anwartschaftsrecht des Vorbehaltskäufers	23
7.	Anwartschaftsrecht des Sicherungsgebers	24
8.	Der Nießbrauch	25
9.	Das Recht des Hypothekengläubigers aus § 1120 BGB	26
10.	Vertragspfandrechte nach §§ 1204 ff. BGB	27
11.	Gesetzliche Pfandrechte	28
12.	Der berechtigte Besitz an beweglichen Sachen	29
13.	Mittelbarer Besitz	30
14.	Familienrechtliche Verfügungsbeschränkungen und Übernahmerechte	31
15.	Erbrechtliche Bindungen	32
16.	Der Rückgewähranspruch des Insolvenzverwalters nach § 143 InsO	33
17.	Der Duldungsanspruch nach § 11 AnfG	34
18.	Vermögensrechtlicher Rückübertragungsanspruch	35
19.	Zurückbehaltungsrecht	36
VIII.	Einwendungen des Beklagten	37
1.	Besseres Recht am Vollstreckungsobjekt	38
2.	Anfechtbarkeit des Widerspruchsrechts	39
3.	Einwand der unzulässigen Rechtsausübung	40
	a) Selbstschuldnerische Bürgschaft	41
	b) Persönlich haftender Gesellschafter	42
	c) Vermögensübernehmer	43
	d) Wirtschaftliche Identität	44
	e) Gesamtschuld	45
4.	Rechtsmissbrauch im Übrigen	46
IX.	Zum Verfahren im Übrigen	47
1.	Beweislast	47
2.	Klageverbindung nach Absatz 2	48
3.	Kostenentscheidung	49
4.	Vorläufige Vollstreckbarkeit	50
X.	Einstweilige Anordnungen (Abs. 3)	51
XI.	Streitwert der Widerspruchsklage; Kosten einstweiliger Anordnungen	52
1.	Streitwert der Widerspruchsklage	52
2.	Rechtsanwaltsgebühren	

Literatur:

Adam, Die Klage des Treuhänders im Restschuldbefreiungsverfahren, ZInsO 2007, 198; *Allgayer*, Rechtsfolgen und Wirkungen der Gläubigeranfechtung, 2000; *Arens/Lüke*, Einwand der Vermögensübernahme gegen Drittwiderspruchsklage – BGHZ 80, 296, JuS 1984, 263; *Arens*, Prozeßrecht und materielles Recht, AcP 1973, 250 ff.; *Berger*, Zur Aussendung aufgrund obligatorischer Herausgabeansprüche, FS Gerhart Kreft, 2004, 191; *Bettermann*, Die Interventionsklage als zivile Negatoria, FS Weber, 1975, 87; *Bitter*, Rechtsträgerschaft für fremde Rechnung, 2006; *A. Blomeyer*, Rechtskraft und Gestaltungswirkung der Urteile im Prozeß auf Vollstreckungsgegenklage und Drittwiderspruchsklage, AcP 1965, 481; *Blomeyer,* Neue Vorschläge zur Vollstreckung in die unter Eigentumsvorbehalt gelieferte Sache, ein Beispiel sinnvoller Rechtsrückbildung?, JR 1978, 271; *Bötticher,* Die Intervention des Sicherungseigentümers: § 771 oder § 805?, MDR 1950, 705; *Brand,* Der Rechtsschutz des Urhebers bei Vollstreckung in urheberfremde Speichermedien, UFITA 2010/III S. 679 ff; *Brehm,* Die Pfändung von Computerprogrammen in Festschrift für Wolfgang Gitter, 1995, S. 45 ff; *Brox/Walker,* Die Drittwiderspruchsklage, JA 1986, 133; *Brox,* Das Anwartschaftsrecht des Vorbehaltskäufers, JuS 1984, 657; *Carl,* Das »Widerspruchsverfahren« im Rahmen des § 262 AO, DStZ 1984, 455; *Chen,* Die Zwangsvollstreckung in die auf Abzahlung verkaufte Sache, Diss. Saarbrücken 1972; *Cohn,* Reform des Interventionsprozesses. – Ein Beitrag zur Neugestaltung des Zivilprozeßrechts, Berlin 1931; *Eickmann,* Das allgemeine Veräußerungsverbot nach § 106 KO und sein Einfluß auf das Grundbuch-, Vollstreckungs- und Zwangsversteigerungsverfahren, KTS 1974, 202; *Elsing,* Probleme bei Schlüsselgewaltgeschäften minderjähriger Ehegatten, insbesondere der Zwangsvollstreckung, JR 1978, 494; *Fleckner,* Vom partiellen Ende des Unmittelbarkeitsprinzips im Recht der Treuhand, WM 2004, 2051; *Frank,* Schutz von Pfandrechten an Eigentumsanwartschaften bei Sachpfändung durch Dritte, NJW 1974, 2211; *Fritze,* Das Widerspruchsrecht des mittelbar besitzenden Sicherungseigentümers, Diss. Frankfurt 1953; *Funk,* Die Sicherungsübereignung in Einzelzwangsvollstreckung und Insolvenz. Eine Analyse der insolvenzrechtlichen Neuregelung der §§ 51, 166 ff. InsO und ihrer Auswirkungen auf die Einzelzwangsvollstreckung, Diss. Hamburg 1996; *Gaul,* Neuere »Verdinglichungs«-Tendenzen zur Rechtsstellung des Sicherungsgebers bei der Sicherungsübereignung, FS Rolf Serick, 1992; *Gaul,* Dogmatische Grundlagen und praktische Bedeutung der Drittwiderspruchsklage, 50 Jahre Bundesgerichtshof, Festgabe der Wissenschaft Bd. III, 2000, S. 521; *Gaul,* Der Schuldner als Streitgenosse des Gläubigers im Interventionsprozess gemäß § 771 Abs. 2 ZPO – Schattenrolle oder neues Rollenverständnis, FS Picker, 2010, 265 ff; *Gerhardt,* Sicherungsübereignung und Pfändungsschutz, JuS 1972, 696; *Gerhardt,* Von Strohfrauen und Strohmännern – Vorgeschobene Rechtsinhaberschaft in der Zwangsvollstreckung, FS G. Lüke, 1997, S. 121; *Gerold,* Können Kosten einer Freigabeaufforderung erstattet verlangt werden?, JurBüro 1955, 170; *ders.,* Freigabeaufforderung gegenüber mehreren Pfändungspfandgläubigern, JurBüro 1955, 425; *Goette,* Drittwiderspruchsklage der Gesellschaft bei Pfändung eines im Besitz des Alleingesellschafter-Geschäftsführers stehenden Gegenstandes, DStR 2004, 50; *Grunsky,* Sicherungsübereignung, Sicherungsabtretung und Eigentumsvorbehalt in der Zwangsvollstreckung und im Konkurs, JuS 1984, 497; *Haertlein,* Exekutionsintervention und Haftung, 2008; *Hahn,* Pfändung und Verwertung des Sicherungseigentums für andere Gläubiger des Sicherungsgebers, JurBüro 1958, 353; *Heide,* Die Berücksichtigung eines dem Gläubiger gegen den Dritten zustehenden materiellrechtlichen Anspruchs im Rahmen der Interventionsklage, Diss. Frankfurt 1958; *Henckel,* Grenzen der Vermögenshaftung, JuS 1985, 836; *Herbert,* Die Sicherungsübereignung in der Zwangsvollstreckung und im Konkurs, Diss. Erlangen 1948; *Herz,* Wesen und Grundlage der Widerspruchsklage, Diss. Erlangen 1950; *Jakobs,* Die Verlängerung des Eigentumsvorbehalts und der Ausschluß der Abtretung der Weiterveräußerungsforderung, BGHZ 56, 228; JuS 1973, 152; *Kuhn,* Ersatzaussonderungsrecht und Drittwiderspruchsklage, 2008; *Lange,* Treuhandkonten in Zwangsvollstreckung und Insolvenz, NJW 2007, 2513; *Leonhardt,* Die Sicherungsübereignung und ihre Behandlung in der Zwangsvollstreckung, Diss. München 1952; *Löhnig,* Treuhand, 2006; *Marotzke,* Das Anwartschaftsrecht – ein Beispiel sinnvoller Rechtsfortbildung, 1978; *Meyer,* Die Nichtbenachrichtigung des Sicherungs-(Vorbehalts-)eigentümers von einer bei dem Besitzer durchgeführten Pfändung der Sache – Betrug oder Unterschlagung, MDR 1974, 809; *Meyer/von Varel,* Die Sicherungszession, JuS 2004, 192; *Mittelstein,* Interventionsklage bei Überdeckung, MDR 1951, 720; *Müller,* Erneute Pfändung nach Interventionsurteil, DGVZ 1976, 1; *ders.,* Erweiterte Interventionsmöglichkeit bei Herausgabe- und Verschaffungsvollstreckung, DGVZ 1975, 104; *Münzberg/Brehm,* Altes und Neues zur Widerspruchsklage nach § 771, FS Baur, 1981, 517; *Noack,* Vollstreckung gegen vom Titel nicht betroffene Dritte, JurBüro

§ 771 ZPO Drittwiderspruchsklage

1976, 1147; *Paulus*, Die Behelfe des Sicherungseigentümers gegen den Vollstreckungszugriff, ZZP 1951, 169; *Pfeifer*, Aussonderung und Widerspruchsklage. Ein Vergleich, Diss. Tübingen 1954; *Picker*, Die Drittwiderspruchsklage in ihrer geschichtlichen Entwicklung als Beispiel für das Zusammenwirken von materiellem Recht und Prozeßrecht, Köln 1981; *Pikart*, Die neueste Rechtsprechung des Bundesgerichtshofs zur Sicherung von Forderungen durch Hypotheken und Grundschulden, WM 1973, 830; *Pikart*, Die Rechtsprechung des Bundesgerichtshofes zum Miteigentum, VI. Verfahrensrechtliches, WM 1975, 409; *Pohle*, Zur Zwangsvollstreckung gegen Ehegatten bei Gütertrennung, ZZP 1955, 260; *Prütting/Weth*, Die Drittwiderspruchsklage gemäß § 771, JuS 1988, 505; *Quardt*, Kostenfragen bei Freigabeaufforderung, JurBüro 1958, 480; *Raacke*, Zur »Pfandverstrickung« von Vorbehaltsware, NJW 1975, 248; *Reinicke*, Zwangsvollstreckung gegen Ehegatten, DB 1965, 961 u. 1001; *Riedel*, Treuhänderschaft und Widerspruchsklage nach § 771, JurBüro 1961, 277; *v. Rom*, Aussonderungs- und Drittwiderspruchsrechte der Treugeber bei der doppelseitigen Sicherheitentreuhand, WM 2008, 813; *Roth*, Art. 16 Nr. 5 EuGVÜ, Drittwiderspruchsklage nach § 771 und Klage auf Auskehrung des unberechtigt Erlangten nach durchgeführter Zwangsversteigerung, IPRax 2001, 323; *K. Schmidt*, Zwangsvollstreckung in anfechtbar veräußerte Gegenstände, JZ 1987, 889; *ders.*, Konkursanfechtung und Drittwiderspruchsklage, JZ 1990, 619; *Schmitz-Beuting*, Die Anwendbarkeit der Widerspruchsklage in der Zwangsverwaltung, Diss. Köln 1951; *Schwerdner*, Anwaltsschaftsrechte, Jura 1980, 609, 661; siehe ferner die Literatur vor der Vorbemerkung zu §§ 765a–777; *Seebach*, Das Zusammentreffen von Forderungspfändung und Zession bei hinterlegter Schuldsumme – zur Reichweite der Sperrwirkung der Interventionsklage aus § 771 ZPO, JR 2010, 1; *Stackmann*, Eilentscheidungen zur Vollstreckungsabwehr, JuS 2006, 980; *Stadler/Bensching*, Die Vollstreckung in schuldnerfremde Sachen, Jura 2002, 438; *Stamm*, Die Prinzipien und Grundstrukturen des Zwangsvollstreckungsrechts, 2007; *Staufenbiel/Meurer*, Drittwiderspruchsklage und Klage auf vorzugsweise Befriedigung, JA 2005, 796–801; *dies.*, Vollstreckungserinnerung und Vollstreckungsabwehrklage, JA 2005, 879–884; *Stratmann*, Die Zwangsvollstreckung in anfechtbar veräußerte Gegenstände und insbesondere in anfechtbar abgetretene Forderungen, Diss., Bonn 1998; *Stürner*, Der vollstreckungs- und insolvenzrechtliche Schutz der Konsortialbank bei treuhänderisch gehaltenen Grundschulden des Konsortialführers, KTS 2004, 259; *Thomas*, Die rechtsgeschäftliche Begründung von Treuhandverhältnissen, NJW 1968, 1705; *Tiedtke*, Stille Abtretung und Pfändung künftiger Lohnforderungen, DB 1976, 397; *Trinkner*, Verwertung sicherungsübereigneter Gegenstände, BB 1962, 80; *Volkmer*, Das Markenrecht im Zwangsvollstreckungsverfahren, 1999; *Wagner*, Interventionsrecht des Kontoinhabers gegen die Zwangsvollstreckung in Oder-Konten?, WM 1991, 1145; *Weise*, Die Sicherungsübereignung im Verhältnis zur Widerspruchsklage und zum Aussonderungs- und Absonderungsrecht im Konkurs, Diss. Erlangen 1950; *Wittschier*, Die Drittwiderspruchsklage gem. § 771, JuS 1998, 926; *Wolf*, Prinzipien und Anwendungsbereich der dinglichen Surrogation, JuS 1975, 710; *Wollburg*, Die vollstreckungsrechtliche Behandlung des Sicherungseigentums, Diss. Kiel 1952.

I. Zweck der Norm

1 Grundsätzlich darf der Gläubiger im Rahmen der Zwangsvollstreckung, sieht man von den durch das Anfechtungsgesetz eröffneten Möglichkeiten ab, sich nur aus dem Vermögen seines Schuldners befriedigen.[1] Die Vollstreckungsorgane prüfen aber in der Regel, bevor sie auf einen Gegenstand zugreifen, dessen tatsächliche Zugehörigkeit zum Schuldnervermögen nicht nach; sie begnügen sich vielmehr allein mit dem äußeren Anschein der Zuordnung des Gegenstandes zum Vermögen des Schuldners: So prüft der Gerichtsvollzieher, von besonderen Ausnahmen abgesehen,[2] nur den Gewahrsam des Schuldners an den zu pfändenden Gegenständen (§ 808 Abs. 1); das Vollstreckungsgericht und das Grundbuchamt begnügen sich bei der Zwangsvollstreckung in Grundstücke mit der Eintragung des Schuldners im Grundbuch als Eigentümer (§ 17 ZVG, § 39 GBO); bei der Forderungspfändung genügt dem Vollstreckungsgericht gar die Angabe des Gläubigers, dass die Forderung »angeblich« dem Schuldner zusteht. Aufgrund dieser allein auf Förmlichkeiten beschränkten Nachprüfung besteht die Gefahr, dass in Rechte Dritter eingegriffen wird, ohne dass dabei irgendwelche Verfahrensvorschriften verletzt werden, sodass § 766 dem Dritten insoweit keinen Schutz gewährt. Materiellrechtliche Ansprüche des Dritten gegen den Schuldner, etwa auf Herausgabe der zum Vollstreckungsobjekt gewordenen Sache, könnten die öffentlich-rechtliche Verstrickung nicht beseitigen und daher den Fortgang der Vollstreckung in die Sache letztlich nicht aufhalten. Würde man den Dritten allein darauf beschränken, seine Ansprüche aus materiellem Recht nach

---

1 Vor §§ 803, 804 Rdn. 15.
2 § 808 Rdn. 5.

Beendigung der Zwangsvollstreckung gegen den Gläubiger zu verfolgen,[3] liefe er Gefahr, im Hinblick auf § 818 Abs. 3 BGB weitgehend leer auszugehen. Da die materielle Berechtigung des Dritten oft streitig sein wird und häufig der äußere Anschein (Besitz des Vollstreckungsschuldners oder dessen Eintragung im Grundbuch) zunächst gegen ihn spricht, bedurfte es eines Verfahrens, das es dem Dritten ermöglicht, sein besseres Recht schon während der Vollstreckung vor dem drohenden Verlust zu schützen. Diesem Zweck dient § 771.

II. Anwendungsbereich der Norm

Drittwiderspruchsklage ist gegen die Vollstreckung aus jeder Art von Vollstreckungstitel, also auch Arrest und einstweiliger Verfügung, in jede Art von Vermögensgegenstand, in bewegliche Sachen, in Forderungen und andere Vermögensrechte sowie in das unbewegliche Vermögen möglich. Im Zwangsversteigerungsverfahren sind diejenigen, die ein der Zwangsvollstreckung entgegenstehendes Recht anmelden und auf Verlangen glaubhaft machen, nach § 9 Nr. 2 ZVG am Verfahren zu beteiligen. Die Terminsbestimmung nach § 37 Nr. 5 ZVG muss eine Aufforderung an diejenigen enthalten, welche ein der Versteigerung entgegenstehendes Recht haben, vor Erteilung des Zuschlags die Aufhebung oder einstweilige Einstellung des Verfahrens herbeizuführen. Dazu müssen im Streitfall die nicht nach § 28 Abs. 1 ZVG aus dem Grundbuch ersichtlichen Rechte gegen den betreibenden Gläubiger nach § 771 geltend gemacht werden. Gegen die Anordnung der Zwangsverwaltung kann sich ein Dritter nach § 771 wehren, wenn dadurch in seinen streitigen Eigenbesitz eingegriffen wird.[4]

Darüber hinaus ist die Klage auch in der Zwangsvollstreckung zur Erwirkung der Herausgabe von Sachen (§§ 883–886) zulässig.[5] Schließlich findet, obwohl es sich nicht um Zwangsvollstreckung handelt, die Widerspruchsklage auch gegenüber der Teilungsversteigerung zum Zwecke der Auseinandersetzung einer Gemeinschaft (§§ 180 ff. ZVG)[6] oder Gesellschaft Bürgerlichen Rechts[7] statt, soweit Gemeinschaftsmitglieder oder Gesellschafter die Teilungsversteigerung aus materiellrechtlichen Gründen verhindern wollen.

Außerhalb des Zivilrechts erklärt § 262 Abs. 1 AO in der Abgabenvollstreckung die Widerspruchsklage vor den ordentlichen Gerichten für gegeben, wenn ein Dritter behauptet, dass ihm am Gegenstand der Vollstreckung ein die Veräußerung hinderndes Recht zustehe.[8] Die Zuweisung zu den ordentlichen Gerichten liegt darin begründet, dass es sich für den Dritten nicht um eine Abgabenangelegenheit handelt.[9] Der Dritte soll, ehe er Klage erhebt, bei der Vollstreckungsbehörde Widerspruch erheben.[10] Dieser ist aber nicht Zulässigkeitsvoraussetzung der Klage, sondern im Fall der sofortigen Freigabeerklärung durch die Finanzverwaltung für die Kostenentscheidung von Bedeutung.[11] Auf § 262 AO verweist § 5 Abs. 1 VwVG des Bundes.

---

3 Einzelheiten: Anh. § 771.
4 BGH, WM 2004, 1042, 1043.
5 *Baur/Stürner/Bruns*, Rn. 46.3; *Bruns/Peters*, § 16 I; *Gaul/Schilken/Becker-Eberhard*, § 41 Rn. 23; *Stein/Jonas/Münzberg*, § 771 Rn. 9.
6 BGH, FamRZ 1984, 563; FamRZ 1985, 903; FamRZ 1991, 547; OLG Düsseldorf, FamRZ 1995, 309; OLG Hamm, FamRZ 1995, 1072; *Brox/Walker*, Rn. 1409; MüKo/*K. Schmidt/Brinkmann*, § 771 Rn. 5.
7 BGHZ 197, 262 Rn. 26.
8 Zu Einzelheiten des Verfahrens nach § 262 AO 1977 siehe: *Carl*, DStZ 1984, 455.
9 *Hübschmann/Hepp/Spitaler/Müller-Eisert*, AO § 262 Rn. 2, 5; vgl. auch BFHE 132, 405, 406; BGHR § 771 Zulässigkeit 2; BGHZ 164, 176, 180.
10 *Müller-Eisert*, aaO.
11 Siehe auch unten Rdn. 49.

Die streitige Zivilgerichtsbarkeit ist auch zuständig, wenn sich ein Dritter mit der Widerspruchsklage gegen eine Maßnahme der Vollziehung eines im Strafverfahren angeordneten dinglichen Arrests wendet.[12]

III. Rechtsnatur und Streitgegenstand der Klage

3   Die Rechtsnatur der Drittwiderspruchsklage ist weiterhin nicht vollständig geklärt.[13] Sie muss ebenso wie die Vollstreckungsabwehrklage[14] als **prozessuale Gestaltungsklage**[15] gesehen werden, da erst durch das Urteil die bis dahin ordnungsgemäße und – in der Regel – mit formellen Rügen nicht angreifbare öffentliche Verstrickung nach § 775 Nr. 1 lösbar wird. Gegen den Gläubiger hat zwar der besser Berechtigte auch einen Anspruch auf Unterlassung der Zwangsvollstreckung in den Gegenstand seines Rechts. Mit der Freigabe des Gläubigers ist jedoch nur im Anwendungsbereich des § 843 die Wirkung der Vollstreckung zu beseitigen. Sie geht bei einem Recht, welches nicht dem Schuldner zusteht, ohnehin ins Leere.[16] Eine Verurteilung des Gläubigers zur Freigabe einer gepfändeten Sache[17] würde nach § 775 Nr. 1 die Vollstreckung nicht aufhalten und die bereits getroffenen Vollstreckungsmaßregeln nach § 776 nicht beseitigen. Die Einordnung als zivile Negatoria[18] entsprechend § 1004 BGB wird dem § 771 daher nicht gerecht. Die Drittwiderspruchsklage dient auch nicht der Feststellung einer materiellen Berechtigung des klagenden Dritten am Vollstreckungsgegenstand, da letztlich nicht dieses Recht, sondern nur die weitere Vollstreckung in diesen Gegenstand prozessualer Streitgegenstand ist.[19]

Trotz der Einordnung der Klage als prozessualer Gestaltungsklage ist die materielle Berechtigung, derer sich der Dritte berühmt, doch prozessrechtlich nicht ohne Bedeutung. Die Problematik ähnelt insoweit der bei § 767:[20] Ist Streitgegenstand auch die Vollstreckungsbefugnis in den konkreten Gegenstand, so doch nicht abstrakt, sondern im Hinblick auf das konkrete »die Veräußerung hindernde Recht«, also eine ganz bestimmte materielle Berechtigung des Klägers.[21]

IV. Rechtskraftwirkungen

1. Stattgebendes Urteil

4   Mit der unanfechtbaren prozessualen Gestaltung des stattgebenden Urteils steht rechtskräftig fest, dass die von dem Gläubiger gegen den klagenden Dritten betriebene Vollstreckung diesem gegen-

---

12 BGHZ 164, 176 unter Aufhebung von OLG Rostock, MDR 2005, 770; OLG Hamburg, NJW-RR 2003, 715; OLG Sachsen-Anhalt, Rpfleger 2004, 733; OLG Frankfurt, NStZ-RR 2006, 15.
13 Vergl. die Übersichten bei *Gaul/Schilken/Becker-Eberhard*, § 41 Rn. 8 bis 22 und bei *Stein/Jonas/Münzberg*, §§ 771 Rn. 4 und 5; ferner die Darstellung des historischen Hintergrundes des heutigen Meinungsstandes bei *Picker*, Die Drittwiderspruchsklage in ihrer geschichtlichen Entwicklung als Beispiel für das Zusammenwirken von materiellem Recht und Prozessrecht, Köln 1981, und bei *Gaul*, Festgabe 50 Jahre Bundesgerichtshof Bd. III S. 521, 523 ff.
14 Vergl. § 767 Rdn. 11, 12.
15 BGHZ 58, 207, 212 f.; 164, 176, 178 unter 2. c); BGH, NJW 1985, 3066, 3067; RGZ 70, 25, 27; prozessual unscharf ist daher BGH, NJW 1990, 990, 992, wonach der Widersprechende die Feststellung einer bereits vorhandenen Unzulässigkeit der Vollstreckung begehrt.
16 BGHZ 56, 339, 350 f.; 100, 36, 42; 151, 127, 131; BGH, NJW-RR 1992, 612; NJW 2002, 755, 757; ZIP 2007, 146; BGHZ 172, 278.
17 So noch A. Blomeyer, AcP 165 (1965), 481, 488.
18 So aber MüKo/*K. Schmidt/Brinkmann*, § 771 Rn. 1; *Bettermann*, FS Weber, 1975, S. 87 ff.; die Ähnlichkeit beider Ansprüche betont *Haertlein* S. 250 f mit Folgerungen für die Haftung beim einstweiligen Rechtsschutz, siehe unten Rdn. 51.
19 Für eine allgemeine Feststellungsklage neuerdings wieder *Stamm*, Die Prinzipien und Grundlagen des Zwangsvollstreckungsrechts, 2007, S. 586 ff, 592.
20 Vergl. § 767 Rdn. 11.
21 Ebenso *Bruns/Peters*, § 16 III; *Gaul/Schilken/Becker-Eberhard*, § 41 Rn. 8.

über nach materiellem Recht unzulässig war, ein Pfändungspfandrecht nicht entstanden ist und infolge der Vollstreckungmaßregeln eingetretene Vermögensverschiebungen des Rechtsgrundes ermangeln. Das bessere Recht des Klägers wird nicht rechtskräftig festgestellt. Hierzu bedürfte es wie bei der Vollstreckungsabwehrklage eines entsprechenden Zwischenfeststellungsantrages gemäß § 256 Abs. 2.[22] Die ausgesprochene Unzulässigkeit der Zwangsvollstreckung in den vom Kläger bezeichneten Vermögensgegenstand bewirkt, dass gegen eine nachträgliche Pfändung nach § 766 unter Vorlage einer vollstreckbaren Ausfertigung des Urteils erinnert werden kann,[23] selbst wenn die Zwangsvollstreckung noch nicht nach § 775 Nr. 1 eingestellt war. Ebenso ist die Beschwerde nach § 71 GBO oder § 75 SchRegO begründet, wenn nach Einstellung der Zwangsversteigerung der in der Widerspruchsklage unterlegene Gläubiger nachträglich die Eintragung einer Zwangshypothek erwirkt hat. Beruft sich der Gläubiger auf eine veränderte Sachlage, etwa den Erwerb des zunächst von dem Dritten vorbehaltenen Eigentums durch den Schuldner, kann gegen die wiederholte Pfändung eine abermalige Drittwiderspruchsklage infrage kommen.[24]

2. Klagabweisung

Durch die rechtskräftige Sachabweisung der Drittwiderspruchsklage steht zwischen den Parteien fest, dass der Beklagte ein Pfändungspfandrecht an dem Gegenstand der Vollstreckung erworben hat und seine Zwangsvollstreckung gegenüber dem Kläger materiell gerechtfertigt ist.[25] Dem Kläger ist ein Anspruch auf die Gestaltungsfolgen der §§ 775 Nr. 1, § 776 mit dem zur Klagebegründung vorgetragenen Sachverhalt rechtskräftig versagt. Ein Bereicherungsanspruch des Klägers gegen den pfändenden Gläubiger ist rechtskräftig ausgeschlossen, weil das Pfändungspfandrecht als Rechtsgrund für den Empfang des Verwertungserlöses feststeht.[26] Wie bei der sachlich abgewiesenen Vollstreckungsabwehrklage[27] dürfte auch eine Schadensersatzklage wegen fahrlässiger Eigentumsverletzung oder verzögerter Pfandfreigabe[28] rechtskräftig ausgeschlossen sein. Dem Kläger ist jedoch das Recht, auf welches er seinen Widerspruch gestützt hat, als bloße Vorfrage nicht rechtskräftig aberkannt.[29]

5

V. Verhältnis zu anderen Rechtsbehelfen

1. Vollstreckungserinnerung

Erinnerung nach § 766 und Drittwiderspruchsklage sind, wenn sowohl Verfahrensnormen, die auch den Dritten schützen, verletzt wurden als auch in seine materielle Berechtigung eingegriffen wurde, nebeneinander zulässig.[30] Das folgt schon aus dem unterschiedlichen Rechtsschutzziel der beiden Rechtsbehelfe: Mit der Erinnerung wird nur eine konkrete Vollstreckungsmaßnahme auf ihre verfahrensrechtliche Zulässigkeit hin überprüft, während auf die Widerspruchsklage hin die weitere Vollstreckung aus dem fraglichen Titel in den Gegenstand ein für allemal für unzulässig erklärt wird: Hat der Dritte etwa mit einer auf die Verletzung des § 865 Abs. 2 gestützten Erinnerung Erfolg, ist er nicht davor gefeit, dass der Gegenstand, wenn er zwischenzeitlich vom Grundstück entfernt wurde, andernorts im Rahmen einer Vollstreckung aus dem nämlichen Titel gegen

6

---

22 *Gaul*, Festgabe 50 Jahre Bundesgerichtshof Bd. III S. 521, 533.
23 BGH, ZIP 2007, 146, 147; *Bettermann*, FS Weber, 1975, S. 87, 92; MüKo/*K. Schmidt/Brinkmann*, § 771 Rn. 77, 79 (neben neuer Widerspruchsklage); *Stein/Jonas/Münzberg*, § 771 Rn. 7.
24 MüKo/*K. Schmidt/Brinkmann*, § 771 Rn. 79; *Wieczorek/Salzmann*, § 771 Rn. 7.
25 BGHZ 158, 286, 293.
26 RGZ 70, 25, 27.
27 Dazu BGH, NJW 1960, 1460 = ZZP 74, 187 mit Anm. *Zeuner*.
28 BGHZ 58, 207, 210.
29 RGZ 70, 25, 27 (III. Senat); anders noch RG, Urt. v. 26.05.1908 – VI 377/07.
30 BGH, JZ 1978, 199; OLG Bamberg, JR 1955, 25; OLG Koblenz, Rpfleger 1979, 203; OLG Schleswig, Rpfleger 1979, 471; *Baur/Stürner/Bruns*, Rn. 46.27; MüKo/*K. Schmidt/Brinkmann*, § 771 Rn. 9; *Stein/Jonas/Münzberg*, § 766 Rn. 55.

den nämlichen Schuldner wieder beschlagnahmt wird. Mit der Erinnerung kann auch beanstandet werden, das Vollstreckungsgericht habe bei Anordnung der Teilungszwangsversteigerung entgegen § 180 Abs. 1, § 28 Abs. 2 ZVG den ihm bekannten Zustimmungsvorbehalt des § 1365 BGB missachtet.[31] Nebeneinander stehen auch der § 766 entsprechende finanzgerichtliche Vollstreckungsschutz gegen eine Pfändungs- und Einziehungsverfügung des Finanzamts und die Widerspruchsklage nach § 262 AO.[32]

2. Herausgabeklagen

7   Auf die materielle Berechtigung gestützte **Herausgabeklagen** gegen den Schuldner (etwa aus Vertrag oder § 985 BGB), wenn sie nicht gem. § 771 Abs. 2 mit einer Widerspruchsklage verbunden sind, oder gegen den Gläubiger (etwa auch §§ 985, 1006 BGB) nach Beginn der Zwangsvollstreckung in den Gegenstand sind unzulässig,[33] ebenso Bereicherungsklagen auf Zustimmung zur Auszahlung von aufgrund der Zwangsvollstreckung bei der Hinterlegungsstelle hinterlegten Geldes,[34] weil erst die Befriedigung des Gläubigers aus dem hinterlegten Betrag die Zwangsvollstreckung beendet. Die Widerspruchsklage ist insoweit der speziellere, die anderen Klagen ausschließende Rechtsbehelf, der die Besonderheiten der Vollstreckung in den Gegenstand (etwa durch den besonderen Gerichtsstand, aber auch durch die Möglichkeit einstweiliger Maßnahmen) berücksichtigt. Ein obsiegendes Urteil nach § 771 genügt auch den Anforderungen des § 13 Abs. 2 Satz 1 Nr. 2 HinterlO, obwohl die Feststellung der Berechtigung nicht der eigentliche Streitgegenstand ist (siehe oben Rdn. 3).

Nur der materielle Unterlassungsanspruch gemäß § 97 Abs. 1 UrhG bleibt dem Inhaber des Urheberrechts an einer noch nicht in Verkehr gebrachten, gespeicherten Datei, wenn die Zwangsvollstreckung zur Herausgabe einer EDV-Anlage oder deren Sachpfändung betrieben wird. Da er kein Recht am Vollstreckungsgegenstand hat, scheidet die Drittwiderspruchsklage aus.[35] Das liegt anders, sofern der Speichervorgang als Verarbeitung gem. § 950 Abs. 1 BGB gewertet werden kann.

3. Feststellungsklage

8   Für eine selbstständige **Feststellungsklage** gegen den Gläubiger auf positive Feststellung der Berechtigung hinsichtlich des Gegenstandes oder auf negative Feststellung der Befugnis, in diesen Gegenstand vollstrecken zu dürfen, oder auf Feststellung, dass ein Pfändungspfandrecht an dem Gegenstand nicht entstanden sei, fehlt das Feststellungsinteresse,[36] da die Drittwiderspruchsklage in der Zwangsvollstreckung mehr zu leisten vermag: Ein Feststellungsurteil hätte im Hinblick auf § 775 Nr. 1, § 776 keine unmittelbare Wirkung.

4. Klage auf vorzugsweise Befriedigung

9   Von der **Klage auf vorzugsweise Befriedigung** gem. § 805 und der **Widerspruchsklage** gem. § 878 unterscheidet sich die Drittwiderspruchsklage durch das Recht am Vollstreckungsobjekt, dessen sich der Kläger berühmt; während die Widerspruchsklage gem. § 878 nur am Zwangsvollstreckungsverfahren beteiligten Gläubigern (Pfändungspfandgläubigern), die dem gerichtlichen Teilungsplan

---

31 BGH, NJW 2007, 3124; vgl. auch *Zimmer/Pieper*, NJW 2007, 3104, 3105.
32 BGHR § 771 Drittwiderspruchsklage 2 am Ende.
33 BGHZ 58, 213 (mit Anm. *Henckel*, JZ 1973, 29); BGHZ 100, 95, 104; RGZ 108, 260, 262; OLG Düsseldorf, InVo 1999, 354; *Brox/Walker*, Rn. 1400; *Gaul/Schilken/Becker-Eberhard*, § 41 Rn. 180; MüKo/*K. Schmidt/Brinkmann*, § 771 Rn. 12, 13. Vor Beginn der Vollstreckung kann ausnahmsweise eine vorbeugende Unterlassungsklage möglich sein, wenn ein berechtigtes Interesse besteht, den Gegenstand unter allen Umständen von vornherein aus der Zwangsvollstreckung herauszuhalten: *Zöller/Herget*, § 771 Rn. 5.
34 BGHZ 72, 334, 337; RGZ 67, 310, 311; RG, WarnRspr. 1913 Nr. 421.
35 *Brand*, UFITA 2010, 679 ff, 688 – 692; a. A. *Koch*, KTS 1988, 49, 78 f; *Brehm*, FS Wolfgang Gitter, 1995, S. 145 ff; 149; *Roy und Palm*, NJW 1995, 690, 694, 697.
36 BGH, NJW 1981, 1835 f., in BGHZ 80, 296 nicht abgedruckt.

widersprochen haben, also nicht sonstigen am Vollstreckungserlös angeblich Berechtigten offensteht, müssen die nach § 805 Klagebefugten sich eines »Pfand- oder Vorzugsrechts«[37] berühmen, das nicht zum Besitz an der Sache berechtigt, sondern allein zur Befriedigung aus der Sache. § 805 und § 771 schließen sich allerdings insoweit nicht aus, als auch Inhaber von Rechten, die zum Besitz an der Sache und gleichzeitig zur Befriedigung aus der Sache berechtigen, sich mit der Vorzugsklage als Minus zufriedengeben können, anstatt Drittwiderspruchsklage zu erheben.[38]

VI. Zulässigkeit der Drittwiderspruchsklage

1. Statthaftigkeit

Die Klage ist **statthaft**, wenn der Kläger sich eines »die Veräußerung hindernden Rechts«[39] am Gegenstand der Zwangsvollstreckung berühmt und deshalb die Unzulässigkeitserklärung der Zwangsvollstreckung in diesen Gegenstand erstrebt. Berühmt er sich eines Rechts, das nur die Vorzugsklage nach § 805 rechtfertigt, so dürfte eine Klageänderung insoweit nach entsprechendem Hinweis des Gerichts (§ 139 Abs. 1 Satz 1) immer sachdienlich sein, wenn nicht gar § 264 Nr. 2 zu bejahen ist.[40] Beruft der Kläger sich dagegen allein auf die Verletzung förmlichen Rechts, ist ausschließlich § 766 der richtige Rechtsbehelf.

2. Zuständigkeit

Hinsichtlich der **Zuständigkeit des Gerichts** ist zu beachten, dass § 771 Abs. 1 nur die örtliche Zuständigkeit ausschließlich (§ 802) regelt. Die sachliche Zuständigkeit richtet sich nach dem Streitwert (§ 23 Nr. 1, § 71 GVG).[41] Insoweit ist eine abweichende Vereinbarung der Parteien im Rahmen des § 38 bzw. Prorogation nach § 39 möglich.[42] Unabhängig von der Höhe des Streitwertes ist das Familiengericht (Amtsgericht) sachlich zuständig, wenn das Recht, dessen der Dritte sich berühmt, im ehelichen Güterrecht wurzelt.[43] Dadurch wird auch die Drittwiderspruchsklage zur Familiensache i. S. v. § 111 Nr. 9 FamFG, § 23a Abs. 1 Nr. 1 GVG. Dies gilt etwa für eine auf das Übernahmerecht nach § 1477 Abs. 2 BGB[44] oder die Missachtung des § 1365 BGB[45] gestützte Widerspruchsklage gegen eine Teilungsversteigerung (§§ 180 ff. ZVG). Ob der Titel, aus dem vollstreckt wird, eine Familiensache zum Gegenstand hat, ist dagegen für die Zuständigkeit des Familiengerichts ohne Bedeutung,[46] da der titulierte Anspruch nicht Gegenstand des Rechtsstreits ist. Aus diesem Grunde ist auch **nie** das Arbeitsgericht zuständiges Gericht, wenn aus einem arbeitsgerichtlichen Titel vollstreckt wird. Es kommt insoweit immer nur die Zuständigkeit des Amts- oder Landgerichts in Betracht, weil allein die Rechtsnatur des Widerspruchsgrundes entscheidet.

---

37 Siehe § 805 Rdn. 8 ff.; zur Abgrenzung der Rechtsbehelfe vgl. auch *Seebach*, JR 2010, 1 ff.
38 Überwiegende Meinung; vergl. *Baur/Stürner/Bruns*, Rn. 46.31; *Brox/Walker*, Rn. 1453; *Gaul/Schilken/Becker-Eberhard*, § 42 Rn. 9; *Stein/Jonas/Münzberg*, § 805 Rn. 16; zweifelnd aber: MüKo/*K. Schmidt/Brinkmann*, § 771 Rn. 11.
39 Zum Begriff unten Rdn. 15.
40 A. A. insoweit (Antrag aus § 805 nicht als Minus im Antrag gem. § 771 enthalten): MüKo/*K. Schmidt/Brinkmann*, § 771 Rn. 11.
41 Zur Berechnung des Streitwerts siehe unten Rdn. 52.
42 Siehe hierzu *Baumgärtel/Laumen*, JuS 1985, 386.
43 *Geißler*, NJW 1985, 1870; BGH, NJW 1985, 3066.
44 BGH, NJW 1985, 3066; OLG Frankfurt, FamRZ 1998, 641.
45 OLG Hamm, DNotZ 1979, 98 und FamRZ 1995, 1072; OLG Bamberg, NJWE-FER 2000, 161; OLG München, FamRZ 2000, 365; OLG Hamburg, FamRZ 2000, 1290; OLG Köln, FamRZ 2000, 1167; *Staudinger/Thiele* § 1365 BGB Rn. 46; Thomas/Putzo/Hüßtege, § 111 FamFG Rn. 9; a. A. insoweit: OLG Stuttgart, FamRZ 1982, 401.
46 OLG Frankfurt, FamRZ 1985, 403; OLG Hamburg, FamRZ 1984, 804; a. A.: LG Baden-Baden, MDR 1983, 1031.

Bei der Anschlusspfändung (§ 826) ist örtlich das Gericht, in dessen Bezirk die Hauptpfändung erfolgt ist, zuständig.

Ist der gepfändete Gegenstand nach der Pfändung vor Klageerhebung in einen anderen Bezirk verbracht worden, so ist die Klage weiterhin in dem Bezirk zu erheben, in dem die Pfändung erfolgte.[47]

In Abgabensachen nach der AO[48] ist das Amts- bzw. Landgericht (§§ 23, 71 GVG)[49] örtlich zuständig, in dessen Bezirk die Vollstreckung erfolgt (§ 262 Abs. 3 Satz 1 AO).

Der internationale Gerichtsstand der Drittwiderspruchsklage bestimmt sich gemäß Art. 22 Nr. 5 EuGVVO (vor dem 01.03.2002 Art. 16 Nr. 5 EuGVÜ) nach dem Vollstreckungsort. Das dürfte nicht für eine Bereicherungsklage auf Herausgabe des Erlangten aus einer dem Recht des Dritten widersprechenden Zwangsvollstreckung gelten.[50]

3. Antragsfassung

12 Der korrekte **Klageantrag** (§ 253 Abs. 2 Nr. 2) muss lauten, »... die Zwangsvollstreckung aus ... (genaue Bezeichnung des Titels) in ... (genaue Bezeichnung des Gegenstandes) für unzulässig zu erklären.« Ein in Verkennung der Rechtsnatur der Klage dahin formulierter Antrag, »den Gegenstand freizugeben« oder »der Auszahlung des Betrages durch die Hinterlegungsstelle zuzustimmen«, ist auszulegen und im Tenor richtigzustellen.

4. Rechtsschutzbedürfnis

13 Das **Rechtsschutzbedürfnis** für die Klage ist in der Regel von dem Augenblick an zu bejahen, in dem der Gegenstand, an dem der Dritte berechtigt sein will, als Zugriffsobjekt der Zwangsvollstreckung feststeht.[51] Dies ist für gewöhnlich erst ab der Pfändung dieses Gegenstandes der Fall. Die Pfändung braucht allerdings nicht abgewartet zu werden, wenn vorher schon feststeht, dass der Gläubiger gerade auf diesen Gegenstand zugreifen will, etwa wenn vorbereitend ein Herausgabeanspruch auf den Gegenstand gepfändet wurde (§§ 846 ff.).[52] Das gilt auch dann, wenn nach einem erfolglosen Versuch zur Pfändung einer nicht aufgefundenen beweglichen Sache ein wiederholter Vollstreckungsversuch aus dem Titel in diese Sache möglich ist.[53] Wendet sich die Drittwiderspruchsklage gegen eine Herausgabevollstreckung (§§ 883 ff.), so ist sie immer schon vor Beginn der Vollstreckung, also schon vor Wegnahme der Sache durch den Gerichtsvollzieher, zulässig, da andernfalls Beginn und Ende der Vollstreckung zeitlich zusammenfielen, sodass die Klage zu spät käme. Wird ein Gegenstand vom Gerichtsvollzieher ausschließlich im Wege der Hilfspfändung weggenommen (Kfz-Brief nach Pfändung des PKWs; Sparbuch nach Pfändung der Einlageforderung; usw.), so ist insoweit keine gesonderte Drittwiderspruchsklage zulässig.[54] Die Drittwiderspruchsklage muss sich in diesen Fällen gegen die Pfändung der »Hauptsache« (PKW, Forderung, usw.) richten. Bei einem Erfolg dieser Klage »erledigt« sich ohne Weiteres auch die Hilfspfändung. Das Rechtsschutzbedürfnis ist, ähnlich wie bei der Vollstreckungsabwehrklage, bis zur vollständigen Beendigung der Zwangsvollstreckung zu bejahen, sodass die Klage auch noch möglich ist, wenn der im Eigentum des Dritten stehende Gegenstand bereits versteigert, der Erlös aber, jedenfalls zum Teil, noch nicht ausgekehrt ist.

---

47 *Geißler*, NJW 1985, 1870.
48 Siehe oben Rdn. 2.
49 Zur sachlichen Zuständigkeit: *Koch/Scholtz/Szymczak*, § 262 AO Rn. 7.
50 OLG Hamm, IPrax 2001, 339, 340 mit Aufsatz *Roth*, aaO S. 323.
51 *Baur/Stürner/Bruns*, Rn. 46.1.
52 BGHZ 72, 334 mit Anm. *Olzen*, JR 1979, 285.
53 BGH, ZIP 1985, 676, 677; BGH-Report 2004, 778, 780.
54 KG, OLGZ 1994, 113.

Das Rechtsschutzbedürfnis ist auch zu bejahen, wenn der Vollstreckungsakt, gegen den der Dritte sich wenden will, formell anfechtbar ist und der Dritte deshalb die Möglichkeit hätte, nach § 766 vorzugehen;[55] so etwa, wenn die Pfändung einer beweglichen Sache bereits deshalb anfechtbar ist, weil die Sache als Zubehör eines Grundstücks nicht der Mobiliarvollstreckung durch den Gerichtsvollzieher unterliegt.[56] Der Anschein der Pfändung (Pfandsiegel) belastet den Dritten; eine Erinnerung würde nicht auf Dauer schützen.[57]

Schließlich ist das Rechtsschutzbedürfnis für eine Drittwiderspruchsklage auch dann zu bejahen, wenn die Pfändung deshalb unwirksam ist, weil die gepfändete Forderung oder das gepfändete sonstige Recht dem Schuldner im Zeitpunkt der Pfändung schon nicht mehr zustanden, sondern dem Dritten.[58] Auch hier belastet der Rechtsschein der Pfändung den Dritten als wahren Forderungsinhaber und stört sein Verhältnis zum Drittschuldner.[59] Praktisch wichtig sind hier nicht nur die Sicherungsabtretungen, sondern auch die Abtretung des Schuldners an den Treuhänder während der Wohlverhaltensperiode zur Restschuldbefreiung nach § 287 Abs. 2 InsO.[60]

Die Klage stellt nicht deshalb eine unzulässige Rechtsausübung dar, weil der Eigentümer und Kläger zunächst im Rahmen des § 809 die Zwangsvollstreckung in den Gegenstand zugelassen hatte. Durch die Herausgabebereitschaft nach § 809 verliert der Eigentümer der gepfändeten Sachen grundsätzlich nicht das Recht, sein Dritteigentum durch Drittwiderspruchsklage geltend zu machen.[61]

Nach Beendigung der Zwangsvollstreckung entfällt das Rechtsschutzbedürfnis, auch wenn die Klage ursprünglich zulässigerweise eingeleitet wurde.[62] Der Kläger kann der Klageabweisung entweder durch Erklärung der Erledigung der Hauptsache oder durch Übergang von der Widerspruchsklage zur Leistungsklage auf Schadensersatz oder Bereicherungsausgleich[63] entgehen. Der Übergang zur Leistungsklage ist eine gem. § 264 Nr. 3 zulässige Klageänderung.

VII. Begründetheit der Klage: Die zum Widerspruch legitimierenden Drittrechte

A. Allgemeines:

Die Klage ist begründet, wenn dem Kläger an dem Gegenstand der Vollstreckung »**ein die Veräußerung hinderndes Recht**« zusteht. Dieser Begriff ist sprachlich missglückt. Sein Sinn muss aus dem Zweck der Norm abgeleitet werden: Der Gläubiger, der sich nur aus dem Vermögen seines Schuldners befriedigen darf, soll durch die Pfändung an Gegenständen im Gewahrsam des Schuldners keine weitergehenden Rechte erwerben als dem Schuldner selbst nach materiellem Recht zustehen. Kann ein Dritter den Schuldner, würde dieser den Gegenstand veräußern wollen, hieran hindern, weil der Schuldner durch ein solches Verhalten widerrechtlich in den Rechtskreis des Dritten ein-

---

55 OLG Bamberg, JR 1955, 25; OLG Koblenz, Rpfleger 1979, 203; OLG Schleswig, Rpfleger 1979, 471; *Baur/Stürner/Bruns*, Rn. 46.1; *Stein/Jonas/Münzberg*, § 766 Rn. 55; vgl. auch *Zimmer/Pieper*, NJW 2007, 3104, 3105.
56 OLG Hamburg, MDR 1959, 933.
57 Siehe oben Rdn. 6.
58 BGH, NJW 1977, 385; BGH, WM 1981, 648; BGHR § 771 Drittwiderspruchsklage 2 am Ende; BGHZ 156, 310, 314; RGZ 81, 191.
59 KG, MDR 1973, 233.
60 Siehe hierzu näher *Adam*, ZInsO 2007, 198, 200 insbesondere wegen der (str.) Klagebefugnis des Treuhänders.
61 BGH, JZ 1978, 199.
62 BGHZ 156, 310, 313 zur Aufhebung der Pfändung.
63 Einzelheiten Anh. § 771 Rdn. 2.

griffe, so soll der Dritte auch den Gläubiger seines Schuldners daran hindern können, die Sache im Wege der Zwangsvollstreckung zu verwerten.[64]

16 In der Drittwiderspruchsklage ist nur über materielles Recht der Parteien zu entscheiden.[65] Die Entscheidung, ob ein Dritter seine auf §771 Abs. 1 zu stützenden Rechte in der Zwangsvollstreckung des Gläubigers geltend macht, muss dem Dritten selbst oder einer von ihm ermächtigten Person überlassen bleiben.[66] Ein berechtigtes Interesse des vom Gläubiger verklagten Drittschuldners, neben dem Drittberechtigten als Widerspruchskläger zugelassen zu werden, besteht deshalb regelmäßig nicht.[67] Ebenso kann der Beklagte des Drittschuldnerprozesses grundsätzlich nicht einwenden, ein Dritter habe an dem gepfändeten Recht oder der gepfändeten Forderung ein die Veräußerung hinderndes Recht. Das gilt insbesondere für den Treuhänder, der sich darauf beruft, an den Willen eines bestimmten Treugebers gebunden zu sein.[68] Ausnahmsweise wird der Vollstreckungsschuldner wie ein Dritter als widerspruchsberechtigt angesehen, wenn er bei beschränkter Haftung dem Zugriff auf nicht haftende Vermögensmassen entgegentreten will.[69]

17 Die Widerspruchsklage in der Einzelzwangsvollstreckung entspricht in der Insolvenz dem Aussonderungsrecht gemäß § 47 InsO, die Vorzugsklage des § 805 den Absonderungsrechten der §§ 50, 51 InsO. Im Allgemeinen besteht daher ein Gleichlauf zwischen den Aussonderungsrechten und den Rechten, welche nach §771 die Einzelzwangsvollstreckung hindern[70]. Rechtsprechung und Schrifttum zu §47 InsO sind infolgedessen auch zu §771 mit Nutzen zu verwerten. Soweit die Praxis im Einzelnen bisher Unterschiede macht, so namentlich in der Behandlung des Sicherungseigentums, welches nach §51 Nr.1 InsO ein Absonderungsrecht gewährt, gleichwohl aber die Einzelzwangsvollstreckung hindern soll,[71] müssen die hierfür genannten Gründe kritisch geprüft werden. Könnte in der Insolvenz des Vollstreckungsschuldners wegen unberechtigter Veräußerung des Gegenstandes, an welchem dem Dritten ein diese hinderndes Recht zusteht, die Ersatzaussonderung nach §48 InsO stattfinden und vollstreckt außerhalb der Insolvenz ein Gläubiger in den Ersatzgegenstand, so kann der Dritte diese Vollstreckung auch nach §771 abwehren.[72]

B. Einzelbeispiele:

18 Die Veräußerung hindernde Rechte sind insbesondere:

1. Eigentum, Miteigentum

Das unbelastete Eigentum (z. B. des Vermieters, Verleihers, Leasinggebers), und zwar sowohl das Alleineigentum,[73] das Gesamthandseigentum als auch das Bruchteilseigentum,[74] wenn nur gegen den (die) anderen Eigentümer ein Titel vorliegt, nicht aber gegen den Kläger, die Sache jedoch als Ganzes gepfändet wurde. Denn der Gläubiger eines Mit- bzw. Gesamthandeigentümers kann nur in dessen Miteigentumsanteil bzw. Anteil am Gesamthandsvermögen vollstrecken (§ 857). Er

---

64 BGHZ 55, 20, 26; MüKo/*K. Schmidt/Brinkmann*, §771 Rn.16; zu den Deutungsversuchen des Begriffes siehe auch *Gaul/Schilken/Becker-Eberhard*, §41 Rn.36 bis 38.
65 *Hahn*, Die gesamten Materialien zu den Reichs-Justizgesetzen, 2. Aufl. Bd. 2 Abt. 1 S. 413 zu §639 CPO; siehe auch oben Rn. 4.
66 RGZ 42, 343, 344f.; *Baur/Stürner/Bruns* Rn.46.1.
67 KG OLGE 17 (1908), 190.
68 BGH, ZIP 2007, 146f.; a.A. *Löhnig*, Treuhand S. 813.
69 *Stein/Jonas/Münzberg*, §771 Rn.45; *Wieczorek/Schütze/Salzmann*, §771 Rn.37.
70 Die »Parallelität« betont auch BGH, ZfIR 2011, 481 Rn.24.
71 Siehe unten Rn. 21.
72 *Kuhn*, Ersatzaussonderungsrecht und Drittwiderspruchsklage, 2008, insbes. S.214 – 219; anders wohl *MüKo-InsO/Ganter*, §47 Rn.10; Bedenken auch *Gaul/Schilken/Becker-Eberhard*, §41 Rn.41.
73 BGH, Rpfleger 2007, 134: Grundstückseigentum nach Übergang von Gesellschaftsanteilen außerhalb des Grundbuchs.
74 BGHZ 170, 187, 188 Rn.7f.; BGH, WM 1993, 902, 905.

muss dann, um die Sache selbst verwerten zu können, die Auseinandersetzung der Gemeinschaft betreiben. Praktisch wird dies jetzt nicht zuletzt bei der Vollstreckung in Vermögen der GbR durch den Gläubiger eines Gesellschafters ohne einen Titel nach § 736. Dies kann die rechtsfähige GbR als Dritte nach § 771 abwehren.[75] Ist das Eigentum **belastet**, kann das beschränkte dingliche Recht des Vollstreckungsgläubigers die Widerspruchsbefugnis des Eigentümers beseitigen.[76]

2. Vorbehaltseigentum

Das **Vorbehaltseigentum** des Vorbehaltsverkäufers:[77] Würde man dem Vorbehaltseigentümer nur die Klage auf vorzugsweise Befriedigung (§ 805) geben,[78] wäre er im Hinblick auf seine Rechte und seine Ansprüche aus dem Vertrag mit dem Käufer nicht ausreichend geschützt: Zum einen ist zu befürchten, dass wegen des bei Versteigerungen zu erwartenden geringen Erlöses noch nicht einmal der Restkaufpreis, geschweige denn die übrigen, sich etwa aus Verzug ergebenden Ansprüche abgedeckt werden. Zum anderen würde die grundsätzlich aus dem Eigentum herrührende Berechtigung, den Gegenstand auch anderweitig als durch Veräußerung zu nutzen, unterlaufen. Will der Gläubiger die Sache ohne Intervention des Vorbehaltsverkäufers verwerten, muss er das Anwartschaftsrecht des Käufers pfänden[79] und aus dieser Position heraus, da er durch die Pfändung die Widerspruchsmöglichkeiten des Schuldners nach § 267 Abs. 2 BGB ausgeschaltet hat,[80] den Restkaufpreis an den Verkäufer bezahlen. Sein Pfandrecht am Anwartschaftsrecht wird allerdings nach noch h. M. nicht zum Pfandrecht an der Sache, das die Verwertung ermöglicht, sondern eine Sachpfändung muss hinzutreten (Theorie der Doppelpfändung)[81].

Dem Vorbehaltsverkäufer steht die uneingeschränkte Drittwiderspruchsklage nach § 771 Abs. 1 und nicht nur die eingeschränkte Berechtigung aus § 772 zu.[82]

3. Treugut

Bei der Zwangsvollstreckung in **Treugut** hängen das Widerspruchsrecht des Treugebers und des Treuhänders von der Art und Ausgestaltung der Treuhandbeziehung ab. Ähnliche Probleme wie für die Zwangsvollstreckung ergeben sich bei der Frage, ob der Schuldner mit Forderungen gegen den Treuhandzessionar oder mit Forderungen gegen den Treugeber aufrechnen kann.[83] Wird eine Sache beim Treugeber gepfändet, muss der uneigennützige Verwaltungstreuhänder die Zwangsvollstreckung hinnehmen.[84] Auch dem Treugeber steht nach überkommener Auffassung grundsätzlich bei der Erwerbstreuhand (uneigentlicher Treuhand) kein Widerspruchsrecht zu, weil er das Treugut dem Vollstreckungsschuldner nicht unmittelbar aus seinem Vermögen anvertraut hat.[85] Eine Ausnahme hat die Rechtsprechung bisher nur für die Verwaltung von eigens zu diesem Zweck

---

75 *Walter/Stomps*, WuB VI D § 736 1.06.
76 Vgl. BGH, NJW 1992, 2014, 2015.
77 BGHZ 54, 214, 218 a. E.; OLG Hamburg, MDR 1959, 398; *Brox/Walker*, Rn. 1412; *Bruns/Peters*, § 16 I 1 a; *Medicus/Petersen*, Bürgerliches Recht, Rn. 486; *Gaul/Schilken/Becker-Eberhard*, § 41 Rn. 47 ff.; *Stein/Jonas/Münzberg*, § 771 Rn. 18.
78 *Raiser*, Dingliche Anwartschaften, S. 19 ff.; *Schwerdtner*, Jura 1980, 661, 668.
79 Einzelheiten hierzu § 857 Rdn. 13–19.
80 OLG Celle, DB 1960, 1155.
81 BGH, NJW 1954, 1325, 1328 und näher § 857 Rn. 16.
82 So aber: *Marotzke*, Das Anwartschaftsrecht ein Beispiel sinnvoller Rechtsfortbildung, 1977, S. 94 ff., 108 ff.; dagegen zu Recht: *A. Blomeyer*, JR 1978, 271 ff.
83 Vgl. BGHZ 25, 360, 367; BGH, NJW 1989, 2386, 2387.
84 BGHZ 11, 37, 42; BGH, BGH-Report 2004, 778, 780; zum Rechtsmissbrauch, wenn die Pfändung dem treuhänderischen Zweck des Treugutes nicht zuwiderläuft, siehe unten Rdn. 46.
85 BGHZ 111, 14, 18; RGZ 84, 214, 216; 94, 305, 307 f.; 127, 341, 344; 133, 84, 87; BGH, NJW 1959, 1223, 1224 f.; im Ergebnis ebenso BGHZ 155, 227 gegen die Aussonderungskraft eines nicht vorgemerkten Erwerbsanspruchs des Treugebers gegen den bisherigen Volleigentümer des Grundstücks in der Insolvenz.

eingerichteten Treuhandkonten anerkannt.[86] Das gilt auch für Beträge, die Dritte auf solche Treuhandkonten eingezahlt haben.[87] Verwahrt der Treuhänder die Treuhandmittel jedoch auf einem Geschäfts- oder Privatkonto, dann gewährt der Verschaffungsanspruch des Treugebers aus § 667 BGB diesem kein Widerspruchsrecht bei Vollstreckung in das Treuhandguthaben.[88] Ein Aussonderungsrecht des Treugebers in der Insolvenz des Treuhänders hat der Bundesgerichtshof dagegen anerkannt, wenn der Treuhänder das dingliche Recht vom Treugeber oder einem Dritten zugleich in einer seine Ausübungsbefugnisse im Interesse des Treugebers einschränkenden Gestalt erhalten hat.[89] Das rechtfertigt in der Wertungsparallele zu § 771 auch ein Widerspruchsrecht des Treugebers bei Zwangsvollstreckung gegen den Treuhänder in das Treugut.

Im Schrifttum mehren sich in jüngerer Zeit die Stimmen, die dem Unmittelbarkeitsprinzip als Abgrenzungsmerkmal für den insolvenz- und vollstreckungsrechtlichen Schutz von Treuhandabreden nach den § 47 InsO, § 771 kritisch gegenüber stehen,[90] wobei sowohl einer Ausweitung der Rechte des Treugebers durch Analogie zu § 392 Abs. 2 HGB das Wort geredet[91] als auch die Widerspruchskraft seiner schuldrechtlichen Rechtsposition gänzlich geleugnet wird.[92] Jedenfalls bestehen gegen die analoge Anwendung von § 392 Abs. 2 HGB erhebliche Bedenken. Die Vorschrift führt mit ihrer Wurzel in Art. 368 Abs. 2 ADHGB (ebenso wie das Unmittelbarkeitsprinzip) auf vorkodifikatorische Rechtsanschauungen zurück, die der Gesetzgeber des Bürgerlichen Gesetzbuchs nicht aufgreifen konnte und wollte, um sich mit den Leitideen der Kodifikation nicht in Widerspruch zu setzen.[93] Der Bundesgerichtshof hat als Voraussetzung für die Aussonderungskraft einer Treuhandabrede im Liegenschaftsrecht verlangt, dass der Herausgabe- oder Abtretungsanspruch des Treugebers im Grundbuch vorgemerkt sei.[94] Hierbei ist aber zu sehr in den Hintergrund getreten, dass der Insolvenzverwalter den vorgemerkten Anspruch schon nach § 106 InsO erfüllen muss, der Treugeber also eines Aussonderungsrechtes hier gar nicht bedarf. In der Einzelzwangsvollstreckung ist die Vormerkung kein der Versteigerung entgegenstehendes Recht nach § 37 Nr. 5 ZVG.[95] Bleibt sie im geringsten Gebot, kann sie nach § 883 Abs. 2 Satz 2, § 888 Abs. 1 BGB auch dem Ersteher entgegengehalten werden. Will sich der Treugeber in der unverkennbaren Rechtsunsicherheit vor der Vollstreckung in eine bewegliche Sache oder in ein pfändbares Recht beim Treuhänder schützen, wird er demzufolge einstweilen gut daran tun, mit dem Treugeber bereits einen bedingten (Rück-) Erwerb zu vereinbaren. Denn dieser Erwerbsanwartschaft wird man nach § 161 Abs. 1 Satz 2, Abs. 2 BGB den Schutz des § 771 im Verwertungsfall schwerlich versagen können.[96] Das folgt aus entsprechender Anwendung von § 773, der den rechtsähnlichen Fall eines anwartschaftsbedingten Verfügungshindernisses gemäß § 2115 BGB regelt. Sie unterscheidet sich von den nach § 771 geschützten Anwartschaftsrechten[97] durch das fehlende Recht zum Besitz.

---

86 BGHZ 61, 72, 79; BGH, WM 1993, 83, 84; NJW 1996, 1543; OLG Hamm, WM 1999, 1111.
87 BGH, NJW 1959, 1223 und NJW 1996, 1543.
88 BGH, NJW 1971, 559, 560; ZIP 1993, 213, 214; NJW 1996, 1543; OLG Hamm, WM 1999, 1111.
89 BGHZ 155, 227, 233f.; 155, 350, 360; BGH, ZIP 1993, 213, 214; WM 1996, 662, 663; ZfIR 2011, 481 Rn. 19.
90 *Coing*, Treuhand kraft privaten Rechtsgeschäfts. S. 45 f., 177 f.; *Berger*, Rechtsgeschäftliche Verfügungsbeschränkungen S. 150 ff.; *Henssler*, AcP 196 (1996), 37, 54 f.
91 *Bitter*, Rechtsträgerschaft für fremde Rechnung S. 75 ff., 258 ff.
92 *Löhnig*, Treuhand S. 812.
93 Vgl. zu § 137 S. 1 BGB Motive BGB III. S. 77 und BGHZ 134, 182, 186.
94 BGHZ 155, 227, 236; zustimmend *Cranshaw*, WM 2009, 1682, 1686; kritisch dagegen *Stürner*, KTS 2004, 259, 261 f.; *Stöcker* in *Schimansky/Bunte/Lwowski*, Bankrechts-Handbuch § 86a Rn. 82 f; *v. Rom*, WM 2008, 813, 816.
95 BGHZ 46, 124, 127; 170, 378 Rn. 17; BGH, NJW 1996, 3147, 3148.
96 Vgl. auch *Raebel* in *Lambert-Lang/Tropf/Frenz*, Handbuch der Grundstückspraxis 2. Aufl. Teil 5 Rn. 307 f. und Rn. 116 ff.
97 Siehe unten Rn. 23, 24.

4. Sicherungseigentum

Das **Sicherungseigentum** (eigennützige Treuhand): Die herrschende Rechtsprechung[98] und Lehre[99] billigt dem Sicherungseigentümer das Widerspruchsrecht zu, wenn Gläubiger des Sicherungsgebers in das Sicherungsgut vollstrecken. Umgekehrt soll auch der Sicherungsgeber mit seinem Anspruch auf Rückerwerb in der Zwangsvollstreckung gegen den Sicherungseigentümer durch ein Widerspruchsrecht geschützt sein, so lange also, bis die Verwertungsreife für den Sicherungsnehmer eingetreten und der Rückerwerbsanspruch damit erloschen ist.[100] Mit Recht steht ein Teil des Schrifttums und der Instanzgerichte diesen Rechtssätzen kritisch gegenüber.[101] Das wechselseitige Widerspruchsrecht (von Sicherungsgeber und Sicherungseigentümer) in der Zwangsvollstreckung gegen den anderen Vertragsteil erzeugt vorübergehend unpfändbares oder genauer, vollstreckungsrechtlich vinkuliertes Eigentum, welches der Rechtsordnung sonst fremd ist. Ein möglicher Verwertungsüberschuss des Sicherungseigentums wird so zeitweilig jedem sicheren Gläubigerzugriff entzogen. Der Bundesgerichtshof hat diese Schwäche seiner Rechtsprechung zwar erkannt, sich aber darüber hinweggesetzt.[102]

21

Der Sicherungseigentümer ist in der Vollstreckung gegen den Sicherungsgeber mit einem Widerspruchsrecht oft zu günstig gestellt; zu seinem Schutz genügt zumeist ein Vorzugsrecht gemäß § 805. Das stellt den Gleichlauf zur abgesonderten Befriedigung des Sicherungseigentums nach § 51 Nr. 1 InsO im Insolvenzverfahren des Sicherungsgebers her. Der Verwertungsüberschuss des Sicherungseigentums stünde dann im Regelfall dem unmittelbaren Zugriff von Gläubigern des Sicherungsgebers offen. Diese Regel bedürfte allerdings bestimmter Einschränkungen. Die Interessen des Sicherungseigentümers könnten mit einer Vorzugsklage gemäß § 805 dann nicht hinlänglich gewahrt sein, wenn er nach der Sicherungsabrede auch befugt sein sollte, im Verwertungsfall das Sicherungsgut selbst zu verbrauchen oder für sich zu nutzen. Ein Widerspruchsrecht des Sicherungseigentümers gegen die Pfändung des Sicherungsgutes beim Sicherungsgeber muss ferner dann in Betracht gezogen werden, wenn der Wert des Sicherungsgutes die Höhe der gesicherten Forderung(en) voraussichtlich nicht deckt. Dann ist schon das Pfändungsinteresse des Sicherungsgebergläubigers nach § 803 zweifelhaft, jedenfalls hätte das Recht des Sicherungseigentümers zur bestmöglichen eigenen Verwertung statt der Duldung der Zwangsversteigerung mit ihren Zufälligkeiten Vorrang. Hier zeigt sich auch der einleuchtende Unterschied für die eingeschränkte Wirkung des Sicherungseigentums im Insolvenzverfahren; denn dort ist das Selbstverwertungsrecht des Sicherungseigentümers durch das freihändige Verwertungsrecht des Insolvenzverwalters gemäß § 166 InsO ersetzt.

Demgegenüber beruft sich die herrschende Meinung auf die dinglich unbeschränkte Rechtsposition des Sicherungseigentümers. Damit kann sie jedoch nicht erklären, wieso nach Tilgung der gesicherten Forderung das noch nicht rückübertragene Sicherungseigentum kein Widerspruchsrecht mehr gewährt.[103] Sie muss auf die Verlegenheitsbegründung des Rechtsmissbrauchs zurückgreifen. Rechtsmissbrauch liegt aber schwerlich vor, wenn der Gläubiger des Sicherungsgebers es versäumt, einen liquiden Rückerwerbsanspruch gegen den Sicherungseigentümer zu pfänden

---

98 BGHZ 7, 111, 113; 72, 141, 146; 80, 296, 299; 100, 95, 104; 118, 201, 207; RGZ 91, 14; 118, 209; 124, 73, 75.
99 *Baur/Stürner/Bruns*, Rn. 46.8; *Brox/Walker*, Rn. 1417; *Bruns/Peters*, § 16 I 1 b; *Geißler*, NJW 1985, 1870; *Gerhardt*, § 16 III 1 c; *Grunsky*, JuS 1984, 500; *Medicus/Petersen*, Bürgerliches Recht, Rn. 513; *Musielak/Lackmann*, § 771 Rn. 19; *Gaul/Schilken/Becker-Eberhard*, § 41 Rn. 72 bis 80; *Stein/Jonas/Münzberg*, § 771 Rn. 26 (mit Einschränkungen); *Zöller/Herget*, § 771 Rn. 14 Stichwort »Sicherungsübereignung«.
100 BGHZ 72, 141, 145 f.; 100, 95, 105; siehe unten Rdn. 24.
101 *Baumbach/Lauterbach/Hartmann*, § 771 Rn. 26; MüKo/*K. Schmidt/Brinkmann*, § 771 Rn. 29; *Paulus*, ZZP 1951, 169; LG Bielefeld, MDR 1950, 750; LG Berlin, JR 1952, 249; OLG Bremen, OLGZ 1990, 74.
102 BGHZ 72, 141, 146.
103 BGHZ 72, 141, 146; 100, 95, 105 f.

und einzuziehen. Dagegen stellt § 805 Abs. 1 auf den gesicherten Anspruch ab; das Klagerecht aus § 805 Abs. 1 besteht nicht mehr, wenn der gesicherte Anspruch erloschen ist. Schließlich ist nicht einzusehen, warum dem Sicherungseigentümer das Widerspruchsrecht zustehen soll, um eine Störung seines Schuldverhältnisses (in der Regel eines Kredits) mit dem Sicherungsgeber abzuwehren. Eine solche Abwehr geht über das Sicherungsinteresse des Eigentümers hinaus, welches in der Regel einschließlich künftiger Zinsen und Gebühren durch eine Vorzugsklage gemäß § 805 vollständig gewahrt werden kann. Der Sicherungsgeber hat erst recht keinen Anspruch darauf, dass sein Kreditverhältnis zum Sicherungseigentümer durch Vollstreckungsmaßregeln seiner Gläubiger nicht beeinträchtigt wird. Diese Interessen dürfen mithin nicht dazu führen, verfassungsrechtlich geschützte Befriedigungsmöglichkeiten von Gläubigern zurückzustellen, denen der Zugriff auf den Verwertungsüberschuss des Sicherungseigentums durch Widerspruchsrechte des Sicherungsgebers und Sicherungseigentümers verwehrt wird.

5. Die Inhaberschaft oder Mitinhaberschaft einer Forderung

22 Die Pfändung der »angeblichen« Forderung geht ins Leere, wenn die Forderung im Zeitpunkt der Pfändung dem Schuldner (auch infolge einer Sicherungsabtretung) nicht mehr zustand.[104] Die in Wahrheit bestehende Forderung des Dritten gegen den Drittschuldner ist objektiv durch die Pfändung nicht berührt, auch nicht verstrickt. Der Drittschuldner ist durch kein Arrestatorium gehindert, an den Dritten, seinen tatsächlichen Gläubiger, zu zahlen.[105] Insbesondere, wenn der durch die Pfändung irritierte Drittschuldner hinterlegt, ist die Drittwiderspruchsklage aber sinnvoll.[106] Kein Recht zum Widerspruch hat der Mitinhaber eines Oder-Kontos bei Pfändung des Guthabens gegen den anderen Gesamtgläubiger. Er wird hiervon nach § 429 Abs. 3 Satz 2 BGB (Einzelwirkung) nicht berührt.[107]

6. Anwartschaftsrecht des Vorbehaltskäufers

23 Das **Anwartschaftsrecht des Vorbehaltskäufers**, wenn ein Gläubiger des Vorbehaltsverkäufers oder eines Dritten (z.B. des Ehegatten unter Zuhilfenahme des § 739) die Sache pfändet.[108] Der Anwartschaftsberechtigte bedarf des Schutzes des § 771, da sonst sein Anwartschaftsrecht im Fall der Verwertung der Sache erlöschen würde. Der Widerspruch ist nicht in analoger Anwendung des § 773 auf die Verwertung beschränkt,[109] da der Anwartschaftsberechtigte, solange er seine Verpflichtungen erfüllt, die Beeinträchtigungen durch eine Pfändung (Störung des ungehinderten Besitzes durch Pfandsiegel an der Sache) nicht hinnehmen muss.[110] Das gilt auch, wenn die Sache sich im Zeitpunkt der Pfändung nicht beim Anwartschaftsberechtigten, sondern beim Verkäufer (etwa zur Reparatur) befunden hat. Denn die Pfändung würde in diesem Fall die Rückgabe der Sache an den vertragstreuen Anwartschaftsberechtigten behindern.

Hat der Anwartschaftsberechtigte sein Anwartschaftsrecht vor Erwerb des Vollrechts an einen Dritten (etwa als »nachrangige Sicherungsübereignung«) weiter übertragen, so kann der neue Anwart-

---

104 Siehe oben Fn 15.
105 KG, MDR 1973, 233.
106 Siehe oben Rdn. 14.
107 BGH, BGHR § 771 Drittwiderspruchsklage 2; OLG Nürnberg, WM 2003, 243 mit Anm. *Wagner*, WuB, VI. E § 766 1.03.
108 BGHZ 20, 88 ff.; 55, 20, 27; *Baur/Stürner/Bruns*, Rn. 46.6; *Brox*, JuS 1984, 657, 666; *Frank*, NJW 1974, 2211, 2213; *Gaul/Schilken/Becker-Eberhard*, § 41 Rn. 52; *Stein/Jonas/Münzberg*, § 771 Rn. 17 und 17 a; im Ergebnis trotz Bedenken auch: *Medicus*, Bürgerliches Recht Rn. 466; a. A. (kein Widerspruchsrecht): AG Hannover, JurBüro 1967, 931; OLG Braunschweig, MDR 1972.
109 So aber: *Baumann/Brehm*, § 13 III 5 b; *Brox/Walker*, Rn. 1412; *Gaul/Schilken/Becker-Eberhard*, § 41 Rn. 52; *Stein/Jonas/Münzberg*, § 771 Rn. 17 a.
110 Im Ergebnis wie hier: *A. Blomeyer*, JZ 1978, 273; *Frank*, NJW 1974, 2211 ff.

schaftsberechtigte seinerseits Drittwiderspruchsklage erheben, wenn die Sache bei seinem Rechtsvorgänger, dem Vorbehaltskäufer, von dessen Gläubigern gepfändet wird.[111]

7. Anwartschaftsrecht des Sicherungsgebers

Das Anwartschaftsrecht und der vertragliche Anspruch **des Sicherungsgebers** auf Rückerwerb seines Eigentums: Das über den schuldrechtlichen Anspruch hinausgehende, aus § 161 Abs. 2 BGB bei auflösend bedingter Einigung folgende Anwartschaftsrecht gibt dem Sicherungsgeber eine »Mitberechtigung an der Sache«, die ihre Verwertung durch Gläubiger des Sicherungsnehmers oder Dritter ausschließt. Das Widerspruchsrecht gilt allerdings nur bis zu dem Zeitpunkt, von dem an der Sicherungseigentümer die Sache verwerten darf, weil der Sicherungsgeber seinen Verpflichtungen nicht nachgekommen ist.[112] Denn wenn der Sicherungsnehmer auf die Sache zu seiner Befriedigung zugreifen darf, müssen dies auch dessen Gläubiger dürfen, da sonst vollstreckungsfreies Vermögen gebildet würde.

24

Die Rechtsprechung des Bundesgerichtshofs schützt durch das Widerspruchsrecht auch den Rückübertragungsanspruch des Sicherungsgebers ohne Anwartschaftsrecht.[113] Vorzugswürdig ist es, bei Vollstreckung gegen den Sicherungseigentümer das Widerspruchsrecht des Sicherungsgebers auf Fälle zu beschränken, in denen er sich infolge bedingter Einigung nach § 929 BGB auf eine verdinglichte Rückerwerbsanwartschaft aus § 161 Abs. 2 BGB stützen kann.[114] Im Übrigen wird der Sicherungsgeber durch § 268 BGB ausreichend geschützt, weil er mit einer nach § 268 Abs. 3 BGB auf ihn übergehenden Forderung gegen seinen Gläubiger aufrechnen und damit das Sicherungsgut leichter zurückerwerben kann. Besteht dagegen eine Rückerwerbsanwartschaft des Sicherungsgebers infolge einer auflösend bedingten Einigung, könnte auch einer seiner Gläubiger dieses Anwartschaftsrecht pfänden, die Forderung des Sicherungseigentümers wie bei der Vollstreckung in Vorbehaltseigentum nach § 267 BGB tilgen und sich aus dem Wertüberschuss des Sicherungseigentums befriedigen. Können die Gläubiger des Sicherungsgebers nur dessen sicherungsvertraglichen Rückerwerbsanspruch pfänden und sich zur Einziehung überweisen lassen, erlangen sie keine Vollstreckungssicherheit, die einer Sachpfändung gleichkommt. Der Rückerwerbsanspruch des Sicherungsgebers gegen den Sicherungseigentümer ist in der Regel nicht liquide. Erst die Schuldtilgung für den Sicherungsgeber gemäß § 267 BGB versetzt dessen Gläubiger in die Lage, das Eigentum am Sicherungsgut zu erlangen und für sich zu verwerten. Der Sicherungsgeber kann indes nach § 267 Abs. 2 BGB einer Tilgung seiner Schuld widersprechen und der Sicherungseigentümer muss dann die Leistung des Gläubigers (Dritten) nicht annehmen. Soweit ein pfändbares Anwartschaftsrecht des Sicherungsgebers nicht besteht, hat der Gläubiger wohl keine gesicherte Handhabe, um das Widerspruchsrecht des Sicherungsgebers gegen die Ablösung des Sicherungseigentums wie bei der Vollstreckung in Vorbehaltseigentum auszuschalten.

Für die Treuhand bei Bestellung einer Sicherungsgrundschuld hat der Gesetzgeber in § 1192 Abs. 1a BGB[115] bestimmt, dass der Eigentümer seine zur Zeit der Abtretung und später sicherungsvertraglich begründeten Einwendungen dem Erwerber auch ohne Grundbucheintragung entgegenhalten kann. Einem Erwerber gleich stehen dürfte hier ebenso wie im Anwendungsbereich des

---

111 BGHZ 20, 88 ff.; BGH, JZ 1978, 199 f.
112 BGHZ 72, 141, 145 f. mit Anm. von *Olzen*, JR 1979, 160; BGHZ 100, 95, 105 f.; BGH, ZfIR 2011, 481 Rn. 24; *Baur/Stürner/Bruns*, Rn. 46.8; *Brox/Walker*, Rn. 1416; *Gaul/Schilken/Becker-Eberhard*, § 41 Rn. 80; *Stein/Jonas/Münzberg*, § 771 Rn. 26; gegen diese Einschränkung: OLG Karlsruhe, NJW 1977, 1069; gegen ein Widerspruchsrecht dagegen: *Weber*, NJW 1976, 1601 ff.
113 BGHZ 72, 141, 145 f; BGHZ 100, 95, 103; ebenso bereits RGZ 79, 121, 122; 84, 214, 215; 91, 12, 14 a. E.; vgl. auch RGZ 91, 218, 224; unter Betonung der Bindung an den Sicherungszweck näher *Gaul*, FS Serick 1992, S. 105, 130 ff.
114 Siehe vorstehend Rn. 20 a. E.
115 I. d. F. von Art. 6 Nr. 7 des Risikobegrenzungsgesetzes v. 12. August 2008, BGBl. I S. 1666.

§ 404 BGB[116] ein Vollstreckungsgläubiger des Sicherungstreuhänders (Grundschuldgläubigers), dem das Recht gemäß § 857 zur Einziehung überwiesen worden ist. Dann können aber die vertraglich begründeten Ansprüche des Eigentümers auf Aufhebung, Verzicht oder Übertragung der Grundschuld keinen Drittwiderspruch gegen die Vollstreckung in die Sicherungsgrundschuld mehr rechtfertigen.

8. Der Nießbrauch

25 Er gewährt ein Widerspruchsrecht, soweit die Vollstreckung seinen Bestand oder seine Ausübung beeinträchtigt. Dies gilt allerdings nur, soweit der Nießbrauch nicht dem Recht, aus dem die Zwangsvollstreckung betrieben wird, im Rang nachgeht.[117] Im letzteren Fall hat der Nießbraucher von vornherein nur ein unter dem Vorbehalt des Entzuges durch vorrangige Gläubiger stehendes Recht erworben. Der vollstreckende Gläubiger bedarf nach Ansicht des Bundesgerichtshofs gleichwohl eines gegen den nachrangigen Nießbraucher gerichteten Duldungstitels, wenn die Vollstreckung gegen den Eigentümer Nießbraucherrechte beeinträchtigt.[118] Zur Abwehr der titellosen Vollstreckung genügt vielfach jedoch die Erinnerung des Nießbrauchers (§ 766).

Einem Nießbrauch nicht gleich steht ein ausländisches Nutzverwaltungsrecht (Wirtschaftsführungsrecht) an Inlandsgrundstücken, welches außerhalb des Grundbuchs durch Hoheitsakt für ein Staatsunternehmen begründet worden ist. Denn es widerspricht dem sachenrechtlichen Typenzwang und hat demzufolge nur schuldrechtliche Bedeutung.[119]

9. Das Recht des Hypothekengläubigers aus § 1120 BGB

26 [120]Es wird beeinträchtigt, wenn etwa Zubehörstücke des Grundstücks im Wege der Mobiliarzwangsvollstreckung gepfändet werden. Die Möglichkeit, hiergegen auch mit der Erinnerung nach § 766 vorzugehen, berührt die Zulässigkeit der Klage nicht.[121] Die Pfändung durch einen Grundpfandgläubger nimmt Mietforderungen gem. §§ 1123, 1124 BGB nur in Beschlag, wenn sie aus dringlichem Titel erfolgen.[122] Einer Pfändung aus persönlichem Titel kann der mit älterem Recht klagende Zessionar daher nach § 771 widersprechen, ohne dass § 1124 Abs. 2 BGB entgegensteht.[123]

10. Vertragspfandrechte nach §§ 1204 ff. BGB

27 Sie gewähren ein Widerspruchsrecht, wenn sie dem Pfändungspfandrecht des betreibenden Gläubigers im Rang vorgehen.[124] Ob der Pfandgläubiger im Besitze der Sache ist (und damit regelmäßig auch die Verletzung des § 809 mit § 766 rügen kann) oder ob ihm der Besitz abhandengekommen (§ 935 BGB) ist, spielt insoweit keine Rolle.[125] Bei freiwilliger Besitzaufgabe (auch aufgrund von arglistiger Täuschung) wäre das Pfandrecht gem. § 1253 BGB erloschen und mit ihm das Widerspruchsrecht. Insoweit besteht dann auch kein Recht mehr zur vorzugsweisen Befriedigung gem. § 805.

---

116 Vgl. dazu BGH, NJW 1985, 1768, 1769.
117 RGZ 81, 146, 151 f.
118 BGH, NJW 2003, 2104 f.
119 BGH, WM 2008, 2302 Rn. 13 = IPRspr 2008 Nr. 187.
120 *Baur/Stürner/Bruns*, Rn. 46.10; *Zöller/Herget*, § 771 Rn. 14 Stichwort »Hypothek«.
121 Oben Rdn. 14.
122 BGHZ 163, 201, 208; 168, 339, 345; RGZ 76, 116, 120; 103, 137, 139.
123 BGH, WM 2008, 801, 802, Rn. 9.
124 *Brox/Walker*, Rn. 1418; *Gaul/Schilken/Becker-Eberhard*, § 41 Rn. 88 a. A. (nur § 805): *Thomas/Putzo/Seiler*, § 805 Rn. 9 (a. A. wohl § 771 Rn. 17); OLG Hamm, NJW-RR 1990, 233.
125 Auf den Besitz an der Sache stellen allerdings ab: *Brox/Walker*, Rn. 1418; *Zöller/Herget*, § 771 Rn. 14 Stichwort »Pfandrecht«.

11. Gesetzliche Pfandrechte

Die **notwendigerweise mit dem Besitz an der Sache verbundenen gesetzlichen Pfandrechte** (insbesondere das Werkunternehmerpfandrecht, § 647 BGB):[126] Es gilt insoweit das zu den Vertragspfandrechten Gesagte entsprechend. Die besitzlosen gesetzlichen Pfandrechte (insbesondere das Vermieterpfandrecht, § 562 Abs. 1 n. F. BGB) berechtigen dagegen nur zur Klage nach § 805.[127]

28

12. Der berechtigte Besitz an beweglichen Sachen

[128]Dass der Besitzer auch durch §§ 809, 766 geschützt ist, steht dem Widerspruchsrecht nicht entgegen, zumal dieser Schutz nicht immer wirksam ist (etwa im Fall des § 739). Dagegen gibt der Besitz an Grundstücken kein Widerspruchsrecht gegen eine Zwangsversteigerung, da er im Rahmen der Veräußerung eines Grundstücks ohne jeden Belang ist.[129] So muss der besitzende Käufer eines Grundstücks die Zwangsvollstreckung aus einem eingetragenen Grundpfandrecht ebenso dulden wie der Grundstückseigentümer.[130]

29

Die Räumungsvollstreckung gegen den Mieter darf sich ohne besonderen Titel nicht gegen den Untermieter oder Mitbesitzer einer Wohnung richten;[131] die titellose Vollstreckung kann der Dritte schon durch Erinnerung nach § 766 abwehren.

13. Mittelbarer Besitz

Der mittelbare Besitz des Dritten, der mit Herausgabeansprüchen (§§ 883 ff.) gegen den Schuldner aus Vermietung, Verpachtung, Leihe, Hinterlegung, Auftrag, Werkvertrag u.ä. Rechtsverhältnissen verbunden ist. Auf die Fälligkeit des Herausgabeanspruchs kommt es nicht an.[132] Durch die Zwangsvollstreckung gegen den unmittelbaren Besitzer wird hier anders als im Fall eines Treuhänders über eine fremde Sache verfügt, ohne dass der Vollstreckungsschuldner dem herausgabeberechtigten Dritten gegenüber hierzu berechtigt ist. Dieser Sache steht jedenfalls der berechtigte mittelbare Besitzer näher, für den auch eine konkludente Ermächtigung des Eigentümers sprechen kann. Voraussetzung ist allerdings, dass die Sache nicht dem Schuldner gehört; dann kann der mittelbare Besitzer nur nach § 268 Abs. 1 Satz 2 BGB ablösen. Schuldrechtliche Ansprüche, die nur auf Verschaffung und Übereignung einer Sache gerichtet sind (so die Erfüllungsansprüche aus Kauf, Tausch, Werklieferungsvertrag, der Rückgewähranspruch aus ungerechtfertigter Bereicherung), geben kein Widerspruchsrecht, da die Sachen, auf die diese Ansprüche gerichtet sind, noch uneingeschränkt zum Schuldnervermögen gehören und dem Dritten keinen Besitz vermitteln.

30

14. Familienrechtliche Verfügungsbeschränkungen und Übernahmerechte

a) Hinsichtlich der Verfügungsbeschränkung nach § 1365 BGB ist zu unterscheiden: Betreibt der eine Ehegatte die Teilungsversteigerung eines gemeinschaftlichen Grundstücks, so kann der andere, falls er nicht einwilligen will und die Voraussetzungen des § 1365 Abs. 1 BGB im Übri-

31

---

126 *Brox/Walker*, Rn. 1418; *Gaul/Schilken/Becker-Eberhard*, § 41 Rn. 88.
127 Siehe vorn Rn. 9.
128 *Baumbach/Lauterbach/Hartmann*, § 771 Rn. 15; *Baumann/Brehm*, § 13 III 5 b; *Stein/Jonas/Münzberg*, § 771 Rn. 30; *Zöller/Herget*, § 771 Rn. 14 Stichwort »Besitz«; dagegen stellen nicht auf den Besitz selbst, sondern auf das diesem zu Grunde liegende »Recht zum Besitz« ab: *Brox/Walker*, Rn. 1420; MüKo/*K. Schmidt/Brinkmann*, § 771 Rn. 38; *Musielak/Lackmann*, § 771 Rn. 24; *Gaul/Schilken/Becker-Eberhard*, § 41 Rn. 96.
129 *Wieczorek/Schütze/Salzmann*, § 771 Rn. 50.
130 RGZ 127, 8, 9 f. unter Aufgabe von RGZ 116, 363.
131 BGHZ 159, 383, 385 ff.; BGH, BGH-Report 2003, 1240.
132 *Stein/Jonas/Münzberg*, § 771 Rn. 36 bis 38; *Wieczorek/Schütze/Salzmann*, § 771 Rn. 56; MüKo-ZPO/*K. Schmidt/Brinkmann*, § 771 Rn. 40 f.; beiläufig auch RGZ 18, 365, 366; 84, 214, 215 f.

gen vorliegen, das Fehlen seiner Einwilligung mit der Drittwiderspruchsklage geltend machen.[133] Betreibt dagegen ein Gläubiger des einen Ehegatten aus einer Geldforderung die Zwangsvollstreckung in einen Gegenstand, der dessen wesentliches Vermögen darstellt, ist der andere Ehegatte nicht widerspruchsberechtigt:[134] § 1365 Abs. 1 BGB beschränkt nur rechtsgeschäftliche Verfügungen, nicht solche, die im Wege der Zwangsvollstreckung getroffen werden.[135] Daher kann der andere auch die Zwangsvollstreckung nicht verhindern. Hat allerdings der zu vollstreckende Titel des Dritten einen Verschaffungsanspruch zum Gegenstand, der der Erfüllung eines gegen § 1365 BGB verstoßenden Rechtsgeschäfts dient, so kann der andere Ehegatte seine fehlende Zustimmung zu diesem Rechtsgeschäft auch noch mit der Drittwiderspruchsklage geltend machen.

b) Hinsichtlich der Verfügungsbeschränkung nach § 1369 BGB gilt das vorstehend zu § 1365 BGB Gesagte entsprechend.[136]

c) Das Recht zur Übernahme gegen Wertersatz aus § 1477 Abs. 2 BGB gewährt in der Teilungsversteigerung ebenfalls ein Widerspruchsrecht.[137]

d) Schließlich können auch familienrechtliche Sondervereinbarungen der Ehegatten, etwa die gegenseitige Verpflichtung, das Grundstück nur auf die gemeinsamen Kinder zu übertragen,[138] oder aus der allgemeinen familienrechtlichen Rücksichtsnahmepflicht sich ergebende Beschränkungen der Befugnisse aus § 753 BGB[139] im Teilungsversteigerungsverfahren ein Recht zur Klage nach § 771 geben.

15. Erbrechtliche Bindungen

32 Sie können in der Teilungsversteigerung zum Zwecke der Erbauseinandersetzung ein Widerspruchsrecht i.S. § 771 geben, etwa die Auflage des Erblassers, ein Grundstück dürfe nicht »in fremde Hände« kommen, oder eine Verwirkungsklausel, die dem Antragsteller sein Erbrecht nimmt.[140] Dritten, die berechtigterweise in den Nachlass vollstrecken,[141] kann dagegen eine solche Anordnung des Erblassers nicht entgegengehalten werden.

16. Der Rückgewähranspruch des Insolvenzverwalters nach § 143 InsO

33 Obwohl der Anspruch auf Rückgewähr des anfechtbar Erlangten gem. § 143 InsO nur schuldrechtlicher Natur ist,[142] muss dem Insolvenzverwalter anders als bei schuldrechtlichen Verschaffungsansprüchen[143] die Widerspruchsklage gegen Vollstreckungsgläubiger des Anfechtungsgegners zugebilligt werden, weil der anfechtbar weggegebene Vermögensgegenstand in wertender Betrachtung haftungsrechtlich der geschmälerten Insolvenzmasse zuzurechnen ist. Der Bundesgerichtshof hat aus diesem Grund für einen nach § 143 InsO rückzugewährenden Gegenstand, der noch bestimm-

---

133 BGH, NJW 2007, 3124 Rn.7; OLG Karlsruhe, FamRZ 1970, 194; OLG Zweibrücken, OLGZ 1976, 455; OLG Hamm, FamRZ 1979, 128; OLG Bremen, FamRZ 1984, 272; BayObLG, FamRZ 1985, 1040; OLG Düsseldorf, FamRZ 1995, 309; OLG Köln, NJWE-FER 2000, 188; OLG Köln, FamRZ 2001, 176; *Staudinger/Thiele*, § 1365 BGB Rn. 46.
134 OLG Hamburg, MDR 1965, 748 und FamRZ 1970, 407; OLG Düsseldorf, NJW 1991, 851; KG, OLGZ 1992, 242; *Jauernig/Berger/Mansel*, Vor §§ 1365–1369 Rn. 8; *Gaul/Schilken/Becker-Eberhard*, § 20 Rn. 1; siehe ferner § 739 Rdn. 18.
135 *Staudinger/Thiele*, § 1365 BGB Rn. 5; *Raebel* in *Lambert-Lang/Tropf/Frenz*, Handbuch der Grundstückspraxis 2. Aufl. Teil 5 Rn. 304.
136 Siehe auch § 739 Rdn. 19.
137 BGH, NJW-RR 1987, 69; BayObLG, NJW 1971, 2314f.
138 BGH, FamRZ 1984, 563.
139 OLG Köln, InVo 1998, 80; OLG Frankfurt, FamRZ 1998, 641.
140 BGH, FamRZ 1985, 278; OLG Hamburg, NJW 1961, 610.
141 Siehe insoweit Vor §§ 747–749 Rdn. 1.
142 BGHZ 155, 199, 202; HK-InsO/*Kreft*, § 129 InsO Rn. 73; *Uhlenbruck/Hirte*, 13. Aufl., § 143 InsO Rn. 4; unter Hinweis auf die Besonderheiten MüKo-InsO/*Kirchhof* vor §§ 129 bis 147 Rn. 26 ff.
143 Rdn. 30.

bar in der Insolvenzmasse des Anfechtungsgegners vorhanden ist, das Recht der Aussonderung nach § 47 InsO anerkannt.[144] Diese Wertung kann im Blick auf das Widerspruchsrecht des § 771 nicht anders erfolgen,[145] ohne dass es auf eine Insolvenz des Anfechtungsgegners ankommt. Dafür spricht auch, dass die anfechtbare Veräußerung oder Abtretung keine Drittwiderspruchsklage des Anfechtungsgegners rechtfertigt, wenn das abgetretene Recht oder die noch im Massebesitz befindliche Sache beim Insolvenzverwalter gepfändet werden.[146] Hierin liegt keine Abweichung von der älteren Rechtsprechung[147]. Sie betraf die Arrestpfändung eines Gläubigers bei der Schuldnerin, die der spätere Konkursverwalter anfocht. Diese Anfechtung ist nicht mit einer Drittwiderspruchsklage gleichzusetzen,[148] sondern verdrängt sie.

17. Der Duldungsanspruch nach § 11 AnfG

Der Bundesgerichtshof hat dem Anfechtungsrecht gemäß § 7 AnfG a. F. unter Betonung seiner schuldrechtlichen Natur im Konkurs des Anfechtungsgegners früher nur den Rang einer Konkursforderung zugebilligt[149]. Das spricht in der Einzelzwangsvollstreckung gegen das von anderen im Anschluss an das Reichsgericht befürwortete Recht des Anfechtungsgläubigers nach § 771[150], ist in der Wertung aber mit der neueren Rechtsprechung zu § 143 InsO[151] nur schwer vereinbar. Der Duldungsanspruch des § 11 AnfG n. F. begründet in der Insolvenz des Anfechtungsgegners wohl ein Recht auf abgesonderte Befriedigung. Dem entspricht bei beweglichen Sachen die Vorzugsklage nach § 805.[152] Für die Forderungs- oder Rechtspfändung gelten zugunsten des Anfechtungsberechtigten die §§ 856, 857, 878[153]. Der Anfechtungsberechtigte kann auch in der Immobiliarzwangsversteigerung nach § 115 ZVG, § 878 widersprechen[154]. Diese Rechtsbehelfe sind zum vollstreckungsrechtlichen Schutz des Duldungsanspruchs genügend; denn für den Anfechtungsgläubiger gilt das vollstreckungsrechtliche Prioritätsprinzip.[155] Will er die Vollstreckung in den anfechtbar weggegebenen Gegenstand selbst steuern, darf der Anfechtungsgläubiger den ersten Vollstreckungsschritt nicht einem Konkurrenten überlassen. Weder ein Widerspruchsrecht noch die Vorzugsklage hat der Anfechtungsgläubiger gegen die Zwangsvollstreckung eines anderen Anfechtungsgläubigers.[156] Der Anfechtungsgläubiger kann sich gegen dieses Risiko in der Regel nur durch ein richterliches Verfügungsverbot sichern.[157]

34

---

144 BGHZ 156, 350, 359 ff.
145 MüKo/*K. Schmidt/Brinkmann*, § 771 Rn. 43; *Musielak/Lackmann*, § 771 Rn. 29; *Gaul/Schilken/Becker-Eberhard*, § 41 Rn. 107; *Zöller/Herget*, § 771 Rn. 14 Stichwort »Anfechtungsrecht«; *Jaeger/Henckel*, § 143 InsO Rn. 88; MüKo/*Kirchhof*, § 143 Rn. 20a, § 145 Rn. 21; HK-InsO/*Kreft*, § 129 Rn. 76; zum Widerspruchsrecht gem. §§ 876, 878 vgl. ferner BGHZ 130, 314, 325; BGH, ZIP 2001, 933, 935.
146 BGHZ, 100, 36, 43; *Jaeger/Henckel*, InsO § 143 Rn. 90.
147 Vgl. BGH, NJW 1990, 990, 992.
148 *HK-InsO/Kreft*, § 129 Rn. 75.
149 BGHZ 71, 296, 302.
150 RGZ 40, 371; 67, 310, 312; KG, JZ 1958, 441; *Baumbach/Lauterbach/Hartmann*, § 771 Rn. 14; *Heckel*, JuS 1985, 842; *Musielak/Lackmann*, § 771 Rn. 29; *Zöller/Herget*, § 771 Rn. 14 Stichwort »Anfechtungsrecht«.
151 Siehe vorstehende Randnummer.
152 Befürwortend insoweit *Kirchhof*, AnfG § 11 Rn. 33; *Huber*, AnfG § 13 Rn. 4; MüKo/*Gruber*, § 805 Rn. 16; *Brox/Walker*, Rn. 1425.
153 Vgl. Kirchhof, AnfG § 11 Rn. 33, 70, § 13 Rn. 5, Vbm. Rn. 26.
154 BGHZ 130, 314, 325.
155 Abweichend die 3. Auflage Rn. 29.
156 BGHZ 29, 230, 234 f.
157 Vgl. BGHZ 172, 360.

18. Vermögensrechtlicher Rückübertragungsanspruch

35 Der vermögensrechtliche Rückübertragungsanspruch nach § 3 Abs. 3 VermG.[158]

19. Zurückbehaltungsrecht

36 Das Zurückbehaltungsrecht gem. § 273 BGB kann der Teilungszwangsversteigerung nicht entgegengesetzt werden.[159]

VIII. Einwendungen des Beklagten

37 Der Beklagte kann zunächst das geltend gemachte Recht des Klägers schon in seinem Entstehen bestreiten (z. B. Einwand des Scheingeschäfts) oder sich auf dessen Untergang berufen.[160] So kann er etwa geltend machen, der Schuldner habe zwischenzeitlich den Gegenstand zu Eigentum erworben; das Pfand sei freiwillig an den Schuldner zurückgegeben gewesen und nicht abhandengekommen; das Anwartschaftsrecht sei bereits durch Rücktritt erloschen gewesen; usw. Der Beklagte kann aber auch gegen das Recht des Klägers seinerseits ein besseres Recht behaupten oder die Anfechtbarkeit (§§ 9, 11 AnfG) des Widerspruchsrechts geltend machen oder schließlich dem Widerspruch die Einrede der unzulässigen Rechtsausübung entgegenhalten. Letztere greift insbesondere dann durch, wenn der Kläger seinerseits ebenfalls für die titulierte Forderung entweder gerade mit dem umstrittenen Gegenstand oder mit seinem ganzen Vermögen haftet[161] und diese Haftung bereits unumstößlich feststeht. Im Einzelnen ist insoweit hervorzuheben:

1. Besseres Recht am Vollstreckungsobjekt

38 Das **bessere Recht**, auf das der Gläubiger sich einredeweise gegen den Widerspruch berufen kann, muss ein anderes Recht sein als das Pfändungspfandrecht, gegen das sich gerade der Widerspruch richtet. Denn das Verhältnis zwischen Pfändungspfandrecht und Widerspruchsrecht wird schon auf die Klage hin geprüft. Folgende Fälle sind insbesondere denkbar: Der Vermieter hat wegen einer Mietzinsforderung einen Gegenstand in der Wohnung des Schuldners (Mieters) gepfändet, an dem der Dritte nach Bezug der Wohnung erst Sicherungseigentum erworben hat. Hier geht das Vermieterpfandrecht an dem eingebrachten Gegenstand (§ 562 Abs. 1 n. F. BGB) dem späteren Sicherungseigentum vor, soweit ihm überhaupt Widerspruchskraft zukommt[162] Oder: Der Hypothekengläubiger pfändet wegen einer persönlichen Forderung Mietzinseinnahmen aus dem Grundstück. Der widersprechende Nießbraucher muss sich die vorrangige Hypothek entgegenhalten lassen.[163]

Dass der Gläubiger über sein besseres Recht noch keinen Titel erwirkt hat, aus dem Recht selbst zurzeit also noch nicht unmittelbar im Wege der Zwangsvollstreckung vorgehen könnte, ist für die Berechtigung seines Einwandes ohne Bedeutung.[164]

---

158 BezG Potsdam, VIZ 1993, 77 mit Anm. *Reichenbach*; MüKo/*K. Schmidt*, 2. Aufl., § 771 Rn. 43; unrichtig LG Halle, WM 2000, 1606 f.
159 BGHZ 63, 348, 351 ff. unter Abweichung von RGZ 109, 167, 171.
160 Etwa auf den Verlust des Eigentums an der Sache durch Einbau, Vermischung oder Verarbeitung (§§ 946 ff. BGB); vergl. OLG Hamm, NJW-RR 1986, 377.
161 BGH, LM § 771 Nr. 2; zum letzteren Fall meldet *K. Schmidt* in JuS 1970, 549 erhebliche Bedenken an, die er allerdings aus Gründen der Prozessökonomie im Ergebnis zurückstellt; ebenso *MüKo/K. Schmidt/ Brinkmann*, § 771 Rn. 49.
162 *Stein/Jonas/Münzberg*, § 771 Rn. 46; RGZ 143, 275 ff.; OLG Düsseldorf, InVo 1999, 354. Entsprechende Fallkonstellationen sind auch mit dem Werkunternehmerpfandrecht, dem Pfandrecht des Kommissionärs oder dem Lagerhalterpfandrecht vorstellbar; vergl. OLG Hamburg, MDR 1959, 580.
163 Oben Rdn. 25.
164 *Gaul/Schilken/Becker-Eberhard*, § 41 Rn. 149.

2. Anfechtbarkeit des Widerspruchsrechts

Der Einwand, das Widerspruchsrecht des Klägers sei nach den Vorschriften des **AnfG anfechtbar** erworben (§ 9 AnfG), der Kläger müsse deshalb trotz dieses Rechtes die Zwangsvollstreckung in den Gegenstand dulden (§ 11 AnfG),[165] setzt nicht nur das Vorliegen eines Anfechtungsgrundes (§§ 3–6 AnfG) voraus, es müssen vielmehr schon bei Erhebung der Einrede außer dem Erfordernis eines Titels gegen den Schuldner (hiervon dispensiert § 9 AnfG abweichend von § 2 AnfG einstweilen) auch alle anderen Voraussetzungen der Anfechtungsberechtigung (§ 2 AnfG) gegeben sein.[166] Bis zur Entscheidung über die Klage muss dann auch in der vom Gericht hierfür gesetzten Frist der endgültige, rechtskräftige Titel gegen den Schuldner beigebracht werden.[167] Da das Gericht vor Ablauf der dem Beklagten gesetzten Frist nicht entscheiden darf, die Frist aber großzügig bemessen werden muss, um den Beklagten (Vollstreckungsgläubiger) nicht rechtlos zu stellen,[168] kann die Erhebung der Anfechtungseinrede den Widerspruchsrechtsstreit erheblich verzögern. Für die Wahrung der Anfechtungsfrist ist auf die Erhebung der Einrede, nicht auf den oft späteren Zeitpunkt der Erlangung des Titels gegen den Schuldner abzustellen.[169]

39

3. Einwand der unzulässigen Rechtsausübung

Haftet der Kläger selbst für die titulierte Forderung, insbesondere auch mit dem Gegenstand, in den der Beklagte vollstreckt hat, kann sich der Widerspruch als **unzulässige Rechtsausübung** darstellen und deshalb unbeachtlich sein.[170] Keinesfalls reicht es insoweit allerdings aus, dass der Gläubiger dem Kläger aus irgendeiner mit der titulierten Forderung in keinem Zusammenhang stehenden Schuld verpflichtet ist.[171] Das gilt selbst dann, wenn dieser andere Anspruch seinerseits schon tituliert wäre.[172] Hervorzuheben sind insbesondere folgende Fälle:

40

a) Selbstschuldnerische Bürgschaft

Der Kläger hat sich für die titulierte Schuld selbstschuldnerisch verbürgt. Der Gläubiger besitzt entweder auch gegen den Bürgen bereits einen Titel[173] oder er weist im Rahmen der Drittwiderspruchsklage die Haftung des Bürgen nach.[174]

41

b) Persönlich haftender Gesellschafter

Der Kläger ist persönlich haftender Gesellschafter einer OHG oder einer KG. Im Rahmen einer gegen die Gesellschaft gerichteten Vollstreckung wurde ein im Besitz der Gesellschaft befindlicher Gegenstand des Klägers durch den Beklagten (Gläubiger der Gesellschaft) gepfändet. Der Gläubiger besitzt entweder auch einen Titel gegen den Gesellschafter (Kläger) oder er könnte ihn sich im Wege der Widerklage ohne Mühe verschaffen.[175] § 129 Abs. 4 HGB steht der Zulässigkeit des

42

---

165 *Kirchhof*, AnfG § 9 Rn. 8; *Huber*, § 9 AnfG Rn. 3; OLG München, WM 1972, 761; BGHZ 55, 28 f.; BGH, NJW 1986, 2252 f.
166 *Kirchhof*, AnfG § 9 Rn. 6; *Huber*, § 9 AnfG Rn. 11; *Hk-ZV/Haertlein*, AnfG § 9 Rn. 11.
167 BGH, BGH-Report 2004, 778, 779; RGZ 96, 335, 340.
168 OLG Frankfurt, MDR 1976, 676.
169 *Kirchhof*, AnfG § 9 Rn. 15; *Huber*, AnfG § 9 Rn. 15 f.
170 Siehe Anhang zu § 771 Fn. 19.
171 OLG Hamburg, JZ 1960, 749 ff.
172 Wie hier: *A. Blomeyer*, § 37 II 6 c; dagegen für Arglisteinrede, wenn ein Titel vorliegt: *Gaul/Schilken/Becker-Eberhard*, § 41 Rn. 153 bis 155.
173 BGH, LM § 771 Nr. 2.
174 *Brox/Walker* Rn. 1439; *Zimmermann*, § 771 Rn. 14; Bedenken hiergegen: *MüKo/K. Schmidt/Brinkmann*, § 771 Rn. 49.
175 *Baumbach/Lauterbach/Hartmann*, § 771 Rn. 10; *Brox/Walker*, Rn. 1438; *Gaul/Schilken/Becker-Eberhard*, § 41 Rn. 154; *Stein/Jonas/Münzberg*, § 771 Rn. 48, 50; siehe ferner Einf. §§ 735, 736 Rdn. 5.

Einwandes, wenn der Gläubiger noch keinen Titel gegen die Gesellschaft besitzt, nicht entgegen.[176] Die Rechte des Gesellschafters werden im Rechtsstreit nach §771 hinreichend gewahrt, da er dort auch alle Einwendungen, die er im Rahmen einer gegen ihn zur Titelerlangung erhobenen Klage oder Widerklage gegen seine Haftung vorbringen könnte, geltend machen kann.

c) Vermögensübernehmer

43   Hatte der Dritte durch Vertrag mit dem Schuldner dessen Vermögen[177] vor dem 1.1.1999 übernommen und vollstreckt der Gläubiger wegen einer Forderung, die aus der Zeit vor der Vermögensübernahme resultiert, in einen zum übernommenen Vermögen gehörigen Gegenstand,[178] dann kann der Gläubiger dem Dritten dessen eigene Haftung nach §419 BGB a.F. entgegenhalten. Als »Übernahme« war nicht nur der endgültige Erwerb durch Kauf usw. zu verstehen, sondern auch der nach dem Willen der Beteiligten nur vorübergehende im Wege der Sicherungsübereignung.[179] Der Dritte wird durch die Zulassung dieser Einwendung nicht in seiner Rechtsverteidigung beschnitten, da er alle ihm zustehenden Einwände auch im Verfahren nach §771 geltend machen kann. Einer dieser Einwände wird häufig sein, dass er gem. §419 Abs. 2 Satz 2 BGB i.V. §1991 Abs. 3 BGB berechtigt ist, sich vor den übrigen Gläubigern aus dem übernommenen Vermögen zu befriedigen. Dies ist der Fall, wenn er aus der Zeit vor der Vermögensübernahme selbst eine Forderung gegen den Schuldner hat, die er nicht wie die übrigen Altgläubiger nach Maßgabe des §419 BGB gegen sich selbst titulieren kann.[180] Ein Vorwegbefriedigungsrecht, das dem Einwand der Haftung aus §419 Abs. 1 BGB entgegengehalten werden kann, steht dem Dritten auch für Aufwendungsersatzansprüche zu, die ihm aus Leistungen zugunsten des übernommenen Vermögens erwachsen sind, etwa auch aus Zahlungen zur Entschuldung des übernommenen Vermögens.[181]

d) Wirtschaftliche Identität

44   Eine Haftung des Dritten neben dem Schuldner für die titulierte Schuld kann im Einzelfall auch aus sog. wirtschaftlicher Identität, die ganz ausnahmsweise den Durchgriff vom Schuldner auf den Dritten zulässt, herrühren. Hierher gehören die Fälle der Durchgriffshaftung des alleinigen Gesellschafters für die von ihm beherrschte und mit unzulänglichem Kapital ausgestattete GmbH.[182] Keinesfalls aber ist bei jeder Einmann-GmbH, die nur mit dem gesetzlichen Mindestkapital ausgestattet ist, ohne Weiteres oder auch nur regelmäßig der Durchgriff auf den Gesellschafter möglich.[183] Es müssen Umstände hinzutreten, die die Trennung im Einzelfall als rechtsmissbräuchlich erscheinen lassen. Die Einzelheiten insoweit sind sehr streitig.[184] Haftet aber im Ausnahmefall

---

176 Bedenken indes: *Baur/Stürner/Bruns*, Rn. 46. 20.
177 Es genügte das wesentliche Aktivvermögen; der Verbleib einzelner verhältnismäßig unbedeutender Werte beim Schuldner stand der Annahme einer »Vermögensübernahme« nicht entgegen: BGHZ 66, 218; 77, 293; 93, 138; BGH, ZIP 1982, 565.
178 Die Problematik stellt sich ab dem 1.1.1999 nicht mehr, da §419 BGB mit In-Kraft-Treten des neuen Anfechtungsgesetzes entfallen ist (Art. 33 Nr. 16 EG InsO).
179 So auch *Baur*, Sachenrecht, §57 V 4; *Brox/Walker*, Rn. 1440; *Erman/Westermann*, §419 Rn. 4; *Jauernig/Stürner*, §419 Anm. 3 a; *Palandt/Heinrichs*, §419 Rn. 9 jeweils in letzter einschlägiger Bearbeitung; gegen die Anwendbarkeit des §419 BGB auf Sicherungsübereignungen: Müko-BGB/*Möschel*, 2. Aufl., §419 Rn. 28; *Paulus*, ZZP 1951, 185; *Schricker*, JZ 1970, 265 ff.; für eine sehr begrenzte (subsidiäre) Anwendung: *Becker-Eberhard*, AcP 1985, 429 ff.; offengelassen ist die Frage (wegen der jeweils zu speziellen Fallkonstellation) in BGHZ 80, 296 ff.; BGH, NJW 1986, 1985.
180 BGH, WM 1971, 441, 442; *Medicus*, Bürgerliches Recht, Rn. 524; Müko-BGB/*Möschel*, 2. Aufl., §419 Rn. 47; *Gaul/Schilken/Becker-Eberhard*, §41 Rn. 155.
181 BGHZ 66, 217, 226.
182 Siehe hierzu grundsätzlich: *Lutter*, ZGR 1982, 252; *K. Schmidt*, Gesellschaftsrecht, §9 IV; *Wiedemann*, Gesellschaftsrecht, Bd. I, §4 III 1.
183 BGHZ 95, 330, 332 ff.; 125, 366, 368; 149, 10, 16 f.; 151, 181, 186 f.; 165, 85, 90 f.
184 Siehe die Übersicht bei *K. Schmidt*, Gesellschaftsrecht, §9 IV.

materiellrechtlich der Gesellschafter im Wege des Durchgriffs für die gegen die GmbH titulierte Schuld, so kann dieser Einwand auch seiner Widerspruchsklage gegen die Pfändung eines ihm gehörigen Gegenstandes in der Zwangsvollstreckung gegen die Gesellschaft entgegengehalten werden.[185] Der Einwand ist möglich, ohne dass es eines Titels gegen den Gesellschafter (auch nicht im Wege der Widerklage gegen die Widerspruchsklage) bedürfte. Dagegen kann der Einwand der wirtschaftlichen Identität nicht der Widerspruchsklage einer Einmann-GmbH entgegengehalten werden, die sich auf ihr Eigentum an einem in der Zwangsvollstreckung gegen ihren Gesellschafter gepfändeten Gegenstand beruft, selbst wenn der gepfändete Gegenstand wirtschaftlich dem Vermögen des Alleingesellschafters zuzuordnen ist.[186]

e) Gesamtschuld

Schließlich gehören hierher die Fälle gesamtschuldnerischer Haftung des Dritten mit dem Schuldner für die titulierte Verbindlichkeit: Haftung des Halters eines PKWs aus §7 Abs. 1 StVG neben der des Fahrers aus §18 Abs. 1 StVG; Haftung der Ehegatten aus §1357 Abs. 1 BGB; Haftung beider Ehegatten aus einem gemeinsam abgeschlossenen Mietvertrag für die Mietzinsforderung[187] usw. Auch in diesen Fällen muss die Forderung gegen den Dritten nicht bereits tituliert sein. Die materiellrechtlichen Einwände des Dritten gegen seine Mithaftung sind im Rahmen der Drittwiderspruchsklage voll zu berücksichtigen. 45

4. Rechtsmissbrauch im Übrigen

Die Widerspruchsklage kann auch dann, wenn der Dritte für die titulierte Forderung nicht mithaftet, rechtsmissbräuchlich sein. Dies ist insbesondere anzunehmen, wenn die Position des Dritten nunmehr formeller Natur ist, der Gegenstand wirtschaftlich (schon wieder) dem Schuldner zuzuordnen ist. So soll ein Sicherungseigentümer rechtsmissbräuchlich handeln, wenn er im Hinblick auf sein Eigentum widerspricht, obwohl die durch die Übereignung gesicherte Forderung bereits getilgt und er zur alsbaldigen Rückübereignung des Gegenstandes verpflichtet ist.[188] Ebenso rechtsmissbräuchlich ist der Widerspruch eines Treuhänders, wenn die Pfändung dem treuhänderischen Zweck des Treuguts nicht zuwiderläuft und eigene Interessen des Treuhänders nicht berührt werden.[189] 46

Rechtsmissbräuchlich ist der Widerspruch schließlich auch dann, wenn der Widersprechende das Recht in einer Weise erworben hat, die Schadensersatzansprüche des Gläubigers gegen ihn auslösen. Der Schadensersatz kann dann im Unterlassen des Widerspruchs bestehen.

IX. Zum Verfahren im Übrigen

1. Beweislast

Aus der Tatsache, dass der gepfändete Gegenstand sich im Besitze des Schuldners befand, wird zunächst einmal vermutet, dass er auch im Eigentum des Schuldners steht. Deshalb muss der Dritte sein »die Veräußerung hinderndes Recht« in vollem Umfange nachweisen,[190] nicht etwa der Gläubiger seine Berechtigung, in diesen Gegenstand vollstrecken zu dürfen. Ist dieser Nachweis geführt, der durch die gesetzlichen Eigentumsvermutungen erleichtert wird,[191] so muss der Gläubiger seine Einwände gegen den Widerspruch, die zu einer Duldungspflicht des Dritten führen sollen, nun 47

---

185 Vergl. LG Düsseldorf, DGVZ 2000, 87; MüKo/*K. Schmidt/Brinkmann*, §771 Rn. 50.
186 BGHZ 55, 20, 26; 156, 310, 314; abweichend OLG Hamm, NJW 1977, 1159 mit ablehnender Anm. von *Wilhelm*, NJW 1977, 1887.
187 *Brox/Walker*, Rn. 1441.
188 BGHZ 72, 141, 146; 100, 95, 105 f.; kritisch dazu oben Rdn. 21.
189 BGH, NJW 1959, 1223, 1225; OLG Bremen, OLGZ 1990, 73.
190 BGHZ 156, 310, 315; BGHZ 170, 187, 188 f. Rn. 8 f.
191 Gegen die Erstreckung der Vermutung des §1362 BGB auf nichteheliche Lebensgemeinschaften BGHZ 170, 187 m.Anm. *Ahrens*, EWiR 2007, 171.

seinerseits nachweisen. Wie ein non-liquet hinsichtlich des Widerspruchsrechts zulasten des Dritten geht, so geht ein non-liquet hinsichtlich der Duldungspflicht zulasten des Gläubigers.

2. Klageverbindung nach Absatz 2

48 Die Klage aus § 771 Abs. 1 gegen den Gläubiger kann mit einer Klage aus materiellem Recht (z. B. auf Herausgabe der Sache oder auf Einwilligung in die Auszahlung des hinterlegten Gegenwerts der Forderung[192]) gegen den Schuldner verbunden werden (**Abs. 2**). Gläubiger und Schuldner sind dann einfache Streitgenossen. Eine neuartige Lesart will § 771 Abs. 2 entnehmen, dass ein Dritter, welcher der Vollstreckung aus schuldrechtlichem Grund widerspricht, seine Klage gegen den Schuldner richten müsse. So würde etwa ein Untervermieter, welcher die Vollstreckung in die Mietsache abwehren möchte, gegen seinen Untermieter intervenieren müssen, der die Feststellung des fremden Rechts gegen den Vollstreckungsgläubiger weiter zu verfolgen hätte, um sich nicht wegen Unmöglichkeit späterer Herausgabe der Mietsache schadensersatzpflichtig zu machen.[193] Dieser Ansatz schwächt den Schutz des Dritten entscheidend; denn ihm wird der einstweilige Rechtsschutz des § 771 Abs. 3 genommen und eine Vollstreckung gegen den Schuldner nach § 888 kann fehlschlagen, wenn man nicht ohnehin nur von einer Feststellungsklage auszugehen hat. Die Widerspruchsklagen verdoppeln sich und die gesetzliche Rechtsfolge der passiven Streitgenossenschaft wird beiseitegeschoben. Das ist mit dem Zweck und den historischen Wurzeln des Gutes nicht zu vereinbaren.[194]

3. Kostenentscheidung

49 Die **Kostenentscheidung** richtet sich nach §§ 91 ff., wobei § 93 hier besondere Bedeutung erlangt. Der Gläubiger ist erst verpflichtet, die Sachpfändung aufheben zu lassen oder das gepfändete Recht freizugeben, wenn der Dritte sein die Veräußerung hinderndes Recht nachgewiesen hat.[195] Erkennt er den Anspruch nunmehr sogleich an, so hat er keine Veranlassung zur Klage gegeben. Sein Anerkenntnis ist auch dann noch ein »Sofortiges«, wenn es erst nach (gegebenenfalls auch wiederholter) Beweisaufnahme erfolgte.[196] Dadurch wird das Kostenrisiko des Interventionsklägers nicht ungebührlich hoch angesetzt.[197] Der Gläubiger, der dem Dritten trotz eigener Sicherung keine angemessene Zeit lässt, sein Recht gehörig nachzuweisen und der ihn deshalb in die Klage treibt, um über einstweilige Maßnahmen nach Abs. 3 die Vollstreckung aufhalten zu können, hat seinerseits die Klage veranlasst.[198] Zudem läuft dieser Gläubiger Gefahr, Schadensersatz leisten zu müssen.[199] Er muss deshalb gegebenenfalls auch vorprozessual eine einstweilige Einstellung der Zwangsvollstreckung bewilligen.

Erkennt der Gläubiger im Rechtsstreit den Anspruch nicht gegenüber dem Gericht an, sondern erklärt er stattdessen sogleich gegenüber dem Vollstreckungsorgan die Freigabe des Gegenstandes, tritt

---

192 RG, SeuffArch 42 Nr. 187.
193 *Stamm,* Die Prinzipien und Grundstrukturen des Zwangsvollstreckungsrechts, 2007, S. 594, 603, 607, 622.
194 *Gaul,* FS Eduard Picker, 2010, S. 265 ff, 289, 291 f.
195 OLG Köln, OLGR, 1992, 248. Bloße Glaubhaftmachung durch eigene eidesstattliche Versicherung des Dritten genügt in der Regel nicht; a. A. insoweit OLG Frankfurt, MDR 1973, 60.
196 Wie hier: LG Düsseldorf, MDR 1954, 236; OLG Celle, MDR 1954, 490; OLG Düsseldorf, BB 1955, 1105; OLG Nürnberg, JurBüro 1955, 234; OLG Köln, MDR 1957, 754; OLG Stuttgart, Justiz 1974, 182; OLG München, WM 1979, 292 mit Anm. von *Weber,* 294; OLG Düsseldorf, NJW-RR 1998, 790; *Stürner,* Die Aufklärungspflicht der Parteien im Zivilprozess, 1976, 284 f.
197 So aber Stein/Jonas/*Bork,* § 93, Rn. 10; einschränkend *Gaul/Schilken/Becker-Eberhard,* § 41 Rn. 171.
198 *Baumbach/Lauterbach/Hartmann,* § 93 Rn. 82 Stichwort »Widerspruchsklage«; Stein/Jonas/*Münzberg,* § 771 Rn. 56; Zöller/*Herget,* § 771 Rn. 17.
199 Einzelheiten: Anh. § 771 Rdn. 7.

Erledigung der Hauptsache ein. Auf die beiderseitige Erledigungserklärung der Parteien hin hat das Gericht im Rahmen der Entscheidung nach § 91a auch den Gedanken des § 93 zu berücksichtigen.[200]

4. Vorläufige Vollstreckbarkeit

Das Urteil ist nach den allgemeinen Regeln der §§ 708 ff. für **vorläufig vollstreckbar** zu erklären. Bei der Sicherheitsleistung sind nicht nur die Kosten zu berücksichtigen,[201] sondern auch der Umstand, dass bereits das vorläufig vollstreckbare Urteil nach § 775 Nr. 1, § 776 zur Einstellung der Zwangsvollstreckung und Aufhebung der Pfändung führt, falls im Urteil keine dies hindernden Anordnungen gem. § 771 Abs. 3, § 770 getroffen sind (siehe Rdn. 51). Ist die Pfändung einmal aufgehoben, so wird sie durch ein die erstinstanzliche Entscheidung abänderndes Berufungsurteil nicht wiederhergestellt. Es muss vielmehr neu in den Gegenstand (mit allen Rangnachteilen für die Zwischenzeit) vollstreckt werden.

50

X. Einstweilige Anordnungen (Abs. 3)

Da die Klageerhebung die Zwangsvollstreckung nicht automatisch hemmt, besteht wie bei § 767 auch hier die Notwendigkeit, durch einstweilige Anordnungen den Fortgang der Zwangsvollstreckung aufzuschieben, um den Kläger nicht rechtlos zu stellen.[202] Deshalb sind die in § 769 genannten Maßnahmen auch im Verfahren gem. § 771 möglich. Hinsichtlich des Verfahrens gilt das zu § 769 Dargestellte entsprechend.[203] Abweichend von § 769 Abs. 1 Satz 1[204] ist im Verfahren nach § 771 auch eine Anordnung, dass Vollstreckungsmaßregeln **ohne** Sicherheitsleistung aufzuheben seien, möglich (**Abs. 3 Satz 2**). Eine solche Anordnung kommt wegen der erheblichen Nachteile für den Gläubiger (oben Rdn. 50 a. E.) nur in Betracht, wenn der Dritte sein Recht hinreichend nachgewiesen und überdies glaubhaft gemacht hat, dass ihm durch den Fortbestand der Pfändung erhebliche Nachteile drohen (Behinderung der Veräußerung der Sache; eigene Not, wenn über die Forderung nicht umgehend verfügt werden kann usw.). Hinsichtlich der Anfechtung der Entscheidungen über den Antrag auf Erlass einstweiliger Anordnungen gilt das zu § 769 Dargestellte uneingeschränkt.[205]

51

Neben § 769 gilt auch § 770 im Verfahren nach § 771 (Abs. 3 Satz 1). Hinsichtlich des Verfahrens insoweit, des Inhalts der Entscheidung und der Rechtsbehelfe kann vollinhaltlich auf das dort Dargestellte verwiesen werden.[206]

Einstweilige Anordnungen gelten nur zwischen den Parteien des Rechtsstreits, in dessen Rahmen sie erlassen wurden. Ist der Gegenstand zugunsten mehrerer Gläubiger gepfändet worden, richtet sich die Widerspruchsklage aber nur gegen einen, so können die Übrigen die Zwangsvollstreckung unberührt von einer einstweiligen Anordnung nach § 771 Abs. 3, § 769 uneingeschränkt fortsetzen.[207]

Die Möglichkeit, einstweilige Anordnungen nach Abs. 3 zu erwirken, schließt einen das gleiche Ziel verfolgenden Antrag auf Erlass einer einstweiligen Verfügung aus.[208] Das Verfahren nach Abs. 3 ist insoweit das speziellere.

---

200 *Stein/Jonas/Bork*, § 91a Rn. 29; einschränkend zur Anwendung des § 93: *Baumbach/Lauterbach/Hartmann*, § 91a Rn. 120. Auch dann, wenn das Anerkenntnis kein sofortiges i. S. § 93 war, kann es im Einzelfall billigem Ermessen entsprechen, dem Kläger die Kosten des Rechtsstreits aufzuerlegen, nämlich, wenn er ohne das Anerkenntnis (Freigabeerklärung) im Rechtsstreit wahrscheinlich unterlegen wäre: OLG Düsseldorf, InVo 2001, 115.
201 Zum Streitwert unten Rdn. 52.
202 Siehe oben Rdn. 13.
203 § 769 Rdn. 2–7 und oben Rdn. 13.
204 Siehe § 769 Rdn. 10.
205 Siehe § 769 Rdn. 14, 15; ferner OLG Karlsruhe, MDR 1974, 407.
206 § 770 Rdn. 2 und 3.
207 LG Frankenthal, Rpfleger 1983, 162.
208 OLG Karlsruhe, WM 1958, 1290; OLG Koblenz, OLG-Report 2003, 289.

Erweist sich nachträglich die einstweilige Einstellung der Zwangsvollstreckung nach Abs. 3 als ungerechtfertigt, so sind zugunsten des Gläubigers § 717 Abs. 2 und vergleichbare Vorschriften nicht entsprechend anwendbar,[209] den Dritten trifft also keine verschuldensunabhängige Haftung. Bei nur leicht fahrlässiger Verkennung der Rechtslage haftet der Widerspruchskläger insoweit auch nicht nach § 823 Abs. 1 BGB für den dem Vollstreckungsgläubiger infolge der Einstellung entstandenen Schaden.[210] Gerade dann, wenn der Gläubiger sich gegenüber einem unbestreitbar gegebenen Widerspruchsrecht nur auf eine Duldungspflicht des Dritten beruft, ist die Rechtslage oft so schwierig, dass der Dritte rechtlos gestellt würde, wäre er mit einem Schadensersatzrisiko belastet, wenn er die gerichtliche Klärung sucht.

XI. Streitwert der Widerspruchsklage; Kosten einstweiliger Anordnungen

1. Streitwert der Widerspruchsklage

52 Für die Berechnung des Streitwertes einer Drittwiderspruchsklage im Rahmen einer Zwangsvollstreckung ist gem. § 6 die Forderung, wegen der die Zwangsvollstreckung betrieben wird, und zwar ohne Zinsen und Kosten (§ 4 Abs. 1)[211] maßgeblich. Entscheidend ist die im Zeitpunkt der Klageerhebung noch offene Forderung,[212] also nicht der ursprünglich titulierte Betrag. Ist der Pfandgegenstand geringwertiger als die Vollstreckungsforderung, ist dessen Wert maßgeblich. Der Wert der Vollstreckungsforderung bzw. der Wert des Pfandgegenstandes ist auch dann maßgeblich, wenn die Klage sich gegen einen Gläubiger richtet, der nur ein nachrangiges Pfandrecht besitzt und im Fall der Verwertung des Gegenstandes nur einen Teil des Erlöses erhalten würde.[213] Richtet sich die Widerspruchsklage einheitlich gegen mehrere Gläubiger, so ist der Wert der Summe ihrer noch offenen Vollstreckungsforderungen bzw., wenn dieser niedriger ist, der Wert des Pfandgegenstandes maßgebend;[214] es ist also ein einheitlicher Streitwert festzusetzen, nicht ein gesonderter Wert für die Klage gegen jeden einzelnen Vollstreckungsgläubiger.[215]

Der Streitwert der Widerspruchsklage eines Mitberechtigten auf Unzulässigkeit der Auseinandersetzungsversteigerung (§ 180 ZVG) bestimmt sich dagegen nicht nach § 6, sondern an dem Interesse des Klägers an der Aufrechterhaltung der Miteigentumsgemeinschaft (§ 3).[216]

2. Rechtsanwaltsgebühren

Für die Mitwirkung am Verfahren nach § 771 Abs. 3, § 769 erhält der Anwalt Gebühren nach VV Nr. 3311 RVG. Gerichtsgebühren fallen insoweit nicht an. Zur Kostentragungspflicht in diesem Verfahren siehe im Einzelnen § 769 Rdn. 13 und 16. Zum Beschwerdewert im Verfahren auf einstweiligen Vollstreckungsschutz vergl. § 769 Rdn. 16.

---

209 BGHZ 95, 10, 14 ff. mit zustimmender Anm. *Gerhardt*, JR 1985, 508; *Gaul/Schilken/Becker-Eberhard*, § 41 Rn. 176; *Stein/Jonas/Münzberg*, § 771 Rn. 55; a. A. *Haertlein* S. 251, 257, der »lückenfüllend« sowohl § 717 Abs. 2 als auch § 945 anwenden will.
210 BGHZ 95, 10, 17.
211 BGH, WM 1983, 246; BGH, Beschl. v. 7.2.08 – IXZR 69/05, n.v; *Baumbach/Lauterbach/Hartmann*, Anh. § 3 Rn. 139, Stichwort »Widerspruchsklage«; *Zöller/Herget*, § 3 Rn. 16 Stichwort »Widerspruchsklage nach § 771«; a. A. (Kosten und Zinsen seien hinzuzurechnen): LG Stuttgart, ZZP 1959, 327.
212 SchlHOLG, JurBüro 1957, 179.
213 BGH, NJW 1952, 1335.
214 LG Essen, NJW 1952, 548 und NJW 1956, 1033 mit zustimmender Anm. *Tschischgale*; *Zöller/Herget*, § 3 Rn. 16 Stichwort »Widerspruchsklage nach § 771«.
215 So aber: OLG München, Rpfleger 1973, 257 und Rpfleger 1977, 335; OLG Frankfurt, JurBüro 1973, 152; *Thomas/Putzo/Seiler*, § 771 Rn. 25.
216 BGH, FamRZ 1991, 547; OLG Karlsruhe, InVo 2004, 333.

Anhang zu § 771 ZPO
Ungerechtfertigte Zwangsvollstreckung und materielle Ausgleichsansprüche betroffener Dritter

Übersicht	Rdn.		Rdn.
I. Kein Ausschluss materiellrechtlicher Ausgleichsansprüche nach Beendigung der Zwangsvollstreckung	1	a) Ansprüche aus dem Besitzmittlungsverhältnis zum Dritten	11
II. Mögliche Ersatz- und Ausgleichsansprüche	2	b) § 823 Abs. 1, § 826 BGB	12
1. Gegen den Gläubiger	3	c) Kein Bereicherungsanspruch	13
a) Herausgabe ungerechtfertigter Bereicherung	3	3. Gegen den für den Gläubiger die Zwangsvollstreckung betreibenden Rechtsanwalt	14
b) Schadensersatzanspruch wegen Pflichtverletzung gem. § 280 Abs. 1 BGB	7	4. Gegen den Ersteher des Gegenstands in der Versteigerung	15
c) Schadensersatzanspruch wegen Rechtsgutsverletzung	9	5. Gegen den Staat als Träger der Vollstreckung	16
d) § 826 BGB	10	a) Amtshaftung	16
2. Gegen den Schuldner	11	b) Kein Anspruch auf Enteignungsentschädigung	17

Literatur:

Böhm, Ungerechtfertigte Zwangsvollstreckung und materiellrechtliche Ausgleichsansprüche, 1971; *Gaul*, Die Haftung aus Vollstreckungszugriff, ZZP 1997 (Bd. 110), 1; *ders.*, Ungerechtfertigte Zwangsvollstreckung und materielle Ausgleichsansprüche, AcP 1973, 323, und ungerechtfertigte Bereicherung, 1986; *Gloede*, Haftet der Vollstreckungsgläubiger, der in schuldnerfremde bewegliche Sache vollstrecken ließ, dem früheren Eigentümer aus ungerechtfertigter Bereicherung?, MDR 1972, 291; *ders.*, Nochmals: Vollstreckung in schuldnerfremde Sachen und Bereicherungsausgleich, JR 1973, 99; *Günther*, Mobiliarzwangsvollstreckung in schuldnerfremde Sachen und Bereicherungsausgleich, AcP 1978, 456; *Haertlein*, Exekutionsintervention und Haftung, 2008; *Henckel*, Prozeßrecht und materielles Recht, 1970; *Kaehler*, Vollstreckung in schuldnerfremde Sachen und Bereicherungsausgleich, JR 1972, 445; *Krebs*, Sonderverbindung und außerdeliktische Schutzpflichten, 2000; *Lüke*, Die Bereicherungshaftung des Gläubigers bei der Zwangsvollstreckung in eine dem Schuldner nicht gehörige bewegliche Sache, AcP 1954, 533; *Pinger*, Der Gläubiger als Ersteigerer einer schuldnerfreien Sache, JR 1973, 94; *K. Schmidt*, Pfandrechtsfragen bei erlaubtem und unerlaubtem Eingriff der Mobilvollstreckung in schuldnerfremde Rechte, JuS 1970, 545; *Schünemann*, Befriedigung durch Zwangsvollstreckung, JZ 1985, 49; *Wasner*, Bereicherungsausgleich nach Verwertung schuldnerfremder Sachen, 1968.

I. Kein Ausschluss materiellrechtlicher Ausgleichsansprüche nach Beendigung der Zwangsvollstreckung

Die Zwangsvollstreckung dient der Befriedigung der titulierten Ansprüche des Gläubigers aus dem Vermögen **seines** Schuldners. Es ist aber auch bei korrekter Verfahrensweise nicht auszuschließen, 1 dass Gegenstände aus dem Vermögen unbeteiligter Dritter in die Vollstreckung mit einbezogen werden. War nun das Pfändungsobjekt wirksam öffentlich beschlagnahmt (verstrickt),[1] so erfolgt seine Verwertung durch die staatlichen Vollstreckungsorgane, stellt man nur auf den Verwertungsvorgang als solchen ab, auch wenn der Gläubiger kein materiellrechtliches Pfändungspfandrecht erwerben konnte,[2] rechtmäßig, wenn nur die zwingenden Verfahrensregeln hinsichtlich des Verwertungsvorganges eingehalten wurden.[3] Denn die Legitimation des Staates, die Versteigerung beweglicher Sachen vorzunehmen, gepfändetes Geld dem Gläubiger abzuliefern oder andere Gegenstände dem Gläubiger im Rahmen des § 825 zu Eigentum zuzuweisen, folgt nicht aus dem privaten Pfändungspfandrecht des Gläubigers, sondern allein aus der wirksamen öffentlichen Beschlagnahme. Die Feststellung, dass der Staat wirksame Vermögensverschiebungen vorgenommen hat (Ablieferung, Eigentumszuweisung usw.), besagt noch nichts darüber, dass die insoweit eingetretenen Vermögenszuwächse und Vermögensverluste auch endgültige sein sollen. Der Gesetzgeber hat dies verschiedentlich selbst, so in § 878 Abs. 2, zum Ausdruck gebracht. Aus dem Umstand, dass nach Beendigung der Zwangsvollstreckung weder eine Drittwiderspruchsklage nach § 771[4] noch eine (etwa die Verletzung des § 809 rügende) Erinnerung nach § 766[5] für den in seinen Rechten betroffenen Dritten möglich ist, folgt keine der Rechtskraft vergleichbare »Vollstreckungskraft«,[6] die die Geltendmachung materiellrechtlicher Ansprüche gegen diejenigen, die in den Genuss der staatlichen Vermögenszuweisungen gekommen waren, ausschlösse.[7]

II. Mögliche Ersatz- und Ausgleichsansprüche

2 Folgende Ansprüche des betroffenen Dritten, der sein Eigentum am Pfändungsobjekt durch formal rechtmäßige Zwangsvollstreckung verloren hat, kommen in Betracht:

1. Gegen den Gläubiger

a) Herausgabe ungerechtfertigter Bereicherung

3 Ein Anspruch aus § 812 Abs. 1 Satz 1 als Bereicherung »in sonstiger Weise«.[8] Die Auskehr des Erlöses durch den Gerichtsvollzieher an den Gläubiger ist keine privatrechtliche Verfügung, also kein bürgerlich-rechtliches Rechtsgeschäft, sondern Hoheitsakt, sodass § 816 Abs. 1 Satz 2 BGB und § 816 Abs. 2 BGB als Anspruchsgrundlage ausscheiden. Verfügungen »im Wege der Zwangsvollstreckung« sind in § 816 BGB anders als in §§ 135, 161, 184, 883 BGB nicht den privatrechtlichen Verfügungen gleichgestellt. Ein Anspruch aus § 816 Abs. 1 Satz 2 BGB scheitert darüber hinaus auch daran, dass der Gerichtsvollzieher zur Ablieferung des Versteigerungserlöses an den Gläubiger aufgrund der Verstrickung des Pfändungsgutes und der ordnungsgemäßen Versteigerung verpflichtet war.

---

1 Vor §§ 803, 804 Rdn. 2.
2 Vor §§ 803, 804 Rdn. 10 ff.
3 § 814 Rdn. 9.
4 § 771 Rdn. 14.
5 § 766 Rdn. 31.
6 So aber: *Böhm*, Ungerechtfertigte Zwangsvollstreckung und materielle Ausgleichsansprüche, 1971, S. 85 ff.
7 *Gaul/Schilken/Becker-Eberhard*, § 41 Rn. 188 und § 53 Rn. 50; zur verlängerten Vollstreckungsabwehrklage BGHZ 100, 211; BGH, NJW-RR 1988, 957.
8 Im Ergebnis ebenso: BGHZ 32, 240 ff.; 55, 20 ff.; 66, 150; 100, 95, 99 ff.; RGZ 156, 395, 399 f.; *Brox/Walker*, Rn. 470; *Erman/Buck-Heeb*, § 812 BGB Rn. 74; *Lüke*, AcP 1952, 534 ff.; MüKo-BGB/*Schwab*, § 812 BGB Rn. 321 MüKo/*Gruber*, § 804 Rn. 47; *Palandt/Sprau*, § 812 BGB Rn. 111 ff.; *Gaul/Schilken/Becker-Eberhard*, § 53 Rn. 59; *Stein/Jonas/Münzberg*, § 771 Rn. 73; *Haertlein*, S. 456 ff.

Die Unmittelbarkeit der Vermögensverschiebung zwischen Drittem und Gläubiger, soweit man dieses Merkmal im Rahmen der Eingriffskondiktion überhaupt noch für erforderlich hält,[9] wird nicht dadurch infrage gestellt, dass ein Dritter, nämlich der Gerichtsvollzieher, den Eigentumswechsel veranlasst hat.

Rechtsgrund für den Gläubiger, den Vollstreckungserlös endgültig als Vermögenszuwachs behalten zu dürfen, kann allein das materiellrechtliche Pfändungspfandrecht am Vollstreckungsobjekt sein.[10] Da dieses Pfändungspfandrecht an Sachen, die nicht im Eigentum des Schuldners stehen, nicht entstehen, sich folglich auch am Vollstreckungserlös aus der Verwertung derartiger Sachen nicht fortsetzen kann,[11] erfolgt die Vermögensverschiebung zwischen Dritteigentümer und Gläubiger ohne Rechtsgrund. Die Zuweisung durch den Gerichtsvollzieher bewirkt zwar zunächst den Eigentumswechsel am Erlös, ist aber im Übrigen zivilrechtlich wertneutral. Sie bedarf der besonderen Rechtfertigung, eben durch ein wirksames Pfändungspfandrecht. Dem kann weder mit dem Hinweis auf §815 Abs. 3, §817 Abs. 4, §819 entgegengetreten werden,[12] noch mit dem Hinweis auf eine angebliche materielle »Vollstreckungskraft«, die das Behaltendürfen des zugewiesenen Erlöses rechtfertige.[13] Sonst wäre nicht zuletzt §79 Abs. 2 Satz 4 BVerfGG überflüssig[14]. Die §815 Abs. 3, §817 Abs. 4, §819 regeln lediglich die Gefahrtragung für den Fall, dass die Befriedigung aus dem Vermögen des Schuldners versucht wurde. Den §§767, 771 ist keine materielle Vollstreckungskraft zu entnehmen. Die dort geregelten Verfahren haben nur während der laufenden Vollstreckung den Vorrang.

Der Anspruch des Dritten gegen den Gläubiger, der den Vollstreckungserlös ausgekehrt erhalten hat, ohne Pfändungspfandrechtsinhaber gewesen zu sein, geht auf Auszahlung des dem Gläubiger tatsächlich zugutegekommenen Erlösanteils. Die vom Gerichtsvollzieher unmittelbar einbehaltenen Vollstreckungskosten sind nicht vom Gläubiger zu erstatten.[15] Sie sind Aufwendungen, die dem Vollstreckungsgläubiger aus Anlass des Erwerbs des Erlöses notwendig entstehen (§818 Abs. 3 BGB);[16] denn der Gerichtsvollzieher ist gem. §§15 GvKostG, 89 Abs. 1 GVGA 2013 gehalten, die Vollstreckungskosten zunächst in Abzug zu bringen, ehe er den Erlös auskehrt. Der Gläubiger kann dem nicht widersprechen. Dem kann nicht entgegengehalten werden,[17] der Gläubiger werde durch die Einbehaltung der Gebühren von seiner eigenen Gebührenschuld (§§4, 13 GvKostG) befreit, erlange also auf Kosten des Dritten einen Vorteil. Eine solche Schuldbefreiung tritt bei der Aufwendung von Erwerbskosten immer ein. Jedoch steht auch schon die Schuldbegründung im ursächlichen Zusammenhang mit dem Bereicherungsvorgang. 4

Hätte der Dritte sich im Rahmen einer Widerspruchsklage nach §771 entgegenhalten lassen müssen, dass er zur Duldung der Zwangsvollstreckung trotz seines Rechtes am Vollstreckungsgegenstand verpflichtet sei,[18] so steht ihm auch nach Beendigung der Zwangsvollstreckung wegen des 5

---

9 Ablehnend etwa: *Medicus/Petersen*, Bürgerliches Recht, Rn. 730 a; *Reuter/Martinek*, Ungerechtfertigte Bereicherung, 1983, S. 237 ff.; vgl. auch *Haertlein*, S. 469 ff.; im Ergebnis wie hier MüKo-BGB/Schwab, §812 BGB Rn. 235.
10 Vor §§803, 804 Rdn. 16.
11 Vor §§803, 804 Rdn. 18.
12 So aber: *Gloede*, MDR 1972, 291 und JR 1973, 99; *Günther*, AcP 1978, 445.
13 *Böhm*, a.a.O., S. 85 ff.
14 *Gaul*, AcP 173, 323, 333.
15 BGHZ 32, 244; 66, 150; *Baur/Stürner/Bruns*, Rn. 29.18; *Brox/Walker*, Rn. 771; *Lüke*, AcP 1952, 545; *Gaul/Schilken/Becker-Eberhard*, §53 Rn. 59; *Zöller/Herget*, §771 Rn. 23.
16 Kritisch insoweit: *Reuter/Martinek*, Ungerechtfertigte Bereicherung, 1983, S. 622 ff.
17 So aber: *A. Blomeyer*, §39 II 1; *A. Blomeyer*, MDR 1976, 925; *Baumann-Brehm*, §13 III 5 e; *Gerlach*, Ungerechtfertigte Zwangsvollstreckung und ungerechtfertigte Bereicherung, 1986, S. 60 ff.; *Kaehler*, JR 1972, 445; *Stein/Jonas/Münzberg*, §771 Rn. 75.
18 Siehe §771 Rdn. 37 ff.

Verlustes des Vollstreckungsgegenstandes kein Bereicherungsanspruch zu;[19] denn der Gläubiger ist in diesem Fall nicht auf Kosten des Dritten bereichert: Dem Erwerb des Erlöses steht der Verlust des Duldungsanspruchs gegen den Dritten gegenüber. Jedenfalls steht dem Bereicherungsanspruch in Fällen dieser Art aber der Einwand unzulässiger Rechtsausübung entgegen.[20]

6 Hat der Gläubiger den Gegenstand des Dritten selbst ersteigert, so kann der Dritte von ihm nicht die Rückübereignung des Gegenstandes als Bereicherungsausgleich verlangen. Der Eigentumserwerb als solcher erfolgte wie bei jedem anderen Ersteher endgültig kraft vollstreckungsrechtlichen Hoheitsakts und somit nicht rechtsgrundlos.[21] Die Bereicherung des Gläubigers liegt in diesem Fall in der gem. § 817 Abs. 4 Satz 1 angeordneten Befreiung von der Barzahlungspflicht. Diesen Vorteil erlangt der Gläubiger unmittelbar aus dem Vermögen des Dritten, weil dieser seinen Anspruch auf Zahlung des Versteigerungserlöses durch die Verrechnung mit der titulierten Forderung des Gläubigers verlor.[22] Auch hier mindert sich der Bereicherungsanspruch um die vom Gläubiger entrichteten Versteigerungskosten.

b) Schadensersatzanspruch wegen Pflichtverletzung gem. § 280 Abs. 1 BGB

7 Ein **Schadensersatzanspruch aus Pflichtverletzung** aus dem durch die Inanspruchnahme des Drittvermögens begründeten gesetzlichen Schuldverhältnis zwischen Drittem und Gläubiger (§ 280 n. F. BGB):[23] Liegen die verfahrensrechtlichen Voraussetzungen für die Pfändung eines bestimmten Gegenstandes im Rahmen eines konkreten Zwangsvollstreckungsverfahrens vor, so ergreift der Gerichtsvollzieher zu Recht von diesem Gegenstand Besitz, mittel auch dem Gläubiger berechtigten mittelbaren Besitz an dem Gegenstand.[24] Solange der Gegenstand wirksam beschlagnahmt ist, bleibt der Besitz rechtmäßig. Grundsätzlich kann die Rechtmäßigkeit der Beschlagnahme nur mit der Widerspruchsklage gem. § 771 beseitigt werden. Dieser Umstand bedeutet aber nicht, dass der Gläubiger die Vollstreckung in einen beschlagnahmten Gegenstand ohne jede Rücksichtnahme weiter betreiben kann, wenn er berechtigte Zweifel haben muss, dass er ein Pfändungspfandrecht an dem Gegenstand erworben hat, dass der Gegenstand also zum Vermögen seines Schuldners gehört. Dass es die Verfahrensordnung ihm ermöglicht, auch auf Gegenstände, die nicht im Eigentum seines Schuldners stehen, zuzugreifen, verpflichtet den Gläubiger gleichzeitig, allen Hinweisen auf Dritteigentum sorgfältige Beachtung zu schenken, dem Dritten Gelegenheit zu geben, einen ordnungsgemäßen Nachweis seines Eigentums zu erbringen und Gegenstände freizugeben, bei denen der Nachweis, dass sie dem Dritten gehören, geführt ist. Diese Verpflichtung ist privatrechtlicher Natur. Sie hat ihren Grund nicht im verfahrensrechtlichen Vollstreckungsverhältnis, sondern in der tatsächlichen Eigentümer-Besitzer-Beziehung, die durch die §§ 989 ff. BGB nicht erfasst wird, da der Gläubiger zum Besitz als solchem vorläufig berechtigt ist.[25] »Gesetzliche Sonderbeziehungen privatrechtlicher Art«, die durch den tatsächlichen, nicht rechtswidrigen Eingriff in fremde Rechte begründet werden, sind unserer Rechtsordnung nicht fremd, wie etwa die Rechtsprechung zum Abmahnverhältnis im Wettbewerbsrecht zeigt.[26] Im Rahmen dieses gesetzlichen Schuldverhältnis-

---

19 BGHZ 100, 95, 105; OLG Celle, BB 1962, 1178.
20 BGHZ 100, 95, 105 f. mit Anm. *Brehm*, JZ 1987, 780.
21 BGHZ 100, 95, 100; *Baur/Stürner/Bruns*, Rn. 29.18; *Gaul/Schilken/Becker-Eberhard*, § 53 Rn. 60; *Stein/Jonas/Münzberg*, § 817 Rn. 15; siehe ferner: § 817 Rdn. 10.
22 BGHZ 100, 95, 100; OLG Hamburg, MDR 1953, 103; OLG Neustadt, NJW 1964, 1802; *Stein/Jonas/Münzberg*, § 817 Rn. 15; *Zöller/Stöber*, § 817 Rn. 12.
23 Im Ergebnis wie hier: BGHZ 58, 207, 214 ff.; 74, 9, 11, 17; BGH, NJW 1985, 3080; BGB-RGRK-Alff, § 278 BGB Rn. 17; *Brox/Walker*, Rn. 466; *Henckel*, JZ 1973, 32: MüKo/*K. Schmidt/Brinkmann*, § 771 Rn. 70; kritisch zum gesetzlichen Schuldverhältnis *Gaul/Schilken/Becker-Eberhard*, § 53 Rn. 57.
24 Zu den Besitzverhältnissen nach der Pfändung vergl. § 808 Rdn. 13.
25 Einen Anspruch nach §§ 989 ff. BGB wollen aber geben: *Baumann/Brehm*, § 13 III 5; MüKo/*Gruber*, § 804 Rn. 46; *Gaul/Schilken/Becker-Eberhard*, § 53 Rn. 57; *Stein/Jonas/Münzberg*, § 771 Rn. 77 a.
26 Vergl. *Teplitzky*, Wettbewerbsrechtliche Ansprüche, Kap. 41, Rn. 51 ff.; nachstehend Anh. § 935 Rdn. 24.

ses hat der Gläubiger über § 278 BGB auch für das Verschulden von ihm eingeschalteter Dritter, etwa seiner Angestellten oder seines Rechtsanwaltes,[27] einzustehen.

Der Schadensersatzanspruch ist darauf gerichtet, den Dritten so zu stellen, wie er bei pflichtgemäßem Verhalten des Gläubigers stünde (§ 249 BGB). Der Gläubiger muss deshalb vollen Wertersatz für den versteigerten Gegenstand leisten, ohne die Versteigerungskosten in Abzug bringen zu können. Lag der Versteigerungserlös unter dem Verkehrswert des Gegenstandes, muss der Gläubiger auch die Wertdifferenz ersetzen, also mehr bezahlen als er selbst erhalten hat. Hat der Gläubiger den Gegenstand selbst ersteigert, ist er zur Naturalrestitution, also zur Rückübereignung des Gegenstandes verpflichtet.[28] Hier liegt ein wesentlicher Unterschied zum Bereicherungsanspruch.[29]

c) Schadensersatzanspruch wegen Rechtsgutsverletzung

Ein **Schadensersatzanspruch aus § 823 Abs. 1 BGB** wegen fahrlässiger (oder vorsätzlicher) Eigentumsverletzung:[30] Zu ersetzen ist der materielle Schaden durch den Eigentumsverlust, nicht auch immaterieller Schaden infolge der Aufregungen durch den Vollstreckungszugriff oder durch den Imageverlust wegen der – etwa Dritten bekannt gewordenen – Sachpfändung.[31] Doch kommt Schmerzensgeld zum Ausgleich der Aufregung des Schuldners über ein unberechtigt eingeleitetes Offenbarungsverfahren, Eintragung in das Schuldnerverzeichnis und drohende Verhaftung in Betracht.[32] Dass das Verfahren zur Verwertung des schuldnerfremden Gegenstandes als solches rechtmäßig war, weil das Vollstreckungsorgan alle Verfahrensregeln der gewissenhaft beachtet hatte, nimmt dem Eingriff des Gläubigers in die fremden Eigentumsrechte noch nicht die Rechtswidrigkeit. Sie wird vielmehr auch hier im Hinblick auf das Gläubigerverhalten durch die Rechtsgutsverletzung nach den allgemeinen Regeln indiziert.[33] Der Anspruch setzt allerdings ein persönliches Verschulden des Gläubigers voraus.[34] Für in Anspruch genommene Dritte (Rechtsanwalt) kann der Gläubiger sich im Rahmen des § 831 BGB exculpieren.

d) § 826 BGB

Ein **Schadensersatzanspruch aus § 826 BGB**, falls der Gläubiger in Kenntnis des Dritteigentums bewusst die Zwangsvollstreckung in den Gegenstand betrieben hat, um den Dritten – etwa im Zusammenwirken mit dem Schuldner – zu schädigen[35].

2. Gegen den Schuldner

a) Ansprüche aus dem Besitzmittlungsverhältnis zum Dritten

Schadensersatzansprüche aus dem Rechtsverhältnis heraus, aufgrund dessen der Schuldner den Gegenstand in Besitz hatte (Miete, Leihe, Sicherungsabrede usw.). Hat der Schuldner die rechtzeitige Benachrichtigung des Dritteigentümers über die Beschlagnahme der Sache unterlassen oder sich nicht selbst gegenüber dem Gläubiger intensiv um die Freigabe der Sache bemüht, so hat er seine dem Dritteigentümer obliegenden Sorgfaltspflichten hinsichtlich des überlassenen Gegenstandes verletzt und haftet für den hieraus entstandenen Schaden (Verlust des Gegenstandes).

---

27 BGHZ 58, 207, 215; *Bruns/Peters*, § 16 II 5; Henckel, JZ 1973, 32; *Haertlein*, S. 412 f.
28 Wie hier Brox/Walker, Rn. 475; *Gaul/Schilken/Becker-Eberhard*, § 53 Rn. 60.
29 Oben Rdn. 6.
30 BGHZ 55, 20; 58, 207 ff.; 67, 378 ff.; *Haertlein*, S. 439 ff.; MüKo/K.Schmidt/Brinkmann, § 771 Rn. 70.
31 LG Köln, DGVZ 1998, 189.
32 BGHZ 74, 9, 19.
33 BGHZ 118, 201, 206 f. (Einschränkung gegenüber BGHZ 74, 9).
34 Zu den Anforderungen an die Sorgfaltspflichten des Gläubigers: OLG Düsseldorf, InVo 1998, 328.
35 *Haertlein*, S. 450 f.

b) § 823 Abs. 1, § 826 BGB

12 Schadensersatzansprüche aus § 823 Abs. 1, § 826 BGB, falls der Schuldner bewusst den Gegenstand des Dritten dem Vollstreckungsorgan »angedient« hat, etwa um eigene Vermögenswerte der Vollstreckung zu entziehen.

c) Kein Bereicherungsanspruch

13 Dagegen ist **kein Bereicherungsanspruch** des Dritten gegen den Schuldner gegeben: Der Schuldner ist, wenn der Gläubiger aus dem Vermögen eines Dritten ohne dessen Zustimmung »befriedigt« wurde, nicht von seiner Schuld befreit. Eine Erfüllung der titulierten Forderung ist nicht eingetreten, da der Gläubiger zwar Eigentümer des ausgehändigten Erlöses wurde, die damit verbundene Vermögensmehrung aber nicht endgültig behalten darf.[36] Dem Schuldner droht deshalb weiterhin die Vollstreckung aus dem Titel.

Entfällt ausnahmsweise die Bereicherungshaftung des Gläubigers gegenüber dem früheren Dritteigentümer gem. § 818 Abs. 3 BGB und muss sich der Gläubiger aus diesem Grunde im Verhältnis zum Schuldner so behandeln lassen, als sei er befriedigt,[37] so kann der Dritteigentümer auch daraus keinen Bereicherungsanspruch gegen den Schuldner herleiten. Die nachträgliche Bereicherung des Schuldners steht in keinem Zusammenhang mehr mit dem ursprünglichen Rechtsverlust des Dritten.

3. Gegen den für den Gläubiger die Zwangsvollstreckung betreibenden Rechtsanwalt

14 Betreibt der Rechtsanwalt, der im Gläubigerauftrag die Zwangsvollstreckung eingeleitet und ihren Fortgang zu überwachen hat, nach Tilgung der Schuld aus eigener Fahrlässigkeit (ungenaue Überwachung der Eingänge auf den Konten, nachlässige Kontrolle des Posteinganges, Ermöglichung der Unterschlagung von Schecks durch Angestellte usw.; eine lediglich fahrlässige »falsche« Rechtsansicht genügt allerdings nicht)[38] Vollstreckungsmaßregeln wie die Verwertung des Pfändungsgutes oder die Ladung des Schuldners zum Offenbarungsverfahren weiter, so haftet er für die dem Dritten entstehenden Schäden selbst nach § 823 Abs. 1 BGB unter dem Gesichtspunkt der fahrlässigen Eigentumsverletzung und für das Handeln von Büromitarbeitern nach § 831 BGB.[39] Dass das Vollstreckungsorgan bei der Fortsetzung der Vollstreckung nach wie vor rechtmäßig handelt, rechtfertigt das Verhalten des Rechtsanwalts nicht.[40]

4. Gegen den Ersteher des Gegenstandes in der Versteigerung

15 Er haftet nur **ausnahmsweise nach § 826 BGB**, wenn er bewusst mit dem Gläubiger oder dem Schuldner zusammengearbeitet hat, um in Kenntnis des Dritteigentums den Gegenstand in der Versteigerung zu erwerben.[41]

Dagegen besteht **kein Bereicherungsanspruch** gegen ihn: Die Ablieferung des bis dahin wirksam öffentlich beschlagnahmten Versteigerungsgutes an den Ersteher ist nicht nur formale Voraussetzung seines Eigentumserwerbs, sondern zugleich abschließender Rechtsgrund hierfür. Aufgrund der wirksamen Verstrickung und der in förmlicher Hinsicht ordnungsgemäßen Versteigerung war der Gerichtsvollzieher zur Eigentumsübertragung befugt. Der Ersteher, der in keiner rechtlichen Beziehung zum Gläubiger, zum Schuldner und zum Eigentümer der Pfandsache, sondern allein

---

36 Oben Rdn. 2.
37 Vergl. hierzu: BGH, NJW 1970, 191, 194; *Blomeyer*, § 51 IV; *Wahl*, JZ 1971, 715, 719.
38 BGHZ 74, 9 ff. (16).
39 BGHZ 74, 9 ff. (11, 19); *Lippross*, JA 1980, 16 und 53.
40 Siehe oben Rdn. 9.
41 BGH, NJW 1979, 162 f.

zum Staat, repräsentiert durch den Gerichtsvollzieher, steht, kann auch nicht mit Einreden aus dem Verhältnis dieser drei zueinander belastet werden.

Herausgabeansprüche gegen den Ersteher aus § 985 BGB scheiden aufgrund seines wirksamen Eigentumserwerbs am Versteigerungsgut aus.

5. Gegen den Staat als Träger der Vollstreckung

a) Amtshaftung

Schadensersatzansprüche aus § 839 BGB i. V. mit **Art. 34 GG**, falls das Vollstreckungsorgan rechtswidrig und schuldhaft seine Amtspflichten im Rahmen der Vollstreckung gegenüber dem Dritteigentümer verletzt hat, so, wenn Sachen gepfändet wurden, die offensichtlich nicht im Eigentum des Schuldners standen,[42] oder wenn gleichzeitig der Gewahrsam des Dritten missachtet wurde.[43] Widerspricht ein Dritter gegenüber dem Gerichtsvollzieher der Sachpfändung, so ist der Gerichtsvollzieher nach § 136 Nr. 2 und 3 GVGA verpflichtet, den Widerspruch zu beurkunden, die Beteiligten zu unterrichten, den Dritten an den Pfändungsgläubiger zu verweisen und über die Möglichkeit der Drittwiderspruchsklage aufzuklären. Aus § 136 Nr. 2 und 3 GVGA folgt ferner die Amtspflicht des Gerichtsvollziehers, einen Dritten über eine Anschlusspfändung zu unterrichten, wenn der Dritte bereits der Erstpfändung gegenüber dem Gerichtsvollzieher widersprochen hatte. Wird durch eine schuldhafte Verletzung der Unterrichtungspflicht eine begründete Widerspruchsklage des Dritten vereitelt, ist ihm der Staat nach § 839 BGB i. V. auf Art. 34 GG zum Schadensersatz verpflichtet.[44] Auch im Zwangsversteigerungsverfahren bestehen Amtspflichten zum Schutze der Verfahrensbeteiligten,[45] mithin auch gegenüber denjenigen, welche nach § 9 Nr. 2 ZVG ein der Zwangsvollstreckung entgegenstehendes Recht angemeldet und auf Verlangen glaubhaft gemacht haben. Hierzu gehört nicht ein früherer Grundschuldgläubiger, der dieses Recht als Sicherheit einem seiner Gläubiger abgetreten hat.[46] Konnte der Dritte durch eine Erinnerung nach § 766 bzw. durch Erhebung der Drittwiderspruchsklage und gegebenenfalls Beantragung einstweiliger Maßnahmen die Verwertung seines Eigentums abwenden und hat er von dieser Möglichkeit vorwerfbar keinen Gebrauch gemacht (Verschulden gegen sich selbst), so entfällt die Ersatzpflicht des Staates (§ 839 Abs. 3 BGB). Im Übrigen kommen Ersatzansprüche gegen den Staat, falls das Vollstreckungsorgan nur fahrlässig gehandelt hat, erst in Betracht, wenn der Dritte seine möglichen Ersatzansprüche gegen die übrigen an der Vollstreckung beteiligten Personen (Gläubiger, Schuldner pp.) erfolglos ausgeschöpft hat (§ 839 Abs. 1 Satz 2 BGB).

16

b) Kein Anspruch auf Enteignungsentschädigung

Dagegen hat der Dritte gegen den Staat **keinen** Ersatzanspruch aus **Enteignung** oder enteignungsgleichem Eingriff (Art. 14 GG), falls er dadurch Schaden erleidet, dass seine Ersatzansprüche gegen die Beteiligten für das verlorene Eigentum nicht dem eingebüßten Sachwert entsprechen oder dass die Vollstreckung gegen sie fruchtlos verläuft.[47] Trotz des öffentlichen Interesses an der Durchführung der Zwangsvollstreckung durch den Staat an Stelle des anspruchsberechtigten Gläubigers wird das dem Dritteigentümer auferlegte Sonderopfer doch nicht für die Allgemeinheit, sondern allein zugunsten des Gläubigers erbracht.

17

---

42 BGH, LM § 808 Nr. 2; vergl. zu dieser Konstellation ferner § 808 Rdn. 5.
43 BGH, NJW 1957, 1877.
44 BGH, NJW-RR 2008, 338, 339 f. Rn. 16–18.
45 BGH, WM 2000, 1023. 1024.
46 BGH, WM 2001, 1711 m.Anm. *Brehm*, WuB IV A § 839 BGB 3.01.
47 BGHZ 32, 240, 246; BGH, WM 1967, 698 f.; *Gaul*, AcP 1973, 323, 326; *Stein/Jonas/Münzberg*, § 771 Rn. 79; für Ansprüche aus enteignungsgleichem Eingriff aber: *Marotzke*, NJW 1978, 133 ff.

§ 772 Drittwiderspruchsklage bei Verfügungsverbot

¹Solange ein Veräußerungsverbot der in den §§ 135, 136 des Bürgerlichen Gesetzbuchs bezeichneten Art besteht, soll der Gegenstand, auf den es sich bezieht, wegen eines persönlichen Anspruchs oder auf Grund eines infolge des Verbots unwirksamen Rechtes nicht im Wege der Zwangsvollstreckung veräußert oder überwiesen werden. ²Auf Grund des Veräußerungsverbots kann nach Maßgabe des § 771 Widerspruch erhoben werden.

Übersicht

	Rdn.			Rdn.
I. Anwendungsbereich der Vorschrift	1	1.	Vollstreckungserinnerung und sofortige Beschwerde........................	5
1. Relative gesetzliche Verfügungsverbote ..	1	2.	Drittwiderspruchsklage.............	6
2. Behördliche Veräußerungsverbote......	2	3.	Vollstreckungsabwehrklage..........	7
II. Grundgedanke der Vorschrift.........	3	V.	Anwendung in der Abgabenvollstreckung...........................	8
III. Wirkung des Verbotes aus Satz 1	4			
IV. Rechtsbehelfe.....................	5			

Literatur:
Eickmann, Das allgemeine Veräußerungsverbot nach § 106 KO und sein Einfluß auf das Grundbuch-, Vollstreckungs- und Zwangsversteigerungsverfahren, KTS 1974, 202 ff.; *Fahland*, Das Verfügungsverbot nach §§ 135, 136 BGB in der Zwangsvollstreckung, 1976; *Mainka*, Der Rückgriffsanspruch des Vergleichsbürgen im Liquidationsvergleich, KTS 1970, 12; *Raebel*, Verfügungshindernisse und Verfügungsbeschränkungen im Grundstücksverkehr, in *Lambert-Lang/Tropf/Frenz*, Handbuch der Grundstückspraxis 2. Aufl. 2005, Teil 5.

I. Anwendungsbereich der Vorschrift

1. Relative gesetzliche Verfügungsverbote

1 §§ 135, 136 BGB betreffen nur **relative**, d. h. nur dem Schutze bestimmter einzelner Personen dienende **Verfügungsverbote** (der im BGB gewählte Begriff des Veräußerungsverbotes ist nach allgemeiner Auffassung zu eng).[1] Für sie ordnet § 135 Abs. 1 Satz 2 BGB an, dass den rechtsgeschäftlichen Verfügungen solche im Wege der Zwangsvollstreckung oder der Arrestvollziehung gleichgestellt sind. Hieraus wiederum zieht § 772 eine vollstreckungsrechtliche Konsequenz: Solange das Verfügungsverbot gilt, soll der Dritte zwar nicht die Pfändung, wohl aber die Verwertung des Gegenstandes verhindern können, auf den das Verfügungsverbot sich bezieht.

Beispiele relativer gesetzlicher Verfügungsverbote, auf die § 135 BGB anwendbar wäre, finden sich im BGB selbst nicht.[2] Nicht zu verwechseln mit den in § 135 BGB angesprochenen Verfügungsverboten sind die im Gesetz zahlreich geregelten **absoluten** Verfügungsbeschränkungen (etwa in den §§ 1365 ff., 2211 BGB) oder Verfügungshindernisse (z. B. §§ 1643 ff. und 1804 ff. BGB). Ihre Überschreitung führt zur Unwirksamkeit gegenüber jedermann.[3] Bei Zwangsvollstreckung in ein Erbbaurecht entgegen §§ 5, 6, 8 ErbbauRG kann der Grundstückseigentümer nach § 771 ZPO und mit der Beschwerde vorgehen, um einen bestandskräftigen Zuschlag zu verhindern oder den gutgläubigen Zweiterwerb einer Zwangshypothek. Auch für die in den §§ 80, 81 InsO enthaltenen Verfügungsbeschränkungen, die über § 24 Abs. 1 InsO für die Verfügungsbeschränkungen nach § 21 Abs. 2 Nr. 2 InsO entsprechend gelten, kommt § 772 schon wegen ihrer absoluten Wirkung nicht in Betracht. Ein Verstoß gegen § 89 InsO kann vom Insolvenzverwalter mit der Erinnerung nach § 766 gerügt wer-

---

1 *Erman/A.Arnold*, §§ 135, 136 BGB Rn. 1; *Flume*, Allgemeiner Teil des Bürgerlichen Rechts, Bd. II, § 17, 6 e; *Jauernig*, §§ 135, 136 BGB Anm. 1; *Medicus*, Allgemeiner Teil des BGB, Rn. 664; *Palandt/Ellenberger*, §§ 135, 136 BGB Rn. 1; *Raebel*, in *Lambert-Lang/Tropf/Frenz*, Rn. 152 Punkt 3.
2 Wie hier *Medicus*, Allgemeiner Teil des BGB, Rn. 671; BGHZ 13, 184; a. A.: *Zöller/Herget*, § 772 Rn. 1 (zu § 1128 BGB); früher auch: RGZ 92, 398 und 93, 294 (zu § 719 BGB).
3 BGHZ 13, 184 im Hinblick auf § 719 BGB; vergl. auch *Raebel*, aaO Rn. 150 und 357, 358 (Übersichten).

den,[4] soweit nicht die sofortige Beschwerde gegeben ist.[5] Eine Abrede zwischen Dritten und Vollstreckungsschuldner, über den Pfandgegenstand nicht zu verfügen, hat nur schuldrechtliche Wirkung[6].

2. Behördliche Veräußerungsverbote

Praktische Bedeutung gewinnt § 135 BGB im Wesentlichen erst durch seine Bezugnahme in § 136 BGB. »Behördliche« Veräußerungsverbote i. S. dieser Vorschrift sind insbesondere die gerichtlichen aufgrund einstweiliger Verfügungen (§§ 935, 940, 938 Abs. 2) ergangenen Verfügungsverbote.

Obwohl auch die im Rahmen der Pfändung von Sachen, Forderungen und anderen Vermögensrechten sowie der Beschlagnahme von Grundstücken ausgesprochenen Verfügungsverbote nur relative Wirkung zugunsten der jeweiligen Vollstreckungsgläubiger haben (§ 829 Abs. 1, § 857 Abs. 1, §§ 23, 148 ZVG), also unter § 136 BGB fallen, gilt für sie dem Zweck der Norm entsprechend § 772 nur eingeschränkt: Das Gesetz lässt ausdrücklich die Mehrfachpfändung (§§ 826, 853) bzw. den Beitritt zum Versteigerungsverfahren zu (§ 27 ZVG). Der Schutz der Erstpfändenden ist durch die Rangfolge entsprechend dem Prioritätsprinzip (§ 804 Abs. 3, § 1209 BGB, § 10 ZVG) gewährleistet; er kann gegebenenfalls im Verteilungsverfahren mit der Widerspruchsklage nach § 878 erzwungen werden.[7]

II. Grundgedanke der Vorschrift

Für die typischen relativen Veräußerungsverbote (so §§ 935, 940, 938 Abs. 2) ist es kennzeichnend, dass sie nur für eine vorübergehende Zeit (»einstweilen«) erlassen sind, in der eine endgültige Klärung der möglichen Ansprüche bzw. Berechtigungen des Dritten stattfindet. Danach steht entweder fest, dass die Zwangsvollstreckung in den Gegenstand auf Dauer ausgeschlossen ist oder dass der Dritte sich zu Unrecht berühmt hat und dass das Verfügungsverbot aufzuheben ist. Wenn etwa dem gesetzlichen Erben ein Erbschein erteilt worden, dann aber auf Antrag eines angeblichen Testamentserben nach §§ 935, 938 Abs. 2 ein Verfügungsverbot über Nachlassgegenstände gegen ihn erlassen worden ist, so stellt sich am Ende des Streits der Erbprätendenten heraus, wem die Nachlassgegenstände zustehen. Ist zwischenzeitlich in einen Nachlassgegenstand von einem Gläubiger des gesetzlichen Erben vollstreckt worden, so wäre die Pfändung gem. §§ 135, 136 BGB dem Testamentserben gegenüber, solange das Veräußerungsverbot gilt, relativ unwirksam. Ein guter Glaube des Vollstreckungsgläubigers an das Nichtbestehen des Verfügungsverbotes wäre ohne Belang, da die §§ 932 ff., 892 BGB nur für rechtsgeschäftliche Verfügungen, nicht aber für Vollstreckungsakte gelten.[8] Da die Pfändung nur relativ unwirksam ist, im Übrigen aber wirksam, wäre der Fortgang der Vollstreckung nicht gehindert. In der Grundstückszwangsversteigerung könnte ein Ersteher den Nachlassgegenstand erwerben, ohne durch das relative Veräußerungsverbot gehindert zu sein, da nur die wirksame Verstrickung und der bestandskräftige Zuschlag, nicht aber auch ein Pfändungspfandrecht des Vollstreckungsgläubigers Legitimation der wirksamen öffentlich-rechtlichen Eigentumszuweisung durch das Vollstreckungsorgan an den Ersteher ist.[9] Stellt sich nachträglich heraus, dass der Testamentserbe der wahre Erbe ist, ist der Gegenstand bereits unwiederbringlich in fremden Händen. Es ist also nicht die Pfändung, die den Testamentserben in der Zeit des Schwebezustandes belastet, sondern nur die Gefahr der Verwertung der Sache. Sie muss deshalb vorläufig verhindert werden.

---

4 BGH, BGH-Report 2006, 1554, 1555; NZI 2008, 50; HK-InsO/*Kayser*, § 89 InsO Rn. 38; *Uhlenbruck*, § 89 InsO Rn. 42; *Häsemeyer*, Insolvenzrecht, Kap. 10, III 3.
5 BGH, NZI 2004, 447 f.
6 BGH, BGH-Report 2003, 50 zum Drittwiderspruch eines anderen Gesamtgläubigers bei Pfändung in ein Oder-Konto.
7 *Stein/Jonas/Münzberg*, § 772 Rn. 2; siehe auch BGHZ 135, 140, 143; BGHZ 172, 360.
8 RHZ 90, 335, 338; *Brox/Walker*, Rn. 1426; *Erman/A. Arnold*, §§ 135, 136 BGB Rn. 13; *Palandt/Ellenberger*, §§ 135, 136 BGB Rn. 9; *Stein/Jonas/Münzberg*, § 772 Rn. 7; a. A. MüKo-BGB/*Armbrüster*, § 135 BGB Rn. 49.
9 Vergl. Anh. § 771 Rdn. 1 und § 817 Rdn. 10; *Raebel*, aaO, Rn. 309 f.

§ 772 ZPO Drittwiderspruchsklage bei Verfügungsverbot

Hier nun setzt § 772 Satz 1 ein: Solange das Veräußerungsverbot der in den §§ 135, 136 BGB bezeichneten Art besteht (es muss also wirksam erlassen und darf nicht wieder aufgehoben sein), darf der Gegenstand, auf den es sich bezieht, zwar gepfändet werden, er **soll** aber nicht durch Versteigerung (§ 817), Eigentumszuweisung an den Gläubiger oder freihändigen Verkauf (als Formen besonderer Verwertung i. S. § 825), Zwangsversteigerung (§ 35 ZVG) verwertet oder, soweit es sich um eine Forderung oder ein sonstiges Vermögensrecht handelt, nach den §§ 835, 857 überwiesen werden mit der Gefahr eines Rechtsverlustes nach § 408 Abs. 2 BGB,[10] falls nicht die Vollstreckung wegen eines Rechts an der Sache erfolgt, das gegen den Dritten unabhängig vom Verfügungsverbot wirkt (z. B. Zwangsvollstreckung aus einer Hypothek, die schon vor dem Verfügungsverbot am Grundstück bestellt war).

III. Wirkung des Verbotes aus Satz 1

4   Es handelt sich um eine Ordnungsvorschrift, deren Nichtbeachtung nicht zur Nichtigkeit etwa doch durchgeführter Verwertungsmaßnahmen führt. Das Vollstreckungsorgan verletzt allerdings seine Amtspflichten, wenn es ein ihm bekanntgewordenes Verfügungsverbot i. S. der §§ 135, 136 BGB missachtet.

IV. Rechtsbehelfe

1. Vollstreckungserinnerung und sofortige Beschwerde

5   § 772 Satz 1 schützt weitergehend als das Verbot nicht allein den Dritten, sondern auch den Schuldner vor einem verbotsbedingt ungünstigen Verwertungsergebnis. Die Vorschrift wäre sonst überflüssig. Deshalb kann außer dem Dritten der Schuldner ihre Nichtbeachtung mit der Erinnerung gem. § 766 rügen.[11] Auch der Insolvenzverwalter des Schuldners kann bei Verletzung eines unter § 772 Satz 1 fallenden Verfügungsverbotes zur Erinnerung befugt sein.[12] Der Gläubiger, der den Bestand oder die Wirksamkeit des Verfügungsverbotes bestreitet und deshalb die Ablehnung der Verwertung als zu Unrecht erfolgt ansieht, kann seinerseits mit der Erinnerung nach § 766 Abs. 2 bzw. mit der sofortigen Beschwerde gem. § 11 RPflG, § 793 vorgehen.

2. Drittwiderspruchsklage

6   Der Dritte kann darüber hinaus gem. Satz 2 das Veräußerungsverbot mit der Drittwiderspruchsklage gem. § 771 geltend machen. Der Antrag muss dahingehen, die Veräußerung im Wege der Zwangsvollstreckung oder der Überweisung (nicht auch die Pfändung) für unzulässig zu erklären. Entsprechend hat im Fall des Erfolges der Tenor der Entscheidung zu lauten.

3. Vollstreckungsabwehrklage

7   Hatte die Klage Erfolg und wurde dementsprechend die Verwertung des Gegenstandes für unzulässig erklärt, so kann der Gläubiger, wenn das Veräußerungsverbot später entfällt, der Dritte der Fortsetzung der Zwangsvollstreckung aber nicht zustimmt, mit einer Abwehrklage entsprechend § 767 der Fortwirkung des Urteils nach §§ 772, 771 entgegentreten.[13]

V. Anwendung in der Abgabenvollstreckung

8   Gem. § 262 Abs. 1 AO gilt die Vorschrift auch im Rahmen der Abgabenvollstreckung.

---

10   Vergl. BGHZ 172, 278.
11   *Baumbach/Lauterbach/Hartmann*, § 772 Rn. 6; *Zöller/Herget*, § 772 Rn. 3; a. A. OLG Hamburg, MDR 1966, 515; *Brox/Walker*, Rn. 1426; *Gaul/Schilken/Becker-Eberhard*, § 41 Rn. 23; *Stein/Jonas/Münzberg*, § 772 Rn. 10.
12   OLG Frankfurt, Beschl. v. 27.04.2000 – 26 W 169/99, juris.
13   *Gaul/Schilken/Becker-Eberhard*, § 41 Rn. 122; *Stein/Jonas/Münzberg*, § 772 Rn. 13; *Zöller/Herget*, § 772 Rn. 3.

§ 773 Drittwiderspruchsklage des Nacherben

¹Ein Gegenstand, der zu einer Vorerbschaft gehört, soll nicht im Wege der Zwangsvollstreckung veräußert oder überwiesen werden, wenn die Veräußerung oder die Überweisung im Falle des Eintritts der Nacherbfolge nach § 2115 des Bürgerlichen Gesetzbuchs dem Nacherben gegenüber unwirksam ist. ²Der Nacherbe kann nach Maßgabe des § 771 Widerspruch erheben.

Übersicht

	Rdn.		Rdn.
I. Grundgedanken der Vorschrift	1	IV. Anwendung in der Abgabenvollstreckung	4
II. Rechtsbehelfe	2	V. Entsprechende Anwendung	5
III. Keine Anwendung im Rahmen der von Miterben betriebenen Teilungsversteigerung	3		

I. Grundgedanken der Vorschrift

Um den Nachlass nicht aushöhlen zu lassen, bevor er dem Nacherben zufällt, bestimmt § 2115 Satz 1 BGB, dass Verfügungen über einen Erbschaftsgegenstand, die im Wege der Zwangsvollstreckung oder der Arrestvollziehung oder durch den Insolvenzverwalter erfolgten, im Fall des Eintritts der Nacherbfolge insoweit unwirksam sind, als sie das Recht des Nacherben vereiteln oder beeinträchtigen würden. Ausgenommen von dieser Regelung sind nach § 2115 Satz 2 BGB Vollstreckungsakte von Nachlassgläubigern (die ja auch der Nacherbe aus dem Nachlass befriedigen müsste) und solchen Gläubigern, die aus Rechten am Nachlassgegenstand vollstrecken, die im Fall des Eintritts der Nacherbfolge dem Nacherben gegenüber wirksam sind (z. B. Pfandrecht am Nachlassgegenstand oder Hypothek am zum Nachlass gehörigen Grundstück).[1] Ähnlich wie bei den in § 772 angesprochenen relativen Veräußerungsverboten bedarf die materiellrechtliche Regelung einer verfahrensrechtlichen Ergänzung, weil im Fall einer Versteigerung im Wege der Zwangsvollstreckung trotz der unwirksamen Pfändung das Eigentum an den Nachlassgegenständen durch das Vollstreckungsorgan auf den Ersteher übertragen werden könnte,[2] da § 2115 Satz 1 BGB die wirksame öffentlich-rechtliche Beschlagnahme (Verstrickung) und Bestandskraft des Zuschlags nicht hindert. § 773 löst das Problem in der gleichen Weise wie § 772: Der Nachlassgegenstand darf zwar gepfändet werden, seine Verwertung zugunsten des Gläubigers ist aber untersagt[3]. Für die Insolvenz enthält § 83 Abs. 2 InsO eine vergleichbare Regelung.

1

II. Rechtsbehelfe

Hinsichtlich der **Wirkung** der Norm und der **Rechtsbehelfe** im Fall ihrer Nichtbeachtung kann in vollem Umfang auf das zu § 772 Dargestellte verwiesen werden.[4]

2

III. Keine Anwendung im Rahmen der von Miterben betriebenen Teilungsversteigerung

Die Vorschrift ist **nicht** anwendbar auf die Teilungsversteigerung zum Zwecke der Auseinandersetzung unter Mitvorerben (§§ 180 ff. ZVG).[5] Der Nacherbe kann ihr nicht widersprechen. Der im Grundbuch eingetragene Nacherbenvermerk hindert die Versteigerung nicht.

3

---

1 Im Fall der Befreiung des Vorerben nach § 2136 BGB können diese Rechte auch, soweit § 2113 Abs. 2 BGB beachtet ist, vom Vorerben bestellt sein: RGZ 133, 264; *Erman/M. Schmidt*, § 2115 BGB Rn. 5.
2 Siehe § 772 Rdn. 3; *Raebel* in *Lambert-Lang/Tropf/Frenz*, Rn. 307.
3 BGHZ 110, 176, 178, 182.
4 Siehe dort Rdn. 4–7; vergl. ferner: *Brox/Walter*, Erbrecht, Rn. 353; *Gaul/Schilken/Becker-Eberhard*, § 21 Rn. 54 bis 57.
5 BayObLGZ 65, 212; OLG Hamm, NJW 1969, 516; *Erman/M. Schmidt*, § 2115 BGB Rn. 2; *Jauernig/Stürner*, § 2115 BGB Anm. 4; MüKo/*K. Schmidt/Brinkmann*, § 773 Rn. 2; *Palandt/Edenhofer*, § 2115 BGB Rn. 3; *Raebel*, aaO Rn. 123 a. E.

IV. Anwendung in der Abgabenvollstreckung

4 Gem. § 262 Abs. 1 AO gilt die Vorschrift auch im Rahmen der Abgabenvollstreckung.

V. Entsprechende Anwendung

5 Rechtsähnlich zu § 2115 BGB sind die besitzlosen Anwartschaftsrechte bei aufschiebend oder auflösend bedingter Einigung.[6] Sie sollten deshalb entsprechend § 773 geschützt sein.

---

6 Siehe § 771 Rdn. 20 a. E.

§ 774 Drittwiderspruchsklage des Ehegatten

Findet nach § 741 die Zwangsvollstreckung in das Gesamtgut statt, so kann ein Ehegatte nach Maßgabe des § 771 Widerspruch erheben, wenn das gegen den anderen Ehegatten ergangene Urteil in Ansehung des Gesamtgutes ihm gegenüber unwirksam ist.

Übersicht	Rdn.		Rdn.
I. Zweck der Norm	1	III. Abgabenvollstreckung	3
II. Widerspruchsklage	2		

I. Zweck der Norm

Die Vorschrift ergänzt §§ 741, 744a:[1] Auch wenn das Vollstreckungsorgan sorgfältig die Voraussetzungen der Vollstreckung in das Gesamtgut (bzw. gemeinschaftliche Eigentum) aus einem gegen den Ehegatten gerichteten Titel, der das Gesamtgut nicht verwaltet, der aber selbstständig ein Erwerbsgeschäft führt,[2] geprüft hat,[3] kann es oft doch nicht übersehen, ob das Gesamtgut auch tatsächlich – und nicht nur dem äußeren Schein nach – materiellrechtlich für die titulierte Schuld haftet. Die Haftung kann etwa ausgeschlossen sein, wenn es sich bei der angeblichen Geschäftsschuld um eine Privatverbindlichkeit des nicht verwaltenden Ehegatten handelt, wenn die Zustimmung zum Betrieb des Erwerbsgeschäfts nur deshalb nicht verweigert wurde, weil der verwaltende Ehegatte hiervon keine Kenntnis hatte oder wenn im Zeitpunkt des Rechtshängigwerdens der dem Titel zugrunde liegenden Klage bereits der Einspruch oder Widerspruch gegen das Erwerbsgeschäft im Güterrechtsregister eingetragen war, der verwaltende Ehegatte dies dem Vollstreckungsorgan aber nicht nachweist.[4] In diesen Fällen gibt § 774 dem verwaltenden Ehegatten die Möglichkeit, die fehlende Haftung des Gesamtguts mit einer Widerspruchsklage nach Maßgabe des § 771 geltend zu machen.[5]

II. Widerspruchsklage

Hinsichtlich der Zulässigkeit der Klage im Allgemeinen gilt das zu § 771 Ausgeführte[6] entsprechend. Die Widerspruchsklage ist keine Familiensache,[7] auch wenn der Vollstreckungstitel, der Grundlage der Zwangsvollstreckung ist, seinerseits eine Familiensache betrifft,[8] weil die Einwendungen aus den §§ 741, 744a im Vollstreckungsrecht wurzeln.

Im Rahmen der Begründetheit der Klage kann der Gläubiger, dem entgegengehalten wird, der Einspruch oder Widerspruch gegen das Erwerbsgeschäft sei rechtzeitig im Güterrechtsregister eingetragen gewesen, seinerseits einwenden, der verwaltende Ehegatte habe aber dem Einzelgeschäft, das dem Titel zugrunde liegt, zugestimmt.[9]

III. Abgabenvollstreckung

Gem. § 262 Abs. 1 AO gilt die Vorschrift auch im Rahmen der Abgabenvollstreckung.

---

1 Siehe dort insbesondere Rdn. 5 und 6.
2 Siehe insoweit § 741 Rdn. 2.
3 Zum Prüfungsumfang siehe § 741 Rdn. 3.
4 Siehe hierzu § 741 Rdn. 3.
5 Zur Möglichkeit, im Einzelfall auch nach § 766 vorgehen zu können, siehe § 741 Rdn. 3 und *Stein/Jonas/ Münzberg*, § 774 Rn. 2.
6 Siehe dort Rdn. 3, 10–13.
7 BGH, NJW 1979, 929; BGH, NJW 1985, 3066, 3067 (zur Abgrenzung); zweifelnd MüKo/*K. Schmidt/ Brinkmann* § 774 Rn. 5; a. A. *Prütting/Gehrlein/Scheuch*, § 774 Rn. 3; Hk-ZV/*Handke*, § 774 Rn. 6.
8 Vergl. § 771 Rdn. 11.
9 MüKo/*K. Schmidt/Brinkmann*, § 774 Rn. 4; *Zöller/Herget*, § 774 Rn. 1.

§ 775 Einstellung und Beschränkung der Zwangsvollstreckung

Die Zwangsvollstreckung ist einzustellen oder zu beschränken:
1. wenn die Ausfertigung einer vollstreckbaren Entscheidung vorgelegt wird, aus der sich ergibt, dass das zu vollstreckende Urteil oder seine vorläufige Vollstreckbarkeit aufgehoben oder dass die Zwangsvollstreckung für unzulässig erklärt oder ihre Einstellung angeordnet ist;
2. wenn die Ausfertigung einer gerichtlichen Entscheidung vorgelegt wird, aus der sich ergibt, dass die einstweilige Einstellung der Vollstreckung oder einer Vollstreckungsmaßregel angeordnet ist oder dass die Vollstreckung nur gegen Sicherheitsleistung fortgesetzt werden darf;
3. wenn eine öffentliche Urkunde vorgelegt wird, aus der sich ergibt, dass die zur Abwendung der Vollstreckung erforderliche Sicherheitsleistung oder Hinterlegung erfolgt ist;
4. wenn eine öffentliche Urkunde oder eine von dem Gläubiger ausgestellte Privaturkunde vorgelegt wird, aus der sich ergibt, dass der Gläubiger nach Erlass des zu vollstreckenden Urteils befriedigt ist oder Stundung bewilligt hat;
5. wenn ein Einzahlungs- oder Überweisungsnachweis einer Bank oder Sparkasse vorgelegt wird, aus dem sich ergibt, dass der zur Befriedigung des Gläubigers erforderliche Betrag zur Auszahlung an den Gläubiger oder auf dessen Konto eingezahlt oder überwiesen worden ist.

Übersicht	Rdn.			Rdn.
I. Allgemeines	1	4.	Nr. 4	10
II. Begriffe	4	5.	Nr. 5	11
1. Einstellung	4	IV.	Durchführung der Einstellung bzw.	
2. Beschränkung	5		Beschränkung der Zwangsvollstreckung	12
3. Aufhebung	6	V.	Fortsetzung der Zwangsvollstreckung	13
III. Die einzelnen Fälle	7	VI.	Rechtsbehelfe	14
1. Nr. 1	7	1.	Fortgesetzte Zwangsvollstreckung	14
2. Nr. 2	8	2.	Eingestellte Zwangsvollstreckung	15
3. Nr. 3	9			

Literatur:
Blumenröder, Die Aufhebung der Zwangsvollstreckung in bewegliche Sachen samt daraus folgenden Einzelfragen, Diss. Köln 1953; *Brehm*, Ändern sich gesetzliche Entscheidungszuständigkeiten durch Treu und Glauben?, JZ 1978, 262; *ders.*, Ein Jahr 2. Zwangsvollstreckungsnovelle, Teil I, Jur Büro 2000, 117; *ders.*, Einstellung durch den Gerichtsvollzieher gem. §§ 775 Nr. 4 und 5, 776, JurBüro 1996, 175; *Drischler*, Neuere Rechtsprechung zum Zwangsversteigerungs- und Zwangsverwaltungsrecht, KTS 1975, 283; *Fink*, Auswirkungen einer prozeßrichterlichen Einstellung der Zwangsvollstreckung auf den Drittschuldner, MDR 1998, 1272; *Kirberger*, Vollstreckungsverfahren nach Ein-

stellung der Zwangsvollstreckung durch das Prozeßgericht, Rpfleger 1976, 8; *Lehr*, Das Erlöschen der Vollstreckbarkeit, Diss. Frankfurt 1968; *ders.*, Die Einstellung der Zwangsvollstreckung nach §775, die Herausgabevollstreckung bei Dritteigentum, die Pfändung des Vollstreckungsanspruchs und sonstige Einzelfragen, DGVZ 1975, 97; *Noack*, Die vorläufige Einstellung und die Fortsetzung der Zwangsvollstreckung gem. §775 Ziff. 4 u. 5, DGVZ 1976, 149; *Scheld*, Vollstreckung übergeleiteter Urteilsforderungen (§§775, 776), DGVZ 1984, 49; *Schmidt – von Rhein*, Die Hinterlegung der vom Schuldner entgegengenommenen Sicherheitsleistung durch den Gerichtsvollzieher, DGVZ 1981, 145; *ders.*, Zur analogen Anwendung der §§775, 815 bei der Pfändung titulierter Ansprüche., DGVZ 1988, 65; *Schneider*, Einstellung wegen ungerechtfertigter Kostenvollstreckung aus dem Vollstreckungsbescheid, DGVZ 1977, 129; *ders.*, Zahlungsnachweis »nach Erlaß des Urteils« (§775 Nr. 4, 5) im Mahnverfahren, JurBüro 1978, 172; *Schumacher*, Bruttolohn-Urteile und ihre Vollstreckung, BB 1957, 440; *ders.*, Vollstreckungsbedenken gegen Bruttolohnurteile, AcP 1957, 300; *Sebode*, Die Einstellung der Zwangsvollstreckung nach §775, DGVZ 1964, 161; *Seip*, Sind die §§775, 776 änderungsbedürftig?, DGVZ 1972, 7; *Wieser*, Die Dispositionsbefugnis des Vollstreckungsgläubigers, NJW 1988, 665.

I. Allgemeines

Wird ein Urteil auf ein Rechtsmittel hin aufgehoben oder inhaltlich abgeändert, wird ein Titel im Rahmen einer Entscheidung nach §323 abgeändert oder wird die Zwangsvollstreckung aus einem Titel oder einer vollstreckbaren Ausfertigung oder in einen bestimmten Gegenstand für unzulässig erklärt (§§732, 766, 767, 768, 771), so benachrichtigt das entscheidende Gericht hiervon nicht selbst die Vollstreckungsorgane. Es kümmert sich in der Regel noch nicht einmal darum, ob die Vollstreckung aus dem Titel oder der Ausfertigung tatsächlich schon betrieben wird, soweit nicht ausnahmsweise der Vollstreckungsbeginn Zulässigkeitsvoraussetzung der Klage ist (wie bei §771).[1] Auch die Einstellung, Beschränkung oder einstweilige Einstellung der Zwangsvollstreckung wird dem Vollstreckungsorgan nur dann unmittelbar von Amts wegen bekannt, wenn es ausnahmsweise selbst über die Einstellung zu entscheiden hatte (z.B. Prozessgericht als Vollstreckungsorgan im Rahmen der §§887ff.; Einstellung durch den Rechtspfleger nach §765a Abs. 1 oder den Gerichtsvollzieher nach §765a Abs. 2).

Ähnlich ist die Situation, wenn der Schuldner, dem nachgelassen war, die Zwangsvollstreckung abzuwenden (z.B. nach §§711, 712), die diesbezüglichen Auflagen (Sicherheitsleistung oder Hinterlegung) erfüllt hat: Das Vollstreckungsorgan erhält hiervon nicht automatisch Kenntnis. Der ursprüngliche vollstreckbare Titel befindet sich weiterhin in der Hand des Gläubigers oder des von ihm ersuchten Vollstreckungsorgans. Vollstreckungsakte, die nach einer den Titel selbst oder seine Vollstreckbarkeit aufhebenden Entscheidung ergehen, sind nicht nichtig, sondern nur anfechtbar;[2] denn der äußere Schein einer ordnungsgemäßen Vollstreckung spricht zunächst für sie. Vollstreckungsakte, die vorher vorgenommen wurden, verlieren nicht von selbst ihre Wirksamkeit. Die Verstrickung muss zunächst weiter beachtet werden; der Schuldner darf keinesfalls selbst das Pfandsiegel entfernen; hierzu ist nur das staatliche Vollstreckungsorgan berechtigt.[3]

Die Umsetzung der oben genannten Entscheidungen in das Vollstreckungsverfahren zu regeln, ist Ziel der §775 Nr. 1–3, §776.

Darüber hinaus werden zwei Fälle des im Vollstreckungsverfahren selbst im Übrigen außerhalb des Anwendungsbereichs der §§887, 888[4] unbeachtlichen Erfüllungs- bzw. Stundungseinwandes angesprochen: Vollstreckungsauftrag einerseits und freiwillige Erfüllung andererseits können sich kreuzen. Der Gläubiger mag die Erfüllung noch nicht bemerkt oder das Vollstreckungsorgan noch nicht von ihr benachrichtigt haben (Fälle der nachlässigen Sachbehandlung durch den Verfahrensbevollmächtigten usw.). Weist der Schuldner hier mit der für das Vollstreckungsverfahren erforderlichen förmlichen Klarheit und inhaltlichen Sicherheit gegenüber dem Vollstreckungsorgan

---

1 Siehe dort Rdn. 13.
2 Näheres hierzu unten Rdn. 14; ferner LG Berlin, MDR 1975, 672.
3 OLG Oldenburg, MDR 1955, 300.
4 BGHZ 161, 67, 71; BGH, GuT 2005, 256; siehe auch §767 Rdn. 18.

die Erfüllung bzw. Stundung nach, wäre es unnötig kostentreibend, wenn er gezwungen wäre, eine gerichtliche Entscheidung über die einstweilige Einstellung der Zwangsvollstreckung (etwa nach § 769 Abs. 2) herbeizuführen, bis der Gläubiger das Vollstreckungsorgan förmlich zur Einstellung und Aufhebung der Zwangsvollstreckung anweist. Hier einen einfacheren und praktikableren Weg zu eröffnen, ist Ziel der § 775 Nr. 4–5, § 776.

3   Über §§ 775, 776 hinaus sind folgende Fälle der Einschränkung bzw. Einstellung der Zwangsvollstreckung durch das Vollstreckungsorgan denkbar

– Der Gerichtsvollzieher schiebt im Rahmen der Herausgabevollstreckung aus eigenem Recht gem. § 765a Abs. 2 die Wegnahme der Sache bis zu einer Woche auf;[5] oder er hinterlegt gepfändetes Geld vorläufig nach § 815 Abs. 2 Satz 1.
– Der Gläubiger beantragt seinerseits beim Vollstreckungsorgan, die Zwangsvollstreckung einzustellen oder gar aufzuheben. Die Vollstreckungsorgane sind an diesen Antrag gebunden, da eine Vollstreckung gegen den Willen des Gläubigers ausgeschlossen ist.[6] Die Einzelheiten regelt § 111 GVGA.
– Der Schuldner hat freiwillig die gesamte offene Schuld einschließlich der Kosten an den Gerichtsvollzieher gezahlt. Der Gerichtsvollzieher hat daraufhin die Zwangsvollstreckung einzustellen (§ 757, § 106 GVGA); zum Zeichen der endgültigen Einstellung erhält der Schuldner den Titel ausgehändigt.[7]
– Nach Übernahme des Vollstreckungsauftrages stellt der Gerichtsvollzieher fest, dass ein Teil der besonderen oder allgemeinen Vollstreckungsvoraussetzungen fehlt. Er hat die weitere Vollstreckung abzulehnen und die begonnene Vollstreckung einzustellen.
– Im Laufe des Versteigerungsverfahrens stellt sich heraus, dass bereits durch die Verwertung eines Teiles der gepfändeten Gegenstände die Vollstreckungsforderung einschließlich der Kosten getilgt ist. Der Gerichtsvollzieher hat sogleich die weitere Versteigerung einzustellen (§ 240 Nr. 6 GVGA).
– Der Vollstreckungsschuldner weist im Ermächtigungsverfahren zur Ersatzvornahme nach § 887 oder im Erzwingungsverfahren nach § 888 bei Gewährung des Gehörs (§ 891 Satz 2) dem Prozessgericht nach, dass er die geschuldete Handlung vorgenommen hat. Das Prozessgericht lehnt dann den gestellten Vollstreckungsantrag ab.[8]

II. Begriffe

1. Einstellung

4   **Eingestellt** ist die Zwangsvollstreckung, wenn sie nach ihrem Beginn aufgrund eines Entschlusses des Vollstreckungsorgans nicht fortgesetzt oder wenn sie gegen den Antrag des Gläubigers nicht eingeleitet wird. Die Zwangsvollstreckung **ruht** dagegen nur, wenn sie tatsächlich nicht weiterbetrieben wird, weil es zu ihrer Fortsetzung einer weiteren Initiative des Gläubigers bedürfte (z. B. Zahlung eines Vorschusses), die vorläufig ausbleibt.

2. Beschränkung

5   **Beschränkt** ist die Zwangsvollstreckung, wenn nur einzelne Vollstreckungsmaßnahmen eingestellt sind (etwa aufgrund vorläufigen Rechtsschutzes nach § 766 Abs. 1 Satz 2, § 732 Abs. 2 in einem Erinnerungsverfahren, in dem es um die Unpfändbarkeit einzelner Gegenstände nach § 811 geht), während die Zwangsvollstreckung im Übrigen in andere Gegenstände ungehindert weitergehen kann.

---

5 Siehe § 765a Rdn. 50.
6 Siehe Einführung Rdn. 58, Vor §§ 753–763 Rdn. 7 sowie § 753 Rdn. 8.
7 Siehe § 757 Rdn. 3.
8 BGHZ 161, 67, 71; BGH, GuT 2005, 256; siehe auch § 767 Rdn. 18.

3. Aufhebung

Aufgehoben ist die Zwangsvollstreckung, wenn eine bereits eingeleitete Vollstreckungsmaßnahme wieder rückgängig gemacht wird, das Pfandsiegel also z. B. entfernt, der Pfändungs- und Überweisungsbeschluss wieder aufgehoben wird. Die Aufhebung von Vollstreckungsmaßnahmen ist nicht in § 775, sondern erst in § 776 angesprochen.

III. Die einzelnen Fälle[9]

1. Nr. 1

Vollstreckungshindernde Entscheidungen. Hierunter fallen zunächst Urteile[10] und Beschlüsse, durch die der Vollstreckungstitel in der Sache aufgehoben wurde. Hierfür muss nicht schon die Vollstreckungsforderung ganz oder teilweise aberkannt werden, sondern es genügt ein für vorläufig vollstreckbar erklärtes Urteil, welches den vorläufig vollstreckbaren Titel aufhebt und die Sache an die Vorinstanz zurückverweist[11]. § 717 Abs. 1 bleibt unberührt[12]. Dies sind zum einen Urteile in der Rechtsmittelinstanz, im Nachverfahren nach einem Vorbehaltsurteil (§ 302 Abs. 4, § 600 Abs. 2), auf einen Einspruch gegen ein Versäumnisurteil oder einen Vollstreckungsbescheid hin (§§ 343, 700 Abs. 3), im Abänderungsverfahren (§ 323; § 238 FamFG),[13] oder im Wiederaufnahmeverfahren (§ 590),[14] Beschlüsse zur Aufhebung einstweiliger Anordnungen auf Unterhaltszahlung,[15] zum anderen aber auch Beschwerdeentscheidungen zu vollstreckbaren Beschlüssen (z. B. zu einem Beschluss nach § 887 Abs. 2), Urteile auf einen Widerspruch gegen einen durch Beschluss erlassenen Arrest oder eine durch Beschluss erlassene einstweilige Verfügung hin; außerdem Aufhebungen infolge veränderter Umstände (§§ 927, 936).[16] Wird ein Unterhaltsversäumnisbeschluss nach Einspruch des Schuldners aufrecht erhalten, dies aber nicht nach § 116 Abs. 3 Satz 2 FamFG für sofort wirksam erklärt, soll die Zwangsvollstreckung aus dem angefochtenen Beschluss nach § 775 Nr. 1 einzustellen sein[17]. Gemäß § 775 Nr. 1 ist des Weiteren zu verfahren, wenn ein die Wirkungslosigkeit des Urteils nach Klagrücknahme oder nach Erledigung der Hauptsache feststellender Beschluss (§ 269 Abs. 3 Satz 1, Abs. 4) vorgelegt wird. Hat das zuständige Prozessgericht in Zwangsvollstreckungsverfahren der §§ 887, 888, 890 ohnehin bereits Kenntnis von der Klagrücknahme oder uneingeschränkten Erledigung der Hauptsache, dürfen Vollstreckungsmaßnahmen aufgrund des wirkungslos gewordenen Titels gleichfalls nicht mehr getroffen werden.[18] Will der Gläubiger aus einem Unterlassungstitel für die Vergangenheit noch vollstrecken, muss er – was zulässig ist – seine Erledigungserklärung zeitlich entsprechend beschränken.[19] Umgekehrt kann nach gerichtlicher Erledigungsfeststellung ein Unterlassungstitel noch durch Ordnungsmittelfestsetzung vollstreckt werden, wenn sie vor der Erledigung begangene Verstöße ahndet[20]. Ferner gehören hierher Entscheidungen, durch die die vorläufige Vollstreckbarkeit des zu vollstreckenden Urteils aufgehoben wird. Dies sind insbesondere die Teilurteile (Vorabentscheidungen) nach § 718

---

9 Ihre Aufzählung ist abschließend: BGH, NJW 2008, 3640 Rn. 10; MDR 2011, 1202, 1203.
10 Nicht etwa schon die derartige Verfahren einleitenden Klageschriften usw.: VGH Mannheim, NVwZ-RR 1993, 447.
11 OLG Rostock, Urt. v. 4.4.2008 – 5 U 37/08 unter III., n. v.; *Zöller/Heßler*, § 538 Rn. 59.
12 *Hahn,* Die gesamten Materialien zur ZPO, zu §§ 640, 641 S. 442; BGH, NJW 2013, 3584 Rn. 17.
13 OLG Zweibrücken, FamRZ 1986, 376.
14 *Gottwald,* § 775 Rn. 6.
15 OLG Stuttgart, Rpfleger 1985, 199; OLG Koblenz, FamRZ 1985, 819; MüKo/*K. Schmidt/Brinkmann*, § 775 Rn. 12.
16 OLG Bremen, OLG-Report 2006, 108; LG Hamburg, Magazindienst 2003, 932.
17 BGH, NJW 2013, 3584 Rn. 21.
18 BGHZ 156, 335, 342 ff.; OLG Thüringen, InVo 2002, 386; OLG Frankfurt, OLG-Report 2000, 320; vgl. auch BGHZ 25, 60, 65 f. zu § 775 Nr. 2.
19 BGHZ 156, 335, 344; KG, KG-Report 2004, 92, 93.
20 BGH, WRP 2012, 829 Rn. 10.

Abs. 1, aber auch alle anderen die Vollstreckbarkeitserklärung im Titel aufhebenden oder abändernden Urteile (§ 717 Abs. 1). Schließlich fallen unter Nr. 1 die Urteile und Beschlüsse, durch die die Zwangsvollstreckung aus einem Titel schlechthin (§ 767)[21], aus einer vollstreckbaren Ausfertigung des Titels (§§ 732, 768), in einen bestimmten Gegenstand (§§ 766, 771) für unzulässig erklärt wurde sowie Beschlüsse, durch die die Zwangsvollstreckung endgültig eingestellt wurde (Beschlüsse in besonderen Einzelfällen nach § 765a Abs. 1, § 766).

Keine Entscheidung i. S. Nr. 1 sind Vergleiche, in denen der Vollstreckungstitel aufgehoben oder sein vollstreckbarer Inhalt reduziert wurde.[22] Das gilt auch für einen festgestellten Schuldenbereinigungsplan, der nach § 308 Abs. 1 Satz 2 InsO Vergleichswirkungen entfaltet[23]. Vergleichsausfertigungen können allenfalls als öffentliche Urkunden im Rahmen von Nr. 4 Bedeutung gewinnen. Der Vollstreckungsschuldner hat sonst nur die Wahl, aus dem Vergleich nach § 732 oder § 767 vorzugehen.

Die Entscheidungen im vorstehenden Sinne müssen **vollstreckbar sein,** sie müssen also in Beschlüssen i. S. von § 794 Nr. 3, in rechtskräftigen oder für vorläufig vollstreckbar erklärten Urteilen i. S. von § 704 Abs. 1 enthalten sein. Handelt es sich um ein Urteil, das den Vollstreckungstitel **in der Hauptsache** aufhebt oder abändert, das aber seinerseits nur gegen Sicherheitsleistung vorläufig vollstreckbar ist, so bedarf es im Rahmen des § 775 nicht des Nachweises der Sicherheitsleistung, da nach § 717 Abs. 1 die vorläufige Vollstreckbarkeit des Vollstreckungstitels bereits mit Urteilsverkündung entfallen ist. Handelt es sich dagegen um ein nur gegen Sicherheitsleistung vorläufig vollstreckbares Urteil, durch das die Zwangsvollstreckung für unzulässig erklärt wurde (§§ 767, 768, 771), so ist der Nachweis der Sicherheitsleistung erforderlich, wenn eine Einstellung oder Beschränkung der Zwangsvollstreckung erreicht werden soll.[24]

Die Ausfertigung der Entscheidung, die dem Vollstreckungsorgan vorgelegt wird, muss nicht ihrerseits mit einer Vollstreckungsklausel versehen sein; es genügt also eine einfache Ausfertigung, nicht aber eine bloße Abschrift.

Eine tatsächliche Vorlage der Entscheidung an das Vollstreckungsorgan ist nicht erforderlich, wenn die Entscheidung sich bereits in den Akten des Vollstreckungsorgans befindet. In diesen Fällen genügt eine Bezugnahme.

Ist durch ein Urteil gem. § 767 die Zwangsvollstreckung aus einer gerichtlichen Entscheidung für unzulässig erklärt worden, so erstreckt sich dieses Urteil nicht auch auf die im Vollstreckungstitel enthaltene Kostenentscheidung als Grundlage der Kostenfestsetzung.[25] Die Vorlage eines solchen Urteils könnte also nicht die weitere Zwangsvollstreckung aus dem Kostenfestsetzungsbeschluss, der auf der Grundlage des Vollstreckungstitels, auf den sich die Entscheidung gem. § 767 bezieht, ergangen war, hindern.

2. Nr. 2

8 Entscheidungen über die einstweilige Einstellung der Zwangsvollstreckung oder einer Vollstreckungsmaßregel oder über die Beschränkung der Vollstreckbarkeit dahin, dass die Vollstreckung nur gegen Sicherheitsleistung fortgesetzt werden darf. Hierunter fallen die eine spätere endgültige Entscheidung vorbereitenden Beschlüsse nach § 570 Abs. 2 und 3,[26] §§ 707, 719, 732 Abs. 2, § 766

---

21 Eine Beschränkung auf die »weitere« Vollstreckung ist bei Zahlungstiteln unschädlich: BGH, InVo 2006, 31, 32.
22 BayObLG, NJW-RR 1999, 506; OLG Hamm, NJW 1988, 1988; LG Itzehoe, SchlHA 2006, 205; MüKo/*K. Schmidt/Brinkmann*, § 775 Rn. 10; vgl. auch BGH, NJW-RR 2007, 1724, 1725 Rn. 11.
23 BGH, MDR 2011, 1202, 1203.
24 LG Bonn, MDR 1983, 850; *Gottwald*, § 775 Rn. 7.
25 BGH, NJW 1995, 3318.
26 Entspricht inhaltlich dem früheren § 572 Abs. 3.

Abs. 1 Satz 2, § 769, einstweilige Anordnungen in Urteilen nach §§ 767, 768, 771 bis zu deren Rechtskraft gem. § 770 sowie einstweilige Regelungen in Entscheidungen gem. § 765a Abs. 1. Auf die Vollstreckbarkeit dieser Entscheidungen kommt es nicht an, sodass hier nicht im Hinblick auf § 794 Nr. 3 die Streitfrage von Bedeutung ist, ob Beschlüsse nach §§ 707, 719, 769 mit der Beschwerde anfechtbar sind. Ist die einstweilige Einstellung der Zwangsvollstreckung von einer Sicherheitsleistung abhängig, so ist diese vor der Einstellung nachzuweisen. Darf umgekehrt nach der Entscheidung die Zwangsvollstreckung nur noch gegen Sicherheitsleistung fortgesetzt werden, ist sie sogleich einzustellen. Der Gläubiger muss dann die Sicherheitsleistung in der Form des § 751 Abs. 2 nachweisen, wenn er den Fortgang der Vollstreckung erreichen will. Ist die einstweilige Einstellung der Zwangsvollstreckung unabhängig vom Nachweis einer Sicherheitsleistung angeordnet worden, so wirkt diese Entscheidung unabhängig von ihrer Vorlage an das Vollstreckungsorgan sofort,[27] d. h. sobald die Entscheidung die Geschäftsstelle des Gerichts verlässt. Nachträgliche, in Unkenntnis der Einstellungsentscheidung[28] vorgenommene Vollstreckungsmaßnahmen sind unzulässig; allerdings sind dennoch etwaige Pfändungen nicht nichtig,[29] sondern nur anfechtbar und deshalb auf die Erinnerung des Schuldners hin wieder aufzuheben.[30] Der Drittschuldner kann in Kenntnis der einstweiligen Einstellung schon vor der Aufhebung nicht mehr nach § 836 Abs. 2 befreiend an den Vollstreckungsgläubiger leisten.[31] Dies ist keine Frage zu § 776, der nur Maßnahmen betrifft, die schon vor dem Einstellungsbeschluss vorgenommen waren. In Unkenntnis der Einstellung der Zwangsvollstreckung erwirkte Durchsuchungsanordnungen bleiben wirksam, wenn sie auch vorläufig nicht umgesetzt werden können.[32]

3. Nr. 3

Sicherheitsleistung zur Abwendung der Zwangsvollstreckung. Kann der Gläubiger in den Fällen des § 708 Nr. 4–11 ohne Sicherheitsleistung vollstrecken, so ist gem. § 711 dem Schuldner von Amts wegen eine Abwendungsbefugnis durch Sicherheitsleistung oder Hinterlegung einzuräumen; die gleiche Befugnis kann ihm auf Antrag gem. § 712 auch bei den übrigen nach §§ 708, 709 vorläufig vollstreckbaren Entscheidungen eingeräumt werden. Schließlich räumt § 720a Abs. 3 dem Schuldner gegen die Sicherungsvollstreckung eine Abwendungsbefugnis ein, falls sich der Gläubiger nicht doch seinerseits zur Sicherheitsleistung entschließt. Auf diese Fälle, die die Vollstreckbarkeit des Titels unmittelbar berühren, stellt Nr. 3 ab (im Gegensatz zur nur einstweiligen Einstellung der Zwangsvollstreckung in Nr. 2).[33] Der Nachweis der Sicherheitsleistung ist vom Schuldner in der gleichen Form zu führen, die auch dem Gläubiger nach § 751 Abs. 2 obliegt.[34] Dass eine Bürgschaft mit dem Zusatz erteilt wurde, sie erlösche, sobald die Veranlassung für die Sicherheitsleistung wegfalle, nimmt ihr nicht die Eigenschaft als Prozessbürgschaft. Auch ihre Vorlage in der entsprechenden Form genügt daher im Rahmen der Nr. 3.[35]

9

---

27 BGHZ 25, 60, 65; OLG Bremen, JurBüro 1962, 48; LG Berlin, MDR 1975, 672 und Rpfleger 1976, 26.
28 Kenntnis erlangt der Gerichtsvollzieher erst durch die Vorlage einer Ausfertigung der entsprechenden Entscheidung, nicht bereits durch die bloße Behauptung des Schuldners, eine solche Entscheidung läge vor: LG Görlitz, DGVZ 1999, 62.
29 MüKo/*K. Schmidt/Brinkmann*, § 775 Rn. 27; *Gaul/Schilken/Becker-Eberhard*, § 45 Rn. 29; *Stein/Jonas/Münzberg*, § 775 Rn. 27.
30 LG Berlin, Rpfleger 1976, 26; *Gottwald*, § 775 Rn. 8; MüKo/*K. Schmidt/Brinkmann*, § 775 Rn. 27.
31 BGHZ 140, 253, 256 f.; LAG Köln, Urt. v. 19.11.2003 – 7 Sa 646/03, juris; *Zöller/Stöber*, § 836 Rn. 8.
32 OLG Köln, OLGR 1994, 139.
33 LG Berlin, Rpfleger 1971, 322.
34 Siehe dort Rdn. 7, 8.
35 LG Mainz, JurBüro 2000, 269.

4. Nr. 4

10 Befriedigung des Gläubigers oder Stundung der Forderung: Materiellrechtliche Einwände gegen die zu vollstreckende Forderung sind vom Vollstreckungsorgan grundsätzlich nicht zu beachten. Wenn, wie in Nr. 4, hiervon Ausnahmen zugelassen sind, müssen diese eng gehandhabt werden: Der Nachweis der Befriedigung des Gläubigers muss in öffentlicher Urkunde (§ 415 Abs. 1), nicht nur öffentlich beglaubigter Privaturkunde enthalten sein[36] oder in einer vom Gläubiger ausgestellten, d. h. persönlich unterzeichneten Privaturkunde (§ 416). Die Quittung eines Dritten, an den der Schuldner an Stelle des Gläubigers geleistet hat, reicht nur, wenn an diesen Dritten kraft gesetzlicher Vorschrift zu zahlen war, so etwa bei sog. Bruttolohnurteilen[37] die Quittung des Finanzamtes wegen abgeführter Lohnsteuern, die Quittung der Sozialversicherungsbehörden wegen abgeführter Sozialversicherungsbeiträge u. ä.[38] Hierher zählt auch der Fall des Nachweises der Hinterlegung unter Verzicht auf die Rücknahme des hinterlegten Betrages im Fall der §§ 372, 376, 378 BGB durch Vorlage einer entsprechenden Bescheinigung der Hinterlegungsstelle.[39] Die Befriedigung des Gläubigers bzw. die Stundung der Forderung durch den Gläubiger muss **nach** Erlass des zu vollstreckenden Urteils (Verkündung bzw. im schriftlichen Verfahren Zustellung) oder nach Zustellung des Vollstreckungsbescheides[40] (§ 796 Abs. 2) erfolgt sein, bei anderen Titeln nach deren Errichtung.[41] Zahlungen zu einem früheren Zeitpunkt (z. B. im Fall des Wiederfindens einer verloren gegangenen Quittung) können nicht berücksichtigt werden. Als Befriedigung des Gläubigers kommt nicht nur die Zahlung an den Gläubiger (oder einen berechtigten Dritten) in Betracht, sondern auch jede andere Art der Erfüllung (Aufrechnung, Erlassvertrag, Verzicht seitens des Gläubigers).[42] Der Befriedigung des Gläubigers steht es gleich, wenn der Schuldner die titulierte Forderung hat pfänden und sich zur Einziehung überweisen lassen.[43] Ist die Forderung auf andere Weise als durch Befriedigung des Gläubigers erloschen, etwa die titulierte Kaufpreisforderung durch Rücktritt gem. § 13 VerbrKrG bzw. § 503 Abs. 2 BGB (in der Fassung des Schuldrechtsmodernisierungsgesetzes), so kann dies im Rahmen des § 775 Nr. 4 **nicht** berücksichtigt werden.[44] Der Schuldner muss in diesen Fällen nach § 767 vorgehen.

Weist der Schuldner nicht die vollständige, sondern nur die teilweise Befriedigung des Gläubigers nach, ist die Zwangsvollstreckung entsprechend zu beschränken.[45]

5. Nr. 5

11 Einzahlungs- oder Überweisungsnachweis einer Bank oder Sparkasse über Einzahlung des geschuldeten Betrages zur Auszahlung an den Gläubiger. Eine erweiternde Bestimmung für die Grundstückszwangsversteigerung betreffende Zahlungen an das Gericht enthält § 75 ZVG. Da die Bar-

---

36 MüKo/*K. Schmidt*, § 775 Rn. 18.
37 Vergl. BAG, DB 1964, 848; WM 1966, 758; DB 1979, 702.
38 AG Offenbach, DGVZ 1974, 141; LG Freiburg, Rpfleger 1982, 347; LG Braunschweig, DGVZ 1982, 42; AG Köln, DGVZ 1983, 157; LG Köln, DGVZ 1983, 158; LG Karlsruhe, InVo 2004, 334; *Brox/Walker*, Rn. 182; *Stein/Jonas/Münzberg*, § 775 Rn. 22.
39 AG Worms, DGVZ 1997, 60.
40 *Gaul/Schilken/Becker-Eberhard*, § 45 Rn. 19; MüKo/*K. Schmidt/Brinkmann*, § 775 Rn. 20; *Stein/Jonas/Münzberg*, § 775 Rn. 19; *Thomas/Putzo/Seiler*, § 775 Rn. 14; a. A. (nach Zustellung des Mahnbescheides; trotz § 700 Abs. 1): *E. Schneider*, JurBüro 1978, 172.
41 *Thomas/Putzo/Seiler*, § 775 Rn. 14.
42 LG Freiburg, MDR 1955, 299; *Noack*, DGVZ 1976, 150.
43 *Gaul/Schilken/Becker-Eberhard*, § 45 Rn. 19; *Stein/Jonas/Münzberg*, § 775 Rn. 20.
44 Wie hier: LG Münster, MDR 1964, 603; LG Bonn, NJW 1965, 1387; AG Bensberg, JurBüro 1969, 366; OLG Düsseldorf, DB 1978, 692; MüKo/*K. Schmidt/Brinkmann*, § 775 Rn. 19; *Stein/Jonas/Münzberg*, § 775 Rn. 21; *Zöller/Stöber*, § 775 Rn. 7; a. A. (Nr. 4 entsprechend anwendbar): LG Köln, MDR 1963, 688; LG Flensburg, JurBüro 1965, 323; AG Köln, JurBüro 1966, 69.
45 *Musielak/Lackmann*, § 775 Rn. 7; *Thomas/Putzo/Seiler*, § 775 Rn. 12.

einzahlungen bei der Postbank nach wie vor an den Schaltern der Deutschen Post AG erfolgen und diese die Quittung erstellt, muss eine derartige Postquittung als Nachweis genügen.[46] Soweit die Banken keine besonderen Überweisungsbescheinigungen erstellen, erbringt auch der Kontoauszug des Schuldners, auf dem die Abbuchung zugunsten des Kontos des Gläubigers verzeichnet ist, den Nachweis der Überweisung.[47] Die Kopie eines Überweisungsträgers weist keine Überweisung nach[48]. In jedem Fall muss die vorgelegte Bescheinigung zweifelsfrei ergeben, dass das Geld tatsächlich zur Auszahlung an den Gläubiger (oder einen berechtigten Dritten; vergl. Rdn. 10) angewiesen und entsprechend bar eingezahlt oder vom Konto des Schuldners abgebucht wurde. Vorstadien hierzu reichen nicht aus (Anweisung ohne Abbuchung; bloße Absendung eines Verrechnungsschecks u. ä.). Der Nachweis von Teilzahlungen führt zu einer entsprechenden Beschränkung der Zwangsvollstreckung.

Dass bei der Neufassung des Gesetzes die bisherige zeitliche Beschränkung, dass nach Erlass des Urteils ... eingezahlt ist, im Text entfallen ist, bedeutet nicht, dass nunmehr auch Altquittungen, die im Verfahren längst hätten vorgelegt werden können, dort aber vergessen oder nicht aufgefunden worden waren, von den Vollstreckungsorganen zu berücksichtigen sind. Dass auch in Ziff. 5 die nämliche zeitliche Beschränkung wie in Ziff. 4 gilt, folgt zum einen aus § 767 Abs. 2, zum anderen daraus, dass eine Differenzierung gegenüber Ziff. 4 keinerlei Sinn ergäbe.[49]

Im Einzelfall kann die materielle Prüfung eines ausreichenden Zahlungsnachweises Schwierigkeiten bereiten. So reicht, wenn sich der Schuldner vollstreckbar verpflichtet hat, die Zwangsvollstreckung wegen des letztrangigen Betrages einer Grundschuld zu dulden, zur Gläubigerbefriedigung die Zahlung dieses Teilbetrages aus, anders dagegen beim Ablösungsrecht des § 1142 BGB[50].

IV. Durchführung der Einstellung bzw. Beschränkung der Zwangsvollstreckung

Was das Vollstreckungsorgan zu veranlassen hat, damit die Zwangsvollstreckung vorläufig ruht (Einstellung) bzw. nur noch in eingeschränktem Rahmen fortgesetzt wird (Beschränkung), richtet sich im Einzelfall nach der jeweiligen Vollstreckungsart und dem Stand der Vollstreckung. Hat der Gerichtsvollzieher bisher nur einen Gegenstand gepfändet, aber die Verwertung noch nicht begonnen, so unterlässt er einfach weitere Aktivitäten. Sonst muss er je nach Verfahrensstand den festgesetzten Versteigerungstermin aufheben, die zur Zwangsräumung bestellten Fahrzeuge abbestellen usw. Der Rechtspfleger muss im Rahmen der Forderungspfändung den Drittschuldner benachrichtigen, damit dieser nicht freiwillig an den Gläubiger zahlt. Er darf jetzt, solange der Pfändungs- und Überweisungsbeschluss fortbesteht, nur noch an den Gläubiger und an den Schuldner gemeinsam zahlen.[51] Im Rahmen der Zwangsversteigerung muss der Rechtspfleger etwa den Versteigerungstermin aufheben oder, wenn die Einstellung erst nach dem Termin erfolgt, den Zuschlag versagen (§ 33 ZVG). Durch die bloße Einstellung werden bisherige Vollstreckungsmaßnahmen nicht unwirksam. Sie verpflichtet das Vollstreckungsorgan auch nicht zur Aufhebung dieser Maßnahmen. Die Aufhebung kommt vielmehr allein in den in § 776 genannten Fällen in Betracht. 12

Die Einstellung wirkt nur zulasten derjenigen Gläubiger, gegen die in den Fällen der Nrn. 1 und 2 die Entscheidung ergangen ist[52] oder die die Befriedigung bzw. Stundung gegen sich gelten lassen

---

46 Behr, JurBüro 2000, 120; Gottwald, § 775 Rn. 13.
47 Schuschke/Walker, 2. Zwangsvollstreckungsnovelle, § 775 Rn. 4; Thomas/Putzo/Seiler, § 775 Rn. 15; a. A. insoweit (Abbuchungsbeleg nicht ausreichend): Musielak/Lackmann, § 775 Rn. 10.
48 OLG Koblenz, ZInsO 2013, 2179, 2180.
49 Behr, JurBüro 2000, 121; Gottwald, § 775 Rn. 13; MüKo/K. Schmidt, § 775 Rn. 23; Musielak/Lackmann, § 775 Rn. 10; Schuschke/Walker, 2. Zwangsvollstreckungsnovelle, § 775 Rn. 3.
50 BGHZ 172, 37, Rn. 12 bis 15; vgl. auch BGHZ 108, 372, 378.
51 BGHZ 140, 253, 255 f.
52 LG Frankenthal, Rpfleger 1983, 162; a. A.: Gaul/Schilken/Becker-Eberhard, § 45 Rn. 6; Stein/Jonas/Münzberg, § 775 Rn. 28 f.

müssen. Andere Gläubiger können weiter vollstrecken. Umgekehrt wirkt sie auch nur zugunsten derjenigen Schuldner, die die Entscheidungen gem. Nr. 1 und 2 erwirkt haben oder denen Stundung bewilligt wurde (Nr. 3).[53]

V. Fortsetzung der Zwangsvollstreckung

13 In den Fällen der **Nrn. 1 und 2** kann der Gläubiger erst wieder die Fortsetzung der Zwangsvollstreckung **beantragen**, wenn die gerichtliche Entscheidung, auf der die Einstellung beruht, aufgehoben oder außer Kraft getreten ist. Der Gläubiger hat dem Vollstreckungsorgan die neue gerichtliche Entscheidung, die die Aufhebung ausspricht oder auf der das Außerkrafttreten beruht (Berufungsurteil, das in Abänderung der ersten Instanz die Klage nach § 767 abweist; abweisendes Urteil zu § 767, das die Entscheidung nach § 769 erledigt; die Erinnerung nach § 766 zurückweisender Beschluss, der die vorläufige Maßnahme nach §§ 766 Abs. 1 Satz 2, 732 Abs. 2 erledigt; usw.),[54] **nachzuweisen**. Nur im Ausnahmefall des § 769 Abs. 2 Satz 2 erfolgt nach einer Einstellung nach Nr. 2 von Amts wegen wieder die Fortsetzung der Zwangsvollstreckung.

Ist die Zwangsvollstreckung aus einem Titel für unzulässig erklärt worden, weil sie »zur Zeit« unzulässig sei, weil der Schuldner »gegenwärtig Einwendungen geltend machen könne«, und ist sie deshalb nach Nr. 1 einstweilen eingestellt worden, so kann aus dem Titel ohne neue gerichtliche Entscheidung dann weiter vollstreckt werden, wenn der Wegfall des Hindernisses durch öffentliche oder öffentlich beglaubigte Urkunden nachgewiesen wird.[55]

In den Fällen der **Nr. 3** kann der Gläubiger die Fortsetzung beantragen, wenn er entweder die Rechtskraft des Urteils (mit der die Abwendungsbefugnis automatisch entfällt) oder eine Entscheidung nachweist, durch die die Abwendungsbefugnis aufgehoben wurde. Ist nach **Nr. 4 und 5** eingestellt worden, kann der Gläubiger jederzeit Fortsetzung der Zwangsvollstreckung verlangen, wenn er seine Befriedigung oder die Stundung bestreitet.[56] Das Vollstreckungsorgan ist nicht berechtigt, von sich aus nachzuprüfen, ob doch Befriedigung eingetreten oder Stundung gewährt wurde. Hierzu ist es funktionell nicht zuständig. Der Streit muss vielmehr vor dem Prozessgericht im Rahmen einer Klage nach § 767 geklärt werden.

VI. Rechtsbehelfe

1. Fortgesetzte Zwangsvollstreckung

14 Verneint das Vollstreckungsorgan die Voraussetzungen des § 775 und setzt es deshalb die Zwangsvollstreckung fort, so steht dem Schuldner (oder dem betroffenen Dritten), je nachdem, welches Vollstreckungsorgan tätig wurde, die Erinnerung nach § 766 (Gerichtsvollzieher; Vollstreckungsmaßnahmen des Rechtspflegers), die sofortige Beschwerde nach § 11 RpflG, § 793 (Entscheidungen des Rechtspflegers), die sofortige Beschwerde nach § 793 (Prozessgericht) oder die Grundbuchbeschwerde nach § 71 GBO (Grundbuchamt) zu. In den Fällen der Nrn. 1 und 2 stehen diese Rechtsbehelfe dem Schuldner, falls er nicht seinerseits noch die Leistung einer Sicherheit nachzuweisen hat, auch dann zu, wenn das Vollstreckungsorgan die gerichtliche Entscheidung nicht kannte und deshalb noch nicht berücksichtigen konnte.[57] Denn die Vorlage der Entscheidung ist nicht Voraussetzung ihrer Wirksamkeit. Sie ist vielmehr von ihrem Erlass an zu beachten.

---

[53] KG, MDR 1967, 920.
[54] Siehe etwa LG Kiel, JurBüro 1959, 135.
[55] OLG Koblenz, Rpfleger 1985, 200 m.Anm. *Wolfsteiner* Rpfleger 1985, 449.
[56] OLG Hamm, NJW 1970, 1556; OLG Hamm, MDR 1973, 857 mit Anm. *Schneider*; OLG Frankfurt, MDR 1980, 63; OLG Hamm, DGVZ 1980, 154; LG Berlin, DGVZ 1985, 125; LG Trier, DGVZ 1978, 28; *Brox/Walker*, Rn. 184; *Gaul/Schilken/Becker-Eberhard*, § 45 Rn. 31; *Stein/Jonas/Münzberg*, § 775 Rn. 41; *Thomas/Putzo/Seiler*, § 775, Rn. 17; a. A. LG Mannheim, MDR 1967, 222; AG Groß-Gerau, MDR 1982, 943.
[57] Siehe auch oben Rdn. 9.

2. Eingestellte Zwangsvollstreckung

Wird die Zwangsvollstreckung eingestellt oder beschränkt, so stehen andererseits die Rdn. 14 genannten Rechtsbehelfe dem Gläubiger zu. Das Gleiche gilt, wenn sein Begehren nach Fortsetzung der Zwangsvollstreckung (oben Rdn. 13) zurückgewiesen wird. Hat er insoweit die Rechtsbehelfe erfolglos ausgeschöpft, muss er in den Fällen der Nrn. 4 und 5 gegebenenfalls auf Feststellung, dass der titulierte Anspruch nicht befriedigt, dass die Stundungsvereinbarung nicht wirksam ist, klagen.

§ 776 Aufhebung von Vollstreckungsmaßregeln

¹In den Fällen des § 775 Nr. 1, 3 sind zugleich die bereits getroffenen Vollstreckungsmaßregeln aufzuheben. ²In den Fällen der Nummern 4, 5 bleiben diese Maßregeln einstweilen bestehen; dasselbe gilt in den Fällen der Nummer 2, sofern nicht durch die Entscheidung auch die Aufhebung der bisherigen Vollstreckungshandlungen angeordnet ist.

Übersicht	Rdn.		Rdn.
I. Unterschiedliche Folgen der Einstellung bzw. Beschränkung der Zwangsvollstreckung nach § 775	1	1. Gerichtsvollzieher	2
		2. Vollstreckungsgericht	3
		3. Grundbuchamt	4
II. Aufhebung von Vollstreckungsmaßnahmen	2	4. Prozessgericht	5
		III. Rechtsbehelfe	6

Literatur:
Blumenröder, Die Aufhebung der Zwangsvollstreckung in bewegliche Sachen samt daraus folgenden Einzelfragen, Diss. Köln 1953; *Lutz*, Probleme der Pfandentstrickung, Diss. Kiel 1969.

I. Unterschiedliche Folgen der Einstellung bzw. Beschränkung der Zwangsvollstreckung nach § 775

1 Die Einstellung bzw. Beschränkung der Zwangsvollstreckung lässt die zuvor bereits bewirkten Vollstreckungsmaßnahmen zunächst unberührt. In den Fällen des § 775 Nr. 4 und 5 bleibt dies auch weiter so, bis der Gläubiger den Gerichtsvollzieher anweist, die bisherigen Vollstreckungsmaßnahmen aufzuheben oder bis der Schuldner eine gerichtliche Entscheidung i. S. Nr. 1 oder Nr. 2 nachschiebt,[1] oder bis der Gläubiger im Fall der Forderungs- oder Rechtspfändung in der Form des § 843 auf seine durch die Pfändung und Überweisung zur Einziehung erworbenen Rechte verzichtet oder der Gläubiger seinen Versteigerungsantrag bzw. Antrag auf Zwangsverwaltung zurücknimmt (§§ 29, 146 ZVG). In den Fällen der Nrn. 1 und 3 sind dagegen die bereits getroffenen Vollstreckungsmaßnahmen vom Vollstreckungsorgan sogleich aufzuheben[2] (Einzelheiten hierzu Rdn. 2–5), ohne dass es dazu einer besonderen Anweisung in der gerichtlichen Entscheidung (Nr. 1) oder durch den Gläubiger bedürfte. Gläubiger und Schuldner selbst sind ohne Ermächtigung durch den Gerichtsvollzieher[3] nicht berechtigt, das vom Gerichtsvollzieher angebrachte Pfandsiegel einfach einvernehmlich zu entfernen. In den Fällen der Nr. 2 bleiben die bisherigen Vollstreckungsmaßnahmen zunächst bestehen, wenn nicht in der Entscheidung deren Aufhebung angeordnet ist. Erst wenn der vorläufigen Entscheidung eine endgültige i. S. von Nr. 1 gefolgt ist, sind in jedem Fall auch die bis zur Entscheidung über die einstweilige Einstellung schon ergangenen Vollstreckungsmaßnahmen aufzuheben.

II. Aufhebung von Vollstreckungsmaßnahmen

1. Gerichtsvollzieher

2 Hatte der **Gerichtsvollzieher** einen Gegenstand gepfändet, so gibt er ihn, soweit er ihn schon in unmittelbarem Besitz hat, an den Schuldner zurück. Ist der Schuldner noch im Besitz des Gegenstandes, entfernt entweder der Gerichtsvollzieher selbst das Pfandsiegel oder ermächtigt hierzu den Schuldner (§ 171 Nr. 1 GVGA). Bis zu diesem Tätigwerden des Gerichtsvollziehers bleibt der Gegenstand öffentlich-rechtlich verstrickt.[4] Mit der Entfernung des Pfandsiegels oder der Rückgabe des entsiegelten Gegenstandes erlischt das Pfandrecht endgültig. Es lebt nicht wieder auf,

---

1 Vergl. LAG Düsseldorf, InVo 2006, 33.
2 BGH, BGH-Report 2005, 1619, 1620.
3 Siehe hierzu § 171 GVGA.
4 OLG Oldenburg, MDR 1955, 300.

wenn sich auf ein Rechtsmittel hin die Pfändung nach Ansicht des Rechtsmittelgerichts als zulässig erweist und in der Rechtsmittelentscheidung die ursprüngliche Entscheidung (die den Ausspruch nach Nr. 1 enthielt) aufgehoben wird.[5] Es muss vielmehr neu an nunmehr bereiter Stelle gepfändet werden.

2. Vollstreckungsgericht

Das Vollstreckungsgericht hebt jeweils durch Beschluss seine Vollstreckungsmaßnahmen auf. Der Beschluss ist sofort wirksam und hängt nicht von der formellen Rechtskraft der aufhebenden Entscheidung ab.[6] Mit der Aufhebung, nicht schon mit der der Aufhebung zu Grunde liegenden Entscheidung nach Nr. 1, erlischt das Pfändungspfandrecht.[7] Wird die Aufhebungsentscheidung später mit Erfolg angefochten, muss neu gepfändet werden. Das neue Pfandrecht entsteht an nunmehr bereiter Rangstelle, nicht automatisch im Rang des alten Pfandrechts.[8] Bei ungerechtfertigter Aufhebung einer Vorpfändung kann nur der Gläubiger dieselbe abermals ausbringen.[9] Um dem Gläubiger den Verlust des Pfandrechts durch eine unrichtige Aufhebungsentscheidung zu ersparen, kann das Vollstreckungsgericht in entsprechender Anwendung des § 570 Abs. 2 (früher § 572 Abs. 2) anordnen, dass die Aufhebungsentscheidung erst mit Rechtskraft wirksam sein solle.[10] Eine solche Anordnung ist jedenfalls immer dann zu empfehlen, wenn mit einer Abänderung der der Aufhebungsentscheidung zu Grunde liegenden Entscheidung nach Nr. 1 vernünftigerweise noch gerechnet werden kann.[11]

3

3. Grundbuchamt

Bestand die Vollstreckungsmaßnahme in der Eintragung einer Zwangshypothek, enthält § 868 eine Sonderregelung zu §§ 775, 776, die den Besonderheiten des Grundbuch- und Hypothekenrechts Rechnung trägt und deren Grundgedanke nicht verallgemeinert werden kann.[12]

4

4. Prozessgericht

Ist das Prozessgericht Vollstreckungsorgan, so kann ein Zwangsgeld nach § 888 oder Ordnungsgeld nach § 890 festsetzender Beschluss in der Regel nur so lange durch Beschluss nach § 776 wieder aufgehoben werden (das allerdings auch noch, wenn er bereits rechtskräftig geworden ist), wie nicht das Zwangs- bzw. Ordnungsgeld bereits beigetrieben ist.[13] Mit der Beitreibung ist die Zwangsvollstreckung beendet. Nach Beendigung der Zwangsvollstreckung kommt deren Aufhebung grundsätzlich nicht mehr in Betracht.

5

---

5 KG, MDR 1966, 512; BGHZ 66, 394; OLG Köln, NJW 1976, 1453.
6 BGHZ 66, 394, 395.
7 Wie hier: MüKo/*K. Schmidt/Brinkmann*, § 776 Rn. 7; *Stein/Jonas/Münzberg*, § 776 Rn. 4; a. A.: OLG Oldenburg, MDR 1955, 300; BAG, DB 1963, 420.
8 BGHZ 66, 394, 395; BGH, NJW-RR 2013, 765 Rn. 7; OLG Köln, NJW 1976, 113; MüKo/*K. Schmidt/Brinkmann*, § 776 Rn. 7.
9 OLG Jena, InVo 2001, 452; siehe § 845 Rdn. 11.
10 BGHZ 66, 394, 395; OLG Köln, Rpfleger 1986, 488; *Gaul/Schilken/Becker-Eberhard*, § 45 Rn. 41; *Zöller/Stöber*, § 776 Rn. 4.
11 OLG Saarbrücken, Rpfleger 1991, 513.
12 *Gaul/Schilken/Becker-Eberhard*, § 45 Rn. 38; *Stein/Jonas/Münzberg*, § 776 Rn. 4.
13 OLG Frankfurt, Rpfleger 1980, 199; OLG Koblenz, WRP 1983, 575; UWG-Großkommentar/*Jestedt*, § 13 UWG Rn. 74; *Gottwald*, § 776 Rn. 4; vergl. auch § 890 Rdn. 47 mit Hinweis auf mögliche Ausnahmen. A. A. aber (Aufhebungsbeschluss auch nach Beitreibung des Ordnungsgeldes noch möglich; Ordnungsgeld ist dann wieder zurückzuzahlen): OLG Hamm, GRUR 1990, 306; OLG Köln, OLGR 1992, 476; KG, KGR 1999, 339; OLG Zweibrücken, InVo 2000, 287.

III. Rechtsbehelfe

6 Gegen Maßnahmen oder die Ablehnung von Maßnahmen im Rahmen des § 776 durch den Gerichtsvollzieher steht den Beschwerten die Erinnerung nach § 766 zu. Der Rechtspfleger beim Vollstreckungsgericht als Vollstreckungsorgan trifft im Rahmen des § 776 immer Entscheidungen, sodass die Beschwerten immer nach § 11 RpflG, § 793 (sofortige Beschwerde) vorgehen müssen. Entscheidungen des Prozessgerichts sind mit der sofortigen Beschwerde gem. § 793 anzufechten.

§ 777 Erinnerung bei genügender Sicherung des Gläubigers

¹Hat der Gläubiger eine bewegliche Sache des Schuldners im Besitz, in Ansehung deren ihm ein Pfandrecht oder ein Zurückbehaltungsrecht für seine Forderung zusteht, so kann der Schuldner der Zwangsvollstreckung in sein übriges Vermögen nach § 766 widersprechen, soweit die Forderung durch den Wert der Sache gedeckt ist. ²Steht dem Gläubiger ein solches Recht in Ansehung der Sache auch für eine andere Forderung zu, so ist der Widerspruch nur zulässig, wenn auch diese Forderung durch den Wert der Sache gedeckt ist.

Übersicht	Rdn.		Rdn.
I. Zweck der Norm und Anwendungsbereich	1	b) Sicherungseigentum	5
II. Voraussetzungen	2	c) Pfandrecht an Forderungen	6
1. Bewegliche Sache des Schuldners im Besitz des Gläubigers	2	d) Zurückbehaltungsrechte	7
2. Pfandrecht oder Zurückbehaltungsrecht des Gläubigers	3	e) Pfändungspfandrecht und Arrestpfandrecht	8
a) Pfandrechte an beweglichen Sachen	4	3. Vollständige Sicherung der Vollstreckungsforderung	9
		III. Verfahren	10

I. Zweck der Norm und Anwendungsbereich

Die Vorschrift erweitert § 766 und dient einem ähnlichen Zweck wie § 803 Abs. 1 Satz 2: Es soll eine Übersicherung des Gläubigers, die den Schuldner unnötig wirtschaftlich einengt, vermieden werden. Während allerdings § 803 schon eine erstmalige Überpfändung von Anfang an verhindern will, gibt § 777 nur ein Widerspruchsrecht gegen eine erfolgte Pfändung mit dem Ziel ihrer Aufhebung. Andererseits ist der Anwendungsbereich des § 777 erheblich weiter: Er gilt nicht nur für die Zwangsvollstreckung in das bewegliche Vermögen, sondern für alle Arten der Vollstreckung wegen Geldforderungen, also auch für die Immobiliarvollstreckung.[1] Der Widerspruch gegen die Anordnung zur Eintragung in das Schuldnerverzeichnis nach § 882d dürfte jedoch der Erinnerung vorgehen[2].

II. Voraussetzungen

1. Bewegliche Sache des Schuldners im Besitz des Gläubigers

Der Gläubiger muss eine **bewegliche (körperliche) Sache** des Schuldners **in Besitz** haben. Es kann sich dabei um unmittelbaren Allein- oder Mitbesitz, aber auch um mittelbaren Besitz handeln. Letzterer muss allerdings so ausgestaltet sein, dass der Gläubiger auf die Sache zugreifen kann, ohne den Schuldner verklagen zu müssen (Dies wäre bei Sicherungseigentum, das aufgrund Besitzkonstituts im Besitze des Schuldners verblieben ist, nicht der Fall).[3] Denn nur dann, wenn der Gläubiger sich jederzeit problemlos aus bereits vorhandenen Sicherheiten befriedigen kann, ist es gerechtfertigt, ihm die Vollstreckung in das übrige Vermögen des Schuldners im Hinblick auf die vorhandene Befriedigungsmöglichkeit zu verwehren. Kein Besitz des Gläubigers an beweglichen Zubehörstücken wird durch ein bloßes Grundpfandrecht des Gläubigers am Grundbesitz des Schuldners, das sich auch auf diese Zubehörstücke erstreckt, begründet.[4]

---

1 Wie hier LG Stuttgart, Rpfleger 2000, 28; MüKo/*K. Schmidt/Brinkmann*, § 777 Rn. 2; *Zöller/Stöber*, § 777 Rn. 2; einschränkend LG Detmold, Rpfleger 1990, 432.

2 So BGH NJW-RR 2011, 1693 für den Einwand der Übersicherung im Offenbarungseidverfahren gemäß § 900 Abs. 4 Satz 1 aF.

3 OLG Bremen, Beschl. v. 25.1.1989 – 2 W 4/89, juris; *Stein/Jonas/Münzberg*, § 777 Rn. 4; MüKo/*K. Schmidt/Brinkmann*, § 777 Rn. 13.

4 So schon RGZ 98, 109; vergl. ferner *Zöller/Stöber*, § 777 Rn. 3.

2. Pfandrecht oder Zurückbehaltungsrecht des Gläubigers

3 An der in seinem Besitz befindlichen beweglichen Sache muss dem Gläubiger ein **Pfandrecht** oder ein **Zurückbehaltungsrecht** zustehen, das gerade wegen der Vollstreckungsforderung besteht und das den Gläubiger berechtigt, sich aus der Sache zu befriedigen.

a) Pfandrechte an beweglichen Sachen

4 Als **Pfandrechte** kommen in Betracht: das Vertragspfandrecht nach §§ 1204 ff. BGB, das gesetzliche Pfandrecht des Vermieters (§ 562 BGB n. F.),[5] des Verpächters (§ 583 BGB), des Gastwirts (§ 704 BGB), des Werkunternehmers (§ 647 BGB), des Kommissionärs (§ 397 HGB), des Frachtführers (§ 441 HGB), des Spediteurs (§ 464 HGB), des Lagerhalters (§ 475b HGB), soweit der Gläubiger am Gegenstand unmittelbaren Besitz hat oder der Gegenstand sich nach dem Willen des Gläubigers im unmittelbaren Besitz eines Dritten (z. B. zur Reparatur) befindet, der seinerseits zur Rückgabe an den Gläubiger verpflichtet ist.

b) Sicherungseigentum

5 Dem Pfandrecht gleichgestellt ist das **Sicherungseigentum**, wenn die Sache dem Gläubiger oder an einen Dritten, der zur Herausgabe an den Gläubiger bereit ist, zum Zwecke der Verwertung übergeben wurde. Nicht ausreichend ist es, dass der Gläubiger vom Schuldner den Gegenstand zur Verwertung herausverlangen kann, solange der Schuldner nicht freiwillig diesem Verlangen nachkommt.

c) Pfandrecht an Forderungen

6 Ein **Pfandrecht an einer Forderung** genügt auch dann **nicht,** wenn sie durch Orderpapier (Wechsel pp.) verpfändet werden kann (§ 1292 BGB).[6] Ausnahmsweise genügt das Pfandrecht an einer Forderung, wenn diese aus einer Hinterlegung resultiert und sich gegen den Staat richtet.[7] Hat der Schuldner dem Gläubiger aufgrund einer gerichtlichen Entscheidung oder im Rahmen des § 720a Sicherheit durch Hinterlegung von Geld geleistet, so ist das Geld Eigentum des Landes geworden (§ 7 Abs. 1 HinterlO), der Gläubiger hat aber nach § 233 BGB ein Pfandrecht an der Forderung auf Rückerstattung erworben. Ist der Titel vollstreckbar geworden, ohne dass der Schuldner die Vollstreckung noch unter Hinweis auf seine Sicherheitsleistung abwenden könnte, so kann der Gläubiger von der Hinterlegungsstelle unter Vorlage der entsprechenden Urkunden (Titel, Rechtskraftbescheinigung) unmittelbare Auszahlung der Sicherheit an sich verlangen (§ 13 Abs. 2 Nr. 2 HinterlO, §§ 378, 379 BGB).[8] Deshalb ist die Sicherheit, die das Pfandrecht an der auf die Rückzahlung von Geld gerichteten Hinterlegungsforderung bildet, der eines Pfandrechts an einer beweglichen Sache völlig ebenbürtig. Anderes gilt aber, wenn zur Abwendung der Vollstreckbarkeit Sicherheitsleistung durch selbstschuldnerische Bürgschaft erbracht wurde: Hier kann der Gläubiger nach Rechtskraft seines Titels zwar auch unmittelbar den Bürgen in Anspruch nehmen,[9] zahlt der Bürge aber nicht freiwillig, so muss der Bürge erst auf Leistung verklagt werden.

d) Zurückbehaltungsrechte

7 **Zurückbehaltungsrechte** an beweglichen Sachen können sich aus § 273 Abs. 2, §§ 972, 1000 BGB, 369 ff. HGB ergeben. Das Zurückbehaltungsrecht des Vermieters an der Mietkaution ist, obwohl

---

5 In der Fassung des Mietrechtsreformgesetzes vom 19.06. 2001, BGBl. I 2001, 1149.
6 Inhaberpapiere werden dagegen wie bewegliche, körperliche Sachen behandelt, § 1293 BGB.
7 *Stein/Jonas/Münzberg,* § 777 Rn. 6; ganz h. M.; einschränkend aber OLG Köln, OLGZ 1988, 214; noch erweiternd indessen: MüKo/*K. Schmidt/Brinkmann,* § 777 Rn. 7: Analoge Anwendung auch für private Treuhandguthaben, von denen der Gläubiger Geld ohne Zustimmung des Schuldners abheben kann.
8 Vergl. OLG Köln, OLGZ 1988, 214.
9 BGH, NJW 1978, 43.

es in der Regel nur durch Verweigerung der Zustimmung zur Auszahlung des Betrages durch das Kreditinstitut an den Schuldner ausgeübt wird, nicht durch körperliches Zurückhalten des Geldbetrages, dem Zurückbehaltungsrecht an beweglichen Sachen gleichzustellen.[10]

e) Pfändungspfandrecht und Arrestpfandrecht

Das Pfändungspfandrecht an beweglichen Sachen des Schuldners und ihm gleichstehend auch das Arrestpfandrecht sind **kein** Pfandrecht i. S. § 777.[11] Die Tatsache, dass der Gläubiger für die Vollstreckungsforderung bereits Pfändungspfandrechte erworben hat, ist vielmehr allein im Rahmen des § 803 Abs. 1 Satz 2 zu berücksichtigen.

3. Vollständige Sicherung der Vollstreckungsforderung

Die Vollstreckungsforderung muss durch den Wert der Sache voll, d. h. einschließlich Zinsen und Vollstreckungskosten, gedeckt sein. Sichert die Sache gleichzeitig auch noch eine andere Forderung als die Vollstreckungsforderung, so muss der Wert der Sache auch noch diese voll abdecken.

III. Verfahren

Der Widerspruch hindert das Vollstreckungsorgan zunächst nicht, die Vollstreckungsmaßnahme durchzuführen. Der Schuldner kann erst nachträglich die Entscheidung des Vollstreckungsgerichts gem. § 766 über seinen Widerspruch herbeiführen. Hinsichtlich des Verfahrensablaufes gilt das zu § 766 in Rdn. 18–23 Gesagte entsprechend.

Die Erinnerung ist zulässig, wenn die zu § 766 in Rdn. 24 genannten Voraussetzungen vorliegen. Sie ist begründet, wenn dem Gläubiger tatsächlich eines der oben in Rdn. 4–7 genannten Sicherungsrechte an **anderen** Vermögensgegenständen des Schuldners im Hinblick auf die Vollstreckungsforderung zusteht, das den in Rdn. 9 genannten Anforderungen genügt. Vollstreckt der Gläubiger in die Sache, an der er auch das Pfandrecht (Zurückbehaltungsrecht) hat (§ 809 1. Alt.), ist § 777 nicht einschlägig.[12] Darlegungs- und beweispflichtig nicht nur für das Bestehen des Rechts, sondern auch die hinreichende Wertigkeit, ist der Schuldner.

Zur Kostenentscheidung sowie zu den anfallenden Gebühren siehe § 766 Rdn. 43.

Gegen die Entscheidung nach § 766 über den Widerspruch kann die unterlegene Partei sofortige Beschwerde gem. § 793 einlegen.

Vor der Entscheidung können gem. § 766 Abs. 1 Satz 2 einstweilige Maßnahmen angeordnet werden.[13]

---

10 AG und LG München, DGVZ 1984, 77.
11 Wie hier *Zöller/Stöber*, § 777 Rn. 3 a. A.: *Stein/Jonas/Münzberg*, § 777 Rn. 3.
12 *Brox/Walker*, Rn. 354.
13 Einzelheiten § 766 Rdn. 47.

§ 778 Zwangsvollstreckung vor Erbschaftsannahme

(1) Solange der Erbe die Erbschaft nicht angenommen hat, ist eine Zwangsvollstreckung wegen eines Anspruchs, der sich gegen den Nachlass richtet, nur in den Nachlass zulässig.

(2) Wegen eigener Verbindlichkeiten des Erben ist eine Zwangsvollstreckung in den Nachlass vor der Annahme der Erbschaft nicht zulässig.

Übersicht	Rdn.		Rdn.
I. Allgemeines	1	II. Vollstreckung in den Nachlass vor Annahme der Erbschaft	2
1. Normzweck	1	III. Vollstreckung wegen Eigenverbindlichkeiten des Erben in den Nachlass......	3
2. Anwendungsbereich	2		
3. Erbschaftsannahme.............	2		
4. Nicht ausgeschlossene Ansprüche	2	IV. Rechtsmittel....................	4

Literatur:
siehe: Einführung Vor §§ 747–749: Zwangsvollstreckung in einen Nachlass.

I. Allgemeines

1. Normzweck

1 Zur Funktion der Norm im Rahmen der Regeln, die insgesamt bei der Zwangsvollstreckung in einen Nachlass zu beachten sind, siehe zunächst Vor §§ 747–749 Rdn. 1.

2. Anwendungsbereich

Die Vorschrift gilt für alle Arten der Zwangsvollstreckung in das Vermögen, auch für die Arrestvollziehung.[1]

3. Erbschaftsannahme

Der Erbe kann die Erbschaft ausdrücklich oder durch konkludentes Verhalten (z. B. Beantragung eines Erbscheines, Verkauf von Erbschaftsgegenständen; Geltendmachung von Erbschaftsansprüchen)[2] schon während der Ausschlagungsfrist (§ 1944 Abs. 1 und Abs. 3 BGB) annehmen (§ 1943, 1. Halbs. BGB). Mit dem Ablauf der Ausschlagungsfrist gilt die Erbschaft auch ohne jede Erklärung als angenommen (§ 1943, 2. Halbs. BGB).

4. Nicht ausgeschlossene Ansprüche

Ansprüche, die sich gegen den Nachlass richten, sind ausschließlich die Nachlassverbindlichkeiten i. S. des § 1967 Abs. 2 BGB, nämlich die vom Erblasser herrührenden Schulden (Erblasserschulden), die gerade mit dem Erbfall entstehenden Verbindlichkeiten (Erbfallschulden) und die durch die Abwicklung des Nachlasses entstehenden Schulden (Erbschaftsverwaltungsschulden). Im Gegensatz hierzu stehen die Eigenschulden des Erben, die unabhängig von der besonderen erbrechtlichen Stellung des Erben in dessen Person vor oder nach dem Erbfall entstanden sind.

II. Vollstreckung in den Nachlass vor Annahme der Erbschaft

2 Absatz 1 schließt die Zwangsvollstreckung in das Privatvermögen des Erben wegen Nachlassverbindlichkeiten, die nicht auch gleichzeitig Eigenschulden des Erben sind (z. B. gesamtschuldnerische

---

1 MüKo/*K. Schmidt/Brinkmann*, § 778 Rn. 3; *Zöller/Stöber*, § 778 Rn. 2.
2 Beispiele einer schlüssigen Annahme der Erbschaft: *Erman/D. Schmidt*, § 1943 BGB Rn. 4 ff; *Palandt/Weidlich*, § 1943 BGB Rn. 2. Zur Vorsicht bei der Annahme einer konkludenten Erbschaftsannahme: OLG Celle, OLGZ 1965, 30; OLG Köln, OLGZ 1980, 235.

Verbindlichkeiten des Erblassers und des Erben), aus. Er sagt aber nicht, welche Voraussetzungen erfüllt sein müssen, damit schon vor Annahme der Erbschaft durch die Erben seitens eines Nachlassgläubigers in den Nachlass vollstreckt werden kann. Drei Fälle kommen in Betracht: Ist der Titel schon gegen den Erblasser erwirkt worden und hatte die Zwangsvollstreckung gegen diesen auch bereits begonnen, so greift hinsichtlich der Fortsetzung der Vollstreckung nach dem Tode des Erblassers § 779 ein. War der Titel schon gegen den Erblasser erstritten, hatte die Zwangsvollstreckung gegen ihn aber noch nicht begonnen, so muss der Gläubiger zunächst gem. § 1961 BGB die Bestellung eines **Nachlasspflegers** zum Zwecke der Zwangsvollstreckung in den Nachlass beantragen. Gegen diesen muss er dann gem. § 727 Vollstreckungsklausel zum Titel gegen den Erblasser erwirken. Lag schließlich noch kein Titel gegen den Erblasser vor, muss ebenfalls Antrag nach § 1961 BGB gestellt werden, um dann einen Titel gegen den Nachlasspfleger zu erwirken (§ 1960 Abs. 3 BGB). Ein Prozess gegen den Erben ist dagegen vor Erbschaftsannahme nicht möglich (§ 1958 BGB), ebenso wenig kann gegen den Erben vor Erbschaftsannahme bereits Rechtsnachfolgeklausel zu einem Titel gegen den Erblasser erteilt werden. Der Bestellung eines Nachlasspflegers bedarf es nicht, wenn Testamentsvollstreckung oder Nachlassverwaltung angeordnet ist und der Testamentsvollstrecker (Nachlassverwalter) sein Amt schon angetreten hat (§§ 1984, 2213 Abs. 2 BGB).

III. Vollstreckung wegen Eigenverbindlichkeiten des Erben in den Nachlass

Sie ist vor Annahme der Erbschaft ausgeschlossen. Dadurch soll der (möglicherweise andere) wirkliche Erbe vor einer Aushöhlung des Nachlasses geschützt werden. Nach Annahme der Erbschaft haftet nicht nur das Eigenvermögen des Erben, sondern auch der Nachlass für Eigenverbindlichkeiten des Erben, falls der Erbe Alleinerbe ist oder der Nachlass bereits geteilt ist. Ansonsten ist § 747 zu beachten.

3

IV. Rechtsmittel

Im Fall der Nichtbeachtung des Abs. 1 kann der Erbe sowohl nach § 766[3] als auch mit der Drittwiderspruchsklage nach § 771 vorgehen. Wird Abs. 2 nicht beachtet, können neben dem Schuldner auch andere Nachlassgläubiger Erinnerung einlegen, da die Vorteile aus der Nichtbeachtung der Norm (Priorität) zu ihren Lasten gehen.

4

Zur Drittwiderspruchsklage sind neben dem vermeintlichen Erben auch der wahre Erbe und gegebenenfalls der Nachlasspfleger, Nachlassverwalter oder Testamentsvollstrecker befugt. Der Gläubiger, dessen Vollstreckungsantrag unter Berufung auf § 778 abgelehnt wurde, kann hiergegen je nach Vollstreckungsorgan Erinnerung nach § 766 Abs. 2 oder sofortige Beschwerde nach § 793 bzw. § 11 RpflG, § 793 einlegen.

---

3 Bedenken gegen die Anwendbarkeit des § 766 äußert MüKo/*K. Schmidt/Brinkmann*, § 778 Rn. 12; er stellt sie aber aus praktischen Erwägungen zurück und schließt sich letztlich der h. M. zur Anwendbarkeit des § 766 an: *Gottwald*, § 778 Rn. 8; *Musielak/Lackmann*, § 778 Rn. 5; *Stein/Jonas/Münzberg*, § 778 Rn. 3, 4; *Zöller/Stöber*, § 778 Rn. 11.

§ 779 Fortsetzung der Zwangsvollstreckung nach dem Tod des Schuldners

(1) Eine Zwangsvollstreckung, die zur Zeit des Todes des Schuldners gegen ihn bereits begonnen hatte, wird in seinen Nachlass fortgesetzt.

(2) ¹Ist bei einer Vollstreckungshandlung die Zuziehung des Schuldners nötig, so hat, wenn die Erbschaft noch nicht angenommen oder wenn der Erbe unbekannt oder es ungewiß ist, ob er die Erbschaft angenommen hat, das Vollstreckungsgericht auf Antrag des Gläubigers dem Erben einen einstweiligen besonderen Vertreter zu bestellen. ²Die Bestellung hat zu unterbleiben, wenn ein Nachlasspfleger bestellt ist oder wenn die Verwaltung des Nachlasses einem Testamentsvollstrecker zusteht.

Übersicht

	Rdn.		Rdn.
I. Zweck und Anwendungsbereich der Vorschrift	1	III. Rechtsbehelfe	3
II. Bestellung eines besonderen Vertreters (Abs. 2)	2	IV. Kosten und Gebühren	4

Literatur:
Hagena, Berichtigung des Grundbuchs durch Eintragung eines Verstorbenen, Rpfleger 1975, 389; *Mümmler*, nochmals: Fortsetzung der Zwangsvollstreckung nach § 779 Abs. 1, JurBüro 1976, 1445; *Noack*, Vollstreckung gegen Erben, JR 1969, 8; *Noack*, Vollstreckung gegen vom Titel nicht betroffene Dritte, JurBüro 1976, 1147; *Roth*, Zwangsvollstreckung und unbekannter Erbe des Schuldners, NJW-Spezial 2010, 551; *Schmidt*, Vergütung des gemäß § 779 bestellten Erbenvertreters, JurBüro 1962, 261; *Schüler*, Wann kann eine Zwangsvollstreckung gegen einen Schuldner nach dessen Tod in den Nachlaß ohne Titelumschreibung betrieben werden, JurBüro 1976, 1003; weitere Literaturhinweise vor I der Einf. Vor §§ 747–749.

I. Zweck und Anwendungsbereich der Vorschrift

1 Die Vorschrift beinhaltet eine gewisse Erleichterung gegenüber § 750: Hat die Zwangsvollstreckung schon zu Lebzeiten des Schuldners begonnen, so soll sie in den Nachlass (nicht in das Eigenvermögen des Erben; vergl. § 778 Abs. 1) ohne Rücksicht auf die Annahme der Erbschaft seitens des (der) Erben, ohne Rechtsnachfolgeklausel gegen den (die) Erben nach § 727[1] und ohne erneute Zustellung des Titels an die Erben fortgesetzt werden können. Diese Regelung gilt nicht nur für die einzelne konkrete Vollstreckungsmaßnahme, die bereits begonnen hatte (z. B. Pfändung einer bestimmten beweglichen Sache),[2] sondern auch für zusätzliche weitere Vollstreckungsmaßnahmen aus demselben Titel[3] (z. B. Antrag auf Zwangsversteigerung eines Nachlassgrundstücks, nachdem sich die noch zu Lebzeiten des Schuldners eingeleitete Mobiliarvollstreckung als unzureichend erwiesen hat).

Die Regelung betrifft aber nur Vollstreckungsmaßnahmen aus ein und demselben Titel, nicht aus weiteren Titeln gegen den nämlichen Schuldner, aus denen bisher noch nicht vollstreckt worden war. Das gilt auch für den Kostenfestsetzungsbeschluss, wenn gegen den verstorbenen Schuldner nur aus dem Titel zur Hauptsache vollstreckt worden war.[4] Die Vorschrift ist auf alle Arten der Zwangsvollstreckung **in den Nachlass,** also nicht auf Vollstreckungsmaßnahmen, die sich notwendigerweise gegen den Erben persönlich richten müssen (z. B. Abnahme der Vermögensauskunft, Haft als Ordnungsmittel) anwendbar. Geht es bei der Vollstreckung nicht um eine Befriedigung aus dem Nachlass, sondern um eine Einflussnahme auf den Willen des Schuldners (Zwangsgeld nach

---

1 Vergl. BGHZ 182, 293 Rn. 7.
2 So noch LG Osnabrück, JurBüro 1957, 86; *Schüler*, JurBüro 1976, 1003.
3 BGHZ 182, 293 Rn. 11; MüKo/*K. Schmidt/Brinkmann*, § 779 Rn. 6; *Stein/Jonas/Münzberg*, § 779 Rn. 3; *Zöller/Stöber*, § 779 Rn. 4.
4 *Zöller/Stöber*, § 779 Rn. 5.

§ 888, Ordnungsgeld nach § 890), so erledigt sich ein gegen den Schuldner eingeleitetes Vollstreckungsverfahren mit dessen Tod.[5] Das kommt auch infrage, wenn der Titelschuldner eines Unterlassungsgebots auf einen anderen Rechtsträger verschmolzen worden ist[6]. Die Vollstreckung gegen die Erben muss nach den allgemeinen Regeln nach Klauselerteilung gem. § 727 neu beginnen. Vollstreckung in den Nachlass ist aber die Beitreibung eines nach § 887 Abs. 2 festgesetzten Kostenvorschusses oder die tatsächliche Einwirkung auf Nachlassgegenstände im Rahmen des § 887 Abs. 1[7] (z. B. Beschneiden einer Hecke, Abriss einer Mauer usw.).

Handelte es sich bei der begonnenen Vollstreckungsmaßnahme gegen den (später verstorbenen) Schuldner um den Antrag auf Eintragung einer Zwangshypothek oder um den Antrag auf Zwangsversteigerung und war zur Erledigung des Antrages noch die Berichtigung des Grundbuches durch Eintragung des Schuldners als Eigentümer erforderlich (§§ 17 ZVG, 39 GBO), so kann diese Eintragung auch noch nach dem Tod des Schuldners erfolgen,[8] sodass das Verfahren seinen Fortgang nehmen kann.

Im Fall des § 894 gilt die Willenserklärung mit Eintritt der Rechtskraft des gegen den Schuldner gerichteten Titels als abgegeben, auch wenn der Schuldner schon vor Eintritt der Rechtskraft verstorben ist.[9]

II. Bestellung eines besonderen Vertreters (Abs. 2)

Kann auch in den in Abs. 1 genannten Fällen ohne Klausel nach § 727 gegen den Erben weiter in den Nachlass vollstreckt werden, als sei der Erblasser noch der Schuldner, so ist doch zum Fortgang der Vollstreckung in vielen Fällen ein »leibhaftiger Schuldner« erforderlich, weil an ihn Mitteilungen oder eine Zustellung erforderlich sind oder ihm rechtliches Gehör gewährt werden muss (etwa § 808 Abs. 3, § 826 Abs. 3, § 829 Abs. 2 Satz 2, § 844 Abs. 3, § 875 Abs. 1, § 885 Abs. 2) oder eine Vermögensauskunft abzunehmen ist (§ 807 Abs. 1 iVm §§ 802c, 802f). Hat der Erbe die Erbschaft bereits angenommen oder sind ein Nachlassverwalter oder ein Testamentsvollstrecker bestellt, so sind diese im Rahmen ihres jeweiligen Aufgabenkreises zuzuziehen. Fehlt aber ein solcher von Rechts wegen zuständiger Ansprechpartner, weil die Erbschaft noch nicht angenommen oder der Erbe unbekannt (nicht nur sein Aufenthalt, da dann über § 1911 BGB Abhilfe möglich ist)[10] oder noch ungewiss ist, ob er die Erbschaft angenommen hat (die Anfechtung der Annahme nach §§ 1954 ff. BGB ist noch im Streit), so hat der Gläubiger die Wahl, ob er nach § 1961 BGB beim Nachlassgericht (§§ 72 ff. FGG) die Bestellung eines Nachlasspflegers oder nach § 779 Abs. 2 Satz 1 beim Vollstreckungsgericht (§ 764) die Bestellung eines »einstweiligen besonderen Vertreters« **des Erben** (nicht des Nachlasses) beantragen will[11]. Solange weder ein Nachlasspfleger noch ein besonderer Vertreter bestellt ist, ruht die Vollstreckung (so für den Gerichtsvollzieher ausdrücklich § 92 Nr. 1 Abs. 2 Satz 2 GVGA). Der Aufgabenkreis des nach § 779 Abs. 2 Satz 1 bestellten besonderen Vertreters ist erheblich enger als der eines Nachlasspflegers; er hat nur die Befugnisse des Schuldners im Rahmen der jeweiligen Vollstreckungshandlungen, allerdings einschließlich der Befugnis, Rechtsbehelfe einzulegen.[12]

---

5 BFH, BFH/NV 2007, 1037, 1038; OLG Hamm, MDR 1986, 156; Gottwald, § 779 Rn. 1; Musielak/Lackmann, § 779 Rn. 1; Obermaier, DGVZ 1973, 145; Stein/Jonas/Münzberg, § 779 Rn. 5; a. A. (Fortsetzung möglich): KG, DB 1985, 2245; MüKo/K. Schmidt/Brinkmann, § 779 Rn. 2.
6 So OLG Köln, OLGR 2009, 408.
7 OLG Köln, InVo 2002, 346; Gaul/Schilken/Becker-Eberhard, § 21 Rn. 6.
8 Hagena, Rpfleger 1975, 389; Zöller/Stöber, § 779 Rn. 5; a. A.: KG, Rpfleger 1975, 133.
9 MüKo/K. Schmidt/Brinkmann, § 779 Rn. 2.
10 Zöller/Stöber, § 779 Rn. 6.
11 Zur Verengung des Wahlrechts in Richtung auf einen »besonderen Vertreter«, wenn es der Abnahme einer Vermögensauskunft nach dem Tod des Schuldners bedarf, siehe OLG München, NJW-RR 2014, 394, 395.
12 MüKo/K. Schmidt/Brinkmann, § 779 Rn. 10; Stein/Jonas/Münzberg, § 779 Rn. 8; Zöller/Stöber, § 779 Rn. 8.

Da der besondere Vertreter nur für den Schuldner, aber nicht als Schuldner tätig wird, ist er nicht an Stelle des Erben zur Offenbarungsversicherung verpflichtet.[13] Das Amt als besonderer Vertreter erlischt aus Gründen der Rechtssicherheit erst mit der Aufhebung seiner Bestellung durch Beschluss des Vollstreckungsgerichts[14].

ohne dass es insoweit eines besonderen Ausspruchs des Vollstreckungsgerichts bedürfte, sobald ein Nachlasspfleger, Nachlassverwalter oder Testamentsvollstrecker bestellt ist oder der Erbe nach Annahme der Erbschaft tatsächlich in das Vollstreckungsverfahren eintritt.

III. Rechtsbehelfe

3 Der Gläubiger, der die Berufung eines besonderen Vertreters nicht für geboten erachtet und der gegen den vorläufigen Stillstand der Vollstreckung vorgehen will, hat den Rechtsbehelf nach § 766 Abs. 2 bzw. § 11 Abs. 1 RpflG, § 793, um das Vollstreckungsorgan zum Tätigwerden anzuhalten. Wird umgekehrt sein Antrag auf Bestellung eines besonderen Vertreters zurückgewiesen, steht ihm die sofortige Beschwerde nach § 11 Abs. 1 RpflG, § 793 zu. Der Erbe hat gegen die Berufung des besonderen Vertreters keinen Rechtsbehelf; das Auftreten des Erben im Vollstreckungsverfahren ist aber als Annahme der Erbschaft und faktische Beendigung der besonderen Vertretung zu werten.

Hat das Vollstreckungsorgan in irriger Annahme der Voraussetzungen des § 779 Abs. 1 die Vollstreckung betrieben, anstatt die Voraussetzungen des § 750 gegen den Erben zu prüfen, ist die Vollstreckungsmaßnahme durch den Erben und andere Nachlassgläubiger gem. § 766 Abs. 1 anfechtbar. Wird aber noch während des Rechtsbehelfsverfahrens Klausel nach § 727 gegen den Erben erteilt und ihm der Titel nebst Klausel entsprechend § 750 zugestellt, so wird der Rechtsbehelf nachträglich unbegründet.[15]

IV. Kosten und Gebühren

4 Der Beschluss zur Bestellung des besonderen Vertreters enthält keine Kostenentscheidung, Gerichtsgebühren fallen durch den Beschluss nicht an. Für den Rechtsanwalt ist der Antrag keine besondere Angelegenheit i. S. § 18 RVG. Der Antrag ist durch die allgemeinen Gebühren nach VV Nr. 3309 und 3311 RVG mit abgegolten.

Der besondere Vertreter erhält vom Gericht keine Vergütung. Der Gläubiger muss für dessen Unkosten zunächst aufkommen. Er kann sie aber nach § 788 als Kosten der Zwangsvollstreckung vom Schuldner wieder beitreiben.

---

13 Allgem. Meinung; MüKo/*K. Schmidt/Brinkmann*, § 779 Rn. 10; *Stein/Jonas/Münzberg*, § 779 Rn. 8.
14 BGHZ 182, 293 Rn. 13 bis 19.
15 LG Bielefeld, DGVZ 1987, 9.

§ 780 Vorbehalt der beschränkten Erbenhaftung

(1) Der als Erbe des Schuldners verurteilte Beklagte kann die Beschränkung seiner Haftung nur geltend machen, wenn sie ihm im Urteil vorbehalten ist.

(2) Der Vorbehalt ist nicht erforderlich, wenn der Fiskus als gesetzlicher Erbe verurteilt wird oder wenn das Urteil über eine Nachlassverbindlichkeit gegen einen Nachlassverwalter oder einen anderen Nachlasspfleger oder gegen einen Testamentsvollstrecker, dem die Verwaltung des Nachlasses zusteht, erlassen wird.

Übersicht

		Rdn.
I.	Funktion der Norm	1
II.	Beschränkung der Haftung des Erben auf den Nachlass nach materiellem Recht	2
III.	Notwendigkeit eines Vorbehalts der Haftungsbeschränkung im Titel	3
IV.	Zur Aufnahme des Vorbehalts in den Titel	4
1.	Urteil als Titel	4
2.	Titel im Mahnverfahren	7
3.	Prozessvergleiche	8
4.	Kostenfestsetzungsbeschlüsse	9
5.	Titel im Schiedsverfahren	11
6.	Ausländische Urteile	12
V.	Rechtsbehelf bei Vergessen des Vorbehalts durch das Gericht	13
VI.	Rechtsbehelf des Klägers	14
VII.	Besteuerungsverfahren	15

Literatur:
siehe Vor §§ 747–749: Zwangsvollstreckung in einen Nachlass;
Graf, Möglichkeit der Haftungsbeschränkung für Nachlassverbindlichkeiten, ZEV 2000, 125 ff.

I. Funktion der Norm

Zur Funktion der Norm im Rahmen der Regeln, die bei der Vollstreckung in einen Nachlass zu beachten sind, siehe zunächst: Vor §§ 747–749, Rdn. 1. 1

II. Beschränkung der Haftung des Erben auf den Nachlass nach materiellem Recht

Gem. § 1967 BGB haftet der Erbe grundsätzlich für Nachlassverbindlichkeiten unbeschränkt mit 2
seinem gesamten Vermögen, d.h. mit dem Nachlass und seinem Eigenvermögen. Gem. § 1975 BGB beschränkt sich seine Haftung aber lediglich auf den Nachlass, wenn eine Nachlassverwaltung (§§ 1981 ff. BGB) angeordnet oder das Nachlassinsolvenzverfahren (§§ 1980 BGB, 315 ff. InsO) eröffnet ist. Weitere Fälle der beschränkten Erbenhaftung finden sich in §§ 1973, 1974 BGB (Ausschließung von Nachlassgläubigern im Aufgebotsverfahren oder durch Versäumung der Fünfjahresfrist), § 1989 BGB (Erschöpfungseinrede nach Beendigung des Nachlassinsolvenzverfahrens), §§ 1990–1992 BGB (Dürftigkeitseinrede mangels zur Insolvenzeröffnung ausreichender Masse) und § 2059 BGB (Verweigerungsrecht des Miterben vor Teilung des Nachlasses). Gem. § 2144 BGB gelten die Vorschriften über die Beschränkung der Haftung des Erben auch für den Nacherben; nach § 2383 BGB kann auch der Erbschaftskäufer sich auf sie berufen, wenn der Verkäufer

sich noch auf sie berufen konnte. Eine Beschränkung der Haftung des Vorerben nach Eintritt der Nacherbschaft auf das, »was ihm aus der Erbschaft gebührt«, enthält § 2145 Abs. 2 BGB.

Die die Haftung nicht endgültig beschränkenden, sondern nur aufschiebenden Einreden nach §§ 2014, 2015 BGB sind dagegen nicht im vorliegenden Zusammenhang, sondern nur im Rahmen der §§ 782, 783 von Bedeutung.

Handelt es sich nicht allein um eine Nachlassverbindlichkeit, sondern auch um eine Eigenverbindlichkeit des Erben, kann keine Beschränkung der Erbenhaftung vorbehalten werden[1].

III. Notwendigkeit eines Vorbehalts der Haftungsbeschränkung im Titel

3   Die Zwangsvollstreckung wegen Nachlassverbindlichkeiten gegen den Erben kann sowohl aus Titeln stattfinden, die bereits gegen den Erblasser erwirkt worden waren als auch aus gegen den Erben selbst neu erstrittenen Titeln. Lag bereits ein Titel gegen den Erblasser vor, als der Erbfall eintrat, kann sich also naturgemäß im Titel noch kein Vorbehalt der beschränkten Haftung möglicher Erben des Schuldners finden, so wird auch im Klauselverfahren nach § 727 ein solcher Vorbehalt nicht aufgenommen, der Schuldner macht die Haftungsbeschränkung ohne Weiteres mit der Klage nach §§ 785, 767 geltend[2]. Muss der Gläubiger allerdings nach § 731 auf Erteilung der Klausel klagen, muss der Erbe in diesem Verfahren den Vorbehalt geltend machen, um nicht später nach § 767 Abs. 3 mit diesem Einwand präkludiert zu sein. Lag noch kein Titel vor, als der Erbfall eintrat, so muss der als Erbe des Schuldners Beklagte den Vorbehalt **im Erkenntnisverfahren** geltend machen; der Vorbehalt muss bereits in den Titel aufgenommen werden, damit er später im Vollstreckungsverfahren noch Berücksichtigung finden kann (**Abs. 1**). Sollen künftig fällige Verbindlichkeiten bereits beziffert werden, kann der Vorbehalt auch schon im Feststellungsprozess erforderlich sein.[3] Entsprechendes gilt für den Vorbehalt der beschränkten Haftung des Vorerben, Nacherben, Miterben, Erbschaftskäufers. Ist allerdings der Fiskus Erbe, der grundsätzlich nur mit dem Nachlass haftet (§ 2011 BGB), oder ist der Titel über eine Nachlassverbindlichkeit nicht gegen den Erben, sondern gegen einen Nachlasspfleger, einen Nachlassverwalter oder gegen einen zur Verwaltung des Nachlasses befugten Testamentsvollstrecker erlassen (alle drei haften ebenfalls grundsätzlich nur mit dem Nachlass, nicht mit ihrem Eigenvermögen), so bedarf es des Vorbehalts nicht, da er für die Vollstreckungsorgane aus der besonderen Rolle dieser Vollstreckungsschuldner ohne Weiteres offensichtlich ist (**Abs. 2**). Erfolgt dennoch die Aufnahme in den Tenor, geschieht dies rein deklaratorisch.[4] War der Rechtsstreit noch gegen den Erblasser als Beklagten begonnen worden, ist aber während des Rechtsstreits der Erbfall eingetreten, so muss differenziert werden: Konnte der Erbe nach dem jeweiligen Verfahrensstand den Vorbehalt noch geltend machen,[5] so musste er dies auch tun und die Aufnahme des Vorbehalts in das Urteil erwirken, wenn er die Beschränkung seiner Haftung später in der Zwangsvollstreckung geltend machen will. War ihm aber die Geltendmachung nicht mehr verfahrensrechtlich möglich, so ist er gleichzubehandeln, als wäre der Titel schon gegen den Erblasser endgültig ergangen gewesen.[6] Er kann also die Beschränkung seiner Haftung ohne Weiteres nach §§ 785, 767 geltend machen.

Allein die Aufnahme des Vorbehalts in dem Titel beschränkt die Vollstreckung zunächst nicht.[7]

---

[1] BGH, NJW 2013, 3446 Rn. 6.
[2] Offen gelassen LG Coburg, FamRZ 2009, 1236, weil Beschränkung erst nach dem Klauselverfahren entstanden war.
[3] BGH, ZEV 1996, 465; grundsätzlich verneinend RG, JW 1930, 2215, 2216.
[4] OLG Hamm, OLGR 1997, 45.
[5] Einzelheiten unten Rdn. 4.
[6] BGHZ 54, 204, 207 m. Anm. *Mattern*, LM § 780 Nr. 6.
[7] Siehe hierzu § 781 Rdn. 1.

IV. Zur Aufnahme des Vorbehalts in den Titel

1. Urteil als Titel

Ist der Titel, in den der Vorbehalt aufgenommen werden muss, ein **Urteil** (es kommen insoweit nur Leistungsurteile in Betracht), so muss der als Erbe des Schuldners Beklagte vor der Entscheidung **über den Grund**[8] des Anspruchs durch die Tatsacheninstanz **formlos beantragen,**[9] ihm die Beschränkung der Haftung vorzubehalten. Da der Einwand frei verzichtbar ist, muss der Beklagte auf diese Möglichkeit nicht durch das Gericht hingewiesen werden. Ist die Grundentscheidung ohne Vorbehalt rechtskräftig geworden, kann der Einwand im Höheverfahren nicht nachgeholt werden.[10] Eine Berufung allein mit dem Ziel, nachträglich die Beschränkung der Haftung gem. § 780 zu erreichen, ist zulässig.[11] § 531 Abs. 2 Satz 1 hindert nicht, den Vorbehalt auch noch während des Berufungsverfahrens zu beantragen und erstmals in das Berufungsurteil aufzunehmen[12].

In der Revisionsinstanz ist der Einwand nur dann noch erstmals zulässig, wenn in den Tatsacheninstanzen für diese Einrede noch kein Anlass vorlag oder ihre Erhebung noch nicht möglich war, weil der Erbfall erst nach Einlegung der Revision eingetreten ist.[13] Hier kann § 780 Abs. 1 auch entsprechend angewendet werden, sofern in der Vorinstanz noch der Erblasser verurteilt worden war[14]. Allerdings ist eine Revision, die ausschließlich dem Zweck dient, den in den Tatsacheninstanzen, die noch der Erblasser betrieb, nicht möglichen Vorbehalt zu beantragen, unzulässig,[15] da in einem solchen Fall die Beschränkung auch ohne Vorbehalt gem. §§ 785, 767 in der Vollstreckung geltend gemacht werden kann. Ist der Vorbehalt rechtzeitig in den Tatsacheninstanzen beantragt, vom Gericht aber übergangen worden, so kann das Revisionsgericht ihn im Rahmen einer im Übrigen zulässigen Revision nachholen, auch wenn dies nicht ausdrücklich mit der Revisionsrüge geltend gemacht worden war.[16]

Dem Erlass eines Anerkenntnisurteils steht es nicht entgegen, dass der Beklagte das Anerkenntnis nur unter dem Vorbehalt der beschränkten Erbenhaftung ausspricht.[17] Bei einem Versäumnisurteil ist der Vorbehalt nur möglich, wenn der Kläger seine Aufnahme beantragt.

Nimmt der Erbe die vom Erblasser eingereichte Klage zurück, ist auch in den Beschluss gem. § 269 Abs. 3 auf Antrag ein Vorbehalt aufzunehmen.[18]

Zur Begründung des Antrages auf Aufnahme des Vorbehalts genügt es, dass der Beklagte sich die zur Beschränkung seiner Haftung erforderlichen Maßnahmen noch vorbehält. Er muss nicht bereits Nachlassinsolvenz pp. beantragt haben. Das Gericht prüft grundsätzlich nicht nach, ob die Beschränkung tatsächlich schon eingetreten oder ob sie überhaupt noch möglich ist.[19] Diese

---

8 OLG Köln, VersR 1968, 380; MüKo/*K. Schmidt/Brinkmann*, § 780 Rn. 21.
9 Der Antrag muss nicht förmlich gestellt sein, sondern sich lediglich aus dem Vorbringen des Beklagten ergeben; *Stein/Jonas/Münzberg*, § 780 Rn. 5; MüKo/*K. Schmidt/Brinkmann*, § 780 Rn. 15; vergl. z. B. BGHZ 122, 297, 305; BGH, NJW 1983, 2378, 2379; BGH, NJW 1993, 850, 851: »Das reicht«; dagegen genügt die Bezeichnung als Erbe im Protokoll eines Prozessvergleiches im Regelfall nicht, BGH, NJW 1991, 2839, 2840 – siehe auch unten Rdn. 8.
10 OLG Köln, VersR 1968, 380.
11 OLG Celle, OLGR 1995, 204; OLG Rostock, OLGR 2009, 102.
12 BGH, NJW-RR 2010, 664 f.; OLG Rostock, OLGR 2009, 102.
13 BGHZ 17, 69 ff.; 54, 204; NJW 1962, 1250; DB 1976, 2302; BAG, NJW 2014, 413 Rn. 16; MüKo/*K. Schmidt/Brinkmann*, § 780 Rn. 16; *Stein/Jonas/Münzberg*, § 780 Rn. 5.
14 BAG, NJW 2014, 413 Rn. 17.
15 BGHZ 54, 204.
16 BGH, NJW 1983, 2378.
17 *M. Wolf*, Das Anerkenntnis im Prozeßrecht, 1969, 76 f; MüKo/*K. Schmidt/Brinkmann*, § 780 Rn. 18; OLG Celle, MDR 1960, 854.
18 LG Bückeburg, MDR 1997, 978.
19 BGH, NJW-RR 2010, 664 Rn. 7 f; BAG, NJW 2014, 413 Rn. 16.

Prüfung bleibt der Klage im Rahmen der Vollstreckung (§§ 781, 785, 767) vorbehalten. Ist im Einzelfall eine abschließende Prüfung bereits möglich, ist das Gericht allerdings nicht gehindert, wenn auch nicht genötigt, sie durchzuführen.[20] In diesem Fall spricht es dann nicht nur einen Vorbehalt der Haftungsbeschränkung, sondern schon die entsprechende Einschränkung der Vollstreckbarkeit aus.[21]

6   Der Vorbehalt (bzw. die Einschränkung der Vollstreckbarkeit) ist **im Tenor** auszusprechen. Er muss die für das Vollstreckungsverfahren erforderliche Klarheit haben, wenn auch die Entscheidungsgründe zu seiner Auslegung herangezogen werden können. Er kann etwa lauten: »Dem Beklagten wird als Erbe des ... die Beschränkung seiner Haftung auf den Nachlass des Erblassers vorbehalten.«[22]

2. Titel im Mahnverfahren

7   Hat der Gläubiger seinen Titel im Mahnverfahren erwirkt, muss der Erbe den Vorbehalt mit dem Einspruch (§ 700 Abs. 3) geltend machen, will er die Möglichkeit der beschränkten Haftung in der Zwangsvollstreckung nicht verlieren.[23]

3. Prozessvergleiche

8   Über § 795 gilt § 780 Abs. 1 auch für alle anderen Vollstreckungstitel, also auch den Prozessvergleich.[24] So muss der Erbe in den gerichtlichen Vergleich über eine Nachlassverbindlichkeit den Vorbehalt der Haftungsbeschränkung aufnehmen lassen, wenn er den Einwand in der Vollstreckung geltend machen will. Die Bezeichnung einer Partei als Erbe im Protokoll über einen Prozessvergleich drückt grundsätzlich allein noch nicht den Vorbehalt der beschränkten Erbenhaftung aus.[25] Gleiches gilt bei Errichtung einer notariellen Schuldurkunde über eine Nachlassverbindlichkeit.[26]

4. Kostenfestsetzungsbeschlüsse

9   Bei **Kostenfestsetzungsbeschlüssen** ist zu unterscheiden: Ist der Prozess bereits gegen den Erben geführt oder der sonstige Titel schon ursprünglich gegen den Erben errichtet worden, so sind die Kosten Eigenverbindlichkeit des Erben.[27] Ein im Urteil oder sonstigen Titel enthaltener Vorbehalt der beschränkten Erbenhaftung wirkt grundsätzlich nicht für das Kostenfestsetzungsverfahren.[28] Ist allerdings im Urteil der Vorbehalt ausdrücklich auch auf die Kostenentscheidung erstreckt, so ist er ohne Prüfung, ob die Erstreckung materiellrechtlich berechtigt war, in den Kostenfestsetzungsbeschluss zu übernehmen.[29] Für Kosten, die vor der Aufnahme durch den Erben (§ 239) angefallen sind, kann der Vorbehalt in Betracht kommen.[30]

Ist das Urteil noch gegen den Erblasser ergangen und sind die Kosten auch noch gegen diesen festgesetzt worden, kann auch gegen die Vollstreckung aus dem Kostenfestsetzungsbeschluss ohne

---

20 BGHZ 122, 297, 305; BGH, NJW 1954, 635; BGH, NJW 1983, 2378, 2379; BGH, NJW 1993, 850, 851; vergl. auch OLG Oldenburg, NJWE-FER 2001, 155; OLG Koblenz, NJW 2003, 439, 441.
21 MüKo/*K. Schmidt/Brinkmann*, § 780 Rn. 20.
22 Ein anderer Vorschlag siehe: *Gaul/Schilken/Becker-Eberhard*, § 21 Rn. 24.
23 OLG Köln, NJW 1952, 1145; *Stein/Jonas/Münzberg*, § 780 Rn. 8.
24 BGH, NJW 1991, 2839, 2840.
25 BGH, NJW 1991, 2839, 2840.
26 *Brox/Walker*, Rn. 1385; *Stein/Jonas/Münzberg*, § 780 Rn. 8; *Wolfsteiner*, Die vollstreckbare Urkunde, 1978, Rn. 53.2; *Zöller/Stöber*, § 780 Rn. 6.
27 OLG Zweibrücken, NJW 1968, 1635; KG, JurBüro 1976, 377; OLG Stuttgart, JurBüro 1976, 675; OLG Frankfurt, Rpfleger 1977, 372; MüKo/*K. Schmidt/Brinkmann*, § 780 Rn. 21.
28 BAG, NJW 2014, 413 Rn. 17; BFH/NV 2007, 251, 253; BGH, BGHR BGB § 1990 Prozesskosten 1.
29 KG, MDR 1964, 932 und MDR 1981, 851; OLG Koblenz, NJW-RR 1997, 1160.
30 Vgl. BFH/NV 2007, 251, 253 Rn. 13.

Weiteres in der Vollstreckung gem. §§ 781, 785, 767 der Einwand der beschränkten Erbenhaftung geltend gemacht werden. Ist das Urteil dagegen noch gegen den Erblasser zu dessen Lebzeiten ergangen, werden die Kosten aber erst später gegen den Erben festgesetzt, so können (und müssen) die Erben den Einwand im Kostenfestsetzungsverfahren geltend machen, damit der Vorbehalt in den Kostenfestsetzungsbeschluss aufgenommen wird.[31] Auf den Kostenansatz als solchen wirkt sich die Möglichkeit des Vorbehalts nicht aus.[32]

Im Kostenfestsetzungsverfahren nach § 11 RVG (früher § 19 BRAGO) führt die Einrede der beschränkten Erbenhaftung für eine schon als Erblasserschuld entstandene Anwaltsvergütung nicht zur Ablehnung der Festsetzung. Dem Erben ist hier lediglich die Beschränkung der Haftung auf den Nachlass vorzubehalten.[33] Das gilt auch, wenn der Einwand mit der Dürftigkeit des Nachlasses (dieser bestehe nur aus Schulden) begründet wird. Dazu bedarf es keines entsprechenden Vorbehalts in der Kostengrundentscheidung.[34]

5. Titel im Schiedsverfahren

Der Vorbehalt muss, wenn für das Rechtsverhältnis eine Schiedsabrede gilt, vom Erben bereits **im Schiedsverfahren** geltend gemacht und in den Schiedsspruch aufgenommen werden.[35] Im Verfahren über die Vollstreckbarerklärung kann der Erbe nur dann den Einwand noch erfolgreich erheben, wenn der Schiedsspruch schon gegen den Erblasser ergangen war.

6. Ausländische Urteile

Bei ausländischen Urteilen muss der Vorbehalt nicht im Urteil selbst enthalten sein. Es genügt der Vorbehalt im Vollstreckungsurteil nach §§ 722, 723.

V. Rechtsbehelf bei Vergessen des Vorbehalts durch das Gericht

War der Vorbehalt rechtzeitig vom Erben im Rechtsstreit geltend gemacht, vom Gericht aber übersehen worden, ihn in das Urteil aufzunehmen, kann Urteilsergänzung nach § 321 beantragt werden, wenn gegen das Urteil im Übrigen kein Rechtsmittel eingelegt werden soll.[36] Zur Geltendmachung des Vorbehalts im Berufungsverfahren und mit der Revision siehe oben Rdn. 4.

VI. Rechtsbehelf des Klägers

Der Kläger kann den Vorbehalt der beschränkten Erbenhaftung im Allgemeinen nicht mit einem Rechtsmittel angreifen, weil er hierdurch noch nicht beschwert ist.[37] Der Streit über die Zulässigkeit der Haftungsbeschränkung wird im Regelfall erst mit der Vollstreckungsabwehrklage gemäß § 785 entschieden. Hat das Gericht im Einzelfall die Haftungsbeschränkung aber abschließend geprüft (siehe oben Rdn. 5), kommt dagegen auch ein Rechtsmittel des Klägers in Betracht.

---

31 OLG Celle, NJW-RR 1988, 133; KG, MDR 1991, 851 a.A. (keine Aufnahme des Vorbehalts in den Kostenfestsetzungsbeschluss): OLG Hamm, MDR 1982, 855.
32 OLG München, OLGR 1993, 203.
33 OLG Köln, AnwBl. 1972, 168; OLG Düsseldorf, VersR 1982, 150; OLG Schleswig, SchlHA 1984, 152.
34 KG, RVG-Report 2004, 184.
35 *Gaul/Schilken/Becker-Eberhard*, § 21 Rn. 20; *Stein/Jonas/Münzberg*, § 780 Rn. 10.
36 OLG Schleswig, MDR 2005, 350; MüKo/*K. Schmidt/Brinkmann*, § 780 Rn. 19; *Stein/Jonas/Münzberg*, § 780 Rn. 11; *Zöller/Stöber*, § 780 Rn. 13.
37 BGH, NJW-RR 1989, 1226, 1230.

§ 780 ZPO   Vorbehalt der beschränkten Erbenhaftung

VII. Besteuerungsverfahren

15   Im **Besteuerungsverfahren** finden die §§ 780, 785 nach § 265 AO keine Anwendung. Es genügt dort die formlose Erklärung des Vollstreckungsschuldners gegenüber der Vollstreckungsbehörde.[38] Der weitere Rechtsschutz erfolgt im Wege des Einspruchs und der finanzgerichtlichen Klage.[39]

---

38   BFHE 203, 5 = BStBl II 2004, 35.
39   *Müller/Eiselt* in *Hübschmann/Hepp/Spitaler*, AO § 265 Rn. 24.

§ 781 Beschränkte Erbenhaftung in der Zwangsvollstreckung

Bei der Zwangsvollstreckung gegen den Erben des Schuldners bleibt die Beschränkung der Haftung unberücksichtigt, bis auf Grund derselben gegen die Zwangsvollstreckung von dem Erben Einwendungen erhoben werden.

Übersicht	Rdn.		Rdn.
I. Allgemeines	1	II. Freigabepflicht des Gläubigers	2

I. Allgemeines

Wird der Schuldner **als Erbe** eines Dritten, also für eine Nachlassverbindlichkeit in Anspruch genommen, so kann er im Einzelfall berechtigt sein, die Beschränkung seiner Haftung auf den Nachlass geltend zu machen.[1] Auch wenn ihm dieser Einwand bereits im Titel vorbehalten ist,[2] wird er im Vollstreckungsverfahren nicht von Amts wegen berücksichtigt[3]. Nur dann, wenn im Titel dem Schuldner nicht nur der Einwand als solcher vorbehalten, sondern die Vollstreckung bereits ausdrücklich auf bestimmte Gegenstände beschränkt ist,[4] muss schon das Vollstreckungsorgan die Beschränkung von vornherein selbst beachten. Pfändet es in einem solchen Fall dennoch andere Gegenstände, kann der Vollstreckungsschuldner dies mit § 766 rügen.[5] 1

Ansonsten findet zunächst die Vollstreckung in das gesamte Vermögen des Schuldners (Nachlass und Eigenvermögen) statt, bis der Schuldner die Beschränkung seiner Haftung mit der Vollstreckungsabwehrklage (§§ 785, 767) geltend macht.[6] Der Antrag einer solchen Klage muss lauten, »die Vollstreckung in das nicht zum Nachlass gehörende Vermögen, insbesondere in folgende Gegenstände (genaue Bezeichnung der Gegenstände im Einzelnen, in die vollstreckt worden ist), für unzulässig zu erklären«.[7]

II. Freigabepflicht des Gläubigers

Da für den Einwand eine bestimmte Form, nämlich die Vollstreckungsabwehrklage vorgeschrieben ist, braucht der Gläubiger gepfändete Gegenstände, die nicht zum Nachlass gehören, nicht freizugeben, ehe sich der Schuldner zur Klage entschließt. Tut er dies erst nach Klageerhebung, aber sobald der Schuldner die Voraussetzungen der Haftungsbeschränkung und die Zugehörigkeit der Gegenstände zu seinem Eigenvermögen nachgewiesen hat, hat der klagende Erbe in Anwendung des § 93 die Kosten des Rechtsstreits zu tragen.[8] 2

---

1 Einzelheiten § 780 Rdn. 2.
2 Siehe hierzu § 780 Rdn. 4–11.
3 So etwa OLG Schleswig, Beschl. v. 10.9.2010 - 2 W 98/10, juris und FGPrax 2011, 69 zur Eintragung einer Zwangssicherungshypothek auf einem Grundstück des Erben, welches nur mit einem fiktiven Bruchteil Nachlassbestandteil ist.
4 Vergl. § 780 Rdn. 5.
5 MüKo/*K. Schmid/Brinkmannt*, § 781 Rn. 6.
6 Vergl. auch § 53 GVGA 2013.
7 BGH, FamRZ 1972, 449.
8 *Deubner*, JUS 1972, 207; enger: LG Krefeld, MDR 1970, 246.

§ 782 Einreden des Erben gegen Nachlassgläubiger

¹Der Erbe kann auf Grund der ihm nach den §§ 2014, 2015 des Bürgerlichen Gesetzbuchs zustehenden Einreden nur verlangen, dass die Zwangsvollstreckung für die Dauer der dort bestimmten Fristen auf solche Maßregeln beschränkt wird, die zur Vollziehung eines Arrestes zulässig sind. ²Wird vor dem Ablauf der Frist die Eröffnung des Nachlassinsolvenzverfahrens beantragt, so ist auf Antrag die Beschränkung der Zwangsvollstreckung auch nach dem Ablauf der Frist aufrechtzuerhalten, bis über die Eröffnung des Insolvenzverfahrens rechtskräftig entschieden ist.

Übersicht	Rdn.		Rdn.
I. Aufschiebende Einreden des Erben	1	II. Vollstreckungsbeschränkungen	2

I. Aufschiebende Einreden des Erben

1 Nach § 2014 BGB ist der Erbe berechtigt, die Berichtigung einer Nachlassverbindlichkeit bis zum Ablauf der ersten drei Monate nach der Annahme der Erbschaft, jedoch nicht über die Errichtung des Inventars hinaus zu verweigern. Nach § 2015 Abs. 1 BGB ist der Erbe ferner zur vorläufigen Verweigerung der Berichtigung einer Nachlassverbindlichkeit befugt, wenn er innerhalb eines Jahres nach Annahme der Erbschaft das Aufgebot der Nachlassgläubiger beantragt hat und dieser Antrag zwischenzeitlich zugelassen ist. Das Verweigerungsrecht besteht in diesem Fall bis zur Beendigung des Aufgebotsverfahrens.[1] Macht der Erbe im Prozess diese aufschiebenden Einreden geltend, hindert dies nicht seine unbedingte Verurteilung, jedoch ist gemäß § 305 Abs. 1 in den Tenor der Vorbehalt der beschränkten Erbenhaftung aufzunehmen.

II. Vollstreckungsbeschränkungen

2 In der Vollstreckung wirken die §§ 2014, 2015 BGB sich wie folgt aus: Trotz des Vorbehalts nach § 305 Abs. 1 im Urteil ist aus dem Titel zunächst die unbeschränkte Vollstreckung in das gesamte Vermögen des Erben möglich. Mit der Klage nach §§ 785, 767 kann der Erbe aber verlangen, dass die Vollstreckung für die Dauer der in §§ 2014, 2015 BGB bestimmten Fristen auf solche Maßnahmen beschränkt wird, die zur Vollziehung eines Arrests zulässig sind (§§ 928, 930–932), also auf die Pfändung ohne Verwertung oder Überweisung oder auf die Eintragung einer Sicherungshypothek. Handelt es sich bei der Vollstreckungsforderung um einen Anspruch auf eine Individualleistung (§§ 883 ff.), insbesondere um einen Herausgabeanspruch, so ist in entsprechender Anwendung der Grundsätze der Sicherungsvollstreckung zwar die Herausgabe der Sache an den Gerichtsvollzieher zulässig (soweit es sich nicht um eine Wohnungsräumung gem. § 885 handelt; insoweit ist jegliche Räumungsvollstreckung vorläufig unzulässig),[2] während die Weiterleitung der Sache an den Gläubiger für unzulässig zu erklären ist.[3] Nach Ablauf der Frist wird die Zwangsvollstreckung unbeschränkt fortgesetzt. Wird vor Ablauf der Frist die Eröffnung des Nachlassinsolvenzverfahrens (das zur Beschränkung der Erbenhaftung auf den Nachlass führt) beantragt, so kann auf eine erneute Klage nach §§ 785, 767 hin die Beschränkung der Zwangsvollstreckung auch nach Fristablauf aufrechterhalten werden, bis über die Eröffnung des Insolvenzverfahrens rechtskräftig entschieden ist (Satz 2). Ist dann das Nachlassinsolvenzverfahren eröffnet, kann der Erbe, wenn ihm die beschränkte Haftung nach § 780 im Titel vorbehalten war, mit Klage nach §§ 785, 767 gem. § 784 die Aufhebung der Vollstreckungsmaßnahmen in sein Eigenvermögen verlangen, während der Fortgang der Einzelvollstreckung in den Nachlass dann an §§ 89, 321 InsO scheitert.

Die ganze Regelung ist sehr kompliziert und kostenaufwändig, da der Erbe u. U. zu drei Klagen hintereinander genötigt wird, um die Inanspruchnahme seines Privatvermögens für Verbindlich-

---

1 Zum Zeitpunkt der Beendigung siehe auch § 2015 Abs. 2 und 3 BGB.
2 *Musielak/Lackmann*, § 782 Rn. 2; MüKo/*K. Schmidt/Brinkmann*, § 782 Rn. 7.
3 *Stein/Jonas/Münzberg*, § 782 Rn. 6; MüKo/*K. Schmidt/Brinkmann*, § 782 Rn. 7.

keiten eines dürftigen Nachlasses abzuwenden: § 782 Satz 1, § 785, um die Verwertung vorläufig hinauszuschieben; § 782 Satz 2, § 785, um diesen Aufschub kurzfristig zu verlängern; §§ 784, 785, um dann endlich die Aufhebung der Vollstreckungsmaßregel zu erreichen.

§ 783 Einreden des Erben gegen persönliche Gläubiger

In Ansehung der Nachlassgegenstände kann der Erbe die Beschränkung der Zwangsvollstreckung nach § 782 auch gegenüber den Gläubigern verlangen, die nicht Nachlassgläubiger sind, es sei denn, dass er für die Nachlassverbindlichkeiten unbeschränkt haftet.

Übersicht	Rdn.		Rdn.
I. Allgemeines	1	II. Darlegungslast in der Beschränkungsklage	2

I. Allgemeines

1 Der Erbe haftet nach Annahme der Erbschaft nicht nur mit seinem Eigenvermögen für Nachlassverbindlichkeiten, sondern auch umgekehrt für Eigenverbindlichkeiten mit dem Nachlass als Teil seines Gesamtvermögens. Könnten nun Nachlassgläubiger nur unter der Beschränkung nach § 782 während der Überlegungsfrist der §§ 2014, 2015 BGB vollstrecken, während Eigengläubiger des Erben unbeschränkt auf den Nachlass zugreifen könnten, würde das Ziel der §§ 2014, 2015 BGB weitgehend verfehlt. Deshalb gibt § 783 dem Erben die Möglichkeit, die Vollstreckung seiner Eigengläubiger in den Nachlass wie die der Nachlassgläubiger gem. § 782 zu beschränken. Hierzu bedarf es keines Vorbehalts im Titel, aus dem die Eigengläubiger vollstrecken. Eine §§ 305, 780 entsprechende Regelung fehlt.[1]

II. Darlegungslast in der Beschränkungsklage

2 Die Beschränkung wird, wie gegenüber den Nachlassgläubigern, mit der Klage nach §§ 785, 769 geltend gemacht.

Zur Begründung der Klage muss der Erbe darlegen und beweisen, dass der Vollstreckungsgegenstand zum Nachlass gehört und dass die Fristen der §§ 2014, 2015 BGB noch nicht abgelaufen sind. Der Gläubiger muss dagegen, will er die Klageabweisung erreichen, darlegen und beweisen, dass der Erbe bereits **generell**, also nicht nur im Verhältnis zu einzelnen Nachlassgläubigern, oder jedenfalls ihm gegenüber unbeschränkt für Nachlassverbindlichkeiten haftet.[2]

---

[1] *Gottwald*, § 783 Rn. 2; MüKo/*K. Schmidt/Brinkmann*, § 783 Rn. 3.
[2] MüKo/*K. Schmidt/Brinkmann*, § 783 Rn. 6; *Musielak/Lackmann*, § 783 Rn. 3; *Stein/Jonas/Münzberg*, § 783 Rn. 1.

§ 784 Zwangsvollstreckung bei Nachlassverwaltung und -insolvenzverfahren

(1) Ist eine Nachlassverwaltung angeordnet oder das Nachlassinsolvenzverfahren eröffnet, so kann der Erbe verlangen, dass Maßregeln der Zwangsvollstreckung, die zu Gunsten eines Nachlassgläubigers in sein nicht zum Nachlass gehörendes Vermögen erfolgt sind, aufgehoben werden, es sei denn, dass er für die Nachlassverbindlichkeiten unbeschränkt haftet.

(2) Im Falle der Nachlassverwaltung steht dem Nachlassverwalter das gleiche Recht gegenüber Maßregeln der Zwangsvollstreckung zu, die zu Gunsten eines anderen Gläubigers als eines Nachlassgläubigers in den Nachlass erfolgt sind.

Übersicht	Rdn.		Rdn.
I. Geltendmachung der Nachlassinsolvenz durch den Schuldner	1	III. Verfahren bei Nachlassinsolvenzverfahren	3
II. Verfahren bei Nachlassverwaltung	2	IV. Entsprechende Anwendung in der Abgabenvollstreckung	4

Literatur:
Jaspersen, Vollstreckung nach Anordnung der Nachlaßverwaltung, Rpfleger 1995, 243.
Dauner-Lieb, Zwangsvollstreckung bei Nachlassverwaltung und Nachlasskonkurs, FS *Gaul* 1997, 93 ff.

I. Geltendmachung der Nachlassinsolvenz durch den Schuldner

Ist dem Erben die Beschränkung der Haftung im Urteil, aus dem die Vollstreckung erfolgt, vorbehalten (§ 780) oder wird aus einem bereits gegen den Erblasser erwirkten Titel gegen ihn vollstreckt,[1] ist aber zwischenzeitlich die Haftungsbeschränkung endgültig eingetreten (§§ 1975, 1973, 1990 BGB),[2] so kann der Erbe mit der Klage nach §§ 785, 767 verlangen, dass Vollstreckungsmaßnahmen, die der die Vollstreckung betreibende Nachlassgläubiger **in das Eigenvermögen** des Erben hat ausbringen lassen, für unzulässig erklärt werden (Tenorierung gem. § 775 Nr. 1). Aufgrund dieser Entscheidung hebt das Vollstreckungsorgan sie dann gem. § 776 auf. Der klagende Erbe muss darlegen und beweisen, dass der Vollstreckungsgläubiger (nur) Nachlassgläubiger ist, dass das gepfändete Objekt zum Eigenvermögen gehört und dass die Voraussetzungen des § 1975 (bzw. der §§ 1973 ff., 1990 BGB) eingetreten sind. Der Gläubiger muss demgegenüber darlegen und beweisen, dass der Erbe trotz des Nachlassinsolvenzverfahrens pp. unbeschränkt (sei es generell, sei es diesem Gläubiger gegenüber) haftet.

1

II. Verfahren bei Nachlassverwaltung

Ist Nachlassverwaltung (§ 1981 BGB) angeordnet, hat aber entgegen § 1984 Abs. 2 BGB ein Eigengläubiger des Erben in den Nachlass vollstrecken lassen, so kann der Nachlassverwalter mit der Klage nach §§ 785, 769 die Zwangsvollstreckung für unzulässig erklären und sodann gem. § 776 die Vollstreckungsmaßregel aufheben lassen.

2

Findet keine Nachlassverwaltung statt, ist der Nachlass aber dürftig (§ 1990 BGB) oder überschuldet (§ 1992 BGB) und deswegen vom Erben die Haftung beschränkt worden, so kann dieser in entsprechender Anwendung des Gesetzes der Vollstreckung von Nachlassgläubigern in sein Eigenvermögen, der von Eigengläubigern in den Nachlass entgegentreten.[3]

---

[1] In diesem bedarf es keines Vorbehalts; vergl. § 780 Rdn. 3.
[2] Zur Anwendbarkeit auch in den Fällen der §§ 1973, 1990 BGB siehe auch *Stein/Jonas/Münzberg*, § 784 Rn. 2 und *Brox*, Erbrecht, Rn. 683.
[3] *Gaul/Schilken/Becker-Eberhard*, § 21 Rn. 34; *Prütting/Gehrlein/Scheuch*, § 784 Rn. 3; *Stein/Jonas/Münzberg*, § 784 Rn. 5; *MüKo-BGB/Küpper*, § 1990 Rn. 7; *Bamberger/Roth/Lohmann*, BGB § 1990 Rn. 10; *Schmidt-Kessel*, WM 2003, 2086, 2088.

III. Verfahren bei Nachlassinsolvenzverfahren

3 Im Fall des Nachlassinsolvenzverfahrens geht § 321 InsO über § 89 InsO hinaus: Es ist nicht nur keine Einzelzwangsvollstreckung in den Nachlass mehr neu nach Insolvenzeröffnung möglich, auch Vollstreckungsmaßnahmen, die in der Zeit zwischen dem Eintritt des Erbfalls und der Eröffnung des Nachlassinsolvenzverfahrens erfolgten, gewähren kein Recht zur abgesonderten Befriedigung. Auch diese Gläubiger müssen sich ohne Vorrechte am Insolvenzverfahren beteiligen. Der Insolvenzverwalter verwertet die von diesen Gläubigern gepfändeten Gegenstände ohne Besonderheiten mit der übrigen Masse. Setzt der Gläubiger entgegen § 321 InsO die Vollstreckung fort, so braucht der Insolvenzverwalter nicht nach §§ 785, 769 zu klagen. Er kann die Verletzung der §§ 89, 321 InsO mit der Erinnerung nach § 766 rügen.[4]

War die nach dem Erbfall eingeleitete Vollstreckungsmaßnahme eines Nachlassgläubigers zum Zeitpunkt der Eröffnung des Nachlassinsolvenzverfahrens bereits beendet, d. h. war der vollstreckende Gläubiger bereits vollständig befriedigt, greift § 321 InsO nicht mehr ein.[5] Der Nachlassgläubiger muss das aus dieser Vollstreckung Erlangte also nicht in jedem Fall in die Masse zurückerstatten, sondern nur dann, wenn die §§ 129 ff. InsO (Insolvenzanfechtung) eingreifen.[6] Hatte dagegen ein Privatgläubiger des Erben bereits vor Eröffnung des Nachlasskonkurses Befriedigung aus dem Nachlass erlangt, hat die Masse gegen ihn einen Herausgabeanspruch aus ungerechtfertigter Bereicherung.[7] Denn er hat in diesem Fall Befriedigung nicht aus dem Vermögen seines Schuldners, sondern aus einem Drittvermögen (Nachlass) erlangt.

IV. Entsprechende Anwendung in der Abgabenvollstreckung

4 Gem. § 265 AO gelten die §§ 781–784 entsprechend auch in der Abgabenvollstreckung. Die Einreden können (da eine § 785 entsprechende Vorschrift fehlt) formlos im Vollstreckungsverfahren geltend gemacht werden.[8] Werden sie nicht berücksichtigt, ist, soweit auch das Einspruchsverfahren gem. §§ 256, 347 AO erfolglos war, die Klage zum Finanzgericht eröffnet.[9] Gegebenenfalls kann einem erst zu erwartenden Vollstreckungsakt mit einer Feststellungsklage zuvorgekommen werden.[10]

---

4 *Gaul/Schilken/Becker-Eberhard*, § 21 Rn. 33; MüKo/*K. Schmidt/Brinkmann*, § 784 Rn. 3; *Musielak/Lackmann*, § 784 Rn. 5; *Zöller/Stöber*, § 784 Rn. 5; MüKo-InsO/*Siegmann*, § 321 Rn. 6.
5 HK-InsO/*Marotzke*, § 321 InsO Rn. 8; MüKo-InsO/*Siegmann* § 321 Rn. 5.
6 Vergl. dazu BGHZ 136, 309, 311; 157, 350, 353; nicht § 133 InsO: BGHZ 162, 143, 147 ff.
7 HK-InsO/*Marotzke*, § 321 InsO Rn. 8.
8 BFHE 203, 5 = BStBl. II 2004, 35; für entsprechende Anwendung von § 262 AO *Müller-Eiselt* in *Hübschmann/Hepp/Spitaler*, AO § 265 Rn. 32 f.
9 *Beermann* in *Hübschmann/Hepp/Spitaler*, AO § 256 Rn. 46; *Koch/Scholtz/Szymczak*, § 265 AO Rn. 5.
10 Einzelheiten: *Koch/Scholtz/Szymczak*, § 256 AO Rn. 14 und § 265 AO Rn. 4.

§ 785 Vollstreckungsabwehrklage des Erben

Die auf Grund der §§ 781 bis 784 erhobenen Einwendungen werden nach den Vorschriften der §§ 767, 769, 770 erledigt.

Übersicht	Rdn.		Rdn.
I. Notwendigkeit einer Klage	1	IV. Prozessuale Nebenentscheidungen	5
II. Zulässigkeit der Klage	2	V. Einstweilige Anordnungen	6
III. Begründetheit der Klage	3		

I. Notwendigkeit einer Klage

Die beschränkte Erbenhaftung wird auch dann, wenn sie dem Erben im Vollstreckungstitel als Einwand vorbehalten ist, nicht unmittelbar vom Vollstreckungsorgan bei der Vollstreckung berücksichtigt, sie muss vielmehr erst vom Erben (Testamentsvollstrecker, Nachlassverwalter, Erbschaftskäufer)[1] durch Klage nach den Regeln des § 767 geltend gemacht werden. Erst nach Vorlage eines entsprechenden Urteils erfolgt dann die Zurückführung der Vollstreckung auf den Umfang der beschränkten Haftung im Rahmen des § 776.

II. Zulässigkeit der Klage

Die Klage ist beim Prozessgericht des ersten Rechtszuges zu erheben (§ 767 Abs. 1).[2] Der Klageantrag hat in den Fällen der §§ 781, 784 Abs. 1 dahin zu lauten, »die Zwangsvollstreckung in das nicht zum Nachlass des ... gehörende Vermögen, insbesondere in folgende (konkret bezeichnete) Gegenstände ..., die gepfändet sind, für unzulässig zu erklären.[3] Im Fall des § 784 Abs. 2 geht er dahin, die Zwangsvollstreckung in den Nachlass für unzulässig zu erklären«, in den Fällen der §§ 782, 783, »die Zwangsvollstreckung bis zum ... dahin zu beschränken, dass ...«. Das Rechtsschutzbedürfnis für die Klage ist, wie bei § 767 allgemein,[4] immer schon gegeben, sobald eine Zwangsvollstreckung gegen den Erben, Nachlassverwalter usw. möglich ist,[5] nicht erst, wie bei Klagen nach § 771, wenn die Vollstreckung in einen konkreten Gegenstand unmittelbar droht, in den sie aufgrund der Haftungsbeschränkung nicht oder nicht in diesem Umfange zulässig ist.[6]

III. Begründetheit der Klage

Die Klage ist begründet, wenn die Voraussetzungen der §§ 782, 783 oder 784 vorliegen. Die Präklusion nach § 767 Abs. 2 gilt nicht,[7] weil § 780 insoweit eine erschöpfende Sonderregelung enthält.[8] Dagegen ist § 767 Abs. 3 zu berücksichtigen. Er kommt nicht nur im Hinblick auf vorausgegangene Vollstreckungsabwehrklagen zum Zuge, sondern auch, wenn der Gläubiger gegen den Erben im Zusammenhang mit der Vollstreckungsklausel nach § 731 bzw. der Erbe gegen den Gläubiger nach

---

[1] Vergl. § 780 Rdn. 2.
[2] Einzelheiten: § 767 Rdn. 14.
[3] So: BGH, WM 1972, 363 = FamRZ 1972, 449 (LS). MüKo/*K. Schmidt/Brinkmann*, § 785 Rn. 7 und Rn. 17 sieht im Anschluss an K.Schmidt, JR 1989, 47f. in dieser Antragsfassung eine Klagehäufung. Er empfiehlt deshalb der Deutlichkeit halber, die Ziele, »Beschränkung der Zwangsvollstreckung« und »Unzulässigkeitserklärung der Zwangsvollstreckung in konkrete Gegenstände«, von vornherein auf zwei Anträge zu verteilen. Siehe auch *Graf,* ZEV 2000, 125, 128.
[4] Vergl. § 767 Rdn. 15.
[5] Wie hier *Baumbach/Hartmann,* § 782 Rn. 2; *Stein/Jonas/Münzberg,* § 785 Rn. 4.
[6] So aber *Thomes/Putzo/Seiler,* § 785 Rn. 6.
[7] A. A. *Zöller/Stöber,* § 785 Rn. 4.
[8] Wie hier: MüKo/*K. Schmidt/Brinkmann,* § 785 Rn. 9; *Gottwald,* § 785 Rn. 14; vgl. auch RGZ 59, 301, 304.

§ 768 geklagt hat oder wenn das Prozessgericht, statt einen Vorbehalt nach § 780 auszusprechen, die geltend gemachte Haftungsbeschränkung bereits abschließend geprüft und verneint hat.[9]

4 Da die Klage trotz ihrer Einordnung als Vollstreckungsabwehrklage in vielem auch der Drittwiderspruchsklage nach § 771 ähnelt,[10] kann sich der beklagte Gläubiger nicht nur dahin verteidigen, dass die erbrechtlichen Voraussetzungen der Haftungsbeschränkung (noch) nicht vorliegen, sondern auch, dass der Erbe den Gegenstand anfechtbar vom Erblasser erworben[11] oder ihn aus anderen Gründen zur Erbmasse zurückzugewähren hat oder dass der Schuldner ebenfalls für die Nachlassverbindlichkeit (wenn auch noch nicht tituliert) haftet.[12]

IV. Prozessuale Nebenentscheidungen

5 Im Rahmen der Kostenentscheidung ist § 93 von besonderer Bedeutung.

Das Urteil ist nach den allgemeinen Regeln (§ 708 ff.) für vorläufig vollstreckbar zu erklären. Ist das Urteil nur gegen Sicherheitsleistung vorläufig vollstreckbar, so muss der obsiegende Erbe deren Leistung nachweisen, ehe er über § 775 Nr. 1, § 776 die Gestaltungswirkung des Urteils durchsetzen kann.[13]

V. Einstweilige Anordnungen

6 Während des Rechtsstreits und im Urteil können einstweilige Anordnungen zugunsten des Klägers gem. §§ 769, 770 getroffen werden. Dies ist von Bedeutung, weil einerseits die Klageerhebung den Fortgang der bisherigen Vollstreckung noch nicht behindert, andererseits mit Beendigung der Zwangsvollstreckung die Klage aber unzulässig würde.[14]

---

9 Siehe § 780 Rdn. 5; *Stöber* (aaO) fasst diesen Fall unter § 767 Abs. 2.
10 So auch *Stein/Jonas/Münzberg*, § 785 Rn. 2; MüKo/*K. Schmidt/Brinkmann*, § 785 Rn. 7; ähnlich *Dauner-Lieb*, FS Gaul, 93 ff, 101: Besondere Zwischenform, die eine einheitliche Zuständigkeit schafft.
11 Vergl. BGH, WM 1972, 363, 364; LG Köln, ZIP 1981, 1385.
12 Einzelheiten § 771 Rdn. 33; siehe ferner MüKo/*K. Schmidt/Brinkmann*, § 785 Rn. 19.
13 § 775 Rdn. 7.
14 § 767 Rdn. 15.

§ 786 Vollstreckungsabwehrklage bei beschränkter Haftung

(1) Die Vorschriften des § 780 Abs. 1 und der §§ 781 bis 785 sind auf die nach § 1489 des Bürgerlichen Gesetzbuchs eintretende beschränkte Haftung, die Vorschriften des § 780 Abs. 1 und der §§ 781, 785 sind auf die nach den §§ 1480, 1504, 1629 a, 2187 des Bürgerlichen Gesetzbuchs eintretende beschränkte Haftung entsprechend anzuwenden.

(2) Bei der Zwangsvollstreckung aus Urteilen, die bis zum Inkrafttreten des Minderjährigenhaftungsbeschränkungsgesetzes vom 25. August 1998 (BGBl. I S. 2487) am 1. Juli 1999 ergangen sind, kann die Haftungsbeschränkung nach § 1629a des Bürgerlichen Gesetzbuchs auch dann geltend gemacht werden, wenn sie nicht gemäß § 780 Abs. 1 dieses Gesetzes im Urteil vorbehalten ist.

Übersicht	Rdn.		Rdn.
I. Geltendmachung der Haftungsbeschränkung gem. § 1489 BGB	1	IV. Keine entsprechende Anwendung bei öffentlich-rechtlichen Haftungsbescheiden	5
II. Geltendmachung der Haftungsbeschränkung	2	V. Entsprechende Anwendung der Norm..	6
1. § 1480 BGB und nach § 1504 BGB	2	1. Vertragliche Haftungsbeschränkungen ..	7
2. § 1629a BGB	3	2. Haftung für Masseschulden nach Beendigung des Insolvenzverfahrens	8
III. Geltendmachung der Haftungsbeschränkung nach § 2187 BGB	4	VI. Abgabenvollstreckung	9

Literatur:
Behnke, Das neue Minderjährigenhaftungsbeschränkungsgesetz, NJW 1998, 3078; *Eckebrecht*, Praktische Folgen des Minderjährigenhaftungsbeschränkungsgesetzes, MDR 1999, 1248; *Habersack/Schneider*, Haftungsbeschränkung zugunsten Minderjähriger – aber wie?, FamRZ 1997, 649; *Bittner*, Die Einrede der beschränkten Haftung auf das Volljährigenvermögen aus § 1629a BGB, FamRZ 2000, 325.

I. Geltendmachung der Haftungsbeschränkung gem. § 1489 BGB

Nach § 1489 Abs. 1 BGB haftet im Fall der fortgesetzten Gütergemeinschaft (Begriff: § 1483 Abs. 1 BGB) der überlebende Ehegatte für die Gesamtgutsverbindlichkeiten persönlich, auch wenn er bis zum Tode nicht persönlich verpflichtet war. Soweit die persönliche Haftung den überlebenden Ehegatten aber nur wegen des Eintritts der fortgesetzten Gütergemeinschaft trifft, finden die für die Haftung des Erben für Nachlassverbindlichkeiten geltenden Vorschriften – somit auch die über die beschränkte Erbenhaftung – entsprechende Anwendung (§ 1489 Abs. 2 BGB). An die Stelle des Nachlasses tritt dabei das Gesamtgut in dem Bestande, den es zur Zeit des Eintritts der fortgesetzten Gütergemeinschaft hat. Dies bedeutet, dass der überlebende Ehegatte seine Haftung durch Gesamtgutsverwaltung (entspr. § 1981 BGB), Gesamtgutsinsolvenz (§ 332 InsO), die Unzulänglichkeits- bzw. Dürftigkeitseinrede, aber auch befristet durch die Einreden entsprechend §§ 2014, 2015 BGB beschränken kann. Konsequenterweise ordnet § 786 für die Geltendmachung dieser Einreden in der Vollstreckung die entsprechende Anwendung der § 780 Abs. 1, §§ 781–785 an. Der überlebende Ehegatte kann also, wenn er sich die Beschränkung der Haftung gem. § 305 Abs. 2 im Urteil hat vorbehalten lassen, diese Beschränkung (§ 784) bzw. die befristete Beschränkung der Vollstreckung (§§ 782, 783) im Wege der Vollstreckungsabwehrklage geltend machen. Bis zum Erfolg dieser Klage bleiben die Einreden in der Vollstreckung unberücksichtigt (§ 781).[1]

1

---

1 Vergl. auch § 53 GVGA 2013.

II. Geltendmachung der Haftungsbeschränkung

1. § 1480 BGB und nach § 1504 BGB

2 Wird das eheliche Gesamtgut geteilt, bevor eine Gesamtgutverbindlichkeit berichtigt ist, so haftet auch der Ehegatte gem. § 1480 BGB dem Gläubiger persönlich, für den zur Zeit der Teilung eine solche Haftung nicht besteht. Seine Haftung beschränkt sich auf die ihm zugeteilten Gegenstände. § 1504 BGB enthält für die Haftung der Abkömmlinge nach Beendigung der fortgesetzten Gütergemeinschaft eine entsprechende Regelung. Die Durchsetzung der Haftungsbeschränkung in der Zwangsvollstreckung setzt zunächst wieder einen Vorbehalt im Titel voraus (§ 780 Abs. 1). Dieser Vorbehalt wird dann mit der Vollstreckungsabwehrklage gem. §§ 786, 785, 767 geltend gemacht.

2. § 1629a BGB

3 § 1629a BGB ermöglicht eine Haftungsbeschränkung Minderjähriger für Verbindlichkeiten, die deren Eltern oder sonstige vertretungsberechtigte Personen begründet haben.[2] Diese Haftungsbeschränkung wird im Prozess und in der Zwangsvollstreckung entsprechend der beschränkten Erbenhaftung geltend gemacht. An die Stelle des Nachlasses tritt bei § 1629a BGB der Bestand des bei Eintritt der Volljährigkeit vorhandenen Vermögens des Kindes. Mit Rücksicht auf die verfassungswidrige Gesetzeslage vor dem Inkrafttreten des Minderjährigenhaftungsbeschränkungsgesetzes ist § 1629a BGB auch auf vorher ergangene Titel anzuwenden. Für diese Rückwirkung musste der Gesetzgeber von dem Vorbehalt des § 780 Abs. 1 absehen. Die vorher in Art. 3 Abs. 1 MHbeG enthaltene Bestimmung ist durch das Rechtsbereinigungsgesetz vom 19.4.2006 als Abs. 2 nach § 786 übernommen worden.

III. Geltendmachung der Haftungsbeschränkung nach § 2187 BGB

4 Ein Vermächtnisnehmer, der seinerseits mit einem Vermächtnis oder einer Auflage beschwert ist, kann gemäß § 2187 Abs. 1 BGB die Erfüllung insoweit verweigern, als dasjenige, was er selbst aus dem Vermächtnis erhält, zur Erfüllung nicht ausreicht. Wird er auf Erfüllung in Anspruch genommen, muss er sich diese Haftungsbeschränkung im Titel vorbehalten (§ 780 Abs. 1). Die Durchsetzung des Vorbehalts in der Zwangsvollstreckung erfolgt dann mit der Vollstreckungsabwehrklage nach §§ 786, 785, 767.

IV. Keine entsprechende Anwendung bei öffentlich-rechtlichen Haftungsbescheiden

5 §§ 786, 780 Abs. 1 sind auf die öffentlich-rechtliche Vollstreckung aus einem Leistungs- oder Haftungsbescheid nicht entsprechend anzuwenden.[3] Die Beschränkung der Haftung kann auch ohne Vorbehalt in dem zu vollstreckenden Bescheid durch Klage gem. § 767 beim Verwaltungsgericht geltend gemacht werden.[4]

V. Entsprechende Anwendung der Norm

6 Hinsichtlich der entsprechenden Anwendung des § 786 auf dort nicht angesprochene Fälle muss differenziert werden:

1. Vertragliche Haftungsbeschränkungen

7 Ist vertraglich vereinbart, dass sich die Haftung des Schuldners auf bestimmte Gegenstände oder eine bestimmte Vermögensmasse beschränkt, so **muss** diese Haftungsbeschränkung, wenn eine

---

[2] Einzelheiten der materiellrechtlichen Regelung: *Behnke*, NJW 1998, 3078; *Eckebrecht*, MDR 1999, 1248, 1250; *Bittner*, FamRZ 2000, 325.
[3] Zur Abgabenvollstreckung nach der AO siehe aber unten Rdn. 8.
[4] VGH München, NJW 1984, 2307.

solche Einwendung vorgetragen wird, bereits im Titel zum Ausdruck gebracht werden,[5] indem die Gegenstände, in die allein die Vollstreckung möglich sein soll, oder die besondere Vermögensmasse genau bezeichnet werden. In diesem Fall kann der Schuldner, wenn in andere Gegenstände vollstreckt wird, die Missachtung des Titels mit der Erinnerung gem. § 766 rügen.[6] Besteht Streit um die Auslegung der Vereinbarung oder sind die Gegenstände nicht so bezeichnet, dass ihre Identität im Vollstreckungsverfahren einwandfrei ermittelt werden kann, so ist die Vereinbarung mit der Klage nach § 767 geltend zu machen. Ist die Haftungsbeschränkung nicht schon im Titel zum Ausdruck gebracht, so kann sie nur, soweit § 767 Abs. 2 nicht greift, also etwa gegenüber Vergleichen oder notariellen Urkunden,[7] noch erfolgreich mit der Vollstreckungsabwehrklage durchgesetzt werden. Im Übrigen aber ist sie als verspätet vorgebrachte materiellrechtliche Einrede präkludiert. Von der materiellrechtlichen Haftungsbeschränkung ist die bloße Vollstreckungsvereinbarung zu unterscheiden.[8] Für sie gilt § 767 Abs. 2, da sie nicht den Anspruch selbst betrifft, nicht; sie kann also ohne Einschränkung mit der Vollstreckungsabwehrklage geltend gemacht werden.[9] Für eine analoge Anwendung der §§ 786, 780 Abs. 1, § 785 auf vertragliche Haftungs- und Vollstreckungsbeschränkungen besteht insgesamt kein Bedürfnis.[10]

2. Haftung für Masseschulden nach Beendigung des Insolvenzverfahrens

Wird nach Beendigung des Insolvenzverfahrens der Insolvenzschuldner persönlich wegen unbefriedigt gebliebener Masseansprüche in Anspruch genommen, so haftet er für nach Verfahrenseröffnung begründete Verbindlichkeiten grundsätzlich nur mit dem zurückerhaltenen Rest der Masse.[11] Gleichwohl ist auch hier § 786 nicht entsprechend anwendbar[12]; ein Vorbehalt entsprechend §§ 786, 780 Abs. 1 ist nicht erforderlich.

VI. Abgabenvollstreckung

Für den Bereich der Abgabenvollstreckung ist § 266 AO dem § 786 nachgebildet. Die Haftungsbeschränkung kann zunächst im Vollstreckungsverfahren formlos geltend gemacht werden. Wird sie dann – gegebenenfalls nach erfolglosem förmlichen Einspruch (§§ 256, 347 AO) – nicht beachtet, ist nach § 256 AO Klage zum Finanzgericht gegeben.[13]

---

5 Beispiele: BGH, LM Nr. 3 zu § 780; BGH, VersR 1975, 701; BGH, NJW 1979, 2304, 2306.
6 Vergl. § 766 Rdn. 15.
7 Siehe insoweit § 767 Rdn. 29 und 37.
8 Zum Begriff: § 766 Rdn. 15 und § 767 Rdn. 3.
9 Siehe § 767 Rdn. 36.
10 A.A.: *Gaul/Schilken/Becker-Eberhard*, § 21 Rn. 48 f., der bei der vertraglichen Haftungsbeschränkung auf bestimmte Vermögensmassen (Vereinsvermögen, Gesellschaftsvermögen) § 786 entsprechend anwenden will, bei der vertraglichen Haftungsbeschränkung auf konkrete Gegenstände aber wie hier vertreten verfahren will. Wie hier: *Stein/Jonas/Münzberg*, § 786 Rn. 7–9; MüKo/*K. Schmidt/Brinkmann*, § 786 Rn. 11.
11 Im Einzelnen: *Jaeger/Henckel*, Insolvenzordnung Bd. 1, § 53 Rn. 10 ff.; MüKo-InsO/*Hefermehl*, § 53 Rn. 34; Uhlenbruck/Berscheid, InsO § 53 Rn. 8; *Bötticher*, ZZP 1964, 55 f; MüKo/*K. Schmidt/Brinkmann*, § 786 Rn. 13.
12 *Jaeger/Henckel*, InsO § 53 Rn. 12; *Stein/Jonas/Münzberg*, § 786 Rn. 12; MüKo/*K. Schmidt/Brinkmann*, § 786 Rn. 13; wie hier jetzt auch *Gaul/Schilken/Becker-Eberhard*, § 21 Rn. 47.
13 *Koch/Scholtz/Szymczak*, § 266 AO Rn. 3. Zur Möglichkeit einer vorbeugenden Unterlassungs- oder Feststellungsklage siehe: *Koch/Scholtz/Szymczak*, § 256 AO Rn. 14.

§ 786a See- und binnenschifffahrtsrechtliche Haftungsbeschränkung

(1) Die Vorschriften des § 780 Abs. 1 und des § 781 sind auf die nach § 611 Abs. 1 oder 3, §§ 612 bis 616 des Handelsgesetzbuchs oder nach den §§ 4 bis 5m des Binnenschifffahrtsgesetzes eintretende beschränkte Haftung entsprechend anzuwenden.

(2) Ist das Urteil nach § 305a unter Vorbehalt ergangen, so gelten für die Zwangsvollstreckung die folgenden Vorschriften:
1. Wird die Eröffnung eines Seerechtlichen oder eines Binnenschiffahrtsrechtlichen Verteilungsverfahrens nach der Schifffahrtsrechtlichen Verteilungsordnung beantragt, an dem der Gläubiger mit dem Anspruch teilnimmt, so entscheidet das Gericht nach § 5 Abs. 3 der Schifffahrtsrechtlichen Verteilungsordnung über die Einstellung der Zwangsvollstreckung; nach Eröffnung des Seerechtlichen Verteilungsverfahrens sind die Vorschriften des § 8 Abs. 4 und 5 der Schifffahrtsrechtlichen Verteilungsordnung, nach der Eröffnung des Binnenschifffahrtsrechtlichen Verteilungsverfahrens die Vorschriften des § 8 Abs. 4 und 5 in Verbindung mit § 41 der Schifffahrtsrechtlichen Verteilungsordnung anzuwenden.
2. [1]Ist nach Artikel 11 des Haftungsbeschränkungsübereinkommens (§ 611 Abs. 1 Satz 1 des Handelsgesetzbuchs) von dem Schuldner oder für ihn ein Fonds in einem anderen Vertragsstaat des Übereinkommens errichtet worden, so sind, sofern der Gläubiger den Anspruch gegen den Fonds geltend gemacht hat, die Vorschriften des § 50 der Schifffahrtsrechtlichen Verteilungsordnung anzuwenden. [2]Hat der Gläubiger den Anspruch nicht gegen den Fonds geltend gemacht oder sind die Voraussetzungen des § 50 Abs. 2 der Schifffahrtsrechtlichen Verteilungsordnung nicht gegeben, so werden Einwendungen, die auf Grund des Rechts auf Beschränkung der Haftung erhoben werden, nach den Vorschriften der §§ 767, 769, 770 erledigt; das Gleiche gilt, wenn der Fonds in dem anderen Vertragsstaat erst bei Geltendmachung des Rechts auf Beschränkung der Haftung errichtet wird.
3. [1]Ist von dem Schuldner oder für diesen ein Fonds in einem anderen Vertragsstaat des Straßburger Übereinkommens über die Beschränkung der Haftung in der Binnenschifffahrt – CLNI – (BGBl. 1988 II S. 1643) errichtet worden, so ist, sofern der Gläubiger den Anspruch gegen den Fonds geltend gemacht hat, § 52 der Schifffahrtsrechtlichen Verteilungsordnung anzuwenden. [2]Hat der Gläubiger nicht den Anspruch gegen den Fonds geltend gemacht oder sind die Voraussetzungen des § 52 Abs. 3 der Schifffahrtsrechtlichen Verteilungsordnung nicht gegeben, so werden Einwendungen, die auf Grund des Rechts der Beschränkung der Haftung nach den §§ 4 bis 5m des Binnenschifffahrtsgesetzes erhoben werden, nach den Vorschriften der §§ 767, 769, 770 erledigt; das Gleiche gilt, wenn der Fonds in dem anderen Vertragsstaat erst bei Geltendmachung des Rechts auf Beschränkung der Haftung errichtet wird.

(3) Ist das Urteil eines ausländischen Gerichts unter dem Vorbehalt ergangen, dass der Beklagte das Recht auf Beschränkung der Haftung nach dem Haftungsbeschränkungsübereinkommen geltend machen kann, wenn ein Fonds nach Art. 11 des Straßburger Übereinkommens über die Beschränkung der Haftung in der Binnenschifffahrt errichtet worden ist oder bei Geltendmachung des Rechts auf Beschränkung der Haftung errichtet wird, so gelten für die Zwangsvollstreckung wegen des durch das Urteil festgestellten Anspruchs die Vorschriften des Absatzes 2 entsprechend.

Übersicht	Rdn.		Rdn.
I. Allgemeines	1	III. Ausländische Urteile mit Vorbehalt der	
II. Verfahrensalternativen	2	Haftungsbeschränkung	3

Literatur:
Herber, Das neue Haftungsrecht der Schiffahrt, 1989; *Stahl*, Seerechtliche Haftungsbeschränkung ohne Haftungsfonds, TranspR 1987, 205.

I. Allgemeines

Die Vorschrift, die durch Art. 3 Nr. 2 des Zweiten Seerechtsänderungsgesetzes vom 25. 7. 1986 (BGBl. I 1986, 1120) eingefügt worden und am 1. 9. 1987 in Kraft getreten (BGBl. II 1987, 406) war, ist durch das Gesetz zur Änderung der Haftungsbeschränkung in der Binnenschifffahrt vom 25. 8. 1998 (BGBl. I S. 2489)[1] neu gefasst und durch Art. 7 Nr. 4a und b des Gesetzes zur Reform des Seehandelsrechts vom 20.4.2013 (BGBl. I S. 831) in Abs. 1 und Abs. 2 Nr. 2 abermals geändert worden ist. Zusammen mit § 305a[2] regelt sie die Umsetzung der mit den von Abs. 1 zitierten Gesetzesbestimmungen zugelassenen Haftungsbeschränkungen für seerechtlich bzw. binnenschifffahrtsrechtliche Forderungen in der Zwangsvollstreckung. Ähnlich den anderen in §§ 780–786 angesprochenen Fällen wird auch diese Haftungsbeschränkung im Vollstreckungsverfahren nicht von Amts wegen beachtet, sie muss vielmehr im Urteil gem. § 305a Abs. 2 vorbehalten sein (§ 780 Abs. 1) und vom Schuldner in der Vollstreckung geltend gemacht werden (§ 781). 1

II. Verfahrensalternativen

Der Verfahrensablauf ist unterschiedlich, je nachdem, ob ein Seerechtliches Verteilungsverfahren bzw. ein Binnenschifffahrtsrechtliches Verteilungsverfahren im Inland stattfindet oder nicht (**Abs. 2 Nr. 1** einerseits und andererseits **Nr. 2**[3] bzw. **3**).[4] 2

III. Ausländische Urteile mit Vorbehalt der Haftungsbeschränkung

Nach **Abs. 3** ist die Regelung nach Abs. 2 entsprechend anzuwenden, wenn die Zwangsvollstreckung aus dem Urteil eines ausländischen Gerichts erfolgt, sofern dieses Urteil unter dem Vorbehalt ergangen ist, dass der Beklagte das Recht auf Beschränkung der Haftung nach dem Haftungsbeschränkungsübereinkommen vom 19. 11. 1976 (BGBl. II 1986, 786) bzw. des Straßburger Übereinkommens (BGBl. II 1998, 1643) geltend machen kann, wenn ein Fonds jeweils nach Art. 11 dieser Übereinkommens errichtet worden ist oder bei Geltendmachung des Rechts auf Beschränkung der Haftung errichtet wird. »Prozessgericht des ersten Rechtszuges« i. S. §§ 8 Abs. 4 Schifffahrtsrechtliche Verteilungsordnung, 767 Abs. 1 ist in diesen Fällen das Gericht, das das Vollstreckungsurteil erlassen oder sonst aufgrund der jeweils einschlägigen Übereinkommen und Verträge die Vollstreckung zugelassen hat.[5] 3

---

1 In Kraft seit dem 1. 9. 1998.
2 Ebenfalls neu gefasst durch das Gesetz vom 25. 8. 1998, BGBl. I 1998, 2489 ff.
3 Auslandsfonds im Rahmen eines Seerechtlichen Verteilungsverfahrens.
4 Auslandfonds im Rahmen eines Binnenschifffahrtsrechtlichen Verteilungsverfahrens.
5 *Musielak/Lackmann*, § 786a Rn. 6; MüKo/*K. Schmidt/Brinkmann*, § 786a Rn. 6.

§ 787 Zwangsvollstreckung bei herrenlosem Grundstück oder Schiff

(1) Soll durch die Zwangsvollstreckung ein Recht an einem Grundstück, das von dem bisherigen Eigentümer nach § 928 des Bürgerlichen Gesetzbuchs aufgegeben und von dem Aneignungsberechtigten noch nicht erworben worden ist, geltend gemacht werden, so hat das Vollstreckungsgericht auf Antrag einen Vertreter zu bestellen, dem bis zur Eintragung eines neuen Eigentümers die Wahrnehmung der sich aus dem Eigentum ergebenden Rechte und Verpflichtungen im Zwangsvollstreckungsverfahren obliegt.

(2) Absatz 1 gilt entsprechend, wenn durch die Zwangsvollstreckung ein Recht an einem eingetragenen Schiff oder Schiffsbauwerk geltend gemacht werden soll, das von dem bisherigen Eigentümer nach § 7 des Gesetzes über Rechte an eingetragenen Schiffen und Schiffsbauwerken vom 15. November 1940 (Reichsgesetzbl. I S. 1499) aufgegeben und von dem Aneignungsberechtigten noch nicht erworben worden ist.

Übersicht	Rdn.		Rdn.
I. Anwendungsbereich	1	III. Zuständigkeit und Kosten	3
II. Befugnisse des Vertreters	2	IV. Rechtsbehelf	4

I. Anwendungsbereich

1 Die Vorschrift entspricht für das Vollstreckungsverfahren weit gehend dem § 58 für das Verfahren zur Erlangung des Titels. Ist schon ein Vertreter nach § 58 bestellt, so genügt dieser auch für die Zwangsvollstreckung.[1] Die Vorschrift kommt also praktisch nur zum Zuge, wenn das Grundstück erst nach Titelerlass herrenlos geworden ist. Da der alte Titel dann noch gegen den früheren Eigentümer lautet, muss gegen den Vertreter erst Klausel in entsprechender Anwendung des § 727 erwirkt werden.

Die Norm ist nicht anwendbar, wenn ein Grundstückseigentümer zwar durchaus vorhanden, dessen Person aber unbekannt ist,[2] oder wenn der Grundstückseigentümer sich durch Untertauchen dem Zugriff seiner Gläubiger entzogen hat.

II. Befugnisse des Vertreters

2 Der Vertreter hat die sich aus dem Eigentum ergebenden Rechte und Verpflichtungen allein in Bezug auf das Zwangsvollstreckungsverfahren wahrzunehmen. Darüber hinaus reicht seine Vertretungsmacht nicht. Er kann im Zwangsvollstreckungsverfahren dieselben Rechtsbehelfe einlegen wie der Schuldner, insbesondere §§ 766–768.

III. Zuständigkeit und Kosten

3 Im Vollstreckungsverfahren wird der Vertreter durch das Vollstreckungsgericht – dort den Rechtspfleger – bestellt. Durch die Bestellung fallen keine Gerichtsgebühren an. Für den Anwalt ist die Tätigkeit nach § 19 Abs. 1 Satz 2 Nr. 3 RVG mit der Gebühr VV Nr. 3309 RVG abgegolten. Der Vertreter wird nicht vom Staat vergütet. Seine Vergütung ist vom Gläubiger, der seine Bestellung betreibt, vorzuschießen. Er kann nach § 788 Abs. 1 deren Erstattung durch den Schuldner verlangen.

---

[1] MüKo/*K. Schmidt/Brinkmann*, § 787 Rn. 5; *Musielak/Lackmann*, § 787 Rn. 2; *Stein/Jonas/Münzberg*, § 787 Rn. 3.
[2] MüKo/*K. Schmidt/Brinkmann*, § 787 Rn. 2.

IV. Rechtsbehelf

Rechtsbehelf: Sofortige Beschwerde nach § 11 Abs. 1 RpflG, § 793, unabhängig davon, ob die Vertreterbestellung vor Beginn der Zwangsvollstreckung erfolgte oder ihre Notwendigkeit erst im Vollstreckungsverfahren erkannt wurde.[3] 4

---

3 MüKo/*K. Schmidt/Brinkmann*, § 787 Rn. 5.

§ 788 Kosten der Zwangsvollstreckung

(1) ¹Die Kosten der Zwangsvollstreckung fallen, soweit sie notwendig waren (§ 91), dem Schuldner zur Last; sie sind zugleich mit dem zur Zwangsvollstreckung stehenden Anspruch beizutreiben. ²Als Kosten der Zwangsvollstreckung gelten auch die Kosten der Ausfertigung und der Zustellung des Urteils. ³Soweit mehrere Schuldner als Gesamtschuldner verurteilt worden sind, haften sie auch für die Kosten der Zwangsvollstreckung als Gesamtschuldner; § 100 Abs. 3 und 4 gilt entsprechend.

(2) ¹Auf Antrag setzt das Vollstreckungsgericht, bei dem zum Zeitpunkt der Antragstellung eine Vollstreckungshandlung anhängig ist, und nach Beendigung der Zwangsvollstreckung das Gericht, in dessen Bezirk die letzte Vollstreckungshandlung erfolgt ist, die Kosten gemäß § 103 Abs. 2, den §§ 104, 107 fest. ²Im Falle einer Vollstreckung nach den Vorschriften der §§ 887, 888 und 890 entscheidet das Prozessgericht des ersten Rechtszuges.

(3) Die Kosten der Zwangsvollstreckung sind dem Schuldner zu erstatten, wenn das Urteil, aus dem die Zwangsvollstreckung erfolgt ist, aufgehoben wird.

(4) Die Kosten eines Verfahrens nach den §§ 765a, 811a, 811b, 829, 850k, 850l, 851a und 851b kann das Gericht ganz oder teilweise dem Gläubiger auferlegen, wenn dies aus besonderen, in dem Verhalten des Gläubigers liegenden Gründen der Billigkeit entspricht.

Übersicht	Rdn.
I. Allgemeiner Überblick – Begriffsbestimmungen	1
1. Prozesskosten – Vollstreckungskosten	1
2. Grundsätze zur Kostentragungspflicht	2
a) Keine Außenwirkung zugunsten Dritter	2
b) Mehrheit von Schuldnern	3
c) Kostenhaftung gegenüber dem Staat	4
d) Gebühren des in der Zwangsvollstreckung tätigen Rechtsanwalts	5
3. Unmittelbare – mittelbare Vollstreckungskosten	6
4. Notwendige Vollstreckungskosten	7
5. Anwendungsbereich der Vorschrift	15
II. Einzelfälle	17
A. Notwendige Kosten der Vorbereitung der Zwangsvollstreckung	17
1. Anwaltliche Zahlungsaufforderung und Vollstreckungsandrohung	17
2. Einigungsgebühr für Stundungs- und Ratenzahlungsvereinbarungen nach Titelerlass	18
3. Kosten der Sicherheitsleistung als Vollstreckungsvoraussetzung	20
4. Aufenthaltsermittlung des Schuldners	21
5. Kosten der Ausfertigung und Zustellung des Urteils	22
6. Kosten für das Angebot der Gegenleistung im Rahmen der Zug-um-Zug-Vollstreckung	23
B. Notwendige Kosten der Durchführung der Zwangsvollstreckung	24
1. Kosten einer Vorpfändung (§ 845)	24
2. Sicherungsvollstreckung	25
3. Kosten der Vollstreckung im engeren Sinne	26
4. Aufwendungen des Gläubigers nach § 267 Abs. 1 BGB	27
III. Beitreibung der Vollstreckungskosten durch den Gläubiger	28
1. Kostenfestsetzung durch Beschluss	28
2. Beitreibung ohne Festsetzungsbeschluss	29
3. Festsetzungsverfahren nach §§ 103 ff	30
IV. Erstattungsansprüche des Schuldners	31
1. Anwendungsbereich des § 788 Abs. 3	31
2. Durchsetzung des Erstattungsanspruchs nach Abs. 3	32
3. Teilweise Aufhebung des Titels	33
4. Kosten eines Rechtsstreits gem. § 767	34
5. Keine Kostenhaftung der Gerichtskasse	35
V. Kostenentscheidung nach Abs. 4	36
VI. Rechtsbehelfe	37
1. Gläubiger	37
2. Schuldner	38

Literatur:
Becker-Eberhard, Grundlagen der Kostenerstattung bei der Verfolgung zivilrechtlicher Ansprüche, 1985; *Christmann*, Sinn und Zweck des § 788 ZPO, DGVZ 1985, 147; *Fritz*, Ratenzahlungsregelungen in der Zwangsvollstreckung, 2010; *Hagen*, Inkassoauslagen als notwendige Kosten der Zwangsvollstreckung, JurBüro 1991, 1431; *Hansens*, Kosten der Drittschuldnererklärung nach § 840 ZPO als notwendige Kosten der Zwangsvollstreckung, JurBüro 1987, 1764;

ders., Steuerberatungskosten als notwendige Kosten der Zwangsvollstreckung bei Pfändung des Lohnsteuer-Erstattungsanspruchs, JurBüro 1985, 1; *ders.*, Zur Erstattungsfähigkeit von Anwaltskosten für die Erteilung einer weiteren vollstreckbaren Ausfertigung des Vollstreckungstitels bei Verlust der ersten Ausfertigung, JurBüro 1985, 1121; *Haug*, Die Beitreibung der mittelbaren Kosten der Zwangsvollstreckung, NJW 1963, 1909; *Hergenröder*, Einigungsgebühr für den Abschluss einer Ratenzahlungsvereinbarung mit dem Schuldner im Rahmen der Zwangsvollstreckung?, DGVZ 2011, 117; *Hilse*, Die Verjährung der Vollstreckungskosten (§788 ZPO) – ein Fehltritt des Gesetzgebers?, ZVI 2002, 245; *Hök*, Festsetzung der Kosten ausländischer Vollstreckungsmaßnahmen nach §788 ZPO, MDR 2002, 1291; *Jäckle*, Erstattung der Inkassokosten, NJW 1995, 2767; *Johannsen*, Die Umgehung der Kostenprüfung (§788 ZPO) durch eigenmächtige Verrechnung des Gläubigers gem. §366 Abs. 2 367 BGB, DGVZ 1990, 51; *Jüling*, Vollstreckungskosten – Sachliche Zuständigkeit für die Festsetzung, MDR 2001, 490; *Kessel*, Berechnung der Gerichtsvollzieherkosten bei Erledigung von Vollstreckungsaufträgen gegen Gesamtschuldner, DGVZ 1998, 118; *Lappe*, Die Erstattung der Vergütung eines Inkassobüros, Rpfleger 1985, 282; *ders.*, Ist die Kosten-Vollstreckung gem. §788 Abs. 1 ZPO mit dem Grundgesetz vereinbar?, MDR 1979, 795; *ders.*, Kosten-Mitvollstreckung rechtswidrig?, DGVZ 2008, 183; *Lorenz*, Zu den Kosten eines Ratenzahlungsvergleichs in der Zwangsvollstreckung, DGVZ 1997, 129; *Ottersbach*, Der Ratenzahlungsvergleich in der Zwangsvollstreckung, Rpfleger 1990 283; *Schilken*, Die Beurteilung notwendiger Kosten der Zwangsvollstreckung nach Verrechnung von Teilzahlungen, DGVZ 1991, 1; *Schmidt*, Auslagen für Auskünfte als erstattungsfähige Vollstreckungskosten, JurBüro 1962, 453; *E. Schneider*, Prüfungspflicht des Gerichtsvollziehers bei Vollstreckung von Restforderungen und Kosten, DGVZ 1982, 149; *ders.*, Zur Erstattungsfähigkeit der Kosten für die Beschaffung einer Sicherheitsleistung, MDR 1974, 885; *N. Schneider*, Gebührenerhöhung bei mehreren Auftraggebern in der Zwangsvollstreckung, DGVZ 2005, 91; *ders.*, Probleme der »neuen« Umsatzsteuer im Mahn- und Vollstreckungsverfahren, NJW 2007, 1035; *ders.*, Kosten einer weiteren vollstreckbaren Ausfertigung bei Verlust der Erstausfertigung, DGVZ 2011, 26; *Seip*, Die Vergleichsgebühr im Zwangsvollstreckungsverfahren, DGVZ 2006, 105; *Sieger*, Kosten der Zwangsvollstreckung aus einem vorläufig vollstreckbaren Versäumnisurteil bei späterem Wegfall durch Prozessvergleich, ProzessRB 2005, 190; *Stöver/Jäger*, Zur Erstattungsfähigkeit von Inkassokosten, JurBüro 1989, 1071; *Wedel*, Zur Frage der Erstattungsfähigkeit von Inkassokosten als notwendige Kosten der Zwangsvollstreckung i. S. d. §788 ZPO, JurBüro 2001, 345; *Weinert*, Neujustierung der Kostenerstattung in der Zwangsvollstreckung, Rpfleger 2005, 2; *Wertenbruch*, Schuldrechtsreform und Zwangsvollstreckung, DGVZ 2002, 177.

I. Allgemeiner Überblick – Begriffsbestimmungen

1. Prozesskosten – Vollstreckungskosten

Der Ausspruch im Urteil, Vollstreckungsbescheid oder in der sonstigen als Vollstreckungstitel dienenden gerichtlichen Entscheidung, wem die Kosten des Rechtsstreits oder Verfahrens auferlegt werden, betrifft die Prozesskosten bzw. Verfahrenskosten, die auf dem Wege zum Titel in Verfolgung des geltend gemachten Rechts und durch die Verteidigung hiergegen entstanden sind. Gleiches gilt grundsätzlich, soweit nichts Anderweitiges ausdrücklich oder nach dem Gesamtzusammenhang konkludent geregelt ist, für die Vereinbarung in einem Vergleich über die Kosten des Rechtsstreits.[1] Die Kostenentscheidung bzw. Kostenregelung im Titel verhält sich dagegen grundsätzlich nicht zu den nachfolgenden Kosten zur Verwirklichung des Titels. Wer im Innenverhältnis der am Vollstreckungsverfahren beteiligten Parteien diese Kosten – und in welchem Umfang – zu tragen hat, regelt §788 auf der Basis der im Titel vorgenommenen Rollenverteilung als Gläubiger und Schuldner, aber unabhängig von der dort vorgenommenen Kostenverteilung.

1

---

[1] Insoweit ist allerdings streitig, ob der erst nach einem Versäumnisurteil oder in der höheren Instanz geschlossene Vergleich nicht darüber hinaus auch als Grundlage für die Beitreibung der Kosten der Vollstreckungsversuche aus dem ursprünglichen, durch den Vergleich abgeänderten Titel gilt. Man wird dies bejahen können, soweit nur hinsichtlich eines Teilbetrages vollstreckt wurde, der auch nach dem Vergleich noch vollstreckbar ist: BGH, DGVZ 2004, 13; OLG München, JurBüro 1999, 212; OLG Hamburg, InVo 1999, 327; OLG Zweibrücken, InVo 1999, 327; **a. A.** (nur, wenn der Vergleichstext dies ausdrücklich so bestimmt): OLG Düsseldorf, InVo 2000, 37; **a. A.** (Kosten können weder aus dem ursprünglichen Titel noch aus dem Vergleich beigetrieben werden): KG, InVo 2000, 146.

2. Grundsätze zur Kostentragungspflicht

a) Keine Außenwirkung zugunsten Dritter

2 Im **Innenverhältnis** der Parteien des Vollstreckungsverfahrens zueinander hat der Vollstreckungsschuldner die dem Gläubiger entstandenen notwendigen Vollstreckungskosten zu tragen, da sie durch seine Säumnis, die titulierte Forderung umgehend freiwillig zu erfüllen und die dadurch bedingte Notwendigkeit, Schritte zur zwangsweisen Erfüllung einzuleiten und durchzuführen, verursacht sind (Abs. 1 Satz 1, 1. Halbs. und Abs. 1 Satz 2). Die Vorschrift hat **keine Außenwirkung** derart, dass Dritte, die im Rahmen der Zwangsvollstreckung tätig waren und dadurch Ansprüche erworben haben (z. B. der Rechtsanwalt des Gläubigers, der vom Gerichtsvollzieher zugezogene Handwerker oder Spediteur, der mit der zeitweiligen Verwahrung einer Sache beauftragte Sequester, der besondere Vertreter des Nachlasses oder des herrenlosen Grundstücks usw.), diese Ansprüche unmittelbar gegen den Vollstreckungsschuldner geltend machen könnten. Für sie bleibt allein ihr unmittelbarer Vertragspartner maßgeblich. Auch die Frage, an wen der Staat sich wegen der Gerichtskosten, Gerichtsvollziehergebühren usw. wenden kann, wird nicht durch § 788, sondern allein durch die verschiedenen Kostengesetze beantwortet.[2]

b) Mehrheit von Schuldnern

3 Durch **Abs. 1 Satz 3** ist klargestellt, dass mehrere als Gesamtschuldner verurteilte Schuldner auch für die Kosten der Zwangsvollstreckung gesamtschuldnerisch haften, die aus der Zwangsvollstreckung gegen andere entstehen, die mit dem Schuldner als **Gesamtschuldner** für die titulierte Forderung haften und gegen die alle aus ein und demselben Titel oder aus parallelen Titeln,[3] die sie aber als Gesamtschuldner bezeichnen,[4] vollstreckt wurde und die an Stelle des Schuldners in Anspruch genommen wurden oder auch werden mussten. Diese gesetzliche Regelung lässt sich damit rechtfertigen, dass jeder Gesamtschuldner es in der Hand hat, durch rechtzeitige freiwillige Zahlung sämtliche Vollstreckungskosten, also auch die gegen die anderen Gesamtschuldner, zu vermeiden.[5] Dennoch erscheint die Regelung dogmatisch bedenklich; denn im Grunde handelt es sich bei den Kosten der Vollstreckung gegen andere Gesamtschuldner nicht einmal im weiteren Sinne um Kosten der Vollstreckung gegen den letztlich in Anspruch Genommenen, sondern um Verzugsschaden, der jetzt ohne Vollstreckungstitel beigetrieben werden kann. Durch die Verweisung im letzten Halbsatz des Satz 3 auf § 100 Abs. 3 wird klargestellt, dass die gesamtschuldnerische Haftung nicht für die Kosten von Rechtsbehelfen einzelner Gesamtschuldner im Vollstreckungsverfahren (z. B. Vollstreckungserinnerungen und sofortige Beschwerden, aber auch Klagen gem. §§ 767, 768) gilt, durch die – letztlich nicht notwendig – die Herbeiführung des Vollstreckungserfolges weiter verteuert worden ist.

c) Kostenhaftung gegenüber dem Staat

4 Die Frage, von wem die staatlichen Vollstreckungsorgane die im Zuge der Vollstreckung angefallenen Gebühren und Auslagen beitreiben dürfen, beantwortet sich nach den für die Tätigkeit

---

2 Einzelheiten unten Rdn. 4.
3 *Musielak/Lackmann*, § 788 Rn. 6.
4 Haben mehrere nebeneinander den nämlichen Erfolg herbeizuführen (z. B. Herausgabe eines Grundstücks), ohne insoweit Gesamtschuldner zu sein, haften sie nur für die durch die Zwangsvollstreckung gegen sie selbst entstandenen Kosten: LG Kassel, DGVZ 2002, 172. Hat einer der Schuldner in diesem Fall seinen Besitz vor Beginn der Zwangsvollstreckung bereits vollständig aufgegeben gehabt, haftet er nicht für die durch die Räumungsvollstreckung gegen die anderen Besitzer entstandenen Kosten: LG Koblenz, DGVZ 2006, 71 mit zust. Anm. *Seip*.
5 Daher wird man Abs. 1 S. 3 von seinem Sinn her auch nicht gegen einen Gesamtschuldner anwenden können, der seine im Titel tenorierte Pflicht bereits vor Beginn der Zwangsvollstreckung freiwillig erfüllt hat, während gegen die anderen Gesamtschuldner etwa noch Kosten aus einem anwaltlichen Aufforderungsschreiben angefallen waren: LG Leipzig, Rpfleger 2000, 402.

der verschiedenen Vollstreckungsorgane geltenden Kostengesetze, also nach dem GKG bzw. dem FamGKG, soweit Prozessgericht und Vollstreckungsgericht (insbesondere: §§ 22, 26, 28, 29, 31, 32 GKG; zur Höhe: § 34 GKG mit Nrn. 2110–2124 sowie 2210–2243 des Kostenverzeichnisses), nach dem GvKostG nebst Kostenverzeichnis in der Anlage zu § 9 GvKostG sowie den als Landesrecht geltenden, bundeseinheitlich erlassenen Durchführungsbestimmungen hierzu, den sog. Gerichtsvollzieherkostengrundsätzen (GVKostGr), soweit der Gerichtsvollzieher (insbesondere: § 13 GvKostG), und dem GNotKG nebst dem KVfG, soweit das Grundbuchamt als Vollstreckungsorgan tätig waren (insbesondere: § 34 GNotKG mit Nr. 14120 KVfG).

Die für den Rechtsstreit zur Titelerlangung bzw. zur Rechtsverteidigung in diesem Rechtsstreit gewährte **Prozesskostenhilfe** gilt nicht automatisch für die Zwangsvollstreckung.[6] Sie muss vielmehr neu beantragt werden. Wird die Prozesskostenhilfe für die Zwangsvollstreckung in das bewegliche Vermögen bewilligt, so gilt sie allerdings für alle Vollstreckungshandlungen (Sachpfändungen, Vollstreckung in Forderungen und sonstige Rechte) einschließlich des Verfahrens auf Abgabe der eidesstattlichen Versicherung (§ 119 Abs. 2). Vor jeder anderen Vollstreckungsmaßnahme bzw. vor jedem neuen Rechtsbehelf bedarf es dagegen eines neuen Antrages. Eine Bewilligung für das Zwangsvollstreckungsverfahren schlechthin, also alle für einen konkreten Titel in Betracht kommenden Vollstreckungsarten einschließlich etwa erforderlicher Rechtsbehelfe, ist nicht möglich, da die Erfolgsaussichten (§ 114) der einzelnen Maßnahmen nicht einheitlich beurteilt werden können. Ist dem Gläubiger für die Zwangsvollstreckung wegen einer Geldforderung durch den Gerichtsvollzieher Prozesskostenhilfe bewilligt worden, ist § 2 Abs. 4 GvKostG zu beachten, der insoweit zulasten des Gläubigers § 122 Abs. 1 Nr. 1 a verdrängt.

d) Gebühren des in der Zwangsvollstreckung tätigen Rechtsanwalts

Kostenschuldner des Rechtsanwalts hinsichtlich der in der Zwangsvollstreckung angefallenen Gebühren ist der Mandant, der den Rechtsanwalt beauftragt hat. Die jeweils geschuldeten Gebühren ergeben sich aus dem Vertrag und dem RVG (insbesondere: §§ 16–19, 25, 26 RVG in Verbindung mit VV Nr. 3309–3312 RVG).[7] Die Gebühren gegen den eigenen Mandanten kann der Anwalt nicht gem. § 788 beitreiben lassen, er muss vielmehr den Weg des § 11 RVG gehen.[8] Zuständig für diese vereinfachte Festsetzung der Kosten anwaltlicher Tätigkeit im Vollstreckungsverfahren ist das Vollstreckungsgericht.[9]

5

Im Fall des § 126 kann der Anwalt des Gläubigers, dem Prozesskostenhilfe gewährt wurde, seine Kosten unmittelbar beim Schuldner im eigenen Namen beitreiben.

3. Unmittelbare – mittelbare Vollstreckungskosten

»Kosten der Zwangsvollstreckung« i. S. des Abs. 1 sind alle Aufwendungen, die gemacht werden, um unmittelbar die Vollstreckung aus dem Titel vorzubereiten oder die einzelnen Vollstreckungsakte durchzuführen.[10] Sie sind abzugrenzen gegen diejenigen Aufwendungen und Vermögenseinbußen, die der Gläubiger zwar auch deshalb erleidet, weil er zur Zwangsvollstreckung genötigt ist, die aber weder der Vorbereitung noch der Durchführung eines konkreten Vollstreckungsaktes dienen (mittelbare Aufwendungen aus Anlass der Vollstreckung). Solche mittelbaren Vermögenseinbußen sind etwa der durch die Zinsen nicht abgedeckte Wertverlust der Forderung infolge langer

6

---

6 Einzelheiten: Einführung Rdn. 19.
7 Hinsichtlich des auf die Gebühren anzuwendenden Mehrwertsteuersatzes ist der Zeitpunkt der Beendigung der Tätigkeit des Anwalts in der Zwangsvollstreckung maßgebend, so zu Recht: *N. Schneider*, NJW 2007, 1035.
8 LAG Hamm, InVo 2002, 212.
9 BGH, NJW 2005, 1273.
10 Insoweit besteht grundsätzlich noch Einigkeit: *Brox/Walker*, Rn. 1674; *Musielak/Lackmann*, § 788 Rn. 2; *Stein/Jonas/Münzberg*, § 788 Rn. 6.

Vollstreckungsdauer, der entgangene Gewinn aus Geschäften, die dem Gläubiger bei rechtzeitiger Erfüllung möglich gewesen wären, Aufwendungen zur Abwendung von Schäden am eigenen Vermögen infolge des langwierigen Vollstreckungsverfahrens (z. B. Sicherungsmaßnahmen zugunsten der vorhandenen Bausubstanz, weil die Ersatzvornahme zur Mängelbeseitigung sich hinauszögert). In zahlreichen Einzelfällen ist die Abgrenzung recht schwierig und umstritten.[11] Keine »Kosten der Zwangsvollstreckung« sind auch diejenigen Aufwendungen, die nur zufällig aus Anlass der Zwangsvollstreckung anfallen, die aber in gleicher Art und Höhe angefallen wären, wenn der Schuldner freiwillig und pünktlich erfüllt hätte. Hierher zählen etwa die Aufwendungen zur Beschaffung und zum ordnungsgemäßen Angebot[12] der eigenen Gegenleistung in den Fällen der §§ 756, 765.[13] Soweit hier durch die Einschaltung des Gerichtsvollziehers allerdings Mehrkosten entstehen, sind diese wiederum Kosten der Zwangsvollstreckung.[14]

Schließlich sind keine »Kosten der Zwangsvollstreckung« i. S. des Abs. 1 die aufgrund ausdrücklicher Kostenentscheidung einer Partei des Vollstreckungsverfahrens auferlegten Kosten eines besonderen Verfahrens,[15] insbesondere Rechtsbehelfsverfahrens. So müssen die Entscheidungen nach §§ 732, 766, 793 immer eine Kostenentscheidung gem. §§ 91 ff. enthalten;[16] erst recht ist dies für die Urteile gem. §§ 731, 767, 768, 771 selbstverständlich. Kosten, die der Vorbereitung derartiger selbstständiger Verfahren oder ihrer gütlichen vorgerichtlichen Beilegung dienen, sind diesen Verfahren zuzuordnen und unterfallen ebenfalls nicht § 788 Abs. 1.[17] Gleiches gilt für die Kosten einstweiliger Anordnungsverfahren im Vorfeld derartiger Verfahren (§§ 732 Abs. 2, 769).[18] Welche »Verfahren« im Rahmen der Zwangsvollstreckung über die vorstehend genannten hinaus mit einer selbstständigen Kostenentscheidung abzuschließen sind, sodass auf deren Kosten § 788 nicht mehr anwendbar ist, ist im Einzelnen (etwa für § 765a) streitig.[19]

4. Notwendige Vollstreckungskosten

7 Die Kosten der Zwangsvollstreckung im vorstehenden Sinne kann der Gläubiger nur dann vom Schuldner erstatten verlangen, wenn diese Kosten auch »**notwendig**« waren. Insoweit verweist das Gesetz auf die Definition im § 91, sodass als »notwendig« alle diejenigen Kosten anzusehen sind, die zur »zweckentsprechenden Rechtsverfolgung« aus Sicht des Gläubigers zum Zeitpunkt der Einleitung der jeweiligen Maßnahme[20] erforderlich[21] sind. Erteilt der Gläubiger etwa nach Ablauf der

---

11 OLG Koblenz, Rpfleger 1977, 66; OLG Hamburg, JurBüro 1973, 650. Einzelheiten unten Rdn. 26, 27.
12 Muss dem Schuldner bzw. dem Gerichtsvollzieher durch Sachverständigengutachten nachgewiesen werden, dass die angebotene Gegenleistung der geschuldeten entspricht, sind die Sachverständigenkosten allerdings Kosten der Zwangsvollstreckung: AG Sinzig, DGVZ 2003, 127.
13 A. A.: LG Köln, JurBüro 1998, 552.
14 OLG Frankfurt, JZ 1980, 127; *Stein/Jonas/Münzberg*, § 788 Rn. 10 und 13; *Thomas/Putzo/Seiler*, § 756 Rn. 13.
15 Das gilt auch für die in einem ausländischen Titel bereits getroffene Entscheidung über die Kosten des Anerkenntnisverfahrens: OLG Hamm, InVo 2001, 459.
16 BGH, NJW-RR 1989, 125; OLG Nürnberg, JurBüro 1965, 811; LG Hamburg, MDR 1969, 583; *Müko/K. Schmidt/Brinkmann*, § 788 Rn. 20.
17 OLG Koblenz, Rpfleger 1977, 66; LG Konstanz, InVo 2004, 251.
18 OLG München, JurBüro 1986, 1583.
19 Einzelheiten unten Rdn. 15. Ist eine Entscheidung aber – wenn auch zu Unrecht – mit einer Kostenentscheidung versehen, geht diese immer der Regelung in § 788 vor.
20 OLG Brandenburg, JurBüro 2007, 548; OLG Koblenz, JurBüro 1984, 408; OLG Schleswig, SchlHA 1983, 198; OLG München, Rpfleger 1968, 402; LG Wiebaden, Rpfleger 2010, 382; LG Münster, NJW-RR 1988, 128; AG Hamburg, Rpfleger 1982, 392; LG Nürnberg-Fürth, AnwBl. 1982, 122. War dem Gläubiger die Erfüllung seiner Forderung durch das Verschulden Dritter, die nicht in der Sphäre des Schuldners stehen, unbekannt geblieben, so muss der Gläubiger sich dies allerdings zurechnen lassen: LG Berlin, JurBüro 1968, 556; OLG Hamburg, JurBüro 1976, 1252.
21 BGH, DGVZ 2004, 24; BGH, InVo 2005, 361.

von ihm dem Schuldner gesetzten Zahlungsfrist[22] und einer angemessenen zusätzlichen Frist für die Übermittlung einer fristgerecht angewiesenen Überweisung[23] Vollstreckungsauftrag, weil das Geld nicht bei ihm eingegangen ist, so sind die durch die Auftragserteilung entstandenen Kosten notwendig, auch wenn eine Zwangsvollstreckung zu diesem Zeitpunkt objektiv nicht mehr erforderlich war, weil der Schuldner die geschuldete Summe zwischenzeitlich, wenn auch verspätet, abgesandt hatte.[24] Vollstreckt der Gläubiger aus einem vorläufig vollstreckbaren Urteil und wird dieses Urteil später hinsichtlich der Fälligkeit so abgeändert, dass die Vollstreckung nachträglich betrachtet schon vor Fälligkeit des Anspruchs, also zu früh, erfolgte, sind die Vollstreckungskosten ebenfalls nicht notwendig und daher nicht erstattungsfähig.[25]

Wird eine ursprünglich zu Recht eingeleitete Zwangsvollstreckungsmaßnahme später nicht zu Ende geführt, etwa weil sie sich nachträglich als unwirtschaftlich erweist, so bleiben die durch sie verursachten Kosten »notwendig« i. S. von Abs. 1,[26] wenn der Abbruch der Vollstreckung sich nicht ausnahmsweise als Schikane des Gläubigers darstellt.[27] Die Kosten müssen **zur Zwangsvollstreckung** bzw. zu deren Vorbereitung notwendig, nicht nur anlässlich einer Zwangsvollstreckung, ohne der Realisierung des Titels zu dienen, entstanden sein.[28] So sind etwa die dem Gläubiger im Rahmen einer sog. »Berliner Räumung« vor dem 1. 5. 2013 durch das Leerräumen der Wohnung entstandenen Kosten keine Kosten der Zwangsvollstreckung[29]. Hat der Gläubiger aus einen Urteil vollstreckt, das später durch einen Vergleich, der zu einer niedrigeren Zahlungsverpflichtung des Schuldners führte, ersetzt wurde, sind nur die Vollstreckungskosten notwendig und erstattungsfähig, die entstanden wären, wenn sich die Vollstreckung von vornherein auf den Vergleichsbetrag beschränkt hätte[30]. Dass der Schuldner nach dem Vergleich den Betrag in Raten abzahlen darf, hat auf die Erstattungsfähigkeit dieser Kosten keine Auswirkungen.[31] 8

Ist die Zwangsvollstreckung aus dem Titel noch gar nicht möglich und deshalb auch noch nicht absehbar, ob der Schuldner nicht schon vor einer möglichen Vollstreckung freiwillig zahlen werde, ist eine Androhung von Vollstreckungsmaßnahmen, die die Vollstreckungsgebühr auslöst, auch noch nicht notwendig.[32] Gleiches gilt, wenn der an sich bereits vollstreckbare Titel dem Schuldner erst so kurzfristig zugegangen ist, dass vernünftigerweise nicht erwartet werden kann, dass der Schuldner eine Überweisung schon veranlassen konnte.[33] Da der Schuldner allerdings grundsätz- 9

---

22 Zur Notwendigkeit einer solchen Fristsetzung siehe unten Rdn. 17 sowie: BVerfG, NJW 1999, 788; BGH, BGHR 2003, 1251; OLG Braunschweig, JurBüro 1999, 46: LG Koblenz, InVo 2005, 166; LG Lübeck, DGVZ 2012, 166. Gegen die generelle Notwendigkeit, eine solche Frist abzuwarten: *Weinert*, Rpfleger 2005, 2.
23 Siehe hierzu: AG Köln, JurBüro 1965, 166 und DGVZ 1975, 75; LG Essen, DGVZ 1982, 118; ferner: AG Bonn, JurBüro 1962, 111; AG Gelsenkirchen-Buer, MDR 1968, 148; AG Nürnberg, DGVZ 1976, 174; LG Tübingen, AnwBl. 1982, 81; ArbG Mannheim, JurBüro 1980, 1683.
24 AG Hamburg, Rpfleger 1982, 392; LG Münster, NJW-RR 1988, 128; LG Stuttgart, JurBüro 2001, 48.
25 BGH, NJW-RR 2012, 311.
26 Es bedarf keiner Entscheidung nach §91a über das »erledigte« Vollstreckungsverfahren: OLG Braunschweig, InVo 1999, 191; LG Frankfurt, NZM 2000, 88.
27 OLG München, JurBüro 1968, 1019; OLG Stuttgart, JurBüro 1976, 523; **a. A.** für die Rücknahme eines Vollstreckungsantrages nach §§ 887 ff.: OLG Frankfurt, MDR 1978, 411.
28 BGH, BGHR 2005, 1007 mit Anm. *Schuschke*, BGHR 2005, 1009.
29 BGH, WM 2015, 981 mit Anm. *Stamm*, LMK 2015, 369227.
30 BGH, MDR 2010, 654; BGH, BeckRS 2014, 15370.
31 BGH, BeckRS 2014, 15370.
32 OLG Hamm, JurBüro 1969, 1112; OLG Hamburg, JurBüro 1972, 422 mit Anm. *Mümmler*; KG, JurBüro 1973, 74; OLG Bamberg, JurBüro 1977, 505; OLG Düsseldorf, VersR 1981, 755; OLG Köln, JurBüro 1982, 1525; AG Köln, DGVZ 1983, 191; LAG Hamm, MDR 1984, 1053; LAG Frankfurt, JurBüro 1986, 1205; KG, JurBüro 1987, 390; OLG Köln, JurBüro 1999, 272.
33 LG Bayreuth, JurBüro 1974, 1398; AG Halle, JurBüro 1984, 1036 und AnwBl. 1984, 220; OLG Hamburg, AnwBl. 1985, 784 mit Anm. *Mümmler*.

lich seit Titelerlass sich auf die Zahlung einstellen konnte, darf dem Gläubiger kein allzu langes Zuwarten zugemutet werden.[34] Hat der Schuldner rechtzeitig freiwillig bezahlt, aber – vermutlich infolge eines Rechenfehlers – einen geringfügigen Betrag zu wenig überwiesen, ist es nicht notwendig, wegen dieses Restbetrages Vollstreckungskosten (durch ein anwaltliches Mahnschreiben oder gar durch einen Vollstreckungsauftrag) zu verursachen, bevor der Schuldner vom Gläubiger auf seinen Irrtum hingewiesen und zur freiwilligen Zahlung auch des Restes aufgefordert wurde.[35] Allerdings ist grundsätzlich – bei Zahlungsverweigerung – die Zwangsvollstreckung auch wegen eines geringfügigen Betrages berechtigt; die durch sie verursachten Kosten sind auch dann notwendig, wenn sie den beizutreibenden Betrag übersteigen.[36]

10 Auch der Gläubiger, der berechtigt die Zwangsvollstreckung gegen seinen Schuldner einleitet,[37] ist verpflichtet, die **Vollstreckungskosten niedrig zu halten**[38] und von überflüssigen,[39] lediglich schikanösen[40] oder auch von vornherein erkennbar aussichtslosen Maßnahmen,[41] die zusätzliche Vollstreckungskosten auslösen, abzusehen. Er hat, soweit er vorher davon erfährt, auch den Gerichtsvollzieher von derartigen unnötigen Vollstreckungsmaßnahmen abzuhalten, indem er den Vorschuss insoweit nicht bezahlt.[42] Der Gerichtsvollzieher kann dann nicht die Zwangsvollstreckung insgesamt verweigern.

Die Kosten derartig unnötiger Maßnahmen sind ihrerseits nicht notwendig i. S. Abs. 1.[43] Das gilt etwa für die Kosten erneuter Vollstreckungsaufträge,[44] wenn die Vermögenslosigkeit des Schuldners bereits feststeht und der Gläubiger keinerlei Anhaltspunkte dafür hat, dass sich hieran etwas geändert hat,[45] oder für die Kosten von Vollstreckungsversuchen an verschiedenen Orten, wenn von

---

34 Siehe auch unten Rdn. 17; ferner: LG Hamburg, JurBüro 1973, 1180; OLG Schleswig, SchlHA 1981, 152; LAG Hamm, AnwBl. 1984, 161; AG Bad Schwalbach, DGVZ 2000, 174. Zu weit gehend daher: AG Mülheim, AnwBl. 1982, 123.
35 AG Bergheim, DGVZ 1983, 29; AG Fürstenfeldbruck, DGVZ 1987, 93.
36 Einzelheiten: Vor §§ 753–763 Rdn. 7; ferner: *Thomas/Putzo/Seiler*, § 753 Rn. 13.
37 An der Notwendigkeit, die Kosten verursachende Zwangsvollstreckung einzuleiten, kann es im Einzelfall auch fehlen, wenn für den Gläubiger eine liquide Aufrechnungslage besteht: LG Berlin, JurBüro 1997, 106.
38 OLG Brandenburg, OLGReport 2008, 70.
39 Überflüssig kann es etwa sein, mehrere getrennte Vollstreckungsaufträge, die jeweils die Vollstreckungsgebühr gem. VV Nr. 3309 RVG auslösen, zu erteilen, wenn diese Aufträge ohne weiteres zu einem Auftrag hätten zusammengefasst werden können: AG Blieskastel, DGVZ 1998, 175. Ebenso überflüssig können Anträge auf Forderungspfändung ohne jeglichen Anhaltspunkt für das Bestehen einer Forderung sein: AG Hamburg, DGVZ 2003, 94. Auch das Verteilen einer Forderung auf mehrere Titel ohne vernünftigen Grund kann die dadurch bedingte Multiplizierung der Kosten als nicht notwendig erscheinen lassen: AG Wolfsburg, JurBüro 2006, 216.
40 LG Kleve, InVo 2001, 460.
41 BGH, WuM 2006, 53 (Beantragung der Zwangsverwaltung einer offensichtlich nicht nutzbaren Wohnung); AG Beckum, DGVZ 2008, 106 (Pfändungsauftrag gegen einen Schuldner, der für den Gläubiger gerade erst die Offenbarungsversicherung abgegeben hatte, ohne dass Anhaltspunkte bestanden, dass der Schuldner seither pfändbares Vermögen erworben hatte).
42 LG Neubrandenburg, JurBüro 2012, 385; LG Verden, JurBüro 2015, 46.
43 OLG München, AnwBl. 1958, 76; LG Wiesbaden, ZMR 1970, 122; OLG Frankfurt, AnwBl. 1971, 209; OLG Hamburg, JurBüro 1979, 854; AG Hadamar, JurBüro 1976, 1670; LG Frankfurt, JurBüro 1977, 216; AG Lüdinghausen, JurBüro 1982, 1040; AG Oberkirch, DGVZ 1999, 13; AG Jever und AG Cottbus, DGVZ 2000, 44.
44 Zur Frage, wann ein Vollstreckungsauftrag nur weitergeführt oder ein neuer – neue Kosten auslösender – Vollstreckungsauftrag erteilt wird: AG Waldbröl, DGVZ 1998, 142.
45 AG Köln, JurBüro 1964, 692; LG Berlin, Rpfleger 1970, 441; LG Osnabrück, JurBüro 1977, 1786; LG Aschaffenburg, DGVZ 1982, 190; AG Büdingen, DGVZ 1985, 78; AG Fritzlar, DGVZ 1987, 93; AG Gießen, DGVZ 1997, 63; AG Limburg, DGVZ 1998, 95; LG Koblenz, DGVZ 1998, 61; AG Bingen, DGVZ 2000, 46; LG Halle, DGVZ 2001, 30; AG Beckum, DGVZ 2008, 106.

vornherein nur an einem dieser Orte ein Vollstreckungserfolg zu erwarten war.[46] Abzustellen ist auf die Sicht des Gläubigers bei Einleitung der Vollstreckungsmaßnahme. Übertriebene Anforderungen dürfen nicht an den Gläubiger gestellt werden. Vor allem ist ihm nicht anzulasten, dass er sich für die Vorgehensweise entscheidet, von der er sich am schnellsten und wirkungsvollsten Erfolg erhofft,[47] auch wenn sich nachträglich das gewünschte Ergebnis nicht einstellt. Bei uneinheitlicher Rechtsprechung kann sich der Gläubiger bei der Entscheidung, welche Maßnahmen er ergreifen darf, an der Rechtsprechung der Gerichte an seinem Wohnsitz orientieren, falls ihm die abweichende Rechtsprechung des Vollstreckungsgerichts nicht positiv bekannt ist.[48]

Die Verpflichtung, die Kosten gering zu halten, zwingt den Gläubiger nicht dazu, auf die Einschaltung eines Rechtsanwalts,[49] Rechtsbeistandes oder **Inkassobüros** (allerdings nur, soweit dessen Kosten die Kosten für die Beauftragung eines Rechtsanwalts nicht übersteigen)[50] zur Beitreibung der Forderung zu verzichten, auch wenn er selbst Rechtskenntnisse[51] oder als Unternehmen eine eigene Rechtsabteilung[52] besitzt.

11

Kosten, die durch vom Gläubiger beantragte, aber wegen anfänglicher Unzulässigkeit abgelehnte Vollstreckungsmaßnahmen entstehen, sind nie notwendig.[53] Führt das Vollstreckungsorgan dagegen in eigener Regie ohne Weisung des Gläubigers Maßnahmen durch, die sich auf einen Rechtsbehelf hin als unzulässig erweisen (z. B. Pfändung unpfändbarer Gegenstände, Pfändung von Gegenständen im Eigentum Dritter), so sind die hierdurch dem Gläubiger entstandenen Vollstreckungskosten notwendig i. S. Abs. 1. Der Gläubiger hat es auch nicht zu vertreten, wenn der Gerichtsvollzieher in eigener Verantwortung im Rahmen mehrerer möglicher Vorgehensweisen nicht den kostengünstigsten Weg wählt.[54] Entstehen Vollstreckungskosten durch Umstände, die allein im persönlichen Bereich des Gläubigers liegen, kann ihre Erstattung nicht verlangt werden. So führt etwa ein auf Unstimmigkeiten zwischen Anwalt und Mandant beruhender Anwaltswechsel nicht zur Erstattungsfähigkeit der dadurch hervorgerufenen Mehrkosten.[55]

12

Verwirklicht der Gläubiger über den titulierten vollstreckbaren Anspruch hinaus weitere – nach materiellem Recht an sich berechtigte – Ansprüche, so handelt es sich hierbei, auch wenn dem Gläubiger staatliche Organe insoweit irrtümlich behilflich sind, nicht um Zwangsvollstreckung i. S.

13

---

46 BGH, DGVZ 2005, 6.
47 OLG Frankfurt, AnwBl. 1971, 209; OLG Hamburg, JurBüro 1979, 854; OLG Frankfurt, VersR 1981, 287; OLG Hamburg, JurBüro 1990, 116.
48 AG Wuppertal, DGVZ 1999, 44.
49 BGH, NJW 2006, 1598, 1599.
50 LG Bremen, JurBüro 2002, 212; AG Friedberg und AG Bielefeld, DGVZ 1975, 61; LG Berlin, DGVZ 1975, 166; AG Wiesbaden, DGVZ 1976, 13; LG Mosbach, AnwBl. 1984, 220; AG Paderborn, JurBüro 1985, 1896; LG Landau, DGVZ 1988, 28; AG Ibbenbüren, DGVZ 1988, 78; LG Ravensburg, DGVZ 1989, 173. Beauftragt der Gläubiger parallel einen Rechtsanwalt und ein Inkassobüro mit der Zwangsvollstreckung kann er die Vollstreckungsgebühren nur einmal in Höhe der Anwaltsgebühren in Ansatz bringen: AG Brake, DGVZ 2008, 107.
51 LG Bremen, JurBüro 2002, 212; AG Mülheim, AnwBl. 1984, 220; MüKo/*K. Schmidt/Brinkmann*, § 788 Rn. 23; *Stein/Jonas/Münzberg*, § 788 Rn. 18 a; a. A.: OLG Saarbrücken, DGVZ 1989, 91; AG Erkelenz, DGVZ 1993, 97. Die Einschaltung eines die Vollstreckung betreibenden Rechtsanwalts durch eine Körperschaft des öffentlichen Rechts, die selbst Juristen beschäftigt, kann allerdings im Einzelfall nicht »notwendig« sein: AG Rottenburg, DGVZ 2000, 95; Gleiches kann für die Einschaltung eines Rechtsanwalts durch einen Notar gelten, wenn es lediglich um Beurkundungskosten geht: LG Ingolstadt, DGVZ 2001, 45. Ein allgemeines Prinzip kann aus den vorgenannten Einzelfällen aber keineswegs abgeleitet werden.
52 A.A. insoweit: AG Wildeshausen, DGVZ 2005, 191; LG Konstanz, DGVZ 2005, 73.
53 OLG Celle, NdsRpfl. 1963, 35; AG Mönchengladbach, JurBüro 1964, 38; OLG Saarbrücken, OLGZ 1967, 34; KG, JurBüro 1968, 646; LG Mannheim, Justiz 1974, 88.
54 OLG Bremen, JurBüro 1999, 327.
55 OLG Hamburg, JurBüro 1973, 448.

v. Abs. 1. Die hierdurch entstandenen Kosten sind nicht erstattungsfähig.[56] Ebenfalls keine Zwangsvollstreckung liegt vor, wenn der Gläubiger ohne Zurhilfenahme staatlicher Organe den titulierten Anspruch selbst durchsetzt (z. B. Ersatzvornahme ohne Ermächtigung nach § 887 Abs. 2). Die dem Gläubiger insoweit entstandenen Kosten fallen nicht unter § 788.[57] Eine Ausnahme gilt im Hinblick auf die Regelung des § 885a Abs. 7 ZPO für die eigenen Vollstreckungsmaßnahmen des Gläubigers im Rahmen der nach dem 1. 5. 2013 begonnenen sog. »Berliner Räumung« nach § 885a Abs. 3 und Abs. 4.[58]

14 Erleidet der Schuldner bei der Zwangsvollstreckung infolge der Aufregungen einen Schwäche- oder Herzanfall oder Ähnliches und zieht der Gerichtsvollzieher deshalb einen Notarzt hinzu, sind dessen Kosten keine Kosten der Zwangsvollstreckung, aber auch keine vom Gläubiger sonst veranlassten Kosten,[59] sondern Kosten der allgemeinen Lebensführung des Schuldners, die dieser dem Staat, falls der Gerichtsvollzieher sie vorgestreckt haben sollte, nach den Regeln der Geschäftsführung ohne Auftrag zu ersetzen hat.

5. Anwendungsbereich der Vorschrift

15 § 788 Abs. 1 gilt für alle Arten der **Individualzwangsvollstreckung** in der Bundesrepublik Deutschland,[60] jedoch nicht darüber hinaus. Wird ein – ursprünglich berechtigter – Antrag auf Eröffnung des Insolvenzverfahrens zurückgenommen, so sind die Kosten dieses Antrages keine »Kosten der Zwangsvollstreckung«.[61] § 788 differenziert nicht zwischen einseitigen Vollstreckungsmaßnahmen, vor denen der Schuldner nicht angehört wird (also etwa §§ 808, 829, 866, 867, 883), und solchen, die stets nach Anhörung des Schuldners durch Entscheidung ergehen (so § 891).[62] Deshalb ist die Vorschrift auch auf die Vollstreckung nach §§ 887, 888, 890 grundsätzlich anwendbar.[63] Daran ändert auch Satz 3 des § 891 mit seiner Verweisung auf § 91 ZPO nichts. Durch die Neufassung soll nur die Notwendigkeit einer isolierten Kostenentscheidung verdeutlicht, aber nichts über die dieser Kostenentscheidung zu Grunde liegenden Prinzipien gesagt werden. Dass diese dem § 788 entlehnt werden, ist sachgerecht, da das in § 788 verankerte »Veranlassungsprinzip« der Vollstreckungssituation gerechter wird als das in § 91 zum Ausdruck kommende Erfolgsprinzip: Stellt sich ein Vollstreckungsantrag aus der Sicht eines verantwortungsbewusst entscheidenden Gläubigers zunächst als notwendig dar und stellt sich seine Unbegründetheit erst im Laufe des Verfahrens heraus, insbesondere aus Gründen, die dem Gläubiger nicht bekannt sein konnten, so kann die Kostenfrage nicht anders beantwortet werden als wenn der Gläubiger zunächst in der Erwartung, der Schuldner besitze pfändbare Habe, den Gerichtsvollzieher beauftragt, dann aber erfahren muss, der Schuldner sei vermögenslos. Im letzteren Fall zweifelt niemand daran, dass den Schuldner die

---

56 OLG Hamburg, JurBüro 1973, 650; OLG Stuttgart, Rpfleger 1983, 175.
57 OLG Köln, OLGReport 1993, 13.
58 Gegen diese Regelung bestehen allerdings erhebliche verfassungsrechtliche Bedenken; hierzu: *Schuschke*, Räumungsprozess und Räumungsvollstreckung, 4. Aufl., S. 148 f.
59 AG Erfurt, DGVZ 1997, 47.
60 Also nicht auch für Vollstreckungsverfahren im Ausland aufgrund eines deutschen Titels: OLG Hamm, JurBüro 2001, 212.
61 LG Berlin, MDR 1983, 587.
62 So aber ausführlich *Pastor*, Die Unterlassungsvollstreckung, 3. Aufl., S. 137 ff.; ihm überwiegend folgend: *Stein/Jonas/Münzberg*, § 788 Rn. 11; siehe ferner: *Schneider*, JurBüro 1965, 685, 696; OLG München, MDR 1964, 769; OLGZ 1984, 66 und MDR 1983, 1029; OLG Koblenz, WRP 1978, 833; VersR 1983, 589 und WRP 1984, 347; OLG Hamm, MDR 1985, 590.
63 Wie hier: AG Köln, JurBüro 1965, 240; OLG Bremen, NJW 1971, 58; OLG München, Rpfleger 1974, 320; OLG Hamm, JMBlNW 1978, 103; OLG Frankfurt, WRP 1977, 32 und MDR 1981, 1025; LG Koblenz, MDR 1984, 591; OLG Düsseldorf, MDR 1984, 323; KG, NJW-RR 1987, 192; OLG München, JurBüro 1992, 270; OLG Hamm, GRUR 1994, 83; OLG Köln, InVo 1997, 22; *Brox/Walker*, Rn. 1672; *Baumbach/Lauterbach/Hartmann*, § 788 Rn. 24 und § 891 Rn. 5; *Thomas/Putzo/Seiler*, § 788 Rn. 3; *Zöller/Stöber*, § 788 Rn. 13.

Kostenlast der letztlich überflüssig eingeleiteten Zwangsvollstreckung trifft. Willkürliche und über das Ziel hinausschießende Vollstreckungsanträge verursachen allerdings keine »notwendigen« Vollstreckungskosten; zudem trifft für die Notwendigkeit im Streitfall den Gläubiger die Beweislast, sodass der Schuldner hinreichend geschützt ist. Wird in den Fällen der §§ 887 ff. aber abweichend von der hier vertretenen Auffassung eine Kostenentscheidung nicht entsprechend dem Grundgedanken des § 788 Abs. 1 Satz 1, sondern nach dem Leitgedanken der §§ 91 ff. gefällt, verdrängt sie die Regelung des § 788. Dabei ist zu beachten, dass nach §§ 91 ff. verteilte Kosten nicht ohne gesonderten Kostenfestsetzungsbeschluss nach § 104 beigetrieben werden können; § 788 Abs. 1 Satz 1, 2. Halbs. gilt für sie nicht.

Zwangsvollstreckung ist auch die Vollziehung von Arresten und einstweiligen Verfügungen, sodass § 788 auch insoweit gilt[64]. Schließlich gilt Abs. 1 auch, wie die Ausnahmeregelung in Abs. 3 zeigt, für die Schuldnerschutzverfahren nach §§ 765a, 811a, 811b, 829, 850k, 850l, 851a und 851b, soweit dort nicht ausnahmsweise eine andere Kostenverteilung aus Gründen der Billigkeit vorgenommen wurde.[65] 16

II. Einzelfälle

A. Notwendige Kosten der Vorbereitung der Zwangsvollstreckung

1. Anwaltliche Zahlungsaufforderung und Vollstreckungsandrohung

Fordert der Rechtsanwalt des Gläubigers, nachdem dieser ihn mit der Durchführung der Vollstreckung beauftragt hatte, den Schuldner unter Androhung der Zwangsvollstreckung nach Ablauf einer angemessenen Frist zur freiwilligen Leistung auf, so entsteht hierdurch die Vollstreckungsgebühr.[66] Diese kann als notwendige Vollstreckungskosten vom Schuldner erstattet verlangt werden, wenn der Titel zur Zeit der Aufforderung dem Schuldner schon zugestellt, also bekannt, und grundsätzlich vollstreckbar war.[67] Hinsichtlich der Zahlungsfrist im Aufforderungsschreiben gilt: Der Schuldner muss vernünftigerweise Zeit gehabt haben, die Titelforderung zu erfüllen,[68] bevor die eigentliche Vollstreckung beginnt. Deshalb muss die dem Schuldner gesetzte Leistungsfrist entsprechend bemessen sein, ehe Vollstreckungsantrag gestellt wird. Was angemessen ist, kann im Einzelfall nach dem Verhalten des Schuldners im vorausgegangenen Erkenntnisverfahren variieren.[69] Setzt der Gläubiger dem Schuldner eine zu kurze Leistungsfrist und beginnt dann schon mit 17

---

64 OLG Celle, OLGReport 2009, 404.
65 Einzelheiten unten Rdn. 36.
66 Unstreitig; beispielsweise: BGH, BGHR 2003, 1251; OLG Celle, MDR 1968, 594; LG Bochum, JurBüro 1969, 863; AG Hamburg, AnwBl. 1970, 293; OLG München, Rpfleger 1977, 420; LG Freiburg, AnwBl. 1980, 378; AG Saarbrücken, AnwBl. 1982, 544; LG Tübingen, JurBüro 1982, 244; OLG Frankfurt, VersR 1983, 564; OLG Koblenz, MDR 1985, 943; KG, JurBüro 2001, 211; LG Saarbrücken, NJW-RR 2010, 491. Erläutert der Anwalt des Gläubigers dagegen nur in dessen Auftrag dem Schuldner die Zusammensetzung der Vollstreckungsforderung mündlich, kann die hierfür mit dem Gläubiger vereinbarte Gebühr dem Schuldner nicht als notwendige Vollstreckungskosten in Rechnung gestellt werden: AG Heidelberg, DGVZ 2000, 173.
67 OLG Düsseldorf, NJW 1968, 1098; LG Aachen, AnwBl. 1970, 292; LG Karlsruhe, AnwBl. 1971, 55; OLG Düsseldorf, JurBüro 1977, 1569; KG, AnwBl. 1984, 217; LAG Bremen, VersR 1982, 1063; OLG Köln, JurBüro 1986, 1582; LG Berlin, JurBüro 1987, 718; OLG Nürnberg, NJW-RR 1993, 1534; LAG Hamm, MDR 1994, 202; OLG Köln, JurBüro 1999, 272; siehe hierzu auch oben Rdn. 7; zu eng: OLG Frankfurt, GRUR 1990, 636. Verhandelte der Gläubiger zum Zeitpunkt der unbedingten Zahlungsaufforderung noch mit dem Schuldner über die Modalitäten der Zahlung, ist eine anwaltliche Zahlungsaufforderung zu diesem Zeitpunkt verfrüht: LG Saarbrücken, NJW-RR 2010, 491.
68 BGH, NJW 2012, 3789; AG Ellwangen/Jagst, DGVZ 1992, 45; LG Wuppertal, DGVZ 2002, 123.
69 AG Ibbenbüren, DGVZ 1997, 94. Eine Frist von zwei Wochen wird aber regelmäßig erforderlich, aber auch ausreichend sein: BGH, NJW 2012, 3789; BGH, BGHReport 2003, 1251; LG Konstanz, InVo 2005, 166.

der Zwangsvollstreckung, sind die Kosten dieser Vollstreckung, wenn der Schuldner dann sogleich erfüllt, nicht notwendig.[70] Ist der Titelschuldner die öffentliche Hand, so muss der Gläubiger eine gewisse Schwerfälligkeit des öffentlichen Kassenwesens in Rechnung stellen. Die Zwangsvollstreckungsandrohung ist insoweit erst angezeigt, wenn eine etwas großzügiger angesetzte Zeit nach Zustellung des Titels und gegebenenfalls Mitteilung der Kontonummer, auf die der Betrag zu überweisen ist,[71] fruchtlos verstrichen ist.[72] Haben die Parteien sich auf eine Zahlungsfrist geeinigt, kann nach deren fruchtlosen Ablauf Vollstreckungsantrag mit entsprechender Kostenfolge gestellt werden.[73] Die anwaltliche Vollstreckungsgebühr muss auch erstattet werden, wenn der Schuldner der ihm nach angemessener Wartezeit[74] nach Zustellung des Titels zugegangenen Aufforderung umgehend folgt, sodass sich eine weitere Zwangsvollstreckung erübrigt. Dem kann nicht entgegengehalten werden,[75] eine solche Zahlungsaufforderung sei im Gesetz nicht vorgesehen, sie bereite auch nicht die Zwangsvollstreckung vor, sondern sei gerade »ein letzter Versuch«, diese zu vermeiden. Die Vollstreckungsgebühr fällt nicht zweimal an, wenn der Rechtsanwalt zunächst eine letzte Zahlungsaufforderung an den Schuldner verschickt und dann nach Fristablauf Vollstreckungsantrag stellt.[76] Er hätte nach entsprechender Wartezeit auch ohne weitere Aufforderung Vollstreckungsauftrag erteilen dürfen.

2. Einigungsgebühr für Stundungs- und Ratenzahlungsvereinbarungen nach Titelerlass

18   Trifft der Rechtsanwalt des Gläubigers aufgrund eigener Bemühungen mit dem Schuldner, nachdem die Voraussetzungen der Zwangsvollstreckung vorliegen,[77] eine Ratenzahlungs- oder Stundungsvereinbarung,[78] so verdient er, wenn die Vereinbarung im Ganzen den Erfordernissen des

---

70 BVerfG, NJW 1999, 788; OLG Braunschweig, JurBüro 1999, 46. *Weinert,* Rpfleger 2005, 2 will die Notwendigkeit des Beachtens einer Leistungsfrist davon abhängig machen, ob für den Gläubiger erkennbare Anzeichen für eine freiwillige Leistung des Schuldners bestehen. Dies ist aber für die Vollstreckungsorgane kein nachvollziehbares Kriterium.
71 AG Koblenz, DGVZ 1998, 71.
72 BVerfG, NJW 1991, 2758: Jedenfalls mehr als sechs Wochen.
73 LG Münster, DGVZ 2003, 60.
74 Wird die Zahlungsaufforderung mit Vollstreckungsandrohung zu früh versandt, sind die Kosten dennoch vom Schuldner zu tragen, wenn dessen späteres Verhalten ergibt, dass die Aufforderung auch nach einer solchen Wartefrist noch notwendig gewesen wäre: OLG Schleswig, NZM 1999, 1011.
75 Insbesondere *Stein/Jonas/Münzberg,* § 788 Rn. 13 a.
76 AG Melsungen, JurBüro 1979, 547; AG Worms, DGVZ 1998, 127; AG Berlin-Charlottenburg, DGVZ 1998, 175; AG Münster, DGVZ 2006, 31.
77 Ein Vergleich, bevor die Zwangsvollstreckung überhaupt möglich ist, löst keine nach § 788 geltend zu machenden Vollstreckungskosten aus: LG Münster, JurBüro 2002, 664; AG Dresden, DGVZ 2011, 134.
78 Keine Vereinbarung liegt vor, wenn der Gläubiger einseitig in Kenntnis der Schwierigkeiten des Schuldners auf die sofortige Einleitung der Zwangsvollstreckung verzichtet: AG Neu-Ulm, DGVZ 2005, 47. Kein die Einigungsgebühr nach VV Nr. 1000 RVG auslösender Vergleich liegt auch dann vor, wenn der Gläubiger nur einem Vorgehen des Gerichtsvollziehers nach § 802b Abs. 2 zustimmt: BGH, MDR 2006, 1373; LG Koblenz, DGVZ 2006, 61 (zum früheren § 900 Abs. 3 Satz 1); *AG Augsburg,* DGVZ 2014, 25.

§ 779 BGB entspricht[79] (also in ihr nicht nur eine Seite nachgibt),[80] dadurch die Einigungsgebühr nach VV Nr. 1000 RVG,[81] nicht nur die Vollstreckungsgebühr nach VV Nr. 3309 RVG.[82] Ist die Ratenzahlungsvereinbarung eine Folge der vorausgegangenen anwaltlichen Zahlungsaufforderung, so verdrängt die Einigungsgebühr die geringere Vollstreckungsgebühr, es fallen also nicht beide nebeneinander an.[83] Die Einigungsgebühr ist als »notwendige Kosten der Zwangsvollstreckung«[84] unter den nämlichen Voraussetzungen nach § 788 Abs. 1 erstattungsfähig, unter denen dies die

---

79 BGH, DGVZ 2005, 93 (relativ geringe Anforderungen). Siehe auch: OLG Zweibrücken, Rpfleger 1999, 83.
80 Gibt allein der Gläubiger durch das Zugeständnis der ratenweisen Begleichung der Schuld ohne irgendwelche Aufschläge, zusätzliche Zinsen oder neue Sicherheiten nach, so ist die Ratenzahlungsvereinbarung kein Vergleich (AG Kamen, DGVZ 1999, 47; AG Plön, DGVZ 2011, 134). Die Einschaltung eines Rechtsanwalts ist dann nicht anders zu bewerten wie bei Abfassung einer Zahlungsanforderung. Die Tätigkeit ist mit der Gebühr des VV Nr. 3309 RVG abgegolten. Enthält die Ratenzahlungsvereinbarung, in der in der Sache lediglich der Gläubiger nachgibt, eine Kostenregelung zulasten des Schuldners, die nach den Grundsätzen der Vertragsfreiheit selbstverständlich möglich ist (AG St. Wendel, DGVZ 2000, 46), muss der Gläubiger die Kosten, soweit sie über die Gebühr nach VV Nr. 3309 RVG hinausgehen, als zusätzlichen Verzugsschaden in einem neuen streitigen Verfahren geltend machen. Sie können nicht gem. § 788 Abs. 1 einfach als Kosten der Zwangsvollstreckung beigetrieben werden (AG Berlin-Charlottenburg, DGVZ 1998, 175; AG Berlin-Schöneberg, DGVZ 1998, 174; AG Hanau, DGVZ 2008, 186; a. A.: AG Darmstadt, DGVZ 1999, 14).
81 BGH, DGVZ 2005, 93; OLG Zweibrücken, Rpfleger 1999, 83; LG Memmingen, JurBüro 2008, 384; LG Saarbrücken, JurBüro 1969, 878; LG Arnsberg, AnwBl. 1972, 285 mit Anm. *Schmidt*, NJW 1972, 1420 und *Raacke*, NJW 1972, 1868; LG Kassel, AnwBl. 1980, 263; LG Arnsberg, AnwBl. 1980, 512; LG Baden-Baden, AnwBl. 1982, 123; LG Heidelberg, AnwBl. 1984, 222; LG Darmstadt, Rpfleger 1985, 325; LG Wuppertal, DGVZ 2008, 186: AG Hamburg- St. Georg, NJOZ 2015, 709. Ausführlich zum Problem unter umfangreicher Darstellung der Rechtsprechung: *Hergenröder*, DGVZ 2011, 117.
82 So aber OLG Köln, JurBüro 1976, 332.
83 A. A. (beide Gebühren nebeneinander): LG Köln, AnwBl. 1984, 221.
84 Dazu, dass diese Gebühr überhaupt unter diesen Begriff subsummiert werden kann: BGH, NJW 2006, 1598 mit ausführlicher Besprechung durch *Seip*, DGVZ 2006, 105.

Gebühr für eine anwaltliche Zahlungsaufforderung ist.[85] Auch hier gilt: Die Einschaltung eines Rechtsanwalts zur Beauftragung des Gerichtsvollziehers oder anderer Vollstreckungsorgane und zur Überwachung der Vollstreckung bis zur Beitreibung der Gesamtforderung wäre ebenfalls »notwendig« und für den Schuldner im Ergebnis nicht kostengünstiger gewesen. Treibt der Gläubiger nicht die zwischen ihm und dem Schuldner umstrittenen Kosten der Ratenzahlungsverpflichtung bei, sondern die Raten selbst und ist zwischen dem Gläubiger und dem Schuldner nur streitig, ob vorausgegangene freiwillige Zahlungen des Schuldners auch auf diese Raten oder auf die Kosten des Rechtsanwalts, der bei der Ratenzahlungsvereinbarung mitgewirkt hatte, zu verrechnen sind, dann ist es nicht Aufgabe des Gerichtsvollziehers oder des Rechtspflegers, diesen Streit zu schlichten oder die Berechtigung von Verrechnungen seitens des Gläubigers zu überprüfen.[86] Er hat den Vollstreckungsauftrag, so wie erteilt, auszuführen. Der Schuldner muss die angebliche Erfüllung seiner Schuld mit § 767 geltend machen.

Ob bei freiwilliger Zahlung an den Rechtsanwalt nach vorausgegangener Zahlungsaufforderung neben der Vollstreckungsgebühr bzw. der Einigungsgebühr Gebühr auch die Hebegebühr nach VV Nr. 1009 erstattungsfähig ist, hängt von den Umständen des Einzelfalles ab, ob es nämlich geboten erschien, die Zahlungseingänge durch einen Anwalt überwachen zu lassen[87] (z. B. schleppende Zahlungsweise, unregelmäßige Raten »nach Vermögen«).

19 Ist die Einigung über freiwillige Zahlungsmodalitäten nicht das Ergebnis der Bemühungen des Rechtsanwalts des Gläubigers, sondern erst nach Einschaltung des Gerichtsvollziehers durch diesen

---

85 Wie hier: LG Saarbrücken, JurBüro 1969, 878; LG Arnsberg, AnwBl. 1972, 285; AG Hamburg, AnwBl. 1973, 46; LG Oldenburg, DGVZ 1974, 42; LG Kassel, JurBüro 1980, 1029 mit Anm. von *Mümmler*; LG Arnsberg, AnwBl. 1980, 512; LG Baden-Baden, AnwBl. 1982, 123; LG Arnsberg, AnwBl. 1982, 544 und 1983, 573; LG Köln, JurBüro 1983, 1038; LG Heidelberg, AnwBl. 1984, 222; LG Darmstadt, Rpfleger 1985, 325; LG Landau, JurBüro 1987, 699; LG Hamburg, NJW-RR 1998, 1152; OLG Jena, OLG-NL 2006, 210; LG Münster, DGVZ 2006, 61; LG Wuppertal, DGVZ 2008, 1185; *Baumbach/Lauterbach/Hartmann*, § 788 Rn. 46; a. A. (Gebühr nur dann erstattungsfähig, wenn der Schuldner sie ausdrücklich im Vergleich übernommen hat): BGH, NJW 2006, 1598; BGH, NJW 2007, 1213 (wenn der Schuldner die Kosten nicht übernommen habe, gelte § 98 ZPO analog; die Kosten seien als gegeneinander aufgehoben zu behandeln); OLG Düsseldorf, JMBl. NW 1994, 130; OLG Braunschweig, DGVZ 2006, 113; LG Darmstadt, DGVZ 1995, 45; LG Köln, JurBüro 2004, 497; LG Göttingen, JurBüro 2005, 323; LG Memmingen, JurBüro 2008, 384; AG Bayreuth, JurBüro 2000, 600; *Zöller/Stöber*, § 788 Rn. 7; dass das Einverständnis des Schuldners mit der Übernahme dieser Kosten auch konkludent dadurch erklärt werden könne, dass der Schuldner mit der Bezahlung der vereinbarten Raten auf diese Kosten beginnt: LG Mainz, DGVZ 2011, 134; **wiederum a. A.** (Vergleichsgebühr grundsätzlich nicht erstattungsfähig, da Vergleich regelmäßig nicht »notwendig«, weil dem Gläubiger keine Vorteile bringend): MüKo/*K. Schmidt*: § 788 Rn. 15; LG Bonn, DGVZ 2006, 29 und DGVZ 2006, 61; AG Hanau, DGVZ 2008, 186; AG Herbruck, DGVZ 2003, 126; LG Essen, Rpfleger 1971, 444; LG Freiburg, NJW 1972, 1332 mit Anm. von *Schmidt*; OLG Frankfurt, MDR 1973, 860; LG Wuppertal, DGVZ 1973, 75; LG Lübeck, DGVZ 1974, 40; LG Essen, DGVZ 1975, 155; LG Würzburg, DGVZ 1975, 44; LG Berlin, Rpfleger 1976, 438; OLG Köln, JurBüro 1979, 1642; AG Recklinghausen, DGVZ 1979, 13; AG Dinslaken, DGVZ 1980, 41; KG, VersR 1982, 246; LG Siegen, JurBüro 1983, 1569; LG Aachen, DGVZ 1985, 114; AG Aachen, JurBüro 1987, 702; AG Herborn, DGVZ 1992, 60; AG Rastatt, DGVZ 1991, 78; LG Düsseldorf, DGVZ 1997, 159; LG München, MDR 1998, 1441; LG Tübingen, DGVZ 2001, 119; AG Tecklenburg, DGVZ 2001, 141; *Stein/Jonas/Münzberg*, § 788 Rn. 13; **wiederum a. A.** (Anwaltsgebühr bei Vergleich nicht erstattungsfähig, wenn der Gläubiger die Ratenregelung selbst treffen konnte): LG Stuttgart, JurBüro 2000, 158.
86 AG St. Goar, DGVZ 1996, 125; LG Paderborn, DGVZ 1997, 158; **a. A.** (Der Gerichtsvollzieher müsse die Berechtigung der Verrechnung nachprüfen können): AG Bad Hersfeld, DGVZ 1998, 92; AG Coesfeld, DGVZ 2003, 30; LG Aurich, DGVZ 2004, 15.
87 LG Frankenthal, JurBüro 1979, 1325; LG Koblenz, DGVZ 1984, 42; LG Detmold, Rpfleger 2003, 36; AG Limburg, RVGReport 2005, 357 mit Anm. *Hansens*, RVGReport 2005, 358; AG Freiburg, JurBüro 2009, 499 mit Anm. *N. Schneider*, AGS 2009, 199.

im Rahmen des § 802b Abs. 1 oder Abs. 2 herbeigeführt worden, erhält der Gläubigeranwalt hierfür keine Einigungsgebühr.[88]

3. Kosten der Sicherheitsleistung als Vollstreckungsvoraussetzung

Ist das Urteil nur gegen Sicherheitsleistung vorläufig vollstreckbar (§ 709) oder muss der Gläubiger seinerseits Sicherheit leisten, um einer Sicherheitsleistung des Schuldners die Wirkung zu nehmen (z. B. §§ 711, 720a Abs. 3), so können ihm Kosten erwachsen durch die Hinterlegungsgebühren, die Provision und die Zinsen für die Beschaffung einer Bankbürgschaft[89] oder eines Barkredits, aber auch durch den Zinsverlust im Hinblick auf das hinterlegte eigene Geld, das ansonsten gewinnbringender angelegt war. Im Einzelfall kann im Hinterlegungsverfahren auch die Zuziehung eines Rechtsanwaltes, der dann hierfür die Gebühr nach VV Nr. 3309 RVG erhält, notwendig sein.[90] Alle diese Kosten sind Kosten der Zwangsvollstreckung, deren Notwendigkeit nach den allgemeinen Regeln[91] zu beurteilen sind. Sie sind grundsätzlich nach § 788 Abs. 1 zu erstatten[92]. Für die Hinterlegungsgebühren und die Kosten der Beschaffung einer Bankbürgschaft, auch wenn es anschließend nicht mehr zur Durchführung der Zwangsvollstreckung kam,[93] entspricht dies heute der herrschenden Meinung. Es ist kein sachlicher Grund ersichtlich, die Kosten der Beschaffung der Hinterlegungssumme in bar (Kreditzinsen)[94] und der Hinterlegung eigenen Kapitals[95] anders zu behandeln. Vor wirtschaftlich unvernünftigen Entscheidungen des Gläubigers im Einzelfall ist der Schuldner durch das Erfordernis der »Notwendigkeit« hinreichend geschützt. So sind die Kosten für die Beschaffung der Sicherheit erst notwendig von dem Zeitpunkt an, von dem an das Gericht die gewählte Form der Sicherheitsleistung, soweit diese nicht durch das Gesetz allgemein zugelassen

20

---

88 LG Duisburg, NJOZ 2013, 1889; *Hergenröder*, DGVZ 2011, 117, 119, 122.
89 Die Kosten zur Erlangung einer Bankbürgschaft können nicht mit dem Argument abgelehnt oder der Höhe nach begrenzt werden, die Gebühren für eine Hinterlegung seien billiger: AG Wipperfürth, JurBüro 2008, 161.
90 Zu dieser Möglichkeit: OLG München, AnwBl. 1964, 180; OLG Hamm, JurBüro 1970, 65; LG Essen, JurBüro 1973, 229; a. A. (mit der Prozessgebühr schon abgegolten): OLG Frankfurt, JurBüro 1977, 1092 mit Anm. *Mümmler*; OLG Schleswig, JurBüro 1968, 416; (nie notwendige Kosten): KG, MDR 1965, 316; OLG Celle, NJW 1968, 2246; OLG Düsseldorf, JurBüro 1968, 744; Zur Einschaltung eines Rechtsanwalts zur Beschaffung einer Bankbürgschaft vergl. KG, MDR 1976, 767.
91 Oben Rdn. 7, 15.
92 BGH, NJW 2012, 3789.
93 H. M. seit BGH, NJW 1974, 693 (gegen die damals wohl überwiegende Auffassung in der Rspr.); ferner BGH, BGHR 2008, 344; wie der BGH seitdem etwa: OLG Düsseldorf, MDR 1975, 152 und Rpfleger 1975, 355; KG, JurBüro 1975, 78; OLG Koblenz, JurBüro 1976, 1698; OLG Frankfurt, JurBüro 1977, 1767; OLG Koblenz, WM 1980, 204; OLG Celle, Rpfleger 1983, 498; OLG Schleswig, SchlHA 1984, 61; OLG Düsseldorf, JurBüro 1984, 598; OLG Frankfurt, Rpfleger 1984, 199; OLG Koblenz, VersR 1985, 273; OLG Hamburg, VersR 1985, 504; KG, ZIP 1985, 706; OLG Karlsruhe, NJW-RR 1987, 128; OLG Köln, AnwBl. 1987, 288; OLG Düsseldorf, NJW-RR 1987, 1210; OLG Koblenz, AnwBl. 1990, 166; OLG Düsseldorf, JurBüro 2003, 47; OLG Düsseldorf, OLGReport 2009, 262; LG Wiesbaden, Rpfleger 2010, 382; *Baumbach/Lauterbach/Hartmann*, § 788 Rn. 39; *Brox/Walker*, Rn. 1674; MüKo/*K. Schmidt/Brinkmann*, § 788 Rn. 18; *Zöller/Stöber*, § 788 Rn. 5; nach wie vor a. A.: LG Braunschweig, WM 1977, 720; OLG Bamberg, JurBüro 1987, 933.
94 Wie hier: *Brox/Walker*, Rn. 1675; *Baumbach/Lauterbach/Hartmann*, § 788 Rn. 39; a. A.: OLG München, NJW 1970, 1195; OLG Celle, NdsRpfl 1973, 321; OLG Stuttgart, JurBüro 1976, 514; OLG Düsseldorf, NJW 1981, 437; OLG München, AnwBl. 1993, 138.
95 Wie hier: *Brox/Walker*, Rn. 1675; *Baumbach/Lauterbach/Hartmann*, § 788 Rn. 40; OLG Hamm, MDR 1982, 416 (begrenzt durch die Höhe der Kosten einer Bankbürgschaft); a. A.: OLG Hamburg, MDR 1965, 396; OLG München, NJW 1968, 257; OLG Hamm, MDR 1968, 1021; KG, MDR 1974, 939; OLG Bamberg, JurBüro 1977, 1799; OLG Düsseldorf, Rpfleger 1981, 121; OLG Hamm, JurBüro 1982, 1419; Müko/*K. Schmidt/Brinkmann*, § 788 Rn. 18.

ist, auch gestattet hat,[96] und sie bleiben nur so lange notwendig, wie das Erfordernis einer Sicherheitsleistung gegeben ist.[97] Bevor der Gläubiger sich die Bürgschaft besorgt, muss der Schuldner hinreichend Zeit gehabt haben,[98] die Forderung freiwillig zu erfüllen.[99] Ist die Sicherheitsleistung nicht wirksam erbracht,[100] ist auch kein Anspruch auf Erstattung ihrer Kosten gegeben. Hat der Gläubiger mehrere, aus seiner Sicht ihn gleich belastende Möglichkeiten, die Sicherheitsleistung zu erbringen, muss er die kostengünstigste wählen.[101]

4. Aufenthaltsermittlung des Schuldners

21 Ist der Schuldner unbekannten Aufenthalts und kann der Gerichtsvollzieher im Rahmen der Möglichkeiten, die § 755 ihm bietet, seine Anschrift nicht durch amtliche Auskünfte ermitteln, so sind die Kosten einer Detektei zur Aufenthaltsermittlung des Schuldners notwendige Vorbereitungskosten der Zwangsvollstreckung, die gem. Abs. 1 zu erstatten sind.[102] Schaltet der Gläubiger eine Auskunftei ein, statt die Möglichkeiten des Gerichtsvollziehers zur Sachaufklärung zu nutzen, sind die Kosten nur insoweit erstattungsfähig, als sie die Kosten der Sachaufklärung durch den Gerichtsvollzieher nicht übersteigen.[103] Der Rechtsanwalt des Gläubigers erhält für seine Mitwirkung bei der Aufenthaltsermittlung des Schuldners keine besondere Gebühr. Diese Tätigkeit ist vielmehr bereits mit der Gebühr nach VV Nr. 3309 RVG abgegolten. Zahlungen, die der Gläubiger dennoch diesbezüglich leistet, sind daher nicht als notwendige Kosten der Zwangsvollstreckung auf den Schuldner abzuwälzen.[104]

<5. Kosten der Ausfertigung und Zustellung des Urteils

22 Kosten der Vorbereitung der Zwangsvollstreckung sind kraft ausdrücklicher Regelung in Abs. 1 Satz 2 auch die Kosten der **Ausfertigung**[105] – insbesondere auch der vollstreckbaren – und der **Zustellung des Urteils**, insbesondere auch der Parteizustellung einstweiliger Verfügungen, um die Vollziehungsfrist zu wahren[106]. Zu den notwendigen Vorbereitungskosten zählen insbesondere auch die Kosten der gem. §§ 726 ff. erforderlichen öffentlichen Urkunden, die Kosten eines privaten Sachverständigengutachtens, um den Bedingungseintritt nach § 726, die Ordnungsgemäßheit der Gegenleistung nach § 756 oder die Nichterfüllung im Rahmen des § 887 nachzuweisen[107],

---

96 OLG Frankfurt, NJW 1978, 1441; OLG Hamm, InVo 1997, 224; **a. A.**: OLG Braunschweig, WM 1955, 815.
97 OLG Hamburg, JurBüro 1985, 1734.
98 Hierzu oben Rdn. 17.
99 BGH, NJW 2012, 3789.
100 OLG München, VersR 1980, 174.
101 OLG Hamm, MDR 1982, 416. In der Regel ist es für den Gläubiger aber wirtschaftlich belastender, die Summe in bar bei der Hinterlegungsstelle zu hinterlegen, auch wenn dies geringere Gebühren erfordert, als die eine höhere Provision auslösende Bankbürgschaft beizubringen; AG Wipperfürth, JurBüro 2008, 161.
102 OLG München, BeckRS 2010 07245; LG Münster, MDR 1964, 683; LG Köln, JurBüro 1969, 362; AG Neuss, DGVZ 1976, 190; LG Berlin, JurBüro 1985, 628.
103 AG Aurich, DGVZ 2011, 214.
104 OLG Zweibrücken, DGVZ 1998, 156.
105 Auch die Kosten einer weiteren vollstreckbaren Ausfertigung (§ 733) können notwendige Vollstreckungskosten sein, wenn deren Erforderlichkeit (Einzelheiten diesbezüglich: § 733 Rdn. 4–8) nicht vom Gläubiger zu vertreten ist: OLG Zweibrücken, JurBüro 1999, 160; OLG Karlsruhe, FamRZ 2005, 49; LG München, JurBüro 1999, 381; AG Leipzig, JurBüro 2004, 214; LG Köln, BeckRS 2008 12353 mit Anm. *Meyer*, JurBüro 2008, 218; *N. Schneider*, DGVZ 2011, 26.
106 OLG Celle, NJW-RR 2009, 575.
107 OLG Brandenburg, JurBüro 2008, 271; OLG Zweibrücken, JurBüro 1986, 467; AG Sinzig, DGVZ 2003, 127.

die Kosten der Erstellung der nach § 750 Abs. 2 zuzustellenden Abschriften,[108] die Übersetzungskosten im Klauselverfahren nach dem EuGVÜ oder der EuGVVO (Art. 48 Abs. 2 EuGVÜ bzw. Art. 55 Abs. 2 EuGVVO jeweils mit § 4 Abs. 3 und 4 AVAG), die übrigen Kosten der Vorbereitung der Vollstreckung ausländischer Titel (KV Nr. 1510 ff. GKG), die Kosten eines Rechtskraft- oder Notfristzeugnisses (§ 706),[109] die Kosten eines nach ausländischem Recht erforderlichen Exequaturverfahrens.[110]

6. Kosten für das Angebot der Gegenleistung im Rahmen der Zug-um-Zug-Vollstreckung

Erlaubt der Titel nur eine Vollstreckung Zug um Zug, so sind die Gerichtsvollzieherkosten, die durch das Angebot dieser Gegenleistung durch den Gerichtsvollzieher (§ 756 ZPO) entstehen, regelmäßig notwendige Kosten der Zwangsvollstreckung, ebenso die Anwaltskosten, die durch die Inanspruchnahme anwaltlicher Hilfe bei der Beauftragung des Gerichtsvollziehers ausgelöst werden.[111]   23

B. Notwendige Kosten der Durchführung der Zwangsvollstreckung

1. Kosten einer Vorpfändung (§ 845)

Insoweit können Rechtsanwaltskosten sowie Gebühren und Auslagen für den mit der Zustellung beauftragen Gerichtsvollzieher anfallen.[112] Diese Kosten sind grundsätzlich notwendig, da sie der schnelleren Realisierung der Titelforderung dienen.[113] Ist der zu vollstreckende Betrag allerdings relativ gering und ist zu erwarten, dass er auch ohne Vorpfändung problemlos realisiert werden kann, so können die durch die Vorpfändung verursachten Kosten im Einzelfall nicht »notwendig« i. S. Abs. 1 sein.[114] Nicht notwendig ist auch eine Vorpfändung, der – allerdings nur, soweit der Gläubiger dies zu vertreten hat – keine fristgerechte Pfändung nachfolgt.[115]   24

2. Sicherungsvollstreckung

Die Kosten einer **Sicherungsvollstreckung** (§ 720a) sind ebenfalls notwendig und erstattungsfähig.[116]   25

3. Kosten der Vollstreckung im engeren Sinne

Im Zuge der **Durchführung** der eigentlichen, auf Befriedigung des Gläubigers gerichteten Zwangsvollstreckung können sehr verschiedene erstattungsfähige notwendige Kosten anfallen. Hierher gehören etwa die Gebühren und Auslagen des Gerichtsvollziehers, die dieser nach dem GVKostG   26

---

108 AG Darmstadt, JurBüro 1978, 750 mit Anm. *Mümmler*.
109 *Zöller/Stöber*, § 788 Rn. 13.
110 OLG Düsseldorf, Rpfleger 1990, 184. **A. A.** zu den Kosten eines franz. Exequaturverfahrens in Vorbereitung der Vollstreckung: OLG Saarbrücken, InVo 2002, 78 (zweifelhaft).
111 BGH, NJW 2014, 2508.
112 AG Köln, JurBüro 1966, 55; OLG München, NJW 1973, 2070; OLG Hamburg, MDR 1990, 344; OLG Frankfurt, MDR 1994, 843; *Stein/Jonas/Münzberg*, § 788 Rn. 10.
113 Einschränkend (nur, wenn ansonsten die Realisierung der Forderung gefährdet wäre): Saenger/*Saenger*, § 788 Rn. 30.
114 AG Homburg, DGVZ 2000, 173.
115 AG Heilbronn, DGVZ 2003, 13; MüKo/*K. Schmidt/Brinkmann*, § 788 Rn. 30 »Vorpfändung«.
116 OLG Saarbrücken, AnwBl. 1979, 277.

abrechnen kann; die Gerichtskosten für einen Pfändungs- und Überweisungsbeschluss[117] oder für die Einleitung eines Zwangsversteigerungsverfahrens[118] oder einer Zwangsverwaltung; die Kosten der Eintragung einer Zwangshypothek gem. § 867, aber auch die Kosten der Eintragung einer im Wege der einstweiligen Verfügung erwirkten Vormerkung zur Sicherung des Anspruchs auf Eintragung einer Handwerkersicherungshypothek.[119] Ferner gehören hierher die Gebühren und Auslagen des Rechtsanwalts, der für den Gläubiger die Zwangsvollstreckung betreibt (insbesondere VV Nr. 3309 ff. RVG),[120] soweit sie nicht schon in der Vorbereitung der Vollstreckung verdient waren.[121] Vertritt der Anwalt eine Mehrheit von Gläubigern,[122] verdient er insoweit auch die Erhöhungsgebühr gem. VV Nr. 1008 RVG bis zum maximalen Gebührensatz von 2,0.[123]

Notwendige Kosten der Zwangsvollstreckung sind aber auch diejenigen Aufwendungen, die nicht durch den unmittelbaren Vollstreckungsakt selbst ausgelöst sind, sondern, um diesen überhaupt erst zu ermöglichen oder um in seinem Gefolge die tatsächliche Befriedigung des Gläubigers einzuleiten. Dazu zählen die Kosten des **Durchsuchungsbeschlusses** nach § 758a und die Kosten der bei der Wohnungsdurchsuchung zugezogenen Handwerker und Zeugen;[124] ebenso die Kosten eines **Steuerberaters**, um nach Pfändung und Überweisung des Lohnsteuererstattungsanspruchs des Schuldners den Jahresausgleich durchführen zu können;[125] ferner die durch die gerichtliche Durchsetzung der Forderung gegen den Drittschuldner im **Einziehungsprozess** – einschließlich der Vorbereitung (z. B. im Rahmen des § 840 ZPO) eines solchen Prozesses[126] – entstandenen Kosten,

---

117 Wird »ins Blaue hinein« eine große Vielzahl von Pfändungsbeschlüssen erwirkt, weil der Gläubiger nicht weiß, bei welchen Banken der Schuldner welche Konten unterhält, können nicht alle durch die Vielzahl der Beschlüsse entstandenen Kosten nicht als »notwendig« angesehen werden: AG Hochheim, DGVZ 1993, 31. Zumindest drei Pfändungsversuche bei den üblichsten Kreditinstituten vor Ort wird man aber als angemessen und damit auch als notwendig ansehen können: BGH, NJW 2004, 2096 mit Anm. *K. Schmidt*, JuS 2004, 829. Siehe auch § 829 Rdn. 34–37.
118 Ist aus der Zwangsversteigerung in Anbetracht der sonstigen Belastung des Grundstücks kein Erlös zugunsten des Gläubigers zu erwarten und wird sie nur eingeleitet, um den Schuldner unter Druck zu setzen, freiwillige Leistungen zu erbringen, so handelt es sich bei den Kosten des Versteigerungsverfahrens nicht um notwendige Kosten der Zwangsvollstreckung: BGH, WM 2014, 2229.
119 LG Osnabrück, JurBüro 1954, *461; OLG Düsseldorf, JurBüro 1965, 657; OLG Düsseldorf, Rpfleger 1975, 265 und MDR 1985, 770; KG, Rpfleger 1991, 433; a. A. (keine Kosten der Zwangsvollstreckung): OLG München, MDR 1974, 939.
120 Dies gilt auch für die Vollstreckung aus arbeitsgerichtlichen Titeln. § 12a ArbGG gilt nur für das arbeitsgerichtliche Erkenntnisverfahren, nicht für notwendige Vollstreckungskosten: ArbG Lörrach, JurBüro 2004, 560.
121 KG, AnwBl. 1974, 187; LG Düsseldorf, AnwBl. 1982, 121; OLG Düsseldorf, VersR 1981, 737.
122 Nach Bejahung der Teilrechtsfähigkeit der Wohnungseigentümergemeinschaft durch den BGH und die ihm folgende Rechtsprechung (beispielhaft: BGH, NJW 2005, 2061; OLG München, OLGReport 2005, 565 und 645; OLG Düsseldorf, NZM 2006, 182; LG Wuppertal, ZMR 2005, 990) sowie nach der Neufassung des § 10 WEG im Frühjahr 2007 erhält der eine Wohnungseigentümergemeinschaft als Gläubigerin vertretende Rechtsanwalt keine Erhöhungsgebühr mehr: AG Schondorf, DGVZ 2006, 62.
123 LG Frankfurt, InVo 2005, 165; *N. Schneider*, DGVZ 2005, 91. **A. A.** (maximal nur 0,9): AG Offenbach, DGVZ 2005, 47.
124 AG Berlin-Neukölln, DGVZ 1979, 190 und DGVZ 1986, 78.
125 AG Melsungen und LG Kassel, DGVZ 1983, 140; LG Heilbronn, JurBüro 1983, 1570 mit Anm. *Mümmler*; einschränkend (wenn die Steuersache einen gewissen Schwierigkeitsgrad aufweist): LG Düsseldorf, DGVZ 1991, 11; **a. A.**: LG Berlin, DGVZ 1985, 43.
126 BGH, NJW 2010, 1674, 1675; MüKo/*K. Schmidt/Brinkmann*, § 788 Rn. 15;.

soweit sie beim Drittschuldner nicht beigetrieben werden konnten[127], und zwar auch für die Vertretung durch einen Rechtsanwalt im Verfahren vor dem Arbeitsgericht (trotz § 12a Abs. 1 ArbGG).[128] Die Kosten eines Auskunftsverlangens nach § 840 sind notwendige Kosten der Zwangsvollstreckung, nicht aber die zusätzlichen Kosten der Wiederholung eines solchen Verlangens[129] auf das Schweigen des Schuldners hin, da der Gläubiger im Fall des Schweigens des Drittschuldners ohne weiteres davon ausgehen kann, dass die Forderung besteht. Erst recht nicht notwendig sind die Kosten einer Klage gegen den Drittschuldner auf Auskunftserteilung im Rahmen des § 840,[130] da eine solche Klage von vornherein unbegründet ist.[131] Gleiches gilt für alle sonstigen Klagen gegen den Drittschuldner, deren Misserfolg von Anfang an offensichtlich ist. Wird dagegen ein vertretbarer Einziehungsprozess dennoch verloren, bleiben dessen Kosten notwendige Kosten der Zwangsvollstreckung.[132] Im Rahmen der Vollstreckung in bewegliche Sachen sind erstattungsfähig auch die **Kosten des Transportes** der gepfändeten Gegenstände zur Pfandkammer und zum Versteigerungsort, die Kosten der **Unterbringung** und Einlagerung des Pfändungsgutes, soweit eine Lagerung in der Pfandkammer nicht in Betracht kam, die Kosten etwa erforderlicher **Sachverständigengutachten** im Rahmen der §§ 813, 817a. Im Rahmen der **Räumungsvollstreckung** sind die Transport-, Einlagerungs-[133] und gegebenenfalls auch Verwertungskosten des Räumungsgutes,[134] auch soweit der Gläubiger selbst im Rahmen einer nach dem 1. 5. 2013 begonnenen Räumung nach § 885a ZPO die Einlagerung und Verwertung durchgeführt hat (§ 885a Abs. 7), erstattungsfähig, auch Ausfallkosten des vom Gerichtsvollzieher herangezogenen Spediteurs,[135] der

---

127 BGH, BGHR 2006, 457; BGH, NJW 2010, 1674, 1675; LG Mainz, NJW 1973, 1134; KG, Rpfleger 1977, 178 und MDR 1989, 745; LG Berlin, JurBüro 1985, 1898; OLG Düsseldorf, Rpfleger 1990, 527; LG Oldenburg, Rpfleger 1991, 218; OLG Karlsruhe, MDR 1994, 95; LG Köln, JurBüro 2000, 663; LG Leipzig, JurBüro 2003, 662; MüKo/*K. Schmidt/Brinkmann*, § 788 Rn. 15; *Stein/Jonas/Münzberg*, § 788 Rn. 12; *Zöller/Stöber*, § 788 Rn. 13 Stichwort »Rechtsstreit«. A. A.: OLG München, JurBüro 1990, 1355; OLG Schleswig, JurBüro 1994, 612.
128 BGH, BGHR 2006, 457 mit Anm. *Schuschke*, BGHR 2006, 458; LG München, MDR 1966, 338; LAG Frankfurt, BB 1968, 630; LG Bielefeld, MDR 1970, 1021; LG Krefeld, MDR 1972, 788; OLG Köln, Rpfleger 1974, 164; LG Ulm, AnwBl. 1975, 239; LAG Düsseldorf, MDR 1978, 962; ArbG Würzburg, AnwBl. 1978, 238; LAG Baden-Württemberg, AuR 1979, 378; LG Berlin, AnwBl. 1980, 518; LG Düsseldorf, AnwBl. 1981, 75; LG Tübingen, Rpfleger 1982, 392; LG Bochum, Rpfleger 1984, 286; LG Mannheim, MDR 1989, 746; OLG Düsseldorf, JurBüro 1990, 1014; LG Köln, JurBüro 2003, 160; LG Traunstein, Rpfleger 2005, 551; LAG Köln, InVo 2007, 164; MüKo/*K. Schmidt/Brinkmann*, § 788 Rn. 15; einschränkend bejahend: KG, Rpfleger 1977, 178; nun aber wie die h. M.: KG, MDR 1989, 745; a. A. (keine Erstattung): LG Hamburg, MDR 1962, 829; LG Oldenburg, Rpfleger 1982, 198; LAG Stuttgart, AnwBl. 1985, 648.
129 BGH, BeckRS 2010, 02497; BGH, NJW-RR 2006, 1566; AG Wuppertal, JurBüro 2013, 105.
130 LAG Hamm, MDR 1979, 347.
131 BGH, NJW 1984, 1901; Einzelheiten § 840 Rdn. 1.
132 BGH, BeckRS 201002497; OLG Hamm, InVo 1997, 339; LG Duisburg, JurBüro 1999, 102.
133 OLG Hamburg, JurBüro 2001, 47. Nach OLG Frankfurt, DGVZ 1998, 188 sollen jedoch Einlagerungskosten in eigenen Lagerräumen des Gläubigers nicht im Rahmen des § 788 erstattungsfähig sein. Der Gläubiger sei darauf angewiesen, diese Kosten im streitigen Zivilprozess geltend zu machen. Diese Einschränkung ist nicht gerechtfertigt und dürfte jedenfalls nach dem 1. 5. 2013 im Lichte des § 885a Abs. 7 überholt sein.
134 LG Bochum, Rpfleger 1968, 127; OLG Karlsruhe, Rpfleger 1974, 408 und Justiz 1974, 184; AG Hamburg-Harburg, DGVZ 1983, 122; LG Stade, DGVZ 1991, 119.
135 Zum Anspruch des Spediteurs: AG Emmendingen, DGVZ 2002, 191. Wird dem Spediteur nicht nur ein Ausfallschaden ersetzt, war er vielmehr bereits tätig, bevor der Räumungsauftrag sich doch noch erledigte, ist ihm auch die Mehrwertsteuer auf sein Entgelt zu erstatten: LG Düsseldorf, DGVZ 2006, 57.

bei anderweitiger Erledigung des Räumungsbegehrens[136] nicht mehr abbestellt werden konnte.[137] Der Gerichtsvollzieher ist verpflichtet, sich um die kostengünstigste Räumungs- und Lagerungsmöglichkeit zu bemühen.[138] Kommt er dieser Pflicht nicht nach, gehen die unnötigen Mehrkosten nicht zulasten des Gläubigers, der sie ja nicht verhindern kann, sondern zulasten des Staates, der diese Kosten bei seiner Abrechnung nicht erheben darf.[139]

Zu den erstattungsfähigen Kosten, für die § 788 Abs. 1 gilt, zählen schließlich auch die Kosten der **Ersatzvornahme** nach § 887 Abs. 1[140], die in Vorbereitung eines solchen Antrages erforderlichen Kosten eines Privatgutachtens[141] sowie die erstinstanzlichen Verfahrenskosten der Anträge nach §§ 888, 890.[142] Die Kosten eines gesonderten Antrages nach § 890 Abs. 2 ZPO (Ordnungsmittelandrohung) sind dann nicht notwendig und erstattungsfähig, wenn der Antrag schon im Verfahren zur Titelerlangung – und dann kostenfrei – hätte gestellt werden können.

Lautet der Titel – in der Regel einstweilige Verfügung – auf **Herausgabe** einer beweglichen Sache an den Gerichtsvollzieher **zum Zwecke der Verwahrung** (Sicherstellung), so gehören die mit der Sicherstellung verbundenen Auslagen (Transport- und Lagerkosten) zu den notwendigen Kosten der Zwangsvollstreckung, deren Erstattung der Gläubiger nach Abs. 1 vom Schuldner verlangen kann.[143] Verursacht der Gerichtsvollzieher allerdings höhere Verwahrkosten als notwendig, weil er die Herausgabe der Gegenstände schuldhaft herauszögert, kann er diese Kosten nicht von den Vollstreckungsparteien erstattet verlangen.[144] Verwaltungs- und Wirtschaftskosten des Sequesters gehören nicht zu den nach § 788 Abs. 1 zu erstattenden Kosten.[145]

Ist der Schuldner zur Abgabe einer Löschungsbewilligung in Bezug auf eine Auflassungsvormerkung verurteilt worden (§ 894), so stellen sich die im anschließenden Grundbuchverfahren anfallenden Löschungskosten allerdings nicht als Vollstreckungskosten aus dem Titel dar; denn diese Kosten hätte der Gläubiger auch zu tragen gehabt, wenn der Schuldner die Löschungsbewilligung freiwillig erteilt hätte.[146]

---

136 Hat der Gläubiger dem Schuldner bis zu einem genau bestimmten Tag Räumungsaufschub gewährt und erteilt er fünf Tage nach dieser Frist Räumungsauftrag an den Gerichtsvollzieher, so handelt er nicht voreilig. Die hierdurch verursachten Kosten sind notwendig, auch wenn der Schuldner noch verspätet freiwillig auszieht: LG Tübingen, Rpfleger 2001, 558.
137 LG Berlin, DGVZ 1977, 118; LG Braunschweig, DGVZ 1983, 117; AG Wetzlar, DGVZ 1983, 126; LG Berlin, DGVZ 1986, 42; LG Kassel, JurBüro 1987, 1047 mit Anm. *Mümmler*; LG Mannheim, NZM 1999, 956. Der Gerichtsvollzieher (für die Staatskasse, in deren Namen er die Verträge mit den Spediteuren schließt: AG Kirchheim, DGVZ 2005, 111; LG Konstanz, DGVZ 2002, 139; BGH, NJW 1999, 2597) ist insofern darlegungs- (AG Frankfurt, DGVZ 2002, 190) und beweispflichtig, wenn er diese Kosten in Rechnung stellen will: LG Frankfurt, JurBüro 2002, 497.
138 OLG Hamburg, MDR 2000, 602.
139 LG Hamburg, DGVZ 1999, 185.
140 OLG München, MDR 1998, 795 und InVo 1998, 140.
141 OLG Brandenburg, JurBüro 2008, 271.
142 Siehe oben Rdn. 16.
143 LG Stuttgart, DGVZ 1981, 26; OLG Koblenz, VersR 1981, 1162; OLG Karlsruhe, DGVZ 1981, 20; KG, MDR 1982, 237 und NJW-RR 1987, 574; OLG Saarbrücken, InVo 1998, 300; **a.A.**: LG Berlin, DGVZ 1976, 156.
144 OLG Frankfurt, DGVZ 1982, 57 mit Anm. *Alisch*, DGVZ 1982, 110.
145 OLG München, JurBüro 1973, 66; OLG Koblenz, Rpfleger 1981, 319 und JurBüro 1991, 1560; ferner: § 938 ZPO Rdn. 25; **a.A.** (jedenfalls die Vergütung des Sequesters nach § 788 beitreibbar): OLG Schleswig, JurBüro 1992, 703; OLG Karlsruhe, DGVZ 1993, 26; OLG Hamburg, JurBüro 2000, 157.
146 OLG Hamm, JurBüro 2000, 494.

4. Aufwendungen des Gläubigers nach § 267 Abs. 1 BGB

Entgegen der herrschenden Auffassung[147] sind auch die Unkosten, die dem Gläubiger entstehen, um den gepfändeten Gegenstand ohne einen die Vollstreckung hindernden Widerspruch Dritter verwerten zu können, zu den erstattungsfähigen Kosten der Zwangsvollstreckung[148] zu zählen. Zahlt also der Gläubiger nach Pfändung des Anwartschaftsrechts,[149] das dem Schuldner an einem unter Eigentumsvorbehalt erworbenen Gegenstand zusteht, den Restkaufpreis an den Veräußerer, um dann die Sache selbst in der Vollstreckung verwerten zu können, so kann er diese Aufwendungen nach § 788 Abs. 1 beitreiben. Sind die Aufwendungen allerdings höher als der zu erwartende Versteigerungserlös der Sache, sind sie unter dem Gesichtspunkt des § 803 Abs. 2 nicht als notwendig anzusehen. Dem Einwand der herrschenden Auffassung, es handle sich nur um mittelbare Aufwendungen anlässlich der Zwangsvollstreckung,[150] ist entgegenzuhalten, dass ohne diese Aufwendungen eine Sachverwertung nicht möglich wäre und dass es inkonsequent erscheint, die Sachpfändung bei der Pfändung des Anwartschaftsrechts für zulässig, ja notwendig zu erachten, Aufwendungen, die die Sache selbst aber erst verwertbar machen, nicht als notwendige Vollstreckungskosten anzuerkennen.

27

III. Beitreibung der Vollstreckungskosten durch den Gläubiger

1. Kostenfestsetzung durch Beschluss

Der Gläubiger hat zwei Möglichkeiten, die ihm erwachsenen notwendigen Kosten der Zwangsvollstreckung gegen den Schuldner geltend zu machen: Er kann sie unmittelbar mit der Hauptforderung durch das Vollstreckungsorgan ohne zusätzlichen Titel beitreiben lassen, er kann sie aber auch zunächst in einem gesonderten Kostenfestsetzungsbeschluss festsetzen (**Abs. 2 Satz 1**) und dann aus diesem Titel vollstrecken lassen. Beide Wege sind gleichwertig[151], d. h. auch in einfach gelagerten Fällen fehlt einerseits nicht das Rechtsschutzbedürfnis für eine gesonderte Kostenfestsetzung;[152] andererseits besteht kein Zwang, zur Erleichterung der Arbeit der Vollstreckungsorgane in »schwierigeren« Fällen[153] den Weg des Kostenfestsetzungsverfahrens zu wählen. Das gilt auch, wenn der Gläubiger die Zwangsvollstreckung durch Eintragung einer Zwangshypothek betreiben will. Auch hierzu benötigt er keinen Kostenfestsetzungsbeschluss.[154]

28

Beide Wege haben gleichermaßen zur Voraussetzung, dass zum Zeitpunkt der Antragstellung (an das Vollstreckungsorgan bzw. an den für die Kostenfestsetzung zuständigen Rechtspfleger[155]) der Vollstreckungstitel, aus dessen Vollstreckung die Kosten erwachsen sind, noch Bestand hat, also nicht in einer höheren Instanz abgeändert oder aufgehoben wurde, und dass die Zwangsvollstreckung hinsichtlich der Hauptsache nicht bereits endgültig beendet ist.[156] Ansonsten muss der Gläubiger einen eigenen neuen Titel über die Kosten – etwa als Verzugsschadensersatz – erwirken.

---

147 *Brox/Walker*, Rn. 1675; Müko/*K. Schmidt/Brinkmann*, § 788 Rn. 30 »Eigentumsvorbehalt«; *Musielak/Lackmann*, § 788 Rn. 5: Saenger/*Saenger*, § 788 Rn. 16; Stein/Jonas/*Münzberg*, § 788 Rn. 19; Thomas/Putzo/*Seiler*, § 788 Rn. 32.
148 Wie hier: LG Aachen, Rpfleger 1968, 60; *Baumbach/Lauterbach/Hartmann*, § 788 Rn. 25 »Gegenleistung«; Zöller/*Stöber*, § 788 Rn. 13 Stichwort »Anwartschaft«.
149 Näheres zur sog. Doppelpfändung siehe bei § 857.
150 Oben Rdn. 6.
151 OLG Brandenburg, OLGReport 2008, 70.
152 BGH, NJW 1982, 2070.
153 Erst recht ist der Gläubiger in »schwierigeren« Fällen nicht darauf zu verweisen, seine Kosten im normalen Erkenntnisverfahren durchzusetzen; so aber OLG Frankfurt, InVo 1999, 328.
154 OLG München, BeckRS 2013, 15888.
155 Einzelheiten unten Rdn. 30.
156 AG Köln, JMBlNW 1964, 258.

Grundlage sowohl für die Beitreibung der Kosten als auch deren Festsetzung ist der zu vollstreckende Ausspruch in der Hauptsache im Titel (dies kann auch ein Räumungstitel sein[157]), nicht die dort geregelte Kostentragungspflicht.[158] Der in der Hauptsache vollstreckende Gläubiger kann **alle** zur Verwirklichung des titulierten Anspruchs notwendigen Kosten beitreiben bzw. festsetzen lassen, auch wenn er nach dem Titel einen Anteil an den Prozesskosten selbst zu tragen hat. Ebenso wie die Kostenregelung im Titel ist auch eine Vereinbarung der Parteien über die Verfahrenskosten für die Vollstreckungskosten im Rahmen des § 788 ohne Belang.[159] Muss der Schuldner nach dem Titel, durch den seine ursprüngliche Verurteilung ganz aufgehoben worden ist, dennoch einen Teil der Kosten (etwa nach § 97 Abs. 2 oder nach § 344) tragen, so ist diese Kostenentscheidung keine Grundlage dafür, die Kosten der – nachträglich rechtsgrundlosen – Vollstreckung des abgeänderten früheren Titels gegen den Schuldner ganz oder teilweise beizutreiben oder festzusetzen.[160]

2. Beitreibung ohne Festsetzungsbeschluss

29 Wählt der Gläubiger den Weg, die Kosten ohne besondere Festsetzung durch das Vollstreckungsorgan beitreiben zu lassen, muss er sie dem Vollstreckungsorgan in aus sich heraus verständlicher[161] und überprüfbarer Weise abrechnen.[162] Das Vollstreckungsorgan muss sowohl in der Lage sein, die Notwendigkeit der einzelnen Kosten zu prüfen als auch deren Höhe.[163] Ist diese Überprüfung im Einzelfall nur nach Vorlage einer Gesamtabrechnung aller zur Vollstreckung gegebenen und in der Vollstreckung beigetriebenen Beträge, also auch der Hauptforderung, – die ansonsten regelmäßig nicht verlangt werden kann[164] – möglich, hat der Gläubiger ausnahmsweise auch sie vorzulegen.[165] Wenn der Gläubiger in dieser Abrechnung Zahlungen des Schuldners zur Tilgung bestimmter Teile der Schuld verrechnet, kann das Vollstreckungsorgan nicht seinerseits eine andere Verrechnung vornehmen.[166] Die einfache Beitreibung der Kosten ist nicht nur hinsichtlich der Vollstreckungsmaßnahmen möglich, die das um Beitreibung ersuchte Vollstreckungsorgan selbst durchgeführt hat oder gerade durchführt, sondern auch wegen vorausgegangener Vollstreckungsmaßnahmen anderer Vollstreckungsorgane, solange nur die Zwangsvollstreckung aus dem Titel nicht insgesamt beendet ist[167]. Die Kostenbeitreibung ohne besonderes gerichtliches Festsetzungsverfahren ist weder unter dem Gesichtspunkt der Art. 103 GG[168] noch unter dem des Art. 19 Abs. 4 GG verfassungsrechtlich bedenklich.[169] Durch die Möglichkeit, im Rechtsbehelfsverfahren[170] die Berechtigung jedes einzelnen Kostenansatzes in vollem Umfange überprüfen zu lassen, ist der notwendige Schutz des Schuldners gewährleistet.[171]

---

157 OLG München, BeckRS 2013. 15888.
158 Siehe oben Rdn. 1.
159 OLG Hamm, OLGZ 1966, 557; KG, Rpfleger 1977, 372.
160 OLG Köln, JurBüro 1973, 879.
161 LG Bonn, Rpfleger 2001, 559.
162 96 AG Köln, JurBüro 1965, 165; OLG Köln, JurBüro 1983, 871 mit Anm. *Mümmler; Christmann*, DGVZ 1985, 150; Saenger/*Saenger*, § 788 Rn. 34; Stein/Jonas/*Münzberg*, § 788 Rn. 25.
163 OLG Zweibrücken, InVo 1998, 299; LG Dortmund, DGVZ 2000, 188; AG Pirmasens, DGVZ 2000, 159.
164 LG Berlin, Rpfleger 1971, 261; a. A. insoweit: LG Nürnberg/Fürth, JurBüro 1977, 1285; LG München, JurBüro 1979, 274.
165 OLG Köln, JurBüro 1983, 871.
166 BGH, NJW 2012, 3308.
167 OLG Brandenburg, OLGReport 2008, 70.
168 So aber LG Köln, JurBüro 1966, 619.
169 So aber *Lappe*, MDR 1979, 795 und Rpfleger 1983, 248.
170 Siehe unten Rdn. 39.
171 Wie hier: LG Göttingen, JurBüro 1984, 141; *Christmann*, DGVZ 1981, 47.

3. Festsetzungsverfahren nach §§ 103 ff

Der Gläubiger kann sich die Kosten der Zwangsvollstreckung auch entsprechend §§ 103 ff. festsetzen lassen und dann aus dem Kostenfestsetzungsbeschluss als eigenem Titel (§ 794 Abs. 1 Nr. 2) vollstrecken. Er wird diesen Weg insbesondere wählen, wenn er wegen der Vermögenslosigkeit des Schuldners mit langjährigen Versuchen der Beitreibung rechnen muss oder wenn das Vollstreckungsorgan die formlose Kostenabrechnung nicht ohne weiteres akzeptiert oder wenn die Forderung in der Hauptsache bereits seit Längerem beigetrieben ist und nur noch restliche Vollstreckungskosten offenstehen.[172]

30

Zuständig zur Kostenfestsetzung ist bei nach §§ 887, 888 zu vollstreckenden Titeln der Rechtspfleger (§ 21 Abs. 1 Nr. 1 RpflG) des Prozessgerichts des ersten Rechtszuges, bei arbeitsgerichtlichen Titeln also auch der des Arbeitsgerichts, in allen übrigen Fällen, in denen es bereits zum Beginn der Vollstreckung gekommen ist[173], der Rechtspfleger des **Vollstreckungsgerichts**[174] erster Instanz (§ 764 Abs. 1 ZPO). Findet keine Zwangsvollstreckung statt, so ist für die Festsetzung der vom Schuldner zu tragenden Kosten der Schaffung der Voraussetzungen der Vollstreckbarkeit des Titels (Avalprovision zur Erlangung einer Bankbürgschaft, um die Sicherheitsleistung erbringen zu können[175]; Kosten der Vollstreckbarkeitserklärung eine ausländischen Titels[176]) das **Prozessgericht** zuständig[177]. Waren mehrere Vollstreckungsgerichte in der Sache tätig, so ist das Gericht zuständig, bei dem zum Zeitpunkt der Antragstellung auf Erlass des Kostenfestsetzungsbeschlusses eine Vollstreckungshandlung anhängig ist. Sind bei mehreren Gerichten gleichzeitig verschiedene Vollstreckungsanträge gestellt – etwa ein Lohnpfändungsantrag da, ein Antrag auf Eintragung einer Zwangshypothek dort –, so ist jedes Vollstreckungsgericht für die Kosten seiner Vollstreckungshandlung zuständig.[178] Nach Beendigung der Zwangsvollstreckung bzw. dann, wenn nirgends mehr eine Vollstreckungshandlung anhängig ist, ist das Vollstreckungsgericht (Rechtspfleger) zuständig, in dessen Bezirk die letzte Vollstreckungshandlung erfolgte. Auch die bloße Erteilung einer Abschrift aus dem Vermögensverzeichnis ist eine solche »letzte«, die Zuständigkeit begründende Vollstreckungshandlung.[179] Die genannten Zuständigkeiten sind gem. § 802 ausschließliche.

Der Rechtspfleger prüft Höhe und Notwendigkeit der geltend gemachten Kosten. Hinsichtlich des Nachweises gilt § 104 Abs. 2,[180] es genügt also Glaubhaftmachung. Auf Antrag ist anzuordnen, dass die festgesetzten Kosten mit 5 Prozentpunkten über dem Basiszinssatz zu verzinsen sind (Folge des

---

172 KG, DGVZ 1991, 170.
173 Hier gehören auch die Kosten der Parteizustellung einer einstweiligen Verfügung als Akt der Vollziehung: OLG Celle, OLGReport 2009, 404.
174 Das gilt auch für Kosten der Vorbereitung der Zwangsvollstreckung, wie etwa der Beschaffung einer Bürgschaft als Sicherheitsleistung: OLG Karlsruhe, InVo 2002, 79; BayObLG, JurBüro 2003, 326; OLG Koblenz, Rpfleger 2004, 509; **a. A.** für die Festsetzung der Kosten für die Beschaffung einer Rechtsnachfolgerklausel (Prozessgericht bzw. Gericht, das den Vollstreckungsbescheid erlassen hatte): BayObLG, Rpfleger 2006, 418. Ist es allerdings zur Zwangsvollstreckung selbst nie gekommen, sodass kein Vollstreckungsgericht je zuständig wurde, so ist das Prozessgericht zur Festsetzung der Vorbereitungskosten (z. B. Kosten einer Avalbürgschaft als Sicherheitsleistung) zuständig: BGH, BGHReport 2008, 344. **A. A.** (Gericht, bei dem ein Vollstreckungsauftrag hätte gestellt werden können, als Vollstreckungsgericht): KG, OLGReport 2008, 309.
175 BGH, BGHReport 2008, 344; OLG Düsseldorf, OLGReport 2009, 262; LG Wiesbaden, Rpfleger 2010, 382.
176 OLG München, OLGReport 2009, 296 unter Aufgabe seiner bisherigen Rechtsprechung (NJW-RR 2002, 431).
177 OLG Düsseldorf, Rpfleger 2010, 435.
178 OLG Hamm, Rpfleger 2002, 541; **a. A.** (nur das allgemeine Vollstreckungsgericht, nicht das Gericht des Grundbuchamtes): *Thomas/Putzo/Seiler*, § 788 Rn. 16; *Zöller/Stöber*, § 788 Rn. 19a.
179 OLG Brandenburg, MDR 2005, 177.
180 *Stein/Jonas/Münzberg*, § 788 Rn. 25.

Hinweises auf § 104 Abs. 1 Satz 2).[181] Eine Haftungsbeschränkung (etwa auf einen Nachlass) ist nur dann in den Kostenfestsetzungsbeschluss aufzunehmen, wenn sie schon in dem der Kostenfestsetzung zu Grunde liegenden Titel ausgesprochen war.[182]

Die Kosten des Verfahrens zur Festsetzung der erstattungsfähigen Vollstreckungskosten, etwa die Kosten des dieses Verfahren betreibenden Rechtsanwalts, sind ebenfalls notwendige Kosten der Zwangsvollstreckung. Sie sind also mit in die Festsetzung aufzunehmen.[183]

IV. Erstattungsansprüche des Schuldners

1. Anwendungsbereich des § 788 Abs. 3

31 Die Vorschrift ist als Ergänzung zu Abs. 1 zu sehen sowie als Erweiterung zu § 717 Abs. 2: Kosten, die der Gläubiger nach Abs. 1 unmittelbar oder aufgrund eines Kostenfestsetzungsbeschlusses beigetrieben oder die der Schuldner an den Gläubiger insoweit freiwillig gezahlt hat, sind dem Schuldner in einem vereinfachten Verfahren auch wieder zu erstatten, wenn der Titel, der Grundlage des Vorgehens gegen den Schuldner war, sich in der Rückschau als von Anfang an unbeständig erwiesen hat. Dies ist der Fall, wenn der Titel auf Einspruch oder Widerspruch oder auf ein Rechtsmittel hin, aber auch im Nachverfahren auf einen Vorbehalt hin oder im Wiederaufnahmeverfahren aufgehoben oder abgeändert wurde oder wenn er infolge eines Vergleichs[184] oder der Klagerücknahme (§ 269 Abs. 3 Satz 1, 2. Halbs. ZPO) hinfällig wurde. Nicht ausreichend ist es, dass später nur wegen nachträglicher Entwicklungen die Vollstreckung aus dem Titel für unzulässig erklärt wurde (etwa gem. § 767).[185] Da Abs. 3 nur aus Abs. 1 Konsequenzen ziehen will, gilt er nicht für Kosten, die der Schuldner nicht seinerseits zuvor dem Gläubiger erstattete, sondern die ihm nur selbst zur Abwehr der Zwangsvollstreckung oder einzelner Vollstreckungsmaßnahmen erwachsen sind, also nicht für die Kosten einer Sicherheitsleistung, die der Schuldner zur vorläufigen Abwendung der Vollstreckung erbrachte, oder für Kosten, die zur Löschung einer Sicherungshypothek oder einer Vormerkung zur Sicherung eines Anspruchs auf Eintragung einer Sicherungshypothek aufgewendet werden mussten. Diese Kosten kann der Schuldner nur unter den Voraussetzungen des § 717 Abs. 2 als Schadensersatz geltend machen.[186]

2. Durchsetzung des Erstattungsanspruchs nach Abs. 3

32 Der Schuldner kann die nach Abs. 3 zu erstattenden Kosten nicht einfach unter Vorlage der den ursprünglichen Titel aufhebenden Entscheidung formlos durch das Vollstreckungsorgan beitreiben lassen, so wie der Gläubiger dies zunächst nach Abs. 1 konnte,[187] er benötigt vielmehr immer einen

---

181 *Zöller/Stöber*, § 788 Rn. 19.
182 KG, MDR 1976, 584.
183 OLG Koblenz, JurBüro 1999, 328.
184 OLG Celle, Rpfleger 1083, 499; MüKo/*K. Schmidt/Brinkmann*, § 788 Rn. 45.
185 H.M.; vgl. *Baumbach/Lauterbach/Hartmann*, § 788 Rn. 17; BeckOK-ZPO/*Preuß*, § 788 Rn. 55; MüKo/*K. Schmidt/Brinkmann*, § 788 Rn. 46; *Stein/Jonas/Münzberg*, § 788 Rn. 31; *Thomas/Putzo/Seiler*, § 788 Rn. 34a.
186 Wie hier: *Brox/Walker*, Rn. 1682; *Musielak/Lackmann*, § 788 Rn. 24; *Stein/Jonas/Münzberg*, § 788 Rn. 21; *Zöller/Stöber*, § 788 Rn. 5a; KG, JurBüro 1978, 764; Rpfleger 1978, 185; OLG Frankfurt, Rpfleger 1979, 222; OLG Stuttgart, Rpfleger 1981, 158; OLG Hamburg, AnwBl. 1985, 778; OLG Koblenz, JurBüro 1985, 943; OLG Köln, OLGZ 1994, 250; OLG Hamburg, MDR 1999, 188; OLG Köln, InVo 1999, 189; **a. A.** (diese Kosten sind bereits im Kostenfestsetzungsverfahren als Prozesskosten anzusetzen): BGH, Rpfleger 2006, 268; OLG München, MDR 1999, 1466 und OLG München, InVo 2000, 147; OLG Koblenz, JurBüro 2001, 380; **wiederum a. A.** (auch diese Kosten nach § 788 Abs. 2 ZPO zu erstatten): OLG Schleswig, JurBüro 1978, 122; OLG Oldenburg, Rpfleger 1983, 329; OLG Schleswig, JurBüro 1988, 257; OLG Düsseldorf, EWiR 1998, 479 mit Kurzkomm. *Walker*.
187 So aber *Zöller/Stöber*, § 788 Rn. 25; *Baumbach/Lauterbach/Hartmann*, § 788 Rn. 18; OLG Celle, Rpfleger 1983, 498.

besonderen Titel, der auch ein Kostenfestsetzungsbeschluss nach §§ 103 ff. sein kann,[188] für den die aufhebende Entscheidung als »zur Zwangsvollstreckung geeigneter Titel« (§ 103 Abs. 1) dient. Dies folgt daraus, dass Abs. 3 keine entsprechende Anwendung von Abs. 1 Satz 1, 2. Halbs. vorsieht, sodass es an einer Legitimation der Vollstreckungsorgane für ein zwangsweises Vorgehen gegen den Gläubiger fehlen würde. Den Nachweis seiner Leistungen wird der Schuldner in der Regel leicht anhand der Vollstreckungsunterlagen erbringen können. Soweit bei freiwilligen Zahlungen an den Gläubiger ein Nachweis dieser Art nicht möglich sein sollte und soweit in einem solchen Fall auch die Glaubhaftmachungsmittel nicht ausreichen, bleibt dem Schuldner nur der Weg der eigenständigen Schadensersatzklage.

3. Teilweise Aufhebung des Titels

Wird der Titel, auf dessen Grundlage der Gläubiger Zwangsvollstreckungskosten beigetrieben hatte, nur teilweise aufgehoben oder abgeändert, so gelten die vorstehenden Grundsätze entsprechend: Dem Schuldner sind die Kosten dann nur soweit zu erstatten, als sie nicht auch bei Vollstreckung des verbliebenen Titels notwendig gewesen wären.[189] 33

4. Kosten eines Rechtsstreits gem. § 767

Kein Problem des § 788 Abs. 2 oder § 717 Abs. 2 sind die Kosten, die dem Schuldner in einem von ihm erfolgreich durchgeführten Rechtsstreit nach § 767 und in einem damit zusammenhängenden Verfahren nach § 769 entstanden sind[190]: Aufgrund der Kostenentscheidung im Urteil über die Vollstreckungsabwehrklage kann der Schuldner (als Gläubiger) sich diese Kosten im gewöhnlichen Kostenfestsetzungsverfahren festsetzen lassen, um sie dann gegen den früheren Gläubiger (als Schuldner) zu vollstrecken. Zu den »Kosten des Rechtsstreits« in diesem Zusammenhang zählen auch die Kosten einer Bankbürgschaft, die der Schuldner nach einer Entscheidung gem. § 769 ZPO beizubringen hatte, um die einstweilige Einstellung der Zwangsvollstreckung zu erreichen.[191] 34

5. Keine Kostenhaftung der Gerichtskasse

Der Schuldner kann sich wegen seiner Erstattungsansprüche jeweils **nur an den Gläubiger** halten bzw. im Fall des § 126 Abs. 1 an dessen Rechtsanwalt, nicht aber an die Vollstreckungsorgane, die diese Kosten etwa unmittelbar einbehalten haben, oder an die Justizkasse. Das gilt auch, wenn der Gläubiger sich als zahlungsunfähig erweist. Eine Haftung des Staates, dessen Gerichte Urteile erlassen haben, die sich nachträglich nicht als beständig erwiesen haben und die letztlich Ursache für die Vermögenseinbußen des Schuldners sind, besteht nicht. 35

V. Kostenentscheidung nach Abs. 4

Auch die Entscheidungen des Rechtspflegers nach §§ 765a, 811a, 811b, 829, 850k, 850l, 851a, 851b sind Teile des Zwangsvollstreckungsverfahrens, dessen notwendige Kosten in der Regel der Schuldner zu tragen hat. Sie ergehen deshalb regelmäßig ohne besondere Kostenentscheidung; für die durch sie dem Gläubiger entstandenen Kosten gilt § 788 Abs. 1.[192] Von dieser Regel ist dann eine Ausnahme zu machen, wenn es aus besonderen, in dem Verhalten des Gläubigers liegenden Gründen der Billigkeit entspricht, dass der Gläubiger die Kosten eines solchen Verfahrens ganz oder teilweise trägt. In einem solchen Fall ist die Entscheidung ausnahmsweise **mit einer Kostenentschei-** 36

---

188 H.M.: *Brox/Walker*, Rn. 1683; *Müko/K. Schmidt/Brinkmann*, § 788 Rn. 45; *Thomas/Putzo/Seiler*, § 788 Rn. 36.
189 OLG Düsseldorf, JurBüro 1977, 1144.
190 *MüKo/K. Schmidt/Brinkmann*, § 788 Rn. 46.
191 OLG Frankfurt, JurBüro 1976, 674.
192 OLG Schleswig, MDR 1957, 422; LG Darmstadt, MDR 1957, 109; AG Düsseldorf, AnwBl. 1965, 35; AG Hannover, Rpfleger 1969, 396; OLG Köln, NJW-RR 1995, 1163.

dung zu versehen. Besondere Gründe, den Gläubiger mit Kosten zu belasten, liegen nicht schon darin, dass der Schuldner im Vollstreckungsschutzverfahren »obsiegt« hat;[193] denn der Gläubiger ist grundsätzlich nicht verpflichtet, vor der Vollstreckung die sozialen Gegebenheiten des Schuldners von sich aus zu erforschen. Ebenso reicht es nicht aus, dass der Gläubiger deutlich vermögender ist als der Schuldner.[194] Es muss sich immer um Umstände handeln, die ergeben, dass der Gläubiger das Vollstreckungsschutzverfahren oder die Ablehnung der Austauschpfändung **vorwerfbar**[195] herausgefordert hat, etwa, weil er trotz detaillierten Hinweises auf die besonderen Verhältnisse des Schuldners auf seinem Vollstreckungsantrag ohne Einschränkungen beharrte oder weil er einen erkennbar unzumutbaren Ersatzgegenstand zur Austauschpfändung anbot. Dass der Gläubiger zahlreiche Konten des Schuldners pfänden ließ oder dass er »auf Verdacht« bei allen örtlichen Banken eine Forderungspfändung versuchte, genügt ebenfalls nicht, um ihn mit den gesamten Kosten der Forderungspfändungen im Rahmen des Beschlusses gem. § 829 zu belasten. Denn der Gläubiger kennt in der Regel die Vermögensverhältnisse des Schuldners nicht. Gerade bei der Forderungspfändung ist für den Gläubiger Eile geboten. Im Fall des § 829 wird also die Kostentragungsverpflichtung des Gläubigers auf Fälle schikanösen oder offensichtlich wahllosen Vorgehens beschränkt sein.[196] Im Übrigen bietet schon § 788 Abs. 1 genügend Möglichkeiten, einzelne nicht notwendige Kosten auszusortieren.

Abs. 4 gilt nur für die **erstinstanzlichen** Gebühren und Auslagen des Gerichts und der Parteien in den genannten Verfahren. Die Rechtsmittelentscheidungen sind immer mit einer eigenen Kostenentscheidung, die nach den §§ 91 ff. zu ergehen hat, zu versehen.[197]

Liegen die Voraussetzungen des Abs. 4 vor, so **muss** das Gericht eine Kostenentscheidung zulasten des Gläubigers fällen, hat also keinen Ermessensspielraum.[198] Abs. 4 ist eine Ausnahmevorschrift, die auf andere als die dort genannten Verfahren **nicht** entsprechend übertragbar ist, etwa auf Verfahren nach §§ 850f Abs. 1 oder 850g.[199]

Ist eine Kostenentscheidung nach Abs. 4 zulasten des Gläubigers ergangen, kann der Schuldner seine außergerichtlichen Kosten nicht einfach nach Abs. 1 Satz 1, 2. Halbs. beim Gläubiger beitreiben; er muss sie vielmehr aufgrund der Kostenentscheidung nach §§ 103 ff. festsetzen lassen und dann aus dem Kostenfestsetzungsbeschluss vollstrecken.

VI. Rechtsbehelfe

1. Gläubiger

37 Hat er die Beitreibung der Kosten ohne besondere Festsetzung beantragt und ist dieser Antrag ganz oder hinsichtlich einzelner Kosten abgelehnt worden, so kann die Ablehnung durch den Gerichtsvollzieher mit der Erinnerung nach § 766, die Ablehnung durch den Rechtspfleger (die Kosten mit in den Pfändungs- und Überweisungsbeschluss aufzunehmen,) mit der sofortigen Beschwerde nach § 11 RpflG, § 793 und die Ablehnung durch das Grundbuchamt (die Kosten mit bei einer Zwangshypothek zu berücksichtigen), mit der Beschwerde gem. §§ 71 ff. GBO anfechten. Gegen eine den Rechtsbehelf nach § 766 zurückweisende Entscheidung ist die sofortige Beschwerde gem. § 793 gegeben. Hinsichtlich der Zulässigkeit der Beschwerden ist § 567 Abs. 2 zu beachten;[200] die Kosten,

---

193 Allgem. Meinung; vergl. *Brox/Walker*, Rn. 1685; *Stein/Jonas/Münzberg*, § 788 Rn. 38.
194 Wie hier: *Zöller/Stöber*, § 788 Rn. 26; **a. A.** (die wirtschaftlichen Verhältnisse der Parteien seien zu berücksichtigende Umstände): *Brox/Walker*, Rn. 1685.
195 **A.A.** (Verschulden des Gläubigers nicht erforderlich): BeckOK-ZPO/*Preuß*, § 788 Rn. 61; *Stein/Jonas/Münzberg*, § 788 Rn. 39.
196 *Behr*, JurBüro 2000, 121.
197 Siehe oben Rdn. 6.
198 Allgem. Meinung; vergl. BeckOK-ZPO/*Preuß*, § 788 Rn. 59; Kindl/Meller-Hannich/Wolf/*Kessel*, § 788 Rn. 113; MüKo/*K. Schmidt/Brinkmann*, § 788 Rn. 52; *Stein/Jonas/Münzberg*, § 788 Rn. 40.
199 Allgem. Meinung; vergl. *Baumbach/Lauterbach/Hartmann*, § 788 Rn. 9.
200 BGH, NJW 2012, 3308; OLG Köln, Rpfleger 2013, 146; LG Frankfurt, Rpfleger 1976, 367.

deren Beitreibung abgelehnt wurde, müssen also über 200,- Euro liegen. In diesem Rahmen ist allerdings zu beachten, dass der Gerichtsvollzieher unmittelbar die Beitreibung von Kosten der Zwangsvollstreckung verweigert haben muss, nicht die Vollstreckung wegen einer Hauptforderung, die er als getilgt ansah, weil er im Gegensatz zum Gläubiger eine Zahlung des Schuldners von weniger als 200 Euro nicht auf die Kosten, sondern auf die Hauptforderung verrechnete. Hier ist § 567 Abs. 2 nicht einschlägig.[201] Hinsichtlich einer möglichen Rechtsbeschwerde gegen die Beschwerdeentscheidung (§§ 574 ff.) gelten die allgemeinen Regeln.

Muss im Rahmen der Frage, welche Kosten der Zwangsvollstreckung notwendig sind, zunächst der Kostenansatz des Gerichtsvollziehers überprüft werden, ist insoweit die Erinnerung nach § 5 Abs. 2 GVKostG der richtige Rechtsbehelf. Das Rechtsmittel gegen die Erinnerungsentscheidung ergibt sich aus § 66 Abs. 2 und Abs. 3 GKG. Eine Rechtsbeschwerde zum BGH ist ausgeschlossen. Unter den Voraussetzungen des § 66 Abs. 4 GKG kann das Beschwerdegericht aber die weitere Beschwerde zum OLG zulassen.[202]

Hat der Gläubiger die Festsetzung seiner Kosten nach §§ 103 ff. beantragt, so steht ihm gegen die gänzliche oder teilweise Zurückweisung seines Antrages die sofortige Beschwerde gem. § 104 Abs. 3 zu. Sie ist der speziellere Rechtsbehelf gegenüber §§ 766, 793.[203]

2. Schuldner

Materiellrechtliche Einwendungen (z. B. Erfüllung, Stundung) können im Kostenfestsetzungsverfahren nicht berücksichtigt werden. Sie muss der Schuldner mit der Vollstreckungsabwehrklage geltend machen (§ 767).[204] Macht der Schuldner mit der Klage nach § 767 den Erfüllungseinwand geltend und begründet er ihn damit, die titulierte Schuld sei erloschen, da ein Teil der formlos nach § 788 Abs. 1 beigetriebenen Kosten zu Unrecht geltend gemacht worden seien, die entsprechenden Beträge also auf die Hauptforderung hätten verrechnet werden müssen, so muss das Gericht den zur Vollstreckung gebrachten Kostenansatz im ordentlichen Verfahren voll auf seine Notwendigkeit hin und der Höhe nach nachprüfen.[205]

38

Gegen die Beitreibung der Kosten (§ 788 Abs. 1) durch den Gerichtsvollzieher kann der Schuldner Einwendungen zum Grund und zur Höhe des Kostenansatzes im Übrigen mit § 766 (mit § 5 Abs. 2 GVKostG) geltend machen, gegen die formlose Berücksichtigung im Pfändungs- und Überweisungsbeschluss durch den Rechtspfleger mit der sofortigen Beschwerde nach §§ 11 Abs. 1 RpflG, 793, gegen die Berücksichtigung bei der Eintragung einer Zwangshypothek mit der Erinnerung nach § 71 GBO. Sind die Kosten vom Rechtspfleger gem. §§ 103 ff. festgesetzt worden, ist die sofortige Beschwerde nach § 104 Abs. 3 der speziellere, §§ 766, 793 verdrängende Rechtsbehelf.[206]

39

Ist bei einer der in Abs. 4 genannten Entscheidungen dem Vollstreckungsschutzantrag des Schuldners zwar stattgegeben, von einer Kostenentscheidung zu seinen Gunsten aber abgesehen worden, so ist dieser Teil der Entscheidung nicht isoliert anfechtbar (§ 99 Abs. 1 entspr.). Ist einem Kostenfestsetzungsantrag nach Abs. 3 nicht oder nur teilweise stattgegeben worden, hat der Schuldner die sofortige Beschwerde nach § 104 Abs. 3. Daneben kann er die nicht festgesetzten Kosten auch selbstständig als Schadensersatz (§ 717 Abs. 2) einklagen.

---

201 BGH, NJW 2012, 3308.
202 BGH, BeckRS 2013, 16930.
203 *Musielak/Lackmann*, § 788 Rn. 22.
204 AG Saarbrücken, AnwBl. 1972, 26; OLG Hamburg, MDR 1972, 335; OLG Düsseldorf, Rpfleger 1975, 355.
205 OLG Düsseldorf, Rpfleger 1975, 355. Zur Berücksichtigung von Einwendungen gegen die Notwendigkeit von Vollstreckungskosten im Rahmen der Vollstreckungsabwehrklage auch: OLG Stuttgart, Rpfleger 1982, 355; OLG Frankfurt, MDR 1983, 587.
206 OLG Koblenz, JurBüro 1975, 954.

§ 789 Einschreiten von Behörden

Wird zum Zwecke der Vollstreckung das Einschreiten einer Behörde erforderlich, so hat das Gericht die Behörde um ihr Einschreiten zu ersuchen.

1 Die Vorschrift ist die Ausprägung des Art. 35 Abs. 1 GG im Vollstreckungsrecht. Sie betrifft nur die – seltenen – Fälle, in denen das die Vollstreckung betreibende Gericht (Vollstreckungsgericht, gegebenenfalls auch Prozessgericht oder Grundbuchamt) zur Durchführung der Vollstreckung der Hilfe einer anderen Behörde bedarf. Zu denken ist hier etwa an den Fall, dass das Vollstreckungsgericht im Rahmen des § 765a, um eine Räumungsvollstreckung zulasten eines suizidgefährdeten Schuldners doch noch durchführen lassen zu können, das Ordnungs- oder Gesundheitsamt von Amts wegen einschalten muss.[1]

2 Soweit der Gerichtsvollzieher Unterstützung durch die Polizei benötigt, ist dies schon in § 758 Abs. 3 selbstständig geregelt. Die Vorschrift ist weiterhin auch dann nicht einschlägig, wenn der Gläubiger selbst befugt ist, eine Behörde um ihre Mithilfe zu ersuchen (Beispiel: § 792).

---

1 BGH, NJW 2005, 1859; BGH, BGH 2007, 998; BGH, WuM 2008, 36; *Schuschke*, NJW 2006, 874, 876; ders., DGVZ 2008, 33; ders., NZM 2015, 233 ff.

§ 790 Bezifferung dynamisierter Unterhaltstitel zur Zwangsvollstreckung im Ausland

Mit Wirkung ab dem 1.9.2009 aufgehoben durch Art. 29 Nr. 19 des FGG-Reformgesetzes vom 17.12.2008 – BGBl. I 2586 – (nunmehr § 245 FamFG mit gleichem Regelungsgehalt).

§ 791 ZPO

§ 791

(weggefallen)

Als gegenstandslos aufgehoben durch das EG-Vollstreckungstitel-Durchführungsgesetz vom 26.8.2006.[1]

---

1 [1] Siehe hierzu Gesetzesbegründung BR-Drucks. 88/05 S. 22.

§ 792 Erteilung von Urkunden an Gläubiger

Bedarf der Gläubiger zum Zwecke der Zwangsvollstreckung eines Erbscheins oder einer anderen Urkunde, die dem Schuldner auf Antrag von einer Behörde, einem Beamten oder einem Notar zu erteilen ist, so kann er die Erteilung an Stelle des Schuldners verlangen.

Übersicht

	Rdn.			Rdn.
I. Zweck der Norm	1	1.	Verfahren	4
1. »Zum Zwecke der Zwangsvollstreckung«	2	2.	Rechtsbehelfe des Gläubigers bei Verweigerung der Urkunde	5
2. Teilungsversteigerung	3			
II. Verfahren und Rechtsbehelfe	4	III.	Gebühren und Kosten	6

Literatur:
Behr/Spring, Pfändung und Durchsetzung von Lohnsteuererstattungsansprüchen, NJW 1994, 3257; *ders.*, Die Pfändung von Steuererstattungsansprüchen – ein aktueller Überblick, JurBüro 1997, 349; *Hintzen*, Pfändung von Steuererstattungsansprüchen, ZAP 1998, 281; *Kahlstorff*, Urkundenausstellung für den Gläubiger, StAZ 1994, 229; *Riedel*, Pfändung von Steuererstattungsansprüchen, ProzRB 2004, 164; *Schmidt*, Die Pfändung von Steuererstattungsansprüchen, InVo 2000, 259; *Schneider*, Zwangsvollstreckung von Beitragsforderungen gegen den werdenden Wohnungseigentümer, ZWE 2010, 341; *Urban*, Pfändbarkeit und Pfändung von Steuererstattungsansprüchen bei Antragsveranlagung – Eine endlose Geschichte mit verfassungs- und insolvenzrechtlichem Aspekt, DGVZ 1999, 104; *Viertelhausen*, Kann die Lohnsteuerkarte im Wege der Herausgabevollstreckung oder der Hilfspfändung weggenommen werden?, DGVZ 2003, 134.

I. Zweck der Norm

Der Gläubiger benötigt vielfach zur Vorbereitung oder weiteren Durchführung der Zwangsvollstreckung öffentliche oder öffentlich beglaubigte Urkunden, auf deren Erteilung nach den allgemeinen Regeln nur der Schuldner Anspruch hätte, der aber nichts unternimmt, dem Gläubiger das Vorgehen zu erleichtern. Eine Klage des Gläubigers gegen den Schuldner auf Herausgabe dieser Urkunden wäre nicht nur umständlich, die Anspruchsgrundlage wäre zumeist auch fraglich. Hier greift § 792 ein und gewährt dem Gläubiger an Stelle des Schuldners ein **eigenes Antragsrecht**[1] auf Erteilung dieser Urkunden durch eine Behörde, einen Beamten oder einen Notar. Der antragsberechtigte Gläubiger kann sich bei der Antragstellung nur durch Personen vertreten lassen, die nach der zur Anwendung kommenden Verfahrensordnung (z. B. nach dem FamFG, soweit es um einen Erbschein oder ein Testamentsvollstreckerzeugnis geht) zu seiner Vertretung berechtigt sind. Deshalb kann er sich in FamFG-Verfahren zur Erlangung einer Urkunde nicht durch ein Inkassobüro vertreten lassen. Dem stünde § 10 FamFG entgegen.[2]

1. »Zum Zwecke der Zwangsvollstreckung«

»Zum Zwecke der Zwangsvollstreckung« als Antragsvoraussetzung ist nicht eng auszulegen: Die Urkunde kann zum Zwecke der Klauselerlangung benötigt werden, wie der Erbschein (§§ 2353 ff. BGB) im Fall des § 727,[3] das Zeugnis über die Fortsetzung der Gütergemeinschaft (§ 1507 BGB) im Fall des § 745, das Testamentsvollstreckerzeugnis (§ 2368 BGB) im Fall des § 749. Sie kann aber auch in der Vollstreckung selbst erforderlich sein, wie der Erbschein zum Nachweis, dass der im Grundbuch nicht eingetragene Schuldner Erbe des zuletzt eingetragenen Grundstückseigentümers ist, im Fall der §§ 866, 867, § 17 ZVG, oder Erbe des eingetragenen Hypothekgläubigers im Fall der Pfändung einer Buchhypothek (§ 830 Abs. 1 Satz 3 ZPO). Weitere Beispiele: Die Wohnungs-

---

[1] Die Norm kommt nicht zur Anwendung, wenn der Gläubiger bereits aufgrund anderer Normen ein eigenes Antragsrecht auf Erteilung der begehrten Urkunden hat: PG/*Scheuch*, § 792 Rn. 4.
[2] AG Mosbach, BeckRS 2010, 27845 mit Anm. in NJW-Spezial 2010, 744.
[3] LG Hildesheim, MDR 1962, 56; LG Flensburg, JurBüro 1968, 558; BayObLG, FamRZ 1974, 393; FamRZ 1983, 834; OLG Hamm, FamRZ 1985, 1185.

eigentümergemeinschaft, die die Auflassungsanwartschaft des werdenden Wohnungseigentümers wegen titulierter Wohngeldrückstände pfänden will, muss die Auflassungserklärung durch Vorlage der notariellen Urkunde nachweisen[4]. Oder: Der Gläubiger, der den Anspruch des Schuldners auf Lohnsteuererstattung gepfändet hat, benötigt die vom Arbeitgeber am Ende des Steuerjahres beim Finanzamt eingereichte Lohnsteuerkarte (§ 29 Abs. 2 LStDV) zurück[5], um seinerseits an Stelle des untätigen Schuldners den Erstattungsanspruch im Rahmen der Antragsveranlagung geltend machen zu können.

2. Teilungsversteigerung

3 »Zwangsvollstreckung« i. S. von § 792 ist auch die Teilungsversteigerung.[6]

§ 792 ist ferner anwendbar,[7] soweit die Behörde bei der Abgabenvollstreckung in das unbewegliche Vermögen eines Erbscheines zum Nachweis der Erbeneigenschaft des in Anspruch genommenen Schuldners bedarf.

II. Verfahren und Rechtsbehelfe

1. Verfahren

4 Der Gläubiger muss zum Nachweis seiner Legitimation den Vollstreckungstitel, allerdings keine vollstreckbare Ausfertigung – die oft erst mit Hilfe der Urkunden erlangt werden soll –, vorlegen. Ist dem Anliegen des Gläubigers anstatt mit der beantragten auch mit einer weniger private Daten des Schuldners preisgebenden Urkunde (z. B. Auszug aus dem Melderegister statt Abschrift aus dem Personenstandsregister, um Heirat und Namensänderung des Schuldners nachzuweisen[8]) gedient, hat er auch nur Anspruch auf diese Urkunde. Die Behörde hat ihn auf diesen Umstand hinzuweisen und muss sein Begehren zurückweisen, wenn er auf seinem weitergehenden Antrag beharrt. Der einen Erbschein beantragende Gläubiger muss dem Nachlassgericht neben seinem Titel auch die den Erbfall und die Erbfolge betreffenden Personenstandsurkunden sowie eine eidesstattliche Versicherung vorlegen, dass ihm nichts bekannt ist, was der Richtigkeit seiner Angaben entgegensteht[9]. Das Nachlassgericht prüft vor Erteilung des Erbscheines nicht die Zulässigkeit der Zwangsvollstreckung im konkreten Einzelfall.[10]

2. Rechtsbehelfe des Gläubigers bei Verweigerung der Urkunde

5 Der Gläubiger hat gegen die Verweigerung der Erteilung der Urkunde die Rechtsbehelfe, die auch dem Schuldner zustünden.[11] Müsste der Schuldner zur Erlangung der Urkunde zusätzliche Erklärungen abgeben (z. B. §§ 2354, 2356 Abs. 2 BGB), kann dies der Gläubiger an seiner Stelle tun.[12]

---

4 *Schneider*, ZWE 2010. 342, 344.
5 Sehr streitig; wie hier beispielhaft: *Behr/Spring*, NJW 1994, 3257; *Behr*, JurBüro 1997, 344; *Urban*, DGVZ 1999, 104; LG Berlin, JurBüro 1985, 235 und NJW 1994, 3303. Einzelheiten, insbesondere auch zu den Schwierigkeiten, die sich aus den Entscheidungen des BFH vom 18.8.1998 (BStBl. 1999 II, 84) und vom 29.2.2000 (InVo 2000, 277) ergeben, sowie weitere Nachweise aus Rechtsprechung und Literatur: BGH, ProzRB 2004, 154 mit. Anm. *Jaspersen*. Siehe ferner Anh. § 829 Rdn. 38 sowie § 836 Rdn. 6.
6 OLG Hamm, MDR 1960, 1018; LG Essen, Rpfleger 1986, 387; Kindl/Meller-Hannich/Wolf/*Handke*, § 792 Rn. 3; MüKo/*K. Schmidt/Brinkmann*, § 792 Rn. 3; *Musielak/Lackmann*, § 792 Rn. 1; PG/*Scheuch*, § 792 Rn. 2.
7 OLG Zweibrücken, NJOZ 2007, 1361; Saenger/*Kindl*, § 792 Rn. 1.
8 LG Braunschweig, StAZ 1995, 144.
9 LG Leipzig, Rpfleger 2008, 655.
10 OLG München, BeckRS 2014, 15797; MüKo/*K.Schmidt/M. Brinkmann*, § 792 Rn. 10.
11 BayObLG, FamRZ 174, 393; *Stein/Jonas/Münzberg*, § 792 Rn. 2.
12 *Stein/Jonas/Münzberg*, § 792 Rn. 1; *Zöller/Stöber*, § 792 Rn. 1.

Da er oft geringere Einblickmöglichkeiten als der Schuldner hat, dürfen die Anforderungen an ihn nicht überspannt werden.[13]

III. Gebühren und Kosten

Die Kosten der Beantragung der Urkunde einschließlich der Gebühren des zu diesem Zwecke eingeschalteten Rechtsanwaltes (VV Nr. 2400 RVG) oder Notars sind Kosten der Zwangsvollstreckung i. S. § 788.

6

---

[13] LG Hildesheim, MDR 1962, 56; LG Flensburg, JurBüro 1968, 558.

§ 793 Sofortige Beschwerde

Gegen Entscheidungen, die im Zwangsvollstreckungsverfahren ohne mündliche Verhandlung ergehen können, findet sofortige Beschwerde statt.

Übersicht

		Rdn.			Rdn.
I.	Anwendungsbereich der Norm	1	V.	Beschwerdeverfahren	9
II.	Zulässigkeitsvoraussetzungen	2	VI.	Rechtsmittel	12
III.	Begründetheit der Beschwerde	7	VII.	Gebühren	14
IV.	Kostenentscheidung	8	VIII.	ArbGG, VwGO, AO	15

Literatur:
Siehe zunächst I. der Vorbemerkung Vor §§ 765a–777.
Bloching/Kettinger, Verfahrensgrundrechte im Zivilprozess – Nun endlich das Comeback der außerordentlichen Beschwerde?, NJW 2005, 860; *Gaul*, Die neue Rechtsbeschwerde zum Bundesgerichtshof in der Zwangsvollstreckung – ein teuer erkaufter Fortschritt, DGVZ 2005, 113; *Geißler*, Zum Beschwerderecht des Gerichtsvollziehers in der Zwangsvollstreckung, DGVZ 1985, 129; *ders.*, Meinungsstreit und Kostenfragen um das Beschwerderecht des Gerichtsvollziehers, DGVZ 1990, 105; *Jost*, Zur Divergenz des Rechtsmittelzuges von Hauptsache und Beschwerde im Zivilprozeß, NJW 1990, 214; *Kunz*, Erinnerung und Beschwerde, 1980; *Neumüller*, Vollstreckungserinnerung, Vollstreckungsbeschwerde und Rechtspflegererinnerung, 1981; *Vollkommer*, Beschwerden wegen greifbarer Gesetzeswidrigkeit nach neuem Recht, NJW-Sonderheft Abschied zum Ende eines Gerichts, 2005, 64; *Zeising*, Erinnerung versus sofortige Beschwerde in der Zwangsvollstreckung, Jura 2010, 93.

I. Anwendungsbereich der Norm

1 Die sofortige Beschwerde ist der Rechtsbehelf gegen die Erinnerungsentscheidungen des Richters am Vollstreckungsgericht nach § 766, die Entscheidungen des Prozessgerichts als Vollstreckungsorgan im Rahmen der Zwangsvollstreckung nach §§ 887, 888, 890 und gegen die Entscheidungen des Richters am Amtsgericht im Rahmen des § 758a.[1] Hat über eine Vollstreckungserinnerung nach § 766 kraft besonderer gesetzlicher Zuweisung anstelle des Vollstreckungsgerichts das Insolvenzgericht entschieden (§§ 36 Abs. 4, 89 Abs. 3, 148 Abs. 2 InsO), findet ebenfalls die sofortige Beschwerde nach § 793 statt.[2] Sie ist ferner der richtige Rechtsbehelf gegen Entscheidungen[3] des Richters am Vollstreckungsgericht, die dieser an Stelle des an sich zuständigen Rechtspflegers (etwa nach §§ 5, 6 RPflG) getroffen hat. Aber auch Entscheidungen des Vollstreckungsgerichts, die dieses durch den Rechtspfleger getroffen hat (§ 20 Nr. 17 RPflG), sind seit der Neufassung des § 11 RPflG durch Gesetz vom 6.8.1998[4] grds. mit der sofortigen Beschwerde nach § 793 angreifbar. Nur gegen solche Entscheidungen des Rechtspflegers, die – falls der Richter entschieden hätte – unanfechtbar wären, gibt es noch die Rechtspflegererinnerung nach § 11 Abs. 2 RPflG.[5]

II. Zulässigkeitsvoraussetzungen

2 In § 793 ist nur die Statthaftigkeit der sofortigen Beschwerde im Zwangsvollstreckungsverfahren angesprochen. Die übrigen Zulässigkeitsvoraussetzungen finden sich in den §§ 567 ff. Das Beschwerderecht ist durch das Zivilprozessreformgesetz vom 27.7.2001[6] vollständig neu geregelt worden. Zuständig zur Entscheidung ist meistens (gegen Entscheidungen des Rechtspflegers sowie des Amtsgerichts als Vollstreckungsgericht oder als Prozessgericht des ersten Rechtszuges nach §§ 887 ff.) das Landgericht (§ 72 GVG), im Übrigen (gegen Entscheidungen des Landgerichts als

---

1 Einzelheiten § 758a Rn. 47 f.
2 BGH, ZIP 2006, 2008 m.w.N. zur gefestigten Rechtsprechung des BGH; ZIP 2004, 732; ZIP 2004, 1379.
3 Zur Abgrenzung zu den bloßen Vollstreckungsmaßnahmen siehe § 766 Rn. 6 ff.
4 BGBl. I 1998, S. 2030.
5 Einzelheiten: Anh. § 793.
6 BGBl. I, S. 1887.

Prozessgericht des ersten Rechtszuges nach den §§ 887 ff.) das Oberlandesgericht (§ 119 GVG) als Beschwerdegericht.

Die Beschwerde ist innerhalb der Notfrist von 2 Wochen[7] entweder beim Richter, der die Entscheidung erlassen hat, oder beim Beschwerdegericht durch Einreichung einer Beschwerdeschrift (§ 569 Abs. 2 Satz 1) einzulegen (§ 569 Abs. 1). In den Fällen des § 569 Abs. 3 genügt auch eine Erklärung zu Protokoll der Geschäftsstelle. Im Übrigen ist § 78 Abs. 1 zu beachten: Beschwerden gegen landgerichtliche Entscheidungen nach §§ 887, 888, 889 können also beim Landgericht als iudex a quo nur durch einen zugelassenen Rechtsanwalt eingelegt werden. Betrifft die angefochtene Entscheidung nach § 766 den Ansatz von Vollstreckungskosten, ist auch § 567 Abs. 2 zu beachten. 3

Die Zulässigkeit der sofortigen Beschwerde darf nicht ausgeschlossen sein. Grundsätzlich unanfechtbar sind z. B. Beschlüsse, die eine einstweilige Einstellung der Zwangsvollstreckung anordnen (§§ 707 Abs. 2 Satz 2, 719 Abs. 1). Unzulässig ist die sofortige Beschwerde ferner dann, wenn eine Entscheidung nur wegen des Ausspruchs über die Kostenlast angefochten werden soll (§ 99 Abs. 1). 4

Beschwerdebefugt ist nur, wer durch die angefochtene Entscheidung in eigenen Rechten beschwert ist; das können bei Entscheidungen nach § 766 sowohl der Gläubiger als auch der Schuldner sowie betroffene Dritte sein,[8] niemals aber der Gerichtsvollzieher als Vollstreckungsorgan.[9] Eine Beschwerde gegen Entscheidungen über Kosten ist nur zulässig, wenn der Wert des Beschwerdegegenstandes 200 Euro übersteigt (§ 567 Abs. 2). 5

Das **Rechtsschutzbedürfnis** besteht vom Beginn der Zwangsvollstreckung an bis zu deren vollständiger Beendigung.[10] Dass durch die angefochtene Entscheidung eine ursprünglich vollzogene Pfändung aufgehoben, also der Zustand vor Beginn der Zwangsvollstreckung wiederhergestellt wurde, beseitigt das Rechtsschutzinteresse nicht;[11] denn die aufgehobene Maßnahme kann durch das Beschwerdegericht oder, wenn sie vom Gerichtsvollzieher erlassen war, auf Anordnung des Beschwerdegerichts durch diesen wiederhergestellt werden, wenn auch ohne rückwirkende Kraft. 6

III. Begründetheit der Beschwerde

Die Beschwerde ist begründet, wenn die angegriffene Entscheidung verfahrensmäßig nicht ordnungsgemäß zu Stande gekommen oder inhaltlich nicht zutreffend ist. Im Rahmen dieser Überprüfung hat das Beschwerdegericht auch neue Tatsachen zu beachten, die früher noch nicht berücksichtigt werden konnten (§ 571 Abs. 2), etwa weil sie erst nach Erlass des angefochtenen Beschlusses entstanden sind oder weil die Parteien sie nicht vorher geltend gemacht haben.[12] Eine Präklusion, etwa entsprechend § 767 Abs. 2, gibt es hier nicht.[13] Allerdings kann der Vorsitzende oder das Beschwerdegericht für das Vorbringen von Angriffs- und Verteidigungsmitteln Fristen setzen, deren Versäumung zur Präklusion führt (§ 571 Abs. 3). 7

---

7 Zum Fristablauf, wenn die Zustellung der angefochtenen Entscheidung nicht feststellbar ist, vgl. OLG Koblenz, JurBüro 1990, 537; LG Köln, NJW 1986, 1179.
8 Siehe insoweit § 766 Rn. 21 ff.; ferner KG, MDR 1963, 853.
9 Siehe § 766 Rn. 17 sowie Vor §§ 753–763 Rn. 18; ferner: OLG Düsseldorf, NJW 1980, 1111; NJW-RR 1993, 1280; OLG Stuttgart, DGVZ 2014, 85, 86; DGVZ 1979, 58; LG Lübeck, NJW-RR 2014, 1407 f.; *Brox/Walker*, Rn. 1258; HK-ZV/*Handke*, § 793 Rn. 11; *Polzins/Kessel*, DGVZ 2002, 32, 37; *Zöller/Stöber*, § 793 Rn. 5; a. A. MüKo/*K. Schmidt/Brinkmann*, § 793 Rn. 7; *Musielak/Voit/Lackmann*, § 793 Rn. 4; PG/ *Scheuch*, § 793 Rn. 6; *Stein/Jonas/Münzberg*, § 793 Rn. 6.
10 Zum Wegfall des Rechtsschutzbedürfnisses mit Beendigung der Zwangsvollstreckung BGH, NJW-RR 2010, 785. Zu weitgehend KG, NJW-RR 1987, 126.
11 *Baumbach/Lauterbach/Hartmann*, § 766 Rn. 49; *Brox/Walker*, Rn. 1257; *Stein/Jonas/Münzberg*, § 766 Rn. 52 f.
12 BVerfG, NJW 1982, 1635.
13 *Brox/Walker*, Rn. 1262.

IV. Kostenentscheidung

8 Die Kostenentscheidung richtet sich nach §§ 91 ff. Es handelt sich also nicht um einen Fall des § 788 Abs. 1.[14]

V. Beschwerdeverfahren

9 Grundsätzlich ist die mündliche Verhandlung im Beschwerdeverfahren in das Ermessen des Gerichts gestellt; die Entscheidung über die Beschwerde ergeht durch Beschluss (§ 572 Abs. 4). Eine mündliche Verhandlung ist insbesondere dann notwendig, wenn eine Beweisaufnahme durch Zeugenvernehmung oder Anhörung eines Sachverständigen erforderlich ist (etwa in den Verfahren nach §§ 887, 888, 890). Ist im landgerichtlichen Verfahren die Beschwerde durch den dort zugelassenen Rechtsanwalt eingelegt worden, ist dieser auch im Beschwerdeverfahren vor dem Oberlandesgericht postulationsfähig.

10 Der Richter, der die angefochtene Entscheidung erlassen hat, hat der Beschwerde abzuhelfen, wenn er sie für begründet erachtet (§ 572 Abs. 1 Satz 1; andernfalls muss er sie unverzüglich dem Landgericht (§ 72 GVG) oder Oberlandesgericht als Beschwerdegericht (§ 119 GVG) vorlegen. Die Abhilfemöglichkeit wurde durch das Zivilprozessreformgesetz eingeführt.[15] Sie entspricht einem Bedürfnis der Praxis, dient der Verfahrensbeschleunigung und einer Entlastung der Beschwerdegerichte.[16] Der mit der Beschwerde angerufene Richter kann auch gem. § 570 Abs. 2 anordnen, dass die Vollziehung der Entscheidung bis zur Entscheidung des Beschwerdegerichts auszusetzen sei.

11 Auch das Beschwerdegericht kann **einstweilige Anordnungen** erlassen (§ 570 Abs. 3). Diese sind grundsätzlich unanfechtbar,[17] ebenso deren Ablehnung.[18] Eine Ausnahme muss aber dann gelten, wenn die einstweilige Anordnung irrtümlich von einem funktionell unzuständigen Gericht erlassen wurde.[19]

VI. Rechtsmittel

12 Gegen die Beschwerdeentscheidung ist gem. § 574 Abs. 1 Satz 1 Nr. 2 bei einer Zulassung durch das Beschwerdegericht die **Rechtsbeschwerde** möglich. Das gilt auch, wenn erst das Beschwerdegericht eine Vollstreckungsmaßnahme angeordnet und eine dagegen eingeleitete Vollstreckungserinnerung zurückgewiesen hat; gegen diese Entscheidung findet nicht etwa eine nochmals an das Beschwerdegericht zu richtende sofortige Beschwerde statt.[20] Die Rechtsbeschwerde ist ein eigenständiges Rechtsmittel. Sie ist nur zuzulassen, wenn die Rechtssache grundsätzliche Bedeutung hat oder die Rechtsfortbildung oder die Rechtssicherheit eine Entscheidung des Rechtsbeschwerdegerichts erfordert (§ 574 Abs. 2, Abs. 3). Fehlt es an der Zulassung durch das Beschwerdegericht, reicht allein die grundsätzliche Bedeutung für die Zulässigkeit nicht aus;[21] diese spielt gem. § 574 Abs. 2 Nr. 1 nur dann eine Rolle, wenn die Rechtsbeschwerde gem. § 574 Abs. 1 Satz 1 Nr. 1 kraft ausdrücklicher gesetzlicher Anordnung statthaft ist.

13 Die Rechtsbeschwerde ist binnen einer Notfrist von einem Monat beim Rechtsbeschwerdegericht durch Einreichung einer Beschwerdeschrift einzulegen und spätestens innerhalb eines weiteren

---

14 Siehe auch § 788 Rn. 6; **a. A.** LG Hamburg, MDR 1969, 583.
15 Gesetz vom 27.7.2001, BGBl. I, S. 1887.
16 BT-Drucks. 14/3750, S. 85.
17 KG, NJW 1971, 473; *Baumbach/Lauterbach/Hartmann*, § 570 Rn. 8; HdbZVR/*Keller*, Kap. 1 Rn. 603; HK-ZV/*Handke*, § 793 Rn. 18; *Kunz*, Erinnerung und Beschwerde, S. 17 ff.; MüKo/*Lipp*, § 570 Rn. 8; *Stein/Jonas/Grunsky*, 21. Aufl., § 572 Rn. 6; *Zöller/Heßler*, § 570 Rn. 5.
18 OLG Celle, MDR 1960, 232; MüKo/*Lipp*, § 570 Rn. 8; *Stein/Jonas/Grunsky*, 21. Aufl., § 572 Rn. 6.
19 OLG Stuttgart, OLGZ 1977, 115; mit Einschränkungen ebenso *Stein/Jonas/Grunsky*, 21. Aufl., § 572 Rn. 6.
20 BGH, NJW 2011, 525 mit Anm. *Walker/Petri*, LMK 2010, 311735.
21 BGH ZIP 2006, 2008.

Monats zu begründen (§ 575 Abs. 1, 2). Sie kann nur darauf gestützt werden, dass die Entscheidung auf der Verletzung des Bundesrechts oder einer Vorschrift beruht, deren Geltungsbereich sich über den Bezirk eines OLG hinaus erstreckt (§ 576 Abs. 1). Die fehlende Zuständigkeit des Gerichts des ersten Rechtszuges reicht als Begründung der Rechtsbeschwerde nicht aus (§ 576 Abs. 2). Einzelheiten zur Prüfung durch das Rechtsbeschwerdegericht sind in § 577 geregelt. Die Entscheidung ergeht durch Beschluss (§ 577 Abs. 6 Satz 1). Wenn die Rechtsbeschwerde erfolgreich ist, wird die angefochtene Entscheidung aufgehoben und die Sache zur erneuten Entscheidung an das Beschwerdegericht zurückverwiesen (§ 577 Abs. 4). Nur unter den Voraussetzungen des § 577 Abs. 5 trifft das Rechtsbeschwerdegericht selbst eine Sachentscheidung.

VII. Gebühren

Gerichtsgebühren (30 Euro) fallen nur an, wenn die Beschwerde als unzulässig verworfen oder als unbegründet zurückgewiesen wird (GKG-KV Nr. 2121). Wird die Beschwerde nur teilweise verworfen oder zurückgewiesen, kann das Gericht die Gebühr nach billigem Ermessen auf die Hälfte ermäßigen oder bestimmen, dass eine Gebühr nicht zu erheben ist. Der Rechtsanwalt erhält gem. § 18 Nr. 5 RVG eine 0,5-Verfahrensgebühr nach RVG-VV Nr. 3500, eine 0,5-Terminsgebühr nach RVG-VV Nr. 3513, ggf. eine 0,5–1,0-Gebühr für die Prüfung der Erfolgsaussichten nach RVG-VV Nr. 2100.

14

VIII. ArbGG, VwGO, AO

Im arbeitsgerichtlichen Verfahren findet § 793 über §§ 62 Abs. 2 Satz 1, 85 Abs. 1 Satz 3 ArbGG Anwendung. Im Verwaltungsgerichtsprozess tritt an die Stelle der sofortigen Beschwerde die Beschwerde nach §§ 146 ff. VwGO.[22] In der Abgabenvollstreckung spielt § 793 nur insoweit eine Rolle, wie die Amtsgerichte tätig werden;[23] im Übrigen gibt es den außergerichtlichen Rechtsbehelf des Einspruchs (§ 347 AO).

15

---

22 *Kopp/Schenke*, VwGO, § 167 Rn. 2.
23 *Koch/Scholtz*, AO, § 256 Rn. 11/5 ff.

Anhang zu § 793

Rechtsbehelfe nach dem Rechtspflegergesetz im Zwangsvollstreckungsverfahren

§ 11 Rechtspflegergesetz: Rechtsbehelfe

(1) Gegen die Entscheidungen des Rechtspflegers ist das Rechtsmittel gegeben, das nach den allgemeinen verfahrensrechtlichen Vorschriften zulässig ist.

(2) [1]Kann gegen die Entscheidung nach den allgemeinen verfahrensrechtlichen Vorschriften ein Rechtsmittel nicht eingelegt werden, so findet die Erinnerung statt, die innerhalb einer Frist von zwei Wochen einzulegen ist. [2]Hat der Erinnerungsführer die Frist ohne sein Verschulden nicht eingehalten, ist ihm auf Antrag Wiedereinsetzung in den vorigen Stand zu gewähren, wenn er die Erinnerung binnen zwei Wochen nach der Beseitigung des Hindernisses einlegt und die Tatsachen, welche die Wiedereinsetzung begründen, glaubhaft macht. [3]Ein Fehlen des Verschuldens wird vermutet, wenn eine Rechtsbehelfsbelehrung unterblieben oder fehlerhaft ist. [4]Die Wiedereinsetzung kann nach Ablauf eines Jahres, von dem Ende der versäumten Frist an gerechnet, nicht mehr beantragt werden. [5]Der Rechtspfleger kann der Erinnerung abhelfen. [6]Erinnerungen, denen er nicht abhilft, legt er dem Richter zur Entscheidung vor. [7]Auf die Erinnerung sind im Übrigen die Vorschriften der Zivilprozessordnung über die sofortige Beschwerde sinngemäß anzuwenden.

(3) [1]Gerichtliche Verfügungen, Beschlüsse oder Zeugnisse, die nach den Vorschriften der Grundbuchordnung, der Schiffsregisterordnung oder des Gesetzes über das Verfahren in Familiensachen und in den Angelegenheiten der freiwilligen Gerichtsbarkeit wirksam geworden sind und nicht mehr geändert werden können, sind mit der Erinnerung nicht anfechtbar. [2]Die Erinnerung ist ferner in den Fällen der §§ 694, 700 der Zivilprozessordnung und gegen Entscheidungen über die Gewährung eines Stimmrechts (§ 77 der Insolvenzordnung) ausgeschlossen.

(4) Das Erinnerungsverfahren ist gerichtsgebührenfrei.

Übersicht	Rdn.		Rdn.
I. Anwendungsbereich: Entscheidungen des Rechtspflegers	1	a) Anwendungsfälle	8
II. Rechtsbehelfe nach § 11 RPflG	2	b) Form und Frist	9
1. Verweis auf Rechtsmittel gegen Entscheidungen des Richters (Abs. 1)	3	c) Zuständigkeit zur Entscheidung (Abs. 2 Satz 5, 6)	11
a) Sofortige Beschwerde gem. § 793	4	d) Verfahren (Abs. 2 Satz 7)	12
b) Abhilfebefugnis des Rechtspflegers	5	e) Entscheidung	13
2. Befristete Rechtspflegererinnerung (Abs. 2)	7	f) Rechtsbehelfe	14
		3. Unanfechtbare Verfügungen (Abs. 3)	15
		4. Gebühren (Abs. 4)	16

Literatur:
Kommentare zum Rechtspflegergesetz: *Arnold/Meyer-Stolte/Herrmann/Rellermeyer/Hintzen*, RPflG, 7. Aufl. 2009; *Bassenge/Herbst/Roth*, FamFG/RPflG, 12. Aufl. 2009; *Dörndorfer*, RPflG, 2. Aufl., 2014.

I. Anwendungsbereich: Entscheidungen des Rechtspflegers

1 § 11 RPflG regelt die Rechtsbehelfe gegen Entscheidungen des Rechtspflegers. Für bloße Vollstreckungsmaßnahmen des Rechtspflegers[1] ist dagegen die Vollstreckungserinnerung nach § 766 der speziellere Rechtsbehelf.[2] Da dem Rechtspfleger im Vollstreckungsverfahren weitestgehend die Aufgaben des Vollstreckungsgerichts übertragen worden sind (§ 20 Nr. 17 RPflG), hat § 11 RPflG im Zwangsvollstreckungsrecht eine große Bedeutung. Entscheidungen des Rechtspflegers ergehen

---

[1] Zur Abgrenzung siehe § 766 Rdn. 6 ff.
[2] Siehe Vor §§ 765a–777 Rdn. 5 und § 766 Rdn. 11.

insbesondere nach den §§ 811a, 825 Abs. 2, 844, 850b Abs. 2, 850f, 850k, 851a, 851b, §§ 30b Abs. 3, 74a Abs. 5, 82, 83 (i. V. m. 96 ff.) ZVG.

II. Rechtsbehelfe nach § 11 RPflG

Für die Rechtsbehelfe gegen Entscheidungen des Rechtspflegers im Vollstreckungsverfahren ist wie folgt zu unterscheiden:

1. Verweis auf Rechtsmittel gegen Entscheidungen des Richters (Abs. 1)

Nach Abs. 1 ist das Rechtsmittel gegeben, das nach den allgemeinen verfahrensrechtlichen Vorschriften zulässig ist. Damit ist das Rechtsmittel gemeint, das gegen eine Entscheidung des Richters gegeben wäre, wenn er anstelle des Rechtspflegers entschieden hätte.[3]

a) Sofortige Beschwerde gem. § 793

Gegen Entscheidungen des Richters im Zwangsvollstreckungsverfahren, die ohne mündliche Verhandlung ergehen können, findet in aller Regel die sofortige Beschwerde nach § 793, in Ausnahmefällen die sofortige Beschwerde nach § 71 GBO, statt. Deshalb verweist § 11 Abs. 1 RPflG für die Rechtsmittel gegen Entscheidungen des Rechtspflegers im Zwangsvollstreckungsverfahren fast ausschließlich auf § 793. Die sofortige Beschwerde ist innerhalb der Notfrist von 2 Wochen entweder beim Rechtspfleger, der die Entscheidung erlassen hat, oder beim Beschwerdegericht einzulegen (§ 569 Abs. 1). Die Einlegung erfolgt durch Einreichung einer Beschwerdeschrift (§ 569 Abs. 2 Satz 1) oder durch Erklärung zu Protokoll der Geschäftsstelle (§ 569 Abs. 3). Über die sofortige Beschwerde entscheidet nicht der »zuständige Richter« i. S. d. § 28 RPflG, sondern sogleich das Beschwerdegericht. Dadurch wird der »zuständige Richter« entlastet.

b) Abhilfebefugnis des Rechtspflegers

Nach der Neufassung des § 11 RPflG durch Art. 1 Nr. 4 des Dritten Gesetzes zur Änderung des Rechtspflegergesetzes und anderer Gesetze vom 6.8.1998[4] war der Rechtspfleger, dessen Entscheidung mit der sofortigen Beschwerde angefochten wurde, nach ganz h. M.[5] in der Kommentarliteratur und in der Rechtsprechung grundsätzlich nicht zur Abhilfe befugt, wenn er das Rechtsmittel für zulässig und begründet hielt.[6]

Dagegen ist seit der Änderung des Beschwerderechts im Rahmen des Zivilprozessreformgesetzes vom 27.7.2001[7] eine **Abhilfebefugnis des Rechtspflegers zu bejahen**. Im Gegensatz zu dem § 577 Abs. 3 a. F. hat nämlich nach § 572 Abs. 1 in der neuen Fassung das Gericht oder der Vorsitzende, dessen Entscheidung angefochten wird, der sofortigen Beschwerde abzuhelfen, wenn er sie für begründet erachtet. Dem Ausgangsrichter wird durch die Einräumung dieser Abhilfemöglichkeit die Gelegenheit gegeben, seine Entscheidung nochmals zu überprüfen, sie kurzerhand zurückzunehmen oder zu berichtigen. Die Abhilfebefugnis dient der Selbstkontrolle des Gerichts, verkürzt das Verfahren und entlastet das Beschwerdegericht, weil dieses mit der Korrektur von Fehlern, die das Ausgangsgericht selbst erkennt, oder mit der Nachholung des rechtlichen Gehörs von vornherein nicht befasst wird. In der Gesetzesbegründung[8] ist unmissverständlich klargestellt, dass diese für den Ausgangsrichter eingeführte Abhilfebefugnis gleichzeitig dazu führt, dass auch der Rechtspfleger gem. § 11 Abs. 1 RPflG immer abhelfen kann. Dadurch wird auch der Anfall einer gerichtlichen

---

3 BT-Drucks. 13/10244, S. 7.
4 BGBl. I, S. 2030.
5 Nachweise zur damaligen h. M. 5. Aufl., Anh. § 793 Rn. 4 Fn. 5, 6.
6 Zur Begründung dieser Ansicht siehe 4. Aufl., Anh. zu § 793 Rn. 6.
7 BGBl. I, S. 1887.
8 BT-Drucks. 14/3750, S. 85.

Beschwerdegebühr vermieden und verhindert, dass das Beschwerdegericht mit der Vornahme von Bagatellkorrekturen befasst wird.

2. Befristete Rechtspflegererinnerung (Abs. 2)

7 Wenn gegen die Entscheidung des Richters, falls er sie anstelle des Rechtspflegers getroffen hätte, nach den allgemeinen verfahrensrechtlichen Vorschriften kein Rechtsmittel gegeben wäre, hätte allein die Regelung in § 11 Abs. 1 RPflG zur Folge, dass die Entscheidung des Rechtspflegers niemals von einem Richter überprüft wird. Das wäre mit der Rechtsweggarantie des Art. 19 Abs. 4 GG nicht vereinbar.[9] Deshalb bestimmt § 11 Abs. 2 RPflG, dass in solchen Fällen die Entscheidungen des Rechtspflegers mit der Rechtspflegererinnerung angefochten werden können.

a) Anwendungsfälle

8 Die Fälle, in denen eine Entscheidung des Richters im Zwangsvollstreckungsverfahren unanfechtbar ist, sind selten. Insofern hat Abs. 2 im Zwangsvollstreckungsrecht nur einen kleinen Anwendungsbereich. Soweit es um das Zwangsvollstreckungsrecht geht, sind unanfechtbar nach h. M. die einstweiligen Anordnungen nach §§ 766 Abs. 1 Satz 2, 732 Abs. 2[10] und nach § 769[11] sowie die ablehnende Entscheidung über den Antrag auf Widerruf der Bestätigung als europäischer Vollstreckungstitel (§§ 1081 Abs. 3, 319 Abs. 3).[12]

b) Form und Frist

9 Zur **Form** der Erinnerungseinlegung siehe § 569. Danach ist die gem. Abs. 2 statthafte Rechtspflegererinnerung schriftlich oder zur Niederschrift der Geschäftsstelle des Gerichts einzureichen, dessen Rechtspfleger die angefochtene Entscheidung erlassen hat.

10 Die bei der Einlegung der Rechtspflegererinnerung zu beachtende **Frist** beträgt gem. § 11 Abs. 2 Satz 1 zwei Wochen. Das entspricht der gem. § 569 bei einer sofortigen Beschwerde einzuhaltenden Notfrist von zwei Wochen. Diese beginnt grundsätzlich mit der Zustellung der Entscheidung, spätestens mit dem Ablauf von 5 Monaten nach Verkündung des Beschlusses (§ 569 Abs. 1). Bei schuldloser Fristversäumung ist dem Erinnerungsführer entsprechend den §§ 233 ff. auf Antrag Wiedereinsetzung in den vorigen Stand zu gewähren (Abs. 2 Satz 2). Fehlendes Verschulden wird vermutet, wenn die nach § 11 Abs. 1 RPflG i. V. m. § 232 erforderliche Rechtsbehelfsbelehrung unterblieben ist. Voraussetzung für die Wiedereinsetzung ist, dass der Antrag innerhalb von zwei Wochen nach Beseitigung des Hindernisses gestellt und die eine Wiedereinsetzung begründenden Tatsachen glaubhaft gemacht werden. Wie nach § 234 Abs. 3 gilt eine Ausschlussfrist von einem Jahr (Abs. 2 Satz 4); nach deren Ablauf ist eine Wiedereinsetzung unabhängig von einem Verschulden des Erinnerungsführers ausgeschlossen.

c) Zuständigkeit zur Entscheidung (Abs. 2 Satz 5, 6)

11 Der Rechtspfleger selbst entscheidet über die Erinnerung, wenn er ihr abhelfen will (Abs. 2 Satz 5). Falls er die Erinnerung für unzulässig oder unbegründet hält und ihr deshalb nicht abhelfen will, hat er sie gem. Abs. 2 Satz 6 dem Richter vorzulegen. Dieser entscheidet immer, unabhängig davon, ob er der Erinnerung abhelfen will oder nicht. Im letztgenannten Fall erfolgt keine weitere Vorlage an das Beschwerdegericht; eine sogenannte Durchgriffserinnerung gibt es schon seit der Neufassung des § 11 RPflG zum 1.10.1998[13] nicht mehr.

---

9 Vgl. BVerfG, NJW 2000, 1709; NJW-RR 2001, 1077, 1078.
10 OLG Köln, NJW-RR 2001, 69, 70; Rpfleger 1996, 324 f.; *Brox/Walker*, Rn. 1232.
11 Siehe nur § 769 Rn. 15 und *Brox/Walker*, Rn. 1364, jeweils m. w. N.
12 Dazu BGH, NJW 2012, 858.
13 BGBl. I, S. 2030.

d) Verfahren (Abs. 2 Satz 7)

Auf das Erinnerungsverfahren sind die Vorschriften der ZPO über die sofortige Beschwerde sinngemäß anzuwenden (Abs. 2 Satz 7). Es gilt also der Grundsatz fakultativer mündlicher Verhandlung. Dem Erinnerungsgegner ist vor einer ihm nachteiligen Entscheidung grundsätzlich rechtliches Gehör zu gewähren. Entsprechend § 570 Abs. 3 kann der Richter vor seiner Entscheidung eine einstweilige Anordnung erlassen; er kann insbesondere die Vollziehung der angefochtenen Entscheidung aussetzen, um zu verhindern, dass während des Erinnerungsverfahrens durch den Vollzug der angefochtenen Entscheidung des Rechtspflegers für den Erinnerungsführer nicht mehr rückgängig zu machende Nachteile entstehen.

e) Entscheidung

Die Entscheidung des Richters über die Rechtspflegererinnerung ergeht durch Beschluss. Dessen Inhalt hängt davon ab, ob die Erinnerung zulässig und begründet ist. Der für diese Beurteilung maßgebliche Zeitpunkt ist derjenige der Beschlussfassung. Neue Tatsachen und Beweise sind zu berücksichtigen (§ 11 Abs. 2 Satz 7 RPflG i. V. m. § 571 Abs. 2 Satz 1), sofern die Parteien mit ihrem Vortrag nicht präkludiert sind (vgl. § 571 Abs. 3). Die Erinnerung wird bei Unzulässigkeit verworfen, bei Unbegründetheit zurückgewiesen. Auf eine erfolgreiche Erinnerung wird die Entscheidung des Rechtspflegers aufgehoben. Die Entscheidung ist zu begründen und unter den Voraussetzungen des § 329 zuzustellen.

f) Rechtsbehelfe

Gegen die Abhilfeentscheidung durch den Rechtspfleger kommt für den dadurch Beschwerten wiederum eine Erinnerung nach § 11 Abs. 2 RPflG in Betracht, die der Rechtspfleger dann dem Richter vorlegen wird. Gegen die Entscheidung des Richters gibt es kein Rechtsmittel. Der Richter entscheidet vielmehr endgültig. Das folgt daraus, dass schon gegen die nach Abs. 2 angefochtene Erstentscheidung kein Rechtsmittel gegeben wäre, wenn der Richter sie anstelle des Rechtspflegers getroffen hätte.

3. Unanfechtbare Verfügungen (Abs. 3)

Gem. Abs. 3 können gerichtliche Verfügungen, die der Rechtspfleger für das Grundbuchamt als Vollstreckungsorgan getroffen hat und die nach der GBO nicht mehr geändert werden können, auch mit der Erinnerung nicht angefochten werden. Das sind solche vom Rechtspfleger getroffenen Eintragungen im Grundbuch, die Grundlage für einen gutgläubigen Erwerb sein können.[14] Ebenfalls ausgeschlossen ist die Erinnerung bei den nach dem FamFG unanfechtbaren Verfügungen und Beschlüssen des Rechtspflegers.

4. Gebühren (Abs. 4)

Das Erinnerungsverfahren (Abs. 2) ist nach Abs. 4 gerichtsgebührenfrei. Zu den Gebühren bei der sofortigen Beschwerde nach Abs. 1 i. V. m. § 793 siehe § 793 Rn. 12. Die außergerichtlichen Gebühren der Rechtsanwälte richten sich auch im Fall des Abs. 2 nach § 18 Nr. 3 RVG und RVG-VV Nr. 3500, 3513, 2100.

---

[14] *Arnold/Meyer-Stolte/Hintzen*, RPflG, § 11 Rn. 87.

§ 794 Weitere Vollstreckungstitel

(1) ¹Die Zwangsvollstreckung findet ferner statt:
1. aus Vergleichen, die zwischen den Parteien oder zwischen einer Partei und einem Dritten zur Beilegung des Rechtsstreits seinem ganzen Umfang nach oder in Betreff eines Teiles des Streitgegenstandes vor einem deutschen Gericht oder vor einer durch die Landesjustizverwaltung eingerichteten oder anerkannten Gütestelle abgeschlossen sind, sowie aus Vergleichen, die gemäß § 118 Abs. 1 Satz 3 oder § 492 Abs. 3 zu richterlichem Protokoll genommen sind;
2. aus Kostenfestsetzungsbeschlüssen;
2 a. (aufgehoben)
2 b. (weggefallen)
3. aus Entscheidungen, gegen die das Rechtsmittel der Beschwerde stattfindet;
3 a. (aufgehoben)
4. aus Vollstreckungsbescheiden;
4 a. aus Entscheidungen, die Schiedssprüche für vollstreckbar erklären, sofern die Entscheidungen rechtskräftig oder für vorläufig vollstreckbar erklärt sind;
4 b. aus Beschlüssen nach § 796b oder § 796c;
5. aus Urkunden, die von einem deutschen Gericht oder von einem deutschen Notar innerhalb der Grenzen seiner Amtsbefugnisse in der vorgeschriebenen Form aufgenommen sind, sofern die Urkunde über einen Anspruch errichtet ist, der einer vergleichsweisen Regelung zugänglich, nicht auf Abgabe einer Willenserklärung gerichtet ist und nicht den Bestand eines Mietverhältnisses über Wohnraum betrifft, und der Schuldner sich in der Urkunde wegen des zu bezeichnenden Anspruchs der sofortigen Zwangsvollstreckung unterworfen hat;
6. aus für vollstreckbar erklärten Europäischen Zahlungsbefehlen nach der Verordnung (EG) Nr. 1896/2006;
7. aus Titeln, die in einem anderen Mitgliedstaat der Europäischen Union nach der Verordnung (EG) Nr. 805/2004 des Europäischen Parlaments und des Rates vom 21. April 2004 zur Einführung eines Europäischen Vollstreckungstitels für unbestrittene Forderungen als Europäische Vollstreckungstitel bestätigt worden sind;
8. aus Titeln, die in einem anderen Mitgliedstaat der Europäischen Union im Verfahren nach der Verordnung (EG) Nr. 861/2007 des Europäischen Parlaments und des Rates vom 11. Juli 2007 zur Einführung eines europäischen Verfahrens für geringfügige Forderungen ergangen sind;
9. aus Titeln eines anderen Mitgliedstaats der Europäischen Union, die nach der Verordnung (EU) Nr. 1215/2012 des Europäischen Parlaments und des Rates vom 12. Dezember 2012 über die gerichtliche Zuständigkeit und die Anerkennung und Vollstreckung von Entscheidungen in Zivil- und Handelssachen zu vollstrecken sind.

(2) Soweit nach den Vorschriften der §§ 737, 743, des § 745 Abs. 2 und des § 748 Abs. 2 die Verurteilung eines Beteiligten zur Duldung der Zwangsvollstreckung erforderlich ist, wird sie dadurch ersetzt, dass der Beteiligte in einer nach Absatz 1 Nr. 5 aufgenommenen Urkunde die sofortige Zwangsvollstreckung in die seinem Rechte unterworfenen Gegenstände bewilligt.

Übersicht

		Rdn.
I.	Vollstreckungstitel	1
II.	Der Prozessvergleich (Nr. 1)	2
1.	Rechtsnatur	2
2.	Notwendiger Inhalt	3
3.	Möglicher Inhalt	4
4.	Gegenseitiges Nachgeben	5
5.	Abschluss vor einem deutschen Gericht	6
6.	Prozessrechtliche Wirksamkeitsvoraussetzungen	8
7.	Materiellrechtliche Wirksamkeitsvoraussetzungen	12
8.	Prozessvergleich unter Widerrufsvorbehalt	13
9.	Wirkungen des Prozessvergleichs	16
10.	Auswirkung prozessualer und materiellrechtlicher Mängel	18
11.	Geltendmachung prozessualer und materiellrechtlicher Mängel	19
12.	Beteiligung Dritter am Vergleich	25
13.	Prozessvergleich als Vollstreckungstitel	26
14.	Sonstige Vergleiche im Rahmen von Abs. 1 Nr. 1	30
15.	Außergerichtliche Vergleiche im Übrigen	31
III.	Der Kostenfestsetzungsbeschluss als Vollstreckungstitel (Nr. 2)	32
IV.	Beschlüsse im vereinfachten Verfahren über den Unterhalt Minderjähriger (aufgehobene Nr. 2a)	36
V.	Beschwerdefähige Beschlüsse (Nr. 3)	37
VI.	Einstweilige Anordnungen in Unterhalts- und Ehesachen (aufgehobene Nr. 3a)	40
VII.	Vollstreckungsbescheide (Nr. 4)	41
VIII.	Vollstreckbarerklärung von Schiedssprüchen (Nr. 4a)	42
IX.	Vollstreckbarerklärung von Anwaltsvergleichen (Nr. 4b)	44
X.	Vollstreckbare Urkunden (Nr. 5)	47
1.	Aufnahme vor einem deutschen Gericht oder Notar	47
2.	Inhalt der Urkunde	49
	a) Grundsatz: Anspruch einer vergleichsweisen Regelung zugänglich	50
	b) Ausnahmen	51
	aa) Ansprüche auf Abgabe einer Willenserklärung	52
	bb) Ansprüche betreffend den Bestand von Wohnraummietverhältnissen	53
	c) Hinreichende Bestimmtheit des Anspruchs	54
	d) Maßgeblichkeit der Bezeichnung des Anspruches im Titel	55
3.	Bestimmtheit von Gläubiger und Schuldner	56
4.	Rechtsgrundlage für den Anspruch	57
5.	Unterwerfung unter die sofortige Zwangsvollstreckung	58
6.	Unzulässigkeit einer Prozessstandschaft	65
7.	Rechtsbehelfe	66
XI.	Europäischer Zahlungsbefehl (Nr. 6)	71
XII.	Europäischer Vollstreckungstitel für unbestrittene Forderungen (Nr. 7)	72
XIII.	Europäischer Vollstreckungstitel über geringfügige Forderungen (Nr. 8)	73
XIV.	Vollstreckungstitel nach der EuVVO (Nr. 9)	74
XV.	Vollstreckbare Urkunde als Duldungstitel (Abs. 2)	75
XVI.	Weitere Vollstreckungstitel	77
XVII.	ArbGG, VwGO, AO	78

Literatur:
Zu Vollstreckungstiteln allgemein siehe die Angaben Vor §§ 704–707.
Zu Nr. 1: *Bökelmann*, Zum Prozeßvergleich mit Widerrufsvorbehalt, FS Weber 1975, S. 101; *Christopoulos*, Prozessvergleich – Unbestimmte Forderungen als Risiko fehlender Vollstreckungsfähigkeit, MDR 2014, 438; *Gottwald/Hutmacher/Röhl/Strempel*, Der Prozeßvergleich – Möglichkeiten, Grenzen, Forschungsperspektiven, 1983; *Keßler*, Erfordert der Prozeßvergleich gegenseitiges Nachgeben?, DRiZ 1978, 79; *Kniffka*, Die Wirkung eines Prozeßvergleichs auf ein nicht rechtskräftiges Urteil, JuS 1990, 969;. *Michel*, Der Prozeßvergleich in der Praxis, JuS 1986, 41; *Pecher*, Über zivilrechtliche Vergleiche im Strafverfahren, NJW 1981, 2170; *ders*., Zur Geltendmachung der Unwirksamkeit eines Prozeßvergleichs, ZZP 97 (1984), 139; *Prütting*, Schlichten statt Richten, JZ 1985, 261; *Reinicke*, Rechtsfolgen eines formwidrig abgeschlossenen Prozeßvergleichs, NJW 1970, 306; *Schneider*, Der Prozeßvergleich, JuS 1976, 145; *Segmüller*, Zwangsvollstreckung des durch einen Prozeßvergleich begünstigten Dritten, NJW 1975, 1685; *Tempel*, Der Prozeßvergleich – Die Bedeutung seiner Rechtsnatur für den Abschluß und seine Wirkungen, FS Schiedermair 1976, S. 517; *Vollkommer*, Führen Protokollierungsmängel stets zur unheilbaren Nichtigkeit des Prozeßvergleichs?, Rpfleger 1973, 269; *Wagner*, Prozeßverträge, 1998.
Zu Nr. 2–4 b: *Geimer*, Notarielle Vollstreckbarerklärung von Anwaltsvergleichen – Betrachtungen zu § 1044b ZPO, DNotZ 1991, 266; *Hansens*, Der Anwaltsvergleich, AnwBl 1991, 113; *Schuschke*, Das Rechtspflegevereinfachungsgesetz 1988: Kein großer Wurf, ZRP 1988, 371; *Veeser*, Der vollstreckbare Anwaltsvergleich, 1996; *Ziege*, Der vollstreckbare außergerichtliche Vergleich nach § 1044b ZPO (Anwaltsvergleich), NJW 1991, 1580.

§ 794 ZPO Weitere Vollstreckungstitel

Zu Nr. 5: *Gaul,* Vollstreckbare Urkunde und vollstreckbarer Anspruch, FS Lüke, 1996, 81; *Habersack,* Die Vollstreckungsunterwerfung des Kreditnehmers im Lichte des Risikobegrenzungsgesetzes, NJW 2008, 3173; *Hagedorn,* Die Zwangsvollstreckung aus der notariellen Urkunde, JA 2012, 932; *Hinrichs/Jaeger,* Die Zwangsvollstreckung durch den Zessionar einer Sicherungsgrundschuld, NJW 2010, 2017; *Knöchlein,* Der vollstreckungsfähige Inhalt der notariellen Urkunde, JR 1958, 367; *Köhler,* Titulierungsanspruch?, FamRZ 1991, 645; *Leutner,* Die vollstreckbare Urkunde im europäischen Rechtsverkehr, 1997; *Münch,* Vollstreckbare Urkunde und prozessualer Anspruch, 1989; *ders.,* Die Reichweite der Vollstreckungsunterwerfung, ZIP 1991, 1041; *ders.,* Zum Anwendungsbereich der Vollstreckungsunterwerfung – Zum neuen Recht der vollstreckbaren Urkunde, ZNotP 1998, 474; *Nieder,* Entwicklungstendenzen und Probleme des Grundbuchverfahrensrechts, NJW 1984, 329; *Pause,* Unwirksamkeit von Vollstreckungsunterwerfungsklauseln in Bauträgerverträgen und damit zusammenhängende Rechtsfragen, NJW 2000, 769; *Rastätter,* Zur Zulässigkeit des Verzichts auf den Nachweis der die Fälligkeit begründenden Tatsache bei notarieller Vollstreckungsunterwerfungsklauseln, NJW 1991, 392; *Sauer,* Bestimmtheit und Bestimmbarkeit im Hinblick auf die vollstreckbare notarielle Urkunde, 1986; *Schilken,* Verzicht auf Zustellung und Wartefristen in vollstreckbaren Urkunden, DGVZ 1997, 81; *Schultheis,* Rechtsbehelfe bei vollstreckbaren Urkunden, 1996; *Schulz,* Kreditverkauf – diesmal: Zur sofortigen Zwangsvollstreckung aus der Grundschuldbestellungsurkunde, ZIP 2008, 1858; *Skauradszun,* Der Eintritt in den Sicherungsvertrag als neue Voraussetzung im Klauselerteilungsverfahren, MDR 2010, 845; *Teplitzky,* Probleme der notariell beurkundeten und für vollstreckbar erklärten Unterlassungsverpflichtungserklärung (§ 794 Abs. 1 Nr. 5 ZPO), WRP 2015, 527; *G. Vollkommer,* Zwangsvollstreckungsunterwerfung des Verbrauchers bei Immobiliarverträgen?, NJW 2004, 818; *Walker,* Wegweisende BGH-Entscheidungen zum Zwangsvollstreckungsrecht seit Einführung der Rechtsbeschwerde, JZ 2011, 401 u. 453; *Weirich,* Die vollstreckbare Urkunde, Jura 1980, 630; *Windel,* Die Rechtsbehelfe des Schuldners gegen eine Vollstreckung aus einer wirksamen notariellen Urkunde – zugleich ein Beitrag zum Rechtsschutzsystem des 8. Buches der ZPO, ZZP 102 (1989), 102, 175; *Wolfsteiner,* Die vollstreckbare Urkunde, 1978; *ders.,* Beweislastumkehr durch Zwangsvollstreckungsunterwerfung, NJW 1982, 2851; *ders.,* Die Zwangsvollstreckung findet aus Urkunden statt, DNotZ 1990, 531; *Zimmer,* Zwangsvollstreckungsunterwerfung ohne Sicherungsabrede?, NJW 2008, 3185.

I. Vollstreckungstitel

1 Zur Notwendigkeit eines Vollstreckungstitels als Grundlage jeglicher Zwangsvollstreckung und zu den allgemeinen Anforderungen an jeden Vollstreckungstitel siehe die Ausführungen Vor §§ 704–707.

II. Der Prozessvergleich (Nr. 1)

1. Rechtsnatur

2 Nach der in Rechtsprechung[1] und im Schrifttum[2] heute herrschenden Auffassung hat der Prozessvergleich eine **Doppelnatur**. Danach ist er zugleich materiellrechtliche Vereinbarung und Prozessvertrag. Diese Auffassung verdient Zustimmung. Die Parteien wollen den Prozess beenden, weil sie hinsichtlich des streitigen Rechtsverhältnisses eine (vollständige oder teilweise) Einigung erzielt haben, die durch eine Streitentscheidung nur wieder Schaden nehmen könnte; aber die Einigung ist

---

[1] Zur Rspr. des BGH beispielhaft: BGHZ 14, 381; 16, 388; 28, 171; 41, 310; 46, 278; NJW 1967, 2014; NJW 1971, 467; NJW 1972, 159; NJW 1981, 823; FamRZ 1984, 372; NJW 1985, 1962; NJW 1993, 1995, 1996; zur Rspr. des BAG beispielhaft: BAGE 3, 43; 4, 84; 9, 319; JZ 1961, 452; AuR 1968, 57; NJW 1978, 1877; NJW 1983, 2213.

[2] *Baumgärtel,* ZZP 87 (1974), 133; *Brox/Walker,* Rn. 84; *Gaul/Schilken/Becker-Eberhard,* § 13 Rn. 13; HdbZVR/*Rellermeyer,* Kap. 1 Rn. 123; HK-ZV/*Handke,* § 794 Rn. 6; MüKo-BGB/*Habersack,* § 779 BGB Rn. 71; *Musielak/Voit/Lackmann,* § 794 Rn. 3; PG/*Scheuch,* § 794 Rn. 2; *Rosenberg/Schwab/Gottwald,* § 130 Rn. 32; *Stein/Jonas/Münzberg,* § 794 Rn. 3 ff.; *Thomas/Putzo/Seiler,* § 794 Rn. 3; *Zöller/Stöber,* § 794 Rn. 3. **A. A.:** Eine rein prozessrechtliche Auffassung vertreten *Baumbach/Lauterbach/Hartmann,* Anh. § 307 Rn. 4. Für die Dominanz des privatrechtlichen Vertrages (mit nur prozessualen Wirkungen) *Bonin,* Der Prozeßvergleich, 1957; *Esser,* FS H. Lehmann, 1956, 713 ff.; *H. Lehmann,* Der Prozeßvergleich, 1911. Für ein isoliertes Nebeneinander von privatrechtlichem Vergleich und abstraktem Prozessbeendigungsvertrag (Lehre vom »Doppeltatbestand«) *Baumgärtel,* Wesen und Begriff der Prozeßhandlung einer Partei im Zivilprozeß, 1957, S. 194 ff.; *Holzhammer,* FS Schima, 1969, S. 217; MüKo/*Wolfsteiner,* § 794 Rn. 18; *Tempel,* FS Schiedermair, 1976, S. 517.

in ihrem Gehalt andererseits auch dadurch bestimmt, dass die Fortsetzung des Rechtsstreits (gegebenenfalls noch durch mehrere Instanzen) vermieden und ein jedenfalls erträglicher Zustand schon jetzt hergestellt wird. In der Regel wird also das gegenseitige Nachgeben erst durch den Prozessvertrag erträglich, und der Prozessvertrag ist umgekehrt nur sinnvoll, wenn die materiellrechtliche Vereinbarung tatsächlich Bestand hat. Diese Einordnung des Prozessvergleichs als »doppelfunktioneller Vertrag«[3] lässt es durchaus zu, dass die Parteien im Einzelfall in einem Prozess einen ausschließlich materiellrechtlichen Vergleichsvertrag nach § 779 Abs. 1 BGB schließen.[4] Die Lösung der prozessrechtlichen Folgen der Vereinbarung bleibt dann dem Gericht überlassen. Umgekehrt können die Parteien allein eine prozessrechtliche Vereinbarung treffen (z. B. Vereinbarung, dass anstelle des angerufenen Gerichts ein privates Schiedsgericht den Streit entscheiden soll), ohne dass zugleich eine materiellrechtliche Vereinbarung über das streitige Rechtsverhältnis herbeigeführt wird.[5] Beide zuletzt genannten Arten von Vereinbarung haben Auswirkungen auf den weiteren Prozess, sind aber dennoch kein Prozessvergleich. Gleiches gilt für Vereinbarungen in Fragen, die der Dispositionsbefugnis der Parteien entzogen sind.[6] Sie regeln weder (auch nur teilweise) das streitige Rechtsverhältnis, noch wirken sie gestalterisch auf das Verfahrensrechtsverhältnis ein, obwohl sie als gemeinsame Anregungen letztendlich nicht unerheblichen Einfluss auf die richterliche Sachentscheidung haben können.

2. Notwendiger Inhalt

§ 794 Abs. 1 Nr. 1 verlangt zwingend, dass der Prozessvergleich »zur Beilegung des Rechtsstreits seinem ganzen Umfang nach oder in Betreff eines Teiles des Streitgegenstandes« abgeschlossen wurde. Vereinbarungen, die den Streitgegenstand des Verfahrens, in dem sie geschlossen wurden, nicht berühren und eine Entscheidung über diesen Streitgegenstand in vollem Umfang weiterhin notwendig machen,[7] sind daher kein Prozessvergleich im Sinne der Vorschrift, auch wenn sie andere streitige Rechtsverhältnisse der Parteien regeln und andere Verfahren vor anderen Gerichten vermeiden oder in der Hauptsache erledigen. »Zur Beilegung des Rechtsstreits« kann auch ein Vergleich nicht mehr beitragen, der sich zwar über den Streitgegenstand und die Kosten des Rechtsstreits verhält, aber erst nach rechtskräftigem Abschluss des Verfahrens geschlossen wurde.[8] Ein solcher Vergleich ist nur noch eine materiellrechtliche Vereinbarung, aber eben kein Prozessvertrag mehr. Haben die Parteien in einem Vergleich eine Regelung hinsichtlich des Streitgegenstandes getroffen und die Hauptsache für erledigt erklärt, ohne sich über die Kosten zu einigen, sodass über letztere nach § 91a entschieden werden muss,[9] so ist es für den Charakter der Vereinbarung als Prozessvergleich ohne Bedeutung, dass das Gericht in der Entscheidung über die Kosten inzident doch die für erledigt erklärte Hauptsache mitabhandeln muss. Formell ist diese nicht mehr Streitgegenstand.

3

---

3 *Rosenberg/Schwab/Gottwald*, § 130 Rn. 32.
4 BGH, NJW 1952, 786; NJW 1982, 2072 und NJW 1985, 1962; OVG Münster, VerwRspr. 1978, 376.
5 BAG, MDR 1958, 953; LG Bielefeld, MDR 1969, 218.
6 Vgl. OLG Düsseldorf, FamRZ 1979, 843, wonach die gerichtlich protokollierte Vereinbarung der Ehegatten über das Recht des nicht sorgeberechtigten Elternteils zum persönlichen Verkehr mit dem gemeinsamen Kind keinen vollstreckungsfähigen Titel schafft; a. A. OLG Koblenz, FamRZ 1978, 605. Vgl. ferner BayObLG, Rpfleger 1998, 31, wonach ein Vergleich im Erbscheinsverfahren keinen Vollstreckungstitel i. S. v. § 794 Abs. 1 Nr. 1 schafft.
7 Die Problematik wurde besonders deutlich im Ehescheidungsrecht vor dem 1.7.1977, wenn die Partner einen Scheidungsfolgenvergleich protokollieren ließen, obwohl ein Verfahren über diese Scheidungsfolgen nicht zulässig war. Zu den Lösungsversuchen dieser Problematik damals vgl. beispielhaft OLG Hamm, NJW 1968, 1241; OLG München, NJW 1968, 945; ähnlich war die Rechtslage, wenn die Parteien sich allein über die Kosten des Scheidungsverfahrens als solche verglichen hatten (zur Bedeutung einer solchen Vereinbarung heute § 93a Abs. 1 Satz 3); beispielhaft OLG Düsseldorf, JurBüro 1971, 796; OLG München, Rpfleger 1973, 438; OLG Nürnberg, JurBüro 1961, 567; OLG Stuttgart, JurBüro 1973, 68.
8 BGHZ 15, 190.
9 Zu dieser Möglichkeit: BGH, NJW 1965, 103; *Bonin*, S. 21; *Musielak/Voit/Lackmann*, § 98 Rn. 3; a. A. (§ 98 verdränge § 91a) *Baumbach/Lauterbach/Hartmann*, § 98 Rn. 41; *Rosenberg/Schwab/Gottwald*, § 84 Rn. 5.

3. Möglicher Inhalt

4 Neben den notwendigen Vereinbarungen kann ein Prozessvergleich alle nach den allgemeinen Regeln zulässigen materiellrechtlichen und prozessrechtlichen Regelungen sonstigen Inhalts umfassen. Er kann insbesondere auch den Streitgegenstand anderer anhängiger Verfahren sowie die Verpflichtung mitregeln, in diesen anderen Verfahren bestimmte prozessrechtliche Erklärungen abzugeben (z. B. Klagerücknahme, übereinstimmende Erklärung der Erledigung der Hauptsache). Er kann sich auch über den Streitgegenstand bereits rechtskräftig abgeschlossener anderer Verfahren verhalten[10] und die Kostentragungspflicht hinsichtlich dieser Verfahren neu regeln.[11] Der Vergleich kann unter einer Bedingung abgeschlossen sein, etwa der der rechtskräftigen Scheidung der Ehe der Parteien,[12] aber auch der, dass die Vergleichssumme bis zu einem bestimmten Zeitpunkt gezahlt werden müsse, anderenfalls der Rechtsstreit fortgesetzt werde.[13] Auch die im Vergleich versprochene Leistung kann nach den allgemeinen Regeln vom Eintritt einer Bedingung[14] abhängig gemacht werden. Schließlich kann der Vergleich Regelungen beinhalten, die am Rechtsstreit nicht beteiligte Dritte begünstigen oder diese, soweit sie der Vereinbarung als Vertragspartei beigetreten sind,[15] auch verpflichten.[16] Im Vergleich können auch Rechtsgeschäfte ihre Regelung finden, die nach den allgemeinen gesetzlichen Vorschriften der notariellen Beurkundung bedürfen (z. B. § 311b BGB). Gem. § 127a BGB ersetzt das ordnungsgemäße Vergleichsprotokoll die notarielle Form (vgl. unten Rn. 17).

4. Gegenseitiges Nachgeben

5 Der Gesamtinhalt der Vereinbarungen muss, damit entsprechend der Definition in § 779 Abs. 1 BGB von einem Vergleich gesprochen werden kann, erkennen lassen, dass **beide** Parteien irgendwo nachgegeben haben.[17] Das Nachgeben muss nicht beiderseits im materiellrechtlichen Bereich liegen; so kann etwa einem vollen Anerkenntnis der Klageforderung eine Teilübernahme der Kosten gegenüberstehen oder einer vollständigen Klagerücknahme ein Zugeständnis in einem Punkt, der nicht Gegenstand des Rechtsstreits war. Eine Regelung, die in allen Punkten ausschließlich zulasten einer Partei geht, ist kein Prozessvergleich.

5. Abschluss vor einem deutschen Gericht

6 Der Vergleich muss, um Prozessvergleich zu sein, zur (gegebenenfalls auch nur teilweisen) Beilegung eines Rechtsstreits vor einem deutschen Gericht geschlossen worden sein. Rechtsstreit in diesem Sinne sind in erster Linie die streitigen Erkenntnisverfahren vor den ordentlichen Gerichten und vor den Arbeitsgerichten (siehe §§ 54, 57 ArbGG sowie die Verweisung in § 62 Abs. 2 ArbGG), einschließlich der Verfahren auf Erlass eines Arrestes[18] oder einer einstweiligen Verfügung oder eines vorbereitenden oder begleitenden selbstständigen Beweisverfahrens (§ 492). Der Begriff des »Rechtsstreits« ist nicht eng zu verstehen. Es genügt jedes Verfahren mit mündlicher Verhand-

---

10 *Bonin*, S. 19; *Rosenberg/Schwab/Gottwald*, § 130 Rn. 16; *Stein/Jonas/Münzberg*, § 794 Rn. 12.
11 KG, MDR 1973, 860; OLG München, NJW 1969, 2149 (mit Anm. *E. Schneider*, JurBüro 1969, 1004); a. A. KG, Rpfleger 1972, 64; LG Berlin, JurBüro 1970, 64.
12 Siehe hierzu OLG Saarbrücken, JBl. Saar 1966, 34; LG Hamburg, Rpfleger 1965, 276; LG Saarbrücken, JurBüro 1971, 632; *Diederichsen*, NJW 1977, 655.
13 OLG Hamm, JurBüro 1970, 65.
14 Siehe hierzu § 726 Rdn. 3.
15 Zu dieser Möglichkeit unten Rdn. 25.
16 Zur Zwangsvollstreckung gegen dem Vergleich beigetretene Dritte unten Rdn. 28.
17 BAG, NJW 1958, 2085; KG, MDR 1973, 417; OLG München, MDR 1985, 327; *Brox/Walker*, Rn. 84; HdbZVR/*Rellermeyer*, Kap. 1 Rn. 123; *Musielak/Voit/Lackmann*, § 794 Rn. 9; PG/*Scheuch*, § 794 Rn. 13; *Rosenberg/Schwab/Gottwald*, § 130 Rn. 19 f.; *Thomas/Putzo/Seiler*, § 794 Rn. 15; *Zöller/Stöber*, § 794 Rn. 3; a. A. (einseitiges Nachgeben ausreichend) *Keßler*, DRiZ 1978, 79.
18 BGH, Rpfleger 1991, 260 f.

lung mit mehreren Beteiligten, auch wenn es nicht streitig geführt wird. »Rechtsstreit« ist auch das Zwangsvollstreckungs- und Zwangsversteigerungsverfahren,[19] sodass nicht nur in der – gegebenenfalls anberaumten – mündlichen Verhandlung vor dem Richter zur Entscheidung über eine Erinnerung nach § 766, eine sofortige Beschwerde nach § 793 oder über Anträge nach §§ 887, 888, 890 ein Vergleich protokolliert werden kann, sondern auch in mündlichen Verhandlungen vor dem Rechtspfleger (§ 764 Abs. 3) etwa zur Entscheidung über Anträge nach §§ 765a, 850b, 851a oder über den Zuschlag nach §§ 66, 74 ZVG.[20] Auch im Verfahren der freiwilligen Gerichtsbarkeit sind, soweit die Materie selbst überhaupt einer Parteivereinbarung zugänglich ist, Prozessvergleiche möglich.[21] »Rechtsstreit« sind schließlich auch das Adhäsionsverfahren im Strafprozess (§§ 403 ff. StPO)[22] und das Privatklageverfahren (§§ 374 ff. StPO).[23] Da auch vor den Verwaltungsgerichten (§§ 106, 168 Abs. 1 VwGO), den Kammern für Baulandsachen[24] und den Sozialgerichten (§§ 101, 195, 199 SGG) Vergleiche möglich sind, können auch dort über den jeweiligen Streitgegenstand hinaus Prozessvergleiche i.S. § 794 Abs. 1 Nr. 1 geschlossen werden. Der Klarstellung halber erwähnt § 794 Abs. 1 Nr. 1 ausdrücklich, dass auch die gem. § 118 Abs. 1 Satz 3 oder § 492 Abs. 3 zu richterlichem Protokoll[25] genommenen Vergleiche Prozessvergleiche sind.

Da der »Rechtsstreit« durch den Vergleich ganz oder teilweise beigelegt werden soll, muss er vor dem Vergleichsschluss jedenfalls anhängig sein. Unerheblich ist dabei, ob das Verfahren zulässig war oder ob die Klage (der Antrag) im Fall der Entscheidung als unzulässig hätte abgewiesen werden müssen.[26] Das gilt auch, wenn das angegangene Gericht örtlich oder sachlich nicht zuständig oder der falsche Rechtsweg gewählt worden war (Klage vor dem Arbeitsgericht in einer Sache, für die der ordentliche Rechtsweg gegeben war, oder umgekehrt). 7

6. Prozessrechtliche Wirksamkeitsvoraussetzungen

Da der Prozessvergleich auch Prozessvertrag ist, müssen alle Voraussetzungen für eine wirksame Prozesshandlung vor dem Gericht, vor dem der Vergleichsschluss erfolgt, erfüllt sein. Dies bedeutet insbesondere, dass die den Vergleich schließenden Parteien postulationsfähig sein müssen, sich also in Verfahren mit Anwaltszwang eines bei dem Gericht zugelassenen Anwaltes bedienen müssen,[27] 8

---

19 *Brox/Walker*, Rn. 85; *Esser*, FS H. Lehmann, S. 724; *Stein/Jonas/Münzberg*, § 794 Rn. 20; *Zöller/Stöber*, § 794 Rn. 4.
20 *Bruns/Peters*, § 7 II 2 a.
21 BGHZ 14, 381; BayObLG, FamRZ 1968, 663; BayObLG, Rpfleger 1998, 31, wonach im Erbscheinsverfahren vor dem Nachlassgericht zwar ein Vergleich geschlossen werden kann, der aber keinen Vollstreckungstitel i. S. v. § 794 Abs. 1 Nr. 1 bildet. OLG Düsseldorf, VersR 1980, 721; *Brox/Walker*, Rn. 85; HdbZVR/*Keller*, Kap. 1 Rn. 129; *Musielak/Voit/Lackmann*, § 794 Rn. 6; *Stein/Jonas/Münzberg*, § 794 Rn. 21; bedenklich allerdings (da insoweit wohl keine verbindliche Regelungsbefugnis) OLG Koblenz, FamRZ 1978, 605; **a. A.** (Prozessvergleiche im FGG-Verfahren ausgeschlossen) OLG München, NJW 1953, 708.
22 *Brox/Walker*, Rn. 85; *Bruns/Peters*, § 7 II 2 a; *Rosenberg/Schwab/Gottwald*, § 130 Rn. 5; *Stein/Jonas/Münzberg*, § 794 Rn. 21.
23 OLG Hamburg, MDR 1958, 434.
24 OLG München, MDR 1976, 150.
25 »Richterliches Protokoll« liegt auch dann vor, wenn der Vorsitzende gem. § 20 Nr. 4 a RPflG den Rechtspfleger mit der Beurkundung des Vergleichs beauftragt hat.
26 MüKo/*Wolfsteiner*, § 794 Rn. 25; *Musielak/Voit/Lackmann*, § 794 Rn. 4; *Rosenberg/Schwab/Gottwald*, § 130 Rn. 7; *Stein/Jonas/Münzberg*, § 794 Rn. 18.
27 Ganz h. M.; siehe z. B. BGH, FamRZ 1986, 458; OLG Bremen, Rpfleger 1969, 97; OLG Celle, OLGZ 1975, 353; OLG Frankfurt, FamRZ 1987, 737; OLG Hamm, NJW 1972, 1998; Rpfleger 1975, 403; OLG Karlsruhe, Justiz 1972, 116; Rpfleger 1976, 140; OLG Köln, AnwBl. 1982, 113; OLG München, NJW 1962, 351; OLG Stuttgart, JurBüro 1976, 91; OLG Zweibrücken, JurBüro 1983, 1866; FamRZ 1985, 1071; AG Hofgeismar, FamRZ 1984, 1027.

und zwar nicht nur vor dem Kollegium, sondern auch vor dem Einzelrichter.[28] Der Anwaltszwang kann nicht dadurch umgangen werden, dass der Einzelrichter den Rechtsstreit an sich selbst als »beauftragten Richter« verweist;[29] denn die Beauftragung ist nur durch das Kollegium und nur in den gesetzlich vorgesehenen Fällen möglich. Geht sie demgemäß ins Leere, so bleibt der Einzelrichter das Prozessgericht und der Anwaltszwang besteht fort. Ist der Rechtsstreit allerdings zu Recht an den beauftragten oder ersuchten Richter verwiesen worden, kann im Hinblick auf § 78 Abs. 3 auch die anwaltlich nicht vertretene Partei am Vergleichsschluss mitwirken. Der für die Parteien des Rechtsstreits geltende Anwaltszwang gilt nicht für Dritte, die förmlich dem Vergleich beitreten;[30] denn § 78 gilt nur für die Parteien des Rechtsstreits, und der beitretende Dritte beteiligt sich allein am Vergleich, nicht aber am Rechtsstreit.

9   Für den formwirksamen Abschluss des Vergleichs gibt es folgende Möglichkeiten: Nach §§ 160 Abs. 3 Nr. 1, 162 Abs. 1 muss der in der mündlichen Verhandlung geschlossene Vergleich ins Protokoll aufgenommen, den Parteien vorgelesen oder zur Durchsicht vorgelegt bzw. bei Aufnahme auf Tonträger zur Kontrolle abgespielt worden sein. Dies und die Genehmigung durch die Parteien muss ausdrücklich im Protokoll festgehalten sein. Das Protokoll muss ferner vom Vorsitzenden und von dem Urkundsbeamten entsprechend den Regeln des § 163 unterzeichnet sein. Wird diesen Mindestanforderungen in Bezug auf die Form nicht genügt, ist **kein wirksamer** Prozessvergleich zu Stande gekommen.[31] Die fehlende Unterzeichnung kann allerdings mit heilender Kraft nachgeholt werden, solange die Unterzeichnenden noch bei dem Gericht, vor dem der Vergleich geschlossen wurde, tätig sind.[32] Die Parteien können auf die Einhaltung der Förmlichkeiten, etwa auf das nochmalige Vorspielen des Tonträgers, nicht wirksam verzichten; die prozessrechtlichen Wirksamkeitsvoraussetzungen sind nicht dispositiv.[33] Schreibfehler und ähnliche offenbare Unrichtigkeiten im Vergleichstext können nach § 164 berichtigt werden. Eine die Berichtigung zulassende offenbare Unrichtigkeit liegt aber nicht vor, wenn einer Partei in ihren eigenen Unterlagen bei Errechnung der Vergleichssumme ein Additionsfehler oder Ähnliches unterlaufen ist, sodass ein »falscher« Betrag protokolliert wurde.[34]

10 Außer der Protokollierung in der mündlichen Verhandlung kann der Vergleich gem. § 278 Abs. 6 auch in der Form geschlossen werden, dass die Parteien dem Gericht einen schriftlichen Vergleichsvorschlag unterbreiten oder einen schriftlichen Vergleichsvorschlag des Gerichts durch Schriftsatz gegenüber dem Gericht annehmen. Das Gericht stellt dann das Zustandekommen und den Inhalt des so geschlossenen Vergleichs durch Beschluss fest. Dieser Beschluss bildet den Vollstreckungstitel.

---

28 BGH, FamRZ 1986, 458; *Michel*, JuS 1986, 41; MüKo/*Wolfsteiner*, § 794 Rn. 32; *Musielak/Voit/Lackmann*, § 794 Rn. 8. **A. A.** zum Ehescheidungsverfahren bis zum 1.7.1977: OLG Celle, MDR 1967, 407, Rpfleger 1974, 319; OLG Köln, FamRZ 1973, 376; OLG Neustadt, MDR 1958, 345; LG Köln, MDR 1963, 140.
29 BGH, FamRZ 1986, 458; OLG Frankfurt, FamRZ 1987, 737.
30 BGH, NJW 1983, 1433; *Musielak/Voit/Lackmann*, § 794 Rn. 8; MüKo-BGB/*Habersack*, § 779 Rn. 78; *Rosenberg/Schwab/Gottwald*, § 130 Rn. 40; *Stein/Jonas/Münzberg*, § 794 Rn. 25; *Thomas/Putzo/Seiler*, § 794 Rn. 12; *Zöller/Stöber*, § 794 Rn. 7; siehe auch unten Rn. 18; a. A. MüKo/*Wolfsteiner*, § 794 Rn. 32; *Gaul/Schilken/Becker-Eberhard*, § 13 Rn. 21.
31 BGHZ 14, 381 ff.; 16, 388; BAG, AP Nr. 4 zu § 794 Abs. 1 Nr. 1 ZPO; DB 1969, 1996; DB 1970, 596; KG, FamRZ 1984, 284; OLG Frankfurt, NJW 1973, 1131; OLG Hamm, JurBüro 1954, 233; OLG Köln, FamRZ 1986, 1018; FamRZ 1994, 1048; OLG Nürnberg, MDR 1960, 931; OLG Oldenburg, MDR 1958, 850; OLG Zweibrücken, Rpfleger 2000, 461; LG Braunschweig, MDR 1975, 322; LG Köln, JMBl. NW 1980, 272; für weniger Formstrenge *Vollkommer*, Rpfleger 1973, 268.
32 OLG Stuttgart, Rpfleger 1976, 257 mit Anm. *Vollkommer*; *Baumbach/Lauterbach/Hartmann*, § 163 Rn. 9.
33 OLG Frankfurt, FamRZ 1980, 907; *Schüler*, DGVZ 1982, 73.
34 OLG Frankfurt, MDR 1986, 152.

Kein Wirksamkeitserfordernis eines formgültigen Prozessvergleiches ist es, dass das Gericht, zu dessen Protokoll er aufgenommen wurde, vorschriftsmäßig besetzt war,[35] wenn nur ein dem äußeren Anschein nach vollständiger Spruchkörper anwesend war (kein wirksamer Vergleich vor nur zwei anwesenden Mitgliedern einer Zivilkammer). Der Vergleich ist auch nicht deshalb unwirksam, weil an der Protokollierung ein Richter mitgewirkt hat, der vom Richteramt in dieser Sache gem. § 41 ausgeschlossen war,[36] da die Protokollierung mit einer Entscheidung in der Sache nicht vergleichbar ist. Drängt ein in dieser Weise betroffener Richter allerdings auf einen Vergleichsabschluss, wird der Vergleich anfechtbar.[37]

7. Materiellrechtliche Wirksamkeitsvoraussetzungen

Da der Prozessvergleich auch privatrechtlicher Vertrag ist, gelten insoweit die allgemeinen Regeln des materiellen Rechts über den wirksamen Vertragsschluss. Vereinbarungen, die gegen ein gesetzliches Verbot verstoßen (§ 134 BGB),[38] sind ebenso nichtig, wie solche, die die guten Sitten verletzen (§ 138 BGB).[39] Die auf den Vertragsschluss gerichteten Willenserklärungen sind nach den Regeln der §§ 119 ff., 123 BGB[40] wegen Willensmangels anfechtbar, wobei hinsichtlich der bei Vergleichsschluss tätigen Vertreter § 166 BGB zu beachten ist.[41] Für das anfängliche Fehlen der Geschäftsgrundlage enthält § 779 BGB eine Sonderregelung, die auch für den Prozessvergleich gilt.[42] Bedarf ein Vertrag zu seiner Wirksamkeit nach materiellem Recht der Genehmigung einer Behörde oder des Vormundschaftsgerichts (etwa nach §§ 1821, 1822 BGB), so ist eine entsprechende Regelung im Prozessvergleich erforderlich.

8. Prozessvergleich unter Widerrufsvorbehalt

Es ist grundsätzlich möglich, den Prozessvergleich unter dem Vorbehalt zugunsten einer oder beider Parteien zu schließen, dass er bis zum Ablauf einer bestimmten Frist widerrufen werden kann. Ein solcher Vorbehalt ist im Regelfall als eine aufschiebende Bedingung für die Wirksamkeit des Vergleichs[43] anzusehen. Die im Vergleich vereinbarte Widerrufsfrist beginnt bereits am Tage nach dem Vergleichsabschluss (§ 222 ZPO i. V. m. § 187 Abs. 1 BGB) zu laufen, nicht erst mit dem Zugang des Terminsprotokolls bei der Partei oder ihrem Bevollmächtigten.[44] Für den Fristablauf gelten, wenn nicht ausdrücklich etwas anderes vereinbart ist, die allgemeinen Regeln (§ 193 BGB). Fällt der Ablauf der Frist für den Widerruf also auf einen Sonnabend, so endet im Zweifel die Frist erst am nächsten Werktag.[45] Da es sich um eine vertraglich vereinbarte Frist handelt, kann sie nicht durch das Gericht verlängert werden.[46] Dagegen ist nach ganz h. M. eine außergerichtliche

---

35 BGHZ 35, 309 mit Anm. *Baumgärtel* in ZZP 1963 (76), 215; BAG, DB 1969, 1996; *Stein/Jonas/Münzberg,* § 794 Rn. 26; a. A. *H. Lehmann,* Der Prozeßvergleich, S. 211.
36 Wie hier *Stein/Jonas/Münzberg,* § 794 Rn. 28; a. A. *Bonin,* S. 96; *Rosenberg/Schwab/Gottwald,* § 130 Rn. 47; offengelassen, aber wohl mehr *Rosenberg* zuneigend, BGHZ 35, 309, 314.
37 Die unsachliche, weil durch Eigeninteressen beeinflusste Einwirkung auf die Parteien ist der Drohung gegenüber den Parteien (vgl. BGH, DB 1966, 1645) gleichzusetzen. Zur Vergleichsanfechtung siehe unten Rdn. 18.
38 Etwa eine unzulässige Marktaufteilung in Wettbewerbsprozessen, BGH, NJW 1976, 194, oder ein unentgeltlicher Unterhaltsverzicht für die Zukunft (entgegen § 1614 Abs. 1 BGB), OLG Hamm, FamRZ 1981, 869.
39 BGHZ 51, 141; OLG Zweibrücken, FamRZ 1983, 930.
40 Dazu LAG Niedersachsen, NZA-RR 2007, 30 f.
41 LAG Frankfurt, BB 1970, 670.
42 Einzelheiten BGH, NJW 1986, 1348.
43 Ganz h. M.; BGHZ 46, 277; BGH, NJW 1984, 312; NJW-RR 1989, 1214, 1215; *Stein/Jonas/Münzberg,* § 794 Rn. 79 f.
44 OLG Schleswig, NJW-RR 1987, 1022.
45 BGH, BB 1978, 1340.
46 BAG, DB 1978, 1181.

Verlängerung der Frist durch Vereinbarung der Parteien möglich,[47] obwohl eine solche Vereinbarung als Abänderung des Prozessvergleichs der prozessrechtlich notwendigen Form (oben Rn. 9) ermangelt. Eine Wiedereinsetzung in den vorigen Stand bei Fristversäumnis ist nicht möglich,[48] da dies auf eine gerichtliche Vertragsänderung hinausliefe. Eine Anfechtung der Nichtausübung des Widerrufsrechts scheidet aus.[49] Die Parteien sind frei, im Vergleich festzulegen, in welcher Form der Widerruf zu erklären ist und wo die Erklärung eingehen soll. Ist keine Form bestimmt, so kommt auch ein telefonischer Widerruf in Betracht.[50] Ist nicht festgelegt, wo der Widerspruch eingehen soll, so genügt ein Eingang innerhalb der Frist sowohl bei Gericht als auch beim Gegner. Soll der Widerruf schriftlich gegenüber dem Gericht erklärt werden, so genügt es, wenn die Widerrufsschrift vor Ablauf des Tages in den Nachtbriefkasten geworfen[51] oder sonst in die Verfügungsgewalt des Gerichts gebracht wird.[52] Es kommt nicht darauf an, wann der Schriftsatz dann zu den Akten des jeweiligen Rechtsstreits gelangt. Die Parteien können aber auch detailliertere Anordnungen treffen: Soll der Schriftsatz bei einem konkreten Spruchkörper des Gerichts an einem bestimmten Ort eingehen, dann genügt es nicht, dass er bei einer anderen Dienststelle dieses Gerichts an einem anderen Ort eingeht[53] oder bei einer zentralen Postannahmestelle mehrerer Justizbehörden.[54] Soll er bis zu einer bestimmten Zeit auf der Geschäftsstelle eines Gerichts »abgegeben« werden, dann genügt kein Einwurf in den allgemeinen Gerichtsbriefkasten, wenn der Schriftsatz die vereinbarte Geschäftsstelle erst später erreicht. Eine so enge Auslegung kommt aber nur in Betracht, wenn die Parteien ihren entsprechenden Willen zweifelsfrei zum Ausdruck gebracht haben. In Zweifelsfällen ist immer anzunehmen, dass ein Eingang bei Gericht ausreichen soll. Der Widerruf kann nur von der Partei erklärt werden, der er im Vergleich auch vorbehalten wurde. Der von dem gemeinsamen Prozessbevollmächtigten mehrerer Miterben als Gesamtschuldner oder Gesamtgläubiger ohne deren Kenntnis geschlossene Vergleich mit Widerrufsvorbehalt ist, wenn sich im Einzelfall nichts Gegenteiliges aus den Gesamtumständen ergibt, dahin auszulegen, dass jeder Einzelne berechtigt ist, den Vergleich innerhalb der gesetzten Frist zu widerrufen und dass der Vergleich nur wirksam zustande kommt, wenn keiner von diesem Widerrufsrecht Gebrauch macht.[55]

14 Besteht vor dem Gericht Anwaltszwang, so kann der Widerruf nur von einem bei dem Gericht zugelassenen vertretungsberechtigten Prozessbevollmächtigten, nicht aber von der Partei persönlich widerrufen werden.[56]

15 Der Widerruf des Prozessvergleichs wirkt endgültig. Er kann nicht seinerseits prozessrechtlich wirksam widerrufen werden.[57] Die Parteien müssen den Vergleich, wenn sie ihn als Titel nachträglich doch aufrechterhalten wollen, erneut formgerecht protokollieren lassen.[58]

---

47 *Musielak/Voit/Lackmann*, § 794 Rn. 14; PG/*Scheuch*, § 794 Rn. 18; *Rosenberg/Schwab/Gottwald*, § 130 Rn. 45; *Stein/Jonas/Münzberg*, § 794 Rn. 87; *Thomas/Putzo/Seiler*, § 794 Rn. 20; **anders** MüKo/*Wolfsteiner*, § 794 Rn. 63 (Form des Prozessvergleichs notwendig).
48 BGHZ 61, 394; JR 1955, 179; BAG, NJW 1978, 1876; LAG Schleswig-Holstein, BB 1969, 1481; OLG Hamm, NJW-RR 1992, 121; **a. A.** *Säcker*, NJW 1967, 1117.
49 OLG Celle, BB 1969, 1291.
50 BAG, MDR 1960, 708.
51 BVerfGE 52, 209; 60, 246; BGH, NJW 1980, 1752.
52 BAG, NJW 1986, 1373.
53 BGH, NJW 1980, 1753.
54 LAG München, NJW 1988, 439.
55 BGHZ 46, 277.
56 LAG Baden-Württemberg, DB 1976, 203; MüKo/*Wolfsteiner*, § 794 Rn. 61.
57 BGH, BB 1953, 368.
58 BGH, NJW 1982, 2072; *Stein/Jonas/Münzberg*, § 794 Rn. 88.

9. Wirkungen des Prozessvergleichs

Der wirksame Prozessvergleich beendet (ganz oder teilweise) die Rechtshängigkeit des Rechtsstreits, in dem er abgeschlossen wurde.[59] Er lässt vorausgegangene, noch nicht rechtskräftige Urteile wirkungslos werden, wenn nicht ausdrücklich anderes vereinbart ist.[60] Soweit er auch Gegenstände regelt, über die bereits rechtskräftig entschieden ist, wirkt er allerdings nicht unmittelbar auf das rechtskräftige Urteil und die Zwangsvollstreckung aus diesem ein. Er ist einer Entscheidung i. S. des § 775 Nr. 1 nicht gleichzusetzen,[61] sondern kann nur gegebenenfalls nach § 775 Nr. 4 Bedeutung erlangen. Im Übrigen muss er über § 767 durchgesetzt werden. Die bedeutsamste prozessuale Wirkung des Prozessvergleichs aber ist, dass er, sofern er einen vollstreckungsfähigen Inhalt hat, einen Vollstreckungstitel bildet.[62]

16

Soweit in gesetzlichen Vorschriften an das Vorliegen einer rechtskräftigen Entscheidung angeknüpft wird, ist dieser dem bestandskräftigen Prozessvergleich **nicht** gleichzusetzen.[63] Materiellrechtlich begründet der Vergleich die in ihm geregelten Verpflichtungen und führt die in ihm durch Verfügungsgeschäft ausgesprochenen Rechtsänderungen (z. B. Forderungsübergang durch Abtretung, Erlöschen einer Forderung durch Verzicht) herbei. Der gerichtliche Prozessvergleich[64] ersetzt gem. § 127a BGB die für ein Rechtsgeschäft vorgeschriebene notarielle Beurkundung.[65] Für die Auflassungserklärung ist dies in § 925 Abs. 1 Satz 3 BGB noch zusätzlich klargestellt. Wegen § 925 Abs. 2 BGB kann die Auflassung aber nicht in einem Widerrufsvergleich erklärt werden.[66] In einem solchen Fall kann nur die schuldrechtliche Verpflichtung zur Abgabe der Auflassungserklärung aufgenommen werden. Die Erklärung selbst muss dann nach Ablauf der Widerrufsfrist notariell beurkundet werden.

17

10. Auswirkung prozessualer und materiellrechtlicher Mängel

Werden die prozessualen Mindestvoraussetzungen (oben Rn. 8, 9) nicht eingehalten, ist der gesamte Prozessvergleich nichtig,[67] wenn die Parteien nicht ausnahmsweise zu erkennen gegeben haben, dass sie die materiellrechtliche Vereinbarung unabhängig vom Eintritt der prozessrechtlichen Wirkungen des Vergleiches in jedem Fall treffen wollten.[68] An eine solche Annahme sind strenge Anforderungen zu stellen; denn sie betrifft eine seltene Ausnahme. Leidet die materiellrechtliche Vereinbarung an Mängeln, die ihre ursprüngliche Nichtigkeit zur Folge haben (etwa nach §§ 134,

18

---

59 BGHZ 41, 311; BAG, BB 1982, 368; *Bonin*, S. 82 ff.; MüKo/*Wolfsteiner*, § 794 Rn. 70; *Pecher*, ZZP 97 (1984), 144; PG/*Scheuch*, § 794 Rn. 29; *Rosenberg/Schwab/Gottwald*, § 130 Rn. 24; *Stein/Jonas/Münzberg*, § 794 Rn. 3 und 34.
60 BGH, MDR 1964, 313; NJW 1969, 1481; MüKo/*Wolfsteiner*, § 794 Rn. 72; *Stein/Jonas/Münzberg*, § 794 Rn. 35; *Zöller/Stöber*, § 794 Rn. 13; vgl. allerdings OLG Hamm, NJW 1988, 1988.
61 Siehe auch § 775 Rdn. 7.
62 Einzelheiten unten Rdn. 26 ff.
63 BGH, NJW-RR 1986, 22; OLG Frankfurt, OLGZ 1974, 358.
64 Str., ob dies nur für die ordentlichen Gerichte und Arbeitsgerichte auf dem Gebiet der streitigen und der freiwilligen Gerichtsbarkeit gilt (so die überwiegende Meinung; vgl. die Nachweise bei *Walchshöfer*, NJW 1973, 1102 und *Palandt/Bassenge*, § 925 BGB Rn. 8) oder auch für die Strafgerichte (so OLG Stuttgart, NJW 1964, 110) und die Verwaltungsgerichte. Mit *Walchshöfer*, a. a. O., ist der h. M. zu widersprechen. §§ 127a, 925 Abs. 1 BGB differenzieren nicht zwischen den Gerichtsbarkeiten. In Betracht kommt also jeder Prozessvergleich.
65 BGH, Rpfleger 1991, 260, 261.
66 H. M.; BGH, NJW 1988, 415; OLG Celle, DNotZ 1957, 660; *Jauernig*, § 925 BGB Rn. 6; *Musielak/Voit/Lackmann*, § 794 Rn. 11; *Palandt/Bassenge*, § 925 BGB Rn. 19; *Soergel/Stürner*, § 823 BGB Rn. 39; *Walchshöfer*, NJW 1973, 1102 ff. 9.
67 BGHZ 28, 171; 41, 310; 51, 141; NJW 1983, 2034; OLG Köln, FamRZ 1994, 1048; *Bonin*, S. 96; *Rosenberg/Schwab/Gottwald*, § 130 Rn. 47; *Stein/Jonas/Münzberg*, § 794 Rn. 58; *Zöller/Stöber*, § 794 Rn. 15.
68 BGH, NJW 1982, 2072 und NJW 1985, 1962.

138 BGB), so sind auch die prozessrechtlichen Wirkungen des Vergleichs nie eingetreten,[69] die Rechtshängigkeit war also nie beendet,[70] ein in der Sache vorliegendes nicht rechtskräftiges Urteil hat seine Wirkung nie verloren. Der unwirksame, aber formell ordnungsgemäße Vergleich behält allerdings zunächst den Schein eines Vollstreckungstitels.[71] Das Gleiche gilt, wenn die Vereinbarung nach §§ 119 ff. BGB mit der Folge des § 142 Abs. 1 BGB angefochten wird[72] oder wenn der materiellrechtliche Vergleich nach § 779 Abs. 1 BGB von Anfang an unwirksam war, weil der nach seinem Inhalt als feststehend zu Grunde gelegte Sachverhalt nicht der Wirklichkeit entsprach und die durch den Vergleich beseitigte Ungewissheit bei Kenntnis der wahren Sachlage nicht entstanden wäre.[73] In allen vorgenannten Fällen wirkt sich die Doppelnatur des Vergleichs dahin aus, dass das einheitliche Rechtsgebilde »Prozessvergleich« nicht zur Entstehung gelangt bzw. rückwirkend als von Anfang an nicht zur Entstehung gelangt angesehen wird. War der Vergleich aber einmal auch aus der Rückschau wirksam zu Stande gekommen und treten dann Umstände auf, die den materiellrechtlichen Vertrag nicht mehr als durchführbar erscheinen lassen (Rücktritt nach §§ 323 f. BGB [vgl. bis zum 31.12.2001 §§ 326 f. BGB], Störung der Geschäftsgrundlage gem. § 313 BGB [in der seit dem 1.1.2002 geltenden Fassung], Aufhebungsvertrag aufgrund nachträglichen beiderseitigen Desinteresses), so kann nicht das Gleiche gelten: Es steht nicht im Belieben der Parteien, wirksame Prozesshandlungen zurückzunehmen. Der einmal wirksam beendete Prozess bleibt beendet und kann nicht einfach fortgesetzt werden.[74] Die Doppelnatur des Prozessvergleichs verlangt hier auch keine Ausnahme; denn im Fall des Rücktritts und des Wegfalls der Geschäftsgrundlage besteht der materiellrechtliche Vertrag fort, wenn auch mit verändertem Inhalt (Rückgewährschuldverhältnis bzw. angepasstes Schuldverhältnis), im Fall des Aufhebungsvertrages fällt er lediglich ex nunc weg. Der Titel (Prozessvergleich) gibt dann die sich aus der neuen Rechtslage ergebenden Ansprüche des Gläubigers nicht mehr richtig wieder, und der Gläubiger muss sich über seine neuen (oder ursprünglichen) Ansprüche auf dem gewöhnlichen Wege gegebenenfalls einen neuen Titel besorgen,[75] wie er es etwa nach einer Klagerücknahme auch müsste.

11. Geltendmachung prozessualer und materiellrechtlicher Mängel

19 Die Nichtigkeit des Prozessvergleichs von Anfang an, sei es aufgrund ursprünglicher (prozessualer oder materiellrechtlicher) Nichtigkeitsgründe, einer erfolgreichen Anfechtung (§ 142 BGB) oder infolge rechtzeitiger, formgerechter Ausübung des vorbehaltenen Widerrufsrechts, müssen der

---

69 BGH, NJW 1985, 1962; OLG Zweibrücken, FamRZ 1984, 930; *Bonin*, S. 97; *Pecher*, ZZP 97 (1984), 150 ff.; *Zöller/Stöber*, § 794 Rn. 15.
70 A.A. aber BGH, NJW 1959, 532 und DB 1978, 2314 (die Rechtshängigkeit sei zunächst entfallen und könne nur später wieder aufleben).
71 Einzelheiten unten Rdn. 19.
72 BGH, WM 1985, 673; BAG, AP Nr. 8 zu § 794 Abs. 1 Nr. 1 ZPO; OLG Bamberg, JurBüro 1987, 1796.
73 Zur Abgrenzung des Sachverhaltsirrtums gem. § 779 BGB vom reinen Rechtsirrtum OLG Hamm, ZIP 1980, 1104.
74 Wie hier für alle drei genannten Fälle BGHZ 16, 388; 41, 310; NJW 1966, 1658; NJW 1977, 583; NJW 1986, 1348; *Musielak/Voit/Lackmann*, § 794 Rn. 24; für den Fall des Wegfalls der Geschäftsgrundlage wie hier auch BAG, DB 1969, 1658; SAE 1971, 62; für den Fall des Aufhebungsvertrages auch BSG, NJW 1963, 2292; BVerwG, DÖV 1962, 423; a. A. für den gesetzlichen Rücktritt BAGE 3, 43; 4, 84; NJW 1956, 1215; Hk-ZPO/*Kindl*, § 794 Rn. 22; *Lüke*, JuS 1965, 482; PG/*Scheuch*, § 794 Rn. 28; *Rosenberg/Schwab/Gottwald*, § 130 Rn. 56 ff.; *Zöller/Stöber*, § 794 Rn. 15 a; a. A. für den Fall des Wegfalls der Geschäftsgrundlage LG Braunschweig, NJW 1976, 1748; Hk-ZPO/*Kindl*, § 794 Rn. 22; *Zöller/Stöber*, § 794 Rn. 15 a; a. A. für den Fall des Aufhebungsvertrages BAGE 8, 228; 9, 172; NJW 1983, 2212; Hk-ZPO/*Kindl*, § 794 Rn. 22; *Lüke*, JuS 1965, 482; *Rosenberg/Schwab/Gottwald*, § 130 Rn. 59; *Zöller/Stöber*, § 794 Rn. 15 a. Siehe zur Problematik auch § 767 Rdn. 29.
75 Zur Verteidigung des Schuldners gegen die weitere Zwangsvollstreckung aus dem Vergleich siehe unten Rdn. 19 ff. und § 767 Rdn. 29.

Gläubiger und der Schuldner durch Fortsetzung des alten Prozesses geltend machen,[76] und zwar der Gläubiger durch Weiterverfolgung seiner ursprünglichen Anträge,[77] der Schuldner durch Weiterverfolgung seines Klageabweisungsbegehrens. In diesem Verfahren ist auch die Rückerstattung der aufgrund des Vergleichs schon erbrachten Leistungen geltend zu machen; daher besteht für eine neue Klage in der Regel kein Rechtsschutzbedürfnis.[78] Der Schuldner hat nicht die Wahl, neben der Fortführung des Ursprungsverfahrens auch Klage nach § 767 zu erheben, da die Rechtshängigkeit des alten Prozesses fortbesteht und der Vergleich nur dem äußeren Schein nach ein wirksamer Titel ist.[79] Will der Gläubiger den Prozess fortsetzen, während der Schuldner den Vergleich für wirksam hält, so ist die Klage als unzulässig abzuweisen, wenn der Vergleich wirksam ist. In der Sache ist zu entscheiden, wenn sich die Nichtigkeit des Vergleichs bestätigt. Will dagegen der Schuldner den Prozess fortsetzen, während der Gläubiger auf der Wirksamkeit des Vergleichs beharrt, so ist durch Urteil festzustellen, dass der Rechtsstreit durch den Vergleich wirksam beendet ist,[80] wenn die Nichtigkeitsgründe nicht durchgreifen. Über die ursprüngliche Klage ist in der Sache zu entscheiden, wenn der Vergleich unwirksam ist. Will der Schuldner dagegen geltend machen, dass aus dem ursprünglich wirksam geschlossenen Vergleich wegen Rücktritts nach §§ 323 f. BGB, wegen Störung der Geschäftsgrundlage gem. § 313 BGB oder nach einem Aufhebungsvertrag nicht mehr weiter vollstreckt werden könne, muss er insoweit Vollstreckungsgegenklage nach § 767 erheben. Er kann nicht den alten Prozess wieder aufnehmen, da dieser wirksam abgeschlossen bleibt.[81] § 767 ist auch der richtige Weg für den Schuldner, Streitigkeiten über die Auslegung des Prozessvergleichs zu klären,[82] falls Leistungen aus dem Vergleichstitel von ihm verlangt werden, die er nicht zu schulden meint. Die Auslegung des Vergleichs zur Frage, welche Kosten die Parteien übernommen haben, erfolgt allerdings im Kostenfestsetzungsverfahren.[83]

§ 767 Abs. 2 gilt für Vollstreckungsgegenklagen gegen eine im Prozessvergleich titulierte Forderung nicht.[84]

20

Weder die Fortsetzung des alten Verfahrens noch eine Vollstreckungsgegenklage kommen in Betracht, wenn die anfängliche Nichtigkeit eines in einem Eilverfahren (§§ 916, 935, 940) nicht nur den Verfügungs-(Arrest-)anspruch, sondern darüber hinaus auch die Hauptsache erledigenden Prozessvergleichs aus Gründen, die die Regelung in der Hauptsache betreffen, geltend gemacht werden soll. Eine solche Überprüfung würde den Zweck des Eilverfahrens unterlaufen.[85] Will der Antragsteller die Nichtigkeit geltend machen, muss er Hauptsacheklage erheben; will der Antragsgegner die Vergleichsnichtigkeit überprüfen lassen, geht dies nur im Wege der negativen Feststellungsklage.

21

---

76 Siehe BGH, ZIP 1999, 1498, 1499; WM 1956, 1184; WM 1957, 851; MDR 1958, 915; MDR 1969, 460; ZIP 1983, 860; WM 1985, 673; BAG, AP Nr. 1 zu § 794 Abs. 1 Nr. 1 ZPO; AP Nr. 3 und 8 zu § 794 Abs. 1 Nr. 1 ZPO; NJW 1960, 2211; DB 1961, 748; DB 1982, 500; BayObLG, WE 1991, 199; OLG Düsseldorf, NJW 1958, 1354; OLG Köln, MDR 1968, 332; LAG Bremen, VersR 1965, 296; siehe ferner: § 767 Rn. 26. A. A. für den Fall, dass der Vergleich eine Folgesache in einem Scheidungsverfahren betrifft, OLG Frankfurt, FamRZ 1990, 178 (nach Rechtskraft des Scheidungsurteils müsse die Nichtigkeit des Vergleiches mit einer neuen Klage geltend gemacht werden).
77 Er kann sie dann nach den allgemeinen Regeln ändern, teilweise zurücknehmen usw.
78 BGH, ZIP 1999, 1498, 1499.
79 Siehe § 767 Rdn. 29.
80 BAG, MDR 1982, 526; *Bonin,* S. 109 f.; *Rosenberg/Schwab/Gottwald,* § 130 Rn. 49; zu den dogmatischen Erklärungsversuchen dieses Feststellungsurteils vgl. *Pecher,* ZZP 97 (1984), 154 ff.; zur Möglichkeit eines Zwischenfeststellungsurteils *Pecher,* a. a. O., 168.
81 BGH, Warn. 1970 Nr. 290; siehe ferner § 767 Rn. 29.
82 BGH, Rpfleger 1977, 99.
83 OLG Frankfurt, MDR 1963, 423; OLG Hamburg, JurBüro 1977, 562; OLG Koblenz, VersR 1980, 586; OLG München, MDR 1982, 760.
84 Siehe § 767 Rn. 37.
85 OLG Hamm, MDR 1980, 1019; OLG Köln, MDR 1971, 671.

22 Macht derjenige, der die Wirksamkeit des Vergleichs bestreitet, keine Anstalten, die Frage gerichtlich klären zu lassen, so kann der Gegner selbstständige Klage auf Feststellung der Wirksamkeit des Vergleichs erheben.[86] Das Feststellungsinteresse entfällt, wenn der andere dann doch noch (je nach Einwand) den alten Prozess fortsetzt oder Vollstreckungsabwehrklage erhebt. Der Gläubiger schließlich, der glaubt, trotz einer im Vergleich enthaltenen allgemeinen Ausgleichsklausel[87] noch Ansprüche gegen den Schuldner geltend machen zu dürfen, muss die allgemeine Leistungsklage erheben. Innerhalb der Begründetheitsprüfung erfolgt dann die Vergleichsauslegung.

23 Wird ein durch Prozessvergleich abgeschlossener Rechtsstreit wegen Nichtigkeit des Vergleichs aufgenommen, so kann das Gericht auf Antrag die **einstweilige Einstellung** der Zwangsvollstreckung aus dem Vergleich anordnen (§ 707 analog).[88] Im Rahmen von Klagen nach § 767 können einstweilige Regelungen gem. § 769 ergehen.

24 Soll gegenüber einem regelmäßige Unterhaltsansprüche oder sonstige Rentenansprüche titulierenden Vergleich geltend gemacht werden, die den Anspruch bestimmenden Verhältnisse hätten sich in der Folgezeit wesentlich verändert, muss Abänderungsklage nach § 323a erhoben werden. Die Abänderungsklage kann im Erfolgsfalle auch zu einer rückwirkenden Abänderung führen, sofern nicht materiell-rechtliche Gründe (z. B. Billigkeitsgründe) entgegenstehen.[89] Bei einer rückwirkenden Herabsetzung kann der Gläubiger sich auf § 818 Abs. 3 BGB berufen, wenn er nicht nach § 818 Abs. 4 BGB, § 323b verschärft haftet.

12. Beteiligung Dritter am Vergleich

25 Dritte können in mehrfacher Weise durch den Vergleich betroffen sein: Er kann seinem Inhalt nach als Vertrag zugunsten Dritter am Rechtsstreit und am Vergleichsschluss nicht beteiligte Personen begünstigen (§§ 328 ff. BGB). Die Dritten können aber auch neben den Parteien des Rechtsstreits unmittelbare Vertragspartei des Vergleichs sein; sie können sich einer Partei oder beiden gegenüber zu einer Leistung verpflichten. Sie können aber auch unmittelbare Ansprüche gegen die Parteien erwerben, wenn sich die Parteien ihnen gegenüber, nicht nur der anderen Prozesspartei gegenüber, unmittelbar zur Leistung verpflichten. Eine besondere Form der Drittbegünstigung enthält § 1629 Abs. 3 BGB: Während des Getrenntlebens und der Zeit des Scheidungsrechtsstreits können die Eltern Unterhaltsansprüche der Kinder gegen den anderen Elternteil nur im eigenen Namen geltend machen; entsprechend schließen sie in diesem Verfahren einen Unterhaltsvergleich im eigenen Namen. Ein solcher Vergleich wirkt dennoch unmittelbar für und gegen das Kind. Wollen die Parteien und die Dritten abgesehen vom Fall des § 1629 Abs. 3 BGB erreichen, dass der Vergleich auch Vollstreckungstitel[90] für oder gegen den Dritten ist, so muss der Dritte im Termin dem Vergleich förmlich beitreten,[91] und es muss im Vergleichstext hinreichend deutlich gesagt werden, wem der Dritte was schulden soll[92] oder von wem er was verlangen können soll. Der Beitritt muss ausdrücklich protokolliert sein. Es ist zweckmäßig, aber keine Wirksamkeitsvoraussetzung, den Dritten auch in das Rubrum des Vergleichs aufzunehmen, damit bei der Klauselerteilung und im Rahmen des § 750 keine Schwierigkeiten auftreten. Da der Dritte durch den Beitritt nur Partei des Vergleichsabschlusses, aber nicht Partei des Rechtsstreits wird, muss er auch im Anwaltsprozess beim Beitritt nicht anwaltlich vertreten sein.[93] § 78 Abs. 1 stellt nur auf die Parteien des Rechtsstreits ab. Die ohne

---

86 OLG Frankfurt, MDR 1975, 584.
87 Zur Auslegung einer solchen Klausel BAG, JZ 1973, 103; DB 1978, 2083; *Michel*, JuS 1986, 43.
88 OLG Düsseldorf, MDR 1974, 52; LAG Hessen, NZA-RR 2004, 158.
89 *Musielak/Voit/Lackmann*, § 794 Rn. 3; *Zöller/Vollkommer*, § 323a Rn. 13.
90 Zum Vergleich als Vollstreckungstitel im Einzelnen siehe unten Rdn. 26.
91 BGH, FamRZ 1980, 342; OLG Celle, NJW 1966, 1367 mit Anm. *Kion*, NJW 1966, 2021 und Anm. *Jauernig*, JZ 1967, 29; OLG Hamm, JMBl.NW 1959, 137; KG, NJW 1973, 2032; OLG München, NJW 1957, 1367; FamRZ 1976, 639; OLG Stuttgart, Rpfleger 1979, 145; LG Berlin, FamRZ 1973, 98.
92 OLG Köln, Rpfleger 1985, 305.
93 Siehe schon Rdn. 8 mit Nachweisen.

anwaltliche Vertretung beitretende Partei muss selbstverständlich partei- und prozessfähig sein. Das gilt auch, soweit die Partei durch den Vergleich lediglich einen rechtlichen Vorteil erwerben soll. Für den anwaltlich nicht vertretenen Dritten hat das Gericht eine besondere Obhutspflicht. Es sollte ihn auf das Risiko eines Vergleichsbeitritts ohne vorherige anwaltliche Beratung hinweisen. Da der Dritte nicht Partei des Rechtsstreits ist, wirkt sich die Nichtigkeit seines Beitritts in prozessualer und materiellrechtlicher Hinsicht nicht unmittelbar auf den Vergleich zwischen den Prozessparteien aus. Wenn die Parteien den alten Rechtsstreit wieder aufnehmen wollen, ist vielmehr zu prüfen, ob die Nichtigkeitsgründe auch im Verhältnis der Prozessparteien untereinander vorliegen. Der Dritte kann, wenn er nicht schon Streitgenosse des Rechtsstreits war, das alte Verfahren **nie** von sich aus aufnehmen. Er kann **seine** Einwendungen gegen den Vergleich nur, soweit er Gläubiger ist, mit einer eigenständigen Leistungsklage, und, soweit er Schuldner ist, mit der Vollstreckungsgegenklage (§ 767) geltend machen.

13. Prozessvergleich als Vollstreckungstitel

Der wirksame Prozessvergleich ist, soweit er einen vollstreckungsfähigen Inhalt hat, Vollstreckungstitel. Ob die versprochene Leistung generell vollstreckbar ist und ob sie ihrem Inhalt nach so genau umschrieben ist, dass dem für alle Titel geltenden Bestimmtheitserfordernis[94] genügt ist, richtet sich nach den allgemeinen Auslegungsregeln.[95] Verpflichtet sich beispielsweise eine Partei, »über einen freiwillig gezahlten Betrag hinaus« eine weitere Zahlung zu leisten, ist regelmäßig davon auszugehen, dass nicht der Gesamtanspruch, sondern nur der ursprünglich streitige, im Prozessvergleich ausgehandelte »Spitzenbetrag« tituliert werden soll.[96] Auch beim Vergleich muss sich der genaue Umfang des zu vollstreckenden Anspruchs grundsätzlich aus dem Titel selbst und nicht aus sonstigen beizuziehenden Urkunden oder Unterlagen ergeben.[97] Wie bei jedem Titel muss auch beim Vergleich der Anspruch selbst und nicht nur eine Anspruchsgrundlage für mögliche künftige Ansprüche festgelegt sein. Deshalb ist etwa ein Vergleich, in dem die Verpflichtung zur Zahlung einer Vertragsstrafe für ein bestimmtes Verhalten übernommen worden ist, kein zur Zwangsvollstreckung geeigneter Titel,[98] da sich aus ihm nicht ergibt, ob und unter welchen Umständen die Vertragsstrafe auch verwirkt wurde.[99] Auch in einem Vergleich darüber, dass Nachbesserungsarbeiten aufgrund der noch zu treffenden Feststellung eines Schiedsgutachters erfolgen sollen, ist kein vollstreckbarer Anspruch vereinbart; durch Bezugnahme auf ein künftiges Gutachten kann ein vollstreckungsfähiger Titel nicht geschaffen werden.[100] Andererseits darf bei der Auslegung des Vergleichs nicht kleinlich am Wortlaut festgehalten werden. Vielmehr reicht es aus, wenn sich aus Sinn und Zusammenhang eine bestimmte und damit vollstreckungsfähige Leistungspflicht ergibt.[101]

26

Ein Kostenvergleich ist selbst noch kein Vollstreckungstitel, sondern nur die Festsetzungsgrundlage für einen späteren Kostenfestsetzungsbeschluss. Er braucht deshalb auch noch nicht seinerseits dem Bestimmtheitserfordernis zu genügen. So ist etwa im Verfahren der einstweiligen Verfügung ein Kostenvergleich des Inhalts möglich, dass sich die Kostenverteilung nach der künftigen Entscheidung in der Hauptsache richten solle. Die Kostenfestsetzung kommt dann allerdings erst nach

27

---

94 Siehe insoweit Vor §§ 704–707 Rdn. 13–18.
95 Vor §§ 704–707 Rdn. 13 ff.
96 BGH, Rpfleger 1993, 454.
97 Beispielhaft OLG Braunschweig, FamRZ 1979, 928; OLG Hamm, NJW 1974, 652; OLG Karlsruhe, OLGZ 1984, 341; OLG Koblenz, OLGZ 1976, 380; LG Berlin, Rpfleger 1974, 29; LG Köln, JurBüro 1976, 254; einschränkend für den Fall, dass die in Bezug genommenen Schriftstücke dem Vergleichsprotokoll nach Maßgabe des § 160 Abs. 5 beigefügt sind: OLG Zweibrücken, MDR 1993, 84.
98 OLG Hamburg, MDR 1985, 584.
99 Unrichtig deshalb OLG Frankfurt, Rpfleger 1975, 326.
100 OLG Stuttgart, NJW-RR 1999, 791 f.
101 BGH, Rpfleger 1991, 260, 261 (Anerkenntnis einer Teilforderung im Vergleich mit Unterwerfung unter die sofortige Zwangsvollstreckung reicht aus).

Rechtskraft der Hauptsache in Betracht.[102] Da sich die Vollstreckbarkeit eines Prozessvergleichs nicht auf das Verhältnis der Prozessgegner zueinander beschränkt, kann auch eine im Vergleich getroffene Kostenregelung der Streitgenossen untereinander Grundlage der Kostenfestsetzung sein.[103]

28 Für und gegen Dritte, die nicht Prozesspartei gewesen sind, ist der Vergleich nur dann Vollstreckungstitel, wenn sie ihm förmlich beigetreten sind[104] oder wenn im Einzelfall die Voraussetzungen der Titelumschreibung nach §§ 727 ff. vorliegen. Die bloße Begünstigung im Titel, auch wenn sie mit einem eigenen Forderungsrecht verbunden ist (§ 328 Abs. 1 BGB), reicht nicht aus.[105] Eine Ausnahme gilt für die von den Eltern im eigenen Namen gem. § 1629 Abs. 3 BGB geschlossenen Unterhaltsvergleiche. Sie bilden für die begünstigten Kinder nach Beendigung der Ehesache einen unmittelbaren Vollstreckungstitel,[106] ohne dass es einer Titelumschreibung bedarf (Klauselerteilung also nach §§ 724, 725). Streitig ist, ob auch die Eltern aus derartigen Vergleichen den Kindesunterhalt im eigenen Namen nach Abschluss der Ehesache weitervollstrecken dürfen.[107] Die Frage ist zu verneinen.[108] § 1629 Abs. 3 BGB will nur verhindern, dass die Kinder in den Scheidungsrechtsstreit hineingezogen werden. Die Vorschrift will aber nicht den sorgeberechtigten Elternteil nach Abschluss des Verfahrens weiter begünstigen. Für zwei Gläubiger nebeneinander besteht zudem kein praktisches Bedürfnis.

29 Obwohl der Prozessvergleich ein vollwertiger Vollstreckungstitel ist, sodass einer Klage auf die aus dem Vergleich geschuldete Leistung regelmäßig das Rechtsschutzinteresse fehlt, macht der Bundesgerichtshof[109] eine Ausnahme, wenn es sich bei der geschuldeten Leistung um die **Abgabe einer Willenserklärung** handelt. Der Vergleich müsste, da er einem der Rechtskraft fähigen Urteil, auf das allein § 894 zugeschnitten ist,[110] nicht vergleichbar ist, nach § 888 vollstreckt werden. Dieser Weg ist langwierig und in seinem Erfolg ungewiss. Ein Urteil führt über § 894 dagegen schnell und sicher ans Ziel. Dieser Rechtsprechung ist trotz der Bedenken gegen das Vorliegen zweier Titel über denselben Anspruch aus praktischen Erwägungen zuzustimmen. Der Schuldner erscheint hier nicht schutzwürdig, da er die geschuldete Willenserklärung jederzeit abgeben kann. Er ist mit einem gutwilligen zahlungsunfähigen Schuldner nicht vergleichbar.

---

102 KG, Rpfleger 1979, 388.
103 OLG Köln, JurBüro 1993, 356.
104 Siehe auch Vor §§ 724–734 Rdn. 8 sowie oben Rdn. 25; wie hier auch *Baumbach/Lauterbach/Hartmann*, § 794 Rn. 9; MüKo/*Wolfsteiner*, § 794 Rn. 101; *Musielak/Voit/Lackmann*, § 794 Rn. 7; PG/*Scheuch*, § 794 Rn. 31; *Rosenberg/Schwab/Gottwald*, § 130 Rn. 13 ff.; *Stein/Jonas/Münzberg*, § 794 Rn. 45; *Zöller/Stöber*, § 794 Rn. 6.
105 A.A. *Baur/Stürner/Bruns*, Rn. 16.9; *Stein/Jonas/Münzberg*, § 794 Rn. 45.
106 OLG Frankfurt, FamRZ 1983, 1268; OLG Hamburg, FamRZ 1985, 624; AG Berlin-Charlottenburg, FamRZ 1984, 506; *Brox/Walker*, Rn. 85; *Zöller/Stöber*, § 794 Rn. 6.
107 So OLG Hamburg, FamRZ 1984, 927; KG, FamRZ 1984, 505; LG Düsseldorf, FamRZ 1986, 87; vgl. auch OLG Hamm, FamRZ 1992, 843; OLG Oldenburg, FamRZ 1992, 844; OLG Schleswig, FamRZ 1990, 189.
108 Ebenso OLG Frankfurt, FamRZ 1983, 1268; OLG Hamburg, FamRZ 1985, 624; AG Berlin-Charlottenburg, FamRZ 1984, 506; *Zöller/Stöber*, § 794 Rn. 6.
109 BGH, NJW 1986, 2704; siehe auch schon KG, FamRZ 1969, 214.
110 Einzelheiten § 894 Rdn. 1.

14. Sonstige Vergleiche im Rahmen von Abs. 1 Nr. 1

Den vor Gericht abgeschlossenen Prozessvergleichen sind die vor einer durch die Landesjustizverwaltung eingerichteten Gütestelle[111] gleichgestellt.[112] Näheres zur Vollstreckung aus diesen Vergleichen regelt § 797a.[113] Die hier angesprochenen Gütestellen sind nicht zu verwechseln mit den »Güteverfahren in bürgerlichen Rechtsstreitigkeiten« nach den – weitgehend ähnlichen – Schiedsamtsgesetzen der Länder.[114] Die dort geschlossenen Vergleiche sind landesrechtliche Vollstreckungstitel nach § 801. Das ist etwa in § 33 Abs. 1 SchAG NRW und in § 28 Abs. 1 HessSchAG ausdrücklich so geregelt. Den in Abs. 1 Nr. 1 genannten staatlichen Gütestellen sind dagegen die von den Landesregierungen bei den Industrie- und Handelskammern errichteten Einigungsstellen nach § 15 UWG[115] zur Beilegung von bürgerlichen Streitigkeiten aus dem UWG gleichgestellt. Auch für die vor diesen Stellen geschlossenen Vergleiche gilt § 797a (§ 15 Abs. 7 Satz 2 UWG).

30

15. Außergerichtliche Vergleiche im Übrigen

Privatrechtliche Vergleiche, die die Parteien außerhalb eines gerichtlichen Verfahrens, wenn auch zur Beilegung eines anhängigen Rechtsstreits, geschlossen haben, wirken nicht unmittelbar auf den schwebenden Rechtsstreit ein.[116] Sie beenden nie ohne zusätzliche prozessuale Erklärungen (Klagerücknahme, Rechtsmittelrücknahme, Erledigungserklärung) automatisch die Rechtshängigkeit.[117] Hat eine Partei sich außergerichtlich zur Klagerücknahme oder zur Erledigungserklärung hinsichtlich der Hauptsache verpflichtet, so wird allerdings die Fortsetzung des Rechtsstreits unstatthaft.[118] Die Klage muss als nunmehr unzulässig abgewiesen werden. Haben die Parteien im außergerichtlichen Vergleich eine Kostenregelung vereinbart, schließt dies den Antrag auf gerichtliche Kostenentscheidung nach § 91a aus.[119] Gleiches gilt für einen Antrag nach §§ 269 Abs. 3, 516 Abs. 3, wenn die Parteien nicht nur die Klage-(Rechtsmittel-) Rücknahme, sondern gleichzeitig eine verbindliche Kostenregelung vereinbart haben.[120] Der außergerichtliche Vergleich ist kein Vollstreckungstitel, die in ihm getroffene Kostenregelung keine Grundlage für eine Kostenfestsetzung nach §§ 103 ff. Ruht der Rechtsstreit nur aufgrund des außergerichtlichen Vergleichs und erfüllt der Beklagte die im Vergleich vereinbarten Verpflichtungen nicht, kann der Kläger nach Fortsetzung des Rechtsstreits im Rahmen der §§ 263, 264 die Klage auf die Vergleichsansprüche umstellen.

31

III. Der Kostenfestsetzungsbeschluss als Vollstreckungstitel (Nr. 2)

Das Urteil oder der sonstige eine Kostenentscheidung enthaltende Titel regeln die Kostentragungspflicht und die Kostenerstattungsansprüche nur dem Grunde nach. Die Höhe der zu erstattenden

32

---

111 Zum Für und Wider der Errichtung solcher Gütestellen siehe *Hendel,* RuP 1977, 9 sowie *Zugehör,* DRiZ 1984, 467.
112 Näheres zu den Gütestellen u. zu ihrer Bedeutung in den einzelnen Bundesländern: *Baumbach/Lauterbach/Hartmann,* § 794 Rn. 4.
113 Zur Zuständigkeit beim Streit über die Aufhebung eines solchen Gütestellenvergleichs siehe OLG Brandenburg, NJW-RR 2001, 645 f.
114 Vgl. etwa das Schiedsamtsgesetz NRW von 1992 (GVBl. NRW 1993, 32) in der Fassung vom 3.5.2005 (GVBl. NRW S. 498) und das hessische Schiedsamtsgesetz vom 23.3.1994 (GVBl. I, 148) in der Fassung vom 1.12.2005 (GVBl. I, 782, 784).
115 Zu den DVOen der einzelnen Bundesländer insoweit siehe *Hefermehl/Köhler/Bornkamm,* Wettbewerbsrecht, 25. Aufl., § 15 UWG Rn. 4.
116 BGH, JZ 1964, 257; BAG, NJW 1963, 1469; NJW 1973, 918; LAG Düsseldorf, JurBüro 1993, 165; LAG Hamm, DB 1971, 972; *Rosenberg/Schwab/Gottwald,* § 130 Rn. 66; *Stein/Jonas/Münzberg,* § 794 Rn. 69; *Zöller/Stöber,* § 794 Rn. 17.
117 A.A. OLG Oldenburg, JZ 1958, 279; MüKo/*Wolfsteiner,* § 794 Rn. 19.
118 *Rosenberg/Schwab/Gottwald,* § 130 Rn. 67.
119 BGH, JR 1970, 464; OLG Hamm, NJW 1976, 147.
120 BGH, MDR 1961, 219; KG, MDR 1979, 677.

Kosten legt dann erst im Verfahren nach §§ 103 ff. der Rechtspfleger (§ 21 Abs. 1 Nr. 1 RPflG) im Kostenfestsetzungsbeschluss fest. Der Kostenfestsetzungsbeschluss wird in der Regel als isolierte Entscheidung ausgefertigt. Liegen die Voraussetzungen des § 105 vor, kann der Festsetzungsbeschluss auch auf die Ausfertigung des Urteils oder sonstigen gerichtlichen Titels gesetzt werden. Eine zusätzliche isolierte Ausfertigung erfolgt dann nicht. Der nach § 105 ausgefertigte Festsetzungsbeschluss bedarf zur Vollstreckung keiner eigenen Vollstreckungsklausel, wenn der Titel, auf dem er sich befindet, vollstreckbar ausgefertigt ist (§ 795a). Aus einem isoliert ausgefertigten Kostenfestsetzungsbeschluss darf die Zwangsvollstreckung erst beginnen, wenn der Beschluss mindestens zwei Wochen vorher zugestellt ist (§ 798). Für eine Vorpfändung (§ 845) gilt dies allerdings nicht.[121] Ist der Titel, zu dessen Kosten sich der Festsetzungsbeschluss verhält, nur gegen Sicherheitsleistung vorläufig vollstreckbar, muss die im Titel genannte Sicherheitsleistung auch vor Vollstreckung des Kostenfestsetzungsbeschlusses nachgewiesen werden.[122] Es empfiehlt sich deshalb, bei anderen Verurteilungen als zu Geldleistungen (bei denen Hauptleistung und Kosten leicht auseinander gerechnet werden können) im Tenor die Sicherheitsleistung für die Hauptsache und für die Kosten getrennt auszuwerfen, damit gegebenenfalls eine isolierte Vollstreckung wegen der Kosten nach Sicherheitsleistung in vertretbarer Höhe ermöglicht wird.

33 Wegen der Vollstreckungsgegenklage gegen Kostenfestsetzungsbeschlüsse siehe § 767 Rn. 31.

34 Kostenfestsetzungsbeschlüsse verlieren ohne Weiteres ihre Wirksamkeit und damit auch ihre Funktion als Vollstreckungstitel, wenn der Titel, auf dem sie beruhen, aufgehoben worden ist[123] (z. B. in der Rechtsmittelinstanz oder im Wiederaufnahmeverfahren). Zur Geltendmachung dieses Einwandes bedarf es keines eigenen Rechtsbehelfs, sondern nur der Vorlage der aufhebenden Entscheidung gegenüber dem Vollstreckungsorgan.

35 Die Vorschriften für isoliert ausgefertigte Kostenfestsetzungsbeschlüsse mit Ausnahme des § 104 Abs. 2 Satz 3 gelten gem. § 11 Abs. 2 Satz 3 RVG entsprechend für Festsetzungsbeschlüsse, die der Rechtsanwalt gegen die eigene Partei erwirkt hat. Sie sind von einem Grundtitel nebst Kostenentscheidung und Entscheidung über eine Sicherheitsleistung unabhängig.

IV. Beschlüsse im vereinfachten Verfahren über den Unterhalt Minderjähriger (aufgehobene Nr. 2a)

36 Die frühere Nr. 2a wurde durch Art. 29 Nr. 20 des FGG-Reformgesetzes vom 17.12.2008[124] mit Wirkung zum 1.9.2009 aufgehoben. Die Vollstreckung richterlicher Entscheidungen in Familienstreitsachen richtet sich schon gem. § 120 Abs. 1 FamFG nach den Vorschriften der ZPO. Einer gesonderten Erwähnung der Beschlüsse, die in einem vereinfachten Verfahren den Unterhalt Minderjähriger festsetzen, bedarf es daher nicht mehr.[125]

V. Beschwerdefähige Beschlüsse (Nr. 3)

37 Nach dem Sinn der Vorschrift fallen unter Nr. 3 alle Entscheidungen, die nach ihrem Inhalt – ohne Rücksicht auf den Streitwert – mit der **Beschwerde der ZPO** anfechtbar wären, wenn die erste Instanz sie erlassen hätte und der Beschwerdewert erreicht wäre.[126] Es gibt keinen vernünftigen Grund,

---

121 KG, Rpfleger 1981, 240; OLG Düsseldorf, NJW 1975, 2210; *Münzberg*, DGVZ 1979, 164.
122 Allgem. Meinung; vgl. *Gaul/Schilken/Becker-Eberhard*, § 13 Rn. 98; *Zöller/Stöber*, § 794 Rn. 18.
123 OLG Karlsruhe, Rpfleger 2000, 555.
124 BGBl. I, S. 2586, 2702.
125 BT-Drucks. 16/6308, S. 326.
126 Ganz h. M.; *Brox/Walker*, Rn. 94; *Bruns/Peters*, § 7 II 1 c; HdbZVR/*Rellermeyer*, Kap. 1 Rn. 148; MüKo/*Wolfsteiner*, § 794 Rn. 119; *Musielak/Voit/Lackmann*, § 794 Rn. 44; *Gaul/Schilken/Becker-Eberhard*, § 13 Rn. 95; PG/*Scheuch*, § 794 Rn. 36; *Stein/Jonas/Münzberg*, § 794 Rn. 100; *Thomas/Putzo/Seiler*, § 794 Rn. 43.

die letztinstanzlichen oder nach § 567 Abs. 2 und 3 unangreifbaren Beschlüsse nicht unmittelbar vollstrecken zu lassen.

Vollstreckungstitel nach Nr. 3 sind insbesondere die Beschlüsse nach §§ 99 Abs. 2, 109 Abs. 2, 135 Abs. 2, 522, §§ 380, 390, 409 (soweit in diesen Beschlüssen Kostenerstattungsansprüche der Parteien tituliert sind),[127] §§ 732, 766, 793, 830 Abs. 1, 836 Abs. 3, 887 (hinsichtlich des Kostenvorschusses für die Ersatzvornahme und der sonstigen Anordnungen zur Sicherung der Durchführung der Ersatzvornahme), § 890 (als Grundlage zur Kostenfestsetzung), §§ 82, 93 ZVG, §§ 27, 34 Abs. 2 InsO (als Herausgabetitel für den Verwalter gegen den Gemeinschuldner)[128] sowie die Anordnung von Sicherungsmaßnahmen nach § 21 InsO (als Herausgabetitel des vorläufigen Insolvenzverwalters gegen den Schuldner).[129] 38

Die der Staatskasse aufgrund von Entscheidungen nach §§ 141 Abs. 3, 380, 390 Abs. 1, 409 Abs. 1, 890 zustehenden Ordnungsgelder und die nach § 888 verwirkten Zwangsgelder werden nicht unmittelbar nach dem 8. Buch der ZPO vollstreckt, sondern nach § 1 Abs. 1 Nr. 3 JBeitrO eingezogen, wobei allerdings nach § 6 JBeitrO die Vorschriften der ZPO weitgehend entsprechende Anwendung finden. Seinem Charakter nach handelt es sich um ein besonderes Verwaltungszwangsverfahren.[130] 39

VI. Einstweilige Anordnungen in Unterhalts- und Ehesachen (aufgehobene Nr. 3a)

Die Vollstreckbarkeit der bis zum 31.8.2009 in Nr. 3a genannten einstweiligen Anordnungen in Unterhalts- und Ehesachen ergibt sich seit dem Inkrafttreten des FamFG am 1.9.2009[131] aus §§ 53, 86 Abs. 1 Nr. 1 FamFG. Nr. 3a konnte daher entfallen. Einstweilige Anordnungen benötigen gem. § 53 Abs. 1 FamFG eine Vollstreckungsklausel nur, wenn die Vollstreckung für oder gegen einen anderen als den im Beschluss bezeichneten Beteiligten erfolgen soll (vgl. § 727); diese Regelung entspricht dem für Arreste und einstweilige Verfügungen geltenden § 929 Abs. 1. Nach § 86 Abs. 3 FamFG ist selbst eine solche titelumschreibende Klausel entbehrlich, wenn die Vollstreckung durch das Gericht erfolgt, das den Titel erlassen hat; denn § 53 Abs. 1 FamFG soll die Klauselpflicht nicht erweitern, sondern einschränken. 40

VII. Vollstreckungsbescheide (Nr. 4)

Der Vollstreckungsbescheid gem. § 699 wird im Mahnverfahren (§§ 688 ff.) vom Rechtspfleger erlassen (§ 20 Nr. 1 RPflG) und steht gem. § 700 Abs. 1 einem vorläufig vollstreckbaren Versäumnisurteil gleich. Er bedarf zur Vollstreckung nur ausnahmsweise, nämlich in den Fällen der §§ 727–729, 738, 742, 744, 749, einer Vollstreckungsklausel (§ 796 Abs. 1). Zuständig ist dann das Amtsgericht, das den Mahnbescheid erlassen hat.[132] Zur Möglichkeit, der Zwangsvollstreckung aus einem unanfechtbaren Vollstreckungsbescheid mit einem Unterlassungsanspruch gem. § 826 BGB entgegenzutreten, siehe Anh. § 767 Rn. 2–4. 41

VIII. Vollstreckbarerklärung von Schiedssprüchen (Nr. 4a)

Nr. 4a wurde neu gefasst durch das Schiedsverfahrens-Neuregelungsgesetz mit Wirkung zum 1.1.1998.[133] Die Neuregelung war wegen des Wegfalls des schiedsrichterlichen Vergleichs und der 42

---

127 Hinsichtlich des Ordnungsgeldes siehe unten Rdn. 39.
128 BGHZ 12, 389; NJW 1962, 1392; LG Düsseldorf, KTS 1957, 143 und 1963, 190; *Kilger/K. Schmidt/Brinkmann*, § 117 KO Anm. 2 m. zahlr. w. Nachw.
129 Dazu *Lohkemper*, ZIP 1995, 1641, 1642 ff., 1649 (bis zum 31.12.1998: § 106 Abs. 1 Satz 2 KO).
130 *Gaul/Schilken/Becker-Eberhard*, § 4 Rn. 53 ff.
131 Art. 1 des FGG-Reformgesetzes vom 17.12.2008, BGBl. I, S. 2586.
132 BGH, ZIP 1993, 1729, 1730; OLG Hamm, Rpfleger 1994, 30; **a. A.** OLG Koblenz, Rpfleger 1994, 307 (Zuständigkeit des im Streitverfahren zuständigen Gerichts) m. ablehnender Anm. *Hintzen*.
133 BGBl. I 1997, S. 3224.

Neuregelung des für vorläufig vollstreckbar erklärten Anwaltsvergleichs in den §§ 796a–796c erforderlich. Sie stellt klar, dass Vollstreckungstitel allein die gerichtliche Entscheidung des OLG über die Vollstreckbarkeit des Schiedsspruches (§ 1062 Abs. 1 Nr. 4) ist, nicht dagegen der Schiedsspruch selbst.[134] Die gerichtliche Entscheidung muss rechtskräftig (Rechtsmittel siehe § 1065) oder für vorläufig vollstreckbar erklärt sein (§ 1064 Abs. 2). Zu den Schiedssprüchen gehört auch derjenige mit vereinbartem Wortlaut (§ 1053), welcher den früheren schiedsrichterlichen Vergleich (§ 1044a a. F.) ersetzt. Für seine Vollstreckbarkeitserklärung ist auch der Notar zuständig (§ 1053 Abs. 4). Dessen Entscheidung ist unanfechtbar, sodass aus ihr sofort vollstreckt werden kann. Zur Anerkennung und Vollstreckung ausländischer Schiedssprüche siehe § 1061.

43 Im Gegensatz zur vorherigen Fassung der Nr. 4a sind die für vollstreckbar erklärten **Anwaltsvergleiche**[135] in der aktuellen Nr. 4a nicht mehr enthalten. Sie sind in Nr. 4b gesondert geregelt. Diese Trennung trägt der Neuregelung des Schiedsverfahrens seit 1.1.1998 Rechnung und soll dazu beitragen, die Regelung in Nr. 4a auch für die am Schiedsverfahren beteiligten ausländischen Rechtsanwender leichter verständlich zu machen.[136]

IX. Vollstreckbarerklärung von Anwaltsvergleichen (Nr. 4b)

44 Nr. 4b wurde durch das Schiedsverfahrens-Neuregelungsgesetz mit Wirkung zum 1.1.1998[137] neu eingefügt. Bis zu diesem Zeitpunkt waren die für vollstreckbar erklärten Anwaltsvergleiche von Nr. 4a i. d. F. bis zum 31.12.1997 erfasst.[138] Da sie seit Inkrafttreten des Schiedsverfahrens-Neuregelungsgesetzes nicht mehr nach den Bestimmungen des Zehnten Buches der ZPO für vollstreckbar erklärt werden, sondern nach den §§ 796a–796c, werden die entsprechenden Vollstreckungstitel seit dem 1.1.1998 auch nicht mehr zusammen mit den Schiedssprüchen, sondern in der neuen Nr. 4b getrennt aufgeführt. Vollstreckungstitel sind allein die Beschlüsse nach den §§ 796b, 796c, welche die Vollstreckbarkeit erklären, nicht dagegen die anwaltlichen Vergleiche selbst.

45 Die Vollstreckbarerklärung durch das Prozessgericht (§ 796b) und diejenige durch den Notar (§ 796c) sind nicht anfechtbar (§ 796b Abs. 2 Satz 3 und § 796c Abs. 1 Satz 2). Die Vollstreckung darf erst nach Ablauf der Wartefrist des § 798 erfolgen.

46 Nach einem Referentenentwurf des Bundesministeriums der Justiz vom 4.8.2010 für das damals geplante **Mediationsgesetz** sollte Nr. 4b auch auf Titel nach dem damals ebenfalls geplanten § 796d verweisen. Dort sollte die Vollstreckbarerklärung der **Mediationsvereinbarung** geregelt werden. Bei der Mediation geht es um ein vertrauliches Verfahren, bei dem die Parteien mithilfe eines Mediators freiwillig und eigenverantwortlich eine einvernehmliche Beilegung ihres Konflikts anstreben. Zwar ist das Mediationsgesetz vom 21.7.2012,[139] mit dem auch die Europäische Mediationsrichtlinie 2008/52/EG vom 21.5.2008,[140] die nur für grenzüberschreitende Streitigkeiten in Zivil- und Handelssachen gilt, umgesetzt werden sollte, am 26.7.2012 in Kraft getreten. Aber zur Einführung eines neuen § 796d und zu einer Ergänzung des § 794 Abs. 1 Nr. 4b ist es nicht gekommen. Falls die Parteien zur Beendigung der Mediation eine **Abschlussvereinbarung** schließen (§ 2 Abs. 6 Satz 3 MediationsG), muss diese notfalls in einem Erkenntnisverfahren durchgesetzt werden. Ein Vollstreckungstitel ist sie nur dann, wenn sie Gegenstand eines Prozessvergleichs oder eines Gütestellenvergleichs (§ 794 Abs. 1 Nr. 1) oder eines vollstreckbaren Anwaltsvergleichs (§ 794 Abs. 1 Nr. 4b) ist oder als notarielle Urkunde (§ 794 Abs. 1 Nr. 5) errichtet ist.

---

134 BGH, NJW-RR 2011, 213, 214.
135 Dazu nach der früheren Rechtslage *Veeser*, Der vollstreckbare Anwaltsvergleich, 1996.
136 BT-Drucks. 13/5274, S. 28 f.
137 BGBl. I 1997, S. 3224.
138 Dazu 2. Aufl., § 794 Rn. 31.
139 BGBl. I S. 1577.
140 ABl. EU vom 24.5.2008, L 136, S. 3 ff.

X. Vollstreckbare Urkunden (Nr. 5)

1. Aufnahme vor einem deutschen Gericht oder Notar

Es muss sich um Urkunden handeln, die von einem deutschen Gericht oder von einem deutschen Notar innerhalb der Grenzen seiner Amtsbefugnisse in der vorgeschriebenen Form aufgenommen sind. Seit dem 1.1.1970 (vgl. § 71 BeurkG) sind gerichtliche Beurkundungen von Ansprüchen nur noch im Rahmen des § 62 BeurkG zulässig, also die Beurkundung der Verpflichtung zur Erfüllung von Unterhaltsansprüchen eines Kindes (oder zur Leistung einer anstelle des Unterhalts zu gewährenden Abfindung) sowie die Beurkundung der Verpflichtung zur Erfüllung von Ansprüchen einer Mutter oder eines Vaters nach § 1615l BGB (Unterhalt aus Anlass der Geburt eines Kindes). Von diesen Ausnahmefällen abgesehen fallen unter Nr. 5 praktisch nur noch notarielle Urkunden. Die »vorgeschriebene Form« ist die notarielle Protokollierung nach §§ 8 ff. BeurkG. Die grundsätzliche Zuständigkeit des Notars zur Beurkundung ergibt sich aus §§ 1, 2 BNotO. Ob der Notar die Beurkundung innerhalb seines Amtsbezirks (§§ 10, 11 Abs. 1 BNotO) vorgenommen hat, ist für die Wirksamkeit der Beurkundung ohne Belang (§§ 11 Abs. 3 BNotO, 2 BeurkG), im Rahmen der Vollstreckung aus einer solchen Urkunde also auch nicht zu prüfen.   47

Gem. § 60 Satz 1 u. 3 SGB VIII ist Nr. 5 entsprechend anzuwenden auf die Vollstreckung der vom Jugendamt nach § 59 Abs. 1 Satz 1 Nr. 3, 4 SGB VIII aufgenommenen Urkunden. Aufgrund landesgesetzlicher Regelung (z. B. § 33 Abs. 1 SchAG NRW, § 28 Abs. 1 HessSchAG) werden auch die vor einem Schiedsmann geschlossenen Vergleiche im Hinblick auf die Zwangsvollstreckung wie notarielle Urkunden behandelt.[141]   48

2. Inhalt der Urkunde

Hinsichtlich des Inhaltes der vollstreckbaren Urkunden wurde die Nr. 5 durch die 2. Zwangsvollstreckungsnovelle mit Wirkung zum 1.1.1999 neu gefasst.[142] Die jetzige Fassung gilt für alle nach dem 1.1.1999 errichteten Urkunden. Inhaltlich wurde die Vollstreckungsmöglichkeit aus notariellen Urkunden erweitert. Nach der alten Fassung des Abs. 5 musste die Urkunde über einen Anspruch auf Zahlung einer bestimmten Geldsumme oder auf Leistung einer bestimmten Menge anderer vertretbarer Sachen oder Wertpapiere errichtet sein. Für diese Beschränkung wird angesichts der umfassenden Belehrungspflicht der Notare kein Grund mehr gesehen. Nunmehr kommt jeder Anspruch in Betracht, der einer vergleichsweisen Regelung zugänglich ist, nicht auf Abgabe einer Willenserklärung gerichtet ist und nicht den Bestand eines Mietverhältnisses über Wohnraum betrifft. Durch die Erweiterung der Nr. 5 auf grundsätzlich alle vollstreckungsfähigen Ansprüche sollen die Gerichte von Erkenntnisverfahren zum Zwecke der Titelverschaffung entlastet werden. Außerdem trägt diese Erweiterung zur Waffengleichheit der Parteien bei, weil nach der früheren Regelung nur diejenige von zwei Vertragsparteien, die einen auf Geldzahlung gerichteten Anspruch hatte, unmittelbar aus der Urkunde vollstrecken konnte.[143] Der materielle Anspruch, zu dessen Durchsetzung aus der notariellen Urkunde vollstreckt werden soll, muss nicht notwendig zum Privatrecht gehören; denn für die Vollstreckung nach den Vorschriften der ZPO ist der zu vollstreckende Titel und nicht der zu Grunde liegende Anspruch maßgeblich. Vollstreckbare Urkunden, die nach Maßgabe der ZPO errichtet worden sind, werden auch dann nach der ZPO vollstreckt, wenn der Anspruch selbst öffentlich-rechtlicher Natur ist.[144]   49

---

141 Siehe oben Rdn. 30.
142 BGBl. I 1997, S. 3040.
143 BT-Drucks. 13/314, S. 11, 20.
144 BGH, NJW-RR 2006, 645 f. (Anspruch aus notariell beurkundetem Erschließungsvertrag).

a) Grundsatz: Anspruch einer vergleichsweisen Regelung zugänglich

50 Die Urkunde muss über einen Anspruch errichtet sein, der einer vergleichsweisen Regelung zugänglich ist. Das bedeutet ebenso wie bei einem Prozessvergleich,[145] dass auch die materiellen Vergleichsvoraussetzungen vorliegen müssen. Der Anspruch muss also dem Verfügungsrecht des Unterwerfungsschuldners unterliegen. Die Regelung entspricht insoweit derjenigen des neu gefassten § 1030 Abs. 1 über die Schiedsfähigkeit.

b) Ausnahmen

51 Keine Vollstreckungstitel sind Urkunden über Ansprüche, die auf Abgabe einer Willenserklärung gerichtet sind oder den Bestand eines Mietverhältnisses über Wohnraum betreffen.

aa) Ansprüche auf Abgabe einer Willenserklärung

52 Die Ausnahme für Ansprüche auf Abgabe einer Willenserklärung beruht darauf, dass eine Vollstreckung nach § 894 ein rechtskräftiges Urteil voraussetzt. Zwar wäre ebenso wie bei Prozessvergleichen, aus denen sich ein Anspruch auf Abgabe einer Willenserklärung ergibt, eine Vollstreckung nach § 888 denkbar.[146] Aber dieser Weg wird schon für Prozessvergleiche als langwierig und in seinem Erfolg als ungewiss angesehen.[147] Deshalb ist die Neufassung des § 794 Abs. 1 Nr. 5, in der Ansprüche auf Abgabe einer Willenserklärung von vornherein ausgeschlossen sind, sachgerecht.

bb) Ansprüche betreffend den Bestand von Wohnraummietverhältnissen

53 Ferner kann ein Anspruch, der den Bestand eines Mietverhältnisses über Wohnraum betrifft, nicht Gegenstand einer vollstreckbaren Urkunde sein.[148] Diese Regelung verhindert (wie § 1030 Abs. 2), dass Bestandsstreitigkeiten über Wohnraummietverhältnisse den staatlichen Gerichten entzogen werden. Dadurch wird der besonderen sozialen Schutzbedürftigkeit des Mieters Rechnung getragen. Betroffen sind neben mietvertraglichen Räumungs- und Herausgabeansprüchen auch die Ansprüche auf Fortsetzung und Verlängerung des Mietverhältnisses nach den §§ 574–574c, 575 BGB. Dagegen können etwa über Mietforderungen vollstreckbare Urkunden errichtet werden.[149] Gleiches gilt für Ansprüche auf Räumung, sofern sie sich nicht gerade auf Wohnraum beziehen, sowie für den Räumungsanspruch des Erwerbers, weil zwischen ihm und dem Veräußerer kein Mietverhältnis im Streit ist. Umstritten ist die Anwendung auf sog. *Mischmietverhältnisse* über nicht trennbare Wohn- und Geschäftsräume. Zum Teil wird eine Titulierung nach § 794 Abs. 1 Nr. 5 nur dann ausgeschlossen, wenn die Nutzung des Objekts zu Wohnzwecken überwiegt (Schwerpunkttheorie).[150] Dagegen spricht, dass dann der für die Räumungs- und Herausgabevollstreckung zuständige Gerichtsvollzieher vor der Vollstreckung eine möglicherweise schwierige Prüfung vorzunehmen hat, die nicht in das formalisierte Vollstreckungs-, sondern in das Erkenntnisverfahren gehört. Deshalb sollte auch bei (unstreitig vorliegenden) Mischmietverhältnissen eine Titulierung in einer vollstreckbaren Urkunde ausgeschlossen sein.[151]

c) Hinreichende Bestimmtheit des Anspruchs

54 Hinsichtlich der Bestimmtheit des Anspruchs gelten zunächst die allgemeinen Grundsätze wie für Urteile und sonstige Titel auch.[152] Nach der Rechtsprechung des BGH ist der Anspruch bestimmt,

---

145 Rdn. 1 ff.
146 Siehe Rdn. 29 sowie § 888 Rdn. 16 u. § 894 Rdn. 1.
147 Siehe Rdn. 29.
148 Kritisch zu dieser Regelung *Münch*, ZNotP 1998, 474, 478 f.
149 BT-Drucks. 13/341, S. 21.
150 Z. B. MüKo/*Wolfsteiner*, § 794 Rn. 21; Zöller/Stöber, § 794 Rn. 26.
151 OLG Oldenburg, NJW 2015, 709, 710; *Musielak/Voit/Lackmann*, § 794 Rn. 32.
152 Siehe: Vor §§ 704–707 Rdn. 13–18.

wenn er entweder im Titel betragsmäßig festgelegt ist oder wenn er sich jedenfalls aus für die Vollstreckungsorgane allgemein zugänglichen Quellen (z. B. Bundesgesetzblatt, Grundbuch) errechnen lässt.[153] Es reicht auch aus, wenn sich der geschuldete Betrag aus der Anwendung einer Wertsicherungsklausel ergibt, die auf den vom Statistischen Bundesamt ermittelten Verbraucherpreisindex (früher Preisindex für die Lebenshaltungskosten) abstellt; denn diese Indizes werden u. a. im Bundesanzeiger und im statistischen Jahrbuch veröffentlicht und können über das Internet erfragt werden.[154] Sie sind damit offenkundig i. S. v. § 291.[155] Dieses Bestimmtheitserfordernis gilt auch, wenn in der Urkunde zulässigerweise[156] ein künftiger, zur Zeit der Errichtung noch nicht entstandener oder ein aufschiebend bedingter Anspruch tituliert ist. Die Bestimmtheit ist demgemäß zu verneinen, wenn die Urkunde nur auf eine mögliche, nicht schon im Betrag festliegende Forderung lautet, wie im Fall der Höchstbetragshypothek (§ 1190 BGB).[157] Die Unterwerfung unter die Zwangsvollstreckung aus der Urkunde »wegen etwaiger Verpflichtungen zur Zahlung bestimmter Geldsummen« genügt nicht dem Bestimmtheitsgebot.[158] Ist in einer solchen Urkunde ein bestimmter Teilbetrag etwa als Mindestbetrag schon festgeschrieben, ist die Vollstreckung dieses bestimmten Teiles aus der Urkunde allerdings möglich.[159] Ein ähnliches Problem stellt sich bei Urkunden, die über Rentenleistungen mit einer Gleitklausel errichtet sind. Soll die Rente der Entwicklung eines bestimmten Beamtengehaltes, bestimmten Preissteigerungen oder ähnlichen Entwicklungen angepasst werden, ist die Vollstreckung unmittelbar aus der Urkunde nur wegen des bezifferten Grundbetrages möglich (insoweit ist eine Vollstreckung also möglich),[160] nicht wegen des Steigerungsraten.[161] Denn der Steigerungsbetrag ergibt sich weder betragsmäßig aus der Urkunde noch lässt er sich allein aus der Urkunde errechnen. Es bedarf der Berücksichtigung anderweitiger Veröffentlichungen, oft auch noch der Klärung strittiger Rechtsfragen, etwa hinsichtlich der Berücksichtigung einmaliger Leistungen bei der Feststellung eines Beamtengehaltes. Zu unbestimmt ist jedenfalls die Koppelung der Zahlungsverpflichtung an ein bestimmtes Beamtengehalt zuzüglich Ortszuschlag, wenn bis zur Zeit der Vollstreckung die maßgebliche Besoldungsordnung geändert wurde und gar keinen Ortszuschlag mehr enthält.[162] Vollstreckungsrechtlich zu unbestimmt ist auch die Bindung einer Unterhaltsverpflichtung an die »jeweils gültige Düsseldorfer Tabelle«.[163] Auch hier ist nur der konkret ausgewiesene Ausgangsbetrag aus der Urkunde unmittelbar vollstreckbar. Differenziert werden muss bei der Vereinbarung eines Höchstzinssatzes »... bis zu ... %«. Setzt dieser Zinssatz sich aus verschiedenen Zinsansprüchen, die teils bedingt, teils unbedingt sind, zusammen, nennt die Urkunde die Bedingungen für die Entstehung der bedingten Ansprüche zweifelsfrei und sind die bedingten Ansprüche für den Fall ihrer Entstehung genau beziffert, so ist der Zinsanspruch insgesamt der Höhe nach bestimmt,[164] und zwar sowohl für den Fall des Nichteintritts der Bedingung als auch für den Fall des Bedingungseintritts. Steht der Anspruch dagegen der Höhe nach

---

153 BGH, NJW-RR 2010, 1365; NJW-RR 2005, 366; NJW-RR 2004, 472 und 649; BGH, Rpfleger 2000, 399; BGHZ 22, 54; WM 1981, 189; NJW 1983, 2262; siehe auch BGH, LM Nr. 22 zu § 794 Abs. 1 Ziff. 5 ZPO mit Anm. *Walker;* NJW 1996, 2165 f.
154 BGH, NJW-RR 2005, 366.
155 BGH, NJW-RR 2004, 649.
156 BGH, NJW 1980, 1050; NJW 1981, 2756; OLG Frankfurt, Rpfleger 1981, 59; *Wolfsteiner,* Die vollstreckbare Urkunde, Rn. 29.1 ff.
157 BGH, NJW 1983, 2262; BayObLGZ 4, 196; OLG Frankfurt, Rpfleger 1977, 220; a. A. LG Osnabrück, JurBüro 1956, 150.
158 BGH, NJW-RR 2012, 1342 f.
159 BGH, DNotZ 1971, 233.
160 BGH, NJW-RR 2006, 148 f.
161 Vgl. BGHZ 22, 54; OLG Celle, JurBüro 1979, 276 mit Anm. *Mümmler;* OLG Nürnberg, NJW 1957, 1286; LG Essen, NJW 1972, 2050; LG Stuttgart, DNotZ 1972, 671; LG Wiesbaden, DGVZ 1972, 59; AG Darmstadt, DGVZ 1980, 173; a. A. LG Göttingen, DNotZ 1972, 671.
162 BGH, NJW-RR 2010, 1365, 1366.
163 OLG Koblenz, FamRZ 1987, 1291.
164 BGH, WM 1971, 165; NJW 1983, 2262; a. A. OLG Stuttgart, DNotZ 1983, 52.

noch nicht fest, soll er sich erst aus außerhalb der Urkunde liegenden Umständen errechnen lassen, ist der Anspruch vollstreckungsrechtlich zumindest dann nicht ausreichend bestimmt, wenn die exakte Leistungsbestimmung durchaus schon in der notariellen Urkunde möglich war;[165] denn es ist nicht die Aufgabe des Vollstreckungsorgans, die Anspruchshöhe durch eine zeitraubende Hinzuziehung außerurkundlicher Daten zu berechnen, wenn dies die Parteien bei Erwirken des Titels ohne Weiteres selbst hätten vornehmen können. Das gilt allerdings nicht für den Fall, dass nur der Beginn des Zinslaufes vom Eintritt von Umständen, die sich nicht allein mit der Urkunde selbst nachweisen lassen (z. B. Verzinsung einer Grundschuld ab dem Tag der Eintragung dieser Grundschuld im Grundbuch), abhängt.[166] Hier genügt zur Vollstreckung der Nachweis der Eintragung durch öffentliche Urkunde.

d) Maßgeblichkeit der Bezeichnung des Anspruches im Titel

55 Bei der Frage der hinreichenden Bestimmtheit des Anspruchs ist allein auf die Benennung im Titel, nicht auf den tatsächlichen materiellrechtlichen Anspruch zur Zeit der Urkundenerrichtung abzustellen. Deshalb ist die Urkunde in der gebotenen Weise bestimmt, wenn der Schuldner in sie ohne Rücksicht auf die zur Zeit der Urkundenerrichtung noch nicht feststehende Höhe seiner Verbindlichkeit zum Zwecke der Zwangsvollstreckung einfach eine bestimmte (etwa von ihm geschätzte) Summe aufnehmen lässt.[167] Der Schuldner muss in einem solchen Fall gegebenenfalls später mit der Klage nach § 767 geltend machen, dass der Anspruch nie in der ausgewiesenen Höhe entstanden ist.[168]

3. Bestimmtheit von Gläubiger und Schuldner

56 Wie bei jedem anderen Titel müssen in der Urkunde ein bestimmter Gläubiger und ein bestimmter Schuldner genannt sein.[169] Diesem Erfordernis genügt nicht die Erklärung eines Grundstückseigentümers, er wolle gegenüber dem in der Urkunde noch nicht namentlich bezeichneten künftigen Inhaber der durch die Urkunde bestellten Grundschuld persönlich haftbar sein, und er unterwerfe sich wegen dieser persönlichen Schuld der sofortigen Zwangsvollstreckung.[170] Nicht zu verwechseln ist hiermit die in § 800 geregelte Möglichkeit, dass der Eigentümer eines Grundstücks nicht nur sich selbst, sondern auch jeden künftigen Eigentümer des Grundstücks der sofortigen Zwangsvollstreckung aus der Urkunde unterwirft. Hier stehen der ursprüngliche Schuldner aus dem Titel und seine Rechtsnachfolge fest.

4. Rechtsgrundlage für den Anspruch

57 Der in der vollstreckbaren Urkunde titulierte Anspruch kann sowohl aus einem konkreten Schuldverhältnis (z. B. Kaufvertrag, Mietvertrag, Werkvertrag usw.) als auch aus einem abstrakten Schuldanerkenntnis herrühren. Ist ein bestimmter Anspruch aus einem konkret bezeichneten Schuldverhältnis tituliert, so kann auch nur dieser aus der Urkunde vollstreckt werden und nicht ein anderer, etwa aus materiellrechtlichen Gründen an seine Stelle tretender[171] (Anspruch auf Schadensersatz anstelle des Erfüllungsanspruchs, Anspruch auf Nutzungsentschädigung anstelle des Mietzinsanspruchs usw.). Eine nicht ihrerseits notariell beurkundete Abrede, den titulierten Anspruch auszu-

---

165 Vgl. OLG Düsseldorf, OLGZ 1980, 339; OLG Köln, VersR 1993, 1505; weitergehend BGH, LM Nr. 22 zu § 794 Abs. 1 Ziff. 5 ZPO m. krit. Anm. *Walker*, Rpfleger 1995, 366 und Anm. *Münzberg*. Entgegen KG, DNotZ 1983, 681, kann in einem solchen Fall die Bestimmung des Anspruchs der Höhe nach auch nicht dem Verfahren nach § 726 überlassen werden.
166 BGH, Rpfleger 2000, 399; OLG Stuttgart, Rpfleger 1973, 222.
167 BGH, WM 1996, 1931, 1933; OLG Düsseldorf, NJW 1971, 436.
168 Zur Beweislast in diesem Rechtsstreit BGH, WM, 1996, 1931, 1933; NJW 1981, 2756.
169 BGH, WM 1958, 1194.
170 KG, JurBüro 1975, 1207.
171 BGH, NJW 1980, 1050; OLG Frankfurt, MDR 1987, 506; OLG Hamm, NJW-RR 1996, 1024.

wechseln und für den neuen Anspruch aus der Urkunde haften zu wollen, ist vollstreckungsrechtlich unbeachtlich.¹⁷²

5. Unterwerfung unter die sofortige Zwangsvollstreckung

Entscheidend für den Charakter der Urkunde als Vollstreckungstitel ist schließlich, dass der Schuldner sich in ihr der sofortigen Zwangsvollstreckung unterworfen hat. Der Fiktion in § 9 Abs. 1 Satz 2 BeurkG ist zu entnehmen, dass der Anspruch einerseits und die Unterwerfungserklärung andererseits nicht tatsächlich in derselben Urkunde aufgenommen werden müssen. Bei der Beurkundung der Unterwerfungserklärung kann vielmehr auf den bereits in einer anderen Urkunde enthaltenen Anspruch verwiesen werden.

58

Die Unterwerfungserklärung kann auch in »Allgemeinen Vertrags- oder Geschäftsbedingungen«, die formell ordnungsgemäß zum Gegenstand der Beurkundung gemacht werden, enthalten sein. Dann gelten die Regelungen über Allgemeine Geschäftsbedingungen.¹⁷³ In der formularmäßigen Unterwerfung liegt keine unangemessene Benachteiligung des Schuldners i. S. d. § 307 Abs. 1 BGB,¹⁷⁴ da dieser über § 767 Abs. 1 hinreichenden Rechtsschutz hat. Das gilt auch dann, wenn sich der Schuldner (Kreditnehmer) in einer Grundschuldbestellungsurkunde der sofortigen Vollstreckung unterwirft und der Gläubiger (Bank) die Darlehensforderung nebst Grundschuld frei an beliebige Dritte veräußern kann.¹⁷⁵ Zwar mag die Übertragung der Vollstreckungsforderung und der dafür bestellten Grundschuld z. B. an einen Finanzinvestor zu einer Schlechterstellung des Schuldners führen, weil der Zessionar im Gegensatz zur kreditgebenden Bank nicht an einer langfristigen Kundenbeziehung zum Schuldner, sondern u. U. an einer kurzfristigen Durchsetzung der Forderung interessiert ist.¹⁷⁶ Aber das allein führt nicht zu einer unangemessenen Benachteiligung i. S. v. § 307 Abs. 1 BGB, zumal diesen Nachteilen anerkennenswerte Interessen der klauselverwendenden Bank sowohl an der Vollstreckungsunterwerfung als auch an der Abtretbarkeit der Kreditforderungen und Sicherungsmittel gegenüberstehen (Refinanzierung, Verlagerung von Kreditrisiken, Entlastung des Eigenkapitals, Einsparung des Aufwandes für die effektive Realisierung von Sicherheiten). Vor allem hat der Gesetzgeber durch die Einfügung des § 799a zum Ausdruck gebracht, dass er die formularmäßige Vollstreckungsunterwerfung nicht als unangemessene Benachteiligung des Schuldners einstuft, sondern von der Wirksamkeit solcher Klauseln ausgeht; denn nach dieser Vorschrift wird der Schuldner bei einer durch den Zessionar unberechtigt betriebenen Zwangsvollstreckung anders geschützt, nämlich durch einen verschuldensunabhängigen Schadensersatzanspruch gegen den Neugläubiger.¹⁷⁷ Allerdings legt der BGH¹⁷⁸ die Vollstreckungsunterwerfung in einer notariellen Beurkundung einer Sicherungsgrundschuld so aus, dass sie sich nur auf Ansprüche aus einer treuhänderisch gebundenen Sicherungsgrundschuld bezieht. Deshalb kann der Zessionar nicht aus der Sicherungsgrundschuld vorgehen, wenn er die Verpflichtungen

59

---

172 BGH, NJW 1982, 2072.
173 BGH, NJW 1992, 2160, 2162 f.; OLG Düsseldorf, NJW-RR 1996, 148; OLG Stuttgart, OLGZ 1994, 101; a. M. *Kümpel*, WM 1978, 746.
174 Wie hier: BGH, NJW 1987, 904; OLG Celle, NJW-RR 1991, 667; OLG Hamm, DNotZ 1993, 244 (zu §§ 3, 9 Abs. 1, 11 Nr. 15 AGBG); OLG München, NJW-RR 1992, 125, 126; OLG Stuttgart, NJW 1979, 222; LG Stuttgart, WM 1977, 1318; *Damm*, JZ 1994, 161 (auch zur EG-Richtlinie 93/13/EWG = NJW 1993, 1838); *Gaul/Schilken/Becker-Eberhard*, § 13 Rn. 42; *Musielak/Voit/Lackmann*, § 794 Rn. 30; PG/*Scheuch*, § 794 Rn. 54; *Wolfsteiner*, Die vollstreckbare Urkunde, S. 6, 15; a. A. *Stürner*, JZ 1977, 432, 639.
175 Dazu und zur folgenden Argumentation BGH, ZIP 2010, 1072 ff.; ebenso schon OLG Celle, ZIP 2009, 1515 ff.
176 Mit dieser Begründung wurde eine unangemessene Benachteiligung noch bejaht von LG Hamburg, NJW 2008, 2784; *Schimansky*, WM 2008, 1049. **Ablehnend** dazu *Habersack*, NJW 2008, 3173; *Koch*, Jura 2010, 179, 182; *Schulz*, ZIP 2008, 1858; *Walker/Hebel*, WuB VI. D § 727 ZPO 1.09.
177 So schon OLG Celle, ZIP 2009, 1515, 1518; *Habersack*, NJW 2008, 3173, 3176 f.; *Langenbucher*, NJW 2008, 3169, 3172; *Walker/Hebel*, WuB VI. D § 727 ZPO 1.09.
178 BGH, ZIP 2010, 1072, 1076 ff.

aus dem Sicherungsvertrag (z. B. Rückgabe der Sicherheit bei endgültigem Wegfall des Sicherungszwecks) nicht übernimmt. Er ist dann nicht Rechtsnachfolger i. S. v. §§ 795 Satz 1, 727 Abs. 1. Die Voraussetzung des Eintritts in den Sicherungsvertrag ist im Klauselerteilungsverfahren zu prüfen.[179]

60 Ob ein Verstoß gegen das Verbot einer klauselmäßigen **Änderung der Beweislast** zum Nachteil des Nichtverwenders vorliegt, wenn der Schuldner formularmäßig auf den Nachweis der die Fälligkeit begründenden Tatsachen verzichtet, ist umstritten.[180] Ist die Unterwerfungserklärung in einer einseitigen notariellen Urkunde, die der Schuldner hat errichten lassen, enthalten und bezieht sie sich auf einen in einer anderen notariellen Urkunde enthaltenen Anspruch, so benötigt der Gläubiger nach § 51 Abs. 2 BeurkG die Zustimmung des Schuldners, um seinerseits vom Notar eine Ausfertigung der Unterwerfungsurkunde verlangen zu können.[181]

61 Die Unterwerfungserklärung ist eine ausschließlich auf das Zustandekommen eines Vollstreckungstitels gerichtete, einseitige **prozessuale**, durch den Gläubiger nicht empfangsbedürftige **Willenserklärung**, die nur prozessrechtlichen Grundsätzen untersteht.[182] Die Vorschriften über die Willenserklärungen des materiellen Rechts, etwa §§ 119 ff., 164 ff., 185 BGB, sind auf sie grundsätzlich nicht anwendbar.[183] Statt der §§ 164 ff. BGB gelten die §§ 78 ff.[184] Die prozessuale Unterwerfungserklärung eines Ehegatten unterliegt nicht dem Zustimmungserfordernis des § 1365 BGB; denn in ihr liegt keine Verfügung über das Vermögen im Ganzen.[185] Die Nichtigkeit des materiellrechtlichen Rechtsgeschäfts, aus dem der zu vollstreckende Anspruch resultiert, führt **nicht** (etwa vergleichbar der Doppelnatur des Prozessvergleichs) zugleich zur Unwirksamkeit der Zwangsvollstreckungsunterwerfungserklärung;[186] insbesondere ist § 139 BGB unanwendbar.[187] Der Zwangsvollstreckung aus einer derartigen Urkunde kann deshalb nicht gem. § 766 mit dem Argument entgegengetreten werden, es fehle an einem Titel. Das Fehlen eines materiellrechtlichen Anspruchs kann vielmehr nur mit der Klage nach § 767 geltend gemacht werden. Eine Klage analog § 767 kommt auch dann in Betracht, wenn eine Unterwerfungserklärung in Allgemeinen Geschäftsbedingungen der Inhaltskontrolle für Allgemeine Geschäftsbedingungen (z. B. wegen unzulässiger Änderung der Beweislast) nicht standhält.[188] Dabei handelt es sich um einen materiellen Einwand, der auch nicht mit der bei formellen Fehlern statthaften Klauselerinnerung nach § 732 gerügt werden kann;[189] denn trotz Vorliegen eines Unwirksamkeitsgrundes kann der Kläger aus der Urkunde vollstrecken.

62 Ist das materiellrechtliche Rechtsgeschäft von einer **gerichtlichen oder behördlichen Genehmigung** abhängig, etwa von der familien- oder betreuungsgerichtlichen Genehmigung in den Fällen der

---

179 Kritisch dazu *Skauradszun*, MDR 2010, 845.
180 **Bejahend** z. B. OLG Düsseldorf, NJW-RR 1996, 148; OLG Stuttgart, OLGZ 1994, 101; OLG Nürnberg, WM 1991, 426; **verneinend** z. B. OLG Celle, NJW-RR 1991, 667; OLG Hamm, WM 1991, 1055 f.; OLG München, NJW-RR 1992, 125. Vgl. auch *Pause*, NJW 2000, 770.
181 OLG Hamm, JMBl.NW 1987, 234; LG Frankfurt, DNotZ 1985, 479 mit Anm. *Wolfsteiner*.
182 BGH, NJW-RR 2008, 1075, 1076; NJW-RR 2007, 749, 750; NJW 2004, 844; NJW 2003, 1595, 1596; NJW 1985, 2423; WM 1981, 189; BGHZ 88, 62 ff.; 108, 372, 375; OLG Frankfurt, DNotZ 1972, 85; *Gaul/Schilken/Becker-Eberhard*, § 13 Rn. 68; PG/*Scheuch*, § 794 Rn. 52; *Stein/Jonas/Münzberg*, § 794 Rn. 125; *Wolfsteiner*, Die vollstreckbare Urkunde, S. 14; *Zöller/Stöber*, § 794 Rn. 32.
183 BGH ZIP 2003, 2346, 2348; LG Saarbrücken, NJW 1977, 584; *Brox/Walker*, Rn. 89; *Gaul/Schilken/Becker-Eberhard*, § 13 Rn. 68.
184 Ausdrücklich BGH NJW 2003, 1594, 1595 mit zust. Anm. *Derleder* in EWiR 2003, 597 f.; ferner BGH ZIP 2003, 2346, 2348.
185 BGH, NJW 2008, 3363, 3364.
186 BGHZ 1, 181; NJW 1985, 2423; NJW 1994, 2755, 2756; *Stein/Jonas/Münzberg*, § 794 Rn. 125; *Thomas/Putzo/Seiler*, § 794 Rn. 54; **a. A.** OLG Düsseldorf, DNotZ 1983, 686.
187 BGH, NJW-RR 2008, 1075, 1076; MüKo/*Wolfsteiner*, § 794 Rn. 143; *Zöller/Stöber*, § 794 Rn. 32.
188 OLG Hamm, WM 1991, 1055; OLG München, NJW-RR 1992, 125 f.; *Brox/Walker*, Rn. 89; *Stein/Jonas/Münzberg*, § 794 Rn. 128; vgl. allerdings OLG Stuttgart, OLGZ 1994, 101 sowie LG Mainz, DNotZ 1990, 567 (Erinnerung nach § 732).
189 BGH, NJW 2009, 1887 f. mit zust. Anm. *Koch*, EWiR 2009, 359.

§§ 1643, 1821, 1915 BGB, so bedarf die isoliert vom – genehmigten – Rechtsgeschäft abgegebene einseitige Zwangsvollstreckungsunterwerfungserklärung nicht ihrerseits der zusätzlichen vormundschaftsgerichtlichen Genehmigung. Der Notar sollte den Schuldner allerdings im Rahmen der Belehrung (§ 18 BeurkG) darauf hinweisen, dass die Unterwerfung unter der Bedingung der Erteilung der Genehmigung für das Rechtsgeschäft erklärt werden kann. Durch eine solche Bedingung i. S. v. § 726 lässt sich vermeiden, dass der Schuldner das Fehlen der Genehmigung später mit der Vollstreckungsgegenklage (§§ 767, 795) geltend machen muss.

Zur Abgabe der Unterwerfungserklärung ist **Prozessfähigkeit** (§ 52) erforderlich. Wie alle prozessualen Willenserklärungen muss auch die Unterwerfungserklärung nicht höchstpersönlich abgegeben werden. **Vertretung** ist möglich (§ 79). Das setzt eine wirksame Vollmacht voraus. Auch der Insolvenzverwalter benötigt eine Vollmacht; er ist nicht kraft Gesetzes (§ 80 InsO) zur Abgabe der Unterwerfungserklärung im Namen des Schuldners befugt.[190] Eine widerrufliche Vollmacht bedarf keiner besonderen Form.[191] Ist die Vollmacht für die Unterwerfungserklärung in einer formularmäßigen Vollmacht für eine Grundschuldbestellung enthalten, liegt darin kein Verstoß gegen das Verbot überraschender Klauseln nach § 305c Abs. 1 BGB.[192] Bei Nichtigkeit der Vollmacht (z. B. wegen Verstoßes gegen das Rechtsdienstleistungsgesetz) liegt bei Abgabe der Unterwerfungserklärung keine wirksame Vertretung vor. Die §§ 172 ff. BGB[193] sowie die allgemeinen Grundsätze der Rechtsscheinsvollmacht sind auf eine Vollmacht für eine Unterwerfungserklärung nicht anwendbar.[194] Handelt der Vertreter ohne Vertretungsmacht, wird die Unterwerfung erst durch die Genehmigung des Vertretenen wirksam (§ 89).[195] Ohne Genehmigung entsteht kein wirksamer Vollstreckungstitel nach § 794 Abs. 1 Nr. 5.[196] Der Schuldner kann sich allerdings nach Treu und Glauben nicht auf die Unwirksamkeit der Unterwerfungserklärung berufen, wenn er materiellrechtlich verpflichtet ist, sich der Zwangsvollstreckung in sein Vermögen zu unterwerfen.[197] Wird die Genehmigung nicht persönlich zur Niederschrift des Notars erklärt, muss sie spätestens bei der Klauselerteilung in entsprechender Anwendung des § 726 Abs. 1 durch öffentliche oder öffentlich beglaubigte Urkunde nachgewiesen werden.[198] Das gleiche Formerfordernis gilt für den Nachweis der Vollmacht dessen, der als bevollmächtigter Vertreter auftritt.[199] Auch die Erteilung und der Umfang der Vollmacht sind entsprechend § 726 im Klauselerteilungsverfahren zu prüfen. Eine erteilte Klausel kann dann nicht mehr von den Zwangsvollstreckungsorganen nachgeprüft werden; vielmehr muss der Schuldner Einwendungen nach § 732 geltend machen.[200] Wie § 800 zeigt, kann der Eigentümer eines Grundstücks die Unterwerfungserklärung, für eine bestimmte Forderung aus dem Grundstück haften zu wollen, nicht nur für sich selbst, sondern auch für alle künftigen Eigentümer des Grundstücks abgeben.[201] Der künftige Erwerber haftet dann ohne Weiteres dinglich aus dem Grundstück. Persönlicher Schuldner der der Unterwerfungserklärung zugrundeliegenden Forderung wird er aber nur, wenn er selbst diese Forderung zusätzlich übernimmt. Soll auch insoweit ein Vollstreckungstitel geschaffen werden, muss der Erwerber persönlich sich der Zwangsvollstreckung wegen dieser Forderung in notarieller Urkunde unterwerfen.

---

190 OLG Köln, ZIP 2013, 788, 789.
191 BGH, NJW-RR 2006, 683, 684; NJW 2004, 844, 845.
192 BGH, ZIP 2003, 247, 249 (noch zu § 3 AGBG); OLG Celle, ZIP 2009, 1515, 1516.
193 BGH, NJW 2003, 1594, 1595; NJW 2004, 839, 840.
194 OLG Zweibrücken, WM 2003, 380; WM 2002, 1927 mit Anm. *Walker/Gaumann,* WuB VI.E § 767 ZPO 1.02.
195 BGH, FamRZ 1970, 77; *Nieder,* NJW 1984, 329 ff.; *Gaul/Schilken/Becker-Eberhard,* § 13 Rn. 69.
196 BGH, ZIP 2006, 843, 844; ferner BGH, NJW 2003, 1594, 1595.
197 BGH, ZIP 2006, 843, 844; NJW-RR 2006, 683, 684; NJW 2004, 839, 840; ZIP 2003, 2346, 2349.
198 OLG Frankfurt, DNotZ 1972, 85.
199 BGH, NJW 2008, 2266 f. mit zust. Anm. *Walker,* LMK 2008, 264809. Siehe hierzu auch § 726 Rdn. 5 und § 797 Rdn. 7; a. A. OLG Köln, MDR 1969, 150.
200 Zum Ganzen BGH, NJW 2012, 3514 f.; vgl. auch BGH, NJW-RR 2012, 1146, 1148.
201 Einzelheiten: § 800 Rdn. 2.

64 Die Unterwerfung des Schuldners unter die sofortige Zwangsvollstreckung befreit den Gläubiger nicht von der Einhaltung sonstiger **gesetzlicher Nachweispflichten** oder vertraglicher Abreden, insbesondere über die Fälligkeit eines Darlehens und seine Kündigung, über den Zinsbeginn und die Zinshöhe.[202] Der Nachweis des Eintritts dieser Bedingungen ist im Klauselverfahren gem. § 726 Abs. 1 in der dort vorgeschriebenen Form zu erbringen. Die Parteien können aber in der Urkunde den Gläubiger vertraglich von dieser Nachweispflicht befreien.[203] Dies kann etwa durch eine Klausel geschehen, wonach der Gläubiger die vollstreckbare Ausfertigung unabhängig vom Nachweis des Entstehens und der Fälligkeit der Zahlungsverpflichtung verlangen kann. In einem solchen Fall muss dann der Schuldner im Verfahren gem. § 767 nachweisen, dass die Forderung nicht besteht oder nicht fällig ist.[204] Haben die Parteien keine Vereinbarung über die Nachweispflicht getroffen oder ist eine solche Vereinbarung unwirksam, gelten für die Vollstreckungsgegenklage nach § 767 die allgemeinen Regeln über die Darlegungs- und Beweislast. Folglich muss der Gläubiger, obwohl er Beklagter ist, die anspruchsbegründenden Tatsachen darlegen und beweisen.[205]

6. Unzulässigkeit einer Prozessstandschaft

65 Eine Abtretung der in einer vollstreckbaren Urkunde titulierten Forderung kann nicht wirksam mit der Abrede verknüpft werden, der in der Urkunde ausgewiesene Altgläubiger solle weiterhin berechtigt sein, im eigenen Namen für den Neugläubiger die Vollstreckung zu betreiben. Eine derartige »Vollstreckungsstandschaft«, die zu einem Auseinanderfallen von Titel- und Forderungsinhaberschaft führt, ist dem deutschen Vollstreckungsrecht fremd.[206] Der Neugläubiger muss sich unter den Voraussetzungen des § 727 selbst eine vollstreckbare Ausfertigung besorgen.

7. Rechtsbehelfe

66 Verweigert der Notar oder der Urkundsbeamte des Jugendamtes die Erteilung einer vollstreckbaren Ausfertigung, steht dem Gläubiger gem. § 54 BeurkG die Beschwerde nach §§ 58 ff. FamFG zu.[207] Der Schuldner hat gegen die Erteilung der Klausel die Erinnerung nach § 732.[208]

67 Bei Vollstreckungsabwehrklagen (§ 767) gegen die Vollstreckung aus Urkunden gem. § 794 Abs. 1 Nr. 5 gilt die Präklusion nach § 767 Abs. 2 nicht.[209] Es kann also auch auf alle materiellrechtlichen Einwendungen vor Errichtung der Urkunde zurückgegriffen werden.

68 Ist in der Urkunde eine künftig fällig werdende wiederkehrende Leistung tituliert, können Abänderungen auch mit rückwirkender Kraft (s. Rn. 24) gem. § 323a mit der Abänderungsklage verlangt werden.

69 Hält der Schuldner den Titel mangels hinreichender Bestimmtheit für unwirksam, macht er zwar keine materiellrechtliche Einwendung gegen den titulierten Anspruch geltend. Er kann aber analog

---

202 BGH, WM 1965, 767; BayObLG, DNotZ 1976, 366.
203 BGH, NJW 1981, 2756; OLG Düsseldorf, DNotZ 1977, 413; LG Düsseldorf, DGVZ 1984, 8. OLG Stuttgart, NJW-RR 1993, 1535 sowie LG Mainz, DNotZ 1990, 567 hatten insoweit Bedenken im Hinblick auf § 11 Nr. 15 AGBG (seit 1.1.2002: § 309 Nr. 12 BGB).
204 BGH, NJW 1981, 2756.
205 BGH, ZIP 2001, 873, 874 m. zahlr. Nachw.; WM 1980, 34, 35; *Brox/Walker*, Rn. 1358.
206 BGH, ZIP 1985, 247; NJW-RR 1992, 61; HansOLG Bremen, NJW-RR 1989, 574; KG, FamRZ 1989, 417, 418; *Brox/Walker*, Rn. 117; *Münzberg*, NJW 1992, 1867, 1868.
207 Vgl. Vor §§ 724–734 Rdn. 13 sowie ferner KG, OLGZ 1973, 112; FamRZ 1974, 211; OLG Hamm, NJW-RR 1999, 861.
208 Vgl. § 732 Rdn. 4.
209 Vgl. § 767 Rdn. 37.

§ 767 mit einer prozessualen Gestaltungsklage gegen die Vollstreckbarkeit der Urkunde vorgehen, zumal es einen anderen, spezielleren Rechtsbehelf für derartige Fälle nicht gibt.[210]

Hat sich der Schuldner in einer Urkunde der sofortigen Zwangsvollstreckung unterworfen, besteht in der Regel kein Rechtsschutzbedürfnis für eine den titulierten Anspruch verfolgende Leistungsklage des Gläubigers. Eine Ausnahme kann dann gerechtfertigt sein, wenn der Schuldner gegenüber der Inanspruchnahme aus der Urkunde mit der Vollstreckungsgegenklage (§ 767) droht. In diesem Fall muss der Gläubiger die Initiative der gerichtlichen Klärung nicht dem Schuldner überlassen.[211] Die bloße Möglichkeit, den Schuldner, der mit seinen Zahlungen in Verzug ist, zur Errichtung einer vollstreckbaren Urkunde auffordern zu können, anstatt den Klageweg zu beschreiten, nötigt den Gläubiger nicht, diesen Weg zu gehen, um ein Kostenrisiko im Rahmen des § 93 zu vermeiden.[212] Veranlassung zur Klage gibt der Schuldner bereits durch die Nichtzahlung der fälligen Schuld bzw. durch die unaufgeforderte Verweigerung der freiwilligen Titulierung bei künftigen Unterhaltsansprüchen und nicht erst durch die ablehnende Reaktion auf das ausdrückliche Begehren, eine vollstreckbare Urkunde zu errichten. 70

XI. Europäischer Zahlungsbefehl (Nr. 6)

Unter den Voraussetzungen des Art. 12 der Verordnung (EG) Nr. 1896/2006 (EuMahnVO)[213], die seit dem 12.12.2008 für die Mitgliedstaaten verbindlich ist, erlässt im Europäischen Mahnverfahren das Gericht einen Europäischen Zahlungsbefehl. Wenn gegen diesen nicht fristgerecht Einspruch eingelegt wird, erklärt das Gericht ihn gem. Art. 18 EuMahnVO für vollstreckbar. Dieser Vollstreckungstitel wird gem. Art. 19 EuMahnVO in den anderen Mitgliedstaaten anerkannt und vollstreckt, ohne dass es einer Vollstreckbarerklärung bedarf. Der Antragsteller kann sich also mit dem für vollstreckbar erklärten Europäischen Zahlungsbefehl unmittelbar an ein Vollstreckungsorgan wenden und bei diesem die Durchführung der Zwangsvollstreckung beantragen. Es ist unerheblich, ob der Titel nach Nr. 6 im Inland oder in einem anderen Mitgliedsstaat erwirkt worden ist. Das Europäische Mahnverfahren findet nur bei der Geltendmachung von bezifferten Geldforderungen in grenzüberschreitenden Zivil- und Handelssachen Anwendung. Es soll die Titulierung und Beitreibung von unbestrittenen Geldforderungen in grenzüberschreitenden Verfahren erleichtern. Die zur Durchführung der EuMahnVO erforderlichen Regelungen auf nationaler Ebene finden sich in den §§ 1087 bis 1096. 71

XII. Europäischer Vollstreckungstitel für unbestrittene Forderungen (Nr. 7)

Nr. 7 ist durch das Gesetz zur Durchführung der Verordnung (EU) Nr. 1215/2012 sowie zur Änderung sonstiger Vorschriften vom 8.7.2014 mit Wirkung zum 10.1.2015 eingefügt worden.[214] Der Europäische Vollstreckungstitel nach der Verordnung (EG) Nr. 805/2004 vom 21.4.2004 zur Einführung eines Europäischen Vollstreckungstitels für unbestrittene Forderungen (EuVTVO) wird auf Antrag des Gläubigers im Gerichtsstaat auf einem einheitlichen Formblatt bestätigt. Er kann dann im jeweiligen Vollstreckungsmitgliedstaat ohne weiteres Anerkennungsverfahren wie eine dort ergangene Entscheidung vollstreckt werden.[215] Er kann nur über anerkannte oder unbestrittene Geldforderungen erteilt werden. Betroffen sind nur Titel, die im Ausland erwirkt wurden; inländische Titel werden schon von Nr. 1-5 erfasst. 72

---

210 OLG Zweibrücken, NJW-RR 2000, 548, 549; ebenso bei Berufung auf die Unbestimmtheit eines Urteils BGH, ZIP 1994, 67, 69; *Brox/Walker*, Rn. 1335.
211 OLG Köln, MDR 1960, 233.
212 So aber OLG Karlsruhe, FamRZ 1979, 630; OLG München, MDR 1984, 674.
213 Dazu im Anhang ausführlich *Jenissen*, EuMahnVO.
214 BGBl. I, S. 890. Zur Begründung BT-Drucks. 18/823, S. 18 f.
215 Einzelheiten siehe im Anhang bei der Kommentierung der EuVTVO von *Jenissen* im Anhang.

XIII. Europäischer Vollstreckungstitel über geringfügige Forderungen (Nr. 8)

73 Nr. 8 ist durch das Gesetz zur Durchführung der Verordnung (EU) Nr. 1215/2012 sowie zur Änderung sonstiger Vorschriften vom 8.7.2014 mit Wirkung zum 10.1.2015 eingefügt worden.[216] Urteile über Forderungen bis zu einem Wert von 2.000 Euro, die nach der Verordnung (EG) Nr. 861/2007 vom 11.7.2007 zur Einführung eines europäischen Verfahrens für geringfügige Forderungen (EuBagatellVO) unter Verwendung eines standardisierten Formulars in einem Mitgliedstaat eingeklagt wurden, werden in einem anderen Mitgliedstaaten anerkannt und vollstreckt, ohne dass es dort einer Vollstreckbarerklärung bedarf.[217] Betroffen sind nur ausländische Titel, die im Inland vollstreckt werden sollen. Inländische Urteile sind bereits von § 704 erfasst.

XIV. Vollstreckungstitel nach der EuVVO (Nr. 9)

74 Nr. 9 ist durch das Gesetz zur Durchführung der Verordnung (EU) Nr. 1215/2012 sowie zur Änderung sonstiger Vorschriften vom 8.7.2014 mit Wirkung zum 10.1.2015 eingefügt worden.[218] Titel eines anderen Mitgliedstaats können nach der Verordnung (EU) Nr. 1215/2012 (Brüssel Ia-VO) im Inland ohne besonderes Vollstreckbarerklärungsverfahren vollstreckt werden.[219]

XV. Vollstreckbare Urkunde als Duldungstitel (Abs. 2)

75 Soll in ein Vermögen, an dem ein Nießbrauch bestellt ist, wegen einer vor der Bestellung des Nießbrauchs entstandenen Verbindlichkeit des Bestellers oder soll nach Beendigung einer Gütergemeinschaft oder einer fortgesetzten Gütergemeinschaft vor deren Auseinandersetzung in das Gesamtgut oder soll schließlich in Nachlassgegenstände, die der isolierten Verwaltung durch einen Testamentsvollstrecker unterliegen, vollstreckt werden, so ist nach §§ 737, 743, 745 Abs. 2, 748 Abs. 2 neben einem Leistungstitel gegen den Schuldner (also den Besteller des Nießbrauchs, den verwaltenden Ehegatten, den Erben) ein Duldungstitel gegen den mitbetroffenen Dritten (also den Nießbraucher, den anderen Ehegatten, die anteilsberechtigten Abkömmlinge oder den Testamentsvollstrecker) erforderlich. Dieser Duldungstitel kann auch dadurch geschaffen werden, dass der Dritte in einer notariellen Urkunde die sofortige Zwangsvollstreckung in die seinem Rechte unterworfenen Gegenstände bewilligt. Es besteht aber keine Verpflichtung des Dritten, eine solche Urkunde zu errichten. Er kann es auch vorziehen, sich verurteilen zu lassen.

76 Der Duldungstitel nach Abs. 2 unterliegt keinen inhaltlichen Beschränkungen. Der Leistungstitel, den der Duldungstitel ergänzt, kann also nicht nur einen Zahlungsanspruch, sondern auch einen Herausgabeanspruch oder etwa einen Anspruch nach § 11 AnfG zum Gegenstand haben.

XVI. Weitere Vollstreckungstitel

77 Wegen weiterer bundesrechtlicher Titel, die in §§ 704, 794 nicht angesprochen sind, siehe § 38 GVGA sowie Vor §§ 704–707 Rn. 2. Wegen landesrechtlicher Vollstreckungstitel siehe § 801 ZPO.

XVII. ArbGG, VwGO, AO

78 Im arbeitsgerichtlichen Verfahren findet § 794 gem. §§ 62 Abs. 2, 85 Abs. 1 Satz 3 ArbGG (entsprechende) Anwendung.[220] Es spielen aber nicht alle in § 794 genannten Titel eine Rolle. Ob ein im Erkenntnisverfahren nach § 23 Abs. 3 BetrVG geschlossener Vergleich einer in dieser Vorschrift

---

216 BGBl. I, S. 890. Zur Begründung BT-Drucks. 18/823, S. 18 f.
217 Einzelheiten siehe im Anhang bei der Kommentierung der EuBagatellVO von *Jennissen* im Anhang.
218 BGBl. I, S. 890. Zur Begründung BT-Drucks. 18/823, S. 18 f.
219 Einzelheiten siehe im Anhang bei der Kommentierung der Brüssel Ia-VO von *Jennissen* im Anhang.
220 GMP/*Germelmann* ArbGG, § 62 Rn. 8 u. GMP/*Matthes/Spinner* § 85 Rn. 10; GWBG/*Benecke*, ArbGG, § 62 Rn. 20, 22 u. GWBG/*Greiner* § 85 Rn. 9, 13; *Schwab/Weth/Walker*, ArbGG, § 62 Rn. 44 u. § 85 Rn. 14.

genannten rechtskräftigen gerichtlichen Entscheidung gleichzustellen ist und damit Grundlage einer Zwangsvollstreckung sein kann, ist umstritten.[221] Für den Verwaltungsgerichtsprozess sind die Vollstreckungstitel in § 168 VwGO abschließend aufgezählt.[222] Die Abgabenvollstreckung erfolgt aufgrund vollstreckbarer Verwaltungsakte (§ 251 AO).

---

221 **Bejahend** LAG Baden-Württemberg, BB 1994, 1504; LAG Bremen, NZA 1989, 568; LAG Hamburg, NZA 1992, 568; **verneinend** LAG Düsseldorf, NZA 1992, 188 u. 812; LAG Schleswig-Holstein, Beschl. v. 16.6.2000 – 5 Ta 22/00.
222 *Kopp/Schenke*, VwGO, § 168 Rn. 2.

§ 794a Zwangsvollstreckung aus Räumungsvergleich

(1) ¹Hat sich der Schuldner in einem Vergleich, aus dem die Zwangsvollstreckung stattfindet, zur Räumung von Wohnraum verpflichtet, so kann ihm das Amtsgericht, in dessen Bezirk der Wohnraum belegen ist, auf Antrag eine den Umständen nach angemessene Räumungsfrist bewilligen. ²Der Antrag ist spätestens zwei Wochen vor dem Tag, an dem nach dem Vergleich zu räumen ist, zu stellen; §§ 233 bis 238 gelten sinngemäß. ³Die Entscheidung ergeht durch Beschluss. ⁴Vor der Entscheidung ist der Gläubiger zu hören. ⁵Das Gericht ist befugt, die im § 732 Abs. 2 bezeichneten Anordnungen zu erlassen.

(2) ¹Die Räumungsfrist kann auf Antrag verlängert oder verkürzt werden. ²Absatz 1 Satz 2 bis 5 gilt entsprechend.

(3) ¹Die Räumungsfrist darf insgesamt nicht mehr als ein Jahr, gerechnet vom Tage des Abschlusses des Vergleichs, betragen. ²Ist nach dem Vergleich an einem späteren Tage zu räumen, so rechnet die Frist von diesem Tag an.

(4) Gegen die Entscheidung des Amtsgerichts findet die sofortige Beschwerde statt.

(5) ¹Die Absätze 1 bis 4 gelten nicht für Mietverhältnisse über Wohnraum im Sinne des § 549 Abs. 2 Nr. 3 sowie in den Fällen des § 575 des Bürgerlichen Gesetzbuchs. ²Endet ein Mietverhältnis im Sinne des § 575 des Bürgerlichen Gesetzbuchs durch außerordentliche Kündigung, kann eine Räumungsfrist höchstens bis zum vertraglich bestimmten Zeitpunkt der Beendigung gewährt werden.

Übersicht	Rdn.		Rdn.
I. Funktion und Anwendungsbereich der Norm	1	IV. Fristverlängerung und -verkürzung (Abs. 2)	4
II. Verfahren zur Bewilligung einer Räumungsfrist	2	V. Rechtsmittel	5
		VI. Kostenentscheidung und Gebühren	6
III. Grundsätze zur Fristbewilligung	3	VII. Ausnahmeregelung nach Abs. 5	8

Literatur:
Dorn, Zwangsräumung oder Räumungsschutz?, Rpfleger 1989, 262; *Fenger*, Vollstreckungsschutz bei Räumungsvergleichen, Rpfleger 1988, 55; *Münch*, Der vollstreckbare Anwaltsvergleich als Räumungsvergleich, NJW 1993, 1181; *Münzberg*, Die Fristen für Anträge des Räumungsschuldners gemäß § 721 Abs. 2 S. 1, Abs. 3 S. 2, § 794a Abs. 1 S. 2 ZPO, WuM 1993, 9; *Röder*, Der Abschluß von Zeitmietverträgen und die Duldungsverpflichtung des Mieters bei Wohnungsmodernisierungen, NJW 1983, 2665.

I. Funktion und Anwendungsbereich der Norm

1 Die Vorschrift enthält eine dem § 721 entsprechende Regelung für den Fall, dass der Schuldner sich in einem **gerichtlichen** Vergleich zur Räumung von **Wohnraum** verpflichtet hat. Sie will verhindern, dass der Schuldner sich nur deshalb verurteilen lässt und eine vernünftige vergleichsweise Regelung ablehnt, um sich die Möglichkeit einer gerichtlichen Räumungsfristverlängerung, falls nach Vergleichsschluss Unvorhergesehenes eintritt, nicht abzuschneiden. Die Norm ist auf außergerichtliche Vergleiche, die keinen Vollstreckungstitel bilden,[1] nicht entsprechend anwendbar.[2] Bei einem vollstreckbaren[3] Anwaltsvergleich gelten die §§ 796a ff. Ferner gilt die Vorschrift nicht für Räumungsvergleiche über gewerbliche Räume.[4] Bei Mischmietverhältnissen über Wohnraum

---
[1] Siehe § 794 Rdn. 31.
[2] MüKo/*Wolfsteiner*, § 794a Rn. 2; *Musielak/Voit/Lackmann*, § 794a Rn. 1; *Stein/Jonas/Münzberg*, § 794a Rn. 1; *Wieczorek/Schütze/Paulus*, § 794a Rn. 2; *Zöller/Stöber*, § 794a Rn. 1; **a. A.** LG Hamburg, MDR 1981, 236; LG Ulm, MDR 1980, 944.
[3] Siehe § 794 Rdn. 44 ff.
[4] Vgl. insoweit § 721 Rdn. 10.

und andere Räumlichkeiten findet die Vorschrift auf das Gesamtmietobjekt Anwendung, wenn die Wohnraummiete im Vordergrund steht[5] oder wenn eine getrennte Rückgabe der Wohnräume einerseits und der Geschäftsräume andererseits tatsächlich möglich, wirtschaftlich sinnvoll und dem Vermieter zumutbar ist.[6] Die Vorschrift ist auch dann anwendbar, wenn im Vergleich ursprünglich keine Räumungsfrist vorgesehen war, sondern fristgerecht zum Auslaufen des Mietverhältnisses geräumt werden sollte (vergleichbar der Tendenz des § 721 Abs. 2).[7] § 794a enthält keine abschließende Regelung dergestalt, dass die Anwendung des § 765a im Einzelfall ausgeschlossen wäre.[8] Die im Beschluss nach § 794a zum Ausdruck gekommene Interessenabwägung muss aber bei einer Vollstreckungsschutzentscheidung mit berücksichtigt werden.

II. Verfahren zur Bewilligung einer Räumungsfrist

Erforderlich ist zunächst ein **Antrag** des Räumungsschuldners, welcher der Form des § 496 entsprechen muss. Der Antrag muss **spätestens zwei Wochen vor dem** im Vergleich festgelegten **Räumungstermin** gestellt werden.[9] Bei Fristversäumnis ist Wiedereinsetzung in entsprechender Anwendung der §§ 233–238 möglich, sofern der Räumungstitel nicht bereits vollstreckt worden ist. Ist die Beachtung der Frist aber schon nach dem Inhalt des Vergleichs ausgeschlossen, weil der Schuldner sich sofort oder in kürzerer Frist zur Räumung verpflichtet hat, ist § 794a unanwendbar. Dann kommt also allein Vollstreckungsschutz nach § 765a in Betracht.[10] Der Antrag ist an das ausschließlich (§ 802) zuständige **Amtsgericht**, in dessen Bezirk der Wohnraum belegen ist, zu richten. Das Amtsgericht entscheidet als Prozessgericht,[11] nicht als Vollstreckungsgericht.[12] Deshalb greift § 20 Abs. 1 Nr. 1 RPflG nicht ein. Die Entscheidung obliegt dem **Richter** und kann dem Rechtspfleger nicht übertragen werden. Der Richter am Amtsgericht ist auch dann zur Entscheidung berufen, wenn der Vergleich vor einem Arbeitsgericht geschlossen worden war.[13] Da die konkreten Belange des Gläubigers immer mit in die Entscheidung einbezogen werden müssen, ist ihm **ausnahmslos** rechtliches Gehör zu gewähren; die mündliche Verhandlung ist aber freigestellt. Die Bestimmung, dass die Entscheidung ohne mündliche Verhandlung ergehen kann (Abs. 1 Satz 3 a. F.), ist durch das Zivilprozessreformgesetz zwar entfallen. Seit dessen Inkrafttreten gilt jedoch die allgemeine Regelung über die fakultative mündliche Verhandlung bei Entscheidungen, die nicht Urteile sind (§ 128 Abs. 4). Insofern hat sich durch die Neufassung von Abs. 1 Satz 3, wonach die Entscheidung durch Beschluss ergeht, in der Sache nichts geändert. Bis zur Entscheidung können die in § 732 Abs. 2 genannten einstweiligen Anordnungen getroffen werden.[14] Die Entscheidung ergeht durch Beschluss, der immer zu begründen ist.

III. Grundsätze zur Fristbewilligung

Entsprechend der Zielsetzung der Vorschrift gelten letztlich die gleichen materiellen Voraussetzungen für eine Fristverlängerung wie bei § 721.[15] Allerdings müssen Umstände, die dem Räu-

---

5 LG Mannheim, MDR 1968, 328.
6 LG Mannheim, ZMR 1994, 21, 22.
7 LG Wuppertal, WuM 1981, 113.
8 Siehe § 765a Rdn. 6.
9 Fristberechnung wie § 721 Rn. 7; vgl. ferner LG München I WuM 1980, 247.
10 Wie hier: *Bodié*, WuM 1965, 175; PG/*Scheuch*, § 794 Rn. 6; *Thomas/Putzo/Seiler*, § 794a Rn. 4; a. A. MüKo/ *Wolfsteiner*, § 794a Rn. 8; *Stein/Jonas/Münzberg*, § 794a Rn. 8; *Wieczorek/Schütze/Paulus*, § 794a Rn. 10; *Zöller/Stöber*, § 794a Rn. 3 (die Zwei-Wochen-Frist beginne dann mit dem Vergleichsabschluss).
11 LG Essen, NJW 1971, 2315; LG Hildesheim, MDR 1968, 55; *Stein/Jonas/Münzberg*, § 794a Rn. 7 m. w. N.
12 So aber AG Hildesheim, MDR 1968, 55.
13 LAG Tübingen, NJW 1970, 2046; AG Sonthofen, MDR 1968, 925; *Baumbach/Lauterbach/Hartmann*, § 794a Rn. 6; *Musielak/Voit/Lackmann*, § 794a Rn. 6; *Thomas/Putzo/Seiler*, § 794a Rn. 3; a. A. (das ArbG ist zuständig) GWBG/*Waas*, ArbGG, § 2 Rn. 140.
14 Hinsichtlich deren Anfechtbarkeit gilt das bei § 732 Rdn. 18 Gesagte; für eine ausnahmslose Unanfechtbarkeit hier dagegen *Stein/Jonas/Münzberg*, § 794a Rn. 8.
15 Siehe dort Rdn. 15.

mungsschuldner bei Vergleichsschluss bekannt waren und die ihn damals nicht von der Zusage eines bestimmten Räumungstermins abgehalten haben, außer Acht bleiben, da im Vergleichsschluss ein Verzicht auf ihre Geltendmachung zu sehen ist.[16] Immer hat eine Interessenabwägung zwischen den Belangen der Parteien stattzufinden.[17] Dabei kann auch berücksichtigt werden, dass der Schuldner seine Notlage schuldhaft selbst herbeigeführt hat.[18] Die dem Schuldner aufgrund des § 794a (ohne Berücksichtigung der vom Gläubiger bereits im Vergleich gewährten Räumungsfrist) durch gerichtliche Entscheidung gewährte Räumungsfrist (einschließlich aller Verlängerungen nach Abs. 2) darf ein Jahr, gerechnet vom im Vergleich genannten Räumungstermin an, nicht übersteigen.[19] Die Formulierung in **Abs. 3** ist etwas missverständlich und erklärt sich aus dem Versuch der sprachlichen Anlehnung an § 721 Abs. 5. Die Länge der Frist im Einzelfall hängt von den persönlichen und finanziellen Verhältnissen des Schuldners, den Gründen für die Beendigung des Mietverhältnisses, den persönlichen und finanziellen Verhältnissen des Gläubigers, aber auch von objektiven Umständen wie der örtlichen Wohnungsmarktlage und Baumarktsituation (z. B. Streik im Baugewerbe) ab.[20] Allgemeine Richtwerte gibt es nicht, sie widersprächen auch dem Zweck der Norm.

IV. Fristverlängerung und -verkürzung (Abs. 2)

4 Abs. 2 stellt ausschließlich auf vom Amtsgericht gemäß Abs. 1 bereits gewährte Räumungsfristen ab. Nur sie können, wenn die im ursprünglichen Beschluss unterstellte Entwicklung anders als erwartet verläuft, durch erneute gerichtliche Entscheidung verlängert oder verkürzt werden. Geht es dagegen um die Verlängerung der vom Gläubiger im Vergleich selbst eingeräumten Frist, ist Abs. 1 einschlägig; d. h., dass eine gerichtliche Verkürzung dieser Frist im Verfahren nach § 794a nicht in Betracht kommt.[21] Der Gläubiger muss gegebenenfalls nach den materiellrechtlichen Vorschriften vom Vergleich zurücktreten und seinen Räumungsanspruch erneut einklagen. Die ursprünglich nach Abs. 1 gewährte Frist und alle Verlängerungen dürfen die in Abs. 3 genannte Gesamtzeitspanne nicht überschreiten. Reicht diese Frist nicht, muss gegebenenfalls Vollstreckungsschutzantrag nach § 765a gestellt werden (andere Zuständigkeiten beachten!).

V. Rechtsmittel

5 Gegen die Entscheidung des Amtsgerichts hat der durch sie Beschwerte (Gläubiger oder Schuldner, nicht aber ein durch die Räumung mitbetroffener Familienangehöriger) das Rechtsmittel der sofortigen Beschwerde (**Abs. 4**). Gegen die Entscheidung darüber ist unter den Voraussetzungen der §§ 574 ff. die durch das Zivilprozessreformgesetz vom 27.7.2001[22] neu eingeführte Rechtsbeschwerde statthaft. Da das Gesetz eine solche jedoch nicht ausdrücklich vorsieht, kommt sie nur dann in Betracht, wenn das Beschwerdegericht sie zugelassen hat (§ 574 Abs. 1 Satz 1 Nr. 2).

---

16 LG Kiel, WuM 1993, 555; LG Waldshut-Tiengen, WuM 1993, 621; einschränkend LG Mannheim, ZMR 1994, 21 f.
17 Beispiele überwiegenden Schuldnerinteresses: LG Kiel, WuM 1993, 555; LG Mannheim, ZMR 1966, 280; WuM 1993, 62; LG Stuttgart, Rpfleger 1985, 71; AG Bensberg, MDR 1967, 498; AG Köln, LG Köln, LG Mannheim, LG Münster, alle ZMR 1970, 373; AG Köln, ZMR 1971, 158.
18 LG Mannheim und LG Münster, beide ZMR 1970, 373.
19 Allgem. Meinung: vgl. *Bodié*, WuM 1965, 175; MüKo/*Wolfsteiner*, § 794a Rn. 6; PG/*Scheuch*, § 794 Rn. 8; *Stein/Jonas/Münzberg*, § 794a Rn. 4; *Wieczorek/Schütze/Paulus*, § 794a Rn. 14.
20 LG Mannheim, MDR 1968, 419.
21 Wie hier LG Bremen, WuM 1991, 564; LG Mannheim, DWW 1981, 175; MüKo/*Wolfsteiner*, § 794a Rn. 6; *Stein/Jonas/Münzberg*, § 794a Rn. 5; *Zöller/Stöber*, § 794a Rn. 2; **a. A.** LG Hamburg, MDR 1981, 236; *Stötter*, NJW 1967, 1113.
22 BGBl. I, S. 1887.

VI. Kostenentscheidung und Gebühren

Die Kostenentscheidung richtet sich nach den §§ 91 ff., sodass insbesondere erstinstanzlich § 93, zweitinstanzlich § 97 von Bedeutung sein kann. Auch § 91a findet im Verfahren nach § 794a Anwendung.[23] Erstinstanzlich fallen keine Gerichtsgebühren an. Die erfolglose Beschwerde löst die Gebühr von 30 Euro nach GKG-KV Nr. 2121 aus. Wenn die Rechtsbeschwerde verworfen oder zurückgewiesen wird, fällt eine Gebühr von 60 Euro an (GKG-KV Nr. 2124). Die Anwaltsgebühren richten sich nach RVG-VV Nr. 3334 (1,0 Verfahrensgebühr, wenn das Verfahren nicht mit dem Hauptsacheverfahren verbunden ist) und nach RVG-VV Nr. 3104, Vorbem. 3.3.6 (1,2 Terminsgebühr).

6

Eine Billigkeitsentscheidung in entsprechender Anwendung des § 788 Abs. 4 ist grundsätzlich ausgeschlossen, da das Verfahren nicht zum Vollstreckungsverfahren zählt.

7

VII. Ausnahmeregelung nach Abs. 5

Die Ausnahme entspricht der Regelung in § 721 Abs. 7. Durch sie soll verhindert werden, dass die materiellrechtliche Regelung des § 549 Abs. 2 Nr. 3 BGB über den eingeschränkten Mieterschutz bei der Beendigung von Mietverhältnissen über Wohnraum, den eine juristische Person des öffentlichen Rechts oder ein Wohlfahrtsverband angemietet und bedürftigen Personen überlassen hat, sowie des § 575 BGB über die zulässige Befristung von Wohnraummietverhältnissen verfahrensrechtlich unterlaufen wird. In diesen Fällen kommt die Bewilligung einer Räumungsfrist bei der Vollstreckung aus einem Räumungsvergleich nicht in Betracht. Abs. 5 wurde durch das Zivilprozessreformgesetz redaktionell an die durch das Mietrechtsreformgesetz vom 19.6.2001[24] eingetretenen Änderungen angepasst. Auf einen Räumungsrechtsstreit, der vor Inkrafttreten des Mietrechtsreformgesetzes am 1.9.2001 rechtshängig geworden ist, findet Abs. 5 in der bis dahin geltenden Fassung Anwendung.[25]

8

---

23 LG Waldshut-Tiengen, WuM 1993, 621.
24 BGBl. I, S. 1149.
25 § 24 EGZPO, eingefügt durch Art. 4 des Zivilprozessreformgesetzes.

§ 795 Anwendung der allgemeinen Vorschriften auf die weiteren Vollstreckungstitel

¹Auf die Zwangsvollstreckung aus den in § 794 erwähnten Schuldtiteln sind die Vorschriften der §§ 724 bis 793 entsprechend anzuwenden, soweit nicht in den §§ 795a bis 800, 1079 bis 1086, 1093 bis 1096 und 1107 bis 1117 abweichende Vorschriften enthalten sind. ²Auf die Zwangsvollstreckung aus den in § 794 Abs. 1 Nr. 2 erwähnten Schuldtiteln ist § 720a entsprechend anzuwenden, wenn die Schuldtitel auf Urteilen beruhen, die nur gegen Sicherheitsleistung vorläufig vollstreckbar sind. ³Die Vorschriften der in § 794 Absatz 1 Nummer 6 bis 9 genannten Verordnungen bleiben unberührt.

Übersicht	Rdn.		Rdn.
I. Funktion der Norm	1	IV. Besonderheiten im Hinblick auf die §§ 724 ff.	4
II. Zur Bedeutung von Satz 2	2	V. ArbGG, VwGO	5
III. Besonderheiten beim Europäischen Zahlungsbefehl (Satz 3)	3		

I. Funktion der Norm

1 Da die in den §§ 704–793 enthaltenen allgemeinen Regeln zur Zwangsvollstreckung zunächst allein vom Urteil als Vollstreckungstitel ausgehen, bedurfte es einer Vorschrift, die die entsprechende Anwendbarkeit dieser Regeln auf die Schuldtitel des § 794 bestimmt. § 795 hat diese Aufgabe nur unvollkommen übernommen, da er viele Detailfragen offenlässt, die auch durch die Verweisung auf die §§ 795a–800 nicht abgedeckt werden. Besonders viele offene Fragen sind hinsichtlich des Prozessvergleichs als Vollstreckungstitel verblieben, der in den §§ 795a–800 nicht mehr angesprochen wird. Die Fragen reichen von der Zuständigkeit für die Erteilung der Vollstreckungsklausel[1] bis zur Anwendbarkeit des § 767 Abs. 2[2] und zur Frage der einstweiligen Einstellung der Zwangsvollstreckung, wenn die Unwirksamkeit eines Vergleichs durch Fortsetzung des alten Rechtsstreits geltend gemacht werden soll.[3] Sie sind im Einzelnen bei den jeweils in Betracht kommenden Vorschriften näher besprochen, sodass hier auf die dortige Kommentierung verwiesen werden kann.

II. Zur Bedeutung von Satz 2

2 Ist das Urteil, dessen Kostenentscheidung Basis eines Kostenfestsetzungsbeschlusses ist, nur gegen Sicherheitsleistung vorläufig vollstreckbar (§ 709) oder ist aus ihm nur die Sicherungsvollstreckung zulässig (§ 712 Abs. 1 Satz 2, 2. Fall), so ist auch der Kostenfestsetzungsbeschluss nur mit dieser Einschränkung vollstreckbar.[4] Da aus dem Urteil aber unter den Voraussetzungen des § 720a schon vor Erbringung der Sicherheitsleistung wenigstens sicherungsvollstreckt werden kann, soll dies auch aus dem Kostenfestsetzungsbeschluss möglich sein. Das gilt auch dann, wenn das zu Grunde liegende Urteil nicht in der Hauptsache, sondern nur im Kostenpunkt vollstreckbar ist (klageabweisendes Urteil).[5]

III. Besonderheiten beim Europäischen Zahlungsbefehl (Satz 3)

3 Die Vollstreckung aus Europäischen Zahlungsbefehlen (§ 794 Abs. 1 Nr. 6) richtet sich gem. Art. 21 Abs. 1 EuMahnVO grundsätzlich nach dem Recht des Mitgliedstaates. Für eine Vollstreckung in Deutschland gilt also die ZPO. § 795 Satz 3 stallt klar, dass ergänzend zum allgemeinen Vollstreckungsrecht die §§ 1093 bis 1096 gelten.

---

1 Vgl. Vor §§ 724–734 Rdn. 9; § 724 Rdn. 9; § 794 Rdn. 28.
2 Vgl. § 767 Rdn. 37; § 794 Rdn. 20.
3 Vgl. § 794 Rdn. 23.
4 Siehe § 794 Rdn. 32.
5 OLG Köln, Rpfleger 1996, 358 f.

IV. Besonderheiten im Hinblick auf die §§ 724 ff.

Soweit hinsichtlich der in §§ 795a–800 angesprochenen Vollstreckungstitel Besonderheiten im Hinblick auf die entsprechende Anwendung der §§ 724 ff. bestehen, die sich nicht unmittelbar aus den §§ 795a ff. ergeben, sind sie jeweils bei den einzelnen Vorschriften dargestellt; siehe ferner die Besprechung der einzelnen Titel bei § 794.

V. ArbGG, VwGO

Im arbeitsgerichtlichen Verfahren findet § 795 über die §§ 62 Abs. 2, 85 Abs. 1 Satz 3 ArbGG Anwendung, soweit die Titel des § 794 eine Rolle spielen. Im Verwaltungsgerichtsprozess gilt § 795 für diejenigen der in § 168 VwGO genannten Titel, die denen in § 794 entsprechen.

§ 795a Zwangsvollstreckung aus Kostenfestsetzungsbeschluss

Die Zwangsvollstreckung aus einem Kostenfestsetzungsbeschluss, der nach § 105 auf das Urteil gesetzt ist, erfolgt auf Grund einer vollstreckbaren Ausfertigung des Urteils; einer besonderen Vollstreckungsklausel für den Festsetzungsbeschluss bedarf es nicht.

1 Ist der Kostenfestsetzungsbeschluss nach § 105 unmittelbar auf den Titel (Urteil, Vergleich, Beschluss)[1] gesetzt, bilden der Grundtitel und der Kostenfestsetzungsbeschluss einen einheitlichen Vollstreckungstitel, der einheitlich ausgefertigt und zugestellt wird. Die Klausel für den Grundtitel erstreckt sich auf die Kostenfestsetzung. Bei der Zwangsvollstreckung aus einem derartigen Kostenfestsetzungsbeschluss ist die Wartefrist des § 798 nicht einzuhalten. Da der Beschluss schon mit der Urteilsausfertigung zusammen nach § 317 Abs. 1 und 4 beiden Parteien von Amts wegen zugestellt wird, bedarf es vor der Vollstreckung keiner Parteizustellung mehr nach § 750. Ist der Grundtitel selbst im Parteiwege zuzustellen (Vergleich), wird automatisch mit ihm der auf ihn gesetzte Kostenfestsetzungsbeschluss zugestellt. § 795a gilt auch für Kostenfestsetzungsbeschlüsse außerhalb des Zivilprozesses (z. B. § 168 Abs. 1 Nr. 4 VwGO), sofern sie entsprechend § 105 auf das Urteil gesetzt sind.

---

1 Zur entsprechenden Anwendung des § 105 auf Beschlüsse und Vergleiche: *Baumbach/Lauterbach/Hartmann*, § 105 Rn. 1; *Thomas/Putzo/Hüßtege*, § 105 Rn. 1; *Zöller/Herget*, § 105 Rn. 1.

§ 795b Vollstreckbarerklärung des gerichtlichen Vergleichs

Bei Vergleichen, die vor einem deutschen Gericht geschlossen sind (§ 794 Abs. 1 Nr. 1) und deren Wirksamkeit ausschließlich vom Eintritt einer sich aus der Verfahrensakte ergebenden Tatsache abhängig ist, wird die Vollstreckungsklausel vom Urkundsbeamten der Geschäftsstelle des Gerichts des ersten Rechtszuges und, wenn der Rechtsstreit bei einem höheren Gericht anhängig ist, von dem Urkundsbeamten der Geschäftsstelle dieses Gerichts erteilt.

Übersicht

	Rdn.			Rdn.
I. Zweck der Norm	1	V.	Rechtsbehelfe, Rechtsmittel und Gebühren	6
II. Hauptanwendungsfälle	2	1.	Rechtsbehelfe und Rechtsmittel	6
III. Anwendungsbereich der Norm in diesen Fällen	3	2.	Gebühren	7
IV. Klauselerteilungsverfahren	5			

Literatur:
Fölsch, Zweites Justizmodernisierungsgesetz – Änderungen im Zivilverfahrensrecht, MDR 2007, 121; *Sandhaus*, Einzelfragen der Einführung des § 795b beim Widerrufsvergleich, Rpfleger 2008, 236.

I. Zweck der Norm

Die Vorschrift ist durch das 2. Justizmodernisierungsgesetz[1] in die ZPO eingefügt worden und soll nach der Gesetzesbegründung[2] »dem Bedürfnis der Praxis nach einer ganzheitlichen, effizienten und Ressourcen sparenden Aufgabenerledigung« bei den Gerichten dienen. Beabsichtigt ist, da eine beachtliche Vielzahl von Fällen betroffen ist, eine gesicherte, Kosten sparende Überwälzung von Rechtspflegeraufgaben auf den Urkundsbeamten der Geschäftsstelle, nachdem der BGH, das BAG und zahlreiche Oberlandesgerichte die der jetzigen Gesetzeslage bereits entsprechende Praxis zahlreicher Eingangsgerichte verworfen und die Anwendung des § 726 gefordert hatten.[3] Im Vordergrund stehen also weder Gläubiger- noch Schuldnerinteressen, sondern das Staatsinteresse, Personalkosten einzusparen. Der Urkundsbeamte der Geschäftsstelle, dem es schon immer oblag, in eigener Verantwortung[4] das Rechtskraftzeugnis gem. § 706 bzw. das Rechtskraftzeugnis nach § 46 FamFG anhand der Gerichtsakten[5] zu erstellen, kann, wenn die Klauselerteilung zu einem Prozessvergleich allein vom Eintritt der Rechtskraft eines in seinen Akten befindlichen Urteils oder vom Nichteingang einer Widerrufserklärung zu den Gerichtsakten abhängt, ohne dass zusätzliche Fehlerquellen zu erwarten wären, auch die Vollstreckungsklausel zum Vergleich erteilen. 1

II. Hauptanwendungsfälle

Hauptanwendungsfälle der Norm in der Praxis sind der im Lauf des Scheidungsverfahrens »für den Fall der Rechtskraft des Scheidungsbeschlusses« geschlossene Unterhaltsvergleich und der sog. »Widerrufsvergleich«, also ein Prozessvergleich, in dem sich eine oder beide Parteien vorbehalten haben, bis zu einem bestimmten Zeitpunkt vom Vergleich durch Erklärung gegenüber dem Gericht – also nicht auch durch Erklärung gegenüber dem Gegner; denn insoweit lässt sich die Wirksamkeit des Vergleich dann nicht allein anhand der Gerichtsakten feststellen[6] – zurücktreten zu können. Im ersteren Fall muss der Gläubiger, der Unterhaltsbeträge vollstrecken will, im Klauselverfahren nachweisen, dass das Scheidungsbeschluss bereits rechtskräftig ist. Er kann dies nur 2

---

1 BGBl. I 2006, 3416.
2 BT-Drucks. 16/3038 S. 89, 90.
3 Einzelheiten hierzu: § 726 Rdn. 5.
4 Siehe insoweit: § 706 Rdn. 5.
5 Hierzu: § 706 Rdn. 6.
6 Näheres hierzu unten Rdn. 4; wie hier auch *Becker-Eberhard* in Gaul/Schilken/Becker-Eberhard, § 16 Rn. 18; Müko/*K. Schmidt/Brinkmann*, § 795 Rn. 2.

anhand der Gerichtsakten, die ja auch die Entscheidungsgrundlage für den Urkundsbeamten zur Erteilung eines Rechtskraftzeugnisses wären, tun. Im zweiten Fall muss der Vollstreckungsgläubiger, bevor er die Vollstreckungsklausel erhält, beweisen, dass innerhalb der Rücktrittsfrist kein Rücktritt bei Gericht eingegangen ist. Auch dies lässt sich nur anhand der Gerichtsakten, zu denen eine Rücktrittserklärung ja gelangt sein müsste, klären.

III. Anwendungsbereich der Norm in diesen Fällen

3 Die Klausel ist in den vorgenannten Fällen nur dann vom Urkundsbeamten der Geschäftsstelle zu erteilen, wenn es sich, sieht man vom Nachweis der Rechtskraft des Urteils oder vom Nachweis des nicht durch Erklärung gegenüber dem Gericht erfolgten Rücktritts ab, um eine einfache Klausel i. S. des § 724 handeln würde. Wird zu einem derartigen Vergleich für oder gegen einen Rechtsnachfolger Vollstreckungsklausel beantragt (§ 727) oder ist der Vollstreckungsbeginn noch von anderen Bedingungen als dem Fortbestand des Vergleichs nach Ablauf der Widerrufsfrist oder dem Eintritt der Rechtskraft des Scheidungsurteils abhängig (§ 726), so verbleibt es wie bisher bei der Zuständigkeit des Rechtspflegers.

4 Ist bei Rücktritts- oder Widerrufsvergleichen nicht gesagt, wem gegenüber der Rücktritt zu erklären ist, muss der Widerruf grundsätzlich rechtzeitig der anderen Vertragspartei zugehen.[7] Die Parteien können jedoch, und zwar auch stillschweigend, bestimmen, dass ein rechtzeitiger Eingang der Widerrufserklärung bei Gericht genügt.[8] Befindet sich in derartigen Fällen in der Gerichtsakte kein Widerruf, ist noch nicht bewiesen, dass der Vergleich bestandskräftig geworden ist. Der Urkundsbeamte kann sich in diesen Fällen auch nicht schlicht durch die Parteien bestätigen lassen, dass ihnen kein Widerruf zugegangen ist, und dann Vollstreckungsklausel erteilen. Denn die Bestandskraft des Vergleichs ergibt sich in einem solchen Fall nicht allein aus der Verfahrensakte. In der Praxis ist den Parteien daher immer anzuraten, ausdrücklich festzulegen, dass der Widerruf ausschließlich durch Erklärung gegenüber dem Gericht zu erfolgen solle. Nur hierdurch ist die Anwendbarkeit des § 795b sichergestellt.

IV. Klauselerteilungsverfahren

5 Das Klauselerteilungsverfahren entspricht dem zu § 724, dem die Norm auch nachgebildet ist, dargestellten.[9] Die Klausel wird also nur auf Antrag erteilt. Für die Frage, wann ausnahmsweise der Urkundsbeamte der Geschäftsstelle eines Gerichts eines höheren Rechtszuges zuständig ist, ist nach den zu § 724 dargestellten Grundsätzen zu verfahren: Die Geschäftsstelle des höheren Rechtszuges ist so lange zuständig, wie die Akte sich dort noch befindet (etwa zur Abrechnung der Kosten, Erstellung der notwendigen Ausfertigungen usw.).[10] Der Schuldner muss vor der Klauselerteilung nicht gehört werden, seine Anhörung ist aber, da dogmatisch ein Fall des § 726 vorläge,[11] hätte der Gesetzgeber nicht eingegriffen, nicht ausgeschlossen.[12] Auch beim Wortlaut der zu erteilenden Klausel sollte berücksichtigt werden, dass es sich an sich um einen Fall des § 726 Abs. 1 handelt: Die Formel des § 725 sollte durch den Zusatz ergänzt werden, »...., *nachdem an Hand der Gerichtsakten festgestellt worden ist, dass ein Rücktritt vom Vergleich nicht erfolgt ist*« oder »..... *dass der Scheidungsbeschluss vom .... seit dem .... rechtskräftig ist.*«

---

7 RGZ 161, 253; BGH, ZZP 1958 (Bd. 71), 454.
8 BGH, InVo 2006, 27.
9 Siehe: Vor §§ 724–734 Rdn. 8 ff. und § 724 Rdn. 4–7.
10 Vor §§ 724–734 Rdn. 9 und § 724 Rdn. 10.
11 BGH, BGHReport 2006, 130; BAG, InVo 2004, 112; OLG München, Rpfleger 1984, 106. Siehe ferner: § 726 ZPO Rn. 5.
12 Vor §§ 724–734 Rdn. 10.

V. Rechtsbehelfe, Rechtsmittel und Gebühren

1. Rechtsbehelfe und Rechtsmittel

Hinsichtlich der **Rechtsbehelfe und Rechtsmittel** im Klauselerteilungsverfahren gilt das zu § 724 Dargestellte uneingeschränkt.[13] Da die Klausel dogmatisch ein Fall des § 726 bleibt, kommen darüber hinaus im Einzelfall auch die eine qualifizierte Klausel betreffenden Klagen gem. §§ 731, 768 ZPO zur Anwendung[14].

6

2. Gebühren

Gleiches gilt für die **Gebühren** für das Gericht und den für den Gläubiger oder den Schuldner tätigen Rechtsanwalt.[15]

7

---

13 Vor §§ 724–734 Rdn. 13.
14 Sandhaus, Rpfleger 2008, 236.
15 Vor §§ 724–734 Rdn. 16.

§ 796 Zwangsvollstreckung aus Vollstreckungsbescheiden

(1) Vollstreckungsbescheide bedürfen der Vollstreckungsklausel nur, wenn die Zwangsvollstreckung für einen anderen als den in dem Bescheid bezeichneten Gläubiger oder gegen einen anderen als den in dem Bescheid bezeichneten Schuldner erfolgen soll.

(2) Einwendungen, die den Anspruch selbst betreffen, sind nur insoweit zulässig, als die Gründe, auf denen sie beruhen, nach Zustellung des Vollstreckungsbescheids entstanden sind und durch Einspruch nicht mehr geltend gemacht werden können.

(3) Für Klagen auf Erteilung der Vollstreckungsklausel sowie für Klagen, durch welche die den Anspruch selbst betreffenden Einwendungen geltend gemacht werden oder der bei der Erteilung der Vollstreckungsklausel als bewiesen angenommene Eintritt der Voraussetzung für die Erteilung der Vollstreckungsklausel bestritten wird, ist das Gericht zuständig, das für eine Entscheidung im Streitverfahren zuständig gewesen wäre.

Übersicht	Rdn.		Rdn.
I. Zur Notwendigkeit einer Vollstreckungsklausel	1	III. Zuständigkeit für Klagen nach §§ 731, 767, 768	3
II. Präklusion von materiellrechtlichen Einwendungen	2	IV. Gebühren	4
		V. ArbGG, VwGO	5

I. Zur Notwendigkeit einer Vollstreckungsklausel

1   Zur Zwangsvollstreckung im Inland bedürfen Vollstreckungsbescheide keiner Vollstreckungsklausel, wenn nicht einer der in §§ 727–729, 738, 742, 744 und 749 angesprochenen Fälle vorliegt.[1] Gleiches gilt für Urteile, durch die ein Vollstreckungsbescheid lediglich aufrechterhalten bleibt. Falls eine Klausel erforderlich ist, ist für deren Erteilung das Amtsgericht zuständig, das den Mahnbescheid erlassen hat.[2] Soll die Zwangsvollstreckung aus dem Vollstreckungsbescheid in einem anderen Vertrags- oder Mitgliedstaat betrieben werden, ist der Vollstreckungsbescheid nach § 31 AVAG auch dann mit einer Vollstreckungsklausel zu versehen, wenn dies für eine Zwangsvollstreckung im Inland nach Abs. 1 nicht erforderlich wäre.

II. Präklusion von materiellrechtlichen Einwendungen

2   Durch Abs. 2 wird § 767 Abs. 2 modifiziert: Präkludiert sind Einwendungen, die auf Gründen beruhen, die schon vor Zustellung des Vollstreckungsbescheides entstanden sind und durch Einspruch hätten geltend gemacht werden können. Diese Präklusion dient dem Schutz der Rechtskraft des Vollstreckungsbescheides. Sie ist auch nach Einführung des automatisierten Mahnverfahrens sinnvoll geblieben.[3] Für die Präklusion kommt es grundsätzlich auf den Zeitpunkt der Entstehung der Einwendung an und nicht darauf, wann der Schuldner von ihr Kenntnis erlangt hat. Von dieser Regel macht die Rechtsprechung z. T. eine Ausnahme, wenn der Schuldner gegen die titulierte Honorarforderung eines Arztes mit einem Schadensersatzanspruch wegen eines Behandlungsfehlers aufrechnet. Dann soll wegen der Schwierigkeit für den Patienten, den Behandlungsverlauf zu erkennen und einzuordnen, eine Präklusion nur vorliegen, wenn der Schuldner bereits vor Ablauf der Einspruchsfrist Kenntnis von dem ärztlichen Behandlungsfehler hatte.[4] Soweit im Einzelfall

---

1 Siehe auch Vor §§ 724–734 Rdn. 5.
2 BGH, Rpfleger 1994, 72; OLG Hamm, Rpfleger 1994, 30; **a. M.** OLG Koblenz, Rpfleger 1994, 307 (Amtsgericht, das im Streitverfahren zuständig gewesen wäre).
3 Einzelheiten: § 767 Rdn. 35.
4 LG Köln, NJW-RR 2002, 1511 ff.

ein Mahnbescheid erschlichen sein sollte und die darauf beruhenden Einwendungen aber an Abs. 2 scheitern sollten, kann eine Anwendung des § 826 BGB geboten sein.[5]

III. Zuständigkeit für Klagen nach §§ 731, 767, 768

Die in Abs. 3 enthaltene Regelung der sachlichen und örtlichen Zuständigkeit für Klagen nach §§ 731, 767, 768 folgt dem Gedanken des § 700 Abs. 3. Die Zuständigkeit ist wegen § 802 eine ausschließliche. Hätte der Gläubiger im Streitverfahren wahlweise bei mehreren Gerichten Klage erheben können (z. B. Gerichtsstand des Wohnsitzes und Gerichtsstand der unerlaubten Handlung), bleibt die Wahlmöglichkeit auch für die Klagen nach §§ 731, 767, 768 erhalten.

IV. Gebühren

Gerichtsgebühren fallen nur für Klagen nach Abs. 3 an; es handelt sich dabei um die Gebühren für Prozessverfahren erster Instanz (GKG-KV Nr. 1210 ff.). Der Anwalt erhält im Fall einer Klage nach Abs. 3 die Gebühren nach RVG-VV Nr. 3100 ff. Die Erteilung der Vollstreckungsklausel nach Abs. 1 ist im Rahmen seiner Vollstreckungstätigkeit keine besondere Angelegenheit (§ 19 Abs. 1 Satz 2 Nr. 13 RVG).

V. ArbGG, VwGO

Die Vorschrift ist nur in solchen Prozessarten von Bedeutung, in denen es ein Mahnverfahren gibt. Das ist im arbeitsgerichtlichen Urteilsverfahren der Fall (§ 46a ArbGG), nicht aber im arbeitsgerichtlichen Beschlussverfahren (vgl. § 46a Abs. 2 ArbGG) und auch nicht im Verwaltungsgerichtsprozess, in dem keine Vollstreckungsbescheide erlassen werden (§ 168 VwGO).

---

[5] Einzelheiten hierzu: Anh. § 767 Rn. 1 ff.; BVerfG, WM 1993, 1326 f.; BGH, NJW-RR 1990, 303 ff.; *Walker*, Festgabe 50 Jahre BGH, Bd. III, 367, 372 ff.

§ 796a Voraussetzungen für die Vollstreckbarerklärung des Anwaltsvergleichs

(1) Ein von Rechtsanwälten im Namen und mit Vollmacht der von ihnen vertretenen Parteien abgeschlossener Vergleich wird auf Antrag einer Partei für vollstreckbar erklärt, wenn sich der Schuldner darin der sofortigen Zwangsvollstreckung unterworfen hat und der Vergleich unter Angabe des Tages seines Zustandekommens bei einem Amtsgericht niedergelegt ist, bei dem eine der Parteien zur Zeit des Vergleichsabschlusses ihren allgemeinen Gerichtsstand hat.

(2) Absatz 1 gilt nicht, wenn der Vergleich auf die Abgabe einer Willenserklärung gerichtet ist oder den Bestand eines Mietverhältnisses über Wohnraum betrifft.

(3) Die Vollstreckbarerklärung ist abzulehnen, wenn der Vergleich unwirksam ist oder seine Anerkennung gegen die öffentliche Ordnung verstoßen würde.

Übersicht

	Rdn.			Rdn.
I. Grund für die Einfügung des 796a	1	2.	Ausnahmen (Abs. 2)	7
II. Sinn des Anwaltsvergleichs und Gegenstand der Vorschrift	2	a)	Vergleiche über Ansprüche auf Abgabe einer Willenserklärung	8
III. Voraussetzungen der Vollstreckbarerklärung	3	b)	Vergleiche betreffend den Bestand eines Wohnraummietverhältnisses	9
1. Positive Voraussetzungen (Abs. 1)	4	3.	Ablehnung der Vollstreckbarerklärung (Abs. 3)	10
a) Handeln im fremden Namen mit Vollmacht	5	IV.	Gebühren	12
b) Vollstreckungsunterwerfung des Schuldners	5	V.	Bedeutung des § 796a für Anwaltsvergleiche in Arbeitssachen	13
c) Niederlegung bei einem Amtsgericht	6			

Literatur:
Düwell, Anwaltsvergleich in Arbeitssachen – endlich vollstreckbar!, FA 1998, 212; *Voit/Geweke*, Der vollstreckbare Anwaltsvergleich in Arbeitssachen nach der Einfügung der §§ 796a–796c ZPO durch das Schiedsverfahrens-Neuregelungsgesetz, NZA 1998, 400; noch zum früheren Recht: *Veeser*, Der vollstreckbare Anwaltsvergleich, 1996.

I. Grund für die Einfügung des 796a

1 Die Vorschrift wurde durch Art. 1 Nr. 4 des Schiedsverfahrens-Neuregelungsgesetzes[1] eingefügt. Der sog. vollstreckbare Anwaltsvergleich war vorher in § 1044b geregelt. Dieser (zu Recht kritisierte) Standort im Zehnten Buch der war allein damit zu rechtfertigen, dass auf einen von den Parteien und ihren Rechtsanwälten unterschriebenen Vergleich die Vorschriften über die Vollstreckbarkeit schiedsrichterlicher Vergleiche anwendbar sein sollten und dies durch eine möglichst einfache Verweisung erreicht werden sollte. Die Verlagerung in das Achte Buch der ZPO beruht darauf, dass nach der Neuregelung des Schiedsverfahrens der schiedsrichterliche Vergleich (§ 1044a a. F.) und damit der einzige Anknüpfungspunkt für den Anwaltsvergleich entfallen ist. Er ist seit 1.1.1998 ersetzt in § 1053 durch den Schiedsspruch mit vereinbartem Wortlaut. Mit dem Schiedsverfahren in der jetzt geregelten Form hat der Anwaltsvergleich nichts mehr zu tun. Zu den Auswirkungen der Neuregelung auf Anwaltsvergleiche in Arbeitssachen siehe Rn. 13.

II. Sinn des Anwaltsvergleichs und Gegenstand der Vorschrift

2 Durch den Anwaltsvergleich soll den Parteien ein effektiver außergerichtlicher Weg zur Verfügung gestellt werden, um im Rahmen einer vergleichsweisen Einigung Vereinbarungen treffen zu können, die inhaltliche Grundlage vollstreckbarer Titel sein können. Titel ist nicht der Anwaltsvergleich selbst, sondern der Vollstreckbarerklärungsbeschluss (siehe § 794 Nr. 4 b). Die Möglichkeit

---

1 BGBl. I 1997, S. 3224.

der Vollstreckbarerklärung eines Anwaltsvergleichs bedeutet, dass für eine Erfüllungsklage aus dem Anwaltsvergleich in der Regel das Rechtsschutzinteresse fehlt.

III. Voraussetzungen der Vollstreckbarerklärung

§ 796a regelt die Voraussetzungen, unter denen ein Anwaltsvergleich auf Antrag einer Partei (nicht von Amts wegen) für vollstreckbar erklärt werden kann. 3

1. Positive Voraussetzungen (Abs. 1)

Für die Vollstreckbarerklärung müssen auf jeden Fall folgende Voraussetzungen vorliegen: 4

a) Handeln im fremden Namen mit Vollmacht

Ein materiellrechtlicher Vergleich i. S. von § 779 BGB (Beseitigung eines Streites oder der Ungewissheit über ein Rechtsverhältnis durch gegenseitiges Nachgeben) muss von Rechtsanwälten im Namen und mit Vollmacht der von ihnen vertretenen Parteien abgeschlossen sein. Nicht notwendig ist, dass die Rechtsanwälte auch bei der Aushandlung des Vergleichs beteiligt waren. Ferner braucht die Unterzeichnung nicht gleichzeitig zu erfolgen; vielmehr ist der Vergleichsabschluss im Umlaufverfahren zulässig. In Abweichung von dem früheren § 1044b Abs. 1 ist eine Unterzeichnung durch die Parteien nicht erforderlich. Das dient der Verfahrensbeschleunigung. Durch das Handeln im fremden Namen soll die verdeckte Stellvertretung ausgeschlossen werden. Die Notwendigkeit einer Vollmacht zeigt, dass eine vollmachtlose Vertretung nicht ausreicht. Beide Voraussetzungen sollen der Sicherheit des Rechtsverkehrs und dem Schutz der Parteien dienen.

b) Vollstreckungsunterwerfung des Schuldners

In Übereinstimmung mit dem früheren § 1044b muss der Schuldner sich in dem Vergleich der sofortigen Zwangsvollstreckung unterworfen haben. Erst diese Unterwerfung macht den Vergleich zur tauglichen Grundlage eines zügig umsetzbaren Vollstreckungstitels. Für die Unterwerfungserklärung gelten die gleichen Voraussetzungen wie bei vollstreckbaren Urkunden.[2] Die Unterwerfung muss sich auf den zu vollstreckenden Anspruch beziehen; sind Gegenstand des Anwaltsvergleichs auch solche Ansprüche, auf die sich die Unterwerfungserklärung nicht bezieht, hat dieser insoweit keine Titelfunktion.[3] 5

c) Niederlegung bei einem Amtsgericht

Die Niederlegung bezweckt den Schutz der Urkunde vor Verlust und nachträglicher Veränderung. Sie setzt eine schriftliche Verkörperung des Vergleichs voraus. Die Zuständigkeit des Gerichts ist anders als im früheren § 1044b nicht mehr an diejenige im schiedsrichterlichen Verfahren geknüpft. Die Niederlegung erfolgt auch dann, wenn der Anwaltsvergleich in einer Arbeitssache vereinbart wird (dazu Rn. 13); denn erstens ist § 796b über § 62 Abs. 2 ArbGG nicht nur entsprechend, sondern unmittelbar anwendbar, und zweitens ist die größere Sachnähe des Arbeitsgerichts zwar für die Vollstreckbarkeitserklärung (siehe § 796b Rn. 1), nicht aber für die Niederlegung und Verwahrung von Bedeutung. An die Stelle des Gerichts kann (auch bei Anwaltsvergleichen in Arbeitssachen) nach § 796c auch ein Notar treten. Die **Angabe des Tages, an dem der Vergleich zu Stande gekommen ist**, soll dessen Identifizierung erleichtern. Die Niederlegung kann durch jede der Parteien veranlasst werden. Die am Abschluss beteiligten Rechtsanwälte brauchen nicht mitzuwirken. 6

---

[2] Siehe § 794 Rdn. 58 ff.
[3] OLG Saarbrücken, NJW-RR 2005, 1302.

2. Ausnahmen (Abs. 2)

7 Die Ausnahmen, unter denen ein Anwaltsvergleich selbst bei Vorliegen der positiven Voraussetzungen nicht für vollstreckbar erklärt werden kann, entsprechen den Fällen des § 794 Abs. 1 Nr. 5, in denen eine notarielle Urkunde nicht als Vollstreckungstitel in Betracht kommt.

a) Vergleiche über Ansprüche auf Abgabe einer Willenserklärung

8 Eine Vollstreckbarerklärung scheidet aus bei Anwaltsvergleichen über Ansprüche auf Abgabe einer Willenserklärung. Diese Ansprüche werden nach § 894 vollstreckt, der als Titel ein rechtskräftiges Urteil voraussetzt.

b) Vergleiche betreffend den Bestand eines Wohnraummietverhältnisses

9 Streitigkeiten über den Bestand eines Mietverhältnisses über Wohnraum sind deshalb ausgenommen, damit sie den staatlichen Gerichten nicht entzogen werden können. De lege ferenda ist allerdings zu überlegen, ob der damit bezweckte Schutz des sozial schwächeren Mieters nicht auch durch die bei einem Anwaltsvergleich notwendige Beteiligung von Rechtsanwälten gewährleistet werden könnte.[4] Die Erstreckung des Anwaltsvergleichs auch auf Wohnraum-Bestandsstreitigkeiten könnte jedenfalls zur Entlastung der Gerichte beitragen.

3. Ablehnung der Vollstreckbarerklärung (Abs. 3)

10 Die Vorschrift entspricht dem früheren § 1044b Abs. 1 i. V. m. § 1044a Abs. 2. Die **Unwirksamkeit des Vergleichs** kann sich z. B. daraus ergeben, dass dieser einen nicht vergleichsfähigen Gegenstand betrifft, dass er nach den §§ 134, 138 BGB unwirksam oder gem. §§ 119 f., 123 i. V. m. § 142 BGB angefochten ist oder dass er durch Widerruf, Rücktritt oder wegen Störung der Geschäftsgrundlage unwirksam geworden ist. Auch materielle Einwendungen gegen den Bestand des Anspruches z. B. gem. §§ 362, 389, 397 BGB sollten selbst dann, wenn sie streitig sind, geprüft werden und ggf. zur Ablehnung des Antrags auf Vollstreckbarerklärung führen.[5] Denn das Verfahren nach 796a ist ohnehin mit materiellrechtlichen Fragen (Wirksamkeit des Vergleichs) belastet, und es wäre unpraktisch, die Parteien bei Einwendungen gegen den Anspruch auf die Vollstreckungsgegenklage zu verweisen.[6] Für diese kann es sogar am Rechtsschutzbedürfnis fehlen.[7]

11 **Ein Verstoß der staatlichen Anerkennung des Vergleichs gegen die öffentliche Ordnung** führt zwar nicht notwendig (wenn auch häufig) zur Unwirksamkeit des Vergleichs. Er schließt aber doch die Vollstreckbarerklärung aus. Ein solcher Verstoß ist durch Inhaltskontrolle des Vergleichs am Maßstab des deutschen ordre public festzustellen. Eine solche Inhaltskontrolle ist auch in § 328 Abs. 1 Nr. 4 (Anerkennung ausländischer Urteile) und in § 1059 Abs. 2 Nr. 2 b (gerichtliche Aufhebung eines Schiedsspruchs) vorgesehen. Dieser Ablehnungsgrund erschien dem Gesetzgeber aufgrund der Vielzahl nicht vorhersehbarer Vergleichsgegenstände unverzichtbar, um bei besonders gravierenden Verstößen gegen die öffentliche Ordnung, die aber nicht schon durch die gesetzlich geregelten Unwirksamkeitsgründe erfasst sind, eine Titulierung verhindern zu können.[8]

---

[4] Dazu BT-Drucks. 13/5274, S. 24 f.

[5] *Musielak/Voit/Voit*, § 796a Rn. 10; *Zöller/Geimer*, § 796a Rn. 22; **a. A.** *Baumbach/Lauterbach/Hartmann*, § 796a Rn. 14.

[6] So aber LG Halle, NJW 1999, 3567; *Münzberg*, NJW 1999, 1357, 1359.

[7] *Musielak/Voit/Voit*, § 796a Rn. 13.

[8] BT-Drucks. 13/5274, S. 30.

IV. Gebühren

Im Verfahren über die Vollstreckbarerklärung eines Anwaltsvergleichs fällt die Gerichtsgebühr von 60 Euro nach GKG-KV Nr. 2118 an. Der Rechtsanwalt erhält die in RVG-VV Nr. 3100 ff., Vorbem. 3.1 bestimmten Regelgebühren.

V. Bedeutung des § 796a für Anwaltsvergleiche in Arbeitssachen

Die Neuregelung des Anwaltsvergleichs hat gravierende Auswirkungen für den Vergleich in Arbeitssachen. Solange der vollstreckbare Anwaltsvergleich in 1044b geregelt war, konnte er in Arbeitssachen nicht für vollstreckbar erklärt werden. Denn nach § 101 Abs. 3 ArbGG finden die Vorschriften der ZPO über das schiedsrichterliche Verfahren in Arbeitssachen keine Anwendung. Da nunmehr der vollstreckbare Anwaltsvergleich im Achten Buch der ZPO geregelt ist, auf das § 62 Abs. 2 ArbGG ausdrücklich verweist, ist er jetzt auch auf dem Gebiet des Arbeitsrechts zulässig.[9]

---

9 *Düwell*, FA 1998, 212; *Voit/Geweke*, NZA 1998, 400.

§ 796b Vollstreckbarerklärung durch das Prozessgericht

(1) Für die Vollstreckbarerklärung nach § 796a Abs. 1 ist das Gericht als Prozessgericht zuständig, das für die gerichtliche Geltendmachung des zu vollstreckenden Anspruchs zuständig wäre.

(2) ¹Vor der Entscheidung über den Antrag auf Vollstreckbarerklärung ist der Gegner zu hören. ²Die Entscheidung ergeht durch Beschluss. ³Eine Anfechtung findet nicht statt.

Übersicht	Rdn.		Rdn.
I. Gegenstand der Vorschrift	1	IV. Entscheidung (Abs. 2 Satz 2, 3)	4
II. Zuständigkeit (Abs. 1)	2	V. Gebühren	6
III. Verfahren (Abs. 2 Satz 1)	3		

Literatur:
Münzberg, Einwendungen gegenüber vollstreckbaren Anwaltsvergleichen, NJW 1999, 1357.

I. Gegenstand der Vorschrift

1   Die Vorschrift wurde mit Wirkung zum 1.1.1998 durch Art. 1 Nr. 4 des Schiedsverfahrens-Neuregelungsgesetzes[1] eingefügt. Sie regelt das Verfahren für die Vollstreckbarerklärung des Anwaltsvergleichs durch das Gericht. Die Voraussetzungen für die Vollstreckbarerklärung sind in § 796a und das Verfahren der Vollstreckbarerklärung durch den Notar in § 796c geregelt.

II. Zuständigkeit (Abs. 1)

2   Sie liegt bei dem Gericht, das auch für die gerichtliche Geltendmachung des zu vollstreckenden Anspruchs zuständig wäre. Das muss nicht das Gericht der Niederlegung sein. Die örtliche Zuständigkeit richtet sich also (wie nach dem früheren § 1045 Abs. 1 Nr. 2, der über die früheren §§ 1044b Abs. 1, 1044a Abs. 1 Satz 2, 1046 anwendbar war) nach den §§ 12 ff. Die sachliche Zuständigkeit ergibt sich aus §§ 23 f., 71 GVG. Die Regelung, dass das Gericht **als Prozessgericht** zuständig ist, stellt klar, dass nicht der Rechtspfleger (§ 20 Nr. 17 RPflG), sondern der Richter über die Vollstreckbarerklärung zu entscheiden hat. Das erschien dem Gesetzgeber notwendig, weil mit der Vollstreckbarerklärung Aufgaben verbunden sind, die dem Richter vorbehalten bleiben müssen; dazu zählt z. B. die Entscheidung über die Rechtswirksamkeit des Vergleichs und seine Vereinbarkeit mit dem ordre public.[2] Bei Anwaltsvergleichen in **Arbeitssachen**[3] erfolgt die Vollstreckbarerklärung durch das zuständige Arbeitsgericht.

III. Verfahren (Abs. 2 Satz 1)

3   Die Vollstreckbarerklärung erfolgt nur auf **Antrag einer Partei**. Der Antrag ist schriftlich (beim Amtsgericht auch zu Protokoll der Geschäftsstelle [§ 496]) bei dem für die Vollstreckbarerklärung zuständigen Gericht einzureichen. Beim LG besteht Anwaltszwang. Abs. 2 stellt sicher, dass das **Verfahren beschleunigt** abläuft und die Parteien schnell den begehrten Vollstreckungstitel erlangen können. Die Entscheidung durch Beschluss (Abs. 2 Satz 2) kann nämlich ohne mündliche Verhandlung ergehen (§ 128 Abs. 4[4]), und sie ist zudem unanfechtbar (Abs. 2 Satz 3). Satz 1 stellt klar, dass dem Antragsgegner auch in diesem beschleunigten Verfahren **rechtliches Gehör** gewährt werden muss, bevor über den Antrag auf Vollstreckbarerklärung entschieden wird. Das gilt auch dann, wenn das Gericht den Antrag abweisen will.

---

1 BGBl. I 1997, S. 3224.
2 BT-Drucks. 13/5274, S. 30.
3 Dazu § 796a Rdn. 13.
4 Eingefügt durch das Zivilprozessreformgesetz vom 27.7.2001, BGBl. I, S. 1887.

IV. Entscheidung (Abs. 2 Satz 2, 3)

Als Entscheidungsform ist (auch bei mündlicher Verhandlung) der Beschluss vorgesehen. Ob die beantragte Vollstreckbarerklärung durch den Beschluss ausgesprochen oder abgelehnt wird, hängt davon ab, ob die Voraussetzungen des § 796a Abs. 1 vorliegen und ob ein Ausnahmefall nach § 796a Abs. 2 oder ein Ablehnungsgrund nach § 796a Abs. 3 gegeben ist. Ein nicht verkündeter Ablehnungsbeschluss ist den Parteien gem. § 329 Abs. 2 formlos mitzuteilen. Die Vollstreckbarerklärung bildet gem. § 794 Abs. 1 Nr. 4 b einen Vollstreckungstitel und ist gem. § 329 Abs. 3 zuzustellen. 4

Der Beschluss ist unabhängig von seinem Inhalt **unanfechtbar** (Abs. 2 Satz 3). Diese Regelung schließt es allerdings nicht aus, dass gegen die Zwangsvollstreckung aus der gerichtlichen Vollstreckbarkeitserklärung des Anwaltsvergleichs die Vollstreckungsgegenklage nach § 767 erhoben wird (§ 795). Zum Verhältnis zwischen der Vollstreckungsgegenklage und dem Verfahren auf Vollstreckbarerklärung siehe § 796a Rn. 10. 5

V. Gebühren

Für das Verfahren über die Vollstreckbarerklärung eines Anwaltsvergleichs fällt nach GKG-KV Nr. 2118 eine Gerichtsgebühr von 60 Euro an. Der Beschluss löst keine zusätzliche Gebühr aus. Der Rechtsanwalt erhält die in RVG-VV Nr. 3100 ff., Vorbem. 3.1 bestimmten Gebühren. Siehe schon § 796a Rn. 12. 6

§ 796c Vollstreckbarerklärung durch einen Notar

(1) ¹Mit Zustimmung der Parteien kann ein Vergleich ferner von einem Notar, der seinen Amtssitz im Bezirk eines nach § 796a Abs. 1 zuständigen Gerichts hat, in Verwahrung genommen und für vollstreckbar erklärt werden. ²Die §§ 796a und 796b gelten entsprechend.

(2) ¹Lehnt der Notar die Vollstreckbarerklärung ab, ist dies zu begründen. ²Die Ablehnung durch den Notar kann mit dem Antrag auf gerichtliche Entscheidung bei dem nach § 796b Abs. 1 zuständigen Gericht angefochten werden.

Übersicht

		Rdn.			Rdn.
I.	Gegenstand der Vorschrift	1	4.	Verfahren	6
II.	Verwahrung und Vollstreckbarerklärung (Abs. 1)	2	5.	Entscheidung des Notars	7
1.	Zustimmung der Parteien	3	III.	Ablehnung der Vollstreckbarerklärung (Abs. 2)	8
2.	Zuständigkeit des Notars	4	IV.	Gebühren	9
3.	Voraussetzungen der Vollstreckbarerklärung	5			

I. Gegenstand der Vorschrift

1 Die Vorschrift ist mit Wirkung zum 1.1.1998 durch Art. 1 Nr. 4 des Schiedsverfahrens-Neuregelungsgesetzes[1] eingefügt worden. Sie eröffnet die Möglichkeit, die gerichtliche Tätigkeit bei der Niederlegung und Vollstreckbarerklärung eines Anwaltsvergleichs durch die eines Notars zu ersetzen.

II. Verwahrung und Vollstreckbarerklärung (Abs. 1)

2 Die Regelung entspricht dem früheren § 1044 Abs. 2.

1. Zustimmung der Parteien

3 Die Verwahrung und Vollstreckbarerklärung durch einen Notar anstelle eines Amtsgerichts (§ 796a Abs. 1) kommt nur mit Zustimmung aller am Vergleich beteiligten Parteien in Betracht. Die Notare sollen mit dem Anwaltsvergleich von vornherein nicht befasst werden, wenn die Voraussetzungen für dessen Vollstreckbarkeit streitig sind. Die Durchführung eines Streitverfahrens vor dem Notar wäre systemfremd.[2] Die Zustimmung kann schon im Vergleich, aber auch gesondert erklärt werden.

2. Zuständigkeit des Notars

4 Zuständig sind alle Notare, die ihren Amtssitz im Bezirk eines nach § 796a Abs. 1 zuständigen Gerichts haben. Zwischen mehreren zuständigen Notaren in den Bezirken möglicherweise mehrerer zuständiger Gerichte können die Parteien wählen. Die Zuständigkeitsregelung des Abs. 1 Satz 1 gilt nicht nur für die Verwahrung, sondern auch für die Vollstreckbarerklärung, sodass diese immer durch denjenigen Notar erfolgt, bei dem der Vergleich niedergelegt ist. Diese Abweichung von der Zuständigkeit bei der gerichtlichen Vollstreckbarerklärung nach 796b Abs. 1 beruht darauf, dass es eine Zuständigkeit des Notars für die gerichtliche Geltendmachung des Anspruchs (siehe § 796b Abs. 1) nicht gibt.

3. Voraussetzungen der Vollstreckbarerklärung

5 Nach Abs. 1 Satz 2 gilt für die Voraussetzungen der Vollstreckbarerklärung § 796a entsprechend. Es müssen also die positiven Voraussetzungen des 796a Abs. 1 (von Rechtsanwälten im fremden Namen und mit Vollmacht abgeschlossener Vergleich i. S. v. § 779 BGB, Vollstreckungsunter-

---

1 BGBl. I 1997, S. 3224.
2 BT-Drucks. 11/828, S. 50.

werfung) vorliegen,³ und es darf weder ein Ausnahmefall des Abs. 2 (Anspruch auf Abgabe einer Willenserklärung oder Anspruch betreffend den Bestand eines Wohnraummietverhältnisses) oder ein Ablehnungsgrund des Abs. 3 (Unwirksamkeit des Vergleichs oder Verstoß seiner Anerkennung gegen die öffentliche Ordnung) gegeben sein.

4. Verfahren

Für das Verfahren erklärt Abs. 1 Satz 2 den § 796b für entsprechend anwendbar. Der Notar entscheidet entsprechend § 796b Abs. 2 Satz 1 ohne obligatorische mündliche Verhandlung, aber nach Anhörung des Gegners. 6

5. Entscheidung des Notars

Die Vollstreckbarerklärung ergeht ebenso wie deren Ablehnung durch Beschluss. Das ergibt sich aus Abs. 1 Satz 2 i. V. m. § 796b Abs. 2 Satz 2, für die Vollstreckbarerklärung auch aus § 797 Abs. 6. Der Beschluss ist den Parteien bzw. ihren Prozessbevollmächtigten von Amts wegen zuzustellen (§§ 270 Abs. 1, 329 Abs. 3). Die Zustellung gehört gem. § 20 Abs. 1 Satz 2 BNotO zu den Aufgaben des Notars. Die Vollstreckbarerklärung ist entsprechend § 796b Abs. 2 Satz 3 unanfechtbar. Deshalb braucht die Vollstreckbarerklärung nicht für vorläufig vollstreckbar erklärt zu werden. Der ablehnende Beschluss ist zu begründen (dazu Rn. 8). 7

III. Ablehnung der Vollstreckbarerklärung (Abs. 2)

Eine Ablehnung erfolgt, wenn die positiven Voraussetzungen des § 796a Abs. 1 nicht vorliegen oder ein Ausnahmefall des § 796a Abs. 2 gegeben ist. Weitere Ablehnungsgründe ergeben sich gem. Abs. 1 Satz 2 aus § 796a Abs. 3.⁴ Da die ablehnende Entscheidung im Fall des § 796c nicht durch ein Gericht, sondern durch den Notar getroffen wird, muss sie wenigstens in einem gerichtlichen Verfahren überprüfbar sein. Deshalb sieht Abs. 2 Satz 2 abweichend von § 796b Abs. 2 Satz 3 vor, dass die Ablehnung angefochten werden kann. Die Anfechtung ist bei dem Gericht zulässig, das nach § 796b Abs. 1 anstelle des Notars für die Vollstreckbarerklärung zuständig gewesen wäre. Um diesem Gericht die Überprüfung der Ablehnung zu ermöglichen, muss der Notar nach Abs. 2 Satz 1 seine ablehnende Entscheidung begründen. Das Gericht entscheidet nach Anhörung des Gegners durch Beschluss. Dieser ist unanfechtbar. 8

IV. Gebühren

Der Notar erhält nach GNotKG-VV Nr. 23800 eine Festgebühr von 60 Euro. Die Anwaltsgebühren richten sie wie bei der gerichtlichen Vollstreckbarerklärung nach RVG-VV Nr. 3100 ff., Vorbem. 3.1.⁵ Bei der Anfechtung der Ablehnungsentscheidung des Notars fällt wie im Fall des § 796b eine Gerichtsgebühr von 60 Euro nach GKG-KV Nr. 2118 an. 9

---

3 OLG Brandenburg, NJW 2014, 643.
4 Siehe dazu 796a Rdn. 10.
5 Siehe dazu § 796a Rdn. 12 und § 796b Rdn. 6.

§ 797 Verfahren bei vollstreckbaren Urkunden

(1) Die vollstreckbare Ausfertigung gerichtlicher Urkunden wird von dem Urkundsbeamten der Geschäftsstelle erteilt, das die Urkunde verwahrt.

(2) ¹Die vollstreckbare Ausfertigung notarieller Urkunden wird von dem Notar erteilt, der die Urkunde verwahrt. ²Befindet sich die Urkunde in der Verwahrung einer Behörde, so hat diese die vollstreckbare Ausfertigung zu erteilen.

(3) ¹Die Entscheidung über Einwendungen, welche die Zulässigkeit der Vollstreckungsklausel und die Zulässigkeit der Erteilung einer weiteren vollstreckbaren Ausfertigung betreffen, wird bei gerichtlichen Urkunden von dem die Urkunde verwahrenden Gericht, bei notariellen Urkunden von dem Amtsgericht getroffen, in dessen Bezirk der die Urkunde verwahrende Notar oder die verwahrende Behörde den Amtssitz hat. ²Die Entscheidung über die Erteilung einer weiteren vollstreckbaren Ausfertigung wird bei gerichtlichen Urkunden von dem die Urkunde verwahrenden Gericht getroffen, bei einer notariellen Urkunde von dem die Urkunde verwahrenden Notar oder, wenn die Urkunde von einer Behörde verwahrt wird, von dem Amtsgericht, in dessen Bezirk diese Behörde ihren Amtssitz hat.

(4) Auf die Geltendmachung von Einwendungen, die den Anspruch selbst betreffen, ist die beschränkende Vorschrift des § 767 Abs. 2 nicht anzuwenden.

(5) Für Klagen auf Erteilung der Vollstreckungsklausel sowie für Klagen, durch welche die den Anspruch selbst betreffenden Einwendungen geltend gemacht werden oder der bei der Erteilung der Vollstreckungsklausel als bewiesen angenommene Eintritt der Voraussetzung für die Erteilung der Vollstreckungsklausel bestritten wird, ist das Gericht, bei dem der Schuldner im Inland seinen allgemeinen Gerichtsstand hat, und sonst das Gericht zuständig, bei dem nach § 23 gegen den Schuldner Klage erhoben werden kann.

(6) Auf Beschlüsse nach § 796c sind die Absätze 2 bis 5 entsprechend anzuwenden.

Übersicht	Rdn.		Rdn.
I. Zweck und Anwendungsbereich der Norm	1	1. Zuständigkeit des Urkundsbeamten oder des Rechtspflegers	10
II. Erteilung vollstreckbarer Ausfertigungen von vollstreckbaren Urkunden	2	2. Zuständigkeit des Notars	12
1. Gerichtliche Urkunden	2	3. Zuständigkeit des Jugendamtes	13
2. Notarielle Urkunden und außergerichtliche Anwaltsvergleiche	3	IV. Besonderheiten zur Vollstreckungsabwehrklage	14
3. Urkunden des Jugendamtes	8	V. Zuständigkeit nach Abs. 2 und 5	16
4. Vergleiche nach den SchAG der Länder	9	VI. Gebühren	17
III. Rechtsbehelfe im Klauselerteilungsverfahren	10	VII. ArbGG, VwGO	18

Literatur:

Geimer, Notarielle Vollstreckbarerklärung von Anwaltsvergleichen – Betrachtungen zu § 1044b ZPO, DNotZ 1991, 266. Siehe ferner die Literaturhinweise bei § 794 zu Nr. 5.

I. Zweck und Anwendungsbereich der Norm

Die Vorschrift bestimmt zunächst, dass die vollstreckbare Ausfertigung von der Stelle erteilt wird, an der sich die Urkunde in der Regel befindet. Abs. 4 trägt der Tatsache Rechnung, dass die Urkunde nicht in Rechtskraft erwächst, sodass auch keine Präklusion nach § 767 Abs. 2 erforderlich ist. § 797 gilt ausschließlich für die unter § 794 Abs. 1 Nr. 5 fallenden vollstreckbaren Urkunden sowie die beim Notar hinterlegten außergerichtlichen Anwaltsvergleiche.[1] Keine Urkunde in diesem Sinne ist deshalb der in § 794 Abs. 1 Nr. 1 besonders geregelte gerichtliche Vergleich, für den sich in den §§ 795a ff. keine Sonderregelungen finden[2] und auf den § 797 auch nicht entsprechend anwendbar ist.[3] Nicht anzuwenden ist § 797 auch auf ausländische vollstreckbare Urkunden.[4] Sie sind allein nach den jeweiligen vertraglichen Regeln und den hierzu ergangenen Ausführungsgesetzen zu beurteilen. Dagegen gilt die Vorschrift für diejenigen bundes- und landesrechtlichen Titel, die ausdrücklich den Urkunden des § 794 Abs. 1 Nr. 5 gleichgestellt wurden.[5]   1

II. Erteilung vollstreckbarer Ausfertigungen von vollstreckbaren Urkunden

1. Gerichtliche Urkunden

Vollstreckbare Ausfertigungen gerichtlicher Urkunden sind bei dem Gericht zu beantragen, das die Urkunde **verwahrt**. Ob dort dann der Urkundsbeamte oder der Rechtspfleger für die Erteilung zuständig ist, richtet sich nach den allgemeinen Regeln.[6] Maßgeblich hinsichtlich der Zuständigkeit des Gerichts ist die tatsächliche Verwahrung der Urschrift der Urkunde, nicht die Zuständigkeit, jetzt noch derartige Urkunden aufnehmen zu dürfen, oder der Umstand, dass die Urkunde seinerzeit durch ein anderes Gericht (etwa im Wege der Rechtshilfe), aufgenommen wurde. Das für die Ersterteilung einer vollstreckbaren Ausfertigung zuständige Gericht ist auch für die Erteilung **weiterer Ausfertigungen** (§ 733) von gerichtlichen Urkunden zuständig (**Abs. 3 Satz 2**). Die Entscheidung insoweit trifft immer der Rechtspfleger (§ 20 Nr. 12 RPflG). Hinsichtlich der Antragsberechtigung gelten die allgemeinen Regeln.[7] Vor Erteilung der Klausel hat das zuständige Organ nach den allgemeinen Regeln zu prüfen, ob ein formell ordnungsgemäßer Titel mit grundsätzlich vollstreckungsfähigem Inhalt vorliegt.[8] Ob der titulierte Anspruch materiellrechtlich – noch – besteht, ist im Klauselverfahren dagegen auch hier ohne Belang.[9]   2

2. Notarielle Urkunden und außergerichtliche Anwaltsvergleiche

Die **erste vollstreckbare Ausfertigung** einer notariellen Urkunde wird von dem Notar erteilt, der das Original der Urkunde verwahrt (**Abs. 2 Satz 1**). Gleiches gilt über **Abs. 6**[10] auch für die Vollstreckbarerklärung eines beim Notar hinterlegten Anwaltsvergleiches nach § 796c. Dagegen werden   3

---

1 Näheres hierzu: § 794 Rdn. 48.
2 Siehe § 795 Rdn. 1.
3 H. M.; *Baumbach/Lauterbach/Hartmann,* § 797 Rn. 4; *Musielak/Voit/Lackmann,* § 797 Rn. 1; PG/*Scheuch,* § 797 Rn. 1; *Stein/Jonas/Münzberg,* § 797 Rn. 1; *Zöller/Stöber,* § 797 Rn. 1; a. A. OLG München, NJW 1961, 2265.
4 *Gaul/Schilken/Becker-Eberhard,* § 13 Fußn. 126; HK-ZV/*Müller,* § 797 Rn. 2.
5 Siehe § 794 Rn. 47.
6 Vor §§ 724–734 Rdn. 9; § 724 Rdn. 9.
7 Vor §§ 724–734 Rdn. 8; § 724 Rdn. 3.
8 Vor §§ 724–734 Rdn. 11; § 724 Rdn. 5–7; § 794 Rdn. 47 ff.
9 Vor §§ 724–734 Rdn. 11; § 724 Rdn. 6.
10 Neugefasst durch das Schiedsverfahrens-Neuregelungsgesetz mit Wirkung zum 1.1.1998 (BGBl. I 1997, S. 3225).

die vollstreckbaren Ausfertigungen der gerichtlichen Vollstreckbarkeitserklärungen nach § 796b von Abs. 6 nicht erfasst, sondern nach den §§ 795, 724 ff. von den Gerichten erteilt. In der Regel verwaltet derjenige Notar die Urkunde, bei dem diese errichtet wurde (Ausnahmen: §§ 45, 51, 55 BNotO). Der danach zuständige Notar ist gem. § 16 Abs. 1 BNotO unter den Voraussetzungen des § 3 BeurkG von der Amtsausübung (Erteilung der vollstreckbaren Ausfertigung) ausgeschlossen. Wenn etwa der Notar als Rechtsanwalt des Gläubigers im Zwangsvollstreckungsverfahren tätig wird, ist er von der Erteilung der Vollstreckungsklausel zu seiner eigenen Urkunde ausgeschlossen.[11] Er kann sich gem. § 16 BNotO auch wegen Befangenheit der Amtsausübung enthalten und zudem entsprechend §§ 42 ff. wegen Befangenheit von den Parteien abgelehnt werden.[12] Befindet sich die Originalurkunde ausnahmsweise beim Amtsgericht (Fälle der §§ 45 Abs. 1, 51 Abs. 1 BNotO), so ist dieses Amtsgericht zur Erteilung der vollstreckbaren Ausfertigung zuständig (**Abs. 2 Satz 2**). Der Notar erteilt nicht nur die einfache vollstreckbare Ausfertigung, sondern auch die sog. qualifizierte Klausel.[13]

4   Über die Erteilung einer **weiteren vollstreckbaren Ausfertigung** (§ 733) entscheidet grundsätzlich der die Urkunde verwahrende Notar selbst (**Abs. 3 Satz 2**). Bei ihm ist die weitere vollstreckbare Ausfertigung zu beantragen, und er erteilt sie. Nur wenn die Urkunde von einer Behörde verwahrt wird, ergeht die Entscheidung durch den Rechtspfleger des Amtsgerichts, in dessen Bezirk die Behörde ihren Amtssitz hat. Auch dann ist aber der Notar der richtige Adressat für den Antrag, und er ist für die Erteilung zuständig. Er hat von Amts wegen die Entscheidung des Rechtspflegers beim zuständigen Amtsgericht herbeizuführen; der Gläubiger ist nicht antragsberechtigt.[14] Bei begründetem Antrag weist der Rechtspfleger den Notar zur Erteilung der weiteren vollstreckbaren Ausfertigung an. Lehnt er den Antrag ab, steht fest, dass der Notar die weitere Ausfertigung nicht erteilen darf. Der Notar erhält nach GNotKG-KV Nr. 23804 für jede weitere vollstreckbare Ausfertigung die Festgebühr von 20 Euro.

5   Auch der Notar erteilt die Klausel nur auf Antrag.[15] **Antragsberechtigt** ist der in der Urkunde ausgewiesene Gläubiger oder dessen Rechtsnachfolger[16], nicht aber ein durch den Gläubiger nur begünstigter Dritter.[17] Bei einseitigen nur vom Schuldner errichteten Urkunden ist zudem § 51 BeurkG zu beachten:[18] Der Schuldner muss dem Gläubiger das Recht, eine (einfache) Ausfertigung verlangen zu können, eingeräumt haben. § 52 BeurkG steht dem nicht entgegen und wird durch die Anwendbarkeit des § 51 BeurkG auch nicht sinnlos.[19] Seine Funktion ist es lediglich, klarzustellen (in Ergänzung des § 795), dass die §§ 724 ff. uneingeschränkt, soweit § 797 keine Sonderregeln enthält, auch für vom Notar zu erteilende Klauseln gelten. Die §§ 724 ff. enthalten aber selbst unmittelbar nichts über die Berechtigung des Gläubigers, eine Ausfertigung, auf die dann die Klausel gesetzt werden könnte, zu erlangen. Wer eine Ausfertigung eines Urteils oder eines Beschlusses zu erhalten hat, ist an anderer Stelle in der ZPO geregelt (so in §§ 317, 329). Hat der Gläubiger berechtigterweise eine Ausfertigung erlangt, tangiert § 51 BeurkG allerdings nicht mehr die Klauselerteilung auf diese Ausfertigung.

6   Vor Erteilung der Klausel **prüft der Notar** nach den allgemeinen Regeln, ob ein formell wirksamer Titel mit vollstreckungsfähigem Inhalt vorliegt.[20] Ob der materiellrechtliche Anspruch (noch)

---

11 Zöller/Stöber, § 797 Rn. 4.
12 MüKo/Wolfsteiner, § 797 Rn. 7 ff.
13 Vor §§ 724–734 Rdn. 7, 9.
14 BayObLG, Rpfleger 2000, 74, 75.
15 Vor §§ 724–734 Rdn. 8.
16 Vgl. BGH, NJW 1993, 1396, 1397.
17 § 724 Rdn. 3.
18 Vgl. § 794 Rdn. 60; ferner: Wolfsteiner, Die vollstreckbare Urkunde, § 34; Zöller/Stöber, § 797 Rn. 2; **a. A.** Stein/Jonas/Münzberg, § 797 Rn. 2.
19 So aber Stein/Jonas/Münzberg, § 797 Rn. 2.
20 Siehe insbesondere § 794 Rdn. 49; Brox/Walker Rn. 108.

besteht, ist dagegen für die Klauselerteilung ohne Belang.[21] Nur wenn durch öffentliche oder öffentlich beglaubigte Urkunden nachgewiesen oder für den Notar offenkundig ist, dass der materielle Anspruch nicht mehr besteht, kann der Notar ausnahmsweise trotz Vorliegens eines formell wirksamen Titels die Erteilung einer vollstreckbaren Ausfertigung ablehnen.[22] Die Unwirksamkeit des beurkundeten Rechtsgeschäfts berührt in aller Regel die Wirksamkeit der in der Urkunde enthaltenen prozessrechtlichen Unterwerfungserklärung nicht.[23]

Hat für den Schuldner ein Vertreter die Unterwerfungserklärung abgegeben, setzt deren Wirksamkeit nicht voraus, dass die Vollmacht notariell beurkundet ist. Aber die Klausel für eine Urkunde mit Unterwerfungserklärung darf in entsprechender Anwendung des § 726 Abs. 1 nur erteilt werden, wenn die Vollmacht in öffentlicher oder öffentlich beglaubigter Urkunde nachgewiesen wird.[24] Es ist unrichtig, den Schuldner mit dem Einwand fehlender Bevollmächtigung erst im Rahmen einer Klage gemäß § 767 zu hören.[25] Denn es fehlt, wenn die Unterwerfungserklärung ohne Willen des Schuldners abgegeben wurde, bereits an einem Titel zulasten des Schuldners. Für eine solche Voraussetzung des Titels kann nichts anderes gelten als für die unmittelbar von § 726 erfassten Bedingungen, unter denen der Titel vollstreckt werden kann, zumal die Vollstreckungsorgane zur inhaltlichen Prüfung des Titels nicht in der Lage sind. Der Nachweis durch öffentliche oder öffentlich beglaubigte Urkunde erübrigt sich, wenn der Schuldner im Rahmen seiner Anhörung nach § 730 die Bevollmächtigung zugesteht.[26]

3. Urkunden des Jugendamtes

Die vollstreckbare Ausfertigung von Urkunden des Jugendamtes gem. § 59 Abs. 1 Satz 1 Nr. 3 und 4 SGB VIII[27] erteilt der Beamte (Angestellte) dieser Behörde, der auch zur Aufnahme derartiger Urkunden befugt ist (§ 60 Satz 3 Nr. 1 SGB VIII). Dies gilt für einfache Klauseln ebenso wie für qualifizierte.[28] Über die Erteilung einer weiteren vollstreckbaren Ausfertigung (§ 733) entscheidet das Amtsgericht, in dessen Bezirk sich das Jugendamt befindet (§ 60 Satz 3 Nr. 2 SGB VIII). Die Entscheidung trifft nach den allgemeinen Regeln der Rechtspfleger. Die Ausfertigung selbst wird dann vom Jugendamt erteilt. Die Prüfungspflicht des Jugendamtes vor der Klauselerteilung entspricht der des Notars.[29]

4. Vergleiche nach den SchAG der Länder

Aus den vor einer Schiedsperson geschlossenen Vergleichen findet nach den Schiedsamtsgesetzen der Länder (z. B. § 33 Abs. 1 SchAG NRW; § 28 Abs. 1 HessSchAG) die Zwangsvollstreckung statt. Die Klausel zu solchen Vergleichen erteilt das für den Schiedsamtsbezirk zuständige Amtsgericht (vgl. z. B. § 33 Abs. 2 SchAG NRW; § 28 Abs. 2 HessSchAG). Die Zuständigkeit des Urkundsbeamten bzw. des Rechtspflegers dort folgt den allgemeinen Regeln.

---

21 Vor §§ 724–734 Rn. 11; § 724 Rn. 6; ferner KG, ZZP 96 (1983), 372 mit Anm. *Münzberg*; OLG Frankfurt, DNotZ 1995, 144 f.; OLGZ 1989, 418; LG Köln, MittRhNotK 1968, 564; einschränkend LG Koblenz, DNotZ 1972, 190.
22 BayObLG, NJW-RR 2000, 1663, 1664.
23 BGH, NJW 1985, 2423; siehe ferner § 794 Rdn. 61.
24 Vgl. § 726 Rdn. 5; BGH, NJW 2008, 2266, 2267 mit zust. Anm. *Walker*, LMK 2008, 264809; Rpfleger 2007, 37, 38; NJW-RR 2004, 1718, 1719; ferner *Zöller/Stöber*, § 797 Rn. 5.
25 So aber OLG Köln, MDR 1969, 150.
26 § 726 Rdn. 11.
27 Früher KJHG.
28 KG, OLGZ 1973, 112 (noch zum JWG).
29 Oben Rdn. 6.

III. Rechtsbehelfe im Klauselerteilungsverfahren

1. Zuständigkeit des Urkundsbeamten oder des Rechtspflegers

10 Soweit die Klausel durch den Urkundsbeamten der Geschäftsstelle oder den Rechtspfleger verweigert wurde, gelten die gleichen Rechtsbehelfe wie im Klauselerteilungsverfahren zu Urteilen als Vollstreckungstitel.[30] Hat der Urkundsbeamte auf die Erinnerung nach § 573 Abs. 1[31] hin nicht selbst abgeholfen (zur Abhilfebefugnis siehe §§ 573 Abs. 1 Satz 3, 572 Abs. 1), entscheidet der Richter des Gerichts, dem der Urkundsbeamte zugeordnet ist. Dagegen findet die sofortige Beschwerde statt (§ 573 Abs. 2). Auch der Rechtspfleger, der die Klauselerteilung verweigert hat, kann einer dagegen eingelegten sofortigen Beschwerde (§ 11 Abs. 1 RPflG i. V. m. § 567) selbst abhelfen (§ 572 Abs. 1). Hilft er nicht ab, entscheidet das Beschwerdegericht durch Beschluss. Dagegen kommt unter den Voraussetzungen des § 574 die Rechtsbeschwerde in Betracht.

11 Über Erinnerungen des Schuldners gegen die Klauselerteilung (§ 732)[32] und gegen die Erteilung einer weiteren vollstreckbaren Ausfertigung (vgl. Abs. 3)[33] entscheidet der Richter des Gerichts, dessen Rechtspfleger bzw. Urkundsbeamter die Klausel erteilt hat (**Abs. 3 Satz 1**).[34] Für Klagen auf Erteilung der Vollstreckungsklausel (§ 731) sowie für Klauselgegenklagen (§ 768), deren Zulässigkeit und Begründetheit im Übrigen nach den allgemeinen Regeln zu beurteilen ist, ist nach **Abs. 5** das Gericht örtlich zuständig, bei dem der Schuldner seinen allgemeinen Gerichtsstand hat, und sonst das Gericht, bei dem nach § 23 gegen ihn Klage erhoben werden kann (beachte die Sonderregelung in § 800 Abs. 3). Die sachliche Zuständigkeit bestimmt sich in beiden Fällen nach §§ 23 ff., 71 GVG.

2. Zuständigkeit des Notars

12 Soweit die Klausel durch den Notar verweigert wurde, hat der Gläubiger hiergegen die Beschwerde nach §§ 58 ff. FamFG (§ 54 Abs. 1 und 2 BeurkG). Das gilt auch, wenn der Notar sich weigert, für die Erteilung einer weiteren vollstreckbaren Ausfertigung eine amtsgerichtliche Entscheidung nach Abs. 3 herbeizuführen oder wenn der Rechtspfleger beim Amtsgericht eine ablehnende Entscheidung trifft.[35] Zuständig zur Entscheidung ist eine Zivilkammer des Landgerichts, in dessen Bezirk der Notar seinen Sitz hat (Abs. 3 Satz 1; § 54 Abs. 2 Satz 2 BeurkG). Der Notar kann seinerseits vor der Entscheidung des Gerichts abhelfen. § 54 BeurkG ist ausschließlich ein Rechtsmittel für den Gläubiger. Dem Schuldner steht kein Rechtsmittel gegen die Erteilung einer (weiteren) vollstreckbaren Ausfertigung durch den Notar oder gegen die Ankündigung einer solchen Erteilung zu.[36] Einwendungen des Schuldners gegen die Erteilung der Vollstreckungsklausel sind nach den allgemeinen Regeln mit der Erinnerung gem. § 732 (formelle Einwendungen) bzw. mit der Klauselgegenklage gem. § 768 (materiellrechtliche Einwendungen) geltend zu machen. Zuständig zur Entscheidung nach § 732 ist der Richter des **Amtsgerichts**, in dessen Bezirk der Notar seinen Amtssitz hat. Das Amtsgericht ist auch dann zuständig, wenn der in der notariellen Urkunde verbriefte Anspruch, würde er streitig geltend gemacht, zur Zuständigkeit der Arbeitsgerichte gehört.[37] Zur Entscheidung über die Klauselgegenklage des Schuldners nach § 768, aber auch über die Klage des Gläubigers auf Klauselerteilung nach § 731 ist das Gericht örtlich zuständig, bei dem der Schuldner

---

30 Vor §§ 724–734 Rdn. 13 ff.
31 Diese und die im Folgenden genannten Vorschriften aus dem Beschwerderecht sind in der Fassung des Zivilprozessreformgesetzes vom 27.7.2001 (BGBl. I, S. 1887) zitiert.
32 Zum Verhältnis von § 732 zu den allgemeinen Rechtsbehelfen vgl. § 732 Rdn. 1.
33 *Zöller/Stöber*, § 797 Rn. 10; a. M. LG Berlin, MDR 1999, 703; *Musielak/Voit/Lackmann*, § 797 Rn. 9.
34 Das Verfahren nach § 732 ist ein Verfahren der ordentlichen streitigen Gerichtsbarkeit, nicht der freiwilligen Gerichtsbarkeit; das gilt auch für das Beschwerdeverfahren. Vgl. OLG Frankfurt, Rpfleger 1981, 314.
35 BayObLG, Rpfleger 2000, 74.
36 OLG Köln, Rpfleger 2007, 154.
37 *Münzberg*, ZZP 87 (1974), 453; *Stein/Jonas/Münzberg*, § 797 Rn. 18.

im Inland seinen allgemeinen Gerichtsstand hat, ansonsten das Gericht gemäß § 23 (Ausnahme: § 800 Abs. 3). Die sachliche Zuständigkeit folgt den §§ 23 ff., 71 GVG. Gehört die in der Urkunde titulierte Forderung zur Zuständigkeit der Arbeitsgerichte, so sind auch für die Klagen nach §§ 731, 768 die Gerichte für Arbeitssachen ausschließlich zuständig.[38] Dies folgt aus § 2 Abs. 1 Nr. 4 a ArbGG; denn im Rahmen beider Klagen kann der Schuldner auch Einwendungen geltend machen, die den titulierten Anspruch selbst betreffen[39], und zwar auch solche Einwendungen, die sich gegen das ursprüngliche Entstehen des Anspruchs wenden.[40]

3. Zuständigkeit des Jugendamtes

Hat das Jugendamt die Klauselerteilung verweigert, so hat der Gläubiger die Beschwerde gem. §§ 54 BeurkG, 58 ff. FamFG. Hinsichtlich der Klage auf Klauselerteilung (§ 731), der Klauselerinnerung (§ 732) und der Klauselgegenklage (§ 768) gelten die Ausführungen zu den notariellen Urkunden (oben Rn. 10) entsprechend.

IV. Besonderheiten zur Vollstreckungsabwehrklage

Die zeitliche Schranke des § 767 Abs. 2 gilt für Vollstreckungsabwehrklagen gegen die Zwangsvollstreckung aus Urkunden i. S. des § 794 Abs. 1 Nr. 5 nicht (**Abs. 4**). Mit der Vollstreckungsabwehrklage kann deshalb auch geltend gemacht werden, der titulierte Anspruch habe schon bei Errichtung der Urkunde nicht bestanden.[41] Eine Präklusion solcher Einwendungen wäre weder sachgerecht noch erforderlich; denn es hat bisher keine gerichtliche Prüfung stattgefunden, und es fehlt an der Rechtskraft, die durch die Präklusionsregel des § 767 Abs. 2 geschützt werden soll. Die Parteien können solche Einwendungen in der Urkunde allerdings in den Grenzen des § 138 Abs. 1 BGB ausschließen.[42] Die Präklusion nach § 767 Abs. 3 gilt dagegen auch für Vollstreckungsabwehrklagen gegen die Zwangsvollstreckung aus vollstreckbaren Urkunden uneingeschränkt.[43] Auch hier kommt es nur auf das objektive Entstehen der Einwendung an, nicht aber darauf, ob die Geltendmachung in dem früheren Rechtsstreit verschuldet unterblieb.

Zuständig zur Entscheidung über die Vollstreckungsabwehrklage ist das Gericht, bei dem der Schuldner im Inland seinen allgemeinen Gerichtsstand hat, sonst das Gericht, bei dem nach § 23 gegen den Schuldner Klage erhoben werden kann (Ausnahme: § 800 Abs. 3). Die sachliche Zuständigkeit folgt den §§ 23 ff., 71 GVG, sodass auch die Zuständigkeit der Familiengerichte in Betracht kommt, wenn die titulierte Forderung zur Zuständigkeit der Familiengerichte gehört.[44] Entsprechendes gilt für die Rechtswegzuständigkeit der Arbeitsgerichte.[45]

V. Zuständigkeit nach Abs. 2 und 5

Die in Abs. 2 und 5 geregelten Zuständigkeiten sind im Hinblick auf § 802 ausschließliche. Sie können deshalb durch Parteivereinbarung (etwa in der zu vollstreckenden Urkunde) nicht geändert werden. Wollen allerdings mehrere Kläger mit verschiedenen allgemeinen Gerichtsständen gemeinsam gem. Abs. 5 gegen die Vollstreckung aus einer notariellen Urkunde vorgehen, können sie für ihre Klage gem. §§ 767, 768 unter den Gerichten, bei denen einer von ihnen seinen allgemeinen

---

38 OLG Frankfurt, OLGZ 1985, 97. Zweifelnd *Stein/Jonas/Münzberg*, § 797 Rn. 25 und *Münzberg*, ZZP 87 (1974), 449.
39 Vgl. § 731 Rdn. 7 und § 768 Rdn. 3.
40 Vgl. § 767 Rdn. 30.
41 Vgl. § 767 Rdn. 37.
42 Vgl. BGH, WM 1976, 907; OLG Koblenz, WM 1994, 839 ff.
43 BGH, ZZP 87 (1974), 447; OLG Köln, WM 1992, 713 ff.
44 BayObLG, NJW-RR 1992, 263 ff.
45 *Thomas/Putzo/Seiler*, § 797 Rn. 4.

§ 797 ZPO Verfahren bei vollstreckbaren Urkunden

Gerichtsstand hat, wählen.[46] Abs. 5 wird durch die abweichende Zuständigkeitsregelung des § 800 Abs. 3 verdrängt, wenn die Zwangsvollstreckung aufgrund der Unterwerfungserklärung gegen den jeweiligen Eigentümer zulässig ist.

VI. Gebühren

17 **Gerichtsgebühren** fallen nur für Klagen nach Abs. 5 an. Es handelt sich dabei um die Gebühren für Prozessverfahren erster Instanz (GKG-KV Nr. 1210 ff.). Der **Anwalt** erhält im Fall des Abs. 5 die Gebühren nach RVG-VV Nr. 3100 ff. Die Erteilung der Vollstreckungsklausel nach Abs. 1 ist im Rahmen seiner Vollstreckungstätigkeit keine besondere Angelegenheit (§ 19 Abs. 1 Satz 2 Nr. 13 RVG). Dagegen handelt es sich bei dem Verfahren nach Abs. 3 über Einwendungen gegen die Zulässigkeit der Vollstreckungsklausel gebührenrechtlich um eine besondere Angelegenheit (§ 18 Abs. 1 Nr. 4 RVG).

VII. ArbGG, VwGO

18 Auf vollstreckbare Urkunden, die einen Anspruch betreffen, der in die Zuständigkeit der Arbeitsgerichte fällt[47], ist § 797 anwendbar. Im Verwaltungsgerichtsprozess spielt diese Vorschrift keine Rolle, da die vollstreckbare Urkunde nicht zu den in § 168 VwGO aufgezählten Vollstreckungstiteln gehört.

---

46 BGH, MDR 1992, 301.
47 Dazu *Grunsky*, ArbGG, § 62 Rn. 11.

§ 797a Verfahren bei Gütestellenvergleichen

(1) Bei Vergleichen, die vor Gütestellen der im § 794 Abs. 1 Nr. 1 bezeichneten Art geschlossen sind, wird die Vollstreckungsklausel von dem Urkundsbeamten der Geschäftsstelle desjenigen Amtsgerichts erteilt, in dessen Bezirk die Gütestelle ihren Sitz hat.

(2) Über Einwendungen, welche die Zulässigkeit der Vollstreckungsklausel betreffen, entscheidet das im Absatz 1 bezeichnete Gericht.

(3) § 797 Abs. 5 gilt entsprechend.

(4) ¹Die Landesjustizverwaltung kann Vorsteher von Gütestellen ermächtigen, die Vollstreckungsklausel für Vergleiche zu erteilen, die vor der Gütestelle geschlossen sind. ²Die Ermächtigung erstreckt sich nicht auf die Fälle des § 726 Abs. 1, der §§ 727 bis 729 und des § 733. ³Über Einwendungen, welche die Zulässigkeit der Vollstreckungsklausel betreffen, entscheidet das im Absatz 1 bezeichnete Gericht.

Übersicht	Rdn.		Rdn.
I. Vollstreckbare Ausfertigung von Gütestellenvergleichen	1	III. Besonderheiten zur Vollstreckungsabwehrklage	3
II. Rechtsbehelfe in Klauselerteilungsverfahren	2	IV. Gebühren	4

I. Vollstreckbare Ausfertigung von Gütestellenvergleichen[1]

Die einfache vollstreckbare Ausfertigung[2] erteilt in der Regel der Urkundsbeamte der Geschäftsstelle des Amtsgerichts, in dessen Bezirk die Gütestelle ihren Sitz hat (**Abs. 1**). Die Landesjustizverwaltung kann den Vorsteher der Gütestelle aber ermächtigen, diese einfache Klausel selbst zu erteilen (**Abs. 4 Satz 1**). Die qualifizierten Klauseln werden dagegen allein vom Rechtspfleger des in Abs. 1 bezeichneten Amtsgerichts erteilt (Abs. 4 Satz 2 i. V. m. § 20 Nr. 12 RPflG). Er ist auch allein für die Erteilung weiterer vollstreckbarer Ausfertigungen (§ 733) zuständig.

1

II. Rechtsbehelfe in Klauselerteilungsverfahren

Erteilt der Urkundsbeamte die Klausel nicht, ist die Erinnerung nach § 573 Abs. 1 gegeben. Sie ist binnen einer Notfrist von zwei Wochen schriftlich oder zu Protokoll der Geschäftsstelle einzulegen. Gegen die Erinnerungsentscheidung findet die sofortige Beschwerde statt (§ 573 Abs. 2). Gegen die Verweigerung der Klauselerteilung durch den Rechtspfleger ist gem. § 11 Abs. 1 RPflG i. V. m. § 567 die sofortige Beschwerde statthaft. Darüber entscheidet der Rechtspfleger selbst, sofern er abhilft (§ 572 Abs. 1), andernfalls das Beschwerdegericht. Gegen dessen Beschluss gibt es unter den Voraussetzungen des § 574 die Rechtsbeschwerde. Verweigert der ermächtigte Vorsteher der Gütestelle die Klausel, ist hiergegen die Anrufung des in Abs. 1 bezeichneten Amtsgerichts (es entscheidet der Richter) gegeben (**Abs. 4 Satz 3**). Klagen auf Erteilung der Vollstreckungsklausel nach § 731 muss der Gläubiger bei dem Gericht (§§ 23 ff., 71 GVG) erheben, bei dem der Schuldner im Inland seinen allgemeinen Gerichtsstand hat, sonst im Gerichtsstand des § 23 (§§ 797a Abs. 3, 797 Abs. 5).[3] Der Schuldner hat die Rechtsbehelfe gem. §§ 732, 768. Über die Erinnerung nach § 732 entscheidet das Amtsgericht, in dessen Bezirk die Gütestelle ihren Sitz hat (Abs. 2 und 4 Satz 3). Für Klagen nach § 768 gilt § 797 Abs. 5 (Abs. 3).[4]

2

---

[1] Zum Gütevergleich als Vollstreckungstitel siehe auch § 794 Rn. 30. Zu den anwendbaren Regeln bei Streitigkeiten über den Gütestellenvergleich siehe OLG Brandenburg, NJW-RR 2001, 645 f.
[2] Zur einfachen und qualifizierten Klausel siehe Vor §§ 724–734 Rdn. 7.
[3] Siehe § 797 Rdn. 11.
[4] Vgl. § 797 Rdn. 11.

III. Besonderheiten zur Vollstreckungsabwehrklage

3 Zuständig ist das in § 797 Abs. 5 genannte Gericht (Abs. 3).[5] Wie bei Prozessvergleichen, aber auch wie bei notariellen Urkunden gilt für Klagen gem. § 767 Abs. 1 gegen die Vollstreckung aus Gütestellenvergleichen die Präklusion nach § 767 Abs. 2 nicht.[6] Dagegen ist § 767 Abs. 3 uneingeschränkt anwendbar.

IV. Gebühren

4 **Gerichtsgebühren** fallen nur für Klagen nach Abs. 3, § 797 Abs. 5 (GKG-KV Nr. 1210 ff.), nicht dagegen für die Erteilung der Vollstreckungsklausel an. Der **Anwalt** erhält im Güteverfahren eine 1,5-Geschäftsgebühr nach RVG-VV Nr. 2303. Eine ggf. schon entstandene Geschäftsgebühr nach RVG-VV Nr. 2300 ist darauf zur Hälfte, allerdings höchstens mit einem Gebührensatz von 0,75, anzurechnen. Durch die Geschäftsgebühr ist der Antrag auf Erteilung der Vollstreckungsklausel, der insoweit keine besondere Angelegenheit bildet, abgegolten. Dagegen bildet das Verfahren gem. Abs. 2 über Einwendungen gegen die Zulässigkeit der Vollstreckungsklausel eine besondere Angelegenheit (§ 18 Nr. 4 RVG), für die Gebühren nach RVG-VV Nr. 3100 ff. anfallen.

---

5 Vgl. § 797 Rdn. 14.
6 Vgl. § 767 Rdn. 37.

§ 798 Wartefrist

Aus einem Kostenfestsetzungsbeschluss, der nicht auf das Urteil gesetzt ist, aus Beschlüssen nach § 794 Abs. 1 Nr. 4b sowie aus den nach § 794 Abs. 1 Nr. 5 aufgenommenen Urkunden darf die Zwangsvollstreckung nur beginnen, wenn der Schuldtitel mindestens zwei Wochen vorher zugestellt ist.

Übersicht

	Rdn.			Rdn.
I.	Anwendungsbereich und Bedeutung der Norm	1	IV. Rechtsfolgen der Vollstreckung vor Ablauf der Wartefrist	4
II.	Berechnung der Wartefrist	2	V. Kosten einer vorzeitigen Vollstreckung	5
III.	Zustellung der zu vollstreckenden Beschlüsse	3	VI. ArbGG, VwGO	6

Literatur:
Christmann, Die doppelte Wartefrist nach § 798 ZPO, DGVZ 1991, 106; *Schilken*, Verzicht auf Zustellung und Wartefrist in vollstreckbaren Urkunden?, DGVZ 1997, 81.

I. Anwendungsbereich und Bedeutung der Norm

Die Vorschrift enthält für die genannten Titel eine Ergänzung zu § 750 Abs. 1 und 2: Über die dort genannten Voraussetzungen für den Beginn der Zwangsvollstreckung hinaus ist eine zweiwöchige Wartefrist, gerechnet vom Tage der Titelzustellung an, zu beachten. Betroffene Titel sind Beschlüsse über die Vollstreckbarerklärung von Anwaltsvergleichen (§ 794 Abs. 1 Nr. 4 b) sowie vollstreckbare Urkunden (§ 794 Abs. 1 Nr. 5), nicht dagegen gerichtliche Vergleiche.[1] Will der Gläubiger aus einem erfassten Beschluss lediglich die Sicherungsvollstreckung nach § 720a betreiben[2], so muss er ohnehin immer die zweiwöchige Wartefrist des § 750 Abs. 3[3] einhalten. So wie die Wartefrist des § 750 Abs. 3 gilt auch die des § 798 nicht für die Vorpfändung gemäß § 845;[4] denn Letztere setzt grundsätzlich keine Titelzustellung voraus. 1

II. Berechnung der Wartefrist

Die Wartefrist wird nach § 222 berechnet. Die Parteien können die Frist durch Vereinbarung nach den für Vollstreckungsvereinbarungen allgemein geltenden Regeln[5] verlängern und verkürzen.[6] Eine Verlängerung durch das Gericht ist ausgeschlossen (§ 224 Abs. 2).[7] Der Schuldner kann auf die Einhaltung der Wartefrist nicht nur nachträglich (vgl. Rn. 4), sondern auch im Voraus (z. B. in der vollstreckbaren Urkunde) verzichten.[8] 2

III. Zustellung der zu vollstreckenden Beschlüsse

Ob die zu vollstreckenden Beschlüsse nach § 794 Abs. 1 Nr. 4 b von Amts wegen oder im Parteibetrieb zugestellt wurden, ist ohne Bedeutung. Die vollstreckbaren Urkunden müssen immer im Parteibetrieb zugestellt werden. Ist nach § 750 Abs. 2 auch die Zustellung der Vollstreckungsklausel 3

---

1 LG Köln, Rpfleger 2000, 557.
2 Zu dieser Möglichkeit: § 795 Rdn. 2.
3 Siehe § 750 Rdn. 40.
4 Siehe § 750 Rdn. 41; ferner OLG Hamburg, MDR 1961, 329; *Braun*, DGVZ 1976, 145.
5 Einführung Rdn. 11 f.
6 Zur Geltendmachung der Nichtbeachtung derartiger Vereinbarungen siehe § 766 Rdn. 15 und § 767 Rdn. 3.
7 LG Itzehoe, MDR 1974, 1024.
8 AG Montabaur, DGVZ 1975, 92; *Brox/Walker*, Rn. 155; MüKo/*Wolfsteiner*, § 798 Rn. 11; PG/*Scheuch*, § 798 Rn. 3; *Zöller/Stöber*, § 798 Rn. 3; a. A. (gegen einen Vorausverzicht) *Gaul/Schilken/Becker-Eberhard*, § 22 Rn. 29, 52; *Stein/Jonas/Münzberg*, § 798 Rn. 3.

§ 798a ZPO

erforderlich[9], muss auch nach dieser Zustellung erst die Wartefrist des § 798 verstrichen sein, ehe mit der Vollstreckung begonnen werden darf.

IV. Rechtsfolgen der Vollstreckung vor Ablauf der Wartefrist

4 Ist vor Ablauf der Wartefrist bereits vollstreckt worden, ist die Vollstreckungsmaßnahme zwar – vom Schuldner oder nachpfändenden Gläubigern – anfechtbar (§ 766, u. U. § 793), aber nicht nichtig.[10] Der Mangel wird durch den Ablauf der Wartefrist oder den nachträglichen Verzicht des Schuldners auf Einhaltung der Frist[11] geheilt. Allerdings kann durch außer Acht lassen der Wartefrist keine Priorität erschlichen werden: Das Pfandrecht entsteht erst mit Ablauf der Wartefrist.[12]

V. Kosten einer vorzeitigen Vollstreckung

5 Der Schuldner darf, bevor er freiwillig leistet, die Wartefrist voll ausschöpfen. Leitet der Gläubiger vor Ablauf der Frist schon Vollstreckungsmaßnahmen ein, beauftragt er insbesondere schon vorab einen Rechtsanwalt, den Schuldner zur Zahlung aufzufordern, handelt es sich bei den hierdurch entstandenen Kosten nicht um notwendige Kosten der Zwangsvollstreckung i. S. § 788 Abs. 1.[13] Das Gleiche gilt, wenn der Gläubiger unmittelbar nach Ablauf der Wartefrist mit der Vollstreckung beginnt, der Schuldner allerdings den Überweisungsauftrag bereits erteilt hat und ausreichend Deckung für dessen Ausführung vorhanden ist.[14] Die Gegenansicht, wonach der Schuldner zur Vermeidung der Kostenpflicht den Gläubiger von einer noch innerhalb der Frist veranlassten Zahlung in Kenntnis zu setzen hat[15], übersieht, dass der Schuldner bei einer Zahlung durch Überweisung die Leistungshandlung vollständig und rechtzeitig erbracht hat, wenn der Überweisungsauftrag fristgerecht beim Geldinstitut eingeht und das Konto ausreichend gedeckt ist.[16]

VI. ArbGG, VwGO

6 Soweit die in § 798 genannten Titel außerhalb des Zivilprozesses eine Rolle spielen (z. B. § 168 Abs. 1 Nr. 4, 5 VwGO; § 62 Abs. 2 ArbGG i. V. m. § 796a), findet für die Vollstreckung aus ihnen § 798 Anwendung.

§ 798a

(aufgehoben)

Aufgehoben durch Art. 29 Nr. 22 des FGG-Reformgesetzes vom 17.12.2008[1] mit Wirkung zum 1.9.2009. Der Regelungsgehalt wurde in § 244 FamFG übernommen.

---

9 § 750 Rdn. 36.
10 OLG Hamm, NJW 1974, 1516; LG Köln, Rpfleger 1974, 121.
11 *Brox/Walker*, Rn. 155; *Gaul/Schilken/Becker-Eberhard*, § 22 Rn. 52.
12 *Noack*, DGVZ 1977, 33; *Wieczorek/Schütze/Salzmann*, § 750 Rn. 39; siehe ferner § 750 Rdn. 42.
13 Vgl. § 788 Rdn. 7.
14 LG Hannover, DGVZ 1991, 57, 58; AG Ellwangen, DGVZ 1992, 45; **differenzierend** *Thomas/Putzo/Seiler*, § 798 Rn. 4; **a. M.** *Wieczorek/Schütze/Paulus*, § 798 Rn. 8.
15 LG Münster, NJW-RR 1988, 128; *Christmann*, DGVZ 1991, 106, 107; *Zöller/Stöber*, § 788 Rn. 9 c.
16 Vgl. BFH, WM 1986, 631; OLG Koblenz, NJW-RR 1993, 583; AG Ellwangen, DGVZ 1992, 45; *Palandt/Grüneberg*, BGB, § 270 Rn. 7.
1 BGBl. I, S. 2586, 2702.

§ 799 Vollstreckbare Urkunde bei Rechtsnachfolge

Hat sich der Eigentümer eines mit einer Hypothek, einer Grundschuld oder einer Rentenschuld belasteten Grundstücks in einer nach § 794 Abs. 1 Nr. 5 aufgenommenen Urkunde der sofortigen Zwangsvollstreckung unterworfen und ist dem Rechtsnachfolger des Gläubigers eine vollstreckbare Ausfertigung erteilt, so ist die Zustellung der die Rechtsnachfolge nachweisenden öffentlichen oder öffentlich beglaubigten Urkunde nicht erforderlich, wenn der Rechtsnachfolger als Gläubiger im Grundbuch eingetragen ist.

Übersicht

	Rdn.		Rdn.
I. Abweichung von § 750 Abs. 2	1	II. Keine Abweichung von § 727	2

I. Abweichung von § 750 Abs. 2

Für den Fall der Zwangsvollstreckung gegen den **dinglichen Schuldner** (nicht den persönlichen[1]) enthält § 799 eine Einschränkung und Erleichterung gegenüber § 750 Abs. 2: Mit der nach § 727 erteilten Klausel, die weiterhin nach § 750 Abs. 2 zuzustellen ist, sind die die Rechtsnachfolge nachweisenden Urkunden dann nicht zusätzlich vor Beginn der Zwangsvollstreckung zuzustellen, wenn der Rechtsnachfolger als Gläubiger im Grundbuch eingetragen ist. Dies ist bei der Abtretung einer Buchhypothek regelmäßig der Fall (§ 1154 Abs. 3 BGB), aber auch bei der Briefhypothek nicht ausgeschlossen (§ 1154 Abs. 2 BGB). Der Grund für diese Regelung ist, dass der Schuldner in der Regel die Eintragung des neuen Gläubigers schon nach § 55 GBO mitgeteilt erhalten hat und die der Eintragung zugrundeliegenden Urkunden beim Grundbuchamt einsehen kann (Konsequenz aus § 29 GBO). § 799 gilt allerdings auch dann, wenn die Mitteilung nach § 55 GBO versehentlich unterblieben ist. Die Eintragung im Grundbuch ist vom Gläubiger gegenüber dem Vollstreckungsorgan nachzuweisen.

II. Keine Abweichung von § 727

§ 799 modifiziert nur den § 750 Abs. 2, nicht auch den § 727 Abs. 1. Im Klauselerteilungsverfahren ist also die Rechtsnachfolge weiterhin durch öffentliche oder öffentlich beglaubigte Urkunden nachzuweisen.

---

[1] Allgem. Meinung; vgl. *Stein/Jonas/Münzberg*, § 799 Rn. 2; *Zöller/Stöber*, § 799 Rn. 1.

§ 799a Schadensersatzpflicht bei der Vollstreckung aus Urkunden durch andere Gläubiger

¹Hat sich der Eigentümer eines Grundstücks in Ansehung einer Hypothek oder Grundschuld in einer Urkunde nach § 794 Abs. 1 Nr. 5 der sofortigen Zwangsvollstreckung in das Grundstück unterworfen und betreibt ein anderer als der in der Urkunde bezeichnete Gläubiger die Vollstreckung, so ist dieser, soweit die Vollstreckung aus der Urkunde für unzulässig erklärt wird, dem Schuldner zum Ersatz des Schadens verpflichtet, der diesem durch die Vollstreckung aus der Urkunde oder durch eine zur Abwendung der Vollstreckung erbrachte Leistung entsteht. ²Satz 1 gilt entsprechend, wenn sich der Schuldner wegen der Forderungen, zu deren Sicherung das Grundpfandrecht bestellt worden ist, oder wegen der Forderung aus einem demselben Zweck dienenden Schuldanerkenntnis der sofortigen Vollstreckung in sein Vermögen unterworfen hat.

Übersicht	Rdn.		Rdn.
I. Entstehung der Vorschrift	1	3. Unzulässigerklärung der Zwangsvollstreckung	9
II. Zweck und rechtliche Einordnung	2		
III. Voraussetzungen	4	4. Ersatzfähiger Schaden	12
1. Vollstreckungsunterwerfung	5	IV. Rechtsfolge	13
2. Vollstreckung durch einen Neugläubiger	8	V. Geltendmachung des Schadensersatzanspruchs	14

Literatur:
Becker-Eberhard, § 799a ZPO, keine prozessuale Risikohaftung – aber was sonst?, FS Werner, 2009, 532; *Reiter/Methner*, Die Vollstreckungsunterwerfung bei verkauften Darlehenssicherheiten, ZGS 2009, 163; *Vollkommer*, Risikohaftung des Neugläubigers bei unberechtigter Vollstreckung aus Urkunden nach § 799a ZPO, ZIP 2008, 2060.

I. Entstehung der Vorschrift

1   Die Vorschrift wurde durch Art. 8 Nr. 3 des Risikobegrenzungsgesetzes vom 12.8.2008 mit Wirkung zum 19.8.2008 neu eingefügt.[1] Sie war im ursprünglichen Regierungsentwurf noch nicht enthalten,[2] wurde aber auf Beschlussempfehlung des Finanzausschusses vom 25.6.2008[3] in das Gesetzespaket aufgenommen.

II. Zweck und rechtliche Einordnung

2   Die Vorschrift sieht in Anlehnung an die §§ 717 und 945 einen verschuldensunabhängigen Schadensersatzanspruch des Schuldners im Fall einer unberechtigten Zwangsvollstreckung vor. Allerdings geht es im Gegensatz zu den §§ 717 und 945 nicht um die Vollstreckung aus einem Titel, der mit dem Risiko der bloßen Vorläufigkeit oder mit besonderen verfahrensbedingten Fehlentscheidungsrisiken des Eilverfahrens belastet ist, sondern um die Vollstreckung aus vollstreckbaren Urkunden nach § 794 Abs. 1 Nr. 5 durch den Rechtsnachfolger des in der Urkunde bezeichneten Gläubigers. Daher handelt es sich bei § 799a nicht um eine den §§ 717, 945 vergleichbare Risikohaftung des Gläubigers.[4]

3   Der Zweck des § 799a lässt sich am besten aus Sicht des Schuldners beschreiben. Die Vorschrift spielt in den praktisch bedeutsamen Fällen eine Rolle, in denen die Urkunden zur Absicherung von Immobiliengeschäften errichtet worden sind. Der Schuldner unterwirft sich wegen seiner dinglichen Haftung aus den bestellten Grundpfandrechten und wegen seiner persönlichen Haftung der sofortigen Zwangsvollstreckung. Seine Vollstreckungsunterwerfung beruht auf seinem besonderen **Vertrauen** gegenüber dem ursprünglichen in der Urkunde bezeichneten Gläubiger, bei dem

---

1 BGBl. I, S. 1666.
2 BT-Drucks. 16/7438.
3 BT-Drucks. 16/9778, S. 17.
4 Zutreffend *Becker-Eberhard*, FS Werner, 2009, 532, 534 ff.

er davon ausgeht, dass dieser ihn aus der Vollstreckungsunterwerfung nicht in Anspruch nimmt, solange die Kreditlage es nicht erfordert. Dieses Vertrauen ist gegenüber einem neuen Gläubiger, dessen Eintritt in die Rechtsstellung des ursprünglichen Gläubigers der Schuldner nicht verhindern kann, nicht gerechtfertigt.[5] Der Neugläubiger, z. B. ein Finanzinvestor, ist nämlich dem Schuldner vertraglich nicht verbunden, sodass er möglicherweise keinerlei Interesse an einer Rücksichtnahme gegenüber dem Schuldner hat. Das Risiko einer rücksichtslosen und möglicherweise unzulässigen vollstreckungsrechtlichen Inanspruchnahme aus der sofort vollstreckbaren Urkunde wird durch den Gläubigerwechsel erhöht. Vor ungerechtfertigten Zwangsvollstreckungen aus sofort vollstreckbaren Urkunden insbesondere durch Finanzinvestoren soll der Schuldner durch § 799a geschützt werden. Die Vorschrift bietet allerdings insofern nur einen begrenzten Schutz, als der mit einer Vollstreckung aus der Urkunde überzogene Schuldner selbst initiativ werden und die Unzulässigerklärung der Zwangsvollstreckung beantragen muss.

III. Voraussetzungen

Eine verschuldensunabhängige Schadensersatzpflicht nach § 799a besteht nach Satz 1 für den Neugläubiger einer Hypothek oder Grundschuld, der aus einer über den dinglichen Anspruch gegen den Schuldner errichteten vollstreckbaren Urkunde vollstreckt. Satz 2 erweitert die Schadensersatzpflicht auf den Neugläubiger aus einer vollstreckbaren Urkunde, die über einen persönlichen Anspruch gegen den Schuldner errichtet ist. 4

1. Vollstreckungsunterwerfung

Der Schuldner muss sich der sofortigen Zwangsvollstreckung in einer vollstreckbaren Urkunde nach § 794 Abs. 1 Nr. 5 in sein Vermögen unterworfen haben. 5

a) Nach **Satz 1** muss der Schuldner Grundstückseigentümer sein, und seine Unterwerfung unter die sofortige Zwangsvollstreckung muss in Ansehung einer Hypothek oder Grundschuld (nicht Rentenschuld)[6] erfolgt sein, also wegen der dinglichen Haftung des Schuldners. Dazu muss am Grundstück des Schuldners wirksam eine Hypothek oder Grundschuld bestellt sein, und es muss eine vollstreckbare Urkunde i. S. d. § 794 Abs. 1 Nr. 5 wirksam errichtet worden sein. 6

b) Nach **Satz 2** reicht es auch aus, wenn die vollstreckbare Urkunde vom Schuldner, der Grundstückseigentümer sein kann, aber nicht sein muss, über die persönliche Forderung errichtet wurde, zu deren Sicherung die Hypothek oder Grundschuld bestellt worden ist. Hier geht es also um die Vollstreckung aus einem persönlichen Schuldtitel. Bei der persönlichen Forderung handelt es sich regelmäßig um Darlehens- oder Kaufpreisforderungen; es kommen aber auch Forderungen aus Schuldanerkenntnissen in Betracht, die zur Sicherung der zu Grunde liegenden Forderung vereinbart wurden. 7

2. Vollstreckung durch einen Neugläubiger

Die Vollstreckung aus der Urkunde muss durch einen anderen als den in der Urkunde bezeichneten Gläubiger betrieben werden. Dieser Neugläubiger kann **Einzel- oder Gesamtrechtsnachfolger** des ursprünglichen Gläubigers insbesondere aufgrund der §§ 398, 1154 BGB oder der §§ 20 Abs. 1 Nr. 1, 122a UmwandlungsG sein. Auch der **Pfändungsgläubiger**, dem der in der Urkunde titulierte Anspruch nach §§ 835, 836 überwiesen wurde, ist Rechtsnachfolger in diesem Sinne. Dagegen ist der ursprüngliche Gläubiger, der von dem Neugläubiger zur Zwangsvollstreckung ermächtigt wurde, kein »anderer« als der in der Urkunde bezeichnete Gläubiger. Deshalb greift § 799a in diesem Fall der »Rückermächtigung« nicht ein.[7] Ebenfalls nicht erfasst wird die Vollstreckung durch 8

---

5 Vgl. BT-Drucks. 16/9821, S. 18 f.
6 G. *Vollkommer*, ZIP 2008, 2060.
7 G. *Vollkommer*, ZIP 2008, 2060, 2061.

den Erben des ursprünglichen Gläubigers; denn der Erbfall ruft kein erhöhtes Risiko einer unzulässigen Zwangsvollstreckung hervor, vor dessen Verwirklichung §799a den Schuldner schützen soll.[8]

3. Unzulässigerklärung der Zwangsvollstreckung

9   Schließlich setzt der verschuldensunabhängige Schadensersatzanspruch voraus, dass die Zwangsvollstreckung durch den Neugläubiger für unzulässig erklärt wird. Das kann insbesondere im Verfahren nach §§ 795, 767 erfolgen, aber auch in den Verfahren nach § 768 und § 732. In allen Fällen muss der Schuldner initiativ werden und beim Gericht die Unzulässigerklärung der Zwangsvollstreckung beantragen.

10 Nach den Gesetzesmaterialien soll auch eine Unzulässigerklärung aufgrund einer Abänderungsklage nach § 323 (heute bei vollstreckbaren Urkunden nach § 323a) ausreichen.[9] Das erscheint insofern systemwidrig, als nach § 323a nur eine Anpassung des Titels an veränderte Verhältnisse erreicht werden kann, nicht aber eine Erklärung, dass die Zwangsvollstreckung aus dem Titel unzulässig ist.[10]

11 Wenn die Vollstreckung aus einer Urkunde vor dem 19.8.2008 für unzulässig erklärt wurde, findet § 799a nach der **Übergangsvorschrift** des § 37 EGZPO keine Anwendung. Dadurch soll dem Vertrauensschutz auf Gläubigerseite Rechnung getragen werden. Wenn die Unzulässigkeit der Zwangsvollstreckung aus einer Urkunde durch einen neuen Gläubiger schon vor Inkrafttreten des § 799a festgestellt wurde, würde die Anwendung dieser Vorschrift nachträglich zu einer verschuldensunabhängigen Schadensersatzpflicht führen. Das wäre mit dem aus dem Rechtsstaatsprinzip folgenden Rückwirkungsverbot unvereinbar.[11]

4. Ersatzfähiger Schaden

12 Durch die für unzulässig erklärte Zwangsvollstreckung oder durch die zu deren Abwendung erbrachte Leistung muss dem Schuldner ein ersatzfähiger Schaden entstanden sein. Insoweit gilt Entsprechendes wie bei den §§ 717, 945. Die allgemeinen Regeln über Kausalität und objektive Zurechnung sind anwendbar. Ein etwaiges Mitverschulden des Schuldners ist zu berücksichtigen.

IV. Rechtsfolge

13 Der Neugläubiger ist wegen der für unzulässig erklärten Zwangsvollstreckung aus einer vollstreckbaren Urkunde i. S. v. § 794 Abs. 1 Nr. 5 mit dem in § 799a vorausgesetzten Inhalt einer verschuldensunabhängigen Schadensersatzpflicht gegenüber dem Schuldner ausgesetzt. Der Anspruch entsteht mit der gerichtlichen Entscheidung, in der die Zwangsvollstreckung für unzulässig erklärt wird. Diese Entscheidung braucht noch nicht rechtskräftig zu sein.[12] Wird sie später aufgehoben, entfällt der Schadensersatzanspruch. Hat der Schuldner in der Zwischenzeit schon die Vollstreckung aus einem vorläufig vollstreckbaren Schadensersatztitel betrieben, ist er seinerseits dem Neugläubiger nach § 717 zum Schadensersatz verpflichtet.

V. Geltendmachung des Schadensersatzanspruchs

14 Der Schuldner kann den Schadensersatzanspruch nach § 799a mit einer selbstständigen Klage gegen den Neugläubiger einklagen. Er kann ihn aber auch zusammen mit der Klage nach § 767 geltend machen, wenn die Voraussetzungen des § 260 für eine objektive Klagehäufung vorliegen. Im Verfahren nach § 767 kann der Schadensersatzanspruch ferner im Wege eines Inzidentantrags geltend gemacht werden. Das ist zwar dem § 799a nicht zu entnehmen. Aber § 717 Abs. 2 Satz 2

---

8 *G. Vollkommer*, ZIP 2008, 2060, 2061; HK-ZV/*Müller*, § 799a Rn. 7.
9 BT-Drucks. 16/9821, S. 18.
10 Ebenfalls zweifelnd *Thomas/Putzo/Seiler*, § 799a Rn. 7; *Zöller/Stöber*, § 799a Rn. 5.
11 BT-Drucks. 16/9821, S. 19.
12 *Thomas/Putzo/Seiler*, § 799a Rn. 8; *G. Vollkommer*, ZIP 2008, 2060, 2062 f.

kann wegen der vergleichbaren Interessenlage analog angewendet werden.[13] Den Gesetzesmaterialien[14] ist jedenfalls kein entgegenstehender Wille des Gesetzgebers zu entnehmen. Eine Abweisung der Klage nach § 767 erstreckt sich dann auch auf den inzident geltend gemachten Schadensersatzanspruch.

---

13 *Thomas/Putzo/Seiler*, § 799a Rn. 11; *G. Vollkommer*, ZIP 2008, 2060, 2063; *Zöller/Stöber*, § 799a Rn. 6.
14 BT-Drucks. 16/9821, S. 18 f.

§ 800 Vollstreckbare Urkunde gegen den jeweiligen Grundstückseigentümer

(1) ¹Der Eigentümer kann sich in einer nach § 794 Abs. 1 Nr. 5 aufgenommenen Urkunde in Ansehung einer Hypothek, einer Grundschuld oder einer Rentenschuld der sofortigen Zwangsvollstreckung in der Weise unterwerfen, dass die Zwangsvollstreckung aus der Urkunde gegen den jeweiligen Eigentümer des Grundstücks zulässig sein soll. ²Die Unterwerfung bedarf in diesem Fall der Eintragung in das Grundbuch.

(2) Bei der Zwangsvollstreckung gegen einen späteren Eigentümer, der im Grundbuch eingetragen ist, bedarf es nicht der Zustellung der den Erwerb des Eigentums nachweisenden öffentlichen oder öffentlich beglaubigten Urkunde.

(3) Ist die sofortige Zwangsvollstreckung gegen den jeweiligen Eigentümer zulässig, so ist für die im § 797 Abs. 5 bezeichneten Klagen das Gericht zuständig, in dessen Bezirk das Grundstück belegen ist.

Übersicht	Rdn.		Rdn.
I. Zweck der Norm	1	IV. Besonderheiten bzgl. der Zustellung (Abs. 2)	6
II. Unterwerfung unter die Vollstreckung gegen den jeweiligen Eigentümer (Abs. 1 Satz 1)	2	V. Besonderheiten bzgl. der Zuständigkeit für Klagen nach §§ 731, 767, 768 (Abs. 3)	7
III. Grundbucheintragung der Unterwerfungserklärung (Abs. 1 Satz 2)	5		

Literatur:
Hornung, Vollstreckungsunterwerfung und Höchstbetragshypothek, NJW 1991, 1649; *Muth*, Eintragung von Teilunterwerfungen in das Grundbuch, JurBüro 1984, 9; *ders.*, Teilunterwerfung und deren Eintragung ins Grundbuch, JurBüro 1984, 175; *Opalka*, Ausgewählte Probleme der Grundbuchbestellung, -abtretung und der Schuldübernahme, NJW 1991, 1796; *Schmid*, Nochmals: Die angebliche Rangeinheit von Haupt- und Veränderungsspalten in Abteilung II und III des Grundbuchs, Rpfleger 1984, 130; *Weirich*, Die vollstreckbare Urkunde, Jura 1980, 630.

I. Zweck der Norm

1   Die Vorschrift enthält eine Ergänzung und Erweiterung zu § 794 Abs. 1 Nr. 5 (Unterwerfung nicht nur des Schuldners selbst, sondern auch künftiger Grundstückseigentümer unter die sofortige Zwangsvollstreckung aus der Urkunde), ferner eine Einschränkung zu § 750 Abs. 2 (die die Rechtsnachfolge auf Schuldnerseite nachweisenden Urkunden müssen nicht zusammen mit der Rechtsnachfolgeklausel zugestellt werden) sowie eine Abweichung von § 797 Abs. 5 (andere Zuständigkeit für Klagen nach §§ 731, 767, 768). Die Regelungen sollen es dem dinglichen Gläubiger einer Hypothek, Grundschuld oder Rentenschuld erleichtern, sein Recht auf Befriedigung aus dem Grundstück gegen den jeweiligen Grundstückseigentümer durchzusetzen. Hierdurch wird die Sicherheit und damit die Attraktivität der genannten dinglichen Sicherungsmittel für den Gläubiger erhöht.

II. Unterwerfung unter die Vollstreckung gegen den jeweiligen Eigentümer (Abs. 1 Satz 1)

2   Der Grundstückseigentümer kann sich wegen der **dinglichen Schuld** aus einer Hypothek, Grundschuld oder Rentenschuld in einer vollstreckbaren (notariellen) Urkunde nicht nur selbst (und damit auch seine Rechtsnachfolger) der sofortigen Zwangsvollstreckung in das Grundstück unterwerfen[1]. Er kann die Unterwerfungserklärung vielmehr in der Weise abgeben, dass die Zwangsvollstreckung aus der Urkunde **gegen den jeweiligen Eigentümer** des Grundstücks, also auch gegen seine künftigen Rechtsnachfolger im Eigentum, zulässig sein soll (**Abs. 1 Satz 1**). Die Erklärung kann nur durch den Eigentümer abgegeben werden. Wird sie von den Gesellschaftern einer Gesellschaft

---
[1] Siehe insoweit § 794 Rdn. 58–70.

bürgerlichen Rechts abgegeben und wollen diese offensichtlich das Gesellschaftsvermögen belasten, kann die Zwangsvollstreckung in ein Grundstück des Gesellschaftsvermögens betrieben werden.[2] Die Erklärung muss in der Urkunde[3] eindeutig enthalten sein und darf sich nicht erst im Wege der Auslegung unter Zuhilfenahme nicht beurkundeter Umstände ermitteln lassen. Am zweckmäßigsten wird der Gesetzeswortlaut als Text gewählt. Eine gleichartige Unterwerfungserklärung auch wegen der persönlichen Schuld ist nicht möglich. Soll ein künftiger Grundstückseigentümer auch persönlich haften, so muss er jeweils die persönliche Schuld nach §§ 414 ff. BGB übernehmen und sich selbst insoweit der sofortigen Zwangsvollstreckung in einer Urkunde gem. § 794 Abs. 1 Nr. 5 unterwerfen.[4] Dass der Eigentümer, der die Unterwerfungserklärung nach Maßgabe des § 800 Abs. 1 abgegeben hat, sich selbst gleichzeitig auch persönlich in ein und derselben Urkunde wegen der eingegangenen Schuldverpflichtung der sofortigen Zwangsvollstreckung unterworfen hat, berührt die Wirksamkeit der Unterwerfungsklausel nach Abs. 1 selbstverständlich nicht.[5] Die Unterwerfungserklärung kann schon wirksam abgegeben werden, bevor der sich Unterwerfende das Grundstück, auf das sie sich bezieht, erworben hat; erforderlich ist nur, dass der Unterwerfende bei Eintragung des Grundpfandrechts Eigentümer des Grundstücks ist.[6] Die vorher abgegebene Unterwerfungserklärung ist dann zusammen mit seiner Eintragung als Eigentümer und mit dem Grundpfandrecht ins Grundbuch einzutragen.[7] Eine Eintragung der Unterwerfungserklärung vor Eigentumsübergang auf den Erklärenden kommt dagegen auch mit Zustimmung des (Noch-)Eigentümers nicht in Betracht.[8] § 185 Abs. 2 BGB findet insoweit keine Anwendung, weil die Unterwerfung als prozessuale Erklärung keine Verfügung ist. Der Auflassungsempfänger kann vor Eigentumsumschreibung die Unterwerfung allerdings im Namen des Veräußerers als dessen Vertreter erklären. Unproblematisch kann die Unterwerfungserklärung auch für eine bereits eingetragene und valutierte Hypothek jederzeit nachträglich abgegeben werden. Ihrer Eintragung müssen die gleich- und nachrangigen Grundpfandgläubiger nicht zustimmen, da ihr materielles Recht durch die Verbesserung der prozessualen Stellung des einen Hypothekengläubigers nicht berührt wird. War die Grundschuld, hinsichtlich derer nachträglich die dingliche Zwangsvollstreckungsunterwerfung eingetragen werden soll, nur aufgrund öffentlich beglaubigter Eintragungsbewilligung im Grundbuch eingetragen, so bedarf es nicht der nochmaligen Bestellung der Grundschuld in öffentlicher Urkunde. Nur die nachträgliche Unterwerfungserklärung bedarf in einem solchen Fall dieser Form.[9]

3 Die Unterwerfungserklärung gilt nur für das Grundpfandrecht, für das sie abgegeben wurde. Die bei der Bestellung einer Hypothek erklärte Unterwerfung erstreckt sich deshalb nicht auf die durch Tilgung des gesicherten Darlehens entstehende Eigentümergrundschuld und die bei deren Abtretung entstehende Fremdgrundschuld. Es bedarf insoweit einer erneuten Unterwerfung.[10] Wird der Inhalt oder der Umfang der Verpflichtung, bezüglich derer die Unterwerfungserklärung abgegeben wurde, erweitert oder verändert, bedarf es ebenfalls einer neuen Unterwerfungserklärung.[11] Das gilt nur dann nicht, wenn die Veränderung lediglich in einer Einschränkung der Verpflichtung besteht.

4 Die durch § 800 Abs. 1 Satz 1 eröffnete erweiterte Möglichkeit einer Titelschaffung nach § 794 Abs. 1 Nr. 5 kann nicht analog für andere dingliche Schulden herangezogen werden, etwa für die

---

2 BGH, Rpfleger 2004, 718 ff.
3 Es muss nicht notwendig dieselbe Urkunde sein, in der die dingliche Schuld enthalten ist; vgl. § 794 Rdn. 58.
4 Siehe auch § 794 Rdn. 63.
5 OLG Düsseldorf, Rpfleger 1977, 68.
6 BGH, NJW 2008, 3363, 3364; BayObLG, DNotZ 1987, 216; KG, NJW-RR 1987, 1229; OLG Saarbrücken, NJW 1977, 1202; *Wieczorek/Schütze/Paulus*, § 800 Rn. 3; *Zöller/Stöber*, § 800 Rn. 5.
7 BayObLG, DNotZ 1987, 216.
8 S. o., OLG Frankfurt, Rpfleger 1972, 140.
9 BGHZ 73, 15; OLG Frankfurt, Rpfleger 1978, 294; LG Stade, Rpfleger 1977, 262 mit Anm. *Haegele*.
10 OLG Hamm, Rpfleger 1987, 297; **a. M.** LG Bonn, Rpfleger 1998, 34.
11 KG, DNotZ 1954, 199.

Erbbauzinsreallast.[12] Jeder neue Erbbauberechtigte, der nicht gleichzeitig allgemeiner Rechtsnachfolger des früheren Erbbauberechtigten ist, muss sich dem Grundstückseigentümer gegenüber neu in einer notariellen Urkunde der sofortigen Zwangsvollstreckung unterwerfen, wenn ein Titel nach § 794 Abs. 1 Nr. 5 gewünscht wird.

III. Grundbucheintragung der Unterwerfungserklärung (Abs. 1 Satz 2)

5 Die Unterwerfung bedarf, um gegen die künftigen Eigentümer wirksam zu werden, der **Eintragung ins Grundbuch (Abs. 1 Satz 2)**. Titel gegen den die Unterwerfung Erklärenden ist die notarielle Urkunde dagegen auch schon vor der Grundbucheintragung. Ins Grundbuch muss nicht der gesamte Wortlaut der Unterwerfungserklärung eingetragen werden. Es genügt eine Formulierung wie »vollstreckbar nach § 800«.[13] Dagegen reicht eine bloße Bezugnahme auf die Eintragungsbewilligung nicht aus. Soll die Unterwerfung nicht für die gesamte dingliche Schuld aus der Hypothek usw. gelten, muss hinsichtlich der Eintragung unterschieden werden: Unterwirft sich der Grundstückseigentümer nur wegen »eines zuletzt zu zahlenden Teilbetrages« einer Grundschuld der sofortigen Zwangsvollstreckung, so erfordert die Eintragung dieser Erklärung ins Grundbuch nicht die Teilung der Grundschuld.[14] Eine Teilung ist jedoch erforderlich, wenn sich der Eigentümer wegen eines »letztrangigen Teilbetrages« der Zwangsvollstreckung unterwirft, da ein und dasselbe Grundpfandrecht nur einen einheitlichen Rang haben kann.[15]

IV. Besonderheiten bzgl. der Zustellung (Abs. 2)

6 Abs. 2 macht nur die Zustellung der Urkunden überflüssig, die den Erwerb des Eigentums durch den späteren Eigentümer nachweisen, nicht aber die Zustellung der vollstreckbaren Ausfertigung gegen diesen. Insoweit gelten § 750 Abs. 1 und 2 uneingeschränkt.

V. Besonderheiten bzgl. der Zuständigkeit für Klagen nach §§ 731, 767, 768 (Abs. 3)

7 Bei Titeln, die unter § 800 Abs. 1 fallen, ist für Klagen nach §§ 731, 767, 768 abweichend von § 797 Abs. 5 das Gericht **örtlich** zuständig, in dessen Bezirk das Grundstück belegen ist (**Abs. 3**). Hinsichtlich der sachlichen Zuständigkeit ergeben sich keine Abweichungen zu § 797 Abs. 5.[16] Die Zuständigkeit nach Abs. 3 ist im Hinblick auf § 802 eine ausschließliche. Umstritten ist, ob Abs. 3 nur für die Vollstreckung des dinglichen[17] oder auch für diejenige des persönlichen Anspruchs[18] gilt.

---

12 BayObLG, DNotZ 1959, 402; DNotZ 1980, 94, 96; *Baumbach/Lauterbach/Hartmann*, § 800 Rn. 3; MüKo/*Wolfsteiner*, § 800 Rn. 2.
13 OLG Köln, Rpfleger 1974, 150; LG Weiden, Rpfleger 1961, 305; *Baumbach/Lauterbach/Hartmann*, § 800 Rn. 5; HK-ZV/*Müller*, § 800 Rn. 10; *Stein/Jonas/Münzberg*, § 800 Rn. 4; **a. A.** *Dieckmann*, Rpfleger 1963, 267; *Thomas/Putzo/Seiler*, § 800 Rn. 4.
14 So aber früher OLG Hamm, Rpfleger 1984, 60; wie hier dagegen jetzt OLG Hamm, NJW 1987, 1090; ebenso BGH, NJW 1990, 258 mit Anm. *Probst*, JR 1990, 369 und *Wolfsteiner*, DNotZ 1990, 589.
15 OLG Hamm, NJW 1987, 1090 mit Anm. *Wolfsteiner*, DNotZ 1988, 234; siehe auch BGH, NJW 1990, 258.
16 Einzelheiten § 797 Rdn. 10 ff.
17 So KG, NJW-RR 1989, 1407, 1408; OLG Hamm, WM 2004, 1969, 1970; *Musielak/Voit/Lackmann*, § 800 Rn. 10; MüKo/*Wolfsteiner*, § 800 Rn. 20 f.; PG/*Scheuch*, § 800 Rn. 11; *Wieczorek/Schütze/Paulus*, § 800 Rn. 13 (gespaltene Zuständigkeit).
18 So OLG Karlsruhe, NJW-RR 2001, 1728; *Baumbach/Lauterbach/Hartmann*, § 800 Rn. 10; *Thomas/Putzo/Seiler*, § 800 Rn. 7.

§ 800a Vollstreckbare Urkunde bei Schiffshypothek

(1) Die Vorschriften der §§ 799, 800 gelten für eingetragene Schiffe und Schiffsbauwerke, die mit einer Schiffshypothek belastet sind, entsprechend.

(2) Ist die sofortige Zwangsvollstreckung gegen den jeweiligen Eigentümer zulässig, so ist für die im § 797 Abs. 5 bezeichneten Klagen das Gericht zuständig, in dessen Bezirk das Register für das Schiff oder das Schiffsbauwerk geführt wird.

Die Vorschrift überträgt die Regeln der §§ 799, 800 auf Schiffe und Schiffsbauwerke, die mit einer Schiffshypothek belastet sind. Hinsichtlich des Gerichtsstandes trifft Abs. 2 eine dem § 800 Abs. 3 entsprechende Regelung. 1

Gem. § 99 Abs. 1 LuftFzgG gilt die Regelung für Luftfahrzeuge, die in der Luftfahrzeugrolle eingetragen sind, entsprechend.

§ 801 Landesrechtliche Vollstreckungstitel

(1) Die Landesgesetzgebung ist nicht gehindert, auf Grund anderer als der in den §§ 704, 794 bezeichneten Schuldtitel die gerichtliche Zwangsvollstreckung zuzulassen und insoweit von diesem Gesetz abweichende Vorschriften über die Zwangsvollstreckung zu treffen.

(2) Aus landesrechtlichen Schuldtiteln im Sinne des Absatzes 1 kann im gesamten Bundesgebiet vollstreckt werden.

Literatur:
Drischler, Zur Zwangsvollstreckung aus vor einem Schiedsmann abgeschlossenen Vergleichen, Rpfleger 1984, 308.

1 Schon durch VO vom 15.4.1937[1] waren landesrechtliche Titel zur Vollstreckung im ganzen Bundesgebiet zugelassen. In dem durch Gesetz vom 19.4.2006 eingefügten Abs. 2[2] ist jetzt ausdrücklich bestimmt, dass aus solchen landesrechtlichen Titeln im gesamten Bundesgebiet vollstreckt werden kann. So ist etwa ein nach Art. 26 BayVwZVG erlassener Leistungsbescheid einer bayerischen Gemeinde ein auch im übrigen Bundesgebiet vollstreckbarer landesrechtlicher Schuldtitel.[3] Dasselbe gilt für einen vor einer Schiedsperson nach den Schiedsamtsgesetzen der Länder geschlossenen und vom zuständigen Amtsgericht vollstreckbar ausgefertigten Vergleich (siehe z. B. § 33 SchAG NRW oder § 28 HessSchAG).[4] Dagegen stellt der Vergütungsbeschluss des Vormundschaftsgerichtes (§ 1836 BGB) keinen (landesrechtlichen) Schuldtitel dar.[5]

2 Die landesrechtlichen Titel müssen hinsichtlich ihrer inhaltlichen Bestimmtheit denselben Anforderungen entsprechen[6] wie alle bundesrechtlichen Titel. Nicht unter § 801 fallen diejenigen landesrechtlichen Titel, die nach den Regeln der Verwaltungsvollstreckung zu vollstrecken sind.

---

1 RGBl. I S. 466.
2 BGBl. I S. 866.
3 Siehe LG Berlin, Rpfleger 1971, 156.
4 Einzelheiten siehe bei § 794 Rdn. 30, § 797 Rdn. 9; *Drischler*, Rpfleger 1984, 308 m. w. N.; *Stein/Jonas/ Münzberg*, § 801 Rn. 2.
5 OLG Hamm, Rpfleger 1984, 234 (für NW); LG Frankfurt, FamRZ 1990, 1034 (für Hessen).
6 Siehe Vor §§ 704–707 Rdn. 8–18.

§ 802 Ausschließlichkeit der Gerichtsstände

Die in diesem Buch angeordneten Gerichtsstände sind ausschließliche.

Übersicht	Rdn.		Rdn.
I. Anwendungsbereich der Norm	1	III. Verweisung gem. § 281	3
II. Klageänderung in der Berufungsinstanz	2	IV. ArbGG, VwGO	4

I. Anwendungsbereich der Norm

Die Vorschrift bezieht sich auf alle im gesamten 8. Buch der ZPO angeordneten Gerichtsstände, 1 also nicht nur die im Vollstreckungsrecht, sondern auch im Verfahren auf Erlass eines Arrestes oder einer einstweiligen Verfügung. Sie betrifft die Regelung der örtlichen Zuständigkeit ebenso wie der sachlichen[1], soweit Letztere in der jeweiligen Norm angesprochen ist. Gerichtsstandsregelungen finden sich insbesondere in den §§ 722 Abs. 2, 731, 732, 764, 767, 768, 771, 796 Abs. 3, 797 Abs. 3 und Abs. 5, 797a, 800 Abs. 3, 805 Abs. 2, 828, 858 Abs. 2, 879, 889, 919, 937, 943. Ist in der jeweiligen Vorschrift nur die örtliche Zuständigkeit abschließend angeordnet (so in §§ 722 Abs. 2, 771, 805, 879), sind hinsichtlich der sachlichen Zuständigkeit des Amtsgerichts bzw. Landgerichts Vereinbarungen möglich, soweit sie sich im Rahmen der §§ 38 ff. halten. Dagegen kann eine ausschließliche Zuständigkeit nicht durch Vereinbarungen außer Kraft gesetzt werden (§ 40 Abs. 2).

II. Klageänderung in der Berufungsinstanz

Ist für eine Klage die Zuständigkeit des Prozessgerichts erster Instanz bestimmt (so in §§ 767, 768), 2 so steht § 802 nicht entgegen, die Klage noch in der Berufungsinstanz im Wege der Klageänderung in den Rechtsstreit einzuführen, falls das Berufungsgericht auch zuständig wäre, wenn die Klage schon in erster Instanz erhoben worden wäre.[2] Dagegen könnte eine derartige Klage in der Berufungsinstanz nicht neu als Widerklage oder als kumulativer Antrag neben der bisherigen Klage eingeführt werden. Die geänderte Klage bleibt »die Klage« i. S. d. § 767 Abs. 1; sie wäre nicht erst im zweiten Rechtszuge erhoben. Das gilt dagegen nicht für eine neu erhobene Klage.

III. Verweisung gem. § 281

§ 802 steht, soweit die örtliche und sachliche Zuständigkeit in Rede stehen, der Anwendung des 3 § 281 Abs. 2 Satz 4 nicht entgegen.[3] Ergibt sich die ausschließliche Zuständigkeit des Gerichts, das die Verweisung ausgesprochen hat, erst später, steht § 281 Abs. 2 Satz 4 allerdings auch einer Zurückweisung an dieses Gericht nicht entgegen.[4]

IV. ArbGG, VwGO

Die Vorschrift gilt auch für die Vollstreckung arbeitsgerichtlicher Titel (§§ 62 Abs. 2 Satz 1, 85 4 Abs. 1 Satz 3 ArbGG) sowie für die Vollstreckung nach der VwGO (§ 167 Abs. 1 VwGO).

---

1 Allgem. Meinung; vgl. MüKo/*Wolfsteiner*, § 802 Rn. 2; *Gaul/Schilken/Becker-Eberhard*, § 24 Rn. 6; HK-ZV/ *Müller*, § 802 Rn. 2; PG/*Scheuch*, § 802 Rn. 1; *Stein/Jonas/Münzberg*, § 802 Rn. 1; *Thomas/Putzo/Seiler*, § 802 Rn. 2; *Zöller/Stöber*, § 802 Rn. 1.
2 OLG Frankfurt, MDR 1976, 939.
3 OLG Frankfurt, Rpfleger 1979, 390.
4 BGH, BB 1962, 1177.

Abschnitt 2. Zwangsvollstreckung wegen Geldforderungen

Vor §§ 802a–882h Zum Begriff der Geldforderung in der Zwangsvollstreckung

Übersicht

	Rdn.		Rdn.
I. Forderung auf Zahlung einer Geldsumme	1	III. Duldungsansprüche, Ansprüche auf Zahlung an Dritte, Freistellungsansprüche	3
II. Wahlrecht des Gläubigers oder des Schuldners	2	IV. Währung, Fremdwährungsschulden	4

Literatur:
Hanisch, Umrechnung von Fremdwährungsforderungen in Vollstreckung und Insolvenz, ZIP 1988, 341; *Maier-Reimer*, Fremdwährungsverbindlichkeiten, NJW 1985, 2049; *v. Maydell*, Geldschuld und Geldwert, 1974; *Medicus*, Ansprüche auf Geld, JuS 1983, 897; *K. Schmidt*, Geld und Geldschuld im Privatrecht, JuS 1984, 737; *ders.*, Fremdwährungsschuld und Fremdwährungsklage, ZZP 98 (1985), 32.

I. Forderung auf Zahlung einer Geldsumme

Eine Geldforderung im Sinne des Zweiten Abschnitts liegt immer dann vor, wenn nach dem Titel eine bestimmte Geldsumme zu leisten ist. Ob die Forderung vor der Titulierung schon ursprünglich eine Geldforderung war oder erst später in eine solche übergegangen ist (vgl. etwa § 1228 Abs. 2 Satz 2 BGB), ist gleichgültig, da für die vollstreckungsrechtliche Beurteilung allein der Titel maßgeblich ist. Urteile nach § 510b betreffen eine Geldforderung im vorgenannten Sinne, da nach § 888a, § 61 Abs. 2 ArbGG nur die ersatzweise festgesetzte Entschädigungssumme zwangsvollstreckt werden kann. Lautet der Titel dagegen nicht auf eine Geldleistung, wandelt sich aber nach materiellem Recht die titulierte Forderung im Laufe des Vollstreckungsverfahrens in eine Geldforderung (siehe § 893), so bedarf der Gläubiger eines neuen (nunmehr auf eine Geldforderung gerichteten) Titels (§ 893 Abs. 2). Der ursprüngliche Titel deckt den späteren Zahlungsanspruch nicht ab. **Keine Geldforderungen** sind Ansprüche auf Herausgabe oder Verschaffung von bestimmten Münzen oder Geldscheinen (**Geldstückschuld** oder **echte Geldsortenschuld**). Für die Vollstreckung gelten nicht die §§ 802a ff. sondern die §§ 883, 884. 1

II. Wahlrecht des Gläubigers oder des Schuldners

Ist dem Gläubiger im Titel ein Wahlrecht eingeräumt, ob er eine Geldleistung oder einen anderen Gegenstand verlangen will,[1] so muss er die Wahl mit dem Vollstreckungsauftrag ausüben. Steht das Wahlrecht dagegen dem Schuldner zu (nach § 262 BGB die Regel), muss dieser es bis zum Beginn der Zwangsvollstreckung ausüben, soll nicht das Wahlrecht dem vollstreckenden Gläubiger zufallen (§ 264 BGB). Fällt das Wahlrecht nach § 264 Abs. 1 BGB dem Gläubiger zu, kann der Schuldner allerdings immer noch freiwillig die andere Leistung erbringen und sich dadurch von seiner Schuld befreien, solange sich nicht der Gläubiger durch Zwangsvollstreckung tatsächlich befriedigt hat. 2

III. Duldungsansprüche, Ansprüche auf Zahlung an Dritte, Freistellungsansprüche

Eine Geldforderung liegt nicht nur dann vor, wenn der Schuldner an den Gläubiger einen bestimmten Betrag zu leisten hat (schlichter Zahlungstitel), sondern auch dann, wenn er wegen einer bestimmten Geldsumme die Zwangsvollstreckung in einen bestimmten Gegenstand zu dulden hat (etwa nach §§ 1147, 1192, 1233 Abs. 2 BGB oder nach § 11 AnfG).[2] Eine Geldforderung des Gläubigers im Sinne des Zweiten Abschnitts liegt auch dann vor, wenn die Leistung des geschuldeten Geldbetrages nach dem Inhalt des Titels nicht an den Gläubiger allein (im Fall einer Gesamthands- 3

---

[1] Beispiel: BGH, NJW 1962, 1568.
[2] BGH, Rpfleger 2013, 868, 870.

forderung gem. § 432 Abs. 1 BGB), nicht unmittelbar an den Gläubiger persönlich (im Fall der Verurteilung zur Hinterlegung eines bestimmten Betrages als Sicherheit) oder durch Zahlung allein an einen Dritten erfolgen soll.[3] Auch im letzteren Fall hat die Vollstreckung nach §§ 803 ff., nicht etwa nach § 887 zu erfolgen. Dagegen muss nach § 887, nicht nach §§ 803 ff. vollstreckt werden, wenn der Titel dahin lautet, dass der Schuldner den Gläubiger einem Dritten gegenüber von einer bestimmten Geldschuld freizustellen habe.[4] Die Freistellung kann in sehr unterschiedlicher Weise, nicht nur durch Geldleistung an den Dritten erfolgen. So kann der Schuldner aufrechnen wollen oder die Möglichkeit haben, auf den Dritten mit dem Ziel eines Schuldnachlasses einwirken zu können. Nur der Erfolg der Freistellung ist aber geschuldet, nicht ein bestimmter Weg zu diesem Ziel. Die Gegenmeinung[5] mag das Vollstreckungsverfahren praktisch vereinfachen. Dies allein kann aber eine Umdeutung des Titels noch nicht rechtfertigen.

IV. Währung, Fremdwährungsschulden

4   Geldforderungen werden seit dem 1.1.2002 in der Regel in **Euro** beziffert sein (bis 31.12.2001 in Deutsche Mark [DM]).[6] Wird aus Titeln vollstreckt, die noch auf **Deutsche Mark (DM)** lauten, gelten diese gem. Art. 14 der VO [EG] Nr. 974/98[7] als auf Euro umgestellt. Die Umrechnung durch das Vollstreckungsorgan erfolgt gem. Art. 20 VO [EG] Nr. 974/98[8] zu dem vom Rat festgesetzten Umrechnungskurs (1,95583 DM = 1 Euro). Titel, die noch auf **Mark (DDR)** lauten, werden gem. Art. 10 Abs. 5 i. V. m. Anlage 1 Art. 7 Abs. 1 des Staatsvertrags über die Errichtung einer Währungs-, Wirtschafts- und Sozialunion vom 18.5.1990[9] im Verhältnis 2 zu 1 zu DM und dann zum genannten Umrechnungskurs zu Euro umgerechnet; bei wiederkehrenden Zahlungen wie Unterhalt und Miete (aber nicht bei Lebensversicherungen und privaten Rentenversicherungen) erfolgt die Umrechnung für die seit 19.5.1990 fälligen Beträge im Verhältnis 1 zu 1 zu DM (Anlage 1 Art. 7 Abs. 2 des Staatsvertrags vom 18.5.1990) und dann zu Euro.

5   Lautet der Titel auf Zahlung in **fremder Währung**, so ist die durch die fremde Währung umschriebene Valuta, nicht aber eine vertretbare Handlung (Aushändigung des Betrages in Banknoten der fremden Währung) geschuldet.[10] Ist ausnahmsweise etwas anderes gewollt, muss dies im Tenor deutlich gemacht werden.[11] Bei der Vollstreckung des auf Zahlung in ausländischer Währung lautenden Titels nimmt das Vollstreckungsorgan die Umrechnung in Euro entsprechend § 244 BGB für den Zeitpunkt, in dem die Gefahr auf den Gläubiger übergeht, vor. Findet das Vollstreckungsorgan den im Tenor genannten Betrag in der Fremdwährung beim Schuldner vor, so hat es allerdings nach §§ 808 Abs. 1, 815 Abs. 1 zu verfahren, nicht nach § 821. Der Gerichtsvollzieher liefert die Fremdwährung also unmittelbar beim Gläubiger ab und wechselt sie nicht erst in Euro

---

3   LG Essen, Rpfleger 2001, 543; *Baur/Stürner/Bruns*, Rn. 27.03; *Brox/Walker*, Rn. 206; *Gaul/Schilken/Becker-Eberhard*, § 48 Rn. 9 ff.; PG/*Tombrink*, vor §§ 803 ff. Rn. 1; *Stein/Jonas/Münzberg*, vor § 803 Rn. 5.
4   BGHZ 25, 1; BGH, JR 1983, 499; BAG, KTS 1976, 143; KG, MDR 1970, 1018; OLG Hamburg, FamRZ 1983, 212; OLG Hamm, JurBüro 1956, 30; JurBüro 1960, 549; *Bischof*, ZIP 1984, 1444; *Brox/Walker*, Rn. 206; *Bruns/Peters*, § 44 Fußn. 10; *Gerhardt*, Der Befreiungsanspruch, S. 14 ff.; PG/*Tombrink*, vor §§ 803 ff. Rn. 1; *Rimmelspacher*, JR 1976, 89, 183; *Gaul/Schilken/Becker-Eberhard*, § 48 Rn. 13; *Stein/Jonas/Münzberg*, vor § 803 Rn. 6.
5   *Baur/Stürner/Bruns*, Rn. 27.03; *Schulte*, NJW 1960, 902; *Trinkl*, NJW 1968, 1077.
6   Zur Währungsumstellung von DM auf Euro siehe ausführlich 3. Aufl., vor §§ 803–882a Rn. 5.
7   ABlEG Nr. L 139.
8   ABlEG Nr. L 139/1.
9   BGBl. II, 537.
10 BGHZ 104, 268, 274; OLG Düsseldorf, NJW 1988, 2185 mit Anm. *Hanisch*, IPrax 1989, 276; LG Köln, FamRZ 1968, 479; *Maier-Reimer*, NJW 1985, 2053; *K. Schmidt*, ZZP 98 (1985), 46; *Stein/Jonas/Münzberg*, vor § 803 Rn. 1.
11 Beispiele: LG Düsseldorf, DGVZ 1989, 140; LG Frankfurt, NJW 1956, 65; *Maier-Reimer*, NJW 1985, 2053.

ein. Das Einverständnis des Gläubigers hierzu ist schon seinem Klageantrag und dem diesem entsprechenden Tenor zu entnehmen.

Titel 1. Allgemeine Vorschriften

§ 802a Grundsätze der Vollstreckung; Regelbefugnisse des Gerichtsvollziehers

(1) Der Gerichtsvollzieher wirkt auf eine zügige, vollständige und Kosten sparende Beitreibung von Geldforderungen hin.

(2) ¹Auf Grund eines entsprechenden Vollstreckungsauftrags und der Übergabe der vollstreckbaren Ausfertigung ist der Gerichtsvollzieher unbeschadet weiterer Zuständigkeiten befugt,
1. eine gütliche Erledigung der Sache (§ 802b) zu versuchen,
2. eine Vermögensauskunft des Schuldners (§ 802c) einzuholen,
3. Auskünfte Dritter über das Vermögen des Schuldners (§ 802l) einzuholen,
4. die Pfändung und Verwertung körperlicher Sachen zu betreiben,
5. eine Vorpfändung (§ 845) durchzuführen; hierfür bedarf es nicht der vorherigen Erteilung einer vollstreckbaren Ausfertigung und der Zustellung des Schuldtitels.

²Die Maßnahmen sind in dem Vollstreckungsauftrag zu bezeichnen, die Maßnahme nach Satz 1 Nr. 1 jedoch nur dann, wenn sich der Auftrag hierauf beschränkt.

Übersicht	Rdn.		Rdn.
I. Grundsätze der Vollstreckung (Abs. 1) ..	1	II. Regelbefugnisse des Gerichtsvollziehers (Abs. 2)..................	2

Literatur zu den §§ 802a bis 802l:
Brunner, Die Reform der Sachaufklärung: Praktische Erfahrungen – Reformen – Perspektiven, DGVZ 2014, 181; *Dierck/Griedl*, Das neue Vollstreckungsmanagement, NJW 2013, 3201; *Fischer*, Die Reform der Sachaufklärung im Lichte der Vollstreckungsmodernisierung, DGVZ 2010, 113; *Giers*, Rechtsprechungsübersicht zur Sachaufklärung in der Zwangsvollstreckung, DGVZ 2014, 252; *Gietmann*, Die neuen Reformgesetze in der Zwangsvollstreckung, DGVZ 2009, 157; *Harnacke/Bungardt*, Das neue Recht – Probleme über Probleme, DGVZ 2013, 1; *ders.*, Das neue Vollstreckungsrecht, DGVZ 2012, 197; *Hergenröder*, Vom Forderungseinzug zum Forderungsmanagement – Zwangsvollstreckung im 21. Jahrhundert und soziale Wirklichkeit, DGVZ 2010, 201; *Hess*, Rechtspolitische Perspektiven der Zwangsvollstreckung, DGVZ 2010, 7; *Kessel*, Sachaufklärung in der Zwangsvollstreckung und die Kosten, DGVZ 2012, 213; *Mroß*, Sachaufklärung in der Zwangsvollstreckung: Ecken und Kanten der Reform – Vorschläge für runde Verfahrensabläufe, DGVZ 2012, 169; *ders.*, Grundzüge der Reform der Sachaufklärung, DGVZ 2010, 181; *G. Vollkommer*, Die Reform der Sachaufklärung in der Zwangsvollstreckung – Ein Überblick, NJW 2012, 3681; *Würdinger*, Die Sachaufklärung in der Einzelzwangsvollstreckung, JZ 2011, 177. Siehe auch BT-Drucks. 16/10069 (Gesetzentwurf des Bundesrats) sowie BT-Drucks. 16/13432 (Beschlussempfehlung und Bericht des Rechtsausschusses), die Grundlage der folgenden Kommentierung der §§ 802a bis 802l sind.

I. Grundsätze der Vollstreckung (Abs. 1)

Die Regelung wurde eingefügt durch Art. 1 Nr. 7 des Gesetzes zur Reform der Sachaufklärung in der Zwangsvollstreckung vom 29.7.2009 und ist seit 1.1.2013 in Kraft.[1] Sie bringt den Grundsatz effizienter Zwangsvollstreckung durch den Gerichtsvollzieher zum Ausdruck. Sie hat den Charakter eines Programmsatzes. Aus dieser Regelung allein können keine konkreten Rechtsfolgen abgeleitet werden. Der Gerichtsvollzieher wird durch die Vorschrift zu einer zeitnahen und vollständigen Befriedigung

1

---

[1] BGBl. I 2009, 2258 f., 2262. Zur Begründung des Gesetzentwurfs des Bundesrats BT-Drucks. 16/10069, S. 24.

des Gläubigers angehalten. Dabei soll er jeden überflüssigen Aufwand vermeiden. Das Ziel der zügigen Erledigung ist dem früheren § 806b entnommen, der zum 1.1.2013 aufgehoben wurde.

II. Regelbefugnisse des Gerichtsvollziehers (Abs. 2)

2 Die Regelbefugnisse, die dem Gerichtsvollzieher bei der Vollstreckung wegen einer Geldforderung zustehen, sind in Nr. 1–5 in der Reihenfolge aufgelistet, in der sie meistens bei der Durchführung der Zwangsvollstreckung in körperliche Sachen des Schuldners eine Rolle spielen. Auf diesen Ablauf der Vollstreckung ist der Gläubiger allerdings nicht angewiesen. Vielmehr kann er seinen Vollstreckungsauftrag auch auf bestimmte Maßnahmen des Gerichtsvollziehers (zum Beispiel nur Einholung von Informationen über die Vermögensverhältnisse des Schuldners) beschränken. Außerdem hat er die Möglichkeit, einen sofortigen Sachpfändungsversuch ohne vorherige Informationseinholung zu beantragen. Das ergibt sich auch aus § 807 Abs. 1.

3 Der Gläubiger muss die von ihm **gewünschten Maßnahmen** des Gerichtsvollziehers – wie schon nach bisheriger Rechtslage – in dem Vollstreckungsauftrag (durch Ankreuzen der jeweiligen Maßnahme in dem Antragsformular) **bezeichnen (Abs. 2 Satz 2)**. Nur den Versuch einer gütlichen Erledigung führt der Gerichtsvollzieher auch ohne besonderen Antrag des Gläubigers durch. Lediglich bei einer Beschränkung des Antrags auf den Versuch einer gütlichen Erledigung muss diese im Antrag bezeichnet werden (Abs. 2 Satz 2).

4 Legitimationsgrundlage für die in Abs. 2 Nr. 1–5 aufgelisteten Regelbefugnisse des Gerichtsvollziehers sind der **Vollstreckungsauftrag und die Übergabe der vollstreckbaren Ausfertigung**. Deren Erteilung und Zustellung an den Schuldner ist allerdings **bei der Vorpfändung nach § 845 entbehrlich (Abs. 2 Satz 1 Nr. 5)**.

§ 802b Gütliche Erledigung; Vollstreckungsaufschub bei Zahlungsvereinbarung

(1) Der Gerichtsvollzieher soll in jeder Lage des Verfahrens auf eine gütliche Erledigung bedacht sein.

(2) ¹Hat der Gläubiger eine Zahlungsvereinbarung nicht ausgeschlossen, so kann der Gerichtsvollzieher dem Schuldner eine Zahlungsfrist einräumen oder eine Tilgung durch Teilleistungen (Ratenzahlung) gestatten, sofern der Schuldner glaubhaft darlegt, die nach Höhe und Zeitpunkt festzusetzenden Zahlungen erbringen zu können. ²Soweit ein Zahlungsplan nach Satz 1 festgesetzt wird, ist die Vollstreckung aufgeschoben. ³Die Tilgung soll binnen zwölf Monaten abgeschlossen sein.

(3) ¹Der Gerichtsvollzieher unterrichtet den Gläubiger unverzüglich über den gemäß Absatz 2 festgesetzten Zahlungsplan und den Vollstreckungsaufschub. ²Widerspricht der Gläubiger unverzüglich, so wird der Zahlungsplan mit der Unterrichtung des Schuldners hinfällig; zugleich endet der Vollstreckungsaufschub. ³Dieselben Wirkungen treten ein, wenn der Schuldner mit einer festgesetzten Zahlung ganz oder teilweise länger als zwei Wochen in Rückstand gerät.

Übersicht

	Rdn.
I. Zweck, Anwendungsbereich und Entstehung der Vorschrift	1
II. Grundsatz der gütlichen Erledigung (Abs. 1)	2
III. Vollstreckungsaufschub bei Zahlungsvereinbarung (Abs. 2)	4
1. Zahlungsvereinbarung	5
2. Voraussetzungen für Zahlungsvereinbarungen	6
a) Kein Ausschluss durch den Gläubiger	6
b) Glaubhafte Darlegung der Zahlungsfähigkeit und -bereitschaft	7
3. Inhalt von Zahlungsvereinbarungen	8
4. Vollstreckungsaufschub (Abs. 2 Satz 2, Abs. 3 Satz 3)	9
5. Verfahren des Gerichtsvollziehers	10
a) Benachrichtigung des Gläubigers, Belehrung des Schuldners, Einziehung von Raten	10
b) Protokoll	13
c) Behandlung weiterer Vollstreckungsaufträge	14
IV. Widerspruch des Gläubigers (Abs. 3 Satz 2)	15
V. Rechtsbehelfe	17
VI. Gebühren	18
VII. ArbGG, VwGO, AO	19

Literatur:

Becker-Eberhard, Weitere Aufgaben für Gerichtsvollzieher/-innen – was ist rechtlich möglich und was (noch) nicht?, DGVZ 2014, 209; *Gothe*, Zahlungsvereinbarungen nach § 802b ZPO – Die rechtliche Konstruktion und deren Folgen, DGVZ 2013, 197; *Hergenröder*, Gütliche Erledigung der Zwangsvollstreckung als Leitprinzip – Vollstreckungsvereinbarungen im Spannungsfeld zwischen Gesetz und Privatautonomie, DGVZ 2012, 105, 129; *ders.*, Die Vollstreckungsvereinbarung im System der Zwangsvollstreckung, DGVZ 2013, 145; *Neugebauer*, Reform der Sachaufklärung – Die gütliche Erledigung durch den Gerichtsvollzieher, MDR 2012, 1381; *Rauch*, Im Spannungsfeld zwischen gleichzeitigem und bedingtem Auftrag, § 807 ZPO und den Gebühren für die gütliche Erledigung, DGVZ 2014, 7. Siehe ferner die Angaben bei § 802a.
Noch zu § 806 b a. F. und zu § 813 a a. F.: *Harnacke*, Rateninkasso durch den Gerichtsvollzieher unter Berücksichtigung der neuen GVGA, DGVZ 1999, 81; *Helwich*, Ratenzahlungsvereinbarung bei Gläubigermehrheit, DGVZ 2000, 105; *Kessel*, Kostenrechtliche Folgen des Rateninkassos durch den Gerichtsvollzieher, DGVZ 1999, 163; *Nies*, Ratenzahlungsmodalitäten in der Mobiliar-Zwangsvollstreckung nach neuem Recht, MDR 1999, 659; *Schilken*, Die Einziehung von Teilbeträgen durch den Gerichtsvollzieher gemäß §§ 806b, 813a, 900 Abs. 3 ZPO n. F., DGVZ 1998, 145.
Noch zu § 813b a. F.: *Holch*, Ratenzahlung statt Pfandverwertung, DGVZ 1990, 133; *Pawlowski*, Die rechtlichen Grundlagen der »ratenweisen Vollstreckung«, DGVZ 1991, 177; *Wieser*, Die Aussetzung der Verwertung mit Zustimmung des Gläubigers, DGVZ 1987, 49.

I. Zweck, Anwendungsbereich und Entstehung der Vorschrift

Dem Schuldner soll vor dem zwangsweisen Zugriff durch den Gerichtsvollzieher die Chance eingeräumt werden, seine Schuld doch noch freiwillig abzutragen und das mögliche Pfändungsgut nicht 1 durch Zwangsverwertung zu verlieren. Dem dient der gesamte § 802b, dessen Absätze 1 und 2 nur scheinbar verschiedene Regelungsgegenstände haben. Denn auch die Einziehung von Teilbeträgen (Abs. 2) dient der gütlichen Erledigung des Zwangsvollstreckungsverfahrens (Abs. 1). Die Vorschrift gilt nach ihrer systematischen Stellung für jede Art von Zwangsvollstreckung wegen einer Geldforderung; da sie sich an den Gerichtsvollzieher wendet, ist damit die Zwangsvollstreckung in körperliche Sachen gemeint. Abs. 1 gilt in der Sache für jede Vollstreckungsart. Durch § 802b wurden mit Wirkung zum 1.1.2013 die früheren §§ 806b (Gütliche und zügige Erledigung), 813a (Aufschub der Verwertung durch den Gerichtsvollzieher) und 813b (Aussetzung der Verwertung durch das Vollstreckungsgericht) ersetzt.[1] Dabei ist die Regelung des früheren § 813b ersatzlos entfallen. Der Gesetzgeber hat die Verwertungsaussetzung durch das Vollstreckungsgericht neben den Möglichkeiten des Gerichtsvollziehers nach § 802b und den allgemeinen Rechtsbehelfen des Schuldners nach §§ 765a, 766, die durch § 802b nicht verdrängt werden, als entbehrlich angesehen.[2]

II. Grundsatz der gütlichen Erledigung (Abs. 1)

2 Das Ziel der gütlichen Erledigung gilt für alle Abschnitte der Zwangsvollstreckung wegen einer Geldforderung durch den Gerichtsvollzieher (§ 68 Abs. 1 Satz 1 GVGA) einschließlich des Verfahrens von der Beantragung der Abnahme der Vermögensauskunft bis zur Eintragung des Schuldners in das Schuldnerverzeichnis.[3]

3 Die Aufgabe, auf eine gütliche Erledigung hinzuwirken (siehe auch § 68 Abs. 1 Satz 1 GVGA), ist zumindest teilweise in der Geschäftsanweisung für Gerichtsvollzieher konkretisiert. Nach § 59 Abs. 1 Satz 1 GVGA muss der Gerichtsvollzieher den Schuldner vor einer Vollstreckung grundsätzlich erst zur freiwilligen Begleichung der Schuld auffordern. Außerdem soll er ihn auf unverhältnismäßige Kosten der Vollstreckung hinweisen. Gem. § 58 Abs. 1 Satz 3 GVGA muss er darauf bedacht sein, dass nur die unbedingt notwendigen Kosten und Aufwendungen entstehen. Schließlich hat er auf etwaige Wünsche des Gläubigers und des Schuldners hinsichtlich der Ausführung der Vollstreckung nach Möglichkeit Rücksicht zu nehmen.

III. Vollstreckungsaufschub bei Zahlungsvereinbarung (Abs. 2)

4 Die Vorschrift regelt die Voraussetzungen, den möglichen Inhalt und die Rechtsfolge von Zahlungsvereinbarungen, die der Gerichtsvollzieher mit dem Schuldner der zu vollstreckenden Geldforderung treffen kann.

1. Zahlungsvereinbarung

5 Den Terminus der Zahlungsvereinbarung hat der Gesetzgeber bewusst statt des ursprünglich vorgesehenen Begriffs der Stundungsvereinbarung gewählt. Damit soll klargestellt werden, dass an diese Vereinbarungen im Vollstreckungsverfahren anders als an eine materielle Stundungsvereinbarung keine materiell-rechtlichen Folgen geknüpft sind. Zahlungsvereinbarungen haben keinen Einfluss auf Fälligkeit und Verzug; Zinsen laufen trotz einer Teilzahlungsvereinbarung des Schuldners mit dem Gerichtsvollzieher grundsätzlich weiter.[4] Als Zahlungsvereinbarungen kommen die Einräumung einer Zahlungsfrist und eine Ratenzahlungsvereinbarung in Betracht. Auch eine Kombination dieser beiden Formen ist möglich.

---

1 Art. 1 Nr. 7 des Gesetzes zur Reform der Sachaufklärung in der Zwangsvollstreckung vom 29.7.2009, BGBl. I 2009, 2258 f., 2262. Zur Begründung des Gesetzentwurfs des Bundesrats BT-Drucks. 16/10069, S. 24, 33 f.
2 BT-Drucks. 16/10069, S. 34.
3 BT-Drucks. 16/10069, S. 24.
4 BT-Drucks. 16/13432, S. 42 (Beschlussempfehlung und Bericht des Rechtsausschusses).

2. Voraussetzungen für Zahlungsvereinbarungen

a) Kein Ausschluss durch den Gläubiger

Der Gläubiger darf eine Zahlungsvereinbarung nicht ausgeschlossen haben. Aus der Formulierung von Abs. 2 Satz 1 folgt, dass das Einverständnis des Gläubigers vermutet wird. Der Gläubiger als »Herr des Verfahrens« kann solche Zahlungsvereinbarungen (durch Ankreuzen auf dem Antragsformular) entweder ganz ausschließen oder auch bei grundsätzlichem Einverständnis inhaltlich beschränken, zum Beispiel auf Mindestraten bei Teilzahlungen und eine Höchstdauer bei einer Zahlungsfrist. An die vom Gläubiger gemachten Bedingungen ist der Gerichtsvollzieher gebunden (§ 68 Abs. 1 Satz 2 GVGA). Ohne einen solchen Ausschluss oder eine solche Einschränkung ist der Gerichtsvollzieher aufgrund des Vollstreckungsauftrags grundsätzlich zum Abschluss solcher Zahlungsvereinbarungen mit dem Schuldner berechtigt (§ 754 Abs. 1).

b) Glaubhafte Darlegung der Zahlungsfähigkeit und -bereitschaft

Ferner setzt eine Zahlungsvereinbarung die glaubhafte Darlegung des Schuldners voraus, die nach Höhe und Zeitpunkt festzusetzenden Zahlungen erbringen zu können. Diese Voraussetzung ist den früheren §§ 806b Satz 2, 813 Abs. 1, 900 Abs. 3 Satz 1 entnommen. Der Schuldner muss seine entsprechende Zahlungsfähigkeit und -bereitschaft also nachvollziehbar vortragen und dafür maßgebliche Tatsachen (z. B. mit welchen Mitteln die Tilgung erfolgen soll) konkret benennen und gegebenenfalls belegen. Dafür gelten nicht die förmlichen Beweisregeln des § 294. Allein die abstrakte Versicherung, Teilzahlungen erbringen zu wollen, reicht nicht aus. Der Gerichtsvollzieher hat den Vortrag des Schuldners frei zu würdigen.

3. Inhalt von Zahlungsvereinbarungen

Bei Zahlungsvereinbarungen hat der Gerichtsvollzieher einen Zeitplan festzusetzen, in dem er die Zahlungsfrist und bei einer Ratenzahlungsvereinbarung die Höhe, Anzahl und Termine der Teilzahlungen bestimmt. Bei einer Ratenzahlungsvereinbarung soll die Tilgung binnen zwölf Monaten abgeschlossen sein (Abs. 2 Satz 3). Das entspricht der früheren Regelung in § 813a Abs. 1 Satz 1. Die kürzere Tilgungsfrist von sechs Monaten in den früheren §§ 806b Satz 3 und 900 Abs. 3 wurde in den neuen § 802b Abs. 2 nicht übernommen, weil sie sich offenbar in der Vollstreckungspraxis als zu kurz erwiesen hat.[5] Die Zwölf-Monatsfrist ist als Sollvorschrift ausgestaltet. Der Gerichtsvollzieher kann daher nach pflichtgemäßem Ermessen auch eine längere Tilgungsfrist gewähren (§ 68 Abs. 1 Satz 4 GVGA), sofern der Vollstreckungsauftrag des Gläubigers nicht entgegensteht. Umgekehrt kann der Gläubiger sein Einverständnis mit einer verlängerten Tilgungszeit auch im Voraus erteilen.

4. Vollstreckungsaufschub (Abs. 2 Satz 2, Abs. 3 Satz 3)

Verfahrensrechtliche Folge einer Zahlungsvereinbarung ist ein Vollstreckungsaufschub. Solange er gilt, darf die Vollstreckung nicht fortgesetzt werden. War schon vorher ein Termin zur Abgabe der Vermögensauskunft oder zur Verwertung gepfändeter Sachen bestimmt, muss der Gerichtsvollzieher diesen Termin auf einen Zeitpunkt nach dem nächsten Zahlungstermin verschieben. Der Vollstreckungsaufschub endet automatisch, wenn der Schuldner mit einer festgesetzten Zahlung ganz oder teilweise länger als zwei Wochen in Rückstand gerät (Abs. 3 Satz 3). Dabei müssen nicht die Voraussetzungen des Schuldnerverzugs vorliegen; schlichter Zahlungsrückstand reicht aus.[6] Deshalb endet der Vollstreckungsaufschub auch bei unverschuldeten Leistungshindernissen. Wenn für den Schuldner vor Fälligkeit einer Rate absehbar ist, dass er seiner Zahlungsverpflichtung zu diesem Termin nicht nachkommen kann, obliegt es ihm, sich vorher oder jedenfalls innerhalb der

---

5 BT-Drucks. 16/10069, S. 25.
6 BT-Drucks. 16/10069, S. 25.

Zwei-Wochenfrist mit dem Gläubiger zwecks Modifizierung der Rückzahlungsvereinbarung in Verbindung zu setzen, um den Vollstreckungsaufschub zu erhalten.[7] Dem Gläubiger steht es frei, ob er sich auf ein solches Anliegen des Schuldners einlässt.

5. Verfahren des Gerichtsvollziehers

a) Benachrichtigung des Gläubigers, Belehrung des Schuldners, Einziehung von Raten

10 Wenn der Gerichtsvollzieher nach Abs. 2 vorgeht, hat er dem Gläubiger unverzüglich eine Abschrift des Zahlungsplans zu übermitteln und dabei auf den Vollstreckungsaufschub und die Möglichkeit des unverzüglichen Widerspruchs hinzuweisen (Abs. 3 Satz 1, 2). Dadurch soll dem Gläubiger die Möglichkeit gegeben werden, der vom Gerichtsvollzieher bewilligten Ratenzahlung insgesamt oder hinsichtlich einer über die Solltilgungsfrist von zwölf Monaten (Abs. 2 Satz 3) hinausgehenden Zahlungsfrist zu widersprechen.[8]

11 Gem. § 68 Abs. 1 Satz 3 GVGA belehrt der Gerichtsvollzieher den Schuldner darüber, dass der Zahlungsplan hinfällig wird und der Vollstreckungsaufschub endet, sobald der Gläubiger widerspricht und der Gerichtsvollzieher den Schuldner über den Widerspruch unterrichtet hat (Abs. 3 Satz 2) oder der Schuldner mit einer festgesetzten Zahlung ganz oder teilweise länger als zwei Wochen in Rückstand gerät (Abs. 2 Satz 3).

12 Er zieht die Raten ein und liefert die eingezogenen Teilbeträge nach Abzug der Kosten an den Gläubiger ab. Die Verlustgefahr geht aber analog § 815 Abs. 3 schon mit der Zahlung des Schuldners an den Gerichtsvollzieher auf den Gläubiger über. Teilleistungen hat der Gerichtsvollzieher auf dem Titel zu vermerken und dem Schuldner zu quittieren (§ 757 Abs. 1, 2. Halbs.). Nach vollständiger Tilgung erhält der Schuldner vom Gerichtsvollzieher die vollstreckbare Ausfertigung ausgehändigt.

b) Protokoll

13 Der Gerichtsvollzieher nimmt die Tilgungsversicherung des Schuldners einschließlich der Höhe und des Zeitpunktes der Zahlungen, des Zahlungsweges und der Gründe für die Glaubhaftigkeit sowie die Belehrung über die in § 802b Abs. 3 Satz 2, 3 getroffenen Regelungen in das Protokoll (§ 762) auf (§ 68 Abs. 2 Satz 1 GVGA). Wenn er die Einräumung einer Zahlungsfrist oder die Einziehung von Ratenzahlungen ablehnt, hat er die Gründe dafür ebenfalls zu protokollieren (§ 68 Abs. 2 Satz 2 GVGA).

c) Behandlung weiterer Vollstreckungsaufträge

14 Gehen während des vereinbarten Tilgungszeitraums Vollstreckungsaufträge weiterer Gläubiger ein, kann der Gerichtsvollzieher mit dem Schuldner auch insoweit Zahlungsfristen oder Ratenzahlungen vereinbaren, als die Voraussetzungen des Abs. 2 in jeder einzelnen weiteren Vollstreckungsangelegenheit erfüllt sind (vgl. § 68 Abs. 4 GVGA). Für jeden einzelnen Auftraggeber hat der Gerichtsvollzieher einen gesonderten Ratenzahlungsplan zu erstellen (§ 68 Abs. 5 GVGA, auch zum Folgenden). Bei **mehreren gleichzeitig vorliegenden Vollstreckungsaufträgen** ist auch die Aufstellung eines Gesamtratenzahlungsplans zulässig. Jeder einzelne Gläubiger kann dem Plan mit den Wirkungen des Abs. 3 widersprechen.

IV. Widerspruch des Gläubigers (Abs. 3 Satz 2)

15 Der Gläubiger muss sein Widerspruchsrecht unverzüglich, also ohne schuldhaftes Zögern (vgl. § 121 Abs. 1 Satz 1 BGB), ausüben, nachdem er vom Gerichtsvollzieher über die getroffene Zahlungsvereinbarung unterrichtet wurde. Der Widerspruch ist nicht formgebunden. Ein Telefonat

---

7 BT-Drucks. 16/10069, S. 25.
8 Kritisch dazu *Fischer*, DGVZ 2010, 113, 118.

mit dem Gerichtsvollzieher, ein Fax oder eine E-Mail reicht aus. Der Gerichtsvollzieher hat den Schuldner von dem Widerspruch des Gläubigers zu unterrichten. Mit der Unterrichtung wird der Zahlungsplan hinfällig, und der Vollstreckungsaufschub endet automatisch (Abs. 3 Satz 2). Die Vollstreckung wird entsprechend dem Antrag des Gläubigers fortgesetzt (§ 68 Abs. 3 Satz 1 GVGA). Der Gerichtsvollzieher nimmt also ihm vom Schuldner angebotenes Geld nicht als Teilleistung entgegen, sondern er pfändet es für den Gläubiger.

Wenn sich der Gläubiger lediglich gegen die Ausgestaltung der vom Gerichtsvollzieher festgesetzten Teilzahlungen z. B. bzgl. Höhe und Zahlungsterminen wendet, liegt darin kein Widerspruch i. S. v. Abs. 3. Der Gerichtsvollzieher ändert dann die Teilzahlungsbestimmungen nach den Vorgaben des Gläubigers und unterrichtet den Schuldner davon (§ 68 Abs. 3 Satz 2 GVGA). 16

V. Rechtsbehelfe

Gegen Maßnahmen des Gerichtsvollziehers im Rahmen von § 802b ist sowohl für den Schuldner als auch für den Gläubiger die Vollstreckungserinnerung nach § 766 statthaft. Gegen die Erinnerungsentscheidung des Vollstreckungsgerichts ist die sofortige Beschwerde nach § 793 gegeben. Für den Gläubiger fehlt es allerdings am Rechtsschutzinteresse für eine Erinnerung, soweit er sein Begehren durch einfachen Widerspruch nach Abs. 3 Satz 2 oder durch Weisungen zur Ausgestaltung des Zahlungsplans erreichen kann. 17

VI. Gebühren

Der **Gerichtsvollzieher** erhält für den Versuch einer gütlichen Erledigung eine Festgebühr von 16 Euro (GvKostG-KV Nr. 207, Stand Januar 2015). Das gilt unabhängig davon, ob der Gerichtsvollzieher ausdrücklich mit einem Einigungsversuch beauftragt war.[9] Dieser Gebührentatbestand ist für den isolierten Auftrag zum Versuch einer gütlichen Erledigung geschaffen worden.[10] Die Gebühr nach Nr. 207 entsteht nur dann nicht, wenn der Gerichtsvollzieher gleichzeitig mit einer auf eine Maßnahme nach § 802a Abs. 2 Satz 1 Nr. 2 und 4 gerichteten Amtshandlung beauftragt war (Nachbemerkung zu Nr. 207); dann ist der Versuch einer gütlichen Einigung mit der Gebühr für die Einholung der Vermögensauskunft und für die Pfändung mit abgegolten. Umstritten ist, ob die Gebühr auch dann nicht anfällt, wenn nur eine von den beiden in § 802b Abs. 2 Satz 1 Nr. 2 und 4 genannten Maßnahmen beantragt wurde.[11] Dafür spricht, dass es sich auch dann nicht mehr um einen isolierten Auftrag zur gütlichen Erledigung handelt. Andererseits regelt die Nachbemerkung zu GvKostG-KV Nr. 207 einen Ausnahmetatbestand, der eng auszulegen ist.[12] Deshalb wird von der Gegenansicht vertreten, die Beauftragung mit lediglich einer der in § 802a Abs. 2 Satz 1 Nr. 2 und 4 genannten Maßnahmen lasse die Gebühr für die gütliche Erledigung nicht entfallen.[13] Von Gleichzeitigkeit (und nicht von einem isolierten, gebührenauslösenden Antrag) ist jedenfalls dann auszugehen, wenn der Gerichtsvollzieher vorrangig mit der gütlichen Erledigung und für den Fall, dass diese scheitert, mit Vollstreckungshandlungen nach § 802a Abs. 2 Satz 1 Nr. 2 und 4 beauftragt wird.[14] Allein aus einer vom Gläubiger vorgegebenen Reihenfolge, wonach eine erfolglose gütliche Erledigung Voraussetzung für weitere Vollstreckungsmaßnahmen sein soll, ergibt sich noch kein isolierter Auftrag für die gütliche Erledigung.[15] Eine besondere Gebühr für den Abschluss einer Zahlungsvereinbarung ist nicht vorgesehen. Ein **Rechtsanwalt** erhält die bei jeder Vollstreckungsmaßnahme (§ 18 Abs. 1 Nr. 1 RVG) anfallende 0,3-Verfahrensgebühr nach RVG-VV Nr. 3309. 18

---

9 LG Mönchengladbach, DGVZ 2015, 60 f.; AG Achern, DGVZ 2014, 270 f.
10 BT-Drucks. 16/10068, S. 48.
11 So OLG Köln, DGVZ 2014, 199; OLG Stuttgart, DGVZ 2015, 85, 86.
12 OLG Düsseldorf, NJW-RR 2014, 960; AG Gernsbach, DGVZ 2015, 116 f.
13 OLG Düsseldorf, DGVZ 2014, 152; LG Kleve, DGVZ 2014, 134; LG Stendal, DGVZ 2015, 86, 87 f.
14 OLG Köln, DGVZ 2014, 199 ff. m. w. N.; OLG Stuttgart, DGVZ 2014, 85; **a. M.** AG Calw, DGVZ 2014, 46.
15 LG Freiburg, DGVZ 2014, 105 f.

VII. ArbGG, VwGO, AO

19 § 802b gilt auch bei der Pfändung beweglicher Sachen aufgrund von arbeitsgerichtlichen Titeln (vgl. §§ 62 Abs. 2 Satz 1, 85 Abs. 1 Satz 3 ArbGG) und solchen nach § 168 VwGO. Bei der Pfändung beweglicher Sachen durch einen Vollziehungsbeamten nach § 286 AO ist nur eine Aussetzung der Verwertung durch die Vollstreckungsbehörde vorgesehen (§ 297 AO). Der Vollziehungsbeamte selbst kann keine Zahlungsfrist bewilligen.

§ 802c Vermögensauskunft des Schuldners

(1) Der Schuldner ist verpflichtet, zum Zwecke der Vollstreckung einer Geldforderung auf Verlangen des Gerichtsvollziehers Auskunft über sein Vermögen nach Maßgabe der folgenden Vorschriften zu erteilen sowie seinen Geburtsnamen, sein Geburtsdatum und seinen Geburtsort anzugeben.

(2) ¹Zur Auskunftserteilung hat der Schuldner alle ihm gehörenden Vermögensgegenstände anzugeben. ²Bei Forderungen sind Grund und Beweismittel zu bezeichnen. ³Ferner sind anzugeben:

1. die entgeltlichen Veräußerungen des Schuldners an eine nahestehende Person (§ 138 der Insolvenzordnung), die dieser in den letzten zwei Jahren vor dem Termin nach § 802f Abs. 1 und bis zur Abgabe der Vermögensauskunft vorgenommen hat;

2. die unentgeltlichen Leistungen des Schuldners, die dieser in den letzten vier Jahren vor dem Termin nach § 802f Abs. 1 und bis zur Abgabe der Vermögensauskunft vorgenommen hat, sofern sie sich nicht auf gebräuchliche Gelegenheitsgeschenke geringen Wertes richteten.

⁴Sachen, die nach § 811 Abs. 1 Nr. 1 und 2 der Pfändung offensichtlich nicht unterworfen sind, brauchen nicht angegeben zu werden, es sei denn, dass eine Austauschpfändung in Betracht kommt.

(3) ¹Der Schuldner hat zu Protokoll an Eides statt zu versichern, dass er die Angaben nach Absatz 2 nach bestem Wissen und Gewissen richtig und vollständig gemacht habe. ²Die Vorschriften der §§ 478 bis 480, 483 gelten entsprechend.

Übersicht

		Rdn.
I.	Entstehung der Norm	1
II.	Abgrenzung der Vermögensauskunft von anderen Auskunftspflichten	2
III.	Zweck des § 802c	4
IV.	Voraussetzungen der Pflicht zur Vermögensauskunft (Abs. 1)	5
1.	Zulässigkeit der Zwangsvollstreckung wegen einer Geldforderung	5
2.	Vollstreckungsauftrag und Übergabe der vollstreckbaren Ausfertigung	8
3.	Rechtsschutzbedürfnis	9
4.	Kein besonderer Grund erforderlich	10
V.	Der zur Vermögensauskunft Verpflichtete	11
1.	Natürliche Person als Schuldner	11
2.	Juristische Person als Schuldner	13
3.	Partei kraft Amtes	16
VI.	Inhalt und Umfang der Auskunftspflicht (Abs. 2, Abs. 1)	17
1.	Überblick	18
2.	Körperliche Sachen	21
3.	Forderungen	24
4.	Sonstige Vermögensrechte	31
5.	Unbewegliches Vermögen	32
6.	Auskunftspflicht über zurückliegende Vermögensverfügungen (Abs. 2 Satz 3)	33
7.	Geburtsname, -datum und -ort	36
VII.	Eidesstattliche Versicherung (Abs. 3)	37
VIII.	Gebühren	38
IX.	ArbGG, VwGO, AO	39

Literatur (z. T. noch zu § 807 a. F.):
Gaul, Grundüberlegungen zur Neukonzipierung und Verbesserung der Sachaufklärung in der Zwangsvollstreckung, ZZP 108 (1995), 3; *Goebel*, Gläubigerfragen zur Erweiterung und Nachbesserung des Vermögensverzeichnisses, DGVZ 2001, 49; *Heß*, Auslandssachverhalte im Offenbarungsverfahren, Rpfleger 1996, 89; *Neugebauer*, Reform der Sachaufklärung – Die Auskunftspflicht des Schuldners über sein Vermögen, MDR 2012, 1441; *Otto*, Reform des Zwangsvollstreckungsrechts: Abnahme der eV durch den Gerichtsvollzieher oder der Verhaftung, DGVZ 1994, 17; *Reinhard*, Offenbarungspflichten bei der Pfändung des Taschengeldes, FA 2006, 11; *Scherer*, Offenbarungspflichten hinsichtlich des Taschengeldanspruchs im Verfahren der eidesstattlichen Versicherung, DGVZ 1995, 81; *Schilken*, Gedanken zu Anwendungsbereich und Reform des § 807 ZPO, DGVZ 1991, 97; *Seip*, Erledigung eines bedingten Pfändungsauftrages, der in Verbindung mit dem Auftrag zur Vermögensauskunft erteilt wird, DGVZ 2015, 75; *ders.*, Vermögensoffenbarung als erste Maßnahme der Zwangsvollstreckung und Minderung des Schuldnerschutzes, ZRP 2007, 23; *Stöber*, Vermögensverzeichnis und Fragerecht des Gläubigers, Rpfleger 1994, 321; *Weiß*, Selbstbezichtigungsfreiheit und vollstreckungsrechtliche Vermögensauskunft, NJW 2014, 503.
Siehe ferner die Angaben bei § 802a.

§ 802c ZPO Vermögensauskunft des Schuldners

I. Entstehung der Norm

1 § 802c wurde durch Art. 1 Nr. 7 des Gesetzes zur Reform der Sachaufklärung in der Zwangsvollstreckung vom 29.7.2009 mit Wirkung zum 1.1.2013 neu eingefügt.[1] Die Norm ersetzt teilweise den § 807 a. F., der mit Wirkung zum 1.1.2013 ebenfalls neu gefasst wurde. § 802c gehört zum Kern der Reform der Sachaufklärung in der Zwangsvollstreckung.

II. Abgrenzung der Vermögensauskunft von anderen Auskunftspflichten

2 Im Rahmen des Zwangsvollstreckungsverfahrens ist in zwei Fällen die **prozessrechtliche** Pflicht des Schuldners bestimmt, Auskunft über sein Vermögen oder einzelne Sachen zu geben und die Richtigkeit seiner diesbezüglichen Angaben an Eides statt zu versichern: Im Rahmen der Zwangsvollstreckung wegen Geldforderungen in das bewegliche Vermögen in § 802c und im Rahmen der Zwangsvollstreckung auf Herausgabe bestimmter beweglicher Sachen in § 883 Abs. 2. Die Auskunft und die eidesstattliche Versicherung sind in beiden Fällen **Teil des Vollstreckungsverfahrens**. Der Ablauf dieses Verfahrens ist im Einzelnen in den §§ 802c ff. geregelt. Eine ähnliche prozessuale Auskunftspflicht findet sich noch in § 836 Abs. 3 Satz 2 (Erteilung der zur Geltendmachung einer gepfändeten Forderung nötigen Auskünfte) sowie in den §§ 98 Abs. 1, 153 Abs. 2 InsO. Die §§ 284, 315 AO, die den §§ 802c (früher § 807 a. F.), 883 Abs. 2 ähnlich sind, enthalten ebenfalls verfahrensrechtliche Pflichten.

3 Zu unterscheiden hiervon ist die Verpflichtung des Schuldners **aufgrund materiellen Rechts**, die Richtigkeit von Abrechnungen oder Auskünften an Eides statt zu versichern. Derartige materiellrechtliche Verpflichtungen finden sich etwa in §§ 259 Abs. 2, 260 Abs. 2, 2006, 2028, 2057 BGB. Die freiwillige Erfüllung dieser Verpflichtungen erfolgt nach §§ 361, 410 Nr. 1, 411 Nr. 1 FamFG. Ist die Verpflichtung tituliert worden, erfolgt die Zwangsvollstreckung nach §§ 889, 888 Abs. 1 Satz 3.

III. Zweck des § 802c

4 Sinn der Vermögensauskunft im Vollstreckungsverfahren wegen Geldforderungen in das bewegliche Vermögen ist es, dem Gläubiger die Durchsetzung seiner Rechte zu erleichtern, indem ihm Kenntnis von Vermögensstücken des Schuldners verschafft wird, die seinem Zugriff unterliegen könnten.[2] Die Verpflichtung zur Abgabe der Vermögensauskunft ist eine angemessene Folge des staatlichen Zwangsmonopols bei der Durchsetzung privater Geldforderungen. Es »besteht ein öffentliches Interesse daran, dem Vollstreckungsgläubiger, dem der Staat als Inhaber des Zwangsmonopols die Selbsthilfe verbietet, die Verwirklichung seines Anspruchs und als Voraussetzung dafür die mit der Offenlegung bezweckte Feststellung der pfändbaren Vermögensgegenstände zu ermöglichen. Dieses Interesse dient der Wahrung des Rechtsfriedens und der Rechtsordnung, welche ihrerseits Grundbestandteil der rechtsstaatlichen Ordnung ist.«[3] Durch dieses öffentliche Interesse ist auch der mit der Auskunftsverpflichtung verbundene Eingriff in das Grundrecht der sog. »informationellen Selbstbestimmung«[4] gerechtfertigt.[5] Ein nicht zu vernachlässigender Nebeneffekt der Pflicht zur Vermögensauskunft mit eidesstattlicher Versicherung dürfte darin bestehen, dass der Schuldner unter dem Druck dieser Verpflichtung doch noch für eine Befriedigung des Gläubigers sorgt, zumal er die Nachteile einer mit diesem Verfahren verbundenen Eintragung in das Schuldnerverzeichnis (§ 882c) fürchten muss.[6]

---

1 BGBl. I 2009, 2258 f., 2262. Zur Begründung des Gesetzentwurfs des Bundesrats BT-Drucks. 16/10069, S. 25.
2 Noch zu § 807 a. F.: BGH, DGVZ 2009, 131, 132; NJW 2004, 2979, 2980.
3 BVerfGE 61, 126.
4 Zu diesem Begriff siehe die »Volkszählungsentscheidung« BVerfGE 65, 1.
5 Krit. aber *Weiß*, NJW 2014, 503, wegen des Zwangs zur Selbstbezichtigung mit strafrechtlichen Folgen.
6 *Brox/Walker*, Rn. 1127.

IV. Voraussetzungen der Pflicht zur Vermögensauskunft (Abs. 1)

1. Zulässigkeit der Zwangsvollstreckung wegen einer Geldforderung

Da die Vermögensauskunft Teil des Zwangsvollstreckungsverfahrens wegen Geldforderungen ist, müssen alle **allgemeinen und besonderen Vollstreckungsvoraussetzungen** für eine solche Vollstreckung vorliegen. Ferner darf **kein Vollstreckungshindernis** bestehen. Das Vollstreckungsverbot für einzelne Insolvenzgläubiger nach § 89 InsO gilt auch für das Vermögensauskunftsverfahren; dem steht nicht entgegen, dass durch die Vermögensauskunft die Masse nicht geschmälert wird, weil der Gesetzgeber (keinesfalls planwidrig) alle Vollstreckungsmaßnahmen durch einzelne Gläubiger untersagt hat.[7] Auch die einstweilige Einstellung von Zwangsvollstreckungsmaßnahmen nach § 21 Abs. 2 Satz 1 Nr. 3 InsO steht nach überwiegender Ansicht[8] der Erzwingung der Vermögensauskunft entgegen.[9] Der Wortlaut der Vorschrift betrifft alle (auch vorbereitende) Vollstreckungsmaßnahmen und enthält für die Vermögensauskunft keine Einschränkung.

Ferner muss der Gläubiger einen **vollstreckbaren Titel** über eine **Geldforderung** besitzen. Es genügt ein vorläufig vollstreckbarer Titel. Als solcher kommen auch ein Arrestbefehl und eine – ausnahmsweise – auf Zahlung einer bestimmten Geldsumme lautende einstweilige Verfügung[10] in Betracht.[11] Ist das Urteil, aus dem die Vollstreckung betrieben wird, **nur gegen Sicherheitsleistung** vorläufig vollstreckbar, so ist die Sicherheitsleistung durch den Gläubiger **nicht** Voraussetzung der Auskunftsverpflichtung des Schuldners;[12] denn schon eine erfolglose Sicherungsvollstreckung nach § 720a, die dem Gläubiger ja für die Fortsetzung der Vollstreckung nach Rechtskraft des Urteils den Rang wahren soll, rechtfertigt die Einholung der Vermögensauskunft, da die Möglichkeit der Sicherungsvollstreckung ansonsten oft leer liefe.[13]

Weil die Vermögensauskunft die Fortsetzung der Zwangsvollstreckung ermöglichen soll, muss nach den allgemein im Vollstreckungsverfahren geltenden Maßstäben sicher sein, dass der Gläubiger aus dem Titel noch eine Forderung vollstrecken kann. Der Titel selbst darf also nicht aufgrund von Teilquittungen Anlass für die Annahme geben, dass der Gläubiger schon befriedigt ist. In einem solchen Fall kann vom Gläubiger ausnahmsweise eine Forderungsaufstellung zum Titel verlangt werden.[14]

2. Vollstreckungsauftrag und Übergabe der vollstreckbaren Ausfertigung

Voraussetzung für die Auskunftspflicht des Schuldners ist ein Vollstreckungsauftrag des Gläubigers an den zuständigen Gerichtsvollzieher (vgl. § 802a Abs. 2 Satz 1 Nr. 2). Ausreichend ist der allgemeine Vollstreckungsauftrag, der formularmäßig gestellt werden kann. Zu den Anforderungen an

---

7 BGH, DGVZ 2012, 161 (noch zur eidesstattlichen Versicherung nach § 807 a. F.).
8 LG Darmstadt, NJW-RR 2003, 1493; Braun/*Böhm*, InsO, § 21 Rn. 49; Münch-KommInsO/*Haarmeyer*, § 21 Rn. 72; *Uhlenbruck/Vallender*, InsO § 21 Rn. 27.
9 **A.M.** LG Würzburg, NJW-RR 2000, 781; AG Rostock, NJW-RR 2000, 716; früher auch *Graf-Schlicker/Voß*, 3. Aufl. 2012; InsO, § 21 Rn. 18 (ab 4. Aufl. 2014, § 21 Rn. 19, keine eigene Stellungnahme mehr).
10 Zu derartigen Befriedigungsverfügungen siehe Vor § 935 Rn. 31, 44 ff.
11 So noch zu § 807 a. F. BGH, Rpfleger 2006, 328, 329; *Gaul/Schilken/Becker-Eberhard*, § 60 Rn. 9; *Stein/Jonas/Münzberg*, § 807 Rn. 5; *Wieczorek/Schütze/Storz*, § 807 Rn. 13.
12 **A.A.** aber OLG Koblenz, Rpfleger 1979, 273; LG Essen, JurBüro 1985, 936 mit Anm. *Mümmler*.
13 Ebenso noch zu § 807 a. F. BGH, NJW-RR 2007, 416 mit Anm. *App*, EWiR 2007, 287; BGH, NJW-RR 2006, 996 f.; KG, Rpfleger 1989, 291 mit Anm. *Behr*; OLG Düsseldorf, NJW 1980, 2717; OLG Hamm, MDR 1982, 416; OLG Koblenz, JurBüro 1991, 126; OLG München, JurBüro 1991, 128; OLG Stuttgart, NJW 1980, 1698; LG Darmstadt, Rpfleger 1981, 362; LG Frankenthal, Rpfleger 1982, 190; LG Stuttgart, DGVZ 2003, 91; *Gaul/Schilken/Becker-Eberhard*, § 60 Rn. 9; HdbZVR/*Keller*, Kap. 2 Rn. 72; *Stein/Jonas/Münzberg*, § 807 Rn. 5; *Wieczorek/Schütze/Storz*, § 807 Rn. 14. Zu § 802c ebenso *Baumbach/Lauterbach/Hartmann*, § 802c Rn. 7 – Sicherungsvollstreckung.
14 Noch zu § 807 a. F. OLG Stuttgart, JurBüro 1987, 1813; LG Darmstadt, Rpfleger 1985, 119.

diesen Antrag siehe § 753. Daneben ist für die Einholung der Vermögensauskunft im Gegensatz zu dem bis 31.12.2012 geltenden § 900 Abs. 1 kein besonderer Auftrag erforderlich. Der Gerichtsvollzieher ist vielmehr aufgrund des Vollstreckungsauftrags kraft Gesetzes befugt, die Vermögensauskunft des Schuldners einzuholen. Weitere Voraussetzung für die Abnahme der Vermögensauskunft ist, dass der Gläubiger dem Gerichtsvollzieher die vollstreckbare Ausfertigung übergeben hat. Nur wenn eine Vollstreckungsbehörde den Gerichtsvollzieher beauftragt hat, kann nach dem jeweiligen Landesrecht (vgl. z. B. § 3 Abs. 2 Satz 2 VwVG NW) an die Stelle der vollstreckbaren Ausfertigung allein der Vollstreckungsauftrag treten.[15]

3. Rechtsschutzbedürfnis

9 Für die Einholung der Vermögensauskunft muss ein Rechtsschutzbedürfnis bestehen. Daran fehlt es, wenn sich aus den eigenen Angaben des Gläubigers ergibt, dass er die Vermögensverhältnisse des Schuldners im Einzelnen genau kennt[16] oder dass die Vermögenslosigkeit des Schuldners von vornherein gesichert feststeht.[17] Allerdings reicht die bloße Behauptung des Schuldners, seine Vermögensverhältnisse seien dem Gläubiger bekannt, nicht aus, um dessen Rechtsschutzinteresse zu verneinen.[18] Ebenso ergibt sich eine sichere Kenntnis des Gläubigers nicht bereits daraus, dass der Schuldner nach anderen Verfahrensvorschriften (z. B. § 95 AO) Angaben zu seinen Vermögensverhältnissen an Eides statt versichert hat.[19] Die völlige Vermögenslosigkeit einer GmbH ist noch nicht dadurch evident, dass ein Antrag auf Eröffnung des Insolvenzverfahrens über ihr Vermögen kurz zuvor mangels Masse abgelehnt und sie daraufhin aufgelöst worden war.[20] Der Schuldner kann das Rechtsschutzbedürfnis des Gläubigers an der Durchführung der (sofortigen) Vermögensauskunft nicht dadurch unterlaufen, dass er einen amtlichen Vermögensfragebogen ausfüllt, die Richtigkeit und Vollständigkeit in einer privaten Erklärung eidesstattlich versichert und seine Unterschrift notariell beglaubigen lässt.[21] Ein solches Verfahren gibt dem Gläubiger nicht die gleiche Gewissheit wie das staatlich geordnete Verfahren nach §§ 802c ff.

4. Kein besonderer Grund erforderlich

10 Es braucht kein besonderer Auskunftsgrund vorzuliegen. Vor allem ist entgegen dem § 807 Abs. 1 in seiner bis zum 31.12.2012 geltenden Fassung eine Auskunftspflicht des Schuldners über seine Vermögensverhältnisse **nicht mehr von einem** tatsächlich erfolgten oder voraussichtlich **fruchtlosen Pfändungsversuch abhängig**. Diese Voraussetzung beruhte auf der früher zutreffenden Annahme, dass die wesentlichen Vermögenswerte großer Bevölkerungsteile in beweglichen Sachen bestanden. Heute bieten diese wegen der zahlreichen Unpfändbarkeitsregelungen der §§ 811 ff. und wegen des Wertverfalls gebrauchter Sachen nur noch sehr eingeschränkte Vollstreckungsmöglichkeiten. Aussichtsreicher ist oft die Vollstreckung in das Arbeitseinkommen und in Immobilien des Schuldners. Deshalb wurde der notwendige Versuch einer Vollstreckung in bewegliche Sachen des Schuldners zunehmend zu einem zeit- und kostenaufwendigen Umweg, um anschließend nach Abgabe der eidesstattlichen Versicherung auf andere Vermögenswerte zugreifen zu können.[22] Ein solcher

---

15 LG Detmold, DGVZ 2014, 240.
16 Noch zu § 807 a. F.: BGH, DGVZ 2004, 153, 154; LG Köln, NJW-RR 1987, 1407; vgl. auch LG Berlin, MDR 1975, 497 (Kenntnis der Arbeitsstelle des Schuldners allein reicht insoweit nicht aus, um schon das Rechtsschutzbedürfnis zu verneinen).
17 Noch zu § 807 a. F.: BVerfG, NJW 1983, 559; LG Itzehoe, Rpfleger 1985, 153; MüKo/*Eickmann*, 4. Aufl., § 807 Rn. 20; *Wieczorek/Schütze/Storz*, 3. Aufl., § 807 Rn. 75.
18 LG Berlin, Rpfleger 1992, 168 f.; *Wieczorek/Schütze/Storz*, 3. Aufl., § 807 Rn. 74.
19 Noch zu § 807 a. F.: BGH, DGVZ 2004, 153, 154.
20 LG Düsseldorf, JurBüro 1987, 458 (zum Konkurs).
21 Noch zu § 807 a. F.: LG Düsseldorf, Rpfleger 1981, 151; LG Frankenthal, Rpfleger 1985, 33; *Wieczorek/Schütze/Storz*, 3. Aufl., § 807 Rn. 81.
22 *Brox/Walker*, Rn. 1136.

gegen den Schuldner gerichteten Titel in sein Privatvermögen nicht erfolgreich widersprechen könnte.[40]

3. Partei kraft Amtes

Ist für ein Vermögen eine Partei kraft Amtes bestellt und muss zur Vollstreckung in dieses Vermögen auch ein Titel gegen diese Partei kraft Amtes vorliegen, so ist sie als Vollstreckungsschuldner auch auskunftspflichtig. Dies gilt etwa für Insolvenzverwalter (bei der Vollstreckung von Masseverbindlichkeiten), Zwangsverwalter oder Testamentsvollstrecker. Die Pflicht zur Vermögensauskunft bezieht sich auf das der Verwaltung unterliegende Vermögen. Der Verpflichtung des Insolvenzverwalters zur Auskunftserteilung steht nicht entgegen, dass der Schuldner bereits eine Versicherung nach §§ 98 Abs. 1, 153 Abs. 2 InsO abgegeben und der Verwalter diese dem Gläubiger zugänglich gemacht hat.[41] Das Wissen des Schuldners und des Verwalters beruhen auf durchaus unterschiedlichen Erkenntnismöglichkeiten. 16

VI. Inhalt und Umfang der Auskunftspflicht (Abs. 2, Abs. 1)

Inhalt und Umfang der vom Schuldner zu erteilenden Vermögensauskunft ergeben sich vor allem aus Abs. 2. Diese Regelung entspricht im Wesentlichen dem § 807 Abs. 1 und 2 in der bis 31.12.2012 geltenden Fassung. 17

1. Überblick

Der Schuldner ist zur Erstellung und Vorlage eines Vermögensverzeichnisses sowie – aus der Funktion der Norm folgend, dem Gläubiger den Zugriff auf weitere Vermögenswerte zum Zwecke der Zwangsvollstreckung zu eröffnen – zur zusätzlichen Auskunft über gewisse, die Forderungen des Schuldners betreffende Umstände, über bestimmte Vermögensverfügungen in der Vergangenheit sowie über persönliche Daten verpflichtet. Der Gläubiger soll zwar keine umfassende Ausforschung betreiben dürfen,[42] wohl aber überblicken können, welche weiteren Möglichkeiten einer Zwangsvollstreckung bestehen. 18

In der Praxis werden zur Erstellung des Vermögensverzeichnisses von den Gerichtsvollziehern (elektronische) Formulare benutzt. Diese Handhabung berechtigt den Schuldner nicht, Vermögenswerte, die er glaubt, keiner Rubrik zuordnen zu können, wegzulassen, da die Formulare nicht den Inhalt der Auskunftspflicht begrenzen, sondern nur eine Hilfestellung sein sollen.[43] 19

Umgekehrt ist der Schuldner zur Angabe von Umständen, die vom Zweck des § 802c nicht umfasst werden, nicht verpflichtet, auch wenn der Gläubiger ein starkes persönliches oder wirtschaftliches Interesse haben mag, die Umstände kennenzulernen. So ist der Schuldner zur Auskunft über persönliche Verhältnisse nur verpflichtet, soweit sie zur Bestimmung des Trägers pfändbarer Vermögensstücke und ihrer Rechtsform erforderlich sind und ihr Verschweigen dem Gläubiger den Zugriff erschweren oder unmöglich machen würde.[44] Ein Kaufmann muss weder seine Bezugsquellen insgesamt noch seine Kundenkartei als Ganzes offenlegen, da dieser »good will« trotz seines hohen wirtschaftlichen Wertes für den Schuldner und trotz des möglicherweise ebenso hohen Interesses für den Gläubiger, an ihm partizipieren zu können, als solcher nicht der Zwangsvollstreckung unterliegt.[45] Vielmehr müssen nur die Lieferanten und Abnehmer namhaft gemacht werden, gegen die noch Forderungen bestehen oder gegen die aufgrund von Rahmenverträgen, Dauerbezugs- 20

---

40 Einzelheiten: § 771 Rdn. 42 ff.
41 *Stein/Jonas/Münzberg*, § 807 Rn. 55.
42 LG Berlin, Rpfleger 1996, 34; LG Tübingen, Rpfleger 1995, 221.
43 LG Augsburg, JurBüro 1993, 751 f.; LG Mannheim, JurBüro 1994, 501 m. Anm. *Behr*.
44 BGHSt 8, 399; BGH, NJW 1956, 599; MDR 1958, 437; DB 1965, 287; NJW 1968, 1388; Rpfleger 1980, 339; LG Hannover, NJW-RR 1990, 1216.
45 Einzelheiten: § 857 Rdn. 44, 52, 53; siehe auch OLG Hamm, Rpfleger 1979, 468.

verpflichtungen oder ähnlichen Vereinbarungen mit absehbarer Gewissheit künftig Forderungen erwachsen werden.[46] Deshalb sind auch die Kunden eines Maklers aus laufenden Geschäften zu benennen, und zwar selbst dann, wenn der provisionsbegründende Hauptvertrag noch nicht geschlossen wurde;[47] denn auch diese in der Abwicklung befindlichen Geschäfte lassen Einnahmen erwarten. Bloße Erwerbsaussichten oder Erwerbshoffnungen, auch wenn sie realistisch sind (z. B. lebensbedrohliche Erkrankung des »Erbonkels«) sind nicht offenzulegen.[48]

2. Körperliche Sachen

21 Sie müssen so bestimmt, auch hinsichtlich ihres Aufbewahrungsortes, angegeben werden, dass ein Auffinden und eine Identifizierung möglich sind.[49] Die Angabe eines Kaufmannes, es befänden sich »diverse Büromöbel in der Wohnung« wäre etwa unzureichend.[50] Auch unpfändbare Gegenstände sind grundsätzlich aufzuführen,[51] es sei denn, sie fallen offensichtlich unter §811 Abs. 1 Nr. 1 und 2 und eine Austauschpfändung kommt nicht in Betracht (**Abs. 2 Satz 4**). Ob Gegenstände »offensichtlich« nach §811 Abs. 1 Nr. 1 und 2 unpfändbar sind, ist keine Ermessensentscheidung des Schuldners, sondern objektiv festzustellen.[52]

22 Anzugeben sind zum einen alle Sachen, deren Eigentümer oder Miteigentümer der Schuldner ist, zum anderen aber auch Sachen, an denen er aufgrund Vorbehaltskaufs ein **Anwartschaftsrecht** auf Eigentumserwerb[53] oder aufgrund Sicherungsvertrages ein Anwartschaftsrecht auf Rückübereignung oder Rückfall des Eigentums hat.[54] Ob die Sachen sich im Besitz des Schuldners oder eines Dritten befinden, ist unerheblich.[55] Auch Gegenstände, die mit Pfand- und Vorzugsrechten zugunsten Dritter belastet sind, müssen aufgeführt werden.

23 Gemietete, geliehene oder aufgrund Leasingvertrages im Besitz des Schuldners befindliche Gegenstände,[56] die nach dem jeweiligen Vertrag auch nicht zu einem späteren Zeitpunkt in das Eigentum des Schuldners fallen sollen, sind nicht anzugeben, da sie dem Zugriff des Gläubigers nicht unterliegen. Eine bloße Erwerbsmöglichkeit durch den Schuldner ist unbeachtlich. Gegenstände, die offensichtlich wertlos sind, können weggelassen werden. Wertlos sind Gegenstände dann, wenn für sie weder allein noch in ihrer Gesamtheit ein die Kosten der Zwangsvollstreckung deckender Erlös zu erwarten ist.

3. Forderungen

24 Der Schuldner hat alle gegenwärtigen, aber **auch alle künftigen Forderungen** anzugeben, sofern der Rechtsgrund und der Drittschuldner der Forderung hinreichend bestimmt sind.[57] Dazu gehören Ansprüche aus laufenden Geschäftsbeziehungen mit Kunden, die regelmäßig beliefert werden.[58] Um prüfen zu können, ob künftig solche Ansprüche zu erwarten sind, kann der Schuldner ver-

---

46 OLG Hamm, Rpfleger 1979, 468; vgl. auch LG Kassel, JurBüro 1991, 604; LG Münster, MDR 1990, 61.
47 BGH, Rpfleger 1991, 377, 378.
48 BGH, Rpfleger 1980, 339; Rpfleger 1991, 377.
49 OLG Frankfurt, Rpfleger 1975, 442 und MDR 1976, 320.
50 LG Oldenburg, Rpfleger 1983, 163.
51 BGH, LM Nr. 10 zu § 8.
52 *Müller*, NJW 1979, 905.
53 BGH, DB 1955, 311; MDR 1961, 71; *Wieczorek/Schütze/Storz*, § 807 Rn. 120.
54 BGH, BB 1960, 12; LG Krefeld, Rpfleger 1979, 146; *Wieczorek/Schütze/Storz*, § 807 Rn. 120.
55 *Noack*, DGVZ 1972, 81; *Wieczorek/Schütze/Storz*, § 807 Rn. 119.
56 Hinsichtlich des Leasinggutes streitig; wie hier LG Berlin, Rpfleger 1976, 145; *Stein/Jonas/Münzberg*, § 807 Rn. 26; *Wieczorek/Schütze/Storz*, § 807 Rn. 121; *Zöller/Stöber*, § 802c Rn. 15; *Thomas/Putzo/Seiler*, § 802c Rn. 13 (nur anzugeben, wenn Anwartschaftsrecht besteht); a. A. HdbZVR/*Keller*, Kap. 2 Rn. 138.
57 BGH, NJW-RR 2011, 851 f.
58 LG Münster, MDR 1990, 61; vgl. auch LG Karlsruhe, DGVZ 1999, 156.

pflichtet sein, Auskunft über die Geschäftsvorfälle der letzten zwölf Monate zu geben.[59] Auch über mögliche Ansprüche auf Beitragsrückerstattung und Leistungsansprüche aus Sozialversicherungen sowie Ansprüche auf Erstattung von überzahlten Abschlägen auf Verträge mit Energieversorgern sowie auf mietvertragliche Betriebs- und Nebenkosten ist Auskunft zu geben.[60] Die Forderungen sind hinsichtlich des **Grundes und des Betrages** genau zu bezeichnen. Ferner sind die ihrer Identifizierung und Durchsetzung dienenden Beweismittel anzugeben. So genügt es nicht, die Höhe nur mit einem »ca.-Betrag« zu umschreiben.[61]

Ein **Arbeitnehmer** muss neben seinem auf Geldzahlung gerichteten Vergütungsanspruch auch geldwerte Vorteile wie die Privatnutzung eines Firmenwagens angeben, weil diese bei der Berechnung des Einkommens gem. § 850e Nr. 3 zu berücksichtigen sind.[62] Die Angabe »Gelegenheitsarbeiten für verschiedene Bekannte« als Grund für eine Forderung reicht nicht aus.[63] Vielmehr sind alle Auftraggeber namhaft zu machen, die den Lohn noch nicht (vollständig) entrichtet haben, darüber hinaus im Hinblick auf § 850h auch alle Auftraggeber des letzten Jahres.[64]   25

Neben seinem eigenen Einkommen muss der Arbeitnehmer auch Angaben zu den Einkünften von Unterhaltsberechtigten machen, wenn nach § 850c Abs. 4 die Möglichkeit besteht, dass diese Personen bei der Berechnung des unpfändbaren Teils des Arbeitseinkommens ganz oder teilweise unberücksichtigt bleiben.[65] Wer als »Hausfrau« oder »Hausmann« für einen anderen angeblich gegen Kost und Logis tätig ist, muss diesen anderen ebenfalls im Hinblick auf § 850h benennen.[66] Ebenso muss derjenige, der nach eigenen Angaben arbeitslos ist und von seinen Eltern oder seiner Lebensgefährtin unterhalten wird, angeben, ob und in welchem Umfang er an der Haushaltsführung beteiligt ist, damit das Vorliegen eines verschleierten Arbeitseinkommens geprüft werden kann.[67] Der Schutz der Intimsphäre steht einer solchen Auskunftspflicht nicht entgegen. Die Tätigkeit für den Dritten ist nicht nur abstrakt, sondern durch konkrete Tatsachenangaben zu beschreiben.[68]   26

Auch sonstige Tätigkeiten, die **mit Rücksicht auf § 850h Abs. 2** bedeutsam sind, müssen angegeben werden,[69] und zwar nach Art und Umfang so konkret, dass dem Gläubiger die Prüfung ermöglicht wird, ob ein verschleiertes Einkommen vorliegt.[70] Selbst der **Taschengeldanspruch**, der als Bestandteil des Unterhaltsanspruchs eines Ehegatten (vgl. § 1360 BGB) gem. § 850b Abs. 1 Nr. 2 bedingt   27

---

59 BGH, NJW-RR 2011, 851, 852.
60 BGH, Rpfleger 2012, 323, 324.
61 LG Oldenburg, JurBüro 1983, 1414; zur Detailgenauigkeit der Angaben zur Höhe siehe auch LG Köln, NJW-RR 1988, 695.
62 LG Landsberg, DGVZ 2003, 154.
63 LG Berlin, Rpfleger 1979, 113; LG Frankenthal, Rpfleger 1985, 73; LG Frankfurt, NJW-RR 1988, 383; LG Mönchengladbach, MDR 1982, 504.
64 OLG Köln, JurBüro 1994, 408; LG Frankenthal, Rpfleger 1985, 73; LG Köln, DGVZ 2007, 41, 42; LG Mönchengladbach, MDR 1982, 504.
65 BGH, NJW 2004, 2979, 2980.
66 LG Frankenthal, JurBüro 1994, 409; LG München, MDR 1984, 764; AG Backnang, JurBüro 1995, 330 f.
67 LG Hannover, DGVZ 1997, 152; vgl. auch LG Bonn, DGVZ 2000, 119 f.; AG Ellwangen, DGVZ 2003, 46; a.A. AG Lahnstein, DGVZ 2005, 189.
68 LG Heilbronn, MDR 1992, 711.
69 OLG Hamm, GA 1975, 180; LG Heilbronn, Rpfleger 1992, 359.
70 LG Lübeck, DGVZ 1999, 59; LG Regensburg, DGVZ 2003, 92; LG Stuttgart, DGVZ 2003, 154.

pfändbar ist,[71] muss offenbart werden.[72] Dafür kann es erforderlich sein, dass der Schuldner Angaben zum Nettoeinkommen seines Ehegatten macht,[73] sofern ihm das möglich ist.[74]

28 Zur Angabe des Grundes der Forderung gehört auch die **Bezeichnung des Drittschuldners mit Name und Anschrift**.[75] Ein Arbeitnehmer darf die Angaben zu seinem Arbeitgeber auch dann nicht verschleiern, wenn er durch mögliche Lohnpfändungen Nachteile am Arbeitsplatz befürchtet. Dagegen braucht der Schuldner, dessen Arbeitslohn auf das Bankkonto seiner Ehefrau überwiesen wird, nicht dieses Konto anzugeben; denn diese Information ist für die Inanspruchnahme der Ehefrau als Drittschuldnerin nicht erforderlich.[76] Arbeitsverhältnisse sind nicht nur dann bekanntzugeben, wenn der Arbeitnehmer bereits Lohn aus ihnen zu beanspruchen hat, sondern auch, wenn der den Arbeitgeber bereits bindende Vertrag erst später zu laufen beginnt, sodass aus ihm erst in Zukunft fällige Ansprüche hergeleitet werden können.[77] Anzugeben sind auch **künftige Rentenansprüche**, sobald eine rechtlich geschützte Anwartschaft besteht und die Ansprüche pfändbar sind.[78]

29 Ein **Rechtsanwalt** als Schuldner eines Verfahrens zur Abgabe der Vermögensauskunft ist verpflichtet, die Namen und Anschriften seiner Mandanten und die Höhe seiner Honorarforderungen zu offenbaren.[79] Insoweit liegt angesichts der grundsätzlichen Pfändbarkeit von Honorarforderungen kein Verstoß gegen die in § 43a Abs. 2 BRAO, § 203 Abs. 1 Nr. 3 StGB geregelte anwaltliche Verschwiegenheitspflicht vor. Das Grundrecht des Mandanten auf informationelle Selbstbestimmung tritt hinter das durch Art. 14 GG geschützte Befriedigungsrecht des Gläubigers zurück.[80] Ebenso muss das Vermögensverzeichnis eines **Arztes** die gegen seine Privatpatienten bestehenden Honorarforderungen enthalten.[81] Diese Angaben fallen nicht unter seine Schweigepflicht. Die Angaben zu Namen und Anschriften der Mandanten muss auch ein zur Vermögensauskunft verpflichteter **Steuerberater** machen.[82] Rechtsanwälte, Wirtschaftsprüfer, Finanzberater, Unternehmensberater usw. müssen auch Forderungen offenlegen, die sie nur treuhänderisch für Dritte innehaben.[83] Es ist Sache des Gläubigers, den Charakter der jeweiligen Treuhand zu bewerten. Schließlich müssen auch Forderungen aus Verträgen offenbart werden, die der Schuldner zugunsten Dritter abgeschlossen hat. Dies gilt auch für Lebensversicherungen mit unwiderruflicher Bezugsberechtigung Dritter, etwa der Ehefrau des Schuldners.[84]

---

71 BGH, NJW 2004, 2450; siehe § 850b Rn. 11.
72 BGH, NJW 2004, 2452; KG, NJW 2000, 149; OLG Köln, NJW 1993, 3335; LG Aschaffenburg, JurBüro 1999, 105; LG Augsburg, DGVZ 1994, 88; LG Bielefeld, JurBüro 1995, 46; LG Bonn, DGVZ 1993, 29; LG Hildesheim, DGVZ 1994, 88; LG Karlsruhe, DGVZ 1993, 92; LG Köln, Rpfleger 1993, 455.
73 BGH, NJW 2004, 2452; OLG München, Rpfleger 2000, 30; LG Regensburg, DGVZ 1999, 59 f.; LG Stade, JurBüro 1993, 31.
74 BGH, NJW 2004, 2452; AG Heilbronn, DGVZ 2001, 135.
75 LG Berlin, JurBüro 1995, 331 f.; LG Hamburg, MDR 1981, 61; LG Stade, Rpfleger 1984, 324.
76 AG Günzburg, DGVZ 2006, 122.
77 BGH, MDR 1958, 257.
78 BGH, NJW-RR 2011, 283; NJW 2003, 1457 mit zust. Anm. *Walker*, WuB VI E. § 54 SGB I 1.03; NJW 2003, 3774; OLG Oldenburg, NJW-RR 1992, 512; LG Bielefeld, JurBüro 1995, 46 f.; LG Essen, JurBüro 1995, 46; LG Hannover, DGVZ 1995, 142; LG Heilbronn, Rpfleger 1995, 510; LG Oldenburg, JurBüro 1995, 662; LG Stade, JurBüro 1995, 331; *Brox/Walker*, Rn. 509.
79 BGH, NJW 2010, 1380; OLG Frankfurt, JurBüro 1977, 728; LG Frankfurt, AnwBl. 1985, 258; LG Wiesbaden, Rpfleger 1977, 179.
80 BGH, NJW 2010, 1380.
81 AG u. LG Mainz, DGVZ 2001, 78 f.
82 OLG Köln, MDR 1993, 1007.
83 KG, JR 1985, 161; LG Münster, JurBüro 1994, 298 u. 502 f.
84 LG Duisburg, NJW 1955, 717; *Zöller/Stöber*, § 802c Rn. 26.

Ob eine Forderung **bestritten ist oder nicht**, spielt für die Verpflichtung zur Vermögensauskunft keine Rolle.[85] Der Gläubiger kann auch nicht verlangen, dass der Schuldner bei Auflistung seiner Forderungen jeweils mitteilt, dass und warum sie bestritten sind.[86] Derartige Auskünfte, die dem Gläubiger sicherlich die Arbeit des Einzugs der Forderung erleichtern könnten, liegen außerhalb des Zwecks des § 802c. Gleiches gilt für sonstige Auskünfte, die nicht der Identifizierung und Belegbarkeit der Forderung, sondern der Erleichterung ihrer Geltendmachung dienen.[87] Zu den Beweismitteln, die der Schuldner hinsichtlich der Forderung benennen muss, gehören dagegen etwa vorliegende vollstreckbare Titel,[88] Bürgschaften sowie etwaige Pfand- und Vorzugsrechte. 30

4. Sonstige Vermögensrechte

Anzugebende sonstige Vermögensrechte sind insbesondere Anwartschaften,[89] Gesellschaftsanteile, Geschäftsanteile an Genossenschaften, Erbanteile, aber auch Urheberrechte, Patente, Gebrauchs- und Geschmacksmuster, schließlich Eigentümergrundschulden und Grundschulden an fremden Grundstücken. Im Grundbuch noch als solche eingetragene Eigentümergrundschulden sind auch dann anzugeben, wenn sie zwischenzeitlich abgetreten sind. Es sind dann der neue Gläubiger und die Höhe seiner Ansprüche zu nennen.[90] Dass ein Gesellschaftsanteil derzeit wertlos ist, weil die Tätigkeit der Gesellschaft ruht und Gesellschaftsvermögen praktisch nicht vorhanden ist, steht der Offenbarungspflicht nicht entgegen.[91] 31

5. Unbewegliches Vermögen

Als unbewegliches Vermögen sind Grundstücke und Grundstücksanteile einschließlich der dazugehörigen, der Immobiliarvollstreckung unterliegenden Gegenstände, unter Angabe der valutierten Belastungen namhaft zu machen.[92] Die Angabe, inwieweit Belastungen valutiert sind, ermöglicht dem Gläubiger die Ermittlung verdeckter Eigentümergrundschulden. 32

6. Auskunftspflicht über zurückliegende Vermögensverfügungen (Abs. 2 Satz 3)

Nach Abs. 2 Satz 3[93] hat der Schuldner in seinem Vermögensverzeichnis auch Angaben über zurückliegende Vermögensverfügungen zu machen, die zu einer Minderung der bei ihm noch vorzufindenden Vermögenswerte geführt haben.[94] Insoweit dient die Vermögensauskunft der Überprüfung von Anfechtungsmöglichkeiten nach dem AnfG. 33

Allerdings sind nicht alle Anfechtungsgründe der §§ 3 und 4 AnfG aufgegriffen. § 3 Abs. 1 AnfG ist vielmehr gar nicht angesprochen, da eine Offenbarungspflicht insoweit den Schuldner überfordern würde. Abs. 2 Satz 3 Nr. 1 ist auf § 3 Abs. 2 AnfG und Abs. 2 Satz 3 Nr. 2 ist auf § 4 AnfG zugeschnitten. Insoweit kann auf die dazu vorliegende Literatur und Rechtsprechung zurückgegriffen werden.[95] 34

---

85 BGH, NJW 1953, 390; OLG Hamm, JMBl.NW 1969, 128.
86 Derartiges mag unter die Auskunftspflicht nach § 836 Abs. 3 fallen. Dieses Auskunftsbegehren ist nur mithilfe einer gesonderten Klage durchsetzbar, die im Erfolgsfalle nach § 888 zu vollstrecken ist.
87 AG und LG Hamburg, Rpfleger 1982, 387; **a. A.** LG Koblenz, MDR 1985, 63; LG Köln, MDR 1976, 150; LG Krefeld, MDR 1985, 63.
88 LG Hamburg, MDR 1981, 61.
89 Siehe auch oben Rdn. 22.
90 LG Berlin, Rpfleger 1978, 229.
91 **A.A.** BGH, BB 1958, 891.
92 LG Aachen, Rpfleger 1991, 327; *Wieczorek/Schütze/Storz*, § 807 Rn. 126; *Zöller/Stöber*, § 802c Rn. 25.
93 Neu gefasst durch das EGInsO mit Wirkung zum 1.1.1999 (BGBl. I 1994, S. 2917).
94 Siehe dazu LG Flensburg, Rpfleger 1995, 424.
95 *Gaul/Schilken/Becker-Eberhard*, § 35 Rn. 57 ff.; LG Flensburg, DGVZ 1995, 119 (jeweils zu § 807 i. d. F. bis zum 31.12.1998).

35 »Veräußerungen« i. S. v. Nr. 1 sind alle Übertragungen von Sachen und Rechten, nicht bloße Verpflichtungsgeschäfte, deren Erfüllung noch aussteht, und auch nicht bloße Belastungen. Die »Veräußerungen« müssen nicht rechtsgeschäftlich erfolgt sein, es genügen sogar Übertragungen im Wege der Zwangsvollstreckung.[96] »**Leistungen**« i. S. v. Nr. 2 sind nicht nur Übertragungen, sondern auch Belastungen, inhaltliche Änderungen, der Erlass von Forderungen, ihre Stundung, der Verzicht auf Einwendungen oder die Überlassung zur unentgeltlichen Nutzung (soweit nicht gebräuchlich). Anzugeben sind nach beiden Nummern nicht nur Veräußerungen bzw. Leistungen bis zum ersten »zur Abgabe der Vermögensauskunft« anberaumten Termin, sondern erst recht alle Veräußerungen und Leistungen nach diesem Termin bis zur tatsächlichen Abgabe der Vermögensauskunft.[97]

7. Geburtsname, -datum und -ort

36 Die Auskunftspflicht des Schuldners umfasst gem. Abs. 1 auch die Angabe seines Geburtsnamens, seines Geburtsdatums und seines Geburtsortes. Diese Angaben dienen der eindeutigen Zuordnung seiner Vermögensangaben.

VII. Eidesstattliche Versicherung (Abs. 3)

37 Entsprechend dem früheren § 807 Abs. 3 in der bis 31.12.2012 geltenden Fassung hat der Schuldner nach Abs. 3 zu Protokoll an Eides statt die Vollständigkeit und Richtigkeit seiner Vermögensauskunft zu versichern. Dadurch soll der Schuldner zu größter Gewissenhaftigkeit bei der Erstellung des Vermögensverzeichnisses angehalten und dem Gläubiger größtmögliche Sicherheit hinsichtlich des Wahrheitsgehaltes der Auskünfte gegeben werden. Hinsichtlich der Modalitäten der Abgabe der Versicherung an Eides statt gelten die Vorschriften der §§ 478-480, 483, in denen die Eidesleistung geregelt ist, entsprechend: Der Offenbarungspflichtige muss die Versicherung in Person leisten.[98] Er ist über die Bedeutung der eidesstattlichen Versicherung und über § 156 StGB zu belehren (§ 802f Abs. 3, § 138 Abs. 2 Satz 1 GVGA). Insbesondere ist er auch darauf hinzuweisen, dass die Pflicht zur Versicherung nicht deshalb entfällt, weil der Schuldner sich bei wahrheitsgemäßen Angaben einer strafbaren Handlung bezichtigen müsste.[99] Dem hierdurch möglicherweise begründeten Aussagenotstand trägt § 157 StGB hinreichend Rechnung. Da die eidesstattliche Versicherung kein Eid ist, kann sie auch von demjenigen nicht verweigert werden, der aus weltanschaulichen Gründen an Stelle des Eides die Bekräftigung nach § 484 wählen dürfte.[100] Auch wenn die Formel der Versicherung dahin lautet, dass der Versichernde die von ihm verlangten Angaben »nach bestem Wissen und Gewissen« richtig und vollständig gemacht habe, bedeutet das nicht, dass das subjektive Wissen anstelle des objektiven Sachverhalts, auf den sich die Aussage bezieht, zum Maßstab der Richtigkeit oder Unrichtigkeit der Versicherung i. S. v. § 156 StGB wird.[101] Der Schuldner, der sich bewusst nicht informiert, erlangt dadurch also keinen Vorteil.

VIII. Gebühren

38 Der **Gerichtsvollzieher** erhält für die Abnahme der Vermögensauskunft eine Festgebühr von 33 Euro (GvKostG-KV Nr. 260, Stand Januar 2015). Daneben fällt die Gebühr für die weitere Vollstreckung an. Wird der Vollstreckungsauftrag als »Pfändungsauftrag nach Abgabe der Vermögensauskunft, wenn diese pfändbares Vermögen ergibt« (bedingter Pfändungsantrag) gestellt und unterbleibt dann eine Pfändung mangels feststellbaren Vermögens, fällt trotzdem eine Nichterledigungsgebühr nach GvKostG-KV Nr. 604 an; denn die Auswertung des Vermögensverzeichnisses

---

96 *Stein/Jonas/Münzberg*, § 807 Rn. 41.
97 *Richthofen*, NJW 1953, 1858; *Wieczorek/Schütze/Storz*, § 807 Rn. 188; *Zöller/Stöber*, § 802c Rn. 30.
98 Siehe auch oben Rdn. 17 ff.
99 BGHZ 41, 318; LG Düsseldorf, MDR 1977, 586; LG Koblenz, MDR 1976, 587.
100 LG Berlin, Rpfleger 1974, 123.
101 BGH, JR 1955, 187.

durch den Gerichtsvollzieher ist bereits Bestandteil des erfolglosen Pfändungsversuchs.[102] Wenn der Antrag auf Einholung der Vermögensauskunft von einem **Rechtsanwalt** des Gläubigers gestellt wird, fällt eine 0,3-Verfahrensgebühr nach RVG-VV Nr. 3309 an. Daneben wird durch die Teilnahme am Termin zur Abgabe der Vermögensauskunft gem. RVG-VV Nr. 3310 eine 0,3-Terminsgebühr ausgelöst. Der Gegenstandswert richtet sich nach dem noch aus dem Titel geschuldeten Betrag einschließlich der Nebenforderungen und beträgt höchstens 2000 Euro (§ 25 Abs. 1 Nr. 4 RVG).

IX. ArbGG, VwGO, AO

Die Vorschrift gilt auch bei der Zwangsvollstreckung wegen einer Geldforderung aufgrund von arbeitsgerichtlichen Titeln (vgl. §§ 62 Abs. 2 Satz 1, 85 Abs. 1 Satz 3 ArbGG). Die Vollstreckung aus Titeln nach § 168 VwGO zugunsten der öffentlichen Hand richtet sich gem. § 169 Abs. 1 Satz 1 VwGO nach dem VwVG. Dieses verweist in § 5 auf die AO. Dort ist die eidesstattliche Versicherung in § 284 AO geregelt, dessen Absätze 1 bis 3 dem § 802c entsprechen.

39

---

102 LG Bonn, DGVZ 2015, 114; *Seip*, DGVZ 2015, 75 ff.

§ 802d Erneute Vermögensauskunft

(1) ¹Ein Schuldner, der die Vermögensauskunft nach § 802c dieses Gesetzes oder nach § 284 der Abgabenordnung innerhalb der letzten zwei Jahre abgegeben hat, ist zur erneuten Abgabe nur verpflichtet, wenn ein Gläubiger Tatsachen glaubhaft macht, die auf eine wesentliche Veränderung der Vermögensverhältnisse des Schuldners schließen lassen. ²Andernfalls leitet der Gerichtsvollzieher dem Gläubiger einen Ausdruck des letzten abgegebenen Vermögensverzeichnisses zu. ³Der Gläubiger darf die erlangten Daten nur zu Vollstreckungszwecken nutzen und hat die Daten nach Zweckerreichung zu löschen; hierauf ist er vom Gerichtsvollzieher hinzuweisen. ⁴Von der Zuleitung eines Ausdrucks nach Satz 2 setzt der Gerichtsvollzieher den Schuldner in Kenntnis und belehrt ihn über die Möglichkeit der Eintragung in das Schuldnerverzeichnis (§ 882c).

(2) Anstelle der Zuleitung eines Ausdrucks kann dem Gläubiger auf Antrag das Vermögensverzeichnis als elektronisches Dokument übermittelt werden, wenn dieses mit einer qualifizierten elektronischen Signatur versehen und gegen unbefugte Kenntnisnahme geschützt ist.

Übersicht	Rdn.		Rdn.
I. Entstehung und Zweck der Vorschrift	1	2. Verfahren bei Antrag eines anderen Gläubigers	20
II. Voraussetzungen für die Abgabe einer erneuten Vermögensauskunft	3	IV. Vermögensverzeichnis als elektronisches Dokument (Abs. 2)	23
1. Allgemeine Voraussetzungen	4	V. Rechtsbehelfe	24
a) Vermögensauskunft nach § 802c, § 284 AO	4	VI. Gebühren	25
b) Allgemeine Vollstreckungsvoraussetzungen	5	VII. ArbGG, VwGO, AO	26
c) Rechtsschutzbedürfnis	6	VIII. Abgrenzung zur Ergänzung bzw. Nachbesserung der Vermögensauskunft	27
2. Ablauf der Sperrfrist	7	1. Rechtliche Einordnung der Ergänzung bzw. Nachbesserung	28
3. Wesentliche Veränderung der Vermögensverhältnisse des Schuldners	10	2. Hauptursachen für Nachbesserungsbedarf	29
a) Anhaltspunkte für eine wesentliche Veränderung der Vermögensverhältnisse	12	a) Keine Anwesenheit des Gläubigers im Termin	30
b) Keine hinreichenden Anhaltspunkte	13	b) Keine Zulassung der Fragen des im Termin anwesenden Gläubigers	31
c) Auflösung eines bestehenden Arbeitsverhältnisses	14	3. Erfüllung der Nachbesserungspflicht	32
d) Eingehung eines neuen Arbeitsverhältnisses	15	4. Typische Fälle ergänzungsbedürftiger Angaben	33
e) Aufgabe eines Betriebs	16	5. Zuständigkeit für das Nachbesserungsverfahren	35
f) Wegfall von Rentenleistungen	17	6. Antragsbefugnis	36
4. Glaubhaftmachung	18	7. Rechtsschutzinteresse für ein Nachbesserungsverfahren	37
III. Verfahren bei der erneuten Vermögensauskunft	19	8. Rechtsbehelfe	38
1. Verfahren bei Antrag desselben Gläubigers	19	9. Gebühren	40
		10. Keine Ergänzung bzw. Nachbesserung zur Berichtigung bewusst falscher Auskünfte	41

Literatur:

Backhaus, MDR 2013, 631. Siehe ferner die Angaben bei § 802a.

I. Entstehung und Zweck der Vorschrift

1   Wenn der Schuldner bereits eine Vermögensauskunft nach § 802c bzw. § 284 AO abgegeben hat, ist er zur Abgabe einer erneuten Auskunft frühestens nach zwei Jahren verpflichtet. § 802d wurde durch Art. 1 Nr. 7 des Gesetzes zur Reform der Sachaufklärung in der Zwangsvollstreckung vom 29.7.2009 mit Wirkung zum 1.1.2013 eingefügt und ist an die Stelle des bis dahin geltenden § 903

getreten.[1] Ob der Schuldner innerhalb der letzten zwei Jahre die Vermögensauskunft abgegeben hat, kann jeder Interessierte durch Auskunft aus dem Schuldnerverzeichnis bzw. Einsicht in dieses Verzeichnis erfahren (§§ 882b, 882f, 882g). Jeder Gläubiger, der einen Antrag auf Einholung der Vermögensauskunft stellt, erhält, falls eine solche Eintragung im Schuldnerverzeichnis noch vorliegt, darüber hinaus von Amts wegen eine Benachrichtigung hiervon. Diese Gläubiger, darüber hinaus aber auch alle jene Gläubiger, die die Zwangsvollstreckung wegen einer Geldforderung gegen den Schuldner jederzeit beginnen könnten, wenn ihrerseits alle Vollstreckungsvoraussetzungen vorliegen, haben ein berechtigtes Interesse daran, dass ihnen Einsicht in die Akten des abgeschlossenen Vermögensauskunftsverfahrens, insbesondere in ein dort befindliches Vermögensverzeichnis gewährt wird (§ 299 Abs. 2). Da sich diese Gläubiger demnach in aller Regel die Kenntnisse, die ihnen eine Vermögensauskunft verschaffen würde, einfacher und den Schuldner weniger belastend verschaffen können, fehlt ein Rechtsschutzbedürfnis, den Schuldner erneut vorzuladen, das Vermögensverzeichnis ausfüllen zu lassen oder gar ihn zu diesem Zwecke nochmals zu verhaften. Weil über die Frage, wie lange ein Vermögensverzeichnis regelmäßig aktuelle Auskünfte zu geben vermag, gestritten werden könnte, hat der Gesetzgeber zur praktischen Vereinfachung eine Zwei-Jahres-Frist festgelegt. Innerhalb dieser Zeit muss der Gläubiger sein ausnahmsweise dennoch weiter bestehendes Rechtsschutzinteresse im Hinblick auf eine neue Vermögensauskunft ausdrücklich glaubhaft machen.

Ist keine Vermögensauskunft im Schuldnerregister eingetragen, behauptet der Schuldner aber dennoch, innerhalb der Zweijahresfrist die eidesstattliche Versicherung abgegeben zu haben, obliegt ihm eine Mitwirkungspflicht, die Unrichtigkeit des Schuldnerregisters festzustellen. Es ist ihm zuzumuten, ihm vorliegende Unterlagen innerhalb einer festgesetzten Frist bei Gericht vorzulegen.

II. Voraussetzungen für die Abgabe einer erneuten Vermögensauskunft

Als Bestandteil der Zwangsvollstreckung setzt die Pflicht zur Abgabe einer erneuten Vermögensauskunft erstens voraus, dass die Zwangsvollstreckung überhaupt zulässig ist und eine Vermögensauskunft abgegeben werden muss, und zweitens ergeben sich aus § 802d besondere Voraussetzungen gerade für die erneute Vermögensauskunft, nachdem bereits eine Auskunft erteilt wurde.

1. Allgemeine Voraussetzungen

a) Vermögensauskunft nach § 802c, § 284 AO

Der Gläubiger muss gem. § 802c, § 284 AO berechtigt sein, vom Schuldner Auskünfte über dessen Vermögen und die eidesstattliche Versicherung hinsichtlich der Richtigkeit und Vollständigkeit dieser Auskünfte verlangen zu können. Ein Anspruch auf eidesstattliche Versicherung gem. §§ 836 Abs. 3, 883 Abs. 2 kann also vom nämlichen Gläubiger wegen des gleichen Gegenstandes nicht unter den Voraussetzungen und nach den Regeln des § 802d wiederholt geltend gemacht werden. Dieser Anspruch ist vielmehr mit der einmaligen Auskunft und eidesstattlichen Versicherung verbraucht. Dem Gläubiger bleibt im Fall des § 883 Abs. 2 gegebenenfalls ein Schadensersatzanspruch (§ 893). Anders verhält es sich im Fall des § 883 Abs. 2 nur dann, wenn der Schuldner zunächst zutreffend versichert hatte, den Gegenstand nicht zu besitzen, der Gläubiger aber dann in Erfahrung bringt, dass der Schuldner nachträglich den Besitz an dem Gegenstand doch noch erworben hat, und wenn er den Gegenstand bei einem zweiten Vollstreckungsversuch wiederum nicht vorfindet.[2]

---

[1] BGBl. I, 2258, 2260; zur Begründung BT-Drucks. 16/10069, S. 25 f. (Gesetzentwurf des Bundesrats) und BT-Drucks. 16/13432, S. 44 (Beschlussempfehlung und Bericht des Rechtsausschusses).

[2] LG Limburg/Lahn, JurBüro 1971, 720; *Zöller/Stöber*, § 883 Rn. 17.

b) Allgemeine Vollstreckungsvoraussetzungen

5 Da die wiederholte eidesstattliche Versicherung ein völlig neues Vermögensauskunftsverfahren darstellt, muss der Gläubiger wieder die allgemeinen Vollstreckungsvoraussetzungen, wie sie auch für einen Erstantrag nach § 802c gelten, nachweisen.

c) Rechtsschutzbedürfnis

6 Neben den besonderen Voraussetzungen der Wiederholungsversicherung[3] ist zudem das Vorliegen eines Rechtsschutzbedürfnisses dafür, überhaupt die Vermögensauskunft verlangen zu können,[4] **erneut** zu überprüfen. Das Rechtsschutzbedürfnis fehlt nicht schon deshalb, weil der Gläubiger den neuen Arbeitsplatz des Schuldners oder einzelne neu erworbene Vermögensstücke des Schuldners bereits kennt.[5] Denn die wiederholte Auskunft zwingt den Schuldner dazu, nicht nur sein altes Vermögensverzeichnis zu ergänzen, sondern, wie bereits dargelegt,[6] ein ganz neues vollständiges Vermögensverzeichnis abzugeben.[7] Deshalb müsste den Angaben des Gläubigers schon entnommen werden können, dass er die gesamte neue Vermögenssituation des Schuldners kennt, wenn das Rechtsschutzbedürfnis fehlen soll. Hat der Gläubiger hinreichend glaubhaft gemacht, dass der Schuldner nach den ihm zugänglichen Informationen seine Arbeitsstelle gewechselt haben oder ein neues Arbeitsverhältnis eingegangen sein soll, so fehlt für den Antrag auf Ladung des Schuldners zur erneuten Vermögensauskunft nicht deshalb das Rechtsschutzbedürfnis, weil der Gläubiger gleichzeitig auf diese Ladung verzichtet, falls der Schuldner durch eine entsprechende Bescheinigung die Fortdauer seines bisherigen Arbeitsverhältnisses oder seiner Arbeitslosigkeit nachweist.[8] Es handelt sich insoweit nicht um einen bedingten Antrag, sondern nur um die Ankündigung, unter welchen Voraussetzungen der Gläubiger von seiner Möglichkeit, den Antrag zurückzunehmen, Gebrauch machen werde.

2. Ablauf der Sperrfrist

7 Zur erneuten Abgabe einer Vermögensauskunft ist der Schuldner gem. Abs. 1 Satz 1 frühestens nach Ablauf von zwei Jahren verpflichtet. Diese Sperrfrist ist auf Empfehlung des Rechtsausschusses gegenüber der bis 31.12.2012 für die erneute eidesstattliche Versicherung geltenden Frist des § 903 und gegenüber dem Gesetzentwurf des Bundesrates um ein Jahr verkürzt worden. Die frühere Drei-Jahresfrist erschien dem Gesetzgeber angesichts moderner, schnell wechselnder Lebensverhältnisse zu lang. Eine weitergehende Verkürzung auf ein Jahr wurde dagegen bewusst nicht vorgenommen, weil andernfalls eine Überlastung der Gerichtsvollzieher und der die Vermögensverzeichnisse führenden zentralen Vollstreckungsgerichte (§ 802k) zu befürchten wäre.[9] Die verkürzte Frist von zwei Jahren gilt auch, wenn die eidesstattliche Versicherung noch nach dem bis zum 31.12.2012 geltenden Recht abgegeben wurde.[10] Die Überleitungsvorschrift des § 39 EGZPO sieht eine Fortgeltung der dreijährigen Frist für die nach altem Recht abgegebenen eidesstattlichen Versicherungen nicht vor.

---

3 Unten Rdn. 7 ff.
4 Siehe § 802c Rdn. 9.
5 LG Heilbronn, JurBüro 2000, 492; AG Schwäbisch Hall, JurBüro 2001, 326; LG Bonn, NJW-RR 2003, 72; *Zöller/Stöber*, § 802d Rn. 11; *Wieczorek/Schütze/Storz*, § 903 Rn. 47.
6 Oben Rdn. 2 und 3.
7 Siehe auch: LG Duisburg, MDR 1974, 52; KG, MDR 1968, 674; LG Darmstadt, MDR 1970, 771.
8 Wie hier: LG Bochum, MDR 1956, 362.
9 BT-Drucks. 16/13432, S. 44.
10 LG Bayreuth, DGVZ 2013, 133 ff.; LG Gießen, JurBüro 2013, 604; LG Karlsruhe, DGVZ 2013, 136 f.; LG Köln, NJW-RR 2014, 127; LG Magdeburg, DGVZ 2014, 174; AG Dresden, DGVZ 2013, 78 f.; AG Offenbach, DGVZ 2013, 114 f.; *Backhaus*, MDR 2013, 631 ff.; **a. M.** AG Chemnitz, DGVZ 2013, 114; AG Karlsruhe-Durlach, DGVZ 2013, 78; AG München, DGVZ 2013, 191.

Die Sperrfrist spielt sowohl bei Vermögensauskünften eine Rolle, die vor dem Gerichtsvollzieher abgegeben wurden, als auch bei den wesensgleichen Vermögensauskünften, die die Vollstreckungsbehörde nach § 284 AO in der seit 1.1.2013 geltenden Fassung abgenommen hat. Sie gilt dagegen nicht für die Einholung von Fremdauskünften durch den Gerichtsvollzieher nach § 802l Abs. 1; denn § 802d Abs. 1 bezweckt nicht, den Gläubigern im Fall einer unergiebigen oder unvollständigen Selbstauskunft des Schuldners weitere Informationsquellen abzuschneiden.[11] Die Sperrfrist ist ferner nicht zu beachten, wenn der Schuldner lediglich ein privat gefertigtes, notariell beglaubigtes Vermögensverzeichnis abgegeben hat, weil ein solches der Vermögensauskunft nach § 802c nicht gleichsteht. War der Gläubiger allerdings mit der Vorlage eines notariellen Vermögensverzeichnisses einverstanden, kann es im Einzelfall wegen widersprüchlichen Verhaltens rechtsmissbräuchlich sein, wenn er innerhalb von zwei Jahren die Abnahme der Vermögensauskunft beantragt.[12]

8

Für die **Berechnung der Zwei-Jahresfrist** gilt § 222. Die Frist beginnt mit dem Tag der Abgabe der früheren Auskunft.[13] Eine im Schuldnerverzeichnis gelöschte Versicherung wird nicht berücksichtigt, auch wenn sie weniger als zwei Jahre zurückliegen sollte. Entscheidender **Zeitpunkt zur Rückrechnung** der Zwei-Jahresfrist ist der Eingang des Antrages des Gläubigers beim Vollstreckungsgericht.[14] Ein zu diesem Zeitpunkt unzulässiger Antrag wird nicht durch »Ruhen lassen« später zulässig. Es muss vielmehr nach Fristablauf gegebenenfalls ein neuer Antrag gestellt werden. Ist die Zwei-Jahresfrist abgelaufen, gelten die Beschränkungen des § 802d Satz 1 nicht mehr.

9

3. Wesentliche Veränderung der Vermögensverhältnisse des Schuldners

Nicht immer genügt dem Gläubiger die Einsicht in ein neueres, bereits vorliegendes Vermögensverzeichnis des Schuldners, um die Möglichkeiten einer erneuten Zwangsvollstreckung sinnvoll abschätzen zu können. Er kann glaubhaft von Umständen Kenntnis erlangt haben, die erwarten lassen, dass die Gesamtvermögenssituation des Schuldners sich verändert habe, sodass u.U. ein erneuter Zugriff Erfolg versprechend erscheint. Andererseits kann nicht jeder vage Verdacht ausreichen, um eine erneute Vorladung des Schuldners mit der Verpflichtung, immer wieder ein neues Vermögensverzeichnis anzufertigen, durchzusetzen. Deshalb knüpft § 802d für den Fall, dass eine frühere Vermögensauskunft, die im Schuldnerverzeichnis noch nicht gelöscht ist, nicht länger als zwei Jahre zurückliegt, die Berechtigung zur Einholung einer wiederholten Vermögensauskunft an eine unverzichtbare Bedingung:

10

Der Gläubiger muss glaubhaft machen, also nicht nur die Vermutung äußern,[15] dass sich die Vermögensverhältnisse des Schuldners nach Abgabe der vorliegenden Versicherung wesentlich verändert haben. Das entspricht im Wesentlichen dem bisherigen § 903 Satz 1. Die beiden dort geregelten Fälle des späteren Vermögenserwerbs und der Auflösung des bisherigen Arbeitsverhältnisses werden von der weitergehenden Formulierung der wesentlichen Veränderung der Vermögensverhältnisse miterfasst.

11

a) Anhaltspunkte für eine wesentliche Veränderung der Vermögensverhältnisse

Der Erwerb neuen Vermögens ist etwa glaubhaft gemacht, wenn ein Erbfall zugunsten des Schuldners eingetreten ist, ohne dass auch dargelegt werden müsste, dass der Nachlass tatsächlich werthaltig war. Gleiches gilt, wenn der Schuldner einen neuen Gewerbebetrieb eröffnet hat; auch hier

12

---

11 BT-Drucks. 16/10069, S. 26.
12 LG Hamburg, DGVZ 2014, 42, 43.
13 LG Mönchengladbach, JurBüro 1979, 612; *Musielak/Voit/Voit*, § 802d Rn. 3; *Wieczorek/Schütze/Storz*, § 903 Rn. 4. Abzustellen ist dabei auf den Tag der eigentlichen Vermögensauskunft, nicht einer späteren Ergänzungsversicherung: LG Lübeck, Rpfleger 1991, 119; LG Ellwangen, DGVZ 2006, 72. **A.A.** (auch ergänzende Versicherung lässt die Frist neu beginnen): AG Dortmund, DGVZ 2002, 175.
14 AG Meißen, JurBüro 2006, 330.
15 AG Günzburg, DGVZ 2004, 189; AG Bergisch-Gladbach, DGVZ 2002, 79.

bedarf es nicht der Darlegung, dass der Betrieb floriert. Der Erwerb neuen Vermögens ist auch dargelegt, wenn der Schuldner, der zur Zeit der ersten Vermögensauskunft seinen Gewerbebetrieb gerade neu eröffnet hatte, diesen Betrieb nach längerer Zeit[16] immer noch betreibt[17] oder ihn gar durch Baumaßnahmen, Anschaffung neuer Geräte u. Ä. jedenfalls nach außen hin ausweitet. Auch der Umstand, dass der Schuldner nach der letzten Vermögensauskunft mehrere namhafte, insbesondere in kurzem zeitlichen Abstand aufeinander folgende Teilzahlungen[18] auf die titulierte Forderung geleistet hat, deutet ernsthaft auf den Erwerb neuen Vermögens hin.[19] Entscheidend in all diesen Fällen ist, dass also Umstände glaubhaft gemacht sind, die nach der Lebenserfahrung einen neuen Vermögenserwerb ausreichend wahrscheinlich machen, wenn sie ihn auch nicht tatsächlich bereits belegen.[20]

b) Keine hinreichenden Anhaltspunkte

13 Der Erwerb neuen pfändbaren Vermögens ist dagegen nicht dadurch ausreichend belegt, dass ein Teil der Drittschuldner der im ursprünglichen Vermögensverzeichnis vom Schuldner aufgeführten Forderungen nach Zustellung des Pfändungs- und Überweisungsbeschlusses behaupten, sie hätten inzwischen schon an den Schuldner persönlich geleistet.[21] Erst recht reicht es nicht aus – noch nicht einmal für einen Antrag auf nur ergänzende Versicherung –, dass den vom Schuldner benannten Drittschuldnern ein Pfändungs- und Überweisungsbeschluss nicht zugestellt werden kann, weil diese von den angegebenen Anschriften unbekannt verzogen seien.[22] Keine Vermutung für neuen Vermögenserwerb ergibt sich auch allein aus dem Umstand, dass der Schuldner das im Vermögensverzeichnis angegebene Girokonto zwischenzeitlich aufgelöst hat.[23] Ebenso reicht ein Wohnungswechsel des Schuldners allein, wenn nicht weitere Umstände hinzutreten – Umzug in eine größere Wohnung in besserer Wohnlage usw. –, nicht aus, um neuen Vermögenserwerb zu vermuten.[24] Die Vermutung, dass die Ehefrau des Schuldners wieder erwerbstätig sein könnte, ist regelmäßig nicht ausreichend, um hierdurch auch einen Vermögenserwerb des Schuldners zu vermuten.[25] Allein die Behauptung, der Schuldner führe seine selbstständige Tätigkeit fort, enthält ebenfalls keine konkreten Anhaltspunkte für einen nachträglichen Vermögenserwerb.[26]

---

16 Nach LG Krefeld, MDR 1970, 1019 genügen schon 7 Monate, nach AG Heilbronn, DGVZ 2000, 38 sogar schon 6 Monate. Man wird aber flexibel auf die Art des Betriebes im Einzelfall abstellen müssen: LG Koblenz, JurBüro 1997, 272; AG Hamburg, DGVZ 1999, 158. **A. A.** (Fortführung eines selbstständigen Gewerbebetriebes nicht ausreichend): LG Düsseldorf, JurBüro 1987, 466; LG Münster, DGVZ 2000, 27; AG Pirna, DGVZ 2000, 142; AG Ludwigsburg, DGVZ 2001, 47; AG Bad Wildungen, DGVZ 2001, 135; ähnlich: OLG Stuttgart, DGVZ 2001, 116; AG Köln, JurBüro 1966, 438 (Fortsetzung freiberuflicher Tätigkeit nicht ausreichend).
17 LG Köln, DGVZ 2005, 182; enger (es bedarf weiterer Umstände): OLG Frankfurt, InVo 2002, 518; AG Ludwigsburg, DGVZ 2003, 28.
18 Eine einmalige relativ niedrige Teilzahlung ist dagegen nicht ausreichend: AG Haßfurt, DGVZ 2009, 83.
19 LG Düsseldorf, JurBüro 1987, 467; AG Ludwigsburg, DGVZ 2001, 31.
20 LG Saarbrücken, JurBüro 2009, 102.
21 AG Köln, JurBüro 1965, 165 und JurBüro 1966, 536.
22 AG Köln, JurBüro 1968, 250.
23 BGH, NJW-RR 2007, 1007; LG Bochum, DGVZ 2002, 76; LG Kassel, Rpfleger 1997, 74; LG Limburg, Rpfleger 2009, 691; AG Hannover, DGVZ 2000, 78; AG Wiesloch, DGVZ 2001, 13; AG Emmendingen, DGVZ 2001, 94; AG Warburg, DGVZ 2001, 124; AG Ludwigslust, Rpfleger 2009, 578. **A. A.** (Auflösung der bisherigen Bankverbindung ausreichendes Indiz): LG Göttingen, DGVZ 2003, 41; LG Wuppertal, DGVZ 2004, 186; AG Perleberg, DGVZ 2002, 174; AG Braunschweig, DGVZ 2005, 190.
24 LG Frankfurt, DGVZ 2004, 44; LG Heidelberg, DGVZ 2006, 70. **A. A.** insoweit: AG Warburg, DGVZ 2001, 11.
25 AG Saarbrücken, DGVZ 2000, 42.
26 AG Lahr, DGVZ 2015, 39 f.

c) Auflösung eines bestehenden Arbeitsverhältnisses

Der Gläubiger, der glaubhaft machen kann, dass ein bisher mit dem Schuldner bestehendes Arbeitsverhältnis aufgelöst ist, muss nicht zusätzlich dartun, dass dieser wieder eine neue Arbeitsstelle gefunden hat.[27] Auch in Zeiten erhöhter Arbeitslosigkeit spricht eine tatsächliche Vermutung dafür, dass ein arbeitsfähiger Schuldner in absehbarer Zeit wieder eine neue Erwerbsquelle gefunden hat.[28] § 802d ist auch anzuwenden, wenn das aufgelöste Arbeitsverhältnis zur Zeit der früheren Vermögensauskunft noch nicht bestand, sondern erst im Anschluss daran eingegangen worden war.[29] Der Auflösung eines Arbeitsverhältnisses kann die Beendigung einer vom Arbeitsamt bezahlten Umschulung nicht gleichgesetzt werden,[30] wohl aber die Aufgabe einer bisherigen Nebentätigkeit.[31]

14

d) Eingehung eines neuen Arbeitsverhältnisses

Für eine erneute Vermögensauskunft kann es ausreichen, wenn der Schuldner zur Zeit der ersten Vermögensauskunft **arbeitslos** war und der Gläubiger glaubhaft macht, dass er eine neue Arbeitsstelle gefunden haben müsste[32] oder gar gefunden hat.[33] Es ist nicht erforderlich, dass der Gläubiger eine konkrete neue Arbeitsstelle nachweist, es genügt vielmehr die Glaubhaftmachung von Umständen, die es als überwiegend wahrscheinlich erscheinen lassen, dass der Schuldner zwischenzeitlich wieder einen Arbeitsplatz habe.[34] Starre Regeln lassen sich insoweit nicht aufstellen, insbesondere ist ein bestimmter Zeitablauf allein nicht ausreichend.[35] Das gilt vor allem bei älteren Arbeitnehmern, bei denen keine Vermutung dafür spricht, dass sie schnell wieder in den Arbeitsmarkt eingegliedert werden.[36] Hinzukommen müssen weitere Umstände, etwa eine große Nachfrage in dem Sektor, in dem der Schuldner früher tätig war,[37] oder eine allgemeine positive Entwicklung auf dem Arbeitsmarkt.[38] Von Bedeutung können das Alter, der Gesundheitszustand und die allgemeine psychische Verfassung des Schuldners sein.[39] Ein ausreichender Umstand wäre auch der Nachweis,

15

---

27 OLG Nürnberg, MDR 1958, 928; OLG Düsseldorf, MDR 1976, 587; OLG Hamm, Rpfleger 1983, 322; LG Duisburg, MDR 1982, 504.
28 LG Landshut, JurBüro 2002, 271.
29 LG Bremen, MDR 1969, 152.
30 LG Hamburg, MDR 1974, 850; AG Hamburg, Rpfleger 1985, 499.
31 LG Schweinfurt, DGVZ 2002, 155.
32 LG Hechingen, JurBüro 2002, 383.
33 LG Bremen, JurBüro 1963, 421; LG Aurich, MDR 1965, 213; LG Frankenthal, Rpfleger 1985, 450; LG Heilbronn, JurBüro 2001, 153.
34 OLG Karlsruhe, Rpfleger 1992, 208; LG Bremen, JurBüro 1967, 929; LG Duisburg, JMBlNW 1953, 161; LG Essen, MDR 1968, 505; LG Hannover, Rpfleger 1991, 410. Als Glaubhaftmachung, dass der Schuldner wieder einer bezahlten Arbeit nachgeht, können Presseberichte über eine Tätigkeit des Schuldners ausreichen, die normalerweise nur gegen Bezahlung ausgeübt wird (Fußballtrainer): LG Wuppertal, DGVZ 2010, 15; ausreichend wäre auch die Mitteilung der geschiedenen Ehefrau des Schuldners, dieser habe ein neues Arbeitsverhältnis: AG Burgwedel, DGVZ 2010, 18; **a. A.** AG Warendorf, DGVZ 2001, 126. Befand sich der Schuldner zur Zeit der ersten eidesstattlichen Versicherung in Strafhaft und ist er zwischenzeitlich entlassen worden, so spricht auch dieser Umstand dafür, dass er anschließend wieder Arbeit gefunden hat: LG Heilbronn, DGVZ 2009, 150.
35 LG Berlin, Rpfleger 1978, 228; **a. A.** (längerer Zeitablauf immer ausreichend): OLG Stuttgart, Justiz 1978, 433; LG Berlin, MDR 1960, 233 und MDR 1963, 143; LG Bremen, MDR 1963, 689; LG Weiden, MDR 1970, 245.
36 LG Saarbrücken, DGVZ 2009, 150.
37 LG Hannover, JurBüro 1965, 1016; LG Berlin, MDR 1967, 501.
38 OLG Frankfurt, JurBüro 1955, 195; LG Nürnberg-Fürth, NJW 1961, 1633; LG Detmold, JurBüro 1989, 1183; der Umzug in ein Bundesland mit günstigeren Arbeitsmarktzahlen allein reicht aber nicht: LG Heidelberg, DGVZ 2006, 70; **a. A.** (nicht ausreichend): LG Koblenz, FamRZ 1998, 693 und DGVZ 1998, 10.
39 LG Kiel, JurBüro 1962, 535; LG Bremen, JurBüro 1971, 467; LG Kleve, MDR 1975, 766; LG Nürnberg-Fürth, Rpfleger 1996, 416; LG Darmstadt, InVo 1997, 168.

dass der Schuldner keine Arbeitslosenunterstützung mehr bezieht.[40] Der Umstand dagegen, dass der Schuldner zur Zeit der alten Vermögensauskunft als Hausmann gearbeitet hatte, lässt nicht vermuten, dass er diese Tätigkeit alsbald gegen eine Arbeit außer Haus eingewechselt habe. Es gibt keine Lebenserfahrung, dass Männer nicht auch dauerhaft im Haushalt arbeiten.[41]

e) Aufgabe eines Betriebs

16　Ebenfalls kann es für die Anwendung des § 802d ausreichen, wenn ein bisher **selbstständiger Gewerbetreibender** seinen Betrieb aufgibt.[42] Auch hier muss die Übernahme einer neuen Tätigkeit[43] nicht nachgewiesen werden. Andererseits gelten auch hier keine starren Zeitgrenzen, ab wann ein neuer Vermögenserwerb immer zu vermuten sei.[44] Der Betriebsaufgabe nicht gleichzusetzen ist der Fall, dass ein Handelsvertreter, der bisher eine Vielzahl von Unternehmen vertreten hatte, einen Teil dieser Firmen nicht mehr vertritt;[45] denn insoweit spricht keine Vermutung dafür, dass er stattdessen andere Vertretungen übernommen hat. Keine Aufgabe der bisherigen Tätigkeit liegt vor, wenn der bisherige Geschäftsführer oder geschäftsführende Gesellschafter einer Handelsgesellschaft nunmehr deren Liquidator ist.[46]

f) Wegfall von Rentenleistungen

17　Schließlich kann ein Anhaltspunkt für eine Veränderung der Vermögensverhältnisse darin liegen, dass der/die Schuldner/in, der/die bisher eine Witwenpension oder eine Sozialrente bezogen hatte, diese Leistungen nicht mehr erhält.[47] Hier spricht die Lebenserfahrung dafür, dass diese Sozialleistungen wegen neuer eigener Einkünfte anderer Art weggefallen sind.

4. Glaubhaftmachung

18　An die Glaubhaftmachung der vorstehend dargestellten Umstände durch den Gläubiger dürfen keine übertriebenen Anforderungen gestellt werden.[48] Andererseits darf das Verfahren nicht mit dem Ziel eingeleitet werden, etwa durch eine schriftliche Stellungnahme des Schuldners zum Antrag erst einmal von diesem das Material zu besorgen, das zur Begründung des Antrages benötigt wird.[49] Erst recht ist es unzulässig, den Schuldner zunächst einmal dazu zu befragen, ob die die Zulässigkeit des Antrages bedingenden Tatsachen vorliegen.[50] Ein unzulässiger Antrag ist zurückzuweisen, ohne den Schuldner überhaupt damit zu befassen. An Mitteln der Glaubhaftmachung (§ 294) kommen öffentliche und private Urkunden, eidesstattliche Versicherungen des Gläubigers und von Dritten, amtliche Auskünfte, aber auch die schlüssige Darlegung allgemein bekannter Lebenserfahrungssätze in Betracht. Ein solcher Lebenserfahrungssatz geht allerdings nicht allgemein dahin, dass jeder nach

---

40　OLG Stuttgart, InVo 2000, 438; LG Kassel, MDR 1980, 237; LG Berlin, Rpfleger 1997, 221; AG Flensburg, DGVZ 1999, 45.
41　AG Wolfenbüttel, DGVZ 2009, 151.
42　KG, MDR 1968, 674; OLG Bremen, JurBüro 1978, 608; OLG Frankfurt, Rpfleger 1990, 174; JurBüro 2002, 442; LG Aurich, MDR 1964, 683; LG Bonn, Rpfleger 1963, 164; LG Duisburg, JurBüro 1960, 269; LG Essen, Rpfleger 1961, 246; LG Hamburg, Rpfleger 1984, 363; MüKo/*Eickmann*, § 903 Rn. 9; *Musielak/Voit/Voit*, § 802d Rn. 10; a. A. OLG Celle, JurBüro 1960, 356; LG Hamburg, MDR 1968, 334; LG Lübeck, SchlHA 1966, 205; AG Köln, JMBl 1967, 187.
43　Es genügt auch eine unselbstständige Tätigkeit: LG Koblenz, NJW 1958, 2071 und MDR 1967, 311.
44　LG Saarbrücken, JurBüro 2009, 102.
45　LG Düsseldorf, NJW 1961, 1778; AG Köln, JurBüro 1965, 504.
46　LG Berlin, Rpfleger 1979, 149.
47　OLG Hamm, Rpfleger 1983, 322.
48　OLG Stuttgart, OLGZ 1979, 116; LG Nürnberg-Fürth, Rpfleger 1996, 416 mit zustimmender Anm. *Zimmermann*; LG Waldshut-Tiengen, JurBüro 2002, 271.
49　AG Köln, JurBüro 1966, 536.
50　OLG München, NJW 1962, 497.

Ablauf einiger Monate wieder irgendwelche neuen Vermögenswerte besitze.[51] Es muss sich vielmehr um erheblich konkretere Erfahrungssätze handeln. Glaubhaftmachungsmittel, die dem Schuldner nicht zugänglich gemacht werden können oder dürfen, sind zur Glaubhaftmachung ungeeignet.[52]

III. Verfahren bei der erneuten Vermögensauskunft

1. Verfahren bei Antrag desselben Gläubigers

Der Antrag des Gläubigers auf Einleitung eines erneuten Vermögensauskunftsverfahrens ist an den zum Zeitpunkt dieser Antragstellung gem. § 802e zuständigen Gerichtsvollzieher zu richten.[53] Es kann ein anderer Gerichtsvollzieher sein als der, der die vorausgegangene Vermögensauskunft abgenommen hat. Hält der Gerichtsvollzieher den Antrag des Gläubigers für unzulässig, da die allgemeinen Voraussetzungen des Anspruchs auf Abgabe der Vermögensauskunft nicht nachgewiesen und die besonderen Voraussetzungen der wiederholten Versicherung nicht glaubhaft gemacht sind, weist er den Antrag zurück. Hält er den Antrag dagegen für zulässig, verfährt er im Übrigen wie bei einer erstmaligen Versicherung nach § 802c. Der Schuldner muss im Termin erneut ein vollständiges Vermögensverzeichnis erstellen und darf sich nicht allein auf ergänzende Angaben zu seinem ersten Verzeichnis beschränken,[54] etwa dahingehend, er sei jetzt arbeitslos und habe kein weiteres Vermögen erworben.[55] Er muss also auch Gegenstände, die er in seinem früheren Verzeichnis verheimlicht hatte und die derzeit noch vorhanden sind, aufführen. Dabei braucht er allerdings nicht den Zeitpunkt des Erwerbs, wenn dieser für die wirtschaftliche Bewertung nicht ausnahmsweise ausschlaggebend ist, zu offenbaren, um seine frühere Straftat nicht offenzulegen. Der Schuldner muss abschließend die Richtigkeit und Vollständigkeit des gesamten neuen Vermögensverzeichnisses an Eides statt versichern. Ist das Verzeichnis unvollständig, kann der Gläubiger nach den allgemeinen Regeln[56] Ergänzung verlangen. Die wiederholte Versicherung nach § 802d setzt wiederum eine zweijährige Schutzfrist in Lauf, in der der Schuldner nur unter den besonderen Bedingungen des § 802d zu einer erneuten Vermögensauskunft verpflichtet ist.

Der Gläubiger darf die erlangten Daten nur für eigene Vollstreckungszwecke (auch aus anderen Titeln) nutzen, und er hat sie nach Zweckerreichung zu löschen (Abs. 1 Satz 3).[57] Eine Nutzung der Daten für andere Gläubiger ist dagegen unzulässig, auch wenn diese denselben Gläubigervertreter haben.

2. Verfahren bei Antrag eines anderen Gläubigers

Die Sperrfrist des Abs. 1 gilt gegenüber allen Gläubigern, also nicht nur gegenüber denjenigen, auf deren Antrag die letzte Vermögensauskunft erteilt wurde. Stellen innerhalb der Sperrfrist andere Gläubiger einen Auskunftsantrag, leitet der Gerichtsvollzieher ihnen gem. Abs. 1 Satz 2 einen Ausdruck des letzten abgegebenen Vermögensverzeichnisses zu. Von dieser Zuleitung unterrichtet er den Schuldner und belehrt ihn über die Möglichkeit der Eintragung in das Schuldnerverzeichnis nach § 882c. Nur wenn eine Vollstreckungsbehörde als Gläubigerin Auskunft verlangt, braucht der Gerichtsvollzieher ihr keinen Ausdruck des letzten Vermögensverzeichnisses zu übermitteln, weil die Vollstreckungsbehörden nach § 802k Abs. 2 Satz 2 ein unmittelbares Einsichtsrecht beim zentralen Vollstreckungsgericht in die abgegebenen Vermögensverzeichnisse haben. Zum Zwecke eines wirksamen Datenschutzes darf der Gläubiger die erlangten Daten nur zu eigenen Vollstre-

---

[51] LG Köln, JurBüro 1965, 414 mit Anm. *Herzig*.
[52] AG Köln, JurBüro 1964, 762.
[53] *Musielak/Voit/Voit*, § 802e Rn. 2; *Wieczorek/Schütze/Storz*, § 903 Rn. 43; *Zöller/Stöber*, § 802e Rn. 3.
[54] LG Waldshut-Tiengen, JurBüro 2003, 547.
[55] LG Saarbrücken, JBlSaar 1966, 137; LG Aschaffenburg, MDR 1971, 497. Dagegen ist es zulässig, Angaben aus dem alten Verzeichnis abzuschreiben, soweit sie noch zutreffen: LG Krefeld, MDR 1986, 1035.
[56] Dazu Rdn. 27 ff.
[57] Dazu *Mroß*, DGVZ 2014, 256 f.

ckungszwecken nutzen, und er muss die Daten (vgl. Abs. 2) nach Zweckerreichung löschen. Darauf ist er vom Gerichtsvollzieher hinzuweisen.

21 Umstritten ist, ob ein Gläubiger bei Einleitung des Verfahrens über die Erteilung einer Vermögensauskunft auf die Übersendung eines früheren Vermögensverzeichnisses *verzichten* kann mit der Folge, dass dann auch die Gebühr nach GvKostG-KV Nr. 261 nicht anfällt. Eine solche Verzichtsmöglichkeit wird z. T. mit der Begründung abgelehnt, § 802d Abs. 1 Satz 2 regele eine notwendige Folge des Antrags auf Abgabe der Vermögensauskunft.[58] Jedoch lässt sich weder dem Gesetzeswortlaut noch dem Sinn des § 802d Abs. 1 Satz 2 entnehmen, dass diese Vorschrift zwingend sein soll. Vielmehr unterliegt es der Dispositionsmaxime des Gläubigers, dass er seinen Antrag einschränkt, indem er auf die Zuleitung einer in einem anderen Verfahren abgegebenen Vermögensauskunft verzichtet.[59] Für eine dennoch erfolgte Zuleitung darf der Gerichtsvollzieher keine Kosten erheben.[60] Die gleiche Wirkung kann der Gläubiger auch dadurch erzielen, dass er seinen Antrag schon im Voraus für den Fall *zurücknimmt*, dass der Schuldner bereits eine Vermögensauskunft abgegeben haben sollte.[61] Für den Fall, dass der Gerichtsvollzieher ein solches Vorgehen des Gläubigers für unzulässig hält, wird z. T. vorgeschlagen, dass er dann den Auftrag ablehnen muss.[62]

22 Umstritten ist ferner, ob der andere Gläubiger den Vollstreckungsauftrag auf die Übersendung der vom Schuldner bereits abgegebenen Vermögensauskunft beschränken kann, ohne die (erneute) Abgabe der Vermögensauskunft zu beantragen. Der Wortlaut des § 802d und die Interessen der Beteiligten schließen die Zulässigkeit eines solchen *isolierten Antrags auf Übersendung* des Vermögensverzeichnisses nicht aus.[63]

IV. Vermögensverzeichnis als elektronisches Dokument (Abs. 2)

23 In Anlehnung an die nach § 299 Abs. 3 Satz 1 bestehende Möglichkeit, Akteneinsicht in elektronischer Form durch Übermittlung von elektronischen Dokumenten per E-Mail zu gewähren, sieht Abs. 2 die Möglichkeit für den Gerichtsvollzieher vor, dem Gläubiger auf Antrag das Vermögensverzeichnis in elektronischer Form zu übermitteln. Die Notwendigkeit einer qualifizierten elektronischen Signatur dient dem Erfordernis einer vollständigen und unversehrten Übermittlung der Daten, bei der Unbefugte keine Kenntnis vom Inhalt des Dokuments erlangen können. Zu den geeigneten technischen Maßnahmen zum Schutz vor unbefugter Kenntnisnahme gehört etwa die Verschlüsselung der Daten.

V. Rechtsbehelfe

24 Dem Gläubiger steht gegen die Zurückweisung seines Antrages – sowohl auf Ladung des Schuldners zur wiederholten Versicherung wie auch zur Ergänzung bzw. Nachbesserung seiner Versicherung[64] – die Erinnerung gem. § 766 zu. Der Schuldner kann sich in beiden Fällen ebenfalls mit der Erinnerung gegen seine Verpflichtung zur erneuten Vermögensauskunft oder zu deren Ergänzung wehren, wenn er meint, dazu nicht verpflichtet zu sein. Die nach dem bis 31.12.2012 geltenden

---

58 LG Kiel, DGVZ 2014, 220, 221 f.; LG Münster, DGVZ 2014, 201; LG Würzburg, DGVZ 2015, 130 f.; AG Dortmund, DGVZ 2014, 72 f.; AG Heidelberg, DGVZ 2013, 166; *Thomas/Putzo/Seiler*, § 802d Rn. 3.
59 So auch Schleswig-Holsteinisches OLG, DGVZ 2015, 88, 89 f. m. w. N.; LG Arnsberg, DGVZ 2014, 18 mit krit. Anm. *Mroß*; AG Bad Segeberg, DGVZ 2014, 95, 98 ff.
60 LG Bochum, DGVZ 2014, 261 ff. m. w. N.; *Zöller/Stöber*, § 802d Rn. 13; **a. A.** OLG Düsseldorf, DGVZ 2014, 264 f., wonach wegen der umstrittenen Rechtslage keine unrichtige Sachbehandlung durch den Gerichtsvollzieher vorliege, sodass die Gebühr trotz des Verzichts durch den Gläubiger anfalle.
61 LG Neubrandenburg, DGVZ 2014, 218, 219 f.
62 AG Neubrandenburg, DGVZ 2014, 131 f.
63 Wie hier AG Solingen, DGVZ 2014, 132; **a. A.** AG Riedlingen, DGVZ 2014, 45.
64 Dazu noch Rdn. 27 ff.

§ 900 Abs. 4 gegebene Möglichkeit des Widerspruchs gibt es seit dem 1.1.2013 nur noch gegen die Sofortabnahme (§ 807 Abs. 2 Satz 1).

VI. Gebühren

Die erneute Vermögensauskunft nach § 802d erfolgt im Gegensatz zur sog. Ergänzungsauskunft[65] in einem neuen, selbstständigen Verfahren. Deshalb fallen alle Gebühren wie bei der ersten Vermögensauskunft erneut an.[66] Der **Rechtsanwalt** erhält für den Antrag auf Abnahme einer erneuten Vermögensauskunft eine 0,3 Verfahrensgebühr (§ 18 Abs. 1 Nr. 16 RVG, RVG-VV Nr. 3309). Der Gegenstandswert bestimmt sich gem. § 25 Abs. 1 Nr. 4 RVG nach dem Betrag, der einschließlich der Nebenforderungen aus dem Vollstreckungstitel noch geschuldet wird; er beträgt jedoch höchstens 2000 Euro. Der **Gerichtsvollzieher** bekommt nach GvKostG-KV Nr. 260 für die Abnahme einer erneuten Vermögensauskunft eine Festgebühr in Höhe von 33 Euro (Stand Januar 2015). Dagegen ist die bloße Ergänzung oder Nachbesserung einer Vermögensauskunft noch Bestandteil des ersten Auskunftsverfahrens. Sie löst deshalb keine eigene Gebühr aus. Für die Übermittlung einer mit eidesstattlicher Versicherung versehenen Vermögensauskunft an einen Drittgläubiger (§ 802d Abs. 1 Satz 2, Abs. 2) fällt gem. GvKostG-KV Nr. 261[67] ebenfalls eine Festgebühr wie nach Nr. 260 an.

25

VII. ArbGG, VwGO, AO

§ 802d gilt auch bei der Zwangsvollstreckung wegen einer Geldforderung aufgrund von arbeitsgerichtlichen Titeln (vgl. §§ 62 Abs. 2 Satz 1, 85 Abs. 1 Satz 3 ArbGG). Die Vollstreckung aus Titeln nach § 168 VwGO zugunsten der öffentlichen Hand richtet sich gem. § 169 Abs. 1 Satz 1 VwGO nach dem VwVG. Dieses verweist in § 5 auf die AO. Dort ist die Vermögensauskunft in § 284 AO geregelt, dessen Abs. 4 die erneute Abgabe der Vermögensauskunft betrifft. Zuständig für die Abnahme der (erneuten) Vermögensauskunft ist die Vollstreckungsbehörde.

26

VIII. Abgrenzung zur Ergänzung bzw. Nachbesserung der Vermögensauskunft

Von der erneuten Vermögensauskunft ist die bloße Ergänzung bzw. Nachbesserung einer bisher zwar abgegebenen, aber erkennbar unvollständigen, ungenauen oder widersprüchlichen Vermögensauskunft im laufenden Auskunftsverfahren abzugrenzen.[68] Eine Nachbesserung kommt ferner dann in Betracht, wenn der Gläubiger glaubhaft macht, dass der Schuldner versehentlich unzutreffende Angaben zum Drittschuldner einer in der Vermögensauskunft genannten Forderung gemacht hat.[69]

27

1. Rechtliche Einordnung der Ergänzung bzw. Nachbesserung

Das Nachbesserungsverfahren ist noch Bestandteil des ursprünglichen Verfahrens zur Abgabe der Vermögensauskunft. Dafür gilt die Sperrfrist des § 802d Abs. 1 ebenso wenig wie das Erfordernis einer wesentlichen Veränderung der Vermögensverhältnisse. Vielmehr kann jeder Gläubiger unabhängig von den Voraussetzungen des § 802d Abs. 1 die Anberaumung eines neuen Termins für die Vervollständigung der Vermögensauskunft beantragen.

28

2. Hauptursachen für Nachbesserungsbedarf

Zwei Hauptanwendungsfälle der Ergänzung oder Nachbesserung einer Vermögensauskunft sind zu unterscheiden. In beiden Fällen handelt es sich im Hinblick auf die Zulässigkeit der Ergänzungs-

29

---

65 Zur gebührenrechtlichen Behandlung der Ergänzungsversicherung siehe Rdn. 40.
66 Einzelheiten siehe § 802c Rdn. 38.
67 Selbst dann, wenn der Antrag (unzulässig) auf Erteilung einer Abschrift des Vermögensverzeichnisses beschränkt war (AG Mühldorf, DGVZ 2013, 193).
68 BGH, NJW-RR 2011, 667; NJW-RR 2008, 1163; NJW 2004, 2979, 2980. Siehe auch § 802f Rdn. 38.
69 BGH, NJW-RR 2011, 667f. (noch zu § 807 a.F.).

auskunft nicht um eine Frage des § 802d, dessen Voraussetzungen insoweit deshalb auch nicht vorliegen müssen.

a) Keine Anwesenheit des Gläubigers im Termin

30 Der Gläubiger hat am Termin beim Gerichtsvollzieher nicht teilgenommen und der Gerichtsvollzieher hat mangels konkreter Ergänzungsfragen den Schuldner nicht detailliert genug und seiner speziellen Situation angemessen befragt, oder der Gerichtsvollzieher hat die ihm vom abwesenden Gläubiger eingereichten Fragen nicht gestellt.[70] Kann der Gläubiger in diesem Fall glaubhaft machen,[71] dass konkrete Fragen unvollständig, ungenau oder erläuterungsbedürftig beantwortet sind,[72] so muss der Gerichtsvollzieher einen neuen Termin zur Nachbesserung bestimmen.[73] Allgemein gehaltene Angaben des Gläubigers, dass der Schuldner doch mehr müsse sagen können, wenn man ihm nur einen umfangreicheren, auf reine Ausforschung gerichteten Fragenkatalog vorhalte, genügen nicht.[74] Verweigert der Gerichtsvollzieher die Anberaumung eines Nachbesserungstermins, kann der Gläubiger ihn, wenn die Voraussetzungen vorliegen, mit der Erinnerung gem. § 766 erzwingen.[75]

b) Keine Zulassung der Fragen des im Termin anwesenden Gläubigers

31 Der Gläubiger war im Termin anwesend. Der Gerichtsvollzieher hat Fragen des Gläubigers (insgesamt oder zum Teil) nicht zugelassen. Auf die Erinnerung des Gläubigers gem. § 766 hiergegen[76] hat das Vollstreckungsgericht die Fragen für zulässig erklärt und den Gerichtsvollzieher angewiesen, dem Schuldner in einem neuen Termin diese Fragen vorzuhalten.

3. Erfüllung der Nachbesserungspflicht

32 Bei der Ergänzung bzw. Nachbesserung der Vermögensauskunft geht es darum, das noch nicht zu Ende geführte Verfahren durch eine aufgrund ergänzender Fragen erreichte Komplettierung des Verzeichnisses zu beenden. Da vom Schuldner im Ergänzungsverfahren nicht die vollständige neue Ausfüllung eines weiteren Vermögensverzeichnisses verlangt werden kann, sondern nur die Vornahme ganz konkreter Ergänzungen,[77] bezieht sich die anschließende ergänzende eidesstattliche Versicherung auch nur auf die neuen ergänzenden Angaben, nicht auf die Richtigkeit und Vollständigkeit des gesamten Vermögensverzeichnisses. Dies ist von Bedeutung, wenn der Schuldner nach der ersten (unvollständigen) Vermögensauskunft nachträglich neues Vermögen erworben hat, das dem Gläubiger nicht bekannt ist und auf das sich die ergänzenden Fragen nicht beziehen.

---

70 Auch Fragen, die nicht auf das aktuelle Schuldnervermögen, sondern auf anfechtbare Rechtshandlungen des Schuldners abzielen, sind zulässig und müssen deshalb gestellt werden: LG Karlsruhe, DGVZ 2009, 148.
71 Eine bloße Vermutung oder ein Verdacht allein würden nicht ausreichen: OLG Köln, OLGR 1995, 246; LG Koblenz, MDR 1972, 1041 und MDR 1973, 858; LG Mainz, Rpfleger 1996, 208.
72 Es genügt insoweit, dass das Nachbesserungsverlangen nicht als mutwillig oder schikanös anzusehen ist: BGH, WM 2009, 1431.
73 LG Koblenz, DGVZ 1998, 76; LG Cottbus, JurBüro 2000, 326; LG Stendal, JurBüro 2000, 45; AG Hadamar, DGVZ 2000, 141; AG Lindau, DGVZ 2000, 124.
74 AG Lindau, DGVZ 2000, 124.
75 Die Nachbesserung sogleich mit der Erinnerung erzwingen zu wollen, ohne beim Gerichtsvollzieher zunächst erfolglos einen Nachbesserungsantrag gestellt zu haben, wäre unzulässig: BGH, DGVZ 2008, 124; LG Limburg, DGVZ 2005, 183.
76 LG Arnsberg, MDR 1997, 501.
77 OLG Frankfurt, Rpfleger 1975, 442; *Zöller/Stöber*, § 802d Rn. 17.

4. Typische Fälle ergänzungsbedürftiger Angaben

Typische Fälle aus der Rechtsprechung betreffen solche Situationen, in denen nach der Lebenserfahrung auf weitere, bisher nicht offenbarte Einkünfte oder Vermögensmassen des Schuldners geschlossen werden kann, sodass sich Ergänzungsfragen aufdrängen, die auch zugelassen werden müssen. Dazu gehören etwa:

Der Schuldner in arbeitsfähigem Alter hat angegeben, keinerlei Einkommen zu haben,[78] oder er hat keinerlei Angaben dazu gemacht, ob und bei wem er Rentenanwartschaften besitzt;[79] der freiberuflich tätige Arzt hat keinerlei Ansprüche gegen Privatpatienten angeführt;[80] der angeblich von seiner Ehefrau unterhaltene Schuldner hat keinerlei Angaben zu deren Einkommen gemacht, sodass ein möglicher Taschengeldanspruch nicht errechnet werden kann;[81] dagegen braucht der Schuldner, der von seiner Lebensgefährtin/seinem Lebensgefährten unterhalten wird, nur dessen Namen und Anschrift anzugeben, nicht aber dessen Einkommen, weil er gegen diesen keinen Unterhaltsanspruch hat; ferner muss sich der Schuldner, der angibt, bei seiner Lebensgefährtin bzw. seinem Lebensgefährten zu wohnen und von ihr/ihm unterhalten zu werden, nach seinen Tätigkeiten für die Lebensgefährtin bzw. den Lebensgefährten und den gemeinsamen Haushalt so detailliert befragen lassen, dass die Frage nach einem möglicherweise verschleierten Arbeitsverhältnis geklärt werden kann[82] (Ähnliches gilt für denjenigen Schuldner, der von seinen Eltern[83] oder von sonstigen Dritten[84] unterhalten worden sein will); der selbstständig tätige Schuldner, der keine Angaben zu offenen Forderungen gemacht hat, muss sich nach seinen Auftraggebern/Kunden der letzten Monate fragen lassen;[85] der angeblich als Gelegenheitsarbeiter tätige Schuldner muss sich nach seinen Auftraggebern der letzten Monate befragen lassen, damit die Frage eines verschleierten Arbeitsverhältnisses oder jedenfalls häufig wiederkehrender Beschäftigung geklärt werden kann;[86] wer nur angibt, geringfügig als abhängiger Arbeitnehmer zu arbeiten, muss sich nach seinem Arbeit-

---

78 LG Bochum, ZVI 2009, 457.
79 LG Ravensburg, JurBüro 1996, 492; LG Stuttgart, DGVZ 1996, 121; LG Lübeck, JurBüro 1997, 213; LG Neuruppin, JurBüro 1998, 434; LG Hildesheim und LG Chemnitz, DGVZ 2000, 37; AG Aurich, JurBüro 1997, 213; AG Nienburg/Weser, JurBüro 1997, 326; AG Borna, DGVZ 2004, 77.
80 LG Mainz, DGVZ 2001, 78.
81 BGH, JurBüro 2004, 494; OLG München, JurBüro 1999, 605; LG Aschaffenburg, JurBüro 1999, 105; LG Dessau, JurBüro 2002, 161; LG Konstanz, JurBüro 1996, 492; LG Lübeck, JurBüro 1998, 379; LG Regensburg, DGVZ 1999, 59; LG Saarbrücken, JurBüro 1997, 325; LG Aachen, JurBüro 2002, 270; AG Heilbronn, DGVZ 2001, 135; DGVZ 2002, 174. Wenn dem Schuldner die genaue Höhe des Einkommens seines Ehegatten nicht bekannt ist, muss er wenigstens so viel mitteilen, dass Rückschlüsse auf die ungefähre Höhe möglich sind: LG Passau, DGVZ 2010, 15.
82 LG Bonn, JurBüro 2000, 328; LG Dortmund, JurBüro 2002, 159; LG Düsseldorf, JurBüro 1998, 553; LG Frankfurt, JurBüro 2002, 608; LG Hannover, Rpfleger 1998, 33; LG Oldenburg, JurBüro 2005, 604; LG Verden, JurBüro 2002, 158; AG und LG Aschaffenburg, InVo 2000, 360; AG Lahnstein, DGVZ 2005, 189; AG Neustadt a.d.Aisch, JurBüro 2003, 158; AG Nürtingen, JurBüro 2002, 441; DGVZ 2009, 134; a. A. (insoweit keine weitergehende Auskunftspflicht): LG Memmingen, JurBüro 1997, 214 mit abl. Anm. Behr.
83 AG Ellwangen, JurBüro 2004, 105.
84 LG Frankfurt a. M., Rpfleger 2002, 273; LG Karlsruhe, InVo 2002, 247; AG Ellwangen, DGVZ 2003, 46.
85 OLG München, DGVZ 2002, 73; LG Bochum, JurBüro 2000, 44; LG Bremen, JurBüro 2000, 154; LG Chemnitz, DGVZ 2002, 154; LG Gera, JurBüro 2003, 658; LG Karlsruhe, DGVZ 1999, 156; LG Nürnberg-Fürth, JurBüro 2000, 328; LG Stade, FamRZ 1999, 1002; LG Würzburg, NJW-RR 1998, 1373; AG Brake, JurBüro 2004, 602; AG Bremen, JurBüro 1999, 105; AG Nürtingen, JurBüro 2004, 106. **A.A.** jedenfalls bei überwiegender Laufkundschaft: AG Hameln, InVo 2002, 72.
86 LG Aschaffenburg, JurBüro 2000, 328; LG Bielefeld, JurBüro 2004, 103; LG Chemnitz, InVo 2002, 516; LG Darmstadt, JurBüro 1999, 104; LG Stuttgart, JurBüro 2004, 105; LG Wiesbaden, JurBüro 2004, 103; AG Bremen, JurBüro 2005, 607; AG Bremen-Blumenthal, DGVZ 2000, 42; AG Osterholz-Scharmbeck, JurBüro 2005, 604.

geber und der Art seiner Tätigkeit befragen lassen;[87] wer ein unverhältnismäßig geringes Arbeitseinkommen von einem bestimmten Arbeitgeber als einziges Einkommen genannt hat, muss sich nach den näheren Umständen seines Arbeitsverhältnisses[88] und nach möglichen Zusatzeinkünften[89] befragen lassen;[90] wer zwar allgemein angibt, nur kleinere Einnahmen zu haben, ohne diese aber zu beziffern, muss sich nach deren konkreter Höhe und den Schuldnern fragen lassen;[91] wer gar kein Bankkonto angegeben hat, muss sich nach seinen Bankverbindungen fragen lassen;[92] wer seinen Bankverkehr angeblich über das Konto eines Dritten abwickelt, muss sich nach dessen Namen und Anschrift fragen lassen;[93] wer nur angegeben hat, dass sein Grundstück noch mit Grundpfandrechten belastet ist, muss die Frage beantworten, in welcher Höhe diese noch valutiert sind und wie die Tilgung geregelt ist;[94] wer lediglich »unbedeutenden« Immobilienbesitz im Ausland angibt, muss diese Immobilie nach Lage und Größe näher bezeichnen und die Belastungen benennen;[95] damit der pfändbare Teil des angegebenen Arbeitseinkommens auch unter Berücksichtigung des § 850c Abs. 4 richtig berechnet werden kann, muss der Schuldner auch Angaben zum Einkommen seines Ehegatten[96] und seiner Kinder[97] machen; wer angibt, sein Einkommen abgetreten zu haben, muss sich nach den Abtretungsempfängern fragen lassen, damit die Anfechtbarkeit der Abtretung überprüft werden kann;[98] Mieter sind verpflichtet, Angaben zur Mietkaution zu machen.[99] Falls der Schuldner jegliche Ansprüche aus einem Mietverhältnis verneint, ist seine Auskunft insoweit vollständig, auch wenn er keine gesonderten Angaben zu etwaigen Nebenkostenerstattungsansprüchen macht.[100] Wer ein Auto als sein Eigentum angibt, muss auch Angaben dazu machen, wo dieses regelmäßig steht.[101]

5. Zuständigkeit für das Nachbesserungsverfahren

35 Das Nachbesserungsverfahren ist vor dem Gerichtsvollzieher durchzuführen, der für die Abnahme der vorausgegangenen (unvollständigen) Vermögensauskunft gem. § 802e zuständig war, auch wenn diese Versicherung tatsächlich vor einem anderen Gerichtsvollzieher, etwa dem des Haftortes (§ 802i) abgegeben worden war.[102] Gleiches gilt, wenn die Ausgangsauskunft vor der Vollstreckungsbehörde gem. § 284 AO abgegeben wurde, die Ergänzungsauskunft aber von einem

---

87 LG Essen, JurBüro 2008, 666.
88 LG Aschaffenburg, JurBüro 1998, 552; LG Bielefeld, JurBüro 1996, 441; LG Lübeck, DGVZ 1999, 59; LG Oldenburg JurBüro 1998, 553; LG Regensburg, DGVZ 2003, 92; AG Leipzig, JurBüro 2001, 326.
89 LG Berlin, DGVZ 2001, 87; LG Bielefeld, JurBüro 2004, 503; LG Chemnitz, JurBüro 2002, 383; LG Deggendorf, JurBüro 2003, 159; LG Münster, DGVZ 2002, 186; LG Stuttgart, DGVZ 2000, 152; AG Lampertheim, DGVZ 2000, 123; AG Neuburg a.d.D., InVo 2002, 71; AG Bruchsal, DGVZ 2004, 190; AG Herne, JurBüro 2004, 450; LG Ravensburg, JurBüro 2004, 104; **a.A.**: LG Potsdam, DGVZ 2001, 86; AG Heilbronn, DGVZ 2001, 93.
90 A.A. (keine Auskunftspflicht insoweit): AG Hamburg-Harburg, DGVZ 2003, 126; jedenfalls dann keine Auskunftspflicht, wenn das angegebene Einkommen knapp zur Sicherung des Lebensunterhalts ausreichen kann: AG Hannover, InVo 2002, 71; LG Stuttgart, DGVZ 2003, 58.
91 OLG Köln, NJW 1993, 3335; LG Karlsruhe, DGVZ 1993, 92; LG Stuttgart, DGVZ 1993, 114.
92 LG Kaiserslautern, JurBüro 1999, 325; AG Bad Neuenahr-Ahrweiler, DGVZ 2006, 122; **a.A.** (nur bei konkretem Verdacht, dass ein Konto benutzt werde): AG Neustadt a.d.Aisch, DGVZ 2005, 110.
93 LG Frankfurt (Oder), DGVZ 2010, 134; LG Wiesbaden, DGVZ 2008, 125.
94 LG Detmold, DGVZ 2000, 169; AG Verden, JurBüro 2005, 553.
95 LG Frankfurt, DGVZ 2009, 133.
96 LG Meiningen, DGVZ 2002, 156; LG Tübingen, InVo 2004, 119.
97 BGH, MDR 2004, 1141; AG Leipzig, JurBüro 2001, 47; **a.A.**: LG Wuppertal, DGVZ 2006, 74.
98 LG Kassel, DGVZ 2001, 8.
99 LG Bielefeld, JurBüro 2005, 164; AG Hannover, JurBüro 2002, 324.
100 LG Tübingen, DGVZ 2014, 240, 241.
101 AG Bretten, JurBüro 2008, 667.
102 LG Stuttgart, JurBüro 1969, 66; AG Köln, JurBüro 1966, 893; *Musielak/Voit/Voit*, § 802d Rn. 14; *Zöller/Stöber*, § 802d Rn. 18.

Gläubiger verlangt wird, der nicht nach der AO, sondern nach §§ 802c ff. vorgehen müsste. Auch hier muss der nach § 802e zuständige Gerichtsvollzieher die Auskunft abnehmen.[103] Wegen der Notwendigkeit eines Verfahrens vor dem Gerichtsvollzieher kann der Schuldner seine Verpflichtung zur Nachbesserung nicht dadurch erfüllen, dass er die fehlenden Angaben privatschriftlich oder in notarieller Erklärung nachholt.[104]

6. Antragsbefugnis

Das Verfahren auf Nachbesserung des unzureichenden Vermögensverzeichnisses kann nicht nur der Gläubiger betreiben, der den ursprünglichen Antrag gestellt hatte, sondern auch jeder andere Gläubiger, der durch § 802d gehindert ist, ein eigenes neues Auskunftsverfahren in die Wege zu leiten.[105]

36

7. Rechtsschutzinteresse für ein Nachbesserungsverfahren

Hat der Gläubiger zuverlässige Kenntnis über den Verbleib der im bisherigen Vermögensverzeichnis nicht aufgeführten Vermögensstücke[106] oder kann der Gläubiger sich seine Fragen aus den übrigen Angaben des Schuldners und aus sonstigen ihm leicht zugänglichen Quellen ohne große Mühe selbst beantworten,[107] so kann im Einzelfall das Rechtsschutzinteresse für ein Nachbesserungsverfahren fehlen.

37

8. Rechtsbehelfe

Wenn der Antrag des Gläubigers an den Gerichtsvollzieher, den Schuldner zur Nachbesserung seines Vermögensverzeichnisses zu laden, gestellt und vom Gerichtsvollzieher abschlägig beschieden wird, kann der **Gläubiger** Erinnerung gem. § 766 mit der Begründung einlegen, der Gerichtsvollzieher habe die eidesstattliche Versicherung nachlässig und unvollständig abgenommen.[108]

38

Auch der **Schuldner** kann sich gegen die Ladung zur Nachbesserung mit der Erinnerung wehren, wenn er meint, die Voraussetzungen für eine Nachbesserungspflicht seien nicht gegeben. Da es sich bei der Ergänzung um keine neue eidesstattliche Versicherung handelt, kann der Schuldner seine Erinnerung nicht auf Einwendungen stützen, die seine Verpflichtung zur Vermögensauskunft schlechthin infrage stellen, sondern nur mit Einwendungen gegen die Ergänzungspflicht.

39

9. Gebühren

Durch das Nachbesserungsverfahren fallen weder für den Gerichtsvollzieher noch für den Anwalt, der schon das Ausgangsverfahren betrieben hatte, neue Verfahrensgebühren an.[109] Das ist die Konsequenz daraus, dass die Nachbesserung noch zum unbeendeten ursprünglichen Vermögensauskunftsverfahren gehört.

40

---

103 LG Stuttgart, InVo 2003, 80; AG Neuruppin, DGVZ 2002, 175.
104 LG Berlin, Rpfleger 1973, 34.
105 OLG Frankfurt, Rpfleger 1976, 320; LG Deggendorf, JurBüro 2003, 159; LG Frankfurt, Rpfleger 1988, 111; LG Karlsruhe, DGVZ 1999, 156; LG Saarbrücken, DGVZ 1998, 77; AG Verden, JurBüro 2005, 553 und JurBüro 2008, 441; *Zöller/Stöber*, § 802d Rn. 16.
106 AG Köln, JurBüro 1965, 410.
107 LG Lüneburg und AG Winsen (Luhe), DGVZ 2000, 154.
108 BGH, DGVZ 2008, 124.
109 LG Dresden, JurBüro 2005, 608; AG Bremen, JurBüro 2004, 159; AG Cloppenburg, JurBüro 2005, 807; AG Darmstadt, JurBüro 2006, 331; AG Emmerich, JurBüro 2008, 441; AG Frankfurt/Oder, JurBüro 2004, 217; AG Saarbrücken, JurBüro 2006, 496; AG Syke, JurBüro 2006, 495.

10. Keine Ergänzung bzw. Nachbesserung zur Berichtigung bewusst falscher Auskünfte

41 Keine Ergänzung oder Nachbesserung kann verlangt werden, wenn das Vermögensverzeichnis äußerlich vollständig und von daher auch keine Nachfragen auslösend ausgefüllt war, aber bewusst falsche Angaben enthielt, z. B. ein Arbeitsverhältnis bezeichnete, das längst aufgelöst war oder Vermögensstücke ausdrücklich als nicht vorhanden auswies (z. B. Bankkonten im Ausland), die dem Schuldner in Wirklichkeit doch zustanden. Hier hat der Schuldner ein ausdrücklich vollständiges und insoweit nicht ergänzungsbedürftiges, aber eben falsches Verzeichnis vorgelegt.[110] In diesen Fällen will der Gläubiger erreichen, dass ein neues Verzeichnis erstellt und zum Gegenstand der eidesstattlichen Versicherung gemacht wird, das nunmehr die Vermögensverhältnisse des Schuldners zutreffend wiedergibt. Es geht nicht um eine Berichtigung oder Vervollständigung, sondern um die Neuerstellung eines seine Funktion auch erfüllenden Verzeichnisses. Die Situation ist eher mit der des § 802d vergleichbar. Zwar wird kein neues Vermögen entdeckt, aber die Vermögenssituation des Schuldners ist dennoch ganz neu zu bewerten. Deshalb ist der Auffassung[111] zu folgen, die in diesen Fällen dem Gläubiger das Recht gibt, eine vollständig neue eidesstattliche Versicherung zu verlangen. Dass der Schuldner im Rahmen einer solchen neuen Vermögensauskunft gegebenenfalls eine eigene Straftat aufdecken muss, steht dem Antragsrecht des Gläubigers nicht entgegen; denn auch bei jeder sonstigen nach § 802d zulässigen weiteren eidesstattlichen Versicherung muss der Schuldner im Rahmen eines neuen, sein gesamtes Vermögen umfassenden Verzeichnisses auch solches Vermögen angeben, das er bei vorausgegangenen Versicherungen zunächst einmal verschwiegen hatte.

---

110 AG Mettmann, DGVZ 2004, 188.
111 LG Waldshut-Tiengen, JurBüro 2003, 547; *Musielak/Voit/Voit*, § 802d Rn. 13; **a. A.** (auch hier Nachbesserung) LG Stendal, JurBüro 2000, 45.

§ 802e Zuständigkeit

(1) Für die Abnahme der Vermögensauskunft und der eidesstattlichen Versicherung ist der Gerichtsvollzieher bei dem Amtsgericht zuständig, in dessen Bezirk der Schuldner im Zeitpunkt der Auftragserteilung seinen Wohnsitz oder in Ermangelung eines solchen seinen Aufenthaltsort hat.

(2) Ist der angegangene Gerichtsvollzieher nicht zuständig, so leitet er die Sache auf Antrag des Gläubigers an den zuständigen Gerichtsvollzieher weiter.

Übersicht

	Rdn.
I. Entstehung der Norm	1
II. Zuständigkeit des Gerichtsvollziehers (Abs. 1)	2
1. Funktionelle Zuständigkeit des Gerichtsvollziehers	3
a) Vermögensauskunft aufgrund eines zivilgerichtlichen Titels	3
b) Vermögensauskunft im Rahmen eines Insolvenzverfahrens	4
2. Örtliche Zuständigkeit des Gerichtsvollziehers	5
3. Internationale Zuständigkeit	6
III. Verfahren bei Unzuständigkeit (Abs. 2)	7
IV. ArbGG, VwGO, AO	8

Literatur:
Siehe die Angaben bei § 802a.

I. Entstehung der Norm

§ 802e wurde durch Art. 1 Nr. 7 des Gesetzes zur Reform der Sachaufklärung in der Zwangsvollstreckung vom 29.7.2009 mit Wirkung zum 1.1.2013 eingefügt und ist an die Stelle des früheren § 899 getreten.[1] **1**

II. Zuständigkeit des Gerichtsvollziehers (Abs. 1)

Abs. 1 regelt die funktionelle und die örtliche Zuständigkeit des Gerichtsvollziehers für die Abnahme der Vermögensauskunft und der eidesstattlichen Versicherung (§ 802c) und hat darüber hinaus Bedeutung für die internationale Zuständigkeit. **2**

1. Funktionelle Zuständigkeit des Gerichtsvollziehers

a) Vermögensauskunft aufgrund eines zivilgerichtlichen Titels

Der Gerichtsvollzieher ist das funktionell zuständige Organ für die Abnahme der Vermögensauskunft und der eidesstattlichen Versicherung, soweit das Vermögensauskunftsverfahren in den Fällen der §§ 802c, 802d, 836 Abs. 3, 883 Abs. 2 aufgrund eines **zivilgerichtlichen Titels** (ordentliche Gerichte, Arbeitsgerichte) bzw. eines der in § 794 genannten Titel betrieben wird. Zivilgerichtlicher Titel in diesem Sinne ist auch der vom Rechtsanwalt nach § 11 Abs. 2 RVG erwirkte Festsetzungsbeschluss gegen den Mandanten, der nach einem verwaltungsgerichtlichen Verfahren vom Verwaltungsgericht gem. § 11 Abs. 3 RVG erlassen wurde; denn er hat einen ausschließlich zivilrechtlichen Anspruch aufgrund des Geschäftsbesorgungsvertrags zum Gegenstand.[2] Zur Zuständigkeit im Rahmen der Vollstreckung verwaltungsgerichtlicher Zahlungstitel siehe Rn. 8. **3**

---

[1] BGBl. I, 2258, 2260; zur Begründung BT-Drucks. 16/10069, S. 26 (Gesetzentwurf des Bundesrats).
[2] Wie hier: VG Berlin, NJW 1981, 884; LG Berlin, MDR 1982, 679; OVG Lüneburg, NJW 1984, 2485; OVG Münster, NJW 1987, 396; *Wieczorek/Schütze/Storz*, vor §§ 899–915h Rn. 13; *Zöller/Stöber*, § 802e Rn. 1; a.A. (Verwaltungsgericht): LG Bochum, Rpfleger 1978, 426; OVG Münster, NJW 1986, 1190; *Baumbach/Lauterbach/Hartmann*, § 802e Rn. 4.

b) Vermögensauskunft im Rahmen eines Insolvenzverfahrens

4 Zur Abnahme der eidesstattlichen Versicherung im Rahmen der Einleitung (§§ 20 Abs. 1, 98 Abs. 1 InsO) wie im Zuge eines **Insolvenzverfahrens** (§§ 98 Abs. 1, 153 Abs. 2 InsO) ist das Insolvenzgericht (der Richter bzw. der Rechtspfleger)[3] zuständig. Den möglichen Haftbefehl (§ 98 Abs. 3 InsO) stellt der Insolvenzrichter aus.[4] Die Verhaftung erfolgt dann durch den Gerichtsvollzieher.[5]

2. Örtliche Zuständigkeit des Gerichtsvollziehers

5 Örtlich zuständig ist der Gerichtsvollzieher bei dem Amtsgericht, in dessen Bezirk der Schuldner im Inland seinen Wohnsitz,[6] bzw. in Ermangelung eines solchen, seinen inländischen Aufenthaltsort hat.[7] Zur Begründung eines Aufenthaltsortes reicht eine nur vorübergehende kurzfristige Anwesenheit des Schuldners aus; im Einzelfall kann eine Durchreise genügen.[8] Bei Handelsgesellschaften und juristischen Personen ist der Geschäftssitz maßgebend. Entscheidend ist der Zeitpunkt der Antragstellung durch den Gläubiger.[9] Wohnsitzverlegungen oder Geschäftssitzverlegungen nach der Antragstellung berühren die Zuständigkeit nicht mehr.[10] Sind bei einem Amtsgericht mehrere Gerichtsvollzieherbezirke eingerichtet, ist der Gerichtsvollzieher zuständig, in dessen Bezirk der Schuldner seinen Wohnsitz oder Aufenthaltsort hat. Der Gläubiger wird sich insoweit zweckmäßigerweise an die Gerichtsvollzieherverteilungsstelle wenden. Bei juristischen Personen ist der Sitz der Gesellschaft, nicht der Wohnsitz desjenigen Organs, das dann tatsächlich die Vermögensauskunft abgeben muss, maßgebend.[11] Das gilt auch für Gesellschaften mit Sitz im Ausland, deren Geschäftsführer seinen Wohnsitz im Inland hat. Auch hier richtet sich die internationale Zuständigkeit nicht nach Art. 24 Nr. 5 Brüssel Ia-VO, sondern ist entsprechend § 802e Abs. 1 zu bestimmen.[12] Was für die Gesellschaft als solche gilt, gilt auch für die Vor-GmbH sowie für die in Liquidation befindliche Gesellschaft. Allerdings kann, insbesondere bei größeren Entfernungen, der für den Sitz der Gesellschaft zuständige Gerichtsvollzieher den Gerichtsvollzieher am Wohnort des Geschäftsführers im Wege der Rechtshilfe einschalten.[13] Auch bei prozessunfähigen Schuldnern (z. B. Minderjährigen) und Personen, die unter Betreuung stehen, ist deren Wohnsitz, nicht aber der des gesetzlichen Vertreters, der die Versicherung abzugeben hat, oder der des Betreuers maßgeblich.[14]

---

3 Zur Aufgabenverteilung insoweit im Insolvenzverfahren: *Schmerbach*, NZI 2002, 538, 539.
4 *Kreft/Kayser*, § 98 InsO Rn. 25.
5 *Kreft/Kayser*, § 98 InsO Rn. 26.
6 Die Justizvollzugsanstalt ist nicht der Wohnsitz des Strafgefangenen, wenn dieser noch einen »zivilen« Wohnsitz hat: AG Essen, DGVZ 2009, 17. Der Gerichtsvollzieher am Sitz der Justizvollzugsanstalt kann aber im Wege der Rechtshilfe vom an sich zuständigen Gerichtsvollzieher herangezogen werden.
7 Hat der Schuldner zur Zeit der Antragstellung keinen bekannten Aufenthaltsort bzw. Wohnsitz, gilt nicht einfach die Zuständigkeit am letzten zuvor bekannten Wohnsitz: AG Neustadt a. Rbge., DGVZ 2009, 17.
8 BGH, NJW 2008, 3288.
9 LG Mönchengladbach, Rpfleger 2002, 529; PG/*Meller-Hannich*, § 802e Rn. 3.
10 AG Magdeburg, JurBüro 2001, 112; LG Bochum, Rpfleger 2001, 442; *Baumbach/Lauterbach/Hartmann*, § 802e Rn. 1; *Musielak/Voit/Voit*, § 802e Rn. 2; PG/*Meller-Hannich*, § 802e Rn. 3; *Thomas/Putzo/Seiler*, § 802e Rn. 2; *Wieczorek/Schütze/Storz*, § 899 Rn. 4; *Zöller/Stöber*, § 802e Rn. 2. Der Gerichtsvollzieher kann aber den für den neuen Wohnsitz zuständigen Gerichtsvollzieher um Rechtshilfe bitten, etwa bei der Ladung des Schuldners. Noch weiter gehend (hat um Rechtshilfe zu ersuchen): AG Reinbek, DGVZ 2001, 46, 47; LG Bochum, Rpfleger 2001, 442.
11 So noch zu Art. 22 Nr. 5 Brüssel I-VO: OLG Stuttgart, Rpfleger 1977, 220; *Musielak/Voit/Voit*, § 802e Rn. 2; *Riecke*, DGVZ 2003, 33; *Wieczorek/Schütze/Storz*, § 802e Rn. 5.
12 OLG Köln, InVo 2004, 424.
13 *Riecke*, DGVZ 2003, 33.
14 *Harnacke*, DGVZ 2000, 161.

3. Internationale Zuständigkeit

§ 802e ist auch von Bedeutung für die internationale Zuständigkeit. Selbst wenn der Schuldner seinen Wohnsitz oder Sitz im Ausland hat, kann die Vermögensauskunft im Inland von dem Gerichtsvollzieher bei dem Amtsgericht eingeholt werden, in dessen Bezirk der Schuldner seinen Aufenthalt oder eine Niederlassung hat. Zur Begründung eines Aufenthaltsorts reicht eine kurzfristige Anwesenheit aus; nicht erforderlich ist, dass der Schuldner sich dort überwiegend aufzuhalten pflegt.[15]

III. Verfahren bei Unzuständigkeit (Abs. 2)

Der beauftragte Gerichtsvollzieher prüft seine Zuständigkeit von Amts wegen. Bei Unzuständigkeit hat er dem Gläubiger Gelegenheit zu geben, die Abgabe an den zuständigen Gerichtsvollzieher zu beantragen. Wird ein solcher Antrag gestellt, leitet der Gerichtsvollzieher den Auftrag unmittelbar an den zuständigen Gerichtsvollzieher weiter. Stellt der Gläubiger keinen entsprechenden Antrag, muss der Gerichtsvollzieher die Durchführung des Auftrags ablehnen. Der Schuldner kann die Unzuständigkeit des Gerichtsvollziehers mit der Erinnerung geltend machen. Wenn die Einholung der Vermögensauskunft durch den örtlich unzuständigen Gerichtsvollzieher erfolgt, berührt das die Wirksamkeit der Vermögensauskunft nicht. Die Vermögensauskunft ist daher in das Vermögensverzeichnis (§ 802k) einzutragen, und sie löst die Sperrfrist von 2 Jahren für eine erneute Vermögensauskunft nach § 802d aus.

IV. ArbGG, VwGO, AO

§ 802e gilt auch bei der Vollstreckung aus **arbeitsgerichtlichen Titeln**. Im Rahmen der Vollstreckung aus **verwaltungsgerichtlichen Zahlungstiteln** ist die Vermögensauskunft nur in den Fällen der §§ 167, 169 VwGO denkbar. Insoweit ist dann der Gerichtsvollzieher nur zuständig, falls die Verwaltungsvollstreckungsgesetze auf ihn verweisen.[16] Ansonsten wäre der Vorsitzende der Kammer des Verwaltungsgerichts die zuständige Stelle. In der **Abgabenvollstreckung** ist für die Abnahme der Vermögensauskunft als solcher das Finanzamt als Vollstreckungsbehörde (§ 249 Abs. 1 AO) zuständig (§ 284 Abs. 5 AO). Die Haft wird auf Ersuchen dieser Vollstreckungsbehörde gem. § 284 Abs. 8 AO von dem nach § 802e Abs. 1 zuständigen Amtsgericht angeordnet. Die Verhaftung wird dann durch den Gerichtsvollzieher durchgeführt (§ 284 Abs. 8 Satz 4 AO).

---

15 BGH, NJW 2008, 3288 (noch zu dem früheren § 899).
16 Einzelheiten siehe: Röder, DGVZ 2000, 65.

§ 802f Verfahren zur Abnahme der Vermögensauskunft

(1) ¹Zur Abnahme der Vermögensauskunft setzt der Gerichtsvollzieher dem Schuldner für die Begleichung der Forderung eine Frist von zwei Wochen. ²Zugleich bestimmt er für den Fall, dass die Forderung nach Fristablauf nicht vollständig beglichen ist, einen Termin zur Abgabe der Vermögensauskunft alsbald nach Fristablauf und lädt den Schuldner zu diesem Termin in seine Geschäftsräume. ³Der Schuldner hat die zur Abgabe der Vermögensauskunft erforderlichen Unterlagen im Termin beizubringen.

(2) ¹Abweichend von Absatz 1 kann der Gerichtsvollzieher bestimmen, dass die Abgabe der Vermögensauskunft in der Wohnung des Schuldners stattfindet. ²Der Schuldner kann dieser Bestimmung binnen einer Woche gegenüber dem Gerichtsvollzieher widersprechen. ³Andernfalls gilt der Termin als pflichtwidrig versäumt, wenn der Schuldner in diesem Termin aus Gründen, die er zu vertreten hat, die Vermögensauskunft nicht abgibt.

(3) ¹Mit der Terminsladung ist der Schuldner über die nach § 802c Abs. 2 erforderlichen Angaben zu belehren. ²Der Schuldner ist über seine Rechte und Pflichten nach den Absätzen 1 und 2, über die Folgen einer unentschuldigten Terminssäumnis oder einer Verletzung seiner Auskunftspflichten sowie über die Möglichkeit der Einholung von Auskünften Dritter nach § 802l und der Eintragung in das Schuldnerverzeichnis bei Abgabe der Vermögensauskunft nach § 882c zu belehren.

(4) ¹Zahlungsaufforderungen, Ladungen, Bestimmungen und Belehrungen nach den Absätzen 1 bis 3 sind dem Schuldner zuzustellen, auch wenn dieser einen Prozessbevollmächtigten bestellt hat; einer Mitteilung an den Prozessbevollmächtigten bedarf es nicht. ²Dem Gläubiger ist die Terminsbestimmung nach Maßgabe des § 357 Abs. 2 mitzuteilen.

(5) ¹Der Gerichtsvollzieher errichtet eine Aufstellung mit den nach § 802c Abs. 2 erforderlichen Angaben als elektronisches Dokument (Vermögensverzeichnis). ²Diese Angaben sind dem Schuldner vor Abgabe der Versicherung nach § 802c Abs. 3 vorzulesen oder zur Durchsicht auf einem Bildschirm wiederzugeben. ³Dem Schuldner ist auf Verlangen ein Ausdruck zu erteilen.

(6) ¹Der Gerichtsvollzieher hinterlegt das Vermögensverzeichnis bei dem zentralen Vollstreckungsgericht nach § 802k Abs. 1 und leitet dem Gläubiger unverzüglich einen Ausdruck zu. ²Der Ausdruck muss den Vermerk enthalten, dass er mit dem Inhalt des Vermögensverzeichnisses übereinstimmt; § 802d Abs. 1 Satz 3 und Abs. 2 gilt entsprechend.

Übersicht	Rdn.
I. Überblick über die Entstehung und den Inhalt des § 802f	1
II. Vollstreckungsauftrag des Gläubigers und Zulässigkeit der Zwangsvollstreckung	2
1. Vollstreckungsauftrag	2
2. Rechtsschutzbedürfnis	3
3. Kein Rechtsmissbrauch	4
4. Keine entgegenstehende Sperrfrist	6
5. Folgen eines Antrags auf Eröffnung des Insolvenzverfahrens	7
6. Rücknahme des Vollstreckungsauftrags	8
III. Terminfestsetzung mit Einräumung einer Zahlungsfrist (Abs. 1)	9
1. Ort der abzugebenden Vermögensauskunft	10
a) Geschäftsräume des Gerichtsvollziehers (Abs. 1 Satz 2)	10
b) Wohnung des Schuldners (Abs. 2)	11
2. Ladung des Schuldners (Abs. 1 Satz 2)	12
a) Inhalt der Ladung	13
b) Adressat der Ladung	14
3. Pflicht des Schuldners zur Beibringung von Unterlagen (Abs. 1 Satz 3)	15
4. Vorbereitender Fragenkatalog des Gläubigers	16
IV. Belehrungen des Schuldners mit der Terminsladung (Abs. 3)	17
V. Zustellung an den Schuldner und Mitteilung an den Gläubiger (Abs. 4)	18
1. Zustellung an den Schuldner (Abs. 4 Satz 1)	19
2. Mitteilung an den Gläubiger (Abs. 4 Satz 2)	20
VI. Aufhebung oder Verlegung des Termins	21
1. Terminsverlegung aus dienstlichen Gründen des Gerichtsvollziehers	22
2. Terminsverlegung auf Antrag des Gläubigers	23

3. Terminsverlegung auf Antrag des Schuldners 24	6. Erteilung eines Ausdrucks des Vermögensverzeichnisses an den Schuldner.... 33
VII. Errichtung des Vermögensverzeichnisses im Termin (Abs. 5)................ 27	VIII. Hinterlegung des Vermögensverzeichnisses und Übermittlung eines Ausdrucks an den Gläubiger (Abs. 6)........... 34
1. Errichtung durch den Gerichtsvollzieher als elektronisches Dokument 27	IX. Rechtsbehelfe des Gläubigers und des Schuldners..................... 37
2. Persönliche Anwesenheit des Schuldners. 28	X. Nachbesserung der unzureichenden Vermögensauskunft 38
3. Befragung des Schuldners durch den Gerichtsvollzieher und den Gläubiger... 29	XI. Ansprüche des Schuldners wegen leichtfertiger Einleitung des Vermögensauskunftsverfahrens 39
4. Eidesstattliche Versicherung der Richtigkeit und Vollständigkeit des Vermögensverzeichnisses 30	XII. Kosten und Gebühren 40
5. Keine Unterschrift des Schuldners erforderlich...................... 32	XIII. ArbGG, VwGO, AO 43

Literatur:
Siehe die Angaben bei § 802a.

I. Überblick über die Entstehung und den Inhalt des § 802f

Die Vorschrift ist durch Art. 1 Nr. 7 des Gesetzes zur Reform der Sachaufklärung in der Zwangsvollstreckung vom 29.7.2009 mit Wirkung zum 1.1.2013 eingefügt worden und an die Stelle des bis dahin geltenden § 900 getreten.[1] **Abs. 1** sieht vor, dass der Gerichtsvollzieher mit der Terminsbestimmung für die Abnahme der Vermögensauskunft in der Geschäftsstelle des Gerichtsvollziehers dem Schuldner zunächst noch eine letzte Zahlungsfrist einräumt. Nach **Abs. 2** kann die Abnahme der Vermögensauskunft auch in der Wohnung des Schuldners stattfinden, wenn dieser nicht widerspricht. **Abs. 3** bestimmt, dass der Schuldner bei der Terminsladung über verschiedene Pflichten und Folgen von Pflichtverletzungen zu belehren ist. Gem. **Abs. 4** sind die Aufforderungen, Ladungen, Bestimmungen und Belehrungen im Sinne von Abs. 1 bis 3 dem Schuldner persönlich zuzustellen. Nach **Abs. 5** hat der Gerichtsvollzieher dem Schuldner zur Abgabe der Vermögensauskunft eine Aufstellung mit den erforderlichen Angaben für das Vermögensverzeichnis vorzubereiten und zur Verfügung zu stellen. **Abs. 6** verpflichtet den Gerichtsvollzieher zur Hinterlegung des Vermögensverzeichnisses beim zentralen Vollstreckungsgericht nach § 850k Abs. 1 sowie dazu, dem Gläubiger einen Ausdruck zuzuleiten.

1

II. Vollstreckungsauftrag des Gläubigers und Zulässigkeit der Zwangsvollstreckung

1. Vollstreckungsauftrag

Die Einleitung des Vermögensauskunftsverfahrens setzt zunächst einen Vollstreckungsauftrag voraus, in dem auch die Einholung der Vermögensauskunft bezeichnet (angekreuzt) ist. Das ergibt sich zwar nicht aus § 802f, aber aus § 802a Abs. 2 Satz 1 Nr. 2, Satz 2. Daneben ist ein zusätzlicher Antrag des Gläubigers auf Einholung der Vermögensauskunft oder auf Abnahme der eidesstattlichen Versicherung nicht erforderlich. Zum notwendigen Inhalt des Vollstreckungsauftrags und den beizufügenden Unterlagen siehe § 753. Ferner führt der Gerichtsvollzieher das Vermögensauskunftsverfahren nur durch, wenn die allgemeinen und besonderen Voraussetzungen der Zwangsvollstreckung vorliegen und kein Vollstreckungshindernis besteht. Schließlich darf von dem Schuldner die eidesstattlich zu versichernde Vermögensauskunft nicht verlangt werden, solange ihm Vollstreckungsaufschub nach § 802b Abs. 2 gewährt ist oder er bereits eine Vermögensauskunft abgegeben hat und die zweijährige Sperrfrist des § 802d einer erneuten Auskunft entgegensteht.

2

---

1 BGBl. I 2009, 2258 f., 2262. Zur Begründung des Gesetzentwurfs des Bundesrats BT-Drucks. 16/10069, S. 26 ff.

2. Rechtsschutzbedürfnis

3 Ist der Antrag förmlich ordnungsgemäß gestellt, besteht grundsätzlich ein **Rechtsschutzbedürfnis** des Gläubigers, dass Termin anberaumt und der Schuldner zur Abgabe der Vermögensauskunft geladen wird. Das Rechtsschutzbedürfnis fehlt allerdings, wenn schon dem Antrag des Gläubigers selbst bzw. den diesem Antrag beigefügten Unterlagen entnommen werden kann, dass die titulierte Forderung einschließlich der geltend gemachten Kosten befriedigt ist[2] oder dass dem Gläubiger die Vermögensverhältnisse, insbesondere die Vermögenslosigkeit des Schuldners, bereits sicher bekannt sind.[3] Die Vermögensverhältnisse des Schuldners sind dem Gläubiger aber nicht schon deshalb sicher bekannt, weil der Schuldner den »Vermögensfragebogen« privat ausgefüllt und die Richtigkeit dieser Angaben an Eides statt versichert hat, seine Unterschrift unter dieser Versicherung notariell hat beglaubigen lassen und das Ganze dann dem Gläubiger übersandt hat.[4] Gleiches gilt für den Fall, dass der Betreuer des Schuldners mit dem Aufgabenkreis »Vermögenssorge« für diesen bereits beim Betreuungsgericht ein Vermögensverzeichnis zum Zwecke der Rechnungslegung über die Betreuung eingereicht hat.[5] Dass eine GmbH im Handelsregister gelöscht ist, ist kein sicherer Beweis für ihre Vermögenslosigkeit. Dem Antrag auf Abgabe der Vermögensauskunft durch eine solche GmbH fehlt deshalb auch nicht von vornherein das Rechtsschutzbedürfnis,[6] falls der Gläubiger nicht substantiiert darlegt, dass und warum noch Vermögenswerte vorhanden sein könnten.[7] Denn die Anforderungen des Nachweises der Vermögenslosigkeit nach § 394 FamFG sind nicht so, dass sie die Gewähr böten, dass für den Gläubiger sicher kein der Vollstreckung unterliegendes Vermögen mehr vorhanden wäre.

3. Kein Rechtsmissbrauch

4 Das Verlangen auf Abgabe der Vermögensauskunft wird nicht rechtsmissbräuchlich, wenn der Schuldner, der die Forderungen des Gläubigers derzeit nicht befriedigen kann, dem Gläubiger zwischenzeitlich Sicherheiten Dritter anbietet. Das gilt erst recht, wenn diese Sicherheiten zur späteren vollständigen Befriedigung des Gläubigers offensichtlich nicht ausreichen.[8]

5 Das allgemeine **Verbot der Schikane** gilt allerdings auch für das Verfahren nach § 802f.[9] Ist dem Antrag des Gläubigers ausnahmsweise zu entnehmen, dass er nicht wegen seines Anspruchs vollstrecken, sondern nur den Schuldner für enttäuschtes Vertrauen »bestrafen« will, darf das Vermögensauskunftsverfahren nicht durchgeführt werden. Dass der Schuldner bekanntermaßen suizidgefährdet oder ansonsten schwer psychisch erkrankt ist, macht den Vollstreckungsauftrag des Gläubigers noch nicht schikanös und gibt dem Gerichtsvollzieher deshalb kein Recht, die Einholung der Vermögensauskunft zu verweigern.[10] Es ist Sache des Schuldners, derartige Belastungen mit einem Antrag auf Vollstreckungsschutz nach § 765a geltend zu machen. Ebenso wenig ist es für sich genommen schon schikanös, wenn die Gefahr besteht, dass durch die Vermögensauskunft

---

2 LG Hamburg, Rpfleger 1985, 34.
3 Siehe auch § 802c Rdn. 9; *Brox/Walker*, Rn. 1149.
4 LG Frankenthal, Rpfleger 1985, 33; LG Detmold, Rpfleger 1987, 165; LG Flensburg, DGVZ 2000, 89; AG Neuss, JurBüro 2000, 238.
5 LG Braunschweig, FamRZ 2000, 613.
6 LG Frankenthal, DGVZ 1981, 9; LG Düsseldorf, JurBüro 1987, 458.
7 **A. A.** LG München I, Rpfleger 1974, 371; LG Berlin, JurBüro 1975, 674; OLG Frankfurt, Rpfleger 1976, 329; AG Werl, DGVZ 2002, 172.
8 AG Tostedt und LG Stade, DGVZ 1999, 8.
9 AG Köln, JurBüro 1966, 159.
10 LG Berlin, Rpfleger 1997, 34; LG Düsseldorf, DGVZ 2000, 119. Zum Umgang mit einem suizidgefährdeten Schuldner im Rahmen der Zwangsvollstreckung grundsätzlich: *Schuschke*, NJW 2006, 874 und DGVZ 2008, 33; siehe dazu auch § 765a Rn. 19f.

Sanierungsbemühungen des Schuldners erschwert werden[11] oder dass dieser die Zulassung zur Berufsausübung, etwa als Rechtsanwalt, verliert.[12]

4. Keine entgegenstehende Sperrfrist

Hat der Gläubiger selbst bereits eine eidesstattliche Versicherung erwirkt, die nicht älter als zwei Jahre[13] ist, oder hat der Schuldner für einen anderen Gläubiger die Versicherung in dieser Zeit abgegeben[14] und kann der Gläubiger sich von ihrem Inhalt nach § 882f Kenntnis verschaffen, dann besteht grundsätzlich keine Notwendigkeit, dass der Schuldner erneut eine Vermögensauskunft abgibt, es sei denn, die besonderen Voraussetzungen des § 802d liegen vor. Ähnlich liegt es bei einer Haftanordnung innerhalb dieser Frist. Sie legt den Schluss nahe, dass der Schuldner auch diesmal nicht zur eidesstattlichen Versicherung bereit sein wird. Musste die Haft sogar vollstreckt werden, liegt die Aussichtslosigkeit eines erneuten Versuchs auf der Hand, wenn nicht ein Ausnahmefall nach § 802j Abs. 3 vorliegt. Der Gerichtsvollzieher muss von Amts wegen überprüfen, ob nicht eine noch nicht gelöschte Eintragung im Schuldnerverzeichnis (§§ 882b, 882e) vorliegt, also § 802d der Einholung einer Vermögensauskunft entgegensteht;[15] denn § 802d muss als Verfahrenshindernis nach den allgemeinen Regeln des Prozessrechts von Amts wegen beachtet werden. Ist die behauptete frühere Vermögensauskunft allerdings nicht im Schuldnerregister eingetragen, muss der Schuldner den Nachweis der Unvollständigkeit des Registers führen.[16]

6

5. Folgen eines Antrags auf Eröffnung des Insolvenzverfahrens

Wenn nach entsprechendem Antrag im Rahmen der Prüfung, ob über das Vermögen des Schuldners das Insolvenzverfahren zu eröffnen ist, die Zwangsvollstreckung gegen den Schuldner gem. § 21 Abs. 2 Nr. 3 InsO untersagt wird, hindert das nach überwiegender Ansicht die Einholung der Vermögensauskunft im Rahmen einer Einzelzwangsvollstreckung.[17] Die Norm erfasst wie § 89 InsO alle Vollstreckungsmaßnahmen, auch die das Vermögen noch nicht unmittelbar berührenden Vorbereitungsmaßnahmen.

7

6. Rücknahme des Vollstreckungsauftrags

Der Gläubiger kann den Vollstreckungsauftrag bis zur Beendigung der Zwangsvollstreckung – hier also bis zur Abgabe der eidesstattlichen Versicherung durch den Schuldner (§ 802c Abs. 3) – ohne Zustimmung des Schuldners jederzeit zurücknehmen.[18] Dann darf der Gerichtsvollzieher auch das Vermögensauskunftsverfahren nicht einleiten oder fortsetzen. Die Rücknahme hindert ihn nicht, später erneut einen Antrag auf Terminanberaumung zu stellen.[19]

8

---

11 LG Dresden, DGVZ 2003, 57; AG Waiblingen, JurBüro 2001, 48.
12 BGH, NJW 2010, 1002.
13 Zur Berechnung der Frist siehe § 802d Rn. 9; siehe ferner LG Mönchengladbach, JurBüro 1979, 612.
14 Nach § 95 AO 1977 eidesstattlich versicherte Angaben des Schuldners zu seinem Vermögen reichen insoweit aber nicht aus: BGH, NJW 2004, 2905.
15 Wie hier (z.T. noch zu dem früheren § 900): *Behr*, JurBüro 1998, 232 und JurBüro 2000, 178, 181; *Brox/Walker*, Rn. 1149 i.V.m. Rn. 1138; *Gilleßen/Polzius*, DGVZ 1998, 97, 113; *Wieczorek/Schütze/Storz*, § 900 Rn. 27.
16 LG Rostock, JurBüro 2002, 663.
17 Siehe schon § 802c Rdn. 5. *Brox/Walker*, Rn. 1150; PG/*Meller-Hannich*, § 802c Rn. 4; *Steder*, NZI 2000, 456; *Stein/Jonas/Münzberg*, § 807 Rn. 22; *Viertelhausen*, DGVZ 2001, 36, 39. A.A. LG Stuttgart, Rpfleger 1999, 286; LG Würzburg, InVo 2000, 106; AG Güstrow, JurBüro 2004, 213; AG Heilbronn, DGVZ 1999, 187; AG Hainichen, JurBüro 2002, 605; AG Rostock, JurBüro 2000, 214.
18 Dazu § 753 Rdn. 12.
19 LG Kaiserslautern, JurBüro 2000, 46.

III. Terminfestsetzung mit Einräumung einer Zahlungsfrist (Abs. 1)

9   Liegen alle Voraussetzungen für die Abnahme der Vermögensauskunft vor, hat der Gerichtsvollzieher dem Schuldner eine letzte Frist von zwei Wochen für die Begleichung der Forderung zu setzen (Satz 1). Diese **Toleranzfrist** von zwei Wochen war schon in dem zum 1.1.2013 aufgehobenen § 807 Abs. 1 Nr. 4 enthalten. Die Frist berechnet sich gem. § 222 nach §§ 187, 188 BGB. Für den Fall des fruchtlosen Fristablaufs hat der Gerichtsvollzieher aber gleichzeitig schon den **Termin für die Abgabe der Vermögensauskunft festzusetzen**. Bei der Terminsbestimmung ist darauf zu achten, dass die Frist dann wirklich abgelaufen ist.

1. Ort der abzugebenden Vermögensauskunft

a) Geschäftsräume des Gerichtsvollziehers (Abs. 1 Satz 2)

10 Die Terminsbestimmung umfasst nicht nur die Festlegung des Tages und der Uhrzeit, sondern auch des Ortes, an dem der Schuldner die Versicherung abgeben soll. Nach Abs. 1 Satz 2 ist die Vermögensauskunft in den Geschäftsräumen (im Büro) des Gerichtsvollziehers (vgl. § 30 GVO) abzugeben. Nach Abs. 2 kommt auch die Wohnung des Schuldners in Betracht (Rn. 11). Der Gerichtsvollzieher wird die Entscheidung, welchen Raum er wählt, unter Zweckmäßigkeitserwägungen treffen, zu denen auch Kostenüberlegungen zählen.

b) Wohnung des Schuldners (Abs. 2)

11 Abweichend von Abs. 1 kann der Gerichtsvollzieher die Vermögensauskunft auch in der Wohnung des Schuldners abnehmen. Das kann etwa dann sinnvoll sein, wenn bei Schuldnern mit ungeordneten Lebensverhältnissen in deren Wohnung am ehesten gewährleistet ist, dass sie die nötigen Unterlagen zur Hand haben. Der Schuldner kann im Hinblick auf den Schutz der Wohnung nach Art. 13 GG binnen einer Woche widersprechen (Satz 2). Durch die Wochenfrist soll reinen Verzögerungswidersprüchen vorgebeugt werden. Eine Versäumung dieser Wochenfrist berechtigt den zum Termin erscheinenden Gerichtsvollzieher zwar nicht, die Wohnung des Schuldners gegen dessen Willen zu betreten. Aber für den Schuldner gilt der Termin als pflichtwidrig versäumt, wenn er bei dem angesetzten Termin aus von ihm zu vertretenden Gründen die Vermögensauskunft nicht abgibt (Satz 3).

2. Ladung des Schuldners (Abs. 1 Satz 2)

12 Zu diesem Termin ist der Schuldner durch den Gerichtsvollzieher durch förmliche Zustellung[20] zu laden (Abs. 1 Satz 2, Abs. 4).[21]

a) Inhalt der Ladung

13 Der Ladung des Schuldners zum Termin sind der Text der nach Abs. 3 erforderlichen Belehrungen (Rn. 17), der Vollstreckungsauftrag und die Forderungsaufstellung des Gläubigers sowie eine Vorlage für die abzugebende Vermögensauskunft beizufügen (§ 136 Abs. 1 Satz 1 GVGA). Ist dies versäumt worden, ist die Ladung allerdings nicht unwirksam.[22] Falls amtliche Vordrucke eingeführt werden, hat der Gerichtsvollzieher diese zu verwenden (§ 136 Abs. 1 Satz 2 GVGA). Die vom Gläubiger über den Vordruck hinaus beabsichtigten zusätzlichen Fragen (Rn. 16), soweit diese bereits mit dem Antrag schriftlich eingereicht worden sind, fügt der Gerichtsvollzieher der Ladung

---

20 Rechtlich handelt es sich um eine Zustellung im Parteibetrieb mit der Kostenfolge des § 16 Abs. 1 GvKostG: AG Mannheim, DGVZ 2000, 30; AG Bernau, DGVZ 2001, 136; *Gilleßen/Kühn*, DGVZ 2000, 2.

21 Eine mündliche Bekanntmachung des Termins etwa anlässlich einer fruchtlosen Pfändung, auch wenn sie vom Gerichtsvollzieher protokolliert wird, reicht nicht aus: Vgl. noch zur Rechtslage bis 31.12.2012 AG Karlsruhe-Durlach, DGVZ 2000, 62; LG Karlsruhe, DGVZ 2000, 89.

22 OLG Karlsruhe, DGVZ 1979, 72.

ebenfalls bei. Ein nach der Ladung eingereichter Fragenkatalog des Gläubigers wird dem Schuldner formlos übersendet (§ 136 Abs. 1 Satz 4 GVGA). Der Ladung ausländischer Schuldner muss keine Übersetzung der in deutscher Sprache übersandten Unterlagen beigefügt werden.[23] Wie im streitigen Verfahren ist auch in der Zwangsvollstreckung die Gerichtssprache Deutsch. Wenn die verwendeten Formulare mehrsprachig sind, ist dies aber nicht zu beanstanden.

b) Adressat der Ladung

Die Ladung ist grundsätzlich an den aus dem Titel bzw. der den Titel ergänzenden Klausel zu entnehmenden **Schuldner** zu richten, auch wenn der Schuldner sein Vermögen aufgrund privatrechtlicher Vereinbarung verwalten lässt (Vermögensverwalter, Finanzberater u. Ä.)[24] oder wenn zu seiner Unterstützung ein Betreuer für die Vermögenssorge bestellt ist, ohne dass insoweit ein Einwilligungsvorbehalt angeordnet wurde.[25] Im Fall der Betreuung für die Vermögenssorge steht es allerdings im pflichtgemäßen Ermessen des Gerichtsvollziehers, zu bestimmen, dass der **Betreuer** die eidesstattlich zu versichernde Vermögensauskunft abzugeben habe.[26] Ist der Schuldner zum Zeitpunkt des Termins nicht prozessfähig,[27] ist sein **gesetzlicher Vertreter** zur Vermögensauskunft verpflichtet und deshalb auch zum Termin zu laden. Gleiches gilt für den Betreuer im Fall der Anordnung eines Einwilligungsvorbehalts. Hat der Schuldner mehrere gesetzliche Vertreter, kann der Gerichtsvollzieher bei Einzelvertretungsmacht einen von ihnen, bei gemeinschaftlicher Vertretung aber auch alle laden. Bei juristischen Personen ist grundsätzlich der gesetzliche Vertreter, der diese Funktion im Zeitpunkt des Auskunftstermins innehat, zu laden.[28] Existiert kein aktueller gesetzlicher Vertreter, weil dieser sein Amt nach Ladung zum Termin niedergelegt hat, ohne dass ein neuer Vertreter bestellt wurde, so bleibt regelmäßig der **zurückgetretene letzte Vertreter** zur Vermögensauskunft verpflichtet.[29] Ist die Gesellschaft bereits liquidiert und im Handelsregister gelöscht, so ist ebenfalls der letzte Geschäftsführer oder Liquidator zu laden.[30]

3. Pflicht des Schuldners zur Beibringung von Unterlagen (Abs. 1 Satz 3)

Abs. 1 Satz 3 bestimmt, dass der Schuldner die zur Abgabe der Vermögensauskunft erforderlichen Unterlagen im Termin beizubringen hat. Damit sind alle Unterlagen gemeint, aus denen sich Hinweise auf Vermögensgegenstände des Schuldners ergeben. Dazu gehören etwa Grundbuchauszüge, Kfz-Papiere, Versicherungsunterlagen, Sparbücher, Vertragsunterlagen über Darlehensverträge, Sicherungsübereignungen, Vermietungen.

4. Vorbereitender Fragenkatalog des Gläubigers

In der GVGA ist ausdrücklich verankert, dass der Gläubiger dem Gerichtsvollzieher schon zur Vorbereitung des Termins Fragen einreichen darf, die den Fragenkatalog des Vordrucks ergänzen und detaillieren und auf die dem Gläubiger bekannte konkrete Situation des Schuldners eingehen

---

23 AG Frankfurt, DGVZ 2000, 63.
24 Einzelheiten: § 802c Rn. 11 f.
25 AG Haßfurt, DGVZ 2003, 46.
26 BGH, NJW-RR 2009, 1.
27 Hat der Gerichtsvollzieher Zweifel an der Prozessfähigkeit des Schuldners, so muss er diesen von Amts wegen nachgehen, da einem Prozessunfähigen die eidesstattliche Versicherung nach § 802c Abs. 3 nicht abgenommen werden darf. Noch zur Rechtslage bis 31.12.2012: AG Wuppertal, DGVZ 1999, 187; AG Varel, DGVZ 2001, 31; AG Bayreuth, DGVZ 2004, 45; AG Strausberg, DGVZ 2006, 79; *Schuschke*, DGVZ 2008, 33 ff.
28 Einzelheiten: § 802c Rdn. 13 ff.
29 BGH, MDR 2007, 543.
30 LG München I, MDR 1964, 604; OLG Frankfurt, Rpfleger 1976, 329 und Rpfleger 1982, 290; KG, NJW-RR 1991, 933. War der Liquidator nur als Strohmann vorgeschoben, ist die Vermögensauskunft vom letzten Geschäftsführer abzugeben: OLG Köln, OLGZ 1991, 214.

(§ 136 Abs. 1 Satz 3 GVGA). Diese schriftlichen Fragen, die zahlenmäßig nicht begrenzt sind,[31] müssen so konkret formuliert sein, dass durch sie nicht nur eine reine Ausforschung der Lebensverhältnisse des Schuldners erstrebt wird,[32] um dadurch vielleicht erst Anhaltspunkte für konkrete Fragen zu finden. Andererseits sind die Fragen nicht auf vorhandenes, bisher unbekanntes Vermögen beschränkt; vielmehr können sie auch eventuelle Vermögensverfügungen aus der Vergangenheit zum Gegenstand haben, um dem Gläubiger die Möglichkeit zu geben, diese Verfügungen durch Anfechtung rückgängig zu machen.[33] Sie sind in einer Form abzufassen, dass sie den Schuldner nicht beleidigen und nicht in seinen Persönlichkeitsrechten verletzen. Hält der Gerichtsvollzieher die vom Gläubiger angekündigten Fragen für zu weitgehend, hat er sie nicht sofort zurückzuweisen, sondern erst im Termin über ihre Zulässigkeit zu entscheiden.[34]

IV. Belehrungen des Schuldners mit der Terminsladung (Abs. 3)

17 Mit der Terminsladung ist der Schuldner durch den Gerichtsvollzieher zu belehren über
   – die nach § 802c Abs. 2 erforderlichen Angaben (Umfang der Vermögensauskunft), wofür ein Formular oder Formblatt verwendet werden kann, das durch die Rechtsverordnung nach § 802k Abs. 4 vorgegeben wird;
   – die Rechte und Pflichten des Schuldners nach Abs. 1 und 2 (insbesondere die Möglichkeit rechtzeitiger Zahlung innerhalb der Toleranzfrist von zwei Wochen und das Recht zum Widerspruch innerhalb von einer Woche gegen die Bestimmung der Schuldnerwohnung als Ort der Vermögensauskunft);
   – die Folgen einer unentschuldigten Terminssäumnis oder einer Verletzung seiner Auskunftspflichten, nämlich eine Eintragung in das Schuldnerverzeichnis nach § 882c Abs. 1 Nr. 1 und die Möglichkeit eines Haftbefehls unter den Voraussetzungen des § 802h;
   – die Möglichkeit einer Einholung von Fremdauskünften nach § 802l;
   – die Möglichkeit der Eintragung in das Schuldnerverzeichnis bei Abgabe der Vermögensauskunft nach § 882c.

Alle Belehrungen können und werden wohl in der Praxis formularmäßig erfolgen.

V. Zustellung an den Schuldner und Mitteilung an den Gläubiger (Abs. 4)

18 Die Regelungen in Abs. 4 über die notwendige Zustellung von Zahlungsaufforderungen, Ladungen, Bestimmungen und Belehrungen an den Schuldner und über die erforderliche Mitteilung der Terminsbestimmung an den Gläubiger entsprechen dem früheren § 900 Abs. 1 Satz 3, 4.

1. Zustellung an den Schuldner (Abs. 4 Satz 1)

19 Bei den Zustellungen handelt es sich um solche im Parteibetrieb gem. §§ 191 ff. Ob der Gerichtsvollzieher die Zustellung der Ladung selbst vornimmt oder sich hierzu der Post bedient, bleibt ihm überlassen.[35] Die Ladung zum Termin ist dem Schuldner persönlich an der Wohnadresse[36]

---

[31] *David*, MDR 2000, 195.

[32] LG Dortmund, Rpfleger 1998, 34; LG Marburg, DGVZ 2000, 152; LG Münster, DGVZ 2000, 90; LG Rostock, Rpfleger 2001, 310; AG Reinbek, DGVZ 2001, 62; AG Verden, DGVZ 2003, 60; *Zöller/Stöber*, § 802f Rn. 17 f. Einzelheiten aus der umfangreichen älteren Rspr.: *Goebel*, DGVZ 2001, 49.

[33] LG Stade, JurBüro 1997, 325.

[34] LG Braunschweig, JurBüro 1999, 46.

[35] OLG Stuttgart, DGVZ 2015, 92, 93; AG Homburg, DGVZ 2015, 25, 26; AG Leipzig, DGVZ 2014, 205; AG Limburg, DGVZ 2014, 204; noch zu dem früheren § 900: AG Hannoversch-Münden, DGVZ 2002, 95; AG Bonn, DGVZ 2006, 124. Zu den Kostenunterschieden insoweit siehe *Behr*, JurBüro 2000, 178, 181.

[36] Ist eine Wohnadresse trotz entsprechender Bemühungen nicht zu ermitteln, kann auch unter der Geschäftsadresse geladen werden: AG Gladbeck, JurBüro 2002, 441; ausnahmsweise auch unter der Adresse, an die der untergetauchte Schuldner seine Post senden lässt: LG Kempten, JurBüro 2006, 101.

zuzustellen, auch wenn der Schuldner einen Prozessbevollmächtigten bestellt hat; einer Mitteilung dieser Ladung an den Prozessbevollmächtigten bedarf es nicht (Abs. 4 Satz 1). Wird der Schuldner nicht in seiner Wohnung[37] oder seinem Betrieb angetroffen,[38] so gelten die allgemeinen Regeln über die Zulässigkeit der Ersatzzustellung einschließlich der Ersatzzustellung[39] durch Niederlegung.

2. Mitteilung an den Gläubiger (Abs. 4 Satz 2)

Dem Gläubiger ist der Termin nach Maßgabe des § 357 Abs. 2, also grundsätzlich formlos, mitzuteilen (Abs. 4 Satz 2). Die Mitteilung muss ihm so rechtzeitig zugehen, dass auch ein auswärtiger Gläubiger noch erscheinen oder einen Vertreter entsenden kann. Wird die Mitteilung per Post versandt, gilt die Zugangsfiktion des § 357 Abs. 2 Satz 2. Der Gerichtsvollzieher ist berechtigt, im Einzelfall abweichend von der gesetzlichen Regel auch eine förmliche Zustellung an den Gläubiger anzuordnen. Die Mitteilung sichert dem Gläubiger die Möglichkeit der Anwesenheit und das Recht, Fragen an den Schuldner nicht nur schriftlich zu stellen. Die Anwesenheit des Gläubigers im Termin ist regelmäßig nicht erforderlich; er darf aber eben nicht gezielt vom Termin ausgeschlossen werden. Falls der Schuldner unangekündigt die Vermögensauskunft vor dem festgesetzten Termin abgibt und dadurch das Anwesenheitsrecht des Gläubigers verletzt wird, kann dieser eine Wiederholung in einem dem Gläubiger vorher mitgeteilten Termin verlangen.[40] Will ihn der Schuldner zu einem Auskunftstermin in der Wohnung des Schuldners (Abs. 2) nicht zulassen, kann der Gerichtsvollzieher das Betreten der Schuldnerwohnung durch den Gläubiger nicht von sich aus erzwingen.[41] Es bedürfte einer gesonderten gerichtlichen Anordnung.[42] Ergibt der Antrag des Gläubigers, dass er wesentliche Vorhaltungen zu machen in der Lage ist, die eine korrekte Abgabe der Vermögensauskunft erleichtern könnten, sollten schon bei der Terminsbestimmung auch die Belange des Gläubigers berücksichtigt werden (Gelegenheit zur Anreise usw.).

VI. Aufhebung oder Verlegung des Termins

Soweit eine Verlegung des bereits anberaumten Termins notwendig wird (z. B. wegen dienstlicher Verhinderung des Gerichtsvollziehers), ist zu differenzieren:

1. Terminsverlegung aus dienstlichen Gründen des Gerichtsvollziehers

Ist die Anberaumung eines anderen Termins aus erheblichen innerdienstlichen Gründen des Gerichtsvollziehers erforderlich, ist eine Terminsverlegung ohne Weiteres ohne Zustimmung des Gläubigers möglich. Gleiches gilt, wenn der Gerichtsvollzieher im Laufe des Verfahrens feststellt, dass die Vollstreckungsvoraussetzungen nicht mehr vorliegen, etwa weil der Titel oder seine Vollstreckbarkeit aufgehoben wurden. Die für eine Terminsverlegung herangezogenen dienstlichen Gründe müssen in Anbetracht der Bedeutung eines baldigen Termins für den Gläubiger beachtliches Gewicht haben. Da dem Gerichtsvollzieher bei der Einteilung seiner Dienstgeschäfte weitgehend Eigenverantwortlichkeit zugestanden wird (vgl. § 5 Abs. 1 Satz 3 ff. GVGA), sind Verlegungen

---

[37] Auch in der Zwangsvollstreckung muss der Schuldner die Wohnung, unter der er gemeldet ist, soweit dem Gläubiger deren Unrichtigkeit nicht positiv bekannt ist, aus Gründen des Rechtsscheins als seine Wohnung gegen sich gelten lassen, sodass eine Ladung unter dieser Anschrift wirksam erfolgen kann: AG Köln, DGVZ 1999, 159.

[38] Zur Zustellung an eine Adresse, an der der Schuldner nicht wohnt, unter der sich aber seine Post zusenden lässt: LG Kempten, JurBüro 2006, 101.

[39] Für die Wirksamkeit der Ersatzzustellung ist es bedeutungslos, ob und wann der Empfänger von ihr Kenntnis erlangt: LG Berlin, Rpfleger 1997, 120.

[40] AG Bremen, DGVZ 2014, 175.

[41] Dies könnte er nur für sein eigenes Büro oder einen Saal im Gericht bewirken.

[42] AG Rheinbek, DGVZ 2005, 44.

auf die Erinnerung des Gläubigers hin (§ 766)[43] vom Vollstreckungsgericht allerdings nur daraufhin zu überprüfen, ob generell ein dienstlicher Grund dafür vorliegt.

2. Terminsverlegung auf Antrag des Gläubigers

23 Beantragt der Gläubiger die gänzliche Aufhebung des Termins, weil der Schuldner die Forderung zwischenzeitlich ganz oder teilweise erfüllt hat, ist dem Antrag ebenfalls ohne Weiteres stattzugeben; denn der Gläubiger ist der Herr des Verfahrens und behält immer die letzte Entscheidung darüber, ob er überhaupt die Vollstreckung betreiben will. Der Gläubiger verliert auch nicht generell das Rechtsschutzinteresse für einen neuen Terminsantrag, wenn er bereits mehrfach um Terminsaufhebung gebeten hatte.[44] Bittet der Gläubiger dagegen um eine Terminsverlegung, weil er selbst zum festgesetzten Termin verhindert ist, an der Verhandlung aber teilnehmen möchte, muss der Gerichtsvollzieher dem Antrag nicht stattgeben. Die Entscheidung liegt in seinem freien Ermessen.[45] Er wird prüfen, ob er anhand der ihm vom Gläubiger zuvor schriftlich mitgeteilten Ergänzungsfragen den Termin endgültig zu Ende bringen kann oder ob mit großer Wahrscheinlichkeit mit einem weiteren Termin zur Nachbesserung der Vermögensauskunft[46] zu rechnen ist. Zur Vermeidung eines solchen Termins drängt sich, auch aus Kostengründen, eine Vertagung oft auf.

3. Terminsverlegung auf Antrag des Schuldners

24 Eine Aufhebung oder Verlegung des Termins auf Antrag des Schuldners ohne Zustimmung des Gläubigers ist im Regelfall nicht möglich.[47] Ganz ausnahmsweise wird ein wichtiger Grund i. S. v. § 227 Abs. 1 für eine Terminsverlegung auch auf Antrag des Schuldners anzunehmen sein, wenn die Entschuldigung des Schuldners für sein Nichterscheinen im Termin bereits jetzt feststeht (unaufschiebbarer Krankenhaustermin bei Unmöglichkeit, die Vermögensauskunft im Krankenhaus abzugeben; Kollision mit nicht verschiebbarem, bereits vorher festgelegtem anderen Gerichts- oder Behördentermin) und der Termin für den Gerichtsvollzieher nur unnötig blockiert würde.[48] Nicht ausreichend ist ein schon zum Zeitpunkt der Ladung erstelltes Attest, dass der Schuldner derzeit erkrankt[49] oder arbeitsunfähig[50] sei oder dass die Abgabe der eidesstattlich zu versichernden Vermögensauskunft ihn derart gesundheitlich belasten werde, dass ernstliche Gesundheitsschäden zu befürchten seien.[51] Dass der Schuldner nicht in der Lage ist, später nach Erlass eines Haftbefehls eine möglicherweise angeordnete Haft auch anzutreten, befreit ihn nicht von der Verpflichtung zur Abgabe der Vermögensauskunft.[52] Ein Attest allerneuesten Datums[53] kann allerdings im Vermögensauskunftstermin für die Frage von Bedeutung sein, ob der Schuldner entschuldigt ausgeblieben ist, ob also neuer Termin anzuberaumen ist und deshalb derzeit nicht mit Erfolg Haft beantragt werden kann. Ist der Schuldner so erkrankt, dass er zwar das Gericht nicht aufsuchen kann, ist er

---

43 *Behr*, JurBüro 2000, 178, 182.
44 KG, MDR 1991, 163. Siehe ferner oben Rdn. 3.
45 A.A. (bei nicht verschuldeter Abwesenheit des Gläubigers Verpflichtung zur Anberaumung eines neuen Termins; daher Terminsverlegung): AG Bochum, DGVZ 2006, 120.
46 Zur Notwendigkeit eines solchen Termins siehe unten Rdn. 38.
47 OLG Karlsruhe, DGVZ 1979, 72.
48 Ähnlich: *Musielak/Voit/Voit*, § 802f Rn. 2; *Zöller/Stöber*, § 802f Rn. 12 f.
49 KG, MDR 1965, 53; LG Düsseldorf, Rpfleger 1989, 73.
50 LG Stuttgart, DGVZ 2004, 44.
51 OLG Köln, MDR 1978, 59; AG Göppingen, JurBüro 2005, 551. BVerfG, DGVZ 2008, 123, lässt eine andere Tendenz erkennen, wenn das Attest belegt, die gesundheitliche Bedrohung durch die Verpflichtung, die eidesstattlich versicherte Vermögensauskunft abgeben zu müssen, sei schwerwiegend und werde bis zum angesetzten Termin fortdauern.
52 OLG Jena, Rpfleger 1997, 446; OLG Karlsruhe, Rfleger 1999, 284.
53 LG Saarbrücken, DGVZ 2004, 29. Das Attest darf allerdings nicht nur die Arbeitsunfähigkeit des Schuldners bescheinigen, da dies noch nichts über die Unfähigkeit besagt, den Auskunftstermin wahrnehmen zu können: LG Heilbronn, DGVZ 2006, 116; LG Wuppertal, DGVZ 2006, 113.

andererseits zur Abgabe der Vermögensauskunft nicht gänzlich außer Stande, kann der Termin auch in der Wohnung des Schuldners oder im Krankenhaus bestimmt werden.[54] Ist der Schuldner nach den vorliegenden ärztlichen Bescheinigungen auf Dauer oder auf unabsehbar lange Zeit gänzlich außer Stande, die Vermögensauskunft abzugeben (Koma nach Unfall; lang andauernder Verwirrungszustand; Verständigungsschwierigkeiten nach Schlaganfall; unmittelbare Suizidgefahr oder ernste Gefahr eines Schlaganfalls[55] usw.), ist der Termin auf unbestimmte Zeit zu vertagen. Dies kann aufgrund einer entsprechenden Bescheinigung auch bereits vor dem Termin angeordnet werden. Gegebenenfalls muss der Gläubiger beim Betreuungsgericht anregen, dass für den Schuldner eine Betreuung eingerichtet wird, damit dann der Betreuer zur eidesstattlichen Versicherung geladen werden kann.

Ist der Schuldner entschuldigt[56] zum Termin nicht erschienen oder ist er im Termin entschuldigt verhindert, die Vermögensauskunft abzugeben, oder beantragt der Gläubiger trotz unentschuldigten Fernbleibens des Schuldners im Termin Vertagung, so ist der Schuldner zum neuen Termin wieder von Amts wegen durch Zustellung zu laden, auch wenn der neue Termin im vergeblich anberaumten Termin bereits bekannt gegeben wurde. § 218 gilt insoweit nicht.[57]

Der Gläubiger kann die ohne seine Zustimmung auf Antrag des Schuldners erfolgte Vertagung mit der Erinnerung gem. § 766 anfechten. Der Beschluss des Vollstreckungsgerichts, durch den die Vertagung wieder aufgehoben und der Gerichtsvollzieher zur Fortsetzung des Verfahrens angewiesen wird, kann vom Schuldner mit der sofortigen Beschwerde angefochten werden.

VII. Errichtung des Vermögensverzeichnisses im Termin (Abs. 5)

1. Errichtung durch den Gerichtsvollzieher als elektronisches Dokument

Das Vermögensverzeichnis ist **vom Gerichtsvollzieher** aufgrund der mündlichen Angaben des Schuldners im nicht öffentlichen Termin **als elektronisches Dokument zu errichten**. Dadurch soll sichergestellt werden, dass auch ein nicht entsprechend ausgestatteter Schuldner ein Vermögensverzeichnis in der für die zentrale Verwaltung nach § 802k gebotenen elektronischen Form errichten kann. Einzelheiten der Form des Vermögensverzeichnisses einschließlich der Behandlung von Anlagen sind in der Vermögensverzeichnisverordnung (VermVV)[58] vom 26.7.2012,[59] die das Bundesministerium der Justiz aufgrund der Ermächtigung in § 850k Abs. 4 mit Wirkung zum 1.1.2013 erlassen hat, festgelegt.

2. Persönliche Anwesenheit des Schuldners

Der Schuldner bzw. der zur Abgabe der Vermögensauskunft an seiner Stelle Verpflichtete[60] muss den Termin persönlich wahrnehmen. Er kann selbstverständlich im Beistand eines Verfahrensbevollmächtigten erscheinen und darf diesem die Verhandlung mit dem Gerichtsvollzieher überlassen. Erscheint nur der Rechtsanwalt, um geltend zu machen, dass der Schuldner die Vermögensauskunft jedenfalls nicht an diesem Termin abgeben könne, muss er grundsätzlich seine Vollmacht nachwei-

---

54 OLG Jena, Rpfleger 1997, 446; LG Nürnberg-Fürth, JurBüro 1982, 140; *Wieczorek/Schütze/Storz*, § 900 Rn. 70.
55 BVerfG, DGVZ 2008, 123.
56 Die geltend gemachten Entschuldigungsgründe sind vom Gerichtsvollzieher nicht nur auf ihre Schlüssigkeit, sondern auch hinsichtlich ihres tatsächlichen Bestehens zu überprüfen: AG Neuruppin, DGVZ 2005, 43.
57 OLG Nürnberg, Rpfleger 1977, 417; LG Würzburg, Rpfleger 1980, 161; *Zöller/Stöber*, § 802f Rn. 13.
58 Abgedruckt in § 802k Rn. 15.
59 BGBl. I S. 1663.
60 Siehe oben Rdn. 14.

sen, wenn sie sich nicht bereits aus den Akten des Gerichtsvollziehers ergibt.[61] Bei der Abgabe der eigentlichen eidesstattlichen Versicherung kann der Schuldner sich allerdings nicht vertreten lassen.

3. Befragung des Schuldners durch den Gerichtsvollzieher und den Gläubiger

29 Der Schuldner ist sodann nach den vom Gläubiger zur gepfändeten Forderung begehrten Auskünften bzw. dem Verbleib der herauszugebenden Sache zu befragen, oder es ist das Vermögensverzeichnis[62] mit ihm in den Einzelheiten durchzugehen. Der Schuldner ist dabei über die Bedeutung der eidesstattlichen Versicherung (§ 802c Abs. 3) gründlich zu belehren.[63] Er ist auf besondere Fehlerquellen, die sich beim Ausfüllen des Vermögensverzeichnisses ergeben, aufmerksam zu machen. Ist der Gläubiger im Termin anwesend, ist ihm im Rahmen sachgemäßen Ermessens Gelegenheit zu geben, zusätzliche Fragen zu stellen, seinen eigenen, eventuell schon vorbereitend vorgelegten Fragenkatalog[64] abzuhandeln und dem Schuldner Vorhaltungen zu machen.[65] Der Streit, ob diese Fragebefugnis des Gläubigers ein »eigenes Fragerecht« darstellt[66] oder nicht,[67] ist letztlich müßig, da der Gläubiger die Nachbesserung einer unvollständigen eidesstattlichen Versicherung jedenfalls mit der Erinnerung gem. § 766 erzwingen kann.[68] Hat der Gläubiger bereits schriftlich auf mögliche verschleierte Vermögenswerte des Schuldners hingewiesen, hat der Gerichtsvollzieher entsprechende Vorhalte zu machen.

4. Eidesstattliche Versicherung der Richtigkeit und Vollständigkeit des Vermögensverzeichnisses

30 Ist die Auskunft protokolliert bzw. das Vermögensverzeichnis abschließend fertiggestellt, hat der Schuldner sodann die eidesstattliche Versicherung (§ 802c Abs. 3) abzugeben.[69] Da die eidesstattliche Versicherung kein Eid ist, kann sie auch von einem solchen Schuldner nicht verweigert werden, der an Stelle des Eides aus weltanschaulichen Gründen die Bekräftigung nach § 484 wählen dürfte. Der Schuldner ist nicht berechtigt, die eidesstattliche Versicherung ganz oder zu Teilen seines Vermögensverzeichnisses mit der Begründung zu verweigern, er setze sich der Gefahr der Strafverfolgung (etwa wegen Steuerhinterziehung) aus.[70]

Der Schuldner **braucht** das Vermögensverzeichnis **nicht zu unterschreiben**. Er kann sich trotzdem wegen einer falschen Versicherung an Eides statt strafbar machen, wenn er zu Unrecht die Vollständigkeit und Richtigkeit der nach § 802c Abs. 2 erteilten Auskunft mündlich an Eides statt versichert.

31 Vor Abgabe der Versicherung nach § 802c Abs. 3 sind die Angaben in dem vom Gerichtsvollzieher errichteten Vermögensverzeichnis **dem Schuldner vorzulesen** oder zur Durchsicht **auf einem Bildschirm wiederzugeben** (Abs. 5 Satz 2). Dadurch soll gewährleistet werden, dass der Schuldner sich über den Inhalt des vom Gerichtsvollzieher errichteten Verzeichnisses vergewissert, bevor er dessen Richtigkeit und Vollständigkeit versichert.

---

61 LG Mönchengladbach, Rpfleger 2004, 509.
62 Einzelheiten zu den Details des Vermögensverzeichnisses: § 802c Rdn. 17 ff.
63 *Behr*, Rpfleger 1988, 1 sowie § 138 Abs. 2 Satz 1 GVGA.
64 Siehe oben Rdn. 16, 20.
65 § 138 Abs. 1 Satz 4 GVGA; KG, DGVZ 1981, 75; LG Göttingen, NJW 1994, 1164; *Spring*, NJW 1994, 1108; *Wieczorek/Schütze/Storz*, § 900 Rn. 41; *Zöller/Stöber*, § 802f Rn. 17.
66 So etwa: *Behr*, JurBüro 1994, 369; *Spring*, NJW 1994, 1108.
67 So z. B.: *Musielak/Voit/Voit*, § 802c Rn. 8 m. w. N.; *Wieczorek/Schütze/Storz*, § 900 Rn. 41.
68 Einzelheiten zum Nachbesserungsverlangen siehe unten Rdn. 38.
69 Einzelheiten: § 802c Rdn. 37.
70 LG Hamburg, JurBüro 2008, 495.

5. Keine Unterschrift des Schuldners erforderlich

Der Schuldner **braucht** das Vermögensverzeichnis **nicht zu unterschreiben**. Er kann sich trotzdem wegen einer falschen Versicherung an Eides statt strafbar machen, wenn er zu Unrecht die Vollständigkeit und Richtigkeit der nach § 802c Abs. 2 erteilten Auskunft mündlich an Eides statt versichert.

6. Erteilung eines Ausdrucks des Vermögensverzeichnisses an den Schuldner

Nach Abs. 5 Satz 3 ist dem Schuldner auf Verlangen ein **Ausdruck von dem Vermögensverzeichnis** zu erteilen. Wenn das bei einer Vermögensauskunft in der Wohnung des Schuldners (Abs. 2) nicht sofort vor Ort möglich ist, kann der Ausdruck dem Schuldner später übersandt werden. Aus dem Ausdruck kann der Schuldner ersehen, welche Daten bei dem zentralen Vollstreckungsgericht nach § 802k Abs. 1 hinterlegt werden. Deshalb braucht der Schuldner auch keinen eigenen Auskunftsanspruch gegen das Gericht nach § 802k Abs. 1, an das sich nur Gerichtsvollzieher und Behörden wenden können.

VIII. Hinterlegung des Vermögensverzeichnisses und Übermittlung eines Ausdrucks an den Gläubiger (Abs. 6)

Der Gerichtsvollzieher hat gem. **Abs. 6 Satz 1** das Vermögensverzeichnis beim zentralen Vollstreckungsgericht nach § 802k zu hinterlegen. Eine Hinterlegung des Protokolls nach § 762 ist dagegen nicht vorgesehen. Ferner hat der Gerichtsvollzieher **dem Gläubiger** unverzüglich **einen Ausdruck zuzuleiten**.

Wie die Übermittlung an das zentrale Vollstreckungsgericht zu erfolgen hat, ist in **§ 4 der VermVV**[71] (siehe dazu schon Rn. 27) konkretisiert. Danach erfolgt die Übermittlung der Daten elektronisch und bundesweit einheitlich durch ein geeignetes Transportprotokoll sowie in einheitlich strukturierten Datensätzen. Bei der Übermittlung sind geeignete technische und organisatorische Maßnahmen zur Sicherheit von Datenschutz und Datensicherung zu treffen. Bei der Nutzung öffentlicher Kommunikationssysteme ist ein geeignetes Verschlüsselungssystem zu verwenden.

Nach **Satz 2, 1. Halbsatz** hat der Gerichtsvollzieher auf dem Ausdruck dessen Übereinstimmung mit dem Vermögensverzeichnis zu vermerken. **Satz 2, 2. Halbsatz** erklärt zunächst den § 802d Abs. 2 für entsprechend anwendbar. Daher kann der Gerichtsvollzieher dem Gläubiger auf Antrag das Vermögensverzeichnis auch in elektronischer Form übermitteln. Die weitere Bezugnahme auf § 802d Abs. 1 Satz 3 stellt zum Zweck eines wirksamen Datenschutzes klar, dass der Gläubiger die Daten nur zu Vollstreckungszwecken nutzen darf und nach erfolgreicher Vollstreckung löschen muss. Darüber ist er vom Gerichtsvollzieher zu belehren.

IX. Rechtsbehelfe des Gläubigers und des Schuldners

Der **Gläubiger** kann sich gegen die Weigerung des Gerichtsvollziehers zur Durchführung des Vermögensauskunftsverfahrens und gegen das von ihm zu beobachtende Verfahren mit der **Vollstreckungserinnerung nach § 766** wehren. Wenn der **Schuldner** die Verpflichtung zur Abgabe der Vermögensauskunft bestreitet, etwa weil die allgemeinen Vollstreckungsvoraussetzungen nicht vorliegen, weil die weitere Vollstreckung gegen das Verbot der Überpfändung nach § 803 Abs. 1 Satz 2 verstößt[72] oder weil die Sperrfrist gem. § 802d für die Verpflichtung zu einer erneuten Vermögensauskunft noch nicht abgelaufen ist, findet ebenfalls die **Vollstreckungserinnerung gem. § 766** statt. Gem. § 766 Abs. 1 Satz 2 i. V. m. § 732 Abs. 2 kann das Vollstreckungsgericht eine einstweilige Anordnung treffen. Daneben ist ein besonderer Rechtsbehelf wie der früher in § 900 Abs. 4 vorgese-

---

71 Abgedruckt bei § 802k Rdn. 15.
72 BGH, DGVZ 2012, 31 f.

hene Widerspruch entbehrlich und deshalb seit 1.1.2013 nicht mehr vorgesehen. Nur die Sofortabnahme nach § 807 Abs. 1 kann der Schuldner durch Widerspruch verhindern (§ 807 Abs. 2 Satz 1).

X. Nachbesserung der unzureichenden Vermögensauskunft

38 Zum Verfahren zur Abnahme der Vermögensauskunft kann auch die Einholung einer Ergänzung bzw. Nachbesserung einer Vermögensauskunft gehören. Der Schuldner ist nach § 802c verpflichtet, nicht nur ein ihm vorgelegtes Formular irgendwie auszufüllen, sondern eine nach bestem Wissen und Gewissen vollständige und richtige Vermögensauskunft vorzulegen. Wenn er ein unvollständiges,[73] un- oder missverständliches Vermögensverzeichnis ausgefüllt und hierzu die eidesstattliche Versicherung abgegeben hat, dann hat er seine Verpflichtung noch nicht erfüllt.[74] Es kann dann grundsätzlich von ihm im noch nicht beendeten Verfahren verlangt werden, dass er erneut gem. Abs. 1 zu einem Termin geladen wird, um seine Angaben klarzustellen oder zu ergänzen und auch die ergänzenden Angaben an Eides statt zu versichern.[75] Einzelheiten zur Ergänzung bzw. Nachbesserung eines Vermögensverzeichnisses und zur Abgrenzung von der erneuten Vermögensauskunft siehe § 802d Rn. 27 ff.

XI. Ansprüche des Schuldners wegen leichtfertiger Einleitung des Vermögensauskunftsverfahrens

39 Die Durchführung des Vermögensauskunftsverfahrens kann für den Schuldner verheerende wirtschaftliche Folgen haben. Die durch den Vollstreckungseingriff zwischen Gläubiger und Schuldner begründete gesetzliche Sonderbeziehung privatrechtlicher Art, die den Gläubiger auch zur Wahrung der Interessen des Schuldners verpflichtet,[76] hat zur Folge, dass der Gläubiger das Verfahren jedenfalls dann nicht mehr fortsetzen darf, wenn die beizutreibende Schuld vollständig getilgt ist und hierüber zwischen den Parteien Einvernehmen herrscht. Setzt er wider besseres Wissen – vorsätzlich oder leichtfertig – das Verfahren fort, so ist er dem Schuldner gem. § 280 Abs. 1 BGB zum Ersatz des hieraus entstandenen Schadens verpflichtet.[77] Anderes gilt, wenn der Gläubiger irrtümlich davon ausgeht, noch Ansprüche aus dem Titel gegen den Schuldner zu haben. Dieses »Recht auf Irrtum« muss dem Gläubiger grundsätzlich zugestanden werden, damit seine prozessuale Entschluss- und Handlungsfähigkeit nicht durch ein unüberschaubares Haftungsrisiko unzumutbar beeinträchtigt wird.[78]

---

73 Fehlen nur unwesentliche Details, auch wenn diese nach dem Formulartext an sich anzugeben waren, kann von einem unvollständigen und damit ergänzungsbedürftigen Verzeichnis nicht gesprochen werden; beispielhaft: AG Flensburg, DGVZ 1999, 44; AG Strausberg, DGVZ 2005, 45. Sind Fragen nicht beantwortet, deren Beantwortung der Gläubiger nicht verlangen darf, etwa die Frage nach dem Bankkonto der Ehefrau, so begründet diese Nichtbeantwortung auch keinen Nachbesserungsanspruch: AG Günzburg, DGVZ 2006, 122. Keine unzulässige, und daher eine durchaus zu beantwortende Frage an einen Anwalt oder an einen Arzt ist die nach seinen Mandanten bzw. Patienten, gegen die noch Honorarforderungen bestehen: LG Leipzig, JurBüro 2004, 501.

74 AG Aachen, JurBüro 2008, 664. Dass der Schuldner einen allgemein gehaltenen Fragenkatalog des Gläubigers, der lediglich der Ausforschung ins Blaue hinein diente, nicht beantwortet hat, begründet keinen Nachbesserungsanspruch, wohl aber die Nichtbeantwortung konkreter, durch die Umstände bedingter Fragen des Gläubigers: AG Rheinbek, DGVZ 2004, 190.

75 Für den Antrag kann ausnahmsweise das Rechtsschutzbedürfnis fehlen, wenn feststeht, dass die nicht angegebenen Vermögenswerte unzweifelhaft unpfändbar sind und dass sonstige andere pfändbare Vermögenswerte nicht vorhanden sind. Dazu § 802d Rdn. 37. Siehe auch BGH, DGVZ 2009, 131; *Hintzen*, Rpfleger 2010, 471, 476.

76 Einführung Rdn. 15.

77 BGHZ 74, 9; BGH, NJW 1985, 3080.

78 BGH, NJW 1985, 3080.

XII. Kosten und Gebühren

Die Kosten des Verfahrens zur Abgabe der Vermögensauskunft – einschließlich der Kosten berechtigter Nachbesserungsverlangen[79] – sind nach § 788 zu behandelnde Kosten der Zwangsvollstreckung. 40

Der **Rechtsanwalt** erhält für den Antrag auf Abnahme einer Vermögensauskunft eine 0,3-Verfahrensgebühr (§ 18 Abs. 1 Nr. 16 RVG, RVG-VV Nr. 3309). Für die Teilnahme des Anwalts an dem vom Gerichtsvollzieher anberaumten Termin zur Abnahme der Vermögensauskunft fällt eine 0,3-Terminsgebühr nach RVG-VV Nr. 3310 an. Der Gegenstandswert bestimmt sich gem. § 25 Abs. 1 Nr. 4 RVG nach dem Betrag, der einschließlich der Nebenforderungen aus dem Vollstreckungstitel noch geschuldet wird; er beträgt jedoch höchstens 2000 Euro (Stand: Juni 2015). 41

Der **Gerichtsvollzieher** bekommt nach GvKostG-KV Nr. 260 für die Abnahme einer Vermögensauskunft eine Festgebühr in Höhe von 33 Euro (Stand: Juni 2015). Dagegen ist die bloße Ergänzung oder Nachbesserung einer Vermögensauskunft noch Bestandteil des ersten Auskunftsverfahrens. Sie löst deshalb keine eigene Gebühr aus. Für die Zustellung der Ladung an den Schuldner (§ 802f Abs. 4) fällt eine Festgebühr nach GvKostG-KV Nr. 100 i. V. m. Vorbem. zu Nr. 100 an. 42

XIII. ArbGG, VwGO, AO

§ 802f gilt auch bei der Zwangsvollstreckung wegen einer Geldforderung aufgrund von arbeitsgerichtlichen Titeln (vgl. §§ 62 Abs. 2 Satz 1, 85 Abs. 1 Satz 3 ArbGG). Die Vollstreckung aus Titeln nach § 168 VwGO zugunsten der öffentlichen Hand richtet sich gem. § 169 Abs. 1 Satz 1 VwGO nach dem VwVG. Dieses verweist in § 5 auf die AO. Dort ist das Verfahren zur Abnahme der Vermögensauskunft in § 284 Abs. 6, 7 AO geregelt. 43

---

[79] LG Tübingen, JurBüro 2001, 157.

§ 802g Erzwingungshaft

(1) ¹Auf Antrag des Gläubigers erlässt das Gericht gegen den Schuldner, der dem Termin zur Abgabe der Vermögensauskunft unentschuldigt fernbleibt oder die Abgabe der Vermögensauskunft gemäß § 802c ohne Grund verweigert, zur Erzwingung der Abgabe einen Haftbefehl. ²In dem Haftbefehl sind der Gläubiger, der Schuldner und der Grund der Verhaftung zu bezeichnen. ³Einer Zustellung des Haftbefehls vor seiner Vollziehung bedarf es nicht.

(2) ¹Die Verhaftung des Schuldners erfolgt durch einen Gerichtsvollzieher. ²Dem Schuldner ist der Haftbefehl bei der Verhaftung in beglaubigter Abschrift zu übergeben.

Übersicht

	Rdn.
I. Überblick über den Inhalt der Norm	1
II. Der Haftbefehl (Abs. 1)	2
1. Voraussetzungen des Haftbefehls (Abs. 1 Satz 1)	2
a) Unentschuldigtes Fernbleiben	3
b) Grundlose Verweigerung der Vermögensauskunft	5
c) Fortbestehende Pflicht zur Vermögensauskunft	6
d) Keine nachträglichen Vollstreckungshindernisse	7
e) Rechtsschutzbedürfnis	8
f) Kein vorhandener vollstreckbarer Haftbefehl	9
g) Antrag des Gläubigers	10
2. Erlass des Haftbefehls	11
a) Zuständigkeit, Prüfung und Entscheidung (Abs. 1 Satz 1)	11
b) Inhalt des Haftbefehls (Abs. 1 Satz 2)	12
3. Zustellung (Abs. 1 Satz 3)	14
4. Rechtsbehelfe	15
a) Sofortige Beschwerde des Schuldners	16
b) Vollstreckungsschutzantrag des Schuldners	19
c) Vollstreckungserinnerung des Schuldners	20
d) Sofortige Beschwerde oder Vollstreckungserinnerung des Gläubigers	21
5. Verzicht des Gläubigers auf seine Rechte aus dem Haftbefehl	22
6. Ergänzungshaftanordnung	24
III. Die Verhaftung (Abs. 2)	25
1. Voraussetzungen	25
a) Verhaftungsantrag des Gläubigers an den Gerichtsvollzieher	25
b) Zeitliche Grenzen des Haftbefehls	26
2. Durchführung	27
3. Übergabe des Haftbefehls an den Schuldner	28
4. Abwendung der Verhaftung	29
5. Verfahren bei Vorliegen mehrerer Haftbefehle	30
6. Rechtsbehelfe	31
IV. Gebühren	32
V. ArbGG, VwGO, AO	33
1. ArbGG	33
2. VwGO	34
3. AO	35

Literatur:
Siehe die Angaben bei § 802a.

I. Überblick über den Inhalt der Norm

1 § 802g wurde durch Art. 1 Nr. 7 des Gesetzes zur Reform der Sachaufklärung in der Zwangsvollstreckung vom 29.7.2009 mit Wirkung zum 1.1.2013 eingefügt.[1] Abs. 1 ist an die Stelle des früheren § 901 getreten. Er regelt die Voraussetzungen und den Inhalt eines gerichtlichen Haftbefehls zur Erzwingung der Abgabe der Vermögensauskunft. Abs. 2 regelt die Verhaftung und hat am 1.1.2013 den früheren § 909 ersetzt.

II. Der Haftbefehl (Abs. 1)

1. Voraussetzungen des Haftbefehls (Abs. 1 Satz 1)

2 Die Voraussetzungen für den Erlass eines Haftbefehls ergeben sich aus Abs. 1. Materielle Voraussetzung ist, dass der Schuldner entweder einem für die Abgabe einer Vermögensauskunft bestimmten

---

1 BGBl. I, S. 2258, 2261; zur Begründung BT-Drucks. 16/10069, S. 28 (Gesetzentwurf des Bundesrats).

Termin trotz ordnungsmäßiger Ladung unentschuldigt fernbleibt oder dass er die Abgabe der Vermögensauskunft oder deren eidesstattliche Bekräftigung ohne Grund verweigert.

a) Unentschuldigtes Fernbleiben

Bleibt der Schuldner dem Termin zur Abgabe der Vermögensauskunft fern, ist zunächst seine Ladung zu überprüfen. Die Ladung durch Zustellung war nicht deshalb entbehrlich, weil der Termin in einem vorausgegangenen Termin, zu dem der Schuldner geladen war, verkündet worden ist.[2] Die ordnungsgemäße Ladung muss in den Akten auch bereits nachgewiesen sein. Grundsätzlich genügt eine Zustellung durch Niederlegung, es sei denn, dass sich schon aus den Akten ernsthafte Zweifel ergeben, dass der Schuldner von der Niederlegung überhaupt Kenntnis erlangen konnte.[3] War der Schuldner nicht auf Antrag des Gläubigers geladen worden, sondern hatte der Gerichtsvollzieher den Auskunftstermin fälschlicherweise von Amts wegen angesetzt, lag keine ordnungsgemäße Ladung vor.[4]

Der Schuldner muss **unentschuldigt** zum Termin nicht erschienen sein. Ob die vom Schuldner für sein Nichterscheinen zum Termin schriftlich oder auch (vorher oder nachträglich) zu Protokoll der Geschäftsstelle mitgeteilten Gründe entschuldigen, ist eine Frage des Einzelfalles: So können ein Attest, dass der Schuldner kurzfristig bettlägerig erkrankt[5] oder durch eine Verletzung gehunfähig[6] war, der Nachweis über eine plötzliche schwere Erkrankung in der Familie, über das unvorhersehbare Ausbleiben der für die Betreuung der Kleinkinder engagierten Person,[7] der Nachweis jedes anderen das Erscheinen verhindernden unabwendbaren Zufalls,[8] aber auch der Nachweis, dass mit dem Gläubiger eine Terminverlegung fest vereinbart war, dass der Gläubiger dann aber abredewidrig die Vertagung nicht beantragt hatte oder sein Vertagungsantrag abgelehnt worden war,[9] eine ausreichende Entschuldigung darstellen, die die Anordnung der Haft hindert.[10] Keine Entschuldigung ist es dagegen, dass der zum Termin nicht erschienene Schuldner vorher schriftlich gegen seine Verpflichtung zur Vermögensauskunft Widerspruch eingelegt hatte; denn erstens gibt es das Widerspruchsrecht nach dem früheren § 900 Abs. 4 seit dem 1.1.2013 nicht mehr, und zweitens wurde der Schuldner auch durch einen früher möglichen Widerspruch nicht vom Erscheinen im Termin entbunden.[11]

b) Grundlose Verweigerung der Vermögensauskunft

Die Abgabe der Vermögensauskunft im Termin ist ohne Grund verweigert worden, wenn der Schuldner entweder keinen Rechtsbehelf (§ 766) eingelegt hatte oder wenn er sich – ohne gem. § 807 Abs. 2 Satz 1 zu widersprechen – geweigert hatte, der Anordnung der sofortigen Vermögens-

---

[2] LG Wiesbaden, MDR 1957, 366.

[3] Zur entschuldigten Unkenntnis der Ersatzzustellung: LG München I, MDR 1964, 156; OLG Hamm, MDR 1975, 939. Ist der Schuldner eine juristische Person, so genügen die Ladung eines früheren gesetzlichen Vertreters und dessen Fernbleiben im Termin nicht, um Haft gegen den derzeitigen gesetzlichen Vertreter anzuordnen. Dessen Kenntnis vom Termin und von seiner Verpflichtung, dort zu erscheinen, wäre auf diese Weise nicht nachgewiesen: KG, DGVZ 1996, 58.

[4] AG Dillenburg, DGVZ 2000, 62.

[5] Zur Erkrankung als Entschuldigung: LG Göttingen, MDR 1956, 176; OLG Frankfurt, MDR 1956, 686; KG, MDR 1965, 53; OLG Frankfurt, NJW 1968, 1194. Einzelheiten, insbesondere auch zur Verpflichtung, die Vermögensauskunft notfalls am Krankenbett abzugeben siehe: § 802f Rdn. 24.

[6] OLG Frankfurt, Rpfleger 1977, 146.

[7] Zur ungeregelten Kinderversorgung als Entschuldigungsgrund: OLG München, MDR 1977, 413.

[8] LG Köln, JurBüro 1966, 70.

[9] LG Köln, JurBüro 1977, 413.

[10] Ein trotz ordnungsgemäßer Entschuldigung dennoch ergangener Haftbefehl ist aufzuheben: LG Nürnberg-Fürth, DGVZ 2006, 74.

[11] LG Berlin, Rpfleger 1973, 374.

auskunft gem. § 807 Abs. 1 Folge zu leisten.[12] Hat der Schuldner zu Protokoll erklärt, er lege Widerspruch ein, reicht das auch dann aus, wenn er für diesen keine Gründe genannt hat. Der Widerspruch gegen die Sofortabnahme nach § 807 Abs. 2 Satz 1 braucht nicht begründet zu werden.

c) Fortbestehende Pflicht zur Vermögensauskunft

6   Die Verpflichtung zur Vermögensauskunft muss nach wie vor bestehen: Hat der Schuldner zwischenzeitlich in einem anderen Vollstreckungsverfahren die Vermögensauskunft abgegeben und liegen die Voraussetzungen des § 802d nicht vor, so ist er zur Vermögensauskunft nicht mehr verpflichtet, mag er auch in dem Termin, den er versäumt hat, noch dazu verpflichtet gewesen sein. Dann kann aber auch keine Haft mehr gegen ihn angeordnet werden.[13]

d) Keine nachträglichen Vollstreckungshindernisse

7   Der Haftanordnung dürfen keine – nachträglichen – Vollstreckungshindernisse entgegenstehen. Ist etwa wegen einer Geldbuße im Verfahren nach dem OWiG die Erzwingungshaft angeordnet und vollstreckt worden, so darf im anschließenden Zwangsvollstreckungsverfahren gegen den zahlungsunwilligen Betroffenen keine Haft mehr zur Erzwingung der Abgabe der Vermögensauskunft angeordnet werden.[14] Dem stünde der Grundsatz »ne bis in idem« entgegen. Dass sich der Schuldner schon wegen der Tat, aus der letztlich auch der zu vollstreckende Zahlungsanspruch herrührt, in Straf- oder Auslieferungshaft befindet, hindert dagegen die Haftanordnung nach § 802g nicht.[15] Auch ein zwischenzeitlicher Antrag des Schuldners auf Eröffnung des Insolvenzverfahrens, das bisher aber noch nicht eröffnet wurde, hindert den Erlass eines Haftbefehls nicht.[16]

e) Rechtsschutzbedürfnis

8   Für die Anordnung der Haft muss ein Rechtsschutzbedürfnis bestehen. Es fehlt nicht deshalb, weil es sich bei der zu vollstreckenden Summe um einen relativ geringen Betrag handelt.[17] Steht allerdings die Leistungsunfähigkeit des Schuldners unzweifelhaft fest, so wäre die Haft bloße Schikane. Dafür fehlt immer das Rechtsschutzbedürfnis.[18] Keine Schikane des Gläubigers liegt darin, dass er den Haftantrag mehrfach zurückgezogen hat, wenn der auskunftsunwillige Schuldner Teilleistungen erbrachte, ihn aber dann jeweils erneuerte, wenn weitere Leistungen ausblieben.[19]

f) Kein vorhandener vollstreckbarer Haftbefehl

9   Der Gläubiger darf nicht bereits einen noch vollstreckbaren Haftbefehl im nämlichen Vollstreckungsverfahren erwirkt haben. In diesem Fall muss er aus dem schon vorhandenen Haftbefehl vorgehen.[20] Grundsätzlich ist ein Haftbefehl, solange die Frist des § 802h Abs. 1 nicht abgelaufen ist, erst verbraucht, wenn der Schuldner entweder die Vollstreckungsschuld, wegen der der Haftbefehl beantragt war, gezahlt[21] – und dies im Vollstreckungsverfahren mit den Mitteln des § 775

---

12 LG Berlin, Rpfleger 1972, 325 und Rpfleger 1991, 467 mit Anm. *Jelinsky*, Rpfleger 1992, 74.
13 LG Wuppertal, MDR 1962, 996; LG Hildesheim, NdsRPfl 1964, 223; LG Berlin, JurBüro 1977, 1291.
14 LG Tübingen, JZ 1984, 486 mit Anm. *Weber*.
15 OLG München, OLGZ 1968, 188; AG Berlin-Tiergarten, DGVZ 2000, 63; **a. A.** LG Essen, DGVZ 1995, 89: Der Umstand, dass der Schuldner sich in Straf- oder Untersuchungshaft befinde, stehe generell einer Haftanordnung gem. § 802g entgegen.
16 LG Tübingen, DGVZ 2000, 39.
17 Vgl. BVerfG, NJW 1983, 559; LG Duisburg, MDR 1975, 766.
18 BVerfG, NJW 1983, 559; *Thomas/Putzo/Seiler*, § 802g Rn. 8; **a. A.** *Musielak/Voit/Voit*, § 802g Rn. 1.
19 *Walker*, FS Stürner, Bd. I, 2013, 829, 834.
20 LG Ellwangen, DGVZ 2015, 23.
21 Eine bloße Ratenzahlungsvereinbarung mit dem Gläubiger verbraucht den Haftbefehl nicht, wenn der Gläubiger nicht seinen Antrag zurücknimmt: LG Landau, Rpfleger 1991, 27.

auch nachweisen kann – oder wenn er die Vermögensauskunft geleistet hat oder wenn er nach Verhaftung und Verweigerung der Vermögensauskunft nach Ablauf von 6 Monaten aus der Haft entlassen wird.[22] Hatte der Schuldner bei seiner Verhaftung nur einen Teilbetrag geleistet und hatte der Gläubiger daraufhin einer Haftverschonung zugestimmt, so bleibt der wegen der Gesamtforderung erwirkte Haftbefehl bestehen, bis auch der Rest bezahlt oder die Vermögensauskunft abgegeben ist.[23] War der Haftbefehl selbst von vornherein nur wegen eines Teilbetrags beantragt und erlassen, ist er allerdings mit Zahlung dieses Teilbetrags auch verbraucht.[24] Die bloße Verhaftung und Vorführung des Schuldners allein, wenn es dann weder zur Vermögensauskunft noch zur Haft noch zu einem möglichen Verzicht des Gläubigers auf die weitere Vollstreckung kommt, reichen dagegen nicht zum Verbrauch des Haftbefehls.[25] Reiner Zeitablauf nimmt einem Haftbefehl erst nach zwei Jahren (§ 802h Abs. 1) die Vollstreckbarkeit.

g) Antrag des Gläubigers

In formeller Hinsicht ist auch dann, wenn alle vorgenannten sachlichen Voraussetzungen vorliegen, immer ein Antrag des Gläubigers auf Erlass des Haftbefehls erforderlich. Eine Veranlassung durch den Gerichtsvollzieher reicht nicht aus.[26] Dieser Antrag kann entweder schon mit demjenigen auf Einholung der Vermögensauskunft verbunden[27] oder nachträglich im oder nach dem Termin schriftlich gestellt werden.[28] Wird der Antrag erst längere Zeit nach dem Termin gestellt, so ist gegebenenfalls der Fortbestand der Voraussetzungen für die Verpflichtung zur Vermögensauskunft erneut nachzuweisen.[29] Stellt ein Vertreter des Gläubigers den Antrag, ist seine Vertretungsbefugnis auf Verlangen des Gerichts nachzuweisen.[30] Ein beim Gerichtsvollzieher gestellter Antrag wird von diesem unmittelbar nach dem versäumten Termin[31] zusammen mit den Akten an das gem. § 764 Abs. 2 zuständige Vollstreckungsgericht weitergeleitet (§ 143 Abs. 1 GVGA). Der Gläubiger kann seinen Antrag bis zur Rechtskraft der Entscheidung auch ohne Einwilligung des Schuldners wieder zurücknehmen.

10

2. Erlass des Haftbefehls

a) Zuständigkeit, Prüfung und Entscheidung (Abs. 1 *Satz 1*)

Zuständig für den Erlass des Haftbefehls ist immer das Amtsgericht als Vollstreckungsgericht.[32] Dort entscheidet immer der **Richter**. Das gilt sowohl für die Anordnung der Haft als auch für die Entscheidung, dass der Erlass des Haftbefehls abgelehnt wird, weil dessen Voraussetzungen nicht

11

---

22 LG Duisburg, JurBüro 1961, 463.
23 AG Düsseldorf, MDR 1956, 494; LG Stade, JurBüro 1988, 927 mit abl. Anm. *Mümmler*; *Brox/Walker*, Rn. 1158i; *Oerke*, DGVZ 1991, 130; *Schilken*, DGVZ 1989, 33; *Stein/Jonas/Münzberg*, § 909 Rn. 14a; *Zöller/Stöber*, § 802g Rn. 20; a.A. LG Bonn, AG Rahden und LG Bielefeld, JurBüro 1988, 926, 927; *Wieser*, DGVZ 1990, 177.
24 AG Kenzingen, DGVZ 1992, 15; LG Freiburg, DGVZ 1992, 15.
25 A.A. LG Koblenz, Rpfleger 1987, 255 mit Anm. *Kirsch*.
26 AG Dillenburg, DGVZ 2000, 62.
27 Allgem. Meinung; beispielhaft: *Baumgärtel*, Wesen und Begriff einer Prozesshandlung im Zivilprozess, 2. Aufl. 1972, S. 137; *Musielak/Voit/Voit*, § 802g Rn. 5; *Wieczorek/Schütze/Storz*, § 901 Rn. 19; *Zöller/Stöber*, § 802g Rn. 2.
28 *Wieczorek/Schütze/Storz*, § 901 Rn. 19; *Zöller/Stöber*, § 802g Rn. 2.
29 Siehe auch oben Rdn. 6.
30 LG Nürnberg-Fürth, Rpfleger 2002, 632. Dass der Gläubiger den Dritten nur zum außergerichtlichen Forderungseinzug bevollmächtigt hat, reicht als Vollmacht nicht: LG Köln, DGVZ 2002, 153.
31 LG Leipzig, DGVZ 2014, 131.
32 *Behr*, JurBüro 2000, 183; *Gilleßen/Polzius*, DGVZ 1998, 97, 107; *Thomas/Putzo/Seiler*, § 802g Rn. 7; *Zöller/Stöber*, § 802g Rn. 7.

vorliegen.³³ Der Rechtspfleger ist in dieses Verfahren gar nicht eingeschaltet.³⁴ Auch der Gerichtsvollzieher, der den vergeblichen Termin für die Vermögensauskunft geleitet hatte, ist am Erlass des Haftbefehls nicht beteiligt. Er prüft nur, ob etwa ein neuer Termin zu bestimmen ist, weil der Schuldner den verstrichenen Termin entschuldigt versäumt hatte. Verneint er dies, hat er in eigener Zuständigkeit die Akten mit dem Haftantrag des Gläubigers unverzüglich an den zuständigen Richter des Gerichts, bei dem er auch selbst tätig ist (§ 802e Abs. 1), vorzulegen, auch wenn der Schuldner zwischenzeitlich seinen Wohnsitz in einen anderen Gerichtsbezirk verlegt hat.³⁵ Das Vollstreckungsgericht **prüft** neben den Voraussetzungen des Satzes 1 auch die allgemeinen Verfahrens- und Vollstreckungsvoraussetzungen. Dabei prüft es von Amts wegen, ob die Voraussetzungen für die Abgabe der Vermögensauskunft im Termin vorgelegen haben. Das Vollstreckungsgericht entscheidet durch **Beschluss**.

b) Inhalt des Haftbefehls (Abs. 1 Satz 2)

12 Die Haft ist gegen denjenigen anzuordnen, der persönlich die Offenbarungsversicherung abzugeben hat.³⁶ Im Übrigen ist der Inhalt des Haftbefehls durch Satz 2 weitgehend vorgegeben. Der Haftbefehl muss demnach mindestens den Namen und die Adresse des Gläubigers, den Namen und die Adresse des zu verhaftenden Schuldners³⁷ und den Grund der Verhaftung enthalten. Bei einem prozessunfähigen Schuldner sind auch dessen gesetzliche Vertreter als die zu verhaftenden Personen zu nennen. Als Grund der Verhaftung ist die Rechtsgrundlage für die abzugebende Vermögensauskunft (§§ 802c, 802d) oder für die eidesstattliche Versicherung einer Aussage (§§ 836 Abs. 3 Satz 2, 883 Abs. 2 Satz 1) anzuführen. Ferner wird in dem Haftbefehl der Vollstreckungstitel angegeben. Zur Anordnung der Haft durch den Richter genügt es nicht, dass er ein nicht ausgefülltes Haftbefehlsformular mit verschiedenen, sich widersprechenden Textbausteinen unterschreibt und es der Geschäftsstelle überlässt, in eigener Verantwortung bei der Erstellung der Ausfertigung dieser Anordnung ihren konkreten Inhalt anhand der Verfahrensakte erst festzulegen.³⁸ Der Richter muss im Hinblick auf Art. 13 GG mit dem Haftbefehl nicht noch zusätzlich anordnen, dass der Gerichtsvollzieher die Wohnung des Schuldners betreten und nach dem zu verhaftenden Schuldner durchsuchen dürfe. Diese Anordnung ist ohne besonderen Ausspruch bereits im Haftbefehl enthalten.³⁹ Der Haftbefehl ist schließlich mit Datum zu versehen, damit die Zweijahresfrist des § 802h Abs. 1 korrekt berechnet werden kann,⁴⁰ und zudem vom Richter zu unterzeichnen. Soll der Schuldner auch zur Nachtzeit oder an Sonn- und Feiertagen verhaftet werden, ist eine besondere diesbezügliche Anordnung des Richters vonnöten.⁴¹

13 Wenn die Voraussetzungen des Haftbefehls vorliegen, darf der Richter dem Schuldner nicht dadurch eine letzte Chance geben, dass er als »Zwischenentscheidung« ein Minus gegenüber dem

---

33 Wie hier *Zöller/Stöber*, § 802g Rn. 7; a.A. *Musielak/Voit/Voit*, § 802g Rn. 6 (Ablehnung durch den Rechtspfleger).
34 A.A. (der Gerichtsvollzieher habe die Akten zunächst dem Rechtspfleger vorzulegen, der über die Zurückweisung des Haftantrags selbst entscheidet und die Akten dem Richter nur vorlegt, wenn er den Haftantrag für begründet hält): AG Heinsberg, Rpfleger 1999, 550 mit abl. Anm. *Schniguda*; *Stein/Jonas/Münzberg*, § 901 Rn. 8; *Musielak/Voit/Voit*, § 802g Rn. 6.
35 LG Köln, Rpfleger 1999, 549.
36 Einzelheiten siehe § 802c Rdn. 11 ff., § 802f Rn. 14; ferner LG Koblenz, DGVZ 1972, 73; OLG Stuttgart, Rpfleger 1984, 107.
37 Bei einer juristischen Person also den Namen des zu verhaftenden gesetzlichen Vertreters: KG, DGVZ 1996, 58; *Musielak/Voit/Voit*, § 802g Rn. 8; *Wieczorek/Schütze/Storz*, § 901 Rn. 27.
38 OLG Köln, DGVZ 1990, 22.
39 Siehe auch § 758a Rdn. 23; ferner LG Berlin, JuS 1980, 60; a.A. LG Saarbrücken, JuS 1980, 60.
40 *Brox/Walker*, Rn. 1158e; *Thomas/Putzo/Seiler*, § 802g Rn. 10.
41 BGH, MDR 2004, 1379.

Haftbefehl anordnet. Unzulässig ist daher der Erlass eines bloßen Vorführbefehls mit dem Ziel, den Schuldner erst einmal zu seinem Fernbleiben im früheren Termin anzuhören.[42]

3. Zustellung (Abs. 1 Satz 3)

Der Haftbefehl muss dem Schuldner **nicht von Amts wegen** zugestellt werden (Abs. 1 Satz 3). Es genügt nach Abs. 2 Satz 2 vielmehr, dass der Haftbefehl dem Schuldner vor seiner Verhaftung in beglaubigter Abschrift übergeben wird. Die Zustellung ist auch nicht unabdingbar, um die Rechtsmittelfrist des § 569 Abs. 1 in Lauf zu setzen.[43] Diese beginnt, wenn der Haftbefehl dem Schuldner nicht bereits vom Richter mündlich verkündet worden war oder wenn nicht doch auf Antrag des Gläubigers[44] eine Zustellung bereits vor der Verhaftung veranlasst worden war,[45] mit der formlosen Übergabe nach Abs. 2 Satz 2.

4. Rechtsbehelfe

Der Haftbefehl ebenso wie die Ablehnung, einen Haftbefehl zu erlassen, sind **Entscheidungen** des Richters in der Zwangsvollstreckung, keine bloßen Vollstreckungsmaßnahmen. Das gilt auch dann, wenn der Haftantrag des Gläubigers erst im vergeblichen Auskunftstermin oder gar danach gestellt wurde und der Schuldner vor der Haftanordnung nicht gehört wurde.[46]

a) Sofortige Beschwerde des Schuldners

Deshalb muss der Schuldner seine nachträglichen Einwendungen stets mit der sofortigen Beschwerde (§ 793) geltend machen.[47] Der Richter, der die Haft angeordnet hatte, kann seinen Beschluss selbst aufheben, wenn sich nachträglich zeigt, dass die Voraussetzungen für dessen Erlass nicht vorlagen (§ 572 Abs. 1).[48] Hilft er nicht ab, so muss er die Sache dem Beschwerdegericht zur Entscheidung vorlegen. Er kann als vorläufige Maßnahme gem. § 570 Abs. 2 die Vollstreckung des Haftbefehls einstweilen aussetzen.[49] Dies kann auch ohne besonderen Antrag geschehen. Materiellrechtliche Einwendungen gegen die Vollstreckungsforderung, wegen der das Vermögensauskunftsverfahren betrieben wird, kann der Schuldner nur mit der Klage gem. § 767 geltend machen. Auf sie kann

---

42 LG Paderborn, Rpfleger 2005, 208.
43 *Baumbach/Lauterbach/Hartmann*, § 802g Rn. 12; *Zöller/Stöber*, § 802g Rn. 12.
44 Das Gericht müsste einem solchen Antrag entsprechen, da der Gläubiger ein berechtigtes Interesse daran hat, die Rechtsmittelfrist so schnell wie möglich in Gang zu setzen. **A.A.** (Für eine Zustellung an den Schuldner gebe es keine Rechtsgrundlage, sodass sie auch vom Gläubiger nicht verlangt werden könne): *Zöller/Stöber*, § 802g Rn. 13.
45 Eine Zustellung auf Antrag des Gläubigers hält ebenfalls für zweckmäßig, wenn auch nicht für notwendig: *Musielak/Voit/Voit*, § 802g Rn. 9.
46 *Stein/Jonas/Münzberg*, § 901 Rn. 9 verlangt, dass der Schuldner immer vor der Haftanordnung Gelegenheit zum rechtlichen Gehör haben muss, also der Haftantrag des Gläubigers dem Schuldner immer zur Kenntnis gebracht werden muss. Das verzögert ungebührlich das Verfahren. Der Schuldner weiß, dass ihm die Haftanordnung droht, auch wenn er den Antrag noch nicht kennt.
47 KG, MDR 1966, 849; OLG München, DGVZ 1987, 73; OLG Koblenz, Rpfleger 1990, 537; LG Münster, Rpfleger 1999, 405; OLG Jena, DGVZ 2002, 90; *Baumbach/Lauterbach/Hartmann*, § 802g Rn. 21; *Wieczorek/Schütze/Storz*, § 901 Rn. 32; *Wieser*, Begriff und Grenzfälle der Zwangsvollstreckung, S. 76; *Zöller/Stöber*, § 802g Rn. 15 f. **A.A.** (wenn der Haftbefehl ohne Anhörung des Schuldners erlassen war, dann § 766 ZPO): OLG Oldenburg, InVo 2001, 458; HdbZVR/*Keller*, Kap. 2 Rn. 184.
48 So schon zum alten Recht LG Frankfurt, NJW 1961, 1217; LG Berlin, JurBüro 1977, 1291 mit Anm. Behr.
49 *Zöller/Stöber*, § 802g Rn. 16; ebenso schon zum alten Recht: OLG Frankfurt, MDR 1990, 256; *Wieczorek/Schütze/Storz*, § 901 Rn. 33.

17 Die **Frist** für die Einlegung der sofortigen Beschwerde beginnt, falls die Entscheidung ausnahmsweise vor dem anwesenden Schuldner verkündet worden war, mit der Verkündung, falls entgegen Abs. 1 Satz 3 auf Antrag des Gläubigers der Haftbefehl dem Schuldner zugestellt wurde, mit dessen Zustellung,[52] ansonsten mit der Bekanntgabe des Haftbefehls bei der Verhaftung (Abs. 2 Satz 2). Die Frist zur Anfechtung der Haftanordnung beginnt nie unabhängig von der Verkündung, Aushändigung oder Zustellung zu laufen; eine entspr. Anwendung des § 517 (Fristbeginn fünf Monate nach Erlass der Haftanordnung) scheidet aus.[53] Die Anordnung kann also, falls eine Aushändigung oder Zustellung an den Schuldner erst nach mehr als zwei Jahren möglich wird, immer noch angefochten werden. Ist die Haftanordnung verbraucht,[54] ohne dass eine Verhaftung durchgeführt wurde, ist eine nachträgliche Anfechtung nicht mehr möglich. Es fehlt das Rechtsschutzinteresse.[55] Kam es zur Verhaftung, entfällt das Rechtsschutzbedürfnis für eine sofortige Beschwerde gegen den Haftbefehl nicht durch die Abgabe der Vermögensauskunft nach der Verhaftung.[56]

18 Zur **Begründung seiner sofortigen Beschwerde** kann der Schuldner alles vortragen, was gegen die Verpflichtung zur Abgabe der Vermögensauskunft spricht. Das Beschwerdeverfahren wird nicht dadurch gegenstandslos, dass der Schuldner während des Verfahrens in die Insolvenz fällt.[57] Lagen die Voraussetzungen für den Haftbefehl, als dieser erging, nicht vor[58] oder sind sie nachträglich weggefallen, so muss das Beschwerdegericht den Haftbefehl ganz aufheben[59] und darf nicht nur dessen Vollzug aussetzen.[60]

b) Vollstreckungsschutzantrag des Schuldners

19 Im Einzelfall kann der Schuldner auch unabhängig von der sofortigen Beschwerde Vollstreckungsschutzantrag gem. § 765a stellen, etwa wenn die besonderen Gründe, die die unbillige Härte ergeben sollen, erst nach Ablauf der Beschwerdefrist entstanden sind.[61] Über den Antrag entscheidet grundsätzlich der Rechtspfleger beim Vollstreckungsgericht. Treten diese Gründe schon während eines anhängigen Beschwerdeverfahrens auf, sind sie auch bereits in dieses Verfahren einzuführen. Es entscheidet dann sofort das Beschwerdegericht.[62]

---

50 LG Mönchengladbach, MDR 1952, 363; LG Göttingen, JurBüro 2003, 658.
51 LG Frankfurt/Main, DGVZ 2003, 41.
52 LG Düsseldorf, Rpfleger 1980, 75; LG Lübeck, Rpfleger 1981, 153. **A.A.** *Zöller/Stöber*, § 802g Rn. 15: Die gesetzlich nicht vorgesehene Zustellung könne nicht zulasten des Schuldners die Beschwerdefrist verkürzen. Diese beginne immer erst mit der Übergabe gem. § 802g Abs. 2 Satz 2.
53 LG Kiel, SchlHA 1965, 85; OLG Oldenburg, MDR 1965, 212; OLG Stuttgart, OLGZ 1968, 305; *Musielak/Voit/Voit*, § 802g Rn. 10; a.A. LG Düsseldorf, MDR 1961, 1023; KG, MDR 1961, 153; KG, MDR 1966, 849; OLG Hamm, NJW 1969, 1721; KG, MDR 1971, 496.
54 Siehe oben Rdn. 9.
55 LG Koblenz, Rpfleger 1987, 255 mit Anm. *Kirsch*; OLG Hamm, MDR 1958, 695; **a.A.** OLG Hamm, MDR 1975, 939 und Rpfleger 1977, 111.
56 OLG Schleswig, InVo 1999, 155; *Musielak/Voit/Voit*, § 802g Rn. 11.
57 LG Frankenthal, MDR 1986, 64; *Wieczorek/Schütze/Storz*, § 901 Rn. 35.
58 Der Gläubiger kann eine zu Unrecht ergangene Haftanordnung nicht im Beschwerdeverfahren mit nachträglichen Umständen rechtfertigen; vgl. LG Stuttgart, Justiz 1969, 66.
59 LG Wuppertal, MDR 1962, 996; LG Hildesheim, NdsRPfl 1964, 223; OLG Hamm, MDR 1975, 939; LG Koblenz, MDR 1985, 418.
60 So aber LG Koblenz, MDR 1964, 1014.
61 Dazu auch § 765a Rdn. 2 ff.; ferner *Musielak/Voit/Voit*, § 802g Rn. 7; *Wieczorek/Schütze/Storz*, § 901 Rn. 39.
62 OLG Hamm, NJW 1968, 2247.

c) Vollstreckungserinnerung des Schuldners

Treten die Gründe, die den Erlass des Haftbefehls unzulässig machen, erst nach Ablauf der Beschwerdefrist auf, kann der Schuldner in entsprechender Anwendung des § 766 die Aufhebung des Haftbefehls beantragen.[63] Beispiel: Der Schuldner gibt erst jetzt für einen anderen Gläubiger die Vermögensauskunft ab. Dann kann die Haft ihren Zweck, den Schuldner zur Vermögensauskunft für den Gläubiger zu zwingen, nicht mehr erfüllen, da die Einholung der Vermögensauskunft nunmehr unzulässig ist. Über die Erinnerung entscheidet der Richter am Vollstreckungsgericht. Gegen seine Entscheidung steht der unterlegenen Partei die sofortige Beschwerde zu.

20

d) Sofortige Beschwerde oder Vollstreckungserinnerung des Gläubigers

Der Gläubiger, dessen Antrag auf Haftanordnung zurückgewiesen wurde, muss diese Entscheidung ebenfalls mit der sofortigen Beschwerde angreifen. Versäumt er die Frist, kann er den Haftantrag nicht ausschließlich mit den Gründen erneuern, die Gegenstand des ersten Zurückweisungsbeschlusses waren. Ein solcher Antrag wäre schon als unzulässig ohne erneute Sachprüfung zurückzuweisen. Hatte der Gerichtsvollzieher den Haftantrag nicht dem Richter vorgelegt, sondern sogleich von sich aus neuen Termin für die Vermögensauskunft bestimmt, kann der Gläubiger hiergegen mit der Erinnerung nach § 766 vorgehen.[64]

21

5. Verzicht des Gläubigers auf seine Rechte aus dem Haftbefehl

Der Gläubiger kann auf die Rechte aus einem von ihm erwirkten Haftbefehl verzichten. In diesem Fall ist dieser aufzuheben.[65] Der Schuldner ist von der Aufhebung zu benachrichtigen. Eine etwaige Eintragung im Schuldnerregister ist zu löschen. Die Anordnung gilt als nicht erfolgt. Der Verzicht hindert den Gläubiger nicht, später ein neues Vermögensauskunftsverfahren einzuleiten, wenn der Schuldner etwa versprochene Zahlungen nicht leistet. Der Gläubiger muss dann aber das Vorliegen aller Voraussetzungen erneut darlegen. Kein (konkludenter) Verzicht auf einen bereits erwirkten Haftbefehl liegt in einem Antrag des Gläubigers, den Schuldner zu einem neu anzusetzenden weiteren Vermögensauskunftstermin zu laden. Ein solcher Antrag bleibt zulässig.[66] Mit der Haftanordnung hat der Gläubiger zwar seine Antragsmöglichkeiten in der Vollstreckung zunächst ausgeschöpft. Das Verfahren – soweit er es initiieren kann – ist abgeschlossen. Die erneute Ladung stellt sich aber nur als Minus zur Verhaftung dar, nicht als neue Verfahrenseinleitung.

22

Hat der Gläubiger wirksam auf die Rechte aus einer Haftanordnung verzichtet, so muss der Richter,[67] nicht etwa der Rechtspfleger, die Haftanordnung aufheben. Die Kosten des Verfahrens, das auf diese Weise seine Erledigung gefunden hat, sind keine notwendigen Vollstreckungskosten, also nicht gem. § 788 Abs. 1 Satz 1 vom Schuldner zu tragen. Der Gläubiger muss deshalb gegebenenfalls mit dem Schuldner eine materiellrechtliche Kostenvereinbarung treffen, wenn eine Kostenerstattung gewollt ist.

23

---

63 *Musielak/Voit/Voit*, § 802g Rn. 13; *Stein/Jonas/Münzberg*, § 901 Rn. 17; a.A. (Erinnerung analog §§ 794 Abs. 1 Nr. 3, 795, 767): *Wieczorek/Schütze/Storz*, § 901 Rn. 36.
64 *Zöller/Stöber*, § 802g Rn. 17.
65 LG Frankfurt, NJW 1961, 1217; *Musielak/Voit/Voit*, § 802g Rn. 13; *Stein/Jonas/Münzberg*, § 901 Rn. 23; a.A. *Zöller/Stöber*, § 802g Rn. 14 (es genüge, wenn der Gläubiger den Haftbefehl dem Schuldner aushändige oder an das Gericht zurücksende; dann sei keine Aufhebung mehr erforderlich).
66 LG Aachen, MDR 1956, 45; LG Dortmund, MDR 1954, 490, 491; LG Essen, MDR 1955, 238; *Musielak/Voit/Voit*, § 802g Rn. 13; *Stein/Jonas/Münzberg*, § 901 Rn. 23; a.A. allerdings: LG Stade, NJW 1954, 1614; LG Bielefeld, NJW 1956, 1927; LG Oldenburg, MDR 1957, 556; AG Bonn, MDR 1958, 245; LG Düsseldorf, MDR 1961, 62; *Zöller/Stöber*, § 802g Rn. 13.
67 A.A. *Musielak/Voit/Voit*, § 802g Rn. 13; *Stein/Jonas/Münzberg*, § 901 Rn. 23.

6. Ergänzungshaftanordnung

24 Kann der Gläubiger im laufenden Vermögensauskunftsverfahren eine Ergänzung oder Nachbesserung des Vermögensverzeichnisses und insoweit auch eine ergänzende eidesstattliche Versicherung verlangen,[68] so kann er auch, falls erforderlich, die mehrfache Anordnung der Haft verlangen.[69] Jedes Ergänzungsverfahren ist insoweit isoliert zu betrachten. Der ursprünglich ergangene Haftbefehl ist mit der Vorführung zur ersten – unvollständigen – Vermögensauskunft verbraucht und lebt für die möglichen Ergänzungsverfahren nicht wieder auf.

III. Die Verhaftung (Abs. 2)

1. Voraussetzungen

a) Verhaftungsantrag des Gläubigers an den Gerichtsvollzieher

25 Die Ausführung des Haftbefehls (Abs. 1) wird nicht durch das Gericht, das ihn erlassen hat, von Amts wegen veranlasst. Es händigt das Original des Haftbefehls vielmehr dem Gläubiger aus und überlässt ihm dann die weitere Veranlassung. Der Gläubiger hat sich, will er die Verhaftung des Schuldners durchsetzen, mit einem Antrag an den Gerichtsvollzieher[70] zu wenden. Der Antrag ist erst nach Erlass des Haftbefehls zulässig.[71] Zuständig ist der Gerichtsvollzieher des Ortes, an dem die Verhaftung vorgenommen werden soll.[72] Neben dem Haftbefehl hat der Gläubiger ihm auch den Vollstreckungstitel auszuhändigen.[73] Dies gilt auch, wenn der Antrag vom Finanzamt[74] oder von einem Sozialversicherungsträger gestellt wird.[75] Der Verhaftungsantrag muss nicht wegen der gesamten noch offenen Schuld gestellt werden, auch wenn der Haftbefehl wegen des Gesamtbetrages ergangen ist.[76] Der wegen einer insgesamt höheren Schuld ausgestellte Haftbefehl wird durch einen derartigen Teilauftrag nicht verbraucht.[77] Die Verhaftung kann auch nur für den Fall beantragt werden, dass der Schuldner nicht mindestens bestimmte Teilzahlungen auf den Titel erbringt.[78] Der Gläubiger handelt nicht rechtsmissbräuchlich, wenn er einen derartigen bedingten Antrag mehrfach hintereinander wiederholt, etwa bis die Schuld insgesamt getilgt ist.[79] Schließlich dient die gesamte Zwangsvollstreckung dem Zweck, die Befriedigung des Gläubigers herbeizuführen. Der Verhaftungsantrag kann mit einem Antrag verbunden werden, erneut die Mobiliarvollstreckung zu versuchen. Da der Vollstreckungsversuch mit Kosten verbunden ist, für die der Gläubiger Vorschuss zu leisten hat,[80] kann allerdings nicht angenommen werden, dass jeder Verhaftungsantrag konkludent einen weiteren Vollstreckungsantrag beinhaltet.[81] Der Verhaftungsantrag kann nicht mit Weisungen des Gläubigers verbunden werden, wie die Verhaftung durchzuführen sei.[82] Ebenso

---

68 Einzelheiten: § 802d Rdn. 27 ff.
69 LG Freiburg, MDR 1981, 151.
70 Auch in der Abgabenvollstreckung ist der Haftbefehl vom Gerichtsvollzieher, nicht etwa vom Vollziehungsbeamten zu vollstrecken (§ 284 Abs. 8 Satz 4 AO): LG Duisburg, DGVZ 1981, 184; LG Berlin, DGVZ 1990, 120.
71 AG Bretten, DGVZ 2014, 150.
72 *Musielak/Voit/Voit*, § 802g Rn. 14; *Wieczorek/Schütze/Storz*, § 909 Rn. 10.
73 *Wieser*, Begriff und Grenzfälle der Zwangsvollstreckung, S. 79.
74 LG Ludwigshafen, DGVZ 1977, 191; AG Recklinghausen, DGVZ 1997, 190.
75 LG Verden, Rpfleger 1986, 19.
76 LG Stade, DGVZ 1988, 28; OLG Schleswig, Rpfleger 1976, 224; **a.A.** *Wieser*, NJW 1988, 665, 671.
77 LG Frankfurt, DGVZ 2000, 171; **a.A.** (Haftbefehl insgesamt verbraucht): AG Wiesbaden, DGVZ 1997, 141. Siehe im Übrigen auch schon Rn. 9.
78 OLG Köln, JurBüro 1966, 439; LG Heidelberg, Justiz 1964, 40.
79 LG Köln, JurBüro 1985, 464 mit Anm. Mümmler; *Walker*, FS Stürner, 2013, Bd. 1, 829, 833 f.
80 LG Kassel, DGVZ 2003, 34 (Vorschuss muss auch die Kosten des Transports zur nächsten JVA mit abdecken).
81 *Stein/Jonas/Münzberg*, § 909 Rn. 1.
82 AG Kassel, DGVZ 1973, 29.

wenig kann er mit der Einschränkung verbunden werden, dass der Gerichtsvollzieher freiwillige Leistungen des Schuldners nicht anzunehmen und diesen auf jeden Fall zu verhaften habe.[83] Hat der Gläubiger den Gerichtsvollzieher lediglich beauftragt, dem Schuldner den Haftbefehl zuzustellen,[84] so darf aufgrund dieses Antrags keine Verhaftung vorgenommen werden.

b) Zeitliche Grenzen des Haftbefehls

Der Gerichtsvollzieher muss den Verhaftungsantrag zurückweisen, wenn der Haftbefehl älter als zwei Jahre ist. Die Frist berechnet sich nach § 222. Sie beginnt mit der Herausgabe des Haftbefehls durch den Richter und wird durch den Haftantrag an das zuständige Vollstreckungsorgan gewahrt.[85] Es gelten die gleichen Überlegungen wie zu § 929 Abs. 2.[86] Durch diese Fristberechnung werden die Interessen von Gläubiger und Schuldner ausgewogen berücksichtigt.[87]

26

2. Durchführung

Für die Durchführung der Verhaftung ist gem. Abs. 2 Satz 1 wie bisher der **Gerichtsvollzieher funktionell zuständig**. Den **Ablauf der Verhaftung** durch den Gerichtsvollzieher regelt umfänglich § 145 GVGA. Grundgedanke dieser Regelungen ist, dass so rücksichtsvoll wie nur möglich vorzugehen ist, ohne aber den Vollstreckungszweck zu gefährden. Eine Verhaftung des Schuldners in seiner eigenen Wohnung auch gegen seinen Willen ist ohne zusätzliche richterliche Durchsuchungsanordnung möglich; der richterliche Haftbefehl enthält bereits die Erlaubnis, auch die Wohnung des Schuldners zu betreten. Soll die Verhaftung zur Nachtzeit oder an Sonn- und Feiertagen in der Wohnung des Schuldners erfolgen, bedarf es gem. § 758a Abs. 4 einer besonderen richterlichen Anordnung.[88] Ist Gewaltanwendung notwendig, müssen §§ 758 Abs. 3, 759 beachtet werden. Der Haftbefehl ermächtigt den Gerichtsvollzieher nicht, den Schuldner in der Wohnung Dritter gegen den Willen des Wohnungsinhabers festzunehmen und etwa von dort gewaltsam zu entfernen.[89] Dem steht Art. 13 GG entgegen. Für eine richterliche Durchsuchungsanordnung gegen den Dritten fehlt dem Gläubiger die Anspruchsgrundlage.[90] Für eine Verhaftung in Räumen, die der Schuldner zusammen mit Dritten angemietet hat (Ehegatte, Lebenspartner, Wohngemeinschaft), gelten die Erwägungen zu §§ 758, 758a,[91] dass eine Zwangsvollstreckung gegen den Schuldner in diesen Räumen auch ohne Einwilligung der Dritten möglich ist, entsprechend: Auch eine Verhaftung des Schuldners tangiert die geschützte Wohnsphäre der Dritten in den gemeinsamen Räumen nicht. Der Gerichtsvollzieher hat bei der Verhaftung auch auf die Belange Dritter, die sich in der Obhut des Schuldners befinden (minderjährige Kinder, Pflegebedürftige usw.), Rücksicht zu nehmen. Er muss notfalls von Amts wegen andere Behörden einschalten.[92] Da der Gläubiger für diese Perso-

27

---

83 AG Melsungen und LG Kassel, DGVZ 1973, 28.
84 Eine zulässige Beschränkung des Auftrags: LG Ulm, NJW 1963, 867.
85 BGH, NJW 2006, 1290.
86 Siehe § 929 Rdn. 9.
87 BGH, NJW 2006, 1290, 1291.
88 LG Regensburg, DGVZ 1999, 173; LG Koblenz, DGVZ 2000, 170; *Hintzen*, Vollstreckung durch den Gerichtsvollzieher, S. 32; *Brox/Walker*, Rn. 308; *Thomas/Putzo/Seiler*, § 758a Rn. 31. A. A. (keine richterliche Anordnung erforderlich): AG Heidelberg, DGVZ 1999, 126; AG Mannheim, DGVZ 1999, 142; AG Heinsberg, DGVZ 1999, 188; AG Leipzig, DGVZ 2000, 190; AG Tostedt, DGVZ 2003, 62; wohl auch *Musielak/Voit/Voit*, § 802g Rn. 17. Eine richterliche Erlaubnis, nicht nur eine solche der Finanzbehörde, ist trotz § 289 AO auch erforderlich, wenn eine Verhaftung auf Antrag der Finanzbehörde erfolgt; denn es geht um die Durchsetzung eines richterlichen Haftbefehls, nicht um eine Vollstreckungshandlung der Finanzbehörde; a. A. insoweit (Erlaubnis der Finanzbehörde reicht): LG Düsseldorf, DGVZ 1997, 157.
89 *Siegel*, DGVZ 1987, 151; *Christmann*, DGVZ 1988, 91.
90 MüKo/*Eickmann*, § 909 Rn. 9.
91 Ausführlich: *Schuschke*, DGVZ 1997, 49 mit zahlreichen Nachweisen aus Lit. und Rspr. zum damaligen Meinungsstand.
92 Siehe auch § 802h Rdn. 5.

nen keine Verantwortung trägt, kann von ihm auch kein Vorschuss für deren Versorgung verlangt werden.[93] Der Gerichtsvollzieher muss den Schuldner nach der Verhaftung nicht aus Kostenersparnisgründen mit seinem eigenen Fahrzeug zur Haftanstalt bringen, sondern kann ein Fremdfahrzeug anmieten und vom Gläubiger hierzu einen Kostenvorschuss verlangen.[94]

3. Übergabe des Haftbefehls an den Schuldner

28 Der Gerichtsvollzieher muss dem Schuldner bei der Verhaftung den Haftbefehl in beglaubigter Abschrift übergeben (Abs. 2 Satz 2).[95] Eine förmliche Zustellung des Haftbefehls ist nicht erforderlich, auch nicht um die Rechtsmittelfrist in Gang zu setzen.[96] Ist der Haftbefehl dem Schuldner nicht bereits vorher auf Betreiben des Gläubigers zugestellt worden, so setzt das Vorzeigen des Haftbefehls die Frist der sofortigen Beschwerde gegen den Beschluss in Gang.[97]

4. Abwendung der Verhaftung

29 Der Schuldner kann die Verhaftung noch abwenden, wenn er die Summe, wegen der dem Gerichtsvollzieher der Haftauftrag erteilt worden war, bezahlt oder wenn er die Vermögensauskunft oder die noch nicht erfolgte eidesstattliche Versicherung freiwillig abgibt (§ 144 Abs. 3 GVGA). Dann entfällt der Zweck des Haftbefehls. Bezahlt er den gesamten Rest der titulierten Schuld, so ist der Haftbefehl verbraucht (§§ 757, 775, 776). Er ist dann nicht dem Gläubiger zurückzugeben, sondern zu den Gerichtsakten zu nehmen. War der Haftauftrag nur über einen Teil des Betrags, auf den der Haftbefehl lautet, erteilt, so hat nach Zahlung dieses Betrags die Verhaftung – mangels fortbestehenden Antrages – zu unterbleiben; der Haftbefehl ist dann aber nicht verbraucht.[98] Zahlt der Schuldner nur einen Teil des Betrags, dessen Nichtleistung Anlass für den Haftauftrag war, so kann der Gerichtsvollzieher nicht von sich aus die Verhaftung zurückstellen; bei einer bloßen Teilleistung ist ein Aufschub der Verhaftung vielmehr nur mit Einverständnis des Gläubigers gem. § 802b Abs. 2, 3 möglich. Der Gläubiger ist aber nicht gehindert, seinerseits den Haftauftrag in einem solchen Fall zurückzuziehen.[99] Denn der Gläubiger ist auch im Rahmen der §§ 802c ff. Herr des Vollstreckungsverfahrens. Ein Fall des § 802j Abs. 2 liegt insoweit nicht vor; zum einen war der Schuldner noch nicht verhaftet, zum anderen hat er die Antragsrücknahme durch sein Zutun, nämlich die Teilzahlung, erwirkt. Der Gläubiger kann einen neuen Verhaftungsantrag stellen, falls der Schuldner etwa vereinbarte Ratenzahlungen später nicht einhält.

5. Verfahren bei Vorliegen mehrerer Haftbefehle

30 Das Verfahren, wenn gegen einen bereits verhafteten Schuldner weitere Haftbefehle zu vollstrecken sind, regelt im Einzelnen § 146 GVGA. Der Schuldner kann, wenn er auch nur für einen der Gläubiger die Vermögensauskunft ableistet, den weiteren Vollzug der Haft auch durch die übrigen Gläubiger abwenden.[100]

---

93 AG Friedberg, DGVZ 1989, 175; a. A. für die Versorgung der Haustiere des Schuldners während der Zeit seiner Verhaftung: AG Oldenburg, DGVZ 1991, 174.
94 AG Frankfurt, DGVZ 1998, 15.
95 Diese Übergabe stellt keine die Gebühr nach GvKostG-KV Nr. 100 auslösende Zustellung dar: AG Westerburg, DGVZ 2003, 142; *Kessel*, DGVZ 2004, 51; *Winterstein*, DGVZ 2004, 54. A. A. (Gebühr entsteht): AG Northeim, DGVZ 2003, 14; *Blaskowitz*, DGVZ 2004, 55; *Winter*, DGVZ 2003, 137.
96 Siehe dazu schon Rdn. 14.
97 Siehe schon Rdn. 17.
98 Dazu schon Rdn. 9; LG Stade, DGVZ 1988, 28.
99 *Oerke*, DGVZ 1992, 130, 133 ff.; *Schilken*, DGVZ 1989, 33; *Zöller/Stöber*, § 802g Rn. 20; Bedenken hiergegen: *Wieser*, NJW 1988, 665 (Der Gläubiger könne dann die Drohung mit der Verhaftung dazu missbrauchen, den Schuldner zu Ratenzahlungen anzuhalten.); ähnlich: *Wieczorek/Schütze/Storz*, § 909 Rn. 4.
100 Siehe auch § 802i Rdn. 13.

6. Rechtsbehelfe

Dem Gläubiger steht gegen die Ablehnung der Verhaftung,[101] dem Schuldner gegen die Verhaftung die Erinnerung gem. § 766 zu.[102] Will sich der Schuldner gegen den der Verhaftung zu Grunde liegenden Haftbefehl wenden, muss er sofortige Beschwerde gem. § 793 einlegen,[103] soweit die Beschwerdefrist nicht bereits versäumt wurde.

IV. Gebühren

Für das Verfahren über den Antrag auf Erlass eines Haftbefehls fällt eine **Gerichtsgebühr** nach GKG-KV Nr. 2113 an (Stand Januar 2015: 20 Euro). Für den **Rechtsanwalt** gehört der Antrag auf Erlass eines Haftbefehls zu dem Verfahren auf Abgabe der Vermögensauskunft und löst daher nur dann eine 0,3-Verfahrensgebühr nach RVG-VV Nr. 3309 aus, wenn der Rechtsanwalt vorher im Vermögensauskunftsverfahren noch nicht eingeschaltet war und daher noch keine Gebühr angefallen ist. Der **Gerichtsvollzieher** erhält für die Verhaftung eine Festgebühr nach GvKostG-KV Nr. 270 (Stand Januar 2015: 39 Euro). Diese Gebühr fällt auch dann an, wenn der Schuldner zum anberaumten Termin zwar im Büro des Gerichtsvollziehers erscheint, dort aber erst nach seiner Verhaftung zur Abgabe der Vermögensauskunft bereit ist.[104]

V. ArbGG, VwGO, AO

1. ArbGG

§ 802g gilt auch bei der Vollstreckung aus **arbeitsgerichtlichen** Titeln (§§ 62 Abs. 2 Satz 1, 85 Abs. 1 Satz 3 ArbGG).

2. VwGO

Die Vollstreckung aus **Titeln nach § 168 VwGO** zugunsten der öffentlichen Hand richtet sich gem. § 169 Abs. 1 Satz 1 VwGO nach dem VwVG. Dieses verweist in § 5 auf die AO. Die Anordnung der Erzwingungshaft und die Verhaftung sind in § 284 Abs. 8 AO geregelt. Diese Vorschrift erklärt die §§ 802g bis 802j für entsprechend anwendbar (§ 284 Abs. 8 Satz 3 AO).

3. AO

Sollte die Vermögensauskunft vor dem Finanzamt als Vollstreckungsbehörde im Rahmen der **Abgabenvollstreckung** abgegeben werden (§ 284 Abs. 1–3 AO),[105] ist zum **Erlass der Haftanordnung** gem. § 284 Abs. 8 Satz 2 AO ebenfalls der Richter des Amtsgerichts zuständig. Hinsichtlich des Erlasses des Haftbefehls ist insoweit streitig, ob dem Richter der ordentlichen Gerichtsbarkeit die Prüfung der materiellen Voraussetzungen für die Anordnung der Erzwingungshaft entzogen ist und ob er nur die formelle Zulässigkeit des Ersuchens und gegebenenfalls die Verhältnismäßigkeit[106] prüfen darf,[107] oder ob das Amtsgericht die Voraussetzungen der Verpflichtung zur Abgabe der

---

101 Das gilt auch, wenn das Finanzamt als Vollstreckungsbehörde die Verhaftung betreibt, die der Gerichtsvollzieher ablehnt: AG Hannover, DGVZ 1997, 76.
102 *Musielak/Voit/Voit*, § 802g Rn. 19; *Wieczorek/Schütze/Storz*, § 909 Rn. 19; *Wieser*, Begriff und Grenzfälle der Zwangsvollstreckung, S. 79.
103 Siehe schon Rdn. 16 ff.
104 AG Aalen, DGVZ 2015, 24, 25.
105 Einzelheiten hierzu: *Tipke/Kruse*, Abgabenordnung/Finanzgerichtsordnung, Stand: Mai 2014, § 284 AO Rn. 1–16.
106 Dazu, dass das Amtsgericht die Verhältnismäßigkeit der Haftanordnung in jedem Fall selbstständig zu überprüfen hat: BVerfGE 83, 24, 34.
107 So etwa: LG Frankfurt, Rpfleger 1979, 74; OLG Köln, OLGZ 1994, 372; LG Detmold, Rpfleger 2001, 507; *Koch/Scholtz/Plewka*, 5. Aufl. 1996, § 284 AO Rn. 14.

eidesstattlichen Versicherung in vollem Umfange überprüfen muss.[108] Der letzteren Auffassung ist in Anbetracht der Schwere des in einer Verhaftung liegenden Grundrechtseingriffs der Vorzug zu geben. Art. 104 Abs. 2 GG erfordert eine eigenständige und vollumfängliche Prüfung durch den Richter, der eine Freiheitsentziehung anordnet. Lehnt das Amtsgericht die Haftanordnung ab, hat die Vollstreckungsbehörde hiergegen das Rechtsmittel der sofortigen Beschwerde zum Landgericht (§ 284 Abs. 8 Satz 7 AO). Gegen die Entscheidung des Beschwerdegerichts findet die Rechtsbeschwerde zum BGH statt (§ 284 Abs. 8 Satz 7 AO i. V. m. § 574), wenn das Beschwerdegericht sie zugelassen hat.

36 **Lehnt das Amtsgericht den Erlass des Haftbefehls ab**, hat das Finanzamt hiergegen das Rechtsmittel der sofortigen Beschwerde (§ 284 Abs. 8 Satz 7 AO i. V. m. § 567). Gegen die Entscheidung des Beschwerdegerichts findet nach den allgemeinen Regeln die Rechtsbeschwerde statt (§ 284 Abs. 8 Satz 7 AO i. V. m. § 574). Der Schuldner kann sich mit der sofortigen Beschwerde gegen den Erlass des Haftbefehls wehren, wenn er dies auch gegen einen von einem privaten Gläubiger beantragten Haftbefehl könnte.[109] Gegen die Entscheidung des Beschwerdegerichts steht ihm, falls sie durch das Landgericht zugelassen wurde, die Rechtsbeschwerde nach den allgemeinen Regeln des § 574 zu.[110]

37 Die **Verhaftung** aufgrund des Haftbefehls führt dann der Gerichtsvollzieher nach den Regeln der §§ 802g ff. durch (§ 284 Abs. 8 Satz 3 AO). Die Vollstreckungsbehörde kann die Verhaftung also nicht durch ihre eigenen Vollziehungsbeamten vornehmen lassen. Auf Wunsch des Schuldners hat der Gerichtsvollzieher nach der Verhaftung des Schuldners auch die eidesstattliche Versicherung nach den Regeln des § 802i abzunehmen, wenn der Sitz der Vollstreckungsbehörde nicht im Bezirk des Amtsgerichts liegt oder wenn die Abnahme der eidesstattlichen Versicherung durch die Vollstreckungsbehörde nicht möglich ist (§ 284 Abs. 8 Satz 6 AO).

---

108 So etwa OLG Köln, Rpfleger 2000, 461; LG Braunschweig, Rpfleger 2001, 506; LG Dresden, Rpfleger 1999, 501; LG Potsdam, Rpfleger 2000, 558.
109 Siehe insoweit oben Rdn. 16 ff.
110 Die gegenteilige Entscheidung des OLG Köln, OLGR 1997, 40 ist überholt.

§ 802h Unzulässigkeit der Haftvollstreckung

(1) Die Vollziehung des Haftbefehls ist unstatthaft, wenn seit dem Tag, an dem der Haftbefehl erlassen wurde, zwei Jahre vergangen sind.

(2) Gegen einen Schuldner, dessen Gesundheit durch die Vollstreckung der Haft einer nahen und erheblichen Gefahr ausgesetzt würde, darf, solange dieser Zustand dauert, die Haft nicht vollstreckt werden.

Übersicht	Rdn.		Rdn.
I. Überblick über den Inhalt der Norm...	1	4. Entsprechende Anwendung während der Haftzeit..................	9
II. Zwei-Jahres-Grenze für die Haftvollstreckung (Abs. 1)..................	2	5. Fortsetzung des Verfahrens..........	10
III. Haftaufschub bei Gesundheitsgefährdung (Abs. 2)..................	3	6. Rechtsbehelfe..................	11
1. Anwendungsbereich und Zweck der Norm..................	4	IV. Verhaftung von Parlamentariern, Mitgliedern von Schiffsbesatzungen, öffentlichen Bediensteten und Geistlichen..................	12
2. Prüfung der Haftfähigkeit durch den Gerichtsvollzieher..................	7	V. ArbGG, VwGO, AO..................	13
3. Folgen der Haftunfähigkeit..........	8		

Literatur:
Siehe die Angaben bei § 802a.

I. Überblick über den Inhalt der Norm

Die Norm ist durch Art. 1 Nr. 7 des Gesetzes zur Reform der Sachaufklärung in der Zwangsvollstreckung vom 29.7.2009[1] mit Wirkung zum 1.1.2013 eingefügt worden. Abs. 1 regelt die zeitlich begrenzte Wirksamkeit des Haftbefehls und hat den früheren § 909 Abs. 2 ersetzt. Abs. 2 entspricht dem zum 1.1.2013 aufgehobenen früheren § 906. 1

II. Zwei-Jahres-Grenze für die Haftvollstreckung (Abs. 1)

Der Gerichtsvollzieher muss den Verhaftungsauftrag zurückweisen, wenn der Haftbefehl älter als zwei Jahre ist (Abs. 1). Die in dem früheren § 909 Abs. 2 noch geregelte Drei-Jahres-Frist, nach deren Ablauf die Vollziehung eines Haftbefehls unstatthaft ist, wurde in § 802h Abs. 1 auf zwei Jahre verkürzt. Das entspricht der ebenfalls zwei Jahre betragenden Sperrwirkung einer bereits abgegebenen Vermögensauskunft in § 802d Abs. 1 Satz 1. Die Zwei-Jahres-Frist gilt auch dann, wenn der Haftbefehl noch nach altem Recht erwirkt wurde.[2] Die Frist berechnet sich nach § 222. Sie beginnt mit der Herausgabe des unterzeichneten Haftbefehls durch den Richter und wird durch den Haftantrag an den Gerichtsvollzieher gewahrt.[3] Für den Fristbeginn gelten die gleichen Überlegungen wie zu § 929 Abs. 2.[4] Durch diese Fristberechnung werden die Interessen von Gläubiger und Schuldner ausgewogen berücksichtigt.[5] 2

---

[1] BGBl. I 2009, 2258f., 2261. Zur Begründung des Gesetzentwurfs des Bundesrats BT-Drucks. 16/10069, S. 28.
[2] AG Mannheim, DGVZ 2013, 137.
[3] BGH, NJW 2006, 1290.
[4] Siehe § 929 Rdn. 9.
[5] Noch zu dem früheren § 909 Abs. 2: BGH, NJW 2006, 1290, 1291; zu § 802h: AG Stuttgart, DGVZ 2015, 23f.

III. Haftaufschub bei Gesundheitsgefährdung (Abs. 2)

3 Nach Abs. 2 wird die Vollziehung des Haftbefehls aufgeschoben, solange die Haftvollstreckung zu einer nahen und erheblichen Gefährdung der Gesundheit des Schuldners führen würde.

1. Anwendungsbereich und Zweck der Norm

4 Die Vorschrift ist **erst für die Verhaftung** von Bedeutung, nicht bereits für den Erlass des Haftbefehls[6] oder für die Frage, ob schon die Abgabe der Vermögensauskunft selbst für den Schuldner zu einer Gesundheitsgefährdung führen kann.[7] Sie ist Ausfluss des Grundsatzes der **Verhältnismäßigkeit in der Zwangsvollstreckung**.[8] Das Grundrecht des Schuldners aus Art. 2 Abs. 2 Satz 1 GG hat Vorrang vor den Vermögensinteressen des Gläubigers.[9] Insofern ist die Vorschrift auch eine Spezialregelung zu § 765a. Sie schließt aber nicht aus, dass im Einzelfall, wenn bloßer Haftaufschub nicht ausreicht, im Verfahren nach § 765a auch weitergehende Anordnungen getroffen werden.[10]

5 Wird durch die Verhaftung des Schuldners nicht dessen eigene Gesundheit unmittelbar bedroht, wohl aber die **Gesundheit einer anderen Person**, die der Schuldner betreut oder pflegt, so ist zwar § 802h Abs. 2 weder direkt noch analog einschlägig.[11] Der Gerichtsvollzieher ist aber als staatliches Organ verpflichtet, die berechtigten Interessen dieser Personen in der Weise zu berücksichtigen, dass er die zuständigen Behörden von dem Notstand informiert (Jugendamt, Sozialamt, Gesundheitsamt, Ordnungsbehörde usw.) und so lange wartet, bis die Versorgung dieser Personen gewährleistet ist.[12] Die genannten Ämter sind zur Amtshilfe verpflichtet; sie würden amtspflichtwidrig handeln, wenn sie durch Untätigkeit die Verhaftung des Schuldners vereiteln würden.

6 Ähnlich ist zu verfahren, wenn durch die Verhaftung des Schuldners **Tiere**, die sich in seiner Obhut befinden, gefährdet werden.[13] Auch hier hat der Gerichtsvollzieher durch Einschaltung der für den Tierschutz zuständigen Behörden oder – ohne dass der Gläubiger insoweit vorschusspflichtig wäre[14] – privater Tierschutzorganisationen sicherzustellen, dass nicht gegen die Gebote des Tierschutzes verstoßen wird.

2. Prüfung der Haftfähigkeit durch den Gerichtsvollzieher

7 Der Gerichtsvollzieher prüft die Haftfähigkeit des Schuldners von Amts wegen entweder durch eigene Wahrnehmung oder durch freie Würdigung einer ihm vorgelegten ärztlichen Bescheinigung. Er hat bei der Beurteilung der Haftfähigkeit strenge Maßstäbe anzulegen.[15] Es ist dabei Aufgabe des Schuldners, von sich aus den Nachweis der Haftunfähigkeit zu führen und auf eigene Kosten

---

[6] OLG Karlsruhe, MDR 1999, 567.
[7] AG Göppingen, JurBüro 2005, 551.
[8] OLG Köln, DGVZ 1995, 7. Zum Grundsatz der Verhältnismäßigkeit in der Zwangsvollstreckung siehe auch *Schuschke*, NJW 2006, 874 und DGVZ 2008, 33, 34.
[9] Hierzu grundsätzlich BVerfGE 52, 219, 220.
[10] Wie hier (noch zu dem früheren § 906): *Stein/Jonas/Münzberg*, § 906 Rn. 1; *Wieczorek/Schütze/Storz*, § 906 Rn. 2; noch enger (§ 765a »in den seltensten Fällen« anwendbar): Baumbach/Lauterbach/Hartmann, § 802h Rn. 5.
[11] Ebenso *Thomas/Putzo/Seiler*, § 802h Rn. 4; noch zu dem früheren § 906: *Wieczorek/Schütze/Storz*, § 906 Rn. 2.
[12] AG München, JurBüro 1977, 1789 mit Anm. *Mümmler*; LG Kleve, DGVZ 1987, 90; siehe auch § 144 Abs. 2 GVGA.
[13] *Thomas/Putzo/Seiler*, § 802h Rn. 4.
[14] A.A. insoweit zu dem früheren § 906: AG Oldenburg, DGVZ 1991, 174 (Gläubiger sei vorschusspflichtig).
[15] BT-Drucks. 16/10069, S. 28.

gegebenenfalls ein aussagekräftiges ärztliches Attest zu besorgen.[16] Auch ein schon etwas älteres ärztliches Attest kann als Nachweis der Haftfähigkeit noch geeignet sein, wenn sich aus ihm zwingend die dauernde Haftunfähigkeit des Schuldners ergibt.[17] Ein amtsärztliches Zeugnis kann nicht zwingend verlangt werden,[18] an die Aussagekraft privatärztlicher Bescheinigungen ist aber ein strenger Maßstab anzulegen.[19] Immer ist erforderlich, dass der eigene Augenschein oder die ärztliche Bescheinigung ergeben, dass die Verhaftung eine unmittelbare **erhebliche** Gesundheitsgefahr bedeuten würde. Unbedeutende gesundheitliche Nachteile muss der Schuldner in Kauf nehmen. Ist der Gerichtsvollzieher durch eigenen Augenschein zu der Überzeugung gekommen, der Schuldner sei haftfähig, so kann der Schuldner nicht verlangen, dass der Gerichtsvollzieher ihn zunächst einem Arzt vorführt, der die Haftunfähigkeit bescheinigen soll.[20] Die Haft muss unter normalen Bedingungen vollzogen werden können. Hält der Gerichtsvollzieher unter diesem Gesichtspunkt den Schuldner für haftunfähig erkrankt, darf er nicht deshalb die Verhaftung dennoch durchführen, weil die zuständige örtliche Justizvollzugsanstalt über ein Anstaltskrankenhaus verfügt, in dem der Schuldner untergebracht werden könnte.[21] Lehnt der Gerichtsvollzieher die Verhaftung ab, weil er den Schuldner für haftunfähig hält, muss er im Einzelnen im Protokoll darlegen, welche Feststellungen ihn zu dieser Entscheidung veranlasst haben.[22] Liegen Anhaltspunkte vor, wann der zur Haftunfähigkeit führende Zustand etwa behoben sein wird, ist auch dies im Protokoll zu vermerken.

3. Folgen der Haftunfähigkeit

Hat der Gerichtsvollzieher die Haftunfähigkeit des Schuldners festgestellt, so hat die Verhaftung schlechthin zu unterbleiben, nicht nur die Überführung des Schuldners in eine Justizvollzugsanstalt. Erklärt der Schuldner sich dem Gerichtsvollzieher gegenüber bereit, die eidesstattlich versicherte Vermögensauskunft trotz seiner Erkrankung in seiner Wohnung abzugeben, hat der Gerichtsvollzieher den Gläubiger hiervon zu verständigen und, wenn der Gerichtsvollzieher keine Zweifel an der Geschäftsfähigkeit des Schuldners hat, die Vermögensauskunft entgegenzunehmen.

4. Entsprechende Anwendung während der Haftzeit

§ 802h Abs. 2 ist entsprechend anzuwenden, wenn sich die Haftunfähigkeit erst während der Haft herausstellt. Die Entscheidung trifft dann nicht mehr der Gerichtsvollzieher, sondern das Vollstreckungsgericht. Auch in diesem Fall kommt eine Verlegung in das Anstaltskrankenhaus grundsätzlich nicht in Betracht, sondern nur die Anordnung eines vorläufigen Haftaufschubs. Eine Ausnahme gilt nur für eine akute Notversorgung. Liegt ein solcher Fall nicht vor, ist der Schuldner aus der Haft zu entlassen.

---

16 OLG Frankfurt, MDR 1969, 150; LG Göttingen, DGVZ 1981, 10; LG Lübeck, DGVZ 2008, 126; **a.A.** (der Gerichtsvollzieher müsse seinerseits ein oder gar mehrere Atteste einholen): LG Hannover, DGVZ 1990, 59.
17 LG Aachen, DGVZ 1999, 43.
18 LG Hannover, DGVZ 1982, 119; AG Bensheim, DGVZ 2004, 76; AG Salzgitter-Salder, JurBüro 1965, 1018; *Musielak/Voit/Voit*, § 802h Rn. 5; *Zöller/Stöber*, § 802h Rn. 3; a. A. (amtsärztliches Attest erforderlich, wenn der Gerichtsvollzieher nicht selbst entscheiden kann): *Thomas/Putzo/Seiler*, § 802h Rn. 6; *Midderhoff*, DGVZ 1982, 81.
19 LG Kassel, DGVZ 1975, 169; LG Düsseldorf, DGVZ 1980, 38; OLG Hamm, DGVZ 1983, 137; LG Frankenthal, AnwBl 1985, 792; LG Braunschweig, DGVZ 1989, 28.
20 AG Hochheim, DGVZ 1981, 15.
21 AG Wuppertal, DGVZ 1977, 30; LG Coburg, DGVZ 1989, 95; OLG Bamberg, DGVZ 1990, 39; *Thomas/Putzo/Seiler*, § 802h Rn. 6.
22 LG Berlin, DGVZ 1975, 167.

5. Fortsetzung des Verfahrens

10 Die Gewährung von Haftaufschub verbraucht weder den Haftbefehl noch den Verhaftungsauftrag an den Gerichtsvollzieher. Der Gerichtsvollzieher muss also von sich aus zu gegebener Zeit eine neue Verhaftung versuchen, wenn der Gläubiger nicht den Auftrag ausdrücklich zurückzieht.

6. Rechtsbehelfe

11 Der Gläubiger hat gegen die Gewährung von Haftaufschub, der Schuldner gegen ihre Versagung die Erinnerung gem. § 766. Auch das Vollstreckungsgericht hat im Rahmen der Prüfung der Begründetheit der Erinnerung nicht von Amts wegen eine Untersuchung des Schuldners anzuordnen, sondern nur die ihm vorliegenden Atteste und Bescheinigungen zu würdigen. Es muss diese Überprüfung allerdings selbstständig durchführen und darf sich nicht darauf beschränken, die Entscheidung des Gerichtsvollziehers auf Ermessensfehler hin zu untersuchen.[23] Deshalb können dem Vollstreckungsgericht auch neue ärztliche Bescheinigungen vorgelegt werden, die der Gerichtsvollzieher nicht kannte.

IV. Verhaftung von Parlamentariern, Mitgliedern von Schiffsbesatzungen, öffentlichen Bediensteten und Geistlichen

12 Die aufgehobene frühere Regelung in § 904 Nr. 1, 3 über die Unzulässigkeit der Verhaftung von Parlamentariern und Mitgliedern einer auf hoher See befindlichen Schiffsbesatzung hat der Gesetzgeber in den seit 1.1.2013 geltenden § 802h nicht übernommen. Die Verhaftung von Mitgliedern des Deutschen Bundestags darf schon nach Art. 46 Abs. 3 GG nur mit Genehmigung des Deutschen Bundestags vollzogen werden, und nach Art. 46 Abs. 4 GG ist die Haft auf Verlangen des Deutschen Bundestags zu unterbrechen. Für Mitglieder in den Länderparlamenten gibt es entsprechende Vorschriften auf Landesebene. Eine besondere Regelung für Schiffsbesatzungsmitglieder erschien dem Gesetzgeber entbehrlich.[24] Ebenfalls nicht übernommen wurde die noch bis zum 31.12.2012 in § 910 geregelte Anzeigepflicht von der Verhaftung öffentlicher Bediensteter und Geistlicher. Die Vorschrift hatte sich als praktisch bedeutungslos erwiesen.

V. ArbGG, VwGO, AO

13 § 802h gilt auch für die Verhaftung im Rahmen der Vollstreckung aus arbeitsgerichtlichen Titeln (§§ 62 Abs. 2 Satz 1, 85 Abs. 1 Satz 3 ArbGG) und bei der Vollstreckung nach der VwGO (§ 284 Abs. 8 Satz 3 AO, auf den § 169 VwGO i. V. m. § 5 VwVG verweisen). § 284 Abs. 8 Satz 3 AO erklärt die §§ 802g bis 802j für entsprechend anwendbar.[25]

---

23 OLG Köln, DGVZ 1995, 7; *Zöller/Stöber*, § 802h Rn. 5; **a. A.** (nur Ermessensüberprüfung): LG Düsseldorf, DGVZ 1981, 171; LG Hannover, DGVZ 1982, 119.
24 BT-Drucks. 16/10069, S. 28.
25 Siehe schon § 802g Rdn. 34 ff.

§ 802i Vermögensauskunft des verhafteten Schuldners

(1) ¹Der verhaftete Schuldner kann zu jeder Zeit bei dem Gerichtsvollzieher des Amtsgerichts des Haftortes verlangen, ihm die Vermögensauskunft abzunehmen. ²Dem Verlangen ist unverzüglich stattzugeben; § 802f Abs. 5 gilt entsprechend. ³Dem Gläubiger wird die Teilnahme ermöglicht, wenn er dies beantragt hat und seine Teilnahme nicht zu einer Verzögerung der Abnahme führt.

(2) ¹Nach Abgabe der Vermögensauskunft wird der Schuldner aus der Haft entlassen. ²§ 802f Abs. 5 und 6 gilt entsprechend.

(3) ¹Kann der Schuldner vollständige Angaben nicht machen, weil er die erforderlichen Unterlagen nicht bei sich hat, so kann der Gerichtsvollzieher einen neuen Termin bestimmen und die Vollziehung des Haftbefehls bis zu diesem Termin aussetzen. ²§ 802f gilt entsprechend; der Setzung einer Zahlungsfrist bedarf es nicht.

Übersicht

		Rdn.			Rdn.
I.	Überblick über den Inhalt der Norm...	1	IV.	Haftaussetzung zur Besorgung von Unterlagen (Abs. 3)	8
II.	Recht des verhafteten Schuldners auf jederzeitige Abnahme der Vermögensauskunft (Abs. 1)	2	V.	Rechtsbehelfe....................	10
1.	Zuständigkeit und Verfahren des Gerichtsvollziehers	3	VI.	Freiwillige Vermögensauskunft vor der Verhaftung......................	12
2.	Verständigung des Gläubigers und Einräumung der Teilnahmemöglichkeit	4	VII.	Konkurrierende Auskunftsverfahren mehrerer Gläubiger	13
III.	Haftentlassung des Schuldners (Abs. 2) .	5	VIII.	Gebühren.......................	14
			IX.	ArbGG, VwGO, AO	15

Literatur:
Siehe die Angaben bei § 802a.

I. Überblick über den Inhalt der Norm

Die zum 1.1.2013 in Kraft getretene Vorschrift[1] entspricht dem gleichzeitig aufgehobenen früheren § 902. Sie befasst sich mit der Frage, wie zu verfahren ist, wenn der bereits verhaftete Schuldner zur Abgabe der Vermögensauskunft bereit ist. Nach Abs. 1 kann der verhaftete Schuldner jederzeit die Abnahme der Vermögensauskunft verlangen. Nach deren Abgabe ist er gem. Abs. 2 aus der Haft zu entlassen. Nach Abs. 3 kann der Gerichtsvollzieher die Haft aussetzen und einen neuen Termin bestimmen, wenn der Schuldner sich für die Abgabe der Vermögensauskunft noch Unterlagen besorgen muss.

II. Recht des verhafteten Schuldners auf jederzeitige Abnahme der Vermögensauskunft (Abs. 1)

Der verhaftete Schuldner kann zu jeder Zeit verlangen, dass ihm die bisher verweigerte Vermögensauskunft abgenommen wird. 2

1. Zuständigkeit und Verfahren des Gerichtsvollziehers

Adressat des Verlangens ist der im Amtsgerichtsbezirk des Haftortes zuständige Gerichtsvollzieher. 3 Dieser muss dem Verlangen unverzüglich, also ohne schuldhaftes Zögern (vgl. § 121 BGB) stattgeben und gem. § 802f Abs. 5 nach den Angaben des Schuldners eine Aufstellung der nach § 802c Abs. 1, 2 erforderlichen Angaben als elektronisches Dokument (Abs. 1 Satz 2) errichten. Abs. 1 Satz 1 ist insoweit missverständlich formuliert, als er an den verhafteten Schuldner anknüpft. Der

---

[1] Eingefügt durch Art. 1 Nr. 7 des Gesetzes zur Reform der Sachaufklärung in der Zwangsvollstreckung vom 29.7.2009, BGBl. I 2009, 2258 f., 2261. Zur Begründung des Gesetzentwurfs des Bundesrats BT-Drucks. 16/10069, S. 28 f.

Schuldner kann nicht erst ab seiner Einlieferung in die Haftanstalt, sondern schon sogleich bei seiner Verhaftung verlangen, dass ihm umgehend die Vermögensauskunft abgenommen werde.[2] Ab Einlieferung in die Haftanstalt ändert sich nur möglicherweise die Zuständigkeit: Verlangt der Schuldner sofort bei seiner Verhaftung, umgehend die Vermögensauskunft abgeben zu dürfen, ist für die Abnahme der verhaftende Gerichtsvollzieher zuständig,[3] der den Schuldner dann erst gar nicht in die Haftanstalt einliefert. Stellt der Schuldner sein Verlangen erst nach Einlieferung in die Haftanstalt, ist nunmehr der Gerichtsvollzieher des Amtsgerichts am Haftort zuständig. Die dargestellte Differenzierung trägt der ratio legis Rechnung, dem Schuldner den Aufenthalt in der Haftanstalt möglichst zu ersparen, sobald er zur Vermögensauskunft bereit ist.

2. Verständigung des Gläubigers und Einräumung der Teilnahmemöglichkeit

4 Der Gerichtsvollzieher hat vor der Abnahme der Vermögensauskunft sofort den Gläubiger zu verständigen und ihm Gelegenheit zur Teilnahme zu geben, falls dieser nicht vorab hierauf verzichtet hat und seine Teilnahme ohne Verzögerung der Vermögensauskunft möglich ist (**Abs. 1 Satz 3**). Um eine mögliche spätere Ergänzungsversicherung von vornherein abzuwenden, kann der Auskunftstermin um eine kurze Zeit – allenfalls einige Stunden – hinausgeschoben werden, damit der Gläubiger Zeit zur Anreise erhält.[4] Die Teilnahme des Gläubigers am Termin dient objektiv auch dem Interesse des Schuldners. Dies sollte bei der Prüfung berücksichtigt werden, ob die Versicherung noch ohne Verzug erfolgt, wenn eine gewisse Zeit auf den anreisenden Gläubiger gewartet werden muss. Wird Satz 3 interessengerecht gehandhabt, lässt sich entgegen vielfachen Bedenken[5] die Teilnahme des Gläubigers am Termin durchaus realisieren.[6] Wird die mögliche Verständigung des Gläubigers versäumt und ihm dadurch keine Gelegenheit zu Nachfragen an den Schuldner gegeben, so liegt hierin eine Amtspflichtverletzung,[7] die zur Schadensersatzverpflichtung des Fiskus führen kann.

III. Haftentlassung des Schuldners (Abs. 2)

5 Hat der Schuldner die Vermögensauskunft abgegeben, so ordnet der Gerichtsvollzieher des Haftorts (§ 145 Abs. 5 Satz 1, 2 GVGA)[8] die Entlassung des Schuldners aus der Haft an; denn mit der Abgabe des Vermögensverzeichnisses ist der Zweck der Haft erreicht. Dies ist im Terminprotokoll zu vermerken.[9] Der Schuldner erhält eine Abschrift dieses Terminprotokolls, deren Vorlage ihn gem. § 776 analog vor einer erneuten Verhaftung in dieser Sache schützt, da sie den Verbrauch des Haftbefehls beweist. Es bedarf deshalb keiner ausdrücklichen Aufhebung des Haftbefehls durch Beschluss;[10] auch andere verbrauchte Titel werden ja nicht aufgehoben.

6 Der Gläubiger ist über die Haftentlassung formlos zu informieren, ebenso die Haftanstalt, falls die Vermögensauskunft nicht in der Haftanstalt erfolgte. Hat der Gerichtsvollzieher des Amtsgerichts

---

2 PG/*Meller-Hannich*, § 802i Rn. 2.
3 *Gilleßen/Polzius*, DGVZ 1998, 97, 111; *Musielak/Voit/Voit*, § 802i Rn. 2; PG/*Meller-Hannich*, § 802i Rn. 2; *Zöller/Stöber*, § 802i Rn. 2.
4 *Behr*, Rpfleger 1988, 1, 6; *Musielak/Voit/Voit*, § 802i Rn. 5; PG/*Meller-Hannich*, § 802i Rn. 2; *Stein/Jonas/Münzberg*, § 902 Rn. 3; *Thomas/Putzo/Seiler*, § 802i Rn. 6; *Wieczorek/Schütze/Storz*, § 902 Rn. 13; *Zöller/Stöber*, § 802i Rn. 5. Eine feste Zeitgrenze, wie viele Stunden maximal zugewartet werden kann, lässt sich nicht festlegen. Entscheidend sind die Umstände des Einzelfalls: LG Oldenburg, InVo 2004, 121. Enger allerdings (maximal 2 Stunden): MüKo/*Eickmann*, § 902 Rn. 6.
5 *Behr*, JurBüro 1998, 231, 234; *Schilken*, Rpfleger 1994, 138, 148.
6 *Gilleßen/Polzius*, DGVZ 1998, 97, 111.
7 BGHZ 7, 287.
8 *Gilleßen/Polzius*, DGVZ 1998, 97, 111; *Musielak/Voit/Voit*, § 802i Rn. 8; *Zöller/Stöber*, § 802i Rn. 7.
9 PG/*Meller-Hannich*, § 802i Rn. 3.
10 *Musielak/Voit/Voit*, § 802i Rn. 9; PG/*Meller-Hannich*, § 802i Rn. 3; *Zöller/Stöber*, § 802i Rn. 7; **a. A.** (im Hinblick auf § 776 Satz 2): *Stein/Jonas/Münzberg*, § 902 Rn. 6.

am Sitz der Haftanstalt die Entlassung verfügt, so übersendet er anschließend das Protokoll des Vermögensauskunftstermins nebst Vermögensverzeichnis an den einliefernden Gerichtsvollzieher, da dieser wieder für das weitere Verfahren zuständig ist.[11] Er hat insbesondere das in elektronischer Form errichtete Vermögensverzeichnis bei dem nach § 802k zuständigen zentralen Vollstreckungsgericht zu hinterlegen und dem Gläubiger eine Abschrift davon zuzuleiten (Abs. 2 Satz 2, § 802f Abs. 5, 6).

Mit der Haftentlassung ist der Haftbefehl verbraucht.[12] Der Gläubiger kann nicht mehr auf ihn zurückgreifen, wenn er später eine Nachbesserung der nach der Verhaftung abgegebenen eidesstattlichen Versicherung wünscht.

IV. Haftaussetzung zur Besorgung von Unterlagen (Abs. 3)

Der Schuldner kommt seiner Auskunftsverpflichtung nur dann nach, wenn er das Vermögensverzeichnis vollständig ausfüllt oder die Fragen gem. §§ 836 Abs. 3, 883 Abs. 2 beantwortet, nicht aber, wenn er einen Teil der Antworten verweigert. Gibt er auch nach Belehrung keine vollständige Auskunft, ist der Termin als erfolglos abzubrechen und die Haft fortzusetzen. Kann der Schuldner einen Teil der Fragen augenblicklich nur mangels entsprechender Unterlagen nicht beantworten, verspricht er aber, seine Angaben nach Einsicht in die Unterlagen zu ergänzen, so gestattet es Abs. 3 ausdrücklich, dass der Gerichtsvollzieher den Vollzug des Haftbefehls aussetzt und einen neuen, möglichst zeitnahen[13] Termin zur Abgabe der eidesstattlich versicherten Vermögensauskunft bestimmt. Hinsichtlich der Ladung zu dem neuen Termin gelten § 802f Abs. 1 Satz 2, Abs. 4 entsprechend: Nur der Schuldner – und zwar er persönlich, nicht sein Verfahrensbevollmächtigter – ist zu diesem Termin förmlich zu laden.[14] Dem Gläubiger ist der Termin lediglich mitzuteilen. Der Termin ist von demjenigen Gerichtsvollzieher zu bestimmen und durchzuführen, vor dem der Schuldner mit der bisher unvollständigen Vermögensauskunft begonnen hatte, also auch von dem Gerichtsvollzieher am Sitz der Haftanstalt.[15] Die Regelung ist insoweit unpraktisch, als der Schuldner nun möglicherweise zahlreiche Unterlagen zum Sitz des Gerichtsvollziehers des Haftorts schaffen oder umgekehrt sich dieser Gerichtsvollzieher in die Geschäftsräume des Schuldners außerhalb seines Geschäftsbereichs begeben muss. Für das Verfahren zur Abnahme der Vermögensauskunft gilt § 802f entsprechend; lediglich die Setzung einer Zahlungsfrist von zwei Wochen (§ 802f Abs. 1 Satz 1) ist nicht erforderlich (Abs. 3 Satz 2).

Bei der Vorschrift handelt es sich um eine Kann-Vorschrift. Die Aussetzung und Vertagung steht im **pflichtgemäßen Ermessen des Gerichtsvollziehers**.[16] Bei der Ausübung des Ermessens sind die Glaubhaftigkeit der Schuldnerangaben zu angeblich vorhandenen Unterlagen und etwaige Anhaltspunkte für Missbrauchs- und Verzögerungsabsichten des Schuldners zu berücksichtigen. Der Gerichtsvollzieher wird von einer Aussetzung absehen, wenn die Gefahr des Untertauchens des Schuldners besteht. Hierfür können die Umstände der Verhaftung Indizien hergeben. Der Haftbefehl bleibt im Fall der Aussetzung der Verhaftung in Kraft.[17] Erscheint der Schuldner zum neuen Termin nicht oder weigert er sich nunmehr, eine vollständige Erklärung abzugeben, ist der Haftbefehl zu vollziehen.[18]

---

11 § 145 Abs. 7 GVGA; *Gilleßen/Polzius*, DGVZ 1998, 97, 111; **a. A.** (auch dies sei Aufgabe des Gerichtsvollziehers des Haftorts): *Zöller/Stöber*, § 802i Rn. 7.
12 *Musielak/Voit/Voit*, § 802i Rn. 9; *Thomas/Putzo/Seiler*, § 802i Rn. 7.
13 *Zöller/Stöber*, § 802i Rn. 8 hält einen Termin spätestens am nächsten Tag für angemessen.
14 Zweckmäßigerweise geschieht dies, um keine Zeit zu verlieren, sofort bei der Vertagung.
15 *Gilleßen/Polzius*, DGVZ 1998, 97, 112.
16 *Musielak/Voit/Voit*, § 802i Rn. 6; *Zöller/Stöber*, § 802i Rn. 9.
17 *Musielak/Voit/Voit*, § 802i Rn. 6; *Zöller/Stöber*, § 802i Rn. 10.
18 *Musielak/Voit/Voit*, § 802i Rn. 6; *Zöller/Stöber*, § 802i Rn. 10.

V. Rechtsbehelfe

10 Der **Gläubiger** kann gegen die Anordnung der Haftentlassung, solange der Schuldner noch nicht entlassen ist, Erinnerung einlegen (§ 766).[19] Ist der Schuldner bereits entlassen, weil eine – für den Gerichtsvollzieher nicht erkennbar unvollständige – Vermögensauskunft vorliegt, so ist der Haftbefehl zunächst verbraucht. Der Gläubiger muss das Verfahren der Ergänzungsversicherung betreiben. Falls noch keine Versicherung abgegeben und die Verhaftung nur gegen den Willen des Gläubigers vertagt worden war, kann er aus dem dann nicht verbrauchten Haftbefehl erneut vollstrecken. Wird die Herausgabe abgelehnt, so kann der Gläubiger hiergegen mit der Erinnerung gem. § 766 vorgehen.

11 Der **Schuldner** kann die Ablehnung der Haftentlassung mit der Erinnerung gem. § 766 anfechten.[20] Gegen die nicht unverzügliche Festsetzung eines Auskunftstermins (z. B. der Gerichtsvollzieher terminiert mit Rücksicht auf den anreisenden Gläubiger erst auf den nächsten Vormittag) steht ihm ebenfalls die Erinnerung gem. § 766 zu.

VI. Freiwillige Vermögensauskunft vor der Verhaftung

12 Erfährt der Schuldner vor seiner Verhaftung vom Haftbefehl und will er durch freiwillige Abgabe der Vermögensauskunft seiner Verhaftung zuvorkommen, so kann er beim nach § 802e zuständigen Gerichtsvollzieher jederzeit selbst Anberaumung eines Termins beantragen. Die Vorlage der Ladung zu diesem Termin bzw. (wenn wegen der Kurzfristigkeit der Terminierung eine schriftliche Ladung nicht herausgehen kann) die Bestätigung der Terminanberaumung schützt den Schuldner dann vorläufig vor einer Verhaftung, da für eine Vollstreckung der Haftanordnung bis zu diesem Termin das Rechtsschutzinteresse fehlt. Der Gläubiger muss zu dem auf Antrag des Schuldners anberaumten Termin geladen werden.

VII. Konkurrierende Auskunftsverfahren mehrerer Gläubiger

13 Betreiben mehrere Gläubiger aus unterschiedlichen Titeln das Vermögensauskunftsverfahren gegen denselben Schuldner und hat nur einer von ihnen die Verhaftung des Schuldners erwirkt, so kann der Schuldner dennoch verlangen, dass ihm die Vermögensauskunft nicht für diesen Gläubiger, sondern für einen der anderen abgenommen werde. In diesem Fall sind sowohl der Gläubiger, für den die Auskunft abgegeben werden soll, als auch der Gläubiger, der die Verhaftung erwirkt hatte, rechtzeitig von dem Vermögensauskunftstermin zu verständigen. Der Schuldner ist nach Abgabe der Vermögensauskunft nicht von Amts wegen gem. Abs. 2 Satz 1 aus der Haft zu entlassen, falls der Gläubiger, der die Verhaftung erwirkt hat, nicht zustimmt. Der Haftbefehl ist vielmehr erst auf die sofortige Beschwerde des Schuldners aufzuheben, da seine Voraussetzungen nunmehr entfallen sind. Das Vollstreckungsgericht kann den Haftbefehl gem. § 570 Abs. 2 einstweilen außer Vollzug setzen, bis das Beschwerdegericht entschieden hat.[21] Geschieht dies, ist sogleich auch die Haftentlassung des Schuldners zu veranlassen.

VIII. Gebühren

14 Für den Gerichtsvollzieher fällt für die Abnahme der eidesstattlich versicherten Vermögensauskunft die Festgebühr nach GvKostG-KV Nr. 260 an (Stand Januar 2015: 33 Euro).

IX. ArbGG, VwGO, AO

15 § 802i gilt auch bei der Vollstreckung aus arbeitsgerichtlichen Titeln (§§ 62 Abs. 2 Satz 1, 85 Abs. 1 Satz 3 ArbGG). Die Verwaltungsvollstreckung zugunsten der öffentlichen Hand richtet sich gem.

---

[19] *Stein/Jonas/Münzberg*, § 902 Rn. 12.
[20] Ebenso *Musielak/Voit/Voit*, § 802i Rn. 8.
[21] Siehe § 802g Rdn. 16.

§ 169 VwGO nach § 5 VwVG, der u. a. auf § 284 AO verweist. Hat der Gerichtsvollzieher die Verhaftung in einer Steuersache durchgeführt, tritt für das weitere Verfahren hinsichtlich der Abnahme der eidesstattlich versicherten Vermögensauskunft an die Stelle des Gerichtsvollziehers das zuständige Finanzamt/Hauptzollamt und dessen insoweit zuständiger Beamter als Vollstreckungsbehörde (§ 284 Abs. 5 AO).[22] Findet die Verhaftung zu einer Zeit statt, zu der der zuständige Beamte des Finanzamts nicht erreichbar ist, so ist der Verhaftete zunächst in die Justizvollzugsanstalt einzuliefern.[23] Befindet sich der Sitz der Vollstreckungsbehörde nicht im Bezirk des Amtsgerichts des Haftortes oder ist die Abnahme der Vermögensauskunft durch die Behörde derzeit nicht möglich, wohl aber durch den Gerichtsvollzieher, so ist die Vermögensauskunft durch diesen abzunehmen, wenn der Schuldner dies beantragt (§ 284 Abs. 8 Satz 6 AO).

---

22 § 145 Abs. 3 Satz 3 GVGA.
23 § 145 Abs. 3 Satz 4 GVGA.

§ 802j Dauer der Haft; erneute Haft

(1) ¹Die Haft darf die Dauer von sechs Monaten nicht übersteigen. ²Nach Ablauf der sechs Monate wird der Schuldner von Amts wegen aus der Haft entlassen.

(2) Gegen den Schuldner, der ohne sein Zutun auf Antrag des Gläubigers aus der Haft entlassen ist, findet auf Antrag desselben Gläubigers eine Erneuerung der Haft nicht statt.

(3) Ein Schuldner, gegen den wegen Verweigerung der Abgabe der Vermögensauskunft eine Haft von sechs Monaten vollstreckt ist, kann innerhalb der folgenden zwei Jahre auch auf Antrag eines anderen Gläubigers nur unter den Voraussetzungen des § 802d von neuem zur Abgabe einer solchen Vermögensauskunft durch Haft angehalten werden.

Übersicht	Rdn.			Rdn.
I. Überblick über den Inhalt der Norm	1	IV.	Wiederholte Verhaftung nach Ablauf der Höchstfrist (Abs. 3)	9
II. Dauer der Haft (Abs. 1)	2	1.	Zweck und Voraussetzungen	9
III. Erneute Haft nach Entlassung (Abs. 2)	5	2.	Rechtsbehelfe	10
1. Zweck und Voraussetzungen der Vorschrift	6	V.	**ArbGG, VwGO, AO**	11
2. Verbrauch des Haftbefehls	7			

Literatur:
Paul, Die Berechnung der Höchstdauer der Erzwingungshaft bei mehreren Haftbefehlen wegen Nichtabgabe der eidesstattlichen Versicherung, Rpfleger 2013, 250.
Siehe außerdem die Angaben bei § 802a.

I. Überblick über den Inhalt der Norm

1   Die Vorschrift wurde durch Art. 1 Nr. 7 des Gesetzes zur Reform der Sachaufklärung in der Zwangsvollstreckung vom 29.7.2009[1] mit Wirkung zum 1.1.2013 eingefügt. Abs. 1 ist an die Stelle des zeitgleich aufgehobenen früheren § 913 getreten und regelt die höchstzulässige Dauer der Haft. Abs. 2 übernimmt wörtlich die Regelung des früheren § 911 über die erneute Haftanordnung nach Haftentlassung. Abs. 3 entspricht im Wesentlichen dem früheren § 914 über die wiederholte Verhaftung.

II. Dauer der Haft (Abs. 1)

2   Die Beugehaft darf nach Abs. 1 höchstens sechs Monate dauern. Auch wenn der Schuldner bis zum Ablauf dieser Frist kein vollständiges Vermögensverzeichnis abgegeben hat, ist er nach Fristablauf von Amts wegen aus der Haft zu entlassen.

3   Die Vorschrift gilt nur für die aufgrund ein und desselben Haftbefehls gegen den Schuldner vollstreckte Haft. Vollstreckt ein Gläubiger hintereinander aus mehreren Titeln und erreicht er mehrfach die Anordnung eines Vermögensauskunftsverfahrens gegen den Schuldner, so gilt nur die Beschränkung des Abs. 3.[2] Erst recht ist die Vorschrift nicht anwendbar, wenn mehrere Gläubiger unabhängig voneinander Haftanordnungen gegen den Schuldner erwirkt haben.[3] Auch dann ist nur die Schonfrist des Abs. 3 zu beachten.[4]

---

1   BGBl. I 2009, 2258 f., 2261. Zur Begründung des Gesetzentwurfs des Bundesrats BT-Drucks. 16/10069, S. 29.
2   OLG Celle, OLGR 1999, 212; *Wieczorek/Schütze/Storz*, § 913 Rn. 4.
3   A.A. (jedenfalls bei gleichzeitiger Vollstreckung darf die Sechs-Monats-Haftdauer insgesamt nicht überschritten werden): AG und LG Lüneburg, DGVZ 1999, 43.
4   *Wieczorek/Schütze/Storz*, § 913 Rn. 4.

Die Haftdauer ist vom Leiter der Justizvollzugsanstalt selbstständig zu prüfen.[5] Nach Ablauf der 4
Sechs-Monats-Frist entlässt er den Schuldner von Amts wegen, ohne dass es einer Anordnung des
Vollstreckungsgerichts bedürfte. Beachtet er den Fristablauf aber nicht, kann der Schuldner Erinnerung gem. § 766 einlegen mit dem Ziel, dass nunmehr das Vollstreckungsgericht die Entlassung
anordnet. Den gleichen Rechtsbehelf hat der Gläubiger, falls der Schuldner zu Unrecht zu früh
entlassen wird.

III. Erneute Haft nach Entlassung (Abs. 2)

Wenn der Schuldner auf Antrag des Gläubigers aus der Haft entlassen wurde, kann er auf Antrag 5
desselben Gläubigers nicht erneut verhaftet werden.

1. Zweck und Voraussetzungen der Vorschrift

Die Vorschrift soll Willkürmaßnahmen des Gläubigers verhindern. Sie gilt nicht, wenn die Haft- 6
entlassung ohne Veranlassung des Gläubigers von Amts wegen erfolgte, ferner nicht, wenn der
Gläubiger die Haftentlassung auf Veranlassung des Schuldners hin beantragte. Auf einem »Zutun«
des Schuldners beruht der Haftentlassungsantrag des Gläubigers dann, wenn der Schuldner hierfür
Teilzahlungen auf die titulierte Schuld geleistet[6] oder jedenfalls versprochen hat.[7] Durch eine vom
Schuldner veranlasste Haftunterbrechung wird der Haftbefehl nicht verbraucht, bis die Schuld,
deretwegen er ergangen ist, tatsächlich getilgt wurde.

2. Verbrauch des Haftbefehls

Erfolgt die Haftentlassung ohne Zutun des Schuldners auf Antrag des Gläubigers, so ist der Haftbefehl verbraucht. Er darf dem Gläubiger nicht zurückgegeben werden, sondern ist zu den Gerichtsakten zu nehmen. Es darf dann wegen dieser Schuld auch kein neuer Haftbefehl (§ 802g) zugunsten dieses Gläubigers erlassen werden. Dem Abs. 2 steht aber nicht entgegen, dass derselbe Gläubiger wegen einer anderen titulierten Schuld in einem neuen Vermögensauskunftsverfahren – soweit dessen Voraussetzungen nach den allgemeinen Regeln vorliegen – erneut eine Haftanordnung gegen den Schuldner erwirkt und daraus die Verhaftung betreibt.[8] Gleiches gilt aber auch für die Verhaftung in einem erst nach der Entlassung möglich gewordenen Nachbesserungsverfahren. 7

Liegen mehrere Haftbefehle verschiedener Gläubiger vor und bewilligt nur einer die Haftentlassung, so bleibt der Schuldner ohne Weiteres in Haft. 8

IV. Wiederholte Verhaftung nach Ablauf der Höchstfrist (Abs. 3)

1. Zweck und Voraussetzungen

Die Vorschrift ergänzt § 802d. Ist der Schuldner bereits durch Vollstreckung von sechs Monaten 9
Haft zur Abgabe der Versicherung angehalten worden und liegen seit der letzten Haftentlassung
nicht mehr als zwei Jahre, so darf auf Antrag desselben oder eines anderen Gläubigers eine neue
Haft grundsätzlich nicht angeordnet werden. Eine Ausnahme gilt nur, wenn der Gläubiger Tatsachen glaubhaft macht, die auf eine wesentliche Veränderung der Vermögensverhältnisse des Schuldners schließen lassen (späterer Vermögenserwerb, Auflösung eines bisherigen Arbeitsverhältnisses).
Dann ist der Schuldner nämlich gem. § 802d Abs. 1 zur vorzeitigen erneuten Vermögensauskunft
verpflichtet, und er ist auch nicht vor einer wiederholten Verhaftung vor Ablauf der Zwei-Jahres-
Frist geschützt. Die Sperre von zwei Jahren gilt auch für die Vollstreckung eines bereits vor der

---

[5] PG/*Meller-Hannich*, § 802j Rn. 2. Kritisch zu dieser Zuständigkeitsregelung *Paul*, Rpfleger 2013, 250, 253.
[6] *Zöller/Stöber*, § 802j Rn. 3.
[7] PG/*Meller-Hannich*, § 802j Rn. 3; *Thomas/Putzo/Seiler*, § 802j Rn. 2.
[8] *Zöller/Stöber*, § 802j Rn. 3.

ersten – die Sperre auslösenden – Haft erwirkten älteren Haftbefehls.⁹ Über § 802d hinausgehend gilt die Sperre auch, wenn die Haftvollstreckung im Schuldnerverzeichnis noch nicht eingetragen war. Allein ihre Vollstreckung ist maßgeblich.

2. Rechtsbehelfe

10 Gegen einen erneuten, unzulässigen Haftbefehl hat der **Schuldner** die sofortige Beschwerde, gegen die erneute Verhaftung aufgrund eines bereits vorliegenden anderen Haftbefehls die Erinnerung gem. § 766.[10] Die sofortige Beschwerde ist auch der Rechtsbehelf des **Gläubigers**, wenn unter irriger Annahme der Voraussetzungen des § 802j die Haftanordnung abgelehnt wurde.[11]

V. ArbGG, VwGO, AO

11 § 802j gilt auch für die Haft bei der Vollstreckung aus arbeitsgerichtlichen Titeln (§§ 62 Abs. 2 Satz 1, 85 Abs. 1 Satz 3 ArbGG) und gem. § 284 Abs. 8 Satz 3 AO bei der Vollstreckung nach der Abgabenordnung sowie bei der Verwaltungsvollstreckung zugunsten der öffentlichen Hand (§ 169 VwGO, § 5 VwVG).

---

9 *Wieczorek/Schütze/Storz*, § 914 Rn. 2.
10 *Thomas/Putzo/Seiler*, § 802j Rn. 5; *Wieczorek/Schütze/Storz*, § 914 Rn. 4.
11 PG/*Meller-Hannich*, § 802j Rn. 5.

§ 802k Zentrale Verwaltung der Vermögensverzeichnisse

(1) ¹Nach § 802f Abs. 6 dieses Gesetzes oder nach § 284 Abs. 7 Satz 4 der Abgabenordnung zu hinterlegende Vermögensverzeichnisse werden landesweit von einem zentralen Vollstreckungsgericht in elektronischer Form verwaltet. ²Gleiches gilt für Vermögensverzeichnisse, die auf Grund einer § 284 Abs. 1 bis 7 der Abgabenordnung gleichwertigen bundesgesetzlichen oder landesgesetzlichen Regelung errichtet wurden, soweit diese Regelung die Hinterlegung anordnet. ³Ein Vermögensverzeichnis nach Satz 1 oder Satz 2 ist nach Ablauf von zwei Jahren seit Abgabe der Auskunft oder bei Eingang eines neuen Vermögensverzeichnisses zu löschen.

(2) ¹Die Gerichtsvollzieher können die von den zentralen Vollstreckungsgerichten nach Absatz 1 verwalteten Vermögensverzeichnisse zu Vollstreckungszwecken abrufen. ²Den Gerichtsvollziehern stehen Vollstreckungsbehörden gleich, die
1. Vermögensauskünfte nach § 284 der Abgabenordnung verlangen können,
2. durch Bundesgesetz oder durch Landesgesetz dazu befugt sind, vom Schuldner Auskunft über sein Vermögen zu verlangen, wenn diese Auskunftsbefugnis durch die Errichtung eines nach Absatz 1 zu hinterlegenden Vermögensverzeichnisses ausgeschlossen wird, oder
3. durch Bundesgesetz oder durch Landesgesetz dazu befugt sind, vom Schuldner die Abgabe einer Vermögensauskunft nach § 802c gegenüber dem Gerichtsvollzieher zu verlangen.

³Zur Einsicht befugt sind ferner Vollstreckungsgerichte, Insolvenzgerichte und Registergerichte sowie Strafverfolgungsbehörden, soweit dies zur Erfüllung der ihnen obliegenden Aufgaben erforderlich ist.

(3) ¹Die Landesregierungen bestimmen durch Rechtsverordnung, welches Gericht die Aufgaben des zentralen Vollstreckungsgerichts nach Absatz 1 wahrzunehmen hat. ²Sie können diese Befugnis auf die Landesjustizverwaltungen übertragen. ³Das zentrale Vollstreckungsgericht nach Absatz 1 kann andere Stellen mit der Datenverarbeitung beauftragen; die jeweiligen datenschutzrechtlichen Bestimmungen über die Verarbeitung personenbezogener Daten im Auftrag sind anzuwenden.

(4) ¹Das Bundesministerium der Justiz wird ermächtigt, durch Rechtsverordnung mit Zustimmung des Bundesrates die Einzelheiten der Form, Aufnahme, Übermittlung, Verwaltung und Löschung der Vermögensverzeichnisse nach § 802f Abs. 5 dieses Gesetzes und nach § 284 Abs. 7 der Abgabenordnung oder gleichwertigen Regelungen im Sinne von Absatz 1 Satz 2 sowie der Einsichtnahme, insbesondere durch ein automatisiertes Abrufverfahren, zu regeln. ²Die Rechtsverordnung hat geeignete Regelungen zur Sicherung des Datenschutzes und der Datensicherheit vorzusehen. ³Insbesondere ist sicherzustellen, dass die Vermögensverzeichnisse
1. bei der Übermittlung an das zentrale Vollstreckungsgericht nach Absatz 1 sowie bei der Weitergabe an die anderen Stellen nach Absatz 3 Satz 3 gegen unbefugte Kenntnisnahme geschützt sind,
2. unversehrt und vollständig wiedergegeben werden,
3. jederzeit ihrem Ursprung nach zugeordnet werden können und
4. nur von registrierten Nutzern abgerufen werden können und jeder Abrufvorgang protokolliert wird.

Übersicht	Rdn.
I. Überblick über den Inhalt der Norm...	1
II. Zuständigkeit des zentralen Vollstreckungsgerichts (Abs. 1 Satz 1)	2
III. Erfasste Vermögensverzeichnisse (Abs. 1 Satz 1, 2)	3
IV. Löschung der Vermögensverzeichnisse (Abs. 1 Satz 3)	5
V. Abrufberechtigte Stellen (Abs. 2)	6
VI. Bestimmung des zentralen Vollstreckungsgerichts (Abs. 3)	10
VII. Rechtsverordnung zur Verwaltung des Vermögensverzeichnisses (Abs. 4)	12
1. Sinn einer VO durch das Bundesministerium der Justiz	12
2. Gesetzliche Vorgaben	13
3. Inhalt der Rechtsverordnung	15

§ 802k ZPO Zentrale Verwaltung der Vermögensverzeichnisse

Literatur:
Siehe die Angaben bei § 802a.

I. Überblick über den Inhalt der Norm

1 § 802k wurde eingefügt durch Art. 1 Nr. 7 des Gesetzes zur Reform der Sachaufklärung in der Zwangsvollstreckung vom 29.7.2009.[1] Abs. 1 und 2 gelten seit 1.1.2013, die Abs. 3 und 4 seit 1.8.2009. Die Vorschrift über die zentrale Verwaltung der Vermögensverzeichnisse ist zum Teil an die Stelle der früheren §§ 915 ff. getreten, allerdings mit geändertem Inhalt. Abs. 1 regelt die Zuständigkeit des zentralen Vollstreckungsgerichts, die erfassten Vermögensverzeichnisse sowie die Löschung der Vermögensverzeichnisse. Abs. 2 zählt auf, welche Stellen ein Einsichtnahmerecht haben. Die Zuständigkeit zur Bestimmung des zentralen Vollstreckungsgerichts ergibt sich aus Abs. 3. Die Einzelheiten zur Verwaltung der Vermögensverzeichnisse sollen nach Abs. 4 durch Rechtsverordnung des Bundesministeriums der Justiz geregelt werden.

II. Zuständigkeit des zentralen Vollstreckungsgerichts (Abs. 1 Satz 1)

2 Anders als nach früherem Recht werden die Vermögensverzeichnisse nicht mehr bei den einzelnen Vollstreckungsgerichten, sondern in elektronischer Form landesweit bei einem zentralen Vollstreckungsgericht verwaltet. Das dient der Effektivität der Zwangsvollstreckung und der Minimierung des Aufwands. Damit korrespondiert die Regelung in § 802f Abs. 6, wonach der Gerichtsvollzieher das Vermögensverzeichnis in elektronischer Form bei dem zentralen Vollstreckungsgericht zu hinterlegen hat.

III. Erfasste Vermögensverzeichnisse (Abs. 1 Satz 1, 2)

3 Neben den vom Gerichtsvollzieher nach §§ 802c bis 802f aufgenommenen Vermögensverzeichnissen sind gem. Abs. 1 Satz 1, 2 auch diejenigen Vermögensverzeichnisse beim zentralen Vollstreckungsgericht zu hinterlegen, die nach **§ 284 Abs. 7 Satz 4 AO** im Rahmen der Verwaltungsvollstreckung von den Vollstreckungsbehörden errichtet werden, sowie diejenigen, die aufgrund einer **dem § 284 Abs. 1-7 AO gleichwertigen bundes- oder landesgesetzlichen Regelung** errichtet werden, in der eine Hinterlegung angeordnet ist. Satz 2 trägt den unterschiedlichen Gestaltungen des Verwaltungsvollstreckungsrechts Rechnung, wonach zum Teil der Gerichtsvollzieher, zum Teil die Verwaltungsbehörde und zum Teil der Gerichtsvollzieher auf Antrag der Verwaltungsbehörde mit der Einholung der Selbstauskunft des Schuldners betraut ist.[2]

4 Maßstab für die **Gleichwertigkeit** der bundes- oder landesgesetzlichen Regelung sind die mit der Hinterlegung der Vermögensverzeichnisse verfolgten Zwecke. Danach kommt es darauf an, dass die Abgabe der Selbstauskunft für einen bestimmten Zeitraum die Verpflichtung zur erneuten Abgabe nach derselben Vorschrift sperrt (§ 284 Abs. 4 Satz 1 AO) sowie dass die Auskunft nach ihrem Inhalt und ihrer Richtigkeitsgewähr (§ 284 Abs. 2, 3 AO) derjenigen nach § 284 AO entspricht.

IV. Löschung der Vermögensverzeichnisse (Abs. 1 Satz 3)

5 Ein hinterlegtes Vermögensverzeichnis wird beim zentralen Vollstreckungsgericht für die Dauer von zwei Jahren nach seiner Abgabe oder bis zum Eingang eines neuen Vermögensverzeichnisses gespeichert. Danach ist es von Amts wegen zu löschen. Die Zwei-Jahresfrist entspricht der zweijährigen Sperrfrist des § 802d Abs. 1 Satz 1 bzw. des § 284 Abs. 4 Satz 1 AO. Zum Schutz des Schuldners vor einer Verpflichtung zur erneuten Abgabe einer Vermögensauskunft und zur Entlastung der Justiz stehen die Daten aus einem hinterlegten Vermögensverzeichnis zwei Jahre lang für weitere Vollstreckungsverfahren zur Verfügung.

---

1 BGBl. I 2009, 2261 f. Zur Begründung des Gesetzentwurfs des Bundesrats BT-Drucks. 16/10069, S. 29 ff.
2 Siehe dazu BT-Drucks. 16/10069, S. 29.

V. Abrufberechtigte Stellen (Abs. 2)

Diejenigen Stellen, welche zu Vollstreckungszwecken zum Abruf der bei den zentralen Vollstreckungsgerichten verwalteten Vermögensverzeichnisse berechtigt sind, ergeben sich aus Abs. 2. Dort sind der Gerichtsvollzieher (Satz 1) sowie verschiedene Vollstreckungsbehörden (Satz 2 Nr. 1-3), ferner Vollstreckungsgerichte, Insolvenzgerichte und Registergerichte sowie Strafverfolgungsbehörden genannt, soweit dies für die Erfüllung ihrer Aufgaben erforderlich ist (Satz 3).

Der **Gerichtsvollzieher** muss wegen der Sperrwirkung nach § 802d für eine erneute Vermögensauskunft beim Eingang eines Antrags auf Abnahme der Vermögensauskunft prüfen können, ob der Schuldner innerhalb der letzten zwei Jahre bereits eine Vermögensauskunft abgegeben hat. Entsprechendes gilt für **Vollstreckungsbehörden**, die nach § 284 AO oder einer eigenständigen Regelung des Verwaltungsvollstreckungsrechts zur Abnahme der Vermögensauskunft befugt sind (**Nr. 1**) und dabei die Sperrwirkung des § 284 Abs. 4 AO oder einer gleichwertigen Vorschrift beachten müssen (**Nr. 2**). **Nr. 3** erweitert das unmittelbare Einsichtsrecht auf solche **Verwaltungsbehörden**, die zwar nicht selbst eine Vermögensauskunft abnehmen können, aber den Gerichtsvollzieher mit der Abnahme beauftragen können (§ 16 Abs. 3 LVwVG BW, § 6 Abs. 1 JBeitrO); dadurch sollen die Gerichtsvollzieher vor einer unnötigen Belastung geschützt werden.

Die in **Satz 3** genannten **Gerichte und Strafverfolgungsbehörden** hatten schon nach den vor Inkrafttreten des § 802k geltenden Vorschriften Einsichtsrechte, die in § 802k Abs. 2 Satz 3 zusammengeführt wurden. Im Interesse eines effektiven Datenschutzes werden ihre Einsichtsrechte davon abhängig gemacht, dass die Kenntnis vom Vermögensverzeichnis zur Erfüllung ihrer Aufgaben nicht nur nützlich, sondern **erforderlich** ist. Das ist bei einzelnen **Vollstreckungsgerichten** der Fall, wenn sie in Rechtsbehelfsverfahren das Verfahren zur Abnahme der Vermögensauskunft (§§ 802c, 802d, 802f) oder die Eintragungsanordnung nach § 802d zu überprüfen haben oder wenn sie bei einer Entscheidung über den Erlass eines Haftbefehls die Voraussetzungen der Pflicht zur Abgabe einer Vermögensauskunft prüfen müssen. Durch das unmittelbare Einsichtsrecht wird der Umweg über den Gerichtsvollzieher vermieden. Dagegen fehlt es an der notwendigen Erforderlichkeit, wenn das Vollstreckungsgericht im Rahmen der Forderungspfändung tätig wird; denn der Gläubiger hat in seinem Vollstreckungsantrag die zu pfändende Forderung genau zu bezeichnen, und die dafür gegebenenfalls notwendige Einsichtnahme in ein abgegebenes Vermögensverzeichnis des Schuldners kann er über den Gerichtsvollzieher erhalten. Die **Insolvenzgerichte** haben ein unmittelbares Einsichtsrecht, wenn sie im Rahmen des Insolvenzeröffnungsverfahrens die Vermögenssituation des Schuldners prüfen müssen und der Schuldner seiner Pflicht zur Vorlage eines Vermögensverzeichnisses nach § 20 InsO nicht nachkommt. Für **Registergerichte** ist eine Einsicht in das Vermögensverzeichnis erforderlich, wenn es um die Löschung von vermögenslosen Gesellschaften nach § 394 FamFG geht. Bei **Strafverfolgungsbehörden** kann die Kenntnis vom Inhalt der Vermögensauskunft zur Verfolgung von Straftaten erforderlich sein. Das gilt insbesondere bei der Verfolgung von Betrugs- und Insolvenzstraftaten, Geldwäschedelikten, falschen Versicherungen an Eides statt und Verletzung von Unterhaltspflichten. Das unmittelbare Einsichtsrecht der Staatsanwaltschaften ohne Umweg über Vollstreckungsgerichte dient dem Beschleunigungsgebot im staatsanwaltlichen Ermittlungsverfahren.

Privatpersonen können auf die Daten der beim zentralen Vollstreckungsgericht verwalteten Vermögensverzeichnisse **nicht** unmittelbar zugreifen. Das gilt insbesondere für die Gläubiger. Sie erhalten im Einzelfall vom Gerichtsvollzieher eine Abschrift des Vermögensverzeichnisses nach §§ 802f Abs. 6, 802d Abs. 1 Satz 2. Auch der Schuldner hat kein unmittelbares Einsichtsrecht. Aber er kann gem. § 802f Abs. 5 Satz 3 vom Gerichtsvollzieher einen Ausdruck des Vermögensverzeichnisses verlangen.

VI. Bestimmung des zentralen Vollstreckungsgerichts (Abs. 3)

Die zentralen Vollstreckungsgerichte werden von den Landesregierungen durch Rechtsverordnung bestimmt (Abs. 3). Die Landesregierungen können diese Befugnis an die Landesjustizverwaltungen delegieren (Satz 2). Abs. 3 ist bereits am 1.8.2009 in Kraft getreten. Dadurch wurde den Landesregierungen eine Vorlaufzeit eingeräumt, bis zum Inkrafttreten der §§ 802c ff. am 1.1.2013 ihr zentrales Vollstreckungsgericht zu bestimmen. In allen Bundesländern ist jeweils ein Amtsgericht als zentrales Vollstreckungsgericht eingerichtet worden. Eine Übersicht über alle zentralen Vollstreckungsgerichte mit Anschriften und E-Mail-Adressen findet sich in den Vorbemerkungen vor §§ 882b bis 882h Rn. 3.

11 Das zentrale Vollstreckungsgericht kann seinerseits eine andere Stelle mit der Datenverarbeitung bei der Verwaltung der elektronischen Vermögensverzeichnisse beauftragen (Satz 3). Dabei kann es sich auch um ein Privatunternehmen handeln. Diese anderen Stellen verrichten dann aber lediglich Hilfstätigkeiten; rechtlich ist die Datenverarbeitung den zentralen Vollstreckungsgerichten zuzurechnen. Die Landesdatenschutzgesetze sehen für die Auftragsdatenverarbeitung durch öffentliche oder nichtöffentliche Stellen umfangreiche Auswahl- und Überwachungspflichten des Auftraggebers vor. Abs. 3 Satz 3, 2. Halbsatz stellt klar, dass die jeweiligen Bestimmungen der Landesdatenschutzgesetze über die Auftragsdatenverwaltung anzuwenden sind.

VII. Rechtsverordnung zur Verwaltung des Vermögensverzeichnisses (Abs. 4)

1. Sinn einer VO durch das Bundesministerium der Justiz

12 Die Einzelheiten der Verwaltung der Vermögensverzeichnisse sind durch Rechtsverordnung des Bundesministeriums für Justiz zu regeln. Zu dieser Rechtsverordnung ist die Zustimmung des Bundesrats erforderlich, weil die technische und organisatorische Umsetzung den Ländern obliegt. Eine bundeseinheitliche Regelung schien dem Gesetzgeber sinnvoll, weil die Vermögensverzeichnisse für eine bundesweite Nutzung zur Verfügung stehen sollen und weil bei der Führung des Schuldnerverzeichnisses (§ 882h), die mit der Verwaltung des Vermögensverzeichnisses abzustimmen ist, im Interesse einer hinreichenden Information des Rechtsverkehrs eine länderübergreifende Vernetzung möglich sein soll.

2. Gesetzliche Vorgaben

13 In der Rechtsverordnung müssen nicht alle technischen und organisatorischen Einzelheiten der Verwaltung der Vermögensverzeichnisse geregelt werden. Insoweit kann vielmehr Raum für die Berücksichtigung länderspezifischer Gegebenheiten gelassen werden. Die Vorgaben in der Rechtsverordnung müssen sich auch auf die Vermögensverzeichnisse im Rahmen der Verwaltungsvollstreckung nach § 284 AO oder gleichwertigen Regelungen erstrecken; denn nur so kann sichergestellt werden, dass die Vermögensverzeichnisse den für eine gemeinsame Verwaltung erforderlichen organisatorischen und technischen Anforderungen entsprechen.

14 Der Verordnungsgeber muss ein automatisiertes Abrufverfahren regeln und dabei Bestimmungen zur **Sicherung des Datenschutzes und der Datensicherheit** vorsehen. Nach dem Vorbild des § 9 Abs. 2 InsO müssen insbesondere Regelungen zur Sicherung der Unversehrtheit der Daten und der Urheberschaft getroffen werden. Durch die Regelung in **Nr. 1** soll eine gesicherte elektronische Datenübermittlung vom Gerichtsvollzieher an das zentrale Vollstreckungsgericht gewährleistet werden (ähnlich schon § 2 Abs. 1 Nr. 2 InsIntBekV). Die Vertraulichkeit der Daten ist bei einer Übertragung über allgemein zugängliche Netze insbesondere durch Verschlüsselung sicherzustellen. Der Datenintegrität und Datenauthentizität dienen die Vorgaben in **Nr. 2 und 3** (ähnlich schon § 9 Abs. 2 Satz 3 Nr. 1 u. 2 InsO). **Nr. 4** sieht Regelungen zur Registrierung von Nutzern und zur Protokollierung jeder Einsichtnahme vor. Der Grund dafür liegt darin, dass die Einsichtnahme gem. Abs. 2 nur bestimmten Behörden und insbesondere nicht Privaten (zum Beispiel Gläubigern) zur Verfügung stehen soll.

3. Inhalt der Rechtsverordnung

Da auch Abs. 4 bereits am 1.8.2009 in Kraft getreten ist, konnte das Bundesministerium der Justiz rechtzeitig bis zum Inkrafttreten der §§ 802c ff. im Übrigen von der Ermächtigung nach Abs. 4 Gebrauch machen. Am 1.1.2013 ist folgende Rechtsverordnung in Kraft getreten:

15

Vermögensverzeichnisverordnung – VermVV

vom 26. Juli 2012 (BGBl. I S. 1663)

Eingangsformel

Auf Grund des § 802k Absatz 4 der Zivilprozessordnung, der durch Artikel 3 Nummer 4 Buchstabe b des Gesetzes vom 22. Dezember 2011 (BGBl. I S. 3044) geändert worden ist, verordnet das Bundesministerium der Justiz:

§ 1 Anwendungsbereich

¹Diese Verordnung gilt für Vermögensverzeichnisse, die nach § 802f Absatz 6 der Zivilprozessordnung oder nach § 284 Absatz 7 Satz 4 der Abgabenordnung zu hinterlegen sind. ²Sie gilt ferner für Vermögensverzeichnisse, die auf Grund einer bundes- oder landesgesetzlichen Regelung errichtet worden sind, die § 284 Absatz 1 bis 7 der Abgabenordnung gleichwertig ist, soweit diese die Hinterlegung anordnet.

§ 2 Vermögensverzeichnisregister

Die Vermögensverzeichnisse werden in jedem Land von einem zentralen Vollstreckungsgericht in elektronischer Form in einem Vermögensverzeichnisregister verwaltet.

§ 3 Errichtung und Form der Vermögensverzeichnisse

(1) ¹Der Gerichtsvollzieher oder die Behörde, die zur Errichtung eines Vermögensverzeichnisses befugt ist, errichtet das Vermögensverzeichnis als elektronisches Dokument mit den nach § 802c der Zivilprozessordnung oder den nach § 284 Absatz 7 Satz 1 und Absatz 2 der Abgabenordnung erforderlichen Angaben. ²Anlagen, die vom Schuldner zur Ergänzung der Vermögensauskunft übergeben werden, sind dem Vermögensverzeichnis elektronisch nach § 4 Absatz 1 Satz 3 beizufügen.

(2) Im Vermögensverzeichnis wird auch dokumentiert,
1. *dass die Anforderungen des § 802f Absatz 5 Satz 2 und 3 der Zivilprozessordnung oder des § 284 Absatz 7 Satz 2 und 3 der Abgabenordnung oder der bundes- oder landesgesetzlichen Regelung, die § 284 Absatz 7 Satz 2 und 3 der Abgabenordnung gleichwertig ist, erfüllt sind,*
2. *wann die Versicherung an Eides statt nach § 802c Absatz 3 der Zivilprozessordnung oder nach § 284 Absatz 3 der Abgabenordnung oder nach der bundes- oder landesgesetzlichen Regelung, die § 284 Absatz 3 der Abgabenordnung gleichwertig ist, erfolgt ist sowie*
3. *an welchem Tag die Versicherung an Eides statt für das Vermögensverzeichnis erstmals erfolgt ist, wenn die Vermögensauskunft ergänzt oder nachgebessert worden ist.*

§ 4 Elektronische Übermittlung der Vermögensverzeichnisse

(1) (1) ¹Der Gerichtsvollzieher oder die Behörde, die zur Errichtung eines Vermögensverzeichnisses befugt ist, übermittelt das Vermögensverzeichnis dem zuständigen zentralen Vollstreckungsgericht. ²Dies setzt eine Registrierung nach § 8 Absatz 1 voraus. ³Die Übermittlung der Daten erfolgt elektronisch und bundesweit einheitlich durch ein geeignetes Transportprotokoll sowie in einheitlich strukturierten Datensätzen.

(2) ¹Bei der Übermittlung der Daten an das zentrale Vollstreckungsgericht und bei der Weitergabe an eine andere Stelle im Sinne des § 802k Absatz 3 Satz 3 der Zivilprozessordnung sind geeignete technische und organisatorische Maßnahmen zur Sicherstellung von Datenschutz und Datensicherheit zu treffen, die insbesondere gewährleisten, dass

§ 802k ZPO Zentrale Verwaltung der Vermögensverzeichnisse

1. nur Befugte personenbezogene Daten zur Kenntnis nehmen können (Vertraulichkeit),
2. personenbezogene Daten während der Verarbeitung unversehrt, vollständig und aktuell bleiben (Integrität),
3. personenbezogene Daten zeitgerecht zur Verfügung stehen und ordnungsgemäß verarbeitet werden können (Verfügbarkeit),
4. personenbezogene Daten jederzeit ihrem Ursprung zugeordnet werden können (Authentizität),
5. festgestellt werden kann, wer wann welche personenbezogenen Daten in welcher Weise verarbeitet hat (Revisionsfähigkeit), und
6. die Verfahrensweisen bei der Verarbeitung personenbezogener Daten vollständig, aktuell und in einer Weise dokumentiert sind, dass sie in zumutbarer Zeit nachvollzogen werden können (Transparenz).

²Werden zur Übermittlung der Daten öffentliche Telekommunikationsnetze genutzt, ist ein geeignetes Verschlüsselungsverfahren zu verwenden.

§ 5 Hinterlegung der Vermögensverzeichnisse

(1) Das zentrale Vollstreckungsgericht prüft, ob die elektronische Übermittlung der Vermögensverzeichnisse die Anforderungen des § 4 erfüllt.

(2) ¹Erfüllt die elektronische Übermittlung die Anforderungen des § 4, ist das Vermögensverzeichnis in das Vermögensverzeichnisregister einzutragen. ²Mit der Eintragung in das Vermögensverzeichnisregister ist das Vermögensverzeichnis hinterlegt im Sinne des § 802f Absatz 6 der Zivilprozessordnung oder des § 284 Absatz 7 Satz 4 der Abgabenordnung oder der bundes- oder landesgesetzlichen Regelung, die § 284 Absatz 7 Satz 4 der Abgabenordnung gleichwertig ist. ³Das zentrale Vollstreckungsgericht informiert den Einsender nach § 4 Absatz 1 Satz 1 unverzüglich über die Eintragung. ⁴Das vom Einsender errichtete elektronische Dokument nach § 3 ist drei Monate nach dem Eingang der Eintragungsinformation zu löschen.

(3) ¹Erfüllt die elektronische Übermittlung die Anforderungen des § 4 nicht, teilt das zentrale Vollstreckungsgericht dem Einsender dies unter Angabe der Gründe mit. ²Der Einsender veranlasst eine erneute elektronische Übermittlung des Vermögensverzeichnisses, die eine Eintragung der Daten nach Absatz 2 erlaubt. ³Mit Eingang der Information über die Eintragung des erneut elektronisch übermittelten Vermögensverzeichnisses ist das zuerst übermittelte elektronische Dokument beim Einsender zu löschen.

(4) ¹Der Einsender leitet dem Gläubiger nach der Hinterlegung unverzüglich einen Ausdruck des Vermögensverzeichnisses zu. ²Der Ausdruck muss den Vermerk, dass er mit dem Inhalt des Vermögensverzeichnisses übereinstimmt, und den Hinweis nach § 802d Absatz 1 Satz 3 der Zivilprozessordnung enthalten. ³Anstelle der Zuleitung eines Ausdrucks kann dem Gläubiger auf Antrag das Vermögensverzeichnis als elektronisches Dokument übermittelt werden, wenn dieses mit einer qualifizierten elektronischen Signatur versehen ist. § 4 Absatz 2 gilt entsprechend.

§ 6 Löschung der Vermögensverzeichnisse

(1) Das zentrale Vollstreckungsgericht löscht das hinterlegte Vermögensverzeichnis im Vermögensverzeichnisregister nach Ablauf von zwei Jahren ab Abgabe der Auskunft oder wenn ein neues Vermögensverzeichnis desselben Schuldners hinterlegt wird.

(2) Im Fall des § 802d Absatz 1 Satz 1 der Zivilprozessordnung oder des § 284 Absatz 4 der Abgabenordnung oder der bundes- oder landesgesetzlichen Regelung, die § 284 Absatz 4 der Abgabenordnung gleichwertig ist, teilt der Einsender bei der Übermittlung nach § 4 Absatz 1 dem zuständigen zentralen Vollstreckungsgericht zugleich mit, dass es sich um eine erneute Vermögensauskunft nach diesen Vorschriften handelt.

(3) Sobald ein neues Vermögensverzeichnis hinterlegt ist, benachrichtigt das zentrale Vollstreckungsgericht das zentrale Vollstreckungsgericht, bei dem ein älteres Vermögensverzeichnis verwaltet wird.

§ 7 Einsichtnahme in das Vermögensverzeichnis

(1) ¹Die Einsichtnahme in das Vermögensverzeichnis erfolgt über eine zentrale und länderübergreifende Abfrage im Internet. ²Sie setzt eine Registrierung der Einsichtsberechtigten nach § 8 Absatz 2 voraus.

(2) ¹Die Daten aus der Einsichtnahme in das Vermögensverzeichnis dürfen nur zu dem Zweck verwendet werden, für den sie übermittelt werden. ²Die Zweckbestimmung richtet sich nach § 802k Absatz 2 der Zivilprozessordnung. ³Die Verantwortung für die Zulässigkeit der einzelnen Einsichtnahme trägt die abfragende Stelle. ⁴Das zentrale Vollstreckungsgericht prüft die Zulässigkeit der Einsichtnahme nur in Stichproben oder wenn dazu Anlass besteht.

(3) ¹Die Übermittlung der Daten bei der Einsichtnahme in das Vermögensverzeichnis erfolgt elektronisch und bundesweit einheitlich durch ein geeignetes Transportprotokoll sowie in einheitlich strukturierten Datensätzen. ²§ 4 Absatz 2 gilt entsprechend.

(4) ¹Bei jeder Einsichtnahme ist der Abrufvorgang so zu protokollieren, dass feststellbar ist, ob das Datenverarbeitungssystem befugt genutzt worden ist. ²Zu protokollieren sind:
1. das Datum und die Uhrzeit der Einsichtnahme,
2. die abfragende Stelle,
3. der Verwendungszweck der Abfrage mit Akten- oder Registerzeichen,
4. welches hinterlegte Vermögensverzeichnis betroffen ist.

(5) ¹Die protokollierten Daten nach Absatz 4 dürfen nur zum Zweck der Datenschutzkontrolle, für gerichtliche Verfahren oder Strafverfahren verwendet werden. ²Die gespeicherten Abrufprotokolle werden nach sechs Monaten gelöscht. ³Gespeicherte Daten, die in einem eingeleiteten Verfahren zur Datenschutzkontrolle, einem gerichtlichen Verfahren oder Strafverfahren benötigt werden, sind nach dem endgültigen Abschluss dieser Verfahren zu löschen.

§ 8 Registrierung

(1) ¹Die Registrierung der Errichtungsberechtigten für die Übermittlung der Vermögensverzeichnisse (§ 1 in Verbindung mit § 3 Absatz 1) dient deren Identifikation. ²Sie erfolgt in einem geeigneten Registrierungsverfahren durch das für den Sitz des Errichtungsberechtigten zuständige zentrale Vollstreckungsgericht oder über die nach § 802k Absatz 3 Satz 3 der Zivilprozessordnung beauftragte Stelle. ³Die Registrierung von Behörden ist im Weiteren so auszugestalten, dass feststellbar ist, welche natürliche Person gehandelt hat.

(2) ¹Absatz 1 gilt entsprechend für die Registrierung von Einsichtsberechtigten (§ 802k Absatz 2 der Zivilprozessordnung) für die zentrale und länderübergreifende Abfrage im Internet (§ 7 Absatz 1 Satz 1). ²Für die Übermittlung von Daten vom zentralen Vollstreckungsgericht an registrierte Einsichtsberechtigte gilt § 4 Absatz 2 entsprechend. ³Es ist sicherzustellen, dass das Registrierungsverfahren die Protokollierung der Abrufvorgänge nach § 7 Absatz 4 in einem bundeseinheitlichen Verfahren ermöglicht.

(3) ¹Für die Rücknahme und den Widerruf der Registrierung gelten § 48 Absatz 1 und 3 und § 49 Absatz 2 und 5 des Verwaltungsverfahrensgesetzes entsprechend. ²Zuständig ist das zentrale Vollstreckungsgericht, das die Registrierung vorgenommen hat.

§ 9 Ende der Nutzungsberechtigung

(1) ¹Die Errichtungsberechtigung für Vermögensverzeichnisse endet, wenn dem Errichtungsberechtigten diese Aufgabe gesetzlich nicht mehr obliegt, insbesondere wenn ein Gerichtsvollzieher aus dem Gerichtsvollzieherdienst ausscheidet oder ihm die Dienstausübung einstweilen oder endgültig untersagt wird. ²Das Ende der Errichtungsberechtigung führt grundsätzlich auch zum Ende der Einsichtsberechtigung.

(2) Sobald ein Errichtungsberechtigter nicht mehr errichtungsberechtigt ist,
1. hat er das zentrale Vollstreckungsgericht oder die nach § 802k Absatz 3 Satz 3 der Zivilprozessordnung beauftragte Stelle unverzüglich darüber zu informieren,

§ 802k ZPO   Zentrale Verwaltung der Vermögensverzeichnisse

2. ist der Dienstherr oder die für den Errichtungsberechtigten zuständige Dienstaufsichtsbehörde berechtigt, das zentrale Vollstreckungsgericht oder Stellen nach Nummer 1 darüber zu informieren.

(3) Nach dem Ende der Errichtungsberechtigung nach Absatz 1 hebt das zentrale Vollstreckungsgericht die Registrierung nach § 8 Absatz 3 auf und sperrt den Zugang für die elektronische Übermittlung der Daten.

(4) [1]*Die Einsichtsberechtigung in das Vermögensverzeichnis (§ 802k Absatz 2 der Zivilprozessordnung) endet, wenn die dem Einsichtsberechtigten obliegenden Aufgaben keine Einsichtnahme mehr erfordern.* [2]*Die Absätze 1 bis 3 gelten entsprechend.*

§ 10 Inkrafttreten

Diese Verordnung tritt am 1. Januar 2013 in Kraft.

§ 802l Auskunftsrechte des Gerichtsvollziehers

(1) ¹Kommt der Schuldner seiner Pflicht zur Abgabe der Vermögensauskunft nicht nach oder ist bei einer Vollstreckung in die dort aufgeführten Vermögensgegenstände eine vollständige Befriedigung des Gläubigers voraussichtlich nicht zu erwarten, so darf der Gerichtsvollzieher
1. bei den Trägern der gesetzlichen Rentenversicherung den Namen, die Vornamen oder die Firma sowie die Anschriften der derzeitigen Arbeitgeber eines versicherungspflichtigen Beschäftigungsverhältnisses des Schuldners erheben;
2. das Bundeszentralamt für Steuern ersuchen, bei den Kreditinstituten die in § 93b Abs. 1 der Abgabenordnung bezeichneten Daten abzurufen (§ 93 Abs. 8 Abgabenordnung);
3. beim Kraftfahrt-Bundesamt die Fahrzeug- und Halterdaten nach § 33 Abs. 1 des Straßenverkehrsgesetzes zu einem Fahrzeug, als dessen Halter der Schuldner eingetragen ist, erheben.

²Die Erhebung oder das Ersuchen ist nur zulässig, soweit dies zur Vollstreckung erforderlich ist und die zu vollstreckenden Ansprüche mindestens 500 Euro betragen; Kosten der Zwangsvollstreckung und Nebenforderungen sind bei der Berechnung nur zu berücksichtigen, wenn sie allein Gegenstand des Vollstreckungsauftrags sind.

(2) ¹Daten, die für die Zwecke der Vollstreckung nicht erforderlich sind, hat der Gerichtsvollzieher unverzüglich zu löschen oder zu sperren. ²Die Löschung ist zu protokollieren.

(3) ¹Über das Ergebnis einer Erhebung oder eines Ersuchens nach Absatz 1 setzt der Gerichtsvollzieher den Gläubiger unter Beachtung des Absatzes 2 unverzüglich und den Schuldner innerhalb von vier Wochen nach Erhalt in Kenntnis. ²§ 802d Abs. 1 Satz 3 und Abs. 2 gilt entsprechend.

Übersicht

		Rdn.			Rdn.
I.	Überblick über den Inhalt der Norm	1	2.	Adressaten und Gegenstände des Auskunftsersuchens	7
II.	Auskunftsrechte des Gerichtsvollziehers (Abs. 1)	2		a) Nr. 1	8
1.	Voraussetzungen für Fremdauskünfte	2		b) Nr. 2	9
	a) Subsidiarität der Fremdauskunft	3		c) Nr. 3	10
	b) Vollständige Befriedigung des Gläubigers nicht zu erwarten	4	III.	Löschung von nicht erforderlichen Daten (Abs. 2)	11
	c) Erforderlichkeit der Fremdauskunft und Mindestwert der titulierten Forderung	5	IV.	Information des Gläubigers und des Schuldners (Abs. 3)	12
			V.	Gebühren	14
			VI.	ArbGG, VwGO, AO	15

Literatur:
Siehe die Angaben bei § 802a. Ferner: *Kessel*, Sachaufklärung in der Zwangsvollstreckung und die Kosten, DGVZ 2012, 213; *Mroß*, Mehrfache Verwendung von Angaben aus Vermögensverzeichnissen und Drittauskünften in der Zwangsvollstreckung durch Inkassounternehmen und Rechtsanwälte?, DGVZ 2014, 256; *Walker*, Die Ermittlungsbefugnisse des Gerichtsvollziehers im deutschen Zwangsvollstreckungsrecht, Festschrift Klamaris, 2015.

I. Überblick über den Inhalt der Norm

Die Vorschrift wurde durch Art. 1 Nr. 7 des Gesetzes zur Reform der Sachaufklärung in der Zwangsvollstreckung vom 29.7.2009 neu eingefügt und gilt seit 1.1.2013.[1] Sie regelt das Recht des Gerichtsvollziehers zur Einholung von Fremdauskünften und das dabei einzuhaltende Verfahren. Sie sollte nach dem Entwurf des Bundesrats ursprünglich nur aus zwei Absätzen, nämlich den jetzigen Absätzen 1 und 3 bestehen. Erst auf Empfehlung des Rechtsausschusses wurde noch der jetzige Absatz 2 eingefügt. **Abs. 1** regelt, unter welchen Voraussetzungen und bei welchen Stel- 1

---

[1] BGBl. I 2009, 2258 f., 2262. Zur Begründung des Gesetzentwurfs des Bundesrats BT-Drucks. 16/10069, S. 31 ff.

len der Gerichtsvollzieher Fremdauskünfte einholen darf. **Abs. 2** regelt die Löschung von solchen erhobenen Daten, die zur Vollstreckung nicht erforderlich sind. **Abs. 3** bestimmt, in welcher Form der Gerichtsvollzieher den Gläubiger und den Schuldner über das Ergebnis der Datenerhebung informieren muss. § 802l wird für den Gerichtsvollzieher ergänzt durch § 141 GVGA.

II. Auskunftsrechte des Gerichtsvollziehers (Abs. 1)

1. Voraussetzungen für Fremdauskünfte

2   Die Voraussetzungen von Fremdauskünften sind in Anlehnung an den früheren § 643 Abs. 2 (heute § 236 Abs. 1 FamFG) formuliert. Wenn alle Voraussetzungen vorliegen, muss der Gerichtsvollzieher nicht etwa von Amts wegen eine Fremdauskunft einholen. Vielmehr folgt aus § 802a Abs. 2 Nr. 3, dass dafür ein **konkreter Auftrag** des Gläubigers erforderlich ist, den dieser formularmäßig durch Ankreuzen stellen kann. Der Auftrag kann sowohl zusammen mit dem Antrag auf Einholung einer Vermögensauskunft nach § 802c als auch isoliert zeitlich später erteilt werden. Dafür gibt es keine festen zeitlichen Grenzen.[2]

a) Subsidiarität der Fremdauskunft

3   Zunächst kommt eine Fremdauskunft in Betracht, wenn der Schuldner seiner Pflicht zur Abgabe der Vermögensauskunft trotz ordnungsgemäßer Ladung[3] nicht freiwillig nachkommt. Die Fremdauskunft ist also gegenüber der Selbstauskunft subsidiär. Dadurch wird dem informationellen Selbstbestimmungsrecht des Schuldners in Abwägung mit den Vollstreckungsinteressen des Gläubigers Rechnung getragen.[4] Mit Vermögensauskunft ist nur diejenige nach § 802c gemeint. Die Nichtabgabe der eidesstattlichen Versicherung nach dem bis zum 31.12.2012 geltenden Recht gibt dem Gerichtsvollzieher nicht das Recht zur Einholung von Fremdauskünften.[5] Auch die Verweigerung der Vermögensauskunft in dem Vollstreckungsverfahren eines anderen Gläubigers reicht nicht aus.[6]

b) Vollständige Befriedigung des Gläubigers nicht zu erwarten

4   Die Einholung einer Fremdauskunft kommt ferner dann in Betracht, wenn der Schuldner zwar eine Vermögensauskunft erteilt hat, aber die aufgelisteten Vermögensgegenstände eine vollständige Befriedigung des Gläubigers nicht erwarten lassen. Das gilt grds. (vgl. aber noch Rn. 5) unabhängig davon, ob Zweifel an der Richtigkeit und Vollständigkeit der Auskunft bestehen.[7] Insoweit knüpft § 802l Abs. 1 an § 806a Abs. 1 und an den ebenfalls am 1.1.2013 in Kraft getretenen neuen § 882c Abs. 1 Nr. 2 an. Unter der genannten Voraussetzung soll es dem Gläubiger ermöglicht werden, anhand objektiver Informationsquellen die Vermögenssituation des Schuldners zu überprüfen, um bisher unbekannte geeignete Vollstreckungsobjekte aufzufinden. Darin liegt auch ein Druckmittel, das den Schuldner zur wahrheitsgemäßen und vollständigen Vermögensauskunft nach § 802c veranlassen soll. Für die Prognose einer nicht zu erwartenden vollständigen Befriedigung des Gläubigers reicht allein der Umstand, dass gegen den Schuldner in einem Vollstreckungsverfahren eines anderen Gläubigers ein Haftbefehl zur Erzwingung der Vermögensauskunft ergangen ist[8] oder dass er in einem Verfahren eines Drittgläubigers im Schuldnerverzeichnis eingetragen wurde,[9] nicht aus.

---

2 AG Schöneberg, DGVZ 2014, 241; *Giers*, DGVZ 2014, 252, 255.
3 Dazu AG Siegburg, DGVZ 2015, 40.
4 BT-Drucks. 16/10069, S. 31.
5 LG Koblenz, DGVZ 2014, 241 ff.; AG Osnabrück, DGVZ 2013, 79.
6 AG Fürth, DGVZ 2014, 225; AG Esslingen, DGVZ 2013, 195.
7 LG Aachen, DGVZ 2015, 113 f.; LG Magdeburg, DGVZ 2014, 224; AG Nürnberg, DGVZ 2015, 132.
8 AG Esslingen, DGVZ 2013, 195.
9 LG Koblenz, DGVZ 2015, 111 f.

c) Erforderlichkeit der Fremdauskunft und Mindestwert der titulierten Forderung

Nach **Satz 2** ist die Einholung einer Fremdauskunft nur zulässig, wenn dies **zur Vollstreckung erforderlich** ist und die zu vollstreckenden titulierten Ansprüche **mindestens 500 Euro** betragen. Beide Erfordernisse sollen dem verfassungsrechtlichen Grundsatz der Verhältnismäßigkeit Rechnung tragen. An der Erforderlichkeit eines Auskunftsersuchens nach Nr. 1 fehlt es etwa dann, wenn aufgrund der abgegebenen Vermögensauskunft feststeht, dass der Schuldner neben dem angegebenen Arbeitsverhältnis gar kein weiteres Arbeitsverhältnis haben kann, und wenn keine Zweifel an der Richtigkeit und Vollständigkeit dieser Auskunft bestehen.[10] Die bloße subjektive Einschätzung des Gerichtsvollziehers, es seien keine neuen Erkenntnisse durch die Drittauskunft zu erwarten, reicht dagegen nicht aus, um die Erforderlichkeit zu verneinen.[11]

Bei der **Berechnung des Mindestbetrags von 500 Euro** sind die Kosten der Zwangsvollstreckung und Nebenforderungen nicht mitzurechnen. Deshalb kann die Wertgrenze zum Beispiel durch bloßes Zuwarten und Auflaufenlassen von Zinsen nicht erreicht werden. Jedoch können mehrere titulierte Vollstreckungsforderungen zusammengerechnet werden; maßgeblich ist die Gesamthöhe. Umstritten ist, ob Nebenforderungen dann mitzurechnen sind, wenn sie zusammen mit der Hauptforderung tituliert sind.[12] Dafür spricht, dass es sich dann um »zu vollstreckende Ansprüche« i. S. v. § 802l Abs. 1 Satz 2 handelt, die klar umrissen sind und gerade nicht durch ein bewusstes Zuwarten des Gläubigers anwachsen.[13] Die 500 Euro-Grenze beruht auf der Vermutung, dass bei Nichterreichen dieses Mindestbetrages das Interesse des Schuldners am Schutz seiner Sozial-, Konten- und anderen Daten das Interesse des Gläubigers an der Vollstreckung seiner Geldforderung überwiegt.[14] Diese pauschale Grenze ist allerdings durchaus kritisch zu sehen; denn bei der Abwägung zwischen Gläubiger- und Schuldnerinteressen ist zu berücksichtigen, dass für den Gläubiger einer Kleinforderung (das können auch Handwerker und Kleingewerbetreibende sein) deren Durchsetzung größere (weil vielleicht zur Existenzsicherung notwendig) Bedeutung haben kann als die Vollstreckung höherer Forderungen durch andere Gläubiger. Deshalb wird auch von »Kleingläubigerdiskriminierung« gesprochen.[15]

2. Adressaten und Gegenstände des Auskunftsersuchens

Abs. 1 listet in Nr. 1–3 auf, welche Stellen der Gerichtsvollzieher um Fremdauskünfte ersuchen darf und welche Daten dort abgefragt werden dürfen. Zum Schutz des informationellen Selbstbestimmungsrechts des Schuldners sind die danach zulässigen Fremdauskünfte auf solche Bereiche beschränkt, die typischerweise für die Vollstreckung von Bedeutung sind. Dazu gehören der Bezug von Arbeitseinkommen (Nr. 1), das Bestehen einer Kontoverbindung (Nr. 2) und das Vorhandensein eines Kfz (Nr. 3).

a) Nr. 1

Nr. 1 ermöglicht eine Abfrage mit dem Ziel der Ermittlung des Arbeitgebers des Schuldners, um gegebenenfalls eine Lohnpfändung ausbringen zu können. Soweit sich der Schuldner in einem Beschäftigungsverhältnis befindet, wird dieses regelmäßig sozialversicherungspflichtig sein. Nr. 1 sieht entgegen dem ursprünglichen Entwurf des Bundesrats[16] ein einstufiges Verfahren vor. Um zu

---

10 LG Nürnberg-Fürth, DGVZ 2013, 243; AG Altötting, DGVZ 2014, 268 f.; AG Kenzingen, DGVZ 2014, 133 f.
11 AG Hamburg, DGVZ 2014, 267 f.
12 Verneinend AG Bretten, DGVZ 2014, 265, 266; AG Osnabrück, DGVZ 2014, 244.
13 So LG Köln, DGVZ 2014, 149; AG Schöneberg, DGVZ 2013, 246; AG Siegburg, DGVZ 2014, 104; *Mroß*, Anm. zu AG Bretten DGVZ 2014, 267.
14 BT-Drucks. 16/10069, S. 33.
15 *Fischer*, DGVZ 2010, 113, 115; kritisch zur Bagatellklausel ebenfalls *Würdinger*, JZ 2011, 177, 184.
16 BT-Drucks. 16/10069, S. 32.

ermitteln, ob der Schuldner sich in einem sozialversicherungspflichtigen Beschäftigungsverhältnis befindet, kann der Gerichtsvollzieher sein Ersuchen auf Mitteilung von Name und Vorname oder Firma sowie Anschrift des derzeitigen Arbeitgebers des Schuldners (potentieller Drittschuldner bei der Forderungspfändung) an jeden Träger der gesetzlichen Rentenversicherung richten. Er braucht den für den Schuldner zuständigen Rentenversicherungsträger nicht erst zu ermitteln. Wenn der ersuchte Rentenversicherungsträger die Daten des Schuldners kennt, beantwortet er die Anfrage des Gerichtsvollziehers. Andernfalls leitet er das Gesuch an den zuständigen Rentenversicherungsträger weiter, und dieser übermittelt dem Gerichtsvollzieher die angefragten Daten. Die Übermittlung dieser Daten greift zwar in das Sozialdatengeheimnis des Schuldners ein. Aber dieser Eingriff ist zur Gewährleistung einer effektiven Zwangsvollstreckung geeignet, erforderlich und verhältnismäßig im engeren Sinne und damit gerechtfertigt.

b) Nr. 2

9   Nr. 2 ermöglicht dem Gerichtsvollzieher, im Interesse des Gläubigers bestehende Konten und Depots des Schuldners bei Kreditinstituten als weitere, besonders bedeutsame Vollstreckungsobjekte zu ermitteln. Das Auskunftsrecht erstreckt sich nicht auf bereits beendete Kontoverbindungen.[17] Die Kontenstammdatenabfrage hat nach Nr. 2 über § 93 AO beim Bundeszentralamt für Steuern zu erfolgen. Die mitzuteilenden Daten, die gem. § 93b Abs. 1 AO für die Abfrage nach § 93 Abs. 8 AO von den Kreditinstituten zu führen sind, ergeben sich aus § 24c Abs. 1 KWG (insbesondere persönliche Daten des Kontoinhabers und gegebenenfalls eines Verfügungsberechtigten, Nummer des Kontos oder eines Depots, Tag von Errichtung und gegebenenfalls Auflösung des Kontos). Dagegen brauchen die Kreditinstitute für den automatisierten Abruf von Kontoinformationen nicht zu speichern, ob es sich um ein Pfändungsschutzkonto im Sinne von § 850k handelt, sodass sich auch das Auskunftsersuchen des Gerichtsvollziehers auf diese Information nicht erstreckt.[18]

c) Nr. 3

10 Nr. 3 ermöglicht eine Abfrage von Daten auf den Schuldner zugelassener Fahrzeuge aus dem zentralen Fahrzeugregister beim Kraftfahrt-Bundesamt. Nach § 36 Abs. 2d i. V. m. § 35 Abs. 1 Nr. 14 StVG darf die Übermittlung der gem. § 33 Abs. 1 StVG im Fahrzeugregister gespeicherten Fahrzeug- und Halterdaten durch Abruf im automatisierten Verfahren an den Gerichtsvollzieher erfolgen.

III. Löschung von nicht erforderlichen Daten (Abs. 2)

11 Die erst auf Empfehlung des Rechtsausschusses aufgenommene Regelung trägt den Datenschutzinteressen des Schuldners Rechnung. Erhält der Gerichtsvollzieher im automatisierten Abrufverfahren nach Abs. 1 Satz 1 im Einzelfall mehr Daten, als er für Vollstreckungszwecke benötigt, hat er diese unverzüglich zu löschen oder zu sperren (siehe auch § 141 Abs. 2 Satz 1 GVGA). Dabei kann es sich zum Beispiel im Rahmen von Nr. 2 um Informationen zu einem bereits aufgelösten Konto des Schuldners handeln.[19] Ferner sind etwa solche nach Abs. 1 Nr. 2 ermittelte Kontodaten zu löschen, die ein Konto betreffen, das eindeutig nicht dem Schuldner, sondern einem anderen Kontoinhaber gleichen Namens zuzuordnen sind.[20] Wenn dagegen trotz abweichender Schreibweise des Namens das Konto eindeutig als solches des Schuldners identifizierbar ist, besteht kein Anlass für eine Löschung oder Schwärzung.[21] Die Löschung ist entsprechend den allgemeinen Grundsätzen des Datenschutzrechts vom Gerichtsvollzieher zu protokollieren (§ 141 Abs. 2 Satz 2 GVGA).

---

17 AG Hamburg, DGVZ 2014, 20.
18 Zur Begründung BT-Drucks. 16/13432, S. 44 f.
19 AG Hamburg, DGVZ 2014, 20.
20 LG Würzburg, DGVZ 2015, 21.
21 AG Heilbronn, DGVZ 2014, 198.

IV. Information des Gläubigers und des Schuldners (Abs. 3)

Abs. 3 sichert zunächst die **unverzügliche Information des Gläubigers** über das Ergebnis der Fremdauskunft. Der Gläubiger kann jetzt auf Grundlage dieser Informationen prüfen, ob er mit Aussicht auf Erfolg das Arbeitseinkommen, ein Konto oder ein Kfz des Schuldners pfänden lassen kann. Die Unterrichtung des Gläubigers kann gem. Abs. 3 Satz 2 i. V. m. § 802d Abs. 2 auf Antrag auch durch Übermittlung eines elektronischen Dokuments erfolgen. Die Worte »unter Beachtung des Abs. 2« verdeutlichen, dass der Gerichtsvollzieher nur diejenigen Daten an den Gläubiger weitergeben darf, die zur Zwangsvollstreckung wirklich erforderlich sind. Dazu gehören in der Regel nicht zum Beispiel Informationen über bereits aufgelöste Konten. Dagegen muss ein Konto des Schuldners auch dann angegeben werden, wenn es sich dabei möglicherweise um ein P-Konto handelt, und ein Kraftfahrzeug auch dann, wenn dessen aktueller Standort nicht bekannt ist.[22] Die Daten zu einem ermittelten Bankkonto muss der Gerichtsvollzieher dem Gläubiger auch dann mitteilen, wenn nicht ausgeschlossen werden kann, dass dieses Konto einem anderen Inhaber gleichen Namens zugeordnet werden kann; nur wenn eindeutig feststeht, dass es sich nicht um ein Konto des Schuldners handelt, sind die Daten nicht an den Gläubiger zu übermitteln, sondern nach Abs. 2 zu löschen.[23] Abs. 3 Satz 2 stellt mit seinem Verweis auf § 802d Abs. 1 Satz 3 klar, dass der Gläubiger die erhobenen Daten nur zu Vollstreckungszwecken nutzen darf und löschen muss, wenn er sie nicht mehr benötigt. Mit den Vollstreckungszwecken sind nur eigene Vollstreckungen desjenigen Gläubigers gemeint, für den die Drittauskunft eingeholt wurde.[24] Er darf die Auskünfte auch für die Vollstreckung aus weiteren Titeln verwenden. Dagegen dürfen die Drittauskünfte nicht im Rahmen der Vollstreckung für andere Gläubiger verwendet werden, selbst wenn diese denselben Gläubigervertreter haben.

12

Auch der **Schuldner** ist über das Ergebnis der Fremdauskunft zu **informieren**, allerdings nicht unverzüglich, sondern erst **innerhalb von vier Wochen** nach Erhalt der Auskunft. Dadurch wird einerseits dem Grundrecht des Schuldners auf informationelle Selbstbestimmung Rechnung getragen, das bei einer heimlichen Datenerhebung besonders beeinträchtigt ist. Anderseits ist der Zeitraum, innerhalb dessen die Unterrichtung des Schuldners erfolgen soll, so bemessen, dass der Vollstreckungserfolg des Gläubigers nicht gefährdet ist; bei einer sofortigen Unterrichtung des Schuldners wäre z. B. Vollstreckungsgefährdung durch rechtzeitiges Abheben von Kontoguthaben zu befürchten.

13

V. Gebühren

Für die Tätigkeit des **Rechtsanwalts** fällt eine 0,3-Verfahrensgebühr nach RVG-VV Nr. 3309 an. Der Gegenstandswert richtet sich gem. § 25 Abs. 1 Nr. 1 RVG nach dem Betrag der zu vollstreckenden Geldforderung einschließlich der Nebenforderungen. Der **Gerichtsvollzieher** erhält für jede Einholung einer Auskunft bei einer der in § 802l genannten Stellen eine Festgebühr nach GvKostG-KV Nr. 440 (Stand Januar 2015: 13 Euro). Diese Gebühr fällt nicht an bei einer für die Eintragung in das Schuldnerverzeichnis erforderlichen Auskunft nach § 882c Abs. 3 Satz 2.

14

VI. ArbGG, VwGO, AO

§ 802l gilt auch bei der Vollstreckung aus arbeitsgerichtlichen Titeln (§§ 62 Abs. 2 Satz 1, 85 Abs. 1 Satz 3 ArbGG). Die für die Vollstreckung öffentlich-rechtlicher Geldforderungen zuständigen Vollstreckungsbehörden (§ 4 VwVG, § 284 Abs. 5 AO) haben nur teilweise die dem § 802l vergleichbaren Möglichkeiten. Die bisher fehlende bundesrechtliche Regelung über die Gestattung von Datenübermittlungen an Vollstreckungsbehörden sollen durch eine Änderung des VwVG geschaffen werden.[25]

15

---

22 AG Bayreuth, DGVZ 2013, 194.
23 LG Würzburg, DGVZ 2015, 21.
24 Dazu *Mroß*, DGVZ 2014, 256 f.
25 Empfehlungen der Ausschüsse zum Entwurf eines Sechsten Gesetzes zur Änderung des VwVG, BR-Drucks. 225/14.

Titel 2. Zwangsvollstreckung in das bewegliche Vermögen

Vor §§ 803–863 Das bewegliche Vermögen des Schuldners

Übersicht

	Rdn.		Rdn.
I. Unterscheidung zwischen beweglichem und unbeweglichem Vermögen	1	III. Bedeutung der Zuordnung zu den Untergruppen des beweglichen Vermögens	4
II. Bestandteile des beweglichen Vermögens	2		

Literatur:
Bleta, Software in der Zwangsvollstreckung, 1994; *Borggräfe*, Die Zwangsvollstreckung in bewegliches Leasinggut, 1976; *Brehm*, Die Pfändung von Computerprogrammen, FS Gitter, 1995, 145; *Franke*, Analoge Anwendung der Sachpfändungsvorschriften bei Computerprogrammen, MDR 1996, 236; *Götte*, Zur Wiedereinführung einer Rangfolge der Zwangsvollstreckungsmittel, ZZP 100 (1987), 412; *Koch*, Software in der Zwangsvollstreckung, KTS 1988, 49; *Noack*, Wirtschaftliche und rechtliche Zusammengehörigkeit zwischen einem Grundstück und seinem Zubehör, DGVZ 1983, 177; *ders.*, Die Mobiliarvollstreckung von Scheinbestandteilen und fremdem Zubehör zu einem Grundstück, DGVZ 1985, 161; *Paulus*, Die Software in der Vollstreckung, in: Lehmann, Rechtsschutz und Verwertung von Computerprogrammen, 2. Aufl. 1993, 831; *ders.*, Die Pfändung von EDV-Anlagen, DGVZ 1990, 151; *Roy/Palm*, Zur Problematik der Zwangsvollstreckung in Computer, NJW 1995, 690; *K. Schmidt*, Unternehmensexekution, Zubehörbegriff und Zwangsvollstreckungsrecht, FS Gaul, 1997, 691; *Weimann*, Software in der Einzelzwangsvollstreckung, Rpfleger 1996, 12; *ders.*, Softwarepakete als Vollstreckungsgut unter besonderer Berücksichtigung der Aufgaben der Gerichtsvollzieher, DGVZ 1996, 1.

I. Unterscheidung zwischen beweglichem und unbeweglichem Vermögen

1 Der dem Ersten Titel vorangestellte Begriff des »beweglichen Vermögens« ist ebenso wie der Begriff des »unbeweglichen Vermögens« im Zweiten Titel ein juristischer Kunstbegriff, der sich mit dem Wortgebrauch der Umgangssprache nicht deckt. Die Unterteilung des Vermögens in die beiden genannten Kategorien wurde gewählt, um den unterschiedlichen Zugriff auf die beiden Vermögensmassen in der Zwangsvollstreckung zu verdeutlichen und um gemeinsame Regeln für die jeweilige Zugriffsart entwickeln zu können. Der Zugriff auf das sog. »bewegliche Vermögen« erfolgt durch Pfändung, der Zugriff auf das sog. »unbewegliche Vermögen« dagegen durch Beschlagnahme (ohne Pfändung) oder durch Begründung eines Grundpfandrechtes (Zwangshypothek). Pfändung und Beschlagnahme sind beides Voraussetzungen für eine nachfolgende Verwertung des Vermögensgegenstands, während die Zwangshypothek der bloßen Sicherung ohne unmittelbare Verwertungsmöglichkeit dient.

II. Bestandteile des beweglichen Vermögens

2 Das bewegliche Vermögen setzt sich zusammen aus den körperlichen Sachen, den Geldforderungen, den Ansprüchen auf Herausgabe oder Leistung körperlicher Sachen und »anderen Vermögensrechten, die nicht Gegenstand der Zwangsvollstreckung in das unbewegliche Vermögen sind«. Die Zuordnung zu diesen drei Gruppen erfolgt nicht ausnahmslos nach dem allgemeinen Sprachgebrauch, vielmehr werden teilweise körperliche Sachen (so in § 865 Abs. 2), Geldforderungen (so in § 865 Abs. 1 mit §§ 1123 ff. BGB) oder sonstige bloße Vermögensrechte (so in § 864) dem unbeweglichen Vermögen zugeordnet. Dagegen werden mit dem Boden noch verbundene Grundstücksfrüchte teilweise (§ 810) als bewegliche Sachen behandelt. »Verbriefte Forderungen« schließlich werden teilweise wie bewegliche Sachen (§§ 821 ff., 831), teilweise wie Forderungen (§§ 829, 830, 836 Abs. 3) und teils wie sonstige Vermögensrechte gepfändet und verwertet. Das **Anwartschaftsrecht** auf Eigentumserwerb an körperlichen Sachen wird nach der in Literatur und

Rechtsprechung überwiegenden Auffassung[1] sowohl nach den für körperliche Sachen als auch nach den für sonstige Vermögensrechte geltenden Regeln gepfändet (Theorie der Doppelpfändung).

Neben die durch die gesetzlichen Ausnahmen vom allgemeinen Sprachgebrauch bedingte Unübersichtlichkeit der Zuordnung zu einer der gesetzlichen Vermögenskategorien tritt die durch neue tatsächliche oder rechtliche Entwicklungen bedingte Einordnungsschwierigkeit überall dort, wo die Gesetzesbegriffe des 19. Jahrhunderts sich als unpassend erweisen. So kann bei den verschiedenen Leasingkonstruktionen die Zuordnung als bewegliche Sache oder als Vermögensrecht schwierig sein.[2] Ähnliches gilt für die Zuordnung von **Software**[3] auf Datenträgern. Nach überwiegender Ansicht ist auf Software[4] durch Pfändung des Datenträgers mit dem darauf gespeicherten Programm nach den §§ 808 ff. durch den Gerichtsvollzieher zuzugreifen.[5] Dafür spricht, dass Software in aller Regel auch durch Übereignung des Datenträgers nach den §§ 929 ff. BGB übertragen wird. Nach a.A. soll die Zwangsvollstreckung in Software nach § 857 erfolgen; der Datenträger könne analog § 836 Abs. 3 im Wege der Hilfspfändung weggenommen werden.[6]

3

III. Bedeutung der Zuordnung zu den Untergruppen des beweglichen Vermögens

Die Zuordnung eines Vermögensgegenstandes zu einer der drei Untergruppen des sog. »beweglichen Vermögens« ist nicht nur von theoretischer Bedeutung für den Gläubiger: Zum einen ist die Pfändung und Verwertung körperlicher Sachen dem Gerichtsvollzieher, die Pfändung und Verwertung von Geldforderungen und sonstigen Vermögensrechten sowie die Beschlagnahme von unbeweglichem Vermögen dem Rechtspfleger beim Vollstreckungsgericht übertragen. Die Klärung der Zuständigkeit des Vollstreckungsorgans kann Kosten verursachen, die nicht zu den notwendigen Kosten der Zwangsvollstreckung zählen.[7] Die Beauftragung des falschen Vollstreckungsorgans kann zudem zu Prioritätsnachteilen führen. Zum anderen ist der Vollstreckungsschutz unterschiedlich ausgestaltet, je nachdem, ob ein Gegenstand als bloßes Vermögensrecht, als Teil des unbeweglichen Vermögens oder als körperliche Sache eingeordnet wird.[8] Die Zuordnung kann also entscheidend dafür sein, ob der Gegenstand dem Gläubiger überhaupt als Haftungsmasse zur Verfügung steht oder nicht.

4

---

1 Einzelheiten § 857 Rdn. 13-19.
2 Siehe den Überblick bei *Borggräfe*, Die Zwangsvollstreckung in bewegliches Leasinggut, 1976.
3 Siehe den Überblick bei *Koch*, KTS 1988, 49; *Brox/Walker*, Rn. 233 a.
4 Zur Pfändung von Computerprogrammen siehe *Brehm*, Festschrift Gitter, 1995, 145; *Paulus*, in: Lehmann, Rechtsschutz und Verwertung von Computerprogrammen, 2. Aufl. 1993, 831.
5 *Franke*, MDR 1996, 236; *Stein/Jonas/Münzberg*, § 808 Rn. 3; *Paulus*, DGVZ 1990, 151, 153; *Weimann*, Rpfleger 1996, 12, 15.
6 *Baur/Stürner/Bruns*, Rn. 32, 42.
7 Zu den notwendigen Kosten § 788 Rdn. 7 ff.
8 Siehe § 811 Rdn. 3.

Untertitel 1. Allgemeine Vorschriften

Vor §§ 803, 804 Die Pfändung und ihre Folgen

Übersicht

	Rdn.			Rdn.
I. Die Pfändung	1	3.	Gemischt-privat-öffentlich-rechtliche Theorie	14
II. Die Verstrickung	2	a)	Entstehung des Pfändungspfandrechts	15
1. Öffentliche Beschlagnahme	2	b)	Materiellrechtliche Bedeutung	16
2. Relatives Verfügungsverbot	3	c)	Rang des Pfändungspfandrechts	17
3. Wirksamkeitsvoraussetzungen	4	d)	Erlöschen durch gutgläubigen lastenfreien Erwerb	19
4. Beendigung	8	e)	Nachträgliche Unwirksamkeit gem. § 88 InsO	20
III. Das Pfändungspfandrecht	10			
1. Öffentlich-rechtliche Theorie	11			
2. Rein privatrechtliche Theorie	13			

Literatur:

A. Blomeyer, Zur Lehre vom Pfändungspfandrecht, Festgabe für Ulrich von Lüptow, 1970, 803; *Deren-Yildirim*, Gedanken über die Verteilungsprinzipien im Zwangsvollstreckungsrecht, FS Gaul, 1997, 109; *Fahland*, Das Verfügungsverbot nach §§ 135, 136 BGB in der Zwangsvollstreckung und seine Beziehung zu den anderen Pfändungsfolgen, 1976; *Gaul*, Zur Struktur der Zwangsvollstreckung, Rpfleger 1971, 1; *ders.*, Die Haftung aus dem Vollstreckungszugriff, ZZP 110 (1997), 3; *ders.*, Rechtsverwirklichung durch Zwangsvollstreckung aus rechtsgrundsätzlicher und rechtsdogmatischer Sicht, ZZP 112 (1999), 135; *Hantke*, Rangverhältnis und Erlösverteilung bei der gleichzeitigen Pfändung durch den Gerichtsvollzieher für mehrere Gläubiger, DGVZ 1978, 105; *Henckel*, Prozeßrecht und materielles Recht, 1970; *M. Huber*, Der praktische Fall – Vollstreckungsrecht: Vorrang des Vermieterpfandrechts?, JuS 2003, 568; *ders.*, Nochmals: Vorrang des Vermieterpfandrechts, JuS 2003, 596; *Kerres*, Das Verfahren zur Pfändung und Versteigerung von Scheinbestandteilen (Gebäuden auf fremden Boden) und fremden Zubehör an einem Grundstück, DGVZ 1990, 55; *Kerwer*, Die Erfüllung in der Zwangsvollstreckung, 1996; *Lindacher*, Fehlende oder irreguläre Pfändung und Wirksamkeit des vollstreckungsrechtlichen Erwerbs, JZ 1970, 360; *Lipp*, Das Pfändungspfandrecht, JuS 1988, 119; *Lüke*, Der Inhalt des Pfändungspfandrechts, JZ 1955, 484; *ders.*, Die Rechtsnatur des Pfändungspfandrechts, JZ 1957, 239; *ders.*, Die Entwicklung der öffentlichrechtlichen Theorie in der Zwangsvollstreckung, FS Nakamura, 1996, 389; *Marotzke*, Öffentlichrechtliche Verwertungsmacht und Grundgesetz, NJW 1978, 133; *Pinger*, Der Gläubiger als Ersteigerer einer schuldnerfremden Sache, JR 1973, 94; *Säcker*, Der Streit um die Rechtsnatur des Pfändungspfandrechts, JZ 1971, 156; *Schlosser*, Vollstreckungsrechtliches Prioritätsprinzip und verfassungsrechtlicher Gleichheitsgrundsatz, ZZP 97 (1984), 121; *K. Schmidt*, Zur Anwendung des § 185 BGB in der Mobiliarvollstreckung, ZZP 87 (1974), 316; *ders.*, Pfandrechtsfragen bei erlaubtem und unerlaubtem Eingriff der Mobiliarvollstreckung in schuldnerfremde Rechte, JuS 1970, 545; *Walker*, Wegweisende BGH-Entscheidungen zum Zwangsvollstreckungsrecht seit Einführung der Rechtsbeschwerde, JZ 2011, 401 u. 453; *Werner*, Die Bedeutung der Pfändungspfandrechtstheorien, JR 1971, 278; *Wolf*, Prinzipien und Anwendungsbereich der dinglichen Surrogation, JuS 1975, 643. Siehe ferner die Literatur zu Anh. § 771.

I. Die Pfändung

1 Die Zwangsvollstreckung wegen Geldforderungen in das bewegliche Vermögen erfolgt durch Pfändung (§ 803 Abs. 1 Satz 1). Deren äußere Form ist unterschiedlich ausgestaltet, je nachdem, ob eine körperliche Sache erstmals (§ 808) oder im Anschluss an eine bereits vorliegende Pfändung (§ 826) oder ob eine Forderung (§§ 829, 830) bzw. ein sonstiges Vermögensrecht gepfändet wird. Jede Pfändung ist ein **staatlicher Hoheitsakt**. Sie löst, sobald sie wirksam vorgenommen wurde[1], regelmäßig zwei Folgen aus: Zum einen bewirkt sie die Verstrickung des Vollstreckungsobjekts, zum anderen begründet sie für den Gläubiger am Vollstreckungsobjekt, soweit dieses zum Schuldnervermögen gehört[2], ein Pfändungspfandrecht (§ 804 Abs. 1). Streitig ist, ob das mit der Pfändung

---

1 Zur Nichtigkeit einer Pfändung siehe unten Rdn. 4 ff.
2 Zur Vollstreckung in schuldnerfremde Sachen siehe unten Rdn. 15, 18.

einhergehende Verfügungsverbot über das Vollstreckungsobjekt als dritte selbstständige Folge der Pfändung[3] oder nur als Folge und Inhalt der Verstrickung[4] anzusehen ist. Der letzteren Auffassung ist zu folgen.[5]

II. Die Verstrickung

1. Öffentliche Beschlagnahme

Sie ist die öffentlich-rechtliche Beschlagnahme des Vollstreckungsobjektes durch den Staat zum Zwecke der Zwangsvollstreckung. Der Staat erhält über das Vollstreckungsobjekt insoweit die Verfügungsmacht, als er zu dessen Verwertung im Rahmen eines gesetzlich verordneten Verfahrens berechtigt wird. Durch die Beschlagnahme körperlicher Sachen wird zudem ein öffentlicher Gewahrsam (in der Form des unmittelbaren oder mittelbaren Besitzes) begründet. Er ist durch § 136 StGB strafrechtlich besonders geschützt.[6]

2. Relatives Verfügungsverbot

Notwendige Kehrseite der staatlichen Verfügungsmacht und des öffentlichen Gewahrsams ist ein relatives Verfügungsverbot (§§ 135, 136 BGB) an den Schuldner bezüglich des Vollstreckungsgegenstandes. Dieses Verfügungsverbot ist als Folge der Pfändung von Geldforderungen, Herausgabeansprüchen und sonstigen Vermögensrechten in §§ 829 Abs. 1, 846, 857 Abs. 1 ausdrücklich geregelt[7], gilt aber ebenso nach der Beschlagnahme körperlicher Sachen durch Pfändung.[8] Es ist Folge **jeder** wirksamen Verstrickung[9], also vom Schuldner auch zu beachten, wenn bei ihm Gegenstände, die einem Dritten gehören, gepfändet wurden. Er kann, solange sie verstrickt sind, auch mit Genehmigung des Eigentümers nicht mit Wirkung gegen den Gläubiger über sie verfügen (wohl aber kann dies der Eigentümer selbst, an den das Verfügungsverbot sich nicht wendet).

3. Wirksamkeitsvoraussetzungen

Wirksam ist nicht nur die Verstrickung (Beschlagnahme), die unter Beachtung aller Verfahrensregeln und mit materieller Berechtigung gegenüber dem Schuldner erfolgte. Auch diejenige Verstrickung, die wegen Verfahrensmängeln angreifbar ist[10] oder der – ohne Verfahrensfehler – die materiellrechtliche Grundlage fehlt, ist wirksam, solange sie nicht erfolgreich angefochten oder nach §§ 767, 771 für unzulässig erklärt wurde.[11] Nur in seltenen Fällen ist **Nichtigkeit** der Pfändung und damit eine anfängliche Unwirksamkeit der Verstrickung anzunehmen. Die Pfändung als staatlicher Hoheitsakt ist insoweit weitgehend nach den Grundsätzen, die im öffentlichen Recht

---

3 So *A. Blomeyer*, Festgabe f. v. Lüptow, S. 822; *Fahland*, Das Verfügungsverbot nach §§ 135, 136 BGB in der Zwangsvollstreckung und seine Beziehung zu den anderen Pfändungsfolgen, S. 51 ff. u. 95 ff.; *Gaul/Schilken/Becker-Eberhard*, § 50 Rn. 16 ff.

4 So die h. M.; *Baumann/Brehm*, § 18 I 2 c; *Baumbach/Lauterbach/Hartmann*, Übers. § 803 Rn. 6; *Brox/Walker*, Rn. 361; *Bruns/Peters*, § 20 III 1; *Geib*, Die Pfandverstrickung, S. 10 ff.; *Stein/Jonas/Münzberg*, § 803 Rn. 5; *Wieczorek/Schütze/Lüke*, § 803 Rn. 30; *Zöller/Stöber*, § 804 Rn. 1.

5 Einzelheiten unten Rdn. 3.

6 Obwohl § 136 BGB dem Schutze des staatlichen Gewahrsams und nicht unmittelbar den Vermögensinteressen des Gläubigers dient, sieht die h. M. in ihm auch ein Schutzgesetz i. S. § 823 Abs. 2 BGB; vgl. *Palandt/Sprau*, § 823 BGB Rn. 69; RGRK/*Steffen*, § 823 BGB Rn. 551; *Soergel/Zeuner*, § 823 BGB Rn. 261; *Staudinger/Schäfer*, § 823 BGB Rn. 600.

7 Hinsichtlich der Verstrickung vergleichbaren Beschlagnahme unbeweglichen Vermögens findet sich ein entsprechendes relatives Veräußerungsverbot in §§ 20, 23 ZVG.

8 Allgem. Meinung; streitig ist nur, ob Verstrickung und Verfügungsverbot notwendig miteinander verknüpft sind.

9 A. A. die zu Rn. 1 genannten Vertreter, die das Verfügungsverbot als Folge der Pfändung ansehen.

10 *Brox/Walker*, Rn. 362; *Bruns/Peters*, § 20 III 1 a; *Gaul/Schilken/Becker-Eberhard*, § 50 Rn. 22.

11 Allgem. Meinung; vgl. *Bruns/Peters*, § 20 III 1 a; *Gaul/Schilken/Becker-Eberhard*, § 50 Rn. 25.

hinsichtlich der Nichtigkeit und Anfechtbarkeit von Verwaltungsakten entwickelt worden sind[12], zu beurteilen; dabei ist allerdings modifizierend zu berücksichtigen, dass im Rahmen der Zwangsvollstreckung das öffentliche Recht der Verwirklichung privater Interessen dient. Nichtigkeit der Pfändung und anfängliche Unwirksamkeit der Beschlagnahme wird man deshalb nur dann bejahen können, wenn ein besonders schwerwiegender und bei verständiger Würdigung aller Umstände offenkundiger Fehler vorliegt.[13] Mangels Offenkundigkeit des Fehlers wird etwa eine Pfändungs- und Einziehungsverfügung des Finanzamtes, der ein nicht wirksam gewordener Steuerbescheid und damit kein wirksamer Vollstreckungstitel zugrunde liegt, nicht als nichtig, sondern nur als (anfechtbar) rechtswidrig angesehen.[14]

5 Dies ist in der Regel zu bejahen, wenn die Zwangsvollstreckung ohne jeglichen vollstreckungsfähigen Titel erfolgte[15], wenn ein sachlich oder funktionell unzuständiges Vollstreckungsorgan tätig wurde[16] (z. B. wenn der Gerichtsvollzieher eine Forderung gepfändet hat), wenn gegen Personen, die der deutschen Gerichtsbarkeit nicht unterliegen, vollstreckt wurde[17] oder wenn es unterlassen wurde, die Pfändung nach außen hin kenntlich zu machen (also wenn bei der Sachpfändung § 808 Abs. 2 Satz 2 oder bei der Forderungspfändung § 829 Abs. 2 Satz 1 missachtet wurde).[18] Bei der Forderungspfändung ist Nichtigkeit darüber hinaus anzunehmen, wenn der Vollstreckungsgegenstand, also die angebliche Forderung des Schuldners gegen den Drittschuldner, nicht existent ist, etwa weil die Forderung statt dem Schuldner einem Dritten zusteht.[19] Die Verhältnisse liegen hier anders als bei der Pfändung schuldnerfremder körperlicher Sachen: Dort existiert im Besitz des Schuldners eine körperliche Sache, an die das Pfandsiegel angeheftet ist. Hier existiert die Forderung dagegen gerade nicht; die tatsächlich existierende Forderung dagegen ist im Pfändungsbeschluss nicht als beschlagnahmt publik gemacht.

6 Die Verletzung anderer Verfahrensnormen (etwa der §§ 750, 758, 759, 760, 803 Abs. 2, 809, 811, 813, 850c) führt nur zur Anfechtbarkeit der Pfändung. Bloße Anfechtbarkeit des Vollstreckungsaktes ist auch dann nur anzunehmen, wenn fälschlicherweise eine Person als Vollstreckungsschuldner in Anspruch genommen wurde, die weder im Titel noch in der Klausel namentlich bezeichnet ist (Personenverwechslung, Irrtum über die Identität des Schuldners usw.).[20] Wenn das gänzliche Fehlen der Klausel[21], die Vollstreckung in schuldnerfremdes Vermögen (arg. § 771)[22], die Vollstreckung in nur vermeintliches Schuldnervermögen beim herausgabebereiten Dritten und die Vollstreckung auf Antrag eines nicht legitimierten Gläubigers (z. B. des Testamentsvollstreckers nach Beendigung

---

12 Vgl. § 44 VwVfG.
13 BGHZ 30, 173; 70, 313; BGH, NJW 1976, 851; NJW 1979, 2045; OLG Hamburg, MDR 1974, 321; *Baur/Stürner/Bruns*, Rn. 11.3; *Geib*, Die Pfandverstrickung, S. 100 ff.; *Gaul/Schilken/Becker-Eberhard*, § 50 Rn. 22 f.; PG/*Tombrink/Kessen*, § 804 Rn. 2; *Schwinge*, Der fehlerhafte Staatsakt im Mobiliarverstrickungsrecht, S. 21 ff. u. 45 ff.; *Stein/Jonas/Münzberg*, Vor § 704 Rn. 128 ff.; weitergehend BAG, NJW 1989, 2148.
14 BFH, NJW 2003, 1070, 1071.
15 BGHZ 70, 313; *Brox/Walker*, Rn. 364; *Dierck/Morvilius/Vollkommer/Hilzinger*, 3. Kap. Rn. 157a; *Gaul/Schilken/Becker-Eberhard*, § 50 Rn. 24; *Musielak/Voit/Becker*, § 803 Rn. 10; PG/*Tombrink*, § 804 Rn. 2; *Wieczorek/Schütze/Lüke*, § 803 Rn. 34; a. A. *Baumann/Brehm*, § 18 I 2 a.
16 *Brox/Walker*, Rn. 364 (mit Einschränkung zu § 865 in Rn. 363); *Gaul/Schilken/Becker-Eberhard*, § 50 Rn. 25 (ebenfalls mit Einschränkung zu § 865 in § 49 Rn. 13); *Wieczorek/Schütze/Lüke*, § 803 Rn. 34.
17 *Brox/Walker*, Rn. 20, 364; *Bruns/Peters*, § 20 III 1 a; *Wieczorek/Schütze/Lüke*, § 803 Rn. 34.
18 *Brox/Walker*, Rn. 333, 364; *Gaul/Schilken/Becker-Eberhard*, § 50 Rn. 24; *Wieczorek/Schütze/Lüke*, § 803 Rn. 34.
19 Einzelheiten: § 829 Rn. 52 f.; ferner *Gaul/Schilken/Becker-Eberhard*, § 50 Rn. 24, 61.
20 Wie hier BGHZ 30, 175; BGH, NJW 1979, 2045; *Baumbach/Lauterbach/Hartmann*, Grundz. Vor § 704 Rn. 56; *Baur/Stürner/Bruns*, Rn. 27.11; *Brox/Walker*, Rn. 363; *Gaul/Schilken/Becker-Eberhard*, § 50 Rn. 26; *Wieczorek/Schütze/Lüke*, § 803 Rn. 34.
21 Siehe § 724 Rdn. 8.
22 Siehe schon Rdn. 4.

der Testamentsvollstreckung)²³ nach ganz überwiegender Meinung nur die Anfechtbarkeit des Vollstreckungsaktes zur Folge haben, so kann dies bei einem Irrtum über die Person des Schuldners nicht anders sein.²⁴ Der betroffene Nichtschuldner muss sich mit einem Rechtsbehelf zur Wehr setzen.

Eine nichtige Pfändung wird nicht nachträglich dadurch wirksam, dass nur der Fehler beseitigt wird; sie muss vielmehr neu und nunmehr fehlerfrei vorgenommen werden.²⁵ Dies bedeutet: Wurde etwa bei einem der deutschen Gerichtsbarkeit nicht unterliegenden Diplomaten gepfändet, so tritt keine Heilung des nichtigen Vollstreckungsaktes ein, wenn dieser Diplomat etwa später seine Immunität verliert und um Asyl bittet. Erfolgte die Zwangsvollstreckung, als noch kein Titel vorlag, so wird die Pfändung nicht nachträglich wirksam, wenn später ein Titel über die Forderung, wegen der bereits vollstreckt wurde, erwirkt wird. Bei der Pfändung schuldnerfremder Sachen ist allerdings nach umstrittener Ansicht § 185 Abs. 2 BGB, der für die Verfügung eines Nichtberechtigten gilt, entsprechend anwendbar. Danach erwirbt der Vollstreckungsgläubiger auch an schuldnerfremden Sachen ein Pfändungspfandrecht, wenn der Schuldner den gepfändeten Gegenstand erwirbt (§ 185 Abs. 2 Satz 1, 2. Fall BGB) oder wenn der Eigentümer die Pfändung genehmigt.²⁶

4. Beendigung

Die Verstrickung bleibt wirksam, bis der Vollstreckungserlös an den Gläubiger ausgehändigt²⁷ bzw. die Forderung durch den Gläubiger eingezogen ist, falls die Beschlagnahme nicht vorher durch das Vollstreckungsorgan oder das Vollstreckungsgericht aufgehoben wurde. Hinsichtlich der »Aufhebung« muss unterschieden werden: Hat der Gerichtsvollzieher die Beschlagnahme durchgeführt, kann auch er sie nur wieder aufheben. Gerichtliche Entscheidungen, die eine Vollstreckungsmaßnahme des Gerichtsvollziehers oder die Zwangsvollstreckung schlechthin für unzulässig erklären, beseitigen die durch den Gerichtsvollzieher herbeigeführte öffentliche Beschlagnahme noch nicht.²⁸ Vollstreckungsmaßnahmen des Vollstreckungsgerichts kann auch der über die Erinnerung oder sofortige Beschwerde entscheidende Richter bzw. das Beschwerdegericht aufheben. Die durch Aufhebung der Pfändung erloschene Verstrickung lebt nicht wieder auf, wenn die Aufhebungsentscheidung in der Beschwerdeinstanz abgeändert wird. Es bedarf vielmehr eines neuen Pfändungsaktes, um den Gegenstand erneut zu verstricken.²⁹ Die Verstrickung erlischt auch, wenn das Vollstreckungsorgan den Pfändungsakt zu Unrecht (etwa weil der Gerichtsvollzieher sich irrigerweise zu einer Billigkeitsentscheidung nach § 765a für befugt hält)³⁰ aufhebt. Dagegen erlischt die Verstrickung beweglicher Sachen nicht, wenn der Gläubiger ohne Zustimmung des Gerichtsvollziehers den Schuldner zur Entfernung des Pfandsiegels ermächtigt.³¹ Auch wenn die Zwangsvollstreckung im Interesse des Gläubigers erfolgt, so kann er doch nicht nach eigenem Gutdünken über staatliche Hoheitsakte verfügen. Der Gläubiger muss

---

23 Insoweit ist nur Klage nach § 767 möglich.
24 A.A. aber *Bruns/Peters,* § 20 III 1 a; *Stein/Jonas/Münzberg,* vor § 704 Rn. 129.
25 *Baur/Stürner/Bruns,* Rn. 11.8; *Gaul/Schilken/Becker-Eberhard,* § 50 Rn. 28; *Stein/Jonas/Münzberg,* Vor § 704 Rn. 134.
26 BGH, NJW 1971, 1938, 1941 (anders nur, wenn der Schuldner eine gepfändete Forderung erst nachträglich erwirbt, weil die Pfändung einer schuldnerfremden Forderung im Gegensatz zur Pfändung einer schuldnerfremden Sache nicht nur anfechtbar, sondern nichtig ist); OLG München, NJW 1954, 1124 (auch bei der Pfändung einer schuldnerfremden Forderung); *Brox/Walker,* Rn. 383; *K. Schmidt,* ZZP 87 (1974), 320, 326 ff.
27 Die Beschlagnahme erstreckt sich nach der Verwertung des Vollstreckungsobjekts automatisch auf den Verwertungserlös; Einzelheiten siehe § 819 Rdn. 1.
28 Siehe § 776 Rdn. 2; ferner OLG Oldenburg, MDR 1955, 300; *Stein/Jonas/Münzberg,* § 803 Rn. 15.
29 Siehe § 776 Rdn. 2, 3.
30 Siehe Vor §§ 753–763 Rdn. 6, § 765a Rdn. 35.
31 Wie hier *Baur/Stürner/Bruns,* Rn. 9.16 f.; *Brox/Walker,* Rn. 369; *Bruns/Peters,* § 20 III 1 c; *Fahland,* a.a.O., S. 118 ff.; *Musielak/Voit/Becker,* § 804 Rn. 11; *Gaul/Schilken/Becker-Eberhard,* § 50 Rn. 36; *PG/Tombrink,* § 804 Rn. 3; *Stein/Jonas/Münzberg,* § 803 Rn. 18; *Wieczorek/Schütze/Lüke,* § 803 Rn. 37; a.A. BGH, KTS 1959, 156; *Blomeyer,* § 45 III 2.

vielmehr den Vollstreckungsantrag zurücknehmen, damit dann der Gerichtsvollzieher seinerseits die Beschlagnahme aufhebt. Der Verzicht auf die Beschlagnahme einer Forderung ist in § 843 besonders geregelt. Auch insoweit genügt eine formlose Gläubigererklärung nicht.[32]

9 Veräußert der Schuldner die gepfändete körperliche Sache trotz des Verfügungsverbotes an einen gutgläubigen Dritten[33], so führt dessen lastenfreier Eigentumserwerb am Pfändungsobjekt automatisch zur Beendigung der Verstrickung.[34] Nach der Gegenansicht[35] bleibt die Verstrickung als staatlicher Hoheitsakt bestehen und muss, wenn der Gläubiger den Gegenstand nicht frei gibt, mit der Klage nach § 771 beseitigt werden. Es besteht jedoch kein Grund, gerade bei der Pfändung beweglicher Sachen von der in § 135 Abs. 2 BGB bzw. der in § 23 Abs. 2 ZVG enthaltenen Regel abzuweichen, dass der gute Glaube auch das hoheitliche Veräußerungsverbot überwindet.[36]

III. Das Pfändungspfandrecht

10 Nach § 804 Abs. 1 erwirbt der Gläubiger durch die Pfändung ein Pfandrecht an dem gepfändeten Gegenstand. Die Bedeutung dieser Regelung und die Rechtsnatur des Pfändungspfandrechts sind lebhaft umstritten. Dieser Streit hat nur eine begrenzte praktische Bedeutung;[37] immerhin kommen die einzelnen Theorien in einigen wichtigen Fragen zu unterschiedlichen praktischen Ergebnissen, sodass in diesen Fällen eine Entscheidung des Streits nicht offenbleiben kann.[38]

1. Öffentlich-rechtliche Theorie

11 Nach der sog. öffentlich-rechtlichen Theorie[39] entsteht das Pfändungspfandrecht immer als notwendige Folge einer wirksamen Verstrickung, ohne dass es auf die Voraussetzungen des BGB für Entstehung und Bestand eines Pfandrechts (Akzessorietät zur gesicherten Forderung, § 1204 Abs. 1 BGB; Zugehörigkeit der Pfandsache zum Schuldnervermögen, § 1207 BGB) ankäme. Das Pfändungspfandrecht sei ein prozessuales und damit öffentliches Recht, das so lange bestehe, wie die es begründende Verstrickung andauere, unabhängig vom Bestand der titulierten Forderung und unabhängig von der Zugehörigkeit des Vollstreckungsobjekts zum Schuldnervermögen. Die öffentlich-rechtliche Theorie geht von dem unbestrittenen Grundsatz aus, dass Ausgangspunkt der Vollstreckung nicht der materiellrechtliche Anspruch als solcher ist, sondern der vollstreckbare Titel, unabhängig davon, ob die in ihm ausgewiesene Forderung zum Zeitpunkt der Titulierung bestand oder nicht.[40] Diese Unabhängigkeit der Vollstreckung vom materiellen Anspruch bedeute nicht nur, dass das Tätigwerden der staatlichen Vollstreckungsorgane allein aufgrund des Titels erfolge, sondern müsse zur weiteren Konsequenz haben, dass auch das Entstehen und der Fortbestand des Pfändungspfandrechts **allein** von den formalen Kriterien des Vollstreckungsrechts und nicht von materiellrechtlichen Gegebenheiten bestimmt werde. Da das Pfändungspfandrecht losgelöst vom

---

32 Einzelheiten: § 843 Rdn. 3.
33 Zu dieser Möglichkeit unten Rdn. 19.
34 *Baumbach/Lauterbach/Hartmann*, § 804 Rn. 5; *Brox/Walker*, Rn. 370; *Gaul*, Rpfleger 1971, 1, 7; HdbZVR/*Keller*, Kap. 2 Rn. 330; *Stein/Jonas/Münzberg*, § 804 Rn. 43; *Thomas/Putzo/Seiler*, § 803 Rn. 11; *Zöller/Stöber*, § 804 Rn. 13; a. A. *Gaul/Schilken/Becker-Eberhard*, § 50 Rn. 38.
35 LG Köln, MDR 1965, 213; *Baur/Stürner/Bruns*, Rn. 27.4; *Bruns/Peters*, § 20 III; *Lüke*, JZ 1955, 484, 486 f.; *Wieczorek/Schütze/Lüke*, § 803 Rn. 40.
36 *Münzberg*, ZZP 78 (1965), 287, 297 ff.
37 So etwa *Brox/Walker*, Rn. 386; *Gaul*, Rpfleger 1971, 6; *Lipp*, JuS 1988, 119; *Schmidt*, JuS 1970, 551; ders., ZZP 87 (1974), 318; *Thomas/Putzo/Seiler*, § 804 Rn. 3.
38 Ähnlich *Gaul/Schilken/Becker-Eberhard*, § 50 Rn. 46.
39 Siehe insbesondere *Baumbach/Lauterbach/Hartmann*, Übers. § 803 Rn. 8 und § 804 Rn. 3; *Geib*, Die Pfandverstrickung, S. 8; HK-ZV/*Kindl*, § 804 Rn. 4; *Münzberg*, ZZP 78 (1965), 287; *Lüke*, JZ 1955, 484; ders., JZ 1957, 239; ders., FS Nakamura, 1996, 389; *Stein/Jonas/Münzberg*, § 804 Rn. 1 ff.; *Thomas/Putzo/Seiler*, § 803 Rn. 8 und § 804 Rn. 2; *Wieczorek/Schütze/Lüke*, § 803 Rn. 5 ff.
40 Siehe Vor §§ 704–707 Rdn. 1.

materiellen Recht gesehen werden müsse, sage es auch nichts darüber aus, ob der Gläubiger nach Verwertung des Pfändungsgutes den Verwertungserlös behalten dürfe. Dafür sei allein das materielle Recht auf der Basis des Titels maßgeblich.[41]

Der öffentlich-rechtlichen Theorie ist entgegenzuhalten, dass sie schon dem Wortlaut des § 804 Abs. 2 nicht gerecht wird, der auf das bürgerlichrechtliche Pfandrecht verweist. Es besteht auch keine Notwendigkeit, ein – im Übrigen Recht unbekanntes – öffentliches Recht zugunsten privater Dritter zu konstruieren, insbesondere nicht als Konsequenz aus der kaum zu bezweifelnden Zuordnung des Vollstreckungsverfahrensrechts zum öffentlichen Recht. Es ist durchaus nicht unüblich, dass durch öffentlich-rechtlichen Akt, etwa durch ein Urteil, aber auch durch andere Staatsakte, Privatrechte begründet oder inhaltlich gestaltet werden. 12

2. Rein privatrechtliche Theorie

Dieses wiederum berücksichtigt zu wenig die rein privatrechtliche Theorie, die heute kaum noch vertreten wird.[42] Sie sieht das Pfändungspfandrecht allein als dritte Form des bürgerlich-rechtlichen Pfandrechts, auf das die §§ 1204 ff. BGB, soweit die ZPO keine Sonderregeln enthalte, uneingeschränkt Anwendung fänden. Dies gelte nicht nur für Entstehen, Bestand und Erlöschen des Pfandrechts, sondern auch für die Pfandverwertung. So könne der Ersteher an schuldnerfremden Sachen in der Versteigerung nur kraft guten Glaubens Eigentum erwerben.[43] Das Pfändungspfandrecht, nicht die Verstrickung, sei das Fundament des gesamten Vollstreckungsvorganges. Andererseits habe auch das Verfahrensrecht Bedeutung für das materiellrechtliche Pfandrecht: Alle wesentlichen Verfahrensfehler müssten auf den Bestand des Pfändungspfandrechts als des zentralen Ergebnisses des Vollstreckungsverfahrens Rückwirkungen haben. Diese Betrachtungsweise gibt dem Pfandrecht eine Bedeutung, die dem öffentlich-rechtlichen Verfahren nicht gerecht wird. Der Staat wird in der Zwangsvollstreckung aus eigenem Recht, nicht als Gehilfe des Gläubigers tätig.[44] Seine Tätigkeit ist deshalb auch nach dem dem Staat eigenen öffentlichen Recht zu beurteilen. Umgekehrt erscheint es nicht notwendig, dem Verfahrensrecht, auf dessen Beachtung der Gläubiger nur beschränkten Einfluss hat, für das materielle Recht eine derart zentrale Bedeutung beizumessen. 13

3. Gemischt-privat-öffentlich-rechtliche Theorie

Den Einwänden gegen die zuvor genannten Theorien versuchen die verschiedenen gemischt-privat-öffentlich-rechtlichen Theorien[45] gerecht zu werden. Sie stimmen darin überein, dass sie zwischen dem Pfändungspfandrecht als einem privaten, materiellen Recht des Gläubigers zur Verwertung des Pfandobjektes, das den Rechtsgrund für das Behaltendürfen des Erlöses umschreibt, einerseits und der Verstrickung als der öffentlich-rechtlichen Legitimation des Staates, den Gegenstand auch gegen den Willen des Schuldners verwerten zu dürfen, andererseits unterscheiden. Die Einordnung des Pfändungspfandrechts als privates Recht am Vollstreckungsgegenstand wird der Verweisung in 14

---

41 *Stein/Jonas/Münzberg*, § 771 Rn. 85; a. A. unter den Vertretern der öffentlich-rechtlichen Theorie (kein Ausgleichsanspruch, wenn ein förmlich ordnungsgemäß gepfändeter Gegenstand förmlich ordnungsgemäß verwertet wurde): *Böhm*, Ungerechtfertigte Zwangsvollstreckung und materielle Ausgleichsansprüche, 1971, 85 ff.; *Gloede*, MDR 1972, 291; *Schünemann*, JZ 1985, 49.
42 Vgl. *Goldschmidt*, Zivilprozeßrecht, 2. Aufl. 1932, § 94, 1; *Wolff/Raiser*, Sachenrecht, 10. Bearbeitung, § 167 II und III; in neuerer Zeit: *Marotzke*, NJW 1978, 133 ff.
43 Zur h. M. dagegen siehe Anh. zu § 771 Rdn. 15.
44 Siehe Einführung Rdn. 5.
45 Grundlegend in der älteren Literatur *Förster/Kann*, § 804 Anm. 2 und § 817 Anm. 5; *Stein*, Grundfragen der Zwangsvollstreckung, 1913, S. 24 ff. Heutige Vertreter u. a. *Baumann/Brehm*, § 18 I 2; *Baur/Stürner/Bruns*, Rn. 27.10; *Brox/Walker*, Rn. 393; *Bruns/Peters*, § 20 III 2; *Gaul*, Rpfleger 1971, 4 ff.; *Gaul/Schilken/Becker-Eberhard*, § 50 Rn. 5; *Gerhardt*, § 7 II 2 und 3; *Jauernig/Berger*, § 16 Rn. 10 f. (aber auch mit Kritik); *Musielak/Voit/Becker*, § 804 Rn. 5; PG/*Tombrink*, § 804 Rn. 4; in der Rspr. BGHZ 20, 88 ff.; 23, 293 ff.; 56, 339 ff.

§ 804 Abs. 2 gerecht. Sie führt auch im Hinblick auf alle Konkurrenzprobleme bezüglich des Vollstreckungsobjekts zu sachgerechten Ergebnissen. Durch die allein öffentlich-rechtliche Beurteilung der Tätigkeit der Vollstreckungsorgane wird andererseits ein reibungsloser Verfahrensablauf gewährleistet. Im Grundsatz ist den gemischt-privat-öffentlich-rechtlichen Theorien deshalb zuzustimmen. Hinsichtlich der Einzelheiten muss aber wie folgt differenziert werden:

a) Entstehung des Pfändungspfandrechts

15 Zur Entstehung des Pfandrechts ist zunächst eine verfahrensrechtlich wirksame, d. h. nicht nichtige, Pfändung erforderlich. Die Pfändung muss aber nicht nur wirksam sein; vielmehr müssen alle wesentlichen Vollstreckungsvoraussetzungen vorliegen, selbst wenn ihr Fehlen nicht zur Unwirksamkeit, sondern nur zur Anfechtbarkeit der Pfändung führen würde.[46] Diese Voraussetzung tritt an die Stelle der wirksamen Einigung und Übergabe bei der rechtsgeschäftlichen Begründung eines Pfandrechts. Lediglich die Verletzung von bloßen Ordnungsvorschriften (z. B. von § 758a Abs. 4) ist für die Entstehung des Pfändungspfandrechts unschädlich. Neben der Einhaltung der wesentlichen Verfahrensvorschriften müssen auch die materiellrechtlichen Mindesterfordernisse der §§ 1204 ff. BGB erfüllt sein, damit ein Pfandrecht am Vollstreckungsobjekt entstehen kann: Die Forderung, wegen der die Vollstreckung betrieben wird, muss bestehen. Das Pfändungsobjekt muss zum Vermögen des Schuldners gehören.[47] Bei der Pfändung einer künftigen Forderung entsteht deshalb das Pfändungspfandrecht nicht schon mit dem Wirksamwerden des Pfändungsbeschlusses, sondern erst, wenn auch die gepfändete Forderung tatsächlich entsteht.[48] Die Akzessorietät des Pfandrechts zur Forderung unterliegt allerdings einer gewissen Einschränkung. Ist die Forderung, obwohl sie materiellrechtlich gar nicht besteht, im Titel gerichtlich festgestellt, so ist der Titel auch Grundlage des Pfandrechts. Kann der Erlöschensgrund der Forderung nicht nach § 767 geltend gemacht werden, weil der Schuldner mit diesem Einwand nach § 767 Abs. 2 oder 3 ausgeschlossen ist, so ist er auch für den Fortbestand des Pfändungspfandrechts unbeachtlich.

b) Materiellrechtliche Bedeutung

16 Das Pfändungspfandrecht am Vollstreckungsobjekt bzw. später am Vollstreckungserlös ist der **Rechtsgrund für das Behaltendürfen** des durch den Vollstreckungserlös erzielten Vermögenszuwachses.[49] Bestand kein Pfandrecht am Vollstreckungsobjekt, etwa weil die Pfändung nichtig war, ist der Gläubiger auch dann um den an ihn ausgekehrten Erlös ungerechtfertigt bereichert, wenn die titulierte Forderung besteht.[50]

c) Rang des Pfändungspfandrechts

17 Der Rang des Pfändungspfandrechts im Verhältnis zu anderen Belastungen des Vollstreckungsgegenstands (§ 804 Abs. 2 und 3) bestimmt sich nach dem Zeitpunkt der wirksamen Verstrickung, sofern in diesem Zeitpunkt auch die materiellrechtlichen Voraussetzungen des Pfandrechts bereits vorlagen. Wird die Verstrickung später aufgehoben, die aufhebende Entscheidung aber ihrerseits im Beschwerdeverfahren abgeändert, kann das zusammen mit der Verstrickung zunächst erloschene Pfändungspfandrecht nur mit dem Rang neu begründet werden, der zum Zeitpunkt der erforder-

---

46 Vgl. BGH, NJW 1959, 1873, 1874; *Baur/Stürner/Bruns*, Rn. 27.12; *Brox/Walker*, Rn. 383; *Bruns/Peters*, § 20 III 2; *Gaul/Schilken/Becker-Eberhard*, § 50 Rn. 62; PG/*Tombrink*, § 804 Rn. 5; a. A. *Gerhardt*, § 7 III 2 b; *Jauernig/Berger*, § 16 Rn. 15.
47 So nahezu alle Vertreter der gemischten Theorie außer *Baumann/Brehm*, § 18 I 2; *Jauernig/Berger*, § 16 Rn. 27.
48 BGH, NJW 2004, 1444, 1445; NJW 2003, 2171; BFH, ZIP 2005, 1182, 1183.
49 Siehe auch Anh. zu § 771 Rdn. 3; ferner *Gaul/Schilken/Becker-Eberhard*, § 50 Rn. 45, 59 sowie § 53 Rn. 59.
50 Er kann gegen den Rückzahlungsanspruch dann allerdings mit seiner Forderung aufrechnen, soweit nicht ausnahmsweise ein Aufrechnungsverbot eingreift, und sich so letztlich aus dem Versteigerungserlös befriedigen.

lichen Neupfändung frei ist. Die Beschwerdeentscheidung führt nicht zur rückwirkenden Wiederherstellung des Pfandrechts. Auch die nachträgliche Heilung von solchen Vollstreckungsfehlern, die nur zur Anfechtbarkeit der Pfändung führen, lässt das Pfändungspfandrecht nicht rückwirkend, sondern nur ex nunc entstehen.[51] Andernfalls könnte der gesetzeswidrig vorgehende Gläubiger sich einen ungerechtfertigten Vorrang verschaffen.[52]

Lagen zum Zeitpunkt der wirksamen Verstrickung die **materiellrechtlichen Entstehungsvoraussetzungen** des Pfandrechts **nicht vor**, gehörte etwa die gepfändete körperliche Sache nicht dem Schuldner oder war die Vollstreckungsforderung erloschen, traten diese Voraussetzungen aber später ein, etwa weil der Schuldner die gepfändete Sache zu Eigentum erwarb oder weil die erloschene Vollstreckungsforderung neu auflebte, so wird das Pfandrecht erst ex nunc ab dem Zeitpunkt begründet, in dem die materiellrechtlichen Entstehungsvoraussetzungen vorlagen.[53] Dieser Zeitpunkt bestimmt dann auch den Rang des Pfandrechts. Eine Rückwirkung auf den Zeitpunkt der wirksamen Verstrickung scheidet insofern aus. Etwas anderes gilt aber dann, wenn die Pfändung der einem Dritten gehörigen Sache von diesem nachträglich genehmigt wird. Hier wirkt die Genehmigung zurück (§ 184 BGB).[54] Das Pfandrecht muss aber dennoch zwischenzeitlich begründete andere Pfandrechte im Rang vorgehen lassen. 18

d) Erlöschen durch gutgläubigen lastenfreien Erwerb

Als bürgerlichrechtliche Belastung des Vollstreckungsgutes kann das Pfandrecht, wenn ein Dritter die Sache gutgläubig, d.h. ohne Kenntnis von ihrer Beschlagnahme, erwirbt, gem. **§ 936 BGB** erlöschen. Die Verstrickung wird hierdurch ebenfalls beendet.[55] Der Gerichtsvollzieher ist daher, auch wenn er wieder in den Besitz des Gegenstandes kommt, nicht zur Fortsetzung der begonnenen Vollstreckung berechtigt. Der Erwerber muss also keine Klage nach § 771 erheben, um die Verwertung der Sache zu verhindern. 19

e) Nachträgliche Unwirksamkeit gem. § 88 InsO

Gem. § 88 InsO, der mit Wirkung zum 1.1.1999[56] den in den neuen Bundesländern geltenden § 7 Abs. 3 GesO[57] abgelöst hat, wird mit Eröffnung des Insolvenzverfahrens eine Sicherung unwirksam, die ein Insolvenzgläubiger im letzten Monat vor dem Antrag auf Eröffnung des Insolvenzverfahrens oder nach diesem Antrag durch Zwangsvollstreckung an dem zur Insolvenzmasse gehörenden Vermögen erlangt hat. Zu diesen Sicherungen gehört auch das Pfändungspfandrecht.[58] Der Sinn dieser **Rückschlagsperre** besteht darin, die Anreicherung der Insolvenzmasse zu sichern und eine Störung des Insolvenzverfahrens durch fortgeführte Einzelzwangsvollstreckungen zu verhindern.[59] Der von der Rückschlagsperre betroffene Pfändungsgläubiger nimmt mit seiner Forderung am Insolvenzverfahren teil. Die Monatsfrist des § 88 InsO berechnet sich nach § 139 InsO. Für die Unwirksamkeit der Pfändung von Miet- und Pachtforderungen und von Arbeitseinkünften für die Zeit nach Eröffnung des Insolvenzverfahrens wird § 88 InsO ergänzt durch die §§ 110 Abs. 1, 2 und 114 Abs. 3 InsO. 20

---

51 So die genannten Vertreter der gemischten Theorie. Siehe ferner BGHZ 57, 108, und OLG Hamburg, MDR 1974, 321.
52 **A.M.** *Gerhardt*, § 7 II 3 b.
53 *Baur/Stürner/Bruns*, Rn. 27.17; *Gaul/Schilken/Becker-Eberhard*, § 50 Rn. 74.
54 *Baur/Stürner/Bruns*, Rn. 27.17; *Brox/Walker*, Rn. 383 und 390; *Bruns/Peters*, § 20 III 2; *Gaul/Schilken/Becker-Eberhard*, § 50 Rn. 74; PG/*Tombrink*, § 804 Rn. 8; *K. Schmidt*, ZZP 87 (1974), 320 ff.
55 Siehe Rdn. 9.
56 BGBl. I 1994, S. 2866.
57 Zur Unwirksamkeit des Pfändungspfandrechts nach dieser Vorschrift siehe nur BGH, WM 1995, 596 mit Anm. *Walker*, WuB 1995, 561; OLG Dresden, ZIP 1996, 795.
58 BFH, ZIP 2005, 1182.
59 HK-InsO/*Eickmann*, § 88 Rn. 1; FK-InsO/*App*, § 88 Rn. 1. **Kritisch** zur Rückschlagsperre *Grote*, KTS 2001, 205.

§ 803 Pfändung

(1) ¹Die Zwangsvollstreckung in das bewegliche Vermögen erfolgt durch Pfändung. ²Sie darf nicht weiter ausgedehnt werden, als es zur Befriedigung des Gläubigers und zur Deckung der Kosten der Zwangsvollstreckung erforderlich ist.

(2) Die Pfändung hat zu unterbleiben, wenn sich von der Verwertung der zu pfändenden Gegenstände ein Überschuss über die Kosten der Zwangsvollstreckung nicht erwarten lässt.

Übersicht

	Rdn.		Rdn.
I. Zwangsvollstreckung durch Pfändung..	1	1. Zweck des Verbots und Prüfung durch das Vollstreckungsorgan	6
II. Verbot der Überpfändung (Abs. 1 Satz 2)	2	2. Verwertung i. S. v. Abs. 2	7
1. Überpfändung	2	3. Anschlusspfändung	8
2. Rechtsfolgen einer Überpfändung	3	4. Anwendungsgrenzen	9
3. Nachpfändung	5	5. Rechtsfolgen eines Verstoßes gegen Abs. 2	10
III. Verbot der zwecklosen Pfändung (Abs. 2)	6	IV. ArbGG, VwGO, AO	11

Literatur:
Brehm, Das Pfändungsverbot des § 803 Abs. 2 ZPO bei der Anschlußpfändung, DGVZ 1985, 65; *Walker*, Grundrechte in der Zwangsvollstreckung – Eine Skizze, Gedächtnisschrift für Manfred Wolf, 2011, 561; *Werner*, Erschweren rechtliche Schranken den Vollstreckungserfolg?, DGVZ 1986, 49 und 65; *Wieser*, Die zwecklose Sachpfändung, DGVZ 1985, 37; *ders.*, Die zwecklose Zwangsversteigerung, Rpfleger 1985, 96; *ders.*, Der Grundsatz der Geeignetheit in der Zwangsvollstreckung, ZZP 98 (1985), 427; *ders.*, Der Grundsatz der Erforderlichkeit in der Zwangsvollstreckung, ZZP 100 (1987), 146; *ders.*, Der Grundsatz der Verhältnismäßigkeit in der Zwangsvollstreckung, 1989.

I. Zwangsvollstreckung durch Pfändung

1 Zur dogmatischen Einordnung des Pfändungsvorganges und seiner Folgen (Verstrickung und Pfändungspfandrecht) siehe die »**Vorbemerkung Vor §§ 803, 804**«. Die Pfändung erfolgt in der Form des § 808 (Inbesitznahme durch den Gerichtsvollzieher und gegebenenfalls Anlegung eines Pfandsiegels), soweit eine körperliche Sache gepfändet wird, in der Form des § 829 bzw. der §§ 847 ff. (Pfändungsbeschluss), soweit es um eine Forderung bzw. ein sonstiges Vermögensrecht geht. Die Pfändung als staatlicher Hoheitsakt kann nur durch ein staatliches Vollstreckungsorgan vollzogen werden. Zur Möglichkeit einer »Vorpfändung« durch den Gläubiger selbst siehe § 845.

II. Verbot der Überpfändung (Abs. 1 Satz 2)

1. Überpfändung

2 Damit der Schuldner durch die Vollstreckung nicht unnötig in seiner wirtschaftlichen Bewegungsfreiheit gebunden und der Gläubiger nicht weitergehend gesichert wird, als dies zum Erfolg der Vollstreckung, also zur späteren Befriedigung seiner Forderung nebst Kosten notwendig ist, ist die sog. Überpfändung bei der Zwangsvollstreckung in das bewegliche Vermögen verboten. Die Vorschrift ist nicht entsprechend auf das Zwangsversteigerungsverfahren übertragbar.[1] Die Voraussetzungen des § 803 Abs. 1 Satz 2 sind vom jeweiligen Vollstreckungsorgan (Gerichtsvollzieher, Rechtspfleger beim Vollstreckungsgericht) zu prüfen. Auszugehen ist von der nach dem Inhalt des Titels noch zu vollstreckenden Forderung, nicht von der dem Titel zu Grunde liegenden materiellen Forderung.[2] Auf der anderen Seite ist auf den Verwertungserlös abzustellen, der dem Gläubiger bei Beendigung der Vollstreckung zufließen wird. Er wird sich in der Regel bei beweglichen Sachen deutlich vom Schätzwert nach § 813 Abs. 1 unterscheiden und näher am Mindestgebot des § 817a

---
1 LG Stuttgart, ZZP 72 (1959), 324; MüKo/*Gruber*, § 803 Rn. 61; PG/*Tombrink*, § 803 Rn. 5; *Stein/Jonas/ Münzberg*, § 803 Rn. 35; a. A. LG Würzburg, DGVZ 1982, 61.
2 BGH, WM 1956, 456.

Abs. 1 u. 3 liegen. Bei Forderungen kann nur dann auf den Wert abgestellt werden, wenn schon eine positive Auskunft nach § 840 eines solventen Drittschuldners (Kreditinstitut, öffentliche Hand u.ä.) vorliegt oder wenn es sich um eine dinglich gesicherte Forderung an vorderster Rangstelle handelt. Sind mehrere Gegenstände gepfändet, sind sie gemeinsam zu bewerten.[3] Befinden sich unter ihnen Gegenstände, von denen der Schuldner behauptet, sie stünden im Eigentum eines Dritten oder seien vorrangig zugunsten eines Dritten belastet, so bleiben sie bei der Bewertung außer Betracht.[4] Ist nur ein pfändbarer Gegenstand vorhanden, so greift § 803 Abs. 1 Satz 2 grundsätzlich nicht ein, selbst wenn der Gegenstand noch so wertvoll ist.[5] Im Einzelfall mag hier § 765a zugunsten des Schuldners helfen.[6] Betreibt der Gläubiger gegen mehrere Schuldner wegen derselben Forderung die Zwangsvollstreckung, werden die bei den einzelnen Schuldnern gepfändeten Werte nicht zusammengerechnet.[7] Jeder Schuldner ist isoliert zu beurteilen. Erst wenn ein Schuldner den Gläubiger auch tatsächlich befriedigt hat, können die anderen mit der Klage nach § 767 gegen die Vollstreckung in ihr Vermögen vorgehen. Deshalb kann das Vollstreckungsorgan im Rahmen der Vollstreckung gegen einen von mehreren Gesamtschuldnern auch nicht verlangen, dass ihm die gegen die anderen Schuldner erteilten Titel ebenfalls vorgelegt werden.[8]

2. Rechtsfolgen einer Überpfändung

Durch eine Überpfändung wird weder die Pfändung als Ganzes noch der überschießende Teil unwirksam. Das gesamte Pfändungsgut ist verstrickt, an allen Gegenständen ist ein Pfändungspfandrecht entstanden. Die Pfändung ist aber mit der Erinnerung nach § 766 anfechtbar.[9] Maßgebend für die Entscheidung über die Erinnerung sind auch hier[10] die Verhältnisse zur Zeit ihres Erlasses, nicht diejenigen zur Zeit der Pfändung.[11] Der Schuldner trägt dabei die Beweislast für die die Überpfändung begründenden Umstände.[12] Der Gläubiger erweist sich durch eine Überpfändung keinen Gefallen, da § 803 Abs. 1 Satz 2 auch Schutzgesetz i. S. des § 823 Abs. 2 BGB ist[13], sodass der Gläubiger, wenn er die Überpfändung selbst erkennt[14], dem Schuldner gegebenenfalls auf Schadensersatz haftet. Der mögliche Schaden kann darin liegen, dass die zu viel gepfändeten Gegenstände als Kreditgrundlage ausfielen oder nicht gewinnbringend veräußert werden konnten.

Der Schuldner kann den Einwand der Überpfändung auch im Vermögensauskunftsverfahren mit der Erinnerung geltend machen. Den bis zum 31.12.2012 in § 900 Abs. 4 Satz 1, 2 a. F. vorgesehenen Rechtsbehelf des Widerspruchs[15] gibt es seit dem 1.1.2013 nicht mehr.

3. Nachpfändung

Dem Gebot an den Gerichtsvollzieher, Überpfändungen zu vermeiden (siehe auch § 82 Abs. 6 Satz 1 GVGA), steht die Pflicht gegenüber, von Amts wegen eine Nachpfändung vorzunehmen,

---

3 OLG Hamm, JurBüro 1960, 451.
4 OLG Hamm, JurBüro 1960, 451; LG Traunstein, MDR 1953, 112.
5 AG Neubrandenburg, DGVZ 2005, 14; *Dierck/Morvilius/Vollkommer/Hilzinger*, 3. Kap. Rn. 315; HdbZVR/ *Keller*, Kap. 2 Rn. 258; *Stein/Jonas/Münzberg*, § 803 Rn. 25; *Thomas/Putzo/Seiler*, § 803 Rn. 16; *Wieczorek/ Schütze/Lüke*, § 803 Rn. 44.
6 Siehe § 765a Rdn. 22.
7 *Stein/Jonas/Münzberg*, § 803 Rn. 25.
8 LG Bremen, DGVZ 1982, 76; LG Stuttgart, Rpfleger 1983, 161; AG Groß-Gerau, Rpfleger 1981, 151 mit Anm. *Spangenberg*; *Zöller/Stöber*, § 803 Rn. 7.
9 BGH, NJW 1975, 738.
10 Vgl. § 766 Rn. 39.
11 *Brox/Walker*, Rn. 351; *Stein/Jonas/Münzberg*, § 803 Rn. 28; *Wieczorek/Schütze/Lüke*, § 803 Rn. 45.
12 *Baumbach/Lauterbach/Hartmann*, § 803 Rn. 11.
13 BGH, JZ 1985, 631.
14 Eine Anwendung des § 831 BGB im Hinblick auf die Vollstreckungsorgane kommt nicht in Betracht.
15 Dazu noch BGH, DGVZ 2012, 31 f.

wenn er aufgrund einer Neuschätzung in einem späteren Zeitpunkt zu dem Ergebnis kommt, die bisherigen Pfändungen sicherten nicht die volle Befriedigung des Gläubigers (§ 82 Abs. 6 Satz 2 GVGA).[16] Der Rechtspfleger wird dagegen nur auf Antrag tätig, wenn der Gläubiger die Pfändung neuer Forderungen und Rechte für notwendig erachtet, weil die bisher gepfändeten sich als notleidend erwiesen. Stellt der Gerichtsvollzieher erst bei der Abholung der zunächst gepfändeten Sachen fest, dass er zu wenig gepfändet hatte, kann er die Nachpfändung abweichend von § 808 Abs. 2 in der Weise durchführen, dass er sogleich weitere pfändbare Gegenstände zur einheitlichen Verwertung mitnimmt.[17]

III. Verbot der zwecklosen Pfändung (Abs. 2)

1. Zweck des Verbots und Prüfung durch das Vollstreckungsorgan

6   Zweck der Zwangsvollstreckung ist die Befriedigung des Gläubigers. Deshalb sind Vollstreckungsmaßnahmen, die erkennbar nicht wenigstens zu einer Teilbefriedigung des Gläubigers, sondern allenfalls zur Deckung der Vollstreckungskosten führen, untersagt. Die Regelung dient dem Schutze des Schuldners und des Gläubigers. Auch Letzterer soll davor bewahrt werden, Kosten für eine zwecklose Zwangsvollstreckung nachschießen zu müssen.[18] Für die Hausratspfändung geht § 812 einen Schritt über § 803 Abs. 2 hinaus: Sie soll schon dann unterbleiben, wenn zwar ein geringer Überschuss über die Kosten zu erwarten ist, der Erlös aber doch zu dem Wert der Gegenstände außer allem Verhältnis stehen würde. Ob die Pfändung wegen Zweckverfehlung zu unterbleiben hat, ist vom Vollstreckungsorgan nach pflichtgemäßem Ermessen zu beurteilen.[19] Bei der Forderungs- und Rechtspfändung wird der Rechtspfleger nach Abs. 2 nur entscheiden dürfen, wenn schon der Nennwert der Forderung die Vollstreckungskosten nicht deckt, da es keine verlässlichen Kriterien im Übrigen dafür gibt, ob eine Forderung realisierbar sein wird. Der Gerichtsvollzieher kann dagegen die Erfahrung seiner Versteigerungspraxis berücksichtigen. Unterlässt der Gerichtsvollzieher die Pfändung, weil der Schuldner nur Sachen besitzt, von deren Verwertung ein Überschuss über die Kosten der Zwangsvollstreckung nicht zu erwarten ist, so genügt grds. im Protokoll der allgemeine Hinweis, dass eine Pfändung aus diesem Grunde unterblieben ist (§ 86 Abs. 6 Satz 1 GVGA).[20]

2. Verwertung i. S. v. Abs. 2

7   Verwertung i. S. von Abs. 2 ist jede im Gesetz vorgesehene Verwertungsart, also auch § 825.[21] Würde der Gegenstand deshalb zwar unter den üblichen Voraussetzungen in der Versteigerung nicht hinreichenden Erlös versprechen, sichert aber der Gläubiger zu, selbst ein die zu erwartenden Kosten übersteigendes Gebot abzugeben oder den Gegenstand im Fall der Zuweisung nach § 825 zu einem ausreichenden Betrag zu übernehmen, kann die Pfändung nicht unter Hinweis auf § 803 Abs. 2 abgelehnt werden.[22] Dagegen genügt allein ein Antrag auf anderweitige Verwertung nicht, um das Verbot der zwecklosen Pfändung auszuschließen. Bei der gleichzeitigen Pfändung für mehrere Gläubiger darf nicht darauf abgestellt werden, was auf den Einzelnen im Fall einer anteiligen Aufteilung des Erlöses entfiele; die Prüfung muss vielmehr für jeden Gläubiger isoliert durchgeführt

---

16 Allgem. Meinung; vgl. *Gaul/Schilken/Becker-Eberhard*, § 50 Rn. 7; *HK-ZV/Kindl*, § 803 Rn. 12; *PG/Tombrink*, § 803 Rn. 7; *Stein/Jonas/Münzberg*, § 803 Rn. 26; *Wieczorek/Schütze/Lüke*, § 803 Rn. 47; *Zöller/Stöber*, § 803 Rn. 8.
17 OLG Karlsruhe, MDR 1979, 237.
18 LG Berlin, MDR 1983, 501; *Stein/Jonas/Münzberg*, § 803 Rn. 34; *Wieczorek/Schütze/Lüke*, § 803 Rn. 48.
19 AG und LG Köln, DGVZ 1983, 44.
20 Einzelheiten siehe § 762 Rn. 5; zum Meinungsstand insoweit siehe dort die Nachweise in Rn. 6; AG Recklinghausen, JurBüro 1995, 159.
21 Allgem. Meinung; vgl. LG Berlin, JurBüro 1982, 460; LG Essen, DGVZ 1972, 186; LG Lübeck, SchlHA 1970, 116.
22 LG Köln, JurBüro 1987, 1810; AG Neustadt/Rbge, DGVZ 1979, 94; AG Walsrode, DGVZ 1985, 157.

werden ohne Rücksicht auf die Übrigen.[23] Einigen sich die Gläubiger später nicht, ist nach § 827 zu verfahren.[24]

3. Anschlusspfändung

Für die Anschlusspfändung gilt § 803 Abs. 2 nur, wenn sie schon als Erstpfändung nach dieser Vorschrift unzulässig wäre. Ansonsten steht die Vorschrift einer Anschlusspfändung nicht entgegen, weil nicht auszuschließen ist, dass vorrangige Gläubiger verzichten oder auf ein Rechtsmittel hin aus der Konkurrenz ausscheiden.[25] So wie bei der Anschlusspfändung die vorrangigen Pfändungen außer Betracht bleiben, werden ganz allgemein vorrangige sonstige Belastungen (z. B. Vermieterpfandrecht) unberücksichtigt gelassen, da das Vollstreckungsorgan nicht abschätzen kann, inwieweit sie tatsächlich wirksam bestehen und ob der Berechtigte sie überhaupt geltend machen wird.[26] Es bleibt dem Gläubiger, der das Kostenrisiko gering halten will, unbenommen, den Gerichtsvollzieher im Rahmen des Vollstreckungsantrages anzuweisen, von der Pfändung solcher Gegenstände abzusehen, an denen sich bereits Rechte Dritter befinden.[27]

8

4. Anwendungsgrenzen

Das Gebot des § 803 Abs. 2 gilt für alle Arten der Zwangsvollstreckung wegen Geldforderungen in das bewegliche Vermögen, auch für Kassen-[28] und Taschenpfändungen.[29] Es gilt dagegen nach früher umstrittener Ansicht nicht für die Zwangsvollstreckung in das unbewegliche Vermögen.[30] Das ZVG kennt keinen vergleichbaren Grundsatz. Vielmehr ist nach § 77 Abs. 2 ZVG eine Aufhebung des Zwangsversteigerungsverfahrens erst vorgesehen, wenn in einem zweiten Termin keine Gebote abgegeben werden oder alle Gebote erloschen sind. Allerdings ist zu prüfen, ob bei aussichtslos erscheinender Zwangsvollstreckung trotzdem ein Rechtsschutzinteresse besteht, z. B. um das Grundstück einer einträglicheren Nutzung zuzuführen.[31] Kein Fall von § 803 Abs. 2 liegt vor, wenn es darum geht, dem Schuldner empfindliche Einbußen an öffentlichem Ansehen durch die Art der Zwangsvollstreckung (z. B. Taschenpfändung) zu ersparen, die außer Verhältnis zum Vollstreckungserfolg stehen (geringwertige Forderung, geringe Befriedigung des Gläubigers). Soweit der Gläubiger nicht erkennbar allein vollstreckungsfremde Ziele verfolgt, müssen derartige Verhältnismäßigkeitsabwägungen außerhalb des § 765a außer Betracht bleiben.[32]

9

---

23 *Zöller/Stöber,* § 803 Rn. 9; **a. A.** LG Berlin, DGVZ 1983, 42 mit abl. Anm. *Maaß.*
24 *Maaß,* DGVZ 1983, 42.
25 Wie hier *Brehm,* DGVZ 1985, 65; *Brox/Walker,* Rn. 356; *Gaul/Schilken/Becker-Eberhard,* § 50 Rn. 8; HK-ZV/*Kindl,* § 803 Rn. 14; *Stein/Jonas/Münzberg,* § 803 Rn. 29; *Wieczorek/Schütze/Lüke,* § 803 Rn. 49; **a. A.** *Lorenz,* MDR 1952, 663; *Wieser,* DGVZ 1985, 37; *Zöller/Stöber,* § 803 Rn. 9.
26 *Wieser,* DGVZ 1985, 37; **a. A.** *Baumbach/Lauterbach/Hartmann,* § 803 Rn. 13; *Wieczorek/Schütze/Lüke,* § 803 Rn. 50; *Zöller/Stöber,* § 803 Rn. 9.
27 Zur Bindung des Gerichtsvollziehers an eine derartige Weisung siehe Vor §§ 753–763 Rdn. 7.
28 AG Frankfurt, DGVZ 1975, 95.
29 AG Passau, DGVZ 1974, 190.
30 **Gegen** die Anwendung von § 803 Abs. 2 BGH, Rpfleger 2004, 302 (zur Zwangsversteigerung) mit Anm. *Hintzen,* EWiR 2004, 359; BGH, NJW 2002, 3178 (zur Zwangsverwaltung) mit Anm. *Walker,* LM § 803 ZPO Nr. 2 und *Wieser,* JR 2003, 201; OLG Hamm, Rpfleger 1989, 34; LG Berlin, Rpfleger 1987, 209; LG Detmold, Rpfleger 1998, 35; LG Freiburg, Rpfleger 1989, 469; LG Göttingen, Rpfleger 1988, 420; LG Krefeld, Rpfleger 1994, 35; LG Marburg, Rpfleger 1984, 406; *Brox/Walker,* Rn. 854; HK-ZV/*Kindl,* § 803 Rn. 14; PG/*Tombrink,* § 803 Rn. 8; **für** die entsprechende Anwendung des § 803 dagegen LG Augsburg, Rpfleger 1986, 146; LG Frankfurt, Rpfleger 1989, 35; LG Regensburg, NJW-RR 1989, 35; *Baumbach/Lauterbach/Hartmann,* § 803 Rn. 16.
31 BGH, NJW 2002, 3178 mit Anm. *Walker,* LM § 803 ZPO Nr. 2 und *Wieser,* JR 2003, 201.
32 Siehe Vor §§ 753–763 Rdn. 6; ferner *Gaul/Schilken/Becker-Eberhard,* § 50 Rn. 8 ff.

5. Rechtsfolgen eines Verstoßes gegen Abs. 2

10 Ein Verstoß gegen Abs. 2 macht die Pfändung lediglich anfechtbar (§ 766). Erinnerungsbefugt sind sowohl der Schuldner als auch der Gläubiger (Abwehr unnötiger Vollstreckungskosten). Die Vollstreckungsorgane sind nach umstrittener Ansicht nicht befugt, von sich aus eine gegen Abs. 2 verstoßende Pfändung wieder rückgängig zu machen, wenn keiner der Erinnerungsbefugten die Verletzung der Norm rügt[33] und der Gläubiger einer Aufhebung widerspricht. Ist die Verletzung des Abs. 2 bis zur Beendigung der Zwangsvollstreckung nicht mit der Erinnerung geltend gemacht worden, können die vereinnahmten Vollstreckungskosten nicht mehr nachträglich über § 839 BGB, Art. 34 GG vom Staat erstattet verlangt werden, da die – nutzlose – Verwertung der Sache durch die Verstrickung legitimiert war.[34]

IV. ArbGG, VwGO, AO

11 Für die Vollstreckung von arbeitsgerichtlichen Titeln gilt § 803 (§§ 62 Abs. 2, 85 Abs. 1 Satz 3 ArbGG). Soweit Titel nach § 168 VwGO durch Vollstreckung in das bewegliche Vermögen durchgesetzt werden sollen, findet gem. § 167 Abs. 1 VwGO ebenfalls § 803 Anwendung. Für Vollstreckungen zugunsten der öffentlichen Hand gilt allerdings gem. § 169 VwGO das VwVG, welches in § 5 VwVG auf die AO verweist. Nach § 281 AO erfolgt die Vollstreckung in das bewegliche Vermögen ebenfalls durch Pfändung. Die Vorschrift entspricht inhaltlich dem § 803. Für Vollstreckungen gegen die öffentliche Hand bestimmt gem. § 170 Abs. 1 Satz 2 VwGO das Gericht des ersten Rechtszugs die vorzunehmenden Vollstreckungsmaßnahmen und es ersucht die zuständige Stelle um deren Vornahme. Handelt es sich bei dieser Stelle um eine Behörde gem. § 4 VwVG[35], richtet sich die Pfändung gem. § 170 Abs. 1 Satz 3 VwGO i. V. m. § 5 VwVG nach § 281 AO. Wird dagegen der Gerichtsvollzieher ersucht[36], gilt § 803 (§ 170 Abs. 1 Satz 3 VwGO).

---

33 Wie hier *Gaul/Schilken/Becker-Eberhard*, § 50 Rn. 10, 6; *Stein/Jonas/Münzberg*, § 803 Rn. 28; a. A. wohl *Thomas/Putzo/Seiler*, § 803 Rn. 17; *Mümmler*, JurBüro 1976, 25; *Wieczorek/Schütze/Lüke*, § 803 Rn. 54.
34 A. A. *Stein/Jonas/Münzberg*, § 803 Rn. 28 Fußn. 89.
35 *Kopp/Schenke*, VwGO, § 170 Rn. 4.
36 *Redeker/von Oertzen*, VwGO, § 170 Rn. 8.

§ 804 Pfändungspfandrecht

(1) Durch die Pfändung erwirbt der Gläubiger ein Pfandrecht an dem gepfändeten Gegenstande.

(2) Das Pfandrecht gewährt dem Gläubiger im Verhältnis zu anderen Gläubigern dieselben Rechte wie ein durch Vertrag erworbenes Faustpfandrecht; es geht Pfand- und Vorzugsrechten vor, die für den Fall eines Insolvenzverfahrens den Faustpfandrechten nicht gleichgestellt sind.

(3) Das durch eine frühere Pfändung begründete Pfandrecht geht demjenigen vor, das durch eine spätere Pfändung begründet wird.

Übersicht	Rdn.		Rdn.
I. Dogmatische Einordnung des Pfändungspfandrechts	1	IV. Gutgläubiger Erwerb eines Vorranges	6
II. Rangverhältnis zu anderen dinglichen Gläubigern (Abs. 2)	2	V. Ablösungsrecht dinglich Berechtigter in der Zwangsvollstreckung (§ 268 BGB)	8
III. Rangverhältnis zu anderen Pfändungspfandgläubigern (Abs. 3)	4	VI. ArbGG, VwGO, AO	9

Literatur:
Vgl. die Literaturangaben Vor §§ 803, 804.

I. Dogmatische Einordnung des Pfändungspfandrechts

Zur dogmatischen Einordnung des Pfändungspfandrechtes nach Abs. 1, zu den Voraussetzungen seiner Entstehung und zu seiner Bedeutung als Rechtsgrund für das Behaltendürfen des Vollstreckungserlöses siehe die Vorbemerkung Vor §§ 803, 804, insbesondere dort Rn. 10–17.   1

II. Rangverhältnis zu anderen dinglichen Gläubigern (Abs. 2)

Im Verhältnis zu anderen dinglichen Gläubigern, die nicht ihrerseits durch ein Pfändungspfandrecht gesichert sind, gewährt das Pfändungspfandrecht dem Vollstreckungsgläubiger dieselben Rechte wie ein vertragliches Faustpfandrecht. Entsprechend den §§ 1208, 1209 BGB ist für den Rang des Pfandrechts deshalb der Zeitpunkt seiner Entstehung maßgebend. Dies gilt sowohl im Verhältnis zu Faustpfandrechten als auch zu gesetzlichen Pfandrechten und zu den in § 51 InsO gleichgestellten Rechten. Die am ursprünglichen Vollstreckungsgegenstand begründete Rangordnung der einzelnen Berechtigungen setzt sich nach der Verwertung des Gegenstandes durch Versteigerung am Vollstreckungserlös fort.[1] Derselbe Gläubiger kann sowohl ein Pfändungspfandrecht als auch ein gesetzliches Pfandrecht nebeneinander an der Sache haben.[2] Es bleibt dann seiner Wahl überlassen, aus welchem der Rechte er die Verwertung betreiben will. Im Verhältnis zu anderen Gläubigern bestimmt in einem solchen Fall das ältere Pfandrecht den eventuellen Vorrang, soweit beide die gleiche Forderung absichern. Zurückbehaltungsrechten, die nicht unter § 51 Nr. 2 und 3 InsO fallen, geht auch ein zeitlich später begründetes Pfändungspfandrecht im Rang vor (Abs. 2, 2. Halbs.).   2

Der Rang ist nur für die zwangsweise Realisierung der Pfand- und Vorzugsrechte sowie für die abgesonderte Befriedigung im Insolvenzverfahren von Bedeutung. Er hindert den Schuldner im Übrigen nicht, freiwillig nachrangige Gläubiger (allerdings nicht aus der belasteten Sache) zuerst zu befriedigen. Erlischt ein vorrangiges Pfandrecht, etwa durch Befriedigung, so rücken die nachrangigen Gläubiger ohne Weiteres nach.   3

---

1 BGHZ 52, 99; BGH, Rpfleger 1972, 213.
2 OLG Frankfurt, Rpfleger 1974, 430.

III. Rangverhältnis zu anderen Pfändungspfandgläubigern (Abs. 3)

4 Mehrere Gläubiger können ein und denselben Gegenstand gleichzeitig oder zeitlich hintereinander pfänden lassen. Hinsichtlich der Pfändung beweglicher Sachen sieht § 117 Abs. 1 GVGA vor, der Gerichtsvollzieher habe alle Vollstreckungsaufträge, die bis zur tatsächlichen Durchführung einer Pfändung bei ihm eingehen, als gleichzeitige zu behandeln und für sie alle die Pfändung zugleich zu bewirken. Auf die Reihenfolge des Eingangs der Vollstreckungsaufträge beim Gerichtsvollzieher komme es nicht an.[3] Die Regelung erscheint bedenklich, weil der Gerichtsvollzieher durch längeres Zuwarten damit das Prioritätsprinzip weitgehend unterlaufen kann.[4] Für die zeitlich nachrangige Anschlusspfändung in körperliche Sachen enthält § 826 eine Verfahrensregelung. Zeitlich nachfolgende Pfändungen stehen den früheren im Rang nach, wenn auch das Pfändungspfandrecht schon bei der früheren Pfändung mitentstanden war.[5] Hat die Pfändung dagegen zunächst nur die Verstrickung ausgelöst und ist das Pfandrecht erst später entstanden[6], so ist der letztere Zeitpunkt für den Rang maßgeblich. In diesem Punkte erhalten die unterschiedlichen Pfändungspfandtheorien[7] Bedeutung. Nach der hier vertretenen Auffassung[8] entsteht auch bei der nachträglichen Heilung einer verfahrensrechtlich anfechtbaren Pfändung das Pfandrecht erst ex nunc im Zeitpunkt der Heilung. Entfällt ein zunächst begründetes Pfändungspfandrecht später, rücken die nachfolgenden Pfändungspfandrechte sowie die sonstigen Pfand- und Vorzugsrechte im Rang ohne Weiteres nach. Verständigen die Pfändungspfandgläubiger sich nicht über die Rangfolge, so ist ein Verteilungsverfahren nach §§ 872 ff. durchzuführen.

5 Billigkeitserwägungen oder der Hinweis auf die »materielle Gleichgewichtigkeit« von Forderungen können den durch Priorität begründeten Rang nicht beeinflussen.[9] Eine gewisse Einschränkung insoweit ergibt sich aus § 850d für die Pfändung wegen Unterhaltsansprüchen in den Teil des Einkommens, der den übrigen Gläubigern entzogen ist. Ist der Rang im Einzelfall sittenwidrig erschlichen worden, können die durch diesen Rechtsmissbrauch benachteiligten anderen Gläubiger seiner Geltendmachung im Rahmen des § 805 oder des Verteilungsverfahrens nach §§ 872 ff. den Einwand der unzulässigen Rechtsausübung entgegenhalten.[10]

IV. Gutgläubiger Erwerb eines Vorranges

6 Der durch zeitlich frühere Pfändung erworbene **Rang** kann **verloren gehen,** wenn ein Dritter an dem Gegenstand gutgläubig ein vorrangiges Vertragspfandrecht erwirbt (§ 1208 BGB).[11] Durch nachrangige Pfändung kann dagegen nie gutgläubig ein Vorrang erworben werden, da das Pfändungspfandrecht in seiner Entstehung von gutem oder bösem Glauben unabhängig ist. Ebenso ist bei gesetzlichen Pfandrechten der gutgläubige Erwerb des Vorranges vor früher begründeten Pfändungspfandrechten ausgeschlossen.[12] Ein gutgläubig erworbenes vorrangiges Vertragspfand-

---

3 Das Pfändungspfandrecht kann Mietforderungen u. U. in weiterem Umfange sichern als das gesetzliche Vermieterpfandrecht; siehe § 562d BGB. Die h. M. will dagegen das Pfändungspfandrecht in den gegebenenfalls besseren Rang des gesetzlichen Pfandrechts einrücken lassen; vgl. *Stein/Jonas/Münzberg,* § 804 Rn. 39.
4 Kritisch deshalb auch zu Recht *Gaul/Schilken/Becker-Eberhard,* § 51 Rn. 44.
5 Vor §§ 803, 804 Rdn. 17.
6 Vor §§ 803, 804 Rdn. 18.
7 Vor §§ 803, 804 Rdn. 11 ff.
8 Vor §§ 803, 804 Rdn. 14 f.
9 Unrichtig insofern, weil zu allgemein, LG Mannheim, MDR 1970, 245.
10 BGHZ 57, 108.
11 Zu dieser Möglichkeit siehe Vor §§ 803, 804 Rn. 18; vgl. ferner *Baumbach/Lauterbach/Hartmann,* § 804 Rn. 14; *Thomas/Putzo/Seiler,* § 804 Rn. 14; *Zöller/Stöber,* § 804 Rn. 4.
12 Str.; wie hier BGHZ 34, 122; 87, 274; *Brox/Walker,* Rn. 383; *Palandt/Bassenge,* § 1257 BGB Rn. 2; *Tiedtke,* Gutgläubiger Erwerb im bürgerlichen Recht, im Handels- und Wertpapierrecht sowie in der Zwangsvollstreckung, S. 86, jeweils m.w.N.; a.A. etwa MüKo-BGB/*Damrau,* § 1257 BGB Rn. 3, ebenfalls m.w.N.

recht wird bei der Verwertung nicht von Amts wegen beachtet. Gesteht der Pfändungsgläubiger den Vorrang nicht von sich aus zu, muss der Berechtigte nach §§ 771, 805 vorgehen.

Im Konkurs musste das prioritätsältere Pfändungspfandrecht auch gegenüber den Rechten des Staates und der Gemeinden pp. aus § 49 Abs. 1 Nr. 1 KO zurücktreten (§ 49 Abs. 2 KO). Im Insolvenzverfahren gibt es ein solches Vorrecht nicht mehr (vgl. § 51 Nr. 4 InsO). 7

V. Ablösungsrecht dinglich Berechtigter in der Zwangsvollstreckung (§ 268 BGB)

Die Zwangsverwertung einer Sache bringt selten den Verkehrswert. Durch sie drohen deshalb den an der Sache Berechtigten in der Regel wirtschaftliche Verluste. Wer die Zwangsvollstreckung nicht nach § 771 ganz abwenden, sondern nur an ihr im Rahmen des § 805 partizipieren kann, wird prüfen, ob es nicht wirtschaftlich vorteilhafter ist, den Vollstreckungsgläubiger nach § 268 BGB auszuzahlen. Der Forderungsübergang nach § 268 Abs. 3 BGB führt zu einer Stärkung der Position des Ablösenden. Mit der Forderung geht auch das für sie begründete Pfändungspfandrecht nach § 401 BGB auf den Ablösenden über. Er kann die Zwangsvollstreckung seinerseits allerdings erst fortsetzen, wenn der Titel des ursprünglichen Vollstreckungsgläubigers nach § 727 auf ihn umgeschrieben wurde. 8

VI. ArbGG, VwGO, AO

Soweit die Vollstreckung arbeitsgerichtlicher oder verwaltungsgerichtlicher Titel durch Pfändung erfolgt, gilt auch § 804. Für die Pfändung nach der AO, die gem. § 5 VwVG auch in den Fällen des § 169 VwGO (ggf. auch des § 170 Abs. 1 Satz 3 VwGO) von Bedeutung ist, gilt die Sonderregel des § 282 AO, die inhaltlich mit § 804 übereinstimmt. 9

§ 805 Klage auf vorzugsweise Befriedigung

(1) Der Pfändung einer Sache kann ein Dritter, der sich nicht im Besitz der Sache befindet, auf Grund eines Pfand- oder Vorzugsrechts nicht widersprechen; er kann jedoch seinen Anspruch auf vorzugsweise Befriedigung aus dem Erlös im Wege der Klage geltend machen, ohne Rücksicht darauf, ob seine Forderung fällig ist oder nicht.

(2) Die Klage ist bei dem Vollstreckungsgericht und, wenn der Streitgegenstand zur Zuständigkeit der Amtsgerichte nicht gehört, bei dem Landgericht zu erheben, in dessen Bezirk das Vollstreckungsgericht seinen Sitz hat.

(3) Wird die Klage gegen den Gläubiger und den Schuldner gerichtet, so sind diese als Streitgenossen anzusehen.

(4) ¹Wird der Anspruch glaubhaft gemacht, so hat das Gericht die Hinterlegung des Erlöses anzuordnen. ²Die Vorschriften der §§ 769, 770 sind hierbei entsprechend anzuwenden.

Übersicht

	Rdn.
I. Anwendungsbereich und Zweck der Norm	1
II. Rechtsnatur der Vorzugsklage	2
III. Zulässigkeit der Klage	3
1. Statthaftigkeit	3
2. Zuständigkeit des Gerichts	4
3. Klageantrag	5
4. Rechtsschutzbedürfnis	6
IV. Verbindung mit Klage aus materiellem Recht	7
V. Begründetheit der Klage	8
1. Besitzlose Pfandrechte	8
a) Vermieterpfandrecht	9
b) Allgemeines Verpächterpfandrecht	10
c) Landverpächterpfandrecht	11
d) Pfandrecht des Gastwirts (§ 704 BGB)	12
e) Pfandrecht des Frachtführers und des Spediteurs nach §§ 440, 464 HGB	13
2. Vorzugsrechte gem. § 51 InsO	14
a) Verbrauchssteuern (Nr. 1)	15
b) Allgemeine Zurückbehaltungsrechte (Nr. 3)	16
c) Kaufmännisches Zurückbehaltungsrecht (Nr. 3)	17
3. Sicherungs- und Vorbehaltseigentum	18
VI. Einwendungen des Beklagten	19
VII. Verfahrensfragen	20
1. Beweislast	20
2. Entscheidung über Kosten und Vollstreckbarkeit	21
VIII. Einstweilige Anordnungen (Abs. 4)	22
IX. Vollstreckung	23
X. Streitwert und Gebühren	24
XI. ArbGG, VwGO, AO	25

Literatur:
Brox/Walker, Die Klage auf vorzugsweise Befriedigung, JA 1987, 57; *M. Huber*, Der praktische Fall – Vollstreckungsrecht: Vorrang des Vermieterpfandrechts?, JuS 2003, 568; *ders.*, Nochmals: Vorrang des Vermieterpfandrechts, JuS 2003, 596.
Siehe ferner die Literaturangaben zur Vorbemerkung Vor §§ 765a–777.

I. Anwendungsbereich und Zweck der Norm

1 Die Vorschrift gilt nur im Rahmen der Zwangsvollstreckung wegen Geldforderungen in das bewegliche Vermögen. Deshalb steht sie auch im Zusammenhang der §§ 803–807 und nicht bereits im Ersten Abschnitt des 8. Buches der ZPO im Zusammenhang mit § 771, den sie ergänzt. Ihr Ziel ist es, mit dem Pfändungspfandgläubiger konkurrierenden Gläubigern, deren Berechtigung am Pfändungsobjekt allein auf Befriedigung eines Geldanspruchs aus der Sache abzielt, die Teilhabe am Vollstreckungserlös entsprechend ihrem Rang zu ermöglichen. In Fällen dieser Art würde die Klage nach § 771, die darauf abzielt, den Gegenstand ganz aus der Vollstreckung herauszunehmen, obwohl sein Wert den gesicherten Geldanspruch vielleicht weit übersteigt, über das Ziel hinausschießen und dem Pfändungsgläubiger ohne Not ein Zugriffsobjekt entziehen.

II. Rechtsnatur der Vorzugsklage

Die Klage ist prozessuale Gestaltungsklage. Es gilt das zu § 771 Dargelegte insoweit entsprechend.[1]   2

III. Zulässigkeit der Klage

1. Statthaftigkeit

Die Klage ist statthaft, wenn der Kläger, der sich nicht im Besitz des Vollstreckungsobjekts befindet, sich eines »Pfand- und Vorzugsrechts«[2] an diesem, das ihn zur Befriedigung aus der Sache berechtigt, berühmt oder aber, wenn er sich eines Rechts zur Befriedigung aus der Sache berühmt, das auch nach § 771 geltend gemacht werden könnte.[3] Berühmt sich der Kläger eines vorrangigen Pfändungspfandrechts an der Sache, muss er die Hinterlegung des Verwertungserlöses nach § 827 Abs. 2 und die Durchführung eines Verteilungsverfahrens nach §§ 872 ff. betreiben. Kommt es im Verteilungsverfahren nicht zur Anerkennung seines Vorrechts, muss er nach § 878 Klage erheben. Dieser Weg ist für ihn der speziellere gegenüber einer Klage nach § 805.[4]   3

2. Zuständigkeit des Gerichts

Hinsichtlich der Zuständigkeit des Gerichts (Abs. 2) gilt das zu § 771 Ausgeführte weitgehend entsprechend.[5] Allerdings ist bei § 805 auch die sachliche Zuständigkeit (Amts- oder Landgericht entsprechend §§ 23, 71 GVG) ausschließlich geregelt.[6] Eine Zuständigkeit des Familiengerichts kommt hier nie in Betracht, da es Pfand- und Vorzugsrechte, die im ehelichen Güterrecht wurzeln, nicht gibt. In Abgabensachen enthält § 293 Abs. 2 Satz 1 AO eine eigene Zuständigkeitsregelung.   4

3. Klageantrag

Der korrekte Klageantrag hat dahin zu lauten, »dass der Kläger aus dem Reinerlös (Verwertungserlös abzüglich Verwertungskosten) der (genau bezeichneten) Sache bis zur Höhe seiner (genau bezifferten) Forderung vor dem Beklagten zu befriedigen ist«. Dieser Antrag gilt auch dann noch, wenn der Reinerlös bereits nach Abs. 4 hinterlegt ist. Begehrt in diesem Fall der Kläger fälschlicherweise die Einwilligung zur Auszahlung des hinterlegten Betrages, so ist dieser Leistungsantrag ohne Weiteres in einen Antrag auf ein dem Abs. 1 entsprechendes Gestaltungsurteil umzudeuten.[7]   5

4. Rechtsschutzbedürfnis

Das Rechtsschutzbedürfnis für die Klage besteht ab dem Zeitpunkt der Pfändung der Sache, an der der Kläger sich eines Vorzugsrechtes berühmt, bis zur Beendigung der Zwangsvollstreckung, d. h. bis zur Auskehr des Verwertungserlöses der Sache oder bis zu einer Eigentumszuweisung an der Sache an den Vollstreckungsgläubiger (§ 825). Entfällt das Rechtsschutzbedürfnis erst während des Rechtsstreits durch Beendigung der Zwangsvollstreckung, ist eine Klageänderung in eine Leistungsklage auf Herausgabe der Bereicherung oder auf Schadensersatz auch ohne Zustimmung des Beklagten gem. § 264 Nr. 3 möglich.[8]   6

---

1 Siehe dort Rdn. 3.
2 Zum Begriff siehe unten Rdn. 8–17.
3 Siehe § 771 Rdn. 9.
4 Wie hier *Baumbach/Lauterbach/Hartmann*, § 805 Rn. 4; *MüKo/Gruber*, § 805 Rn. 22; *Musielak/Voit/Becker*, § 805 Rn. 4; *Wieczorek/Schütze/Lüke*, § 805 Rn. 6.
5 Siehe dort Rdn. 11.
6 *Brox/Walker*, Rn. 1457; *Zöller/Stöber*, § 805 Rn. 8.
7 BGH, JZ 1986, 686.
8 Siehe auch § 771 Rdn. 14 sowie Anh. zu § 771 Rdn. 3.

IV. Verbindung mit Klage aus materiellem Recht

7 Die Klage nach § 805 Abs. 1 gegen den Pfändungsgläubiger kann mit einer Klage aus materiellem Recht gegen den Schuldner, der etwa ebenfalls das Pfandrecht bestreitet, verbunden werden.[9] Eine solche Klage ist neben dem Fall des § 1233 Abs. 2 BGB insbesondere dann notwendig, wenn der Verwertungserlös hinterlegt ist und der Schuldner einer Auszahlung an den Vorzugsberechtigten nicht zustimmt. Vollstreckungsgläubiger und Schuldner sind im Fall einer derartigen Klageverbindung Streitgenossen (Abs. 2).[10]

V. Begründetheit der Klage

1. Besitzlose Pfandrechte

8 Zu den Pfand- und Vorzugsrechten, die zur vorzugsweisen Befriedigung legitimieren, gehören zunächst die nicht mit dem Besitz an der Sache verbundenen Pfandrechte des BGB und des HGB:

a) Vermieterpfandrecht

9 Das ist das Vermieterpfandrecht (§ 562 BGB), solange der Vermieter die Sache nicht bereits zur Pfandverwertung berechtigt in Besitz hat.[11] Hinsichtlich der Höhe der durch das Vermieterpfandrecht abgesicherten Forderungen ist § 562d BGB zu beachten, der aus Gründen des Schutzes von Drittgläubigern den Umfang der bevorrechtigten Forderungen begrenzt. Der Vollstreckungsgläubiger kann dem Vermieter die sog. Verweisungseinrede aus § 562a Satz 2 BGB entgegenhalten und ihn auf eine Befriedigung aus den beim Mieter zurückbleibenden Sachen verweisen.[12] Die zurückbleibenden Sachen reichen »offenbar« zur Sicherung des Vermieters aus, wenn ohne nähere Untersuchung auch für den Vermieter ersichtlich sein muss, dass der voraussichtliche Verwertungserlös seine berechtigten Forderungen (§§ 562 Abs. 2, 562d BGB) absichert.[13] Greift die Verweisungseinrede, ist die Vorzugsklage unbegründet.

b) Allgemeines Verpächterpfandrecht

10 Auch für das allgemeine Verpächterpfandrecht (§§ 581 Abs. 2, 562 BGB) gilt die Beschränkung des § 562d BGB.[14]

c) Landverpächterpfandrecht

11 Für das Verpächterpfandrecht des Landverpächters (§ 592 BGB) gilt § 562d BGB nicht, da § 592 Satz 4 BGB nur die §§ 562a bis 562c BGB für entsprechend anwendbar erklärt.

d) Pfandrecht des Gastwirts (§ 704 BGB).

12 Für das Pfandrecht des Gastwirts erklärt § 704 S. 2 BGB die §§ 562 Abs. 1 Satz 2, 562a bis 562d BGB für entsprechend anwendbar.

e) Pfandrecht des Frachtführers und des Spediteurs nach §§ 440, 464 HGB

13 Das Pfandrecht des Frachtführers nach § 440 HGB und dasjenige des Spediteurs nach § 464 HGB berechtigen grundsätzlich dagegen zur Drittwiderspruchsklage nach § 771. Hat der Pfandrechts-

---

9 Die Klage ist nach h. M. auf »Duldung der Zwangsvollstreckung« zu richten; *Brox/Walker*, Rn. 1457 a. E.; *Stein/Jonas/Münzberg*, § 805 Rn. 18 (»Duldung der Befriedigung aus dem Erlös«).
10 Siehe auch § 771 Rdn. 48.
11 In einem solchen Fall dürfte allerdings schon § 809 eine weitere Pfändung verhindern.
12 BGHZ 27, 227.
13 *Palandt/Weidenkaff*, § 562a BGB Rn. 10; BGB-RGRK/*Gelhaar*, § 560 Rn. 8.
14 *Brox/Walker*, Rn. 1459; *Gaul/Schilken/Becker-Eberhard*, § 42 Fn. 31.

inhaber den Besitz allerdings verloren, ohne dass dadurch das Pfandrecht erloschen ist, kommt nur eine Klage nach § 805 in Betracht.[15]

2. Vorzugsrechte gem. § 51 InsO

Ferner gehören hierher die Vorzugsrechte des § 51 Nr. 2, 3, 4 InsO, deren Inhaber im Fall des Konkurses des Schuldners zur Absonderung berechtigt wären. 14

a) Verbrauchssteuern (Nr. 1)

Zu den durch § 51 Nr. 4 InsO abgesicherten Verbrauchssteuern zählt nicht die Umsatzsteuer.[16] Es geht vielmehr nur um eine Absicherung der Rechte aus § 76 AO. 15

b) Allgemeine Zurückbehaltungsrechte (Nr. 3)

Zu den durch § 51 Nr. 2 InsO abgesicherten Zurückbehaltungsrechten wegen Verwendungen zum Nutzen der Sache zählen insbesondere die Rechte aus §§ 536a Abs. 2, 539 Abs. 1, 601, 994 BGB i. V. m. §§ 273, 1000 BGB. Das Zurückbehaltungsrecht ist jeweils nur so lange gesichert, wie der Berechtigte die Sache in Besitz hat.[17] Praktisch wird die Vorzugsklage in diesen Fällen deshalb nur, wenn der Berechtigte unter dem Vorbehalt seiner Rechte die Pfändung nach § 809 zugelassen hatte. Wurde gegen seinen Willen bei ihm gepfändet, kann er nach § 766 vorgehen. 16

c) Kaufmännisches Zurückbehaltungsrecht (Nr. 3)

§ 51 Nr. 3 InsO betrifft das kaufmännische Zurückbehaltungsrecht nach §§ 369 ff. HGB. Das vorstehend unter b) Ausgeführte gilt hier entsprechend. 17

3. Sicherungs- und Vorbehaltseigentum

Unbeschadet ihres Rechts, sich mit einer Vorzugsklage nach § 805 begnügen zu können, sind der Sicherungseigentümer[18] und der Vorbehaltseigentümer[19] (vgl. § 51 Nr. 1 InsO) nicht auf diese Klage beschränkt; sie können vielmehr Drittwiderspruchsklage erheben. Dagegen steht dem nach dem AnfG Anfechtungsberechtigten nur die Klage nach § 805 zu.[20] Denn sein Anspruch ist nur auf Duldung der Zwangsvollstreckung in den betreffenden Gegenstand gerichtet. Über diesen Anspruch würde die Möglichkeit, die Vollstreckung nach § 771 zu verhindern, hinausgehen. 18

VI. Einwendungen des Beklagten

Der Beklagte kann zunächst das geltend gemachte Recht des Klägers infrage stellen, indem er dessen Entstehen bestreitet oder sich auf dessen zwischenzeitlichen Untergang beruft. Er kann sich aber auch, wie der Beklagte einer Klage nach § 771, mit der Einrede der Anfechtbarkeit des Rechts oder der unzulässigen Rechtsausübung verteidigen.[21] 19

---

15 *Brox/Walker*, JA 1987, 57, 62.
16 *Kilger/K. Schmidt*, § 49 KO Anm. 2.
17 *Kilger/K. Schmidt*, § 49 KO Anm. 6.
18 Siehe § 771 Rdn. 21.
19 Siehe § 771 Rdn. 19; *Brox/Walker*, Rn. 1412.
20 *Brox/Walker*, JA 1987, 57, 63; *Gaul/Schilken/Becker-Eberhard*, § 41 Rn. 105; *Stein/Jonas/Münzberg*, § 771 Rn. 40; zum Rückgewähranspruch nach § 37 KO ebenso BGH, ZIP 1990, 246, 247; hier § 771 Rn. 34; a. A. KG, NJW 1958, 914; *Baumbach/Lauterbach/Hartmann*, § 771 Rn. 14; *Hk-ZPO/Kindl*, § 771 Rn. 12; *Musielak/Voit/Lackmann*, § 771 Rn. 29; *K. Schmidt*, ZIP 1990, 619, 622.
21 Einzelheiten: § 771 Rdn. 39 ff.

VII. Verfahrensfragen

1. Beweislast

20 Der Kläger muss nach den allgemeinen Beweislastregeln alle Voraussetzungen des Entstehens des Vorzugsrechts beweisen, während dem Beklagten die Beweislast für dessen Untergang sowie für die Voraussetzungen der Arglisteinrede usw. obliegt.[22]

2. Entscheidung über Kosten und Vollstreckbarkeit

21 Die Kostenentscheidung im Urteil richtet sich nach den §§ 91 ff.; der Gläubiger kann durch ein sofortiges Anerkenntnis eine Kostenentscheidung zulasten des Klägers herbeiführen.[23] Das Urteil ist nach den allgemeinen Regeln der §§ 708 ff. für vorläufig vollstreckbar zu erklären.

VIII. Einstweilige Anordnungen (Abs. 4)

22 Da der Kläger die Zwangsvollstreckung nicht beenden will, es ihm vielmehr nur um eine vorrangige Beteiligung am Verwertungserlös geht, kommt als einstweilige Anordnung, die den möglichen Klageerfolg sichern soll, **nur** die Anordnung der vorläufigen Hinterlegung des Vollstreckungserlöses in Betracht, bis zur Hauptsache entschieden ist. Das Verfahren der einstweiligen Anordnung richtet sich nach §§ 769, 770. Es gilt auch das dort[24] zur Anfechtung einer derartigen einstweiligen Anordnung Gesagte.

IX. Vollstreckung

23 Die Vollstreckung des obsiegenden Urteils erfolgt durch Vorlage gegenüber dem Gerichtsvollzieher bzw. der Hinterlegungsstelle. Diese zahlen dann an den Kläger den im Tenor genannten Betrag aus.

X. Streitwert und Gebühren

24 Der Streitwert der Klage nach § 805 ist in entsprechender Anwendung des § 6[25] festzusetzen: Die Forderungen beider Parteien, für die die Sache haftet, und der zur Auskehrung bereitstehende Erlös sind zu vergleichen. Der niedrigste dieser drei Beträge bestimmt den Streitwert. Es fallen **Gerichtsgebühren** nach GKG-KV Nr. 1210 ff. an. Für das Verfahren der einstweiligen Anordnung (Abs. 4) entstehen keine Gerichtsgebühren. Die **Anwaltsgebühren** richten sich nach dem RVG. Nach RVG-VV Nr. 3100 fällt eine 1,3-Verfahrensgebühr an. Eine einstweilige Anordnung nach Abs. 4 gehört gem. § 19 Abs. 1 Satz 2 Nr. 12 RVG zum Rechtszug, wenn nicht eine abgesonderte Verhandlung hierüber stattfindet. Nur im letztgenannten Fall entstehen im Verfahren nach Abs. 4 eine 0,5-Verfahrensgebühr (RVG-VV Nr. 3328) und eine 0,5-Teminsgebühr (RVG-VV Nr. 3332).

XI. ArbGG, VwGO, AO

25 Gem. §§ 62 Abs. 2, 85 Abs. 1 Satz 3 ArbGG findet § 805 ZPO auch bei der Vollstreckung arbeitsgerichtlicher Titel Anwendung. Vollstreckungsgericht ist das Amtsgericht. Über § 167 Abs. 1 VwGO gilt § 805 ferner bei der Vollstreckung aus verwaltungsgerichtlichen Titeln. Vollstreckungsgericht ist gem. § 167 Abs. 1 Satz 2 VwGO das Gericht des ersten Rechtszuges, also grundsätzlich das Verwaltungsgericht. In der Abgabenvollstreckung, die auch für die Vollstreckung gem. § 169 Abs. 1 (ggf. auch § 170 Abs. 1 Satz 3) VwGO von Bedeutung ist, gilt § 293 AO. Diese Vorschrift entspricht inhaltlich dem § 805 Abs. 1–3; Abs. 4 wurde nicht in die AO übernommen.

---

22 BGH, JZ 1986, 686 mit Anm. *Baumgärtel*; *Wieczorek/Schütze/Lüke*, § 805 Rn. 29; *Zöller/Stöber*, § 805 Rn. 7; siehe ferner § 771 Rdn. 47.
23 Siehe auch § 771 Rdn. 49.
24 Siehe § 769 Rdn. 14.
25 *Brox/Walker*, Rn. 1457; *Zöller/Herget*, § 3 Rn. 16 Stichwort »Vorzugsweise Befriedigung«.

§ 806 Keine Gewährleistung bei Pfandveräußerung

Wird ein Gegenstand auf Grund der Pfändung veräußert, so steht dem Erwerber wegen eines Mangels im Recht oder wegen eines Mangels der veräußerten Sache ein Anspruch auf Gewährleistung nicht zu.

Übersicht	Rdn.		Rdn.
I. Verhältnis der Norm zum materiellen Recht	1	III. Materiellrechtliche Ansprüche des Erwerbers	4
II. Anwendungsbereich der Norm	2	IV. ArbGG, VwGO, AO	5

I. Verhältnis der Norm zum materiellen Recht

Die Vorschrift, die rein materiellrechtlichen Inhalt hat, ergänzt § 445 BGB (bis zum 31.12.2001 § 461 BGB) und § 935 Abs. 2 BGB. Entsprechende Regelungen finden sich in §§ 56 Satz 3 ZVG, 283 AO. Die Vorschrift wird, auch wenn der ursprüngliche Gesetzgeber der ZPO von 1900[1] dies noch nicht so deutlich gesehen hat, in besonderem Maße der heutigen öffentlich-rechtlichen Sicht der Verwertung in der Zwangsvollstreckung[2] gerecht.[3] 1

II. Anwendungsbereich der Norm

Sie gilt für alle Arten der Verwertung von körperlichen Sachen und Rechten (Forderungen und sonstigen Vermögensrechten) im Wege der **Zwangsvollstreckung**, also für die Fälle der §§ 814, 821–823, 825, 844, 857 Abs. 4 u. 5. Keine Zwangsvollstreckung ist der Selbsthilfeverkauf unter Einschaltung des Gerichtsvollziehers nach §§ 383, 385 BGB, 373 Abs. 2 HGB. Der Gewährleistungsausschluss gilt zugunsten des Gläubigers, des Schuldners und des Staates[4] (als Dienstherrn des Vollstreckungsorgans). Er betrifft sowohl Rechts- als auch Sachmängel sowie das Fehlen garantierter Eigenschaften (vgl. § 443 BGB).[5] Sollten ausnahmsweise der Gläubiger oder der Schuldner außerhalb der öffentlich-rechtlichen Verwertung gegenüber dem Erwerber einen eigenen privatrechtlichen Garantievertrag abgeschlossen haben, haften sie aus dieser selbstständigen Vereinbarung, nicht aus §§ 437 ff. BGB (bis zum 31.12.2001 §§ 459 ff. BGB). An die Annahme einer solchen Vereinbarung sind aber sehr strenge Maßstäbe zu legen. Auskünfte während des Versteigerungstermins oder im Rahmen einer Vorbesichtigung des Versteigerungsgutes genügen insoweit nicht.[6] 2

Der Gewährleistungsausschluss gilt unabhängig davon, ob der Ersteher vor dem Erwerb im Einzelfall die Sache auf ihre Mangelfreiheit untersuchen konnte oder ob hierzu keine Möglichkeit bestand. Der Ersteher handelt insoweit allein auf eigenes Risiko.[7] Er kann, wenn dieses Risiko sich verwirklicht, auch nicht dadurch den unvorteilhaften Erwerb rückgängig machen, dass er sein Gebot nach §§ 119, 123 BGB anficht.[8] 3

---

1 RGBl. 1898 I, 256 ff.
2 Einzelheiten: § 814 Rdn. 7 und Einführung Rdn. 5.
3 So schon *Förster/Kann*, § 806 Anm. 2.
4 OLG München, DGVZ 1980, 122; LG Aachen, DGVZ 1986, 184 f.
5 *Baumbach/Lauterbach/Hartmann*, § 806 Rn. 3; *Stein/Jonas/Münzberg*, § 806 Rn. 3.
6 *Wieczorek/Schütze/Lüke*, § 806 Rn. 5.
7 OLG München, DGVZ 1980, 122; MüKo/*Gruber*, § 806 Rn. 4.
8 Einzelheiten: § 817 Rn. 6; *Brox/Walker*, Rn. 409 m. w. N.; vgl. auch BGH NJW-RR 2008, 222 mit Anm. *Walker/Klopp* in LMK 2008, 249996 zur vergleichbaren Problematik bei der Anfechtung eines Gebots in der Zwangsversteigerung nach dem ZVG. A. A. AG Neustadt, DGVZ 1964, 156 m. zust. Anm. *Mümmler*.

III. Materiellrechtliche Ansprüche des Erwerbers

4 Nicht berührt durch § 806 wird die Möglichkeit des Erwerbers, im Einzelfall gegen Gläubiger oder Schuldner Schadensersatzansprüche nach §§ 823 Abs. 2 BGB i. V. m. § 263 StGB oder nach § 826 BGB geltend zu machen, wenn sie durch besondere Manipulationen die Mangelfreiheit der Sache arglistig vorgetäuscht oder den Gerichtsvollzieher als argloses Werkzeug zu unzutreffenden Zusicherungen veranlasst haben. Ebenso kann ein Ersatzanspruch nach § 839 BGB, Art. 34 GG gegen den Staat gegeben sein, wenn der Gerichtsvollzieher selbst ins Blaue hinein Zusicherungen, von deren Berechtigung er sich nicht überzeugt hat oder deren Nichtberechtigung ihm sogar bekannt war, gemacht hat.[9] Der Gerichtsvollzieher muss die Gegenstände aber nicht auf ihre Mangelfreiheit hin untersuchen.[10] Die Nichtbekanntgabe von Mängeln beinhaltet deshalb auch keine – leichtfertige – Zusicherung der Mangelfreiheit.

IV. ArbGG, VwGO, AO

5 Soweit die Vollstreckung aus arbeitsgerichtlichen und verwaltungsgerichtlichen Titeln durch Pfändung erfolgt, gilt § 806. In der Abgabenvollstreckung, die gem. § 5 VwVG auch im Rahmen von § 169 (ggf. auch von § 170 Abs. 1 Satz 3) VwGO von Bedeutung ist, gilt der mit § 806 wörtlich übereinstimmende § 283 AO.

---

9 *Gaul/Schilken/Becker-Eberhard*, § 25 Rn. 54; *Wieczorek/Schütze/Lüke*, § 806 Rn. 5.
10 OLG München, DGVZ 1980, 122; anderes gilt insofern für eine Verwertung im Rahmen der AO; vergl. *Koch/Zwan*, AO 1977, § 283 AO Rn. 3.

§ 806a Mitteilungen und Befragung durch den Gerichtsvollzieher

(1) Erhält der Gerichtsvollzieher anlässlich der Zwangsvollstreckung durch Befragung des Schuldners oder durch Einsicht in Dokumente Kenntnis von Geldforderungen des Schuldners gegen Dritte und konnte eine Pfändung nicht bewirkt werden oder wird eine bewirkte Pfändung voraussichtlich nicht zur vollständigen Befriedigung des Gläubigers führen, so teilt er Namen und Anschriften der Drittschuldner sowie den Grund der Forderungen und für diese bestehende Sicherheiten dem Gläubiger mit.

(2) ¹Trifft der Gerichtsvollzieher den Schuldner in der Wohnung nicht an und konnte eine Pfändung nicht bewirkt werden oder wird eine bewirkte Pfändung voraussichtlich nicht zur vollständigen Befriedigung des Gläubigers führen, so kann der Gerichtsvollzieher die zum Hausstand des Schuldners gehörenden erwachsenen Personen nach dem Arbeitgeber des Schuldners befragen. ²Diese sind zu einer Auskunft nicht verpflichtet und vom Gerichtsvollzieher auf die Freiwilligkeit ihrer Angaben hinzuweisen. ³Seine Erkenntnisse teilt der Gerichtsvollzieher dem Gläubiger mit.

Übersicht	Rdn.		Rdn.
I. Zweck der Norm	1	III. Befragung der Angehörigen (Abs. 2)	3
II. Auskünfte des Schuldners und Erkenntnisse aus der Wohnungsdurchsuchung (Abs. 1)	2	IV. Kosten	4
		V. Rechtsbehelfe	5
		VI. ArbGG, VwGO, AO	6

Literatur:
Gaul, Grundüberlegungen zur Neukonzipierung und Verbesserung der Sachaufklärung in der Zwangsvollstreckung, ZZP 108 (1995), 3; *Krauthausen*, Die Befragung und Mitteilung gem. § 806a ZPO, DGVZ 1995, 68; *Schilken*, Zur Reform der Sachaufklärung in der Zwangsvollstreckung, Rpfleger 2006, 629; *Seip*, Zur geplanten Reform der Sachaufklärung in der Zwangsvollstreckung, DGVZ 2008, 38.

I. Zweck der Norm

Die Vorschrift wurde durch das Rechtspflegevereinfachungsgesetz vom 17.12.1990[1] mit Wirkung zum 1.4.1991 neu in die ZPO eingefügt. Sie entspricht einer damals langjährigen Forderung aus dem Kreise der Gerichtsvollzieher[2] und insbesondere der Rechtspfleger. Die Vorschrift soll es überflüssig machen, dass das Verfahren der Vermögensauskunft (§§ 802c ff.) nur deshalb eingeleitet wird, um Informationen über den Arbeitgeber des Schuldners oder die Erbringer regelmäßiger Sozialleistungen an den Schuldner zu erlangen, damit der Gläubiger dann den Zugriff auf Forderungen gegen diese Drittschuldner versuchen kann. Die Norm rechtfertigt die Weitergabe von Erkenntnissen, die der Gerichtsvollzieher im Rahmen seiner Vollstreckungstätigkeit gewonnen hat, an den Gläubiger. Sie schließt damit einen Verstoß gegen § 353b Abs. 1 StGB schon tatbestandsmäßig aus.[3] Durch das Justizkommunikationsgesetz vom 22.3.2005[4] wurde der in Abs. 1 ursprünglich enthaltene Begriff »Schriftstücke« durch den allgemeineren Begriff »Dokumente« ersetzt, von dem neben schriftlichen auch elektronische Dokumente erfasst werden.

1

II. Auskünfte des Schuldners und Erkenntnisse aus der Wohnungsdurchsuchung (Abs. 1)

Der Gerichtsvollzieher ist im Rahmen der Vollstreckung von Geldforderungen in das bewegliche Vermögen des Schuldners (§§ 808 ff.) befugt, den Schuldner danach zu befragen, ob ihm Geldforderungen gegen Dritte zustehen und gegebenenfalls gegen wen. Der Schuldner ist selbstverständlich zur Beantwortung dieser Fragen nicht verpflichtet. Darüber braucht der Gerichtsvollzieher ihn

2

---

1 BGBl. I 1990, 2847.
2 *Eich*, ZRP 1988, 454.
3 *Münzberg*, Rpfleger 1987, 269.
4 BGBl. I, 837.

aber nicht zu belehren. Das ergibt sich im Umkehrschluss aus Abs. 2 Satz 2. Findet der Gerichtsvollzieher im Rahmen einer erlaubten Wohnungsdurchsuchung (§§ 758, 758a) Urkunden, schriftliche oder elektronische Dokumente, die darauf hindeuten, dass der Schuldner Geldforderungen gegen Dritte besitzt, so ist zu unterscheiden: Handelt es sich bei den Urkunden um Wertpapiere, die unter §§ 808 Abs. 2, 821 fallen[5], werden sie zum Zwecke der Pfändung schlicht weggenommen. Die Pfändung wird als solche protokolliert. Handelt es sich bei den vorgefundenen Papieren um indossable Papiere über Forderungen, so verfährt der Gerichtsvollzieher nach § 831.[6] Handelt es sich um ein Bank- oder Sparkassensparbuch, so nimmt es der Gerichtsvollzieher gem. § 106 GVGA vorläufig an sich und gibt dem Gläubiger Gelegenheit, innerhalb von zwei Wochen die Pfändung der Forderung nachzuholen. Falls dagegen die vorgefundenen schriftlichen oder elektronischen Dokumente nur über Forderungen des Schuldners Auskunft geben, ohne sie unmittelbar zu verbriefen (z. B. Korrespondenz, Schuldanerkenntnis, Mieterkartei, Vertragsunterlagen, Rentenbescheide u.ä.), so notiert der Gerichtsvollzieher lediglich die Art der Forderung sowie Namen und Adresse des Drittschuldners, ferner, ob für diese Forderung Sicherheiten bestellt worden sind (soweit sich dies aus den Dokumenten entnehmen lässt). Führt die Zwangsvollstreckung durch den Gerichtsvollzieher dann nicht zur Befriedigung des Gläubigers oder ist schon abzusehen, dass dies jedenfalls nicht der Fall sein wird, so teilt der Gerichtsvollzieher die über mögliche Forderungen des Schuldners gewonnenen Erkenntnisse dem Gläubiger mit.[7] Dabei hat er jedoch den Datenschutz zu beachten und etwaige Betriebs- oder Geschäftsgeheimnisse zu wahren. Führt die Vollstreckung durch den Gerichtsvollzieher aber doch zur Befriedigung des Gläubigers, so **muss** die Mitteilung unterbleiben. Denn die Vorschrift dient nicht dem Zweck, dem Gläubiger etwa die künftige Zwangsvollstreckung aus anderen Titeln vorbereitend zu erleichtern. Eine solche Mitteilung kann gegen § 353b Abs. 1 StGB verstoßen.

III. Befragung der Angehörigen (Abs. 2)

3   Trifft der Gerichtsvollzieher den Schuldner bei seinem Vollstreckungsversuch nicht an, so braucht er nicht von der Vollstreckung abzulassen. Soweit er dann im Rahmen der Wohnungsdurchsuchung auf Urkunden oder sonstige Schriftstücke über Forderungen des Schuldners stößt, gilt Abs. 1 unmittelbar und ohne Einschränkung. Abs. 2 gibt dem Gerichtsvollzieher **über Abs. 1 hinaus** die Befugnis, die bei der Vollstreckung anwesenden erwachsenen Hausgenossen des Schuldners nach dessen Arbeitgeber, nicht jedoch nach Mietern oder Leistungsträgern nach dem Sozialgesetzbuch, zu befragen. Er muss sie aber vor der Befragung unmissverständlich über ihr Recht belehren, keine Angaben zu machen. Hinsichtlich der Berechtigung des Gerichtsvollziehers, den Inhalt dieser Auskünfte dem Gläubiger mitzuteilen, gilt das oben[8] zu Abs. 1 Ausgeführte: Auch diese Mitteilung ist nur zulässig, wenn die bisherige Zwangsvollstreckung nicht zur Befriedigung des Gläubigers führen wird. Für Umfragen (Erkundungen) bei Mitbewohnern im Hause oder in der Nachbarschaft sowie bei Bekannten ist § 806a keine Rechtsgrundlage. Sie würden gegen den Schutz des Persönlichkeitsrechts des Schuldners verstoßen und sind daher unzulässig.[9]

IV. Kosten

4   Die Kosten der Mitteilungen nach Abs. 1 und 2[10] sind als notwendige Kosten der Zwangsvollstreckung vom Schuldner zu tragen (§ 788 Abs. 1). Im Verfahren nach § 806a fallen keine besonderen Gebühren an.

---

5   Einzelheiten: § 821 Rdn. 2.
6   Einzelheiten dort Rdn. 1 ff.
7   Zur Form der Mitteilung siehe § 753.
8   Rdn. 2.
9   *Zöller/Stöber*, § 806a Rn. 7.
10 Siehe auch § 763 Rdn. 1.

V. Rechtsbehelfe

Gegen eine Maßnahme des Gerichtsvollziehers oder deren Unterlassung steht dem davon Betroffenen die Erinnerung (§ 766) zu. Darüber hinaus können wegen unberechtigter Handlungsweise des Gerichtsvollziehers Amtshaftungsansprüche (§ 839 BGB, Art. 34 GG) entstehen.

VI. ArbGG, VwGO, AO

Soweit die Vollstreckung von arbeitsgerichtlichen Titeln und solchen nach § 168 VwGO durch Pfändung durch den Gerichtsvollzieher erfolgt, stehen diesem die Befugnisse nach § 806a zu (vgl. §§ 62 Abs. 2 Satz 1, 85 Abs. 1 Satz 3 ArbGG; § 167 Abs. 1 VwGO). Für die Abgabenvollstreckung durch den Vollziehungsbeamten (§§ 281, 285 AO), die über § 5 VwVG auch für die Vollstreckung nach § 169 Abs. 1 (ggf. auch § 170 Abs. 1 Satz 3) VwGO von Bedeutung ist, fehlt es an einer vergleichbaren Vorschrift.

§ 806b Gütliche und zügige Erledigung

Die Vorschrift wurde mit Wirkung zum 1.1.2013 aufgehoben und durch § 802b ersetzt.[1]

---

[1] BGBl. I 2009, S. 2258, 2262; BT-Drucks. 16/10069, S. 33 f. (Begründung des Gesetzentwurfs des Bundesrats).

§ 807 Abnahme der Vermögensauskunft nach Pfändungsversuch

(1) ¹Hat der Gläubiger die Vornahme der Pfändung beim Schuldner beantragt und
1. hat der Schuldner die Durchsuchung (§ 758) verweigert oder
2. ergibt der Pfändungsversuch, dass eine Pfändung voraussichtlich nicht zu einer vollständigen Befriedigung des Gläubigers führen wird,

so kann der Gerichtsvollzieher dem Schuldner die Vermögensauskunft auf Antrag des Gläubigers abweichend von § 802f sofort abnehmen. ²§ 802f Abs. 5 und 6 findet Anwendung.

(2) ¹Der Schuldner kann einer sofortigen Abnahme widersprechen. ²In diesem Fall verfährt der Gerichtsvollzieher nach § 802f; der Setzung einer Zahlungsfrist bedarf es nicht.

Übersicht	Rdn.		Rdn.
I. Überblick über die Norm	1	a) Verweigerung der Wohnungsdurchsuchung (Abs. 1 Satz 1 Nr. 1)	14
II. Zweck	2		
III. Anwendungsbereich	3	b) Voraussichtlich keine vollständige Befriedigung des Gläubigers (Abs. 1 Satz 1 Nr. 2)	16
IV. Voraussetzungen für die Sofortabnahme der Vermögensauskunft	4		
1. Zulässigkeit der Zwangsvollstreckung wegen einer Geldforderung	5	aa) Anhaltspunkte für die voraussichtlich unvollständige Befriedigung	17
2. Antrag des Gläubigers	7		
a) Vollstreckungsauftrag	7	bb) Ausschluss der Sofortabnahme bei Kenntnis des Gläubigers vom Vorhandensein sonstiger Vermögenswerte	18
b) Antrag auf Sofortabnahme der Vermögensauskunft	8		
aa) Anforderungen an den Antrag	9	V. Durchführung der Sofortabnahme	19
bb) Rechtsschutzbedürfnis für den Antrag	10	VI. Rechtsbehelfe	20
3. Pflicht des Schuldners zur Abgabe der Vermögensauskunft	12	1. Widerspruchsrecht des Schuldners	20
		2. Keine Rechtsbehelfe für den Gläubiger	21
4. Gründe für eine Sofortabnahme (Abs. 1 Satz 1 Nr. 1, 2)	13	VII. Gebühren	22
		VIII. ArbGG, VwGO, AO	23

Literatur:

Gaul, Grundüberlegungen zur Neukonzipierung und Verbesserung der Sachaufklärung in der Zwangsvollstreckung, ZZP 108 (1995), 3; *Harnacke*, Die Durchsuchungsverweigerung als Voraussetzung zur Einleitung des Offenbarungsverfahrens, DGVZ 2001, 58; *Hascher*, Die Pflicht zur Abgabe der eidesstattlichen Versicherung nach § 807 Abs. 1 Nr. 4 ZPO, DGVZ 2001, 105; *Heß*, Auslandssachverhalte im Offenbarungsverfahren, Rpfleger 1996, 89; *Neugebauer*, Reform der Sachaufklärung – Die Auskunftspflicht des Schuldners über sein Vermögen, MDR 2012, 1441; *Rauch*, Im Spannungsfeld zwischen gleichzeitigem und bedingtem Auftrag, § 807 ZPO und den Gebühren für die gütliche Erledigung, DGVZ 2014, 7; *Reinhard*, Offenbarungspflichten bei der Pfändung des Taschengeldes, FA 2006, 11; *Scherer*, Offenbarungspflichten hinsichtlich des Taschengeldanspruchs im Verfahren der eidesstattlichen Versicherung, DGVZ 1995, 81; *Schilken*, Gedanken zu Anwendungsbereich und Reform des § 807 ZPO, DGVZ 1991, 97; *Würdinger*, Die Sachaufklärung in der Einzelzwangsvollstreckung, JZ 2011, 177.

I. Überblick über die Norm

§ 807 wurde durch Art. 1 Nr. 10 des Gesetzes zur Reform der Sachaufklärung in der Zwangsvollstreckung vom 29.7.2009[1] mit Wirkung zum 1.1.2013 neu gefasst und dabei deutlich verkürzt. Zwar hat seit diesem Zeitpunkt der Gläubiger schon vor Einleitung von Beitreibungsmaßnahmen die Möglichkeit, vom Schuldner selbst (§ 802c) oder von Dritten (§ 802l) Informationen über die Vermögensverhältnisse des Schuldners zu erlangen. Er kann aber auch weiterhin sofort die Vollstreckung in bewegliche Sachen betreiben und unter bestimmten Voraussetzungen unmittelbar im Anschluss an einen erfolglosen Pfändungsversuch die sofortige Abnahme der Vermögensaus-

---

[1] BGBl. I, S. 2258, 2262; zur Begründung BT-Drucks. 16/10069, S. 34 (Gesetzentwurf des Bundesrats).

kunft beantragen. Abs. 1 entspricht nur zum Teil dem § 807 Abs. 1 a. F. und dem früheren § 900 Abs. 2 Satz 1 und regelt die Voraussetzungen, unter denen die Vermögensauskunft des Schuldners abweichend von dem in § 802f vorgesehenen Verfahren sofort abgenommen werden kann. Abs. 2 hat teilweise den früheren § 900 Abs. 2 Satz 2 ersetzt und regelt die Widerspruchsmöglichkeit des Schuldners.

II. Zweck

2   Die in Abs. 1 vorgesehene Möglichkeit der Sofortabnahme dient einer effektiven Zwangsvollstreckung, insbesondere durch **Verfahrensbeschleunigung**. Der Schuldner wird meist anwesend sein und muss nicht erst zu einem neuen Termin geladen werden. Das in Abs. 2 vorgesehene Widerspruchsrecht des Schuldners gegen die Sofortabnahme der Vermögensauskunft trägt dem Umstand Rechnung, dass der Schuldner sich auf die Vermögensauskunft nicht vorbereiten konnte.

III. Anwendungsbereich

3   Die Sofortabnahme der Vermögensauskunft gibt es nur bei der Zwangsvollstreckung **wegen einer Geldforderung in körperliche Sachen** des Schuldners. Das folgt aus dem Wortlaut und der systematischen Stellung der Norm.

IV. Voraussetzungen für die Sofortabnahme der Vermögensauskunft

4   Die Möglichkeit des Gerichtsvollziehers nach § 807 zur sofortigen Abnahme der Vermögensauskunft hat folgende Voraussetzungen: Erstens muss die Zwangsvollstreckung wegen einer Geldforderung zulässig sein (Rn. 5 f.). Zweitens sind ein Vollstreckungsantrag des Gläubigers und ein Antrag auf Abnahme der sofortigen Vermögensauskunft erforderlich (Rn. 7 ff.), für den ein Rechtsschutzbedürfnis vorliegen muss (Rn. 10 f.). Drittens muss der Schuldner zur Vermögensauskunft verpflichtet sein (Rn. 12). Viertens muss einer der beiden Gründe des Abs. 1 Satz 1 für die Sofortabnahme (Rn. 13 ff.) gegeben sein.

1. Zulässigkeit der Zwangsvollstreckung wegen einer Geldforderung

5   Da die sofortige Vermögensauskunft Teil des Zwangsvollstreckungsverfahrens wegen Geldforderungen ist, müssen alle Zulässigkeitsvoraussetzungen für eine solche Vollstreckung (Prozessvoraussetzungen, allgemeine und besondere Vollstreckungsvoraussetzungen, kein Vollstreckungshindernis) vorliegen. Ob die einstweilige Einstellung von Zwangsvollstreckungsmaßnahmen nach § 21 Abs. 2 Nr. 3 InsO der Erzwingung der (sofortigen) Vermögensauskunft entgegensteht, ist umstritten. Zwar wird durch die sofortige Abgabe der Vermögensauskunft die Masse nicht geschmälert, und die Insolvenzgläubiger werden nicht unmittelbar beeinträchtigt. Deshalb wird z.T. vertreten, dass eine auf § 21 Abs. 2 Nr. 3 InsO gestützte einstweilige Einstellung von Zwangsvollstreckungsmaßnahmen der Erzwingung der (sofortigen) Vermögensauskunft nicht entgegenstehe.[2] Aber der Wortlaut der Vorschrift betrifft alle (auch vorbereitende) Vollstreckungsmaßnahmen und enthält für die (sofortige) Vermögensauskunft keine Einschränkung. Deshalb entspricht es der überwiegenden Ansicht, dass eine Anordnung nach § 21 Abs. 2 Nr. 3 InsO sich auch auf die Einholung der (sofortigen) Vermögensauskunft bezieht.[3] Ferner muss der Gläubiger einen **vollstreckbaren Titel** über eine **Geldforderung** besitzen. Es genügt ein vorläufig vollstreckbarer Titel. Als solcher kommen auch ein Arrestbefehl und eine – ausnahmsweise – auf Zahlung einer bestimmten Geldsumme lautende

---

[2] LG Würzburg, NJW-RR 2000, 781; AG Rostock, NJW-RR 2000, 716; *Graf-Schlicker/Voß*, InsO, § 21 Rn. 18.

[3] LG Darmstadt, NJW-RR 2003, 1493; Braun/*Böhm*, InsO, § 21 Rn. 43; MüKoInsO/*Haarmeyer*, § 21 Rn. 72; *Uhlenbruck/Vallender*, InsO, § 21 Rn. 27.

einstweilige Verfügung[4] in Betracht.[5] Ist das Urteil, aus dem die Vollstreckung betrieben wird, nur gegen Sicherheitsleistung vorläufig vollstreckbar, so ist die Sicherheitsleistung durch den Gläubiger **nicht** Voraussetzung der Vermögensauskunft durch den Schuldner;[6] denn schon eine bloße Pfändung im Rahmen einer Sicherungsvollstreckung nach § 720a Abs. 1 Satz 1 Buchst. a, die dem Gläubiger ja für die Fortsetzung der Vollstreckung nach Rechtskraft des Urteils den Rang wahren soll, rechtfertigt das Vermögensauskunftsverfahren, da die Möglichkeit der Sicherungsvollstreckung ansonsten oft leerliefe.[7]

Weil die Vermögensauskunft die Fortsetzung der Zwangsvollstreckung ermöglichen soll, muss nach den allgemein im Vollstreckungsverfahren geltenden Maßstäben sicher sein, dass der Gläubiger aus dem Titel noch eine Forderung vollstrecken kann; d.h. der Titel selbst darf nicht aufgrund von Teilquittungen Zweifel daran aufkommen lassen, dass der Gläubiger nicht etwa schon befriedigt ist. In einem solchen Fall kann vom Gläubiger ausnahmsweise eine Forderungsaufstellung zum Titel verlangt werden.[8]

2. Antrag des Gläubigers

a) Vollstreckungsauftrag

Der Gläubiger muss erstens dem Gerichtsvollzieher einen Vollstreckungsauftrag (§§ 753 f.) erteilt haben. Nur aufgrund eines Vollstreckungsauftrags ist der Gerichtsvollzieher gem. § 802a Abs. 2 Satz 1 Nr. 2 zur Einholung der Vermögensauskunft befugt, und der Schuldner ist gem. § 802c Abs. 1 nur »zum Zwecke der Vollstreckung« zur Vermögensauskunft verpflichtet (§ 802c Rn. 8).

b) Antrag auf Sofortabnahme der Vermögensauskunft

Ferner muss der Gläubiger auch die sofortige Abnahme der Vermögensauskunft ausdrücklich beantragen (Abs. 1 Satz 1). Dieser Antrag ist nicht notwendigerweise in dem Vollstreckungsauftrag enthalten, kann aber schon mit ihm zusammen (ggf. durch Ankreuzen auf dem Antragsformular) gestellt werden.

aa) Anforderungen an den Antrag

Der Antrag auf Sofortabnahme muss denselben Anforderungen wie jeder Vollstreckungsantrag entsprechen.[9] Ein Vordruck mit Faksimileunterschrift genügt also nicht.[10] Antragsberechtigt ist auch ein mit der Forderungseinziehung beauftragtes Inkassounternehmen.[11]

bb) Rechtsschutzbedürfnis für den Antrag

Für den Antrag muss, wie für jeden Vollstreckungsantrag, ein Rechtsschutzbedürfnis bestehen. Daran fehlt es, wenn sich aus den eigenen Angaben des Gläubigers ergibt, dass er die Vermö-

---

4 Zu derartigen Befriedigungsverfügungen siehe Vor § 935 Rn. 47 f., 168 f.
5 Noch zu § 807 a. F.: BGH, Rpfleger 2006, 328, 329; *Gaul/Schilken/Becker-Eberhard*, § 60 Rn. 9; *Stein/Jonas/Münzberg*, 22. Aufl., § 807 Rn. 5; *Wieczorek/Schütze/Storz*, 3. Aufl., § 807 Rn. 13.
6 A.A. aber OLG Koblenz, Rpfleger 1979, 273; LG Essen, JurBüro 1985, 936 mit Anm. *Mümmler*.
7 Ebenso noch zu § 807 a. F. BGH, NJW-RR 2007, 416 mit Anm. *App*; EWiR 2007, 287; BGH, NJW-RR 2006, 996 f.; KG, Rpfleger 1989, 291 mit Anm. *Behr*; OLG Düsseldorf, NJW 1980, 2717; OLG Hamm, MDR 1982, 416; OLG Koblenz, JurBüro 1991, 126; OLG München, JurBüro 1991, 128; OLG Stuttgart, NJW 1980, 1698; LG Darmstadt, Rpfleger 1981, 362; LG Frankenthal, Rpfleger 1982, 190; LG Stuttgart, DGVZ 2003, 91; *Baumbach/Lauterbach/Hartmann*, 69. Aufl., § 807 Rn. 5; *Gaul/Schilken/Becker-Eberhard*, § 60 Rn. 9; *Stein/Jonas/Münzberg*, 22. Aufl., § 807 Rn. 5.
8 OLG Stuttgart, JurBüro 1987, 1813; LG Darmstadt, Rpfleger 1985, 119.
9 Siehe § 750 Rdn. 11; siehe ferner § 802f Rdn. 2.
10 LG Aurich, Rpfleger 1984, 323; LG Berlin, MDR 1976, 148.
11 LG Bremen, DGVZ 2001, 62; AG Hamburg-Blankenese, DGVZ 2000, 120.

gensverhältnisse des Schuldners im Einzelnen genau kennt[12] oder dass die Vermögenslosigkeit des Schuldners von vornherein gesichert feststeht.[13] Allerdings reicht die bloße Behauptung des Schuldners, seine Vermögensverhältnisse seien dem Gläubiger bekannt, nicht aus, um dessen Rechtsschutzinteresse zu verneinen.[14] Ebenso ergibt sich eine sichere Kenntnis des Gläubigers nicht bereits daraus, dass der Schuldner nach anderen Verfahrensvorschriften (z. B. § 95 AO) Angaben zu seinen Vermögensverhältnissen an Eides statt versichert hat.[15] Die völlige Vermögenslosigkeit einer GmbH ist noch nicht dadurch evident, dass ein Antrag auf Eröffnung des Insolvenzverfahrens über ihr Vermögen kurz zuvor mangels Masse abgelehnt und sie daraufhin aufgelöst worden war.[16] Der Schuldner kann das Rechtsschutzbedürfnis des Gläubigers an der Durchführung der (sofortigen) Vermögensauskunft nicht dadurch unterlaufen, dass er einen amtlichen Vermögensfragebogen ausfüllt, die Richtigkeit und Vollständigkeit in einer privaten Erklärung eidesstattlich versichert und seine Unterschrift notariell beglaubigen lässt.[17] Ein solches Verfahren gibt dem Gläubiger nicht die gleiche Gewissheit wie das staatlich geordnete Verfahren nach §§ 802c ff.

11 Ein dem Schuldner nach § 802b Abs. 2 gewährter Vollstreckungsaufschub hindert den Vollstreckungsgläubiger nicht, zwischenzeitlich das Vermögensauskunftsverfahren zu betreiben; denn der Vollstreckungsaufschub und zwischenzeitliche freiwillige Teilleistungen des Schuldners hindern den Gläubiger auch an weiteren Pfändungen nicht, soweit ihm neues Vermögen bekannt wird.[18] Im Einzelfall mag hier, wenn das Vorgehen des Gläubigers schikanös erscheint, eine Entscheidung nach § 765a angemessen sein.[19]

3. Pflicht des Schuldners zur Abgabe der Vermögensauskunft

12 Der Schuldner muss zur Abgabe der Vermögensauskunft verpflichtet sein. Dazu bedarf es zwar nach § 802c keines besonderen Grundes. Aber wenn der Schuldner bereits eine Vermögensauskunft nach § 802c oder § 284 AO abgegeben hat, ist er gem. § 802d zu einer erneuten Vermögensauskunft erst nach Ablauf einer Sperrfrist von zwei Jahren oder dann verpflichtet, wenn der Gläubiger Tatsachen glaubhaft macht, die auf eine wesentliche Veränderung der Vermögensverhältnisse des Schuldners schließen lassen. Liegen diese Voraussetzungen nicht vor, kommt auch eine Sofortabnahme nicht in Betracht.

4. Gründe für eine Sofortabnahme (Abs. 1 Satz 1 Nr. 1, 2)

13 Die Pflicht zur sofortigen Abgabe der Vermögensauskunft setzt voraus, dass einer der beiden in Abs. 1 Satz 1 genannten Gründe vorliegt. Die beiden weiteren Gründe, die noch in der bis zum 31.12.2012 geltenden Fassung als Nr. 2 und 4 des Abs. 1 genannt waren, haben sich nach der Neufassung des § 802c erübrigt. Der Gerichtsvollzieher hat das Vorliegen eines Grundes für die Sofortabnahme ebenso wie die zuvor genannten allgemeinen Zulässigkeitsvoraussetzungen zu prüfen.

---

12 Noch zu § 807 a. F.: BGH, DGVZ 2004, 153, 154; LG Köln, NJW-RR 1987, 1407; AG Köln, JurBüro 1965, 410; vgl. auch LG Berlin, MDR 1975, 497 (Kenntnis der Arbeitsstelle des Schuldners allein reicht insoweit nicht aus, um schon das Rechtsschutzbedürfnis zu verneinen).
13 Noch zu § 807 a. F.: BVerfG, NJW 1983, 559; LG Itzehoe, Rpfleger 1985, 153; MüKo/*Eickmann*, 4. Aufl., § 807 Rn. 20; *Wieczorek/Schütze/Storz*, 3. Aufl., § 807 Rn. 75.
14 LG Berlin, Rpfleger 1992, 168 f.; *Wieczorek/Schütze/Storz*, 3. Aufl., § 807 Rn. 74.
15 Noch zu § 807 a. F.: BGH, DGVZ 2004, 153, 154.
16 LG Düsseldorf, JurBüro 1987, 458 (zum Konkurs).
17 Noch zu § 807 a. F.: LG Düsseldorf, Rpfleger 1981, 151; LG Frankenthal, Rpfleger 1985, 33; *Wieczorek/Schütze/Storz*, 3. Aufl., § 807 Rn. 81.
18 LG Essen, MDR 1961, 1023.
19 OLG Hamm, MDR 1962, 139.

a) Verweigerung der Wohnungsdurchsuchung (Abs. 1 Satz 1 Nr. 1)

Nach Abs. 1 Satz 1 Nr. 1 ist der Schuldner zur sofortigen Abgabe der Vermögensauskunft und zur Abgabe der eidesstattlichen Versicherung verpflichtet, wenn er die Durchsuchung (§ 758) verweigert hat. Der Gerichtsvollzieher kann also in diesen Fällen ohne den Kostenaufwand und die Zeitverzögerung, die mit der Erwirkung eines richterlichen Durchsuchungsbeschlusses nach § 758a oder mit der Festsetzung eines besonderen Termins, zu dem er den Schuldner laden müsste (vgl. § 802f), verbunden wären, sogleich auf Antrag des Gläubigers den Schuldner zur Abgabe der Vermögensauskunft auffordern. Darüber hat der Gerichtsvollzieher den Schuldner zu belehren und die Belehrung im Protokoll zu vermerken (vgl. § 63 Abs. 1 Satz 4 GVGA). Durch diese Möglichkeit der Sofortabnahme wird verhindert, dass der Schuldner durch eine oft missbräuchliche Verweigerung der Durchsuchung einen Vollstreckungsaufschub erreicht. Das dient nicht nur dem Interesse des Gläubigers an einer beschleunigten und effektiven Zwangsvollstreckung, sondern auch den Interessen der Allgemeinheit; denn die Zahl der Anträge auf richterliche Durchsuchungsanordnung und die damit verbundene Belastung der Justiz wird dadurch vermutlich verringert. Der Schuldner wird dadurch nicht unbillig benachteiligt. Er kann die Sofortabnahme der Vermögensauskunft vermeiden, indem er den geschuldeten Betrag zahlt oder dem Gläubiger den zwangsweisen Zugriff auf die pfändbare Sache ermöglicht.

14

Die Sofortabnahme der Vermögensauskunft aufgrund einer Verweigerung der Wohnungsdurchsuchung setzt zunächst voraus, dass wirklich eine Verweigerung durch den Schuldner vorliegt. Ein bloßes (auch mehrmaliges) Nichtantreffen des Schuldners reicht nicht aus.[20] Ferner muss die beabsichtigte Durchsuchung rechtmäßig, insbesondere den Anforderungen des § 758 gemäß gewesen sein. Dagegen bedarf es keiner Anordnung gem. § 758a. Weiterhin muss der Schuldner oder eine von ihm ermächtigte Person[21] den Zutritt, zumindest die Durchsuchung (rechtswidrig) verweigert haben. Die Verweigerung durch irgendeine im Haushalt des Schuldners anwesende Person reicht nicht aus. Es genügt nicht, wenn der Schuldner die Durchsuchung nur für einen von mehreren Wohn- oder Geschäftssitzen verweigert hat. Allerdings kann im Einzelfall dem Verhalten des Schuldners bei einer Durchsuchung zu entnehmen sein, dass er auch weitere Durchsuchungen unter den anderen Adressen verweigern wird. Hier wird man dem Gläubiger die weiteren Durchsuchungsversuche nicht zumuten können. Die Durchsuchungsverweigerung muss vom Gläubiger nachgewiesen und nicht nur glaubhaft gemacht werden. Dies wird in der Regel durch das Protokoll des Gerichtsvollziehers geschehen.

15

b) Voraussichtlich keine vollständige Befriedigung des Gläubigers (Abs. 1 Satz 1 Nr. 2)

Eine Pflicht zur sofortigen Vermögensauskunft besteht nach Abs. 1 Satz 1 Nr. 2 auch dann, wenn ein Pfändungsversuch ergibt, dass die Pfändung voraussichtlich nicht zu einer vollständigen Befriedigung des Gläubigers führen wird.

16

aa) Anhaltspunkte für die voraussichtlich unvollständige Befriedigung

Der Gerichtsvollzieher muss anlässlich eines Pfändungsversuchs zu der Erkenntnis kommen, dass der Gläubiger gar nicht oder jedenfalls nicht vollständig befriedigt wird. Dabei hat er alle Umstände des Einzelfalles zu würdigen. Dazu gehören insbesondere der Umfang und die Pfändbarkeit des vorgefundenen Vermögens, aber auch das Alter, die Gesundheit und die Arbeitsfähigkeit des Schuldners sowie seine Aussichten auf dem Arbeitsmarkt, ggf. auch tatsächliche Anhaltspunkte für einen bevorstehenden Vermögenserwerb. Hat der Schuldner mehrere dem Gläubiger bekannte[22] Wohnsitze oder eine Geschäfts- und eine Privatadresse oder mehrere Geschäftsniederlassungen,

17

---

20 AG Augsburg, DGVZ 2013, 193.
21 LG Aachen, DGVZ 2001, 61; LG Köln, DGVZ 2001, 44 (sehr großzügig); a. M. AG Strausberg, DGVZ 2001, 92; AG St. Wendel, DGVZ 2001, 124.
22 Der Gläubiger hat insoweit keine Ermittlungspflicht; siehe LG Bremen, MDR 1999, 255.

hängt es vom Einzelfall ab, ob mehrere Pfändungsversuche erforderlich sind. Ein Pfändungsversuch am Hauptwohnsitz ist nur dann ausreichend, wenn die dortigen Verhältnisse sicher darauf hindeuten, dass auch an den anderen Wohnsitzen keine nennenswerten Vermögensgegenstände vorhanden sind.

bb) Ausschluss der Sofortabnahme bei Kenntnis des Gläubigers vom Vorhandensein sonstiger Vermögenswerte

18 Eine Sofortabnahme scheidet aus, wenn dem Gläubiger sonstige Vermögenswerte des Schuldners, die der Gerichtsvollzieher bei seinem Pfändungsversuch nicht vorfinden konnte, auf die aber ein Zugriff möglich ist, bekannt sind. Das können z. B. Geldforderungen[23] oder bewegliche Gegenstände sein, die sich im Besitz Dritter oder des Gläubigers selbst[24] befinden. Dann kann der Gerichtsvollzieher zwar auch schon vor einer Pfändung eine Vermögensauskunft des Schuldners einholen, aber nicht im Wege der Sofortabnahme, sondern nur in dem in § 802f vorgesehenen Verfahren.

V. Durchführung der Sofortabnahme

19 Hinsichtlich der Zuständigkeit des Gerichtsvollziehers (§ 802e), des vom Gläubiger und vom Gerichtsvollzieher zu beachtenden Verfahrens bis zur Anfertigung des Vermögensverzeichnisses durch den Schuldner, hinsichtlich der Erzwingung der Vermögensauskunft durch Haft sowie hinsichtlich der Folgen der eidesstattlichen Versicherung für den Schuldner siehe §§ 802c–802l und §§ 882b–882h sowie §§ 136ff. GVGA. Gem. Abs. 1 Satz 2 i. V. m. § 802f Abs. 5 und 6 hat der Gerichtsvollzieher das Vermögensverzeichnis in elektronischer Form zu errichten und bei dem nach § 802k Abs. 1 zuständigen zentralen Vollstreckungsgericht zu hinterlegen sowie dem Gläubiger unverzüglich einen Ausdruck zuzuleiten.

VI. Rechtsbehelfe

1. Widerspruchsrecht des Schuldners

20 Der Schuldner kann gem. Abs. 2 Satz 1 wie nach dem zum 31.12.2012 aufgehobenen früheren § 900 Abs. 2 Satz 2 der sofortigen Abnahme der Vermögensauskunft widersprechen. Der innere Grund dafür liegt darin, dass der Schuldner bei der Sofortabnahme keine Gelegenheit hat, die Vermögensauskunft vorzubereiten.[25] Der Widerspruch muss vom Gerichtsvollzieher gem. § 762 Abs. 2 Nr. 2 in das Protokoll aufgenommen werden. Folge des Widerspruchs ist, dass der Gerichtsvollzieher das Verfahren zur Abnahme der Vermögensauskunft nach § 802f einleitet (Abs. 2 Satz 2, 1. Halbs.), indem er einen Termin für die Abnahme der Vermögensauskunft bestimmt und den Schuldner zu diesem Termin in seine Geschäftsräume lädt. Allerdings braucht die in § 802f Abs. 1 Satz 1 vorgesehene Zahlungsfrist von zwei Wochen nicht mehr gesetzt zu werden (Abs. 2 Satz 2, 2. Halbs.).

2. Keine Rechtsbehelfe für den Gläubiger

21 Das bis zum 31.12.2012 auch für den Gläubiger bestehende Widerspruchsrecht gegen die Sofortabnahme (§ 900 Abs. 2 Satz 2) gibt es seit dem 1.1.2013 nicht mehr. Der Gläubiger kann selbst dann nicht widersprechen, wenn er bei dem Termin der Sofortabnahme nicht dabei sein kann. Wenn er einen kombinierten Antrag zur Sachpfändung und zur Abnahme der sofortigen Vermö-

---

23 KG, MDR 1968, 56; LG Berlin, MDR 1975, 497.
24 OLG Schleswig, SchlHA 1956, 204; AG Köln, JurBüro 1966, 435.
25 BT-Drucks. 16/10069, S. 34.

gensauskunft stellt, muss er auch mit einer Sofortabnahme rechnen. Dem Gläubiger bleibt nur die Möglichkeit, seinen Antrag nach Abs. 1 Satz 1 zurückzunehmen.[26]

VII. Gebühren

Für den **Rechtsanwalt** ist das Verfahren zur Abnahme der (sofortigen) Vermögensauskunft eine besondere Angelegenheit (§ 18 Abs. 1 Nr. 16 RVG), sodass er für seinen Antrag nach Abs. 1 Satz 1 eine 0,3-Verfahrensgebühr nach RVG-VV 3309 erhält. Bei Teilnahme am Termin der Sofortabnahme kommt eine 0,3-Terminsgebühr nach RVG-VV 3310 hinzu. Der Gegenstandswert richtet sich nach der aus dem Titel noch geschuldeten Vollstreckungsforderung einschließlich der Nebenforderung, beträgt aber höchstens 2.000 Euro (§ 25 Abs. 1 Nr. 4 RVG). Der **Gerichtsvollzieher** erhält für die Sofortabnahme eine Festgebühr nach GvKostG-KV 260 in Höhe von 33 Euro (Stand: Juni 2015). 22

VIII. ArbGG, VwGO, AO

Die Vorschrift gilt auch bei frucht- oder aussichtslosen Pfändungen aufgrund von arbeitsgerichtlichen Titeln (vgl. §§ 62 Abs. 2 Satz 1, 85 Abs. 1 Satz 3 ArbGG) und von Titeln nach § 168 VwGO (§ 167 Abs. 1 VwGO). Die Vollstreckung für und gegen die öffentliche Hand richtet sich allerdings gem. § 169 Abs. 1 Satz 1 (ggf. auch gem. § 170 Abs. 1 Satz 3) VwGO nach dem VwVG. Dieses verweist in § 5 auf die AO. Dort ist die Vermögensauskunft in § 284 AO geregelt. Eine dem § 807 entsprechende Sofortabnahme ist nicht vorgesehen. 23

---

26 *Zöller/Stöber*, § 807 Rn. 6.

Untertitel 2. Zwangsvollstreckung in körperliche Sachen

Vor §§ 808–827   Die Pfändung und Verwertung durch den Gerichtsvollzieher

1 In der Zwangsvollstreckung in körperliche Sachen durch Pfändung und nachfolgende Versteigerung liegt der Haupttätigkeitsbereich des **Gerichtsvollziehers** im Vollstreckungsverfahren. Die dem Gerichtsvollzieher hier zugewiesenen Aufgaben können durch andere Vollstreckungsorgane nicht wirksam wahrgenommen werden. Sie wären insoweit funktionell unzuständig, ihre Vollstreckungshandlung (z. B. die Pfändung einer körperlichen Sache durch das Vollstreckungsgericht) nichtig.[1] Zum amtlichen Status des Gerichtsvollziehers, zur Haftung für ein Fehlverhalten des Gerichtsvollziehers und zu den Rechtsbehelfen gegen seine Tätigkeit siehe den Überblick in der Vorbemerkung Vor §§ 753–763. Zum Vollstreckungsantrag siehe die Anmerkungen zu § 753. Über die Wirkung freiwilliger Zahlungen des Schuldners an den Gerichtsvollzieher zur Abwendung der Zwangsvollstreckung siehe § 754 Rn. 4 ff.

2 In der Abgabenvollstreckung führt die Vollstreckungsbehörde die Vollstreckung in bewegliche Sachen durch Vollziehungsbeamte aus (§ 285 Abs. 1 AO).

---

[1] Einzelheiten: Vor §§ 803, 804 Rdn. 5.

§ 808 Pfändung beim Schuldner

(1) Die Pfändung der im Gewahrsam des Schuldners befindlichen körperlichen Sachen wird dadurch bewirkt, dass der Gerichtsvollzieher sie in Besitz nimmt.

(2) ¹Andere Sachen als Geld, Kostbarkeiten und Wertpapiere sind im Gewahrsam des Schuldners zu belassen, sofern nicht hierdurch die Befriedigung des Gläubigers gefährdet wird. ²Werden die Sachen im Gewahrsam des Schuldners belassen, so ist die Wirksamkeit der Pfändung dadurch bedingt, dass durch Anlegung von Siegeln oder auf sonstige Weise die Pfändung ersichtlich gemacht ist.

(3) Der Gerichtsvollzieher hat den Schuldner von der erfolgten Pfändung in Kenntnis zu setzen.

Übersicht

	Rdn.
I. Alleingewahrsam des Schuldners	1
II. Bedeutung der materiellen Berechtigung an der Sache	4
III. Rechtsschutzbedürfnis bei Eigentum des Gläubigers	7
IV. Durchführung der Pfändung durch Inbesitznahme (Abs. 1)	8
1. Geld, Wertpapiere und Kostbarkeiten	9
2. Andere körperliche Sachen	10
a) Kenntlichmachen durch Siegelanlegen	10
b) Wegnahme bei Gefährdung der Gläubigerinteressen	11
c) Kosten der Wegnahme	12
V. Die Besitzverhältnisse am Pfändungsgut nach der Pfändung	13
VI. Kein Verfolgungsrecht des Gerichtsvollziehers	14
VII. Rechtsfolgen der Pfändung	15
VIII. Benachrichtigung des Schuldners (Abs. 3) und des Gläubigers	16
IX. Rechtsbehelfe	18
X. Gebühren	19
XI. ArbGG, VwGO, AO	20

Literatur:

Brehm, Die Pfändung von Computerprogrammen, in: FS Gitter, 1995, 145; *Breidenbach*, Computersoftware in der Zwangsvollstreckung, CR 1989, 873; *Paulus*, Die Software in der Vollstreckung, Rechtsschutz und Verwertung von Computerprogrammen, 2. Aufl., 1993, 831; *Pawlowski*, Zum sogenannten Verfolgungsrecht des Gerichtsvollziehers, AcP 175 (1975), 189; *Schlappa*, Kassenpfändung in Tankstellen?, DGVZ 2012, 138; *Weyland*, Automatenaufstellungsvertrag – Vertrag, Besitz, Zwangsvollstreckung –, 1989.
Siehe ferner die Literaturangaben zu § 739, Vor §§ 803–863 und zu § 809.

I. Alleingewahrsam des Schuldners

§ 808 Abs. 1 bezieht sich nur auf körperliche Sachen, die sich im Alleingewahrsam des Schuldners befinden. Soweit sich körperliche Sachen im Allein- oder Mitgewahrsam Dritter oder des Gläubigers selbst befinden, gilt § 809. Alleingewahrsam ist die tatsächliche alleinige Sachherrschaft, sodass der Mitbesitz (§ 866 BGB), der mittelbare Besitz (§ 868 BGB) und der nicht tatsächlich ausgeübte, sondern nur kraft Gesetzes fingierte Erbenbesitz (§ 857 BGB)[1] keinen ausreichenden Alleingewahrsam begründen. Die tatsächliche Sachherrschaft ist nicht mit der tatsächlichen Inhaberschaft einer Sache identisch, sodass der Besitzdiener keinen Gewahrsam ausübt; deshalb kommt eine Taschenpfändung von Trinkgeldern eines Kellners nicht in Betracht, solange dieser die vereinnahmten Gelder noch nicht mit dem Inhaber der Gaststätte, dessen Besitzdiener er ist, abgerechnet hat.[2] Ebenso übt das Organ einer juristischen Person oder einer Handelsgesellschaft oder der gesetzliche Vertreter einer natürlichen Person den Gewahrsam für den Vertretenen aus, sodass dieser und

---

[1] Wie hier *Brox/Walker*, Rn. 236; *Bruns/Peters*, § 21 III 1; HdbZVR/*Keller*, Kap. 2 Rn. 282; *Musielak/Voit/Becker*, § 808 Rn. 4; PG/*Flury*, § 808 Rn. 6; *Thomas/Putzo/Seiler*, § 808 Rn. 3; *Zöller/Stöber*, § 808 Rn. 7; **a.A.** *Blomeyer*, § 45 I 1; *Gaul/Schilken/Becker-Eberhard*, § 51 Rn. 4; Hk-ZV/*Kindl*, § 808 Rn. 6; *Stein/Jonas/Münzberg*, § 808 Rn. 14; **differenzierend** *Wieczorek/Schütze/Lüke*, § 808 Rn. 18.
[2] LG Kaiserslautern, DGVZ 2009, 165.

nicht der Vertreter als Gewahrsamsinhaber anzusehen ist.[3] Abzustellen ist hierbei auf eine natürliche Betrachtungsweise und nicht schematisch auf die äußerliche Bezeichnung der Gewahrsamssphäre. So kann etwa eine GmbH durchaus auch an Gegenständen in der Privatwohnung ihres Geschäftsführers Alleingewahrsam haben[4], oder es kann trotz der Nutzung derselben Räumlichkeiten durch mehrere Personen oder Gesellschaften an bestimmten Gegenständen durchaus Alleingewahrsam einer Person oder Gesellschaft vorliegen.[5] Ergibt das äußere Erscheinungsbild, das wesentlich durch die Verkehrsanschauung mitgeprägt wird, den Anschein des Alleingewahrsams einer Person, so hat der Gerichtsvollzieher keine juristischen Überlegungen anzustellen, um etwa eine andere Gewahrsamszuordnung vorzunehmen.[6] Weisen allerdings erkennbare äußere Umstände wie z. B. Schilder zweier Gesellschaften an den Türen der Geschäftsräume auf eine gemeinschaftliche Nutzung hin, hat der Gerichtsvollzieher vom Mitgewahrsam beider Gesellschaften an den Einrichtungsgegenständen auszugehen;[7] Entsprechendes gilt, wenn eine natürliche Person Organ mehrerer Gesellschaften ist und den Gewahrsam an den selben Sachen für diese Gesellschaften ausübt.[8] Dann gilt bei der Vollstreckung gegen eine von ihnen nicht § 808, sondern § 809.

2 Auch dann, wenn weder Besitzdienerschaft noch Organschaft oder Vertretungsbefugnis im engeren Sinne vorliegen, kann die Geschäftsbesorgung für einen Dritten im Einzelfall dazu führen, dass nach der Verkehrsanschauung der tatsächliche Besitz des Beauftragten dem Auftraggeber als Alleingewahrsam zuzurechnen ist. Hat etwa eine KG ihrem Kommanditisten, der kraft Gesetzes von der Geschäftsführung ausgeschlossen ist (§ 164 HGB), zur Besorgung einzelner Gesellschaftsangelegenheiten einen Firmenwagen als »Dienstfahrzeug« zur Verfügung gestellt, so ist dieser Kommanditist, der insoweit nur die Besitzrechte der KG ausübt, nicht als Gewahrsamsinhaber anzusehen, sondern allein die KG.[9]

3 Eine spezielle Gewahrsamsvermutung für Ehegatten stellt § 739 Abs. 1 auf.[10] Sie wird ergänzt durch die Gewahrsamsvermutung für die Lebenspartner nach dem Lebenspartnerschaftsgesetz (§ 739 Abs. 2). Die Vermutung ist im Rahmen eheähnlicher Gemeinschaften nicht entsprechend anwendbar.[11]

II. Bedeutung der materiellen Berechtigung an der Sache

4 Hat der Gerichtsvollzieher festgestellt, dass ein Gegenstand sich nach dem äußeren Erscheinungsbild im Alleingewahrsam des Schuldners befindet, hat er darüber hinaus grundsätzlich **keine Prüfung** anzustellen, ob der Gegenstand **materiellrechtlich zum Schuldnervermögen** gehört.[12] Auch ein ausdrücklicher Hinweis des Schuldners oder eines sein Eigentum behauptenden Dritten, etwa unter Vorlage von Vorbehaltskauf- oder Sicherungsübereignungs- oder Leasingverträgen[13], dürfen den Gerichtsvollzieher nicht von der Pfändung abhalten.[14] Er wird allerdings, da er dem Gläubiger nicht unnötige Kosten verursachen soll, von der Pfändung derartiger Gegenstände dann absehen, wenn er genügend andere, zur Befriedigung des Anspruchs des Gläubigers ausreichende Gegenstände vorfindet.

---

3 BGHZ 56, 166; LG Kassel, DGVZ 1978, 114; AG Köln, JMBl.NW 1967, 257.
4 LG Mannheim, DB 1983, 1481.
5 OLG Frankfurt, MDR 1969, 676.
6 OLG Frankfurt, MDR 1969, 676.
7 *Brox/Walker*, Rn. 243.
8 MüKo/*Gruber*, § 808 Rn. 20.
9 KG, Rpfleger 1977, 329; *Brox/Walker*, Rn. 245; MüKo/*Gruber*, § 808 Rn. 19; *Zöller/Stöber*, § 808 Rn. 12; a. A. *Baumbach/Lauterbach/Hartmann*, § 808 Rn. 13; einschränkend *Stein/Jonas/Münzberg*, § 808 Rn. 24, 26.
10 Einzelheiten: § 739 Rdn. 10 ff.
11 Einzelheiten: Vor §§ 739–745 Rdn. 5 und § 739 Rdn. 5.
12 Siehe auch § 71 Abs. 1 Satz 1 GVGA.
13 AG Frankfurt, DGVZ 1974, 26; LG Dortmund, NJW-RR 1986, 1497; AG Sinzig, NJW-RR 1987, 508.
14 BGH, NJW 1957, 544; BGHZ 80, 296.

Ist für alle Beteiligten ausnahmsweise **offensichtlich**, dass ein im Besitz des Schuldners befindlicher Gegenstand im Eigentum eines Dritten steht, unterlässt der Gerichtsvollzieher auch dann die Pfändung, wenn er keine anderen pfändbaren Sachen vorfindet.[15] Das gilt etwa für Sachen, die dem Handwerker zur Reparatur, dem Frachtführer zum Transport, dem Pfandleiher zum Pfand übergeben wurden, und für Klagewechsel, die dem Rechtsanwalt zu den Akten gegeben wurden. Auch der Kassenbestand eines Tankstellenbetreibers kann offensichtlich im Eigentum einer Mineralölgesellschaft stehen, wenn z. B. an den Kassenbons erkennbar ist, dass er den Erlös für Kraftstoff und Waren für Rechnung der Gesellschaft vereinnahmt. Etwas anderes gilt in den genannten Fällen nur dann, wenn der Gläubiger ausdrücklich die Pfändung verlangt oder wenn der unzweifelhaft als Eigentümer in Betracht kommende Dritte sie erlaubt.[16]

5

Hat der Gerichtsvollzieher nicht im Vermögen des Schuldners schlechthin zu pfänden, sondern nach Maßgabe des Titels nur in einer besonderen Vermögensmasse, etwa in einem von einem Nachlassverwalter verwalteten Nachlass, so muss er ausnahmsweise nicht nur den Gewahrsam des Nachlassverwalters prüfen, sondern darüber hinaus feststellen, dass der Gegenstand auch zum Sondervermögen gehört.[17]

6

III. Rechtsschutzbedürfnis bei Eigentum des Gläubigers

Ergibt sich aus dem Titel oder aus der dem Gerichtsvollzieher vom Gläubiger erteilten Weisung[18], dass der zu pfändende Gegenstand im Eigentum des Gläubigers steht, etwa wenn der Titel über die Kaufpreisforderung in den unter Eigentumsvorbehalt verkauften Gegenstand vollstreckt werden soll, darf der Gerichtsvollzieher die Pfändung nicht wegen mangelnden Rechtsschutzbedürfnisses ablehnen[19], weil der Gläubiger an eigenen Sachen kein Pfändungspfandrecht erwerben kann.[20] Die Pfändbarkeit gläubigereigener Sachen ergibt sich seit Einfügung des § 811 Abs. 2 zum 1.1.1999 unmittelbar aus dem Gesetz. Die durch die Pfändung bewirkte Verstrickung des Gegenstandes[21] gibt dem Gläubiger die Möglichkeit, die Sache verwerten zu lassen und auf diese Weise seine Forderung zu realisieren. Er erspart sich die Herausgabeklage und die eigenen Mühen um einen anderweitigen Verkauf der Sache, zumal wenn der Verkauf gebrauchter Sachen nicht in seinen Gewerbebetrieb passt. Auch für den Schuldner ist dieses Verfahren kostengünstiger als die Herausgabeklage. Diese Gesichtspunkte reichen aus, um ein Rechtsschutzbedürfnis des Gläubigers für die Pfändung eigener Sachen zu bejahen.[22] Dass die titulierte Forderung möglicherweise, nämlich soweit § 508 Abs. 2 Satz 5 BGB[23] eingreift[24], mit der Abholung der Sache zur Versteigerung (nicht schon mit der bloßen Pfändung[25]) erlischt, ist für den Gerichtsvollzieher ohne Belang. Diesen materiellrechtlichen Einwand muss der Schuldner gegebenenfalls mit der Klage nach § 767 geltend machen.[26]

7

---

15 *Brox/Walker*, Rn. 259 m. weiteren Beispielen; siehe auch § 71 Abs. 2 GVGA.
16 § 71 Abs. 2 Satz 2 GVGA. Großzügiger AG Kassel, DGVZ 2006, 182 f., wonach allein ein ausdrückliches Verlangen des Gläubigers ausreicht.
17 *Baumbach/Lauterbach/Hartmann*, § 808 Rn. 5; *Baur/Stürner/Bruns*, Rn. 28.9; *Bruns/Peters*, § 21 III 5; *Dierck/Morvilius/Vollkommer/Hilzinger*, 3. Kap. Rn. 98; *Gaul/Schilken/Becker-Eberhard*, § 51 Rn. 18; MüKo/*Gruber*, § 808 Rn. 25; *Stein/Jonas/Münzberg*, § 808 Rn. 12; a. A. *Hofmann*, DGVZ 1973, 99.
18 Zur Zulässigkeit derartiger Weisungen: Vor §§ 753–763 Rn. 7.
19 So aber LG Oldenburg, DGVZ 1984, 91.
20 Siehe Vor §§ 803, 804 Rdn. 15.
21 Siehe Vor §§ 803, 804 Rdn. 2.
22 Im Ergebnis wie hier *Baumbach/Lauterbach/Hartmann*, § 804 Rn. 7; *Gaul/Schilken/Becker-Eberhard*, § 51 Rn. 14; *Stein/Jonas/Münzberg*, § 804 Rn. 13.
23 Die Regelung ist im Rahmen der Schuldrechtsreform in das BGB eingegliedert worden.
24 Vgl. BGHZ 15, 173; 39, 98; 55, 59.
25 BGHZ 39, 97.
26 Siehe § 767 Rdn. 23.

IV. Durchführung der Pfändung durch Inbesitznahme (Abs. 1)

8 Die Pfändung körperlicher Sachen durch den Gerichtsvollzieher erfolgt durch (zumindest konkludenten) Ausspruch der Pfändung[27] und gleichzeitige Inbesitznahme der Sache durch den Gerichtsvollzieher (Abs. 1). Die Inbesitznahme und ihre Kenntlichmachung gehören zu den unverzichtbaren Wirksamkeitsvoraussetzungen einer Pfändung. Ohne erkennbare Inbesitznahme tritt keine wirksame Verstrickung ein[28], mangels Verstrickung entsteht kein Pfändungspfandrecht.[29] Die Inbesitznahme erfolgt je nach der Art des zu pfändenden Gegenstandes und den Umständen des Einzelfalles in unterschiedlicher Weise:

1. Geld, Wertpapiere und Kostbarkeiten

9 Diese Sachen nimmt der Gerichtsvollzieher in der Regel sofort mit sich (Abs. 2 Satz 1).[30] Kostbarkeiten sind Gegenstände, die im Verhältnis zu ihrer Größe besonders wertvoll sind[31], wie Gegenstände aus Edelmetall[32], aus Edelsteinen oder Perlen, Kunstwerke, herausragende Antiquitäten, aber auch Münz- und Briefmarkensammlungen. Während der Gerichtsvollzieher gepfändetes Geld unmittelbar im Anschluss an die Wegnahme dem Gläubiger abliefert (§ 815 Abs. 1), soweit nicht ausnahmsweise die Voraussetzungen für eine Hinterlegung vorliegen (§ 815 Abs. 2), hat er Wertpapiere und Kostbarkeiten in eigene Verwahrung zu nehmen. Die Verwahrung soll deutlich getrennt von eigenen Geldern und Wertgegenständen erfolgen.[33] Für sie dürfen keine besonderen Auslagen in Rechnung gestellt werden, es sei denn, dass wegen des außergewöhnlich hohen Wertes der Gegenstände im Einzelfall besondere zusätzliche Schutzmaßnahmen notwendig wurden.[34] In die Verwahrung des Schuldners oder eines Dritten dürfen Kostbarkeiten nur gegeben werden, wenn der Gläubiger und der Schuldner ausdrücklich zustimmen[35] (dies ist dann zu protokollieren) oder wenn der Gerichtsvollzieher keine eigene sichere Verwahrungsmöglichkeit hat. Als Dritter bietet sich insbesondere eine sichere Bank oder eine öffentliche Sparkasse an.[36] Verwahrungsverträge schließt der Gerichtsvollzieher nach Ansicht des BGH[37] nicht im eigenen Namen, sondern regelmäßig als Bevollmächtigter des Justizfiskus ab.[38] Gepfändete und mitgenommene Verrechnungsschecks kann der Gerichtsvollzieher sogleich der bezogenen Bank vorlegen, um dann den durch Einlösung erlangten Betrag unmittelbar wie gepfändetes Bargeld dem Gläubiger auszuhändigen.[39]

---

27 *A. Blomeyer*, § 45 I 3; *Gaul/Schilken/Becker-Eberhard*, § 51 Rn. 27.
28 Einzelheiten: Vor §§ 803, 804 Rdn. 4 ff.
29 Einzelheiten: Vor §§ 803, 804 Rdn. 16.
30 Siehe auch § 89 Abs. 2 Satz 1 GVGA, wonach der Gerichtsvollzieher Geld, Kostbarkeiten und Wertpapiere in Verwahrung zu nehmen hat. Das gilt auch für das Geld in Spielautomaten; vgl. OVG München, NJW 1958, 1460.
31 BGH, NJW 1953, 902.
32 Auch Geld kann wie eine Kostbarkeit zu behandeln sein, wenn (z. B. bei Sammlermünzen) der tatsächliche Wert erheblich über dem Nennwert liegt (OLG Köln, JurBüro 1991, 1406).
33 § 89 Abs. 2 Satz 1 GVGA.
34 § 89 Abs. 2 Satz 2 GVGA.
35 BGH, NJW 1953, 902.
36 LG Koblenz, DGVZ 1986, 28; siehe ferner § 89 Abs. 2, Satz 1, 2. Halbs. GVGA.
37 BGH, NJW 1999, 2597 mit krit. Anm. *Walker*, LM § 885 ZPO Nr. 1 und mit zust. Anm. *Hintzen*, EWiR 1999, 767 und *Berger*, JZ 2000, 361.
38 Anders noch die Vorinstanz, OLG Brandenburg, NJW-RR 1999, 365 sowie die bis dahin h. M. im Schrifttum, *Brox/Walker*, Rn. 334; *Stein/Jonas/Münzberg*, § 808 Rn. 38. Siehe auch § 885 Rn. 35.
39 LG Göttingen, NJW 1983, 635.

2. Andere körperliche Sachen

a) Kenntlichmachen durch Siegelanlegen

Andere körperliche Sachen als Geld, Wertpapiere und Kostbarkeiten gibt der Gerichtsvollzieher, nachdem er sie zunächst in unmittelbaren Besitz genommen hat, im Regelfall sogleich wieder dem Schuldner zur Verwahrung zurück. Er macht in diesem Fall die Inbesitznahme durch Anlegen eines Pfandsiegels oder durch Anbringen einer Pfandanzeige deutlich. Das Siegel muss zwar nicht so am Gegenstand befestigt sein, dass es jedermann sofort ins Auge springt[40], es darf aber keinesfalls so verborgen angebracht werden, dass die Pfändung für außenstehende Dritte nicht mehr kenntlich wäre.[41] Durch die unterlassene Kenntlichmachung wäre die Pfändung nicht nur unwirksam, der Gerichtsvollzieher hätte hierdurch vielmehr auch sowohl dem Gläubiger als auch dem Schuldner gegenüber eine Amtspflicht verletzt, für die der Staat nach § 839 BGB, Art. 34 GG einzutreten hätte.[42] In der Regel ist an jedem einzelnen Pfandstück das Siegel zu befestigen. Für eine Mehrzahl von Pfandstücken, insbesondere eine größere Anzahl gleichartiger Waren oder sonstiger vertretbarer Sachen (Vieh in einem Stall, Vorräte in einem Lager usw.), genügt eine gemeinsame Pfandanzeige, wenn sie sich so anbringen lässt, dass die gepfändeten Gegenstände deutlich von nichtgepfändeten Gegenständen zu unterscheiden sind[43] und dass einzelne Gegenstände aus der gepfändeten Gesamtheit nicht ohne Beschädigung der Pfandanzeige oder sonst ins Auge springende Umstände entfernt werden können.[44]

10

b) Wegnahme bei Gefährdung der Gläubigerinteressen

Wird durch das Belassen der Gegenstände beim Schuldner die spätere Befriedigung des Gläubigers gefährdet, so muss der Gerichtsvollzieher auch andere Sachen als Geld, Wertpapiere und Kostbarkeiten sogleich mitnehmen. Eine solche Gefährdung ist etwa anzunehmen, wenn der Schuldner die Pfandsiegel, die der Gerichtsvollzieher bei einem ersten Pfändungsversuch angebracht hatte, wieder entfernt hat[45], oder wenn er die zunächst gepfändeten Gegenstände sogar veräußert oder verbraucht hat.[46] In Fällen dieser Art würde der Gerichtsvollzieher eine Amtspflicht gegenüber dem Gläubiger verletzen, wenn er das Pfändungsgut bzw. die ersatzweise von ihm neu gepfändeten Gegenstände nicht sogleich aus dem Gewahrsam des Schuldners entfernte. Auf die Wirksamkeit der Pfändung und die Entstehung eines Pfändungspfandrechts wirkt sich das pflichtwidrige Unterlassen der Wegnahme allerdings nicht aus.[47] Dagegen besteht keine Amtspflicht des Gerichtsvollziehers gegenüber dem Schuldner, den gepfändeten Gegenstand in Verwahrung zu nehmen, um ihn vor Beschädigungen bei fortbestehendem Besitz des Schuldners zu schützen.[48] Eine Verwahrungspflicht besteht nur im Befriedigungsinteresse des Gläubigers. Die Gefährdung seines Befriedigungsinteresses kann sich auch unabhängig vom Verhalten des Schuldners im Einzelfall aus der Natur des gepfändeten Gegenstandes selbst ergeben. So wird infolge der Gefahren des Straßenverkehrs bei Kraftfahrzeugen in der Regel davon auszugehen sein, dass Beschädigungen und ein Wertverlust in der Zeit zwischen Pfändung und Versteigerung so naheliegen, dass eine Weiterbenutzung des Fahrzeugs durch seine sofortige Wegnahme verhindert werden muss.[49] Allerdings kann der Gläubiger, der hohe Verwahrungskosten vermeiden wilol, bestimmen, dass der gepfändete Gegenstand (auch ein

11

---

40 OLG Oldenburg, JR 1954, 33; AG Göttingen, DGVZ 1972, 32.
41 § 82 Abs. 1 Satz 3 ff. GVGA.
42 BGH, NJW 1959, 1775.
43 BGH, KTS 1959, 156; OLG Stuttgart, NJW 1959, 992; LG Frankfurt, DGVZ 1990, 59.
44 § 82 Abs. 1 Satz 8 GVGA.
45 BGH, MDR 1959, 282.
46 OLG Karlsruhe, MDR 1979, 237.
47 LG Darmstadt, DGVZ 1999, 92.
48 OLG München, DGVZ 2012, 98.
49 OLG Düsseldorf, MDR 1968, 424; OLG Hamburg, MDR 1967, 763; LG Kiel, MDR 1970, 597; siehe auch §§ 107–114 GVGA.

Pkw) im Gewahrsam des Schuldners zu belassen; daran ist der Gerichtsvollzieher gebunden.[50] Mit dem Fahrzeug sind Kraftfahrzeugschein und -brief mitzunehmen. Belässt der Gerichtsvollzieher ausnahmsweise das Fahrzeug beim Schuldner, muss er in jedem Fall den Kraftfahrzeugbrief mitnehmen, um die Veräußerung des Kraftfahrzeugs an gutgläubige Dritte auszuschließen.[51] Zu diesem Zweck erfolgt eine »Hilfspfändung« des Briefes[52], der im Hinblick auf § 952 BGB[53] keinen Eigenwert besitzt.

c) Kosten der Wegnahme

12   Nimmt der Gerichtsvollzieher Gegenstände mit, so sind die Kosten der Lagerung[54] Kosten der Zwangsvollstreckung.[55] Die Unterbringung hat in der Weise zu erfolgen, dass einerseits Beschädigungen oder ein Verlust der Pfandsachen vermieden werden[56], dass aber andererseits nicht mehr als die angemessenen und unbedingt notwendigen Kosten entstehen. Der Gläubiger ist hinsichtlich dieser Kosten vorschusspflichtig. Daher kann der Gerichtsvollzieher bei besonders kostenintensiven Maßnahmen verpflichtet sein, mit dem Gläubiger Rücksprache zu halten, ob die beabsichtigte Maßnahme auch von dem erteilten Zwangsvollstreckungsauftrag gedeckt ist.[57] Der Gerichtsvollzieher kann die – nicht ganz unerhebliche – Kosten verursachende Verwahrung eines Vollstreckungsgegenstandes beenden, wenn der Gläubiger hierfür trotz Aufforderung keinen Vorschuss zahlt.[58]

V. Die Besitzverhältnisse am Pfändungsgut nach der Pfändung

13   Mit der wirksamen Pfändung wird zunächst der Staat, vertreten durch den Gerichtsvollzieher, unmittelbarer Besitzer der Pfandsache, während der Gläubiger mittelbarer Besitzer wird, der Schuldner schließlich mittelbarer Besitzer zweiter Stufe. Belässt der Gerichtsvollzieher die Sache gem. Abs. 2 anschließend bis zum Versteigerungstermin beim Schuldner, erlangt dieser den unmittelbaren Besitz zurück und vermittelt ihn nunmehr für den Gerichtsvollzieher (Staat) und den Gläubiger (§ 868 BGB). Entfernt der Schuldner später das Pfandsiegel und gibt er die Sache an einen Dritten weiter, so endet damit zunächst die Verstrickung, wenn der Dritte gutgläubig lastenfreies Eigentum erwirbt;[59] Gerichtsvollzieher (Staat) und Gläubiger verlieren ferner ihren mittelbaren Besitz, da beim Dritten der zur Aufrechterhaltung des Besitzmittlungsverhältnisses erforderliche Besitzmittlungswille fehlt. War der Dritte bösgläubig, ist das Pfändungspfandrecht also nicht erloschen[60], kann der Pfändungsgläubiger von ihm gem. §§ 1227, 985 BGB Wiederherstellung seines und des Gerichtsvollziehers (Staates) Besitzes verlangen.

VI. Kein Verfolgungsrecht des Gerichtsvollziehers

14   Die in diesem Zusammenhang aufgeworfene Frage, ob der Gerichtsvollzieher nicht aufgrund der Verstrickung des Gegenstandes berechtigt ist, die Pfandsache »zu verfolgen«, wohin auch immer sie

---

50 LG Verden, DGVZ 2015, 128 f.
51 BGH, NJW 1975, 735; NJW 1981, 226; JZ 1984, 231.
52 Vgl. *Noack*, DGVZ 1972, 65; siehe ferner § 110 Nr. 1 GVGA.
53 Zur Anwendung des § 952 BGB auf den Kfz-Brief: BGHZ 88, 13.
54 Siehe § 90 GVGA.
55 Vgl. § 788 Rn. 26.
56 Im Einzelnen hierzu § 90 GVGA.
57 Dazu AG Gotha, DGVZ 1995, 119, 120 f.
58 OLG Frankfurt, DGVZ 1982, 57; zu weitgehend aber LG Aachen, DGVZ 1989, 23, das den Gerichtsvollzieher in diesem Fall sogar für berechtigt hält, die Pfändung selbst aufzuheben.
59 Siehe hierzu: Vor §§ 803, 804 Rdn. 9, 19.
60 Die Entfernung des Pfandsiegels berührt es ebensowenig wie die Verstrickung.

gegen den Willen des Vollstreckungsorgans verbracht wird, ist mit der heute h. M. zu verneinen.[61] Es handelt sich dabei nicht um ein Problem des § 809, da die Pfändung bereits erfolgt ist und noch fortwirkt, es also nicht mehr um die Herausgabebereitschaft des Dritten zum Zwecke der Pfändung, sondern nur noch um die Wiederbeschaffung der bereits gepfändeten Sache zum Zwecke der Fortsetzung der bereits rechtswirksam begonnenen Vollstreckung geht. Auch § 750, der einen Titel gegen denjenigen Schuldner verlangt, gegen den sich konkret die Vollstreckung richtet, ist nicht einschlägig, da es sich bei der Wiederbeschaffung der Sache nicht um eine Vollstreckung gegen den Dritten handelt. Es fehlt jedoch an einer im Hinblick auf Art. 13 Abs. 2 GG erforderlichen gesetzlichen Ermächtigungsgrundlage für den Gerichtsvollzieher, gegen den Dritten gewaltsam vorzugehen. Auch für eine richterliche Anordnung insoweit ist eine Rechtsgrundlage nicht ersichtlich. Insbesondere ermöglichen die §§ 758, 758a keine Vollstreckungsmaßnahmen gegen Dritte; § 758a Abs. 3 regelt lediglich eine Duldungspflicht von Mitbewohnern des Schuldners, wenn dieser in eine Wohnungsdurchsuchung einwilligt. Der Gerichtsvollzieher muss also ebenso wie der Gläubiger[62] notfalls den Zivilrechtsweg, gestützt auf § 1006 BGB, beschreiten. Eine Ausnahme gilt dann, wenn dem Dritten die gepfändete Sache offensichtlich nur zum Zwecke der Vollstreckungsvereitelung übergeben worden ist und er sich dieser Gewahrsamsverschiebung berühmt;[63] denn in diesem Fall einer erkennbar rechtsmissbräuchlichen Gewahrsamsverschiebung[64] ist selbst eine Pfändung ohne die ansonsten gem. § 809 erforderliche Herausgabebereitschaft des Dritten möglich[65], sodass Gleiches auch für die Verfolgung der bereits gepfändeten Sache gelten muss. In der Praxis wird sich die Frage nach dem Verfolgungsrecht des Gerichtsvollziehers oft dadurch erübrigen, dass die strafrechtlichen Ermittlungsbehörden im Verfahren zur Aufklärung einer Straftat nach § 136 StGB von sich aus den alten Besitzstand wieder herstellen.

VII. Rechtsfolgen der Pfändung

Hinsichtlich der Wirkungen der Pfändung im Einzelnen (Verstrickung, Pfändungspfandrecht) siehe die Vorbemerkung Vor §§ 803, 804.   15

VIII. Benachrichtigung des Schuldners (Abs. 3) und des Gläubigers

War der **Schuldner** bei der Pfändung nicht anwesend, hat ihn der Gerichtsvollzieher von der erfolgten Pfändung **in Kenntnis** zu setzen (**Abs. 3**). Dies gilt sowohl, wenn im Gewahrsamsbereich des Schuldners (auch unter Beachtung des § 759[66]) gepfändet wurde, als auch, wenn die Pfändung gem. § 809 bei einem herausgabebereiten Dritten oder beim Gläubiger durchgeführt wurde. Die Benachrichtigung geschieht durch Übersendung des Pfändungsprotokolls (§ 763).   16

Der **Gläubiger** ist auf seinen Antrag schon vor Durchführung der Pfändung vom beabsichtigten Termin zu verständigen, damit er auf Wunsch bei der Vollstreckung anwesend sein kann.[67] Das Vollstreckungsprotokoll erhält der Gläubiger nicht von Amts wegen zugesandt, sondern nur auf   17

---

61 BGH, NJW-RR 2004, 352, 353; LG Bochum, DGVZ 1990, 73; *Baumann/Brehm*, § 18 II 3 b; *Baur/Stürner/Bruns*, Rn. 28.22; *Brox/Walker*, Rn. 373; *Bruns/Peters*, § 21 V 1; *Gerhardt*, § 8 I 2; *Herde*, Probleme der Pfandverfolgung, 1978, S. 6 ff.; MüKo/*Gruber*, § 808 Rn. 40; *Musielak/Voit/Becker*, § 808 Rn. 20; *Pawlowski*, AcP 175 (1975), 189 ff.; *Gaul/Schilken/Becker-Eberhard*, § 51 Rn. 38; *Stein/Jonas/Münzberg*, § 808 Rn. 49; *Wieczorek/Schütze/Lüke*, § 808 Rn. 53; a. A. in der älteren Rspr. LG Köln, MDR 1965, 213; LG Saarbrücken, DGVZ 1975, 170; LG Stuttgart, MDR 1969, 275; AG Köln, JurBüro 1959, 255; ferner in der Lit. *Wasner*, ZZP 79 (1966), 113.
62 Siehe insoweit oben Rn. 13 a. E.
63 *Brox/Walker*, Rdn. 373.
64 Dazu *Walker*, FS Stürner, 2013, Bd. 1, 829, 837 f.
65 Siehe § 809 Rdn. 3.
66 Siehe insbesondere § 759 Rdn. 3, 7.
67 Einzelheiten hierzu: § 758 Rdn. 11.

seinen Antrag hin, und zwar gebührenpflichtig[68] (keine vom Schuldner zu erstattenden notwendigen Kosten der Zwangsvollstreckung). Wenn ein Dritter nach einer Erstpfändung gegenüber dem Gerichtsvollzieher ein die Veräußerung hinderndes Recht geltend gemacht hat, muss der Gerichtsvollzieher ihn über eine Anschlusspfändung (§ 825) desselben Gegenstandes unterrichten, damit der Dritte Gelegenheit erhält, gegen den Gläubiger nach § 771 vorzugehen.[69]

IX. Rechtsbehelfe

18 Die Verletzung von Verfahrensnormen einschließlich der Verwaltungsvorschriften in der GVGA bei Durchführung der Pfändung können Gläubiger, Schuldner und betroffene Dritte, soweit sie jeweils beschwert sind, mit der Erinnerung nach § 766 geltend machen. Materiellrechtliche Einwendungen des Schuldners gegen den zu vollstreckenden Anspruch können nur mit der Klage nach § 767, materiellrechtliche Berechtigungen Dritter an der Sache nur mit den Klagen nach §§ 771, 805 verfolgt werden.

X. Gebühren

19 Für die Tätigkeit des Gerichtsvollziehers werden Gebühren und Auslagen nach den Vorschriften des GvKostG erhoben. Die Höhe der Gebühren für die Pfändung von beweglichen Sachen richtet sich nach Nr. 200 ff. des Kostenverzeichnisses (Anlage zu § 9 GvKostG).

XI. ArbGG, VwGO, AO

20 Die Vorschrift gilt auch bei der Pfändung beweglicher Sachen aufgrund von arbeitsgerichtlichen Titeln (vgl. §§ 62 Abs. 2 Satz 1, 85 Abs. 1 Satz 3 ArbGG) und solchen nach § 168 VwGO (§ 167 Abs. 1 VwGO). Die Vollstreckung für und gegen die öffentliche Hand richtet sich allerdings gem. § 169 Abs. 1 Satz 1 (ggf. auch § 170 Abs. 1 Satz 3) VwGO nach dem VwVG. Dessen § 5 verweist auf die AO. Die Pfändung im Rahmen der Abgabenvollstreckung ist in § 286 AO geregelt. Dessen Absätze 1 bis 3 (Pfändung durch Vollziehungsbeamte) stimmen inhaltlich mit § 808 überein.

---

68 Einzelheiten: § 760 Rdn. 3.
69 BGH, DGVZ 2007, 135; dazu *Seip*, DGVZ 2007, 168.

§ 809 Pfändung beim Gläubiger oder bei Dritten

Die vorstehenden Vorschriften sind auf die Pfändung von Sachen, die sich im Gewahrsam des Gläubigers oder eines zur Herausgabe bereiten Dritten befinden, entsprechend anzuwenden.

Übersicht

	Rdn.		Rdn.
I. Anwendungsbereich der Norm	1	VI. Bedeutung der materiellen Berechtigung an der Sache	6
II. Dritter i. S. v. § 809	2	VII. Maßgeblicher Zeitpunkt	7
III. Herausgabebereitschaft des Dritten	3	VIII. Rechtsfolgen bei Verstoß gegen § 809	8
IV. Rechte des Dritten trotz freiwilliger Herausgabe	4	IX. ArbGG, VwGO, AO	9
V. Verhältnis zwischen § 809 und §§ 758, 758a	5		

Literatur:

Braun, Vollstreckungsakte gegen Drittbetroffene, AcP 196 (1996), 557; *Paulus*, Deutschland ist ein Paradies für Vollstreckungsschuldner, DGVZ 2004, 65; *Schilken*, Zur Pfändung von Sachen in Gewahrsam Dritter, DGVZ 1986, 145; *Schuschke*, Besitzrechtliche Fragen anlässlich der Zwangsvollstreckung in der Familienwohnung, FS Samwer, 2008, 303; *Werner*, Erschweren rechtliche Schranken den Vollstreckungserfolg?, DGVZ 1986, 49, 65.
Siehe ferner die Literaturangaben zu § 739 und § 808.

I. Anwendungsbereich der Norm

Ob nicht der Schuldner, sondern statt seiner der Gläubiger oder ein Dritter **Gewahrsam** an dem zu pfändenden Gegenstand hat, beurteilt sich nach denselben Kriterien wie der Gewahrsam des Schuldners in § 808.[1] Auch dann, wenn der Gläubiger oder der Dritte nur **Mitgewahrsam** zusammen mit dem Schuldner hat, ist § 809 einschlägig[2], da § 808 nur den (gegebenenfalls auch nach § 739 fingierten) Alleingewahrsam des Schuldners betrifft. Der auf der ehelichen Lebensgemeinschaft oder Lebenspartnerschaft beruhende Mitgewahrsam des Ehegatten oder Lebenspartners bleibt wegen § 739 unberücksichtigt.[3] Die Frage des Mitgewahrsams mit dem Schuldner stellt sich insbesondere bei eheähnlichen Lebensgemeinschaften[4] und Wohngemeinschaften. Auch hier ist zwar Alleingewahrsam des Schuldners an einzelnen Gegenständen, insbesondere solchen zum persönlichen Gebrauch, vorstellbar[5], meist aber wird die Vermischung der Lebensbereiche auch zu gemeinsamem Gewahrsam führen. Da § 809 nur auf den Gewahrsam des Dritten oder eines zur Herausgabe bereiten Dritten abstellt, kommt es nicht darauf an, ob der Gewahrsam rechtmäßig oder rechtswidrig erlangt worden ist. Eine derartige materiellrechtliche Prüfung wäre dem Gerichtsvollzieher in aller Regel auch nicht möglich.

1

II. Dritter i. S. v. § 809

Dritter im Sinne dieser Norm ist jeder, der weder Schuldner noch Gläubiger ist. Soweit kein eigener Titel gegen den Dritten vorliegt, ist es auch unerheblich, ob der Dritte etwa nach materiellem Recht selbst für die Forderung gegen den Schuldner haftet und ob sein Widerspruch nach § 771

2

---

1 Siehe § 808 Rdn. 1 ff.; siehe ferner OLG Hamm, JMBl.NW 1962, 293.
2 Allgem. Meinung; LG Berlin, MDR 1975, 939; *Brox/Walker*, Rn. 249; *Dierck/Morvilius/Vollkommer/Hilzinger*, 3. Kap. Rn. 100; *Gaul/Schilken/Becker-Eberhard*, § 51 Rn. 22; HdbZVR/*Keller*, Kap. 2 Rn. 288; Hk-ZV/*Kindl*, § 809 Rn. 1; *Stein/Jonas/Münzberg*, § 808 Rn. 28; *Zöller/Stöber*, § 809 Rn. 4; **a. M.** *Braun*, AcP 196 (1996), 557, 584 f., 592.
3 Einzelheiten siehe § 739 Rdn. 3 ff.; OLG Celle, FamRZ 1956, 121.
4 Für sie ist § 739 auch nicht entsprechend anwendbar; vgl. Vor §§ 739–745 Rn. 5; ferner LG Frankfurt, NJW 1986, 729.
5 LG Hamburg, NJW 1985, 72.

letztlich begründet wäre oder nicht;[6] denn § 809 stellt allein auf den Gewahrsam, nicht auf die Vermögenszugehörigkeit ab. Die Vorschrift ist deshalb auch dann einschlägig, wenn der Gläubiger die Zwangsvollstreckung in eigene Sachen betreiben will, die sich beim Dritten befinden.[7] Dritter i. S. des § 809 kann auch der im Insolvenzeröffnungsverfahren gem. § 21 Abs. 2 Nr. 1 InsO eingesetzte vorläufige Insolvenzverwalter sein; denn er wird mit Besitzergreifung unmittelbarer Fremdbesitzer des die künftige Insolvenzmasse bildenden Sachvermögens des Schuldners. § 809 gilt ebenfalls bei einem gem. § 848 oder § 938 Abs. 2 eingesetzten Sequester.[8] Dritter, bei dem eine Pfändung vorgenommen werden kann, kann auch der Gerichtsvollzieher selbst sein, wenn er aus freiwilliger Zahlung des Schuldners Geld für den Gläubiger in Besitz hat und nunmehr von Gläubigern des Gläubigers mit der Zwangsvollstreckung beauftragt wird.[9] Dagegen ist er nicht Dritter im Sinne der Vorschrift, wenn er einen beim Schuldner gepfändeten Gegenstand in Besitz genommen hat und nunmehr aufgrund der Behauptung, der Gegenstand gehöre nicht diesem Schuldner, sondern einem anderen, mit einem Titel gegen diesen anderen Schuldner in denselben Gegenstand vollstrecken soll.[10] Denn er hat den Besitz nicht uneingeschränkt, sondern nur als Vollstreckungsorgan gegen den ersten Schuldner erlangt. Dessen Herausgabebereitschaft ist nur im Verhältnis zu seinem eigenen Gläubiger durch Wegnahme ersetzt worden. Dagegen ist sein Widerspruchsrecht nach § 809 erhalten geblieben, soweit Gläubiger eines Dritten in den Gegenstand vollstrecken wollen. Es kann nicht durch eine Herausgabebereitschaft des Gerichtsvollziehers überspielt werden.

III. Herausgabebereitschaft des Dritten

3   Gegenstände im Gewahrsam eines Dritten dürfen nur gepfändet werden, wenn dieser zur Herausgabe bereit ist. Die Erklärung der Herausgabebereitschaft ist eine prozessrechtliche Willenserklärung, die, sobald der Gegenstand gepfändet wurde, **unwiderruflich** ist.[11] Die Erklärung kann ausdrücklich, aber auch durch konkludentes Verhalten abgegeben werden. Sie darf sich allerdings nicht nur auf den Pfändungsakt in Form der Anlegung eines Pfandsiegels beschränken; vielmehr muss sich das Einverständnis auch auf den zum Zwecke der Verwertung noch zu erfolgenden Gewahrsamsverlust beziehen.[12] Die Erklärung ist vom Gerichtsvollzieher im Pfändungsprotokoll festzuhalten. Der Gerichtsvollzieher muss das Pfändungsprotokoll vom Dritten unterzeichnen lassen.[13] Als prozessrechtliche Willenserklärung kann die Herausgabebereitschaft nur unbedingt erklärt werden.[14] Sie bezieht sich nur auf das Zwangsvollstreckungsverfahren, in dem sie abgegeben wurde. Der Gerichtsvollzieher kann also in den Gegenstand nicht nachträglich, ohne die erneute Zustimmung des Dritten einzuholen, für weitere Gläubiger vollstrecken.[15] Betreibt der Gerichtsvollzieher gleichzeitig für mehrere

---

6 Zum Einwand der unzulässigen Rechtsausübung gegenüber der Drittwiderspruchsklage siehe im Einzelnen § 771 Rdn. 40 ff.; vgl. auch BGH, JZ 1958, 29.
7 LG Oldenburg, DGVZ 1984, 91.
8 *Brox/Walker*, Rn. 252.
9 AG Cham und LG Regensburg, DGVZ 1995, 186 f.; AG Rheine, DGVZ 1984, 122; *Brox/Walker*, Rn. 250; *Stein/Jonas/Münzberg*, § 809 Rn. 3; *Wieczorek/Schütze/Lüke*, § 809 Rn. 7; auch insoweit § 809 verneinend *Gaul/Schilken/Becker-Eberhard*, § 51 Rn. 21.
10 AG Homburg/Saar, DGVZ 1993, 116; *Brox/Walker*, Rn. 250, 251; *Gerlach*, ZZP 89 (1976), 320; *Göhler*, MDR 1965, 339; *Gaul/Schilken/Becker-Eberhard*, § 51 Rn. 21; *Stein/Jonas/Münzberg*, § 809 Rn. 2; *Schilken*, DGVZ 1986, 145; *Wieczorek/Schütze/Lüke*, § 809 Rn. 7.
11 Vgl. BGH, NJW-RR 2004, 352, 353; *Gaul/Schilken/Becker-Eberhard*, § 51 Rn. 23; *Stein/Jonas/Münzberg*, § 809 Rn. 9; *Wieczorek/Schütze/Lüke*, § 809 Rn. 8.
12 BGH, NJW-RR 2004, 352, 353.
13 Siehe § 762 Rdn. 7.
14 HdbZVR/*Keller*, Kap. 2 Rn. 288; *Zöller/Stöber*, § 809 Rn. 6; **a. A.** (Bedingung der Vorabbefriedigung eigener Ansprüche sei zulässig) *Gaul/Schilken/Becker-Eberhard*, § 51 Rn. 23; *Schilken*, DGVZ 1986, 145; **differenzierend** PG/*Flury*, § 809 Rn. 5 (zulässig beim Einverständnis aller Beteiligten); *Wieczorek/Schütze/Lüke*, § 809 Rn. 9 ff.
15 OLG Düsseldorf, OLGZ 1973, 51; AG Tempelhof-Kreuzberg, MDR 1957, 236; *Brox/Walker*, Rn. 251; *Thomas/Putzo/Seiler*, § 809 Rn. 3.

Gläubiger die Zwangsvollstreckung, so kann der Dritte seine Herausgabebereitschaft auf bestimmte Gläubiger beschränken;[16] denn trotz der gemeinsamen Vollstreckung bleiben die Verfahren der einzelnen Gläubiger selbstständig, und in jedem Verfahren gilt § 809. Dies wird insbesondere deutlich, wenn einer der Gläubiger seinen Vollstreckungsantrag nachträglich zurückzieht. Die Herausgabebereitschaft des Dritten ist auch dann erforderlich, wenn der Dritte im Zusammenwirken mit dem Schuldner den Gegenstand gerade deshalb in seinen Besitz gebracht hatte, um ihn der Zwangsvollstreckung zu entziehen, wenn er also dem Schuldner Beihilfe zu einer Straftat nach § 288 StGB leisten wollte.[17] Denn der Gerichtsvollzieher ist nicht befugt, das Vorliegen einer Straftat festzustellen. Für ihn sind allein die Vorschriften des Vollstreckungsrechts maßgebend.[18] Der Gläubiger muss in einem solchen Fall nach dem AnfG gegen den Dritten vorgehen, um doch noch in den Gegenstand vollstrecken zu können. Erwächst ihm durch dieses etwas langwierige Verfahren ein Vermögensnachteil, verbleibt ihm ein Schadensersatzanspruch aus § 826 BGB. Zudem kann er den Anfechtungsanspruch gegen den Dritten einstweilig dadurch sichern, dass er nach § 938 Abs. 2 die vorläufige Sequestration des Gegenstandes oder ein Verfügungsverbot zulasten des Dritten erwirkt. Allenfalls kann die Herausgabebereitschaft des Dritten entbehrlich sein, wenn dessen rechtsmissbräuchliches Verhalten für den Gerichtsvollzieher offensichtlich ist.[19] Auch dann, wenn der Gläubiger aus materiellem Recht bereits einen Herausgabeanspruch gegen den Dritten hat, der aber noch nicht tituliert ist, gilt § 809 uneingeschränkt.[20] Der Gerichtsvollzieher ist nicht dazu berufen, das Bestehen dieses Anspruchs wirksam festzustellen. Zudem kann der Dritte nicht schlechter dastehen als der Schuldner selbst: So wie der Gläubiger gegen den Schuldner, der ihm materiellrechtlich unzweifelhaft zur Herausgabe verpflichtet ist, dennoch einen Titel benötigt, um die Sache zwangsweise herauszuholen, muss er auch einen Titel erwirken, wenn er einen zur Herausgabe verpflichteten Dritten in Anspruch nehmen will.

IV. Rechte des Dritten trotz freiwilliger Herausgabe

Gibt der Dritte den Gegenstand freiwillig heraus, verzichtet er dadurch gleichzeitig auf seine Rechte aus § 771, soweit sie sich allein aus dem Besitz ergeben.[21] Dagegen bleibt die **Widerspruchsklage** möglich, soweit er andere die Veräußerung hindernde Rechte geltend machen will, etwa wenn er irrtümlich eigene Sachen an den pfändenden Gerichtsvollzieher herausgegeben hat.[22] Ebenso verliert er nicht die Möglichkeit der **Klage aus § 805**.[23] Hat der Gerichtsvollzieher den gepfändeten Gegenstand zunächst in entsprechender Anwendung des § 808 Abs. 2 beim Dritten belassen, so ist ein späterer Widerspruch des Dritten gegen die Abholung der gepfändeten Sachen durch den

4

---

16 *Baumann/Brehm*, § 18 II 2 c; *Dierck/Morvilius/Vollkommer/Hilzinger*, 3. Kap. Rn. 111; *Gaul/Schilken/Becker-Eberhard*, § 51 Rn. 23; *Göhler*, MDR 1965, 339; *MüKo/Gruber*, § 809 Rn. 11; *Musielak/Voit/Becker*, § 809 Rn. 4; *PG/Flury*, § 809 Rn. 5; *Schilken*, DGVZ 1986, 145; *Stein/Jonas/Münzberg*, § 809 Rn. 9; *Thomas/Putzo/Seiler*, § 809 Rn. 3; *Wieczorek/Schütze/Lüke*, § 809 Rn. 11; *Zöller/Stöber*, § 809 Rn. 6; a.A. *Baumbach/Lauterbach/Hartmann*, § 809 Rn. 6; *Sonnenberger*, MDR 1962, 22.
17 Täter nach § 288 StGB kann immer nur der Vollstreckungsschuldner selbst sein; vgl. *Fischer*, § 288 StGB Rn. 5.
18 LG Oldenburg, DGVZ 1984, 91; *Baur/Stürner/Bruns*, Rn. 28.10; *Brox/Walker*, Rn. 254; *MüKo/Gruber*, § 809 Rn. 7; *Gaul/Schilken/Becker-Eberhard*, § 51 Rn. 24; *Stein/Jonas/Münzberg*, § 809 Rn. 4; a.A. OLG Köln, MDR 1972, 332; LG Stuttgart, DGVZ 1969, 1568; AG Dortmund, DGVZ 1994, 12; *Baumbach/Lauterbach/Hartmann*, § 809 Rn. 3; *Blomeyer*, § 45 III 2; *Göhler*, MDR 1965, 339; *Werner*, DGVZ 1986, 53; *Zöller/Stöber*, § 809 Rn. 6.
19 Vgl. AG Dortmund, DGVZ 1994, 12; AG Flensburg, DGVZ 1995, 60.
20 *Baur/Stürner/Bruns*, Rn. 28.10; *Brox/Walker*, Rn. 254; *Bruns/Peters*, § 21 III 3; *Gerhardt*, § 8 I 2; *Gaul/Schilken/Becker-Eberhard*, § 51 Rn. 24; a.A. *Baumbach/Lauterbach/Hartmann*, § 809 Rn. 2.
21 BGH, MDR 1978, 401; *Brox/Walker*, Rn. 255; *Gerlach*, ZZP 89 (1976), 328; *MüKo/Gruber*, § 809 Rn. 18; *Wieczorek/Schütze/Lüke*, § 809 Rn. 15; *Zöller/Stöber*, § 809 Rn. 8; Ob sich allein aus dem Besitz überhaupt ein Recht i. S. d. § 771 ergibt, ist streitig; dagegen etwa *Brox/Walker*, Rn. 1420.
22 *Baumbach/Lauterbach/Hartmann*, § 809 Rn. 6; *Brox/Walker*, Rn. 255; *Hk-ZV/Kindl*, § 809 Rn. 9; *Thomas/Putzo/Seiler*, § 809 Rn. 5.
23 BGH, MDR 1978, 401; allgem. Meinung.

Gerichtsvollzieher zur Verwertung unbeachtlich, da die einmal erklärte Herausgabebereitschaft bis zur Beendigung der Zwangsvollstreckung unwiderruflich fortgilt. Verweigert der Dritte dem Gerichtsvollzieher bei der Abholung den Zutritt zu seiner Wohnung, gilt § 758a nicht entsprechend.[24] Die prozessuale Bereitschaftserklärung bildet keine Rechtsgrundlage für eine richterliche Durchsuchungsanordnung. Der Gläubiger muss notfalls einen auf § 1006 BGB bzw. §§ 1227, 985 BGB gestützten Herausgabetitel gegen den Dritten erwirken. Der Dritte haftet dann auch für den möglichen Verzögerungsschaden des Gläubigers.

V. Verhältnis zwischen § 809 und §§ 758, 758a

5   § 809 gilt nur für die **Pfändung** von Sachen im Gewahrsam eines Dritten. Er gilt nicht für die Frage, inwieweit der Gerichtsvollzieher eine gemeinsame Wohnung des Schuldners und Dritter **betreten** darf, um dann dort Gegenstände, die sich im Alleingewahrsam des Schuldners befinden, aufzusuchen und zu pfänden.[25] Nach § 758a Abs. 3 sind Mitbewohner des Schuldners vielmehr verpflichtet, die Durchsuchung der gemeinsamen Wohnung zu dulden, wenn der Schuldner in die Durchsuchung eingewilligt hat oder eine richterliche Durchsuchungsanordnung ergangen bzw. entbehrlich ist. Einzelheiten siehe § 758a Rn. 29 f.

VI. Bedeutung der materiellen Berechtigung an der Sache

6   Während der Gerichtsvollzieher bei der Pfändung von Sachen, die sich im Gewahrsam des Schuldners befinden, in der Regel die materiellrechtliche Zugehörigkeit zum Schuldnervermögen nicht zu überprüfen hat[26], weil diese Vermögenszugehörigkeit durch den Gewahrsam für das Vollstreckungsverfahren unwiderlegbar vermutet wird, muss bei der Pfändung von Gegenständen im Gewahrsam Dritter eine solche Prüfung durchgeführt werden.[27] Die bloße Angabe des zur Herausgabe bereiten Dritten, dass die Sache wohl dem Schuldner gehöre, reicht insoweit nicht aus. Andererseits kann der Gerichtsvollzieher keine tief greifenden materiellrechtlichen Überlegungen anstellen. Er muss aber ernsthafte Hinweise auf Dritteigentum berücksichtigen.

VII. Maßgeblicher Zeitpunkt

7   Der für § 809 maßgebliche Zeitpunkt ist derjenige der Pfändung. Wird der Gegenstand erst nach der Pfändung vom Schuldner zum Dritten oder vom herausgabebereiten Dritten zu einem anderen verbracht, ist dies kein Problem zu § 809. Ein in diesem Zusammenhang diskutiertes »Verfolgungsrecht« des Gerichtsvollziehers gibt es nicht.[28]

VIII. Rechtsfolgen bei Verstoß gegen § 809

8   Die Pfändung gegen den Widerspruch des nicht zur Herausgabe bereiten Dritten ist nicht nichtig, sondern nur mit der **Erinnerung** nach § 766 anfechtbar.[29] Anfechtungsbefugt insoweit ist nur der Dritte, nicht auch der Schuldner.[30] Will der Dritte materiellrechtliche Rechtspositionen am Pfändungsgut geltend machen, muss er nach § 771 bzw. § 805 klagen. Die Möglichkeit, auch Erinnerung einlegen zu können, berührt das Rechtsschutzbedürfnis für diese Klagen nicht.[31]

---

24 Vgl. MüKo/*Gruber*, § 809 Rn. 14 i. V. m. § 808 Rn. 39 f.; *Stein/Jonas/Münzberg*, § 809 Rn. 6.
25 LG Wiesbaden, DGVZ 1981, 60.
26 Siehe § 808 Rdn. 4 ff.
27 *Stein/Jonas/Münzberg*, § 809 Rn. 4; **a. A.** *Zöller/Stöber*, § 809 Rn. 7; MüKo/*Gruber*, § 809 Rn. 13.
28 Einzelheiten: § 758 Rdn. 19 und § 808 Rdn. 14.
29 Soweit der Gegenstand zum Schuldnervermögen gehört, entsteht mit der Verstrickung auch ein Pfändungspfandrecht; siehe Vor §§ 803, 804 Rn. 15; **a. A.** insoweit *Gaul/Schilken/Becker-Eberhard*, § 51 Rn. 25.
30 Siehe § 766 Rdn. 22.
31 Siehe § 771 Rdn. 14.

IX. ArbGG, VwGO, AO

Siehe § 808 Rn. 20. Für die Abgabenvollstreckung ist die Pfändung von Sachen im Gewahrsam Dritter in § 286 Abs. 4 AO geregelt, der inhaltlich mit § 809 übereinstimmt. 9

§ 810 Pfändung ungetrennter Früchte

(1) ¹Früchte, die von dem Boden noch nicht getrennt sind, können gepfändet werden, solange nicht ihre Beschlagnahme im Wege der Zwangsvollstreckung in das unbewegliche Vermögen erfolgt ist. ²Die Pfändung darf nicht früher als einen Monat vor der gewöhnlichen Zeit der Reife erfolgen.

(2) Ein Gläubiger, der ein Recht auf Befriedigung aus dem Grundstück hat, kann der Pfändung nach Maßgabe des § 771 widersprechen, sofern nicht die Pfändung für einen im Falle der Zwangsvollstreckung in das Grundstück vorgehenden Anspruch erfolgt ist.

Übersicht	Rdn.		Rdn.
I. Zweck der Norm	1	V. Rechtsfolgen bei Verstößen gegen § 810	7
II. Früchte	3	VI. Rechte der Realgläubiger (Abs. 2)	8
III. Zeitraum der Pfändbarkeit	4	VII. ArbGG, VwGO, AO	9
IV. Voraussetzungen und Durchführung der Pfändung	5		

Literatur:
Kerres, Das Verfahren zur Pfändung und Versteigerung von Scheinbestandteilen (Gebäuden auf fremden Boden) und fremdem Zubehör zu einem Grundstück, DGVZ 1990, 55 und 1992, 53; *Noack*, Die Pfändung von Früchten auf Grundstücken, Rpfleger 1969, 113.

I. Zweck der Norm

1 Früchte auf dem Halm sind nach § 94 Abs. 1 BGB wesentliche Bestandteile des Grundstücks, auf dem sie wachsen. Nach § 93 BGB können sie deshalb, solange sie vom Grundstück nicht getrennt sind, nicht Gegenstand besonderer Rechte sein. Hiervon macht schon § 592 BGB eine Ausnahme, der dem Landverpächter an den Früchten bereits vor Trennung ein Pfandrecht für seine Forderungen aus dem Pachtverhältnis einräumt. Es entsteht, sobald im Verlaufe des natürlichen Wachstums die Früchte als solche bezeichnet werden können.[1] Ebenfalls vor Trennung der Früchte entsteht schon das gesetzliche Pfandrecht nach dem Gesetz zur Sicherung der Düngemittel- und Saatgutversorgung vom 19.1.1949.[2] Dieses Pfandrecht geht grundsätzlich allen anderen an den Früchten bestehenden dinglichen Belastungen im Rang vor (§ 2 Abs. 4 des gen. Gesetzes). Nach der Trennung der Früchte vom Boden richtet sich das Eigentum an ihnen nach §§ 953, 956 BGB. Es steht grundsätzlich dem Grundstückseigentümer zu, wenn er nicht einem Anderen, etwa durch Pachtvertrag, die Aneignung gestattet hat. Im letzteren Fall steht es mit der Trennung vom Boden dem Aneignungsberechtigten zu. Die Früchte sind nach der Trennung dann ganz gewöhnliche bewegliche Sachen, die, soweit sie nicht ausnahmsweise als Grundstückszubehör einzustufen sind (§ 97 BGB), ihren eigenen rechtlichen Weg gehen können. Dies wird auch in § 1122 Abs. 1 BGB deutlich. § 810 sucht nun einen vollstreckungsrechtlichen Kompromiss zu diesen materiellrechtlichen Gegebenheiten zu finden:

2 Früchte sollen schon eine gewisse Zeit vor ihrer Trennung vom Boden nicht mehr ausschließlich der Zwangsvollstreckung nach §§ 864 ff. unterliegen, sondern wie andere körperliche Sachen gepfändet werden können, solange nicht ihre Beschlagnahme im Wege der Zwangsvollstreckung in das unbewegliche Vermögen erfolgt ist, und sofern sie nicht nach der Trennung Grundstückszubehör wären (§ 865 Abs. 2).[3] Durch die Vorverlegung des Zeitpunktes der Pfändbarkeit wird der Zugriff für den

---

[1] *Jauernig/Teichmann*, § 592 BGB Rn. 3.
[2] WiGBl. 1949, 8.
[3] *Baur/Stürner/Bruns*, Rn. 28.2; *Brox/Walker*, Rn. 231; *MüKo/Gruber*, § 810 Rn. 4; *Gaul/Schilken/Becker-Eberhard*, § 49 Rn. 39 ff.; *Stein/Jonas/Münzberg*, § 810 Rn. 3; *Zöller/Stöber*, § 810 Rn. 3.

Gläubiger, der ansonsten den Erntezeitpunkt jeweils hätte abpassen müssen, erleichtert und einem praktischen Bedürfnis Rechnung getragen.

II. Früchte

Früchte i. S. des § 810 sind nicht alle Früchte i. S. des § 99 BGB, sondern nur solche, die periodisch geerntet werden[4], regelmäßig also Getreide, Futterpflanzen, Obst, Gemüse, und ebenso regelmäßig nicht Teile der eigentlichen Bodensubstanz (Grundstücksbestandteile) wie Mineralien, Kies, Kohle, Torf, aber auch nicht zur Dauerbepflanzung des Grundstücks bestimmte Pflanzen wie Bäume und Sträucher. Anderes gilt für die zum Verkauf bestimmten Bäume und Sträucher einer Baumschule.[5] Sie sind Grundstücksfrüchte.[6]

III. Zeitraum der Pfändbarkeit

Die Pfändung der Früchte auf dem Halm ist **frühestens** einen Monat vor der gewöhnlichen Zeit der Reife zulässig (**Abs. 1 Satz 2**). Dieser Zeitpunkt ist nach dem Durchschnitt der örtlichen Verhältnisse zu bestimmen[7], also nicht ganz konkret hinsichtlich jeden einzelnen Feldes usw. Durch die Frist soll erreicht werden, dass die Früchte bei Abholung ihren optimalen Verkaufswert erreicht haben und dass nicht andererseits durch Überreife unnötige Zusatzkosten entstehen. Die Pfändung darf **nicht mehr** erfolgen, wenn die Früchte schon im Wege der Zwangsvollstreckung in das unbewegliche Vermögen beschlagnahmt sind. Stehen die Früchte dem Grundstückseigentümer zu, so erfolgt die Beschlagnahme im Rahmen des Zwangsversteigerungsverfahrens gem. §§ 20, 21 Abs. 1 ZVG sogleich mit dem Wirksamwerden der Beschlagnahme des Grundstücks selbst (§ 22 ZVG), im Rahmen des Zwangsverwaltungsverfahrens gem. § 148 Abs. 1 ZVG ebenfalls mit der Beschlagnahme des Grundstücks (§§ 146, 148, 151 ZVG). Ist das Grundstück aber verpachtet und der Pächter zum Fruchtgenuss berechtigt, berühren die Anordnung der Zwangsversteigerung oder Zwangsverwaltung des Grundstücks selbst die Pfändbarkeit der Früchte zulasten des Pächters nicht (§ 21 Abs. 3 ZVG).

IV. Voraussetzungen und Durchführung der Pfändung

Die Pfändung wird nach den für die Pfändung beweglicher Sachen geltenden Regeln durchgeführt: Es ist also der Alleingewahrsam des Schuldners festzustellen (§ 808) bzw. bei Gewahrsam (Mitgewahrsam) eines Dritten dessen Herausgabebereitschaft (§ 809). Ferner muss trotz § 810 Abs. 1 geprüft werden, ob die Früchte dem Zugriff des Gerichtsvollziehers nicht deshalb entzogen sind, weil es sich um Zubehör des Grundstücks handelt (§ 865 Abs. 2).[8] Die Eigenschaft als Grundstückszubehör wäre etwa bei Futterpflanzen für das Vieh des Milch- oder Fleischwirtschaft betreibenden Landwirts zu bejahen.[9] Schließlich sind die für körperliche Sachen geltenden Pfändungsschutzvorschriften, insbesondere die Nrn. 2–4 von § 811 Abs. 1, zu beachten.

Die Pfändung selbst ist in geeigneter Weise für jedermann kenntlich zu machen. Dies wird in der Regel durch Aufstellung von Pfandtafeln oder Pfandzeichen mit einer vom Gerichtsvollzieher unterschriebenen Pfandanzeige unter Beifügung des Dienstsiegels geschehen.[10] Steht zu erwarten, dass der Wert der zu pfändenden Früchte 500 Euro übersteigt, ist gem. § 813 Abs. 3 schon zur

---

4 Allgem. Meinung; vgl. *Brox/Walker,* Rn. 231; *Dierck/Morvilius/Vollkommer/Hilzinger,* 3. Kap. Rn. 13; Hk-ZV/*Kindl,* § 810 Rn. 2; MüKo/*Gruber,* § 810 Rn. 3; *Noack,* Rpfleger 1969, 113; *Stein/Jonas/Münzberg,* § 810 Rn. 3; *Wieczorek/Schütze/Lüke,* § 810 Rn. 3; *Zöller/Stöber,* § 810 Rn. 2.
5 AG Elmshorn, DGVZ 1995, 12; *Stein/Jonas/Münzberg,* § 810 Rn. 3; *Wieczorek/Schütze/Lüke,* § 810 Rn. 3.
6 LG Bayreuth, DGVZ 1985, 42.
7 RGZ 42, 382.
8 Siehe oben Rdn. 1 f. mit den dortigen Nachweisen.
9 *Brox/Walker,* Rn. 231.
10 Siehe § 102 Abs. 2 GVGA.

Pfändung ein landwirtschaftlicher Sachverständiger hinzuzuziehen, der dann die Schätzung nach § 813 Abs. 1 Satz 1 vornimmt, sich zum Umfang des nach § 811 Abs. 1 Nr. 4 unpfändbaren Teiles der Früchte äußert sowie den Zeitpunkt der Reife begutachtet.[11] Die Angaben des Sachverständigen sind ins Pfändungsprotokoll aufzunehmen.

V. Rechtsfolgen bei Verstößen gegen § 810

7 Verstöße des Gerichtsvollziehers gegen § 810 Abs. 1 (z. B. Pfändung vor dem nach Abs. 1 Satz 2 zulässigen Zeitpunkt) machen die Pfändung nicht unwirksam, aber mit der **Erinnerung** nach § 766 anfechtbar. Gleiches gilt für Verstöße gegen §§ 811 Abs. 1 Nr. 4, 813 Abs. 3. Das Gleiche muss schließlich auch gelten, wenn der Gerichtsvollzieher, der ja zur Pfändung körperlicher Sachen grundsätzlich funktionell zuständig ist, übersehen hat, dass das Grundstück bereits nach §§ 20, 21, 148 ZVG beschlagnahmt war, dass seine Zuständigkeit in diesem konkreten Fall also nicht mehr vorlag.[12] Dieser Mangel ist nicht so ins Auge fallend, dass Nichtigkeit der Pfändung angenommen werden müsste.[13] Die Erinnerung wird nachträglich unbegründet, wenn der Mangel später wegfällt[14], wenn also die Monatsfrist nach Abs. 1 Satz 2 zwischenzeitlich verstrichen[15] oder die Beschlagnahme im Rahmen des ZVG wieder aufgehoben ist.

VI. Rechte der Realgläubiger (Abs. 2)

8 Rangbessere Realgläubiger (Gläubiger, die ein Recht zur Befriedigung aus dem Grundstück haben) können auch gegen eine an sich nach Abs. 1 Satz 1 zulässige Pfändung Drittwiderspruchsklage (§ 771) erheben. Der Rang richtet sich nach §§ 10–12 ZVG. Die nur an den Früchten rangbesser Berechtigten, so der Verpächter und der Pfandgläubiger nach § 2 Düngemittel- und SaatgutG, müssen dieses Recht nach § 805 geltend machen. Die Drittwiderspruchsklage ist auch noch zulässig, wenn die Früchte abgeerntet worden sind.[16] Sie ist unabhängig davon begründet, ob zwischenzeitlich tatsächlich die Beschlagnahme des Grundstücks erfolgte oder nicht. Da mit der Widerspruchsklage nur erreicht wird, dass die Früchte auf dem Grundstück verbleiben, bis dieses selbst zwangsverwertet ist, kann der an schnellerer Befriedigung seiner eigenen Ansprüche interessierte besserrangige Realgläubiger sich auch mit der Klage nach § 805 anstelle der Widerspruchsklage begnügen.[17] Wenn die Früchte nicht zum Haftungsverband des Grundstücks gehören (§ 21 Abs. 3 ZVG), entfällt für die Realgläubiger die Möglichkeit der Drittwiderspruchsklage nach Abs. 2.

VII. ArbGG, VwGO, AO

9 Siehe § 808 Rn. 20.

Für die Abgabenvollstreckung ist die Pfändung von ungetrennten Früchten in § 294 AO geregelt, der inhaltlich mit § 810 übereinstimmt.

---

11 Siehe § 102 Abs. 3 GVGA.
12 *Brox/Walker*, Rn. 232; *Stein/Jonas/Münzberg*, § 810 Rn. 12; *Wieczorek/Schütze/Lüke*, § 810 Rn. 13.
13 Siehe auch Vor §§ 803, 804 Rdn. 4 ff. und § 865 Rdn. 9.
14 Siehe § 766 Rdn. 39.
15 *Baumbach/Lauterbach/Hartmann*, § 810 Rn. 8; *MüKo/Gruber*, § 810 Rn. 7; *Stein/Jonas/Münzberg*, § 810 Rn. 8.
16 *Gaul/Schilken/Becker-Eberhard*, § 49 Rn. 45; *Thomas/Putzo/Seiler*, § 810 Rn. 7.
17 Allgem. Meinung; *Gaul/Schilken/Becker-Eberhard*, § 49 Rn. 45; *Stein/Jonas/Münzberg*, § 810 Rn. 15; *Zöller/Stöber*, § 810 Rn. 13.

§ 811 Unpfändbare Sachen

(1) Folgende Sachen sind der Pfändung nicht unterworfen:
1. die dem persönlichen Gebrauch oder dem Haushalt dienenden Sachen, insbesondere Kleidungsstücke, Wäsche, Betten, Haus- und Küchengerät, soweit der Schuldner ihrer zu einer seiner Berufstätigkeit und seiner Verschuldung angemessenen, bescheidenen Lebens- und Haushaltsführung bedarf; ferner Gartenhäuser, Wohnlauben und ähnliche Wohnzwecken dienende Einrichtungen, die der Zwangsvollstreckung in das bewegliche Vermögen unterliegen und deren der Schuldner oder seine Familie zur ständigen Unterkunft bedarf;
2. die für den Schuldner, seine Familie und seine Hausangehörigen, die ihm im Haushalt helfen, auf vier Wochen erforderlichen Nahrungs-, Feuerungs- und Beleuchtungsmittel oder, soweit für diesen Zeitraum solche Vorräte nicht vorhanden und ihre Beschaffung auf anderem Wege nicht gesichert ist, der zur Beschaffung erforderliche Geldbetrag;
3. Kleintiere in beschränkter Zahl sowie eine Milchkuh oder nach Wahl des Schuldners statt einer solchen insgesamt zwei Schweine, Ziegen oder Schafe, wenn diese Tiere für die Ernährung des Schuldners, seiner Familie oder Hausangehörigen, die ihm im Haushalt, in der Landwirtschaft oder im Gewerbe helfen, erforderlich sind; ferner die zur Fütterung und zur Streu auf vier Wochen erforderlichen Vorräte oder, soweit solche Vorräte nicht vorhanden sind und ihre Beschaffung für diesen Zeitraum auf anderem Wege nicht gesichert ist, der zu ihrer Beschaffung erforderliche Geldbetrag;
4. bei Personen, die Landwirtschaft betreiben, das zum Wirtschaftsbetrieb erforderliche Gerät und Vieh nebst dem nötigen Dünger sowie die landwirtschaftlichen Erzeugnisse, soweit sie zur Sicherung des Unterhalts des Schuldners, seiner Familie und seiner Arbeitnehmer oder zur Fortführung der Wirtschaft bis zur nächsten Ernte gleicher oder ähnlicher Erzeugnisse erforderlich sind;
4 a. bei Arbeitnehmern in landwirtschaftlichen Betrieben die ihnen als Vergütung gelieferten Naturalien, soweit der Schuldner ihrer zu seinem und seiner Familie Unterhalt bedarf;
5. bei Personen, die aus ihrer körperlichen oder geistigen Arbeit oder sonstigen persönlichen Leistungen ihren Erwerb ziehen, die zur Fortsetzung dieser Erwerbstätigkeit erforderlichen Gegenstände;
6. bei den Witwen und minderjährigen Erben der unter Nummer 5 bezeichneten Personen, wenn sie die Erwerbstätigkeit für ihre Rechnung durch einen Stellvertreter fortführen, die zur Fortführung dieser Erwerbstätigkeit erforderlichen Gegenstände;
7. Dienstkleidungsstücke sowie Dienstausrüstungsgegenstände, soweit sie zum Gebrauch des Schuldners bestimmt sind, sowie bei Beamten, Geistlichen, Rechtsanwälten, Notaren, Ärzten und Hebammen die zur Ausübung des Berufes erforderlichen Gegenstände einschließlich angemessener Kleidung;
8. bei Personen, die wiederkehrende Einkünfte der in den §§ 850 bis 850b dieses Gesetzes oder der in § 54 Abs. 3 bis 5 des Ersten Buches Sozialgesetzbuch bezeichneten Art oder laufende Kindergeldleistungen beziehen, ein Geldbetrag, der dem der Pfändung nicht unterworfenen Teil der Einkünfte für die Zeit von der Pfändung bis zu dem nächsten Zahlungstermin entspricht;
9. die zum Betrieb einer Apotheke unentbehrlichen Geräte, Gefäße und Waren;
10. die Bücher, die zum Gebrauch des Schuldners und seiner Familie in der Kirche oder Schule oder einer sonstigen Unterrichtsanstalt oder bei der häuslichen Andacht bestimmt sind;
11. die in Gebrauch genommenen Haushaltungs- und Geschäftsbücher, die Familienpapiere sowie die Trauringe, Orden und Ehrenzeichen;
12. künstliche Gliedmaßen, Brillen und andere wegen körperlicher Gebrechen notwendige Hilfsmittel, soweit diese Gegenstände zum Gebrauch des Schuldners und seiner Familie bestimmt sind;
13. die zur unmittelbaren Verwendung für die Bestattung bestimmten Gegenstände.

§ 811 ZPO Unpfändbare Sachen

(2) ¹Eine in Absatz 1 Nr. 1, 4, 5 bis 7 bezeichnete Sache kann gepfändet werden, wenn der Verkäufer wegen einer durch Eigentumsvorbehalt gesicherten Geldforderung aus ihrem Verkauf vollstreckt. ²Die Vereinbarung des Eigentumsvorbehaltes ist durch Urkunden nachzuweisen.

Übersicht

		Rdn.
I.	Grundgedanke des sozialen Pfändungsschutzes	1
II.	Sachlicher Anwendungsbereich der Norm	3
1.	Vollstreckung wegen einer Geldforderung in bewegliche Sachen	3
2.	Eigentumsverhältnisse an den Sachen	4
3.	Privilegierung des Eigentumsvorbehaltsverkäufers	5
	a) Bedeutung und Zweck von Abs. 2	6
	b) Privilegierte Formen des Eigentumsvorbehalts	7
	c) Nachweis der Vereinbarung des Eigentumsvorbehalts	9
	d) Bedeutung des Eigentumsvorbehalts für sonstige Pfändungsbeschränkungen	10
III.	Maßgeblicher Zeitpunkt für den Pfändungsschutz	11
IV.	Persönlicher Schutzbereich der Norm	12
V.	Rechtsfolgen eines Verstoßes gegen Pfändungsschutzvorschriften	13
VI.	Parteivereinbarungen über den Pfändungsschutz	14
1.	Zugunsten des Schuldners	14
2.	Zulasten des Schuldners	15
3.	Verzicht auf den Pfändungsschutz im Einzelfall während der Pfändung	16
VII.	Bedeutung des § 811 außerhalb der Zwangsvollstreckung	17
VIII.	Rechtsbehelfe bei Verstößen gegen Pfändungsschutzvorschriften	20

		Rdn.
IX.	Zu den einzelnen Nrn.	22
1.	Zu Nr. 1	22
	a) Differenzierungsmöglichkeit aufgrund der Angemessenheitsklausel	23
	b) Einzelheiten	23
2.	Zu Nr. 2	28
3.	Zu Nr. 3	30
4.	Zu Nr. 4	31
5.	Zu Nr. 4 a	32
6.	Zu Nr. 5	33
	a) Natürliche Personen	33
	b) Persönliche Arbeitsleistung	34
	c) Erforderlichkeit für die Fortsetzung der Erwerbstätigkeit	38
	e) Möglichkeit der Austauschpfändung	40
	f) Einzelheiten	41
7.	Zu Nr. 6	47
8.	Zu Nr. 7	48
9.	Zu Nr. 8	50
10.	Zu Nr. 9	51
11.	Zu Nr. 10	52
12.	Zu Nr. 11	54
13.	Zu Nr. 12	59
14.	Zu Nr. 13	60
X.	Weitere Pfändungsbeschränkungen außerhalb von § 811	62
1.	Gesetzlich angeordnete Unpfändbarkeit	62
2.	Unpfändbarkeit wegen Unübertragbarkeit	63
XI.	Die Kosten des Pfändungsschutzes	64
XII.	ArbGG, VwGO, AO	65

Literatur:

A. Allgemein: *Bartels*, Der Verzicht auf den gesetzlichen Vollstreckungsschutz, Rpfleger 2008, 397; *Bechtloff*, Der Schuldnerschutz bei Verwertung unpfändbarer Sachen aufgrund vertraglicher und gesetzlicher Sicherungsrechte, ZIP 1996, 994; *Behr*, Vollstreckungsschutz, Gläubiger- oder Schuldnerschutz, KJ 1980, 156; *Brock*, Unpfändbarkeit beweglicher Sachen, DGVZ 1997, 33, 65; *Dietz*, Tiere als Pfandobjekt – Zur Auslegung des § 811 ZPO, DGVZ 2001, 81; *ders.*, Tiere als Pfandobjekt – zu den Auswirkungen des Art. 20a GG n. F., DGVZ 2003, 81; *Holch*, Sind Einbauküchen pfändbar?, DGVZ 1998, 65; *Kleffner*, Die Zulässigkeit des Verzichts auf den Pfändungsschutz des § 811 ZPO, DGVZ 1991, 108; *Lippross*, Grundlagen und System des Vollstreckungsschutzes, 1983; *Markwardt*, Privilegierte Sachpfändung durch den Vorbehaltsverkäufer, DGVZ 1994, 1; *Münzberg*, Die Pfändung unter Eigentumsvorbehalt verkaufter Sachen durch den Verkäufer nach § 811 Abs. 2 ZPO, DGVZ 1998, 81; *Özen/Hein*, Vollstreckungsverbote in der Zwangsvollstreckung, JuS 2011, 894; *Philipp*, Zulässigkeit und Durchsetzbarkeit von Parteivereinbarungen in der Zwangsvollstreckung, Rpfleger 2010, 456; *Vollkommer*, Verfassungsmäßigkeit des Vollstreckungszugriffs, Rpfleger 1982, 1; *Walker*, Grundrechte in der Zwangsvollstreckung – Eine Skizze, Gedächtnisschrift für Manfred Wolf, 2011, 561.

B. Zu den einzelnen Nummern des Abs. 1:
1. Zu Nr. 1: *Duckstein/Timmerbeil*, Die Unpfändbarkeit von Wohneinrichtungen – Zur Existenzberechtigung des § 811 Abs. 1 Nr. 1 Halbsatz 2 ZPO, DGVZ 2009, 10; *G. Lüke/Beck*, Grundgesetz und Unpfändbarkeit eines Farb-

fernsehgeräts – BFHE 159, 421, JuS 1994, 22; *Schmittmann*, Zur Pfändbarkeit von teilnehmereigenen Telekommunikationssendgeräten, DGVZ 1994, 49; *Urban*, Vollstreckungsrechtliche Folgerungen aus dem Fernsehurteil des BFH, DGVZ 1990, 103.

2. **Zu Nr. 2:** *Brauer*, Zwangsvollstreckung in Wohngeld, JurBüro 1975, 1027.

3. **Zu Nr. 4:** *Noack*, Vollstreckung in der Landwirtschaft, DGVZ 1968, 129; *ders.*, Die Landwirtschaft, die landwirtschaftlichen Betriebsmittel und der Landwirt in der Zwangsvollstreckung, JurBüro 1979, 649; *Walbaum*, Unpfändbarkeit landwirtschaftlicher Erzeugnisse, RdL 1969, 230.

4. **Zu Nr. 5, 6:** *App*, Pfändbarkeit von Arbeitsmitteln einer GmbH, DGVZ 1985, 97; *ders.*, Zum Vollstreckungsschutz der GmbH, GmbHRdsch 1987, 420; *Ising*, Pfändungsschutz für Arbeitsmittel und Vergütungsforderungen bei selbständiger Erwerbstätigkeit nach § 811 Abs. 1 Nrn. 5, 7 ZPO und § 850i Abs. 1 ZPO, 2007; *Pardey*, Der Vollstreckungsschutz des Kraftfahrzeughalters nach §§ 811, 812, 850f. ZPO, DGVZ 1987, 162; *Paulus*, Die Pfändung von EDV-Anlagen, DGVZ 1990, 151; *ders.*, Die Software in der Vollstreckung, in: Lehmann, Rechtsschutz und Verwertung von Computerprogrammen, 2. Aufl. 1993, 831.

5. **Zu Nr. 8:** *Gilleßen/Jakobs*, Pfändungsschutz nach § 811 Nr. 8 ZPO, DGVZ 1978, 129; *Hofmann*, Konto- und Bargeldpfändung, Rpfleger 2001, 113.

6. **Zu Nr. 9:** *Kotzur*, Der Vollstreckungsschutz des Apothekers nach § 811 Nr. 9 ZPO, DGVZ 1989, 165.

7. **Zu Nr. 12:** *Schneider*, Problemfälle aus der Praxis. Luxuswagen als Gebrechlichkeitshilfe, MDR 1986, 726.

8. **Zu Nr. 13:** *Looff*, Zur Pfändbarkeit von Grabsteinen, Rpfleger 2008, 53; *Pauly*, Prozessuale und materielle Probleme bei der Grabsteinpfändung – OLG Köln, OLGZ 1993, 113, JuS 1996, 682; *ders.*, Zur Frage der Pfändbarkeit unter Eigentumsvorbehalt gelieferter Grabsteine, DGVZ 2006, 103; *Röder*, Die Grabsteinpfändung nach der Entscheidung des Bundesgerichtshofes vom 20. Dezember 2005, DGVZ 2007, 17.

I. Grundgedanke des sozialen Pfändungsschutzes

Da der Staat die Vollstreckung als eigenes Recht betreibt, also nicht der verlängerte Arm des Gläubigers ist[1], hat er bei der Pfändung auch dafür Sorge zu tragen, dass durch einen solchen erheblichen Eingriff in die Eigentums- und Freiheitssphäre des Schuldners nicht einseitig dessen elementare Grundrechte verletzt werden. Es muss deshalb durch entsprechende Verfahrensnormen sichergestellt bleiben, dass die Würde des Schuldners[2] gewahrt, sein Freiheitsraum nur in dem zur Erreichung der Vollstreckungsziele notwendigen Umfang eingeschränkt und ihm eine gewisse Existenzgrundlage erhalten wird, die ihm eine bescheidene, aber menschenwürdige Lebensführung ermöglicht. Diese Rücksichtnahme auf den Schuldner liegt nicht nur im Hinblick auf Art. 1 Abs. 1 GG im öffentlichen Interesse, sondern dient der Vermeidung einer Notsituation aufseiten des Schuldners, die den Staat nach den Vorschriften des SGB II, XII (früher BSHG) zwingen würde, durch Gewährung von Sozialhilfe aus öffentlichen Mitteln einzugreifen.[3] Wäre eine »Kahlpfändung« des Schuldners uneingeschränkt möglich, würde der Gläubiger letztlich auf Kosten des Staates, d. h. der Gemeinschaft der Steuerzahler, befriedigt werden. Für eine derartige Begünstigung des Gläubigers durch die Allgemeinheit fehlt aber jede innere Rechtfertigung. Es gehört zu seinem allgemeinen Lebensrisiko, in privatrechtliche Beziehungen zu einem Schuldner getreten zu sein, der seine Verpflichtungen nicht erfüllt oder nicht erfüllen kann. Es ist deshalb auch nicht berechtigt, umgekehrt davon zu sprechen, dass Lasten der Allgemeinheit auf den Gläubiger abgewälzt würden oder auf seine Kosten Sozialpolitik betrieben werde.[4] Das Recht auf menschenwürdige Lebensbedingungen ist schließlich nicht nur in Art. 1 Abs. 1 GG gegen Eingriffe des Staates geschützt; es zu achten, ist vielmehr auch Verpflichtung eines jeden einzelnen Bürgers (Art. 1 Abs. 2 GG). Verhält sich der Gläubiger entsprechend dieser Maxime, lässt er also von sich aus bei seinem Vollstreckungsversuch das außer Betracht, was der Schuldner zur Erhaltung seiner menschenwürdigen Existenz benötigt, so respektiert er nur die Grenzen, die im Umgang von Mitbürgern untereinander einzuhalten sind.

Dass diese Grenzen in §§ 811 ff. ebenso wie bei der Forderungspfändung in §§ 850 ff. schematisiert wurden, erleichtert die Orientierung des Gläubigers und die Arbeit der Vollstreckungsorgane. Um

---

1 Einzelheiten: Einführung Rn. 5.
2 Dazu etwa *Walker*, GS für M. Wolf, 2011, 561, 565.
3 Zu diesem Gesichtspunkt auch BGH, Rpfleger 2004, 428, 429; *Stein/Jonas/Münzberg*, § 811 Rn. 3.
4 Vgl. *Henckel*, ZZP 84 (1971), 447, 451.

andererseits dem ständigen gesellschaftlichen Wandel und den zeitbedingten wirtschaftlichen und technischen Umständen Rechnung tragen zu können, ohne zu ständigen kurzlebigen Gesetzesänderungen gezwungen zu sein, konnte die Schematisierung nicht so weit gehen, dass Generalklauseln und durch Wertungen auszufüllende Begriffe überflüssig geworden wären. Sie finden sich in nahezu allen Nummern des § 811 und fordern die ständige Neubesinnung der Vollstreckungsorgane bei der Auslegung des Umfangs der Pfändungsverbote.[5] Besonders deutlich ist dieser ständige Wandel bei der Frage der Unpfändbarkeit von Fernsehgeräten geworden.[6] Eine Berücksichtigung der sich wandelnden Lebensverhältnisse ist jedoch auf die Auslegung der einzelnen Pfändungsverbote beschränkt. Dagegen kann dem § 811 (auch nicht in Verbindung mit den §§ 850 ff.) kein allgemeiner Rechtsgedanke entnommen werden, dass dem Schuldner über die einzelnen Pfändungsverbote hinaus so viel zu belassen ist, dass er seinen Lebensunterhalt selbst erwirtschaften kann.[7]

II. Sachlicher Anwendungsbereich der Norm

1. Vollstreckung wegen einer Geldforderung in bewegliche Sachen

3 § 811 gilt nur bei der Zwangsvollstreckung wegen Geldforderungen in bewegliche Sachen. Es handelt sich bei diesem Pfändungsverbot um eine Ausnahmevorschrift, die einer analogen Anwendung grundsätzlich nicht zugänglich ist.[8] § 811 gilt deshalb nicht bei der Pfändung von sonstigen Vermögensrechten i. S. v. § 857.[9] Allerdings wird z. T. vertreten, dass die Pfändung einer Internet-Domain analog Abs. 1 Nr. 5 unzulässig sein soll, wenn die Domain zur Fortsetzung der Erwerbstätigkeit erforderlich ist.[10] Gegenüber der Vollstreckung eines Herausgabetitels kann **nicht** eingewendet werden, die herauszugebende Sache sei unpfändbar.[11] Gleiches gilt gegenüber der Vollstreckung eines Urteils nach § 11 AnfG, die Zwangsvollstreckung in einen bestimmten Gegenstand zu dulden:[12] War der anfechtbar erworbene Gegenstand beim ursprünglichen Vollstreckungsschuldner unpfändbar, so hätte dies schon im Anfechtungsprozess unter dem Gesichtspunkt fehlender Gläubigerbenachteiligung geltend gemacht werden müssen. Dass der Gegenstand nunmehr zum unpfändbaren Teil des Vermögens des Anfechtungsgegners gehört, ist ohne Belang, da gegen ihn nicht wegen einer (gegen ihn gerichteten) Geldforderung, sondern aus einem Duldungstitel vollstreckt wird. § 811 gilt auch nicht bei der Zwangsvollstreckung in das unbewegliche Vermögen. Ob Zubehörstücke oder Grundstücksbestandteile unpfändbar wären, wenn man ihre Beziehung zum Grundstück außer Acht ließe, ist deshalb belanglos. Umgekehrt gilt allerdings auch, dass § 811 auf Scheinzubehör und Scheinbestandteile eines Grundstücks, etwa nur für vorübergehende Zeit auf dem Grundstück errichtete Gebäude[13], uneingeschränkt anwendbar ist. § 811 ist nicht entsprechend anwendbar auf die Pfändung eines Anspruchs des Schuldners auf Rückübereignung eines vom Schuldner einem Dritten zur Sicherheit übereigneten Gegenstandes, auch wenn der Gegenstand selbst unpfändbar wäre.[14] Diese Unpfändbarkeit kann erst, wenn der Gegenstand selbst sich wieder im Vermögen des Schuldners befindet, geprüft werden. Im Rahmen der sog. »Doppelpfändung« eines Anwartschaftsrechts[15] findet § 811 auf die Sachpfändung, nicht aber auf die Rechtspfändung Anwendung.

---

5 BGH, Rpfleger 2004, 428, 429.
6 Einzelheiten unten Rdn. 24.
7 BGH, NJW 2005, 681, 682 mit Anm. *Schuschke*, LMK 2005, 64.
8 BGH, Rpfleger 2007, 272, 274.
9 BGH, Rpfleger 2007, 272, 274 (Milchanlieferungs-Referenzmenge).
10 AG Mühlhausen, DGVZ 2013, 56 f.; *Stöber*, Forderungspfändung, Rn. 1645e.
11 Allgem. Meinung; beispielhaft *Stein/Jonas/Münzberg*, § 811 Rn. 10.
12 OLG Hamm, MDR 1963, 319.
13 AG Braunschweig, DGVZ 1973, 14.
14 LG Lübeck, SchlHA 1970, 116 mit Anm. *Bürck*, SchlHA 1970, 207; zur Pfändung von **Ansprüchen auf Herausgabe** von unpfändbaren Sachen siehe allerdings § 847 Rn. 1.
15 Einzelheiten: § 857 Rn. 13–19.

2. Eigentumsverhältnisse an den Sachen

Grundsätzlich spielt es für den Pfändungsschutz keine Rolle, in wessen Eigentum die zu pfändenden Gegenstände stehen.[16] Dies gilt auch dann, wenn der Gegenstand dem Gläubiger gerade wegen der Forderung, die Gegenstand des Vollstreckungstitels ist, sicherungsübereignet wurde. Auch in diesem Fall kann der Schuldner sich auf § 811 berufen[17], ohne dass dem erfolgreich mit dem Arglisteinwand begegnet werden könnte. Die gegenteilige Auffassung[18] ist seit Einfügung des § 811 Abs. 2 nicht mehr vertretbar. Der Gesetzgeber hat die Gleichstellung des Sicherungseigentums mit dem Eigentumsvorbehalt ausdrücklich abgelehnt. Zum einen habe der Sicherungseigentümer schon dadurch, dass er sich die Sache habe übereignen lassen, pfändungsfreies Vermögen des Schuldners tangiert. Zum Zweiten stehe das Sicherungseigentum wirtschaftlich einem besitzlosen Pfandrecht gleich, das es aber nach dem Willen des Gesetzgebers (§§ 562 Abs. 1 Satz 2, 592 Satz 3, 704 Satz 2 BGB) nicht geben soll.[19] Der Gläubiger, der auf die in seinem Sicherungseigentum stehenden, im Besitz des Schuldners aber unpfändbaren Gegenstände zugreifen will, muss einen Herausgabetitel anstelle des Zahlungstitels erwirken und daraus nach § 883 vollstrecken.[20]

4

3. Privilegierung des Eigentumsvorbehaltsverkäufers

Gem. Abs. 2[21] wird die Pfändung von Sachen, die der Gläubiger unter **Eigentumsvorbehalt** verkauft hat, erleichtert. Wenn der Gläubiger nicht Eigentumsvorbehaltsverkäufer, sondern Sicherungseigentümer der zu pfändenden Sache ist, kommt ihm diese Pfändungserleichterung dagegen nicht zugute; Abs. 2 ist auf den Sicherungseigentümer auch nicht analog anwendbar.[22]

5

a) Bedeutung und Zweck von Abs. 2

Der Gläubiger, der wegen der durch Eigentumsvorbehalt gesicherten Kaufpreisforderung vollstreckt, ist im Gegensatz zum früheren Recht[23] nicht mehr darauf angewiesen, einen Herausgabetitel zu erwirken und nach § 883 zu vollstrecken. Er kann vielmehr auch die an sich unpfändbare Sache pfänden und verwerten lassen, sofern es sich um eine in Nrn. 1, 4 oder 5–7 bezeichnete Sache

6

---

16 Zum Eigentumsvorbehalt siehe aber Rn. 5 ff.
17 OLG Köln, Rpfleger 1969, 439; OLG Oldenburg, BB 1956, 1010; OLG Stuttgart, NJW 1971, 50; LG Berlin, DGVZ 1979, 8; LG Braunschweig, NdsRpfl 1954, 70; LG Detmold, DGVZ 1979, 59; LG Mannheim, Justiz 1977, 99; LG Oldenburg, MDR 1979, 1032; LG Rottweil, DGVZ 1993, 57, 58; LG Stuttgart, MDR 1952, 688; AG Fritzlar, DGVZ 1975, 76; AG Saarlouis, DGVZ 1997, 142.
18 OLG München, MDR 1971, 580; LG Bielefeld, MDR 1952, 433; LG Bremen, MDR 1951, 752; LG Frankfurt, BB 1952, 673; LG Hamburg, MDR 1952, 561; LG Limburg, DGVZ 1975, 73; LG Lüneburg, DGVZ 1975, 121; AG Hamburg, MDR 1957, 427; AG Marburg, JurBüro 1969, 276; AG Würzburg, DGVZ 1975, 78 (alle zum alten Recht).
19 BT-Drucks. 13/341, S. 25.
20 *Baur/Stürner/Bruns*, Rn. 23.3; *Brox/Walker*, Rn. 300; *Gaul/Schilken/Becker-Eberhard*, § 52 Rn. 18; *Jauernig/Berger*, § 32 Rn. 11; *Münzberg/Brehm*, DGVZ 1980, 72; PG/*Flury*, § 811 Rn. 4; *Stein/Jonas/Münzberg*, § 811 Rn. 14; *Zöller/Stöber*, § 811 Rn. 7.
21 Eingefügt durch die 2. Zwangsvollstreckungsnovelle mit Wirkung zum 1.1.1999 (BGBl. I 1997, S. 3040). Kritisch dazu *Goebel*, KTS 1997, 143, 178 ff.
22 AG Waldbröl, DGVZ 2010, 135.
23 BGHZ 15, 171; OLG Bremen, MDR 1952, 237; OLG Celle, DGVZ 1972, 153; MDR 1973, 58; OLG München, MDR 1957, 427; OLG Schleswig, DGVZ 1978, 9; LG Aachen, MDR 1951, 751; LG Berlin, JurBüro 1968, 837; DGVZ 1973, 71; LG Göttingen, MDR 1954, 238; LG Hannover, NdsRpfl 1961, 203; LG Hildesheim, MDR 1961, 511; LG Köln, JMBl.NW 1953, 200; JurBüro 1954, 185; DGVZ 1979, 60; LG Oldenburg, DGVZ 1991, 119; LG Saarbrücken, DGVZ 1976, 90; AG Trier, DGVZ 1984, 94; **a. M.** OLG Hamburg, MDR 1954, 686; OLG Hamm, MDR 1954, 427 (Rechtsmissbrauch); LG Freiburg, DGVZ 1973, 74; LG Rottweil, DGVZ 1975, 59; LG Stuttgart, DGVZ 1991, 59; AG Frankfurt, DGVZ 1975, 76; AG Kempten, DGVZ 1991, 44; AG Offenbach, NJW 1987, 387; AG Siegen, DGVZ 1977, 29.

handelt.[24] Bei der Frage, welche Gegenstände in die Regelung einbezogen werden sollten, hat der Gesetzgeber sich zunächst an §811a (bzgl. Nr. 1, 5 und 6) orientiert. Die zusätzliche Einbeziehung der in Nr. 4 und Nr. 7 genannten Sachen beruht auf der richtigen Überlegung, dass diese Sachen den Gegenständen der Nr. 5 vergleichbar sind.[25] Die Regelung trägt zu einer Vereinfachung und Beschleunigung der Vollstreckung bei, ohne die Interessen des Schuldners und der Allgemeinheit im Ergebnis zu beeinträchtigen. Der Schuldner kann eine Herausgabevollstreckung nach §883 ohnehin nicht verhindern. Da der Vorbehaltsverkäufer als Gläubiger aber in erster Linie nicht an der Sache selbst, sondern an dem Kaufpreis interessiert sein wird, ist es sachgerecht, ihm den Zugriff auf die Vorbehaltssache ohne den zeit- und kostenaufwendigen Umweg über die Herausgabeklage zu ermöglichen. Die Problematik, wie sich die Rücktrittsfiktion des §508 Abs. 2 Satz 5 BGB auswirkt, wenn der Vorbehaltsverkäufer die verkaufte Sache pfändet[26], bleibt von der Regelung in Abs. 2, wonach §811 Abs. 1 der Pfändung nicht entgegensteht, unberührt.

b) Privilegierte Formen des Eigentumsvorbehalts

7   Nach der Begründung zu dem Gesetzesentwurf[27] soll diese erleichterte Pfändungsmöglichkeit nicht nur für den einfachen, sondern auch für den **weitergegebenen (einfachen) Eigentumsvorbehalt** gelten (vgl. auch §73 Satz 1 Nr. 2 GVGA). Deshalb stellt der Gesetzestext auch nicht auf die Eigentümerstellung des Vollstreckungsgläubigers ab; vielmehr wird auch derjenige Vorbehaltsverkäufer erfasst, der die Sache seinerseits unter Eigentumsvorbehalt erworben hat.

8   Abs. 2 bezieht sich dagegen **nicht** auf den **erweiterten Eigentumsvorbehalt** (Kontokorrentvorbehalt). Sobald der Schuldner die unter Eigentumsvorbehalt gekaufte Sache bezahlt hat, unterliegt diese also auch dann, wenn der erweiterte Vorbehalt wegen einer anderen Forderung des Gläubigers nicht erlischt, dem Pfändungsschutz des §811 Abs. 1. Gleiches gilt beim **verlängerten Eigentumsvorbehalt**: Die Sache, die im Fall der Weiterveräußerung, Verbindung oder Verarbeitung an die Stelle der unter Eigentumsvorbehalt erworbenen Sache tritt, ist nach §811 Abs. 1 unpfändbar.

c) Nachweis der Vereinbarung des Eigentumsvorbehalts

9   Der Vollstreckungsgläubiger muss die Vereinbarung des Eigentumsvorbehalts durch Originalurkunden (z.B. Vorlage der Kaufvertragsurkunde) oder beglaubigte Ablichtungen derselben (§73 Satz 1 Nr. 3 GVGA) nachweisen. Dadurch soll dem Gerichtsvollzieher eine aufwendige Prüfung der Eigentumslage erspart werden. Der urkundliche Nachweis ist entgegen dem insoweit uneingeschränkten Gesetzeswortlaut nicht erforderlich, wenn der Schuldner gegenüber dem Gerichtsvollzieher die Vereinbarung des Eigentumsvorbehalts einräumt.[28] Das sollte jedenfalls dann gelten, wenn der Gerichtsvollzieher keinen Anlass hat, daran zu zweifeln, dass der Schuldner das Zugeständnis freiwillig und ohne Verkennung der Bedeutung des Eigentumsvorbehalts abgegeben hat.

d) Bedeutung des Eigentumsvorbehalts für sonstige Pfändungsbeschränkungen

10 Auch für den durch Abs. 2 privilegierten Vorbehaltsverkäufer bleiben die Pfändungsbeschränkungen des **§803 Abs. 2** und des **§812** zu beachten.[29] Deshalb muss von der Verwertung ein Überschuss über die Vollstreckungskosten zu erwarten sein, und bei Hausratsgegenständen darf der Erlös nicht außer Verhältnis zum Wert der Sache stehen.

---

24 Kritisch zur Einbeziehung der in Nr. 4 und 5 genannten Sachen und zur Privilegierung des Eigentumsvorbehaltsverkäufers überhaupt *Behr*, JurBüro 1998, Sonderheft, S. 6.
25 BT-Drucks. 13/341, S. 25 f.
26 Siehe dazu Anh. zu §825.
27 BT-Drucks. 13/341, S. 24 f.
28 *Münzberg*, DGVZ 1998, 81, 84; PG/*Flury*, §811 Rn. 53.
29 LG Ravensburg, DGVZ 2001, 85 (zu §803 Abs. 2).

III. Maßgeblicher Zeitpunkt für den Pfändungsschutz

Die Pfändbarkeit eines Gegenstandes richtet sich grundsätzlich nach den Verhältnissen des Schuldners im Zeitpunkt der Pfändung. Besonderheiten gelten jedoch dann, wenn sich die Verhältnisse, die zur Beurteilung des Pfändungsschutzes maßgeblich sind, im Zeitraum zwischen der Pfändung und der Entscheidung über die Erinnerung ändern. Fallen die Voraussetzungen des Pfändungsverbots **nachträglich weg**, ist die nunmehr eingetretene Pfändbarkeit bei der Erinnerungsentscheidung zu berücksichtigen.[30] Das ergibt sich bereits aus § 811d; denn auch bei der Vorwegpfändung hat der Gesetzgeber es für die Pfändbarkeit ausreichen lassen, wenn die entsprechenden Voraussetzungen nachträglich eintreten.[31] Wird hingegen eine ursprünglich pfändbare Sache **erst nach der Pfändung** unpfändbar (Beispiel: Das Zweitfernsehgerät war gepfändet worden; der dem Schuldner belassene andere Apparat wird später unreparierbar, sodass der Schuldner nunmehr kein taugliches Gerät mehr besitzt.), so soll die Pfändung nach h. M. nicht anfechtbar sein.[32] Ansonsten wären Manipulationen seitens des Schuldners »Tür und Tor« geöffnet, ohne dass dem Gläubiger der Nachweis der Manipulation immer möglich wäre. In Härtefällen müsse der Schuldner von der Möglichkeit des § 765a Gebrauch machen. Dem kann nicht gefolgt werden. Auch in dem Fall, dass die Voraussetzungen der Unpfändbarkeit erst nach der Pfändung eintreten, ist – wie im umgekehrten Fall – auf den Zeitpunkt der Erinnerungsentscheidung abzustellen.[33] Die Zwangsvollstreckung muss nicht nur bei Vornahme des Pfändungsakts, sondern während des gesamten Vollstreckungsverfahrens rechtmäßig sein. Der nachträgliche Eintritt der Unpfändbarkeit ist gem. § 571 Abs. 2 auch noch im Beschwerdeverfahren zu berücksichtigen.[34] Aus diesem Grunde ist z. B. bei Klagen gegen die Zwangsvollstreckung nach §§ 767, 771 auf den Zeitpunkt der letzten mündlichen Verhandlung abzustellen. § 811 ist allerdings nur dann zu berücksichtigen, wenn der Schuldner die nachträgliche Unpfändbarkeit nicht rechtsmissbräuchlich herbeigeführt hat.[35] Die Beweislast obliegt insoweit dem Schuldner.[36]

IV. Persönlicher Schutzbereich der Norm

Ein Teil der Schutzvorschriften des § 811 kommt neben dem Schuldner auch dessen Familienangehörigen (so Nr. 1, 2, 3, 4, 4 a, 5, 10, 11) oder beim Schuldner angestellten Personen (so Nr. 1, 2, 3, 4, 6) zugute. Zur »Familie« i. S. dieser Vorschrift zählen auch Lebenspartner i. S. von § 1 LPartG. Insoweit ist bei der Prüfung der Pfändbarkeit auch auf deren Lebensumstände und Bedürfnisse mit abzustellen: Gegenstände, die im Haushalt einer alleinstehenden Person zu einer bescheidenen Lebensführung nicht erforderlich sein mögen, können bei einer mehrköpfigen Familie durchaus unentbehrlich und damit unpfändbar sein. Gegenstände, die die Schuldnerin als Hausfrau zur Haushaltsführung nicht benötigt, können für die Erwerbstätigkeit ihres Ehemannes unverzichtbar und deshalb auch bei der Ehefrau unpfändbar sein.[37] Die Frage der Einbeziehung Dritter in den Pfändungsschutz (mit der Möglichkeit, auch selbständig Erinnerung nach § 766 einlegen zu können) ist bei jeder der Nrn. des § 811 Abs. 1 gesondert nach dem Zweck der Norm zu beantworten.

---

30 *Brox/Walker*, Rn. 294; Hk-ZPO/*Kemper*, § 811 Rn. 9; MüKo/*Gruber*, § 811 Rn. 18; *Stein/Jonas/Münzberg*, § 811 Rn. 17; *Thomas/Putzo/Seiler*, § 811 Rn. 3a; *Zöller/Stöber*, § 811 Rn. 9; LG Kreuznach, DGVZ 2000, 140.
31 Einzelheiten bei § 811d Rdn. 1.
32 LG Berlin, Rpfleger 1977, 262; LG Bochum, DGVZ 1980, 37; AG Sinzig, DGVZ 1990, 95; *Baumann/Brehm*, § 5 II 2 a; *Baumbach/Lauterbach/Hartmann*, § 811 Rn. 13; *Baur/Stürner/Bruns*, Rn. 23.8; *Gerhardt*, § 8 I 1 c; *Jauernig/Berger*, § 32 Rn. 22; *Thomas/Putzo/Seiler*, § 811 Rn. 3a; *Zöller/Stöber*, § 811 Rn. 9.
33 So *Brox/Walker*, Rn. 295; *Lackmann*, Rn. 145; PG/*Flury*, § 811 Rn. 8; HK-ZV/*Kindl*, § 811 Rn. 8; *Stein/Jonas/Münzberg*, § 811 Rn. 17; **differenzierend:** *Gaul/Schilken/Becker-Eberhard*, § 52 Rn. 22; MüKo/*Gruber*, § 811 Rn. 14; *Wieczorek/Schütze/Lüke*, § 811 Rn. 10.
34 Zu einem solchen Fall LG Stuttgart, DGVZ 2005, 42, 43.
35 Dazu *Walker*, FS Stürner, 2013, Bd. 1, 829, 838 f.
36 *Brox/Walker*, Rn. 295; MüKo/*Gruber*, § 811 Rn. 19; *Stein/Jonas/Münzberg*, § 811 Rn. 17.
37 Einzelheiten unter Rdn. 39.

V. Rechtsfolgen eines Verstoßes gegen Pfändungsschutzvorschriften

13 Ein Verstoß gegen § 811 macht die Pfändung nicht unwirksam, sondern nur anfechtbar.[38] Mit der Verstrickung entsteht zunächst auch ein Pfändungspfandrecht.[39] Wird die Pfändungsmaßnahme später auf die Erinnerung hin aufgehoben, entfällt auch das Pfandrecht wieder. Wird bis zur Beendigung der Zwangsvollstreckung nicht Erinnerung eingelegt, legitimiert das Pfandrecht auch das Behaltendürfen des Erlöses endgültig. Der Schuldner kann also nicht Herausgabe des zur Wiederbeschaffung des Gegenstandes erforderlichen Betrages vom Gläubiger verlangen.[40] In seltenen Fällen kann allenfalls ein Schadensersatzanspruch gem. § 826 BGB in Betracht kommen.[41] Erkennt der Gerichtsvollzieher nachträglich, dass ein von ihm gepfändeter Gegenstand in Wahrheit unpfändbar war, kann er den Fehler nicht wieder aus eigener Initiative korrigieren. Stimmt der Gläubiger nicht von sich aus der Freigabe des Gegenstandes zu, muss der Gerichtsvollzieher eine eventuelle Erinnerungsentscheidung des Gerichts abwarten.[42]

VI. Parteivereinbarungen über den Pfändungsschutz

1. Zugunsten des Schuldners

14 Vereinbarungen zugunsten des Schuldners, wonach über § 811 hinaus auch weitere Gegenstände nicht gepfändet werden sollen, sind unbegrenzt zulässig.[43] Der Gerichtsvollzieher kann sie bei der Zwangsvollstreckung aber nur berücksichtigen, wenn der **Gläubiger** sie ihm mitteilt, also den Vollstreckungsauftrag entsprechend einengt. Dagegen muss er sie unberücksichtigt lassen, wenn sich nur der Schuldner bei der Vollstreckung auf sie beruft, selbst wenn der Schuldner ein schriftliches Exemplar der Vollstreckungsvereinbarung vorlegt.[44] Denn der Gerichtsvollzieher ist nicht in der Lage, die Wirksamkeit und den Fortbestand der Vereinbarung zu überprüfen. Deshalb kann in einem solchen Fall die Nichtberücksichtigung der Vollstreckungsvereinbarung auch nicht mit der Erinnerung nach § 766 geltend gemacht werden, sondern nur mit der Abwehrklage nach § 767[45], wobei die Präklusion des § 767 Abs. 2 naturgemäß nicht gilt, auch wenn die Vereinbarung schon vor Titelerlass getroffen wurde.[46] Die Pfändung eines Gegenstandes, in den nach einer Vereinbarung zwischen den Parteien nicht hätte vollstreckt werden dürfen, ist zunächst wirksam, bis sie auf die Abwehrklage des Schuldners hin wieder aufgehoben wird. Bis dahin besteht auch ein Pfändungspfandrecht an dem Gegenstand. Je nach dem Inhalt der Vollstreckungsvereinbarung können dem Schuldner Schadensersatzansprüche erwachsen, wenn der Gläubiger die Vereinbarung nicht einhält.

2. Zulasten des Schuldners

15 Vereinbarungen zulasten des Schuldners, dass auch in Gegenstände vollstreckt werden dürfe, die dem Pfändungsschutz nach § 811 unterliegen, sind **vor** einem konkreten Vollstreckungsversuch, etwa in Sicherungsübereignungs- oder Abzahlungskaufverträgen, als **vorheriger Verzicht** auf Pfändungsschutz

---

38 H. M.; vgl. *Brox/Walker*, Rn. 305; *Dierck/Morvilius/Vollkommer/Hilzinger*, 3. Kap. Rn. 336; Hk-ZPO/*Kemper*, § 811 Rn. 42; HK-ZV/*Kindl*, § 811 Rn. 37; *Gaul/Schilken/Becker-Eberhard*, § 52 Rn. 16; *Stein/Jonas/Münzberg*, § 811 Rn. 22; *Zöller/Stöber*, § 811 Rn. 38.
39 Siehe Vor §§ 803, 804 Rdn. 15; a. A. insoweit *Gaul/Schilken/Becker-Eberhard*, § 52 Rn. 16.
40 *Brox/Walker*, Rn. 305, 456 ff.; *Stein/Jonas/Münzberg*, § 811 Rn. 22; *Wieczorek/Schütze/Lüke*, § 811 Rn. 12; zu weitgehend *Baumbach/Lauterbach/Hartmann*, § 811 Rn. 3, wonach ein deliktischer Schadensanspruch immer dann gegeben sein soll, »wenn der Gläubiger schuldhaft handelte«.
41 Siehe Anh. zu § 767.
42 So schon § 72 Abs. 2 GVGA.
43 Allgem. Meinung; beispielhaft *Baur/Stürner/Bruns*, Rn. 10.9; *Brox/Walker*, Rn. 201; *Zöller/Stöber*, vor § 704 Rn. 25.
44 Er wird in einem solchen Fall aber mit dem Gläubiger Rücksprache nehmen müssen, um unnötige Kosten zu vermeiden.
45 Einzelheiten: § 766 Rdn. 15 f. und § 767 Rdn. 27.
46 § 767 Rdn. 38 m. w. N.

nicht zulässig und gem. § 134 BGB nichtig.⁴⁷ Der Vollstreckungsschutz in § 811 dient nicht nur dem Interesse des Schuldners, sondern auch öffentlichen Interessen, etwa der Vermeidung von Sozialhilfeansprüchen, sodass der Schuldner auf diesen Schutz nicht verzichten kann. Vor der Vollstreckung kann der Schuldner seine spätere Vermögenslage, insbesondere auch die Frage, ob er zu einer bescheidenen menschenwürdigen Lebensführung gerade diesen Gegenstand benötigen wird, nicht überblicken. Seinem späteren Sozialhilfegesuch könnte kaum mit § 26 Abs. 1 Nr. 1 SGB XII begegnet werden. Die Zulassung vorheriger Vereinbarungen zulasten des Schuldners würde über ihre Aufnahme in Allgemeine Geschäftsbedingungen zu einer praktischen Beseitigung des sozialen Schuldnerschutzes führen. Dem kann nicht entgegengehalten werden, der Schuldner könne über unpfändbare Gegenstände auch jederzeit durch Übereignung verfügen.⁴⁸ Die Sicherungsübereignung unpfändbarer Gegenstände sei selbst durch Allgemeine Geschäftsbedingungen grundsätzlich möglich.⁴⁹ An Sicherungsübereignungen ist der Staat – im Gegensatz zur Vollstreckung – nicht beteiligt. Das Sozialstaatsprinzip (Art. 20 Abs. 1 GG) wirkt sich deshalb nicht in gleicher Weise unmittelbar aus. Aus praktischer Sicht ist schließlich anzumerken, dass der Gerichtsvollzieher die Wirksamkeit derartiger Vereinbarungen, wenn der Schuldner Einwendungen erhebt, nicht überprüfen könnte. Er müsste deshalb zunächst vom Gesetz, nämlich von § 811, ausgehen. Der Gläubiger hätte dann im Vollstreckungsverfahren, da § 766 nicht anwendbar ist, keine Möglichkeit der Durchsetzung der Vereinbarung.

3. Verzicht auf den Pfändungsschutz im Einzelfall während der Pfändung

Während der Pfändung kann der Schuldner einer weitverbreiteten Ansicht zufolge im Einzelfall auf den Pfändungsschutz verzichten und dem Gerichtsvollzieher unpfändbare Gegenstände von sich aus zur Pfändung anbieten.⁵⁰ Für diese Auffassung spricht zwar, dass der Schuldner im Gegensatz zum vorherigen Verzicht nunmehr überblicken kann, welche Einschränkungen er auf sich nimmt und dass er auch nach der Vollstreckung in einen unpfändbaren Gegenstand auf die Einlegung der Erinnerung verzichten kann.⁵¹ Zudem übt der Gerichtsvollzieher, der den Pfändungsschutz zunächst von Amts wegen zu beachten und den Schuldner darauf auch hinzuweisen hat, eine zusätzliche Warnfunktion aus. Auch greift im Fall des Verzichts trotz Warnung § 26 Abs. 1 Nr. 1 SGB XII ein, sodass der Schuldner nicht Sozialhilfe zur Wiederbeschaffung gerade dieses Gegenstandes verlangen kann. Trotzdem besteht das öffentliche Interesse daran, dass der Gerichtsvollzieher als staatliches Organ keine Kahlpfändung des Schuldners betreibt, unverändert fort. Es entspricht also eher dem Zweck des § 811⁵², die Pfändungsschutzvorschriften trotz eines während oder nach der Pfändung

16

---

47 BayObLG, MDR 1950, 558; KG, NJW 1960, 682; OLG Köln, Rpfleger 1969, 439; LG Oldenburg, DGVZ 1980, 39; AG Köln, MDR 1973, 48; *Bartels*, Rpfleger 2008, 397, 402 (mit Einschränkungen bzgl. Nr. 10, 11 u. 13); *Baur/Stürner/Bruns*, Rn. 10.3; *Baumbach/Lauterbach/Hartmann*, § 811 Rn. 5; *Brox/Walker*, Rn. 302; *Bruns/Peters*, § 22 IV 5; *Gaul/Schilken/Becker-Eberhard*, § 52 Rn. 17; *Musielak/Voit/Becker*, § 811 Rn. 8; PG/*Flury*, § 811 Rn. 10; *Stein/Jonas/Münzberg*, § 811 Rn. 8; *Wieczorek/Schütze/Lüke*, § 811 Rn. 13; *Zöller/Stöber*, § 811 Rn. 10; ausführlich auch *Lippross*, Grundlagen und System des Vollstreckungsschutzes, 1983, S. 183; **a.A.** aber KG, JR 1952, 281; OLG Bamberg, MDR 1981, 50; LG Bonn, MDR 1965, 303; AG Essen, DGVZ 1978, 175; *Emmerich*, ZZP 82 (1969), 426; *Scherf*, Vollstreckungsverträge, 1972, S. 78 ff.
48 Zur Wirksamkeit der Übereignung von Gegenständen, die nach § 811 Pfändungsschutz verdienen BGH, WM 1961, 243; OLG Bamberg, MDR 1981, 50; OLG Frankfurt, BB 1973, 215; **a.A.** OLG Stuttgart, MDR 1971, 132.
49 Wenn auch solchen Verträgen unter dem Gesichtspunkt des § 138 BGB (Knebelungsvertrag) enge Grenzen gesetzt sind; vgl. *Palandt/Ellenberger*, § 138 BGB Rn. 39, 97.
50 KG, DGVZ 1956, 89; NJW 1960, 682; AG Essen, DGVZ 1978, 175; *Baumbach/Lauterbach/Hartmann*, § 811 Rn. 5; *Bartels*, Rpfleger 2008, 397, 402; *Baur/Stürner/Bruns*, Rn. 10.4; *Gaul*, Rpfleger 1971, 3; *Gaul/Schilken/Becker-Eberhard*, § 52 Rn. 17; *Henckel*, Prozessrecht und materielles Recht, 1961, 337; *Jauernig/Berger*, § 32 Rn. 8; MüKo/*Gruber*, § 811 Rn. 13 f.; *Wieczorek/Schütze/Lüke*, § 811 Rn. 13.
51 Zu dieser Argumentation siehe *Brox/Walker*, Rn. 304; *Stein/Jonas/Münzberg*, § 811 Rn. 9.
52 Dazu Rn. 1.

erklärten Verzichts des Schuldners einzuhalten.[53] Dem stehen nicht die Einwände entgegen, dass die freie Entscheidung des Schuldners, welche unpfändbaren Gegenstände er besitzen und auf welche er ganz verzichten will, um dadurch seine Schulden geringer zu halten, zu respektieren sei und dass er zudem nicht gehindert sei, die fraglichen Gegenstände zu verkaufen, um aus dem Erlös den Gläubiger zu befriedigen. Mit einer solchen Argumentation ließe sich nämlich auch ein wirksamer Verzicht vor der Pfändung rechtfertigen, was allerdings zu Recht allgemein abgelehnt wird.[54] Lässt man entgegen der hier vertretenen Ansicht die Vollstreckung in einen nach § 811 unpfändbaren Gegenstand zu, sofern ein entsprechender Verzicht des Schuldners vorliegt, muss der Gerichtsvollzieher den Verzicht ausdrücklich im Pfändungsprotokoll vermerken. Der Verzicht muss dann unwiderruflich sein, damit der Schuldner nicht nachträglich im Wege der Erinnerung noch den Verstoß gegen § 811 rügen kann. Könnte der Schuldner ohne die Zustimmung Dritter nicht über den Gegenstand verfügen (so des Ehegatten in den Fällen der §§ 1365, 1369 BGB), kann er ohne die entsprechende Einwilligung auch nicht auf den Pfändungsschutz für diesen Gegenstand verzichten. Bejaht man die Möglichkeit des Schuldners zum Verzicht auf den Pfändungsschutz, können Dritte, die in den Schutz der jeweiligen Vorschrift mit einbezogen und mit dem Verzicht einverstanden sind, die Verletzung des Pfändungsverbots später nicht mehr mit der Erinnerung rügen.

VII. Bedeutung des § 811 außerhalb der Zwangsvollstreckung

17 An unpfändbaren Gegenständen kann der Vermieter nach **§ 562 Abs. 1 Satz 2 BGB** kein Vermieterpfandrecht erwerben. Allerdings kann der Gerichtsvollzieher im Rahmen der Wohnraum-Räumungsvollstreckung (§ 885) diese materiellrechtliche Norm nicht gegen den Willen des Gläubigers dadurch durchsetzen, dass er unpfändbare Sachen auch dann aus der zu räumenden Wohnung mitnimmt, wenn der Gläubiger den Räumungsauftrag insoweit ausdrücklich eingeschränkt hat.[55] Es bleibt dem Schuldner überlassen, Herausgabeklage zu erheben.

18 Nach **§ 592 Satz 3 BGB** erstreckt sich das Verpächterpfandrecht des Landverpächters mit Ausnahme der in § 811 Abs. 1 Nr. 4 genannten Sachen nicht auf Gegenstände, die der Pfändung nicht unterworfen sind.

19 Im Fall der Insolvenz fallen Gegenstände, die nicht gepfändet werden sollen, mit Ausnahme der in § 811 Abs. 1 Nr. 4 und Nr. 9 genannten Gegenstände und der Geschäftsbücher des Schuldners, nicht in die Insolvenzmasse (§ 36 Abs. 1 u. 2 InsO[56]). In sie ist deshalb mit Einwilligung des Schuldners auch nach Eröffnung des Insolvenzverfahrens die Einzelzwangsvollstreckung möglich.

VIII. Rechtsbehelfe bei Verstößen gegen Pfändungsschutzvorschriften

20 Sind zulasten des Gläubigers Gegenstände als unpfändbar behandelt worden, die der Pfändung unterliegen, kann er den Gerichtsvollzieher mit der Erinnerung (§ 766) zur Pfändung dieser Gegenstände anhalten lassen. Damit der Gläubiger die Möglichkeit der Überprüfung hat, muss der Gerichtsvollzieher nach einer zum Teil vertretenen Ansicht die als unpfändbar behandelten Sachen jedenfalls in groben Zügen im Pfändungsprotokoll aufführen.[57] Der Schuldner und die in den Schutzbereich der Norm miteinbezogenen Dritten[58] können die Verletzung des § 811 ebenfalls mit der Erinnerung geltend machen. Ein bloßes Interesse eines Dritten (z. B. des Eigentümers), dass in

---

[53] AG Sinzig, NJW-RR 1987, 757; *Brox/Walker*, Rn. 304; *Bruns/Peters*, § 22 IV 5; HK-ZV/*Kindl*, § 811 Rn. 7; *Lippross*, Grundlagen und System des Vollstreckungsschutzes, S. 183; *Stein/Jonas/Münzberg*, § 811 Rn. 8; *Thomas/Putzo/Seiler*, § 811 Rn. 5; *Zöller/Stöber*, § 811 Rn. 10; einschränkend *Kleffner*, DGVZ 1991, 108 ff.

[54] Dazu bereits Rn. 15.

[55] *E. Schneider*, MDR 1982, 984 und DGVZ 1982, 73; siehe ferner § 885 Rn. 26; **a. A.** insoweit AG Königswinter, MDR 1982, 1028.

[56] Bis 31.12.1998: § 1 Abs. 2 u. 4 KO.

[57] Siehe auch § 762 Rn. 6 m. w. N. auch zur hier vertretenen Gegenansicht.

[58] Oben Rdn. 12.

den Gegenstand nicht vollstreckt werde, reicht, wenn er in den Schutzbereich der gerügten Nr. des § 811 Abs. 1 nicht miteinbezogen ist, nicht zur Erinnerungsbefugnis. Der Verstoß gegen den § 811 zugunsten des Schuldners erweiternde Vollstreckungsvereinbarungen kann nur mit der Klage nach § 767 geltend gemacht werden.[59] Klageberechtigt ist allein der Schuldner selbst.

Die vorstehenden Rechtsbehelfe sind nur so lange möglich, wie die Zwangsvollstreckung nicht beendet ist.[60] Danach bestehen, wenn der gesetzliche Pfändungsschutz nicht beachtet war, weder Bereicherungs- noch Schadensersatzansprüche.[61]

IX. Zu den einzelnen Nrn. 1:

1. Zu Nr. 1

a) Differenzierungsmöglichkeit aufgrund der Angemessenheitsklausel

Die Vorschrift dient dem Schutz einer angemessenen, bescheidenen Lebens- und Haushaltsführung des Schuldners, seiner Familie (einschließlich des Lebenspartners i. S. d. LPartG) und der mit ihm zusammenlebenden übrigen Haushaltsangehörigen.[62] Auch die noch nicht endgültig auf Dauer vom Schuldner getrennt lebende Ehefrau kann diesen Schutz mit in Anspruch nehmen.[63] Bei der Frage, was im Einzelnen zu einer »angemessenen, bescheidenen Lebens- und Haushaltsführung« erforderlich ist, ist zum einen auf die allgemeinen gesellschaftlichen Anschauungen, dann aber auf die konkreten Lebensumstände des Schuldners (Alter, Gesundheitszustand, Familienstand, Zahl der Familienangehörigen, deren Alter und Gesundheitszustand, berufliche Stellung, persönliche Belastungen) Rücksicht zu nehmen. Die Schuldner sollen nicht alle gleich auf den gemeinsamen Stand eines Sozialhilfeempfängers zurückgestuft werden, das Erfordernis der »Angemessenheit« ermöglicht es vielmehr, individuell zugunsten wie zulasten des einzelnen Schuldners zu differenzieren, ohne dass dabei allerdings »Klassenunterschiede« entstehen dürfen. Kann der Schuldner aufgrund seiner besonderen Lebensumstände einen Gegenstand nicht nutzen, der im Übrigen allgemein als unpfändbar angesehen wird (Beispiel: Fernsehgerät des zu langjähriger Haftstrafe verurteilten Schuldners), so bedarf er im Gegensatz zu anderen dieses Gegenstandes nicht zur bescheidenen Lebensführung, er ist also bei ihm abweichend vom Regelfall pfändbar.[64] Bei der Beurteilung der Unentbehrlichkeit von Pfandstücken ist nicht allein auf die im Eigentum des Schuldners stehende Habe abzustellen, vielmehr sind Gegenstände Dritter, die sich im (Mit-) Besitz des Schuldners befinden und die er zu seiner Haushaltsführung ungestört verwenden kann[65], etwa die vom nichtehelichen Lebensgefährten zur gemeinschaftlichen Nutzung mitgebrachten Sachen, mit zu berücksichtigen. Dass ein Haushaltsgegenstand bereits einmal vor Jahren durch gerichtliche Entscheidung bei diesem Schuldner für unpfändbar erklärt wurde, entbindet den Gerichtsvollzieher bei einem Jahre später durchzuführenden Vollstreckungsversuch nicht von der erneuten Prüfung der Unpfändbarkeit, da die Lebensumstände des Schuldners sich gerade im Bereich der Haushaltsführung in relativ kurzer Zeit entscheidend verändern können (Wegzug von Kindern, Scheidung, kleinere Wohnung und ähnliche Umstände).[66] Der Wert eines an sich unentbehrlichen Gegenstandes ist ohne Belang, wenn der Gläubiger keine Austauschpfändung (§ 811a) anbietet.

---

59 § 766 Rdn. 15 und § 767 Rdn. 27.
60 § 766 Rdn. 31 f.
61 Oben Rdn. 13.
62 LG Düsseldorf, MDR 1952, 62; LG Schweinfurt, DGVZ 1957, 108; *Noack*, MDR 1966, 809 und DGVZ 1966, 129; *Stein/Jonas/Münzberg*, § 811 Rn. 31; *Zöller/Stöber*, § 811 Rn. 12.
63 OLG Bamberg, JR 1953, 424.
64 OLG Köln, DGVZ 1982, 62.
65 OLG Celle, NdsRpfl 1969, 160; OLG Hamburg, MDR 1955, 175; OLG Schleswig, JurBüro 1956, 67; LG Berlin, MDR 1966, 245.
66 LG Braunschweig, NdsRpfl 1955, 54.

§ 811 ZPO Unpfändbare Sachen

b) Einzelheiten

23 Unpfändbar sind die zur korrekten, bescheidenen Einrichtung der konkreten Wohnung des Schuldners erforderlichen **Möbel**[67], das für seinen Hausstand erforderliche **Geschirr** und **Besteck**, ein **Küchenherd** (ein zusätzlicher Mikrowellenherd wäre pfändbar, ebenso ein zusätzlicher Grill oder Tischgrill), ein **Kühlschrank**[68] (eine Gefriertruhe dagegen ist pfändbar[69]), bei fehlender allgemeiner Warmwasserinstallation ein elektrischer (oder Gas-) **Warmwasserbereiter**[70], unabhängig von der Größe der Familie auch eine **Waschmaschine**[71] und eine **Kaffeemaschine** (eine Kaffeemühle dürfte pfändbar sein) sowie ein **Staubsauger**.[72] Ein **Mikrowellengerät**, eine **Geschirrspül- oder Bügelmaschine** (nicht Bügeleisen) ist dagegen allgemein zu einer bescheidenen Lebensführung nicht erforderlich und deshalb pfändbar.[73] Gleiches gilt grundsätzlich auch für eine **Nähmaschine**[74] und einen **Wäschetrockner**.[75] Anderes kann aber bei einer kinderreichen Familie gelten. Teppiche sind in der Regel Ausweis eines gehobenen Lebensstils und pfändbar; unpfändbar sind aber die **Gebetsteppiche**[76] islamischer Schuldner und die ihrer Wohnungsgenossen.

24 Grundsätzlich unpfändbar ist ein **Radiogerät**[77], damit der Schuldner die Möglichkeit der Information und der bescheidenen Unterhaltung hat. Auch neben einem Rundfunkgerät (also nicht

---

67 OLG Schleswig, SchlHA 1955, 201; *Wieczorek/Schütze/Lüke*, § 811 Rn. 19. Das gilt auch, wenn diese Möbel zurzeit vom Schuldner nicht genutzt werden können, weil sie im Zuge der Räumungsvollstreckung eingelagert wurden; LG Frankfurt, DGVZ 1990, 59.

68 OLG Frankfurt, Rpfleger 1964, 276; LG Traunstein, MDR 1963, 58; AG Hagen, DGVZ 1972, 125; AG München, DGVZ 1974, 95; *Stein/Jonas/Münzberg*, § 811 Rn. 28; *Wieczorek/Schütze/Lüke*, § 811 Rn. 19; *Zöller/Stöber*, § 811 Rn. 15; a. A. BFH, DB 1956, 320; LG Berlin, JR 1965, 184; LG Darmstadt, MDR 1959, 310; LG Hannover, MDR 1964, 155; AG Krefeld, JurBüro 1958, 47; AG Wolfsburg, MDR 1971, 76; einschränkend (wenn geeigneter kühler Lagerraum vorhanden) *Baumbach/Lauterbach/Hartmann*, § 811 Rn. 22.

69 LG Kiel, DGVZ 1978, 115; AG Itzehoe, DGVZ 1984, 44; *Wieczorek/Schütze/Lüke*, § 811 Rn. 20 (es sei denn, dass der Schuldner beim Einkauf auf fremde Hilfe angewiesen ist).

70 AG Bochum-Langendreer, DGVZ 1967, 188.

71 LG Berlin, NJW-RR 1992, 1038, 1039; LG Traunstein, MDR 1963, 58; *Baumbach/Lauterbach/Hartmann*, § 811 Rn. 23; *Brox/Walker*, Rn. 278; *Dierck/Morvilius/Vollkommer/Hilzinger*, 3. Kap. Rn. 345; PG/*Flury*, § 811 Rn. 18; *E. Schneider*, DGVZ 1980, 184; *Stein/Jonas/Münzberg*, § 811 Rn. 28; *Zöller/Stöber*, § 811 Rn. 15; a. A. (nur bei größeren Haushalten unpfändbar) OLG Köln, MDR 1969, 151; LG Konstanz, DGVZ 1991, 25; AG Berlin-Schöneberg, DGVZ 1990, 15; AG Bocholt, MDR 1969, 227; *Bloedhorn*, DGVZ 1976, 109; HdbZVR/*Keller*, Kap. 2 Rn. 297; a. A. (immer pfändbar) AG Köln, JurBüro 1965, 322; AG Schleswig, MDR 1960, 234; AG Syke, DGVZ 1974, 173; *Willenberg*, MDR 1962, 959.

72 Ganz h. M.; zu einem Ausnahmefall AG Wiesbaden, DGVZ 1993, 158.

73 *Bohn*, DGVZ 1973, 167, 168; MüKo/*Gruber*, § 811 Rn. 61 ff.; *Stein/Jonas/Münzberg*, § 811 Rn. 28.

74 OLG Köln, MDR 1969, 151; LG Hannover, NJW 1960, 2248; a. A. *Wieczorek/Schütze/Lüke*, § 811 Rn. 19.

75 MüKo/*Gruber*, § 811 Rn. 61; einschränkend *Stein/Jonas/Münzberg*, § 811 Rn. 28 (Pfändbarkeit nur bei einem kinderlosen Haushalt); *Wieczorek/Schütze/Lüke*, § 811 Rn. 19 (Unpfändbarkeit, wenn keine andere Trockenmöglichkeit besteht und es sich um eine vielköpfige Familie handelt).

76 AG Hannover, DGVZ 1987, 31.

77 KG, MDR 1953, 78; MDR 1962, 745; OLG Hamm, JurBüro 1951, 396; OLG Nürnberg, MDR 1950, 750; LG Aurich, NJW 1962, 1779; LG Kassel, MDR 1951, 45; LG Lübeck, DB 1949, 430; *Wieczorek/Schütze/Lüke*, § 811 Rn. 19; a. A. LG Hannover, NJW 1953, 229; AG Essen, DGVZ 1998, 94 (pfändbar, falls Fernsehgerät vorhanden).

nur an seiner Stelle⁷⁸) gehört heutzutage ein **Farbfernsehgerät**⁷⁹ zur angemessenen bescheidenen Lebensführung: Entscheidende politische Informationen sind nur über dieses Medium zu erlangen; in den Schulen werden bestimmte Programme zum Unterrichtsgegenstand gemacht. Das Fernsehen ermöglicht auch eine beschränkte Teilnahme am kulturellen Leben; es ist heute ein kaum entbehrlicher Teil des Alltagslebens geworden. An der Unpfändbarkeit des Fernsehgeräts ändert sich nichts, wenn daneben ein internetfähiger PC vorhanden ist⁸⁰; denn dieses Medium kann insbesondere von einer Personenmehrheit (z. B. Familien- oder Freundeskreis) nicht in gleicher Weise wie ein Fernsehgerät genutzt werden. Auf ein wertvolles Farbfernsehgerät kann allerdings im Wege der Austauschpfändung (§ 811a) zugegriffen werden.⁸¹

Grundsätzlich pfändbar sind **Stereo-, CD-, DVD- und Videoanlagen** sowie andere Geräte der Unterhaltungselektronik.⁸² Gleiches gilt für ein **Klavier** sowie für einen Drucker, eine Digitalkamera und ein Smartphone.⁸³ Dagegen wird die Pfändbarkeit eines **PC, Netbooks oder Laptops** angesichts der inzwischen üblichen Nutzung zu Kommunikationszwecken nicht nur dann, wenn er wegen der beruflichen Nutzung im Einzelfall unter Nr. 5 fällt, verbreitet verneint.⁸⁴ Pfändbar sind auch **Sport- und Fitnessgeräte**, soweit ausnahmsweise nicht Nr. 12 einschlägig ist. An **Kleidung** müssen dem Schuldner Kleidungsstücke zum Wechseln für alle Jahreszeiten verbleiben. Deshalb ist auch ein Pelzmantel als einziger Wintermantel unpfändbar, wenn der Gläubiger keine Austauschpfändung anbietet. **Schmuck** ist, soweit nicht Nr. 11 eingreift, grundsätzlich pfändbar; nicht zum Schmuck zu zählen ist eine Armbanduhr, auf die der Schuldner auch bei bescheidener Lebensführung nicht zu verzichten braucht. Ist die einzige Armbanduhr des Schuldners von erheblichem Wert, kommt wieder nur eine Austauschpfändung (§ 811a) in Betracht.⁸⁵ 25

Auch heute noch ist es einem Schuldner grundsätzlich zuzumuten, öffentliche Verkehrsmittel in Anspruch zu nehmen oder zu Fuß zu gehen. Dabei müssen auch Umsteigen, Wartezeiten und ähnliche Widrigkeiten in Kauf genommen werden. Deshalb sind unter dem Aspekt der Nr. 1 grundsätzlich **Kraftfahrzeuge**⁸⁶, **Motorräder** pfändbar. Soweit das Fahrzeug beruflich benötigt wird, 26

---

78 So aber OLG Frankfurt, NJW 1970, 152 mit Anm. *Blumenthal*; NJW 1970, 570; OLG Stuttgart, Justiz 1967, 217; LG Bayreuth, DGVZ 1972, 167; LG Berlin, MDR 1973, 506; DGVZ 1973, 156; LG Bochum, JurBüro 1983, 301; LG Bremen, DGVZ 1988, 12; LG Essen, NJW 1970, 153; LG Gera, DGVZ 2001, 9; LG Hamburg, MDR 1968, 57; LG Hildesheim, JurBüro 1966, 622; LG Limburg, DGVZ 1973, 119; LG Lübeck, DGVZ 1985, 153; LG Wiesbaden, DGVZ 1990, 63; JurBüro 1992, 52; DGVZ 1994, 43; AG Borken, AG Bremerhaven, AG Düren, alle DGVZ 1988, 12; AG Duisburg, MDR 1965, 304; AG Fritzlar, DGVZ 1975, 77; AG Ibbenbüren, DGVZ 1981, 175; AG Lüdenscheid, JurBüro 1966, 253 mit Anm. *Herzig*; AG Wiesbaden, DGVZ 1993, 78; *Pardey*, DGVZ 1987, 111.
79 BFH, NJW 1990, 1871; OLG Stuttgart, NJW 1987, 196; LG Augsburg, DGVZ 1993, 55; LG Detmold, DGVZ 1990, 26; LG Essen, MDR 1969, 581; LG Hannover, DGVZ 1990, 60; LG Itzehoe, LG Bonn, beide DGVZ 1988, 11; LG Lahn-Gießen, NJW 1979, 769; LG Nürnberg-Fürth, DGVZ 1977, 171; AG Bersenbrück, DGVZ 2007, 159; AG Essen, DGVZ 1998, 94; AG Heidelberg, DGVZ 2015, 59; AG Lichtenberg DGVZ 2007, 173; AG Wetzlar, DGVZ 1987, 174; FG Münster, DGVZ 1990, 31; *Zöller/Stöber*, § 811 Rn. 15; **a. A.** (immer pfändbar) KG, NJW 1965, 1387; OLG Düsseldorf, JMBl.NW 1966, 140; LG Hamburg, MDR 1968, 57; AG Dillenburg, JurBüro 1971, 189; AG Hannover, NJW 1970, 764; AG Köln, JurBüro 1965, 503; AG Landau, DGVZ 1991, 14; AG Wiesbaden, DGVZ 1997, 59 f.; AG Wolfsburg, MDR 1971, 56.
80 AG Wuppertal, DGVZ 2008, 163.
81 BFH, NJW 1990, 1871, 1872; OLG Stuttgart, NJW 1987, 196; siehe auch § 811a Rn. 4.
82 VGH Mannheim, NJW 1995, 2804; LG Duisburg, MDR 1986, 682; AG Essen, DGVZ 1998, 30; *Wieczorek/Schütze/Lüke*, § 811 Rn. 20.
83 AG Heidelberg, DGVZ 2015, 59, 60.
84 AG Essen, DGVZ 1998, 30; VG Gießen, NJW 2011, 3179; **a. M.** VG Münster, DGVZ 2013, 183.
85 OLG München, OLGZ 1983, 325; *Wieczorek/Schütze/Lüke*, § 811 Rn. 19.
86 Ausnahme, soweit der Schuldner abgelegen wohnt und keine öffentlichen Verkehrsmittel nutzen kann; vgl. *Brox/Walker*, Rn. 278.

richtet sich die Prüfung der Unpfändbarkeit nach den Kriterien der Nr. 5;[87] soweit der Schuldner aus gesundheitlichen Gründen auf ein Kraftfahrzeug angewiesen ist, muss nach den Maßstäben der Nr. 12 geprüft werden.[88] Ein **Fahrrad** kann im Einzelfall (unabhängig von beruflichen Notwendigkeiten) jedenfalls unpfändbar sein, wenn es sich um das einzige Fortbewegungsmittel des Schuldners handelt und nach Art und Ausstattung nicht über eine bescheidene Lebensführung hinausgeht.[89]

27 Nach **Nr. 1, 2. Halbs.** sind Gartenhäuser, Wohnbaracken und Wohnlauben, soweit sie nicht Bestandteile des Grundstücks sind, auf dem sie stehen, dann unpfändbar, wenn der Schuldner und seine Familie sie bewohnen und ihrer zur ständigen Unterkunft bedürfen.[90] Deshalb sind Wochenend- und Ferienhäuser sowie nur in der Freizeit genutzte Gartenlauben, Jagdhütten u.ä. uneingeschränkt pfändbar.[91] Den mit dem Boden vorläufig fest verbundenen Baracken usw. sind bewegliche Unterkünfte wie Wohnwagen, Hausboote o. ä. gleich zu behandeln. Auf den Wert der jeweiligen Unterkunft und die Frage, ob sie einfach oder luxuriös gestaltet ist, kommt es, wenn der Schuldner die Unterkunft bewohnt und keine andere hat, nicht an.[92] Der Gläubiger kann allerdings eine Austauschpfändung (§ 811a) vornehmen lassen. Soweit die Baracken aber Bestandteil des Grundstücks sind, unterliegen sie nur der Immobiliarvollstreckung nach §§ 864 ff. Sie können dann nicht Gegenstand gesonderter Rechte sein (§ 93 BGB).[93] § 811 Abs. 1 Nr. 1 kommt hier nicht zum Zuge.

2. Zu Nr. 2

28 Auch hier sind neben dem Schuldner die in seinem Haushalt mit ihm zusammenlebenden Personen ohne Rücksicht auf verwandtschaftliche Beziehungen (also auch Lebenspartner i. S. d. LPartG und andere Lebensgefährten, Pflegekinder, Haushälterinnen) mit in den Schutz einbezogen. Hinsichtlich der in der Vorschrift genannten Naturalien selbst ist die Norm von keiner großen praktischen Bedeutung mehr. Dagegen spielt sie bei der Bargeldpfändung durchaus noch eine Rolle. Nur das für die in Nr. 2 ausdrücklich genannten Naturalien, nicht auch das für andere lebensnotwendige Bedürfnisse (so für Miete, Bekleidung, Versicherungen u.ä.) benötigte Geld für einen Zeitraum von höchstens 4 Wochen im Voraus ist unpfändbar. Die Beschaffung dieser Naturalien ist »auf anderem Wege gesichert«, wenn der Schuldner ein Pfändungsschutzkonto (P-Konto) mit einem nach § 850k unpfändbaren Guthaben führt oder wenn ihm durch einen Beschluss nach § 850i auf einem anderen als einem P-Konto die erforderliche Summe beschlagnahmefrei zur Verfügung steht oder wenn sichere Zahlungen an den Schuldner unmittelbar bevorstehen. Einen über Nr. 2 hinausgehenden Schutz für Schuldner, die Einkünfte der in §§ 850–850b bezeichneten Art beziehen, bietet **Nr. 8**.

29 Luxusnahrungsmittel und Genussmittel fallen nicht unter den Begriff der »Nahrungsmittel« in Nr. 2. Deshalb ist etwa der Bestand des Weinkellers ohne Einschränkung pfändbar. Gleiches gilt für die Holzvorräte für den nicht der Heizung dienenden Zierkamin.

---

[87] Siehe unten Rdn. 41.
[88] Unten Rdn. 44; nach *Stein/Jonas/Münzberg*, § 811 Rn. 29 ist auch in diesem Fall Nr. 1 anzuwenden.
[89] Vgl. OLG Braunschweig, NJW 1952, 751; AG Bieberach, DGVZ 2011, 191; PG/*Flury*, § 811 Rn. 18.
[90] Kritisch zu dieser Regelung, die zu einer pfändungsschutzrechtlichen Ungleichbehandlung von Grundeigentum einerseits und Wohnzwecken dienenden Sachen, die nicht der Immobiliarvollstreckung unterliegen, andererseits führt, *Duckstein/Timmerbeil*, DGVZ 2009, 10.
[91] PG/*Flury*, § 811 Rn. 16; *Stein/Jonas/Münzberg*, § 811 Rn. 32; *Wieczorek/Schütze/Lüke*, § 811 Rn. 21; Zöller/*Stöber*, § 811 Rn. 16.
[92] OLG Zweibrücken, Rpfleger 1976, 328; *Wieczorek/Schütze/Lüke*, § 811 Rn. 21; **a. A.** (auf einen »bescheidenen Zuschnitt« abstellend) OLG Hamm, MDR 1951, 738.
[93] BGH, NJW 1988, 2789.

3. Zu Nr. 3

Die Vorschrift gilt nicht nur für Landwirte, sondern für alle, die sich, ihre Familie und ihre Hausangehörigen mit den Produkten selbstgehaltener Haustiere (sei es mit deren Fleisch, sei es mit deren Erzeugnissen wie Milch und Eier) ernähren.[94] Darauf, dass der Schuldner nach seinen sonstigen Einkommensverhältnissen sich diese Lebensmittel auch anderweitig kaufen könnte, statt sie selbst zu produzieren, kommt es nicht an, sondern nur darauf, dass der Schuldner tatsächlich den Weg der Selbstversorgung geht. Bei der Frage der »Erforderlichkeit« ist auf die Größe der Familie und deren Nahrungsbedarf abzustellen. Soweit Nr. 3 dem Schuldner zwischen bestimmten Haustieren die Wahl lässt, übt sie der Gerichtsvollzieher aus, wenn der Schuldner keine Entscheidung trifft. Neben den Tieren sind auch die zu ihrer Fütterung und zur Streu für 4 Wochen im Voraus erforderlichen Vorräte bzw. der zu ihrer Beschaffung benötigte Geldbetrag unpfändbar. Soweit der Schuldner die Tiere zu anderen Zwecken als zur Selbstversorgung benötigt, kann Pfändungsschutz nach Nr. 4, 5, 6, 12 oder nach § 811c in Betracht kommen.

30

4. Zu Nr. 4

Durch diese Vorschrift soll der landwirtschaftliche Betrieb als solcher erhalten bleiben, solange ein Insolvenzverfahren vermieden werden kann (siehe § 36 Abs. 2 Nr. 2 InsO). Sie dient also nicht der dauerhaften Bestandsgarantie für bäuerliche Betriebe, sondern der Sicherung des Arbeitsplatzes des Landwirts und seiner Gehilfen, solange dieser Arbeitsplatz nicht als Ganzer zugunsten der Gläubiger des Landwirts verwertet werden muss. Landwirtschaftliche Betriebe i. S. der Vorschrift sind nicht nur die »klassischen« bäuerlichen Betriebe mit einer Kombination von Ackerbau und Viehzucht, sondern auch Wein- und Obstanbaubetriebe[95] und Baumschulen, forstwirtschaftliche Betriebe, reine Vieh-[96] und Geflügelzuchtbetriebe[97], Fischzucht und Imkerei, nicht aber Betriebe, die nur Landwirten bei ihrer Arbeit unterstützend zur Seite stehen, wie Vermieter von landwirtschaftlichen Maschinen, Lohndruschunternehmen[98] oder Saatguthandlungen. Der Schutz gilt nur für den landwirtschaftlichen Betrieb selbst, nicht auch für Nebenbetriebe des Landwirts[99], wie Hausbrauereien oder Brennereien, Gasthöfe oder Fremdenpensionen. Andererseits ist nicht erforderlich, dass die Landwirtschaft dem Schuldner als Haupterwerbsquelle dient. Auch landwirtschaftliche Nebenerwerbsbetriebe genießen den Pfändungsschutz.[100] Wie viel Vieh und Gerät im Einzelfall zum Wirtschaftsbetrieb erforderlich ist, hängt vom Zuschnitt des einzelnen Unternehmens[101], nicht von den persönlichen Fähigkeiten des konkreten Schuldners ab. Der Gerichtsvollzieher hat insoweit einen Sachverständigen hinzuzuziehen (§ 813 Abs. 3). Die landwirtschaftlichen Erzeugnisse sind nicht nur unpfändbar, soweit sie selbst, nicht nur ihr Erlös[102], zur Fortführung des Betriebes bis zur nächsten Ernte gleicher oder ähnlicher Erzeugnisse erforderlich sind, sondern auch, soweit sie (ohne die Befristung nach Nr. 3) zur Sicherung des Unterhalts des Schuldners, seiner Familie und seiner Arbeitnehmer benötigt werden.[103] »Erforderlich« ist weniger als »unentbehrlich«, sodass ein

31

---

94 *Wieczorek/Schütze/Lüke*, § 811 Rn. 23.
95 Zu eng daher AG Oldenburg, DGVZ 1988, 79.
96 AG Aachen, DGVZ 1961, 141; **a. A.** für eine Pferdezucht LG Koblenz, DGVZ 1997, 89 (nur bei eigenem Anbau des Futters); LG Oldenburg, DGVZ 1980, 170 (im Ergebnis nicht vertretbar).
97 LG Göttingen, NdsRpfl 1957, 74; LG Hildesheim, NdsRpfl 1971, 257.
98 OLG Düsseldorf, JMBl.NW 1968, 18.
99 Ebenso *Stein/Jonas/Münzberg*, § 811 Rn. 38; *Wieczorek/Schütze/Lüke*, § 811 Rn. 25.
100 *Wieczorek/Schütze/Lüke*, § 811 Rn. 25.
101 LG Bonn, DGVZ 1983, 153; LG Oldenburg und LG Kleve, beide DGVZ 1980, 38; LG Rottweil, MDR 1985, 1034; AG Neuwied, DGVZ 1979, 62.
102 OLG Celle, MDR 1962, 139; **a. A.** *Stein/Jonas/Münzberg*, § 811 Rn. 39.
103 Zum Umfang der Unpfändbarkeit landwirtschaftlicher Erzeugnisse siehe auch AG Plön, SchlHA 1958, 287.

großzügiger Maßstab anzulegen ist.[104] Der durch Nr. 4 gewährte Schutz wird ergänzt durch § 851a, durch den in beschränktem Rahmen auch die aus dem landwirtschaftlichen Betrieb erzielten Forderungen unpfändbar werden können. Darüber hinaus greift das Pfändungsverbot des § 865 Abs. 2 Satz 1 i. V. m. § 1120 BGB ein, wenn die betroffenen Sachen der Hypothekenhaftung unterliegen.

5. Zu Nr. 4 a

32   Naturalien i. S. der Vorschrift sind nicht nur der Ernährung dienende Gegenstände, sondern auch Heizmaterialien, Bekleidung, Futter für eigenes Vieh des Arbeitnehmers u.ä. Es muss sich nicht um Erzeugnisse aus dem landwirtschaftlichen Betrieb handeln, in dem der Arbeitnehmer tätig ist, es kann sich vielmehr auch um betriebsfremde Naturalien handeln. Welche Funktion der Arbeitnehmer im landwirtschaftlichen Betrieb ausübt (landwirtschaftlicher Facharbeiter, Haushälterin, Kindermädchen usw.), ist ohne Belang. Neben dem Schuldner sind auch seine Familienangehörigen (nicht nur im eherechtlichen Sinne und im Sinne des LPartG, sondern auch nichteheliche Kinder, Pflegekinder und Lebensgefährten) in den Schutz der Norm mit einbezogen.[105] Die Vorschrift ist nicht analog anzuwenden auf Deputate, die Arbeitnehmer in anderen als landwirtschaftlichen Betrieben ebenfalls zur Teilbefriedigung ihres Unterhaltsbedarfs erhalten.[106] Die Pfändbarkeit dieser Deputate ist allein nach dem Maßstab der Nr. 1 und 2 zu prüfen. Für sie gilt also insbesondere die Vier-Wochen-Grenze der Nr. 2.

6. Zu Nr. 5

a) Natürliche Personen

33   Der Pfändungsschutz nach dieser Vorschrift kommt nur natürlichen Personen, nicht auch juristischen Personen zugute. Bei Personenhandelsgesellschaften ist nach dem Gewicht der persönlichen Tätigkeit der Gesellschafter zu unterscheiden. Erledigen die persönlich haftenden Gesellschafter allein alle anfallenden Arbeiten, gilt § 811 Abs. 1 Nr. 5 auch bei einer Pfändung gegen die Gesellschaft.[107] Gesellschaften des bürgerlichen Rechts sind wie eine Mehrzahl natürlicher Personen zu behandeln.[108] Sie können sich also auf den Schutz der Nr. 5 berufen, wenn die übrigen Voraussetzungen vorliegen, insbesondere also die persönliche Tätigkeit der Gesellschafter im Vordergrund steht.[109] Der Grund für diese Einschränkung des persönlichen Geltungsbereichs liegt darin, dass es anders als in Nr. 4 nicht Ziel der Vorschrift ist, den Betrieb als Wirtschaftseinheit zu erhalten, solange ein Insolvenzverfahren vermieden werden kann, sondern dass es nur dem Schuldner persönlich ermöglicht werden soll, durch seinen eigenen Arbeitseinsatz den Unterhalt für sich und seine Familie (einschließlich Lebenspartner) zu erwirtschaften.[110] Bei juristischen Personen und Handelsgesellschaften steht grundsätzlich nicht der persönliche Einsatz des Schuldners im Vordergrund. Wenn dies im Einzelfall einmal so ist (der Alleingesellschafter einer GmbH erledigt alle im Betrieb anfallenden Arbeiten allein), so rechtfertigt dies nur dann eine Ausnahme, wenn die tatsächlichen Verhältnisse offensichtlich sind;[111] denn die Aufklärungsmöglichkeiten in der Zwangsvollstreckung

---

104   Ebenso *Stein/Jonas/Münzberg*, § 811 Rn. 39; *Wieczorek/Schütze/Lüke*, § 811 Rn. 28.
105   *Wieczorek/Schütze/Lüke*, § 811 Rn. 29.
106   *Wieczorek/Schütze/Lüke*, § 811 Rn. 29.
107   OLG Oldenburg, NJW 1964, 505; *Baumbach/Lauterbach/Hartmann*, § 811 Rn. 33 ff.; *Brox/Walker*, Rn. 284; *Dierck/Morvilius/Vollkommer/Hilzinger*, 3. Kap. Rn. 358; MüKo/*Gruber*, § 811 Rn. 38; *Stein/Jonas/Münzberg*, § 811 Rn. 43; *Wieczorek/Schütze/Lüke*, § 811 Rn. 33; *Zöller/Stöber*, § 811 Rn. 26; a. A. *App*, DGVZ 1985, 97 und GmbHRdsch 1987, 420; *Noack*, DB 1977, 195; *Thomas/Putzo/Seiler*, § 811 Rn. 18; *Jauernig/Berger*, § 32 Rn. 20.
108   *Noack*, DB 1973, 1157; *Wieczorek/Schütze/Lüke*, § 811 Rn. 33.
109   Siehe unten Rdn. 34.
110   Zutreffend *Stein/Jonas/Münzberg*, § 811 Rn. 42.
111   Vgl. AG Düsseldorf, DGVZ 1991, 175; *Stein/Jonas/Münzberg*, § 811 Rn. 43; *Zöller/Stöber*, § 811 Rn. 26; ferner AG Steinfurt, DGVZ 1990, 62.

gehen nicht so weit, das Verhältnis von Kapital- und Arbeitseinsatz in einer Kapital- oder Handelsgesellschaft im Einzelfall zu ermitteln.

b) Persönliche Arbeitsleistung

Auch natürliche Personen genießen den Schutz der Nr. 5 nur dann, wenn im Rahmen ihrer Erwerbstätigkeit die **persönliche Leistung** die Ausnutzung der **sächlichen Betriebsmittel überwiegt**.[112] Dabei ist nicht auf den reinen wirtschaftlichen Wert der eingesetzten Betriebsmittel einerseits und den Preis der geleisteten Arbeit andererseits abzustellen[113], sondern darauf, ob bei natürlicher Betrachtungsweise die Arbeit des Schuldners als »Betriebsmittel« im Vordergrund steht, der die Maschinen usw. nur als Hilfsmittel dienen, oder ob Kapital und Maschinen das Bild des Betriebes prägen und der Mensch nur eine untergeordnete Rolle spielt.[114] So steht typischerweise bei Arbeitnehmern, Handelsvertretern, Künstlern, persönlich tätigen Handwerkern, Architekten, Steuerberatern, Privatlehrern und anderen Freiberuflern (für bestimmte meist freiberufliche Tätigkeiten gilt aber die Sonderregelung der Nr. 7) die persönliche Arbeitsleistung im Vordergrund, selbst wenn der Wert der eingesetzten sächlichen Betriebsmittel hoch ist (Computer im Büro des Steuerberaters[115]), während bei Händlern in der Regel der Einsatz des Kapitals und der Warenumsatz[116], bei Fabrikanten der Einsatz fremder Arbeitskräfte und Maschinen, bei Hoteliers[117] die Zurverfügungstellung der Räume im Vordergrund stehen, auch wenn der Betriebsinhaber persönlich einen hohen Arbeitseinsatz leistet. Auch beim Betrieb eines Sonnenstudios überwiegt der Einsatz von Sachwerten gegenüber der eigenen Tätigkeit des Betreibers, sodass für die verwendeten Sonnenbänke kein Pfändungsschutz besteht.[118] Bei vielen Dienstleistungsunternehmen ist eine branchentypische Aussage gar nicht möglich, vielmehr nur eine Beurteilung des jeweiligen Einzelunternehmens: So fällt der Taxiunternehmer, der seinen einzigen Wagen selbst fährt, sicher unter Nr. 5, derjenige, der mehrere Wagen durch Angestellte fahren lässt, nicht.[119] Beim Gastwirt, der selbst kocht und bedient (ggf. mit Unterstützung seiner Familienangehörigen), überwiegt der persönliche Arbeitseinsatz den Warenumsatz, während bei größeren Betrieben die Ausnutzung fremder Arbeitsleistung und der Warenumsatz im Vordergrund stehen. Ähnliches gilt für viele Werkunternehmer: Beim Bauunternehmer überwiegt der Einsatz von Arbeitskräften, Material und Maschinen in der Regel[120], doch kann bei dem nur auf einzelne Gewerke spezialisierten Bauhandwerker auch einmal die persönliche Arbeitsleistung das Charakteristikum sein.[121] Beim Autohändler mit Kfz-Werkstatt und Abschleppdienst kann der Kapitaleinsatz zum Ankauf von Fahrzeugen hinter den Einsatz der Arbeitskraft zurücktreten.[122] Wird ein Gewerbe kaufmännisch betrieben, liegt im Regelfall eine gewinnorientierte Erwerbstätigkeit vor, sodass der Pfändungsschutz nach Nr. 5 entfällt.[123] Der zur Veräußerung bestimmte Warenbestand ist allerdings auch bei einem Gewerbetreibenden, dessen Unternehmen

---

112 LG Augsburg, DGVZ 1997, 28; LG Berlin, DGVZ 1976, 71; LG Hamburg, DGVZ 1984, 26; LG Hildesheim, DGVZ 1976, 27; AG Heidenheim, DGVZ 1975, 75; AG Schweinfurt, JurBüro 1977, 1287 mit Anm. *Mümmler; Brox/Walker*, Rn. 284; *Zöller/Stöber*, § 811 Rn. 25.
113 So aber AG Hannover, DGVZ 1975, 15; vgl. auch *Stein/Jonas/Münzberg*, § 811 Rn. 25.
114 *Thomas/Putzo/Seiler*, § 811 Rn. 22; *Zöller/Stöber*, § 811 Rn. 25.
115 LG und OLG Hamburg, DGVZ 1984, 57 (wenn auch im konkreten Einzelfall die Unpfändbarkeit wegen des Zuschnitts des Betriebes im Übrigen verneinend).
116 OLG Frankfurt, BB 1959, 645; OLG Köln, DB 1967, 422; LG Düsseldorf, DGVZ 1985, 74; *Brox/Walker*, Rn. 284; *Noack*, DB 1977, 195; *Thomas/Putzo/Seiler*, § 811 Rn. 22.
117 Vgl. *Stein/Jonas/Münzberg*, § 811 Rn. 46.
118 LG Oldenburg, DGVZ 1993, 12, 13.
119 OLG Hamburg, DGVZ 1984, 57.
120 LG Hamburg, JurBüro 1951, 453; *Stein/Jonas/Münzberg*, § 811 Rn. 46.
121 LG Bielefeld, MDR 1954, 426; AG Schönau, DGVZ 1974, 61.
122 LG Augsburg, DGVZ 1997, 28.
123 LG Saarbrücken, DGVZ 1994, 30; *Brox/Walker*, Rn. 284; *MüKo/Gruber*, § 811 Rn. 36; *Stein/Jonas/Münzberg*, § 811 Rn. 47; *Thomas/Putzo/Seiler*, § 811 Rn. 22; einschränkend *Zöller/Stöber*, § 811 Rn. 24 a.

keinen kaufmännisch eingerichteten Geschäftsbetrieb erfordert, regelmäßig pfändbar.[124] Ausnahmen sind vorstellbar, wenn der Warenbestand für eine sinnvolle Geschäftsfortführung erforderlich ist und die Arbeitsleistung des Schuldners gegenüber dem Kapitaleinsatz überwiegt.[125] Beruht die Erzielung von Einkünften allein auf der Verwaltung eigenen Vermögens (z. B. Haus mit vermieteten Wohnungen), ist die dabei ggf. anfallende körperliche und geistige Tätigkeit von untergeordneter Bedeutung; deshalb besteht für einen dabei benutzten Pkw kein Pfändungsschutz nach Nr. 5.[126]

35 Der Einsatz fremder Arbeitskräfte schließt die Anwendung der Nr. 5 nicht grundsätzlich aus. Jedoch muss bei der natürlichen Bewertung des Betriebsgeschehens der Arbeitseinsatz des Schuldners selbst im Vordergrund stehen.[127] Dies wird bei einer größeren Angestelltenzahl in der Regel nicht der Fall sein, da hier der Einsatz von Kapital und Fremdarbeit überwiegen dürfte; ausgeschlossen ist es aber auch da nicht (Beispiel: Steuerberater mit mehreren Schreibkräften; Architekt mit Schreibkraft und technischem Zeichner).

36 Nicht erforderlich ist es schließlich, dass es sich bei der Tätigkeit, der die Betriebsmittel dienen, um deren Pfändung es geht, um den Hauptberuf des Schuldners handelt.[128] Auch eine nicht existenznotwendige Nebenerwerbstätigkeit reicht aus,[129] sofern es sich nicht um sporadische Gelegenheitsarbeiten handelt.[130] Es kommt auch nicht darauf an, ob der Schuldner aus einer seiner Tätigkeiten bereits ausreichend für eine bescheidene Lebensführung verdient,[131] da es nicht Aufgabe des Vollstreckungsrechts ist, den Schuldner auf eine bestimmte berufliche Tätigkeit zu beschränken und insoweit vielleicht sogar noch die Auswahl zu treffen. Außerdem schützt Nr. 5 den Schuldner auch schon in der Gründungsphase seines Gewerbes, in der dieses noch keinen Gewinn abwirft.[132] Andererseits muss der Schuldner die Erwerbstätigkeit nicht nur einmalig oder sporadisch ausüben, sondern sie muss auf eine gewisse Dauer angelegt sein. Es spielt keine Rolle, ob die Einnahmen zur Bestreitung des Lebensunterhalts ausreichen oder ob der Schuldner nicht besser beraten wäre, die Tätigkeit einzustellen.[133] Wenn die Tätigkeit nur vorübergehend ruht (Saisonabhängigkeit; vorübergehende Unrentabilität wegen Straßenbaumaßnahmen; o. ä.), ihre Wiederaufnahme aber relativ gesichert erscheint, bleiben die Gegenstände auch während der Tätigkeitsunterbrechung unpfändbar.[134] Der Schuldner ist in einem solchen Fall beweispflichtig für die Umstände, die für die spätere Fortsetzung der Tätigkeit sprechen.[135]

37 Der Pfändungsschutz besteht schon vor der eigentlichen Aufnahme der Erwerbstätigkeit, wenn der Schuldner die Gegenstände bereits im Hinblick auf die künftige Tätigkeit angeschafft hat und der

---

124 LG Gießen, DGVZ 1998, 30; LG Göttingen, DGVZ 1994, 89, 90; LG Kassel, JurBüro 1996, 215; vgl. auch *Stein/Jonas/Münzberg*, § 811 Rn. 53.
125 AG, LG Hannover u. OLG Celle, DGVZ 1999, 26; LG Lübeck, DGVZ 2002, 185.
126 LG Lübeck, DGVZ 2010, 173.
127 Allgem. Meinung; beispielhaft *Baumbach/Lauterbach/Hartmann*, § 811 Rn. 33; *Brox/Walker*, Rn. 284; *Zöller/Stöber*, § 811 Rn. 25.
128 OLG Hamm, Rpfleger 1956, 46; OLG Koblenz, JurBüro 1956, 29; LG Rottweil, DGVZ 1993, 57; AG Karlsruhe, DGVZ 1989, 141; *Stein/Jonas/Münzberg*, § 811 Rn. 43; *Thomas/Putzo/Seiler*, § 811 Rn. 18; *Wieczorek/Schütze/Lüke*, § 811 Rn. 31; *Zöller/Stöber*, § 811 Rn. 26.
129 FG Köln, DGVZ 2001, 10.
130 AG Mannheim, DGVZ 2003, 124.
131 Abzulehnen daher LG Regensburg, DGVZ 1978, 45; diesem aber zustimmend *Baumbach/Lauterbach/Hartmann*, § 811 Rn. 36.
132 AG Ibbenbühren, DGVZ 2001, 30 f.
133 *Stein/Jonas/Münzberg*, § 811 Rn. 42 »bis zur Grenze des Insolvenzverfahrens«.
134 OLG Celle, MDR 1954, 427; LG Tübingen, DGVZ 1976, 28; *Wieczorek/Schütze/Lüke*, § 811 Rn. 32.
135 OLG Köln, JMBl.NW 1956, 64; vgl. auch FG des Saarlandes, DGVZ 1995, 171, 172 mit krit. Anm. *Schmittmann*, wonach allein die Berufung des beschäftigungslosen Versicherungsvertreters darauf, dass er die Sache – hier ein Telefaxgerät – zur Anbahnung neuer Geschäftsbeziehungen benötige, nicht ausreichen soll.

Beginn der Tätigkeit nicht völlig ungewiss ist.[136] Hierunter fallen auch die der Ausbildung für einen bestimmten Beruf, der später als Erwerbstätigkeit ausgeübt werden soll, dienenden Gegenstände.[137]

c) Erforderlichkeit für die Fortsetzung der Erwerbstätigkeit

Bei der Frage, welche Gegenstände zur Fortsetzung der Erwerbstätigkeit »erforderlich« sind, ist bei Gewerbetreibenden auf die Branchenüblichkeit und die Gewährleistung der Konkurrenzfähigkeit in der Branche vor Ort abzustellen.[138] Aber auch die besondere persönliche Situation des Schuldners bei seiner Berufsausübung (z. B. Schwerbehinderung[139]) ist zu berücksichtigen. Bei Arbeitnehmern muss den vom Arbeitgeber vorgegebenen Anforderungen (Arbeitskleidung, eigenes Gerät, Fachbücher) Rechnung getragen und eine Möglichkeit, den Arbeitsplatz zu erreichen, erhalten werden. Die Tätigkeit soll jedenfalls mit demselben Erfolg wie bisher fortgesetzt werden können, sodass dem Schuldner nicht entgegengehalten werden kann, andere, weniger erfolgreiche Mitkonkurrenten kämen mit weniger Gerät usw. aus.[140]

38

Da Nr. 5 nicht nur dem Schutze der Erwerbstätigkeit des Schuldners, sondern auch der Sicherung des Familienunterhalts dient[141], Ehegatten, Lebenspartner und Familienangehörige also in den Schutzbereich der Norm miteinbezogen sind, sind auch Gegenstände im Besitz des Schuldners, die der Ehegatte, Lebenspartner oder im Haushalt lebende Familienangehörige (auch der Lebensgefährte) ihrerseits zur Fortsetzung ihrer Erwerbstätigkeit benötigen, unpfändbar.[142] So kann der PKW der nicht berufstätigen Hausfrau nicht gepfändet werden, wenn ihn der etwa als Handelsvertreter oder Bauleiter tätige Ehemann zur Ausübung seines Berufes benötigt.

39

e) Möglichkeit der Austauschpfändung

Soweit die dem Schuldner nach Nr. 5 zu belassenden Gegenstände sehr wertvoll sind, der durch die Unpfändbarkeit geschützte Zweck aber auch durch weniger wertvolle Gegenstände erreicht werden kann, kommt nach § 811a Abs. 1 eine Austauschpfändung in Betracht (Austausch des vom Handelsvertreter gefahrenen Neuwagens gegen ein älteres, noch fahrtüchtiges Gebrauchtwagenmodell).[143] Im Übrigen spielt aber der Wert der Gegenstände für ihre Unpfändbarkeit keine Rolle, da Nr. 5 allein auf die Gegenstände als solche abstellt.

40

f) Einzelheiten

Ein **PKW** ist bei **Gewerbetreibenden**, die nicht ausschließlich ortsgebunden tätig sind und die nicht ausnahmsweise ohne Verlust an Flexibilität öffentliche Verkehrsmittel in Anspruch nehmen

41

---

136 LG Göttingen, BB 1953, 183; LG Hannover, NJW 1953, 1717; AG Essen, DGVZ 1998, 94.
137 Allgem. Meinung; beispielhaft AG Heidelberg, DGVZ 1989, 15; *Baumbach/Lauterbach/Hartmann*, § 811 Rn. 38; *Stein/Jonas/Münzberg*, § 811 Rn. 48; *Wieczorek/Schütze/Lüke*, § 811 Rn. 32; *Zöller/Stöber*, § 811 Rn. 27.
138 LG Bochum, DGVZ 1982, 44; LG Frankfurt, DGVZ 1990, 58; AG Melsungen, DGVZ 1978, 92; *Wieczorek/Schütze/Lüke*, § 811 Rn. 35.
139 LG Kiel, SchlHA 1984, 75.
140 *Baumbach/Lauterbach/Hartmann*, § 811 Rn. 36; *Stein/Jonas/Münzberg*, § 811 Rn. 50; *Zöller/Stöber*, § 811 Rn. 27.
141 Heute allgem. Meinung; beispielhaft *Brox/Walker*, Rn. 283; *Stein/Jonas/Münzberg*, § 811 Rn. 55.
142 OLG Hamm, MDR 1984, 855; LG Nürnberg-Fürth, FamRZ 1963, 650; LG Siegen, NJW-RR 1986, 224; *Brox/Walker*, Rn. 283; *Stein/Jonas/Münzberg*, § 811 Rn. 55; **a. A.** OLG Stuttgart, FamRZ 1963, 650; LG Augsburg, Rpfleger 2003, 203.
143 Zur Austauschpfändung, wenn der Gegenstand einem Dritten sicherungsübereignet ist, siehe AG Mosbach, MDR 1969, 151.

§ 811 ZPO Unpfändbare Sachen

können, unpfändbar. Das gilt für den PKW des Handelsvertreters[144], des Immobilienmaklers[145], des mehrere Baustellen betreuenden Architekten,[146] Bauingenieurs oder Bauhandwerkers, des nicht nur in seiner Werkstatt, sondern auch vor Ort beim Kunden arbeitenden Handwerkers[147] (Installateur, Fernsehtechniker[148], Heizungstechniker, Elektrotechniker, usw.). Der Pfändungsschutz besteht auch dann, wenn die Auftragslage des Schuldners gering ist.[149] Dagegen ist der PKW eines Einzelhändlers, auch wenn er damit selbst Waren einkauft und gelegentlich ausfährt, in der Regel pfändbar[150], ebenso der PKW des Großhändlers zur Warenauslieferung.[151] Die zur Vermietung bestimmten Fahrzeuge eines »Leihwagen«-Unternehmens sind immer pfändbar.[152] Bei **Arbeitnehmern** fällt der PKW unter den Pfändungsschutz der Nr. 5, wenn er ihn zur Verrichtung seiner ihm obliegenden Tätigkeiten (z. B. als Elektromonteur[153]) benötigt. Außerdem sind der **PKW**, ein **Fahrrad** oder ein **Motorrad** unpfändbar, wenn sie diese für die täglichen Fahrten zum Arbeitsplatz nutzen und ihnen die Benutzung öffentlicher Verkehrsmittel wegen ungünstiger Verbindungen oder zu langer Wartezeiten und ein Fußweg wegen der Länge der Strecke nicht zugemutet werden kann.[154] Auf die Bildung von Fahrgemeinschaften mit Arbeitskollegen kann ein Arbeitnehmer grundsätzlich nicht verwiesen werden.[155]

42 Der **LKW** des Fuhrunternehmers ist nur dann unpfändbar, wenn er der einzige ist und wenn der Schuldner mit diesem LKW in seinem Unternehmen persönlich mitarbeitet.[156] Der Klein-LKW des Schaustellers, der mit einer Wurf- oder Losbude o. ä. über die Jahrmärkte zieht, ist unpfändbar.[157] Dagegen ist der LKW des Markthändlers, mit dem dieser von Marktplatz zu Marktplatz fährt, in der Regel pfändbar, da beim Händler der Warenumsatz die persönliche Leistung überwiegt. Pfändbar ist auch der LKW des Bauunternehmers, bei dem der Maschineneinsatz dominiert.

43 **Fernsehgeräte**, Tonbandgeräte oder Plattenspieler sind regelmäßig in Gaststätten unpfändbar, wenn sie dort zur Unterhaltung der Gäste eingesetzt werden[158] und wenn die übrigen Voraussetzungen der Nr. 5 vorliegen. Dort kann auch ein Farbfernsehgerät regelmäßig nicht mehr im Wege der Austauschpfändung durch ein Schwarz-Weiß-Gerät ersetzt werden, da dies von den Kunden der Gaststätte nicht in gleicher Weise angenommen wird.

---

144 KG, Rpfleger 1958, 225; OLG Hamm, JurBüro 1955, 409; LG Braunschweig, MDR 1970, 338; LG Göttingen, BB 1953, 183; AG Würzburg, DGVZ 1974, 141.
145 LG Koblenz, JurBüro 1989, 1470.
146 AG Mannheim, BB 1952, 301.
147 OLG Celle, MDR 1969, 226.
148 A. A. insoweit LG Göttingen, JurBüro 1963, 568.
149 AG Neuwied, DGVZ 1998, 174.
150 LG Göttingen, NdsRpfl 1954, 9; AG Hamburg, JurBüro 1964, 288.
151 OLG Düsseldorf, MDR 1957, 428; LG Hannover, JurBüro 1956, 28; *Wieczorek/Schütze/Lüke*, § 811 Rn. 38; a. A. OLG Hamm, MDR 1961, 420.
152 LG Lüneburg, MDR 1955, 748.
153 LG Stuttgart, DGVZ 2005, 42 f.
154 OLG Hamm, DGVZ 1984, 138; OLG Oldenburg, MDR 1962, 486; LG Detmold, DGVZ 1996, 120 f.; LG Heidelberg, DGVZ 1994, 9; LG Heilbronn, NJW 1988, 148; LG Hildesheim, DGVZ 1989, 172; LG Rottweil, DGVZ 1993, 57; LG Stuttgart, DGVZ 1986, 78; AG Waldbröhl, DGVZ 1998, 158.
155 OLG Hamm, DGVZ 1984, 138.
156 LG Bonn, MDR 1960, 770; AG Gießen, DGVZ 1997, 189; **a. A.** (auch dann noch pfändbar) LG Darmstadt, NJW 1955, 347.
157 AG Köln, JurBüro 1965, 932.
158 So schon LG Lübeck, SchlHA 1955, 336 und 1958, 174; vgl. auch LG Göttingen, NdsRpfl 1959, 36.

Moderne Schreibgeräte[159], **Bürocomputer**[160], **Anrufbeantworter**[161], **Kopier-**[162] und **Diktiergeräte**[163] gehören inzwischen zum unentbehrlichen und deshalb unpfändbaren Büroinventar der meisten Freiberufler.

Auch ein **Kiosk,** der nach § 95 BGB nicht Grundstücksbestandteil ist, kann im Einzelfall unpfändbar sein, wenn nach einer Gesamtschau der in ihm betriebene Handel wirtschaftlich nicht die persönliche Tätigkeit des Schuldners überwiegt.[164]

Welches technische Gerät und welches Geschäftsinventar für welchen Handwerksbetrieb im Einzelnen unpfändbar ist, lässt sich abschließend nicht aufzählen und ist im Hinblick auf die technische Entwicklung auch starken Veränderungen unterworfen.[165]

7. Zu Nr. 6

Da Nr. 5 auf die persönliche Erwerbstätigkeit des Schuldners abstellt, könnten Betriebe, die nach dem Tode des persönlich tätigen Inhabers im Auftrage der Witwe oder der minderjährigen Erben durch einen angestellten Stellvertreter fortgeführt werden, sogleich kahlgepfändet werden. Das wäre ein volkswirtschaftlich unerwünschter Zustand. Dem soll durch Nr. 6 abgeholfen werden. Die zur Fortführung des Betriebes erforderlichen Gegenstände, auch wenn sie erst nach dem Tode des Erblassers angeschafft wurden, sind unpfändbar. Zur Frage der Erforderlichkeit gilt das zu Nr. 5 Gesagte. Abzustellen ist auf den Zuschnitt des Betriebes im Zeitpunkt der Pfändung, nicht des Erbfalles. Es können also, weil der Betrieb Aufschwung genommen hat, Gegenstände unpfändbar geworden sein, die, als der Erblasser sie noch benutzte, damals pfändbar waren. Führen die Erben nicht den alten Betrieb fort, sondern haben sie einen neuen eröffnet, gilt Nr. 6 nicht, auch wenn das Betriebskapital des neuen Betriebes aus der Erbschaft oder der Auflösung des alten Betriebes stammt.

8. Zu Nr. 7

Die Vorschrift ergänzt für bestimmte Berufsgruppen die Nr. 5. Diese Berufsgruppen werden insofern privilegiert, als die Möglichkeit der **Austauschpfändung** in § 811a Abs. 1 **nicht** vorgesehen ist. Sie können also auch wertvolle, für ihre berufliche Betätigung erforderliche Gegenstände weiter nutzen, obwohl ein erheblich preiswerterer Gegenstand derselben Art die gleichen Zwecke ausreichend erfüllen würde.[166] So könnte etwa der Arzt seine Patientenbesuche auch in einem kleineren Gebrauchtwagen durchführen statt in dem von ihm tatsächlich genutzten komfortablen Neuwa-

---

159 So schon OLG Köln, JMBl.NW 1953, 105; vgl. allerdings zur Pfändbarkeit eines Schreibautomaten in einem kleinen Anwaltsbüro ohne Notariat OLG Hamburg, DGVZ 1984, 57 f.
160 LG und OLG Hamburg, DGVZ 1984, 57; LG Heilbronn, Rpfleger 1994, 370; LG Hildesheim, DGVZ 1990, 30; LG Frankfurt, DGVZ 1990, 58; DGVZ 1994, 28; LG Koblenz, JurBüro 1992, 264 f.; AG Bersenbrück, DGVZ 1990, 78; *Paulus,* DGVZ 1990, 151 f.; vgl. aber zur Pfändbarkeit einer Computeranlage eines Versicherungsagenten LG Koblenz, JurBüro 1992, 264 f.
161 LG Düsseldorf, DGVZ 1986, 44; LG Mannheim, BB 1974, 1458; vgl. zur Pfändbarkeit sonstiger teilnehmereigener Telekommunikationsendgeräte (z. B. schnurloses Telefon, Telefax) FG des Saarlandes, DGVZ 1995, 171; *Schmittmann,* DGVZ 1994, 49 ff.
162 LG Frankfurt, DGVZ 1990, 58 (bei einem Architekten).
163 LG Mannheim, MDR 1966, 516 (bei einem Rechtsanwalt).
164 So schon LG Aschaffenburg, NJW 1952, 752; LG München, JurBüro 1950, 123; AG Hamburg-Wandsbek, MDR 1952, 753; **a. A.** (immer pfändbar) OLG Celle, NdsRpfl 1958, 191; AG Hamburg, JurBüro 1951, 391.
165 Siehe etwa die Übersicht bei *Bloedhorn,* DGVZ 1976, 104 ff.; ferner LG Augsburg, NJW-RR 1989, 1356. Zur Unpfändbarkeit der zum Betreiben eines Zirkus erforderlichen Ausstattungsgegenstände siehe AG Oberhausen, DGVZ 1996, 159.
166 Kritisch zur Notwendigkeit einer solchen Privilegierung heute *Stein/Jonas/Münzberg,* § 811 Rn. 59 und *Wieczorek/Schütze/Lüke,* § 811 Rn. 40.

gen; dennoch ist der eigene PKW des Arztes, der ihn zu Krankenbesuchen benötigt, ohne Austauschmöglichkeit unpfändbar.[167] Hinsichtlich der **Erforderlichkeit** der einzelnen Gegenstände zur Ausübung des Berufes gilt das zu Nr. 5 und 6 Gesagte entsprechend: Es kommt auf den jeweiligen Zuschnitt der Rechtsanwalts-, Notar-, Arzt- oder Hebammenpraxis an. Ein **Diktier-**[168], aber auch ein **Fotokopiergerät**[169] sind heute in jeder Rechtsanwalts- und Notarpraxis erforderlich. Gleiches gilt inzwischen für einen Bürocomputer. Eine Röntgenanlage ist heute in einer Zahnarztpraxis auch dann unpfändbar, wenn am Praxisort andere Gelegenheiten zu Röntgenaufnahmen vorhanden sind;[170] denn es wird vom Zahnarzt allgemein heute verlangt, dass er über die Therapiemöglichkeiten für einen Zahn sofort entscheiden kann.

49 **Beamte** i. S. der Nr. 7 sind auch Angestellte im öffentlichen Dienst und Richter. **Dienstkleidung** und **Dienstausrüstungsgegenstände** sind nur die durch Gesetz oder vom Arbeitgeber im öffentlichen Dienst vorgeschriebene Bekleidung (Polizei, Bundeswehr, Feuerwehr, Zoll, usw.) und Ausrüstung (Dienstpistole usw.), nicht freiwillig getragene Uniformen (Privatchauffeur o. ä.). »**Geistliche**« umfasst die religiösen Amtsträger aller Religionsgemeinschaften, unabhängig von ihrer Nationalität. Unpfändbar ist daher etwa der Koran des türkischen Imam.

9. Zu Nr. 8

50 Die Vorschrift ergänzt den § 850k und enthält für die Bezieher der in §§ 850–850b bezeichneten Einkommen sowie von Einkünften der in § 54 Abs. 3–5 SGB I bezeichneten Art oder von laufenden Kindergeldleistungen die gleiche Regelung, wie sie vorher in dem bis zum 31.11.2011 geltenden § 55 Abs. 4 SGB I für die Empfänger von Sozialleistungen vorgesehen war. Sie bezieht sich nur auf **Bargeld**. Auf die Frage, ob das vorgefundene Bargeld tatsächlich aus den geschützten Einkünften stammt, kommt es nicht an.[171] Gleichgültig ist auch, ob der Schuldner noch Beträge auf dem Konto hat oder nicht.[172] Der Gerichtsvollzieher hat zunächst den unpfändbaren Teil der Bezüge zwischen zwei Zahlungsterminen zu berechnen und sodann den Anteil hiervon vom Tage der Pfändung bis zum nächsten Zahlungstermin. Der so errechnete Betrag ist dem Schuldner zu belassen. Behauptet der Schuldner bei der Pfändung, der Gerichtsvollzieher habe den Betrag unzutreffend berechnet, so muss der Gerichtsvollzieher die Ablieferung des gepfändeten Geldes an den Gläubiger in entsprechender Anwendung des § 835 Abs. 3 bis zu maximal vier Wochen hinausschieben, um dem Schuldner Gelegenheit zur Erinnerung nach § 766 zu geben.[173] Ansonsten wäre der durch § 850k bezweckte Schuldnerschutz ausgehöhlt.

10. Zu Nr. 9

51 Die Vorschrift dient nicht nur dem Schuldnerschutz, sondern (zumindest in ländlichen Gebieten) auch dem öffentlichen Interesse an einer gesicherten medizinischen Versorgung[174] durch sachkundiges Personal. Dieser Gesichtspunkt muss auch bei der Frage der »Unentbehrlichkeit« neben rein wirtschaftlichen Überlegungen berücksichtigt werden. Bei Insolvenz des Apothekers fallen die nach

---

167 Zur Unpfändbarkeit des PKW eines Arztes, der auch Hausbesuche macht, *Zöller/Stöber*, § 811 Rn. 31; **a. A.** noch LG Hildesheim, DGVZ 1950, 42. Dagegen ist der PKW eines Zahnarztes, der nahezu ausschließlich in seinen Praxisräumen tätig ist, pfändbar; siehe AG Sinzig, NJW-RR 1987, 508. Gleiches gilt für den in einer Großstadt praktizierenden Facharzt; dazu FG Bremen, DGVZ 1994, 14.
168 LG Mannheim, MDR 1966, 516.
169 **A. A.** LG Berlin, DGVZ 1985, 142.
170 **A. A.** noch OLG Hamm, JMBl. NW 1953, 40.
171 *Wieczorek/Schütze/Lüke*, § 811 Rn. 42.
172 *Wieczorek/Schütze/Lüke*, § 811 Rn. 42.
173 *Gilleßen/Jakobs*, DGVZ 1978, 129; PG/*Flury*, § 811 Rn. 40; *Stein/Jonas/Münzberg*, § 811 Rn. 63; *Wieczorek/Schütze/Lüke*, § 811 Rn. 43.
174 OLG Köln, NJW 1961, 975.

Nr. 9 unpfändbaren Geräte, Gefäße und Waren uneingeschränkt in die Insolvenzmasse (§ 36 Abs. 2 Nr. 2 InsO).

11. Zu Nr. 10

Die Vorschrift ergänzt die Nrn. 5 und 7. Auf den Wert der Bücher und ihre Unentbehrlichkeit für den Schuldner kommt es nicht an[175], da allein auf ihre »Bestimmung« abgestellt wird. Eine Austauschpfändung kommt nicht in Betracht (§ 811a Abs. 1). Sind die Bücher erkennbar nicht zu den in Nr. 9 genannten Zwecken »bestimmt«, sondern Teil einer Kunstsammlung oder Kapitalanlage (es entscheidet aber nicht der Wert, sondern die äußeren Umstände), so sind sie pfändbar.[176] Es ist also nicht jedes religiöse Buch per se der Pfändung entzogen.

»Kirche« bedeutet jede Religionsgemeinschaft, die Schutz nach Art. 4 GG genießt. »Schule oder sonstige Unterrichtsanstalt« sind alle staatlichen und privaten Schulen, Universitäten, Volkshochschulen, Musikschulen, Fachschulen und sonstigen Lehranstalten. Ob der Schuldner und seine Familienangehörigen die Ausbildung an dieser Lehranstalt noch »benötigen« oder ob es sich um eine freiwillige Zusatzausbildung handelt, ist ohne Belang.[177]

12. Zu Nr. 11

Die Vorschrift dient dem Schutz der geschäftlichen wie privaten Intimsphäre: Bestimmte schriftliche Unterlagen, die für den persönlichen Gebrauch angefertigt wurden, sollen nicht über die Verwertung in der Zwangsvollstreckung Dritten oder gar der Allgemeinheit zugänglich gemacht werden. **Geschäftsbücher** im Sinne der Vorschrift sind nicht nur die nach dem HGB und den steuerrechtlichen Vorschriften notwendigen Handelsbücher, sondern alle Aufzeichnungen des Schuldners über seine geschäftlichen Belange, unabhängig davon, ob es sich bei dem Schuldner um einen Kaufmann handelt oder nicht. Auf die »Buch«-Form der Aufzeichnungen kommt es nicht an, sodass auch Loseblattsammlungen mit Belegen, Rechnungen, Geschäftskorrespondenz, Vertragsurkunden usw. sowie Karteien hierunter fallen.[178] Dies gilt auch für die **Kundenkartei** des Schuldners[179], die nicht selten für Interessierte einen erheblichen wirtschaftlichen Wert darstellen mag. Sie hat aber ebenfalls einen ganz persönlichen Charakter im Hinblick auf den Geschäftsbetrieb des Schuldners, der ihren Pfändungsschutz rechtfertigt, solange der Geschäftsbetrieb fortbesteht. Bei Insolvenz des Schuldners entfällt dieser Schutz nach § 36 Abs. 2 Satz 1 InsO.

Im Zeitalter der elektronischen Datenaufzeichnung müssen auch elektronische Datenträger (Karten, Disketten, CD-ROMs, Festplatten) als »Geschäftsbücher« behandelt werden. Dagegen fallen nicht unter Nr. 11 die Aufzeichnungsgeräte als solche.[180] Diese Hardware ist allein nach den Regeln der Nrn. 5 und 6 unpfändbar.

Familienpapiere im Sinne der Vorschrift sind alle Urkunden, die etwas über die persönlichen Verhältnisse des Schuldners und seiner Familie (unter Einschluss der Lebenspartnerschaft) aussagen, und zwar auch im Hinblick auf eine weit zurückliegende Vergangenheit, sodass auch wertvolle alte Urkunden, die einen eigenen Marktwert besitzen, unpfändbar sind. Den Urkunden gleichzustellen sind Familienfotografien, auch ganze Fotoalben, nicht aber Gemälde von Familienangehörigen[181], sodass die sog. »Ahnengalerie« der Pfändung unterliegt (ihr fehlt von vornherein die Intimität der

---

175 AG Bremen, DGVZ 1984, 157.
176 *Wieczorek/Schütze/Lüke*, § 811 Rn. 45.
177 *Wieczorek/Schütze/Lüke*, § 811 Rn. 47.
178 PG/*Flury*, § 811 Rn. 44; *Wieczorek/Schütze/Lüke*, § 811 Rn. 49.
179 OLG Frankfurt, OLGZ 1979, 338.
180 *Wieczorek/Schütze/Lüke*, § 811 Rn. 50.
181 Ähnlich wie hier *Baumbach/Lauterbach/Hartmann*, § 811 Rn. 51; PG/*Flury*, § 811 Rn. 45; *Stein/Jonas/Münzberg*, § 811 Rn. 68; *Thomas/Putzo/Seiler*, § 811 Rn. 35; **differenzierend**: *Wieczorek/Schütze/Lüke*, § 811 Rn. 51; a. A. *Zöller/Stöber*, § 811 Rn. 35.

privaten Papiere). Urkunden im vorstehenden Sinne sind nicht nur öffentliche Urkunden, sondern auch private Papiere, etwa ein Briefwechsel.

57 **Trauringe** sind nur solche Ringe, die als Zeichen der Eheschließung oder Begründung der Lebenspartnerschaft benutzt wurden, nicht auch solche, die nur anlässlich eines solchen Ereignisses angeschafft wurden. Ob die Ehe oder Lebenspartnerschaft noch besteht und ob der ursprüngliche Trauring noch getragen wird, spielt für die Unpfändbarkeit keine Rolle. Dem Trauring des Schuldners ist der von ihm verwahrte Trauring seines verstorbenen Ehegatten oder Lebenspartners gleichzustellen, nicht aber der Verlobungsring[182] oder der sog. Freundschaftsring (hier würden sonst Manipulationen »Tür und Tor« geöffnet werden).

58 **Orden und Ehrenzeichen** sind nur **staatliche** Auszeichnungen, die dem Schuldner oder – mit der Bestimmung, im Besitze seiner Familie verbleiben zu dürfen – einem seiner verstorbenen Familienmitglieder von einer in- oder ausländischen Regierung oder einer gleichgestellten (etwa supranationalen) Institution verliehen wurden[183], nicht aber private Auszeichnungen, etwa bei sportlichen Wettkämpfen errungene Pokale, bei privaten Festivals erzielte Medaillen oder ähnliche privatverliehene Anerkennungen. Hat der Schuldner sich wegen des Verlustes des Originalehrenzeichens eine Dublette anfertigen lassen, ist auch diese unpfändbar[184], nicht aber zusätzlich neben dem Original.

13. Zu Nr. 12

59 »Notwendig« i.S. der Vorschrift sind alle Hilfsmittel, die erforderlich sind, um dem körperlich behinderten Schuldner oder Familienangehörigen des Schuldners einen Ausgleich derart zu verschaffen, dass sie im Rahmen des Möglichen sich einem Gesunden gleich betätigen können. Neben den schon ausdrücklich genannten künstlichen Gliedmaßen und Brillen kommen als Hilfsmittel dieser Art in Betracht: Hör- und Verständigungshilfen, Rollstühle, der Behinderung angepasste Möbel[185], Blindenhunde, aber auch ein der Behinderung angepasster PKW des gehbehinderten Schuldners[186] (etwa ein auf reine Handschaltung hin ausgerüstetes Fahrzeug[187]) und im Fall einer außergewöhnlichen Gehbehinderung auch ein nicht umgebauter Pkw,[188] ferner medizinische Apparate zur Regulierung und Unterstützung von Körperfunktionen. Auf den Wert der Gegenstände kommt es nicht an. Eine Austauschpfändung ist in § 811a Abs. 1 nicht vorgesehen. Sie ist auch nicht in analoger Anwendung dieser Vorschrift zuzulassen.[189] Notwendig ist das Hilfsmittel nur so lange, wie es vom Schuldner selbst zum Gebrauch als Ausgleich seiner Behinderung bestimmt ist. Hat der Schuldner etwa schon ein neues Hilfsmittel gekauft und sich zur Veräußerung des alten entschlossen, so wird Letzteres pfändbar.[190]

---

182 Wie hier AG Schöneberg, DGVZ 2012, 227; *Baumbach/Lauterbach/Hartmann*, § 811 Rn. 51; *Musielak/Voit/Becker*, § 811 Rn. 26; *Wieczorek/Schütze/Lüke*, § 811 Rn. 52; *Zöller/Stöber*, § 811 Rn. 35; a. A. *Stein/Jonas/Münzberg*, § 811 Rn. 68.
183 Allgem. Meinung; beispielhaft *Baumbach/Lauterbach/Hartmann*, § 811 Rn. 51; *Stein/Jonas/Münzberg*, § 811 Rn. 69.
184 So auch *Stein/Jonas/Münzberg*, § 811 Rn. 69; *Wieczorek/Schütze/Lüke*, § 811 Rn. 53; a. A. *Baumbach/Lauterbach/Hartmann*, § 811 Rn. 51; *Zöller/Stöber*, § 811 Rn. 35.
185 LG Kiel, SchlHA 1984, 75.
186 BGH, NJW-RR 2011, 1367 f.; BGH, Rpfleger 2004, 428; OLG Celle, JurBüro 1967, 768; LG Berlin, DGVZ 2013, 183; AG und LG Bielefeld, DGVZ 1972, 126; LG Hannover, DGVZ 1985, 121; LG Köln, MDR 1964, 604; LG Lübeck, DGVZ 1979, 25; AG Germersheim, DGVZ 1980, 127; *Schmidt/Futterer*, DAR 1961, 219; *Wieczorek/Schütze/Lüke*, § 811 Rn. 55; a. A. OLG Köln, Rpfleger 1986, 57; LG Düsseldorf, DGVZ 1989, 14; *E. Schneider*, MDR 1986, 726.
187 Ersetzt das Fahrzeug nicht die eingeschränkte Fortbewegungsmöglichkeit, wird es in der Regel nicht unter Nr. 12 fallen, sondern gegebenenfalls unter Nr. 5.
188 BGH, Rpfleger 2004, 428, 429.
189 *Wieczorek/Schütze/Lüke*, § 811 Rn. 55; a. A. OLG Köln, Rpfleger 1986, 57.
190 OLG Hamm, JMBl.NW 1961, 235.

14. Zu Nr. 13

Die Vorschrift schützt nicht Bestattungsunternehmen, Sargfabrikanten, Friedhofsgärtner usw., sondern die Familie des Schuldners, in der selbst ein Todesfall zu beklagen war.[191] Sie ist also kein Spezialfall zu Nr. 5, vielmehr geht es in ihr um die Respektierung der Pietätsgefühle der Trauernden und der Bevölkerung allgemein. Die Ausrüstungsgegenstände der Bestattungsunternehmer sind bei diesen dagegen allenfalls nach Nr. 5 und 6 unpfändbar. »Unmittelbar für die Bestattung bestimmt« sind etwa die Leichenkleidung und der Sarg. Ob dazu auch der **Grabstein** gehört, war lange umstritten. Das wurde verbreitet bejaht[192] mit der Konsequenz, dass der Grabstein auch nicht für den Werklohnanspruch des Steinmetzen oder eines sonstigen Grabsteinherstellers pfändbar war. Der Lieferant wurde von dieser Ansicht auf die Möglichkeit verwiesen, vor der vollständigen Bezahlung von einer endgültigen Montage des Grabsteines abzusehen und sein Vorbehaltseigentum im Wege der Herausgabeklage geltend machen. Die Gegenansicht[193] bejahte die Pfändbarkeit des Grabsteins mit der Begründung, dieser sei nicht »zur unmittelbaren Pfändung für die Bestattung« bestimmt. Dieser Ansicht hat sich der BGH jedenfalls für den Fall, dass der Grabstein unter Eigentumsvorbehalt geliefert wurde und der Steinmetz wegen seines Zahlungsanspruchs vollstreckt, angeschlossen.[194] Der Grabstein werde bei dem Vorgang der Bestattung noch gar nicht verwendet, sondern erst geraume Zeit später aufgestellt. Er diene nicht der Bestattung, sondern dem Andenken des Verstorbenen. Pietätsgesichtspunkte stünden nicht entgegen, da der Lieferant auch seinen Herausgabeanspruch einklagen und nach § 883 vollstrecken könnte. Für die Praxis ist damit die (allerdings nicht zu überschätzende) Frage nach der Pfändbarkeit geklärt. Die Friedhofsverwaltung muss wegen ihres (Allein- oder Mit-) Gewahrsams an der Grabstätte der Pfändung zustimmen (§ 809). Offen ist weiterhin die Frage, ob eine Pfändung des Grabsteins unter Pietätsgesichtspunkten ausgeschlossen ist, wenn dieser nicht unter Eigentumsvorbehalt geliefert wurde, sodass dem Lieferanten auch kein nach § 883 zu vollstreckender Herausgabeanspruch zusteht.

60

§ 811 Abs. 1 Nr. 13 ist auf andere Gegenstände, die ebenfalls einen ausgeprägten Gefühlswert haben (Trau- und Taufkleider u.ä.), **nicht** entsprechend anwendbar.[195]

61

X. Weitere Pfändungsbeschränkungen außerhalb von § 811

1. Gesetzlich angeordnete Unpfändbarkeit

Aufgrund besonderer Vorschriften sind insbesondere folgende Gegenstände unpfändbar:
a) Die Nutzungen der Erbschaft sowie die Nutzungen des Gesamtgutes einer fortgesetzten Gütergemeinschaft in den Fällen des § 863;
b) Fahrbetriebsmittel aller Eisenbahnen, welche Güter oder Personen im öffentlichen Verkehr befördern (Gesetz vom 3.5.1886 – RGBl. I S. 131);
c) Hochseekabel mit Zubehör (KabelpfandG vom 31.3.1925 – RGBl. I S. 37);

62

---

191 Allgem. Meinung; beispielhaft *Baumbach/Lauterbach/Hartmann*, § 811 Rn. 53; *Stein/Jonas/Münzberg*, § 811 Rn. 71; *Zöller/Stöber*, § 811 Rn. 37.
192 LG Kassel, DGVZ 2005, 41, 42; AG und LG München, DGVZ 2003, 122 f.; LG Oldenburg, JurBüro 1990, 1680; AG Aalen, DGVZ 1989, 188; AG Bad Schwalbach, DGVZ 1984, 61; AG Mönchengladbach, DGVZ 1996, 78; AG Walsrode, DGVZ 1989, 188; *Baumbach/Lauterbach/Hartmann*, § 811 Rn. 53; *Dillenburger/Pauly*, DGVZ 1994, 180 ff.; *Schuschke/Walker*, 3. Aufl., § 811 Rn. 45; *Stein/Jonas/Münzberg*, § 811 Rn. 71.
193 OLG Köln, VersR 1991, 1393; LG Braunschweig, Rpfleger 2000, 462; LG Hamburg, DGVZ 1990, 90; LG Koblenz, DGVZ 1988, 11; LG Mönchengladbach, DGVZ 1996, 139; LG Oldenburg, DGVZ 1992, 91; vgl. auch LG Stuttgart, DGVZ 1991, 59; LG Weiden, DGVZ 1990, 142; LG Wiesbaden, NJW-RR 1989, 575; AG Miesbach, MDR 1983, 499; AG Wiesbaden, DGVZ 1985, 79; *Christmann*, DGVZ 1986, 56; *Thomas/Putzo/Seiler*, § 811 Rn. 37; *Wacke*, DGVZ 1986, 161; *Zöller/Stöber*, § 811 Rn. 37.
194 BGH, NJW-RR 2006, 570 f.; **zustimmend** *Röder*, DGVZ 2007, 17 f.; **kritisch** *Pauly*, DGVZ 2006, 103.
195 *Stein/Jonas/Münzberg*, § 811 Rn. 71; *Wieczorek/Schütze/Lüke*, § 811 Rn. 58.

d) Originale von urheberrechtlich geschützten Werken, soweit der Urheber bzw. dessen Rechtsnachfolger nicht zustimmen (§§ 114 Abs. 1, 116 Abs. 1 UrhG); Vorrichtungen zur Vervielfältigung derartiger Werke, soweit die Pfändung in § 119 UrhG nicht ausnahmsweise zugelassen ist. Ausnahmen zu §§ 114 Abs. 1, 116 Abs. 1 UrhG finden sich jeweils in Abs. 2 der genannten Vorschriften;
e) Bargeld, das offenkundig aus Miet- und Pachtzahlungen herrührt und ebenso offenkundig vom Schuldner zur laufenden Unterhaltung des Grundstücks, zur Vornahme laufender Instandsetzungsarbeiten und zur Befriedigung der in § 851b Abs. 1 Satz 1 genannten Ansprüche unbedingt benötigt wird § 851b Abs. 4 Satz 3);
f) Bargeld im Fall des § 811a Abs. 3;
g) weitere Unpfändbarkeitsvorschriften finden sich u. a. im VersicherungsaufsichtsG, im HypothekenbankG, im PfandbriefeG und im SchiffsbankG.[196]
h) besonderen Schutz genießen schließlich Haustiere gem. § 811c.

2. Unpfändbarkeit wegen Unübertragbarkeit

63 Da die Pfändung nicht Selbstzweck ist, sondern als öffentlich-rechtliche Legitimation für die spätere Verwertung der gepfändeten Sachen dient, ist darüber hinaus die Pfändung aller Sachen unzulässig, deren Veräußerung, sei es aufgrund besonderer Vorschrift (Beispiele in § 76 GVGA), sei es nach den allgemeinen Regeln (sog. res extra commercium[197]) unzulässig ist.

XI. Die Kosten des Pfändungsschutzes

64 Bleibt ein Pfändungsversuch erfolglos, weil der Schuldner ausschließlich unpfändbare Gegenstände besitzt, handelt es sich bei den Kosten dieses Versuchs um notwendige Kosten der Zwangsvollstreckung, die dem Schuldner zur Last fallen. Wird die Zwangsvollstreckung erst auf die Erinnerung (§ 766 ZPO) hin wegen der Unpfändbarkeit des Gegenstandes für unzulässig erklärt und daraufhin der Gegenstand vom Gerichtsvollzieher zum Schuldner zurückgeschafft, so fallen auch diese Kosten dem Schuldner zur Last[198], es sei denn, der Gerichtsvollzieher hat die Pfändung gerade auf Weisung des Gläubigers hin vorgenommen.[199]

XII. ArbGG, VwGO, AO

65 § 811 gilt auch für die Vollstreckung von arbeitsgerichtlichen Titeln (§§ 62 Abs. 2, 85 Abs. 1 Satz 3 ArbGG) und von Titeln nach § 168 VwGO (§ 167 Abs. 1 VwGO), sofern sie durch Pfändung beweglicher Sachen erfolgt. Für die Vollstreckung nach § 169 Abs. 1 VwGO gilt das VwVG, welches in § 5 VwVG auf § 295 AO verweist. Danach gelten für die Pfändung im Rahmen der Abgabenvollstreckung wiederum die §§ 811 bis 812 und 813 Abs. 1–3. Aufgrund dieser Verweisung hat § 811 ZPO für die Pfändung beweglicher Sachen einen umfassenden Anwendungsbereich.

---

196 Einzelheiten bei *Stein/Jonas/Münzberg*, § 811 Rn. 78 ff., 81.
197 Beispiele: *Palandt/Ellenberger*, Überbl. v. § 90 BGB Rn. 7 ff.
198 Siehe § 788 Rdn. 12; **a.A.** AG Köln, JurBüro 1966, 68 (für eine Kostentragungspflicht des Gläubigers).
199 Siehe § 788 Rdn. 12.

§ 811a Austauschpfändung

(1) Die Pfändung einer nach § 811 Abs. 1 Nr. 1, 5 und 6 unpfändbaren Sache kann zugelassen werden, wenn der Gläubiger dem Schuldner vor der Wegnahme der Sache ein Ersatzstück, das dem geschützten Verwendungszweck genügt, oder den zur Beschaffung eines solchen Ersatzstückes erforderlichen Geldbetrag überlässt; ist dem Gläubiger die rechtzeitige Ersatzbeschaffung nicht möglich oder nicht zuzumuten, so kann die Pfändung mit der Maßgabe zugelassen werden, dass dem Schuldner der zur Ersatzbeschaffung erforderliche Geldbetrag aus dem Vollstreckungserlös überlassen wird (Austauschpfändung).

(2) ¹Über die Zulässigkeit der Austauschpfändung entscheidet das Vollstreckungsgericht auf Antrag des Gläubigers durch Beschluss. ²Das Gericht soll die Austauschpfändung nur zulassen, wenn sie nach Lage der Verhältnisse angemessen ist, insbesondere wenn zu erwarten ist, dass der Vollstreckungserlös den Wert des Ersatzstückes erheblich übersteigen werde. ³Das Gericht setzt den Wert eines vom Gläubiger angebotenen Ersatzstückes oder den zur Ersatzbeschaffung erforderlichen Betrag fest. ⁴Bei der Austauschpfändung nach Absatz 1 Halbsatz 1 ist der festgesetzte Betrag dem Gläubiger aus dem Vollstreckungserlös zu erstatten; er gehört zu den Kosten der Zwangsvollstreckung.

(3) Der dem Schuldner überlassene Geldbetrag ist unpfändbar.

(4) Bei der Austauschpfändung nach Absatz 1 Halbsatz 2 ist die Wegnahme der gepfändeten Sache erst nach Rechtskraft des Zulassungsbeschlusses zulässig.

Übersicht	Rdn.		Rdn.
I. Zweck und Anwendungsbereich der Norm	1	3. Prüfung der Angemessenheit der Austauschpfändung	9
II. Antrag des Gläubigers	2	4. Entscheidung durch Beschluss (Abs. 2 Satz 1)	11
III. Arten der Ersatzleistung	3	V. Durchführung der Austauschpfändung	12
1. Vergleichbares Ersatzstück	4	VI. Rechtsverhältnis zwischen Gläubiger und Schuldner aufgrund der Ersatzgewährung	17
2. Geldbetrag für ein Ersatzstück	5		
3. Geldbetrag aus dem Vollstreckungserlös	6		
IV. Verfahren auf Zulassung der Austauschpfändung	7	VII. Rechtsbehelfe der Beteiligten	18
1. Prüfung des Antrages durch das Vollstreckungsgericht	7	1. Vollstreckungsrechtliche Rechtsbehelfe	18
2. Gewährung rechtlichen Gehörs	8	2. Materiellrechtliche Ansprüche	19
		VIII. Kosten und Gebühren	20
		IX. ArbGG, VwGO, AO	21

Literatur:
Pardey, Austauschpfändung bei Hausratsgegenständen, DGVZ 1989, 54; *E. Schneider*, Problemfälle aus der Praxis. Luxuswagen als Gebrechlichkeitshilfe, MDR 1986, 726.

I. Zweck und Anwendungsbereich der Norm

Nicht in allen Fällen des § 811 Abs. 1 ist es zum Schutze des Schuldners erforderlich und dem Gläubiger aus übergeordneten sozialstaatlichen Erwägungen zumutbar, wertvolle Gegenstände dem Schuldner zu belassen. Oft ist es möglich, ihm einfachere und billigere, dem gleichen Zweck dienliche Gegenstände zur Verfügung zu stellen. Dem will die Zulassung der Austauschpfändung Rechnung tragen. § 811a dient also dem Vollstreckungsinteresse des Gläubigers. Man kann durchaus darüber streiten, ob der Gesetzgeber sinnvoll handelte, als er die Austauschpfändung durch ausdrückliche Aufzählung allein auf die Nrn. 1, 5 und 6 des § 811 Abs. 1 beschränkte.[1] Der unzweideutige Wortlaut lässt aber eine analoge Anwendung der Vorschrift auf andere Fälle der Unpfänd-

1

---

1 So schon kritisch kurz nach Einfügung der Vorschrift in die ZPO *Schumacher*, ZZP 67 (1954), 255.

barkeit **nicht** zu.² Zu einer solchen ausdrücklichen Korrektur des Gesetzgebers ist nur dieser selbst, nicht die Rechtsprechung berufen. Lässt sich die Unpfändbarkeit eines Gegenstandes aus mehreren Nrn. des § 811 Abs. 1 herleiten, von denen auch nur eine nicht in § 811a Abs. 1 genannt ist, so ist die Austauschpfändung ausgeschlossen, da ansonsten der Sinn der Beschränkung auf nur drei Fälle der Unpfändbarkeit ausgehöhlt würde.³

II. Antrag des Gläubigers

2 Die Austauschpfändung wird nicht von Amts wegen eingeleitet, es bedarf vielmehr im Regelfall (zur vorläufigen Austauschpfändung siehe § 811b) eines ausdrücklichen **Antrages** des Gläubigers an das Vollstreckungsgericht auf Zulassung der Austauschpfändung und eines zusätzlichen Antrages des Gläubigers an den Gerichtsvollzieher auf Durchführung der zugelassenen Austauschpfändung. Das ist sinnvoll, da sich der Gläubiger zunächst klar werden muss, ob der mit der Austauschpfändung verbundene Aufwand für ihn vertretbar ist, zumal der Verwertungserlös gepfändeter Gegenstände meist unter ihrem Verkehrswert liegt.

III. Arten der Ersatzleistung

3 Ersatz dafür, dass ihm ein bis dahin an sich unpfändbarer Gegenstand durch Zwangsvollstreckung entzogen wird, kann dem Schuldner in dreifacher Weise geleistet werden: Durch Zurverfügungstellung eines Ersatzstückes, das dem geschützten Verwendungszweck genügt, durch Bereitstellung des Geldbetrages, der zur Beschaffung eines solchen Ersatzstücks erforderlich ist, und ausnahmsweise, wenn dem Gläubiger die Zurverfügungstellung des Ersatzstückes oder die Vorableistung des erforderlichen Geldbetrages nicht möglich oder nicht zumutbar ist, durch Überlassung des zur Ersatzbeschaffung erforderlichen Geldbetrages aus dem Vollstreckungserlös.

1. Vergleichbares Ersatzstück

4 Das Ersatzstück, das der Gläubiger zur Verfügung stellt, muss dem gleichen Zweck dienen wie der zu pfändende Gegenstand; es muss aber nicht gleicher Art sein, soweit es den angestrebten Verwendungszweck erfüllt.⁴ Dies wäre etwa für ein einfaches Radio anstelle einer kompletten Hifi-Anlage mit eingebautem Tuner⁵, für eine einfache Armbanduhr anstelle einer goldenen, gleichzeitig zum Schmuckstück bestimmten Uhr⁶, für ein Schwarzweiß-Fernsehgerät anstelle eines Farbfernsehgerätes⁷, im Einzelfall (bei nur kurzem Fahrtweg zur Arbeitsstelle) auch für ein Moped anstelle eines PKW zu bejahen. Das Ersatzstück muss sich immer in einem zur Benutzung tauglichen Zustand befinden, und es muss im Rahmen der Zweckbestimmung eine ähnliche Lebensdauer haben wie der zu pfändende Gegenstand (also: wohl Ersatz eines neuen Gegenstandes durch einen schon gebrauchten, aber nicht durch einen, der kurz vor dem Ende der Nutzungsmöglichkeit steht).⁸ Im Rahmen der Nr. 1 darf das Ersatzstück den Schuldner nicht sozial deklassieren (z. B. Zurverfügung-

---

2 Ganz überwiegende Auffassung: AG Bremen, DGVZ 1984, 157; *Brox/Walker*, Rn. 289; *Dierck/Morvilius/Vollkommer/Hilzinger*, 3. Kap. Rn. 384; *Gaul/Schilken/Becker-Eberhard*, § 52 Rn. 45; HdbZVR/*Keller*, Kap. 2 Rn. 309; Hk-ZPO/*Kemper*, § 811a Rn. 2; MüKo/*Gruber*, § 811a Rn. 2; *Musielak/Voit/Becker*, § 811a Rn. 1; *Stein/Jonas/Münzberg*, § 811a Rn. 2; *Wieczorek/Schütze/Lüke*, § 811a Rn. 2; *Zöller/Stöber*, § 811a Rn. 2; **a. A.** jedenfalls für einen PKW in § 811 Nr. 12 OLG Köln, NJW-RR 1986, 488; *Pardey*, DGVZ 1987, 180, 182 f.; *E. Schneider*, MDR 1986, 726; *Thomas/Putzo/Seiler*, § 811a Rn. 1.
3 Siehe außer den zuvor Genannten *Noack*, JurBüro 1969, 97; *Ziege*, NJW 1955, 49.
4 Allgem. Meinung; OLG Hamm, JR 1954, 423; *Wieczorek/Schütze/Lüke*, § 811a Rn. 4.
5 Vgl. LG Göttingen, NdsRpfl 1963, 82 (Radio gegen Musiktruhe).
6 OLG München, OLGZ 1983, 325.
7 BFH, NJW 1990, 1871, 1872; OLG Stuttgart, NJW 1987, 196; LG Frankfurt, DGVZ 1988, 154, 155; LG Nürnberg-Fürth, NJW 1978, 113; FG Münster, DGVZ 1990, 31.
8 BGH, NJW-RR 2011, 1366 f. (gleichwertiges Ersatzfahrzeug bei der Austauschpfändung eines nach § 811 Abs. 1 Nr. 5 unpfändbaren Pkw).

stellung einer bloß auf den Boden zu legenden Matratze als Schlafstelle anstelle einer Schlafcouch; Zurverfügungstellung einfachster Gartenmöbel anstelle der Wohnzimmereinrichtung). Im Rahmen der Nrn. 5 und 6 darf der Schuldner nicht zur Änderung des Betriebscharakters genötigt werden (z. B. Umstellung auf Handfertigung mit Werkzeugen anstelle maschineller Fertigung; erhebliche Verlangsamung des Produktionsablaufs; Zwang zu unwirtschaftlicher Produktion, die die Konkurrenzfähigkeit beschneidet).

2. Geldbetrag für ein Ersatzstück

Der zur Beschaffung eines solchen Ersatzstücks dem Schuldner vorab zur Verfügung gestellte Geldbetrag muss so bemessen sein, dass der Schuldner mit seinen Möglichkeiten umgehend das Ersatzstück erwerben kann. Es dürfen also zwar besondere, günstige Erwerbsmöglichkeiten des Schuldners, nicht aber solche, die nur dem Gläubiger oder anderen Dritten zur Verfügung stehen, berücksichtigt werden. Genügt der bloße Erwerb des Ersatzstücks nicht zur Zwecksicherung, sind vielmehr noch Transport- und Montagekosten, Zoll- oder TÜV-Gebühren oder sonstige Nebenkosten aufzuwenden, müssen diese bei der Bestimmung des Geldbetrages mitberücksichtigt werden.

5

3. Geldbetrag aus dem Vollstreckungserlös

Die dritte Ersatzmöglichkeit kommt nur **ausnahmsweise**[9] – nach kritischer Prüfung – in Betracht, da der Schuldner durch sie in Einschränkung des Grundgedankens des § 811 Abs. 1 genötigt wird, zeitweilig ohne den unpfändbaren Gegenstand oder ein Ersatzstück auszukommen. Dem Gläubiger nicht möglich oder nicht zumutbar wird die vorherige Ersatzstückbeschaffung nur dann sein, wenn er selbst nur das existenznotwendige Einkommen besitzt und mehr auf den Erfolg der Zwangsvollstreckung angewiesen ist als der Schuldner auf den ununterbrochenen Besitz des fraglichen Gegenstandes. Insbesondere bei der Unterhaltsvollstreckung kann ein solcher Fall anzunehmen sein.

6

IV. Verfahren auf Zulassung der Austauschpfändung

1. Prüfung des Antrages durch das Vollstreckungsgericht

Der Antrag des Gläubigers auf Zulassung der Austauschpfändung[10] kann schriftlich oder zu Protokoll der Geschäftsstelle des **Vollstreckungsgerichts** (§ 764) gestellt werden. Anwaltszwang besteht nicht (vgl. § 78 Abs. 3). Das Vollstreckungsgericht entscheidet durch den Rechtspfleger (§ 20 Nr. 17 RPflG). Im Antrag ist anzugeben, welche Art der Ersatzleistung[11] der Gläubiger erbringen möchte, damit deren Zulässigkeitsvoraussetzungen geprüft werden können. Der Gläubiger kann auch alternativ die Zulassung mehrerer Arten der Ersatzleistung beantragen.[12] Will er dem Schuldner ein Ersatzstück anbieten lassen, muss es mit derselben Genauigkeit beschrieben sein wie etwa eine Zug-um-Zug-Gegenleistung im Rahmen des § 756 oder ein wegzunehmender Gegenstand im Herausgabetitel (§ 883), da der Gerichtsvollzieher später anhand des Zulassungsbeschlusses (der sich wiederum am Antrag orientiert) in der Lage sein muss zu überprüfen, ob das ihm (oder bereits vorher dem Schuldner) übergebene Ersatzstück dem zugelassenen entspricht. Zudem ist der Wert des Ersatzstückes anzugeben, da er im stattgebenden Beschluss ausdrücklich festgesetzt werden muss (**Abs. 2 Satz 3**).

7

---

9 LG Zweibrücken, MDR 1954, 559.
10 Siehe oben Rdn. 2.
11 Oben Rdn. 3 ff.
12 *Stein/Jonas/Münzberg*, § 811a Rn. 13; *Wieczorek/Schütze/Lüke*, § 811a Rn. 11.

2. Gewährung rechtlichen Gehörs

8   Vor der Entscheidung ist dem Schuldner rechtliches Gehör zu gewähren.[13] Eine mündliche Verhandlung steht im Ermessen des Gerichts (§ 764 Abs. 3).

3. Prüfung der Angemessenheit der Austauschpfändung

9   Die Zulassung der Austauschpfändung setzt nicht nur voraus, dass das vom Gläubiger vorgeschlagene Ersatzstück zur Zwecksicherung geeignet ist, der Austausch muss auch »nach Lage der Verhältnisse **angemessen**« sein. Dies setzt insbesondere voraus, dass zu erwarten ist, dass der Vollstreckungserlös den Wert des Ersatzstücks (oder den als zur Ersatzbeschaffung erforderlich festgesetzten Betrag) erheblich übersteigen werde.[14] Bei der Beurteilung dieser Frage ist von dem zu erwartenden Versteigerungserlös als Ganzem auszugehen und nicht nur von dem, was auf den Gläubiger davon entfallen wird (etwa nach Abzug vorrangiger Belastungen).[15] Der Regelung in Abs. 2 Satz 2 liegt ein ähnlicher Gedanke zugrunde wie § 803 Abs. 2: Die Zwangsvollstreckung soll nicht um ihrer selbst willen betrieben werden. Den Nachteilen, die dem Schuldner erwachsen, soll jedenfalls eine Teilbefriedigung des titulierten Anspruchs des Gläubigers gegenüberstehen. Sonst liefe die Zwangsvollstreckung allein auf eine reine »Bestrafung« des Schuldners wegen Nichterfüllung des Titels hinaus. Entscheidender Zeitpunkt zur Beurteilung der »Angemessenheit« ist derjenige der ansonsten unzulässigen Pfändung.[16]

10 Da § 811a eine Ausnahme zum grundsätzlichen Pfändungsschutz gem. § 811 Abs. 1 darstellt, ist die Austauschpfändung unabhängig vom Wert des Gegenstandes und des bei der Verwertung zu erwartenden Erlöses auch immer dann nicht »angemessen«, wenn dem Gläubiger noch andere von vornherein pfändbare Gegenstände als Vollstreckungsobjekte zur Verfügung stehen, die die Forderung in gleicher Weise abdecken wie der unpfändbare Gegenstand, dessen Austausch erstrebt wird. Der Gläubiger hat keinen Anspruch auf Befriedigung aus einem bestimmten Gegenstand.[17] Er muss deshalb mit seinem Antrag auf Zulassung der Austauschpfändung auch immer darlegen, dass genügend andere der Pfändung durch den Gerichtsvollzieher unterliegende Gegenstände, die ohne Weiteres pfändbar sind, beim Schuldner nicht vorgefunden wurden. Dagegen bedarf es keiner Darlegung, dass auch sonstiges Vermögen (Forderungen, Grundstücke) nicht vorhanden ist.[18] Es ist Sache des Schuldners, durch Zurverfügungstellung dieser anderen Vermögenswerte die Zwangsvollstreckung in den Gegenstand abzuwenden, wenn er dies wünscht.

4. Entscheidung durch Beschluss (Abs. 2 Satz 1)

11 Die Entscheidung des Rechtspflegers über die Zulassung ergeht durch Beschluss. Im Tenor sind der zu pfändende Gegenstand, gegebenenfalls das zu übergebende Ersatzstück und dessen Wert genau zu bezeichnen, andernfalls der zur Ersatzbeschaffung erforderliche Betrag festzusetzen. Bei Zulassung der Austauschpfändung nach Abs. 1 Halbs. 2 ist diese Modalität schon mit Rücksicht auf Abs. 4 ebenfalls im Tenor unmissverständlich klarzustellen. Auch der zulassende Beschluss ist **zu begründen**, da die Ausfüllung des dem Rechtspfleger zustehenden Ermessensspielraums nachvollziehbar sein muss. Der zulassende Beschluss ist dem Gläubiger und dem Schuldner zuzustellen, der ablehnende Beschluss nur dem Gläubiger.

---

13 *Wieczorek/Schütze/Lüke*, § 811a Rn. 12; einschränkend *Zöller/Stöber*, § 811a Rn. 8: Keine Anhörung des Schuldners, wenn der Vollstreckungserfolg gefährdet wäre.
14 Siehe auch LG Mainz, NJW-RR 1988, 1150.
15 OLG Hamm, JMBl.NW 1958, 267.
16 OLG Düsseldorf, MDR 1961, 62.
17 Siehe auch Vor §§ 753–763 Rn. 7.
18 A. A. *Stein/Jonas/Münzberg*, § 811a Rn. 8; *Ziege*, NJW 1955, 49.

V. Durchführung der Austauschpfändung

Die auszutauschende Sache wird **mit Erlass** des Beschlusses nach Abs. 2 **pfändbar**.[19] Die im Beschluss genannten Modalitäten (Ersatzstückübergabe usw.) sind nicht Bedingungen der Pfändung, sondern erst der Wegnahme bzw. im Fall von Abs. 1 Halbs. 2 auch noch der Erlösauskehrung.

12

Ist der Austausch durch einen konkreten Gegenstand zugelassen, so hat der Gläubiger vor der Wegnahme des gepfändeten Gegenstandes dem Gerichtsvollzieher entweder das Ersatzstück in Natur auszuhändigen, damit dieser es dem Schuldner überlässt, oder durch öffentliche bzw. öffentlich beglaubigte Urkunde nachzuweisen (Analogie zu §§ 756, 765)[20], dass er selbst das Ersatzstück bereits dem Schuldner übereignet hat. In beiden Fällen muss der Gerichtsvollzieher zunächst in eigener Verantwortung prüfen, ob dieses Ersatzstück dem im Zulassungsbeschluss beschriebenen entspricht. Er hat es sodann, wenn die Übereignung an den Schuldner noch nicht erfolgt ist, dem Schuldner nach § 929 BGB zu **übereignen**.[21] Die Einigungserklärung des Gläubigers über den Eigentumsübergang wird vom Gerichtsvollzieher übermittelt, der insoweit als privatrechtlicher Erklärungsbote des Gläubigers tätig wird. Der Annahmeerklärung des Schuldners bedarf es zum Eigentumsübergang nicht, da sie durch den Zulassungsbeschluss ersetzt wird.[22] Die Situation ist der bei zustande kommen des Bürgschaftsvertrages im Rahmen des § 751 Abs. 2[23] vergleichbar (sog. Zwangsvertrag). Der Eigentumsübergang vollzieht sich also ausschließlich privatrechtlich, nicht kraft öffentlich-rechtlicher Eigentumszuweisung wie etwa bei der Ablieferung im Rahmen der Versteigerung. Deshalb ist auch § 932 BGB anwendbar, falls der Gläubiger dem Schuldner ein Ersatzstück aushändigen lässt, dessen Eigentümer er selbst nicht war. Nach Aushändigung des Ersatzstückes ist dem Schuldner der gepfändete Gegenstand wegzunehmen. Dessen Versteigerung erfolgt dann nach den allgemeinen Regeln. Der im Zulassungsbeschluss festgesetzte Wert des Ersatzstücks ist dem Gläubiger aus dem Vollstreckungserlös zu erstatten; er ist Teil der Kosten der Zwangsvollstreckung (**Abs. 2 Satz 4**), die vorab zu befriedigen sind, ehe eine Ausschüttung auf die titulierte Forderung erfolgt.

13

Ist die Austauschpfändung gegen Überlassung eines Geldbetrages zugelassen, so ist ebenfalls entweder der Geldbetrag dem Gerichtsvollzieher zu übergeben, damit er ihn bei Wegnahme des Pfandes dem Schuldner aushändigen kann, oder es ist dem Gerichtsvollzieher die bereits erfolgte Zahlung durch öffentliche bzw. öffentlich beglaubigte Urkunde nachzuweisen. Lehnt der Schuldner die Annahme des Geldes ab, ist es zu hinterlegen.[24]

14

Ist die Austauschpfändung nach Abs. 1 Halbs. 2 (Geldbetrag zur Ersatzbeschaffung aus dem Vollstreckungserlös) zugelassen, darf die Wegnahme der Pfandsache erst erfolgen, wenn der Zulassungsbeschluss rechtskräftig ist (**Abs. 4**). Der Schuldner muss nach der Wegnahme für einige Zeit auf den sich nach § 811 Abs. 1 für notwendig oder erforderlich erachteten Gegenstand verzichten, bis er sich aus dem Versteigerungserlös ein Ersatzstück beschaffen kann. Dies muss der Gerichtsvollzieher bei seiner Terminplanung berücksichtigen. Kann der Gegenstand im ersten Termin mangels Interesse oder wegen zu geringer Gebote (§ 817a) nicht versteigert werden, ist er dem Schuldner bis zum nächsten Termin wieder auszuhändigen.[25] Dies folgt aus dem Zweck des Abs. 4.

15

---

19 *Hartmann*, ZZP 67 (1954), 200; *Stein/Jonas/Münzberg*, § 811a Rn. 14; *Wieczorek/Schütze/Lüke*, § 811a Rn. 14.

20 *Stein/Jonas/Münzberg*, § 811a Rn. 24; *Wieczorek/Schütze/Lüke*, § 811a Rn. 15.

21 Allgem. Meinung; *Hartmann*, ZZP 67 (1954), 200; *Gaul/Schilken/Becker-Eberhard*, § 52 Rn. 49; *Stein/Jonas/Münzberg*, § 811a Rn. 25; *Wieczorek/Schütze/Lüke*, § 811a Rn. 15.

22 **A.A.** die h.M., die aber anstelle der tatsächlichen Übereignung ein den Schuldner in Annahmeverzug setzendes Angebot ausreichen lässt; vgl. *Stein/Jonas/Münzberg*, § 811a Rn. 26; *Hartmann*, NJW 1953, 1857; *Wieczorek/Schütze/Lüke*, § 811a Rn. 16; *Zöller/Stöber*, § 811a Rn. 11.

23 *Brox/Walker*, Rn. 168.

24 *Hartmann*, NJW 1953, 1857.

25 So auch *Stein/Jonas/Münzberg*, § 811a Rn. 19.

16 Der dem Schuldner aus dem Vermögen des Gläubigers oder aus dem Versteigerungserlös zur Ersatzstückbeschaffung überlassene Geldbetrag ist unpfändbar (**Abs. 3**). Dabei ist auf die Geldsumme, nicht etwa nur auf die konkreten Geldscheine abzustellen. Wird der Betrag also auf ein Konto des Schuldners eingezahlt, ist auch der Auszahlungsanspruch nicht im Wege der Forderungspfändung pfändbar. Eine Ausnahme hiervon muss aber aus dem Schutzzweck heraus für den Lieferanten des Ersatzstücks gemacht werden, soweit er wegen seines Kaufpreisanspruchs die Zwangsvollstreckung betreibt.[26]

VI. Rechtsverhältnis zwischen Gläubiger und Schuldner aufgrund der Ersatzgewährung

17 Durch die Ersatzgewährung wird zwischen Gläubiger und Schuldner hinsichtlich des Ersatzstücks ein **kaufähnliches Rechtsverhältnis** begründet, in dessen Rahmen die §§ 437 ff. BGB über die Rechte des Käufers bei Lieferung einer fehlerhaften Sache so weit anwendbar sind, wie der besondere Zweck der Austauschpfändung dem nicht entgegensteht.[27] Danach kann der Schuldner vor allem Nacherfüllung in Form der Mangelbeseitigung oder Lieferung einer mangelfreien Sache oder Zahlung des Geldbetrages, der zur Reparatur oder Beschaffung eines fehlerfreien Ersatzstückes erforderlich ist, verlangen. Diese Ansprüche des Schuldners verjähren gem. § 438 BGB im Regelfall in zwei Jahren, bei Arglist des Gläubigers in drei Jahren. Wenn das Ersatzstück zwar tauglich, aber minderwertiger als im Zulassungsbeschluss angegeben ist, hat der Schuldner einen Anspruch auf Zahlung des Differenzbetrages.

VII. Rechtsbehelfe der Beteiligten

1. Vollstreckungsrechtliche Rechtsbehelfe

18 Gläubiger und Schuldner können den Zulassungsbeschluss wegen Nichtbeachtung der formellen Voraussetzungen des § 811a mit der sofortigen Beschwerde (§ 11 Abs. 1 RPflG i.V.m. § 793) anfechten.[28] Dem Gläubiger steht dieser Rechtsbehelf zu, wenn sein Zulassungsantrag ganz oder teilweise zurückgewiesen wurde, dem Schuldner, soweit die Austauschpfändung zugelassen wurde. Neben dem Schuldner können auch in den Schutzbereich der Nrn. 1, 5 und 6 des § 811 einbezogene Dritte den Beschluss anfechten, soweit sie durch den Entzug des Pfandstückes beschwert sind (Beispiel: Der Ehegatte des Schuldners benutzt den PKW für Fahrten zur Arbeit; er kann das ersatzweise zur Verfügung gestellte Moped aus Gesundheitsgründen nicht fahren). Der richtige Rechtsbehelf ist für sie die Vollstreckungserinnerung nach § 766, da sie vor dem Zulassungsbeschluss nicht zu hören sind. Hat die sofortige Beschwerde des Schuldners nach § 793 oder die Vollstreckungserinnerung des Dritten nach § 766 Erfolg, so ist nicht nur der Zulassungsbeschluss aufzuheben, sondern gleichzeitig die bereits erfolgte Pfändung für unzulässig zu erklären. Der Vollzug eines solchen Beschlusses erfolgt dann nach §§ 775 Nr. 1, 776.[29]

2. Materiellrechtliche Ansprüche

19 Mängelgewährleistungsansprüche des Schuldners und Ansprüche auf Schadensersatz aus positiver Forderungsverletzung[30] sind mit der Leistungsklage außerhalb des Zwangsvollstreckungsverfahrens

---

[26] *Stein/Jonas/Münzberg*, § 811a Rn. 30.

[27] *Brox/Walker*, Rn. 290; *Bruns/Peters*, § 22 IV 3 c; *Gaul/Schilken/Becker-Eberhard*, § 52 Rn. 49; *Hartmann*, NJW 1953, 1856; MüKo/*Gruber*, § 811a Rn. 14; PG/*Flury*, § 811 Rn. 13; *Stein/Jonas/Münzberg*, § 811a Rn. 28; *Thomas/Putzo/Seiler*, § 811a Rn. 7; *Wieczorek/Schütze/Lüke*, § 811a Rn. 20 f.; *Zöller/Stöber*, § 811a Rn. 11.

[28] *Baumbach/Lauterbach/Hartmann*, § 811a Rn. 11 i.V.m. § 793 Rn. 11; MüKo/*Gruber*, § 811a Rn. 15; *Zöller/Stöber*, § 811a Rn. 15; *Thomas/Putzo/Seiler*, § 811a Rn. 8; *Wieczorek/Schütze/Lüke*, § 811a Rn. 23.

[29] Einzelheiten: § 775 Rdn. 7 und § 776 Rdn. 2.

[30] Siehe Rdn. 17.

geltend zu machen. Im Rahmen einer solchen Klage ist § 769 nicht entsprechend anwendbar, sodass mit einer derartigen Klage der Fortgang der Vollstreckung nicht gehindert werden kann.

VIII. Kosten und Gebühren

Das Zulassungsverfahren löst keine Gebühren des Gerichts aus. Für den Anwalt des Gläubigers wie des Schuldners ist das Austauschverfahren eine besondere Angelegenheit (§ 18 Abs. 1 Nr. 7 RVG), die eine 0,3-Verfahrensgebühr und eine 0,3 Terminsgebühr (RVG-VV Nr. 3309, 3310) auslöst. Bei der Durchführung der Austauschpfändung erwächst für den Gerichtsvollzieher nur die Gebühr nach Kostenverzeichnis Nr. 205 (Anlage zu § 9 GvKostG) wie bei jeder sonstigen Pfändung. Die Kosten der Austauschpfändung sind Kosten der Zwangsvollstreckung i. S. v. § 788. 20

IX. ArbGG, VwGO, AO

Siehe § 811 Rn. 65. In der Abgabenvollstreckung entscheidet über die Zulässigkeit der Austauschpfändung anstelle des Vollstreckungsgerichts die Vollstreckungsbehörde (§ 295 Satz 2 AO). 21

§ 811b Vorläufige Austauschpfändung

(1) ¹Ohne vorgängige Entscheidung des Gerichts ist eine vorläufige Austauschpfändung zulässig, wenn eine Zulassung durch das Gericht zu erwarten ist. ²Der Gerichtsvollzieher soll die Austauschpfändung nur vornehmen, wenn zu erwarten ist, dass der Vollstreckungserlös den Wert des Ersatzstückes erheblich übersteigen wird.

(2) Die Pfändung ist aufzuheben, wenn der Gläubiger nicht binnen einer Frist von zwei Wochen nach Benachrichtigung von der Pfändung einen Antrag nach § 811a Abs. 2 bei dem Vollstreckungsgericht gestellt hat oder wenn ein solcher Antrag rechtskräftig zurückgewiesen ist.

(3) Bei der Benachrichtigung ist dem Gläubiger unter Hinweis auf die Antragsfrist und die Folgen ihrer Versäumung mitzuteilen, dass die Pfändung als Austauschpfändung erfolgt ist.

(4) ¹Die Übergabe des Ersatzstückes oder des zu seiner Beschaffung erforderlichen Geldbetrages an den Schuldner und die Fortsetzung der Zwangsvollstreckung erfolgen erst nach Erlass des Beschlusses gemäß § 811a Abs. 2 auf Anweisung des Gläubigers. ²§ 811a Abs. 4 gilt entsprechend.

Übersicht	Rdn.			Rdn.
I. Zweck der Norm	1	III.	Rechtsbehelfe	4
II. Gang des Verfahrens	2	IV.	ArbGG, VwGO, AO	5

Literatur:
Siehe die Literaturangaben zu § 811a.

I. Zweck der Norm

1 Durchsucht der Gerichtsvollzieher im Rahmen eines Pfändungsversuchs die Wohnung (den Betrieb) des Schuldners und stellt er dabei fest, dass der Schuldner nicht genügend allgemein pfändbare Gegenstände besitzt, so wird er in dem einen oder anderen Fall aber gleichzeitig Gegenstände finden, für die eine Austauschpfändung nach § 811a in Betracht käme. Da der Gerichtsvollzieher nach § 811a ohne den gerichtlichen Zulassungsbeschluss und ohne Antrag des Gläubigers auf Durchführung des Beschlusses nicht pfänden darf, müsste er zunächst untätig bleiben, und der Schuldner gewänne Zeit, die Gegenstände noch vor Erlass des Zulassungsbeschlusses zu veräußern oder beiseitezuschaffen. Hier will § 811b jedenfalls für die Fälle vorbeugen, in denen der Gerichtsvollzieher aufgrund seiner Berufserfahrung davon ausgeht, das Gericht werde auf einen entsprechenden Antrag hin die Austauschpfändung sicher zulassen. In einem solchen Fall darf der Gerichtsvollzieher die Gegenstände **vorläufig pfänden**, um dem Gläubiger die Gelegenheit zu geben, die Zulassung nachzuholen.

II. Gang des Verfahrens

2 Hat der Gerichtsvollzieher im Rahmen pflichtgemäßen Ermessens die Voraussetzungen des Abs. 1 geprüft und bejaht[1], so pfändet er den Gegenstand nach § 808 Abs. 1 und belässt ihn auch dann gesichert durch ein Pfandsiegel im Besitze des Schuldners zurück, wenn er ihn nach den Regeln des § 808 Abs. 2 Satz 1 im Übrigen gleich mitnähme. Er benachrichtigt dann sogleich den Gläubiger von der Austauschpfändung unter Hinweis darauf, dass dieser binnen **zwei Wochen** ab Zugang der Benachrichtigung einen Zulassungsantrag nach § 811a Abs. 2 Satz 1 bei Gericht einreichen muss, wenn die Pfändung Bestand haben soll (**Abs. 3**). Zur sicheren Berechnung der Zwei-Wochen-Frist erfolgt die Benachrichtigung zweckmäßigerweise durch Zustellung. Letztere ist aber nicht zwingend vorgeschrieben. Da es sich nicht um eine Notfrist handelt (§ 224 Abs. 1 Satz 2), scheidet eine

---

[1] Einen zweifelsfreien Beispielsfall bietet OLG München, OLGZ 1983, 325 (vorläufige Austauschpfändung einer wertvollen goldenen Armbanduhr).

Wiedereinsetzung aus. Erfolgt die Benachrichtigung ohne eine Belehrung nach Abs. 3, hat dennoch eine Aufhebung der Pfändung nach Abs. 2 zu erfolgen.[2] Dem Gläubiger können allerdings Amtshaftungsansprüche (Art. 34 GG, § 839 BGB) zustehen.

Der benachrichtigte Gläubiger entscheidet, ob er die Austauschpfändung will oder nicht. Entsprechend stellt er entweder Antrag nach § 811a Abs. 2 Satz 1, oder er gibt den Gegenstand durch Erklärung gegenüber dem Gerichtsvollzieher frei. Ist der Antrag positiv beschieden und beantragt der Gläubiger nun den Fortgang der Vollstreckung, wird der Austausch nach den Regeln des § 811a durchgeführt.[3] Vor der Entscheidung über den Antrag ruht das Verfahren vorläufig (**Abs. 4**). Unternimmt der Gläubiger auf die Benachrichtigung hin nichts oder weist er jedenfalls dem Gerichtsvollzieher innerhalb der Zwei-Wochen-Frist nicht nach, dass er den Zulassungsantrag eingereicht hat (es genügt die Mitteilung des Aktenzeichens, da der Gerichtsvollzieher dann selbst die Akten des Vollstreckungsgerichts einsehen kann), so muss der Gerichtsvollzieher die Pfändung **von Amts wegen** aufheben (**Abs. 2**). Gleiches gilt, wenn der Zulassungsantrag rechtskräftig aufgehoben wurde. Die Pfändung **muss** auch dann aufgehoben werden (bedeutsam für andere Gläubiger, für die der Gerichtsvollzieher ebenfalls nach § 811b tätig war, die aber die Frist nicht versäumt haben), wenn der Gläubiger erst nach Fristablauf einen Antrag nach § 811a Abs. 2 Satz 1 gestellt hat und zu erwarten ist, dass diesem entsprochen wird.[4] Der Gerichtsvollzieher muss in einem solchen Fall nach Erlass des Zulassungsbeschlusses erneut pfänden, wenn der Gläubiger dies beantragt.

III. Rechtsbehelfe

Gegen das Verhalten des Gerichtsvollziehers können Gläubiger und Schuldner sowie mitgeschützte Dritte Erinnerung nach § 766 einlegen, soweit sie jeweils beschwert sind.[5] Gegen den Zulassungsbeschluss wie gegen die Zurückweisung des Antrages ist die sofortige Beschwerde nach § 793 Abs. 1 i. V. m. § 11 Abs. 1 RPflG gegeben.[6]

IV. ArbGG, VwGO, AO

Siehe § 811 Rn. 65.

---

2 *Baumbach/Lauterbach/Hartmann*, § 811b Rn. 5; *MüKo/Gruber*, § 811b Rn. 4; *Stein/Jonas/Münzberg*, § 811b Rn. 3; a. A. LG Berlin, DGVZ 1991, 91.
3 § 811a Rn. 12–16.
4 *Stein/Jonas/Münzberg*, § 811b Rn. 3.
5 AG Bad Segeberg, DGVZ 1992, 126, 127.
6 Einzelheiten: § 811a Rdn. 18.

§ 811c Unpfändbarkeit von Haustieren

(1) Tiere, die im häuslichen Bereich und nicht zu Erwerbszwecken gehalten werden, sind der Pfändung nicht unterworfen.

(2) Auf Antrag des Gläubigers lässt das Vollstreckungsgericht eine Pfändung wegen des hohen Wertes des Tieres zu, wenn die Unpfändbarkeit für den Gläubiger eine Härte bedeuten würde, die auch unter Würdigung der Belange des Tierschutzes und der berechtigten Interessen des Schuldners nicht zu rechtfertigen ist.

Übersicht	Rdn.		Rdn.
I. Anwendungsbereich der Norm	1	IV. Rechtsbehelfe	4
II. Verfahren der Pfändungszulassung	2	V. ArbGG, VwGO, AO	5
III. Entscheidung durch Beschluss	3		

Literatur:
Dietz, Tiere als Pfandobjekt – zu den Ausweitungen des Art. 20 a GG n. F; DGVZ 2003, 81; *Grunsky*, Sachen, Tiere – Bemerkungen zu einem Gesetzesentwurf, Festschrift f. Jauch, 1990, S. 93; *Lorz*, Das Gesetz zur Verbesserung der Rechtsstellung des Tieres im bürgerlichen Recht, MDR 1990, 1057; *Mühe*, Das Gesetz zur Verbesserung der Rechtsstellung des Tieres im bürgerlichen Recht, NJW 1990, 2238; *Münzberg*, Pfändungsschutz für Schuldnergefühle gegenüber Tieren?, ZRP 1990, 215; *M. Schmid*, Tiere in der Zwangsvollstreckung, JR 2013, 245.

I. Anwendungsbereich der Norm

1 Die Vorschrift ist aufgrund des Gesetzes zur Verbesserung der Rechtsstellung des Tieres im bürgerlichen Recht[1] ab 1.9.1990 an die Stelle des früheren § 811 Nr. 14 getreten. Für die Unpfändbarkeit des Tieres ist im Gegensatz zum alten Recht der Verkehrswert des Tieres ohne Belang. Der Schutz betrifft auch wertvolle und durchaus handelsgängige Tiere, aus deren Verwertung ein nennenswerter Erlös zugunsten des Gläubigers zu erwarten wäre. Ebenso ohne Bedeutung ist es, ob das Tier im herkömmlichen Sprachgebrauch als »Haustier« bezeichnet wird oder nicht. Entscheidend ist nur, dass es im häuslichen Bereich und nicht zu Erwerbszwecken gehalten wird. Die Zuordnung zum häuslichen Bereich des Schuldners wird nicht aufgehoben, wenn das Tier nur vorübergehend anderweitig untergebracht ist (Quarantäne vor Tierschau im Ausland; Ausleihe zu Zuchtzwecken; Unterbringung während der Urlaubszeit). Zu Erwerbszwecken wird ein Tier auch dann gehalten, wenn es dem Schuldner nur einen regelmäßigen Nebenerwerb beschert (z. B. Stammhündin einer regelmäßigen Hundezucht), es sei denn, der Erwerb tritt als völlige Nebensächlichkeit ganz in den Hintergrund (ausnahmsweises Zurverfügungstellen eines Rüden zu Zuchtzwecken gegen ein geringes Entgelt o. ä.). Entscheidend ist eine unbefangene wirtschaftliche Betrachtungsweise. Der Gerichtsvollzieher muss die Gesamtumstände vor Ort mit heranziehen.

II. Verfahren der Pfändungszulassung

2 Im Einzelfall kann es unbillig sein, dem Schuldner ein sehr wertvolles Tier zu belassen, während der Gläubiger seine Forderung nicht realisieren kann. Hier greift **Abs. 2** ein: Auf Antrag des Gläubigers kann das Vollstreckungsgericht die Pfändung eines besonders wertvollen Tieres ausnahmsweise zulassen. In die erforderliche **Abwägung** sind nicht nur die **Interessen des Gläubigers und des Schuldners** einzubeziehen, sondern auch die **Belange des Tierschutzes**. Dabei sind die Bindung des Tieres an den Schuldner und seine Familie, die besonderen Möglichkeiten des Tieres gerade beim Schuldner (geräumiger Stall, großer Garten u. ä.), die Erwartungen bei der Verwertung des Tieres (Interesse etwa nur von Versuchslaboren), das Alter des Tieres[2], sein Gesundheitszustand,

---

[1] BGBl. I 1990, 1762.
[2] AG Paderborn, DGVZ 1996, 44 (Unpfändbarkeit eines 20-jährigen Pferdes, welches vom Schuldner das »Gnadenbrot« erhält).

seine Bedeutung für andere Tiere im Hausstand des Schuldners zu berücksichtigen. Das Tier ist im Rahmen dieser Abwägung als Lebewesen ernst zu nehmen und nicht nur als wertvolle Sache zu betrachten. Es geht also nicht, wie in der Kritik zum Gesetz angemerkt wurde[3], um eine Rücksichtnahme auf gefühlsmäßige Bindungen des Schuldners, sondern um etwas im bisherigen Zivilrecht Neues: die Aufwertung des in Gemeinschaft mit dem Menschen lebenden Tieres von der reinen Sache zu einem Gegenstand, der eigenständige Rücksicht verdient.

III. Entscheidung durch Beschluss

Über den Antrag des Gläubigers entscheidet der Rechtspfleger beim Vollstreckungsgericht (§ 20 Nr. 17 RPflG). Die Voraussetzungen der Pfändbarkeit nach Abs. 2 hat der Gläubiger darzulegen und im Bestreitensfalle zu beweisen. Der Schuldner ist vor der Entscheidung regelmäßig anzuhören, da die Belange des Tierschutzes aufgrund einseitiger Angaben des Gläubigers kaum sachgerecht beurteilt werden können. Schweigen des Schuldners bedeutet allerdings nach den allgemeinen Regeln Zugeständnis der Angaben des Gläubigers. Die Entscheidung des Rechtspflegers ergeht durch einen zu **begründenden Beschluss**. Die Gründe müssen die tragenden Erwägungen der Interessenabwägung erkennen lassen. Der Zulassungsbeschluss bewirkt die Pfändbarkeit des Tieres nur zugunsten des antragstellenden Gläubigers. Für die Anschlusspfändung eines weiteren Gläubigers ist ein neuer Zulassungsbeschluss notwendig.

IV. Rechtsbehelfe

Der Beschluss kann, je nach Beschwer, vom Gläubiger und vom Schuldner mit der sofortigen Beschwerde nach § 793 Abs. 1 angefochten werden (§ 11 Abs. 1 RPflG). Dritte können durch einen Beschluss nach § 811c nie unmittelbar beschwert sein, allenfalls durch die nachfolgende Pfändung. Deshalb können sie, soweit sie im Einzelfall betroffen sind, auch nur gegen die Pfändung nach § 766 vorgehen. Tierschutzorganisationen sind nicht als »Sachwalter« der betroffenen Tiere erinnerungsbefugt.

Neben der sofortigen Beschwerde kann für den Schuldner im Einzelfall ein Vollstreckungsschutzantrag gem. § 765a in Betracht kommen, etwa, wenn die Pfändung eines Tieres, das auch regelmäßigen Erwerbszwecken dient, zugelassen wurde, sodass schon die Anwendbarkeit des § 811c Abs. 1 zweifelhaft war.

V. ArbGG, VwGO, AO

Siehe § 811 Rn. 65. In der Abgabenvollstreckung entscheidet über die Zulässigkeit der Pfändung von wertvollen Tieren anstelle des Vollstreckungsgerichts die Vollstreckungsbehörde (§ 295 Satz 2 AO).

---

3 *Münzberg*, ZRP 1990, 215; siehe auch *Stein/Jonas/Münzberg*, § 811c Rn. 1.

§ 811d Vorwegpfändung

(1) ¹Ist zu erwarten, dass eine Sache demnächst pfändbar wird, so kann sie gepfändet werden, ist aber im Gewahrsam des Schuldners zu belassen. ²Die Vollstreckung darf erst fortgesetzt werden, wenn die Sache pfändbar geworden ist.

(2) Die Pfändung ist aufzuheben, wenn die Sache nicht binnen eines Jahres pfändbar geworden ist.

Übersicht

	Rdn.		Rdn.
I. Zweck und Anwendungsbereich der Norm	1	III. Rechtsbehelfe	3
II. Rechtsfolgen und Aufhebung der Vorwegpfändung	2	IV. ArbGG, VwGO, AO	4

Literatur:
Herzig, Die Vorwegpfändung nach § 811c ZPO, JurBüro 1968, 851 ff.

I. Zweck und Anwendungsbereich der Norm

1   Da Fälle denkbar sind, dass ein noch unpfändbarer Gegenstand in für den Gerichtsvollzieher und den Gläubiger absehbarer Zeit seinen Pfändungsschutz (nicht nur nach § 811, sondern auch nach anderen Vorschriften) verliert und da der Schuldner in einem solchen Fall gehindert werden soll, den Gegenstand noch kurz vor seiner Pfändbarkeit zu veräußern, lässt § 811d die »Vorwegpfändung« eines solchen Gegenstandes zu. Gedacht ist etwa an Fälle, dass der Ruhestand des Schuldners unmittelbar bevorsteht und er dann nicht mehr den PKW für Fahrten zur Arbeitsstelle benötigt, dass der Schuldner kurz vor seinem Umzug aus seiner Wohnlaube in ein neu errichtetes Haus steht oder dass durch die unmittelbar bevorstehende Inbetriebnahme neuangeschaffter Maschinen der geschützte Gebrauch bald anderweitig gewährleistet ist. Dagegen betrifft der Begriff der demnächstigen Pfändbarkeit nicht den Fall, dass eine noch schuldnerfremde Sache demnächst in das Eigentum des Schuldners gelangt.[1] Denn die Frage des Eigentums spielt im Rahmen des Pfändungsschutzes keine Rolle.[2]

II. Rechtsfolgen und Aufhebung der Vorwegpfändung

2   Durch die Vorwegpfändung, deren Voraussetzungen der Gerichtsvollzieher von Amts wegen zu prüfen hat, entstehen sogleich Verstrickung und Pfändungspfandrecht. Die Pfändung ist aufzuheben, wenn die Sache nicht binnen eines Jahres pfändbar geworden ist (Abs. 2). Die Aufhebung der Pfändung erfolgt durch den Gerichtsvollzieher von **Amts wegen**, ohne dass es eines Antrages des Schuldners bedürfte. Die Jahresfrist bemisst sich für jeden Gläubiger gesondert von dem Zeitpunkt an, an dem der Gegenstand für ihn gepfändet wurde.[3] Bevor der Gegenstand nicht pfändbar geworden ist, darf er dem Schuldner oder – im Fall des § 809 – dem Dritten **nicht weggenommen werden** (Abs. 1 Satz 1). Auch alle anderen über die bloße Pfändung hinausgehenden Vollstreckungsschritte sind bis zu diesem Zeitpunkt unzulässig (Abs. 1 Satz 2).

---

1   Zutreffend AG Gronau, MDR 1967, 223. Zur sog. Doppelpfändung eines Anwartschaftsrechts siehe § 857 Rn. 13–19.
2   Siehe auch § 811 Rn. 4.
3   AG Berlin-Tempelhof-Kreuzberg, DGVZ 1958, 109.

III. Rechtsbehelfe

Der Schuldner kann gegen die Pfändung, der Gläubiger gegen ihre Ablehnung und gegen ihre Wiederaufhebung durch den Gerichtsvollzieher Erinnerung nach § 766 einlegen. Gleiches gilt für die durch die Vorwegpfändung unmittelbar betroffenen Dritten. 3

IV. ArbGG, VwGO, AO

Siehe § 811 Rdn. 65. 4

§ 812 Pfändung von Hausrat

Gegenstände, die zum gewöhnlichen Hausrat gehören und im Haushalt des Schuldners gebraucht werden, sollen nicht gepfändet werden, wenn ohne weiteres ersichtlich ist, dass durch ihre Verwertung nur ein Erlös erzielt werden würde, der zu dem Wert außer allem Verhältnis steht.

Übersicht	Rdn.		Rdn.
I. Zweck der Norm	1	3. Erkennbar unverhältnismäßig geringer	
II. Voraussetzungen des Pfändungsschutzes	3	Verwertungserlös	6
1. Gewöhnlicher Hausrat	4	III. Rechtsbehelfe	7
2. Benötigung im Haushalt des Schuldners.	5	IV. ArbGG, VwGO, AO	8

I. Zweck der Norm

1 Die Vorschrift erweitert den Pfändungsschutz nach § 811 Abs. 1 Nr. 1: Obwohl die vorrangige Prüfung nach § 811 Abs. 1 Nr. 1 ergeben hat, dass die fraglichen, zum gewöhnlichen Hausrat zählenden Gegenstände pfändbar sind, **muss** von ihrer Pfändung, wenn die Voraussetzungen des § 812 vorliegen, **abgesehen werden.** Da die Gegenstände, um die es hier geht, somit grundsätzlich pfändbar sind und nur nicht gepfändet werden sollen, unterliegen sie einerseits nach § 562 Abs. 1 Satz 1 BGB dem Vermieterpfandrecht[1], fallen aber andererseits nach § 36 Abs. 3 InsO nicht in die Insolvenzmasse.

2 Der Vorschrift liegt der Gedanke zugrunde, dass einerseits der Veräußerungswert gebrauchter Hausratsgegenstände gering sein dürfte, dass diese aber andererseits im Rahmen der persönlichen Lebensgewohnheiten und des Lebensstils des Schuldners einen erheblichen Stellenwert haben können. Ihr Verlust trifft dann den Schuldner in seiner Persönlichkeit unvergleichlich mehr, als ihre Veräußerung dem Gläubiger einen Vorteil bringt.

II. Voraussetzungen des Pfändungsschutzes

3 Damit der Gerichtsvollzieher von einer Pfändung der Gegenstände gem. § 812 absieht, müssen folgende Voraussetzungen erfüllt sein:

1. Gewöhnlicher Hausrat

4 Die Gegenstände müssen zum gewöhnlichen Hausrat gehören. »Hausrat« umfasst zum einen die in § 811 Abs. 1 Nr. 1 aufgezählten Gegenstände, also auch Kleidungsstücke, Schuhe, Wäsche u.ä.[2], darüber hinausgehend auch sonstige im Haushalt des Schuldners im Rahmen der gewöhnlichen Lebensführung genutzte Sachen.[3] Gewerblich genutzte Gegenstände sind nicht Hausrat.[4] Was zum »gewöhnlichen« Hausrat zählt und was nur Luxusbedürfnissen dient (und demnach nicht von § 812 erfasst ist), entscheidet sich nach der allgemeinen Lebensanschauung.

2. Benötigung im Haushalt des Schuldners

5 Die Gegenstände müssen »im Haushalt des Schuldners gebraucht werden«. Das heißt nicht, dass sie sich im Zeitpunkt der Pfändung gerade in Benutzung befinden müssen, sie dürfen aber auch

---

[1] LG Köln, MDR 1964, 599; *Haase*, JR 1971, 323.
[2] LG Darmstadt, MDR 1958, 345.
[3] So hat das LG Essen, DGVZ 1973, 24 seinerzeit ein Fernsehgerät zwar nicht unter § 811 Nr. 1 ZPO, wohl aber unter § 812 ZPO fallend angesehen.
[4] Wie hier *Baumbach/Lauterbach/Hartmann*, § 812 Rn. 3; *Dierck/Morvilius/Vollkommer/Hilzinger*, 3. Kap. Rn. 323; MüKo/*Gruber*, § 812 Rn. 2; *Musielak/Voit/Becker*, § 812 Rn. 2; PG/*Flury*, § 812 Rn. 2; *Thomas/Putzo/Seiler*, § 812 Rn. 1; *Wieczorek/Schütze/Lüke*, § 812 Rn. 6; *Zöller/Stöber*, § 812 Rn. 1; a.A. Stein/*Jonas/Münzberg*, § 812 Rn. 1.

nicht zur reinen Vorratshaltung verwahrt werden. Unter § 812 fallen also Wäsche und Kleidung zum Wechseln, nur gelegentlich eingesetzte Haushaltsgeräte, aber nicht auf dem Speicher verwahrte alte Möbel.

3. Erkennbar unverhältnismäßig geringer Verwertungserlös

Es muss ohne Weiteres für den Gerichtsvollzieher ersichtlich sein[5], dass durch die Verwertung dieser Gegenstände nur ein Erlös erzielt werden würde, der zu dem Wert außer Verhältnis steht. Deckt der voraussichtliche Erlös nur allenfalls die Kosten der Zwangsvollstreckung, greift schon § 803 Abs. 2 ein. Es sind also auch Fälle erfasst, in denen ein Überschuss zugunsten des Gläubigers zu erwarten ist, der aber außer Verhältnis zur Werteinbuße für den Schuldner steht. Die Vorschrift ist demnach eine Ausnahme von der Regel, wonach der Gläubiger seine Befriedigung, wenn nicht anders möglich, auch in kleinsten Schritten betreiben darf. Hat der Gerichtsvollzieher an der Unverhältnismäßigkeit Zweifel, so muss er zunächst pfänden.

6

III. Rechtsbehelfe

Dem Gläubiger, dem Schuldner und den zum Haushalt des Schuldners zählenden Personen steht die Erinnerung nach § 766 zu, wenn sie gegen die Entscheidung des Gerichtsvollziehers Einwände haben. Damit dem Gläubiger die Entscheidung des Gerichtsvollziehers, von einer Pfändung aus Gründen des § 812 abzusehen, überhaupt bekannt wird, muss der Gerichtsvollzieher im Protokoll darauf hinweisen, dass eine Pfändung aus diesen Gründen unterblieben ist (§ 86 Abs. 6 GVGA).

7

IV. ArbGG, VwGO, AO

Siehe § 811 Rdn. 65.

8

---

5 LG Kiel, DGVZ 1978, 115.

§ 813 Schätzung

(1) ¹Die gepfändeten Sachen sollen bei der Pfändung auf ihren gewöhnlichen Verkaufswert geschätzt werden. ²Die Schätzung des Wertes von Kostbarkeiten soll einem Sachverständigen übertragen werden. ³In anderen Fällen kann das Vollstreckungsgericht auf Antrag des Gläubigers oder des Schuldners die Schätzung durch einen Sachverständigen anordnen.

(2) ¹Ist die Schätzung des Wertes bei der Pfändung nicht möglich, so soll sie unverzüglich nachgeholt und ihr Ergebnis nachträglich in dem Pfändungsprotokoll vermerkt werden. ² Werden die Akten des Gerichtsvollziehers elektronisch geführt, so ist das Ergebnis der Schätzung in einem gesonderten elektronischen Dokument zu vermerken. ³ Das Dokument ist mit dem Pfändungsprotokoll untrennbar zu verbinden.

(3) Zur Pfändung von Früchten, die von dem Boden noch nicht getrennt sind, und zur Pfändung von Gegenständen der in § 811 Abs. 1 Nr. 4 bezeichneten Art bei Personen, die Landwirtschaft betreiben, soll ein landwirtschaftlicher Sachverständiger zugezogen werden, sofern anzunehmen ist, dass der Wert der zu pfändenden Gegenstände den Betrag von 500 Euro übersteigt.

(4) Die Landesjustizverwaltung kann bestimmen, dass auch in anderen Fällen ein Sachverständiger zugezogen werden soll.

Übersicht	Rdn.		Rdn.
I. Zweck der Norm	1	IV. Besonderheiten bei landwirtschaftlichen Betrieben (Abs. 3)	8
II. Anwendungsbereich der Norm	2	V. Rechtsfolgen bei Verstößen gegen § 813	10
III. Schätzung durch den Gerichtsvollzieher oder einen Sachverständigen	3	VI. Vergütung für die Schätzung	14
1. Schätzung bei der Pfändung	3	VII. ArbGG, VwGO, AO	15
2. Nachträgliche Schätzung	7		

Literatur:
Paschold, Recht und Pflicht des Gerichtsvollziehers zur Sachverständigen-Beauftragung zum Zwecke der Wertschätzung gepfändeter Sachen, DGVZ 1995, 52; *Schultes*, Zum Ermessen des Gerichtsvollziehers, einen Sachverständigen mit der Schätzung gemäß § 813 ZPO zu beauftragen, DGVZ 1994, 161.

I. Zweck der Norm

1 In mehreren Vorschriften spielt direkt (so in § 817a) oder indirekt als Berechnungsgröße für den zu erwartenden Vollstreckungserlös (so in §§ 803, 811a Abs. 2, 811b Abs. 1, 812) der gewöhnliche Verkaufswert der gepfändeten Gegenstände eine Rolle. Bei Gold- und Silbersachen ist ferner der reine Materialwert von Bedeutung (§ 817a Abs. 3). Es bedarf der rechtzeitigen Ermittlung und Festsetzung dieser Werte, damit der Schuldner vor Schaden bewahrt wird, wenn es zur Veräußerung der Pfandsachen kommt (§§ 817, 821, 825). Beim vollstreckungsrechtlichen Eingriff in einen landwirtschaftlichen Betrieb bedarf es besonderer Sachkunde, um die bäuerliche Existenz nicht unnötig zu gefährden. Der Lösung beider vorgenannter Probleme dient § 813.

II. Anwendungsbereich der Norm

2 Die Vorschrift findet bei der Zwangsvollstreckung in bewegliche Sachen Anwendung, soweit deren Verwertung nach §§ 814 ff. erfolgt, also nicht nur im Gefolge einer Pfändung nach § 808, sondern auch bei der besonderen Verwertung beweglicher Sachen nach § 65 ZVG, nach § 66 Abs. 4 SGB X und nach § 6 JBeitrO und nach § 166 Abs. 1 InsO. Zur Vollstreckung aus sonstigen Titeln außerhalb der ZPO siehe Rn. 15.

Entgegen der wohl herrschenden Auffassung[1] ist die Vorschrift darüber hinaus entsprechend heranzuziehen, wenn eine Forderung oder ein sonstiges Recht durch Versteigerung statt durch Überweisung verwertet werden soll (§§ 844, 857).[2]

III. Schätzung durch den Gerichtsvollzieher oder einen Sachverständigen

1. Schätzung bei der Pfändung

Die Schätzung erfolgt in aller Regel **durch den Gerichtsvollzieher bei der Pfändung (Abs. 1 Satz 1)**; ihr Ergebnis ist im Protokoll festzuhalten (§ 86 Abs. 1 Satz 1 Nr. 1 GVGA). Zu schätzen ist der »**gewöhnliche Verkaufswert**«. Das ist derjenige Preis, der sich unter Berücksichtigung der allgemeinen Marktlage und der besonderen örtlichen Verhältnisse durch einen durchschnittlichen Verkäufer im freien Verkehr erzielen ließe. Aufpreise, die allein der Schuldner durch besondere Beziehungen usw. erzielen könnte, sind ebenso wenig zu berücksichtigen wie der mögliche Preisverfall, der sich einzustellen pflegt, wenn die besondere Zwangslage des Verkäufers bekannt wird. Der Gerichtsvollzieher hat bei der Schätzung seine beruflichen Erfahrungen zu nutzen. Handelt es sich bei den Gegenständen nicht um Kostbarkeiten, darf der Gerichtsvollzieher nicht von sich aus einen Sachverständigen hinzuziehen.[3] Hält er sich für nicht ausreichend kompetent, hat er vielmehr seine Bedenken dem Gläubiger und dem Schuldner mitzuteilen. Sie können dann beim **Vollstreckungsgericht beantragen**, dass es die Schätzung durch einen Sachverständigen anordnet (**Abs. 1 Satz 3**). Dritte, die ihrerseits ein Interesse am Gegenstand der Vollstreckung haben, sind nach dem eindeutigen Wortlaut von Abs. 1 Satz 3 insoweit **nicht** neben Gläubiger und Schuldner zur Antragstellung befugt.[4] Auch dann, wenn der Gerichtsvollzieher bereits eine Schätzung vorgenommen hat, kann der Gläubiger oder der Schuldner, falls er das Ergebnis für unzutreffend hält, jederzeit bis zum Versteigerungstermin den Antrag nach Abs. 1 Satz 3 stellen. Das Gericht muss ihm nicht in jedem Fall entsprechen, kann aber nicht seine eigene Schätzung einfach an die Stelle derjenigen des Gerichtsvollziehers setzen.[5] Hält es die Zweifel des Antragstellers für berechtigt, kann es nur Schätzung durch einen Sachverständigen anordnen.

Handelt es sich bei den gepfändeten Gegenständen allerdings um **Kostbarkeiten**[6], so hat schon der Gerichtsvollzieher von sich aus die Schätzung einem Sachverständigen zu übertragen (**Abs. 1 Satz 2**). Ob eine Kostbarkeit vorliegt, entscheidet der Gerichtsvollzieher.[7] Sofern es sich um Gold- und Silbersachen handelt, hat der Sachverständige neben dem gewöhnlichen Verkaufswert im Hinblick auf § 817a Abs. 3 auch den Gold- und Silberwert, also den reinen Materialwert zu schätzen.

Der vom Gericht bestimmte oder vom Gerichtsvollzieher hinzugezogene Sachverständige hat seine Schätzung schriftlich oder zu Protokoll des Gerichtsvollziehers abzugeben. Das Ergebnis ist den Parteien unverzüglich mitzuteilen. Hat der Sachverständige die ursprüngliche eigene Schätzung des Gerichtsvollziehers nach unten korrigiert, muss der Gerichtsvollzieher eine Nachpfändung vornehmen[8], bis die volle Befriedigung des Gläubigers wieder gesichert erscheint (vgl. § 82 Abs. 6 Satz 2 GVGA).

---

1 MüKo/*Gruber*, § 813 Rn. 2; *Stein/Jonas/Münzberg*, § 813 Rn. 1; *Stöber*, Forderungspfändung, Rn. 1473; *Wieczorek/Schütze/Lüke*, § 813 Rn. 2.
2 Wie hier LG Essen, NJW 1957, 108; LG Münster, DGVZ 1969, 172; LG Krefeld, Rpfleger 1979, 147.
3 Wie hier LG Aachen, JurBüro 1986, 1256; LG München II, Rpfleger 1978, 456; AG Augsburg, DGVZ 2013, 21, 22; *Gaul/Schilken/Becker-Eberhard*, § 51 Rn. 33; MüKo/*Gruber*, § 813 Rn. 4; *Schilken*, AcP 181 (1981), 355, 365; *Stein/Jonas/Münzberg*, § 813 Rn. 4; *Thomas/Putzo/Seiler*, § 813 Rn. 6; *Zöller/Stöber*, § 813 Rn. 3; a. A. *Baumbach/Lauterbach/Hartmann*, § 813 Rn. 5; *Mümmler*, DGVZ 1973, 81; *Pawlowski*, ZZP 90 (1977), 367.
4 LG Berlin, Rpfleger 1978, 268; MüKo/*Gruber*, § 813 Rn. 8; *Stein/Jonas/Münzberg*, § 813 Rn. 7.
5 OLG Hamm, JMBl.NW 1961, 236.
6 Zum Begriff siehe § 808 Rn. 9.
7 OLG Köln, Rpfleger 1998, 352, 353; MüKo/*Gruber*, § 813 Rn. 5.
8 Zur Nachpfändung siehe auch § 803 Rn. 5.

6 Eine **erneute Schätzung** durch den Gerichtsvollzieher oder einen Sachverständigen ist nach Eintritt neuer Tatsachen angebracht, z. B. bei einer Änderung der allgemeinen oder der örtlichen wirtschaftlichen Verhältnisse.[9] Erfolgte die Schätzung durch einen Sachverständigen auf Anordnung des Gerichts nach Abs. 1 Satz 3, setzt die Nachschätzung eine erneute gerichtliche Anordnung voraus.[10] Führt der Gerichtsvollzieher eine Neubewertung durch, so hat er sie in seinem Protokoll zu vermerken (vgl. § 86 Abs. 1 Satz 1 Nr. 1 GVGA) und unverzüglich den Parteien mitzuteilen. Gegebenenfalls muss er aus ihr die Konsequenz der Nachpfändung ziehen. Er ist dagegen nicht befugt, von sich aus einen Teil der bisherigen Pfändungen aufzuheben, wenn die Neuschätzung eine Überpfändung ergibt.[11] Der Gläubiger muss dann die Freigabe oder das Gericht auf eine Erinnerung hin die Pfändung teilweise für unzulässig erklären.

2. Nachträgliche Schätzung

7 Falls die Schätzung bei der Pfändung nicht sogleich möglich ist, soll sie unverzüglich nachgeholt und ihr Ergebnis im Pfändungsprotokoll vermerkt werden (**Abs. 2 Satz 1**). Ferner ist das Ergebnis den Parteien mitzuteilen. Die durch das Justizkommunikationsgesetz vom 22.3.2005[12] eingefügten **Abs. 2 Satz 2 und 3** tragen dem Umstand Rechnung, dass beim Gerichtsvollzieher eine elektronische Aktenführung möglich ist. In einem elektronischen Pfändungsprotokoll kann nämlich das Ergebnis der Wertschätzung ohne Zerstörung der elektronischen Signatur nicht nachträglich vermerkt werden. Deshalb ist es in einem gesonderten elektronischen Dokument festzuhalten, das mit dem gespeicherten Pfändungsprotokoll nach dem Stand der Technik in untrennbarer Weise zu verbinden ist.[13]

IV. Besonderheiten bei landwirtschaftlichen Betrieben (Abs. 3)

8 Beim vollstreckungsrechtlichen Eingriff in einen landwirtschaftlichen Betrieb, sei es durch Pfändung von Früchten, die vom Boden noch nicht getrennt sind, sei es durch Pfändung von Gegenständen der in § 811 Abs. 1 Nr. 4 bezeichneten Art, hat der Gerichtsvollzieher immer einen Sachverständigen hinzuzuziehen, sofern anzunehmen ist, dass der Wert der zu pfändenden Gegenstände den Betrag von 500 Euro übersteigt (Abs. 3). Der landwirtschaftliche Sachverständige hat zu begutachten, ob die gewöhnliche Zeit der Reife binnen eines Monats zu erwarten ist (§ 810 Abs. 1 Satz 2) und ob die Früchte, die Geräte oder das Vieh ganz oder zum Teil zur Fortführung der Landwirtschaft erforderlich sind (§ 102 Abs. 3 GVGA). Ferner hat er den gewöhnlichen Verkaufswert der gepfändeten Gegenstände zu schätzen. Ist der Landwirt nicht nur Pächter, sondern Eigentümer des Grundstücks, hat der Sachverständige schließlich auch zu begutachten, ob die Gegenstände, deren Pfändung beabsichtigt ist, zum Hypothekenverband (§§ 1120 ff. BGB) zählen und daher der Pfändung durch den Gerichtsvollzieher gem. § 865 Abs. 4 entzogen sind (§ 100 Abs. 2 GVGA).

9 Aufgrund der Ermächtigung in **Abs. 4** haben die Landesjustizverwaltungen in §§ 100 Abs. 1 Satz 2, 102 Abs. 3 Satz 4 Nr. 1, 2 GVGA auch für Fälle, in denen der Wert der zu pfändenden landwirtschaftlichen Gegenstände 500 Euro nicht übersteigt, die Schätzung durch einen landwirtschaftlichen Sachverständigen angeordnet. Danach soll der Gerichtsvollzieher einen Sachverständigen hinzuziehen, wenn eine sachgemäße Entscheidung nur aufgrund des Gutachtens eines Sachverständigen ergehen kann (§ 102 Abs. 3 Satz 4 Nr. 1 GVGA) oder wenn der Schuldner die Zuziehung verlangt und hierdurch die Zwangsvollstreckung weder verzögert wird noch unverhältnismäßige Kosten entstehen (§ 102 Abs. 3 Satz 4 Nr. 2 GVGA).

---

9 PG/*Flury*, § 813 Rn. 9; *Stein/Jonas/Münzberg*, § 813 Rn. 14; *Zöller/Stöber*, § 813 Rn. 8.
10 *Zöller/Stöber*, § 813 Rn. 8.
11 Siehe auch § 803 Rdn. 10.
12 BGBl. I, 837.
13 BT-Drucks. 15/4067, S. 36.

V. Rechtsfolgen bei Verstößen gegen § 813

Unterlässt der Gerichtsvollzieher in den Fällen der Abs. 1 Satz 2, Abs. 3 und 4 die Hinzuziehung eines Sachverständigen und trifft er die erforderlichen Feststellungen selbst, so wird die Pfändung dadurch nicht unwirksam, sondern nur mit der Erinnerung nach § 766 **anfechtbar**. Die Erinnerung ist nur begründet, wenn der Anfechtende schlüssige Anhaltspunkte dafür vorträgt, dass die Hinzuziehung des Sachverständigen andere Ergebnisse gebracht hätte.   10

Das Ergebnis der Schätzung durch den Gerichtsvollzieher ist nicht mit der Erinnerung anfechtbar.[14] Halten der Gläubiger oder der Schuldner das Ergebnis für unzutreffend, müssen sie beim Vollstreckungsgericht Antrag auf Schätzung der Gegenstände durch einen Sachverständigen stellen (Abs. 1 Satz 3). Wird das Ergebnis einer Schätzung durch einen Sachverständigen beanstandet, ist ebenfalls nicht die Erinnerung nach § 766 gegeben;[15] vielmehr ist Antrag auf erneute Schätzung, gegebenenfalls durch einen anderen Sachverständigen in entsprechender Anwendung von Abs. 1 Satz 3 zu stellen.[16]   11

Die Berufung eines Sachverständigen, seine Auswahl sowie die Ablehnung seiner Berufung durch das Vollstreckungsgericht, das gem. § 20 Nr. 17 RPflG durch den Rechtspfleger entscheidet, sind mit der sofortigen Beschwerde nach § 793 i. V. m. § 11 Abs. 1 RPflG anfechtbar.   12

Mitbewerbern des Gläubigers oder des Schuldners i. S. d. § 2 Abs. 1 Nr. 3 UWG kann gegen den Gerichtsvollzieher wegen Förderung fremden unlauteren Wettbewerbs ein Unterlassungsanspruch nach §§ 3, 8 UWG zustehen, wenn er fahrlässig die ihm von den Beteiligten in unlauterem Zusammenspiel genannten »Mondpreise« des Pfändungsguts in seine Schätzung übernimmt und den Bietinteressenten bei der Versteigerung dadurch eine günstigere Erwerbsmöglichkeit vorspiegelt.[17] Der Anspruch ist vor den ordentlichen Gerichten geltend zu machen.   13

VI. Vergütung für die Schätzung

Für den Gerichtsvollzieher ist die Schätzung Teil des Pfändungsvorganges und mit den allgemeinen Gebühren insoweit abgegolten. Dem Sachverständigen ist für seine Tätigkeit eine Vergütung nach dem ortsüblichen Preis zu gewähren (§§ 100 Abs. 4, 102 Abs. 3 GVGA). Ist ein ortsüblicher Preis nicht zu ermitteln, sind die Sätze des ZSEG maßgebend. Die Vergütung wird dem Sachverständigen vom Gerichtsvollzieher ausgezahlt. Gegen die Festsetzung seiner Gebühren durch den Gerichtsvollzieher hat der Sachverständige die Erinnerung nach § 766.   14

VII. ArbGG, VwGO, AO

Siehe § 811 Rn. 65. Im Bereich der Abgabenvollstreckung ist für die Schätzung – sofern sie nicht einem Sachverständigen übertragen wird – der Vollziehungsbeamte (vgl. § 285 AO) zuständig. An die Stelle des Vollstreckungsgerichts (§ 813 Abs. 1 Satz 3 ZPO) tritt die Vollstreckungsbehörde (§ 295 Satz 2 AO).   15

---

14 **H. M.**; siehe nur LG Aachen, JurBüro 1986, 1256; Brox/Walker, Rn. 348; Hk-ZPO/Kemper, § 813 Rn. 10; PG/Flury, § 813 Rn. 10; Stein/Jonas/Münzberg, § 813 Rn. 13; **a. M.** Wieczorek/Schütze/Lüke, § 813 Rn. 17.
15 So aber Thomas/Putzo/Seiler, § 813 Rn. 9; Zöller/Stöber, § 813 Rn. 10.
16 Wie hier LG Köln, DGVZ 1957, 122; MüKo/Gruber, § 813 Rn. 14; Stein/Jonas/Münzberg, § 813 Rn. 13.
17 KG, NJW-RR 1986, 201.

§ 813a Aufschub der Verwertung

Die Vorschrift wurde mit Wirkung zum 1.1.2013 aufgehoben und durch § 802b ersetzt. [1]

---

[1] BGBl. I 2009, S. 2258, 2262; BT-Drucks. 16/10069, S. 34 (Begründung des Gesetzentwurfs des Bundesrats).

§ 813b Aussetzung der Verwertung

Die Vorschrift wurde mit Wirkung zum 1.1.2013 aufgehoben, weil sie neben den §§ 802b, 765a, 766 entbehrlich ist. [1]

---

[1] BGBl. I 2009, S. 2258, 2262; BT-Drucks. 16/10069, S. 34 (Begründung des Gesetzentwurfs des Bundesrats).

Vor § 814 Die Verwertung gepfändeter beweglicher Sachen – Ein Überblick

Übersicht

	Rdn.		Rdn.
I. Gläubigerbefriedigung als Ziel der Zwangsvollstreckung	1	II. Durchführung der Verwertung	2
		III. Auskehr des Verwertungserlöses	6

Literatur:

Alisch, Die Berücksichtigung von Drittinteressen durch den Gerichtsvollzieher bei der Pfandverwertung, DGVZ 1979, 81; *Eichelberger*, Versteigerungen nach BGB, ZPO und ZVG, Jura 2013, 82; *Eickmann*, Die Versteigerung eines Erbanteils durch den Gerichtsvollzieher, DGVZ 1984, 65; *Fleischmann/Rupp*, Pfändung und Verwertung verderblicher Warenvorräte, Rpfleger 1987, 8; *Geißler*, Ordnungsprinzipien und Streitfragen bei der Versteigerung gepfändeter Sachen, DGVZ 1994, 33; *Meller-Hannich*, Der Gerichtsvollzieher bei »ebay & Co.« – Rechtsfragen, Lösungsvorschläge und Gesetzesvorhaben zur Verwertung gepfändeter Sachen im Internet, DGVZ 2009, 21; *Remmert*, Das Gesetz über die Internetversteigerung in der Zwangsvollstreckung, NJW 2009, 2572; *Schnabl*, Zwangsversteigerung beweglicher Sachen bei eBay?, NJW 2005, 941; *Schünemann*, Befriedigung durch Zwangsvollstreckung, JZ 1985, 49.

I. Gläubigerbefriedigung als Ziel der Zwangsvollstreckung

1 Ziel der Zwangsvollstreckung in bewegliche Sachen durch Pfändung wegen einer Geldforderung ist es in der Regel, durch Verwertung der Sachen den Geldbetrag zu erlösen, der zur Befriedigung des Gläubigers erforderlich ist. Abweichend von dieser Regel ist Ziel der Pfändung im Rahmen einer Arrestvollziehung nur eine Sicherung des Gläubigers durch Beschlagnahme von Vermögensbestandteilen (§ 930). Zur Verwertung der beschlagnahmten Gegenstände bedarf es in diesem Fall noch des auf Geldleistung gerichteten Hauptsachetitels.[1] Aus dem Arresttitel selbst ist nur ausnahmsweise eine Verwertung beweglicher körperlicher Sachen möglich (§ 930 Abs. 3), die aber dann auch nur zu einer Sicherung des Gläubigers durch Hinterlegung des Erlöses führt. Zwischen dem Regelfall und dem Ausnahmefall der Arrestvollziehung liegt die Sicherungsvollstreckung nach § 720a: Sie erfolgt aus dem gleichen Titel, der später auch Grundlage der Verwertung ist. Sie endet aber zunächst mit der Pfändung, bis entweder durch den Gläubiger Sicherheit geleistet (§ 720a Abs. 1 Satz 2) oder der Titel zwischenzeitlich auch ohne Sicherheitsleistung vollstreckbar wird.

II. Durchführung der Verwertung

2 Hinsichtlich der Durchführung der Verwertung muss nach der Art der gepfändeten Sachen unterschieden werden:
– Gepfändetes Geld ist dem Gläubiger schlicht abzuliefern (§ 815 Abs. 1).
– Gepfändete Wertpapiere, die einen Börsen- oder Marktpreis haben, sind vom Gerichtsvollzieher aus freier Hand zum Tageskurse zu verkaufen (§ 821, 1. Alt.).
– Gold- und Silbersachen, für die bei einem Versteigerungsversuch kein dem § 817a Abs. 1 und Abs. 3 Satz 1 entsprechendes Gebot abgegeben wurde, sind ebenfalls aus freier Hand zu verkaufen (§ 817 Abs. 3 Satz 2).
– Sonstige gepfändete bewegliche Sachen werden durch den Gerichtsvollzieher öffentlich vor Ort oder über eine Verwertungsplattform im Internet versteigert (§ 814).

3 Bei allen gepfändeten beweglichen Sachen außer bei gepfändetem Geld kann das Vollstreckungsgericht (der Rechtspfleger, § 20 Nr. 17 RPflG) auf Antrag des Gläubigers oder des Schuldners eine andere Art der Verwertung anordnen (§ 825), wenn hierdurch ein höherer Verwertungserlös zu erwarten ist als bei der Regelverwertung.

4 Schließlich können sich Gläubiger und Schuldner auf jede andere Art der »Verwertung« derart einigen, dass der Gläubiger den Vollstreckungsauftrag zurückzieht, auf das Pfandrecht verzichtet und

---

1 Es muss sich nicht um ein Urteil im Hauptsacheverfahren handeln, sondern es kann auch ein Vergleich oder eine notarielle Urkunde sein; LG Köln, Rpfleger 1974, 121.

im Einverständnis des Schuldners eine Sachverwertung außerhalb der Zwangsvollstreckung privat durchführt (§ 364 BGB), soweit nicht Rechte Dritter an dem Pfändungsobjekt (z. B. Anschlusspfändungen) dem entgegenstehen. Insofern gelten die Verfahrensregeln und Schutzvorschriften der ZPO dann nicht, da keine »Zwangs«-Vollstreckung mehr vorliegt. Eine vorherige Vereinbarung dieser Art dürfte allerdings unzulässig sein, wenn der Schuldner hierbei auf seinen Schutz nach § 817a verzichtet. Es gelten insoweit dieselben Überlegungen wie zu § 811.[2]

Hat der Gläubiger sowohl ein Pfändungspfandrecht an einem Gegenstand als auch ein gesetzliches Pfandrecht (der Vermieter hat z. B. eine Sache, an der auch schon sein gesetzliches Vermieterpfandrecht besteht, aufgrund eines Zahlungstitels über rückständige Miete pfänden lassen), so hat der Gläubiger zwar die Wahl, ob er die gepfändete Sache vom Gerichtsvollzieher öffentlich versteigern (§ 814) oder wegen des gesetzlichen Pfandrechts nach §§ 1234 ff. BGB verwerten lassen will. Die Herausgabe der Sache an den Gläubiger zur Verwertung aufgrund seines Vermieterpfandrechts kann jedoch nur erfolgen, wenn dieser zuvor sein Pfändungspfandrecht aufgibt;[3] denn die Verstrickung der Sache verhindert deren Verwertung durch jedermann, auch durch den Gläubiger selbst.

III. Auskehr des Verwertungserlöses

Mit der Verwertung des Pfändungsgutes ist die Zwangsvollstreckung noch nicht beendet; es bedarf dazu noch der Auskehr des Verwertungserlöses oder, im Fall des § 825, der Ablieferung der Sache[4] an den Gläubiger.[5] Bis zu diesem Zeitpunkt bleiben die Rechtsbehelfe des Vollstreckungsverfahrens (§§ 766, 793; § 11 RPflG), die Vollstreckungsabwehrklage (§ 767) und die Drittwiderspruchsklage (§ 771) zulässig. Bis zu diesem Zeitpunkt ist auch die Anschlusspfändung in den Erlös möglich. Nach beendeter Zwangsvollstreckung sind die Betroffenen dagegen allein auf mögliche zivilrechtliche Ausgleichsansprüche verwiesen.[6]

---

2 § 811 Rdn. 15.
3 OLG Frankfurt, Rpfleger 1974, 430.
4 Einzelheiten: § 825 Rdn. 16 ff.
5 KG, OLGZ 1974, 306; LG Berlin, DGVZ 1983, 93.
6 Einzelheiten für den Schuldner: § 767 Rdn. 46; für Dritte: Anh. zu § 771 Rdn. 2 ff.

§ 814 Öffentliche Versteigerung

(1) Die gepfändeten Sachen sind von dem Gerichtsvollzieher öffentlich zu versteigern; Kostbarkeiten sind vor der Versteigerung durch einen Sachverständigen abzuschätzen.

(2) Eine öffentliche Versteigerung kann nach Wahl des Gerichtsvollziehers
1. als Versteigerung vor Ort oder
2. als allgemein zugängliche Versteigerung im Internet über eine Versteigerungsplattform

erfolgen.

(3) [1]Die Landesregierungen bestimmen für die Versteigerung im Internet nach Absatz 2 Nummer 2 durch Rechtsverordnung
1. den Zeitpunkt, von dem an die Versteigerung zugelassen ist,
2. die Versteigerungsplattform,
3. die Zulassung zur und den Ausschluss von der Teilnahme an der Versteigerung; soweit die Zulassung zur Teilnahme oder der Ausschluss von einer Versteigerung einen Identitätsnachweis natürlicher Personen vorsieht, ist spätestens ab dem 1. Januar 2013 auch die Nutzung des elektronischen Identitätsnachweises (§ 18 des Personalausweisgesetzes) zu diesem Zweck zu ermöglichen,
4. Beginn, Ende und Abbruch der Versteigerung,
5. die Versteigerungsbedingungen und die sonstigen rechtlichen Folgen der Versteigerung einschließlich der Belehrung der Teilnehmer über den Gewährleistungsausschluss nach § 806,
6. die Anonymisierung der Angaben zur Person des Schuldners vor ihrer Veröffentlichung und die Möglichkeit der Anonymisierung der Daten der Bieter,
7. das sonstige zu beachtende besondere Verfahren.

[2]Sie können die Ermächtigung durch Rechtsverordnung auf die Landesjustizverwaltungen übertragen.

Übersicht	Rdn.		Rdn.
I. Regelverwertung durch öffentliche Versteigerung	1	II. Öffentlich-rechtliche Einordnung der Versteigerung	7
1. Formen der öffentlichen Versteigerung	2	III. Verwertungshindernisse	8
a) Versteigerung vor Ort (Präsenzversteigerung)	3	IV. Zwingende Verfahrensvorschriften	9
b) Internetversteigerung	4	V. Gebühren und Auslagen	10
2. Zuständigkeit des Gerichtsvollziehers	6	VI. ArbGG, VwGO, AO	11

Literatur:
Siehe die Literaturangaben Vor § 814.

I. Regelverwertung durch öffentliche Versteigerung

1 Die Regelverwertung gepfändeter körperlicher Sachen in der Zwangsvollstreckung ist nach den Vorstellungen der ZPO[1] die öffentliche Versteigerung dieser Sachen durch den Gerichtsvollzieher. Der Gerichtsvollzieher ist von sich aus nicht befugt, eine andere ihm erfolgversprechendere Art der Verwertung zu wählen. Nur auf Antrag des Gläubigers oder des Schuldners kann er die gepfändete Sache in anderer Weise verwerten (§ 825 Abs. 1). Wenn nicht der Gerichtsvollzieher, sondern ein Auktionator die Versteigerung durchführen soll[2], ist gem. § 825 Abs. 2 eine Anordnung des

---

1 Zur geringen Bedeutung der öffentlichen Versteigerung in der Praxis siehe *Bruns/Peters*, § 22 V; *Gerhardt*, JA 1981, 19; *Gaul/Schilken/Becker-Eberhard*, § 53 Rn. 1; *Stein/Jonas/Münzberg*, § 817 Rn. 2.
2 Dazu *Birmanns*, DGVZ 1993, 107.

Vollstreckungsgerichts erforderlich, die ihrerseits einen Antrag des Gläubigers oder des Schuldners voraussetzt.

1. Formen der öffentlichen Versteigerung

Seit der Neufassung des § 814 durch Gesetz vom 30.7.2009, das am 5.8.2009 in Kraft getreten ist[3], gibt es zwei Formen der öffentlichen Versteigerung, nämlich die Versteigerung vor Ort (Präsenzversteigerung) und die Internetversteigerung. Der Gerichtsvollzieher kann zwischen beiden Formen wählen.

a) Versteigerung vor Ort (Präsenzversteigerung)

Die Versteigerung vor Ort erfolgt an einem konkreten, vorher anzukündigenden Termin in der Gemeinde, in der die Pfändung erfolgt ist oder an einem anderen Ort im Bezirk des Vollstreckungsgerichts oder an einem dritten Ort, auf den sich der Gläubiger und der Schuldner verständigen (§ 816 Abs. 2). Für die Durchführung gelten §§ 816 Abs. 1 bis 4, 817.

b) Internetversteigerung

Durch die Möglichkeit der Internetversteigerung wurde die Zwangsvollstreckung in bewegliche Sachen effektiver gestaltet. Der Bietzeitraum ist nicht auf einen, für manche Interessenten vielleicht unpassenden Termin während der üblichen Arbeitszeit beschränkt. Die Bietinteressenten haben von jedem Ort der Welt aus rund um die Uhr Zugang zur Versteigerungsplattform und müssen sich nicht zu einem bestimmten Versteigerungslokal begeben, was mit Zeit- und Kostenaufwand verbunden sein kann. Dadurch besteht die Chance, dass die Zahl der Bieter und die Höhe der Gebote größer wird. Das dient sowohl dem Gläubiger als auch dem Schuldner. Für die Durchführung der Internetversteigerung gelten §§ 816 Abs. 1 und 4, 817. Die Regelung in § 814 Abs. 2 Nr. 2 bestimmt lediglich, dass die Versteigerung im Internet allgemein zugänglich sein muss. Versteigerungen im Rahmen eines nur beschränkt zugänglichen Intranets sind daher unzulässig.

Die näheren Bestimmungen für die Internetversteigerung sind gem. **Abs. 3** von den Landesregierungen durch **Rechtsverordnung** zu regeln. **Nr. 1:** Das betrifft zunächst den Zeitpunkt, von dem an die Versteigerung zugelassen ist, und dessen Bekanntmachung.[4] **Nr. 2:** Ferner ist die Versteigerungsplattform festzulegen; das ist etwa nach § 1 Abs. 1 hess. VO über die Internetversteigerung in der Zwangsvollstreckung »www.justiz-auktion.de«. Dagegen ist eine vom Gerichtsvollzieher betriebene Versteigerung beweglicher Sachen bei eBay keine öffentliche Versteigerung i. S. v. § 814; hier wird vielmehr ein privatrechtlicher Kaufvertrag geschlossen.[5] Wenn zwecks Erzielung eines hohen Gebots die Vorteile einer eBay-Auktion genutzt werden sollen, ist das allenfalls über einen Antrag nach § 825 Abs. 1, Abs. 2 (anderweitige Verwertung) möglich. **Nr. 3:** Ferner müssen die Zulassung (z. B. Geschäftsfähige, beschränkt Geschäftsfähige mit im Internet erklärter Einwilligung des gesetzlichen Vertreters, Registrierungsmodalitäten) und der Ausschluss von der Teilnahme an der Versteigerung (z. B. der mit der Sache befasste Gerichtsvollzieher und die gem. § 450 BGB zugezogenen Gehilfen) geregelt werden. **Nr. 4:** Zu Beginn und Ende der Versteigerung kann etwa eine Mindestdauer (wenige Tage bei verderblichen Sachen oder Saisonartikeln, längere Dauer bei Kostbarkeiten) festgelegt werden. Ein Abbruch ist jedenfalls dann vorzusehen, wenn die Zwangsvollstreckung nach § 775 einzustellen ist oder der Erlös zur Befriedigung des Gläubigers ausreicht (§ 818) oder wenn wegen technischer Störungen kurz vor Auktionsende keine Gebote mehr möglich sind. **Nr. 5:** Zu den zu regelnden Versteigerungsbedingungen gehören etwa Bestimmungen zu den notwendigen Angaben durch den Gerichtsvollzieher (Beschreibung der Sache und etwaiger Mängel, Mindestge-

---

3 BGBl. I S. 2474; zur Begründung BT-Drucks. 16/12811.
4 Z. B. in Hessen ab 1.7.2010 (§ 1 Abs. 2 der hessischen VO über die Internetversteigerung in der Zwangsvollstreckung vom 10.6.2010).
5 Dazu *Schnabl*, NJW 2005, 941.

bot, Ablieferungs-, Versand- und Zahlungsbedingungen, Belehrung über den Gewährleistungsausschluss nach § 806 und über den Ausschluss eines Widerrufsrechts nach § 312d BGB), zur Abgabe und zum Erlöschen von Geboten und zur Zuschlagserteilung an den Meistbietenden bei Ende der Versteigerung. **Nr. 6:** Regelungen zur Anonymisierung der persönlichen Angaben des Schuldners, dessen Identifizierbarkeit einen unverhältnismäßigen Eingriff in sein Persönlichkeitsrecht bedeuten würde, sowie die Schaffung der Möglichkeit, auch die Daten der Bieter zu anonymisieren. **Nr. 7:** Zu dem sonstigen zu beachtenden besonderen Verfahren können etwa Zahlungsmodalitäten und das Vorgehen bei der Ablieferung der zugeschlagenen Sache gehören.

2. Zuständigkeit des Gerichtsvollziehers

6 Die Regelverwertung durch öffentliche Versteigerung führt der Gerichtsvollzieher von Amts wegen durch, ohne dass es über den ursprünglichen Pfändungsauftrag hinaus (§ 753) eines besonderen Antrages oder einer sonstigen Ermächtigung durch den Gläubiger bedürfte (Ausnahme: § 811b Abs. 4). Zuständig ist der Gerichtsvollzieher, der auch die Pfändung vorgenommen hat. Er bestimmt in der Regel den Termin zur öffentlichen Versteigerung sogleich bei der Pfändung, falls die Parteien nicht beiderseits mit einer späteren Terminsbestimmung einverstanden sind (§ 92 Abs. 1 Satz 2 Nr. 1 GVGA). Die Einzelheiten der Durchführung der öffentlichen Versteigerung regeln die §§ 814, 816–819 sowie ergänzend die §§ 450 f. BGB[6]. Sie werden konkretisiert in den §§ 92-96, 103, 111 GVGA.

II. Öffentlich-rechtliche Einordnung der Versteigerung

7 Die öffentliche Versteigerung ist sowohl bei der Präsenz- als auch bei der Internetversteigerung allein ein Vorgang des **öffentlichen Rechts**[7], den der Gerichtsvollzieher als Hoheitsträger durchführt, nicht etwa als Vertreter des Gläubigers. Legitimation dafür, die öffentliche Versteigerung einleiten und durchführen zu dürfen, ist die wirksame (öffentlich-rechtliche) Verstrickung[8] der Pfandsache, nicht der materiellrechtliche Anspruch des Gläubigers gegen den Schuldner oder das Pfändungspfandrecht des Gläubigers an der Sache. Deshalb ist ein Versteigerungsvorgang als solcher, bei dem die zwingenden öffentlich-rechtlichen Verfahrensvorschriften[9] eingehalten werden, nicht deshalb fehlerhaft, weil die zu versteigernde Sache gar nicht dem Schuldner gehört oder weil der materiellrechtliche Anspruch des Gläubigers gegen den Schuldner nicht mehr besteht.[10] Derartige Einwendungen können nur mit den Klagen nach §§ 771, 767, und auch nur bis zur Beendigung der Zwangsvollstreckung[11] verfolgt werden. Danach sind nur noch materiellrechtliche Ausgleichsansprüche, die mit der Leistungsklage verfolgt werden müssten, möglich.[12]

III. Verwertungshindernisse

8 Da die Verwertung Teil der Zwangsvollstreckung ist, ist sie trotz wirksamer Pfändung so lange nicht zulässig, als die Zwangsvollstreckung einstweilen eingestellt ist (etwa nach §§ 707, 719, 732, 769) oder ihrer Fortsetzung Vollstreckungshindernisse (etwa § 775 Nr. 2, 4, 5, § 818) entgegenstehen. Gleiches gilt, wenn die Verwertung der Gegenstände durch eine Aufschiebung durch den Gerichtsvollzieher nach § 802b oder nach § 765a einstweilen (im Fall des § 765a ausnahmsweise auch endgültig) ausgesetzt wurde. Spezielle Verwertungshindernisse enthalten die §§ 772, 773.

---

6 Bis zum 31.12.2001 §§ 456, 458 BGB.
7 Ganz h. M.; *Baur/Stürner/Bruns*, Rn. 29.7; *Brox/Walker*, Rn. 395; *Bruns/Peters*, § 23 IV 3; *Gaul/Schilken/Becker-Eberhard*, § 53 Rn. 11; HdbZVR/*Keller*, Kap. 2 Rn. 343; *Stein/Jonas/Münzberg*, § 814 Rn. 2; *Zöller/Stöber*, § 814 Rn. 3.
8 Siehe Vor §§ 803, 804 Rdn. 2 ff.
9 Siehe unten Rdn. 9.
10 Siehe auch Vor §§ 803, 804 Rdn. 15.
11 Siehe § 767 Rdn. 15 und § 771 Rdn. 13 f.
12 § 767 Rdn. 46 und Anh. § 771 Rdn. 2 ff.

IV. Zwingende Verfahrensvorschriften

Zu den zwingenden öffentlich-rechtlichen Verfahrensvorschriften, die beachtet werden müssen, damit die Versteigerungsfolgen (Eigentumserwerb des Erstehers am Versteigerungsgut und des Gläubigers am zugewiesenen Erlös[13]) eintreten, gehören neben der in § 814 angesprochenen Öffentlichkeit der Versteigerung die öffentliche Bekanntmachung der Präsenzversteigerung (§ 816 Abs. 3), die Ablieferung der Sache nur nach vorausgegangenem Zuschlag, und zwar nur an den Meistbietenden und, soweit Meistbietender nicht der Gläubiger selbst war, nur gegen Barzahlung oder vorherige Überweisung (§ 817 Abs. 1, 2).[14] Dagegen gehört die Beachtung des Mindestgebotes nach § 817a Abs. 1 Satz 1 nicht zu den zwingenden Wirksamkeitsvoraussetzungen der Versteigerung. Ein Fehler des Gerichtsvollziehers insoweit wäre nicht so evident, dass er sich jedem Ersteigerer aufdrängen müsste, sodass dessen Vertrauen in die Wirksamkeit des öffentlichen Handelns des Hoheitsträgers Gerichtsvollzieher zurücktreten müsste.[15] **Öffentlich** ist die Versteigerung nur dann, wenn jeder Bietinteressent, der sich am Ort der Präsenzversteigerung befindet oder Zugang zum Internet hat, an ihr auch teilnehmen kann. Ist bei der Präsenzversteigerung der Versteigerungsraum abgeschlossen (etwa um Störer fernzuhalten) oder ist die Versteigerung in einen anderen Raum verlegt worden als den, der in der Bekanntmachung angegeben war, und ist die Verlegung ihrerseits nicht deutlich bekannt gemacht, so ist die Öffentlichkeit nicht gewahrt.[16] Die Öffentlichkeit ist auch dann nicht gewahrt, wenn die Versteigerung an einem Ort stattfindet, der nicht alle Bietinteressenten aufnehmen kann, sodass ein Teil von ihnen von der Teilnahme ausgeschlossen werden muss.[17]

9

V. Gebühren und Auslagen

Der Gerichtsvollzieher erhält für die Versteigerung Gebühren nach Nr. 300 des Kostenverzeichnisses zu § 9 GvKostG; allerdings kommt ein daneben ggf. zu erhebender Zeitzuschlag nach Nr. 500 KV zu § 9 GvKostG nur bei einer Präsenz-, nicht bei einer Internetversteigerung in Betracht. Dazu kommen die Auslagen z. B. für die Bekanntmachung, die Anmietung eines Saales, die Hinzuziehung eines Sachverständigen, die Einstellung eines Angebots auf einer Versteigerungsplattform zur Versteigerung im Internet (vgl. Nr. 700 ff. KV zu § 9 GvKostG). Die Gebühren und Auslagen sind notwendige Kosten der Zwangsvollstreckung i. S. v. § 788.

10

VI. ArbGG, VwGO, AO

Sachen, die aufgrund eines arbeitsgerichtlichen Titels oder eines Titels nach § 168 VwGO gepfändet wurden, werden nach § 814 grundsätzlich öffentlich versteigert (§§ 62 Abs. 2 Satz 1, 85 Abs. 1 Satz 3 ArbGG; § 167 Abs. 1 VwGO). Die Verwertung im Rahmen der Abgabenvollstreckung, die über § 5 VwVG auch für die Vollstreckung nach § 169 Abs. 1 (ggf. auch nach § 170 Abs. 1 Satz 3) VwGO von Bedeutung ist, erfolgt nach § 296 Abs. 1 AO ebenfalls durch öffentliche Präsenz- oder Internetversteigerung auf der Plattform »www.zoll-auktion.de«. Diese Versteigerung wird auf Anordnung der Vollstreckungsbehörde in der Regel durch den Vollziehungsbeamten durchgeführt.

11

---

13 Einzelheiten: § 817 Rdn. 10 ff.
14 *Brox/Walker*, Rn. 413–415.
15 Wie hier OLG Frankfurt, VersR 1980, 50; *Brox/Walker*, Rn. 416; *Geißler*, DGVZ 1994, 33, 37; *Schreiber*, JR 1979, 237; *Thomas/Putzo/Seiler*, § 817a Rn. 3, § 817 Rn. 9; **a. A.** (bei bekanntgegebenem Mindestgebot) *MüKo/Gruber*, § 817a Rn. 2; *Stein/Jonas/Münzberg*, § 817 Rn. 23.
16 *Zöller/Stöber*, § 814 Rn. 2, will Einschränkungen der Öffentlichkeit aus Sicherheitserwägungen zulassen. Dem kann nicht zugestimmt werden. Kann die Versteigerung an einem Ort nicht sicher durchgeführt werden, ist sie unter entsprechender Bekanntgabe an einen anderen Ort zu verlegen.
17 *Baumbach/Lauterbach/Hartmann*, § 814 Rn. 5; *Zöller/Stöber*, § 814 Rn. 2; **a. A.** *MüKo/Gruber*, § 814 Rn. 9; *Stein/Jonas/Münzberg*, § 814 Rn. 5; *Thomas/Putzo/Seiler*, § 814 Rn. 5.

§ 815 Gepfändetes Geld

(1) Gepfändetes Geld ist dem Gläubiger abzuliefern.

(2) ¹Wird dem Gerichtsvollzieher glaubhaft gemacht, dass an gepfändetem Geld ein die Veräußerung hinderndes Recht eines Dritten bestehe, so ist das Geld zu hinterlegen. ²Die Zwangsvollstreckung ist fortzusetzen, wenn nicht binnen einer Frist von zwei Wochen seit dem Tag der Pfändung eine Entscheidung des nach § 771 Abs. 1 zuständigen Gerichts über die Einstellung der Zwangsvollstreckung beigebracht wird.

(3) Die Wegnahme des Geldes durch den Gerichtsvollzieher gilt als Zahlung von Seiten des Schuldners, sofern nicht nach Absatz 2 oder nach § 720 die Hinterlegung zu erfolgen hat.

Übersicht	Rdn.			Rdn.
I. Geld	1	V.	Hinterlegung in anderen Fällen	9
II. Ablieferung	2	VI.	Rechtsfolgen der Wegnahme	10
III. Entnahme der Kosten	3	1.	Gefahrtragung	10
IV. Hinterlegung (Abs. 2)	4	2.	Eigentumsverhältnisse	11
1. Sinn der Regelung	5	VII.	Rechtsfolgen der freiwilligen Zahlung	12
2. Glaubhaftmachung	7	VIII.	Rechtsbehelfe	13
3. Befristung	8	IX.	ArbGG, VwGO, AO	14

Literatur:
Braun, Erfüllung, Verzugsbeendigung und Verzugszinsen bei Abwehrleistung und vorläufiger Vollstreckung, AcP 184 (1984), 152; *Kerwer*, Die Erfüllung in der Zwangsvollstreckung, 1996; *Schmidt-v. Rhein*, Die Hinterlegung der vom Schuldner entgegengenommenen Sicherheitsleistung durch den Gerichtsvollzieher, DGVZ 1981, 145; *ders.*, Zur analogen Anwendung der §§ 775, 815 bei der Pfändung titulierter Ansprüche, DGVZ 1988, 65; *Schünemann*, Befriedigung durch Zwangsvollstreckung, JZ 1985, 49; *Thole*, Erfüllung und Erfüllungssurrogate im Zwangsvollstreckungsrecht, Jura 2010, 605.

I. Geld

1 Geld wird durch Wegnahme gepfändet (§ 808 Abs. 1, 2). Seine Verwertung erfolgt durch Ablieferung an den Gläubiger (**Abs. 1**). Geld i. S. dieser Vorschrift sind nur gültige **inländische Zahlungsmittel**, und zwar sowohl Papiergeld als auch Münzen. Ausländisches Geld[1] dagegen wird nach § 821 wie Wertpapiere verwertet[2], in der Regel also zum Tageskurs an ein Kreditinstitut verkauft. Münzen, die kein gültiges Zahlungsmittel mehr sind oder deren Wert aus anderen Gründen den Nennwert übersteigt (z. B. Sammlermünzen), werden meist als »Kostbarkeiten«[3] zu behandeln sein.[4] Gültige **inländische Wertzeichen** (Briefmarken, Stempelmarken, Kostenmarken u.ä.) werden letztlich wie Bargeld behandelt; der Gerichtsvollzieher wechselt sie ohne Weiteres zum Nennwert in Bargeld um und verfährt dann so, als hätte er von Anfang an Bargeld beschlagnahmt.[5]

---

1 Soweit es sich um ein derzeit noch gültiges Zahlungsmittel handelt.
2 Allgem. Meinung; siehe *Baumbach/Lauterbach/Hartmann*, § 815 Rn. 3; *Dierck/Morvilius/Vollkommer/Hilzinger*, 3. Kap. Rn. 239; *Gaul/Schilken/Becker-Eberhard*, § 53 Rn. 3; *MüKo/Gruber*, § 815 Rn. 3; *Stein/Jonas/Münzberg*, § 815 Rn. 3; *Thomas/Putzo/Seiler*, § 815 Rn. 2; *Wieczorek/Schütze/Lüke*, § 815 Rn. 3; *Zöller/Stöber*, § 815 Rn. 1.
3 Zum Begriff: § 808 Rn. 9.
4 OLG Köln, NJW 1992, 50.
5 Allgem. Meinung; beispielhaft *Gaul/Schilken/Becker-Eberhard*, § 53 Rn. 3; PG/*Flury*, § 815 Rn. 2; *Stein/Jonas/Münzberg*, § 815 Rn. 2; *Wieczorek/Schütze/Lüke*, § 815 Rn. 3.

II. Ablieferung

Die Ablieferung geschieht entweder durch Übergabe in Natur oder durch Überweisung[6] (sei es zur Barauszahlung durch die Post, sei es zur Gutschrift auf einem Konto des Gläubigers, sei es mittels Verwendung eines Verrechnungsschecks). In beiden Fällen wird der Gerichtsvollzieher **hoheitlich** tätig.[7] Bei der Übergabe in Natur weist der Gerichtsvollzieher dem Gläubiger kraft hoheitlicher Verfügungsbefugnis durch öffentlich-rechtlichen Übertragungsakt[8] das **Eigentum** an den Geldstücken zu, unabhängig davon, ob das Geld vorher tatsächlich im Eigentum des Schuldners stand oder nicht. Die Übergabe bzw. Überweisung erfolgt regelmäßig an den Gläubiger persönlich. Soll die Auszahlung an einen Dritten erfolgen, etwa an den Prozessbevollmächtigten des Gläubigers, muss dieser seine Geldempfangsvollmacht schriftlich nachweisen.[9] Die bloße Angabe der Kontoverbindung des Prozessbevollmächtigten auf dem Vollstreckungsbescheid reicht für eine Geldempfangsvollmacht nicht aus.[10]

III. Entnahme der Kosten

Vor der Ablieferung des Geldes an den Gläubiger entnimmt der Gerichtsvollzieher zunächst ohne besondere Anweisung dem gepfändeten Geld den Betrag, der den noch offenen Kosten der Zwangsvollstreckung, soweit der Gerichtsvollzieher sie zu beanspruchen hat, entspricht (arg. §817 Abs. 4).[11] Soweit der Gläubiger Vollstreckungskosten bereits vorgeschossen hat (§4 GvKostG), erhält er das Geld ungekürzt ausgezahlt. Das einbehaltene Geld wird entweder gem. §948 BGB oder durch Einzahlung auf das Dienstkonto des Gerichtsvollziehers Eigentum des Bundeslandes, bei dem der Gerichtsvollzieher angestellt ist.

IV. Hinterlegung (Abs. 2)

Abweichend von der Regel des Abs. 1 ist gepfändetes Geld nicht an den Gläubiger abzuliefern (ihm auch nicht der Vollstreckungskostenanteil des Gerichtsvollziehers zu entnehmen), wenn dem Gerichtsvollzieher bei oder nach der Pfändung glaubhaft gemacht wird, dass ein Dritter an dem gepfändeten Geld ein die Veräußerung hinderndes Recht i. S. des §771[12] hat. In diesem Fall ist das Geld zunächst zu hinterlegen (Abs. 2).

1. Sinn der Regelung

Diese Regelung bedeutet auch eine Ausnahme von dem Grundsatz, dass den Gerichtsvollzieher die Geltendmachung von materiellen Rechten am Pfändungsgut nicht zu interessieren und vom Fortgang der Zwangsvollstreckung nicht abzuhalten hat.[13] Diese Ausnahme ist dadurch gerechtfertigt, dass der Pfändung sonstiger beweglicher Sachen die Verwertung erst in gewissem zeitlichen Abstand nachfolgt (§816 Abs. 1 Satz 1), sodass dem Dritten Gelegenheit zur Drittwiderspruchsklage und zur Beantragung einstweiliger Anordnungen nach §771 Abs. 3 verbleibt. Die Ablieferung gepfändeten Geldes hat aber schnellstmöglich (»unverzüglich«, §89 Abs. 1 Satz 1 GVGA) zu erfolgen.

---

6 Nach §52 GVO hat der Gerichtsvollzieher sich dabei des Postgiroverkehrs zu bedienen.
7 Allgem. Meinung; beispielhaft *Brox/Walker*, Rn. 418; *Bruns/Peters*, §23 III 1; MüKo/*Gruber*, §815 Rn. 5; *Stein/Jonas/Münzberg*, §815 Rn. 15; *Zöller/Stöber*, §815 Rn. 1.
8 Wie hier BGH, NJW 2009, 1085, 1086 mit Anm. *Walker/Klopp*, LMK 2009, 278710. *Bruns/Peters*, §23 III 1, will statt eines einseitigen Übertragungsaktes einen öffentlich-rechtlichen Übertragungsvertrag in entspr. Anwendung des §929 Satz 1 BGB annehmen.
9 LG Braunschweig, DGVZ 1977, 22.
10 LG Duisburg, DGVZ 2013, 38.
11 Siehe auch §6 GvKostG.
12 Siehe §771 Rdn. 15 ff.
13 Siehe §808 Rdn. 4 ff.

Der Dritte wäre dann allein auf Bereicherungsansprüche angewiesen, verbunden mit der Gefahr des § 818 Abs. 3 BGB.

6 Wegen der gleichen Interessenlage gilt Abs. 2 entsprechend, wenn mit den Klagen nach §§ 781, 785 und nach § 805 geltend zu machende Berechtigungen glaubhaft gemacht werden.[14]

2. Glaubhaftmachung

7 Der Dritte muss sich nicht selbst seiner Berechtigung berühmen; auch der Schuldner kann das Recht des Dritten geltend machen.[15] Das Recht ist dem Gerichtsvollzieher gegenüber glaubhaft zu machen. Es sind alle Glaubhaftmachungsmittel des § 294 Abs. 1 erlaubt. Eine Beweisaufnahme, die nicht sofort erfolgen kann, kann der Gerichtsvollzieher jedoch nicht durchführen (§ 294 Abs. 2).[16] Ob die Glaubhaftmachung gelungen ist, entscheidet der Gerichtsvollzieher selbst. Ist die Glaubhaftmachung nicht gelungen, ist der Gerichtsvollzieher nicht berechtigt, die Ablieferung von sich aus hinauszuschieben, um dem Dritten eine »Nachbesserung« zu ermöglichen.

3. Befristung

8 Die Hinterlegung nach Abs. 2 ist befristet: Wird dem Gerichtsvollzieher nicht binnen einer Frist von zwei Wochen seit dem Tage der Pfändung eine Entscheidung des Prozessgerichts nach § 771 Abs. 1 (bzw. nach §§ 785, 767 Abs. 1 bzw. nach § 805 Abs. 2) über die Einstellung der Zwangsvollstreckung (§ 771 Abs. 3 mit § 769 Abs. 1) beigebracht, hat er **von Amts wegen**, ohne dass es also eines weiteren Antrages des Gläubigers bedürfte, die Zwangsvollstreckung fortzusetzen. Er nimmt dann das hinterlegte Geld zurück (aus diesem Grunde muss er sich bei der Hinterlegung die Rücknahme ausdrücklich vorbehalten) und liefert es nach Abs. 1 dem Gläubiger ab. Eine Eilentscheidung des Vollstreckungsgerichts nach § 769 Abs. 2 genügt nicht zur Aufrechterhaltung der Hinterlegung. Die Ablieferung nach Abs. 1 kann der Gerichtsvollzieher auch dadurch bewirken, dass er gegenüber der Hinterlegungsstelle die Auszahlung allein an den Gläubiger bewilligt und es dann diesem überlässt, die Herausgabe an sich zu beantragen.[17] In jedem Fall entnimmt der Gerichtsvollzieher nach Fristablauf vor der Ablieferung erst seine Kosten aus der hinterlegten Summe.[18]

V. Hinterlegung in anderen Fällen

9 Abs. 2 regelt nicht den einzigen Fall, in dem der Gerichtsvollzieher gepfändetes Geld zu hinterlegen hat: Darf der Schuldner nach dem Titel die Zwangsvollstreckung durch Sicherheitsleistung abwenden, ist nach § 720 zu hinterlegen, bis diese Befugnis des Schuldners entfällt.[19] Ist für mehrere Gläubiger gleichzeitig gepfändet und sind sie über die Auszahlung uneinig, ist nach § 827 zu hinterlegen. In diesem Fall schließt sich das Verteilungsverfahren nach §§ 872 ff. an. Ist vor Ablieferung des Geldes die Zwangsvollstreckung einstweilen eingestellt worden (etwa nach §§ 707, 719, 769), so führt die Beschränkung der Vollstreckung nach §§ 775 Nr. 2, 776 ebenfalls zur vorläufigen Hinterlegung des Geldes. Sie dauert fort, solange die Zwangsvollstreckung eingestellt ist.

---

14 Allgem. Meinung; beispielhaft *Brox/Walker*, Rn. 420; MüKo/*Gruber*, § 815 Rn. 7; *Gaul/Schilken/Becker-Eberhard*, § 53 Rn. 6; *Stein/Jonas/Münzberg*, § 815 Rn. 5; *Thomas/Putzo/Seiler*, § 815 Rn. 7a.
15 Allgem. Meinung; vgl. MüKo/*Gruber*, § 815 Rn. 9; *Stein/Jonas/Münzberg*, § 815 Rn. 6.
16 Wie hier MüKo/*Gruber*, § 815 Rn. 9; *Stein/Jonas/Münzberg*, § 815 Rn. 6; *Wieczorek/Schütze/Lüke*, § 815 Rn. 12; a. A. *Baumbach/Lauterbach/Hartmann*, § 815 Rn. 6 (§ 294 Abs. 2 ZPO sei unanwendbar).
17 *Zöller/Stöber*, § 815 Rn. 5.
18 Siehe oben Rdn. 3.
19 Einzelheiten: § 720 Rdn. 3.

VI. Rechtsfolgen der Wegnahme

1. Gefahrtragung

Hat der Gerichtsvollzieher dem Schuldner Geld zum Zwecke der Pfändung weggenommen, um es dem Gläubiger abzuliefern, also nicht nur zum Zwecke der vorläufigen Hinterlegung, so **gilt** die Wegnahme des Geldes bereits als Zahlung vonseiten des Schuldners an den Gläubiger (**Abs. 3**). Die Vorschrift enthält eine **reine Gefahrtragungsregel**[20] und keine materiellrechtliche Aussage zur Erfüllungswirkung.[21] Deshalb lässt sich aus dieser Regelung auch kein Tilgungsbestimmungsrecht des Schuldners nach § 366 Abs. 1 BGB herleiten.[22] Erfüllt ist die Forderung des Gläubigers erst, wenn er das abgelieferte Geld auch endgültig in seinem Vermögen behalten darf. Das ist weder der Fall, wenn dem Gläubiger Geld aus dem Vermögen eines Dritten, dem er anschließend Bereicherungsausgleich zu leisten hat[23], abgeliefert wurde[24], noch, wenn der Schuldner den Titel noch mit Rechtsmitteln bekämpft, sodass der Vermögenszuwachs durch Vollstreckung nicht endgültig gesichert ist.[25] Die Gefahrtragungsregel des Abs. 3 hat aber zur Folge, dass der Gläubiger vom Schuldner nicht noch einmal Leistung verlangen kann, wenn das ihm gebührende Geld beim Gerichtsvollzieher abhandenkommt. Die Forderung ist auf dem Titel abzuschreiben[26], soweit sie durch das weggenommene Geld gedeckt ist. Der Titel ist insoweit endgültig verbraucht, obwohl die Forderung des Gläubigers nicht erfüllt ist.

2. Eigentumsverhältnisse

Bis zur Ablieferung des Geldes an den Gläubiger bleiben die bisherigen Eigentumsverhältnisse unverändert. Es sind deshalb Anschlusspfändungen möglich. Rechte Dritter bestehen fort. Gläubiger dieser Dritten können ihrerseits in das Geld vollstrecken. Steht das Geld im Eigentum Dritter, gilt die Gefahrtragungsregel des Abs. 3, die allein dem Schutz des Schuldners dient, selbstverständlich nicht.[27] Da der Schuldner durch die Leistung aus dem Vermögen des Dritten von seiner Schuld nicht befreit worden wäre, kann ihm auch der Verlust dieses Geldes des Dritten nicht zugutekommen.

VII. Rechtsfolgen der freiwilligen Zahlung

Zahlt der Schuldner freiwillig an den Gerichtsvollzieher, entsteht an dem dem Gerichtsvollzieher übergebenen Geld kein Pfändungspfandrecht.[28] Da die Empfangnahme freiwilliger Zahlungen des Schuldners auf den titulierten Anspruch aber zu den amtlichen Obliegenheiten des Gerichtsvollziehers zählt, muss hinsichtlich der Gefahrtragung § 815 Abs. 3 entsprechend angewendet werden:

---

20 **H.M.**; vgl. BGH, NJW 2009, 1085, 1086 mit Anm. *Walker/Klopp*, LMK 2009, 278710; NJW 1999, 1704f.; *Baumbach/Lauterbach/Hartmann*, § 815 Rn. 8; *Brox/Walker*, Rn. 421; *Bruns/Peters*, § 23 III 1; MüKo/*Gruber*, § 815 Rn. 14; *Musielak/Voit/Becker*, § 815 Rn. 4; *Gaul/Schilken/Becker-Eberhard*, § 53 Rn. 7; *Stein/Jonas/Münzberg*, § 815 Rn. 18; *Thomas/Putzo/Seiler*, § 815 Rn. 10; *Wieczorek/Schütze/Lüke*, § 815 Rn. 1.
21 So aber *Dierck/Morvilius/Vollkommer/Hilzinger*, 3. Kap. Rn. 238; Hk-ZPO/*Kemper*, § 815 Rn. 6; *Schünemann*, JZ 1985, 49.
22 BGH, NJW 1999, 1704f.
23 Einzelheiten: Anh. § 771 Rn. 2ff.
24 **H.M.**; *Baur/Stürner/Bruns*, Rn. 29.2; *Brox/Walker*, Rn. 421; *Bruns/Peters*, § 23 III 1; *Gaul/Schilken/Becker-Eberhard*, § 53 Rn. 7; *Stein/Jonas/Münzberg*, § 815 Rn. 16; a.A. *Gloede*, MDR 1972, 291; *Günther*, AcP 178 (1978), 456.
25 Vgl. *Braun*, AcP 184 (1984), 152ff.
26 Vgl. auch § 757 Rn. 12f.
27 *Brox/Walker*, Rn. 421; MüKo/*Gruber*, § 815 Rn. 17; *Gaul/Schilken/Becker-Eberhard*, § 53 Rn. 7; *Stein/Jonas/Münzberg*, § 815 Rn. 19.
28 Ebenso BGH, NJW 2009, 1085, 1086 mit Anm. *Walker/Klopp*, LMK 2009, 278710. Einzelheiten zu den Rechtswirkungen freiwilliger Zahlungen an den Gerichtsvollzieher: § 754 Rn. 2ff.

Die Gefahr, dass das Geld im Bereich des Gerichtsvollziehers abhandenkommt, geht auch nach freiwilligen Zahlungen zu Händen des Gerichtsvollziehers auf den Gläubiger über.[29] Es wäre unsinnig, wenn der Schuldner sich nach der in § 59 GVGA ausdrücklich vorgesehenen Aufforderung, freiwillig zu zahlen, das Geld wegnehmen lassen müsste, um nicht das Risiko des Abhandenkommens der geleisteten Beträge übernehmen zu müssen.

VIII. Rechtsbehelfe

13 Dem Gläubiger steht gegen die Hinterlegung nach Abs. 2 die Erinnerung nach § 766 zu. Mit dem gleichen Rechtsbehelf kann er den Gerichtsvollzieher zur Fortsetzung der Zwangsvollstreckung anhalten, falls dieser nach Ablauf der Zwei-Wochen-Frist des Abs. 2 Satz 2 die Vollstreckung nicht von Amts wegen wieder aufnimmt und die Auskehr des hinterlegten Betrages betreibt. Der Schuldner und der Dritte haben, wenn die Hinterlegung abgelehnt wird, nur dann den Rechtsbehelf der Erinnerung nach § 766, wenn die Hinterlegung als grundsätzlich nicht möglich verweigert wurde. Ob die Glaubhaftmachungsmittel im Einzelnen ausreichen oder nicht, ist dagegen nicht erinnerungsfähig. Bringt der Dritte aber einen Einstellungsbeschluss nach § 771 Abs. 3 bei, bevor das Geld an den Gläubiger ausgekehrt ist, dann muss nunmehr Hinterlegung nach §§ 775 Nr. 2, 776 erfolgen.

IX. ArbGG, VwGO, AO

14 Siehe § 814 Rn. 11. Für die Abgabenvollstreckung enthält § 296 Abs. 2 AO eine dem § 815 Abs. 3 entsprechende Regelung. Die Wegnahme des Geldes durch den Vollziehungsbeamten führt anders als bei § 815 Abs. 3 nicht nur zum Gefahrübergang, sondern sogleich zum Eigentumserwerb des Fiskus.

---

29 Das war früher sehr str. Wie hier jetzt auch BGH, NJW 2009, 1085, 1086 mit Anm. *Walker/Klopp*, LMK 2009, 278710. Siehe auch § 754 Rn. 10.

§ 816 Zeit und Ort der Versteigerung

(1) Die Versteigerung der gepfändeten Sachen darf nicht vor Ablauf einer Woche seit dem Tag der Pfändung geschehen, sofern nicht der Gläubiger und der Schuldner über eine frühere Versteigerung sich einigen oder diese erforderlich ist, um die Gefahr einer beträchtlichen Wertverringerung der zu versteigernden Sache abzuwenden oder um unverhältnismäßige Kosten einer längeren Aufbewahrung zu vermeiden.

(2) Die Versteigerung erfolgt in der Gemeinde, in der die Pfändung geschehen ist, oder an einem anderen Ort im Bezirk des Vollstreckungsgerichts, sofern nicht der Gläubiger und der Schuldner über einen dritten Ort sich einigen.

(3) Zeit und Ort der Versteigerung sind unter allgemeiner Bezeichnung der zu versteigernden Sachen öffentlich bekannt zu machen.

(4) Bei der Versteigerung gilt die Vorschrift des § 1239 Absatz 1 Satz 1 des Bürgerlichen Gesetzbuchs entsprechend; bei der Versteigerung vor Ort ist auch § 1239 Absatz 2 des Bürgerlichen Gesetzbuchs entsprechend anzuwenden.

(5) Die Absätze 2 und 3 gelten nicht bei einer Versteigerung im Internet.

Übersicht	Rdn.		Rdn.
I. Wochenfrist (Abs. 1)	1	VI. Rechtsfolgen eines Verstoßes gegen § 816	12
II. Ort der Versteigerung (Abs. 2)	3	VII. Rechtsfolgen eines Verstoßes gegen § 450 Abs. 1 BGB	13
III. Öffentliche Bekanntmachung (Abs. 3)	5	VIII. Kosten	15
IV. Bietberechtigung des Gläubigers, Eigentümers und Schuldners (Abs. 4)	9	IX. ArbGG, VwGO, AO	16
V. Bietberechtigung des Gerichtsvollziehers	11		

Literatur:
Geißler, Ordnungsprinzipien und Streitfragen bei der Versteigerung gepfändeter Sachen, DGVZ 1994, 33. Siehe ferner die Literaturangaben vor § 814.

I. Wochenfrist (Abs. 1)

Die Wochenfrist des Abs. 1 soll dem Schuldner Gelegenheit geben, die Versteigerung doch noch durch eine freiwillige Zahlung abzuwenden. Darüber hinaus sollen Gläubiger und Schuldner die Möglichkeit erhalten, Bietinteressenten zu gewinnen, um den Versteigerungstermin so effektiv wie möglich zu gestalten. Ein früherer Versteigerungstermin ist nur in den drei im Gesetz genannten Ausnahmefällen möglich. In Anbetracht der erheblichen Überbelastung der Gerichtsvollzieher[1] hat die Norm wenig praktische Bedeutung. Der wichtigste Anwendungsfall, in dem eine frühere Versteigerung geboten ist, ist die Pfändung leicht verderblicher Waren.[2] Praktisch wichtiger ist die Frist in § 92 Abs. 3 Satz 4 GVGA: Der Termin soll in der Regel nicht später als einen Monat nach der Pfändung stattfinden; wird er später angesetzt, so muss der Gerichtsvollzieher den Grund in den Akten vermerken. Ein Verstoß gegen diese Soll-Vorschrift ist allerdings folgenlos. 1

Die Frist des Abs. 1 gilt für jeden Gläubiger gesondert; sie ist also auch bei Anschlusspfändungen zu beachten:[3] Reicht die Versteigerung eines Teiles des Pfändungsgutes aus, um die Gläubiger, deren Pfändung fristgerecht erfolgte, zu befriedigen, muss die Versteigerung des Restes aufgeschoben werden, bis auch für die Anschlussgläubiger die Frist abgelaufen ist. Gläubiger und Schuldner kön- 2

---

[1] Vgl. die Zahlen bei *Eich*, ZRP 1988, 454.
[2] Einzelheiten bei *Fleischmann/Rupp*, Rpfleger 1987, 8.
[3] *Stein/Jonas/Münzberg*, § 818 Rn. 1; *Zöller/Stöber*, § 816 Rn. 2.

nen aber Abweichendes vereinbaren. Eine derartige Vereinbarung kann aus Kostengründen (neue Bekanntmachung, neue Saalmiete usw.) naheliegen.

II. Ort der Versteigerung (Abs. 2)

3 Die Regelung in Abs. 2 über den Ort der Versteigerung ist nur auf die **Präsenzversteigerung** zugeschnitten und deshalb in **Abs. 5** für die Internetversteigerung abbedungen. Um bei der Präsenzversteigerung unnötige Transport- und Lagerkosten zu vermeiden, ordnet Abs. 2 an, dass die Versteigerung nach Möglichkeit in der Gemeinde, in der die Pfändung vollzogen wurde, jedenfalls aber an einem Ort im Bezirk des Vollstreckungsgerichts stattzufinden habe. Eine Versteigerung in der Wohnung des Schuldners gegen dessen Willen verbietet sich aber nicht nur im Hinblick auf Art. 13 GG[4], sondern auch wegen der im Übrigen mit ihr verbundenen Persönlichkeitsbeeinträchtigung für den Schuldner und dessen Familie. Sie kann deshalb auch nicht auf den einseitigen Antrag des Gläubigers hin vom Gerichtsvollzieher gem. § 825 Abs. 1 dort durchgeführt werden. Dagegen kann die Versteigerung auch außerhalb des Bezirks des Vollstreckungsgerichts stattfinden, wenn eine Partei das beantragt (§ 825 Abs. 1), erst recht, wenn Gläubiger und Schuldner sich darüber einigen. Sieht der Gerichtsvollzieher aufgrund seiner Erfahrung Möglichkeiten einer günstigeren Verwertung außerhalb des Vollstreckungsgerichtsbezirks, so hat er die Parteien darauf hinzuweisen (§ 92 Abs. 2 Satz 2 GVGA). Liegt der so bestimmte Ort außerhalb des Gerichtsvollzieherbezirks, muss der Gerichtsvollzieher den Antrag an seinen örtlich zuständigen Amtskollegen abgeben. Näheres regeln §§ 30, 29 Nr. 2 GVO. Ist der Schuldner nach der Pfändung unter Mitnahme der Pfandstücke in einen anderen Vollstreckungsgerichtsbezirk verzogen, muss die Versteigerung in diesem neuen Bezirk durch den dort zuständigen Gerichtsvollzieher stattfinden. Die Zuständigkeit wechselt automatisch; einer gerichtlichen Anordnung nach § 825 Abs. 2 bedarf es insoweit nicht.[5] Einzelheiten der Weitergabe des Vollstreckungsauftrages regelt § 32 GVO.

4 Interessierte Dritte können den Antrag nach § 825 Abs. 1, den Versteigerungsort zu verlegen, nicht stellen. Die Befugnis insoweit haben nur der Gläubiger und der Schuldner.

III. Öffentliche Bekanntmachung (Abs. 3)

5 Um möglichst viele Bietinteressenten zu verständigen und die Öffentlichkeit der Versteigerung (§ 814) zu gewährleisten, sind Zeit und Ort der Präsenzversteigerung unter allgemeiner Bezeichnung der zu versteigernden Sachen öffentlich bekannt zu machen (Abs. 3). Die Einzelheiten des Zeitpunktes, des Ortes und der Art der Bekanntmachung regelt § 93 GVGA. Ziel dieser sehr detaillierten Regelung ist, möglichst viele Interessenten kostengünstig und umfassend auf die bevorstehende Versteigerung hinzuweisen, um letztlich ein möglichst günstiges Versteigerungsergebnis zu sichern (§ 93 Abs. 3 Satz 2 GVGA). Die Bekanntmachung darf, um die Persönlichkeit des Schuldners nicht unnötig zu beeinträchtigen, weder den Namen des Schuldners enthalten[6] noch sonstige Hinweise auf seine Person, wenn der Schuldner nicht einer anderen Regelung zustimmt (etwa im Interesse zu erwartender höherer Versteigerungserlöse).

6 Da **Internetversteigerungen** als ständig fortlaufende Versteigerungen angelegt sind, passt das Erfordernis der öffentlichen Bekanntgabe von Zeit und Ort der Versteigerung nicht. Deshalb ist Abs. 3 für Internetversteigerungen in **Abs. 5** abbedungen.

7 Unabhängig von der öffentlichen Bekanntmachung sind alle **Gläubiger** und der **Schuldner** vom Versteigerungstermin **besonders zu benachrichtigen**, wenn ihnen der Termin nicht bereits anderweitig durch den Gerichtsvollzieher bekannt gegeben worden ist, etwa durch die übersandte

---

4 So auch OLG Hamm, Rpfleger 1984, 324; LG Mönchengladbach, DGVZ 1965, 7; *Brox/Walker*, Rn. 397; MüKo/*Gruber*, § 816 Rn. 3.
5 Ebenso *Brox/Walker*, Rn. 397; *Stein/Jonas/Münzberg*, § 816 Rn. 2; *Zöller/Stöber*, § 816 Rn. 3.
6 Siehe auch § 93 Abs. 2 Satz 3 GVGA.

Abschrift des Pfändungsprotokolls (92 Abs. 4 GVGA). Ist der Aufenthalt eines Schuldners allerdings nicht zu ermitteln, darf die Versteigerung der bei ihm gepfändeten Gegenstände auch ohne seine Benachrichtigung durchgeführt werden.[7]

Abs. 3 gilt **auch für jeden weiteren Versteigerungstermin**, wenn etwa beim ersten Versuch keine dem § 817a entsprechenden Gebote abgegeben wurden oder wenn der erste Termin wegen einer einstweiligen Einstellung der Zwangsvollstreckung abgebrochen wurde. Es genügt also nicht die Bekanntgabe nur an die beim ersten Termin zufällig Anwesenden. 8

IV. Bietberechtigung des Gläubigers, Eigentümers und Schuldners (Abs. 4)

Durch die Verweisung auf § 1239 Abs. 1 Satz 1 und Abs. 2 BGB regelt Abs. 4 die Befugnis des Gläubigers, des Eigentümers der Pfandsache und des Schuldners, im Versteigerungstermin mitzubieten. Da Eigentümer und Schuldner den Versteigerungstermin durch Bezahlung der Schuld hätten vermeiden können, liegt ihre mangelnde Zahlungsfähigkeit nahe, wenn es doch zum Termin kommt. Deshalb darf nach § 1239 Abs. 2 BGB und muss sogar nach § 95 Abs. 3 GVGA der Gerichtsvollzieher das Gebot des Eigentümers bzw. des Schuldners zurückweisen, wenn der gebotene Betrag nicht sofort in bar hinterlegt wird. Das gilt allerdings gem. § 816 Abs. 4, 2. Halbs. nur bei der Versteigerung vor Ort, denn bei der Internetversteigerung ist das Gebot der Barzahlung nicht praktikabel. In das vom Schuldner hinterlegte Geld können der die Versteigerung betreibende Gläubiger und auch andere Gläubiger pfänden lassen, wenn der Schuldner nicht den Zuschlag erhält. Deshalb ist das Mitbieten durch den Schuldner für diesen gefährlich und eine nur wenig praktische Möglichkeit. 9

Der Gläubiger ist auch dann nicht gehindert, mitzubieten, wenn er bereits Eigentümer der gepfändeten Sache ist, etwa weil er sie dem Schuldner von vornherein nur unter Eigentumsvorbehalt verkauft hatte und der Kaufpreis noch nicht gezahlt ist.[8] Gleiches gilt für den sonstigen Eigentümer der gepfändeten Sache, der etwa von einer Klage nach § 771 absieht, weil er sich wegen möglicher Einreden des Vollstreckungsgläubigers[9] trotz seines Eigentums keinen Erfolg verspricht. Bietet der Gläubiger, der gleichzeitig Eigentümer der Sache ist, mit, gilt § 1239 Abs. 2 Satz 1 BGB nicht. 10

V. Bietberechtigung des Gerichtsvollziehers

Der Gerichtsvollzieher selbst, die von ihm bei der Versteigerung zugezogenen Gehilfen (etwa der Sachverständige) sowie ein etwa bestellter Protokollführer sind gem. **§ 450 Abs. 1 BGB**[10] nicht nur persönlich als Bieter ausgeschlossen, sie dürfen sich auch nicht durch einen Vertreter oder (in verdeckter Vertretung) durch einen Strohmann indirekt als Bieter beteiligen oder als Vertreter eines Dritten mitbieten (vgl. auch § 91 Abs. 6 GVGA). Die Vorschrift dient der Sicherung der Unparteilichkeit des Verfahrens. 11

VI. Rechtsfolgen eines Verstoßes gegen § 816

Verstöße gegen § 816 Abs. 1, 2 und 4 sowie gegen die Detailregelungen der §§ 92–96 GVGA machen die nachfolgende Versteigerung **nicht nichtig**. Das Verfahren kann aber, solange die Zwangsvollstreckung noch nicht beendet ist, mit der Erinnerung nach § 766 angefochten werden. Die Eigentumszuweisung an den Ersteher[11] als Ergebnis einer nur anfechtbaren, aber noch nicht angefochtenen Versteigerung ist voll wirksam und mit einer Erinnerung nicht mehr rückgängig zu machen. Hinsichtlich eines Verstoßes gegen Abs. 3 muss unterschieden werden: War die Versteigerung überhaupt nicht bekannt gemacht worden, ist die Öffentlichkeit der Versteigerung ins- 12

---

7 LG Essen, MDR 1973, 414.
8 Zu den Auswirkungen des § 508 Abs. 2 BGB auf die Zwangsvollstreckung des Gläubigers in Sachen, an denen er selbst noch Vorbehaltseigentum hat, siehe Anh. § 825 Rn. 5.
9 Siehe insoweit § 771 Rdn. 37 ff.
10 Bis zum 31.12.2001: § 456 BGB.
11 Einzelheiten: § 817 Rdn. 10 ff.

gesamt (§ 814) nicht gewahrt. Die Versteigerung ist in diesem Fall unwirksam. Es erfolgt keine wirksame Eigentumszuweisung an den Ersteher. Ist zwar bekannt gemacht worden, sind dabei aber die Vorgaben des örtlichen Vollstreckungsgerichts oder des übergeordneten Landgerichts oder die Detailregelungen des § 93 GVGA nicht beachtet worden, ist die Versteigerung nur anfechtbar. Die Wirksamkeit der Eigentumszuweisung an den Ersteher wird durch die bloße Möglichkeit der Anfechtung nicht berührt.

VII. Rechtsfolgen eines Verstoßes gegen § 450 Abs. 1 BGB

13   Die Folgen einer Missachtung des § 450 Abs. 1 BGB regelt § 451 BGB: Hat eine der nach § 450 Abs. 1 BGB ausgeschlossenen Personen dennoch den Zuschlag erhalten und ist ihr die Sache abgeliefert worden, ist der Eigentumserwerb zunächst schwebend unwirksam. Die Wirksamkeit hängt von der Genehmigung durch alle beteiligten Parteien, also den oder die Gläubiger und den Schuldner, ab. Der Ersteher kann die Beseitigung des Schwebezustandes beschleunigen, indem er die Parteien zur Erklärung auffordert. Sodann findet § 177 Abs. 2 BGB entsprechende Anwendung. Tritt der Versteigerungserfolg endgültig nicht ein, so muss der ausgeschlossene Ersteher die Kosten eines erneuten Versteigerungstermins tragen. Zudem haftet er sowohl dem Gläubiger als auch dem Schuldner für einen möglichen Mindererlös bei einer erneuten Versteigerung (§ 451 Abs. 2 BGB).

14   Entsteht einem der Beteiligten durch die Nichtbeachtung des § 816, des § 450 Abs. 1 BGB, der §§ 92–96 GVGA ein Schaden, so haftet zudem der Staat im Rahmen des § 839 BGB i. V. m. Art. 34 GG.

VIII. Kosten

15   Die Kosten der Bekanntmachung, der Anmietung eines Raumes zur Versteigerung und der Durchführung der Versteigerung selbst sind notwendige Kosten der Zwangsvollstreckung i. S. d. § 788.

IX. ArbGG, VwGO, AO

16   Siehe § 814 Rn. 11. Für die Abgabenvollstreckung gilt § 298 AO, der inhaltlich weitgehend mit § 816 Abs. 1, 3 u. 4 ZPO übereinstimmt.

§ 817 Zuschlag und Ablieferung

(1) ¹Bei der Versteigerung vor Ort soll dem Zuschlag an den Meistbietenden ein dreimaliger Aufruf vorausgehen. ²Bei einer Versteigerung im Internet ist der Zuschlag der Person erteilt, die am Ende der Versteigerung das höchste, wenigstens das nach § 817a Absatz 1 Satz 1 zu erreichende Mindestgebot abgegeben hat; sie ist von dem Zuschlag zu benachrichtigen. ³§ 156 des Bürgerlichen Gesetzbuchs gilt entsprechend.

(2) Die zugeschlagene Sache darf nur abgeliefert werden, wenn das Kaufgeld gezahlt worden ist oder bei Ablieferung gezahlt wird.

(3) ¹Hat der Meistbietende nicht zu der in den Versteigerungsbedingungen bestimmten Zeit oder in Ermangelung einer solchen Bestimmung nicht vor dem Schluss des Versteigerungstermins die Ablieferung gegen Zahlung des Kaufgeldes verlangt, so wird die Sache anderweit versteigert. ²Der Meistbietende wird zu einem weiteren Gebot nicht zugelassen; er haftet für den Ausfall, auf den Mehrerlös hat er keinen Anspruch.

(4) ¹Wird der Zuschlag dem Gläubiger erteilt, so ist dieser von der Verpflichtung zur baren Zahlung so weit befreit, als der Erlös nach Abzug der Kosten der Zwangsvollstreckung zu seiner Befriedigung zu verwenden ist, sofern nicht dem Schuldner nachgelassen ist, durch Sicherheitsleistung oder durch Hinterlegung die Vollstreckung abzuwenden. ²Soweit der Gläubiger von der Verpflichtung zur baren Zahlung befreit ist, gilt der Betrag als von dem Schuldner an den Gläubiger gezahlt.

Übersicht

		Rdn.			Rdn.
I.	Regelungen über den Ablauf der Versteigerung	1	VI.	Die Ablieferung der Sache (Abs. 2)	10
II.	Vorbereitung der Versteigerung	2	VII.	Zahlung	13
III.	Bekanntgabe der Versteigerungsbedingungen	4	VIII.	Anderweitige Versteigerung (Abs. 3)	14
IV.	Das Gebot	6	IX.	Ersteigerung durch den Gläubiger (Abs. 4)	15
V.	Der Zuschlag	9	X.	Rechtsbehelfe nach Ablieferung	17
			XI.	ArbGG, VwGO, AO	20

Literatur:
Frank/Veh, Gutgläubiger Erwerb beweglicher Sachen im Wege öffentlicher Versteigerung, JA 1983, 249; *Gaul*, Ungerechtfertigte Zwangsvollstreckung und materielle Ausgleichsansprüche, AcP 173 (1973), 232; *Geißler*, Ordnungsprinzipien und Streitfragen bei der Versteigerung gepfändeter Sachen, DGVZ 1994, 33; *Gerlach*, Ungerechtfertigte Zwangsvollstreckung und ungerechtfertigte Bereicherung, 1986; *Günther*, Mobiliarzwangsvollstreckung in schuldnerfremde Sachen und Bereicherungsausgleich, AcP 178 (1978), 456; *Hager*, Der Erwerb der schuldnerfremden Sache in der Zwangsversteigerung, in: Kontinuität im Wandel der Rechtsordnung, 2002, 1; *Kerwer*, Die Erfüllung in der Zwangsvollstreckung, 1996; *Krüger*, Bereicherung durch Versteigerung – BGH NJW 1987, 1880, JuS 1989, 182; *Marotzke*, Öffentlichrechtliche Verwertungsmacht und Grundgesetz, NJW 1978, 133; *Meller-Hannich*, Der Gerichtsvollzieher bei »ebay & Co.« – Rechtsfragen, Lösungsvorschläge und Gesetzesvorhaben zur Verwertung gepfändeter Sachen im Internet, DGVZ 2009, 21; *Nikolaou*, Der Schutz des Eigentums an beweglichen Sachen Dritter bei Vollstreckungsversteigerungen, 1993; *Raue*, Die Zwangsvollstreckung als Nagelprobe für den modernen Enteignungsbegriff, 2006; *Remmert*, Das Gesetz über die Internetversteigerung in der Zwangsvollstreckung, NJW 2009, 2572; *Tiedtke*, Gutgläubiger Erwerb im bürgerlichen Recht, im Handels- und Wertpapierrecht sowie in der Zwangsvollstreckung, 1985. Ergänzend siehe die Literaturangaben im Anh. zu § 771.

I. Regelungen über den Ablauf der Versteigerung

Die §§ 814, 816, 817, 817a enthalten nur die wichtigsten Grundsätze über die Vorbereitung und den Ablauf des Versteigerungstermins. Viele Einzelheiten erschienen dem Gesetzgeber aus dem Kontext der Bestimmungen heraus so selbstverständlich, dass er sie deshalb nicht geregelt hat, andere sind bewusst der verwaltungsmäßigen Ausgestaltung durch die Landesjustizverwaltungen 1

§ 817 ZPO Zuschlag und Ablieferung

überlassen worden. Diese haben auch in der GVGA umfangreiche Detailregelungen getroffen (§§ 91–96, 103, 105, 111–114, 115 GVGA).

II. Vorbereitung der Versteigerung

2 Da die gepfändeten Sachen gem. § 808 Abs. 2 in der Regel zunächst beim Schuldner zu belassen sind[1], muss der Gerichtsvollzieher sie vor der Versteigerung zunächst einmal ins Versteigerungslokal oder in seine Pfandkammer abholen. Hatte der Schuldner ihm schon bei der Pfändung den Zutritt zu seiner Wohnung verweigert und war deshalb richterliche Durchsuchungsanordnung im Rahmen des § 758a ergangen, so bedarf es zur Abholung der Pfandstücke keiner erneuten richterlichen Anordnung.[2] Verweigert der Schuldner aber erstmalig zur Abholung der Pfandstücke den Zutritt zu seiner Wohnung, kann ihn der Gerichtsvollzieher nicht von sich aus aufgrund seines öffentlich-rechtlichen Gewahrsams an den Pfandstücken erzwingen; der Gläubiger muss auch in diesem Stadium gegebenenfalls noch eine richterliche Anordnung erwirken. Allein das unmittelbare Bevorstehen des Versteigerungstermins ist noch keine »Gefahr im Verzuge« i. S. Art. 13 Abs. 2 GG.

3 Bevor die eigentliche Versteigerung beginnt, sind die Sachen den Bietinteressenten zur Besichtigung bereitzustellen. Gegebenenfalls sind die Sachen zuvor zu reinigen und im Interesse des Erzielens eines angemessenen Erlöses etwas ansehnlicher herzurichten (z. B. Kleidung zu bügeln, Silber blank zu putzen, Möbel zu polieren usw.). Die hierdurch entstehenden Kosten sind notwendige Kosten der Zwangsvollstreckung i. S. § 788, wenn sie nicht außer Verhältnis zum Wert der »hergerichteten« Gegenstände stehen. Einzelheiten zum Bereitstellen der Pfandstücke regelt § 94 GVGA.

Veränderungen an den Pfandstücken, die Kosten verursachen (Ergänzen fehlender Teile, Reparaturen, Neuanstrich usw.) darf der Gerichtsvollzieher auch dann, wenn sie eine wesentliche Wertsteigerung bewirkten, nur im Einvernehmen beider Parteien, also des Gläubigers und des Schuldners, durchführen lassen. Solche Veränderungen gehen über das »Herrichten zum Verkauf« hinaus.

III. Bekanntgabe der Versteigerungsbedingungen

4 Bei der Eröffnung des Termins der Versteigerung vor Ort oder beim Ausgebot der Internetversteigerung gibt der Gerichtsvollzieher zunächst die Versteigerungsbedingungen bekannt. Sie beinhalten grundsätzlich die Notwendigkeit der Beachtung des Mindestgebotes (§ 817a), die Verpflichtung zur Barzahlung oder Überweisung vor Ablieferung (Abs. 2), soweit kein Ausnahmefall nach Abs. 4 vorliegt, sowie den spätesten Zeitpunkt für das Ablieferungsverlangen (Abs. 3).

5 Weitere Bedingungen können im Einzelfall aufgrund der Beschaffenheit des Versteigerungsgutes notwendig sein, so, wenn für den Erwerb der Gegenstände besondere Erlaubnisse erforderlich sind oder wenn die Gegenstände sich in Behältnissen befinden, die nicht dem Schuldner gehören und auch nicht mitversteigert werden (§ 95 Abs. 1 Satz 3, 4 GVGA). Abweichungen von den gesetzlichen Regelbedingungen sind nur gem. § 825 möglich.

IV. Das Gebot

6 Nach Bekanntgabe der Bedingungen fordert der Gerichtsvollzieher bei der Versteigerung vor Ort die Anwesenden oder bei dem Einstellen auf die Versteigerungsplattform im Internet die Internetbenutzer zum Bieten auf. Das **Gebot** ist trotz des Hinweises in Abs. 1 auf § 156 BGB kein

---

1 Einzelheiten: § 808 Rdn. 10, 11.
2 Siehe § 758a Rdn. 45.

zivilrechtliches Angebot zum Abschluss eines Kaufvertrages[3], sondern eine **Prozesshandlung**[4], nämlich ein Antrag auf Abschluss eines öffentlich-rechtlichen Vertrages im Rahmen des hoheitlichen Verwertungsverfahrens. Der Bietende muss deshalb alle Prozesshandlungsvoraussetzungen erfüllen; insbesondere muss er prozessfähig sein.[5] Als Prozesshandlung sind Gebote bedingungsfeindlich und nicht nach §§ 119 ff. BGB wegen Willensmangels anfechtbar.[6] Derjenige, der von seinem Gebot abrücken will, kann es aber, falls ihm der Zuschlag erteilt wurde, schlicht unterlassen, die Ablieferung des Pfändungsgutes an sich zu beantragen. Die in Abs. 3 hierfür vorgesehenen Folgen[7] ähneln im Ergebnis denen des § 122 BGB. Jedes Gebot muss, um überhaupt Berücksichtigung finden zu können, dem Mindestgebot des § 817a entsprechen.[8]

Ein Gebot erlischt, sobald ein höheres Gebot abgegeben wird (sog. Übergebot) oder sobald der Versteigerungstermin ohne Ergebnis abgebrochen wird (etwa wegen einstweiliger Einstellung der Zwangsvollstreckung). Der Gerichtsvollzieher kann die zeitliche Dauer der Versteigerung vor Ort nicht von vornherein begrenzen. Solange weitere Übergebote abgegeben werden, ist die Präsenzversteigerung fortzusetzen. Bei der Internetversteigerung können dagegen die Gebote nur bis zum Ablauf der festgelegten Versteigerungsdauer abgegeben werden. **Meistgebot** ist das höchste wirksam abgegebene Gebot, dem keine Übergebote mehr folgen. Der Meistbietende hat keinen einklagbaren Anspruch auf Erteilung des Zuschlages.[9] Er erwirbt aber eine prozessrechtliche Position, kraft derer er erinnerungsbefugt ist nach § 766, falls der Gerichtsvollzieher den Zuschlag verweigert. Das Prozessgericht weist den Gerichtsvollzieher in diesem Fall an, dem Erinnerungsführer den Zuschlag zu erteilen. Ein Zuschlag, der unter Missachtung des Meistgebotes auf ein darunter liegendes Gebot (sog. Untergebot) erteilt wird, ist unwirksam.[10] Auf ihm können die weiteren Verwertungsfolgen nicht wirksam basieren. 7

Bevor bei der Versteigerung vor Ort ein Gebot als Meistgebot festgestellt wird, soll ein dreimaliger Aufruf vorausgehen (**Abs. 1** mit § 95 Abs. 10 Satz 2 GVGA). Die Aufrufe sollen ohne Übereilung erfolgen, damit weniger reaktionsschnelle Bieter nicht benachteiligt werden und damit der Eindruck der Parteilichkeit zugunsten einzelner Bieter vermieden wird. 8

V. Der Zuschlag

Der Zuschlag ist bei der Versteigerung vor Ort dem Meistbietenden zu erteilen (§ 817 Abs. 1 Satz 1). Bei der Internetversteigerung ist der Zuschlag derjenigen Person erteilt, die am Ende der Versteigerung das höchste, wenigstens das gem. § 817a Abs. 1 Satz 1 zu erreichende Mindestgebot 9

---

3 So allerdings die Vorstellung des historischen Gesetzgebers; im Ergebnis folgen noch dieser Vorstellung: *Marotzke*, NJW 1978, 133; *Pinger*, JR 1973, 94; *Säcker*, JZ 1971, 156.
4 So die heute ganz h. M.; vgl. BGHZ 119, 75, 76 ff.; *Baumbach/Lauterbach/Hartmann*, § 817 Rn. 5; *Baur/Stürner/Bruns*, Rn. 29.6 (mit Einschränkungen); *Brox/Walker*, Rn. 409; *Dierck/Morvilius/Vollkommer/Hilzinger*, 3. Kap. Rn. 269; *Gaul/Schilken/Becker-Eberhard*, § 53 Rn. 17; HdbZVR/*Keller*, Kap. 2 Rn. 345; *Lüke*, ZZP 68 (1955), 350; MüKo/*Gruber*, § 817 Rn. 4 f.; PG/*Flury*, § 817 Rn. 4; *Musielak/Voit/Becker*, § 817 Rn. 3; *Stein/Jonas/Münzberg*, § 817 Rn. 8; *Thomas/Putzo/Seiler*, § 817 Rn. 3; *Zöller/Stöber*, § 817 Rn. 5.
5 *Gaul/Schilken/Becker-Eberhard*, § 53 Rn. 19; *Thomas/Putzo/Seiler*, § 817 Rn. 3; *Wieczorek/Schütze/Lücke*, § 817 Rn. 8.
6 *Brox/Walker*, Rn. 409; *Gaul/Schilken/Becker-Eberhard*, § 53 Rn. 19; PG/*Flury*, § 817 Rn. 4; *Stein/Jonas/Münzberg*, § 817 Rn. 8; *Thomas/Putzo/Seiler*, § 817 Rn. 3; ferner *Noack*, DGVZ 1975, 38; BGH, NJW-RR 2008, 222 mit Anm. *Walker/Klopp* in LMK 2008, 249996 (zu § 56 Satz 3 ZVG); a. A. *Baur/Stürner/Bruns*, Rn. 29.6; *Blomeyer*, § 15 VI 4; HdbZVR/*Keller*, Kap. 2 Rn. 345; *Zöller/Stöber*, § 817 Rn. 5.
7 Einzelheiten unten Rdn. 14.
8 Einzelheiten: § 817a Rdn. 3.
9 *Brox/Walker*, Rn. 407; *Bruns/Peters*, § 23 IV 2; *Jauernig/Berger*, § 18 Rn. 16; *Gaul/Schilken/Becker-Eberhard*, § 53 Rn. 17; *Stein/Jonas/Münzberg*, § 817 Rn. 16; *Wieczorek/Schütze/Lücke*, § 817 Rn. 12.
10 Siehe auch § 814 Rdn. 9.

abgegeben hat (§ 817 Abs. 1 Satz 2).[11] In beiden Fällen ist der Zuschlag eine öffentlich-rechtliche Erklärung des Gerichtsvollziehers, durch die zwischen dem Staat und dem Meistbietenden ein öffentlich-rechtlicher Vertrag über die Berechtigung zustande kommt, die Ablieferung der versteigerten Sache verlangen zu dürfen (§ 817 Abs. 3). Umstritten ist dagegen, ob durch Gebot und Zuschlag überhaupt ein Vertrag zustande kommt. Während teilweise vertreten wird, dass zwischen dem Meistbietenden und dem Staat, vertreten durch den Gerichtsvollzieher, ein kaufrechtsähnlicher öffentlich-rechtlicher Vertrag geschlossen wird[12], handelt es sich nach anderer Ansicht[13] bei dem Zuschlag um einen auf das Meistgebot reagierenden einseitigen staatlichen Hoheitsakt. Der Streit ist aber von geringer praktischer Bedeutung;[14] denn über die Folgen des Zuschlags herrscht wieder weitgehend Einigkeit: Er gibt dem Ersteher keinen einklagbaren Anspruch auf Ablieferung der Sache, dem Gerichtsvollzieher keinen Anspruch auf Zahlung des Erlöses, wie Abs. 3 zeigt. Der Ersteher kann seinen »Anspruch« nur mit § 766 verfolgen. Der Staat haftet nicht vertraglich für etwaige Mängel des Versteigerungsgutes (§ 806).

VI. Die Ablieferung der Sache (Abs. 2)

10 Eigentum am Versteigerungsgut erwirbt der Ersteher nicht bereits durch den Zuschlag, sondern erst mit der Ablieferung der Sache an ihn durch den Gerichtsvollzieher. Die Ablieferung setzt grds. voraus, dass der Gerichtsvollzieher dem Ersteher durch Übergabe der Sache unmittelbaren Besitz verschafft. Ausnahmsweise kann die Einräumung mittelbaren Besitzes ausreichen, wenn sich die Sache nicht am Versteigerungsort befindet und auch nicht ohne Probleme herangeschafft werden kann.[15] Bei der Versteigerung eines Scheinbestandteils eines Grundstückes braucht dieses zwecks Ablieferung nicht ausgebaut und vom Grundstück entfernt zu werden, wenn der Zuschlag an den Grundstückseigentümer erfolgt.[16] Die Rechtsnatur der Ablieferung ist streitig: Sie wird teils als zivilrechtliche Übereignung nach §§ 929 ff. BGB[17], teils als öffentlich-rechtliche Eigentumsübertragung[18], auf die aber die §§ 929 ff. BGB entsprechend anzuwenden seien[19], überwiegend als einseitiger **staatlicher Hoheitsakt** der Eigentumszuweisung[20] gesehen. Der letzteren Auffassung ist zuzustimmen. Die Ablieferung nach Abs. 2 hat keinen rechtsgeschäftlichen Inhalt. Sie ist ausschließlich die faktische Besitzübertragung des versteigerten Gutes auf den Erwerber, mit der kraft Gesetzes die Eigentumsübertragung als Hoheitsakt verbunden ist, wenn das versteigerte Gut wirksam öffentlich beschlagnahmt, also verstrickt, war[21] und wenn die zwingenden Verfahrensregeln der Versteigerung

---

11 Abs. 1 neu gefasst durch Gesetz vom 30.7.2009 mit Wirkung zum 5.8.2009 (BGBl. I S. 2474).
12 OLG München, DGVZ 1980, 123; *Baumann/Brehm*, § 5 II 4 a; *Baumbach/Lauterbach/Hartmann*, § 817 Rn. 5; *Baur/Stürner/Bruns*, Rn. 29.6; *Bruns/Peters*, § 23 IV 2; *Gerhardt*, § 8 II 2 b 1; Hk-ZPO/*Kemper*, § 817 Rn. 6; *Jauernig/Berger*, § 18 Rn. 15; MüKo/*Gruber*, § 817 Rn. 3; *Gaul/Schilken/Becker-Eberhard*, § 53 Rn. 18.
13 So *Geißler*, DGVZ 1994, 34; *Lüke*, ZZP 68 (1955), 349; *Stein/Jonas/Münzberg*, § 817 Rn. 4; *Zöller/Stöber*, § 817 Rn. 7.
14 So ausführlich auch *Brox/Walker*, Rn. 407 ff.
15 OLG Köln, Rpfleger 1996, 296 f.; *Brox/Walker*, Rn. 411; MüKo/*Gruber*, § 817 Rn. 11; *Musielak/Voit/Becker*, § 817 Rn. 4; *Stein/Jonas/Münzberg*, § 817 Rn. 22; *Zöller/Stöber*, § 817 Rn. 8; a. M. LG Köln, NJW-RR 2009, 1425, 1426.
16 OLG Köln, Rpfleger 1996, 296 f.
17 So *Marotzke*, NJW 1978, 133; *Pinger*, JR 1973, 98; *Wolff/Raiser*, Sachenrecht, § 167 III, Fußn. 7.
18 MüKo/*Gruber*, § 817 Rn. 12 (öffentlich-rechtlicher Übereignungsvertrag).
19 So *Säcker*, JZ 1971, 156; *Bruns/Peters*, § 23 IV 3; *Gaul/Schilken/Becker-Eberhard*, § 53 Rn. 21 f.
20 BGHZ 119, 75, 76 ff.; 55, 25; BGH, NJW 1987, 1880; OLG Köln, Rpfleger 1996, 296 f.; *Baur/Stürner/Bruns*, Rn. 29.7; *Brox/Walker*, Rn. 411; *Dierck/Morvilius/Vollkommer/Hilzinger*, 3. Kap. Rn. 275; *Gerhardt*, § 8 II 2 b; HdbZVR/*Keller*, Kap. 2 Rn. 347; HK-ZV/*Kindl*, § 817 Rn. 2; *Jauernig/Berger*, § 18 Rn. 17; *Lüke*, ZZP 67 (1954), 362; PG/*Flury*, § 817 Rn. 10; *Stein/Jonas/Münzberg*, § 817 Rn. 21; *Wieczorek/Schütze/Lüke*, § 817 Rn. 28.
21 Siehe Vor §§ 803, 804 Rdn. 2 ff.

beachten worden waren.²² Nur diese Auffassung wird der Versteigerung als Vorgang des öffentlich-rechtlichen Verfahrensrechts gerecht und berücksichtigt, dass das Eigentum am Versteigerungsgut im gesamten Ablauf des Vollstreckungsverfahrens keine Rolle gespielt hat²³, sodass es inkonsequent wäre, gerade beim Erwerb in der Versteigerung auf das Eigentum des Schuldners oder den guten Glauben daran abzustellen. Da das Eigentum am Versteigerungsgut also nicht nach § 929 BGB auf den Ersteher übergeht, sondern kraft staatlichen Hoheitsaktes, spielen die Gutglaubensvorschriften der §§ 932, 1244 BGB weder unmittelbar²⁴ noch in analoger Anwendung²⁵ im Rahmen des Eigentumserwerbs eine Rolle.²⁶ Es kommt noch nicht einmal auf den Willen des Erstehers, Eigentum erwerben zu wollen, an. So wie der böse Glaube hinsichtlich des Eigentums des Schuldners am Versteigerungsgut für den Eigentumserwerb des Erstehers nicht schädlich ist, so nützt umgekehrt dem Ersteher sein guter Glaube daran nichts, dass das Versteigerungsgut ordnungsgemäß verstrickt war oder dass die zwingenden Vorschriften des Versteigerungsverfahrens eingehalten wurden.²⁷ War die Sache zum Zeitpunkt der Versteigerung nicht verstrickt, etwa weil der Gerichtsvollzieher die Kenntlichmachung der Pfändung unterlassen²⁸ oder weil der Schuldner das Pfändungsgut heimlich ausgetauscht hatte²⁹, so erwirbt auch der Ersteher kein Eigentum, dem diese Vorgänge unbekannt waren.

Ein Dritter, der in der Versteigerung sein Eigentum verloren hat, kann sich in der Regel (wenn nicht ausnahmsweise § 826 BGB eingreift) nur an den Gläubiger und den Schuldner halten, um Ersatz zu erlangen, nicht an den Ersteher oder an den Staat.³⁰

Nach der Übergabe der versteigerten Sache an den Ersteigerer haftet der Staat grundsätzlich nicht mehr für die Verwahrung des ersteigerten Gegenstandes.³¹

VII. Zahlung

Die Ablieferung der zugeschlagenen Sache an den Ersteher darf, soweit nicht der Ausnahmefall des Abs. 4 vorliegt, nur erfolgen, wenn das Kaufgeld (der gesamte gebotene Betrag, zu dem der Zuschlag erteilt wurde) gezahlt worden ist oder bei Ablieferung bar gezahlt wird. Die Möglichkeit einer vorherigen, meist durch Überweisung auf das Dienstkonto des Gerichtsvollziehers vorgenommenen Zahlung trägt den Gepflogenheiten des bargeldlosen Zahlungsverkehrs sowie den Erfordernissen bei der Internetversteigerung Rechnung, bei der eine Barzahlung nicht praktikabel ist. Ein durch Scheckkarte gesicherter Scheck steht dem Bargeld nicht gleich. Der Gerichtsvollzieher darf ihn nur ausnahmsweise annehmen, wenn der Gläubiger dem zustimmt (§ 95 Abs. 11 Satz 2 GVGA). Der Gerichtsvollzieher und die Parteien sind gem. § 825 Abs. 1 befugt, dem Ersteher die Zahlung über das Ende des Versteigerungstermins hinaus zu stunden. Wollen Gläubiger und Schuldner dem Erwerber hinsichtlich der Zahlung entgegenkommen, können sie auch von der öffentlichen Ver-

---

22 § 814 Rdn. 9.
23 Siehe insbesondere Vor §§ 803, 804 Rn. 3, 4 und § 808 Rn. 4.
24 So aber *Hager*, in: Kontinuität im Wandel der Rechtsordnung, 2002, 1, 13 f.; *Marotzke*, NJW 1978, 133; *Pinger*, JR 1973, 98; *Staudinger/Wiegand*, Anh. zu § 1257 BGB Rn. 21.
25 So aber *Bruns/Peters*, § 23 IV 3 b; *Huber*, Die Versteigerung gepfändeter Sachen, S. 147 ff.
26 Wie hier *Baumbach/Lauterbach/Hartmann*, § 817 Rn. 8; *Baur/Stürner/Bruns*, Rn. 29.7; *Brox/Walker*, Rn. 411; *Gaul/Schilken/Becker-Eberhard*, § 53 Rn. 27; *Gerhardt*, § 8 II 2 b; *Jauernig/Berger*, § 18 Rn. 19; PG/*Flury*, § 817 Rn. 10; *Stein/Jonas/Münzberg*, § 817 Rn. 21; *Tiedtke*, Gutgläubiger Erwerb, S. 293; *Thomas/Putzo/Seiler*, § 817 Rn. 9; *Zöller/Stöber*, § 817 Rn. 8.
27 So aber *Bruns/Peters*, § 23 IV 3 b; *Lindacher*, JZ 1970, 360.
28 Siehe § 808 Rdn. 10.
29 Vgl. BGH, NJW 1987, 1881.
30 Einzelheiten hinsichtlich der Ersatzansprüche Dritter, deren Sachen zu Unrecht versteigert wurden, siehe Anh. § 771 Rn. 2 ff. sowie *Brox/Walker*, Rn. 456 ff.
31 LG Heidelberg, DGVZ 1991, 138.

wertung der Sache absehen und die Verwertung in der Form eines privaten Kaufvertrages außerhalb des Vollstreckungsverfahrens durchführen.[32]

VIII. Anderweitige Versteigerung (Abs. 3)

14 Verlangt der Ersteher bis zum Ende des Versteigerungstermins nicht die Ablieferung und zahlt er bis zu diesem Zeitpunkt auch nicht das »Kaufgeld«, muss die Sache erneut und anderweitig versteigert werden (Abs. 3 Satz 1). Der säumige Meistbietende ist dann zu einem weiteren Gebot nicht zuzulassen. Er hat, wenn nunmehr ein geringerer Erlös erzielt wird, dem hierdurch Betroffenen (Gläubiger, Schuldner, eventuell auch Dritteigentümer der Sache) den Ausfall zu ersetzen (Abs. 3 Satz 2). Da der säumige Meistbietende durch den ihm zunächst erteilten Zuschlag noch nicht Eigentümer der Sache geworden war und auch sonst noch keine Rechte an der Sache erworben hatte, hat er auch keinen Anspruch auf den Mehrerlös, falls bei der neuerlichen Versteigerung ein solcher gegenüber seinem früheren Meistgebot erzielt wird.

IX. Ersteigerung durch den Gläubiger (Abs. 4)

15 Besonderheiten gegenüber Abs. 2 ergeben sich, wenn der Gläubiger selbst das Pfandobjekt ersteigert. Es wäre widersinnig, ihn zunächst das gesamte »Kaufgeld« bar entrichten zu lassen, um ihm dann den Erlös, soweit er ihm nach dem Titel gebührt, wieder auszuhändigen. Deshalb ordnet Abs. 4 für diesen Fall an, dass der Gläubiger von der baren Zahlung des »Kaufgeldes« so weit befreit ist, als der Erlös nach Abzug der Kosten der Zwangsvollstreckung zu seiner Befriedigung zu verwenden ist. Soweit der Gläubiger von der Verpflichtung zur Barzahlung befreit ist, gilt der Betrag als vom Schuldner an den Gläubiger bezahlt (Abs. 4 Satz 2). Die Vorschrift ist nicht materiellrechtlich zu verstehen[33], sondern rein verfahrensrechtlich[34], kommt also auch dann zur Anwendung, wenn dem Gläubiger der durch den Erlös verkörperte Vermögensvorteil letztlich nicht zusteht, weil die versteigerte Sache nicht im Eigentum des Schuldners, sondern eines Dritten stand. Der Dritteigentümer hat in einem solchen Fall gegen den Gläubiger einen Bereicherungsanspruch in der Höhe, in der er von der Pflicht zur Barzahlung befreit war.

16 Die Befreiung des Gläubigers von der Barzahlungspflicht gilt dann nicht, wenn der Schuldner befugt ist, die Zwangsvollstreckung durch Sicherheitsleistung abzuwenden (§§ 711, 712 Abs. 1 Satz 1). Da in einem solchen Fall der Erlös gem. § 720 zu hinterlegen ist, muss auch der Gläubiger den Betrag bar abliefern. Ist der Erlös verfahrensrechtlich nicht zur Befriedigung desjenigen Gläubigers zu verwenden, der den Zuschlag erhalten hat, weil er nur zur Befriedigung vorrangiger Gläubiger ausreicht, muss der Gläubiger natürlich ebenfalls das volle »Kaufgeld« bar entrichten.

X. Rechtsbehelfe nach Ablieferung

17 Die wirksam vollzogene Ablieferung führt zum endgültigen Eigentumserwerb des Erstehers. Sie ist durch Rechtsbehelfe, mit denen das vorausgegangene Verfahren gerügt wird, nicht rückgängig zu machen. Deshalb fehlt für eine Erinnerung oder eine sofortige Beschwerde (§§ 766, 793), die darauf abzielen, den Verlust des Pfändungsgutes selbst zu verhindern, nach vollzogener Ablieferung das Rechtsschutzbedürfnis. Diese Rechtsbehelfe sind dann nur noch insoweit zulässig, als sie auf die Erlösverteilung Einfluss nehmen können. So führt etwa die Rüge, der versteigerte und abgelieferte Gegenstand sei nach § 811 Abs. 1 Nr. 1 oder Nr. 5 unpfändbar gewesen, dazu, dass der Erlös nicht dem Gläubiger ausgekehrt, sondern dem Schuldner zur Neuanschaffung eines solchen Gegenstandes überlassen wird. Dagegen fehlte für die Rüge eines Dritten, sein Besitz nach § 809 sei missachtet

---

32 Siehe zu dieser Möglichkeit Vor § 814 Rdn. 4.
33 So aber *Kaehler*, JR 1972, 449; *Schmitz*, NJW 1962, 853 und 2335.
34 Wie hier BGHZ 100, 95, 99; *Brox/Walker*, Rn. 415; *v. Gerkan*, MDR 1962, 784 und NJW 1963, 1140; *Stein/Jonas/Münzberg*, § 817 Rn. 15; *Wieczorek/Schütze/Lüke*, § 817 Rn. 19; *Zöller/Stöber*, § 817 Rn. 12.

worden, nach der Ablieferung des Gegenstandes an den Ersteher das Rechtsschutzbedürfnis, da der Besitz nunmehr nicht wieder hergestellt werden könnte.

Mit der Ablieferung erlöschen nicht nur das bisherige Eigentum an der Sache, sondern auch alle sonstigen Rechte, etwa ein Vermieter- oder Werkunternehmerpfandrecht oder ein Anwartschaftsrecht des Schuldners, der den Gegenstand nur auf Abzahlung unter Eigentumsvorbehalt erworben hatte. Daher bewirkt die Ablieferung den Rücktritt vom Vertrage nach § 508 Abs. 2 Satz 5 BGB.[35] 18

War das Versteigerungsgut im Zeitpunkt der Ablieferung aber nicht verstrickt oder waren vor der Ablieferung die wesentlichen Verfahrensregeln des Versteigerungsverfahrens nicht beachtet worden und hat der Ersteher mit der Ablieferung kein Eigentum erworben[36], so können die durch die Ablieferung Beschwerten (Schuldner, Eigentümer) mit der Erinnerung erzwingen, dass der Gerichtsvollzieher die Rückgabe der Sache betreibt. Der Ersteher hat, da er an der Sache kein Eigentum erworben hat und da der Zweck der Versteigerung verfehlt wurde, kein Recht zum Besitz. Er hat allerdings ein Zurückbehaltungsrecht, bis ihm das »Kaufgeld« erstattet wird. Beruht die Zweckverfehlung bei der Versteigerung auf Fehlern des Gerichtsvollziehers, so haftet der Staat den Betroffenen gem. § 839 BGB, Art. 34 GG für mögliche Schäden. 19

XI. ArbGG, VwGO, AO

Siehe § 814 Rn. 11. Für die Abgabenvollstreckung gilt § 299 AO, der fast wörtlich mit § 817 übereinstimmt. 20

---

35 Einzelheiten zum Verhältnis von § 508 Abs. 2 BGB einerseits, Verwertung in der Zwangsvollstreckung andererseits siehe Anh. § 825 Rn. 5; MüKo/*Gruber*, § 817 Rn. 24; *Zöller/Stöber*, § 817 Rn. 15.
36 Siehe oben Rn. 10.

§ 817a Mindestgebot

(1) ¹Der Zuschlag darf nur auf ein Gebot erteilt werden, das mindestens die Hälfte des gewöhnlichen Verkaufswertes der Sache erreicht (Mindestgebot). ²Der gewöhnliche Verkaufswert und das Mindestgebot sollen bei dem Ausbieten bekannt gegeben werden.

(2) ¹Wird der Zuschlag nicht erteilt, weil ein das Mindestgebot erreichendes Gebot nicht abgegeben ist, so bleibt das Pfandrecht des Gläubigers bestehen. ²Er kann jederzeit die Anberaumung eines neuen Versteigerungstermins oder die Anordnung anderweitiger Verwertung der gepfändeten Sache nach § 825 beantragen. ³Wird die anderweitige Verwertung angeordnet, so gilt Absatz 1 entsprechend.

(3) ¹Gold- und Silbersachen dürfen auch nicht unter ihrem Gold- oder Silberwert zugeschlagen werden. ²Wird ein den Zuschlag gestattendes Gebot nicht abgegeben, so kann der Gerichtsvollzieher den Verkauf aus freier Hand zu dem Preise bewirken, der den Gold- oder Silberwert erreicht, jedoch nicht unter der Hälfte des gewöhnlichen Verkaufswertes.

Übersicht	Rdn.			Rdn.
I. Zweck der Norm	1	V.	Aufhebung der Pfändung	6
II. Rechtsfolgen eines Verstoßes gegen § 817a	2	VI.	Unanwendbarkeit des § 817a bei besonderer Eile	7
III. Einzelheiten zum Mindestgebot	3	VII.	ArbGG, VwGO, AO	8
IV. Rechtsfolgen bei Nichterreichung des Mindestgebots (Abs. 2 u. 3 Satz 2)	5			

Literatur:
Geißler, Ordnungsprinzipien und Streitfragen bei der Versteigerung gepfändeter Sachen, DGVZ 1994, 33; *Schreiber*, Die Verschleuderung von Schuldnervermögen, JR 1979, 236; *Walker*, Grundrechte in der Zwangsvollstreckung – Eine Skizze, Gedächtnisschrift für Manfred Wolf, 2011, 561; *Wieser*, Der Grundsatz der Verhältnismäßigkeit in der Zwangsvollstreckung, 1989.

I. Zweck der Norm

1 Durch die Vorschrift soll verhindert werden, dass das Vermögen des Schuldners in wirtschaftlich nicht vertretbarer Weise verschleudert wird (etwa durch Versteigerungen – kaufmännisch gesehen – am falschen Ort oder zur falschen Zeit). Sie ist letztlich Ausfluss der Verfassungsgarantie des Art. 14 GG.[1] Da es dem Schuldner selbst unbenommen ist, auch unverhältnismäßige Vermögenseinbußen freiwillig hinzunehmen, kann er in der Versteigerung im Einzelfall den Gerichtsvollzieher von der Beachtung des Mindestgebotes befreien und dem Zuschlag zu einem Untergebot zustimmen; zusätzlich müssen auch alle Gläubiger damit einverstanden sein, weil auch deren Interessen berührt sind (so auch § 95 Abs. 4 Satz 5 GVGA).[2] Ein vorheriger allgemeiner Verzicht auf den Schutz des § 817a ist allerdings aus denselben Erwägungen unwirksam wie ein Verzicht auf den Pfändungsschutz nach § 811.[3] Widerspricht im Einzelfall der Verzicht des Schuldners den Interessen des Gläubigers, da dieser günstigere Verwertungsmöglichkeiten sieht, kann der Gläubiger durch Gewährung eines freiwilligen Verwertungsaufschubes und einen Antrag nach § 825 Abs. 1 die Verschleuderung verhindern und eine einträglichere Verwertung durchsetzen.

---

1 BVerfGE 46, 325, 334; *Walker*, GS M. Wolf, 2011, 561, 562.
2 Wie hier auch *Dierck/Morvilius/Vollkommer/Hilzinger*, 3. Kap. Rn. 264; MüKo/*Gruber*, § 817a Rn. 3; *Stein/Jonas/Münzberg*, § 817a Rn. 6; *Wieczorek/Schütze/Lüke*, § 817a Rn. 2; *Zöller/Stöber*, § 817a Rn. 2; einschränkend (»nicht ohne weiteres«) OLG München, NJW 1959, 1832.
3 Siehe § 811 Rdn. 15, 16.

II. Rechtsfolgen eines Verstoßes gegen § 817a

Der Gerichtsvollzieher muss die Vorschrift von Amts wegen beachten, auch wenn keiner der Beteiligten sich auf sie beruft. Die Vorschrift gehört aber nicht zu den derart wesentlichen Verfahrensregeln der Versteigerung, dass ihre Nichtbeachtung zum Nichteintritt der Versteigerungsfolgen, insbesondere zur Unwirksamkeit des Eigentumserwerbs bei der Ablieferung der Sache an den Ersteher führt.[4] Es ist im Einzelfall für den Ersteher kaum überprüfbar, ob der Gerichtsvollzieher den gewöhnlichen Verkaufswert einer Sache richtig geschätzt und auf dieser Grundlage das Mindestgebot richtig festgesetzt hat. Die Nichtbeachtung der Vorschrift durch den Gerichtsvollzieher führt aber zu einem Schadensersatzanspruch des Schuldners (Eigentümers) gegen den Staat aus § 839 BGB i. V. m. Art. 34 GG. Ein Bereicherungsanspruch gegen den Ersteher, weil dieser die Sache zu günstig erworben habe, oder gegen den Gläubiger, weil dieser Befriedigung aus der Sache erlangt hat, obwohl die Versteigerung richtigerweise hätte unterbleiben müssen, ist dagegen nicht gegeben.[5] Der Ersteher hat die Sache mit Rechtsgrund aufgrund der – nur anfechtbaren – Versteigerung erlangt. Der Gläubiger erhält den Erlös, sofern er ein Pfändungspfandrecht an der Sache hatte, ebenfalls mit Rechtsgrund.[6]

2

III. Einzelheiten zum Mindestgebot

Das Mindestgebot, unter dem der Zuschlag nicht von Amts wegen erteilt werden darf, muss wenigstens die Hälfte des gewöhnlichen Verkaufswertes der Sache erreichen. Der gewöhnliche Verkaufswert wird in der Regel schon bei der Pfändung festgelegt (§ 813 Abs. 1).[7] Ergeben sich Anhaltspunkte, dass die Schätzung unrichtig war, kann auch im Versteigerungstermin noch eine Korrektur erfolgen.[8] Bei Gold- und Silbersachen ist als weiteres Mindestgebot der volle Edelmetallwert zu erreichen. Er ist durch einen Sachverständigen zu ermitteln (§ 813 Abs. 1 Satz 2). Der Begriff Gold- und Silbersachen wird zumeist eng ausgelegt[9], obwohl eine entsprechende Anwendung der Vorschrift auf andere Edelmetalle[10] sachgerecht erscheint.

3

Der geschätzte gewöhnliche Verkaufswert, das aus ihm errechnete Mindestgebot und der Edelmetallwert von Gold- und Silbersachen sind beim Ausbieten der Gegenstände als Teil der Versteigerungsbedingungen bekannt zu geben. Ein Unterlassen der Bekanntgabe ist unschädlich, wenn dann beim Bieten tatsächlich höhere Gebote abgegeben werden. Da schon die gänzliche Nichtbeachtung des Mindestgebotes nicht zur Unwirksamkeit der nachträglichen Versteigerung, sondern nur zu deren Anfechtbarkeit und gegebenenfalls zu Ersatzansprüchen nach § 839 BGB i. V. m. Art. 34 GG führt, gilt dies erst recht für die bloße Nichtbekanntmachung als mögliche Ursache einer späteren Nichtbeachtung.

4

---

4 Überwiegende Meinung; siehe *Brox/Walker*, Rn. 416; PG/*Flury*, § 817a Rn. 4; *Schreiber*, JR 1979, 236; *Thomas/Putzo/Seiler*, § 817a Rn. 3; *Zöller/Stöber*, § 817a Rn. 6; **a. A.** für den Fall, dass das Mindestgebot bekanntgegeben, dann aber nicht beachtet worden war, MüKo/*Gruber*, § 817 Rn. 12; *Stein/Jonas/Münzberg*, § 817a Rn. 7.
5 OLG München, NJW 1959, 1832; *Stein/Jonas/Münzberg*, § 817a Rn. 7; *Wieczorek/Schütze/Lüke*, § 817a Rn. 11.
6 Siehe Vor §§ 803, 804 Rdn. 16.
7 Einzelheiten: § 813 Rn. 3–7.
8 § 813 Rn. 6; zur Notwendigkeit, den Betroffenen (Gläubiger, Schuldner) bei einer Abänderung der Schätzung rechtliches Gehör zu gewähren, siehe § 95 Abs. 7 GVGA.
9 MüKo-BGB/*Damrau*, § 1240 BGB Rn. 1; *Palandt/Bassenge*, § 1240 BGB Rn. 1; *Soergel/Mühl*, § 1240 BGB Rn. 1; *Wieczorek/Schütze/Lüke*, § 817a Rn. 8.
10 So *Baumbach/Lauterbach/Hartmann*, § 817a Rn. 10; PG/*Flury*, § 817a Rn. 6; *Staudinger/Wiegand*, § 1240 BGB Rn. 4.

IV. Rechtsfolgen bei Nichterreichung des Mindestgebots (Abs. 2 u. 3 Satz 2)

5 Die Nichterreichung des Mindestgebotes nach Abs. 1 Satz 1 oder nach Abs. 3 Satz 1 führt nicht zur Aufhebung der Pfändung und zur Beendigung der Zwangsvollstreckung in diesen Gegenstand. Der Gegenstand bleibt vielmehr verstrickt, der Gerichtsvollzieher führt aber nicht von Amts wegen (wegen der damit verbundenen Kosten) einen erneuten Versteigerungsversuch durch, sondern wartet auf einen entsprechenden **Antrag** des Gläubigers. Handelt es sich bei dem Versteigerungsgut um Gold- oder Silbersachen, so kann der Gerichtsvollzieher aus eigener Initiative – also ohne besonderen Antrag des Gläubigers – einen freihändigen Verkauf der Gegenstände durchführen, wenn die zuvor versuchte Versteigerung nicht Gebote in Höhe des Edelmetallwertes erbracht hat. Auch bei diesem freihändigen Verkauf muss ein Preis erzielt werden, der dem Mindestgebot nach Abs. 1 Satz 1 und Abs. 3 Satz 1 entspricht. In jedem Fall hat der Gläubiger die Möglichkeit, seinerseits im Rahmen des § 825 eine andere Art der Verwertung zu beantragen. Auch hierbei darf aber kein Betrag als Erlös zugelassen werden, der die vorgenannten Mindestgebote unterschreitet[11] (**Abs. 2 Satz 3**).

V. Aufhebung der Pfändung

6 Stellt sich ein Gegenstand auch nach mehreren Versteigerungs- oder sonstigen Verwertungsversuchen als im Hinblick auf die Hürde des § 817a nicht verwertbar heraus, so darf der Gerichtsvollzieher in entsprechender Anwendung des § 803 Abs. 2 die Pfändung aufheben[12], falls der Gläubiger nicht ausdrücklich widerspricht. Diesem muss der Gerichtsvollzieher zuvor Gelegenheit zur Stellungnahme geben (§ 95 Abs. 4 Satz 3 und 4 GVGA). Diese Ausnahme von der Regel, dass der Gerichtsvollzieher selbst eine einmal ausgebrachte Pfändung ohne Entscheidung des Vollstreckungsgerichts nicht wieder aufheben darf[13], rechtfertigt sich daraus, dass hier im Schweigen des Gläubigers ausnahmsweise eine Freigabe der Pfandsache gesehen werden kann, weil das Schweigen sein Desinteresse an weiteren Versteigerungsversuchen vermuten lässt. Widerspricht der Gläubiger aber, so muss der Schuldner seinerseits den Fortbestand der Pfändung mit § 766 (weil diese nunmehr gegen § 803 Abs. 2 verstoße) angreifen.[14]

VI. Unanwendbarkeit des § 817a bei besonderer Eile

7 Obwohl der Wortlaut des § 817a diese Einschränkung nicht enthält, gilt die Vorschrift nicht, wenn die Versteigerung unter besonderer Eile durchzuführen ist, um die Gefahr einer beträchtlichen Wertverringerung der zu versteigernden Sache abzuwenden (§ 816 Abs. 1) oder um unverhältnismäßige Kosten für eine längere Aufbewahrung zu vermeiden.[15] Diese Einschränkung des Anwendungsbereichs, die § 95 Abs. 4 Satz 5 GVGA dem Gerichtsvollzieher gestattet, rechtfertigt sich aus dem Verhältnismäßigkeitsgrundsatz. Ein gänzlicher Verlust der Gegenstände durch Verderb bei längerem Zuwarten wäre für den Schuldner belastender als ein Untererlös. Andererseits wäre es eine unzumutbare Beschränkung für den Gläubiger, wenn die Pfändung leicht verderblicher Waren praktisch häufig an der Hürde des § 817a scheitern würde.

---

11 Siehe auch § 825 Rdn. 15.
12 *Wieczorek/Schütze/Lüke*, § 817a Rn. 7; a. A. *Baumbach/Lauterbach/Hartmann*, § 817a Rn. 9, wonach nur das Vollstreckungsgericht die Pfändung aufheben darf.
13 Siehe § 803 Rdn. 10.
14 Wie hier MüKo/*Gruber*, § 817a Rn. 5; *Stein/Jonas/Münzberg*, § 817a Rn. 10 Fußn. 15; a. A. insoweit *Zöller/Stöber*, § 817a Rn. 4, der annimmt, der Gläubiger müsse den Gerichtsvollzieher mit § 766 von der Aufhebung der Pfändung abhalten lassen.
15 Allgem. Meinung; *Stein/Jonas/Münzberg*, § 817a Rn. 3; *Zöller/Stöber*, § 817a Rn. 2.

VII. ArbGG, VwGO, AO

Siehe § 814 Rn. 11. Für die Abgabenvollstreckung gilt § 300 AO, der inhaltlich weitgehend mit § 817a übereinstimmt. Die Bestimmung eines neuen Termins nach Abs. 2 Satz 2 kann nach der AO unmittelbar durch die Vollstreckungsbehörde erfolgen. Sie ist auch zuständig für die Anordnung des freihändigen Verkaufs nach Abs. 3 Satz 2.

§ 818 Einstellung der Versteigerung

Die Versteigerung wird eingestellt, sobald der Erlös zur Befriedigung des Gläubigers und zur Deckung der Kosten der Zwangsvollstreckung hinreicht.

Übersicht

		Rdn.			Rdn.
I.	Voraussetzungen der Einstellung	1	IV.	Rechtsbehelfe	5
II.	Andere vorrangige Gläubiger	3	V.	ArbGG, VwGO, AO	6
III.	Folgen der Einstellung	4			

I. Voraussetzungen der Einstellung

1 Hat der Gerichtsvollzieher eine Mehrheit von Sachen gepfändet, reicht aber der Erlös eines Teiles dieser Sachen bereits aus, um die Forderung des Gläubigers einschließlich aller Kostenerstattungsansprüche und die Kosten der Zwangsvollstreckung einschließlich der Versteigerungskosten abzudecken, so hat der Gerichtsvollzieher die Versteigerung der weiteren Sachen einzustellen, wenn nicht noch weitere Gläubiger an dem Verfahren beteiligt sind. Liegen Anschlusspfändungen vor, so wird für diese die Versteigerung nur dann sogleich weiterbetrieben, wenn die Wochenfrist des § 816 Abs. 1 abgelaufen ist. Ansonsten ist für diese Gläubiger ein neuer Termin anzuberaumen, soweit dies nicht schon bei der Anschlusspfändung geschehen ist.

2 Erfolgt die Versteigerung nicht durch den Gerichtsvollzieher, sondern gem. § 825 Abs. 2 durch einen **privaten Auktionator**, ist § 818 weder unmittelbar noch mittelbar anwendbar; denn der Auktionator weiß ohne Mitteilung des Vollstreckungsgerichts nicht, wie hoch die zu vollstreckenden Forderungen und die Vollstreckungskosten sind. Der Schuldner kann jedoch nach dem Rechtsgedanken beim Vollstreckungsgericht beantragen, dem Auktionator die Anweisung zu erteilen, die Vollstreckung einzustellen, sobald der Erlös zur Gläubigerbefriedigung und Kostendeckung ausreicht. Den insoweit voraussichtlich erforderlichen Betrag hat das Vollstreckungsgericht betragsmäßig festzusetzen.[1]

II. Andere vorrangige Gläubiger

3 Berühmen sich andere Gläubiger eines nicht durch ein vorrangiges Pfändungspfandrecht gesicherten Rechts auf vorzugsweise Befriedigung vor dem Gläubiger, für den die Versteigerung stattfindet, so ist zu unterscheiden: Ist ihr Recht schon durch ein Urteil nach § 805 Abs. 1 festgestellt oder liegt zu ihren Gunsten eine einstweilige Anordnung nach § 805 Abs. 4 vor, so ist der von ihnen zu beanspruchende Betrag ebenfalls bei der Versteigerung zu erlösen, ehe eine Einstellung nach § 818 in Betracht kommt. Liegt eine solche gerichtliche Entscheidung aber noch nicht vor, wird der Anspruch der Dritten nicht berücksichtigt. Etwas anderes gilt nur dann, wenn der Gläubiger, der Schuldner und etwaige zusätzlich betroffene Gläubiger dem Gerichtsvollzieher gegenüber einer vorrangigen Befriedigung dieses Dritten aus dem Erlös zustimmen[2] oder wenn im Fall, dass andere Gläubiger nicht vorhanden sind, der Schuldner eine nachrangige Befriedigung des Dritten nach dem betreibenden Gläubiger bewilligt. In einem solchen Fall ist die Versteigerung ebenfalls bis zur Befriedigung aller Ansprüche fortzusetzen.

III. Folgen der Einstellung

4 Ist die Versteigerung eingestellt und auch nicht demnächst für andere Gläubiger fortzusetzen, so gibt der Gerichtsvollzieher dem Schuldner die übrig gebliebenen gepfändeten Gegenstände zurück

---

1 Zum Ganzen BGH, NJW 2007, 1276, 1277.
2 Vgl. *Baumbach/Lauterbach/Hartmann*, § 818 Rn. 3; *Zöller/Stöber*, § 818 Rn. 1 (Einwilligung aller Beteiligten); a. A. (lediglich Zustimmung des Schuldners erforderlich) MüKo/*Gruber*, § 818 Rn. 3; *Stein/Jonas/Münzberg*, § 818 Rn. 1.

(§ 120 GVGA). Er kann nicht von sich aus, ohne dass der Gläubiger zustimmt, die Pfändungen aufheben.[3] Erklärt der Gläubiger nicht die Freigabe, muss der Schuldner, soweit ihm der Titel nach § 757 »abgeschrieben« zurückgegeben wurde[4], die Aufhebung der Pfändung, die nicht mehr durch einen Titel gerechtfertigt ist, über § 766 erzwingen, im Übrigen über § 767. Falls über das Vermögen des Schuldners das Insolvenzverfahren eröffnet wurde, erfolgt die Rückgabe der übrig gebliebenen Pfandgegenstände – soweit sie zur Masse gehören – nicht an den Schuldner, sondern an den Insolvenzverwalter (§ 120 Abs. 2 Satz 2 GVGA).

IV. Rechtsbehelfe

Der Gläubiger sowie betroffene Dritte haben den Rechtsbehelf aus § 766, wenn der Gerichtsvollzieher ihrer Meinung nach die Versteigerung zu früh eingestellt hat. Erfolgt umgekehrt die Einstellung zu spät, steht dem Schuldner die Vollstreckungserinnerung zu. Wenn für den Schuldner schon vor der Versteigerung absehbar ist, dass der Gerichtsvollzieher gegen § 818 verstoßen wird, kann er gem. §§ 766 Abs. 1 Satz 2, 732 Abs. 2 eine einstweilige Anordnung beantragen.[5]

V. ArbGG, VwGO, AO

Siehe § 814 Rn. 11. Für die Abgabenvollstreckung gilt § 301 Abs. 1 AO, der inhaltlich mit § 818 übereinstimmt.

---

3 A.A. MüKo/*Gruber*, § 818 Rn. 4; PG/*Flury*, § 818 Rn. 4; Stein/Jonas/*Münzberg*, § 818 Rn. 1, der eine Entsiegelung durch den Gerichtsvollzieher auch gegen den Willen des Gläubigers zulässt.
4 Einzelheiten: § 757 Rdn. 3 ff.
5 BGH, DGVZ 2007, 24, 25.

§ 819 Wirkung des Erlösempfanges

Die Empfangnahme des Erlöses durch den Gerichtsvollzieher gilt als Zahlung von Seiten des Schuldners, sofern nicht dem Schuldner nachgelassen ist, durch Sicherheitsleistung oder durch Hinterlegung die Vollstreckung abzuwenden.

Übersicht

	Rdn.			Rdn.
I. Wirkungen der Zahlung des Erlöses an den Gerichtsvollzieher	1	II.	Auszahlung des Erlöses	5
1. Rechtsverhältnisse am Erlös	1	1.	Abzug der Kosten	5
2. Rechtsbehelfe Dritter	2	2.	Rechtswirkungen der Auszahlung	6
3. Pfändbarkeit des Erlöses	3	3.	Technische Abwicklung der Erlösauskehr	8
4. Gefahrübergang	4	III.	Rechtsbehelfe nach Auskehr des Erlöses	9
		IV.	ArbGG, VwGO, AO	10

Literatur:
Bittmann, Dürfen Gerichtsvollzieherkosten zugunsten eines kostenbefreiten Gläubigers aus dem Erlös entnommen werden?, DGVZ 1986, 9; *Kerwer*, Die Erfüllung in der Zwangsvollstreckung, 1996; *Schünemann*, Befriedigung durch Zwangsvollstreckung, JZ 1985, 49; *Stellwaag*, Privilegierung des Gläubigers contra Kostenentnahmerecht des Gerichtsvollziehers, MDR 1989, 601; *Thole*, Erfüllung und Erfüllungssurrogate im Zwangsvollstreckungsrecht, Jura 2010, 605.

I. Wirkungen der Zahlung des Erlöses an den Gerichtsvollzieher

1. Rechtsverhältnisse am Erlös

1 Mit der Empfangnahme des vom Ersteher gezahlten »Kaufgeldes« durch den Gerichtsvollzieher setzen sich die bisherigen Rechte am abgelieferten Gegenstand (der seinerseits unbelastet in das Eigentum des Erstehers übergeht) im Wege dinglicher Surrogation nunmehr am Geld fort: Der Schuldner oder der sonstige Eigentümer der versteigerten Sache ist nunmehr ohne weiteres Eigentümer des Geldes.[1] Der Gläubiger, der ein Pfändungspfandrecht an der versteigerten Sache hatte, erwirbt ein Pfändungspfandrecht am Geld. Soweit sonstige Rechte Dritter am Gegenstand bestanden, bestehen sie jetzt an dem vom Gerichtsvollzieher in Empfang genommenen Erlös. Das Geld ist sogleich öffentlich-rechtlich beschlagnahmt (verstrickt). Diese Rechtsfolgen sind in der ZPO nicht ausdrücklich angesprochen, aber im Ergebnis unstreitig. Ob man sie aus einer analogen Anwendung des § 1247 Satz 2 BGB herleitet[2] oder als Selbstverständlichkeit ansieht, die erst keiner Normierung bedurfte[3], ist letztlich ohne Belang, da sich aus dieser unterschiedlichen Begründung keine weiteren Folgen ergeben.[4]

2. Rechtsbehelfe Dritter

2 Solange der Gerichtsvollzieher den Erlös nicht ausgekehrt hat, ist die Zwangsvollstreckung noch nicht beendet. Dritte, die am abgelieferten Gegenstand ein die Veräußerung hinderndes Recht i. S. v. § 771 hatten, können dieses deshalb jetzt noch im Hinblick auf den Erlös geltend machen; Gleiches gilt für Rechte auf vorzugsweise Befriedigung i. S. des § 805.[5] Mängel des Vollstreckungsverfahrens, die sich noch auf die bevorstehende Auskehr des Erlöses auswirken können (die Ablieferung des Versteigerungsgutes selbst ist in diesem Zeitpunkt schon nicht mehr rückgängig zu

---

1 BGH, NJW 2013, 2519, 2520.
2 So Gaul/Schilken/Becker-Eberhard, § 53 Rn. 28; Thomas/Putzo/Seiler, § 819 Rn. 1; Wieczorek/Schütze/Lüke, § 819 Rn. 2.
3 So Stein/Jonas/Münzberg, § 819 Rn. 1.
4 Vgl. auch Brox/Walker, Rn. 452.
5 Vgl. Stein/Jonas/Münzberg, § 819 Rn. 2; Zöller/Stöber, § 819 Rn. 2.

machen[6]), können noch mit der Erinnerung nach § 766 geltend gemacht werden.[7] War etwa der abgelieferte Gegenstand nach § 811 unpfändbar, so führt die diesbezügliche Erinnerungsentscheidung über §§ 775 Nr. 1, 776 dazu, dass der Erlös nicht an den Gläubiger, sondern an den Schuldner auszukehren ist.

3. Pfändbarkeit des Erlöses

Da der Erlös vor seiner Auskehr an den Gläubiger noch im Eigentum des ursprünglichen Eigentümers des Versteigerungsgutes, in der Regel also des Schuldners, steht, sind in ihn Anschlusspfändungen nach § 826 möglich; ebenso können Gläubiger eines möglichen Dritteigentümers den Erlös pfänden lassen. Sie müssen ihr Recht dann, da sie am vorliegenden Versteigerungs- und Verteilungsverfahren nicht beteiligt sind, bis zur Erlösauskehr an den Vollstreckungsgläubiger in entsprechender Anwendung des § 771 geltend machen. Nach der Auskehr verbleiben ihnen nur noch (wie dem Dritteigentümer, ihrem Vollstreckungsschuldner) materiellrechtliche Ausgleichsansprüche.[8]

4. Gefahrübergang

Soweit das vom Gerichtsvollzieher in Empfang genommene Geld zur Befriedigung des Gläubigers (und nicht nur zur Auskehr an ihn) bestimmt ist, geht die Gefahr des Verlustes oder der Unterschlagung auf den Gläubiger über. Dieser gilt von diesem Zeitpunkt an in Höhe des ihm gebührenden Betrages als befriedigt, obwohl der materiellrechtliche Erfüllungserfolg erst mit der Ablieferung des Geldes eintritt. Kommt das Geld beim Gerichtsvollzieher abhanden, kann der Gläubiger nicht noch einmal Zahlung seitens des Schuldners verlangen. Es gilt insoweit das Gleiche wie bei § 815 Abs. 3.[9] War der Erlös nicht an den Gläubiger abzuliefern, sondern wegen §§ 720, 805 Abs. 4, 827 Abs. 2 und 3 zu hinterlegen, gilt diese Gefahrtragungsregel nicht. In diesen Fällen verbleibt die Gefahr beim Schuldner. Auch insoweit gleicht die Regelung der in § 815 Abs. 3.

II. Auszahlung des Erlöses

1. Abzug der Kosten

Bevor der Gerichtsvollzieher den Erlös an den Gläubiger bzw. einen eventuellen Übererlös auch an den Schuldner auskehrt, entnimmt er zunächst dem Gesamterlös die Kosten, die im Zusammenhang mit der Versteigerung entstanden sind (§ 15 Abs. 1 GvKostG i. V. m. Nr. 300 ff. des Kostenverzeichnisses in der Anlage zu § 9 GvKostG). Nach Befriedigung der Ansprüche von vorab zu befriedigenden Gläubigern (§ 805 Abs. 1) entnimmt er dann dem verbleibenden Rest vom Gläubiger etwa noch nicht vorgeschossene (§ 4 GvKostG) und an den Gerichtsvollzieher zu zahlende weitere Vollstreckungskosten (§ 15 Abs. 2 GvKostG). Die Entnahme der Versteigerungs- bzw. der sonstigen Vollstreckungskosten erfolgt aus eigenem öffentlichen Recht, also ohne dass es einer Ermächtigung hierzu durch den Gläubiger bedürfte.[10] Wenn der Gerichtsvollzieher einen zu hohen Betrag von dem Erlös einbehält, liegt darin ein rechtsgrundloser Eingriff in die Rechtsposition des Vollstreckungsschuldners, der im Wege der dinglichen Surrogation Eigentümer des Erlöses wird (Rn. 1). Dieser hat dann insoweit einen Bereicherungsanspruch aus Eingriffskondiktion.[11]

---

6 Einzelheiten: § 817 Rdn. 17.
7 Baumbach/Lauterbach/Hartmann, § 819 Rn. 6; Stein/Jonas/Münzberg, § 819 Rn. 13; Zöller/Stöber, § 819 Rn. 2.
8 Einzelheiten: Anh. § 771 Rdn. 2 ff.
9 Einzelheiten: § 815 Rdn. 10, 11.
10 Zum Entnahmerecht, wenn der Gläubiger oder der Schuldner kostenbefreit (§ 2 GvKostG) ist, vgl. Bittmann, DGVZ 1986, 9.
11 BGH, NJW 2013, 2519, 2520.

§ 819 ZPO Wirkung des Erlösempfanges

2. Rechtswirkungen der Auszahlung

6 Die Auszahlung (Ablieferung) des dem Gläubiger ausweislich des Titels gebührenden Erlösanteils ist ein Vorgang des **öffentlichen Rechts**.[12] Unabhängig davon, ob die Auszahlung in bar oder durch Überweisung erfolgt, erwirbt der Gläubiger bzw. dessen Bank kraft des Hoheitsaktes des Gerichtsvollziehers als Staatsorgan unbelastetes Eigentum an den Geldscheinen. Der mit diesem Eigentumserwerb verbundene Vermögenszuwachs verbleibt dem Gläubiger allerdings nur dann endgültig, wenn er zuvor ein Pfändungspfandrecht am Versteigerungsgut bzw. am Versteigerungserlös hatte. Ansonsten bestehen Ausgleichsansprüche des materiell in Wahrheit Berechtigten gegen ihn.[13]

7 Soweit ein Übererlös an den Schuldner auszukehren ist, erfolgt diese Auszahlung ohne öffentlich-rechtliche Eigentumszuweisung, weil der Gerichtsvollzieher insoweit vom bereits bestehenden Eigentum des Schuldners ausgeht.[14] Der Eigentumserwerb erfolgt dann erst gegebenenfalls nach §§ 948, 949 BGB.

3. Technische Abwicklung der Erlösauskehr

8 Die technischen Einzelheiten der Abwicklung der Erlösauskehr regeln die §§ 118, 119 GVGA als Verwaltungsvorschriften (Form der Abrechnung, der Quittung; Wartefrist, wenn eine unmittelbar bevorstehende Entscheidung nach §§ 771, 781, 786, 805 glaubhaft gemacht wird; Durchführung des Einbehalts der Gebühren).

III. Rechtsbehelfe nach Auskehr des Erlöses

9 Nach der Auskehr des Erlöses sind Rechtsbehelfe, die das Vollstreckungsverfahren betreffen, nicht mehr möglich. Eine Ausnahme bildet die Erinnerung nach § 766 Abs. 2 gegen die vom Gerichtsvollzieher angesetzten (und von ihm auch bereits einbehaltenen) Kosten der Zwangsvollstreckung. Hat die Erinnerung Erfolg, sind die Kosten an denjenigen zu erstatten, dem dieser Erlösteil gebührt hätte, wenn der Gerichtsvollzieher die Kosten nicht einbehalten hätte.

IV. ArbGG, VwGO, AO

10 Siehe § 814 Rn. 11. Für die Abgabenvollstreckung gilt § 301 Abs. 2 AO, der inhaltlich weitgehend mit § 819 übereinstimmt. Allerdings führt die Empfangnahme des Erlöses durch den versteigernden Beamten nicht nur zu einem Gefahrübergang, sondern sogleich zum Eigentumsübergang auf den Fiskus.

---

12 Siehe auch § 815 Rdn. 2; vgl. ferner Brox/Walker, Rn. 454; Gaul/Schilken/Becker-Eberhard, § 53 Rn. 28; Stein/Jonas/Münzberg, § 819 Rn. 8, 9; Wieczorek/Schütze/Lüke, § 819 Rn. 8, 9.
13 Einzelheiten: § 767 Rdn. 46 und Anh. § 771 Rdn. 2 ff.
14 Brox/Walker, Rn. 455.

§ 820

(weggefallen)

Aufgehoben durch Gesetz vom 20.8.1953, BGBl. I S. 952.

Die Vorschrift entsprach im Wortlaut dem heutigen § 817a Abs. 3 Satz 1 und Satz 2, 1. Halbs.

§ 821 Verwertung von Wertpapieren

Gepfändete Wertpapiere sind, wenn sie einen Börsen- oder Marktpreis haben, von dem Gerichtsvollzieher aus freier Hand zum Tageskurs zu verkaufen und, wenn sie einen solchen Preis nicht haben, nach den allgemeinen Bestimmungen zu versteigern.

Übersicht

		Rdn.			Rdn.
I.	Wertpapiere	1	3.	Inhaberschecks	8
II.	Verwertung	3	III.	Gebühren	9
1.	Wertpapiere mit Börsen- oder Marktpreis	4	IV.	ArbGG, VwGO, AO	10
2.	Wertpapiere ohne Börsen- oder Marktpreis	7			

Literatur:

Becker, Zwangsvollstreckung in Wertpapiere, JuS 2005, 232; *Bork*, Vinkulierte Namensaktien in der Zwangsvollstreckung und Insolvenz des Aktionärs, FS Henckel, 1995, 23; *Hezel*, Zwangsvollstreckung in Wertpapiere unter Beachtung der Grundsätze des Vollstreckungs- sowie des materiellen Rechts, Rpfleger 2006, 105; *M. Schmidt*, Zwangsvollstreckung in Wertpapiere, DGVZ 2014, 77; *Viertelhausen*, Vollstreckung in Wertpapiere, DGVZ 2000, 129; *Weimar*, Die Zwangsvollstreckung in Wertpapiere und sonstige Urkunden, JurBüro 1982, 357.

I. Wertpapiere

1   Wertpapiere, deren Pfändung als bewegliche Sachen nach § 808 Abs. 2 dem Gerichtsvollzieher obliegt und über deren Verwertung sich § 821 verhält, sind ausschließlich solche Papiere, bei denen das Recht aus dem Papier dem Recht am Papier folgt und an denen deshalb selbstständige Rechte begründet werden können. Folgen die Papiere dagegen der Forderung nach, die sie verbriefen, so wird im eigentlichen Sinne auch nur die Forderung gepfändet und verwertet, und zwar nach §§ 829 ff., während das Papier nur im Wege einer sog. »Hilfspfändung« dem Forderungsinhaber weggenommen wird (§ 836 Abs. 3 Satz 5; zum Hypothekenbrief: § 830 Abs. 1 Satz 2). Zwischen den Wertpapieren, über die § 821 sich verhält, und den Legitimationspapieren, die ausschließlich nach den §§ 829 ff. behandelt werden, liegen die Forderungen aus Wechseln und anderen Papieren, die durch Indossament übertragen werden können, die einerseits nach § 808 Abs. 2 vom Gerichtsvollzieher gepfändet werden (§ 831), deren Verwertung aber nicht nach § 821, sondern nach § 835 (gegebenenfalls nach § 844) erfolgt.

2   Wertpapiere i. S. d. § 821 sind danach alle Inhaberpapiere[1], so Inhaberschuldverschreibungen (§§ 793 ff. BGB), Inhaberverpflichtungsscheine (§ 807 BGB), Inhaberaktien, Investment- und Immobilienzertifikate[2] auf den Inhaber, Inhaberschecks[3], Inhabergrund- und Rentenschuldbriefe, aber auch ausländische Banknoten;[4] ferner alle Namenspapiere[5], wie etwa Namensaktien, bergrechtliche Kuxen, Investmentzertifikate auf den Namen, auf den Namen umgeschriebene Schuldverschreibungen.

II. Verwertung

3   Hinsichtlich der Verwertung der unter § 821 fallenden Wertpapiere muss unterschieden werden:

---

1 Zum Begriff *Baumbach/Hefermehl*, Wechsel- und Scheckgesetz, WPR Rn. 31 ff.; *Brox/Henssler*, Handelsrecht, Rn. 521 ff.; *Hueck/Canaris*, Recht der Wertpapiere, § 2 III 3.
2 LG Berlin, Rpfleger 1970, 261.
3 Zu ihrer Verwertung siehe aber unten Rdn. 8.
4 MüKo/*Gruber*, § 821 Rn. 3; *Stein/Jonas/Münzberg*, § 821 Rn. 2; *Zöller/Stöber*, § 821 Rn. 5.
5 *Baumbach/Hefermehl*, Wechsel- und Scheckgesetz, WPR Rn. 60 ff.; *Brox/Henssler*, Handelsrecht, Rn. 530 ff.; *Hueck/Canaris*, § 2 III 1.

1. Wertpapiere mit Börsen- oder Marktpreis

Haben sie im Inland einen Börsen- oder Marktpreis, so sind sie vom Gerichtsvollzieher aus freier Hand zum Tageskurse zu verkaufen. »Börsenpreis« ist der jeweilige amtliche Kurs eines an der Börse zum Handel zugelassenen Papiers, »Marktpreis« dagegen der am inländischen Handelsplatz festgelegte Ankaufspreis. Ob ein Börsen- oder Marktpreis besteht, ist vom Gerichtsvollzieher durch Einholung von Auskünften (Börse, Bank, Makler) oder durch das Studium entsprechender Veröffentlichungen umgehend festzustellen. Der Verkauf hat dann so schnell als möglich zu erfolgen; die Spekulation auf eine spätere günstigere Kursentwicklung ist also nicht statthaft, wenn nicht der Gläubiger selbst um einen Aufschub der Verwertung nachsucht.

Auch der »Verkauf aus freier Hand« durch den Gerichtsvollzieher ist ein Vorgang des **öffentlichen Rechts**, kein privatrechtliches Rechtsgeschäft nach §§ 433 ff. BGB.[6] Es gilt uneingeschränkt der Gewährleistungsausschluss gem. § 806. Der Eigentumserwerb vollzieht sich öffentlich-rechtlich unabhängig vom guten Glauben des Erwerbers.[7] Das im Papier verbriefte Recht geht bei Inhaberpapieren mit der Übergabe des veräußerten Papiers auf den Erwerber über. Bei Namenspapieren stellt der Gerichtsvollzieher unter Beachtung des § 822 (Ermächtigung durch das Vollstreckungsgericht) die zum Rechtsübergang erforderlichen Erklärungen aus.

Der Verkauf aus freier Hand darf nur gegen sofortige Barzahlung erfolgen (§ 817 Abs. 2), sofern nicht eine der Parteien einen Antrag nach § 825 Abs. 1 auf abweichende Verwertung gestellt hat.

Soll der freihändige Verkauf nicht durch den Gerichtsvollzieher, sondern durch eine Bank oder einen Finanzmakler erfolgen, bedarf es einer Anordnung des Vollstreckungsgerichts nach § 825 Abs. 2.[8] In einem solchen Fall erfolgt die Veräußerung dann ausschließlich privatrechtlich (§§ 433 ff. BGB), ebenso die Übereignung (§§ 929 ff. BGB).

2. Wertpapiere ohne Börsen- oder Marktpreis

Haben die Wertpapiere keinen Börsen- oder Marktpreis, sind sie wie gewöhnliche körperliche Sachen zu versteigern. Beim Zuschlag ist dann § 817a Abs. 1 Satz 1 (Mindestgebot) zu beachten. Zur Schätzung des gewöhnlichen Verkaufswertes als der Basis der Errechnung des Mindestgebotes ist ein Sachverständiger hinzuzuziehen (§ 813 Abs. 1 Satz 2).[9]

3. Inhaberschecks

Handelt es sich bei dem gepfändeten Papier um einen Inhaberscheck (auch Verrechnungsscheck[10]), so erfolgt die Verwertung dadurch, dass der Gerichtsvollzieher den Scheck der bezogenen Bank vorlegt und den durch die Einlösung (in der Regel Gutschrift auf seinem Dienstkonto) erlangten Betrag, abzüglich der noch nicht vorgestreckten Vollstreckungskosten, dem Gläubiger abliefert.[11] Bei Verrechnungsschecks kann, wenn Vollstreckungskosten nicht mehr vorab abzuziehen sind, eine Einziehung auch unmittelbar auf das Konto des Gläubigers erfolgen.

---

6 *Stein/Jonas/Münzberg*, § 821 Rn. 7.
7 *Wieczorek/Schütze/Lüke*, § 821 Rn. 10; **a. A.** insoweit (Übereignung nach §§ 929 ff. BGB) *Bruns/Peters*, § 23 V; *Zöller/Stöber*, § 821 Rn. 10.
8 Wie hier MüKo/*Gruber*, § 821 Rn. 6; *Musielak/Voit/Becker*, § 821 Rn. 6; PG/*Flury*, § 821 Rn. 8; **a. A.** *Baumbach/Lauterbach/Hartmann*, § 821 Rn. 9; *Stein/Jonas/Münzberg*, § 821 Rn. 7; *Wieczorek/Schütze/Lüke*, § 821 Rn. 10.
9 *Zöller/Stöber*, § 821 Rn. 9, will § 813 Abs. 1 Satz 3 anwenden und einen Sachverständigen nur auf Antrag und nach Anordnung des Vollstreckungsgerichts hinzuziehen.
10 LG Göttingen, NJW 1983, 635.
11 *Post*, NJW 1958, 1618; *Stein/Jonas/Münzberg*, § 821 Rn. 11; *Wieczorek/Schütze/Lüke*, § 821 Rn. 11.

III. Gebühren

9 Für den freihändigen Verkauf von Wertpapieren fallen die gleichen **Gerichtsvollziehergebühren** an wie bei einer Versteigerung (Nr. 300 des Kostenverzeichnisses in der Anlage zu § 9 GvKostG). Hinsichtlich des Entnahmerechts des Gerichtsvollziehers gilt § 15 GvKostG.

IV. ArbGG, VwGO, AO

10 Siehe § 814 Rn. 11. Für die Abgabenvollstreckung gilt § 302 AO, der inhaltlich mit § 821 übereinstimmt.

§ 822 Umschreibung von Namenspapieren

Lautet ein Wertpapier auf Namen, so kann der Gerichtsvollzieher durch das Vollstreckungsgericht ermächtigt werden, die Umschreibung auf den Namen des Käufers zu erwirken und die hierzu erforderlichen Erklärungen an Stelle des Schuldners abzugeben.

Übersicht	Rdn.		Rdn.
I. Zweck der Norm	1	III. Gebühren	4
II. Rechtsbehelfe des Gläubigers und des Erwerbers	3	IV. ArbGG, VwGO, AO	5

I. Zweck der Norm

Bei Namenspapieren genügt die Aushändigung des Papiers an den Erwerber nach dem freihändigen Verkauf oder nach der Versteigerung nicht, um den Erwerber als Eigentümer und nunmehr Forderungsberechtigten zu legitimieren. Es bedarf vielmehr einer Abtretungserklärung, eines Indossaments oder eines Umschreibungsantrages, je nach den für das jeweilige Papier geltenden besonderen Vorschriften. Da nicht erwartet werden kann, dass der Schuldner diese Erklärungen freiwillig abgibt und da es zu umständlich wäre, ihn zu diesen Erklärungen etwa durch Zwangsmittel anzuhalten, sieht § 822 vor, dass der Gerichtsvollzieher an Stelle des Schuldners tätig werden darf. Allerdings bedarf er hierzu der Ermächtigung durch das Vollstreckungsgericht. Zuständig ist nach § 20 Nr. 17 RPflG der Rechtspfleger. Den Antrag an das Vollstreckungsgericht kann der Gerichtsvollzieher aus eigener Initiative stellen.[1] Daneben sind auch der Gläubiger, der Schuldner und der Erwerber antragsberechtigt.[2] Die Abtretung, das Indossament oder der Umschreibungsantrag sollten den Ermächtigungsbeschluss als Grundlage für das Tätigwerden des Gerichtsvollziehers ausdrücklich erwähnen.[3] 1

Für Orderpapiere, die eine Forderung verbriefen (insbesondere also für Wechsel), gilt § 822 nicht, da sie gem. § 831 nicht durch den Gerichtsvollzieher verwertet werden.[4] 2

II. Rechtsbehelfe des Gläubigers und des Erwerbers

Der Gerichtsvollzieher kann über § 766 sowohl vom Gläubiger als auch vom Erwerber zur Einholung der Ermächtigung und zur ordnungsgemäßen Abgabe der erforderlichen Erklärungen mittels des Vollstreckungsgerichts angehalten werden. Verweigert der Rechtspfleger den Ermächtigungsbeschluss, haben der Gläubiger und der Erwerber hiergegen die sofortige Beschwerde nach § 793 i.V.m. § 11 Abs. 1 RPflG. 3

III. Gebühren

Der Ermächtigungsbeschluss ergeht gerichtsgebührenfrei. Auch der Gerichtsvollzieher erhält für seine Umschreibetätigkeit keine gesonderten Gebühren. Die Tätigkeit ist vielmehr mitvergütetes Nebengeschäft zur Versteigerung bzw. zum freihändigen Verkauf (Nr. 300 des Kostenverzeichnisses in der Anlage zu § 9 GvKostG). 4

---

[1] Wie hier Hk-ZPO/*Kemper*, § 822 Rn. 3; PG/*Flury*, § 822 Rn. 4; *Stein/Jonas/Münzberg*, § 822 Rn. 1; *Thomas/Putzo/Seiler*, § 822 Rn. 1; *Wieczorek/Schütze/Lüke*, § 822 Rn. 3; **a.A.** (Gläubiger oder Erwerber stellen den Antrag) *Zöller/Stöber*, § 822 Rn. 1.

[2] MüKo/*Gruber*, § 822 Rn. 3; *Musielak/Voit/Becker*, § 822 Rn. 2; PG/*Flury*, § 822 Rn. 4; *Wieczorek/Schütze/Lüke*, § 822 Rn. 3; teilweise einschränkend *Stein/Jonas/Münzberg*, § 822 Rn. 1; *Thomas/Putzo/Seiler*, § 822 Rn. 1; *Zöller/Stöber*, § 822 Rn. 1.

[3] Vgl. auch *Zöller/Stöber*, § 822 Rn. 1.

[4] Siehe auch § 821 Rdn. 1 und § 831 Rdn. 3.

IV. ArbGG, VwGO, AO

5 Siehe § 814 Rn. 11. Für die Abgabenvollstreckung gilt § 303 AO, der inhaltlich mit §§ 822, 823 übereinstimmt. Zur Umschreibung ist die Vollstreckungsbehörde berechtigt.

§ 823 Außer Kurs gesetzte Inhaberpapiere

Ist ein Inhaberpapier durch Einschreibung auf den Namen oder in anderer Weise außer Kurs gesetzt, so kann der Gerichtsvollzieher durch das Vollstreckungsgericht ermächtigt werden, die Wiederinkurssetzung zu erwirken und die hierzu erforderlichen Erklärungen an Stelle des Schuldners abzugeben.

Übersicht	Rdn.		Rdn.
I. Bedeutung der Norm	1	III. Gebühren	3
II. Ermächtigungsbeschluss	2	IV. ArbGG, VwGO, AO	4

I. Bedeutung der Norm

Die Vorschrift ist wegen Art. 176 EGBGB, wonach eine Außerkurssetzung von Inhaberschuldverschreibungen nicht stattfindet, praktisch weitgehend bedeutungslos. Sie ist allerdings entsprechend anzuwenden auf Inhaberpapiere, die gem. § 806 BGB in Namenspapiere umgeschrieben worden waren und die zum Zwecke der leichteren Verwertung wieder in ein Inhaberpapier rückverwandelt werden sollen.[1] Bei Papieren dieser Art hat der Gerichtsvollzieher also die Wahl, welchen Weg der Verwertung er für den günstigeren hält, es sei denn, der Gläubiger weist ihn an, nur auf einem der beiden Wege vorzugehen. 1

II. Ermächtigungsbeschluss

Den Ermächtigungsbeschluss erlässt der Rechtspfleger beim Vollstreckungsgericht (§ 20 Nr. 17 RPflG). Er kann wie der Beschluss nach § 822[2] vom Gerichtsvollzieher selbst beantragt werden. 2

III. Gebühren

Besondere Gebühren entstehen wie bei § 822[3] weder für das Gericht noch für den Gerichtsvollzieher. 3

IV. ArbGG, VwGO, AO

Siehe § 814 Rn. 11. Für die Abgabenvollstreckung gilt § 303 AO, der inhaltlich mit §§ 822, 823 übereinstimmt. Zur Erwirkung der Rückverwandlung ist die Vollstreckungsbehörde berechtigt. 4

---

[1] Allgem. Meinung; siehe *Baumbach/Lauterbach/Hartmann*, § 823 Rn. 2; *Stein/Jonas/Münzberg*, § 823 Rn. 1; *Wieczorek/Schütze/Lüke*, § 823 Rn. 1; *Zöller/Stöber*, § 823 Rn. 1.
[2] Siehe dort Rdn. 1.
[3] Siehe dort Rdn. 4.

§ 824 Verwertung ungetrennter Früchte

¹Die Versteigerung gepfändeter, von dem Boden noch nicht getrennter Früchte ist erst nach der Reife zulässig. ²Sie kann vor oder nach der Trennung der Früchte erfolgen; im letzteren Falle hat der Gerichtsvollzieher die Aberntung bewirken zu lassen.

Übersicht	Rdn.		Rdn.
I. Zeitgrenze für die Verwertung	1	2. Verwertung nach der Trennung	5
II. Verwertungsmöglichkeiten nach Reife	2	III. Rechte der Realgläubiger	6
1. Verwertung vor der Trennung	3	IV. ArbGG, VwGO, AO	7

Literatur:
Siehe die Literaturangaben zu § 810.

I. Zeitgrenze für die Verwertung

1 Die Vorschrift ergänzt § 810. Lässt jener die Pfändung von Früchten[1], die vom Boden noch nicht getrennt waren, entgegen § 93 BGB zu, so regelt § 824 die Verwertung der solcherart gepfändeten Früchte. Während die Pfändung bereits einen Monat vor der gewöhnlichen (also nicht tatsächlichen) Zeit der Reife möglich ist, darf die Verwertung erst **nach der wirklichen Reife** durchgeführt werden. Das gilt auch dann, wenn die Aberntung üblicherweise vor der Reife erfolgt. Die Parteien können übereinstimmend den Gerichtsvollzieher von der Beachtung dieser Zeitgrenze entbinden. Auf Antrag nur einer Partei kann der Gerichtsvollzieher nach § 825 Abs. 1 eine vorzeitige Verwertung durchführen, wenn dies einen höheren Erlös verspricht.

II. Verwertungsmöglichkeiten nach Reife

2 Ist die wirkliche Reife eingetreten, so hat der Gerichtsvollzieher zwei Möglichkeiten der Verwertung: Er kann die Früchte bereits vor ihrer Trennung vom Boden versteigern oder erst nach der Ernte. Hierüber entscheidet er – gegebenenfalls nach Anhörung eines Sachverständigen (§ 103 Abs. 1 Satz 4 GVGA) – insbesondere mit Rücksicht darauf, auf welche Weise voraussichtlich ein höherer Erlös zu erzielen ist. Nach diesem Gesichtspunkt entscheidet er auch, ob die Versteigerung im Ganzen oder in einzelnen Teilen geschehen soll (§ 103 Abs. 1 Satz 5 GVGA). Hinsichtlich der beiden Verwertungsmöglichkeiten ergeben sich folgende Unterschiede.

1. Verwertung vor der Trennung

3 Sollen die reifen Früchte vor ihrer Aberntung versteigert werden, so soll der Versteigerungstermin in der Regel an Ort und Stelle durchgeführt werden (§ 103 Abs. 2 Satz 1 GVGA). Einer Einverständniserklärung des Schuldners bedarf es dazu nicht.[2] In den Versteigerungsbedingungen ist zu bestimmen, innerhalb welcher Frist der potenzielle Erwerber die Früchte von Grund und Boden wegzuschaffen hat.

4 Bei der Versteigerung selbst sind dann die allgemeinen Regeln, insbesondere § 817a, zu beachten. Letzteres gilt nur dann nicht, wenn der rasche Verderb der Früchte droht und einen Wiederholungstermin nach § 817a Abs. 2 ausschließt.[3] Die Ablieferung an den Ersteher erfolgt durch Besitzeinweisung, die auch in der Gestattung der Aberntung liegen kann,[4] und durch gleichzeitige Eigentumszuweisung. Der Ersteher wird also abweichend von § 93 BGB schon Eigentümer der

---

[1] Zum Früchte-Begriff siehe § 810 Rdn. 3.
[2] LG Bayreuth, DGVZ 1985, 42.
[3] Siehe § 817a Rdn. 7.
[4] MüKo/*Gruber*, § 824 Rn. 4; *Noack*, Rpfleger 1969, 177; *Stein/Jonas/Münzberg*, § 824 Rn. 2; *Wieczorek/Schütze/Lüke*, § 825 Rn. 3; *Zöller/Stöber*, § 824 Rn. 2.

Früchte auf fremdem Boden[5] und nicht erst mit der Aberntung. Die Ablieferung des Erlöses an den Gläubiger darf erst erfolgen, wenn der Erwerber die Früchte vom Grundstück weggeschafft hat oder wenn die ihm für die Fortschaffung bestimmte Frist abgelaufen ist (§ 103 Abs. 3 Satz 2 GVGA). Der Grund hierfür liegt in den Gefahren einer Beschlagnahme des Grundstücks im Wege der Immobiliarvollstreckung.[6]

2. Verwertung nach der Trennung

Sollen die Früchte erst nach der Trennung vom Boden versteigert werden, so lässt sie der Gerichtsvollzieher durch eine zuverlässige Person abernten. Er kann im Einzelfall hierfür auch den Schuldner wählen. Die Vergütung für die Aberntung vereinbart der Gerichtsvollzieher im Voraus (§ 103 Abs. 2 Satz 4 GVGA). Um den Ertrag der Ernte mit Sicherheit festzustellen, sollte der Gerichtsvollzieher, soweit möglich, die Aberntung beaufsichtigen. Er hat auch dafür Sorge zu tragen, dass die Ernte zwischen Aberntung und Versteigerung sicher und schonend verwahrt wird. Die Verwahrung sollte nach Möglichkeit nicht auf dem Grundstück des Schuldners erfolgen. Die Versteigerung selbst erfolgt wieder nach den allgemeinen Regeln, insbesondere unter Beachtung des § 817a. Der Ersteher erwirbt mit der Ablieferung Eigentum an den Früchten. 5

III. Rechte der Realgläubiger

Realgläubiger haben die Möglichkeit, einer Pfändung der vom Grundstück nicht getrennten Früchte zu widersprechen (siehe § 810 Abs. 2).[7] Diese Möglichkeit besteht bis zur Ablieferung an den Ersteher. Wird das Grundstück nach der Pfändung, aber vor der Ablieferung der Früchte an den Ersteher beschlagnahmt, so erstreckt sich die Beschlagnahme auch auf die vom Boden noch nicht getrennten Früchte sowie die Früchte nach ihrer Trennung, die Zubehör des Grundstücks sind (§ 21 Abs. 1 ZVG). Der Pfändungsgläubiger muss dann sein Recht nach § 37 Abs. 4 ZVG spätestens im Versteigerungstermin anmelden. Die Einzelzwangsvollstreckung in die Früchte wird in diesem Fall nach der Beschlagnahme des Grundstücks nicht mehr fortgesetzt; der Gerichtsvollzieher stellt sie vielmehr vorläufig ein (§ 103 Abs. 4 GVGA). Erfolgt die Beschlagnahme nach der Trennung der Früchte, so ist zu unterscheiden, ob die Beschlagnahme durch Anordnung der Zwangsversteigerung oder der Zwangsverwaltung erfolgte: Ist die Zwangsversteigerung angeordnet, erfasst sie die bereits getrennten Früchte nicht mehr (§ 21 Abs. 1 ZVG). Die Vollstreckung durch den Gerichtsvollzieher läuft ungehindert weiter. Ist Zwangsverwaltung angeordnet, so werden auch bereits getrennte Früchte mit beschlagnahmt (§ 148 Abs. 1 ZVG). Die Fortsetzung der Einzelvollstreckung in die Früchte muss deshalb eingestellt werden. Waren die Früchte, ob getrennt oder nicht getrennt, bereits versteigert **und** abgeliefert, so erfasst eine nachfolgende Beschlagnahme des Grundstücks diese Früchte auch dann nicht mehr, wenn sie noch nicht vom Grundstück fortgeschafft worden sind[8], da sie nicht mehr im Eigentum des Schuldners stehen. Der Ersteher der Früchte muss dann sein Eigentum gegebenenfalls nach § 37 Nr. 5 ZVG geltend machen, indem er vor Erteilung des Zuschlags für das Grundstück insoweit die Aufhebung oder einstweilige Einstellung des Verfahrens herbeiführt. 6

IV. ArbGG, VwGO, AO

Siehe § 814 Rn. 11. Für die Abgabenvollstreckung gilt § 304 AO, der inhaltlich mit § 824 übereinstimmt. 7

---

[5] MüKo/*Gruber*, § 824 Rn. 4; *Stein/Jonas/Münzberg*, § 824 Rn. 2; *Thomas/Putzo/Seiler*, § 824 Rn. 3; *Zöller/Stöber*, § 824 Rn. 2.
[6] Näheres unten Rdn. 6.
[7] Einzelheiten siehe § 810 Rdn. 8.
[8] MüKo/*Gruber*, § 824 Rn. 4; PG/*Flury*, § 824 Rn. 6; *Stein/Jonas/Münzberg*, § 824 Rn. 2; *Thomas/Putzo/Seiler*, § 824 Rn. 3; *Zöller/Stöber*, § 824 Rn. 2; **a. A.** AK-ZPO/*Schmidt-von Rhein*, § 824 Rn. 2. Aufgrund dieses Meinungsstreits soll die Erlösauskehrung auch erst nach der Wegschaffung erfolgen; siehe dazu Rn. 4.

§ 825 Andere Verwertungsart

(1) ¹Auf Antrag des Gläubigers oder des Schuldners kann der Gerichtsvollzieher eine gepfändete Sache in anderer Weise oder an einem anderen Ort verwerten, als in den vorstehenden Paragrafen bestimmt ist. ²Über die beabsichtigte Verwertung hat der Gerichtsvollzieher den Antragsgegner zu unterrichten. ³Ohne Zustimmung des Antragsgegners darf er die Sache nicht vor Ablauf von zwei Wochen nach Zustellung der Unterrichtung verwerten.

(2) Die Versteigerung einer gepfändeten Sache durch eine andere Person als den Gerichtsvollzieher kann das Vollstreckungsgericht auf Antrag des Gläubigers oder des Schuldners anordnen.

Übersicht	Rdn.		Rdn.
I. Zweck der Norm	1	c) Eigentumszuweisung an eine bestimmte Person	16
II. Anderweitige Verwertung durch den Gerichtsvollzieher (Abs. 1)	2	5. Rechtsbehelfe	20
1. Voraussetzungen	3	III. Verwertung durch eine andere Person als den Gerichtsvollzieher (Abs. 2)	21
a) Zulässigkeit des Antrags	4	1. Zulässigkeit eines Antrags nach Abs. 2	22
b) Begründetheit des Antrages	7	2. Begründetheit des Antrags	23
aa) Verstrickung der Sache	8	3. Verfahren	24
bb) Günstigeres Verwertungsergebnis	8	4. Die Entscheidung des Vollstreckungsgerichts	25
2. Verfahren	9		
a) Unterrichtung des Antragsgegners (Abs. 1 Satz 2)	10	5. Rechtsbehelfe	26
b) Wartefrist (Abs. 1 Satz 3)	11	6. Rechtsfolgen einer Anordnung nach Abs. 2	27
3. »Entscheidung« des Gerichtsvollziehers	12	IV. Gebühren und Kosten	28
4. Abweichende Verwertungsarten	13	V. ArbGG, VwGO, AO	29
a) Anderer Ort als § 816 Abs. 2	14		
b) Andere Art als §§ 814 ff.	15		

Literatur:
Birmanns, Die Versteigerung von Pfandgegenständen durch öffentlich bestellten Auktionator, DGVZ 1993, 107; *Freels*, Die Verwertung von Mobiliarpfandsachen durch Begründung von Nutzungsverhältnissen, Rpfleger 1998, 265; *ders.*, Andere Verwertungsarten in der Mobiliarvollstreckung, 1998; *Gaul*, Sachenrechtsordnung und Vollstreckungsordnung im Konflikt, NJW 1989, 2509; *Steines*, Die Zuweisung der gepfändeten beweglichen Sache an den Schuldner, KTS 1989, 309.

I. Zweck der Norm

1 Ziel der Verwertung beschlagnahmten Schuldnervermögens in der Zwangsvollstreckung ist es, unter geringst möglichen Opfern für den Schuldner die titulierte Forderung des Gläubigers einschließlich der Nebenforderungen (Kosten usw.) aus dem Verwertungserlös zu befriedigen. Hierfür sieht das Gesetz einen Regelweg (§ 814) vor, der hinsichtlich des Verfahrens im Einzelnen ausgestaltet ist (§§ 816–824).[1] Es ist aber durchaus denkbar, dass beide Parteien oder auch nur eine Partei erfolgversprechendere Möglichkeiten der Verwertung sehen. Dabei kann es um eine andere Art der Verwertung durch den Gerichtsvollzieher oder um die Verwertung durch eine andere Person als den Gerichtsvollzieher gehen. Solche Abweichungen von der Regelverwertung sind im Interesse einer effektiven Zwangsvollstreckung unter den Voraussetzungen des § 825 zulässig.

II. Anderweitige Verwertung durch den Gerichtsvollzieher (Abs. 1)

2 Abs. 1 regelt die Voraussetzungen für eine von der Regelverwertung abweichende Durchführung der Verwertung durch den Gerichtsvollzieher, das dabei einzuhaltende Verfahren und die mög-

---

1 Siehe den Überblick über die Verwertungsmöglichkeiten Vor § 814 Rdn. 2–5.

lichen Verwertungsarten. Die Vorschrift wurde mit Wirkung zum 1.1.1999[2] neu gefasst. Anders als nach der bis dahin geltenden Fassung des § 825 ist die Entscheidung über eine vom Regelfall abweichende Verwertung nicht mehr dem Vollstreckungsgericht vorbehalten, sondern sie kann sogleich vom Gerichtsvollzieher selbst getroffen werden. Dieser kann aufgrund seiner Erfahrungen ohnehin besser als das Vollstreckungsgericht beurteilen, ob durch eine abweichende Verwertung ein günstigeres wirtschaftliches Ergebnis erzielt werden kann. Zuständig ist der Gerichtsvollzieher, der die Sache gepfändet hat.

1. Voraussetzungen

Eine Abweichung von der Regelverwertung ist nicht von Amts wegen, sondern nur auf **Antrag** möglich. Allerdings hat der Gerichtsvollzieher, wenn er eine günstigere Verwertungsmöglichkeit sieht, die Parteien darauf hinzuweisen und einen entsprechenden Antrag anzuregen (§ 91 Abs. 1 Satz 3 GVGA). Dieser muss zulässig und begründet sein.

a) Zulässigkeit des Antrags

Antragsberechtigt sind nur der Gläubiger und der Schuldner, bei mehreren Gläubigern auch einer von ihnen. Sonstige interessierte Dritte können keinen Antrag stellen.[3] Eine besondere **Form** ist für den Antrag **nicht** vorgesehen. Es besteht kein Anwaltszwang (§ 78 Abs. 3).

Der Antrag muss **hinreichend bestimmt** sein, also die angestrebte Verwertung genau bezeichnen; denn der Gerichtsvollzieher wählt die abweichende Verwertungsart nicht selbst aus, sondern er entscheidet nach pflichtgemäßem Ermessen über den gestellten Antrag. Eine ihm gegenüber der beantragten günstigere Verwertungsart kann er nur anregen.

Der Antrag ist nur in einem bestimmten **zeitlichen Rahmen** zulässig. Er kann frühestens ab der Pfändung der Sache gestellt werden; er ist nicht mehr zulässig, wenn schon der Zuschlag in der Versteigerung erteilt ist. Nur in diesem zeitlichen Rahmen besteht für den Antrag ein **Rechtsschutzinteresse**. Dieses setzt dagegen nicht voraus, dass bereits ein vergeblicher Versteigerungsversuch stattgefunden hat[4], wenn nur nachvollziehbar dargelegt wird, dass bei einer Versteigerung ein gleich hoher Erwerbspreis nicht zu erzielen sein wird wie bei der erstrebten Verwertungsart. Diese Darlegung wird in der Regel nicht möglich sein, wenn ohne jeglichen Versteigerungsversuch von einer Partei beantragt wird, die Sache dem Gläubiger lediglich zum Mindestgebot zu Eigentum zuzuweisen.[5] Ein übereinstimmender Antrag beider Parteien reicht dagegen auch für eine solche Verwertung aus; dieses Ergebnis können die Parteien allerdings auch außerhalb der zwangsweisen Verwertung durch den Gerichtsvollzieher erreichen, sodass ein Antrag nach § 825 Abs. 1 gar nicht erforderlich ist. Das Rechtsschutzbedürfnis fehlt dagegen nicht, wenn der Gläubiger die Eigentumszuweisung des gepfändeten Gegenstandes an sich selbst[6] beantragt, obwohl er bereits Eigentümer der Sache ist; denn die Zuweisung führt zu einem originären Eigentumserwerb und damit zum Erlöschen etwaiger Rechte Dritter an der Sache.

b) Begründetheit des Antrages

Auch wenn sich das nicht aus dem Wortlaut des § 825 Abs. 1 ergibt, ist der Antrag doch nur unter folgenden Voraussetzungen begründet:

---

[2] BGBl. I 1997, S. 3041.
[3] LG Berlin, DGVZ 1978, 114.
[4] MüKo/*Gruber*, § 825 Rn. 4; *Stein/Jonas/Münzberg*, § 825 Rn. 1; **a. A.** LG Berlin, Rpfleger 1973, 34.
[5] LG Freiburg, DGVZ 1982, 186; LG Koblenz, MDR 1981, 236; AG Westerstede, MDR 1965, 143.
[6] Siehe dazu Rdn. 16 f.

aa) Verstrickung der Sache

Da auch eine abweichende Verwertungsart ein Akt der Zwangsvollstreckung ist, müssen die verfahrensmäßigen Voraussetzungen einer Zwangsverwertung vorliegen; der Gegenstand muss also wirksam verstrickt sein.[7] Ob die Verstrickung aufgrund von Verfahrensmängeln anfechtbar ist, spielt, solange keine Anfechtung erfolgt ist, keine Rolle, da auch eine anfechtbare Verstrickung zunächst eine wirksame Verstrickung ist und eine solche auch bleibt, falls keine Anfechtung erfolgt.[8]

bb) Günstigeres Verwertungsergebnis

8   Da § 825 allein dazu dient, ein günstigeres Verwertungsergebnis als bei der Regelverwertung zu erzielen, ist der Antrag nur begründet, wenn der Gerichtsvollzieher davon überzeugt ist, dass die beantragte Verwertung günstiger ist als die Regelverwertung. Dies ist, da im Rahmen der Regelverwertung ein gerichtlicher Dispens vom Mindestgebot nach § 817a nicht möglich ist[9], nur der Fall, wenn die Einhaltung des Mindestgebotes sicher gewährleistet ist (§ 817a Abs. 2 Satz 3) oder der Schuldner selbst eine Verwertung unterhalb des Mindestgebots beantragt.

2. Verfahren

9   Wenn der Antrag auf anderweitige Verwertung vom Gläubiger und vom Schuldner gemeinsam gestellt wird, kann der Gerichtsvollzieher die beantragte Bewertungsform wählen, ohne ein bestimmtes Verfahren einhalten zu müssen. Für den Fall, dass der Antrag nur von einer Partei gestellt wird, sieht Abs. 1 Satz 2, 3 folgendes Verfahren vor:

a) Unterrichtung des Antragsgegners (Abs. 1 Satz 2)

10   Der Gerichtsvollzieher hat den Antragsgegner über die beabsichtigte Verwertung zu unterrichten. Dabei hat er die Verwertungsart konkret zu bezeichnen. Ferner ist ein Hinweis auf die Wartefrist nach Abs. 1 Satz 3 geboten (Einzelheiten: § 91 Abs. 1 Satz 4 GVGA). Wegen dieser Wartefrist ist die Benachrichtigung dem Antragsgegner zuzustellen, wenn er sich nicht schon mit der beabsichtigten Verwertung einverstanden erklärt hat. Durch die Benachrichtigung (und die Wartefrist) wird dem Antragsgegner ermöglicht, zur geplanten anderweitigen Verwertung Stellung zu nehmen und gegebenenfalls Vollstreckungserinnerung nach § 766 einzulegen.

b) Wartefrist (Abs. 1 Satz 3)

11   Falls der Antragsgegner der beabsichtigten Verwertungsart zustimmt, kann der Gerichtsvollzieher mit der Verwertung beginnen. Ohne Zustimmung des Antragsgegners darf er die Sache dagegen nicht vor Ablauf von zwei Wochen nach Zustellung der Unterrichtung verwerten. Bei dieser 2-Wochen-Frist handelt es sich nicht um eine Notfrist. Ihre Berechnung erfolgt nach § 222.

3. »Entscheidung« des Gerichtsvollziehers

12   Der Gerichtsvollzieher »entscheidet« über den Antrag nach pflichtgemäßem Ermessen (»kann«). Er wird nach dem Antrag verfahren, wenn die beantragte Verwertungsart ein gegenüber der Regelverwertung günstigeres Verwertungsergebnis verspricht. Dagegen dürfte allein die Chance einer schnellen Verwertung nicht ausreichen, sofern damit die Gefahr einer Verschleuderung der Pfandsache verbunden ist. Bei der Wahl der Verwertungsart durch den Gerichtsvollzieher handelt es sich nicht um eine förmliche Entscheidung, die in einer bestimmten Form ergehen müsste. Er nimmt

---

[7] Zur Verstrickung als Legitimation jeder Verwertung in der Zwangsvollstreckung: Vor §§ 803, 804 Rdn. 2.
[8] Einzelheiten: Vor §§ 803, 804 Rdn. 4, 6.
[9] Zur Möglichkeit eines von den Parteien gegenüber dem Gerichtsvollzieher ausgesprochenen Dispenses siehe § 817a Rdn. 1.

vielmehr eine Vollstreckungsmaßnahme vor.[10] Allerdings hat der Gerichtsvollzieher jedenfalls dann, wenn über die beantragte Verwertungsart zwischen den Beteiligten kein Einvernehmen besteht, diese über seine Entscheidung unter Angabe der Gründe zu informieren, damit sie die Erfolgsaussichten eines Rechtsbehelfs prüfen können.

4. Abweichende Verwertungsarten

Der Gerichtsvollzieher kann die gepfändete Sache an einem anderen als in § 816 Abs. 2 bestimmten Ort und in einer anderen als in den §§ 814 ff. vorgesehenen Weise verwerten. 13

a) Anderer Ort als § 816 Abs. 2

Die öffentliche Versteigerung durch den Gerichtsvollzieher an einem anderen Ort als in § 816 Abs. 2 vorgesehen ist[11], ist dann zu wählen, wenn an dem anderen Ort (etwa einer nahegelegenen größeren Stadt oder einem Ort mit einem spezielleren Publikum für die angebotenen Gegenstände) eine größere Resonanz zu erwarten ist oder wenn die Versteigerungskosten dort erheblich geringer gehalten werden können. Die Wohnung des Schuldners ist aber auch unter dem Aspekt der Kostenersparnis gegen seinen Willen kein geeigneter anderer Ort.[12] 14

b) Andere Art als §§ 814 ff.

Eine »andere Weise« der Verwertung durch den Gerichtsvollzieher als die Regelverwertung ist der freihändige Verkauf über die im Gesetz vorgesehenen Fälle hinaus (§§ 817a Abs. 3 Satz 2, 821). Er ist eine hoheitliche Form der Verwertung, bei der der Gerichtsvollzieher als Amtsperson tätig wird und öffentlich-rechtlich Eigentum überträgt. Es gelten insoweit uneingeschränkt die Ausführungen zu §§ 817 Abs. 3 Satz 2, 821.[13] 15

c) Eigentumszuweisung an eine bestimmte Person

Eine mögliche »andere Art der Verwertung« durch den Gerichtsvollzieher ist auch die Eigentumszuweisung der gepfändeten Gegenstände an eine bestimmte Person gegen Zahlung eines festgelegten Entgelts ohne vorausgegangene Versteigerung. Dieser Weg kommt in Betracht, wenn der Gegenstand so speziell ist, dass von vornherein nur ein Interessent in Betracht kommt, oder wenn bereits ein vergeblicher Versteigerungsversuch unternommen wurde. Das festzusetzende Entgelt darf das Mindestgebot nach § 817a Abs. 1 nicht unterschreiten (§ 817a Abs. 2 Satz 3).[14] Die Eigentumszuweisung kann nur an eine Person erfolgen, die sich zuvor zur Abnahme des Gegenstandes bereit erklärt hat (vergleichbar dem Gebot in der Versteigerung).[15] Dies kann auch der Gläubiger[16] und sogar der Schuldner selbst sein.[17] 16

Die Zuweisung erfolgt durch Ablieferung des Gegenstandes durch den Gerichtsvollzieher an den Erwerber.[18] Dies gilt auch dann, wenn der Gläubiger selbst der Erwerber ist. Die Ablieferung erfolgt 17

---

10 BT-Drucks. 13/341, S. 31.
11 Siehe hierzu auch § 816 Rdn. 3.
12 Siehe § 816 Rdn. 3.
13 Siehe § 821 Rdn. 4; ferner *Brox/Walker*, Rn. 427.
14 LG Frankfurt/M., DGVZ 1993, 112; vgl. auch LG Essen, DGVZ 1996, 120.
15 Z. B. Antrag auf Eigentumszuweisung durch den Gläubiger; dazu *Brox/Walker*, Rn. 429.
16 Siehe LG Essen, DGVZ 1996, 120; LG Frankfurt/M., DGVZ 1993, 112.
17 *Baumbach/Lauterbach/Hartmann*, § 825 Rn. 18; MüKo/*Gruber*, § 825 Rn. 11; PG/*Flury*, § 825 Rn. 8; Stein/Jonas/*Münzberg*, § 825 Rn. 9; **zweifelnd** *Baur/Stürner/Bruns*, Rn. 29.13 mit Fußn. 37.
18 Siehe außer den zuvor Genannten OLG Celle, MDR 1961, 858; OLG München, MDR 1971, 1018; *Bruns/Peters*, § 23 VI.

nach denselben Regeln wie die Ablieferung nach dem Zuschlag in der Versteigerung:[19] Neben der Besitzverschaffung beinhaltet sie die Eigentumsübertragung auf den Erwerber durch einseitigen Hoheitsakt. Unabhängig von seinem guten Glauben erlangt der Erwerber auch dann Eigentum an den ihm übergebenen Gegenständen, wenn sie zuvor nicht im Eigentum des Schuldners standen. Das gilt auch dann, wenn an der Sache selbstständige Rechte nicht begründet werden können, weil es sich um einen wesentlichen ungetrennten Bestandteil eines Grundstücks handelt;[20] denn die lediglich anfechtbare Pfändung führt zu einer wirksamen Verstrickung des Bestandteils, sodass er der Zwangsverwertung unterliegt.[21] Entsprechend § 817 Abs. 2 darf die Ablieferung nur gegen Barzahlung erfolgen, sofern nicht im Antrag über die andere Verwertungsart auch insoweit etwas anderes (z. B. Stundung) beantragt wurde. Soweit der Gläubiger der Erwerber ist, gilt § 817 Abs. 4 entsprechend: Er muss nur die Kosten sowie diejenigen Beträge, die nicht zu seiner Befriedigung bestimmt sind, in bar entrichten.[22]

18 Hinsichtlich der Wirkung der Empfangnahme des Entgelts durch den Gerichtsvollzieher und der Ablieferung dieses Betrages an den Gläubiger gilt das zu § 819 Gesagte ohne Einschränkung.[23]

19 Zu den Besonderheiten, die sich ergeben, wenn die einem Dritten (oder dem Gläubiger selbst) zu Eigentum zugewiesene Sache dem Schuldner vom Gläubiger auf Abzahlung unter Eigentumsvorbehalt verkauft worden war und noch im Eigentum des Gläubigers stand, siehe Anh. zu § 825 Rn. 3 ff.

5. Rechtsbehelfe

20 Gegen die antragsgemäße Vornahme einer anderweitigen Verwertung durch den Gerichtsvollzieher gem. Abs. 1 kann der Antragsgegner, der vom Gerichtsvollzieher über alle Einzelheiten der beabsichtigten Verwertung zu unterrichten ist (Rn. 10; § 91 Abs. 1 Satz 4 GVGA), mit der Vollstreckungserinnerung nach § 766 vorgehen, solange die Zwangsvollstreckung noch nicht beendet ist. Gleiches gilt für den Antragsteller, wenn der Gerichtsvollzieher seinem Antrag auf anderweitige Verwertung nicht entspricht.[24]

III. Verwertung durch eine andere Person als den Gerichtsvollzieher (Abs. 2)

21 Auch die Versteigerung einer gepfändeten Sache durch eine andere Person als den Gerichtsvollzieher ist möglich, allerdings gem. Abs. 2 nur auf Anordnung des Vollstreckungsgerichts. Ausschließlich zuständig ist gem. §§ 764 Abs. 2, 802 das Amtsgericht, in dessen Bezirk sich die zu verwertende Sache derzeit befindet.[25] Dort entscheidet der Rechtspfleger (§ 20 Nr. 17 RPflG). Die Anordnung nach Abs. 2 ergeht niemals von Amts wegen, sondern nur auf Antrag des Gläubigers oder des Schuldners. Der Schuldner kann zusätzlich (auch nachträglich) beantragen, der für die Versteigerung zuständigen Person aufzugeben, entsprechend dem Rechtsgedanken des § 818 die Versteigerung einzustellen, sobald der Erlös für die Befriedigung der Gläubiger und die Deckung der Kosten ausreicht (dazu § 818 Rn. 2).[26]

---

19 Einzelheiten: § 817 Rdn. 10 ff.; einschränkend bei Versendung nach auswärts LG Nürnberg-Fürth, DGVZ 1992, 136.
20 *Brox/Walker*, Rn. 428; *Gaul*, NJW 1989, 2509, 2512 ff.; *MüKo/Gruber*, § 825 Rn. 10; a.A. BGH, NJW 1988, 2789 (kritisch dazu *Baur/Stürner/Bruns*, Rn. 29.13 mit Fußn. 38).
21 Siehe oben Rn. 7.
22 Einzelheiten: § 817 Rdn. 15, 16.
23 Siehe § 819 Rdn. 4, 6.
24 *Baumbach/Lauterbach/Hartmann*, § 825 Rn. 27; *Musielak/Voit/Becker*, § 825 Rn. 7; *Zöller/Stöber*, § 825 Rn. 10.
25 *Brox/Walker*, Rn. 430; *Gaul/Schilken/Becker-Eberhard*, § 53 Rn. 47; *Stein/Jonas/Münzberg*, § 825 Rn. 4.
26 BGH, DGVZ 2007, 23.

1. Zulässigkeit eines Antrags nach Abs. 2

Für die Zulässigkeit eines Antrags auf gerichtliche Anordnung nach Abs. 2 gelten hinsichtlich Antragsberechtigung, Form und Inhalt des Antrags sowie hinsichtlich des Rechtsschutzinteresses die gleichen Voraussetzungen wie für den Antrag nach Abs. 1 (dazu Rn. 3 ff.). Der Gerichtsvollzieher ist nicht antragsberechtigt. Er kann den Parteien allerdings einen entsprechenden Antrag nahe legen.

22

2. Begründetheit des Antrags

Auch hinsichtlich der Begründetheit des Antrags kann auf die entsprechenden Voraussetzungen für einen Antrag nach Abs. 1 verwiesen werden (dazu Rn. 7 f.). Zunächst muss die zu verwertende Sache verstrickt sein. Da die bloße Anfechtbarkeit der Pfändung einer Verstrickung nicht entgegensteht, kann sich der Schuldner gegenüber einem Antrag nach Abs. 2 auch nicht mit solchen Rügen, die das Vollstreckungsverfahren betreffen und nicht zur Nichtigkeit der Pfändung führen, zur Wehr setzen. Das gilt auch für den Einwand, der zu verwertende Gegenstand sei unpfändbar.[27] Es ist kein unnötiger Formalismus, den Schuldner insoweit auf das Verfahren nach § 766 zu verweisen[28], da dieses Verfahren dem Richter vorbehalten ist, während die Entscheidung nach § 825 der Rechtspfleger beim Vollstreckungsgericht trifft. Zur Begründetheit des Antrags gehört ferner, dass die Versteigerung durch eine andere Person als den Gerichtsvollzieher ein gegenüber der Regelverwertung günstigeres Verwertungsergebnis wahrscheinlich macht. Typisches Beispiel ist die Versteigerung von Kunstgegenständen durch einen privaten Auktionator.[29] Denkbar ist auch eine »Versteigerung« im Rahmen einer eBay-Auktion.

23

3. Verfahren

Falls der Antrag nach Abs. 2 nicht von beiden Parteien gemeinsam gestellt wird, ist die jeweils andere Partei zu dem Antrag vor der Entscheidung zu hören.[30] Das folgt nicht nur aus dem allgemeinen verfassungsrechtlichen Anspruch auf rechtliches Gehör (Art. 103 Abs. 1 GG), sondern auch aus dem Zweck des § 825 Abs. 2, die bestmögliche Verwertung zu erreichen. Dazu ist immer eine Abwägung aller denkbaren Aspekte notwendig. Die Durchführung einer mündlichen Verhandlung steht dagegen im Ermessen des Gerichts (§ 764 Abs. 3 i. V. m. § 128 Abs. 4).

24

4. Die Entscheidung des Vollstreckungsgerichts

Der Rechtspfleger entscheidet durch Beschluss, der gem. § 329 Abs. 3 zuzustellen und zu begründen ist. Bis zu einer Entscheidung über den Antrag kann der Rechtspfleger in entsprechender Anwendung der §§ 766 Abs. 1 Satz 2, 732 Abs. 2 im Wege einer einstweiligen Anordnung untersagen, dass die Sache durch den Gerichtsvollzieher verwertet wird.[31]

25

---

27 Wie hier *Stein/Jonas/Münzberg*, § 825 Rn. 13; *Zöller/Stöber*, § 825 Rn. 15. *Münzberg* und *Stöber* nehmen aber an, dass der Einwand immer als Erinnerung nach § 766 zu behandeln und deshalb grundsätzlich dem Richter zur Entscheidung vorzulegen sei. Nach diesseitiger Auffassung genügt ein Hinweis an den Schuldner auf die Unzuständigkeit des Rechtspflegers.
28 So *Lüke*, JuS 1970, 630.
29 Zu solchen Fällen etwa BGH, DGVZ 2007, 23; DGVZ 2012, 208.
30 *Brox/Walker*, Rn. 444; *Bruns/Peters*, § 23 VI; *Dierck/Morvilius/Vollkommer/Hilzinger*, 3. Kap. Rn. 300; *Stein/Jonas/Münzberg*, § 825 Rn. 13. Nach *Baur/Stürner/Bruns*, Rn. 29.12, und *Gaul/Schilken/Becker-Eberhard*, § 53 Rn. 47, ist die Anhörung dagegen nicht erforderlich, sondern nur angebracht bzw. tunlich.
31 *Baumbach/Lauterbach/Hartmann*, § 825 Rn. 25; *Musielak/Voit/Becker*, § 825 Rn. 5; PG/*Flury*, § 825 Rn. 11; *Zöller/Stöber*, § 825 Rn. 17.

5. Rechtsbehelfe

26 Nach der wohl h. M.[32] handelt es sich bei dem Beschluss immer um eine Entscheidung des Vollstreckungsgerichts, gegen die stets die sofortige Beschwerde gem. § 793 i. V. m. § 11 Abs. 1 RPflG stattfindet. Das ist unabhängig vom Inhalt der Entscheidung in aller Regel zutreffend, weil der nicht antragstellenden Partei vor der Entscheidung rechtliches Gehör zu gewähren ist.[33] Nur wenn die Anhörung des Gegners ausnahmsweise unterbleibt, weil andernfalls die Durchführung der Vollstreckung gefährdet würde, liegt in der Anordnung nach Abs. 2 keine Entscheidung, sondern eine Vollstreckungsmaßnahme, gegen die der unterliegende Teil Erinnerung nach § 766 einlegen kann.[34] Für die sofortige Beschwerde oder die Vollstreckungserinnerung fehlt das Rechtsschutzbedürfnis, wenn mit dem Rechtsbehelf der Eigentumsverlust an dem Gegenstand verhindert werden soll, der versteigerte oder einem Dritten zu Eigentum zugewiesene Gegenstand aber bereits wirksam abgeliefert ist. Denn ein Erfolg des Rechtsbehelfs könnte den Eigentumsübergang nicht mehr rückgängig machen.[35]

6. Rechtsfolgen einer Anordnung nach Abs. 2

27 Durch eine Anordnung nach Abs. 2 wird nicht etwa die für die Versteigerung vorgesehene Privatperson zu einem hoheitlichen Tätigwerden ermächtigt.[36] Vielmehr richtet sich die Versteigerung durch eine Privatperson nach den §§ 433 ff. BGB. Allerdings gilt, wenn deutlich gemacht wurde, dass die Versteigerung »aufgrund der Pfändung« des Gegenstandes erfolgt, der **Gewährleistungsausschluss** nach § 806[37] bzw. nach § 445 BGB[38], soweit nicht erkennbar war, dass die »Pfandversteigerung« im Rahmen einer Zwangsvollstreckung erfolgte. War der freihändige Verkauf durch einen Dritten angeordnet und hat dieser Dritte es unterlassen, einen Gewährleistungsausschluss im Umfang des § 806 mit dem Erwerber der Sache zu vereinbaren, dann haftet dieser Dritte persönlich nach den §§ 437 ff. BGB; denn er führt die Veräußerung zwar auf fremde Rechnung, aber im eigenen Namen und somit nicht als Vertreter des Schuldners, des Gläubigers oder des Staates durch.[39] Sowohl im Fall der Versteigerung als auch des freihändigen Verkaufs durch eine Privatperson anstelle des Gerichtsvollziehers erfolgt die »Ablieferung« der Sache an den Erwerber als privatrechtliche Übereignung nach den §§ 929 ff. BGB. Stand der veräußerte Gegenstand nicht im Eigentum des Schuldners, erlangt der Erwerber also nur im Fall der Gutgläubigkeit Eigentum.[40] Den Erlös hat der veräußernde Dritte nach Abzug seiner vereinbarten Vergütung und der entstandenen Auslagen nicht an den Gläubiger, sondern an den Gerichtsvollzieher abzuliefern. Zweckmäßigerweise ist dies schon im Beschluss nach § 825 Abs. 2 klarzustellen. Behält der Dritte zu viel von dem Erlös ein, liegt darin ein Eingriff in die Rechtsposition des Vollstreckungsschuldners, der kraft dinglicher Surrogation Eigentümer des Erlöses wird.[41] Diesem kann dann wegen des zu viel einbehaltenen

---

32 KG, NJW 1956, 1885; LG Aachen, MDR 1958, 611; LG Braunschweig, MDR 1968, 249; LG Essen, MDR 1957, 301; LG Hamburg, MDR 1959, 45; LG Münster, Rpfleger 1962, 215; LG Nürnberg-Fürth, Rpfleger 1978, 332, 333; *Dierck/Morvilius/Vollkommer/Hilzinger*, 3. Kap. Rn. 301; HdbZVR/*Keller*, Kap. 2 Rn. 351; HK-ZV/*Kindl*, § 825 Rn. 9; MüKo/*Gruber*, § 825 Rn. 20; Stein/Jonas/*Münzberg*, § 825 Rn. 16; *Thomas/Putzo/Seiler*, § 825 Rn. 12; *Wieser*, Begriff und Grenzfälle der Zwangsvollstreckung, S. 34 f.; Zöller/ *Stöber*, § 825 Rn. 21.

33 Vgl. Rn. 24.

34 A.M. Musielak/Voit/*Becker*, § 825 Rn. 7.

35 OLG Celle, MDR 1961, 858.

36 BGH, NJW 1992, 2570 mit Anm. *Brehm* in EWiR 1993, 207; AG Cham, DGVZ 1995, 189.

37 Siehe dazu § 806 Rn. 2. Wie hier HK-ZV/*Kindl*, § 825 Rn. 10; PG/*Flury*, § 825 Rn. 12.

38 Ebenso Brox/*Walker*, Rn. 430.

39 Ebenso Stein/Jonas/*Münzberg*, § 825 Rn. 10. Nach Zöller/*Stöber*, § 825 Rn. 15 kann das Vollstreckungsgericht nur eine Versteigerung, nicht auch eine andere Verwertung der gepfändeten Sache durch eine andere Person anordnen.

40 BGH, NJW 1992, 2570; dazu EWiR 1993, 207 *(Brehm)*.

41 Siehe § 819 Rdn. 1.

Erlöses ein Anspruch aus Eingriffskondiktion gegen den Dritten zustehen.[42] Sobald der Gerichtsvollzieher den Erlös erhalten hat (also nicht schon, wenn der Dritte den Kaufpreis erlangt hat), gilt § 819. Der Gerichtsvollzieher nimmt dann nach den Regeln, die auch bei einer Versteigerung durch ihn selbst gelten[43], die Ablieferung des Erlöses an den Gläubiger vor. Einen etwaigen Mehrerlös händigt er dem Schuldner aus. Die mit der Versteigerung mehrerer Gegenstände beauftragte Person (z. B. Auktionator) hat die Versteigerung nach dem Rechtsgedanken des § 818 einzustellen, sobald der Erlös zur Befriedigung der Gläubiger und zur Deckung der Kosten ausreicht, sofern ihr das auf Antrag des Schuldners vom Vollstreckungsgericht aufgegeben wurde.[44]

IV. Gebühren und Kosten

Der Gerichtsvollzieher erhält gem. Nr. 300 des Kostenverzeichnisses in der Anlage zu § 9 GvKostG für jede andere Verwertungsart, die er gem. Abs. 1 selbst vornimmt, die gleiche Gebühr wie für die Regelverwertung. Durch den Beschluss des Vollstreckungsgerichts nach Abs. 2 fallen keine Gerichtsgebühren an. Für den Anwalt gilt das Verfahren als besondere Angelegenheit in der Zwangsvollstreckung (§ 18 Abs. 1 Nr. 8 RVG). Für die Mitwirkung bei einer vom Vollstreckungsgericht angeordneten Verwertung durch eine andere Person erhält der Gerichtsvollzieher eine Gebühr nach Nr. 310 des Kostenverzeichnisses in der Anlage zu § 9 GvKostG; dauert die Mitwirkung länger als 3 Stunden, erhöht sich die Gebühr um den Zeitzuschlag nach Nr. 500 des Kostenverzeichnisses für jede angefangene Stunde. Die für einen erfolgreichen Antrag nach § 825 angefallenen Kosten sind notwendige Kosten der Zwangsvollstreckung. Der ablehnende Beschluss nach Abs. 2 ist mit einer Kostenentscheidung nach § 91 zu versehen, damit der Gegner die Erstattung seiner Kosten durchsetzen kann.

28

V. ArbGG, VwGO, AO

Siehe § 814 Rn. 11. Für die Abgabenvollstreckung gilt § 305 AO, der im Wesentlichen mit § 825 übereinstimmt. Die besondere Verwertung wird von der Vollstreckungsbehörde angeordnet.

29

---

42 BGH, NJW 2013, 2519, 2520.
43 Einzelheiten: § 819 Rdn. 5 ff.
44 BGH, NJW 2007, 1276, 1277 mit Anm. *G. Vollkommer*, der allerdings annimmt, das Vollstreckungsgericht habe die Einhaltung der Grenzen des § 818 von Amts wegen zu überwachen.

Anhang zu § 825 ZPO

Zu den Auswirkungen der Zwangsvollstreckung des Verkäufers in die unter Eigentumsvorbehalt verkaufte Sache

Übersicht

	Rdn.		Rdn.
I. Zulässigkeit der Vollstreckung in eine unter Eigentumsvorbehalt verkaufte Sache	1	IV. Rechtslage beim finanzierten Teilzahlungskauf	8
II. Bedeutung des § 508 Abs. 2 Satz 5 BGB für die Vollstreckung in eine unter Eigentumsvorbehalt verkaufte Sache	3	V. Zur Bedeutung des § 508 Abs. 2 Satz 5 BGB für die Entscheidung über den Antrag nach § 825	9
III. Rechte des Schuldners	6	VI. Rechtsfolgen einer erfolgreichen Klage des Schuldners nach § 767	10

Literatur:
Die nachstehende Literatur zum früheren Abzahlungsgesetz und zu dem darauf folgenden Verbraucherkreditgesetz hat auch nach dessen Eingliederung in das BGB durch das Schuldrechtsmodernisierungsgesetz mit Wirkung zum 1.1.2002 und nach späteren Änderungen der maßgeblichen Vorschriften ihre Bedeutung behalten. *Brehm*, Zwangsvollstreckung und § 5 AbzG, JZ 1972, 153; *Hadamus*, Die Zuweisung gemäß § 825 ZPO in Abzahlungsfällen, Rpfleger 1980, 420; *Müller-Laube*, Die »Rücktrittsfiktion« beim Abzahlungskauf, JuS 1982, 797; *Niedzwicki*, Die besondere Art der Verwertung (§ 825 ZPO) bei auf Abzahlung verkauften Sachen, 1979.

I. Zulässigkeit der Vollstreckung in eine unter Eigentumsvorbehalt verkaufte Sache

1 Obwohl an eigenen Sachen des Gläubigers kein Pfändungspfandrecht entstehen kann[1], darf der Gerichtsvollzieher den Antrag des Gläubigers, in Gegenstände beim Schuldner zu vollstrecken, an denen noch Vorbehaltseigentum des Gläubigers besteht, nicht wegen fehlenden Rechtsschutzinteresses zurückweisen.[2] Die Pfändbarkeit derartiger Sachen ergibt sich seit dem 1.1.1999 ausdrücklich aus § 811 Abs. 2. Da der Gläubiger nur einen Anspruch auf Befriedigung seiner Geldforderung aus dem Vermögen des Schuldners hat, nicht aber aus einzelnen von ihm zu bestimmenden Gegenständen aus diesem Vermögen, ist der Gerichtsvollzieher an Weisungen, in erster Linie in bestimmte Gegenstände zu vollstrecken, allerdings nur sehr beschränkt gebunden.[3]

2 Handelt es sich bei den Gegenständen, die der Schuldner vom Gläubiger unter Eigentumsvorbehalt gekauft hat, um solche, die unter den Katalog des § 811 Abs. 1 fallen, greift dieser Pfändungsschutz gem. § 811 Abs. 2 nicht ein.

II. Bedeutung des § 508 Abs. 2 Satz 5 BGB für die Vollstreckung in eine unter Eigentumsvorbehalt verkaufte Sache

3 Nach § 508 Abs. 2 Satz 5 BGB (bis zum 10.6.2010: § 503 BGB; bis zum 31.12.2001: § 13 Abs. 3 VerbrKrG, davor § 5 AbzG) gilt es beim Teilzahlungsgeschäft zwischen einem Unternehmer als Verkäufer und einem Verbraucher als Käufer als Ausübung des Rücktrittsrechts, wenn der Unternehmer aufgrund seines Vorbehaltseigentums die verkaufte Sache wieder an sich nimmt. Durch diese Vorschrift soll eine Umgehung der §§ 346 ff. BGB (bis zum 31.12.2001 i. V. m. § 13 Abs. 2 VerbrKrG, davor §§ 1–3 AbzG) verhindert und der Verbraucher davor geschützt werden, den Besitz und die Nutzungsmöglichkeiten der Sache zu verlieren und dennoch weiter den Kaufpreis zu schulden.

4 Durch die Pfändung einer dem Gläubiger (dem Unternehmer als Eigentumsvorbehaltsverkäufer) gehörenden Sache verliert der Schuldner (der Verbraucher als Eigentumsvorbehaltskäufer) wegen

---

[1] Vor §§ 803, 804 Rdn. 15.
[2] § 808 Rdn. 7.
[3] Vor §§ 753–763 Rdn. 7.

§ 808 Abs. 2 zunächst in der Regel noch nicht den Besitz.[4] Die Nutzungsmöglichkeiten der Sache werden durch das mit der Pfändung verbundene Verfügungsverbot[5] nur begrenzt eingeschränkt. Deshalb ist allein die Pfändung einer »Ansichnahme« i. S. v. § 508 Abs. 2 Satz 5 BGB noch nicht gleichzustellen.[6] Dies gilt umso mehr, als im Hinblick auf §§ 802b, 817a nur ein Teil aller Pfändungen schließlich in der erfolgreichen Verwertung der Sachen mündet. Oft behält der Schuldner den Gegenstand oder er erhält ihn jedenfalls zurück. Auch die Abholung der gepfändeten Gegenstände zur Verwertung kann deshalb noch nicht als »Ansichnahme« i. S. v. § 508 Abs. 2 Satz 5 BGB angesehen werden[7], da auch hier weiter die Möglichkeit besteht, dass der Schuldner den Gegenstand alsbald zurückerhält. Zudem erlangt in diesem Stadium der Vollstreckung der Gläubiger seinerseits weder die Sachsubstanz noch ihren Gegenwert, sodass es insoweit an einem wesentlichen Element der Ansichnahme fehlt.

Wird der Gegenstand aber in der Versteigerung dem Ersteher (oder im Rahmen einer anderweitigen Verwertung gem. § 825 dem Erwerber) abgeliefert, so verliert der Schuldner endgültig sein Anwartschaftsrecht und das aus diesem abgeleitete Besitzrecht. Er kann den Gegenstand endgültig nicht mehr nutzen. Deshalb ist dieser Zeitpunkt als die »Ansichnahme« i. S. d. § 508 Abs. 2 Satz 5 BGB anzusehen.[8] Der Gläubiger erhält zwar nicht die Sache selbst zurück, wohl aber den durch sie verkörperten Wert in Form des Versteigerungserlöses. Eine unmittelbare Ansichnahme liegt sogar vor, wenn der Gläubiger den Gegenstand selbst ersteigert oder zugewiesen erhält. Durch die Ansichnahme löst den Gläubiger die Rücktrittsfiktion des § 508 Abs. 2 Satz 5 BGB auch dann aus, wenn er zuvor den Darlehensvertrag gekündigt hat.[9]

III. Rechte des Schuldners

Dass die erfolgreiche Zwangsvollstreckung, die der Gläubiger (der Unternehmer als Eigentumsvorbehaltsverkäufer) in eine von ihm dem Schuldner (dem Verbraucher als Eigentumsvorbehaltskäufer) gegen Teilzahlung verkaufte Sache wegen der Kaufpreisforderung betrieben hat, letztlich die Umwandlung des Kaufvertrages in ein Rückgewährschuldverhältnis und damit den Untergang der titulierten Forderung zur Folge hat, steht der Zwangsvollstreckung in einen solchen Gegenstand dennoch nicht entgegen: Der Gerichtsvollzieher hat den Bestand der titulierten Forderung oder materiellrechtlicher Einwendungen gegen die Forderung nicht zu berücksichtigen.[10] Es ist Sache des Schuldners, Einwendungen dieser Art mit der Klage nach § 767 geltend zu machen.[11] Der Gläubiger kann seine Gegenforderungen auf Nutzungsentschädigung usw. in diesem Verfahren mit

---

4 § 808 Rdn. 10.
5 Vor §§ 803, 804 Rdn. 3.
6 So (noch zu § 13 Abs. 3 VerbrKrG bzw. § 5 AbzG) aber OLG Karlsruhe, DGVZ 1955, 118; *Klauss/Ose*, Kommentar zum Gesetz betr. die Abzahlungsgeschäfte, 1979, Rn. 604; *Kubisch*, NJW 1957, 568; zu Recht dagegen BGHZ 39, 98.
7 So (noch zu § 13 Abs. 3 VerbrKrG) aber MüKo-BGB/*Habersack*, 3. Aufl., § 13 VerbrKrG Rn. 56; Palandt/*Putzo*, 60. Aufl., § 13 VerbrKrG Rn. 10; vgl. ferner (zu § 5 AbzG) LG Mönchengladbach, NJW 1958, 66; *Quardt*, JurBüro 1960, 361; *Serick*, Eigentumsvorbehalt und Sicherungsübertragung, Bd. I S. 191; *Wangemann*, NJW 1956, 732; auch hiergegen BGHZ 39, 98.
8 So (z. T. noch zu § 13 Abs. 3 VerbrKrG bzw. § 5 AbzG) BGHZ 55, 59; *Baumbach/Lauterbach/Hartmann*, § 825 Rn. 15; *Brehm*, JZ 1972, 153; *Brox/Walker*, Rn. 440; MüKo/*Gruber*, § 817 Rn. 24; *Gaul/Schilken/Becker-Eberhard*, § 53 Rn. 31; *Stein/Jonas/Münzberg*, § 814 Rn. 12–14; *Wieczorek/Schütze/Lüke*, § 825 Rn. 28; *Zöller/Stöber*, § 817 Rn. 15. – *Ostler/Weidner*, Abzahlungsgesetz, 6. Aufl., § 5 AbzG Anm. 140 stellen schon auf die Antragstellung des Gläubigers auf anderweitige Verwertung nach § 825 als maßgeblichen Zeitpunkt ab; zustimmend MüKo-BGB/*Habersack*, 3. Aufl., § 13 VerbrKrG Rn. 56.
9 OLG Karlsruhe, NJW-RR 1998, 1437 (noch zu § 13 Abs. 3 VerbrKrG).
10 § 808 Rn. 7; § 766 Rn. 13 f.; § 767 Rn. 23.
11 *Brox/Walker*, Rn. 439, 442; MüKo/*Gruber*, § 817 Rn. 24; *Ostler/Weidner*, § 5 AbzG Anm. 151; *Staudinger/Honsell*, § 455 BGB Rn. 81; *Stein/Jonas/Münzberg*, § 814 Rn. 14; *Zöller/Stöber*, § 817 Rn. 15 und § 825 Rn. 14.

Anhang zu § 825 ZPO   Zu den Auswirkungen des § 503 Abs. 2 S. 5 BGB

der Widerklage geltend machen. Er kann sie sich vorab dadurch sichern, dass er einen Arrest gegen den Schuldner erwirkt und in den Vollstreckungserlös vollzieht.

7   Übersteigt der vom Schuldner im Fall des Rücktritts gem. § 346 Abs. 1 BGB zu beanspruchende Betrag (bisher bezahlter Kaufpreis) den voraussichtlichen Versteigerungserlös deutlich, so verliert der Schuldner schon bei Abholung der Sache zum Zwecke der Versteigerung die Sicherheit, die ihm außerhalb der Zwangsvollstreckung § 348 Satz 1 BGB gewährt. Könnte er erst Klage nach § 767 erheben, sobald der Kaufvertrag in ein Rückgewährschuldverhältnis umgewandelt wäre, also mit Ablieferung der Sache an den Ersteher, bliebe als Sicherheit nur der oft deutlich unter dem Verkehrswert der Sache liegende Versteigerungserlös. Noch ungünstiger würde sich die Lage des Schuldners im Fall einer Eigentumszuweisung nach § 825 Abs. 1 an den Gläubiger darstellen, da einerseits erst die Ablieferung der Sache an den Gläubiger die Kaufpreisforderung zum Erlöschen bringt, andererseits in diesem Zeitpunkt § 348 Satz 1 BGB praktisch schon gegenstandslos ist, da der Schuldner dann nichts mehr besitzt, was er zurückbehalten könnte. Würde man in diesen Fällen dem Gerichtsvollzieher unmittelbar die Möglichkeit einräumen[12], zur Sicherung der Gegenansprüche des Schuldners entweder die Verwertung der Sache ganz abzulehnen oder von der Zahlung der Ausgleichsleistungen an den Schuldner abhängig zu machen, würde systemwidrig in die Zuständigkeitsverteilung im Vollstreckungsverfahren eingegriffen: Die Berücksichtigung materiellrechtlicher Einwände gegen die titulierte Forderung – auch wenn diese Einwände noch so offensichtlich sind – obliegt allein dem Prozessgericht im Rahmen des § 767. Nur in diesem Verfahren können notfalls Beweise zur Höhe der Ansprüche erhoben werden. Deshalb kann eine Lösung des Problems auch nur im Rahmen des § 767 erfolgen:[13] Die Klage muss schon ab Pfändung der auf Abzahlung erworbenen Gegenstände vorbeugend möglich sein, zwar nicht mit dem Ziel, die Zwangsvollstreckung schlechthin in diese Gegenstände für unzulässig zu erklären (das kommt erst ab Ablieferung in Betracht), wohl aber mit dem Ziel, die Verwertung der Gegenstände nur Zug um Zug gegen Zahlung der dem Schuldner nach § 346 BGB zustehenden Beträge zu gestatten. Im Rahmen dieser Klage kann der Schuldner über § 769 einen vorläufigen Aufschub der Verwertung erreichen.

IV. Rechtslage beim finanzierten Teilzahlungskauf

8   Die vorstehenden Ausführungen gelten entsprechend, wenn nicht der Verkäufer selbst, sondern im Fall des finanzierten Teilzahlungskaufes, d.h. bei Verbindung eines Teilzahlungskaufes (zwischen einem Unternehmer als Verkäufer und einem Verbraucher als Käufer) mit einem Verbraucherdarlehensvertrag i.S.d. § 491 BGB, der Finanzier die Zwangsvollstreckung in die ihm sicherungsübereignete Sache betreibt (§§ 508 Abs. 2 Satz 6, 358 BGB).[14]

V. Zur Bedeutung des § 508 Abs. 2 Satz 5 BGB für die Entscheidung über den Antrag nach § 825

9   Hat der Schuldner (der Verbraucher als Eigentumsvorbehaltskäufer) die Klage nach § 767 unterlassen und entsprechend auch nicht einstweiligen Rechtsschutz über § 769 erwirkt, **darf** der Gerichtsvollzieher die Verwertung nicht einstellen oder aussetzen, nur weil der Schuldner sich auf die Rück-

---

12   Für eine Berücksichtigung des Einwandes bei der Entscheidung nach § 825 aber LG Düsseldorf, MDR 1961, 696; LG Göttingen, MDR 1953, 370; LG Krefeld, MDR 1964, 1013; MDR 1966, 61; LG Mönchengladbach, MDR 1960, 680; LG Münster, Rpfleger 1962, 215; LG Stuttgart, MDR 1967, 54; AG Delmenhorst, BB 1956, 864; AG Düsseldorf, NJW 1956, 753; *Bruns/Peters*, § 23 VI; *Furtner*, MDR 1963, 447; *Petermann*, Rpfleger 1958, 169; *Wangemann*, NJW 1958, 67.

13   Wie hier OLG München, MDR 1969, 60; LG Berlin, DGVZ 1975, 8; LG Bonn, NJW 1956, 753; LG Flensburg, SchlHA 1965, 214; LG Hannover, NdsRpfl 1961, 204; *Baur/Stürner/Bruns*, Rn. 29.10; *Brehm*, JZ 1970, 156; *Brox/Walker*, Rn. 442; *G. Lüke*, JZ 1959, 118; MüKo/*Gruber*, § 817 Rn. 24; *Ostler/Weidner*, § 5 AbzG Anm. 151; *Staudinger/Honsell*, § 455 BGB Rn. 81; *Stein/Jonas/Münzberg*, § 814 Rn. 12, 14; *Wieczorek/Schütze/Lüke*, § 825 Rn. 30; *Zöller/Stöber*, § 817 Rn. 15.

14   LG Osnabrück, Rpfleger 1979, 263 (noch zum AbzG).

trittsfiktion des § 508 Abs. 2 Satz 5 BGB beruft. Nicht zu beanstanden und etwa als Befangenheit zu werten ist es, wenn der Gerichtsvollzieher den Schuldner im Rahmen der Anhörung vor der Entscheidung nach § 825 Abs. 1 auf die Klagemöglichkeit nach § 767 hinweist.

VI. Rechtsfolgen einer erfolgreichen Klage des Schuldners nach § 767

Hat der Schuldner (der Verbraucher als Eigentumsvorbehaltskäufer) mit der Klage nach § 767 aufgrund des § 508 Abs. 2 Satz 5 BGB die endgültige Unzulässigkeit der Zwangsvollstreckung aus dem Titel über die Kaufpreisschuld erreicht[15], muss der Gerichtsvollzieher den vom Ersteher der Sache gezahlten Erlös an den Schuldner auszahlen (§§ 775 Nr. 1, 776), da der Erlös an die Stelle der Sache getreten ist, die nun ihrerseits nicht mehr entstrickt und dem Schuldner zurückgegeben werden kann. Für die materiellrechtliche Überlegung, dass die versteigerte Sache im Eigentum des Gläubigers (des Unternehmers als Eigentumsvorbehaltsverkäufers) stand und deshalb auch der Erlös materiellrechtlich Eigentum des Gläubigers bleibt (Surrogationsprinzip[16]), ist im Rahmen der §§ 775 Nr. 1, 776 kein Raum.[17] Der Gläubiger muss seinen materiellrechtlichen Herausgabeanspruch seinerseits titulieren lassen.

10

---

15 Siehe soeben Rdn. 6 f.
16 Siehe auch § 819 Rdn. 1.
17 Vgl. auch § 120 Abs. 2 GVGA.

§ 826 Anschlusspfändung

(1) Zur Pfändung bereits gepfändeter Sachen genügt die in das Protokoll aufzunehmende Erklärung des Gerichtsvollziehers, dass er die Sachen für seinen Auftraggeber pfände.

(2) Ist die erste Pfändung durch einen anderen Gerichtsvollzieher bewirkt, so ist diesem eine Abschrift des Protokolls zuzustellen.

(3) Der Schuldner ist von den weiteren Pfändungen in Kenntnis zu setzen.

Übersicht

	Rdn.			Rdn.
I. Definition der Anschlusspfändung und Abgrenzung von mehrfachen Pfändungen	1		3. Pfändungsvoraussetzungen für die Anschlusspfändung	5
II. Voraussetzungen einer wirksamen Anschlusspfändung in vereinfachter Form	3		III. Durchführung der vereinfachten Anschlusspfändung	6
			IV. Unabhängigkeit der Anschlusspfändung von der Erstpfändung	7
1. Wirksamkeit der Erstpfändung	3		V. Gebühren	8
2. Derselbe Schuldner	4		VI. ArbGG, VwGO, AO	9

Literatur:
Brehm, Das Pfändungsverbot des § 803 Abs. 2 ZPO bei der Anschlußpfändung, DGVZ 1985, 62; *Gerlach*, Die Anschlußpfändung nach § 826 ZPO gegenüber einem anderen Schuldner, ZZP 89 (1976), 294; *Mümmler*, Probleme der Anschlußpfändung, JurBüro 1988, 1461.

I. Definition der Anschlusspfändung und Abgrenzung von mehrfachen Pfändungen

1 Wenn **derselbe Gegenstand** zeitlich nach einer bereits erfolgten Pfändung zulasten **desselben Schuldners** für denselben oder einen anderen Gläubiger **nochmals gepfändet** wird, handelt es sich um eine **Anschlusspfändung** i. S. d. ZPO.[1] Nur diesen Fall regelt § 826. Auch eine erneute Pfändung desselben Gegenstandes kann zwar wirksam in der Form des § 808 erfolgen. Das ist bei Zweifeln an der Wirksamkeit der Erstpfändung sogar empfehlenswert.[2] Sie ist aber auch in der vereinfachten Form der Anschlusspfändung nach § 826 möglich. Diese Form zuzulassen, ist die alleinige Aufgabe des § 826. Er enthält keine Aussagen zu einer Bestätigung oder Heilung einer etwa anfechtbaren Erstpfändung.[3] Die Gläubiger der Anschlusspfändungen erwerben dann ein dem bereits bestehenden Pfandrecht gegenüber nachrangiges Pfandrecht.

2 Von der Anschlusspfändung sind **andere Fälle der mehrfachen Pfändung** abzugrenzen, die nicht von § 826 erfasst werden. Hier erfolgt die Pfändung für alle Gläubiger immer in der Form des § 808.[4] Beispielsweise kann die Pfändung ein und desselben Gegenstandes gleichzeitig für mehrere Gläubiger erfolgen, die dann gleichrangige Pfandrechte erwerben.[5] Sie kann ferner für denselben Gläubiger aufgrund mehrerer Titel auf einmal erfolgen; der Gläubiger erwirbt dann ein einheitliches Pfandrecht in Höhe der Summe aller titulierten Forderungen.[6] Schließlich kann ein vom Gläubiger eines bestimmten Schuldners gepfändeter Gegenstand später auch noch vom Gläubiger eines anderen Schuldners gepfändet werden, etwa ein in der ehelichen Wohnung befindlicher Gegenstand jeweils aufgrund der Vermutung des § 739: einmal von einem Gläubiger des Ehemannes

---

[1] Ganz h. M.; vgl. *Baur/Stürner/Bruns*, Rn. 28.25; *Brox/Walker*, Rn. 344; *Dierck/Morvilius/Vollkommer/Hilzinger*, 3. Kap. Rn. 143; *Gaul/Schilken/Becker-Eberhard*, § 51 Rn. 45; HdbZVR/*Keller*, Kap. 2 Rn. 364; MüKo/*Schilken*, § 826 Rn. 2; *Stein/Jonas/Münzberg*, § 826 Rn. 1; *Thomas/Putzo/Seiler*, § 826 Rn. 1.
[2] § 116 Abs. 2 GVGA.
[3] *Zöller/Stöber*, § 826 Rn. 4.
[4] Z. T. a. A. Gerlach, ZZP 89 (1976), 294.
[5] § 804 Rdn. 4.
[6] Siehe auch die vergleichbare Regelung in § 866 Abs. 3 Satz 2.

und einmal von einem Gläubiger der Ehefrau. In diesem Fall wird der Gegenstand zwar für beide Gläubiger verstrickt, ein Pfändungspfandrecht erwirbt aber nur der Gläubiger, dessen Schuldner der Alleineigentümer des Gegenstandes ist.[7] Waren die Eheleute Miteigentümer, so hat keiner der Gläubiger ein Pfändungspfandrecht am Gegenstand erworben, da der jeweilige Miteigentumsanteil nach § 857 hätte gepfändet werden müssen.[8]

II. Voraussetzungen einer wirksamen Anschlusspfändung in vereinfachter Form

1. Wirksamkeit der Erstpfändung

Der Gegenstand muss bereits wirksam gepfändet sein.[9] Unter »Pfändung« ist hier die öffentlich-rechtliche **Verstrickung** zu verstehen; unerheblich ist, ob der erstpfändende Gläubiger auch ein materiellrechtliches Pfändungspfandrecht erworben hat oder nicht.[10] Diese Frage ist nur für die materiellrechtliche Berechtigung am Erlös von Bedeutung. Wirksam ist die Erstpfändung auch dann, wenn sie anfechtbar (aber im Zeitpunkt der Anschlusspfändung noch nicht angefochten) ist.[11] Wäre die Erstpfändung nichtig (Fälle dieser Art sind praktisch ganz selten[12]), so führte eine vereinfachte Anschlusspfändung in der Form des § 826 nicht zur wirksamen öffentlichen Beschlagnahme des Gegenstandes. Mangels Verstrickung entstünde auch kein Pfandrecht.[13] Die spätere Anfechtung der Erstpfändung berührt die Wirksamkeit der Anschlusspfändung nicht mehr. 3

2. Derselbe Schuldner

Die Erstpfändung und die Anschlusspfändung müssen sich gegen denselben Schuldner richten.[14] Sie müssen nicht vom selben Gerichtsvollzieher vorgenommen worden sein (**Abs. 2**). Die Erstpfändung kann, wenn sie in einer dem § 808 entsprechenden Weise offenkundig gemacht wurde, auch eine Verwaltungsvollstreckung sein.[15] Den Fall der Anschlusspfändung nach einer Abgabenvollstreckung als Erstpfändung regelt § 307 Abs. 2 Satz 2 AO ausdrücklich. Umgekehrt lässt § 307 Abs. 2 Satz 1 AO die Abgabenvollstreckung als Anschlusspfändung hinter einer Erstpfändung durch den Gerichtsvollzieher zu. 4

3. Pfändungsvoraussetzungen für die Anschlusspfändung

Für die Anschlusspfändung müssen alle Voraussetzungen einer Erstpfändung vorliegen. Im Hinblick auf § 803 Abs. 2 sind jedoch die vorausgegangenen Pfändungen ohne Bedeutung[16], da nicht abzusehen ist, wieweit sie Bestand haben werden. Befindet sich der gepfändete Gegenstand im Besitze eines Dritten, der der Erstpfändung zugestimmt hatte, so ist dennoch auch für die Anschlusspfändung eine erneute Zustimmung nach § 809 erforderlich.[17] Hat der Gerichtsvollzieher den beim Dritten mit dessen Zustimmung erstmals gepfändeten Gegenstand bereits zum 5

---

7 Vor §§ 803, 804 Rdn. 15.
8 Zur Pfändung von Miteigentumsanteilen siehe § 857 Rn. 22; vgl. ferner BGH, NJW 1984, 1969.
9 § 116 Abs. 3 Satz 1 GVGA; *Baur/Stürner/Bruns*, Rn. 28.25; *Brox/Walker*, Rn. 344; *Bruns/Peters*, § 21 VII 1; *Gerhardt*, § 8 I 3 d; *Hk-ZPO/Kemper*, § 826 Rn. 3; *PG/Flury*, § 826 Rn. 2; *Wieczorek/Schütze/Lüke*, § 826 Rn. 4; *Zöller/Stöber*, § 826 Rn. 3. Den äußeren Anschein einer wirksamen Pfändung lassen dagegen ausreichen: *Baumann/Brehm*, § 18 IV 3; *Stein/Jonas/Münzberg*, § 826 Rn. 8; *Thomas/Putzo/Seiler*, § 826 Rn. 3.
10 Zum Unterschied von Verstrickung und Pfändungspfandrecht siehe Vor §§ 803, 804 Rn. 14.
11 Vor §§ 803, 804 Rdn. 4.
12 Vor §§ 803, 804 Rdn. 5.
13 Vor §§ 803, 804 Rdn. 15.
14 Siehe oben Rdn. 1.
15 Wie hier MüKo/*Gruber*, § 826 Rn. 3; *Stein/Jonas/Münzberg*, § 826 Rn. 3; einschränkend *Zöller/Stöber*, § 826 Rn. 6 (§ 116 Abs. 9 GVGA). A.A. (nur Erstpfändung nach den Regeln der ZPO) *Baumbach/Lauterbach/Hartmann*, § 826 Rn. 3.
16 Einzelheiten: § 803 Rdn. 8 und Brehm, DGVZ 1985, 65; vgl. auch § 116 Abs. 4 GVGA.
17 § 809 Rn. 3; siehe ferner *Gaul/Schilken/Becker-Eberhard*, § 51 Rn. 49.

Zwecke der Verwertung in die Pfandkammer mitgenommen, wird er nicht selbst nunmehr zum Dritten, der Anschlusspfändungen zustimmen könnte. Vielmehr muss auch jetzt noch der Dritte zur Herausgabe i.S. §809 zum Zwecke der Anschlusspfändung bereit sein.[18]

III. Durchführung der vereinfachten Anschlusspfändung

6   Nach Prüfung des Vorliegens einer Erstpfändung[19] protokolliert der Gerichtsvollzieher lediglich die Erklärung, dass er die schon gepfändeten Gegenstände auch für seinen Auftraggeber pfände. Das Protokoll muss neben der Erklärung selbst auch die Zeit enthalten, zu der sie abgegeben wurde. Hatte ein anderer Gerichtsvollzieher die Erstpfändung durchgeführt, so ist diesem eine Abschrift des Protokolls zuzustellen (Abs. 2). Der Schuldner ist von jeder Anschlusspfändung in Kenntnis zu setzen (Abs. 3), da er sie dem gepfändeten Gegenstand selbst mangels Anlegung eines Pfandsiegels nicht ansehen kann. Daneben muss der Gerichtsvollzieher einen Dritten über die Anschlusspfändung unterrichten, der nach der Erstpfändung beim Gerichtsvollzieher ein die Veräußerung hinderndes Recht geltend gemacht hat; dadurch soll der Dritte Gelegenheit erhalten, gegen den Gläubiger nach §771 vorzugehen.[20] Die Anschlusspfändung wird nicht dadurch unwirksam oder anfechtbar, dass die in Abs. 2 und Abs. 3 vorgeschriebenen Benachrichtigungen unterblieben sind. Erwächst einem der Beteiligten allerdings durch das Unterlassen ein Schaden, haftet der Staat gem. §839 BGB, Art. 34 GG. Auch bei der in §116 Abs. 3 Satz 4 GVGA vorgeschriebenen persönlichen Überprüfung der Erstpfändung an Ort und Stelle handelt es sich um eine reine Ordnungsvorschrift.[21] Wirksamkeitsvoraussetzungen der Anschlusspfändung sind allein das tatsächliche Vorliegen einer Erstpfändung und die Protokollierung. Fehlt es auch nur an einer dieser Voraussetzungen, ist die Anschlusspfändung **nichtig**.

IV. Unabhängigkeit der Anschlusspfändung von der Erstpfändung

7   Ist die Anschlusspfändung einmal wirksam erfolgt, ist ihr weiteres Schicksal von dem der Erstpfändung unabhängig. Sie bleibt bestehen, wenn die Erstpfändung erfolgreich angefochten oder wenn auf sie verzichtet wird. Es kann aus ihr die Verwertung der Sache betrieben werden, auch wenn der Erstpfändende dem Schuldner Stundung bewilligt hat.

Regeln zur Zuständigkeit für das weitere Verfahren, wenn Erst- und Anschlusspfändung durch verschiedene Gerichtsvollzieher erfolgt sind, enthält §827 Abs. 1.

V. Gebühren

8   Der Gerichtsvollzieher erhält für eine Anschlusspfändung die gleichen Gebühren wie für eine Erstpfändung (Nr. 205 des Kostenverzeichnisses in der Anlage zu §9 GvKostG).

VI. ArbGG, VwGO, AO

9   Siehe §814 Rn. 11. Für die Abgabenvollstreckung gilt §307 AO, der inhaltlich dem §826 entspricht.

---

18 OLG Düsseldorf, OLGZ 1973, 50; *Schilken*, DGVZ 1986, 150; a.A. *Baumbach/Lauterbach/Hartmann*, §826 Rn. 4.
19 Dazu §116 Abs. 3 GVGA.
20 BGH, DGVZ 2007, 135, 136 f.; dazu Seip DGVZ 2007, 168.
21 OLG Bremen, DGVZ 1971, 4; LG Braunschweig, NdsRpfl 1961, 277; AG Fürth, DGVZ 1977, 14; *Stein/Jonas/Münzberg*, §826 Rn. 5; *Zöller/Stöber*, §826 Rn. 3; a.A. AG Elmshorn, DGVZ 1992, 46.

§ 827 Verfahren bei mehrfacher Pfändung

(1) ¹Auf den Gerichtsvollzieher, von dem die erste Pfändung bewirkt ist, geht der Auftrag des zweiten Gläubigers kraft Gesetzes über, sofern nicht das Vollstreckungsgericht auf Antrag eines beteiligten Gläubigers oder des Schuldners anordnet, dass die Verrichtungen jenes Gerichtsvollziehers von einem anderen zu übernehmen seien. ²Die Versteigerung erfolgt für alle beteiligten Gläubiger.

(2) ¹Ist der Erlös zur Deckung der Forderungen nicht ausreichend und verlangt der Gläubiger, für den die zweite oder eine spätere Pfändung erfolgt ist, ohne Zustimmung der übrigen beteiligten Gläubiger eine andere Verteilung als nach der Reihenfolge der Pfändungen, so hat der Gerichtsvollzieher die Sachlage unter Hinterlegung des Erlöses dem Vollstreckungsgericht anzuzeigen. ²Dieser Anzeige sind die auf das Verfahren sich beziehenden Dokumente beizufügen.

(3) In gleicher Weise ist zu verfahren, wenn die Pfändung für mehrere Gläubiger gleichzeitig bewirkt ist.

Übersicht	Rdn.		Rdn.
I. Zuständigkeit für das weitere Verfahren nach der Pfändung desselben Gegenstandes durch mehrere Gerichtsvollzieher	1	II. Erlösverteilung nach mehrfacher Pfändung .... III. Gebühren .... IV. ArbGG, VwGO, AO	3 5 6

Literatur:
Hantke, Rangverhältnis und Erlösverteilung bei der gleichzeitigen Pfändung durch den Gerichtsvollzieher für mehrere Gläubiger, DGVZ 1978, 105; *Klein*, Die Erlösverteilung nach gleichzeitiger Pfändung, DGVZ 1972, 54; *Mühl*, Die Erlösverteilung nach gleichzeitiger Pfändung, DGVZ 1972, 166.

I. Zuständigkeit für das weitere Verfahren nach der Pfändung desselben Gegenstandes durch mehrere Gerichtsvollzieher

Grundsätzlich soll der Gerichtsvollzieher, der die erste Pfändung bewirkt hat, das Verfahren für alle an demselben Vollstreckungsobjekt berechtigten Vollstreckungsgläubiger einheitlich weiterführen. Deshalb sieht **Abs. 1** vor, dass die an die übrigen Gerichtsvollzieher erteilten Vollstreckungsaufträge jeweils mit Vollzug der Anschlusspfändung kraft Gesetzes auf den Gerichtsvollzieher der Erstpfändung übergehen, der dann das weitere Verfahren für alle Gläubiger betreibt. Die übrigen Gerichtsvollzieher händigen ihm zu diesem Zweck den Schuldtitel nebst den sonstigen für die Vollstreckung erforderlichen Unterlagen aus (§ 116 Abs. 5 Satz 2 GVGA). Gläubiger und Schuldner sind von der neuen Zuständigkeit zu unterrichten. Der Auftragsübergang gilt nur für die tatsächlich mehrfach gepfändeten Gegenstände, nicht auch für die Zwangsvollstreckung in Sachen, die anlässlich einer Anschlusspfändung noch zusätzlich und erstmals gepfändet wurden. Um die Verzögerungen und Mehrkosten zu vermeiden, die dadurch entstehen, dass in derartigen Fällen dann doch mehrere Gerichtsvollzieher nebeneinander tätig sind, sieht § 116 Abs. 8 Satz 1 GVGA vor, dass der zweite Gerichtsvollzieher bei seinem Auftraggeber nachfragt, ob er mit der Erledigung des ganzen Vollstreckungsauftrages – also auch wegen der neu gepfändeten Sachen – durch den Gerichtsvollzieher einverstanden sei, dem die Versteigerung der früher (und mehrfach) gepfändeten Sachen zusteht. 1

Wird dieses Einverständnis erteilt, so ist der Auftrag wegen der neu gepfändeten Sachen an den anderen Gerichtsvollzieher abzugeben. Jeder der beteiligten Gläubiger und der Schuldner können nach § 825 Abs. 2 beim Vollstreckungsgericht die Anordnung beantragen, dass die an sich dem erstpfändenden Gerichtsvollzieher obliegenden Verrichtungen von einem anderen Gerichtsvollzieher (oder auch einer dritten Privatperson) zu übernehmen seien. In jedem Fall erfolgt die Versteigerung (oder sonstige Veräußerung) für alle beteiligten Gläubiger gemeinsam. 2

II. Erlösverteilung nach mehrfacher Pfändung

3 Der Gerichtsvollzieher entnimmt dem Erlös zunächst die Versteigerungskosten.[1] Den Rest verteilt er, soweit er nicht zur Befriedigung aller ausreicht, an die Gläubiger nach der Reihenfolge ihrer Pfändungen (Prioritätsprinzip) bzw., wenn die mehreren Gläubiger gleichrangig sind[2], nach dem Verhältnis der Forderungen zueinander.[3] Hat ein Gläubiger nacheinander mehrere Pfändungen in denselben Gegenstand ausgebracht, so erfolgt die Auszahlung (und Abschreibung auf den einzelnen Titeln) nach dem gleichen Prinzip: Unabhängig vom Alter der Forderung und von § 366 BGB wird der Erlös zunächst auf die Forderung gutgebracht, für die zuerst gepfändet wurde.[4] Wird auf diese Weise eine titulierte Forderung nicht vollständig befriedigt, so erfolgt die Verrechnung auf sie nach § 367 BGB. Haben dagegen mehrere Pfändungspfandrechte desselben Gläubigers aufgrund gleichzeitiger Pfändung wegen verschiedener Forderungen denselben Rang, ist der Erlös nicht etwa gleichmäßig auf alle Forderungen zu verrechnen.[5] Vielmehr kann der Gläubiger entsprechend § 366 Abs. 2 BGB bestimmen, auf welche Forderungen der Erlös verrechnet werden soll.[6] Das ergibt sich daraus, dass der Gläubiger auch durch Rücknahme des Vollstreckungsauftrages hinsichtlich einzelner Forderungen erreichen könnte, dass durch den Erlös nur bestimmte von mehreren Forderungen getilgt werden.

4 Ist einer der nachrangig oder gleichrangig beteiligten Gläubiger mit der Reihenfolge der Erlösausschüttung oder mit der Errechnung der Quoten nicht einverstanden, so ist zunächst eine Einigung der Gläubiger anzustreben. Kommt sie zustande, ist entsprechend dieser Einigung zu verteilen. Kommt sie nicht zustande, so muss der Gerichtsvollzieher den Erlös hinterlegen und die Sachlage dem Vollstreckungsgericht unter Beifügung aller sich auf das Vollstreckungsverfahren beziehenden schriftlichen und elektronischen Dokumente anzeigen. Das Vollstreckungsgericht leitet dann von Amts wegen das Verteilungsverfahren nach §§ 872 ff. ein. Waren bei der ursprünglichen Einleitung der mehreren Vollstreckungsverfahren verschiedene Vollstreckungsgerichte zuständig, so ist jetzt allein das Vollstreckungsgericht zuständig, dem der erstpfändende Gerichtsvollzieher zugeordnet ist.

III. Gebühren

5 Gerichtsgebühren fallen für die Bestimmung eines Gerichtsvollziehers nach Abs. 1 Satz 1 nicht an. Der Antrag des ohnehin in der Zwangsvollstreckung tätigen Rechtsanwalts auf Bestimmung eines Gerichtsvollziehers ist für diesen Anwalt gebührenrechtlich keine besondere Angelegenheit (§§ 19 Abs. 2 Nr. 3, 18 Abs. 1 Nr. 1 RVG). Der Gerichtsvollzieher erhält die Gebühren für die Verwertung (Nr. 300 des Kostenverzeichnisses in der Anlage zu § 9 GvKostG) nur einmal, auch wenn die Verwertung für mehrere Gläubiger erfolgt. Werden verschiedene Gerichtsvollzieher tätig, handelt jeder von ihnen aufgrund eines besonderen Auftrags (§ 3 GvKostG).

IV. ArbGG, VwGO, AO

6 Siehe § 814 Rn. 11. Für die Abgabenvollstreckung gilt § 308 AO, der dem § 827 vergleichbare Regelungen enthält. Auch hier hat die Hinterlegung bei dem für die Erstpfändung zuständigen Amtsgericht zu erfolgen.[7] § 308 AO regelt nicht nur die mehrfache Pfändung durch Vollziehungsbeamte, sondern auch den Fall, dass dieselbe Sache sowohl durch Vollziehungsbeamte als auch durch Gerichtsvollzieher gepfändet wird.

---

1 Einzelheiten: § 819 Rdn. 5.
2 Siehe hierzu § 804 Rdn. 4.
3 Vgl. § 117 Abs. 7 GVGA.
4 *Baumbach/Lauterbach/Hartmann*, § 827 Rn. 6; MüKo/*Gruber*, § 827 Rn. 6; PG/*Flury*, § 827 Rn. 4; *Stein/Jonas/Münzberg*, § 827 Rn. 4; *Wieczorek/Schütze/Lüke*, § 827 Rn. 9; *Zöller/Stöber*, § 827 Rn. 4.
5 So aber *Baumbach/Lauterbach/Hartmann*, § 827 Rn. 9.
6 *Brox/Walker*, Rn. 451; MüKo-BGB/*Heinrichs*, § 366 BGB Rn. 5; MüKo/*Gruber*, § 819 Rn. 9.
7 *Baumbach/Lauterbach/Hartmann*, § 827 Rn. 4; *Koch*, Abgabenordnung, § 308 AO Rn. 5.

Untertitel 3. Zwangsvollstreckung in Forderungen und andere Vermögensrechte

Vor §§ 828–863   Die Systematik der §§ 828–863

Übersicht	Rdn.		Rdn.
I. Die Systematik der §§ 828–863	1	2. Vollstreckung gegen inländische Stellen ausländischer Staaten	6
II. Internationale Forderungsvollstreckung durch deutsche Gerichte	2	3. Vollstreckung in Forderungen ausländischer Privatpersonen gegen Drittschuldner im Inland	7
1. Vollstreckung in Forderungen deutscher Schuldner gegen ausländische Drittschuldner	2		

Allgemeine Literatur zur Zwangsvollstreckung in Forderungen und Rechte:
Behrendt, Verfügungen im Wege der Zwangsvollstreckung, 2006; *Bruns*, Die Vollstreckung in künftige Vermögensstücke des Schuldners, AcP 1971, 358; *Bürgle*, Zur Pfändung von Forderungen, welche dem Vollstreckungsschuldner nicht zustehen, Diss. München, 1957; *Christmann*, Arrestatorium und Inhibitorium (§ 829 Abs. 1 ZPO) bei der Vollstreckung gepfändeter Urteilsforderungen, DGVZ 1985, 81; *Enders*, Anwaltsvergütung in der Zwangsvollstreckung, JurBüro 2013, 57; *Fahland*, Das Verfügungsverbot nach §§ 135, 136 BGB in der Zwangsvollstreckung und seine Beziehung zu den anderen Pfändungsfolgen, 1976; *Geißler*, Dogmatische Grundfragen bei der Zwangsvollstreckung in Geldforderungen, JuS 1986, 614; *Gierlach*, Die Pfändung dem Schuldner derzeit nicht zustehender Forderungen, Diss. Bonn 1997; *Hau*, Eigennützige und gläubigernützige Leistungsklagen des Vollstreckungsschuldners, WM 2002, 325; *Hillebrand*, Zur Unpfändbarkeit zweckgebundener Forderungen, Rpfleger 1986, 464; *Jurgeleit*, Die Haftung des Drittschuldners, 1999; *Kleinheisterkamp*, Prozessführung über gepfändete Geldforderungen, 2001; *Kohler*, Die Pfändbarkeit zukünftiger Forderungen, Diss. Mainz, 1952; *Kothe*, § 850i ZPO – Karriere einer lange Zeit unbekannten Norm, VuR 2014, 367; *Meller-Hannich*, Verfügbarkeit von Forderungen und Gläubigerzugriff, – Untersuchungen im Rahmen des Zusammenhangs zwischen Prozeßrecht und materiellem Recht –, KTS 2000, 37; *dies.*, Gleicher Pfändungsschutz für alle Einkünfte, WM 2011, 529; *Münzberg*, Zur Pfändung titulierter Ansprüche, DGVZ 1985, 145; *Philipp*, Die künftige Forderung als Gegenstand des Rechtsverkehrs, Diss. Hamburg, 1965; *Puderbach*, Die Situation des Drittschuldners bei der Forderungspfändung. Eine systematische Darstellung unter Berücksichtigung der Rechtslage in Österreich und der Schweiz, Diss. Bonn 1991; *Schilken*, Zum Umfang der Pfändung und Überweisung von Geldforderungen, FS G. Lüke, 1997, S. 701; *Schlosser*, Die Zwangsvollstreckung in Forderungen und forderungsähnliche Vermögenswerte, Jura 1984, 139; *ders.*, Forderungspfändung und Bereicherung, ZZP 1963, 73; *J.-H. Schmidt*, Zwangsvollstreckung in das Verwaltungsvermögen, ZWE 2012, 341; *Schur*, Das Einziehungsrecht des Gläubigers bei Pfändung und Überweisung einer Geldforderung zur Einziehung, KTS 2001, 73; *Schwörer*, Der lange Weg zur Forderungspfändung, DGVZ 2008, 95; *Smid*, Automation bei der Forderungspfändung, Rpfleger 1988, 393; *Stadler*, Drittschuldnereigenschaft der DENIC bei der Domainpfändung, MMR 2007, 71; *Stöber*, Forderungspfändung. Erläuterungsbuch für die Praxis, 16. Aufl. 2013; *Sturm*, Die Verordnung zur Änderung der Zwangsvollstreckungsformularverordnung, JurBüro 2014, 507; *Tiedtke*, Pfändungspfandrecht an einer nach Pfändung wiedererworbenen Forderung, NJW 1972, 746; *Walker*, Die Bedeutung der Pfändbarkeit für die Abtretbarkeit von Geldforderungen nach § 400 BGB, FS Musielak, 2004, S.655; *ders.*, Die Rechtsstellung des Drittschuldners in der Zwangsvollstreckung, FS Leipold, 2009, 451; *Wertenbruch*, Die Pfändung von »überziehbaren« Gesellschafterkonten und Entnahmerechten bei der Personenhandelsgesellschaft, FS W. Gerhardt, 2004, S. 1077; *Wieser*, Sofortige Beschwerde gegen den Pfändungs- und Überweisungsbeschluss, ZZP 2002, 157; *Wolf/Müller*, Nebenpflichtenkanon bei der Forderungspfändung, NJW 2004, 1775; *Zedel*, Zur Übertragung der Forderungspfändung gem. §§ 828 ff. ZPO auf den Gerichtsvollzieher, DGVZ 2012, 42.

Literatur zur Zwangsvollstreckung in Forderungen mit Auslandsberührung:
Brauer, Drittschuldner im Ausland, Exterritoriale als Drittschuldner, JurBüro 1975, 1165; *Dutta*, Vollstreckung in öffentlichrechtliche Forderungen ausländischer Staaten, IPrax 2007, 109; *Herzig*, Pfändungs- und Überweisungsbeschlüsse gegen Drittschuldner im Ausland?, JurBüro 1967, 693; *Hess*, Der Vorschlag der EU-Kommission zur vorläufigen Kontenpfändung – ein wichtiger Integrationsschritt im Europäischen Zivilverfahrensrecht, DGVZ 2012, 69; *Hök*, Die grenzüberschreitende Forderungs- und Kontopfändung, MDR 2005, 305; *ders.*, Grenzüberschreitende Zwangsvollstreckung, ZAP Fach 14, 519; *Jestaedt*, Internationale Zuständigkeit eines deutschen Vollstreckungsgerichts bei alleinigem Wohnsitz des Drittschuldners im Inland, IPRax 2001, 438; *Kotrschal/Stalberg*, Die grenzüberschreitende Vollstreckung von Pfändungs- und Überweisungsbeschlüssen in Geldforderungen ausländischer Drittschuldner, insbesondere in ausländische Bankguthaben, BKR 2009, 38; *Marquardt*, Das Recht der internationalen Forderungspfän-

dung, Diss. Köln, 1975; *Majer*, Grenzüberschreitende Durchsetzung von Bagatellforderungen, JR 2009, 270; *Mössle*, Internationale Forderungspfändung, 1991; *Mülhausen*, Zwangsvollstreckungsmaßnahmen deutscher Gerichte in Bankguthaben n Inländern bei Auslandsfilialen, WM 1986, 985; *Schack*, Internationale Zwangsvollstreckung in Geldforderungen, Rpfleger 1980, 175; *ders.*, Zur Anerkennung ausländischer Forderungspfändungen, IPRax 1997, 318. *Schima*, Zur Zwangsvollstreckung in Forderungen im internationalen Rechtsverkehr, 1963; *Schmidt*, Pfändung ausländischer Forderungen und Zustellung von Pfändungsbeschlüssen, wenn der Drittschuldner im Ausland wohnt, MDR 1956, 204; *ders.*, Pfändung und Überweisung von Forderungen bei im Ausland wohnhaften Schuldnern, Diss. Mainz, 1954; *Weller*, Völkerrechtliche Grenzen der Zwangsvollstreckung – vom Botschaftskonto zur Kunstleihgabe –, Rpfleger 2006, 364; *Wiener*, Vollstreckungen nach dem Zusatzabkommen zum NATO-Truppenstatut, DGVZ 2013, 105.

I. Die Systematik der §§ 828–863

1 § 828 und § 851 gelten für die Zwangsvollstreckung in alle Arten von Forderungen und von sonstigen Vermögensrechten. Die §§ 829–845 und §§ 851, 853 enthalten allgemeine Regeln für die Zwangsvollstreckung in Geldforderungen. Diese werden in den §§ 850–850l, 851a–852, 863 durch Sonderregeln für bestimmte Geldforderungen (Arbeits- und Diensteinkommen; Forderungen aus Girokonten; Einkommen aus Landwirtschaft, aus Vermietung und Verpachtung; Ansprüche auf Pflichtteil und aus Schenkung) ergänzt. Die Zwangsvollstreckung in Herausgabeansprüche regeln die §§ 846–849, 854–855a. Die §§ 857–860 schließlich regeln die Zwangsvollstreckung in »andere Vermögensrechte«.

Wichtige Ergänzungen zu den Vorschriften über die Zwangsvollstreckung in Geldforderungen finden sich in den §§ 54, 55 SGB I zur Pfändbarkeit von Ansprüchen auf Sozialleistungen.

Die abgabenrechtliche Vollstreckung in Forderungen und andere Vermögensrechte ist in §§ 309–321 AO geregelt. Die Regelung entspricht weitgehend der in §§ 829 ff. Eine wichtige Sonderregelung für die Vollstreckung durch Pfändung in abgabenrechtliche Erstattungsansprüche enthält § 46 AO.

II. Internationale Forderungsvollstreckung durch deutsche Gerichte

1. Vollstreckung in Forderungen deutscher Schuldner gegen ausländische Drittschuldner

2 § 829 unterscheidet bei Geldforderungen nicht, welche Rechtsordnung der Forderung zugrunde liegt, ob sie also nach deutschem oder ausländischem Recht begründet ist. Ebenso wenig spielt es, wenn die grundsätzliche Zuständigkeit eines inländischen Amtsgerichts nach § 828 Abs. 2 zum Erlass des Pfändungsbeschlusses gegeben ist,[1] eine Rolle, ob Schuldner oder Drittschuldner zum Zeitpunkt des Erlasses des Beschlusses ihren Wohnsitz im Inland haben.[2] Praktische Schwierigkeiten ergeben sich aber daraus, dass nach § 829 Abs. 3 die Forderungspfändung erst wirksam wird, wenn der Pfändungsbeschluss dem Drittschuldner zugestellt ist. Eine solche Zustellung ist innerhalb der EG weitgehend unproblematisch und im Übrigen mithilfe der ausländischen Behörden, soweit diese mitwirkungsbereit sind, möglich,[3] weshalb auch der Erlass des Beschlusses, der in einen Staat außerhalb der EG zugestellt werden muss, nicht von vornherein mit der Begründung abgelehnt werden kann, es fehle für ihn ein Rechtsschutzbedürfnis.[4] Ausländische Behörden außerhalb der EG werden allerdings praktisch selten zu einer Mitwirkung in Form der Zustellung des deutschen Pfändungsbeschlusses bereit sein.[5]

---

1 Siehe § 828 Rdn. 5–8.
2 § 829 Abs. 2 S. 3 enthält sogar für den Fall, dass der Schuldner im Ausland wohnt, eine besondere Regelung.
3 Das Zustellungsersuchen an die ausländische Behörde hat auf Antrag des Gläubigers gem. § 183 Abs. 1 Ziff. 2 der Vorsitzende des Prozessgerichts zu stellen. Zur Zustellung innerhalb der EG siehe unten Rdn. 5.
4 Siehe auch § 829 Rdn. 2 für den Fall, dass der ausländische Staat selbst der Drittschuldner ist.
5 *Schack*, Rpfleger 1980, 176; *Stöber*, Forderungspfändung, Rn. 39. Auch die Bundesrepublik ihrerseits wirkt, soweit nicht in internationalen oder bilateralen Abkommen etwas anderes vereinbart ist, in der Regel nicht an der Vollstreckung durch ausländische Gerichte mit. So ausführlich zur Nicht-Mitwirkung bei der Vollziehung eines Pfändungsbeschlusses eines texanischen Gerichts in der Bundesrepublik: BAG, NZA 1997, 334.

Die internationalen Vollstreckungsabkommen, deren Partner die Bundesrepublik ist, helfen in der Regel nicht weiter, da sie die Vollstreckung deutscher Titel im Ausland durch die ausländischen Vollstreckungsbehörden nach deren Recht betreffen, nicht aber die Mitwirkung an deutschen Vollstreckungsakten mit Wirkungen im Ausland. Eine öffentliche Zustellung an den ausländischen Drittschuldner im Inland wird nur ausnahmsweise möglich sein,[6] da die Voraussetzungen des § 185 häufig nicht vorliegen dürften. Dass die »Zustellung« durch Aufgabe eines einfachen oder eingeschriebenen Briefes zur Post nicht als Ausweg in Betracht kommt,[7] ergibt die ausdrückliche Regelung insoweit hinsichtlich der Zustellung an den Schuldner in § 829 Abs. 2 Satz 4. Dass es an einer entsprechenden Regelung für den Drittschuldner fehlt, zeigt, dass dieser Weg bewusst ausgeschlossen wurde. Grundsätzlich ist eine Heilung von Zustellungsmängeln nach § 189 zwar auch bei der Übermittlung an den Drittschuldner möglich, doch wird der Nachweis des Zugangs des Arrestatoriums an den Drittschuldner und des im Hinblick auf den Rang der Pfändung wichtigen Zeitpunktes des Zuganges äußerst schwierig sein.

Für die Praxis empfiehlt sich deshalb zunächst die sorgfältige Recherche, ob der Drittschuldner nicht einen inländischen Zustellungsbevollmächtigten hat (Zweigniederlassung, Repräsentant usw.). Ein gutwilliger Drittschuldner mag auch in die Bestellung eines inländischen Zustellungsbevollmächtigten einwilligen; § 184 Abs. 1 ist auf den Drittschuldner aber nicht anwendbar. Kommt eine Zustellung im Inland nicht infrage, wird zu prüfen sein, inwieweit die Vollstreckung als Ganzes im Ausland nach dem jeweiligen Landesrecht möglich ist.[8] Dies wird vielfach weniger problematisch sein als der Versuch, ausländische Hilfe zu einem deutschen Vollstreckungsakt zu erlangen.[9]

Innerhalb der Europäischen Union wird die vorstehend dargestellte Problematik deutlich gemildert durch die EG-VO Nr. 1348/2000[10] über die Zustellung gerichtlicher und außergerichtlicher Schriftstücke in Zivil- und Handelssachen in den Mitgliedstaaten v. 29.5.2000. Gerichtliches Schriftstück i. S. dieser EG-VO ist auch das Arrestatorium an den Drittschuldner, sodass die Zustellung in den EG-Ländern insoweit möglich ist. Das Arrestatorium wirkt dann allerdings nur im deutschen Inland.

2. Vollstreckung gegen inländische Stellen ausländischer Staaten

Zu den Besonderheiten, wenn eine inländische Stelle eines ausländischen Staates (z. B. eine diplomatische Vertretung oder eine sonstige Immunität genießende Person oder Organisation) Vollstreckungsschuldner ist, siehe § 829 Rdn. 21, 22.

3. Vollstreckung in Forderungen ausländischer Privatpersonen gegen Drittschuldner im Inland

Ist der Schuldner eine im Ausland lebende Privatperson, während der Drittschuldner seinen Wohnsitz im Inland hat, ergeben sich infolge der Regelungen der §§ 828 Abs. 2, 2. Alt,[11] 829 Abs. 2 Satz 4[12] keine Schwierigkeiten bei der Forderungspfändung.

---

6 *Hök,* MDR 2005, 306. 307.
7 Diesen Weg empfiehlt allerdings *Schack,* Rpfleger 1980, 176.
8 Hinweise hierzu finden sich im sog. Länderteil der Rechtshilfeordnung für Zivilsachen (ZRHO).
9 Diesen Weg empfiehlt daher auch *Stein/Jonas/Brehm,* § 829 Rdn. 28.
10 AmtsBl. L 160 S. 37.
11 Siehe § 828 Rdn. 5.
12 Siehe § 829 Rdn. 48.

§ 828 Zuständigkeit des Vollstreckungsgerichts

(1) Die gerichtlichen Handlungen, welche die Zwangsvollstreckung in Forderungen und andere Vermögensrechte zum Gegenstand haben, erfolgen durch das Vollstreckungsgericht.

(2) Als Vollstreckungsgericht ist das Amtsgericht, bei dem der Schuldner im Inland seinen allgemeinen Gerichtsstand hat und sonst das Amtsgericht zuständig, bei dem nach § 23 gegen den Schuldner Klage erhoben werden kann.

(3) ¹Ist das angegangene Gericht nicht zuständig, gibt es die Sache auf Antrag des Gläubigers an das zuständige Gericht ab. ²Die Abgabe ist nicht bindend.

Übersicht	Rdn.		Rdn.
I. Das funktionell zuständige Vollstreckungsorgan	1	III. Örtliche Zuständigkeit	5
		IV. Verweisung an das zuständige Gericht	9
II. Wahrnehmung der Aufgaben des Vollstreckungsgerichts	3	V. Folgen des Tätigwerdens eines unzuständigen Vollstreckungsorgans	10

I. Das funktionell zuständige Vollstreckungsorgan

1 **Funktionell** zuständiges Vollstreckungsorgan zur Vollstreckung in Forderungen und andere Vermögensrechte ist das **Vollstreckungsgericht**. Der Gerichtsvollzieher wird in diesem Bereich nur ausnahmsweise bei der sog. »Hilfspfändung« nach §§ 830 Abs. 1, 836 Abs. 3, bei der Pfändung indossabler Papiere nach § 831 sowie als Empfänger der herauszugebenden Sachen nach § 847 tätig.[1] **Sachlich** als Vollstreckungsgericht zuständig ist das **Amtsgericht**. Hiervon macht § 930 Abs. 1 Satz 3 eine Ausnahme für die Pfändung einer Forderung aufgrund eines Arrestbefehls als Titel. In diesem Fall ist das Arrestgericht das Vollstreckungsgericht.[2] § 930 Abs. 1 Satz 3O gilt nur für Arrestbefehle als Vollstreckungstitel, nicht auch für einstweilige Verfügungen. Soweit also aus Leistungsverfügungen in Forderungen und andere Vermögensrechte vollstreckt wird, verbleibt es bei der Regel des § 828.[3]

Das Amtsgericht ist auch dann Vollstreckungsgericht, wenn der Titel von einem Arbeitsgericht oder einer besonderen Abteilung eines ordentlichen Gerichts, etwa von einem Familiengericht, erlassen wurde.[4]

2 Bei der abgabenrechtlichen Vollstreckung nach §§ 309 ff. AO tritt an die Stelle des Vollstreckungsgerichts die Vollstreckungsbehörde (§ 249 AO). Für die Vollstreckung verwaltungsgerichtlicher auf eine Geldforderung gerichteter Titel in Geldforderungen und in andere Vermögensrechte ist gem. § 167 Abs. 1 Satz 2 VwGO das Verwaltungsgericht des ersten Rechtszuges das Vollstreckungsgericht.[5] Die Vollstreckung zugunsten der Behörde richtet sich im Übrigen nach den Verwaltungsvollstreckungsgesetzen des Bundes und der Länder (§§ 169 Abs. 1 VwGO, 1 Abs. 2 VwGO), die Vollstreckung gegen die Behörde nach § 170 VwGO.

---

1 Zu den immer wieder aufflammenden Bemühungen, auch die Forderungspfändung ganz auf den Gerichtsvollzieher zu übertragen, siehe: *Zedel*, DGVZ 2012, 42.
2 Das gilt nicht nur für den Erlass des Pfändungsbeschlusses, sondern auch für die Erinnerung gem. § 766 gegen einen solchen Pfändungsbeschluss; h. M.; siehe hierzu auch § 930 Rdn. 17; vergl. ferner: *Stein/Jonas/Brehm*, § 828 Rn. 3; *Thomas/Putzo/Seiler*, § 828 Rn. 2; *Zöller/Stöber*, § 828 Rn. 1.
3 Deshalb ist für die Pfändung einer Marke auch immer das Amtsgericht als Vollstreckungsgericht und nicht das Gericht für Kennzeichenstreitsachen zuständig: LG Düsseldorf, Rpfleger 1998, 356.
4 Siehe auch § 764 Rdn. 1.
5 Siehe auch *Gaul*, JZ 1979, 496.

II. Wahrnehmung der Aufgaben des Vollstreckungsgerichts

Die Aufgaben des Vollstreckungsgerichts bei der Vollstreckung in Forderungen und in andere Vermögensrechte – also insbesondere den Erlass des Pfändungs- und Überweisungsbeschlusses – nimmt nach § 20 Nr. 17 RpflG der **Rechtspfleger** wahr. Dies gilt nach § 20 Nr. 16 RpflG grundsätzlich auch für die Forderungspfändung aufgrund eines Arrestbefehls. In diesem letzteren Fall kann also gegebenenfalls der Rechtspfleger beim Landgericht oder beim Arbeitsgericht als Arrestgericht einen Pfändungsbeschluss erlassen. Allerdings kann die Arrestpfändung auf Antrag auch sogleich mit dem Arrestbefehl verbunden werden. Dann erlässt der Richter – oder die Zivilkammer usw. – ausnahmsweise den Pfändungsbeschluss.[6] Sollen später aufgrund des nämlichen Arrestbefehls noch weitere Forderungen gepfändet werden, ist wieder der Rechtspfleger zuständig.[7]

Vollstreckungsgericht i. S. des Abs. 1 sind auch der Richter, der über eine Erinnerung nach § 766 gegen die Ablehnung eines Pfändungs- und Überweisungsbeschlusses oder über die Zulässigkeit einer Vorpfändung (§ 845) zu entscheiden hat[8], und die Richter des Beschwerdegerichts, die nach § 793 über eine Erinnerungsentscheidung nach § 766 befinden. Sie können deshalb mit ihrer Erinnerungs- und Beschwerdeentscheidung auch den Vollstreckungsakt – also den Pfändungs- und den Überweisungsbeschluss – erlassen.[9] Sie können diese Maßnahme aber ebenso gut dem Rechtspfleger überlassen (§ 572 Abs. 3.).

III. Örtliche Zuständigkeit

Örtlich zuständig als Vollstreckungsgericht ist das Amtsgericht, bei dem der Vollstreckungsschuldner – also nicht etwa der Drittschuldner der zu pfändenden Forderung – im Inland seinen allgemeinen Gerichtsstand (§§ 13–19) hat (**Abs. 2 1. Halbs.**). Der gesetzliche Wohnsitz eines Zeit-/Berufssoldaten ist gem. §§ 13 ZPO, 9 BGB der Standort seines Truppenteils (Garnisonsort), nicht sein privater Heimatort, auch nicht der Sitz der für ihn zuständigen Wehrbereichsverwaltung.[10] Im Fall einer Vorpfändung ist örtlich zuständiges Vollstreckungsgericht nicht das Gericht, in dessen Bezirk der Gerichtsvollzieher die Vorpfändungsanzeige zugestellt hat, sondern das Gericht, in dessen Bezirk der Schuldner seinen allgemeinen Wohnsitz hat.[11] Hat der Schuldner keinen allgemeinen Gerichtsstand in der Bundesrepublik, so ist das Vollstreckungsgericht örtlich zuständig (Abs. 2, 2. Halbs.), in dessen Bezirk der Schuldner des Schuldners, also der Drittschuldner, seinen Wohnsitz hat (§ 23 Satz 2), und, wenn für die Forderung eine Sache zur Sicherheit haftet, wahlweise auch der Ort, wo die Sache sich befindet (§ 23 Satz 2 2. Halbs.). Der Gläubiger verbraucht in diesem Fall das Wahlrecht mit der Antragstellung.[12]

Die Zuständigkeitsregelung des Abs. 2 gilt auch dann, wenn eine Partei kraft Amtes (Testamentsvollstrecker, Nachlassverwalter, Insolvenzverwalter, Zwangsverwalter) Vollstreckungsschuldner ist. Auch dann ist also der Wohnsitz (§ 13) dieser Partei kraft Amtes, nicht aber der Sitz des Insolvenzschuldners, der Wohnsitz des Erben usw. maßgeblich.[13] Abgesehen davon, dass diese Lösung den Wortlaut des Abs. 2 für sich hat, ist sie auch interessengerecht, da die genannten Personen die ihnen obliegende Verwaltung fremden Vermögens in der Regel vom Wohn-(Geschäfts-)sitz aus betreiben werden. Nach allgemeiner Ansicht ist Abs. 2 auch bei der Zwangsvollstreckung gegen einen Nachlasspfleger anzuwenden, also hinsichtlich der örtlichen Zuständigkeit an dessen Wohnsitz anzuknüpfen, obwohl er für den Nachlass nicht als Partei kraft Amtes, sondern als gesetzlicher Vertreter

---

6 Einzelheiten: § 930 Rdn. 7.
7 OLG München, Rpfleger 1975, 34.
8 OLG Hamm, BeckRS 2011, 18365.
9 Allgem. Meinung; beispielhaft: *Stöber*, Forderungspfändung, Rn. 727.
10 AG Hannover, BeckRS 2008, 19099; AG Hannover, BeckRS 2008, 19197.
11 OLG Hamm, BeckRS 2011, 18365.
12 OLG Zweibrücken, InVo 1999, 320.
13 BGHZ 88, 331.

der unbekannten Erben tätig wird.[14] Dem ist zuzustimmen,[15] da auch § 780 Abs. 2 nicht zwischen der Nachlassverwaltung und der Nachlasspflegschaft differenziert.

7 Sind nach dem Titel mehrere Schuldner mit unterschiedlichen Gerichtsständen vorhanden, so muss bei der Vollstreckung gegen jeden einzelnen Schuldner das jeweils für diesen zuständige Vollstreckungsgericht angerufen werden, im Extremfall also für jeden der Schuldner ein anderes Gericht. Schulden die mehreren Schuldner aber nicht nur gemeinsam dem Gläubiger, sind sie auch gleichzeitig gemeinsam Gläubiger oder Inhaber des Rechts, in das zur Befriedigung der titulierten Forderung vollstreckt werden soll, bedarf es deshalb also eines gemeinsamen Pfändungs- und Überweisungsbeschlusses, so ist das zuständige gemeinsame Vollstreckungsgericht in entsprechender Anwendung des § 36 Nr. 3 zu ermitteln.[16]

8 Der entscheidende Zeitpunkt für die Ermittlung der örtlichen Zuständigkeit ist der des Erlasses des Pfändungsbeschlusses, nicht der der Antragstellung.[17] Wechselt der Schuldner also nach dem Antrag des Gläubigers auf Erlass des Pfändungsbeschlusses, aber bevor das Gericht den Beschluss auch erlassen hat, den Wohnsitz, ist der Antrag als unzulässig zurückzuweisen, soweit der Gläubiger nicht einen Verweisungsantrag gestellt hat.[18] Findet der Wohnsitzwechsel erst nach Erlass des Beschlusses statt, so bleibt das bisherige Vollstreckungsgericht für alle weiteren Entscheidungen, die diese begonnene Vollstreckung betreffen, zuständig. Neue Pfändungsbeschlüsse müssen aber vom nunmehr zuständig gewordenen neuen Vollstreckungsgericht erlassen werden. Ist der Schuldner unbekannt verzogen, richtet sich die Zuständigkeit des Vollstreckungsgerichts nach dem letzten Wohnsitz des Schuldners.[19] Sind Pfändungs- und Überweisungsbeschluss nicht miteinander verbunden und wechselt der Schuldner nach dem Erlass des Pfändungsbeschlusses den Wohnsitz, so ist das zuständige Gericht für den Überweisungsbeschluss neu – nach dem dann festgestellten neuen allgemeinen Gerichtsstand – zu bestimmen.[20]

IV. Verweisung an das zuständige Gericht

9 Für die sachliche und örtliche Zuständigkeit nach Abs. 2 gilt § 802. Gläubiger und Schuldner können also keine abweichende Zuständigkeit vereinbaren – etwa in den AGB des Gläubigers –. Ein unzuständiges Gericht wird auch durch rügelose Einlassung des Schuldners nicht zuständig. Das Gericht muss seine Zuständigkeit immer von Amts wegen prüfen.

Ist das vom Gläubiger angegangene Gericht nicht zuständig, so hat es gem. **Abs. 3** auf Antrag des Gläubigers, der auch vorsorglich bereits zusammen mit dem Pfändungsantrag gestellt werden kann,[21] die Sache an das zuständige Gericht abzugeben. Lehnt es der Gläubiger nach dem Hinweis des Gerichts auf seine Unzuständigkeit ab, den Antrag zu stellen, ist der Antrag als unzulässig abzuweisen. Eine Abgabe von Amts wegen kommt also nicht in Betracht. Die Abgabe ist für das angegangene Gericht und damit auch für den Schuldner nicht bindend. Der Schuldner kann also den Pfändungsbeschluss dieses Gerichts weiterhin wegen Unzuständigkeit anfechten.[22]

---

14 *Baumbach/Lauterbach/Hartmann*, § ZPO 828 Rn. 3; *Musielak/Becker*, § 828 Rn. 2; *Stein/Jonas/Brehm*, § 828 Rn. 4; *Stöber*, Forderungspfändung, Rn. 450.
15 Gegen die h. M. allerdings LG Berlin, JR 1954, 464.
16 BayObLG, MDR 1960, 57; BayObLG, Rpfleger 1983, 288; BayObLG, ZMR 2005, 54; OLG Karlsruhe, MDR 2004, 1262; OLG Köln, OLGReport 2005, 582; *Musielak/Becker*, § 828 Rn. 2.
17 OLG München, JurBüro 2010, 497.
18 *Stöber*, Forderungspfändung, Rn. 455.
19 OLG München, JurBüro 2010, 497; LG Hamburg und LG Halle, jeweils Rpfleger 2002, 467.
20 OLG Karlsruhe, JurBüro 2005, 553.
21 *Behr*, JurBüro 2000, 230.
22 OLG Zweibrücken, InVo 1999, 320; *Behr*, JurBüro 2000, 230. Haben alle in Betracht kommenden Gerichte sich für unzuständig erklärt, ist in entspr. Anwendung des § 36 Abs. 1 Nr. 6 ZPO zu verfahren: OLG Jena, InVo 2001, 256.

V. Folgen des Tätigwerdens eines unzuständigen Vollstreckungsorgans

Verstöße gegen die örtliche und sachliche Zuständigkeit führen zwar zur **Anfechtbarkeit,** nicht aber zur Nichtigkeit des vom unzuständigen Gericht erlassenen Pfändungsbeschlusses.[23]

10

Hinsichtlich der funktionellen Unzuständigkeit muss unterschieden werden: Forderungspfändungen durch den Gerichtsvollzieher sind **nichtig.**[24] Hat dagegen der Rechtspfleger oder Richter des Prozessgerichts anstelle des Vollstreckungsgerichts den Pfändungsbeschluss erlassen, ist der Beschluss nur **anfechtbar;**[25] denn der Makel der Unzuständigkeit ist hier nicht für jedermann evident. Wie § 930 Abs. 1 Satz 3 zeigt, ist es nicht ausgeschlossen, dass andere Gerichte als das Amtsgericht Pfändungsbeschlüsse erlassen. Landgerichtliche Pfändungsbeschlüsse könnten schließlich auch im Beschwerdeverfahren erlassen worden sein.[26] Die Rechtssicherheit gebietet es deshalb, derartige gerichtliche Maßnahmen als wirksam zu behandeln, bis ihre Unzulässigkeit durch gerichtliche Entscheidung festgestellt ist.

Ist ein Pfändungsbeschluss entgegen § 20 Nr. 17 RpflG vom Richter des zuständigen Vollstreckungsgerichts erlassen worden, ist er von Anfang an voll wirksam und nicht anfechtbar (§ 8 Abs. 1 RpflG).

---

[23] Ganz überwiegende Meinung; beispielhaft: OLG München, JurBüro 1985, 945; Saenger/*Kemper*, § 828 Rn. 13; *Thomas/Putzo/Seiler*, § 828 Rn. 5; *Zöller/Stöber*, § 828 Rn. 3.

[24] Allgemeine Meinung; beispielhaft: *Gaul*, Rpfleger 1971, 88.

[25] Wie hier: *Gaul*, Rpfleger 1971, 88 f.; *Stöber*, Forderungspfändung, Rn. 457; **a. A.** für den Fall, dass nicht der Richter, sondern der Rechtspfleger des unzuständigen Gerichts entschieden hat (Nichtigkeit): *Stein/Jonas/Brehm*, § 828 Rn. 10; a. A. für den Fall, dass das Prozessgericht an Stelle des Vollstreckungsgerichts den Pfändungsbeschluss erlassen hat: *Saenger/Kemper*, § 828 Rn. 13.

[26] Siehe oben Rdn. 4.

§ 829 Pfändung einer Geldforderung

(1) ¹Soll eine Geldforderung gepfändet werden, so hat das Gericht dem Drittschuldner zu verbieten, an den Schuldner zu zahlen. ²Zugleich hat das Gericht an den Schuldner das Gebot zu erlassen, sich jeder Verfügung über die Forderung, insbesondere ihrer Einziehung, zu enthalten. ³Die Pfändung mehrerer Geldforderungen gegen verschiedene Drittschuldner soll auf Antrag des Gläubigers durch einheitlichen Beschluss ausgesprochen werden, soweit dies für Zwecke der Vollstreckung geboten erscheint und kein Grund für die Annahme besteht, dass schutzwürdige Interessen der Drittschuldner entgegenstehen.

(2) ¹Der Gläubiger hat den Beschluss dem Drittschuldner zustellen zu lassen. ²Der Gerichtsvollzieher hat den Beschluss mit einer Abschrift der Zustellungsurkunde dem Schuldner sofort zuzustellen, sofern nicht eine öffentliche Zustellung erforderlich wird. ³Ist die Zustellung an den Drittschuldner auf unmittelbares Ersuchen der Geschäftsstelle durch die Post erfolgt, so hat die Geschäftsstelle für die Zustellung an den Schuldner in gleicher Weise Sorge zu tragen. ⁴An Stelle einer an den Schuldner im Ausland zu bewirkenden Zustellung erfolgt die Zustellung durch Aufgabe zur Post.

(3) Mit der Zustellung des Beschlusses an den Drittschuldner ist die Pfändung als bewirkt anzusehen.

(4) ¹Das Bundesministerium der Justiz wird ermächtigt, durch Rechtsverordnung mit Zustimmung des Bundesrates Formulare für den Antrag auf Erlass eines Pfändungs- und Überweisungsbeschlusses einzuführen. ²Soweit nach Satz 1 Formulare eingeführt sind, muss sich der Antragsteller ihrer bedienen. ³Für Verfahren bei Gerichten, die die Verfahren elektronisch bearbeiten, und für Verfahren bei Gerichten, die die Verfahren nicht elektronisch bearbeiten, können unterschiedliche Formulare eingeführt werden.

Übersicht

		Rdn.
I.	Zum Begriff der Geldforderung i. S. der §§ 829 ff.	1
1.	Grundsatz	1
2.	Ausnahmen	2
	a) Geldforderungen, die zum Hypothekenverband gehören	3
	b) Wertpapiere und Hypothekenforderungen	3
	c) Ansprüche auf Sicherheitsleistung in Geld	4
	d) Geldstück- und Geldsortenschulden	5
3.	Betagte, bedingte, künftige Geldforderungen und Naturalobligationen	6
	a) Künftige Forderungen	7
	b) Naturalobligationen	8
4.	Forderungen aus öffentlichem Recht	9
5.	»Ansprüche« auf Auszahlung gegen Gerichtsvollzieher, Notare, Rechtspfleger und andere staatliche Organe	10
6.	Forderungen gegen den Gläubiger selbst	11
7.	Von einer Gegenleistung abhängige Forderungen	12
II.	Zugehörigkeit der Forderung zum Schuldnervermögen	13
1.	Forderungen, die auf einen Treuhänder übertragen sind	14
2.	Forderungen auf dem Treuhandkonto eines Dritten	15
3.	Forderungen, die mehreren Gläubigern zustehen	17
4.	Gläubigereigene Forderungen	18
5.	Forderungen auf Leistung an einen Dritten	19
III.	Unpfändbarkeit von Geldforderungen	20
1.	Berücksichtigung der diplomatischen Immunität	21
	a) Forderungen Exterritorialer	21
	b) Forderungen gegen Exterritoriale	22
2.	Nichtübertragbare Forderungen	23
3.	Sozialer Pfändungsschutz	25
4.	Unpfändbarkeit nach § 46 Abs. 6 AO	26
5.	Folgen der Pfändung unpfändbarer Forderungen	27
	a) Verstoß gegen diplomatische Immunität	28
	b) Verstoß gegen § 46 AO	29
	c) Verstoß gegen §§ 850a ff., 851	30
	d) P-Konto	31
	e) Verstoß gegen §§ 54, 55 SGB I	32
IV.	Die praktische Durchführung der Forderungspfändung	33
1.	Gläubigerantrag	33
2.	Prüfung durch das Vollstreckungsgericht	34
3.	Anhörung des Schuldners	36
4.	Rechtsschutzbedürfnis	37
5.	Der Pfändungsbeschluss	38

a)	Bestimmtheitsgrundsatz	39	b) Folgen des Inhibitoriums	59
b)	Bezeichnung des Drittschuldners	42	c) Pfändungspfandrecht	60
c)	Beschränkung auf den pfändbaren Teil der Forderung	43	VI. **Der Umfang der Pfändung**	62
			1. Erfassung der Forderung	62
d)	Bezeichnung des Vollstreckungsschuldners	44	2. Zinsen, Neben- und Vorzugsrechte	64
			3. Urkunden	65
e)	Sonstiger Inhalt	45	VII. **Rechtsbehelfe**	66
f)	Pfändung mehrerer Forderungen in einem Beschluss	46	1. Gläubiger	66
			2. Schuldner	67
6.	Die Zustellung des Beschlusses (Abs. 2 und Abs. 3)	47	3. Drittschuldner	70
			4. Sonstiger Dritter	71
a)	Gläubiger	47	5. Hilfstätigkeiten des Gerichtsvollziehers	72
b)	Drittschuldner	48	VIII. **Gebühren und Kosten**	73
c)	Schuldner	50	1. Gerichtsgebühren	73
7.	Die Anschlusspfändung	51	2. Anwaltsgebühren	74
V.	**Die Wirkungen der Pfändung**	52	3. Gebühren und Auslagen des Gerichtsvollziehers für die Zustellung	75
1.	Pfändung einer nicht bestehenden Forderung	52	4. Kosten des Drittschuldners	76
2.	Die Pfändungsfolgen	54	5. Kostentragung nach § 788	77
a)	Folgen verbotswidriger Zahlungen	55		

Literatur zur Durchführung und zu den Folgen einer Forderungspfändung allgemein:
Siehe zunächst die Literaturangaben vor der Vorbem. vor §§ 829–863. Ferner:
Adam, Die Forderungspfändung und das Wahlrecht des § 103 InsO, DZW 1998, 227; *Ahrens*, Priviligierte Pfändung aus Vollstreckungsbescheiden und Verwaltungsakten, JurBüro 2003, 401; *App*, Zur Vorgehensweise bei der Vollstreckung in einen Darlehensrückzahlungsanspruch, InVo 2005, 257; *Behr*, Der schnelle Vollstreckungszugriff – die sog. »Verdachtspfändungen«, JurBüro 1995, 348; *ders.*, Prüfungsgrundsätze und Bestimmtheitsgebot, JurBüro 1997, 10; *ders.*, Umfang der Beschlagnahme bei der Forderungspfändung – Das Prinzip der Vollpfändung, JurBüro 1997, 397; *Brehm/Kleinheisterkamp*, Die Bestimmtheit des Pfändungsbeschlusses bei der Forderungspfändung, JuS 1998, 781; *Denck*, Die Aufrechnung gegen gepfändete Vertragsansprüche mit Forderungen aus demselben Vertrag, AcP 1976, 518; *ders.*, Einwendungsverlust bei pfändungswidriger Zahlung des Drittschuldners an den Schuldner?, NJW 1979, 2375; *Derleder*, Zur Unwirksamkeit einer Forderungspfändung wegen mangelnder Schuldnerbezeichnung und ihrer Heilung, JurBüro 1995, 11; *Enders*, Anwaltsvergütung in der Zwangsvollstreckung – Rund um den Pfändungs- und Überweisungsbeschluss, JurBüro 2013, 57; *R. Fischer*, Aus der Praxis: Der lästige Pfändungs- und Überweisungsbeschluss, JuS 2006, 416; *Geißler*, Ordnungspunkte zur Praxis der Zwangsvollstreckung in Geldforderungen, JurBüro 1986, 961; *Gierlach*, Die Pfändung dem Schuldner derzeit nicht zustehender Forderungen, 1998; *Groß*, Einwendungen des Drittschuldners, Diss. Bonn 1997; *Hamme*, Die Übergabe eines Pfändungs- und Überweisungsbeschlusses im Wege der Ersatzzustellung an den Schuldner, NJW 1994, 1035; *Hein*, Zum Bestimmtheitserfordernis bei der Pfändung von Sicherheitsrückgewähransprüchen, WM 1986, 1379; *Hau*, Eigennützige und gläubigernützige Leistungsklagen des Vollstreckungsschuldners, WM 2002, 325; *Hoeren*, Der Pfändungs- und Überweisungsbeschluß: Praktikabilität von Verfassungsrecht, NJW 1991, 410; *Kahlke*, Nochmals: Der Pfändungs- und Überweisungsbeschluß: Praktikabilität von Verfassungsrecht?, NJW 1991, 2688; *Kleinheisterkamp*, Prozeßführung über gepfändete Geldforderungen, 2001; *Kothe*, § 850i – beachtliche Karriere einer lange Zeit unbekannten Norm, VuR 2014, 367; *Lieb*, Bereicherungsrechtliche Fragen bei Forderungspfändung, ZIP 1982, 1153; *G. Lüke*, Die Rechtsprechung des Bundesgerichtshofes zur Forderungspfändung, BGH-Festgabe (Beck-Verlag), Bd. III, 2000, S. 441; *Meller-Hannich*, Gleicher Pfändungsschutz für alle Einkünfte?, WM 2011, 529; *Müller*, Zustellungsort und unternehmensinterne Zuständigkeit beim Drittschuldner im Rahmen der Forderungspfändung, DGVZ 1996, 70; *Reinicke*, Die zweckentfremdete Aufrechnung, NJW 1972, 793 und 1697; *Riedel*, Priviligierte Zwangsvollstreckung wegen deliktischer Ansprüche, ProzRB 2003, 335; *Rimmelspacher/Spellenberg*, Pfändung einer Gegenforderung und Aufrechnung, JZ 1973, 271; *Roth*, Die Pfändung des Anwartschaftsrechts des Nacherben, NJW-Spezial 2013, 487; *Schilken*, Zum Umfang der Pfändung und Überweisung von Geldforderungen, FS G. Lüke, 1997, S. 701; *Th. Schneider*, Die Zwangsvollstreckung des Wertermittlungsanspruchs im Pflichtteilsrecht, ZEV 2011, 353; *J.-H. Schmidt*, Zwangsvollstreckung in das Verwaltungsvermögen, ZWE 2012, 341; *Schur*, Das Einziehungsrecht des Gläubigers bei Pfändung und Überweisung einer Geldforderung zur Einziehung, KTS 2001, 73; *Schwörer*, Der lange Weg zur Forderungspfändung, DGVZ 2008, 95; *Seip*, Die Zustellung des Pfändungs- und Überweisungsbeschlusses an Drittschuldner und Schuldner auf Betreiben des Gläubigers, DGVZ 2008, 73; *Sturm*, Entbindung vom Formularzwang für die Zwangsvollstreckung, Der BGH zeigt Praxisnähe, JurBüro 2014, 284; *diess.*, Die Verordnung zur Änderung der

§ 829 ZPO Pfändung einer Geldforderung

Zwangsvollstreckungsformularverordnung, JurBüro 2014, 507; *Tiedtke*, Zwangsvollstreckung in die vom Schuldner vor der Pfändung anfechtbar abgetretene Forderung, JZ 1993, 73; *Treffer*, Lieferanten-Insolvenz – Richtiges Drittschuldnerverhalten gegenüber Sicherungsgläubigern, MDR 2003, 301; *Walker*, Die Rechtsstellung des Drittschuldners in der Zwangsvollstreckung, FS Leipold, 2009, 451; *Werner*, Umgehung von Aufrechnungshindernissen durch Zwangsvollstreckung in eigene Schulden, 2000; *ders.*, Zweckentfremdete Aufrechnung?, NJW 1972, 1697; *Wiener*, Vollstreckungen nach dem Zusatzabkommen zum NATO- Truppenstatut, DGVZ 2013, 105; *Zimmermann/Zipf*, Pfändungsschutz und Abtretungsschutz, 4. Aufl., 2010.

Literatur zur Pfändung einzelner Gruppen von Forderungen:

1. Forderungen aus Arbeitsverhältnissen: *Baur*, Einige Bemerkungen zur Pfändung künftiger Lohnforderungen, DB 1968, 251; *Becker*, Pfändungsschutzbei Arbeitseinkommen und anderen Forderungen, JuS 2004, 780; *Bengelsdorf*, Auswirkungen der Lohnpfändung auf Arbeitsverhältnis und Arbeitseinkommen, AuR 1995, 349; *Brehm*, Zur Reformbedürftigkeit des Lohnpfändungsrechts, in FS Henckel, 1995, S. 41; *Brill*, Zum Anspruch des Arbeitgebers auf Ersatz von Lohnpfändungskosten, DB 1976, 2400; *Denck*, Einwendungen des Arbeitgebers gegen die titulierte Forderung bei Lohnpfändung, ZZP 1979, 71; *Franke*, Pfändung von Bezügen eines Soldaten, NJW 1968, 830; *Hardt*, Die Pfändbarkeit des Arbeitnehmeranspruchs auf Befreiung von deliktischen Verbindlichkeiten, DB 2000, 1814; *Honold*, Die Pfändung des Arbeitseinkommens – Eine rechtsvergleichende Untersuchung, 1998; *Jürgens/Behrens*, Zur kontokorrentmäßigen Verrechnung eines pfändungsfreien Arbeitseinkommens, Rpfleger 2006, 5; *Ludwig*, Der Pfändungsschutz für Lohneinkommen. Die Entstehungs- und Entwicklungsgeschichte der Vorschriften zum Schutz vor Lohnpfändung in Deutschland, Diss. Kiel, 2000; *Mäsch*, Cleverer Arbeitnehmer und nachlässiger Anwalt, oder: Treu und Glauben in der Forderungspfändung, Jura 2000, 518; *Müller-Gloege*, Pfändung und Abtretung von Arbeitnehmerbezügen im Prozess, DB 1987, Beil. 22; *Najar*, Behandlung einer Lohnpfändung gegen einen Arbeitnehmer, dessen Arbeitgeberin nach erfolgter Lohnpfändung insolvent wird, JurBüro 2013, 173; *Pohle*, Kann der Drittschuldner der Klage aus einem Pfändungsbeschluß die Pfändungsverbote der §§ 850 ff. ZPO entgegenhalten?, JZ 1962, 344; *Reetz*, Die Rechtsstellung des Arbeitgebers als Drittschuldner in der Zwangsvollstreckung, 1985; *Richter*, Grundlagen der Berechnung des pfändbaren Arbeitseinkommens, ArbR 2013, 382; *Schleusener/Kühn*, Die Reichweite der Kostenpräklusion nach § 12a I ArbGG, NZA 2008, 147; *Scholz-Löhnig*, Der Zugriff von Kreditinstituten auf Arbeitseinkommen unterhalb der Pfändungsfreigrenze, WM 2004, 116; *Seebach*, Das Zusammentreffen von Forderungspfändung und Zession bei hinterlegter Schuldsumme, JR 2010, 1; *Seibert*, Drittschuldnerschutz – Grenzen des Zahlungsverbots bei der Lohnpfändung, WM 1984, 521; *Tiedtke*, Stille Abtretung und Pfändung künftiger Lohnforderungen, DB 1976, 421; *Treffer*, Die Pfändung von Provisionsansprüchen, MDR 1998, 384; *Ulbrich*, Die Pfändung des Arbeitseinkommens aus der Sicht des Drittschuldners, JurBüro 2009, 509; *Wehrfritz*, Die Lohnpfändung. Frankreich und Deutschland im Vergleich, Diss. Bayreuth 1996; *Willikonsky*, Lohnpfändung und Drittschuldnerklage, 1998.

Siehe im Übrigen die Literaturhinweise zu § 850 ZPO.

2. Forderungen aus Bank- und Bausparverträgen: a) allgemein: *Bach-Heuker*, Pfändung in die Ansprüche aus Bankverbindung und Drittschuldnererklärung der Kreditinstitute, 1993; *Behr*, Vollstreckung in besondere Kontenarten, InVo 1999, 129; *ders.*, Pfändung von Sparkonten, JurBüro 1999, 235; *ders.*, Pfändbare Nebenrechte und Einzelfragen bei der Kontenpfändung, JurBüro 1999, 458; *ders.*, Vollstreckung in Gemeinschaftskonten, JurBüro 1995, 182; *ders.*, »Kontenleihe«, JurBüro 1995, 512; *ders.*, Die Vollstreckung in Nebenrechte bei der Kontenpfändung einschließlich Darlehnsansprüchen und Kreditzusagen, RpflStud 2002, 140; *Bitter*, Pfändung des Dispositionskredits?, WM 2001, 889; *ders.*, Neues zur Pfändbarkeit des Dispositionskredits, WM 2004, 1109; *Brinkmann*, Die Pfändung des täglichen und jährlichen Kontokorrentsaldos im deutschen und ausländischen Recht, Diss. Köln 1959; *Christiansen*, Neues vom Überziehungskredit, InVo 2004, 257; *Ehlenz/Diefenbach*, Pfändung in Bankkonten und andere Vermögenswerte, 1985; *Ehlenz*, Pfändung eines Giroguthabens bei Führung mehrerer Girokonten, JurBüro 1982, 1767; *ders.*, Der reformierte Pfändungsschutz für Kontoguthaben aus Arbeitseinkommen, FPR 2012, 158; *ders.*, Die Pfändung von Bankguthaben wegen privilegierter Forderungen, insbesondere Unterhaltsansprüchen, JurBüro 2011, 342; *Ehlenz/Joeres*, Kann der Pfändungsgläubiger eine Kontopfändung einseitig aussetzen oder ruhend stellen?, JurBüro 2010, 62; *Erman*, Zur Pfändbarkeit der Ansprüche eines Kontokorrentkunden gegen seine Bank aus deren Kreditzusage, Gedächtnisschr. f. Rud. Schmidt, 1966, S. 261; *Felke*, Die Pfändung der »offenen Kreditlinie« im System der Zwangsvollstreckung unter Berücksichtigung der Schuldrechtsreform, WM 2002, 1632; *Fink*, Behandlung von Kontenpfändungen nach der Insolvenzordnung, ZgIR 2000, 353; *ders.*, Bestimmtheitsgrundsatz bei der Pfändung von Kreditsicherheiten, MDR 1998, 749; *R. Fischer*, Pfändbarkeit von Dispositionskrediten, DZWIR 2002, 143; *Th. Fischer*, Rechtsschutz bei Kontopfändung im Licht der aktuellen Rechtsprechung, InVo 2002, 213; *Foerste*, Lastschrift-Widerruf und Kontenpfändungsschutz, ZinsO 2009, 646; *Forgach*, Die Doppelpfändung beim Bankkontokorrent und das Verfügungsrecht des Schuldners während der Rechnungsperiode, DB 1974, 809 und 1852; *Fritzsche*, Die Pfändbarkeit offener Kreditlinien, DStR 2002, 265; *Gaul*, Die Zwangsvollstreckung in den Geldkredit, KTS 1989, 3; *ders.*, Zur Rechtsstellung des Kreditinstituts als Drittschuldner in der Zwangsvollstreckung, FS d. Sparkassenakademie, 1978, S. 75; *Geschwandtner/Bornemann*, Girokonto für jedermann, NJW 2007, 1253; *Gleisberg*, Pfändung von Kontokorrentguthaben, DB 1980, 865; *Goebel*, Pfändung der Ansprüche aus einem Bausparvertrag, FoVo 2011, 141;

Gröger, Die zweifache Doppelpfändung des Kontokorrentes, BB 1984, 25; *Grube*, Die Pfändung von Ansprüchen aus dem Giroverhältnis unter besonderer Berücksichtigung von Kontokorrentkrediten. Diss. Bochum 1994; *Grund*, Die Zwangsvollstreckung in den Geldkredit, Diss. Bonn, 1988; *Grunsky*, Zur Durchsetzung einer Geldforderung durch Kreditaufnahme des Schuldners in der Zwangsvollstreckung, ZZP 1982, 264; *Hadding/Seitz*, Zur Zwangsvollstreckung in urkundliche Sparkassenbriefe, FS Zöllner, 1999, S. 191; *Häuser*, Ist der Anspruch des Kontoinhabers auf Besorgung einer Giroüberweisung pfändbar?, WM 1990, 129; *Herresthal*, Die Kündigung von Konten durch private Banken nach dem Recht der Zahlungsdienstleistungen, WM 2013, 773; *Hintzen*, Pfändung des vereinbarten Dispositionskredits, InVo 2001, 270; *Hintzen/Förster*, Die Pfändung in Massekonten, Rpfleger 2001, 399; *Jungmann*, Die Pfändung in das Bankkonto, ZgIR 1999, 93; *Kaiser*, Vollstreckung in Anteilsscheine von offenen und geschlossenen Investment- und Immobilienfonds, InVo 2001, 46; *Kerres*, Gesamtbetrachtung der Zwangsvollstreckung in Schuldneransprüche aus Bankgeschäftsverbindungen mit Darstellung der Funktionen des Gerichtsvollziehers, des Rechtspflegers und der kontoführenden Bank (Drittschuldner), DGVZ 1992, 106; *Kohte/Busch*, Kontenpfändungsschutz in der Insolvenz, ZVI 2006, 142; *Klose*, Dispositionskredit – Zulässigkeit der Pfändung des Darlehnsanspruchs, MDR 2002, 186; *Lwowski/Bitter*, Grenzen der Pfändbarkeit von Girokonten, WM-Festgabe für Thorwald Hellner, 1994, S. 57; *Luther*, Die Pfändbarkeit von Kredit- und Darlehnsansprüchen, BB 1985, 1886; *Meyer*, Kontenschutz gem. § 765a – Rechtsprechungsübersicht nebst analytischer Auswertung unter Einbeziehung des aktuellen politischen Prozesses, Rpfleger 2007, 513; *Olzen*, Die Zwangsvollstreckung in Dispositionskredite, ZZP 1984, 1; *Peckert*, Pfändbarkeit des Überziehungs- und Dispositionskredits, ZIP 1986, 1232; *Ploch*, Pfändbarkeit der Kreditlinie, DB 1986, 1961; *Wagner*, Neue Argumente zur Pfändbarkeit des Kontokorrentkredits, WM 1998, 1657; *Ruthke*, Drittschuldnerschutz für die Bank bei der Kontenpfändung, ZIP 1984, 538; *Schebesta*, Rechtsfragen bei CpD-Konten sowie »Und«-Konten, WM 1985, 1329; *Schmies*, Die Pfändbarkeit der vertraglich eingeräumten Kreditlinie, Diss. Münster, 1993; *Scholl*, Die Pfändung des Kontokorrentkredits, DZWIR 2005, 353; *Schuschke*, Die Pfändung der »offenen Kreditlinie«, ZIP 2001, 1084; *Stirnberg*, Pfändung von Girokonten, 1983; *Terpitz*, Zur Pfändung von Ansprüchen aus Bankkonten, WM 1979, 570; *Uhlmannsiek*, Pfändungen ins Girokonto, JABl 1993, 238; *Vallender*, Effiziente Zwangsvollstreckung durch Kontenpfändung, InVo 1996, 283; *Wagner*, Zur Pfändbarkeit nicht zweckgebundener Kontokorrentkreditforderungen, JZ 1985, 718; *Werner/Machunsky*, Zur Pfändung von Ansprüchen aus Girokonten – insbesondere beim debitorisch geführten Kontokorrent, BB 1982, 1581; *Zimmermann*, Pfändung von Oder-Konten: Zum Antrag des nichtschuldnerischen Kontoinhabers auf Freigabe der Guthabenteile aus der Überweisung seines Arbeitseinkommens bzw. seiner laufenden Sozialgeldleistungen, KKZ 2000, 274.

b) **Zum Pfändungsschutzkonto (sog. P-Konto):** *Ahrens*, Das neue Pfändungsschutzkonto, NJW 2010, 2001; *ders.*, Entgeltklauseln für Pfändungsschutzkonten, NJW 2013, 975; *Becker*, Mängelbeseitigung beim Kontopfändungsschutz, NJW 2011, 1317; *Bitter*, Das Pfändungsschutzkonto. – Ein untaugliches Konstrukt, WM 2008, 141; *ders.*, Das neue Pfändungsschutzkonto – eine Zwischenbilanz, ZIP 2011, 149; *Brögelmann*, Automatischer Pfändungsschutz durch das P-Konto, NJ 2010, 407; *Büchel*, Das neue Pfändungsschutzkonto aus der Sicht der Kreditwirtschaft, BKR 2009, 358; *ders.*, Das neue Pfändungsschutzkonto in der Insolvenz des Schuldners, ZInsO 2010, 20; *Busch*, Der Bestand des Pfändungsschutzkontos im eröffneten Insolvenzverfahren und die Umwandlung in ein solches Konto, VuR 2014, 76; *Casse*, Neue Überlegungen zum Giro- und P-Konto im Insolvenzverfahren, ZInsO 2012, 1402; *Dörndorfer*, Das neue Pfändungsschutzkonto, JurBüro 2009, 626; *Ernst*, Referentenentwurf eines Gesetzes zur Reform des Kontopfändungsschutzes, JurBüro 2008, 509; *Foelsch/Janca*, Die Reform des Kontopfändungsschutzes auf der Grundlage des Regierungsentwurfs, ZRP 2007, 253; *Giers*, Reform des Kontopfändungsschutzes, FamR-Berater 2010, 188; *Goebel*, Kontopfändung unter veränderten Rahmenbedingungen, 2009; *ders.*, Reform des Kontopfändungsschutzes, ZVI 2007, 294; *ders.*, Die Reform der Kontopfändung, FoVo 2010, 21; *ders.*, Der geschützte Sockelbetrag auf dem Pfändungsschutzkonto, FoVo 2010, 101; *ders.*, Die Sicherung der Singularität des Pfändungsschutzkontos, FoVo 2010, 105; *ders.*, Der Freistellungszeitraum und der Pfändungsschutz bei der Kontoumstellung, FoVo 2010, 121; *Graf-Schlicker/Linder*, Die Reform des Kontopfändungsschutzes – ein Gewinn für alle Beteiligten, ZIP 2009, 989; *Heuser*, Überblick zum Gesetz zur Reform des Kontopfändungsschutzes, KKZ 2009, 245; *Homann*, Das P- Konto als Experimentierfeld der Praxis, DGVZ 2015, 45; *Kreft*, Gedanken zum Girokonto für jedermann, FS Graf von Westfalen, 2010, S. 415 ff; *Lücke*, Das P-Konto im Lichte der ZKA-Empfehlungen zum Girokonto für jedermann, BKR 2009, 457; *Mock*, P-Konto: Das Monatsanfangsproblem und seine Bewältigung, VE 2010, 168; *Neiseke*, Einführung des neuen Pfändungsschutzkontos (»P-Konto«) durch Gesetz zur Reform des Kontopfändungsschutzes, jurisPK-BKR 10/2009 (Anm. 1); *Remmert*, Der neue Kontopfändungsschutz, NZI 2009, 70; *Schröder*, Die SCHUFA im Gesetz über das Pfändungsschutzkonto, ZVI 2009, 400; *Schumacher*, Ein großer Tag für Verbraucher und Selbständige: Das Gesetz zur Reform des Kontopfändungsschutzes vom 7. Juli 2009, ZVI 2009, 313; *Schwörer*, Der neue Kontopfändungsschutz – Reform ohne Gerichtsvollzieher?, DGVZ 2009, 121; *Singer*, Das neue Pfändungsschutzkonto, ZAP Fach 14, S. 613; *Sudergat*, Kontopfändung und P-Konto, RWS-Skript 365, 3. Aufl., 2013; *Wiederhold*, Die Bestimmung des monatlichen Freibetrages beim Pfändungsschutzkonto – Diskussion ausgewählter Probleme – BKR 2011, 272.

3. Forderungen aus Notar-Anderkonten: *Franken,* Rechtsprobleme nach Kaufpreishinterlegung auf Notaranderkonto beim Grundstückskauf, RNotZ 2010, 597; *Göttlich,* Pfändung von Forderungen aus dem Notar-Anderkonto, JurBüro 1960, 463; *Lange,* Treuhandkonten in Zwangsvollstreckung und Insolvenz, NJW 2007, 2513; *Märker,* Vollstreckungszugriff bei Zahlung über Notaranderkonto, Rpfleger 1992, 52; *Rupp/Fleischmann,* Pfändbare Ansprüche bei notarieller Kaufpreishinterlegung, NJW 1983, 2368; *Schneider,* Die Zwangsvollstreckung in den beim Notar hinterlegten Kaufpreis, JurBüro 1964, 779; *Strehle,* Die Zwangsvollstreckung in das Guthaben des Notaranderkontos, Diss., Münster 1995.

4. Forderungen auf Steuer- und Abgabenrückerstattung: *App,* Zeitpunkt der frühestmöglichen Pfändbarkeit von Steuererstattungsansprüchen, KKZ 2000, 273; *Behr,* Die Pfändung von Steuererstattungsansprüchen – ein aktueller Überblick, JurBüro 1997, 349; *Fest,* Zivilprozessuale Zwangsvollstreckung in Steuererstattungsansprüche, WM 2012, 1565; *Globig,* Die Pfändung von Lohnsteuer- und Einkommensteuererstattungsansprüchen, NJW 1982, 915; *Halaczinsky,* Abtretung, Verpfändung und Pfändung von Steuererstattungs- und Steuervergütungsansprüchen, ZIP 1985, 1442; *Hintzen,* Pfändung von Steuererstattungsansprüchen, ZAP 1998, 281; *Pelke,* Pfändung von Steuererstattungsansprüchen in der Insolvenz, SteuK 2013, 379; *Riedel,* Pfändung von Steuererstattungsansprüchen, ProzRB 2004, 164; *Röder,* Zwangsvollstreckung in Steuererstattungsansprüche im zivil- und verwaltungsrechtlichen Vollstreckungsverfahren, DGVZ 2009, 178; *Schmidt,* Die Pfändung von Steuererstattungsansprüchen, InVo 2000, 259; *Schulz,* Aktuelle Probleme bei Abtretung und Verpfändung, Pfändung und Vorpfändung von Steuererstattungsansprüchen, DStZ 1983, 466; *Schwarz,* Die Pfändung von Steuererstattungsansprüchen gegenüber dem Finanzamt, StW 1973, 49; *Stöber,* Pfändung des Lohnsteuer-Jahresausgleichs, Rpfleger 1973, 116; *Tiedtke,* Die Pfändung von Lohnsteuererstattungsansprüchen, NJW 1979, 1640; *Urban,* Pfändbarkeit und Pfändung von Steuererstattungsansprüchen bei Antragveranlagung – eine endlose Geschichte mit verfassungs- und insolvenzrechtlichem Aspekt, DGVZ 1999, 104; *ders.,* Die Wegnahme der Lohnsteuerkarte beim Vollstreckungsschuldner gem. § 836 Abs. 3 ZPO, DGVZ 1994, 101; *Viertelhausen,* Kann die Lohnsteuerkarte im Wege der Herausgabevollstreckung oder der Hilfspfändung weggenommen werden?, DGVZ 2003, 134.

5. Forderungen aus privaten Versicherungsverträgen: *Bohn,* Die Zwangsvollstreckung in Rechte des Versicherungsnehmers aus dem Versicherungsvertrag und der Konkurs des Versicherungsnehmers, FS Schiedermair, 1976, S. 33; *David,* Tips zur Pfändung von Lebensversicherungsansprüchen, MDR 1996, 24; *Hasse,* Zwangsvollstreckung in Kapitallebensversicherungen, VersR 2005, 15; *ders.,* Zur gemischten Lebensversicherung zu Gunsten Dritter, VersR 2005, 1176; *Hülsmann,* Berufsunfähigkeitszusatzversicherung: Unpfändbarkeit gem. § 850b Abs. 1 Nr. 1 ZPO, MDR 1994, 537; *Kurzka,* Der Zugriff Dritter auf den Rechtsschutzversicherungsanspruch, VersR 1980, 12; *Prahl,* Eintrittsrecht und Anfechtung bei der Kapitallebensversicherung, VersR 2005, 1036; *B. Schmidt,* Pfändung einer Direktversicherung im Rahmen der betrieblichen Altersvorsorge, JurBüro 2011, 284; *Sieg,* Kritische Betrachtungen zum Recht der Zwangsvollstreckung in Lebensversicherungsforderungen, FS Klingmüller, 1974, S. 447.

6. Geldforderungen aus Gesellschaftsrecht: *Ahrens,* Personengesellschaft und Gesellschafter als Drittschuldner des Pfändungs- und Überweisungsbeschlusses, ZZP 1990, 34; *Geißler, Statuarische Vorsorge bei der Pfändung eines GmbH-Anteils und der Insolvenz eines Gesellschafters, GmbHR 2012, 370; Müller,* Zur Pfändung der Einlageforderung der AG, DAG 1971, 1; *Muth,* Übertragbarkeit und Pfändbarkeit des Kapitalentnahmeanspruchs von Personenhandelsgesellschaften, DB 1986, 1761; *Wertenbruch,* Die Pfändung von »überziehbaren« Gesellschafterkonten und Entnahmerechten bei der Personengesellschaft, FS W. Gerhardt, 2004, 1077.

7. Geldforderungen auf Schadensersatz: *Krebs,* Zur Pfändbarkeit von Schadensersatzforderungen, VersR 1962, 389; *Müller,* Die Pfändbarkeit des Anspruchs aus § 651f Abs. 2 BGB, JurBüro 1986, 1461; *Schmidt,* Schadensersatzansprüche nach § 844 Abs. 2 BGB in der Insolvenz und in der Zwangsvollstreckung, ZInsO 2007, 14.

8. Miet- und Pachtzinsforderungen sowie Wohngeldforderungen: *Drasdo,* Die Pfändung von Wohngeldforderungen in der Jahresabrechnung, ZWE 2011, 251; *Hofmann/Vendolsky,* Die Pfändung von Miet- oder Pachtforderungen durch Grundpfandrechtsgläubiger in der Insolvenz des Vermieters oder Verpächters, ZfIR 2006, 403; *Reismann,* Der Pfändungs- und Überweisungsbeschluss bei Mietzinsforderungen, MM 2000, Nr. 6, S. 35; *Zipperer,* Die Pfändung von Miet- und Pachtzinsforderungen aus dinglichen Titel – die ewig junge »Pfändungsbeschlagnahme«, ZfIR 2006, 395.

9. Geldforderungen aus familienrechtlichen Beziehungen: *Balthasar,* Die Pfändung des Taschengeldanspruchs des vermögenslosen Ehegatten, FamRZ 2005, 85; *Foerste,* Pfändbarkeit von Unterhaltsansprüchen trotz § 850b ZPO, NJW 2006, 2945; *Münch,* Zur Pfändbarkeit von Rückforderungsrechten bei ehebedingten Zuwendungen, FamRZ 2004, 1329; *Stöber,* Ehegatte und Lebensgefährte als Drittschuldner, FS E. Schneider, 1997, S. 213; *Wolf/Hintzen,* Probleme mit der Pfändung wegen Unterhaltsansprüchen ab 1.1.2008, Rpfleger 2008, 337.

10. Geldforderungen aus geistigem Eigentum: *Berger,* Zwangsvollstreckung in urheberrechtliche Vergütungsansprüche, NJW 2003, 853; *Boecker,* de-Domains – Praktische Probleme bei der Zwangsvollstreckung, MDR 2007, 1234; *Stadler,* Drittschuldnereigenschaft der DENIC bei der Domainpfändung, MMR 2007, 71.

11. Geldforderungen aus Sozialleistungsansprüchen: *Ahrens,* Zwangsvollstreckung in die Einkünfte von Strafgefangenen, NJW-Spezial 2011, 725; *Ernst,* Entwicklung des Pfändungsschutzes der privaten Altersvorsorge, § 851c Abs. 1

ZPO, FD-ZVR 2012, 336599; *Behr*, Die Pfändung von Sozialleistungen, JurBüro 1997, 235; *Danzer*, Nochmals: Die Pfändung künftiger Rentenansprüche, NJW 1992, 1026; *David*, Die Pfändung künftiger Rentenansprüche – Neue Rechtsprechung des BGH, MDR 2003, 793; *Denck*, Drittschuldnerschutz im Sozialrecht, ZZP 1989, 1; *Diepenbrock*, Das Bestimmtheitsgebot bei der Pfändung künftiger Rentenansprüche, NZS 2004, 585; *Elling*, Abtretung von Sozialleistungen, NZS 2000, 281; *Frind*, Kleine Reform – große (Fehl-)Wirkung? Anmerkung zum Entwurf eines »Gesetzes zum Pfändungsschutz der Altersvorsorge und zur Anpassung des Rechts der Insolvenzanfechtung«, ZInsO 2005, 790; *Groth/Siebel-Huffmann*, Das neue SGB II, NJW 2011, 1105; *Harks*, Zur Unpfändbarkeit der Mehraufwandentschädigung bei Ein-Euro-Jobs, Rpfleger 2007, 588; *Heilmann*, Die Zwangsvollstreckung in Sozialleistungsansprüche nach §54 Sozialgesetzbuch Allgemeiner Teil unter besonderer Berücksichtigung des 1. SGBÄndG vom 20.7.1988 und des 2. SGBÄndG vom 13.6.1994, Diss. Bonn 1999; *Kamprad*, Die Pfändbarkeit künftiger Rentenansprüche, SGb 1990, 184; *Kohte*, Sozialleistungspfändung zwischen formeller und materieller Billigkeit. Zur Konkretisierung einer Generalklausel durch offene Interessenabwägung, KTS 1990, 541; *ders.*, Praktische Fragen der Sozialleistungspfändung, NJW 1992, 393; *Landmann*, Pfändungsschutz nach Überweisung des Sozialgeldes im Wege der Vollstreckungserinnerung, Rpfleger 2000, 440; *Leithaus*, Anmerkung zum Regierungsentwurf eines Gesetzes zum Pfändungsschutz der Altersvorsorge und zur Anpassung des Rechts der Insolvenzanfechtung, NZI 2005, 435; *Nieuwenhuis*, Nochmals: Zur Pfändung künftiger Rentenansprüche, NJW 1992, 2007; *Schmidt/Lamatsch-Grund*, Zur Pfändbarkeit von künftigen Rentenanwartschaften, JurBüro 1996, 404; *Stöber*, Das Gesetz zum Pfändungsschutz der Altersvorsorge, NJW 2007, 1242.

12. Sonstige öffentlich-rechtliche Forderungen: *Dutta*, Vollstreckung in öffentlich-rechtliche Forderungen ausländischer Staaten, IPRax 2007, 109; *Viertelhausen*, Die Umweltprämie in der Zwangsvollstreckung, DGVZ 2009, 75.

I. Zum Begriff der Geldforderung i. S. der §§ 829 ff.

1. Grundsatz

Forderungen des Schuldners als Gläubiger, die auf eine Geldleistung gerichtet sind, gegen einen Dritten als Schuldner – sog. Drittschuldner in der Terminologie der §§ 828 ff. – können aus den unterschiedlichsten Rechtsverhältnissen herrühren. Sie können ihre Wurzel im Privatrecht haben oder im öffentlichen Recht; sie können sich unmittelbar aus dem Gesetz herleiten oder aus einem vereinbarten Rechtsverhältnis begründet sein. Sie können auf eine Geldleistung in inländischer oder in ausländischer Währung[1] gerichtet sein. § 829 differenziert insoweit nicht: Ist die auf eine Geldleistung gerichtete Forderung im Einzelfall überhaupt pfändbar[2] und richtet sich die Zwangsvollstreckung in die Forderung nach den Regeln der ZPO,[3] so finden grundsätzlich gleich die §§ 829 ff. Anwendung.

2. Ausnahmen

Hiervon gibt es allerdings einige wichtige Ausnahmen:

a) Geldforderungen, die zum Hypothekenverband gehören

Geldforderungen, auf die sich bei Grundstücken die Hypothek erstreckt (§ 1120 BGB), unterliegen nach § 865 Abs. 2 Satz 2 der Zwangsvollstreckung durch das Vollstreckungsgericht nach §§ 829 ff. nur so lange, wie nicht ihre Beschlagnahme im Wege der Zwangsvollstreckung in das unbewegliche Vermögen erfolgt ist. Die Beschlagnahme erfolgt unterschiedlich, je nachdem ob die Zwangsvollstreckung in das unbewegliche Vermögen durch Zwangsverwaltung oder Zwangsversteigerung betrieben wird:[4] Mit dem Wirksamwerden der Beschlagnahme des Grundstücks selbst zur Zwangs-

---

[1] Zur Zwangsvollstreckung in Forderungen gegen ausländische Drittschuldner siehe: Vor §§ 828–863 Rdn. 2; andererseits siehe zur Zwangsvollstreckung aus einem Titel, der auf Zahlung in einer ausländischen Währung lautet: Vor §§ 803–882a Rdn. 4.

[2] Zur Unpfändbarkeit allgemein siehe unten Rdn. 20.

[3] Zur Verwaltungsvollstreckung und zur abgabenrechtlichen Vollstreckung siehe: Allg. Einl. Rdn. 3 und Vor §§ 828–863 Rdn. 1.

[4] Zu den 3 Möglichkeiten der Beschlagnahme von Mietzinsforderungen im Wege der Zwangsvollstreckung in das unbewegliche Vermögen: *Schuschke*, BGHReport 2006, 1320.

verwaltung (§§ 146, 150, 151 ZVG) werden auch die in §§ 1123, 1126, 1127 BGB genannten Forderungen beschlagnahmt; das sind die Miet- und Pachtzinsforderungen, die mit dem Eigentum am Grundstück verbundenen Rechte auf wiederkehrende Leistungen (Ansprüche aus Reallasten, Erbbauzinsrechte, Überbau- und Notwegrenten) und Versicherungsforderungen, die aus dem Verlust, dem Untergang oder der Beschädigung von Gegenständen herrühren, die ihrerseits zum Haftungsverband der Hypothek gehörten (Gebäude und andere Bestandteile, Erzeugnisse, Zubehör).

Erfolgt die Beschlagnahme des Grundstücks zum Zwecke der Zwangsversteigerung (§§ 20, 22 ZVG), so werden gleichzeitig nur die Versicherungsforderungen nach §§ 1127 ff. BGB beschlagnahmt (nicht dagegen die in §§ 1123 [Miet- und Pachtzinsforderungen], 1126 [Erbbauzinsen, Überbau- und Notwegrenten] BGB genannten Forderungen und Rechte).

Die Beschlagnahme nur einzelner zum Hypothekenverband zählender Forderungen »im Wege der Zwangsvollstreckung in das unbewegliche Vermögen« kann schließlich auch in der Weise erfolgen, dass ein Gläubiger aufgrund eines dinglichen Titels (z. B. nach § 1147 BGB) in eine solche Forderung nach §§ 829 ff. ZPO vollstreckt: Die Forderung ist dann dem Zugriff aller persönlichen Gläubiger durch Pfändung nach § 829 ZPO seitens des Vollstreckungsgerichts entzogen.[5] Bereits erfolgte Pfändungen für persönliche Gläubiger bleiben wirksam, treten aber im Rahmen der §§ 1123, 1124 BGB im Rang hinter der dinglichen Beschlagnahme zurück.[6] Dingliche Gläubiger können weiter in die Forderung vollstrecken; der Rang ihrer Pfandrechte richtet sich allerdings nicht nach dem Prioritätsprinzip, sondern nach dem dinglichen Rangverhältnis.[7] Auch dinglichen Gläubigern ist aber wegen § 49 InsO der Zugriff auf Mietzinsforderungen durch Pfändung ab Eröffnung des Insolvenzverfahrens gegen den Grundstückseigentümer versperrt[8].

b) Wertpapiere und Hypothekenforderungen

3   Verbriefte Forderungen, bei denen das Recht aus dem Papier dem Recht am Papier folgt, werden wie bewegliche Sachen nach § 808 Abs. 2 durch den Gerichtsvollzieher gepfändet. Ihre Verwertung geschieht nach § 821. Forderungen aus Wechseln und anderen Papieren, die durch Indossament übertragen werden können, werden gem. § 831 wie bewegliche Sachen nach § 808 Abs. 2 gepfändet, aber dann wie Forderungen nach § 835 verwertet.[9] Hinsichtlich der Forderungen, für die eine Hypothek bestellt ist, enthält § 830 – für Schiffshypotheken § 830a ZPO – über § 829 ZPO hinausgehende Sonderregeln.

c) Ansprüche auf Sicherheitsleistung in Geld

4   Keine Geldforderung, sondern ein nach § 887 zu vollstreckender Anspruch auf eine vertretbare Handlung, ist der materiellrechtliche Anspruch auf Gestellung einer Sicherheitsleistung in Geld. Denn hier steht noch nicht die Geldzahlung an den Gläubiger in Rede, sondern die Hinterlegung eines Geldbetrages, aus dem der Gläubiger sich später möglicherweise – nämlich bei Eintritt des Sicherungsfalles – befriedigen darf. Auch die Verpflichtung, den Gläubiger von einer Geldforderung eines Dritten freizustellen, ist als vertretbare Handlung gem. § 887 zu vollstrecken;[10] denn, auch wenn die Erfüllung insoweit regelmäßig durch Zahlung des Geldbetrages an den Dritten

---

5   BGH, NJW-RR 2005, 1455; *Brox/Walker*, Rn. 518; MüKoBGB/*Eickmann*, § 1123 BGB Rn. 22; *Lauer*, MDR 1984, 977; *Schuschke*, BGHReport 2006, 1320; *Stöber*, Forderungspfändung, Rn. 233; *Zipperer*, ZfIR 2006, 395.

6   *Stöber*, Forderungspfändung, Rn. 233.

7   RGZ 103, 137; *Lauer*, MDR 1984, 977; *Stöber*, Forderungspfändung, Rn. 233.

8   BGH, NZM 2006, 714 mit Anm. *Walker/Wrobel*, LMK 2006, 191883; *Hofmann/Vendolsky*, ZfIR 2006, 403.

9   Siehe auch § 821 Rdn. 1.

10 OLG München, InVo 1998, 358 und JurBüro 1998, 437; OLG Saarbrücken, InVo 1999, 360.

erfolgt, könnte der geschuldete Erfolg (Freistellung) jederzeit auch in anderer Weise (Aufrechnung; Erlassvertrag; usw.) herbeigeführt werden.

d) Geldstück- und Geldsortenschulden

Ebenfalls keine Geldschuld ist die Geldstück- oder Geldsortenschuld, da hier nicht der bloße Geldbetrag, sondern bestimmte Münzen geschuldet werden. Die Vollstreckung erfolgt nach §§ 883, 884.

3. Betagte, bedingte, künftige Geldforderungen und Naturalobligationen

Geldforderungen i. S. des § 829 sind nicht nur solche auf eine Geldleistung gerichteten Ansprüche, deren Bezahlung sogleich verlangt werden kann, also fällige, sofort durchsetzbare Forderungen, sondern auch noch nicht fällige, bedingte[11] und sogar künftige Ansprüche auf eine Geldleistung, sowie an sich bestehende Ansprüche, die aber nicht oder nicht mehr gerichtlich durchgesetzt werden können.

a) Künftige Forderungen

Dass künftige Ansprüche pfändbar sind, ist im Grundsatz unstreitig und wird auch vom Gesetz als selbstverständlich vorausgesetzt, wie die Regelungen der §§ 832, 833, 833a Abs. 1 für künftige Lohn- und Gehaltsforderungen sowie künftige Tagesguthaben auf einem Bankkonto zeigen. Ebenso unstreitig ist, dass bloße Chancen und Hoffnungen noch nicht pfändbar sind,[12] etwa der mögliche Erbauseinandersetzungsanspruch des möglichen Miterben für den Fall, dass später überhaupt einmal der Erbfall eintreten wird. Keine bloße Chance mehr, sondern bereits ein aufschiebend bedingter Anspruch ist nach dem Tode des Erblassers, auch schon vor seiner vertraglichen Anerkennung, der Pflichtteilsanspruch, der deshalb ab dieser Zeit bereits pfändbar, aber erst dann verwertbar ist, wenn die Voraussetzungen des § 852 Abs. 1 vorliegen[13]. Eine bloße Hoffnung stellt es dagegen dar, dass ein Rechtsanwalt künftig in Prozesskostenhilfeverfahren armen Parteien beigeordnet werden könnte, sodass seine eventuellen Ansprüche auf Erstattung der Gebühren durch die Staatskasse (»alle künftigen beim Amtsgericht X für RA Y anfallenden Ansprüche aus seiner Beiordnung im Wege der Prozesskostenhilfe«) vor einer tatsächlichen Beiordnung nicht pfändbar sind.[14] Gleiches gilt für den vermeintlichen künftigen Anspruch eines Arbeitnehmers auf Insolvenzgeld, wenn die Insolvenz des Arbeitgebers noch gar nicht eingetreten ist, sondern aufgrund der allgemeinen wirtschaftlichen Lage nur möglich erscheint.[15] Als bloße Chance unpfändbar ist auch der künftige Lohnanspruch eines Arbeitnehmers, der zurzeit noch eine vom Arbeitsamt bezahlte Umschulungs- oder Arbeitsbeschaffungsmaßnahme durchführt für den Fall, dass dieser Arbeitgeber ihn später in ein ordentliches Arbeitsverhältnis übernehmen sollte, wenn für eine solche Übernahme noch keinerlei Zusagen vorliegen.[16] Ebenso ist es eine bloße Hoffnung, der Schuldner, dessen Konten

---

11 BGH, WM 2009, 710 (zur Pfändbarkeit des Pflichtteilsanspruchs bereits vor vertraglicher Anerkennung oder Rechtshängigkeit) mit Anm. *Toussaint*, jurisPR-BGHZivilR 8/2009 Anm. 2).
12 OLG Saarbrücken, BeckRS 2012, 20512 mit Anm. *Bürger*, GWR 2012339233; *Baumbach/Lauterbach/Hartmann*, § 829 Rn. 1; *Brox/Walker*, Rn. 509; *Geißler*, JuS 1986, 615; *Jauernig*, § 19 IV; PG/*Ahrens*, § 829 Rn. 13; *Stein/Jonas/Brehm*, § 829 Rn. 6; *Stöber*, Forderungspfändung, Rn. 28; *Thomas/Putzo/Seiler*, § 829 Rn. 10. Zu weitgehend daher LG Heilbronn, JurBüro 2001, 268, das den künftigen Rentenanspruch auch dann schon für pfändbar hält, wenn der Schuldner noch gar kein Versicherungskonto beim Rentenversicherungsträger besitzt.
13 BGH, WM 2009, 710 mit Anm. durch Toussaint, jurisPR-BGHZivilR 8/2009 (Anm. 2).
14 So schon AG Berlin-Schöneberg, JR 1951, 535.
15 LG Würzburg, Rpfleger 1978, 388; *Stöber*, Forderungspfändung Rn. 1456.
16 LG Kleve, MDR 1970, 770.

bei einer Bank gekündigt wurde, werden bei der anderen Bank am Ort ein neues Konto eröffnen, sodass die Pfändung der »künftigen Ansprüche« gegen diese andere Bank ins Leere gehen[17].

Dass der Schuldner gegen einen Drittschuldner einmal Ansprüche in der Vergangenheit hatte, begründet, wenn keinerlei konkrete Anhaltspunkte für zukünftige Rechtsbeziehung bestehen, ganz allgemein allenfalls die – nicht pfändbare – Hoffnung, es könnten ihm in Zukunft wieder einmal Ansprüche erwachsen.[18] Deshalb endet die Pfändung von künftigem Arbeitslohn regelmäßig auch mit dem den Lohnanspruch begründenden Arbeitsverhältnis.[19] Künftige Ansprüche für den Fall, dass der Arbeitnehmer irgendwann einmal zu diesem Arbeitgeber zurückkehrt, werden von der Pfändung nur im zeitlichen Rahmen des § 833 Abs. 2[20] erfasst, es sei denn, dass ausnahmsweise die zeitlich noch spätere Wiederaufnahme des Arbeitsverhältnisses schon fest vereinbart war (§ 832).[21]

Damit von einer künftigen, aber jetzt schon pfändbaren Forderung gesprochen werden kann, muss zwischen Schuldner und Drittschuldner im Zeitpunkt der Pfändung bereits eine Rechtsbeziehung bestehen, aus der die künftige – noch nicht bestehende – Forderung nach ihrem Rechtsgrund und nach der Person des Drittschuldners einwandfrei bestimmt werden kann.[22] Durch diese Begrenzung wird der Rechtssicherheit Genüge getan – über eine wie lange Zeit sollte es sich der potenzielle Drittschuldner sonst merken müssen, dass früher einmal eine Verdachtspfändung ausgesprochen worden war? – und dem Bestreben, ins Blaue hinein zu pfänden, um nur irgendetwas zu bekommen, ein Riegel vorgeschoben. Künftige, aber pfändbare Forderungen sind neben den künftigen Lohn- und Gehaltsforderungen etwa künftige Miet- und Pacht- oder Erbbauzinsansprüche oder der Anspruch auf die Auszahlungen künftiger Aktivsalden aus einem Girovertrag[23] oder einem Bankkontokorrentvertrag[24] (§ 833a Abs. 1), der Anspruch auf künftige Versicherungsleistung auch vor Eintritt des Versicherungsfalles,[25] der mögliche Kostenerstattungsanspruch schon ab Klageeinreichung,[26] der dem Schuldner verbleibende mögliche Erlösüberschuss einer Versteigerung durch den Gerichtsvollzieher oder einer Zwangsversteigerung eines Grundstücks schon ab Einleitung des Verfahrens,[27] der Anspruch auf Auszahlung des Gewinnanteils eines Gesellschafters für kommende Geschäftsjahre, der mögliche Rückerstattungsanspruch des Tarifkunden gegen das Elektrizitätsversorgungsunternehmens.[28]

---

17 *Lücke*, BKR 2009, 457, 459.
18 OLG Köln, Rpfleger 1987, 2.
19 BAG, NJW 1993, 2701 = EWiR 1993, 725.
20 Einzelheiten: § 832 Rdn. 5 und § 833 Rdn. 4.
21 BAG, EWiR 1993, 727.
22 BGHZ 20, 131; 53, 32; 80, 181; BGH, NJW 1981, 817; NJW 1982, 2195; BGH, InVo 2003, 192; BGH, FamRZ 2004, 102; OLG Oldenburg, WM 1979, 591; OLG Saarbrücken, OLGReport 2006, 973; LG Berlin, MDR 1971, 766; LG Itzehoe, NJW-RR 1987, 819; LG Wiesbaden, MDR 1988, 63.
23 BGH, NJW 1997, 1857; BGH, FamRZ 2004, 183. A. A. (das Bestehen eines Rechtsverhältnisses sei keine zwingende Voraussetzung der Pfändbarkeit des künftigen Anspruchs): *Schilken* in Gaul/Schilken/Becker-Eberhard, § 54 Rn. 9.
24 BGHZ 80, 172; 84, 325; 84, 371; LG Paderborn, MDR 1952, 171; LG Hamburg, DB 1965, 249; LG Berlin, MDR 1971, 766; OLG Oldenburg, WM 1979, 591; *Brox/Walker*, Rn. 526, 527; *Lwowski/Bitter*, WM-Festgabe Thorwald Hellner, 1994, S. 57 (59); *Stein/Jonas/Brehm*, § 829 Rn. 11; *Stöber*, Forderungspfändung, Rn. 164 ff.; *Wagner*, JZ 1985, 718; *Zwicker*, DB 1984, 1713; Einzelheiten zur Pfändung von Ansprüchen aus Bankverbindung siehe Anh. § 829 Rn. 2–13.
25 BGHZ 32, 44; BFH, FamRZ 1992, 178; *Stein/Jonas/Brehm*, § 829 Rn. 15.
26 *Stöber*, Forderungspfändung, Rn. 169.
27 *Noack*, MDR 1973, 988.
28 LG Koblenz, InVo 2000, 318.

Auch künftige Sozialleistungsansprüche[29] sind, soweit sie nicht noch materiellrechtlich von einem im Belieben des Berechtigten stehenden Antrag abhängig sind – in diesem Fall wären sie vor der Antragstellung noch kein künftiger Anspruch, sondern nur eine Chance im Rahmen unseres Sozialsystems –, grundsätzlich im Rahmen der jeweiligen Pfändungsschutzbestimmungen pfändbar,[30] selbst wenn noch Jahrzehnte vergehen müssen, bis eine Auszahlung dieser Sozialleistung (z. B. Rente) verlangt werden kann.[31] Ist die Pfändbarkeit des Sozialleistungsanspruchs im Einzelfall ganz ausgeschlossen (etwa durch § 850b Abs. 1 Nr. 4), ist selbstverständlich auch der künftige Anspruch unpfändbar.[32]

Künftige Ansprüche auf Steuererstattung sind wegen § 46 Abs. 6 AO nie pfändbar.[33]

b) Naturalobligationen

Da die gerichtliche Durchsetzbarkeit nicht Voraussetzung der Pfändbarkeit einer Forderung ist, sind auch Naturalobligationen, soweit sie auf Geld gerichtet sind, (Anspruch auf Ehemaklerlohn, Ansprüche aus – nicht verbotenem – Spiel und aus Wette), pfändbare Geldforderungen i. S. der §§ 829 ff.[34] Da nicht von der Hand zu weisen ist, dass der Drittschuldner derartige Forderungen freiwillig erfüllt, fehlt auch nicht das Rechtsschutzinteresse an der Pfändung derartiger Ansprüche. Gleiches gilt für bereits verjährte Ansprüche, selbst wenn sich der Drittschuldner dem Schuldner gegenüber schon auf die Einrede der Verjährung berufen haben sollte. Auch hier ist nicht auszuschließen, dass an den pfändenden Gläubiger noch gezahlt wird.

4. Forderungen aus öffentlichem Recht

Dass eine Forderung ihren Rechtsgrund im **öffentlichen Recht** hat, etwa als Steuererstattungsanspruch[35] oder als Anspruch auf öffentliche Sozialleistungen,[36] als Anspruch auf Enteignungsentschädigung oder auf eine öffentlich-rechtliche Ersatzleistung sonstiger Art, als Subventionsanspruch oder als Anspruch des Beamten auf Gehalt, des Soldaten auf Sold oder des Abgeordneten auf Diäten, steht grundsätzlich einer Pfändung nach §§ 829 ff. nicht entgegen, soweit die jeweiligen öffentlich-rechtlichen Sondergesetze die Forderung im Einzelfall im Hinblick auf die besondere Zweckrichtung der Leistung nicht für ausnahmsweise generell oder teilweise unpfändbar erklären. Wichtige Einschränkungen insoweit enthalten z. B. § 46 Abs. 6 AO zur Pfändung künftiger Steuererstattungsansprüche, § 54 Abs. 2 und 3 SGB I zur Pfändung von einmaligen Sozialleistungen, § 14 BEG zur Pfändung von Entschädigungsansprüchen nach dem BEG, § 60 BSeuchG für Entschädigungen nach diesem Gesetz.

---

29 Einzelheiten zur Pfändung künftiger Sozialleistungsansprüche siehe: Anh. § 829 Rdn. 35. Zur Vertiefung siehe ferner: *Heilmann*, Die Zwangsvollstreckung in Sozialleistungsansprüche nach § 54 Sozialgesetzbuch Allgemeiner Teil, Diss., Bonn 1999.
30 BGH, InVo 2003, 192; BGH, FamRZ 2004, 102; BFH, FamRZ 1992, 178; OLG Oldenburg, NJW-RR 1992, 512; OLG Stuttgart, NJW 1993, 604; OLG Celle, InVo 1999, 320; LG Heidelberg, NJW 1992, 2774; LG Bochum, JurBüro 1998, 160; LG Leipzig und LG Cottbus, Rpfleger 1998, 354; LG Marburg, Rpfleger 1999, 33; AG Münster, JurBüro 1999, 105; LG Braunschweig, Rpfleger 2000, 508; *Stöber*, Forderungspfändung, Rn. 1368, 1369.
31 BGH, InVo 2003, 192.
32 BGH, NJW-RR 2007, 1150.
33 Einzelheiten: Anh. § 829 Rdn. 39.
34 *Stein/Jonas/Brehm*, § 829 Rn. 2.
35 Einzelheiten siehe Anh. § 829 Rdn. 39–43.
36 Einzelheiten siehe Anh. § 829 Rdn. 30–38.

5. »Ansprüche« auf Auszahlung gegen Gerichtsvollzieher, Notare, Rechtspfleger und andere staatliche Organe

10 Kein öffentlich-rechtlicher Anspruch auf eine Geldleistung, der nach § 829 pfändbar wäre, liegt vor, wenn ein an einem öffentlich-rechtlich geordneten Verfahren Beteiligter einen »Anspruch« darauf hat, dass ein Staatsorgan eine Geldsumme, die nicht aus dem Staatsvermögen zu bezahlen ist, entsprechend den Verfahrensregeln an ihn auskehre. Obwohl auch hier für den Betroffenen wirtschaftlich die Geldleistung im Vordergrund steht, handelt es sich nicht um einen Leistungsanspruch, sondern nur um das Verfahrensrecht mit der Möglichkeit, den korrekten Verfahrensablauf notfalls mit Rechtsbehelfen durchsetzen zu können. Hierher gehören die Berechtigung des Gläubigers, den Erlös einer Versteigerung durch den Gerichtsvollzieher (§ 819) oder den Rechtspfleger (§ 117 ZVG) ausgekehrt zu erhalten,[37] aber auch das Recht eines Beteiligten, dass ein Notar einen in einem von ihm abzuwickelnden Verfahren bei ihm hinterlegten Betrag an diesen Beteiligten auszahlt.[38] In diesen Fällen kann der Berechtigte nie auf Leistung an sich klagen, sondern nur mit der Erinnerung nach § 766 bzw. der Beschwerde nach § 15 Abs. 1 Satz 2 BNotO ein gesetzmäßiges Verhalten des Amtsträgers durchsetzen.[39] Der vom Amtsträger auszukehrende Geldbetrag ist damit dem Zugriff der Gläubiger des Berechtigten nicht entzogen: Gläubiger des Vollstreckungsgläubigers müssen vielmehr dessen Anspruch gegen seinen Schuldner, der dem Vollstreckungsverfahren zugrunde liegt, pfänden lassen,[40] Gläubiger des durch eine notarielle Amtspflicht Begünstigten dessen materiellrechtlichen Anspruch gegen den (die) anderen Verfahrensbeteiligten.[41] Durch eine anschließende »Doppelpfändung« des Auszahlungsanspruchs gegen den Notar kann dann sichergestellt werden, dass er nicht an den bisherigen Gläubiger auszahlt.[42]

6. Forderungen gegen den Gläubiger selbst

11 Wie es für die Anwendbarkeit des § 829 grundsätzlich unerheblich ist, ob Drittschuldner eine Privatperson oder eine Körperschaft, Anstalt usw. des öffentlichen Rechts ist, so ist es auch unerheblich, ob die zu pfändende Forderung des Schuldners sich etwa **gegen den Gläubiger selbst** als Drittschuldner richtet.[43] Entgegen der Auffassung eines Teiles der Rechtsprechung[44] muss der Gläubiger, der die Pfändung einer gegen ihn selbst gerichteten Forderung beantragt, auch kein besonderes Rechtsschutzbedürfnis hierfür nachweisen,[45] etwa, dass eine Aufrechnung mit Schwierigkeiten ver-

---

37 *Stein/Jonas/Brehm*, § 829 Rn. 2.
38 KG, DNotZ 1978, 182; OLG Köln, DNotZ 1980, 503; OLG Hamm, DNotZ 1983, 61; *Fleischmann/Rupp*, NJW 1983, 2368; *Göbel*, DNotZ 1984, 258; *Haug*, DNotZ 1982, 602; *Stein/Jonas/Brehm*, § 829 Rn. 23 a.
39 BayObLG, FGPrax 2000, 79.
40 AG Hannover, Rpfleger 1968, 362; *Stöber*, Forderungspfändung, Rn. 126.
41 Wie hier: *Göbel*, DNotZ 1984, 258; *Haug*, DNotZ 1982, 603; für den Fall, dass noch ein Anspruch gegen den Dritten besteht, ebenso BGH, NJW 1989, 230 (für die übrigen Fälle vom BGH ausdrücklich offengelassen) mit Anm. *Grunsky*, EWiR 1988, 827; **a. A.** für den Fall, dass der Dritte mit der Hinterlegung beim Notar seine Schuld gegenüber dem Begünstigten bereits erfüllt hat (insoweit Pfändung des »Anspruchs« gegen den Notar): *Rupp/Fleischmann*, NJW 1983, 2368; *Schneider*, JurBüro 1964, 780; *Stein/Jonas/Brehm*, § 829, Rn. 23 a; *Stöber*, Forderungspfändung, Rn. 1781 b; wiederum **a. A.** (immer der »Anspruch« gegen den Notar zu pfänden): OLG Celle, DNotZ 1984, 256; nochmals a. A. OLG Hamm, DNotZ 1983, 61 (die Rechtsposition des Schuldners sei ein sonstiges Vermögensrecht ohne Drittschuldner, das nach § 857 Abs. 2 zu pfänden sei).
42 *Franken*, RNotZ 2010, 597, 612, 613.
43 *Baumbach/Lauterbach/Hartmann*, § 829 Rn. 8; *Brox/Walker*, Rn. 513; *v. Gerkan*, Rpfleger 1963, 369; *Rimmelspacher/Spellenberg*, JZ 1973, 274; *Stöber*, Forderungspfändung, Rn. 33; BGH, NZM 2011, 297, 298; LG Düsseldorf, MDR 1964, 332; OLG Stuttgart, Rpfleger 1983, 409; OLG Köln, NJW-RR 1989, 190, 191.
44 LG Düsseldorf, MDR 1964, 332; LAG Berlin, BB 1969, 1353; OLG Stuttgart, Rpfleger 1983, 409.
45 Wie hier: *Rimmelspacher/Spellenberg*, JZ 1973, 274; *Stöber*, Forderungspfändung, Rn. 33.

bunden sei.⁴⁶ Die Prüfung, ob eine Aufrechnung etwa wegen § 767 Abs. 2 nicht geltend gemacht werden könnte, gehört nicht in die Kompetenz des Vollstreckungsgerichts; zudem ist es nie ein einfacherer Weg, gegebenenfalls nach § 767 Abs. 1 vorgehen zu müssen.

7. Von einer Gegenleistung abhängige Forderungen

Dass die Geldforderung nicht isoliert besteht, sondern nur Zug um Zug **gegen eine vom Schuldner an den Drittschuldner zu erbringende Gegenleistung**, berührt ihren Charakter als »Geldforderung« i. S. § 829 und ihre Pfändbarkeit nicht.⁴⁷ Die Abhängigkeit von der Gegenleistung wirkt sich erst nach der Überweisung bei der Einziehung der Forderung aus.

II. Zugehörigkeit der Forderung zum Schuldnervermögen

Grundsätzlich soll sich jede Zwangsvollstreckung nur gegen das Vermögen des Vollstreckungsschuldners richten. Während bei der Zwangsvollstreckung in bewegliche Sachen die Zugehörigkeit zum Schuldnervermögen aufgrund des Gewahrsams des Schuldners vermutet wird, der Gläubiger also insoweit keine Angaben zu machen braucht, ergibt sich die Zugehörigkeit einer Forderung zum Schuldnervermögen nur aus der Behauptung des Gläubigers, der Schuldner sei seinerseits Gläubiger dieser Forderung. Diese Behauptung ist deshalb notwendig und in der Regel ausreichend. Sie wird vom Vollstreckungsgericht, das stets nur die »angebliche« Forderung des Schuldners pfändet,⁴⁸ auch nicht auf ihren Wahrheitsgehalt nachgeprüft. Nur dann, wenn die »angebliche« Forderung dem Schuldner gegen den Drittschuldner nach keiner vertretbaren Ansicht zustehen kann, darf das Vollstreckungsgericht ihre Pfändung ablehnen⁴⁹. Will der Gläubiger erkennbar ins Blaue hinein die angeblichen Ansprüche des Schuldners gegen eine große Vielzahl von Banken im gesamten Umkreis in der Hoffnung, dass der Schuldner schon irgendwo ein Konto unterhält,⁵⁰ pfänden lassen, ohne auch nur nachvollziehbare Anhaltspunkte dafür zu haben, dass der Schuldner gegen die genannten Drittschuldner Ansprüche hat), so müsste ein solcher Antrag aber wegen Rechtsmissbrauchs zurückgewiesen werden,⁵¹ da insoweit der Antrag auf Einholung einer Vermögensauskunft die richtige Vorgehensweise wäre. Rechtsmissbrauch ist allerdings noch nicht anzunehmen, wenn ein Gläubiger die näher bezeichneten Ansprüche des Schuldners gegen nicht mehr als drei näher bezeichnete Geldinstitute im Einzugsbereich des Schuldners pfänden lassen will.⁵²

Dennoch ergeben sich einige Problemfälle:

1. Forderungen, die auf einen Treuhänder übertragen sind

Sind Forderungen einem Dritten **treuhänderisch übertragen** worden, sei es zur Sicherung eigener Forderungen des Dritten gegen den Schuldner, sei es auch in uneigennütziger Treuhand, um dem Dritten im eigenen Namen Verhandlungen zugunsten des Schuldners – etwa zur Erzielung eines außergerichtlichen Vergleichs – zu ermöglichen, zählen die Forderungen wirtschaftlich zum Vermögen des Schuldners, Forderungsinhaber ist aber dennoch der Dritte. Da § 829 auf die **rechtliche**

---

46 Zur Frage der Umgehung von Aufrechnungsverboten durch Pfändung von Forderungen des Schuldners gegen den Gläubiger ausführlich: *Werner*, Umgehung von Aufrechnungshindernissen durch Zwangsvollstreckung in eigene Schulden, 2000.
47 Allgem. Meinung; beispielhaft: *Brox/Walker*, Rn. 507; *Stöber*, Forderungspfändung, Rn. 26, 1485 ff.
48 LG Meiningen, JurBüro 2008, 329. Die h. M. zusammenfassend: *Sturhahn*, LMK 2004, 146. Siehe im Übrigen auch S. 3 des amtlichen Formulars »Antrag auf Erlass eines Pfändungs- und Überweisungsbeschlusses insbesondere wegen gewöhnlicher Geldforderungen« (Anlage 2 zu § 2 Nr. 2 der VO über Formulare für die Zwangsvollstreckung, BGBl. I 2012, 1822 ff.).
49 BGH, NJW-RR 2008, 733; LG Meiningen, JurBüro 2008, 329.
50 Dass der Schuldner bei diesen Banken später ein Konto eröffnen könnte, ist eine bloße Hoffnung und begründet noch keine künftige Forderung. Siehe oben Rdn. 7.
51 OLG München, OLGZ 1991, 322.
52 BGH, NJW 2004, 2096 mit Anm. *Sturhahn*, LMK 2004, 146.

Forderungsinhaberschaft abstellt,[53] kann ein Gläubiger des Treugebers die Forderung demnach nicht unter Hinweis auf die wirtschaftliche Zuordnung pfänden.[54] Er muss vielmehr in die beim Treugeber verbliebene Forderung gegen den Treuhänder auf Rückübertragung der Forderung nach Zweckerreichung oder auf Herausgabe des Erlangten vollstrecken.

2. Forderungen auf dem Treuhandkonto eines Dritten

15 Verwaltet ein Dritter treuhänderisch auf einem Konto, das auf seinen Namen lautet, Gelder des Schuldners, so ist er Inhaber des Auszahlungsanspruchs gegen das Kreditinstitut, auch wenn der durch das Konto verkörperte Vermögenswert wirtschaftlich dem Schuldner zuzuordnen ist. Der Auszahlungsanspruch kann deshalb auch nur von Gläubigern des Dritten, nicht aber des Treugebers gepfändet werden.[55] Dies gilt nicht nur für verdeckte, sondern auch für offene **Treuhandkonten**, soweit sie nicht ausdrücklich als echte Fremdkonten geführt werden. Treuhandkonten im genannten Sinne sind auch die sog. »**Anderkonten**« der Notare, Rechtsanwälte, Steuerberater usw.[56] Da Kontoinhaber allein der Rechtsanwalt usw. ist, können nur seine Gläubiger den Auszahlungsanspruch unmittelbar pfänden, während die Gläubiger des Mandanten dessen Anspruch gegen den Rechtsanwalt usw. auf Herausgabe des aus der Geschäftsbesorgung Erlangten pfänden müssen[57]. Allerdings kann der Mandant der Pfändung des Anderkontos mit der Drittwiderspruchsklage begegnen.[58]

In besonderen Einzelfällen kann die konkrete Treuhandaufgabe aber zur Unpfändbarkeit der Beträge auf dem Treuhandkonto führen.[59]

Um dem Gläubiger unnötige Kosten zu ersparen, wird ein Pfändungsbeschluss, durch den »die Konten« eines Rechtsanwalts bei einem bestimmten Kreditinstitut gepfändet werden, im Regelfall, wenn nicht andere Anhaltspunkte dagegen sprechen, dahin auszulegen sein, dass die Pfändung sich nicht auf die Anderkonten erstreckt.[60] Ist etwas anderes gewollt, sollte dies im Pfändungsbeschluss ausdrücklich gesagt sein.

16 Im Einzelfall kann zweifelhaft sein, ob ein Treuhandkonto oder ein Fremdkonto vorliegt, insbesondere bei sog. »Sonderkonten«, die neben dem Namen des das **Sonderkonto** unmittelbar Verwaltenden auch den Namen des durch das Konto allein wirtschaftlich Begünstigten ausweisen. Hier muss anhand aller Umstände ermittelt werden, wer der rechtliche Forderungsinhaber ist.[61] Nur dessen Gläubiger können unmittelbar den Auszahlungsanspruch pfänden. Sind beide namentlich Genannten Forderungsinhaber, ist nach den nachstehend dargestellten Grundsätzen zu verfahren.

---

53 Hier liegt die Vergleichbarkeit zum Abstellen allein auf den Gewahrsam bei der Fahrnispfändung.
54 BGHZ 11, 37; BGH, WM 1987, 191.
55 BGH, WM 1958, 1222; BayObLG, FGPrax 2000, 79; LG Köln, NJW-RR 1987, 1365; *Brox/Walker*, Rn. 511; *Stöber*, Forderungspfändung, Rn. 402; *Stein/Jonas/Brehm*, § 829 Rn. 20.
56 KG, WM 2013, 1407, 1409; *Dumoulin*, DNotZ 1963, 103; *Göttlich*, JurBüro 1960, 463; *Mümmler*, JurBüro 1984, 1472; PG/*Ahrens*, § 829 Rn. 20; *Stein/Jonas/Brehm*, § 829 Rn. 20; *Stöber*, Forderungspfändung, Rn. 404.
57 Dieser Anspruch des Schuldners gegen den Drittschuldner (Treuhänder) ist nicht deshalb unpfändbar, weil es sich bei den auf dem Treuhandkonto angesammelten Beträgen um beim Schuldner unpfändbaren Arbeitslohn oder unpfändbare Sozialleistungen handelt. Insoweit ist allenfalls Vollstreckungsschutz nach § 765a möglich: BGH, DGVZ 2009, 131; LG Lüneburg, JurBüro 2008, 497. Siehe auch den vergleichbaren Fall: BGH, NJW 2008, 1678.
58 PG/*Ahrens*, § 829 Rn. 19; *Stöber*, a. a. O. Rn. 405.
59 BGH, FamRZ 2006, 850 zur Unpfändbarkeit durch den zahlenden Elternteil von Unterhaltsleistungen für Kinder auf dem Konto des sorgeberechtigten Elternteils.
60 *Capeller*, MDR 1954, 709; *Dumoulin*, DNotZ 1963, 103; *Stöber*, a. a. O., Rn. 406.
61 BGHZ 21, 148; 61, 72; PG/*Ahrens*, § 829 Rn. 20; *Stein/Jonas/Brehm*, § 829 Rn. 20.

3. Forderungen, die mehreren Gläubigern zustehen

Sind **mehrere Personen Gläubiger** einer Forderung, so ist hinsichtlich der Vermögenszugehörigkeit zu entscheiden, ob die Forderung allen gemeinschaftlich zur gesamten Hand oder in Bruchteilsgemeinschaft zusteht (Beispiel: sog. »und- Konten« bei Kreditinstituten) oder ob jeder Gläubiger die Leistung insgesamt oder in Teilen an sich allein verlangen kann.[62] Soweit jeder Leistung an sich allein verlangen kann (Beispiel: sog. »oder -Konten« bei Kreditinstituten), kann die Forderung auch von den jeweiligen Gläubigern dieses Gläubigers gepfändet werden, da jeder, der selbstständig Leistung an sich allein verlangen kann (vergl. §§ 420, 428 BGB), i. S. des § 829 auch Forderungsinhaber ist.[63] Steht die Forderung mehreren in Bruchteilsgemeinschaft zu, so ist sie als ganze nicht dem Vermögen eines der Gemeinschaftsmitglieder zuzurechnen. Sie kann deshalb auch nicht mit einem Titel allein gegen ein Gemeinschaftsmitglied gepfändet werden. Pfändbar in diesem Fall ist nur der Anteil des jeweiligen Schuldners an der Bruchteilsgemeinschaft als solcher nach § 857. Bei Gesamthandsforderungen ist immer nur die Gesamthand (Erbengemeinschaft, BGB-Gesellschaft) Forderungsinhaber. Gläubiger des einzelnen Mitgliedes der Gesamthand können deshalb nie in eine derartige Forderung vollstrecken. Sie müssen sich an den Gesamthandsanteil halten.

17

4. Gläubigereigene Forderungen

Eine Forderung, deren Inhaber der Gläubiger selbst ist (sog. **gläubigereigene Forderung**), kann naturgemäß im hier interessierenden Sinne nicht zum Schuldnervermögen gehören, selbst wenn sie ihm wirtschaftlich noch zuzuordnen ist, etwa weil der Schuldner sie dem Gläubiger nur zur Sicherheit abgetreten hat. Dennoch wird teilweise die Auffassung vertreten,[64] der Gläubiger könne mit einem Titel gegen den Schuldner in eine derartige Forderung vollstrecken, wenn er ein Rechtsschutzbedürfnis habe. Ein solches sei insbesondere zu bejahen, wenn er mithilfe der Pfändung seine Berechtigung an der Forderung anderen Gläubigern des Schuldners gegenüber, die auf die Forderung zuzugreifen beabsichtigen, besser nachweisen könne (etwa bei nur mündlicher Sicherungsabtretung).[65] Schließlich sei es auch zulässig, dass der Gläubiger eigene bewegliche Sachen pfänden lasse. Dem kann nicht zugestimmt werden.[66] Die Parallele zur Sachpfändung überzeugt nicht; denn dort wird die Zugehörigkeit zum Schuldnervermögen wenigstens äußerlich durch den Sachbesitz des Schuldners oder eines in der Vollstreckung gerade gegen den Schuldner herausgabebereiten Dritten fingiert. Bei der Forderungspfändung dagegen wird die Zugehörigkeit zum Schuldnervermögen nur durch die Bezeichnung des Schuldners als Forderungsinhaber verdeutlicht. Diese Bezeichnung ist dem Gläubiger aber bei gläubigereigenen Forderungen gerade nicht möglich.

18

5. Forderungen auf Leistung an einen Dritten

Forderungen, aufgrund derer der Forderungsinhaber die Geldleistung **an einen Dritten** verlangen kann, gehören grundsätzlich zum Vermögen des Forderungsinhabers; sie gehören aber auch, soweit der Dritte selbst Leistung an sich verlangen kann (§ 328 Abs. 1 BGB), zum Vermögen des Dritten. Sie sind aber »Geldforderung« i. S. von § 829 nur dessen, an den das Geld nach dem Vertragsinhalt zu zahlen ist, unabhängig davon, ob das Verlangen vom vertragsschließenden Versprechensempfänger oder vom begünstigten Dritten ausgeht. Ist das Geld allein an den Dritten zu zahlen, können auch nur dessen Gläubiger den Zahlungsanspruch nach § 829 pfänden;[67] kann aber der

19

---

62 *Brox/Walker*, Rn. 512; *Stöber*, a. a. O. Rn. 61 ff.
63 OLG Stuttgart, InVo 1999, 150; OLG Nürnberg, MDR 2002, 1090; LG *Deggendorf*, JurBüro 2005, 275; AG Bielefeld, JurBüro 1996, 440; PG/*Ahrens*, § 829 Rn. 18; einschränkend allerdings OLG Dresden, InVo 2001, 295.
64 OLG Köln, WM 1978, 383; *Brox/Walker*, Rn. 514; PG/Ahrens, § 829 Rn. 22; *Stein/Jonas/Brehm*, § 829 Rn. 21. Offengelassen bei: *Thomas/Putzo/Seiler*, § 829 Rn. 11.
65 OLG Köln, WM 1978, 383.
66 Wie hier: LG Bremen, Rpfleger 1956, 199.
67 *Stöber*, a. a. O. Rn. 34.

vertragsschließende Versprechensempfänger wahlweise Zahlung auch an sich selbst beanspruchen, so können auch seine Gläubiger ebenfalls auf diesen Anspruch zugreifen.

III. Unpfändbarkeit von Geldforderungen

20 Geldforderungen im oben dargestellten Sinne, die auch zum Vermögen des Schuldners zählen, unterliegen dennoch nicht der Pfändung, wenn sie aufgrund gesetzlicher Regelung oder aufgrund sonstigen vorrangigen Rechts (z. B. des Völkerrechts) **unpfändbar** sind.

1. Berücksichtigung der diplomatischen Immunität

a) Forderungen Exterritorialer

21 Die Befreiung der Mitglieder diplomatischer Missionen, konsularischer Vertretungen und sonstiger Exterritorialer nach §§ 18, 19, 20 GVG von der deutschen Gerichtsbarkeit wirkt sich in gleichem Rahmen auch in der Zwangsvollstreckung aus. Die insoweit gegebene Vollstreckungsimmunität ist eine Ausprägung des Grundsatzes der Staatenimmunität.[68] Hoheitlichen Zwecken dienende Forderungen, wie etwa Forderungen aus einem laufenden, allgemeinen Bankkonto einer Botschaft eines fremden Staates, das im Inland errichtet ist und zur Deckung der Ausgaben und Kosten der Botschaft bestimmt ist, aber auch aus Sonderkonten, die ausschließlich der Finanzierung hoheitlicher Aufgaben des Staates dienen[69], ebenso öffentlich-rechtliche Gebührenforderungen eines ausländischen Staates gegen einen Gebührenschuldner im Inland,[70] unterliegen demnach nicht der Pfändung,[71] auch wenn der Titel gegen den ausländischen Staat an sich zu Recht ergangen war, weil er eine privatrechtliche Tätigkeit dieses Staates betraf,[72] oder weil der ausländische Staat selbst einem privatrechtlichen Schiedsverfahren in der Sache zugestimmt hatte.[73] Der Verzicht auf die Staatenimmunität im Erkenntnisverfahren beinhaltet nicht automatisch einen Immunitätsverzicht im Zwangsvollstreckungsverfahren.[74] Dagegen ist die Pfändung der Konten eines selbständig rechtsfähigen ausländischen Staatsunternehmens wegen einer Forderung aus der privatrechtlichen Tätigkeit dieses Unternehmens auch dann unbedenklich,[75] wenn aus den Einnahmen des Unternehmens die hoheitliche Tätigkeit des ausländischen Staates ganz wesentlich mitfinanziert wird.

b) Forderungen gegen Exterritoriale

22 Kein unmittelbares Problem der Immunität ausländischer Staaten und ihrer diplomatischen Vertretungen ist die Pfändung von Forderungen, deren Drittschuldner ein ausländischer Staat, eine diplomatische Vertretung oder ein Exterritorialer ist (z. B. Ansprüche deutscher Angestellter bei diplomatischen Vertretungen auf Lohn oder Ansprüche deutscher Handwerker gegen diplomatische Vertretungen);[76] denn durch den Pfändungsbeschluss als solchen wird zunächst nur das Vermögen des Schuldners betroffen, in ausländische Hoheitsrechte aber noch nicht eingegriffen. Die Zustellung des Pfändungsbeschlusses an den ausländischen Staat als Drittschuldner und die Durch-

---

68 BGH, NJW-RR 2013, 532, 533; BGH, BeckRS 2014, 14518.
69 BGH, NZM 2010, 55. Die Unterhaltung von Auslandsschulen fremder Staaten in Deutschland ist eine solche hoheitliche Aufgabe, sodass die Zuschüsse der jeweiligen deutschen Bundesländer zum Betrieb solcher Schulen der Vollstreckungsimmunität unterliegen: BGH, BeckRS 2014, 14518.
70 BGH, BGHReport 2006, 132.
71 BVerfGE 46, 342 ff. mit Anm. *Bleckmann*, NJW 1978, 1092; BGH, NJW-RR 2013, 532, 533; LG Hagen, Beschl. vom 16.1.2008 – 3 T 377/o7 – (juris).
72 BVerfGE 16, 27.
73 So im Fall BGHR 2006, 132; ebenso BGH, WM 2007, 1562.
74 BGH, NJW-RR 2013, 532, 534.
75 BVerfGE 64, 23 mit Anm. von *Seidl-Hohenveldern*, RIW/AWD 1983, 613; OLG Frankfurt, NJW 1981, 2650.
76 LG Bonn, MDR 1966, 935; *Stöber*, Forderungspfändung, Rn. 41.

setzung des Arrestatoriums verlangen aber die Mitwirkungsbereitschaft des ausländischen Staates, die praktisch selten gegeben sein wird. Dennoch kann das Rechtsschutzbedürfnis zur Erlangung eines solchen Pfändungsbeschlusses nicht davon abhängig gemacht werden, dass der Gläubiger zunächst die Mitwirkungsbereitschaft des ausländischen Staates nachweist.[77]

Besondere Regeln gelten für die Zwangsvollstreckung durch Pfändung der Bezüge von Angehörigen ausländischer Streitkräfte aus dem NATO-Verbund, die in der Bundesrepublik stationiert sind.[78] Diese Regeln finden sich in erster Linie im Zusatzabkommen zum NATO-Truppenstatut vom 3.8.1959[79] und im Gesetz zum NATO-Truppenstatut und den Zusatzvereinbarungen vom 18.8.1961.[80]

2. Nichtübertragbare Forderungen

Da die Pfändung der Forderung nicht Selbstzweck ist, sondern deren Verwertung zum Zwecke der Befriedigung des Gläubigers vorbereitet, da aber die Verwertung durch Übertragung der Forderung selbst oder jedenfalls der Einziehungsbefugnis erfolgt (§§ 835, 836), sieht **§ 851 Abs. 1** folgerichtig vor, dass Forderungen nur insoweit der Pfändung unterworfen sind, als sie übertragbar sind.[81] Die Nichtübertragbarkeit kann ausdrücklich im Gesetz angeordnet sein, sich aber auch aus dem Charakter des Anspruchs ergeben[82]. Um Manipulationen mit Hilfe dieses Grundsatzes zulasten des Gläubigers auszuschließen, lässt § 851 Abs. 2 die Pfändung nicht übertragbarer Forderungen allerdings insoweit zu, als die Nichtübertragbarkeit allein auf privatrechtlicher Abrede zwischen dem Forderungsinhaber und dem Drittschuldner beruht. Dass Dritte, die Zahlungen auf ein Konto des Schuldners geleistet haben, nur diesem eine mildtätige Zuwendung machen wollten und nicht Geld für die Gläubiger des Schuldners zur Verfügung stellen wollten, macht diese Beträge auf dem Konto des Schuldners nicht unpfändbar.[83]

Der Umstand, dass der Schuldner über sein Rechtsverhältnis zum Drittschuldner zum Schweigen verpflichtet ist und dass ein Verstoß gegen diese Verschwiegenheitspflicht u. U. sogar mit Strafe bedroht ist (§ 203 StGB), schließt die Abtretung einer Forderung und damit auch deren Pfändbarkeit nicht aus. Deshalb sind auch der Honoraranspruch des Rechtsanwalts und die Honorarforderungen aus einem privatärztlichen Behandlungsvertrag ohne Einschränkungen pfändbar.[84] Die

23

---

77 *Stöber*, Forderungspfändung, Rn. 41.
78 Einzelheiten: *Wiener*, DGVZ 2013, 105; *Stöber*, Forderungspfändung, Rn. 45 -52; ferner: *Bauer*, JurBüro 1964, 247; *Burkhardt/Granzow*, NJW 1995, 434; *Schwenk*, NJW 1976, 1562.
79 BGBl. 1961 II S. 1183; letzte Fassung: BGBl. II 1994, 2598.
80 BGBl. 1961 II S. 1183; letzte Fassung: BGBl. II 2001, 1206.
81 Sind Forderungen nur auf bestimmte Personen ausnahmsweise übertragbar, können sie auch nur von diesen Personen gepfändet werden: BGH, FamRZ 2005, 269. BGH, Rpfleger 2008, 152 (zu beamtenrechtlichen Beihilfeansprüchen); BGH, NJW-RR 2009, 411 (zu landwirtschaftlichen Prämien und Beihilfen); LG Frankenthal, InVo 2000, 393. Die in § 49b Abs. 4 BRAO normierte Einschränkung der Abtretung anwaltlicher Gebührenforderungen führt allerdings nicht zur Nichtübertragbarkeit und damit auch nicht zur Unpfändbarkeit derartiger Forderungen: BFH, JurBüro 2005, 610. Soweit sich Einschränkungen der Übertragbarkeit von Versorgungsansprüchen in sozialpolitischen Gesetzen finden, bedarf § 851 Abs. 1 der Reduktion: Solche Ansprüche sind nicht gänzlich unpfändbar, sondern unterliegen nur dem Pfändungsschutz gem. § 850c: BGH, BGHR 2004, 1649; BGH, Rpfleger 2007, 404. Nicht zweckgebunden ist, dass aus ihm zuerst der Honoraranspruch des eigenen Anwalts bezahlt werden müsste, ist der Kostenerstattungsanspruch der obsiegenden Partei im Prozess. Er ist deshalb auch dann von jedem beliebigen Gläubiger pfändbar, wenn die Partei ihren Anwalt noch nicht bezahlt hat: BGH, FamRZ 2011, 558.
82 So BGH, NZI 2011, 341 zum Entschädigungsanspruch wegen einer Menschenrechtsverletzung durch überlange Verfahrensdauer. Hierzu: *Piekenbrock*, LMK 2011, 320475. Ebenso unpfändbar ist der Entschädigungsanspruch gegen eine kirchliche Körperschaft wegen des Leids aufgrund sexuellen Missbrauchs: BGH, NJW-RR 2014, 1009.
83 LG Deggendorf, JurBüro 2005, 275.
84 BGH, NJW 2005, 1505.

Pfändung gibt dem Vollstreckungsgläubiger allerdings kein generelles Einsichtsrecht in die der Verschwiegenheitspflicht unterliegenden Aufzeichnungen des Anwalts oder Arztes. Wohl aber müssen dem Gläubiger Name und Anschrift des Mandanten und die Höhe der Forderung bekannt gegeben werden, da sonst eine Einziehung der gepfändeten Forderung nicht möglich wäre. Letzteres gilt auch für die Offenbarungspflicht im Rahmen der Vermögensauskunft nach § 802c.

24 Schließlich ist über den Rahmen des § 851 hinausgehend bei der Beurteilung der Pfändbarkeit von Ansprüchen im Einzelfall § 242 BGB (Verbot unzulässiger Rechtsausübung), der auch im Prozessrecht Geltung beansprucht, zu berücksichtigen. Deshalb kann der Staat nicht den Entschädigungsanspruch eines Strafgefangenen wegen menschenunwürdiger Unterbringung[85] oder sonstiger menschenunwürdiger Haftbedingungen[86] pfänden, da dies dem Zweck dieses Anspruchs, den Staat zu einer Änderung seines Verhaltens zu veranlassen, zuwider laufen würde. Gleiches gilt für Entschädigungsansprüche wegen sonstiger Menschenrechtsverletzungen im Verlauf der Strafverfolgung.

3. Sozialer Pfändungsschutz

25 Wären alle nicht unter § 851 Abs. 1 fallenden Geldforderungen uneingeschränkt pfändbar, hätte dies verheerende soziale Folgen; denn die wichtigsten Geldforderungen, die der Mehrheit der Bevölkerung zustehen, sind einerseits der Anspruch auf Lohn, Gehalt, Ruhegehalt und ähnliche aus einem Beschäftigungsverhältnis herrührende Entgelte, andererseits die Ansprüche aus dem Netzwerk der sozialen Sicherheit für diejenigen, die ohne hinreichende entgeltliche Beschäftigung sind. Geldforderungen dieser Art sind in der Regel abtretbar, also nicht schon per se unpfändbar. Wie in §§ 811 ff. hinsichtlich der zur angemessenen Lebensführung und Berufsausübung erforderlichen Gegenstände ein besonderer Pfändungsschutz geregelt ist[87], sind deshalb auch hinsichtlich der Arbeitseinkommen und einiger anderer dem Lebensunterhalt dienender Bezüge Sonderregelungen notwendig. Diese Sonderregeln sind allerdings nicht auf alle Forderungen, aus denen der Schuldner im Einzelfall seinen Lebensunterhalt bestreitet, beliebig analog übertragbar.[88] Solche Sonderregeln finden sich hinsichtlich der Bezüge aus Dienst- und Arbeitsverhältnissen[89] in den §§ 850–850g. Hinsichtlich anderer fortlaufender, dem Lebensunterhalt dienender Bezüge finden sich ähnliche Regelungen in § 850i (sonstige Einkünfte = alle eigenständig erwirtschafteten Einkünfte[90]), § 851a (Einkommen der Landwirte[91]), § 851b (Einnahmen aus Vermietung und Verpachtung),[92] § 851c (private Altersvorsorge)[93], § 863 (Einnahmen aus Erträgen einer Erbschaft) und hinsichtlich der Ansprüche auf Sozialleistungen in § 54, SGB I.[94] Besondere Schutzbestimmungen im Rahmen einer Kontenpfändung enthält § 850k Abs. 1 hinsichtlich des Pfändungsschutzkontos (sog. P-Konto). Die Einrichtung des Pfändungsschutzkontos und der Umstand, dass die dort gebuchten

---

85 BGHZ 182, 301, 302.
86 BGH, NJW-RR 2011, 959; BGH, BeckRS 2011, 14448.
87 Entgegen LG Mühlhausen, DGVZ 2013, 56 (mit weiteren Nachweisen aus Rechtsprechung und Literatur) ist § 811 Abs. 1 Nr. 5 im Rahmen einer Forderungspfändung (Pfändung einer Internet-Domain) nicht, auch nicht analog, anwendbar.
88 BGH, NJW 2005, 681 mit Anm. *Schuschke*, LMK 2005, 64 und *Brehm*, JZ 2005, 525.
89 Zur autonomen Auslegung des Begriffs im Vollstreckungsrecht: LG Stuttgart, NJW-RR 2012, 1277.
90 Zum Begriff ausführlich: BGH, NZI 2014, 772. Unter § 850i fallen z. B. auch Mieteinnahmen (LG Bonn, BeckRS 2012, 20743) oder die Erträge eines Nießbrauchs. Ausführlich hierzu *Meller-Hannich,* WM 2011, 529; *Kothe,* VuR 2014, 367.
91 Zum Begriff: BGH, WM 2012, 1439.
92 Über die spezielle Sonderregelung des § 851b hinaus genießen sie aber keinen weitergehenden Pfändungsschutz: BGH, NJW 2005, 681.
93 Zur Reichweite des Pfändungsschutzes der privaten Altersvorsorge: BGH NJW-RR 2011, 1617.
94 Einzelheiten hierzu: Anh. § 829 Rdn. 30 ff. Private Renten aus von Selbstständigen abgeschlossenen privaten Versicherungsverträgen genießen weder diesen Pfändungsschutz noch den aus §§ 850c ff, sondern den speziellen Schutz gem. § 851c.: BGH, NZI 2008, 93; BGH, NZI 2008, 95.

Beträge von der Pfändung nicht erfasst werden, bauen mögliche Härten aus der Lückenhaftigkeit des Pfändungsschutzes in gewissem Rahmen ab[95]. Unpfändbar aufgrund seiner besonderen sozialen Zweckbestimmung ist schließlich der laufende Taschengeldanspruch des Strafgefangenen.[96] Die für das laufende Taschengeld Strafgefangener geltenden Überlegungen gelten aber nicht für das sog. Eigengeld (angespartes Überbrückungsgeld)[97]. Ob der soziale Hintergrund des § 850h eine Auslegung dieser Norm dahingehend gebietet, dass nur das laufende und künftige fiktive Arbeitseinkommen pfändbar ist, nicht aber die bis zur Zustellung des Pfändungsbeschlusses bereits fiktiv aufgelaufenen Lohn-und Gehaltsansprüche[98], erscheint fraglich. Die Überlegungen des BAG insoweit überzeugen nicht und begünstigen unredliche Lohnverschleierungen.

4. Unpfändbarkeit nach § 46 Abs. 6 AO

Nicht dem Schuldnerschutz, sondern dem Schutz des Drittschuldners, der Finanzverwaltung, dient die Regelung des § 46 Abs. 6 AO, die die Pfändung künftiger Ansprüche auf Erstattung von Steuern, Haftungsbeträgen, steuerlichen Nebenleistungen und auf Gewährung von Steuervergünstigungen ausschließt,[99] soweit die Finanzverwaltung Drittschuldner dieser Ansprüche ist. Ist der Steuererstattungsanspruch ausnahmsweise gegen eine Privatperson, insbesondere den Arbeitgeber, gerichtet gilt die Regelung dagegen nicht.[100]

26

5. Folgen der Pfändung unpfändbarer Forderungen

Pfändet das Vollstreckungsgericht eine Forderung, die der Pfändung nicht unterliegt, so ist hinsichtlich der Wirkungen, die von einem solchen Pfändungsbeschluss ausgehen, zunächst zu unterscheiden, worauf die Unpfändbarkeit beruht:

27

a) Verstoß gegen diplomatische Immunität

Ist eine dem Zugriff der deutschen Gerichtsbarkeit nicht unterliegende Forderung[101] gepfändet worden, ist die Pfändung **nichtig**, es ist also weder Verstrickung eingetreten noch ein Pfändungspfandrecht begründet worden.

28

b) Verstoß gegen § 46 AO

Ebenso **nichtig** ist die Pfändung eines künftigen Steuererstattungsanspruchs entgegen § 46 Abs. 6 AO.[102] Nähme man hier Anfechtbarkeit oder aufschiebend – durch das Entstehen des Erstattungsanspruchs – bedingte Wirksamkeit der Pfändung an, so würde der Zweck der Norm, die Finanzverwaltung zu entlasten und sie von der Beachtung derartiger künftiger Vorgänge freizustellen, verfehlt.

29

---

95 Siehe auch unten Rdn. 31 sowie Anh. § 829 Rdn. 5–8.
96 BFH, InVo 2004, 328; OLG Hamm, MDR 2001, 1260; LG Münster, Rpfleger 2000, 509 (zum Hausgeld des Strafgefangenen); a.A. (ganz oder jedenfalls teilweise pfändbar): LG Trier, JurBüro 2003, 550; LG Kassel, JurBüro 2003, 217.
97 Zu den Unterschieden der verschiedenen einem Strafgefangenen gutgeschriebenen Beträge: BGH, NJW 2013, 3312 (bezogen auf Baden-Württemberg); OLG Frankfurt, NStZ 2012, 127.
98 So aber BAG, NZA 2008, 779.
99 Einzelheiten hierzu: Anh. § 829 Rdn. 41.
100 *Stöber*, Forderungspfändung, Rn. 383.
101 Oben Rdn. 21.
102 Heute h.M.; vergl. OLG Frankfurt, Rpfleger 1978, 229; OLG Schleswig, Rpfleger 1978, 387; *Pahlke/König*, Abgabenordnung, § 46 AO Rn. 47; *Stein/Jonas/Brehm*, § 829 Rn. 9; *Stöber*, Forderungspfändung, Rn. 370; *Tiedtke*, NJW 1979, 1640.

c) Verstoß gegen §§ 850a ff., 851

30 Dagegen führt die Verletzung des § 851 Abs. 1 und der besonderen Unpfändbarkeitsregeln der §§ 850a ff. zunächst zur – **lediglich anfechtbaren**[103] – Verstrickung der Forderung, die vom Schuldner und vom Drittschuldner bis zu ihrer Aufhebung auf ein Rechtsmittel hin zu beachten ist. Es entsteht allerdings abweichend von den Regeln zur Pfändung unpfändbarer beweglicher Sachen **kein Pfändungspfandrecht**.[104] Der Grund hierfür liegt in den §§ 400, 1274 Abs. 2 BGB. Da das Pfändungspfandrecht grundsätzlich ein bürgerlich-rechtliches Pfandrecht ist,[105] wenn seine Entstehung auch zugleich auf öffentlich-rechtlichen Tatbeständen beruht, müssen die genannten bürgerlich-rechtlichen Vorschriften bereits bei der Entstehung des Pfändungspfandrechts an Forderungen insoweit durchschlagen, als die ZPO keine Sonderregelungen – wie in § 851 Abs. 2 – enthält: Was der Schuldner selbst mit Zustimmung seines Drittschuldners nicht freiwillig verpfänden kann, kann er auch nicht durch Unterlassen eines vollstreckungsrechtlichen Rechtsbehelfs zur Haftungsgrundlage für seine Schulden bestimmen. Da es nach der Pfändung und Verwertung einer nach §§ 851 Abs. 1, 850a ff. unpfändbaren Forderung an einem Rechtsgrund für das Behaltendürfen des Vollstreckungserlöses fehlt,[106] muss der Gläubiger diesen Vermögenszuwachs als ungerechtfertigte Bereicherung nach § 812 Abs. 1 BGB an den Schuldner zurückerstatten.[107] Der Gläubiger kann gegen diesen Anspruch nicht mit seiner titulierten Forderung aufrechnen, da ansonsten letztlich das Übertragungsverbot doch umgangen würde. § 394 BGB ist insoweit entsprechend anzuwenden.

d) P-Konto

31 Wird ein P-Konto gepfändet, so werden die nach § 850k nicht der Pfändung unterliegenden Beträge von der Pfändung erst gar nicht erfasst. Wird ein Konto, das zunächst noch kein P-Konto war, innerhalb von 4 Wochen nach Zustellung des Pfändungsbeschlusses in ein P-Konto umgewandelt, so werden die Beträge auf ihm, die dem Schutz des § 850k Abs. 1 unterliegen, wieder von der Pfändung frei und der Schuldner kann über sie verfügen, ohne dass es zuvor einer Anfechtung bedürfte.

e) Verstoß gegen §§ 54, 55 SGB I

32 Die Nichtbeachtung der Unpfändbarkeit von Sozialleistungen i. S. § 54 SGB I führt lediglich zur Anfechtbarkeit einer dennoch erfolgten Pfändung.[108] Es gilt insoweit das zur Missachtung der §§ 850a ff. in Rdn. 30 Dargestellte entsprechend.

IV. Die praktische Durchführung der Forderungspfändung

1. Gläubigerantrag

33 Erforderlich ist zunächst ein **Antrag** des Gläubigers. Er muss auf dem aufgrund der Ermächtigungsgrundlage in **Abs. 4** mit der Verordnung über Formulare für die Zwangsvollstreckung (ZVFV)[109] eingeführten Formular eingereicht werden. Ein sich nicht dieses Formulars bedienender Antrag

---

103 Wie hier, wenn auch mit teilweise leicht unterschiedlicher Begründung: BGH, NJW-RR 2009, 211; OLG Jena, BeckRS 2012, 08401; LG Hamburg, Urt. vom 2.5.2008 – 318 = 154/07 – (juris); *Brox/Walker*, Rn. 539; *Stöber*, Forderungspfändung, Rn. 750; *Thomas/Putzo/Seiler*, § 850 Rn. 5; a. A. (auch keine Verstrickung): *Stein/Jonas/Brehm*, § 850 Rn. 19; a. A. (Nichtigkeit der Pfändung): *Henckel*, ZZP 1971, 453.
104 Wie hier: *Musielak/Becker*, § 850 Rn. 18; *Thomas/Putzo/Seiler*, § 850 ZPO Rn. 5. a. A. die Vertreter der sog. öffentlich-rechtlichen Pfändungspfandrechtstheorie: *Stein/Jonas/Brehm*, § 850 Rn. 19.
105 Siehe dazu im Einzelnen: Vor §§ 803, 804 Rdn. 14, 15.
106 Dazu, dass allein das Pfändungspfandrecht die causa für das Behaltendürfen des Vollstreckungserlöses ist, siehe im Einzelnen: Vor §§ 803, 804 Rdn. 16.
107 *Musielak/Becker*, § 850 Rn. 18.
108 OLG Koblenz, NJW-RR 1999, 508 (zum noch nicht rechtskräftig ausgeurteilten Anspruch auf Haftentschädigung).
109 BGBl. I 2012, 1822.

ist unzulässig und muss zurückgewiesen werden (§ 3 ZVFV). Nicht erforderlich ist aber, dass das ausgedruckte Formular auch farblich genau der ZVFV entspricht,[110] es kann also auch schwarz/weiß ausgedruckt werden. Auch ein Verschieben der Seitenzahlen des vorgegebenen Formulars durch das – durch Hinzufügen von im Formular nicht vorgesehenen weiteren Alternativen oder Forderungsbeschreibungen – erweiterte Ausfüllen einzelner Rubriken oder das Einschieben von Anlagen[111] ist unschädlich.[112] Ebenso unschädlich ist es schließlich, wenn durch Streichungen, Hinzufügungen oder Ergänzungen das Formular dort richtiggestellt wird, wo es missverständlich, unzutreffend oder unvollständig ist.[113] Schließlich ist auch die Verwendung eines Formularimitats mit leichten grafischen Veränderungen der Rahmenmaße, Liniendicken und anderen Layoutelementen, die den Aufbau des Formulars nicht verändern, zulässig.[114] Der Gesetzgeber hat dies nachträglich, um der Kritik an seinem Formular entgegenzukommen, durch den in die ZVFV mit Wirkung zum 25. 6. 2014 neu eingefügten § 3 klargestellt.[115]

§ 3 ZVFV lautet:

Zulässige Abweichungen; Einreichung des Antrags

(1) ¹Inhaltliche Abweichungen von den Formularen sind nicht zulässig. ²Anpassungen, die auf der Änderung von Rechtsvorschriften beruhen, sind zulässig.

(2) ¹Eine Abweichung von der formalen Gestaltung der Formulare ist nicht zulässig. ²Wenn das Papierformat DIN A4 erhalten bleibt und die Reihenfolge und Anordnung der Formularfelder der einzelnen Seiten und die Seitenumbrüche nicht verändert werden, sind folgende Abweichungen zulässig:
1. unwesentliche Änderung der Größe der Schrift,
2. unwesentliche Änderung sonstiger Formularelemente und
3. Verwendung nur der Farben Schwarz und Weiß sowie von Grautönen, soweit die Lesbarkeit nicht beeinträchtigt wird.

(3) Soweit für den beabsichtigten Antrag keine zweckmäßige Eintragungsmöglichkeit in dem Formular besteht, kann ein geeignetes Freifeld oder eine Anlage genutzt werden. Die Nutzung mehrerer Freifelder und Anlagen ist zulässig.

(4) ¹Es reicht aus, wenn der Antragsteller nur die Seiten des Formulars, auf denen sich Angaben des Antragstellers befinden, bei dem Gericht einreicht. ²Die nicht eingereichten Formularseiten sind auch in diesem Fall Teil des Antrags.

Im Antrag ist die zu pfändende Forderung nach Anspruchsgrund und Drittschuldner so genau anzugeben, dass diese Angaben dem für den Pfändungsbeschluss geltenden Bestimmtheitserfordernis[116] genügen. Kleinere Ungenauigkeiten in der Umschreibung sind dann unschädlich, wenn sie nach Auslegung keinen Zweifel begründen, welche Forderung gepfändet werden soll.[117]

---

110 BGH, WM 2014, 512; BGH, BeckRS 2014, 05444; LG Dortmund, JurBüro 2013, 440; LG Kiel, Rpfleger 2013, 463. A. A. aber (Antrag mit verändertem Formular unzulässig): AG Mannheim, BeckRS 2014, 08088.
111 LG Neubrandenburg, JurBüro 2015, 101.
112 BGH, WM 2014, 512 mit Anm. *J. Stamm*, LMK 2014, 357260 und Anm. *Becker-Eberhard*, JZ 2014, 961; BGH, BeckRS 2014, 05444; BGH, BeckRS 2014, 05449; BGH, JurBüro 2014, 322; LG Kiel, Rpfleger 2013, 463; LG Mannheim, JurBüro 2014, 161; LG Wuppertal, JurBüro 2014, JurBüro 2014, 161, 162.
113 BGH, WM 2014, 512.
114 BGH, BeckRS 2014, 06235.
115 BGBl. I 2014, S. 754; sieher hierzu: *Sturm*, JurBüro 2014, 507.
116 OLG Bamberg, BeckRS 2012, 08079. Näheres hierzu unten Rdn. 39.
117 BFH, Rpfleger 2001, 603; OLG Brandenburg, MDR 2013, 1249; LG Mülhausen, Beschl. vom 19.3.2009 – 2 T 52/09 – (juris).

Wird die Vollstreckung nicht wegen des titulierten einheitlichen Anspruchs insgesamt betrieben, sondern nur wegen eines Teilbetrages und/oder eines Teiles der (näher bezeichneten) Vollstreckungskosten, so kann das Vollstreckungsgericht vor Erlass des Pfändungsbeschlusses vom Gläubiger nicht verlangen, dass dieser eine dem § 367 BGB entsprechende Abrechnung vorlegt in Form einer ins Einzelne gehenden Forderungsaufstellung einschließlich der einschlägigen Belege.[118] Es genügt vielmehr die Angabe des Betrages der Hauptforderung, der Zinsen und der Kosten, der beigetrieben werden soll[119]. Soll die bezeichnete Forderung nicht in voller Höhe gepfändet werden, sondern nur zu einem Teilbetrag, ist dieser genau zu bezeichnen.[120] Erfolgt die Vollstreckung aber lediglich wegen eines Teilbetrages der titulierten Forderung, die sich ihrerseits aus mehreren Forderungen zusammensetzt, muss der Antrag genau erkennen lassen, wegen welcher dieser Forderungen vollstreckt werden muss[121]. Da das vorgeschriebene Antragsformular alle möglichen Ansprüche nebst zahlreichen Nebenansprüchen checklistenartig aufführt, muss der Gläubiger die allein in Betracht kommenden Ansprüche zweifelsfrei ankreuzen, wenn sein Antrag nicht teilweise zurückgewiesen werden soll.[122] Ungenauigkeiten bei der Bezeichnung der Forderung sind nur dann unschädlich, wenn sie keinen Anlass zu Zweifeln geben, welche Forderung des Schuldners gegen den Drittschuldner gemeint ist[123]. Muss ein Antrag wegen zu ungenauer Angaben teilweise zurückgewiesen werden, kann dies eine Kostenentscheidung nach § 788 Abs. 4 rechtfertigen. Soll die bezeichnete Forderung nicht in voller Höhe gepfändet werden, sondern nur wegen eines Teilbetrages, ist dieser genau zu bezeichnen.[124] Soweit zur Errechnung der mit der Forderung zusammen beigetriebenen Zinsen erforderlich, sind die Daten zwischenzeitlich geleisteter Teilzahlungen mitzuteilen. Die Kosten sind darüber hinaus, soweit sie nicht bereits gesondert tituliert sind, zu belegen.[125] Sind einzelne der angesetzten Kostenpositionen nicht erstattungsfähig, darf aber nicht der Vollstreckungsantrag insgesamt zurückgewiesen werden, wenn die übrigen Forderungen, wegen derer vollstreckt werden soll, nicht zu beanstanden sind.[126] Es gilt hier insgesamt nichts anderes als bei einem auf eine Restforderung beschränkten Vollstreckungsauftrag an den Gerichtsvollzieher.[127]

Dem Antrag beizufügen sind der Titel in vollstreckbarer Ausfertigung, soweit nicht ausnahmsweise eine Klausel entbehrlich ist,[128] der Zustellungsnachweis sowie die Nachweise über das Vorliegen der jeweiligen besonderen Vollstreckungsvoraussetzungen des konkreten Titels (z. B. §§ 751 Abs. 2, 765)[129]. Ergeht der Pfändungsbeschluss unzulässigerweise ohne diese Nachweise, ist er nicht nichtig, sondern nur anfechtbar.[130] Wird der Antrag von einem Bevollmächtigten des Gläubigers gestellt, ist die Vollmacht nachzuweisen. Ist der Bevollmächtigte ein Anwalt, gelten aber § 88 Abs. 1 und 2.

---

118 So aber LG Gießen, Rpfleger 1985, 245; LG Paderborn, Rpfleger 1987, 318; LG Aurich, DGVZ 2004, 15; PG/*Ahrens*, § 829 Rn. 31.
119 LG Hanau, DGVZ 1993, 112, 113.
120 Ansonsten ist die Forderung in voller Höhe gepfändet, auch wenn die titulierte Forderung niedriger ist als die gepfändete; vergl. BGH, NJW 1975, 738. Bestehen ernsthafte Zweifel, in welcher Höhe die Forderung gepfändet sein soll, ist die Pfändung nichtig: OLG Frankfurt, MDR 1977, 676.
121 BGH, NJW 2008, 3147.
122 LG Aurich, Rpfleger 1997, 394; LG Aurich, JurBüro 2002, 661.
123 BFH, Rpfleger 2001, 603; LG Mülhausen, Beschl. vom 19.3.2009 – 2 T 52/09 – (juris).
124 Ansonsten ist die Forderung in voller Höhe gepfändet, auch wenn die titulierte Forderung niedriger ist als die gepfändete; vergl. BGH, NJW 1975, 738. Bestehen ernsthafte Zweifel, in welcher Höhe die Forderung gepfändet sein soll, ist die Pfändung nichtig: OLG Frankfurt, MDR 1977, 676.
125 LG Braunschweig, Rpfleger 1974, 29 und Rpfleger 1978, 461; LG Kaiserslautern, DGVZ 1982, 157; LG Kassel, DGVZ 1987, 44; LG Stendal, JurBüro 2000, 491; *Stöber*, Forderungspfändung, Rn. 464; siehe ferner: § 788 Rdn. 29.
126 OLG Saarbrücken, NJW-RR 1998, 207.
127 Siehe insoweit: *Walker*, § 753 Rdn. 4 mit zahlreichen Nachweisen zum Meinungsstand.
128 Siehe insoweit: Vor §§ 724–734 Rdn. 5.
129 BGH, MDR 2008, 1183.
130 BGHZ 66, 79.

Wird der Pfändungsbeschluss aufgrund des Antrages eines vollmachtlosen Vertreters erlassen, ist er nicht nichtig.[131] Der Gläubiger kann den Antrag nachträglich genehmigen. Geschieht dies nicht, können Gläubiger, Schuldner und Drittschuldner den Pfändungsbeschluss mit der Erinnerung (§ 766) anfechten.

Für den elektronischen Antrag auf Zwangsvollstreckung[132] aus einem Vollstreckungsbescheid bringt § 829a hinsichtlich der beizufügenden Vollstreckungsunterlagen erhebliche Erleichterungen, um das elektronische Antragsverfahren überhaupt praktikabel zu machen[133].

2. Prüfung durch das Vollstreckungsgericht

Vor der Entscheidung über den Antrag **prüft** das Vollstreckungsgericht das Vorliegen der allgemeinen und besonderen Vollstreckungsvoraussetzungen und deren gehörigen Nachweis. Ob die zu pfändende Forderung besteht, wird dagegen grundsätzlich nicht überprüft.[134] Deshalb prüft es, soweit ein verschleierter Lohnanspruch gepfändet werden soll, auch nicht die materiellen Voraussetzungen des § 850h Abs. 2.[135] Das Gericht pfändet stets nur die »*angebliche*« Forderung des Schuldners gegen den Drittschuldner.[136] Die Pfändung einer nichtexistenten Forderung geht schlicht ins Leere.[137] Dies wird gegebenenfalls im Einziehungsprozess festgestellt.[138] Da jedoch kein Rechtsschutzbedürfnis dafür besteht, offensichtlich ins Leere gehende gerichtliche Entscheidungen zu erwirken, ist der Antrag ausnahmsweise dann zurückzuweisen, wenn die zu pfändende Forderung schon nach den eigenen Angaben des Gläubigers offensichtlich nicht bestehen kann[139] oder ersichtlich ist, dass der Gläubiger ohne jeden Anhaltspunkt für eine »angebliche« Forderung einfach ins Blaue hinein pfänden lassen will.[140] Die Offensichtlichkeit der Nichtexistenz der Forderung ist nicht mehr zu bejahen, wenn das Gericht diffizilere rechtliche Erwägungen anstellen muss, um die Möglichkeit einer derartigen Forderung zu verneinen[141]. 34

Materiellrechtliche Einwendungen gegen die titulierte Forderung spielen wie auch sonst in der Zwangsvollstreckung bei der Pfändung keine Rolle.[142] Das Gericht hat bis zur Vorlage einer entsprechenden Entscheidung (§ 775 Nr. 1 und Nr. 2) von der Rechtmäßigkeit des Vollstreckungstitels auszugehen, auch wenn zwischenzeitlich ein Rechtsmittelverfahren läuft. Das gilt auch dann, wenn der Schuldner Verfassungsbeschwerde gegen den Titel erhoben hat.[143] 35

---

131 OLG Saarbrücken, Rpfleger 1991, 513.
132 Welche Gerichte der einzelnen Bundesländer derartige elektronische Anträge grundsätzlich ermöglichen, findet sich im Internet unter: egvp.de/Gerichte/Justizbehörden.
133 Einzelheiten siehe § 829a Rdn. 2.
134 LG Düsseldorf, JurBüro 2004, 215.
135 BGH, NJOZ 2014, 571.
136 Allgem. Meinung; beispielhaft: BGH, NJW-RR 2008, 733; LG Meiningen, JurBüro 2008, 329; LG Ellwangen, JurBüro 1997, 274; *Musielak/Becker*, § 829 Rn. 8; *Stein/Jonas/Brehm*, § 829 Rn. 37; *Zöller/Stöber*, § 829 Rn. 4. Siehe auch oben Rdn. 13.
137 Siehe unten Rdn. 52; ferner: BGH, NJW 2002, 755; OLG Köln, OLGReport 1999, 42; OLG Düsseldorf, InVo 2000, 143; OLG Frankfurt, InVo 2002, 114.
138 BGH, NJOZ 2014, 571.
139 BGH, InVo 2000, 392; OLG Frankfurt, Rpfleger 1978, 229; OLG Hamm, Rpfleger 1956, 197; LG Kempten-Allgäu, Rpfleger 1968, 291 mit Anm. *Mes*; LG Ellwangen, JurBüro 1997, 274.
140 Siehe oben Rdn. 13. Zum Fall offensichtlich nachlässig ausgefüllter Antragsformulare: LG Aurich, Rpfleger 1997, 394.
141 BGH, NJW-RR 2008, 733.
142 Bedenklich deshalb: LG Frankenthal, Rpfleger 1985, 245; OLG Köln, Rpfleger 1984, 29.
143 LG Bochum, Rpfleger 1985, 448.

3. Anhörung des Schuldners

36 Vor der Entscheidung über den Antrag ist der Schuldner grundsätzlich **nicht** (§ 834), der Drittschuldner aber nie **zu hören**. Abweichend vom Grundsatz des § 834 ist der Schuldner dann anzuhören, wenn eine nur bedingt pfändbare Forderung (§ 850b Abs. 3) oder eine grundsätzlich unpfändbare Forderung aufgrund von Ausnahmebestimmungen (z. B. § 850f Abs. 2) im Einzelfall doch gepfändet werden soll, der Gläubiger aber die Voraussetzungen der Pfändbarkeit nicht von sich aus mit ausreichenden Belegen darlegen kann. Da in diesen Ausnahmefällen eine individuelle Abwägung der konkreten Gläubiger- und Schuldnerinteressen erforderlich ist, muss dem Schuldner Gelegenheit gegeben werden, seine Interessen darzulegen, wenn der Gläubiger dies nicht schon in seinem Antrag nachvollziehbar getan hat. Er kann damit nicht erst auf das Rechtsmittel verwiesen werden.[144] Beantragt der Gläubiger in sonstigen Fällen abweichend von § 834 die vorherige Anhörung des Schuldners, etwa um von ihm nähere Angaben zur Spezifikation der zu pfändenden Forderung zu erhalten, ist dem stattzugeben, da das Anhörungsverbot allein den Interessen des Gläubigers dient.[145]

4. Rechtsschutzbedürfnis

37 Das Pfändungsersuchen ist, auch wenn die allgemeinen und besonderen Vollstreckungsvoraussetzungen vorliegen und die zu pfändende Forderung schlüssig behauptet ist, zurückzuweisen, wenn es sich als **rechtsmissbräuchlich** erweist[146] oder wenn seine Form (etwa durch die Art der Ausfüllung des vorgeschriebenen Formulars) Zweifel aufkommen lässt, dass es ernstlich gewollt ist.[147] Rechtsmissbräuchlich sind insbesondere reine Ausforschungs- und Verdachtspfändungen, bei denen die Pfändung selbst im Hintergrund steht und die in erster Linie der bloßen Ermittlung von Schuldnervermögen dienen.[148] Der Gläubiger ist in einem solchen Fall auf den Weg der Vermögensauskunft (§ 802c) zu verweisen. Dagegen ist die Pfändung nicht rechtsmissbräuchlich, wenn sie zwar erkennbar vorläufig zu keinem Erfolg führen wird, weil der Schuldner derzeit nur über ein unter der Freigrenze des § 850c liegendes Einkommen verfügt[149] oder gerade erst wegen einer erfolglosen Zwangsvollstreckung ins Schuldnerregister eingetragen wurde,[150] aber dem Gläubiger für den Fall künftiger Einkommenssteigerungen den Rang sichert.[151] Hat der Gläubiger sich unter Zuhilfenahme unredlicher Methoden (Verleitung zum Bruch des Bankgeheimnisses, Missachtung datenschutzrechtlicher Bestimmungen) Kenntnis von der Pfändung unterliegenden Forderungen des Schuldners, die ihm sonst nicht bekannt geworden wären, verschafft, so steht einem auf diesem Wissen basierenden Pfändungsgesuch nicht die Einrede des Rechtsmissbrauchs entgegen.[152] Denn der Gläubiger hat grundsätzlich Anspruch darauf, sich aus dem gesamten der Vollstreckung unterliegenden Vermögen des Schuldners zu befriedigen. Der Schuldner müsste es ihm im Verfahren der Vermögensauskunft selbst offen legen. Gereicht einem Gläubiger das Gebrauchmachen von einem aus nachträglicher Sicht zu Unrecht erlangten Urteil nicht zum rechtlichen Vorwurf, dann handelt er auch nicht rechtsmissbräuchlich, wenn er zur Befriedigung des titulierten Anspruchs die Pfändung des Ersatzanspruchs des Schuldners gegen dessen Anwalt, der im Vorprozess ein Rechts-

---

144 Einzelheiten: § 834 Rdn. 4.
145 OLG Celle, MDR 1972, 958; Einzelheiten: § 834 Rdn. 3.
146 Siehe hierzu auch oben Rdn. 24.
147 LG Stuttgart, BeckRS 2012, 15469.
148 LG Hannover, ZIP 1985, 60; OLG München, OLGZ 1991, 322; *Heymann/Horn*, HGB, Bd. 4, 2. Aufl., § 357 HGB Rn. 3; siehe auch oben Rdn. 13. Unter Berücksichtigung der Schwierigkeiten des Gläubigers darf hier allerdings kein allzu strenger Maßstab angelegt werden: BGH, NJW 2004, 2096.
149 LG Ellwangen, DGVZ 2003, 90. A. A. insoweit: LG Rostock, Rpfleger 2003, 37.
150 BGH, FamRZ 2003, 1652 mir Anm. *Jaspersen*, ProzRB 2003, 237.
151 OLG Celle, NdsRpfl 1953, 108.
152 BGH, DB 1973, 1987.

mittel versäumt hat, beantragt und diesen Ersatzanspruch damit begründet, das im Vorprozess ergangene – jetzt zu vollstreckende – Urteil sei unrichtig.[153]

5. Der Pfändungsbeschluss

Die Pfändung wird durch **Beschluss**, der in der Form dem Formular gem. § 2 ZVFV entspricht, ausgesprochen. Dann, wenn der Schuldner vor der Pfändung ausnahmsweise zu dem Zweck angehört wurde, die individuellen Interessen beider Parteien konkret abwägen zu können, ist der Beschluss, der das Ergebnis dieser Abwägung enthält, zu begründen.[154] Im Übrigen ist keine Begründung vorgeschrieben. Das vorgeschriebene Formular sieht deshalb hierfür auch keinen Platz vor. Der Tenor des Beschlusses enthält nach § 829 Abs. 1 drei wesentliche Elemente: Die eigentliche Anordnung, dass eine konkret bezeichnete Forderung gepfändet sei; das Verbot gegenüber dem Drittschuldner, an den Schuldner zu zahlen (Arrestatorium); das Gebot an den Schuldner, sich jeder Verfügung über die Forderung, insbesondere ihrer Einziehung zu enthalten (Inhibitorium).

38

a) Bestimmtheitsgrundsatz

Die gepfändete Forderung muss in dem Beschluss insbesondere hinsichtlich ihres Rechtsgrundes[155] so genau bezeichnet werden, dass sowohl der Schuldner und der Drittschuldner als auch unbeteiligte Dritte – also etwa weitere an der Vollstreckung interessierte Gläubiger – keine vernünftigen Zweifel haben dürfen, welche konkrete Forderung gemeint ist (sog. **Bestimmtheitsgrundsatz**).[156] Es gelten die nämlichen Grundsätze, die oben schon zum Antrag dargelegt wurden[157]. Der Bestimmtheitsgrundsatz dient dem nämlichen Zweck wie das Erfordernis der deutlichen Kenntlichmachung bei der Pfändung beweglicher Sachen: Die Beschlagnahme soll jedem Interessierten offenkundig sein. Ist nicht sicher feststellbar, welche Forderung beschlagnahmt ist, so ist die Pfändung **nichtig**. Immer dann, wenn berechtigte Zweifel offenbleiben, ist gegen den Vollstreckungsgläubiger zu entscheiden. So erfasst ein Pfändungsbeschluss z. B. künftige Forderungen, wenn nicht §§ 832, 833a eingreifen, nur, wenn sich aus dem Beschluss selbst entnehmen lässt, dass er sich auch auf diese künftigen Forderungen erstreckt.[158] Zur Auslegung des Pfändungsbeschlusses, um die beschlagnahmte Forderung zu bestimmen, dürfen Umstände, die nicht in der Beschlussurkunde selbst enthalten sind, nicht herangezogen werden;[159] denn sie sind nicht jedem Dritten, der sich über die Beschlagnahme informieren will, jederzeit zugänglich. Die Auslegung darf sich auch nicht so weit vom gewählten Wortlaut entfernen, dass sie sich nicht mehr jedem angesprochenen Gläubiger

39

---

153 BGH, VersR 1982, 975; OLG Köln, OLGReport 2002, 241.
154 Allgem. Meinung; beispielhaft: LG Wiesbaden, Rpfleger 1981, 491; LG Düsseldorf, Rpfleger 1983, 255; *Stöber*, Forderungspfändung, Rn. 476; *Thomas/Putzo/Seiler*, § 829 Rn. 19.
155 Hierzu: BGH, NJW 2001, 2976; BGH, NJW 2007, 3132.
156 Im Grundsatz allgemeine Meinung: BGHZ 13, 42; BGH: MDR 1965, 738; WM 1970, 848; NJW 1975, 980; Rpfleger 1978, 247; NJW 1983, 486; NJW 1988, 2543; InVo 2003, 363; JurBüro 2008, 606; MDR 2008, 1183; NJW 2008, 3147; BSG, NJW 1984, 256; BFH, InVo 2001, 177; LAG Hamm, BB 1965, 1189; OLG Hamburg, MDR 1971, 141; OLG Düsseldorf, Rpfleger 1978, 265; OLG Köln, OLGZ 1979, 485; OLG Stuttgart, MDR 1979, 324; KG, JurBüro 1981, 784; OLG Frankfurt, NJW 1981, 468; OLG Stuttgart, WM 1994, 1140; OLG Karlsruhe, NJW 1998, 549 mit ausführlicher Besprechung durch *Brehm/Kleinheisterkamp*, JuS 1998, 781; OLG Düsseldorf, InVo 1999, 256; OLG Köln, JurBüro 2003, 48; Niedersächs. OVG, JurBüro 2009, 159; OLG Bamberg, BeckRS 2012, 08079; LG Köln, ZIP 1980, 114; LG Frankenthal, Rpfleger 1981, 445; LG Bochum, NJW 1986, 3149; LG Limburg, NJW 1986, 3148; LG Bielefeld, Rpfleger 1987, 116; LG Aachen, Rpfleger 1991, 326; LG Landshut, JurBüro 1994, 307; *Schilken* in Gaul/Schilken/Becker-Eberhard, § 54 Rn. 59, 60. Siehe darüber hinaus die Zusammenfassung bei *Behr*, JurBüro 1997, 10.
157 Siehe oben Rdn. 33.
158 OLG Karlsruhe, NJW-RR 1993, 242.
159 BGH, NJW 1988, 2543, 2544; BGH, NJW 2007, 3132.

aufdrängt.¹⁶⁰ Die gerade im Vollstreckungsverfahren erforderliche erhöhte Rechtssicherheit wäre nicht gewährleistet. Da der Gläubiger allerdings die Vermögensverhältnisse des Schuldners selten im Detail kennen wird, dürfen die Anforderungen an die hinreichende Bestimmtheit der Angabe der gepfändeten Forderung nicht überspitzt werden,¹⁶¹ solange eine zweifelsfreie Auslegung des Gewollten möglich ist.¹⁶² Die recht vagen Vorgaben im vorgeschriebenen Formular lassen eine allzu detaillierte Substantiierung auch gar nicht zu. Was der Gesetzgeber in der ZVFV zur Umschreibung von Ansprüchen gegen Arbeitgeber, gegen die Agentur für Arbeit, gegen das Finanzamt, gegen Kreditinstitute, Versicherungsgesellschaften und Bausparkassen als ausreichend angesehen hat, darf das Vollstreckungsgericht nicht als unzureichend beanstanden.

40 Aus dem Bereich der »sonstigen Ansprüche«, für die im Formular keine spezielle Rubrik vorgesehen ist (hier lässt das Formular dem Gläubiger einen weiten Formulierungsspielraum), wurden in der Rechtsprechung etwa folgende Bezeichnungen als noch **hinreichend bestimmt** angesehen:

Alle Ansprüche »aus Lieferungen und Leistungen« gegen einen bestimmten Besteller, auch wenn der Werkunternehmer für diesen Besteller teilweise als Haupt- und teilweise als Subunternehmer tätig war;¹⁶³ die Ansprüche an den Drittschuldner auf »Rückübertragung aller gegebenen Sicherheiten«.¹⁶⁴

41 Dagegen wurden als **zu unbestimmt** folgende Angaben beurteilt: Alle Forderungen »aus jedem Rechtsgrund«;¹⁶⁵ die Forderung »auf Schadensersatz wegen Schlechterfüllung des Bankvertrages«, wenn nicht zusätzlich angegeben ist, worin die Schlechterfüllung liegen soll;¹⁶⁶ »alle Ansprüche auf Zahlungen jeglicher Art aus laufender Geschäftsverbindung«,¹⁶⁷ Ansprüche aus der Nichtvalutierung von Grundschulden, falls die Grundschulden nicht grundbuchmäßig genau bezeichnet sind;¹⁶⁸ alle Ansprüche gegen die Hinterlegungsstelle aus »sämtlichen den Schuldner betreffenden Hinterlegungsgeschäften«;¹⁶⁹ die angebliche Forderung eines Bundeslandes gegen den Bund »aus Haushaltsmitteln«,¹⁷⁰ die Forderung »auf Rückzahlung sichergestellter Vermögenswerte gegenüber der Staatsanwaltschaft«.¹⁷¹

b) Bezeichnung des Drittschuldners

42 Neben dem Rechtsgrund der Forderung muss ihr Schuldner – also der Drittschuldner – im Pfändungsbeschluss so genau bezeichnet sein, dass er jedenfalls bei verständiger Auslegung unzweifelhaft festgestellt werden kann.¹⁷² Soweit allerdings eine solche Bestimmung durch Auslegung zweifelsfrei

---

160 BGH, MDR 2000, 476 (gepfändeter Anspruch des Schuldners »auf Schadensersatz wegen Nichterfüllung« eines notariellen Kaufvertrages nicht dahin auszulegen, dass auch der Anspruch auf Zahlung des Kaufpreises aus diesem Vertrag erfasst sei).
161 BGH: WM 1965, 517; NJW 1980, 584; NJW 1983, 886; BFH, InVo 2002, 151.
162 OLG Brandenburg, MDR 2013, 1249.
163 BGH, NJW 1983, 886; OLG Köln, MDR 1970, 150; ähnlich auch der Tenor, mit dem der BGH, NJW 1986, 977 sich zu befassen hatte.
164 LG Berlin, Rpfleger 1976, 223; LG Bielefeld, Rpfleger 1987, 116; LG Dachau, Rpfleger 1990, 215; LG Berlin Rpfleger 1991, 28; siehe auch BGH, NJW 1981, 1505 (Anspruch »auf Auszahlung des Überschusses aus Verwertung der gegebenen Sicherheiten«); a.A. insoweit: LG Aachen, Rpfleger 1991, 326; LG Landshut, JurBüro 1994, 307.
165 BGHZ 13, 42.
166 OLG Karlsruhe, InVo 2000, 355.
167 OLG Stuttgart, WM 1994, 1140.
168 BGH, NJW 1975, 980.
169 OLG Frankfurt, NJW 1981, 468.
170 LG Mainz, Rpfleger 1974, 166.
171 OLG Bamberg, BeckRS 2012, 08079.
172 BGH, MDR 1961, 408; BGH, NJW 1967, 821; AG Moers, MDR 1976, 410; LG Leipzig, DGVZ 1998, 91.

möglich ist, etwa aus dem im Beschluss angegebenen Schuldgrund (Rechnungsnummer, Aktenzeichen, Daten usw.) heraus, beeinträchtigen unrichtige oder unvollständige Angaben zum Namen, zur Rechtsform oder zur Adresse des Drittschuldners die Wirksamkeit des Pfändungsbeschlusses nicht.[173]

Fehlt im Beschluss das Verbot an den Drittschuldner, an den Schuldner zu zahlen, so ist die Pfändung – abgesehen von den Fällen des § 857 Abs. 2 – unheilbar nichtig.[174] Es kann also nicht nachgeschoben werden, sondern es muss insgesamt ein neuer Pfändungsbeschluss erlassen werden.

c) Beschränkung auf den pfändbaren Teil der Forderung

Soll die Forderung, um unnötige Erinnerungen zu vermeiden, von vornherein nur in dem Umfange gepfändet werden, wie sie nicht Pfändungsschutzvorschriften unterliegt, ist dies im Pfändungsbeschluss anzugeben. Insoweit genügt es aber, und ist deshalb auch nur so im amtlichen Formular angegeben, dass lediglich die Normen genannt werden, in deren Rahmen die Pfändung erfolgen solle, bei Pfändung von Arbeitslohn also etwa gem. § 850c Abs. 3 Satz 2 durch Verweisung auf die Tabelle nach § 850c. Die Errechnung des konkreten von der Pfändung erfassten Betrages obliegt dann dem Drittschuldner. Ist allerdings nach dem Beschluss unklar, welche Pfändungsschutzvorschriften vom Drittschuldner zur Berechnung heranzuziehen seien (etwa weil der Umfang der analog heranzuziehenden Vorschriften umstritten ist), ist der Beschluss zu unbestimmt und die Pfändung damit unwirksam[175].

43

d) Bezeichnung des Vollstreckungsschuldners

Der im Pfändungsbeschluss angegebene Gläubiger der zu pfändenden Forderung muss notwendig mit dem Vollstreckungsschuldner identisch sein. Sind die in den Beschluss aufgenommenen Angaben zum Vollstreckungsschuldner so dürftig[176] oder unrichtig, dass der Drittschuldner[177] auch bei verständiger Auslegung nicht ermitteln kann, um welche Forderung es sich handelt (z. B. bei zahlreichen Arbeitnehmern mit gleichem Namen, die alle nicht unter der angegebenen Adresse wohnen; Bezeichnung des Schuldners mit seinem bürgerlichen Namen, während er im Geschäftsleben ausschließlich unter einer Sachfirma [nicht zu verwechseln mit einer unbeachtlichen Fantasiebezeichnung] auftritt),[178] ist die Pfändung nichtig.[179] Das Gebot an den Vollstreckungsschuldner, sich jeder Verfügung über die Forderung zu enthalten, ist zwar nach Abs. 1 zwingender Bestandteil des Pfändungsbeschlusses, abgesehen von den Fällen des § 857 Abs. 2 aber nicht Wirksamkeitsvoraussetzung der Pfändung. Es kann deshalb, wenn es vergessen wurde, nachgeholt werden.

44

e) Sonstiger Inhalt

Die übrigen im amtlichen Formular für Pfändungsbeschlüsse vorgesehenen Details, insbesondere die in allen Einzelheiten zutreffende Angabe des Vollstreckungstitels, sind nicht Wirksamkeitsvoraussetzung der Pfändung. So ist es ohne Einfluss, wenn etwa Aktenzeichen oder Datum des Titels

45

---

173 LAG Köln, NZA 1994, 912; LG Leipzig, DGVZ 1998, 91; LG Görlitz, DGVZ 2009, 101.
174 So schon RGZ 30, 325.
175 Niedersächsisches OVG, JurBüro 2009, 159.
176 AG Düsseldorf, NJW-RR 1997, 922 hält die Pfändung »des Anspruchs der unbekannten Erben des verstorbenen ursprünglichen Titelschuldners gegen den (genau bezeichneten) Drittschuldner« für ausreichend und damit für möglich; der Entscheidung ist nicht zu folgen.
177 Auf seine Sicht ist abzustellen, nicht auf die des den Beschluss erlassenden Rechtspflegers oder des den Beschluss später zustellenden Gerichtsvollziehers: OLG Saarbrücken, OLGReport 2006, 973; LG Dresden, JurBüro 2001, 604; AG Rastatt, JurBüro 2002, 440.
178 OLG Saarbrücken, OLGReport 2006, 973.
179 LAG Rheinland/Pfalz, BB 1968, 709; OLG Stuttgart, WM 1993, 2020.

fehlen oder Schreibfehler aufweisen.[180] Ergänzende Angaben über für die zu pfändende Forderung, etwa über bestehende Sicherheiten, die nicht erforderlich sind, sind unschädlich, sollten sie unzutreffend sein.[181] Der Angabe der Anschrift des Vollstreckungsgläubigers bedarf es ausnahmsweise dann nicht, wenn die Identität des Gläubigers für alle Beteiligten zweifelsfrei feststeht, schutzwürdige Interessen des Gläubigers die Geheimhaltung seiner Anschrift erfordern – die geschiedene Ehefrau will sich vor körperlichen Misshandlungen durch ihren früheren Ehemann, den Vollstreckungsschuldner, schützen – und schutzwürdige Belange des Vollstreckungsschuldners durch die fehlende Adressenangabe nicht beeinträchtigt werden – etwa weil die Adresse eines Prozessbevollmächtigten angegeben ist, dem notfalls Klagen nach §§ 323, 767 zugestellt werden können –.[182]

f) Pfändung mehrerer Forderungen in einem Beschluss

46 Hat der Gläubigers wegen des nämlichen titulierten Anspruchs die Pfändung und Überweisung mehrerer Forderungen des Schuldners gegen verschiedene Drittschuldner in einem einzigen Beschluss beantragt (was nach dem vorgeschriebenen amtlichen Formular auf gewisse technische Schwierigkeiten stößt), so soll das Vollstreckungsgericht dem entsprechen, soweit dies für Zwecke der Vollstreckung geboten erscheint und kein Grund für die Annahme besteht, dass schutzwürdige Interessen des Drittschuldners entgegenstehen (**Abs. 1 Satz 3**). In Betracht kommt dies etwa, wenn sämtliche Lohnansprüche eines Arbeitnehmers gegen seine verschiedenen Arbeitgeber gepfändet werden sollen und gleichzeitig eine Entscheidung nach § 850e Abs. 2 ergehen soll,[183] oder wenn die Mietzinsansprüche eines Vermieters gegen die Mieter in seinem Mietshaus im Zusammenhang mit einer Entscheidung nach § 851b gepfändet werden sollen. Die Entscheidung, ob ein oder mehrere Beschlüsse ergehen, steht im pflichtgemäßen Ermessen des Gerichts.[184]

Umgekehrt kann das Gericht auch mehrere Anträge zusammenfassen, die Forderungen des Vollstreckungsschuldners gegen den nämlichen Drittschuldner betreffen, und in einem einzigen Pfändungsbeschluss bescheiden.[185] Die Parteien haben keinen Anspruch darauf, dass das Gericht immer den für sie kostengünstigsten Weg wählt.

6. Die Zustellung des Beschlusses (Abs. 2 und Abs. 3)

a) Gläubiger

47 Dem beantragenden Gläubiger ist der Beschluss gem. § 329 Abs. 2 formlos mitzuteilen, wenn er dem Pfändungsantrag in vollem Umfang stattgibt; er ist ihm förmlich zuzustellen (§ 329 Abs. 3), wenn durch ihn der Antrag ganz oder teilweise abgelehnt wird[186].

b) Drittschuldner

48 Dem Drittschuldner wird der Beschluss nicht von Amts wegen zugestellt, sondern nur auf Betreiben des Gläubigers. Dieser kann aber die Geschäftsstelle um Vermittlung der Zustellung ersuchen. Dieses Ersuchen kann schon vorab mit dem Pfändungsantrag gestellt werden.[187] Die Geschäftsstelle schaltet dann den Gerichtsvollzieher ein (§§ 192, 193), der allerdings die Ausführung der Post übertragen kann (§ 194). Ob er dies tut oder die Zustellung selbst vornimmt, liegt, wie auch sonst

---

180 LAG Düsseldorf, DB 1968, 1456.
181 LG Frankfurt, Rpfleger 1976, 26.
182 KG, FamRZ 1995, 311.
183 *Behr*, JurBüro 2000, 230.
184 Allgemeine Meinung; beispielhaft: *Baumbach/Lauterbach/Hartmann*, § 829 Rn. 13; *Behr* JurBüro 2000, 230.; *Thomas/Putzo/Seiler*, § 829 Rn. 12a.
185 LG Detmold, Rpfleger 1991, 427.
186 PG/*Ahrens*, § 829 Rn. 52; *Thomas/Putzo/Seiler*, § 829 Rn. 23.
187 Es ist deshalb auf den gängigen Antragsformularen als Möglichkeit vorgesehen.

bei Zustellungen[188], in seinem Ermessen.[189] Hinsichtlich der Durchführung der Zustellung gelten die allgemeinen Regeln, sodass grundsätzlich auch eine Ersatzzustellung in Betracht kommt. Allerdings muss § 178 Abs. 2 entsprechend im Verhältnis vom Schuldner zum Drittschuldner Anwendung finden.[190] Dies gebieten schon die schwerwiegenden Folgen, die aus der Nichtbeachtung des Pfändungsbeschlusses für den Drittschuldner erwachsen können. Ein möglicher Schadensersatzanspruch gegen den Schuldner wegen Nichtweiterleitung des Beschlusses ist wirtschaftlich oft bedeutungslos und deshalb allein kein hinreichender Schutz des Drittschuldners. Eine öffentliche Zustellung an den Drittschuldner ist möglich, jedoch werden meist die engen Voraussetzungen des § 185 fehlen[191]. Die Zustellung darf nur an den im Pfändungsbeschluss konkret bezeichneten Drittschuldner[192] erfolgen, nicht etwa auch an dessen »Nachfolger« (z. B. den neuen Arbeitgeber bei einem Arbeitsplatzwechsel des Schuldners).[193] Der Gerichtsvollzieher muss die Identität des Drittschuldners von Amts wegen überprüfen; eine unzutreffende Adressenangabe kann er selbst aufklären, ohne dass es einer Berichtigung des Beschlusses bedarf[194]. Dem Drittschuldner ist eine korrekte, unverkürzte Ausfertigung des Pfändungsbeschlusses zuzustellen, damit die Pfändung wirksam werden kann. Die Ausfertigung muss, um die Wirkung des Abs. 3 herbeizuführen, auch den Rechtspfleger, der den Beschluss erlassen hat, erkennen lassen.[195] Bei mehreren Drittschuldnern als Gesamtschuldnern ist der Beschluss jedem von ihnen einzeln zuzustellen. Er wird wirksam (Abs. 3) erst mit der Zustellung an den letzten Drittschuldner.[196]

Nur bei mangelfreier Zustellung an den Drittschuldner – abgesehen von den Fällen des § 857 Abs. 2 – wird die Forderung wirksam gepfändet (**Abs. 3**). Eine Heilung von Zustellungsmängeln nach § 189 ist zwar möglich,[197] sie wirkt aber nie zurück. Dies macht es für den Gläubiger u. U. sehr schwierig, den Rang seines Pfandrechts richtig zu bestimmen. Es empfiehlt sich deshalb, bei Feststellung von Zustellungsmängeln sofort eine Neuzustellung zu veranlassen.

49

c) Schuldner

Die Zustellung des Pfändungsbeschlusses an den Schuldner ist nach erfolgter Zustellung an den Drittschuldner ohne weiteren Zustellungsauftrag, ja sogar, wenn der Gläubiger dem widerspricht, von Amts wegen vorzunehmen, es sei denn, dass ausnahmsweise eine öffentliche Zustellung erforderlich ist. Letztere erfolgt nur auf Antrag des Gläubigers. Zum Nachweis der Voraussetzungen der öffentlichen Zustellung genügt grundsätzlich die Vorlage aktueller Auskünfte des für den letzten bekannten Wohnsitz des Schuldners zuständigen Einwohnermelde- oder Postamtes.[198] War die Zustellung an den Drittschuldner durch den Gerichtsvollzieher erfolgt, so führt dieser auch die Zustellung an den Schuldner durch. Neben dem Pfändungsbeschluss muss dem Schuldner auch eine (in der Regel vom Gerichtsvollzieher hergestellte) beglaubigte Abschrift der Urkunde über die

50

---

188 AG Solingen, DGVZ 2014, 178.
189 AG Esslingen, JurBüro 2013, 443.
190 Wie hier: BAG, NJW 1981, 1399; ArbG Hamburg, BB 1969, 405; OLG Hamm, NJW 1994, 1036; OLG Celle, InVo 2002, 468; *Brox/Walker*, Rn. 508; PG/*Ahrens*, § 829 Rn. 57; *Wieczorek/Lüke*, § 829 Rn. 68; a. A. (auch Ersatzzustellung an den Schuldner möglich): LG Bonn, DGVZ 1998, 12; *Noack*, DGVZ 1981, 33; *Stein/Jonas/Brehm*, § 829 Rn. 56; *Stöber*, Forderungspfändung, Rn. 530.
191 *Zöller/Stöber*, § 829 Rn. 14. **A. A.** (öffentliche Zustellung generell ausgeschlossen): PG/*Ahrens*, § 829 Rn. 58.
192 Im Einzelfall kann seine korrekte Bezeichnung auch durch Auslegung ermittelt werden: LG Leipzig, DGVZ 1998, 91. Eine unrichtige Schreibweise der ausländischen Adresse macht die Zustellung nicht unwirksam, wenn eine Verwechslungsgefahr nicht besteht: BGH, Rpfleger 2001, 505.
193 AG Stuttgart, DGVZ 1973, 61.
194 LG Görlitz, DGVZ 2009, 101.
195 BGH, NJW 1981, 2256.
196 BGH, NJW-RR 1998, 2904 mit Anm. *Goette*, DStR 1998, 1228; *Wieczorek/Lüke*, § 829 Rn. 70.
197 BGH, NJW 1980, 1754; OLG Zweibrücken, OLGZ 1978, 108.
198 BGH, JurBüro 2003, 442.

Zustellung an den Drittschuldner zugestellt werden. Müsste die Zustellung an den Schuldner – durch den Gerichtsvollzieher oder auf Veranlassung der Geschäftsstelle – im Ausland erfolgen, so werden die Schriftstücke stattdessen einfach zur Post aufgegeben (§ 183). Auch die Zustellung ins Ausland durch schlichte Aufgabe zur Post muss aber vom Gerichtsvollzieher oder von der Geschäftsstelle des Gerichts veranlasst sein, nicht etwa vom Gläubiger persönlich. Die Zustellung an den Schuldner ist kein Wirksamkeitserfordernis der Pfändung. Deshalb haben auch Zustellungsmängel keine Auswirkungen auf die Pfändung. Umgekehrt kann eine wirksame fehlerfreie Zustellung an den Schuldner Zustellungsmängel im Verhältnis zum Drittschuldner nicht heilen.

7. Die Anschlusspfändung

51 Ein und dieselbe Forderung kann auch **mehrfach gepfändet** werden, sowohl für den nämlichen Gläubiger als auch für unterschiedliche Gläubiger. Die Zweitpfändung und die folgenden Pfändungen erfolgen in der gleichen Weise wie die Erstpfändung. Es gibt also kein dem § 826 bei der Anschlusspfändung beweglicher Sachen vergleichbares vereinfachtes Verfahren. Der Rang der Pfandrechte an der Forderung richtet sich nach dem jeweiligen Zeitpunkt des Wirksamwerdens (Abs. 3) der einzelnen Pfändungen (§ 804 Abs. 3)[199]. Gleichzeitigkeit bewirkt Ranggleichheit. Bei der Pfändung einer Forderung gegen eine Bank, über die ein Sparbuch ausgestellt ist, ist der Zeitpunkt maßgeblich, in dem die einzelnen Pfändungsbeschlüsse zugestellt wurden, nicht etwa der spätere Zeitpunkt, in dem der Gerichtsvollzieher – dann meist im Auftrag aller Gläubiger zugleich – im Wege der Hilfspfändung dem Schuldner das Sparbuch weggenommen hat.[200]

V. Die Wirkungen der Pfändung

1. Pfändung einer nicht bestehenden Forderung

52 Die Pfändung kann Rechtswirkungen nur erzeugen, wenn die im Pfändungsbeschluss umschriebene »angebliche« Forderung auch tatsächlich besteht bzw. aufgrund des zur Zeit der Pfändung schon bestehenden Rechtsgrundes auch tatsächlich künftig zur Entstehung gelangt[201] oder pfändbar wird[202]. Die im Beschluss umschriebene Forderung besteht nicht nur dann nicht, wenn der angegebene Rechtsgrund unzutreffend ist – der Schuldner unterhält kein Bankkonto bei der Drittschuldnerin; er ist beim Drittschuldner nicht mehr als Arbeitnehmer beschäftigt; usw. – oder die Forderung bereits durch Erfüllung erloschen war, sondern auch, wenn die ursprünglich dem Schuldner zustehende Forderung bereits vor der Pfändung an einen Dritten abgetreten war, sodass dieser Dritte Gläubiger des Drittschuldners geworden war. Das gilt nicht nur für den Fall der endgültigen Forderungsabtretung, sondern auch für die Sicherungsabtretung[203] oder die Abtretung im Rahmen der Entgeltumwandlung im Rahmen der betrieblichen Altersversorgung[204]. Die Pfändung einer nicht dem Schuldner zustehenden Forderung, als deren Gläubiger der Schuldner aber im Pfändungsbeschluss bezeichnet wurde, geht ins Leere.[205] Sie bewirkt also, anders als die Pfändung schuldnerfremder beweglicher Sachen, keine Verstrickung.[206] Das Verhältnis des wah-

---

199 *Schilken* in Gaul/Schilken/Becker-Eberhard, § 54 Rn. 63.
200 AG Berlin-Charlottenburg, DGVZ 1992, 62.
201 BGH, NJW 2002, 755.
202 BGH, WM 2009, 710.
203 BGH, NJW 1956, 912; BGHZ 56, 339; BGH, DB 1976, 919; BGHZ 100, 36 mit Anm. *Gerhardt*, JR 1987, 415, und *Münzberg*, ZZP 1988, 436; BGH, NJW 2002, 755; BGH, NJW-RR 2007, 927; BAG, DB 1980, 835; KG, MDR 1973, 233; OLG Hamm, Rpfleger 1962, 451; OLG Frankfurt, InVo 2002, 114; LAG Hamm, DB 1970, 114; BAG, NJW 1993, 2699 und 2701; EWiR 1993, 725; LG Münster, Rpfleger 1991, 379; *Musielak/Becker*, § 829 Rn. 17.
204 BAG NJW 2009, 167.
205 OLG Köln, OLGReport 1999, 42; OLG Düsseldorf, InVo 2000, 143; *Schilken* in Gaul/Schilken/Becker-Eberhard, § 54 Rn. 61.
206 So aber OLG München, NJW 1955, 347.

ren Forderungsinhabers zum Drittschuldner wird durch den Pfändungsbeschluss nicht berührt.[207] Leistet der Drittschuldner an den Vollstreckungsgläubiger, weil er irrtümlich davon ausgeht, die gepfändete und zur Einziehung überwiesene Forderung bestehe, kann er den gezahlten Betrag vom Vollstreckungsgläubiger kondizieren.[208] Ist zum Zeitpunkt der Pfändung ein Rechtsstreit anhängig, ob die gepfändete Forderung besteht, und wird später ihr Nichtbestehen festgestellt, wirkt diese Feststellung auch gegen den Pfändungsgläubiger[209].

Da ein nichtiger Pfändungsakt nicht durch nachträgliche Umstände geheilt werden kann,[210] sondern, um wirksam zu werden, gänzlich neu vorgenommen werden muss, wird die ursprünglich ins Leere gehende Pfändung auch nicht dadurch nachträglich wirksam, dass der Dritte sie später an den Vollstreckungsschuldner zurück abtritt[211] oder dass der Vollstreckungsgläubiger die Abtretung an den Dritten wegen Gläubigerbenachteiligung wirksam anficht.[212] Es bedarf auch hier eines neuen Pfändungsbeschlusses. Die Beweislast dafür, dass die Pfändung ins Leere gegangen war, dass er also zur Zahlung an den Vollstreckungsgläubiger nicht verpflichtet ist, trifft im Einziehungsprozess den Drittschuldner.[213] Von dem zuvor angesprochenen Fall zu unterscheiden ist der, dass der Gläubiger in Kenntnis der Abtretung die künftige Forderung seines Schuldners gegen den Drittschuldner pfändet für den Fall, dass die Forderung an den Schuldner zurück abgetreten wird. Hier erfasst die Pfändung die Forderung im Zeitpunkt der Rückabtretung.[214] Aus Gründen der Klarheit des Rechtsverkehrs muss allerdings im Antrag und ihm folgend im Pfändungsbeschluss deutlich gesagt sein, dass die Pfändung dieser künftigen Forderung gewollt ist. Eine schlichte Umdeutung einer ins Leere gehenden Pfändung einer abgetretenen Forderung in die Pfändung der künftigen Forderung nach Rückabtretung kommt also nicht in Betracht. 53

2. Die Pfändungsfolgen

Besteht die im Pfändungsbeschluss genannte Forderung, so bewirkt die Zustellung des Beschlusses, soweit dieser den notwendigen Mindestinhalt hat, an den Drittschuldner deren **Verstrickung**, d.h. deren öffentliche Beschlagnahme. Diese ist die Legitimation für die weitere gerichtliche Anordnung, die den Gläubiger zur Verwertung der Forderung ermächtigt (sog. Überweisung, § 835). Unmittelbare Folgen der Verstrickung sind das Verbot an den Drittschuldner, noch weiterhin an den Schuldner auf die Forderung zu leisten (sog. **Arrestatorium**) und ein Verfügungsverbot an den Schuldner (sog. **Inhibitorium**). Liegen auch die materiellrechtlichen Voraussetzungen für die Entstehung eines Pfändungspfandrechts vor,[215] d.h., besteht auch die titulierte Forderung noch, so entsteht zudem an der verstrickten Forderung ein Pfandrecht zugunsten des Gläubigers. 54

a) Folgen verbotswidriger Zahlungen

Leistet der Drittschuldner verbotswidrig an den Schuldner, tritt im Verhältnis zum Gläubiger keine Erfüllungswirkung ein (§§ 135 Abs. 1, 136 BGB). Der Gläubiger kann also, sobald ihm die Forderung zur Einziehung überwiesen wurde, weiterhin Leistung an sich verlangen. Erfolgte 55

---

207 KG, MDR 1973, 233. Einer Drittwiderspruchsklage, um den »Schein« einer Pfändung zu beseitigen, fehlt aber nicht das Rechtsschutzbedürfnis.
208 BGH, Rpfleger 2002, 544.
209 OLG München, FGPrax 2009, 84.
210 Siehe: Vor §§ 803, 804 Rdn. 5 und 7.
211 OLG Frankfurt, InVo 2002, 114; *Thomas/Putzo/Seiler*, § 829 Rn. 29.
212 BGHZ 56, 339; *Baumbach/Lauterbach/Hartmann*, § 829 Rn. 3; *Musielak/Becker*, § 829 Rn. 17; *Stein/Jonas/Brehm*, § 829 Rn. 68; *Stöber*, Forderungspfändung, Rn. 769; *Thomas/Putzo/Seiler* § 829 Rn. 29. A. A. aber (in analoger Anwendung des § 185 Abs. 2 BGB): *Brox/Walker*, Rn. 615; *Denck*, DB 1980, 1396; *K. Schmidt*, ZZP 1974, 316, 326; *Tiedtke*, NJW 1972, 746; LAG Hamm, WM 1993, 84.
213 BGH, NJW 1956, 912; OLG Nürnberg, JurBüro 2001, 552.
214 BAG, NJW 1993, 2699.
215 Vor §§ 803, 804 Rdn. 15.

die Leistung des Drittschuldners an den Schuldner allerdings in Unkenntnis des Arrestatoriums, muss sie der Gläubiger in entsprechender Anwendung der §§ 1275, 407, 409 BGB gegen sich gelten lassen.[216] Bei der Frage der Kenntnis muss sich der Drittschuldner das Wissen derjenigen Personen zurechnen lassen, die aufgrund ihrer Vollmacht befugt wären, im Namen des Schuldners die Leistung zu erbringen, auch wenn konkret dann ein weiterer Mitarbeiter des Schuldners die Leistung in Unkenntnis des Arrestatoriums erbringt. So erhält etwa eine Behörde als Drittschuldner nicht schon bei Annahme der Zustellung durch die Posteingangsstelle Kenntnis, sondern erst, wenn das Arrestatorium dem jeweilgen Sachbearbeiter vorgelegt wird.[217] Hat der Drittschuldner vor Kenntnis von der Pfändung die zur Erfüllung gegenüber dem Schuldner erforderlichen Leistungshandlungen vorgenommen, sodass der Erfüllungserfolg lediglich vom Tätigwerden Dritter abhängt (Gutschrift seitens der angewiesenen Bank; Aushändigung eines Barschecks durch den Postboten usw.), so ist er nach Kenntniserlangung vom Arrestatorium grundsätzlich nicht verpflichtet, den Eintritt des Leistungserfolges durch aktives Handeln noch zu verhindern.[218] Die Beweislast dafür, dass das Arrestatorium dem Drittschuldner ordnungsgemäß zugestellt wurde, trifft den Gläubiger, die Beweislast dafür aber, dass er trotz Zustellung – auch Ersatzzustellung – von der Pfändung nichts wusste, den Drittschuldner.[219]

Hat der Gläubiger dem Drittschuldner fälschlicherweise, wenn auch nur formlos, mitgeteilt, die Pfändung habe sich erledigt, weil die titulierte Forderung erfüllt sei, und leistet der Drittschuldner deshalb wieder an den Schuldner, so muss der Gläubiger in entsprechender Anwendung des § 409 BGB diese Anzeige gegen sich gelten lassen.[220]

56 Die nur relative Unwirksamkeit der verbotswidrigen Leistung des Drittschuldners an den Schuldner gegenüber dem Vollstreckungsgläubiger, die dazu führt, dass im Verhältnis zum Schuldner (relative) Erfüllungswirkung eintritt und nachträgliche Einwendungen gegen die durch Erfüllung erloschene Forderung ausgeschlossen werden, hat nicht zur Folge, dass der Drittschuldner diese Einwendungen auch gegenüber dem Gläubiger verliert, wenn dieser ihn auf Zahlung in Anspruch nimmt.[221] Der Drittschuldner darf durch die Fiktion des Fortbestandes der Forderung nicht schlechter gestellt werden, als wenn er sich dem gerichtlichen Verbot entsprechend verhalten hätte. § 829 Abs. 1, §§ 135, 136 BGB wollen den Gläubiger schützen, aber nicht noch darüber hinaus begünstigen.

57 Das Arrestatorium muss vom Drittschuldner auch dann weiter beachtet werden, wenn der Schuldner sich wider das Inhibitorium nachträglich einen Titel gegen den Drittschuldner verschafft hat und aus diesem die Vollstreckung betreibt. Der Drittschuldner wird gegenüber dem Gläubiger nicht frei, wenn er die Zwangsvollstreckung durch den Schuldner erdulden musste.[222]

58 Solange die Forderung dem Gläubiger noch nicht zur Einziehung überwiesen ist (etwa bei einer Arrestpfändung oder der Pfändung im Rahmen einer Sicherungsvollstreckung), kann der Drittschuldner sich von seiner Schuld nur durch Zahlung an Schuldner und Gläubiger **gemeinsam** befreien (§ 1281 BGB). Wirken nicht beide an der Einziehung der fälligen Forderung mit, kann der Drittschuldner zugunsten beider hinterlegen und dabei, um Erfüllung zu erreichen, auf das Recht

---

[216] BGHZ 86, 337; LAG Hamm, MDR 1983, 964; LAG Berlin, BB 1969, 1353; *Brox/Walker*, Rn. 620; *Musielak/Becker*, § 829 Rn. 20; *Seibert*, WM 1984, 521; *Stein/Jonas/Brehm*, § 829 Rn. 101; *Stöber*, Forderungspfändung, Rn. 566; *Thomas/Putzo/Seiler*, § 829 Rn. 37.
[217] LAG Hamm, MDR 1983, 964.
[218] BGH, WM 1988, 1762 mit Anm. *Münzberg*, EWiR 1989, 103; *Musielak/Becker*, § 829 Rn. 20.
[219] LAG Berlin, BB 1969, 13; *Musielak/Becker*, § 829 Rn. 20.
[220] LG München, InVo 1999, 153.
[221] BGHZ 58, 25; BGH, WM 1981, 305; OLG Düsseldorf, NJW 1962, 1920; LG Kaiserslautern, NJW 1955, 1761; LG Aachen, ZIP 1981, 784; *Brox/Walker*, Rn. 658; *Schilken* in Gaul/Schilken/Becker-Eberhard, § 55 Rn. 49; *Stein/Jonas/Brehm*, § 829 Rn. 111; *Stöber*, Forderungspfändung, Rn. 573. A. A. (Aufrechnung sei nicht mehr möglich): OLG Hamburg, MDR 1958, 432; *Denck*, NJW 1979, 2375; *Reinicke*, NJW 1972, 793 u. 1698; *Thomas/Putzo/Seiler*, § 829 Rn. 39.
[222] BGH, NJW 1983, 886 mit zustimmender Anm. *K. Schmidt*, JuS 1983, 471.

zur Rücknahme gegenüber der Hinterlegungsstelle verzichten (§§ 376 Abs. 2 Nr. 1, 378 BGB). Erst ab der Überweisung (§ 835) hat es der Drittschuldner dann nur noch mit dem Gläubiger zu tun.[223]

b) Folgen des Inhibitoriums

Der Schuldner ist nach der Pfändung Inhaber der Forderung verblieben; durch das Inhibitorium ist ihm aber jede Verfügung über die Forderung untersagt, die die Rechtsstellung des Gläubigers, die diesem aus dem Pfändungspfandrecht erwachsen ist, beeinträchtigen könnte. So kann etwa der Schuldner als Gläubiger einer Kapitallebensversicherung nach Pfändung seines Anspruchs aus dem Versicherungsvertrag nicht mehr sein vertragliches Wahlrecht ausüben, den Anspruch auf das Kapital in eine Versorgungsrente umzuwandeln[224].

Trotz des jede Verfügung schlechthin verbietenden Wortlauts des Abs. 1 Satz 2 sind dagegen Verfügungen, die den Gläubiger nicht beeinträchtigen, weiterhin möglich.[225] So kann der Schuldner, solange die Forderung nicht dem Gläubiger auch überwiesen ist, die Forderung, soweit erforderlich, kündigen[226], sie in der Insolvenz des Drittschuldners oder in einem Zwangsversteigerungsverfahren gegen diesen anmelden, einen Arrest zu ihrer Sicherung erwirken, an der Bestellung einer vertraglichen Sicherheit für die Forderung (z. B. Faustpfandrecht) mitwirken oder, soweit die Voraussetzungen des § 256 erfüllt sind, auch auf Feststellung des Bestehens der Forderung klagen. Nach der Überweisung hat diese Befugnisse dann allein der Vollstreckungsgläubiger. Der Schuldner als Gläubiger der Forderung verliert, wenn er über die Forderung vor der Pfändung bereits einen Rechtsstreit begonnen hatte, durch die Pfändung nicht die Befugnis, den Rechtsstreit zu Ende zu führen (§ 265 Abs. 2). Er muss seinen Antrag allerdings dem materiellen Recht (§§ 1281, 1282 BGB) anpassen. Da er auch nach Antragsänderung den Rechtsstreit im eigenen Namen weiterführt und das Inhibitorium nur materiellrechtliche Verfügungen über die Forderung verbietet, ist der Schuldner als Kläger nicht gehindert, gegenüber dem beklagten Drittschuldner die Verpflichtung – etwa in einem Prozessvergleich – einzugehen, die Berufung gegen ein die Klage abweisendes Urteil zurückzunehmen.[227] Erhebt der Schuldner wider das Inhibitorium nach der Pfändung noch Klage auf Leistung an sich, so hemmt diese Klage gem. § 204 Abs. 1 Nr. 1 BGB die Verjährung, weil der Schuldner Inhaber, wenn auch nicht mehr Allein-Einziehungsberechtigter der Forderung geblieben ist.[228] Die fortbestehende Inhaberschaft wird auch dadurch deutlich, dass der Schuldner, soweit er die Position des Gläubigers nicht beeinträchtigt, sich mit der Forderung gegen Ansprüche des Drittschuldners verteidigen darf. So kann er sich, wenn der erforderliche Zusammenhang besteht, gegenüber einer Forderung des Drittschuldners auf ein Zurückbehaltungsrecht mit dem Erfolg berufen, dass er seinerseits zur Zahlung an den Drittschuldner nur mit der Maßgabe verurteilt werden kann, dass dieser Zug um Zug die früher dem Pfändungsschuldner gebührende Leistung an den Pfändungsgläubiger bewirkt.[229] Nach Pfändung der Rechte aus einem Vorvertrag muss weiterhin der Schuldner und nicht etwa der Pfändungsgläubiger den Hauptvertrag abschließen. Er kann dies allerdings nur noch mit Zustimmung des Pfändungsgläubigers[230].

---

223 Zur Stellung des Drittschuldners nach der Überweisung und insbesondere zu seinen Einredemöglichkeiten im Einziehungsprozess siehe im Einzelnen: § 835 Rdn. 8–12.
224 BFH, Rpfleger 2007, 672.
225 *Berner*, Rpfleger 1968, 318; *Böttcher*, Rpfleger 1985, 381; *Brox/Walker*, Rn. 619; *Musielak/Becker*, § 829 Rn. 18; PG/*Ahrens*, § 829 Rn. 85; *Thomas/Putzo/Seiler*, § 829 Rn. 33.
226 Umgekehrt muss er auch weiterhin alle Handlungen, die zum Fortbestand der Forderung oder des gepfändeten Rechts erforderlich sind, selbst vornehmen, also z. B. als Inhaber eines gepfändeten Patents weiterhin die Jahresgebühren selbst zahlen, damit das Patent nicht erlischt: OLG Karlsruhe, OLGReport 2004, 283.
227 BGH, NJW 1989, 39.
228 BGH, WM 1985, 1500. Erst recht gilt dies natürlich, wenn er berechtigterweise auf Zahlung an den Pfändungsgläubiger klagt: BGH, NJW 2001, 2178.
229 OLG Braunschweig, JR 1955, 342.
230 OLG Stuttgart, OLGReport 2008, 494.

Die Verstrickung der Forderung hindert den Gläubiger nicht, dem Schuldner durch Vollstreckungsvereinbarung weiterhin den Einzug der Forderung zu gestatten, sodass dieser dann nicht gegen das Inhibitorium verstößt.[231] Im Hinblick auf das Arrestatorium ist auch der Drittschuldner in diese Vereinbarung mit einzubeziehen. Der Gläubiger kann diese Gestattung auch mit der Auflage verbinden, dass sie nur so lange gelten soll, wie der Schuldner pünktlich Raten auf die Vollstreckungsforderung bezahlt. Eine solche Vereinbarung hebt weder die Verstrickung auf noch beseitigt sie das Pfändungspfandrecht.

c) Pfändungspfandrecht

60 Ist die gepfändete Forderung wirksam – wenn auch möglicherweise anfechtbar – verstrickt und besteht die Vollstreckungsforderung, so erwirbt der Gläubiger mit der Pfändung ein **Pfandrecht** an der Forderung. Dieses Pfandrecht ist sowohl im Verhältnis zum Vollstreckungsschuldner als auch zu anderen Gläubigern, denen nachrangige Rechte an der Forderung (z. B. ebenfalls Pfändungspfandrechte) zustehen, der Rechtsgrund für das Behaltendürfen des aus der Forderung Erlösten. Erlischt das Pfändungspfandrecht bei fortbestehender Verstrickung, so behält der Gläubiger zwar zunächst die aus der Verstrickung und einer gegebenenfalls erfolgten Überweisung erwachsenden formellen Befugnisse (solange der Schuldner nicht aus § 767 klagt), er muss aber entweder auf die Widerspruchsklage (§ 878) eines nachrangigen Gläubigers im Verteilungsverfahren seinen Rang aufgeben oder den eingezogenen Erlös an den nach materiellem Recht Berechtigten gem. § 812 BGB herausgeben.

Das Pfändungspfandrecht als solches ist seinerseits nicht isoliert pfändbar.[232]

61 Im Fall der Pfändung einer künftigen Forderung entsteht das Pfändungspfandrecht nicht schon mit der Verstrickung, sondern erst, wenn die Forderung tatsächlich entsteht.[233] Liegt dieser Zeitpunkt im letzten Monat vor Antrag auf Eröffnung des Insolvenzverfahrens über das Vermögen des Vollstreckungsschuldners, ist das Pfändungspfandrecht daher, auch wenn die Verstrickung Jahre zurückliegt, nicht insolvenzfest.[234]

VI. Der Umfang der Pfändung

1. Erfassung der Forderung

62 Die Pfändung erfasst die Forderung in ihrem tatsächlichen Bestand zum Zeitpunkt der Zustellung des Arrestatoriums an den Drittschuldner[235]. Hatte der Schuldner unwirksam auf einen Teil der Forderung verzichtet (etwa wegen § 4 TVG), so erfasst deshalb die Pfändung auch diesen Teil unabhängig davon, ob der Schuldner ihn je geltend machen würde oder nicht. Der Pfändungsausspruch im amtlich vorgeschriebenen Formular enthält keine Beschränkung der Höhe nach. Deshalb wird die Forderung zunächst auch dann voll erfasst, wenn der titulierte Anspruch einschließlich der Kosten niedriger ist (sog. Vollpfändung).[236] Eine derartige Pfändung verstößt nicht gegen § 803 Abs. 1

---

231 *Ehlenz/Joeres*, JurBüro 2010, 62 ff.; OLG Düsseldorf, OLGReport 1998, 451; offengelassen in BGH, BeckRS 2014, 13720.
232 OLG Nürnberg, MDR 2001, 1133.
233 BGH, MDR 2003, 833; BGH, InVo 2005, 419; BFH, JurBüro 2006, 43; OLG Frankfurt, InVo 2003, 199.
234 BGH, InVo 2005, 419; BGH, NZM 2010, 164.
235 Zum Bestand der Forderung des Arbeitnehmers »aus Arbeitseinkommen« zählen z. B. nicht nur die Lohn- und Gehaltsansprüche im weitesten Sinne, sondern auch Schadensersatzansprüche des Arbeitnehmers gegen den Arbeitgeber wegen aufgrund Verschuldens des Arbeitgebers verfallener Lohnansprüche: BAG, NJW 2009, 2324; ferner auch verschleiertes Arbeitseinkommen, falls das »offizielle« Einkommen unangemessen niedrig ist: OLG Karlsruhe, GWR 2012, 329867 (mit Anm. *Otte*).
236 BGH, NJW 1975, 738; NJW 1986, 977; *Brox/Walker*, Rn. 631; *Stein/Jonas/Brehm*, § 829 Rn. 74; *Stöber*, Forderungspfändung, Rn. 761.

Satz 2 (Verbot der Überpfändung), da sich im Zeitpunkt der Pfändung die Zahlungswilligkeit und Zahlungsfähigkeit des Drittschuldners meist nicht abschätzen lässt. Das amtliche Formular bringt dies durch die Formulierung zum Ausdruck: »... solange gepfändet, bis der Gläubigeranspruch befriedigt ist«. Danach erlischt der den Gläubigeranspruch übersteigende Teil der Beschlagnahme erst, wenn die gesamte mit dem Pfändungsbeschluss geltend gemachte Forderung des Gläubigers befriedigt ist. Werden mehrere Forderungen gegen den nämlichen Drittschuldner gleichzeitig in Höhe der zu vollstreckenden Schuld gepfändet, so erfasst die Pfändung jede einzelne dieser Forderungen bis zur Höhe der zu vollstreckenden Forderung. Der Gläubiger muss also keine den Gesamtbetrag nur einmal ausfüllende Verteilung auf die gepfändeten Forderungen vornehmen.[237]

Die vorstehenden Erwägungen gelten entsprechend für die Pfändung künftiger Forderungen. Auch hier ist in erster Linie der Wortlaut des Pfändungsbeschlusses dafür maßgebend, in welchem Umfang die Forderung beschlagnahmt zur Entstehung gelangen wird. Dies ist besonders wichtig – und deshalb schon bei der Antragstellung zu berücksichtigen – bei der Vielzahl denkbarer künftiger Forderungen aus einem Bankvertrag (z.B. künftige Inanspruchnahme eines Überziehungskredits)[238]. Sonderregeln enthalten die §§ 832, 833, 833a: Werden Gehaltsforderungen oder ähnliche fortlaufende Bezüge gepfändet (Miete, Pacht, Zinsen, fortlaufender Provisionsanspruch u. ä.), so erstreckt sich die Pfändung auch auf die künftig fällig werdenden Beträge, selbst wenn dies im Pfändungsbeschluss nicht ausdrücklich erwähnt ist.[239] Wechselt der Arbeitnehmer beim gleichen Arbeitgeber die Position oder erhöht sich sein Gehalt sonst oder tritt er beim alten Arbeitgeber nach kurzzeitiger Unterbrechung erneut ein Arbeitsverhältnis an, so ergreift die Pfändung automatisch auch das neue Gehalt.[240] Wird »das Guthaben« aus einem Girokonto bei einem Kreditinstitut gepfändet, erfasst die Pfändung nicht nur das Tagesguthaben zum Zeitpunkt der Pfändung, sondern auch die nachfolgenden Tagesguthaben[241] (§ 833a Abs. 1). 63

2. Zinsen, Neben- und Vorzugsrechte

Mit der Forderung werden von der Pfändung auch **Zinsen und Neben- und Vorzugsrechte** erfasst (§§ 1289, 401 BGB), rückständige Zinsen allerdings nur, wenn diese ausdrücklich im Pfändungsbeschluss aufgeführt sind.[242] Entgegen der h. M.[243] besteht keine Veranlassung, insoweit von der in § 1289 BGB enthaltenen Regelung Abstand zu nehmen. Um dem Meinungsstreit auszuweichen, sind die rückständigen Zinsen im amtlichen Formular gesondert als zu pfändende Forderung aufgeführt (Anspruch D Ziff. 2). Hinsichtlich eines Faustpfandes als Nebenrecht ist bei der Verwertung § 838 ZPO zu beachten. Soweit für die Forderung eine Hypothek bestellt ist, muss schon bei der Pfändung § 830 beachtet werden. Ist eine durch eine Briefgrundschuld gesicherte Forderung gepfändet, so erwirbt der Gläubiger mit der Pfändung das Recht, nach Kraftloserklärung des bisherigen Briefs die Erteilung eines neuen zu beantragen, ohne dass das im Pfändungsbeschluss ausdrücklich erwähnt sein muss.[244] 64

Nebenrechte i. S. § 401 Abs. 1 BGB sind neben den Pfandrechten (auch den gesetzlichen des Vermieters usw.) und den Hypotheken insbesondere Ansprüche des Schuldners aus einer für die Forderung bestellten Bürgschaft oder einem sie sichernden Schuldbeitritt,[245] ferner Ansprüche des Schuldners auf Auskunft und Rechnungslegung (nicht zu verwechseln mit der selbstständigen Obliegenheit

---

237 OLG Köln, InVo 2003, 73.
238 Einzelheiten: Anh. § 829 Rdn. 9–14.
239 Einzelheiten: § 832 Rdn. 1.
240 Einzelheiten: § 833 Rdn. 2.
241 Einzelheiten: Anh. § 829 Rdn. 2 und § 833a Rdn. 3, 4.
242 Wie hier: OLG Düsseldorf, Rpfleger 1984, 473; *Musielak/Becker*, § 829 Rn. 21; *Palandt/Bassenge*, § 1289 BGB Rn. 1; *PWW/Nobbe*, § 1289 BGB Rn. 1; *Thomas/Putzo/Seiler*, § 829 Rn. 32.
243 *Stein/Jonas/Brehm*, § 829 Rn. 80; *Stöber*, Forderungspfändung, Rn. 695 mit zahlr. Nachweisen.
244 BGH, NJW-RR 2012, 782.
245 BGH, NJW 1972, 438.

des Drittschuldners aus § 840 Abs. 1)[246], wie etwa der Anspruch des Arbeitnehmers gegen seinen Arbeitgeber auf monatliche Lohnabrechnung,[247] sowie auf Herausgabe von Urkunden (auch wenn der Gläubiger daneben auch gegen den Schuldner einen Anspruch auf Herausgabe der nämlichen Urkunden aus § 836 hat)[248]. Auskunftsansprüche sind allerdings insoweit nicht mitgepfändet, als es sich im Einzelfall um höchstpersönliche Ansprüche handelt[249]. Ist der Regressanspruch eines Schuldners gegen seinen Rechtsanwalt, der ihn in einem Verfahren schlecht vertreten haben soll, gepfändet worden, so erstreckt sich die Pfändung auch auf den Sekundäranspruch, der dem Schuldner nach der Rechtsprechung des Bundesgerichtshofes für den Fall zusteht, dass der Rechtsanwalt ihn nicht rechtzeitig und ausreichend über den Regressanspruch aufgeklärt hat.[250] Dies gilt unabhängig davon, ob der Sekundäranspruch im Zeitpunkt der Pfändung schon entstanden ist und ob er im Pfändungs- und Überweisungsbeschluss erwähnt wird[251]. Hat der Gläubiger Ansprüche gegen ein Kreditinstitut auf Auszahlung aller positiven Salden eines Kontos und auf Auszahlung eines vom Schuldner in Anspruch genommenen Dispositionskredits in Hinblick auf dieses Konto gepfändet, umfasst dies nicht die Pflicht des Kreditinstituts auf Herausgabe sämtlicher Kontoauszüge.[252] Diesen Anspruch hat der Gläubiger aber gegen den Schuldner aus § 836 ZPO. Auf Antrag des Gläubigers ist diese Verpflichtung des Schuldners sogleich im Pfändungs- und Überweisungsbeschluss auszusprechen[253]. Soweit in diesen Kontoauszügen Informationen, die das Recht des Schuldners auf Geheimhaltung zum Schutze seiner informationellen Selbstbestimmung berühren, enthalten, muss der Schuldner dies mit der Erinnerung geltend machen.[254]

Kein Nebenrecht einer gepfändeten Forderung aus einem Sparguthaben ist der Entschädigungsanspruch gem. §§ 3, 4 ESAEG für den Fall der Insolvenz des kontoführenden Kreditinstituts.[255] *Vorzugsrechte* (§ 401 Abs. 2 BGB) sind insbesondere Pfändungspfandrechte, Beschlagnahmerechte in einer Zwangsvollstreckung in das unbewegliche Vermögen (§§ 20, 148 ZVG).

Keine Nebenrechte i. S. des § 401 Abs. 1 BGB sind alle selbstständigen Sicherungsrechte wie das Sicherungs- oder Vorbehaltseigentum,[256] die Sicherungsgrundschuld,[257] die zur Sicherung abgetretene Forderung.[258] In diese selbstständigen Sicherungsrechte muss auch selbstständig vollstreckt werden[259]. Dabei ist allerdings das Recht des vertragstreuen Sicherungsgebers, den Zugriff durch Klage gem. § 771 abzuwenden, zu beachten.

---

246 BGH, Rpfleger 2003, 669; OLG Karlsruhe, NJW-RR 1998, 990; LG Cottbus, InVo 2003, 244; AG Kalw, JurBüro 2001, 109. Einzelheiten insoweit § 840 Rdn. 2.
247 BGH, NJW 2013, 539 mit Anm. *Walker/Schmitt-Kästner,* LMK 2013, 343558. Auf Antrag des Gläubigers ist dies im Pfändungs- und Überweisungsbeschluss klarstellend auszusprechen.
248 AG Dortmund, JurBüro 2007, 499.
249 Ob der Rentenauskunftsanspruch nach § 109 SGB IV höchstpersönlicher Natur ist, ist streitig. Verneinend: BGH, BeckRS 2012, 05314. Einzelheiten zum Streit siehe Anh. § 829 Rdn. 37.
250 BGH, NJW 1996, 48.
251 BGH, NJW 1996, 48.
252 BGH, NJW 2006, 217.
253 Das gilt auch für den Anspruch des Gläubigers gegen den Schuldner aus § 836 auf Herausgabe anderer Urkunden, etwa einer Kopie des letzten gültigen Leistungsbescheides des Job-Centers: AG Köln, JurBüro 2015, 45.
254 BGH, NJW 2012, 1081 mit Anm. *Stamm,* LMK 2012, 333523.
255 BGH, WM 2008, 830.
256 BGHZ 42, 56; *Stein/Jonas/Brehm,* § 829 Rn. 82.
257 BGH, NJW 1974, 101.
258 BGHZ 78, 143.
259 PG/*Ahrens,* § 829 Rn. 79.

3. Urkunden

Die Pfändung erstreckt sich ferner auf die über die Forderung zu Legitimationszwecken ausgestellten **Urkunden**.[260] Gibt der Schuldner sie nicht freiwillig an den Gläubiger heraus, kann dieser sie dem Schuldner im Wege der sog. Hilfspfändung[261] durch den Gerichtsvollzieher wegnehmen lassen.[262] Auch Urkunden im Besitz des Schuldners, die zur Geltendmachung des Anspruchs als solche nicht unbedingt erforderlich sind, die vielmehr nur den Rechtsgrund der Forderung, ihre Höhe, Zahlungstermine usw. belegen, wie etwa Vertragsurkunden, Leistungsbescheide über Sozialleistungen, Versicherungspolicen, werden von der Pfändung erfasst.[263]

65

VII. Rechtsbehelfe

1. Gläubiger

Ist der beantragte Pfändungsbeschluss ganz oder teilweise zurückgewiesen worden, so hat der **Gläubiger** hiergegen stets die sofortige Beschwerde gem. §§ 11 Abs. 1 RpflG, 793.[264] Das Beschwerdegericht kann sowohl selbst den Pfändungsbeschluss erlassen als auch die Entscheidung des Rechtspflegers lediglich aufheben und diesem dann die Pfändung überlassen.

66

2. Schuldner

Der **Schuldner** hat gegen den Pfändungsbeschluss, soweit er gegen ihn formelle Einwendungen erheben will, in der Regel die Erinnerung nach § 766. Maßgebender Zeitpunkt für die Beurteilung der Rechtmäßigkeit eines Pfändungsbeschlusses ist die Sach- und Rechtslage zum Zeitpunkt der Entscheidung über die Erinnerung[265]. Der Rechtspfleger kann der Erinnerung auch selbst abhelfen.[266] Tut er dies, so steht dem Gläubiger gegen diese Entscheidung dann die sofortige Beschwerde zu. Mit ihr kann der Gläubiger nicht die Wiederherstellung des ursprünglichen Pfändungs- und Überweisungsbeschlusses (um seine ursprüngliche Priorität zu wahren), verlangen. Eine allein mit diesem Ziel (und nicht mit dem Ziel, die Rechtswidrigkeit der erstinstanzlichen Entscheidung feststellen zu lassen, damit ein neuer Pfändungs- und Überweisungsbeschluss erlassen werden kann) eingelegte Beschwerde wäre unzulässig.[267] Hatte der Rechtspfleger die Wirksamkeit seiner Entscheidung nicht entsprechend § 570 Abs. 2 ausgesetzt, ist die Pfändung mit dem Abhilfebeschluss erloschen und muss vom Vollstreckungsrichter oder vom Beschwerdegericht neu ausgesprochen werden.[268] Der neue Pfändungsbeschluss hat keine Rückwirkung. Zweckmäßigerweise beantragt der Gläubiger auf eine Erinnerung des Schuldners hin deshalb nicht nur deren Zurückweisung, sondern hilfsweise vorläufige Aussetzung der Wirksamkeit einer für ihn negativen Erinnerungsentscheidung.

67

Musste der Schuldner vor Erlass des Pfändungsbeschlusses ausnahmsweise gehört werden, so muss er gegen den daraufhin erlassenen Pfändungsbeschluss die sofortige Beschwerde nach §§ 11 RpflG, 793 einlegen.[269] Ist er dagegen unnötigerweise oder ausschließlich auf Antrag des Gläubigers hin

---

260 PG/*Ahrens*, § 829 Rn. 77. Siehe auch § 821 Rdn. 1.
261 Der Begriff ist unglücklich, da die Urkunden bereits mit der Forderung gepfändet sind.
262 Einzelheiten § 836 Rdn. 8, 9.
263 *Musielak/Becker*, § 836 Rn. 7 (alle Urkunden, die irgendwie geeignet sind, die Geltendmachung des Anspruchs gegenüber dem Drittschuldner wesentlich zu erleichtern); so auch: BGH, NJW 2003, 1256.
264 *Musielak/Becker*, § 829 Rn. 23; *Thomas/Putzo/Seiler*, § 829 Rn. 52; *Zöller/Stöber*, § 829 Rn. 28; a. A. (auch für den Gläubiger § 766 ZPO): LG Koblenz, MDR 1990, 1123.
265 BGH, WM 2008, 2265.
266 OLG Düsseldorf, JZ 1960, 258; OLG Frankfurt, Rpfleger 1979, 111.
267 BGH, WM 2013, 614.
268 BGH, WM 2013, 614; OLG Köln, NJW-RR 1987, 380; OLG Saarbrücken, OLGZ 1971, 425.
269 OLG Köln, NJW-RR 2001, 69.

angehört worden, verbleibt es bei der Erinnerung nach § 766. Gegen eine für ihn negative Erinnerungsentscheidung nach § 766 hat der Schuldner die sofortige Beschwerde nach § 793.

68 Wird der Erinnerung auf die sofortige Beschwerde hin stattgegeben, so hat der Gläubiger gegen diese Entscheidung nur die Rechtsbeschwerde nach den allgemeinen Regeln, falls diese vom Beschwerdegericht zugelassen wurde (§ 574). Auch das Rechtsbeschwerdegericht kann den Pfändungsbeschluss selbst neu erlassen, wenn die Beschwerdeentscheidung den ursprünglichen Pfändungsbeschluss aufgehoben hatte.[270] Es kann den Pfändungsbeschluss aber auch dem Rechtspfleger beim Vollstreckungsgericht überlassen. Auch dieser Pfändungsbeschluss begründet Priorität erst ab seiner Zustellung an den Drittschuldner und wirkt nicht auf den Zeitpunkt des ersten (an sich zu Recht erlassenen) Pfändungsbeschlusses zurück.

69 Materiellrechtliche Einwendungen gegen die Vollstreckungsforderung muss der Schuldner mit der Klage nach § 767 geltend machen. Für eine Feststellungsklage des Schuldners, dass die gepfändete Forderung nicht besteht, dürfte in der Regel das Feststellungsinteresse fehlen.[271]

Ist der Schuldner nicht mit der Auslegung des Pfändungsbeschlusses, die der Drittschuldner ihm gibt, einverstanden, weil er die materiell-rechtliche Reichweite der Pfändung anders beurteilt als der Drittschuldner, muss er den angeblich zu viel abgeführten Teil der Forderung mit der Leistungsklage gegen den Drittschuldner geltend machen und kann nicht mit einer Erinnerung gem. § 766 auf dessen Auslegung einwirken.[272]

3. Drittschuldner

70 Auch der **Drittschuldner** kann formelle Mängel des Vollstreckungsverfahrens mit der Erinnerung gem. § 766 geltend machen.[273] Er kann zudem, wenn er rügen will, die Pfändung sei ins Leere gegangen, weil die Forderung an Stelle des Schuldners einem Dritten zustehe, negative Feststellungsklage erheben,[274] es sei denn, dass im Einzelfall insoweit als einfacherer Weg auch die Erinnerung möglich ist.[275] Das Feststellungsinteresse folgt aus dem Interesse, Eingriffe in die Rechtsbeziehung zum Schuldner, die die Zusammenarbeit mit diesem beeinträchtigen können, abzuwehren.

4. Sonstiger Dritter

71 **Dritte**, denen die Forderung vom Schuldner abgetreten wurde oder die sonst an Stelle des Schuldners Inhaber der im Pfändungsbeschluss genannten Forderung sind, können die Auswirkungen der an sich ins Leere gegangenen nichtigen Pfändung (Verunsicherung des Drittschuldners, Hinterlegung des geschuldeten Betrages) durch eine Drittwiderspruchsklage nach § 771 abwehren. Trotz der nichtigen Pfändung fehlt nicht das Rechtsschutzinteresse für eine solche Klage, da jedenfalls der Schein der Pfändung den Forderungsinhaber belastet. Dagegen ist es dem Dritten nicht möglich, Mängel des Vollstreckungsverfahrens gegen den Schuldner – etwa die Missachtung von Pfändungsschutzvorschriften – mit der Erinnerung nach § 766 geltend zu machen. Er ist an diesem Vollstreckungsverfahren nicht beteiligt. Eine dem § 809 vergleichbare Situation ist im Rahmen der Forderungspfändung nicht denkbar.

---

270 OLG Koblenz, Rpfleger 1986, 229; OLG Köln, NJW-RR 1988, 380 und ZIP 1980, 578.
271 Anderes gilt für eine Feststellungsklage des Drittschuldners in Fällen dieser Art; siehe unten Rdn. 70.
272 OLG Schleswig, InVo 2000, 433; *Stein/Jonas/Brehm*, § 850a Rn. 3; a.A. (Erinnerung sei möglich): OLG Düsseldorf, VersR 1967, 750.
273 BGHZ 69, 144.
274 *Stöber*, Forderungspfändung, Rn. 674.
275 BGHZ 69, 148.

5. Hilfstätigkeiten des Gerichtsvollziehers

Soweit der **Gerichtsvollzieher** im Rahmen der Forderungspfändung mit tätig wurde (Zustellung nach § 829 Abs. 2; Hilfspfändung nach § 836 Abs. 3), können die durch seine Amtsführung Beschwerten Erinnerung nach § 766 einlegen; so der Gläubiger, wenn ein Zustellungsersuchen zurückgewiesen[276] oder eine Hilfspfändung unterlassen wurde; so aber auch ein Dritter, bei dem entgegen § 809 Urkunden über die Forderung trotz seines Widerspruchs beschlagnahmt wurden.

VIII. Gebühren und Kosten

1. Gerichtsgebühren

Für die Beantragung des Pfändungs- und Überweisungsbeschlusses ist an **Gerichtsgebühren** unabhängig von der Höhe der Vollstreckungsforderung oder der Forderung, in die vollstreckt wird, die Festgebühr der KV Nr. 2110 GKG zu zahlen. Die Gebühr fällt auch dann nur einmal an, wenn in einem Antrag wegen des gleichen titulierten Anspruchs die Pfändung mehrerer Forderungen des gleichen Schuldners, auch gegen unterschiedliche Drittschuldner, begehrt wird.[277] Richtet sich die Zwangsvollstreckung nach dem Antrag gegen mehrere Schuldner als Gesamtschuldner des titulierten Anspruchs, so handelt es sich um ein Vollstreckungsverfahren, für das die Gebühr dann auch nur einmal zu erheben ist, wenn der nämliche Anspruch dieser Schuldner als Gesamtgläubiger gegen den gleichen Drittschuldner gepfändet wird.[278]

2. Anwaltsgebühren

Die **anwaltliche Tätigkeit** im Rahmen der Erlangung eines Pfändungs- und Überweisungsbeschlusses ist durch die Vollstreckungsgebühr VV Nr. 3309 RVG abgegolten. Hatte der Anwalt diese Gebühr nicht bereits durch eine vorausgegangene Tätigkeit (etwa die Zahlungsaufforderung an den Schuldner mit Fristsetzung und Vollstreckungsandrohung) verdient, errechnet sie sich nach dem Gegenstandswert der noch zu vollstreckenden Forderung einschließlich der noch beizutreibenden Zinsen und Kosten (§ 25 Abs. 1 Nr. RVG). Beantragt der Anwalt zur Befriedigung ein und derselben Forderung den Erlass eines Pfändungs- und Überweisungsbeschlusses, mit dem Forderungen des Schuldners gegen mehrere Drittschuldner gepfändet und dem Gläubiger zur Einziehung überwiesen werden sollen, fällt die Vollstreckungsgebühr, wenn sie nicht schon vorher verdient ist, nur einmal an, berechnet, soweit die Gegenstände wirtschaftlich identisch sind, vom einfachen Wert der Forderung.[279]

3. Gebühren und Auslagen des Gerichtsvollziehers für die Zustellung

Der **Gerichtsvollzieher** erhält für die Zustellung des Pfändungs- und Überweisungsbeschlusses die Gebühren und Auslagen nach dem Kostenverzeichnis zum GvKostG. Die Zustellung an den Drittschuldner erfolgt nur auf Betreiben des Gläubigers (§ 829 Abs. 2 Satz 1), während die Zustellung an den Schuldner von Amts wegen erfolgt (§ 829 Abs. 2 Satz 2), sodass, weil nur ein Auftrag i. S. von § 3 GvKostG vorliegt, die Gebühr gem. Kostenverzeichnis Nr. 100, 101 GvKostG nur einmal anfällt, während die Auslagen für beide Zustellungen gem. Kostenverzeichnis Nr. 701 GvKostG in

---

276 *Midderhoff*, DGVZ 1982, 23.
277 OLG Frankfurt, NJW 1964, 1080; OLG Köln, JurBüro 1986, 1371; AG Mosbach, Rpfleger 2010, 530; *Stöber*, Forderungspfändung, Rn. 846. **A. A.**: LG Koblenz, JurBüro 2010, 49.
278 OLG Frankfurt, JurBüro 1964, 277; *Stöber*, Forderungspfändung, Rn. 847; **a. A.**: LG Braunschweig, JurBüro 1980, 107 mit Anm. *Mümmler*.
279 BGH, NZM 2012, 172.

voller Höhe anzusetzen sind; die Auslagenpauschale gem. Kostenverzeichnis Nr. 716 GvKostG fällt, da nur einmal Gebühren anfallen, auch nur einmal an.[280]

4. Kosten des Drittschuldners

76 Der **Drittschuldner** kann die ihm durch die Pfändung entstandenen **Kosten** in der Regel nicht vom Vollstreckungsgläubiger[281] oder vom Vollstreckungsschuldner[282] ersetzt verlangen, soweit sich nicht aus besonderen Absprachen (z. B. Kostenzusage) eine besondere Anspruchsgrundlage ergibt. Erstattet der Vollstreckungsgläubiger dem Drittschuldner ohne Notwendigkeit Kosten, kann er sie nicht auf den Vollstreckungsschuldner abwälzen.

5. Kostentragung nach § 788

77 Die dem Gläubiger notwendig erwachsenen Kosten (Gerichts- und Anwaltsgebühren, Zustellungskosten u. ä.) muss der Schuldner nach § 788 erstatten. Der Vollstreckungsschuldner haftet gem. § 788 Abs. 1 Satz 3 auch für Kosten, die dem Gläubiger durch eine allein gegen einen mithaftenden Gesamtschuldner gerichtete Zwangsvollstreckungsmaßnahme entstanden sind.

---

[280] Wie hier: AG Göppingen, DGVZ 2002, 62; AG Hannover, DGVZ 2002, 62; **a. A.:** AG Witzenhausen, DGVZ 2001, 173; AG Crailsheim, AG Leonberg, AG Düren, AG Gera, AG Groß-Gerau, AG Rostock, AG Heilbronn, AG Osterode, alle DGVZ 2002, 12; AG Bergheim, DGVZ 2002, 31.
[281] BGH, NJW 1985, 1155; BAG, NJW 1985, 1181; *Stein/Jonas/Brehm*, § 840 Rn. 35; *Stöber*, Forderungspfändung, Rn. 843 b. **A. A.** (Erstattungsanspruch nach §§ 261 Abs. 3, 811 Abs. 2 BGB analog): *Baumbach/Lauterbach/Hartmann*, § 840 Rn. 13; *Brox/Walker*, Rn. 623. Ausführlich gegen die h. M. in der Rspr.: *Walker*, FS Leipold. 2009, 451, 460 ff.
[282] BGHZ 141, 380, 383 ff; BGH, WM 1999, 2545; *Lücke*, BKR 2009, 457, 459.

Anhang zu § 829 ZPO

Zusammenfassender Überblick zu einigen besonderen Forderungsarten

Übersicht

		Rdn.
I.	**Ansprüche aus Bankvertrag**	1
1.	Allgemeines	1
2.	Ansprüche auf Auszahlung der Guthaben auf Kontokorrent- und Girokonten	2
	a) Der Zugriff auf »normale« Kontokorrent- und Girokonten	2
	b) Besonderheiten beim Pfändungsschutzkonto gem. § 850k Abs. 7	5
3.	Ansprüche auf Auszahlung des nicht in Anspruch genommenen Dispositions- oder Überziehungskredits bei Kontokorrent- und Girokonten	9
	a) Überziehungskredit und Dispositionskredit	9
	b) Individualkredit	12
4.	Nebenansprüche aus dem Vertrag über die Unterhaltung des Kontokorrent- oder Girokontos	13
	a) Anspruch auf Buchung der Neueingänge	13
	b) Anspruch auf Erteilung von Kontoauszügen	14
5.	Pfändung von »Oder«-Konten und von Gemeinschaftskonten	15
6.	Forderungen aus allgemeinen Sparverträgen	16
7.	Forderungen aus Prämiensparverträgen	17
8.	Ansprüche auf Rückgabe von Sicherheiten	20
II.	**Ansprüche aus Versicherungsvertrag**	21

		Rdn.
1.	Ansprüche aus einer Lebensversicherung	21
2.	Ansprüche aus Unfallversicherung	25
3.	Ansprüche aus Haftpflichtversicherung	26
4.	Ansprüche aus Rechtsschutzversicherung	27
5.	Ansprüche aus Sachschadensversicherung	28
III.	**Ansprüche aus Arbeits- und Dienstvertrag**	29
IV.	**Ansprüche auf Zahlung von Sozialleistungen**	30
1.	Rechtsgrundlagen	30
2.	Bezeichnung der Sozialleistung im Pfändungsantrag	31
3.	Pfändung einmaliger Sozialleistungen (§ 54 Abs. 2 SGB I)	32
	a) Anhörung des Schuldners	32
	b) Billigkeitsabwägung	33
4.	Pfändung laufender Ansprüche	34
5.	Pfändung künftiger Ansprüche	35
6.	Rechtsbehelfe	36
7.	Schutz des Sozialgeheimnisses	37
8.	Schutz bereits ausgezahlter Sozialleistungen	38
V.	**Ansprüche auf Erstattung von Steuern und Abgaben**	39
1.	§ 46 AO	39
2.	Bestimmtheitserfordernis	40
3.	Keine Pfändung künftiger Erstattungsansprüche	41
4.	Lohnsteuererstattungsansprüche	42
5.	Keine Heilung einer nichtigen Pfändung	43

I. Ansprüche aus Bankvertrag

1. Allgemeines

Aus vertraglicher Beziehung zu einem Kreditinstitut können dem Kunden eine Vielzahl von Ansprüchen zustehen: Ansprüche auf Auszahlung des Aktivsaldos oder sonstiger Guthaben aus einem Kontokorrent- oder Girovertrag, Ansprüche auf Auszahlung von Spargthaben aus allgemeinen oder speziellen Sparverträgen, auf Auszahlung von vertraglich eingeräumten oder einseitig zugesagten Krediten, Ansprüche auf Rückgewähr von Sicherheiten oder auf Auszahlung eines Überschusses nach Verwertung von Sicherheiten, Ansprüche auf Rechnungslegung über die Abwicklung von Geschäften, auf Vornahme von Buchungen usw. Da eine solche Vielzahl von Ansprüchen denkbar ist, genügt es dem »Bestimmtheitserfordernis«[1] nicht, wenn undifferenziert die Pfändung »aller Ansprüche aus Bankvertrag«[2] oder auch nur »aller Ansprüche aus Kontokorrent- oder Girovertrag« beantragt wird.[3] Soweit der Gläubiger den Anspruch, den er pfänden will, nicht in den Ziffern 1–5

1

---

1 § 829 Rdn. 39.
2 Der »Bankvertrag« ist regelmäßig ein Bündel recht unterschiedlicher Verträge: *Heymann/Horn*, Bd. 4, 2. Aufl., Anh. § 372 HGB, Rn. I 7.
3 § 829 Rdn. 39.

zu Anspruch D des amtlichen Formulars vorformuliert findet,[4] muss er in Ziff. 6 den Anspruch so umschreiben, dass das Kreditinstitut und vernünftige andere Gläubiger keinen Zweifel daran haben, was beschlagnahmt sein soll. Andererseits braucht der Gläubiger keine Kontonummer zu nennen, auch nicht unter »insbesondere« im Formular.[5] Er braucht auch nicht sicher wissen, ob der Schuldner etwa nur einen oder mehrere Sparverträge mit dem Kreditinstitut abgeschlossen, ob er bei diesem ein oder mehrere Girokonten unterhält.[6] Dies wird jetzt durch § 833a Abs. 1 auch ausdrücklich klargestellt. Immer muss aber durch Ankreuzen oder Anstreichen der entsprechenden vorformulierten Möglichkeiten deutlich gemacht werden, ob nur die Zahlungsansprüche (also Geldforderungen) aus einer bestimmten Vereinbarung mit dem Kreditinstitut (Sparvertrag, Girovertrag, Kreditvertrag usw.) oder auch die übrigen aus dieser Vereinbarung folgenden Ansprüche (etwa auf Durchführung von Buchungen oder auf Abrechnung) gepfändet werden sollen. Ein zu unbestimmt abgefasster Pfändungsbeschluss geht insgesamt ins Leere,[7] er kann nicht etwa in der denkbar engsten Auslegung als wirksam aufrechterhalten werden.

2. Ansprüche auf Auszahlung der Guthaben auf Kontokorrent- und Girokonten

a) Der Zugriff auf »normale« Kontokorrent- und Girokonten

2 Besteht hinsichtlich eines Kontos eine **Kontokorrentabrede** (§§ 355 ff. HGB), so sind nach der Sonderregelung des § 357 HGB, die § 851 Abs. 2 vorgeht,[8] die einzelnen positiven Rechnungsposten, die in die laufende Rechnung eingestellt werden, nicht pfändbar.[9] Pfändbar ist zunächst der positive Tagessaldo am Tage der Zustellung des Pfändungsbeschlusses an den Drittschuldner,[10] ferner gem. § 833a Abs. 1 die Tagesguthaben[11] der auf die Pfändung folgenden Tage, auch wenn die Rechnungsperiode einen längeren Zeitraum umfasst, und der Rechnungsabschluss am Ende der Rechnungsperiode.[12] Die weiteren Tagesguthaben werden, wenn »das Guthaben« des Kontos ohne weitere Einschränkungen gepfändet wurde, von der Pfändung automatisch erfasst, ohne dass dies ausdrücklich gesagt werden müsste. Pfänden weitere Gläubiger das Konto, so erfasst ihre Pfändung den ersten und die dann folgenden Tagessalden, sobald die Vollstreckungsforderung des ersten Vollstreckungsgläubigers getilgt ist. Sodann wiederholt sich der Vorgang für den jeweils nächsten nachrangigen Gläubiger. Die Pfändung der Guthaben auf dem Konto erfasst nicht andere zukünftige Ansprüche, die sich letztlich ebenfalls aus dem Kontoeröffnungsvertrag ergeben, also etwa den Anspruch auf Auszahlung eines bewilligten Dispositionskredits oder auf Auszahlung eines bewilligten Überziehungskredits[13]. Will der Gläubiger auch auf diese Ansprüche zugreifen, muss er dies in seinem Antrag ausdrücklich sagen. Das amtliche Formular sieht eine entsprechende Formulierung vor.

3 Beim **Girovertrag** (§§ 676f–676h BGB) kann der Kunde über jedes Guthaben auch zwischen den förmlichen Rechnungsabschlüssen verfügen.[14] Der Anspruch auf Auszahlung dieser Guthaben ist

---

4 Die Formulierungen dort sind weit und vage, aber noch hinreichend bestimmt.
5 *Stöber*, Forderungspfändung, Rn. 154b.
6 Dies bringt schon Ziffer 1 zu Anspruch D des amtlichen Formulars zum Ausdruck.
7 § 829 Rdn. 39.
8 BGHZ 80, 172.
9 BGHZ 80, 172; 93, 315; BGH, WM 1982, 233; BFH, NJW 1984, 1919; *Brox/Walker*, Rn. 525; *Heymann/Horn*, HGB, Bd, 4, 2. Aufl., § 357 HGB Rn. 8; *Stöber*, Rn. 156; *Wieczorek/Lüke*, § 829 Rn. 23.
10 BGHZ 80, 172; *Heymann/Horn*, HGB, Bd. 4, 2. Aufl., § 357 HGB Rn. 8; *Wieczorek/Lüke*, § 829 Rn. 23. Zur Frage, wann Auszahlungen an den Schuldner, die so unmittelbar nach der Zustellung der Pfändung an die Bank erfolgten, dass sie technisch nicht verhindert werden konnten, noch zugunsten der Bank im Saldo verrechnet werden dürfen: LG Frankfurt, JurBüro 2009, 385.
11 Zum Begriff: *Bitter*, WM 2008, 141, 143; *Stöber*, Forderungspfändung, Rn. 158.
12 Zur Feststellung dieses abschließenden Saldos: BGH, NJW 2012, 306.
13 *Stöber*, Forderungspfändung, Rn. 158a. Einzelheiten unten Rdn. 9, 12.
14 *Brox/Walker*, Rn. 527; *Heymann/Horn*, HGB, Bd. 4, 2. Aufl., § 355 HGB Rn. 30.

eine Geldforderung und nach § 829 pfändbar,[15] wobei allerdings die Pfändungsschutzvorschriften für Konten, die als sog. P-Konto[16] geführt werden, zu berücksichtigen sind. Dass sich auf einem Konto, das nicht als P-Konto geführt wird, im Wesentlichen Gelder befinden, die aus unpfändbaren Einnahmen stammen und auf dem Konto angespart wurden, macht das Konto nicht unpfändbar.[17] Eine »Surrogation der Unpfändbarkeit« unabhängig davon, wohin die ursprünglich einmal unpfändbaren Beträge gelangen, kennt unser Recht nicht.[18] Auch Pfändungsschutz über § 765a ZPO ist insoweit nur ganz ausnahmsweise in krassen Ausnahmesituationen möglich.[19] Weder allgemeine wirtschaftliche Erwägungen noch allgemeine soziale Gesichtspunkte (hohes Alter, niedrige Sozialleistungen) gestatten allein eine solche Schutzanordnung.[20] Der Schuldner hat es in der Hand, sich durch Einrichtung eines P-Kontos die zur bescheidenen Lebensführung notwendigen Mittel zu sichern. Wenn er diese Entscheidung nicht trifft, etwa um eine Information der Schufa zu vermeiden, muss er die Konsequenzen in Kauf nehmen.

Bei der Berechnung des jeweiligen Guthabens auf dem Girokonto sind die Ein- und Abgänge des Tages, an dem die Zustellung des Pfändungsbeschlusses an den Drittschuldner erfolgte, sowie die bis zu diesem Tage fälligen Kontoführungsgebühren, Überziehungsprovisionen, Stornokosten für bis zu diesem Tage eingereichte, aber nicht eingelöste Schecks, Sollzinsen und vergleichbare unter § 357 Satz 2 HGB zu subsumierende Posten mit dem bisherigen Kontostand zu saldieren (sog. Tagessaldo),[21] nicht aber auch künftige Ansprüche der Bank, die an diesem Tage bereits dem Grunde nach absehbar waren, aber erst durch spätere Handlungen des Schuldners zur Entstehung gebracht worden sind.[22] Nicht unter § 357 Satz 2 HGB fallen auch Zahlungen des Drittschuldners an den Pfändungsschuldner selbst, mit denen nur ein schuldrechtlicher Anspruch dieses Schuldners getilgt werden soll.[23] Ergibt sich bei dieser Abrechnung ein Debetsaldo, geht die Pfändung am Tagesende auch dann ins Leere, wenn im Laufe des Tages größere Habenposten in die Saldierung einbezogen wurden.[24] Ging die Pfändung am Tage der Pfändung ins Leere, weil an diesem Tag ein Debetsaldo bestand, ist der Schuldner nicht gehindert, soweit die Bank ihm auch Verfügungen zulasten des bereits debitorischen Kontos gestattet, den Minussaldo weiter zu vergrößern, und die Bank nicht gehindert, auf dem im Debet geführten Konto eingehende Gutschriften mit dem Minussaldo zu verrechnen.[25] Der Vollstreckungsgläubiger kommt erst zum Zuge, wenn wieder ein Aktivsaldo entstanden ist.

4

b) Besonderheiten beim Pfändungsschutzkonto gem. § 850k Abs. 7

Wird das Girokonto des Schuldners als Pfändungsschutzkonto (P-Konto) gem. § 850k Abs. 7 geführt oder soll es künftig als P-Konto geführt werden, so gelten folgende Besonderheiten:

5

---

15 BGHZ 84, 325 mit Anm. *Behr*, Rpfleger 1983, 78 und Anm. *Rehbein*, JR 1983, 111; LG Koblenz, MDR 1976, 232; LG Detmold, Rpfleger 1978, 150; LG Göttingen, Rpfleger 1980, 237; OLG Celle, ZIP 1981, 496; *Lwowski/Bitter*, FS Thorwald Hellner, 1994, S. 57 (61);.
16 Näheres unter Rdn. 5–8.
17 BGH, NZI 2013, 648, 650; BGH, NJW-RR 2013, 1519 mit Anm. *Weissinger*, GWR 2014, 45.
18 *Ganter*, NZI 2013, 969.
19 LG Frankfurt, ZMR 2010, 527; AG Hannover, NJOZ 2011, 1024; AG Siegen, VuR 2014, 68 mit Anm. *Busch*, VuR 2014, 76, 78.
20 LG Kassel, JurBüro 2011, 385.
21 *Heymann/Horn*, HGB, Bd. 4, 2. Aufl., § 355 HGB Rn. 31.
22 OLG Düsseldorf, ZIP 1984, 566.
23 BGH, MDR 1997, 878.
24 BFH, NJW 1984, 1919; BGHZ 93, 315; *Heymann/Horn*, HGB, Bd. 4, 2. Aufl., § 357 HGB Rn. 8.
25 OLG Frankfurt, InVo 1998, 133; *Wieczorek/Lüke*, § 829 Rn. 24; a. A. aber (Verfügungen über das Minuskonto, die ein Erstarken zum Positivsaldo verhindern, sind dem Gläubiger gegenüber unwirksam): *Heymann/Horn*, HGB, Bd. 4, 2. Aufl., § 357 HGB Rn. 18.

Anhang zu § 829 ZPO — Zusammenfassender Überblick zu besonderen Forderungsarten

Zunächst hat nach wie vor derzeit noch nicht jeder Bürger einen Rechtsanspruch darauf, dass ihm durch ein Kreditinstitut seiner Wahl ein Girokonto eröffnet wird[26], wenn dies auch politisch gewollt ist[27] und aufgrund interner Verbandsempfehlungen[28] – aus denen sich aber ein Anspruch der Kunden gegen die Bank nicht ableiten lässt[29] – eine grundsätzliche Bereitschaft der Banken besteht, für jedermann ein Girokonto auf Guthabenbasis, also ohne die Möglichkeit der Kontoüberziehung, zu führen[30]. Die Sparkassengesetze vieler Bundesländer schreiben allerdings für deren öffentlich-rechtlichen Kreditinstitute einen Kontrahierungszwang zur Einrichtung eines privaten Girokontos vor.[31] Die Kostenlast und der Arbeitsaufwand,[32] die mit der Führung von immer wieder dem Pfändungszugriff ausgesetzten Konten verbunden sind[33] und die weder auf den Vollstreckungsgläubiger noch auf den Vollstreckungsschuldner abgewälzt werden können,[34] können also Banken derzeit nach wie vor dazu veranlassen, potenzielle Kunden abzuweisen. Hat das Kreditinstitut aber ein solches Konto eröffnet, so kann der Kunde gem. § 850k Abs. 7 Satz 2 verlangen, dass dieses Konto als P-Konto i. S. § 850k geführt wird. Obwohl die Führung eines solchen P-Kontos für die Kreditinstitute mit zusätzlichem, u. U. nicht unerheblichem Aufwand verbunden ist, rechtfertigt die Geltendmachung dieses Anspruchs als solche trotz des zu erwartenden Bearbeitungsaufwandes weder die Erhöhung der Kontoführungsgebühren[35] noch die Kündigung des Kontoführungsvertrages[36]. Wer bereit ist, ein Girokonto zu führen, muss dies mit allen einem solchen Vertrag immanenten gesetzlichen Verpflichtungen tun[37]. Die Verpflichtung kann auch im Kontoeröffnungsvertrag nicht vertraglich ausgeschlossen werden. Kündigt ein Kreditinstitut einen Kontoführungsvertrag im zeitlichen Zusammenhang mit der Umwandlung eines Kontos in ein P-Konto, trägt es im Streit um die Wirksamkeit der Kündigung die Darlegungs- und Beweislast, dass die Kündigung nicht in Zusammen-

---

26 *Ahrens,* NJW 2010, 2001, 2002; *Bitter,* ZIP 2011, 149, 150; *Herresthal,* WM 2013, 773, 777; *Kreft* FS Graf von Westfalen, 2010, S. 415, 430 f; *Pieper,* ZVI 2008, 457; *Singer,* ZAP Fach 14, S. 613, 614, 619. A. A. (ein solcher Anspruch folge auch gegenüber privaten Kreditinstituten aus dem Sozialstaatsprinzip): LG Berlin, WM 2008, 1825 mit Anm. *Nieding,* jurisPR-BKR 4/2008 Anm. 5.
27 Die im Bundesratsentwurf eines Gesetzes zur Einführung eines Anspruchs auf Errichtung eines Girokontos auf Guthabenbasis (GiroGuBaG) vorgesehene Ergänzung des § 675 f BGB in diesem Sinne ist bisher nicht Gesetz geworden (BT-Drucks. 17/14363). Siehe ferner die BT-Drucks. 17/7823, in der ebenfalls ein Guthabenkonto für jedermann gefordert wird. Das die EU-Richtlinie, die ein Basiskonto auf positiver Basis für jedermann fordert, umsetzende Gesetz ist ebenfalls noch nicht in Kraft getreten.
28 Siehe hierzu den Bericht der Bundesregierung in BT-Drucks. 17/8312.
29 A. A. insoweit (die Verbandsempfehlung sei ein abstraktes Schuldanerkenntnis gegenüber Dritten): LG Bremen, WM 2005, 2137.
30 Einzelheiten: *Büchel,* BKR 2009, 358, 360; *Lücke,* BKR 2009, 457.
31 Siehe insoweit die Nachweise bei *Ahrens,* NJW 2010, 2001, 2002 (dort Fußn. 9); zur Rechtslage speziell in Niedersachsen: OVG Lüneburg, MMR 2011, 199; in Sachsen-Anhalt: OLG Naumburg, VuR 2012, 370.
32 So hat nach LG Dortmund, VuR 2014, 231 mit Anm. *Kohte,* der Kunde einen Anspruch darauf, dass ihm immer auch der Verfügungsrahmen seines Kontos, auf den aktuell Gläubiger nicht zugreifen können, mitgeteilt wird.
33 *Lücke,* BKR 2009, 457, 459.
34 Siehe hierzu § 829 Rdn. 76.
35 BGH, BeckRS 2012, 24814 mit Anm. *Bürger,* GWR 2013, 45; BGH, NJW 2013, 3163 mit Anm. *Ahrens,* EWiR 2013, 631; BGH, NJW 2013, 995 mit Anm. *H. Schmidt,* LMK 2013, 342773; KG NJW 2012, 395; OLG Bremen, VuR 2012, 317; OLG Dresden, VuR 2012, 318; OLG Frankfurt, BeckRS 2012, 15750; OLG Frankfurt, ZIP 2012, 814; OLG Nürnberg, NJOZ 2012, 1680; OLG Schleswig, NZI 2012, 923; LG Leipzig, VuR 2014, 232 mit Anm. *Kohte*; **A. A.**: LG Frankfurt, EWiR 2011, 827. Kritisch insoweit auch: *Bitter,* ZIP 2011, 149, 150.
36 OLG Naumburg, VuR 2012, 370 mit Anm. *Kohte; Ahrens,* NJW 2010, 2001, 2003; *ders.,* NJW 2013. 975, 977. **A. A.** *Herresthal,* WM 2013, 773, 778; *Lücke,* BKR 2009, 257, 260; *Neiseke,* jurisPR-BKR 10/2009 (Anm. 1).
37 Es ist auch wenig sinnvoll, wie *Büchel,* BKR 2009, 358, 363, dem Schuldner damit zu drohen, dass die Beantragung eines P-Kontos wegen der Meldung an eine Auskunftei (§ 850k Abs. 8) ihm künftig die Kreditchancen rauben werde.

hang mit dieser Umwandlung steht. Befindet sich das Konto im Zeitpunkt seiner Umwandlung in ein P-Konto im Soll, hindert die Einrichtung des P-Kontos die Bank nicht, eingehende Beträge mit dem Minussaldo zu verrechnen, bis der Saldo ausgeglichen ist[38]. Die Rückumwandlung eines P- Kontos in ein normales Girokonto, die der Bankkunde jederzeit verlangen kann, darf durch die AGB der Banken nicht erschwert oder mit belastenden Einschränkungen verbunden werden[39].

Auf dem P-Konto werden nach den oben dargestellten allgemeinen Regeln nur noch die Beträge »von der Pfändung erfasst«, die den geschützten Betrag (Grundbetrag einschließlich der im Gesetz vorgesehenen Erhöhungsmöglichkeiten) übersteigen[40]. Das Vollstreckungsgericht kann auf Antrag des Schuldners die in § 850k Abs. 1 und Abs. 2 genannten Regelbeträge durch Beschluss erhöhen (§ 850k Abs. 4) und insoweit auch einstweilige Anordnungen vor seiner endgültigen Entscheidung erlassen.[41] 6

»Von der Pfändung nicht erfasst sein«, ist etwas anderes als die generelle »Unpfändbarkeit« einer Forderung.[42] Deshalb gelten für die Auszahlungsansprüche aus dem P-Konto die §§ 394, 400 BGB nicht. Das P-Konto erlischt im Fall des Insolvenzverfahrens über das Vermögen des Schuldners nicht; denn dies würde dem Zweck dieses Kontos, den Schuldner nicht gänzlich von der Teilnahme am bargeldlosen Zahlungsverkehr auszuschließen, zuwiderlaufen.[43]

Um dem wirtschaftlich sinnlosen, aber für Schuldner und Drittschuldner lästigen fortwährenden Zugriff auf ein P-Konto, auf dem sich letztlich doch nur unpfändbare Beträge als Guthaben befinden, entgegenzuwirken, eröffnet § 850l dem Vollstreckungsgericht die Möglichkeit unter engen Voraussetzungen[44] auf Antrag das Konto jeweils für einen begrenzten Zeitraum von der Pfändung freizustellen.

Woher die Eingänge auf dem P-Konto stammen, ob also aus Arbeitseinkommen, Sozialbezügen, Einnahmen aus selbstständiger Arbeit oder Gewerbebetrieb, Schenkungen, Kreditauszahlung[45] usw., spielt keine Rolle[46]. Das P-Konto ist deshalb kein Verbraucherschutzkonto, sondern steht auch jedem Gewerbetreibenden als Geschäftskonto zur Verfügung. Der Schutz für die auf dem P-Konto verbuchten Beträge wird automatisch gewährt; es bedarf keines Antrages mehr an das Vollstreckungsgericht. Über diesen Teil seines Einkommens kann der Vollstreckungsschuldner auch nach Eingang des Pfändungsbeschlusses weiterhin frei verfügen. Lediglich bei der Berücksichtigung bestimmter Erhöhungsbeträge kann – muss nicht – das Vollstreckungsgericht eingeschaltet werden (§ 850k Abs. 4), das diesen Betrag in der Regel ziffernmäßig, jedenfalls aber zweifelsfrei und ohne weiteren Aufwand feststellbar festsetzt.[47] Der Schutz kommt dem Schuldner nur einmal im Monat zugute. Er kann den Freibetrag also in einem Monat nicht zweimal für sich reklamieren, falls bestimmte Sozialleistungen oder der Lohn einmal zu früh auf seinem Konto eingehen. Hier hilft aber § 835 Abs. 4 weiter: Ein Guthaben auf dem Pfändungsschutzkonto des Schuldners, unabhängig davon, ob es aus künftigen Sozialleistungen oder auch nur Einmalzahlungen aller Art

---

38 *Singer,* ZAP Fach 14, S. 613, 615.
39 BGH, WM 2015, 822.
40 Einzelheiten insoweit siehe die Kommentierung zu § 850k.
41 Zum Erlass derartiger einstweiliger Anordnungen kann er gegebenenfalls sogar verpflichtet sein: BGH, Rpfleger 2015, 259.
42 *Heiderhoff/Skamel,* Zwangsvollstreckungsrecht, Rn. 370; *Jauernig/Berger,* § 32 Rn. 60.
43 LG Verden, ZIP 2013, 1954 mit Anm. *Busch,* VuR 2014, 76; AG Nienburg, NZI 2013, 652.
44 Sie sind auch streng zu handhaben. Siehe zum alten § 833a Abs. 2 (jetzt § 850l): AG Brühl, JurBüro 2011, 270.
45 *Stöber,* Forderungspfändung, Rn. 159.
46 BT-Drucks. 16/7615 S. 18; BGH, BeckRS 2011, 27892; BGH, NJW 2012, 79; *Büschel,* BKR 2009, 358, 361; *Jauernig/Berger,* § 32 Rn. 59; *Musielak/Becker,* § 850k Rn. 1; *Neiseke,* jurisPR-BKR 10/2009 (Anm. 1).
47 BGH, NJW 2012, 79. Zu Einzelheiten siehe wieder die Kommentierung zu § 850k.

herrührt,[48] darf von der kontoführenden Bank am Monatsende nur insoweit an den Pfändungsgläubiger ausgezahlt werden, als dieses auch den dem Schuldner gem. § 850k Abs. 1 zustehenden monatlichen Freibetrag für den Folgemonat übersteigt.[49] Das Vollstreckungsgericht kann auf Antrag des Gläubigers insoweit abweichende Anordnungen treffen. Das übrige Guthaben wird mit dem Beginn des neuen Monats von der Pfändung wieder nicht erfasst, soweit der Betrag dem individuellen monatlichen Freibetrag des Schuldners entspricht. Dadurch wird gewährleistet, dass dem Schuldner, soweit überhaupt Geld vorhanden ist, jeden Monat der geschützte Mindestbetrag zur Verfügung steht. Bleibt von dem übertragenen Betrag am Endes des neuen Monats ein Guthaben, kann es auf den folgenden Monat übertragen werden[50], sodass dem Schuldner durch Zufrühzahlungen auch die Möglichkeit, gewisse Beträge anzusparen, um daraus größere Ausgaben zu tätigen, nicht verloren geht.

7   Keine Person kann mehr als ein P-Konto führen(§ 850k Abs. 8). Um dies sicher zu stellen, muss der Kunde zum einen bei Eröffnung eines solchen Kontos versichern, dass dies sein einziges P-Konto ist (§ 850k Abs. 8 Satz 2) zum anderen werden die P-Konten durch die Kreditinstitute an Auskunfteien, z. B. die SCHUFA, gemeldet (§ 850k Abs. 8 Satz 3) und die Kreditinstitute ermächtigt, dort bei jeder Kontoneueröffnung nachzufragen. Die Auskunfteien dürfen die Meldungen nicht für andere Zwecke innerhalb ihres Geschäftsbetriebes verwenden und haben sie von anderen Meldungen über Bankkunden getrennt zu führen. Eröffnet der Schuldner doch ein weiteres P-Konto, ist diese Vereinbarung mit dem Kreditinstitut nicht nichtig, die Gläubiger müssen vielmehr nach § 850k Abs. 9 vorgehen[51].

8   Das P-Konto kann nur für natürliche Personen, also nicht juristische Personen, BGB- oder Handelsgesellschaften eingerichtet werden (§ 850k Abs. 7). Führen mehrere natürliche Personen ein gemeinsames Konto als »oder – Konto«[52] – z. B.: Ehegatten unterhalten, um Kontoführungsgebühren zu sparen, ein gemeinsames Konto, auf das beider Gehalt überwiesen wird und über das beide jeweils allein verfügen können –, so kann jeder Kontoinhaber verlangen, dass für ihn ein gesondertes P-Konto – mit gesonderter Kontonummer – geführt wird[53]. Das widerspricht nicht dem Grundsatz der Kontenklarheit und Kontenwahrheit[54], erhöht allerdings den Bearbeitungsaufwand der Kreditinstitute erheblich. Die Führung eines gemeinsamen – entsprechend erhöhten – P-Kontos für alle Inhaber des »oder – Kontos« ist dagegen nicht möglich[55].

---

48 LG Bonn, BeckRS 2014, 08818.
49 BGH, NZI 2011, 717; BGH, WuM 2012, 113.
50 BGH, WM 2015, 177.
51 *Jauernig/Berger*, § 32 Rn. 61.
52 Siehe auch unten Rdn. 15.
53 BT-Drucks. 16/7615, S. 12, 20; ferner *Graf-Schlicker/Linder*, ZIP 2009, 989, 993; *Musielak/Becker*, § 850k Rn. 8.
54 So allerdings *Büchel*, BKR 2009, 358, 363.
55 *Musielak/Becker*, § 850k Rn. 8; *Neiseke*, jurisPR – BKR 10/2009 (Anm. 1).

3. Ansprüche auf Auszahlung des nicht in Anspruch genommenen Dispositions- oder Überziehungskredits bei Kontokorrent- und Girokonten[56]

a) Überziehungskredit und Dispositionskredit

Mit der Eröffnung eines Kontokorrent- oder eines Girokontos bei einem Kreditinstitut ist in der Regel die Einräumung eines Überziehungskredits bis zu einem bestimmten Höchstbetrag (sog. Kreditlinie) verbunden. Der Kreditrahmen und die Zurverfügungstellung des Kredits können dabei zwischen der Bank und dem Kunden verbindlich vereinbart sein – insoweit spricht man auch von einem Dispositionskredit –, die Bank kann aber auch nur einseitig die Kontoüberziehung dulden, ohne dass der Kunde bei der Bestimmung des Kreditrahmens und der Kreditbedingungen vertraglich mitgewirkt hat – insoweit wird auch vom Überziehungskredit im eigentlichen Sinne gesprochen –. Weder im ersten[57] noch im zweiten[58] Fall können Gläubiger des Bankkunden durch Pfändung »des Rechts oder der Möglichkeit, die noch nicht ausgeschöpfte Kreditlinie auszuschöpfen« den Schuldner zur Begleichung der titulierten Schuld durch Kreditaufnahme zwingen.[59] Im ersten Fall scheitert die Pfändung daran, dass das Recht auf Ausschöpfung der offenen Kreditlinie höchstpersönlicher Natur und damit von seinem Charakter her nach § 851 Abs. 1 unpfändbar ist. Zum einen hat die Bank den Kreditrahmen auf die persönlichen Umstände des Kunden zugeschnitten, zum anderen ist aber die Entscheidung des Schuldners, ob er sich in höherem Maße verschulden will, höchstpersönlich: In der Regel sind die Kosten für die Inanspruchnahme eines Überziehungskredits höher als die dem Vollstreckungsgläubiger geschuldeten Zinsen, sodass nicht eine Schuld durch eine gleichwertige andere ausgetauscht, sondern der Schuldner zu einer weitergehenden Verschuldung gezwungen würde. Da die Unpfändbarkeit dem Anspruch auf Ausschöpfung des Kreditrahmens seiner Natur nach innewohnt und nicht auf einer bloßen Vereinbarung zwischen Bank und Kunde beruht, ist § 851 Abs. 2 nicht einschlägig.[60] Da der Schuldner nicht zur Kreditaufnahme zum Zwecke der Begleichung alter anderweitiger Schulden gezwungen werden kann, kann der Gläubiger auch nicht im Wege der Hilfspfändung (§ 836 Abs. 3) auf die EC-Karte des Schuldners zugreifen, um auf diesem Wege das Konto des Schuldners bis zum Kreditlimit ausschöpfen zu können.[61]

Der Anspruch auf Auszahlung eines tatsächlich in Anspruch genommenen Dispositionskredits ist mit der neueren Rechtsprechung des BGH[62] als künftiger Anspruch für den Fall – und dann nur

---

56 Zur Terminologie siehe BGH, ZIP 2001, 825; BGH, NJW 2004, 1444; WM 2004, 669; OLG Hamm, InVo 2003, 76; *Bitter*, WM 2004, 1109 (zur hier vorgenommenen Differenzierung); *Christiansen*, InVo 2004, 257; *Felke*, WM 2002, 1632; *Heiderhoff/Skamel*, Zwangsvollstreckungsrecht, Rn. 397; *Lwowski/Bitter*, WM-Festgabe f. Thorwald Hellner 1994, S. 57, 65; *Schmies*, Diss. Münster 1993, S. 127; *Scholl*, DZWIR 2005, 353; *Schuschke*, ZIP 2001, 1084; *Wagner*, WM 1998, 1657. Dagegen verwenden § 493 BGB und Nr. 12 Abs. 6 AGB-Banken den Terminus »Überziehungskredit« als Oberbegriff und den Terminus »geduldete Überziehung« für die vertraglich nicht vorab vereinbarte Möglichkeit, durch Kontoüberziehung Kredit zu erlangen. Dieser Terminologie folgt auch OLG Frankfurt, OLGReport 1994, 122.
57 A.A. insoweit: LG Hamburg, MDR 1986, 327; *Grunsky*, ZZP 1982, 264 und JZ 1985, 490; *Luther*, BB 1985, 1886.
58 A.A. insoweit *Schmies*, Diss. Münster 1993, S. 136.
59 Wie hier: BGH, NJW 2004, 14444; OLG Schleswig, WM 1992, 579; *Brox/Walker*, Rn. 529; *David*, MDR 1993, 108; *Gaul*, KTS 1989, 17; *Heiderhoff/Skamel*, Zwangsvollstreckungsrecht, 2010, Rn. 397; *Lwowski/Bitter*, WM-Festgabe für Thorwald Hellner 1994, S. 68 *Wagner*, WM 1998, 1657, 1659; *Wieczorek/Lüke*, § 829 Rn. 25.
60 *Brox/Walker*, Rn. 529.
61 BGH, InVo 2003, 120.
62 BGH, ZIP 2001, 825; BGH, NJW 2004, 1444; BGH, WM 2004, 669; BGH, GWR 2011, 321227 mit Anm. *Flitsch*.

in der konkreten Höhe – pfändbar,[63] dass und soweit der Schuldner durch einen Überweisungs- oder Abbuchungsauftrag oder eine Abhebung von dem Konto seinerseits auf die offene Kreditlinie zurückgreift, also die – als solche nicht pfändbare – Entscheidung sich weiter verschulden zu wollen, selbst trifft. Nach der Entscheidung des Schuldners, einen konkreten Kredit in Anspruch nehmen zu wollen, liegt nunmehr hinsichtlich der konkret beanspruchten Kreditsumme ein »gewöhnlicher« Darlehensvertrag vor Der künftige Anspruch auf Auszahlung dieses Darlehens muss aber ausdrücklich gepfändet werden. Er ist mit der bloßen Pfändung des Girokontos nicht einfach mitgepfändet. Das amtliche Formular sieht eine entsprechende Angabe, die der Gläubiger ankreuzen kann, vor.

11   Im zweiten Fall (bloße Duldung einer Kontoüberziehung) besteht schon kein Anspruch, der gepfändet werden könnte.[64] Da die Bank bereits dem Kunden gegenüber zur Duldung nicht verpflichtet ist, kann auch eine Pfändung eine solche Pflicht nicht begründen. Während im ersteren Fall (Pfändung des Anspruch, einen Kredit innerhalb des Limits abrufen zu dürfen) die Pfändung zunächst eine Verstrickung des (nach § 851 Abs. 1 nicht pfändbaren) Rechts, nach Belieben innerhalb des vereinbarten Rahmens einen Kredit abrufen zu können, bewirkt, die allerdings auf die Erinnerung nach § 766 hin wieder zu beseitigen ist,[65] geht im letzteren Fall (Pfändung der Möglichkeit, aufgrund bloßer Duldung seitens des Kreditinstituts zulasten des laufenden Kontos einen Kredit abrufen zu können) die Pfändung von vornherein ins Leere, da keine, auch keine künftige Forderung besteht.

b) Individualkredit

12   Von der Nichtausschöpfung eines Kreditrahmens zu unterscheiden ist der Fall, dass der Schuldner einen **konkreten Kredit** beantragt und zugesagt erhalten (§ 488 BGB), gegebenenfalls sogar auf einem Konto als Habenposten gutgeschrieben bekommen hat. Hier hat der Schuldner die Entscheidung, sich tatsächlich unter von ihm akzeptierten Konditionen zu verschulden, bereits getroffen. Ob in den Anspruch auf Auszahlung dieses Kredits vollstreckt werden kann, hängt davon ab, ob dieser Kredit zweckgebunden verwendet werden muss (z. B. Anschaffungsdarlehen bei gleichzeitig vereinbarter Sicherungsübereignung des zu erwerbenden Gegenstandes; Baudarlehen, das am Grundstück dinglich abgesichert werden soll; u.ä.), oder ob er zur freien Disposition des Schuldners steht. Im ersteren Fall ist der Anspruch nach § 851 Abs. 1 grundsätzlich unpfändbar.[66] Im zweiten Fall handelt es sich um eine gewöhnliche pfändbare Geldforderung.[67] Auch der zweckgebundene Kredit kann allerdings ausnahmsweise von denjenigen Gläubigern gepfändet werden, deren Forderungen nach der Zweckvereinbarung durch den Kredit gerade abgedeckt werden sollten, soweit die Pfändung der Befriedigung eben dieser Forderungen dient.[68]

4. Nebenansprüche aus dem Vertrag über die Unterhaltung des Kontokorrent- oder Girokontos

a) Anspruch auf Buchung der Neueingänge

13   Der Vertrag über die Errichtung und Unterhaltung eines laufenden Kontos bei einem Kreditinstitut umfasst auch den Anspruch gegen das Institut, für dieses Konto bestimmte Neueingänge auch dem

---

63 Ebenso: OLG Hamm, InVo 2003, 76; OLG Saarbrücken, OLGReport 2007, 33 mit Anm. *Drescher,* EWiR 2007, 159; LG Hannover, InVo 2002, 197; *Brox/Walker,* Rn. 529; *Heymann/Horn,* Bd. 4, 2. Aufl., § 357 HGB Rn. 24; *Musielak/Becker,* § 850k Rn. 13; *Stöber,* Rn. 116, 117; *Thomas/Putzo/Seiler,* § 829 Rn. 49; *Wieczorek/Lüke,* § 829 Rn. 25.
64 BGHZ 93, 315; insoweit bestätigt durch BGH, ZIP 2001, 825; ferner OLG Frankfurt, OLGReport 1997, 286; LG Münster, MDR 1996, 1069; Musielak/*Becker,* § 850k Rn. 13.
65 § 829 Rdn. 30 und Rdn. 66.
66 *Brox/Walker,* Rn. 529.
67 LG Münster, Rpfleger 2000, 506; *Wieczorek/Lüke,* § 829 Rn. 22, 25.
68 *Bauer,* JurBüro 1963, 65.

Konto gutzuschreiben. Dieser Anspruch ist selbstständig pfändbar.[69] Das amtliche Formular sieht deshalb auch die Möglichkeit, dies zu beantragen, vor. Durch die Pfändung und Überweisung dieses Anspruchs erwirbt der Gläubiger zwar nicht das Recht, Auszahlung dieser Eingänge unmittelbar an sich selbst zu verlangen, da es sich um unselbstständige Rechnungsposten innerhalb des Kontokorrents handelt. Er kann aber auf diese Weise den Schuldner hindern, der Bank Anweisung zu geben, die Eingänge anderweit zu verbuchen und das Konto damit auszuhungern. Der Gläubiger sichert durch diese zusätzliche Pfändung nur den möglichen Erfolg einer in den Auszahlungsanspruch aus dem laufenden Konto selbst ausgebrachten Pfändung. Er kann den Schuldner durch diese Pfändung allerdings nicht hindern, bereits die Drittschuldner anzuweisen, von vornherein auf ein anderes Konto einzuzahlen.

b) Anspruch auf Erteilung von Kontoauszügen

Mit der Eröffnung eines laufenden Kontos ist der Anspruch gegen das Kreditinstitut verbunden, über die einzelnen Buchungen auf diesem Konto durch regelmäßige Kontoauszüge Auskunft zu erteilen und Rechnung zu legen.[70] Dieser Anspruch, der nicht mit der Obliegenheit nach § 840 Abs. 1 verwechselt werden darf, aber auch nicht mit dem bloßen Nebenanspruch des Kontoinhabers auf Auskunftserteilung über den jeweiligen Kontostand, wird von der Pfändung des Zahlungsanspruchs aus dem Konto nicht automatisch erfasst, ist aber selbstständig pfändbar,[71] soweit durch die Offenlegung gegenüber dem Gläubiger nicht höchstpersönliche Geheimnisse oder Betriebsgeheimnisse des Schuldners zu offenbaren sind. Für solche höchstpersönlichen Auskünfte gilt § 851 Abs. 1. Da der Schuldner nach § 836 Abs. 3 ZPO zur Herausgabe dieser Kontoauszüge an den Gläubiger verpflichtet ist,[72] ist der Gläubiger auf die selbstständige Pfändung dieses Anspruchs aber regelmäßig nicht angewiesen.

14

Hat der Gläubiger bereits den Zahlungsanspruch aus dem laufenden Konto gepfändet, ist der formlose Auskunftsanspruch über den Kontostand (nicht zu verwechseln mit dem vorstehend dargestellten Anspruch auf regelmäßige Kontoauszüge über die einzelnen Buchungen) als Nebenforderung schon von dieser Pfändung erfasst,[73] braucht also nicht noch zusätzlich gepfändet zu werden.

5. Pfändung von »Oder«-Konten und von Gemeinschaftskonten

Ob zur Zwangsvollstreckung in ein Gemeinschaftskonto der Titel gegen nur einen der Kontoinhaber ausreicht, hängt davon ab, ob im Außenverhältnis zum Kreditinstitut alle Kontoinhaber Gesamthandsgläubiger oder Gesamtgläubiger sind.[74] Ist nach den Vereinbarungen mit dem Kreditinstitut jeder von ihnen allein berechtigt, über das jeweilige Guthaben selbstständig unbeschränkt Verfügungen jeder Art zu treffen, kann auch mit Titeln gegen nur jeweils einen von ihnen unbeschränkt[75] in das Konto vollstreckt werden.[76] Dass die Kontoinhaber in ihrem Innenverhältnis untereinander Bindungen unterliegen, die die Befugnisse gegenüber dem Kreditinstitut erheblich

15

---

69 BGH WM 1973, 892; BGHZ 93, 315; OLG Köln, ZIP 1983, 810; *Brox/Walker*, Rn. 528; *Heymann/Horn*, Bd. 4, 2. Aufl., § 357 HGB, Rn. 17; *Stein/Jonas/Brehm*, § 829 Rn. 12; a. A.: OLG Köln, ZIP 1981, 964.
70 BGH, NJW 1985, 2699; BGH, NJW 2006, 217; LG Landshut, Rpfleger 2009, 39.
71 BGH, NJW 2006, 217 mit Anm. *Allmendinger*, BGHR 2006, 247; ferner durch *Fortmann*, EWiR 2006, 329 sowie durch *Brehm*, ZZP 2006, 351; AG Rendsburg, NJW-RR 1987, 819; LG Itzehoe, NJW-RR 1988, 1394.
72 Einzelheiten hierzu siehe § 829 Rdn. 64.
73 BGH, Rpfleger 2003, 669; LG Cottbus, JurBüro 2002, 659; LG Frankfurt, Rpfleger 1986, 186; siehe auch § 829 Rdn. 64.
74 Allgemein zu diesem Problem: § 829 Rdn. 17.
75 Zur Führung eines »oder-Kontos« als P-Konto für beide Kontoinhaber siehe oben Rdn. 8.
76 BGHZ 93, 321; OLG Nürnberg, NJW 1961, 510; KG, NJW 1976, 807; OLG Koblenz, NJW-RR 1990, 1385; LG Itzehoe, JurBüro 2010, 439; *Canaris*, NJW 1973, 825; *Heymann/Horn*, HGB, Bd. 4, 2. Aufl., § 357 HGB Rn. 6.

einengen, ist insoweit ohne Bedeutung.[77] Es kann nur zu Ausgleichsansprüchen im Innenverhältnis der Kontoinhaber führen. Der andere Kontoinhaber kann die Pfändung nicht durch Abhebungen seinerseits aushöhlen, da die Bank dem pfändenden Vollstreckungsgläubiger Priorität einräumen muss.[78]

Handelt es sich aber um ein echtes Gesamthandskonto, bedarf es auch eines Titels gegen die Gesamthand, um unmittelbar auf die Guthaben auf dem Konto zugreifen zu können[79]. Ansonsten kann nur in den Gesamthandsanteil des jeweiligen Vollstreckungsschuldners vollstreckt werden. Nach Auseinandersetzung der Gesamthand kann dann der dem Vollstreckungsschuldner zustehende Überschuss eingezogen werden (Drittschuldner insoweit sind die übrigen Gesamthandsmitglieder).

6. Forderungen aus allgemeinen Sparverträgen

16 Forderungen aus **allgemeinen Sparverträgen**, über die ein **Sparbuch** ausgestellt ist, werden wie gewöhnliche Geldforderungen nach § 829 gepfändet und nach § 835 verwertet. Gibt der Schuldner das Sparbuch nicht freiwillig nach § 836 Abs. 3 Satz 1 an den Gläubiger heraus, kann dieser es aufgrund des Pfändungs- und Überweisungsbeschlusses durch den Gerichtsvollzieher im Wege der sog. Hilfspfändung nach § 836 Abs. 3 Satz 2 wegnehmen lassen. Gehen nach der Pfändung auf dem Sparbuch weitere Gutschriften ein, gilt § 833a[80].

Der Anspruch auf Entschädigung gem. §§ 3, 4 ESAEG für den Fall der Insolvenz des das Sparkonto führenden Kreditinstitutes wird bei Pfändung der Forderung aus dem Sparvertrag nicht als Nebenrecht von der Beschlagnahme miterfasst.[81]

7. Forderungen aus Prämiensparverträgen

17 Forderungen aus **Prämiensparverträgen**, d. h. langfristigen Sparverträgen, bei denen die Bank über die vereinbarten Zinsen hinaus nach Ablauf bestimmter Sperrfristen zusätzliche Prämien auf die Sparsumme gewährt, sind grundsätzlich wie Forderungen aus allgemeinen Sparverträgen pfändbar.[82] Nach Überweisung kann der Gläubiger dann auch schon vor Ablauf der Sperrfrist, wenn auch prämienschädlich, über das angesparte Guthaben abzüglich der rückzubuchenden Prämien und rückzuzahlenden Sparzulagen verfügen, wenn dies nach dem Inhalt des Sparvertrages auch der Kontoinhaber bereits könnte.[83] Hat dieser für sich selbst vor Ablauf der Sperrfrist die Verfügung über das Konto ausgeschlossen, kann auch der Gläubiger Auszahlung des Guthabens erst nach dieser Frist verlangen.[84] Ist der Gläubiger zu prämienschädlichen Verfügungen über das Guthaben berechtigt, kann im Einzelfall, wenn die Sperrfrist fast abgelaufen ist und die rückzubuchenden bzw. zurückzuzahlenden Beträge erheblich sind, in einer solchen Zwangsvollstreckung eine unbillige Härte für den Schuldner liegen, der mit § 765a begegnet werden kann[85] (z. B. Überweisung mit der Maßgabe, dass die Einziehung erst nach Ablauf der Sperrfrist erfolgen kann).

---

77 OLG Nürnberg, MDR 2002, 1090.
78 *Heymann/Horn*, HGB, Bd. 4, 2. Aufl., § 357 HGB Rn. 6; *Wagner*, ZIP 1985, 849, 856; einschränkend: OLG Dresden, FamRZ 2003, 1943.
79 Ein solches Konto kann nicht als P-Konto für beide Kontoinhaber geführt werden; siehe oben Rdn. 8.
80 *Thomas/Putzo/Seiler*, § 833a Rn. 2.
81 BGH, WM 2008, 830.
82 LG Essen, Rpfleger 1973, 147; LG Bamberg, MDR 1987, 243; *Bauer*, JurBüro 1975, 288; *Weimar*, JurBüro 1977, 163; *Muth*, DB 1985, 1381; *Behr*, JurBüro 1999, 235; a. A.: LG Karlsruhe, MDR 1980, 765.
83 LG Essen, Rpfleger 1973, 147; a. A.: LG Karlsruhe, MDR 1980, 765.
84 *Muth*, DB 1979, 1118.
85 LG Essen, Rpfleger 1973, 1147.

Von der Spareinlage selbst, hinsichtlich derer das Kreditinstitut Drittschuldner ist, zu unterscheiden ist die nach dem jeweils geltenden Vermögensbildungsgesetz[86] von einem Teil der Arbeitnehmer zu beanspruchende **Arbeitnehmersparzulage** (§ 13 des 5. VermBG), die vom Finanzamt gewährt wird. Der Anspruch ist nicht übertragbar (§ 13 Abs. 3 Satz 2 des 5. VermBG) und damit auch nicht pfändbar, auch nicht, wenn der konkrete Anspruch fällig (§ 14 Abs. 4 des 5. VermBG) ist.[87] Es bleibt nur der Zugriff auf das Sparkonto selbst.

18

Von der Arbeitnehmersparzulage wiederum ebenso wie von der gesamten Spareinlage als solcher zu unterscheiden sind schließlich die vom Arbeitgeber zu erbringenden vermögenswirksamen Leistungen. Sie sind arbeitsrechtlich Teil des Lohnes (§ 2 Abs. 7 Satz 1 des 5. VermBG), aber nach § 2 Abs. 7 Satz 2 des 5. VermBG i. V. mit § 851 Abs. 1 unpfändbar. Sind die Leistungen jedoch auf das Sparkonto des Schuldners geflossen, also Teil der Gesamtspareinlage geworden, teilen sie deren Schicksal in der Zwangsvollstreckung.

19

8. Ansprüche auf Rückgabe von Sicherheiten

Kredite werden von Kreditinstituten in der Regel nicht ohne Gestellung von Sicherheiten gegeben.[88] Diese fallen nach den AGB nach Rückzahlung des Kredits in der Regel nicht automatisch an den Sicherungsgeber zurück,[89] sie müssen vielmehr rückübertragen (»freigegeben«)[90] werden. Dieser **Rückgewähranspruch** ist nach §§ 846 ff. pfändbar. Ist der Kredit in der Weise zurückgeführt worden, dass die Bank die Sicherheiten verwertet hat,[91] und ist dabei ein dem Schuldner gebührender Überschuss verblieben, so ist der Anspruch auf diesen Mehrerlös nur dann selbstständig pfändbar, wenn das Geld dem Schuldner ansonsten bar auszuzahlen wäre. Nach den AGB der Kreditinstitute[92] ist dem Schuldner aber in der Regel nur eine Gutschrift im Rahmen der laufenden Rechnung zu erteilen. Dieser Anspruch ist als kontokorrentgebundene Einzelforderung nicht isoliert pfändbar.[93] Der Zwangsvollstreckung unterliegt dann nur der Aktivsaldo aus der laufenden Rechnung.[94]

20

II. Ansprüche aus Versicherungsvertrag

1. Ansprüche aus einer Lebensversicherung

Ansprüche aus einer **Lebensversicherung** in Form der auf den Erlebens- oder Todesfall abgeschlossenen **Kapital**lebensversicherung sind grundsätzlich vor wie auch nach Eintritt des Versicherungsfalles pfändbar,[95] wenn die aus ihnen resultierenden Ansprüche – jedenfalls auch – zum Vermögen des Schuldners gehören.[96] Das gilt auch, wenn dem Schuldner nach dem Vertrag ein Rentenwahlrecht eingeräumt ist.[97] Wenn der Schuldner allerdings bereits vor der Pfändung von diesem Umwandlungsrecht Gebrauch gemacht hat, greift der Schutz des § 851c ein.[98] Dieser kann in der

21

---

86 5. VermBG in der Fassung vom 4.3.1994, BGBl. I 1994, 407, zuletzt geändert durch Gesetz vom 18. 12. 2013 (BGBl. I 2013, 4318).
87 So aber *Musielak/Becker*, § 850 Rn. 7.
88 Vergl. etwa Nr. 13 Abs. 1 AGB-Banken.
89 Vergl. etwa Nr. 15 Abs. 4 S. 2 AGB-Banken.
90 So Nr. 16 Abs. 2 AGB-Banken.
91 Vergl. Nr. 17 Abs. 1 AGB-Banken.
92 So Nr. 17 Abs. 2 AGB-Banken.
93 BGH, NJW 1982, 1150.
94 Siehe oben Rdn. 2.
95 Ausnahme: § 850b Abs. 1 Nr. 4 (Kleinstlebensversicherung auf den Todesfall). Einzelheiten: § 850b Rdn. 17.
96 *Bohn*, FS Schiedermair, 1976, S. 33; *Heilmann*, NJW 1955, 135; *Musielak/Becker*, § 829 Rn. 32, 33; Stein/Jonas/*Brehm*, § 829 Rn. 15.
97 BGH, WM 2007, 2332, 2333.
98 OLG Stuttgart, NJOZ 2012, 1921. Siehe ferner nachfolgend unter Rdn. 22.

Anhang zu § 829 ZPO Zusammenfassender Überblick zu besonderen Forderungsarten

Insolvenz des Schuldners nicht durch Anfechtung nach §§ 129 ff. InsO beseitigt werden, wenn das Umwandlungsrecht vor Insolvenzeröffnung ausgeübt worden war.[99] Die Pfändung einer Kapitallebensversicherung wird nicht nach § 54 SGB I oder §§ 850 ff. ausgeschlossen oder beschränkt, wenn die Versicherung eine »befreiende« gem. § 231 SGB VI ist und Voraussetzung für die Entlassung aus der gesetzlichen Rentenversicherung.[100] Sind in einer Kapitallebensversicherung, wie häufig, auch Ansprüche aus einer Berufsunfähigkeitszusatzversicherung eingeschlossen, die nach § 850b Abs. 1 Nr. 1 unpfändbar sind, hindert dies die wirksame Pfändung der Kapitallebensversicherung nicht[101].

Werden in einer Kapitallebensversicherung alle gegenwärtigen und zukünftigen Ansprüche des Schuldners gegen die Versicherung gepfändet, so erfasst die Pfändung das Recht auf die Hauptleistung des Versicherers sowohl in Form der Ablaufleistung als auch der Überschussbeteiligung und des Rückkaufwertes, ohne dass es auf den Eintritt des Versicherungsfalles und die Fälligkeit der Forderung ankommt[102]. Nach der Pfändung ist der Schuldner nicht mehr befugt, statt der fälligen Kapitalleistung eine Versorgungsrente zu wählen; denn die Pfändung erfasst auch dieses Wahlrecht[103].

22 Ansprüche Selbstständiger aus einem Versicherungsvertrag in Form einer Altersrente sind, soweit die Voraussetzungen des § 851c vorliegen,[104] nur wie Arbeitseinkommen, also nach den Regeln der §§ 850c ff. pfändbar. Der Pfändungsschutz erstreckt sich auf das vom Versicherungsnehmer aufgebaute Deckungskapital und die nach Eintritt des Versicherungsfalles zu erbringenden Leistungen, nicht auch auf die für die Einzahlung in den Vertrag erforderlichen sonstigen Mittel des Schuldners.[105] Der Pfändungsschutz wird nicht tangiert, wenn dem Schuldner im Vertrag zwar ein Kapitalisierungsrecht eingeräumt ist, dieses zur Zeit der Pfändung aber nicht mehr besteht.[106]

Laufende Versicherungsleistungen (Altersrenten) aus einer zugunsten von Arbeitnehmern abgeschlossenen privaten Altersversicherung sind nach § 850 Abs. 3 Buchst. b wie Arbeitseinkommen pfändbar.[107]

23 Die Ansprüche aus dem Lebensversicherungsvertrag gehören zum Vermögen des Versicherungsnehmers, auch wenn ein unwiderruflich begünstigter Dritter im Vertrag genannt ist, dem aber das Kündigungsrecht hinsichtlich der Versicherung nicht übertragen wurde[108], oder wenn die Begünstigung noch widerrufen werden kann (siehe hierzu § 159 Abs. 2 VVG). Die Widerrufsberechtigung ist ein Nebenrecht aus dem Versicherungsvertrag, das auf den Gläubiger übergeht, wenn er den Anspruch auf die Versicherungsleistung selbst gepfändet hat.[109] Der Widerruf wird nicht automatisch durch die Pfändung und Überweisung ausgeübt; er muss gesondert vom Gläubiger dem Versicherer gegenüber erklärt werden.[110] Er muss ihn auch ausüben, wenn er verhindern will, dass der Anspruch im Versicherungsfall endgültig in der Person des begünstigten Dritten entsteht (§ 159 Abs. 2 VVG)[111].

---

99 BGH, NZI 2012, 250.
100 BFH, MDR 1991, 1195; BFH, FamRZ 2007, 2068.
101 BGH, VersR 2010, 237; BGH, VersR 2010, 375.
102 BGH, VersR 2010, 517, 518; OLG Celle, NZI 2009, 389.
103 BFH, VersR 2008, 1279.
104 Hierzu klarstellend: BGH, r + s 2012, 37.
105 BGH, WM 2011, 1180; LAG Mecklenburg-Vorpommern, NZA-RR 2011, 484.
106 BGH, NZI 2012, 809.
107 Einzelheiten: § 850 Rdn. 16.
108 BGH, VersR 2010, 517, 519.
109 *Musielak/Becker*, § 829 Rn. 33; *Stein/Jonas/Brehm*, § 829 Rn. 15; *Stöber*, Forderungspfändung Rn. 194. Siehe auch nachfolgend Rdn. 24.
110 BGH, NJOZ 2012, 1266.
111 OLG Dresden, OLGReport 2007, 773. Die Zustellung des Pfändungsbeschlusses an die Versicherung reicht allein als Ausübung des Widerrufs nicht aus; ebenso: OLG Zweibrücken, VersR 2010, 1022.

Ist der Dritte dagegen unwiderruflich begünstigt, so können in jedem Fall seine Gläubiger den Anspruch auf die Versicherungsleistung pfänden. Die Gläubiger des Versicherungsnehmers können daneben die Ansprüche für den Fall pfänden, dass der begünstigte Dritte wegfällt (§ 160 Abs. 3 VVG) oder die Begünstigung ausschlägt (§ 333 BGB)[112]. Im Fall der widerruflichen Begünstigung kann der Begünstigte mit Zustimmung des Versicherungsnehmers den Verlust seiner Ansprüche durch die Zwangsvollstreckung dadurch abwenden, dass er nach § 170 VVG in den Versicherungsvertrag eintritt und den Gläubiger nach dem derzeitigen Status auszahlt.[113]

Mit der Pfändung des Anspruchs auf die Versicherungsleistung aus dem Lebensversicherungsvertrag werden als Nebenrechte auch das Recht auf Kündigung (§ 168 VVG) und das Recht auf Umwandlung der Versicherung in eine prämienfreie Versicherung (§ 165 VVG) beschlagnahmt.[114] Mit der Überweisung des Anspruchs erwirbt der Gläubiger die Berechtigung, auch diese Gestaltungsrechte auszuüben. Im Fall der Kündigung erstreckt sich die Pfändung auch auf den Erstattungsanspruch nach § 169 VVG. Andererseits kann der Gläubiger, wenn der Versicherungsnehmer nach der Pfändung die Prämienzahlung einstellt, auch seinerseits die Prämien weiterzahlen, um eine Kündigung des – etwa in kurzer Zeit fällig werdenden – Vertrages zu verhindern. Der Versicherer kann die Annahme dieser Leistung nicht ablehnen (§ 34 Abs. 1 VVG). Der Gläubiger kann die von ihm erbrachten Prämienzahlungen als Kosten der Zwangsvollstreckung (§ 788) geltend machen. Es gelten insoweit die nämlichen Erwägungen wie für Leistungen, die zur Erstarkung eines Anwartschaftsrechts zum Vollrecht erbracht werden.[115]

24

2. Ansprüche aus Unfallversicherung

Bei **Unfallversicherungen** ist zu unterscheiden (§ 179 Abs. 1 VVG), ob sie abgeschlossen wurden gegen Unfälle, die dem Versicherungsnehmer selbst zustoßen, oder gegen Unfälle, die einem anderen zustoßen (z. B. Insassenunfallversicherung). Die Eigenunfallversicherung gehört zum Vermögen des Versicherungsnehmers. Sie ist grundsätzlich vor und nach Eintritt des Versicherungsfalles pfändbar. Es gilt das für Lebensversicherungen ohne bindend Begünstigten oben Ausgeführte[116] entsprechend. Ebenso pfändbar sind Berufsunfähigkeitszusatzversicherungen, die der Absicherung bis zu einer bestimmten Altersgrenze (Eintritt ins Rentenalter) dienen. § 851c erfasst diese Renten nicht[117].

25

Die das Risiko Dritter versichernde Unfallversicherung zählt wirtschaftlich bereits zum Vermögen des Dritten. Steht dieser Dritte bereits fest (so § 179 Abs. 2 VVG), so kann die Forderung aus der Versicherung auch nur noch von seinen Gläubigern gepfändet werden. Steht der Dritte aber vor Eintritt des konkreten Versicherungsfalles noch nicht fest (Insassenunfallversicherung), verwaltet der Versicherungsnehmer den Anspruch treuhänderisch für den Begünstigten (§§ 47, 48 VVG). Der Anspruch zählt dann formal zum Vermögen des Versicherungsnehmers und kann von dessen Gläubigern gepfändet werden, wobei der Begünstigte bei Eintritt des Versicherungsfalles Drittwiderspruchsklage gem. § 771 erheben kann.

---

112 *Stöber*, Forderungspfändung, Rn. 196a.
113 *Musielak/Becker*, § 829 Rn. 35; *Stöber*, a. a. O. Rn. 212.
114 BGH, VersR 2010, 517; *Musielak/Becker*, § 829 Rn. 35; *Stein/Jonas/Brehm*, § 829 Rn. 81; *Stöber*, Forderungspfändung Rn. 194, 208.
115 Siehe im Einzelnen § 788 Rdn. 27; hinsichtlich der Versicherungsprämien wie hier auch *Stöber*, Forderungspfändung Rn. 204.
116 Oben Rdn. 23.
117 OLG Hamm, VersR 2010, 100.

3. Ansprüche aus Haftpflichtversicherung

26 Der Anspruch aus einer **Haftpflichtversicherung** ist nicht auf Geldleistung, sondern auf Freistellung des Versicherten von einer Schuld gerichtet.[118] Als Freistellungsanspruch ist er für die Gläubiger des Versicherten nicht pfändbar. Eine Ausnahme gilt für Haftpflichtgläubiger wegen der Ansprüche, die die Versicherung gerade abdecken soll. Sie können den Anspruch selbst dann pfänden, wenn sie wie im Fall der §§ 115 VVG, 3 PflVG einen eigenen Anspruch gegen den Versicherer haben.[119] Hat der geschädigte Dritte den Freistellungsanspruch gepfändet und sich überweisen lassen, so wandelt sich der Befreiungsanspruch in dessen Händen in einen Zahlungsanspruch um.[120] Hat der Versicherte die Schuld, die durch die Versicherung abgedeckt werden soll, aus anderen Mitteln selbst getilgt, wandelt sich der Freistellungsanspruch in einen Zahlungsanspruch, der gepfändet werden kann. Ebenfalls gepfändet werden können die aus dem Haftpflichtversicherungsvertrag resultierenden auf Zahlung gerichteten Nebenansprüche wie der Anspruch auf Beitragsrückvergütung oder auf Rückerstattung zu viel geleisteter Beiträge bei vorzeitiger Vertragsbeendigung (z. B. Verkauf oder Abmeldung des PKW).

4. Ansprüche aus Rechtsschutzversicherung

27 Auch der Anspruch aus einer **Rechtsschutzversicherung** ist in erster Linie ein Freistellungsanspruch. Für ihn gilt deshalb das vorstehend zu den Haftpflichtversicherungsansprüchen Gesagte entsprechend.[121] Hat aber der Versicherungsnehmer den Kostengläubiger bereits aus eigenen Mitteln befriedigt, sodass er jetzt nur noch einen eigenen Zahlungsanspruch gegen seine Rechtsschutzversicherung hat, ist dieser wie eine gewöhnliche Geldforderung pfändbar.[122]

5. Ansprüche aus Sachschadensversicherung

28 Bei der Pfändung von Ansprüchen aus **Sachschadensversicherungen** ist der die Pfändbarkeit gem. § 851 Abs. 1 einschränkende § 17 VVG (Ersatz für unpfändbare Sachen)[123] zu beachten. Ferner ist die Zuordnung bestimmter Versicherungen zum Hypothekenverband und damit zur Zwangsvollstreckung in das unbewegliche Vermögen zu beachten.[124] Im Übrigen sind diese Ansprüche aber uneingeschränkt pfändbar.

III. Ansprüche aus Arbeits- und Dienstvertrag

29 Hinsichtlich der Ansprüche aus Dienst- und Arbeitsvertrag siehe die Anmerkungen zu §§ 832, 833 sowie die Anmerkungen zu den §§ 850 ff. Zur Pfändbarkeit der Ansprüche aus einer betrieblichen Altersversorgung in Form der Direktversicherung siehe die Kommentierung § 851 Abs. 1.[125] Der besondere Schutz für Ansprüche aus Dienst- und Arbeitsvertag gilt nur solange, wie das Geld nicht auf ein Konto des Arbeitnehmers überwiesen wurde. Ist der Arbeitslohn bereits auf ein Bankkonto ausgezahlt und wird er dann erst dort gepfändet, so genießt nicht mehr den speziellen Schutz der

---

118 BGHZ 7, 244.
119 OLG Hamburg, VersR 1972, 631; a. A. (kein Rechtsschutzinteresse): AG München, NJW 1967, 786 mit abl. Anm. *Pröls*.
120 OLG Frankfurt, InVo 2000, 896.
121 LG Wuppertal, AnwBl 1984, 276; AG Stuttgart, VersR 2010, 942; *Bergmann*, VersR 1981, 512; *Kurzka*, VersR 1980, 12; *Musielak/Becker*, § 829 Rn. 37; *Stöber*, a. a. O., Rn. 291; a. A. (pfändbar): OLG Hamm, WM 1984, 704.
122 *Kurzka*, VersR 1980, 12; *Stöber*, a. a. O., Rn. 291. Dann greift seinem Sinn nach auch § 20 Abs. 1 ARB nicht mehr.
123 LG Detmold, Rpfleger 1998, 154.
124 Siehe insoweit § 829 Rdn. 2.
125 Dazu, dass solche Rentenansprüche im Versicherungsfall grundsätzlich pfändbar sind: BGH, NJW-RR 2009, 211. Dazu, dass auch schon die künftigen Forderungen insoweit pfändbar sind: BGH, NJW-RR 2011, 283. Siehe ferner: LG Bonn, JurBüro 2013, 103.

§§ 850 ff ZPO als Arbeitslohn. Er ist dann nur noch vor Pfändungen geschützt, wenn das Konto als Pfändungsschutzkonto (P- Konto) geführt wird. Es gelten dann nur noch die allgemeinen Regeln für P – Konten.

IV. Ansprüche auf Zahlung von Sozialleistungen

1. Rechtsgrundlagen

Für die Pfändung von Ansprüchen auf Sozialleistungen (Definition des Begriffs: § 11 SGB I) enthalten die §§ 54 SGB I, 76 EStG wichtige Sonderregelungen.[126]

Die Vorschriften lauten:

§ 54 SGB I (Pfändung)

(1) Ansprüche auf Dienst- und Sachleistungen können nicht gepfändet werden.

(2) Ansprüche auf einmalige Geldleistungen können nur gepfändet werden, soweit nach den Umständen des Falles, insbesondere nach den Einkommens- und Vermögensverhältnissen des Leistungsberechtigten, der Art des beizutreibenden Anspruchs sowie der Höhe und der Zweckbestimmung der Geldleistung, die Pfändung der Billigkeit entspricht.

(3) Unpfändbar sind Ansprüche auf
1. Elterngeld und Betreuungsgeld bis zur Höhe der nach § 10 des Bundeselterngeld- und Elternzeitgesetzes anrechnungsfreien Beträge sowie dem Erziehungsgeld vergleichbare Leistungen der Länder,
2. Mutterschaftsgeld nach § 13 Abs. 1 des Mutterschutzgesetzes, soweit das Mutterschaftsgeld nicht aus einer Teilzeitbeschäftigung während der Elternzeit herrührt, bis zur Höhe des Elterngeldes nach § 2 des Bundeselterngeld- und Elternzeitgesetzes, soweit es die anrechnungsfreien Beträge nach § 10 des Bundeselterngeld- und Elternzeitgesetzes nicht übersteigt,
2a. Wohngeld, soweit nicht die Pfändung wegen Ansprüchen erfolgt, die Gegenstand der §§ 9 und 10 des Wohngeldgesetzes sind[127],
3. 3.Geldleistungen, die dafür bestimmt sind, den durch einen Körper- oder Gesundheitsschaden bedingten Mehraufwand auszugleichen.

(4) Im Übrigen können Ansprüche auf laufende Geldleistungen wie Arbeitseinkommen gepfändet werden.

(5) [1]Ein Anspruch des Leistungsberechtigten auf Geldleistungen für Kinder (§ 48 Abs. 1 Satz 2) kann nur wegen gesetzlicher Unterhaltsansprüche eines Kindes, das bei der Festsetzung der Geldleistungen berücksichtigt wird, gepfändet werden. [2]Für die Höhe des pfändbaren Betrages bei Kindergeld gilt:
1. Gehört das unterhaltsberechtigte Kind zum Kreis der Kinder, für die dem Leistungsberechtigten Kindergeld bezahlt wird, so ist eine Pfändung bis zu dem Betrag möglich, der bei gleichmäßiger Verteilung des Kindergeldes auf jedes dieser Kinder entfällt. Ist das Kindergeld durch die Berücksichtigung eines weiteren Kindes erhöht, für das einer dritten Person Kindergeld oder dieser oder dem Leistungsberechtigten eine andere Geldleistung für Kinder zusteht, so bleibt der Erhöhungsbetrag bei der Bestimmung des pfändbaren Betrages des Kindergeldes nach Satz 1 außer Betracht.
2. Der Erhöhungsbetrag (Nummer 1 Satz 2) ist zu Gunsten jedes bei der Festsetzung des Kindergeldes berücksichtigten unterhaltsberechtigten Kindes zu dem Anteil pfändbar, der sich bei

---

126 Zur Vertiefung siehe die umfassende und umfangreiche Bonner Dissertation von *A. Heilmann*, 1999.
127 Hierzu LG Mönchengladbach, JurBüro 2009, 385: Nicht nur der Vermieter kann auf das Wohngeld zugreifen, sondern auch ein Gläubiger des Vermieters, der sich die Mietzinsansprüche hatte pfänden und überweisen lassen.

gleichmäßiger Verteilung auf alle Kinder, die bei der Festsetzung des Kindergeldes zugunsten des Leistungsberechtigten berücksichtigt werden, ergibt.

(6) In den Fällen der Absätze 2, 4 und 5 gilt § 53 Abs. 6 entsprechend.

§ 76 EStG (Pfändung)

[1]Der Anspruch auf Kindergeld kann nur wegen gesetzlicher Unterhaltsansprüche eines Kindes, das bei der Festsetzung des Kindergeldes berücksichtigt wird, gepfändet werden. [2]Für die Höhe des pfändbaren Betrags gilt: 1. [1]Gehört das unterhaltsberechtigte Kind zum Kreis der Kinder, für die dem Leistungsberechtigten Kindergeld gezahlt wird, so ist eine Pfändung bis zu dem Betrag möglich, der bei gleichmäßiger Verteilung des Kindergeldes auf jedes dieser Kinder entfällt. [2]Ist das Kindergeld durch die Berücksichtigung eines weiteren Kindes erhöht, für das einer dritten Person Kindergeld oder dieser oder dem Leistungsberechtigten eine andere Geldleistung für Kinder zusteht, so bleibt der Erhöhungsbetrag bei der Bestimmung des pfändbaren Betrags des Kindergeldes nach Satz 1 außer Betracht. 2. Der Erhöhungsbetrag nach Nummer 1 Satz 2 ist zugunsten jedes bei der Festsetzung des Kindergeldes berücksichtigten unterhaltsberechtigten Kindes zu dem Anteil pfändbar, der sich bei gleichmäßiger Verteilung auf alle Kinder, die bei der Festsetzung des Kindergeldes zu Gunsten des Leistungsberechtigten berücksichtigt werden, ergibt.

Die Regelungen der §§ 54 SGB I, 76 EStG lehnen sich an die Vorschriften über die Pfändung von und den Pfändungsschutz für Arbeitseinkommen in den §§ 850–850l an, begünstigen den Empfänger bestimmter Sozialleistungen aber noch weitergehend. Sobald das Geld allerdings auf einem Konto des Schuldners eingegangen ist, genießt es nur noch dann Vollstreckungsschutz, wenn das Konto als P-Konto geführt ist oder rechtzeitig als P-Konto umgestellt wird. In der Regel kommt ansonsten auch kein Schutz über § 765a ZPO, nur weil allein Sozialleistungen auf dem Konto sind, in Betracht.[128] Der Schuldner kann, wenn er die Einrichtung eines P-Kontos versäumt hat und ihm die Sozialleistungen auf dem Konto weggepfändet wurden, auch nicht nochmalige Auszahlung dieser Sozialleistungen vom Leistungsträger verlangen[129].

2. Bezeichnung der Sozialleistung im Pfändungsantrag

31 Da die Zahl der in Betracht kommenden Sozialleistungen auch dann noch beträchtlich ist, wenn schon über die Bezeichnung des Drittschuldners eine Einengung vorgenommen worden ist (Bundesagentur für Arbeit, Arbeitsgemeinschaft, Deutsche Rentenversicherung Bund, Berufsgenossenschaft usw.), muss der Antrag auch hinsichtlich der Art der Sozialleistung selbst noch eine Einengung vornehmen, um dem Bestimmtheitserfordernis zu genügen. Die Angabe »die Ansprüche des Schuldners auf Sozialleistungen« ist unzureichend.[130] Andererseits braucht der Gläubiger nicht derart über die Verhältnisse des Schuldners Bescheid wissen, dass er etwa zwischen Arbeitslosengeld 1 und »Hartz-IV-Leistungen« differenzieren muss.[131]

Drittschuldner ist die Behörde, Anstalt usw., die die jeweilige Leistung nach dem Gesetz schuldet, nicht unbedingt die Dienststelle, die die Auszahlung an den Schuldner vornimmt, so etwa die Bundesagentur für Arbeit und nicht die örtliche Agentur für Arbeit oder das örtliche Jobcenter.[132] Der örtlichen Behörde kann aber wirksam zugestellt werden, wenn ihr tatsächlich die Leistungsverwaltung gegenüber dem Schuldner obliegt.

---

128 Siehe hierzu vorn Rdn. 3.
129 BayLSG, JurBüro 2015, 210.
130 KG, MDR 1982, 417; *Seewald* in: Kasseler Kommentar Sozialversicherungsrecht, § 54 SGB I Rn. 7; *Wieczorek/Lüke*, § 829 Rn. 35; siehe auch die Beispiele § 829 Rdn. 39. Das amtliche Formular gibt insoweit keine Formulierungshilfen.
131 LG Berlin, MDR 1977, 1027; BSGE 64, 17.
132 LG Mosbach, Rpfleger 1982, 297; OLG Karlsruhe, Rpfleger 1982, 387.

3. Pfändung einmaliger Sozialleistungen (§ 54 Abs. 2 SGB I)

a) Anhörung des Schuldners

Die nach § 54 Abs. 2 SGB I bei der Pfändung von Ansprüchen auf **einmalige** Geldleistungen erforderliche Billigkeitsabwägung kann durch das Vollstreckungsgericht nur vorgenommen werden, wenn entweder der Gläubiger mit seinem Antrag bereits alle Umstände vorträgt, die zu einer konkreten und individuellen Abwägung erforderlich sind,[133] oder der Schuldner, falls der Gläubiger seine Anhörung trotz § 834 beantragt hatte,[134] entsprechende Billigkeitsmomente geltend macht. Äußert sich der Schuldner trotz Aufforderung nicht, so kann sein Schweigen als Zugeständnis gewertet werden, dass keine Umstände vorliegen, die einer Pfändung entgegenstünden.[135] Diese Folge ist allerdings nicht zwingend. Sind dem Vollstreckungsgericht Umstände bekannt, die gegen eine solche Annahme sprechen, hat es den Gläubiger darauf hinzuweisen und sie gegebenenfalls zu berücksichtigen.[136] Der – oft unbeholfene – Schuldner ist in einem solchen Fall nicht lediglich auf eine mögliche Erinnerung zu verweisen.[137]

32

b) Billigkeitsabwägung

Die Billigkeitsabwägung durch das Vollstreckungsgericht[138] muss individuell und konkret erfolgen.[139] Sie muss den Zweck der zu pfändenden Sozialleistung ebenso berücksichtigen wie die Besonderheiten des zu vollstreckenden Anspruchs[140]. Deshalb kann ein und derselbe Sozialleistungsanspruch wegen der einen Forderung durchaus pfändbar sein und wegen anderer nicht.[141] Damit der Schuldner erkennen kann, ob und in welchem Umfang eine Billigkeitsabwägung stattgefunden hat und welche Gesichtspunkte für die Zulassung der Pfändung maßgeblich waren, ist der Beschluss stets – jedenfalls kurz – zu begründen.[142]

33

4. Pfändung laufender Ansprüche

Die Pfändung **laufender** auf Geld gerichteter Sozialleistungsansprüche (§ 54 Abs. 4), soweit diese nicht von vornherein nach § 54 Abs. 3 und Abs. 5 gänzlich unpfändbar oder nur für bestimmte Gläubiger pfändbar sind, erfolgt ohne vorherige Anhörung des Schuldners nach den Regeln der §§ 850 ff.[143] Laufende Geldleistungen sind solche, die regelmäßig wiederkehrend für bestimmte

34

---

133 LG Osnabrück, Rpfleger 1977, 31; LG Berlin, Rpfleger 1977, 31; OLG Düsseldorf, Rpfleger 1977, 330; LG Flensburg, JurBüro 1977, 1628; OLG Frankfurt, Rpfleger 1978, 264; KG, Rpfleger 1982, 74; LG Hamburg, Rpfleger 1985, 34. Eine Darlegungspflicht des Gläubigers besteht allerdings nicht: BGH, NJW 1985, 976; OLG Köln, NJW 1989, 2956.
134 Zur Anhörung des Schuldners auf Antrag des Gläubigers siehe § 834 Rdn. 3.
135 OLG Düsseldorf, Rpfleger 1977, 330.
136 *Wieczorek/Lüke*, § 829 Rn. 35.
137 OLG Hamm, Rpfleger 1977, 180.
138 Der Sozialleistungsträger kann nicht seine Billigkeitsentscheidung an die Stelle der des Gerichts setzen: LSG Niedersachsen, NZS 2000, 372; *Bultmann* in *Plagemann*, Anwaltshandbuch Sozialrecht, 4. Aufl., § 39 Rn. 23.
139 *Seewald* in Kasseler Kommentar Sozialversicherungsrecht, § 54 SGB I Rn. 33.
140 *Mrozynski*, SGB I, 4. Aufl. 2010, Rn. 17.
141 Siehe etwa OLG Stuttgart, FamRZ 1984, 88 einerseits, OLG Düsseldorf, MDR 1984, 152 andererseits.
142 LG Berlin, Rpfleger 1977, 222 mit Anm. *Hornung*; LG Wiesbaden, Rpfleger 1981, 491; LG Düsseldorf, Rpfleger 1983, 255; OLG Köln, NJW 1989, 2956; **a. A.** (keine Begründung erforderlich): LG Braunschweig, Rpfleger 1981, 489 mit Anm. *Hornung*.
143 Es gelten also auch die §§ 850a und 850b, nicht nur die Tabelle des § 850c. Zur Unpfändbarkeit de Mehraufwandentschädigung für Ein-Euro-Jobber nach § 16 Abs. 3 SGB II gem. § 850a Nr. 3: LG Dresden, NJW-RR 2009, 359; *Harks*, Rpfleger 2007, 588; **a. A.** allerdings (§ 850a Nr. 3 nicht anwendbar): LG Görlitz, FamRZ 2007, 299; LG Görlitz, BeckRS 2009 08838.

Zeitabschnitte gewährt werden (z. B. laufende, monatlich fällige Sozialrenten,[144] laufende Geldleistungen zur Sicherung des Lebensunterhalts nach dem SGB II = Arbeitslosengeld II,[145] aber auch das monatlich gezahlte Wohngeld).[146] Soweit der Berechtigte besondere Bedürfnisse hat, die durch die Beträge im Rahmen des § 850c nicht abgedeckt werden, werden diese individuellen Lebensumstände, auch wenn sie gerichtsbekannt sein sollten, nicht wie in den Fällen des Abs. 2 von Amts wegen berücksichtigt, der Schuldner muss vielmehr nach § 850f selbst tätig werden, wenn er die Freigabe erhöhter Beträge erreichen will. Das dürfte manchen Sozialleistungsberechtigten deutlich überfordern. Außerhalb der Möglichkeiten des § 850f sind Ab- oder Aufschläge wegen Minder- oder Mehrbedarfs nicht möglich und nicht zulässig.[147]

5. Pfändung künftiger Ansprüche

35 Bei der Pfändung **künftiger** Sozialleistungsansprüche muss zwischen einmaligen und laufenden Geldleistungsansprüchen unterschieden werden: Bei einmaligen künftigen Ansprüchen wird, soweit es sich überhaupt schon um Ansprüche und nicht nur um bloße – noch nicht pfändbare – Chancen aufgrund des geltenden Sozialsystems handelt, meist die nach Abs. 2 erforderliche Billigkeitsabwägung in eine fernere Zukunft hinein nicht möglich sein. Künftige laufende Geldleistungsansprüche, etwa der Anspruch auf künftige Altersrente, sind dagegen wie alle künftigen Ansprüche pfändbar.[148] Es sind ohne sonstige Billigkeitserwägungen allein die Schranken der §§ 850c ff. zu beachten.

6. Rechtsbehelfe

36 Da eine individuelle Abwägung der ganz konkreten Gläubiger- und Schuldnerinteressen stattzufinden hat und der Beschluss sich nicht allein in allgemeinen sozialpolitischen Erwägungen ergehen darf, handelt es sich bei der Pfändung gem. § 54 Abs. 2 SGB I immer um eine Entscheidung des Vollstreckungsgerichts und nicht um eine bloße Vollstreckungsmaßnahme. Der Pfändungsbeschluss ist vom **Schuldner** deshalb mit der sofortigen Beschwerde nach § 11 RpflG, § 793 anzufechten und nicht mit der unbefristeten Vollstreckungserinnerung nach § 766.[149] Die Pfändung laufender Geldleistungen erfolgt dagegen, da keine individuelle Abwägung stattfindet, gem. § 834 regelmäßig ohne Anhörung des Schuldners. Der Rechtsbehelf des Schuldners gegen einen derartigen Pfändungsbeschluss ist daher die Vollstreckungserinnerung gem. § 766. Der **Gläubiger** muss gegen die Zurückweisung seines Antrages nach den allgemeinen Regeln sofortige Beschwerde einlegen. Der **Drittschuldner**, dessen Interessen (etwa seine konkrete Zielsetzung hinsichtlich der einmaligen Geldleistung) in die konkrete Abwägung nicht einbezogen waren, kann gegen den Pfändungsbe-

---

144 LG Braunschweig, Rpfleger 2000, 508.
145 BGH, NZS 2013, 315; BGH, NZM 2013, 693; BGH, NZI 2013, 194.
146 LG Augsburg, Rpfleger 1997, 121; LG Darmstadt, JurBüro 1999, 324; LG Hamburg, JurBüro 1999, 663; LG Heilbronn, Rpfleger 1999, 455; LG Dortmund, InVo 2000, 58; LG Koblenz, JurBüro 2000, 597; LG Landshut, JurBüro 2000, 436; LG Leipzig, Rpfleger 2000, 391; LG Münster, Rpfleger 2000, 509; LG Ellwangen (Jagst), JurBüro 2001, 111; LG München I, JurBüro 2001, 436.
147 BGH, MDR 2004, 421; *Bultmann* in *Plagemann*, Anwaltshandbuch Sozialrecht, 4. Aufl., § 39 Rn. 22; *Mrozynski*, SGB I, 5. Aufl., § 54 Rn. 22, 24.
148 BGH, InVo 2003, 192; BGH, FamRZ 2004, 102; OLG Celle, InVo 1999, 320; LG Bochum, JurBüro 1998, 160; LG Cottbus und LG Leipzig, Rpfleger 1998, 357; LG Marburg, Rpfleger 1999, 33; AG Münster, JurBüro 1999, 105; LG Braunschweig, Rpfleger 2000, 508; LG Aschaffenburg, JurBüro 2001, 111; *David*, MDR 2003, 703; *Hintzen/Wolf*, Zwangsvollstreckung, -versteigerung, -verwaltung Rn. 6.232; a. A. aber (die Pfändung künftiger Renten stehe im Widerspruch zu §§ 286ff. InsO): LG Tübingen, JurBüro 2000, 380 und JurBüro 1996, 440; wiederum a. A. (für die Pfändung künftiger Rentenansprüche fehle jedenfalls viele Jahre vor dem möglichen Renteneintritt das Rechtsschutzinteresse): LG Heilbronn, Rpfleger 1999, 455.
149 A. A. die h. M., die allein darauf abstellt, ob der Schuldner tatsächlich angehört wurde oder nicht. Wurde der Schuldner nicht angehört, dann § 766 ZPO.

schluss mit der unbefristeten Erinnerung nach § 766 vorgehen, solange die Zwangsvollstreckung nicht durch Einziehung der Forderung beendet ist.

7. Schutz des Sozialgeheimnisses

Das **Sozialgeheimnis** (§ 35 SGB I) und der Sozialdatenschutz gem. § 67 SGB X stehen der Erfüllung der Auskunftsobliegenheit des Leistungsträgers nach § 840 als Drittschuldner grundsätzlich nicht entgegen[150]. Der Gläubiger ist »Befugter« i.S. § 35 Abs. 1 Satz 2 SGB I. Anders als bei der Auskunftsobliegenheit gem. § 840 ist aber bei den selbstständigen Auskunftsansprüchen, die dem Schuldner nach den verschiedenen Sozialgesetzen gegen den jeweiligen Sozialversicherungsträger zustehen, im Einzelfall jeweils zu prüfen, inwieweit sie überhaupt mitgepfändetes Nebenrecht des Leistungsanspruchs sind. Darüber hinaus ist zu prüfen, inwieweit es sich etwa um höchstpersönliche Rechte handelt, die im Hinblick auf § 851 Abs. 1 ZPO nur der Schuldner selbst geltend machen kann, die also gar nicht gepfändet werden können. Letzteres gilt etwa für die Rentenauskunft nach § 109 SGB VI.[151] Dagegen ist der Anspruch auf Erstellung eines Leistungsbescheides (§ 83 SGB XII) als Nebenrecht von der Pfändung des Hauptanspruchs mit umfasst, kann also vom Gläubiger geltend gemacht werden[152].

37

8. Schutz bereits ausgezahlter Sozialleistungen

Ist die Sozialleistung bereits auf ein Konto des Schuldners überwiesen, gilt der Schutz des § 54 SGB I nicht mehr. Es gilt dann nur noch der Kontenpfändungsschutz gem. § 850k, falls das Konto, auf dem das Geld einging, ein P-Konto ist.[153]

38

V. Ansprüche auf Erstattung von Steuern und Abgaben

1. § 46 AO

Hier ist zunächst zu unterscheiden, ob der Anspruch sich, wie in der Regel, gegen die Finanzbehörde richtet oder ausnahmsweise gegen eine Privatperson. Letzteres ist etwa im Fall des § 42b EStG (Lohnsteuerjahresausgleich durch den Arbeitgeber)[154] anzunehmen. Soweit ein privater Dritter erstattungspflichtig ist, handelt es sich um eine gewöhnliche Geldforderung. Es gelten keine Besonderheiten zu § 829.[155]

39

Richtet sich der Anspruch aber gegen die Finanzbehörde, so ist § 46 AO zu beachten. Die Vorschrift lautet:

§ 46 AO Abtretung, Verpfändung, Pfändung

(1) Ansprüche auf Erstattung von Steuern, Haftungsbeträgen, steuerlichen Nebenleistungen und auf Steuervergütungen können abgetreten, verpfändet und gepfändet werden.

(2) Die Abtretung wird jedoch erst wirksam, wenn sie der Gläubiger in der nach Absatz 3 vorgeschriebenen Form der zuständigen Finanzbehörde nach Entstehung des Anspruchs anzeigt.

---

150 AG Linz, JurBüro 2010, 215.
151 BGH, NJW-RR 2012, 434 mit Anm. *Kohte*, VuR 2014, 274; OLG Celle, JurBüro 1998, 156; LG Siegen, Jur Büro 1999, 158; *Behr*, JurBüro 1998, 156; a.A. insoweit: AG und LG Dresden, JurBüro 2009, 45; AG Linz, JurBüro 2010, 215.
152 *Wolf* in Wolf/Grothe/Netzer/Schneider/Schules/Sievers/Sternal, Zwangsvollstreckungsrecht aktuell, NomosPraxis 2010, § 8 Rn. 86.
153 Siehe hierzu vorn Rdn. 5–8; ferner BayLSG, JurBüro 2015, 201.
154 Verkündungsstand: 31. 1. 2014.
155 LG Landau, Rpfleger 1982, 31; LG Darmstadt, Rpfleger 1984, 473; LAG Hamm, NZA 1989, 529; *Pelke*, SteuK 2013, 279, 281; a.A.: LG Aachen, Rpfleger 1988, 418; MüKo/*Smid*, § 829 Rn. 15 (auch hier sei § 46 AO anwendbar).

(3) Die Abtretung ist der zuständigen Finanzbehörde unter Angabe des Abtretenden, des Abtretungsempfängers sowie der Art und Höhe des abgetretenen Anspruchs und des Abtretungsgrundes auf einem amtlich vorgeschriebenen Vordruck anzuzeigen. Die Anzeige ist vom Abtretenden und vom Abtretungsempfänger zu unterschreiben.

(4) Der geschäftsmäßige Erwerb von Erstattungs- oder Vergütungsansprüchen zum Zwecke der Einziehung oder sonstigen Verwertung auf eigene Rechnung ist nicht zulässig. Dies gilt nicht für die Fälle der Sicherungsabtretung. Zum geschäftsmäßigen Erwerb und zur geschäftsmäßigen Einziehung der zur Sicherung abgetretenen Ansprüche sind nur Unternehmen befugt, denen das Betreiben von Bankgeschäften erlaubt ist.

(5) Wird der Finanzbehörde die Abtretung angezeigt, so müssen Abtretender und Abtretungsempfänger der Finanzbehörde gegenüber die angezeigte Abtretung gegen sich gelten lassen, auch wenn sie nicht erfolgt oder nicht wirksam oder wegen Verstoßes gegen Absatz 4 nichtig ist.

(6) Ein Pfändungs- und Überweisungsbeschluss oder eine Pfändungs- und Einziehungsverfügung dürfen nicht erlassen werden, bevor der Anspruch entstanden ist. Ein entgegen diesem Verbot erwirkter Pfändungs- und Überweisungsbeschluss oder erwirkte Pfändungs- und Einziehungsverfügung sind nichtig. Die Vorschriften der Absätze 2 bis 5 sind auf die Verpfändung sinngemäß anzuwenden.

(7) Bei Pfändung eines Erstattungs- oder Vergütungsanspruchs gilt die Finanzbehörde, die über den Anspruch entschieden oder zu entscheiden hat, als Drittschuldner im Sinne der §§ 829, 845 der Zivilprozessordnung.

2. Bestimmtheitserfordernis

40 Der Antrag und entsprechend der Ausspruch der Pfändung müssen nach den allgemeinen Regeln dem Bestimmtheitserfordernis entsprechen[156]. Die Pfändung »aller Steuererstattungsansprüche« gegen ein näher bezeichnetes Finanzamt ohne Angabe der genauen Steuerart ist ungenügend[157] und deshalb so auch im amtlichen Formular nicht vorgesehen, da das Spektrum zwischen Lohn- und Einkommensteuer, Körperschaftsteuer, Kapitalertragsteuer, Umsatzsteuer, Gewerbesteuer, Erbschaftsteuer usw. zu weit ist. Sollen die »Umsatzsteuerrückvergütungsansprüche«[158] ohne Angabe des letzten betroffenen Vergütungszeitraums gepfändet werden, ist der Antrag dahin auszulegen (und in dieser Form dann auch hinreichend bestimmt), dass alle bereits entstandenen Rückvergütungsansprüche betroffen sind.[159]

Gibt es in einem Ort mehrere Finanzämter, so genügt zur richtigen Bezeichnung des Drittschuldners nicht die allgemeine Bezeichnung »Finanzamt X«,[160] zumal nicht auszuschließen ist, dass für verschiedene gepfändete Erstattungsansprüche sogar unterschiedliche Finanzämter zuständig sind; es muss dann das konkrete zuständige Finanzamt bezeichnet werden.[161] Diesem Finanzamt, nicht irgendeiner Finanzbehörde zur Weiterleitung an die zuständige Stelle, muss der Pfändungsbeschluss gem. § 829 Abs. 3 dann auch zugestellt werden, damit die Pfändung wirksam wird.

3. Keine Pfändung künftiger Erstattungsansprüche

41 § 46 Abs. 6 Satz 1 AO verbietet die Pfändung und damit auch die Vorpfändung künftiger Steuer- und Abgabenerstattungsansprüche (allgemeine Definition des Erstattungsanspruchs: § 37 Abs. 2

---

156 *Pelke*, SteuK 2013, 379, 380.
157 BFH, NJW 1990, 2645 mit abl. Anm. *Grunsky*, EWiR 1989, 1245; a.A. aber OLG Stuttgart, MDR 1979, 324.
158 Das amtliche Formular macht insoweit keine Formulierungsvorschläge.
159 BFH; Rpfleger 2001, 613.
160 OLG Hamm, Rpfleger 1975, 443.
161 *Pahlke/Koenig*, Abgabenordnung, § 46 AO Rn. 45; *Stein/Jonas/Münzberg*, § 829 Rn. 46.

AO). Der Erstattungsanspruch entsteht grundsätzlich erst, wenn der Tatbestand, der die Steuerpflicht auslöst, vollkommen verwirklicht ist (§ 38 AO). Das Verbot dient ausschließlich dem Schutz der Finanzbehörden. Es soll den Verwaltungsaufwand, den die Vormerkung künftiger Pfändungen verursacht, eindämmen und von den Finanzbehörden Regressansprüche konkurrierender Gläubiger fernhalten. Aus dieser Zielrichtung des Verbots folgt einerseits, dass Pfändungen und Vorpfändungen, die trotz des Verbotes erfolgen, nichtig sind,[162] da nur eine nichtige Verstrickung von den Finanzbehörden nicht beachtet werden muss und keine unerwünschte Mehrarbeit erfordert; andererseits widerspricht es dem Schutzzweck nicht, wenn Teilakte der Pfändung, die die Finanzbehörden noch nicht tangieren, bereits vor dem Entstehungsstichtag der Erstattungsforderung vorgenommen werden. So kann nicht nur der Pfändungsantrag vor diesem Stichtag bereits gestellt werden, auch der Pfändungsbeschluss kann vorher schon abgefasst werden, wenn nur sichergestellt ist, dass er erst nach dem Stichtag das Gericht verlässt, also rechtlich existent wird,[163] wenn also in jedem Fall vermieden wird, dass eine nichtige Pfändung erfolgt (z. B. Herausgabe des Beschlusses erst nach dem Stichtag).

Was für die Pfändung selbst gilt, gilt auch für eine Vorpfändung (§ 845). Sie ist grundsätzlich möglich,[164] aber auch sie kann erst nach dem Stichtag durch den Gerichtsvollzieher zugestellt werden, der Auftrag an den Gerichtsvollzieher insoweit kann aber bereits vorher erteilt werden.[165]

4. Lohnsteuererstattungsansprüche

Lohnsteuererstattungsansprüche sind nur noch im Wege der Einkommensteuererklärung zum Zwecke der Antragsveranlagung (§ 46 Abs. 2 Nr. 8 EStG) geltend zu machen. Sie entstehen grundsätzlich erst nach Ablauf des Kalenderjahres, in dem zu viel Steuer gezahlt worden ist.[166] Etwas anderes gilt nur, wenn die Einkommensteuerpflicht ausnahmsweise bereits während des Jahres unabwendbar wegfällt (z. B. Tod des Steuerpflichtigen).[167] Die Pfändung dieser Ansprüche, soweit das Finanzamt Drittschuldner ist, ist deshalb auch erst zu Beginn des nachfolgenden Kalenderjahres möglich. Mit der Pfändung und Überweisung des Erstattungsanspruchs erwirbt der Gläubiger gleichzeitig das Recht, gegenüber dem Finanzamt die Veranlagung des Vollstreckungsschuldners zu beantragen,[168] wenn der Schuldner den Antrag noch nicht gestellt hat; denn der Gläubiger hat durch die Pfändung und Überweisung eben nicht nur die bloße Erfüllungszuständigkeit erworben,[169] sondern auch die weitergehende Befugnis, das zur Durchsetzung des gepfändeten Anspruchs Erforderliche zu veranlassen. Der zur Durchführung des Veranlagungsverfahrens erforderliche Antrag gegenüber dem Finanzamt ist entgegen der Ansicht des Bundesfinanzhofes[170] kein höchstpersönliches Gestaltungsrecht, das es dem Schuldner freistellt, ob er seinen Erstattungsanspruch realisiert

42

---

162 Vergl. zunächst § 829 Rdn. 29. Wie hier ferner: OLG Hamburg, MDR 1972, 151; OLG Köln, DB 1978, 2263; LG Bonn, Rpfleger 1978, 106; *Pahlke/Koenig*, Abgabenordnung, § 46 AO Rn. 47; *Wieczorek/Lüke*, § 829 Rn. 38; a. A. ferner: OLG Bamberg, JurBüro 1979, 287.
163 *Pahlke/Koenig*, Abgabenordnung, § 46 AO Rn. 47.
164 *Koch/Scholtz/Hoffmann*, § 46 AO Rn. 12.
165 BGH, Rpfleger 2012, 91.
166 Allgem. Meinung; beispielhaft: OLG Frankfurt, Rpfleger 1978, 229; LG Landau, Rpfleger 1978, 107.
167 *Wieczorek/Lüke*, § 829 Rn. 37; *Zöller/Stöber*, § 829 Rn. 33 Stichwort »Steuererstattung«.
168 LG Bochum, Rpfleger 1997, 224; LG Darmstadt, JurBüro 1998, 163; LG Dortmund, JurBüro 1997, 270; LG Heilbronn, Rpfleger 1997, 224; LG Koblenz, InVo 1997, 157; LG Münster, Rpfleger 1997, 222; LG Siegen, JurBüro 1998, 380; LG Trier, Jur Büro 1997, 489; *Musielak/Becker*, § 829 Rn. 30.
169 So allerdings: BFH, InVo 1999, 213 mit Kurzkommentar *Hintzen*, EWiR 1999, 527 und Anm. *Riedel*, Rpfleger 1999, 339; ebenso BFH, InVo 2000, 277. Gegen jedes eigene Antragsrecht des Gläubigers auch *Pahlke/Koenig*, Abgabenordnung, § 46 AO Rn. 48.
170 InVo 1999, 213. *Viertelhausen*, DGVZ 2003, 134 stellt zur Unterstützung der Ansicht des BFH darauf ab, dass die – vom Steuerpflichtigen letztlich nicht gewollte – Steuererklärung auch zu einer Nachzahlungsverpflichtung führen könne. Dies zu veranlassen sei nicht Sache des Vollstreckungsgläubigers.

oder nicht.[171] Träfe die Ansicht des Bundesfinanzhofes zu, könnte der Gläubiger den Schuldner auch nicht gerichtlich zwingen, den Antrag beim Finanzamt zu stellen, und dann den auf Vornahme des Antrages erstrittenen Titel nach § 888 durchsetzen.[172] Woraus sollte ein Anspruch des Gläubigers resultieren, dass der Schuldner die – angeblich – höchstpersönliche Entscheidung gerade in seinem Sinne fällt? Folgt man dem BFH konsequent, hat der Gläubiger nach der Überweisung nur einen Auszahlungsanspruch für den Fall, dass der Schuldner freiwillig die Veranlagung betreibt oder, wenn das Finanzamt den Erstattungsanspruch bereits festgesetzt hat.[173] Das verkürzt die Stellung des Gläubigers erheblich. Die Rechtslage ist nicht durch zwei Verwaltungsanordnungen der Finanzbehörden, nämlich den neu gefassten Abschnitt 149 Abs. 7 der Lohnsteuerrichtlinien[174] und den Anwendungserlass des Bundesfinanzministeriums zur AO vom 27.10.1997[175] zulasten des Gläubigers und im Sinne der Rechtsprechung des BFH geändert worden. Beide Regelungen besagen, dass der Vollstreckungsgläubiger, der den Steuererstattungsanspruch seines Schuldners gegen das Finanzamt gepfändet hat, im Rahmen der Antragsveranlagung selbst kein Antragsrecht habe.[176] Bloße Verwaltungsrichtlinien können aber die materielle Rechtslage nicht verändern. Als unselbstständige, aus dem Erstattungsanspruch folgende Befugnis kann das Antragsrecht allerdings nicht selbstständig gepfändet werden.[177] Hat der Schuldner den Antrag schon selbst gestellt, ist der Gläubiger nach der Pfändung am weiteren Verfahren durch das Finanzamt automatisch zu beteiligen.[178] Entsprechend § 836 Abs. 3 Satz 2 kann, um dem Gläubiger die Geltendmachung des Erstattungsanspruches nach Durchführung der Veranlagung zu ermöglichen, im Pfändungsbeschluss angeordnet werden, dass der Schuldner die Lohnsteuerkarte und gegebenenfalls auch weitere – allerdings genau zu bezeichnende[179] – Urkunden an den Gläubiger herauszugeben habe.[180] Sie können dem Schuldner dann im Wege der Hilfspfändung durch den Gerichtsvollzieher weggenommen werden. Eine Hilfspfändung bei Dritten, um auch von diesen Urkunden heraus zu erlangen, die zur Durchführung der Veranlagung benötigt werden (z. B. bei der Ehefrau, um auch deren Lohnsteuerkarte zu erhalten), ist nicht möglich.[181] Der Gläubiger, der die Mitwirkungsansprüche des Schuldners gegen Dritte nicht automatisch mit der Pfändung des Erstattungsanspruchs gegen die Finanzbehörde mit beschlagnahmt, muss diese Ansprüche notfalls gesondert pfänden und nach

---

171 A.A. jetzt aber BGH, NJW 2008, 1675, 1676 unter ausdrücklicher Aufgabe der im NJW 2004, 954 vom früheren IXa – Senat vertretenen Auffassung.
172 BGH, NJW 2008, 1675, 1676; *Riedel*, Rpfleger 1999, 339.
173 So: Musielak/*Becker*, § 829 Rn. 30.
174 Neu gefasst durch das Jahressteuergesetz 1996; Bundessteuerblatt I Sonderband III/1995, S. 139.
175 Bundessteuerblatt I 1995, S. 667.
176 Der Auffassung der Finanzverwaltung und des Bundesfinanzhofes hat sich die Mehrzahl der Zivilgerichte angeschlossen; beispielhaft: LG Bonn, InVo 1997, 216; LG Düsseldorf, JurBüro 1997, 385; LG Kassel, JurBüro 1997, 386.
177 LG Bonn, Rpfleger 1978, 106; LG Landau, Rpfleger 1978, 107; OLG Frankfurt, Rpfleger 1978, 229; LG Braunschweig, JurBüro 1984, 945 mit Anm. *Mümmler*.
178 FG Düsseldorf, MDR 1978, 964.
179 LG Berlin, Rpfleger 1975, 229.
180 BGH, NJW 2004, 954 (allerdings nur als letztes Mittel, wenn glaubhaft gemacht werden kann, dass die Lohnsteuerkarte auch tatsächlich benötigt werde); LG Essen, Rpfleger 1973, 146; LG München, Rpfleger 1973, 439; LG Berlin, Rpfleger 1974, 122; AG Duisburg, MDR 1982, 856; LG Darmstadt, Rpfleger 1984, 473; LG Freiburg, JurBüro 1994, 368; LG Göttingen, JurBüro 1994, 369; LG Berlin, NJW 1994, 3303; LG Köln, JurBüro 1995, 440; LG Karlsruhe, JurBüro 1995, 441; LG Hannover, DGVZ 1997, 158; *Behr*, JurBüro 1993, 705; *Behr/Spring*, NJW 1994, 3257; a. A. für die Zeit nach dem Steueränderungsgesetz 1992 die Mehrzahl der Zivilgerichte, beispielhaft: LG Marburg, Rpfleger 1994, 512; LG Krefeld, MDR 1995, 414; LG Frankenthal, Rpfleger 2000, 462; LG Dortmund, JurBüro 2000, 492; LG Münster, Rpfleger 2002, 632: LG Potsdam, Rpfleger 2002, 530; *David*, MDR 1993, 412; *Pelke*, SteuK 2013, 379, 380; *Riedel*, Rpfleger, 1996, 275 und Rpfleger 1999, 339; *Stöber*, Forderungspfändung, Rn. 387; *Urban*, DGVZ 1999, 104; *Viertelhausen*, DGVZ 2003, 134, 136; *Zöller/Stöber*, § 829 Rn. 33 Stichwort »Steuererstattung«.
181 LG Berlin, Rpfleger 1975, 229.

Überweisung im Klagewege durchsetzen, soweit es sich nicht im Einzelfall um höchstpersönliche Ansprüche handelt, für die § 851 Abs. 1 ZPO gilt. Der Lohnsteuererstattungsanspruch genießt nicht den Schutz des § 850c, wenn der Lohn selbst und die zu zahlende Lohnsteuer zusammen unter der Pfändungsgrenze liegen. Er ist nicht Arbeitseinkommen.[182] Ist die Lohnsteuer bereits auf das Konto des Schuldners erstattet, genießt sie dort den allgemeinen Kontopfändungsschutz nach § 850k, falls das Konto als P-Konto geführt wird, aber keinen weitergehenden Pfändungsschutz[183].

5. Keine Heilung einer nichtigen Pfändung

Eine nichtige Pfändung kann nicht durch Zeitablauf nachträglich wirksam werden.[184] Sie muss vielmehr in vollem Umfang neu vorgenommen werden (neuer Antrag an das Vollstreckungsgericht, neuer Pfändungsbeschluss usw.). Deshalb können die Kosten einer vor dem Stichtag vorgenommenen unzulässigen Pfändung auch niemals notwendige Kosten der Zwangsvollstreckung sein.

43

---

182 AG Altenkirchen, BeckRS 2011, 09480; AG Bersenbrück, NJOZ 2013, 731; AG Dortmund, NZI 2002, 448.
183 LG Duisburg, VE 2005, 81.
184 Vor §§ 803, 804 Rdn. 7.

§ 829a Vereinfachter Vollstreckungsantrag bei Vollstreckungsbescheiden

(1) ¹Im Falle eines elektronischen Antrags zur Zwangsvollstreckung aus einem Vollstreckungsbescheid, der einer Vollstreckungsklausel nicht bedarf, ist bei Pfändung und Überweisung einer Geldforderung (§§ 829, 835 ZPO) die Übermittlung der Ausfertigung des Vollstreckungsbescheides entbehrlich, wenn
1. die sich aus dem Vollstreckungsbescheid ergebende, fällige Geldforderung nicht mehr als 5.000 EUR beträgt; Kosten der Zwangsvollstreckung und Nebenforderungen sind bei der Berechnung der Forderungshöhe nur zu berücksichtigen, wenn sie alleine Gegenstand des Vollstreckungsauftrags sind,
2. die Vorlage anderer Urkunden als der Ausfertigung des Vollstreckungsbescheides nicht vorgeschrieben ist,
3. der Gläubiger eine Ausfertigung oder eine Abschrift des Vollstreckungsbescheides nebst Zustellungsbescheinigung als elektronisches Dokument dem Auftrag beifügt und
4. der Gläubiger versichert, dass ihm eine Ausfertigung des Vollstreckungsbescheides und eine Zustellungsbescheinigung vorliegen und die Forderung in Höhe des Vollstreckungsantrags noch besteht.

²Sollten Kosten der Zwangsvollstreckung vollstreckt werden, sind zusätzlich zu den in Satz 1 Nr. 3 genannten Dokumenten eine nachprüfbare Aufstellung der Kosten und entsprechende Belege als elektronisches Dokument dem Antrag beizufügen.

(2) Hat das Gericht an dem Vorliegen des Vollstreckungsbescheides oder der übrigen Vollstreckungsvoraussetzungen Zweifel, teilt es dies dem Gläubiger mit und führt die Zwangsvollstreckung erst durch, nachdem der Gläubiger die Ausfertigung des Vollstreckungsbescheides übermittelt oder die übrigen Vollstreckungsvoraussetzungen nachgewiesen hat.

(3) § 130a Abs. 2 bleibt unberührt.

1   I. Die Norm wurde durch das *Gesetz zur Reform der Sachaufklärung in der Zwangsvollstreckung* vom 29.7.2009[1] in das Gesetz eingefügt und trat am 1.1.2013 in Kraft, der durch Gesetz vom 10.10.2013[2] nochmals geänderte Abs. 1 Satz 1 Nr. 3 am 1.7.2014. Die Vorschrift ergänzt § 829 Abs. 4 Satz 2 und soll den elektronischen Pfändungsantrag praktikabler machen.

2   II. Wird die Zwangsvollstreckung aus einem Vollstreckungsbescheid gegen den im Bescheid genannten Schuldner von dem im Bescheid genannten Gläubiger (also nicht aus einer Klausel gem. §727) betrieben (§829 Abs. 4) und beträgt die titulierte Hauptforderung nicht mehr als 5000,-€[3], so soll der Gläubiger seinem elektronisch eingereichten Antrag nicht das Original der vollstreckbaren Ausfertigung seines Titels beifügen müssen – das würde doch wieder ein zusätzliches Anschreiben des Vollstreckungsgerichts erforderlich machen –, sondern er soll diese Ausfertigung in elektronischer Form, also regelmäßig von ihm eingescannt[4], seinem Antrag hinzufügen dürfen, damit er den Antrag insgesamt elektronisch einreichen kann. Eine elektronische Signatur ist nicht erforderlich.[5] Der Gläubiger muss im Rahmen seines elektronischen Antrages – die künftigen Formulare werden dies vorsehen – versichern, dass auch tatsächlich eine vollstreckbare Ausfertigung des Titels und die Zustellungsbescheinigung vorliegen und dass die Forderung in der Höhe, in der die Vollstreckung betrieben werden soll, noch besteht. Verfahrenskosten und bereits entstandene Kosten der Zwangsvollstreckung können in diesem Verfahren mitvollstreckt werden, wenn dem Antrag in elektronischer Form eine nachprüfbare Aufstellung der Kosten und die Belege über diese Kosten – also ebenfalls wieder eingescannt – beigefügt sind.

---

1 BGBl. I 2009, 2258; geändert durch Gesetz vom 22.12.2011, BGBl. I, 3055.
2 BGBl. I 2013, 3786.
3 Also keine Teilvollstreckung in Höhe von 5.000,-€ aus einem über eine höhere Summe lautenden Titel.
4 Siehe insoweit BT-Drucks. 16/10069 S. 74.
5 Kindl/Meller-Hannich/Wolf/*Bendtsen*, § 829a Rn. 6.

III. Zum Schutze des Schuldners erfolgt die Bearbeitung des Antrages nicht ohne Zwischenschaltung des Rechtspflegers rein elektronisch. Der Rechtspfleger überprüft den Antrag vielmehr und teilt dem Gläubiger mit, falls er Bedenken gegen die vollstreckbare Ausfertigung oder gegen das Vorliegen der sonstigen Vollstreckungsvoraussetzungen hat. In diesem Fall muss der Gläubiger die Ausfertigung des Vollstreckungsbescheides in Papierform nachreichen und die übrigen Vollstreckungsvoraussetzungen in der auch sonst üblichen Form nachweisen.

IV. Wann das elektronische Verfahren in den einzelnen Bundesländern eingeführt wird und welche Gerichte an diesem Verfahren teilnehmen, bestimmen die Bundesländer durch Rechtsverordnung (§ 133a Abs. 2). Bisher liegen solche Verordnungen noch nicht vor. Die Mehrzahl der Amtsgerichte ist auch noch nicht auf dieses Verfahren eingestellt.[6]

---

6 Hinsichtlich der Gerichte, die in den einzelnen Bundesländern derzeit elektronische Verfahrensanträge entgegennehmen, siehe: egvp.de/Gerichte/Justizbehörden.

§ 830 Pfändung einer Hypothekenforderung

(1) ¹Zur Pfändung einer Forderung, für die eine Hypothek besteht, ist außer dem Pfändungsbeschluss die Übergabe des Hypothekenbriefes an den Gläubiger erforderlich. ²Wird die Übergabe im Wege der Zwangsvollstreckung erwirkt, so gilt sie als erfolgt, wenn der Gerichtsvollzieher den Brief zum Zwecke der Ablieferung an den Gläubiger wegnimmt. ³Ist die Erteilung des Hypothekenbriefes ausgeschlossen, so ist die Eintragung der Pfändung in das Grundbuch erforderlich; die Eintragung erfolgt auf Grund des Pfändungsbeschlusses.

(2) Wird der Pfändungsbeschluss vor der Übergabe des Hypothekenbriefes oder der Eintragung der Pfändung dem Drittschuldner zugestellt, so gilt die Pfändung diesem gegenüber mit der Zustellung als bewirkt.

(3) ¹Diese Vorschriften sind nicht anzuwenden, soweit es sich um die Pfändung der Ansprüche auf die im § 1159 des Bürgerlichen Gesetzbuchs bezeichneten Leistungen handelt. ²Das gleiche gilt bei einer Sicherungshypothek im Falle des § 1187 des Bürgerlichen Gesetzbuchs von der Pfändung der Hauptforderung.

Übersicht

	Rdn.		Rdn.
I. Allgemeines und Anwendungsbereich der Norm	1	IV. Pfändung einer dem Schuldner nicht zustehenden Hypothek	9
II. Die Pfändung einer Briefhypothek	3	V. Rechtsbehelfe	10
III. Die Pfändung einer Buchhypothek	7	VI. Pfändung von Grundschulden	11

Literatur:
Behr: Die sachenrechtliche Pfändung gem. § 830 ZPO – Pfändungssystem allgemein und Verfahren bei Eigentümerrechten, JurBüro 1997, 514; *Hintzen/Wolf:* Die Pfändung von Hypothekenforderungen und Drittschuldnerschutz, Rpfleger 1995, 94; *Lüke,* Pfändung einer hypothekarisch gesicherten Forderung ohne Grundbucheintragung mit Folgen, JuS 1995, 202; *Stöber,* Überweisung und Überweisungswirkungen bei der Pfändung einer Hypothekenforderung, NJW 1996, 1180; *Tempel,* Zwangsvollstreckung in Grundpfandrechte, JuS 1967, 75, 117, 167, 215, 268.

I. Allgemeines und Anwendungsbereich der Norm

1 § 830 ergänzt für die Pfändung von Forderungen, für die eine **Hypothek** bestellt ist, den § 829, indem er teilweise zusätzliche Erfordernisse zur Wirksamkeit der Pfändung aufstellt. Für die Überweisung derartiger Forderungen ergänzt dann § 837 die §§ 835, 836.

Nach § 1153 Abs. 2 BGB kann die Forderung, die durch die Hypothek am Grundstück abgesichert ist, nicht ohne die Hypothek, diese aber ebenso wenig ohne die Forderung übertragen werden. § 1154 BGB berücksichtigt dies bei der Festlegung der Form, in der die Übertragung einer hypothekarisch gesicherten Forderung zu erfolgen hat; § 1274 BGB schreibt die gleiche Form für die Verpfändung der Hypothek vor. § 830 überträgt nun diese Formvorschriften auf die Pfändung einer Hypothekenforderung im Wege der Zwangsvollstreckung.[1] Kraft ausdrücklicher Anordnung in **Abs. 3** gelten diese besonderen Regeln allerdings nicht für die Pfändung der Ansprüche auf rückständige Hypothekenzinsen und andere Nebenleistungen sowie für die Pfändung der Ansprüche auf Erstattung von Kosten, für die das Grundstück nach § 1118 BGB haftet. Diese Ansprüche werden ohne Einschränkung wie reine Geldforderungen nach § 829 gepfändet und nach § 835 verwertet. Auch mit dieser Regelung folgt die ZPO dem materiellen Recht, nämlich § 1159 BGB. Eine weitere Ausnahme, für die Abs. 1 und Abs. 2 ebenfalls nicht gelten, stellt die Pfändung von durch Hypothek gesicherten Forderungen aus Inhaber- und Orderpapieren dar (§ 1187 BGB). Hier tritt die Hypothek in den Hintergrund. Die Forderungen werden gem. § 831 durch den Gerichtsvollzieher nach § 808 durch Wegnahme der Inhaber- bzw. Orderpapiere gepfändet. Eine weitere Ausnahme schließlich ergibt sich aus § 1190 Abs. 4 BGB i. V. mit § 837 Abs. 3: Die Pfändung einer

---

1 *Stöber,* NJW 1996, 1181; *Wieczorek/Lüke,* § 830 Rn. 1.

durch eine Höchstbetragshypothek gesicherten Forderung erfolgt dann allein nach § 829, wenn der Gläubiger die Überweisung der Forderung ohne die Hypothek an Zahlungs Statt beantragt.

§ 830 geht davon aus, dass die Forderung im Zeitpunkt der Pfändung **bereits durch eine Hypothek gesichert ist**.[2] Steht die Hypothekenbestellung erst bevor, wenn auch bereits ein – gegebenenfalls durch eine Vormerkung gesicherter – Anspruch auf sie besteht, ist nur die Geldforderung allein nach § 829 zu pfänden. Das Pfandrecht erstreckt sich dann auch gem. § 401 BGB auf den Anspruch auf Bestellung einer Hypothek als Nebenrecht der Forderung und nach Bestellung der Hypothek auch auf die Hypothek.[3] Es bedarf hierzu weder der Eintragung im Grundbuch noch der Übergabe des nachträglich ausgestellten Hypothekenbriefes an den Gläubiger. Händigt in einem solchen Fall der Grundstückseigentümer als Drittschuldner sofort den Brief dem Vollstreckungsgläubiger aus und nicht erst seinem eigenen Gläubiger, dem Vollstreckungsschuldner, so genügt dies dem § 1117 BGB: Mit Übergabe des Briefes an den Vollstreckungsgläubiger erwirbt der Vollstreckungsschuldner die Hypothek und zugleich der Gläubiger an dieser ein Pfandrecht.[4] Um den Vollstreckungsschuldner an Verfügungen über die Hypothek zugunsten Gutgläubiger zu hindern, empfiehlt es sich in jedem Fall, das Pfandrecht im Grundbuch nachträglich eintragen bzw. dem Schuldner den Brief wegnehmen (§ 836 Abs. 3) zu lassen.

II. Die Pfändung einer Briefhypothek

Zunächst muss ein allen Erfordernissen des § 829 entsprechender **Pfändungsbeschluss** ergehen. In ihm muss nicht nur die zu pfändende Forderung genau bezeichnet sein, sondern auch die Hypothek.[5] Letzteres ist erforderlich, da der Pfändungsbeschluss zugleich Titel[6] zur Wegnahme des Briefs beim Schuldner und Grundlage für die Eintragung ins Grundbuch ist. Entgegen § 829 Abs. 3 muss dieser Beschluss nicht, um die Pfändung wirksam werden zu lassen, dem Drittschuldner zugestellt werden. Stattdessen muss der Gläubiger **Besitz am Hypothekenbrief** erlangen. Dies kann in zweifacher Weise geschehen: Der Schuldner oder auch ein (den Brief besitzender) Dritter können den Brief freiwillig an den Gläubiger aushändigen. Geschieht dies nicht, muss der Gläubiger den Gerichtsvollzieher beauftragen, dem Schuldner den Brief zum Zwecke der Ablieferung an den Gläubiger wegzunehmen. Die Wegnahme folgt den Regeln der §§ 883 ff. Titel ist der Pfändungsbeschluss, und zwar auch dann, wenn er die Legitimation zur Wegnahme nicht ausdrücklich ausspricht.[7] Eine gesonderte Vollstreckungsklausel zum Pfändungsbeschluss ist nicht erforderlich; der Beschluss muss aber dem Schuldner vor der Wegnahme zugestellt werden.[8] Mit der Wegnahme des Briefes durch den Gerichtsvollzieher gilt gem. **Abs. 1 Satz 2** die Übergabe an den Gläubiger als bewirkt; die Pfändung wird in diesem Augenblick wirksam.

Ist ein Dritter im Besitz des Briefes, dient der Pfändungsbeschluss auch als Grundlage, die Herausgabeansprüche des Schuldners gegen diesen Dritten gem. § 886 zu pfänden und an den Gläubiger zur Einziehung zu überweisen.[9] Gibt der Dritte den Brief nicht freiwillig heraus, muss der Gläubiger Herausgabeklage gegen ihn erheben.[10] Erst wenn die Herausgabe dann tatsächlich erfolgt,

---

2 OLG Hamm, Rpfleger 1980, 483; *Musielak/Becker*, § 830 Rn. 2; *Thomas/Putzo/Seiler* § 830 Rn. 2; *Wieczorek/Lüke*, § 830 Rn. 10.
3 PG/*Ahrens*, § 830 Rn. 3; *Wieczorek/Lüke*, § 830 Rn. 10.
4 OLG Hamm, Rpfleger 1980, 483.
5 *Brox/Walker*, Rn. 674; *Stein/Jonas/Brehm*, § 830 Rn. 7; *Thomas/Putzo/Seiler*, § 830 Rn. 3.
6 BGH, NJW 1979, 2045; *Wieczorek/Lüke*, § 830 Rn. 10.
7 *Brox/Walker*, Rn. 678; *Musielak/Becker*, § 830 Rn. 4.
8 *Thomas/Putzo/Seiler*, § 830 Rn. 6.
9 BGH, NJW 1979, 2045; *Brox/Walker*, Rn. 679; *Stein/Jonas/Brehm*, § 830 Rn. 17; *Thomas/Putzo/Seiler*, § 830 Rn. 7; *Wieczorek/Lüke*, § 830 Rn. 10; **a. A. aber** (Pfändung erfolge nach §§ 808, 821 ZPO aus dem ursprünglichen Titel, nicht nach § 886 aufgrund des Pfändungsbeschlusses): *Tempel*, JuS 1967, 122.
10 *Stein/Jonas/Brehm*, § 830 Rn. 20.

wird die Pfändung der Hypothek durch den Gläubiger endlich wirksam.[11] Ist der Brief verloren gegangen, erwirbt der Gläubiger bereits durch den Pfändungsbeschluss das Recht, nach Kraftloserklärung des bisherigen Briefes (im Verfahren nach §§ 466 ff. FamFG) einen neuen zu beantragen. Einer zusätzlichen Pfändung dieses Rechts bedarf es nicht.[12] Die Pfändung der Hypothek wird dann erst wirksam, wenn der neue Brief dem Gläubiger ausgehändigt ist.

5 Eine **Zustellung** des Pfändungsbeschlusses ist abweichend von § 829 Abs. 3 **nicht** noch zusätzliches Erfordernis der Wirksamkeit der Pfändung. Dennoch ist die Zustellung nicht ohne Bedeutung, da der Zeitpunkt der Wirksamkeit der Pfändung im Verhältnis zum Drittschuldner gem. **Abs. 2** auf den Zustellungszeitpunkt vorverlegt wird, falls die Zustellung vor der Briefübergabe erfolgt. Diese Fiktion greift allerdings nur, wenn die Briefübergabe später auch tatsächlich nachfolgt.[13] Dritten gegenüber gilt diese Vorverlegung nicht.[14] Das ist insbesondere für die Rangverhältnisse von Bedeutung, falls ein anderer Gläubiger, der später den Pfändungsbeschluss erwirkt hat, früher in den Besitz des – etwa bei Dritten befindlichen – Hypothekenbriefes gelangt.

6 Hat der Gläubiger die Briefhypothek nur hinsichtlich eines **Teilbetrages gepfändet,** so hat er keinen Anspruch auf Herausgabe des über die gesamte Hypothek ausgestellten Hypothekenbriefes.[15] Wohl aber kann er vom Schuldner verlangen, dass dieser den Brief dem Grundbuchamt zur Bildung von Teilhypothekenbriefen vorlegt.[16] Weigert sich der Schuldner, kann der Gläubiger den Gerichtsvollzieher mit der Wegnahme des Briefes[17] und dessen Weiterleitung an das Grundbuchamt – nicht an den Gläubiger selbst! – beauftragen. Das Grundbuchamt leitet den neu erstellten Teilhypothekenbrief über den gepfändeten Teil dann unmittelbar dem Gläubiger zu. Erst jetzt wird die Pfändung wirksam,[18] nicht schon mit der Wegnahme des ursprünglichen Briefes, da diese eben nicht unmittelbare Vorstufe der Briefübergabe (Abs. 1 Satz 2) war. Die Bildung eines Teilhypothekenbriefes kann nicht dadurch umgangen werden, dass Gläubiger und Schuldner vereinbaren, der Schuldner solle den ursprünglichen Hypothekenbrief teils als Eigenbesitzer, teils als Fremdbesitzer für den Gläubiger besitzen.[19]

III. Die Pfändung einer Buchhypothek

7 Neben dem Pfändungsbeschluss[20] ist hier zur Wirksamkeit der Pfändung deren **Eintragung** in das Grundbuch erforderlich[21]. Grundlage für das Eintragungsbegehren, das nicht vom Vollstreckungsgericht ausgeht, sondern vom Gläubiger gestellt werden muss (§ 13 GBO), ist der Pfändungsbeschluss (**Abs. 1 Satz 3**). Er ersetzt auch die Eintragungsbewilligung seitens des Schuldners. Ist erst noch die Voreintragung des Schuldners, der die Hypothek außerhalb des Grundbuchs (z. B. durch Erbgang) erworben hat,[22] erforderlich, ist der Vollstreckungsgläubiger aufgrund des Pfändungsbeschlusses befugt, Berichtigung des Grundbuches zu verlangen (§ 14 GBO). Er muss den Nachweis der Berichtigungsbedürftigkeit des Grundbuches dann durch öffentliche bzw. öffentlich beglaubigte Urkunden führen, die er sich gegebenenfalls nach § 792 beschaffen kann. Erst mit der

---

11 OLG München, NJOZ 2012, 171; *Stein/Jonas/Brehm*, § 830 Rn. 20; **a. A.** (schon mit dem Erwerb des Herausgabeanspruchs): *Tempel*, JuS 1967, 122.
12 Ausführlich hierzu: BGH, NJW-RR 2012, 782.
13 *Thomas/PutzoSeiler*, § 830 Rn. 4.
14 OLG Düsseldorf, NJW 1961, 1266.
15 *Musielak/Becker*, § 830 Rn. 6; *Wieczorek/Lüke*, § 830 Rn. 10.
16 OLG Oldenburg, Rpfleger 1970, 100.
17 Wie oben Rdn. 3.
18 Wie hier: *Brox/Walker*, Rn. 682.
19 BGHZ 85, 263.
20 Siehe oben Rn. 3.
21 OLG Frankfurt, FGPrax 2009, 255.
22 Zum Fall, dass der Schuldner die Hypothek selbst erst noch durch Eintragung erwerben muss, siehe oben Rdn. 2.

Eintragung im Grundbuch wird die Pfändung der Hypothek wirksam,[23] bei Gesamthypotheken erst mit der Eintragung beim letzten Grundstück.[24] Solange die Buchhypothek noch nicht wirksam gepfändet ist, können keine Verwertungsmaßnahmen angeordnet werden. Deshalb ist es in diesen Fällen unzulässig, den Überweisungsbeschluss zugleich mit dem Pfändungsbeschluss zu erlassen.[25] Haben mehrere Gläubiger die nämliche Buchhypothek nacheinander gepfändet, richtet sich der Rang nach dem Zeitpunkt der Eintragung, nicht etwa der vorausgegangene Zeitpunkt der Zustellung des Pfändungsbeschlusses an den Drittschuldner.[26] Dass diese in der Reihenfolge des Eingangs der Anträge beim Grundbuchamt erfolgt, sichert § 17 GBO.

Zur Pfändung einer durch eine Buchhypothek gesicherten Forderung durch das Finanzamt ist nach § 310 AO neben der Pfändungsverfügung die Eintragung der Pfändung in das Grundbuch erforderlich. Die Pfändungsverfügung ersetzt dabei die Eintragungsbewilligung nach § 19 GBO. Deshalb muss dem Eintragungsantrag des Finanzamtes nicht das Original der Pfändungsverfügung oder eine Ausfertigung beigefügt werden, sondern nur eine beglaubigte Abschrift.[27]

IV. Pfändung einer dem Schuldner nicht zustehenden Hypothek

Ist die Hypothek zu Unrecht für den Schuldner im Grundbuch eingetragen oder ist er zu Unrecht im Hypothekenbrief als Gläubiger ausgewiesen, so erwirbt der Vollstreckungsgläubiger durch die Pfändung kein Pfandrecht an der in Wahrheit einem Dritten zustehenden Hypothek. Diese wird auch nicht verstrickt. Es gelten insoweit die allgemeinen Regeln zur Pfändung von Forderungen, die dem Schuldner nicht zustehen.[28] Der gute Glaube an die Richtigkeit des Grundbuchs oder der Eintragungen im Hypothekenbrief nützt nichts beim Erwerb dinglicher Rechte durch Zwangsvollstreckung.[29]

V. Rechtsbehelfe

Hinsichtlich der das Verfahren betreffenden Rechtsbehelfe ist zu unterscheiden, ob die Tätigkeit (bzw. Untätigkeit) des Vollstreckungsgerichts als des maßgeblichen Vollstreckungsorgans, die Hilfstätigkeit des Gerichtsvollziehers bei der Briefwegnahme oder die Tätigkeiten des Grundbuchamtes im Rahmen der Grundbucheintragungen oder der Erstellung eines Teilhypothekenbriefes gerügt werden sollen. Hinsichtlich der Tätigkeiten des Vollstreckungsgerichts gelten die allgemeinen Regeln zu § 829:[30] Gegen Vollstreckungsmaßnahmen ist die Erinnerung nach § 766, gegen Entscheidungen die sofortige Beschwerde nach § 11 RpflG, § 793 gegeben. Das Verfahren des Gerichtsvollziehers ist immer mit § 766 zu rügen. Gegen die Tätigkeiten des Grundbuchamtes, das im Rahmen des § 830 nie als Vollstreckungsorgan tätig wird,[31] ist die Beschwerde nach § 71 GBO gegeben.

Materiellrechtliche Einwendungen des Schuldners gegen die Zwangsvollstreckung sind entsprechend den allgemeinen Regeln nach § 767, solche betroffener Dritter nach § 771 zu verfolgen.

---

23 BGH, NJW 1994, 3225 mit Anm. *Diepold*, MDR 1995, 455 und *Walker*, EWiR 1994, 1251.
24 So schon RGZ 63, 74.
25 BGH, NJW 1994, 3225; sehr kritisch hierzu *Diepold*, MDR 1995, 455.
26 OLG Köln, Rpfleger 1991, 241 mit Anm. *Hintzen*.
27 OLG Zweibrücken, NJOZ 2013, 813.
28 Siehe § 829 Rdn. 52.
29 BGH, NJW 1981, 1941; *Musielak/Becker*, § 830 Rn. 9; *Wieczorek/Lüke*, § 830 Rn. 15.
30 Siehe § 829 Rdn. 66 ff.
31 Allgemeine Meinung; beispielhaft: *Baur/Stürner/Bruns*, Rn. 31.5; *Musielak/Becker*, § 830 Rn. 11. Der Streit, welche Rechtsbehelfe gegen die Tätigkeit des Grundbuchamtes als Vollstreckungsorgan gegeben sind, spielt hier deshalb keine Rolle.

VI. Pfändung von Grundschulden

11 Auf die Pfändung von Grundschulden, auch Eigentümergrundschulden, ist § 830 kraft der Verweisung in § 857 Abs. 6 entsprechend anzuwenden[32].

---

32 Zur Pfändung von Grundschulden im Einzelnen siehe unten: § 857 Rn. 24–27; ferner: OLG Brandenburg, BeckRS 2011, 16809 (Pfändung einer Eigentümergrundschuld und des fälligen Rückgewähranspruchs des Sicherungsgebers); OLG Frankfurt, FGPrax 2009, 255 (Pfändung einer nach Befriedigung des Gläubigers einer Zwangshypothek entstandenen Eigentümergrundschuld durch einen Gläubiger des Schuldners).

§ 830a Pfändung einer Schiffshypothekenforderung

(1) Zur Pfändung einer Forderung, für die eine Schiffshypothek besteht, ist die Eintragung der Pfändung in das Schiffsregister oder in das Schiffsbauregister erforderlich; die Eintragung erfolgt auf Grund des Pfändungsbeschlusses.

(2) Wird der Pfändungsbeschluss vor der Eintragung der Pfändung dem Drittschuldner zugestellt, so gilt die Pfändung diesem gegenüber mit der Zustellung als bewirkt.

(3) ¹Diese Vorschriften sind nicht anzuwenden, soweit es sich um die Pfändung der Ansprüche auf die im § 53 des Gesetzes über Rechte an eingetragenen Schiffen und Schiffsbauwerken vom 15. November 1940 (RGBl. I S. 1499) bezeichneten Leistungen handelt. ²Das gleiche gilt, wenn bei einer Schiffshypothek für eine Forderung aus einer Schuldverschreibung auf den Inhaber, aus einem Wechsel oder aus einem anderen durch Indossament übertragbaren Papier die Hauptforderung gepfändet wird.

Übersicht	Rdn.		Rdn.
I. Pfändung einer Schiffshypothekenforderung	1	II. Pfändung eines Luftfahrzeugregisterpfandrechts	2

Literatur:
Bauer, Die Zwangsvollstreckung in Luftfahrzeuge einschließlich Konkurs- und Vergleichsverfahren, JurBüro 1974, 1; *Schladebach/Kraft*, Das Registerpfandrecht an Luftfahrzeugen, BKR 2012, 270.

I. Pfändung einer Schiffshypothekenforderung

Die Vorschrift ist den Regelungen über die Pfändung einer Buchhypothek in § 830 nachgebildet, da Schiffshypotheken nach § 8 Abs. 1 SchiffsRG immer Buchrechte sind[1]. Abs. 3 enthält eine dem § 830 Abs. 3 vergleichbare Regelung, da auch § 53 SchiffsRG materiellrechtlich eine dem § 1159 BGB vergleichbare Regelung enthält.[2]

Hinsichtlich des Verfahrens gelten die Ausführungen zur Pfändung von Buchhypotheken[3] hier entsprechend.

II. Pfändung eines Luftfahrzeugregisterpfandrechts

Die Vorschrift gilt gem. § 99 Abs. 1 LuftfzRG sinngemäß für die Pfändung des Registerpfandrechts an einem Luftfahrzeug.[4]

---

1 MüKo/*Smid*, § 830a Rn. 2.
2 Siehe § 830 Rdn. 1.
3 Siehe § 830 Rdn. 7.
4 *Musielak/Becker*, § 830a Rn. 1; MüKo/*Smid*, § 830a Rn. 4; *Wieczorek/Lüke*, § 830a Rn. 5.

§ 831 Pfändung indossabler Papiere

Die Pfändung von Forderungen aus Wechseln und anderen Papieren, die durch Indossament übertragen werden können, wird dadurch bewirkt, dass der Gerichtsvollzieher diese Papiere in Besitz nimmt.

Übersicht

	Rdn.		Rdn.
I. Anwendungsbereich der Vorschrift	1	IV. Pfändung von Sachen, über die ein Orderkonnossement ausgestellt ist	5
II. Durchführung der Pfändung	2		
III. Pfändung von Blankowechseln	4	V. Rechtsmittel	6

Literatur:
Becker, Zwangsvollstreckung in Wertpapiere, JuS 2005, 232; *Geißler*, Die vollstreckungsrechtliche Behandlung der Order-Papiere des § 831 ZPO, DGVZ 1986, 110; *Hezel*, Zwangsvollstreckung in Wertpapiere unter Beachtung der Grundsätze des Vollstreckungs- sowie des materiellen Rechts, Rpfleger 2006, 105; *Kaiser*, Vollstreckung in Anteilscheine von offenen und geschlossenen Investment- und Immobilienfonds, InVo 2001, 46; *Kunst*, Zwangsvollstreckung in Wertpapiere, InVo 2002, 3; *Schmalz*, Die Zwangsvollstreckung in Blankowechsel, NJW 1964, 141; *Viertelhausen*, Vollstreckung in Wertpapiere, DGVZ 2000, 129;
Siehe ferner die Literaturangaben zu § 821 ZPO.

I. Anwendungsbereich der Vorschrift

1   Die Vorschrift befasst sich nur mit **indossablen Papieren**, die über Forderungen ausgestellt sind. Indossable Papiere, die nicht über Forderungen ausgestellt sind, so die Namensaktien (§§ 67, 68 Abs. 1 AktG),[1] werden wie Inhaber- und Rektapapiere behandelt;[2] die Zwangsvollstreckung in sie richtet sich also nach §§ 808, 821. Neben den in § 831 ausdrücklich angesprochenen Wechseln gilt die Vorschrift insbesondere für die handelsrechtlichen Papiere des § 363 HGB, soweit sie an Order[3] lauten (kaufmännische Anweisung, kaufmännischer Verpflichtungsschein, Konnossemente der Verfrachter, Ladescheine der Frachtführer, Lagerscheine gem. § 475c HGB, Transportversicherungspolicen).[4] Inhaberschecks sind nach § 808 zu pfänden und nach §§ 814, 821 zu verwerten.[5]

II. Durchführung der Pfändung

2   Die vorgenannten Orderpapiere werden **durch den Gerichtsvollzieher** durch Wegnahme **gepfändet**. Ein Pfändungsbeschluss des Vollstreckungsgerichts ist, obwohl es sich um eine Forderungspfändung handelt, nicht erforderlich; ein dennoch ergangener Pfändungsbeschluss wäre ohne Wirkung.[6] Das Vollstreckungsgericht wird vielmehr erst zur Verwertung der Forderung durch den Gläubiger eingeschaltet (§ 835).[7] Der Gerichtsvollzieher verwahrt die in Besitz genommene Urkunde so lange, bis das Gericht sie entweder einfordert, oder bis ihm ein Beschluss des Vollstreckungsgerichts vorgelegt wird, durch den die Überweisung der Forderung an den Gläubiger ausgesprochen – dann Übergabe der Urkunde an den Gläubiger zur weiteren Veranlassung – oder eine andere Art der Verwertung der Forderung nach § 844 angeordnet wird.

3   Da es sich bei Forderungen aus Wechseln und ähnlichen Papieren um Vermögensstücke von ungewissem Wert handelt, soll der Gerichtsvollzieher sie nur pfänden, wenn die Zahlungsfähigkeit des Drittschuldners unzweifelhaft feststeht, oder wenn der Gläubiger ihn hierzu ausdrücklich anweist

---

1 *Brox/Walker*, Rn. 694; *Wieczorek/Lüke*, § 831 Rn. 5.
2 *Stöber*, Rn. 1605. **A.A.** (es müsse nach § 829 vorgegangen werden): *Hezel*, Rpfleger 2006, 105, 114.
3 *Heymann/Horn*, HGB, Bd. 4, 2. Aufl., § 363 HGB Rn. 2–7; *Koller/Roth/Morck*, §§ 363–365 HGB Rn. 4.
4 Zu den einzelnen Papieren ausführlich: *Heymann/Horn*, HGB, Bd. 4, 2. Aufl., § 363 HGB Rn. 7–36.
5 *Wieczorek/Lüke*, § 831 Rn. 6, 7.
6 *Wieczorek/Lüke*, § 831 Rn. 10.
7 *Musielak/Becker*, § 831 Rn. 4.

oder wenn andere zur Befriedigung des Gläubigers ausreichende Pfandstücke nicht vorhanden sind. Für den Fall, dass gepfändete Wechsel oder Schecks bereits zahlbar werden, bevor eine gerichtliche Entscheidung über ihre Verwertung ergangen ist, hat der Gerichtsvollzieher in Vertretung des Gläubigers für eine rechtzeitige Vorlegung, eventuell auch für die Protesterhebung zu sorgen. Wird in diesen Fällen der Wechsel oder Scheck bezahlt, so hinterlegt der Gerichtsvollzieher den gezahlten Betrag und benachrichtigt den Gläubiger und den Schuldner hiervon.

III. Pfändung von Blankowechseln

Auch ein **Blankowechsel** wird nach § 831 durch Wegnahme seitens des Gerichtsvollziehers gepfändet, obwohl es sich vor Komplettierung noch nicht um einen vollgültigen Wechsel handelt.[8] Mit der Pfändung des Blanketts durch den Gerichtsvollzieher wird als aus der berechtigten Inhaberschaft der Urkunde folgende Berechtigung automatisch die Befugnis mitgepfändet, die Urkunde durch Ausfüllen vervollständigen zu dürfen.[9] Es bedarf insoweit keines gesonderten Pfändungsbeschlusses durch das Vollstreckungsgericht. Nach der Überweisung kann der Gläubiger den vervollständigten Wechsel einziehen.[10] Gleiches wie für Blankowechsel gilt auch für Blankoschecks, soweit sie unter § 831 fallen.[11]

4

IV. Pfändung von Sachen, über die ein Orderkonnossement ausgestellt ist

Wird irrtümlich eine Sache, über die ein Orderkonnossement ausgestellt ist, nicht durch Inbesitznahme dieser Urkunde seitens des Gerichtsvollziehers gepfändet, sondern durch Pfändung des Herausgabeanspruchs durch das Vollstreckungsgericht nach §§ 846, 847, dann ist eine solche Pfändung zwar fehlerhaft, aber nicht wirkungslos und nichtig.[12] Gibt deshalb der Verfrachter den Gegenstand der gerichtlichen Weisung entsprechend an den Gerichtsvollzieher heraus, ist der Gegenstand verstrickt und ein Pfändungspfandrecht an ihm entstanden. Die Verwertung eines solchen Gegenstandes durch den Gerichtsvollzieher nach §§ 814 ff. ist rechtmäßig, solange der Pfändungsbeschluss nicht wirksam angefochten ist. Der Ersteher einer solchen Sache erwirbt uneingeschränkt Eigentum.

5

V. Rechtsmittel

Das Verhalten des Gerichtsvollziehers im Rahmen des § 831 ist mit der Erinnerung nach § 766 anfechtbar. Hatte irrtümlich das Vollstreckungsgericht einen Pfändungsbeschluss erlassen, ist gegen diesen ebenfalls § 766 gegeben.

6

---

8 Allgemeine Meinung; beispielhaft: *Brox/Walker*, Rn. 696; *Musielak/Becker*, § 831 Rn. 2; *Stein/Jonas/Brehm*, § 831 Rn. 3; *Schmalz*, NJW 1964, 141; *Wieczorek/Lüke*, § 831 Rn. 2.
9 LG Darmstadt, DGVZ 1990, 157; *Brox/Walker*, Rn. 696; *Geißler*, NJW 1986, 110; *Schmalz*, NJW 1964, 141; *Zöller/Stöber*, § 831 Rn. 5.
10 *Geißler*, NJW 1986, 110.
11 Hinsichtlich der Inhaberschecks siehe oben Rdn. 1.
12 BGH, DB 1980, 1937.

§ 832 Pfändungsumfang bei fortlaufenden Bezügen

Das Pfandrecht, das durch die Pfändung einer Gehaltsforderung oder einer ähnlichen in fortlaufenden Bezügen bestehenden Forderung erworben wird, erstreckt sich auch auf die nach der Pfändung fällig werdenden Beträge.

Übersicht	Rdn.		Rdn.
I. Anwendungsbereich der Norm	1	IV. Fortlaufende Beschlagnahme durch	
II. Einheitlichkeit des Rechtsverhältnisses	4	mehrfache Pfändung	9
III. Folgen der Beschlagnahme fortlaufender Bezüge	8		

Literatur:
Bengelsdorf, Neue Rechtsprechung zum Lohnpfändungsrecht, FA 2009, 162; *Berger*, Zwangsvollstreckung in urheberrechtliche Vergütungsansprüche, NJW 2003, 853; *Grunsky*, Verfahrensrechtliche Probleme der Haftung des Gesellschafters einer Personengesellschaft für Lohn- und Gehaltsansprüche, FS Henckel, 1995, S. 329; *König*, Mietzins und Arbeitslohn – künftige oder schon dem Grunde nach angelegte Forderungen?, FS Leipold, 2009; *Reismann*, Der Pfändungs- und Überweisungsbeschluss bei Mietzinsforderungen, MM 2000, Nr. 6, S. 35; *Ries*, Die Praxis des Vertragsarztes in der Insolvenz: die Masse zahlt alle Betriebskosten, und die Bank kassiert das Honorar, ZInsO 2003, 1079; *Schneider*, Erstreckung des Pfandrechts nach § 832 ZPO bei Unterbrechung des Arbeitsverhältnisses, JurBüro 1965, 354; *Treffer*, Die Pfändung von Provisionsansprüchen, MDR 1998, 384.

I. Anwendungsbereich der Norm

1 Grundsätzlich würde von der Pfändung eines Anspruchs nur der derzeit fällige Betrag erfasst, nicht auch künftige Forderungen, soweit dies nicht ausdrücklich ausgesprochen ist.[1] Aus Gründen der Arbeitserleichterung für den Gläubiger und der Kostenersparnis für den Schuldner macht § 832 von dieser Regel eine Ausnahme für die Pfändung von Gehaltsforderungen und anderen ähnlichen, in fortlaufenden Bezügen bestehenden Forderungen. Hier gilt der umgekehrte Grundsatz: Ist nichts anderes beantragt und im Pfändungsbeschluss ausdrücklich gesagt, erfasst die Pfändung einer derartigen Forderung auch die erst nach der Pfändung fällig werdenden weiteren Beträge.[2]

2 **Gehaltsforderungen** sind nicht nur das Arbeitseinkommen i. S. des § 850 Abs. 2 und 3, sondern auch die Provisionsansprüche des aufgrund einer festen Vertragsbeziehung tätigen Handelsvertreters,[3] der Anspruch des Kellners auf Auszahlung des dem Wirt ausgehändigten Trinkgeldes,[4] Ansprüche auf Sozialleistungen wie Arbeitslosengeld[5] oder Sozialrente[6], schließlich auch Ansprüche auf den fiktiven Arbeitslohn i. S. v. § 850h Abs. 2 Satz 1[7]. Auch der Anspruch auf die Arbeitnehmersparzulage, der durch die Pfändung des Lohnes selbst nicht mit erfasst ist,[8] gehört hierher[9] sowie der Anspruch auf Auszahlung des vom Arbeitgeber auszuzahlenden Lohnsteuerjahresausgleichs (§ 42b EStG).[10] Durch die Pfändung künftigen Arbeitseinkommens nicht erfasst werden dagegen

---

1 Siehe § 829 Rdn. 63 und Anh. § 829 Rdn. 2; OLG Karlsruhe, NJW-RR 1993, 242.
2 BGH, ZVI 2008, 433.
3 *Stein/Jonas/Brehm*, § 832 Rn. 4; *Treffer*, MDR 1998, 384; *Wieczorek/Lüke*, § 832 Rn. 6.
4 BAG, NJW 1966, 469; LG Hildesheim, Rpfleger 1963, 247; **a. A.** (unpfändbar): OLG Stuttgart, Rpfleger 2001, 608.
5 BSG, MDR 1989, 1187; zur Pfändbarkeit künftiger Sozialleistungen siehe auch: Anh. § 829 Rdn. 35.
6 SG Stade, jurisPR-SozR 10/2009 mit Anm. durch Bigge (Anm. 3).
7 BAG, NZA 2008, 779. nach Meinung des BAG sind allerdings nur die laufenden und künftigen fiktiven Arbeitslohnansprüche, nicht auch die fiktiven Lohnrückstände pfändbar. Siehe hierzu auch § 829 Rz 24.
8 Soweit man ihn nicht mit der hier, Anh. § 829 Rdn. 18 vertretenen Auffassung für unpfändbar hält.
9 So: BAG, NJW 1977, 75; *Wieczorek/Lüke*, § 832 Rn. 8.
10 Siehe insoweit: Anh. § 829 Rdn. 39; LAG Hamm, NZA 1989, 529. § 46 Abs. 6 AO gilt hier nicht.

erst künftig entstehende Abfindungsansprüche für den Verlust des Arbeitsplatzes, da diese nach Gegenstand und Umfang noch nicht bestimmbar sind.[11]

Ähnliche fortlaufende Bezüge sind zum einen andere den Unterhalt des Schuldners sichernde, aus **einem einheitlichen Schuldgrund** herrührende Forderungen wie Unterhaltsrenten, Schadensersatzrenten, Renten aus privaten Versicherungen, aber auch die aus der entsprechenden Rahmenvereinbarung resultierenden Ansprüche des Kassenarztes aus der Kassenpraxis,[12] zum anderen aber auch der Anspruch des Vermieters und Verpächters auf Miet- und Pachtzinszahlungen,[13] Ansprüche aus Reallasten (z. B. Überbaurenten, Entschädigungen für Notwegerechte usw.), Ansprüche auf fortlaufende Zinszahlungen,[14] soweit diese – was möglich ist – ohne die dazugehörige Hauptforderung gepfändet wurden,[15] Ansprüche auf fortlaufende Ratenzahlungen auf einen Erbteil[16] usw.

II. Einheitlichkeit des Rechtsverhältnisses

Voraussetzung der Erstreckung des Pfandrechts auch auf die künftig fällig werdenden Beträge ist in jedem Fall, dass sie alle aus dem **gleichen einheitlichen Rechtsverhältnis herrühren**. Die Frage, ob ein einheitliches Rechtsverhältnis vorliegt oder ob nacheinander neue, selbstständige Rechtsverhältnisse – auf die die Pfändung sich dann nicht automatisch erstreckt – begründet worden sind, ist nicht rechtlich, sondern nach der Verkehrsauffassung zu beantworten: Die zeitweilige Unterbrechung eines Arbeitsverhältnisses mit dem Willen, später einen neuen, ähnlichen Arbeitsvertrag abzuschließen, und die spätere Wiederbegründung eines Arbeitsverhältnisses unter den selben Parteien lassen z. B. die mehreren Arbeitsverträge unabhängig von der Regelung des § 833 Abs. 2,[17] also auch dann, wenn die Unterbrechung etwas länger als 9 Monate dauert, als ein Rechtsverhältnis erscheinen.[18] Fälle dieser Art liegen etwa vor, wenn der Schuldner zeitweilig untertaucht, um sich seinen Gläubigern zu entziehen,[19] wenn er zeitweilig statt bei seinem eigentlichen Arbeitgeber bei einer Arbeitsgemeinschaft angestellt war, an der sein Arbeitgeber beteiligt ist,[20] wenn er das Arbeitsverhältnis unterbrochen hatte, um eine Freiheitsstrafe anzutreten,[21] wenn er regelmäßig nur saisonmäßig beschäftigt wird.[22] Ebenso ist bei der Pfändung von Krankengeld ein einheitliches Rechtsverhältnis zu bejahen, wenn der Schuldner zwischen zwei längeren Krankheiten kurz die Wiederaufnahme der Arbeit versucht;[23] bei der Pfändung von Arbeitslosengeld, wenn die Arbeitslosigkeit durch kurze Arbeitsphasen unterbrochen wird.[24]

---

11 LAG Düsseldorf, InVo 2007, 119.
12 OLG Nürnberg, JurBüro 2002, 603; *Wieczorek/Lüke*, § 832 Rn. 6.
13 BGH, BGHReport 2006, 1319; *Baumbach/Lauterbach/Hartmann*, § 832 Rn. 4; *Brox/Walker*, Rn. 630; *Musielak/Becker*, § 832 Rn. 2; *Stein/Jonas/Brehm*, § 832 Rn. 4; *Thomas/Putzo/Seiler*, § 832 Rn. 1; a. A. (§ 832 ZPO ist auf Bezüge aus persönlichen Dienstleistungen beschränkt): *Stöber*, a. a. O. Rn. 219 und Rn. 966.
14 *Stein/Jonas/Brehm*, § 832 Rn. 4; *Thomas/Putzo/Seiler*, § 832 Rn. 1.
15 Zur Erstreckung des Pfandrechts an der Hauptforderung auch auf die Zinsen siehe § 829 Rdn. 64.
16 OLG Hamm, WM 1993, 2225.
17 Einzelheiten: § 833 Rdn. 4.
18 Seit BAG, NJW 1957, 439 allgemeine Meinung; beispielhaft: BAG, EWiR 1993, 725; siehe auch: OLG Hamm, OLGReport 1993, 250.
19 OLG Düsseldorf, NZA 1985, 564.
20 LAG Baden-Württemberg, BB 1967, 80.
21 LG Essen, MDR 1963, 226.
22 LAG Düsseldorf, DB 1969, 712; *Brox/Walker*, Rn. 630.
23 A. A.: BSG, NJW 1963, 556.
24 BSG, JurBüro 1982, 1176 und NJW 1983, 958; *Stein/Jonas/Brehm*, § 832 Rn. 2; a. A.: SozG Münster, JurBüro 1979, 289; AG Bottrop, JurBüro 1987, 462 mit Anm. *Mümmler*.

Dass zwischenzeitlich der Betrieb des Arbeitgebers von einem anderen übernommen wird, berührt die Pfändung der künftigen Lohnforderungen nicht. Es ist daher nicht erforderlich, dass der Gläubiger einen neuen Pfändungsbeschluss gegen den Betriebserwerber erwirkt.[25]

5 Dagegen liegt **kein** einheitliches Rechtsverhältnis vor, wenn nach Kündigung eines Arbeitsverhältnisses zwischen den gleichen Parteien mehr als 9 Monate später nur aufgrund zufälliger Umstände, die nicht vorhergeplant waren, ein neuer Arbeitsvertrag geschlossen wird, etwa weil der bisherige Arbeitgeber einen neuen Betrieb, bei dem der Arbeitnehmer sich zwischenzeitlich beworben hat, übernimmt, oder weil der Arbeitgeber nach dem unvorhergesehenen Ausfall anderer Arbeitskräfte den ausgeschiedenen Arbeitnehmer zurückgewinnen muss. Die Zulassung eines Rechtsanwalts bei einem Gericht begründet kein einheitliches Rechtsverhältnis hinsichtlich der ihm aus der Beiordnung im Wege der Prozesskostenhilfe erwachsenden Gebührenansprüche.[26] Ebenso wenig entsteht aus der Tatsache, dass ein Rechtsanwalt eine Partei regelmäßig in ihren Rechtsangelegenheiten vertritt, bereits ein einheitliches Rechtsverhältnis hinsichtlich aller zukünftigen Gebührenansprüche, oder aus der Tatsache, dass ein Arzt regelmäßig bestimmte Privatpatienten behandelt ein einheitliches Rechtsverhältnis hinsichtlich aller künftigen Honoraransprüche.

6 Ist im Einziehungsprozess zwischen dem Gläubiger und dem Drittschuldner in tatsächlicher Hinsicht streitig, ob den Beziehungen des Drittschuldners zum Schuldner eine einheitliche Rechtsbeziehung zugrunde liegt, muss der Gläubiger die entsprechenden Umstände darlegen und beweisen. Dass ein Arbeitnehmer nach zeitlicher Unterbrechung wieder beim selben Arbeitgeber beschäftigt ist, begründet allein noch keine tatsächliche Vermutung dafür, dass diese Neubeschäftigung von Anfang an geplant war.

7 Dass zum Zeitpunkt der Pfändung bereits eine fällige (Teil-) Forderung des Schuldners gegen den Drittschuldner besteht, ist nicht Voraussetzung dafür, dass auch künftige fortlaufende Forderungen beschlagnahmt werden können, wenn nur der Rechtsgrund für diese Forderungen schon gelegt ist. Hatte ein Arbeitnehmer etwa seine Lohnansprüche im Zeitpunkt der Pfändung abgetreten, sodass die Pfändung zunächst ins Leere ging, so werden doch die künftigen Lohnansprüche, die dem Arbeitnehmer nach Beendigung der Abtretung wieder zustehen, von der Pfändung erfasst.[27] Das Pfandrecht entsteht in dem Moment, in dem die Forderung wieder dem Schuldner zusteht. Gleiches gilt, wenn der Lohnanspruch zunächst unterhalb der Grenze des § 850c lag, von der Pfändung also nicht erfasst wurde, und erst später aufgrund von Lohnsteigerungen pfändbar wird.[28]

III. Folgen der Beschlagnahme fortlaufender Bezüge

8 Liegen die Voraussetzungen des § 832 vor, so entstehen[29] die künftigen Teilforderungen jeweils von vornherein verstrickt und mit einem Pfändungspfandrecht belastet. Die Pfändung wirkt unabhängig von einem etwaigen Wechsel des Betriebsinhabers[30] fort, bis die im Pfändungsbeschluss als Grundlage der Pfändung genannte Forderung einschließlich der titulierten Zinsen und der Kosten getilgt ist. Danach bedarf es auch dann keiner besonderen Aufhebung des Pfändungsbeschlusses, wenn die Beschlagnahme in ihm nicht ausdrücklich »bis zur Höhe« der zu vollstreckenden Forderung begrenzt[31] ist. Sieht der Pfändungsbeschluss vor, dass nur bestimmte künftige Raten, die die titulierte Forderung nicht voll abdecken, gepfändet sein sollen (z. B. »das pfändbare Arbeitseinkom-

---

25 LAG Frankfurt, MDR 2000, 232; OLG Oldenburg, BeckRS 2013, 09955.
26 *Stein/Jonas/Brehm*, § 832 Rn. 5.
27 LAG Hamm, NZA 1993, 855; BAG, DB 1993, 1245 mit Anm. in EWiR 1993, 727.
28 *Wieczorek/Lüke*, § 832 Rn. 11.
29 Da das Pfandrecht immer erst mit der Entstehung des jeweiligen Lohnanspruchs greift, ist dieser Zeitpunkt und nicht der des Wirksamwerdens des Pfändungsbeschlusses für die Frage maßgebend, ob das Pfandrecht im Fall der Insolvenz anfechtbar ist: BGH, ZVI 2008, 433; BGH, NJW-RR 2008, 1441.
30 LAG Frankfurt, MDR 2000, 232.
31 Zu diesem Erfordernis ansonsten vgl. § 829 Rdn. 62.

men des Schuldners für die Monate Januar bis April 2010«), so ist diese Begrenzung maßgeblich. Beschlagnahmt umgekehrt der Beschluss ausdrücklich bestimmte Raten, die die Vollstreckungsforderung übersteigen, ist dies ebenfalls wirksam. Der Schuldner muss die Erfüllung mit der Klage nach § 767 geltend machen, wenn der Gläubiger die zu viel beschlagnahmten Raten nicht freiwillig freigibt.

IV. Fortlaufende Beschlagnahme durch mehrfache Pfändung

Ist hinsichtlich ein und derselben in fortlaufenden Raten zu befriedigenden Forderung jede Rate einzeln gepfändet worden, so gelten die allgemeinen Regeln wie zu § 829; ebenso gelten diese allgemeinen Regeln, wenn mehrere Gläubiger ein und denselben Gehaltsanspruch nacheinander gepfändet haben.[32]

9

---

[32] Siehe § 829 Rdn. 51.

§ 833 Pfändungsumfang bei Arbeits- und Diensteinkommen

(1) ¹Durch die Pfändung eines Diensteinkommens wird auch das Einkommen betroffen, das der Schuldner infolge der Versetzung in ein anderes Amt, der Übertragung eines neuen Amtes oder einer Gehaltserhöhung zu beziehen hat.

²Diese Vorschrift ist auf den Fall der Änderung des Dienstherrn nicht anzuwenden.

(2) Endet das Arbeits- oder Dienstverhältnis und begründen Schuldner und Drittschuldner innerhalb von neun Monaten ein solches neu, so erstreckt sich die Pfändung auf die Forderung aus dem neuen Arbeits- oder Dienstverhältnis.

Übersicht	Rdn.		Rdn.
I. Anwendungsbereich der Norm	1	IV. Unterbrechung des Arbeitsverhältnisses.	4
II. Wechsel des Dienstherrn	2	1. Begriff der Unterbrechung	4
III. Aufgabenwechsel beim selben Dienstherrn	3	2. Berechnung der Frist	5

I. Anwendungsbereich der Norm

1 Die Vorschrift gilt nur für die Pfändung von Arbeits- und Diensteinkommen i.S. der §§ 850 ff. (Lohn, Gehalt, sonstige Arbeitsvergütung, auch verschleiertes Arbeitseinkommen i.S.v. § 850h Abs. 2[1]) und gem. § 54 Abs. 4 SGB I gleichgestellte Sozialleistungen[2], nicht entsprechend für die sonstigen fortlaufenden Bezüge i.S. des § 832. Sie stellt klar, dass die Einheitlichkeit des Rechtsverhältnisses durch innerbetriebliche Versetzungen, Beförderungen, Höhergruppierungen oder Gehaltserhöhungen, auch wenn diese auf Änderungsverträgen zum Arbeitsvertrag beruhen, nicht berührt wird. Gleiches gilt für eine Statusänderung dahingehend, dass der Arbeiter ins Angestelltenverhältnis, der Angestellte ins Beamtenverhältnis wechselt oder umgekehrt. Ob das alte und das neue »Amt« miteinander vergleichbar sind, spielt, wenn der Dienstherr der Gleiche bleibt, keine Rolle, so etwa, wenn der bisherige Landesbeamte zum Richter im Landesdienst ernannt, der bisherige städtische Angestellte zum Wahlbeamten der nämlichen Kommune berufen wird.

II. Wechsel des Dienstherrn

2 Wechselt der Dienstverpflichtete (Arbeitnehmer) aber den **Dienstherrn**, so wird auch dann ein neues Rechtsverhältnis, das einen neuen Pfändungs- und Überweisungsbeschluss erfordert, begründet, wenn der Arbeitnehmer letztlich seine Position nicht ändert – der Beamte des Bundeslandes A lässt sich in gleicher Position und bei gleichen Bezügen in das Bundesland B versetzen; der Landesbeamte wechselt in den Bundesdienst;[3] der bei einer Mitgliedsfirma einer Bau-ARGE angestellte Arbeitnehmer wechselt zu einer anderen Mitgliedsfirma innerhalb der ARGE unter Beibehaltung seiner bisherigen tatsächlichen Funktionen[4] –. Dies stellt **Abs. 1** Satz 2 ausdrücklich klar.

III. Aufgabenwechsel beim selben Dienstherrn

3 Kein Wechsel des Dienstherrn i.S. des Abs. 2 liegt vor, wenn der Dienstherr nur die Rechtsform ändert (Erstarken der BGB-Gesellschaft zur OHG, Umwandlung der OHG in eine KG, Übernahme des einzelkaufmännischen Betriebes durch eine GmbH u. Co. KG mit dem bisherigen Betriebsinhaber als wirtschaftlichem Alleininhaber der Gesellschaft[5] usw.), oder wenn der Betrieb, in dem der Arbeitnehmer tätig ist, im Wege der Betriebsnachfolge samt den Arbeitsverhältnissen

---

[1] OLG Karlsruhe, BeckRS 2012, 04443 mit Anm. *Otte,* GWR 2012, 329867.
[2] SG Stade, jurisPR-SozR 10/2009 mit Anm. durch Bigge (Anm. 3).
[3] *Wieczorek/Lüke,* § 833 Rn. 4.
[4] LAG Baden-Württemberg, BB 1967, 80; *Musielak/Becker,* § 833 Rn. 2.
[5] *Musielak/Becker,* § 833 Rn. 2.

gem. § 613a BGB auf einen anderen Inhaber übergeht.[6] Erst recht gilt dies, wenn der bisherige Betriebsinhaber verstirbt und eine oder mehrere Personen im Wege des Erbgangs an seine Stelle treten.

Da der Drittschuldner trotz des Arrestatoriums durch Leistung an seinen alten Gläubiger – den Vollstreckungsschuldner – von seiner Verbindlichkeit befreit wird, wenn diese Leistung in unverschuldeter Unkenntnis des Arrestatoriums erfolgt,[7] der Erbe oder der Betriebsübernehmer sich aber die Kenntnis ihres Rechtsvorgängers nicht zurechnen lassen müssen, wenn sie sie nicht selbst aus den Geschäftsunterlagen hätten gewinnen können, empfiehlt es sich für den Gläubiger, jedenfalls bei kleineren Betrieben als Drittschuldner, an den neuen Betriebsinhaber nochmals zuzustellen, um ihm Kenntnis von der Pfändung zu geben.[8]

IV. Unterbrechung des Arbeitsverhältnisses

1. Begriff der Unterbrechung

Auch wenn die bloße Unterbrechung des Dienst- und Arbeitsverhältnisses nicht fest vereinbart war,[9] ja wenn beide Parteien zu einer endgültigen Trennung entschlossen waren, wenn aber dann tatsächlich das gekündigte Arbeitsverhältnis innerhalb von 9 Monaten wieder neu begründet wird, erstreckt sich nach **Abs. 2** die Pfändung des ursprünglichen Arbeitslohnes automatisch auf die neue Lohnforderung. Dies gilt auch für den Fall, dass der Arbeitnehmer innerhalb des neuen Arbeitsverhältnisses beim nämlichen Arbeitgeber ganz neue, vielleicht nicht vergleichbare Aufgaben übernimmt, wenn also etwa die bisherige kaufmännische Angestellte nunmehr beim Reinigungspersonal arbeitet oder der bisherige Kraftfahrer als Wachmann tätig wird. Insoweit muss der Rechtsgedanke des Abs. 1 auch beim Abs. 2 mitberücksichtigt werden. Entscheidend ist allein, dass das Beschäftigungsverhältnis nicht länger als 9 Monate unterbrochen war. Die Frist läuft vom tatsächlichen Ende des alten Arbeitsverhältnisses, also nicht schon vom Zugang der Kündigung an, bis zum tatsächlichen Beginn des neuen Arbeitsverhältnisses.[10] Der Arbeitgeber hat die Fortwirkung der Pfändung von sich aus zu berücksichtigen. Er muss den der Pfändung unterliegenden Teil des neuen Arbeitseinkommens unaufgefordert an den Gläubiger abliefern und trägt das Risiko (§§ 135, 136 BGB), dass er den »alten« Pfändungsbeschluss nicht mehr registriert hat oder sonst übersieht.

4

War das Arbeitsverhältnis länger als 9 Monate unterbrochen, kann von einem einheitlichen Arbeits- oder Dienstverhältnis nur unter den § 832 Rdn. 4 dargelegten besonderen Umständen gesprochen werden.

2. Berechnung der Frist

Hinsichtlich der Fristberechnung der 9-Monatsfrist des Abs. 2 gilt § 222 ZPO. Zu berechnen ist nach den Berechnungsgrundsätzen der §§ 187–189 BGB.

5

---

6 LAG Hamm, DB 1976, 440; LAG Frankfurt, MDR 2000, 232; OLG Oldenburg, BeckRS 2013, 09955.
7 Einzelheiten: § 829 Rdn. 55.
8 Ebenso *Stein/Jonas/Brehm*, § 833 Rn. 3.
9 Zu diesem Fall siehe § 832 Rdn. 4.
10 *Thomas/Putzo/Seiler*, § 833 Rn. 3.

§ 833a Pfändungsumfang bei Kontoguthaben

Die Pfändung des Guthabens eines Kontos umfasst das am Tage der Zustellung des Pfändungsbeschlusses bei dem Kreditinstitut bestehende Guthaben sowie die Tagesguthaben der auf die Pfändung folgenden Tage.

Übersicht	Rdn.		Rdn.
I. Geschichte und Funktion der Norm	1	IV. Entsprechende Anwendung der Norm in der Abgabenvollstreckung	6
II. Pfändungsumfang bei Kontoguthaben	3		
III. Entstehung des Pfändungspfandrechts	5		

I. Geschichte und Funktion der Norm

1 Die Norm wurde durch das Gesetz zur Reform des Kontopfändungsschutzes[1] neu in die ZPO eingefügt. Der ursprüngliche Abs. 2 galt nur bis 31.12.2011 und ergänzte die Regelungen zum Kontenpfändungsschutz. Jetzt wird Kontenpfändungsschutz nur noch über das P-Konto nach § 850k gewährt. Die im früheren Abs. 2 enthaltene Regelung wurde durch den neu gefassten § 850l abgelöst.

2 Durch die Norm sollen die Arbeit des Gläubigers bei der Antragstellung, die Arbeit der Gerichte bei der Ausformulierung des Pfändungsbeschlusses und die Arbeit des Drittschuldners bei der Überwachung der Ausführung des Pfändungsbeschlusses vereinfacht werden. Das amtliche Formular für einen Pfändungs- und Überweisungsbeschluss ist der Norm angepasst.

II. Pfändungsumfang bei Kontoguthaben

3 Soll neben einer bereits bestehenden Forderung zusätzlich auch eine künftige Forderung gepfändet werden, ist dies regelmäßig im Antrag klarzustellen. So wie § 832 hiervon für Gehaltsforderungen und ähnliche fortlaufende Bezüge eine Ausnahme macht, bestimmt auch § 833a, dass die Pfändung »des Guthabens eines Kontos bei einem Kreditinstitut«[2] nicht nur den positiven Tagessaldo[3] zum Zeitpunkt der Pfändung erfasst, sondern auch die Tagesguthaben der auf die Pfändung folgenden Tage. Dies gilt ohne zeitliche Begrenzung, bis die Forderung, wegen der die Vollstreckung betrieben wird, getilgt ist. Die Pfändung auch der künftigen Tagessalden hindert das Kreditinstitut nicht, den Kontoführungsvertrag mit dem Schuldner zu kündigen. Mit dem Erlöschen des Kontos erlischt auch die Pfändung. Eröffnet der Vollstreckungsschuldner später bei diesem Kreditinstitut ein neues Konto, gilt für das neue Konto § 833 Abs. 2 nicht entsprechend, da die Vorschrift als Ausnahmevorschrift insoweit nicht analogiefähig ist. Damit der Schuldner aber nicht durch die Neueröffnung von Konten beim Drittschuldner und die Anweisung, künftige Zahlungseingänge auf diese neuen, von der Pfändung nicht erfassten Konten gutzuschreiben, die Pfändung unterläuft, empfiehlt es sich, neben den Guthaben auf dem Konto auch die Ansprüche auf Gutschrift eingehender Beträge (ein Nebenanspruch aus dem Kontoeröffnungsvertrag) mit zu pfänden.[4] Dadurch werden derartige Manipulationen durch den Schuldner eingeschränkt.

4 Die Pfändung erfasst nur das Kontoguthaben und die unselbstständigen Nebenberechtigungen aus dem Vertrag über die Führung des Kontos[5], nicht aber die weiteren selbstständigen Ansprüche aus dem Kontoführungsvertrag[6], insbesondere nicht den Anspruch auf Auszahlung eines in Anspruch

---

1 BGBl. I 2009, 1709.
2 Gemeint sind nicht nur Giro- und Kontokorrentkonten, sondern auch Sparkonten; so auch: Kindl/Meller-Hannich/Wolf/*Bendtsen*, § 833a Rn. 3; Thomas/Putzo/*Seiler*, § 833a Rn. 2.
3 Zu Berechnung dieses Tagessaldos im Einzelnen: Anh. § 829 Rn. 2b.
4 Das amtliche Formular schlägt dies auch vor.
5 Siehe hierzu Anh. § 829 Rdn. 14.
6 Büchel, BKR 2009, 358, 360 § 833a Rn. 4. Siehe ferner Anh. § 829 Rdn. 2.

genommenen Dispositionskredits[7]. Will der Gläubiger auch auf die Beträge zugreifen, die dem Schuldner aus einer konkreten Inanspruchnahme des ihm eingeräumten Dispositionskredits[8] zustehen, muss er diese Ansprüche ausdrücklich gesondert pfänden lassen.

III. Entstehung des Pfändungspfandrechts

Das Konto wird beschlagnahmt, auch wenn zum Zeitpunkt der Zustellung des Pfändungs- und Überweisungsbeschlusses kein Guthaben auf ihm ist. Insoweit geht die Pfändung von im Minus geführten Konten also nicht ins Leere. Ein Pfändungspfandrecht entsteht allerdings erst, sobald ein positiver Tagessaldo vorhanden ist.[9]

IV. Entsprechende Anwendung der Norm in der Abgabenvollstreckung

Nach § 309 Abs. 3 AO gilt § 833a in der Abgabenvollstreckung entsprechend.

---

7 Kindl/Meller-Hannich/Wolf/*Bendtsen*, § 833a Rn. 4. Zum Begriff des Dispositionskredits und zur Abgrenzung vom Überziehungskredit siehe Anh. § 829 Rdn. 9.
8 Diese Ansprüche sind pfändbar, nicht aber das Recht, sich für eine Inanspruchnahme der Kreditlinie entscheiden zu dürfen. Einzelheiten siehe Anh. § 829 Rdn. 10.
9 BeckOK-ZPO/*Riedel*, § 833a Rn. 5.

§ 834 Keine Anhörung des Schuldners

Vor der Pfändung ist der Schuldner über das Pfändungsgesuch nicht zu hören.

Übersicht	Rdn.		Rdn.
I. Zweck der Vorschrift	1	III. Ausnahmen	3
II. Reichweite der Norm	2	IV. Rechtsbehelfe	4

Literatur:
Hoeren, Der Pfändungs- und Überweisungsbeschluß: Praktikabilität vor Verfassungsrecht? NJW 1991, 410; *Kahlke*, Nochmals: Der Pfändungs- und Überweisungsbeschluß – Praktikabilität vor Verfassungsrecht, NJW 1991, 2688; *Münzberg*, Anhörung vor Überweisung an Zahlungs Statt, Rpfleger 1982, 329; *Schlosser*, Der Überraschungseffekt der Zwangsvollstreckung – national und international, RIW 2002, 809; *Schneider*, Weitere Beschwerde wegen Verletzung des § 834 ZPO, MDR 1972, 912; *Vogel*, Schutzschriften auch in der Zwangsvollstreckung, NJW 1997, 554.

I. Zweck der Vorschrift

1 Geldforderungen sind, insbesondere in den Händen zahlungsunwilliger Schuldner, ein leicht gefährdetes Vollstreckungsobjekt: Oft lassen sie sich ohne Aufwand schnell realisieren; sie können schnell abgetreten werden, ohne dass eine Gläubigerbenachteiligungsabsicht sicher nachweisbar wäre. Um solche Manipulationen von vornherein auszuschließen, soll der Schuldner durch den Pfändungsbeschluss überrascht werden. Dies ist nur zu erreichen, wenn er vor dem Pfändungsbeschluss weder schriftlich noch mündlich von der Pfändungsabsicht verständigt wird. Art. 103 Abs. 1 GG steht dem nicht entgegen, da der Schuldner im Rahmen des weitgefächerten Rechtsbehelfssystems in der Zwangsvollstreckung (§§ 766, 767, gegebenenfalls auch 765a; einstweiliger Rechtsschutz nach §§ 766 Abs. 1 Satz 2, 769) hinreichende Möglichkeiten hat, seine Gegenansichten zur Geltung zu bringen, ohne vorher einen endgültigen Rechtsverlust befürchten zu müssen.[1] Die Vorschrift ist zwingend;[2] es steht also nicht, wie im Fall des § 730, im Ermessen des Rechtspflegers, ob er nicht im Einzelfall den Schuldner doch anhört. Entsteht dem Gläubiger durch die unzulässige Anhörung des Schuldners ein Schaden, haftet der Staat nach § 839 BGB, Art. 34 GG.[3]

II. Reichweite der Norm

2 Das Anhörungsverbot gilt nicht nur für den Pfändungsbeschluss selbst, sondern auch für den mit ihm zu einer einheitlichen Entscheidung verbundenen Überweisungsbeschluss.[4] Es gilt ferner für Anträge des Gläubigers, die den Pfändungsbeschluss unmittelbar vorbereiten, wie ein Prozesskostenhilfegesuch[5] oder einen Antrag auf Bestimmung des zuständigen Gerichts.[6] Das Verbot gilt auch in der Rechtsmittelinstanz weiter, wenn der Gläubiger gegen die Ablehnung seines Pfändungsgesuches vorgeht.[7] Ist der Pfändungsbeschluss aber erlassen, so ist zu nachfolgenden Anträgen,

---

[1] BVerfGE 9, 98; 57, 348; zum vergleichbaren Fall der Anordnung der Zwangsversteigerung nach dem ZVG: BGH, NJW 1984, 2166.

[2] BGH, NJW 1983, 1859; BAG, NJW 1977, 75; *Baumbach/Lauterbach/Hartmann*, § 834 Rn. 1; kritisch zum ausnahmslosen Ausschluss der Anhörung: *Maunz/Dürig/Schmidt-Aßmann*, Art. 103 GG Rn. 93.

[3] *Baumbach/Lauterbach/Hartmann*, § 834 Rn. 7; *Musielak/Becker*, § 834 Rn. 3; MüKo/*Smid*, § 834 Rn. 5; *Stein/Jonas/Brehm*, § 834 Rn. 6.

[4] *Kahlke*, NJW 1991, 2688; MüKo/*Smid*, § 834 Rn. 1; *Stöber*, Forderungspfändung, Rn. 482; a. A. insoweit: *Hoeren*, NJW 1991, 410; *Hager*, KTS 1992, 327 (in kritischer Besprechung des »Zöller« zu § 834 ZPO); *Wieczorek/Lüke*, § 835 Rn. 8.

[5] *Zöller/Stöber*, § 834 Rn. 2.

[6] BGH, FamRZ 1983, 578; BayObLG, Rpfleger 2004, 365; BayObLG, ZMR 2006, 54; siehe auch BayObLG, NJW-RR 1986, 421.

[7] KG, FamRZ 1980, 614; LG Aurich, Rpfleger 1962, 413; OLG Köln, MDR 1988, 683; KG, OLGReport 1994, 81; *Stein/Jonas/Brehm*, § 834 Rn. 1.

etwa einem gesonderten Überweisungsantrag oder einem Antrag auf anderweitige Verwertung, der Schuldner nach den allgemeinen Regeln zu hören.

III. Ausnahmen

Eine ausdrückliche Ausnahme regelt § 850b Abs. 3. Da das Anhörungsverbot allein dem Schutze des Gläubigers dient, ist der Schuldner darüber hinaus aber auch immer anzuhören, wenn der Gläubiger dies ausdrücklich beantragt.[8] Ein solcher Antrag kann zum einen angebracht sein, wenn der Gläubiger, um dem Bestimmtheitserfordernis[9] zu genügen, detaillierte Angaben des Schuldners benötigt, zum anderen dann, wenn der Gläubiger, um mit seinem Antrag Erfolg zu haben, auch Angaben zu den persönlichen Verhältnissen des Schuldners und zur Billigkeit des Vollstreckungszugriffs machen muss. Solche Angaben sind etwa beim erweiterten Zugriff nach § 850f Abs. 2 und 3 oder bei der Billigkeitsprüfung gem. § 54 Abs. 2 SGB I erforderlich. Da der Gläubiger die Lebensumstände des Schuldners nicht immer kennen kann, darf der Rechtspfleger, soweit ihm Angaben des Gläubigers fehlen, den Antrag nicht sofort zurückweisen, er muss vielmehr anregen, dass sich der Gläubiger mit einer Anhörung des Schuldners zu den maßgeblichen Umständen einverstanden erklärt. Verweigert der Gläubiger die Zustimmung, findet die Anhörung nicht, wie im Fall des § 850b Abs. 3 ZPO, von Amts wegen statt.[10] Der Antrag des Gläubigers ist dann vielmehr, wenn sein Vortrag für eine Entscheidung nicht ausreicht, zurückzuweisen.

3

IV. Rechtsbehelfe

Da der Schuldner vor der Pfändung regelmäßig nicht zu hören ist, kann er die Pfändung auch nicht durch vorbeugende Rechtsmittel abwenden.[11] Er muss vielmehr abwarten, ob und in welchem Umfang der Pfändungsbeschluss ergeht, um diesen dann nach seinem Erlass gegebenenfalls mit der Erinnerung anzugreifen.[12] Musste der Schuldner vor Erlass des Pfändungsbeschlusses ausnahmsweise gehört werden (§ 850b Abs. 3), ist sein Rechtsmittel gegen den Pfändungsbeschluss die sofortige Beschwerde nach § 11 RpflG, § 793; erfolgte die Anhörung, obwohl im Gesetz an sich nicht vorgesehen, allein auf Antrag des Gläubigers, verbleibt es bei der Erinnerung nach § 766.[13]

4

---

8 OLG Celle, MDR 1972, 958; LG Braunschweig, Rpfleger 1981, 489 mit Anm. *Hornung*; *Baumbach/Lauterbach/Hartmann*, § 834 Rn. 2; *Schneider*, MDR 1972, 913; *Stein/Jonas/Brehm*, § 834 Rn. 4; *Stöber*, Forderungspfändung, Rn. 481.
9 Einzelheiten: § 829 Rdn. 33, 39.
10 Weitergehend (Anhörung von Amts wegen): OLG Hamm, NJW 1973, 1322.
11 Zur Möglichkeit, durch Einreichung einer Schutzschrift auf eine drohende Zwangsvollstreckung einzuwirken: *Vogel*, NJW 1997, 554.
12 OLG Köln, NJW-RR 1988, 14.
13 Einzelheiten siehe: § 829 Rdn. 67.

§ 835 Überweisung einer Geldforderung

(1) Die gepfändete Geldforderung ist dem Gläubiger nach seiner Wahl zur Einziehung oder an Zahlungs statt zum Nennwert zu überweisen.

(2) Im letzteren Falle geht die Forderung auf den Gläubiger mit der Wirkung über, dass er, soweit die Forderung besteht, wegen seiner Forderung an den Schuldner als befriedigt anzusehen ist.

(3) ¹Die Vorschriften des § 829 Abs. 2, 3 sind auf die Überweisung entsprechend anzuwenden. ²Wird ein bei einem Kreditinstitut gepfändetes Guthaben eines Schuldners, der eine natürliche Person ist, dem Gläubiger überwiesen, so darf erst vier Wochen nach der Zustellung des Überweisungsbeschlusses an den Drittschuldner aus dem Guthaben an den Gläubiger geleistet oder der Betrag hinterlegt werden; ist künftiges Guthaben gepfändet worden, ordnet das Vollstreckungsgericht auf Antrag zusätzlich an, dass erst vier Wochen nach der Gutschrift von eingehenden Zahlungen an den Gläubiger geleistet oder der Betrag hinterlegt werden darf.

(4) ¹Wird künftiges Guthaben auf einem Pfändungsschutzkonto im Sinne von § 850k Abs. 7 gepfändet und dem Gläubiger überwiesen, darf der Drittschuldner erst nach Ablauf des nächsten auf die jeweilige Gutschrift von eingehenden Zahlungen folgenden Kalendermonats an den Gläubiger leisten oder den Betrag hinterlegen. ²Das Vollstreckungsgericht kann auf Antrag des Gläubigers eine abweichende Anordnung treffen, wenn die Regelung des Satzes 1 unter voller Würdigung des Schutzbedürfnisses des Schuldners für den Gläubiger eine unzumutbare Härte verursacht.

(5) Wenn nicht wiederkehrend zahlbare Vergütungen des Schuldners, der eine natürliche Person ist, für persönlich geleistete Arbeiten und Dienste oder sonstige Einkünfte, die kein Arbeitseinkommen sind, dem Gläubiger überwiesen werden, so darf der Drittschuldner erst vier Wochen nach der Zustellung des Überweisungsbeschlusses an den Gläubiger leisten oder den Betrag hinterlegen.

Übersicht

		Rdn.
I.	Allgemeines	1
II.	Das Verfahren zur Überweisung	3
III.	Die Wirkungen der Überweisung zur Einziehung, allgemein	4
IV.	Die Wirkungen der Überweisung im sog. Einziehungs- (oder Drittschuldner-)prozess	6
1.	Zulässigkeitsprobleme im Einziehungsprozess	7
2.	Einwendungen des Drittschuldners im Einziehungsprozess gegen seine Zahlungspflicht	8
	a) Materiellrechtliche Einwendungen	8
	b) Einwand förmlicher Mängel des Vollstreckungsverfahrens	10
	c) Insbesondere: Verstoß gegen Unpfändbarkeitsvorschriften	11
	d) Unwirksamkeit des die Vollstreckungsforderung titulierenden Vergleichs	12
	e) Einstweilige Einstellung der Zwangsvollstreckung gegen den Schuldner	13
V.	Die Auswirkungen der Überweisung zur Einziehung in anderen Verfahren	15
VI.	Die Überweisung an Zahlungs Statt	16
VII.	Leistungssperre nach Abs. 3 Satz 2, Abs. 4 und Abs. 5	18
VIII.	Überweisung an mehrere Gläubiger	20
IX.	Kosten und Gebühren der Überweisung	21
X.	Entsprechende Anwendung in der Abgabenvollstreckung	22

Literatur:
Becker, Schutz des Drittschuldners vor ungerechtfertigter Inanspruchnahme durch Vollstreckungsgläubiger und Vollstreckungsschuldner, FS Musielak, 2004, S. 51; *Behrendt*, Verfügungen im Wege der Zwangsvollstreckung, 2006; *Benöhr*, Einredeverzicht des Drittschuldners, NJW 1976, 174; *Denck*, Einwendungsverlust bei pfändungswidriger Zahlung des Drittschuldners an den Schuldner?, NJW 1979, 2375; *ders.*, Einwendungen des Arbeitgebers gegen die titulierte Forderung bei Lohnpfändung, ZZP 1979, 71; *Hamme*, Die Übergabe eines Pfändungs- und Überweisungsbeschlusses im Wege der Ersatzzustellung an den Schuldner, NJW 1994, 1035; *Hoeren*, Der Pfändungs- und Überweisungsbeschluss: Praktikabilität vor Verfassungsrecht?, NJW 1991, 410; *Joost*, Risikoträchtige Zahlungen des Drittschuldners bei der Forderungspfändung, WM 1981, 82; *Kahlke*, Nochmals: Der Pfändungs- und Überweisungs-

beschluß – Praktikabilität vor Verfassungsrecht, NJW 1991, 2688; *Kerwer*, Die Erfüllung in der Zwangsvollstreckung, 1997; *Kleinheisterkamp*, Prozessführung über gepfändete Geldforderungen, 2001; *Lieb*, Bereicherungsrechtliche Fragen bei Forderungspfändungen, ZIP 1982, 1153; *Münzberg*, Anhörung vor Überweisung an Zahlungs Statt, Rpfleger 1982, 329; *Olshausen*, Gläubigerrecht und Schuldnerschutz bei Forderungsübergang und Regress, 1988; *Pohle*, Kann der Drittschuldner der Klage aus einem Pfändungsbeschluss die Pfändungsverbote der §§ 850 ff. ZPO entgegenhalten?, JZ 1962, 344; *Reetz*, Die Rechtsstellung des Arbeitgebers als Drittschuldner in der Zwangsvollstreckung, 1985; *Reinicke*, Die zweckentfremdete Aufrechnung, NJW 1972, 793 und 1698; *Rimmelspacher/Spellenberg*, Pfändung einer Gegenforderung und Aufrechnung, JZ 1973, 271; *Rixecker*, Der Irrtum des Drittschuldners über den Umfang der Lohnpfändung, JurBüro 1982, 1761; *Röder*, Die Pfändung von Geldmarktanteilen (Geldmarktfonds) als Geldmarktsondervermögen von Kapitalgesellschaften, DGVZ 1995, 110; *Schleusener/Kühn*, Die Reichweite der Kostenpräklusion nach § 12a I ArbGG, NZA 2008, 147; *Schlosser*, Forderungspfändung und Bereicherung, ZZP 1963, 73; *Schmidt*, Erleichterungen bei der Führung von Drittschuldnerprozessen, InVo 2002, 487; *ders.*, Der (offensichtlich immer noch) unbekannte Drittschuldnerprozess, JurBüro 2006, 344; *ders.*, Nochmals: Der Drittschuldnerprozess, JurBüro 2008, 175; *Schmidt-Jortzig*, Die Auswirkung der Forderungsüberweisung zur Einziehung (§ 835 Abs. 1 ZPO). Eine Untersuchung über die »Berechtigung zur Einziehung« bei der Forderungspfändung, Diss. Kiel, 1969; *Schneider*, Zur Prozessführungsbefugnis des Schuldners nach Pfändung und Überweisung einer Forderung zur Einziehung, JurBüro 1966, 191; *Schöpflin*, Bereicherungsanspruch des Drittschuldners bei Zahlung auf nicht bestehende Forderung, JA 2003, 99; *Schopp*, Zahlungsvermerke auf Überweisungsbeschlüssen über Gläubigerforderungen, Rpfleger 1966, 326; *Schultes*, Zur Nichtigkeit des den Arrest vollziehenden Überweisungsbeschlusses, JR 1995, 136; *Schünemann*, Befriedigung durch Zwangsvollstreckung, JZ 1985, 49; *Schur*, Einziehungsrecht des Gläubigers bei Pfändung und Überweisung einer Forderung zur Einziehung, KTS 2001, 73; *Sieckhoff*, Nichtige Überweisungsbeschlüsse und Drittschuldnerschutz, FS E. Schumann, 2001, S. 443; *Staab*, Die Drittschuldnerklage vor dem Arbeitsgericht, NZA 1993, 439.

I. Allgemeines

Gepfändete (§ 829) Forderungen werden regelmäßig in der Weise **verwertet,** dass sie an den Gläubiger überwiesen werden. In der Praxis werden Pfändung und Verwertung für gewöhnlich in einem gemeinsamen Beschluss des Vollstreckungsgerichts (Rechtspfleger) angeordnet, dem sog. »Pfändungs- und Überweisungsbeschluss«. Es gibt aber auch Beschlüsse, in denen die Pfändung allein ausgesprochen werden muss, da eine Verwertung der Forderung noch nicht gestattet ist (so im Fall der Sicherungsvollstreckung nach § 720a und der Arrestpfändung nach § 930), sodass es nachfolgend, wenn schließlich Verwertungsreife eingetreten ist, auch zu isolierten Überweisungsbeschlüssen kommen kann. 1

Ein reiner Überweisungsbeschluss ohne vorangegangenen oder gleichzeitigen wirksamen Pfändungsbeschluss ist nichtig, da nur aus der staatlichen Beschlagnahme der Forderung – bzw., wenn die gepfändete »angebliche« Forderung nicht besteht, aus dem äußeren Schein der Beschlagnahme – die Legitimation zur Verwertung folgt.[1] Ist die Verwertungsbefugnis trotz Verstrickung der Forderung kraft Gesetzes ausgeschlossen (Vollziehung eines Arrestbefehls, Durchführung einer Sicherungsvollstreckung), ist ein dennoch erlassener Überweisungsbeschluss ebenfalls nichtig.[2] 2

Die Überweisung kann nach **Abs. 1** in zwei Formen erfolgen, zur Einziehung oder an Zahlungs Statt zum Nennwert. Daneben können oder müssen sogar, wenn nach dem Charakter des gepfändeten Rechts (§ 857) eine Überweisung zur Einziehung oder an Zahlungs statt nicht in Betracht kommt – etwa bei einem GmbH-Anteil[3] – nach § 844 im Einzelfall auch noch andere Formen der Verwertung zugelassen werden. Welche Form der Verwertung – soweit sie im Übrigen zulässig ist – durch das Gericht anzuordnen ist, richtet sich allein nach dem **Antrag** des Gläubigers. Keine der Verwertungsformen ist ein Minus zu den anderen derart, dass das Gericht sie von sich aus anordnen dürfte, wenn es gegen die vom Gläubiger beantragte Bedenken hat. Hat der Gläubiger es unterlassen, im Antrag eine bestimmte Verwertungsart zu bezeichnen, so ist er zur Ergänzung

---

[1] OLG Saarbrücken, OLGReport 2004, 488 mit Anm. *Reichling*, ProzRB 2005, 36; *Wieczorek/Lüke*, § 835 Rn. 9.
[2] BGH, NJW 1993, 735; BGH, NJW 2014, 2732.
[3] *Musielak/Becker*, § 859 Rn. 15; *Polzius*, DGVZ 1987, 17 ff., 33 ff.

seines Antrages anzuhalten. Hat er nur Überweisung an sich beantragt, ist im Zweifel davon auszugehen, dass die Überweisung lediglich zur Einziehung gewollt ist.[4] Im Fall des § 839 entfällt die Wahlmöglichkeit des Gläubigers. Hier kommt allein die Überweisung zur Einziehung in Betracht.

II. Das Verfahren zur Überweisung

3   Beide Überweisungsformen werden durch **Beschluss** des Vollstreckungsgerichts ausgesprochen. Ist die Überweisung nicht mit dem Pfändungsbeschluss verbunden, so muss der isolierte Überweisungsbeschluss die überwiesene Forderung so bestimmt und konkret bezeichnen,[5] dass Zweifel beim Drittschuldner ausgeschlossen sind. Zur Konkretisierung genügt in der Regel die Bezugnahme auf den die Forderung bereits bezeichnenden Pfändungsbeschluss. Beantragt der Gläubiger oder sein Vertreter darüber hinaus, dass die Weisung in den Beschluss aufgenommen werde, Zahlungen sollten allein an den Bevollmächtigten erfolgen, so muss diesem Antrag nicht entsprochen werden,[6] da es sich um eine Angabe außerhalb des förmlichen Vollstreckungsrechts handeln würde (kein Fall etwa des § 844). Es ist aber zulässig und unschädlich, einen solchen Antrag in der Form im Beschluss wiederzugeben, dass es sich um eine Bitte des Gläubigers handle, die das Gericht ohne Gewähr weiterleite.[7] Für einen isolierten Überweisungsbeschluss gilt § 834 nicht,[8] dem Schuldner ist also vorher rechtliches Gehör zu gewähren. Die Anhörung darf erst erfolgen, wenn der vorausgegangene Pfändungsbeschluss durch Zustellung an den Drittschuldner wirksam geworden ist.

Der Überweisungsbeschluss ist dem Drittschuldner auf Betreiben des Gläubigers, dem Schuldner danach von Amts wegen zuzustellen (**Abs. 3 Satz 1**). Die Überweisung wird erst mit Zustellung an den Drittschuldner wirksam. Die Ausführungen zu § 829 Abs. 2 und Abs. 3[9] gelten insoweit entsprechend.

Ist die Überweisung nicht gegenüber dem Pfändungsbeschluss ausdrücklich eingeschränkt, so bezieht sie sich auf die Forderung in dem Umfang, der von der Pfändung erfasst wurde.[10] Sie gilt also auch für die Nebenforderungen und Nebenrechte, auf die das Pfandrecht sich erstreckt.

III. Die Wirkungen der Überweisung zur Einziehung, allgemein

4   Der Vollstreckungsschuldner bleibt Inhaber der Forderung; der Gläubiger erwirbt aber die aus der Forderungsinhaberschaft resultierenden Rechte gegenüber dem Drittschuldner, die zur Einziehung der Forderung erforderlich sind, soweit nicht der Einziehende nach dem Gesetz weitergehende persönliche Voraussetzungen erfüllen muss. Im letzteren Falle kann er die Forderung nur einziehen, wenn er diese Voraussetzungen auch persönlich erfüllt[11]. Auch die Kehrseite der Einziehungsbefugnis, nämlich das Recht zur Stundung der Forderung, geht auf den Einziehungsbefugten über. Gewährt er Stundung, wird die Verjährung der Forderung gehemmt[12], die Stundung darf sich allerdings nicht zulasten des Vollstreckungsschuldners auswirken, § 842 ZPO.[13]

---

4   Allgem. Meinung; beispielhaft: *Thomas/Putzo/Seiler*, § 835 Rn. 4; *Stein/Jonas/Brehm*, § 835 Rn. 7.
5   Zum Bestimmtheitserfordernis beim Pfändungsbeschluss: § 829 Rdn. 39.
6   LG Essen, Rpfleger 1959, 166 mit Anm. *Petermann*; *Musielak/Becker*, § 835 Rn. 5; *Stein/Jonas/Brehm*, § 835 Rn. 6; a. A. (Anspruch des Gläubigers auf Aufnahme eines entsprechenden Vermerks): LG Nürnberg-Fürth, Rpfleger 1964, 380 mit abl. Anm. *Berner*.
7   *Stein/Jonas/Brehm*, § 835 Rn. 6.
8   § 834 Rdn. 2.
9   Siehe dort Rdn. 47-50.
10 § 829 Rdn. 62–65.
11 BGH, NJW-RR 2009, 411 (zu Ansprüchen entsprechend der EG-VO Nr. 1782/2003).
12 BGH, NJW 1978, 1914 mit Anm. *Marotzke*, JA 1979, 94.; a. A. (keine Stundungskompetenz des Vollstreckungsgläubigers): *Stöber*, Forderungspfändung, Rn. 604.
13 Vergl. insoweit: *Brox/Walker* Rn. 639 a. E.

Der Einziehende kann die Forderung kündigen und Leistung an sich verlangen oder andererseits mit einer eigenen Schuld gegenüber dem Drittschuldner aufrechnen. Da der Gläubiger nicht Forderungsinhaber geworden ist, kann er die Forderung und die mit ihr verbundenen Rechte aber nicht abtreten[14]. Dies wäre nur nach einer Überweisung an Zahlungs Statt möglich.

Hatte der Schuldner die Forderung bereits tituliert, so kann der zur Einziehung befugte Gläubiger diesen Titel auf sich als Rechtsnachfolger nach § 727 umschreiben lassen,[15] obwohl die Rechtsnachfolge nicht die Inhaberschaft des Rechts, sondern nur die Befriedigungsbefugnis aus dem Recht betrifft. Da der Vollstreckungsgläubiger nicht Inhaber der Forderung ist, kann er die Forderung nicht seinerseits an Dritte abtreten[16].

Der Schuldner trägt weiterhin allein das Risiko, dass die Forderung wegen späterer Vermögenslosigkeit des Drittschuldners nicht mehr beizutreiben ist; denn erst der tatsächliche Eingang der Zahlungen des Drittschuldners beim Gläubiger führt zur Befriedigung des Vollstreckungsgläubigers. § 842 mindert dieses Risiko nur teilweise.[17]

Die durch die Überweisung zur Einziehung erlangte Position des Vollstreckungsgläubigers ist kein selbstständiges Vermögensrecht, das von dessen Gläubigern isoliert gepfändet werden könnte; sie ist vielmehr ein unselbstständiges Nebenrecht der Vollstreckungsforderung und wird von deren Pfändung miterfasst.[18] Wird die Vollstreckungsforderung an den Gläubiger des Vollstreckungsgläubigers zur Einziehung überwiesen, erwirbt er auch die Einziehungsbefugnis hinsichtlich der zugunsten der Vollstreckungsforderung überwiesenen Forderung. Dem steht nicht entgegen, dass die Wirksamkeit der Überweisung und damit der durch sie erteilten Einziehungsbefugnis nicht von der Existenz des Pfändungspfandrechts abhängig ist und damit zunächst auch nicht vom Fortbestand der Vollstreckungsforderung. Die Unselbstständigkeit folgt aus dem Ziel der Überweisung, allein Hilfe zur Verwirklichung der Vollstreckungsforderung sein zu wollen.

5

IV. Die Wirkungen der Überweisung im sog. Einziehungs- (oder Drittschuldner-)prozess

Die Überweisung bringt für den Gläubiger nicht mehr und andere Möglichkeiten, die Forderung gegenüber dem Drittschuldner zu realisieren, als sie auch der Schuldner als Forderungsinhaber gehabt hätte. Müsste der Schuldner die Forderung einklagen, so muss dies auch der Gläubiger, da ihm sein Vollstreckungstitel gegen den Schuldner ebenso wenig wie der Überweisungsbeschluss unmittelbare Vollstreckungsmöglichkeiten gegen den Drittschuldner bieten. Abgesehen von der freiwilligen Leistung des Drittschuldners erübrigt sich der Einziehungsprozess nur dann, wenn schon der Schuldner einen Titel erwirkt hatte – wegen der Möglichkeit, nach § 727 vorzugehen, fehlt dann das Rechtsschutzinteresse, einen neuen Einziehungsprozess zu führen[19] –. Der Schuldner muss in diesem Fall den Titel im Rahmen des § 836 Abs. 3 Satz 1 an den Vollstreckungsgläubiger weitergeben. Der Gläubiger macht im Einziehungsprozess die ihm überwiesene Forderung im eigenen Namen und auf Leistung zu seinen Händen geltend. Hatte der Schuldner die Klage bereits erhoben, als die Forderung gepfändet wurde, gilt § 265: Der Schuldner kann den Rechtsstreit zu Ende führen, muss aber seinen Antrag auf Leistung an den Gläubiger umstellen.[20] Will der Gläubiger an Stelle des Schuldners den Prozess auf Klägerseite übernehmen, liegt eine subjektive Klageänderung vor, deren Zulässigkeit sich nach § 263 richtet. Der Gläubiger kann in einem solchen Fall

6

---

14 BGH, FGPrax 2009, 259.
15 Siehe § 727 Rdn. 10.
16 OLG München, FGPrax 2009, 259.
17 Siehe dort Rdn. 2.
18 OLG Stuttgart, Rpfleger 1983, 409; LG Leipzig, Rpfleger 2000, 401; *Brox/Walker*, Rn. 638; *Wieczorek/Lüke*, § 835 Rn. 28; **a.A.**: BAG, AP § 829 ZPO Nr. 6; LG Osnabrück, NJW 1956, 1076 mit ablehnender Anm. *Fleischmann*; *Stein/Jonas/Brehm*, § 835 Rn. 26.
19 Oben Rdn. 4; ferner OLG Karlsruhe, FamRZ 2004, 1500.
20 BGH, NJW 1968, 2059; *Stein/Jonas/Brehm*, § 835 Rn. 23; *Wieczorek/Lüke*, § 835 Rn. 24.

aber auch nach §§ 265 Abs. 2, 66 als Nebenintervenient aufseiten des Schuldners dem Rechtsstreit beitreten.

1. Zulässigkeitsprobleme im Einziehungsprozess

7   Der Gläubiger muss in der Gerichtsbarkeit und vor dem Gericht klagen, bei dem auch der Schuldner seine Klage hätte anhängig machen müssen. So ist für die Klage des Vollstreckungsgläubigers gegen das Finanzamt als Drittschuldner auf Auszahlung eines (gepfändeten und überwiesenen) Steuererstattungsanspruchs der Finanzrechtsweg gegeben,[21] für die Klage auf Zahlung von Arbeitslohn der Rechtsweg zu den Arbeitsgerichten, für die Klage auf Zahlung des Taschengeldes gegen den Ehegatten des Schuldners, soweit man dieses als pfändbar ansieht,[22] das Familiengericht, usw. Aus welchem Rechtsverhältnis die Vollstreckungsforderung herrührt, ist dagegen für den Rechtsweg im Verhältnis Gläubiger – Drittschuldner ohne Belang, selbst wenn Rechtsfragen aus der Beziehung Gläubiger – Schuldner inzident im Einziehungsprozess eine Rolle spielen sollten.

Die Klage darf nicht im Wege der Ersatzzustellung an den Schuldner statt an den Drittschuldner zugestellt. Eine solche Zustellung wäre unwirksam; sie kann allerdings auch noch in der Berufungsinstanz wirksam nach geholt werden[23]. Hätte der Schuldner seinem Prozess gegen den Drittschuldner ein Schlichtungsverfahren nach dem jeweiligen Landesschlichtungsgesetz vorschalten müssen, gilt dies auch für den Vollstreckungsgläubiger[24].

Wird während des Einziehungsprozesses der Überweisungsbeschluss aufgehoben, wird die Klage nach der hier vertretenen Auffassung unzulässig (nicht nur unbegründet), da die Befugnis, ein fremdes Recht für eigene Rechnung und im eigenen Namen geltend machen zu dürfen (Prozessstandschaft des Vollstreckungsgläubigers für den Vollstreckungsschuldner), erloschen ist.[25] Der Gläubiger ist verpflichtet, im Einziehungsprozess dem Schuldner den Streit zu verkünden (§ 841). Kommt er dieser Verpflichtung nicht nach, so berührt dies aber die Zulässigkeit des Rechtsstreits gegen den Drittschuldner nicht.[26]

2. Einwendungen des Drittschuldners im Einziehungsprozess gegen seine Zahlungspflicht

a) Materiellrechtliche Einwendungen

8   Der Drittschuldner hat zunächst alle **materiellrechtlichen** Einwendungen gegen den Anspruch selbst, die er auch dem Schuldner gegenüber bis zur Überweisung hätte geltend machen können (§ 404 BGB),[27] etwa den Einwand, er habe bereits erfüllt,[28] der Vollstreckungsschuldner habe die Forderung schon vor der Pfändung an einen Dritten abgetreten, oder die Forderung sei aus anderen

---

21 BFH, NJW 1988, 1407.
22 Einzelheiten hierzu in der Kommentierung zu § 850b; ferner: BGH, NJW 2004, 2450; OLG Köln, Rpfleger 2003, 670; AG Ludwigsburg, FamRZ 2001, 1627; *Balthasar*, FamRZ 2005, 67; *Wieczorek/Lüke*, § 835 Rn. 24.
23 LAG Bremen, BB 1996, 538.
24 LG Ellwangen, JurBüro 2009, 552.
25 Gaul/Schilken/Becker-Eberhard, § 55 Rn. 39; Kindl/Meller-Hannich/Wolf/*Bendtsen*, § 835 Rn. 9; MüKo/ *Smid*, § 835 Rn. 13; Wieczorek/Schütze/*Lüke*, § 835 Rn. 19; **A. A.** die wohl noch überwiegende Meinung (Der Gläubiger klage nicht als Prozessstandschafter, sondern aus eigenem materiellen Einziehungsrecht, das er durch die Überweisung erlangt habe): OLG Köln, Rpfleger 2002, 30; *Baur/Stürner/Bruns*, Rn. 30.28; Jauernig/*Berger*, § 19 Rn. 34; *Schur*, KTS 2001, 73; *Stein/Jonas/Bork*, Vor § 50 Rn. 36; *Thomas/Putzo/Seiler*, § 835 Rn. 3.
26 § 841 Rdn. 3.
27 OLG Stuttgart, NJW 1960, 204 mit Anm. *Kubisch*, NJW 1960, 683; BGH, NJW 1996, 48; Stein/Jonas/ *Brehm*, § 835 Rn. 34; *Wieczorek/Lüke*, § 835 Rn. 31.
28 OLG Köln, NJW-RR 1996, 939.

Gründen bereits erloschen.[29] Beweisbelastet für das Vorliegen der tatsächlichen Voraussetzungen des Anspruchs ist der Drittschuldner.[30] Hinsichtlich der Aufrechnung gegenüber dem Gläubiger mit Forderungen gegen den Schuldner gilt darüber hinaus die Einschränkung der §§ 392, 406 BGB: Diese Forderungen müssen vor Zustellung des Überweisungsbeschlusses bereits bestanden haben und sie dürfen nicht erst nach der Pfändung und später als die gepfändete Forderung fällig geworden sein.[31] Schließlich hat der Drittschuldner alle materiellrechtlichen Einwendungen gegen die Forderung, die aus seinen unmittelbaren Beziehungen zum Gläubiger erwachsen (vom Gläubiger bewilligte Stundung; Zahlung an den Gläubiger; Aufrechnung mit einer eigenen Forderung gegen den Gläubiger usw.). Der Drittschuldner behält dem Gläubiger gegenüber ferner solche Einwendungen, die er dem Schuldner gegenüber infolge von dem Arrestatorium widersprechenden Rechtsgeschäften – die dem Gläubiger gegenüber deshalb unwirksam sind – nicht mehr geltend machen kann; so behält der Gläubiger, der verbotswidrig die gepfändete Forderung doch noch an den Schuldner bezahlt hat, eine ihm gegen den Schuldner zuvor mögliche Aufrechnungsbefugnis im Verhältnis zum Gläubiger, obwohl er dem Schuldner gegenüber wegen der Erfüllung durch Zahlung nicht mehr aufrechnen könnte.[32] Einreden, die der Drittschuldner einem Vollstreckungsgläubiger gegenüber hatte, bleiben ihm erhalten, wenn dieser die Forderung an einen Dritten abtritt und erst dieser Dritte die Einziehung betreibt. So kann der Drittschuldner auch dem neuen Gläubiger entgegenhalten, dass der frühere Inhaber des titulierten Anspruchs verpflichtet ist, ihn von der gepfändeten und zur Einziehung überwiesenen Forderung freizustellen.[33]

Zahlt der Drittschuldner auf eine Forderung, die nicht besteht, kann er das Geleistete vom Vollstreckungsgläubiger aus ungerechtfertigter Bereicherung zurückfordern.[34]

Materiellrechtliche Einwendungen und Einreden sowie sonstige Gegenrechte, die dem Vollstreckungsschuldner gegenüber dem Gläubiger zustehen, kann der Drittschuldner dem Gläubiger nicht entgegenhalten, es sei denn, sie sind abtretbar und ihm auch abgetreten worden. So kann etwa der Drittschuldner nicht mit einer Forderung des Schuldners gegen den Gläubiger seinerseits aufrechnen.[35] Er kann dem Gläubiger, solange dies nicht in einem Rechtsstreit zwischen dem Vollstreckungsschuldner und dem Gläubiger nach § 767 festgestellt ist, auch nicht entgegenhalten, die Vollstreckungsforderung, die der Pfändung und Überweisung zugrunde liegt, sei zwischenzeitlich anderweitig erloschen oder sie habe gar von Anfang an wegen Sittenwidrigkeit nie bestanden.[36] Materiellrechtliche Einwendungen dieser Art kann allein der Schuldner mit der Klage nach § 767 geltend machen. Die in diesem Verfahren ausgesprochene Unzulässigkeit der Zwangsvollstreckung kommt dann auch dem Drittschuldner im Einziehungsprozess zugute.

Ebenso wenig kann der Drittschuldner dem Vollstreckungsgläubiger Rechte Dritter an der gepfändeten Forderung, die diese mit §§ 771, 805 verfolgen müssten, im Einziehungsprozess entgegenhalten.[37]

---

29 OLG Nürnberg, InVo 2002, 30.
30 OLG Köln, NJW-RR 1996, 939; OLG Köln, Rpfleger 2003, 670; OLG Nürnberg, InVo 2002, 30.
31 BGHZ 58, 327; 68, 379; BGH, JR 1980, 278; BGH, InVo 2001, 101; BAG, NJW 1967, 459; LG Aachen, ZIP 1981, 784.
32 Siehe § 829 Rdn. 56.
33 BGH, NJW 1985, 1768.
34 BGHZ 82, 28; BGH, MDR 22002, 1149; BFH, InVo 1997, 54; *Lieb*, ZIP 1982, 1156; *Wieczorek/Lüke*, § 835 Rn. 32.
35 AG Langen, MDR 1981, 237.
36 BGHZ 81, 311; BGH, WM 1968, 947; WM 1976, 713; BAG, NJW 1964, 687; NJW 1989, 1053; *Baur/Stürner/Bruns*, Rn. 30. 35; *Brox/Walker*, Rn. 661; *Stein/Jonas/Brehm*, § 829 Rn. 115; *Wieczorek/Lüke*, § 835 Rn. 31; a. A. aus dem Gedanken der arbeitsrechtlichen Fürsorgepflicht für Lohnforderungen des Vollstreckungsschuldners betreffenden Einziehungsprozess: LAG Baden-Württemberg, NJW 1986, 1709; *Denck*, ZZP 1979, 71.
37 BGH, NJW-RR 2007, 927.

b) Einwand förmlicher Mängel des Vollstreckungsverfahrens

10 **Förmliche Mängel** des Vollstreckungsverfahrens können im Einziehungsprozess nur dann geltend gemacht werden, wenn sie die Nichtigkeit der Pfändung und Überweisung zur Folge haben.[38] So kann der Drittschuldner mit Erfolg rügen, der Beschluss sei ihm nicht wirksam zugestellt worden, die Forderung sei dem Zugriff der deutschen Gerichtsbarkeit entzogen, die Überweisung sei wegen Verstoßes gegen § 46 Abs. 6 AO nichtig, die Forderung sei im Pfändungs- und Überweisungsbeschluss nicht bestimmt genug bezeichnet gewesen;[39] eine Überweisung sei von Rechts wegen grundsätzlich ausgeschlossen (Arrestvollziehung; Sicherungsvollstreckung) und daher sei der Überweisungsbeschluss nichtig.[40]

Ist die Überweisung nichtig, so fehlt die Befugnis des Gläubigers, die fremde Forderung im eigenen Namen einzuklagen. Förmliche Fehler im Vollstreckungsverfahren, die nicht zur Nichtigkeit der Vollstreckungsmaßnahme, also des Pfändungs- und Überweisungsbeschlusses, führen, sondern nur ihre Anfechtung ermöglichen, so etwa die Nichtbeachtung der Unpfändbarkeit der Forderung, sind im Einziehungsprozess so lange ohne Belang, wie die Anfechtung nicht im Verfahren nach § 766 (gegebenenfalls § 11 RpflG, § 793) erfolgreich durchgeführt wurde.[41] Erst die Aufhebung des Pfändungs- und Überweisungsbeschlusses oder eine sie vorbereitende einstweilige Einstellung der Zwangsvollstreckung führen zum – endgültigen oder vorläufigen – Verlust der Einziehungsbefugnis des Gläubigers. Solange eine fehlerhafte, aber nicht nichtige Zwangsvollstreckungsmaßnahme nicht wirksam angefochten ist, ist sie als rechtswirksam zu behandeln und von allen zu beachten. Das gilt auch für den Einziehungsprozess.[42]

Die Anfechtung kann nicht inzident im Einziehungsprozess erklärt werden, da zur Entscheidung über sie allein das Vollstreckungsgericht berufen ist. Dem Prozessgericht fehlt insoweit die funktionelle Zuständigkeit. Gleiches gilt, wenn geltend gemacht werden soll, der pfändbare Teil des Schuldnereinkommens sei im Pfändungsbeschluss falsch berechnet worden. Das Prozessgericht ist hier an die Festsetzungen des Vollstreckungsgerichts, insbesondere im Rahmen der §§ 850 ff.[43], gebunden.

c) Insbesondere: Verstoß gegen Unpfändbarkeitsvorschriften

11 Da die Legitimation für die Verwertung der Forderung durch den Gläubiger aus deren Verstrickung und Überweisung folgt, während das Pfändungspfandrecht im Verhältnis zum Forderungsinhaber den Rechtsgrund für das Behaltendürfen des Erlöses der eingezogenen Forderung darstellt, kann der Drittschuldner im Einziehungsprozess auch nicht mit dem Einwand gehört werden, die Forderung sei zwar beschlagnahmt und überwiesen, jedoch nicht mit einem Pfändungspfandrecht belastet. Führt deshalb die Nichtbeachtung von Pfändungsbeschränkungen im Einzelfall nur dazu, dass kein Pfändungspfandrecht entsteht, während die gepfändete Forderung bis zur erfolgreichen Durchführung einer Vollstreckungserinnerung vorläufig wirksam verstrickt ist,[44] kann die Nichtbeachtung dieser Pfändungsbeschränkungen auch nicht im Einziehungsprozess durch den Dritt-

---

38 BGH, NJW 1976, 851; BAG, NJW 1989, 2148; *Musielak/Becker*, § 835 Rn. 20.
39 OLG Frankfurt, Rpfleger 1983, 322; LG Hamburg, JurBüro 2008, 667.
40 BGH, NJW 1993, 735; *Schultes*, JR 1995, 136.
41 OLG Köln, Rpfleger 2002, 30; OLG Saarbrücken, OLGReport 2004, 488; AG Ludwigsburg, FamRZ 2001, 1627.
42 BGHZ 66, 79; BGH InVo 1998, 226; ArbG Siegen, NZA-RR 1997, 492.
43 LAG Niedersachsen, JurBüro 2004, 216; LAG Düsseldorf, InVo 2002, 30; OLG Karlsruhe, FamRZ 2010, 56 (eine Entscheidung des Vollstreckungsgerichts nach § 850c Abs. 4 betreffend); ArbG Halle, JurBüro 2003, 491.
44 Einzelheiten insoweit: § 829 Rdn. 30, 32.

schuldner gerügt werden.[45] Dies gilt unabhängig davon, ob die Pfändungsbeschränkungen sich aus vollstreckungsrechtlichen Sondervorschriften, etwa aus §§ 850c ff ZPO[46], oder aus allgemeinen materiellrechtlichen Regeln in Verbindung mit § 851 Abs. 1 ergeben.[47] Es ist nicht entscheidend, dass im letzteren Fall das Prozessgericht die gleiche Sachkunde wie das Vollstreckungsgericht besitzt, sondern dass allein das Vollstreckungsgericht die wirksame Verstrickung beseitigen kann. Das Prozessgericht muss sie bis zu ihrer Aufhebung dagegen uneingeschränkt beachten.

Ist neben dem Vollstreckungsgläubiger eine weitere Person Gläubigerin der nämlichen Forderung gegen den Vollstreckungsschuldner, kann sie, wenn sie keinen eigenen Pfändungs- und Überweisungsbeschluss erwirkt hat, sich nicht einfach der Drittschuldnerklage des Vollstreckungsgläubigers anschließen. Ihre Klage wäre unzulässig, da die Legitimation fehlte, das Recht des Vollstreckungsschuldners gegen den Drittschuldner geltend zu machen.[48]

d) Unwirksamkeit des die Vollstreckungsforderung titulierenden Vergleichs

Besonderheiten ergeben sich, wenn es sich bei dem Vollstreckungstitel, der dem Pfändungs- und Überweisungsbeschluss, aufgrund dessen der Einziehungsprozess betrieben wird, zugrunde lag, um einen Prozessvergleich handelte. Aufgrund der Doppelnatur des Prozessvergleichs als materiellrechtlichem Rechtsgeschäft einerseits und prozessrechtlichem Institut andererseits[49] wirken sich materiellrechtliche Mängel, die zur Nichtigkeit des materiellrechtlichen Vertrages führen, dahin aus, dass auch die prozessbeendigenden Erklärungen entfallen. Mit dem materiellrechtlichen Vertrag entfällt damit auch der Titel. Nach den allgemeinen Regeln sind Zwangsvollstreckungsmaßnahmen, die ohne Titel erfolgen, nichtig. Konsequenterweise müsste der Drittschuldner diese Nichtigkeit im Einziehungsprozess geltend machen können.[50] Dem steht aber entgegen, dass dem Drittschuldner Einwände aus dem materiellen Recht des Schuldners generell verwehrt sind[51] und dass deshalb solche Einwände allein vom Schuldner durch Fortsetzung des alten Prozesses geklärt werden können. Aus diesem Grunde muss ein Prozessvergleich, der nach den förmlich-prozessrechtlichen Regeln ordnungsgemäß zustande gekommen ist,[52] im Einziehungsprozess so lange als Titel respektiert werden, wie nicht seine Unwirksamkeit im Rechtsstreit zwischen Gläubiger und Schuldner festgestellt ist.

e) Einstweilige Einstellung der Zwangsvollstreckung gegen den Schuldner

Ist die Zwangsvollstreckung aus dem Titel, der dem Pfändungs- und Überweisungsbeschluss zugrunde liegt, **einstweilen eingestellt,** ohne dass die bisherigen Vollstreckungsmaßnahmen aufgehoben wurden (§§ 775 Nr. 2, 776 Satz 2), so ist die Einziehungsbefugnis des Gläubigers nicht endgültig entfallen, wohl aber einstweilen gehemmt.[53] Ein bereits begonnener Einziehungsprozess darf einstweilen nicht fortgesetzt werden, weil die Befugnis des Gläubigers, das Recht des Schuld-

---

45 BGHZ 66, 79; BAG, NJW 1961, 1180; BAG, MDR 2001, 650; OLG Karlsruhe, BeckRS 2009 20116; LAG Düsseldorf, MDR 2001, 836; *Baumbach/Lauterbach/Hartmann,* § 829 Rn. 64; *Brox/Walker,* Rn. 653; **a. A.:** *Baur/Stürner/Bruns,* Rn. 30.35; *J. Blomeyer,* RdA 1974, 13; *Henckel,* ZZP 1971, 453; *Stein/Jonas/Brehm,* § 829 Rn. 107 ff.
46 OLG Karlsruhe, BeckRS 2009, 20116.
47 A. A. für den letzteren Fall aber: BAG, NJW 1977, 75; BGH, Rpfleger 1978, 248; *Musielak/Becker,* § 835 Rn. 20.
48 LAG Niedersachen, LAGE, § 428 BGB Nr. 1.
49 Einzelheiten siehe die Kommentierung vorn zu § 767; ferner: BAG, FamRZ 2005, 2064; OLG Naumburg, OLGReport 2005, 885; LG Stuttgart, JurBüro 2005, 322; *Schallow,* Der mangelhafte Prozessvergleich, Diss., Bielefeld 2003.
50 Dies nimmt auch BAG, NJW 1964, 687 an.
51 Siehe oben Rdn. 9.
52 Zu diesen Förmlichkeiten: § 794 Rdn. 8–11.
53 *Stein/Jonas/Brehm,* § 835 Rn. 11.

ners im eigenen Namen und für eigene Rechnung geltend zu machen, derzeit nicht besteht. Da dieses Recht aber jederzeit wieder aufleben kann, wäre es nicht ökonomisch, die Klage sogleich abzuweisen und es dem Gläubiger zu überlassen, später neue Klage zu erheben. Der Rechtsstreit ist gem. § 148 bis zur Entscheidung auszusetzen, ob die Zwangsvollstreckung fortgesetzt werden kann oder endgültig aufzuheben ist.[54]

14 In Einziehungsprozessen vor dem Arbeitsgericht ist im anschließenden Kostenfestsetzungsverfahren § 12a Abs. 1 ArbGG zu beachten. Der im Einziehungsprozess gegen den Arbeitgeber obsiegende Vollstreckungsgläubiger kann also nicht die Ausgleichung der ihm entstandenen Rechtsanwaltskosten verlangen[55]. Er kann diese Kosten dann allerdings gegen den Vollstreckungsschuldner als Kosten der Zwangsvollstreckung gem. § 788 geltend machen[56].

V. Die Auswirkungen der Überweisung zur Einziehung in anderen Verfahren

15 Ist zur Einziehung der Forderung – unabhängig von einem Rechtsstreit mit einem zahlungsunwilligen Drittschuldner – die Einleitung eines geregelten Verfahrens notwendig, kann der Gläubiger an Stelle des Schuldners die erforderlichen Anträge selbst stellen. Das gilt auch für den Antrag gegenüber dem Finanzamt auf Veranlagung zur Ermittlung des Steuererstattungsbetrages, jedenfalls wenn der Versuch, den Schuldner zur Antragstellung anzuhalten, gescheitert ist.[57] Im Insolvenzverfahren des Drittschuldners hat der Gläubiger alle Gläubigerbefugnisse: Er kann die Forderung im eigenen Namen anmelden, hat Stimmrecht in der Gläubigerversammlung, an ihn sind die Abschlagszahlungen und die Schlusszahlung zu leisten, soweit die Überweisung reicht, usw.

VI. Die Überweisung an Zahlungs Statt

16 Sie hat zum Nennwert der gepfändeten Forderung – also ohne irgendwelche Sicherheitsabschläge als Risikoausgleich –, allerdings begrenzt durch die Höhe der dem Gläubiger zustehenden Forderung nebst Zinsen und Kosten zu erfolgen. Besteht die Forderung im Zeitpunkt der Überweisung, so geht sie in Höhe der Überweisung auf den Gläubiger gem. **Abs. 2** mit der Wirkung über, dass er wegen seiner Forderung an den Schuldner als befriedigt anzusehen ist, unabhängig davon, ob es ihm gelingt, die Forderung tatsächlich beizutreiben oder nicht. Er trägt also das volle Risiko der Zahlungsfähigkeit des Drittschuldners. Obwohl die Zwangsvollstreckung mit der Überweisung bereits beendet ist, ist sie erst irreversibel,[58] wenn der Drittschuldner auch tatsächlich geleistet hat oder wenn mit ihm abschließende andere Vereinbarungen (Erlass, Verrechnung usw.) getroffen wurden. Deshalb ist auch bis zu diesem Zeitpunkt noch die Erinnerung gegen den Überweisungsbeschluss möglich.[59] Aus diesem Grunde ist es nicht erforderlich, abweichend von § 834 vor Erlass eines Pfändungs- und Überweisungsbeschlusses, der eine Überweisung an Zahlungs statt ausspricht,

---

54 *Wieczorek/Lüke*, § 835 Rn. 32.
55 BAG, NZA 2006, 343; LAG München, BeckRS 2009 68229; *Schleusener/Kühn*, NZA 2008, 147, 148; *Schwab/Weth/Vollstädt*, § 12a ArbGG Rn. 29.
56 Näheres § 788 Rdn. 26.
57 Sehr streitig; Einzelheiten: Anh. § 829 Rdn. 42.
58 **A.A.**: *Münzberg*, Rpfleger 1992, 329, der eine Rückgängigmachung der Überweisung auch vor Zahlung des Drittschuldners für ausgeschlossen hält und eine Rückabwicklung daher nur noch nach Bereicherungsrecht (gegebenenfalls in einem Prozess vor dem Prozessgericht) zulässt. Dem ist entgegenzuhalten, dass auch der mit seiner Verkündung zunächst wirksame Zuschlag in der Zwangsversteigerung nach dem ZVG (§ 89 ZVG), der sofort zu einem Eigentumswechsel geführt hat, auf ein Rechtsmittel hin wieder aufgehoben werden kann, sodass auch hier mit einem verfahrensrechtlichen Rechtsbehelf in materielles Recht eingegriffen werden kann.
59 OLG Düsseldorf, Rpfleger 1982, 192; **a.A.** allerdings die ganz überwiegende Meinung: *Brox/Walker*, Rn. 664;. *Musielak/Becker*, § 835 Rn. 14; *Münzberg*, Rpfleger 1992, 329; *Wieczorek/Lüke*, § 835 Rn. 33.

den Schuldner anzuhören.[60] Sein Rechtsschutz ist auch noch nachträglich effektiv gewährleistet, da zwischen der Überweisung und der Zahlung durch den Drittschuldner immer ein hinreichender Zeitraum liegen dürfte.

Auch nach einer Überweisung an Zahlungs statt muss der Gläubiger die Forderung notfalls im Einziehungsprozess einklagen, wenn der Drittschuldner nicht freiwillig leistet. Der Gläubiger hat dann uneingeschränkt die Position, die einem Zessionar nach rechtsgeschäftlicher Abtretung zukommt (§§ 398 ff. BGB). Die Stellung des Drittschuldners in diesem Prozess ist die Gleiche wie im Einziehungsprozess nach einer Überweisung lediglich zur Einziehung.[61]

VII. Leistungssperre nach Abs. 3 Satz 2, Abs. 4 und Abs. 5

Damit der Schuldner Gelegenheit erhält, u. U. erforderliche Anträge auf Kontopfändungsschutz (Anträge nach §§ 850k, 850l ZPO, 55 SGB I, 76a EStG ebenso wie den Antrag, das Konto in ein P-Konto umzuwandeln)[62] zu stellen und deren Erfolg abzuwarten, verbietet **Abs. 3 Satz 2, 1. Hs.** einem Geldinstitut (Bank, Sparkasse), als Drittschuldner aus einem gepfändeten Guthaben einer natürlichen Person (also nicht einer Handelsgesellschaft oder juristischen Person) als Schuldner vor Ablauf von **vier Wochen** nach Zustellung des Überweisungsbeschlusses an den Gläubiger Zahlungen zu leisten oder den gepfändeten Betrag zu hinterlegen. Das Verbot gilt kraft Gesetzes, also auch dann, wenn es im Überweisungsbeschluss nicht erwähnt wurde.[63] Das sollte den Rechtspfleger aber nicht davon abhalten, zum Schutze des Drittschuldners deklaratorisch das Verbot in den Beschluss aufzunehmen. Das Verbot gilt unabhängig davon, ob der Schuldner im Einzelfall den Schutzantrag nach § 850k stellen wird und stellen kann. Der Gläubiger kann also auch dann nicht vorzeitige Zahlung verlangen, wenn feststeht, dass der Schuldner noch andere Konten besitzt, die sein Auskommen sichern. Leistet das Geldinstitut vorzeitig und wird dem Schuldner noch Kontopfändungsschutz gewährt, so ist es dem Schuldner gegenüber, soweit die Pfändung aufgehoben wird, nicht freigeworden. Weiter reicht der Schutz nach Abs. 3 Satz 2, 1. Hs. allerdings nicht. Ist vorzeitig gezahlt und wird dann dem Schuldner kein Schutz gewährt, so kann er für die Zeit der vorzeitigen Zahlung z. B. nicht die Gutschrift von Habenzinsen verlangen.

Ist nicht nur das laufende, sondern auch ein künftiges Guthaben gepfändet, so gilt für künftige Eingänge auf dem Konto die Leistungssperre nicht automatisch ebenfalls. Hier bedarf es nach **Abs. 3 Satz 2, 2. Hs.** eines Antrages des Schuldners an das Vollstreckungsgericht, dass dieses – der Rechtspfleger – anordne, dass erst jeweils vier Wochen nach der Gutschrift von eingehenden Zahlungen an den Gläubiger geleistet oder der Betrag hinterlegt werden dürfe. Der Schuldner kann in dieser Zeit über das Konto nicht verfügen, sodass das Geld nicht abfließen kann.

Abs. 5 soll verhindern, dass der Drittschuldner durch Leistung an den Gläubiger den erweiterten Pfändungsschutz nach § 850i unterläuft.[64] Der Schuldner soll genügend Zeit zur Verfügung haben, um den Antrag nach § 850i Abs. 1 Satz 1 zu stellen und so zu begründen, dass das Gericht hinreichend Material für eine sachgerechte Schätzung zur Verfügung hat.

Abs. 4 soll die sog. »Monatsanfangsproblematik«[65] entschärfen. Gehen am Monatsende auf dem P-Konto Beträge ein, die erst für den nächsten Monat bestimmt sind und die in diesem Folgemonat dann nicht von der Pfändung des Kontos erfasst wären und haben die Kreditinstitute ihre Verbuchung nicht von vornherein bis zum Monatsanfang zurückgestellt, so war anfangs streitig, ob

---

60 So aber LG Düsseldorf, Rpfleger 1982, 112; *Baur/Stürner/Bruns*, Rn. 30.31; *Eickmann*, Rpfleger 1982, 449; *Münzberg*, Rpfleger 1982, 329; *Stein/Jonas/Brehm*, § 835 Rn. 44; *Wieczorek/Lüke*, § 835 Rn. 33.
61 Oben Rdn. 8–13.
62 BT-Drucks. 16/7615 S. 30.
63 *Stöber*, Forderungspfändung, Rn. 588.
64 Im Einzelnen zur Motivation Gesetzgebers bei Einführung des neuen Abs. 4 siehe die BT-Drucks. 16/7615 S. 30–32.
65 Siehe Anh. § 829 Rdn. 6.

die Banken diese Beträge an Gläubiger, die das Konto gepfändet hatten, sogleich auszahlen durften (– wodurch den Schuldnern der Lebensunterhalt für den nächsten Monat entzogen wurde –)[66]. Dies wird durch Abs. 4 nun generell verboten. Der Schuldner erhält einen Monat Zeit, um zu klären, welche Beträge ihm nach den Regeln des § 850k Abs. 1–4 ungepfändet zur Verfügung stehen und welche an den Gläubiger abgeführt werden müssen[67]. Die Regelung erfasst insoweit allerdings zunächst einmal alle auf dem P-Konto eingehenden Zahlungen und geht über das Notwendige hinaus. Sie wird deshalb neue Probleme schaffen. Um durch die neue Regelung nicht über die Maßen einen Gläubiger, der seinerseits zu seinem Lebensunterhalt auf pünktliche Zahlungen des Schuldners angewiesen ist, zu benachteiligen, sieht **Abs. 4 Satz 2** eine Härteklausel zugunsten des Gläubigers vor, der hierzu allerdings immer das Vollstreckungsgericht einschalten muss: Auf Antrag des Gläubigers kann das Vollstreckungsgericht in Ausnahmefällen[68] einzelne Beträge früher zugunsten des Gläubigers freigeben. Entgegen den in den Gesetzesberatungen geäußerten Ansichten dürfte ein solcher Ausnahmefall immer dann schon gegeben sein, wenn die Eingänge auf dem P-Konto des Schuldners die von der Pfändung nicht erfassten Beträge erkennbar deutlich übersteigen, es sei denn es handelt sich wieder um bereits für den nächsten Monat bestimmte Beträge.

VIII. Überweisung an mehrere Gläubiger

20 So wie die Forderung für mehrere Gläubiger gepfändet werden kann,[69] kann sie auch mehreren überwiesen werden, und zwar sowohl zur Einziehung als auch an Zahlungs statt. Für den Rang ist der Zeitpunkt der Pfändung, nicht der der Überweisung – falls diese zeitlich auseinanderfallen – maßgebend. Ist die Forderung mehreren an Zahlungs statt überwiesen, so gilt zunächst die erstrangige Vollstreckungsforderung als befriedigt, soweit danach noch ein Recht verbleibt, die zweitrangige, usw. Ist die Forderung zur Einziehung überwiesen worden, ist grundsätzlich jeder Gläubiger einziehungsberechtigt, der Drittschuldner kann aber dem Zahlungsanspruch der nachrangigen Gläubiger entgegenhalten, dass er zunächst die Vorrangigen befriedigen müsse. Der Drittschuldner, der sich aus dem Rangstreit mehrerer Vollstreckungsgläubiger heraushalten will, kann sich nach § 853 durch Hinterlegung befreien. Verlangt es einer der Vollstreckungsgläubiger, so muss er dies sogar tun. Die irrtümliche Leistung an einen nachrangigen Vollstreckungsgläubiger befreit den Drittschuldner nicht von seinen Verpflichtungen gegenüber dem Vorrangigen. Muss er deshalb nochmals an den vorrangigen Gläubiger zahlen, so kann er den an den nachrangigen Gläubiger gezahlten Betrag von diesem aus ungerechtfertigter Bereicherung zurückverlangen und muss sich insoweit nicht an den Vollstreckungsschuldner halten (condictio wegen Zweckverfehlung).[70]

IX. Kosten und Gebühren der Überweisung

21 Hinsichtlich der anfallenden Gerichts- und Anwaltsgebühren gilt das zu § 829 Dargestellte.[71] Auch wenn kein einheitlicher Pfändungs- und Überweisungsbeschluss ergeht, sondern der Überweisungsbeschluss eigenständig zeitlich nachfolgt, erwachsen keine zusätzlichen Gebühren, wohl aber zusätzliche Auslagen für die erneut notwendigen Zustellungen einschließlich der Auslagenpauschale für den Gerichtsvollzieher. Die Überweisungskosten sind notwendige Kosten i. S. des § 788.

Der Drittschuldner kann, soweit keine ausdrücklichen anderslautenden Absprachen bestehen, seine durch die Überweisung verursachten Kosten nicht auf den Gläubiger oder den Schuldner abwäl-

---

66 Einzelheiten: Anh. § 829 Rdn. 6.
67 BT-Drucks. 17/4776 S. 8.
68 BT-Drucks. 17/4776 S. 8 will dies auf seltene Ausnahmefälle beschränkt sehen, wenn es sich bei den Eingängen auf dem Schuldnerkonto um staatliche Transferleistungen handelt, die der Existenzsicherung des Gläubigers dienen.
69 § 829 Rdn. 49.
70 BGHZ 82, 28; a. A.: OLG München, VersR 1978, 951.
71 Siehe dort Rdn. 73, 74.

zen.[72] Soweit einem Arbeitgeber durch die Beachtung von Lohnpfändungen zusätzliche Buchhaltungskosten usw. erwachsen, ist es Ausfluss seiner allgemeinen Fürsorgepflicht, diese Kosten allein zu tragen. Die Überwälzung auf die Arbeitnehmer im vorformulierten Arbeitsvertrag scheitert an § 307 BGB.

X. Entsprechende Anwendung in der Abgabenvollstreckung

In der Abgabenvollstreckung gilt gem. § 314 Abs. 3 AO in entsprechender Anwendung des § 835 Abs. 3 Satz 2 ebenfalls die Leistungssperre von 4 Wochen. § 314 Abs. 4 AO führt zur entsprechenden Anwendung des § 835 Abs. 4. 22

---

72 Siehe: § 829 Rdn. 76.

§ 836 Wirkung der Überweisung

(1) Die Überweisung ersetzt die förmlichen Erklärungen des Schuldners, von denen nach den Vorschriften des bürgerlichen Rechts die Berechtigung zur Einziehung der Forderung abhängig ist.

(2) Der Überweisungsbeschluss gilt, auch wenn er mit Unrecht erlassen ist, zu Gunsten des Drittschuldners dem Schuldner gegenüber so lange als rechtsbeständig, bis er aufgehoben wird und die Aufhebung zur Kenntnis des Drittschuldners gelangt.

(3) ¹Der Schuldner ist verpflichtet, dem Gläubiger die zur Geltendmachung der Forderung nötige Auskunft zu erteilen und ihm die über die Forderung vorhandenen Urkunden herauszugeben. ²Erteilt der Schuldner die Auskunft nicht, so ist er auf Antrag des Gläubigers verpflichtet, sie zu Protokoll zu geben und seine Angaben an Eides Statt zu versichern. ³Der gemäß § 802e zuständige Gerichtsvollzieher lädt den Schuldner zur Abgabe der Auskunft und eidesstattlichen Versicherung. ⁴Die Vorschriften des § 802f Abs. 4 und der §§ 802g bis 802i, 802j Abs. 1 und 2 gelten entsprechend. ⁵Die Herausgabe der Urkunden kann von dem Gläubiger im Wege der Zwangsvollstreckung erwirkt werden.

Übersicht	Rdn.			Rdn.
I. Allgemeines	1		d) Urkunden, die die Berechnung der Forderung erleichtern	12
II. Formerfordernisse nach materiellem Recht	2		e) Entsprechende Anwendung des Abs. 3	13
III. Drittschuldnerschutz	3	V.	Die Durchsetzung des Herausgabeanspruchs	14
1. Ziel der Norm	3			
2. Ausnahmen	4		1. Der Pfändungs- und Überweisungsbeschluss als Herausgabetitel	14
3. Kein Anspruchserwerb des unrechtmäßigen Gläubigers	5		2. Kein Eigentumserwerb des Gläubigers an den Urkunden	15
4. Kenntnis von Aufhebung des Überweisungsbeschlusses	6	VI.	Durchsetzung des Auskunftsanspruchs	16
IV. Unterstützungspflicht des Schuldners nach Abs. 3	7		1. Ladung zur eidesstattlichen Vereidung	16
1. Auskunftserteilung	7		2. Antrag an den Gerichtsvollzieher	17
2. Urkundenherausgabeverpflichtung	8		3. Verfahren	18
a) Legitimationsurkunden	9	VII.	Gebühren und Kosten	19
b) Beweisurkunden	10	VIII.	Rechtsbehelfe	21
c) EC-Karten	11			

Literatur:
Behr/Spring, Pfändung und Durchsetzung von Lohnsteuererstattungsansprüchen, NJW 1994, 3257; *Behr*, Drittschuldnerschutz, JurBüro 1997, 68; *Denck*, Drittschuldnerschutz nach § 836 Abs. 2 ZPO, JuS 1979, 408; *Fink/Ellefret*, Auswirkungen einer prozessrichterlichen Einstellung der Zwangsvollstreckung auf den Drittschuldner, MDR 1998, 1272; *Fischer*, Der Schutz des Drittschuldners nach § 836 Abs. 2 ZPO, Diss. Göttingen 1996; *Hau*, Eigennützige und gläubigernützige Leistungsklagen des Vollstreckungsschuldners, WM 2002, 325; *Jaspersen*, Hilfsvollstreckung in Urkunden: eine Untersuchung zu § 836 Abs. 3 ZPO, Diss., Bonn 1997; *Joost*, Risikoträchtige Zahlungen des Drittschuldners bei Forderungspfändung, WM 1981, 82; *Lieb*, Bereicherungsrechtliche Fragen bei Forderungspfändung, ZIP 1982, 1153; *Lüke*, Die Erklärungspflicht des Drittschuldners und die Folgen ihrer Verletzung, ZZP 1974, 284; *Schmidt*, Das neue Verfahren zur Abgabe der eidesstattlichen Versicherung gem. § 836 Abs. 3 ZPO, InVo 1999, 301; *ders.*, Pflicht zur Herausgabe von Urkunden im Sinne des § 836 Abs. 3 ZPO, InVo 2000, 369; *Seibert*, Drittschuldnerschutz, WM 1984, 521; *Spickhoff*, Nichtige Überweisungsbeschlüsse und Drittschuldnerschutz, FS E. Schumann, 2001, S. 443; *Steder*, Auskunftsoffenbarung im Rahmen der Forderungspfändung, MDR 2000, 438; *Stöber*, Auskunftspflicht des Schuldners – Verfahren nach Forderungspfändung, MDR 2001, 301; *Urban*, Die Wegnahme der Lohnsteuerkarte beim Vollstreckungsschuldner gemäß § 836 Abs. 3 ZPO, DGVZ 1994, 101; *Viertelhausen*, Kann die Lohnsteuerkarte im Wege der Herausgabevollstreckung oder der Hilspfändung weggenommen werden?, DGVZ 2003, 134; *Wertenbruch*, Die Auskunftspflicht des Schuldners bei der Forderungs- und Rechtspfändung, DGVZ 2001, 65; *Wolf*, Pfändung von Hypothekenforderungen und Drittschuldnerschutz, Rpfleger 1995, 94; *Wolf/Müller*, Nebenpflichtenkanon bei der Forderungspfändung, NJW 2004, 1775.

I. Allgemeines

Die Vorschrift ergänzt im Hinblick auf die Folgen der Überweisung § 835 in dreifacher Hinsicht: **Abs. 1** stellt klar, dass der Überweisungsbeschluss gegebenenfalls für die Forderungsabtretung oder eine rechtsgeschäftliche Einziehungsermächtigung bestehende Formerfordernisse ersetzt. **Abs. 2** regelt den Drittschuldnerschutz, falls der Überweisungsbeschluss zu Unrecht ergangen ist. **Abs. 3** regelt einen Teil der Pflichten des Schuldners gegenüber dem Gläubiger nach der Überweisung und ermöglicht hinsichtlich der Pflicht zur Urkundenherausgabe eine vereinfachte Durchsetzung durch den Gläubiger; hinsichtlich des Auskunftsanspruchs gibt er dem Gläubiger ein Druckmittel an die Hand. Abs. 2 entspricht der für die Abtretung in § 409 BGB getroffenen Regelung, Abs. 3 geht über die Regelung in § 402 BGB noch hinaus.

II. Formerfordernisse nach materiellem Recht

Die Abtretung einer durch eine Hypothek gesicherten Forderung bedarf der Form des § 1154 BGB. Diese wird durch den Überweisungsbeschluss ersetzt. Gleiches gilt für die in Art. 18 WG und Art. 23 SchG vorgesehene Form des Inkassoindossaments. Dagegen hat die Überweisung nicht die Wirkung eines Vollindossaments auf Wechseln oder Schecks, da dieses den wechselmäßigen Rückgriff (Art. 43 WG) gegen den Schuldner ermöglichen würde, eine Wirkung, die über § 835 hinausginge.[1]

III. Drittschuldnerschutz

1. Ziel der Norm

In Abs. 2 ist der allgemeine Grundsatz zum Ausdruck gebracht, dass der Schuldner vor der Gefahr einer nochmaligen Zahlung geschützt werden muss, wenn er an einen unrechtmäßigen Gläubiger leistet, der durch formale, den Schuldner bindende staatliche Hoheitsakte als Gläubiger der Forderung ausgewiesen wird:[2] Der Drittschuldner kennt die der Pfändung zu Grunde liegenden Umstände oft nicht. Er ist auch oft nicht darüber informiert, was der Schuldner gegen die Pfändung unternimmt. Erreicht dieser die Aufhebung der Pfändung oder auch nur eine einstweilige Einstellung der Zwangsvollstreckung, entfällt sofort die Einziehungsbefugnis des Gläubigers.[3] Die Mitteilung an den Drittschuldner hierüber kann mit erheblicher zeitlicher Verzögerung ergehen. Die Eröffnung des Insolvenzverfahrens über das Vermögen des Schuldners führt mit sofortiger Wirkung zur Unzulässigkeit jeder Einzelzwangsvollstreckung,[4] auch wenn die öffentliche Bekanntmachung der Insolvenzeröffnung erst später nachfolgt. Durch Abs. 2 soll der Drittschuldner vor dem Risiko einer Zahlung in Unkenntnis der Unwirksamkeit der ihm zuvor förmlich mitgeteilten Überweisung geschützt werden. Dies gilt sowohl, wenn der Überweisungsbeschluss zunächst wirksam, wenn auch anfechtbar war,[5] als auch, wenn er von vornherein nichtig war, weil die ihm zu Grunde liegende Pfändung nicht wirksam geworden war.[6]

2. Ausnahmen

Eine Ausnahme muss allerdings gelten, wenn auch der Drittschuldner die Nichtigkeit des Überweisungsbeschlusses ohne Weiteres sogleich erkennen konnte. Offensichtlich unwirksame Staatsakte können keinen Vertrauensschutz begründen. Ob eine solche offensichtliche Nichtigkeit anzu-

---

1 Baumbach/Lauterbach/Hartmann, § 836 Rn. 1; Musielak/Becker, § 836 Rn. 2; Thomas/Putzo/Seiler, § 836 Rn. 1.
2 BGHZ 23, 324.
3 BGHZ 66, 394.
4 LG Berlin, KTS 1963, 185.
5 BGH, NJW 1993, 735.
6 BGH, NJW 1994, 3225; Musielak/Becker, § 836 Rn. 3; Saenger, § 836 Rn. 5; Wieczorek/Lüke, § 836 Rn. 4.

nehmen ist, wenn der Überweisungsbeschluss in Vollzug eines Arrestbefehls erlassen wurde,[7] ist allerdings zweifelhaft. Grundsätzlich soll der Drittschuldner sich auf den Überweisungsbeschluss so lange verlassen können, bis dieser aufgehoben und die Aufhebung ihm zur Kenntnis gelangt ist. Dieser Schutz gilt allerdings nur im Verhältnis des Drittschuldners zum Schuldner und zu nachrangigen Pfändungsgläubigern, die im Fall der Unwirksamkeit einer vorrangigen Pfändung und Überweisung im Rang aufrücken.[8]

3. Kein Anspruchserwerb des unrechtmäßigen Gläubigers

5   Durch Abs. 2 erwirbt der unrechtmäßige Gläubiger keinen Anspruch auf Zahlung; der Drittschuldner ist nicht gehindert, ihm die Unzulässigkeit des Überweisungsbeschlusses entgegenzuhalten.[9] Abs. 2 ist auch kein Rechtsgrund für den Gläubiger, im Verhältnis zum Drittschuldner Zahlungen behalten zu dürfen, falls dieser sie zurückverlangt, um sie an den in Wahrheit berechtigten Schuldner leisten zu können.[10] Der Gläubiger, der zu Unrecht Leistungen des Drittschuldners empfangen hat, ist der Gegner des möglichen Bereicherungsanspruchs des Drittschuldners, nicht der Vollstreckungsschuldner.[11] Schließlich sichert Abs. 2 den Drittschuldner nicht gegenüber Dritten, die sich berühmen, in Wahrheit an Stelle des Vollstreckungsschuldners Forderungsinhaber zu sein. Ist zweifelhaft, ob der Vollstreckungsschuldner Inhaber der gepfändeten und überwiesenen Forderung ist, leistet der Drittschuldner an den Pfändungsgläubiger auf eigene Gefahr. Der Drittschuldner wird dem wahren Gläubiger gegenüber nicht frei, wenn der Anspruch dem Vollstreckungsschuldner nie zugestanden hat, der Pfändungsgläubiger mithin von diesem auch keine Rechte erlangt haben konnte.[12] Ebenso wenig schützt Abs. 2 den Drittschuldner, der den Rang des Vollstreckungsgläubigers, der von ihm Zahlung verlangt, unrichtig beurteilt und deshalb irrtümlich an einen nachrangigen Vollstreckungsgläubiger bezahlt. Er muss nochmals an den vorrangigen leisten.[13] Da in diesen Fällen der Vollstreckungsgläubiger die Zahlung aber immer ohne Rechtsgrund erhalten hat, kann der Drittschuldner den Betrag von ihm aus ungerechtfertigter Bereicherung zurückverlangen und muss sich insoweit nicht an den Vollstreckungsschuldner halten.[14]

4. Kenntnis von Aufhebung des Überweisungsbeschlusses

6   Der Drittschuldnerschutz nach Abs. 2 gilt nur so lange, wie die Aufhebung des Überweisungsbeschlusses dem Drittschuldner nicht zur **Kenntnis** gelangt ist. Es genügt jede Form der Kenntniserlangung, eine förmliche Mitteilung an den Drittschuldner mittels Zustellung ist nicht erforderlich. Ist der Zeitpunkt der Kenntniserlangung streitig und entscheidungserheblich, muss je nach Anspruch der Pfändungsgläubiger oder der Schuldner die Kenntnis des Drittschuldners nachweisen, nicht aber dieser seine Unkenntnis.[15] Da, wo die Kenntnis als Folge einer öffentlichen Bekanntmachung fingiert wird, genügt der Nachweis des Zeitpunkts dieser Bekanntmachung.[16] Im Übrigen reicht aber ein Kennenmüssen nicht aus, da der Drittschuldner nicht verpflichtet ist, bloßen Zweifeln am Fortbestand des Überweisungsbeschlusses von sich aus nachzugehen.[17]

---

7   So BGH, NJW 1993, 735.
8   BGHZ 66, 394.
9   OLG Stuttgart, NJW 1961, 34 mit Anm. Riedel.
10 LG Bremen, NJW 1971, 1366 mit Anm. Medicus, JuS 1971, 545.
11 Lieb, ZIP 1982, 1153; BFH, InVo 1997, 54; BGH, MDR 2002, 1149.
12 BGH, NJW 1988, 495; Wieczorek/Lüke, § 836 Rn. 5; a. A.: OLG Düsseldorf, ZIP 1980, 622.
13 BGHZ 82, 28; Saenger, § 836 Rn. 8.
14 BGHZ 82, 28; Wieczorek/Lüke, § 836 Rn. 7; a. A.: OLG München, VersR 1978, 951; Seibert, WM 1984, 521.
15 BGHZ 66, 394; OLG Stuttgart, NJW 1961, 34.
16 LG Berlin, KTS 1963, 185.
17 Baumbach/Lauterbach/Hartmann, § 836 Rn. 4; Musielak/Becker, § 836 Rn. 4.

IV. Unterstützungspflicht des Schuldners nach Abs. 3

1. Auskunftserteilung

Da der Gläubiger die Vereinbarungen seines Schuldners mit dem Drittschuldner meist nicht kennt, verpflichtet Abs. 3 Satz 1 den Schuldner, dem Gläubiger alle die **Auskünfte** zu erteilen, die zur erfolgreichen Einziehung der Forderung erforderlich sind (– oder auch zum Absehen von einer solchen Einziehung Anlass geben könnten[18] –), und zwar ohne dass es einer ausdrücklichen Anordnung im Pfändungs- und Überweisungsbeschluss bedürfte.[19] Hierzu zählen: Zeitpunkt der Fälligkeit der Forderung; Mitteilung, ob die Forderung schon tituliert ist;[20] Mitteilung von Daten, die zur Errechnung der Forderung von Bedeutung sind,[21] etwa der Zahl der geleisteten Wochenarbeitsstunden[22] oder der bestehenden Unterhaltsverpflichtungen;[23] Mitteilung über sonstige zur Durchsetzung des Leistungsanspruchs wesentliche Umstände, etwa bis wann Versicherungsprämien gezahlt wurden, wenn der Anspruch aus einer Versicherung gepfändet ist.[24] Die Auskunftspflicht erfasst nicht nur Tatsachen, die sich vor dem Überweisungsbeschluss ereigneten, sondern erstreckt sich auch auf nachträgliche Umstände (z. B. Bestellung einer zusätzlichen Sicherheit). Ein weitergehender umfassender Auskunftsanspruch über die gepfändete Forderung kann der Norm aber nicht entnommen werden.[25] Hat der Schuldner das berechtigte Auskunftsverlangen des Gläubigers nach Abs. 3 Satz 1 1. Alt. nicht freiwillig und zufriedenstellend erfüllt, so muss er die Auskunft auf Antrag des Gläubigers zu Protokoll des nach § 802e zuständigen Gerichtsvollziehers (Gerichtsvollzieher am Wohnsitz des Schuldners) geben und ihre Richtigkeit an Eides statt versichern. Der Schuldner ist zu diesem Termin persönlich zu laden, auch wenn er einen Verfahrensbevollmächtigten bestellt hat. Erscheint er unentschuldigt nicht zum Termin oder verweigert er dort die Auskunft, so ist auf Antrag des Gläubigers gegen ihn nach den Regeln der §§ 802g–802i, 802j Abs. 1 und Abs. 2 Erzwingungshaft zu verhängen. Dieser Umstand wird, da auf die §§ 882b ff nicht verwiesen ist, nicht in das Schuldnerverzeichnis eingetragen.

Eine Verletzung der Auskunftspflicht macht den Schuldner schadensersatzpflichtig (z. B. Verpflichtung, dem Gläubiger unnötige Prozesskosten gegen den Drittschuldner zu erstatten), unabhängig davon, dass für den nämlichen Schaden auch der Drittschuldner nach § 840 Abs. 2 Satz 2 haften kann.

2. Urkundenherausgabeverpflichtung

Über die Pflicht zur Auskunft hinaus ist der Schuldner verpflichtet, dem Gläubiger diejenigen **Urkunden** herauszugeben, die über die gepfändete Forderung[26] vorhanden und im Besitz des Schuldners sind. Diese Pflicht besteht unabhängig davon, ob sie bereits im ursprünglichen Pfändungs- und Überweisungsbeschluss ausdrücklich genannt war oder nicht. Die Aufzählung im Überweisungsbeschluss ist nur für die Zwangsvollstreckung des Herausgabeanspruchs von Bedeutung.[27] Der Gläubiger hat aber ein Recht darauf, dass dies auf seinen Antrag hin klarstellend im

---

18 Z.B. verdeckte Sicherungsabtretung an einen Dritten: AG Münster, JurBüro 2014, 608; AG Soltau, JurBüro 2015, 100.
19 AG Korbach, DGVZ 2003, 45.
20 Der Titel müsste dem Gläubiger gem. Abs. 3 herausgegeben werden: OLG Karlsruhe, InVo 2002, 375.
21 Unrichtig deshalb LG Essen, MDR 1975, 673, das bei Pfändung des Lohnsteuererstattungsanspruchs eine Mitteilungspflicht über die Zeiträume, in denen während des Jahres nicht gearbeitet wurde, verneint. Umgekehrt aber zu weitgehend: AG Sigmaringen, DGVZ 2000, 190.
22 LG Köln, DGVZ 2002, 186.
23 LG Verden, JurBüro 2004, 499; AG Rosenheim, JurBüro 2002, 493.
24 AG Recklinghausen, JurBüro 1959, 477.
25 OLG Hamm, InVo 2000,173. Zu weitgehend daher: LG München II, JurBüro 2000, 490.
26 Nicht über zusätzliche andere Ansprüche: AG Hünfeld, DGVZ 2005, 110.
27 Siehe unten Rdn. 14, 15.

Pfändungs- und Überweisungsbeschluss oder einem ergänzenden Beschluss geschieht, insbesondere, wenn zweifelhaft ist, welche Urkunden herauszugeben sind.[28] Der Beschluss kann auch noch nachträglich ergänzt werden, wenn der Gläubiger erst später vom Vorhandensein für ihn wichtiger Urkunden erfährt[29].

a) Legitimationsurkunden

9 Herauszugeben sind zum einen die Urkunden, deren Vorlage erforderlich ist, um den Anspruchsteller als zur Empfangnahme der Leistung berechtigt zu legitimieren. Hierzu zählen etwa schriftliche Abtretungserklärungen, wenn der Schuldner seinerseits die Forderung durch Abtretung erworben hatte.[30] Zum anderen muss der Schuldner auch solche Urkunden herausgeben, die die Geltendmachung des Anspruchs wesentlich erleichtern, wenn sie auch im strengen Sinne zur Geltendmachung des Anspruchs nicht unabdingbar sind.[31] Letzteres gilt insbesondere für einen über den Anspruch bereits vorhandenen Titel,[32] für Schuldscheine, für Versicherungspolicen im Fall der Überweisung von Versicherungsansprüchen,[33] Renten- bzw. Leistungsbescheide über gepfändete Rentenversicherungsansprüche,[34] den Leistungsbescheid der Agentur für Arbeit für den Fall der Pfändung der Ansprüche gegenüber dieser[35] und auch für die Lohnsteuerkarte im Fall der Überweisung des Lohnsteuererstattungsanspruchs.[36] Hier ist aber zu beachten, dass der Schuldner nur seine eigene Lohnsteuerkarte herausgeben muss, nicht auch die seiner Ehefrau[37] und dass zur Herausgabe nach Abs. 3 nur der Schuldner selbst verpflichtet ist, nicht aber Dritte, etwa der Arbeitgeber, der die Karte in Besitz hat.[38] Will der Gläubiger gegen diese Dritten vorgehen, muss er den Herausgabeanspruch des Schuldners pfänden und sich zur Einziehung überweisen lassen und dann gegebenenfalls klageweise gegen den Dritten vorgehen. Ein unmittelbarer Anspruch gegen den Arbeitgeber auf Herausgabe der Lohnsteuerkarte seines Arbeitnehmers ergibt auch § 840 nicht; zum einen ist das

---

28 BGH, DGVZ 2006, 134; LG Köln, JurBüro 1996, 439; LG Koblenz, DGVZ 1997, 126; LG Mülhausen, JurBüro 2004, 449; AG Köln, JurBüro 2015, 45; AG Münster, JurBüro 2014, 608; AG Soltau, JurBüro 2015, 100.

29 AG Bremerhaven, JurBüro 2009, 329.

30 LG München II, InVo 2001, 64; AG Bremerhaven, JurBüro 2009, 329.

31 BGH, NJW 2003, 1256. Zu eng (nur Urkunden, die den Bestand der Forderung beweisen): LG Hof, DGVZ 1991, 138. Weitergehend: BGH, NJW-RR 2006, 1576; LG Bielefeld, JurBüro 1995, 384 und AG Ludwigshafen, JurBüro 1996, 439; LG Paderborn, JurBüro 2002, 159; LG Mülhausen, JurBüro 2004, 449; AG Rosenheim, JurBüro 2002, 499: Es seien auch die beim Schuldner vorhandenen Pfändungsbeschlüsse über vorrangige Pfändungen und Urkunden über vorrangige Abtretungen herauszugeben. Dies ist bedenklich, denn: Diese Urkunden erleichtern zwar die Kontrolle durch den Drittschuldner, aber nicht die Durchsetzbarkeit der gepfändeten Forderung selbst. Wie hier: LG Aachen, InVo 1997, 77; LG Frankfurt/Main, InVo 2002, 516; LG Münster, JurBüro 2002, 494.

32 BGH, Jur Büro 2010, 440, 442.

33 OLG Frankfurt, Rpfleger 1977, 221. Ist allerdings der Schuldner nur Begünstigter und ein Dritter der Versicherungsnehmer, so kann der Gläubiger die Police von diesem nicht aufgrund des Pfändungs- und Überweisungsbeschlusses herausverlangen, um den Anspruch gegen die Versicherung geltend machen zu können: OLG Düsseldorf, NJW-RR 1997, 1051.

34 LG Leipzig, Rpfleger 2005, 96; LG Stuttgart, InVo 2002, 514; AG Fürth, JurBüro 2014, 440.

35 LG Essen, JurBüro 2001, 153; LG Regensburg, Rpfleger 2002, 468; **a.A.**: LG Hannover, Rpfleger 1986, 149.

36 Sehr str.; die h.M. ist insoweit anderer Ansicht; vergl.: Kindl/Meller-Hannich/Wolf/Bendtsen, § 836 Rn. 15; Saenger, § 836 Rn. 13, jeweils mit zahlreichen weiteren Nachweisen. Einzelheiten, insbesondere auch zur von der hier vertretenen Ansicht abweichenden Rspr. des BGH und des BFH siehe: Anh. § 829 Rdn. 42.

37 LG Berlin, Rpfleger 1975, 229.

38 **A.A.** insoweit: LG Mannheim, DB 1974, 1487; AG Duisburg, MDR 1982, 856; LAG Düsseldorf, MDR 1983, 85.

Finanzamt und nicht der Arbeitgeber Drittschuldner, zum anderen begründet § 840 nicht mehr als eine Auskunftsobliegenheit.

b) Beweisurkunden

Herauszugeben sind schließlich auch solche Urkunden, die dem Gläubiger im Einziehungsprozess als Beweismittel für den Bestand, die Höhe, die Fälligkeit und die Einredefreiheit der Forderung dienen (z. B. einen Vertrag über den Verzicht auf die Einrede der Verjährung; ein deklaratorisches Schuldanerkenntnis; ein Kündigungsschreiben; Lohnabrechnungen zumindest ab dem Zeitpunkt der Pfändung).[39]

10

c) EC-Karten

EC-Karten sind im Fall der Pfändung der Forderungen aus einem Girovertrag keine »über die Forderung vorhandene Urkunden«.[40] Ein Herausgabeanspruch besteht generell nicht.[41]

11

d) Urkunden, die die Berechnung der Forderung erleichtern

Hinsichtlich der Urkunden, die zur Geltendmachung der Forderung nicht unabdingbar sind, sondern nur deren Überprüfung und Berechnung erleichtern, ist das Interesse des Gläubigers gegen das des Schuldners abzuwägen, persönliche Dinge, die sich aus den Urkunden ergeben könnten, nicht Dritten kundtun zu müssen. Überwiegt das Geheimhaltungsinteresse des Schuldners, entfällt der Herausgabeanspruch. Der Gläubiger muss sich dann mit einer Auskunft über die Dinge zufriedengeben, die für ihn unabdingbar sind. So besteht in der Regel kein Anspruch des Gläubigers auf Herausgabe von über das Übliche hinaus spezifizierte Lohnabrechnungen, aus denen sich auch Abtretungen, vorrangige Pfändungen, Krankheitszeiten usw. ergeben,[42] oder auf Herausgabe von Kontoauszügen für die Zeit vor der Pfändung,[43] während die laufenden Kontoauszüge grundsätzlich uneingeschränkt zu den nach Abs. 3 herauszugebenden Urkunden gehören,[44] auch soweit sie nur negative Salden ausweisen.[45] Soweit sie schützenswerte, der Geheimhaltung unterliegende Daten enthalten, kann der Schuldner im Einzelfall Erinnerung einlegen oder beim Vollstreckungsgericht Schutzantrag nach § 765a Abs. 1 stellen. Der mit der Wegnahme der Kontoauszüge beauftragte Gerichtsvollzieher kann bis zur Entscheidung des Vollstreckungsgerichts nach § 765a Abs. 2 vorgehen.

12

e) Entsprechende Anwendung des Abs. 3

Eine entsprechende Anwendung des Abs. 3 Satz 2 im Rahmen der bewegliche Sachen betreffenden Herausgabevollstreckung nach § 883 kommt nicht in Betracht, weil die dort getroffene Regelung insoweit nicht lückenhaft ist[46].

13

---

39 LG Köln, JurBüro 1996, 439; LG Kassel, JurBüro 1997, 216; LG Bochum, JurBüro 2000, 437; weitergehend (auch die Abrechnungen der vorausgegangenen letzten drei bzw. sogar sechs Monate): BGH, NJW 2007, 606 BGH, MDR 2007, 607; LG Koblenz, DGVZ 1997, 126; LG Köln, DGVZ 2002, 186; LG Verden, JurBüro 2004, 498; Behr, JurBüro 1997, 216.
40 BGH, InVo 2003, 242; Kindl/Meller-Hannich/Bendtsen, § 836 Rn. 14.
41 Einzelheiten: Anhang zu § 829 Rdn. 9.
42 AG Bonn, Rpfleger 1963, 125; LG Hannover, DGVZ 1989, 26; LG Hildesheim, DGVZ 1994, 156; a. A.: (diese Lohnabrechnungen seien gerade wegen ihrer detaillierten Auskünfte immer herauszugeben): LG Münster, DGVZ 1994, 155; OLG Hamm, DGVZ 1994, 188.
43 BGH, BeckRS 2012, 07794.
44 BGH, NJW 2006, 217; BGH, BeckRS 2012, 06238; BGH, WM 2012, 593; BGH, NJW 2012, 1081; LG Landshut, Rpfleger 2009, 39. Siehe auch: Anh. § 829 Rn. 7.
45 A. A. insoweit: AG Wuppertal, DGVZ 2006, 93.
46 BGH, NJW 2008, 1598.

Dagegen ist die Norm entsprechend anwendbar, wenn der Gläubiger den Pflichtteilsanspruch des Schuldners gepfändet hat, bevor die Voraussetzungen des § 852 Abs. 1 vorlagen. Er benötigt die Auskunft, wann der Anspruch anerkannt oder rechtshängig geworden ist, um die Verwertung des gepfändeten Anspruchs durch Beantragung eines Überweisungsbeschlusses betreiben zu können[47].

V. Die Durchsetzung des Herausgabeanspruchs

1. Der Pfändungs- und Überweisungsbeschluss als Herausgabetitel

14   Der Gläubiger braucht den Anspruch auf Herausgabe der von ihm benötigten Urkunden nicht klageweise gegen den Schuldner geltend zu machen. Der Pfändungs- und Überweisungsbeschluss ist Herausgabetitel (**Abs. 3 Satz 5**), wenn in ihm die wegzunehmenden Urkunden so genau bezeichnet sind, dass der Gerichtsvollzieher die Identität jedes einzelnen Schriftstücks zweifelsfrei feststellen kann.[48] Das Vollstreckungsgericht ist insoweit verpflichtet, die entsprechenden Urkunden auf Antrag des Gläubigers im Pfändungs- und Überweisungsbeschluss detailliert aufzuführen[49]. Waren die Urkunden im ursprünglichen Überweisungsbeschluss noch nicht enthalten, etwa weil der Gläubiger erst später von ihrer Existenz oder auch nur von der Möglichkeit des Abs. 3 Satz 5 erfahren hat, kann der Gläubiger einen Ergänzungsbeschluss beantragen.[50] Der Überweisungsbeschluss bzw. der Ergänzungsbeschluss bedürfen zur Vollstreckung keiner Klausel;[51] sie müssen aber vor bzw. zu Beginn der Vollstreckung gem. § 750 zugestellt werden. Die Zwangsvollstreckung wird dann durch den Gerichtsvollzieher gem. § 883 Abs. 1 durchgeführt. Die Angaben im Überweisungsbeschluss sind für den Gerichtsvollzieher bindend; er ist zu einer einschränkenden Interpretation von sich aus nicht befugt.[52] Werden die Urkunden nicht gefunden, so kann der Schuldner gem. § 883 Abs. 2 zur eidesstattlichen Versicherung geladen werden.[53] Für die Zwangsvollstreckung nach Abs. 3 Satz 5 i. V. mit § 883 Abs. 2 Satz 2 gegen den Schuldner fehlt nicht deshalb das Rechtsschutzinteresse, weil der Gläubiger das, was er in den Urkunden zu finden glaubt, auch über § 840 durch eine Auskunft des Drittschuldners in Erfahrung bringen könnte.[54] Zum einen sind derartige Auskünfte nicht erzwingbar, zum andern fehlt die Gewissheit der Richtigkeit und Vollständigkeit.

Befinden sich die herauszugebenden Urkunden im Besitze eines Dritten (z. B. des Steuerberaters oder des Rechtsanwalts des Schuldners), der nicht zur freiwilligen Herausgabe bereit ist, muss der Gläubiger notfalls gegen ihn auf Herausgabe klagen. Den Herausgabeanspruch insoweit muss sich der Gläubiger nicht gesondert überweisen lassen. Es reicht, dass die zugrunde liegende Forderung wirksam gepfändet und überwiesen ist.[55]

2. Kein Eigentumserwerb des Gläubigers an den Urkunden

15   Die Urkunden gehen nach der Ablieferung durch den Gerichtsvollzieher an den Gläubiger nicht in dessen Eigentum über. Der Gläubiger muss sie vielmehr, sobald die Zwangsvollstreckung beendet ist, an den Schuldner zurückgeben. Ein Hinweis darauf im Überweisungsbeschluss ist nicht erfor-

---

47 BGH, WM 2009, 710 mit Anm. Toussaint, jurisPR-BGHZivilR 8/2009 (Anm. 2).
48 LG Münster, InVo 2001, 31; AG Dortmund, DGVZ 1980, 29; LG Darmstadt, DGVZ 1991, 9; AG Köln, DGVZ 1994, 157.
49 AG Köln, JurBüro 2015, 45; AG Münster, JurBüro 2014, 608; AG Soltau, JurBüro 2015, 100.
50 Allgem. Meinung; LG Mülhausen, JurBüro 2004, 449; AG Bremerhaven, JurBüro 2009, 329; Thomas/Putzo/Seiler, § 836 Rn. 15; Saenger, § 836 Rn. 14; Zöller/Stöber, § 836 Rn. 9.
51 Vor §§ 724–734 Rn. 4; ferner: Baumbach/Lauterbach/Hartmann, § 836 Rn. 7; Stein/Jonas/Brehm, § 836 Rn. 15; Zöller/Stöber, § 836 Rn. 9; **a. A.**: AG Bad Schwartau, DGVZ 1981, 63.
52 LG Wuppertal, JurBüro 2007, 440.
53 Herzig, JurBüro 1966, 909.
54 Ebenso: OLG Naumburg, InVo 2000, 391; LG Leipzig, InVo 2000, 3391; LG Stuttgart, InVo 2002, 514; Stein/Jonas/Brehm, § 836 Rn. 18; **a. A.** (§ 840 ginge vor): Zöller/Stöber, § 836 Rn. 9.
55 BGH, JurBüro 2010, 440, 442.

derlich, aber nützlich. Ist die Forderung dem Gläubiger allerdings an Zahlungs Statt überwiesen, gilt für Schuldurkunden im eigentlichen Sinne § 952 BGB.

VI. Durchsetzung des Auskunftsanspruchs

1. Ladung zur eidesstattlichen Vereidung

Erfüllt der Schuldner seine Auskunftsverpflichtung nach Abs. 3 Satz 1 nicht freiwillig, muss der Gläubiger diesen Anspruch ebenfalls nicht einklagen, er kann vielmehr den Schuldner sogleich ohne neuen Titel zur Protokollierung der Auskunft und eidesstattlichen Versicherung gem. Abs. 3 Satz 2 laden lassen, um auf diese Weise die Auskunft zu erzwingen. Er kann gegebenenfalls Haft gem. § 802g beantragen, wenn die Auskunft zu Protokoll verweigert wird. 16

2. Antrag an den Gerichtsvollzieher

Voraussetzung des Verfahrens nach Abs. 3 Satz 2 ist zunächst ein **Antrag** des Gläubigers an den gem. § 802e zuständigen Gerichtsvollzieher. Dem Antrag beizufügen sind die vollstreckbare Ausfertigung des Titels als Nachweis, dass die Zwangsvollstreckung noch nicht beendet ist, sowie der Pfändungs- und Überweisungsbeschluss als Nachweis, dass aus dem Titel gerade die Pfändung der Forderung erwirkt wurde, zu deren Durchsetzung die begehrten Auskünfte verlangt werden.[56] Ferner muss glaubhaft gemacht werden, dass die verlangten Auskünfte außergerichtlich nicht erlangt werden konnten. Insoweit reicht eine Kopie des Aufforderungsschreibens des Gläubigers und dessen Erklärung aus, dass er insoweit keinen Erfolg hatte.[57] Schließlich muss der Gläubiger die Fragen auflisten,[58] zu denen der Schuldner Auskunft erteilen soll, da sich diese Fragen für den Gerichtsvollzieher nicht ohne Weiteres aus dem Charakter der Forderung ergeben müssen (z. B. Auskunft, wo sich bestimmte, bisher nicht herausgegebene Urkunden befinden).[59] Hat der Gerichtsvollzieher Zweifel, ob die begehrten Auskünfte zur Geltendmachung der Forderung »nötig«[60] sind, hat er den Gläubiger um Erläuterung zu bitten.[61] Bleiben seine Zweifel weiterhin bestehen, hat er die Frage abzulehnen. 17

3. Verfahren

Das Verfahren des Gerichtsvollziehers richtet sich nach den §§ 802f Abs. 4, 802g bis 802i, 802j Abs. 1 und Abs. 2. Stellt der Gläubiger nachträglich fest, dass eine Auskunft unvollständig oder sonst unzureichend war, kann er ihre Ergänzung und Vervollständigung verlangen.[62] Es gilt insoweit das, was zur Nachbesserung der Vermögensoffenbarung entwickelt wurde. 18

VII. Gebühren und Kosten

Die Gebühren des Gerichtsvollziehers für die Protokollierung der Auskünfte ergeben sich aus §§ 1, 10 GvKostG i. V. Kostenverzeichnis Nr. 260 GvKostG, die Gebühren für die Herausgabevollstreckung hinsichtlich der Urkunden aus Kostenverzeichnis Nr. 221. Der von der Partei hinzugezogene 19

---

56 Behr, JurBüro 2000, 230; Gilleßen/Polzius, DGVZ 1998, 116.
57 BT-Drucks. 13/341 S. 35.
58 **A. A.** (die Fragen müssten schon im Überweisungsbeschluss vorgegeben sein): Behr, JurBüro 2000, 230; Steder, MDR 2000, 438.
59 Kindl/Meller-Hannich/Wolf/Bendtsen, § 836 Rn. 20. **A. A.**: Wertenbruch, DGVZ 2001, 65: Der Gerichtvollzieher formuliere die Fragen in eigener Verantwortung.
60 Zum Begriff: Wertenbruch, DGVZ 2001, 65, 66.
61 Kritisch insoweit: Münzberg, FS Lüke, 1997, S. 551. Auch Stöber, MDR 2001, 301, 303 verneint eine Verpflichtung des Gläubigers zur weiteren inhaltlichen Konkretisierung des Auskunftsbegehrens. Das ist insofern bedenklich, als die konkrete Auskunftspflicht des § 836 Abs. 3 nicht der Vorbereitung einer allgemeinen Ausforschung dienen soll.
62 BT-Drucks. 13/341 S. 35; Behr, JurBüro 2000, 230; Zöller/Stöber, § 836 Rn. 15.

Rechtsanwalt erhält die zusätzliche Gebühr aus § 18 Nr. 16 RVG. Der Gegenstandswert insoweit bestimmt sich nach § 25 Abs. 1 Nr. 1 RVG. Jedoch ist auch hier der Höchstwert des § 25 Abs. 1 Nr. 4, 2. Halbs. RVG zu beachten.

20 Gegen die Weigerung des Gerichtsvollziehers, den Schuldner zur Protokollierung der Auskunft zu laden, sowie gegen die Weigerung, einzelne gewünschte Auskünfte zu erfragen und zu protokollieren, hat der Gläubiger die Erinnerung nach § 766.

VIII. Rechtsbehelfe

21 Auch der Schuldner kann sich gegen seine Ladung zur Protokollierung der Auskunft und zur eidesstattlichen Versicherung hinsichtlich der Auskunft sowie gegen einzelne seiner Ansicht nach unzulässige Auskunftsverlangen mit der Erinnerung gem. § 766 wehren.

§ 837 Überweisung einer Hypothekenforderung

(1) ¹Zur Überweisung einer gepfändeten Forderung, für die eine Hypothek besteht, genügt die Aushändigung des Überweisungsbeschlusses an den Gläubiger. ²Ist die Erteilung des Hypothekenbriefes ausgeschlossen, so ist zur Überweisung an Zahlungs statt die Eintragung der Überweisung in das Grundbuch erforderlich; die Eintragung erfolgt auf Grund des Überweisungsbeschlusses.

(2) ¹Diese Vorschriften sind nicht anzuwenden, soweit es sich um die Überweisung der Ansprüche auf die im § 1159 des Bürgerlichen Gesetzbuchs bezeichneten Leistungen handelt. ²Das gleiche gilt bei einer Sicherungshypothek im Falle des § 1187 des Bürgerlichen Gesetzbuchs von der Überweisung der Hauptforderung.

(3) Bei einer Sicherungshypothek der im § 1190 des Bürgerlichen Gesetzbuchs bezeichneten Art kann die Hauptforderung nach den allgemeinen Vorschriften gepfändet und überwiesen werden, wenn der Gläubiger die Überweisung der Forderung ohne die Hypothek an Zahlungs statt beantragt.

Übersicht	Rdn.		Rdn.
I. Allgemeines	1	3. Höchstbetragssicherungshypothek	4
II. Im Einzelnen ist zu unterscheiden	2	III. Ausnahmen nach Abs. 2	5
1. Briefhypothek	2	IV. Löschungsbewilligung nach Zahlung	6
2. Buchhypothek	3		

I. Allgemeines

Die Vorschrift ergänzt und modifiziert teilweise den § 835 für die Überweisung von Forderungen, für die eine Hypothek bestellt ist. Die Abweichungen bauen auf den besonderen Regeln über die Pfändung einer Hypothek in § 830 auf. 1

II. Im Einzelnen ist zu unterscheiden

1. Briefhypothek

Eine **Briefhypothek** wird, wenn die Pfändung der Forderung bereits nach § 830 erfolgt ist, abweichend von § 835 Abs. 3 dadurch wirksam überwiesen, dass der Überweisungsbeschluss an den Gläubiger ausgehändigt wird. Ist die Pfändung noch nicht wirksam geworden,[1] so treten trotz Aushändigung des Überweisungsbeschlusses an den Gläubiger die Überweisungswirkungen (§ 836 Abs. 1) auch erst mit Wirksamwerden der Pfändung ein. Der BGH[2] hält es deshalb in diesen Fällen für geboten, den Überweisungsbeschluss nicht zusammen mit dem Pfändungsbeschluss zu erlassen, damit nicht zunächst immer ein unwirksamer – weil noch nicht durch eine wirksame Pfändung gedeckter – Überweisungsbeschluss ergehe.[3] Die Überweisung wird weder im Brief noch im Grundbuch eingetragen. Das gilt sowohl für die Überweisung zur Einziehung wie für die Überweisung an Zahlungs Statt. Im letzteren Fall ersetzt der Überweisungsbeschluss die öffentlich beglaubigte Abtretungserklärung gem. § 1155 BGB. 2

2. Buchhypothek

Für die Überweisung einer **Buchhypothek** zur Einziehung gilt das zur Briefhypothek Gesagte ohne Einschränkung entsprechend. Auch hier wird die Überweisung zur Einziehung nicht ins Grundbuch eingetragen. Erfolgt die Überweisung aber an Zahlungs Statt, ist sie zusätzlich zur Pfändung 3

---

1 § 830 Rdn. 3–5.
2 NJW 1994, 3225 mit Anm. *Walker*, EWiR 1994, 1251.
3 Sehr kritisch hierzu *Diepold*, MDR 1995, 455.

ins Grundbuch einzutragen (**Abs. 1 Satz 2**). Die Eintragung ist durch den Gläubiger zu beantragen. Er hat zur Legitimation den Überweisungsbeschluss vorzulegen.

3. Höchstbetragssicherungshypothek

4 Ist die Forderung durch eine **Höchstbetragssicherungshypothek** (§ 1190 BGB) gesichert, so hat der Gläubiger zwei Möglichkeiten: Er kann die Forderung samt Buchhypothek sich nach den allgemeinen Regeln der §§ 830 Abs. 1, 837 Abs. 1 pfänden und überweisen lassen. Er kann aber auch, da § 1190 Abs. 4 BGB abweichend von der Grundregel des § 1153 BGB eine Übertragung der Forderung ohne die Hypothek zulässt, die Forderung allein nach § 829 pfänden und sich nach § 835 Abs. 1 **an Zahlungs Statt** überweisen lassen (**Abs. 3**). Der Gläubiger muss dies dann **schon in seinem Pfändungsantrag** deutlich zum Ausdruck bringen. Auch der dem Antrag folgende Pfändungs- und Überweisungsbeschluss muss dann die Trennung von Hypothek und Hauptforderung kenntlich machen.

III. Ausnahmen nach Abs. 2

5 Die durch eine Hypothek gesicherten Forderungen, die nach § 830 Abs. 3 wie reine Geldforderungen gepfändet werden,[4] werden konsequenterweise auch nach § 835 (und nicht nach § 837 Abs. 1) überwiesen (**Abs. 2**); erfolgt die Pfändung nach §§ 831, 808 (Schuldverschreibungen auf den Inhaber, für die eine Sicherungshypothek bestellt ist), so richtet sich die Verwertung nach § 821.[5]

IV. Löschungsbewilligung nach Zahlung

6 Der Gläubiger, dem die Hypothek zur Einziehung überwiesen wurde, muss dem Drittschuldner, der an ihn zahlt, löschungsfähige Quittung (§ 1144 BGB) erteilen,[6] nicht aber eine abstrakte Löschungsbewilligung.[7] Letztere kann nur der tatsächliche Hypothekengläubiger ausstellen, der Vollstreckungsgläubiger also nur, wenn ihm die Hypothek an Zahlungs Statt überwiesen wurde. Auch wegen der Aushändigung des Hypothekenbriefes (§ 1144 BGB) muss der Drittschuldner sich weiterhin an den Schuldner als den Eigentümer des Briefes halten, es sei denn, die Hypothek ist dem Gläubiger an Zahlungs Statt überwiesen worden.

---

4 Einzelheiten: § 830 Rdn. 1.
5 § 830 Rdn. 1.
6 LG Düsseldorf, MittRhNotK 1982, 23; OLG Hamm, Rpfleger 1985, 187.
7 MüKo/*Smid*, § 837 Rn. 2. Hinsichtlich der Unterschiede zur löschungsfähigen Quittung vergl. OLG Frankfurt, Rpfleger 1976, 401.

§ 837a Überweisung einer Schiffshypothekenforderung

(1) ¹Zur Überweisung einer gepfändeten Forderung, für die eine Schiffshypothek besteht, genügt, wenn die Forderung zur Einziehung überwiesen wird, die Aushändigung des Überweisungsbeschlusses an den Gläubiger. ²Zur Überweisung an Zahlungs statt ist die Eintragung der Überweisung in das Schiffsregister oder in das Schiffsbauregister erforderlich; die Eintragung erfolgt auf Grund des Überweisungsbeschlusses.

(2) ¹Diese Vorschriften sind nicht anzuwenden, soweit es sich um die Überweisung der Ansprüche auf die im § 53 des Gesetzes über Rechte an eingetragenen Schiffen und Schiffsbauwerken vom 15. November 1940 (RGBl. I S. 1499) bezeichneten Leistungen handelt. ²Das gleiche gilt, wenn bei einer Schiffshypothek für eine Forderung aus einer Schuldverschreibung auf den Inhaber, aus einem Wechsel oder aus einem anderen durch Indossament übertragbaren Papier die Hauptforderung überwiesen wird.

(3) Bei einer Schiffshypothek für einen Höchstbetrag (§ 75 des im Absatz 2 genannten Gesetzes) gilt § 837 Abs. 3 entsprechend.

Übersicht	Rdn.		Rdn.
I. Schiffshypothekenforderung	1	II. Registerpfandrecht an einem Luftfahrzeug	2

I. Schiffshypothekenforderung

Schiffshypotheken sind grundsätzlich Buchhypotheken (§§ 3, 8 SchiffsRG). So wie § 830a für ihre Pfändung der Pfändung einer Buchhypothek entsprechende Regelungen enthält,[1] passt auch § 837a die Regeln der Überweisung denen der Überweisung einer Forderung, für die eine Buchhypothek bestellt ist, an. Abs. 2 knüpft an § 830a Abs. 3 an. Abs. 3 zieht die Konsequenz daraus, dass nach § 75 SchiffsRG Höchstbetragsschiffshypotheken den Sicherungshypotheken aus § 1190 BGB entsprechend geregelt sind. 1

II. Registerpfandrecht an einem Luftfahrzeug

Gem. § 99 Abs. 1 LuftFzgG[2] gilt § 837a entsprechend für die Überweisung gepfändeter Forderungen, für die ein Registerpfandrecht an einem Luftfahrzeug bestellt ist.[3] 2

---

1 § 830a Rdn. 1.
2 BGBl. I 1959, 57, 223.
3 Definition: § 1 LuftFzgG. Siehe auch *Schladebach/Kraft*, BKR 2012, 271.

§ 838 Einrede des Schuldners bei Faustpfand

Wird eine durch ein Pfandrecht an einer beweglichen Sache gesicherte Forderung überwiesen, so kann der Schuldner die Herausgabe des Pfandes an den Gläubiger verweigern, bis ihm Sicherheit für die Haftung geleistet wird, die für ihn aus einer Verletzung der dem Gläubiger dem Verpfänder gegenüber obliegenden Verpflichtungen entstehen kann.

Übersicht

	Rdn.		Rdn.
I. Zweck der Norm	1	II. Durchsetzung der Verpflichtung zur Pfandherausgabe	2

I. Zweck der Norm

1   Nach § 401 BGB erstreckt sich das Pfandrecht an einer Forderung, zu deren Sicherheit ein Faustpfandrecht bestellt ist, auch auf dieses Faustpfandrecht als Nebenrecht. Die Überweisung führt nach § 836 Abs. 1, § 1251 Abs. 1 BGB dazu, dass der Vollstreckungsgläubiger vom Schuldner die Herausgabe des Pfandes verlangen kann. Erfüllt der Vollstreckungsgläubiger die auf ihn gem. § 1251 Abs. 2 Satz 1 BGB übergegangenen Verwahrungs-, Sorgfalts- und Mitwirkungspflichten nicht, so haftet der Schuldner dem Drittschuldner gegenüber gem. § 1251 Abs. 2 Satz 2 BGB für die aus diesen Pflichtverletzungen entstandenen Schäden wie ein selbstschuldnerischer Bürge. Um ihn gegen dieses Haftungsrisiko abzusichern, gibt § 838 dem Schuldner als aufschiebende Einrede einen Anspruch auf Sicherheitsleistung. Die Sicherheitsleistung richtet sich nach §§ 232 ff. BGB. Die §§ 108 ff. sind hier nicht einschlägig, da das Verlangen nach Sicherheit materiellrechtlich und nicht nach prozessualen Regeln begründet ist.[1]

II. Durchsetzung der Verpflichtung zur Pfandherausgabe

2   Kommt der Schuldner der Verpflichtung zur Herausgabe des Pfandes Zug um Zug gegen den Nachweis der Sicherheitsleistung nicht freiwillig nach, so kann der Gläubiger ihm die Pfandsache nicht im Wege der Hilfspfändung nach § 836 Abs. 3 Satz 2 wegnehmen lassen, er muss vielmehr selbstständige Herausgabeklage erheben.[2] Denn die Möglichkeit der Hilfspfändung ist auf die Fälle beschränkt, in denen der Gläubiger eine Sache zur weiteren Durchsetzung, nicht aber nur zur weiteren Sicherung der überwiesenen Forderung benötigt. Der Gläubiger ist hinsichtlich der Sicherheitsleistung nicht vorleistungspflichtig.[3] § 274 Abs. 1 BGB ist hier entsprechend anzuwenden.[4] Der Gerichtsvollzieher darf im Rahmen der Herausgabevollstreckung die Sache dann erst wegnehmen, wenn er gleichzeitig dem Schuldner den Nachweis der Sicherheit aushändigt (§ 756).

---

1 Allgem. Meinung; beispielhaft: *Musielak/Becker*, § 838 Rn. 2; *Stein/Jonas/Brehm*, § 838 Rn. 2.
2 *Brox/Walker*, Rn. 647; *Musielak/Becker*, § 838 Rn. 3; MüKo/*Smid*, § 838 Rn. 2; *Stein/Jonas/Brehm*, § 838 Rn. 1; *Thomas/Putzo/Seiler*, § 838 Rn. 1; *Zöller/Stöber*, § 838 Rn. 2.
3 So aber *Stein/Jonas/Brehm*, § 838 Rn. 2.
4 Wie hier: *Musielak/Becker*, § 836 Rn. 3; MüKo/*Smid*, § 838 Rn. 2; *Zöller/Stöber*, § 838 Rn. 2.

§ 839 Überweisung bei Abwendungsbefugnis

Darf der Schuldner nach § 711 Satz 1, § 712 Abs. 1 Satz 1 die Vollstreckung durch Sicherheitsleistung oder Hinterlegung abwenden, so findet die Überweisung gepfändeter Geldforderungen nur zur Einziehung und nur mit der Wirkung statt, dass der Drittschuldner den Schuldbetrag zu hinterlegen hat.

Übersicht

	Rdn.			Rdn.
I. Anwendungsbereich	1	II.	Folgen der Hinterlegung seitens des Drittschuldners	2

I. Anwendungsbereich

Die Vorschrift entspricht den Regelungen in §§ 720, 815 Abs. 3, 819 und verfolgt die nämlichen Ziele für den Bereich der Forderungsvollstreckung. Sie ist über die Fälle der §§ 711 Satz 1, 712 Abs. 1 Satz 1 hinaus nicht entsprechend anwendbar.[1] Die Einschränkung, dass der Drittschuldner die dem Gläubiger zur Einziehung überwiesene Forderung nicht durch Zahlung, sondern nur durch Hinterlegung befriedigen dürfe, muss bereits in den Überweisungsbeschluss aufgenommen werden. Eine Überweisung an Zahlungs Statt scheidet in diesen Fällen von vornherein aus. 1

II. Folgen der Hinterlegung seitens des Drittschuldners

Hinterlegt der Drittschuldner, so wird er dem Schuldner gegenüber von seiner Verbindlichkeit befreit. Der Schuldner wird Inhaber des Anspruchs gegen die Hinterlegungsstelle, während sich das frühere Pfandrecht des Gläubigers an der Forderung als Pfandrecht am Anspruch des Schuldners gegen die Hinterlegungsstelle fortsetzt. Hat der Drittschuldner nicht Geld, sondern andere hinterlegungsfähige Gegenstände hinterlegt, die mit der Hinterlegung ins Eigentum des Schuldners übergehen, erwirbt der Gläubiger ein Pfandrecht an diesen Gegenständen. 2

---

[1] BGHZ 49, 117; LG Hamburg, MDR 1952, 45; PG/*Ahrens*, § 839 Rn. 3; **a. A.:** AG Hamburg-Blankenese, MDR 1970, 426.

§ 840 Erklärungspflicht des Drittschuldners

(1) Auf Verlangen des Gläubigers hat der Drittschuldner binnen zwei Wochen, von der Zustellung des Pfändungsbeschlusses an gerechnet, dem Gläubiger zu erklären:
1. ob und inwieweit er die Forderung als begründet anerkenne und Zahlung zu leisten bereit sei;
2. ob und welche Ansprüche andere Personen an die Forderung machen;
3. ob und wegen welcher Ansprüche die Forderung bereits für andere Gläubiger gepfändet sei;
4. ob innerhalb der letzten zwölf Monate im Hinblick auf das Konto, dessen Guthaben gepfändet worden ist, nach § 850l die Unpfändbarkeit des Guthabens angeordnet worden ist, und
5. ob es sich bei dem Konto, dessen Guthaben gepfändet worden ist, um ein Pfändungsschutzkonto im Sinne von § 850k Abs. 7 handelt.

(2) [1]Die Aufforderung zur Abgabe dieser Erklärungen muss in die Zustellungsurkunde aufgenommen werden. [2]Der Drittschuldner haftet dem Gläubiger für den aus der Nichterfüllung seiner Verpflichtung entstehenden Schaden.

(3) [1]Die Erklärungen des Drittschuldners können bei Zustellung des Pfändungsbeschlusses oder innerhalb der im ersten Absatz bestimmten Frist an den Gerichtsvollzieher erfolgen. [2]Im ersteren Fall sind sie in die Zustellungsurkunde aufzunehmen und von dem Drittschuldner zu unterschreiben.

Übersicht	Rdn.		Rdn.
I. Zweck der Vorschrift	1	1. Voraussetzungen des Anspruchs	10
II. Voraussetzungen des Auskunftsverlangens	3	2. Der Umfang des Anspruchs	11
III. Die Abwicklung der Auskunftserteilung	6	3. Durchsetzung des Schadensersatzanspruchs	14
IV. Der Inhalt der Auskunft	7	VII. Abwehrfeststellungsklage des Drittschuldners	15
V. Der Rechtscharakter der erteilten Auskunft	8	VIII. Entsprechende Anwendung des Abs. 2 Satz 2	16
VI. Der Schadensersatzanspruch nach Abs. 2 Satz 2	9	IX. Gebühren	17

Literatur:

App, Drittschuldnererklärung bei Gesamtgläubigerschaft, JurBüro 1990, 935; *Bach-Heucker*, Pfändung in die Ansprüche aus Bankverbindung und Drittschuldnererklärung der Kreditinstitute, 1993; *Bauer*, Verpflichtung des Drittschuldners zur Benachrichtigung des Gläubigers von der Beendigung des Arbeitsverhältnisses in der Lohnpfändung?, JurBüro 1963, 251; *Behr*, Kosten des erfolglos durchgeführten Drittschuldnerprozesses, JurBüro 1994, 257; *Benöhr*, Einredeverzicht des Drittschuldners?, NJW 1976, 6; *Brill*, Zum Anspruch des Arbeitgebers auf Ersatz von Lohnpfändungskosten, DB 1976, 2400; *Brüne/Liebscher*, Die fehlende oder falsche Drittschuldnerauskunft durch den Arbeitgeber, BB 1996, 743; *Cebulka*, Erstattung von Anwaltskosten des Drittschuldners, AnwBl. 1979, 409; *Eckert*, Die Kostenerstattung bei der Drittschuldnererklärung nach § 840 Abs. 1 ZPO, MDR 1986, 799; *Flieger*, Die Behauptungslast bei Abgabe der Erklärung des Drittschuldners nach § 840 Abs. 1 ZPO, MDR 1978, 797; *Foerste*, Die Pflicht zur Begründung der Drittschuldnererklärung, NJW 1999, 904; *Grunsky*, Nochmal: Zur Klagbarkeit des Auskunftsanspruchs aus § 840 Abs. 1 ZPO, FS Leipold, 2009; *Heyer/Schlör*, Drittschuldnererklärung – Umfang und Grenzen der Auskunft von Kreditinstituten nach § 840 Abs. 1 Nr. 1 ZPO, Kreditwesen 2003, 188, 190; *Hintzen*, Effektivere Auskunft des Gläubigers nach der Pfändung, OLGReport 2000, K 21; *Jurgeleit*, Die Haftung des Drittschuldners, 2. Aufl., 2004; *Linke*, Die Erklärungspflicht des Drittschuldners und die Folgen ihrer Verletzung, ZZP 1974, 284; *Marburger*, Das Anerkenntnis des Drittschuldners nach § 840 Abs. 1 Ziff. 1 ZPO, JR 1972, 7; *Marly*, Kostenerstattung und Tätigkeitsvergütung für Auskünfte des Drittschuldners bei Pfändungs- und Überweisungsbeschlüssen, BB 1999, 1990; *Meier*, Ersatz der Anwaltskosten aus Drittschuldnerklagen vor den Arbeitsgerichten, BB 1964, 557; *Petersen*, Erstattung von Rechtsanwaltskosten bei Abgabe der Drittschuldnererklärung nach § 840 ZPO, BB 1986, 188; *Reetz*, Die Rechtsstellung des Arbeitgebers als Drittschuldner in der Zwangsvollstreckung, 1985*Saueressig*, Die analoge Anwendung des § 269 Abs. 3 S. 2 oder 3 ZPO bei mangelhafter oder verspäteter Drittschuldnererklärung, ZZP 2006 (Bd. 119), 463; *Schleusener/Kühn*, Die Reichweite der Kostenpräklusion nach § 12a I ArbGG, NZA 2008, 147; *Schmidt*, Neue Fragen und Antworten im Drittschuldnerprozess, JurBüro 2009, 233; *Sonnabend*, Der Einziehungsprozess nach Forderungspfändung im internationalen Rechtsverkehr, 2007; *Staab*, Die Drittschuldnerklage vor dem Arbeitsgericht, NZA 1993, 439; *Stehl*, Erstattung von Anwaltskosten als Schadensersatz gem. § 840 ZPO im Verfahren vor den Arbeitsgerichten, NJW 1966, 1349; *Ulbrich*, Die Pfändung von Arbeitseinkommen aus der Sicht des Drittschuldners, JurBüro 2009, 509; *Walker*, Die Rechtsstellung des Drittschuldners in der Zwangsvollstreckung, FS Leipold, 2009, 451; *Wenzel*, Drittschuldnerklage vor dem Arbeitsgericht, MDR 1966, 971.

I. Zweck der Vorschrift

Der Gläubiger pfändet die »angebliche Forderung« des Schuldners gegen den Drittschuldner oft, ohne Einzelheiten der Forderung zu kennen. Die Angaben, die der Schuldner im Rahmen des § 836 Abs. 3 macht, sind in vielen Fällen unvollständig oder auch unrealistisch. Auch die sonstigen Möglichkeiten der Information des Gläubigers über den Bestand der Forderung sind regelmäßig gering.[1] Um dem Gläubiger unnötige Aufwendungen zur Durchsetzung der möglicherweise nicht existenten oder aber mit einer Einrede behafteten Forderung zu ersparen und ihm eine vernünftige Planung seines weiteren Vorgehens zu ermöglichen, verpflichtet **Abs. 1** den Drittschuldner, dem Gläubiger auf Verlangen bestimmte Auskünfte über die Forderung zu geben. Es handelt sich bei dieser Pflicht um eine für den Fall der Nicht- oder Schlechterfüllung mit einem Schadensersatzanspruch bewehrte **Obliegenheit**, die nicht mit einer selbstständigen Auskunftsklage des Gläubigers gegen den Drittschuldner durchgesetzt werden kann.[2] Dass den Drittschuldner nur eine Obliegenheit trifft, zeigt zum einen die unterschiedliche Formulierung in Abs. 1 Satz 1 im Vergleich zu § 836 Abs. 3 Satz 1, der gegen den Schuldner einen durchsetzbaren Anspruch gibt. Zum anderen würde ein solcher Anspruch dem Gläubiger gegen den Drittschuldner eine erheblich stärkere Position geben, als sie zuvor der Schuldner, von dem der Gläubiger seine Rechte herleitet, hatte. Da das allein auf § 840 gestützte Auskunftsverlangen als solches schon nicht mit der Klage durchsetzbar ist[3], kann erst recht nicht eine Ergänzung oder Vervollständigung einer bereits erteilten Auskunft durch Klage erzwungen werden.[4]

1

Von der Auskunftsobliegenheit nach Abs. 1 zu unterscheiden ist eine dem Drittschuldner möglicherweise aufgrund seiner Rechtsbeziehung zum Schuldner diesem gegenüber bestehende Auskunftspflicht, die als Nebenrecht zur gepfändeten Forderung von deren Pfändung gem. § 401 BGB mit erfasst wird.[5] Dieser materiellrechtliche Auskunftsanspruch kann vom Gläubiger nach der Überweisung der Forderung in dem Umfange gegen den Drittschuldner geltend gemacht werden, in dem ihn zuvor der Schuldner hätte geltend machen können.[6] Ein solcher Anspruch kann auch mit der Klage im Einziehungsprozess verfolgt werden. Ein selbstständiger Auskunftsanspruch als Annex der Forderung wird insbesondere bei Rechtsverhältnissen zu bejahen sein, in denen Schuldner und Drittschuldner in laufender Rechnung zusammenarbeiten. Da dieser materiellrechtliche

2

---

1 OLG Brandenburg, JurBüro 2005, 434 über das Recht des Gläubigers gem. § 299, in mögliche Gerichtsakten eines Prozesses zwischen dem Vollstreckungsschuldner und dem Drittschuldner Einsicht zu nehmen.

2 Offen gelassen noch in BGHZ 68, 298 und BGH, WM 1978, 676. Wie hier sodann: BGHZ 91, 126 mit Anm. *Brehm*, JZ 1984, 675 und Anm. *Waldner*, JR 1984, 468; ferner: OLG München, NJW 1975, 174; OLG Düsseldorf, WM 1981, 1147; LG Nürnberg-Fürth, ZZP 1983, 118 mit Anm. *Waldner*, ZZP 1983, 121; *Baumbach/Lauterbach/Hartmann*, § 840 Rn. 3; *Brox/Walker*, Rn. 624; *Lüke*, ZZP 1995, 438; *Musielak/Becker*, § 840 Rn. 8; *Stein/Jonas/Brehm*, § 840 Rn. 19; *Thomas/Putzo/Seiler*, § 840 Rn. 1; *Wieczorek/Lüke*, § 840 Rn. 2; *Zöller/Stöber*, § 840 Rn. 15; **a.A.:** *Baur/Stürner/Bruns*, Rn. 30.20; *Linke*, ZIP 1974, 284; *Reetz*, Die Rechtsstellung des Arbeitgebers als Drittschuldner, S. 140; *Staab*, NZA 1995, 439. Nach *Schilken* in Gaul/Schilken/Becker-Eberhard, § 55 Rn. 16 handelt es sich um einen selbstständigen *prozessrechtlichen* und damit öffentlich-rechtlichen Anspruch.

3 **A.A.** (Anspruch mit selbstständiger Auskunftsklage, die im Wege der Stufenklage mit der Einziehungsklage verbunden werden kann, durchsetzbar): *Schilken* in Gaul/Schilken/Becker-Eberhard, § 55 Rn. 17.

4 BGH, NJW 1983, 687.

5 BGH, InVo 2004, 108; OLG Karlsruhe, NJW-RR 1998, 990; AG Calw, JurBüro 2001, 109; *Wieczorek/Lüke*, § 840 Rn. 2; siehe ferner § 829 Rdn. 64; **a.A.:** LG Berlin, Rpfleger 1978, 64; AG Göppingen, DGVZ 1989, 29.

6 OLG Karlsruhe, Justiz 1980, 143; AG Dorsten, Rpfleger 1984, 424.

Auskunftsanspruch auch im Übrigen nicht den Regeln des § 840 folgt, empfiehlt es sich für den Gläubiger bei der Geltendmachung den Drittschuldner ausdrücklich darauf hinzuweisen, dass er aus dem materiellrechtlichen Auskunftsrecht des Schuldners und nicht nur wegen der Obliegenheit aus § 840 in Anspruch genommen werde.

II. Voraussetzungen des Auskunftsverlangens

3 Der Gläubiger kann das Auskunftsverlangen ab Zustellung des Pfändungsbeschlusses stellen;[7] eine Überweisung der Forderung an ihn ist nicht erforderlich. Es genügt also eine Pfändung im Rahmen einer Sicherungsvollstreckung (§ 720a)[8]. Die Zustellung einer Vorpfändung nach § 845 genügt dagegen nicht.[9] Die Pfändung muss **formell** wirksam erfolgt sein.[10] Verfahrensfehler, die die Pfändung nur anfechtbar machen, stehen der Berechtigung des Auskunftsverlangens nicht entgegen, solange die Anfechtung nicht erfolgt ist. Dass die Pfändung ins Leere geht, weil die gepfändete Forderung nicht besteht oder jedenfalls dem Schuldner nicht zusteht, hindert das Entstehen der Auskunftsobliegenheit ebenfalls nicht, da durch die Auskunft gerade aufgeklärt werden soll, ob die Forderung besteht (Abs. 1 Nr. 1).[11] Deshalb handelt es sich auch streng genommen bei Abs. 1 nicht nur um eine Obliegenheit des (tatsächlichen) Drittschuldners, sondern jedes Dritten, der durch die Zustellung eines Pfändungsbeschlusses zunächst als Drittschuldner erscheint. Auch eine Arrestpfändung gem. § 930 Abs. 1 ermächtigt den Gläubiger schon, das Auskunftsverlangen zu stellen.[12] Denn auch der Arrestgläubiger hat ein berechtigtes Interesse zu wissen, ob er etwa weitere Vollziehungsmaßnahmen durchführen muss.

4 Das Auskunftsverlangen muss dem Drittschuldner mit dem Pfändungsbeschluss oder im Anschluss an ihn **durch den Gerichtsvollzieher** zugestellt werden.[13] Eine vom Gläubiger veranlasste Zustellung durch die Post reicht nicht aus.[14] Der Drittschuldner hat von der Zustellung an 2 Wochen Zeit, die Auskunft zu erteilen. Der Gläubiger kann die Frist nicht verkürzen, auch wenn er im Einzelfall ein berechtigtes Interesse an einer schnelleren Auskunft hat.

5 Der Drittschuldner kann seinerseits die Auskunftserteilung nicht davon abhängig machen, dass der Gläubiger **ihm die durch die Erstattung der Auskunft anfallenden Kosten** ersetzt.[15] Das gilt sowohl für den eigenen Arbeitsanfall (Erstellung von Kontoauszügen, Auflistung vorrangiger Pfändungen usw.) als auch für die Kosten eines mit der Abwicklung der Auskunft beauftragten Rechtsanwalts.[16] Die Auskunftserteilung im Rahmen des § 840 gehört, soweit die Forderung des Schuldners gegen

---

7 BGHZ 68, 289; *Wieczorek/Lüke*, § 840 Rn. 4.
8 *Schilken* in Gaul/Schilken/Becker-Eberhard, § 55 Rn. 19.
9 BGHZ 68, 298; OLG Frankfurt, NZG 2006, 914; *Schilken* in Gauk/Schilken/Becker-Eberhard, § 55 Rn. 19; *Zöller/Stöber*, § 840 Rn. 2; a. A.: OLG Stuttgart, BB 1959, 360.
10 Zum Fall des Nichtentstehens der Auskunftsobliegenheit wegen Unwirksamkeit der Pfändung infolge unwirksamer Ersatzzustellung des Pfändungsbeschlusses: OLG Köln, InVo 2002, 111.
11 OLG Schleswig, NJW-RR 1990, 448; LG Mönchengladbach, JurBüro 2009, 273.
12 *Musielak/Becker*, § 840 Rn. 2; *Schreiber*, JR 1977, 464; *Stein/Jonas/Brehm*, § 840 Rn. 3; *Wieczorek/Lüke*, § 840 Rn. 4. Einzelheiten: § 930 ZPO Rdn. 8.
13 *Thomas/Putzo/Seiler*, § 840 Rn. 3; *Zöller/Stöber*, § 840 Rn. 8.
14 LG Tübingen, MDR 1974, 677; *Jakobs*, DGVZ 1987, 1; *Musielak/Becker*, § 840 Rn. 3; *Stein/Jonas/Brehm*, § 840 Rn. 4.
15 Wie hier: BGH, Rpfleger 2006, 480; BAG, NJW 1985, 1181 mit Anm. *Petersen*, BB 1986, 188 und *Eckert*, MDR 1986, 799; BVerwG, Rpfleger 1995, 261; OLG Köln, OLGReport 1999, 137; AG Münster, JurBüro 1991, 276; *Marly*, BB 1999, 1990; *Musielak/Becker*, § 840 Rn. 6; *Stein/Jonas/Brehm*, § 840 Rn. 35; *Thomas/Putzo/Seiler*, § 840 Rn. 12; *Walker*, FS Leipold, 2009, 451, 462 ff; *Wieczorek/Lüke*, § 840 Rn. 20; *Zöller/Stöber*, § 840 Rn. 11; offengelassen: BGH, NJW 1985, 1155 mit Anm. *Brehm*, JZ 1985, 632; a. A. (Kostenerstattungspflicht des Gläubigers): AG Hamburg, AnwBl. 1980, 302; AG Offenbach, AnwBl. 1982, 386; *Baur/Stürner/Bruns*, Rn. 30.20; *Lüke*, ZZP 1974 (Bd. 87), 284; Schilken in Gaul/Schilken/Becker-Eberhard, § 55 Rn. 25 (Anspruchsgrundlage sei § 811 BGB analog).
16 LG München I, NJW 1963, 1509; AG Bad Bramstedt, MDR 1981, 854.

den Drittschuldner besteht, zu den in Begleitung der Erfüllung geschuldeten Obliegenheiten; im Übrigen handelt es sich um eine allgemeine Obliegenheit, die hingenommen werden muss, um das Funktionieren der Forderungsvollstreckung im Interesse der Allgemeinheit zu gewährleisten. Dass die Auskunft grundsätzlich kostenfrei zu erteilen ist, hindert Gläubiger und Drittschuldner oder Drittschuldner und Schuldner selbstverständlich nicht, eine Vergütung freiwillig zu vereinbaren – wobei allerdings eine Vereinbarung nur über AGB unwirksam wäre[17] –, etwa im Hinblick auf die Beschleunigung oder die erbetene Ausführlichkeit der Auskunft[18].

III. Die Abwicklung der Auskunftserteilung

Der Drittschuldner kann die Erklärung innerhalb der Frist des Abs. 1 schriftlich gegenüber dem Gläubiger (oder dessen Bevollmächtigten) abgeben; er kann sie aber auch zu Protokoll des Gerichtsvollziehers abgeben, wenn dieser den Pfändungsbeschluss nebst Aufforderung oder – der Zustellung des Pfändungsbeschlusses nachfolgend – die Aufforderung allein zustellt (**Abs. 3 Satz 1**). In diesem Fall muss die Aufforderung in die Zustellungsurkunde aufgenommen und vom Drittschuldner unterschrieben werden (**Abs. 3 Satz 2**). Der Drittschuldner hat schließlich die Möglichkeit, die Erklärung innerhalb der Zweiwochenfrist des Abs. 1 dem Gerichtsvollzieher gegenüber schriftlich oder zu Protokoll abzugeben (**Abs. 3 Satz 1, 2. Alternative**). Der Gerichtsvollzieher ist aber nicht verpflichtet, auf Weisung des Gläubigers den Drittschuldner aufzusuchen, allein um dessen Auskunft zu protokollieren.[19] Der Gläubiger kann einen solchen Besuch deshalb auch nicht mit der Erinnerung nach § 766 erzwingen. Die Ergänzung einer bereits erteilten Auskunft kann der Gläubiger nicht verlangen.[20] Im Hinblick auf die Schadensersatzpflicht nach Abs. 2 wird der Drittschuldner, der wesentliche Umstände vergessen hatte, von sich aus eine Ergänzung vornehmen. Ereignen sich allerdings erst nach ordnungsgemäß und vollständig erteilter Auskunft Umstände, die für den Gläubiger von Interesse sein dürften, ist der Drittschuldner nicht von sich aus verpflichtet, diese Umstände dem Gläubiger nach zu melden, um Schadensersatzansprüche zu vermeiden.[21]

6

IV. Der Inhalt der Auskunft

Grundsätzlich bestimmt sich der Umfang der Auskunftsobliegenheit nach dem Inhalt der Aufforderung durch den Gläubiger. Jedoch braucht der Drittschuldner über die in Abs. 1 Nr. 1–5 genannten Gegenstände hinaus keine Auskunft zu erteilen. In keinem Fall kann aus Abs. 1 eine Pflicht zur Rechnungslegung[22] oder zur Vorlage von laufenden Kontoauszügen[23] abgeleitet werden. Die Auskunft zu Nr. 1 braucht über eine Willenserklärung hinsichtlich des eigenen Verhaltens nicht hinauszugehen,[24] insbesondere braucht zu Nr. 1 nichts über den Grund des Anspruchs oder darüber mitgeteilt zu werden, dass der Schuldner sich höherer Ansprüche berühme als man anzuerkennen bereit sei. Die Auskunft, dass die Forderung nicht anerkannt werde, muss nicht näher begründet werden[25]. Insbesondere bedarf es keiner Angaben, aus denen der Anfragende objektiv das Bestehen oder Nichtbestehen der Forderung ableiten kann. Diese Angaben muss gegebenenfalls der Schuldner nach § 836 machen. Ebenso muss der Drittschuldner nicht darauf hinweisen, dass eine zulässige

7

---

17 BGH, DGVZ 1999, 154 und NJW 2000, 651; OLG Köln, OLGReport 1999, 137.
18 *Walker*, FS Leipold, 2009, S. 451, 461, 463.
19 LG München II, DGVZ 1976, 187; LG Arnsberg, DGVZ 1977, 155; AG Arolsen, DGVZ 1978, 94; OLG Frankfurt, DGVZ 1978, 156; OLG Hamm, JurBüro 1978 mit Anm. *Mümmler*; *Thomas/Putzo/Seiler*, § 840 Rn. 9; a. A.: AG Aachen, JMBlNW 1965, 210.
20 BGH, NJW 1983, 687.
21 AG Nürnberg, MDR 1962, 745; OLG Köln, ZIP 1981, 964.
22 LAG Frankfurt, JurBüro 1956, 232.
23 OLG Köln, ZIP 1981, 964.
24 LG Braunschweig, NJW 1962, 2308. **A. A.** (der Drittschuldner muss seine Angaben auch begründen): *Foerste*, NJW 1999, 904.
25 BGH, MDR 2013, 368 mit Anm. *Elzer*, FD-ZVR 2013, 342509; OLG Frankfurt, OLGReport 2007, 327.

Aufrechnung der Grund dafür sei, dass er nicht zur Zahlung bereit sei.[26] Betreibt der Schuldner bereits seinerseits die Zwangsvollstreckung gegen den Drittschuldner, ist dies dem Gläubiger allerdings in jedem Fall mitzuteilen.[27]

Eine umfassende Auskunft wird meist den Interessen aller Beteiligten entsprechen, da sie unnötige weitere Schritte vermeiden hilft und überflüssige Kosten erspart. Die Auskünfte zu Nr. 2 und 3 können sich auf die dort genannten Tatsachen beschränken. Rechtsansichten über die Begründetheit der Ansprüche Dritter brauchen nicht mitgeteilt zu werden. Die Auskunftspflichten nach Nr. 4 und Nr. 5 betreffen nur Kreditinstitute. Sie sollen den Gläubiger von einem sinnlosen weiteren Vorgehen im Hinblick auf bestehenden oder zu erwartenden Kontopfändungsschutz abhalten. Die Auskunftspflicht eines Kreditinstituts begründet aber keine Verpflichtung, dem anfragenden Gläubiger auch Kontoauszüge zu übermitteln. Diese Pflicht trifft vielmehr den Schuldner nach § 836 Abs. 3 ZPO.[28]

Der Hinweis nach Nr. 4 kann dem Gläubiger Gelegenheit geben, einen Antrag nach § 850 l zu prüfen. Da der Gesetzgeber im Hinblick auf Nr. 5 die Fristen nicht synchronisiert hat, muss das Kreditinstitut seine diesbezügliche Auskunft innerhalb von 2 Wochen erteilen, während der Schuldner 4 Wochen nach der Pfändung Zeit hat, sein Konto noch in ein P-Konto umzuwandeln. Das kann zu Irritationen beim Gläubiger führen[29].

V. Der Rechtscharakter der erteilten Auskunft

8   Teilt der Drittschuldner auf die Frage zu Nr. 1 mit, dass er die Forderung in einer bestimmten Höhe anerkenne, so liegt darin in der Regel weder ein abstraktes (konstitutives) noch auch nur ein deklaratorisches Schuldanerkenntnis,[30] sondern lediglich eine rein tatsächliche Auskunft (sog. Wissenserklärung).[31] Sie ist im Einziehungsprozess allerdings nicht völlig bedeutungslos, sondern führt insofern zu einer Umkehr der Beweislast, als der Drittschuldner jetzt darlegen und beweisen muss, warum die Forderung nunmehr nur noch in geringerer Höhe oder gar nicht bestehen soll.[32] Eine unterlassene Auskunft oder die falsche Auskunft, es bestehe keinerlei Anspruch, verändern die Beweislast dagegen nicht zulasten des Drittschuldners.[33] Erst recht führt eine unterlassene Auskunft nicht zu der Fiktion, dass die Forderung bestehe.[34] Allerdings kann der Gläubiger nach nicht erteilter Auskunft zunächst einmal davon ausgehen, die Forderung sei beitreibbar.[35] Er muss vor einer Einziehungsklage den Drittschuldner nicht noch ein weiteres Mal zur Zahlung auffordern.[36] Tut er es vorsorglich doch, kann er die hierdurch entstandenen Kosten nicht dem Schuldner oder Drittschuldner aufbürden.[37]

---

26 BGH, MDR 2013, 368.
27 LG Memmingen, NJW-RR 2006, 998.
28 BGH, WM 2012, 542; LG Köln, WM 2013, 1410.
29 *Büchel*, BKR 2009, 358, 361.
30 So aber OLG München, NJW 1975, 174; OLG Braunschweig, NJW 1977, 1888; OLG Köln, WM 1978, 383.
31 BGHZ 69, 328; LG Aachen, ZIP 1981, 784; OLG Düsseldorf, VersR 1997, 705; OLG Dresden, FamRZ 2005, 1943; *Brox/Walker*, Rn. 622; *Marburger*, JZ 1972, 7; *Schilken* in Gaul/Schilken/Becker-Eberhard, § 55 Rn. 21; *Thomas/Putzo/Seiler*, § 840 Rn. 11; *Wieczorek/Lüke*, § 840 Rn. 15; *Zöller/Stöber*, § 840 Rn. 5.
32 BGHZ 69, 328; *Wieczorek/Lüke*, § 840 Rn. 16.:.
33 OLG Frankfurt, OLGReport 2007, 327.
34 LAG Nürnberg, BeckRS 2013, 68608.
35 OLG Stuttgart, JurBüro 2011, 443.
36 BGH, NJW-RR 2006, 1566; AG Wuppertal, JurBüro 2013, 105.
37 BGH, NJW-RR 2006, 1566.

Materiellrechtlich bewirkt die Erklärung, die Forderung anzuerkennen, eine Unterbrechung der Verjährung.[38] Würde man nach positiver Auskunft darüber hinaus ein abstraktes oder deklaratorisches Schuldanerkenntnis annehmen wollen, würde man einerseits dem Gläubiger zu einer durch das Vollstreckungsverfahren nicht notwendig bedingten Aufbesserung seiner Position verhelfen, da er aus dem Vermögen eines Dritten eine Befriedigung erlangen könnte, die dem Schuldner nicht möglich gewesen wäre, anderseits würde dem Drittschuldner im Hinblick auf die kurze Frist des Abs. 1 und dem Schadensersatzanspruch nach Abs. 2 Satz 2 nahezu Unzumutbares zugemutet.

VI. Der Schadensersatzanspruch nach Abs. 2 Satz 2

Erteilt der Drittschuldner die Auskunft schuldhaft nicht, falsch, unvollständig oder verspätet[39], so hat er dem Gläubiger den aus dieser Obliegenheitsverletzung entstandenen Schaden zu ersetzen. Er hat ihn also so zu stellen, als wäre die Auskunft rechtzeitig und richtig erteilt worden, nicht aber so, als hätte der Schuldner vollständig erfüllt.[40] Nicht von § 840 Abs. 2 erfasst ist auch der Fall, dass der Schuldner die Forderung im Ergebnis zu Unrecht nicht anerkennt[41]. Denn ein solches Verhalten verletzt nicht die Auskunftsobliegenheit.

9

1. Voraussetzungen des Anspruchs

Voraussetzung des Schadensersatzanspruchs ist zunächst, dass die Auskunftsobliegenheit formell wirksam begründet wurde.[42] Sodann muss der Drittschuldner objektiv seiner Obliegenheit im geschuldeten Umfang[43] nicht, zu spät oder inhaltlich fehlerhaft[44] nachgekommen sein. Keine fehlerhafte und damit einen Schadensersatzanspruch nach Abs. 2 Satz 2 auslösende Antwort ist es aber, wenn der Drittschuldner die Forderung zu Unrecht nicht anerkennt[45]. Denn seine Verpflichtung geht nur dahin, zu erklären, ob er die Forderung anerkenne, nicht aber auch dahin, zu erklären, ob die Forderung tatsächlich begründet sei oder nicht.

10

Schließlich muss den Drittschuldner an der Obliegenheitsverletzung ein Verschulden i.S. des § 276 BGB treffen.[46] Da die Obliegenheit aus einem durch die Pfändung begründeten gesetzlichen Schuldverhältnis herrührt, ist § 278 BGB anwendbar. Der Drittschuldner muss also auch für das Verschulden des von ihm mit der Auskunftserteilung beauftragten Rechtsanwalts, Steuerberaters usw. einstehen, ohne dass eine Exkulpationsmöglichkeit besteht.[47] Soweit es im Rahmen des Verschuldens auf die Kenntnis oder das Kennenmüssen von Umständen ankommt, muss der Drittschuldner sich in entsprechender Anwendung des § 166 Abs. 1 BGB auch das Wissen derjenigen seiner Vertreter, die die Auskunft in concreto nicht erteilen, anrechnen lassen. So kann eine Bank sich nicht darauf berufen, ihrem die Auskunft erteilenden Vertreter seien nicht alle an anderer Stelle der Bank gesammelten Informationen zugänglich gewesen. Da der Gläubiger die Hintergründe, warum der Drittschuldner seine Obliegenheit schlecht erfüllt hat, nicht kennen kann, ihm daher ein Verschuldensnachweis selten möglich wäre, muss der **Drittschuldner beweisen**, dass ihn an der Schlechterfüllung kein Verschulden trifft.[48] Für den objektiven Tatbestand dagegen ist der Gläubiger beweispflichtig.

---

38 BGH, NJW 1978, 1914 mit Anm. *Marotzke*, JA 1979, 94.
39 LG Mönchengladbach, JurBüro 2009, 273.
40 BVerfG, NJW 2014, 3213.
41 BGH, NJW 2010, 1674.
42 Oben Rn. 3 und 4.
43 Oben Rn. 7.
44 BGHZ 69, 328; BGH, ZIP 1982, 1482; BGH, VersR 1983, 981; BGH, NJW 1987, 64.
45 BGH, NJW 2010, 1674, 1675.
46 BGHZ 79, 275; BGH, NJW 1987, 64; OLG Düsseldorf, WM 1980, 202; OLG Düsseldorf, WM 1981, 1147; *Brox/Walker*, Rn. 625; **a.A.** (kein Verschulden erforderlich): OLG Karlsruhe, WM 1980, 349; *Liesecke*, WM 1975, 319.
47 BGHZ 79, 275.
48 BGHZ 79, 275.

2. Der Umfang des Anspruchs

11 Der **Umfang** des Schadensersatzanspruchs richtet sich nach § 249 BGB: Der Gläubiger ist so zu stellen, wie er sich stünde, wenn ihm von Anfang an die richtige und vollständige Auskunft erteilt worden wäre – also nicht so, als wäre die erteilte Auskunft tatsächlich richtig –[49] und auch nicht so, als hätte der Schuldner die gepfändete Forderung erfüllt.[50] Dass der Gläubiger den Drittschuldner, weil dieser keine Auskünfte erteilte, ein weiteres Mal unter Einschaltung eines Anwalts auffordern musste, fällt allerdings nicht unter § 840 Abs. 2 Satz 2.[51] Ersatzfähig sind ausschließlich Schäden im Rahmen des konkreten Zwangsvollstreckungsverfahrens gegen den Schuldner, nicht aber Schäden, die der Gläubiger deshalb erleidet, weil er bei seinen sonstigen wirtschaftlichen Dispositionen außerhalb der Befriedigung der titulierten Forderung auf die Richtigkeit der Drittschuldnererklärung vertraut hat.[52] Schadensersatzansprüche insoweit können sich nur aus den allgemeinen Normen ergeben, etwa aus § 826 BGB,[53] wenn eine bewusst falsche Auskunft erteilt wurde. Soweit den Gläubiger an der Entstehung des Schadens oder an seinem Umfang ein Mitverschulden trifft, ist dies nach § 254 BGB zu berücksichtigen.[54]

12 Zum ersatzfähigen Schaden, den der Gläubiger geltend machen kann, gehören insbesondere die Kosten des verlorenen oder nach verspäteter Auskunft durch Klagerücknahme erledigten Einziehungsprozesses gegen den Drittschuldner, der unterblieben wäre, wäre eine richtige oder rechtzeitige Auskunft erteilt worden.[55] Hierzu zählen sowohl die Gerichts- als auch die Anwaltskosten. Ersatzfähiger Schaden kann dem Gläubiger auch dadurch entstanden sein, dass er infolge der verspäteten Auskunft andere Vollstreckungsmöglichkeiten versäumt hat, die zur Befriedigung seines Anspruchs geführt hätten[56].

Handelt es sich bei der einzuziehenden Forderung um eine solche, die vor den Arbeitsgerichten geltend zu machen ist, greift im Rahmen des Schadensersatzanspruchs nach § 840 Abs. 2 Satz 2 der § 12a Abs. 1 ArbGG nicht zugunsten des Drittschuldners ein: Obwohl der Gläubiger im Fall des Obsiegens gegen den Drittschuldner im Einziehungsprozess keine Kostenerstattung verlangen kann[57], kann er, wenn die Voraussetzungen des § 840 Abs. 2 Satz 2 gegeben sind, Erstattung der unnötig aufgewendeten Kosten verlangen.[58] Denn diese Vorschrift einerseits und § 12a Abs. 1 ArbGG dienen anderen Zwecken. Es geht hier nicht darum, den Arbeitnehmer zu entlasten, sondern dem Arbeitgeber die Folgen eigenen Verschuldens anzulasten. Dieser Schaden ist vor den ordentlichen Gerichten einzuklagen. Der Arbeitgeber kann diese Kosten nicht auf den Arbeitnehmer überwälzen.

---

49 Deshalb sind die Anwaltskosten für die Aufforderung zur Abgabe der Drittschuldnererklärung nicht vom Drittschuldner zu erstatten. Sie wären dem Gläubiger auch entstanden, wenn der Drittschuldner geantwortet hätte. Diese Kosten muss der Schuldner nach § 788 tragen. **A. A.** aber (Drittschuldner zur Erstattung verpflichtet): AG Düsseldorf, JurBüro 2000, 601.
50 BVerfG, NJW 2014, 3213.
51 BGH, ZIP 2006, 1317; a. A. (diese Anwaltsgebühren seien zu ersetzen): AG Köln, JurBüro 2002, 326.
52 LG Detmold, ZIP 1980, 1080; vergl. auch BGHZ 68, 289.
53 BGH, NJW 1987, 64.
54 BGH, ZIP 1982, 1482; OLG Hamm, MDR 1987, 770; OLG Stuttgart, JurBüro 2011, 443.
55 LG Mönchengladbach, JurBüro 2009, 273; AG Wermelskirchen, JurBüro 2011, 547; *Brox/Walker*, Rn. 625; *Zöller/Stöber*, § 840 Rn. 13.
56 LAG Köln, BeckRS 2009 68224.
57 Das gilt nur für das Kostenfestsetzungsverfahren dieses Prozesses, nicht für den selbstständig verfolgten Schadensersatzanspruch aus § 840 Abs. 2 S. 2: LAG München, BeckRS 2009 68229.
58 BGH, NJW 2006, 1141 mit Anm. *Schuschke*, BGHReport 2006, 458; BAG, NJW 1990, 2643 unter ausdrücklicher Aufgabe der bisherigen Rechtsprechung; LAG München, BeckRS 2009 68229; AG Geilenkirchen, JurBüro 2003, 661; *Schleusener/Kühn*, NZA 2008, 147, 151; *Stein/Jonas/Brehm*, § 840 Rn. 26; *Thomas/Putzo/Seiler*, § 840 Rn. 18; *Wieczorek/Lüke*, § 840 Rn. 26; *Zöller/Stöber*, § 840 Rn. 14.

Der Gläubiger kann die Kosten des vergeblichen Einziehungsprozesses im Rahmen des § 788 gegen den Schuldner geltend machen, soweit er sie vom Drittschuldner nicht ersetzt erhält.[59] Er muss dem Schuldner dann aber den Anspruch aus § 840 Abs. 2 Satz 2 abtreten.[60]

Ersatzfähiger Schaden sind ferner die Einbußen, die der Gläubiger dadurch erlitten hat, dass er im Vertrauen auf die Richtigkeit der Auskunft andere Vollstreckungsmaßnahmen aufgrund des nämlichen Titels unterlassen oder zeitlich zurückgestellt hat.[61] Dass der Gläubiger dagegen aus anderen Titeln vorläufig ebenfalls nicht weiter vollstreckt hat, ist im Rahmen des § 840 Abs. 2 Satz 2 ohne Belang.[62] Das Mitverschulden des Gläubigers an der Entstehung seines Schadens, wenn er wegen einer Auskunft weitere sichere Vollstreckungsmaßnahmen unterlässt, kann allerdings im Einzelfall erheblich sein.[63] Erteilt der Schuldner keine Auskunft, so sind die Anwaltskosten eines weiteren Aufforderungsschreibens, nun endlich doch noch Auskunft zu erteilen, kein erstattungspflichtiger Schaden[64]; denn eine solche Aufforderung ist rechtlich überflüssig. 13

3. Durchsetzung des Schadensersatzanspruchs

Der Gläubiger kann seinen Schaden mit einer selbstständigen Leistungsklage gegen den Drittschuldner geltend machen. Zuständig insoweit sind ausschließlich die ordentlichen Gerichte.[65] Er kann aber auch, wenn er bereits den Einziehungsprozess begonnen hatte, als sich herausstellt, dass die gepfändete Forderung nicht der Auskunft entsprechend besteht, den Schadensersatzanspruch im Wege der Klageänderung in diesen Prozess einführen.[66] Soweit er den Schaden noch nicht beziffern kann, kann der geänderte Antrag auch auf Feststellung der Schadensersatzverpflichtung lauten.[67] Liegen die Voraussetzungen des § 840 Abs. 2 Satz 2 klar zutage, kann er auch die Klage zurücknehmen und Kostenantrag gem. § 269 Abs. 3 Satz 3 stellen.[68] War der Einziehungsprozess beim Arbeitsgericht rechtshängig, so kann auch der Rechtsstreit mit der geänderten Klage nach § 2 Abs. 3 ArbGG beim Arbeitsgericht fortgesetzt werden.[69] Haben beide Parteien im Einziehungsprozess die Hauptsache übereinstimmend für erledigt erklärt, so kann im Rahmen der Kostenentscheidung nach § 91a berücksichtigt werden, dass der Drittschuldner durch seine fehlende oder falsche Auskunft Veranlassung zur Klage des Gläubigers gegeben hat und dass er diesem hinsichtlich der Kosten des unnötigen Prozesses ersatzpflichtig ist.[70] Erklärt allerdings der Gläubiger den Einziehungsprozess nur einseitig für erledigt, so müssen ihm die Kosten des Rechtsstreits auferlegt werden, wenn die einzuziehende Forderung entgegen der Auskunft von Anfang an nicht bestand. Denn der Streitgegenstand des Einziehungsprozesses erledigt sich nicht durch die nachträgliche zutreffende Auskunft.[71] Der Gläubiger muss also, schließt sich der Drittschuldner seiner Erledigungserklärung nicht an, die Klage nochmals ändern und zur Schadensersatzfeststellungsklage übergehen. 14

---

59 Siehe § 788 Rdn. 26.
60 OLG Köln, OLGReport 1992, 168.
61 *Benöhr*, NJW 1975, 1731; BGHZ 69, 328; OLG Düsseldorf, OLGReport 1995, 35.
62 BGH, ZIP 1986, 1482.
63 BGH, MDR 1983, 308.
64 BGH, NJW-RR 2006, 1566.
65 BAG, NJW 1985, 1181; AG Geilenkirchen, JurBüro 2003, 661; *Thomas/Putzo/Seiler*, § 840 Rn. 19.
66 BGHZ 79, 275; BGH, JurBüro 1979, 1640; LG Mönchengladbach, JurBüro 2009, 273; AG Oranienburg, JurBüro 2010, 494; *Brox/Walker*, Rn. 625; *Stein/Jonas/Brehm*, § 840 Rn. 27.
67 BGHZ 79, 275; AG Oranienburg, JurBüro 2010, 494; AG Leipzig, JurBüro 2014, 664; *Saueressig*, ZZP 2006, 263, 273; *Schilken* in Gaul/Schilken/Becker-Eberhard, § 55 Rn. 23.
68 *Saueressig*, ZZP 2006, 463, 473.
69 LAG Köln, AnwBl. 1990, 277; *Stein/Jonas/Brehm*, § 840 Rn. 33; *Thomas/Putzo/Seiler*, § 840 Rn. 19; *Wieczorek/Lüke*, § 840 Rn. 33; *Zinke*, ZZP 1974, 284.
70 OLG Köln, JurBüro 1980, 466; *Stein/Jonas/Brehm*, § 840 Rn. 25; einschränkend: LAG Hamm, MDR 1982, 695.
71 BGH, MDR 1979, 1000; BGHZ 79, 275.

VII. Abwehrfeststellungsklage des Drittschuldners

15 Der Drittschuldner kann, wenn er das Bestehen der gepfändeten angeblichen Forderung bestreitet und Gewissheit über die diesbezügliche Rechtslage haben will, grundsätzlich negative Feststellungsklage gegen den Gläubiger erheben.[72] Er darf damit aber nicht unnötige Kosten provozieren. Das Feststellungsinteresse wird daher in der Regel erst zu bejahen sein, wenn der Gläubiger den Drittschuldner zur Auskunft nach § 840 aufgefordert und es nachfolgend abgelehnt hatte, auf dessen Verlangen hin in der Form des § 843 auf die Rechte aus der Pfändung zu verzichten.[73] Dieser Weg ist einfacher und billiger und entspricht zudem dem von der ZPO vorgesehenen Verfahrensablauf.

VIII. Entsprechende Anwendung des Abs. 2 Satz 2

16 Antwortet der Drittschuldner auf eine formlose oder fehlerhaft übermittelte[74] Anfrage des Gläubigers nicht, so erwächst dem Gläubiger kein Schadensersatzanspruch nach § 840 Abs. 2 Satz 2, da durch eine solche Anfrage keine Auskunftsobliegenheit begründet wird. Antwortet er aber fehlerhaft, so erweckt er durch die Antwort den Anschein, er akzeptiere den Formverstoß und sei ohne Rücksicht auf ihn zur Antwort bereit. Dann aber begründet er durch dieses sein Verhalten die Obliegenheit, zutreffend und vollständig zu antworten. Es ist deshalb in einem solchen Fall gerechtfertigt, ihn in entsprechender Anwendung von Abs. 2 Satz 2 nach den oben[75] dargelegten Grundsätzen für falsche oder unvollständige Auskünfte haften zu lassen.[76]

IX. Gebühren

17 Der **Gerichtsvollzieher** erhält für die Aufnahme der Erklärung (Abs. 3) neben der durch die Zustellung bereits angefallenen Gebühr keine gesonderte Gebühr.

Der **Rechtsanwalt des Gläubigers** erhält für die Aufforderung an den Drittschuldner die Vollstreckungsgebühr des § 18 Nr. 3 RVG mit VV Nr. 3309 RVG. Hat er diese allerdings bereits verdient, fällt keine neue weitere Gebühr an. Das gilt auch, falls er wegen der Auskunft mehrfach schreiben und mahnen muss.[77] Alle weiteren Tätigkeiten gegenüber dem Drittschuldner (Einziehungsprozess, Schadensersatzklage nach § 840 Abs. 2 Satz 2; Abwehr einer negativen Feststellungsklage des Drittschuldners) sind von der Gebühr nach § 18 Nr. RVG mit VV Nr. 3309 RVG nicht umfasst und nach den allgemeinen Vorschriften (§§ 13 ff. RVG) zu vergüten. Hatte der Rechtsanwalt bereits Auftrag zum Einziehungsprozess gegen den Drittschuldner, als dieser doch noch verspätet Auskunft erteilte, durch die die Drittschuldnerklage hinfällig wurde, steht ihm eine 0,8 Gebühr gem. VV Nr. 3101 Nr. 1 RVG zu.[78] Sie wird vom Schadensersatzanspruch gem. Abs. 2 Satz 2 erfasst, ist dem Gläubiger also vom säumigen Drittschuldner zu erstatten. Der **Rechtsanwalt des Drittschuldners** erhält von diesem für die Abfassung der Auskunft im Auftrag des Drittschuldners und die Korrespondenz im Zusammenhang mit dieser Auskunft die Gebühren nach VV Nr. 2400 RVG,[79] nicht die Vollstreckungsgebühr gem. VV Nr. 3309 RVG,[80] da gegenüber dem Drittschuldner keine Zwangsvollstreckung betrieben wird. Für die Vertretung des Drittschuldners im Einziehungsprozess usw. erhält der Rechtsanwalt die Gebühren nach §§ 13 ff. RVG mit VV Nr. 3100 ff. RVG.

---

72 BGHZ 69, 144; siehe auch § 829 Rdn. 71.
73 BGHZ 69, 144; **a.A.** (die Klage ist auch ohne diese Einschränkung zulässig): *Denck*, ZZP 1979, 71; *Stein/Jonas/Brehm*, § 829 Rn. 118.
74 Siehe oben Rdn. 4.
75 Rdn. 10–13.
76 *Brox/Walker*, Rn. 625; *Stein/Jonas/Brehm*, § 840 Rn. 32; **a.A.** (Anspruch nur unter den Voraussetzungen der §§ 823, 826 BGB): OLG Düsseldorf, VersR 1997, 705; *Wieczorek/Lüke*, § 840 Rn. 34.
77 A.A. insoweit: AG Wuppertal, JurBüro 1961, 248.
78 OLG Köln, OLGReport 1992, 168.
79 Wie hier: *Olschewski*, MDR 1974, 714; *Stein/Jonas/Brehm*, § 840 Rn. 35.
80 So aber: AG Düsseldorf, JurBüro 1985, 723.

§ 841 Pflicht zur Streitverkündung

Der Gläubiger, der die Forderung einklagt, ist verpflichtet, dem Schuldner gerichtlich den Streit zu verkünden, sofern nicht eine Zustellung im Ausland oder eine öffentliche Zustellung erforderlich wird.

Übersicht	Rdn.		Rdn.
I. Zweck der Vorschrift	1	III. Folgen der Unterlassung der Streitverkündung	3
II. Wirkungen der Streitverkündung	2		

Literatur:
Lüke, Die Beteiligung Dritter im Zivilprozess, 1993; *Seggewiße*, Streitverkündung im Mahnverfahren, NJW 2006, 3037.

I. Zweck der Vorschrift

Die **Pflicht des Gläubigers,** in einem Prozess gegen den Drittschuldner auf Zahlung der gepfändeten und überwiesenen Forderung oder auf Hinterlegung des geschuldeten Betrages oder gegebenenfalls auch auf Feststellung des Bestehens der gepfändeten Forderung[1] dem Schuldner den Streit zu verkünden, besteht sowohl in den Fällen, in denen die Forderung dem Gläubiger nur zur Einziehung überwiesen wurde wie in denen der Überweisung an Zahlungs Statt.[2] Die Pflicht – nicht die Möglichkeit – zur Streitverkündung entfällt nur dann, wenn eine Zustellung im Ausland[3] oder eine öffentliche Zustellung erforderlich wäre. Leitet der Gläubiger das Verfahren gegen den Drittschuldner durch ein Mahnverfahren ein, kann er dem Schuldner auch schon in diesem Stadium den Streit verkünden[4], verpflichtet hierzu ist er aber erst, wenn das Mahnverfahren nach dem Widerspruch des Drittschuldners in den streitigen Zivilprozess übergegangen ist[5]. 1

Zweck der Vorschrift ist es, es dem Schuldner zu ermöglichen, im Einziehungsprozess Entscheidungen zu seinen Lasten (Versäumung von Beweisantritten, Verzicht auf Beweismittel, Nichtvorlage von Urkunden usw.) entgegentreten zu können.

II. Wirkungen der Streitverkündung

Die Streitverkündung erfolgt in der **Form** des § 73. Ihre **Wirkungen** richten sich nach §§ 74, 68. Dem armen Schuldner ist nach den allgemeinen Regeln Prozesskostenhilfe zu gewähren. In Prozessen vor dem Arbeitsgericht, für die § 841 ohne Einschränkung gilt, sind insoweit §§ 11, 11a ArbGG zu beachten. 2

III. Folgen der Unterlassung der Streitverkündung

Hat der Gläubiger die Streitverkündung **versäumt,** so macht er sich dem Schuldner gegenüber **schadensersatzpflichtig:** Er muss sich so behandeln lassen, als habe er mit Unterstützung des Schuldners den Einziehungsprozess geführt. Der Schadensersatzanspruch geht auf Freistellung von der titulierten Verbindlichkeit in der Höhe, in der die überwiesene Forderung bei richtiger 3

---

1 *Musielak/Becker*, § 841 Rn. 1; *Stein/Jonas/Brehm*, § 840 Rn. 1; *Zöller/Stöber*, § 841 Rn. 1.
2 *Wieczorek/Lüke*, § 841 Rn. 1.
3 Auch wenn die Zustellung dort nach einem bi- oder multilateralen Übereinkommen in einem vereinfachten Verfahren erfolgen könnte, also dem Verfahren keine ernsthaften Erschwernisse drohen würden: *Musielak/Becker*, § 841 Rn. 1; *MüKo/Smid*, § 841 Rn. 2; *Wieczorek/Lüke*, § 841 Rn. 2.
4 BGH, NJW 2006, 773; *Seggewiße*, NJW 2006, 3037, 3038. A.A. insoweit: *Stein/Jonas/Bork*, § 66 ZPO Rn. 6c.
5 A.A. (keine nachträgliche Pflicht, schon jetzt den Streit zu verkünden; diese Pflicht entstehe erst mit Eingang der Klagebegründung durch den Gläubiger): *Seggewiße*, NJW 2006, 3037, 3038. Diese Ansicht wird aber dem Schutzweck des § 841 nicht gerecht.

§ 841 ZPO Pflicht zur Streitverkündung

Prozessführung hätte durchgesetzt werden können. Der Schuldner kann seinen Einwand notfalls mit der Klage nach § 767 durchsetzen. Im Verhältnis zum Drittschuldner hat die Nichtbeteiligung des Schuldners am Einziehungsprozess keine Folgen.[6] Insbesondere ist die Einziehungsklage nicht unzulässig, wenn der Gläubiger bewusst den Schuldner nicht beteiligt.

---

6 OLG Karlsruhe, WM 1980, 350.

§ 842 Schadensersatz bei verzögerter Beitreibung

Der Gläubiger, der die Beitreibung einer ihm zur Einziehung überwiesenen Forderung verzögert, haftet dem Schuldner für den daraus entstehenden Schaden.

Übersicht	Rdn.		Rdn.
I. Zweck der Norm	1	III. Überweisung an Zahlungs statt	3
II. Einzelheiten	2		

Literatur:
App, Zur Schadensersatzpflicht wegen verzögerter Beitreibung einer gepfändeten und zur Einziehung überwiesenen Forderung und ihrer Abwendung, JurBüro 1997, 127.

I. Zweck der Norm

Da der Gläubiger, ist ihm die Forderung nur zur Einziehung überwiesen, erst dann befriedigt ist, wenn ihm die Einziehung auch tatsächlich gelungen ist, trägt der Schuldner das Risiko, dass die Forderung wegen einer späteren Verschlechterung der Vermögensverhältnisse des Drittschuldners nicht mehr beizutreiben ist. Andererseits kann der Schuldner die Beitreibung zugunsten des Gläubigers nur noch in beschränktem Umfange beschleunigen: Er kann zwar noch, solange der Gläubiger selbst keinen Titel hat, auf Leistung an den Gläubiger klagen; hat aber der Gläubiger bereits einen Titel, kann er dessen Vollstreckung durch den Gläubiger nicht forcieren. Deshalb verpflichtet § 842 den Gläubiger, die Einziehung der Forderung ohne Verzögerung zu betreiben. Anderenfalls ist der Gläubiger dem Schuldner für den Verzögerungsschaden verantwortlich.[1] Der mögliche Schadensersatzanspruch des Schuldners gegen den Gläubiger aus § 842 berührt nicht den Schadensersatzanspruch oder einen entsprechenden Sekundäranspruch des Schuldners gegen seinen Anwalt, weil dieser den Anspruch gegen den Drittschuldner nicht ordnungsgemäß verfolgt hat[2].

1

II. Einzelheiten

Das Verzögerungsverbot gilt für die gerichtliche wie außergerichtliche Beitreibung der Forderung. Nur **schuldhaftes** Verhalten des Gläubigers (§ 276 BGB) verpflichtet zum Schadensersatz.[3] § 278 BGB ist anwendbar, sodass für das Verschulden des eingeschalteten Rechtsanwalts oder Inkassobüros zu haften ist. Hinsichtlich des Umfangs des nach § 842 zu ersetzenden Schadens gilt § 249 BGB. Ein Mitverschulden des Schuldners (verzögerliche Herausgabe von Urkunden, falsche Auskünfte im Rahmen des § 836 Abs. 3 usw.) ist gem. § 254 BGB zu berücksichtigen.

2

III. Überweisung an Zahlungs statt

War die Forderung dem Gläubiger an Zahlungs Statt überwiesen, gilt § 842 nicht:[4] Da der Gläubiger schon mit der Überweisung befriedigt ist, treffen ihn Verzögerungen bei der Beitreibung naturgemäß allein. Die Position des Schuldners wird nicht mehr berührt.

3

---

1 Der Anwalt des Gläubigers, der die Zwangsvollstreckung dem Gläubiger selbst überlässt, hat diesen auf das Schadensersatzrisiko hinzuweisen: BGH, WM 1958, 531.
2 BGH, NJW 1996, 48, 50.
3 Allgem. Meinung; beispielhaft: *Musielak/Becker*, § 842 Rn. 2; *Stein/Jonas/Brehm*, § 842 Rn. 1.
4 *Musielak/Becker*, § 842 Rn. 1.

§ 843 Verzicht des Pfandgläubigers

¹Der Gläubiger kann auf die durch Pfändung und Überweisung zur Einziehung erworbenen Rechte unbeschadet seines Anspruchs verzichten. ²Die Verzichtsleistung erfolgt durch eine dem Schuldner zuzustellende Erklärung. ³Die Erklärung ist auch dem Drittschuldner zuzustellen.

Übersicht

	Rdn.			Rdn.
I. Inhalt des Verzichts	1	IV.	Kein Verzicht durch bloßen Rangtausch	5
II. Form des Verzichts	3	V.	Kostentragung nach Verzicht	6
III. Antrag auf Aufhebung der Beschlagnahme	4	VI.	Entsprechende Anwendung in der Abgabenvollstreckung	7

Literatur:
Ehlenz/Joeres, Kann der Pfändungsgläubiger eine Kontopfändung einseitig aussetzen oder ruhendstellen?, JurBüro 2010, 62

I. Inhalt des Verzichts

1 Verzichtet der Gläubiger auf die titulierte Forderung selbst, so erlischt diese Forderung (§ 397 BGB), wenn das materielle Recht nicht im Einzelfall den Verzicht für unwirksam erklärt (so in §§ 1614, 1360a Abs. 3 BGB, 2 Abs. 3 BBesG, 4 Abs. 4 Satz 1 TVG, 12 EntgFZG). Mit dem Erlöschen der Forderung erlischt auch das für sie in der Zwangsvollstreckung an einer Forderung des Schuldners erworbene Pfändungspfandrecht, da dieses vom Bestand der titulierten Forderung abhängig ist. Der Anschein der Verstrickung der gepfändeten, zwischenzeitlich erloschenen Forderung besteht in einem solchen Fall aber fort. Der Schuldner muss ihm gegebenenfalls mit der Klage nach § 767 entgegentreten.[1]

2 Vom Verzicht auf die titulierte Forderung zu unterscheiden ist der Verzicht auf die bei ihrer zwangsweisen Vollstreckung an einer Forderung des Schuldners gegen einen Dritten (Drittschuldner) erworbenen Rechte, nämlich auf das Pfändungspfandrecht und auf die Einziehungsbefugnis. Allein diesen Verzicht spricht § 843 an. Die titulierte Forderung bleibt nach einem solchen Verzicht unberührt bestehen. Auch der Titel als Grundlage für weitere Vollstreckungsmaßnahmen behält uneingeschränkt seine Wirksamkeit. Der Gläubiger wird durch einen Verzicht nach § 843 weder gehindert, in andere Gegenstände oder Vermögenswerte des Schuldners weiter zu vollstrecken, noch später die nämliche Forderung – etwa wenn Differenzen mit dem Drittschuldner ausgeräumt sind – erneut zu pfänden.[2]

II. Form des Verzichts

3 Die in Satz 2 und Satz 3 vorgeschriebene **Form**, dass die Verzichtserklärung dem Schuldner und dem Drittschuldner zuzustellen sei, ist **nicht** in der Weise **zwingend**, dass eine formlos (mündlich oder durch konkludentes Verhalten) abgegebene oder übermittelte (etwa durch einfachen Brief oder durch E-Mail) Verzichtserklärung unwirksam wäre.[3] Durch die Beachtung der Form soll lediglich der Rechtssicherheit in den Beziehungen zwischen Gläubiger, Schuldner und Drittschuldner Rechnung getragen werden. An die Annahme eines formlosen Verzichts sind allerdings besonders strenge Anforderungen zu stellen. So bedeutet es noch keinen Verzicht auf das Pfändungspfand-

---

1 OLG Düsseldorf, FamRZ 2006, 1289.
2 AG Berlin-Neukölln, DGVZ 1986, 78.
3 Wie hier: BGH, NJW 1983, 886; NJW 1986, 977; OLG Celle, JurBüro 1956, 350; OLG Düsseldorf, FamRZ 2006, 1289; AG Marl, JurBüro 1956, 350; BAG, DB 1963, 420; *Musielak/Becker*, § 843 Rn. 2; PG/*Ahrens*, § 843 Rn. 4; *Zöller/Stöber*, § 843 Rn. 2; a. A. (Zustellung an den Schuldner Wirksamkeitsvoraussetzung für den Verzicht, sonst erst Wirksamwerden mit Aufhebung des Pfändungs- und Überweisungsbeschlusses): *Stein/Jonas/Brehm*, § 843 Rn. 4; *Thomas/Putzo/Seiler*, § 843 Rn. 1, 3.

recht, wenn der Gläubiger das Pfandrecht zunächst nicht voll ausschöpft (etwa durch Abschluss eines Ratenzahlungsvertrages mit dem Drittschuldner).[4] Ist der Verzicht nicht in der Form des § 843 ausgesprochen worden, so trifft die Beweislast für den Zugang der Verzichtserklärung denjenigen, der sich auf die Wirksamkeit des Verzichts beruft, also den weitere Vollstreckungsmaßnahmen durchführenden Gläubiger im Hinblick auf die Übermaßeinrede (§ 803 Abs. 1 Satz 2) des Schuldners, den Drittschuldner im Einziehungsprozess, den Gläubiger, der das Feststellungsinteresse im Hinblick auf eine negative Feststellungsklage des Drittschuldners leugnet, usw. Nicht erforderlich ist es, dass der Gläubiger gerade den Terminus »Verzicht« verwendet. Eine Auslegung des konkludenten Gläubigerverhaltens ist möglich.[5] Nimmt er etwa nach Erlass des Pfändungs- und Überweisungsbeschlusses den Antrag auf Erlass eines solchen Beschlusses zurück, liegt darin ein Fall des § 843.[6] Die Rücknahmeerklärung ist daher vom Vollstreckungsgericht dem Schuldner und dem Drittschuldner zuzustellen.

Der Verzicht ist als Prozesshandlung unwirksam, wenn er unter einer aufschiebenden Bedingung erfolgt.[7]

III. Antrag auf Aufhebung der Beschlagnahme

Der Verzicht kann sich sowohl auf die Rechte aus der Pfändung *und* der Überweisung erstrecken als auch auf die Rechte *allein* aus der Überweisung.[8] Im ersteren Fall erlischt nicht nur das materiell-rechtliche Pfändungspfandrecht an der Forderung, es entfällt vielmehr auch die Verstrickung, ohne dass es einer gerichtlichen Aufhebung des Pfändungs- und Überweisungsbeschlusses bedürfte.[9] Für einen Antrag, diese Aufhebung dennoch deklaratorisch – zur Klarstellung[10] – auszusprechen, besteht regelmäßig ein Rechtsschutzbedürfnis.[11] Sie hilft, die Unsicherheiten mitbetroffener Dritter (z. B. nachrangiger Vollstreckungsgläubiger oder potentieller Kreditgeber) auszuräumen. Ist allein auf die Rechte aus der Überweisung, also die Möglichkeit der sofortigen Verwertung, verzichtet worden, bleibt die Forderung beschlagnahmt und das Pfändungspfandrecht an ihr bestehen.

4

IV. Kein Verzicht durch bloßen Rangtausch

Kein nach § 843 zu beurteilender Fall liegt vor, wenn der Vollstreckungsgläubiger mit einem nachrangig an der Forderung Berechtigten einen Rangtausch vereinbart.[12] Der Schuldner muss an einer solchen Vereinbarung nicht mitwirken, insbesondere ist seine Zustimmung nicht erforderlich. Der Drittschuldner ist zweckmäßigerweise von ihr zu verständigen (§ 409 BGB). Der Bestand des Pfändungspfandrechts und der Verstrickung werden durch eine solche Vereinbarung nicht betroffen. Der Rang der betroffenen Rechte ändert sich jedoch mit materiellrechtlicher Wirkung.

5

V. Kostentragung nach Verzicht

Ob der Schuldner auch die **Kosten** der Pfändung, auf die später verzichtet wurde, zu tragen hat, richtet sich nach § 788: Konnte der Gläubiger zunächst vom Bestand und von der Einredefreiheit der Forderung ausgehen und verzichtet er später, um die höheren Kosten einer erfolgversprechenden negativen Feststellungsklage des Drittschuldners zu vermeiden, auf die aus der Pfändung und

6

---

4 ArbG Kiel, SchlHA 1966, 225.
5 OLG Düsseldorf, FamRZ 2006, 1289.
6 OLG Köln, OLGReport 1995, 121.
7 OLG München, InVo 2000, 64; *Musielak/Becker*, § 843 Rn. 3; PG/*Ahrens*, § 843 Rn. 3.
8 Allgem. Meinung; beispielhaft: PG/*Ahrens*, § 843 Rn. 5; *Stein/Jonas/Brehm*, § 843 Rn. 1.
9 Allgemeine Meinung; beispielhaft: *Brox/Walker*, Rn. 626; PG/*Ahrens*, § 843 Rn. 5.
10 So OLG Köln, OLGReport 1995, 121; ihm zustimmend: *Musielak/Becker*, § 843 Rn. 3.
11 BGH, MDR 2002, 967; *Baumbach/Lauterbach/Hartmann*, § 843 Rn. 3; *Stein/Jonas/Brehm*, § 843 Rn. 5.
12 LAG Berlin, AP Nr. 1 zu § 843 ZPO.

§ 843 ZPO   Verzicht des Pfandgläubigers

Überweisung erworbenen Rechte,[13] war die Zwangsvollstreckung einschließlich des späteren Verzichts »notwendig« i. S. des § 788.

VI. Entsprechende Anwendung in der Abgabenvollstreckung

7   In der Abgabenvollstreckung ist § 843 über § 316 Abs. 3 AO anwendbar. Es liegt aber kein nach § 843 zu beurteilender Verzicht vor, wenn die Finanzbehörde eine Pfändungs- und Einziehungsverfügung gem. § 361 Abs. 2 AO außer Vollzug setzt, statt sie aufzuheben oder auf einen bestimmten Betrag zu beschränken.[14]

---

13 Siehe auch § 840 Rdn. 15.
14 OLG Düsseldorf, InVo 1999, 57.

§ 844 Andere Verwertungsart

(1) Ist die gepfändete Forderung bedingt oder betagt oder ist ihre Einziehung wegen der Abhängigkeit von einer Gegenleistung oder aus anderen Gründen mit Schwierigkeiten verbunden, so kann das Gericht auf Antrag an Stelle der Überweisung eine andere Art der Verwertung anordnen.

(2) Vor dem Beschluss, durch welchen dem Antrag stattgegeben wird, ist der Gegner zu hören, sofern nicht eine Zustellung im Ausland oder eine öffentliche Zustellung erforderlich ist.

Übersicht	Rdn.		Rdn.
I. Allgemeines	1	IV. Durchführung der Verwertung	4
II. Andere Verwertungsarten	2	V. Rechtsbehelfe	5
III. Verfahren	3	VI. Gebühren und Kosten	6

Literatur:
App, Zur Verwertung eines gepfändeten Jagdpachtrechts, KKZ 2002, 269; *Behr*, Die Pfändung des GmbH-Geschäftsanteils, JurBüro 1995, 851; *Berger*, Zwangsvollstreckung in »Internet-Domains«, Rpfleger 2002, 181; *Boecker*, de – Domains – Praktische Probleme bei der Zwangsvollstreckung, MDR 2007, 1234; *Erk*, Zwangsvollstreckung in sammelverwahrte Wertpapiere, Rpfleger 1991, 236; *Geißler*, Zur Gültigkeit Gläubiger beschwerender Abfindungsklauseln bei der Pfändung in GmbH-Anteile und der Gesellschafterinsolvenz, DZWIR 2012, 311; *Kleespies*, Die Domain als selbständiger Vermögensgegenstand in der Einzelzwangsvollstreckung, GRUR 2002, 764; *Meier*, Zur Zulässigkeit der Pfändung einer Internet-Domain, KKZ 2001, 231; *Noack*, Die Versteigerung von Rechten (§ 844 ZPO), insbesondere eines GmbH-Anteils, MDR 1970, 890; *Olzen*, Die Zwangsvollstreckung in Dispositionskredite, ZZP 1984, 1; *Petermann*, Die Verwertung des gepfändeten GmbH-Anteils, Rpfleger 1973, 387; *Schmittmann*, Rechtsfragen bei der Pfändung einer Domain und Aufnahme der Domain in das Vermögensverzeichnis, DGVZ 2001, 177; *Stadler*, Drittschuldnereigenschaft der DENIC bei der Domainpfändung, MMR 2007, 71.

I. Allgemeines

Die Bedeutung der Vorschrift für die Verwertung schlichter Geldforderungen ist gering; ihr Hauptanwendungsbereich liegt in der entsprechenden Anwendung über § 857 Abs. 1 bei der Verwertung anderer Vermögensrechte, beispielsweise von Geschäftsanteilen an einer GmbH[1], einer Internet-Domain[2] oder eines Patents[3]. Die andere Art der Verwertung an Stelle der Überweisung zur Einziehung oder an Zahlungs Statt steht nicht im Belieben des Gläubigers, sie kommt nur subsidiär in Betracht, wenn die Einziehung der Forderung mit Schwierigkeiten verbunden ist, weil die gepfändete Forderung bedingt, betagt, von einer Gegenleistung abhängig oder aus anderen Gründen nur schwer durchsetzbar ist. Solche anderen Gründe können darin liegen, dass der Drittschuldner zahlungsunfähig oder bereits im Insolvenzverfahren ist; im Einzelfall kann es auch ausreichen, dass die Einziehung mit Sicherheit einen geringeren Erlös erbringen wird als die andere Verwertungsart. Das Gericht muss aber keinesfalls dem Antrag auf anderweitige Verwertung immer schon dann stattgeben, wenn die Regelverwertung zunächst gescheitert ist.[4]

1

---

1 Beispiele: AG Mannheim, BB 1953, 129; OLG Frankfurt, BB 1976, 1147 und DB 1977, 2040; LG Gießen, MDR 1986, 155 und JurBüro 1999, 49; OLG Düsseldorf, InVo 2000, 315. Siehe auch Geißler, DZWIR 2012, 311, 312.
2 Die Einzelheiten insoweit sind sehr streitig. **Einerseits** (Internet-Domain als solche kein selbstständiges Vermögensrecht; abzustellen sei auf die einzelnen, in ihrer Gesamtheit die Domain begründenden Forderungen): BGH, JurBüro 2006, 42. Die Verwertung erfolgt dann regelmäßig durch Überweisung der einzelnen Ansprüche an Zahlungs Statt zu einem Schätzpreis; zu den praktischen Schwierigkeiten insoweit: *Boecker*, MDR 2007, 1234; *Stadler*, MMR 2007, 71. **Andererseits** (ein selbstständig pfändbarer Vermögenswert): LG Düsseldorf, InVo 2002, 116; LG Mönchengladbach, MDR 2005, 118; AG Bad Berleburg, Rpfleger 2001, 560. Verwertung dann etwa insgesamt durch Internet-Versteigerung.
3 OLG Karlsruhe, OLGReport 2004, 283 (Verwertung durch Vollrechtsübertragung).
4 OLG Düsseldorf, InVo 2000, 315.

II. Andere Verwertungsarten

2 Es kommen in Betracht die Versteigerung (auch die Versteigerung im Internet durch ein Internet-Auktionshaus statt auf der Internetplattform der Justiz),[5] der freihändige Verkauf, die Überlassung des Rechts zur Ausübung an einen Dritten gegen Entgelt, die Überweisung an Zahlungs Statt zu einem Schätzwert,[6] der unter dem Nennwert liegt, die Vollrechtsübertragung eines sonstigen Vermögensrechts[7]. Schließlich können als andere Form der Verwertung die durch die Überweisung zur Einziehung begründeten Befugnisse des Gläubigers[8] erweitert werden, indem er etwa ermächtigt wird, sich mit dem Drittschuldner auch über die Höhe der Forderung zu vergleichen, ohne sich dem Schuldner gegenüber schadensersatzpflichtig zu machen.[9]

III. Verfahren

3 Die andere Verwertungsart kann nie von Amts wegen angeordnet werden. Es ist immer ein **Antrag** des Gläubigers, des Schuldners oder eines im Rang nachgehenden Gläubigers,[10] der durch die andere Art der Verwertung möglicherweise noch am Verwertungserlös partizipieren kann, erforderlich[11]. Ein Antrag des Drittschuldners reicht nicht aus.[12] Der Antrag ist an das Vollstreckungsgericht (§ 828) zu richten. Es entscheidet der Rechtspfleger. Vor der Entscheidung ist immer der Schuldner, gegebenenfalls (sofern ein anderer den Antrag gestellt hatte) auch der Gläubiger anzuhören (**Abs. 2**). Es gelten insofern die nämlichen Erwägungen wie zu § 825. Eine Anhörung des Drittschuldners ist nicht erforderlich,[13] da seine Rechte nicht verletzt werden. Er wird auch durch die andere Art der Verwertung von seiner Schuld befreit. Der Rechtspfleger darf bei seiner Entscheidung vom Antrag nicht abweichen, also nicht nach eigenem Ermessen eine andere als die konkret beantragte Verwertungsart anordnen. Das Gericht muss, wenn es dem Antrag stattgeben will, das Gebot der Verhältnismäßigkeit allen staatlichen Verhaltens beachten und darf nicht der Verschleuderung des Schuldnervermögens zustimmen, nur um dem Gläubiger eine Teilbefriedigung zu ermöglichen.[14]

IV. Durchführung der Verwertung

4 Ist die öffentliche Versteigerung der Forderung oder des Rechts angeordnet, so wird diese durch den Gerichtsvollzieher nach den §§ 816 ff. durchgeführt. Der freihändige Verkauf kann je nach Anordnung des Vollstreckungsgerichts durch den Gerichtsvollzieher oder durch eine Privatperson erfolgen. Im ersteren Fall liegt eine hoheitliche Verwertungsform vor,[15] im letzteren Fall ein privatrechtliches Rechtsgeschäft. Ebenfalls ein privatrechtliches Rechtsgeschäft ist die freihändige Versteigerung durch eine Privatperson. Wird deshalb eine durch eine Buchhypothek gesicherte Forderung auf Anordnung des Vollstreckungsgerichts durch eine Privatperson versteigert, so vollzieht sich der Übergang von Hypothek und Forderung allein nach bürgerlichem Recht, dessen Formvorschriften insoweit dann auch beachtet werden müssen – anders als wenn der Gerichtvollzieher tätig war. §§ 892 ff. BGB sind hinsichtlich eines gutgläubigen Erwerbs anwendbar.[16] Soweit das Vollstreckungsgericht im Rahmen der anderweitigen Verwertung den Wert der Forderung oder des

---

5 LG Mönchengladbach, MDR 2005, 118.
6 BGH, JurBüro 2006, 42.
7 OLG Karksruhe, OLGReport 2004, 283.
8 Vergl. § 835 Rdn. 4 ff.
9 Wie hier: PG/*Ahrens*, § 844 Rn. 10; *Stein/Jonas/Brehm*, § 844 Rn. 14; **a. A.**: *Zöller/Stöber*, § 844 Rn. 2.
10 *PG/Ahrens*, § 844 Rn. 3; *Stein/Jonas/Brehm*, § 844 Rn. 2.
11 PG/*Ahrens*, § 844 Rn. 3.
12 *Stein/Jonas/Brehm*, § 844 Rn. 2.
13 Saenger/*Kemper*, § 844 Rn. 8; *Thomas/Putzo/Seiler*, § 844 Rn. 2; **a. A.** (auch Drittschuldner ist zu hören): *Musielak/Becker*, § 844 Rn. 2; PG/*Ahrens*, § 844 Rn. 4; *Stein/Jonas/Brehm*, § 844 Rn. 4.
14 OLG Düsseldorf, InVo 2000, 315.
15 Vergl. auch § 825 Rdn. 12.
16 BGH, MDR 1964, 999.

Rechts festsetzen muss, schätzt es ihn selbst nach pflichtgemäßem Ermessen (notfalls mithilfe eines Sachverständigen).[17] § 813 ist nicht einschlägig.[18] § 817a ist nicht zu beachten.[19]

V. Rechtsbehelfe

Bei der Anordnung der anderweitigen Verwertung handelt es sich immer um eine Entscheidung des Vollstreckungsgerichts. Der richtige Rechtsbehelf ist daher die **sofortige Beschwerde** nach § 11 RpflG, § 793[20]. Sie kann nicht nur, je nach Beschwer, vom Gläubiger oder Schuldner eingelegt werden, sondern, soweit die Anordnung den Drittschuldner belastet, auch von diesem.[21]

VI. Gebühren und Kosten

Durch die Entscheidung des Gerichts über die Zulässigkeit der anderweitigen Verwertung erfallen **keine Gerichtsgebühren**. Die Tätigkeit des Rechtsanwalts bei der Antragstellung und im Rahmen der Anhörung ist durch die Vollstreckungsgebühr nach VV Nr. 3309 RVG abgegolten. Der Gerichtsvollzieher erhält für die Mitwirkung bei der Veräußerung die Gebühren nach § 9 GvKostG i.V. KV Nr. 300. Die anfallenden Gebühren und Kosten sind Kosten der Zwangsvollstreckung gem. § 788.

---

17 LG Krefeld, Rpfleger 1979, 147.
18 *Stöber*, Forderungspfändung, Rn. 1473; **a.A.**: LG Essen, NJW 1957, 108.
19 LG Berlin, DGVZ 1962, 173; LG Krefeld, Rpfleger 1979, 147; **a.A.**: LG Münster, DGVZ 1969, 172.
20 PG/*Ahrens*, § 844 Rn. 8.
21 OLG Frankfurt, Rpfleger 1976, 372.

§ 845 Vorpfändung

(1) ¹Schon vor der Pfändung kann der Gläubiger auf Grund eines vollstreckbaren Schuldtitels durch den Gerichtsvollzieher dem Drittschuldner und dem Schuldner die Benachrichtigung, dass die Pfändung bevorstehe, zustellen lassen mit der Aufforderung an den Drittschuldner, nicht an den Schuldner zu zahlen, und mit der Aufforderung an den Schuldner, sich jeder Verfügung über die Forderung, insbesondere ihrer Einziehung, zu enthalten. ²Der Gerichtsvollzieher hat die Benachrichtigung mit den Aufforderungen selbst anzufertigen, wenn er von dem Gläubiger hierzu ausdrücklich beauftragt worden ist. ³An Stelle einer an den Schuldner im Ausland zu bewirkenden Zustellung erfolgt die Zustellung durch Aufgabe zur Post.

(2) ¹Die Benachrichtigung an den Drittschuldner hat die Wirkung eines Arrestes (§ 930), sofern die Pfändung der Forderung innerhalb eines Monats bewirkt wird. ²Die Frist beginnt mit dem Tage, an dem die Benachrichtigung zugestellt ist.

Übersicht	Rdn.		Rdn.
I. Zweck der Norm	1	V. Folgen der wirksamen Vorpfändung	6
II. Anwendungsbereich der Norm	2	VI. Vorpfändung und Insolvenzverfahren	10
III. Voraussetzungen der Vorpfändung	3	VII. Rechtsbehelfe	11
IV. Die Durchführung der Vorpfändung	4	VIII. Kosten, Gebühren, Prozesskostenhilfe	12

Literatur:

Behr, Vorpfändung gem. § 845 ZPO, JurBüro 1997, 623; *Buciek*, Die Vorpfändung von Steuererstattungsansprüchen, DB 1985, 1428; *Burkhardt/Noack/Polzius*, Zur Auslegung des § 845 ZPO, DGVZ 1972, 17; *Gaul*, Zur Reform des Zwangsvollstreckungsrechts, JZ 1973, 473; *Gilleßen/Jakobs*, Die Übertragung der Vorpfändung auf den Gerichtsvollzieher, DGVZ 1979, 103; *Hascher/Lammers*, Bestandsschutz und Wirksamkeit der Vorpfändung nach § 845 ZPO, DGVZ 2009, 92; *Müller*, Kann dem Gerichtsvollzieher die zuzustellende Benachrichtigung nach § 845 ZPO per Telefax übermittelt werden, DGVZ 1996, 85; *Münzberg*, Die Vorpfändung des Gerichtsvollziehers, DGVZ 1979, 161; *Reiter*, Vorpfändung von Arbeitseinkommen bei Unterhaltsanspruch, AuA 2004, Nr. 7 S. 32; *Schöler*, Rechtsschutz gegen übermäßige Vorpfändungen, MDR 2009, 184; *Schütz*, Vorpfändung und endgültige Pfändung, NJW 1965, 1009; *Seip*, Die Kosten der nicht erledigten Vorpfändung, DGVZ 2001, 113; *Weinert*, Neujustierung der Kostenerstattung in der Zwangsvollstreckung, Rpfleger 2005, 2; *Zeuner*, Anfechtbarkeit der Hauptpfändung als inkongruente Sicherung bei zuvor ausgebrachter Vorpfändung, jurisPR-InsR 17/2006.

I. Zweck der Norm

1 Durch die Möglichkeit der Vorpfändung sollen Verzögerungen, die bei der Bearbeitung des Pfändungsantrages durch das Gericht auftreten können, zugunsten des Gläubigers überbrückt werden. Der durch den Titel vorgewarnte Schuldner soll gehindert werden, Außenstände noch schnell einzuziehen oder durch Abtretung seine Forderungen »in Sicherheit zu bringen«, um so den Erfolg der Zwangsvollstreckung zu vereiteln. Darüber hinaus ermöglicht die Vorpfändung es, die gesetzlichen Wartefristen des § 750 Abs. 3 (im Hinblick auf eine geplante Sicherungsvollstreckung nach § 720a)[1] und des § 798[2] zu überspielen und dem Gläubiger eine Priorität zu sichern, die er mithilfe der staatlichen Vollstreckungsorgane nicht erreichen könnte.

---

[1] Dass die Wartefrist des § 750 Abs. 3 ZPO für die Vorpfändung nicht gilt, ist h. M.; vergl.: BGHZ 93, 71; KG, Rpfleger 1981, 240; OLG München, OLGReport 1995, 252; LG Hannover, Rpfleger 1981, 363; LG Frankfurt, Rpfleger 1983, 32; AG München, DGVZ 1986, 47; *Münzberg*, DGVZ 1979, 161; *Thomas/Putzo/Seiler*, § 845 Rn. 2; *Wieczorek/Lüke*, § 845 Rn. 5; a. A.: *Gilleßen/Jakobs*, DGVZ 1979, 103.

[2] Ebenfalls h. M.; vergl.: OLG Hamburg, MDR 1961, 329; OLG Düsseldorf, NJW 1975, 2210; BGH, NJW 1982, 1150; *Stein/Jonas/Brehm*, § 845 Rn. 4; *Stöber*, Forderungspfändung, Rn. 798; *Thomas/Putzo/Seiler*, § 845 Rn. 2; *Wieczorek/Lüke*, § 845 Rn. 5.

II. Anwendungsbereich der Norm

Eine Vorpfändung kommt nur in Betracht im Rahmen der Vollstreckung wegen Geldforderungen in Geldforderungen (§§ 829 ff.) sowie in Ansprüche auf Sachen (§§ 846 ff.) und in sonstige Vermögensrechte (§§ 857 ff.), soweit diese Forderungen und Rechte nicht der Zwangsvollstreckung in das unbewegliche Vermögen[3] oder nach § 831 der Zwangsvollstreckung durch den Gerichtsvollzieher[4] unterliegen. Als Titel über eine Geldforderung kommen nicht nur Urteile infrage, sondern auch alle sonstigen Titel nach § 794 sowie Arrestbefehle[5] und auf Zahlung einer Geldleistung gerichtete einstweilige Verfügungen (sog. Leistungsverfügungen).[6] Ob die nachfolgend erstrebte Zwangsvollstreckung bereits zur endgültigen Befriedigung des Gläubigers führen soll oder ob nur eine Sicherungsvollstreckung erstrebt wird, ist ohne Belang.

2

III. Voraussetzungen der Vorpfändung

Der Gläubiger muss einen auf eine Geldforderung lautenden, grundsätzlich vollstreckbaren Titel erlangt haben, wobei nicht notwendig ist, dass er den Titel bereits in Besitz hat.[7] So braucht ihm z. B. noch nicht die Ausfertigung des bereits erlassenen Urteils gem. § 317 zugestellt worden zu sein. Die im Titel genannten besonderen Bedingungen der Vollstreckbarkeit (§§ 726, 751 Abs. 1, 765) müssen eingetreten sein.[8] Hat daher bei einer Zug-um-Zug-Verurteilung der Gläubiger weder die Gegenleistung bereits angeboten noch stattdessen den Nachweis geführt, dass der Schuldner sich im Annahmeverzug befindet, kann also keine wirksame Vorpfändung ausgebracht werden.[9] Dagegen braucht die vorgesehene Sicherheitsleistung noch nicht erbracht zu sein (arg. ex § 720a).[10] Da der Gläubiger den Titel noch nicht einmal in Händen haben muss, braucht ihm erst recht keine Vollstreckungsklausel zum Titel erteilt worden zu sein.[11] Der Titel muss dem Schuldner nicht zugestellt sein, ebenso wenig die in § 750 genannten Urkunden. Die gesetzlichen Wartefristen (§§ 750 Abs. 3, 798) müssen noch nicht abgelaufen sein.[12]

3

IV. Die Durchführung der Vorpfändung

Der Gläubiger muss, um eine Vorpfändung auszubringen, dem Drittschuldner und dem Schuldner, soweit sie im Inland ihren Wohnsitz bzw. Sitz haben, die Benachrichtigung durch den Gerichtsvollzieher im Parteibetriebe **zustellen** lassen, dass die Pfändung der Forderung oder des Rechts bevorstehe[13], verbunden mit der Aufforderung an den Drittschuldner, nicht an den Schuldner zu leisten, und mit der Aufforderung an den Schuldner, sich jeder Verfügung über die Forderung, insbesondere ihrer Einziehung, zu enthalten. Eine formlose Übermittlung der Aufforderung durch den

4

---

3 Siehe hierzu § 829 Rdn. 2.
4 Siehe hierzu § 829 Rdn. 2 und § 831 Rdn. 2.
5 Siehe hierzu § 930 Rdn. 11.
6 *Brox/Walker*, Rn. 1612 ff.; *Schilken*, Die Befriedigungsverfügung, Berlin 1976; *Stein/Jonas/Grunsky*, Vor § 935 Rn. 32; *Teplitzky*, JuS 1980, 884; *Thomas/Putzo/Seiler*, § 845 Rn. 2.
7 LG Frankfurt, Rpfleger 1984, 32.
8 *Hintzen/Wolf*, Zwangsvollstreckung, -versteigerung, -verwaltung, Rn. 6.80; *Musielak/Becker*, § 845 Rn. 2; a. A. (die Voraussetzungen des § 751 Abs. 2 ZPO müssten erfüllt sein): LG Saarbrücken, BeckRS 2004, 18079.
9 AG Leverkusen, DGVZ 2012, 550.
10 BGHZ 93, 71; OLG Rostock, DGVZ 2006, 91. A.A., wenn der Schuldner seinerseits Sicherheit zur Abwendung der Zwangsvollstreckung erbracht hat: LG Saarbrücken, BeckRS 2004, 18079.
11 BGH, JR 1956, 185; KG, Rpfleger 1981, 240; LG Frankfurt, Rpfleger 1983, 32; AG Gelnhausen, JurBüro 1999, 101.
12 Siehe oben Rdn. 1.
13 Die spätere Beschlagnahme einer Mietforderung durch die Eröffnung des Zwangsverwaltungsverfahrens ist mit der angekündigten Pfändung der Mietforderung nicht gleichzusetzen: LG Heilbronn, BeckRS 2009 06722.

Gläubiger selbst oder durch die Post ist unwirksam,[14] es sei denn, die Zustellung an den Schuldner müsste ins Ausland erfolgen. Im letzteren Fall genügt die durch den Gerichtsvollzieher, also nicht den Gläubiger selbst, veranlasste Aufgabe zur Post[15] (**Abs. 1 Satz 3**). Eine Heilung der fehlerhaften Zustellung nach § 189 ist ausgeschlossen,[16] auch wenn der Drittschuldner den Empfang des Schreibens zugesteht. § 187 ZPO ist allerdings anwendbar, soweit es um die Heilung von Fehlern geht, die dem Gerichtsvollzieher bei der Durchführung der Zustellung unterlaufen sind.[17] Die Aufforderung muss die Forderung bzw. das Recht so genau umschreiben, dass der Drittschuldner zweifelsfrei feststellen kann, welche Forderung betroffen ist.[18] Es gelten die nämlichen Bestimmtheitsanforderungen wie für den gerichtlichen Pfändungsbeschluss.[19] Die Aufforderung kann vom Gläubiger oder seinen Bevollmächtigten privatschriftlich abgefasst sein. Auf ausdrückliches Verlangen des Gläubigers hin muss sie auch der Gerichtsvollzieher anfertigen. Der Gerichtsvollzieher darf allerdings nicht von sich aus im nur vermuteten Einverständnis des Gläubigers tätig werden.[20] Dies ist in **Abs. 1 Satz 2** ausdrücklich klargestellt. Der Auftrag kann dem Gerichtsvollzieher schon zusammen mit dem Auftrag, eine Vermögensauskunft einzuholen, erteilt werden. Die gängigen Formulare sehen dies auch so vor. Der Gerichtsvollzieher handelt, soweit er im Auftrag des Gläubigers die Aufforderungen anfertigt, als staatliches Vollstreckungsorgan aus eigenem Recht gem. § 802a Abs. 2 Nr. 5. Der Gerichtsvollzieher muss einen entsprechenden Auftrag des Gläubigers annehmen. Der Gerichtsvollzieher darf seine Aufforderung an den Drittschuldner nicht mit einem Auskunftsverlangen nach § 840 verbinden,[21] da die Vorpfändung noch keine Auskunftsobliegenheit begründet.[22] Hat der Gläubiger die von ihm selbst abgefasste Vorpfändungsanzeige unzulässigerweise mit einem Auskunftsverlangen verbunden, darf der Gerichtsvollzieher deren Zustellung nicht deshalb ablehnen.[23] Er hat den Drittschuldner dann aber auf die Unbeachtlichkeit des Auskunftsverlangens hinzuweisen und dessen Auskünfte auch nicht zu Protokoll zu nehmen.[24]

5 In den Fällen der Rechtspfändung nach § 857 gilt kraft ausdrücklicher Regelung in § 857 **Abs. 7** die Vorschrift des § 845 Abs. 1 Satz 2 nicht. Hier kann also der Gerichtsvollzieher nicht bindend damit beauftragt werden, die Vorpfändungsanzeige nebst den dazu gehörenden Aufforderungen selbst anzufertigen. Kommt er aber einem derartigen Verlangen des Gläubigers dennoch nach, wäre die Vorpfändung nicht unwirksam, da der Gläubiger privatrechtlich jedermann, der zur Auftragsannahme bereit ist, beauftragen kann, diese Schreibarbeiten für ihn als Bevollmächtigter zu erledigen.

---

14 LG und OLG Koblenz, DGVZ 1984, 58; LG Marburg, DGVZ 1983, 119; *Wieczorek/Lüke*, § 845 Rn. 15.
15 Es gilt das zu § 829 Abs. 2 S. 3 ZPO, dem die Vorschrift angepasst ist, Gesagte (dort in Rn. 47); vergl auch *von Preuschen*, NJW 2007, 321, 323.
16 Wie hier: *Schneider*, DGVZ 1983, 33; *Wieczorek/Lüke*, § 845 Rn. 15; **a. A.:** AG Biedenkopf, MDR 1983, 588; AG Kassel, JurBüro 1985, 1738.
17 BGHZ 93, 71; LG Marburg, DGVZ 1983, 119.
18 BGH, DGVZ 2002, 58; BGH, Rpfleger 2005, 450; OLG Düsseldorf, MDR 1974, 409.
19 Einzelheiten: § 829 Rdn. 39 sowie BGH, NJW 2001, 2976; BGH, Rpfleger 2005, 450.
20 *Münzberg*, DGVZ 1979, 161.
21 BGHZ 68, 289.
22 OLG Frankfurt, NZG 2006, 914; *Musielak/Becker*, § 845 Rn. 4; *Wieczorek/Lüke*, § 845 Rn. 20. Siehe auch vorn § 840 Rn. 3.
23 AG Nienburg, NdsRPfl. 1964, 43.
24 Erteilt der Drittschuldner aber dennoch eine Auskunft und ist diese falsch, haftet er dem Gläubiger in entspr. Anwendung des § 840 Abs. 2 S. 2 ZPO: vergl. § 840 Rdn. 16; siehe ferner OLG Stuttgart, NJW 1959, 581 mit Anm. *Zunft*, NJW 1959, 1229.

V. Folgen der wirksamen Vorpfändung

Mit Zustellung der formgerechten Benachrichtigung an den Drittschuldner[25] erwirbt der Gläubiger an der Forderung[26] ein Arrestpfandrecht, sofern der vom Gläubiger noch zu erwirkende Pfändungsbeschluss des Vollstreckungsgerichts (§ 829) innerhalb eines Monats ab Wirksamwerden der Vorpfändung zur Pfändung der Forderung führt (**Abs. 2 Satz 1**). Aus diesem Arrestpfandrecht kann er noch nicht seine Befriedigung aus der Forderung suchen.[27] Das durch den gerichtlichen Pfändungsbeschluss[28] begründete Pfändungspfandrecht nimmt dann hinsichtlich der Priorität den Rang des Arrestpfandrechts[29] ein. Für die Berechnung der Monatsfrist gelten § 222, § 187 BGB. Wird die Frist versäumt,[30] wird die Vorpfändung rückwirkend wirkungslos.[31] Eine Wiedereinsetzung in den vorigen Stand kommt nicht in Betracht. Ein nach der Monatsfrist ergehender Pfändungsbeschluss begründet, soweit er für sich betrachtet wirksam ist, ein Pfändungspfandrecht dann erst vom Zeitpunkt seiner Zustellung an den Drittschuldner.

6

War die Vorpfändung unwirksam, weil es an einer wirksamen Zustellung fehlte oder weil die zu pfändende Forderung aus ihr nicht ersichtlich war oder weil man nicht erkennen konnte, für welche titulierte Forderung die Pfändung erfolgen sollte, oder weil der Titel gar ganz fehlte, als die Vorpfändung schon erlassen wurde, so wird sie nicht nachträglich durch den korrekten gerichtlichen Pfändungsbeschluss geheilt.[32] Sie bleibt vielmehr nicht existent. Der Pfändungsbeschluss zeitigt Wirkungen erst ab seiner eigenen Zustellung an den Drittschuldner.

7

Die Vorpfändung kann, wenn der Erlass des Pfändungsbeschlusses sich verzögert, beliebig oft wiederholt werden. Jede neue, förmlich wirksam ausgebrachte Vorpfändung lässt die Monatsfrist wieder von vorn beginnen. Die Wirkungen des Abs. 2 Satz 1 löst aber nur die Vorpfändung aus, der fristgerecht die endgültige Pfändung durch das Vollstreckungsgericht folgt. Pfandrechte aus vorausgegangenen Vorpfändungen, die vor der Monatsfrist liegen, erlöschen rückwirkend. Liegen mehrere vorsichtshalber ausgebrachte Vorpfändungen innerhalb der Monatsfrist rückwärts ab Wirksamwerden des Pfändungsbeschlusses des Vollstreckungsgerichts, löst nur die älteste die Folgen des Abs. 2 Satz 1 aus; die jüngeren stehen jeweils unter der auflösenden Bedingung, dass keine ältere wirksam bleibt. Die Kosten aller Vorpfändungsversuche sind notwendige Kosten der Zwangsvollstreckung i. s. § 788, soweit der verzögerte Erlass des Pfändungs- und Überweisungsbeschlusses nicht auf ein Verschulden des Gläubigers zurückzuführen ist.

8

Hat der Schuldner wider das mit der Vorpfändung ausgesprochene Inhibitorium Verfügungen über die Forderung vorgenommen, während die Monatsfrist noch lief, und folgt dann bis zum Fristablauf die Pfändung durch das Vollstreckungsgericht nach, so sind diese Verfügungen nachträglich als von Anfang an wirksam anzusehen. Eine dann nach Fristablauf erfolgte wirksame Pfändung berührt diese Verfügungen nicht mehr. Zwangsvollstreckungsmaßnahmen anderer Gläubiger in die

9

---

25 Dieser Zeitpunkt und nicht der der Übergabe des Vorpfändungsschreibens an den Gerichtsvollzieher ist daher auch im Hinblick auf § 46 AO maßgebend für die Frage, ob ein Steuererstattungsanspruch wirksam vorgepfändet wurde: BGH, Rpfleger 2012, 91; LG Essen, Rpfleger 2011, 95.
26 Die Forderung besteht noch, wenn zwar eine interne Anweisung zur Auszahlung des Forderungsbetrages an den Schuldner ergangen, die Auszahlung aber noch nicht erfolgt ist. Deshalb ist der Drittschuldner nach Erhalt der Vorpfändung verpflichtet, alles zu unternehmen, um die Auszahlung noch zu unterbinden: LG Hannover, NVwZ 2005, 764.
27 OLG Dresden, FamRZ 2003, 1943.
28 Es kann sich auch um eine Sicherungspfändung nach § 720a handeln; vergl. BGHZ 93, 71.
29 OLG Dresden, FamRZ 2003, 1943.
30 Auf die Überwachung dieser Pflicht muss der mit der Zwangsvollstreckung beauftragte Rechtsanwalt besondere Sorgfalt verwenden. Hinsichtlich der Haftung gilt insoweit ein strenger Maßstab: OLG Hamm, InVo 1998, 229.
31 OLG Hamm, JurBüro 1971, 175.
32 *Münzberg*, DGVZ 1979, 161.

Forderung, die während der erfolglos verstrichenen Monatsfrist erfolgten, muss der Gläubiger, der verspätet den Pfändungsbeschluss erwirkt, seinem Pfändungspfandrecht vorgehen lassen.

VI. Vorpfändung und Insolvenzverfahren

10 Da die Vorpfändung eine vollwertige Vollstreckungsmaßnahme innerhalb der Einzelzwangsvollstreckung darstellt, ist sie nach § 89 InsO während der Dauer des Insolvenzverfahrens unzulässig.[33] Eine innerhalb der Monatsfrist vor der Eröffnung des Insolvenzverfahrens ausgebrachte Vorpfändung, der bis zur Eröffnung bzw. bis zum Erlass eines allgemeinen Veräußerungsverbotes nach § 21 InsO keine endgültige Pfändung nachfolgte, wird mit Eröffnung des Insolvenzverfahrens automatisch rückwirkend wirkungslos, da im Hinblick auf § 89 InsO eine wirksame Pfändung nicht mehr fristgerecht nachfolgen kann.[34]

Wird die Vorpfändung früher als drei Monate vor Eingang des Insolvenzantrages ausgebracht, fällt die Hauptpfändung dagegen in den von § 131 InsO erfassten Bereich, richtet sich die Insolvenzanfechtung insgesamt nach § 131 InsO.[35]

VII. Rechtsbehelfe

11 Ist die Vorpfändung verfahrensfehlerhaft ausgebracht worden, haben der Schuldner und der Drittschuldner den Rechtsbehelf der **Erinnerung nach § 766**.[36] Zuständig zur Entscheidung ist das Vollstreckungsgericht, bei dem der Schuldner im Inland seinen allgemeinen Gerichtsstand hat (§ 828 Abs. 2).[37] Denn bei der Vorpfändung handelt es sich um eine echte Vollstreckungsmaßnahme[38], obwohl kein staatliches Vollstreckungsorgan an ihr mitwirkt.[39] Weigert sich der Gerichtsvollzieher, die Vorpfändungsanzeige zuzustellen oder dem ausdrücklichen Antrag des Gläubigers zu folgen, die Anzeige selbst anzufertigen, hat der Gläubiger insoweit den Rechtsbehelf des § 766. Es geht zwar im strengen Sinne nicht um das vom Gerichtsvollzieher »bei der Zwangsvollstreckung zu beobachtende Verfahren«, aber doch im weiteren Sinne um eine Tätigkeit im Rahmen der Zwangsvollstreckung. Ist der Vorpfändung die endgültige Pfändung bereits nachgefolgt, kann die Vorpfändung mit der Erinnerung nur noch angefochten werden, wenn es darum geht, gerade die rangsichernden Wirkungen der Vorpfändung zu beseitigen, nicht die Beschlagnahme der Forderung schlechthin oder gar nur die mit der Vorpfändung verbundene Kostenbelastung.[40] Soweit es um die Beseitigung der Beschlagnahme der Forderung geht, muss sich die Erinnerung gegen die endgültige Pfändung durch das Vollstreckungsgericht richten.[41] Wird diese aufgehoben, wird automatisch auch die Vorpfändung wirkungslos,[42] wenn die Monatsfrist verstrichen ist, sodass nicht noch rechtzeitig ein neuer Pfändungsbeschluss ergehen kann. Wird die Erinnerungsentscheidung später auf die sofortige Beschwerde hin aufgehoben und erneut die Pfändung der Forderung ausgesprochen, so bleibt die Vorpfändung nur wirksam, wenn die erneute Pfändung noch innerhalb der Monatsfrist liegt. Ansonsten begründet die neue Pfändung nur Priorität vom Zeitpunkt ihres eigenen Wirksamwerdens an.[43] Das Beschwerdegericht kann nur die gerichtliche Pfändung selbst aussprechen,

---

33 LG Detmold, KTS 1977, 126.
34 LG Karlsruhe, Rpfleger 1997, 268.
35 BGH, NJW 2006, 1870.
36 AG Neustadt a. Rbge, InVo 2005, 158. **A.A.** (Vorpfändung sei ein rein privatrechtlicher Vorgang, der, wenn fehlerhaft, schlicht unwirksam sei): *Hascher/Lammers*, DGVZ 2009, 92, 95.
37 OLG Hamm, DGVZ 2012, 13.
38 *Stein/Jonas/Brehm*, § 845 Rn. 9. **A.A.** *Hascher/Lammers*, DGVZ 2009, 92, 95.
39 Die Tätigkeit des Gerichtsvollziehers liegt allein im Bereich der Zustellung. Er handelt insoweit nicht als Vollstreckungsorgan.
40 OLG Köln, Rpfleger 1991, 261.
41 OLG Hamm, JurBüro 1971, 175.
42 OLG Jena, InVo 2001, 452.
43 Siehe auch § 829 Rdn. 54.

nicht aber die Vorpfändung. Eine ursprünglich aufgehobene, später aber für zulässig erachtete Vorpfändung kann daher nur vom Gläubiger erneut ausgebracht werden.[44] Sie hat keine Rückwirkung auf die Priorität der früheren Vorpfändung.

VIII. Kosten, Gebühren, Prozesskostenhilfe

Der **Gerichtsvollzieher** erhält für die Anfertigung der Vorpfändungsanzeige die Gebühr nach §§ 1, 10 GVKostG i. V. Kostenverzeichnis Nr. 200 GVKostG; hinzu kommen die Schreibauslagen nach Kostenverzeichnis Nr. 700 GVKostG[45] und die gewöhnlichen Zustellungsauslagen, Wegegeld aber nur, wenn es auch tatsächlich angefallen ist.[46] Diese Gebühren und Auslagen fallen bei jeder Wiederholung der Vorpfändung erneut an. Für den **Rechtsanwalt** ist die Mitwirkung bei Abfassung der Vorpfändungsanzeige durch die Vollstreckungsgebühr gem. VV Nr. 3309 RVG abgegolten.

Die Frage, wer die Kosten einer Vorpfändung zu tragen hat, beantwortet sich **nach § 788**. Die Kosten sind daher nicht stets erstattungsfähig, sondern nur bei Notwendigkeit der Maßnahme nach den Umständen des Einzelfalles.[47] Entscheidend ist die Sicht bei Ausbringung der Vorpfändung, sodass eine solche Maßnahme sich auch dann als notwendig darstellen kann, wenn später die Monatsfrist nicht eingehalten werden kann, obwohl der Gläubiger sich unverzüglich um den Pfändungsbeschluss bemüht hatte,[48] oder wenn die endgültige Pfändung unterbleibt, weil der Drittschuldner bereits auf die Vorpfändung hin mit Zustimmung des Schuldners erfüllt.[49] Versäumt der Gläubiger die Monatsfrist allerdings aus eigenem Verschulden, sind die Kosten der überflüssigen Vorpfändung keine notwendigen Kosten der Zwangsvollstreckung.[50] Auch mehrere Vorpfändungen hintereinander können im Einzelfall notwendig i. S. des § 788 sein.[51]

Die für die Forderungspfändung bewilligte **Prozesskostenhilfe**[52] erstreckt sich, wenn keine ausdrückliche Einschränkung vorgenommen wurde, auch auf die Vorpfändung, allerdings nur, wenn die Vorpfändung zum Zeitpunkt des Prozesskostenhilfeantrages nicht bereits ausgebracht war.[53]

---

44 OLG Köln, DGVZ 1989, 39; OLG Jena, InVo 2001, 452.
45 Zu ihrer Berechnung: AG Weiden, DGVZ 2001, 172.
46 AG Frankfurt/Main, DGVZ 20902, 31.
47 OLG München, Rpfleger 1973, 374.
48 LAG Köln, NZA 1993, 1152.
49 LG Frankenthal, Rpfleger 1985, 245.
50 LG Ravensburg, DGVZ 1998, 171.
51 *Stein/Jonas/Brehm*, § 845 Rn. 27. Werden mehrere Forderungen desselben Schuldners gegen verschiedene Drittschuldner vorgepfändet, ist dennoch nur eine Vollstreckungsgebühr des hiermit beauftragten Rechtsanwalts erstattungsfähig, wenn dieser die Angelegenheit im Rahmen eines einheitlichen Auftrags hätte erledigen können: LG Kempten, JurBüro 1990, 1050 mit Anm. *Mümmler*.
52 Einzelheiten: *Behr*, Rpfleger, 1981, 266.
53 AG Essen, DGVZ 1997, 46.

§ 846 Zwangsvollstreckung in Herausgabeansprüche

Die Zwangsvollstreckung in Ansprüche, welche die Herausgabe oder Leistung körperlicher Sachen zum Gegenstand haben, erfolgt nach den §§ 829 bis 845 unter Berücksichtigung der nachstehenden Vorschriften.

Übersicht	Rdn.		Rdn.
I. Zweck der Vorschrift	1	II. Begriffsbestimmungen	2

Literatur:
Hagen, Der neue Warenlieferungsvertrag – ein unbequemer Kauf, JZ 2004, 713; *Jursnik*, Leistung vertretbarer Sachen sowie Sicherungsübereignung in der vollstreckbaren notariellen Urkunde, Diss. München 1998; *Küls*, Die Zwangsvollstreckung nach §§ 846, 847 ZPO in Ansprüche auf Herausgabe oder Leistung einer beweglichen Sache, Diss. Bonn 1996; *Paschke*, Zwangsvollstreckung im Mietrecht, GE 2005, 344.

I. Zweck der Vorschrift

1 Befindet sich ein Gegenstand aus dem Vermögen des Schuldners im Besitz eines Dritten, so kann der Gläubiger auf diesen Gegenstand nur zugreifen, wenn der Dritte zur Herausgabe des Gegenstandes bereit ist (§ 809). Hat der Schuldner Anspruch darauf, dass ein Gegenstand, der noch nicht zu seinem Vermögen gehört, ihm übereignet und abgeliefert wird, so kann der Gläubiger, solange der Schuldner diesen seinen Anspruch nicht geltend gemacht und durchgesetzt hat, nicht in den Gegenstand – da noch nicht Teil des Schuldnervermögens – vollstrecken. Der Schuldner könnte so, indem er seine Herausgabe- und Leistungsansprüche nicht geltend macht, seinen Gläubigern u. U. beachtliche Vermögenswerte vorenthalten. Dass die Herausgabe- und Leistungsansprüche als solche der Pfändung nach §§ 829 ff. unterworfen sind, hilft dem Gläubiger nicht unmittelbar weiter, weil er sich aus den Ansprüchen selbst noch nicht endgültig befriedigen kann. Es bedarf zusätzlich des Zugriffs auf die Sache und deren Verwertung. Dem tragen die die §§ 829–845 ergänzenden Regelungen in den §§ 847–849 Rechnung.

II. Begriffsbestimmungen

2 Ansprüche auf Herausgabe einer Sache können schuldrechtlicher (z. B. aus Miete, Pacht, Leihe, Sicherungsabrede, Auftrag usw.) oder dinglicher Natur (z. B. aus §§ 985, 1006 BGB) sein. **Herausgabe** bedeutet Übertragung des unmittelbaren Besitzes. **Leistung** dagegen bedeutet Besitz- und Eigentumsübertragung. Typische Leistungsansprüche sind der Anspruch des Käufers aus § 433 Abs. 1 Satz 1 BGB oder der des Bestellers aus § 651 Abs. 1 Satz 1 BGB. Hierher gehören aber auch die Ansprüche auf Rückgewähr vertretbarer Sachen (§ 607 Abs. 1) oder auf Erfüllung eines auf bestimmte oder vertretbare Gegenstände gerichteten Vermächtnisses (§§ 1939, 2147, 2155 BGB). Der Titel, aus dem die **Zwangsvollstreckung** betrieben wird, muss auf eine Geldforderung gerichtet sein[1]. Lautet der Titel gegen den Schuldner schon auf Herausgabe, befindet sich die herauszugebende Sache aber im Gewahrsam eines Dritten, so sind nicht die §§ 846 ff. einschlägig, sondern § 886. **Körperliche Sachen** i. S. des § 846 sind sowohl bewegliche Sachen einschließlich der Wertpapiere (§ 808 Abs. 2)[2] als auch unbewegliche Sachen, also Grundstücke und ihnen gleichgestellte Rechte.[3]

---

1 PG/*Ahrens*, § 846 Rn. 2.
2 *Wieczorek/Lüke*, § 846 Rn. 3.
3 *Wieczorek/Lüke*, § 846 Rn. 5.

§ 847 Herausgabeanspruch auf eine bewegliche Sache

(1) Bei der Pfändung eines Anspruchs, der eine bewegliche körperliche Sache betrifft, ist anzuordnen, dass die Sache an einen vom Gläubiger zu beauftragenden Gerichtsvollzieher herauszugeben sei.

(2) Auf die Verwertung der Sache sind die Vorschriften über die Verwertung gepfändeter Sachen anzuwenden.

Übersicht	Rdn.		Rdn.
I. Anwendungsbereich	1	V. Pfändung durch mehrere Gläubiger	5
II. Die Pfändung des Herausgabeanspruchs	2	VI. Die Verwertung der Sachen	6
III. Die Wirkungen der Pfändung des Herausgabeanspruchs	3	VII. Rechtsbehelfe	7
		VIII. Gebühren des Gerichtsvollziehers	9
IV. Einwendungen des Drittschuldners	4		

Literatur:
Flume, Die Rechtsstellung des Vorbehaltskäufers, AcP 1962, 385; *Gaul*, Sachenrechtsordnung und Vollstreckungsanordnung im Konflikt. Fehlerhafte Mobiliarvollstreckung in wesentliche Grundstückbestandteile, NJW 1989, 2509; *Hübner*, Zur dogmatischen Einordnung der Rechtsposition des Vorbehaltskäufers, NJW 1980, 729; *Küls*, Die Zwangsvollstreckung nach §§ 846, 847 ZPO in Ansprüche auf Herausgabe oder Leistung einer beweglichen Sache, Diss., Bonn 1996; *Meyer/Koch*, Zur Pfändbarkeit des Rückerwerbsanspruchs-Die Rechtsprechung des BGH und Gestaltungsüberlegungen, ZEV 2007, 55; *Noack*, Vollstreckung gegen vom Titel nicht betroffene Dritte, JurBüro 1976, 1147; *ders.*, Warenbestände, Rohstoffe und Halbfertigfabrikate in der Pfändungsvollstreckung, DB 1977, 195; *ders.*: Aktuelle Fragen zur Pfändung von Ansprüchen auf Herausgabe beweglicher Sachen gegen Dritte (§§ 847, 886 ZPO), DGVZ 1978, 97; *Wolf*, Prinzipien und Anwendungsbereich der dinglichen Surrogation, JuS 1975, 643.

I. Anwendungsbereich

Da die Pfändung und Überweisung des Herausgabeanspruchs, wie Abs. 2 zeigt, der Vorbereitung 1 der Vollstreckung in die Sache selbst dient, bezieht die Vorschrift sich auch nur auf Herausgabeansprüche, die Gegenstände betreffen, die ihrerseits nach §§ 808 ff. pfändbar und nach §§ 814 ff. zu verwerten sind[1]. Herausgabeansprüche auf bewegliche Sachen, die der Zwangsvollstreckung in das unbewegliche Vermögen unterliegen (§ 865), fallen ebenso wenig in den Anwendungsbereich des § 847 wie Herausgabeansprüche auf Sachen, an denen isolierte Rechte nicht begründet werden können (§ 952 BGB), so auf Hypothekenbriefe, Sparbücher, Kraftfahrzeugbriefe.[2] Ist der herauszugebende Gegenstand seinerseits nach § 811 unpfändbar, scheidet die Pfändung des Herausgabeanspruchs nach § 847 ebenfalls aus.[3] Es wäre zu spät, den Pfändungsschutz erst berücksichtigen zu wollen, wenn der Gegenstand vom Drittschuldner schon an den Gerichtsvollzieher herausgegeben worden ist.[4] Höchstpersönliche Herausgabeansprüche, die nicht auf Dritte übertragen werden könnten, sind mit Rücksicht auf § 851 Abs. 1 auch dann unpfändbar, wenn die Gegenstände, auf die sie sich beziehen, an sich pfändbar sind. Höchstpersönlich ist z. B. der Anspruch des Ehegatten aus § 1361a Abs. 1 Satz 2 BGB[5].

Befinden sich zu pfändende Gegenstände aufgrund eines Arrest gem. §§ 111d, 111e StPO im Besitz der Staatsanwaltschaft, so muss nicht der Herausgabeanspruch des Angeklagten nach § 847 gepfändet werden, es sind vielmehr sogleich diese Gegenstände selbst zu pfänden, da die Staatsan-

---

1 PG/*Ahrens*, § 847 Rn. 2.
2 LG Berlin, DGVZ 1962, 186; *Brox/Walker*, Rn. 701; PG/*Ahrens*, § 847 Rn. 3; *Stein/Jonas/Brehm*, § 847 Rn. 2; *Wieczorek/Lüke*, § 846 Rn. 4.
3 AG Dietz/Lahn, DGVZ 1962, 126; *Baumbach/Lauterbach/Hartmann*, § 847 Rn. 1; *Brox/Walker*, Rn. 701; *Wieczorek/Lüke*, § 847 Rn. 4; *Zöller/Stöber*, § 847 Rn. 11.
4 So aber LG Lübeck, SchlHA 1970, 116.
5 *Musielak/Becker*, § 847 Rn. 1. Der Anspruch aus § 1361a Abs. 1 S. 1 ist dagegen pfändbar.

waltschaft dieser Pfändung nicht widersprechen darf.[6] Wird aber dennoch der Herausgabeanspruch gepfändet, setzt sich das Pfandrecht automatisch an den Sachen fort.

II. Die Pfändung des Herausgabeanspruchs

2 Sie erfolgt durch Pfändungsbeschluss des Vollstreckungsgerichts (§ 828) gem. § 829 Abs. 1. Zuständig ist der Rechtspfleger. Zur bestimmten Umschreibung der Forderung im Antrag des Gläubigers und im Pfändungsbeschluss[7] gehören auch die genaue Angabe des Rechtsgrundes der Forderung[8] und die genaue Bezeichnung der Gegenstände, die herauszugeben sind.[9] Das folgt schon daraus, dass der mit der Empfangnahme der Gegenstände beauftragte Gerichtsvollzieher erkennen können muss, ob er den Gegenstand entgegenzunehmen hat oder nicht. Aber auch der Drittschuldner muss einwandfrei wissen, welcher Gegenstand gemeint ist. Sind die Gegenstände nicht hinreichend konkret bezeichnet, ist die Pfändung unwirksam.[10]

Der **Pfändungsbeschluss muss enthalten**: den Ausspruch der Pfändung des Anspruchs; das Verbot an den Drittschuldner, den Gegenstand an den Schuldner herauszugeben oder zu leisten; das Gebot an den Schuldner, sich jeder Verfügung über den Herausgabeanspruch zu enthalten, ihn insbesondere nicht durch Empfangnahme der Sache zu verwirklichen; die Anordnung gegenüber dem Drittschuldner, dass die Sache an einen vom Gläubiger zu beauftragenden Gerichtsvollzieher herauszugeben sei (**Abs. 1**). Wirksam wird der Pfändungsbeschluss mit Zustellung des Arrestatoriums an den Drittschuldner.[11] Wird die zusätzliche Anordnung, dass der Gegenstand an einen Gerichtsvollzieher herauszugeben sei, versehentlich unterlassen, kann sie jederzeit (also auch noch nach Eröffnung des Insolvenzverfahrens) nachgeholt werden.[12] Die Wirksamkeit des Pfändungsbeschlusses wird hiervon nicht berührt.

III. Die Wirkungen der Pfändung des Herausgabeanspruchs

3 Die Pfändung des Anspruchs gibt dem Gläubiger noch kein Pfandrecht an der Sache selbst. Dieses entsteht erst, und zwar mit Wirkung ex nunc, wenn der Gerichtsvollzieher die Sache in Besitz nimmt.[13] War der Schuldner noch nicht Eigentümer der Sache, so wird er dies ebenfalls in dem Augenblick, in dem der Gerichtsvollzieher Besitz an der Sache erlangt. Das Eigentum ist dann sogleich mit dem Pfändungspfandrecht des Gläubigers belastet. Gibt der Drittschuldner die Sache nicht freiwillig an den Gerichtsvollzieher heraus, so stellt die im Pfändungsbeschluss enthaltene Herausgabeanordnung noch keinen Herausgabetitel zugunsten des Gläubigers dar. Wohl aber legitimiert bereits die mit der Pfändung verbundene Herausgabeanordnung den Gläubiger, den Drittschuldner auf Herausgabe zu verklagen. Einer Überweisung der Forderung zur Einziehung bedarf es hierzu nicht – die Überweisung an Zahlungs Statt scheidet nach § 849 ganz aus.[14] Dass schon die Herausgabeanordnung und nicht erst die Überweisung dem Gläubiger Klagebefugnis verleiht, liegt darin begründet, dass auch der nach § 720a Vollstreckende die Sache bereits beim Gerichtsvollzieher in Sicherheit bringen können muss. Zu einer Verwertung der Sache kommt es allerdings erst, wenn alle Voraussetzungen der endgültigen Vollstreckung in die Sache vorliegen.

---

6 OLG Frankfurt, NStZ 2006, 81.
7 Zum Bestimmtheitserfordernis siehe auch § 829 Rdn. 39.
8 BGH, NJW 2007, 3132.
9 BGH, NJW 2000, 3218; OLG Frankfurt, NStZ 2006, 81; LG Lübeck, SchlHA 1956, 204; LG Köln, ZIP 1980, 114; *Musielak/Becker*, § 847 Rn. 2; *Noack*, DGVZ 1978, 97; *Stein/Jonas/Brehm*, § 847 Rn. 4; *Wieczorek/Lüke*, § 847 Rn. 6; a. A. (Bezeichnung der Gegenstände im Einzelnen nicht erforderlich): LG Berlin, MDR 1977, 59 und Rpfleger 1991, 28; LG Bielefeld, Rpfleger 1987, 116.
10 BGH, NJW 2000, 3218.
11 Einzelheiten: § 829 Rdn. 48, 49.
12 *Musielak/Becker*, § 847 Rn. 2; *Stein/Jonas/Brehm*, § 847 Rn. 4.
13 BGH, NJW 1977, 384.
14 Wie hier: *Brox/Walker*, Rn. 706; *Musielak/Becker*, § 847 Rn. 4; *Stein/Jonas/Brehm*, § 847 Rn. 10.

Verklagt der Gläubiger den Drittschuldner auf Herausgabe, muss er dem Schuldner gem. § 841 den Streit verkünden. Muss der Gläubiger den Drittschuldner nicht nur auf Herausgabe der Sache an den Gerichtsvollzieher, sondern zusätzlich auch auf Übereignung an den Schuldner verklagen, so erwirbt der Gläubiger noch kein Pfandrecht an dem Gegenstand, wenn er das vorläufig vollstreckbare Herausgabeurteil vollstrecken lässt. Da der Schuldner erst nach § 894 mit Rechtskraft des auf Abgabe der Übereignungserklärung gerichteten Urteils Eigentümer der Sache wird, erwirbt der Gläubiger auch erst in diesem Zeitpunkt ein Pfändungspfandrecht.[15] Die Klage auf Abgabe der Übereignungserklärung kann der Gläubiger erst erheben, wenn ihm der Leistungsanspruch des Schuldners auch zur Einziehung überwiesen wurde.[16] Die Herausgabeanordnung reicht insoweit – anders als bei der Herausgabeklage – nicht aus, da zur Sicherung des Gläubigers zunächst die Inbesitznahme des Gegenstandes durch den Gerichtsvollzieher ausreicht. Der Drittschuldner kann sich dem Herausgabeverlangen nicht dadurch entziehen, dass er den Gegenstand hinterlegt.[17] Auch § 853 ist insoweit nicht anwendbar. Der Drittschuldner muss also gegebenenfalls den hinterlegten Gegenstand zurücknehmen, um ihn dem Gerichtsvollzieher auszuhändigen.

IV. Einwendungen des Drittschuldners

Der Drittschuldner hat dem Herausgabeverlangen des Gläubigers gegenüber die Einwendungen, die er auch dem Schuldner gegenüber geltend machen könnte. So kann er etwa ein Recht zum Besitz an der Sache, ein Zurückbehaltungsrecht oder die Einrede des nicht erfüllten Vertrages geltend machen. Er kann sich ferner darauf berufen, dass der Gegenstand schon zum Zeitpunkt der Pfändung des Herausgabeanspruchs nicht mehr in seinem Besitz war.

V. Pfändung durch mehrere Gläubiger

Pfänden mehrere Gläubiger den Herausgabeanspruch, so ist der Zeitpunkt der Anspruchspfändung nicht nur für die Rangfolge der Pfandrechte am Anspruch von Bedeutung, sondern auch für die spätere Rangfolge der Pfandrechte an der Sache selbst. Obwohl diese Pfandrechte alle gleichzeitig in dem Augenblick entstehen, in dem der Gerichtsvollzieher den Besitz an der Sache erhält, entstehen sie also nicht im gleichen Rang – anders als bei der Pfändung nach § 808[18] –, sondern von vornherein im Rang gestuft.[19] Pfandrechte, die nach der Anspruchspfändung, aber vor der Inbesitznahme der Gegenstände durch den Gerichtsvollzieher an der Sache selbst begründet werden (z. B. weil der besitzende Dritte insoweit herausgabebereit war), gehen den Pfandrechten, die erst bei Besitzergreifung durch den Gerichtsvollzieher entstehen, im Rang vor.[20] Der Drittschuldner kann sich allerdings dadurch, dass er eine Pfändung unmittelbar in die Sache zugelassen hat, dem Gläubiger gegenüber schadensersatzpflichtig machen.

VI. Die Verwertung der Sachen

Hat der Gerichtsvollzieher die Gegenstände in Besitz genommen, leitet er, soweit nicht nur die Sicherungsvollstreckung oder Arrestvollziehung betrieben wird, nach den Vorschriften der §§ 814 ff. die Verwertung ein, so als ob er die Gegenstände von Anfang an beim Schuldner gepfändet gehabt hätte. Die Schätzung gem. § 813 ist vor der Versteigerung nachzuholen. Der Gerichtsvollzieher prüft selbstständig, ob die Voraussetzungen der Zwangsvollstreckung aus dem Titel noch vorliegen, wenn er die Verwertung einleitet.

---

15 *Brox/Walker*, Rn. 706; *Musielak/Becker*, § 847 Rn. 4; a. A.: *Stein/Jonas/Brehm*, § 847 Rn. 12.
16 A. A. (schon ab Pfändung): *Musielak/Becker*, § 847 Rn. 4.
17 *Stein/Jonas/Brehm*, § 847 Rn. 8; *Zöller/Stöber*, § 847 Rn. 4.
18 Siehe insoweit § 804 Rdn. 4.
19 *Brox/Walker*, Rn. 707; *Musielak/Becker*, § 847 Rn. 5; *Stein/Jonas/Münzberg*, § 847 Rn. 13; *Zöller/Stöber*, § 847 Rn. 6.
20 BGHZ 72, 334; *Musielak/Becker*, § 847 Rn. 5; *Stein/Jonas/Brehm*, § 847 Rn. 13; *Zöller/Stöber*, § 847 Rn. 6.

VII. Rechtsbehelfe

7 Gegen den Pfändungsbeschluss können der Schuldner und der Drittschuldner, soweit Verstöße gegen das Verfahrensrecht gerügt werden, Erinnerung nach §766 einlegen, so etwa, wenn die Unpfändbarkeit des herauszugebenden Gegenstandes nach §811 oder die Unpfändbarkeit des Herausgabeanspruchs selbst (§851) geltend gemacht werden sollen. Der Gläubiger, dessen Pfändungsantrag zurückgewiesen wurde, muss sofortige Beschwerde nach §11 Abs. 1 RPflG, §793 einlegen. Berühmt sich ein Dritter, an dem beim Drittschuldner befindlichen Gegenstand ein die Veräußerung hinderndes Recht zu haben, so kann er bereits ab Pfändung des Herausgabeanspruchs, also nicht erst ab Pfändung der Sache selbst, Drittwiderspruchsklage nach §771 erheben.[21] Das Rechtsschutzbedürfnis besteht schon zu diesem Zeitpunkt, da der Gegenstand selbst bereits jetzt als Zugriffsobjekt der Zwangsvollstreckung feststeht. Die Drittwiderspruchsklage wird nicht dadurch unzulässig, dass der Drittschuldner die Sache mit Zustimmung des Gläubigers an einen weiteren Vollstreckungsgläubiger herausgibt, der sie auch für den pfändenden Gläubiger verwahren soll. Denn hierdurch entfällt nicht die Möglichkeit, dass der Gegenstand auch zugunsten des Gläubigers und zulasten des betroffenen Dritten im Vollstreckungswege verwertet wird.[22]

8 Wird auf einen Rechtsbehelf hin die Zwangsvollstreckung in den Herausgabeanspruch aufgrund von Vollstreckungsverfahrensfehlern für unzulässig erklärt, und hat zu diesem Zeitpunkt der Gerichtsvollzieher den Gegenstand bereits im Besitz, so entfällt mit der Aufhebung des Pfändungsbeschlusses nicht automatisch das Pfandrecht an der Sache. Der Schuldner oder der Drittschuldner müssen in diesem Zeitpunkt vielmehr auch die Sachpfändung angreifen, wenn die Inbesitznahme durch den Gerichtsvollzieher die Voraussetzungen einer selbstständigen Pfändung erfüllt.

VIII. Gebühren des Gerichtsvollziehers

9 Für die Übernahme beweglicher Sachen zum Zwecke der Verwahrung erhält der Gerichtsvollzieher die Gebühr nach §§1, 10 GvKostG i. V. Kostenverzeichnis Nr. 206 GVKostG. Für die Verwertung erhält er dieselben Gebühren wie bei einer Verwertung nach originärer Pfändung durch den Gerichtsvollzieher (Kostenverzeichnis Nr. 300 GvKostG).

---

21 BGHZ 72, 334 mit Anm. *Olzen*, JR 1979, 283.
22 BGHZ 72, 334.

§ 847a Herausgabeanspruch auf ein Schiff

(1) Bei der Pfändung eines Anspruchs, der ein eingetragenes Schiff betrifft, ist anzuordnen, dass das Schiff an einen vom Vollstreckungsgericht zu bestellenden Treuhänder herauszugeben ist.

(2) ¹Ist der Anspruch auf Übertragung des Eigentums gerichtet, so vertritt der Treuhänder den Schuldner bei der Übertragung des Eigentums. ²Mit dem Übergang des Eigentums auf den Schuldner erlangt der Gläubiger eine Schiffshypothek für seine Forderung. ³Der Treuhänder hat die Eintragung der Schiffshypothek in das Schiffsregister zu bewilligen.

(3) Die Zwangsvollstreckung in das Schiff wird nach den für die Zwangsvollstreckung in unbewegliche Sachen geltenden Vorschriften bewirkt.

(4) Die vorstehenden Vorschriften gelten entsprechend, wenn der Anspruch ein Schiffsbauwerk betrifft, das im Schiffsbauregister eingetragen ist oder in dieses Register eingetragen werden kann.

Übersicht

	Rdn.			Rdn.
I. Reichweite der Norm	1	II.	Entsprechende Anwendung auf Luftfahrzeuge	2

Literatur:
Hornung, Das Schwimmdock in der Register- und Vollstreckungspraxis, Rpfleger 2003, 232.

I. Reichweite der Norm

Im Schiffsregister eingetragene Schiffe[1] und Belastungen solcher Schiffe werden in der Zwangsvollstreckung regelmäßig (vergl. auch §§ 830a, 837a, 870a) ähnlich wie Grundstücke und Grundstücksbelastungen behandelt. Deshalb ist auch § 847a in allen Einzelheiten dem § 848 angeglichen: Anstelle des Sequesters tritt lediglich ein Treuhänder; die Schiffshypothek (Abs. 2 Satz 2) ist immer eine Sicherungshypothek. 1

Schiffe und Schiffsbauwerke, die nicht eingetragen sind bzw. nicht eingetragen werden können (Abs. 4), werden wie bewegliche Sachen behandelt. Herausgabeansprüche, die solche Schiffe betreffen, werden demgemäß nach § 847 gepfändet.[2]

II. Entsprechende Anwendung auf Luftfahrzeuge

Für in der Luftfahrzeugrolle eingetragene Luftfahrzeuge gilt gem. § 99 LuftFzgG die Regelung des § 847a sinngemäß.[3] 2

---

1 Zum Begriff des Schiffes: *Hornung*, Rpfleger 2003, 232.
2 *Musielak/Becker*, § 847a Rn. 1.
3 *Stein/Jonas/Brehm*, § 847a Rn. 3.

§ 848 Herausgabeanspruch auf eine unbewegliche Sache

(1) Bei Pfändung eines Anspruchs, der eine unbewegliche Sache betrifft, ist anzuordnen, dass die Sache an einen auf Antrag des Gläubigers vom Amtsgericht der belegenen Sache zu bestellenden Sequester herauszugeben sei.

(2) ¹Ist der Anspruch auf Übertragung des Eigentums gerichtet, so hat die Auflassung an den Sequester als Vertreter des Schuldners zu erfolgen. ²Mit dem Übergang des Eigentums auf den Schuldner erlangt der Gläubiger eine Sicherungshypothek für seine Forderung. ³Der Sequester hat die Eintragung der Sicherungshypothek zu bewilligen.

(3) Die Zwangsvollstreckung in die herausgegebene Sache wird nach den für die Zwangsvollstreckung in unbewegliche Sachen geltenden Vorschriften bewirkt.

Übersicht	Rdn.			Rdn.
I. Bedeutung der Regelung	1		b) Im Rang nachgehende Belastungen	8
II. Die Pfändung des bloßen Herausgabeanspruchs	2		c) Verfügungen des Schuldners gegenüber Gutgläubigen	9
III. Die Pfändung des Übereignungsanspruchs, bevor eine Auflassungsanwartschaft entstanden ist (Abs. 2)	5	IV.	Die Pfändung einer Auflassungsanwartschaft	10
1. Der Erwerb der Sicherungshypothek	6	V.	Mängel der Pfändung und ihre Folgen	11
2. Der Rang der Sicherungshypothek	7	VI.	Die Zwangsvollstreckung in das Grundstück	12
a) Im Rang vorgehende Rechte	8	VII.	Rechtsbehelfe	13

Literatur:
Amann, Schutz des Zweitkäufers vor Zwangsvollstreckungsmaßnahmen gegen den Erstkäufer, DNotZ 1997, 113; *Hawelka*, Die problematische Inbesitznahme bei der Zwangsverwaltung, ZfIR 2005, 14; *Hintzen*, Pfändung und Vollstreckung im Grundbuch, 2000; *Hoche*, Verpfändung und Pfändung des Anspruchs des Grundstückskäufers, NJW 1955, 161; *ders.*, Die Pfändung des Anwartschaftsrechts aus der Auflassung, NJW 1955, 931; *Jung*, Veränderungen der Vormerkung nach Pfändung des Eigentumsverschaffungsanspruchs, Rpfleger 1997, 96; *Kesseler*, Verfahrensbedingte Risiken des Finanzierungsgläubigers des Erstehers im Zwangsversteigerungsverfahren, WM 2005, 1299; *Koch/Mayer*, Zur Pfändbarkeit des Rückerwerbsanspruchs – die Rechtsprechung des BGH und Gestaltungsmöglichkeiten, ZEV 2007, 55; *Münzberg*, Abschied von der Pfändung der Auflassungsanwartschaft, FS Schiedermair, 1976, S. 439; *Reinicke*, Das Anwartschaftsrecht des Auflassungsempfängers und die Formbedürftigkeit der Aufhebung eines Grundstückskaufvertrages, NJW 1982, 2281; *Schneider*, Zwangsvollstreckung von Beitragsforderungen gegen den werdenden Wohnungseigentümer, ZWE 2010, 341; *Singer*, Vollstreckung in Grundstücke, KKZ 2004, 123; *Stöber*, Verpfändung des Eigentumsübertragungsanspruchs und Grundbucheintragung, DNotZ 1985, 587.

I. Bedeutung der Regelung

1 Die Norm befasst sich mit zwei Fällen, nämlich mit der Pfändung des reinen Herausgabeanspruchs, der auf eine unbewegliche Sache (Grundstück, Wohnungseigentum, Erbbaurecht) gerichtet ist, sowie mit der Pfändung eines auf Herausgabe unter gleichzeitiger Eigentumsübertragung gerichteten Anspruchs. Der erstere Fall ist ohne große praktische Bedeutung, da zur Zwangsvollstreckung in das Grundstück selbst – siehe Abs. 3 – nicht erforderlich ist, dass der den Antrag auf Zwangsversteigerung oder Zwangsverwaltung stellende Gläubiger Besitzer des Grundstücks ist oder auch nur dem Schuldner den Besitz am Grundstück entzieht. Die Pfändung des reinen Herausgabeanspruchs kann allenfalls dann einmal wirtschaftlich bedeutsam sein, wenn die praktische – nicht die rechtliche – Durchführung der Zwangsvollstreckung in das Grundstück dadurch erleichtert wird, dass ein ganz bestimmter Drittschuldner nicht mehr Besitzer des Grundstücks ist,[1] oder ein ganz bestimmter Schuldner nicht wieder unmittelbarer Besitzer des Grundstücks wird. Bedeutsam ist

---
[1] So für den Fall, dass der besitzende Drittschuldner die Durchführung der Zwangsverwaltung behindert: BGHZ 96, 61.

die Vorschrift aber für den zweiten in ihr angesprochenen Fall, nämlich die Zwangsvollstreckung in einen Übereignungsanspruch. Könnte der Gläubiger auf diesen Anspruch nicht zugreifen, so wäre es dem Schuldner ein Leichtes, den Grundstückswert schon vor Eigentumserlangung wirtschaftlich völlig auszuhöhlen und den Gläubiger leer ausgehen zu lassen.

II. Die Pfändung des bloßen Herausgabeanspruchs

Die Pfändung des bloßen Herausgabeanspruchs erfolgt durch Pfändungsbeschluss des Vollstreckungsgerichts (§ 828) nach § 829, wobei der Beschluss über den Pfändungsausspruch, das Arrestatorium und das Inhibitorium hinaus zusätzlich anzuordnen hat (**Abs. 1**), dass das Grundstück an einen auf **Antrag** des Gläubigers vom Amtsgericht der belegenen Sache zu bestellenden Sequester herauszugeben sei. Ist das Vollstreckungsgericht zufällig auch das Gericht der belegenen Sache, so kann die Sequesterbestellung bereits im Pfändungsbeschluss selbst erfolgen.

Dem Antrag des Gläubigers an das Amtsgericht auf Sequesterbestellung ist der Pfändungsbeschluss beizufügen. Er wird dem Gericht nicht unmittelbar vom Vollstreckungsgericht übermittelt. Der Gläubiger kann dem Gericht Vorschläge hinsichtlich der Person des zu bestellenden Sequesters machen, muss dies aber nicht tun. Denn das Gericht (dort: der Rechtspfleger; § 20 Nr. 17 RPflG) ist an diese Vorschläge nicht gebunden.[2] Zum Sequester können sowohl natürliche wie juristische Personen bestellt werden, aber auch Handels- und BGB-Gesellschaften.[3] Da der zum Sequester Berufene das Amt nicht annehmen muss – ohne für die Weigerung Gründe angeben zu müssen –, empfiehlt es sich, schon vorher das Einverständnis des zu Bestellenden einzuholen. Von der Bestellung des Gerichtsvollziehers zum Sequester sollte regelmäßig abgesehen werden, da dieser hinreichend andere (originäre) Aufgaben in der Zwangsvollstreckung hat.[4] Auf Antrag erhält der Sequester eine Vergütung, die von dem Gericht, das den Sequester bestellt hat, festzusetzen ist.[5] Die Höhe der Vergütung bestimmt sich in Anlehnung an § 19 ZwVwV nach dem Zeitaufwand.[6] Die Vergütung ist vom Gläubiger vorzuschießen – nur er haftet dem Sequester insoweit[7] –, der sie vom Schuldner im Rahmen des § 788 erstattet verlangen kann. Der Antrag des Sequesters auf Festsetzung einer Vergütung ist unzulässig, wenn der Sequester für seine Tätigkeit vom Gläubiger bereits privat entlohnt wurde.[8]

Mit Wirksamkeit der Pfändung (§ 829 Abs. 3) des Herausgabeanspruchs entsteht an diesem Anspruch ein Pfändungspfandrecht. Weder das Pfändungspfandrecht noch die mit der Pfändung verbundene Herausgabeanordnung ermächtigen den Gläubiger unmittelbar, gegen den Drittschuldner, der die Herausgabe an den Sequester verweigert, zwangsweise vorzugehen. Der Gläubiger – oder auch der Schuldner – muss den Herausgabeanspruch notfalls einklagen und dann nach § 885 mit der Maßgabe vollstrecken, dass die Herausgabe an den Sequester erfolgt.[9] Der Sequester selbst ist nicht zur Herausgabeklage befugt.[10] Ist der Sequester im Besitz des Grundstücks, ist die Zwangsvollstreckung nach § 848 Abs. 1 beendet. Anders als in dem in Abs. 2 geregelten Fall erwirbt der Gläubiger also keine weitere Sicherheit an dem Grundstück.[11]

---

2 *Musielak/Becker*, § 848 Rn. 2; PG/*Ahrens*, § 848 Rn. 7.
3 *Musielak/Becker*, § 848 Rn. 2; *Stein/Jonas/Brehm*, § 848 Rn. 2 Fußn. 4.
4 Zur vergleichbaren Problematik bei § 938 siehe dort Rdn. 20, 22.
5 Wie hier: BGH, NJW-RR 2005, 1283; OLG Celle, Rpfleger 1969, 216; *Musielak/Becker*, § 848 Rn. 2; *Wieczorek/Lüke*, § 848 Rn. 11; **a.A.** (Vollstreckungsgericht sei zuständig): LG München I, Rpfleger 1951, 320.
6 BGH, NJW-RR 2005, 1283.
7 PG/*Ahrens*, § 848 Rn. 20.
8 OLG Frankfurt, JurBüro 1970, 103.
9 *Musielak/Becker*, § 848 Rn. 3; *Wieczorek/Lüke*, § 848 Rn. 7.
10 *Stein/Jonas/Brehm*, § 848 Rn. 3 Fußn. 8.
11 *Musielak/Becker*, § 848 Rn. 3; *Wieczorek/Lüke*, § 848 Rn. 7.

III. Die Pfändung des Übereignungsanspruchs, bevor eine Auflassungsanwartschaft entstanden ist (Abs. 2)

5 Hier muss der Pfändungsbeschluss neben der Anordnung nach Abs. 1 die weitere Anordnung enthalten, dass die Auflassung des Grundstücks an den Schuldner zu Händen des zu bestellenden Sequesters zu erfolgen habe. Der Sequester, dem gegenüber die Auflassung an den Schuldner erklärt wurde, ist dann seinerseits befugt, die Annahmeerklärung des Schuldners in der nach § 29 GBO erforderlichen Form abzugeben[12] und den Antrag auf Eintragung des Schuldners ins Grundbuch beim Grundbuchamt zu stellen. Durch die Pfändung des Auflassungsanspruchs wird der Schuldner nicht von seinen Verpflichtungen gegenüber dem Drittschuldner, aber auch nicht von seinen sonstigen Verpflichtungen, die sich aus seiner Position als Gläubiger des Auflassungsanspruchs (z. B. als Mitglied einer werdenden Wohnungseigentümergemeinschaft) ergeben, befreit[13].

Erklärt der Drittschuldner nicht freiwillig die Auflassung an den Sequester als Vertreter des Schuldners, so muss der Gläubiger ihn auf Abgabe dieser Erklärung verklagen. Die Klagebefugnis folgt nicht erst aus der Überweisung des Anspruchs zur Einziehung, sondern schon aus der Anordnung im Pfändungsbeschluss.[14] Die Vollstreckung des obsiegenden Urteils erfolgt nach § 894.[15]

1. Der Erwerb der Sicherungshypothek

6 Mit der Eintragung des Schuldners als Eigentümer des Grundstücks im Grundbuch erwirbt der Gläubiger eine **Sicherungshypothek** am Grundstück (**Abs. 2 Satz 2**). Die vom Sequester durch Bewilligung der Berichtigung des Grundbuchs zu veranlassende Eintragung dieser Hypothek (**Abs. 2 Satz 3**) hat für deren Entstehung keine konstitutive Wirkung, sondern nur die Funktion der Grundbuchberichtigung.[16] Die Berichtigung des Grundbuchs kann auch auf Antrag des Pfändungsgläubigers als Begünstigtem i. S. von § 13 Abs. 2 GBO erfolgen, wenn er dem Grundbuch gegenüber den Nachweis der Unrichtigkeit führt.[17] Wird die Eintragung unterlassen, besteht allerdings die Gefahr des gutgläubigen lastenfreien Erwerbs durch Dritte (§ 892 BGB). Die Sicherungshypothek nach Abs. 2 Satz 2 ist nicht mit der Zwangshypothek gem. § 867 zu verwechseln[18]. Für sie gilt insbesondere § 866 Abs. 3 nicht.[19] Sie kann also auch für Forderungen unter 750,- Euro eingetragen werden. Gesichert werden der titulierte Anspruch nebst Zinsen und Kosten.

2. Der Rang der Sicherungshypothek

7 Hinsichtlich des Ranges dieser Sicherungshypothek im Hinblick auf andere Belastungen des Grundstücks, die vor ihrer Eintragung bewilligt oder gar eingetragen wurden, ist zu unterscheiden:

a) Im Rang vorgehende Rechte

Belastungen des Grundstücks, die vor dem Eigentumserwerb des Schuldners vorhanden waren und vom Schuldner mit übernommen wurden, gehen im Rang natürlich vor. Das Gleiche gilt aber

---

12 OLG Celle, DGVZ 1979, 308.
13 So bleibt er weiterhin der werdenden Gemeinschaft gegenüber zur Zahlung des Hausgeldes verpflichtet: LG Leipzig, ZMR 2009, 155.
14 PG/*Ahrens*, § 848 Rn. 10; *Stein/Jonas/Brehm*, § 848 Rn. 5.
15 *Wieczorek/Lüke*, § 848 Rn. 13.
16 BayObLG, NJW-RR 1992, 1369; OLG Jena, DNotZ 2007, 158; OLG Naumburg, NJOZ 2014, 726; LG Stuttgart, NJOZ 2005, 83; *Baumbach/Lauterbach/Hartmann*, § 848 Rn. 7; *Thomas/Putzo/Seiler*, § 848 Rn. 6; *Wieczorek/Lüke*, § 848 Rn. 17.
17 Zu den Voraussetzungen dieses Nachweises: OLG Naumburg, NJOZ 2014, 726.
18 *Fischinger*, WM 2009, 637.
19 Ganz überwiegende Meinung; beispielhaft: LG Stuttgart, NJOZ 2005, 83; *Baumbach/Lauterbach/Hartmann*, § 848 Rn. 7; *Stein/Jonas/Brehm*, § 848 Rn. 1; *Wieczorek/Lüke*, § 848 Rn. 18; a. A.: BayObLG, HRR 1932 Nr. 1389.

für Belastungen, die der Schuldner im Zusammenhang mit dem Grundstückserwerb vereinbart und bewilligt, wenn auch ihre Eintragung erst in der Folge der Eintragung des Schuldners als Grundstückseigentümer erfolgen kann (Restkaufgeldhypothek;[20] Dienstbarkeit zugunsten eines beim bisherigen Eigentümer verbleibenden Grundstücksteils;[21] usw.). Da das Grundbuchamt diesen materiellrechtlichen Vorrang – das Eigentum ist von vornherein durch die Belastung beschränkt –[22] nicht von Amts wegen berücksichtigen kann, wenn der Sequester seinen Eintragungsantrag früher gestellt hat, muss der Sequester den Vorrang notfalls bewilligen. Tut er das nicht, müssen die vorrangig Berechtigten die Eintragung eines Widerspruchs betreiben – kein Amtswiderspruch[23].

b) Im Rang nachgehende Belastungen

Belastungen des Grundstücks, die der Schuldner vor oder nach Pfändung seines Eigentumsübertragungsanspruchs, aber vor seiner Eintragung im Grundbuch ohne unmittelbaren Zusammenhang mit dem Grundstückserwerbsvertrag bereits bewilligt hatte, gehen im Rang der Sicherungshypothek nach § 848 Abs. 2 Satz 2 nach. Denn es handelt sich insoweit um Verfügungen eines Nichtberechtigten, die erst nach der Eintragung des Schuldners im Grundbuch wirksam werden können. Mit der Eintragung des Schuldners im Grundbuch entsteht aber bereits zeitgleich die Hypothek nach Abs. 2 Satz 2.[24]

8

c) Verfügungen des Schuldners gegenüber Gutgläubigen

Belastungen des Grundstücks im Wege der Zwangsvollstreckung, deren Eintragung nach der Eintragung des Schuldners im Grundbuch als Eigentümer, aber vor Antragstellung auf Eintragung der Sicherungshypothek beantragt wird, gehen der Sicherungshypothek im Rang nach, da ein gutgläubiger Erwerb des Vorrangs im Wege der Zwangsvollstreckung nicht möglich ist. Dagegen kann der Schuldner gegenüber Gutgläubigen über den Vorrang so lange wirksam rechtsgeschäftlich verfügen, bis die Sicherungshypothek eingetragen ist. Es gehört deshalb zu den Amtspflichten des Sequesters, den Antrag auf Eintragung der Sicherungshypothek frühest möglich[25] zu stellen.

9

IV. Die Pfändung einer Auflassungsanwartschaft

Ist die Auflassung vom Verkäufer dem Schuldner gegenüber bereits erklärt, diesem auch bereits eine formgerechte Eintragungsbewilligung ausgehändigt worden (§ 873 Abs. 2 BGB), und hat der Schuldner darüber hinaus auch bereits beim Grundbuchamt Eintragungsantrag gestellt bzw. ist stattdessen zu seinen Gunsten eine Vormerkung eingetragen oder von ihm zur Eintragung beantragt, so ist zugunsten des Schuldners bereits eine **Anwartschaft** auf den Eigentumserwerb entstanden.[26] Auf sie passen die Regelungen des § 848 Abs. 2 Satz 1 und Satz 3 nicht mehr, da der Verkäufer, also der Drittschuldner, bereits alles seinerseits zur Erfüllung der Übereignungsverpflichtung

10

---

20 BGH, NJW 2012, 2654, 2655; LG Frankenthal, Rpfleger 1985, 231; *Böttcher*, Rpfleger 1988, 253; *Baumbach/Lauterbach/Hartmann*, § 848 Rn. 8; *Stein/Jonas/Brehm*, § 848 Rn. 9; *Thomas/Putzo/Seiler*, § 848 Rn. 6.
21 BayObLG, Rpfleger 1972, 182.
22 Das kann nur für Rechte, die dem bisherigen Eigentümer oder vom bisherigen Eigentümer für Dritte bewilligt werden, gelten, nicht für Rechte, die der Grundstückskäufer außerhalb des Kaufvertrages (wenn auch wirtschaftlich zu dessen Finanzierung) bewilligt; denn Letztere beschränken nicht von vornherein das zu übertragende Eigentum; wie hier: LG Fulda, Rpfleger 1988, 252 mit abl. Anm. *Böttcher*, Rpfleger 1988, 253 und Anm. *Kerbusch*, Rpfleger 1988, 475; *Baumbach/Lauterbach/Hartmann*, § 848 Rn. 8.
23 A.A.: LG Frankenthal, Rpfleger 1985, 231 mit abl. Anm. *Lehmann*, BWNotZ 1986, 38.
24 LG Fulda, Rpfleger 1988, 252.
25 Zur Behandlung des Antrages, wenn er eingeht, bevor der Schuldner als Eigentümer im Grundbuch eingetragen ist: LG Düsseldorf, Rpfleger 1985, 305 mit Anm. *Münzberg*.
26 BGHZ 45, 186; 49, 197; 83, 395; 89, 41; BGH, DNotZ 1976, 96; BGH, NJW 1989, 1093; OLG Hamm, FGPrax 2008, 9; OLG Jena, DNotZ 1997, 158; LG Essen, NJW 1955, 1041; LG Wuppertal, NJW 1963, 1255.

Notwendige getan hat, ein Arrestatorium ihm gegenüber also leerläuft[27]. Das Anwartschaftsrecht ist deshalb nach § 857 Abs. 2 durch Zustellung eines Pfändungsbeschlusses allein an den Schuldner zu pfänden.[28] Wird der Schuldner als Eigentümer im Grundbuch eingetragen, erwirbt der Gläubiger gem. §§ 857 Abs. 1, 848 Abs. 2 Satz 2 sogleich eine **Sicherungshypothek** an dem Grundstück.[29] Hinsichtlich des Ranges dieser Sicherungshypothek gilt das oben Gesagte[30] entsprechend. Da das Anwartschaftsrecht jedenfalls dann, wenn keine Vormerkung bestellt war, durch eine Zurückweisung des Eintragungsantrages des Schuldners – er zahlt z. B. die Gebühren nicht – gefährdet werden kann,[31] empfiehlt es sich aus Gründen der äußersten Vorsicht, in Fällen dieser Art neben der Anwartschaft **zusätzlich** den Übereignungsanspruch nach § 848 Abs. 2 Satz 1 zu pfänden.[32] Er ist nämlich durch die Pfändung der Anwartschaft nicht bereits zugleich gepfändet[33]. Für die hier empfohlene »Doppelpfändung« fehlt nicht deshalb das Rechtsschutzbedürfnis, weil der Gläubiger mit der Pfändung der Anwartschaft das Recht erwirbt, auch seinerseits – ohne dass es der Einschaltung eines Sequesters bedürfte – die Eintragung des Schuldners als Eigentümer im Grundbuch zu beantragen.[34] Geht sein Antrag erst ein, wenn der Antrag des Schuldners schon zurückgewiesen ist, könnte er das ursprüngliche Anwartschaftsrecht nicht mehr wieder aufleben lassen. Sein Pfandrecht wäre dann mit dem Anwartschaftsrecht erloschen.

Mit der Pfändung der Auflassungsanwartschaft geht die Stellung des Schuldners als werdender Eigentümer nicht verloren, er kann nur ohne Mitwirkung des Gläubigers nicht mehr über sie verfügen. Der werdende Wohnungseigentümer bleibt deshalb auch nach der Pfändung der Anwartschaft verpflichtet, Wohngeld zu zahlen[35].

V. Mängel der Pfändung und ihre Folgen

11 Die nur anfechtbare Pfändung ist nach den allgemeinen Regeln wirksam – und damit Grundlage für die Sicherungshypothek –, bis sie erfolgreich angefochten ist. Ist die Pfändung aber unwirksam oder erfolgreich angefochten, so ist die Sicherungshypothek für den Gläubiger von Anfang an trotz Eintragung nicht entstanden. Sie kann sich daher bei Aufhebung der Pfändung auch nicht in eine Eigentümergrundschuld umwandeln. Die Sequesterbestellung bleibt bei unwirksamer oder erfolgreich angefochtener Pfändung zunächst wirksam, ist aber nun ihrerseits anfechtbar. Die dem anfechtbar bestellten Sequester gegenüber abgegebenen Erklärungen bleiben wirksam, sodass der aufgrund derartiger Erklärungen als Eigentümer eingetragene Schuldner Eigentümer bleibt, wenn die Sequesterbestellung später aufgehoben wird.[36]

VI. Die Zwangsvollstreckung in das Grundstück

12 Ist der Schuldner als Eigentümer und für den Gläubiger eine Sicherungshypothek eingetragen, ist die Zwangsvollstreckung nach § 848 beendet. Sie führt also nie zur Befriedigung der titulierten Geldforderung des Gläubigers. Will dieser auf das Grundstück, das über den Weg nach Abs. 2

---

27 Aber auch zu diesem Zeitpunkt ist daneben noch die Pfändung des schuldrechtlichen Eigentumsverschaffungsanspruchs nach §§ 846, 848, 829 möglich: OLG München, Rpfleger 2010, 365, 366.
28 BGHZ 49, 204; BGH, Rpfleger 1975, 432; OLG Düsseldorf, Rpfleger 1981, 199; OLG München, Rpfleger 2010, 365, 366; *Münzberg*, Rpfleger 1985, 306 m. w. Nachw.
29 OLG Jena, DNotZ 1997, 158.
30 Oben Rdn. 7–9; siehe auch: LG Düsseldorf, Rpfleger 1985, 305 mit Anm. *Münzberg*.
31 BGH, WM 1975, 255.
32 Ausführlich: BayObLG, ZfIR 1997, 40; OLG Hamm, DNotZ 2008, 293; *Münzberg*, FS Schiedermair, 1976, S. 444; Reinicke/Tiedtke, NJW 1982, 2284; Stein/Jonas/Brehm, § 848 Rn. 6; Wieczorek/Lüke, § 848 Rn. 15; **a. A.** (nur § 857 ZPO): Hoche, NJW 1955, 931.
33 OLG Hamm, DNotZ 2008, 293; OLG München, Rpfleger 2010, 365, 366.
34 *Kerbusch*, Rpfleger 1988, 477.
35 AG Leipzig, ZMR 2009, 155.
36 *Stein/Jonas/Brehm*, § 848 Rn. 8.

Eigentum des Schuldners geworden ist, selbst zugreifen, muss er einen neuen Vollstreckungsantrag, nunmehr nach den Regeln des ZVG, stellen (**Abs. 3**). Er kann, wenn er den Rang der nach Abs. 2 Satz 2 erworbenen Sicherungshypothek nutzen will, gem. § 867 Abs. 3 aus seinem Titel, auf dem die Eintragung der Sicherungshypothek vermerkt ist, Antrag auf Zwangsverwaltung oder Zwangsversteigerung stellen.[37]

VII. Rechtsbehelfe

Es ist zu unterscheiden: Hinsichtlich des Pfändungsbeschlusses des Vollstreckungsgerichts und der Sequesterbestellung gilt das zu § 847 Dargestellte:[38] § 766 für den Schuldner und den Drittschuldner, § 11 Abs. 1 RPflG, § 793 für den Gläubiger bei erfolglosem Antrag. Soll aber das Verhalten des Grundbuchamtes angegriffen werden, verdrängt § 71 GBO als speziellerer Rechtsbehelf die Rechtsbehelfe des Vollstreckungsrechts.

---

37 LG Stuttgart, NJOZ 2005, 83.
38 § 847 Rdn. 7.

§ 849 Keine Überweisung an Zahlungs statt

Eine Überweisung der im § 846 bezeichneten Ansprüche an Zahlungs Statt ist unzulässig.

Zweck der Norm:

1 Im Rahmen der Zwangsvollstreckung nach §§ 846 ff. ist die Überweisung insgesamt von untergeordneter Bedeutung.[1] Die Überweisung an Zahlungs Statt ist deshalb unzulässig, da die in § 846 angesprochenen Ansprüche nie einen Nennwert i. S. des § 835 Abs. 1 haben können. Zudem kann die Vollstreckung nach §§ 846 ff. gar nicht zur Befriedigung des Gläubigers durch Erfüllung des titulierten Anspruchs führen, sondern immer nur diese Befriedigung durch eine nachfolgende weitere Vollstreckung vorbereiten.

---

1 Siehe insbesondere § 847 Rdn. 3.

§ 850 Pfändungsschutz für Arbeitseinkommen

(1) Arbeitseinkommen, das in Geld zahlbar ist, kann nur nach Maßgabe der §§ 850a bis 850i gepfändet werden.

(2) Arbeitseinkommen im Sinne dieser Vorschrift sind die Dienst- und Versorgungsbezüge der Beamten, Arbeits- und Dienstlöhne, Ruhegelder und ähnliche nach dem einstweiligen oder dauernden Ausscheiden aus dem Dienst- oder Arbeitsverhältnis gewährte fortlaufende Einkünfte, ferner Hinterbliebenenbezüge sowie sonstige Vergütungen für Dienstleistungen aller Art, die die Erwerbstätigkeit des Schuldners vollständig oder zu einem wesentlichen Teil in Anspruch nehmen.

(3) Arbeitseinkommen sind auch die folgenden Bezüge, soweit sie in Geld zahlbar sind:
a) Bezüge, die ein Arbeitnehmer zum Ausgleich für Wettbewerbsbeschränkungen für die Zeit nach Beendigung seines Dienstverhältnisses beanspruchen kann;
b) Renten, die auf Grund von Versicherungsverträgen gewährt werden, wenn diese Verträge zur Versorgung des Versicherungsnehmers oder seiner unterhaltsberechtigten Angehörigen eingegangen sind.

(4) Die Pfändung des in Geld zahlbaren Arbeitseinkommens erfasst alle Vergütungen, die dem Schuldner aus der Arbeits- oder Dienstleistung zustehen, ohne Rücksicht auf ihre Benennung oder Berechnungsart.

Übersicht

	Rdn.
I. Übersicht über die Pfändung und Verwertung von Arbeitseinkommen	1
II. Rechtsgrund des Pfändungsschutzes nach §§ 850 ff.	3
III. Rechtsnatur der Pfändungsschutzvorschriften	5
IV. Folgen einer Missachtung der Pfändungsschutzvorschriften, Rechtsschutz	7
V. Begriff des Arbeitseinkommens i. S. der Pfändungsschutzvorschriften (Abs. 2)	9
1. Allgemeines	9
2. Einzelheiten (Abs. 2)	10
a) Dienst- und Versorgungsbezüge der Beamten	10
b) Arbeits- und Dienstlöhne	11
c) Ruhegelder und ähnliche nach dem einstweiligen oder dauernden Ausscheiden aus dem Dienst- oder Arbeitsverhältnis gewährte fortlaufende Einkünfte	12
d) Hinterbliebenenbezüge	13
e) Sonstige Vergütungen für Dienstleistungen aller Art, die die Erwerbstätigkeit des Schuldners vollständig oder zu einem wesentlichen Teil in Anspruch nehmen	14
VI. Dem Arbeitseinkommen gleichgestellte Bezüge (Abs. 3)	15
1. Karenzentschädigungen (Buchst. a)	15
2. Versicherungsrenten (Buchst. b)	16
VII. Umfang der Pfändung (Abs. 4)	17
VIII. Entsprechende Anwendung der §§ 850 ff. auf die Pfändung von Sozialleistungsansprüchen	18
IX. Entsprechende Anwendung der §§ 850 ff. im Insolvenzverfahren	19
X. ArbGG, VwGO, AO	20

Literatur:
Siehe zunächst die Literaturangaben zu § 829 ZPO. Ferner: *Adam/Lermer/v. Zwehl*, Pfändungsschutz für Arbeitseinkommen, 15. Aufl. 1996; *Ahrens*, Zwangsvollstreckung in die Einkünfte Selbständiger, NJW-Spezial 2011, 341; *Andresen*, Die Lohnpfändung in Stichworten, 1960; *Arnold*, Der neue Pfändungsschutz für Arbeitseinkommen und für Gehaltskonten, BB 1978, 1314; *Bauer*, Vereitelung der Lohnpfändung durch eine vorherige Lohnabtretung für Miete, JurBüro 1962, 310; ders., Die Zwangsvollstreckung gegen Soldaten der Bundeswehr, JurBüro 1964, 15; ders., Ungenutzte Rechte des Gläubigers in der Lohnpfändung, JurBüro 1966, 179; *Behr*, Pfändung von Inhaftiertengeldern, JurBüro 1996, 514; *Bengelsdorf*, Auswirkungen der Lohnpfändung auf Arbeitsverhältnis und Arbeitseinkommen, AuR 1995, 349; ders., Einflüsse der Lohnpfändung auf das Arbeitsverhältnis, AuA 1996, 375; *Bernhardi*, Die Abtretung des Anspruchs auf Arbeitsentgelt und das Verbraucherinsolvenzverfahren, 2014; *Bigge/Rath*, Die Behandlung von Pfändung/Abtretung/Auf- und Verrechnung bei Sozialversicherungsträgern, 3. Aufl. 2011; *Bischoff-Rochlitz*, Die Lohnpfändung, Kommentar, 1965; *Blomeyer*, Die Rechtsbehelfe von Arbeitnehmer und Arbeitgeber im

§ 850 ZPO Pfändungsschutz für Arbeitseinkommen

Fall der Arbeitslohnpfändung, RdA 1974, 1; *Börker*, Sicherungsabtretung und Pfändung derselben Lohnforderung zugunsten verschiedener Gläubiger, NJW 1970, 1104; *Boewer*, Die Lohnpfändung in der betrieblichen Praxis, 1972; *Bohn-Berner*, Pfändbare und unpfändbare Forderungen und andere Vermögensrechte, 3. Aufl. 1972; *Brehm*, Zur Reformbedürftigkeit des Lohnpfändungsrechts, Festschrift f. Henckel, 1995, 41; *Burkhardt*, Schwierigkeiten bei der Lohnpfändung, JurBüro 1957, 321; *Burness*, Die Pfändbarkeit des Wehrsoldes, MDR 1962, 14; *Christmann*, Der Rechtsschutz bei der Pfändung des Arbeitseinkommens, Rpfleger 1988, 458; *Denck*, Die Aufrechnung des Arbeitgebers gegen die Titelforderung bei Lohnpfändungen wegen Unterhalts, RdA 1977, 140; *ders.*, Die nicht ausgeschöpfte Lohnabtretung, DB 1980, 1396; *Ehlers*, Der Insolvenzschuldner und seine Familie, ZInsO 2013, 1386; *Erkelenz/Leopold/Marhöfer*, Zwangsvollstreckung bis in die Sozialhilfebedürftigkeit?, ZRP 2007, 48; *Frisinger*, Privilegierte Forderungen in der Zwangsvollstreckung und bei der Aufrechnung, Diss. Hamburg 1967; *Geißler*, Ordnungspunkte zur Praxis der Zwangsvollstreckung in Geldforderungen, JurBüro 1986, 961; *von Glasow*, Zum Pfändungsschutz des kassenärztlichen Honorars, Rpfleger 1987, 289; *Göttlich*, Pfändung von Provisionsansprüchen, JurBüro 1959, 337; *Grunau*, Der Gläubiger und Drittschuldner im heutigen Lohnpfändungsrecht, JurBüro 1961, 267; *ders.*, Pfändbarkeit des Einkommens des Soldaten, JurBüro 1961, 569; *Grunsky*, Probleme des Pfändungsschutzes bei mehreren Arbeitseinkommen des Schuldners, ZIP 1983, 908; *Gutzmann*, Die Erstattung der Kosten des Arbeitgebers als Drittschuldner bei Lohnpfändungen, BB 1976, 700; *Helwich*, Pfändung des Arbeitseinkommens und Verbraucherinsolvenz, 7. Aufl. 2014; *Herzig*, Können die Bezüge eines deutschen Angestellten bei der Botschaft eines auswärtigen Staates in der Bundesrepublik gepfändet werden?, JurBüro 1964, 777; *Hohn*, Abfindungen anläßlich der Beendigung des Arbeitsverhältnisses, BB 1963, 1100; *ders.*, Pfändung, Aufrechnung und Abtretung bei Urlaubsansprüchen, BB 1965, 751; *ders.*, Pfändung von Urlaubsgeld und Gratifikation, BB 1966, 1272; *Hornung*, Fünftes Gesetz zur Änderung der Pfändungsfreigrenzen, Rpfleger 1984, 125; *Kenter*, Zur Pfändbarkeit von Geldforderungen Strafgefangener, Rpfleger 1991, 488; *Kohls*, Bezüge aus der Wahrnehmung von Mitgliedschaften in kommunalen Vertretungskörperschaften und ihre Behandlung in der Zwangsvollstreckung, NVwZ 1984, 294; *T. Lange*, Lebensversicherung und Insolvenz, ZVI 2012, 403; *Lemke*, Sind Leistungen des Arbeitgebers für betriebliche Versorgungseinrichtungen Arbeitslohn?, BB 1957, 512; *Lippross*, Grundlagen und System des Vollstreckungsschutzes, 1983; *Mayer*, Neuerungen im Lohnpfändungsverfahren, BB 1977, 655; *Mayer-Maly*, Die Berücksichtigung von Sozialleistungen bei der Berechnung des pfändbaren Arbeitseinkommens, DB 1965, 706; *Meller-Hanich*, Verfügbarkeit von Forderungen und Gläubigerzugriff, KTS 2000, 37; *Mohrbutter*, Rechtsfragen zum Zusammentreffen von Lohnabtretung und Lohnpfändung, JurBüro 1956, 78; *Menzel*, Vollstreckungsschutz zugunsten privater Altersvorsorge – Eine rechtsvergleichende Untersuchung zum deutschen und schweizerischen Recht, 2011; *Niesert*, Grenzen der Anfechtung von Arbeitslohn, NZI 2014, 252; *Nuppeney*, Nochmals: Die Pfändung von Wehrsold, Rpfleger 1962, 199; *Peters*, Zur Pfändbarkeit des Urlaubsentgelts, DB 1966, 1133; *Pohlmann*, Die Zwangsvollstreckung in das Arbeitseinkommen von Servierkellnern und inkassobevollmächtigten Handelsvertretern, JurBüro 1957, 97; *Ponath*, Vermögensschutz durch Lebensversicherungen, ZEV 2006, 242; *Quardt*, Lohnpfändung bei mehreren Arbeitseinkommen, BB 1957, 619; *ders.*, Lohnpfändung und Unterbrechung des Arbeitsverhältnisses, JurBüro 1958, 146; *ders.*, Wer hat die dem Drittschuldner durch die Lohnpfändung entstandenen Kosten zu tragen, JurBüro 1959, 230; *ders.*, Die Lohnabtretung in der Zwangsvollstreckung, JurBüro 1963, 425; *Rauscher*, Die Pfändbarkeit von Urlaubsvergütung und Urlaubsabgeltung, MDR 1963, 11; *Rewolle*, Zum Begriff des Arbeitseinkommens im Bereich der Lohnpfändung, DB 1962, 936; *ders.*, Abreden zwischen Schuldner, Drittschuldner und Gläubiger über den pfändbaren Teil des Arbeitseinkommens des Schuldners, BB 1967, 338; *Rochlitz*, Die Berücksichtigung von Renten bei der Lohnpfändung, BB 1958, 1098; *Roellecke*, Pfändung von Handelsvertreterprovisionen, BB 1957, 1158; *Rössler*, Vorausverfügungen über das Arbeitsentgelt und ihre Einwirkung auf die Berechnung des pfändbaren Arbeitseinkommens, Diss. Erlangen 1950; *Rohr*, Pfändung von Wehrsold und Entlassungsgeld, JurBüro 1963, 387; *Rüschen/Walter*, Wie können Lohnpfändungs- und Lohnabtretungskosten gesenkt werden?, BB 1961, Beilage zu Heft 10; *Schmidt*, Erfasst die Pfändung des Wehrsoldes auch das Entlassungsgeld?, JurBüro 1965, 887; *Schneider*, Erfasst die Lohnpfändung auch vergleichsweise Zahlungen anläßlich eines Rechtsstreits zwischen Arbeitnehmer und Arbeitgeber (Schuldner und Drittschuldner)?, JurBüro 1965, 448; *Schoele*, Die Lohnpfändung, 5. Aufl. 1992; *Schroeder*, Die Auswirkungen von Lohn- und Gehaltsvorschüssen auf die Gehaltspfändung, JurBüro 1955, 41; *Schweer*, Die Pfändbarkeit von Urlaubsvergütung und Urlaubsabgeltung, BB 1961, 680; *Sibben*, Die Zulässigkeit der Pfändung von Prämien, DGVZ 1988, 4; *Sikinger*, Genießt der Anspruch auf Erfindervergütung den Lohnpfändungsschutz der §§ 850ff. ZPO, GRUR 1985, 785; *Stehle*, Nochmals: Ist Wehrsold wirklich pfändbar?, NJW 1962, 854; *ders.*, Pfändbarkeit des Urlaubsentgelts, DB 1964, 334; *ders.*, Betriebsnahe Lohnpfändungen, DB 1965, 1138; *Süße*, Die Drittschuldnerklage bei der Lohnpfändung, BB 1970, 671; *Timm*, Der Gesellschafter-Geschäftsführer im Pfändungs- und Insolvenzrecht, ZIP 1981, 10; *Treffer*, Pfändung von Provisionsansprüchen, MDR 1998, 384; *Wagner*, Umstellungen im Lohnpfändungsrecht in den neuen Bundesländern, NJ 1991, 167; *Walter*, Kommentar zum Lohnpfändungsrecht, 3. Aufl. 1972; *Weber*, Unpfändbarkeit der Urlaubsvergütung?, BB 1961, 608; *ders.*, Keine Lohnpfändung nach billigem Ermessen!, NJW 1965, 1699.

I. Übersicht über die Pfändung und Verwertung von Arbeitseinkommen

Arbeitseinkommen, das in Geld zahlbar[1] ist, wird nach den allgemeinen Regeln des § 829 gepfändet.[2] Es gelten insbesondere der Bestimmtheitsgrundsatz für den Vollstreckungsantrag und den ihm folgenden Pfändungsausspruch[3], die allgemeinen Regeln hinsichtlich des Wirksamwerdens der Pfändung[4] und der Wirkungen einer solchen Pfändung.[5] Für den Pfändungsumfang sind die Sonderregelungen der §§ 832[6], 833 sowie § 850 Abs. 4 zu beachten. Die Pfändung von Arbeitseinkommen erfolgt durch das Vollstreckungsgericht (funktionelle Zuständigkeit des Rechtspflegers gem. § 20 Abs. 1 Nrn. 16, 17 RPflG) i. S. § 828. Das ist immer das Amtsgericht, nicht etwa das Arbeitsgericht[7] oder (bei öffentlich-rechtlichen Bezügen) das Verwaltungsgericht. Das gepfändete Arbeitseinkommen wird nach § 835 durch Überweisung der Forderung an den Gläubiger nach den allgemeinen Grundsätzen verwertet, wie sie für alle Geldforderungen gelten.[8] Der Schuldner hat dem Gläubiger nach § 836 Abs. 3 Satz 1 außer der laufenden Lohn- und Gehaltsabrechnung regelmäßig auch die letzten drei Abrechnungen aus der Zeit vor Zustellung des Pfändungs- und Überweisungsbeschlusses an den Gläubiger herauszugeben.[9] Der Einziehungsprozess[10] wird vor dem Gericht geführt, das auch für die Klage des Schuldners gegen seinen Arbeitgeber oder Dienstherrn zuständig wäre, gegebenenfalls also das Arbeitsgericht oder das Verwaltungsgericht.

Die in den §§ 828 ff. enthaltenen Bestimmungen über das Verfahren bei der Pfändung von Geldforderungen werden in den §§ 850 ff. ergänzt durch Vorschriften über den Pfändungsschutz aus sozialen Gründen. Soweit darin (§§ 850b Abs. 2, 850f Abs. 2) Ausnahmen von der grundsätzlichen Unpfändbarkeit des Arbeitseinkommens zugelassen werden, enthalten sie in Ergänzung zu § 829 auch Regeln über das dann zu beachtende Verfahren (zusätzliches Antragserfordernis, zusätzliche Darlegungslasten für den Gläubiger[11], Pflicht zur Anhörung des Schuldners vor der Pfändung).

II. Rechtsgrund des Pfändungsschutzes nach §§ 850 ff.[12]

Das Befriedigungsrecht des Gläubigers ist durch Art. 14 Abs. 1 GG geschützt; der Eigentumsbegriff erfasst auch schuldrechtliche Forderungen.[13] Der Staat, der das Zwangsvollstreckungsmonopol ausübt, darf den davon betroffenen Gläubigern daher das Einkommen bestimmter Schuldnerkreise[14] nicht generell als Haftungsgrundlage entziehen.

Dennoch sind Pfändungsschutzvorschriften (§§ 850 ff.) aus Gründen des Sozialstaatsprinzips (Art. 20 Abs. 1 GG) gerechtfertigt, um die eigene Lebensgrundlage des Schuldners und seiner

---

1 Zur Lohnpfändung bei Naturalleistungen: OLG Saarbrücken, BB 1958, 271. Zur Berücksichtigung von Naturalleistungen (z. B. Stellung eines Firmenwagens), die der Schuldner neben seinem in Geld zahlbaren Einkommen erhält, bei der Berechnung des pfändbaren Arbeitseinkommens siehe § 850e Rdn. 12.
2 Einzelheiten: § 829 Rdn. 33 ff.
3 § 829 Rdn. 39.
4 § 829 Rdn. 46, 47.
5 § 829 Rdn. 50 ff.
6 Siehe dort insbesondere Rdn. 2, 4.
7 Siehe auch § 828 Rdn. 1.
8 Siehe insbesondere § 835 Rdn. 3.
9 BGH, NJW 2007, 606; BGH, JurBüro 2006, 547.
10 § 835 Rdn. 6–9.
11 Zur Darlegungslast bei § 850h Abs. 2 vgl. etwa LAG Düsseldorf, NZA 1994, 1056.
12 Zum rechtshistorischen Hintergrund des Pfändungsschutzes für Arbeitseinkommen seit dem Lohnbeschlagnahmegesetz 1869 siehe *Arnold*, BB 1978, 1314, 1315; *Brehm*, Festschrift f. Henckel, 1995, 41 ff.
13 BVerfGE 68, 193, 222; 83, 201, 208.
14 *Brox/Walker* Rn. 540: Der größte Teil der Bevölkerung hat kein nennenswertes Vermögen, auf das der Gläubiger in der Zwangsvollstreckung zugreifen könnte. Diesem bleibt daher oft nur die Vollstreckung in eine Forderung des Schuldners gegen den Arbeitgeber auf Zahlung des Lohnes.

Familienangehörigen in menschenwürdiger Weise zu sichern.[15] Sie dienen überdies dem öffentlichen Interesse, indem verhindert wird, dass die Gemeinschaft mit Sozialhilfeleistungen eintreten muss, weil der Gläubiger dem Schuldner nicht das zur Deckung der elementaren Lebensbedürfnisse erforderliche Arbeitseinkommen belässt. Die Pfändungsschutzvorschriften stellen damit sicher, dass die Ausübung des staatlichen Zwangsvollstreckungsmonopols als Ausdruck des Sozialstaatsprinzips nach Art. 20 Abs. 1 GG in sozial verträglicher Weise erfolgt. Denn der Schuldner, der zur Begleichung seiner Verbindlichkeiten gezwungen wird, soll sich zwar einschränken müssen, aber nicht in Not geraten, seine Arbeitsbereitschaft nicht durch den Entzug jeglichen Arbeitsentgeltes gemindert oder sogar gänzlich aufgehoben werden.[16] Im Interesse aller Beteiligten ist der Pfändungsschutz in den §§ 850 ff. schematisiert; individuelle Einzelfallentscheidungen werden in begrenztem Umfang durch § 850f Abs. 1 und 2 ermöglicht. Die nicht ausdrücklich in den §§ 850 ff. aufgeführten Vermögenswerte sind grundsätzlich der Zwangsvollstreckung unterworfen. Damit hat der Gesetzgeber den Interessenausgleich zwischen Schuldner und Gläubiger im Bereich der Zwangsvollstreckung abschließend und in verfassungsrechtlich vertretbarer Weise geregelt.[17]

III. Rechtsnatur der Pfändungsschutzvorschriften

5   Die Vorschriften der §§ 850 ff. sind **zwingendes Recht.**[18] Der Schuldner kann auf den Pfändungsschutz weder generell vorab noch im konkreten Einzelfall verzichten.[19] Letzteres unterscheidet die Schutzvorschriften der §§ 850 ff. von § 811.[20] Der Grund hierfür liegt in den §§ 400, 1274 Abs. 2 BGB. Während der Schuldner unpfändbare bewegliche Sachen übereignen und an Erfüllungs Statt zur Befriedigung seiner Gläubiger weggeben kann, ist es ihm nicht möglich, unpfändbare Forderungen abzutreten oder ein Pfandrecht an ihnen zu bestellen. Was der Schuldner aber selbst mit Zustimmung des Drittschuldners nicht freiwillig auf seine Gläubiger übertragen kann, das kann er auch nicht zur Haftungsgrundlage für seine Schulden in der Zwangsvollstreckung machen.[21] Die Pfändungsschutzvorschriften sind deshalb vom Vollstreckungsgericht schon bei Erlass des Pfändungsbeschlusses von Amts wegen[22] zu beachten, nicht erst auf einen Rechtsbehelf des Schuldners hin. Eine Ausnahme bilden nur § 850f Abs. 1 und § 850l: Will der Schuldner einen über den pauschalierten Pfändungsschutz hinausgehenden individuellen Pfändungsschutz in Anspruch nehmen, muss er dies unter Darlegung seiner besonderen Notlage beantragen (§ 850f). Wird ein Girokonto des Schuldners gepfändet, ist nicht von vornherein abzusehen, ob auf dieses Konto dem Pfändungsschutz unterliegendes Arbeitseinkommen überwiesen wurde; der Schuldner muss dies deshalb von sich aus geltend machen (§ 850l).

6   Der Pfändungsschutz nach §§ 850 ff. ist aber nicht in der Weise abschließend geregelt, dass sich **zugunsten** des Schuldners die Anwendung des § 765a verböte.[23] Die Regelungen haben unterschiedliche Schwerpunkte: Bei den §§ 850 ff. dominieren allgemeine sozialpolitische Erwägungen, bei § 765a ist die individuelle persönliche Härte der konkreten Vollstreckungsmaßnahme für den

---

15 *Arnold*, BB 1978, 1314, 1315 f.; BT-Drucks. 8/693, S. 45.
16 MüKo/*Smid*, § 850 Rn. 1; BT-Drucks. 12/2167, S. 12.
17 BGHZ 161, 371, 376.
18 BGHZ 137, 193, 197; MüKo/*Smid*, § 850 Rn. 3.
19 BAG, BB 2009, 1303: Durch eine Vereinbarung zur Verrechnung des Beitrages des Arbeitnehmers an der Reinigung der Berufskleidung mit dem Nettoeinkommen darf der Pfändungsschutz nicht unterlaufen werden.
20 Siehe dort Rdn. 14.
21 *Baur/Stürner/Bruns*, Rn. 10.4; *Jauernig/Berger*, § 33 Rn. 25; *Gaul/Schilken/Becker-Eberhardt*, § 56 Rn. 69 m. Fn. 104.
22 BGHZ 137, 193, 197.
23 Siehe § 765a Rdn. 2.

Schuldner maßgeblich. Selbst § 850f Abs. 1 enthält noch Pauschalierungen, die im Einzelfall durch § 765a aufgelöst werden können.[24]

IV. Folgen einer Missachtung der Pfändungsschutzvorschriften, Rechtsschutz[25]

Pfändet das Vollstreckungsgericht eine Forderung, die der Pfändung nicht unterliegt, so wird sie dennoch verstrickt[26], es wird aber kein – durch die erfolgreiche Einlegung eines Rechtsmittels auflösend bedingtes – Pfändungspfandrecht begründet.[27] Die Einordnung einer Forderung unter die §§ 850a, b kann im Einzelfall schwierig sein, sodass ein Fehler nicht zur Nichtigkeit der Vollstreckungsmaßnahme, sondern nur zu deren Anfechtbarkeit führt.[28] Dass dennoch kein Pfändungspfandrecht entsteht, ist nach der hier vertretenen gemischt privat/öffentlich-rechtlichen Pfändungspfandrechtstheorie[29] eine Folge aus § 1274 Abs. 2 BGB. Unpfändbare Forderungen sind nicht übertragbar (§ 400 BGB). An nicht übertragbaren Forderungen kann kein Pfandrecht bestellt werden (§ 1274 Abs. 2 BGB). Die bürgerlich-rechtlichen Vorschriften über das Faustpfandrecht gelten aber auch für das Pfändungspfandrecht (§ 804 Abs. 2), soweit die ZPO nicht im Einzelfall (wie etwa in § 851 Abs. 2) abweichende Regelungen enthält. Maßgebend für die Beurteilung der Rechtmäßigkeit der Vollstreckungsmaßnahme ist der Zeitpunkt der Entscheidung über die Erinnerung.[30]

7

Ist eine unpfändbare Forderung nicht nur gepfändet, sondern verwertet, also vom Gläubiger eingezogen worden, kann der Schuldner vom Gläubiger gemäß § 812 BGB Ausgleich verlangen, weil es an einem Rechtsgrund (nämlich dem Pfändungspfandrecht[31]) für das Behaltendürfen des Verwertungserlöses fehlt. Einer Aufrechnung des Gläubigers gegen diesen Bereicherungsanspruch mit seiner titulierten Forderung steht § 394 BGB in entsprechender Anwendung entgegen.[32] Der Gläubiger soll durch eine gesetzwidrige Pfändung nicht Vorteile erhalten, die ihm der Schuldner durch freiwillige Abtretung oder Verpfändung der Forderung nicht verschaffen könnte.

8

V. Begriff des Arbeitseinkommens i. S. der Pfändungsschutzvorschriften (Abs. 2)

1. Allgemeines

Die Aufzählung in Abs. 2 ist nur beispielhaft und deckt den Begriff des »Arbeitseinkommens« i. S. der §§ 850 ff. nicht vollständig ab. Erfasst werden **alle Vergütungen aus Dienst- und Arbeitsverhältnissen**, unabhängig davon, ob sie privat- oder öffentlich-rechtlich ausgestaltet sind, ob es sich um Haupt- oder Nebentätigkeiten handelt und ob dem Dienst- oder Arbeitsvertrag deutsches oder ausländisches Recht zu Grunde liegt.

9

Vergütungen aus anderen Tätigkeiten, die im Einzelfall ebenfalls die ganze Arbeitskraft des Schuldners beanspruchen (einmalige Werkleistungen[33], Verkauf von Waren), die aber nicht aufgrund der

---

24 Vgl. § 765a Rdn. 10.
25 Dazu *Christmann*, Rpfleger 1988, 458.
26 Wie hier BGH, NJW 1979, 2045, 2046; *Baur/Stürner/Bruns*, Rn. 24.34; *Bruns/Peters*, § 25 V; *Gerhardt*, § 9 II 3 b; MüKo/*Smid*, § 850 Rn. 17; *Thomas/Putzo/Seiler*, § 850 Rn. 5; *Wieczorek/Schütze/Lüke*, § 850 Rn. 22; a. A. (keine Verstrickung) *Henckel*, ZZP 1971, 453; *Stein/Jonas/Brehm*, § 850 Rn. 19.
27 So auch *Baur/Stürner/Bruns, Bruns/Peters, Gerhardt, Stein/Jonas/Brehm* a. a. O.; *Rosenberg/Schilken*, § 56 VII 2; a. A. (auch Pfändungspfandrecht entsteht) *Thomas/Putzo/Seiler*, MüKo/*Smid*, *Wieczorek/Schütze/Lüke* a. a. O.
28 Vgl. dazu BGH, Rpfleger 2009, 94; zur Nichtigkeit von Vollstreckungsakten siehe Vor §§ 803, 804 Rdn. 5 und § 829 Rdn. 30.
29 Einzelheiten: Vor §§ 803, 804 Rdn. 14, 15.
30 BGH, Rpfleger 2009, 94.
31 Siehe Vor §§ 803, 804 Rdn. 16.
32 *Gerhardt*, § 9 II 3 b, Fußn. 76.
33 Gewisse einmalige Forderungen aus Werkleistungen im Grenzbereich von Dienst- und Werkvertrag schützt allerdings § 850i, Einzelheiten siehe dort Rdn. 2, 3.

fortlaufenden »Beschäftigung« durch einen Dritten (Arbeitgeber, Dienstherr, Dauerauftraggeber, usw.) erbracht werden, fallen grunds. nicht unter die §§ 850 ff. Keinen Pfändungsschutz genießen aber fortlaufende Bezüge, die aufgrund familienrechtlicher Bindung über den in Natur oder durch Vorschussleistung gewährten Unterhalt (§ 1360a BGB) hinaus[34] dem den Haushalt führenden Ehegatten in bar geleistet werden (sog. **Taschengeld**). Taschengeld ist als Bestandteil des Unterhaltsanspruches (§§ 1360, 1360a BGB) gem. § 850b bedingt pfändbar.[35]

Hilfreich bei der Auslegung, ob ein Dienst- oder Arbeitseinkommen anzunehmen ist, sind die §§ 19 EStG,[36] 14 SGB IV[37], die den Begriff weit gehend abdecken. Jedoch sind auch Bezüge aus »freiberuflichen« Dienstverhältnissen den §§ 850 ff. zuzuordnen, und zwar nicht nur fortlaufende Bezüge, sondern auch einmalige Vergütungen (arg. e § 850i). Insoweit wird die Unpfändbarkeit allerdings nicht schon im Pfändungsbeschluss von Amts wegen berücksichtigt; der freiberuflich tätige Schuldner muss sie vielmehr nachträglich bei Gericht durchsetzen (§ 850i Abs. 1).[38] Die §§ 850 ff. betreffen immer nur **Forderungen** aus Arbeits- bzw. Dienstleistungen entweder unmittelbar gegen den Arbeitgeber oder Dienstherrn, oder im Hinblick auf § 850l gegen das Kreditinstitut, an das der Dienstherr aufgrund einer Vereinbarung mit dem Dienstverpflichteten das Geld auf dessen Lohn- oder Gehaltsgirokonto überweist. Der Pfändungsschutz nach §§ 850 ff. besteht auch dann fort, wenn der Drittschuldner die unpfändbare Forderung hinterlegt.[39] Ist das Geld in bar an den Arbeitnehmer ausgezahlt oder vom Gehaltskonto abgehoben worden, greifen die §§ 850 ff. nicht mehr. Hier ist dann § 811 Abs. 1 Nr. 8 einschlägig.[40] Ist der Anspruch auf Arbeitseinkommen kraft Gesetzes auf die Bundesagentur für Arbeit übergegangen (wegen Zahlung von Insolvenzgeld), kann sich auch diese auf das zugunsten des Arbeitnehmers bestehende Aufrechnungsverbot gem. § 394 BGB i. V. m. §§ 850 ff. berufen.[41]

2. Einzelheiten (Abs. 2)

a) Dienst- und Versorgungsbezüge der Beamten

10 Beamte sind die förmlich in ein Beamtenverhältnis nach §§ 2 BBG, 2 BRRG Berufenen des Bundes, eines Landes sowie einer Gemeinde oder einer öffentlich-rechtlichen Körperschaft, Anstalt oder Stiftung, unabhängig davon, ob dieses auf Zeit, auf Lebenszeit, auf Probe oder auf Widerruf besteht. Zu den Beamten i. S. des Abs. 2 zählen aber auch Richter, Berufs- und Zeitsoldaten,[42] Minister, Parlamentarische Staatssekretäre, Abgeordnete des Europäischen Parlaments, des Bundestages und der Landtage, ferner die von den öffentlich-rechtlichen Religionsgemeinschaften beamtengleich angestellten Geistlichen und Kirchenbeamten, die Notare, Notariatsbeamten und Notariatsassessoren in Bayern und in der Pfalz sowie alle, die ohne Beamte im staatsrechtlichen Sinne zu sein, in einem öffentlich-rechtlichen Rechtsverhältnis mit fortlaufenden Bezügen zum Staat oder einer

---

34 Zu Unterhaltsrenten in Geld siehe § 850b Rdn. 10.
35 Siehe § 850b Rdn. 11 m. N.
36 § 19 Abs. 1 EStG (1) Zu den Einkünften aus nichtselbstständiger Arbeit gehören 1. Gehälter, Löhne, Gratifikationen, Tantiemen und andere Bezüge und Vorteile für eine Beschäftigung im öffentlichen und privaten Dienst; 2. Wartegelder, Ruhegelder, Witwen- und Waisengelder und andere Bezüge aus früheren Dienstleistungen; ...3. ...Es ist gleichgültig, ob es sich um einmalige Bezüge handelt und ob ein Rechtsanspruch auf sie besteht.
37 § 14 Abs. 1 SGB IV (Viertes Buch)(1) Arbeitsentgelt sind alle laufenden oder einmaligen Einnahmen aus einer Beschäftigung, gleichgültig, ob ein Rechtsanspruch auf sie besteht, unter welcher Bezeichnung oder in welcher Form sie geleistet werden und ob sie unmittelbar aus der Beschäftigung oder im Zusammenhang mit ihr erzielt werden.
38 Einzelheiten: § 850i Rdn. 4.
39 LG Düsseldorf, MDR 1977, 586; a. A. LG Koblenz MDR 1955, 618.
40 Siehe dort Rdn. 50.
41 LAG Hamm, NZA-RR 2000, 231.
42 *Stöber*, Forderungspfändung, Rn. 94.

öffentlich-rechtlichen Körperschaft, Anstalt oder Stiftung stehen. Deshalb unterfallen §§ 850 ff. außer den Gehältern einschließlich aller Amtszulagen, gleich welche Bezeichnung diese tragen, und den Versorgungsbezügen auch der Unterhaltszuschuss der Referendare[43], der Wehrsold der Wehrpflichtigen[44], das Übergangs-[45] und das Entlassungsgeld[46] der Soldaten, das Taschengeld und die Sachbezüge für den Bundesfreiwilligendienst und den Jugendfreiwilligendienst;[47] die Diäten der Abgeordneten[48] einschließlich der Aufwandsentschädigungen für Mitglieder von Kommunalparlamenten und des nach dem Ausscheiden aus dem Parlament gezahlten Übergangsgeldes.[49]

b) Arbeits- und Dienstlöhne

Ob das Arbeits- oder Dienstverhältnis auf Dauer oder auf Zeit angelegt ist, ob der Arbeitnehmer im versicherungsrechtlichen Sinne Arbeiter oder Angestellter oder im betriebsverfassungsrechtlichen Sinne leitender Angestellter ist, hat keine Bedeutung. Darunter fallen also auch die Lizenzspieler der Fußballbundesliga.[50] Selbst Auszubildende, bei denen die Arbeitsleistung nicht im Vordergrund steht, sind Arbeitnehmer i. S. der §§ 850 ff., ferner arbeitnehmerähnliche Personen wie Heimarbeiter i. S. des HeimArbG (§ 850i Abs. 3) sowie entgeltlich tätige Künstler oder Gesellschafter.[51] Auf die Bezeichnung des Entgelts kommt es nicht an (Lohn, Gehalt, Tantieme, Gratifikation, Vergütung, Honorar, Gage, Provision, Gewinn- oder Ergebnisbeteiligung[52], Entgeltfortzahlung nach §§ 3 u. 9 EFZG[53], Urlaubsvergütung[54] usw.). Die Anwendung der Pfändungsschutzvorschriften setzt kein rechtswirksames Arbeitsverhältnis voraus; sie gelten auch für faktische Arbeitsverhältnisse.[55] Entscheidend ist, dass die Vergütung vom Arbeitgeber oder Dienstherrn geschuldet wird, nicht etwa als Sozialleistung (wenn auch gerade wegen der Arbeitnehmereigenschaft) vom Staat gewährt oder als freiwillige Zuwendung von Dritten gemacht wird (persönliches Trinkgeld für den Kellner[56], Friseur, Taxifahrer[57] usw.). Auf Trinkgelder kann der Gläubiger erst nach ihrer Vereinnahmung zugreifen, z. B. im Wege der Taschenpfändung. Hingegen ist der vom Arbeitgeber dem Kellner, Taxifahrer usw. geschuldete Anteil an den Betriebseinnahmen (»10% Bedienungsgeld im Preis enthalten«) normales Arbeitseinkommen.[58]

---

43 OLG Bamberg, Rpfleger 1974, 30; OLG Braunschweig, NJW 1955, 1599.
44 OLG Neustadt, Rpfleger 1962, 383; LG Aachen, NJW 1962, 2357; LG Aurich, MDR 1962, 661; LG Essen, MDR 1962, 911; LG Flensburg, SchlHA 1962, 87; JurBüro 1962, 232; LG Hagen, Rpfleger 1962, 215; LG Zweibrücken, Rpfleger 1962, 385; *Stöber*, Forderungspfändung, Rn. 905.
45 Zu Übergangsgebührnissen nach § 11 SVG siehe BGH, NJW 1980, 229; AG Krefeld, MDR 1979, 853; *Stöber*, Forderungspfändung, Rn. 907. Die Übergangsbeihilfe nach § 12 SVG ist nicht pfändbar (§ 48 Abs. 2 SVG). Der einmalige Ausgleich des vorzeitig in den Ruhestand getretenen Berufssoldaten gem. § 38 SVG fällt unter § 850i, *Stöber*, Forderungspfändung, Rn. 908.
46 OLG Hamm, OLGZ 1984, 457; LG Koblenz, MDR 1969, 769; AG Freudenstadt, DAVorm 1976, 361; **a. M.** LG Detmold, Rpfleger 1997, 448.
47 *Stöber*, Forderungspfändung, Rn. 914. Aufgrund des geringen Umfangs der Leistungen dürften sich keine pfändbaren Beträge ergeben.
48 OLG Düsseldorf, JMBl.NW 1985, 21.
49 AG Bremerhaven, MDR 1980, 504.
50 BAG; NJW 1980, 470; Musielak/*Becker*, § 850 Rn. 11 (Die Vergütungen von Vertragsspielern anderer Sportvereine fallen dagegen unter § 850 Abs. 4).
51 OLG Düsseldorf, MDR 1970, 934.
52 LG Berlin, Rpfleger 1959, 132.
53 BGBl. 1994 I, S. 1014, 1065.
54 BAG, BB 2001, 2378; Einzelheiten bei § 850a Rdn. 3.
55 BAG, NJW 1977, 1608; LAG Düsseldorf, Betrieb 1969, 931; MüKo/*Smid*, § 850 Rn. 20.
56 BAG, NJW 1996, 1012; OLG Stuttgart, Rpfleger 2001, 608.
57 Zur Berücksichtigung und Berechnung solcher Trinkgelder im Rahmen von § 850d siehe AG u. LG Osnabrück, NZA-RR 1999, 430.
58 LG Hildesheim, JurBüro 1963, 715; LAG Düsseldorf, DB 1972, 1540.

Ebenfalls zum Arbeitseinkommen zählen die vom Arbeitgeber vereinbarungsgemäß gezahlten **vermögenswirksamen Leistungen**; diese sind jedoch gem. § 2 Abs. 7 des 5. VermBG[59] nicht übertragbar und daher gem. § 851 Abs. 1 unpfändbar. Davon zu unterscheiden sind **Arbeitnehmersparzulagen**, die als staatliche Leistungen kein Arbeitseinkommen darstellen (§ 13 Abs. 3 5. VermBG) und gesonderter Pfändung bedürfen.[60] Arbeitseinkommen sind schließlich Vergütungen, die zur Urlaubsabgeltung[61] oder als Nachwirkung aus einem bereits beendeten Arbeitsverhältnis gewährt werden (Abfindungen nach dem KSchG;[62] Sozialplanleistungen;[63] vertraglich vereinbarte Abfindungen[64]). Keine pfändbaren Ansprüche auf Arbeitseinkommen sind dagegen **Versicherungsprämien**, die der Arbeitgeber vereinbarungsgemäß an Stelle eines Teilbetrages der monatlichen Barvergütung auf einen Lebensversicherungsvertrag zugunsten des Arbeitnehmers zahlt.[65] Der Gläubiger kann dann nur Ansprüche des Arbeitnehmers gegen den Versicherer pfänden.[66] Beim **Streikgeld** handelt es sich zwar nicht um eine vom Arbeitgeber geschuldete Vergütung; es tritt aber an deren Stelle und unterliegt wie diese Arbeitsvergütung dem Vollstreckungsschutz der §§ 850ff. Entgelte, deren Schuldner nur zufällig der Dienstherr ist, die aber – auch im weitesten Sinne – rechtlich nicht aus dem Arbeitsverhältnis herrühren, sind kein Arbeitseinkommen, so etwa Lizenzgebühren für die Überlassung des Rechts zur Benutzung einer freien Erfindung[67] oder Honorare für belletristische Beiträge in der Betriebszeitung. **Erstattungsansprüche** des Arbeitnehmers wegen überzahlter Einkommen- oder Lohnsteuer sind nicht Bestandteil des Arbeitseinkommens i. S. der §§ 850ff.[68] Auch Entschädigungsansprüche nach § 15 Abs. 2 AGG treten nicht an die Stelle des Arbeitseinkommens.[69] Vgl. ferner Rdn. 14.

Nicht wie Arbeitseinkommen i. S. d. §§ 850ff. wird das **Arbeitsentgelt eines Strafgefangenen**[70] nach den §§ 39, 43ff. StVollzG behandelt; denn den Maßstab für die Pfändungseinschränkungen der §§ 850ff. bilden die Bedürfnisse eines in Freiheit lebenden und arbeitenden Menschen.[71] Sein Anspruch gegen den Träger der Justizvollzugsanstalt auf Auszahlung des **Eigengeldes**, welches nach Abzug der Beträge verbleibt, die als Hausgeld, Haftkostenbeitrag, Unterhaltsbeitrag oder Überbrückungsgeld in Anspruch genommen werden (§ 52 StVollzG), unterliegt daher ohne Beachtung der Pfändungsgrenzen des § 850c der Pfändung, sofern nicht § 51 Abs. 4 Satz 2 StVollzG eingreift.[72] § 850l findet ebenfalls keine Anwendung, weil die kontoführende Stelle, die das Gefangenenentgelt

---

59 BGBl. I 1989, S. 138.
60 Einzelheiten: Anh. § 829 Rdn. 18.
61 Vgl. § 850a Rdn. 3.
62 BAG, NJW 2015, 107 Tz. 16; Rpfleger 1960, 247; NJW 1980, 800.
63 BAG, NJW 2015, 107 Tz. 16; NZA 1992, 384; OLG Düsseldorf, MDR 1980, 63; AG Krefeld, MDR 1979, 853.
64 BAG, NJW 2015, 107 Tz. 16; NZA 1997, 563, 565.
65 BAG, NJW 2009, 167; NZA 1998, 1010 mit zust. Anm. *Hintzen*, EWiR 1998, 575; LAG Rheinland-Pfalz JurBüro 2009, 268.
66 Beachte aber §§ 851c, 851d.
67 BGHZ 93, 82; OLG Karlsruhe, WM 1958, 1289; siehe aber § 850i Rdn. 2.
68 BGH, NJW 2005, 2988, 2989 zu §§ 287 Abs. 2 Satz 1, 294 Abs. 3 InsO; BFH, NV 2006, 1044; NV 1999, 378; NV 1996, 281; LAG Hamm, NZA 1989, 529; LAG Saarbrücken, DB 1976, 1870; FG Münster, EFG 2005, 251; LG Duisburg, ZVI 2004, 399; AG Dortmund, ZInsO 2002, 685; MüKo/*Smid*, § 850 Rn. 20.
69 LAG Baden-Württemberg, NZA-RR 2012, 33, 34 f.
70 Siehe dazu *Musielak/Becker*, § 850 Rn. 8.
71 BVerfG, NJW 1982, 1583; BGH, NJW 2013, 3312 Rn. 13 ff. (§§ 850c, 850f, 850k); BGHZ 160, 112, 117 f. (§ 850c); BFH, DStR 2004, 421, 422; KG, NStZ-RR 2013, 294; OLG Schleswig, Rpfleger 1995, 29, 31 f.; LG Kleve, ZVI 2013, 273 (§ 850a).
72 BGHZ 160, 112 ff.; BGH, FamRZ 2004, 1717; BFHE 204, 25; OLG Zweibrücken, Beschl. v. 12.7.2004 – 1 Ws 259/04 (Vollz) –; OLG Karlsruhe, Rpfleger 1994, 370; LG Berlin, NStZ 2005, 590 und Rpfleger 1992, 128; LG Marburg, ZVI 2004, 400; LG Detmold, Rpfleger 1999, 34; LG Itzehoe, Rpfleger 1991, 521; *Behr*, JurBüro 1996, 514; a. A. OLG Frankfurt, Rpfleger 1984, 425; LG Karlsruhe, NJW-RR 1989, 1536.

bis zur Entlassung des Gefangenen verwaltet, kein Geldinstitut i. S. dieser Vorschrift ist.[73] Dem bedürftigen Gefangenen soll aber analog § 811 Abs. 1 Nr. 8 ein Teil seines Eigengeldes zur Befriedigung seiner persönlichen Bedürfnisse verbleiben.[74] Der Anspruch aus § 17a Abs. 1 StrRehaG auf eine besondere Zuwendung für Haftopfer ist gem. § 17a Abs. 1 StrRehaG unpfändbar; dagegen ist der Anspruch auf Kapitalentschädigung nach § 17 StrRehaG grundsätzlich der Pfändung unterworfen.[75]

Das **Überbrückungsgeld** ist gem. § 51 Abs. 4 Satz 1 StVollzG unpfändbar, sofern die Pfändung nicht wegen der in § 850d genannten Unterhaltsansprüche erfolgt (§ 51 Abs. 5 StVollzG). Das **Hausgeld** des Strafgefangenen (§ 47 StVollzG) wird wegen seiner Zweckbindung als unpfändbar angesehen.[76] Ebenso wie das Hausgeld ist das Taschengeld (§ 46 StVollzG) wegen derselben Zweckbestimmung[77] unpfändbar.

c) Ruhegelder und ähnliche nach dem einstweiligen oder dauernden Ausscheiden aus dem Dienst- oder Arbeitsverhältnis gewährte fortlaufende Einkünfte

Gemeint sind nicht Renten aus der gesetzlichen Rentenversicherung, für deren Pfändung die Vorschriften des SGB maßgeblich sind, sondern allein aufgrund eines Arbeits- oder Dienstvertrages (sei es nach individueller Vereinbarung, sei es aufgrund einer Betriebsvereinbarung oder eines Tarifvertrages) geschuldete Ruhegelder, insbesondere **Betriebsrenten** aller Art sowie die **Pensionen** der Beamten. Ist Drittschuldner der Arbeitgeber selbst, gilt § 832, soweit zuvor schon das Gehalt gepfändet war; ist Drittschuldner eine rechtlich eigenständige Pensionskasse, muss dieser ein eigener Pfändungsbeschluss zugestellt werden. Auch betriebliche Teilrenten, die neben einem Arbeitsentgelt für verringerte Arbeitsleistung gewährt werden (Teilruhestand) fallen hierunter. Als Arbeitseinkommen ist schließlich auch das Entgelt für die Altersteilzeitarbeit nach dem ATG[78] einschließlich des vom Arbeitgeber gezahlten Aufstockungsbetrages in Höhe von mindestens 20 % (§ 3 Abs. 1 Nr. 1 a ATG) nach Maßgabe der §§ 850a–i pfändbar.[79] Zur Pfändbarkeit der Ansprüche eines Rechtsanwalts gegen ein **berufsständisches Versorgungswerk** auf Rentenzahlung vgl. § 851 Rdn. 2.

12

d) Hinterbliebenenbezüge

Auch hier ist nicht die gesetzliche Rentenversicherung angesprochen. Es handelt sich um die Bezüge, die den Hinterbliebenen eines Arbeitnehmers (oder eines Beamten) vom Arbeitgeber selbst oder von an seine Stelle getretenen Versorgungseinrichtungen nach Maßgabe gesetzlicher, vertraglicher oder satzungsmäßiger Bestimmungen gezahlt werden, und zwar als Folge des früheren Arbeitsverhältnisses des Verstorbenen. Hinsichtlich der Bezüge aus Witwen- und Waisenkassen ist § 850b Abs. 1 Nr. 4 zu beachten.

13

---

73 BGHZ 160, 112, 117.
74 OLG Hamburg, NStZ 2011, 126 (monatlich 43 Euro).
75 BGH, NJW-RR 2012, 181 f.; ZOV 2012, 336.
76 BayVerfGH, FS 2009, 267; LG Münster, Rpfleger 2000, 509; Rpfleger 1992, 129; *Baumbach/Lauterbach/Hartmann*, § 850 Rn. 7; wohl auch BVerfG, NJW 1982, 1583; **a. A.** *Zöller/Stöber*, § 829 Rn. 33 »Gefangenengelder«.
77 BVerfG, NJW 1996, 3146.
78 Altersteilzeitgesetz vom 23.7.1996 (BGBl. I, S. 1078), zuletzt geändert durch Gesetz vom 21.12.2000 (BGBl. I, S. 1983).
79 Einzelheiten: *Stöber*, Forderungspfändung, Rn. 881a.

e) **Sonstige Vergütungen für Dienstleistungen aller Art, die die Erwerbstätigkeit des Schuldners vollständig oder zu einem wesentlichen Teil in Anspruch nehmen**

14 Der Auffangtatbestand ermöglicht es, Schuldner, die ihre Arbeitskraft fortlaufend im Dienste Dritter einsetzen und hieraus ihre wesentlichen Einkünfte erzielen, wie Arbeitnehmer in der Zwangsvollstreckung zu schützen. Die Einkünfte müssen weder aus einer hauptberuflichen Tätigkeit stammen[80], noch regelmäßig in gleicher Höhe oder in zeitlich gleichen Abständen wie Lohn- und Gehaltszahlungen zufließen. Entscheidend ist, dass es sich um wiederkehrend zahlbare Vergütungen[81] handelt und die zu Grunde liegende Tätigkeit einen wesentlichen, wenn auch nicht überwiegenden Teil der Erwerbstätigkeit (Gegensatz: Freizeit, Hobby) des Schuldners beansprucht.[82] Hierher gehören die Ansprüche der Handels- und Versicherungsvertreter auf Provision und Fixum[83], die Ansprüche eines Anwalts oder Steuerberaters auf das vereinbarte Fixum für die regelmäßige Beratung eines Unternehmers[84], die fortlaufenden Bezüge des Vorstandsmitglieds einer Aktiengesellschaft oder des Geschäftsführers einer GmbH[85], die Ansprüche gegen die Kassenärztliche Vereinigung wegen kassenärztlicher Tätigkeiten[86], die Ansprüche eines Handwerkers wegen regelmäßiger Werkleistungen (laufende Wartungsverträge u. ä.)[87], eines Autors wegen regelmäßiger Beiträge in einer periodisch erscheinenden Zeitschrift und Lizenzgebühren freier Erfinder.[88] Für einmalige Ansprüche aus Dienstverträgen der genannten Art besteht Schutz nach § 850i.[89] »Ideenprämien« und Vergütungen für eine Diensterfindung sind Arbeitseinkommen.[90]

VI. Dem Arbeitseinkommen gleichgestellte Bezüge (Abs. 3)

1. Karenzentschädigungen (Buchst. a)

15 Sie werden nach Beendigung des Arbeits- oder Dienstverhältnisses gezahlt, damit der Anspruchsberechtigte für eine begrenzte Zeit bestimmte Tätigkeiten unterlässt. Der Anspruch kann sich aus dem Gesetz ergeben (z. B. §§ 74, 90a HGB) oder aus freiwilliger Vereinbarung. Wird die Karenzentschädigung nicht – wie regelmäßig – in fortlaufenden Raten, sondern als einmalige Summe entrichtet, ist nicht Abs. 3 Buchst. a maßgeblich, sondern § 850i.[91]

2. Versicherungsrenten (Buchst. b)

16 Es geht um Ansprüche aus privatrechtlichen Versicherungsverträgen, die abgeschlossen wurden, um die Versorgung des **Arbeitnehmers**[92] oder Dienstverpflichteten und seiner unterhaltsberechtigten

---

80 BGH, Rpfleger 2004, 361.
81 Zur Pfändbarkeit von nicht wiederkehrend zahlbaren Vergütungen für persönlich geleistete Dienste siehe § 850i Rdn. 2 ff.
82 BGH, Rpfleger 2004, 361; *Brox/Walker*, Rn. 545; *Stein/Jonas/Brehm*, § 850 Rn. 42; *Stöber*, Forderungspfändung, Rn. 885 ff.
83 BAG, NJW 1962, 1221; OLG Hamm, BB 1972, 855; LAG Baden-Württemberg, BB 1960, 50; LG Berlin, VersR 1962, 217; *Wieczorek/Schütze/Lüke*, § 850 Rn. 68; **a. A.** Arbeitseinkommen nach § 850 Abs. 2 BayObLG, NJW 2003, 2181; MüKo/*Smid*, § 850 Rn. 21.
84 *Wieczorek/Schütze/Lüke*, § 850 Rn. 68.
85 BGH, NJW 1978, 756; NJW 1981, 2465; *Wieczorek/Schütze/Lüke*, § 850 Rn. 68.
86 BGH, NJW 1986, 2362 mit Anm. *Brehm*, JZ 1986, 500; LSG Nordrhein-Westfalen, ZInsO 2012, 1903; OLG Düsseldorf, ZVI 2004, 32; OLG Nürnberg, JurBüro 2002, 603; *Uhlenbruck*, MedR 1987, 46; *Wieczorek/Schütze/Lüke*, § 850 Rn. 68.
87 BAG, Rpfleger 1975, 220; LG Kaiserslautern, Beschl. v. 24.6.2005 – 1 T 332/04 –.
88 BGH, Rpfleger 2004, 361.
89 Siehe § 850i Rdn. 2.
90 BAG, NJW 2009, 167.
91 *Brox/Walker*, Rn. 546; *Stein/Jonas/Brehm*, § 850 Rn. 46; *Stöber*, Forderungspfändung, Rn. 890.
92 Nicht dagegen werden Ansprüche eines **Selbstständigen** aus einer Lebensversicherung erfasst; BGH, VersR 2010, 237; ZIP 2008, 338 Tz. 14; Rpfleger 2010, 674 Tz. 39; OLG Hamm, VersR 2010, 100.

Angehörigen[93] im Alter oder im Fall der Arbeitsunfähigkeit zu sichern oder zu ergänzen (Lebens- und Unfallversicherungen). Für Renten aus der gesetzlichen Rentenversicherung gelten die Sonderregelungen der §§ 54, 55 SGB I.[94] Auf die Bezeichnung der Versorgungsrente kommt es, soweit die Voraussetzungen von Buchst. b vorliegen, nicht an. Deshalb gehören auch **Berufsunfähigkeitsrenten**[95] sowie »Tagegelder« aus Krankenversicherungsverträgen hierher.[96] Ratenzahlungen aus **Auszahlungsplänen** (Sparverträgen oder Fondssparplänen) fallen jedoch nicht unter Buchst. b, weil insoweit keine »Versicherungsverträge« zugrunde liegen. Pfändungsschutz kann aber über § 851d erreicht werden (dort Rdn. 1). Das Stammrecht kann grds. nicht gepfändet werden.[97]

Der Versicherungsvertrag kann vom Arbeitnehmer selbst abgeschlossen worden sein oder vom Arbeitgeber als Vertrag zugunsten Dritter. Buchst. b gilt nur für Versicherungs**renten**, nicht für den Kapitalanspruch, auch wenn der Arbeitnehmer den Versicherungsvertrag mit Genehmigung der Bundesversicherungsanstalt für Angestellte abgeschlossen hatte, um von seiner Rentenversicherungspflicht befreit zu werden.[98] Der Anspruch des Arbeitnehmers auf Auszahlung der Versicherungssumme aus einer Firmendirektversicherung ist bereits vor Eintritt des Versicherungsfalls als zukünftige Forderung pfändbar;[99] durch § 2 Abs. 2 Satz 4 BetrAVG soll nur verhindert werden, dass Arbeitnehmer selbst vorab über ihre Anwartschaft verfügen.[100] Im Gegensatz zu Rentenzahlungen fällt die Forderung auf einmalige Auszahlung der Versicherungssumme aus einer Kapitallebensversicherung nicht unter § 850 Abs. 3 Buchst. b; denn eine derartige Kapitalleistung ist nicht in gleichem Maße wie eine Rentenzahlung geeignet, dem öffentlichen Interesse an einer funktionierenden privaten Vorsorge zu genügen.[101] Bei einer Direktversicherung mit teilweiser Entgeltumwandlung entsteht kein in Geld zahlbares und damit kein pfändbares Arbeitseinkommen.[102] Eine Umwandlung durch rechtsgeschäftliche Abrede ist allerdings dann unwirksam, wenn der Schuldner vorher alle pfändbaren Anteile seines Arbeitseinkommens abgetreten hatte (§ 398 Satz 2 BGB).[103] Für Kapitalansprüche, die ausschließlich den **Hinterbliebenen** des Versicherungsnehmers erwachsen sollen, greift § 850b Abs. 1 Nr. 4. Versorgungsrenten, die nicht aus Versicherungsverträgen herrühren und nicht bereits unter Abs. 2 einzuordnen sind, werden von Buchst. b nicht erfasst. Auf vertraglicher Grundlage gewährte Renten wegen Verletzung des Körpers und der Gesundheit fallen unter § 850b Abs. 1 Nr. 1[104], Unterhaltsrenten unter § 850b Abs. 1 Nr. 2 und Altenteilsrenten unter § 850b Abs. 1 Nr. 3.

VII. Umfang der Pfändung (Abs. 4)

Werden »Ansprüche des Schuldners auf Arbeitseinkommen« gegen einen bestimmten Drittschuldner gepfändet, so erstreckt sich die Pfändung auf alle zum Arbeitseinkommen zu zählenden Ansprüche, auch wenn sie in verschiedenen Bestimmungen des Arbeits- oder Dienstvertrages ihre Grundlage haben und demgemäß aus der Sicht der Vertragsparteien unterschiedliche Bezeichnun-

17

---

93 Das sind auch **Lebenspartner**; §§ 5, 16 LPartG i. d. F. vom 15.12.2004, BGBl. I, S. 3396.
94 Siehe Anh. § 829 Rdn. 30–34.
95 OLG Nürnberg, JR 1970, 386; *Wieczorek/Schütze/Lüke*, § 850 Rn. 71; vgl. ferner § 851c Rdn. 3.
96 *Berner*, Rpfleger 1957, 197; *Brox/Walker*, Rn. 547; *Stöber*, Forderungspfändung, Rn. 893; *Wieczorek/Schütze/Lüke*, § 850 Rn. 71.
97 BGH, ZIP 2008, 417; Rpfleger 2003, 305.
98 BFH, Rpfleger 1991, 466; BFH, Rpfleger 2007, 672 selbst bei **Wahlrecht** des Versicherungsnehmers, statt einer fälligen Kapitalleistung eine Versorgungsrente in Anspruch zu nehmen; LG Lübeck, MDR 1984, 61.
99 BGH, NJW-RR 2011, 283 Tz. 8 ff.
100 BGH, NJW-RR 2011, 283 Tz. 6 f; NJW-RR 2014, 163 Tz. 2.
101 BFH, Rpfleger 1991, 466, 467; BFH/NV 2003, 1538; BFH, Rpfleger 2007, 672.
102 BAG, NJW 2009, 167 Tz. 16; LAG Mecklenburg-Vorpommern, NZA-RR 2011, 484, 485.
103 BAG, NJW 2009, 167 Tz. 17; LAG Mecklenburg-Vorpommern, NZA-RR 2011, 484, 485.
104 BGHZ 70, 206; OLG Oldenburg, MDR 1994, 257.

gen führen (Lohn, Prämie, Urlaubsgeld[105] usw.). Die Forderung muss zum Schuldnervermögen gehören; es darf keine wirksame Vorausabtretung erfolgt sein, da die Pfändung sonst ins Leere geht.[106] Im Hinblick auf die §§ 832, 833 werden auch Teile des Arbeitseinkommens von der Pfändung erfasst, die erst künftig fällig werden und von Umständen abhängen, die im Zeitpunkt der Pfändung im Einzelnen noch nicht absehbar sind (Erfolgsprämien, die erst später ausgelobt werden; der vom Arbeitgeber gem. § 42b EStG durchgeführte Lohnsteuerjahresausgleich;[107] Zuschläge, die erst durch einen späteren Tarifvertrag neu eingeführt wurden.). Abs. 4 stellt keine Ausnahme vom Bestimmtheitserfordernis bei der Forderungspfändung[108] dar; denn die Forderung ist durch die Bezeichnung des Arbeitsverhältnisses und des Drittschuldners hinreichend bestimmt. Die einzelnen Vergütungsteile sind insoweit nur Rechnungsposten. Das Risiko, das Arbeitseinkommen im Rahmen der Pfändung unrichtig zu ermitteln und Teile unberücksichtigt zu lassen, die mitgerechnet werden müssten, oder umgekehrt Teile einzubeziehen, die nicht Arbeitseinkommen sind, trägt der Arbeitgeber als Drittschuldner.[109] Nicht von der Pfändung erfasst wird die Arbeitnehmersparzulage. Sie gehört nicht zu dem Arbeitseinkommen i. S. von Abs. 4, da es sich nicht um Mittel des Arbeitgebers handelt, auch wenn der Arbeitgeber die Auszahlung bewirkt.[110]

VIII. Entsprechende Anwendung der §§ 850 ff. auf die Pfändung von Sozialleistungsansprüchen

18 Nach § 54 Abs. 4 SGB I können Ansprüche auf laufende Geldleistungen (einschließlich etwaiger Nachzahlungen[111]) wie Arbeitseinkommen gepfändet werden, sofern diese Sozialleistungsansprüche nicht nach § 54 Abs. 3 SGB I unpfändbar sind oder nach § 54 Abs. 5 SGB I nur wegen der gesetzlichen Unterhaltsansprüche eines zu berücksichtigenden Kindes gepfändet werden können. Pfändbar sind daher das Arbeitslosengeld II[112] und Leistungen (Zuschläge) nach § 24 SGB II.[113] Vgl. auch § 850a Rdn. 7 (Ein-Euro-Job).

Um eine Sozialleistung handelt es sich nach § 3 Abs. 2 Nr. 4 i. V. m. § 11 SGB I auch beim **Insolvenzgeld**[114] nach §§ 183 ff. SGB III. Indes sind hierfür die Sonderregelungen der §§ 188 Abs. 2, 189 SGB III zu beachten. War der Anspruch des Schuldners auf Arbeitsentgelt vor Stellung des Antrages auf Insolvenzgeld bereits gepfändet, erstreckt sich die Pfändung auf den Anspruch auf Insolvenzgeld, obwohl der Drittschuldner wechselt (§ 334 SGB III). Einer erneuten Zustellung des Pfändungs- und Überweisungsbeschlusses an die örtlich zuständige Agentur für Arbeit bedarf es nicht; sie ist aber ratsam, um eine Auszahlung an den Schuldner zu verhindern.[115] Hinsichtlich des Pfändungsschutzes gelten die §§ 850a ff. wie zuvor bei der Pfändung des Arbeitseinkommens weiter. Selbstständig pfändbar ist das Insolvenzgeld erst ab Antragstellung durch den Berechtigten (§ 189 Satz 1 SGB III), also nicht als künftige Forderung. Erfolgt dennoch eine vorzeitige Pfändung, ist diese nicht unwirksam, begründet Priorität aber erst auf den Zeitpunkt der Beantragung des Insolvenzgeldes (§ 189 Satz 2 SGB III), sodass alle verfrühten Antragsteller gleichen Rang haben.[116] Auch bei der selbstständigen Pfändung des Insolvenzgeldes finden die für Arbeitseinkommen gel-

---

105 Siehe insoweit aber auch § 850a Nr. 2.
106 BAG, NJW 1993, 2701.
107 Kein Lohnbestandteil ist die vom Finanzamt zu erstattende Lohnsteuer; vgl. Rdn. 11; ferner Anh. § 829 Rdn. 39 ff. sowie § 832 Rdn. 2.
108 Siehe § 829 Rdn. 39.
109 BAG, Rpfleger 1977, 18 mit Anm. *Nickel* und *Pabst* in SAE 1977, 266.
110 Siehe schon Rdn. 11 und Anh. § 829 Rdn. 18.
111 LG Lübeck, ZInsO 2005, 155.
112 BGH, Rpfleger 2004, 232; NJW 2007, 606.
113 LSG Berlin-Brandenburg, Beschl. v. 30.6.2006 – L 10 B 406/06 AS ER –.
114 Einzelheiten: *Hornung*, Rpfleger 1975, 196, 235, 285; *Stöber*, Forderungspfändung, Rn. 1449–1460.
115 Zu den Folgen einer Auszahlung in Unkenntnis der Pfändung SozG Kassel, ZIP 1981, 1013.
116 A. A. *Stöber*, Forderungspfändung, Rn. 1459.

tenden Regeln ohne Einschränkung Anwendung. Drittschuldner bei der selbstständigen Pfändung des Insolvenzgeldes ist die örtliche Agentur für Arbeit (§ 334 SGB III), nicht die Bundesagentur für Arbeit.

IX. Entsprechende Anwendung der §§ 850 ff. im Insolvenzverfahren

Nach § 36 Abs. 1 InsO gehören Gegenstände, die nicht der Zwangsvollstreckung unterliegen, nicht zur Insolvenzmasse. Nach § 4 InsO gelten für das Insolvenzverfahren die Vorschriften der Zivilprozessordnung entsprechend, soweit dieses Gesetz nichts anderes bestimmt. Daher gelten auch die §§ 850 ff. im Insolvenzverfahren entsprechend.[117] Deshalb ist der vom Treuhänder einzuziehende und damit dem Insolvenzbeschlag unterliegende Betrag des Arbeitseinkommens unter Berücksichtigung der sich aus §§ 850 ff. ergebenden Pfändungsbeschränkungen und Berechnungskriterien zu ermitteln. Vgl. auch § 850b Rdn. 20, § 850c Rdn. 16 und § 850g Rdn. 5.

X. ArbGG, VwGO, AO

Der Pfändungsschutz der §§ 850 ff. gilt auch bei der Vollstreckung von arbeitsgerichtlichen Titeln (§§ 62 Abs. 2, 85 Abs. 1 Satz 3 ArbGG) und von Titeln nach § 168 VwGO (§ 167 Abs. 1 VwGO). Für die Vollstreckung nach § 169 (ggf. auch nach § 170 Abs. 1 Satz 3) VwGO verweist § 5 VwVG auf die Vorschriften der Abgabenordnung. Gem. § 319 AO gelten für die Vollstreckung nach der AO die §§ 850–852 sinngemäß.[118] Die Pfändung erfolgt durch Pfändungsverfügung der Vollstreckungsbehörde (§ 309 AO). Ein Verstoß gegen § 850 ist nicht mit der Erinnerung, sondern mit dem Einspruch nach § 347 AO geltend zu machen (§ 256 AO).

---

117 OLG Köln, ZIP 2000, 2075, 2076 m. w. N.; NJW-RR 2001, 191, 192; OLG Frankfurt, NJW-RR 2001, 189, 190; OLG Hamburg, EWiR 2001, 647 *(Pape)*.
118 FG München, Beschl. v. 6.4.2006 – 9 V 467/06 –.

§ 850a Unpfändbare Bezüge

Unpfändbar sind
1. zur Hälfte die für die Leistung von Mehrarbeitsstunden gezahlten Teile des Arbeitseinkommens;
2. die für die Dauer eines Urlaubs über das Arbeitseinkommen hinaus gewährten Bezüge, Zuwendungen aus Anlass eines besonderen Betriebsereignisses und Treugelder, soweit sie den Rahmen des Üblichen nicht übersteigen;
3. Aufwandsentschädigungen, Auslösungsgelder und sonstige soziale Zulagen für auswärtige Beschäftigungen, das Entgelt für selbstgestelltes Arbeitsmaterial, Gefahrenzulagen sowie Schmutz- und Erschwerniszulagen, soweit diese Bezüge den Rahmen des Üblichen nicht übersteigen;
4. Weihnachtsvergütungen bis zum Betrage der Hälfte des monatlichen Arbeitseinkommens, höchstens aber bis zum Betrage von 500 Euro;
5. Heirats- und Geburtsbeihilfen, sofern die Vollstreckung wegen anderer als der aus Anlass der Heirat oder der Geburt entstandenen Ansprüche betrieben wird;
6. Erziehungsgelder, Studienbeihilfen und ähnliche Bezüge;
7. Sterbe- und Gnadenbezüge aus Arbeits- oder Dienstverhältnissen;
8. Blindenzulagen.

Übersicht

	Rdn.
I. Zweck und Bedeutung der Norm	1
II. Absolut unpfändbare Ansprüche	2
1. Die Hälfte der Mehrarbeitsvergütung (Nr. 1)	2
2. Urlaubsgeld, Jubiläumszuwendungen, Treugelder (Nr. 2)	3
a) Urlaubsgeld	3
b) Jubiläumszuwendungen, Treugelder	4
c) Rahmen des Üblichen	5
d) Kontenpfändung	6
3. Aufwandsentschädigungen und ähnliche Zulagen (Nr. 3)	7
a) Aufwandsentschädigungen	7
b) Auslösungsgelder und ähnliche Zulagen	9
c) Rahmen des Üblichen	10
4. Weihnachtsvergütungen (Nr. 4)	11
5. Heirats- und Geburtsbeihilfen (Nr. 5)	12
6. Erziehungsgelder, Studienbeihilfen und ähnliche Bezüge (Nr. 6)	13
7. Sterbe- und Gnadenbezüge aus Arbeits- oder Dienstverhältnissen (Nr. 7)	14
8. Blindenzulagen	15
III. Verstöße gegen § 850a	16
IV. Rechtsbehelfe	17
V. ArbGG, VwGO, AO	18

Literatur:

Beetz, Pfändbarkeit von Urlaubsvergütungen, ZVI 2008, 244; *Bengelsdorf*, Neue Rechtsprechung im Lohnpfändungsrecht, FA 2009, 162; *ders.*, Die Ermittlung des pfändbaren Teils des Arbeitseinkommens bei Zahlung unpfändbarer Bezüge i. S. von § 850a ZPO, SAE, 2014, 37; *Berner*, Die Pfändbarkeit des Urlaubsentgelts, Rpfleger 1960, 5; *Bink*, Die Weihnachtsgratifikation in der Lohnpfändung, JurBüro 1967, 945; *Denck*, Lohnvorschuß und Pfändung, BB 1979, 480; *Faecks*, Die Ansprüche des Arbeitnehmers auf Urlaubsentgelt und Urlaubsabgeltung in der Zwangsvollstreckung, NJW 1972, 1448; *D. Gaul*, Zur pfändungsrechtlichen Beurteilung des Urlaubsabgeltungsanspruchs, NZA 1987, 473; *Harks*, Zur Unpfändbarkeit der Mehraufwandsentschädigung bei Ein-Euro-Jobs, Rpfleger 2007, 588; *Hintzen*, Sonderbezüge i. S. d. § 850 ZPO – Brutto- oder Nettomethode, Rpfleger 2014, 117; *Hoffmann*, Zur Ausbildungsbeihilfe für Lehrlinge, BB 1959, 853; *Hohn*, Pfändung, Aufrechnung und Abtretung bei Urlaubsansprüchen, BB 1965, 751; *ders.*, Pfändung von Urlaubsgeld und Gratifikationen, BB 1966, 1273; *ders.*, Unpfändbarkeit von Auswärtszulagen?, BB 1968, 548; *Köst*, Ausgewählte Fragen des Urlaubsrechts, BB 1956, 564; *Kohls*, Bezüge aus der Wahrnehmung von Mitgliedschaften in kommunalen Vertretungskörperschaften und ihre Behandlung in der Zwangsvollstreckung, NVwZ 1984, 294; *Lamberz*, § 850 ZPO: Nettomethode maßgeblich – endlich, RpflStud 2014, 63; *Notzel*, Die Vergütung des Auszubildenden, DB 1970, 2267; *Peters*, Zur Pfändbarkeit von Urlaubsentgelt, DB 1966, 1133; *Pfeifer*, Pfändung urlaubsrechtlicher Ansprüche, NZA 1996, 738; *Richter*, Grundlagen der Berechnung des pfändbaren Arbeitseinkommens, ArbR 2013, 382; *Sibben*, Zur Zulässigkeit der Pfändung von Prämien, DGVZ 1988, 4; *Tschöpe*, Die Aufrechnung gegen Urlaubsabgeltungsansprüche, BB 1981, 1902; *Würdinger*, Das Ende eines Paradoxons im Lohnpfändungsrecht, NJW 2014, 3121.

I. Zweck und Bedeutung der Norm

Teils aus sozialen Gründen, teils wegen der Zweckgebundenheit der Bezüge werden in den Nrn. 1–8 bestimmte Ansprüche aus Arbeits- und Dienstverhältnissen, die nach den Grundsätzen zu § 850 Abs. 2 und 3 Arbeitseinkommen sind, für absolut unpfändbar erklärt. Sie werden also bei der Ermittlung des Arbeitseinkommens nach § 850 Abs. 4 nicht mitberücksichtigt und gem. § 850e Nr. 1 nicht mitgerechnet, sondern ohne Rücksicht auf die Pfändung des Arbeitseinkommens in voller Höhe an den Schuldner ausgezahlt, es sei denn, gerade diese Bezüge wären ausdrücklich im (insoweit anfechtbaren[1]) Pfändungsbeschluss als gepfändet bezeichnet. Wird die Zwangsvollstreckung wegen Unterhaltsansprüchen betrieben, schränkt allerdings § 850d Abs. 1 die Unpfändbarkeit der in Nrn. 1, 2 und 4 genannten Ansprüche ein. Die in den Nrn. 3, 5–8 genannten Ansprüche sind auch den Unterhaltsgläubigern in vollem Umfange entzogen. In die in Nr. 5 genannten Ansprüche kann im Rahmen der besonderen Zweckbindung vollstreckt werden. Warum der Gesetzgeber dies nicht auch hinsichtlich der in Nr. 7 genannten Bezüge im Hinblick auf die Bestattungskosten vorgesehen hat, ist nicht einsichtig.

II. Absolut unpfändbare Ansprüche

1. Die Hälfte der Mehrarbeitsvergütung (Nr. 1)

Leistet der Schuldner über die in seinem Betrieb übliche Arbeitszeit (z. B. 35-Stundenwoche; die Üblichkeit kann einzelvertraglich, durch Betriebsvereinbarung oder Tarifvertrag festgelegt sein) hinaus Mehrarbeit und erhält er hierfür eine Vergütung in Geld, so ist die Hälfte der **gesamten** auf die Mehrarbeit entfallenden Bezüge, die in der Regel aus dem Grundlohn und einem Zuschlag für die Mehrarbeit bestehen, unpfändbar, also nicht nur der Zuschlag.[2] Dadurch soll dem Schuldner ein Anreiz gegeben werden, Mehrarbeit zu erbringen und dadurch zugunsten der Gläubiger Mehreinnahmen zu erwirtschaften.[3] Ob überhaupt ein Zuschlag gewährt wird oder nicht, ist für die Beurteilung der Vergütung als Mehrarbeitsvergütung unerheblich. Wird die Mehrarbeit allerdings unentgeltlich geleistet, wird dadurch nicht ein Teil der für die Arbeit während der üblichen Arbeitszeit zu beanspruchenden Vergütung unpfändbar. Nicht besonders bezahlte Überstunden bei Beamten[4] und Angestellten lassen sich nicht auf die regelmäßigen Bezüge umrechnen, mit denen sie bereits abgegolten sind.[5] Mehrarbeit ist jede Arbeit, die über den üblichen Umfang hinaus geleistet wird, etwa in Form von Überstunden oder Sonntagsarbeit. Ob die Mehrarbeit im Rahmen des Hauptarbeitsverhältnisses oder einer Nebentätigkeit geleistet wird (Beispiel: Die als Packerin tätige Schuldnerin arbeitet nach Beendigung ihrer normalen Arbeitszeit noch als Reinigungskraft im Betrieb), ist für die Anwendbarkeit der Nr. 1 ebenso unerheblich wie, ob sie für denselben Arbeitgeber geleistet wird.[6] Bezieht der Schuldner eine Altersrente und ist er daneben zur Aufbesserung der Rente selbstständig tätig, können auf seinen Antrag seine Einnahmen aus der selbstständigen Tätigkeit als Mehrarbeitsvergütung bis zur Hälfte pfandfrei gestellt werden.[7] Keine Mehrarbeit liegt vor, wenn der Arbeitnehmer bei verschiedenen Arbeitgebern relativ kurze Zeit arbeitet, seine Gesamtarbeitszeit aber über der gesetzlichen Arbeitszeit des ArbZG liegt (Beispiel: Die Reinigungskraft hat viele Auftraggeber, bei denen sie jeweils wöchentlich nur 4–6 Stunden arbeitet; ihre Gesamtarbeitszeit in der Woche beträgt jedoch 50 Stunden). Hier fehlt es an einer »üblichen« Arbeitszeit, von der aus die Mehrarbeitsstunden bestimmt werden könnten. Nr. 1 stellt allein auf die Arbeitszeit ab,

---

1 Siehe hierzu unten Rdn. 16 sowie § 850 Rdn. 7.
2 MüKo/*Smid*, § 850a Rn. 5; *Musielak/Becker*, § 850a Rn. 2.
3 BGH, NJW-RR 2014, 1198 Tz. 8; dazu Anm. *Ahrens*, EWiR 2014, 627.
4 Vgl. aber § 72 Abs. 4 BBG, § 48 BBesG und § 7 ArbZG.
5 *Musielak/Becker*, § 850a Rn. 2.
6 BGH, NJW-RR 2014, 1198 Tz. 8; OLG Hamm, AP Nr. 3 zu § 850a ZPO mit zustimmender Anm. *Pohle*; *Wieczorek/Schütze/Lüke*, § 850a Rn. 9.
7 BGH, NJW-RR 2014, 1198 Tz. 10 ff.; anders beim zusätzlichen Arbeitseinkommen eines Versorgungsempfängers, VG Wiesbaden, ZVI 2014, 277, 279.

nicht auf den Arbeitserfolg. Zuschläge, die für einen höheren Arbeitserfolg innerhalb der üblichen Arbeitszeit gezahlt werden (Akkordprämien, Zuschläge bei vorzeitiger Fertigstellung eines Werkes oder bei geringerer Ausschussproduktion u. ä.) genießen nicht den Schutz nach Nr. 1.[8] Sie sind nur ein Rechnungsposten innerhalb der allgemeinen Lohnberechnung.

Da nach Nr. 1 dem Schuldner die tatsächliche Hälfte der für die Mehrarbeit gezahlten Vergütung belassen werden soll, wurde nach der früher h. M. bei der Berechnung des Betrages auf den **Bruttoanspruch** abgestellt (Bruttomethode).[9] Das bedeutet: Von dem Bruttoarbeitseinkommen ist der unpfändbare Betrag brutto abzuziehen; er wird nicht um anteilige Steuern und Sozialabgaben gekürzt. Die für die Gesamtvergütung zu zahlenden Steuern und Sozialabgaben sind bei der Berechnung des dem Gläubiger auszuzahlenden Betrages (§ 850e Nr. 1) vom restlichen pfändbaren Einkommen einschließlich der anderen Hälfte der Mehrarbeitsvergütung abzuziehen, sodass dem Schuldner im Ergebnis mehr als die Hälfte des Nettomehrverdienstes verbleibt.[10] Durch diese Berechnung werden die unpfändbaren Steuern und Sozialversicherungsbeiträge einmal durch den Abzug der gesamten unpfändbaren Bruttobezüge und einmal durch den Abzug der vom Gesamtbrutto berechneten Abgaben und somit im Ergebnis zweimal in Abzug gebracht; dies wirkt sich zulasten des Vollstreckungsgläubigers aus. Um diese Benachteiligung zu vermeiden und zu einem sachgerechten Ergebnis zu kommen, ist das pfändbare Arbeitseinkommen mit der neueren Rechtsprechung nach der Nettomethode zu berechnen.[11] Danach werden zwar auch die unpfändbaren Beträge zunächst vom Gesamtbrutto abgezogen, die zusätzlich abzuziehenden Steuern und Sozialversicherungsbeiträge werden aber nicht vom Gesamtbrutto, sondern fiktiv von dem um die unpfändbaren Bezüge verringerten Einkommen berechnet. Dadurch verbleibt ein größerer Betrag als pfändbares Einkommen gem. § 850e Nr. 1, von dem dann der konkret pfändbare Anteil mithilfe der Pfändungstabelle zu ermitteln ist. Nicht zu verkennen ist allerdings, dass dem Arbeitgeber als Drittschuldner damit eine komplizierte Berechnung zugemutet wird; er muss nicht nur die von ihm abzuführenden Steuern und Sozialversicherungsbeiträge aus dem Gesamtbrutto berechnen, sondern auch eine fiktive Berechnung der Abgaben aus dem um die unpfändbaren Beträge verminderten Gesamtbrutto vornehmen.[12]

2. Urlaubsgeld, Jubiläumszuwendungen, Treugelder (Nr. 2)

a) Urlaubsgeld

3   Aus Anlass des **Urlaubs** können dem Arbeitnehmer verschiedene Vergütungsansprüche erwachsen. Er erhält seinen Lohn oder seine Dienstbezüge während des Urlaubs fortgezahlt, als würde er die übliche Arbeit weiterleisten (sog. **Urlaubsvergütung**). Er bekommt darüber hinaus einen Betrag als Zuschuss zu den Mehrkosten, die ein Erholungsurlaub verursachen kann (sog. **Urlaubsgeld**; u. U. auch sog. 14. Monatsgehalt). Oder er erhält dafür, dass er keinen Urlaub nimmt, sondern (bei zeitlich befristetem Arbeitsverhältnis) durcharbeitet, neben seinem für diese Arbeit gezahlten Lohn die Urlaubsvergütung (Lohnfortzahlung), die er im Fall des Urlaubs erhalten hätte (**Urlaubs-**

---

8   MüKo/*Smid*, § 850a Rn. 4; *Stein/Jonas/Brehm*, § 850a Rn. 7; *Stöber*, Forderungspfändung, Rn. 983; *Wieczorek/Schütze/Lüke*, § 850a Rn. 10.

9   BAG, Urt. v. 4.4.1989 – 8 AZR 689/87 – (ohne Begründung); LG Mönchengladbach, NZI 2006, 49; *Stein/Jonas/Brehm*, § 850a Rn. 12; MüKo/*Smid*, § 850a Rn. 6; *Musielak/Becker*, § 850a Rn. 2; *Stöber*, Forderungspfändung, Rn. 984.

10 Berechnungsbeispiel bei *Brox/Walker*, Zwangsvollstreckungsrecht, Rn. 561b.

11 BAG, NJW 2013, 2924 Tz. 19 ff mit ausführlicher Begründung; zustimmend *Brox/Walker*, Zwangsvollstreckungsrecht, Rn 561c mit Berechnungsbeispiel; zuvor schon *Thomas/Putzo/Seiler*, § 850a Rn. 1; *Wieczorek/Schütze/Lüke*, § 850a Rn. 11.

12 *Brox/Walker*, Zwangsvollstreckungsrecht, Rn. 561c.

abgeltung).[13] Nr. 2 betrifft ausschließlich das Urlaubsgeld[14], ohne dass der Arbeitnehmer dafür nachweisen müsste, dass er in entsprechender Höhe tatsächlich urlaubsbedingte Mehraufwendungen gehabt hat.[15] Die Urlaubsvergütung ist wie gewöhnlicher Arbeitslohn pfändbar.[16] Der Urlaubsabgeltungsanspruch wird dagegen von einer verbreiteten Ansicht ebenso wie der Anspruch auf Urlaubsgewährung als höchstpersönlicher Anspruch eingeordnet; er ist nach dieser Ansicht nicht abtretbar und somit nach § 851 Abs. 1 unpfändbar.[17] Wegen seiner besonderen Zweckbestimmung, dem Arbeitnehmer später doch noch einen Erholungsurlaub zu ermöglichen, sei er auch nicht als Mehrarbeitsvergütung nach Nr. 1 einzuordnen[18] und deshalb dem Zugriff der Unterhaltsgläubiger entzogen. Nach richtiger Auffassung ist die Urlaubsabgeltung anlässlich der Beendigung des Arbeitsverhältnisses mit der Urlaubsvergütung vergleichbar und deshalb wie diese pfändbar.[19] Vgl. auch § 850e Rdn. 2.

b) Jubiläumszuwendungen, Treugelder

Jubiläumszuwendungen können sowohl aus Anlass eines Jubiläums des Betriebes, des Betriebsinhabers als auch des Arbeitnehmers gewährt werden. Im letzteren Fall ist der Begriff mit dem des Treugeldes identisch. Treugelder sind die einem Arbeitnehmer aus Anlass langjähriger Betriebszugehörigkeit gewährten Zuwendungen; sie sollen ihm Anreiz für das Festhalten am Arbeitsverhältnis bieten.[20]

4

Weitere besondere Betriebsereignisse, die Anlass einer Zuwendung i. S. von Nr. 2 sein können, sind einmalige betriebliche Erfolge (Beispiele: Der zehnmillionste PKW läuft vom Band, die 100. Filiale wird eröffnet). Regelmäßige Erfolgsbeteiligungen (Tantiemen, Prämien der Fußball-Lizenzspieler usw.) fallen dagegen nicht unter Nr. 2, sondern sind normales Arbeitseinkommen.[21]

c) Rahmen des Üblichen

Der Anspruch auf Urlaubsgeld, Jubiläumszuwendung oder Treugeld ist nicht in unbeschränkter Höhe unpfändbar, sondern nur, soweit er den Rahmen des Üblichen nicht übersteigt. Die Üblichkeit ist nach den Gepflogenheiten vergleichbarer Betriebe zu beurteilen, nicht danach, was im konkreten Unternehmen bisher üblich war; das gilt auch dann, wenn das Urlaubsgeld eine erhebliche Höhe erreicht.[22] Eine starre Höchstgrenze wie in Nr. 4 gilt hier nicht; sie kann auch nicht als Anhaltspunkt herangezogen werden.[23] Der das Übliche übersteigende Teil des Anspruchs ist Teil des gewöhnlichen Arbeitseinkommens und wie dieses pfändbar.

5

---

13 I. E. *Beetz*, ZVI 2008, 244.
14 *Baumbach/Lauterbach/Hartmann*, § 850a Rn. 4; *Brox/Walker*, Rn. 551; *MüKo/Smid*, § 850a Rn. 8; *Musielak/Becker*, § 850a Rn. 3; *Stein/Jonas/Brehm*, § 850a Rn. 15; *Stöber*, Forderungspfändung, Rn. 987; *Thomas/Putzo/Seiler*, § 850a Rn. 3; *Wieczorek/Schütze/Lüke*, § 850a Rn. 16f.
15 LAG Nürnberg, Urt. v. 7.11.2006 – 7 Sa 716/05 –.
16 Allgem. Meinung; vgl. nur BAG, BB 2001, 2378; BAG, AP Nr. 5 zu § 850 ZPO mit zustimmender Anm. *Pohle*; BGH, NJW 1972, 1703; *Stöber*, Forderungspfändung, Rn. 987. Vgl. ferner § 850 Rdn. 11.
17 BAG, BB 1988, 1533; BAG, AP Nr. 42 zu § 611 BGB (Urlaubsrecht); ArbG Hannover, BB 1961, 253; *Stöber*, Forderungspfändung, Rn. 988; *Wieczorek/Schütze/Lüke*, § 850a Rn. 17.
18 So aber *Faecks*, NJW 1972, 1448.
19 BAG, JurBüro 2003, 214; BB 2001, 2378 f.; Hess. LAG, Urt. v. 7.9.2007 – 10 Sa 149/07 –; LAG Berlin, NZA 1992, 122; LG Münster, Rpfleger 1999, 500; *Leinemann/Linck*, Urlaubsrecht, § 7 BUrlG Rn. 201; *Stein/Jonas/Brehm*, § 850a Rn. 15. Vgl. auch § 851 Rdn. 4 m. w. N.
20 BAG NJW 2009, 167.
21 BAG NJW 2009, 167.
22 BGH, NJW-RR, 2012, 825; *Zöller/Stöber*, § 850a Rn. 6.
23 BGH, NJW-RR 2012, 825 Tz. 11; *MüKo/Smid*, § 850a Rn. 7; *Wieczorek/Schütze/Lüke*, § 850a Rn. 13; *Zöller/Stöber*, § 850a Rn. 6; **a. A.** (Grenze nach Nr. 4 auch hier Höchstgrenze) *Henze*, Rpfleger 1980, 456.

d) Kontenpfändung

6 Absolut unpfändbar ist nur der Anspruch auf die in Nr. 2 (ebenso wie in den anderen Nummern) genannten Bezüge. Sobald das Geld auf ein Konto des Schuldners überwiesen ist, gilt § 850l.[24] Hat der Schuldner das Geld sodann anderweitig angelegt (Sparbuch, Wertpapiere), ist er nicht damit zu hören, es stamme ausschließlich aus nach § 850a absolut unpfändbaren Bezügen.[25]

3. Aufwandsentschädigungen und ähnliche Zulagen (Nr. 3)

a) Aufwandsentschädigungen

7 Aufwandsentschädigung ist die Erstattung von Aufwendungen, die im Zusammenhang mit einer Tätigkeit im Einzelfall oder regelmäßig notwendig werden und die nicht mit dem eigentlichen Entgelt (Lohn, Gehalt, Provision usw.) bereits abgegolten sind. Wird immer ein über dem Üblichen liegender Lohn bezahlt, dafür aber erwartet, dass der Arbeitnehmer alle Nebenkosten selbst trägt, ist Nr. 3 nicht einschlägig;[26] insoweit enthält § 850f Abs. 1 eine besondere Regelung. Als Aufwendungen kommen beispielsweise in Betracht: Reisekosten, Kosten auswärtiger Übernachtung, erhöhter Verpflegungsaufwand, Unterhaltung eines Büros oder Lagerraums, Fortbildungskosten[27], erhöhte Telefonkosten. Die Entschädigung hierfür kann gegen Nachweis der einzelnen Aufwendungen (Kilometergeld[28], Spesenersatz) oder pauschal erfolgen (Tagegeld[29], Übernachtungsgeld, Fahrtkostenpauschale, Berufskleidungszulage, Bürokostenpauschale usw.). Mehrere Aufwandsentschädigungen, die demselben Zweck dienen, sind bei der Prüfung der Unpfändbarkeit zusammenzurechnen, bevor festgestellt werden kann, ob sie den Rahmen des Üblichen übersteigen.[30] Nr. 3 schützt nicht nur die an (abhängige) Arbeitnehmer gezahlten Aufwandsentschädigungen, sondern gilt auch für freiberuflich tätige Handelsvertreter.[31] Die Vorschrift erfasst aber weder ganz noch teilweise den Anspruch eines Kassenarztes gegen seine Kassenärztliche Vereinigung[32], obwohl mit dieser Leistung auch alle Personal- und Laborkosten abgegolten werden. Auch in diesem Fall kann § 850f Abs. 1 eingreifen. Die »Entschädigung für Mehraufwendungen« gemäß § 16d SGB II ist grds. wie Arbeitseinkommen pfändbar (§ 54 Abs. 4 SGB I).[33]

8 Unter Nr. 3 fallen schließlich auch Aufwandsentschädigungen, die ehrenamtlich Tätigen gezahlt werden[34], so die Sitzungsgelder für Mitglieder von Gemeinderäten, für Schöffen, ehrenamtliche Richter, Mitglieder von Ausschüssen und Facharbeitskreisen in Politik, Wirtschaft und im sozialen

---

24 LG Deggendorf, JurBüro 2005, 275; LG Flensburg, JurBüro 2006, 437.
25 LG Essen, Rpfleger 1973, 148.
26 LAG Baden-Württemberg, BB 1958, 1057; LAG Hamm, BB 1972, 855; *Stöber*, Forderungspfändung, Rn. 992; *Stein/Jonas/Brehm*, § 850a Rn. 21.
27 Beispiel: BAG, DB 1973, 672.
28 LAG Düsseldorf, VersR 1970, 432; LG Essen, MDR 1970, 516.
29 BAG, BB 1971, 1197.
30 BezG Frankfurt/O., Rpfleger 1993, 457.
31 BGH, NJW 1986, 2362 (»... allenfalls noch Handelsvertreter«); OLG Hamm, BB 1956, 668; BB 1972, 855; *Wieczorek/Schütze/Lüke*, § 850a Rn. 22.
32 BGH, NJW 1986, 2362.
33 LG Görlitz, JAmt 2006, 51; LG Bautzen, FamRZ 2009, 1941; a. A. LG Dresden, Rpfleger 2008, 655; *Harks*, Rpfleger 2007, 588; offen gelassen in BGH, Beschl. v. 14.5.2014 – VII ZB 56/12 – (Nebenverdienst des Schuldners bei einem Drittschuldner keine Entschädigung für Mehraufwendungen i. S. d. § 16d Abs. 7 Satz 1 SGB II).
34 H. M.: OLG Düsseldorf, Rpfleger 1978, 461; NJW 1988, 977 (Vergütung für Volkszähler); OLG Hamm, FamRZ 1980, 997; *Baumbach/Lauterbach/Hartmann*, § 850a Rn. 5; MüKo/*Smid*, § 850a Rn. 11; *Musielak/Becker*, § 850a Rn. 4; *Stein/Jonas/Brehm*, § 850a Rn. 19; *Stöber*, Forderungspfändung, Rn. 998; *Thomas/Putzo/Seiler*, § 850a Rn. 4; *Wieczorek/Schütze/Lüke*, § 850a Rn. 22; a. A. (nicht Nr. 3, sondern nur § 851 Abs. 1 sei einschlägig) *Kohls*, NVwZ 1984, 294.

Bereich.[35] Keine Aufwandsentschädigung i. S. von Nr. 3, auch wenn sie in der Umgangssprache häufig so bezeichnet wird, ist die Entschädigung für Verdienstausfall. Sie hat volle Lohnersatzfunktion und ist deshalb wie Lohn zu pfänden.[36] Nr. 3 greift nicht ein, wenn die von einem ehrenamtlichen Bürgermeister erbrachten Arbeitsstunden denen einer Vollzeitkraft entsprechen und er seinen Lebensunterhalt zumindest im Wesentlichen aus der Aufwandsentschädigung bestreitet; denn die Bestimmung soll nur davor schützen, dass durch die Pfändung dem Schuldner der Gegenwert für tatsächliche Aufwendungen nochmals entzogen wird.[37] Ebenso gilt dies für die Ansprüche eines ehemaligen Bürgermeisters auf Ehrensold gegenüber seiner Gemeinde als Drittschuldnerin.[38]

b) Auslösungsgelder und ähnliche Zulagen

Das sind Ersatzleistungen für Mehraufwendungen durch ständige auswärtige Beschäftigung.[39] Zu den sozialen Zulagen für auswärtige Beschäftigung gehören auch die Umzugskostenzuschüsse. Schließlich sind durch Nr. 3 noch die Gefahrenzulagen, die Schmutz- und Erschwerniszulagen[40] sowie das Entgelt für selbst gestelltes Arbeitsmaterial (auch PKW) geschützt, nicht hingegen Zulagen, die nur als Ausgleich für eine ungünstige Arbeitszeit (z. B. Sonn-, Feiertags- und Nachtschichtzuschläge)[41] gewährt werden.

c) Rahmen des Üblichen

Um Lohnverschleierungen durch angebliche Zulagen zu verhindern, sind die in Nr. 3 genannten Bezüge nur so weit unpfändbar, wie sie den Rahmen des Üblichen nicht übersteigen. Abzustellen ist wie bei Nr. 2 auf das allgemein Übliche, nicht auf die Gepflogenheiten im konkreten Betrieb. Immer als üblich wird das anzusehen sein, was die Finanzverwaltung als steuerfreie Sätze anerkennt[42], jedoch können die unpfändbaren Beträge im Einzelfall auch darüber hinausgehen, da die Pauschalierungen der Finanzbehörden der Wirklichkeit nicht immer gerecht werden. Jedenfalls sind häusliche Ersparnisse von den pfändungsfreien Zulagen abzuziehen, soweit sie steuerlich nicht berücksichtigt werden.[43] Soweit Aufwandsentschädigungen usw. im Gesetz, in Rechtsverordnungen, Tarifverträgen oder Betriebsvereinbarungen der Höhe nach festgelegt sind, entsprechen diese Beträge der Üblichkeit.[44] Entscheidend für die Abgrenzung zwischen verschleiertem Lohn und Aufwandsentschädigung ist, ob die Beträge die Mehraufwendungen in etwa abdecken oder ob sie so berechnet sind, dass der Arbeitnehmer einen spürbaren Gewinn macht.

4. Weihnachtsvergütungen (Nr. 4)

Es muss, da § 850a die Unpfändbarkeit bestimmter **Forderungen** regelt, ein Anspruch auf Weihnachtsgeld bestehen. Freiwillige Geldgeschenke des Arbeitgebers aus Anlass des Weihnachtsfestes

---

35 Anders AG Leipzig, NJW 2004, 375 für Ansprüche auf Sitzungsgeld und Aufwandsentschädigung des Vorstandsmitglieds eines Anwaltvereins.
36 *Stein/Jonas/Brehm*, § 850a Rn. 19; *Wieczorek/Schütze/Lüke*, § 850a Rn. 22.
37 VG Ansbach, Rpfleger 2006, 419.
38 LG Würzburg, Beschl. v. 12.2.2010 – 9 T 2518/09 –; offen gelassen BGH, Beschl. v. 12.1.2012 – VII ZB 20/10.
39 ArbG Wilhelmshaven, BB 1962, 410.
40 Hierzu die Erläuterung durch den BMI in BB 1952, 859.
41 LAG Frankfurt, DB 1989, 1732.
42 BGH, NJW 1986, 2362; BAG, BB 1971, 1197.
43 LG Essen, Rpfleger 1970, 179; *Hohn*, BB 1968, 548; *Stöber*, Forderungspfändung, Rn. 990.
44 Nach LG Kiel, Beschl. v. 24.9.2013 – 13 T 44/13 – soll dies nicht für beamtenrechtliche Auslandszulagen, insbes. an Angehörige gehobener und hoher Gehaltsgruppen gelten, die nicht ausnahmslos als soziale Zulagen im Sinne der gesetzlichen Bestimmungen angesehen werden könnten; offen gelassen BGH, Beschl. v. 5.6.2014 – VII ZB 54/13.

werden von der Vorschrift nicht erfasst.[45] Ein Anspruch kann sich nicht nur aus Gesetz, Tarifvertrag, Betriebsvereinbarung, betrieblicher Übung oder einzelvertraglicher Vereinbarung ergeben, sondern auch aus einer einseitigen schriftlichen Ankündigung des Arbeitgebers.[46] Die Zahlung muss im sachlichen und zeitlichen Zusammenhang mit dem Weihnachtsfest stehen, wenn das Geld auch nicht unbedingt ausschließlich gemeinsam mit dem Dezembergehalt ausgezahlt werden muss.[47] Ein solcher Zusammenhang ist bei **beamtenrechtlichen Sonderzahlungen** nicht notwendig gegeben.[48] Die bloße Bezeichnung als »Weihnachtsgeld« schafft allein diesen Zusammenhang nicht, wenn die Auszahlung schon im Sommer oder verteilt auf alle Monate des Jahres erfolgt.[49] Umgekehrt steht eine anderweitige Bezeichnung, etwa als 13. Monatsgehalt oder als Jahresendbezüge[50] in den neuen Bundesländern, bei entsprechendem Bezug zum Weihnachtsfest der Anwendung des § 850a Nr. 4 nicht entgegen. Für die Berechnung des unpfändbaren Betrages ist das Bruttomonatseinkommen maßgebend[51], nicht der Nettoverdienst.[52] Höchstgrenze sind 500 Euro. Hinsichtlich des Abzuges von Steuern und Sozialabgaben gilt das oben zu Nr. 1 Gesagte.[53]

5. Heirats- und Geburtsbeihilfen (Nr. 5)

12 Hierher gehören nur Ansprüche aus den genannten Anlässen gegen den Arbeitgeber, nicht aber Ansprüche aus der Sozialversicherung. Für letztere gilt § 54 SGB I.[54] Nr. 5 ist entsprechend anzuwenden bei Beihilfen, die im öffentlichen Dienst anlässlich einer Heirat oder Geburt gewährt werden.[55] Die in Nr. 5 genannten Ansprüche sind für diejenigen Gläubiger uneingeschränkt pfändbar, die wegen Ansprüchen die Vollstreckung betreiben, die gerade aus Anlass der Heirat oder Geburt entstanden sind. Hierzu zählen die Bewirtungskosten anlässlich der Hochzeitsfeier, aber auch der Kaufpreis für die Möbel zur Einrichtung der gemeinsamen Wohnung und für angeschafften Hausrat, die Entbindungskosten (Arzt, Hebamme, Krankenhaus), die Kosten für Drucksachen u. ä. Die Beweislast für den Zusammenhang der titulierten Forderung mit Hochzeit oder Geburt trägt der Gläubiger. Zur beamtenrechtlichen Beihilfe im Krankheitsfall vgl. § 851 Rdn. 5.

6. Erziehungsgelder, Studienbeihilfen und ähnliche Bezüge (Nr. 6)

13 Es kann sich um private Leistungen des Arbeitgebers, Leistungen privater oder öffentlicher Stiftungen, aber auch um Leistungen der öffentlichen Hand handeln, soweit sie nicht Sozialleistungen i. S. des SGB sind. Unerheblich ist, ob der Jugendliche selbst oder sein unterhaltspflichtiger Elternteil anspruchsberechtigt ist. Nicht unter Nr. 6 fällt das Erziehungs- oder Elterngeld, weil es Lohnersatzfunktion[56] hat und im Gegensatz zu den anderen in Nr. 6 genannten Leistungen nicht zweckgebunden ist. Es ist aber gem. § 54 Abs. 3 SGB I unpfändbar. Leistungen nach dem BAföG werden nicht von § 850a Nr. 6 erfasst; für ihre Pfändbarkeit gelten die §§ 18, 54f. SGB I. Ebenfalls nicht unter Nr. 6 fallen Ausbildungsvergütungen, der Unterhaltszuschuss für Referendare und das Entlassungsgeld für Wehrpflichtige. Diese Bezüge sind Arbeitseinkommen und im Rahmen der

---

45 *Wieczorek/Schütze/Lüke*, § 850a Rn. 29.
46 BAG, NJW 1964, 1690 und BB 1961, 531.
47 *Stein/Jonas/Brehm*, § 850a Rn. 27; *Stöber*, Forderungspfändung, Rn. 999a.
48 Bay VGH, Beschl. v. 5. und 24.10.2007 – 3 ZB 07. 1510 – und – 3 ZB 06. 2358 –.
49 VG Karlsruhe, Urt. v. 6.6.2005 – 3 K 788/04 –.
50 *Smid*, NJW 1992, 1935.
51 LG Mönchengladbach, NZI 2006, 49; MüKo/*Smid*, § 850a Rn. 16; *Stein/Jonas/Brehm*, § 850a Rn. 28; *Stöber*, Forderungspfändung, Rn. 999.
52 So aber *Baumbach/Lauterbach/Hartmann*, § 850a Rn. 7.
53 Vgl. Rdn. 2 mit den dortigen Nachweisen.
54 Siehe dazu Anh. zu § 829 Rdn. 30, § 850d Rdn. 22.
55 LG Münster, Rpfleger 1994, 473.
56 BGH, FamRZ 2011, 97 Tz. 29.

allgemeinen Regeln nach §§ 850c ff. pfändbar.⁵⁷ Gleiches gilt für den je nach Kinderzahl erhöhten Ortszuschlag der Beamten. Ein vom Träger der Jugendhilfe als Teil des Pflegegeldes an die Pflegeeltern für ein in deren Haushalt aufgenommenes Kind ausgezahlter »Anerkennungsbetrag« (Aufwandsentschädigung) ist unpfändbar, weil er als öffentlich-rechtliche Beihilfe der Bedarfsdeckung des Kindes dient.⁵⁸

7. Sterbe- und Gnadenbezüge aus Arbeits- oder Dienstverhältnissen (Nr. 7)

Auch hier sind Ansprüche aus der öffentlichen Sozialversicherung, deren Pfändung sich nach § 54 SGB I richtet, nicht angesprochen. Ansprüche aus auf den Todesfall abgeschlossenen Lebensversicherungen fallen unter § 850b Abs. 1 Nr. 4.⁵⁹ Eine Sonderregelung hinsichtlich des Sterbegeldanspruchs nach dem Tode eines Beamten enthält § 51 Abs. 3 BeamtVG. Dieser Anspruch ist zwar grundsätzlich absolut unpfändbar, der Dienstherr kann aber bestimmte Ansprüche gegen diesen Anspruch verrechnen. Auf Ansprüche, die unter Nr. 7 fallen, können weder die privilegierten Gläubiger nach § 850d zugreifen noch solche Gläubiger, die ihrerseits wegen Ansprüchen vollstrecken, die mit dem Todesfall unmittelbar zusammenhängen. Eine entsprechende Regelung wie in Nr. 5, wonach die dort genannten Beihilfen im Rahmen ihrer Zweckbindung gepfändet werden können, hat der Gesetzgeber in Nr. 7 nicht aufgenommen.

14

8. Blindenzulagen

Ob der Anspruch aus öffentlichem Recht herrührt oder aus einem Arbeits- oder Dienstvertrag, ist unerheblich. Für Blindenzulagen nach § 35 BVG greift der Pfändungsschutz nach §§ 54 f. SGB I ein.

15

III. Verstöße gegen § 850a

Auf die Unpfändbarkeit der in § 850a genannten Bezüge kann weder generell vorab noch im Einzelfall verzichtet werden.⁶⁰ Eine Pfändung entgegen § 850a führt dennoch zur – anfechtbaren – Verstrickung der Forderung. Ein Pfändungspfandrecht entsteht allerdings nicht.⁶¹ Einer Aufrechnung mit dem titulierten Anspruch gegen einen Bereicherungsanspruch des Schuldners nach Einziehung der unpfändbaren Forderung durch den Gläubiger steht § 394 BGB entgegen.⁶² Der Bereicherungsanspruch des Schuldners ist in entsprechender Anwendung des § 850a ebenfalls unpfändbar.

16

IV. Rechtsbehelfe⁶³

Sowohl der Schuldner als auch der Drittschuldner können die absolute Unpfändbarkeit der Forderung mit der Erinnerung nach § 766 geltend machen.⁶⁴ Im Einziehungsprozess ist der Einwand dagegen unbeachtlich, da das Prozessgericht ansonsten in die Kompetenzen des Vollstreckungsgerichts eingreifen würde.⁶⁵

17

V. ArbGG, VwGO, AO

Siehe § 850 Rdn. 20.

18

---

57 Vgl. auch § 850 Rdn. 10.
58 BGH, Rpfleger 2006, 24.
59 LG Mainz, VersR 1972, 142.
60 Einzelheiten: § 850 Rdn. 5.
61 Einzelheiten: § 829 Rdn. 30.
62 § 829 Rdn. 30 und § 850 Rdn. 8.
63 Dazu *Christmann*, Rpfleger 1988, 458.
64 Zur Erinnerungsbefugnis des Drittschuldners siehe § 829 Rdn. 68 und § 766 Rdn. 23.
65 Einzelheiten: § 835 Rdn. 11.

§ 850b Bedingt pfändbare Bezüge

(1) Unpfändbar sind ferner
1. Renten, die wegen einer Verletzung des Körpers oder der Gesundheit zu entrichten sind;
2. Unterhaltsrenten, die auf gesetzlicher Vorschrift beruhen, sowie die wegen Entziehung einer solchen Forderung zu entrichtenden Renten;
3. fortlaufende Einkünfte, die ein Schuldner aus Stiftungen oder sonst auf Grund der Fürsorge und Freigebigkeit eines Dritten oder auf Grund eines Altenteils oder Auszugsvertrags bezieht;
4. Bezüge aus Witwen-, Waisen-, Hilfs- und Krankenkassen, die ausschließlich oder zu einem wesentlichen Teil zu Unterstützungszwecken gewährt werden, ferner Ansprüche aus Lebensversicherungen, die nur auf den Todesfall des Versicherungsnehmers abgeschlossen sind, wenn die Versicherungssumme 3579 Euro nicht übersteigt.

(2) Diese Bezüge können nach den für Arbeitseinkommen geltenden Vorschriften gepfändet werden, wenn die Vollstreckung in das sonstige bewegliche Vermögen des Schuldners zu einer vollständigen Befriedigung des Gläubigers nicht geführt hat oder voraussichtlich nicht führen wird und wenn nach den Umständen des Falles, insbesondere nach der Art des beizutreibenden Anspruchs und der Höhe der Bezüge, die Pfändung der Billigkeit entspricht.

(3) Das Vollstreckungsgericht soll vor seiner Entscheidung die Beteiligten hören.

Übersicht	Rdn.
I. Bedeutung der bedingten Pfändbarkeit	1
II. Voraussetzungen einer Pfändung nach Abs. 2	2
1. Erfolglosigkeit der Vollstreckung in das sonstige bewegliche Vermögen	2
2. Billigkeit der Pfändung	3
III. Das Verfahren der Pfändung	4
1. Antrag	4
2. Anhörung des Schuldners (Abs. 3)	5
3. Entscheidung durch Beschluss	6
IV. Vorpfändung der in Abs. 1 genannten Bezüge	7
V. Rechtsbehelfe	8
VI. Unpfändbare Bezüge nach Abs. 1	9
1. Renten wegen Körper- oder Gesundheitsverletzung (Nr. 1)	9
2. Gesetzliche Unterhaltsrenten (Nr. 2)	10
3. Fortlaufende Einkünfte aufgrund der Fürsorge eines Dritten u. a. (Nr. 3)	14
a) Unentgeltliche Zuwendungen	14
b) Altenteils- und Auszugsansprüche	15
4. Bezüge aus Witwen-, Waisen-, Hilfs- und Krankenkassen (Nr. 4)	16
VII. Gebühren	18
VIII. ArbGG, VwGO, AO	19
IX. Insolvenzverfahren	20

Literatur:
Bauer, Umfang und Begrenzung der Zwangsvollstreckung in verkehrsunfallbedingten Schadensersatzforderungen, JurBüro 1962, 655; *ders.,* Ungenutzte Rechte des Gläubigers in der Lohnpfändung, JurBüro 1966, 179; *Behr,* Pfändung des Taschengeldanspruchs eines Ehegatten, JurBüro 1997, 121; *Berner,* Sind die Versicherungssummen mehrerer Kleinlebensversicherungen bei der Ermittlung der Pfändungsfreigrenze von DM 1500 wirklich zusammenzurechnen?, Rpfleger 1964, 68; *Bodmann,* Die Pfändbarkeit des Taschengeldanspruchs des nicht erwerbstätigen Ehegatten, Diss. Göttingen 1980; *Bohn,* Die Zwangsvollstreckung in Rechte des Versicherungsnehmers aus dem Versicherungsvertrag und der Konkurs des Versicherungsnehmers, FS Schiedermair, 1976, S. 33; *Bracht,* Unpfändbarkeit der Grundrente bei der sozialen Entschädigung, NJW 1980, 1505; *Büttner,* Unterhalt und Zwangsvollstreckung, FamRZ 1994, 1433; *Denck,* Lohnvorschuß und Pfändung, BB 1979, 480; *Derleder,* Die Pfändung des Taschengeldanspruchs einkommens- und vermögensloser Ehegatten, JurBüro 1994, 129, 195; *Egner,* Änderung der Lohnpfändungsbestimmungen, NJW 1972, 672; *Foerste,* Pfändbarkeit von Unterhaltsansprüchen trotz § 850b ZPO, NJW 2006, 2945; *Geißler,* Ordnungspunkte zur Praxis der Zwangsvollstreckung in Geldforderungen, JurBüro 1986, 961; *Giers,* Die Pfändung des Einkommensteuererstattungsanspruchs, FamRB 2005, 375; *Grunau,* Pfändbarkeit des Taschengeldanspruchs der Ehefrau, JurBüro 1962, 113; *Haegele,* Abtretung, Vorpfändung und Pfändung einer Lebensversicherung, BWNotZ 1974, 141; *Hornung,* Nochmals: Zur Pfändung von Sozialgeldansprüchen, Rpfleger 1978, 237; *Hülsmann,* Zur Unstatthaftigkeit eines Blankettbeschlusses bei Pfändung gem. § 850b ZPO, NJW 1995, 1521; *ders.,* Berufsunfähigkeitszusatzversicherung: Unpfändbarkeit gemäß § 850b Nr. 1 ZPO, MDR 1994, 537; *Huken,* Zur Pfändung in den Anspruch auf Taschengeld, KKZ 1987, 111; *Kellner,* Der in § 850b Abs. 1 Ziff. 4 ZPO normierte Pfändungsschutz von Lebensversicherungen, VersR 1979, 177; *Krebs,* Zur Pfändbarkeit von Schadensersatzforderungen, VersR 1962, 389; *Küpper,* Die Pfändung des Anspruchs auf Zahlung eines regelmäßigen Taschengeldes, KKZ 1972, 221; *Loschel-*

der, Die wirksame Abtretung des pfändbaren Teils von bedingt pfändbaren Bezügen, NZI 2012, 741; *Mayer*, Die Pfändung des Taschengeldanspruchs, Rpfleger 1990, 281; *Mümmler*, Pfändbarkeit von Rentenansprüchen, JurBüro 1977, 161; *Neugebauer*, Vollstreckungsrecht – Die Pfändung von Taschengeldansprüchen, MDR 2005, 376; *Quardt*, Taschengeldanspruch der Ehefrau in der Zwangsvollstreckung, JurBüro 1961, 116; *Rupp/Fleischmann*, Zum Pfändungsschutz für Schadensersatzansprüche wegen Unterhaltsverpflichtungen, Rpfleger 1983, 377; *Sauer/Meiendresch*, Zur Pfändung des Taschengeldanspruchs, FamRZ 1994, 1441; *dies.*, Zur Pfändbarkeit von Pflegegeldansprüchen, NJW 1996, 765; *E. Schneider*, Ausländisches Recht bei Forderungpfändung, JurBüro 1979, 27; *Smid*, Taschengeldanspruch und Pfändbarkeit, JurBüro 1988, 1105; *Wollmann*, Berufsunfähigkeitsrenten Selbstständiger sind nicht Teil der Insolvenzmasse, ZInsO 2009, 2319.

I. Bedeutung der bedingten Pfändbarkeit

Die Regelung des § 850b schützt Ansprüche auf Renten und ähnliche Bezüge, die kein Arbeitseinkommen sind, aber wie Arbeitseinkommen oder das Gehalt von Beamten dem Lebensunterhalt des Schuldners dienen.[1] Daher werden auch die Berufsunfähigkeitsrenten Selbstständiger – anders als bei der allgemeinen Altersvorsorge[2] – geschützt.[3] Der Pfändungsschutz nach § 850b Abs. 1 soll daher die Existenz des Vollstreckungsschuldners sichern; die nach § 850b Abs. 2 unter besonderen Voraussetzungen mögliche Pfändbarkeit der Renten dient demgegenüber den berechtigten Interessen des Gläubigers.[4] Die in § 850b Abs. 1 genannten Bezüge sind daher für alle Gläubiger **grundsätzlich**[5] **unpfändbar**, auch für die bevorzugten Unterhaltsgläubiger des § 850d. Sie können jedoch auf Antrag im Einzelfall unter bestimmten Voraussetzungen[6] vom Vollstreckungsgericht für »nach den für Arbeitseinkommen geltenden Vorschriften« pfändbar erklärt werden. Der Umfang der Pfändbarkeit richtet sich dann – abhängig vom Gläubiger – nach § 850c oder § 850d. Die Vorschrift des § 850b ist ebenso zwingend wie die Bestimmung des § 850a;[7] der Schuldner kann also auch auf diesen Pfändungsschutz nicht verzichten oder das Gericht von der in Abs. 2 vorgesehenen Billigkeitsprüfung befreien. Die Pfändbarerklärung kann immer nur in einem konkreten Vollstreckungsverfahren erfolgen, nicht etwa isoliert, um das mit der Unpfändbarkeit verbundene Aufrechnungs- (§ 394 BGB) oder Abtretungsverbot (§ 400 BGB) aufzuheben.[8] Die Pfändbarkeit nach einem Beschluss gem. Abs. 2 gilt nur für den Gläubiger, der den Beschluss erwirkt hat. Dritten ermöglicht dieser Beschluss weder die Aufrechnung[9] noch den Forderungserwerb kraft Abtretung. Von der Unpfändbarkeit muss bis zu einer Entscheidung des Vollstreckungsgerichts über das Vorliegen der besonderen Voraussetzungen nach § 850b Abs. 2 ausgegangen werden; jedenfalls bis dahin fallen auch solche nur bedingt pfändbaren Bezüge unter das Aufrechnungsverbot des § 394 BGB.[10] Das Aufrechnungsverbot gilt auch zugunsten von Trägern öffentlicher Sozialleistungen, soweit diese Leistungen der Sozialhilfe oder Leistungen zur Sicherung des Lebensunterhalts im Rahmen der Grundsicherung für Arbeitsuchende erbracht haben und der nach § 850b Abs. 1 Nr. 2 ZPO bedingt pfändbare Unterhaltsanspruch des Hilfeempfängers auf sie übergegangen ist.[11] Eine Abtretung der Ansprüche kann ausnahmsweise wirksam sein, wenn die Existenzgrundlage des Berechtigten anderweitig sichergestellt ist.[12] Wurden die in § 850b genannten Bezüge bereits an den Schuldner ausgezahlt, sind sie nach Maßgabe der §§ 811 Abs. 1 Nr. 8, 850k gegen Pfändungen geschützt.

1

---

1 BGH, Rpfleger 2010, 674 Tz. 44; Stöber, Forderungspfändung, Rn. 1005.
2 BGH, NJW-RR 2008, 496 Tz. 15 ff.
3 BGH, Rpfleger 2010, 674 Tz. 43 m. Anm. *Lau*, EWiR 2011, 55.
4 *Zöller/Stöber*, § 850b Rn. 1.
5 RGZ 106, 206.
6 Einzelheiten unten Rdn. 2 und 3.
7 Siehe dort Rdn. 16.
8 LG Berlin, JurBüro 1975, 1510; LG Hamburg, MDR 1984, 1035; *Stein/Jonas/Brehm*, § 850b Rn. 34; zu einer Ausnahme vom Abtretungsverbot siehe BGHZ 21, 112.
9 OLG Karlsruhe, FamRZ 1984, 1090; vgl. auch BGHZ 30, 36 und 31, 210.
10 OLG Hamm, Urt. v. 25.4.2012 – II-8 UF 221/10 –, juris Tz. 170.
11 BGH, NJW 2013, 2592 Tz. 17 ff.
12 BGH, NJW-RR, 2010, 1235 Tz. 15.

II. Voraussetzungen einer Pfändung nach Abs. 2

1. Erfolglosigkeit der Vollstreckung in das sonstige bewegliche Vermögen

2 Der Gläubiger muss vergeblich aus dem übrigen pfändbaren **beweglichen** Vermögen des Schuldners seine Befriedigung durch Zwangsvollstreckung versucht haben oder schlüssig darlegen, dass eine solche Zwangsvollstreckung voraussichtlich nicht zum Erfolg der **vollständigen** Befriedigung führen und daher aus Kostenersparnisgründen gar nicht erst versucht werde. Meist wird zu diesem Zweck eine sog. **Fruchtlosigkeitsbescheinigung** oder eine amtliche Auskunft des Gerichtsvollziehers vorgelegt. Eine Zwangsvollstreckung in unbewegliches Vermögen muss nicht versucht worden sein. Ihr Unterlassen kann aber im Rahmen der Billigkeitsprüfung[13] von Bedeutung sein. Auch die Abgabe einer eidesstattlichen Versicherung nach § 807 muss nicht beantragt worden sein, bevor ein Antrag nach Abs. 2 gestellt wird.[14]

2. Billigkeit der Pfändung

3 Die Pfändung der an sich unpfändbaren Bezüge muss im konkreten Einzelfall unter Berücksichtigung aller Umstände,[15] insbesondere der Art des beizutreibenden Anspruchs und der Höhe der Bezüge, die im Einzelfall beträchtlich sein kann, der Billigkeit entsprechen. Es widerspräche u. U. dem allgemeinen Gerechtigkeitsgefühl, dem Schuldner die Bezüge allein wegen ihrer sozialen Zweckbestimmung ungeschmälert zu belassen und im Gegenzug den Gläubiger, der dringend auf die Durchsetzung der titulierten Ansprüche angewiesen sein kann, aufgrund der Uneinbringlichkeit seiner Forderung der sozialen Fürsorge der Allgemeinheit anheim fallen zu lassen. Billigkeitsmomente zugunsten des Gläubigers sind etwa der Umstand, dass sein Anspruch aus einer vorsätzlichen unerlaubten Handlung herrührt,[16] dem Schuldner die zu pfändenden Bezüge gerade auch zur Abdeckung der Bedürfnisse, wegen der vollstreckt wird, gewährt werden (z.B. Unterhalt zur Begleichung u. a. der Wohnungsmiete),[17] der Gläubiger seine Forderung schon sehr lange gestundet und hierfür Arbeit und Kosten aufgewendet hat,[18] er sich in einer Notlage befindet[19] oder jedenfalls wirtschaftlich schlechter dasteht als der Schuldner auch im Fall einer Pfändung. Billigkeitsmomente zugunsten des Schuldners sind etwa, dass der Nutzen des Gläubigers außer Verhältnis zum Schaden steht, den eine Vollstreckung ihm zufügen würde (z.B. Verlust aller Ansprüche aus einem Versicherungsvertrag)[20] oder die Bezüge gerade ausreichen, um die besonderen Bedürfnisse zu befriedigen, wegen der sie gewährt werden (erhöhte Lebenshaltungskosten wegen einer Körperverletzung). Zu Lasten des Schuldners kann sprechen, dass von ihm nur etwas zurückgefordert wird, was er fahrlässig zu Unrecht bezogen hat,[21] oder er offensichtlich Nebeneinnahmen aus Schwarzarbeit hat, die sich aber der Höhe nach nicht nachweisen lassen, weil er sie weit gehend verschleiert.[22] Die Pfändung der künftigen Erstattungsforderungen für künftige ärztliche Behandlungsmaßnahmen gegen einen Krankenversicherer entspricht grundsätzlich nicht der Billigkeit.[23]

---

13 Siehe unten Rdn. 3.
14 LG Meiningen Beschl. v. 18.7.2007 – 4 T 164/07 –; *Stein/Jonas/Brehm*, § 850b Rn. 28.
15 Die ausführlichere Beschreibung der zu berücksichtigenden Umstände in § 54 Abs. 2 SGB I ist auch zur Konkretisierung des § 850b Abs. 2 heranzuziehen.
16 BGH, JR 1994, 283 m. Anm. *Probst*; LG Kiel, JurBüro 1975, 241; *Baumbach/Lauterbach/Hartmann*, § 850b Rn. 15.
17 LG Berlin, MDR 1977, 147.
18 OLG Köln, JurBüro 1975, 1381.
19 BGH, NJW 1970, 282, 283.
20 LG Mainz, VersR 1972, 142.
21 LG Ulm, FamRZ 1968, 401.
22 LG Mannheim, MDR 1965, 144.
23 BGH, Rpfleger 2007, 557 Tz. 13/14; siehe noch unten Rdn. 16.

III. Das Verfahren der Pfändung

1. Antrag

Zunächst ist ein Antrag des Gläubigers an das **Vollstreckungsgericht** (Rechtspfleger; § 20 Nr. 17 RPflG) erforderlich, der auf die Pfändung der in Abs. 1 Nr. 1–4 genannten Bezüge gerichtet ist. Hinsichtlich des Bestimmtheitserfordernisses gelten die allgemeinen Grundsätze.[24] Im Antrag sind die in Rdn. 2 und Rdn. 3 genannten Voraussetzungen schlüssig darzulegen.[25] Soweit eine Darlegung der persönlichen Verhältnisse des Schuldners erforderlich ist, dürfen die Anforderungen an die Substantiiertheit des Gläubigervorbringens aber nicht überspannt werden, da der Gläubiger in der Regel Einzelheiten der privaten Verhältnisse des Schuldners nicht kennen kann.[26]

4

2. Anhörung des Schuldners (Abs. 3)

Zum Antrag des Gläubigers ist der Schuldner trotz der Formulierung als Sollvorschrift und in Abweichung von § 834[27] vor Erlass des Pfändungsbeschlusses schriftlich oder in mündlicher Verhandlung zu hören (Abs. 3),[28] weil nur auf diese Weise gewährleistet ist, dass seine individuellen Belange hinreichend Berücksichtigung finden. Der Schuldner kann nicht darauf verwiesen werden, diese erst im Erinnerungsverfahren geltend zu machen.[29] Bestreitet der Schuldner die entscheidungserheblichen Behauptungen des Gläubigers, so muss dieser sie **beweisen**.[30] In Betracht kommen neben dem Urkundsbeweis alle anderen Beweismittel der ZPO. Äußert sich der Schuldner nicht zum Pfändungsantrag, so ist sein Schweigen regelmäßig dahin zu würdigen, dass seine Verhältnisse, soweit sie sich nicht aus den Angaben des Gläubigers ergeben, einer Pfändung nicht entgegenstehen.[31]

5

Neben dem Schuldner soll das Gericht auch diejenigen **Dritten** zum Pfändungsantrag hören, die durch die Entscheidung unmittelbar betroffen werden, insbesondere den Drittschuldner.[32]

3. Entscheidung durch Beschluss

Das Vollstreckungsgericht entscheidet durch Beschluss, der stets zu begründen ist,[33] damit die Einzelheiten der Interessenabwägung nachvollzogen werden können. Wird dem Antrag des Gläubigers entsprochen, richtet sich die Pfändung des Anspruchs nach den für gewöhnliches Arbeitseinkommen maßgeblichen Bestimmungen, also nach den §§ 850c bis g. Daher darf der Pfändungsbeschluss die Forderung auch nur im Rahmen des § 850c bzw. § 850d erfassen. Bei einmaligen Bezügen kann die Vorschrift des § 850i entsprechend anzuwenden sein. Eine **Blankettpfändung** (§ 850c Abs. 3

6

---

24 Siehe § 829 Rdn. 39; zum Blankettbeschluss siehe noch Rdn. 9.
25 OLG Düsseldorf, DB 1977, 1658; OLG Hamm, DB 1977, 1004; OLG München, NJW-RR 1988, 894; OLG Stuttgart, FamRZ 1983, 940; LG Frankenthal, NJW 1977, 395; LG Hamburg, Rpfleger 1985, 34; LG Köln, Rpfleger 1993, 455.
26 LG Frankenthal, NJW 1977, 395; *Brox/Walker*, Rn. 560; zur Darlegung der Voraussetzungen für einen pfändbaren Taschengeldanspruch vgl. OLG Hamm, Rpfleger 1989, 207 mit Anm. *Otto*.
27 Siehe auch dort Rdn. 3.
28 Ausführlich *Baumbach/Lauterbach/Hartmann*, § 850b Rn. 16 m. N.; *Stein/Jonas/Brehm*, § 850b Rn. 29; **a. A.** (Anhörung nur auf Antrag des Gläubigers) OLG Hamm, DB 1977, 1004.
29 Dem Gläubiger erwachsen durch die Anhörung kaum Nachteile, da der Schuldner die Ansprüche nicht durch Abtretung »beiseite schaffen« kann.
30 *Stein/Jonas/Brehm*, § 850b Rn. 26; *Stöber*, Forderungspfändung, Rn. 1027.
31 OLG Düsseldorf, DB 1977, 1658; OLG Hamm, Rpfleger 1979, 271, 272; **a. A.** wohl *Stöber*, Forderungspfändung, Rn. 1227.
32 *Stein/Jonas/Brehm*, § 850b Rn. 29; *Stöber*, Forderungspfändung, Rn. 1028.
33 LG Düsseldorf, Rpfleger 1983, 255; *Stein/Jonas/Brehm*, § 850b Rn. 29.

Satz 2) ist jedenfalls dann zulässig, wenn sich der Schuldner im Anhörungsverfahren nicht geäußert hat.[34]

IV. Vorpfändung der in Abs. 1 genannten Bezüge

7 Bevor das Vollstreckungsgericht die Pfändung zulässt, sind die in Abs. 1 genannten Ansprüche unpfändbar, ihre Vorpfändung ist deshalb unzulässig.[35] Ist sie dennoch erfolgt, bewirkt sie, wenn sich der Pfändungsbeschluss rechtzeitig anschließt (§ 845 Abs. 2), die Verstrickung der Forderung ab Zustellung der Vorpfändung,[36] aber kein Pfändungspfandrecht; Letzteres entsteht erst mit Zustellung des gerichtlichen Pfändungsbeschlusses. Denn die gerichtliche Entscheidung, die grundsätzlich unpfändbare Forderung für – begrenzt – pfändbar zu erklären, wirkt ex nunc; der Gläubiger kann durch eine unzulässige Vorpfändung keine materielle Priorität erreichen. Schuldner und Drittschuldner können gegen die unzulässige Beschlagnahme durch die Vorpfändung mit der Erinnerung nach § 766 vorgehen.[37]

V. Rechtsbehelfe

8 Für den richtigen Rechtsbehelf kommt es darauf an, ob es sich bei dem Beschluss um eine Vollstreckungsmaßnahme oder um eine Entscheidung des Vollstreckungsgerichts handelt.[38] Der den Antrag des Gläubigers ablehnende Beschluss ist eine Entscheidung. Diese ist für den Gläubiger mit der sofortigen Beschwerde gem. § 793 i. V. m. § 11 Abs. 1 RPflG[39] anfechtbar, ausnahmsweise mit der sofortigen Beschwerde gem. § 793, falls der Richter den Beschluss erlassen hat. Hatte der Rechtspfleger die Pfändung abgelehnt, kann das Beschwerdegericht, wenn es der Beschwerde stattgeben will, den Pfändungsbeschluss selbst erlassen.[40] Gegen einen stattgebenden Beschluss haben der Schuldner und der Drittschuldner das Rechtsmittel der sofortigen Beschwerde gem. § 793, falls sie vor dem Beschluss angehört wurden, andernfalls können sie Erinnerung gem. § 766 einlegen.

VI. Unpfändbare Bezüge nach Abs. 1

1. Renten wegen Körper- oder Gesundheitsverletzung (Nr. 1)

9 Hierzu zählen – unabhängig von ihrer Höhe – insbesondere Rentenansprüche nach §§ 618 Abs. 3, 843 BGB, 62 Abs. 3 HGB, 8 HpflG, 13 Abs. 2 StVG, 38 LuftVG, 30 Abs. 2 AtomG, aber auch auf vertraglicher Grundlage[41] (z. B. private Unfall- oder **Berufsunfähigkeitszusatzversicherung**[42] oder über § 618 BGB hinausgehende arbeitsvertragliche Regelung)[43] gewährte Renten wegen Körperverletzung oder Gesundheitsbeschädigung.[44] Nicht unter Nr. 1 fallen die Renten nach den Sozialversicherungsgesetzen und dem BeamtVG. Für sie enthält § 54 SGB I eine abschließende Sonder-

---

34 BGH, Rpfleger 2005, 446 mit Anm. *Goebel*, BGH-Report 2005, 941 und *Walker/Kanzler*, WuB VI. D. § 850b ZPO 1.05.
35 *Stein/Jonas/Brehm*, § 850b Rn. 33; *Stöber*, Forderungspfändung, Rn. 1035.
36 A. A. (Vorpfändung nichtig) *Stöber*, Forderungspfändung, Rn. 1035; *Wieczorek/Schütze/Lüke*, § 850b Rn. 3.
37 Siehe auch § 845 Rdn. 11.
38 MüKo/*Smid*, § 850b Rn. 20; *Stein/Jonas/Brehm*, § 850b Rn. 31 f. Zur Unterscheidung zwischen Vollstreckungsmaßnahme und Entscheidung im Vollstreckungsverfahren siehe § 766 Rdn. 6.
39 Einzelheiten des Verfahrens: Anh. § 793 Rdn. 6.
40 Siehe auch § 829 Rdn. 64.
41 BGHZ 70, 206; *Wieczorek/Schütze/Lüke*, § 850b Rn. 14.
42 BGH, Rpfleger 2010, 233; VersR 2010, 237; Rpfleger 2010, 674 Tz. 42; NZI 2009, 824; OLG Köln, JuRBüro 2009, 497; OLG Oldenburg, MDR 1994, 257; *Hülsmann*, MDR 1994, 537; *Wieczorek/Schütze/Lüke*, § 850b Rn. 14; vgl. auch § 851c Rdn. 3.
43 LG Mainz, ZVI 2003, 174; *Wieczorek/Schütze/Lüke*, § 850b Rn. 14.
44 BGH, NJW 1988, 820; OLG Düsseldorf, MDR 1955, 674.

regelung.⁴⁵ Das **Unfallruhegehalt** (§ 36 BeamtVG) dient – im Gegensatz zum Unfallausgleich (§ 35 BeamtVG) – nicht dem Schadensausgleich wegen der Verletzung des Körpers oder der Gesundheit, sondern ist eine Leistung mit Alimentationscharakter; es ist weder nach Nr. 1 noch über § 51 Abs. 3 BeamtVG unpfändbar.⁴⁶ Ebenfalls nicht unter Nr. 1 fällt eine Schmerzensgeldrente nach § 253 Abs. 2 BGB.⁴⁷ Da der Schmerzensgeldanspruch grundsätzlich pfändbar ist, kann die Pfändbarkeit nicht durch eine Verrentung vereitelt werden. Schließlich werden auch Entschädigungsansprüche für Strafverfolgungsmaßnahmen gem. StrEG nicht von Nr. 1 erfasst, solange sie nicht rechtskräftig festgestellt sind; bis dahin sind sie nämlich nicht übertragbar (§§ 8, 9, 13 Abs. 2 StrEG) und daher auch nicht pfändbar (§ 851). Nach rechtskräftiger Entscheidung oder Zuerkennung im Justizverwaltungsverfahren ist der Anspruch auf Auszahlung der Entschädigung pfändbar.⁴⁸ Die Unpfändbarkeit der unter Nr. 1 fallenden Renten geht nicht dadurch verloren, dass sich größere Rückstände, die eine Monatsrente weit übersteigen, angesammelt haben;⁴⁹ sonst hätte es der Drittschuldner in der Hand, durch Säumnis die Aufrechnungsmöglichkeit herbeizuführen. Wird die Rente allerdings einverständlich kapitalisiert, entfällt die Unpfändbarkeit. Der Anspruch auf die Kapitalabfindungssumme ist nach den allgemeinen Regeln pfändbar.⁵⁰ Dagegen ist der Anspruch auf Kapitalisierung – etwa nach § 1585 Abs. 2 BGB – als solcher nicht (als Nebenrecht) pfändbar. Hat sich ein Dritter für die Rentenansprüche verbürgt, sind auch die Ansprüche gegen diesen Bürgen unpfändbar, da dem Schuldner ansonsten die Rente durch Vorgehen gegen den Bürgen (mittelbar) entzogen werden könnte.

2. Gesetzliche Unterhaltsrenten (Nr. 2)

Kraft Gesetzes einander unterhaltspflichtig sind Verwandte in gerader Linie (§§ 1589, 1601, 1615a BGB), auch wenn die Verwandtschaft auf Ehelichkeitserklärung (§§ 1723, 1739 BGB) oder Adoption (§ 1754 BGB) beruht, die getrennt lebenden Ehegatten (§ 1361 BGB) oder Lebenspartner (§ 12 LPartG) und unter den Voraussetzungen der §§ 1569 ff. BGB auch die geschiedenen Ehegatten sowie nach Maßgabe des § 16 LPartG die früheren Lebenspartner. Auf Gesetz beruhen ferner der Unterhaltsanspruch der nicht mit dem Vater verheirateten Mutter gem. § 1615l BGB⁵¹ und der Anspruch auf Altersunterhalt nach § 1571 BGB.⁵² Unterhaltsrente i. S. von Nr. 2 sind nicht nur die fortlaufenden monatlichen Bezüge, sondern auch einmalige Ansprüche auf Sonderunterhalt (Arzt- und sonstige Krankheitskosten,⁵³ Prozesskosten,⁵⁴ Kosten einmaliger Fortbildungsmaßnahmen u. ä.).⁵⁵ Bei ihnen entspricht allerdings in der Regel die Pfändung nur dann der Billigkeit, wenn gerade derjenige die Zwangsvollstreckung betreibt, wegen dessen Ansprüchen der Sonderunterhalt beansprucht wurde.⁵⁶ Der Charakter einer Unterhaltsforderung ändert sich nicht dadurch, dass in den Vorgang der Auszahlung ein Dritter eingeschaltet wird, sei es, dass der Unterhaltsverpflichtete

10

---

45 Siehe hierzu Anh. § 829 Rdn. 30–34 sowie § 850 Rdn. 18 und § 850d Rdn. 22; *Stein/Jonas/Brehm*, § 850b Rn. 9 m. N.; *Wieczorek/Schütze/Lüke*, § 850b Rn. 17.
46 OVG Saarland, NJW 2006, 2873.
47 *Brox/Walker*, Rn. 555; *Krebs*, VersR 1962, 391; *Stein/Jonas/Brehm*, § 850b Rn. 8; *Stöber*, Forderungspfändung, Rn. 327; *Wieczorek/Schütze/Lüke*, § 850b Rn. 17; a. A. LG Düsseldorf, MDR 1955, 674.
48 OLG Hamm, NJW 1975, 2075.
49 BGHZ 70, 206, 207 ff; BGH, Rpfleger 2010, 233.
50 KG, JurBüro 1980, 1093; *Bohn*, FS Schiedermair, 1976, S. 43.
51 Zum Anspruch auf Erstattung der Entbindungskosten siehe § 850a Rdn. 12.
52 BGH, NJW-RR 2007, 1553.
53 A. A. KG, NJW 1980, 1341.
54 OLG Karlsruhe, FamRZ 1984, 1090; mit anderer Begründung (§ 851): BGHZ 94, 316, 322; a. A. *Stöber*, Forderungspfändung, Rn. 1012.
55 Grundsätzlich zu Sonderunterhaltsforderungen wie hier OLG Düsseldorf, FamRZ 1982, 498; *Thomas/Putzo/Seiler*, § 850b Rn. 8; grundsätzlich a. A. (kein Schutz durch Nr. 2) *Stein/Jonas/Brehm*, § 850b Rn. 13.
56 KG, VersR 1980, 931; vgl. auch BGHZ 94, 316, 322.

einen Teil seiner Gehaltsansprüche[57] oder seiner Sozialversicherungsrente[58] an den Unterhaltsberechtigten abgetreten hat und die Auszahlung demgemäß durch den Arbeitgeber oder den Rentenversicherungsträger erfolgt, dass die Zahlungen an einen von den Beteiligten eingeschalteten Rechtsanwalt erfolgen,[59] der sie an den Berechtigten weiterleitet, dass der Gerichtsvollzieher die Beträge beigetrieben hat, sodass der Unterhaltsberechtigte sich an diesen wegen der Auszahlung wenden muss[60] oder dass eine Lebensversicherung, die der Unterhaltsverpflichtete abgeschlossen hat, die Unterhaltsansprüche abdeckt.[61] Wird zur Abgeltung des Unterhaltsanspruchs nach §§ 1585 Abs. 2, 1585c BGB eine Kapitalabfindung vereinbart, ist § 850b Abs. 1 Nr. 2 nicht mehr anwendbar.[62] Nicht unter Nr. 2 fallen auf einen Zweitverpflichteten, der Unterhalt geleistet hat, übergegangene Ansprüche gegen den Erstverpflichteten (§§ 1607 Abs. 2, 1608 BGB),[63] ferner bereicherungsrechtliche Rückzahlungsansprüche dessen, der zu viel Unterhalt geleistet hat[64] und schließlich der Schadensersatz von Eltern gegen einen Arzt, weil sie für ein unerwünschtes Kind Unterhalt leisten müssen.[65] Zur Pfändbarkeit des **Kindergeldes** vgl. § 850d Rdn. 22 ff.

11 Solange Ehegatten in häuslicher Gemeinschaft miteinander leben, haben sie gemäß **§ 1360 BGB**[66] gegeneinander nur Anspruch auf einen angemessenen Beitrag zum Familienunterhalt, nicht auf eine persönliche Unterhaltsrente. Das vom allein verdienenden Ehegatten dem anderen zur Verfügung gestellte »Haushaltsgeld« dient der Bestreitung des gemeinsamen Unterhalts, ist also keine Rente i. S. von Nr. 2,[67] also nicht mit einem Titel gegen den nicht verdienenden Ehegatten bedingt nach Abs. 2 pfändbar.[68] Der Gläubiger hat keinen Anspruch darauf, dass aus dem gemeinsamen Familienunterhalt eine persönliche Unterhaltsrente für den nicht verdienenden Ehegatten »ausgesondert« wird, auf die dann beschränkt ein Zugriff möglich wäre.[69] Sonst wäre der verdienende Ehegatte nämlich doch gezwungen, die Schulden seines Ehepartners aus den eigenen Einkünften zu begleichen.

Hingegen ist der **Taschengeldanspruch** des nicht verdienenden Ehegatten bedingt pfändbar, wenn die Pfändung nach den Umständen des Einzelfalls der Billigkeit entspricht[70] und auch die weiteren Voraussetzungen des Abs. 2 gegeben sind. Er ist, unabhängig davon, wie ihn die Eheleute im Einzelfall handhaben, eine auf gesetzlicher Vorschrift beruhende Unterhaltsrente i. S. der Nr. 2, denn er soll dem Ehegatten ohne Mitspracherecht des jeweils anderen Ehepartners die Befriedigung solcher persönlichen Bedürfnisse ermöglichen, die über die regelmäßig in Form des Naturalunterhalts gewährten (Grund-)Bedürfnisse hinausgehen. Das Taschengeld kann von dem berechtigten Ehegatten ohne jede Zweckbindung nach freier Wahl auch zur Tilgung von Schulden eingesetzt

---

57 LG Mannheim, Rpfleger 1987, 465; **a. A.** (Verlust der Unpfändbarkeit) für den Fall, dass andere Forderungen zur Erfüllung der Unterhaltspflicht abgetreten werden, OLG Stuttgart, Rpfleger 1985, 407, 408; *Stöber*, Forderungspfändung, Rn. 1014.
58 OLG Stuttgart, Rpfleger 1985, 407, 408.
59 LG Koblenz, FamRZ 1956, 121.
60 LG Berlin, DGVZ 1976, 154; AG Berlin-Charlottenburg, DGVZ 1976, 77.
61 LG Freiburg, DGVZ 1987, 88.
62 OLG Celle, NJW 1960, 1015; *Stöber*, Forderungspfändung, Rn. 1013.
63 Vgl. BGH, NJW 1982, 515, 516.
64 OLG Bamberg, JurBüro 1987, 1817.
65 *Rupp/Fleischmann*, Rpfleger 1983, 377, 379 f.
66 Für **Lebenspartner** vgl. § 5 LPartG.
67 LG Berlin, Rpfleger 1978, 334; LG Frankenthal, Rpfleger 1983, 256; LG Mannheim, Rpfleger 1980, 237.
68 Missverständlich *Palandt/Brudermüller*, § 1360 BGB Rn. 5.
69 LG Berlin, Rpfleger 1978, 334.
70 OLG Celle, NJW 1991, 1960; OLG Nürnberg, Rpfleger 1998, 294 (in der Regel unpfändbar); LG Dortmund, Rpfleger 1989, 467; LG Köln, JurBüro 1993, 549; *Otto*, Rpfleger 1989, 207, 208.

werden, sodass es nicht etwa nach § 851 i. V. mit § 399 BGB als unpfändbar anzusehen ist.[71] Das Taschengeld beträgt nach der Rechtsprechung grds. 5 bis 7 % des um einkommensmindernde Aufwendungen und den Barkindesunterhalt bereinigten monatlichen Nettoeinkommens des verdienenden Ehegatten.[72] Für die nach § 850c zu beachtende Pfändungsfreigrenze ist auf den (fiktiven) betragsmäßigen Unterhaltsanspruch abzustellen, der üblicherweise mit 3/7 des bereinigten Nettoeinkommens des unterhaltspflichtigen Ehegatten bemessen wird; das Taschengeld ist dem danach pfändbaren Teil des (fiktiven) Unterhaltsanspruchs zu entnehmen.[73]

Der Höhe nach sind die auf Gesetz beruhenden Unterhaltsrenten insoweit unpfändbar bzw. nach Nr. 2 bedingt pfändbar, als sie die gesetzliche bzw. durch Urteil festgelegte Höhe nicht überschreiten. Ist vertraglich ein höherer Unterhaltsanspruch vereinbart, ist der überschießende Teil unbedingt pfändbar,[74] während der Teil, durch den der gesetzliche Anspruch lediglich vertraglich ausgestaltet wird, gem. Nr. 2 bedingt pfändbar ist.[75] Beruht die Unterhaltsrente allein auf Vertrag oder letztwilliger Verfügung, ohne dass ein gesetzlicher Unterhaltsanspruch bestünde, ist Nr. 2 nicht einschlägig; auch eine in einem Grundstückskaufvertrag als Entgelt ausbedungene **Leibrente** genießt insoweit keinen Pfändungsschutz.[76]   12

Kraft ausdrücklicher Erwähnung in Nr. 2 stehen den gesetzlichen Unterhaltsansprüchen solche Renten gleich, die dem früheren Unterhaltsberechtigten wegen Entziehung seiner Ansprüche infolge des Todes des Unterhaltsverpflichteten gegen einen Dritten zustehen; Anspruchsgrundlage einer solchen Rente können §§ 844 Abs. 2,[77] 618 Abs. 3 BGB, 62 Abs. 3 HGB, 8 Abs. 2 HpflG, 13 Abs. 2 StVG, 38 Abs. 2 LuftVG, 28 Abs. 2 AtomG oder 36 Abs. 2 BGrenzSchG sein.   13

---

71 BGH, Rpfleger 2004, 503 mit Anm. *Walker/Stomps,* WuB VI E. § 850b ZPO 1.04; ferner KG, NJW 2000, 149 ff.; OLG Bamberg, Rpfleger 1988, 154; OLG Celle, MDR 1962, 830; MDR 1973, 322; FamRZ 1991, 726; OLG Frankfurt, Rpfleger 1975, 263; FamRZ 1991, 727; Rpfleger 1996, 77; OLG Hamm, NJW 1979, 1369; FamRZ 1990, 547; OLG Karlsruhe, JurBüro 1992, 570, 571; OLG Köln, FamRZ 1991, 587; NJW 1993, 3335; Rpfleger 1994, 32; Rpfleger 1995, 76; OLG München, OLGZ 1975, 58; NJW-RR 1988, 894; OLG Stuttgart, Rpfleger 2001, 557; Rpfleger 1997, 447; Justiz 1983, 255; FamRZ 1986, 196; LG Stuttgart, JurBüro 2004, 617; LG Mönchengladbach, Rpfleger 2002, 469; LG Siegen, JurBüro 2002, 609; LG Kleve, JurBüro 2002, 550; LG Karlsruhe, ZVI 2002, 408; LG Bielefeld, JurBüro 1995, 46; LG Bonn, MDR 1982, 1027; LG Dortmund, JurBüro 1990, 1060 mit Anm. *Mümmler*; LG Frankfurt, JurBüro 1995, 606; LG Heilbronn, Rpfleger 1999, 550; JurBüro 1992, 635; LG Kiel, NJW 1974, 2096; LG Köln, JurBüro 1993, 549; FamRZ 1983, 520; LG Mannheim, Rpfleger 1966, 82; LG Mönchengladbach, Rpfleger 1996, 77; LG München, NJW 1976, 1948; LG Münster, NJW 1959, 681; LG Trier, JurBüro 1991, 1564; LG Verden, MDR 1973, 138; Rpfleger 1986, 100; LG Würzburg, JurBüro 1994, 406; LG Wuppertal, Rpfleger 1987, 254; AG Geilenkirchen, DGVZ 1997, 43. **A.M.** OLG Celle, FamRZ 1986, 196; LG Berlin, NJW 1967, 204; LG Braunschweig, MDR 1972, 610; Rpfleger 1997, 394; LG Essen, MDR 1965, 485; FamRZ 1965, 382; NJW 1971, 896; LG Frankenthal, Rpfleger 1985, 120; LG Köln, MDR 1965, 47; LG Mainz, MDR 1962, 487; LG München, NJW 1961, 1408; AG Dieburg, FamRZ 1991, 729; AG Rendsburg, NJW 2000, 3653; *Braun*, AcP 195, 311, 335 ff.
72 BGH, NJW 2004, 674, 676 f.; NJW 1998, 1553, 1554; FamRZ 1986, 668, 669; OLG Frankfurt a. M., FamRZ 2009, 703; OLG Celle, NJW 1991, 1960; OLG Frankfurt, Rpfleger 1996, 77; OLG Hamm, NJW-RR 1990, 1224; OLG Köln, NJW-RR 1994, 32; OLG Nürnberg, Rpfleger 1998, 294, 295; LG Frankfurt, JurBüro 1995, 606, 607; LG Mönchengladbach, Rpfleger 1996, 77; LG Trier, JurBüro 1991, 1564 f.; LG Würzburg, JurBüro 1994, 406.
73 BGH, Rpfleger 2004, 503; OLG Stuttgart, FamRZ 2002, 185, 186; LG Koblenz, FamRZ 2005, 468.
74 *Stöber,* Forderungspfändung, Rn. 1012.
75 BGHZ 31, 210, 218.
76 LG Göttingen, Rpfleger 1960, 341.
77 Vgl. hierzu z. B. BGH, NJW 1980, 2196.

3. Fortlaufende Einkünfte aufgrund der Fürsorge eines Dritten u. a. (Nr. 3)

a) Unentgeltliche Zuwendungen

14 Den fortlaufenden – nicht einmaligen – Bezügen aus Stiftungen, aufgrund von Fürsorge und Freigebigkeit eines Dritten ist gemeinsam, dass sie dem Schuldner **unentgeltlich** zugewendet werden. Es muss allerdings, damit eine bedingte Pfändbarkeit in Betracht kommt, ein Anspruch des Schuldners bestehen,[78] der auf Vertrag, einseitiger Auslobung oder letztwilliger Verfügung (z. B. Vermächtnis) beruhen kann. Erforderlich ist die Absicht des Dritten, die Lebenshaltung des Schuldners zu verbessern und zu erleichtern.[79] Hat der Schuldner für die Rente eine Gegenleistung erbracht (z. B. ein Verkauf auf Leibrentenbasis), ist der Anspruch uneingeschränkt pfändbar.[80] Freiwillige Leistungen an einen Untersuchungsgefangenen seitens seiner (nicht unterhaltsverpflichteten) Verwandtschaft, um ihm eine bessere Verpflegung zu ermöglichen, fallen unter Nr. 3 und sind deshalb nur bedingt pfändbar.[81]

b) Altenteils- und Auszugsansprüche

15 Der Begriff des **Altenteils** in Nr. 3 entspricht demjenigen in Art. 96 EGBGB.[82] Danach handelt es sich um Versorgungsansprüche des Übergebers eines Grundstücks (oder landwirtschaftlichen Hofes) gegen den Übernehmer aus Anlass der Übernahme im Rahmen der Generationenfolge,[83] nicht eines gewöhnlichen Grundstücksverkaufs. Daher sind persönliche Beziehungen, wenn auch nicht zwingend verwandtschaftlicher Natur, regelmäßige Voraussetzung für eine Qualifizierung als Altenteilsanspruch.[84] Zweck des Pfändungsausschlusses ist neben der Sicherung des Lebensunterhalts des Berechtigten das öffentliche Interesse, dass der Berechtigte nicht der staatlichen Fürsorge anheimfällt.[85]

Unpfändbar sind sowohl laufende Einkünfte aus einem dinglich gesicherten als auch aus einem nur schuldrechtlich vereinbarten Altenteil.[86] Wie bei Unterhaltsrenten geht die Unpfändbarkeit nicht dadurch verloren, dass sich größere Rückstände auf die Forderung angesammelt haben.[87] Auf die Bezeichnung des Vertrages, aus dem die Versorgungsansprüche hergeleitet werden, als Altenteilsvertrag kommt es nicht an. Entscheidend ist der materielle Inhalt.[88]

4. Bezüge aus Witwen-, Waisen-, Hilfs- und Krankenkassen (Nr. 4)

16 Diese Bezüge sind nach Abs. 1 unpfändbar, sofern sie ausschließlich oder zu einem wesentlichen Teil zu Unterstützungszwecken gewährt werden. Gleiches gilt für Ansprüche aus bestimmten Lebensversicherungen (Nr. 4). Nicht darunter fallen Ansprüche auf Unterstützungsleistungen gegen Sozialversicherungsträger nach den Sozialversicherungsgesetzen; ihre Pfändbarkeit richtet sich nach § 54 SGB I.[89] Im Übrigen ist es für die Anwendbarkeit von § 850b Abs. 1 Nr. 4 gleichgül-

---

78 Zur Unpfändbarkeit bloßer Erwartungen und Hoffnungen siehe § 829 Rdn. 7.
79 OLG Frankfurt, NJW-RR 2001, 367, 368; LG Gießen, Rpfleger 2000, 169 (im konkreten Fall verneint); MüKo/*Smid*, § 850b Rn. 11; *Stein/Jonas-Brehm*, § 850b Rn. 15 m. N.
80 OLG Hamm, OLGZ 1970, 49.
81 LG Düsseldorf, Rpfleger 1960, 304; LG München, NStZ 1982, 437; AG Köln, JurBüro 1965, 814.
82 BGH, Rpfleger 2007, 614.
83 Vgl. BGH Rpfleger 2007, 614; OLG Düsseldorf, JMBl.NW 1961, 237; OLG Hamm, Rpfleger 1969, 396; LG Lübeck, SchlHA 1956, 116; LG Oldenburg, Rpfleger 1982, 298.
84 KG, MDR 1960, 234; OLG Hamm, OLGZ 1970, 49; LG Göttingen, Rpfleger 1960, 341; *Stöber*, Forderungspfändung, Rn. 1018; *Zöller/Stöber*, § 850b Rn. 8.
85 BGH, FamRZ 2010, 367; Rpfleger 2010, 233.
86 BGHZ 53, 41.
87 BGHZ 53, 41.
88 OLG Düsseldorf, JMBl.NW 1961, 237; LG Oldenburg, Rpfleger 1982, 298 m. krit. Anm. *Hornung*.
89 So etwa bzgl. Leistungen der AOK; vgl. OLG Köln, NJW 1989, 2956; MüKo/*Smid*, § 850b Rn. 13; *Wieczorek/Schütze/Lüke*, § 850b Rn. 34.

tig, ob die Ansprüche aus privatrechtlichen Verträgen (Arbeitsvertrag, Versicherungsvertrag) oder aus öffentlichem Recht resultieren (Beamtenversorgung, Blindengeld).[90] Zu den Bezügen aus einer Krankenkasse i. S. d. Nr. 4 gehören daher auch einmalige Ansprüche des Schuldners gegen einen privaten Krankenversicherer, die auf Erstattung von Kosten für ärztliche Behandlungsmaßnahmen im Krankheitsfall gerichtet sind.[91] Ebenso ist unerheblich, ob es sich um fortlaufende Bezüge oder um einmalige Ansprüche handelt.[92] Auch Ansprüche auf Krankenhaustagegeld für Verdienstausfall sind, allerdings nur bis zur Pfändungsfreigrenze der §§ 850c, d, »Bezüge aus Krankenkassen« i. S. der Vorschrift.[93] Nach dem Tode des Unterstützungsberechtigten verlieren die Ansprüche auf rückständige Leistungen in der Hand des Erben den Schutz der Nr. 4. Es handelt sich dann um gewöhnliche Nachlassforderungen.[94] Ob der Unterstützungsberechtigte die Leistung tatsächlich ganz oder teilweise benötigt, ist für Abs. 1 ohne Bedeutung, im Rahmen des Abs. 2 allerdings wesentlich.

Die Unpfändbarkeit der Ansprüche aus **Kleinstlebensversicherungen** auf den Todesfall soll es den Angehörigen in erster Linie ermöglichen, die Bestattungskosten zu begleichen, ohne selbst in Not zu geraten.[95] Eine solche sog. Sterbegeldversicherung entlastet demnach jene Personen, die gemäß § 1968 BGB die Kosten der Bestattung des Schuldners zu tragen haben. Für die Anwendbarkeit der Nr. 4 genügt es daher, dass Versicherungsnehmer und versicherte Person identisch sind. Begünstigter kann aber auch ein Dritter (Nichtangehöriger) sein, falls diesem die Bestattung des Versicherungsnehmers obliegt.[96]

17

Versicherungen, die nach Ablauf einer bestimmten Frist auch im Erlebensfall auszuzahlen sind, fallen nicht unter Nr. 4, selbst wenn der Versicherungsnehmer den entsprechenden Zeitpunkt tatsächlich nicht erlebt.[97] Die Beschränkung auf reine Todesfallversicherungen verletzt nicht Art. 3 Abs. 1 GG und ist daher verfassungsgemäß, weil sie durch die gesetzgeberische Erwägung der Entlastung der die Bestattungskosten eines Schuldners tragenden Personen gerechtfertigt ist, während bei einer kombinierten Versicherung der Erlebensfall mit freier Nutzungsmöglichkeit über die Versicherungssumme im Vordergrund steht.[98] In der Rechtsprechung sind Leistungen eines ärztlichen Versorgungswerkes zur Abdeckung der Bestattungskosten (Sterbegeld) ebenfalls der Vorschrift des § 850b Abs. 1 Nr. 4 unterstellt worden.[99]

Schwierigkeiten bereitet die festgelegte **Höchstversicherungssumme** (3579 Euro): Übersteigt die Versicherungssumme den Höchstbetrag, so wird trotz des missglückten Wortlauts, der auf einem redaktionellen Versehen beruht, nicht der Gesamtbetrag uneingeschränkt pfändbar, sondern nur der überschießende Betrag.[100] Hat der Schuldner mehrere Versicherungen abgeschlossen, die jeweils einzeln die Höchstversicherungssumme nicht übersteigen, wohl aber in ihrer Gesamtsumme, so sind entgegen

---

90 BGH, VersR 1988, 181.
91 BGH, Rpfleger 2007, 557.
92 BGH, NJW 1988, 2676; KG, OLGZ 1985, 86; LG Oldenburg, Rpfleger 1983, 33; *Bohn*, FS Schiedermair, 1976, 33, 39; *Wieczorek/Schütze/Lüke*, § 850b Rn. 34.
93 LG Hannover, Rpfleger 1995, 511; LG Oldenburg, Rpfleger 1983, 33; *Bohn*, FS Schiedermair, 1976, 40; *Brox/Walker*, Rn. 558; *Stöber*, Forderungspfändung, Rn. 1019.
94 KG, OLGZ 1985, 86; *Stein/Jonas/Brehm*, § 850b Rn. 19.
95 LG Mainz, VersR 1972, 142; *Kellner*, VersR 1979, 117.
96 BGH, JurBüro 2009, 383.
97 BGHZ 35, 261; BFH, Rpfleger 1991, 466, 467; KG, VersR 1964, 326; *Stöber*, Forderungspfändung, Rn. 1020.
98 BVerfG, NJW 2004, 2585.
99 HambOVG, Urt. v. 1.9.2006 – 1 Bf 392/04 –.
100 BGH, Rpfleger 2008, 267; MüKo/*Smid*, § 850b Rn. 15; *Stein/Jonas/Brehm*, § 850b Rn. 21; *Wieczorek/Schütze/Lüke*, § 850b Rn. 36.

der h. M.,[101] welche die Versicherungssummen sogleich addieren und den die Höchstsumme übersteigenden Betrag sofort der unbeschränkten Pfändung unterwerfen will, zunächst alle Ansprüche nach Abs. 1 unpfändbar; erst im Verfahren nach Abs. 2 kann berücksichtigt werden, dass die Gesamtsumme aus den einzelnen Versicherungen über der Höchstsumme nach Nr. 4 liegt.[102] Nur so bleibt die in der Zwangsvollstreckung notwendige Klarheit und Sicherheit für alle Beteiligten erhalten und lässt sich die Rangfolge mehrerer Pfändungspfandrechte zweifelsfrei ermitteln. Entsprechend dem Schutzzweck sind die Lebensversicherungen bis zur Höchstsumme nicht nur in den Händen des Versicherungsnehmers, sondern auch in denen des im Vertrag Begünstigten unpfändbar. Mit der Unpfändbarkeit der Lebensversicherung selbst verbietet sich auch die Pfändung des Rechts auf Kündigung der Versicherung.[103] Zulässig ist aber die Pfändung des Anspruchs auf Auszahlung des Rückkaufswertes für den Fall der Kündigung durch den Schuldner oder den Drittschuldner (der Versicherer).[104] Erben jedoch genießen hinsichtlich dieser Versicherungsansprüche keinen Pfändungsschutz mehr.

Einen besonderen Pfändungsschutz für **Handwerkerlebensversicherungen** bis zum Höchstbetrag von 10.000 DM, die vor dem 1.1.1962 abgeschlossen wurden, regelt § 22 Abs. 1 der 1. DVO zum Handwerkerversicherungsgesetz vom 13.7.1939.[105] Überschreitet eine solche Versicherung den dort festgelegten Höchstbetrag von 10.000 DM, ist der Mehrbetrag pfändbar.[106]

VII. Gebühren

18   Der Antrag nach Abs. 2 löst über die normalen Gebühren bei Beantragung eines Pfändungs- und Überweisungsbeschlusses[107] keine zusätzlichen Gerichtsgebühren aus. Auch der Anwalt des Gläubigers oder des Schuldners erhält über die allgemeine Vollstreckungsgebühr (VV Nr. 3309 RVG) hinaus keine weiteren Gebühren.

VIII. ArbGG, VwGO, AO

19   Siehe § 850 Rdn. 20. In der Abgabenvollstreckung erfolgt die Entscheidung nach Abs. 2, 3 nicht durch das Vollstreckungsgericht, sondern durch die Vollstreckungsbehörde.

IX. Insolvenzverfahren

20   Vgl. zunächst § 850 Rdn. 19. Neben Abs. 1 finden auch die Abs. 2 und 3 im Insolvenzverfahren (entsprechende) Anwendung.[108] Die Billigkeitsprüfung unterliegt dem Insolvenzgericht, wenn der Insolvenzverwalter beantragt, bedingt pfändbare Ansprüche des Schuldners für vollstreckbar zu erklären, um sie wie Arbeitseinkommen zur Masse zu ziehen. Besteht zwischen Insolvenzverwalter und Schuldner oder Drittschuldner Streit über die Massezugehörigkeit von Einkünften oder ist die Frage der Pfändbarkeit in einem Anfechtungsprozess zu beantworten, muss die Entscheidung vom Prozessgericht getroffen werden.[109]

---

101   OLG Hamm, MDR 1962, 661; LG Bochum, KKZ 2006, 128; Essen, VersR 1962, 245; AG Fürth, VersR 1982, 59; AG Kiel, VersR 1971, 617; AG Kirchheimbolanden, VersR 1970, 897; *Baumbach/Lauterbach/Hartmann*, § 850b Rn. 10; *Stöber*, Forderungspfändung, Rn. 1021; *Thomas/Putzo/Seiler*, § 850b Rn. 11; *Wieczorek/Schütze/Lüke*, § 850b Rn. 36.
102   Im Ergebnis wie hier OLG Bamberg, JurBüro 1985, 1739; OLG Düsseldorf, VersR 1961, 111; *Berner*, Rpfleger 1964, 68; MüKo/*Smid*, § 850b Rn. 15; *Stein/Jonas/Brehm*, § 850b Rn. 23.
103   OLG Düsseldorf, VersR 1961, 111; *Berner*, Rpfleger 1964, 69.
104   *Berner*, a. a. O.; *Stöber*, Forderungspfändung, Rn. 1020 a. E.
105   RGBl. I, 1255. Zu diesem Pfändungsschutz siehe BGHZ 35, 261, 263 ff.
106   LG Berlin, Rpfleger 1973, 223.
107   Siehe § 829 Rdn. 71.
108   BGH, Rpfleger 2010, 233.
109   BGH, Rpfleger 2010, 233; ZInsO 2009, 1395, 1396 f.; Urt. v. 15.7.2010 – IX ZR 132/09 – Tz. 41; vgl. auch § 850c Rdn. 16; § 850g Rdn. 4.

§ 850c Pfändungsgrenzen für Arbeitseinkommen

(1) ¹Arbeitseinkommen ist unpfändbar, wenn es, je nach dem Zeitraum, für den es gezahlt wird, nicht mehr als
- 930 Euro *(1073,88* <1054,04 *Euro>)*¹ monatlich,
- 217,50 Euro *(247,14* <240,50 *Euro>)* wöchentlich oder
- 43,50 Euro *(49,43* <48,10 *Euro>)* täglich

beträgt.

²Gewährt der Schuldner auf Grund einer gesetzlichen Verpflichtung seinem Ehegatten, einem früheren Ehegatten, seinem Lebenspartner, einem früheren Lebenspartner oder einem Verwandten oder nach §§ 1615l, 1615n des Bürgerlichen Gesetzbuchs einem Elternteil Unterhalt, so erhöht sich der Betrag, bis zu dessen Höhe Arbeitseinkommen unpfändbar ist, auf bis zu
- 2060 Euro *(2378,72* <2314,82> *Euro)* monatlich,
- 478,50 Euro *(547,43* <532,72> *Euro)* wöchentlich oder
- 96,50 Euro *(109.49* <106,55> *Euro)* täglich,

und zwar um
- 350 Euro *(404,16* <393,30> *Euro)* monatlich,
- 81 Euro *(93,01* <90,51> *Euro)* wöchentlich oder
- 17 Euro *(18,60* <18,10> *Euro)* täglich

für die erste Person, der Unterhalt gewährt wird, und um je
- 195 Euro *(225,17* <219,12> *Euro)* monatlich,
- 45 Euro *(51,82* <50,43> *Euro)* wöchentlich oder
- 9 Euro *(10,36* <10,09> *Euro)* täglich

für die zweite bis fünfte Person.

(2) ¹Übersteigt das Arbeitseinkommen den Betrag, bis zu dessen Höhe es je nach der Zahl der Personen, denen der Schuldner Unterhalt gewährt, nach Absatz 1 unpfändbar ist, so ist es hinsichtlich des überschießenden Betrages zu einem Teil unpfändbar, und zwar in Höhe von drei Zehnteln, wenn der Schuldner keiner der in Absatz 1 genannten Personen Unterhalt gewährt, zwei weiteren Zehnteln für die erste Person, der Unterhalt gewährt wird, und je einem weiteren Zehntel für die zweite bis fünfte Person. ²Der Teil des Arbeitseinkommens, der 2851 Euro *(3292,09* <3203,67> *Euro*²*)* monatlich (658 Euro [*757,63* <737,28> *Euro*] wöchentlich, 131,58 Euro [*151,53* <147,46> *Euro*] täglich) übersteigt, bleibt bei der Berechnung des unpfändbaren Betrages unberücksichtigt.

(2a) ¹Die unpfändbaren Beträge nach Absatz 1 und Absatz 2 Satz 2 ändern sich jeweils zum 1. Juli eines jeden zweiten Jahres, erstmalig zum 1. Juli 2003, entsprechend der im Vergleich zum jeweiligen Vorjahreszeitraum sich ergebenden prozentualen Entwicklung des Grundfreibetrages nach § 32a Abs. 1 Nr. 1 des Einkommensteuergesetzes; der Berechnung ist die am 1. Januar des jeweiligen Jahres geltende Fassung des § 32a Abs. 1 Nr. 1 des Einkommensteuergesetzes zugrunde zu legen. ²Das Bundesministerium der Justiz gibt die maßgebenden Beträge rechtzeitig im Bundesgesetzblatt bekannt.

(3) ¹Bei der Berechnung des nach Absatz 2 pfändbaren Teils des Arbeitseinkommens ist das Arbeitseinkommen, gegebenenfalls nach Abzug des nach Absatz 2 Satz 2 pfändbaren Betrages,

---

1 Die unpfändbaren Beträge nach Abs. 1 und Abs. 2 Satz 2 sind durch Bekanntmachung zu § 850c der Zivilprozessordnung (Pfändungsfreigrenzenbekanntmachung 2015) v. 14.4.2015 (BGBl. I S. 618) mit Wirkung per 1.7.2015 geändert worden. <Davor waren diese Beträge durch Bekanntmachung zu § 850c der Zivilprozessordnung (Pfändungsfreigrenzenbekanntmachung 2013) v. 26. 3.2013 (BGBl. I S. 710) mit Wirkung per **1.7.2013** geändert worden und bis zum 30.6.2015 gültig.> Pfändungsfreigrenzenbekanntmachung 2015 abgedruckt in der Anlage zu § 850c. Zur Anpassung i. E. Rdn. 7 f.
2 Vgl. Fn. 1.

wie aus der Tabelle ersichtlich, die diesem Gesetz als Anlage 2 beigefügt ist, nach unten abzurunden, und zwar bei Auszahlung für Monate auf einen durch 10 Euro, bei Auszahlung für Wochen auf einen durch 2,50 Euro oder bei Auszahlung für Tage auf einen durch 50 Cent teilbaren Betrag. ²Im Pfändungsbeschluss genügt die Bezugnahme auf die Tabelle.

(4) Hat eine Person, welcher der Schuldner auf Grund gesetzlicher Verpflichtung Unterhalt gewährt, eigene Einkünfte, so kann das Vollstreckungsgericht auf Antrag des Gläubigers nach billigem Ermessen bestimmen, dass diese Person bei der Berechnung des unpfändbaren Teils des Arbeitseinkommens ganz oder teilweise unberücksichtigt bleibt; soll die Person nur teilweise berücksichtigt werden, so ist Absatz 3 Satz 2 nicht anzuwenden.

Übersicht

		Rdn.
I.	Stellung der Norm im System des Pfändungsschutzes für Arbeitseinkommen	1
II.	Zeitlicher Anwendungsbereich und Aufbau der Norm	2
III.	Berechnung des Grundfreibetrages (Abs. 1)	3
1.	Monatliches, wöchentliches oder tägliches Arbeitseinkommen	3
2.	Höhe des Grundfreibetrages	4
IV.	Der pfändungsfreie Mehrverdienst (Abs. 2 und 3)	5
V.	Regelmäßige Anpassung der Pfändungsfreigrenzen (Abs. 2a)	6
VI.	Durchführung der Pfändung	9
VII.	Berücksichtigung eigenen Einkommens von Unterhaltsberechtigten (Abs. 4)	10
1.	Außerbetrachtlassung eines Unterhaltsberechtigten	10
2.	Maßgebliche Einkünfte des außer Betracht zu lassenden Unterhaltsberechtigten	11
3.	Entscheidung des Vollstreckungsgerichts über einen Antrag nach Abs. 4	12
VIII.	Rechtsbehelfe	13
IX.	Entsprechende Anwendung des § 850c bei der Pfändung von Sozialleistungen für gewöhnliche Gläubiger	14
X.	ArbGG, VwGO, AO	15
XI.	Insolvenzverfahren	16

Literatur:

Arnold, Der neue Pfändungsschutz für Arbeitseinkommen und für Gehaltskonten, BB 1978, 1314; *Behr*, Gläubigervorteile und Schuldnerschutz nach dem 4. Gesetz zur Änderung der Pfändungsfreigrenzen, JurBüro 1979, 305; *ders.*, Probleme der Unterhaltsvollstreckung in Arbeitseinkommen, Rpfleger 1981, 382; *Bengelsdorf*, Probleme bei der Ermittlung des pfändbaren Teils des Arbeitseinkommens, NZA 1996, 176; *Brühl*, Pfändungsgrenze und Sozialhilfebedürftigkeit, JurBüro 1987, 801; *Büchmann*, Privilegierte Lohnpfändung aus Vollstreckungsbescheiden bei unerlaubter Handlung, NJW 1987, 172; *Büttner*, Der praktische Fall – Vollstreckungsrechtsklausur: Wieviel Geld braucht der Mensch?, JuS 1994, 243; *Denck*, Die Verrechnung von privilegierter Pfändung und Abtretung, MDR 1979, 450; *ders.*, Lohnvorschuss und Pfändung, BB 1979, 480; *Eckert*, Ratenkreditverträge und die Pfändungsfreigrenze des § 850c ZPO, WM 1987, 945; *Egner*, Änderung der Lohnpfändungsbestimmungen, NJW 1972, 671; *Etzel*, Die Entwicklung des Arbeitsrechts im Jahre 1984, NJW 1985, 2619; *Finger*, Die Berechnung der pfändbaren Beträge bei gemeinsam verdienenden Ehegatten, RdA 1970, 73; *Giers*, Vollstreckung in Arbeitseinkommen und Unterhaltspflichten, FamRB 2006, 307; *Grunsky*, Probleme des Pfändungsschutzes bei mehreren Arbeitseinkommen des Schuldners, ZIP 1983, 908; *Hartmann*, Der Schuldnerschutz im Vierten Pfändungsfreigrenzengesetz, NJW 1978, 609; *Hein*, Gestaltungswirkung einer Herabsetzung der Pfändungsfreigrenze, Rpfleger 1984, 260; *Helwich*, Die neuen Pfändungsfreigrenzen ab 1. Juli 2005, JurBüro 2005, 342; *ders.*, Die Auswirkungen der Änderung der Pfändungsfreigrenzen für Arbeitseinkommen und Renten seit 1. Juli 2013, JurBüro 2014, 174; *Henckel*, Zusammentreffen der Lohnpfändung und Lohnabtretung, JR 1971, 18; *Henze*, Unterhaltsberechtigte mit eigenen Einkünften, Rpfleger 1981, 52; *Hintzen*, Änderung der Pfändungsfreigrenzen zum 1.7.1992, AnwBl. 1992, 305; *ders.*, Nichtberücksichtigung eines Unterhaltsberechtigten, NJW 1995, 1861; *Horn*, Zum Pfändungsvorrecht des Sozialhilfeamtes, MDR 1967, 170; *Hornung*, Fünftes Gesetz zur Änderung der Pfändungsfreigrenzen, Rpfleger 1984, 125; *ders.*, Siebtes Gesetz zur Änderung der Pfändungsfreigrenzen, Rpfleger 2002, 125; *Liese*, Feststellung von Unterhaltspflichten des Arbeitnehmers bei der Lohnpfändung – Auswirkungen der Steuerreform, DB 1990, 2064; *Mahnkopf*, Ratenzahlungsvereinbarungen bei der Zwangsvollstreckung in Arbeitseinkommen, RdA 1985, 289; *Mertes*, Zusammenrechnung bei Pfändung mehrerer Arbeitseinkommen, Rpfleger 1984, 453; *Mümmler*, Berücksichtigung von Freibeträgen für Unterhaltsberechtigte im Rahmen einer Lohnpfändung, JurBüro 1981, 177; *van Nahl*, § 850c ZPO – Vollständige Nichtberücksichtigung des Ehegatten im unpfändbaren Einkommensanteil des Schuldners und Auswirkungen auf die weiteren Unterhaltsberechtigten, InVO 2004, 262; *Oswald*, Zwangsvollstreckung im Bereich des Vermögensbildungsgesetzes, AnwBl. 1974,

365; *Quardt*, Wem obliegt in der Lohnpfändung die Feststellung der Unterhaltsverpflichtungen des Schuldners?, BB 1967, 251; *Rein*, Aktuelle sozialrechtliche Fragen in Krise und Insolvenz, NZI 2013, 172; *Rewolle*, Abreden zwischen Schuldner, Drittschuldner und Gläubiger über den pfändbaren Teil des Arbeitseinkommens des Schuldners, BB 1967, 338; *ders.*, Muss der Drittschuldner in der Lohnpfändung die Unterhaltsverpflichtung des Schuldners feststellen?, BB 1968, 1375; *Schalhorn*, Inwieweit wirken sich Unterhaltszahlungen des Vaters für Kinder an die geschiedene Ehefrau bei Pfändungs- und Überweisungsbeschlüssen gegen die Frau auf die nach § 850c ZPO vorzunehmende Berücksichtigung des pfändungsfreien Betrages aus?, JurBüro 1971, 119; *Schmid*, Tiere in der Zwangsvollstreckung, JR 2013, 245; *Schmidt*, Kriterien der Billigkeitsprüfung bei einem Antrag nach § 850c Abs. 4 ZPO, InVO 2004, 215; *ders.*, Gläubigerantrag auf Herabsetzung der Pfändungsfreigrenzen bei Einkünften mit Lohnersatzfunktion, InVo 2003, 461; *Schröder*, Die neuen Pfändungsfreigrenzen ab 1. April 1984, JurBüro 1984, 481; *Spix*, Kündigung bei laufenden Lohnpfändungen, BB 1981, 1151; *Stamm*, Gleichgeschlechtliche Lebenspartnerschaften in der Zwangsvollstreckung, InVo 2002, 52; *Sturm*, Maximierung des pfändbaren Betrages durch Wegfall unterhaltsberechtigter Personen gem. § 850c I, IV ZPO, JurBüro 2002, 345; *Weimar*, Wann ist bei berufstätigen Eltern bei Pfändung von Arbeitseinkommen der Kinderfreibetrag gem. § 850c ZPO zu berücksichtigen?, MDR 1960, 733; *Zimmermann/Freeman*, Die neue Pfändungstabelle zum 1.7.2005, ZVI 2005, 249.
Siehe ferner die Literaturangaben zu § 829 ZPO.

I. Stellung der Norm im System des Pfändungsschutzes für Arbeitseinkommen

§ 850 legt grundsätzlich fest, welche Bezüge als »Arbeitseinkommen« zu klassifizieren sind. § 850a erklärt einige dieser Bezüge für generell unpfändbar. Umgekehrt ermöglichen die §§ 850b, 54 SGB I[3] für einige Bezüge, die ihrem Wesen nach kein Arbeitseinkommen sind, unter bestimmten Voraussetzungen die Pfändung wie Arbeitseinkommen. Schließlich regelt § 850e, wie das pfändbare Arbeitseinkommen (Nettoeinkommen) zu berechnen ist als Ausgangspunkt für die Feststellung, was dem Schuldner in jedem Fall zu verbleiben hat und was den Gläubigern zur Verfügung steht. § 850c bestimmt schließlich für die Pfändung **laufenden Arbeitseinkommens**[4] durch **gewöhnliche Gläubiger** den unpfändbaren, dem Zugriff dieser Gläubiger entzogenen Teil. Die Vorschrift steht also am Ende der gedanklichen Schritte, die nach der Pfändung fortlaufender Bezüge vorzunehmen sind. Sie hat darüber hinaus auch für die Pfändung von Arbeitseinkommen durch bevorrechtigte Unterhaltsgläubiger (§ 850d) und für die Pfändung einmaliger Bezüge aus einem Arbeits- oder Dienstverhältnis (§ 850i) insofern Bedeutung, als ihr die dem Schuldner höchstens zu belassenden Beträge zu entnehmen sind. 1

Aus dem Sozialstaatsprinzip des Art. 20 Abs. 1 GG folgt die Verpflichtung des Gesetzgebers zur Sicherung eines menschenwürdigen Existenzminimums,[5] dem auch die Pfändungsvorschrift des § 850c Rechnung zu tragen hat.[6] Dieses Existenzminimum umfasst sowohl die physische Existenz des Menschen, also Nahrung, Kleidung, Hausrat, Unterkunft, Hygiene und Gesundheit, als auch die Sicherung der Möglichkeit zur Pflege zwischenmenschlicher Beziehungen und zu einem Mindestmaß an Teilhabe am gesellschaftlichen, kulturellen und politischen Leben, denn der Mensch existiert notwendig in sozialen Bezügen.[7] Danach sind dem Schuldner jedenfalls die Regelsätze nach § 28 SGB XII zu belassen,[8] darüber hinaus Leistungen nach § 35 SGB XII, die er zur Deckung seiner Bedarfe für die Erhaltung einer angemessenen Unterkunft und Heizung erhält.[9] Die nach § 850c für den Regelfall errechneten Beträge können im Einzelfall unter den Voraussetzungen des § 850f zugunsten des Gläubigers oder des Schuldners aufgestockt werden.[10]

---

3 Gesetzestext s. Anh. § 829 Rdn. 30.
4 Auf einmalige Bezüge ist § 850c als Ganzes weder unmittelbar noch analog anwendbar. Insoweit enthält § 850i eine Sonderregelung; vgl. BAG, DB 1980, 358; LG Berlin, Rpfleger 1981, 445. Diese Ungleichbehandlung ist nicht verfassungswidrig (BVerfG, NJW 1982, 1583).
5 BVerfG, NJW 2010, 505, 507f.
6 BGH, NJW-RR 2011, 706, 707; ZVI 2013, 453, 455; NZS 2013, 315, 317.
7 BGH, NJW-RR 2011, 706, 707; JurBüro 2011, 101, 1032; ZVI 2013, 453, 455; NZS 2013, 315, 317.
8 BGH, NJW-RR 2011, 706, 707.
9 BGH ZVI 2013, 453, 455; NZS 2013, 315, 317.
10 Dazu AG Hamburg, WM 1991, 1529; AG Lörrach, WM 1991, 1529.

II. Zeitlicher Anwendungsbereich und Aufbau der Norm

2 Die in § 850c genannten Pfändungsfreigrenzen wurden angesichts der wirtschaftlichen Entwicklung und der gestiegenen Sozialhilfesätze mit Wirkung zum 1.1.2002 deutlich erhöht[11], nachdem sie vorher zuletzt durch Gesetz vom 1.4.1992 angehoben worden waren. Für den Zeitpunkt, ab dem neue Pfändungsfreigrenzen gelten, enthält § 20 Abs. 1 EGZPO[12] folgende Übergangsregelung: Für eine vor dem Inkrafttreten des Gesetzes vom 1.4.1992 am 1.7.1992 ausgebrachte Pfändung ist hinsichtlich der nach diesem Zeitpunkt fälligen Leistungen § 850c in der ab diesem Zeitpunkt geltenden Fassung anzuwenden. Auf Antrag des Gläubigers, des Schuldners oder Drittschuldners hat das Vollstreckungsgericht den Pfändungsbeschluss entsprechend zu berichtigen. Der Drittschuldner kann aber nach dem Inhalt des früheren Pfändungsbeschlusses, der aufgrund eines damals niedrigeren Pfändungsfreibetrages ergangen war, mit befreiender Wirkung leisten, bis ihm der Berichtigungsbeschluss zugestellt wird.[13] Nach Abs. 3 der Vorschrift gilt dies entsprechend, wenn sich die unpfändbaren Beträge zum 1.7. des jeweiligen Jahres geändert haben.

Abs. 1 gibt die unpfändbaren Grundbeträge an, die dem Schuldner **in jedem Fall** verbleiben sollen. Die Beträge sind gestaffelt unter Berücksichtigung der gesetzlichen Unterhaltsverpflichtungen des Schuldners, damit nicht nur dieser, sondern auch seine von ihm abhängigen Angehörigen vor der Verweisung auf öffentliche Sozialleistungen geschützt sind. Übersteigt das Nettoeinkommen den Grundbetrag, ist ein bestimmter Teil des überschießenden Betrages (Mehreinkommen) nach **Abs. 2** ebenfalls unpfändbar, um dem Schuldner nicht jeden Anreiz zur Erzielung eines höheren Einkommens zu nehmen. Hierbei wird dann allerdings mit 3292,09 <3203,67> Euro bei monatlichem Lohn eine Höchstgrenze für das, was dem Schuldner unter Berücksichtigung aller Unterhaltsverpflichtungen auch bei höchstem Einkommen zu verbleiben hat, festgesetzt. Für die Beträge der Abs. 1 und 2 ist durch die Dynamisierungsregelung in **Abs. 2a** eine regelmäßige Anpassung der Pfändungsfreigrenzen sichergestellt.[14] **Abs. 4** schließlich ermöglicht es, Personen, denen der Schuldner gesetzlich unterhaltsverpflichtet ist, bei der Errechnung der Freibeträge ganz oder teilweise unberücksichtigt zu lassen, wenn diese über ausreichende -wenn auch den Unterhaltsanspruch nicht entfallen lassende– eigene Einkünfte verfügen. Der Gesetzgeber hat für die Praxis die Rechenarbeit dadurch erleichtert, dass er zu **Abs. 3** eine umfangreiche **Tabelle** beigefügt hat[15], in der die sich für den Regelfall errechnenden Beträge bei monatlicher, wöchentlicher oder täglicher Auszahlung des Arbeitseinkommens an den Schuldner verzeichnet sind.

III. Berechnung des Grundfreibetrages (Abs. 1)

1. Monatliches, wöchentliches oder tägliches Arbeitseinkommen

3 Ob bei der Berechnung des Grundfreibetrages monatliches, wöchentliches oder tägliches Arbeitseinkommen zu Grunde zu legen ist, bestimmt sich nach dem tatsächlichen Auszahlungsmodus aufgrund der arbeitsvertraglichen Vereinbarungen zwischen dem Schuldner und seinem Arbeitgeber. Das Vollstreckungsgericht kann nicht von sich aus anordnen, von welchem Auszahlungszeitraum bei der Berechnung auszugehen ist.[16] Ändert sich bei fortlaufender Lohnpfändung der Auszahlungsmodus (z. B. Umstellung von wöchentlicher auf monatliche Auszahlung), so tritt automatisch der neue Grundfreibetrag an die Stelle des bisherigen, auch wenn der Schuldner sich hierdurch schlechter stellt (der dreißigfache Tagesgrundfreibetrag bzw. der 4,5-fache Wochengrundfreibetrag sind jeweils höher als der Monatsgrundfreibetrag). Der Grundfreibetrag ist bei wechselnden

---

11 Siebtes Gesetz zur Änderung der Pfändungsfreigrenzen, BGBl. I 2001, S. 3639.
12 BGBl. I 2001, S. 3639; BGBl. I 2009, S. 1707.
13 LG Mönchengladbach, JurBüro 2003, 490.
14 Die Einfügung des Abs. 2a mit Wirkung zum 1.1.2002 erfolgte durch das Siebte Gesetz zur Änderung der Pfändungsfreigrenzen (Fn. 3); Einzelheiten Rdn. 6.
15 Siehe Anh. § 850c.
16 LG Bochum, Rpfleger 1985, 370.

Monats-(Wochen-, Tages-)Bezügen für jeden Auszahlungsstichtag neu zu berechnen; es ist also nicht für einen größeren Abschnitt (z. B. ein Jahr) ein Durchschnittseinkommen zu errechnen, auch wenn der Schuldner sich hierbei günstiger stünde.[17] Allerdings errechnet sich der pfändbare Betrag im Fall eines längeren Bezugs von **Krankengeld** nicht nach der Tages-, sondern nach der Monatstabelle.[18] Arbeitet der Schuldner infolge Krankheit, Kündigung usw. im Einzelfall nicht den vollen periodischen Abrechnungszeitraum (Monat, Woche), ist dennoch der Grundfreibetrag für den gesamten Zeitraum zu Grunde zu legen[19], denn dieser soll den Lebensunterhalt für den gesamten Zeitraum sichern. Nachzahlungen sind zur Berechnung des pfändbaren Betrages dem Auszahlungszeitraum zuzurechnen, für den – und nicht in dem – sie gezahlt werden. Solche Nachzahlungen für Abrechnungszeiträume vor der gegenwärtigen Pfändung werden dabei von dieser Pfändung unter Berücksichtigung der Freibeträge und des bereits gezahlten Einkommensteils erfasst.[20]

2. Höhe des Grundfreibetrages

Die Höhe der in Abs. 1 Satz 1 genannten unpfändbaren Beträge liegt über dem eigentlichen Sozialhilfebedarf des Schuldners, um ihm einen Arbeits- und Leistungsanreiz zu geben.[21] Die danach ermittelten Pfändungsfreigrenzen sind fest bestimmt und einer auf den Einzelfall bezogenen Beurteilung nicht zugänglich. Der Gläubiger kann selbst dann keine Herabsetzung um die Pauschalen verlangen, die der Gesetzgeber für die Kosten der Fahrten zur Arbeitsstätte und allgemein für Erwerbstätige veranschlagt hat, wenn der Schuldner im Einzelfall nicht (mehr) erwerbstätig ist und statt Arbeitseinkommen nach § 54 Abs. 4 SGB I pfändbare Sozialleistungen bezieht; es verbietet sich generell ein Abschlag für Minderbedarf.[22]

4

Weiter unterscheidet sich der Grundfreibetrag danach, ob der Schuldner nur sich selbst zu versorgen hat oder ob er aufgrund **gesetzlicher Verpflichtung**[23] einer der in Abs. 1 Satz 2 genannten Personen (dazu gehört jetzt auch der [frühere] Lebenspartner nach dem LPartG[24]) Unterhalt tatsächlich – aus eigener Veranlassung oder durch Beitreibung – leistet.[25] Solange der Schuldner mit seiner (früheren) Ehefrau in häuslicher Gemeinschaft lebt, ist von gegenseitigen Unterhaltsleistungen (§§ 1360, 1360a BGB), durch welche die Kosten des Familienunterhalts gemeinsam bestritten werden, grundsätzlich auszugehen.[26] Falls der Schuldner dagegen freiwillig, d. h. ohne gesetzliche Verpflichtung, einem Dritten (z. B. dem nichtehelichen Lebensgefährten[27] oder einem volljährigen Kind[28]) Unterhalt leistet, etwa weil er sich moralisch hierzu verpflichtet sieht, muss dies im Rahmen des § 850c außer Betracht bleiben. Auch über § 850f kommt hinsichtlich derartiger freiwillig übernommener Unterhaltsverpflichtungen keine Erhöhung des Freibetrages in Betracht.[29] Ebenfalls nicht berücksichtigungsfähig – auch nicht in entsprechender Anwendung der Vorschrift – sind

---

17 OLG Köln, NJW 1957, 879; a. A. LG Essen, NJW 1956, 1930.
18 BSG, NJW 1993, 811; LSG Berlin, NZA 1992, 328.
19 ArbG Frankfurt, NJW-RR 1999, 723; ArbG Münster, BB 1990, 1708; *Stein/Jonas/Brehm*, § 850c Rn. 13; *Stöber*, Forderungspfändung, Rn. 1038.
20 ArbG Wetzlar, BB 1988, 2320; *Stein/Jonas/Brehm*, § 850c Rn. 13; *Zöller/Stöber*, § 850c Rn. 3.
21 Zur genauen Begründung für die neu festgesetzte Höhe der Pfändungsfreibeträge unter Ausrichtung am früheren § 76 Abs. 2 a BSHG siehe BT-Drucks. 14/6812, S. 9.
22 BGH, ZVI 2004, 46 und Rpfleger 2004, 232.
23 Eine vertragliche Konkretisierung schadet dabei nicht: OLG Frankfurt, Rpfleger 1980, 198.
24 Vgl. *Stamm*, InVo 2002, 52.
25 BAG, NJW 1966, 903; LG Bochum, InVo 2004, 32; LG Chemnitz, JurBüro 2004, 447; LG Kassel, JurBüro 2004, 558; LG Verden, JurBüro 1995, 385; AG Köln JurBüro 2005, 382.
26 BGH, NJW 2012, 393, 394; BAG, NJW 2013, 3532, 3533.
27 LG Osnabrück, Rpfleger 1999, 34; LG Schweinfurt, FamRZ 1984, 45.
28 BAG, NJW 1987, 1573.
29 LG Schweinfurt, Rpfleger 1984, 69.

schadensersatzweise geschuldete Unterhaltsrenten[30], sofern es an dem sozialen Näheverhältnis zwischen Schuldner und Unterhaltsgläubiger fehlt, das Hintergrund der Regelung des Abs. 1 Satz 2 ist. Dass der Schuldner für bestimmte Personen nicht allein zum Unterhalt verpflichtet ist und auch ein Dritter (z. B. der nicht mit der Mutter verheiratete Vater) tatsächlich den Unterhalt mitträgt, ist für die volle Berücksichtigung der Unterhaltspflicht im Rahmen von Abs. 1 Satz 2 ohne Bedeutung.[31] Gleiches gilt, wenn der Ehegatte, mit dem der Schuldner einen gemeinsamen Haushalt führt, eigene Einkünfte hat, die u. U. die des Schuldners deutlich übersteigen.[32] Solche Umstände können allein über Abs. 4 Berücksichtigung finden.[33] Die zusammen lebenden Ehegatten sind einander grundsätzlich ohne Rücksicht auf das Einkommen des anderen zu einem Beitrag zum gemeinsamen Familienunterhalt verpflichtet (§ 1360 BGB); § 850c Abs. 1 Satz 2 unterscheidet dabei auch nicht, ob dieser Verpflichtung durch Barzahlung oder auf andere Weise nachgekommen wird. Ob der vom Schuldner zu leistende Unterhaltsbeitrag höher oder niedriger ist als der Freibetrag nach Abs. 1 Satz 2 und ob er ihn tatsächlich in voller Höhe erbringt, spielt wegen der Pauschalierung für die Berücksichtigung des Freibetrages keine Rolle[34]. Eine Reduzierung der pauschalen Freibeträge auf den tatsächlich geleisteten Unterhalt kommt allenfalls dann in Betracht, wenn sich ihre Inanspruchnahme als unbillig erweist und deshalb die Verwirklichung des mit der Einführung von Pauschalbeträgen verfolgten Zwecks ausnahmsweise hinter dem Vollstreckungsinteresse des Gläubigers zurücktreten muss.[35] Gewährt der Schuldner aber weder Natural- noch Barunterhalt, ist die unterhaltsberechtigte Person nicht zu berücksichtigen.[36] Entsprechendes gilt, wenn der Schuldner seinem gut verdienenden Ehegatten keinen Unterhalt schuldet oder gewährt.[37] Eine Mehrbelastung des Schuldners durch erheblich höhere Unterhaltsleistungen kann nur im Rahmen des § 850f Berücksichtigung finden.

Für die Festsetzung der Pfändungsfreigrenzen im Rahmen des § 850c Abs. 1 Satz 2 ist ausschließlich die Anzahl der Personen maßgeblich, die vom Schuldner Unterhalt erhalten, ohne dass deren konkrete Lebensumstände zu berücksichtigen wären. Auch hier hat der Gesetzgeber von einer einzelfallabhängigen Entscheidung bewusst abgesehen. Hinter dieser Pauschalierung der pfändungsfreien Beträge steht sein Bestreben, die Zwangsvollstreckung praktikabel zu gestalten.[38] Für die erste Person, der Unterhalt gewährt wird, ist dabei ein deutlich höherer Freibetrag vorgesehen als für nachfolgende Unterhaltsberechtigte. Erste unterhaltsberechtigte Person muss nicht notwendig der (frühere) Ehegatte sein; der erhöhte Freibetrag kann auch für ein Kind in Anspruch genommen werden.[39]

IV. Der pfändungsfreie Mehrverdienst (Abs. 2 und 3)

5   Über den nach Abs. 1 berechneten Grundfreibetrag hinaus ist auch ein Teil des Mehrverdienstes unpfändbar, und zwar drei Zehntel, wenn der Schuldner nur sich selbst zu versorgen hat, zwei weitere Zehntel für den ersten Unterhaltsberechtigten i. S. v. Abs. 1 Satz 2, je ein weiteres Zehn-

---

30 MüKo/*Smid*, § 850c Rn. 11; *Stein/Jonas/Brehm*, § 850c Rn. 15.
31 BAG, NJW 1975, 1296; LAG Hamm, MDR 1965, 165; LG Bayreuth, MDR 1993, 621; zur Berücksichtigung im Rahmen einer Entscheidung nach Abs. 4 vgl. LG Frankfurt/M., Rpfleger 1994, 221.
32 BAG, NJW 1966, 903; MDR 1983, 788 mit Anm. *Fenn*, ZIP 1983, 1250; **a. A.** BAG, NJW 1975, 1296; LAG Berlin, DB 1976, 1114.
33 BAG, FamRZ 1975, 488 mit Anm. *Fenn*; *Zöller/Stöber*, § 850c Rn. 6 a. E.
34 BGH, Rpfleger 2011, 38; FamRZ 2010, 2071; Rpfleger 2007, 403; NJW-RR 2004, 1370; **a. A.** LG Passau, InVo 2007, 165; AG Bad Schwalbach JurBüro 2010, 554.
35 BGH, FamRZ 2010, 2071.
36 BAG, NJW 2013, 3532, 3533; LG Amberg, JurBüro 2011, 605; *Zöller/Stöber*, § 850c Rn. 5; MüKo/*Smid*, § 850c Rn. 11.
37 *Stein/Jonas/Brehm*, § 850c Rn. 17.
38 BGH, BGH-Report 2004, 1315.
39 BGH, FamRZ 2004, 1281; NJW-RR 2004, 1370.

tel für den zweiten bis fünften. Weitere Unterhaltsberechtigte werden wie in Abs. 1 Satz 2 nicht berücksichtigt, sodass der Schuldner maximal über den Grundfreibetrag hinaus neun Zehntel des Mehrverdienstes pfändungsfrei für sich behalten kann, umgekehrt der Gläubiger bei einem über dem Grundfreibetrag liegenden Arbeitseinkommen des Schuldners immer eine, wenn auch u. U. geringfügige Zugriffsmöglichkeit hat. Liegt aber das Nettoarbeitseinkommen (Berechnung nach § 850e) über 3292,09 <3020,06> Euro monatlich – 757,63 <695,03> Euro wöchentlich oder 151,53 <139,01> Euro täglich –, ist der Mehrbetrag uneingeschränkt pfändbar. Zur Erleichterung der Errechnung des pfändungsfreien Teils des Einkommens ordnet Abs. 3 schließlich zum einen das Abrunden des Arbeitseinkommens auf glatte Beträge an und verweist darüber hinaus auf eine dem § 850c als Anlage beigefügte Tabelle.

V. Regelmäßige Anpassung der Pfändungsfreigrenzen (Abs. 2a)

Die zum 1.1.2002 neu eingefügte Dynamisierungsregelung[40] sichert die regelmäßige Anpassung der Pfändungsfreigrenzen. Der Vollstreckungsschuldner wird auf diese Weise davor geschützt, dass er hinsichtlich des ihm verbleibenden Teils seines Arbeitseinkommens bis unter das Sozialhilfeniveau absinkt, das sich ebenfalls laufend erhöht. Da in den Freigrenzen des § 850c Abs. 1 Satz 1 ein über den Sozialhilfebedarf hinausgehender Selbstbehalt des erwerbstätigen Schuldners enthalten (Rdn. 4) und somit in die Dynamisierung mit einbezogen ist, wird auch der damit bezweckte Arbeits- und Leistungsanreiz im Interesse des Schuldners und des Gläubigers langfristig abgesichert.[41]

Die Anpassung richtet sich nach der Entwicklung des Mindestbedarfs, so wie er im steuerlichen Grundfreibetrag nach § 32a Abs. 1 Nr. 1 EStG zum Ausdruck kommt. Auf diese Bezugsgröße wird deshalb abgestellt, weil der Gesetzgeber im Sozialhilferecht den Mindestbedarf bestimmt hat, den der Staat bei einem mittellosen Bürger durch staatliche Leistungen zu decken hat, und nach der Rechtsprechung des Bundesverfassungsgerichts[42] das von der Einkommensteuer zu verschonende Existenzminimum diesen Betrag jedenfalls nicht unterschreiten darf. Daher ist der Gesetzgeber zu einer Anpassung des steuerlichen Grundfreibetrages an die Entwicklung des sozialhilferechtlichen Mindestbedarfs verpflichtet. Des Weiteren wurde in Abs. 2a die prozentuale Übertragung der Entwicklung des steuerlichen Grundfreibetrages auf die zwangsvollstreckungsrechtlichen Pfändungsfreigrenzen aus rechtssystematischen Gründen gewählt; im Einkommensteuerrecht wie bei der Pfändung von Arbeitseinkommen wird der Staat jeweils hoheitlich tätig, und er ist aufgrund des Sozialstaatsprinzips gehalten, dem Einkommensbezieher jedenfalls dasjenige von seinen Erwerbsbezügen zu belassen, was er zur Befriedigung des existenznotwendigen Bedarfs aus öffentlichen Mitteln zur Verfügung stellt.[43]

Die Anpassung jeweils zum 1.7. eines jeden zweiten Jahres wird vom Bundesministerium der Justiz bekannt gemacht, und zwar mit rein deklaratorischer Wirkung; liegen die Voraussetzungen des § 850c Abs. 2a nicht vor, kann die Bekanntgabe allein eine Änderung der Pfändungsfreigrenzen nicht herbeiführen.[44] Der in Abs. 2a bezeichnete Vergleichszeitraum (Vorjahreszeitraum) umfasst dabei die zwei Jahre, die seit dem letzten Zeitpunkt der Anpassung der Pfändungsfreigrenzen vergangen sind;[45] im Hinblick darauf ist die zuletzt bekannt gegebene Erhöhung der Pfändungsfreigrenzen per 1.7.2005 wirksam.[46] Von einer Erhöhung per 1.7.2007 war hingegen abzusehen, weil der Grundfreibetrag in § 32a Abs. 1 Nr. 1 EStG zum Stichtag 1.1.2007 identisch ist mit dem Freibetrag zum Stichtag 1.1.2005; damit bleiben auch die Pfändungsfreigrenzen für den Zeitraum

---

40 Siehe schon Rdn. 2 mit Fn. 3.
41 BT-Drucks. 14/6812, S. 12.
42 BVerfGE 87, 153, 170 f.
43 Einzelheiten: BT-Drucks. 14/6812, S. 11.
44 BGHZ 166, 48. ff.
45 BGHZ 166, 48 ff.
46 BGBl I, S. 493.

vom 1.7.2007 bis zum 30.6.2009 unverändert,[47] Die Pfändungsfreigrenzenbekanntmachung aus dem Jahre 2009[48] hat ebenfalls vorgesehen, dass die unpfändbaren Beträge für den Zeitraum vom 1.7.2009 bis zum 30 6. 2011 unverändert bleiben. Durch die Pfändungsfreigrenzenbekanntmachung 2013[49] wurden die Beträge erhöht. Eine erneute Anpassung erfolgte zum 1.7.2015.[50]

VI. Durchführung der Pfändung

9   Das Vollstreckungsgericht errechnet im Pfändungs- und Überweisungsbeschluss nicht im Einzelnen den Betrag, den der Drittschuldner an den Gläubiger abzuführen hat. Es nennt auch nicht die Zahl der zu berücksichtigenden unterhaltsberechtigten Personen (Ausnahme: Abs. 4). Es gibt dem Drittschuldner vielmehr nur in Form eines **Blankettbeschlusses** abstrakt die Grundsätze an, nach denen er den gepfändeten Betrag – auf eigenes Risiko – berechnen bzw. aus der Tabelle ablesen kann (Abs. 3 Satz 2).[51] Die Inbezugnahme auf die Tabelle im Pfändungsbeschluss verweist auf die jeweils bekannt gemachte neu geltende Tabelle; ein Änderungsbeschluss ist insoweit nicht erforderlich.[52] Im Einzelfall können Schuldner, Gläubiger oder Drittschuldner indes ein Rechtsschutzbedürfnis haben, Unklarheiten, die sich aus einem Blankettbeschluss ergeben, durch Anrufung des Vollstreckungsgerichts zu beseitigen. Dazu bedarf es keiner Erinnerung; vielmehr genügt ein entsprechender Antrag, auf den das Vollstreckungsgericht den Blankettbeschluss zu ergänzen und konkrete Berechnungsweisen für den Drittschuldner aufzuzeigen hat.[53]

Der Drittschuldner darf sich bei der Ermittlung der zu berücksichtigenden Unterhaltsberechtigten auf die ihm vorliegenden Unterlagen, insbesondere die Eintragungen auf der Lohnsteuerkarte[54], verlassen und muss grundsätzlich keine eigenen Nachforschungen anstellen.[55] Erfährt er allerdings derartige Umstände, muss er sich gegebenenfalls Gewissheit verschaffen und Konsequenzen ziehen. In Zweifelsfällen sollte der Drittschuldner den Gläubiger über die von ihm beabsichtigte Berechnung informieren. Notfalls ist an eine Hinterlegung zu denken (§ 372 Satz 2 BGB).[56] Ist dem Drittschuldner der Wegfall einer in seinen Unterlagen noch nachgewiesenen Unterhaltsverpflichtung nicht bekannt geworden und zahlt er deshalb objektiv zu wenig an den Gläubiger aus, ist er in entsprechender Anwendung des § 407 BGB geschützt;[57] lässt er umgekehrt zulasten des Schuldners eine neu hinzugekommene Unterhaltsverpflichtung unberücksichtigt, weil sie ihm nicht angezeigt wurde, zahlt er also zu viel an den Gläubiger aus, kann er sich auf eine entsprechende Anwendung des § 409 BGB berufen.[58] Ein Ausgleich findet in beiden Fällen nur unmittelbar zwischen Gläubiger und Schuldner nach § 812 BGB statt, während der gutgläubige Drittschuldner beiden gegenüber freigeworden ist. Der Drittschuldner hat allerdings auch die Möglichkeit, an den wahren Berechtigten nochmals zu leisten und mit seinem Bereicherungsanspruch gegen den tatsächlichen Empfänger der rechtsgrundlosen Leistung aufzurechnen. Ablesefehler in der Tabelle oder unzu-

---

47 Bekanntmachung zu § 850c der Zivilprozessordnung (Pfändungsfreigrenzenbekanntmachung 2007) vom 22.1.2007 (BGBl. I S. 64).
48 V. 15.5.2009, BGBl. I S. 1141.
49 Vgl. Fn. 1.
50 Bekanntmachung zu § 850c der Zivilprozessordnung (Pfändungsfreigrenzenbekanntmachung 2015) v. 14.4.2015 (BGBl. I S. 618) mit Wirkung per 1.7.2015.
51 BGHZ 166, 48 ff.; OLG Karlsruhe, JurBüro 2009, 553.
52 LG Heilbronn, Rpfleger 2005, 679.
53 BGHZ 166, 48 ff.; BGH Rpfleger 2008, 525; Rpfleger 2007, 403.
54 Zu der seit der Neufassung des § 39 EStG durch Gesetz vom 25.7.1988 (BGBl. I, 1093) geschwundenen Aussagekraft der Eintragungen auf der Lohnsteuerkarte vgl. *Stein/Jonas/Brehm*, § 850c Rn. 21; *Zöller/Stöber*, § 850c Rn. 9.
55 LAG Frankfurt/M., BB 1985, 2246; *Brox/Walker*, Rn. 566; a. A. *Liese*, DB 1990, 2064; *Thomas/Putzo/Seiler*, § 850c Rn. 2; vgl auch OLG Karlsruhe, JurBüro 2009, 553.
56 *Stöber*, Forderungspfändung, Rn. 1057.
57 *Stein/Jonas/Brehm*, § 850c Rn. 23; *Wieczorek/Schütze/Lüke*, § 850c Rn. 24.
58 LAG Mainz, BB 1966, 741; *Wieczorek/Schütze/Lüke*, § 850c Rn. 24.

treffende Schlussfolgerungen zur Unterhaltspflicht aus einem an sich richtigen Sachverhalt gehen zulasten des Drittschuldners. Obwohl das Vorliegen von – insbesondere mehreren – Pfändungen den Drittschuldner somit nicht unerheblich belasten kann, stellen sie keinen zulässigen Kündigungsgrund hinsichtlich des Arbeitsverhältnisses dar.[59] Der Arbeitgeber muss diese Belastungen als sozial üblich tragen.

VII. Berücksichtigung eigenen Einkommens von Unterhaltsberechtigten (Abs. 4)

1. Außerbetrachtlassung eines Unterhaltsberechtigten

Da der Schuldner auch seinem besserverdienenden Ehepartner[60] und seinen vermögenden minderjährigen Kindern (§ 1602 Abs. 2 BGB) gegenüber unterhaltsverpflichtet ist, ferner die unterhaltsberechtigten Kinder beiden Elternteilen gegenüber Unterhaltsansprüche haben und auch von beiden Eltern in der Regel Unterhalt erhalten, kann es im Einzelfall unbillig sein, dem Schuldner den erhöhten Grundfreibetrag zuzuerkennen, obwohl der Unterhaltsberechtigte auf die Leistungen des Schuldners nicht angewiesen ist oder diese nicht in Anspruch nimmt.[61] Auf ausdrücklichen **Antrag**[62] des Gläubigers kann das Vollstreckungsgericht deshalb anordnen, dass diese Person (z. B. das minderjährige Kind des Schuldners, das gegen dessen Ehegatten einen Unterhaltsanspruch hat[63]) bei der Berechnung des unpfändbaren Teils des Arbeitseinkommens des Schuldners ganz oder teilweise außer Betracht bleibt. Der Antrag kann sogleich mit dem Pfändungs- und Überweisungsantrag gestellt, aber auch bis zur Beendigung der Zwangsvollstreckung jederzeit nachgeholt werden. Im ersteren Fall wird er sogleich im Pfändungs- und Überweisungsbeschluss beschieden, ansonsten ergeht ein Änderungsbeschluss, der ab seiner Zustellung an den Drittschuldner wirksam ist. Ein Beschluss nach Abs. 4 wirkt immer nur zugunsten des Gläubigers, der ihn erwirkt hat.[64] Hinsichtlich aller anderen Gläubiger ist die Person als Unterhaltsberechtigter weiterhin mitzuzählen. Der Beschluss eröffnet auch dem Schuldner keine erweiterten Abtretungsmöglichkeiten zugunsten anderer Gläubiger.[65] Der Gläubiger muss in seinem Antrag die Umstände schlüssig darlegen und ggf. beweisen[66], die die Nichtberücksichtigung der betreffenden Person rechtfertigen sollen[67]; **bloße Glaubhaftmachung genügt nicht**.[68] Es kann ausreichen, dass der Ehegatte, der nicht berücksichtigt werden soll, nach eigenen Angaben des Schuldners Einkünfte auf der Basis eines »Mini-Jobs« hat.[69] Der Rechtspfleger überprüft die dargelegten Umstände von Amts wegen. Er trifft seine Entscheidung über eine teilweise oder vollständige Nichtberücksichtigung des Unterhaltsberechtigten »nach billigem Ermessen« unter Abwägung der Interessen des Gläubigers, des Schuldners und des Unterhaltsberechtigten.

Diese vom Vollstreckungsgericht zu treffende Bestimmung hat unter Einbeziehung aller wesentlichen Umstände des Einzelfalls und nicht lediglich nach festen Bezugsgrößen zu erfolgen. Die Frage, ab welcher Höhe ein eigenes Einkommen des Unterhaltsberechtigten seine Berücksichtigung bei der Bestimmung der Pfändungsfreibeträge zugunsten des Unterhaltspflichtigen verbietet, ist

---

59 BAG, NJW 1982, 1062; *Spix*, BB 1981, 1151; differenzierend *Stöber*, Forderungspfändung, Rn. 934.
60 Siehe oben Rdn. 4.
61 BGH NJW-RR 2010, 211, 213 (Erweiterung der Pfändbarkeit des Einkommens des Schuldners bei eigenen Einkünften des Unterhaltsberechtigten auf die Forderungsabtretung analog anzuwenden).
62 Eine konkludente Antragstellung soll ausreichen nach LG Marburg, Rpfleger 1991, 167.
63 LG Detmold, Rpfleger 2001, 142.
64 BAG, NZA 1985, 126; LAG Hamm, DB 1982, 1676; LG Mönchengladbach JurBüro 2003, 490; **a. A.** *Hein*, Rpfleger 1984, 260.
65 LAG Hamm, DB 1982, 1676; ArbG Bamberg, JurBüro 1990, 264.
66 *Arnold*, BB 1978, 1319; *Stein/Jonas/Brehm*, § 850c Rn. 31.
67 Zu den Möglichkeiten der Informationsbeschaffung durch den Gläubiger: *Hintzen*, NJW 1995, 1861.
68 LG Lübeck, Beschl. v. 28.1.2010 – 7 T 586/09 –.
69 LG Kassel, Rpfleger 2001, 143.

vom Gesetzgeber bewusst nicht im Einzelnen geregelt worden.[70] Das schließt es nicht aus, um das Vollstreckungsverfahren praktikabel zu gestalten, sich an bestimmten Berechnungsmodellen zu orientieren. Ermessensfehlerhaft wäre es aber, dieselbe Berechnungsformel unterschiedslos auf verschiedenartige Fallgestaltungen anzuwenden.[71] Führt der Unterhaltsberechtigte keinen eigenen Haushalt, sondern lebt er statt dessen mit dem Schuldner in einem Haushalt zusammen, ist es nicht gerechtfertigt, sich am vollen Grundfreibetrag des § 850c Abs. 1 Satz 1 zu orientieren, weil dieser zu einem erheblichen Teil auch dazu dient, die Wohnungsmiete und andere Grundkosten des Haushalts abzudecken, die für den Unterhaltsberechtigten nicht anfallen.[72] In derartigen Fällen können für ihn aber die sozialrechtlichen Bestimmungen herangezogen werden unter Berücksichtigung des Umstandes, dass die Regelungen über die Pfändungsfreigrenzen dem Schuldner und seinen Unterhaltsberechtigten nicht nur das Existenzminimum sichern wollen, sondern ihnen eine deutlich darüber liegende Teilhabe am Arbeitseinkommen erhalten bleiben soll.[73] Dem Prozessgericht ist es im Rahmen einer Drittschuldnerklage verwehrt, an Stelle des Vollstreckungsgerichts eine Ermessensentscheidung nach Abs. 4 zu treffen.[74]

Die Vorschrift des Abs. 4 ist auf die Forderungsabtretung (§ 400 BGB) entsprechend anzuwenden.[75]

2. Maßgebliche Einkünfte des außer Betracht zu lassenden Unterhaltsberechtigten

11   Zu den eigenen Einkünften des Unterhaltsberechtigten zählen nicht nur Arbeitseinkommen, Einnahmen aus gewerblicher Tätigkeit, aus Vermietung und Verpachtung[76] oder aus Kapitalvermögen, sondern auch Unterhaltszahlungen Dritter, etwa des anderen Elternteiles[77] oder sonstiger Dritter, sowie Sozialleistungen[78] (z. B. Arbeitslosengeld), soweit sie nicht automatisch zum Rückgriff gegen den Unterhaltsverpflichteten führen (z. B. Hilfe zum Lebensunterhalt nach § 27 SGB XII).[79] **Kindergeld** ist kein Einkommen in diesem Sinne.[80] Es muss weiter sich um fortlaufende Einkünfte handeln; eine Einmalzahlung wird nicht nach Abs. 4 berücksichtigt.[81] Dass der Unterhaltsberechtigte seine Einkünfte durch Eingehung finanzieller Verbindlichkeiten weitgehend gebunden hat und deshalb faktisch auf die Unterstützung durch den Schuldner angewiesen ist, kann bei der Interessenabwägung keine Berücksichtigung finden, auch dann nicht, wenn diese Bindungen auf gerichtlichen Auflagen beruhen;[82] sonst würde der Gläubiger an den Lasten des Dritten beteiligt.

---

70 BT-Drucks. 8/693 S. 48 f. zum Vierten Gesetz zur Änderung der Pfändungsfreigrenzen v. 28.2.1978, BGBl. I, S. 333.
71 BGH, FamRZ 2010, 123; Rpfleger 2005, 201 mit Anm. *Schürmann*, BGH-Report 2005, 540; BGH, Rpfleger 2005, 371 und Rpfleger 2006, 142.
72 BGH, Rpfleger 2009, 526; Rpfleger 2005, 371.
73 BGH, Rpfleger 2006, 142.
74 OLG Karlsruhe, JurBüro 2009, 553.
75 BGH, Rpfleger 2009, 627; vgl. dazu § 850e Rdn. 1.
76 Zu den Einschränkungen vgl.: *Hornung*, Rpfleger 1978, 353, 356; *Stöber*, Forderungspfändung, Rn. 1060.
77 BGH, Rpfleger 2009, 526; OLG München, JurBüro 2000, 47; LG Arnsbach, JurBüro 2010, 50; LG Tübingen, Rpfleger 2008, 514; LG Ellwangen, Rpfleger 2006, 88; LG Heilbronn, InVo 2004, 246; LG Konstanz, JurBüro 2003, 326; LG Karlsruhe, InVo 2001, 141; LG Detmold, Rpfleger 2001, 142; LG Paderborn, JurBüro 1984, 787; **zw.** hingegen BGH, Rpfleger 2005, 201.
78 LG Dortmund, ZIP 1981, 783; **differenzierend:** *Hintzen*, NJW 1995, 1862; *Stein/Jonas/Brehm*, § 850c Rn. 28 a. E.; *Zöller/Stöber*, § 850c Rn. 12; **a. A.** LG Hagen, Rpfleger 1993, 30 (bzgl. Erziehungsgeld).
79 OLG Braunschweig, OLGZ 1967, 313; *Hornung*, Rpfleger 1978, 353; *Stein/Jonas/Brehm*, § 850c Rn. 28; *Wieczorek/Schütze/Lüke*, § 850c Rn. 30.
80 BGH, Rpfleger 2006, 142.
81 **A. A.** *Hornung*, Rpfleger 1978, 353; MüKo/*Smid*, § 850c Rn. 21; *Stöber*, Forderungspfändung, Rn. 1060 b.
82 OLG Köln, NJW-RR 1986, 1125. **A. A.** (Verbindlichkeiten des Dritten sind zu berücksichtigen) *Stöber*, Forderungspfändung, Rn. 1063 ff.

3. Entscheidung des Vollstreckungsgerichts über einen Antrag nach Abs. 4

Die Entscheidung des Rechtspflegers ergeht, wenn sie bereits im Pfändungsbeschluss erfolgt, ohne Anhörung des Schuldners (§ 834)[83] und des Unterhaltsberechtigten.[84] Vor einer nachträglichen Entscheidung ist dem Schuldner grundsätzlich Gehör zu gewähren. Ergeht die Entscheidung dahin, dass der Unterhaltsberechtigte ganz unberücksichtigt bleiben soll, ist lediglich dies im Beschluss auszusprechen; im Übrigen kann dann auf die Tabelle verwiesen werden. Soll aber der Unterhaltsberechtigte nur teilweise unberücksichtigt bleiben, muss der pfändungsfreie Betrag genau angegeben werden (Abs. 4, 2. Halbs.). Die Tenorierung kann etwa lauten: »Gemäß § 850c Abs. 4 wird bestimmt, dass die Ehefrau des Schuldners bei der Feststellung der Unterhaltsverpflichtungen nur teilweise zu berücksichtigen ist. Der nach der Tabelle ohne Berücksichtigung der Ehefrau festgestellte Betrag ist lediglich um x,– Euro zu erhöhen.«[85] Der Beschluss ist, soweit dem Antrag des Gläubigers zumindest teilweise entsprochen wurde und er nicht sowieso mit dem Pfändungsbeschluss verbunden ist, dem Drittschuldner und dem Schuldner zuzustellen, nicht dagegen dem betroffenen Unterhaltsberechtigten. Im Fall der vollständigen Ablehnung des Antrags des Gläubigers ist der Beschluss jedoch nur diesem zuzustellen. Vgl. auch Rdn. 9.

VIII. Rechtsbehelfe

Dem Gläubiger steht gegen eine ablehnende Entscheidung des Rechtspflegers die sofortige Beschwerde gem. § 793 i. V. m. § 11 Abs. 1 RPflG zu. Der Schuldner hat gegen einen Beschluss (auch nach Abs. 4), der entsprechend § 834 ohne seine Anhörung erging, die Erinnerung nach § 766, gegen eine nachträgliche Entscheidung nach Abs. 4 aber die sofortige Beschwerde nach § 793 i. V. m. § 11 Abs. 1 RPflG. Der unterhaltsberechtigte Dritte, der entgegen einer Entscheidung nach Abs. 4 Berücksichtigung finden will, muss nach verbreiteter Ansicht an Stelle eines Rechtsbehelfs einen Antrag nach § 850g Satz 2 stellen; dieses Verfahren sei gegenüber § 766 der speziellere Weg.[86] Die im Vordringen befindliche Gegenansicht hält dagegen auch für den Unterhaltsberechtigten die Erinnerung für zulässig.[87]

Ist der Rechtsbehelf darauf gerichtet, einen Dritten als unterhaltsberechtigt zu berücksichtigen, oder umgekehrt darauf, einen Dritten schon nach Abs. 1–3 unberücksichtigt zu lassen, so muss in jedem Fall der Schuldner darlegen und beweisen, dass er diesem Dritten auch tatsächlich Unterhalt leistet.[88] Wendet sich dagegen der Gläubiger gegen einen ablehnenden Beschluss zu Abs. 4, so hat er die Voraussetzungen einer Billigkeitsentscheidung zu seinen Gunsten zu beweisen.

IX. Entsprechende Anwendung des § 850c bei der Pfändung von Sozialleistungen für gewöhnliche Gläubiger

Auch gewöhnliche Gläubiger, nicht nur bevorzugte Unterhaltsgläubiger[89], können in Ansprüche auf laufende Sozialleistungen wie in Arbeitseinkommen, d. h. unter Berücksichtigung der oben dargestellten Freibeträge für den Schuldner sowie der Sonderregelungen in §§ 850d und 850f, voll-

---

83 Ebenso *Hintzen*, NJW 1995, 1861, 1866; a. A. MüKo/*Smid*, § 850c Rn. 27 f.; *Stein/Jonas/Brehm*, § 850c Rn. 30.
84 *Henze*, Rpfleger 1981, 52; *Hintzen*, NJW 1995, 1864; MüKo/*Smid*, § 850c Rn. 28 a. E.; *Stein/Jonas/Brehm*, § 850c Rn. 31 a. E.; a. A. *Arnold*, BB 1978, 1319; *Hartmann*, NJW 1978, 610.
85 Siehe auch *Stöber*, Forderungspfändung, Rn. 1070.
86 *Henze*, Rpfleger 1981, 52, 53; *Hintzen*, NJW 1995, 1861, 1866; *Stöber*, Forderungspfändung, Rn. 1073 a; *Zöller/Stöber*, § 850c Rn. 16.
87 OLG Oldenburg, Rpfleger 1991, 261; OLG Stuttgart, Rpfleger 1987, 255; *Baumbach/Lauterbach/Hartmann*, § 850c Rn. 12; MüKo/*Smid*, § 850c Rn. 36; *Stein/Jonas/Brehm*, § 850c Rn. 41 a. E.; *Thomas/Putzo/Seiler*, § 850c Rn. 12; *Wieczorek/Schütze/Lüke*, § 850d Rn. 33.
88 OLG Celle, MDR 1966, 596.
89 Zur Zwangsvollstreckung bevorrechtigter Unterhaltsgläubiger in Sozialleistungen, insbesondere in das Kindergeld, siehe § 850d Rdn. 22 ff.

strecken (§ 54 Abs. 4 SGB I[90]). Dies gilt auch für die Pfändung von Arbeitslosengeld II.[91] Diese Vollstreckung ist durch die Neufassung des § 54 SGB I[92] gegenüber dem früheren Recht[93] wesentlich vereinfacht worden. Lediglich die in § 54 Abs. 3 SGB I aufgezählten Sozialleistungsansprüche (Erziehungsgeld, Mutterschaftsgeld, Leistung zum Ausgleich der Mehraufwendungen aufgrund eines Körper- oder Gesundheitsschadens) sind unpfändbar. Ansprüche auf Geldleistungen für Kinder sind gem. § 54 Abs. 5 SGB I nur bedingt pfändbar wegen der gesetzlichen Unterhaltsansprüche eines Kindes, das bei der Festsetzung der Geldleistungen berücksichtigt wird. Zu den Pfändungsfreigrenzen s. bereits Rdn. 4.

X. ArbGG, VwGO, AO

15 Siehe § 850 Rdn. 20.

XI. Insolvenzverfahren

16 Vgl. zunächst § 850 Rdn. 19. Siehe ferner § 850b Rdn. 20; § 850g Rdn. 5.

Die Bestimmung gilt auch im Insolvenzverfahren. Das schließt die Regelung des Abs. 4 ein; die Entscheidung trifft das Insolvenzgericht i. V. m. § 36 Abs. 4 InsO.[94] Der Rechtsmittelzug richtet sich nach den allgemeinen vollstreckungsrechtlichen Vorschriften, wenn das Insolvenzgericht kraft besonderer Zuweisung funktional als Vollstreckungsgericht entscheidet.[95]

---

90 Zum Wortlaut der Vorschrift Anh. § 829 Rdn. 30.
91 BGH, NJW-RR 2005, 1010, 1011; NJW-RR 2011, 706, 707; NZS 2013, 315, 316; ZVI 2013, 453, 455 f. (Wohngeld).
92 Den Wortlaut des § 54 SGB I i. d. F. des. 2. Änderungsgesetzes zum SGB I vom 13.6.1994, BGBl. I, 1229 siehe Anh. § 829 Rdn. 30.
93 Siehe dazu 1. Aufl. § 850c Rn. 11.
94 BGH, FamRZ 2010, 123; Rpfleger 2010, 233; vgl. auch BGH, Rpfleger 2008, 525; KTS 2007, 353.
95 BGH, KTS 2007, 353; Rpfleger 2006, 218.

Anlage zu § 850c Lohnpfändungstabelle (2015)

EURO-Netto-Lohn monatlich		Pfändbarer Betrag bei Unterhaltspflicht für					
		0	1	2	3	4	5 und mehr Personen
von	bis						
0,00	1079,99	–	–	–	–	–	–
1080,00	1089,99	4,28	–	–	–	–	–
1090,00	1099,99	11,28	–	–	–	–	–
1100,00	1109,99	18,28	–	–	–	–	–
1110,00	1119,99	25,28	–	–	–	–	–
1120,00	1129,99	32,28	–	–	–	–	–
1130,00	1139,99	39,28	–	–	–	–	–
1140,00	1149,99	46,28	–	–	–	–	–
1150,00	1159,99	53,28	–	–	–	–	–
1160,00	1169,99	60,28	–	–	–	–	–
1170,00	1179,99	67,28	–	–	–	–	–
1180,00	1189,99	74,28	–	–	–	–	–
1190,00	1199,99	81,28	–	–	–	–	–
1200,00	1209,99	88,28	–	–	–	–	–
1210,00	1219,99	95,28	–	–	–	–	–
1220,00	1229,99	102,28	–	–	–	–	–
1230,00	1239,99	109,28	–	–	–	–	–
1240,00	1249,99	116,28	–	–	–	–	–
1250,00	11259,99	123,28	–	–	–	–	–
1260,00	1269,99	130,28	–	–	–	–	–
1270,00	1279,99	137,28	–	–	–	–	–
1280,00	1289,99	144,28	–	–	–	–	–
1290,00	1299,99	151,28	–	–	–	–	–
1300,00	1309,99	158,28	–	–	–	–	–
1310,00	1319,99	165,28	–	–	–	–	–
1320,00	1329,99	172,28	–	–	–	–	–
1330,00	1339,99	179,28	–	–	–	–	–
1340,00	1349,99	186,28	–	–	–	–	–
1350,00	1359,99	193,28	–	–	–	–	–
1360,00	1369,99	200,28	–	–	–	–	–
1370,00	1379,99	207,28	–	–	–	–	–
1380,00	1389,99	214,28	–	–	–	–	–
1390,00	1399,99	221,28	–	–	–	–	–
1400,00	1409,99	228,28	–	–	–	–	–

Anlage zu § 850c ZPO Lohnpfändungstabelle (2015)

EURO-Netto-Lohn monatlich		Pfändbarer Betrag bei Unterhaltspflicht für					
		0	1	2	3	4	5 und mehr Personen
von	bis						
1410,00	1419,99	235,28	–	–	–	–	–
1420,00	1429,99	242,28	–	–	–	–	–
1430,00	1439,99	249,28	–	–	–	–	–
1440,00	1449,99	256,28	–	–	–	–	–
1450,00	1459,99	263,28	–	–	–	–	–
1460,00	1469,99	270,28	–	–	–	–	–
1470,00	1479,99	277,28	–	–	–	–	–
1480,00	1489,99	284,28	0,98	–	–	–	–
1490,00	1499,99	291,28	5,98	–	–	–	–
1500,00	1509,99	298,28	10,98	–	–	–	–
1510,00	1519,99	305,28	15,98	–	–	–	–
1520,00	1529,99	312,28	20,98	–	–	–	–
1530,00	1539,99	319,28	25,98	–	–	–	–
1540,00	1549,99	326,28	30,98	–	–	–	–
1550,00	1559,99	333,28	35,98	–	–	–	–
1560,00	1569,99	340,28	40,98	–	–	–	–
1570,00	1579,99	347,28	45,98	–	–	–	–
1580,00	1589,99	354,28	50,98	–	–	–	–
1590,00	1599,99	361,28	55,98	–	–	–	–
1600,00	1609,99	368,28	60,98	–	–	–	–
1610,00	1619,99	375,28	65,98	–	–	–	–
1620,00	1629,99	382,28	70,98	–	–	–	–
1630,00	1639,99	389,28	75,98	–	–	–	–
1640,00	1649,99	396,28	80,98	–	–	–	–
1650,00	1659,99	403,28	85,98	–	–	–	–
1660,00	1669,99	410,28	90,98	–	–	–	–
1670,00	1679,99	417,28	95,98	–	–	–	–
1680,00	1689,99	424,28	100,98	–	–	–	–
1690,00	1699,99	431,28	105,98	–	–	–	–
1700,00	1709,99	438,28	110,98	–	–	–	–
1710,00	1719,99	445,28	115,98	2,72	–	–	–
1720,00	1729,99	452,28	120,98	6,72	–	–	–
1730,00	1739,99	459,28	125,98	10,72	–	–	–
1740,00	1749,99	466,28	130,98	14,72	–	–	–
1750,00	1759,99	473,28	135,98	18,72	–	–	–

Lohnpfändungstabelle (2015) **Anlage zu § 850c ZPO**

EURO-Netto-Lohn monatlich		Pfändbarer Betrag bei Unterhaltspflicht für					
		0	1	2	3	4	5 und mehr Personen
von	bis						
1760,00	1769,99	480,28	140,98	22,72	–	–	–
1770,00	1779,99	487,28	145,98	26,72	–	–	–
1780,00	1789,99	494,28	150,98	30,72	–	–	–
1790,00	1799,99	501,28	155,98	34,72	–	–	–
1800,00	1809,99	508,28	160,98	38,72	–	–	–
1810,00	1819,99	515,28	165,98	42,72	–	–	–
1820,00	1829,99	522,28	170,98	46,72	–	–	–
1830,00	1839,99	529,28	175,98	50,72	–	–	–
1840,00	1849,99	536,28	180,98	54,72	–	–	–
1850,00	1859,99	543,28	185,98	58,72	–	–	–
1860,00	1869,99	550,28	190,98	62,72	–	–	–
1870,00	1879,99	557,28	195,98	66,72	–	–	–
1880,00	1889,99	564,28	200,98	70,72	–	–	–
1890,00	1899,99	571,28	205,98	74,72	–	–	–
1900,00	1909,99	578,28	210,98	78,72	–	–	–
1910,00	1919,99	585,28	215,98	82,72	–	–	–
1920,00	1929,99	592,28	220,98	86,72	–	–	–
1930,00	1939,99	599,28	225,98	90,72	0,49	–	–
1940,00	1949,99	606,28	230,98	94,72	3,49	–	–
1950,00	1959,99	613,28	235,98	98,72	6,49	–	–
1960,00	1969,99	620,28	240,98	102,72	9,49	–	–
1970,00	1979,99	627,28	245,98	106,72	12,49	–	–
1980,00	1989,99	634,28	250,98	110,72	15,49	–	–
1990,00	1999,99	641,28	255,98	114,72	18,49	–	–
2000,00	2009,99	648,28	260,98	118,72	21,49	–	–
2010,00	2019,99	655,28	265,98	122,72	24,49	–	–
2020,00	2029,99	662,28	270,98	126,72	27,49	–	–
2030,00	2039,99	669,28	275,98	130,72	30,49	–	–
2040,00	2049,99	676,28	280,98	134,72	33,49	–	–
2050,00	2059,99	683,28	285,98	138,72	36,49	–	–
2060,00	2069,99	690,28	290,98	142,72	39,49	–	–
2070,00	2079,99	697,28	295,98	146,72	42,49	–	–
2080,00	2089,99	704,28	300,98	150,72	45,49	–	–
2090,00	2099,99	711,28	305,98	154,72	48,49	–	–
2100,00	2109,99	718,28	310,98	158,72	51,49	–	–

Anlage zu § 850c ZPO   Lohnpfändungstabelle (2015)

EURO-Netto-Lohn monatlich		Pfändbarer Betrag bei Unterhaltspflicht für					
		0	1	2	3	4	5 und mehr Personen
von	bis						
2110,00	2119,99	725,28	315,98	162,72	54,49	–	–
2120,00	2129,99	732,28	320,98	166,72	57,49	–	–
2130,00	2139,99	739,28	325,98	170,72	60,49	–	–
2140,00	2149,99	746,28	330,98	174,72	63,49	–	–
2150,00	2159,99	753,28	335,98	178,72	66,49	–	–
2160,00	2169,99	760,28	340,98	182,72	69,49	1,29	–
2170,00	2179,99	767,28	345,98	186,72	72,49	3,29	–
2180,00	2189,99	774,28	350,98	190,72	75,49	5,29	–
2190,00	2199,99	781,28	355,98	194,72	78,49	7,29	–
2200,00	2209,99	788,28	360,98	198,72	81,49	9,29	–
2210,00	2219,99	795,28	365,98	202,72	84,49	11,29	–
2220,00	2229,99	802,28	370,98	206,72	87,49	13,29	–
2230,00	2239,99	809,28	375,98	210,72	90,49	15,29	–
2240,00	2249,99	816,28	380,98	214,72	93,49	17,29	–
2250,00	2259,99	823,28	385,98	218,72	96,49	19,29	–
2260,00	2269,99	830,28	390,98	222,72	99,49	21,29	–
2270,00	2279,99	837,28	395,98	226,72	102,49	23,29	–
2280,00	2289,99	844,28	400,98	230,72	105,49	25,29	–
2290,00	2299,99	851,28	405,98	234,72	108,49	27,29	–
2300,00	2309,99	858,28	410,98	238,72	111,49	29,29	–
2310,00	2319,99	865,28	415,98	242,72	114,49	31,29	–
2320,00	2329,99	872,28	420,98	246,72	117,49	33,29	–
2330,00	2339,99	879,28	425,98	250,72	120,49	35,29	–
2340,00	2349,99	886,28	430,98	254,72	123,49	37,29	–
2350,00	2359,99	893,28	435,98	258,72	126,49	39,29	–
2360,00	2369,99	900,28	440,98	262,72	129,49	41,29	–
2370,00	2379,99	907,28	445,98	266,72	132,49	43,29	–
2380,00	2389,99	914,28	450,98	270,72	135,49	45,29	0,13
2390,00	2399,99	921,28	455,98	274,72	138,49	47,29	1,13
2400,00	2409,99	928,28	460,98	278,72	141,49	49,29	2,13
2410,00	2419,99	935,28	465,98	282,72	144,49	51,29	3,13
2420,00	2429,99	942,28	470,98	286,72	147,49	53,29	4,13
2430,00	2439,99	949,28	475,98	290,72	150,49	55,29	5,13
2440,00	2449,99	956,28	480,98	294,72	153,49	57,29	6,13
2450,00	2459,99	963,28	485,98	298,72	156,49	59,29	7,13

Lohnpfändungstabelle (2015) **Anlage zu § 850c ZPO**

EURO-Netto-Lohn monatlich		Pfändbarer Betrag bei Unterhaltspflicht für					
		0	1	2	3	4	5 und mehr Personen
von	bis						
2460,00	2469,99	970,28	490,98	302,72	159,49	61,29	8,13
2470,00	2479,99	977,28	495,98	306,72	162,49	63,29	9,13
2480,00	2489,99	984,28	500,98	310,72	165,49	65,29	10,13
2490,00	2499,99	991,28	505,98	314,72	168,49	67,29	11,13
2500,00	2509,99	998,28	510,98	318,72	171,49	69,29	12,13
2510,00	2519,99	1005,28	515,98	322,72	174,49	71,29	13,13
2520,00	2529,99	1012,28	520,98	326,72	177,49	73,29	14,13
2530,00	2539,99	1019,28	525,98	330,72	180,49	75,29	15,13
2540,00	2549,99	1026,28	530,98	334,72	183,49	77,29	16,13
2550,00	2559,99	1033,28	535,98	338,72	186,49	79,29	17,13
2560,00	2569,99	1040,28	540,98	342,72	189,49	81,29	18,13
2570,00	2579,99	1047,28	545,98	346,72	192,49	83,29	19,13
2580,00	2589,99	1054,28	550,98	350,72	195,49	85,29	20,13
2590,00	2599,99	1061,28	555,98	354,72	198,49	87,29	21,13
2600,00	2609,99	1068,28	560,98	358,72	201,49	89,29	22,13
2610,00	2619,99	1075,28	565,98	362,72	204,49	91,29	23,13
2620,00	2629,99	1082,28	570,98	366,72	207,49	93,29	24,13
2630,00	2639,99	1089,28	575,98	370,72	210,49	95,29	25,13
2640,00	2649,99	1096,28	580,98	374,72	213,49	97,29	26,13
2650,00	2659,99	1103,28	585,98	378,72	216,49	99,29	27,13
2660,00	2669,99	1110,28	590,98	382,72	219,49	101,29	28,13
2670,00	2679,99	1117,28	595,98	386,72	222,49	103,29	29,13
2680,00	2689,99	1124,28	600,98	390,72	225,49	105,29	30,13
2690,00	2699,99	1131,28	605,98	394,72	228,49	107,29	31,13
2700,00	2709,99	1138,28	610,98	398,72	231,49	109,29	32,13
2710,00	2719,99	1145,28	615,98	402,72	234,49	111,29	33,13
2720,00	2729,99	1152,28	620,98	406,72	237,49	113,29	34,13
2730,00	2739,99	1159,28	625,98	410,72	240,49	115,29	35,13
2740,00	2749,99	1166,28	630,98	414,72	243,49	117,29	36,13
2750,00	2759,99	1173,28	635,98	418,72	246,49	119,29	37,13
2760,00	2769,99	1180,28	640,98	422,72	249,49	121,29	38,13
2770,00	2779,99	1187,28	645,98	426,72	252,49	123,29	39,13
2780,00	2789,99	1194,28	650,98	430,72	255,49	125,29	40,13
2790,00	2799,99	1201,28	655,98	434,72	258,49	127,29	41,13
2800,00	2809,99	1208,28	660,98	438,72	261,49	129,29	42,13

Anlage zu § 850c ZPO Lohnpfändungstabelle (2015)

EURO-Netto- Lohn monatlich		Pfändbarer Betrag bei Unterhaltspflicht für					
		0	1	2	3	4	5 und mehr Personen
von	bis						
2810,00	2819,99	1215,28	665,98	442,72	264,49	131,29	43,13
2820,00	2829,99	1222,28	670,98	446,72	267,49	133,29	44,13
2830,00	2839,99	1229,28	675,98	450,72	270,49	135,29	45,13
2840,00	2849,99	1236,28	680,98	454,72	273,49	137,29	46,13
2850,00	2859,99	1243,28	685,98	458,72	276,49	139,29	47,13
2860,00	2869,99	1250,28	690,98	462,72	279,49	141,29	48,13
2870,00	2879,99	1257,28	695,98	466,72	282,49	143,29	49,13
2880,00	2889,99	1264,28	700,98	470,72	285,49	145,29	50,13
2890,00	2899,99	1271,28	705,98	474,72	288,49	147,29	51,13
2900,00	2909,99	1278,28	710,98	478,72	291,49	149,29	52,13
2910,00	2919,99	1285,28	715,98	482,72	294,49	151,29	53,13
2920,00	2929,99	1292,28	720,98	486,72	297,49	153,29	54,13
2930,00	2939,99	1299,28	725,98	490,72	300,49	155,29	55,13
2940,00	2949,99	1306,28	730,98	494,72	303,49	157,29	56,13
2950,00	2959,99	1313,28	735,98	498,72	306,49	159,29	57,13
2960,00	2969,99	1320,28	740,98	502,72	309,49	161,29	58,13
2970,00	2979,99	1327,28	745,98	506,72	312,49	163,29	59,13
2980,00	2989,99	1334,28	750,98	510,72	315,49	165,29	60,13
2990,00	2999,99	1341,28	755,98	514,72	318,49	167,29	61,13
3000,00	3009,99	1348,28	760,98	518,72	321,49	169,29	62,13
3010,00	3019,99	1355,28	765,98	522,72	324,49	171,29	63,13
3020,00	3029,99	1362,28	770,98	526,72	327,49	173,29	64,13
3030,00	3039,99	1369,28	775,98	530,72	330,49	175,29	65,13
3040,00	3049,99	1376,28	780,98	534,72	333,49	177,29	66,13
3050,00	3059,99	1383,28	785,98	538,72	336,49	179,29	67,13
3060,00	3069,99	1390,28	790,98	542,72	339,49	181,29	68,13
3070,00	3079,99	1397,28	795,98	546,72	342,49	183,29	69,13
3080,00	3089,99	1404,28	800,98	550,72	345,49	185,29	70,13
3090,00	3099,99	1411,28	805,98	554,72	348,49	187,29	71,13
3100,00	3109,99	1418,28	810,98	558,72	351,49	189,29	72,13
3110,00	3119,99	1425,28	815,98	562,72	354,49	191,29	73,13
3120,00	3129,99	1432,28	820,98	566,72	357,49	193,29	74,13
3130,00	3139,99	1439,28	825,98	570,72	360,49	195,29	75,13
3140,00	3149,99	1446,28	830,98	574,72	363,49	197,29	76,13
3150,00	3159,99	1453,28	835,98	578,72	366,49	199,29	77,13

Lohnpfändungstabelle (2015) Anlage zu § 850c ZPO

EURO-Netto-Lohn monatlich		Pfändbarer Betrag bei Unterhaltspflicht für					
		0	1	2	3	4	5 und mehr Personen
von	bis						
3160,00	3169,99	1460,28	840,98	582,72	369,49	201,29	78,13
3170,00	3179,99	1467,28	845,98	586,72	372,49	203,29	79,13
3180,00	3189,99	1474,28	850,98	590,72	375,49	205,29	80,13
3190,00	3199,99	1481,28	855,98	594,72	378,49	207,29	81,13
3200,00	3209,99	1488,28	860,98	598,72	381,49	209,29	82,13
3210,00	3219,99	1495,28	865,98	602,72	384,49	211,29	83,13
3220,00	3229,99	1502,28	870,98	606,72	387,49	213,29	84,13
3230,00	3239,99	1509,28	875,98	610,72	390,49	215,29	85,13
3240,00	3249,99	1516,28	880,98	614,72	393,49	217,29	86,13
3250,00	3259,99	1523,28	885,98	618,72	396,49	219,29	87,13
3260,00	3269,99	1530,28	890,98	622,72	399,49	221,29	88,13
3270,00	3279,99	1537,28	895,98	626,72	402,49	223,29	89,13
3280,00	3289,99	1544,28	900,98	630,72	405,49	225,29	90,13
3290,00	3292,09	1551,28	905,98	634,72	408,49	227,29	91,13

Der Mehrbetrag über 3.292,09 EURO ist voll pfändbar

EURO-Netto-Lohn wöchentlich		Pfändbarer Betrag bei Unterhaltspflicht für					
		0	1	2	3	4	5 und mehr Personen
von	bis						
	247,49	–	–	–	–	–	–
247,50	249,99	0,25	–	–	–	–	–
250,00	252,49	2,00	–	–	–	–	–
252,50	254,99	3,75	–	–	–	–	–
255,00	257,49	5,50	–	–	–	–	–
257,50	259,99	7,25	–	–	–	–	–
260,00	262,49	9,00	–	–	–	–	–
262,50	264,99	10,75	–	–	–	–	–
265,00	267,49	12,50	–	–	–	–	–
267,50	269,99	14,25	–	–	–	–	–
270,00	272,49	16,00	–	–	–	–	–
272,50	274,99	17,75	–	–	–	–	–
275,00	277,49	19,50	–	–	–	–	–
277,50	279,99	21,25	–	–	–	–	–
280,00	282,49	23,00	–	–	–	–	–
282,50	284,99	24,75	–	–	–	–	–

Anlage zu § 850c ZPO Lohnpfändungstabelle (2015)

EURO-Netto-Lohn wöchentlich		Pfändbarer Betrag bei Unterhaltspflicht für					
		0	1	2	3	4	5 und mehr Personen
von	bis						
285,00	287,49	26,50	–	–	–	–	–
287,50	289,99	28,25	–	–	–	–	–
290,00	292,49	30,00	–	–	–	–	–
292,50	294,99	31,75	–	–	–	–	–
295,00	297,49	33,50	–	–	–	–	–
297,50	299,99	35,25	–	–	–	–	–
300,00	302,49	37,00	–	–	–	–	–
302,50	304,99	38,75	–	–	–	–	–
305,00	307,49	40,50	–	–	–	–	–
307,50	309,99	42,25	–	–	–	–	–
310,00	312,49	44,00	–	–	–	–	–
312,50	314,99	45,75	–	–	–	–	–
315,00	317,49	47,50	–	–	–	–	–
317,50	319,99	49,25	–	–	–	–	–
320,00	322,49	51,00	–	–	–	–	–
322,50	324,99	52,75	–	–	–	–	–
325,00	327,49	54,50	–	–	–	–	–
327,50	329,99	56,25	–	–	–	–	–
330,00	332,49	58,00	–	–	–	–	–
332,50	334,99	59,75	–	–	–	–	–
335,00	337,49	61,50	–	–	–	–	–
337,50	339,99	63,25	–	–	–	–	–
340,00	342,49	65,00	–	–	–	–	–
342,50	344,99	66,75	1,18	–	–	–	–
345,00	347,49	68,50	2,43	–	–	–	–
347,50	349,99	70,25	3,68	–	–	–	–
350,00	352,49	72,00	4,93	–	–	–	–
352,50	354,99	73,75	6,18	–	–	–	–
355,00	357,49	75,50	7,43	–	–	–	–
357,50	359,99	77,25	8,68	–	–	–	–
360,00	362,49	79,00	9,93	–	–	–	–
362,50	364,99	80,75	11,18	–	–	–	–
365,00	367,49	82,50	12,43	–	–	–	–
367,50	369,99	84,25	13,68	–	–	–	–
370,00	372,49	86,00	14,93	–	–	–	–
372,50	374,99	87,75	16,18	–	–	–	–

Lohnpfändungstabelle (2015) **Anlage zu § 850c ZPO**

EURO-Netto-Lohn wöchentlich		Pfändbarer Betrag bei Unterhaltspflicht für					
		0	1	2	3	4	5 und mehr Personen
von	bis						
375,00	377,49	89,50	17,43	–	–	–	–
377,50	379,99	91,25	18,68	–	–	–	–
380,00	382,49	93,00	19,93	–	–	–	–
382,50	384,99	94,75	21,18	–	–	–	–
385,00	387,49	96,50	22,43	–	–	–	–
387,50	389,99	98,25	23,68	–	–	–	–
390,00	392,49	100,00	24,93	–	–	–	–
392,50	394,99	101,75	26,18	0,21	–	–	–
395,00	397,49	103,50	27,43	1,21	–	–	–
397,50	399,99	105,25	28,68	2,21	–	–	–
400,00	402,49	107,00	29,93	3,21	–	–	–
402,50	404,99	108,75	31,18	4,21	–	–	–
405,00	407,49	110,50	32,43	5,21	–	–	–
407,50	409,99	112,25	33,68	6,21	–	–	–
410,00	412,49	114,00	34,93	7,21	–	–	–
412,50	414,99	115,75	36,18	8,21	–	–	–
415,00	417,49	117,50	37,43	9,21	–	–	–
417,50	419,99	119,25	38,68	10,21	–	–	–
420,00	422,49	121,00	39,93	11,21	–	–	–
422,50	424,99	122,75	41,18	12,21	–	–	–
425,00	427,49	124,50	42,43	13,21	–	–	–
427,50	429,99	126,25	43,68	14,21	–	–	–
430,00	432,49	128,00	44,93	15,21	–	–	–
432,50	434,99	129,75	46,18	16,21	–	–	–
435,00	437,49	131,50	47,43	17,21	–	–	–
437,50	439,99	133,25	48,68	18,21	–	–	–
440,00	442,49	135,00	49,93	19,21	–	–	–
442,50	444,99	136,75	51,18	20,21	–	–	–
445,00	447,49	138,50	52,43	21,21	0,36	–	–
447,50	449,99	140,25	53,68	22,21	1,11	–	–
450,00	452,49	142,00	54,93	23,21	1,86	–	–
452,50	454,99	143,75	56,18	24,21	2,61	–	–
455,00	457,49	145,50	57,43	25,21	3,36	–	–
457,50	459,99	147,25	58,68	26,21	4,11	–	–
460,00	462,49	149,00	59,93	27,21	4,86	–	–
462,50	464,99	150,75	61,18	28,21	5,61	–	–

Anlage zu § 850c ZPO Lohnpfändungstabelle (2015)

EURO-Netto-Lohn wöchentlich		Pfändbarer Betrag bei Unterhaltspflicht für					
		0	1	2	3	4	5 und mehr Personen
von	bis						
465,00	467,49	152,50	62,43	29,21	6,36	–	–
467,50	469,99	154,25	63,68	30,21	7,11	–	–
470,00	472,49	156,00	64,93	31,21	7,86	–	–
472,50	474,99	157,75	66,18	32,21	8,61	–	–
475,00	477,49	159,50	67,43	33,21	9,36	–	–
477,50	479,99	161,25	68,68	34,21	10,11	–	–
480,00	482,49	163,00	69,93	35,21	10,86	–	–
482,50	484,99	164,75	71,18	36,21	11,61	–	–
485,00	487,49	166,50	72,43	37,21	12,36	–	–
487,50	489,99	168,25	73,68	38,21	13,11	–	–
490,00	492,49	170,00	74,93	39,21	13,86	–	–
492,50	494,99	171,75	76,18	40,21	14,61	–	–
495,00	497,49	173,50	77,43	41,21	15,36	–	–
497,50	499,99	175,25	78,68	42,21	16,11	0,38	–
500,00	502,49	177,00	79,93	43,21	16,86	0,88	–
502,50	504,99	178,75	81,18	44,21	17,61	1,38	–
505,00	507,49	180,50	82,43	45,21	18,36	1,88	–
507,50	509,99	182,25	83,68	46,21	19,11	2,38	–
510,00	512,49	184,00	84,93	47,21	19,86	2,88	–
512,50	514,99	185,75	86,18	48,21	20,61	3,38	–
515,00	517,49	187,50	87,43	49,21	21,36	3,88	–
517,50	519,99	189,25	88,68	50,21	22,11	4,38	–
520,00	522,49	191,00	89,93	51,21	22,86	4,88	–
522,50	524,99	192,75	91,18	52,21	23,61	5,38	–
525,00	527,49	194,50	92,43	53,21	24,36	5,88	–
527,50	529,99	196,25	93,68	54,21	25,11	6,38	–
530,00	532,49	198,00	94,93	55,21	25,86	6,88	–
532,50	534,99	199,75	96,18	56,21	26,61	7,38	–
535,00	537,49	201,50	97,43	57,21	27,36	7,88	–
537,50	539,99	203,25	98,68	58,21	28,11	8,38	–
540,00	542,49	205,00	99,93	59,21	28,86	8,88	–
542,50	544,99	206,75	101,18	60,21	29,61	9,38	–
545,00	547,49	208,50	102,43	61,21	30,36	9,88	–
547,50	549,99	210,25	103,68	62,21	31,11	10,38	0,01
550,00	552,49	212,00	104,93	63,21	31,86	10,88	0,26
552,50	554,99	213,75	106,18	64,21	32,61	11,38	0,51

Lohnpfändungstabelle (2015) **Anlage zu § 850c ZPO**

EURO-Netto-Lohn wöchentlich		Pfändbarer Betrag bei Unterhaltspflicht für					
		0	1	2	3	4	5 und mehr Personen
von	bis						
555,00	557,49	215,50	107,43	65,21	33,36	11,88	0,76
557,50	559,99	217,25	108,68	66,21	34,11	12,38	1,01
560,00	562,49	219,00	109,93	67,21	34,86	12,88	1,26
562,50	564,99	220,75	111,18	68,21	35,61	13,38	1,51
565,00	567,49	222,50	112,43	69,21	36,36	13,88	1,76
567,50	569,99	224,25	113,68	70,21	37,11	14,38	2,01
570,00	572,49	226,00	114,93	71,21	37,86	14,88	2,26
572,50	574,99	227,75	116,18	72,21	38,61	15,38	2,51
575,00	577,49	229,50	117,43	73,21	39,36	15,88	2,76
577,50	579,99	231,25	118,68	74,21	40,11	16,38	3,01
580,00	582,49	233,00	119,93	75,21	40,86	16,88	3,26
582,50	584,99	234,75	121,18	76,21	41,61	17,38	3,51
585,00	587,49	236,50	122,43	77,21	42,36	17,88	3,76
587,50	589,99	238,25	123,68	78,21	43,11	18,38	4,01
590,00	592,49	240,00	124,93	79,21	43,86	18,88	4,26
592,50	594,99	241,75	126,18	80,21	44,61	19,38	4,51
595,00	597,49	243,50	127,43	81,21	45,36	19,88	4,76
597,50	599,99	245,25	128,68	82,21	46,11	20,38	5,01
600,00	602,49	247,00	129,93	83,21	46,86	20,88	5,26
602,50	604,99	248,75	131,18	84,21	47,61	21,38	5,51
605,00	607,49	250,50	132,43	85,21	48,36	21,88	5,76
607,50	609,99	252,25	133,68	86,21	49,11	22,38	6,01
610,00	612,49	254,00	134,93	87,21	49,86	22,88	6,26
612,50	614,99	255,75	136,18	88,21	50,61	23,38	6,51
615,00	617,49	257,50	137,43	89,21	51,36	23,88	6,76
617,50	619,99	259,25	138,68	90,21	52,11	24,38	7,01
620,00	622,49	261,00	139,93	91,21	52,86	24,88	7,26
622,50	624,99	262,75	141,18	92,21	53,61	25,38	7,51
625,00	627,49	264,50	142,43	93,21	54,36	25,88	7,76
627,50	629,99	266,25	143,68	94,21	55,11	26,38	8,01
630,00	632,49	268,00	144,93	95,21	55,86	26,88	8,26
632,50	634,99	269,75	146,18	96,21	56,61	27,38	8,51
635,00	637,49	271,50	147,43	97,21	57,36	27,88	8,76
637,50	639,99	273,25	148,68	98,21	58,11	28,38	9,01
640,00	642,49	275,00	149,93	99,21	58,86	28,88	9,26
642,50	644,99	276,75	151,18	100,21	59,61	29,38	9,51

Anlage zu § 850c ZPO Lohnpfändungstabelle (2015)

EURO-Netto-Lohn wöchentlich		Pfändbarer Betrag bei Unterhaltspflicht für					
		0	1	2	3	4	5 und mehr Personen
von	bis						
645,00	647,49	278,50	152,43	101,21	60,36	29,88	9,76
647,50	649,99	280,25	153,68	102,21	61,11	30,38	10,01
650,00	652,49	282,00	154,93	103,21	61,86	30,88	10,26
652,50	654,99	283,75	156,18	104,21	62,61	31,38	10,51
655,00	657,49	285,50	157,43	105,21	63,36	31,88	10,76
657,50	659,99	287,25	158,68	106,21	64,11	32,38	11,01
660,00	662,49	289,00	159,93	107,21	64,86	32,88	11,26
662,50	664,99	290,75	161,18	108,21	65,61	33,38	11,51
665,00	667,49	292,50	162,43	109,21	66,36	33,88	11,76
667,50	669,99	294,25	163,68	110,21	67,11	34,38	12,01
670,00	672,49	296,00	164,93	111,21	67,86	34,88	12,26
672,50	674,99	297,75	166,18	112,21	68,61	35,38	12,51
675,00	677,49	299,50	167,43	113,21	69,36	35,88	12,76
677,50	679,99	301,25	168,68	114,21	70,11	36,38	13,01
680,00	682,49	303,00	169,93	115,21	70,86	36,88	13,26
682,50	684,99	304,75	171,18	116,21	71,61	37,38	13,51
685,00	687,49	306,50	172,43	117,21	72,36	37,88	13,76
687,50	689,99	308,25	173,68	118,21	73,11	38,38	14,01
690,00	692,49	310,00	174,93	119,21	73,86	38,88	14,26
692,50	694,99	311,75	176,18	120,21	74,61	39,38	14,51
695,00	697,49	313,50	177,43	121,21	75,36	39,88	14,76
697,50	699,99	315,25	178,68	122,21	76,11	40,38	15,01
700,00	702,49	317,00	179,93	123,21	76,86	40,88	15,26
702,50	704,99	318,75	181,18	124,21	77,61	41,38	15,51
705,00	707,49	320,50	182,43	125,21	78,36	41,88	15,76
707,50	709,99	322,25	183,68	126,21	79,11	42,38	16,01
710,00	712,49	324,00	184,93	127,21	79,86	42,88	16,26
712,50	714,99	325,75	186,18	128,21	80,61	43,38	16,51
715,00	717,49	327,50	187,43	129,21	81,36	43,88	16,76
717,50	719,99	329,25	188,68	130,21	82,11	44,38	17,01
720,00	722,49	331,00	189,93	131,21	82,86	44,88	17,26
722,50	724,99	332,75	191,18	132,21	83,61	45,38	17,51
725,00	727,49	334,50	192,43	133,21	84,36	45,88	17,76
727,50	729,99	336,25	193,68	134,21	85,11	46,38	18,01
730,00	732,49	338,00	194,93	135,21	85,86	46,88	18,26
732,50	734,99	339,75	196,18	136,21	86,61	47,38	18,51

Lohnpfändungstabelle (2015) **Anlage zu § 850c ZPO**

EURO-Netto-Lohn wöchentlich		Pfändbarer Betrag bei Unterhaltspflicht für					
		0	1	2	3	4	5 und mehr Personen
von	bis						
735,00	737,49	341,50	197,43	137,21	87,36	47,88	18,76
737,50	739,99	343,25	198,68	138,21	88,11	48,38	19,01
740,00	742,49	345,00	199,93	139,21	88,86	48,88	19,26
742,50	744,99	346,75	201,18	140,21	89,61	49,38	19,51
745,00	747,49	348,50	202,43	141,21	90,36	49,88	19,76
747,50	749,99	350,25	203,68	142,21	91,11	50,38	20,01
750,00	752,49	352,00	204,93	143,21	91,86	50,88	20,26
752,50	754,99	353,75	206,18	144,21	92,61	51,38	20,51
755,00	757,49	355,50	207,43	145,21	93,36	51,88	20,76
757,50	757,63	357,25	208,68	146,21	94,11	52,38	21,01

Der Mehrbetrag über 753,63 EURO ist voll pfändbar.

EURO-Netto-Lohn täglich		Pfändbarer Betrag bei Unterhaltspflicht für					
		0	1	2	3	4	5 und mehr Personen
von	bis						
	49,49	–	–	–	–	–	–
49,50	49,99	0,05	–	–	–	–	–
50,00	50,49	0,40	–	–	–	–	–
50,50	50,99	0,75	–	–	–	–	–
51,00	51,49	1,10	–	–	–	–	–
51,50	51,99	1,45	–	–	–	–	–
52,00	52,49	1,80	–	–	–	–	–
52,50	52,99	2,15	–	–	–	–	–
53,00	53,49	2,50	–	–	–	–	–
53,50	53,99	2,85	–	–	–	–	–
54,00	54,49	3,20	–	–	–	–	–
54,50	54,99	3,55	–	–	–	–	–
55,00	55,49	3,90	–	–	–	–	–
55,50	55,99	4,25	–	–	–	–	–
56,00	56,49	4,60	–	–	–	–	–
56,50	56,99	4,95	–	–	–	–	–
57,00	57,49	5,30	–	–	–	–	–
57,50	57,99	5,65	–	–	–	–	–
58,00	58,49	6,00	–	–	–	–	–
58,50	58,99	6,35	–	–	–	–	–
59,00	59,49	6,70	–	–	–	–	–

Anlage zu § 850c ZPO Lohnpfändungstabelle (2015)

EURO-Netto-Lohn täglich		Pfändbarer Betrag bei Unterhaltspflicht für					
		0	1	2	3	4	5 und mehr Personen
von	bis						
59,50	59,99	7,05	–	–	–	–	–
60,00	60,49	7,40	–	–	–	–	–
60,50	60,99	7,75	–	–	–	–	–
61,00	61,49	8,10	–	–	–	–	–
61,50	61,99	8,45	–	–	–	–	–
62,00	62,49	8,80	–	–	–	–	–
62,50	62,99	9,15	–	–	–	–	–
63,00	63,49	9,50	–	–	–	–	–
63,50	63,99	9,85	–	–	–	–	–
64,00	64,49	10,20	–	–	–	–	–
64,50	64,99	10,55	–	–	–	–	–
65,00	65,49	10,90	–	–	–	–	–
65,50	65,99	11,25	–	–	–	–	–
66,00	66,49	11,60	–	–	–	–	–
66,50	66,99	11,95	–	–	–	–	–
67,00	67,49	12,30	–	–	–	–	–
67,50	67,99	12,65	–	–	–	–	–
68,00	68,49	13,00	–	–	–	–	–
68,50	68,99	13,35	0,23	–	–	–	–
69,00	69,49	13,70	0,48	–	–	–	–
69,50	69,99	14,05	0,73	–	–	–	–
70,00	70,49	14,40	0,98	–	–	–	–
70,50	70,99	14,75	1,24	–	–	–	–
71,00	71,49	15,10	1,49	–	–	–	–
71,50	71,99	15,45	1,74	–	–	–	–
72,00	72,49	15,80	1,99	–	–	–	–
72,50	72,99	16,15	2,24	–	–	–	–
73,00	73,49	16,50	2,49	–	–	–	–
73,50	73,99	16,85	2,74	–	–	–	–
74,00	74,49	17,20	2,99	–	–	–	–
74,50	74,99	17,55	3,24	–	–	–	–
75,00	75,49	17,90	3,49	–	–	–	–
75,50	75,99	18,25	3,74	–	–	–	–
76,00	76,49	18,60	3,99	–	–	–	–
76,50	76,99	18,95	4,24	–	–	–	–
77,00	77,49	19,30	4,49	–	–	–	–

Lohnpfändungstabelle (2015) **Anlage zu § 850c ZPO**

EURO-Netto-Lohn täglich		Pfändbarer Betrag bei Unterhaltspflicht für					
		0	1	2	3	4	5 und mehr Personen
von	bis						
77,50	77,99	19,65	4,74	–	–	–	–
78,00	78,49	20,00	4,99	–	–	–	–
78,50	78,99	20,35	5,24	0,04	–	–	–
79,00	79,49	20,70	5,49	0,24	–	–	–
79,50	79,99	21,05	5,74	0,44	–	–	–
80,00	80,49	21,40	5,99	0,64	–	–	–
80,50	80,99	21,75	6,24	0,84	–	–	–
81,00	81,49	22,10	6,49	1,04	–	–	–
81,50	81,99	22,45	6,74	1,24	–	–	–
82,00	82,49	22,80	6,99	1,44	–	–	–
82,50	82,99	23,15	7,24	1,64	–	–	–
83,00	83,49	23,50	7,49	1,84	–	–	–
83,50	83,99	23,85	7,74	2,04	–	–	–
84,00	84,49	24,20	7,99	2,24	–	–	–
84,50	84,99	24,55	8,24	2,44	–	–	–
85,00	85,49	24,90	8,49	2,64	–	–	–
85,50	85,99	25,25	8,74	2,84	–	–	–
86,00	86,49	25,60	8,99	3,04	–	–	–
86,50	86,99	25,95	9,24	3,24	–	–	–
87,00	87,49	26,30	9,49	3,44	–	–	–
87,50	87,99	26,65	9,74	3,64	–	–	–
88,00	88,49	27,00	9,99	3,84	–	–	–
88,50	88,99	27,35	10,24	4,04	–	–	–
89,00	89,49	27,70	10,49	4,24	0,08	–	–
89,50	89,99	28,05	10,74	4,44	0,23	–	–
90,00	90,49	28,40	10,99	4,64	0,38	–	–
90,50	90,99	28,75	11,24	4,84	0,53	–	–
91,00	91,49	29,10	11,49	5,04	0,68	–	–
91,50	91,99	29,45	11,74	5,24	0,83	–	–
92,00	92,49	29,80	11,99	5,44	0,98	–	–
92,50	92,99	30,15	12,24	5,64	1,13	–	–
93,00	93,49	30,50	12,49	5,84	1,28	–	–
93,50	93,99	30,85	12,74	6,04	1,43	–	–
94,00	94,49	31,20	12,99	6,24	1,58	–	–
94,50	94,99	31,55	13,24	6,44	1,73	–	–
95,00	95,49	31,90	13,49	6,64	1,88	–	–

Anlage zu § 850c ZPO Lohnpfändungstabelle (2015)

EURO-Netto-Lohn täglich		Pfändbarer Betrag bei Unterhaltspflicht für					
von	bis	0	1	2	3	4	5 und mehr Personen
95,50	95,99	32,25	13,74	6,84	2,03	–	–
96,00	96,49	32,60	13,99	7,04	2,18	–	–
96,50	96,99	32,95	14,24	7,24	2,33	–	–
97,00	97,49	33,30	14,49	7,44	2,48	–	–
97,50	97,99	33,65	14,74	7,64	2,63	–	–
98,00	98,49	34,00	14,99	7,84	2,78	–	–
98,50	98,99	34,35	15,24	8,04	2,93	–	–
99,00	99,49	34,70	15,49	8,24	3,08	–	–
99,50	99,99	35,05	15,74	8,44	3,23	0,08	–
100,00	100,49	35,40	15,99	8,64	3,38	0,18	–
100,50	100,99	35,75	16,24	8,84	3,53	0,28	–
101,00	101,49	36,10	16,49	9,04	3,68	0,38	–
101,50	101,99	36,45	16,74	9,24	3,83	0,48	–
102,00	102,49	36,80	16,99	9,44	3,98	0,58	–
102,50	102,99	37,15	17,24	9,64	4,13	0,68	–
103,00	103,49	37,50	17,49	9,84	4,28	0,78	–
103,50	103,99	37,85	17,74	10,04	4,43	0,88	–
104,00	104,49	38,20	17,99	10,24	4,58	0,98	–
104,50	104,99	38,55	18,24	10,44	4,73	1,08	–
105,00	105,49	38,90	18,49	10,64	4,88	1,18	–
105,50	105,99	39,25	18,74	10,84	5,03	1,28	–
106,00	106,49	39,60	18,99	11,04	5,18	1,38	–
106,50	106,99	39,95	19,24	11,24	5,33	1,48	–
107,00	107,49	40,30	19,49	11,44	5,48	1,58	–
107,50	107,99	40,65	19,74	11,64	5,63	1,68	–
108,00	108,49	41,00	19,99	11,84	5,78	1,78	–
108,50	108,99	41,35	20,24	12,04	5,93	1,88	–
109,00	109,49	41,70	20,49	12,24	6,08	1,98	–
109,50	109,99	42,05	20,74	12,44	6,23	2,08	0,00
110,00	110,49	42,40	20,99	12,64	6,38	2,18	0,05
110,50	110,99	42,75	21,24	12,84	6,53	2,28	0,10
111,00	111,49	43,10	21,49	13,04	6,68	2,38	0,15
111,50	111,99	43,45	21,74	13,24	6,83	2,48	0,20
112,00	112,49	43,80	21,99	13,44	6,98	2,58	0,25
112,50	112,99	44,15	22,24	13,64	7,13	2,68	0,30
113,00	113,49	44,50	22,49	13,84	7,28	2,78	0,35

Lohnpfändungstabelle (2015) **Anlage zu § 850c ZPO**

EURO-Netto-Lohn täglich		Pfändbarer Betrag bei Unterhaltspflicht für					
		0	1	2	3	4	5 und mehr Personen
von	bis						
113,50	113,99	44,85	22,74	14,04	7,43	2,88	0,40
114,00	114,49	45,20	22,99	14,24	7,58	2,98	0,45
114,50	114,99	45,55	23,24	14,44	7,73	3,08	0,50
115,00	115,49	45,90	23,49	14,64	7,88	3,18	0,55
115,50	115,99	46,25	23,74	14,84	8,03	3,28	0,60
116,00	116,49	46,60	23,99	15,04	8,18	3,38	0,65
116,50	116,99	46,95	24,24	15,24	8,33	3,48	0,70
117,00	117,49	47,30	24,49	15,44	8,48	3,58	0,75
117,50	117,99	47,65	24,74	15,64	8,63	3,68	0,80
118,00	118,49	48,00	24,99	15,84	8,78	3,78	0,85
118,50	118,99	48,35	25,24	16,04	8,93	3,88	0,90
119,00	119,49	48,70	25,49	16,24	9,08	3,98	0,95
119,50	119,99	49,05	25,74	16,44	9,23	4,08	1,00
120,00	120,49	49,40	25,99	16,64	9,38	4,18	1,05
120,50	120,99	49,75	26,24	16,84	9,53	4,28	1,10
121,00	121,49	50,10	26,49	17,04	9,68	4,38	1,15
121,50	121,99	50,45	26,74	17,24	9,83	4,48	1,20
122,00	122,49	50,80	26,99	17,44	9,98	4,58	1,25
122,50	122,99	51,15	27,24	17,64	10,13	4,68	1,30
123,00	123,49	51,50	27,49	17,84	10,28	4,78	1,35
123,50	123,99	51,85	27,74	18,04	10,43	4,88	1,40
124,00	124,49	52,20	27,99	18,24	10,58	4,98	1,45
124,50	124,99	52,55	28,24	18,44	10,73	5,08	1,50
125,00	125,49	52,90	28,49	18,64	10,88	5,18	1,55
125,50	125,99	53,25	28,74	18,84	11,03	5,28	1,60
126,00	126,49	53,60	28,99	19,04	11,18	5,38	1,65
126,50	126,99	53,95	29,24	19,24	11,33	5,48	1,70
127,00	127,49	54,30	29,49	19,44	11,48	5,58	1,75
127,50	127,99	54,65	29,74	19,64	11,63	5,68	1,80
128,00	128,49	55,00	29,99	19,84	11,78	5,78	1,85
128,50	128,99	55,35	30,24	20,04	11,93	5,88	1,90
129,00	129,49	55,70	30,49	20,24	12,08	5,98	1,95
129,50	129,99	56,05	30,74	20,44	12,23	6,08	2,00
130,00	130,49	56,40	30,99	20,64	12,38	6,18	2,05
130,50	130,99	56,75	31,24	20,84	12,53	6,28	2,10
131,00	131,49	57,10	31,49	21,04	12,68	6,38	2,15

Anlage zu § 850c ZPO   Lohnpfändungstabelle (2015)

EURO-Netto-Lohn täglich		Pfändbarer Betrag bei Unterhaltspflicht für					
		0	1	2	3	4	5 und mehr Personen
von	bis						
131,50	131,99	57,45	31,74	21,24	12,83	6,48	2,20
132,00	132,49	57,80	31,99	21,44	12,98	6,58	2,25
132,50	132,99	58,15	32,24	21,64	13,13	6,68	2,30
133,00	133,49	58,50	32,49	21,84	13,28	6,78	2,35
133,50	133,99	58,85	32,74	22,04	13,43	6,88	2,40
134,00	134,49	59,20	32,99	22,24	13,58	6,98	2,45
134,50	134,99	59,55	33,24	22,44	13,73	7,08	2,50
135,00	135,49	59,90	33,49	22,64	13,88	7,18	2,55
135,50	135,99	60,25	33,74	22,84	14,03	7,28	2,60
136,00	136,49	60,60	33,99	23,04	14,18	7,38	2,65
136,50	136,99	60,95	34,24	23,24	14,33	7,48	2,70
137,00	137,49	61,30	34,49	23,44	14,48	7,58	2,75
137,50	137,99	61,65	34,74	23,64	14,63	7,68	2,80
138,00	138,49	62,00	34,99	23,84	14,78	7,78	2,85
138,50	138,99	62,35	35,24	24,04	14,93	7,88	2,90
139,00	139,49	62,70	35,49	24,24	15,08	7,98	2,95
139,50	139,99	63,05	35,74	24,44	15,23	8,08	3,00
140,00	140,49	63,40	35,99	24,64	15,38	8,18	3,05
140,50	140,99	63,75	36,24	24,84	15,53	8,28	3,10
141,00	141,49	64,10	36,49	25,04	15,68	8,38	3,15
141,50	141,99	64,45	36,74	25,24	15,83	8,48	3,20
142,00	142,49	64,80	36,99	25,44	15,98	8,58	3,25
142,50	142,99	65,15	37,24	25,64	16,13	8,68	3,30
143,00	143,49	65,50	37,49	25,84	16,28	8,78	3,35
143,50	143,99	65,85	37,74	26,04	16,43	8,88	3,40
144,00	144,49	66,20	37,99	26,24	16,58	8,98	3,45
144,50	144,99	66,55	38,24	26,44	16,73	9,08	3,50
145,00	145,49	66,90	38,49	26,64	16,88	9,18	3,55
145,50	145,99	67,25	38,74	26,84	17,03	9,28	3,60
146,00	146,49	67,60	38,99	27,04	17,18	9,38	3,65
146,50	146,99	67,95	39,24	27,24	17,33	9,48	3,70
147,00	147,49	68,30	39,49	27,44	17,48	9,58	3,75
147,50	147,99	68,65	39,74	27,64	17,63	9,68	3,80
148,00	148,49	69,00	39,99	27,84	17,78	9,78	3,85
148,50	148,99	69,35	40,24	28,04	17,93	9,88	3,90
149,00	149,49	69,70	40,49	28,24	18,08	9,98	3,95

EURO-Netto-Lohn täglich		Pfändbarer Betrag bei Unterhaltspflicht für					
		0	1	2	3	4	5 und mehr Personen
von	bis						
149,50	149,99	70,05	40,74	28,44	18,23	10,08	4,00
150,00	150,49	70,40	40,99	28,64	18,38	10,18	4,05
150,50	150,99	70,75	41,24	28,84	18,53	10,28	4,10
151,00	151,49	71,10	41,49	29,04	18,68	10,38	4,15
151,50	151,53	71,45	41,74	29,24	18,83	10,48	4,20

Der Mehrbetrag über 151,53 EURO ist voll pfändbar.

§ 850d Pfändbarkeit bei Unterhaltsansprüchen

(1) ¹Wegen der Unterhaltsansprüche, die kraft Gesetzes einem Verwandten, dem Ehegatten, einem früheren Ehegatten, dem Lebenspartner, einem früheren Lebenspartner oder nach §§ 1615l, 1615n des Bürgerlichen Gesetzbuchs einem Elternteil zustehen, sind das Arbeitseinkommen und die in § 850a Nr. 1, 2 und 4 genannten Bezüge ohne die in § 850c bezeichneten Beschränkungen pfändbar. ²Dem Schuldner ist jedoch so viel zu belassen, als er für seinen notwendigen Unterhalt und zur Erfüllung seiner laufenden gesetzlichen Unterhaltspflichten gegenüber den dem Gläubiger vorgehenden Berechtigten bedarf; von den in § 850a Nr. 1, 2 und 4 genannten Bezügen hat ihm mindestens die Hälfte des nach § 850a unpfändbaren Betrages zu verbleiben. ³Der dem Schuldner hiernach verbleibende Teil seines Arbeitseinkommens darf den Betrag nicht übersteigen, der ihm nach den Vorschriften des § 850c gegenüber nicht bevorrechtigten Gläubigern zu verbleiben hätte. ⁴Für die Pfändung wegen der Rückstände, die länger als ein Jahr vor dem Antrag auf Erlass des Pfändungsbeschlusses fällig geworden sind, gelten die Vorschriften dieses Absatzes insoweit nicht, als nach Lage der Verhältnisse nicht anzunehmen ist, dass der Schuldner sich seiner Zahlungspflicht absichtlich entzogen hat.

(2) Mehrere nach Absatz 1 Berechtigte sind mit ihren Ansprüchen in der Reihenfolge nach § 1609 des Bürgerlichen Gesetzbuchs und § 16 des Lebenspartnerschaftsgesetzes zu berücksichtigen, wobei mehrere gleich nahe Berechtigte untereinander den gleichen Rang haben.

(3) Bei der Vollstreckung wegen der in Absatz 1 bezeichneten Ansprüche sowie wegen der aus Anlass einer Verletzung des Körpers oder der Gesundheit zu zahlenden Renten kann zugleich mit der Pfändung wegen fälliger Ansprüche auch künftig fällig werdendes Arbeitseinkommen wegen der dann jeweils fällig werdenden Ansprüche gepfändet und überwiesen werden.

Übersicht

	Rdn.
I. Überblick über den Inhalt der Norm	1
II. Voraussetzungen für eine bevorrechtigte Vollstreckung	2
1. Kreis der bevorrechtigten Personen	2
2. Gesetzliche Unterhaltsansprüche	4
3. Unterhaltsschuldner	5
4. Unterhaltsberechtigung und Anspruchsübergang	6
5. Notwendiger Unterhalt des Schuldners	7
6. Notwendiger Unterhalt Dritter	8
7. Rangfolge der Unterhaltsberechtigten	9
III. Modifizierung des dem Schuldner zu verbleibenden Betrages (Abs. 1 Satz 2 und 3)	10
IV. Die Vollstreckung wegen Unterhaltsrückständen (Abs. 1 Satz 4)	12
V. Die Rangfolge der Unterhaltsberechtigten (Abs. 2)	13
1. Erster Rang	13
2. Zweiter Rang	14
3. Dritter bis fünfter Rang	15
4. Sechster und siebter Rang	16
VI. Die Vorratspfändung (Abs. 3)	17
VII. Das Verfahren bei der Pfändung wegen bevorrechtigter Unterhaltsansprüche	19
VIII. Rechtsbehelfe	21
IX. Anhang: Bevorrechtigte Vollstreckung in Sozialleistungen, insbesondere in Kindergeld	22
1. Grundsatz	22
2. Zusammentreffen von laufenden Sozialleistungen und gewöhnlichem Arbeitseinkommen	23
3. Kindergeld	24
X. Anhang: Zusammentreffen der Pfändung wegen gewöhnlicher und wegen bevorrechtigter Forderungen	25
XI. Gebühren	26
XII. ArbGG, VwGO, AO	27

Literatur:
Baer, Die Rechtsgrundlage der Vorratspfändung, NJW 1962, 574; *Bauer*, Die Zulässigkeit von Kindergeldpfändungen, MDR 1978, 871; *Baur*, Einige Bemerkungen zur Pfändung künftiger Lohnforderungen, DB 1968, 251; *Behr*, Erweiterter Pfändungszugriff in Arbeitseinkommen gem. § 850d ZPO und § 850f Abs. 2 ZPO, Rpfleger 2005, 498; *ders.*, Probleme der Unterhaltsvollstreckung in Arbeitseinkommen, Rpfleger 1981, 382; *Berner*, Nochmals: Die völlig unzulänglichen Freigrenzen wegen Unterhaltsforderungen (§ 850d ZPO), Rpfleger 1958, 303; *ders.*, Dauerpfändungen und Vorzugs- (Vorrats-) pfändungen, Rpfleger 1962, 237; *Bethke*, Privilegierte Pfändung nach § 850d ZPO wegen übergeleiteter Unterhaltsansprüche?, FamRZ 1991, 397; *Büttner*, Unterhalt und Zwangsvollstreckung, FamRZ 1994,

1433; *Ehlenz*, Pfändungsschutz für Kindergeld bei Kontopfändung, InVO 206, 51; *Ernst*, Prioritätsanspruch des Unterhaltsgläubigers gemäß § 850d I ZPO, JurBüro 1991, 173; *Fischer*, Pfändbarkeit des Kindergeldes?, DB 1983, 1902; *Frisinger*, Privilegierte Forderungen in der Zwangsvollstreckung und bei der Aufrechnung, 1967; *Grund*, Der notwendige Unterhalt nach § 850d I ZPO, NJW 1955, 1587; *Heilemann*, Der direkte Zugriff auf Sozialleistungen des Unterhaltsverpflichteten nach § 48 SGB I, FamRZ 1995, 1401; *Helwich*, Die Pfändung des Arbeitseinkommens nach Inkrafttreten von Hartz IV, JurBüro 2005, 174; *Henckel*, Zusammentreffen der Lohnpfändung und Lohnabtretung, JR 1971, 18; *Hetzel*, Ist bei der Bemessung der Pfändungsfreigrenze des § 850d Abs. 1 Satz 2 ZPO das Arbeitseinkommen der Ehefrau des Schuldners zu berücksichtigen?, MDR 1959, 353; *Hintzen*, Nichtberücksichtigung eines Unterhaltsberechtigten, NJW 1995, 1861; *Hoffmann*, Die materiellrechtliche Qualifikation des titulierten Anspruchs bei der privilegierten Vollstreckung nach §§ 850d und 850f Abs. 2 ZPO, NJW 1973, 1111; *Horn*, Zum Pfändungsvorrecht des Sozialhilfeamtes, MDR 1967, 170; *Hornung*, Keine Pfändung des Kindergeldes (Zählkindvorteils) wegen des Unterhalts eines Zählkindes, Rpfleger 1983, 216; *Kabath*, Pfändung wegen älterer Unterhaltsrückstände, Rpfleger 1991, 292; *Kandler*, Das Verhältnis des Prioritätsgrundsatzes zum § 850d ZPO, NJW 1958, 2048; *Landmann*, Die Pfändung wegen überjähriger Unterhaltsrückstände, Rpfleger 2005, 75; *Mellinghoff*, Probleme der Kindergeldpfändung wegen gesetzlicher Unterhaltsansprüche von Zählkindern, Rpfleger 1984, 50; *Müller*, Über die Pfändbarkeit der durch das Zählkind bewirkten Kindergelderhöhung, ZfdFürsorgewesen 1978, 150; *Müller/Wolff*, Pfändbarkeit von Kindergeldansprüchen, NJW 1979, 299; *Mümmler*, Pfändung von Kindergeld für nichtprivilegierte Forderungen, JurBüro 1986, 161; *ders.*, Berücksichtigung von Freibeträgen für Unterhaltsberechtigte im Rahmen einer Lohnpfändung, JurBüro 1981, 177; *Neugebauer*, Hartz IV – Auswirkungen auf die Pfändbarkeit von Arbeitseinkommen, MDR 2005, 911; *Quardt*, Die Vorratspfändung, JurBüro 1961, 520; *Rellermeyer*, Die Eingetragene Lebenspartnerschaft, Rpfleger 2001, 381; *Rupp/Fleischmann*, Zum Pfändungsschutz für Schadensersatzansprüche wegen Unterhaltsverpflichtungen, Rpfleger 1983, 377; *Schmitz-Pfeiffer*, Zur Pfändbarkeit des Anspruchs auf Kindergeld, BB 1986, 458; *Stamm*, Gleichgeschlechtliche Lebenspartnerschaften in der Zwangsvollstreckung, InVo 2002, 52; *Weimar*, Gilt das Pfändungsvorrecht des § 850d ZPO für den Anspruch auf Zahlung des Prozeßkostenvorschusses und Erstattung der Prozeßkosten im Rahmen eines Unterhaltsrechtsstreits?, NJW 1959, 2102; *Zimmermann/Freeman*, Das sozialrechtliche Existenzminimum für Schuldnerinnen und Schuldner nach § 850d, § 850f Abs. 1 und § 850f Abs. 2 ZPO ab 1.10.2005, ZVI 2005, 401.
Siehe ferner die Literaturangaben zu § 850f ZPO.

I. Überblick über den Inhalt der Norm

Abs. 1 gibt bestimmten Unterhaltsberechtigten erweiterte Vollstreckungsmöglichkeiten wegen ihrer laufenden Unterhaltsansprüche sowie in eingeschränktem Umfange auch wegen rückständiger Unterhaltsrenten. **Abs. 2** regelt die Konkurrenz mehrerer vorrangig nach Abs. 1 Berechtigter. **Abs. 3** schließlich eröffnet sowohl den nach Abs. 1 vorrangig Berechtigten als auch Gläubigern, die wegen Rentenansprüchen aus Anlass einer Körper- oder Gesundheitsverletzung vollstrecken, abweichend von § 751 die Möglichkeit, rangwahrend wegen künftiger Ansprüche in erst künftig fällig werdendes Arbeitseinkommen zu vollstrecken (sog. Vorratspfändung). Insgesamt will die Vorschrift die Verwirklichung der gesetzlichen Unterhaltsansprüche gegen den Schuldner sicherstellen und verfahrensmäßig erleichtern.

II. Voraussetzungen für eine bevorrechtigte Vollstreckung

1. Kreis der bevorrechtigten Personen

Gesetzlich unterhaltsberechtigt sind die Verwandten in gerader Linie (§ 1601 BGB) einschließlich der Kinder, deren Eltern nicht miteinander verheiratet sind, der Adoptivkinder und der für ehelich erklärten Kinder, ferner die Ehegatten (§§ 1360, 1361 BGB), der frühere Ehegatte unter den Voraussetzungen der §§ 1569 ff. BGB, der (frühere) Lebenspartner nach dem LPartG sowie ein Elternteil im Rahmen der §§ 1615l und 1615n BGB. Zu den Unterhaltsansprüchen dieses Personenkreises gehören nicht nur der Anspruch auf fortlaufende Unterhaltsrente bzw. bei zusammenlebenden Ehegatten auf Wirtschaftsgeld,[1] sondern auch Ansprüche auf einmaligen Sonderunterhalt

---

1 LG Essen, MDR 1964, 416; *Wieczorek/Schütze/Lüke*, § 850d Rn. 2.

wie etwa auf Prozesskostenvorschuss nach § 1360a Abs. 4 BGB.[2] Nicht Teil des Unterhaltsanspruchs sind hingegen diejenigen Kosten, die zur Verwirklichung des Anspruchs gegen den Verpflichteten erforderlich sind Sie genießen daher bei der Vollstreckung nicht dieselbe Bevorrechtigung wie der in der Hauptsache titulierte Unterhaltsanspruch selbst.[3] Verzugszinsen für rückständige Unterhaltsleistungen sind ebenfalls kein Unterhalt. Sie sind daher nach § 850c zu vollstrecken.

3 In gleicher Weise privilegiert wie die Unterhaltsansprüche selbst sind Schadensersatzansprüche, die dem Unterhaltsberechtigten wegen Entziehung bevorrechtigter gesetzlicher Unterhaltsansprüche zustehen (z. B. Ansprüche aus § 844 BGB),[4] und zwar nicht nur dann, wenn sie auf vorsätzlich sittenwidriger Schädigung beruhen.[5] Der Schadensersatzanspruch tritt an die Stelle des erloschenen Unterhaltsanspruchs. Die Bevorrechtigung ist ein Teil des Schadensersatzes, da der Berechtigte durch den Schadensfall nicht nur den Anspruch als solchen, sondern auch dessen Bevorrechtigung nach § 850d eingebüßt hat. Die entgegengesetzte Ansicht, die den Schadensersatzgläubiger auf § 850h Abs. 2 verweist, führt zu dem sachwidrigen Ergebnis, dass dem Unterhaltsgläubiger sein Vorrecht durch eine unerlaubte Handlung genommen werden kann; denn die Privilegierung des Gläubigers nach § 850h Abs. 2 bleibt hinter derjenigen des § 850d zurück.

2. Gesetzliche Unterhaltsansprüche

4 Das Vorrecht des Abs. 1 Satz 1 steht den obengenannten Personen nur wegen ihrer **gesetzlichen** Unterhaltsansprüche zu,[6] nicht wegen darüber hinausgehender vertraglicher Ansprüche. Die gesetzlichen Unterhaltsansprüche verlieren ihren Charakter jedoch nicht dadurch, dass die Parteien sie vertraglich, etwa in einem Prozessvergleich oder in einem notariellen Vertrag, festschreiben. Gewährt der Schuldner Personen Unterhalt, die keinen gesetzlichen Anspruch gegen ihn haben (Stiefkinder, nichteheliche Lebensgefährten), erwächst daraus kein Recht zur bevorrechtigten Vollstreckung.[7] Die gesetzlichen Unterhaltsansprüche des Gläubigers müssen zudem familienrechtlich begründet sein. Dazu gehört ein Anspruch aus schuldrechtlichem Versorgungsausgleich (§ 1587f BGB) ebenso wenig[8] wie ein Anspruch auf Erstattung von Entbindungskosten (§ 1615k BGB a. F.) im Gegensatz zu einem solchen auf Entbindungsunterhalt (§ 1615l BGB).[9]

3. Unterhaltsschuldner

5 Abgesehen von den oben (Rdn. 3) genannten Schadensersatzansprüchen besteht das Vorrecht nur gegen den Unterhaltsschuldner persönlich, nicht auch gegen Personen, die, ohne unterhaltsverpflichtet zu sein, neben ihm (Bürgen, Schuldmitübernehmer) oder an seiner Stelle (Erben) für die Unterhaltsschulden haften. Der Anspruch gegen diese Personen beruht nicht mehr unmittelbar auf der gesetzlichen Unterhaltspflicht, sondern auf zusätzlichen Umständen (Vertrag, Erbgang).

---

2 BGH, JurBüro 2009, 549 Tz.11. Das gilt unabhängig vom Inhalt des beabsichtigten Prozesses; siehe *Baumbach/Lauterbach/Hartmann*, § 850d Rn. 2; *Friesinger*, Privilegierte Forderungen in der Zwangsvollstreckung, S. 42; *Stein/Jonas/Brehm*, § 850d Rn. 9; *Stöber*, Forderungspfändung, Rn. 1084; *Wieczorek/Schütze/Lüke*, § 850d Rn. 3; a. A. (nur, wenn Prozess auf Unterhaltszahlung gerichtet) LG Aachen, FamRZ 1963, 48; AG Köln, MDR 1959, 848; *Weimar*, NJW 1959, 2102; a. A. (kein Vorrecht) LG Bremen, Rpfleger 1970, 214; LG Essen, Rpfleger 1960, 250; MDR 1965, 662; AG Bochum, JurBüro 1966, 530.

3 BGH JurBüro 2009, 549 für Prozesskosten, offengelassen a. a. O. für Vollstreckungskosten; a. A. Voraufl. m. w. N.

4 *Stein/Jonas/Brehm*, § 850d Rn. 8; *Stöber*, Forderungspfändung, Rn. 1079.

5 So aber MüKo/*Smid*, § 850d Rn. 5; *Rupp/Fleischmann*, Rpfleger 1983, 377; *Stein/Jonas/Brehm*, § 850d Rn. 10.

6 BGH, Rpfleger 2011, 38 Tz. 10; JurBüro 2009, 549; FamRZ 2005, 1564, 1565; Rpfleger 2004, 111.

7 OLG Frankfurt, Rpfleger 1980, 198; OLG Hamm, Rpfleger 1954, 631; *Gaul/Schilken/Becker-Eberhardt* § 56 Rn. 56; a. A. LG Darmstadt, InVo 2003, 293, sofern die Voraussetzungen des § 36 SGB XII (vormals § 122 BSHG) gegeben wären.

8 BGH, Rpfleger 2005, 676.

9 BGH, Rpfleger 2004, 111; BVerwG NJW 1990, 401.

4. Unterhaltsberechtigung und Anspruchsübergang

Grundsätzlich kommt das Vorrecht nur demjenigen zu, der persönlich unterhaltsberechtigt ist.[10] 6
Deshalb können die Erben des Unterhaltsberechtigten[11] nicht nach § 850d Abs. 1 vorgehen. In ihrer
Hand hat der Anspruch seinen Charakter als Unterhaltsanspruch verloren. Hat der Dritte allerdings
die Forderung erworben, weil er als Bürge anstelle des Unterhaltsverpflichteten dem Berechtigten
Unterhalt gewährt hat, ist er zu dem bevorrechtigten Personenkreis nach § 850d zu zählen; denn
seine Leistung kommt der Allgemeinheit zu Gute, deren Schutz letztlich von § 850d bezweckt
wird.[12] Etwas anderes gilt auch für öffentliche Leistungsträger, auf die der Unterhaltsanspruch kraft
Gesetzes übergegangen ist, insbesondere nach §§ 93, 94 SGB XII,[13] nach § 94 Abs. 3 SGB VIII[14]
oder nach § 37 Abs. 1 BAföG,[15] sowie für nachrangig Unterhaltsverpflichtete, die den Anspruch
des Unterhaltsberechtigten erfüllt und ebenfalls durch cessio legis erworben haben (§§ 1607 Abs. 2,
1608, 1584 Satz 3 BGB).[16] Sie müssen die Privilegierung des § 850d schon deshalb genießen,
weil sich der vorrangig zur Unterhaltsleistung Verpflichtete ansonsten durch Zahlungsverweigerung
gezielt Vorteile in der Zwangsvollstreckung verschaffen könnte. Die Unterhaltsvorschusskasse kann
daher wegen der gem. § 7 Abs. 1 UVG auf sie übergegangenen Unterhaltsforderung Ansprüche des
Schuldners gegen Dritte im Rahmen des § 850d Abs. 1 Satz 1 ZPO als privilegierter Gläubiger ohne
die sich aus § 850 c ZPO ergebenden Einschränkungen zunächst pfänden und sich zur Einziehung
überweisen lassen, wenn nicht feststeht, ob der Unterhaltsberechtigte von dem Schuldner Unterhalt
nach § 7 Abs. 3 Satz 2 UVG verlangt.[17] Die privilegierte Pfändung der Unterhaltsvorschusskasse
nach § 850d ZPO ist nicht davon abhängig, dass diese im Vollstreckungsverfahren das Fehlen der
nach § 7 Abs. 3 Satz 2 UVG vorrangig zu berücksichtigenden Unterhaltsansprüche darlegt und
gegebenenfalls nachweist.[18] Allerdings darf sich dieser Übergang der Privilegierung nicht zum
Nachteil des unmittelbar Unterhaltsberechtigten auswirken. Ob dies der Fall ist, kann jeweils erst
in der Zwangsvollstreckung, wenn beide konkurrierend als Gläubiger auftreten, festgestellt werden.[19] Falls das zu bejahen ist, muss der aus übergegangenem Recht Vollstreckende gegenüber dem
unmittelbar Unterhaltsberechtigten nachrangig i. R. d. § 850d behandelt werden und ggf. in die
Grenzen des § 850c zurücktreten. Ob das Vorrecht des § 850d auch für den Kostenersatzanspruch
des Sozialhilfeträgers nach den §§ 102 ff. SGB XII gilt, ist umstritten.[20]

---

10 Ausführlich *Bethke*, FamRZ 1991, 397 und *Büttner*, FamRZ 1994, 1433.
11 LG Würzburg, MDR 1961, 1024.
12 OLG Hamm, Rpfleger 1977, 109; *Brox/Walker*, Rn. 569 m. N.; *Wieczorek/Schütze/Lüke*, § 850d Rn. 9; **a. A.** *MüKo/Smid,* § 850d Rn. 6; *Stein/Jonas/Brehm*, § 850d Rn. 13.
13 BGH, Rpfleger 2004, 111; BAG, NJW 1971, 2094; OLG Celle, NJW 1968, 456; OLG Hamm, Rpfleger 1977, 109; OLG Koblenz, FamRZ 1977, 68; LG Aachen, JurBüro 1983, 1732; LG Berlin, Rpfleger 1961, 364; LG Braunschweig, NJW 1966, 457; LG Duisburg, JMBl.NW 1956, 199; LG Göttingen, FamRZ 1956, 121; LG Waldshut, FamRZ 1966, 48; *Brox/Walker*, Rn. 569; *Stein/Jonas/Brehm*, § 850d Rn. 11; *Stöber,* Forderungspfändung, Rn. 1082; *Wieczorek/Schütze/Lüke*, § 850d Rn. 9; **a. A.** OVG Lüneburg, NJW 1967, 2221; LG Hanau, NJW 1965, 767; AG Köln, FamRZ 1956, 121; *Baumbach/Lauterbach/Hartmann*, § 850d Rn. 1; *Frisinger*, a. a. O. (Fn. 2) S. 56.
14 LG Erfurt, FamRZ 1997, 510 (zu § 94 Abs. 3 KJHG); **anders** noch JurBüro 1996, 494.
15 LG Stuttgart, Rpfleger 1996, 119; *Wieczorek/Schütze/Lüke*, § 850d Rn. 9.
16 *Brox/Walker*, Rn. 569; *Kropholler*, FamRZ 1965, 413, 416; *Stein/Jonas/Brehm*, § 850d Rn. 12; *Stöber*, Forderungspfändung, Rn. 1081; *Wieczorek/Schütze/Lüke*, § 850d Rn. 9.
17 BGH, NJW 2015, 157 Tz. 5.; NZFam 2015, 23 Tz. 5.
18 BGH, NZFam 2015, 23, Tz. 13 ff.; NJW 2015, 157 Tz. 13 ff. (Tz. 19: Der am Vollstreckungsverfahren nicht beteiligte vorrangige Unterhaltsgläubiger kann den nach § 7 Abs. 3 Satz 1 UVG bestehenden Vorrang seines Unterhaltsanspruchs im Vollstreckungsverfahren mit der Vollstreckungserinnerung nach § 766 Abs. 1 ZPO geltend machen.).
19 OLG Koblenz, FamRZ 1977, 68.
20 Bejahend OLG Hamm, Rpfleger 1977, 109; *Wieczorek/Schütze/Lüke*, § 850d Rn. 9; verneinend die h. M.; OVG Lüneburg, NJW 1967, 2221; *Stein/Jonas/Brehm*, § 850d Rn. 13; *Zöller/Stöber*, § 850d Rn. 4.

5. Notwendiger Unterhalt des Schuldners

7 Für den Schuldner selbst ist nur der »notwendige Unterhalt« anzusetzen. Für dessen Bemessung ist nicht der materielle Selbstbehalt maßgeblich, den das Prozessgericht bei der Festsetzung des geschuldeten Unterhaltsbetrages im Titel berücksichtigt hat; ansonsten wäre in Mangelfällen – entgegen § 850 Abs. 1 Satz 4 – eine Vollstreckung wegen Unterhaltsrückständen ausgeschlossen. Der pfändbare Teil des Arbeitseinkommens würde nur ausreichen, den unter Berücksichtigung des (gleich hohen) materiellen Selbstbehalts festgesetzten laufenden Unterhalt zu bedienen.[21]

Ausgangspunkt der Berechnung ist vielmehr das, was dem Schuldner nach den Vorschriften des §§ 27 ff. SGB XII als laufende Hilfe zum Lebensunterhalt zu gewähren wäre.[22] Das gilt grundsätzlich auch dann, wenn die Sozialhilfe den Freibetrag nach § 850c ausnahmsweise übersteigt[23] (vgl. aber Rdn. 6). Es ist jeweils auf die individuellen Umstände des Schuldners abzustellen. Seine Miet- und Heizkosten sind – wie für den Sozialhilfeanspruch nach § 29 SGB XII – nach dem tatsächlichen Aufwand zu ermitteln, soweit dieser nicht im Einzelfall unangemessen hoch ist.[24] Darüber hinaus ist ein etwaiger konkreter Mehrbedarf zu berücksichtigen (z. B. Neuanschaffung bescheidenen Hausrats nach Auszug aus der ehelichen Wohnung),[25] damit der Schuldner nicht zwangsläufig auf den Weg des § 850f Abs. 1 verwiesen wird. Ferner können Absetzungsbeträge nach § 82 Abs. 2 und 3 SGB XII in Betracht kommen.[26]

Die sich aus §§ 27 ff. SGB XII und den dazu ergangenen landesrechtlichen Bestimmungen ergebenden Beträge können im Einzelfall kurzfristig zulasten des Schuldners unterschritten werden;[27] ein solches Unterschreiten bedarf dann aber einer besonders sorgfältigen Begründung.[28] Ein Grund, den Schuldner zusätzlich zu beschränken, kann darin liegen, dass er sein Einkommen ohne Not erheblich gemindert hat, indem er eine für ihn ungünstige Steuerklasse gewählt hat,[29] oder dass er einen wesentlichen Teil seines Arbeitseinkommens in Erwartung der auf ihn zukommenden Unterhaltsvollstreckung abgetreten hat.[30] Dagegen kann nicht zulasten des für den Schuldner persönlich verbleibenden Betrages gehen, dass der Ehegatte des Schuldners eigenes Einkommen hat und in der Lage ist, dem Schuldner seinerseits Unterhalt zu leisten.[31] Ansonsten würde der Ehegatte unmittelbar an der Schuldentilgung beteiligt, ohne selbst Schuldner zu sein.[32] Ebenso wenig kann berücksichtigt werden, dass ein dringender Verdacht dahingehend besteht, der Schuldner habe durch Schwarzarbeit ein zusätzliches Einkommen in unbekannter Höhe;[33] denn dann würde er zur Schwarzarbeit geradezu gedrängt. Es ist auch nicht Sache des Vollstreckungsgerichts, in die Festsetzung des dem Schuldner verbleibenden Teils seines in Geld auszuzahlenden Arbeitseinkommens einzubeziehen, dass er es unterlässt, sich zusätzliche Tätigkeiten bei Dritten, die üblicherweise gegen

---

21 BGHZ 156, 30 ff.; BGH, Rpfleger 2004, 111; FamRZ 2011, 208.
22 Grundlegend BGHZ 156, 30 ff. mit Anm. *Schuschke*, BGH-Report 2003, 1239; BGH, Rpflegr 2004, 297.
23 OLG Stuttgart, NJW-RR 1987, 758; a. A. LG Hamburg, NJW-RR 1992, 264, 265 f.
24 BGHZ 156, 30, 37; vgl. auch § 850f Rn. 7.
25 OLG Hamm, Rpfleger 1954, 631.
26 Vgl. § 850f Rdn. 6.
27 A. A. OLG Stuttgart, NJW-RR 1987, 758.
28 OLG Hamm, JurBüro 1984, 1900.
29 OLG Zweibrücken, NJW-RR 1989, 517.
30 LG Saarbrücken, Rpfleger 1986, 23 mit Anm. *Lorenschat*, Rpfleger 1986, 309; a. A. *Stein/Jonas/Brehm*, § 850d Rn. 21.
31 OLG Frankfurt, MDR 1957, 750; LG Bremen, Rpfleger 1959, 384; LG Hildesheim, FamRZ 1965, 278; LG Lüneburg, MDR 1955, 428.
32 Etwas anderes ist die Berücksichtigung des eigenen Einkommens der Ehefrau des Schuldners bei der Frage, in welcher Höhe dem Schuldner auch ein Freibetrag wegen seiner Unterhaltsverpflichtungen gegenüber seinem Ehepartner zu gewähren ist. Insoweit siehe unten Rdn. 8.
33 A. A. LG Mannheim, MDR 1965, 144; *Wieczorek/Schütze/Lüke*, § 850d Rn. 34.

Entgelt ausgeübt werden, vergüten zu lassen;[34] hier muss der Gläubiger ggf. nach § 850h vorgehen. Erhält der Schuldner als Arbeitsentgelt teils Bargeld, teils Naturalien, so ist bei der Festlegung des dem Schuldner verbleibenden Bargeldes zu beachten, dass sein Unterhaltsbedarf bereits teilweise durch Sachleistungen gedeckt ist,[35] sodass der als pfändungsfrei festzusetzende Bargeldbetrag durchaus niedriger sein kann als der Richtsatz der Sozialhilfe.

6. Notwendiger Unterhalt Dritter

Für die übrigen Unterhaltsberechtigten, denen der Schuldner außer dem vollstreckenden Gläubiger kraft Gesetzes Unterhalt schuldet und auch tatsächlich zahlt[36], ist als Freibetrag nicht nur der notwendige Unterhalt, etwa bemessen nach den Regelsätzen der Sozialhilfe, anzusetzen, sondern der Unterhalt in Höhe des gesetzlichen Anspruchs,[37] auch wenn der Schuldner seiner Unterhaltspflicht nicht in vollem Umfang genügt[38] oder die Unterhaltsansprüche durch Zwangsvollstreckung beigetrieben werden. Bei der Berechnung dessen, was an Unterhalt geschuldet wird, sind eigene Einkünfte des Unterhaltsberechtigten anzurechnen,[39] denn sie mindern die Unterhaltsbedürftigkeit und wirken sich dadurch auf den Anspruch aus. Die Situation ist hier anders als bei § 850c Abs. 1,[40] da dort Abs. 4 als Korrektiv wirkt. Besteht Streit, ob der Schuldner an einen Berechtigten tatsächlich Unterhalt leistet, ist der Schuldner darlegungs- und beweispflichtig. Das Gleiche gilt beim Streit darüber, ob eine Person überhaupt gesetzlich unterhaltsberechtigt und damit berücksichtigungsfähig ist (z. B. volljährige Kinder).

8

7. Rangfolge der Unterhaltsberechtigten

Reicht das Arbeitseinkommen des Schuldners nicht aus, um alle Unterhaltsberechtigten voll zu befriedigen, sieht das Gesetz eine Rangfolge vor,[41] nach der die Gläubiger zu befriedigen sind. Der Betrag, der zur Erfüllung der dem betreibenden Gläubiger vorrangigen oder zur gleichmäßigen Befriedigung gleichstehender Unterhaltsansprüche erforderlich ist, ist dem Schuldner voll zu belassen. »Gleichmäßige« Befriedigung[42] bedeutet dabei nicht zwingend eine Aufteilung nach Kopfteilen, da unterschiedliche Bedürfnisse berücksichtigt werden müssen, wenn eine objektive Besserstellung Einzelner vermieden werden soll.[43]

9

III. Modifizierung des dem Schuldner zu verbleibenden Betrages (Abs. 1 Satz 2 und 3)

Was dem Schuldner nach den vorstehenden Regeln zu verbleiben hat, wird durch zwei zusätzliche Grenzen in Abs. 1 Satz 2, 2. Halbs. und Satz 3 modifiziert: Erstens muss von den Bezügen gem. § 850a Nr. 1, 2 und 4 dem Schuldner mindestens die Hälfte des ansonsten unpfändbaren Betrages neben dem notwendigen Unterhalt belassen werden. Zweitens darf das dem Schuldner insgesamt nach § 850d pfändungsfrei verbleibende Arbeitseinkommen den Betrag nicht übersteigen, der dem Schuldner bei einer Zwangsvollstreckung nach § 850c verbliebe;[44] denn § 850d will die Unterhaltsgläubiger bevorzugen, nicht benachteiligen. Da die tatsächlich geschuldeten Unterhaltsbeträge

10

---

34 LG Frankenthal, MDR 1984, 856.
35 KG, JR 1958, 260.
36 BGH, ZVI 2010, 348; LG Mühlhausen, Beschl. v. 7.2.2008 – 2 T 29/08 –.
37 LG Detmold, Rpfleger 2000, 340; **a. A.** OLG Köln, FamRZ 1993, 1226; *Stein/Jonas/Brehm*, § 850d Rn. 22; *Wieczorek/Schütze/Lüke*, § 850d Rn. 37.
38 BGH, ZVI 2010, 348.
39 OLG Celle, FamRZ 1966, 203; LG Bielefeld, FamRZ 1955, 222; LG Göttingen, FamRZ 1965, 579; LAG Frankfurt, NJW 1965, 2075; AG Bonn, MDR 1961, 948; teilweise a. A. *Stein/Jonas/Brehm*, § 850d Rn. 30.
40 Siehe dort Rdn. 4.
41 Einzelheiten unten Rdn. 13 ff.
42 Dazu OLG Köln, NJW-RR 1993, 1156 f.
43 Vgl. *Stöber*, Forderungspfändung, Rn. 1101.
44 Str. Wie hier LG Hamburg, NJW-RR 1992, 264, 265 f.; **a. A.** OLG Stuttgart, NJW-RR 1987, 758.

für vor- und gleichrangige Unterhaltsgläubiger über den pauschalierten Freibeträgen nach § 850c Abs. 1 Satz 2 liegen können und zahlenmäßig mehr bevorrechtigte Unterhaltsgläubiger vorhanden sein können, als im Rahmen des § 850c Abs. 1 Satz 2 berücksichtigt werden, kann die Grenze bei hohen Unterhaltsverpflichtungen des Schuldners durchaus Bedeutung erhalten.

11 Was der Schuldner nach den dargestellten Regeln bei einer Zwangsvollstreckung nach § 850d unter Berücksichtigung seiner Unterhaltsverpflichtungen als Mindesteinkommen behalten darf, bildet auch das Minimum, das ihm bei jeglicher sonstiger Vollstreckung (§ 850f Abs. 2) verbleiben muss.[45] Diese unterste Grenze des Sozialschutzes hat auch der Arbeitgeber zu beachten, wenn er gegen den Arbeitnehmer Gegenforderungen wegen einer von diesem im Rahmen seines Arbeitsverhältnisses begangenen vorsätzlichen unerlaubten Handlung hat.[46]

IV. Die Vollstreckung wegen Unterhaltsrückständen (Abs. 1 Satz 4)

12 Unterhaltsrückstände, die weniger als ein Jahr vor dem Antrag[47] auf Erlass des Pfändungsbeschlusses fällig geworden sind, werden wie der laufende Unterhalt bevorrechtigt vollstreckt. Für **überjährige Rückstände** gilt diese Regelung insoweit nicht, als nach Lage der Verhältnisse nicht anzunehmen ist, dass der Schuldner sich seiner Zahlungspflicht absichtlich entzogen hat; die Rückstände können dann nur im allgemeinen Rahmen des § 850c vollstreckt werden. Dabei trägt der Schuldner die Darlegungs- und Beweislast dafür, dass er sich seiner Zahlungspflicht nicht absichtlich entzogen hat.[48] Das ist schon deshalb sachgerecht, weil der Gläubiger regelmäßig keine Kenntnis von den konkreten Lebensumständen des Schuldners und seiner Leistungsfähigkeit hat.[49] Absichtlich entzogen hat sich der Schuldner seiner Leistungspflicht dann, wenn er durch ein zweckgerichtetes Verhalten (auch Unterlassen) die zeitnahe Realisierung der Unterhaltsschuld verhindert oder zumindest wesentlich erschwert.[50] Dazu ist nicht erforderlich, dass er (gerade) in der Absicht gehandelt hat, durch Ausnutzung der Jahresfrist hinsichtlich der rückständigen Zahlungen das Pfändungsvorrecht auszuschließen. Ein solches Verhalten liegt vielmehr schon dann vor, wenn er trotz bestehender Zahlungsmöglichkeit die ihm zur Verfügung stehenden Mittel für andere Zwecke als Unterhaltsleistungen verwendet, oder seiner – gegenüber minderjährigen Kindern gesteigerten – Verpflichtung, seine Arbeitskraft voll einzusetzen, trotz bestehender Möglichkeit nicht nachkommt.[51] Zur Anpassung des pfändungsfreien Betrages gem. § 850g vgl. dort Rdn. 1, 3.

V. Die Rangfolge der Unterhaltsberechtigten (Abs. 2)

1. Erster Rang

13 Den ersten Rang nehmen nach dem ab 1. Januar 2008 geltenden Unterhaltsrecht[52] die minderjährigen unverheirateten Kinder und Kinder im Sinne des § 1603 Abs. 2 Satz 2 BGB ein, also die volljährigen unverheirateten Kinder, die im Haushalt der Eltern oder eines Elternteils leben, sich noch in der allgemeinen Schulbildung befinden und deshalb unterhaltsrechtlich privilegiert sind.[53]

Die nach alter Rechtslage bestehende Möglichkeit, auf **Antrag** des Schuldners oder eines Unterhaltsberechtigten weitere Rangabstufungen nach billigem Ermessen festzusetzen (§ 850d Abs. 2

---

45 Nach LG Halle, Rpfleger 2000, 557, 558, sind das in der Regel 900 DM (460,16 Euro); LG Konstanz, Rpfleger 2000, 507: 1200 DM (613,55 Euro).
46 BAG, DB 1960, 1131; MDR 1965, 79.
47 Ebenso *Wieczorek/Schütze/Lüke*, § 850d Rn. 17. Nach einer früher vertretenen Gegenansicht sollte für die Fristberechnung auf den Erlass des Pfändungsbeschlusses abgestellt werden.
48 BGH, Rpfleger 2005, 204 und 676; LG Mühlhausen, Beschl. v. 20.3.2008 – 2 T 53/08 –.
49 BGH a. a. O.
50 Vgl. BGHZ 105, 250, 257.
51 BGH Rpfleger 2005, 204 und 676.
52 Gesetz zur Änderung des Unterhaltsrechts vom 21.12.2007, BGBl. I S. 3189.
53 Anders zur früheren Rechtslage BGH, Rpfleger 2003, 514.

Buchst. a Satz 3 a. F.), ist entfallen. Die Priorität der Pfändung spielte für den festzusetzenden Vorrang dabei keine Rolle.[54] Laufenden Unterhaltsansprüchen war der Vorrang vor Unterhaltsrückständen einzuräumen,[55] persönlichen Ansprüchen vor Erstattungsansprüchen des Sozialhilfeträgers. Eine Differenzierung zwischen ehelichen und nichtehelichen Kindern war schon wegen der unterhaltsrechtlichen Gleichstellung durch das KindUG vom 6.4.1998[56] nicht statthaft; sie ließ sich auch nicht mit Art. 6 GG begründen. Ältere minderjährige Kinder waren nicht weniger schützenswert als Kleinkinder.[57] Die Rangabstufung und die Regelung möglicher Bevorrechtigungen konnten nicht außerhalb eines Vollstreckungsverfahrens eigenständig angeordnet werden, sie setzten vielmehr zunächst eine Pfändung bzw. einen Pfändungsantrag voraus.[58]

2. Zweiter Rang

Im Rang hinter den in § 1609 Nr. 1 genannten Kindern, aber noch vor den übrigen (geschiedenen) Ehegatten stehen Elternteile, die wegen der Betreuung eines Kindes unterhaltsberechtigt sind oder im Fall einer Scheidung wären, sowie (geschiedene) Ehegatten bei einer Ehe von langer Dauer. Für eingetragene **Lebenspartner** verweisen die §§ 12, 16 LPartG auf die Rangfolge des § 1609 BGB. Innerhalb von § 1609 Nr. 2 ist von Gleichrangigkeit auszugehen.[59]

3. Dritter bis fünfter Rang

Den dritten und vierten Rang nehmen die übrigen, von § 1609 Nr. 1 und 2 BGB nicht erfassten Ehegatten und Kinder ein, bei letzteren insbesondere die verheirateten und volljährigen Kinder. Der fünfte Rang ist den Enkelkindern und den weiteren Abkömmlingen (Urenkel pp) zugewiesen. Die Volljährigkeit von Kindern – und damit deren Zuordnung zum vierten Rang – beurteilt sich allein nach dem Lebensalter, nicht nach der vollen Geschäftsfähigkeit; deshalb sind geistig behinderte volljährige Kinder den minderjährigen nicht gleichgestellt.[60]

4. Sechster und siebter Rang

Im sechsten Rang stehen die Eltern, im siebten die weiteren Verwandten der aufsteigenden Linie, wobei die näheren Grade den entfernteren vorgehen. Soweit der Sozialhilfeträger Verwandten aufsteigender Linie Unterhalt gewährt hat, ist § 94 Abs. 1 SGB XII zu beachten, der den Übergang von Ansprüchen nach § 93 SGB XII gegen einen nach bürgerlichem Recht Unterhaltsverpflichteten unter bestimmten Voraussetzungen ausschließt, insbesondere wenn dieser mit dem Berechtigten nur im zweiten oder einem entfernteren Grad verwandt ist (also gegen den Enkel, Urenkel usw.). Insoweit kommt eine Vollstreckung des Sozialhilfeträgers gegen den Verpflichteten nicht in Betracht.

VI. Die Vorratspfändung (Abs. 3)

Wird wegen bereits fälliger Unterhaltsansprüche oder bereits fälliger Ansprüche auf Rentenzahlung wegen Körper- oder Gesundheitsverletzung in das Arbeitseinkommen des Schuldners vollstreckt, kann damit die Vollstreckung wegen erst künftig fällig werdender Ansprüche in das künftige Arbeitseinkommen (§§ 832, 833) verbunden werden. Der Gläubiger erwirbt durch diese sog. Vorratspfändung[61] ein Pfandrecht wegen seiner noch gar nicht fälligen Forderung mit der Priorität der

---

54 LG Bamberg, MDR 1986, 245; LG Mannheim, MDR 1970, 245; *Wieczorek/Schütze/Lüke*, § 850d Rn. 43.
55 LG Frankenthal, Rpfleger 1984, 106; *Wieczorek/Schütze/Lüke*, § 850d Rn. 43.
56 BGBl. I, S. 666.
57 AG Hildesheim, FamRZ 1955, 222.
58 LG Mannheim, MDR 1971, 308.
59 *Rellermeyer*, Rpfleger 2001, 381, 384 f.
60 BGH, FamRZ 1984, 1012.
61 Siehe auch § 751 Rdn. 6.

Zustellung des Pfändungsbeschlusses.[62] Dadurch unterscheidet sich die Vorratspfändung, die eine Ausnahme vom Grundsatz des § 751 darstellt, von der durch die Rechtsprechung und Literatur im Rahmen des § 751 entwickelten sog. Voraus- oder Dauerpfändung.[63] Diese wird durch § 850d Abs. 3 – obwohl Sondernorm – nicht ausgeschlossen weil sie keine rangwahrende Wirkung hat und deshalb die Interessen anderer Gläubiger nicht benachteiligt. Vielmehr entsteht das Pfandrecht jeweils erst im Rang des Fälligkeitstermins der künftigen Forderung.[64]

Eine isolierte Vorratspfändung ausschließlich wegen künftiger Ansprüche ist nicht möglich.[65] Der Schuldner muss sich bereits als unzuverlässig erwiesen haben, um es zu rechtfertigen, ihn schon im Voraus mit einer Pfändung zu belasten. Maßgeblicher Zeitpunkt hierfür ist der Erlass des Pfändungsbeschlusses.[66] Wegen der Nachteile des Vorliegens einer Pfändung für die Kreditwürdigkeit des Schuldners kann die weitere Ausnutzung einer zunächst zu Recht ausgebrachten Vorratspfändung rechtsmissbräuchlich werden und die Aufhebung der Pfändung auf eine Erinnerung hin rechtfertigen, wenn der Schuldner die Unterhaltsrückstände vollständig getilgt hat und nach den Umständen mit großer Sicherheit erwartet werden kann, dass er künftig seine Unterhaltspflicht fristgemäß erfüllen wird.[67]

18 Abs. 3 ist – weil eng auszulegende Sondernorm[68] – einer Analogie nicht zugänglich,[69] weder bei der Vollstreckung für andere Forderungen als Unterhaltsforderungen und Schadensersatzrenten für Körper- und Gesundheitsschäden, noch bei der Vollstreckung in andere Forderungen als Arbeitseinkommen.[70] Über § 54 SGB I gilt die Norm allerdings auch bei der Vollstreckung in Sozialleistungsansprüche.[71] Will der Unterhaltsgläubiger sich die fortlaufende Wiederholung der Pfändung in andere Ansprüche als Arbeitseinkommen ersparen, muss er sich für eine Voraus- oder Dauerpfändung[72] entscheiden, die ihm indes keine Priorität der künftigen Pfändungen auf den Zeitpunkt der Zustellung des (Dauer-)Pfändungsbeschlusses sichert.[73]

VII. Das Verfahren bei der Pfändung wegen bevorrechtigter Unterhaltsansprüche

19 Dass die Zwangsvollstreckung nach dem Titel wegen einer Unterhaltsforderung betrieben wird, führt nicht automatisch dazu, dass das Arbeitseinkommen in dem weitergehenden Umfang des § 850d Abs. 1 gepfändet wird. Beantragt der Gläubiger nur die Pfändung als solche, so erfolgt sie lediglich im Rahmen des § 850c. Der Gläubiger muss sein Vorrecht mit dem **Antrag** ausdrücklich oder jedenfalls unmissverständlich konkludent geltend machen. Er muss ferner die Voraussetzungen für sein Vorrecht nachweisen, dass nämlich der zu vollstreckende Anspruch ein Unterhaltsanspruch der in Abs. 1 genannten Art ist. Allein dies muss sich aus dem Vollstreckungstitel ergeben, nicht

---

62 Mit bevorzugtem Rang auch an künftig fällig werdendem Arbeitseinkommen: BGH, Rpfleger 2004, 169.
63 Einzelheiten: § 751 Rdn. 7.
64 BGH, Rpfleger 2004, 169 mit Anm. *Walker*, LMK 2004, 33; OLG Hamm, WM 1993, 2225, 2226; LG Münster, DGVZ 2000, 187.
65 KG, MDR 1960, 931; OLG Frankfurt, NJW 1954, 1774; OLG Hamm, WM 1993, 2225, 2227; LG Berlin, MDR 1966, 596; LG Essen, NJW 1966, 1822; LG Münster, Rpfleger 1971, 324; LG Saarbrücken, Rpfleger 1973, 373.
66 LG Göttingen, NdsRpfl. 1967, 225 f.
67 OLG Düsseldorf, Rpfleger 1976, 373; a. A. OLG Hamm, JMBl.NW 1956, 234.
68 OLG Hamm, WM 1993, 2225, 2227.
69 Siehe auch § 751 Rdn. 6.
70 OLG Hamm, JurBüro 1963, 52; OLG Schleswig, SchlHA 1964, 149; LG Berlin, Rpfleger 1978, 331; 1982, 434; LG Essen, Rpfleger 1967, 419; AG Bad Homburg, WM 1985, 843; *Brox/Walker*, Rn. 159 ff.; a. A. LG Saarbrücken, Rpfleger 1973, 373; *Thomas/Putzo/Seiler*, § 850d Rn. 1, 14.
71 Einzelheiten unten Rdn. 22 ff.; siehe ferner BSG, NJW 1983, 958; LG Berlin, Rpfleger 1968, 126; 1970, 441.
72 Oben Rdn. 17 sowie § 751 Rdn. 7; vgl. ferner *Stöber*, Forderungspfändung, Rn. 691, 692.
73 Vgl. Rdn. 17.

hingegen, dass der Gläubiger gegenüber anderen Unterhaltsberechtigten bevorrechtigt ist.[74] Ferner muss der Gläubiger nachvollziehbar darlegen, nach welchen Gesichtspunkten der dem Schuldner zu belassende Freibetrag zu bemessen sei: Hierzu muss er Angaben zur Zahl der vorrangig und gleichrangig Unterhaltsberechtigten, zur Art der Tätigkeit des Schuldners sowie dazu machen, ob ihm besondere Umstände bekannt sind, die einen höheren Unterhaltsbedarf des Schuldners rechtfertigen. Beweismittel zu diesen Angaben müssen nicht beigefügt werden. Hat das Gericht aufgrund der Angaben des Gläubigers Zweifel, kann es vom Gläubiger nachträglich Belege verlangen. Eine Anhörung des Schuldners scheidet wegen § 834 aus,[75] wenn sie der Gläubiger nicht selbst beantragt.[76]

Über den Antrag entscheidet der Rechtspfleger. Er legt im Pfändungsbeschluss den für den eigenen Unterhaltsbedarf des Schuldners und für den Unterhaltsbedarf der dem vollstreckenden Gläubiger bevorrechtigten Unterhaltsgläubiger bestimmten Freibetrag genau fest, der nicht gepfändet und daher weiterhin an den Schuldner auszuzahlen ist. Die dem Schuldner ebenfalls zu belassenden Beträge zur gleichmäßigen Befriedigung der mit dem vollstreckenden Gläubiger gleichrangigen Unterhaltsberechtigten können dagegen nur in einer Quote des den summenmäßig festgesetzten Freibetrag übersteigenden Betrages festgesetzt werden. Ansonsten würde bei schwankendem Einkommen der betreibende Gläubiger benachteiligt.[77] Vollstreckt beispielsweise ein volljähriges Kind, sind daneben noch die Ehefrau des Schuldners, ein minderjähriges Kind und zwei weitere volljährige unterhaltsberechtigte Kinder vorhanden, so kann der Tenor lauten, dass »vom Nettoarbeitseinkommen des Schuldners, soweit es den für seinen eigenen notwendigen Unterhalt bestimmten Betrag von … Euro sowie den für den Unterhalt der Ehefrau des Schuldners und seines Kindes X bestimmten zusätzlichen Betrag von … Euro übersteigt, ein Drittel gepfändet wird, zwei Drittel aber zusätzlich pfandfrei bleiben.« Einer Begründung, warum gerade die konkreten Freibeträge eingesetzt wurden, bedarf es im Pfändungsbeschluss nicht, wenn die Regelsätze der Sozialhilfe nicht unterschritten werden.[78] Sie ist aber durchaus nützlich, da sie den Beteiligten die Ermessensentscheidung des Gerichts nachvollziehbar macht. Soll eine Vorratspfändung[79] ausgesprochen werden, ist im Pfändungsbeschluss zum Ausdruck zu bringen, dass die Pfändung auch wegen der erst nach Erlass des Beschlusses fällig werdenden Raten des titulierten Anspruchs in das künftige Arbeitseinkommen erfolgt.

VIII. Rechtsbehelfe

Liegen dem Beschluss unrichtige Annahmen z. B. im Hinblick auf die Zahl der übrigen Unterhaltsberechtigten zu Grunde, können der Schuldner, der Drittschuldner[80] sowie ein zurückgesetzter Unterhaltsberechtigter[81] Erinnerung nach § 766 einlegen. Der Schuldner, nicht aber der Drittschuldner, kann auch Antrag nach § 850f Abs. 1 stellen, wenn der Pfändungsbeschluss den objektiven Sachverhalt (Zahl der Unterhaltsberechtigten usw.) zwar zutreffend zu Grunde legt, aber den besonderen, notwendigen Bedürfnissen entweder des Schuldners selbst oder der ihm gegenüber Unterhaltsberechtigten nicht gerecht wird. Der Schuldner sowie ein ganz oder teilweise übergan-

---

74 BGH, NJW 2013, 239 Tz. 9 ff; vgl. auch *Stein/Jonas/Brehm*, § 850d Rn. 41.
75 LG Berlin, Rpfleger 1977, 30; *Stöber*, Forderungspfändung, Rn. 1118; *Wieczorek/Schütze/Lüke*, § 850d Rn. 52; a. A. *Stein/Jonas/Brehm*, § 850d Rn. 42.
76 Siehe auch § 834 Rdn. 3.
77 Siehe die Beispiele bei *Stöber*, Forderungspfändung, Rn. 1123.
78 Siehe oben Rdn. 8.
79 Vgl. Rdn. 17.
80 BAG, NJW 1961, 1180; LG Frankfurt, JurBüro 1954, 303; a. A. LG Essen, Rpfleger 1969, 24; vgl. ferner § 766 Rdn. 22 f. und § 829 Rdn. 68.
81 Ganz h. M.; siehe nur *Stein/Jonas/Brehm*, § 850d Rn. 46; *Thomas/Putzo/Seiler*, § 850d Rn. 18; *Wieczorek/Schütze/Lüke*, § 850d Rn. 55; *Zöller/Stöber*, § 850d Rn. 14.

gener Unterhaltsberechtigter, wiederum nicht der Drittschuldner,[82] können Änderungsantrag nach § 850g stellen, wenn sich die Voraussetzungen für die Bemessung des Freibetrages geändert haben – z. B. ein gleich- oder besser berechtigter Unterhaltsgläubiger kommt hinzu oder fällt weg – oder von Anfang an unrichtig waren (dann nur der Unterhaltsberechtigte).[83] Bewirkt die Änderung der Verhältnisse, dass sich nachträglich der dem Schuldner belassene Freibetrag als zu hoch erweist, kann der Gläubiger ebenfalls Antrag nach § 850g stellen. War der Freibetrag nach Ansicht des Gläubigers von Anfang an zu hoch bemessen, ist zu differenzieren: Hatte der Gläubiger selbst einen bestimmten Freibetrag in seinem Antrag genannt, stellt die Gewährung eines höheren Freibetrages eine Teilrückweisung des Vollstreckungsantrages dar; der Gläubiger kann dann sofortige Beschwerde nach § 793 i. V. m. § 11 Abs. 1 RPflG einlegen.[84] Hatte der Gläubiger keinen bestimmten Freibetrag beantragt, hält er aber nachträglich die Berechnung des Freibetrages für fehlerhaft, so kann er dies mit der Erinnerung nach § 766 geltend machen.[85]

Im Einziehungsprozess kann der Drittschuldner der Forderung grundsätzlich nicht entgegenhalten, der Freibetrag für den Schuldner sei unrichtig festgesetzt, die Forderung verringere sich entsprechend.[86] Das Gericht des Einziehungsprozesses ist an die Festsetzung durch das Vollstreckungsgericht gebunden, auch wenn diese – etwa wegen Übergehens eines vorrangigen Unterhaltsberechtigten – erkennbar unrichtig ist.[87]

Für Dritte, die nach materiellem Recht unterhaltspflichtig werden (nachrangig verpflichtete Verwandte) oder die aufgrund öffentlichen Rechts (SGB II, XII) Leistungen erbringen müssen, weil wegen des für den Schuldner festgesetzten pfändungsfreien Betrages Unterhaltsansprüche gegen den Schuldner nicht in vollem Umfange durchgesetzt werden können, besteht dagegen keine Berechtigung, gegen die Festsetzung des Freibetrages ihrerseits Erinnerung einzulegen. Sie werden durch § 850d nicht geschützt; ihre bloß mittelbare Betroffenheit begründet noch keine Erinnerungsbefugnis.[88]

IX. Anhang: Bevorrechtigte Vollstreckung in Sozialleistungen, insbesondere in Kindergeld

1. Grundsatz

22 Nach § 54 Abs. 4 SGB I[89] können Ansprüche auf Sozialleistungen abgesehen von dem Ausnahmekatalog des Abs. 3 als laufende Geldleistungen (Einzelheiten: §§ 18 ff. SGB I) auch wegen gesetzlicher Unterhaltsansprüche uneingeschränkt wie Arbeitseinkommen gepfändet werden. Dies bedeutet, dass die Unterhaltsberechtigten im Rahmen der §§ 850c, 850d in diese Ansprüche vollstrecken können, und zwar auch wegen künftiger Unterhaltsansprüche (§ 850d Abs. 3). **Kindergeld** ist nur insoweit eine Sozialleistung, als es nach dem BKGG ausgezahlt wird (§ 25 SGB I). Das betrifft aber nur noch einen kleinen Kreis von nicht unbeschränkt steuerpflichtigen Personen (Einzelheiten: § 1 BKGG). An unbeschränkt einkommensteuerpflichtige Personen wird das Kindergeld nicht als Sozialleistung, sondern gem. § 31 Satz 3 EStG als monatliche Steuervergütung gezahlt. Für die Pfändung des Kindergeldes enthalten § 54 Abs. 5 SGB I und der fast gleichlautende § 76 EStG Sonderregelungen, die den Zugriff nur den durch das Kindergeld Begünstigten gestatten.[90]

---

82 A.A. insoweit *Thomas/Putzo/Seiler*, § 850g Rn. 3; Einzelheiten siehe § 850g Rdn. 2.
83 Einzelheiten bei § 850g Rdn. 1, 3.
84 Einzelheiten § 766 Rdn. 6 und Anh. § 793 Rdn. 1.
85 OLG Koblenz, Rpfleger 1978, 226; *Wieczorek/Schütze/Lüke*, § 850d Rn. 54.
86 BAG, NJW 1961, 1180; LAG Düsseldorf, Rpfleger 2001, 440; LAG Frankfurt, DB 1990, 639; *Wieczorek/Schütze/Lüke*, § 850d Rn. 53; siehe ferner § 835 Rdn. 11.
87 BAG, NJW 1962, 510; LAG Saarland, JurBüro 1990, 115.
88 Zur Erinnerungsbefugnis Dritter siehe auch § 766 Rdn. 23.
89 Zum Gesetzeswortlaut siehe Anh. § 829 Rdn. 30.
90 Siehe insoweit unten Rdn. 24.

2. Zusammentreffen von laufenden Sozialleistungen und gewöhnlichem Arbeitseinkommen

Bezieht der Schuldner laufende Sozialleistungen neben gewöhnlichem Arbeitseinkommen, so ist dies unter zweierlei Gesichtspunkten von Bedeutung: Zum einen stellt sich die Frage der Zusammenrechnung nach § 850e Nr. 2 a bei der Berechnung des insgesamt zur Pfändung zur Verfügung stehenden Einkommens.[91] Zum anderen sind die Sozialleistungen bei der Frage von Bedeutung, ob der notwendige eigene Unterhalt des Schuldners und derjenige der vor- und gleichrangig ihm gegenüber Unterhaltsberechtigten bei einer Pfändung über die Freigrenzen des § 850c hinaus noch gesichert ist (§ 850d Abs. 1 Satz 2).[92] Hier sind die Sozialleistungen, ohne dass es des formellen Vorgehens nach § 850e Nr. 2 a bedürfte, bei der Beurteilung, was dem Schuldner nach der Pfändung bleibt, mit heranzuziehen.[93]

3. Kindergeld

Das Kindergeld[94] kann nach den Sonderregelungen des **§ 76 Satz 1 EStG**[95] und des **§ 54 Abs. 5 Satz 1 SGB I**[96] nur wegen der **gesetzlichen Unterhaltsansprüche eines Kindes** gepfändet werden, das bei der Festsetzung des Kindergeldes berücksichtigt wird. Die **Höhe des für das einzelne Kind pfändbaren Kindergeldbetrages** entspricht nicht notwendig dem für dieses gezahlten Kindergeld. Erstens wird nur für das erste, das zweite und das dritte Kind ein gleich hohes (154 Euro), für das vierte und jedes weitere Kind ein höheres (179 Euro) Kindergeld gezahlt (§ 66 EStG; § 6 BKGG). Zweitens gibt es solche Kinder, für die der Schuldner tatsächlich Kindergeld erhält (sog. Zahlkinder), sowie solche, für die ein Dritter (z. B. die Mutter) Kindergeld erhält; auch diese (sog. Zählkinder) zählen allerdings bei der Höhe des Kindergeldbetrages (höherer Betrag ab dem vierten Kind) mit. Bei der Berechnung des pfändbaren Kindergeldbetrages im Einzelfall sind gem. **§ 76 Satz 3 EStG** bzw. **§ 54 Abs. 5 Satz 2 SGB I drei Fälle zu unterscheiden:**

Im **ersten Fall** vollstreckt ein Zahlkind, und es sind auch nur Zahlkinder vorhanden. Dann kann gem. § 76 Satz 3 Nr. 1 Satz 1 EStG bzw. § 54 Abs. 5 Satz 2 Nr. 1 Satz 1 SGB I jedes Kind das Kindergeld bis zu dem Betrag pfänden, der bei gleichmäßiger Verteilung des Gesamtbetrages auf jedes dieser Kinder entfällt. **Beispiel:** Der Schuldner hat vier Zahlkinder, für die er 3 × 154 Euro und 1 × 179 Euro erhält. Der Gesamtbetrag von 641 Euro ist dann durch vier zu teilen, sodass jedes Kind bis zur Höhe von 160,25 Euro in das Kindergeld vollstrecken kann.

Im **zweiten Fall** sind neben den Zahlkindern auch Zählkinder vorhanden, und ein Zahlkind vollstreckt. Für die Zählkinder erhält der Schuldner zwar kein Kindergeld. Ihre Existenz führt aber dazu, dass der dem Schuldner zu Gute kommende Kindergeldbetrag höher ist; denn der Mehrbetrag für das vierte, fünfte und sechste Kind (jeweils 179 statt 154 Euro) wird gleichmäßig auf alle Kinder verteilt. Dieser sog. Zählkindervorteil ist den Zählkindern vorbehalten. Er bleibt gem. § 76 Satz 3 Nr. 1 Satz 2 EStG bzw. § 54 Abs. 5 Satz 2 Nr. 1 Satz 2 SGB I dann, wenn ein Zahlkind vollstreckt, bei der Bestimmung des pfändbaren Betrages außer Betracht. **Beispiel:** Der Schuldner hat neben den vier Zahlkindern auch zwei Zählkinder, für die die Mutter Kindergeld erhält. Der Schuldner bekommt dann für jedes seiner vier Zahlkinder zwar den erhöhten Betrag von 166,90 Euro (Gesamtbetrag von 3 × 154 Euro und 3 × 179 Euro = 999 Euro: 6). Trotzdem ist aber für ein Zahlkind nur der Betrag von 160,25 Euro pfändbar, der sich bei einer Bestimmung des pfändbaren Betrages ohne Berücksichtigung der Zählkinder ergibt (siehe erster Fall).

---

91 Siehe dazu § 850e Rdn. 5 ff.
92 Oben Rdn. 7, 8.
93 LG Kaiserslautern, Rpfleger 1981, 446.
94 Dazu Rdn. 22.
95 Zum Wortlaut der Vorschrift siehe § 850e Fn. 36.
96 Zum Wortlaut der Vorschrift siehe Anh. § 829 Rdn. 30.

§ 850d ZPO Pfändbarkeit bei Unterhaltsansprüchen

Im **dritten Fall** sind wieder Zahlkinder und Zählkinder vorhanden, und ein Zählkind vollstreckt. Dieses kann dann nicht in den anteiligen Kindergeldgrundbetrag, sondern gem. § 76 Satz 3 Nr. 2 EStG bzw. § 54 Abs. 5 Satz 2 Nr. 2 SGB I nur in den Erhöhungsbetrag aufgrund des Zählkindervorteils vollstrecken. **Beispiel:** Vollstreckt im zweiten Fall eines der beiden Zählkinder, kann es auf das Kindergeld nur in Höhe von 6,65 Euro (Zählkindervorteil aus der Differenz zwischen 166,90 Euro und 160,25 Euro) zugreifen.

X. Anhang: Zusammentreffen der Pfändung wegen gewöhnlicher und wegen bevorrechtigter Forderungen

25   Hier ist danach zu unterscheiden, ob der bevorrechtigte Unterhaltsgläubiger als Erster oder erst nachfolgend die Pfändung ausgebracht hat. Hat er als Erster gepfändet, aber sein Vorrecht nach § 850d Abs. 1 Satz 1 nicht ausgenutzt, gibt § 850e Nr. 4 dem nachfolgend wegen einer gewöhnlichen Forderung pfändenden Gläubiger die Möglichkeit, ihn zur Ausnutzung dieses Vorteils zu zwingen.[97] Hat dagegen der nicht bevorrechtigte Gläubiger als Erster gepfändet, so setzt § 850d das Prioritätsprinzip des § 804 Abs. 3 nicht außer Kraft.[98] Der bevorrechtigte Gläubiger kann sich aber aus der Differenz zwischen dem den normalen Gläubigern nach § 850c zur Verfügung stehenden Betrag und dem, was zusätzlich für ihn nach § 850d Abs. 1 pfändbar ist, befriedigen.[99] Reicht dies nicht aus, so muss er hinsichtlich des Restes im Rang nach dem prioritätsälteren normalen Gläubiger auf das allgemein pfändbare Einkommen zugreifen. Die Berechnung dessen, was an die einzelnen Gläubiger auszuzahlen ist, ist grundsätzlich Sache des Drittschuldners.

XI. Gebühren

26   Siehe § 829 Rdn. 71 ff. und § 835 Rdn. 21. Für die Berechnung des Gegenstandswertes bei einer Vorratspfändung gem. § 850d Abs. 3 gilt gem. § 25 Abs. 1 Nr. 1 RVG die Regelung des § 42 Abs. 1 und 2 GKG.

XII. ArbGG, VwGO, AO

27   Bei der Vollstreckung von Titeln nach dem ArbGG, der VwGO und der AO spielt § 850d keine Rolle, weil es insoweit nicht um die Vollstreckung von Unterhaltsansprüchen geht. Die Vorschrift ist allenfalls im Rahmen von § 850e Nr. 4 von Bedeutung, wenn nämlich die Pfändung wegen eines der in § 850d bezeichneten Ansprüche mit der Pfändung wegen eines sonstigen Anspruches zusammentrifft.

---

97 Einzelheiten § 850e Rdn. 14 ff.
98 LAG Düsseldorf, DAVorm. 1977, 148, 149.
99 LAG Köln, NZA 1998, 280 (Leitsatz).

§ 850e Berechnung des pfändbaren Arbeitseinkommens

Für die Berechnung des pfändbaren Arbeitseinkommens gilt Folgendes:
1. ¹Nicht mitzurechnen sind die nach § 850a der Pfändung entzogenen Bezüge, ferner Beträge, die unmittelbar auf Grund steuerrechtlicher oder sozialrechtlicher Vorschriften zur Erfüllung gesetzlicher Verpflichtungen des Schuldners abzuführen sind. ²Diesen Beträgen stehen gleich die auf den Auszahlungszeitraum entfallenden Beträge, die der Schuldner
    a) nach den Vorschriften der Sozialversicherungsgesetze zur Weiterversicherung entrichtet oder
    b) an eine Ersatzkasse oder an ein Unternehmen der privaten Krankenversicherung leistet, soweit sie den Rahmen des Üblichen nicht übersteigen.
2. ¹Mehrere Arbeitseinkommen sind auf Antrag vom Vollstreckungsgericht bei der Pfändung zusammenzurechnen. ²Der unpfändbare Grundbetrag ist in erster Linie dem Arbeitseinkommen zu entnehmen, das die wesentliche Grundlage der Lebenshaltung des Schuldners bildet.
2a. ¹Mit Arbeitseinkommen sind auf Antrag auch Ansprüche auf laufende Geldleistungen nach dem Sozialgesetzbuch zusammenzurechnen, soweit diese der Pfändung unterworfen sind. ²Der unpfändbare Grundbetrag ist, soweit die Pfändung nicht wegen gesetzlicher Unterhaltsansprüche erfolgt, in erster Linie den laufenden Geldleistungen nach dem Sozialgesetzbuch zu entnehmen. ³Ansprüche auf Geldleistungen für Kinder dürfen mit Arbeitseinkommen nur zusammengerechnet werden, soweit sie nach § 76 des Einkommensteuergesetzes oder nach § 54 Abs. 5 des Ersten Buches Sozialgesetzbuch gepfändet werden können.
3. ¹Erhält der Schuldner neben seinem in Geld zahlbaren Einkommen auch Naturalleistungen, so sind Geld- und Naturalleistungen zusammenzurechnen. ²In diesem Falle ist der in Geld zahlbare Betrag insoweit pfändbar, als der nach § 850c unpfändbare Teil des Gesamteinkommens durch den Wert der dem Schuldner verbleibenden Naturalleistungen gedeckt ist.
4. ¹Trifft eine Pfändung, eine Abtretung oder eine sonstige Verfügung wegen eines der in § 850d bezeichneten Ansprüche mit einer Pfändung wegen eines sonstigen Anspruchs zusammen, so sind auf die Unterhaltsansprüche zunächst die gemäß § 850d der Pfändung in erweitertem Umfang unterliegenden Teile des Arbeitseinkommens zu verrechnen. ²Die Verrechnung nimmt auf Antrag eines Beteiligten das Vollstreckungsgericht vor. ³Der Drittschuldner kann, solange ihm eine Entscheidung des Vollstreckungsgerichts nicht zugestellt ist, nach dem Inhalt der ihm bekannten Pfändungsbeschlüsse, Abtretungen und sonstigen Verfügungen mit befreiender Wirkung leisten.

Übersicht	Rdn.
I. Anwendungsbereich und Inhalt der Norm	1
II. Ermittlung des Nettoeinkommens (Nr. 1)	2
1. Grundsatz	2
2. Berechnung bei Lohnvorschüssen	3
3. Bedeutung von Lohnabtretungen und vorrangigen Pfändungen	4
III. Zusammenrechnung mehrerer Arbeitseinkommen (Nr. 2)	5
1. Zweck der Zusammenrechnung	5
2. Beschluss des Vollstreckungsgerichts	6
3. Wirkungen der Zusammenrechnung	7
IV. Zusammenrechnung von Arbeitseinkommen und Sozialleistungen oder von mehreren Sozialleistungen (Nr. 2a)	
1. Grundsatz	8
2. Sonderfälle	9
3. Mehrere Sozialleistungen	10
4. Voraussetzung und Wirkung des Zusammenrechnungsbeschlusses	11
V. Berücksichtigung des Anspruchs des Schuldners auf Naturalleistungen (Nr. 3)	12
1. Bewertung der Naturalleistungen und Zusammenrechnung mit Geldleistungen	12
2. Berücksichtigung des Freibetrages bei den Naturalleistungen	13
VI. Zusammentreffen von Verfügungen wegen bevorrechtigter Unterhaltsansprüche mit einer Pfändung wegen eines sonstigen Anspruchs (Nr. 4)	14
1. Antrag auf Verrechnung	14
2. Vertrauensschutz des Drittschuldners	15
3. Verrechnungsbeschluss und Rechtsbehelf	16
VII. Gebühren	17
VIII. ArbGG, VwGO, AO	18

§ 850e ZPO Berechnung des pfändbaren Arbeitseinkommens

Literatur:
Denck, Die Verrechnung von privilegierter Pfändung und Abtretung, MDR 1979, 450; *Grunsky*, Probleme des Pfändungsschutzes bei mehreren Arbeitseinkommen des Schuldners, ZIP 1983, 908; *Kryczun*, Bewertung der Sachbezüge bei Wehrsoldpfändung, JurBüro 1971, 721; *Mayer-Maly*, Die Berücksichtigung von Sozialleistungen bei der Berechnung des pfändbaren Arbeitseinkommens, DB 1965, 706; *Mertes*, Zusammenrechnung bei Pfändung mehrerer Arbeitseinkommen, Rpfleger 1984, 453; *Müller-Michels*, Zusammenrechnung von Arbeitseinkommen und Versicherungs- oder Versorgungsrenten?, NJW 1959, 615; *Napierala*, Die Berechnung des pfändbaren Arbeitseinkommens, Rpfleger 1992, 49; *Rüfner*, Berücksichtigung der im EU-Ausland zahlbaren Einkommensteuer bei der Berechnung der Pfändungsgrenzen, GPR 5/03–04, 293; *Sauer/Meiendresch*, Zur Pfändbarkeit von Pflegegeldansprüchen, NJW 1996, 765; *Wolf*, Zusammenrechnung mehrerer Arbeitseinkommen, InVO 2002, 128.

I. Anwendungsbereich und Inhalt der Norm

1   Die Norm, die Bestimmungen für die Errechnung des pfändbaren Arbeitseinkommens enthält, gilt auch für die einmaligen Vergütungen i. S. des § 850i[1] und für verschleiertes Arbeitseinkommen i. S. des § 850h. Erst wenn der Ausgangsbetrag nach § 850e Nr. 1 feststeht, können die erforderlichen Berechnungen nach § 850c und § 850d angestellt werden. Darüber hinaus enthält die Vorschrift Regeln über die Zusammenrechnung mehrerer Einkünfte im Sinne der §§ 850 ff., 54 SGB innerhalb eines laufenden **Vollstreckungsverfahrens**.[2] Bei rechtsgeschäftlicher Abtretung der pfändbaren Teile mehrerer Arbeitseinkommen (§ 400 BGB) entscheidet ausschließlich das Prozessgericht über eine mögliche Zusammenrechnung der Ansprüche des Schuldners gegen die Drittschuldner. Das kann durch Auslegung der Vereinbarungen geschehen, die der Abtretung zugrunde liegen.[3] Grundsätzlich ist bei der Berechnung der pfändbaren Anteile jedes Einkommen jedoch getrennt zu betrachten; eine analoge Anwendung des § 850e Nr. 2 durch das Prozessgericht (Arbeitsgericht) scheidet aus.[4] Bei Abtretung der Ansprüche auf verschiedene Sozialleistungen darf der in Anspruch genommene Sozialleistungsträger allerdings bei entsprechendem Einverständnis des Zedenten den auszahlbaren Betrag unter Zusammenrechnung der verschiedenen Sozialleistungen auch gegenüber solchen Gläubigern ermitteln, die keine entsprechende Entscheidung des Vollstreckungsgerichts erwirkt haben.[5]

II. Ermittlung des Nettoeinkommens (Nr. 1)

1. Grundsatz

2   Zunächst sind vom Arbeitseinkommen die nach § 850a der Pfändung entzogenen Bezüge ihrem vollen Umfang nach (brutto)[6] abzuziehen. Gleiches gilt bis zu einer Entscheidung nach § 850b Abs. 2 für die bedingt pfändbaren Bezüge nach § 850b Abs. 1.[7] Soweit auf diese unpfändbaren Bezüge Steuern und Sozialabgaben entfallen, sind diese aus dem übrigen pfändbaren Arbeitseinkommen zu entnehmen.[8] Ist nur ein Teil der in § 850a genannten Bezüge unpfändbar (die Hälfte der Mehrarbeitsvergütung; das 13. Monatsgehalt nur bis 500 Euro), so ist auch nur dieser Teil brutto abzuziehen. Sodann sind die laufende Lohnsteuer und Kirchensteuer, die auf den jeweils fälligen Teil der Bezüge vom Arbeitgeber abzuführen sind, abzuziehen, nicht jedoch Steuern, die der

---

1   *Gaul/Schilken/Becker-Eberhardt* § 56 Rn. 50; *Stein/Jonas/Brehm*, § 850e Rn. 1 u. 51; *Thomas/Putzo/Seiler*, § 850e Rn. 1; a. A. *Grunsky*, ZIP 1983, 908; *Stöber*, Forderungspfändung, Rn. 1242; widersprüchlich MüKo/*Smid*, § 850e Rn. 1 u. 24.
2   BAGE 101, 130 ff.; BGH, Rpfleger 2004, 170.
3   BGH, NJW-RR 2010, 211; Rpfleger 2004, 170 im Anschluss an BGH, Rpfleger 2003, 516.
4   BAGE 101, 130 ff. mit zust. Anm. *Walker*, AP Nr. 5 zu § 850e ZPO; vgl. ferner LAG Schleswig-Holstein, ZVI 2006, 151.
5   BSGE 61, 274 ff.
6   So zum nach § 850a Nr. 2 (dort Rdn. 3) unpfändbaren **Urlaubsgeld** LAG Berlin, NZA-RR 2000, 657 f.
7   OLG Köln, FamRZ 1990, 190; *Stein/Jonas/Brehm*, § 850e Rn. 2.
8   Siehe § 850a Rdn. 2; zur Berücksichtigung von Freibeträgen vgl. BayVGH, Urt. v. 28.3.2006 – 15 ZB 05.902 –.

Arbeitnehmer selbst erst am Jahresende als Folge seiner Einkommensteuererklärung über die bereits gezahlte Lohnsteuer hinaus nachzahlen muss.[9] Die Nettobeträge bestimmen sich für § 850e Nr. 2 anhand der im Wege des Vorwegabzugs einbehaltenen Steuern. Wird in Deutschland gezahltes Einkommen gepfändet, hat der Vollstreckungsschuldner seinen Wohnsitz aber im EU-Ausland und das Einkommen dort zu versteuern, muss er nach § 850f vorgehen, um eine den pfändbaren Teil der Bezüge mindernde Berücksichtigung der **ausländischen Steuern** zu erreichen.[10]

Abzuziehen sind ferner die vom Arbeitseinkommen unmittelbar einzubehaltenden und vom Arbeitgeber abzuführenden Soziallasten, also der Arbeitnehmeranteil an den Beiträgen zur gesetzlichen Kranken-, Pflege- und Rentenversicherung sowie zur Arbeitslosenversicherung. Der Arbeitgeberanteil bleibt von vornherein bei den Berechnungen nach § 850e außer Ansatz, weil es sich dabei nicht um Arbeitseinkommen i. S. der §§ 850 ff. handelt. Keine Soziallast, auch wenn im Einzelfall der Beitrag unmittelbar vom Arbeitgeber einbehalten wird, sind die Gewerkschaftsbeiträge[11] oder Beiträge zu sonstigen Berufsverbänden. Den auf Gesetz beruhenden Soziallasten gleichgestellt sind nach Nr. 1 Satz 2 Buchst. a Beträge, die der Schuldner nach den Sozialversicherungsgesetzen zur freiwilligen Weiterversicherung entrichtet, nachdem er der Versicherungspflicht entwachsen ist. Freiwillige Zahlungen zur – nach den Sozialversicherungsgesetzen möglichen – Höherversicherung sind dagegen nicht abzuziehen. Tarifvertraglich statuierte Pflichtbeiträge zur Versorgungsanstalt des Bundes und der Länder sind denjenigen gleichzustellen, die unmittelbar aufgrund sozialrechtlicher Vorschriften zur Erfüllung gesetzlicher Verpflichtungen des Schuldners abzuführen sind.[12] Das Gleiche gilt für Pflichtbeiträge zum Versorgungswerk der Architektenkammer jedenfalls in einer Höhe, in der für einen sozialversicherungspflichtigen Arbeitnehmer bezogen auf ein entsprechendes Einkommen Beiträge zur gesetzlichen Rentenversicherung zu entrichten wären.[13]

Nach Satz 2 Buchst. b sind schließlich die Beträge zu berücksichtigen, die der Schuldner an eine Ersatzkrankenkasse oder einen privaten Krankenversicherer leistet,[14] soweit diese Beiträge das zur vollen Abdeckung des Krankheitsrisikos (einschließlich der Kosten eines Krankenhausaufenthalts) Notwendige nicht übersteigen.[15] Für im öffentlichen Dienst Beschäftigte heißt dies, dass nur eine Versicherung, die die von der Beihilfe nicht erstattungsfähigen Kosten abdeckt, nicht aber eine Vollversicherung abzuziehen ist.[16] Schließlich sind vermögenswirksame Leistungen sowie eine gezahlte Arbeitnehmersparzulage abzuziehen; denn dabei handelt es sich entweder um gar kein oder um ein unpfändbares Arbeitseinkommen.[17]

2. Berechnung bei Lohnvorschüssen

Das Nettoeinkommen (Rdn. 2) bildet den Ausgangspunkt für die Ermittlung des pfändungsfreien Betrages nach der Tabelle zu § 850c. Wenn der Schuldner vor der Pfändung einen Lohnvorschuss erhalten hatte, der durch monatliche Lohnabzüge verrechnet werden sollte, so ist nach h. M. der Lohnabzug dem unpfändbaren Teil des Einkommens zuzuordnen mit der für den Gläubiger günstigen Folge, dass er den nach der Tabelle pfändbaren Betrag ohne Berücksichtigung des Lohnabzuges ausgezahlt bekommt.[18] Nach der Gegenansicht ist das für den pfändbaren Betrag maßgebliche Nettoeinkommen nur der nach Abzug der Vorauszahlung verbleibende und tatsächlich zur Auszahlung

3

---

9 BAG, DB 1980, 835, 837; *Stöber*, Forderungspfändung, Rn. 1134; *Wieczorek/Schütze/Lüke*, § 850e Rn. 8.
10 Vgl. § 850f Rdn. 2 a. E.; BAG, NJW 1986, 2208.
11 *Stein/Jonas/Brehm*, § 850e Rn. 9.
12 BGH, Rpfleger 2010, 149; **anders** LAG Baden-Württemberg, FoVo 2009, 77 f.
13 BGH, Rpfleger 2008, 650.
14 BGH, NZI 2012, 922 Tz. 13.
15 Weitergehend LG Berlin, VersR 1962, 217; AG Brakel, VersR 1970, 153.
16 KG, Rpfleger 1985, 154; LG Hannover, JurBüro 1983, 1423; *Wieczorek/Schütze/Lüke*, § 850e Rn. 11.
17 Siehe § 850 Rdn. 11.
18 BAG, NZA 1987, 485; NJW 1956, 926; *Denck*, BB 1979, 480; MüKo/*Smid*, § 850e Rn. 7; *Stein/Jonas/Brehm*, § 850e Rn. 15.

vorgesehene Nettobetrag.[19] Für diese Lösung spricht, dass sie am ehesten dem Schutzzweck des § 850c gerecht wird. Der Vorschuss steht dem Schuldner in der Regel nämlich nicht mehr für den laufenden Unterhalt zur Verfügung. Der Schuldner müsste also u. U. öffentliche Hilfe in Anspruch nehmen, wenn die Lohnabzüge für den Vorschuss auf den pfändungsfreien Betrag verrechnet würden. Das aber will § 850c nach Möglichkeit ausschließen.

3. Bedeutung von Lohnabtretungen und vorrangigen Pfändungen

4   Lohnabtretungen und vorrangige Pfändungen spielen bei der Berechnung nach § 850e Nr. 1 keine Rolle. Sie sind für den Drittschuldner erst nach Errechnung des für Pfändungen zur Verfügung stehenden Betrages von Bedeutung, da er sie aus diesem Betrag nach dem Range ihrer Priorität zu befriedigen hat. Der Mindestbehalt des Schuldners wird dagegen mit wachsenden Schulden nicht geringer; er darf sich auf diesen Mindeststandard einrichten.

III. Zusammenrechnung mehrerer Arbeitseinkommen (Nr. 2)

1. Zweck der Zusammenrechnung

5   Was der Schuldner bei ein und demselben Arbeitgeber (auch aus verschiedenen Beschäftigungen) verdient, ist im Sinne der §§ 850, 850e ein Arbeitseinkommen (§ 850 Abs. 4)[20]; die Vielzahl von Tätigkeiten kann allenfalls für § 850a Nr. 1 von Bedeutung sein.[21] Der Arbeitgeber hat alle einzelnen Rechnungsposten (Haupt- und Nebenverdienst, Zuschläge usw.) schon von sich aus zusammenzurechnen, ehe er nach Nr. 1 das Nettoeinkommen ermittelt. Anders ist die Situation, wenn der Schuldner für **mehrere Arbeitgeber** tätig ist. Da die zu pfändende Forderung wesentlich durch die Person des Drittschuldners bestimmt wird,[22] ist die Pfändung aller Arbeitseinkommen des Schuldners durch einen Beschluss nicht angängig; es kann immer nur das Arbeitseinkommen bei einem bestimmten Drittschuldner gepfändet werden. Geschieht dies unabhängig voneinander durch mehrere Beschlüsse in Bezug auf verschiedene Drittschuldner, gilt für jede einzelne Pfändung § 850c. Der Schuldner erhält also jeweils den gesamten pfändungsfreien Grundbetrag zuzüglich der jeweils isoliert berechneten Mehrbeträge. Dadurch wird den Gläubigern mehr entzogen, als zur Existenzsicherung des Schuldners erforderlich ist. Deshalb gibt Nr. 2 dem Gläubiger und dem Schuldner[23] (nicht den Drittschuldnern) die Möglichkeit, beim Vollstreckungsgericht die **Zusammenrechnung** der vom Antragsteller zu benennenden Arbeitseinkommen zu **beantragen**. Die Drittschuldner können also nicht von sich aus, etwa in Absprache mit dem Gläubiger, die Zusammenrechnung und ihre Modalitäten vereinbaren.[24] Es reicht aus, wenn der Antrag konkludent mit dem Pfändungsgesuch gestellt ist.[25] Beantragt der Gläubiger die Zusammenrechnung, ist der Schuldner vorher nicht zu hören (§ 834),[26] gleich ob der Antrag vor Erlass der Pfändungsbeschlüsse oder erst nachträglich gestellt wird; er muss von vornherein mit einem solchen Antrag rechnen.

---

19 *Bischoff*, BB 1952, 434; *Stöber*, Forderungspfändung, Rn. 1266.
20 § 850 Rdn. 17. Nach BAG, NZA 1991, 147 gilt dies selbst dann, wenn der Arbeitgeber und eine rechtlich selbstständige Pensionskasse des Betriebes gleichzeitig Leistungen an den Arbeitnehmer erbringen.
21 § 850a Rdn. 2.
22 § 829 Rdn. 40.
23 So auch MüKo/*Smid*, § 850e Rn. 18; *Musielak/Becker*, § 850e Rn. 10; *Stein/Jonas/Brehm*, § 850e Rn. 44; *Wieczorek/Schütze/Lüke*, § 850e Rn. 32; a.A. *Zöller/Stöber*, § 850e Rn. 4.
24 *Zöller/Stöber*, § 850e Rn. 3.
25 OLG München, Rpfleger 1979, 223 f.
26 OLG München, Rpfleger 1979, 223 f.; LG Frankenthal, Rpfleger 1982, 231; a.A. *Stein/Jonas/Brehm*, § 850e Rn. 45; wohl auch *Wieczorek/Schütze/Lüke*, § 850e Rn. 35; ebenso für den nachträglichen Antrag MüKo/*Smid*, § 850e Rn. 16; *Stöber*, Forderungspfändung, Rn. 1140.

2. Beschluss des Vollstreckungsgerichts

Die Zusammenrechnung wird durch Beschluss des Vollstreckungsgerichts (Rechtspfleger),[27] im Insolvenzverfahren durch Beschluss des Rechtspflegers beim Insolvenzgericht[28] (§ 850 Rdn. 19), angeordnet. In dem Beschluss muss das Einkommen bezeichnet werden, dem der unpfändbare Grundfreibetrag (§ 850c Abs. 1) oder – bei Pfändung nach § 850d – der festgesetzte Freibetrag für den Schuldner und die ihm gegenüber gesetzlich Unterhaltsberechtigten zu entnehmen ist. Es soll dies in erster Linie das Einkommen sein, das die wesentliche Grundlage der Lebenshaltung des Schuldners bildet (Nr. 2 Satz 2), unabhängig davon, ob dieses bereits gepfändet ist oder nicht. Ferner ist die Reihenfolge der Heranziehung der Einkommen anzugeben. Dagegen scheidet eine gerichtliche Verteilung des Grundbetrages auf mehrere Einkommen grundsätzlich aus. Die weitergehende Berechnung ist Sache der Drittschuldner,[29] die sich vor jedem Auszahlungszeitpunkt erneut verständigen müssen, um die jeweilige Gesamthöhe des Nettoeinkommens zu ermitteln. Würde eine summenmäßige Festlegung und Aufteilung auch der zusätzlichen Freibeträge (§ 850c Abs. 2) schon im Beschluss selbst verlangt, ergäbe sich bei schwankendem Einkommen (z. B. Akkordentlohnung) monatlich die Notwendigkeit, Änderungsbeschlüsse nach § 850g zu beantragen. Dies widerspräche dem Grundgedanken der §§ 829 ff., mit den Modalitäten der Abwicklung der Forderungsvollstreckung weitgehend den Drittschuldner zu belasten.

6

3. Wirkungen der Zusammenrechnung

Dass die zusammenzurechnenden Forderungen ihrerseits alle gepfändet sind oder gepfändet werden sollen, ist nicht erforderlich; es genügt, wenn eine von ihnen gepfändet ist.[30] Eine Zusammenrechnung hat dann allerdings keine Erweiterung der Beschlagnahme zur Folge. Der Gläubiger kann Befriedigung weiterhin nur aus den zu seinen Gunsten beschlagnahmten Forderungen erlangen. Daraus kann sich ein rechnerischer Nachteil für ihn ergeben, wenn gerade der gepfändeten Forderung der unpfändbare Grundbetrag zu entnehmen ist.[31] Einer Zusammenrechnung steht (nach umstrittener Ansicht) nicht entgegen, dass der Gläubiger seine mehreren Forderungspfändungen nach unterschiedlichen Grundsätzen erwirkt hat, also beispielsweise neben eine Pfändung nach § 850c eine mit Vorrecht gem. § 850d tritt.[32] Fällt eine der berücksichtigten Einnahmequellen weg, muss der Schuldner gegebenenfalls einen Änderungsbeschluss nach § 850g erwirken.

7

Zusammengerechnet werden können immer nur mehrere Einkommen des Schuldners selbst. Dagegen ist es nicht möglich, mit seinen Einnahmen das Einkommen Dritter zusammenzurechnen, etwa des dem Schuldner unterhaltspflichtigen Ehegatten[33] oder der vom Schuldner beherrschten Gesellschaft. Der Zusammenrechnungsbeschluss wirkt allein zugunsten des Gläubigers, der ihn erwirkt hat.[34] Jeder weitere Gläubiger muss für die Vollstreckung seinerseits eine Zusammenrechnung beantragen. Es ist auch denkbar, dass nicht für jeden Gläubiger dieselben Forderungen zusammengerechnet werden. Das Gericht darf nicht aus eigener Kenntnis Forderungen in die Zusam-

---

27 Vgl. bereits Rdn. 1.
28 BGH, ZVI 2014, 201 Tz. 12; OLG Hamburg, EWiR 2001, 647 (*Pape*); LG Rostock, Rpfleger 2001, 563.
29 Wie hier *Stöber*, Forderungspfändung, Rn. 1141; **a.A.** die h. M. LAG Düsseldorf, Rpfleger 1986, 100; *Grunsky*, ZIP 1983, 908; *Mertes*, Rpfleger 1984, 453; *Stein/Jonas/Brehm*, § 850e Rn. 47.
30 LG Itzehoe, SchlHA 1978, 215; *Stein/Jonas/Brehm*, § 850e Rn. 28, 29; *Stöber*, Forderungspfändung, Rn. 1147; *Thomas/Putzo/Seiler*, § 850e Rn. 5.
31 Zu den Gefahren der Zusammenrechnung für den Gläubiger siehe die Rechenbeispiele bei *Stein/Jonas/Brehm*, § 850e Rn. 31 ff.
32 LG Frankfurt, Rpfleger 1983, 449; *Baumbach/Lauterbach/Hartmann*, § 850e Rn. 4; *Thomas/Putzo/Seiler*, § 850e Rn. 3; **a. M.** *Stein/Jonas/Brehm*, § 850e Rn. 42; *Wieczorek/Schütze/Lüke*, § 850e Rn. 28; *Zöller/Stöber*, § 850e Rn. 3.
33 LG Marburg, Rpfleger 1992, 167 (zugleich mit dem Hinweis auf eine Umdeutung in einen Antrag nach § 850c ZPO Abs. 4); *Thomas/Putzo/Seiler*, § 850e Rn. 5; *Wieczorek/Schütze/Lüke*, § 850e Rn. 25.
34 BAG, NZA 1997, 63, 64; LAG Düsseldorf, Rpfleger 1986, 100.

menrechnung einbeziehen, die der jeweilige Gläubiger in seinem Antrag nicht genannt hat.[35] Der Beschluss als solcher begründet weder ein Pfandrecht an den in ihm genannten Forderungen noch berührt er den Rang der schon zuvor in einzelne Forderungen ausgebrachten Pfändungen. Erst recht kann er bereits begründete Pfandrechte anderer Gläubiger nicht dadurch in ihrem Bestand berühren, dass er einen weitergehenderen Teil einer Forderung für unpfändbar erklärt, als dies bei ihrer isolierten Betrachtung nach § 850c der Fall wäre.[36] Ein nachrangiger Gläubiger kann durch einen Zusammenrechnungsbeschluss seine Rechtsstellung allerdings verbessern.[37]

IV. Zusammenrechnung von Arbeitseinkommen und Sozialleistungen oder von mehreren Sozialleistungen (Nr. 2a)

1. Grundsatz

8   Die durch Gesetz vom 11.12.1975 eingefügte und durch das 1. SGB-ÄndG vom 20.7.1988,[38] durch das 2. SGB-ÄndG vom 13.6.1994[39] sowie durch das JStErgG 1996 vom 18.12.1995[40] geänderte Vorschrift beendete den Streit, ob laufende inländische[41] Sozialleistungen (§§ 18–29 SGB I) und Kindergeld (§§ 62 ff. EStG oder BKGG) mit dem Arbeitseinkommen für die Vollstreckung zusammengerechnet werden dürfen. Nr. 2 a in der Fassung des 1. SGB-ÄndG vom 20.7.1988 ließ die Zusammenrechnung grundsätzlich zu, machte sie aber von einer Billigkeitsprüfung abhängig.[42] Durch das 2. SGB-ÄndG vom 13.6.1994 wurde diese Billigkeitsprüfung ebenso wie die damit zusammenhängende Pflicht zur Anhörung des Schuldners und des Gläubigers vor der Entscheidung über die Zusammenrechnung wieder abgeschafft. Heute sind Sozialleistungen und Kindergeld dann mit dem Arbeitseinkommen zusammenzurechnen, wenn sie pfändbar sind.[43] Das richtet sich bei Sozialleistungen gem. § 54 Abs. 4 SGB I[44] nach denselben Vorschriften wie die Pfändbarkeit des Arbeitseinkommens, sofern nicht die pfändungsbeschränkenden Sonderregeln des § 54 Abs. 3 und 5 SGB I eingreifen, und beim Kindergeld nach § 76 EStG.[45] Für die Zusammenrechnung ist wiederum ein **Antrag** des Gläubigers (oder des Schuldners) erforderlich, in dem die zusammenzurechnenden Forderungen zu bezeichnen sind. Im Beschluss ist wie bei Nr. 2 zu bestimmen, aus welchen Bezügen der unpfändbare Grundbetrag zu entnehmen ist. Dies sollen bei der Zusammenrechnung von Arbeitseinkommen und laufenden Sozialleistungen in der Regel die laufenden Geldleistungen

---

35 *Grunsky*, ZIP 1983, 908.
36 A.A. *Grunsky*, ZIP 1983, 908.
37 BAG, NZA 1997, 63, 64.
38 BGBl. 1988 I, S. 1046.
39 BGBl. 1994 I, S. 1229.
40 BGBl. 1995 I, S. 959.
41 LG Aachen, MDR 1992, 521.
42 Siehe dazu 1. Aufl., § 850e Rn. 7.
43 Vgl. noch Rdn. 9; BGH JurBüro 2005, 495.
44 Der Wortlaut des § 54 **SGB I** ist abgedruckt im Anh. § 829 Rdn. 30.
45 Der Wortlaut von § 76 EStG lautet: Der Anspruch auf Kindergeld kann nur wegen gesetzlicher Unterhaltsansprüche eines Kindes, das bei der Festsetzung des Kindergeldes berücksichtigt wird, gepfändet werden. Für die Höhe des pfändbaren Betrages gilt: 1. Gehört das unterhaltsberechtigte Kind zum Kreis der Kinder, für die dem Leistungsberechtigten Kindergeld gezahlt wird, so ist eine Pfändung bis zu dem Betrag möglich, der bei gleichmäßiger Verteilung des Kindergeldes auf jedes dieser Kinder entfällt. Ist das Kindergeld durch die Berücksichtigung eines weiteren Kindes erhöht, für das einer dritten Person Kindergeld oder dieser oder dem Leistungsberechtigten eine andere Geldleistung für Kinder zusteht, so bleibt der Erhöhungsbetrag bei der Bestimmung des pfändbaren Betrages des Kindergeldes nach Satz 1 außer Betracht. 2. Der Erhöhungsbetrag nach Nummer 1 Satz 2 ist zugunsten jedes bei der Festsetzung des Kindergeldes berücksichtigten unterhaltsberechtigten Kindes zu dem Anteil pfändbar, der sich bei gleichmäßiger Verteilung auf alle Kinder, die bei der Festsetzung des Kindergeldes zugunsten des Leistungsberechtigten berücksichtigt werden, ergibt.

nach dem SGB sein,[46] weil es sich dabei um den sichereren Bestandteil der Einnahmen handelt. Für die Berechnung des pfändbaren Arbeitseinkommens ist Arbeitslosengeld II mit Arbeitseinkommen aber dann nicht zusammenzurechnen, wenn der Schuldner nur deshalb Arbeitslosengeld II erhält, weil sein Arbeitseinkommen bei anderen Personen berücksichtigt wird, die mit ihm in einer Bedarfsgemeinschaft leben.[47]

2. Sonderfälle

Die Zusammenrechnung von Arbeitseinkommen und Ansprüchen auf **Geldleistungen für Kinder** (§ 48 Abs. 1 Satz 2 SGB I, §§ 31, 66 EStG) ist überhaupt nur zulässig, wenn diese Ansprüche nach § 76 Satz 1 EStG oder nach § 54 Abs. 5 SGB I pfändbar sind. Das setzt nach beiden Vorschriften voraus, dass es sich bei der titulierten Forderung um den gesetzlichen Unterhaltsanspruch eines Kindes handelt, das bei der Festsetzung der Geldleistungen berücksichtigt wird.[48] Elterngeld nach dem BEEG, **Erziehungsgeld** nach dem BErzGG, **Mutterschaftsgeld** nach § 13 Abs. 1 MuSchuG (sofern es anstelle des Erziehungsgeldes gezahlt wird) sowie **Geldleistungen** für den Ausgleich des durch einen **Körper- oder Gesundheitsschaden** bedingten Mehraufwandes sind gem. § 54 Abs. 3 SGB I unpfändbar, sodass eine Zusammenrechnung mit dem Arbeitseinkommen ausscheidet. Der Wohnvorteil des mietfreien Wohnens im eigenen Haus stellt keine Sozialleistung dar.[49] **Wohngeld** ist eine laufende Sozialleistung; es fällt nicht unter die Pfändungsbeschränkungen des § 54 Abs. 3 u. 5 SGB I. Deshalb kann es durch Zusammenrechnung mit dem Arbeitseinkommen gepfändet werden.[50] Zwar handelt es sich um eine zweckgebundene Sozialleistung, die gem. § 851 nur ausnahmsweise pfändbar ist, wenn sie durch die Pfändung ihrer Zweckbestimmung zugeführt wird.[51] Aber § 54 SGB I wird inzwischen überwiegend als eine dem § 851 Abs. 1 verdrängende Sonderregelung angesehen.

3. Mehrere Sozialleistungen

Obwohl Nr. 2a allein von der Zusammenrechnung von Arbeitseinkommen mit Sozialleistungen spricht, ist die Vorschrift auch anwendbar, wenn **mehrere pfändbare Sozialleistungen** zusammengerechnet werden sollen.[52] Nach früherer Rechtslage hatte in solchen Fällen eine doppelte Billigkeitsprüfung stattzufinden, nämlich im Hinblick auf die Pfändung der Sozialleistungen nach § 54 Abs. 3 Nr. 2 SGB I a. F. und im Hinblick auf ihre Zusammenrechnung (und damit die Verkürzung des dem Schuldner verbleibenden Freibetrages) nach § 850e Nr. 2a. Durch das 2. SGB-ÄndG vom 13.6.1994 ist diese doppelte Billigkeitsprüfung durch einen Katalog der unpfändbaren und der bedingt pfändbaren Sozialleistungen in § 54 Abs. 3 und 5 SGB I[53] ersetzt worden. Grundsätzlich ist eine Zusammenrechnung mehrerer laufender Sozialgeldleistungen indes möglich, wenn sie wie Arbeitseinkommen pfändbar sind (§ 54 Abs. 4 SGB I). Bei der Berechnung des pfändbaren Einkommens sind daher auf Antrag ausländische gesetzliche Renten mit inländischen gesetzlichen Renten zusammenzurechnen.[54]

---

46 *Stein/Jonas/Brehm*, § 850e Rn. 57.
47 BGH, MDR 2013, 369 Tz. 10 ff.
48 Einzelheiten § 850d Rdn. 22 ff. u. Anh. § 829 Rdn. 30.
49 BGH, ZVI 2013, 201 Tz. 12.
50 LG Augsburg, Rpfleger 1997; 121; LG Bielefeld, JurBüro 1996, 270; LG Dortmund, JurBüro 1995, 492 f.; LG Heilbronn, Rpfleger 1999, 455; LG Koblenz, NJW-RR 2001, 716; LG Leipzig, Rpfleger 2000, 341; LG Neubrandenburg, Rpfleger 2000, 284; LG Saarbrücken, JurBüro 1995, 492 f.
51 So noch 2. Aufl., Rn. 8; § 851 Rdn. 5; ferner *Hornung*, Rpfleger 1994, 442, 445; *Riedel*, NJW 1994, 2812 f.
52 *Hornung*, Rpfleger 1982, 45; *Stein/Jonas/Brehm*, § 850e Rn. 67.
53 Zum Wortlaut des § 54 SGB I siehe Anh. § 829 Rdn. 30.
54 BGH, NJW-RR 2014, 1459 Tz. 12 ff; ZVI 2014, 64.

4. Voraussetzung und Wirkung des Zusammenrechnungsbeschlusses

11 Auch bei Nr. 2a kommt eine Zusammenrechnung nur im Zusammenhang mit einer konkreten Zwangsvollstreckung in Betracht, nicht hingegen als isolierter Beschluss, etwa um einem Zessionar, dem Rentenansprüche, »soweit sie pfändbar sind«, abgetreten wurden, einen weitergehenden Zugriff auf die Renten zu ermöglichen.[55] Die Zusammenrechnung aufgrund eines Beschlusses nach Nr. 2a wirkt wiederum allein zugunsten des Gläubigers, der ihn erwirkt hat.[56]

V. Berücksichtigung des Anspruchs des Schuldners auf Naturalleistungen (Nr. 3)

1. Bewertung der Naturalleistungen und Zusammenrechnung mit Geldleistungen

12 Der Pfändungsschutz gem. § 850c soll es dem Schuldner ermöglichen, mit dem ihm verbleibenden Einkommen die Kosten für Unterkunft, Verpflegung, Kleidung usw. zu bestreiten. Erhält der Schuldner nach seinem Arbeitsvertrag Naturalleistungen, die einen Teil dieser Bedürfnisse unmittelbar befriedigen (Dienstwohnung, Dienstkleidung, Sachbezug aus der Überlassung eines Dienstwagens auch zur privaten Nutzung[57], freie Kost, Heizungsmaterialien o. Ä.), wäre es unangebracht, ihm den vollen Freibetrag nach § 850c zusätzlich in Geld zu belassen, zumal die Naturalleistungen selbst gem. § 811 Abs. 1 weitestgehend der Pfändung entzogen sind. Deshalb ordnet Nr. 3 die Zusammenrechnung von in Geld zahlbarem Einkommen und Einkommen in Form von Naturalleistungen an. Hinsichtlich des Verfahrens ist zu unterscheiden: Kann der Schuldner **vom selben Arbeitgeber** sowohl Geld als auch Naturalleistungen beanspruchen, muss schon dieser, ohne dass es einer gerichtlichen Anordnung bedarf, die Zusammenrechnung gem. Nr. 3 vornehmen. Anzusetzen ist der objektive Wert der Naturalien, wobei zum Zwecke der Vereinfachung auf »amtliche« Wertfestsetzungen zurückgegriffen werden kann, so etwa auf die Bewertungsrichtlinien des BM der Verteidigung[58] bei der Bewertung der Sachbezüge eines Wehrpflichtigen (freie Unterkunft und Verpflegung, Ersparnis eigener Kleidung)[59] oder auf den Wert des sog. Haftkostenbeitrages bei der Bewertung der Leistungen einer Strafanstalt an einen Gefangenen.[60] Einigen sich Arbeitgeber und Gläubiger nicht auf den Wert, kann eine klarstellende Entscheidung des Vollstreckungsgerichts herbeigeführt werden,[61] die das Prozessgericht im Einziehungsprozess bindet.[62] Andernfalls hat das Prozessgericht die Bewertung im Einziehungsprozess vorzunehmen. Leisten **mehrere Arbeitgeber** Geld- und Naturalleistungen, so kann jeder nur seine eigenen Leistungen zusammenrechnen. Sollen alle Arbeitseinkommen bei verschiedenen Drittschuldnern zusammengerechnet werden, bedarf es deshalb eines Beschlusses des Vollstreckungsgerichts nach Nr. 2, der zweckmäßigerweise nicht nur festlegt, aus welchem in Geld zahlbaren Einkommen der nicht durch die Naturalleistungen abgedeckte Grundfreibetrag zu entnehmen ist, sondern auch die einzelnen Naturalleistungen bewertet.

2. Berücksichtigung des Freibetrages bei den Naturalleistungen

13 Bei der Frage, was dem Schuldner zu verbleiben hat und was an den Gläubiger ausgezahlt werden muss, ist der Freibetrag für den Schuldner zunächst mit den Naturalien zu verrechnen und in Geld nur insoweit vom Bareinkommen abzuziehen, als die Naturalleistungen nicht den Unterhaltsbedarf des Schuldners decken; der Rest des Geldes gebührt dem Gläubiger (**Nr. 3 Satz 2**). Besteht die Naturalleistung nicht in kostenlosen Sachbezügen, sondern in der verbilligten Überlassung von

---

55 Vgl. bereits Rdn. 1; **a. A.** AG Leck, MDR 1968, 57; *Grunsky*, ZIP 1983, 908.
56 BAG, BB 1997, 2435; LAG Düsseldorf, Rpfleger 1986, 100.
57 BGH, ZVI 2013, 74 Tz. 3; BAG, MDR 2009, 1133; Hessisches LAG, JurBüro 2009 mit Anm. *Lattke*, NZI 2009, 510.
58 Siehe ihren Wortlaut bei *Stöber*, Forderungspfändung, Rn. 1171.
59 OLG Hamm, MDR 1963, 227; OLG Neustadt, MDR 1962, 996; LG Essen, Rpfleger 1967, 52.
60 OLG Frankfurt, Rpfleger 1984, 425.
61 OLG Hamm, MDR 1963, 227; LG Tübingen, JurBüro 1995, 325.
62 *Brox/Walker*, Rn. 564; *Stöber*, Forderungspfändung, Rn. 1170; **a. A.** *Stein/Jonas/Brehm*, § 850e Rn. 74.

Gegenständen (z. B. Dienstwohnung gegen eine ungewöhnlich geringe Miete), so ist als Sachleistung die Differenz zwischen dem üblichen Sachwert und der vom Schuldner verlangten Leistung anzusetzen[63] (z. B. Vergleichsmiete abzüglich tatsächlicher Miete) und beim Freibetrag zu berücksichtigen. Eine Zusammenrechnung des Arbeitseinkommens mit Sachbezügen, die nicht zugleich Dienstleistungsvergütung sind, ist nicht statthaft.[64]

VI. Zusammentreffen von Verfügungen wegen bevorrechtigter Unterhaltsansprüche mit einer Pfändung wegen eines sonstigen Anspruchs (Nr. 4)

1. Antrag auf Verrechnung

Durch die gemäß § 850d eröffnete Möglichkeit, in Einkommensteile zu vollstrecken, die den übrigen Gläubigern entzogen sind, wird der Prioritätsgrundsatz (§ 804) nicht außer Kraft gesetzt.[65] Die bevorrechtigten Gläubiger nehmen mit ihrem Pfandrecht an dem nach § 850c allen Gläubigern zugänglichen Einkommensteil nur den Rang entsprechend dem Zeitpunkt ihrer Pfändung ein; prioritätsältere Pfändungen wegen nichtbevorrechtigter Forderungen gehen ihnen vor. Sie haben lediglich die Möglichkeit, zusätzlich und unabhängig von jeder Priorität in den Differenzbetrag zwischen dem Notbehalt (§ 850d Abs. 1), der dem Schuldner in jedem Fall verbleibt, und dem allgemeinen Freibetrag (§ 850c) zu vollstrecken. Unter mehreren bevorrechtigten Gläubigern gilt anstelle des Prioritätsgrundsatzes die Rangfolge des § 850d Abs. 2, soweit von der Bevorrechtigung Gebrauch gemacht wird.

14

Hat ein bevorrechtigter Unterhaltsgläubiger zeitlich vorrangig vor einem sonstigen Gläubiger ohne Inanspruchnahme seiner Bevorrechtigung, also im Rahmen des § 850c, gepfändet und reicht die verbleibende Forderung nicht aus, den nachrangigen Gläubiger zu befriedigen, so kann dieser beim Vollstreckungsgericht beantragen, dass die Unterhaltsansprüche zunächst auf die gem. § 850d der Pfändung in erweitertem Umfang unterliegenden Teile des Arbeitseinkommens verrechnet werden. Auch der Schuldner und der Drittschuldner[66] können diesen Antrag stellen, werden aber regelmäßig kein Interesse daran haben. Indem der bevorrechtigte Gläubiger gezwungen wird, auf den nur ihm zugänglichen Teil des Einkommens zuzugreifen, vergrößert sich der den anderen Gläubigern zur Verfügung stehende Betrag. Nr. 4 gilt auch dann, wenn der bevorrechtigte Gläubiger nicht gepfändet hat, sondern ein Teil des Arbeitseinkommens an ihn zur Befriedigung seiner Unterhaltsforderung abgetreten oder sonst zu seinen Gunsten über einen Teil des Einkommens verfügt wurde (z. B. Aufrechnungsvereinbarung). Auch in diesem Fall kann der nachrangige gewöhnliche Pfändungsgläubiger den Antrag nach Nr. 4 stellen. Ist dagegen zu seinem Vorteil durch Abtretung oder in vergleichbarer Weise rechtsgeschäftlich verfügt worden (also keine Pfändung in der Zwangsvollstreckung erfolgt) und wird sein rechtsgeschäftlich erworbenes Recht dadurch beeinträchtigt, dass ein vorrangiger Unterhaltsgläubiger seine Möglichkeiten nach § 850d nicht ausnutzt, kann er keinen Antrag auf Verrechnung nach Nr. 4 stellen.[67] Seine Stellung ist mit der eines Pfändungsgläubigers nicht vergleichbar, sodass auch kein Bedürfnis für eine entsprechende Anwendung der Vorschrift besteht.

---

63 OLG Saarbrücken, NJW 1958, 227.
64 OLG Frankfurt, JurBüro 1991, 723, 725; LG Regensburg JurBüro 1995, 218; a. A. AG Göttingen, Nds. Rpfl 2002, 120 für mietfreies Wohnen.
65 Siehe auch § 850d Rdn. 25.
66 *Stein/Jonas/Brehm*, § 850e Rn. 82; *Thomas/Putzo/Seiler*, § 850e Rn. 8; a. A. *Baumbach/Lauterbach/Hartmann*, § 850e Rn. 13; *MüKo/Smid*, § 850e Rn. 42; *Musielak/Becker*, § 850e Rn. 15; *Stöber*, Forderungspfändung, Rn. 1277; *Wieczorek/Schütze/Lüke*, § 850e Rn. 54.
67 LG Gießen, Rpfleger 1985, 370; *Stein/Jonas/Brehm*, § 850e Rn. 86; *Stöber*, Forderungspfändung, Rn. 1278; *Wieczorek/Schütze/Lüke*, § 850e Rn. 52; a. A. *Denck*, MDR 1979, 450; *Thomas/Putzo/Seiler*, § 850e Rn. 8.

2. Vertrauensschutz des Drittschuldners

15 Die Anordnung des Vollstreckungsgerichts ist nach dem Wortlaut der Nr. 4 für die dort geregelte Verrechnung nicht konstitutiv.[68] Der Drittschuldner kann die Verrechnung bei seinen Auszahlungen an den Schuldner und den Gläubiger von sich aus vornehmen. Das ist für ihn allerdings mit einem Risiko verbunden. Deshalb gewährt ihm Nr. 4 Satz 3 einen Vertrauensschutz: Solange ihm die Entscheidung des Vollstreckungsgerichts über die beantragte Verrechnung nicht **zugestellt** worden ist, kann er mit befreiender Wirkung weiterhin so leisten, wie sich dies aus den ihm vorliegenden Pfändungsbeschlüssen, Abtretungen und sonstigen Verfügungen ergibt. Das gilt nicht nur für seine Zahlungen an die Gläubiger des Schuldners, sondern vor allem auch für die Auskehrung des (höheren) Freibetrages nach § 850c an den Schuldner.

3. Verrechnungsbeschluss und Rechtsbehelf

16 Die Entscheidung des Vollstreckungsgerichts trifft der Rechtspfleger (§ 20 Nr. 17 RPflG) nach Anhörung aller Beteiligten durch Beschluss. Bei mehreren Pfändungsbeschlüssen von (wegen Wohnsitzwechsels des Schuldners) verschiedenen Vollstreckungsgerichten ist für die Verrechnung dasjenige Vollstreckungsgericht zuständig, das den ersten Beschluss erlassen hat.[69] Gegen den Beschluss ist die sofortige Beschwerde gem. § 11 Abs. 1 RPflG i. V. m. § 793 gegeben; falls nach § 5 RPflG der Richter entschieden hat, kommt ebenfalls die sofortige Beschwerde gem. § 793 in Betracht. Gegen die Entscheidung des Rechtspflegers beim Insolvenzgericht (dazu Rdn. 6 und § 850 Rdn. 19) ist nur die befristete Rechtspflegererinnerung nach § 11 Abs. 2 RPflG statthaft.[70]

VII. Gebühren

17 Beschlüsse des Vollstreckungsgerichts nach § 850e Nr. 2, 2 a, 3,[71] 4 ergehen gerichtsgebührenfrei. Für den Rechtsanwalt ist die Antragstellung mit der allgemeinen Vollstreckungsgebühr (VV Nr. 3309 RVG) abgegolten.

VIII. ArbGG, VwGO, AO

18 Siehe § 850 Rdn. 20. Auch bei der Vollstreckung von Ansprüchen aus dem Arbeitsverhältnis ist für die Zusammenrechnung nicht das Arbeitsgericht, sondern das Vollstreckungsgericht zuständig; denn bei der Zusammenrechnung geht es nicht um eine Angelegenheit, welche die Rechtswegzuständigkeit der Arbeitsgerichte nach §§ 2, 2a, 3 ArbGG begründet.[72]

---

68 *Stein/Jonas/Brehm*, § 850e Rn. 80; *Stöber*, Forderungspfändung, Rn. 1276; **a. A.** *Behr*, Rpfleger 1981, 382, 390 f.
69 *MüKo/Smid*, § 850e Rn. 44; *Stein/Jonas/Brehm*, § 850e Rn. 83; **a. A.** *Stöber*, Forderungspfändung, Rn. 1277.
70 HansOLG Hamburg, EWiR 2001, 647 (*Pape*).
71 Dazu OLG Hamm, MDR 1963, 227; siehe auch Rdn. 11.
72 LAG Schleswig-Holstein, NZA-RR 2001, 322 f.

§ 850f Änderung des unpfändbaren Betrages

(1) Das Vollstreckungsgericht kann dem Schuldner auf Antrag von dem nach den Bestimmungen der §§ 850c, 850d und 850i pfändbaren Teil seines Arbeitseinkommens einen Teil belassen, wenn
a) der Schuldner nachweist, dass bei Anwendung der Pfändungsfreigrenzen entsprechend der Anlage zu diesem Gesetz (zu § 850c) der notwendige Lebensunterhalt im Sinne des Dritten und Elften Kapitels des Zwölften Buches Sozialgesetzbuch oder nach Kapitel 3 Abschnitt 2 des Zweiten Buches Sozialgesetzbuch für sich und für die Personen, denen er Unterhalt zu gewähren hat, nicht gedeckt ist,
b) besondere Bedürfnisse des Schuldners aus persönlichen oder beruflichen Gründen oder
c) der besondere Umfang der gesetzlichen Unterhaltspflichten des Schuldners, insbesondere die Zahl der Unterhaltsberechtigten, dies erfordern

und überwiegende Belange des Gläubigers nicht entgegenstehen.

(2) Wird die Zwangsvollstreckung wegen einer Forderung aus einer vorsätzlich begangenen unerlaubten Handlung betrieben, so kann das Vollstreckungsgericht auf Antrag des Gläubigers den pfändbaren Teil des Arbeitseinkommens ohne Rücksicht auf die in § 850c vorgesehenen Beschränkungen bestimmen; dem Schuldner ist jedoch so viel zu belassen, wie er für seinen notwendigen Unterhalt und zur Erfüllung seiner laufenden gesetzlichen Unterhaltspflichten bedarf.

(3) ¹Wird die Zwangsvollstreckung wegen anderer als der in Absatz 2 und in § 850d bezeichneten Forderungen betrieben, so kann das Vollstreckungsgericht in den Fällen, in denen sich das Arbeitseinkommen des Schuldners auf mehr als monatlich 2815 (*3253,87* <3166,48>)[1] Euro (wöchentlich 641 [*739,83* <719,96>] Euro, täglich 123,50 [*143,07* <139,08>] Euro) beläuft, über die Beträge hinaus, die nach § 850c pfändbar wären, auf Antrag des Gläubigers die Pfändbarkeit unter Berücksichtigung der Belange des Gläubigers und des Schuldners nach freiem Ermessen festsetzen. ²Dem Schuldner ist jedoch mindestens so viel zu belassen, wie sich bei einem Arbeitseinkommen von monatlich 2815 (3253,87 <3166,48>) Euro (wöchentlich 641 [739,83 <719,96>] Euro, täglich 123,50 [143,07 <139,08>] Euro) aus § 850c ergeben würde. ³Die Beträge nach den Sätzen 1 und 2 werden entsprechend der in § 850c Abs. 2a getroffenen Regelung[2] jeweils zum 1. Juli eines jeden zweiten Jahres, erstmalig zum 1. Juli 2003, geändert.[3] ⁴Das Bundesministerium der Justiz gibt die maßgebenden Beträge rechtzeitig im Bundesgesetzblatt bekannt.

Übersicht	Rdn.		Rdn.
I. Allgemeines	1	2. Besondere Bedürfnisse des Schuldners aus persönlichen oder beruflichen Gründen (Buchst. b)	7
1. Zweck und Anwendungsbereich der Norm	1		
2. Notwendigkeit eines Antrags und Zuständigkeit des Vollstreckungsgerichts	2	3. Besonderer Umfang der gesetzlichen Unterhaltspflichten des Schuldners (Buchst. c)	8
3. Bedeutung der Norm bei Vollstreckung in laufende Sozialleistungen	3	4. Überwiegende Belange des Gläubigers	9
4. Bedeutung der Norm im Insolvenzverfahren	4	III. Privilegierte Pfändung bei Forderungen aus vorsätzlich begangener unerlaubter Handlung (Abs. 2)	10
II. Erweiterter Pfändungsschutz zugunsten des Schuldners (Abs. 1)	5		
1. Sozialhilfebedarf (Buchst. a)	6	1. Vorsätzlich begangene unerlaubte Handlung	10

---

1 Die Beträge haben sich infolge der Bekanntmachung zu § 850c (Pfändungsfreigrenzenbekanntmachung 2015) v. 14.04.2015 (BGBl. I S. 618) mit Wirkung per 1.7.2015 erhöht; zuvor wurden sie infolge der Bekanntmachung zu § 850c (Pfändungsfreigrenzenbekanntmachung 2013) v. 26.3.2013 (BGBl. I S. 710) mit Wirkung per **1.7.2013** erhöht.
2 Vgl. § 850c Rdn. 2, 6 bis 8.
3 Satz 3 eingefügt durch das Siebte Gesetz zur Änderung der Pfändungsfreigrenzen, BGBl. I 2001, S. 3638.

2.	Prüfungspflicht des Vollstreckungsgerichts und Anhörung des Schuldners.	11	IV. Erweiterte Vollstreckung in höheres Arbeitseinkommen (Abs. 3).	17
3.	Ermessensentscheidung	13	V. Rechtsbehelfe	19
4.	Äußerste Grenze der Pfändbarkeit	14	VI. Gebühren und Kosten.	20
5.	Prioritätsprinzip	15	VII. ArbGG, VwGO, AO	21
6.	Insolvenzverfahren	16		

Literatur:
Ahrens, Privilegierte Pfändung aus Vollstreckungsbescheiden und Verwaltungsakten, JurBüro 2003, 401; *App*, Pfändung wegen vorsätzlich begangener unerlaubter Handlungen durch Finanzbehörden, ZIP 1990, 910; *Bauer*, Ungenützte Rechte des Gläubigers in der Lohnpfändung, JurBüro 1966, 187; *Behr*, Durchsetzung von Deliktsforderungen bei der Forderungspfändung und im Insolvenzverfahren, Rpfleger 2003, 389; *Berner*, Die Zuständigkeit des Rechtspflegers bei der begünstigten Pfändung von Arbeitseinkommen wegen einer Forderung aus einer vorsätzlich begangenen unerlaubten Handlung (§ 850f Abs. 2 ZPO), Rpfleger 1962, 299; *Buciek*, Vollstreckung von Steuerforderungen und § 850f ZPO, DB 1988, 882; *Büchmann*, Privilegierte Lohnpfändung aus Vollstreckungsbescheiden bei unerlaubter Handlung, NJW 1987, 172; *Bull*, Verfahren und Urteil bei Klage aus vorsätzlich unerlaubter Handlung, SchlHA 1962, 230; *Christmann*, Sozialbedürftigkeit des Schuldners als persönlicher Härtegrund nach § 850f I lit. a ZPO, JurBüro 1990, 425; *Frisinger*, Privilegierte Forderungen in der Zwangsvollstreckung und bei der Aufrechnung, Hamburg 1967; *Gaul*, Zwangsvollstreckungserweiterung nach vorsätzlich begangener unerlaubter Handlung – Kein Nachweis durch Vollstreckungsbescheid, NJW 2005, 2895; *ders.*, Die privilegierte Zwangsvollstreckung wegen einer Forderung aus vorsätzlich begangener unerlaubter Handlung als Problem der Funktionsteilung zwischen Prozessgericht und Vollstreckungsgericht, Festschrift für Gerhardt, 2004, 259; *Gross*, Pfändbarkeit der Sozialrenten für Schadensersatzansprüche des Arbeitgebers gegen den Arbeitnehmer aus dessen vorsätzlicher unerlaubter Handlung gegen den Arbeitgeber, MDR 1969, 12; *Grote*, Aushebelung der dreijährigen Verjährungsfrist bei Forderungen aus unerlaubter Handlung durch den BGH?, NJW 2011, 1121; *Grunau*, Unerlaubte Handlung und Lohnpfändung, NJW 1959, 1515; *Hager*, Die Prüfungskompetenz des Vollstreckungsgerichts im Rahmen des § 850f Abs. 2 ZPO, KTS 1991, 1; *Helwich*, Die Pfändung des Arbeitseinkommens nach Inkrafttreten von Hartz IV, JurBüro 2005, 174; *Hiendl*, Unerlaubte Handlung und Lohnpfändung, NJW 1962, 901; *Hoffmann*, Die materiellrechtliche Qualifikation des titulierten Anspruchs bei der privilegierten Vollstreckung nach §§ 850d und 850f Abs. 2 ZPO, NJW 1973, 1111; *Kalter*, Das konkursfreie Vermögen, KTS 1975, 1; *Künzel*, Feststellungsklage über den Rechtsgrund eines titulierten Anspruchs, JR 1991, 91; *Meller-Hannich*, Kein Nachweis der vorsätzlich begangenen unerlaubten Handlung bei fehlender Angabe im Vollstreckungstitel, LMK 2003, 74; *Möhlen*, Anwendbarkeit des § 850f Abs. 1 ZPO auf das Restschuldbefreiungsverfahren, Rpfleger 2000, 4; *Neugebauer*, Hartz IV – Auswirkungen auf die Pfändbarkeit von Arbeitseinkommen; *ders.*, Privilegierte Zwangsvollstreckung gem. § 850f Abs. 2 ZPO – Ansprüche aus vorsätzlich begangener unerlaubter Handlung, MDR 2004, 1223; *Peters*, Die Forderung aus einer vorsätzlich begangenen und unerlaubten Handlung in der Einzelzwangsvollstreckung und in der Insolvenz, KTS 2006, 127; *Siegel*, Erhöhung der Pfändungsfreigrenze durch vorrangigen Gläubiger, BB 1997, 103; *Smid*, Die Privilegierung der Vollstreckung aus Forderungen wegen vorsätzlicher unerlaubter Handlung, ZZP 1989, 22; *ders.*, Zur Feststellung der Voraussetzung von Privilegien in der Zwangsvollstreckung, JZ 2006, 393; *Winter*, Anwendbarkeit von § 850f ZPO bei Abtretungen, Rpfleger 2000, 149; *ders.*, Sicherung des Existenzminimums im Insolvenzverfahren nach der Neuregelung der Sozialhilfe, ZVI 2004, 322; *Zimmer*, Das notarielle Schuldanerkenntnis des Arbeitnehmers bei Unterschlagungen, NJW 2011, 576; *Zimmermann/Freeman*, Die Anhebung der Pfändungsgrenze nach § 850f Abs. 1 ZPO ab 1.1.2005 (Hartz IV), ZVI 2004, 655. Siehe ferner die Literaturangaben zu § 850d.

I. Allgemeines

1. Zweck und Anwendungsbereich der Norm

1 Die schematischen Grenzen in § 850c werden zwar einer Vielzahl von Fällen gerecht und erleichtern das Vollstreckungsverfahren für die Beteiligten erheblich. Sie können aber den Interessen des Schuldners an einer Erhöhung des pfändungsfreien Betrages zwecks Vermeidung eigener Sozialhilfebedürftigkeit, wegen besonderer persönlicher Umstände oder wegen eines erhöhten Unterhaltsbedarfs seiner Angehörigen nicht Rechnung tragen. Die Ausnahmeregelung des § 765a ist hierfür ebenfalls kein geeignetes Instrument. Deshalb hat der Gesetzgeber in § 850f **Abs. 1** eine Möglichkeit geschaffen, die Pfändungsfreigrenzen für Arbeits- und Arbeitsersatzeinkommen über die des § 850c hinaus anzuheben, um den Schuldner nicht schlechter dastehen zu lassen als den vom Gesetzgeber

bei Festlegung der Freigrenzen ins Auge gefassten »Normalschuldner«.[4] Die Vorschrift findet auch im Rahmen der **Unterhaltsvollstreckung** Anwendung.[5] Umstritten ist dagegen, ob § 850f Abs. 1 auch außerhalb des Pfändungsverfahrens anzuwenden ist, wenn der Schuldner sein pfändungsfreies Arbeitseinkommen abgetreten hat und gegenüber dem Zessionar unter Berufung auf § 400 BGB i. V. m. § 850f Abs. 1 eine Erhöhung des pfandfreien Betrages verlangt.[6] Siehe auch Rdn. 2.

Anderseits gibt es Fälle, in denen es den Belangen des Gläubigers nicht gerecht wird, dem Schuldner die Freibeträge nach § 850c in voller Höhe zu belassen, während der Anspruch des Gläubigers nicht oder nur nach unzumutbar langer Zeit befriedigt werden kann. Besonders misslich erscheint ein so weitreichender Schuldnerschutz dann, wenn wegen einer Forderung aus vorsätzlich begangener unerlaubter Handlung vollstreckt wird oder dem Schuldner ein überdurchschnittliches Einkommen pfändungsfrei verbleibt. Hier ermöglichen **Abs. 2 und 3** des § 850f eine Erweiterung der Zugriffsmöglichkeiten des Gläubigers, und zwar Abs. 2 für die Vollstreckung wegen Forderungen aus einer vorsätzlich begangenen unerlaubten Handlung und Abs. 3 für nicht privilegierte Forderungen bei höherem Schuldnereinkommen.

2. Notwendigkeit eines Antrags und Zuständigkeit des Vollstreckungsgerichts

Das Vollstreckungsgericht wird nicht von Amts wegen tätig, sondern nur auf Antrag. In den Fällen des Abs. 1 ist allein der Schuldner antragsberechtigt, nicht hingegen der Drittschuldner[7] oder ein Unterhaltsberechtigter,[8] in den Fällen des Abs. 3 nur der Gläubiger. Es entscheidet der Rechtspfleger (§ 20 Nr. 17 RPflG)[9] des für den Erlass des Pfändungsbeschlusses zuständigen bzw. zuständig gewesenen Vollstreckungsgerichts (§ 828).[10] Verlegt der Schuldner nach Erlass des Pfändungsbeschlusses seinen Wohnsitz, dauert die einmal begründete örtliche Zuständigkeit fort.[11] Hat der Schuldner den pfändbaren Teil seines Arbeitseinkommens rechtsgeschäftlich abgetreten,[12] kann er – da es an einem Vollstreckungstitel fehlt – die Erhöhung des pfandfreien Betrages allerdings nicht vor dem Vollstreckungsgericht durchsetzen; zuständig ist allein das Prozessgericht.[13]

Eine besondere Konstellation ergibt sich, wenn der Schuldner für im Inland bezogenes Einkommen Steuern im Ausland (nach-)zu entrichten hat, die bei der Ermittlung der Nettobezüge gemäß § 850e Nr. 1 außer Betracht bleiben.[14] Hat der Schuldner seinen Wohnsitz in einem anderen EU-Staat und unterliegt er dort der Besteuerung, hat der nationale Gesetzgeber sicherzustellen, dass die ausländische Steuerschuld bei der Bestimmung der pfändbaren Beträge Berücksichtigung findet, sofern der

---

4 Zu den Intentionen des Gesetzgebers *Stöber*, Forderungspfändung, Rn. 1175.
5 BGH, Rpfleger 2004, 297; FamRZ 2004, 621; KG, Rpfleger 1994, 373; OLG Frankfurt, NJW-RR 2000, 220.
6 Grds. zustimmend: BGH, Rpfleger 2003, 516; **bejahend:** BSG NZS 44, 46 f; OLG Düsseldorf, InVo 1999, 359; OLG Köln, NJW-RR 1998, 1689, 1690; LG Heilbronn, Rpfleger 2001, 190, 191; LG Frankfurt a. M., ZInsO 1999, 594; **verneinend:** *Stein/Jonas/Brehm*, § 850f Rn. 26; *Stöber*, Forderungspfändung, Rn. 1250; *Zöller/Stöber*, § 850f Rn. 20; **offen gelassen** von BAG, NJW 1991, 2038, 2039.
7 LG Essen, Rpfleger 1969, 64; MüKo/*Smid*, § 850f Rn. 2; *Stöber*, Forderungspfändung, Rn. 1186; *Wieczorek/Schütze/Lüke*, § 850f Rn. 17; **a. A.** *Stein/Jonas/Brehm*, § 850f Rn. 18.
8 **A. A.** insoweit *Baumbach/Lauterbach/Hartmann*, § 850f Rn. 13; *Stein/Jonas/Brehm*, § 850f Rn. 18; *Stöber*, Forderungspfändung, Rn. 1186; *Wieczorek/Schütze/Lüke*, § 850f Rn. 17.
9 OLG Düsseldorf, NJW 1973, 1133; *Stöber*, Forderungspfändung, Rn. 1187, 1199; *Wieczorek/Schütze/Lüke*, § 850f Rn. 18; **a. A.** AG Essen, Rpfleger 1962, 347 (der Richter sei zuständig).
10 Nicht das Arbeitsgericht (BAG, NJW 1991, 2038). Einzelheiten: § 828 Rdn. 5 ff.
11 BGH, Rpfleger 1990, 308; OLG München, Rpfleger 1985, 154; *Wieczorek/Schütze/Lüke*, § 850f Rn. 18.
12 Vgl. Rdn. 1.
13 BGH Rpfleger 2003, 516 (für den Fall der Abtretung einer Lohnforderung; ausführlich zum Zusammentreffen von Pfändung und Abtretung *Stöber*, Forderungspfändung, Rn. 1189 e f.); OLG Köln, NJW-RR 1998, 1689, 1690.
14 Vgl. § 850e Rdn. 2.

Vollstreckungsschuldner den Nachweis erbringt, dass und in welcher Höhe er Einkommensteuer tatsächlich entrichtet hat.[15] Da der EuGH insoweit eine Gleichstellung der an der Quelle abgezogenen Steuern mit den im Ausland abgeführten Steuern verlangt, verdichtet sich das Ermessen des Vollstreckungsgerichts dahin, dass es dem Schuldner einen weiteren Teil seines Einkommens belassen muss, wenn dieser sich auf seine Steuerschuld im ausländischen Wohnsitzstaat beruft und deren Bestehen belegt. Auf die weiteren Voraussetzungen des § 850f kommt es in diesen Fällen nicht an.[16]

3. Bedeutung der Norm bei Vollstreckung in laufende Sozialleistungen

3 Nach der Neuregelung des § 54 SGB I durch das 2. SGB-ÄndG vom 13.6.1994[17] und dem damit erfolgten Wegfall der vormals erforderlichen Billigkeitsprüfung hat § 850f an Bedeutung gewonnen. Besondere Belange des Schuldners und des Gläubigers können jetzt – von § 765a abgesehen – praktisch nur noch über diese Vorschrift berücksichtigt werden.

4. Bedeutung der Norm im Insolvenzverfahren

4 § 850f ist gem. §§ 4, 36 InsO im Insolvenzverfahren entsprechend anwendbar (siehe schon § 850 Rdn. 19).[18] Über den Antrag entscheidet nicht der Rechtspfleger beim Vollstreckungsgericht (Rdn. 2), sondern derjenige beim Insolvenzgericht.[19] Gegen seinen Beschluss ist nach allgemeinen Regeln (§ 6 Abs. 1 InsO) kein Rechtsmittel vorgesehen. Deshalb ist nach § 11 Abs. 2 RPflG die befristete Rechtspflegererinnerung statthaft.[20] In den erweitert pfändbaren Teil von künftigen Forderungen aus einem Dienstverhältnis des Schuldners oder auf vergleichbare laufende Bezüge können Gläubiger von Forderungen aus vorsätzlichen unerlaubten Handlungen gem. § 89 Abs. 2 Satz 2 InsO auch während der Dauer des Insolvenzverfahrens vollstrecken. Das gilt allerdings nur für solche Gläubiger, die nicht Insolvenzgläubiger sind.[21]

II. Erweiterter Pfändungsschutz zugunsten des Schuldners (Abs. 1)

5 Der Schuldner hat in seinem Antrag die besonderen Umstände schlüssig darzulegen und nachzuweisen, die es rechtfertigen, ihm aufgrund bedarfssteigernder Verhältnisse des Einzelfalls einen Teil des nach §§ 850c, 850d, 850i pfändbaren Arbeitseinkommens zusätzlich zu belassen.[22] Der Gläubiger **muss** zu diesem Antrag **gehört** werden. Als Ergebnis einer Entscheidung nach Abs. 1 kann nie das gesamte Arbeitseinkommen des Schuldners für unpfändbar erklärt werden; ein Rest des nach § 850c pfändbaren Einkommensteils muss immer dem Gläubiger verbleiben.[23] Ist dies im Einzelfall unbillig, muss der Schuldner zusätzlich einen Antrag nach § 765a stellen und auch dessen Voraussetzungen dartun.[24] Falls das Vollstreckungsgericht die Pfändungsfreigrenze erhöht, sollte es die Wirkung der Entscheidung von der Rechtskraft des Beschlusses abhängig machen; nur dann führt eine ändernde Rechtsmittelentscheidung dazu, dass der Rang der ursprünglichen Pfändung gewahrt bleibt.[25] Nicht jeder Antrag, mit dem der Schuldner die Höhe des gepfändeten Betrages beanstandet und die Belassung eines weiteren pfändungsfreien Einkommensteils begehrt, ist zudem

---

15 EuGH, Urt. v. 29.4.2004 – C – 224/02 – mit Anm. *Reifner*, GPR 5/03 – 04, 293.
16 So zutr. *Reifner* a. a. O., 296.
17 BGBl. I, 1229. Der Gesetzeswortlaut ist abgedruckt im Anh. § 829 Rdn. 30.
18 OLG Köln, NJW-RR 2001, 191, 192 f.; OLG Frankfurt, NJW-RR 2001, 189, 190.
19 LG Bonn, Beschl. v. 29.5.2009 – 6 T 115/09 –.
20 OLG Köln, NJW-RR 2001, 191, 192; OLG Frankfurt, NJW-RR 2001, 189, 191.
21 OLG Zweibrücken, Rpfleger 2001, 449.
22 OLG Köln, Rpfleger 2009, 517; LG Bautzen, FamRZ 2009, 1941; LG Braunschweig, Beschl. v. 14.10.2008 – 6 T 582/08 –.
23 OLG Koblenz, JurBüro 1987, 306; LG Aachen, JurBüro 1990, 121 f.; *Hornung*, Rpfleger 1992, 336; MüKo/*Smid*, § 850f Rn. 13; a. M. LG Duisburg, Rpfleger 1998, 355 f.
24 Siehe § 765a Rdn. 10.
25 OLG Köln, JurBüro 1992, 635; *Brox/Walker*, Rn. 581.

ein Antrag nach § 850f Abs. 1. Beruft sich der Schuldner darauf, auch ohne besonderen Antrag hätte von vornherein nur ein geringerer Betrag gepfändet werden dürfen, liegt eine Erinnerung gem. § 766 vor.[26]

Für § 850f Abs. 1 muss der Schuldner Umstände geltend machen, die von Amts wegen beim Pfändungsbeschluss noch keine Berücksichtigung finden konnten.[27] Solche Umstände sind:

1. Sozialhilfebedarf (Buchst. a)

Früher war umstritten, ob das pfändungsbedingte Herabsinken des verbleibenden Einkommens unter die Sozialhilfesätze ein Härtefall i. S. des jetzigen Buchst. b darstellte.[28] Diese Frage hat der Gesetzgeber durch die Einfügung des Buchst. a[29] ausdrücklich geregelt. Der erweiterte Pfändungsschutz bis zur Grenze des individuellen Sozialhilfebedarfs entspricht dem Grundgedanken, dass kein Gläubiger zulasten des Sozialstaats befriedigt werden soll.[30] Eine Änderung des pfändungsfreien Betrages nach Abs. 1 Buchst. a kommt daher auch dann in Betracht, wenn die Erhöhung nicht dem Schuldner persönlich, sondern dem ihn unterstützenden Sozialleistungsträger zugute kommt.[31]

6

Was dem Schuldner für sich und weitere Personen, denen er unterhaltspflichtig ist, als Freibetrag verbleiben muss, bestimmte sich vormals nach den Abschnitten 2 und 4 des Bundessozialhilfegesetzes.[32] Mit Wirkung zum 1.1.2005 sind Arbeitslosen- und Sozialhilfe für erwerbsfähige Hilfsbedürftige und ihre mit ihnen in Bedarfsgemeinschaft lebenden Angehörigen zum sog. Arbeitslosengeld II bzw. Sozialgeld zusammengefasst;[33] diese Leistungen zur Sicherung des Lebensunterhalts sind in §§ 19 ff., 28 SGB II geregelt. Hilfe zum Lebensunterhalt für sonstige Bedürftige wird nunmehr nach den Bestimmungen der §§ 27 ff. SGB XII gewährt. Nach wie vor entspricht aber der notwendige Lebensunterhalt des Vollstreckungsschuldners und der Personen, denen er Unterhalt zu gewähren hat, dem notwendigen Lebensunterhalt i. S. der genannten sozialhilferechtlichen Vorschriften, was der Gesetzgeber in Buchst. a unmittelbar zum Ausdruck gebracht hat.[34] In den Beträgen der Regelsätze für den **laufenden Bedarf** sind Leistungen für nicht regelmäßig wiederkehrende besondere Bedürfnisse sowie für besondere Anlässe bereits pauschal berücksichtigt;[35] entsprechendes gilt für die Kosten für Haushaltsenergie sowie für Wasserver- und entsorgung.[36] Nach § 28 Abs. 1 Satz 1 SGB XII kann der Bedarf des notwendigen Lebensunterhalts abweichend von den Regelsätzen festgelegt werden, wenn er im Einzelfall seiner Höhe nach unabweisbar von einem durchschnittlichen Bedarf abweicht.[37]

---

26 OLG Köln, NJW-RR 1989, 189; LG Frankenthal, Rpfleger 1984, 362; zum Verhältnis von § 850f Abs. 1 und § 766 siehe auch OLG Hamm, Rpfleger 1977, 224.
27 *Wieczorek/Schütze/Lüke*, § 850f Rn. 19.
28 **Bejahend** 1. Aufl., § 850f Rn. 5 a. E.; OLG Köln, FamRZ 1989, 996; OLG Stuttgart, NJW-RR 1987, 758; **verneinend** wohl LG Duisburg, Rpfleger 1991, 514.
29 Gesetz vom 1.4.1992, BGBl. I, 745.
30 Zum Zweck der Regelung siehe BT-Drucks. 12/1754, S. 18; BGH, FamRZ 2004, 621.
31 LG Detmold, Rpfleger 2000, 341.
32 BGH, Rpfleger 2004, 297; Beschl. vom 20.12.2005 – VII ZB 36/05 –; vgl ferner § 850d Rdn. 7, 10.
33 4. Gesetz für moderne Dienstleistungen am Arbeitsmarkt (»Hartz IV«), BGBl. I 2003, 2954 ff.
34 BGH, NJW-RR 2009, 1459, 1460: Der erweiterte pfändungsfreie Teil gem. § 850f Abs. 1 Buchst. a entspricht dem Betrag, der nach den Vorschriften des SGB XII an den Schuldner ergänzend als Sozialhilfe zum Lebensunterhalt zu leisten wäre.
35 BT-Drucks. 15/1514, S. 59; *Zöller/Stöber*, § 850f Rn. 2a.
36 OLG Celle, MDR 2011, 257, 258.
37 BGH, FamRZ 2010, 1798, 1799: Das kann der Fall sein, wenn dem nichtsorgeberechtigten Elternteil Kosten eines Umgangsrechts entstehen.

Für den vom Schuldner zu erbringenden[38] Nachweis, dass die ihm belassenen Mittel das Existenzminimum unterschreiten, ist es in der Regel ausreichend, wenn er dem Vollstreckungsgericht eine Bedarfsbescheinigung des zuständigen Sozialamtes (SGB XII) oder Garantiebescheinigung des regionalen Jobcenters (SGB II) vorlegt, wonach er – bei Erfüllung der weiteren gesetzlich festgelegten Voraussetzungen – einen Anspruch auf existenzsichernde Leistungen hätte.[39] Eine Bindung des Vollstreckungsgerichts an die behördlichen Feststellungen besteht jedoch nicht.[40] Das Vollstreckungsgericht hat die Richtigkeit der Angaben des Schuldners (an sich grundsätzlich) zu prüfen;[41] wenngleich selten von den behördlichen Feststellungen abzuweichen sein dürfte. Dafür kann aber insbesondere dann Anlass bestehen, wenn der (fiktiv) errechnete Anspruch bestimmte Bedürfnisse des Schuldners außer Ansatz lässt, für die gesonderte Sozialansprüche bestehen können (§§ 21 ff. SGB II; 29 ff. SGB XII). Hier ist daher ggf. ein entsprechender prozentualer Aufschlag auf den Regelbedarfssatz zu machen;[42] die Höhe dieses Aufschlages kann sich nach den tatrichterlich zu bewertenden Umständen des Einzelfalls richten.[43] Darüber hinaus kann zusätzlicher Bedarf (§§ 30 bis 33 SGB XII) zu berücksichtigen sein.[44]

Die Angemessenheit der Aufwendungen für den **Wohnbedarf** ist nach den konkreten Umständen des Einzelfalls unter Berücksichtigung der örtlichen Gegebenheiten konkret zu ermitteln. Dabei ist vorrangig das ortsübliche Mietpreisniveau, wie es sich aus einem qualifizierten Mietspiegel, einem Mietspiegel oder unmittelbar aus der Mietdatenbank ableiten lässt, heranzuziehen. Ein Rückgriff auf die Tabellenwerte in § 8 WoGG ist erst dann zulässig, wenn alle anderen Erkenntnismöglichkeiten und Mittel zur Ermittlung der Angemessenheit der Kosten des Wohnraums ausgeschöpft sind.[45] Die im Regelsatz nicht enthaltenen Betriebskostenvorauszahlungen sind in tatsächlicher Höhe zu berücksichtigen.[46] Bei der Bemessung des Bedarfs unberücksichtigt bleiben Kosten, die dem Schuldner nicht entstehen, weil er bei seinen Eltern oder einer Lebensgefährtin lebt und keinen Beitrag zu den Wohnkosten erbringt;[47] werden wegen des Zusammenlebens mit einem leistungsfähigen Lebenspartner oder Angehörigen Wohnkosten erspart, ist der Bedarf entsprechend gemindert.[48]

Erwerbstätigen Schuldnern ist – über die mit der Erzielung des Einkommens verbundenen notwendigen Ausgaben hinaus (§ 82 Abs. 2 SGB XII) – ein Betrag als pfändungsfrei zu belassen, der dem Absetzungsbetrag des § 82 Abs. 3 SGB XII (vormals § 76 Abs. 2 a BSHG) entspricht.[49] Bei der Ermittlung der angemessenen Höhe dieses Betrages besteht für das Vollstreckungsgericht wiederum keine Bindung an die Empfehlungen des Deutschen Vereins für öffentliche und private Fürsorge.[50]

---

38 BGH, Rpfleger 2004, 297; LG Bochum, Rpfleger 1998, 531.
39 BGH Rpfleger 2004, 297.
40 OLG Köln, Rpfleger 1999, 548; Rpfleger 1996, 118; FamRZ 1993, 584; OLG Stuttgart, Rpfleger 1993, 357; LG Darmstadt, InVo 2003, 293; LG Köln, JurBüro 1995, 103; *Hornung*, Rpfleger 1992, 334; *Schilken*, FamRZ 1993, 1228; *Wieczorek/Schütze/Lüke*, § 850f Rn. 19.
41 BGH, NJW 2003, 2918, 2920.
42 Zu den Aufschlägen siehe OLG Frankfurt, Rpfleger 2001, 38 (Besserstellungszuschlag); LG Bochum, Rpfleger 1997, 395; LG Hamburg, Rpfleger 1991, 515; *Zimmermann/Freeman*, ZVI 2004, 655 ff.; *Stein/Jonas/Brehm*, § 850f Rn. 2 a; vgl ferner § 850d Rdn. 7, 10.
43 BGH, Rpfleger 2004, 297.
44 *Zöller/Stöber*, § 850f Rn. 2a; LG Heilbronn, Rpfleger 2012, 700: Mehrbedarf für werdende Mütter.
45 BGHZ 156, 30, 37; BGH, FamRZ 2009, 1747; FamRZ 2009, 622; NJW-RR 2009, 1459, 1460; BSG, FEVS 60, 145, 149; BayVerfGH, NJW-RR 2011, 215.
46 BGH, FamRZ 2010, 1798: Etwas anderes würde nur dann gelten, wenn die Leistungen durch eine monatliche Pauschale abgegolten wären.
47 OLG Dresden, JurBüro 2009, 608.
48 OLG Hamm, NJW 2011, 3310 zu § 1361 BGB.
49 *Stöber*, Forderungspfändung, Rn. 1176d.
50 BGH, Rpfleger 2004, 297 im Anschluss an BVerwGE 115, 331, 334, 338.

2. Besondere Bedürfnisse des Schuldners aus persönlichen oder beruflichen Gründen (Buchst. b)

Erhöhte Bedürfnisse können etwa aus einer Erkrankung herrühren, die eine Diät[51] oder besondere Bekleidung oder sonstige Hilfsmittel erforderlich macht, die nicht von einer Krankenkasse übernommen werden, ebenso aber durch Heim- und Pflegekosten verursacht sein.[52] Das Gleiche gilt für Krankheitskosten, die aufgrund eines mit dem Versicherer vereinbarten Selbstbehalts beim Schuldner verbleiben[53], oder für aus medizinischen Gründen erforderliche Therapien, die nicht von der gesetzlichen Krankenkasse getragen werden, sofern dem Schuldner nicht zugemutet werden kann, aus wirtschaftlichen Gründen auf die Behandlung zu verzichten.[54] Kosten für medizinische Behandlungsmethoden, die von der gesetzlichen Krankenkasse nicht übernommen werden, rechtfertigen aber in der Regel auch keine Erhöhung des unpfändbaren Teils des Arbeitseinkommens.[55] Beruflich bedingte besondere Bedürfnisse stellen beispielsweise ungewöhnlich hohe Fahrtkosten zur Arbeitsstelle,[56] die Notwendigkeit doppelter Haushaltsführung, die Auflage des Arbeitgebers, ein eigenes Büro zu unterhalten,[57] Berufskleidung, die einem hohen Verschleiß unterliegt, oder die Praxiskosten eines Kassenarztes dar.[58]

7

Ältere Verbindlichkeiten, die der Schuldner noch abtragen muss, rechtfertigen eine Erhöhung des Pfändungsfreibetrages grundsätzlich nicht.[59] Eine Ausnahme kommt allenfalls dann in Betracht, wenn die Verbindlichkeiten zur Befriedigung von besonderen persönlichen Bedürfnissen eingegangen wurden (z. B. zur Anschaffung teurer medizinischer Hilfsmittel) und diese Bedürfnisse in der Gegenwart noch fortbestehen.[60] Bei allen geltend gemachten Bedürfnissen ist immer zu prüfen, ob sie nicht in den nach Buchst. a zu ermittelnden Freibetrag bereits einbezogen sind. Ist dies der Fall, können sie für § 850f Abs. 1 Buchst. b nicht erneut in Ansatz gebracht werden,[61] da durch die Vorschrift lediglich die Benachteiligung bestimmter Schuldner gegenüber dem »Normalschuldner« ausgeglichen werden soll. Wird der Mehrbedarf mit einem bestimmten Prozentsatz vom Regelbedarf pauschal bemessen, können daneben keine Einzelerhöhungen (z. B. für Arbeitsmittel oder Aufwendungen für Berufsverbände) mehr geltend gemacht werden, weil sie in der Pauschale bereits enthalten sind.[62]

---

51 Dazu LG Essen, LG Frankenthal, LG Mainz, Rpfleger 1990, 470; LG Hannover, WM 1991, 68, 69 (Diät für Diabetiker); *Wieczorek/Schütze/Lüke*, § 850f Rn. 10.
52 BGH, InVo 2004, 374; vgl. noch Rdn. 9.
53 LG Düsseldorf, JurBüro 2006, 156.
54 BGH, NJW 2009, 2313, 2314 f.
55 BGH, NJW 2009, 2313, 2314 f.
56 Gewisse Fahrtkosten hat nahezu jeder Arbeitnehmer. Dies berücksichtigt schon der Grundfreibetrag nach § 850c Abs. 1; vgl. OLG Schleswig, JurBüro 1957, 511; LG Halle, Rpfleger 2000, 285; LG Bonn, JurBüro 2009, 550 (soweit sie den üblichen Rahmen übersteigen); LG Hechingen, FamRZ 2012, 150 (soweit die Fahrtstrecke von 20 – 30 km überschritten wird und Benzinkosten nur, wenn die deutlich günstigere Benutzung öffentlicher Verkehrsmittel nicht zumutbar ist); a. A. (alle Fahrtkosten zu berücksichtigen) OLG Köln, FamRZ 1989, 996; LG Bochum, Rpfleger 1998, 531; LG Marburg, JurBüro 1999, 661 (nur für öffentliche Verkehrsmittel); vgl. auch Rdn. 6 a. E.
57 KG, VersR 1962, 174.
58 BGH, NJW 1986, 2362.
59 OLG Oldenburg, MDR 1959, 134.
60 OLG Hamm, Rpfleger 1977, 110.
61 OLG Hamm, Rpfleger 1977, 224; LG Berlin, Rpfleger 1993, 120; *Brox/Walker*, Rn. 581; *Gaul/Schilken/Becker-Eberhardt* § 56 Rn. 73.
62 LG Hamburg, Rpfleger 2000, 169, 170.

3. Besonderer Umfang der gesetzlichen Unterhaltspflichten des Schuldners (Buchst. c)

8 Unterhaltsverpflichtungen, die nicht auf Gesetz beruhen, sondern auf einer faktischen Unterhaltsverpflichtung oder vom Schuldner freiwillig eingegangen wurden[63] (z. B. gegenüber dem nichtehelichen Lebenspartner oder gegenüber Stiefkindern), können grundsätzlich keine Berücksichtigung finden.[64] In Härtefällen kann § 765a eingreifen. Buchst. c will insbesondere Schwierigkeiten ausräumen, die daraus entstehen, dass die Tabelle zu § 850c nur maximal fünf Unterhaltsberechtigte berücksichtigt. Darüber hinaus kann die Limitierung des für die Unterhaltsberechtigten zur Verfügung stehenden Betrages im Einzelfall den konkreten Notwendigkeiten des jeweiligen Unterhaltsberechtigten nicht gerecht werden (z. B. behindertes oder krankes Kind).[65] Die Berücksichtigung der erhöhten Bedürfnisse eines nachrangigen Unterhaltsbedürftigen (§ 850d Abs. 2) darf allerdings nie auf Kosten eines vorrangigen Unterhaltsberechtigten gehen; vollstreckt also ein vorrangiger Unterhaltsberechtigter, gehen dessen »normale« Ansprüche auch einem erhöhten Bedarf eines nachrangigen vor.[66]

4. Überwiegende Belange des Gläubigers

9 Eine Erhöhung des dem Schuldner zu belassenden Freibetrages nach den Buchst. a bis c kommt nicht in Betracht, wenn überwiegende Belange des Gläubigers[67] entgegenstehen. Bei der insoweit erforderlichen konkreten Abwägung sind die Persönlichkeit des Gläubigers (Alter, Gesundheitszustand), seine wirtschaftliche Lage (er müsste seinerseits Sozialleistungen in Anspruch nehmen, würden die ihm nach § 850c gebührenden Beträge gekürzt),[68] seine Unterhaltsverpflichtungen, aber auch der Charakter der Vollstreckungsforderung zu berücksichtigen. Vollstreckt der Gläubiger wegen einer vom Schuldner vorsätzlich begangenen unerlaubten Handlung, sodass er sogar nach Abs. 2 Heraufsetzung des pfändbaren Betrages verlangen könnte, werden seine berechtigten Interessen in der Regel einer Erhöhung des Freibetrages zugunsten des Schuldners entgegenstehen. Eine Anhebung der Pfändungsfreigrenze kommt auch dann nicht in Betracht, wenn der Vollstreckungsschuldner wegen der (Fahrt-)Kosten des Umgangs mit seinem nichtehelichen Kind bestehende Sozialleistungsansprüche nicht geltend gemacht hat (die ihm pfandfrei zu belassen wären) und eine Erhöhung des nicht pfändbaren Betrages zur Folge hätte, dass die Befriedigung des Unterhalts weiterer (ehelicher) Kinder zurückstehen müsste.[69]

III. Privilegierte Pfändung bei Forderungen aus vorsätzlich begangener unerlaubter Handlung (Abs. 2)

1. Vorsätzlich begangene unerlaubte Handlung

10 Hat der Schuldner den Gläubiger vorsätzlich durch eine unerlaubte Handlung geschädigt, so muss er erhöhte Entbehrungen hinnehmen, um den Schaden alsbald wieder gutzumachen. Dies ist der Grundgedanke des Abs. 2, der den Zugriff des Gläubigers auf das Arbeitseinkommen des Schuldners erweitert. Bedingter Vorsatz genügt; grobe, auch bewusste Fahrlässigkeit als Verschuldensform

---

63 Etwa weil aufgrund eigener finanzieller Mittel keine Unterhaltspflicht mehr besteht; LG Verden, JurBüro 2013, 605.
64 OLG Köln, Rpfleger 2009, 517; LG Koblenz, NJW-RR 1986, 680; LG Schweinfurt, FamRZ 1984, 45; VG Hannover, Beschl. v. 15.6.2009 – 2 B 1717/09 –; LG Mosbach, FamRZ 2012, 1664; MüKo/*Smid*, § 850f Rn. 7; a. A. LG Limburg, NJW-RR 2003, 365 (Stiefkinder); OLG Frankfurt, ZVI 2008, 384, 385 (faktische Unterhaltspflicht bei Bedarfsgemeinschaft nach SGB II); LG Essen, ZInsO 2014, 2278 (Lebensgefährtin und deren Kinder in Bedarfsgemeinschaft).
65 OLG Düsseldorf, FamRZ 1981, 76.
66 LG Braunschweig, JurBüro 1986, 1422, 1425.
67 Dazu OLG Celle, Rpfleger 1990, 376 f.
68 OLG Celle, Rpfleger 1990, 376 f.; a. A. *Stein/Jonas/Brehm*, § 850f Rn. 2 a a. E.
69 BGH, FamRZ 2004, 873.

reicht hingegen nicht aus, um die Forderung in der Zwangsvollstreckung zu privilegieren.[70] Der Begriff der unerlaubten Handlung nimmt auf das Deliktsrecht der §§ 823 ff. BGB Bezug.[71] Ansprüche aus unerlaubter Handlung sind aber nicht nur die aus den §§ 823 ff. BGB, einschließlich § 253 Abs. 2 BGB, sondern auch die aus Sondertatbeständen außerhalb des BGB,[72] etwa aus dem UWG,[73] aus §§ 97 UrhG, 139 PatG, in denen der Eingriff in absolut geschützte Gläubigerrechte (eingerichteter und ausgeübter Gewerbebetrieb, geistiges Eigentum, Sacheigentum, Körper und Gesundheit) zur Grundlage von Schadensersatzansprüchen gemacht wird. Nicht erfasst werden Ansprüche aus Gefährdungshaftung. Auch bei einer Steuerforderung, selbst wenn sie im Zusammenhang mit einer Steuerhinterziehung steht,[74] handelt es sich nicht um eine solche aus vorsätzlich unerlaubter Handlung, sondern um einen öffentlich-rechtlichen Leistungsanspruch.[75] Die Privilegierung des Abs. 2 wirkt auch für den Rechtsnachfolger des Gläubigers und gegen denjenigen des Schuldners.[76] An der Privilegierung des Anspruchs nehmen wegen der engen materiell-rechtlichen Verbindung die Prozesskosten, die zu seiner Titulierung erforderlich geworden sind,[77] sowie die Vollstreckungskosten[78] teil, ebenso etwaige Verzugszinsen.[79] Keine Verbindlichkeiten aus unerlaubter Handlung sind die Gerichtskosten eines Strafverfahrens[80] oder Kosten, die durch die Inanspruchnahme eines Rechtsanwalts im Strafverfahren gegen den Schädiger entstehen.[81]

2. Prüfungspflicht des Vollstreckungsgerichts und Anhörung des Schuldners

Ob die Vollstreckungsforderung aus einer vorsätzlich begangenen unerlaubten Handlung resultiert, prüft das Vollstreckungsgericht – ggf. im Wege der Auslegung – anhand des vom Gläubiger vorgelegten Titels. Dabei ist nicht erforderlich, dass bereits der Tenor die vorsätzlich begangene unerlaubte Handlung des Schuldners erkennen lässt;[82] es genügt, wenn dies die Entscheidungsgründe ergeben.[83] Hat das Prozessgericht das Vorliegen einer vorsätzlich begangenen unerlaubten Handlung zumindest aufgrund einer Schlüssigkeitsprüfung festgestellt, was auch beim **Versäumnisurteil** der

11

---

70 BGH, MDR 2007, 177 zu § 89 Abs. Satz 2 InsO; MüKo/*Smid*, § 850f Rn. 15; *Stein/Jonas/Brehm*, § 850f Rn. 8.
71 BGH, NJW 2011, 2966, 2967.
72 Wie hier Musielak/*Becker*, § 850f Rn. 9; *Wieczorek/Schütze/Lüke*, § 850f Rn. 25; enger – nur Forderungen aus einer vorsätzlich unerlaubten Handlung gem. §§ 823 ff. BGB einschließlich des Schmerzensgeldanspruchs aus § 847 BGB – wohl MüKo/*Smid*, § 850f Rn. 14; *Stöber*, Forderungspfändung, Rn. 1190. Offengelassen in BGH, NJW 2011, 2966, 2967 mit umfangreichen Nachweisen zum Streitstand zu § 850 Abs. 1 Nr. 1 InsO und § 393 BGB.
73 Zum Verhältnis von Normen des UWG zu §§ 823 ff. BGB vgl. *Baumbach/Hefermehl*, Wettbewerbsrecht, Einl. UWG Rn. 61 sowie vor §§ 14, 15 UWG Rn. 29–35.
74 BFH, NJW 1997, 1725, 1726 zu § 850 f Abs. 2; NJW 2008, 3807, 3808 zu § 302 Nr. 1 InsO.
75 BAG, NJW 1989, 2148.
76 *Frisinger*, Privilegierte Forderungen in der Zwangsvollstreckung, S. 111 ff.; *Stöber*, Forderungspfändung, Rn. 1192.
77 BGH, NJW-RR 2011, 791, 792; NJW 2013, 1370, 1371; LG Dortmund, Rpfleger 1989, 75; *Brox/Walker*, Rn. 579; MüKo/*Smid*, § 850f Rn. 14; *Musielak/Becker*, § 850f Rn. 9; Zöller/*Stöber*, § 850f Rn. 8; a. A. LG Hannover, Rpfleger 1982, 232; *Stein/Jonas/Brehm*, § 850f Rn. 8; *Wieczorek/Schütze/Lüke*, § 850f Rn. 26.
78 BGH, NJW-RR 2011, 791, 792; *Stein/Jonas/Brehm*, § 850f Rn. 8.
79 BGH, NJW-RR 2011, 791, 792; NJW 2012, 601, 602; *Stöber*, Forderungspfändung, Rn. 1191; a. A. *Wieczorek/Schütze/Lüke*, § 850f Rn. 26; MüKo/*Smid*, § 850f Rn. 14, weil diese als Verzugsfolgen geschuldet sind.
80 BGH, MDR 2011, 69, 70 zu § 302 Nr. 1 InsO.
81 LG Hannover, Rpfleger 1982, 232; *Wieczorek/Schütze/Lüke*, § 850f Rn. 26; **a. A.** *Baumbach/Lauterbach/Hartmann*, § 850f Rn. 6; MüKo/*Smid*, § 850f Rn. 14.
82 Ganz **h. M.**; siehe nur *Stein/Jonas/Brehm*, § 850f Rn. 10; **a. A.** aber *Hoffmann*, NJW 1973, 1111.
83 *Stöber*, Forderungspfändung, Rn. 1193 a.

Fall sein kann,[84] binden die Angaben im Titel das Vollstreckungsgericht[85] mit der weiteren Folge, dass der Schuldner eine vorsätzlich begangene unerlaubte Handlung im Vollstreckungsverfahren nicht mehr bestreiten kann; er braucht deshalb vor Herabsetzung des pfändungsfreien Betrages auch nicht angehört zu werden.[86] Weil ein Anerkenntnisurteil nicht auf eine materiell-rechtliche Prüfung hin ergeht, genügt ein solches nur, wenn der qualifizierte Schuldgrund ausdrücklich im Tenor festgestellt wird.[87] Entsprechendes gilt, wenn der Schuldner dies im Titel selbst zugestanden hat (notarielle Urkunde; gerichtlicher Vergleich, der den Rechtsgrund der dadurch titulierten Forderung als vorsätzlich begangene unerlaubte Handlung außer Streit stellt[88]). Es reicht aber nicht aus, wenn der Gläubiger aus einem Vollstreckungsbescheid vorgeht, in dem die Einordnung der Forderung als vorsätzlich begangene unerlaubte Handlung auf seiner einseitigen, bei Titulierung nicht überprüften Angabe beruht. Die formularmäßige Angabe in einem **Vollstreckungsbescheid** »Forderung aus vorsätzlicher unerlaubter Handlung« ist daher unzureichend.[89] Sonst wäre der Schuldner, der einen Mahnbescheid mit dieser Angabe zugestellt erhält, gegen jede Prozessökonomie veranlasst, auch dann Widerspruch einzulegen, wenn er die Forderung der Höhe nach gar nicht bestreitet, aber der Ansicht ist, es liege lediglich eine fahrlässige unerlaubte Handlung vor oder er schulde den Betrag lediglich aus einem anderen, nicht deliktischen Rechtsgrund.[90] Daher dürfte auch die vollstreckbare Ausfertigung aus der Insolvenztabelle nicht als Nachweis geeignet sein.[91]

Hat sich das Prozessgericht in dem vom Gläubiger beigebrachten Titel mit dem Vorliegen eines Anspruchs aus einer vorsätzlich begangenen unerlaubten Handlung nicht befasst, muss der Gläubiger nachträglich Feststellungsklage erheben, um mit dem obsiegenden Urteil sodann den erforderlichen Nachweis zu erbringen.[92] Dieser Feststellungsanspruch unterliegt nicht der Verjährung.[93] Eine eigene materiell-rechtliche Prüfungskompetenz des Vollstreckungsgerichts besteht insoweit nicht; dadurch würden die Grenzen zwischen Erkenntnis- und Vollstreckungsverfahren in unzulässiger Weise verschoben.[94] Eine Ausnahme besteht nur dann, sollte der Schuldner die vorsätzlich begangene unerlaubte Handlung gegenüber dem Vollstreckungsgericht einräumen.[95]

12 Wird im Titel ausdrücklich ein anderer als der deliktische Schuldgrund genannt, ist der Nachweis im Vollstreckungsverfahren, dass die Forderung auf eine vorsätzlich begangene unerlaubte Handlung hätte gestützt werden können, gleichfalls ausgeschlossen. Ist beispielsweise (nur) eine Forderung

---

84 BGH, NJW-RR 2011, 791; OLG Naumburg, NZI 2011, 772 (Der Rechtspfleger kann im Verfahren nach § 850f Abs. 2 auch den Klagevortrag heranziehen, um das Vorliegen einer vorsätzlichen unerlaubten Handlung zu prüfen; der Gläubiger ist zu hören). Vgl. auch BGH, FamRZ 2006, 1373, 1374; LG Frankenthal, Rpfleger 2006, 29, 30.
85 BGHZ 152, 166, 170; BGH, Rpfleger 2005, 370; LG Verden, Beschl. v. 23.10.2009 – 6 T 172/09 – Rpfleger 2010, 150.
86 Insoweit ebenso OLG Düsseldorf, NJW 1973, 1132; LG Bochum, Rpfleger 1997, 394; **a. A.** OLG Hamm, NJW 1973, 1332, 1333.
87 LG Frankenthal, Rpfleger 2006, 29, 30; vgl. auch BGH, FamRZ 2006, 1373, 1374 zum Versäumnisurteil.
88 BGH, Rpfleger 2009, 638.
89 BGH, Rpfleger 2005, 370; BGH, Rpfleger 2009, 638; Rpfleger 2006, 492; LG Verden, Beschl. v. 23.10.2009 – 6 T 172/09: auch nicht, wenn dem Vollstreckungsbescheid ein privatschriftlicher Teilzahlungsvergleich mit entsprechendem Anerkenntnis zugrunde liegt. Krit zur Rspr. *Smid*, JZ 2006, 393, 396; vgl. auch *Zöller/Stöber*, § 850f Rn. 9.
90 BGH, Rpfleger 2005, 370.
91 **A. A.** LG Heilbronn, Rpfleger 2005, 98 (mangels Bestreitens des Schuldners nach § 201 Abs. 2 InsO); LG Düsseldorf, JurBüro 2008, 661; MüKo/*Smid*, § 850f Rn. 18.
92 BGHZ 152, 166, 170; 109, 275, 277; BGH, ZVI 2003, 301; ZVI 2002, 422; OLG Oldenburg, NJW-RR 1992, 573.
93 BGH, NJW 2011, 1133, 1134; abl. *Grothe*, NJW 2011, 1121.
94 BGH, NJW 2005, 1663, 1664; NJW 2011, 1133; *Musielak/Becker*, § 850f Rn. 10; MüKo/*Smid*, § 850f Rn. 18; **a. A.** *Zöller/Stöber*, § 850f Rn. 9.
95 BGHZ 152, 166, 171; *Musielak/Becker*, § 850f Rn. 10; **a. A.** *Zöller/Stöber*, § 850 Rn. 9a.

aus Kaufvertrag zugesprochen, kann der Gläubiger im Vollstreckungsverfahren nicht nachtragen, der Schuldner habe den Abschluss des Kaufvertrages erschlichen, die Forderung könne daher auch aus einem Eingehungsbetrug hergeleitet werden.[96] Denn dann würde das Vollstreckungsgericht den Anspruch im Ergebnis neu titulieren.

3. Ermessensentscheidung

Der Rechtspfleger muss dem Antrag des Gläubigers nicht allein deshalb stattgeben, weil dieser nachgewiesen hat, dass er wegen eines Anspruchs aus vorsätzlich begangener unerlaubter Handlung vollstreckt. Im Rahmen seines Ermessens (»kann«) hat er neben den Belangen des Gläubigers (Unrechtsgehalt der Tat,[97] vom Schuldner erzielter Vorteil, Ausmaß des Schadens) auch diejenigen des Schuldners und der diesem gegenüber Unterhaltsberechtigten zu berücksichtigen. So kommt eine Herabsetzung z. B. nicht in Betracht, wenn der Schuldner dann außer Stande wäre, eine gegen ihn verhängte Geldstrafe ratenweise zu tilgen, und wenn er deshalb eine Ersatzfreiheitsstrafe antreten müsste.[98] Die Herabsetzung darf sich überdies nicht zulasten der dem Schuldner gegenüber Unterhaltsberechtigten auswirken, sodass der Schuldner ihnen nicht mehr in vollem Umfange Unterhalt gewähren könnte.[99] Zu berücksichtigen ist aber auch, inwieweit das Existenzminimum des Schuldners durch anderweitige Einkünfte und geldwerte Vorteile bereits gesichert ist;[100] bei nicht getrennt lebenden Ehegatten hat das Vollstreckungsgericht auch die Einkünfte des Ehegatten in die Prüfung der Bedarfsdeckung einzubeziehen.[101]

4. Äußerste Grenze der Pfändbarkeit

Kommt eine Herabsetzung in Betracht, ist das, was dem Schuldner nach § 850d Abs. 1 zu verbleiben hätte, die äußerste Grenze der zulässigen Belastbarkeit.[102] Fraglich ist, wie bei der Bestimmung des dem Schuldner zur Erfüllung seiner Unterhaltspflichten zu Belassenden das Kindergeld zu berücksichtigen ist. Die eingeschränkte Pfändbarkeit des Kindergeldes gem. § 76 EStG und gem. § 54 Abs. 5 SGB I (soweit das Kindergeld in Ausnahmefällen nicht als monatliche Steuervergütung gem. § 31 Satz 3 EStG, sondern noch nach dem BKGG gezahlt wird) spricht nicht gegen eine Anrechnung; denn hier geht es nicht um die Pfändung des Kindergeldes, sondern nur um die Frage, ob der Schuldner unter Berücksichtigung des Kindergeldes seine Unterhaltspflichten erfüllen kann. In diesem Zusammenhang ist zu unterscheiden: Bis zum 31.12.2004 gehörte das Kindergeld zum sozialhilferechtlich anrechenbaren Einkommen des Elternteils, der es bezog (§ 76 Abs. 2 Nr. 5 BSHG).[103] Nach dem zum 1.1.2005 in Kraft getretenen § 82 Abs. 1 Satz 2 SGB XII ist hingegen bei Minderjährigen das Kindergeld dem jeweiligen Kind als (die Unterhaltspflicht des Schuldners mindernndes) Einkommen zuzurechnen, soweit es bei diesem zur Deckung des notwendigen Lebensunterhalts benötigt wird. Nur in Höhe eines darüber hinausgehenden Betrages ist es Einkommen des Elternteils, dem es gemäß § 64 EStG, § 3 BKKG zufließt.[104]

---

96 *Stöber*, Forderungspfändung, Rn. 1193 a; a. A. *Frisinger*, Privilegierte Forderungen in der Zwangsvollstreckung, S. 124.
97 MüKo/*Smid*, § 850f Rn. 19; a. A. Stein/Jonas/*Brehm*, § 850f Rn. 14.
98 LG Frankfurt, NJW 1960, 2249.
99 AG Groß-Gerau, FamRZ 1983, 1264.
100 BGH, NJW 2013, 1370, 1371.
101 BGH, NJW 2013, 1370, 1372; mit krit. Anm. *Walker/Storck*, WuB VI D. § 850f ZPO 1.13, weil das Einkommen des Ehegatten wirtschaftlich nicht dafür bestimmt sei, für unerlaubte Handlungen des Schuldners einzustehen; *Schürmann*, FamRZ 2013, 444 (»bedenklich«), 445 (»problematisch«); krit. auch Zöller/*Stöber*, § 850f Rn. 10 (»nicht hinzunehmen«).
102 Siehe auch § 850d Rdn. 7, 11; BGH, FamRZ 2011, 208; ferner LG Düsseldorf, MDR 1985, 150; LG Krefeld, JurBüro 1979, 1084.
103 BGH, Beschl. v. 20.12.2005 – VII ZB 36/05–; vgl. ferner BVerwGE 114, 339; BVerwG, NJW 2004, 2541.
104 BGH a. a. O.

Dem Schuldner sind für seinen notwendigen persönlichen Bedarf jedenfalls die Regelsätze nach § 28 SGB II zu belassen; die Pfändung auch kleiner Teilbeträge hieraus kommt nicht in Betracht.[105] Da das monatliche Einkommen des Schuldners schwanken kann, ist es möglich, dass ein als dem Schuldner zu belassender festgesetzter Betrag im Zeitpunkt der Festsetzung unter der Grenze des § 850c lag, später aber mehr ausmacht, als das, was nicht bevorrechtigten Gläubigern in der Vollstreckung entzogen ist. Deshalb muss die Einschränkung des § 850d Abs. 1 Satz 3 dem Beschluss hinzugefügt werden.[106]

5. Prioritätsprinzip

15 Ein Beschluss nach Abs. 2 durchbricht das Prioritätsprinzip (§ 804 Abs. 3) ebenso wenig wie ein Beschluss nach § 850d Abs. 1.[107] Der Gläubiger, der den Beschluss nach Abs. 2 erwirkt hat, erwirbt an dem Einkommensteil, der dem Zugriff aller Gläubiger offen steht, ein Pfandrecht mit dem Rang, wie er sich aus dem Zeitpunkt der Pfändung ergibt. Er erwirbt aber überdies ein Pfandrecht an dem Einkommensteil, der ihm aufgrund des Beschlusses nach Abs. 2 zusätzlich zur Verfügung steht; denn dieser Beschluss wirkt allein zu seinen Gunsten.[108] Trifft eine Pfändung nach § 850f Abs. 2 mit der Pfändung eines bevorrechtigten Unterhaltsgläubigers nach § 850d zusammen, so gilt für das allgemein zugängliche Einkommen der Prioritätsgrundsatz. Beim Zugriff auf die nach § 850c nicht pfändbaren Einkommensteile geht aber unabhängig von der Priorität der Pfändung der Unterhaltsberechtigte vor, da sich ein Beschluss nach § 850f Abs. 2 nie zulasten der dem Schuldner gegenüber gesetzlich Unterhaltsberechtigten auswirken darf.[109]

6. Insolvenzverfahren

16 Im Insolvenzverfahren über das Vermögen des Schuldners nimmt die als Anspruch aus vorsätzlich unerlaubter Handlung eingestufte Forderung aus § 302 Nr. 1 InsO nicht an der Restschuldbefreiung teil. Dies gilt auch für Zinsforderungen auf Ansprüche aus vorsätzlich begangener unerlaubter Handlung, wenn sie mangels Aufforderung zur Anmeldung nachrangiger Forderungen nicht mit dem Rechtsgrund der vorsätzlich begangenen unerlaubten Handlung zur Tabelle angemeldet worden sind.[110] Während der Dauer der Wohlverhaltensphase kann ein Insolvenzgläubiger von Ansprüchen aus vorsätzlich begangener unerlaubter Handlung auch in den Vorrechtsbereich für solche Ansprüche nicht vollstrecken. Vielmehr hat sich der Gesetzgeber für die Gleichbehandlung aller Insolvenzgläubiger während des Laufs der Wohlverhaltensphase entschieden.[111]

IV. Erweiterte Vollstreckung in höheres Arbeitseinkommen (Abs. 3)

17 Beläuft sich das nach den Regeln des § 850e errechnete Arbeitseinkommen des Schuldners auf mehr als 2985 Euro monatlich (678,70 Euro wöchentlich; 131,25 Euro täglich), kann auf Antrag des Gläubigers (nicht des Drittschuldners), der weder nach Abs. 2 noch nach § 850d privilegiert ist, das Vollstreckungsgericht zusätzliche Beträge für pfändbar erklären. Als Mindestbetrag ist dem Schuldner aber das zu belassen, was er bei einem Arbeitseinkommen von 2985 Euro monatlich gem. § 850c als pfandfrei behielte. Im Übrigen entscheidet der Rechtspfleger nach billigem Ermessen unter Berücksichtigung der konkreten Belange des Gläubigers und des Schuldners. Der Gläubiger

---

105 BGH, FamRZ 2011, 208, 209; JurBüro 2012, 101, 102 (Nach den Wertungen des Gesetzgebers das »soziokulturelle« Existenzminimum, demgegenüber das durch Art. 14 GG geschützte Interesse des Gläubigers einer aus einer vorsätzlich begangenen unerlaubten Handlung erwachsenen Forderung zurücktreten muss).
106 LG Berlin, JurBüro 1974, 376.
107 Siehe § 850d Rdn. 25.
108 BAG, MDR 1983, 699; ArbG Koblenz, MDR 1979, 611.
109 *Stöber*, Forderungspfändung, Rn. 1197.
110 BGH, MDR 2011, 195, 196.
111 BGH, NJW-RR 2012, 1131, 1132.

hat die Umstände, die es grob unbillig erscheinen lassen, dem Schuldner den ungekürzten Freibetrag nach § 850c zu belassen, schlüssig und überprüfbar darzulegen. Im Hinblick auf § 834 ist der Schuldner nicht in jedem Fall vor der Entscheidung zu hören[112] (er könnte sonst das 2985 Euro monatlich übersteigende Arbeitseinkommen durch Abtretung beiseite schaffen). Der Gläubiger kann aber die Anhörung des Schuldners als Ergänzung seines Vortrages jederzeit beantragen. Die Entscheidung des Rechtspflegers ist immer zu begründen, damit die Beteiligten die Ermessensausübung nachvollziehen können.

In **Satz 3** ist mit Wirkung zum 1.1.2002 eine **Dynamisierungsregelung** für die in den Sätzen 1 und 2 genannten Beträge eingefügt worden. Darin liegt eine notwendige Anpassung an den ebenfalls neu eingefügten § 850c Abs. 2 a (dazu § 850c Rdn. 6 ff.). 18

V. Rechtsbehelfe

In den Fällen des Abs. 1 und Abs. 3 liegt stets eine Entscheidung des Rechtspflegers vor, da eine konkrete Abwägung der Einzelumstände aufseiten des Gläubigers und des Schuldners vorgenommen und in der Begründung des Pfändungsbeschlusses zum Ausdruck kommen muss. Deshalb ist der Rechtsbehelf für alle Beteiligten die **sofortige Beschwerde nach § 793** i. V. m. § 11 Abs. 1 RPflG. Anders verhält es sich bei Beschlüssen nach Abs. 2. Hier bedarf es zunächst nur einer formalisierten Prüfung (Titel über eine Forderung aus vorsätzlich begangener unerlaubter Handlung; Notbedarf des Schuldners wie bei § 850d). Deshalb hat der Schuldner hier, wenn der Beschluss – wie in der Regel[113] – ohne seine Anhörung ergangen ist, die **Erinnerung nach § 766**.[114] Ist der Schuldner aber, etwa auf Antrag des Gläubigers, gehört worden, so muss auch er den Beschluss mit der sofortigen Beschwerde anfechten. Der Gläubiger, dessen Antrag ganz oder teilweise zurückgewiesen wurde, muss immer mit der sofortigen Beschwerde nach § 793 i. V. m. § 11 Abs. 1 RPflG vorgehen. Der Drittschuldner hat dieselben Rechtsbehelfe wie der Schuldner. Zur späteren Abänderung einer Entscheidung nach § 850f wegen Änderung der maßgeblichen Verhältnisse vgl. auch die Ausführungen bei § 850g. 19

VI. Gebühren und Kosten

Gerichtsgebühren werden für die Beschlüsse nach § 850f nicht erhoben; es entstehen über die (u. U. bereits angefallene) allgemeine Vollstreckungsgebühr (VV Nr. 3309 RVG) hinaus auch keine besonderen Rechtsanwaltsgebühren (§ 18 Nr. 3 RVG).[115] Es bedarf deshalb in den Beschlüssen nach § 850f keiner Kostenentscheidung.[116] Entstehen Kosten (Zustellungsgebühren; erstmalige Einschaltung eines Rechtsanwaltes), ergibt sich die Kostentragungspflicht ohne Weiteres aus § 788. Wer die Kosten eines eventuellen Rechtsmittels zu tragen hat, richtet sich nach der Kostenentscheidung in der jeweiligen Rechtsmittelentscheidung. 20

VII. ArbGG, VwGO, AO

Siehe § 850 Rdn. 20. In der Abgabenvollstreckung[117] entscheidet anstelle des Vollstreckungsgerichts die Vollstreckungsbehörde.[118] 21

---

112 *Wieczorek/Schütze/Lüke*, § 850f Rn. 30 und 33; **a. A.** OLG Hamm, NJW 1973, 1332.
113 *Zöller/Stöber*, § 850f Rn. 16 m. N.; **a. A.** *Stein/Jonas/Brehm*, § 850f Rn. 22.
114 OLG Düsseldorf, NJW 1973, 1133; OLG Koblenz, MDR 1975, 939; LG Koblenz, MDR 1979, 944; *Stöber*, Forderungspfändung, Rn. 729.
115 AG Hanau, Rpfleger 1967, 426.
116 AG Hannover, Rpfleger 1969, 396.
117 Zur Bedeutung des § 850f ZPO in der Abgabenvollstreckung über § 319 AO siehe *Buciek*, DB 1988, 882.
118 Offengelassen von BAG, NJW 1989, 2148, 2149.

§ 850g Änderung der Unpfändbarkeitsvoraussetzungen

¹Ändern sich die Voraussetzungen für die Bemessung des unpfändbaren Teils des Arbeitseinkommens, so hat das Vollstreckungsgericht auf Antrag des Schuldners oder des Gläubigers den Pfändungsbeschluss entsprechend zu ändern. ²Antragsberechtigt ist auch ein Dritter, dem der Schuldner kraft Gesetzes Unterhalt zu gewähren hat. ³Der Drittschuldner kann nach dem Inhalt des früheren Pfändungsbeschlusses mit befreiender Wirkung leisten, bis ihm der Änderungsbeschluss zugestellt wird.

Übersicht	Rdn.		Rdn.
I. Anwendungsbereich	1	V. Rechtsbehelfe	6
II. Antragsberechtigung	2	VI. Gebühren	7
III. Änderung der maßgeblichen Umstände	3	VII. ArbGG, VwGO, AO	8
IV. Verfahren	4		

Literatur:
Berner, Zur Frage der Rückwirkung von Änderungsbeschlüssen in Lohnpfändungssachen, Rpfleger 1964, 329; *Riecker*, Der Irrtum des Drittschuldners über den Umfang der Lohnpfändung, JurBüro 1982, 1761.

I. Anwendungsbereich

1 Durch das Abänderungsverfahren nach § 850g Satz 1 wird kein neues Vollstreckungsverfahren eingeleitet, sondern das bestehende fortgeführt.[1] Die Vorschrift hat nur nachgeordnete Bedeutung. Sind im Pfändungsbeschluss unrichtige Verhältnisse zu Grunde gelegt worden (z. B. in einem Beschluss nach § 850d ist die Zahl der Unterhaltsberechtigten unzutreffend angenommen), haben die hierdurch Beschwerten den Rechtsbehelf der Erinnerung nach § 766, gegebenenfalls den der sofortigen Beschwerde nach § 793 i. V. m. § 11 Abs. 1 RPflG;[2] eines besonderen Änderungsverfahrens bedarf es nicht. Hier ist § 850g lediglich insoweit von Belang, als die Vorschrift auch die Änderung eines bereits im Erinnerungsverfahren überprüften Pfändungsbeschlusses ermöglicht, sofern die maßgeblichen Umstände zur Zeit der Erinnerungsentscheidung zwar schon vorlagen, aber nicht Gegenstand der Entscheidung waren;[3] die Bestimmung kennt keine dem § 323 Abs. 2 vergleichbare Präklusion von Einwendungen.

Ist ein Blankettbeschluss nach § 850c Abs. 3 Satz 2 ergangen, so muss der Drittschuldner von sich aus die zur Ermittlung des pfändungsfreien Betrages erforderlichen Umstände aufklären.[4] Ändern sich diese (z. B. die Zahl der Unterhaltsberechtigten), so hat der Drittschuldner, sobald er hiervon Kenntnis erhält, die neuen Umstände seinen Zahlungen an den Gläubiger und den Schuldner zugrunde zu legen, ohne dass es einer Einschaltung des Vollstreckungsgerichts bedürfte.[5] Treten erst nach Erlass des Pfändungsbeschlusses Umstände auf, die einen über § 850c hinausgehenden Freibetrag für den Schuldner rechtfertigen, kann dieser sogleich Antrag nach § 850f Abs. 1 stellen. In allen vorgenannten Fällen ist also ein Rückgriff auf § 850g nicht erforderlich. Ist aber in einem Beschluss nach §§ 850d, 850f der unpfändbare Teil des Einkommens des Schuldners abweichend von § 850c individuell festgesetzt worden, so fällt dieser Beschluss nicht automatisch weg und passt sich auch nicht automatisch den neuen Verhältnissen an, falls die Voraussetzungen, auf denen er beruht, sich ändern. Dann kommt ein Änderungsbeschluss gemäß § 850g durch das Vollstreckungsgericht (Rechtspfleger) in Betracht.[6]

---

1 BGHZ 161, 73, 76; BGH, Rpfleger 1990, 308.
2 LG Düsseldorf, Rpfleger 1982, 300.
3 OLG Köln, Rpfleger 1994, 426 f.
4 § 850c Rdn. 6.
5 § 850c Rdn. 6.
6 Ebenso BGHZ 161, 73, 77; OLG Frankfurt, NJW-RR 2000, 220, 221.

II. Antragsberechtigung

Der (fristungebundene) Antrag auf Änderung des Pfändungsbeschlusses ist bei dem Vollstreckungsgericht einzureichen, das den Pfändungsbeschluss erlassen hat.[7] Antragsberechtigt sind nach Satz 1 Gläubiger oder Schuldner, je nachdem, für wen der Fortbestand des alten Beschlusses sich nachteilig auswirkt, nicht hingegen der Drittschuldner.[8] Eine Sonderregelung enthält Satz 2 für Personen, denen der Schuldner kraft Gesetzes unterhaltspflichtig ist. Sie können, sind sie im ursprünglichen Beschluss vergessen worden oder sind ihre Unterhaltsansprüche nachträglich entstanden, ihre Berücksichtigung bei den dem Schuldner zugestandenen Freibeträgen mit einem Änderungsantrag nach § 850g durchsetzen. Im erstgenannten Fall ist der Änderungsantrag sogar der speziellere Weg, der eine unmittelbare Erinnerung durch den Unterhaltsberechtigten ausschließt.[9]

III. Änderung der maßgeblichen Umstände

Es müssen sich nach Erlass des Pfändungsbeschlusses tatsächlich oder rechtlich neue Umstände ergeben haben, etwa durch das Hinzutreten oder Entfallen unterhaltsberechtigter Personen oder den Wegfall einer bei der Zusammenrechnung nach § 850e berücksichtigten Einnahmequelle;[10] ebenso kann sich der für einen Unterhaltsberechtigten angesetzte Bedarf erhöht haben. Auch der dem Schuldner selbst im Rahmen der §§ 850d Abs. 1, 850f Abs. 2 zugebilligte notwendige Unterhalt kann unzureichend geworden sein, etwa durch den Umzug vom Land in eine Großstadt mit entsprechend höheren Lebenshaltungskosten.[11] Ferner kommen in Betracht: Die Änderung eines Gesetzes ohne entsprechende Übergangsregelung, die verfassungskonforme, vom bisherigen Verständnis in der Rechtsprechung abweichende Auslegung einer Rechtsvorschrift durch das BVerfG[12] oder eine (erstmalige) höchstrichterliche Rechtsprechung, durch die ganz oder teilweise geänderte Maßstäbe für die Berechnung des nach § 850d Abs. 1 Satz 2 pfändungsfreien Betrags aufgestellt werden.[13]

IV. Verfahren

Das Vollstreckungsgericht, das den Pfändungsbeschluss erlassen hat (siehe Rdn. 2), entscheidet auf Antrag durch Beschluss. Vor der Entscheidung über einen Antrag des Schuldners ist der Gläubiger stets zu hören. Vor der Entscheidung über einen Antrag des Gläubigers wird der Schuldner nur dann angehört, wenn der Gläubiger dies beantragt (§ 834);[14] denn eine Änderung zugunsten des Gläubigers ist eine neue Pfändung des zusätzlichen Einkommensteils. Der Beschluss muss den Grund für die Änderung ausdrücklich angeben. Ein Beschluss auf Antrag des Schuldners ist den Beteiligten (Schuldner, Gläubiger, Drittschuldner) von Amts wegen zuzustellen (§ 329 Abs. 3). Ein Beschluss auf Antrag des Gläubigers, der eine erweiterte Pfändung ausspricht, ist wie ein Beschluss nach

---

7 BGH, Rpfleger 1990, 308; OLG München, Rpfleger 1985, 154, 155; *Baumbach/Lauterbach/Hartmann*, § 850g Rn. 3; MüKo/*Smid*, § 850g Rn. 3; *Musielak/Becker* § 850g Rn. 4; *Wieczorek/Schütze/Lüke*, § 850g Rn. 8; a.A. (für eine Zuständigkeit des Wohnsitzgerichts des Schuldners bei Antragstellung) *Stöber*, Forderungspfändung, Rn. 1203; *Zöller/Stöber*, § 850g Rn. 4.
8 MüKo/*Smid*, § 850g Rn. 5; *Stöber*, Forderungspfändung, Rn. 1202; *Wieczorek/Schütze/Lüke*, § 850g Rn. 7; *Zöller/Stöber*, § 850g Rn. 3; a.A. LAG Frankfurt, DB 1990, 639; *Stein/Jonas/Brehm*, § 850g Rn. 4; *Thomas/Putzo/Seiler*, § 850g Rn. 3.
9 Siehe auch § 850d Rdn. 21.
10 Vgl. hierzu *Grunsky*, ZIP 1983, 913.
11 LG Hamburg, MDR 1988, 154.
12 Vgl. BGH, FamRZ 1990, 1091 zu § 323.
13 BGHZ 161, 73, 78.
14 Vgl. a.A. *Stöber*, Forderungspfändung, Rn. 1204; **diff.** MüKo/*Smid*, § 850g Rn. 6.

§ 829 zu behandeln und entsprechend zuzustellen.[15] Der Drittschuldner kann so lange wirksam nach dem Inhalt des bisherigen Beschlusses verfahren, bis ihm der Änderungsbeschluss zugestellt wird (Satz 3). Grundsätzlich kann im Änderungsbeschluss eine **Rückwirkung** auf den Zeitpunkt der Änderung der tatsächlichen Verhältnisse angeordnet werden.[16] Dies muss ausdrücklich beantragt worden und dem Beschluss zumindest durch Auslegung unzweifelhaft zu entnehmen sein.[17] Gegenüber dem Drittschuldner wirkt eine solche Anordnung aber nur insoweit, als er nicht schon vor Zustellung des Änderungsbeschlusses entsprechend der bisherigen Rechtslage gezahlt hatte. Ist dies bereits geschehen, hat eine bereicherungsrechtliche Auseinandersetzung zwischen Gläubiger und Schuldner zu erfolgen.

5   Wird der Antrag nach § 850g im **Insolvenzverfahren** gestellt,[18] ist für die Entscheidung nicht das Vollstreckungsgericht, sondern das Insolvenzgericht zuständig;[19] denn es geht nicht um eine Entscheidung im Vollstreckungsverfahren, sondern um eine solche über die Frage, inwieweit das Arbeitseinkommen zur Insolvenzmasse einzuziehen ist. Mit der Zuständigkeitszuweisung in § 36 Abs. 4 Satz 1 und 3 InsO trägt der Gesetzgeber zudem der besonderen Sachnähe des Insolvenzgerichts Rechnung.[20] Gegen die Entscheidung des Rechtspflegers beim Insolvenzgericht ist die befristete Rechtspflegererinnerung nach § 11 Abs. 2 RPflG (siehe Anh. zu § 793 Rdn. 9 ff.) statthaft.[21]

V. Rechtsbehelfe

6   Wird dem Antrag des Gläubigers, des Schuldners oder eines Unterhaltsberechtigten nicht entsprochen, hat der Beschwerte das Rechtsmittel der sofortigen Beschwerde nach § 793 i. V. m. § 11 Abs. 1 RPflG. Der Schuldner hat dagegen den Rechtsbehelf der Erinnerung nach § 766, wenn einem Antrag des Gläubigers stattgegeben wurde, ohne dass er vorher angehört worden war.

VI. Gebühren

7   Gerichtsgebühren fallen für die Änderung der Unpfändbarkeitsvoraussetzungen nicht an. Der Anwalt erhält für seine Tätigkeit in dem Abänderungsverfahren die Gebühr nach VV Nr. 3309 RVG nur dann, wenn diese Gebühr nicht ohnehin schon angefallen ist;[22] denn die Tätigkeit im Rahmen von § 850g ist keine besondere Angelegenheit i. S. v. § 18 Nr. 3 RVG.

VII. ArbGG, VwGO, AO

8   Siehe § 850 Rdn. 20. In der Abgabenvollstreckung entscheidet statt des Vollstreckungsgerichts die Vollstreckungsbehörde.

---

15 Einzelheiten insoweit § 829 Rdn. 45–48; wie hier *Baumbach/Lauterbach/Hartmann*, § 850g Rn. 3; a. A. (auch hier Zustellung an alle von Amts wegen) *Stöber*, Forderungspfändung, Rn. 1205; *Zöller/Stöber*, § 850g Rn. 7; einschränkend *Stein/Jonas/Brehm*, § 850g Rn. 8, 11.
16 *Berner*, Rpfleger 1964, 329; a. A. LG Rostock, JurBüro 2003, 327.
17 Vgl. BAG, NJW 1991, 1774, 1775; Rpfleger 1962, 169, 170 (zu § 850d); OLG Köln, Rpfleger 1988, 419.
18 Zur Bedeutung der §§ 850 ff. im Insolvenzverfahren siehe § 850 Rdn. 19.
19 BGH, Rpfleger 2008, 525.
20 BGH, Rpfleger 2008, 525; Rpfleger 2004, 436.
21 OLG Köln, ZIP 2000, 2074, 2076.
22 LG Konstanz, Rpfleger 2000, 463.

§ 850h Verschleiertes Arbeitseinkommen

(1) ¹Hat sich der Empfänger der vom Schuldner geleisteten Arbeiten oder Dienste verpflichtet, Leistungen an einen Dritten zu bewirken, die nach Lage der Verhältnisse ganz oder teilweise eine Vergütung für die Leistung des Schuldners darstellen, so kann der Anspruch des Drittberechtigten insoweit auf Grund des Schuldtitels gegen den Schuldner gepfändet werden, wie wenn der Anspruch dem Schuldner zustände. ²Die Pfändung des Vergütungsanspruchs des Schuldners umfasst ohne weiteres den Anspruch des Drittberechtigten. ³Der Pfändungsbeschluss ist dem Drittberechtigten ebenso wie dem Schuldner zuzustellen.

(2) ¹Leistet der Schuldner einem Dritten in einem ständigen Verhältnis Arbeiten oder Dienste, die nach Art und Umfang üblicherweise vergütet werden, unentgeltlich oder gegen eine unverhältnismäßig geringe Vergütung, so gilt im Verhältnis des Gläubigers zu dem Empfänger der Arbeits- und Dienstleistungen eine angemessene Vergütung als geschuldet. ²Bei der Prüfung, ob diese Voraussetzungen vorliegen, sowie bei der Bemessung der Vergütung ist auf alle Umstände des Einzelfalles, insbesondere die Art der Arbeits- und Dienstleistung, die verwandtschaftlichen oder sonstigen Beziehungen zwischen dem Dienstberechtigten und dem Dienstverpflichteten und die wirtschaftliche Leistungsfähigkeit des Dienstberechtigten Rücksicht zu nehmen.

Übersicht

	Rdn.			Rdn.
I. Zweck der Norm	1	3.	Dienste in eheähnlichen Lebensgemeinschaften	9
II. Lohnschiebung (Abs. 1)	2	4.	Unentgeltlichkeit oder unverhältnismäßig geringe Vergütung	10
1. Verpflichtung des Schuldners zur Leistung an einen Dritten	2	5.	Entscheidung des Vollstreckungsgerichts	12
2. Gegenstand der Leistung an den Dritten	3	6.	Bestimmung der angemessenen Vergütung im Einziehungsprozess	13
3. Pfändung des verschobenen Vergütungsanspruchs	4	7.	Fiktion des Abs. 2 und Prioritätsprinzip	16
4. Einziehungsprozess	5	8.	Lohnrückstände	17
5. Rechtsbehelfe	6	9.	Rechtsbehelfe	18
III. Lohnverschleierung (Abs. 2)	7	IV.	ArbGG, VwGO, AO	19
1. Üblicherweise vergütete Arbeits- oder Dienstleistung	7	V.	Insolvenzverfahren	20
2. Dienste im Betrieb eines Familienangehörigen	8			

Literatur:

Behr, Zur Drittwirkung einer Entscheidung gem. § 850h Abs. 2 ZPO, JurBüro 1995, 288; *Bobrowski*, Mitarbeitspflicht des Ehemannes und Arbeitseinkommen, Rpfleger 1959, 12; *Brommann*, Die Konkurrenz mehrerer Lohnpfändungsgläubiger im Rahmen der Pfändung fiktiven Einkommens, SchlHA 1986, 49, 65; *Dornbusch*, Die Pfändung von Arbeitseinkommen in Fällen der Lohnverschiebung und Lohnverschleierung; *Fenn*, Die Bedeutung verwandtschaftlicher Beziehungen für die Pfändung des »Arbeitseinkommens« nach § 850h Abs. 2 ZPO, AcP 1967, 148; *ders.*, Die juristische Qualifikation der Mitarbeit bei Angehörigen und ihre Bedeutung für die Vergütung, FamRZ 1968, 291; *Geißler*, Fragen zur Zwangsvollstreckung bei verschleiertem Arbeitseinkommen, JurBüro 1986, 1295; *ders.*, Zur Pfändung in Lohnrückstände bei verschleiertem Arbeitsverhältnis, Rpfleger 1987, 5; *Göttlich*, Pfändung bei Lohnschiebungen und verschleiertem Arbeitsverhältnis, JurBüro 1956, 233; *Grunsky*, Gedanken zum Anwendungsbereich von § 850h Abs. 2 ZPO, FS Baur, 1981, 403; *Jaeger*, Die Pfändbarkeit von Vergütungsansprüchen auf Grund der §§ 850c, 850d ZPO, ZZP 1947, 74; *Lepke*, Probleme der Anwendung des § 850h Abs. 2 ZPO, AuR 1971, 333; *G. Lüke*, Mehrfache Pfändung einer Forderung aus verschleiertem Arbeitseinkommen – BAG NJW 1995, 414, JuS 1995, 872; *Prelinger*, Unterhaltsklagen bei verschleiertem Arbeitseinkommen, JR 1961, 454; *Scholz*, Möglichkeiten und Grenzen der Pfändung in »verschleiertes« Arbeitseinkommen, Diss. Freiburg, 1975; *Sitz*, Beweislastfragen bei der »angemessenen« Lohnpfändung nach § 850h II ZPO, MDR 1995, 344; *Voß*, Wirkliche und angebliche Hinterziehung pfändbarer Dienstvergütungen, ZZP 1912, 484.

§ 850h ZPO Verschleiertes Arbeitseinkommen

I. Zweck der Norm

1 Schuldner und Drittschuldner können ein Interesse daran haben, dass die Gläubiger nicht auf das Arbeitseinkommen des Schuldners im Wege der Zwangsvollstreckung zugreifen. So mag der Schuldner kein Interesse an weiterer Arbeit haben, wenn es sich wegen drohender Pfändungen nicht mehr lohnt, während der Drittschuldner auf die Fortsetzung des Arbeitsverhältnisses angewiesen ist. In einem solchen Fall kann der Drittschuldner anregen, den Lohn unmittelbar an den Ehepartner, Lebensgefährten usw. des Schuldners auszuzahlen (sog. **Lohnschiebung**). Vergleichbar ist die Interessenlage, wenn Schuldner und Drittschuldner letztlich »aus einem Topf« wirtschaften (Mitarbeit im Betrieb des Ehegatten oder der Eltern). Arbeitet der Schuldner hier nach außen hin umsonst, so kommt er dennoch materiell nicht in Bedrängnis, da der Drittschuldner ihn, ohne dass es für den Gläubiger greifbar wäre, aus dem »ersparten Lohn« versorgt (sog. **Lohnverschleierung**). In beiden Fällen besteht keine »Forderung« des Schuldners gegen den Drittschuldner auf Arbeitslohn. Der Gläubiger findet also nichts, worauf er zugreifen könnte. Dennoch arbeitet der Schuldner wirtschaftlich betrachtet nicht umsonst. Sinn des § 850h ist es, dem Gläubiger den Zugriff auf den wirtschaftlichen Gegenwert der Arbeit des Schuldners zu ermöglichen, so als erhielte der Schuldner »ganz gewöhnlichen« Arbeitslohn.

II. Lohnschiebung (Abs. 1)

1. Verpflichtung des Schuldners zur Leistung an einen Dritten

2 Für die Anwendbarkeit des Abs. 1 ist es erforderlich, dass der Drittschuldner aufgrund eines Schuldverhältnisses mit dem Schuldner[1] diesem gegenüber verpflichtet ist, die Vergütung für dessen Arbeitsleistung ganz oder teilweise an einen Dritten zu leisten, sodass der Dritte einen unmittelbaren Zahlungsanspruch gegen den Drittschuldner hat (§ 328 BGB – echter Vertrag zugunsten Dritter).[2] Eine Vereinbarung allein zwischen dem Schuldner und dem Dritten, dass dieser den Vergütungsanspruch als eigenes Recht erwerben solle (Lohnabtretung), ist nicht ausreichend. Einer Lohnabtretung mit dem Ziel, die Lohnansprüche des Schuldners dem Zugriff von dessen Gläubigern zu entziehen, kann nur mit einer Anfechtung nach dem AnfG begegnet werden. Die Anwendung des Abs. 1 setzt nicht voraus, dass der Drittschuldner die Gläubigerbenachteiligungsabsicht kannte oder gar an ihr mitwirken wollte. Gleiches gilt für den Dritten.[3] Haben Drittschuldner oder Dritter bewusst mit dem Schuldner zum Nachteil des Gläubigers zusammengewirkt, können sie sich unabhängig von § 850h nach § 826 BGB schadensersatzpflichtig machen.[4]

2. Gegenstand der Leistung an den Dritten

3 Bei dem »verschobenen« Vergütungsanspruch des Schuldners muss es sich nicht um fortlaufendes Arbeitseinkommen handeln. Auch einmalige Ansprüche, etwa aufgrund eines Werkvertrages fallen hierunter (§ 850i Abs. 1). So ist Abs. 1 anwendbar, wenn der Handwerksbetrieb des Schuldners formell auf den Namen des Ehegatten läuft, der Schuldner dort aber allein die Leistungen gegenüber den Drittschuldnern erbringt, während der Ehegatte im Betrieb praktisch gar nicht tätig ist.[5] Auf die Bezeichnung für die Vergütung kommt es nicht an, ebenso wenig darauf, ob die Arbeitsleistung des Schuldners der einzige Grund dafür ist, dass der Dritte die Vergütung erhält. So kann der Dritte seinerseits Dienste für den Drittschuldner leisten, aber ein Entgelt hierfür erhalten, das unverhältnismäßig hoch über dem Wert der Arbeitsleistung liegt,[6] oder der Dritte kann dem Drittschuldner

---

1 BAG, ZIP 1996, 1567.
2 *Brox/Walker*, Rn. 533.
3 Allgem. Meinung; beispielhaft: BGH, RdA 1969, 64; NJW 1979, 1600; *Brox/Walker*, Rn. 533; *Stein/Jonas/Brehm*, § 850h Rn. 8; *Stöber*, Forderungspfändung, Rn. 1212.
4 BGH, FamRZ 1964, 360.
5 *Stöber*, Forderungspfändung, Rn. 1210.
6 *Stein/Jonas/Brehm*, § 850h Rn. 7.

ein Darlehen gewährt haben, auf das nun unverhältnismäßig hohe Zinsen gezahlt werden, die nur durch die Arbeitsleistungen des Schuldners für den Drittschuldner erklärbar sind.[7] Entscheidend ist, dass einerseits der Schuldner tatsächlich für den Drittschuldner arbeitet,[8] hierfür aber keine oder eine ungewöhnlich niedrige Vergütung erhält, während der Dritte dem Drittschuldner keine oder nur eine geringwertige Gegenleistung für das erbringt, was er (und zwar auch auf Veranlassung des Schuldners hin) vom Drittschuldner erhält.

3. Pfändung des verschobenen Vergütungsanspruchs

Die Pfändung des verschobenen Vergütungsanspruchs kann sowohl in der Weise erfolgen, dass der Anspruch des Schuldners gegen den Drittschuldner auf Arbeitsentgelt gepfändet wird, als auch in der Weise, dass der Anspruch des Dritten gegen den Drittschuldner gepfändet wird. Im ersteren Fall ist eine förmliche Beteiligung des Dritten durch Zustellung des Pfändungsbeschlusses an ihn nicht erforderlich. Der Beschluss wird trotz Abs. 1 Satz 3 bereits durch Zustellung an den Drittschuldner (§ 829 Abs. 3) wirksam.[9] Der zweiten Möglichkeit steht nicht entgegen, dass der Titel nicht gegen den Dritten lautet.[10] Es ist auch keine Titelumschreibung erforderlich, weil sich die Pfändung auch in diesem Fall gegen den Schuldner richtet. Da es sich in jedem Fall um die Pfändung von Arbeitseinkommen des Schuldners handelt, muss der Beschluss die Einschränkungen nach § 850c enthalten oder, soweit nach diesen Vorschriften vorgegangen wird, den nach §§ 850d, 850f Abs. 2 erforderlichen Inhalt haben.

4. Einziehungsprozess

Der Einziehungsprozess gegen den Drittschuldner ist bei dem Gericht zu führen, bei dem der Schuldner, hätte er seinen Vergütungsanspruch nicht »verschoben«, auf Erfüllung klagen müsste. Bei Ansprüchen auf Arbeitsentgelt ist dies regelmäßig das Arbeitsgericht (§ 2 ArbGG), bei Ansprüchen auf Werklohn oder sonstige Dienstvergütung (z. B. Rechtsanwaltsgebühren) in der Regel das ordentliche Gericht. Der Drittschuldner kann neben den im Einziehungsprozess auch sonst zulässigen Einwendungen[11] ferner geltend machen, eine Lohnschiebung liege nicht vor, weil die eigene Leistung des Dritten die volle Gegenleistung rechtfertige oder die Arbeitsleistung des Schuldners nicht mehr wert sei als das, was tatsächlich an ihn bezahlt werde.

5. Rechtsbehelfe

Der Dritte kann gegen die Pfändung mit der Klage nach § 771 vorgehen, wenn er das Vorliegen einer Lohnschiebung bestreitet. Soweit er formelle Mängel der Pfändung rügen will, kann er dies mit der Erinnerung nach § 766 tun. Den gleichen Rechtsbehelf haben insoweit Schuldner und Drittschuldner. Der Drittschuldner kann, wenn er im Zweifel ist, ob er an den Gläubiger oder an den Dritten leisten muss, die geschuldete Summe gem. § 372 Satz 2, 2. Fall BGB hinterlegen. Der Gläubiger muss dann gegen den Dritten aus § 812 BGB auf Zustimmung zur Auszahlung an ihn klagen, wenn dieser nicht freiwillig zustimmt.

III. Lohnverschleierung (Abs. 2)

1. Üblicherweise vergütete Arbeits- oder Dienstleistung

Für die Anwendbarkeit des Abs. 2 ist es erforderlich, dass der Schuldner dem Drittschuldner »**in einem ständigen Verhältnis**« Arbeiten oder Dienste leistet. Eine einmalige Dienst- oder Werkleis-

---

7 *Brox/Walker*, Rn. 533; *Göttlich*, JurBüro 1956, 233.
8 BAG, FamRZ 1973, 627.
9 *Stöber*, Forderungspfändung, Rn. 1218.
10 *Stein/Jonas/Brehm*, § 850h Rn. 10; *Stöber*, Forderungspfändung, Rn. 1216.
11 Einzelheiten: § 835 Rdn. 8–13.

tung reicht also anders als bei Abs. 1 nicht aus. Das »ständige Verhältnis« muss kein Arbeitsverhältnis sein; in Betracht kommen z. B. auch ein Werkvertrag oder ein Gesellschaftsverhältnis.[12] Es kann sogar an einer rechtsgeschäftlichen Abrede zwischen dem Schuldner und dem Drittschuldner ganz fehlen.[13]

Die Dienste müssen **tatsächlich** geleistet werden. Es genügt nicht, dass der Dritte (z. B. der Ehegatte) den Schuldner in seinem Betrieb beschäftigen könnte und dass es vielleicht sogar einer »moralischen« Verpflichtung entspräche, ihn zu beschäftigen.[14] Es muss sich zudem um Dienste und Arbeiten handeln, die **üblicherweise** nicht umsonst, sondern **gegen Entgelt** geleistet werden. Dieses Entgelt müsste, würde es gezahlt, für den Betrieb den Charakter von Betriebsausgaben haben,[15] weil die bezahlten Leistungen ihm, nicht etwa einem Dritten, zugute kommen. Dienste, die üblicherweise ehrenamtlich geleistet werden, wenn es auch nicht ausgeschlossen ist, dass sie ausnahmsweise einmal gegen Entgelt erbracht werden, dürfen auch vom Schuldner ehrenamtlich geleistet werden.

2. Dienste im Betrieb eines Familienangehörigen

8   Ob es sich um Arbeiten oder Dienste handelt, die nach Art und Umfang üblicherweise vergütet werden, ist schwierig zu beurteilen, wenn die Dienste im Betrieb des Ehegatten,[16] des Lebenspartners nach dem LPartG vom 16.2.2000 (BGBl. I S. 266) oder der Eltern erbracht werden. Die eheliche Lebensgemeinschaft (§ 1353 BGB) kann in Ausnahmefällen zu Dienstleistungen im Betrieb des Ehepartners verpflichten;[17] daran hat auch die Neufassung des § 1356 Abs. 2 BGB im Jahr 1977 nichts geändert.[18] Die Mitarbeit im Betrieb des Ehegatten kann zudem der geschuldete Unterhaltsbeitrag (§ 1360 Satz 1 BGB) sein;[19] Gleiches gilt im Rahmen einer eingetragenen Lebenspartnerschaft. Auch die Lebenspartner sind einander zur partnerschaftlichen Lebensgemeinschaft (§ 2 LPartG) sowie zu angemessenem Unterhalt verpflichtet (§ 5 LPartG). Nach § 1619 BGB sind im Haushalt der Eltern lebende Kinder verpflichtet, in einer ihren Kräften und ihrer Lebensstellung entsprechenden Weise im Geschäfte der Eltern Dienste zu leisten.[20] Die **allein** aufgrund der familienrechtlichen Verpflichtung geleistete Mitarbeit ist grundsätzlich unentgeltlich.[21] Jedoch schließt es die familienrechtliche Pflicht zur Mitarbeit nicht aus, dass Dienste geleistet werden, die außerhalb dieses Rahmens liegen und üblicherweise vergütet werden.[22] Dabei kommt es nicht auf die Bewertung dieser Arbeit durch die beteiligten Ehegatten, Lebenspartner, Eltern oder Kinder an, sondern darauf, ob aus der Sicht eines verständigen, objektiven **Dritten** eine üblicherweise zu vergütende Mitarbeit anzunehmen ist.[23] Es genügt insoweit, dass neben der familienrechtlichen Mitarbeit eine darüber hinausgehende Teilzeitarbeit festgestellt werden kann.[24] Typische Fälle der üblicherweise zu vergütenden Mitarbeit liegen vor, wenn etwa ein in Insolvenz gegangener Schuldner später in einem Gewerbe gleicher Art seiner nicht fachkundigen Ehefrau (oder Lebenspartne-

---

12 OLG Düsseldorf, OLGZ 1979, 223; NJW-RR 1989, 390.
13 *Brox/Walker*, Rn. 535; wohl auch *Stein/Jonas/Brehm*, § 850h Rn. 21.
14 BAG, FamRZ 1973, 451. Es gibt keine Vermutung dahingehend, dass ein arbeitsloser Ehegatte im Betrieb des anderen Ehegatten mitarbeitet; LAG Hamm, NZA 1988, 657.
15 BFH, DB 1964, 1503.
16 Grundlegend insoweit BAG, NJW 1978, 343; siehe auch *Fenn*, AcP 1967, 148.
17 BGH, NJW 1974, 2046; 1980, 2197.
18 *Palandt/Brudermüller*, § 1356 BGB Rn. 6.
19 LG Konstanz, FamRZ 1962, 260; *Palandt/Brudermüller*, § 1356 BGB Rn. 9.
20 Zur Mitarbeitspflicht im elterlichen Handwerksbetrieb BGH, FamRZ 1960, 359; zur Mitarbeit im landwirtschaftlichen Betrieb der Eltern BGH, NJW 1979, 1600; OLG Schleswig, FamRZ 1956, 253.
21 *Palandt/Diederichsen*, § 1619 BGB Rn. 10.
22 BAG, NJW 1978, 343; LAG Frankfurt, NJW 1965, 2075.
23 BAG, NJW 1978, 343; *Brox/Walker*, Rn. 535.
24 LAG Hamm, NZA 1988, 657.

rin) ganztägig unentgeltlich tätig ist,[25] oder wenn ein Schuldner ganztägig das Handelsgeschäft seines anderweitig beschäftigen Ehegatten (oder Lebenspartners) betreibt.[26] Denn ein durchgängig die gesamte Arbeitszeit ausfüllender Einsatz im Betrieb des Ehegatten, des Lebenspartners oder der Eltern überschreitet immer den Rahmen der familienrechtlichen Verpflichtungen, weil er keinen Raum mehr für eine Betätigung kraft eigener Entscheidung lässt.

3. Dienste in eheähnlichen Lebensgemeinschaften

Die Grundsätze über eine Dienstverpflichtung des Ehegatten oder des Lebenspartners nach dem LPartG gelten nicht für eheähnliche Lebensgemeinschaften. Deshalb stellt sich hier – mangels Pflichten – die Abgrenzungsfrage nicht in dieser Form.[27] Aber auch ohne Verpflichtung kann es sozialtypisch und damit üblich sein, in diesem Rahmen bestimmte Dienste unentgeltlich zu leisten (insbesondere im Rahmen der Krankenpflege, aber durchaus auch im Rahmen geschäftlicher Hilfen), die man fremden Personen gegenüber nur gegen Entgelt ausüben würde.[28]

9

4. Unentgeltlichkeit oder unverhältnismäßig geringe Vergütung

Unentgeltlich oder gegen eine unverhältnismäßig geringe Vergütung leistet der Schuldner die Dienste dann, wenn er für seine Tätigkeit ein deutlich im Missverhältnis zum Marktwert der Arbeitsleistung stehendes Entgelt erhält. Dies ist anzunehmen, wenn der für diese Arbeit festgelegte tarifliche Mindestlohn[29] (soweit es sich um eine in einem Tarifvertrag erfasste Tätigkeit handelt) oder die ortsübliche Mindestvergütung unterschritten wird. Beim Unterschreiten der üblichen Vergütung um weniger als 25 % kann nicht pauschal von einer unverhältnismäßig geringen Vergütung gesprochen werden; es ist eine einzelfallbezogene Betrachtung erforderlich.[30] Die Vergütung des Schuldners kann also unter dem liegen, was er für seine Tätigkeit bei einem anderen Arbeitgeber erzielen könnte, ohne dass bereits der Verdacht verschleierten Arbeitseinkommens entstehen muss. Der Vorteil für den Drittschuldner, dass Angehörige schon einmal aus familiärer Rücksicht billiger arbeiten, wird durch § 850h Abs. 2 nicht voll beseitigt, sondern nur, soweit die Vergütung »unverhältnismäßig« gering ist. Bei der Bewertung der Vergütung sind auch Naturalleistungen einzubeziehen. Als Naturalleistungen können allerdings keine Vorteile angesetzt werden, die der Drittschuldner dem Schuldner auch ohne Arbeitsleistung aus familienrechtlichen Gründen schuldet (Kost, Logis, Bekleidung für den Ehegatten oder den Lebenspartner und die Kinder).

10

Der Lohnverschleierung durch unentgeltliche oder unverhältnismäßig gering vergütete Tätigkeit kann der Fall gleichstehen, dass der Schuldner sich in eine **ungünstige Steuerklasse** einstufen lässt und dadurch sein der Pfändung unterliegendes Nettoeinkommen verkürzt. Dabei ist zu unterscheiden: Hat der Schuldner schon vor der Pfändung eine ungünstige Lohnsteuerklasse in Gläubigerbenachteiligungsabsicht gewählt, kann er bei Berechnung des pfändungsfreien Betrags bereits im Jahr der Pfändung so behandelt werden, als sei sein Einkommen gemäß der günstigeren Lohnsteuerklasse zu versteuern. Für die Beurteilung der Gläubigerbenachteiligungsabsicht sind alle maßgeblichen Umstände des Einzelfalles zu berücksichtigen, also insbesondere die Höhe der Einkommen beider Ehegatten, Kenntnis des Schuldners von der Höhe seiner Verschuldung und einer drohenden Zwangsvollstreckung, Abgabe der eidesstattlichen Versicherung usw. Wesentlich ist vor allem auch, wann erstmals die ungünstige Steuerklasse gewählt worden ist und ob dies im Zusammenhang mit der Zwangsvollstreckung geschehen ist. Gibt der Schuldner keine Auskunft über diesen Zeitpunkt, kann dies ein Indiz zu seinen Lasten sein. Wählt der Schuldner hingegen

11

---

25 LAG Baden-Württemberg, DB 1967, 691.
26 LAG Baden-Württemberg, DB 1970, 836.
27 OLG Hamm, MDR 1975, 161; FamRZ 1984, 498; LG Frankenthal, MDR 1984, 856.
28 Vgl. LG Bielefeld, Beschl. v. 3.9.2013 – 23 T 494/12 –; **entgegen** LG Ellwangen, JurBüro 1997, 274.
29 BAG, BB 1965, 1027.
30 BAG, MDR 2009, 228; LAG Hamm (Westfalen), AE 2010, 52; vgl. auch Rdn. 14.

die ungünstigere Steuerklasse nach der Pfändung oder behält er diese für das folgende Kalenderjahr bei, so genügt es (auch ohne Gläubigerbenachteiligungsabsicht), wenn für diese Wahl objektiv kein sachlich gerechtfertigter Grund gegeben ist.[31]

5. Entscheidung des Vollstreckungsgerichts

12 Das Vollstreckungsgericht **bestimmt** bei der Pfändung **die geschuldete angemessene Vergütung nicht**,[32] sondern pfändet nach den allgemeinen Regeln nur den angeblichen Anspruch des Schuldners, wobei es entweder in Form des Blankettbeschlusses (§ 850c Abs. 3 Satz 2) auf die Beschränkungen des § 850c hinweist, oder, soweit eine Pfändung nach §§ 850d, 850f Abs. 2 ausgesprochen wird, den pfändungsfreien Betrag festsetzt.[33] Die Pfändung wirkt nur zugunsten des Gläubigers, der sie erwirkt hat; sie gibt also weder dem Schuldner einen Anspruch auf Auszahlung des pfändungsfreien Betrages, wenn er seinerseits mit dem Drittschuldner Unentgeltlichkeit vereinbart hatte,[34] noch gibt sie einem vorrangigen Gläubiger, dem der Schuldner etwa seine Lohnansprüche abgetreten hatte, einen Zahlungsanspruch gegen den Drittschuldner.[35]

6. Bestimmung der angemessenen Vergütung im Einziehungsprozess

13 Die Bestimmung des gepfändeten und an den Gläubiger abzuführenden Betrages erfolgt, wenn Gläubiger und Drittschuldner sich nicht einigen können, im **Einziehungsprozess** durch das Prozessgericht.[36] Ist die Tätigkeit des Schuldners beim Drittschuldner unabhängig von einer etwaigen familiären Bindung als die eines Arbeitnehmers oder einer arbeitnehmerähnlichen Person i. S. des § 5 Abs. 1 ArbGG einzuordnen, so ist das Arbeitsgericht zur Entscheidung zuständig.[37] Der Gläubiger trägt im Einziehungsprozess die **Darlegungs- und Beweislast** für Grund und Höhe des fingierten Zahlungsanspruchs, insbesondere für die Stellung des Schuldners im Betrieb des Drittschuldners, für die Art und den zeitlichen Umfang der ausgeübten Tätigkeit.[38] Es gibt keine tatsächliche Vermutung dafür, dass ein arbeitsloser Schuldner im Betrieb seines Ehegatten (oder Lebenspartners) mitarbeitet;.[39] für den Gläubiger genügt aber der Nachweis von Indizien.[40] Soweit es allerdings für die Höhe des fingierten Zahlungsanspruchs auf die wirtschaftliche Leistungsfähigkeit des Drittschuldners ankommt, obliegt die Darlegungs- und Beweislast dem zahlungspflichtigen Unternehmen, welches die geringen Zahlungen mit seinen schlechten wirtschaftlichen Verhältnissen begründet.[41]

---

31 BGH, Rpfleger 2006, 25 mit Anm. *Walker,* WuB VI D., § 850h ZPO 1.06; BAG, JurBüro 2008, 492; LG Lüneburg, JurBüro 2009, 211.
32 BGH, MDR 2013, 1370 Tz. 12.
33 Vgl. BGH, MDR 2013, 1370 Tz. 13.
34 BAGE 126, 137 ff.
35 LAG Schleswig, DB 1971, 2414; ArbG Lübeck, MDR 1984, 174. Etwas anderes gilt allerdings für Gläubiger, die vorrangig die »Lohnansprüche« des Schuldners gepfändet hatten, da eine solche Pfändung auch den fingierten Teil der Lohnansprüche erfasst; vgl. BGH, ZIP 1990, 1627.
36 LG Bremen, JurBüro 2003, 215.
37 BGHZ 68, 127.
38 BAGE 126, 137 ff.; BAG, InVo 2006, 199; LAG Rheinland-Pfalz, Beschl. v. 13.5.2009 – 6 Ta 103/09 –; LAG Hamm, NZA 1988, 657; ArbG Schwerin, VersR 2009, 520.
39 LAG Hamm, NZA 1988, 657.
40 Hessisches LAG, Urt. v. 11.7.2013 – 9 Sa 1372/11 –; vgl. auch OLG München, Urt. v. 26.6.2013 – 7 U 4448/12 – (unverhältnismäßig geringe Vergütung des Geschäftsführers einer GmbH); OLG Karlsruhe, ZIP 2012, 2081, 2083 (hohe Vergütung für den Vorstand einer AG kann auch in der Krise angemessen sein).
41 OLG Oldenburg, MDR 1995, 344 mit zust. Anm. Sitz; MüKo/*Smid,* § 850h Rn. 23; *Stein/Jonas/Brehm,* § 850h Rn. 48.

Bei der Bemessung der festzusetzenden Vergütung muss das Gericht zunächst anhand des einschlägigen Tarifvertrages[42] oder, soweit ein solcher nicht feststellbar ist, anhand des Ortsüblichen die Vergütung ermitteln, die für Dienste, wie sie der Schuldner leistet, üblich ist. Sodann sind die in Abs. 2 Satz 2 genannten Umstände und alle Besonderheiten des Einzelfalles[43] heranzuziehen und abzuwägen. Dies kann mit Rücksicht auf die besonderen Umstände dazu führen, dass bei der Festsetzung der »angemessenen« Vergütung gewisse Abstriche von der »üblichen« Vergütung zu machen sind,[44] soweit nicht allgemeinverbindliche tarifliche Mindestlöhne entgegenstehen, damit die Mitarbeit des Familienangehörigen nicht zur eigenen Existenzgefährdung des Drittschuldners führt. 14

Die Verpflichtung des Drittschuldners zur Zahlung des gepfändeten Teiles des fingierten Arbeitseinkommens an den Gläubiger besteht nur während der Dauer des »ständigen Verhältnisses« (Abs. 2 Satz 1) zum Schuldner.[45] Stellt dieser die Mitarbeit ein, etwa weil die Ehe oder die Lebenspartnerschaft i. S. d. LPartG gescheitert ist oder weil er das elterliche Haus verlässt, kann der Drittschuldner einer weiteren Vollstreckung aus dem vom Gläubiger im Einziehungsprozess für die Zukunft erstrittenen Titel mit der Abwehrklage gem. § 767 begegnen. Da der Schuldner auch in jedem anderen Arbeitsverhältnis berechtigt ist, seine Arbeit einstellen kann, um sich der Vollstreckung zu entziehen, kann er auch seine Mitarbeit, die Grundlage für die Pfändung nach Abs. 2 war, jederzeit beenden. Ansprüche des Gläubigers gegen den Drittschuldner, weil dieser der Arbeitseinstellung zugestimmt oder diese gar veranlasst habe, bestehen nicht. 15

7. Fiktion des Abs. 2 und Prioritätsprinzip

Wenn das Arbeitseinkommen von mehreren Gläubigern gepfändet wurde, gehen demjenigen Gläubiger, der zuerst den nach Abs. 2 fingierten Anspruch gegen den Drittschuldner einklagt, zeitlich frühere Pfändungen anderer Gläubiger vor, auch wenn diese noch nicht gegen den Drittschuldner geklagt haben. Das Prioritätsprinzip des § 804 Abs. 3 wird durch § 850h Abs. 2 nicht verdrängt.[46] Die Fiktion des Abs. 2 gilt für alle Pfändungsgläubiger, nicht nur für diejenigen, die den Anspruch auf verschleiertes Arbeitseinkommen gerichtlich geltend machen. Allerdings reicht das Prioritätsprinzip nach der Rechtsprechung des BGH[47] nicht so weit, dass der nachrangige Gläubiger auf das verschleierte Arbeitseinkommen erst dann zugreifen kann, wenn die vorrangigen Gläubiger tatsächlich voll befriedigt worden sind. Vielmehr ist für die Frage, wann der nachrangige Gläubiger zum Zuge kommt, entscheidend, in welchem Umfang die rangbesseren Gläubiger bei richtiger Berechnung des pfändbaren Teils des Arbeitseinkommens unter Berücksichtigung des § 850h Abs. 2 zu befriedigen waren. Haben sie diese Möglichkeit mangels Geltendmachung des § 850h Abs. 2 nicht ausgeschöpft, geht das nicht zum Nachteil der nachrangigen Gläubiger.[48] 16

8. Lohnrückstände

Aus verschleiertem Arbeitseinkommen resultierende Lohnrückstände werden von der Pfändung der »angemessenen Vergütung« nur erfasst, wenn dies – ggf. durch Auslegung[49] – dem Pfändungsbeschluss zu entnehmen ist.[50] Ob Lohnrückstände bestehen, entscheidet nicht das Vollstreckungs-, 17

---

42 LAG Hamm, ZIP 1993, 610, 611.
43 BAG, MDR 2009, 228; LAG (Westfalen), AE 2010, 52.
44 BAG, BB 1965, 1027; LAG Hamm, ZIP 1993, 610, 611 (bis 30%).
45 BAG, BB 1968, 833; ArbG Heilbronn, BB 1968, 1159.
46 BGH, JZ 1991, 243 mit zust. Anm. *Grunsky*; BAG, NJW 1995, 414; LAG Rheinland-Pfalz, Urt. v. 11.6.2008 – 7 Sa 61/08 –; *G. Lüke*, JuS 1995, 872, 874; **a. M.** *Behr*, JurBüro 1995, 288, 289 f.
47 BGH, JZ 1991, 243, 244 f.
48 Dem BGH zustimmend *Brox/Walker*, Rn. 536; *Grunsky*, JZ 1991, 245, 246; *Stein/Jonas/Brehm*, § 850h Rn. 45; *Zöller/Stöber*, § 850h Rn. 12; **kritisch** dagegen *G. Lüke*, JuS 1995, 872, 874.
49 *Brox/Walker*, Rn. 537; *MüKo/Smid*, § 850h Rn. 21; *Stein/Jonas/Brehm*, § 850h Rn. 35; **a. M.** *Stöber*, Forderungspfändung, Rn. 1229, wonach die Rückstände ausdrücklich gepfändet sein müssen.
50 BAGE 126, 137 ff.; BAG, JurBüro 2008, 492.

sondern das Prozessgericht. Im Zweifel ist davon auszugehen, dass der Drittschuldner, hätte er den Schuldner in der Vergangenheit bezahlen müssen, an diesen die volle Vergütung gezahlt hätte, sodass keine Rückstände bestehen.[51] Denn letztlich will § 850h den Gläubiger nicht besser stellen, als er bei einer korrekten Vergütung des Schuldners stünde.[52]

9. Rechtsbehelfe

18 Förmliche Fehler bei Erlass des Pfändungs- und Überweisungsbeschlusses können der Schuldner und der Drittschuldner nach den allgemeinen Regeln mit der Erinnerung gem. § 766 geltend machen. Der Gläubiger hat gegen die Ablehnung seines Pfändungsantrages die sofortige Beschwerde nach § 793 i.V.m. § 11 Abs. 1 RPflG. Im Einziehungsprozess kann der Drittschuldner sich nicht nur damit verteidigen, dass der Schuldner gar nicht bei ihm mitarbeite, sondern auch damit, dass die tatsächlich ausgeübte Tätigkeit üblicherweise nicht vergütet werde oder dass eine angemessene Vergütung zurzeit nicht über den pfändungsfreien Beträgen liege. Endet die Tätigkeit des Schuldners, nachdem ein Zahlungsanspruch des Gläubigers auch für die Zukunft gegen den Drittschuldner bereits im Einziehungsprozess tituliert worden ist (§ 259),[53] kann der Drittschuldner Abwehrklage gem. § 767 erheben.

IV. ArbGG, VwGO, AO

19 Siehe § 850 Rdn. 19.

V. Insolvenzverfahren

20 Die Vorschrift ist zugunsten der Insolvenzmasse anwendbar.[54]

---

51 *Geißler*, JurBüro 1986, 1295; *Grunsky*, FS Baur, S. 411; *Stöber*, Forderungspfändung, Rn. 1228; Einzelheiten zum Meinungsstand bei *Brox/Walker*, Rn. 537; grundsätzlich gegen jegliche Pfändbarkeit von fingierten Rückständen *Gaul/Schilken/Becker-Eberhardt*, § 56 Rn. 97; LAG Niedersachsen, Urt. v. 23.1.2007 – 13 Sa 953/06 –.
52 BAGE 126, 137 ff.
53 *Stein/Jonas/Brehm*, § 850h Rn. 47.
54 BAGE 126, 137 ff.

§ 850i Pfändungsschutz bei sonstigen Vergütungen

(1) ¹Werden nicht wiederkehrend zahlbare Vergütungen für persönlich geleistete Arbeiten oder Dienste oder sonstige Einkünfte, die kein Arbeitseinkommen sind, gepfändet, so hat das Gericht dem Schuldner auf Antrag während eines angemessenen Zeitraums so viel zu belassen, als ihm nach freier Schätzung des Gerichts verbleiben würde, wenn sein Einkommen aus laufendem Arbeits- oder Dienstlohn bestünde. ²Bei der Entscheidung sind die wirtschaftlichen Verhältnisse des Schuldners, insbesondere seine sonstigen Verdienstmöglichkeiten, frei zu würdigen. ³Der Antrag des Schuldners ist insoweit abzulehnen, als überwiegende Belange des Gläubigers entgegenstehen.

(2) Die Vorschriften des § 27 des Heimarbeitsgesetzes vom 14. März 1951 (BGBl. I S. 191) bleiben unberührt.

(3) Die Bestimmungen der Versicherungs-, Versorgungs- und sonstigen gesetzlichen Vorschriften über die Pfändung von Ansprüchen bestimmter Art bleiben unberührt.

Übersicht

	Rdn.
I. Übersicht	1
II. Pfändung einer nicht wiederkehrend zahlbaren Vergütung für persönlich geleistete Arbeiten und Dienste (Abs. 1)	2
1. Geschützte Vergütungsansprüche	2
2. Antrag auf Pfändungsschutz und Verfahren	4
3. Umfang des Pfändungsschutzes	5
4. Rechtsbehelf	6
III. Pfändungsschutz für gemischte Ansprüche aus Sachnutzungsgewährung und Dienstleistung (Abs. 2 a. F.)	7
IV. Pfändungsschutz nach dem Heimarbeitsgesetz (Abs. 2)	8
V. Versicherungs- und Versorgungsvorschriften, Pfändungsschutz für Sozialleistungen (Abs. 3)	9
VI. Gebühren	10
VII. ArbGG, VwGO, AO	11
VIII. Insolvenzverfahren	12

Literatur:
Ahrens, Geänderter Vollstreckungsschutz aus § 850i ZPO, ZinsO 2010, 2335; *ders.*, Zwangsvollstreckung in die Einkünfte Selbständiger, NJW-Spezial 2011, 341; *Ernst*, Pfändungsschutz für Miet-/Pachtzinsen und Untermietforderungen ZPO §§ 851b, 850i Abs. 2, JurBüro 2005, 231; *Foerste/Ising*, Reform des Pfändungsschutzes für Selbstständige – wirklich durchdacht? ZRP 2005, 129; *Herzig*, Entlassungsgeld eines Wehrpflichtigen als »Vergütung« im Sinne des § 850i ZPO?, JurBüro 1968, 272; *D. Kluth*, Pfändungsschutz in Insolvenzverfahren für Einnahmen auf Grund eines Nießbrauchs, NZI 2014, 899; *Kothe*, § 850i – beachtliche Karriere einer lange Zeit unbekannten Norm, VuR 2014, 367; *Meller-Hannich*, Gleicher Pfändungsschutz für alle Einkünfte?, WM 2011, 529; *Riecker*, Ist das Entlassungsgeld wehrpflichtiger Soldaten pfändbar?, JurBüro 1981, 321.
Zur Pfändung von Sozialleistungsansprüchen (Abs. 3) siehe die Literaturangaben unter 5. vor § 829, ferner zu § 850d und zu § 850e (Zusammenrechnung von Sozialleistungen).

I. Übersicht

Die Vorschrift ist mit Wirkung zum 1.7.2010 neu gefasst.[1] Der frühere Abs. 2 ist aufgehoben, die vormaligen Abs. 3 und 4 sind zu Abs. 2 und 3 geworden. Der Gesetzgeber wollte den Pfändungsschutz für die Einkünfte Selbstständiger verbessern; zugleich sollten bessere Rahmenbedingungen für Existenzgründungen geschaffen werden.[2] Abs. 1 enthielt in seiner bisherigen Fassung lediglich Bestimmungen für Einkommen, das der Definition des § 850 Abs. 2 unterfiel, dessen Behandlung nach den §§ 850 c–f jedoch Schwierigkeiten bereitete, weil es sich um einmalige Bezüge handelte. Die Regelung galt zudem nicht für Vergütungsansprüche von selbständig tätigen Schuldnern für Leistungen, die nicht von ihnen persönlich, sondern von abhängig Beschäftigten erbracht wurden.

1

---

1 Art. 1 Nr. 6 lit. c des Gesetzes zur Reform des Kontopfändungsschutzes vom 7.7.2009, BGBl. I S. 1707.
2 BT-Drucks. 16/7615 S. 18.

Dieser nicht gerechtfertigten Ungleichbehandlung von Selbstständigen, die ebenso wie andere Schuldner auf die Sicherung ihres Existenzminimums und das ihrer Familienangehörigen angewiesen sind, soll durch Abs. 1 in seiner jetzigen Fassung abgeholfen werden; das erklärt insbesondere den Einschub »oder sonstige Einkünfte, die kein Arbeitseinkommen sind«. Es werden nunmehr sämtliche Einkünfte eines Schuldners vollstreckungsrechtlich gleichbehandelt.

Abs. 2 und Abs. 3 stellen das Verhältnis der §§ 850 ff. zu Pfändungsschutzregelungen in anderen Gesetzen, vor allem im Heimarbeitsgesetz und im Sozialgesetzbuch, klar.

II. Pfändung einer nicht wiederkehrend zahlbaren Vergütung für persönlich geleistete Arbeiten und Dienste (Abs. 1)

1. Geschützte Vergütungsansprüche

2   Darunter fallen zunächst einmal die **Honoraransprüche der freiberuflich Tätigen**[3] also etwa der Ärzte, Zahnärzte,[4] Tierärzte, Rechtsanwälte, Notare, Architekten, Unternehmens- und Steuerberater,[5] freiberuflichen Journalisten,[6] Künstler, der Handelsvertreter und Handwerker und ähnlicher Berufe, soweit es sich nicht um wiederkehrend zahlbare Vergütungen handelt, die bereits von den §§ 850 Abs. 2, 850 c–f erfasst werden;[7] auf die Einordnung des jeweiligen Rechtsverhältnisses als Dienst-, Werk- oder Geschäftsbesorgungsvertrag kommt es nicht an.[8] Allen ist gemeinsam, dass die persönliche Arbeitsleistung und nicht der Kapital- und Materialeinsatz der Gegenwert ist, für den die Vergütung geschuldet wird, und dass dem Freiberufler wie einem Arbeitnehmer die Lebensgrundlage entzogen würde, wenn seine Honoraransprüche einschränkungslos von den Gläubigern gepfändet und eingezogen werden könnten. Hierzu sind auch die GEMA-Gebühren von Komponisten,[9] die Tantiemen der VG Wort für Schriftsteller, die Lizenzgebühren freier Erfinder[10] und die Abfindungen für vergütungspflichtige schöpferische Leistungen von Arbeitnehmern[11] zu zählen. Bei ihnen handelt es sich zwar im strengen Sinne nicht um eine »Vergütung für persönlich geleistete Arbeiten und Dienste«, sondern um ein Entgelt für die Übertragung von Rechten. Jedoch stellen sie oft die »lohnähnliche« Lebensgrundlage des schöpferisch Tätigen dar und sind ohne den persönlichen Arbeitseinsatz des Urhebers nicht zu verdienen. Keinen Pfändungsschutz soll die Vergütung für Dienste enthalten, die ein vollbeschäftigter Schuldner in seiner Freizeit erbringt.[12]

Nach der Neufassung des Abs. 1 (dazu bereits Rdn. 1) war streitig, ob auch die Erträge aus Vermögen, Kapitalerträge und -tilgungsleistungen, Entgelte für Veräußerung privater Vermögensgegenstände, Entgelte für Überlassung einer Sache (Miete und Pacht), Zahlungen bei Vermögensauseinandersetzung und Steuererstattungen nicht dem Pfändungsschutz nach dieser Regelung unterfallen sollten. Teilweise wurde dies im Hinblick auf den Sinn und Zweck des § 850i Abs. 1 Fall 2 abgelehnt;[13] nach der Systematik des Gesetzes sei nur das Einkommen Erwerbstätiger von § 850i erfasst.[14] Nach der gegenteiligen Auffassung soll es nicht mehr darauf ankommen, ob die Einkünfte auf persönlich geleisteten Arbeiten oder Diensten beruhten (Fall 1) oder auf dem Einsatz von Personal oder Kapital

---

3 BGH, Rpfleger 2004, 361.
4 OLG Hamm, NJW 2005, 2788.
5 Dazu BGH, ZInsO-RR 1999, 280; LG Leipzig, JurBüro 2005, 102.
6 LG Mannheim, MDR 1972, 152.
7 Siehe hierzu § 850 Rdn. 14.
8 BGH Rpfleger 2004, 361.
9 KG, Rpfleger 1957, 86.
10 BGH Rpfleger 2004, 361.
11 LG Berlin, WRP 1960, 291. Solche Ansprüche werden nicht bereits von der Pfändung des Arbeitslohnes miterfasst; vgl. hierzu § 850 Rdn. 11.
12 BGH, Beschl. v. 10.7.2008 – IX ZB 116/07 –, ZIP 2008, 1944 (LS).
13 Vgl. *Zöller/Stober*, § 850i Rn. 1.
14 LSG Sachsen-Anhalt, ZFSH-SGB 2012, 618, 623 f.; Beschl. vom 7.6.2012 – L 5 AS 193/12 B ER –.

(Fall 2). Entscheidend sei vielmehr, dass die Einkünfte selbst erzielt, also eigenständig erwirtschaftet seien.[15] Dazu sollen auch Einkünfte aus so genannter kapitalistischer Tätigkeit rechnen, etwa aus Kapitalvermögen, aus Vermietung und Verpachtung, auch Werklohnansprüche und Verkaufserlöse.[16] Dieser Auffassung hat sich nunmehr die höchstrichterliche Rechtsprechung angeschlossen.[17] Für diese weite Auslegung spricht bereits der Wortlaut der Regelung; wie § 850i Abs. 1 Satz 1 Fall 2 zeigt, muss nicht die Arbeitskraft des Schuldners verwertet sein, um Pfändungsschutz zu erlangen.[18] Bezugsgröße ist ein auf breite Basis gestellter Schutz des selbst erwirtschafteten Lebensunterhalts.[19] Nach dem Willen des Gesetzgebers sollen alle Einkunftsarten gleich behandelt werden. Der Schuldner soll motiviert werden, Einkünfte selber zu erzielen und dadurch die eigene Leistungsfähigkeit zu erhöhen; dies gilt für alle Einkommensarten.[20]

Hinsichtlich der Frage, ob die Vorschriften zum Pfändungsschutz für Einkünfte aus Landwirtschaft (§ 851a), Miet- und Pachtzinsen (§ 851b), Altersrenten (§ 851c) und Altersvermögen (§ 851d) sämtlich eine abschließende Sonderregelung darstellen[21] oder ob sie § 850i nur im Hinblick auf die Anwendung der für den Schuldner jeweils günstigeren Berechnung ergänzen,[22] ist dahingehend zu differenzieren, dass § 850a und § 851b aufgrund von Anlass und Zweck der Regelung eine Ergänzung durch § 850i zulassen;[23] die §§ 851c und 851d dagegen als spezielle Regelungen vorrangig sind.[24]

Nach der Vorstellung des Gesetzgebers[25] soll der Begriff der »sonstigen Einkünfte, die kein Arbeitseinkommen sind«, autonom und nicht nach den Bestimmungen des Einkommensteuergesetzes ausgelegt werden.[26] Durch § 850i nicht geschützt werden die Einkünfte juristischer Personen, wohl aber Gewinnansprüche natürlicher Personen aus ihrem Geschäftsanteil.[27]

Schließlich zählen zu den unter Abs. 1 einzuordnenden Vergütungen – nach altem wie nach neuem Recht – die **Abfindungen für Arbeitnehmer** nach §§ 112, 113 BetrVG[28] und §§ 9, 10 KSchG[29] sowie freiwillige vertragliche Abfindungen bei vorzeitigem Ausscheiden aus dem Arbeitsverhältnis.[30] Diese Abfindungen haben Lohnersatzfunktion für die Zukunft, teilweise auch für die Vergangenheit. Den genannten Abfindungen gleichzustellen sind das Entlassungsgeld für Wehrpflichtige nach

3

---

15 *Musielak/Becker*, § 850i Rn. 3; *Saenger/Kemper*, § 850 i Rn. 6 f.; *Riedel*, in: Vorwerk/Wolf, Edition 15, § 850i Rn. 5 f.; *Meller-Hannich*, in: Kindl/Meller-Hannich/Wolf, § 850i Rn. 7; *dies.*, WM 2011, 529, 533; *Ahrens*, in: Prütting/Gehrlein, § 850i Rn. 19 f.; *ders.*, NJW-Spezial 2011, 341.
16 LG Bonn, ZInsO 2012, 2056, 2057.
17 BGH, NJW-RR 2014, 1197 Tz. 9 ff.
18 BGH, NJW-RR 2014, 1197 Tz. 10.
19 BGH, a. a. O.; *Ahrens*, in: Prütting/Gehrlein, § 850i Rn. 19.
20 BGH, NJW-RR 2014, 1197 Tz. 12.
21 So *Riedel*, in: Vorwerk/Wolf, Edition 15, § 850i Rn. 12.
22 So *Meller-Hannich*, § 850 i Rn. 8 ff.
23 LG Bonn, ZVI 2013, 73, 74; *Riedel*, in: Vorwerk/Wolf, Edition 15, § 850i Rn. 5; a. A. LSG Sachsen-Anhalt, ZFSH/SGB 2012, 618, 623 f. Zu § 851b auch BGH, NJW-RR 2014, 1197 Tz. 16.
24 BGH, NJW-RR 2014, 1197 Tz. 15; *Musielak/Becker*, § 850i Rn. 1.
25 BT-Drucks. 16/7615 S. 18.
26 BGH, NJW-RR 2014, 1197 Tz. 14; LG Stuttgart NJW-RR 2013, 1277, 1278.
27 *Ahrens*, ZinsO 2010, 2335; 2359.
28 BAG, NZA 1992, 384; OLG Düsseldorf, NJW 1979, 2520; AG Krefeld, MDR 1979, 853; *Wieczorek/Schütze/Lüke*, § 850i Rn. 6.
29 Ganz **h. M.**; siehe nur BAG, NZA 1992, 382 und SAE 1980, 165; LAG Schleswig-Holstein, NZA-RR 2006, 371; LAG Niedersachsen, MDR 2004, 714; OLG Stuttgart, MDR 1984, 947; LG Bamberg, JurBüro 2009, 327; LG Münster, InVo 2003, 161; LG Düsseldorf, Rpfleger 1977, 183; *Brox/Walker*, Rn. 583; *Stein/Jonas/Brehm*, § 850i Rn. 7; *Stöber*, Forderungspfändung, Rn. 1234.
30 OLG Köln, OLGZ 1990, 236; LG Aachen, Rpfleger 1983, 288; *Wieczorek/Schütze/Lüke*, § 850i Rn. 6.

§ 9 WehrsoldG,[31] der Ausgleichsanspruch des Handelsvertreters nach § 89b HGB sowie einmalige Karenzentschädigungen aus vertraglichen Wettbewerbsverboten. Nicht unter die Vorschrift fallen Zahlungen, die in einem Betrag zusammengefasst, aber der Anspruchsgrundlage nach auf wiederkehrende Leistungen gerichtet sind.[32]

2. Antrag auf Pfändungsschutz und Verfahren

4   Alle vorgenannten einmaligen Vergütungen werden zunächst, soweit der Gläubiger nicht von vornherein seinen Antrag beschränkt, in vollem Umfange, also nicht nur in den Grenzen des § 850c, gepfändet. Der Schuldner muss, um Pfändungsschutz zu erlangen, von sich aus aktiv werden. Erforderlich ist ein Antrag an das Vollstreckungsgericht.[33] Der Arbeitgeber (Drittschuldner) ist nicht verpflichtet, den Arbeitnehmer (Schuldner) auf die Möglichkeit eines Vollstreckungsschutzantrages nach § 850i hinzuweisen; denn dieser Vollstreckungsschutz betrifft nicht das Arbeitsverhältnis, sondern allein das Verhältnis zwischen dem Arbeitnehmer (Schuldner) und seinem Gläubiger.[34] Neben dem Schuldner sind auch die nach § 850g Satz 2 antragsberechtigten Personen befugt, diesen Antrag – beschränkt auf den für ihren Unterhalt erforderlichen Betrag – zu stellen. Der Antragsteller muss alle bei der Entscheidung zu berücksichtigenden Umstände, die seine Person und die der ihm gegenüber Unterhaltsberechtigten betreffen, darlegen und gegebenenfalls beweisen. Unklarheiten über seine wirtschaftlichen Verhältnisse gehen zu seinen Lasten.[35] Der Gläubiger **ist** vor der Entscheidung **zu hören**. Die Frist zur Stellungnahme kann für ihn im Einzelfall sehr kurz bemessen werden, wenn dringende Interessen des Schuldners das erfordern. Um zu verhindern, dass der Gläubiger die Forderung einzieht, ehe über den Vollstreckungsschutzantrag entschieden ist, kann das Gericht einstweilige Anordnungen entsprechend § 732 Abs. 2 erlassen.[36] Es entscheidet der Rechtspfleger (§ 20 Nr. 17 RPflG). Zu den Besonderheiten des Kontopfändungsschutzes vgl. die Erl. zu §§ 850k, 850l.

3. Umfang des Pfändungsschutzes

5   Welcher Betrag im Einzelfall dem Schuldner auf seinen Antrag hin während eines angemessenen Zeitraums[37] zu belassen ist, hängt zum einen davon ab, für welche Zeit der Schuldner für sich selbst aus der Vergütung seinen Unterhalt bestreiten und Unterhalt an die ihm gegenüber kraft Gesetzes unterhaltsberechtigten Personen, zu denen seit dem 1.8.2001 auch der (frühere) Lebenspartner nach dem LPartG gehört, leisten muss. Ferner spielt es eine Rolle, welche Verdienstmöglichkeiten und welches Vermögen er im Übrigen noch hat. Insoweit sind allerdings dem Schuldner zustehende Sozialleistungen nicht zu berücksichtigen; denn diese dienen nicht dazu, die Vollstreckungsmöglichkeiten des Gläubigers zu erweitern. Vielmehr soll umgekehrt § 850i verhindern, dass der Schuldner wegen der Pfändung Sozialleistungen in Anspruch nehmen muss.[38] Zum anderen ist aber auch auf den Charakter der Vollstreckungsforderung abzustellen: Vollstreckt ein nicht privilegierter Gläubiger, hat sich der pfändungsfreie Betrag an den §§ 850a, c, e und f zu orientieren,[39] weil der Schuld-

---

31 OLG Dresden Rpfleger 1999, 283; OLG Hamm, OLGZ 1984, 457; LG Koblenz, MDR 1969, 769; LG Rostock, Rpfleger 2001, 439; AG Ludwigslust, ZVI 2003, 139; AG Bad Oeynhausen, ZVI 2003, 229; AG Neunkirchen, JurBüro 1968, 313; vgl. ferner § 850 Rdn. 10.
32 Vgl. LG Bielefeld, ZVI 2005, 138.
33 BGH, NJW-RR 2014, 1198 Tz. 15; BAG, NZA 1992, 384, 385.
34 BAG, NZA 1992, 384, 385.
35 LG Mannheim, MDR 1972, 152.
36 *Stöber*, Forderungspfändung, Rn. 1236. Wird der Antrag allerdings erst gestellt, wenn der Drittschuldner schon an den Gläubiger gezahlt hat, fehlt für eine Pfändungsschutzentscheidung das Rechtsschutzinteresse; OLG Köln, OLGZ 1990, 236.
37 Vgl. dazu LG Bamberg, JurBüro 2009, 327.
38 OLG Köln, OLGZ 1990, 236, 240.
39 BGH, Rpfleger 2008, 650.

ner letztlich so dastehen soll, als wäre er Arbeitnehmer mit entsprechenden Bezügen.[40] Der Betrag wird durch die nach diesen Vorschriften unpfändbaren Einkommensteile begrenzt, kann allerdings im Hinblick auf die sonst zu berücksichtigenden Verhältnisse auch geringer sein. Vollstreckt ein bevorrechtigter Gläubiger i. S. der §§ 850d, 850f Abs. 2, sind die insoweit geltenden Grenzen maßgeblich.[41] Das Gericht hat einen Ermessensspielraum und sollte nicht schematisch entscheiden.

Einen wesentlichen Unterschied zum Schutz wiederkehrenden Arbeitseinkommens nach §§ 850c ff. enthält **Abs. 1 Satz 3**: Der Pfändungsschutz kann, obwohl aufseiten des Schuldners seine objektiven Voraussetzungen vorliegen, ganz versagt werden (mit der Folge einer Kahlpfändung des Schuldners), wenn überwiegende Belange des Gläubigers dagegen sprechen, dem Schuldner etwas aus dem gepfändeten Anspruch zu belassen. Für die Umstände, die diese überwiegenden Belange ergeben sollen, ist der Gläubiger darlegungs- und beweispflichtig.

Der Beschluss ist dem Schuldner, ggf. dem antragstellenden Unterhaltsberechtigten, dem Gläubiger und dem Drittschuldner von Amts wegen (§ 829 Abs. 3) zuzustellen.

4. Rechtsbehelf

Da der Beschluss immer eine Entscheidung im Vollstreckungsverfahren darstellt, ist der zutreffende Rechtsbehelf für alle durch den Beschluss Beschwerten die sofortige Beschwerde nach § 793 i. V. m. § 11 Abs. 1 RPflG. Der Beschluss unterliegt der vollen Nachprüfung, also auch im Hinblick auf die Ermessensausübung. Ein durch die teilweise Aufhebung der Pfändung erloschenes Pfandrecht lebt durch eine Beschwerdeentscheidung zugunsten des Gläubigers, die den Pfändungsschutzantrag des Schuldners zurückweist, nicht wieder auf. Die Forderung muss vielmehr (auch durch das Beschwerdegericht) insoweit neu gepfändet werden.

6

III. Pfändungsschutz für gemischte Ansprüche aus Sachnutzungsgewährung und Dienstleistung (Abs. 2 a. F.)

Diese Vorschrift hat sich durch die inhaltliche Erweiterung des Pfändungsschutzes nach Abs. 1 (Rdn. 1 f.) überholt und konnte daher mit Wirkung zum 1.7.2010 ersatzlos gestrichen werden. Nach altem Recht gehörten etwa die Ansprüche des Zimmervermieters hierher, der dem Mieter gleichzeitig Verpflegung oder das Aufräumen und Reinigen des Zimmers oder ähnliche Dienste schuldet;[42] wichtig ist insoweit allerdings, dass diese Dienste vom Schuldner persönlich oder von den mit ihm zusammenlebenden Angehörigen erbracht werden, nicht etwa von angestellten Dritten, sodass größere Hotelbetriebe u. ä., auch wenn sie einer einzelnen natürlichen Person gehören, nicht hierher zählen. Sachnutzung kombiniert mit Dienstleistungen schuldet etwa derjenige, der eine Maschine (z. B. im Bereich der Landwirtschaft, aber etwa auch eine Computeranlage) vermietet und gleichzeitig verpflichtet ist, bei der Bedienung der Anlage mitzuwirken. Die Dienstleistung darf dabei für den Vertragspartner nicht von ganz untergeordneter Bedeutung sein; umgekehrt ist auch nicht erforderlich, dass sie im Vordergrund steht. Der Sachnutzung steht die Nutzung von Rechten und Ideen (z. B. Computersoftware), wenn sie mit einer Dienstleistungsverpflichtung kombiniert ist, gleich.[43]

7

IV. Pfändungsschutz nach dem Heimarbeitsgesetz (Abs. 2)

§ 27 Heimarbeitsgesetz vom 14.3.1951[44] lautet:

8

---

40 LG Bochum, ZInsO 2010, 1801; LG Stuttgart, InVo 2006, 63; AG Michelstadt, JurBüro 2002, 549.
41 Vgl. BGH, Rpfleger 2008, 650; OLG Hamm, OLGZ 1984, 457.
42 OLG Hamm, NJW 1957, 68. Entgegen OLG Braunschweig, NdsRPfl. 1958, 238, ist Abs. 2 nicht nur auf gelegentliche Zimmervermietungen anwendbar, sondern auch, wenn ein langdauerndes Mietverhältnis vereinbart wurde.
43 Vgl. *Stein/Jonas/Brehm*, § 850i Rn. 23.
44 BGBl. I, 191.

§ 27 Pfändungsschutz

Für das Entgelt, das den in Heimarbeit Beschäftigten oder den Gleichgestellten gewährt wird, gelten die Vorschriften über den Pfändungsschutz für Vergütungen, die auf Grund eines Arbeits- oder Dienstverhältnisses geschuldet werden, entsprechend.

Damit gilt grundsätzlich für gewöhnliche Gläubiger § 850c, für bevorrechtigte Gläubiger kommen aber auch §§ 850d, 850f Abs. 2 in Betracht. Wird für mehrere Gläubiger Heimarbeit geleistet, ist Zusammenrechnung nach § 850e Nr. 2 möglich. Ist in der Heimarbeitsvergütung auch ein Entgelt für vom Heimarbeiter selbst zu stellende Maschinen oder Materialien enthalten, ist § 850a Nr. 3 anzuwenden: Der entsprechende Teil der Vergütung, soweit er den Rahmen des Üblichen nicht übersteigt, ist absolut unpfändbar.[45]

V. Versicherungs- und Versorgungsvorschriften, Pfändungsschutz für Sozialleistungen (Abs. 3)

9   Diese Regelung ist heute weitgehend ohne Bedeutung. Sie stellt nur klar, dass durch § 850i ältere Vorschriften außerhalb der ZPO über die Pfändung bestimmter Forderungen nicht aufgehoben werden sollen. Bei diesen Vorschriften geht es im Wesentlichen um den Pfändungsschutz für Sozialleistungen. Dieser ist seit dem 1.1.1976 in §§ 54, 55 SGB I[46] geregelt. Diese Vorschriften sind jünger als § 850i, sodass ihre Geltung neben § 850i auch ohne die Regelung in Abs. 3 unproblematisch ist. Zum Verfahren bei der Pfändung von Sozialleistungsansprüchen siehe Anh. § 829 Rdn. 31–34. Zur Anwendung des § 850c bei der Pfändung von Sozialleistungsansprüchen für gewöhnliche Gläubiger siehe § 850c Rdn. 11. Hinsichtlich der bevorrechtigten Vollstreckung durch Unterhaltsgläubiger in Sozialleistungen, insbesondere in Kindergeld, soweit es noch nach dem BKGG und nicht nach dem EStG gezahlt wird, vgl. § 850d Rdn. 22–24. Zur Zusammenrechnung von Arbeitseinkommen mit Sozialleistungen und von Sozialleistungen mit anderen Sozialleistungen siehe § 850e Rdn. 7–10. Zum Pfändungsschutz schließlich für auf ein Konto überwiesene Sozialleistungen (§ 55 SGB I) siehe Erl. zu §§ 850k, 850l. Hinsichtlich der bei der Pfändung von Insolvenzgeld zu beachtenden Besonderheiten vgl. § 850 Rdn. 18.

VI. Gebühren

10   Gerichtsgebühren fallen nicht an. Bzgl. der Anwaltsgebühren ist zu unterscheiden: Für den Anwalt des Schuldners, der diesen ohnehin in der Zwangsvollstreckung vertritt, ist der Antrag nach § 850i keine besondere Angelegenheit (§ 18 Nr. 3 RVG). Wird der Antrag dagegen von dem Anwalt eines Unterhaltsberechtigten gestellt (Rdn. 4), der im Übrigen nicht an der Zwangsvollstreckung beteiligt ist, fällt für diesen Anwalt eine Gebühr nach VV Nr. 3309 RVG an.

VII. ArbGG, VwGO, AO

11   Siehe § 850 Rdn. 19.

VIII. Insolvenzverfahren

12   Vgl. zunächst § 850 Rdn. 19. Die Bestimmung findet im Insolvenzverfahren nach § 36 Abs. 1 InsO entsprechende Anwendung.[47] Über den Antrag des Schuldners entscheidet das Insolvenzgericht (§ 36 Abs. 4 InsO). Auch wenn dabei aufgrund der Natur des Verfahrens in der Regel keine Abwägung zwischen den Schuldner- und den Gläubigerinteressen erfolgen kann,[48] sind auch im Insolvenzverfahren auf einen entsprechenden Antrag des Schuldners hin durch das Insolvenzgericht

---

45 *Stein/Jonas/Brehm*, § 850i Rn. 31, 33.
46 Den Wortlaut der Vorschriften siehe Anh. § 829 Rdn. 30. § 54 SGB I wurde neu gefasst durch das 2. SGB-Änderungsgesetz vom 13.6.1994, BGBl. I, 1229 ff.
47 Vgl. BGH, Rpfleger 2010, 536 Tz. 2.
48 *Riedel*, in: Vorwerk/Wolf, Edition 15, § 850i Rn. 6a.

entsprechende Entscheidungen zu treffen.[49] Da nach § 35 Abs. 1 InsO sämtliche Einnahmen, die er aufgrund einer nicht freigegebenen selbstständigen Tätigkeit erwirtschaftet, in die Masse fallen, hat der Schuldner ein erhebliches Interesse daran zu erfahren, wie weit seine zukünftigen Einnahmen unpfändbar und deswegen nicht massezugehörig sind. Anders als in der Einzelvollstreckung (Rdn. 4) kann er den Antrag nach § 850 Abs. 1 in Verbindung mit § 850i Abs. 1 ZPO schon stellen, bevor die Forderungen durch die selbstständige Tätigkeit entstehen.[50]

---

[49] BGH, NJW-RR 2014, 1198 Tz. 14.
[50] BGH, NJW-RR 2014, 1198 Tz. 14.

§ 850k Pfändungsschutzkonto

(1) ¹Wird das Guthaben auf dem Pfändungsschutzkonto des Schuldners bei einem Kreditinstitut gepfändet, kann der Schuldner jeweils bis zum Ende des Kalendermonats über Guthaben in Höhe des monatlichen Freibetrages nach § 850c Abs. 1 Satz 1 in Verbindung mit § 850c Abs. 2a verfügen; insoweit wird es nicht von der Pfändung erfasst. ²Zum Guthaben im Sinne des Satzes 1 gehört auch das Guthaben, das bis zum Ablauf der Frist des § 835 Abs. 4 nicht an den Gläubiger geleistet oder hinterlegt werden darf. ³Soweit der Schuldner in dem jeweiligen Kalendermonat nicht über Guthaben in Höhe des nach Satz 1 pfändungsfreien Betrages verfügt hat, wird dieses Guthaben in dem folgenden Kalendermonat zusätzlich zu dem nach Satz 1 geschützten Guthaben nicht von der Pfändung erfasst. ⁴Die Sätze 1 bis 3 gelten entsprechend, wenn das Guthaben auf einem Girokonto des Schuldners gepfändet ist, das vor Ablauf von vier Wochen seit der Zustellung des Überweisungsbeschlusses an den Drittschuldner in ein Pfändungsschutzkonto umgewandelt wird.

(2) ¹Die Pfändung des Guthabens gilt im Übrigen als mit der Maßgabe ausgesprochen, dass in Erhöhung des Freibetrages nach Absatz 1 folgende Beträge nicht von der Pfändung erfasst sind:
1. die pfändungsfreien Beträge nach § 850c Abs. 1 Satz 2 in Verbindung mit § 850c Abs. 2a Satz 1, wenn
    a) der Schuldner einer oder mehreren Personen aufgrund gesetzlicher Verpflichtung Unterhalt gewährt oder
    b) der Schuldner Geldleistungen nach dem Zweiten oder Zwölften Buch Sozialgesetzbuch für mit ihm in einer Gemeinschaft im Sinne des § 7 Abs. 3 des Zweiten Buches Sozialgesetzbuch oder der §§ 19, 20, 36 Satz 1 oder 43 des Zwölften Buches Sozialgesetzbuch lebende Personen, denen er nicht aufgrund gesetzlicher Vorschriften zum Unterhalt verpflichtet ist, entgegennimmt;
2. einmalige Geldleistungen im Sinne des § 54 Abs. 2 des Ersten Buches Sozialgesetzbuch und Geldleistungen zum Ausgleich des durch einen Körper- oder Gesundheitsschaden bedingten Mehraufwandes im Sinne des § 54 Abs. 3 Nr. 3 des Ersten Buches Sozialgesetzbuch;
3. das Kindergeld oder andere Geldleistungen für Kinder, es sei denn, dass wegen einer Unterhaltsforderung eines Kindes, für das die Leistungen gewährt oder bei dem es berücksichtigt wird, gepfändet wird.

²Für die Beträge nach Satz 1 gilt Absatz 1 Satz 3 entsprechend.

(3) An die Stelle der nach Absatz 1 und Absatz 2 Satz 1 Nr. 1 pfändungsfreien Beträge tritt der vom Vollstreckungsgericht im Pfändungsbeschluss belassene Betrag, wenn das Guthaben wegen der in § 850d bezeichneten Forderungen gepfändet wird.

(4) ¹Das Vollstreckungsgericht kann auf Antrag einen von den Absätzen 1, 2 Satz 1 Nr. 1 und Absatz 3 abweichenden pfändungsfreien Betrag festsetzen. ²Die §§ 850a, 850b, 850c, 850d Abs. 1 und 2, die §§ 850e, 850f, 850g und 850i sowie die §§ 851c und 851d dieses Gesetzes sowie § 54 Abs. 2, Abs. 3 Nr. 1, 2 und 3, Abs. 4 und 5 des Ersten Buches Sozialgesetzbuch, § 17 Abs. 1 Satz 2 des Zwölften Buches Sozialgesetzbuch und § 76 des Einkommensteuergesetzes sind entsprechend anzuwenden. ³Im Übrigen ist das Vollstreckungsgericht befugt, die in § 732 Abs. 2 bezeichneten Anordnungen zu erlassen.

(5) ¹Das Kreditinstitut ist dem Schuldner zur Leistung aus dem nach Absatz 1 und 3 nicht von der Pfändung erfassten Guthaben im Rahmen des vertraglich Vereinbarten verpflichtet. ²Dies gilt für die nach Absatz 2 nicht von der Pfändung erfassten Beträge nur insoweit, als der Schuldner durch eine Bescheinigung des Arbeitgebers, der Familienkasse, des Sozialleistungsträgers oder einer geeigneten Person oder Stelle im Sinne von § 305 Abs. 1 Nr. 1 der Insolvenzordnung nachweist, dass das Guthaben nicht von der Pfändung erfasst ist. ³Die Leistung des Kreditinstituts an den Schuldner hat befreiende Wirkung, wenn ihm die Unrichtigkeit einer Bescheinigung nach Satz 2 weder bekannt noch infolge grober Fahrlässigkeit unbekannt ist. ⁴Kann der Schuldner den

Nachweis nach Satz 2 nicht führen, so hat das Vollstreckungsgericht auf Antrag die Beträge nach Absatz 2 zu bestimmen. ⁵Die Sätze 1 bis 4 gelten auch für eine Hinterlegung.

(6) ¹Wird einem Pfändungsschutzkonto eine Geldleistung nach dem Sozialgesetzbuch oder Kindergeld gutgeschrieben, darf das Kreditinstitut die Forderung, die durch die Gutschrift entsteht, für die Dauer von 14 Tagen seit der Gutschrift nur mit solchen Forderungen verrechnen und hiergegen nur mit solchen Forderungen aufrechnen, die ihm als Entgelt für die Kontoführung oder aufgrund von Kontoverfügungen des Berechtigten innerhalb dieses Zeitraums zustehen. ²Bis zur Höhe des danach verbleibenden Betrages der Gutschrift ist das Kreditinstitut innerhalb von 14 Tagen seit der Gutschrift nicht berechtigt, die Ausführung von Zahlungsvorgängen wegen fehlender Deckung abzulehnen, wenn der Berechtigte nachweist oder dem Kreditinstitut sonst bekannt ist, dass es sich um die Gutschrift einer Geldleistung nach dem Sozialgesetzbuch oder von Kindergeld handelt. ³Das Entgelt des Kreditinstituts für die Kontoführung kann auch mit Beträgen nach den Absätzen 1 bis 4 verrechnet werden.

(7) ¹In einem der Führung eines Girokontos zugrunde liegenden Vertrag können der Kunde, der eine natürliche Person ist, oder dessen gesetzlicher Vertreter und das Kreditinstitut vereinbaren, dass das Girokonto als Pfändungsschutzkonto geführt wird. ²Der Kunde kann jederzeit verlangen, dass das Kreditinstitut sein Girokonto als Pfändungsschutzkonto führt. ³Ist das Guthaben des Girokontos bereits gepfändet worden, so kann der Schuldner die Führung als Pfändungsschutzkonto zum Beginn des vierten auf seine Erklärung folgenden Geschäftstages verlangen.

(8) ¹Jede Person darf nur ein Pfändungsschutzkonto führen. ²Bei der Abrede hat der Kunde gegenüber dem Kreditinstitut zu versichern, dass er ein weiteres Pfändungsschutzkonto nicht führt. ³Das Kreditinstitut darf Auskunfteien mitteilen, dass es für den Kunden ein Pfändungsschutzkonto führt. ⁴Die Auskunfteien dürfen diese Angaben nur verwenden, um Kreditinstituten auf Antrag zum Zwecke der Überprüfung der Richtigkeit der Versicherung nach Satz 2 Auskunft darüber zu erteilen, ob die betroffene Person ein Pfändungsschutzkonto unterhält. Die Erhebung, Verarbeitung und Nutzung zu einem anderen als dem in Satz 4 genannten Zweck ist auch mit Einwilligung der betroffenen Person unzulässig.

(9) ¹Unterhält ein Schuldner entgegen Absatz 8 Satz 1 mehrere Girokonten als Pfändungsschutzkonten, ordnet das Vollstreckungsgericht auf Antrag eines Gläubigers an, dass nur das von dem Gläubiger in dem Antrag bezeichnete Girokonto dem Schuldner als Pfändungsschutzkonto verbleibt. ²Der Gläubiger hat die Voraussetzungen nach Satz 1 durch Vorlage entsprechender Erklärungen der Drittschuldner glaubhaft zu machen. ³Eine Anhörung des Schuldners unterbleibt. ⁴Die Entscheidung ist allen Drittschuldnern zuzustellen. ⁵Mit der Zustellung der Entscheidung an diejenigen Kreditinstitute, deren Girokonten nicht zum Pfändungsschutzkonto bestimmt sind, entfallen die Wirkungen nach den Absätzen 1 bis 6.

Übersicht	Rdn.			Rdn.
I. Zweck der Norm	1	5.	Befugnisse des Vollstreckungsgerichts (Abs. 4)	14
II. Pfändungsschutzkonto (Abs. 7)	2	IV.	Rechte und Pflichten des Kreditinstituts (Abs. 5, 6)	15
1. Begriff	2			
2. Einrichtung	4	1.	Allgemeine Pflichten (Abs. 5)	15
3. Mehrkonten-Verbot (Abs. 8, 9)	6	2.	Pflichten bei Geldleistungen nach dem SGB und bei Kindergeld (Abs. 6)	17
III. Wirkungen des Pfändungsschutzes	9			
1. Einführung	9	V.	InsO	18
2. Basispfändungsschutz (Abs. 1)	10	VI.	ArbGG, VwGO, AO	19
3. Erweiterter Pfändungsschutz (Abs. 2)	12			
4. Pfändbarkeit bei Unterhaltsansprüchen (Abs. 3)	13			

§ 850k ZPO Pfändungsschutzkonto

Literatur:
Ahrens, Das neue Pfändungsschutzkonto, NJW 2010, 2001; *ders.*, Gesetzliche Regelung des so genannten Monatsanfangsproblems beim Pfändungsschutzkonto, ZVI 2011, 183; *ders.*, Gebühren beim Pfändungsschutzkonto, NJW-Spezial 2011, 85; *ders*, Zwangsvollstreckung in die Einkünfte Selbständiger, NJW-Spezial 2011, 341; *ders.*, Der Übertrag von Restguthaben gemäß § 850k Abs. 1 Satz 3 ZPO, VuR 2012, 300; *ders.*, Entgeltklauseln für Pfändungsschutzkonten, NJW 2013, 975; *Bitter*, Das Pfändungsschutzkonto – Ein untaugliches Konstrukt, WM 2008, 141; *ders.*, Das neue Pfändungsschutzkonto (P-Konto) – eine Zwischenbilanz, ZIP 2011, 149; *Büchel*, Das neue Pfändungsschutzkonto in der Insolvenz des Schuldners, ZInsO 2010, 20; *du Carrois*, Das P-Konto und seine Auswirkungen im Insolvenzverfahren, ZInsO 2009, 1801; *Casse*, Neue Überlegungen zum Giro- und P-Konto im Insolvenzverfahren, ZinsO 2012, 1402; *Dörndorfer*, Das neue Pfändungsschutzkonto, JurBüro 2009, 626; *Ehlenz*, Pfändung von Bankguthaben wegen privilegierter Forderungen, insbesondere Unterhaltsansprüchen; JurBüro 2011, 342; *ders.*, Der reformierte Pfändungsschutz für Kontoguthaben aus Arbeitseinkommen, FPR 2012, 168; *I.M. Ernst*, Praxisrelevante Probleme bei der Umsetzung des Kontopfändungsrechts, JurBüro 2011, 452; *Giers*, Reform des Kontopfändungsschutzes, FamRB 2010, 188; *ders.*, Die weitere Reform des Kontopfändungsschutzes, FamRB 2011, 25; *Goebel*, Grundlagen des Pfändungsschutzkontos – Manipulationsmöglichkeiten des Schuldners, Reaktion des Gläubigers, FoVo 2010, 81; *Günther*, Das Pfändungsschutzkonto in der Insolvenz des Bankkunden, ZinO 2013, 859; *ders.*, Girokonto für jedermann - Quo Vadis?, WM 2014, 1369; *Homann*, Ansparübertrag und Moratoriumsübertrag auf dem P-Konto, ZVI 2012, 37; *ders.*, Anwendung der befristeten Anordnung der Unpfändbarkeit des Guthabens auf einem P-Konto, ZVI 2013, 6; *Jaquemoth/Zimmermann*, Grundzüge und Funktionsweise des Pfändungsschutzkontos, ZVI 2010, 113; *Kothe*, Europäische Kontenpfändung - nicht ohne effektiven Pfändungsschutz!, VuR 2011, 361; *ders.*, Das P-Konto: eine Erfolgsgeschichte mit Nachbesserungsbedarf?, VuR 2014, 121; *Kuhlen*, Ein Pfändungsschutzkonto ist auch nur ein Girokonto - es darf nicht teurer sein; VuR 2013, 318; *May*, Das P-Konto und der Rückgang der Verbraucherinsolvenzen, ZVI 2013, 2; *Meller-Hannich*, Gleicher Pfändungsschutz für alle Einkünfte?, WM 2011, 529; *Meyer*, Zur Vergütung des Rechtsanwalts für die Abwehr von Zwangsvollstreckungsmaßnahmen bei Kontenpfändung, JurBüro 2012, 15; *Nolte/Schumacher*, Pfändungsschutz auf dem Prüfstand, ZVI 2011, 45; *Perleberg-Kölbel*, Das neue Pfändungsschutzkonto (P-Konto), FuR 2010, 311; *Richter*, Sozialleistungen und Kontopfändung, ASR 2013, 90; *Richter*, Aktuelles zum SGB Der Schutz von Sozialleistungen bei der Kontopfändung, info also 2012, 147; *Romeyko*, Neues P-Konto und Unterhalt, FamRZ 2012, 349; *Sauer*, Erhöhung des Pfändungsfreibetrags nach § 850k Abs. 4 ZPO ohne vorausgehende Pfändung des Kontos, ZVI 2012, 365; *Schultheiß*, Aktuelle Entwicklungen im Recht des Pfändungsschutzkontos - ein Rechtsprechungsbericht, ZBB 2013, 114; *Schwörer*, Der neue Kontopfändungsschutz – Reform ohne Gerichtsvollzieher?, DGVZ 2009, 121; *Sonnberg*, Die Bescheinigung nach § 850k Abs. 5 ZPO – Ein Leitfaden für die Schuldner- und Insolvenzberatung, ZVI 2010, 169; *Sudergat*, P-Konto und P-Kontopfändungsschutz aus Sicht eines Bankpraktikers, ZVI 2010, 445; *ders.*, Kontopfändung und P-Konto, 2. Aufl. 2012; *ders.*, Das Pfändungsschutzkonto in der Insolvenz, ZVI 2013, 169; *Weinhold*, Das neue Pfändungsschutzkonto (P-Konto), NDV 2010, 251; *Zipf/Zimmermann*, Problemanzeige: Kontoführungsentgelt für Pfändungsschutzkonten, ZVI 2011, 37.

I. Zweck der Norm

1 Die Vorschrift ist eingeführt worden durch das Gesetz zur Reform des Kontopfändungsschutzes vom 7.7.2009[1] und zum 1.7.2010 in Kraft getreten. Ziel der Neuregelung ist es, im Ausgleich der berechtigten Belange von Schuldner und Gläubiger dem Kontoinhaber unter erleichterten Voraussetzungen die zum Lebensunterhalt benötigten Geldmittel auch bei Überweisung auf sein Girokonto pfändungsfrei zu belassen. Damit soll ihm trotz der Kontopfändung die Möglichkeit der Teilnahme am bargeldlosen Zahlungsverkehr so weit wie möglich erhalten bleiben.[2] Zwar gewährte auch schon § 850k a.F. Pfändungsschutz für Lohn- und Gehaltskonten; dieser Schutz setzte aber einen besonderen Antrag des Schuldners unter Einschaltung des Vollstreckungsgerichts voraus. Der neu gefasste § 850k gewährt demgegenüber automatischen Pfändungsschutz im Rahmen des monatlichen Grundfreibetrages nach § 850c, ohne an die Art der Einkünfte (z.B. aus abhängiger oder selbstständiger Erwerbstätigkeit) anzuknüpfen (Rdn. 9 ff). Altbeschlüsse werden

---

[1] BGBl. I 2009 S. 1707. Abs. 8 und 9 Satz 1 geändert durch Art. 8 des Gesetzes zur Umsetzung der Dienstleistungsrichtlinie in der Justiz und zur Änd. weiterer Vorschriften v. 22.12.2010 (BGBl. I S. 2248) mit Wirkung vom 28.12.2010. Abs. 1 Satz 2 neu eingefügt, Satz 4 und Abs. 2 Satz 2 geändert durch Zweites Erbrechtsgleichstellungsgesetz v. 12.4.2011 (BGBl. I S. 615) mit Wirkung vom 16.4.2011.

[2] BT-Drucks. 16/7615 S. 9.

mit Umwandlung des Kontos in ein Pfändungsschutzkonto gegenstandslos und bedürfen keiner gesonderten Aufhebung.³

II. Pfändungsschutzkonto (Abs. 7)

1. Begriff

Ein Pfändungsschutzkonto kann nur von natürlichen Personen geführt werden, denn nur bei diesen kann sich das Bedürfnis nach Sicherstellung des Existenzminimums ergeben; der Verbraucherbegriff des § 13 BGB muss jedoch nicht erfüllt sein. Kontoführende Stelle muss ein Kreditinstitut sein. Nach der Legaldefinition in § 1 Abs. 1 Satz 1 KWG sind dies Unternehmen, die Bankgeschäfte gewerbsmäßig oder in einem Umfang betreiben, der einen in kaufmännischer Weise eingerichteten Geschäftsbetrieb erfordert; § 2 Abs. 1 KWG enthält dazu einen Katalog von Ausnahmen (zB Versicherungsunternehmen). Die Postbank hat den Status eines Kreditinstituts.

Es muss sich weiter um ein Girokonto handeln, mithin um eine Geschäftsbeziehung zwischen Kunden und Kreditinstitut aufgrund eines vertraglich begründeten Dauerschuldverhältnisses (Girovertrag) zur Abwicklung des allgemeinen bargeldlosen Zahlungsverkehrs; auszuscheiden sind Konten, die einem Sonderzahlungsverkehr dienen, wie etwa Baukonten oder Wertpapierkonten, desgleichen Sparkonten oder Festgeldkonten. Für die Eröffnung eines allgemeinen Girokontos besteht kein Kontrahierungszwang; allerdings können aufgrund landesgesetzlicher Bestimmungen für die Sparkassen entsprechende Verpflichtungen bestehen, für natürliche Personen Konten auf Guthabenbasis zu führen, soweit dem im Einzelfall wichtige Gründe nicht entgegen stehen.⁴ Vgl. auch Rdn. 4. Kündigungsrechte des Kreditinstituts werden von der Eigenschaft als Pfändungsschutzkonto nicht berührt.

2. Einrichtung

Ein Pfändungsschutzkonto kann gleich bei Eröffnung des Girokontos zwischen Kreditinstitut und Kunden vereinbart werden; die Widmung als Pfändungsschutzkonto ist dann von Anbeginn Bestandteil der vertraglichen Abrede. Dazu ist nach Abs. 7 Satz 1 nur der Kunde selbst oder sein gesetzlicher Vertreter befugt; eine rechtsgeschäftliche Vertretung ist ausgeschlossen. Ein Kontrahierungszwang besteht hier nicht, weil sich die erstmalige Errichtung des Kontos (Rdn. 3) und dessen Bestimmung als Pfändungsschutzkonto nicht trennen lassen. Der Kunde kann aber auch auf ein bereits bei dem Kreditinstitut bestehendes Konto zurückgreifen und jederzeit (durch einseitige, vertragsgestaltende Erklärung) mit Wirkung ex nunc die Umwandlung vom allgemeinen Girokonto in ein Pfändungsschutzkonto verlangen; das kann auch unmittelbar nach Einrichtung des Girokontos erfolgen. Für die Umwandlung eines bestehenden Kontos in ein Pfändungsschutzkonto ist rechtsgeschäftliche Vertretung statthaft.

Das Kreditinstitut hat im Fall der Umwandlung keine Möglichkeit, dem Kunden die Führung eines Pfändungsschutzkontos zu verweigern (Abs. 7 Satz 2). Der Anspruch auf Umwandlung besteht auch dann, wenn das Konto einen debitorischen Saldo ausweist⁵. Ansonsten könnten etwa Eingänge iSd § 850k Abs. 2 ZPO nicht geschützt werden, solange das Konto insgesamt kein Guthaben ausweist.⁶ Der Kunde ist auch nicht verpflichtet, Gründe für seine Entscheidung darzulegen; er hat lediglich die Erklärung nach Abs. 8 Satz 2 abzugeben. Nach dem Wortlaut der Vorschrift hat die Erklärung nur anlässlich der »Abrede« mit dem Kreditinstitut zu erfolgen; nach Sinn und Zweck erfasst dies aber die Errichtung eines neuen Kontos und die Umwandlung eines bestehenden Kontos gleichermaßen. Ohne diese Erklärung darf das Kreditinstitut Errichtung und Umwandlung

---

3 AG Hannover, Beschl. v. 20.7.2010 – 714 M 145593/09 –.
4 Z. B. § 2 Abs. 4 SparkassenG für Rheinland-Pfalz; § 5 Abs. 2 SparkassenG für Nordrhein-Westfalen.
5 HK-ZV/*Meller-Hannich* ZPO § 850k Rn 56; **a. A.** *Bitter* ZIP 2011, 149.
6 *Riedel*, in: Vorwerk/Wolf, Edition 15, § 850k Rn. 4a; **a. A.** *Bitter*, ZIP 2011, 149.

verweigern. Als dritte Möglichkeit sieht das Gesetz in Abs. 7 Satz 3 die Bestimmung als Pfändungsschutzkonto nach einer bereits erfolgten Pfändung des Guthabens vor. Der Kunde kann dies (frühestens) zum Beginn des vierten auf seine Erklärung folgenden Geschäftstages (nicht: Werktages) des Kreditinstituts verlangen; die Frist berechnet sich nach § 222 Abs. 1 ZPO in Verbindung mit § 187 Abs. 1 BGB. Wird ein Konto innerhalb einer Frist von vier Wochen nach der Zustellung des Überweisungsbeschlusses an den Drittschuldner in ein Pfändungsschutzkonto umgewandelt, so gelten die damit einhergehenden Wirkungen des § 850k Abs. 1 Satz 1–3 ZPO bereits für diese Pfändung (§ 850k Abs. 1 Satz 4 ZPO). Ebenfalls nicht gehindert wird die Umwandlung durch die Eröffnung eines Insolvenzverfahrens über das Vermögen des Kontoinhabers. Zwar ergibt sich dies nicht unmittelbar aus dem Gesetzeswortlaut, ist aber als dem Willen des Gesetzgebers entsprechend anzusehen.[7] Die Umwandlung eines Girokontos in ein Pfändungsschutzkonto ist auch mehr als vier Wochen nach Zustellung der Pfändungs- und Überweisungsverfügung an den Drittschuldner für die Zukunft möglich.[8]

5 Ein Pfändungsschutzkonto kann nur als Einzelkonto errichtet werden. Gemeinschaftliche Pfändungsschutzkonten sind nicht statthaft, was indes nicht ausschließt, dass für ein Einzelkonto dritten Personen eine Vollmacht eingeräumt wird.[9] Soll ein bestehendes Und- oder Oder-Konto in ein Pfändungsschutzkonto überführt werden, erfordert dies eine Trennung des Gemeinschaftskontos in zwei Einzelkonten, von denen eines oder – bei entsprechenden Erklärungen der Kontoinhaber – beide für die Zukunft Pfändungsschutzkonten sind. Dabei ist die Umwandlung eines »einfachen« Girokontos in ein Pfändungsschutzkonto auf Verlangen eines oder beider Kontoinhaber von der Aufspaltung des bisherigen Gemeinschaftskontos in Einzelkonten zu unterscheiden. Letztere bedeutet eine Änderung des zugrunde liegenden Kontovertrages und kann – sofern bei Eröffnung keine anderweitige Abrede getroffen wurde nur durch Einigung aller Kontoinhaber mit der Bank erfolgen.[10] Ein Kontoinhaber allein kann die Trennung demnach nicht herbeiführen. Widersetzt sich der andere Kontoinhaber der Trennung, bleibt ihm beim Oder-Konto allein die Möglichkeit, ein neues Konto als Pfändungsschutzkonto einzurichten, vom Gemeinschaftskonto aufgrund seiner Verfügungsbefugnis einen entsprechenden Betrag abzuziehen und auf das neue Konto einzuzahlen.

3. Mehrkonten-Verbot (Abs. 8, 9)

6 Jede natürliche Person darf nur ein Pfändungsschutzkonto unterhalten. Der Kunde hat gegenüber dem Kreditinstitut zu versichern, dass er kein weiteres Pfändungsschutzkonto führt; die Abnahme einer eidesstattlichen Versicherung ist dem Kreditinstitut aber nicht gestattet. Das Kreditinstitut ist befugt, die Angabe zu überprüfen. Zu diesem Zweck darf es bei Auskunfteien abfragen, ob schon Pfändungsschutzkonten bestehen; die Auskunfteien sind kraft Gesetzes zur Erteilung dieser Auskunft und zur Erhebung der dafür erforderlichen Daten ermächtigt. Weitere Auskünfte und Datenerhebungen sind von der Vorschrift indes nicht gedeckt. In der seit dem 28.12.2010 geltenden Fassung des Abs. 8[11] ist dies in Satz 4 nunmehr ausdrücklich klargestellt; das gilt nach Satz 5 selbst dann, wenn die betroffene Person in die Erhebung, Verarbeitung und Nutzung der Angaben zu einem anderen als dem in Satz 4 genannten Zwecke eingewilligt hat. Umgekehrt ist das Kreditinstitut nach Abs. 8 Satz 3 – im Interesse anderer Kreditinstitute und der Gläubiger – berechtigt (nicht aber verpflichtet), Auskunfteien die Führung eines Pfändungsschutzkontos mitzuteilen.

7 Führt der Schuldner entgegen Abs. 8 Satz 1 mehrere Pfändungsschutzkonten und erfährt ein Gläubiger davon, kann dieser das Vollstreckungsgericht anrufen. Dieses trifft auf Antrag des Gläubigers die Anordnung, dass nur das vom Gläubiger bezeichnete Girokonto dem Schuldner

---

7 BGH, ZInsO 2014, 687.
8 BVerfG, NJW 2014, 3771 Tz. 9.
9 So auch *Bitter*, ZIP 2011, 149, 151.
10 Vgl. BGH, NJW-RR 1993, 233; NJW 1991, 420; ungenau daher *Ahrens*, NJW 2010, 2003.
11 Eingeführt durch das Gesetz zur Umsetzung der Dienstleistungsrichtlinie in der Justiz und zur Änderung weiterer Vorschriften vom 22.12.2010, BGBl. I, 2248.

als Pfändungsschutzkonto verbleibt. Das Vollstreckungsgericht hat kein eigenes Auswahlermessen. Es prüft lediglich das Vorliegen eines Verstoßes gegen das Verbot, mehrere Pfändungsschutzkonten zu unterhalten, der vom Gläubiger durch Vorlage entsprechender Erklärungen der Drittschuldner glaubhaft zu machen ist. Ferner prüft es, ob das im Antrag bezeichnete Konto die Voraussetzungen für ein Pfändungsschutzkonto erfüllt. Eine Anhörung des Schuldners vor der Entscheidung des Vollstreckungsgerichts unterbleibt.

Mit Zustellung der Entscheidung an diejenigen Kreditinstitute, deren Girokonten nicht (mehr) zum Pfändungsschutzkonto bestimmt sind, entfallen die Wirkungen der Abs. 1 bis 6. Die Entscheidung ist zwar auch dem Drittschuldner zuzustellen, bei dem das (verbleibende) Pfändungsschutzkonto unterhalten wird; die rechtsgestaltende Wirkung der Anordnung des Vollstreckungsgerichts hängt aber allein von der Zustellung an die übrigen Drittschuldner ab. Die Entwidmung des Pfändungsschutzkontos tritt ex nunc und sukzessive ein, das heißt, die weiteren Konten können ihre Eigenschaft als Pfändungsschutzkonten nacheinander verlieren, nicht etwa tritt die Wirkung erst mit der Zustellung auch an den letzten Drittschuldner ein. 8

III. Wirkungen des Pfändungsschutzes

1. Einführung

Der Umfang der Pfändung bestimmt sich nach § 833a.[12] Sie umfasst das am Tage der Zustellung des Pfändungsbeschlusses bei dem Kreditinstitut bestehende Guthaben sowie die Tagesguthaben der auf die Pfändung folgenden Tage. Woraus sich das Guthaben speist, ist unerheblich; es wird für den Pfändungsschutz nicht mehr nach Art und Herkunft der Einkünfte des Schuldners (z. B. aus abhängiger Beschäftigung, aus selbstständiger Tätigkeit, aus Vermietung und Verpachtung, aus Renten- oder Pensionsbezug) unterschieden.[13] 9

Abs. 1 Satz 3 stellt den Gleichklang mit der Auszahlungssperre des § 835 Abs. 3 Satz 2 her. Die Regelungen des Abs. 1 Satz 1 und 2 gelten entsprechend für die Umwandlung eines bestehenden Girokontos in ein Pfändungsschutzkonto, sofern diese vor Ablauf von vier Wochen seit der Zustellung des Überweisungsbeschlusses erreicht wird; die Fristberechnung erfolgt nach den §§ 220 Abs. 2 ZPO, 187 Abs. 1 BGB. In diesem Rahmen kann also rückwirkend Pfändungsschutz erlangt werden; das betrifft allerdings nur den Basispfändungsschutz nach Abs. 1.

2. Basispfändungsschutz (Abs. 1)

Abs. 1 gewährt zugunsten des Schuldners einen Basispfändungsschutz. Das Guthaben bleibt automatisch von der Pfändung ausgenommen, soweit es den monatlichen Freibeträgen nach § 850c Abs. 1 Satz 1 in Verbindung mit § 850c Abs. 2a entspricht[14]; derzeit sind dies gemäß § 850c Abs. 1 1073,88 Euro (*vor dem 1.7.2015 1045,04 Euro*)[15]. Der Schuldner bekommt kraft Gesetzes Pfändungsschutz in Höhe des Existenzminimums und muss sich – anders als bisher – um einen Pfändungsschutz durch Antrag beim Vollstreckungsgericht nicht mehr bemühen. Für den Pfändungsschutz nach § 850k ist der jeweilige Kalendermonat maßgeblich; eine zeitanteilige Berechnung[16] kommt nicht in Betracht. Der pfändungsfreie Betrag steht dem Schuldner für den vollen Kalendermonat zur Verfügung, selbst wenn der Pfändungs- und Überweisungsbeschluss erst am letzten Tag des Monats zugestellt wird. 10

Verbraucht der Schuldner den pfändungsfreien Betrag nicht bis zum Ende des jeweiligen Kalendermonats, so wird das pfändungsfreie Guthaben gemäß Abs. 1 Satz 3 (**einmalig**) auf den folgenden 11

---

12 Vgl. Erl. dort.
13 Vgl. bereits Rdn. 1; BT-Drucks. 16/7615 S. 18.
14 Vgl. § 850c Rdn. 6 ff.
15 Siehe § 850c Fn. 1.
16 Vgl. § 850l Abs. 4; dort Rdn. 19.

Kalendermonat übertragen; der Freibetrag wird dadurch entsprechend aufgestockt. Gepfändetes Guthaben auf einem Pfändungsschutzkonto, das erst nach Ablauf des auf den Zahlungseingang folgenden Kalendermonats an den Gläubiger geleistet werden darf, kann, soweit der Schuldner hierüber in diesem Kalendermonat nicht verfügt und dabei seinen Pfändungsfreibetrag nicht ausschöpft, in den übernächsten Monat nach dem Zahlungseingang übertragen werden und erhöht dort den Pfändungsfreibetrag.[17] Damit wird dem Umstand Rechnung getragen, dass Zahlungen zur Begleichung von Leistungen der Daseinsvorsorge häufig nicht monatlich, sondern in größeren Zeitabständen zu erbringen sind.[18] Der Schuldner kann auf diese Weise eine kleine Rücklage ansparen.

3. Erweiterter Pfändungsschutz (Abs. 2)

12 Der Schuldner erlangt unter den in Abs. 2 Satz 1 genannten Voraussetzungen kraft Gesetzes Pfändungsschutz für einen **höheren** als den in Abs. 1 Satz 1 angeführten Betrag. Allerdings hat er dem Kreditinstitut nachzuweisen, dass ein weiteres Guthaben nicht von der Pfändung erfasst ist (Rdn. 15). Auch hier wird ein pfändungsfreies Guthaben, auf den der Schuldner im laufenden Kalendermonat nicht zugegriffen hat, einmalig auf den nächsten Monat übertragen (Abs. 2 Satz 2; Rdn. 11). Die Regeln über den pfändungsfreien Mehrverdienst nach § 850c Abs. 2 gelten hingegen nicht, weil auf diese in Abs. 2 nicht verwiesen wird. Hier muss der Schuldner nach Abs. 4 vorgehen und einen entsprechenden Antrag beim Vollstreckungsgericht stellen[19] (Rdn. 14).

Der pfändungsfreie Betrag erhöht sich nach dem (abschließenden) Katalog des Abs. 2 Satz 1, wenn
- gesetzliche Unterhaltsverpflichtungen des Schuldners für eine oder mehrere Personen bestehen. Die zu § 850c Abs. 1 Satz 2 entwickelten Grundsätze gelten entsprechend.[20]
- der Schuldner Geldleistungen nach SGB II oder SGB XII entgegennimmt für mit ihm in einer Gemeinschaft im Sinne des § 7 Abs. 3 SGB II oder §§ 19, 20, 36 Satz 1, 43 SGB XII lebende Personen, denen er nicht aufgrund gesetzlicher Verpflichtungen zum Unterhalt verpflichtet ist. Hier besteht automatischer Pfändungsschutz bis zur Grenze des § 850c Abs. 1 Satz 2 in Verbindung mit § 850 c Abs. 2a, denn dem Schuldner stehen diese Leistungen nicht zu, sondern sein Konto fungiert lediglich als Zahlstelle. Dabei wird gemäß § 38 SGB II in einer Bedarfsgemeinschaft vermutet, dass der erwerbsfähige Hilfebedürftige bevollmächtigt ist, Leistungen auch für die mit ihm in einer Bedarfsgemeinschaft lebenden Personen zu beantragen und entgegenzunehmen. Leben mehrere erwerbsfähige Hilfebedürftige in einer Bedarfsgemeinschaft, gilt diese Vermutung zugunsten desjenigen, der die Leistungen beantragt.
- einmalige Geldleistungen nach § 54 Abs. 2 SGB I und Geldleistungen zum Ausgleich des durch einen Körper- oder Gesundheitsschaden bedingten Mehraufwandes gemäß § 54 Abs. 3 Nr. 3 SGB I auf das Konto fließen. Ansprüche auf einmalige Geldleistungen können nach § 54 Abs. 2 SGB I nur gepfändet werden, soweit nach den Umständen des Falles, insbesondere nach den Einkommens- und Vermögensverhältnissen des Leistungsberechtigten, der Art des beizutreibenden Anspruchs sowie der Höhe und der Zweckbestimmung der Geldleistung, die Pfändung der Billigkeit entspricht. Darin ist eine Wertung enthalten, die weder vom Gläubiger noch vom Kreditinstitut, sondern ausschließlich vom Vollstreckungsgericht vorgenommen werden kann, dessen Entscheidung der Gläubiger ggf. nach Abs. 4 herbeizuführen hat.

---

17 BGH, NJW-RR 2015, 254 Tz. 9 ff.; vgl. AG Leipzig, ZVI 2010, 351; AG Bremen, ZVI 2010, 353; AG Köln, ZIP 2011, 168; LG Bielefeld, Urt. v. 10.7.2013 – 21 S 202/12 – (Ein Guthaben wird bis zur Höhe des Freibetrages im Monat des Eingangs und, soweit darüber nicht verfügt wird, im darauf folgenden Kalendermonat nicht von der Pfändung erfasst. Soweit es danach nicht verbraucht ist, ist es nicht mehr vor der Pfändung geschützt.
18 BT-Drucks. 16/7615 S. 13.
19 So auch *Dörndorfer*, JurBüro 2009, 629; *Ahrens*, NJW 2010, 2003.
20 § 850c Rdn. 4.

– Kindergeld oder andere Geldleistungen für Kinder verbucht werden, es sei denn, dass gerade aus Anlass der Unterhaltsforderung eines Kindes gepfändet wird, für das die Leistungen gewährt oder bei dem es berücksichtigt wird.

4. Pfändbarkeit bei Unterhaltsansprüchen (Abs. 3)

Wird wegen einer der in § 850d bezeichneten Forderungen gepfändet, so gilt die Sonderregelung des Abs. 3. Das Vollstreckungsgericht setzt im Pfändungsbeschluss den Betrag fest, der dem Schuldner zu belassen ist. Dieser Betrag ersetzt den pfändungsfreien Betrag des Abs. 1 und Abs. 2 Satz 1 Nr. 1; die übrigen Regelungen des Abs. 2 werden davon nicht berührt. Auf Antrag kann nach Abs. 4 ein abweichender pfändungsfreier Betrag festgesetzt werden (Rdn. 14). Für Ansprüche aus vorsätzlich begangener unerlaubter Handlung gemäß § 850f Abs. 2 besteht keine entsprechende Sonderregelung. Hier ist der Gläubiger auf Abs. 4 (Rdn. 14) zu verweisen, wenn nicht der Pfändungsbeschluss insoweit bereits eine vorgezogene Anordnung des Vollstreckungsgerichts enthält[21]; diese ist vom Kreditinstitut zu beachten.

5. Befugnisse des Vollstreckungsgerichts (Abs. 4)

Das Vollstreckungsgericht kann zugunsten des Gläubigers die in § 732 Abs. 2 bezeichneten Anordnungen erlassen. Es kann ferner auf Antrag – des Gläubigers oder des Schuldners – einen abweichenden pfändungsfreien Betrag festsetzen (Abs. 4), aber nur hinsichtlich der Beträge nach Abs. 1, Abs. 2 Satz 1 Nr. 1 und Abs. 3. Dritte Personen sind antragsberechtigt, wenn sie durch Abs. 2 betroffen sind. Der Gläubiger kann die für seinen Antrag nötigen Informationen vom Schuldner verlangen (§ 836 Abs. 3), dazu gehört die Angabe, welche Freibeträge ihm auf dem Pfändungsschutzkonto gewährt werden[22]. Für die abweichende Bemessung gelten die Vorschriften der §§ 850a, 850b, 850c, 850d Abs. 1, 2, die §§ 850e, 850f, 850g, 850i sowie §§ 851c und 851d entsprechend. § 850h findet keine Anwendung. Ferner gelten die in Abs. 4 im Einzelnen aufgeführten Bestimmungen des SGB I, SGB XII und EStG entsprechend. Für den Schuldner besteht ferner die Möglichkeit, nach § 850l[23] die Aufhebung der Pfändung des Guthabens zu beantragen, wenn nicht mit einer Befriedigung des Gläubigers zu rechnen ist (sog. zwecklose Pfändung). Inwieweit die Pfändungsschutzvorschrift des § 850k Vorrang gegenüber einem Vollstreckungsschutzantrag nach § 765a hat, ist streitig.[24]

IV. Rechte und Pflichten des Kreditinstituts (Abs. 5, 6)

1. Allgemeine Pflichten (Abs. 5)

Die Drittschuldnererklärung des Kreditinstituts muss für den Gläubiger nach § 840 Abs. 1 Nr. 4 einen Hinweis darauf enthalten, ob das betreffende Konto als Pfändungsschutzkonto geführt wird. Für das Kreditinstitut besteht weiter die Pflicht, dem Schuldner das pfändungsfreie Guthaben auszuzahlen oder Verfügungen (Überweisungen, Lastschriften, Einzugsermächtigungen) darüber zuzulassen, soweit nicht vertragliche Vereinbarungen entgegenstehen. Das gilt für pfändungsfreie Beträge nach Abs. 1 und 3 uneingeschränkt, wobei der nach Abs. 3 dem Schuldner als pfändungsfrei zu belassene Betrag dem Kreditinstitut deshalb bekannt ist, weil der Beschluss des Vollstreckungsgerichts ihm als Drittschuldner zuzustellen ist. Bei den nach Abs. 2 von der Pfändung nicht erfassten

---

21 So richtig *Ahrens*, NJW 2010, 2004.
22 BT-Drucks. 16/7615 S. 20.
23 Vgl. die Erl. dort.
24 FG München, Beschl. v. 2.4.2013 – 5 V 834/13 –, juris (in der Regel kein Anordnungsgrund für eine Regelungsanordnung bezüglich Pfändungen auf diesem Konto); a.A. LG Saarbrücken, VuR 2014, 69, 70 (Um dem Grundsatz der Gewährung des Existenzminimums Geltung zu verschaffen, kann es geboten sein, Defizite im Zusammenhang mit der Einführung des Pfändungsschutzkontos unter Heranziehung des § 765a ZPO zu korrigieren.).

Beträgen kann das Kreditinstitut einen Nachweis verlangen; dies können beispielsweise – innerhalb des jeweiligen Kompetenzbereiches erstellte – Kindergeldbescheide der Familienkasse, Bescheide der Sozialbehörden sowie Lohnabrechnungen des Arbeitgebers sein. Zu den Nachweisen gehört auch die Wertentscheidung nach Abs. 2 Satz 1 Nr. 2 durch Vorlage der Entscheidung des Vollstreckungsgerichts (Rdn. 12). Weiter zählen dazu Bescheinigungen, die nach § 305 Abs. 1 Nr. 1 InsO von einer geeigneten Person oder Stelle ausgestellt ist; das sind die in den Landesausführungsgesetzen zur Insolvenzordnung bestimmten Personen und Stellen[25], insbesondere Rechtsanwälte, Notare und Steuerberater. Für die entsprechenden Personen und Stellen besteht keine Rechtspflicht besondere Bescheinigungen zur Vorlage beim Kreditinstitut zu erstellen.

16 Ist die Bescheinigung unrichtig (inhaltlich oder weil sie gefälscht ist), hat die Leistung zum Schutze des Kreditinstituts, das grundsätzlich auf die Richtigkeit vertrauen kann, befreiende Wirkung, es sei denn, ihm ist die Unrichtigkeit bekannt oder infolge grober Fahrlässigkeit unbekannt. Zur Beurteilung von Vorsatz oder grober Fahrlässigkeit, die der Gläubiger nachzuweisen hat, gelten die allgemeinen zivilrechtlichen Maßstäbe. Bei unberechtigter Verweigerung der Auszahlung kann das Kreditinstitut dem Schuldner schadensersatzpflichtig sein nach § 280 Abs. 1 BGB. Ist dem Schuldner ein Nachweis gegenüber dem Kreditinstitut nicht möglich, darf dieses die Auszahlung verweigern. Der Schuldner muss sich dann an das Vollstreckungsgericht wenden, das auf seinen Antrag die Beträge nach Absatz 2 bestimmt. Aber auch gegenüber dem Vollstreckungsgericht sind entsprechende Nachweise zu führen. Drittschuldner und Gläubiger haben mangels Rechtsschutzinteresses kein Antragsrecht. Ist eine Hinterlegung erfolgt, gelten Abs. 5 Satz 1 bis 4 entsprechend.

2. Pflichten bei Geldleistungen nach dem SGB und bei Kindergeld (Abs. 6)

17 Gelangt eine Geldleistung nach dem Sozialgesetzbuch oder Kindergeld auf ein Pfändungsschutzkonto, so ist für vertragliche Vereinbarungen im Innenverhältnis folgendes zu beachten: Das Kreditinstitut darf für die Dauer von 14 Tagen seit der Gutschrift nur mit solchen (eigenen) Forderungen verrechnen oder aufrechnen, die ihm als Entgelt für die Kontoführung oder aufgrund Verfügungen des Berechtigten – das ist der Kontoinhaber oder sein gesetzlicher bzw. rechtsgeschäftlicher Vertreter – innerhalb dieses Zeitraums zustehen; im Übrigen besteht ein Aufrechnungsverbot nach § 394 BGB. Davon ausgenommen sind vom Kreditinstitut gewährte und als solche vereinbarte Vorschüsse[26] auf die zu erwartende Sozialleistung oder das Kindergeld. Für den so bereinigten Betrag gilt: Das Kreditinstitut darf während der 14-tägigen Frist die Ausführung von Zahlungsvorgängen wegen fehlender Deckung bis zur Höhe des bereinigten Betrages nicht ablehnen, wenn der Berechtigte nachweist oder dem Kreditinstitut sonst bekannt ist, dass es sich um eine privilegierte Gutschrift handelt; es muss also auch bei debitorischem Kontostand auszahlen[27]. Das Entgelt des Kreditinstituts für die Kontoführung kann aber auch mit Beträgen nach Abs. 1 bis 4 verrechnet werden, es ist insoweit eine uneingeschränkt privilegierte Forderung.

Die Bestimmung über die Kontoführungsgebühr für ein Pfändungsschutzkonto im Preis- und Leistungsverzeichnis eines Kreditinstituts im Verkehr mit Verbrauchern ist nach § 307 Abs. 1 Satz 1 Nr. 1 BGB unwirksam,[28] wenn bei der Neueinrichtung eines Pfändungsschutzkontos ein Entgelt verlangt wird, das über die Kontoführungsgebühr für ein einem Neukunden üblicherweise angebotenes Standardkonto mit vergleichbarem Leistungsinhalt liegt.[29] Die Klausel ist nach § 307 Abs. 3 Satz 1 BGB einer Inhaltskontrolle zugänglich, denn sie regelt weder den Preis einer besonderen

---

25 *Dörndorfer*, JurBüro 2009, 629.
26 *Bitter*, WM 2008, 145.
27 So auch *Dörndorfer*, JurBüro 2009, 629; *Ahrens*, NJW 2010, 2003.
28 BGH, NJW 2013, 3163 Tz. 20; NJW 2013, 995 Tz. 49; OLG Schleswig, NZI 2012, 923; OLG Frankfurt, NJW 2012, 2121; KG, NJW 2012, 395; OLG Bremen, VuR 2012, 317; OLG Nürnberg, NJOZ 2012, 1680; LG Köln, VuR 2011, 392; LG Halle, ZVI 2011, 35; LG Leipzig, ZVI 2011, 73; *Zipf/Zimmermann* ZVI 2011, 37; *Zöller/Stöber*, § 850k Rn. 20; *Musielak/Becker*, § 850k Rn. 7a.
29 BGH, NJW 2013, 3163 Tz. 20; NJW 2013, 995 Tz. 49.

Hauptleistungspflicht im Sinne des § 675f Abs. 2 Satz 1 BGB[30] noch ein Entgelt für eine Sonderleistung,[31] weil das Kreditinstitut – wie bei der Bearbeitung von Kontopfändungen allgemein – lediglich eine gesetzliche Pflicht erfüllt.[32] Im Ergebnis werden damit zusätzlich entstehende Kosten durch das Pfändungsschutzkonto auf alle Kunden abgewälzt.[33]

V. InsO

Das Pfändungsschutzkonto ist gemäß § 36 Abs. 1 InsO insolvenzfest[34], soweit der Pfändungsschutz nach § 850k reicht. Nur Guthaben, das die von der Pfändung nicht erfassten Beträge überschreitet, kann vom Insolvenzverwalter zur Masse gezogen werden. Das nach § 850k ZPO auf einem Pfändungsschutzkonto geschützte Guthaben fällt nicht in die Insolvenzmasse, sodass der Schuldner in diesem Rahmen über die Genehmigung von Lastschriften allein entscheiden kann.[35] Wenn der Insolvenzverwalter oder Treuhänder das Konto des Schuldners freigibt, werden die Kreditinstitute von den mit einem Pfändungsschutzkonto verbundenen Aufgaben entbunden. Der Insolvenzverwalter oder Treuhänder hat dann keinen Anspruch gegen den Schuldner auf Herausgabe ihm nicht bekanntgewordener Zahlungseingänge.[36] Eine bestehende Kontoverbindung des Schuldners erlischt nicht durch die Eröffnung eines Insolvenzverfahrens.[37]

VI. ArbGG, VwGO, AO

Der Pfändungsschutz der §§ 850 ff. gilt auch bei der Vollstreckung von arbeitsgerichtlichen Titeln (§§ 62 Abs. 2, 85 Abs. 1 Satz 3 ArbGG) und von Titeln nach § 168 VwGO (§ 167 Abs. 1 VwGO); das schließt § 850k ein. Gem. § 319 AO gelten für die Vollstreckung nach der AO die §§ 850–852 sinngemäß[38]; auch hier wird § 850k erfasst. Die Pfändung erfolgt durch Pfändungsverfügung der Vollstreckungsbehörde (§ 309 AO). § 316 Abs. 1 Nr. 5 AO entspricht der Drittschuldnererklärung nach § 840 Abs. 1 Nr. 4.

---

30 BGH, NJW 2013, 3163 Tz. 16; NJW 2013, 995 Tz. 18.
31 BGH, NJW 2013, 3163 Tz. 17; NJW 2013, 995 Tz. 25.
32 BGH, NJW 2013, 995 Tz. 45.
33 BGH, NJW 2013, 995 Rn. 57.
34 Vgl. *Büchel*, ZInsO 2010, 20 ff.; *Jaquemot/Zimmermann*, ZVI 2010, 113, 116.
35 BGH, NZI 2010, 731.
36 Vgl BGH NJW 2012, 393; *Riedel*, in: Vorwerk/Wolf, Edition 15, § 850k Rn. 3.1.
37 LG Verden, NZI 2014, 36.
38 FG München, Beschl. v. 6.4.2006 – 9 V 467/06 –.

§ 850l Pfändungsschutz für Kontoguthaben aus wiederkehrenden Einkünften

¹Auf Antrag des Schuldners kann das Vollstreckungsgericht anordnen, dass das Guthaben auf dem Pfändungsschutzkonto für die Dauer von bis zu zwölf Monaten der Pfändung nicht unterworfen ist, wenn der Schuldner nachweist, dass dem Konto in den letzten sechs Monaten vor Antragstellung ganz überwiegend nur unpfändbare Beträge gutgeschrieben worden sind, und er glaubhaft macht, dass auch innerhalb der nächsten zwölf Monate nur ganz überwiegend nicht pfändbare Beträge zu erwarten sind. ²Die Anordnung kann versagt werden, wenn überwiegende Belange des Gläubigers entgegenstehen. ³Sie ist auf Antrag eines Gläubigers aufzuheben, wenn ihre Voraussetzungen nicht mehr vorliegen oder die Anordnung den überwiegenden Belangen dieses Gläubigers entgegensteht.

Übersicht	Rdn.		Rdn.
I. Zweck der Norm	1	3. Aufhebung der Anordnung (Satz 3)	4
II. Voraussetzungen für die Anwendbarkeit der Norm	2	III. Rechtsbehelfe	5
		IV. Gebühren	6
1. Antrag des Schuldners (Satz 1)	2	V. ArbGG, VwGO, AO	7
2. Gläubigerinteresse (Satz 2)	3		

Literatur:
Goebel, Die Folgen der Anordnung nach § 833a Abs. 2 ZPO und deren Beseitigung; FoVo 2010, 61; *ders.*, Der Antrag auf Aufhebung der Anordnung nach § 833a Abs. 2 Satz 3 ZPO, FoVo, 2010, 64; *Griesche*, Der neue Kontopfändungsschutz bei Unterhaltsansprüchen, FPR 2010, 170; *Strunk*, Erfahrungen mit dem Pfändungsschutzkonto aus Rechtspflegersicht, ZVI 2010, 335.
Siehe ferner die Literaturhinweise bei § 850k.

I. Zweck der Norm

1 Die ab dem 1.1.2012 neu gefasste Vorschrift nimmt im Wesentlichen den Regelungsgehalt des früheren § 833a Abs. 2 auf.[1] Diese Änderung gilt mangels Übergangsregelung für noch nicht abgeschlossene Sachverhalte auch dann, wenn die Pfändung vor dem 1.1.2012 erfolgte.[2]

Durch die Regelung des § 850l kann das Vollstreckungsgericht auf Antrag des Schuldners die befristete Unpfändbarkeit eines Pfändungsschutzkontos anordnen, wenn keine Aussicht auf eine erfolgreiche Vollstreckung besteht. Dies wird insbesondere dann in Betracht kommen, wenn auf das Pfändungsschutzkonto überwiegend unpfändbare Sozialleistungen überwiesen werden. Darüber hinaus kann eine Anordnung der befristeten Unpfändbarkeit auch dann sinnvoll sein, wenn dem Pfändungsschutzkonto nur die unpfändbaren Einkommensteile gutgeschrieben werden, weil der pfändbare Teil des Einkommens des Schuldners bereits gegenüber dem Arbeitgeber gepfändet wurde und die Voraussetzungen für eine Anordnung nach § 850k Abs. 4 ZPO[3] nicht vorliegen. Daneben ist aber auch § 765a anwendbar, wodurch der Schuldner die einstweilige Einstellung der Pfändung erreichen kann. Dem Schuldner soll aber das nach § 765a erforderliche Schutzbedürfnis fehlen, wenn ihm bereits aus den Gründen des § 850l hinreichend[4] geholfen werden kann.

II. Voraussetzungen für die Anwendbarkeit der Norm

1. Antrag des Schuldners (Satz 1)

2 Die Anordnung der befristeten Unpfändbarkeit eines Pfändungsschutzkontos ist nur auf Antrag des Schuldners zulässig, der erst nach Wirksamkeit der Pfändung gestellt werden kann. Die Ver-

---
[1] Art. 7, 10 Abs. 2 des Gesetzes zur Reform des Kontopfändungsschutzes vom 7.7.2009, BGBl. I, S. 1707 ff.
[2] BGH NJW-RR 2011, 1433 Tz. 15; WM 2012, 113.
[3] Vgl. NJW 2012, 79.
[4] *Zöller/Stöber*, § 850l Rn. 11.

tretung des Schuldners richtet sich nach § 79. Das kontoführende Kreditinstitut als Drittschuldner ist weder antragsberechtigt noch beteiligt.[5] Der Schuldner kann den Nachweis, dass dem Konto in den letzten sechs Monaten vor Antragstellung ganz überwiegend nur unpfändbare Beträge gutgeschrieben wurden, insbesondere durch die vollständige Vorlage sämtlicher Kontoauszüge führen;[6] möglich wäre aber auch eine Bestätigung des Kreditinstituts mit einer vollständigen Zusammenstellung der auf dem Konto innerhalb des Zeitraums der letzten sechs Monate vor Eingang des Antrags beim Gericht gutgeschriebenen Beträge. Soweit sich daraus die Art der Einkünfte nicht ergibt, sind entsprechende Belege beizufügen. Das Konto kann innerhalb dieses Zeitraumes vor Pfändung und Umwandlung gemäß § 850k Abs. 7 Satz 3 noch als Girokonto geführt worden sein.[7] Die Unpfändbarkeit ergibt sich aus den §§ 850a ff., § 54 SGB I und aus Vorschriften in besonderen, auch landesrechtlichen Leistungsgesetzen,[8] sie ist daher nicht durch den Schuldner zu belegen. Für die Feststellung, dass die Bezüge ganz überwiegend unpfändbar waren, sind die Umstände des Einzelfalles maßgeblich; grundsätzlich dürfte eine Unpfändbarkeit von deutlich über 90 Prozent der eingehenden Beträge zu verlangen sein.[9] Schließlich hat der Schuldner gem. § 294 glaubhaft zu machen, dass auch innerhalb der nächsten zwölf Monate ab Antragstellung nur ganz überwiegend nicht der Pfändung unterliegende Beträge zu erwarten sind. An die Glaubhaftmachung sind hohe Anforderungen zu stellen. Davon kann etwa dann auszugehen sein, wenn der Schuldner wegen einer Behinderung oder Erkrankung berufsunfähig und eine Besserung seiner gesundheitlichen Beschwerden weder kurz- noch mittelfristig zu erwarten ist, wenn wegen Langzeitarbeitslosigkeit in vorgerücktem Alter keine Aussicht auf ein Erwerbseinkommen mehr besteht oder wenn er sich als Empfänger nicht pfändbarer Sozialleistungen bereits länger erfolglos um einen Arbeitsplatz bemüht hat. Soweit dem Schuldner eine Glaubhaftmachung nur für einen kürzeren Zeitraum möglich ist, hat das Gericht die Anordnung von vornherein auf einen geringeren Zeitraum zu beschränken.[10]

2. Gläubigerinteresse (Satz 2)

Überwiegende Gläubigerinteressen können dem Antrag entgegenstehen; der Gläubiger ist daher vor einer Entscheidung anzuhören.[11] Es sind die Belange derjenigen Gläubiger zu berücksichtigen, deren bereits erfolgte Pfändungen von der Anordnung betroffen werden. Die Anordnung kann aber nur einheitlich ergehen. Stellt sich heraus, dass die Belange eines betroffenen Gläubigers, z. B. eines Kreditinstituts, nicht weiter beeinträchtigt, dagegen die Bedürfnisse eines anderen Gläubigers, wie etwa eines unterhaltsberechtigten Kindes, durchaus tangiert werden, kann dem Antrag des Schuldners nicht dadurch stattgegeben werden, dass die Unpfändbarkeit nur gegenüber einzelnen Gläubigern angeordnet wird.[12] Entgegenstehende Gläubigerinteressen können dann vorliegen, wenn nicht auszuschließen ist, dass sich die Pfändung auf den Zahlungseingang eines pfändbaren Betrages erstrecken oder doch geringfügige Beträge erfassen kann und deshalb der Aufschub der Gläubigerbefriedigung unverhältnismäßig nachteilig wäre. Ein Überwiegen der Gläubigerinteressen wird bei einer Vollstreckung wegen einer gesetzlichen Unterhaltspflicht, wegen einer Rente aufgrund Verletzung des Körpers oder der Gesundheit (§ 850d) oder wegen einer Forderung aus vorsätzlicher unerlaubter Handlung anzunehmen sein.[13] Das Gericht hat hier einen Beurteilungsspielraum, ihm ist aber kein Ermessen eingeräumt.[14]

---

5 *Zöller/Stöber*, § 850l Rn. 2; *Musielak/Becker*, § 850l Rn. 2.
6 Vgl. AG Brühl, JurBüro 2011, 270.
7 *Zöller/Stöber*, § 850l Rn. 3.
8 *Zöller/Stöber*, § 850l Rn. 4; *Musielak/Becker*, § 850l Rn. 2.
9 Vgl. *Musielak/Becker*, § 850l Rn. 2.
10 *Zöller/Stöber*, § 850l Rn. 4.
11 *Zöller/Stöber*, § 850l Rn. 6.
12 So *Riedel*, in: Vorwerk/Wolf, Edition 15, § 850l Rn. 6.
13 *Zöller/Stöber*, § 850l Rn. 5; *Musielak/Becker*, § 850l Rn. 3.
14 *Musielak/Becker*, § 850l Rn. 3.

Die Anordnung kann wegen § 829 Abs. 3 keine Aufhebung der bereits wirksamen Pfändung bewirken; diese besteht rangwahrend fort. Da aber während der Befristungsdauer der Anordnung keine Pfändungswirkungen bestehen, sind dem Schuldner Verfügungen und dem Drittschuldner Zahlungen an den Schuldner nicht untersagt. Über das Guthaben des Pfändungskontos in Höhe der monatlichen Freibeträge kann der Schuldner ohnehin frei verfügen.[15] Mit Fristablauf endet die Unpfändbarkeit ohne Aufhebung, und die Pfändungswirkungen treten wieder in Kraft.

3. Aufhebung der Anordnung (Satz 3)

4   Eine getroffene Anordnung ist gem. Satz 3 auf Antrag eines Gläubigers aufzuheben, wenn ihre Voraussetzungen nicht mehr vorliegen oder die Anordnung den überwiegenden Belangen dieses Gläubigers entgegensteht. Den Antrag kann auch ein Gläubiger stellen, der zum Zeitpunkt der Anordnung noch nicht beteiligt war und deshalb zu dem Schuldnerantrag nicht angehört wurde.[16] Zu diesem Antrag ist der Schuldner zu hören.

III. Rechtsbehelfe

5   Beschlüsse nach § 850l sind ausnahmslos Entscheidungen, die deshalb vom Beschwerten mit der sofortigen Beschwerde nach §§ 793 i. V. m. § 11 Abs. 1 RPflG anzufechten sind (mit Abhilfebefugnis nach § 572 Abs. 1). Anfechtungsberechtigt sind der Schuldner bei Ablehnung des Antrages und der Gläubiger bei der Anordnung befristeter Unpfändbarkeit; entsprechendes gilt für den Antrag auf Aufhebung der Anordnung. Wird die Anordnung auf Antrag des Gläubigers aufgehoben, kann der Schuldner dagegen nicht Beschwerde einlegen, sondern muss einen erneuten Antrag auf Anordnung der Unpfändbarkeit des Kontos stellen.

IV. Gebühren

6   Die Entscheidungen des Vollstreckungsgerichts ergehen gerichtsgebührenfrei. Für den Anwalt ist seine Tätigkeit mit der Vollstreckungsgebühr nach VV Nr. 3309 RVG, soweit sie schon angefallen ist, abgegolten, denn seine Tätigkeit im Rahmen von § 850l ist keine besondere Angelegenheit i. S. v. § 18 Nr. 3 RVG.

V. ArbGG, VwGO, AO

7   Siehe § 850 Rdn. 20.

---

15 Zöller/Stöber, § 850l Rn. 7.
16 Riedel, in: Vorwerk/Wolf, Edition 15, § 850l Rn. 7.

§ 851 Nicht übertragbare Forderungen

(1) Eine Forderung ist in Ermangelung besonderer Vorschriften der Pfändung nur insoweit unterworfen, als sie übertragbar ist.

(2) Eine nach § 399 des Bürgerlichen Gesetzbuchs nicht übertragbare Forderung kann insoweit gepfändet und zur Einziehung überwiesen werden, als der geschuldete Gegenstand der Pfändung unterworfen ist.

Übersicht

		Rdn.
I.	Zweck der Norm	1
II.	Unpfändbarkeit wegen Nichtübertragbarkeit	2
1.	Nichtübertragbarkeit kraft Gesetzes	2
2.	Höchstpersönliche Forderungen	4
3.	Zweckgebundene Forderungen	5
	a) Beispiele	6
	b) Zeitpunkt der Zweckbindung	7
	c) Art der Zweckbindung	8
	d) Exkurs. Zweckbindung bei den EG	9
4.	Unselbständige Nebenrechte	10
III.	Pfändbarkeit bei vertraglich vereinbarter Unübertragbarkeit (Abs. 2)	11
1.	Zweck des Abs. 2	11
2.	Sonderregel des § 354a HGB	12
3.	Anwendungsbereich des Abs. 2	13
4.	Gegenstand der Pfändung unterworfen	14
5.	Nachträgliche Vereinbarung der Abtretbarkeit	16
IV.	Rechtsbehelfe	17
V.	ArbGG, VwGO, AO	18

Literatur:

Bauer, Umfang und Begrenzung der Zwangsvollstreckung in verkehrsunfallbedingten Schadensersatzforderungen, JurBüro 1962, 655; *ders.*, Die Zwangsvollstreckung in Baugelder, JurBüro 1963, 65; *ders.*, Abtretung von und Zwangsvollstreckung in Sparkassenbriefe, JurBüro 1974, 1354; *ders.*, Die Zwangsvollstreckung in Sparprämienguthaben, JurBüro 1975, 288; *Becker*, Sind Untermietzinsforderungen pfändbar?, NJW 1954, 1595; *Bergan/Martin*, Die Aufrechnung mit Steuerforderungen gegen staatliche Zuwendung, DÖV 2013, 268; *Berringer*, Die Pfändbarkeit von Rückforderungsrechten bei Zuwendungen unter Ehegatten, DNotZ 2004, 245; *Bohn*, Die Zwangsvollstreckung in Rechte des Versicherungsnehmers aus dem Versicherungsvertrag und der Konkurs des Versicherungsnehmers, FS Schiedermair, 1976, 33; *Borrmann*, Zur Pfändbarkeit vermögenswirksamer Leistungen, DB 1974, 382; *Brych/Borrmann*, Zur Pfändbarkeit vermögenswirksamer Leistungen, DB 1974, 2054; *Büchler*, Betriebliche Altersversorgung in der Doppelinsolvenz von Arbeitgebern und versicherter Person, ZVI 2013, 254; *Goebel*, Kann auf vermögenswirksame Leistungen zurückgegriffen werden?, FoVo 2014, 61; *Hillebrand*, Zur Unpfändbarkeit zweckgebundener Forderungen, Rpfleger 1986, 464; *Jakobs*, Die Verlängerung des Eigentumsvorbehalts und der Ausschluß der Abtretung der Weiterveräußerungsforderung (BGHZ 56, 228), JuS 1973, 152; *Jansen*, Rangvorbehalt und Zwangsvollstreckung, AcP 1952/53, 508; *Klose*, Dispositionskredit – Zulässigkeit der Pfändung des Darlehensanspruchs, MDR 2002, 186; *Kurzka*, Der Zugriff auf den Rechtsschutzversicherungsanspruch, VersR 1980, 12; *Liebs*, Die unbeschränkbare Verfügungsbefugnis, AcP 1975, 1; *Meller-Hanich*, Verfügbarkeit von Forderungen und Gläubigerzugriff, KTS 2000, 37; *Meyer/Burrer*, Die Pfändung von vertraglichen Rückforderungsrechten nach der Entscheidung des BGH vom 20.2.2003, NotBZ 2004, 383; *Münch*, Zur Pfändbarkeit von Rückforderungsrechten bei ehebedingten Zuwendungen, FamRZ 2004, 1329; *ders.*, Die Pfändbarkeit von Rückforderungsrechten bei ehebedingten Zuwendungen, ZFE 2003, 269; *Muth*, Zur Pfändbarkeit vermögenswirksamer Leistungen nach dem 3. VermBilG, DB 1979, 1118; *ders.*, Übertragbarkeit und Pfändbarkeit des Kapitalentnahmeanspruchs von Personenhandelsgesellschaften, DB 1986, 1761; *Oswald*, Zwangsvollstreckung im Bereich des Vermögensbildungsgesetzes, AnwBl. 1974, 365; *Rupprecht*, Vollstreckung in Altersvorsorgeansprüche, 2014; *Schalhorn*, Wann kann die Justizverwaltung gegen den Anspruch eines Freigesprochenen aus dem Strafentschädigungsgesetz eine Aufrechnung mit einer ihr zustehenden Kostenforderung erklären?, JurBüro 1974, 303; *ders.*, Ist die Pfändung eines Guthabens, das der Auftraggeber bei seinem Rechtsbeistand (Rechtsanwalt) hat, durch einen Gläubiger zulässig?, JurBüro 1975, 1315; *Schütz*, Abtretung und Pfändung im Akkreditiv-Verkehr, BB 1964, 332; *Schuschke*, Die Zwangsvollstreckung in Sondernutzungsrechte, NZM 1999, 830; *E. Wagner*, Materiell-rechtliche und prozessuale Probleme des § 354a HGB, WM 1996, Sonderbeilage 1; *M. Wagner*, Abtretung, Verpfändung und Pfändung nach dem Unterhaltssicherungsgesetz, Rpfleger 1973, 206; *Walker*, Die Bedeutung der Pfändbarkeit für die Abtretbarkeit von Geldforderungen nach § 400 BGB, Festschrift für Musielak, 2004, 655; *Weidner*, Pfändbarkeit von Ansprüchen aus einem Dispositionskredit, JurBüro 2005, 177; *Weimar*, Die Pfändung von Guthaben aus Sparverträgen aufgrund des Vermögensbildungsgesetzes, JurBüro 1976, 437; *Wilhelm*, Das Merkmal »auf Kosten« als notwendiges Kriterium der Leistungskondiktion, JuS 1973, 1.

§ 851 ZPO Nicht übertragbare Forderungen

I. Zweck der Norm

1 Die Vorschrift korrespondiert in Abs. 1 mit § 400 BGB, nach dem Forderungen nicht abgetreten werden können, soweit sie der Pfändung nicht unterworfen sind. Die Bestimmung des § 851 ist zum Schutze der Abtretungsverbote erforderlich, da die Verwertung einer gepfändeten Forderung – die Überweisung – in ihren Auswirkungen einer Übertragung in vielfacher Hinsicht gleichkommt. Umgekehrt dient § 400 BGB dem Schutz der Pfändungsverbote, damit diese nicht durch (etwa dem schwächeren Vertragspartner schon in AGB aufgezwungene) Abtretungsvereinbarungen unterlaufen werden.[1] Die für unpfändbar erklärten Forderungen sollen dem Berechtigten erhalten bleiben, damit ihm die Lebensgrundlage nicht gänzlich entzogen wird.[2]

Die Nichtübertragbarkeit einer Forderung oder eines Rechts kann sich ausdrücklich aus dem Gesetz ergeben. Sie kann ferner aus der Höchstpersönlichkeit des Anspruchs oder aus der Zweckbindung der zu beanspruchenden Leistung folgen, wenn nämlich ein Gläubigerwechsel den Inhalt der Leistung ändern oder deren rechtlich gesicherte Zweckbindung vereiteln würde[3] (§ 399, 1. Fall BGB); ebenso kann sie aber rechtsgeschäftlich vereinbart sein (§ 399, 2. Fall BGB). Da der Schuldner durch die Vereinbarung der Nichtübertragbarkeit einen wesentlichen Teil seines Vermögens willkürlich der Zwangsvollstreckung entziehen könnte, enthält Abs. 2 für diese Fälle eine Einschränkung zum Grundsatz des Abs. 1.

II. Unpfändbarkeit wegen Nichtübertragbarkeit

1. Nichtübertragbarkeit kraft Gesetzes

2 Nicht übertragbar kraft ausdrücklicher gesetzlicher Anordnung sind z. B. die Mehrzahl der Ansprüche, die den Gesellschaftern einer BGB-Gesellschaft oder einer Personenhandelsgesellschaft aus dem Gesellschaftsverhältnis gegeneinander zustehen (§ 717 Satz 1 BGB). Ferner sind zu nennen die Vorkaufsrechte (§§ 473, 1094 BGB),[4] die Anteilsrechte an einer Aktiengesellschaft vor Eintragung der Gesellschaft (§ 41 Abs. 4 AktG), die in § 51 Abs. 3 BeamtVG genannten Ansprüche, die Ansprüche aus §§ 613, 664 BGB vor der ausdrücklichen Vereinbarung der Übertragbarkeit sowie das nach § 10a oder Abschnitt XII EStG steuerlich geförderte **Altersvorsorgevermögen** einschließlich seiner Erträge, der geförderten laufenden Altersvorsorgebeiträge und des Anspruchs auf die Zulage (§ 97 EStG).[5]

Nicht übertragbar und daher nicht pfändbar ist ferner die beschränkte persönliche Dienstbarkeit (§ 1092 Abs. 1 Satz 1 BGB), insbesondere auch das Wohnungsrecht (§ 1093 BGB).[6] Zur Pfändbarkeit der Dienstbarkeit gem. § 857 Abs. 3 siehe § 857 Rdn. 27. Der Anspruch auf Haftentschädigung nach dem StrEG ist bis zur Rechtskraft des die Entschädigung zusprechenden Urteils gem. § 13 Abs. 2 StrEG nicht übertragbar und damit vorerst nicht pfändbar; die Anfechtbarkeit einer dennoch erfolgten Pfändung entfällt mit Eintritt der Rechtskraft.[7] Die Pfändung des Entschädigungsanspruchs wegen menschenunwürdiger Haftbedingungen wegen einer Gegenforderung auf Erstattung offener Kosten des Strafverfahrens[8] oder wegen der aus der Rechtsverfolgung der Entschädigungsansprüche erwachsenden Nebenforderungen[9] ist dem Staat als unzulässige Rechtsausübung (§ 242 BGB) verwehrt. Schließlich enthält § 2 Abs. 2 Satz 4 BetrAVG ein gesetzliches

---

1 Ausführlich dazu *Walker*, Festschrift für Musielak, 2004, 655 ff.; siehe auch LG Köln, ZInsO 2013, 1428 (absolute Unwirksamkeit der Abtretung von Forderungen aus Berufsunfähigkeitsversicherung).
2 BGHZ 125, 116, 122.
3 BGHZ 94, 316; 141, 173, 176; BGH Rpfleger 2009, 90.
4 BGHZ 154, 64, 68.
5 Vgl. § 851d Rdn. 2.
6 BGH, WuM 2007, 30; SchlHOLG Schleswig, Rpfleger 1997, 256.
7 OLG Koblenz, NJW-RR 1999, 508.
8 BGH, NJW-RR 2010, 167, 168 zur Aufrechnung; BGH, NJW-RR 2011, 959, 960.
9 BGH, NJW-RR, 2011, 959, 960.

Abtretungsverbot betreffend die Versorgungsanwartschaft aus einer Direktversicherung.[10] Diese Verfügungsbeschränkung erfasst jedoch nicht den – künftigen – Anspruch auf Auszahlung der Versicherungssumme im Versicherungsfall.[11] Das Vollstreckungshindernis des § 89 InsO[12] begründet kein gesetzliches Abtretungsverbot i. S. v. § 400 BGB.[13]

Honorarforderungen von Steuerberatern und Rechtsanwälten sind trotz der in § 49b Abs. 4 BRAO, § 64 Abs. 2 Satz 2 StBerG normierten Einschränkungen pfändbar. § 851 Abs. 1 stellt allein darauf ab, ob die Forderung nach Inhalt und Zweckbindung nicht übertragbar ist, eine Abtretung also schlechthin verboten und auch nicht unter bestimmten Voraussetzungen gestattet ist.[14] Deren Abtretung kann aber nach § 134 BGB i. V. m. § 203 StGB nichtig sein.[15] Ansprüche gegen ein berufsständisches **Versorgungswerk** auf Rentenzahlungen sind unbeschadet einer aus Landesgesetz folgenden Unabtretbarkeit in den Grenzen des § 850c[16] grundsätzlich pfändbar. § 851 Abs. 1 ist verfassungskonform einschränkend auszulegen, wenn die Unpfändbarkeit mit dem verfassungsrechtlich geschützten (Art. 14 GG) Befriedigungsrecht des Gläubigers nicht mehr vereinbar wäre. Für ein Vollstreckungsprivileg der landesrechtlichen Rechtsanwaltsversorgung gegenüber der Beamtenversorgung und der Altersversorgung im Rahmen der gesetzlichen Rentenversicherung fehlt ein sachlicher Grund.[17] Das Gleiche gilt für Ansprüche des Schuldners gegen die Versorgungsanstalt der deutschen Bezirksschornsteinfegermeister auf Zusatzversorgung nach dem Schornsteinfegergesetz.[18] Jedoch ist das Recht des Mitglieds eines Versorgungswerks, die Mitgliedschaft zu beenden und die Erstattung gezahlter Beiträge zu verlangen, unpfändbar; das Gleiche gilt für das Rentenstammrecht.[19]

Sofern ein Anspruch nur auf bestimmte Personen übertragen werden kann, ist er auch nur für diese pfändbar. Das betrifft etwa **Sondernutzungsrechte** der Wohnungseigentümer am Gemeinschaftseigentum, die nur auf andere Wohnungseigentümer innerhalb der Wohnungseigentümergemeinschaft, nicht aber auf außenstehende Dritte übertragen werden können.[20] Stehen hingegen einem Wohnungseigentümer Sondernutzungsrechte zu, die er treuhänderisch für den aus der Wohnungseigentümergemeinschaft ausgeschiedenen Bauträger verwaltet, sind die sich aus dem Treuhandverhältnis ergebenden Rechte des Bauträgers grundsätzlich pfändbar.[21]

2. Höchstpersönliche Forderungen

Höchstpersönlich ist der Urlaubsanspruch, nicht hingegen der an die Stelle des Anspruchs auf Urlaub getretene Anspruch auf Urlaubsabgeltung,[22] ferner das Recht der Eltern aus § 1649 Abs. 2

---

10 BGH, NJW-RR 2011, 283; LG Bamberg, Beschl. v. 8.12.2005 – 3 T 122/05–; LG Stuttgart JurBüro 2010, 155.
11 BGH, NJW-RR 2011, 283; OLG Stuttgart, NJW-RR 2001, 150 f.
12 Bis zum 31.12.1998: § 14 KO.
13 BGHZ 125, 116, 122.
14 BGHZ 141, 173, 176; BGH, ZIP 2003, 2176; Rpfleger 2007, 272; Rpfleger 2009, 90; BFHE 208, 414.
15 Vgl. auch BGH NJW 2010, 2509 Rn. 11 (bejaht für Provisionsansprüche eines Versicherungsvertreters); BGH NJW 2010, 361 Rn. 14 (verneint für Darlehensforderung öff.-rechtl. Sparkassen).
16 BGH, FamRZ 2005, 438.
17 BGHZ 160, 197 ff. mit Anm. *Schuschke*, BGH-Report 2004, 1651; BGH, ZIP 2008, 417; AG Leipzig, NJW 2003, 2754.
18 BGH, Rpfleger 2007, 407 in Fortführung von BGHZ 160, 197.
19 BGH, ZIP 2008, 417.
20 Vgl. BGHZ 73, 145, 147 f.; offen BGH, WM 2010, 1271; Einzelheiten: *Schuschke*, NZM 1999, 830; **a. M.** (unpfändbar) *Zöller/Stöber*, § 857 Rn. 126.
21 BGH, WM 2010, 1271.
22 BAG, JurBüro 2003, 214; BB 2001, 2378 f.; LAG Berlin, NZA 1992, 122, 123; LAG Köln, ARSt. 1990, 156; LG Leipzig, JurBüro 2003, 215; *D. Gaul*, NZA 1987, 473, 475; **a. A.** noch BAG, BB 1959, 340; BB 1988, 1533; Einzelheiten: § 850a Rdn. 3.

BGB, Einkünfte aus Kindesvermögen zum eigenen Unterhalt verwenden zu dürfen, das Recht des Mieters auf Gebrauchsüberlassung, auch wenn der Vermieter dem Mieter im Einzelfall die Untervermietung der Räume gestattet hat[23] (der Gläubiger kann also nicht an Stelle des Schuldners Teile von dessen Wohnung untervermieten; hat der Schuldner aber selbst untervermietet, ist sein Anspruch auf den Untermietzins selbstverständlich pfändbar),[24] das Recht auf Ausschlagung der Erbschaft[25], der Anspruch auf Auszahlung einer Entschädigung nach Art. 41 EMRK[26], das Recht des Bankkunden, im Rahmen der vereinbarten Kreditlinie das Konto überziehen zu dürfen (denn der Abruf ist eine Entscheidung allein des Schuldners; diese Befugnis kann der Gläubiger nicht durch Pfändung des Abrufrechts auf sich übertragen und den Schuldner so zur Begründung einer neuen Verbindlichkeit zwingen),[27] der Rangvorbehalt gem. § 881 BGB,[28] der Anspruch auf Auszahlung eines Vorschusses auf die Haftentschädigung,[29] sowie Zahlungen kirchlicher Körperschaften an Opfer sexuellen Missbrauchs.[30] Um eine unpfändbare Forderung kann es sich auch bei dem Anspruch des Schuldners auf Beratungsleistungen handeln, soweit dieser nach gesetzlicher Regelung nicht übertragbar (§ 613 Satz 2 BGB) und deshalb nicht pfändbar ist.[31] Von dem höchstpersönlichen Recht des Bankkunden, den Kredit abzurufen, ist der Anspruch gegen die Bank, der sich nach Inanspruchnahme des eingeräumten[32] Überziehungskredits ergibt, zu unterscheiden. Dieser Anspruch auf Zurverfügungstellung des abgerufenen Geldbetrages ist grds. pfändbar,[33] und zwar auch als künftiger Anspruch. Als selbständiger Anspruch aus dem Girovertrag unpfändbar ist der Anspruch des Kontoinhabers auf Rechnungslegung und Erteilung von Kontoauszügen.[34] Der Anspruch des nichtehelichen Kindes auf vorzeitigen Erbausgleich ist – soweit er nach Aufhebung des § 1934d BGB überhaupt noch besteht (dazu Art. 227 Abs. 1 EGBGB) – ebenfalls ein höchstpersönliches Recht und kann daher vor seiner notariellen Anerkennung oder Rechtshängigmachung nicht gepfändet werden.[35]

Nicht zu den höchstpersönlichen Ansprüchen zählen der Anspruch des Straf- und Untersuchungsgefangenen auf Auszahlung des sog. **Eigengeldes**[36] und der zum Unterhaltsanspruch nach § 1360 BGB gehörende Anspruch eines Ehegatten auf Taschengeld[37]; der Taschengeldanspruch eines Maßregelvollzugspatienten ist hingegen von der Rspr. als unpfändbar angesehen worden.[38] Der Schmerzensgeldanspruch ist nach Wegfall des § 847 Abs. 1 Satz 2 BGB durch Gesetz vom 14.3.1990[39]

---

23 OLG Hamburg, MDR 1954, 685.
24 OLG Frankfurt, NJW 1953, 1597; MDR 1956, 41; OLG Hamm, JurBüro 1956, 308; LG Berlin, NJW 1955, 309; LG Frankfurt, NJW 1953, 1598; *Wieczorek/Schütze/Lüke*, § 851 Rn. 6.
25 LG Hildesheim, FamRZ 2009, 1440.
26 BGH, NJW 2011, 2296, 2298 f.; das Pfändungsverbot erfasst wegen der engen materiellen Verbindung mit der Hauptforderung auch die Kosten der Rechtsverfolgung, der Ausgleich für Mehrkosten in dem vorausgegangenen innerstaatlichen Verfahren ist dagegen pfändbar, BGH, a.a.O. 2299.
27 BGHZ 157, 350, 356; LG Münster, Beschl. v. 9.8.2002 –5 T 771/02–; *Schuschke*, ZIP 2001, 1084, 1087; Weitere Einzelheiten: Anh. § 829 Rdn. 9.
28 BGHZ 12, 238.
29 OLG Hamm, NJW 1975, 2075.
30 BGH, NJW-RR 2014, 1009 Tz. 14 ff.
31 BGH, MDR 2013, 680 Tz. 9 ff.
32 Davon abzugrenzen ist die geduldete Überziehung nach § 493 Abs. 2 BGB, bei der es an der vorherigen Vereinbarung eines Kreditrahmens fehlt; vgl. OLG Saarbrücken, ZIP 2006, 2029.
33 BGHZ 157, 350, 357.
34 BGHZ 165, 53, 57; vgl auch Rdn. 10.
35 MüKo/*Smid*, § 851 Rn. 5; *Stöber*, Forderungspfändung, Rn. 123; **a.A.** wohl *Stein/Jonas/Münzberg*, § 851 Rn. 4.
36 Vgl. dazu § 850 Rdn. 11.
37 Siehe zur Pfändbarkeit dieses Anspruchs § 850b Rdn. 11 und § 850 Rdn. 9.
38 LG Kleve, Beschl. V. 18.12.2008 – 4 T 299/08 –.
39 BGBl. I, 478.

pfändbar, ebenso die Geldentschädigung nach § 15 Abs. 2 Satz 1 AGG.[40] Gleiches gilt für einen Anspruch aus einer Kapitallebensversicherung.[41] Pfändbar ist das Recht des Ehemannes auf Rückübertragung eines auf die Ehefrau unentgeltlich übertragenen, aber jederzeit rückforderbaren Grundstücks, jedenfalls zusammen mit dem künftigen oder aufschiebend bedingten und durch eine Vormerkung gesicherten Rückauflassungsanspruch.[42]

3. Zweckgebundene Forderungen

Sie sind dann unpfändbar, wenn der mit der versprochenen oder geschuldeten Leistung bezweckte Erfolg nicht erreicht werden kann, falls die Leistung an den Gläubiger zur Befriedigung von dessen tituliertem Forderung erfolgt.[43] Umgekehrt heißt dies: Liegt die Befriedigung des vollstreckenden Gläubigers im Rahmen der Zweckbindung, so ist in diesem Rahmen für ihn die Forderung auch pfändbar.

a) Beispiele

So ist der Anspruch des Ehegatten auf **Prozesskostenvorschuss** gem. § 1360a BGB grundsätzlich unpfändbar; wegen der Gebührenansprüche aus dem konkreten Prozess können aber die Gerichtskasse und der Prozessbevollmächtigte des Ehegatten auf diesen Anspruch zugreifen.[44] Der **Freistellungsanspruch** des Arbeitnehmers gegen den Arbeitgeber von Ansprüchen eines Betriebsfremden auf Schadensersatz wegen fahrlässiger Schadenszufügung ist nur für den geschädigten Dritten pfändbar.[45] Der Anspruch des Bauherrn gegen die Bank auf Auszahlung des **Baudarlehens** ist nur für die an dem durch dieses Darlehen mitfinanzierten Bau beteiligten Handwerker, Architekten usw., nicht aber für Dritte, deren Tätigkeit sich nicht auf die Errichtung dieses Bauwerks bezieht, pfändbar;[46] dagegen wird der Anspruch auf Zurverfügungstellung eines abgerufenen Geldbetrages aufgrund eines allgemeinen Überziehungskredits nicht als zweckgebunden angesehen.[47] Die gegen einen Gesellschafter einer GmbH gerichtete Forderung auf Zahlung der Stammeinlage ist gem. § 19 GmbHG zweckgebunden. Solange diese Zweckbindung besteht,[48] ist die Forderung nur pfändbar, wenn der Gesellschaft dafür eine vollwertige Forderung zufließt.[49] Der Anspruch der Schuldnerin gegen ihren Ehemann auf Freistellung von der gegen sie titulierten Honorarforderung wegen ärztlicher Leistungen bei der Entbindung ist pfändbar.[50] Beihilfeansprüche für Aufwendungen im Krankheitsfall sind für Gläubiger jedenfalls dann unpfändbar, wenn ihre Forderung nicht dem konkreten Beihilfeanspruch zugrunde liegt (keine Anlassforderung) und dessen Anlassgläubiger noch nicht befriedigt sind.[51]

In den Anspruch auf Befreiung von einer Verbindlichkeit kann nur der Gläubiger dieser Verbindlichkeit vollstrecken.[52] Auf den Anspruch auf Auszahlung einer **Subvention** können nur diejenigen

---

[40] LAG Baden-Württemberg, NZA-RR 2012, 33, 34.
[41] BFHE 164, 399; BFH/NV 2003, 1538; vgl. ferner § 850b Rdn. 17 und die Anm. zu § 851c.
[42] BGHZ 154, 64, 67, 69 mit Anm. *Schuschke*, LMK 2003, 114; vgl. ferner Rdn. 10.
[43] BGHZ 25, 211.
[44] BGHZ 94, 316, 322; OLG Frankfurt, FamRZ 1956, 110; OLG Köln, FamRZ 1993, 1462, 1463; LG Berlin, FamRZ 1971, 173.
[45] BAG, AP Nrn. 37, 45 zu § 611 BGB Haftung des Arbeitnehmers; LG Berlin, MDR 1972, 153; *Brox/Walker*, Rn. 523; *Hardt*, DB 2000, 1814.
[46] LG Aachen, Rpfleger 1962, 449; *Brox/Walker*, Rn. 522; *Gaul/Schilken/Becker-Eberhardt*, § 54 Rn. 27; *Stein/Jonas/Brehm*, § 851 Rn. 21; *Stöber*, Forderungspfändung, Rn. 80; *Wieczorek/Schütze/Lüke*, § 851 Rn. 16.
[47] BGHZ 157, 350, 356.; vgl. bereits Rdn. 4.
[48] Zur Pfändbarkeit nach Wegfall der Zweckbindung DLG Köln, NJW-RR 1996, 939, 940.
[49] BGH, NJW 1992, 2229; siehe auch Rdn. 7.
[50] LG Münster, Rpfleger 2005, 270.
[51] BGH, Rpfleger 2005, 148.
[52] BGHZ 41, 203; KG, VersR 1980, 931.

Gläubiger im Wege der Zwangsvollstreckung zugreifen, deren Ansprüche vom Zweck der Subvention gedeckt sind.[53] **Treuhänderisch** verwaltete Gelder sind nur im Rahmen des mit der Treuhand verfolgten Zweckes pfändbar.[54] Unpfändbar ist ferner der Anspruch auf Kindesunterhalt nach § 1629 Abs. 3 BGB.[55] Gegen ihn kann deshalb auch nicht mit Ansprüchen aufgerechnet werden, die nicht im Zusammenhang mit der Durchsetzung des Kindesunterhalts stehen.[56] Ansprüche des Vermieters auf **Mietnebenkosten** sind ebenfalls zweckgebunden und daher nur im Rahmen dieser Zweckbindung pfändbar.[57] Zum **Hausgeld** des **Strafgefangenen** siehe § 850 Rdn. 11. Die Entschädigung für Mehraufwendungen gemäß § 16 Abs. 3 SGB II (»Ein-Euro-Job«) ist keine zweckgebundene Leistung; sie ist daher wie Arbeitseinkommen pfändbar (§ 54 Abs. 4 SGB IV).[58] Zum Taschengeldanspruch eines Maßregelvollzugspatienten bereits oben Rdn. 4 a. E.

b) Zeitpunkt der Zweckbindung

7   Die Zweckbindung des Anspruchs, die seiner allgemeinen Pfändbarkeit entgegensteht, muss sich aus dem materiellen Recht ergeben und bereits vor der Pfändung bestanden haben. Umgekehrt kann die ursprüngliche Zweckbindung aufgrund nachträglicher Entwicklungen verloren gehen und der Anspruch dann allgemein pfändbar werden. Während etwa eine beschränkte persönliche Dienstbarkeit (z. B. Wohnrecht) unpfändbar ist,[59] ist der als Ersatzforderung für eine mit dem Zuschlag in der Zwangsversteigerung erloschene Dienstbarkeit entstandene Erlösanspruch (§§ 92, 121 ZVG) als gewöhnliche Geldforderung ohne Weiteres pfändbar.[60] Der Anspruch der GmbH gegen ihre Gesellschafter auf Einzahlung des Stammkapitals gem. § 19 GmbHG ist grundsätzlich nur für Gläubiger pfändbar, die der Gesellschaft eine vollwertige Gegenleistung haben zufließen lassen,[61] damit auch das Haftkapital tatsächlich aufgebracht wird. Hat die Gesellschaft aber ihren Geschäftsbetrieb endgültig eingestellt und ist die Erhaltung des Grundkapitals nicht mehr erforderlich, so entfällt auch die Einschränkung der Pfändbarkeit.[62]

c) Art der Zweckbindung

8   Die »Zweckbindung« muss über die allgemeine Bestimmung jeder Forderung in einem Synallagma, auch die Erfüllung der Gegenforderung zu erreichen, hinausgehen. Das Recht, nicht erfüllen zu müssen, ehe nicht auch die Gegenleistung erbracht wird (§ 320 Abs. 1 BGB), steht nicht schon der Pfändung entgegen, sondern hindert erst die Einziehung der gepfändeten Forderung und ist demgemäß erst vom Drittschuldner im Einziehungsprozess geltend zu machen.[63] Die »Zweckbindung«, um die es vorliegend geht, folgt aus der Natur des Schuldverhältnisses; sie muss den Empfänger der Leistung verpflichten, mit ihr in einem bestimmten Sinne, an dessen Erreichung auch der Leistende interessiert ist, zu verfahren.

---

53 Vgl. ThürOVG, NVwZ-RR 2004, 781; *Gaul/Schilken/Becker-Eberhardt*, § 54 Rn. 27; *Stein/Jonas/Brehm*, § 851 Rn. 21.
54 BGHZ 94, 316, 322; 147, 193, 197 ff.; BGH, Rpfleger 1978, 248; NJW 1985, 2263, 2264; ZIP 2000, 265 (jedenfalls bei vereinbarter treuhänderischer Zweckbindung) mit Anm. *Derleder*, EWiR 2000, 603; NJW 1998, 746 mit Anm. *Walker*, LM, § 135 BGB Nr. 7 (bei vereinbarter, nicht bei einseitiger Zweckbestimmung).
55 Vgl. auch § 850l Rdn. 3.
56 BGH, WM 1991, 878, 879 f.
57 OLG Celle, NJW-RR 2000, 460; VG Halle (Saale), Beschluss vom 2.6.2003 – 5 B 16/03 –.
58 LG Görlitz, JAmt 2006, 51.
59 Siehe auch § 857 Rdn. 27.
60 LG Frankfurt, Rpfleger 1974, 122.
61 BGHZ 53, 71; OLG Frankfurt, GmbH-Rdsch 1977, 249; *A. Blomeyer*, Vollstreckungsverfahren, § 54 I 1 b; *Gaul/Schilken/Becker-Eberhardt*, § 54 Rn. 26; siehe bereits Rdn. 5 m. w. N.
62 OLG Hamm, DB 1992, 1082, 1083; *Baur/Stürner/Bruns*, Rn. 25.7.
63 Kritisch insoweit *Bruns*, AcP 1971, 358.

d) Exkurs. Zweckbindung bei den EG

Das Problem der Zweckbindung kann sich (allerdings in anderer Weise) auch stellen, wenn Mittel der Europäischen Gemeinschaften gepfändet werden sollen. Rechtsgrundlage ist dann aber nicht § 851, sondern Art. 1 Satz 3 des Protokolls über Vorrechte und Befreiungen der Europäischen Gemeinschaften. Danach können Vermögensgegenstände und Guthaben der Gemeinschaften ohne Ermächtigung des EuGH nicht Gegenstand von Zwangsmaßnahmen der Verwaltungsbehörden oder Gerichte sein. Der EuGH weist einen Antrag auf Pfändung zurück, wenn dieser geeignet ist, das ordnungsgemäße Funktionieren und die Unabhängigkeit der Europäischen Gemeinschaften zu beeinträchtigen. Eine solche Beeinträchtigung hat der EuGH im Rahmen der Vollstreckung gegen einen Staat (Schuldner) angenommen, wenn Mittel der EG-Kommission gepfändet werden sollen, die dort zweckgebunden zur Durchführung bestimmter Entwicklungshilfeprogramme für den Schuldnerstaat vorgehalten werden.[64]

9

4. Unselbständige Nebenrechte

Unpfändbar sind schließlich unselbständige Nebenrechte, die nicht ohne die Hauptforderung übertragen werden können, andererseits automatisch mit der Übertragung der Hauptforderung auf den Zessionar übergehen (§§ 412, 401 BGB).[65] Solche Nebenrechte werden von der Pfändung der Hauptforderung, ohne dass dies im Pfändungsbeschluss gesagt werden müsste, miterfasst; mit der Überweisung geht das Recht, sie geltend machen zu dürfen, auf den Gläubiger über.[66] Das Vollstreckungsgericht kann jedoch auf Antrag des Gläubigers in dem das Hauptrecht pfändenden Beschluss die Mitpfändung aussprechen.[67] Das Recht, durch eine Wollenserklärung einen Rückübertragungsanspruch als unbedingten Anspruch zur Entstehung zu bringen, ist als **Gestaltungsrecht** nicht akzessorisch zum Rückübertragungsanspruch. Vielmehr verhält es sich umgekehrt so, dass der Rückübertragungsanspruch von der Ausübung des Gestaltungsrechts abhängt.[68]

10

III. Pfändbarkeit bei vertraglich vereinbarter Unübertragbarkeit (Abs. 2)

1. Zweck des Abs. 2

Wäre jede nach materiellem Recht nicht übertragbare Forderung unpfändbar, hätten es im Hinblick auf § 399, 2. Fall BGB Schuldner und Drittschuldner in der Hand, ohne sachliche Rechtfertigung wesentliche Teile des Schuldnervermögens allen Gläubigern zu entziehen.[69] Dem will die Regelung des **Abs. 2** entgegenwirken.[70] Die Vorschrift ist im Fall vertraglicher Abtretungsverbote trotz dieses ursprünglichen Normzweckes unabhängig davon anzuwenden, ob dem Abtretungsverbot im Einzelfall nicht doch beachtliche sachliche Erwägungen zugrunde liegen.[71] So hindert es die Anwendung der Norm nicht, dass ein Lohnabtretungsverbot tarifvertraglich vereinbart[72] ist oder

11

---

64 EuGH, NJW 2001, 3109.
65 BGH, NJW 1973, 1793; siehe auch § 829 Rdn. 62. Vgl. auch BGH, NJW-RR 2012, 434 Tz. 11: Keine Nebenrechte nach §§ 412, 401 BGB sind die Ansprüche aus § 109 SGB VI auf Erteilung von Renteninformationen und -auskünften; sie sind nicht zusammen mit der zukünftigen Forderung des Schuldners auf Rentenzahlung gepfändet.
66 BGH, NJW 1985, 2640; Rpfleger 2003, 669; LG Dresden JurBüro 2009, 663 zum Auskunfts- und Rechnungslegungsanspruch aus einem Girovertrag mit Kontokorrentabrede; anders BGHZ 165, 53, 57 zum Anspruch des Kontoinhabers auf Erteilung von Kontoauszügen und Rechnungsabschlüssen; BGH, NJW-RR 2012, 434 Tz. 24 zu Auskunftsansprüchen aus § 109 SGB VI; BGH, Rpfleger 2013, 552 Tz. 11 zu Auskunfts- und Einsichtsrechten von GmbH-Gesellschaftern nach § 51a GmbHG.
67 BGH, Rpfleger 2003, 669.
68 BGHZ 154, 64, 67, 69 mit Anm. *Schuschke*, LMK 2003, 114; vgl. bereits Rdn. 4.
69 BGHZ 95, 99, 102; NJW 2012, 678 Tz. 34.
70 Zum Normzweck siehe auch BGHZ 56, 232.
71 BGH, MDR 1978, 839; *Stein/Jonas/Brehm*, § 851 Rn. 29.
72 LAG Frankfurt, DB 1972, 243.

dass das Verbot der Forderungsabtretung in amtlich genehmigten Versicherungsbedingungen[73] oder in den Vergabebedingungen der öffentlichen Hand oder in der Satzung einer Körperschaft des öffentlichen Rechts[74] geregelt wurde. Entscheidend ist allein, dass das Abtretungsverbot nicht bereits kraft Gesetzes besteht, sondern erst durch Vereinbarung (wenn auch in AGB usw.) wirksam wurde. Über die Pfändbarkeit nach Abs. 2 entscheidet der Rechtspfleger allein aufgrund der §§ 811, 850 ff. ohne Abwägung von Gläubiger- und Schuldnerinteressen.[75]

2. Sonderregel des § 354a HGB

12 Als Sonderregel zu § 399, 2. Fall BGB ist der im Jahr 1994 neu eingefügte[76] § 354a HGB[77] zu beachten. Nach Satz 1 dieser Vorschrift ist eine gem. § 399, 2. Fall BGB ausgeschlossene Abtretung einer Geldforderung gleichwohl wirksam, wenn das Rechtsgeschäft, das diese Forderung begründet hat, für beide Teile ein Handelsgeschäft oder der Schuldner eine juristische Person des öffentlichen Rechts oder ein öffentlich-rechtliches Sondervermögen ist. Liegen die Voraussetzungen des § 354a HGB vor, geht die abgetretene Geldforderung in das Vermögen des Zessionars über und kann von Gläubigern des Zedenten nicht mehr gepfändet werden (bis zur Einfügung des § 354a HGB galt diesbezüglich § 851 Abs. 2). Gläubiger des Zessionars hingegen können nunmehr die abgetretene Geldforderung pfänden und sich überweisen lassen.

3. Anwendungsbereich des Abs. 2

13 Obwohl Abs. 2 schlechthin auf § 399 BGB Bezug nimmt, gilt er nur für den 2. Fall der Vorschrift (vertragliches Abtretungsverbot), nicht auch für den 1. Fall (Inhaltsänderung),[78] der schon von Abs. 1 erfasst ist.[79] Dies ergibt sich nicht nur aus der Entstehungsgeschichte der Norm,[80] sondern auch aus ihrem Sinn, der auf den 1. Fall des § 399 BGB nicht passt. Die Norm würde hier zu schwer verständlichen Ergebnissen führen.

4. Gegenstand der Pfändung unterworfen

14 Liegen die Voraussetzungen des § 399, 2. Fall BGB vor, so ist die Forderung dann pfändbar, wenn der Gegenstand, auf dessen Leistung die Forderung gerichtet ist, als solcher der Pfändung unterworfen ist. Der Pfändbarkeit des Gegenstandes kann etwa § 811 Abs. 1 entgegenstehen. Geld ist in aller Regel pfändbar, sodass die genannte Einschränkung der Pfändbarkeit einer Geldforderung selten entgegensteht. Ist eine Forderung nur nach Abs. 2 pfändbar, so kann sie dem Gläubiger nicht an Zahlungs Statt, sondern nur zur Einziehung überwiesen werden.[81] Dadurch bleibt jedenfalls die Forderungsinhaberschaft des Schuldners gewahrt.

15 Eine von § 851 Abs. 2 abweichende Besonderheit gilt bei Forderungen, die in das **Kontokorrent** (§ 355 HGB) eingestellt sind. Zwar liegt in der Kontokorrentabrede eine Vereinbarung i. S. v. § 399, 2. Fall BGB, wonach die einzelne Forderung ihre rechtliche Selbstständigkeit verliert und nicht

---

73 OLG Hamburg, VersR 1972, 631; LG Frankfurt, VersR 1978, 1058.
74 OLG München, Rpfleger 1991, 262; LG Oldenburg, Rpfleger 1985, 449; LAG Baden-Württemberg, Urt. v. 8.10.2008 – 22 Sa 63/07 –, Kurzwiedergabe in FoVo 2009, 77.
75 BGH, NJW 2012, 678 Tz. 13.
76 Eingeführt mit dem (zweiten) Gesetz zur Änderung des DM-Bilanzgesetzes und anderer handelsrechtlicher Bestimmungen vom 25.7.1994 (BGBl. I, 1682).
77 Zur Bedeutung des § 354a HGB im Rahmen von § 851 vgl. *E. Wagner*, WM 1996, Sonderbeilage 1, S. 21 f.
78 Wie hier *Baur/Stürner/Bruns*, Rn. 25.8; *A. Blomeyer*, Vollstreckungsverfahren, § 54 I 3 b; *Brox/Walker*, Rn. 524; *Gaul/Schilken/Becker-Eberhardt*, § 54 Rn. 31 f; *Stöber*, Forderungspfändung, Rn. 15; a. A. *Baumbach/Lauterbach/Hartmann*, § 851 Rn. 16; *Wieczorek/Schütze/Lüke*, § 851 Rn. 3; **einschränkend** *Stein/Jonas/Brehm*, § 851 Rn. 28.
79 Siehe oben Rdn. 3.
80 Zu Recht *A. Blomeyer*, Vollstreckungsverfahren, § 54 I 3 b.
81 Vgl. BGHZ 56, 228, 232; MüKo/*Smid*, § 851 Rn. 13; *Stein/Jonas/Brehm*, § 851 Rn. 40.

abgetreten werden kann. Es kommt aber trotzdem keine Pfändung nach § 851 Abs. 2 i. V. m. § 399 BGB in Betracht; denn aus § 357 HGB folgt, dass nur der Kontokorrentsaldo, nicht dagegen die einzelne in das Kontokorrent eingestellte Forderung pfändbar ist.[82] § 357 HGB geht dem § 851 Abs. 2 als Spezialregelung vor.

5. Nachträgliche Vereinbarung der Abtretbarkeit

War die Forderung trotz eines Abtretungsverbotes (zunächst unwirksam) abgetreten und hat der Gläubiger sie danach beim Schuldner (als nach wie vor Forderungsinhaber) gem. § 851 Abs. 2 gepfändet, so können Schuldner und Drittschuldner das Pfandrecht nicht dadurch vereiteln, dass sie nachträglich das Abtretungsverbot beseitigen und die Abtretbarkeit vereinbaren. Eine solche Vereinbarung würde nicht auf die vor der Pfändung vorgenommene unzulässige Abtretung zurückwirken und die Pfändung dadurch auch nicht leerlaufen lassen.[83]

16

IV. Rechtsbehelfe

Ein Verstoß gegen das Pfändungsverbot nach Abs. 1 führt zunächst dennoch zur Verstrickung der Forderung; es entsteht allerdings kein Pfändungspfandrecht.[84] Der Schuldner und der Drittschuldner können die Nichtbeachtung der Unpfändbarkeit mit der Erinnerung gem. § 766 geltend machen.[85] Streitig ist, ob der Drittschuldner diesen Einwand auch erfolgreich im Einziehungsprozess vorbringen kann. Entgegen einer weitverbreiteten Ansicht[86] ist dies zu verneinen.[87] Die Überweisung, die den Schuldner zur Einziehung legitimiert, ist wirksam, solange sie nicht vom Vollstreckungsgericht beseitigt wurde.

17

Wird der Pfändungsantrag des Gläubigers mit Hinweis auf die Unpfändbarkeit der Forderung zurückgewiesen, kann dieser sofortige Beschwerde nach § 793 i. V. m. § 11 Abs. 1 RPflG einlegen. Hat der Gläubiger eine nach § 851 Abs. 1 unpfändbare Forderung eingezogen, steht dem Schuldner ein Rückzahlungsanspruch aus § 812 BGB zu. Der Gläubiger kann gegen diesen Anspruch nicht mit seiner titulierten Forderung aufrechnen, da sonst das Pfändungsverbot praktisch unterlaufen würde (§ 394 BGB analog).[88]

V. ArbGG, VwGO, AO

Siehe § 850 Rdn. 19.

18

---

82 BGHZ 80, 172, 175; OLG Stuttgart, ZIP 1994, 222, 224.
83 BGHZ 70, 299.
84 Einzelheiten § 829 Rdn. 30; siehe ferner *Bruns/Peters*, § 25 IX 6.
85 *Bruns/Peters*, § 25 IX 6; *Gaul/Schilken/Becker-Eberhardt*, § 54 Rn. 35; siehe ferner § 829 Rdn. 68.
86 *Baumann/Brehm*, § 6 II 6 b; *Baur/Stürner/Bruns*, Rn. 30.35; *J. Blomeyer*, RdA 1974, 13; *Henckel*, ZZP 1971, 453; *Stein/Jonas/Brehm*, § 829 Rn. 107 ff.
87 BGHZ 66, 79; BAG, NJW 1961, 1180; *Baumbach/Lauterbach/Hartmann*, § 829 Rn. 64; *Brox/Walker*, Rn. 653; *Gerhardt*, § 9 II 1; *Gaul/Schilken/Becker-Eberhardt*, § 55 Rn. 59. Einzelheiten zur hier vertretenen Auffassung siehe § 835 Rdn. 11.
88 Einzelheiten: § 829 Rdn. 30.

§ 851a Pfändungsschutz für Landwirte

(1) Die Pfändung von Forderungen, die einem die Landwirtschaft betreibenden Schuldner aus dem Verkauf von landwirtschaftlichen Erzeugnissen zustehen, ist auf seinen Antrag vom Vollstreckungsgericht insoweit aufzuheben, als die Einkünfte zum Unterhalt des Schuldners, seiner Familie und seiner Arbeitnehmer oder zur Aufrechterhaltung einer geordneten Wirtschaftsführung unentbehrlich sind.

(2) Die Pfändung soll unterbleiben, wenn offenkundig ist, dass die Voraussetzungen für die Aufhebung der Zwangsvollstreckung nach Absatz 1 vorliegen.

Übersicht	Rdn.		Rdn.
I. Zweck und Anwendungsbereich der Norm	1	III. Verfahren	5
II. Voraussetzungen des Pfändungsschutzes	2	1. Antrag auf Aufhebung der Pfändung	5
1. Forderungen aus dem Verkauf landwirtschaftlicher Erzeugnisse	3	2. Zurückweisung des Pfändungsantrages	6
2. Unentbehrlichkeit der Einkünfte	4	IV. Rechtsbehelfe	7
		V. Gebühren und Kosten	8
		VI. ArbGG, VwGO, AO	9

Literatur:
Eggert, Der landwirtschaftliche Vollstreckungsschutz, Diss. Münster 1952; *Funk,* Landwirtschaft und Vollstreckung, RdL 1951, 109; *Weimar,* Schranken bei der Zwangsvollstreckung gegen Landwirte, MDR 1973, 197.

I. Zweck und Anwendungsbereich der Norm

1 Die Vorschrift ergänzt den Vollstreckungsschutz für Landwirte in § 811 Abs. 1 Nr. 3 und 4. Wie dort[1] ist es auch hier nicht erforderlich, dass der landwirtschaftliche Betrieb als Haupterwerb dient; kleinere Nebenerwerbsbetriebe und sog. Siedler verdienen ebenfalls Schutz.[2] Der Begriff des »landwirtschaftlichen Betriebes« ist genauso weit und den heutigen Verhältnissen angepasst auszulegen wie in § 811 Abs. 1 Nr. 4.[3]

II. Voraussetzungen des Pfändungsschutzes

2 Folgende Voraussetzungen des § 851a müssen im Zeitpunkt der Entscheidung über den Antrag[4] vorliegen:

1. Forderungen aus dem Verkauf landwirtschaftlicher Erzeugnisse

3 Es muss sich um Forderungen handeln, die dem Landwirt »aus dem Verkauf von landwirtschaftlichen Erzeugnissen« zustehen, also etwa Milchgeldforderungen oder Forderungen aus dem Verkauf von Vieh, Getreide, Gemüse, Obst usw. Der Anspruch auf Getreidepreisausgleich, die »Bullenprämie« nach § 1 Nr. 1 Rinder- und Schafprämien-Verordnung[5] und ähnliche Subventionen sind einer Forderung aus dem Verkauf gleichzustellen,[6] weil sie letztlich den Kaufpreis ergänzen bzw. an dessen Stelle treten.[7] Nicht unter den Schutz des § 851a fallen dagegen Forderungen aus der Vermietung von Fremdenzimmern, von landwirtschaftlichen Maschinen oder von Lagerraum.

---

1 Siehe § 811 Rdn. 30.
2 OLG Schleswig, SchlHA 1956, 356.
3 Einzelheiten § 811 Rdn. 30.
4 Wie hier *Baumbach/Lauterbach/Hartmann,* § 851a Rn. 3; **a. M.** OLG Köln, JurBüro 1990, 878, 879 (grds. bei der Antragstellung, nur dann bei Erlass des Pfändungs- und Überweisungsbeschlusses, wenn der Schuldner dabei nicht gehört wurde und den Aufhebungsantrag unverzüglich nachholt).
5 LG Koblenz, JurBüro 2003, 382.
6 OLG Schleswig, SchlHA 1969, 122.
7 BGH, MDR 2012, 1252 Tz. 5.

Gleiches gilt für Forderungen aus der Verpachtung landwirtschaftlicher Flächen, für Forderungen auf Steuererstattung, für den Anspruch eines Landwirts auf »Ausgleichszahlung in benachteiligten Gebieten«[8] oder für Zahlungsansprüche (»Betriebsprämien«) nach der Agrarreform entsprechend der Verordnung (EG) Nr. 1782/2003; Letztere fallen unter § 857[9].

2. Unentbehrlichkeit der Einkünfte

Die Einkünfte aus diesen Forderungen müssen zum Unterhalt des Schuldners, seiner Familie, seiner Arbeitnehmer oder zur Aufrechterhaltung einer geordneten Wirtschaftsführung unentbehrlich sein. Abzustellen ist wie in § 850d Abs. 1 oder § 850i Abs. 1 allein auf den notwendigen Unterhalt. Was zur Aufrechterhaltung »einer geordneten Wirtschaftsführung« unentbehrlich ist, hängt vom Zuschnitt des konkreten Betriebes ab. Gegebenenfalls muss das Gericht einen Sachverständigen anhören. Dass bestimmte Anschaffungen, für die das Geld benötigt wird, für den Betrieb nützlich wären, reicht nicht aus. Ergibt sich die »Unentbehrlichkeit« daraus, dass zuvor ein anderer Gläubiger bereits Pfändungen vorgenommen hat, die den Betrieb bis an den Rand der Existenzgefährdung gebracht haben, kann der Schuldner nicht darauf verwiesen werden, er möge zunächst gegen die anderen Pfändungen vorgehen; der Prioritätsgrundsatz wirkt sich hier zulasten des zweiten pfändenden Gläubigers aus.[10] Wird objektiv die Unentbehrlichkeit festgestellt, wobei den Schuldner die Darlegungs- und Beweislast trifft, so findet nicht noch (anders als in § 850i Abs. 1) eine Abwägung der Belange des Gläubigers statt. Der Schutz der Landwirte geht insoweit über den anderer Freiberufler hinaus.

III. Verfahren

1. Antrag auf Aufhebung der Pfändung

Die in Abs. 1 genannten Forderungen sind zunächst uneingeschränkt pfändbar. Der Schuldner muss – ähnlich wie in § 850i Abs. 1 – seinerseits an das Vollstreckungsgericht herantreten und einen Antrag stellen, die Pfändung aufzuheben. Er ist allein antragsberechtigt, nicht hingegen seine Familienangehörigen oder Arbeitnehmer. Der Gläubiger ist vor der Entscheidung zu hören. Das Gericht kann bis zur Entscheidung einstweilige Anordnungen in entsprechender Anwendung des § 766 Abs. 1 Satz 2 treffen, um den Schutzantrag nicht durch vorzeitige Beendigung der Zwangsvollstreckung leer laufen zu lassen.

2. Zurückweisung des Pfändungsantrages

Ist offenkundig, dass einem Aufhebungsantrag nach Abs. 1 stattgegeben werden müsste, kann das Gericht schon den Pfändungsantrag des Gläubigers zurückweisen (**Abs. 2**). Da der Schuldner vor der Pfändung nicht zu hören ist (§ 834), muss sich die Offenkundigkeit bereits aus den Angaben im Gläubigerantrag oder aus gerichtsbekannten Umständen (z. B. einem vorausgegangenen Verfahren) ergeben.

IV. Rechtsbehelfe

Ist eine unter Abs. 1 fallende Forderung gepfändet worden, verdrängt die Möglichkeit, Antrag nach Abs. 1 stellen zu können, für den Schuldner die Erinnerung nach § 766 auch dann, wenn er meint, der Rechtspfleger habe zu Unrecht nicht schon nach Abs. 2 entschieden.[11] Ist ein Antrag des Schuldners nach Abs. 1 zurückgewiesen worden, hat der Schuldner hiergegen die sofortige

---

8 BGH, MDR 2012, 1252 Tz. 6.
9 BGH, Rpfleger 2009, 90.
10 LG Bonn, DGVZ 1983, 153; *Wieczorek/Schütze/Lüke*, § 851a Rn. 7.
11 A.A. *Baumbach/Lauterbach/Hartmann*, § 851a Rn. 4, der den Antrag nach Abs. 1 für eine Erinnerung gem. § 766 hält und deshalb auch sogleich den Richter, nicht den Rechtspfleger, über ihn entscheiden lässt; *Wieczorek/Schütze/Lüke*, § 851a Rn. 10.

Beschwerde gem. § 793 i. V. m. § 11 Abs. 1 RPflG. Den gleichen Rechtsbehelf hat der Gläubiger, wenn einem Antrag des Schuldners stattgegeben wurde.

V. Gebühren und Kosten

8 Gerichtsgebühren fallen durch den Antrag nach Abs. 1 nicht an.[12] Durch die Einschaltung eines Sachverständigen können aber erhebliche Auslagen entstehen.

Für den Rechtsanwalt ist die Mitwirkung an einem Verfahren nach Abs. 1 eine besondere Angelegenheit (§ 18 Nr. 8 RVG), die nicht mit der allgemeinen Vollstreckungsgebühr abgegolten ist.

Die gesamten Kosten sind notwendige Kosten der Zwangsvollstreckung (§ 788). Das Gericht kann aber nach § 788 Abs. 3 aus Billigkeitsgründen ausnahmsweise abweichend von der Grundregel des § 788 Abs. 1 die Kosten ganz oder teilweise dem Gläubiger auferlegen.[13]

VI. ArbGG, VwGO, AO

9 Siehe § 850 Rdn. 20. In der Abgabenvollstreckung erfolgt die Aufhebung der Pfändung nicht durch das Vollstreckungsgericht, sondern durch die Vollstreckungsbehörde.

---

12 *Wieczorek/Schütze/Lüke*, § 851a Rn. 11; *Zöller/Stöber*, § 851a Rn. 10; **a. A.** *Baumbach/Lauterbach/Hartmann*, § 851a Rn. 5, der KV Nr. 1953 GKG anwenden will.
13 Einzelheiten § 788 Rdn. 36.

§ 851b Pfändungsschutz bei Miet- und Pachtzinsen

(1) ¹Die Pfändung von Miete und Pacht ist auf Antrag des Schuldners vom Vollstreckungsgericht insoweit aufzuheben, als diese Einkünfte für den Schuldner zur laufenden Unterhaltung des Grundstücks, zur Vornahme notwendiger Instandsetzungsarbeiten und zur Befriedigung von Ansprüchen unentbehrlich sind, die bei einer Zwangsvollstreckung in das Grundstück dem Anspruch des Gläubigers nach § 10 des Gesetzes über die Zwangsversteigerung und die Zwangsverwaltung vorgehen würden. ²Das Gleiche gilt von der Pfändung von Barmitteln und Guthaben, die aus Miet- oder Pachtzahlungen herrühren und zu den in Satz 1 bezeichneten Zwecken unentbehrlich sind.

(2) ¹Wird der Antrag nicht binnen einer Frist von zwei Wochen gestellt, so ist er ohne sachliche Prüfung zurückzuweisen, wenn das Vollstreckungsgericht der Überzeugung ist, dass der Schuldner den Antrag in der Absicht der Verschleppung oder aus grober Nachlässigkeit nicht früher gestellt hat. ²Die Frist beginnt mit der Pfändung.

(3) Anordnungen nach Absatz 1 können mehrmals ergehen und, soweit es nach Lage der Verhältnisse geboten ist, auf Antrag aufgehoben oder abgeändert werden.

(4) ¹Vor den in den Absätzen 1 und 3 bezeichneten Entscheidungen ist, soweit dies ohne erhebliche Verzögerung möglich ist, der Gläubiger zu hören. ²Die für die Entscheidung wesentlichen tatsächlichen Verhältnisse sind glaubhaft zu machen. ³Die Pfändung soll unterbleiben, wenn offenkundig ist, dass die Voraussetzungen für die Aufhebung der Zwangsvollstreckung nach Absatz 1 vorliegen.

Übersicht	Rdn.			Rdn.
I. Anwendungsbereich der Norm:	1	III.	Verfahren:	5
II. Materielle Voraussetzungen des Pfändungsschutzes:	2	1.	Antrag des Schuldners:	5
1. Unentbehrlichkeit der Einkünfte zur laufenden Unterhaltung:	3	2.	Entscheidung des Rechtspflegers:	6
		IV.	Rechtsbehelfe:	7
		V.	Gebühren und Kosten:	8
2. Unentbehrlichkeit der Einkünfte zur Befriedigung vorrangiger Gläubiger:	4	VI.	ArbGG, VwGO, AO:	9

Literatur:
Lauer, Die Pfändung der dinglichen Miet- und Pachtzinsansprüche, MDR 1984, 977; *Noack*, Zur Pfändung von Miet- und Pachtzinsen sowie von Untermieten, ZMR 1973, 290.

I. Anwendungsbereich der Norm:

Die mit Wirkung zum 1.1.2013 hinsichtlich des Verfahrens geänderte Vorschrift[1] ermöglicht einen speziellen Pfändungsschutz für Miet- und Pachtzins, der aus der Vermietung (Verpachtung) von Grundstücken oder Eigentumswohnungen resultiert, sowie für Bargeld und Guthaben, die aus Miet- und Pachtzahlungen auf derartige Forderungen herrühren. Satz 1 spricht zwar ganz allgemein von Miete und Pacht; aus dem weiteren Hinweis, dass die Einkünfte zur laufenden Unterhaltung »des Grundstücks« oder zur Befriedigung von Ansprüchen unentbehrlich sein müssen, die bei einer Zwangsvollstreckung »in das Grundstück« dem Anspruch des Gläubigers nach § 10 ZVG vorgehen würden, lässt sich jedoch entnehmen, dass Miet- und Pachtforderungen aus der Vermietung oder Verpachtung beweglicher Sachen oder Rechte nicht den Pfändungsschutz nach § 851b in Anspruch nehmen können.

1

---

[1] Abs. 2 geändert und Abs. 3 und 4 angefügt durch Art. 1 Nr. 15 i. V. m. Art. 6 des Gesetzes zur Reform der Sachaufklärung in der Zwangsvollstreckung v. 29.7.2009 (BGBl. I S. 2258). Für Vollstreckungsaufträge zur Pfändung von Barmitteln (Abs. 1 Satz 2), die vorher beim Gerichtsvollzieher eingegangen sind, ist § 851b in der bis zum 31.12.2012 geltenden Fassung weiter anzuwenden (39 Nr. 1 EGGVG).

Aus der Zweckrichtung der Norm, die Unterhaltung und Instandhaltung des Grundstücks zu sichern,[2] folgt auch, dass der Schutz nicht für Forderungen des Hauptmieters gegen den Untermieter sowie Barmittel und Guthaben aus solchen Forderungen gelten kann,[3] da Untermietforderungen nicht diesen Zwecken dienen. Der Schutz gilt nicht nur für Schuldner, die Eigentümer des Grundstücks sind, sondern auch für Schuldner, die nur Nießbraucher, Inhaber eines dinglichen Wohnrechts, dessen Ausübung weiter übertragen werden darf, oder Erbbauberechtigte sind. Der Nießbraucher eines Mietgrundstücks kann den Schutz des § 851b allerdings dann nicht in Anspruch nehmen, wenn der Grundstückseigentümer gegen ihn vollstreckt.[4] Der Schutz gilt nicht für frühere Grundstückseigentümer usw., die nach Veräußerung des Grundstücks keine Instandhaltungslasten mehr haben, aber noch rückständige Miete einziehen dürfen.[5] Zu den Ansprüchen des Vermieters auf Mietnebenkosten vgl. § 851 Rdn. 5.

Auf die Miet- und Pachteinkünfte ist § 850i anzuwenden, soweit der Schuldner daraus den Unterhalt für sich und für die ihm gegenüber Unterhaltsberechtigten bestreiten muss.[6] Für den Fall, dass die Mieteinnahmen für Erhaltungsmaßnahmen eingesetzt werden müssen, gewährleistet die Regelung des § 851b einen ergänzenden Schutz. Der Schuldner kann sich mithin sowohl darauf berufen, dass die Einkünfte für das Grundstück unentbehrlich sind, als auch darauf, dass ihm so viel verbleiben muss, wie ihm bei der Pfändung fortlaufender Einkünfte aus Arbeitseinkommen verbliebe.[7] Vgl. dazu § 850i Rdn. 2.

II. Materielle Voraussetzungen des Pfändungsschutzes:

2 Die Einkünfte aus den Miet- und Pachtforderungen müssen für den Schuldner **unentbehrlich** sein zur laufenden Unterhaltung des Grundstücks, zur Vornahme notwendiger Instandsetzungsarbeiten und zur Befriedigung von Ansprüchen, die bei einer Zwangsvollstreckung in das Grundstück dem Anspruch des Gläubigers nach § 10 ZVG vorgehen würden. Unentbehrlich sind Miete und Pacht für die genannten Zwecke dann nicht, wenn dem Schuldner noch andere hinreichende Mittel zur Verfügung stehen.[8] Darlegungs- und beweispflichtig insoweit ist der Schuldner.

1. Unentbehrlichkeit der Einkünfte zur laufenden Unterhaltung:

3 Zur laufenden **Unterhaltung** des Grundstücks aufgewendet werden die Kosten für Energieversorgung (z.B. Hausbeleuchtung, Sammelheizung), Entsorgung (Müllabfuhr, Kanalgebühren), Gemeinschaftseinrichtungen und Pflichtversicherungen. Notwendige **Instandsetzungsarbeiten** sind insbesondere die Reparaturen, die der Werterhaltung und ordnungsgemäßen Benutzbarkeit des Grundstücks dienen. Alle Maßnahmen, die einer Verbesserung oder einer Nutzungsänderung des Grundstücks dienen, gehen über die laufende Unterhaltung und Instandsetzung hinaus. Zu ihrer Finanzierung kann der Vollstreckungsschutz nicht in Anspruch genommen werden. Der Begriff der »**laufenden**« Unterhaltung darf nicht dahin missverstanden werden, dass bereits abgeschlossene Reparatur- und Sanierungsmaßnahmen, die noch nicht bezahlt sind, nicht zur Begründung des

---

2 Allgemeine Meinung; beispielhaft *Baumbach/Lauterbach/Hartmann*, § 851b Rn. 1; *Brox/Walker*, Rn. 600; *Zöller/Stöber*, § 851b Rn. 1.
3 OLG Frankfurt, MDR 1956, 41; OLG Hamm, NJW 1957, 68; *Stein/Jonas/Brehm*, § 851b Rn. 3; *Stöber*, Forderungspfändung, Rn. 247; *Zöller/Stöber*, § 851b Rn. 2; a. A. (gilt auch für Untermietforderungen) OLG München, MDR 1957, 103; *Thomas/Putzo/Seiler*, § 851b Rn. 1.
4 OLG Hamm, JurBüro 1960, 24.
5 KG, NJW 1969, 1860.
6 LG Bonn, ZInsO 2012, 2056, 2057.
7 BGH, NJW-RR 2014, 1197 Tz. 16.
8 KG, NJW 1969, 1860; OLG Köln, Rpfleger 1991, 427 f.; JurBüro 1991, 1402, 1404.

Pfändungsschutzantrages herangezogen werden könnten.[9] Ein gewisser zeitlicher Zusammenhang zwischen den zu finanzierenden Aufwendungen und den von der Pfändung auszunehmenden Einkünften muss aber bestehen, da sonst von einer »Unentbehrlichkeit« gerade dieser Einkünfte für die Unterhaltung des Grundstücks nicht mehr gesprochen werden kann. Auch noch nicht in Auftrag gegebene, sondern erst demnächst anstehende Arbeiten, über die bereits konkrete Vorstellungen bestehen, können im Einzelfall schon Berücksichtigung finden, da es dem Schuldner durch § 851b auch ermöglicht werden soll, auf ihn zukommende notwendige Kosten anzusparen.[10]

2. Unentbehrlichkeit der Einkünfte zur Befriedigung vorrangiger Gläubiger:

Durch die Regelung, dass auch die nach § 10 ZVG vorrangigen Ansprüche Dritter zur Begründung eines Pfändungsschutzantrages herangezogen werden können, soll vermieden werden, dass diese Gläubiger zu einer Zwangsvollstreckung in das Grundstück selbst veranlasst werden, nur um ihren Vorrang vor dem betreibenden Gläubiger zu sichern. Da der betreibende Gläubiger in jedem Fall rangmäßig in § 10 Abs. 1 Nr. 5 ZVG einzuordnen wäre, weil ein Fall der Nr. 1 nicht vorliegen kann, solange noch die Einzelzwangsvollstreckung in die Mieten möglich ist, kann es sich bei den vorrangigen Gläubigern nur um solche aus § 10 Abs. 1 Nr. 2–4 ZVG handeln. Hinsichtlich der Nr. 4 kann es lediglich um die Ansprüche gehen, die nicht allein durch Zwangsversteigerung zu befriedigen wären, also um die Ansprüche auf die laufenden Zins- und Tilgungsraten, nicht um das gesamte Hypotheken- bzw. Grundschuldkapital.[11] Die in Betracht kommenden Ziffern 2–4 des § 10 Abs. 1 ZVG sehen folgende Rangfolge vor:

4

2. bei Vollstreckung in ein Wohnungseigentum die daraus fälligen Ansprüche auf Zahlung der Beiträge zu den Lasten und Kosten des gemeinschaftlichen Eigentums oder des Sondereigentums, die nach § 16 Abs. 2, § 28 Abs. 2 und 5 des Wohnungseigentumsgesetzes geschuldet werden, einschließlich der Vorschüsse und Rückstellungen sowie der Rückgriffsansprüche einzelner Wohnungseigentümer. Das Vorrecht erfasst die laufenden und die rückständigen Beträge aus dem Jahr der Beschlagnahme und den letzten zwei Jahren. Das Vorrecht einschließlich aller Nebenleistungen ist begrenzt auf Beträge in Höhe von nicht mehr als 5 vom Hundert des nach § 74a Abs. 5 festgesetzten Wertes. Die Anmeldung erfolgt durch die Gemeinschaft der Wohnungseigentümer. Rückgriffsansprüche einzelner Wohnungseigentümer werden von diesen angemeldet;

3. die Ansprüche auf Entrichtung der öffentlichen Lasten des Grundstücks wegen der aus den letzten vier Jahren rückständigen Beträge; wiederkehrende Leistungen, insbesondere Grundsteuern, Zinsen, Zuschläge oder Rentenleistungen, sowie Beträge, die zur allmählichen Tilgung einer Schuld als Zuschlag zu den Zinsen zu entrichten sind, genießen dieses Vorrecht nur für die laufenden Beträge und für die Rückstände aus den letzten zwei Jahren. Untereinander stehen öffentliche Grundstückslasten, gleichviel ob sie auf Bundes- oder Landesrecht beruhen, im Range gleich. Die Vorschriften des § 112 Abs. 1 und der §§ 113 und 116 des Gesetzes über den Lastenausgleich vom 14. August 1952 (BGBl. I S. 446)[12] bleiben unberührt;

4. die Ansprüche aus Rechten an dem Grundstück, soweit sie nicht infolge der Beschlagnahme dem Gläubiger gegenüber unwirksam sind, einschließlich der Ansprüche auf Beträge, die zur allmählichen Tilgung einer Schuld als Zuschlag zu den Zinsen zu entrichten sind; Ansprüche auf wiederkehrende Leistungen, insbesondere Zinsen, Zuschläge, Verwaltungskosten oder Rentenleistungen, genießen das Vorrecht dieser Klasse nur wegen der laufenden und der aus den letzten zwei Jahren rückständigen Beträge.

---

9 Wie hier MüKo/*Smid*, § 851b Rn. 8; *Stein/Jonas/Brehm*, § 851b Rn. 5; *Stöber*, Forderungspfändung, Rn. 251; *Zöller/Stöber*, § 851b Rn. 3; a. A. (Bezahlung von Rückständen kein Grund für Pfändungsschutz) *Baumbach/Lauterbach/Hartmann*, § 851b Rn. 2.
10 FG Münster, EFG 2004, 1470; MüKo/*Smid*, § 851b Rn. 8.
11 Vgl. *Baumbach/Lauterbach/Hartmann*, § 851b Rn. 4.
12 Jetzt in der Fassung der Bekanntmachung vom 2.6.1993 (BGBl. I, S. 845) mit späteren Änderungen.

III. Verfahren:

1. Antrag des Schuldners:

5 Der Pfändungsschutz wird regelmäßig nicht von Amts wegen berücksichtigt.[13] Es bedarf vielmehr eines Antrages des Schuldners auf Aufhebung der bereits erfolgten Pfändung. Wie bei § 851a gilt eine Ausnahme vom Antragserfordernis dann, wenn offenkundig ist, dass alle Voraussetzungen für den Erfolg eines Aufhebungsantrages vorliegen (**Abs. 4 Satz 3**).[14] Der Pfändungsschutzantrag kann ohne sachliche Prüfung zurückgewiesen werden, wenn er erst mehr als 2 Wochen nach der Pfändung gestellt wird und das Vollstreckungsgericht der Überzeugung ist, dass der Antrag in der Absicht der Verschleppung der Vollstreckung oder aus grober Nachlässigkeit nicht früher gestellt wurde (Abs. 2). Die **Frist** ist keine Notfrist (§ 224 Abs. 1 Satz 2), sodass eine Wiedereinsetzung wegen Versäumung der Frist (§ 233) nicht möglich ist. Die Frist kann auch nicht verlängert werden (§ 224 Abs. 2). Wenn der Schuldner keine sachlich nachvollziehbaren Gründe für die Verzögerung geltend macht, ist die Fristversäumung als Indiz ausreichend. Grob nachlässig handelt der Schuldner, wenn er die erforderliche Sorgfalt und insbesondere die auf den Gegner zu nehmende Rücksicht in ungewöhnlich hohem Maße außer Acht lässt und das unbeachtet gelassen hat, was jedem in seiner Lage hätte einleuchten müssen.[15] Dem Gericht steht im Rahmen der Prüfung dieser Voraussetzungen kein Ermessen zu und es darf auch keine Billigkeitsentscheidung treffen.[16] Die Aufhebung der Pfändung kann mehrmals angeordnet werden (Abs. 3). Das Gericht kann seinen Beschluss nachträglich zugunsten wie zulasten des Schuldners auf Antrag abändern, wenn die Lage der Verhältnisse dies erfordert,[17] etwa wenn die Notwendigkeit der vom Schuldner geplanten Reparaturmaßnahmen entfällt oder wenn der Schuldner umgekehrt höhere Mittel unabweislich benötigt. Anders als bei § 851a genügt die Glaubhaftmachung der tatsächlichen Verhältnisse.[18] Der Gläubiger ist vor der Entscheidung zu hören, soweit dies ohne erhebliche Verzögerung möglich ist (§ 851b Abs. 4 Satz 1).

2. Entscheidung des Rechtspflegers:

6 Die Entscheidung wird vom Rechtspfleger getroffen.[19] Er kann, um den Pfändungsschutz nicht durch eine beschleunigte Beendigung der Zwangsvollstreckung leer laufen zu lassen, bis zu seiner Entscheidung einstweilige Anordnungen entsprechend § 766 Abs. 1 Satz 2 treffen. Die Entscheidung gem. Abs. 1 ist dem Gläubiger, dem Schuldner und dem Drittschuldner von Amts wegen zuzustellen.

IV. Rechtsbehelfe:

7 Es gelten die Ausführungen zu § 851a entsprechend.[20]

V. Gebühren und Kosten:

8 Insoweit gilt das zu § 851a Gesagte entsprechend.[21] Auch hier ist § 788 Abs. 3 zu beachten.

---

13 VG Frankfurt (Oder), Beschl. v. 16.1.2009 – 5 L 201/08 –.
14 Siehe dort Rdn. 5.
15 Vgl. *Zöller/Stöber*, § 851b Rn. 5; *Musielak/Becker*, § 851b Rn. 4a.
16 *Musielak/Becker*, § 851b Rn. 4a.
17 BT-Drucks. 16/10069 S. 35.
18 BT-Drucks. 16/10069 S. 35.
19 KG, NJW 1960, 1016.
20 Siehe dort Rdn. 6.
21 Siehe dort Rdn. 7.

VI. ArbGG, VwGO, AO:

Siehe § 850 Rdn. 20. In der Abgabenvollstreckung erfolgt die Aufhebung der Pfändung nicht durch das Vollstreckungsgericht, sondern durch die Vollstreckungsbehörde.[22]

---

[22] FG Münster, EFG 204, 1470.

§ 851c Pfändungsschutz bei Altersrenten

(1) Ansprüche auf Leistungen, die auf Grund von Verträgen gewährt werden, dürfen nur wie Arbeitseinkommen gepfändet werden, wenn
1. die Leistung in regelmäßigen Zeitabständen lebenslang und nicht vor Vollendung des 60. Lebensjahres oder nur bei Eintritt der Berufsunfähigkeit gewährt wird,
2. über die Ansprüche aus dem Vertrag nicht verfügt werden darf,
3. die Bestimmung von Dritten mit Ausnahme von Hinterbliebenen als Berechtigte ausgeschlossen ist und
4. die Zahlung einer Kapitalleistung, ausgenommen eine Zahlung für den Todesfall, nicht vereinbart wurde.

(2) ¹Um dem Schuldner den Aufbau einer angemessenen Alterssicherung zu ermöglichen, kann er unter Berücksichtigung der Entwicklung auf dem Kapitalmarkt, des Sterblichkeitsrisikos und der Höhe der Pfändungsfreigrenze, nach seinem Lebensalter gestaffelt, jährlich einen bestimmten Betrag unpfändbar auf der Grundlage eines in Absatz 1 bezeichneten Vertrags bis zu einer Gesamtsumme von 256 000 Euro ansammeln. ²Der Schuldner darf vom 18. bis zum vollendeten 29. Lebensjahr 2 000 Euro, vom 30. bis zum vollendeten 39. Lebensjahr 4 000 Euro, vom 40. bis zum vollendeten 47. Lebensjahr 4 500 Euro, vom 48. bis zum vollendeten 53. Lebensjahr 6 000 Euro, vom 54. bis zum vollendeten 59. Lebensjahr 8 000 Euro und vom 60. bis zum vollendeten 67. Lebensjahr 9 000 Euro jährlich ansammeln. ³Übersteigt der Rückkaufwert der Alterssicherung den unpfändbaren Betrag, sind drei Zehntel des überschießenden Betrags unpfändbar. ⁴Satz 3 gilt nicht für den Teil des Rückkaufwerts, der den dreifachen Wert des in Satz 1 genannten Betrags übersteigt.

(3) § 850e Nr. 2 und 2a gilt entsprechend.

Übersicht

		Rdn.
I.	Entstehungsgeschichte und Zweck der Norm	1
II.	Anwendungsbereich und Inhalt der Norm	3
III.	Rechtsfolgen	6
IV.	Verfahren und Rechtsbehelfe	7

Literatur:

Bengelsdorf, Pfändungsschutz der Beiträge/Freibeträge auf einen privaten Altersvorsorgeversicherungsvertrag, FA 2012, 34; *Busch*, Ein dreistufiger Vollstreckungsschutz der privaten Altersvorsorge (§ 851c Abs. 1 ZPO), VuR 2011, 271; *Dietzel*, Der Pfändungsschutz der privaten Altersvorsorge nach den §§ 851c und 851d ZPO, 2014; *Elster*, Pfändbarkeit von Kündigungsguthaben aus Altersvorsorgeverträgen, ZVI 2013, 369; *I.M. Ernst*, Entwicklung des Pfändungsschutzes der privaten Altersvorsorge, § 851c Abs. 1 ZPO, JurBüro 2012, 405; *Fiala/Schramm*, Riester-Sparer arbeiten im Zweifel den Gläubigern, Insolvenzverwaltungen und Sozialkassen zu, Grundeigentum 2015, 40; *Goebel*, Wann sind Lebensversicherungen für die Altersvorsorge nach § 851c ZPO vor der Pfändung geschützt?, FoVo 2011, 121; Hasse, Der neue Pfändungsschutz der Altersvorsorge und Hinterbliebenenabsicherung, VersR 2007, 870; ders., Zur gesetzlichen Neuregelung der Zwangsvollstreckung in Kapitallebensversicherungen, VersR 2004. 958; *ders.*, Zum Entwurf eines Gesetzes zum Pfändungsschutz der Altersversorgung und zur Anpassung des Rechts der Insolvenzordnung, VersR 2006, 145; *T. Lange*, Lebensversicherung und Insolvenz, ZVI 2012, 403; *Menzel*, Vollstreckungsschutz zugunsten privater Altersvorsorge, 2011; *Ponath*, Vermögensschutz durch Lebensversicherungen, ZEV 2006, 242; *Schrehardt*, Pfändungsschutz in der privaten und betrieblichen Altersvorsorge, DStR 2013, 472; *Specker*, Der Anspruch des § 167 VVG auf Umwandlung einer Lebensversicherung in eine »pfändungsgeschützte« Versicherung, VersR 2011, 958; *Stöber*, Das Gesetz zum Pfändungsschutz der Altersvorsorge, NJW 2007, 1242; *Thomas*, Zur Pfändung von privaten Vorsorgeverträgen, VW 2008, 1459; *Wollmann*, Der Ansparvorgang des § 851c Abs. 2 ZPO – zugleich eine vergleichende Betrachtung des Pfändungsschutzes von Altersvorsorgeprodukten, ZInsO 2013, 902.

I. Entstehungsgeschichte und Zweck der Norm

Für Renten aus der gesetzlichen Rentenversicherung (§§ 54, 55 SGB I),[1] Betriebsrenten,[2] Renten aus berufsständischen Versorgungswerken[3] und aus Versicherungsverträgen, die ein Arbeitnehmer abgeschlossen hat (§ 850 Abs. 3 b)[4] besteht Pfändungsschutz, der dazu dient, das Existenzminimum des Schuldners zu sichern und die Gemeinschaft von Sozialkosten zu entlasten. Ein solcher Pfändungsschutz war bislang für die Einkünfte **Selbstständiger** nicht in gleicher Weise gegeben[5], vielmehr waren Vermögenswerte, die sie für ihre Altersvorsorge vorgesehen hatten, uneingeschränkt dem Gläubigerzugriff ausgesetzt. Insofern wollte der Gesetzgeber Regelungen schaffen, die die private Altersvorsorge Selbstständiger absichern, ohne andererseits die Zugriffsrechte der Gläubiger zu stark zu beschneiden.[6] Zweck des Pfändungsschutzes von Alters- oder Berufsunfähigkeitsrenten ist der Erhalt der Einkünfte, aus denen der Schuldner seinen Lebensunterhalt zu bestreiten hat. Ein an Art. 1 Abs. 1 GG in Verbindung mit dem Sozialstaatsprinzip (Art. 20 GG) ausgerichtetes Vollstreckungsrecht verlangt es, dem Schuldner zumindest so viel zu belassen, wie er zur Absicherung seines Existenzminimums benötigt.[7] Auch der Gesichtspunkt der Gleichbehandlung mit Empfängern öffentlich-rechtlicher Rentenleistungen, deren Renten wie Arbeitseinkommen dem Pfändungszugriff der Gläubiger entzogen sind, gebot eine Erweiterung des Pfändungsschutzes.[8] Der Gesetzgeber hat vor diesem Hintergrund die Neuregelungen in §§ 851c und 851d geschaffen,[9] die sich nach ihrem Wortlaut indes nicht auf die private Altersvorsorge Selbstständiger beschränken. Bei Überschneidungen – etwa mit § 850 Abs. 3b – geht der jeweils weitreichendere Pfändungsschutz vor. Auch wenn der Schuldner nicht selbst Versicherungsnehmer ist, sondern lediglich der Gläubiger einer ihm verpfändeten Forderung aus einer Rentenversicherung, kann er nach Abs. 1 geschützt sein, jedenfalls dann, wenn er im Versicherungsvertrag als versicherte Person bezeichnet ist und die Rentenversicherung der Rückdeckung einer ihm als Gesellschafter-Geschäftsführer gegebenen Pensionszusage dient.[10]

Nach Maßgabe des **Abs. 1** sind die vom Versicherer nach Eintritt des Versicherungsfalles zu zahlenden **Renten**[11] in gleicher Weise zu schützen wie Renten aus einer gesetzlichen Rentenversicherung, die wie Arbeitseinkommen gepfändet werden können (§ 54 Abs. 4 SGB I). Überdies muss der Versicherungsnehmer vor Eintritt des Versicherungsfalles das Vorsorgekapital zunächst ansparen, aus dem später die Rentenleistungen zur Verfügung gestellt werden. Gemäß § 851c besteht ein »zweistufiger Pfändungsschutz«:[12] Geschützt werden einerseits die Rentenansprüche (Abs. 1) und andererseits das angesparte Deckungskapital (Abs. 2), nicht aber die Beträge, die zum Aufbau der privaten Altersvorsorge eingesetzt werden. Da ein Gläubiger das Recht auf Rückvergütung des Vorsorgekapitals zusammen mit dem Recht auf Kündigung des Versicherungsvertrages pfänden kann, muss auch dieses Kündigungsrecht in dem Umfang unpfändbar sein, in dem eine Pfändung im Versicherungsfall die Zahlung der unpfändbaren Rente vereiteln würde (**Abs. 2**).[13] Damit korrespondieren Neuregelungen im Versicherungsvertragsgesetz: Der Versicherungsnehmer einer Lebensversiche-

---

1 Anhang zu § 829 Rdn. 30 ff.
2 § 850 Rdn. 12.
3 § 851 Rdn. 2.
4 Dort Rdn. 16 ff.
5 BGH, ZIP 2008, 338.
6 BGH, Rpfleger 2012, 698 Tz. 18; OLG Stuttgart, NZI 2012, 250, 252; BT-Drucks. 16/886 v. 9.3.2006; BT-Drucks. 16/3844 v. 13. 12.2006.
7 Vgl. BVerfGE 82, 60, 85 f.
8 OLG Stuttgart, NZI 2012, 250, 252; RefE zum Pfändungsschutz für Altersvorsorge, ZVI 2005, 330.
9 Art. 1 des Gesetzes zum Pfändungsschutz für Altersvorsorge vom 26.3.2007, BGBl. I, 368.
10 BGH, Rpfleger 2012, 698 Tz. 18.
11 Nicht hingegen die dafür zu leistenden Beiträge: LG Bonn, Beschl. v. 4.3.2009 – 6 T 221/08 –.
12 BGH NJW-RR 2011, 1617 Tz. 8; BT-Drucks. 16/886, S. 7, 10.
13 BT-Drucks. 16/886, S. 7, 10.

rung kann jederzeit (auf seine Kosten) für den **Schluss der laufenden Versicherungsperiode**[14] die Umwandlung der Versicherung in eine Versicherung verlangen, die den Anforderungen des § 851c entspricht (§ 167 VVG); damit können bei bereits bestehenden Verträgen die Voraussetzungen für den Pfändungsschutz nachträglich geschaffen werden. Der Verfügungsverzicht, der ein Rückkaufsrecht des Versicherungsnehmers ausschließt, wird durch § 168 Abs. 3 Satz 2 VVG abgesichert.

II. Anwendungsbereich und Inhalt der Norm

3   Abs. 1 nennt die Voraussetzungen, die ein Vertrag, der der finanziellen Absicherung des Schuldners im Alter dient, zum Zeitpunkt der beabsichtigten Pfändung[15] kumulativ[16] erfüllen muss, damit die Leistungen aus diesem Vertrag vor einem unbeschränkten Gläubigerzugriff geschützt sind. Enthält der Vertrag, aus dem sich die gepfändeten Ansprüche ergeben, Bestimmungen, die einen späteren Eintritt der Voraussetzungen des Abs. 1 Nr. 3 endgültig sicherstellen, greift der Pfändungsschutz ab diesem späteren Zeitpunkt ein.[17] Damit die Rente (nur) wie Arbeitseinkommen gepfändet werden kann, muss das Vertragsverhältnis so ausgestaltet sein, dass die Leistung aus dem angesammelten Deckungskapital erst mit Eintritt des Versicherungsfalles erfolgt. Der Schuldner muss die Rente zudem in beiden Alternativen der Nr. 1 lebenslang[18] und in regelmäßigen – meist monatlichen – Zeitabständen beziehen. Falls keine Berufsunfähigkeit vorliegt, darf die Rente nicht vor Vollendung des 60. Lebensjahres gewährt werden.

Der Begriff der Berufsunfähigkeit ist in § 851c nicht festgelegt. Sie beurteilt sich nach dem zwischen dem Schuldner und dem Versicherer bestehenden Versicherungsvertrag. Ist danach bedingungsgemäße Berufsunfähigkeit eingetreten, sind insoweit auch die Voraussetzungen des § 851c erfüllt. Allerdings werden Berufsunfähigkeitsrenten regelmäßig als Zeitrenten gewährt und sollen typischerweise den Zeitraum bis zum Erreichen der Altersrente überbrücken. Sie genießen überdies Pfändungsschutz nach § 850b Abs. 1 Nr. 1;[19] dieser Pfändungsschutz wird durch die in ihren Voraussetzungen engere Vorschrift des Abs. 1 nicht berührt. Zeitlich beschränkte Berufsunfähigkeitsrenten genießen allerdings dann Pfändungsschutz, wenn sie selbst zwar nicht lebenslang erbracht werden, aber zusammen mit den sich unmittelbar anschließenden Leistungen zur Versorgung im Alter geschuldet werden, und beide zusammen lebenslang in regelmäßigen Abständen eine im Wesentlichen gleichbleibende Leistung erbringen. Kein Pfändungsschutz kommt in Betracht, wenn nach Ende der Berufsunfähigkeitsrente keine Altersrente einsetzt oder Berufsunfähigkeitsrente und Altersrente nicht in dem erforderlichen Zusammenhang einer einheitlichen Alterssicherung stehen.[20]

Die Altersvorsorgefunktion ist weiterhin nur gewahrt, wenn über Ansprüche aus dem Vertrag nicht verfügt werden darf. Darin liegt eine Beschränkung für die Ausübung vertraglicher Gestaltungsrechte, soweit dadurch das Vorsorgeziel beeinträchtigt würde; außerhalb der für Arbeitseinkommen maßgeblich Pfändungsfreigrenzen darf der Schuldner in der Verfügung frei bleiben (arg ex § 165 Abs. 3 Satz 2 VVG).[21] Schließlich darf kein Drittberechtigter – mit Ausnahme Hinterbliebener – bestimmt und außer für den Todesfall kein Wahlrecht vereinbart worden sein, statt der

---

14 *Stöber*, NJW 2007, 1242, 1247 lässt – gegen den Gesetzeswortlaut – für den Pfändungsschutz ausreichen, dass die Umwandlung (in Ausübung eines gesetzlichen Gestaltungsrechts) zum Zeitpunkt der Pfändung unwiderruflich beantragt worden ist; siehe dazu auch *Hasse*, VersR 2006, 145, 157.
15 BGH Rpfleger 2010, 45; Rpfleger 2010, 674 Tz. 17.
16 BGH, FamRZ 2011, 291; OLG Hamm, VersR 2010, 100.
17 BGH, FamRZ 2011, 291 Tz. 19 ff.
18 BGH Rpfleger 2010, 674 Tz. 17; OLG Hamm, VersR 2010, 100.
19 Vgl. dort Rdn. 9.
20 BGH Rpfleger 2010, 674 Tz. 27 ff.
21 So auch *Stöber*, NJW 2007, 1242, 1244; *Hasse*, VersR 2006, 145, 151 f.

Rentenleistung eine Kapitalleistung zu verlangen.[22] Besteht hinsichtlich der Altersrente ein solches Kapitalwahlrecht, lässt dies auch den Pfändungsschutz für eine mit der Altersrente in Zusammenhang stehende Berufsunfähigkeitsrente entfallen.[23] Dass Hinterbliebenen eine Bezugsberechtigung eingeräumt werden kann, ohne den Pfändungsschutz zu gefährden, begünstigt vor allem die sog. gemischten Kapitallebensversicherungen, die für den Erlebensfall dem Versicherungsnehmer laufende Rentenzahlungen gewährleisten und für den Todesfall ein Bezugsrecht des vom Versicherungsnehmer benannten Hinterbliebenen vorsehen.

Bestrebungen, den Kreis der privilegierten Hinterbliebenen, denen ein Bezugsrecht eingeräumt werden darf, in §851c näher zu umschreiben und – vor allem – auch eingetragene Lebenspartner – einzubeziehen, haben sich im Laufe des Gesetzgebungsverfahrens nicht durchsetzen können.[24] Nach der neueren Rechtsprechung sind Hinterbliebene neben Ehegatten und Kindern, für die Kindergeld oder ein Freibetrag nach §32 Abs.6 EStG verlangt werden kann, aber auch die eingetragenen Lebenspartner (§§2, 5 LPartG).[25] Nichteheliche Lebensgefährten sind – mangels Regelungslücke nicht (auch nicht in analoger Anwendung) Hinterbliebene i.S.d. Abs.1 Nr.3;[26] wird gleichwohl eine Bezugsberechtigung eingeräumt, entfällt der Pfändungsschutz.[27]

Die Voraussetzungen des Abs.1 müssen im Zeitpunkt der Pfändung oder Insolvenzeröffnung vorliegen.[28] Nach der konkreten Ausgestaltung des Vertrages muss daher sichergestellt sein, dass im Zeitpunkt der Pfändung die Altersvorsorgefunktion der vereinbarten Leistungen gewährleistet ist.[29] Dafür ist ausreichend, wenn die geforderten Voraussetzungen vor der Pfändung unwiderruflich vereinbart wurden.[30] Sind den Vollstreckungsschutz ausschließende Regelungen, wie etwa ein schädliches Bezugsrecht eines Dritten (Abs.1 Nr.3) oder ein Kapitalisierungsrecht (Abs.1 Nr.4), aufschiebend bedingt ausgeschlossen, besteht vom Zeitpunkt des Eintritts der Bedingung an Pfändungsschutz,[31] auch für den vorher angesparten Kapitalstock;[32] dieser muss zum Zeitpunkt der Pfändung noch nicht erreicht sein.[33]

4

Abs.2 regelt den Pfändungsschutz des vom Schuldner angesammelten Vorsorgevermögens. Dieser Schutz ist erforderlich, weil der privaten Lebensversicherung – anders als der umlagefinanzierten gesetzlichen Rentenversicherung – das Kapitaldeckungsprinzip zugrunde liegt. Unpfändbar ist das notwendige Vorsorgekapital, um im Versicherungsfall eine Rente in Höhe der jeweiligen Pfändungsfreigrenze zu erhalten. Da der Wert dieses Vorsorgekapitals von veränderlichen Faktoren beeinflusst wird (Kapitalmarktsituation, Sterblichkeitsrisiko, Höhe der Pfändungsfreigrenze), hat der Gesetzgeber das geschützte Vorsorgevermögen **pauschaliert**. Diese pauschalierten Werte bedürfen entsprechend der Regelung zu den Pfändungsfreigrenzen in §850c Abs.2a regelmäßig einer Anpassung durch den Gesetzgeber. Zuletzt ist dies mit Wirkung zum 1.1.2013 erfolgt;[34] der pfand-

5

---

22 Begr. RegE v. 10.8.2005 (BR-Drucks. 618/15), ZVI 2005, 516; LG Dortmund, Urt. v. 20.1.2009 – 2 O 153/08 –.
23 BGH, Rpfleger 2010, 674 Tz 36.
24 Bericht des Rechtsauschusses vom 13.12.2006, BT-Drucks. 16/3844, S.16.ff.
25 BGH, FamRZ 2011, 291 Tz.15.
26 BGH, FamRZ 2011, 291 Tz.15.
27 BGH, FamRZ 2011, 291 Tz.12.
28 BGH, FamRZ 2011, 291 Tz.19; OLG Stuttgart, NZI 2012, 250, 252.
29 BGH, FamRZ 2011, 291 Tz.20; Rpfleger 2012, 698 Tz.20.
30 *Busch*, VuR 2011, 371, 371.
31 BGH, FamRZ 2011, 291 Tz.19.
32 OLG Stuttgart, NZI 2012, 250, 252.
33 BGH, FamRZ 2011, 291 Tz.21.
34 Abs.2 Satz 1 u. 2 geändert durch Art.1 Nr.11 i.V.m. Art.21 des Gesetzes zur Einführung einer Rechtsbehelfsbelehrung im Zivilprozess und zur Änderung anderer Vorschriften v. 5.12.2012 (BGBl.I, S.2418).

freie Betrag wurde auf 256.000 EUR erhöht und die Ansparphase verlängert, um die aufgetretene Kapitaldeckungslücke zu schließen.[35]

Die Höhe des pfändungsgeschützten Vorsorgekapitals ist – gestaffelt nach dem Lebensalter des Schuldners im Zeitpunkt der Pfändung – progressiv ausgestaltet. Dadurch soll der Deckungsstock so abgesichert werden, dass bei regelmäßiger Beitragszahlung mit Vollendung des 65. Lebensjahres eine Rente erwirtschaftet wird, deren Höhe in etwa der Pfändungsfreigrenze entspricht. Die progressive Ausgestaltung verhindert, dass ein noch junger Schuldner durch eine hohe Einmalzahlung wesentliches Vermögen vollständig dem Zugriff der Gläubiger entzieht. Andererseits kann ein älterer Schuldner, der einen Versicherungsvertrag später geschlossen oder der die zur Altersvorsorge notwendigen Prämien nicht geleistet hat oder leisten konnte, durch Einmalzahlungen das fehlende Deckungskapital ausgleichen.[36] Die Beträge bis zu einer Gesamtsumme von 256.000 Euro müssen tatsächlich zur Altersvorsorge aufgewendet worden sein; der Schuldner kann sich also nicht darauf berufen, sie zum Zwecke späterer Einzahlung lediglich vorzuhalten. Das hielt der Gesetzgeber für so selbstverständlich, dass er von einem klarstellenden Hinweis abgesehen hat.[37] Mit den in Abs. 2 aufgeführten »bestimmten Beträgen« und der »Gesamtsumme von 256.000 Euro« ist der vom Versicherer zu ermittelnde **Rückkaufswert** nach (fiktiver) Kündigung des Versicherungsverhältnisses gemeint.[38] Übersteigt der Rückkaufswert die in Abs. 2 Satz 1 und 2 festgelegten Grenzen, ist er nach Maßgabe des Abs. 2 Satz 3 und 4 pfändbar.[39]

III. Rechtsfolgen

6 Nach Eintritt des Versicherungsfalles – also bei laufendem Rentenbezug – bestimmen sich die pfändungsfreien Beträge nach § 850c; im Übrigen ergeben sich die Pfändungsgrenzen unmittelbar aus Abs. 2. Darüber hinaus ordnet Abs. 3 die entsprechende Geltung von § 850e Nr. 2 und 2 a an. Mehrere Ansprüche auf Leistungen i. S. des Abs. 1 können ebenso zusammengerechnet werden wie die Rückkaufswerte mehrerer Versicherungen zur Ermittlung des pfändungsfreien Vorsorgekapitals (Abs. 2). Zusammenrechenbar sind aber auch Ansprüche auf Leistungen i. S. des Abs. 1 mit Ansprüchen auf sonstige Rentenleistungen oder mit Arbeitseinkommen.[40] Die auf § 850e Nr. 2 und 2 a beschränkte Verweisung in Abs. 3 bedeutet, dass die weiteren Bestimmungen der §§ 850a ff. – insbes. §§ 850d, 850f, 850g – nicht herangezogen werden können;[41] entsprechende Anregungen haben im Gesetzgebungsverfahren keine Berücksichtigung gefunden.[42]

IV. Verfahren und Rechtsbehelfe

7 Vgl. § 850e Rdn. 6 f., 16 f.

---

35 BT-Drucks. 17/11385, S. 25 f.
36 RefE zum Pfändungsschutz für Altersvorsorge, ZVI 2005, 330.
37 Vgl. die Gegenäußerung der Bundesregierung vom 8.3.2006, ZVI 2006, 131.
38 Das Recht auf den Rückkaufswert nach Kündigung oder sonstiger Beendigung des Versicherungsverhältnisses ist lediglich eine andere Erscheinungsform des Rechts auf die Versicherungssumme: BGH, VersR 2005, 1134; VersR 2003, 1021; VersR 2000, 709.
39 *Thomas/Putzo/Seiler*, § 851d Rn. 11: Danach sind 3/10 des überschießenden Betrages – bis höchstens 768 000 EUR (Satz 4) – entspr. § 850c Abs. 2 Satz 1 unpfändbar, um dem Schuldner einen Anreiz zu geben, für eine finanzielle Absicherung im Alter zu sorgen (Satz 3); enger *Wollmann* ZinsO 2013, 902, 910.
40 So auch *Stöber*, NJW 2007, 1242, 1245.
41 *Hasse*, VersR 2006, 145, 148 Fn. 112.
42 Stellungnahme des Bundesrates vom 23.9.2005, BR-Drucks. 618/05, ZVI 2005, 518.

§ 851d Pfändungsschutz bei steuerlich gefördertem Altersvorsorgevermögen

Monatliche Leistungen in Form einer lebenslangen Rente oder monatlicher Ratenzahlungen im Rahmen eines Auszahlungsplans nach § 1 Abs. 1 Satz 1 Nr. 4 des Altersvorsorgeverträge-Zertifizierungsgesetzes aus steuerlich gefördertem Altersvorsorgevermögen sind wie Arbeitseinkommen pfändbar.

Übersicht	Rdn.		Rdn.
I. Zweck der Norm	1	II. Regelungsgehalt	2

Literatur:
Vgl. die Nachweise bei § 851c

I. Zweck der Norm

Renten aus steuerlich gefördertem Altersvorsorgevermögen unterfallen in der Regel nicht der Vorschrift des § 851c, weil die steuerliche Förderung an andere Voraussetzungen anknüpft. Der überwiegende Teil dieser Verträge genießt bereits nach § 850 Abs. 3b Pfändungsschutz, der von § 851d unberührt bleibt. Danach können Renten, die aufgrund von Versicherungsverträgen gewährt werden, die zur Versorgung des Versicherungsnehmers oder seiner unterhaltsberechtigten Angehörigen eingegangen sind, nur wie Arbeitseinkommen gepfändet werden.[1] Diesen Pfändungsschutz können Selbstständige, Freiberufler und Nichterwerbstätige allerdings nicht in Anspruch nehmen, weil § 850 nur den abhängig Beschäftigten erfasst. Die daraus entstehende Lücke soll § 851d schließen.[2]   1

Laufende Leistungen aus steuerlich gefördertem Altersvorsorgevermögen (einschließlich eventueller Zulagen und Erträge) dienen der finanziellen Absicherung des Schuldners im Alter. Dies gilt für Rentenzahlungen aus einer Basisrentenversicherung, die die Voraussetzungen des § 10 Abs. 1 Nr. 2 Buchst. b EStG erfüllt (»Rürup-Rente«), ebenso wie für Leistungen, soweit sie auf einem nach § 10a EStG und Abschnitt XI EStG geförderten Altersvorsorgevermögen beruhen (»Riester-Rente«). Die Verwendung des Vorsorgekapitals für eine lebenslange Altersvorsorge wird durch die entsprechenden gesetzlichen Vorgaben im Einkommensteuerrecht, im Altersvorsorgeverträge-Zertifizierungsgesetz[3] und durch § 168 Abs. 3 Satz 1 VVG sichergestellt. Der Pfändungsschutz von laufenden Leistungen, die auf einem nach § 10a EStG/Abschnitt XII EStG geförderten Altersvorsorgevermögen beruhen, gilt unabhängig davon, ob es sich um solche aus zertifizierten Rentenversicherungen oder aus Bank- oder Fondssparplänen handelt; allein maßgeblich ist, dass die Leistungen auf steuerlich gefördertem Kapital beruhen.[4]

II. Regelungsgehalt

Dem Pfändungsschutz (§ 850c) unterliegen nur laufende monatliche Leistungen, wobei bis zwölf Monatsleistungen als Sammelzahlung zu einer Auszahlung zusammengefasst werden können. Kein Pfändungsschutz ist somit für eine zu Beginn der Auszahlungsphase nach dem Altersvorsorgeverträge-Zertifizierungsgesetz mögliche Einmalkapitalauszahlung gegeben. Das Gleiche gilt, wenn der Berechtigte von der steuerlich zulässigen Möglichkeit der Abfindung einer Kleinbetragsrente Gebrauch macht, da es sich auch hier nicht um laufende Leistungen handelt. Bei »Riester-Renten« sind das Altersvorsorgevermögen selbst – soweit steuerlich gefördert – einschließlich seiner Erträge, die geförderten laufenden Altersvorsorgebeiträge und der Anspruch auf die Zulage gemäß § 97   2

---

1 Vgl. dort § 850 Rdn. 16.
2 Begr. RegE v. 10.8.2005 (BR-Drucks. 618/15), ZVI 2005, 516.
3 Vom 26.6.2001, BGBl. I, 1310 in der Fassung gemäß Art. 7 des Alterseinkünftegesetzes v. 5.7.2004, BGBl. I, 1427.
4 Begr. RegE v. 10.8.2005 (BR-Drucks. 618/15), ZVI 2005, 516.

EStG nicht übertragbar und damit nach § 851 nicht pfändbar; einer § 851c Abs. 2 entsprechenden Regelung bedurfte es somit nicht.[5] Der Wortlaut des § 97 EStG verlangt, dass die staatliche Zulage bereits gewährt wird; es dürfte aber genügen, dass die steuerliche Förderung bereits beantragt ist und die Genehmigungsvoraussetzungen gegeben sind.[6] Dies soll auch dann gelten, wenn und soweit die Voraussetzungen des § 82 EStG für eine Förderung vorliegen, tatsächlich jedoch von den staatlichen Förderungsmöglichkeiten kein Gebrauch gemacht wurde;[7] richtigerweise ist aber ohne Antrag in keinem Fall Pfändungsschutz zu gewähren.[8] Ein entsprechender Pfändungsschutz für »Rürup-Renten« besteht hingegen nicht. Er ist vom Gesetzgeber angedacht,[9] nachfolgend aber nicht umgesetzt worden; er ist daher nur mittelbar über § 168 Abs. 3 Satz 1 VVG in Höhe des Altersvorsorge-Freibetrags nach § 12 Abs. 2 Nr. 3 SGB II zu erreichen.[10]

---

5 OLG Frankfurt, VersR 2012, 169, 170; BT-Drucks. 16/886, S. 10; *Schrehardt*, DStR 2013, 472, 474.
6 *Wollmann*, ZinsO 2013, 902, 905.
7 LG Aachen, NZI 2014, 573 f.; *Riedel*, in: Vorwerk/Wolf, Edition 15, § 851d Rn. 4.
8 AG München, WM 2013, 998; dazu *Fiala/Schramm*, Grundeigentum 2015, 40; *Musielak/Becker*, § 850d Rn. 3a.
9 Begr. RegE v. 10.8.2005 (BR-Drucks. 618/15), ZVI 2005, 516.
10 So zutr. *Stöber*, NJW 2007, 1242, 1246.

§ 852 Beschränkt pfändbare Forderungen

(1) Der Pflichtteilsanspruch ist der Pfändung nur unterworfen, wenn er durch Vertrag anerkannt oder rechtshängig geworden ist.

(2) Das Gleiche gilt für den nach § 528 des Bürgerlichen Gesetzbuchs dem Schenker zustehenden Anspruch auf Herausgabe des Geschenkes sowie für den Anspruch eines Ehegatten auf den Ausgleich des Zugewinns.

Übersicht

	Rdn.			Rdn.
I.	Zweck der Norm	1	IV. Verfahren und Rechtsbehelfe	5
II.	Vertragliches Anerkenntnis	2	V. ArbGG, VwGO, AO	7
III.	Rechtshängigkeit	3		

Literatur:
Greve, Zur Pfändung eines Pflichtteils nach § 852 ZPO, ZIP 1996, 699; *Hannicke*, Die Pfändungsbeschränkung des § 852 ZPO; *Kuchinke*, Der Pflichtteilsanspruch als Gegenstand des Gläubigerzugriffs, NJW 1994, 1769.

I. Zweck der Norm

Die Vorschrift ergänzt für bestimmte ihrer Natur nach höchstpersönliche Ansprüche den § 851 Abs. 1. Nach materiellem Recht (§§ 528, 1378 Abs. 3 Satz 1, 2317 Abs. 2 BGB) sind diese Ansprüche zwar übertragbar. Jedoch soll es aufgrund der persönlichen Verbundenheit zwischen den Beteiligten dem Berechtigten überlassen bleiben, ob er den Anspruch gegen den Verpflichteten durchsetzt.[1] Der Gläubiger soll diese Entscheidung nicht an sich ziehen können; der rechtliche Eingriff in die persönlichen Beziehungen durch Pfändung des Anspruches ist ihm so lange verwehrt, wie der **Berechtigte** den bestehenden Anspruch nicht durch Vertrag oder Rechtshängigkeit gesichert hat.[2] Die Beschränkungen des § 852 gelten auch für den nach § 850d privilegierten Gläubiger.[3] Der Pflichtteilsergänzungsanspruch nach §§ 2325 ff. BGB ist wie der in Abs. 1 genannte Pflichtteilsanspruch selbst zu behandeln.[4] Ein Anspruch auf Zugewinnausgleich ist vor Beendigung des Güterstandes nicht pfändbar,[5] weil eine vorherige, auch eine unter der aufschiebenden Bedingung der Rechtskraft des Scheidungsurteils vereinbarte, Abtretung wegen eines Verstoßes gegen § 134 BGB nichtig ist.[6]

II. Vertragliches Anerkenntnis

Das Anerkenntnis bedarf als rein deklaratorisches[7] nicht der Schriftform des § 781 BGB; erst recht ist keine notarielle Form erforderlich. Es genügt jede Art der Einigung des Berechtigten mit seinem Schuldner (dem Drittschuldner), die dem Grunde nach die Anerkennung der Verpflichtung zum Ausdruck bringt. Hat der ursprünglich Berechtigte den – bestrittenen – Anspruch abgetreten, so ist dieser durch die Gläubiger des Zessionars ohne Weiteres pfändbar, auch wenn der Drittschuldner von Anfang an jede Anerkennung des Anspruchs verweigert hat;[8] denn zwischen dem Zessionar und dem Drittschuldner besteht jenes höchstpersönliche Verhältnis nicht mehr, das § 852 schützen will.

---

1 BGHZ 169, 320 = NJW 2007, 60 Tz. 25 f.; BGHZ 154, 64, 71; 147, 288, 291; 123, 183, 186; BGH, NJW 1997, 2384.
2 OLG Jena FamRZ 2013, 657; LG Hildesheim, FamRZ 2009, 1440; zum Zweck des § 852 ZPO siehe auch BGH, NJW 1993, 2876; ferner noch Rdn. 5.
3 OLG Celle, OLGR 2004, 414.
4 Allgem. Meinung; beispielhaft *Brox/Walker*, Rn. 530; LG Hildesheim, FamRZ 2009, 1440.
5 LG Leipzig, Beschluss vom 5.7.2004 – 16 T 2268/04 –.
6 BGH, FamRZ 2008, 1335.
7 *Baumbach/Lauterbach/Hartmann*, § 852 Rn. 2; *Stein/Jonas/Brehm*, § 852 Rn. 5; *Thomas/Putzo/Seiler*, § 852 Rn. 2; *Wieczorek/Schütze/Lüke*, § 852 Rn. 3; *Zöller/Stöber*, § 852 Rn. 2; **a. A.** LG Köln, VersR 1973, 679.
8 MüKo/*Smid*, § 852 Rn. 3; *Stöber*, Forderungspfändung, Rn. 272.

III. Rechtshängigkeit

3 Die Rechtshängigkeit einer Klage ergibt sich aus § 261 i. V. m. § 253 Abs. 1; es reicht eine auf die Festschreibung des Grundes gerichtete Feststellungsklage. Nach dem Zweck des § 852 ist es erforderlich, dass zum Zeitpunkt der Pfändung die Rechtshängigkeit noch fortdauert oder der Anspruch sogar bereits tituliert ist. Wird die Klage noch vor Wirksamwerden der Pfändung zurückgenommen, ist eine Pfändung nicht mehr möglich, da sich der Gläubiger nunmehr wieder gegen den Willen des Schuldners in die persönliche Beziehung drängen würde.[9] War die Forderung allerdings noch rechtshängig, als sie gepfändet wurde, kann eine spätere Klagerücknahme das wirksam entstandene Pfandrecht nicht mehr beseitigen.[10] Der Schuldner ist, nachdem das Pfandrecht entstanden ist, infolge des Inhibitoriums nicht mehr frei in seiner Entscheidung.

4 Zur Rechtshängigkeit eines im Mahnverfahren geltend gemachten Anspruchs siehe §§ 696 Abs. 3, 700 Abs. 2. Ein bloßes Mahngesuch oder ein Prozesskostenhilfeantrag bewirken noch nicht die Rechtshängigkeit und sind ihr im Rahmen des § 852 auch nicht gleichzusetzen. Sie ermöglichen also noch nicht die Pfändung des Anspruchs.[11]

IV. Verfahren und Rechtsbehelfe

5 Will der Gläubiger einen der in § 852 genannten Ansprüche pfänden, so braucht sein Antrag keine Angaben dazu zu enthalten, ob Anerkenntnis oder Rechtshängigkeit gegeben sind; ein Verstoß gegen das Bestimmtheitsgebot liegt darin nicht.[12]

Die Ansprüche dürfen zudem, sind die in § 852 für einen umfassenden Gläubigerzugriff festgelegten Voraussetzungen noch nicht gegeben, für den Fall gepfändet werden, dass Anerkennung oder Rechtshängigkeit zu einem späteren Zeitpunkt vorliegen; gepfändet ist dann der in seiner Verwertbarkeit insoweit aufschiebend bedingte Anspruch.[13] Dadurch wird die Entscheidungsfreiheit des Schuldners, ob er die Ansprüche überhaupt geltend machen will, nicht beeinträchtigt. Ein Pfändungspfandrecht erwirbt der Gläubiger erst bei Bedingungseintritt (vertragliche Anerkennung oder Rechtshängigkeit); dessen Rang bestimmt sich allerdings nach dem Zeitpunkt der Pfändung[14]. Durch die Pfändung kann der Gläubiger verhindern, dass der Schuldner den Anspruch – etwa durch Abtretung an einen Dritten – seinem Zugriff entzieht.[15] Der gepfändete Anspruch darf dem Gläubiger aber erst dann zur Einziehung überwiesen werden, wenn die Voraussetzungen des Abs. 1 eingetreten sind. Dazu hat der Gläubiger in seinem Antrag auf Erlass des Überweisungsbeschlusses Angaben zu machen; er hat insoweit ein Auskunftsrecht gegenüber dem Schuldner entsprechend § 836 Abs. 3.[16]

6 Lagen die Voraussetzungen des Abs. 1 nicht vor oder hat der Rechtspfleger § 852 übersehen, ist ein gleichwohl ergangener Überweisungsbeschluss fehlerhaft, aber nicht nichtig und muss im Einziehungsprozess grds. Beachtung finden.[17] Im Einziehungsprozess kann der Drittschuldner die Unpfändbarkeit mithin nicht geltend machen, denn die Einziehungsbefugnis beruht nicht auf dem materiellrechtlichen Pfandrecht, sondern auf der Überweisung. Diese aber findet als Akt der Ver-

---

9 *Stein/Jonas/Brehm*, § 852 Rn. 5; *Stöber*, Forderungspfändung, Rn. 270; *Zöller/Stöber*, § 852 Rn. 2.
10 *Stein/Jonas/Brehm*, § 852 Rn. 5.
11 *Stöber*, Forderungspfändung, Rn. 270.
12 BGH, JurBüro 2009, 377.
13 BGHZ 123, 183, 186; BGH JuBüro 2009, 377; NJW 2013, 530 Tz. 15; OLG München, Rpfleger 2009, 500.
14 BGH JurBüro 2009, 377.
15 BGHZ 123, 183, 186, 190; BGH, JurBüro 2009, 377.
16 BGH, JurBüro 2009, 377.
17 So auch BGH, JurBüro 2009, 377.

wertung ihre Rechtfertigung in der öffentlich-rechtlichen Beschlagnahme der Forderung, also der Verstrickung.[18]

V. ArbGG, VwGO, AO

Siehe § 850 Rdn. 20. 7

---

[18] Einzelheiten: § 835 Rdn. 11.

§ 853 Mehrfache Pfändung einer Geldforderung

Ist eine Geldforderung für mehrere Gläubiger gepfändet, so ist der Drittschuldner berechtigt und auf Verlangen eines Gläubigers, dem die Forderung überwiesen wurde, verpflichtet, unter Anzeige der Sachlage und unter Aushändigung der ihm zugestellten Beschlüsse an das Amtsgericht, dessen Beschluss ihm zuerst zugestellt ist, den Schuldbetrag zu hinterlegen.

Übersicht	Rdn.		Rdn.
I. Zweck der Norm	1	IV. Wirkung der Hinterlegung	6
II. Abgrenzung zu § 372 BGB	2	V. Kosten	7
III. Verfahren bei der Hinterlegung nach § 853	4	VI. ArbGG, VwGO, AO	8

I. Zweck der Norm

1   Ist eine Geldforderung durch mehrere Gläubiger gepfändet worden,[1] so kann für den Drittschuldner die Beurteilung, welche Beträge an welchen Gläubiger auszuzahlen sind, mit Schwierigkeiten verbunden sein. Insbesondere Vorpfändungen, Pfändungen, die im Laufe ein und desselben Tages zugestellt wurden, Pfändungen mit Bevorrechtigung nach § 850d oder Pfändungen, deren Wirksamkeit zweifelhaft ist,[2] können für den juristisch nicht vorgebildeten Drittschuldner eine rechtlich undurchsichtige Lage schaffen; ihm soll nicht zugemutet werden, den vorrangigen Gläubiger festzustellen. Andererseits kann ein Streit unter mehreren Gläubigern über Höhe und Rangfolge ihrer Berechtigungen für einen zahlungsschwachen Drittschuldner ein willkommener Anlass sein, die Zahlung überhaupt hinauszuzögern und damit letztendlich alle Gläubiger zu gefährden. § 853 will den Drittschuldner wie die beteiligten Gläubiger vor diesen Gefahren der mehrfachen Pfändung schützen, indem er den Drittschuldner berechtigt und auf Verlangen eines Gläubigers verpflichtet, den Schuldbetrag zu hinterlegen und damit die Voraussetzung für die Durchführung des Verteilungsverfahrens nach §§ 872 ff. zu schaffen.

II. Abgrenzung zu § 372 BGB

2   Im Fall des § 853 findet die Ungewissheit des Drittschuldners über die Person oder den Rang des Gläubigers ihre Ursache in einer Maßnahme der Zwangsvollstreckung (Pfändung). Bei § 372 BGB beruht die subjektive Ungewissheit hingegen auf rein tatsächlichen oder rechtsgeschäftlichen Umständen, wenn beispielsweise Streit über den Eintritt einer Gesamt- oder Einzelrechtsnachfolge besteht. Eine Hinterlegung nach § 372 BGB führt nicht zur Durchführung des Verteilungsverfahrens nach §§ 872 ff.;[3] der Gläubiger, der Auszahlung durch die Hinterlegungsstelle an sich erreichen will, muss gegen alle übrigen Gläubiger, zu deren Gunsten ebenfalls hinterlegt wurde, aus § 812 BGB (Bereicherung um die aus § 13 HinterlO folgende Möglichkeit, die Auszahlung an den Gläubiger zu verhindern) Klage auf Zustimmung zur Auszahlung erheben.[4]

3   Für Auseinandersetzungen zwischen Pfändungsgläubiger und Zessionar ist nicht § 853, sondern § 372 BGB einschlägig.[5] Der Zessionar muss sein vermeintliches Vorrecht gegen den Pfändungsgläubiger mit der Klage nach § 771 geltend machen,[6] der Pfändungsgläubiger gegen den Zessionar

---

[1] Einzelheiten zur Möglichkeit und zum Verfahren bei der Mehrfachpfändung einer Forderung siehe bei § 829 Rdn. 49.
[2] OLG Frankfurt, OLGR 2004, 250.
[3] LG Berlin, Rpfleger 1981, 453.
[4] BGHZ 35, 170; 82, 286; BGH, NJW 1970, 463.
[5] AG Köln, MDR 1966, 931; ArbG Hamburg, BB 1968, 83; *Baumbach/Lauterbach/Hartmann*, § 853 Rn. 2; *Thomas/Putzo/Seiler*, § 853 Rn. 2; *Wieczorek/Schütze/Lüke*, § 853 Rn. 2; *Zöller/Stöber*, § 853 Rn. 2.
[6] Einzelheiten: § 771 Rdn. 5.

mit der auf § 812 BGB gestützten Klage auf Zustimmung vorgehen; die Einleitung eines Verteilungsverfahrens kommt jeweils nicht in Betracht.

III. Verfahren bei der Hinterlegung nach § 853

Der Drittschuldner, der sich mehreren pfändenden Gläubigern gegenübersieht, **kann**, muss aber nicht hinterlegen. Auch Pfändungen im Rahmen der Sicherungsvollstreckung (§ 720a) und der Arrestvollziehung berechtigen ihn zur Hinterlegung;[7] es ist nicht erforderlich, dass die Forderung bereits einem Gläubiger überwiesen ist. Die Hinterlegung verlangen mit der Folge, dass der Drittschuldner dem nachkommen **muss** (gegebenenfalls gezwungen durch eine Klage nach § 856), kann aber nur ein Gläubiger, dem die Forderung auch überwiesen ist (denn die Hinterlegung ersetzt die Zahlung an ihn). 4

Hinterlegen darf der Drittschuldner nur den Teil der Forderung, der der Pfändung unterworfen ist, bei Lohnpfändungen also nicht den unpfändbaren Teil des Lohnes.[8] Für den Hinterlegungsort trifft § 853 keine eigene Zuständigkeitsregelung. Zu hinterlegen ist daher beim Gericht des Leistungsortes (§ 374 Abs. 1 BGB).[9] Gleichzeitig muss der Drittschuldner demjenigen Amtsgericht (dort dem Rechtspfleger), das ihm als erstes einen Pfändungsbeschluss zugestellt hat, von der Hinterlegung und den mehrfachen Pfändungen Anzeige machen und dem Gericht die ihm zugestellten Beschlüsse aushändigen. Ist der dem Drittschuldner zugestellte Pfändungsbeschluss erst im Beschwerdeverfahren von einem übergeordneten Gericht erlassen worden,[10] so ist die Anzeige entweder bei diesem Gericht oder unmittelbar beim Amtsgericht einzureichen; dort sind auch die Pfändungsbeschlüsse auszuhändigen. Werden Anzeige und Pfändungsbeschlüsse vom übergeordneten Gericht entgegengenommen, sind sie von dort an das Amtsgericht abzugeben.[11] 5

IV. Wirkung der Hinterlegung

Ist wirksam hinterlegt und die Hinterlegung ordnungsgemäß angezeigt, so ist der Drittschuldner in Höhe des hinterlegten Betrages gegenüber dem Schuldner von seiner Verbindlichkeit, gegenüber den Gläubigern von den aus der Pfändung und Überweisung folgenden Verpflichtungen freigeworden; die Hinterlegung hat Erfüllungswirkung.[12] Erst die Anzeige schafft zudem die endgültige Voraussetzung, das Verteilungsverfahren nach § 872 zu eröffnen. Lehnt der Rechtspfleger (weil er sich z. B. für unzuständig hält) die Entgegennahme der Anzeige ab, können Drittschuldner[13] und beteiligte Gläubiger hiergegen sofortige Beschwerde nach § 793 i. V. m. § 11 Abs. 1 RPflG einlegen. Eine Anzeige auch an den Schuldner als den ursprünglichen Gläubiger der Forderung, wie § 374 Abs. 2 BGB sie bei der Hinterlegung nach § 372 BGB vorsieht, ist bei Hinterlegung nach § 853 nicht erforderlich. 6

V. Kosten

Die Kosten der Hinterlegung sind Kosten der Zwangsvollstreckung, die gem. § 788 der Schuldner zu tragen hat. Da der Drittschuldner bei der Hinterlegung diese Kosten zunächst also vorlegen muss, kann er sie, weil ihn in gar keinem Fall die Kosten treffen, von der zu hinterlegenden Summe 7

---

7 *Stöber*, Forderungspfändung, Rn. 783.
8 LAG Frankfurt, DB 1951, 860.
9 *Stöber*, Forderungspfändung, Rn. 788; *Stein/Jonas/Brehm*, § 853 Rn. 1; *Zöller/Stöber*, § 853 Rn. 4.
10 Zu dieser Möglichkeit siehe § 829 Rdn. 64.
11 Zum Meinungsstand bzgl. des zuständigen Gerichts siehe nur *Stein/Jonas/Brehm*, § 853 Rn. 7 f.; *Stöber*, Forderungspfändung, Rn. 789; *Thomas/Putzo/Seiler*, § 853 Rn. 5.
12 LG Berlin, Rpfleger 1981, 453.
13 OLG Frankfurt, Rpfleger 1977, 184.

abziehen.[14] Hat er dies vergessen, kann er den Betrag vom Schuldner aus § 812 BGB (Befreiung von einer Verbindlichkeit) zurückverlangen.

VI. ArbGG, VwGO, AO

8 § 853 gilt gem. §§ 62 Abs. 2, 85 Abs. 1 Satz 3 ArbGG auch bei der Vollstreckung von arbeitsgerichtlichen Titeln und gem. § 167 Abs. 1 VwGO bei der Vollstreckung von Titeln nach § 168 VwGO. Für die Vollstreckung nach § 169 VwGO verweist § 5 VwVG auf die Vorschriften der Abgabenordnung; gem. § 320 AO sind die §§ 853–856 bei der Pfändung einer Forderung durch mehrere Vollstreckungsbehörden oder durch eine Vollstreckungsbehörde und ein Gericht entsprechend anzuwenden. Fehlt es an einem Amtsgericht, das nach den §§ 853, 854 zuständig wäre, ist bei dem Amtsgericht zu hinterlegen, in dessen Bezirk diejenige Vollstreckungsbehörde ihren Sitz hat, deren Pfändungsverfügung dem Drittschuldner zuerst zugestellt worden ist (§ 320 Abs. 2 AO).

---

14 *Baumbach/Lauterbach/Hartmann*, § 853 Rn. 6.

§ 854 Mehrfache Pfändung eines Anspruchs auf bewegliche Sachen

(1) ¹Ist ein Anspruch, der eine bewegliche körperliche Sache betrifft, für mehrere Gläubiger gepfändet, so ist der Drittschuldner berechtigt und auf Verlangen eines Gläubigers, dem der Anspruch überwiesen wurde, verpflichtet, die Sache unter Anzeige der Sachlage und unter Aushändigung der ihm zugestellten Beschlüsse dem Gerichtsvollzieher herauszugeben, der nach dem ihm zuerst zugestellten Beschluss zur Empfangnahme der Sache ermächtigt ist. ²Hat der Gläubiger einen solchen Gerichtsvollzieher nicht bezeichnet, so wird dieser auf Antrag des Drittschuldners von dem Amtsgericht des Ortes ernannt, wo die Sache herauszugeben ist.

(2) ¹Ist der Erlös zur Deckung der Forderungen nicht ausreichend und verlangt der Gläubiger, für den die zweite oder eine spätere Pfändung erfolgt ist, ohne Zustimmung der übrigen beteiligten Gläubiger eine andere Verteilung als nach der Reihenfolge der Pfändungen, so hat der Gerichtsvollzieher die Sachlage unter Hinterlegung des Erlöses dem Amtsgericht anzuzeigen, dessen Beschluss dem Drittschuldner zuerst zugestellt ist. ²Dieser Anzeige sind die Schriftstücke beizufügen, die sich auf das Verfahren beziehen.

(3) In gleicher Weise ist zu verfahren, wenn die Pfändung für mehrere Gläubiger gleichzeitig bewirkt ist.

Übersicht	Rdn.		Rdn.
I. Zweck der Norm	1	IV. Regelung bei gleichzeitiger Pfändung für mehrere Gläubiger	4
II. Die Regelung der Herausgabe	2	V. Gebühren des Gerichtsvollziehers	5
III. Die Hinterlegung des Versteigerungserlöses	3	VI. ArbGG, VwGO, AO	6

I. Zweck der Norm

Die Vorschrift knüpft an die Zwangsvollstreckung nach §§ 846 ff. an. Haben mehrere Gläubiger den Herausgabeanspruch gepfändet[1] und unterschiedliche Gerichtsvollzieher benannt, an die die Sache herauszugeben ist, oder haben sie noch gar keinen Gerichtsvollzieher beauftragt, so bedarf es der Regelung, wie der Drittschuldner den für ihn u. U. aufgrund der mehrfachen Pfändung des Herausgabeanspruchs lästigen Gegenstand befreiend herausgeben kann und wie der herausgegebene Gegenstand zu verwerten ist. § 854 findet hier Lösungen in Anlehnung an § 853.   1

II. Die Regelung der Herausgabe

Ist der Herausgabeanspruch mehrfach gepfändet, so **kann** der Drittschuldner von sich aus den Gegenstand unter **Anzeige** der Sachlage und unter Herausgabe der ihm zugestellten Beschlüsse an den Gerichtsvollzieher herausgeben, der ihm als zur Empfangnahme befugt im ersten ihm zugestellten Beschluss benannt worden ist. War im ersten Beschluss ein solcher Gerichtsvollzieher nicht benannt, so darf der Drittschuldner nicht einfach an einen anderen, in einem der nachfolgenden Beschlüsse genannten Gerichtsvollzieher herausgeben; er muss sich vielmehr an das Amtsgericht (dort: Rechtspfleger) des Leistungsortes (§ 269 BGB) wenden, damit dieses einen zur Annahme befugten Gerichtsvollzieher ernennt. An diesen haben dann Herausgabe und Anzeige zu erfolgen. Der Drittschuldner **muss** in der vorbeschriebenen Weise verfahren, wenn auch nur einer der Gläubiger, die den Herausgabeanspruch gepfändet haben, dies verlangt. Mit Herausgabe **und** der ordnungsgemäßer Anzeige[2] wird der Drittschuldner gegenüber seinem Gläubiger, dem Vollstreckungsschuldner, von seiner materiell-rechtlichen Schuld, gleichzeitig aber auch gegenüber allen pfändenden Gläubigern von seinen Verpflichtungen aus den Pfändungs- und Überweisungsbeschlüssen befreit. Die Inbesitznahme der Sache durch den Gerichtsvollzieher **und** der Erhalt der   2

---

[1] Einzelheiten zu dieser Möglichkeit: § 847 Rdn. 5.
[2] Vgl. die ähnliche Regelung § 853 Rdn. 5.

Anzeige bewirken zusammen, dass an dem Gegenstand die Pfändungspfandrechte entsprechend der Rangfolge, in der die Forderung gepfändet war, entstehen.³ Besitz der Sache und der Anzeige legitimieren den Gerichtsvollzieher, soweit nicht nur Sicherungsvollstreckungen und Arrestpfändungen vorliegen, sodann die Sache für alle Gläubiger nach §§ 814 ff. zu verwerten.⁴

III. Die Hinterlegung des Versteigerungserlöses

3 Hat der Gerichtsvollzieher den Gegenstand versteigert und aus dem Erlös die Versteigerungskosten entnommen,⁵ so verteilt er den Erlös, als hätte er den Gegenstand selbst von vornherein für mehrere Gläubiger gepfändet gehabt.⁶ Reicht der Erlös nicht zur Befriedigung aller Gläubiger und verlangt der Gläubiger, für den die zweite oder eine spätere Pfändung erfolgt ist, eine andere Erlösverteilung als nach der Reihenfolge der Pfändungen, ohne dass die betroffenen Gläubiger dem zustimmen, hat der Gerichtsvollzieher den Erlös unter Anzeige der Sachlage bei dem Amtsgericht zu hinterlegen, dessen Pfändungsbeschluss dem Drittschuldner als erster zugestellt worden war (**Abs. 2**). Diese Regelung entspricht praktisch der in § 827 Abs. 2.⁷ Die Hinterlegung **zusammen** mit der Anzeige bilden die Grundlage für die Einleitung des Verteilungsverfahrens nach §§ 872 ff. durch das Vollstreckungsgericht.

IV. Regelung bei gleichzeitiger Pfändung für mehrere Gläubiger

4 Haben nicht mehrere Gläubiger nacheinander die Forderung gepfändet, sondern gleichzeitig,⁸ sodass die Pfändungspfandrechte aller an der Forderung und später auch an der Sache selbst gleichrangig sind, gelten die vorstehenden Regelungen entsprechend (**Abs. 3**).

V. Gebühren des Gerichtsvollziehers

5 Es gilt das zu § 847 Ausgeführte⁹ entsprechend. Die noch beizutreibenden Forderungen der mehreren Gläubiger sind für den Geschäftswert zusammenzurechnen.¹⁰

VI. ArbGG, VwGO, AO

6 Siehe § 853 Rdn. 8.

---

3 Siehe § 847 Rdn. 3 und Rdn. 5.
4 Siehe § 847 Rdn. 6.
5 Siehe § 818 Rdn. 5.
6 Einzelheiten: § 827 Rdn. 3.
7 Einzelheiten: § 827 Rdn. 4.
8 Siehe hierzu auch § 829 Rdn. 49.
9 Siehe § 847 Rdn. 9.
10 Siehe *Zöller/Stöber*, § 854 Rn. 4.

§ 855 Mehrfache Pfändung eines Anspruchs auf eine unbewegliche Sache

Betrifft der Anspruch eine unbewegliche Sache, so ist der Drittschuldner berechtigt und auf Verlangen eines Gläubigers, dem der Anspruch überwiesen wurde, verpflichtet, die Sache unter Anzeige der Sachlage und unter Aushändigung der ihm zugestellten Beschlüsse an den von dem Amtsgericht der belegenen Sache ernannten oder auf seinen Antrag zu ernennenden Sequester herauszugeben.

Übersicht	Rdn.			Rdn.
I. Allgemeines	1	IV.	Gebühren	4
II. Verfahren	2	V.	ArbGG, VwGO, AO	5
III. Rechtsfolgen des Eigentumsübergangs auf den Schuldner	3			

Literatur:
Noack, Die durch einstweilige Verfügung angeordnete Sequestration, MDR 1967, 168; *Schmid*, Tiere in der Zwangsvollstreckung, JR 2013, 245.

I. Allgemeines

Die Vorschrift regelt – in Fortführung der Zwangsvollstreckung nach § 848 – das Verfahren für den Fall, dass mehrere Gläubiger einen Anspruch auf Herausgabe eines Grundstücks (Erbbaurechts, Wohnungseigentums) gepfändet haben, in Anlehnung an die Regelungen in §§ 853, 854 Abs. 1.   1

II. Verfahren

Nach der mehrfachen Pfändung eines solchen Anspruchs **kann** der Drittschuldner das Grundstück an den vom Amtsgericht der belegenen Sache bereits benannten[1] oder auf Antrag des Drittschuldners noch zu benennenden Sequester[2] herausgeben. Er hat ihm gleichzeitig die Sachlage anzuzeigen und die ihm zugestellten Pfändungsbeschlüsse auszuhändigen. Auf Verlangen eines der pfändenden Gläubiger, dem der Anspruch auch überwiesen wurde, **muss** der Drittschuldner so verfahren.   2

III. Rechtsfolgen des Eigentumsübergangs auf den Schuldner

Lautete der gepfändete Anspruch nicht nur auf Herausgabe, sondern auch auf Übertragung des Eigentums,[3] so erwerben die Gläubiger mit dem nach § 848 Abs. 2 herbeigeführten Eigentumsübergang auf den Schuldner Sicherungshypotheken in der Reihenfolge der Pfändung des Herausgabe- und Übereignungsanspruchs. Ihre Eintragung[4] hat der Sequester zu bewilligen (§ 848 Abs. 2 Satz 3). Die Zwangsvollstreckung nach §§ 848, 855 führt nie zur endgültigen Befriedigung der Gläubiger aus dem Grundstück. Wollen die Gläubiger, nachdem der Schuldner Eigentümer des Grundstücks geworden ist, die Zwangsversteigerung betreiben, müssen sie neuen Vollstreckungsantrag, jetzt nach den Vorschriften des ZVG, stellen.[5]   3

IV. Gebühren

Gerichtsgebühren fallen durch die Ernennung eines Sequesters nicht an. Für den Rechtsanwalt des Gläubigers ist der Antrag auf Sequesterbestellung durch die allgemeine Vollstreckungsgebühr   4

---

1 Einzelheiten: § 848 Rdn. 2, 3.
2 Zur Auswahl des Sequesters siehe § 848 Rdn. 3.
3 Einzelheiten: § 848 Rdn. 5.
4 Einzelheiten des Verfahrens: § 848 Rdn. 6.
5 Siehe hierzu § 848 Rdn. 12.

§ 855 ZPO   Mehrfache Pfändung eines Anspruchs auf eine unbewegliche Sache

abgegolten (VV Nr. 3309 RVG). Der Rechtsanwalt des Drittschuldners erhält für seine Mitwirkung bei der Bestellung eines Sequesters ebenfalls diese Gebühr.

V. ArbGG, VwGO, AO

5   Siehe § 853 Rdn. 8.

§ 855a Mehrfache Pfändung eines Anspruchs auf ein Schiff

(1) Betrifft der Anspruch ein eingetragenes Schiff, so ist der Drittschuldner berechtigt und auf Verlangen eines Gläubigers, dem der Anspruch überwiesen wurde, verpflichtet, das Schiff unter Anzeige der Sachlage und unter Aushändigung der Beschlüsse dem Treuhänder herauszugeben, der in dem ihm zuerst zugestellten Beschluss bestellt ist.

(2) Absatz 1 gilt sinngemäß, wenn der Anspruch ein Schiffsbauwerk betrifft, das im Schiffsbauregister eingetragen ist oder in dieses Register eingetragen werden kann.

Übersicht	Rdn.		Rdn.
I. Regelungsinhalt	1	III. ArbGG, VwGO, AO	3
II. Anwendung bei Luftfahrzeugen	2		

I. Regelungsinhalt

Die Vorschrift knüpft an § 847a an.[1] Das Verfahren entspricht dem in § 855 geregelten. An die Stelle des Sequesters tritt der **Treuhänder,** der in dem dem Drittschuldner zuerst zugestellten Pfändungsbeschluss gem. § 847a Abs. 1 bestellt ist. Da das Vollstreckungsgericht in den Pfändungsbeschlüssen nach § 847a Abs. 1 immer selbst einen Treuhänder bestellt, besteht anders als in §§ 854 Abs. 1, 855 keine Notwendigkeit, dem Drittschuldner ein entsprechendes Antragsrecht zu geben. 1

II. Anwendung bei Luftfahrzeugen

Gem. § 99 Abs. 1 LuftfzRG[2] gilt § 855a entsprechend für die mehrfache Pfändung des Anspruchs auf Herausgabe eines in der Luftfahrzeugrolle eingetragenen Luftfahrzeugs.[3] 2

III. ArbGG, VwGO, AO

Siehe § 853 Rdn. 8. 3

---

1 Siehe deshalb auch dort Rdn. 1.
2 Gesetz über Rechte an Luftfahrzeugen vom 26.3.1959 (BGBl. I, S. 57, 223). § 99 zuletzt geändert durch die 2. Zwangsvollstreckungsnovelle vom 17.12.1997 (BGBl. I, S. 3039, 3044).
3 Einzelheiten bei *Bauer*, JurBüro 1974, 1.

§ 856 Klage bei mehrfacher Pfändung

(1) Jeder Gläubiger, dem der Anspruch überwiesen wurde, ist berechtigt, gegen den Drittschuldner Klage auf Erfüllung der nach den Vorschriften der §§ 853 bis 855 diesem obliegenden Verpflichtungen zu erheben.

(2) Jeder Gläubiger, für den der Anspruch gepfändet ist, kann sich dem Kläger in jeder Lage des Rechtsstreits als Streitgenosse anschließen.

(3) Der Drittschuldner hat bei dem Prozessgericht zu beantragen, dass die Gläubiger, welche die Klage nicht erhoben und dem Kläger sich nicht angeschlossen haben, zum Termin zur mündlichen Verhandlung geladen werden.

(4) Die Entscheidung, die in dem Rechtsstreit über den in der Klage erhobenen Anspruch erlassen wird, ist für und gegen sämtliche Gläubiger wirksam.

(5) Der Drittschuldner kann sich gegenüber einem Gläubiger auf die ihm günstige Entscheidung nicht berufen, wenn der Gläubiger zum Termin zur mündlichen Verhandlung nicht geladen worden ist.

Übersicht

	Rdn.		Rdn.
I. Gegenstand der Regelung	1	IV. Rechtskraft der Entscheidung	5
II. Verfahrensbesonderheiten	2	V. Gebühren	6
III. Einwendungen des Drittschuldners	4	VI. ArbGG, VwGO, AO	7

I. Gegenstand der Regelung

1 Die Pfändung und Überweisung eines Anspruchs berechtigen den Gläubiger zwar, vom Drittschuldner Leistung an sich, statt an den Schuldner zu verlangen. Der Überweisungsbeschluss ist aber kein Titel, der es dem Gläubiger unmittelbar ermöglicht, gegen den Drittschuldner die Zwangsvollstreckung zu betreiben;[1] er muss gegebenenfalls im Einziehungsprozess gegen diesen vorgehen.[2] § 856 regelt die Ausgestaltung des Einziehungsprozesses für den Fall, dass der Anspruch von mehreren Gläubigern gepfändet worden ist, und die Rechtskrafterstreckung einer dort ergangenen Entscheidung.

II. Verfahrensbesonderheiten

2 Klage auf Erfüllung der sich aus §§ 853–855a ergebenden Pflichten (je nach Art des Anspruchs: Hinterlegung, Herausgabe an einen Gerichtsvollzieher, Sequester oder Treuhänder) kann jeder Gläubiger gegen den Drittschuldner erheben, dem der Anspruch überwiesen wurde, der also auch zu seiner Einziehung berechtigt ist (**Abs. 1**). Hat aber einer dieser Gläubiger Klage erhoben, können die anderen nicht mehr selbstständige Klage erheben, sondern sich nur noch der Klage des ersten Gläubigers als Streitgenossen anschließen.[3] Die dem Rechtsstreit beigetretenen Gläubiger sind notwendige Streitgenossen (§ 62). Da die gerichtliche Geltendmachung der sich aus den §§ 853–855a für den Drittschuldner ergebenden Verpflichtungen nur eine besondere Art des Einziehungsprozesses darstellt, gilt auch § 841: Der klagende Gläubiger muss dem Schuldner den Streit verkünden.[4] Sind nicht alle Gläubiger, die den Anspruch gepfändet haben,[5] dem Rechtsstreit beigetreten, hat der Drittschuldner die Übrigen dem Gericht namhaft zu machen, das diese dann zur ersten münd-

---

[1] Siehe auch § 835 Rdn. 6.
[2] Einzelheiten zum Einziehungsprozess: § 835 Rdn. 7–12.
[3] *Baumbach/Lauterbach/Hartmann*, § 856 Rn. 2; *Stein/Jonas/Brehm*, § 856 Rn. 1; *Thomas/Putzo/Seiler*, § 856 Rn. 2.
[4] Einzelheiten: § 841 Rdn. 2; MüKo/*Smid*, § 856 Rn. 2.
[5] Vgl. LG München I, Urt. v. 15.2.2012 – 15 O 9246/11 –.

lichen Verhandlung lädt (**Abs. 3**). Diese Beiladung ist keine Streitverkündung. Unterbleibt sie aber, hat dies im Hinblick auf Abs. 5 nachteilige Folgen für den Drittschuldner.[6] Den Beigeladenen steht es frei, ob sie sich dem Rechtsstreit nach Abs. 2 als Streitgenossen anschließen wollen.

Beitreten nach Abs. 2 können dem Rechtsstreit auch **Gläubiger, die nicht selbstständig Klage erheben könnten**, weil sie den Anspruch zwar gepfändet haben, er ihnen aber noch nicht überwiesen wurde (Sicherungsvollstreckung, Arrestpfändung). Deshalb sind auch diese Gläubiger nach Abs. 3 beizuladen. Gläubiger, die nicht selbstständig klagen können, können den Rechtsstreit, dem sie nach Abs. 2 beigetreten sind, auch nicht selbstständig fortsetzen, falls alle nach Abs. 1 klagebefugten Gläubiger ihre Klage zurücknehmen.

III. Einwendungen des Drittschuldners[7]

Da die Klage auf Hinterlegung (bzw. Herausgabe an einen Gerichtsvollzieher, Sequester, Treuhänder) gerichtet ist und eine solche Verpflichtung des Drittschuldners nur besteht, wenn er sich einer Mehrheit von Pfändungsgläubigern gegenübersieht, ist die Klage abzuweisen, wenn keine **Mehrheit von Gläubigern**, die dem Drittschuldner gegenüber Rechte haben, (mehr) vorhanden ist. Davon ist auszugehen, wenn die gepfändete Forderung nicht besteht, die Pfändung also insgesamt entweder von Anfang an ins Leere gegangen ist, oder wenn die ursprünglich wirksam gepfändete Forderung durch Erfüllung gegenüber einem besser Berechtigten erloschen ist. Zum anderen ist dies der Fall, wenn nur ein Gläubiger die Forderung wirksam beschlagnahmt hat, während die übrigen Pfändungen nichtig sind, also auch keine Verstrickung bewirkt haben. Dann kann der Gläubiger, der als Einziger wirksam gepfändet hat, die Klage jedoch auf Leistung an sich ändern, sofern ihm die Forderung überwiesen wurde. Die Klage ist schließlich dann nicht begründet, wenn die gepfändete Forderung zwar besteht und wirksam gepfändet ist, der Drittschuldner aber an den Schuldner derzeit nicht leisten müsste, weil die Forderung noch nicht fällig ist oder ein Zurückbehaltungsrecht geltend gemacht werden kann.

IV. Rechtskraft der Entscheidung

Eine Sachentscheidung über den mit der Klage geltend gemachten Anspruch wirkt **zugunsten aller Gläubiger**, aber nur zulasten derjenigen Gläubiger, die entweder nach Abs. 2 beigetreten sind oder wenigstens nach Abs. 3 beigeladen waren (**Abs. 4 und 5**). Die Wirkung beschränkt sich auf »den in der Klage erhobenen Anspruch«, also auf den Anspruch auf Hinterlegung in Höhe des Gesamtbetrages der Pfändungen oder auf Herausgabe an den Gerichtsvollzieher usw. Sie erstreckt sich nicht darauf, ob ein einzelner der beteiligten Gläubiger Leistung an sich selbst verlangen kann. Das Urteil erwächst nicht in Rechtskraft gegenüber dem Schuldner, hindert diesen demnach nicht, nach Aufhebung der Pfändungen die Forderung seinerseits einzuklagen. Da das Urteil auch zugunsten derjenigen Gläubiger wirkt, die sich am Rechtsstreit nicht beteiligt haben und auch nicht beigeladen waren, kann jeder dieser Gläubiger in entsprechender Anwendung des § 727 sich Vollstreckungsklausel zu diesem Urteil erteilen lassen.[8]

V. Gebühren

Für die Klage gegen den Drittschuldner, die nicht Teil des Zwangsvollstreckungsverfahrens ist, fallen Gerichtsgebühren nach KV Nr. 1210 ff. GKG und Anwaltsgebühren nach VV Nr. 3100 ff. RVG an.

---

6 Näheres unten Rdn. 5.
7 Zu den im Einziehungsprozess möglichen Einwendungen des Drittschuldners siehe auch § 835 Rdn. 8–13.
8 Allgem. Meinung; beispielhaft OLG Saarbrücken, NJW-RR 1990, 1472; *Baumbach/Lauterbach/Hartmann*, § 856 Rn. 7; *Zöller/Stöber*, § 856 Rn. 5.

VI. ArbGG, VwGO, AO

7 Siehe § 853 Rdn. 8.

§ 857 Zwangsvollstreckung in andere Vermögensrechte

(1) Für die Zwangsvollstreckung in andere Vermögensrechte, die nicht Gegenstand der Zwangsvollstreckung in das unbewegliche Vermögen sind, gelten die vorstehenden Vorschriften entsprechend.

(2) Ist ein Drittschuldner nicht vorhanden, so ist die Pfändung mit dem Zeitpunkt als bewirkt anzusehen, in welchem dem Schuldner das Gebot, sich jeder Verfügung über das Recht zu enthalten, zugestellt ist.

(3) Ein unveräußerliches Recht ist in Ermangelung besonderer Vorschriften der Pfändung insoweit unterworfen, als die Ausübung einem anderen überlassen werden kann.

(4) ¹Das Gericht kann bei der Zwangsvollstreckung in unveräußerliche Rechte, deren Ausübung einem anderen überlassen werden kann, besondere Anordnungen erlassen. ²Es kann insbesondere bei der Zwangsvollstreckung in Nutzungsrechte eine Verwaltung anordnen; in diesem Fall wird die Pfändung durch Übergabe der zu benutzenden Sache an den Verwalter bewirkt, sofern sie nicht durch Zustellung des Beschlusses bereits vorher bewirkt ist.

(5) Ist die Veräußerung des Rechts selbst zulässig, so kann auch diese Veräußerung von dem Gericht angeordnet werden.

(6) Auf die Zwangsvollstreckung in eine Reallast, eine Grundschuld oder eine Rentenschuld sind die Vorschriften über die Zwangsvollstreckung in eine Forderung, für die eine Hypothek besteht, entsprechend anzuwenden.

(7) Die Vorschrift des § 845 Abs. 1 Satz 2 ist nicht anzuwenden.

Übersicht

	Rdn.
I. Andere pfändbare Vermögensrechte	1
1. Notwendigkeit einer Auffangnorm	1
2. Vermögensrechte und Nichtvermögensrechte	2
3. Selbstständige und unselbstständige Vermögensrechte	3
II. Allgemeine Regeln zur Vollstreckung in »andere Vermögensrechte«	7
1. Entsprechende Anwendung der §§ 829 ff.	7
2. Bestimmung des Drittschuldners	9
3. Zustellung an den Drittschuldner und an den Schuldner (Abs. 2)	10
4. Möglichkeit der Vorpfändung	11
5. Verwertungsmöglichkeiten	12
III. Zu einzelnen Vermögensrechten	13
1. Anwartschaftsrecht auf Eigentumserwerb an beweglichen Sachen	13
2. Die Auflassungsanwartschaft	20
3. Bruchteilseigentum	21
a) Miteigentum an einem Grundstück	21
b) Miteigentum an beweglichen Sachen	22
c) Bruchteils-Mitberechtigung an Forderungen und Rechten	23
4. Grundschulden, Reallasten und Rentenschulden	24
a) Fremdgrundschulden	25
b) Eigentümergrundschulden	27
c) Anspruch auf Rückübertragung einer Grundschuld	29
d) Anspruch auf Bestellung einer Grundschuld	31
e) Rentenschulden	32
f) Reallasten	33
5. Nießbrauch	34
6. Das Wohnungsrecht	36
7. Dauerwohnrecht	37
8. Gesellschaftsanteile an BGB-Gesellschaften und Personenhandelsgesellschaften	38
9. GmbH-Geschäftsanteile	39
10. Immaterialgüterrechte und gewerbliche Schutzrechte	44
a) Urheberrecht	45
b) Gebrauchsmuster- und Designrechte	49
c) Patentrechte	50
d) Markenrecht	52
e) Firma	53
11. Nutzungsrecht des Leasingnehmers und des Mieters	54
12. Sonstige pfändbare Vermögensrechte	55
IV. Rechtsbehelfe	59
V. Gebühren	60
VI. ArbGG, VwGO, AO	61

§ 857 ZPO Zwangsvollstreckung in andere Vermögensrechte

Literatur:
1. *Zwangsvollstreckung in Anwartschaftsrechte: Banke*, Das Anwartschaftsrecht aus Eigentumsvorbehalt in der Einzelzwangsvollstreckung, 1991; *Brox*, Das Anwartschaftsrecht des Vorbehaltskäufers, JuS 1984, 657; *Geißler*, Das Anwartschaftsrecht des Vorbehaltskäufers mit seinen Berührungspunkten zur Mobiliarvollstreckung, DGVZ 1990, 81; *Hintzen*, Pfändung des Eigentumverschaffungsanspruches und des Anwartschaftsrechtes aus der Auflassung, Rpfleger 1989, 439; *Hübner*, Zur dogmatischen Einordnung der Rechtsposition des Vorbehaltskäufers, NJW 1980, 729; *Medicus*, Das Anwartschaftsrecht des Auflassungsempfängers, DNotZ 1990, 275; *Münzberg*, Abschied von der Pfändung der Auflassungsanwartschaft, Festschrift f. Schiedermair 1976, 439; *Raiser*, Dingliche Anwartschaften, 1961; *Reinicke/Tiedtke*, Das Anwartschaftsrecht des Auflassungsempfängers und die Formbedürftigkeit der Aufhebung eines Grundstückskaufvertrages, NJW 1982, 2281; *Tiedtke*, Die verdeckte Pfändung des Anwartschaftsrechts, NJW 1972, 1404; *ders.*, Die Auflassungsvormerkung, Jura 1981, 354; *Wolf/Lange*, Der praktische Fall – Bürgerliches Recht: Pfändung von Anwartschaftsrechten, JuS 2003, 1180.
2. **Zwangsvollstreckung in Bruchteilseigentum:** *Hoffmann*, Zwangsvollstreckung in Miteigentumsanteile an Grundstücken, JuS 1971, 20; *Marotzke*, Wie pfändet man Miteigentumsanteile an beweglichen Sachen?, Erlanger Festschrift f. Karl Heinz Schwab, 1990, 77; *K. Schmidt*, Prozeß- und Vollstreckungsprobleme der Gemeinschaftsteilung, JR 1979, 317.
3. **Zwangsvollstreckung in Grundschulden:** *Hintzen*, Pfändung und Verwertung dinglicher Vermögensrechte, JurBüro 1991, 755; *Mylich*, Die Einordnung der gepfändeten Eigentümergrundschuld als Zwangshypothek, ZZP 126 (2013), 203; *Stöber*, Pfändung einer Grundschuld und der durch sie gesicherten Forderung, BB 1964, 1457; *Tempel*, Zwangsvollstreckung in Grundpfandrechte, JuS 1967, 75, 117, 167, 215, 268.
4. **Zwangsvollstreckung in Immaterialgüterrechte und gewerbliche Schutzrechte:** *Berger*, Zwangsvollstreckung in urheberrechtliche Vergütungsansprüche, NJW 2003, 853; *Bleta*, Software in der Zwangsvollstreckung, 1994; *Breidenbach*, Computersoftware in der Zwangsvollstreckung, CR 1989, 1074; *Paulus*, Die Software in der Vollstreckung, in: Lehmann, Rechtsschutz und Verwertung von Computerprogrammen, 2. Aufl. 1993, 831; *ders.*, Software in Vollstreckung und Insolvenz, ZIP 1996, 2; *Pfister*, Das technische Geheimnis »know how« als Vermögensrecht, 1974; *Repenn/Spitz*, Die Pfändung und Verwertung von Warenzeichen, WRP 1993, 737; *Skauradszun*, Das Urheberrecht in der Zwangsvollstreckung, 2009; *Sosnitza*, Die Zwangsvollstreckung in Persönlichkeitsrechte – Plädoyer für eine Neuorientierung, JZ 2004, 992; *Volkmer*, Das Markenrecht im Zwangsvollstreckungsverfahren, 1999; *Zimmermann*, Das Erfinderrecht in der Zwangsvollstreckung, GRUR 1999, 121; *dies.*, Immaterialgüterrechte und ihre Zwangsvollstreckung, 1998.
5. **Zwangsvollstreckung in GmbH-Anteile:** *Bayer*, Abtretung und Pfändung der GmbH-Stammeinlageforderung, ZIP 1989, 8; *Bischoff*, Zur pfändungs- und konkursbedingten Einziehung von Geschäftsanteilen, GmbH-Rdsch 1984, 61; *Heckelmann*, Vollstreckungszugriff und GmbH-Statut, ZZP 92 (1979), 28; *Heuer*, Der GmbH-Anteil in der Zwangsvollstreckung, ZIP 1998, 405; *Kalbfleisch*, Die Zwangsvollstreckung in den Geschäftsanteil an einer GmbH, 1990; *Marotzke*, Zwangsvollstreckung in Gesellschaftsanteile nach Abspaltung der Vermögensansprüche, ZIP 1988, 1509; *Michalski*, Die Zwangseinziehung eines GmbH-Anteils im Falle der Anteilspfändung, ZIP 1991, 147; *Polzius*, Die Versteigerung von GmbH-Anteilen nach der ZPO und dem GmbHG, DGVZ 1987, 17, 33; *Röder*, Die Pfändung des GmbH-Geschäftsanteils und Hilfspfändung des GmbH-Anteilscheins im zivil- und veraltungsgerichtlichen Vollstreckungsverfahren, DGVZ 2007, 81; *H. Roth*, Pfändung und Verpfändung von Gesellschaftsanteilen, ZGR 2000, 187.
6. **Zwangsvollstreckung in sonstige vermögenswerte Rechte:** *Behr*, Vollstreckung in Leasingansprüche, JurBüro 1995, 457; *Haegele*, Wohnungsrecht, Leibgeding und ähnliche Rechte in Zwangsvollstreckung, Konkurs und Vergleich, DNotZ 1976, 5; *Hanloser*, Die Pfändung deutscher Internet-Domains, Rpfleger 2000, 525; *Michalski/Schulenburg*, Pfändung von Kaduzierungsansprüchen und Kaduzierung bei Einmann-Gesellschaften, NZG 1999, 431; *Mümmler*, Zur Pfändung eines Nießbrauchrechtes, JurBüro 1984, 145; *Röder*, Die Pfändung von Geldmarktanteilen (Geldmarktfonds) als Geldmarkt-Sondervermögen von Kapitalgesellschaften, DGVZ 1995, 110; *Schebesta*, Rechtsfragen bei CpD-Konten sowie »und«-Konten, WM 1985, 1329; *Schopp*, Wohnbesitz und Wohnbesitzbrief, Rpfleger 1976, 380; *Schreiber*, Zur Pfändbarkeit sozialrechtlicher Dienst- und Sachleistungsansprüche, Rpfleger 1977, 295; *Schüller*, Die Zwangsvollstreckung in den Nießbrauch, 1978; *Schuschke*, Die Zwangsvollstreckung in Sondernutzungsrechte, NZM 1999, 830; *Vortmann*, Pfändung von Kontovollmachten, NJW 1991, 1038.

I. Andere pfändbare Vermögensrechte

1. Notwendigkeit einer Auffangnorm

1   Es ist das Interesse des Gläubigers, seinen titulierten Anspruch möglichst rasch aus dem Vermögen des Schuldners zu befriedigen. Da meistens mehrere Gläubiger konkurrieren, Sicherungsübereignungen und -abtretungen die vorhandene Masse auch noch schmälern, ist die Suche nach verdeckten Vermögenswerten, an deren Nutzung der Schuldner und andere Gläubiger noch nicht gedacht

haben, verständlich. Grundsätzlich steht dem Gläubiger in der Einzelzwangsvollstreckung wie der Gläubigergemeinschaft in der Insolvenz das gesamte »Vermögen« (vgl. § 35 InsO) des Schuldners als Haftungsobjekt zur Verfügung, soweit nicht Vollstreckungsschutzbestimmungen greifen. Viele Vermögenswerte lassen sich in die ausführlich geregelten Haftungsobjekt-Gruppen »körperliche bewegliche Sachen«, »Geldforderungen«, »Herausgabeansprüche« und »unbewegliches Vermögen« nicht einordnen. Ihre Vergleichbarkeit mit einer dieser Gruppen ist nicht immer zweifelsfrei; das dort geregelte Verfahren passt zudem nicht immer, auch hinsichtlich der Verwertung könnten Zweifel bestehen. Hier greift die Auffangnorm des § 857 mit – wenn auch unvollkommenen – Regelungen zur Pfändung und Verwertung »anderer Vermögensrechte« ein. Sie verweist grundsätzlich auf die Zwangsvollstreckung in Geldforderungen. Vollstreckungsorgan ist damit das Vollstreckungsgericht (der Rechtspfleger), eine in Anbetracht der zahlreichen rechtlichen Schwierigkeiten und Zweifelsfragen sachgerechte Lösung.

2. Vermögensrechte und Nichtvermögensrechte

Nur das bewegliche und unbewegliche **Vermögen** des Schuldners unterliegt der Zwangsvollstreckung wegen einer Geldforderung. Als Vermögensrechte nach § 857 Abs. 1 pfändbar sind Rechte aller Art, die einen Vermögenswert derart verkörpern, dass die Pfandverwertung zur Befriedigung des Geldanspruchs des Gläubigers führen kann.[1] Deshalb hat auch das Recht eines Schuldners, nach freiem Belieben einen Gegenstand seinem Vermögen (wieder) einzuverleiben (z. B. Recht, die Rückübertragung eines veräußerten Grundstücks zu verlangen),[2] einen Vermögenswert. Demgegenüber scheidet der Zugriff auf alle »**Nichtvermögensrechte**« aus, auch wenn es dem Gläubiger im Einzelfall durchaus geldwert erscheinen mag, ein Nichtvermögensrecht des Schuldners an dessen Stelle ausüben zu können. Nicht zum Vermögen zählen die allgemeinen und besonderen **Persönlichkeitsrechte** (z. B. Namensrecht, Urheberpersönlichkeitsrecht,[3] das Recht auf körperliche Unversehrtheit, auf informationelle Selbstbestimmung, Recht am eigenen Bild usw.), die personenbezogenen familienrechtlichen Rechte und Ansprüche (Recht der elterlichen Sorge, Anspruch auf eheliche Lebensgemeinschaft, auf Mitarbeit im Haushalt, aber auch auf Mitwirkung des anderen Ehegatten bei der gemeinsamen Steuererklärung[4] u. ä.), die Mitgliedschaftsrechte in Idealvereinen, die öffentlichen Bürgerrechte (z. B. aktives und passives Wahlrecht). Diese Rechte sind so sehr an die jeweilige Person gebunden, dass auch dann, wenn einzelne aus ihnen herrührende Berechtigungen zur Ausübung auf Dritte ganz oder teilweise übertragen werden können (z. B. Gestattung der Namensnutzung für gewerbliche Zwecke,[5] Möglichkeit der Vermarktung des eigenen Bildes, Übertragung von Erziehungsrechten auf eine Internatsleitung, Übertragung des Stimmrechts in einem Verein usw.), die Entscheidung, ob in welchem Umfang, an wen, für wie lange eine solche Übertragung vorgenommen werden soll, beim originären Rechtsträger als Teil seines unantastbaren Persönlichkeitsrechts verbleiben muss.[6] Für solche Rechte gilt deshalb auch § 857 Abs. 3 nicht, da auch diese Vorschrift allein auf Vermögensrechte abstellt (Beispiele unveräußerlicher Vermögensrechte[7] i. S. Abs. 3: Nießbrauch gem. § 1059 BGB; Wohnungsrecht gem. § 1092 BGB). Das Recht auf Annahme einer Erbschaft ist ebenso wie dasjenige auf Ausschlagung[8] höchstpersönlicher Natur und kann daher nicht nach § 857 gepfändet werden.[9] Auch eine Kontovollmacht ist nicht pfänd-

---

1 BGH Rpfleger 2009, 90, 91; Rpfleger 2007, 272, 273; NJW 2005, 3353.
2 BGH, NJW 2003, 1858, 1859.
3 Verwertungsrechte aus bereits erbrachten geistigen Leistungen sind dagegen Teil des Vermögens; siehe unten Rn. 44 ff.
4 LG Hechingen, FamRZ 1990, 1127; LG Karlsruhe, JurBüro 1979, 611; siehe auch Anh. § 829 Rn. 42.
5 Zur »Firma« in der Zwangsvollstreckung siehe unten Rn. 53; vgl. auch *Brox/Walker*, Rn. 720.
6 Für eine Pfändbarkeit der vermögensrechtlichen Bestandteile des Persönlichkeitsrechts dagegen *Sosnitza*, JZ 2004, 992, 996.
7 Einzelheiten unten Rdn. 8, 34–36.
8 BGH, NJW 2011, 2291.
9 OLG München, NJW-Spezial 2015, 135 f.

bar.[10] Die nach § 167 BGB erteilte Befugnis zum rechtsgeschäftlichen Handeln in fremdem Namen stellt zwar ein Recht dar, hat aber keinen Vermögenswert. Auch Ansprüche aus § 109 SGB VI auf Erteilung von Renteninformationen und Rentenauskünften verkörpern keinen Vermögenswert und können deshalb nicht selbstständig gepfändet werden; denn sie erleichtern nicht die Durchsetzung künftiger Rentenansprüche, sondern sind lediglich auf eine unverbindliche Prognose gerichtet.[11] Aus diesem Grund werden sie auch nicht gem. §§ 412, 401 automatisch von der Pfändung künftiger Rentenansprüche mit erfasst; denn es handelt sich bei ihnen nicht um Nebenrechte, welche zur Durchsetzung des Hauptanspruchs erforderlich oder nützlich sind.

3. Selbstständige und unselbstständige Vermögensrechte

3 Nicht nach § 857 selbstständig pfändbar sind solche »anderen Vermögensrechte«, die mit einem anderen Recht oder mit einer Sache in der Weise rechtlich untrennbar verbunden sind, dass sie deren Schicksal ohne weiteres teilen. Solche unselbstständigen Vermögensrechte werden von der Pfändung des Rechts, dem sie zugeordnet sind, miterfasst. Sie können nicht losgelöst von diesem Recht geltend gemacht werden. Unselbstständige Rechte dieser Art[12] sind einmal alle **akzessorischen Rechte** (Bürgschaft, Vormerkung, Pfandrecht), zum anderen die aus einer Rechtsstellung (z. B. der Inhaberschaft einer Forderung) fließenden bloßen **Befugnisse**, nämlich die Befugnis zur Abtretung einer Forderung oder zum Abschluss eines Vertrages, die **akzessorischen**[13] **Gestaltungsrechte**[14] (z. B. Kündigungs-, Rücktritts-, Anfechtungs- und Aufrechnungsrecht) sowie die die Verwirklichung eines Rechts nur **begleitenden Berechtigungen** (Anspruch auf Auskunft und Rechnungslegung;[15] Grundbuchberichtigungsanspruch).[16] Erst die Ansprüche, die aufgrund der Ausübung eines Gestaltungsrechts durch den Schuldner entstehen, sind pfändbar.

4 Kein selbstständiges Vermögensrecht ist ferner das **Einziehungsrecht des Gläubigers** aufgrund eines Pfändungs- und Überweisungsbeschlusses (siehe § 835 Rn. 5 m. w. N.); es kann deshalb auch nicht isoliert gepfändet werden. Schließlich werden auch **öffentlich-rechtliche Befugnisse** wie die Arzneimittelzulassung,[17] die Konzession zum Betrieb einer Gastwirtschaft, eines Taxiunternehmens oder eines sonstigen Gewerbes[18] als unselbstständige öffentlich-rechtliche Hilfsrechte für die Ausübung einer privatrechtlichen Tätigkeit angesehen, die nicht selbstständig pfändbar sind.[19] Soweit die öffentlich-rechtliche Befugnis an die Person des Begünstigten gebunden ist, steht einer Pfändbarkeit zudem § 851 entgegen. Unselbstständige Rechte können, soweit dies zur Vollstreckung in das Hauptrecht erforderlich ist, allerdings ausnahmsweise Gegenstand einer Hilfspfändung sein.[20] Diese wird in der gleichen Form durchgeführt, wie sie gewählt werden müsste, wenn das Recht selbstständig pfändbar wäre. So kann der Grundbuchberichtigungsanspruch (§ 894 BGB) beispielsweise dann nach § 857 gepfändet werden, wenn der Gläubiger die Eintragung des Schuldners erreichen will, um anschließend eine hypothekarisch gesicherte Forderung pfänden zu können;[21]

---

10 FG Kassel, WM 1996, 1908, 1910; *Brox/Walker*, Rn. 719; *Vortmann*, NJW 1991, 1038.
11 BGH, NJW-RR 2012, 434, 436 mit Anm. *Walker/Kürth*, WuB VI D. § 857 ZPO 1.12.
12 Siehe hierzu auch § 829 Rdn. 64; zur öffentlich-rechtlichen Arzneimittelzulassung als unselbstständigem Nebenrecht siehe BGH, NJW 1990, 2931.
13 Zu den nicht akzessorischen Gestaltungsrechten siehe sogleich Rn. 6.
14 BGH, NJW 1973, 1793, 1794; NJW 2003, 1858, 1859; *Stöber*, Forderungspfändung, Rn. 1461.
15 Einzelheiten siehe § 840 Rn. 2.
16 BGHZ 33, 76; OLG Köln, OLGZ 1971, 151; *Stein/Jonas/Brehm*, § 857 Rn. 5; *Stöber*, Forderungspfändung, Rn. 1512 ff.; einschränkend *Thomas/Putzo/Seiler*, § 857 Rn. 6.
17 BGH, NJW 1990, 2031, 2032.
18 KG, OLGRspr. 25, 194 f.; OLG München, OLGRspr. 29, 241; a. M. KG, OLGRspr. 29, 240.
19 *Stöber*, Forderungspfändung, Rn. 1646; *Wieczorek/Schütze/Lüke*, § 857 Rn. 11.
20 BGHZ 33, 76; *Brox/Walker*, Rn. 722; *Bruns/Peters*, § 25 IX 1 c; *Stein/Jonas/Brehm*, § 857 Rn. 5; *Stöber*, Forderungspfändung, Rn. 1514; *Thomas/Putzo/Seiler*, § 857 Rn. 7.
21 BGHZ 33, 76, 83.

denn diese Pfändung ist gem. § 830 Abs. 1 Satz 3 im Grundbuch einzutragen, was ohne eine Voreintragung des Schuldners nicht möglich ist (vgl. § 39 GBO).

Von bloßen Befugnissen abzugrenzen sind dagegen solche Rechtspositionen, die übertragbar und damit verkehrsfähig ausgestaltet sind; dazu zählt z. B. die einem Milcherzeuger zustehende **Anlieferungs-Referenzmenge nach der MilchabgabenVO**, die dem Milcherzeuger das Recht gibt, im Rahmen der ihm zugeteilten Erzeugungs- oder Ablieferungsquote Milch abgabenfrei anzuliefern.[22] Hierbei handelt es sich um ein nach § 857 pfändbares sonstiges Vermögensrecht. Entsprechendes gilt für die einem Landwirt nach der Verordnung (EG) Nr. 1782/2003 des Rates vom 29.9.2003 zugewiesenen Zahlungsansprüche; dabei handelt es sich nicht um Geldforderungen i. S. v. § 829, sondern um eine Berechtigung, unter bestimmten Voraussetzungen die Forderung auf Betriebsprämie geltend zu machen.[23]

Von den unselbstständigen (=akzessorischen) sind die **selbstständigen (=nicht akzessorischen) Gestaltungsrechte** zu unterscheiden. Deren Pfändbarkeit wird nicht einheitlich, sondern je nach dem Einzelfall beurteilt.[24] Maßgeblich für die Pfändbarkeit muss sein, ob das Recht übertragbar ist oder jedenfalls zur Ausübung überlassen werden kann (§§ 851 Abs. 1, 857 Abs. 1, 3) oder ob es sich um ein höchstpersönliches Recht handelt. Als **unpfändbar** werden etwa angesehen: das Vorkaufsrecht nach § 473 oder § 1094 Abs. 1 BGB, falls nicht dessen Übertragbarkeit besonders vereinbart ist; das Recht auf Herabsetzung einer Vertragsstrafe nach § 343 BGB; das Recht zum Widerruf einer Schenkung wegen groben Undanks nach § 530 BGB; die Befugnis, eine günstigere Lohnsteuerkarte zu wählen; das Recht auf Abrufung eines Dispositionskredits (str.; dazu Anh. § 829 Rn. 9). Als **pfändbar** werden dagegen eingeordnet: der Anspruch eines Miteigentümers auf Aufhebung der Gemeinschaft nach § 749 BGB sowie auf Teilung und Auszahlung des Erlöses;[25] das Wiederkaufsrecht nach § 456 BGB;[26] das vertraglich vereinbarte Rückübertragungsrecht, wenn der Schuldner sein Grundstück auf seine Ehefrau übertragen und sich dabei das Recht vorbehalten hat, das Grundstück jederzeit zurückzuverlangen (wegen der Ähnlichkeit mit dem Wiederkaufsrecht).[27]

II. Allgemeine Regeln zur Vollstreckung in »andere Vermögensrechte«

1. Entsprechende Anwendung der §§ 829 ff.

Nach **Abs. 1** richtet sich die Pfändung solcher Rechte grundsätzlich nach den für die Pfändung von Geldforderungen geltenden Regeln, also nach § 829: Auf Antrag des Gläubigers[28] an das Vollstreckungsgericht (§ 828) pfändet dieses (der Rechtspfleger) das »angebliche« Recht, nachdem es geprüft hat, dass dieses Recht nach den Angaben des Gläubigers grundsätzlich bestehen kann,[29] nicht aber, ob es dem Schuldner auch tatsächlich zusteht[30] (für die Pfändung von Grundschulden gelten allerdings wegen der Beteiligung des Grundbuchamtes insoweit Besonderheiten).[31] Die Pfändung hat zu unterbleiben, wenn das zu pfändende Recht nach den allgemeinen Regeln (§§ 811, 850 ff., 851) oder nach sondergesetzlichen Vorschriften unpfändbar ist. Ist etwa der Gegenstand, dessen Miteigentümer der Schuldner ist, nach § 811 unpfändbar, so ist auch der Miteigentumsan-

---

22 BGH, Rpfleger 2007, 272, 273 f.
23 BGH, Rpfleger 2009, 90, 91.
24 Eine Zusammenstellung findet sich bei BGH, NJW 2003, 1858, 1859, jeweils mit Nachweisen.
25 BGH, NJW 1984, 1968.
26 *Stöber*, Forderungspfändung, Rn. 1789 a.
27 BGH, NJW 2003, 1858, 1859 mit zust. Anm. *Schuschke*, LMK 2003, 113.
28 Einzelheiten: § 829 Rn. 33.
29 LG Arnsberg, JurBüro 1969, 896.
30 Siehe auch § 829 Rdn. 34.
31 Siehe unten Rn. 24 ff.

teil selbst unpfändbar;[32] Gleiches gilt für die Mitberechtigung an einer nach §§ 850a, b unpfändbaren Forderung. Ein ausdrückliches Pfändungsverbot findet sich z. B. in § 377 Abs. 1 BGB (Recht auf Rücknahme des Hinterlegten),[33] § 54 Abs. 1 SGB I (Ansprüche auf Sach- und Dienstleistungen nach dem SGB). Auch § 851 Abs. 1 ist bei der Pfändung anderer Vermögensrechte zu beachten: Ist das Recht nicht übertragbar und beruht die Nichtübertragbarkeit nicht allein auf Parteivereinbarung (§ 851 Abs. 2), so ist seine Pfändung ausgeschlossen. Nicht übertragbar sind etwa gem. § 881 BGB der Rangvorbehalt des Grundstückseigentümers,[34] die subjektiv-dingliche Reallast nach § 1110 BGB, die Einzelrechte des Gesellschafters der BGB- oder Personenhandelsgesellschaft auf gesellschaftsinterne Mitwirkung oder Kontrolle gem. § 717 Satz 1 BGB,[35] die Auskunftsansprüche eines GmbH-Gesellschafters nach § 51a GmbHG,[36] der Unterlassungsanspruch nach § 8 UWG.[37]

8 In Abweichung von § 851 Abs. 1 ist ein unveräußerliches »sonstiges Vermögensrecht«, wenn dies im Einzelfall nicht anders geregelt ist, insoweit pfändbar, als seine Ausübung einem Dritten überlassen werden kann (**Abs. 3**). So ist ein Wohnrecht (§ 1093 BGB) als solches gem. § 1092 Abs. 1 Satz 1 BGB nicht übertragbar, wohl aber kann die Übertragung der Ausübung des Rechts an Dritte gestattet sein (§ 1092 Abs. 1 Satz 2 BGB). Nach § 1059 Satz 1 BGB ist der Nießbrauch ebenfalls nicht übertragbar, während seine Ausübung einem anderen überlassen werden kann.[38] In Fällen dieser Art wird mit der Pfändung des Rechts[39] die Ausübungsbefugnis beschlagnahmt. Abweichende Sonderregelungen zur Grundregel des Abs. 3 enthalten für die Zwangsvollstreckung in Rechte aus dem UrhG die §§ 113–119 UrhG.[40]

2. Bestimmung des Drittschuldners

9 Der Pfändungsbeschluss enthält in der Regel, wie in § 829 Abs. 1 vorgesehen,[41] neben dem Ausspruch der Pfändung das an den Schuldner gerichtete Inhibitorium und das an den Drittschuldner gerichtete Arrestatorium. Der Begriff des »Drittschuldners« ist im Rahmen des § 857 dabei weit zu sehen. Er bezieht alle mit ein, die an dem gepfändeten Vermögensrecht beteiligt sind und deren Recht durch die Pfändung berührt wird,[42] auch wenn sie dem Vollstreckungsschuldner das Recht nicht »schulden«. So schulden beispielsweise die Mitgesellschafter einer Personenhandelsgesellschaft einander nicht ihren Gesellschaftsanteil, die Miterben einander nicht ihren Erbteil, der Grundstückseigentümer schuldet nicht die bereits bestellte Grundschuld (sondern die Duldung der Zwangsvollstreckung aus ihr). Sie alle sind aber im Rahmen der entsprechenden Anwendung der §§ 829 ff. als Drittschuldner anzusehen. Es ergeht an sie das Verbot, an den Schuldner aufgrund des gepfändeten Rechts Leistungen zu erbringen, also etwa dem Mitgesellschafter seinen Jahresgewinnanteil auszuschütten, an den Miterben im Wege der Erbauseinandersetzung Zahlungen zu leisten oder auf die Grundschuld zu zahlen. Ist ein Beteiligter in diesem weiten Sinne nicht festzustellen,

---

32 LG Krefeld, NJW 1973, 2304 mit Anm. *Schmidt*, NJW 1974, 323; *Brox/Walker*, Rn. 802; *Stein/Jonas/Brehm*, § 857 Rn. 13; *Wieczorek/Schütze/Lüke*, § 857 Rn. 29.
33 Siehe auch *Stöber*, Forderungspfändung, Rn. 1644.
34 BGHZ 12, 238; *Jansen*, AcP 151 (1952), 508.
35 Einzelheiten: § 859 Rdn. 4.
36 BGH, ZIP 2013, 1071 f.; siehe auch Rn. 40.
37 *Köhler/Bornkamm*, Gesetz gegen den unlauteren Wettbewerb, 32. Aufl. 2014, § 8 UWG Rn. 3.17 ff. (differenzierend); *Teplitzky*, Wettbewerbsrechtliche Ansprüche, Kap. 15 Rn. 2-5.
38 Dazu näher unten Rn. 34 f.
39 Gepfändet wird also nicht nur die Ausübungsbefugnis, sondern das Recht selbst; vgl. BGHZ 62, 133.
40 Einzelheiten unten Rdn. 45 ff.
41 Einzelheiten: § 829 Rdn. 38 ff.
42 Vgl. BGHZ 49, 197, 204; *Brox/Walker*, Rn. 727; *Dierck/Morvilius/Vollkommer/Dörndorfer*, 5. Kap. Rn. 35; *Gaul/Schilken/Becker-Eberhard*, § 58 Rn. 3; HdbZVR/*Keller*, Kap. 3 Rn. 1076; HK-ZV/*Koch*, § 857 Rn. 6; PG/*Ahrens*, § 857 Rn. 18; *Stein/Jonas/Brehm*, § 857 Rn. 98; *Wieczorek/Schütze/Lüke*, § 857 Rn. 4.

Diese Voraussetzung erfüllt zwar die **Theorie der reinen Sachpfändung**,[58] wonach die Pfändung des Anwartschaftsrechts auf den Erwerb einer beweglichen Sache durch eine gem. § 808 durchzuführende Pfändung der Sache selbst erfolgt. Der Nachteil dieser Theorie liegt allerdings darin, dass vor dem Bedingungseintritt immer eine Vollstreckung in eine schuldnerfremde Sache vorliegt, was dem Vorbehaltskäufer die Möglichkeit eröffnet, sich unter Berufung auf sein Eigentum mit der Drittwiderspruchsklage nach § 771 erfolgreich gegen die Pfändung zu wehren. 15

Daher hat sich in der Praxis die von der **h. M.** vertretene **Theorie der Doppelpfändung**[59] durchgesetzt. Diese Ansicht stimmt der Theorie der reinen Rechtspfändung zunächst insoweit zu, als es zur Pfändung des Anwartschaftsrechts als Recht auf gesicherten späteren Eigentumserwerb ausreicht, wenn es durch Pfändungsbeschluss gem. §§ 857 Abs. 1, 829 beschlagnahmt wird. Soll nur das Anwartschaftsrecht – ohne Zugriff auf die Sache – verwertet werden, so habe dies in den Formen der §§ 857 Abs. 1 und 5, 835, 844 durch Überweisung oder ggf. Veräußerung zu erfolgen. Eine solche Verwertung kann jedoch allenfalls dann sinnvoll sein, wenn der Eigentumserwerb durch den Schuldner noch in weiter Ferne liegt und es unwirtschaftlich erscheint, die Verpflichtungen des Schuldners gegenüber dem Eigentümer vorzeitig abzulösen. Soll aber – wie in der Regel – das Pfandrecht am Anwartschaftsrecht sich als Pfandrecht an der Sache fortsetzen, sobald der Schuldner Eigentümer der Sache geworden ist, muss der Gläubiger nach der Theorie der Doppelpfändung sowohl das Anwartschaftsrecht als auch die Sache selbst – diese durch den Gerichtsvollzieher – pfänden lassen. Damit wird die Offenkundigkeit der Beschlagnahme erreicht, die bei der Pfändung beweglicher Sachen unverzichtbare Wirksamkeitsvoraussetzung für die Entstehung des Pfandrechts (nicht für seinen Fortbestand) ist. Da an schuldnerfremden Sachen ein Pfandrecht nicht erworben werden kann,[60] das Pfandrecht also zunächst nur am Recht entsteht, sich aber dann nahtlos an der Sache fortsetzt, wenn die Sache im Zeitpunkt des Eigentumserwerbs durch den Schuldner bereits beschlagnahmt war, wird der Rang des Pfandrechts an der Sache durch den Zeitpunkt der Pfändung des Rechts bestimmt.[61] Gläubiger, die nur die Sache und nicht auch das Recht gepfändet haben, erwerben ein Pfandrecht erst ab dem Zeitpunkt, in dem der Schuldner Eigentümer der Sache wurde.[62] Gläubiger, die schon das Anwartschaftsrecht zusätzlich gepfändet hatten, gehen ihnen also im Rang vor. 16

Die Theorie der Doppelpfändung führt zu sachgerechten Ergebnissen. Sie erfordert allerdings ein umständliches Vollstreckungsverfahren.[63]

Deshalb schlägt die **Theorie der Rechtspfändung in Form der Sachpfändung**[64] vor, dass die Pfändung des Anwartschaftsrechts (nicht der Sache selbst) nach § 808 in Form der Sachpfändung durchgeführt wird mit der Folge, dass der notwendige Publizitätsakt für die spätere Entstehung des 17

---

58 So *Bauknecht*, NJW 1954, 1749; *Hübner*, NJW 1980, 733; *Kupisch*, JZ 1976, 425; *Liermann*, JZ 1962, 659; *Marotzke*, JZ 1977, 87; *Raiser*, Dingliche Anwartschaften, 1961, S. 91.
59 BGH, MDR 1953, 18; NJW 1954, 1325; MDR 1956, 593; BFH, WM 1977, 603; *Baumann/Brehm*, § 21 III 2 a; *Baumbach/Lauterbach/Hartmann*, § 857 Rn. 12; *Blomeyer*, § 63 II 2 b; *Bruns/Peters*, § 26 VI 3; *Gaul/Schilken/Becker-Eberhard*, § 58 Rn. 38 ff.; HdbZVR/*Keller*, Kap. 3 Rn. 1083; HK-ZV/*Koch*, § 857 Rn. 15; *Gerhardt*, § 10 II 3 d; *Jauernig/Berger*, § 20 Rn. 25 ff., 34; *Lackmann*, § 26 III 1; MüKo/*Smid*, § 857 Rn. 22; PG/*Ahrens*, § 857 Rn. 32; *Zöller/Stöber*, § 857 Rn. 6. *Stöber*, Forderungspfändung, Rn. 1489 ff., 1495 f., befürwortet zwar eine Doppelpfändung, hält aber die Sachpfändung für das Entscheidende und die Rechtspfändung nur für eine Hilfspfändung, um das Widerspruchsrecht des Eigentümers auszuschalten.
60 Siehe auch Vor §§ 803, 804 Rdn. 15.
61 *Jauernig/Berger*, § 20 Rn. 34; *Lackmann*, § 26 III 1; MüKo/*Smid*, § 857 Rn. 21; *Reinicke*, MDR 1959, 616; *Stein/Jonas/Brehm*, § 857 Rn. 89; *Wieczorek/Schütze/Lüke*, § 857 Rn. 53; **a. A.** (Zeitpunkt der Sachpfändung) *Stöber*, Forderungspfändung, Rn. 1496; *Thomas/Putzo/Seiler*, § 857 Rn. 13. Vgl. zur Rangwahrung nach der Theorie der Rechtspfändung in Form der Sachpfändung *Brox/Walker*, Rn. 816.
62 Siehe auch Vor §§ 803, 804 Rdn. 18.
63 *Brox/Walker*, Rn. 816.
64 *Brox/Walker*, Rn. 812 ff.; *Stein/Jonas/Münzberg*, 19. Aufl., § 857 Anm. II 9 m. Fn. 191; *Stein/Jonas/Brehm*, § 857 Rn. 88 (de lege ferenda).

Pfändungspfandrechts an der beweglichen Sache gegeben ist, aber eben vor dem Bedingungseintritt noch keine Vollstreckung in eine schuldnerfremde Sache vorliegt. Im Unterschied zur Theorie der Doppelpfändung bedarf es keines zusätzlichen Verfahrens nach §§ 828 ff. In der Praxis hat sich diese Theorie allerdings nicht durchgesetzt, sodass **immer zu einer Doppelpfändung zu raten** ist.

18 Der Eigentümer kann einer bloßen Pfändung der Sache im Rahmen der Anwartschaftspfändung oder, sofern man der Theorie der Rechtspfändung in Form der Sachpfändung folgt, einer Pfändung des Anwartschaftsrechts durch Inbesitznahme der Sache nach § 808 nicht mit der Klage nach § 771 widersprechen, solange der Schuldner seine Verpflichtungen pünktlich erfüllt,[65] wohl aber jedem Versuch, die Sache zu verwerten. Denn die bloße Pfändung beeinträchtigt seine Rechte nicht: Er kann auch ohne die Pfändung die Sache nicht vom Schuldner herausverlangen oder zulasten dessen Anwartschaftsrechts nach §§ 931, 934 BGB über sie verfügen. Kommt der Schuldner seinen Verpflichtungen nicht nach, so kann der Gläubiger an seiner Stelle nach § 267 BGB leisten und dadurch den Eigentumsübergang auf den Schuldner herbeiführen. Der Schuldner ist durch die Pfändung gehindert, der Leistung seitens des Gläubigers nach § 267 Abs. 2 BGB zu widersprechen.[66] Lehnt der Eigentümer die Leistung des Gläubigers ab, steht seiner Klage nach § 771 der Einwand der unzulässigen Rechtsausübung entgegen.[67] Die dem Gläubiger durch die Zahlung an Stelle des Schuldners entstehenden Kosten sind Kosten der Zwangsvollstreckung i. S. v. § 788,[68] können also ohne eigenständige Titulierung beigetrieben werden.[69]

19 Ist die Sache, an der der Schuldner das Anwartschaftsrecht hat, nach § 811 Abs. 1 selbst nicht pfändbar, muss nach der Theorie der Doppelpfändung differenziert werden. So steht das Pfändungsverbot der Rechtspfändung nach §§ 857 Abs. 1, 829 nicht entgegen,[70] wohl aber der gleichzeitigen Sachpfändung nach § 808. Entfällt der Pfändungsschutz später und kann die Sachpfändung nachgeholt werden, ehe das Anwartschaftsrecht zum Vollrecht erstarkt ist, wahrt die Rechtspfändung auch den Rang des Pfandrechts an der Sache. Kann die Sache aber nicht gepfändet werden, erlischt mit dem Anwartschaftsrecht auch das Pfandrecht, sobald der Schuldner das Vollrecht erwirbt.

2. Die Auflassungsanwartschaft

20 Hat der bisherige Eigentümer das Grundstück nicht nur an den Erwerber aufgelassen, sondern auch bereits Antrag auf Eigentumsumschreibung beim Grundbuchamt gestellt oder ist stattdessen für den Erwerber bereits eine Auflassungsvormerkung im Grundbuch eingetragen, so hat der Erwerber damit eine Anwartschaft auf den Eigentumserwerb am Grundstück erworben (sog. »Auflassungsanwartschaft«).[71] Dieses eigenständige Vermögensrecht ist nach § 857 pfändbar.[72] Da der bisherige Eigentümer bereits alles seinerseits zum Eigentumsübergang Erforderliche getan hat, bedarf es zum einen – im Unterschied zur Pfändung des bloßen Übereignungsanspruchs (vgl. § 848) – keiner Bestellung eines Sequesters; zum anderen hat der Veräußerer seine Verpflichtungen vollständig

---

65 *Brox/Walker*, Rn. 815.
66 OLG Celle, JR 1960, 345; *Bruns/Peters*, § 26 VI 3; *Lackmann*, § 26 III 1; *MüKo/Smid*, § 857 Rn. 24; *Wieczorek/Schütze/Lüke*, § 857 Rn. 52.
67 OLG Celle, JR 1960, 345.
68 Einzelheiten: § 788 Rdn. 27.
69 Einzelheiten: § 788 Rdn. 28.
70 A. A. *Stöber*, Forderungspfändung, Rn. 1495, und *Wieczorek/Schütze/Lüke*, § 857 Rn. 55, die auch die Rechtspfändung in einem solchen Fall für unzulässig halten.
71 So die h. M.; vgl. BGH, DNotZ 1976, 96; BGHZ 83, 395; 89, 41; BGH, NJW 1989, 1093 mit Anm. *Hintzen*, Rpfleger 1989, 439; Rpfleger 1996, 100, 101. Nach einer weitergehenden Ansicht entsteht das Anwartschaftsrecht bereits mit der Auflassung; vgl. *Erman/A. Lorenz*, § 925 BGB Rn. 57; *Hoche*, NJW 1955, 652; *Reinicke/Tiedke*, NJW 1982, 2281.
72 Einzelheiten siehe ausführlicher § 848 Rn. 10. Vgl. ferner *Brox/Walker*, Rn. 820, 821; *Lackmann*, § 26 III 2; *Gaul/Schilken/Becker-Eberhard*, § 57 Rn. 13; kritisch *Medicus/Petersen*, Bürgerliches Recht, Rn. 486.

erfüllt, sodass er nicht mehr Drittschuldner ist.[73] Die Pfändung der Anwartschaft erfolgt nach § 857 Abs. 2 durch Zustellung des Pfändungsbeschlusses an den Schuldner.[74] Der Gläubiger erwirbt durch die Pfändung das Recht, ohne Mitwirkung des Schuldners dessen Eintragung als Eigentümer beim Grundbuchamt zu betreiben. Mit der Eintragung des Schuldners als Eigentümer entsteht gem. §§ 848 Abs. 2 Satz 2, 857 Abs. 1 zugunsten des Gläubigers eine Sicherungshypothek.[75] Sie geht im Rang den Rechten am Grundstück nach, die der frühere Eigentümer noch bewilligt hat, den Rechten aber vor, die der Schuldner seinerseits vor seiner Eintragung (und ohne Zusammenhang mit dem Kauf des Grundstücks) bereits bewilligt hat.[76]

3. Bruchteilseigentum

a) Miteigentum an einem Grundstück

Der Miteigentumsbruchteil an einem Grundstück oder grundstücksgleichen Recht (§§ 1008–1011, 741 ff. BGB) unterliegt als solcher wie das Grundstück als Ganzes der Zwangsvollstreckung in das unbewegliche Vermögen (§ 864 Abs. 2). Die jedem Bruchteilsmiteigentümer zustehende Befugnis, die Aufhebung der Gemeinschaft verlangen zu können (§ 749 BGB) mit der Möglichkeit, die Aufhebung in der Teilungsversteigerung (§§ 180 ff. ZVG) auch durchzusetzen, ist nicht isoliert abtretbar und deshalb auch nicht isoliert pfändbar (§§ 857 Abs. 1, 851 Abs. 1).[77] Sie kann aber demjenigen zur Ausübung für den Miteigentümer überlassen werden, dem der Miteigentümer seinen künftigen Anspruch auf Auskehr des auf den Miteigentumsanteil entfallenden Anteils am Auseinandersetzungsguthaben abgetreten hat. Deshalb kann diese Befugnis nach § 857 Abs. 3 auch von denjenigen gepfändet werden, die den Anspruch auf Auskehr des Erlöses gepfändet haben oder gleichzeitig mitpfänden.[78] Drittschuldner, denen der Pfändungsbeschluss zuzustellen ist, sind die übrigen Miteigentümer. Ist der Auseinandersetzungsanspruch dem Gläubiger überwiesen worden, kann er auf dem Wege der §§ 180 ff. ZVG die Versteigerung des gesamten Grundstücks betreiben, um dann den auf den Schuldner entfallenden Erlösanteil einzuziehen.

21

b) Miteigentum an beweglichen Sachen

Der Bruchteils-Miteigentumsanteil an beweglichen Sachen kann gem. § 747 BGB übertragen werden, ist deshalb als Vermögensrecht gem. §§ 857 Abs. 1, 851, 829 pfändbar. Drittschuldner, denen der Pfändungsbeschluss zuzustellen ist, sind die übrigen Miteigentümer. Wird der Anteil dem Gläubiger gem. § 835 zur Einziehung überwiesen, kann er, sobald sein Titel nicht mehr bloß vorläufig vollstreckbar ist, an Stelle des Schuldners gem. § 751 Satz 2 BGB die Aufhebung der Gemeinschaft verlangen, selbst wenn der Schuldner dies aufgrund seiner Vereinbarungen mit den Miteigentümern nicht könnte. Die Auseinandersetzung unter den Miteigentümern erfolgt dann nach §§ 752, 753 BGB. § 857 Abs. 1 greift auch dann ein, wenn wegen einer Geldforderung die Vollstreckung in Wertpapiere des Schuldners betrieben werden soll, die in einem Sammeldepot verwahrt werden. Gepfändet wird dann der Miteigentumsanteil des Schuldners an den sammel-

22

---

73 BGHZ 49, 197, 204.
74 BGHZ 49, 197; OLG Frankfurt, Rpfleger 1997, 152 f.
75 BGHZ 49, 197, 206; BayObLG, Rpfleger 1994, 162; LG Düsseldorf, Rpfleger 1985, 305; *Gaul/Schilken/Becker-Eberhard*, § 57 Rn. 13; *Stöber*, Forderungspfändung, Rn. 2058; Einzelheiten ferner § 848 Rn. 8, 10.
76 Siehe auch § 848 Rdn. 8.
77 BGH, NJW 2006, 849, 850; BGHZ 90, 207; KG, NJW 1953, 1832; OLG Hamm, NJW-RR 1992, 665, 666.
78 BGH, NJW 2006, 849, 850; BGHZ 90, 207; OLG Hamm, NJW-RR 1992, 665, 666; OLG Köln, Rpfleger 1969, 170; LG Aachen, Rpfleger 1983, 119; LG Berlin, JurBüro 1975, 1512; LG Hamburg, MDR 1977, 1019; *Brox/Walker*, Rn. 804; *Furtner*, NJW 1957, 1620; *Gaul/Schilken/Becker-Eberhard*, § 58 Rn. 25; *Stöber*, Forderungspfändung, Rn. 1544; *Wieczorek/Schütze/Lüke*, § 857 Rn. 35; kritisch *Stein/Jonas/Brehm*, § 857 Rn. 17, der die Pfändung des Aufhebungsanspruchs für überflüssig erachtet.

verwahrten Wertpapieren.⁷⁹ Wenn es dagegen um die Herausgabe von sammelverwahrten Wertpapieren geht, erfolgt die Vollstreckung nach § 886.⁸⁰

c) Bruchteils-Mitberechtigung an Forderungen und Rechten

23 Die Bruchteils-Mitberechtigung an Forderungen und Rechten wird ebenfalls nach §§ 857 Abs. 1, 829 gepfändet. Drittschuldner sind die übrigen Mitberechtigten einerseits, der Schuldner der Forderung andererseits. Ihnen allen ist gem. § 829 Abs. 3 zuzustellen. Die Verwertung geschieht durch Überweisung zur Einziehung. Der Gläubiger kann nach der Überweisung die Aufhebung der Gemeinschaft gem. § 751 Satz 2 BGB verlangen. Die Auseinandersetzung erfolgt gem. § 754 BGB durch gemeinschaftliche Einziehung der Forderung und Teilung des Erlöses.

4. Grundschulden, Reallasten und Rentenschulden

24 Gemäß **Abs. 6** sind auf die Zwangsvollstreckung in Grundschulden, Reallasten und Rentenschulden die Vorschriften über die Zwangsvollstreckung in eine Forderung, für die eine Hypothek bestellt ist, entsprechend anzuwenden, d. h. also hinsichtlich der Pfändung die §§ 830, 829, hinsichtlich der Überweisung die §§ 837, 835. Im Einzelnen sind dabei folgende Besonderheiten zu beachten:

a) Fremdgrundschulden

25 Grundschulden, die zugunsten des Schuldners am Grundstück eines Dritten bestellt sind, werden durch Pfändungsbeschluss nach § 829 und zusätzlich entweder durch Eintragung im Grundbuch (Buchgrundschulden) oder durch Übergabe bzw. Wegnahme des Grundschuldbriefes (Briefgrundschulden) gepfändet (§§ 857 Abs. 6, 830 Abs. 1) und durch Überweisung gem. § 837 verwertet. Zur Zwangsvollstreckung in das Grundstück benötigt der Gläubiger dann noch einen Titel auf Duldung der Zwangsvollstreckung (§ 1147 BGB), den er (legitimiert durch die Überweisung der Grundschuld) im Einziehungsprozess erwirken kann. Ist die Grundschuld als **Sicherungsgrundschuld**⁸¹ bestellt, ändert sich grundsätzlich an diesem Verfahren nichts. Da das Arrestatorium bei der Pfändung der Grundschuld dem Drittschuldner aber nur verbietet, an den Schuldner auf die Grundschuld zu leisten, nicht aber, die gesicherte persönliche Forderung zu befriedigen, läuft der Gläubiger Gefahr, leer auszugehen, wenn er nicht zusätzlich zur Grundschuld auch die gesicherte Forderung pfändet. Denn die Zahlung des Drittschuldners auf die Forderung berührt zwar nicht unmittelbar die Grundschuld, gibt dem Drittschuldner aber eine dauernde Einrede gem. §§ 812, 821 BGB bzw. aus dem Sicherungsvertrag gegen seine Inanspruchnahme aus der Grundschuld,⁸² die er auch dem Vollstreckungsgläubiger entgegenhalten kann (§§ 1192 Abs. 1, 1157 BGB).⁸³

26 Hat sich eine gem. § 91 ZVG durch den Zuschlag in der Zwangsversteigerung des Grundstücks erloschene Grundschuld in ein Recht auf Befriedigung aus dem Anspruch gegen den Ersteher umgewandelt, so gelten für die Pfändung dieses Rechtes nicht mehr die §§ 857 Abs. 6, 830 über die Pfändung der Grundschuld, sondern die §§ 857 Abs. 1, 829.⁸⁴ Drittschuldner ist in diesem Fall der Ersteher; hat er den Erlös hinterlegt, so ist der Pfändungsbeschluss der Hinterlegungsstelle zuzustellen.⁸⁵

---

79 BGH, NJW-RR 2008, 494; NJW 2004, 3340, 3341.
80 Siehe § 886 Rdn. 3.
81 Zum Begriff der Sicherungsgrundschuld vgl. *Jauernig*, § 1191 BGB Rn. 4; *Medicus/Petersen*, Bürgerliches Recht, Rn. 493, 499 ff.; *Palandt/Bassenge*, § 1191 BGB Rn. 13; jeweils m. w. N.
82 *Palandt/Bassenge*, § 1191 BGB Rn. 35; *Stöber*, Forderungspfändung, Rn. 1883.
83 *Brox/Walker*, Rn. 753; *Stöber*, Forderungspfändung, Rn. 1883; kritisch hierzu *Tempel*, JuS 1967, 168.
84 BGHZ 58, 298.
85 BGHZ 58, 298.

BGB). Rückständige Leistungen werden daher gem. §§ 857 Abs. 6, 830 Abs. 3 wie gewöhnliche Geldforderungen schlicht nach § 829 gepfändet.

f) Reallasten

Subjektiv-dingliche Reallasten sind unpfändbar;[102] subjektiv-persönliche Reallasten (§§ 1105 Abs. 1, 1111 Abs. 1 BGB) werden wie Buchhypotheken gepfändet (§§ 857 Abs. 6, 830), soweit der Anspruch auf die einzelne Leistung übertragbar ist. Ist dies nicht der Fall, ist das Recht ebenfalls unpfändbar (§ 851 Abs. 1). Letzteres gilt etwa für das Altenteilsrecht (vgl. Art. 96 EGBGB); die fortlaufenden Einkünfte aufgrund eines Altenteils sind gem. § 850b Abs. 1 Nr. 3 grundsätzlich unpfändbar. Für die Vollstreckung in den Anspruch auf einzelne Leistungen aus der Reallast gilt das oben[103] hinsichtlich der Rentenschulden Dargelegte entsprechend.

5. Nießbrauch

Der Nießbrauch[104] ist nach § 1059 Satz 1 BGB nicht übertragbar, nach Satz 2 kann seine Ausübung aber anderen überlassen werden. Die Zwangsvollstreckung in den Nießbrauch richtet sich deshalb nach § 857 Abs. 3. Gepfändet wird der Nießbrauch selbst als dingliches Recht,[105] nicht nur das schuldrechtliche Recht auf Ausübung des Nießbrauchs.[106] Das hat zur Folge, dass der Schuldner nach Pfändung des Nießbrauchs nicht mehr wirksam über das Recht verfügen, insbesondere nicht auf den Nießbrauch verzichten kann.[107] Drittschuldner, dem der Pfändungsbeschluss zuzustellen ist, ist der Grundstückseigentümer. Einer Eintragung der Pfändung im Grundbuch bedarf es nicht,[108] da der Nießbrauch in Abs. 6 nicht genannt ist. Die Überweisung kann, da der Nießbrauch als solcher nicht übertragbar ist, nicht den Nießbrauch selbst betreffen, sondern nur die Befugnis zur Ausübung des Rechts.[109] Diese Überweisung begründet keine Ansprüche des Gläubigers gegenüber dem Nießbraucher auf Räumung und Herausgabe; § 1065 BGB, der Abwehrrechte des Nießbrauchers regelt und nicht Ansprüche gegen diesen, ist im Verhältnis zwischen Gläubiger und Nießbraucher weder unmittelbar noch analog anwendbar.[110] Eine Besitzverschaffung ist nur dadurch möglich, dass das Vollstreckungsgericht gem. **Abs. 4** besondere Anordnungen zur Verwertung, insbesondere die Anordnung der Verwaltung in Anlehnung an §§ 146 ff. ZVG trifft.[111] Diese Möglichkeit scheidet allerdings aus, wenn der gepfändete Nießbrauch auf einem ideellen hälftigen Bruchteil des Grundstücks lastet, das im ungeteilten Alleineigentum der Ehefrau des Schuldners besteht und von beiden als gemeinsame Ehewohnung genutzt wird.[112] Der Gläubiger kann diese Nutzungsgemeinschaft (§§ 741 ff. BGB) nicht anstelle des Schuldners fortsetzen, ohne den Mitgebrauch der Ehefrau zu beeinträchtigen (vgl. § 743 Abs. 2 BGB). Eine nach Abs. 4 angeordnete Verwaltung des Grundstücks setzt voraus, dass der Schuldner unmittelbarer oder mittelbarer Besit-

---

102 Siehe auch oben Rdn. 7.
103 Rdn. 32.
104 Ausführlich zur Zwangsvollstreckung in den Nießbrauch Vor §§ 737, 738 Rn. 2 ff.
105 BGH, Rpfleger 2006, 331; BGHZ 62, 133; BayObLG, ZIP 1997, 1852; OLG Frankfurt, ZIP 1990, 1357; LG Bonn, Rpfleger 1979, 349; *Brox/Walker*, Rn. 763; *Gaul/Schilken/Becker-Eberhard*, § 58 Rn. 22; MüKo/*Smid*, § 857 Rn. 17; *Mümmler*, JurBüro 1984, 660; PG/*Ahrens*, § 857 Rn. 71; *Stein/Jonas/Brehm*, § 857 Rn. 29; *Stöber*, Forderungspfändung, Rn. 1710; *Zöller/Stöber*, § 857 Rn. 12.
106 So aber OLG Frankfurt, NJW 1961, 1928; *Palandt/Bassenge*, § 1059 BGB Rn. 5.
107 OLG Bremen, NJW 1969, 2147; *Brox/Walker*, Rn. 763.
108 BayObLG, ZIP 1997, 1852.
109 BGH, Rpfleger 2006, 331; BGHZ 62, 133.
110 BGH, NJW 2006, 1124 f.; NJW 2007, 149.
111 BGH, Rpfleger 2011, 281, 282; NJW 2006, 1124, 1125; NJW 2007, 149; OLG Düsseldorf, Rpfleger 1997, 315; *Brox/Walker*, Rn. 765.
112 BGH, NJW 2007, 149 f.

zer des Grundstücks ist; bei Besitz eines nicht zur Herausgabe bereiten Dritten ist die Verwaltung undurchführbar und darf dann nicht angeordnet werden.[113]

35 Dass der Nießbrauchsberechtigte und der Grundstückseigentümer die Überlassung der Ausübung des Nießbrauchs an Dritte mit dinglicher Wirkung vertraglich ausgeschlossen haben (Eintragung im Grundbuch erforderlich), steht der Pfändung des Rechts in der Zwangsvollstreckung nicht entgegen (§§ 857 Abs. 1, 851 Abs. 2).[114] Ist im Vertrag über die Bestellung des Nießbrauchs für den Fall der Pfändung vereinbart, dass der Nießbrauch erlöschen soll,[115] ist die Pfändung dadurch zwar nicht von vornherein ausgeschlossen. Sie nutzt dem Vollstreckungsgläubiger aber nichts, da nach dem Erlöschen des Nießbrauchsrechts aus diesem keine Befriedigung mehr möglich ist. Vollstreckt der Gläubiger aber nur mit dem Ziel, den Schuldner zu schädigen, kann das Rechtsschutzinteresse an der Pfändung fehlen;[116] zumindest wird regelmäßig eine sittenwidrige Härte i. S. des § 765a vorliegen.[117] Davon abgesehen kann das Erlöschen des Nießbrauchsrechts vom Grundstückseigentümer mit der Klage gem. § 771 geltend gemacht werden.

6. Das Wohnungsrecht

36 Das Wohnungsrecht (§ 1093 BGB) ist als beschränkte persönliche Dienstbarkeit nicht übertragbar (§ 1092 Abs. 1 Satz 1 BGB). Seine Ausübung kann nicht generell einem Dritten überlassen werden, sondern nach § 1092 Abs. 1 Satz 2 BGB nur dann, wenn dies nach dem ausdrücklich vereinbarten Inhalt der Dienstbarkeit so gestattet ist. Die Übertragbarkeit der Ausübungsbefugnis muss nicht im Grundbuch eingetragen sein;[118] ihre Eintragung ist aber zweckmäßig, damit sie auch dem Rechtsnachfolger des ursprünglich Gestattenden entgegengehalten werden kann.[119] Pfändbar ist das Wohnungsrecht nach **Abs. 3** nur dann, wenn die Überlassung der Ausübungsbefugnis an einen anderen in concreto gestattet ist.[120] Wird sie erst nachträglich vereinbart, ist das Wohnungsrecht auch erst ab diesem Zeitpunkt pfändbar. Die Verwertung erfolgt entweder durch Überweisung der Ausübungsbefugnis (nicht des Rechtes selbst) zur Einziehung[121] oder durch besondere Anordnungen nach Abs. 4, insbesondere die Anordnung der Verwaltung.

7. Dauerwohnrecht

37 Das Dauerwohnrecht gem. §§ 31 ff. WEG ist ein veräußerliches Recht (§ 33 Abs. 1 Satz 1 WEG) und als solches uneingeschränkt pfändbar (§§ 857 Abs. 1, 851 Abs. 1). Die Pfändung erfolgt in entsprechender Anwendung des **Abs. 6** in der Form des § 830.[122] Die Pfändung wird also erst mit ihrer Eintragung im Grundbuch wirksam. Drittschuldner ist der Grundstückseigentümer. Die Verwertung erfolgt nach §§ 844, 857 Abs. 5 durch Veräußerung.

---

113 BGH, Rpfleger 2011, 281, 282.
114 BGH, NJW 1985, 2827.
115 Vgl. zur Zulässigkeit der Bestellung eines Nießbrauchsrechts unter der auflösenden Bedingung der Pfändung MüKo-BGB/*Pohlmann*, § 1030 BGB Rn. 108.
116 *Brox/Walker*, Rn. 1483 (im Fall d); vgl. auch OLG Oldenburg, MDR 1991, 968.
117 OLG Frankfurt, OLGZ 1980, 482; *Brox/Walker*, Rn. 1482 (im Fall d).
118 BGH, Rpfleger 2007, 34; MDR 1962, 728; Palandt/*Bassenge*, § 1092 BGB Rn. 8; **a. A.** KG, NJW 1968, 1883; *Jauernig*, § 1092 BGB Rn. 2; *Wieczorek/Schütze/Lüke*, § 857 Rn. 76.
119 BGH, MDR 1962, 728.
120 BGH, MDR 1962, 728; MDR 1964, 51.
121 Vgl. *Stöber*, Forderungspfändung, Rn. 1522.
122 *Stein/Jonas/Brehm*, § 857 Rn. 101; *Thomas/Putzo/Seiler*, § 857 Rn. 3.

8. Gesellschaftsanteile an BGB-Gesellschaften und Personenhandelsgesellschaften

Zur Zwangsvollstreckung in den Gesellschaftsanteil an einer BGB-Gesellschaft oder einer Personenhandelsgesellschaft siehe die Ausführungen zu § 859.[123] Zur Pfändung von Inhaber- und Namensaktien siehe § 821.[124]

38

9. GmbH-Geschäftsanteile

Der Geschäftsanteil an einer GmbH ist als selbstständiges Vermögensrecht nach §§ 857 Abs. 1, 829 pfändbar.[125] Die Anteilspfändung ist von der Pfändung einzelner Ansprüche[126] zu unterscheiden. Die Pfändbarkeit besteht auch schon im Gründungsstadium vor Eintragung der Gesellschaft im Handelsregister.[127] Ist im Gesellschaftsvertrag die Abtretung der Geschäftsanteile von der Zustimmung der Gesellschaft abhängig gemacht, so steht das gem. § 851 Abs. 2 ihrer Pfändung nicht entgegen.[128] Sieht die Satzung für den Fall der Pfändung die Einziehung des Geschäftsanteiles vor, so ist eine solche Bestimmung nur wirksam, wenn die Zahlung eines gleichwertigen,[129] nicht unbedingt vollwertigen Entgelts vorgesehen ist.[130] Ein Entgelt, bei dem neben dem Firmenwert auch noch die stillen Reserven unberücksichtigt bleiben und die letzte Steuerbilanz maßgebend sein soll, wäre nicht mehr gleichwertig.[131] Das Pfandrecht am Gesellschaftsanteil setzt sich bei dessen Einziehung am Anspruch des Gesellschafters auf das satzungsgemäße Entgelt fort.

39

Mit der Pfändung des Gesellschaftsanteils sind alle Nebenrechte, die bei einer Abtretung nach §§ 412, 401 BGB auf den neuen Gläubiger übergingen, automatisch mitgepfändet. Dazu werden neben den in § 401 BGB ausdrücklich genannten Rechten auch diejenigen gezählt, die zur Durchsetzung des Hauptrechts erforderlich sind oder deren Trennung dessen Durchsetzung gefährden würde. Um ein solches Nebenrecht handelt es sich aber nicht bei den Auskunftsansprüchen nach § 51a GmbHG; diese sind Ausfluss der Gesellschafterstellung und können von dieser nicht getrennt und selbstständig abgetreten und daher auch nicht gepfändet[132] werden.

40

---

123 Dort insbesondere Rdn. 2–11.
124 Dort Rdn. 2.
125 Allgemeine Meinung; beispielhaft *Hueck/Fastrich,* in *Baumbach/Hueck,* GmbHG, § 15 Rn. 60; *Brox/Walker,* Rn. 796; *Dierck/Morvilius/Vollkommer/Dörndorfer,* 5. Kap. Rn. 129; *Gaul/Schilken/Becker-Eberhard,* § 58 Rn. 33; *Heuer,* ZIP 1998, 405; HdbZVR/*Keller,* Kap. 3 Rn. 1114; HK-ZV/*Koch,* § 857 Rn. 3; *Michalski,* ZIP 1991, 147, 148; PG/*Ahrens,* § 857 Rn. 40; *Roth/Altmeppen,* GmbHG, § 15 Rn. 62; *H. Roth,* ZGR 2000, 187, 212; *K. Schmidt,* Gesellschaftsrecht, § 35 II 2; *Stein/Jonas/Brehm,* § 859 Rn. 20; *Stöber,* Forderungspfändung, Rn. 1612; *Thomas/Putzo/Seiler,* § 857 Rn. 2.
126 Zur Pfändbarkeit von Kaduzierungsansprüchen (vgl. § 21 GmbHG bei der GmbH siehe *Michalski/Schulenburg,* NZG 1999, 431 sowie (zum österreichischen Recht) OHG, NZG 1999, 444.
127 *Brox/Walker,* Rn. 796.
128 BGHZ 32, 151; *Hueck/Fastrich,* in *Baumbach/Hueck,* GmbHG, § 15 Rn. 61; *Wieczorek/Schütze/Lüke,* § 857 Rn. 37.
129 Str.; BGHZ 32, 151; 65, 22; OLG Frankfurt, DB 1974, 84 und Rpfleger 1976, 372; Vollwertiger Ersatz: *Hueck/Fastrich,* in *Baumbach/Hueck,* GmbHG, § 15 Rn. 61; a. A. *Bayer,* in *Lutter/Hommelhoff,* GmbHG, § 15 Rn. 85 f.
130 Zur Erleichterung der Berechnung des Entgelts sind Abstriche bei der Bewertung gegenüber dem vollen Handelswert des Anteils, die in der Satzung auch für den Fall der Einziehung des Anteils nach fristloser Kündigung vorgesehen sind, und die den Anteil nicht weitgehend entwerten, möglich; siehe BGHZ 65, 22; *Roth/Altmeppen,* GmbHG, § 15 Rn. 115.
131 A. A. OLG Frankfurt, DB 1977, 2040. Für die Zulässigkeit weitergehender Abstriche auch OLG Hamburg, DB 1982, 2344; *Geißler,* GmbH-Rdsch 1984, 32; *Priester,* GmbH-Rdsch 1976, 9.
132 Dazu BGH, ZIP 2013, 1071 f.

41 Drittschuldner, dem der Pfändungsbeschluss zuzustellen ist, ist die GmbH.[133] Die Pfändung erfasst nur den im Pfändungsbeschluss bezeichneten Geschäftsanteil. Besitzt der Schuldner mehrere Geschäftsanteile, so kann jeder selbstständig gepfändet werden. Will der Gläubiger alle Geschäftsanteile des Schuldners an der GmbH pfänden, muss dies im Pfändungsbeschluss unmissverständlich zum Ausdruck gebracht werden.

42 Durch die Pfändung des Geschäftsanteils wird der Gesellschafter grundsätzlich nicht gehindert, sein Stimmrecht in der Gesellschaft weiter auszuüben.[134] Er darf mit seiner Stimme jedoch keine Beschlüsse herbeiführen, die die Stellung des Gläubigers beeinträchtigen könnten.[135] Fraglich ist, ob mit dem Gesellschaftsgeschäftsanteil automatisch der Gewinnanspruch des Gesellschafters mitgepfändet wird,[136] oder ob der Gläubiger, der nicht nur den im Geschäftsanteil als solchem liegenden Vermögenswert realisieren, sondern auch oder sogar in erster Linie auf den Gewinnanspruch zugreifen will, diesen als Geldforderung nach § 829 gesondert pfänden muss.[137] Für die zweite Möglichkeit sprechen die Regelungen in den §§ 1273 Abs. 2, 1213 Abs. 2 BGB, wonach sich die Vermutung, dass der Pfandgläubiger zur Fruchtziehung berechtigt ist, nicht auf das Pfandrecht an Rechten erstreckt. Andererseits ist zu berücksichtigen, dass der Gewinnanspruch des Gesellschafters gerade zu den Rechten gehört, die aus dem (gepfändeten) Geschäftsanteil fließen.[138] Ungeachtet dessen ist dem Vollstreckungsgläubiger zu raten, neben der Pfändung des Geschäftsanteils ausdrücklich auch die Pfändung des Anspruchs auf Gewinnauszahlung zu beantragen.[139] Gerät die Gesellschaft nach der Pfändung des Geschäftsanteils in Liquidation, erstreckt sich das Pfandrecht am Geschäftsanteil auch auf den Anteil des Gesellschafters am Liquidationsguthaben.[140]

43 Die **Verwertung** des gepfändeten Geschäftsanteils **muss** nach §§ 857 Abs. 5, 844, in der Regel durch Veräußerung erfolgen.[141] Ihre Durchführung ist erst möglich, wenn der Mindestpreis errechnet wurde.[142] Die **Überweisung** sowohl zur Einziehung wie an Zahlungs Statt ist im Regelfall **unzulässig**.[143] Die Überweisung an Zahlungs Statt scheidet aus, weil der Anteil keinen objektiven Nennwert hat, die Überweisung zur Einziehung, weil im GmbHG anders als in §§ 725 BGB, 135 HGB keine Kündigungsmöglichkeit für den Fall der Pfändung vorgesehen ist.[144] Wird die Verwer-

---

133 *Hueck/Fastrich*, in *Baumbach/Hueck*, GmbHG, § 15 Rn. 60; *Brox/Walker*, Rn. 797; *Gaul/Schilken/Becker-Eberhard*, § 58 Rn. 33; MüKo/*Smid*, § 859 Rn. 28; PG/*Ahrens*, § 857 Rn. 40; *H. Roth*, ZGR 2000, 187, 213; *K. Schmidt*, Gesellschaftsrecht, § 35 II 2; *Stein/Jonas/Brehm*, § 859 Rn. 20; *Thomas/Putzo/Seiler*, § 857 Rn. 10a; *Wieczorek/Schütze/Lüke*, § 857 Rn. 4; *Zöller/Stöber*, § 859 Rn. 13; a. A. (§ 857 Abs. 2) *Schuler*, NJW 1960, 1423.

134 LG Köln, Rpfleger 1989, 511; *Hueck/Fastrich*, in *Baumbach/Hueck*, GmbHG, § 15 Rn. 62; PG/*Ahrens*, § 857 Rn. 43; *Wiedemann*, Die Übertragung und Vererbung von Mitgliedschaftsrechten bei Handelsgesellschaften, 1965, S. 429.

135 Ähnlich *Heuer*, ZIP 1998, 405, 410 (keine Ausübung des Stimmrechts ohne Zustimmung des Gläubigers).

136 Dazu *Baur/Stürner/Bruns*, Rn. 32.10; *Gaul/Schilken/Becker-Eberhard*, § 58 Rn. 33; *H. Roth*, ZGR 2000, 187, 213; *Zöller/Stöber*, § 859 Rn. 13.

137 So *Hueck/Fastrich*, in *Baumbach/Hueck*, GmbHG, § 15 Rn. 62; *Winter/Seibt*, in Scholz, GmbHG, § 15 Rn. 211; *Schuler*, NJW 1960, 1423; *Stein/Jonas/Brehm*, § 859 Rn. 20.

138 *Baur/Stürner/Bruns*, Rn. 32.10; *Zöller/Stöber*, § 859 Rn. 13.

139 Vgl. *Baur/Stürner/Bruns*, Rn. 32.10; *Brox/Walker*, Rn. 797; *H. Roth*, ZGR 2000, 187, 213.

140 BGH, BB 1972, 10; OLG Hamburg, DB 1982, 2344.

141 LG Berlin, Rpfleger 1987, 379; LG Gießen, MDR 1986, 155; *Hueck/Fastrich*, in *Baumbach/Hueck*, GmbHG, § 15 Rn. 63; *Brox/Walker*, Rn. 798; *Heuer*, ZIP 1998, 405, 406; *Gaul/Schilken/Becker-Eberhard*, § 58 Rn. 33; *K. Schmidt*, Gesellschaftsrecht, § 35 II 2; *Stein/Jonas/Brehm*, § 859 Rn. 23; *Thomas/Putzo/Seiler*, § 857 Rn. 14; *Zöller/Stöber*, § 859 Rn. 13.

142 OLG Düsseldorf, Rpfleger 2000, 400 mit zust. Anm. *W. Müller*, EWiR 2000, 601.

143 Dazu LG Köln, Rpfleger 1989, 511 f.

144 Eine Ausnahme gilt nur dann, wenn ausnahmsweise im Gesellschaftsvertrag die Kündigung für den Fall der Pfändung vorgesehen ist; vgl. *Stein/Jonas/Brehm*, § 859 Rn. 22.

tung durch freihändigen Verkauf zugelassen, ist die Form des § 15 Abs. 3 GmbHG zu beachten.[145] Dass der Gesellschaftsvertrag den Verkauf der Anteile beschränkt (§ 15 Abs. 5 GmbHG), behindert die Veräußerung in der Zwangsvollstreckung nicht; insbesondere ist keine Genehmigung durch die Gesellschaft erforderlich.

10. Immaterialgüterrechte und gewerbliche Schutzrechte

Immaterialgüterrechte wie das Urheberrecht und gewerbliche Schutzrechte, wie Patent-, Geschmacksmuster- und Gebrauchsmusterrechte sowie die durch das MarkenG[146] geschützten Marken, können einen beträchtlichen wirtschaftlichen Wert verkörpern. Der Pfändung unterliegen sie aber nur, soweit sie selbstständig übertragbar sind (§ 851 Abs. 1) oder soweit ihre Ausübung (Nutzung) einem anderen überlassen werden kann (Abs. 3). Software wird nur dann als anderes Vermögensrecht nach § 857 gepfändet, wenn ein zwangsweiser Zugriff durch Pfändung des Datenträgers nach den §§ 808 ff. (siehe Vor §§ 803–863 Rn. 3) nicht in Betracht kommt oder als unzulässig angesehen wird. Im Einzelnen gilt Folgendes: 44

a) Urheberrecht

Das Urheberrecht (§ 1 UrhG) ist als Persönlichkeitsrecht nicht übertragbar (§ 29 Abs. 1 UrhG). Deshalb ist es als solches auch nicht pfändbar. Der Urheber kann aber die Verwertung der urheberrechtlich geschützten Werke Dritten überlassen (§§ 15 ff. UrhG einerseits, §§ 31 ff. UrhG andererseits). Ob er dies tut und durch wen, stellt regelmäßig eine höchstpersönliche Entscheidung dar. Die Veröffentlichung eines Werkes gegen den Willen des Autors oder in einem von ihm abgelehnten Umfeld kann eine erhebliche Persönlichkeitsverletzung bewirken. Deshalb kann auch im Wege der Zwangsvollstreckung nicht beliebig auf das Verwertungsrecht des Urhebers zugegriffen werden. 45

Die §§ 112–119 UrhG enthalten insoweit Sonderregeln. Die Vorschriften lauten:

§ 112 Allgemeines

Die Zulässigkeit der Zwangsvollstreckung in ein nach diesem Gesetz geschütztes Recht richtet sich nach den allgemeinen Vorschriften, soweit sich aus den §§ 113 bis 119 nichts anderes ergibt.

§ 113 Urheberrecht

¹Gegen den Urheber ist die Zwangsvollstreckung wegen Geldforderungen in das Urheberrecht nur mit seiner Einwilligung und nur insoweit zulässig, als er Nutzungsrechte einräumen kann (§ 31). ²Die Einwilligung kann nicht durch den gesetzlichen Vertreter erteilt werden.

§ 114 Originale von Werken

(1) (1)¹Gegen den Urheber ist die Zwangsvollstreckung wegen Geldforderungen in die ihm gehörenden Originale seiner Werke nur mit seiner Einwilligung zulässig. ²Die Einwilligung kann nicht durch den gesetzlichen Vertreter erteilt werden.

(2) (2)¹Der Einwilligung bedarf es nicht,
1. soweit die Zwangsvollstreckung in das Original des Werkes zur Durchführung der Zwangsvollstreckung in ein Nutzungsrecht am Werk notwendig ist,
2. zur Zwangsvollstreckung in das Original eines Werkes der Baukunst,
3. zur Zwangsvollstreckung in das Original eines anderen Werkes der bildenden Künste, wenn das Werk veröffentlicht ist.

---

145 RGZ 164, 162, 170 f. Bei der Verwertung durch öffentliche Versteigerung gilt das Formerfordernis nicht; vgl. *Polzius*, DGVZ 1987, 17, 33.
146 Vom 25.10.1994; BGBl. I, 3082.

² In den Fällen der Nummern 2 und 3 darf das Original des Werkes ohne Zustimmung des Urhebers verbreitet werden.

§ 115 Urheberrecht

¹Gegen den Rechtsnachfolger des Urhebers (§ 30) ist die Zwangsvollstreckung wegen Geldforderungen in das Urheberrecht nur mit seiner Einwilligung und nur insoweit zulässig, als er Nutzungsrechte einräumen kann (§ 31). ²Der Einwilligung bedarf es nicht, wenn das Werk erschienen ist.

§ 116 Originale von Werken

(1) (1)Gegen den Rechtsnachfolger des Urhebers (§ 30) ist die Zwangsvollstreckung wegen Geldforderungen in die ihm gehörenden Originale von Werken des Urhebers nur mit seiner Einwilligung zulässig.

(2) (2)¹Der Einwilligung bedarf es nicht
1. in den Fällen des § 114 Abs. 2 Satz 1,
2. zur Zwangsvollstreckung in das Original eines Werkes, wenn das Werk erschienen ist.

² § 114 Abs. 2 Satz 2 gilt entsprechend.

§ 117 Testamentsvollstrecker

Ist nach § 28 Abs. 2 angeordnet, dass das Urheberrecht durch einen Testamentsvollstrecker ausgeübt wird, so ist die nach den §§ 115 und 116 erforderliche Einwilligung durch den Testamentsvollstrecker zu erteilen.

§ 118 Entsprechende Anwendung

Die §§ 113 bis 117 sind sinngemäß anzuwenden
1. auf die Zwangsvollstreckung wegen Geldforderungen gegen den Verfasser wissenschaftlicher Ausgaben (§ 70) und seinen Rechtsnachfolger,
2. auf die Zwangsvollstreckung wegen Geldforderungen gegen den Lichtbildner (§ 72) und seinen Rechtsnachfolger.

§ 119 Zwangsvollstreckung in bestimmte Vorrichtungen

(1) (1)Vorrichtungen, die ausschließlich zur Vervielfältigung oder Funksendung eines Werkes bestimmt sind, wie Formen, Platten Steine, Druckstöcke, Matrizen und Negative, unterliegen der Zwangsvollstreckung wegen Geldforderungen nur, soweit der Gläubiger zur Nutzung des Werkes mittels dieser Vorrichtungen berechtigt ist.

(2) (2)Das gleiche gilt für Vorrichtungen, die ausschließlich zur Vorführung eines Filmwerkes bestimmt sind, wie Filmstreifen und dergleichen.

(3) (3)Die Absätze 1 und 2 sind auch auf die nach den §§ 70 und 71 geschützten Ausgaben, die nach § 72 geschützten Lichtbilder, die nach § 77 Abs. 2 Satz 1, §§ 85, 87, 94 und 95 geschützten Bild- und Tonträger und die nach § 87b Abs. 1 geschützten Datenbanken entsprechend anzuwenden.

46 Zu Lebzeiten des Urhebers ist die Zwangsvollstreckung in übertragbare Nutzungsrechte nur mit seiner Einwilligung möglich. Die Einwilligung kann für einzelne Nutzungsarten beschränkt erteilt werden. Sie muss für jeden Gläubiger neu erteilt werden. Dass der Urheber sie einem Gläubiger erteilt hat, bindet ihn gegenüber anderen Gläubigern nicht. Der Erbe des Urhebers (§§ 29, 30 UrhG) muss allerdings nur dann noch in die Zwangsvollstreckung in Nutzungsrechte einwilligen, wenn das Werk noch nicht veröffentlicht ist. Führt die Zwangsvollstreckung in die Nutzungsrechte

der Erben bei bereits veröffentlichten Werken zu einer empfindlichen Beeinträchtigung der Ehre des verstorbenen Urhebers, kann im Einzelfall über § 765a Schutz erlangt werden.

Die Pfändung erfolgt gem. **§ 857 Abs. 2** durch Zustellung des Pfändungsbeschlusses an den Urheber bzw. dessen Rechtsnachfolger, da ein Drittschuldner nicht vorhanden ist. Eine Verwertung durch Überweisung an Zahlungs Statt kommt nicht in Betracht, da das Urheberrecht keinen Nennwert hat. Gegen eine Überweisung zur Einziehung spricht, dass sich aus dem Urheberrecht als solches keine Zahlungsansprüche gegen Dritte ergeben; Leistungen erhält der Rechtsinhaber aufgrund der geschlossenen Nutzungsvereinbarung.[147] Die Verwertung erfolgt gem. § 844 durch Anordnung der Veräußerung oder der Verwaltung.[148] Urkunden sind nach § 836 Abs. 3 herauszugeben. Von der Pfändung und Verwertung der Nutzungsrechte des Urhebers (§ 31 UrhG) zu unterscheiden ist die Zwangsvollstreckung in den Vergütungsanspruch des Urhebers, wenn er von seinem Nutzungsrecht bereits selbst Gebrauch gemacht hat. Der Vergütungsanspruch ist eine reine Geldforderung, die nach § 829 pfändbar und bei der eine Überweisung an Zahlungs Statt und zur Einziehung möglich ist; gegebenenfalls besteht aber nach § 850i Vollstreckungsschutz, wenn der Vergütungsanspruch nicht wiederkehrend zahlbare Einkünfte betrifft, die kein Arbeitseinkommen sind. Nach dem konkreten Vollstreckungsobjekt ist auch zu unterscheiden, wenn der Gläubiger auf die **Software** des Vollstreckungsschuldners Zugriff nehmen will. Vollstreckt der Gläubiger in das Softwarerecht, das als subjektives (Immaterialgüter-) Recht nach §§ 2 Abs. 1, 69 a UrhG[149] entsteht, sobald die geistige Leistung erbracht ist, gilt das zur Pfändung und Verwertung eines Urheberrechts Gesagte entsprechend.[150] Handelt es sich bei dem Vollstreckungsobjekt um das sog. Softwarepaket, also das auf einem Datenträger gespeicherte Computerprogramm nebst Sicherheitssperren und Installationsanweisungen,[151] gelten die Vorschriften über die Mobiliarvollstreckung (§§ 808 ff., 814 ff.).[152]

Der **Honoraranspruch des Urhebers** ist als Geldforderung pfändbar. Erreicht der Urheber nach der Pfändung eine Erhöhung seines Honorars, erstreckt sich die Pfändung nicht auf den erhöhten Teil, sofern es sich bei dem Honorar nicht ausnahmsweise um fortlaufende Bezüge handelt (vgl. § 832). Der Anspruch des Urhebers nach § 32 Abs. 1 Satz 3 UrhG auf Vertragsänderung im Sinne einer angemessenen, höheren Vergütung ist nicht pfändbar; denn er dient der Verwirklichung der Privatautonomie, und seine Geltendmachung ist eine höchstpersönliche Angelegenheit.[153]

b) Gebrauchsmuster- und Designrechte

Sie sind übertragbar (§ 22 Abs. 1 GebrMG, § 29 Abs. 1 DesignG[154]) und deshalb auch pfändbar (§ 851 Abs. 1). Die Pfändung erfolgt nach **Abs. 2**, da ein Drittschuldner nicht vorhanden ist.

c) Patentrechte

Das Recht **aus einem Patent** und die aus der Anmeldung zum Patent begründete **Anwartschaft auf Erteilung eines Patents** sind unbeschränkt übertragbar (§ 15 Abs. 1 Satz 2 PatG) und deshalb auch pfändbar.[155] Das Pfändungspfandrecht an der durch die Anmeldung begründeten Anwartschaft wandelt sich nach Erteilung des Patents in ein Pfandrecht an diesem um.[156] Da ein Drittschuldner

---

147 *Ulmer*, Urheber- und Verlagsrecht, § 135 II 4.
148 MüKo/*Smid*, § 857 Rn. 49; *Stöber*, Forderungspfändung, Rn. 1764; *Zöller/Stöber*, § 857 Rn. 13.
149 Vgl. zu den §§ 69 a–g UrhG BGBl. I 1993, 910.
150 *Stein/Jonas/Brehm*, § 857 Rn. 23; *Weimann*, Rpfleger 1996, 12, 13 f.
151 Einzelheiten zur »Software als körperliche Sache« bei *Weimann*, Rpfleger 1996, 12, 14.
152 *Stein/Jonas/Brehm*, § 857 Rn. 23; *Weimann*, Rpfleger 1996, 12, 14 ff.
153 *Berger*, NJW 2003, 853, 854.
154 Beim DesignG handelt es sich um die Neubekanntmachung des früheren GeschmMG unter seiner neuen Überschrift in der seit 1.1.2014 geltenden Fassung.
155 BGH, BB 1994, 1246; *Zimmermann*, GRUR 1999, 121.
156 BGH, BB 1994, 1246, 1247; *Göttlich*, MDR 1957, 11, 12.

nicht vorhanden ist, gilt wieder **Abs. 2**. Das Recht eines Erfinders, seine Erfindung zum Patent anmelden zu dürfen, ist dagegen ein höchstpersönliches Recht. Niemand kann durch Zwangsvollstreckung gezwungen werden, gegen seinen Willen ein Patent anzumelden. Nutzt der Erfinder sein Geheimverfahren allerdings wirtschaftlich, so stellt es als solches unabhängig von der Patentierung ein pfändbares Vermögensrecht dar.[157] Vom Patent zu unterscheiden sind die Ansprüche aus vom Schuldner bereits abgeschlossenen **Lizenzverträgen**. Sie werden von der Pfändung des Patents nicht mitumfasst, müssen vielmehr als reine Geldforderungen selbstständig gem. § 829 gepfändet werden.

51 Die **Verwertung** eines gepfändeten Patents, Anwartschaftsrechts auf ein Patent oder wirtschaftlich genutzten Geheimverfahrens erfolgt nach **Abs. 4** und **Abs. 5** i. V. m. § 844. In Betracht kommen sowohl die Veräußerung als auch die Anordnung der Verwaltung. Als Maßnahmen der Verwaltung bieten sich insbesondere die Lizenzerteilung und die Gestattung der Eigennutzung des Patents durch den Gläubiger an (**Abs. 4**).[158]

d) Markenrecht

52 Marken, geschäftliche Bezeichnungen und geografische Herkunftsangaben werden nach dem MarkenG[159] geschützt (vgl. § 1 MarkenG). Der Markenschutz entsteht durch Eintragung in das vom Patentamt geführte Register, durch die Benutzung im geschäftlichen Verkehr oder durch die notorische Bekanntheit (§ 4 MarkenG). Ein so begründetes Markenrecht kann verpfändet werden, und es unterliegt der Zwangsvollstreckung (§ 29 Abs. 1 Nr. 1, 2 MarkenG). Es gelten die §§ 857, 829, 844. Zuständig ist das Amtsgericht als Vollstreckungsgericht.[160]

e) Firma

53 Die Firma eines Kaufmanns oder eines Unternehmens ist untrennbar mit dem Handelsgeschäft verbunden und kann ohne dieses nicht veräußert werden (§ 23 HGB). Sie ist deshalb auch nicht selbstständig pfändbar.[161]

11. Nutzungsrecht des Leasingnehmers und des Mieters

54 Das Nutzungsrecht des Leasingnehmers ist pfändbar, wenn der Leasingnehmer berechtigt ist, das Leasingobjekt einem Dritten zur Ausübung der Nutzung zu überlassen[162] (Abs. 3). Die Verwertung erfolgt dann nach Abs. 4.[163] Eine Besonderheit gilt, wenn die Leasingraten den Substanzwert des Leasingobjekts erreichen. Ein solcher Leasingvertrag entspricht einem Abzahlungskauf unter Eigentumsvorbehalt, bei dem die Einräumung eines Nutzungsrechts gegenüber dem künftigen Erwerb des Eigentums am Leasingobjekt in den Hintergrund tritt. Dann kommt eine Pfändung des Anwartschaftsrechts des Leasingnehmers in Betracht.[164] Das Nutzungsrecht des Mieters oder Pächters von Wohnraum, gewerblichen Räumen oder Gewerbegrundstücken ist nur dann pfändbar, wenn der Mieter (Pächter) generell zur Untervermietung oder Unterverpachtung berechtigt ist (vgl.

---

157 BGHZ 16, 172. Vgl. auch §§ 17 ff. UWG zum Schutz von Betriebsgeheimnissen.
158 Vgl. auch *Stöber*, Forderungspfändung, Rn. 1725.
159 I. d. F. v. 25.10.1994; BGBl. I, 3082. Das MarkenG ist am 1.1.1995 an die Stelle des Warenzeichengesetzes getreten.
160 LG Düsseldorf, Rpfleger 1998, 356.
161 *Sosnitza*, JZ 2004, 992, 993 f.; *Stein/Jonas/Brehm*, § 857 Rn. 26; *Wieczorek/Schütze/Lüke*, § 857 Rn. 12.
162 OLG Düsseldorf, NJW 1988, 1676; AG Neuwied, DGVZ 1996, 142; *Behr*, JurBüro 1995, 457, 458; PG/*Ahrens*, § 857 Rn. 68.
163 *Behr*, JurBüro 1995, 457, 458; *Borggräfe*, Die Zwangsvollstreckung in bewegliches Leasinggut, 1976, S. 134.
164 *Brox/Walker*, Rn. 725; MüKo/*Smid*, § 857 Rn. 26; vgl. auch *Behr*, JurBüro 1995, 457, 458.

§ 553 Abs. 1 BGB).¹⁶⁵ Es reicht nicht aus, wenn ihm nur im Einzelfall einmal die Untervermietung gestattet wurde.¹⁶⁶ Ist die Pfändung zulässig, erfolgt die Verwertung nach Abs. 4.

12. Sonstige pfändbare Vermögensrechte

Der Anspruch des Schuldners, dass ihm zur Sicherheit an einen Dritten abgetretene Forderungen nach Erfüllung des Sicherungszweckes zurückabgetreten werden, ist ein pfändbares Vermögensrecht.¹⁶⁷ Das gilt auch für andere Ansprüche auf Abtretung einer Forderung.¹⁶⁸ Gleiches gilt für die Rechtsposition eines durch die Hinterlegung von Geld bei einem Notar Begünstigten:¹⁶⁹ Da die Auszahlungspflicht des Notars eine Amtspflicht darstellt, hat der Berechtigte keinen einklagbaren Zahlungsanspruch gegen den Notar, sondern nur die Möglichkeit, den Notar im Wege der Dienstaufsichtsbeschwerde zur Auszahlung zu zwingen. Diese Rechtsposition ist ein nach §§ 857, 835 pfändbares und überweisbares »anderes Vermögensrecht«. Mit der Pfändung und Überweisung dieser Rechtsposition entsteht eine Amtspflicht des Notars gegenüber dem Vollstreckungsgläubiger auf Auszahlung, bei deren Verletzung Ansprüche nach § 19 BNotO entstehen können.

55

Zur (eingeschränkten) Pfändbarkeit von **Sondernutzungsrechten eines Wohnungseigentümers**¹⁷⁰ siehe § 851 Rn. 3. Von der Pfändung des Sondernutzungsrechts als solchem zu unterscheiden ist die Pfändung von **Ansprüchen des Treugebers (z. B. eines Bauträgers) aus dem Treuhandverhältnis** gegen einen Wohnungseigentümer, der die Sondernutzungsrechte (an Parkplätzen) treuhänderisch für den Bauträger verwaltet. Solche Ansprüche z. B. auf Verwaltung der Sondernutzungsrechte nach näherer Weisung des Treugebers oder auf Neuzuordnung der Sondernutzungsrechte sind als andere Vermögensrechte i. S. v. § 857 pfändbar.¹⁷¹

56

Als sonstiges pfändbares Vermögensrecht kommen Rechte aus einer **Internet-Domain** in Betracht.¹⁷² Zum Teil wird eine **Internet-Domain** als solche als Vermögensrecht i. S. d. § 857 angesehen; es handele sich um ein Recht sui generis, das einer Lizenz vergleichbar sei.¹⁷³ Dagegen lässt sich jedoch einwenden, dass die Domain als solche lediglich eine technische Adresse im Internet ist, die keine mit einem Patent, einer Marke oder einem Urheberrecht vergleichbare Rechtsstellung, sondern nur eine faktische Ausschließlichkeit begründet. Nach inzwischen h. M.¹⁷⁴ stellt jedoch die Gesamtheit der schuldrechtlichen Ansprüche, die dem Inhaber der Domain gegenüber der Vergabestelle aus dem der Domainregistrierung zugrunde liegenden Vertragsverhältnis zustehen (Ansprüche auf Registrierung, Aufrechterhaltung der Registrierung, Umregistrierung), ein anderes Vermögensrecht i. S. v. § 857 dar. Dieses ist pfändbar. Da es ein Recht und keine Sache ist, unterliegt es nicht dem Pfändungsschutz nach § 811 Abs. 1 Nr. 5.¹⁷⁵ Die Verwertung kann aufgrund eines Beschlusses nach

57

---

165 Bis zum 31.12.2001: § 549 Abs. 2 BGB.
166 OLG Frankfurt, MDR 1964, 52; OLG Hamburg, MDR 1954, 685.
167 LG Berlin, MDR 1977, 59 und 412; LG Landshut, JurBüro 1994, 307 m. Anm. *Mümmler* (auch zu den Bestimmtheitserfordernissen); LG Verden, Rpfleger 1986, 394; *Baumbach/Lauterbach/Hartmann*, § 857 Rn. 5; *Wieczorek/Schütze/Lüke*, § 857 Rn. 57; vgl. aber *Stöber*, Forderungspfändung, Rn. 66, 1258.
168 BGH, ZIP 1998, 1539 mit Anm. *Schuschke*, EWiR 1998, 815.
169 OLG Hamm, DNotZ 1983, 61.
170 Dazu *Schuschke*, NZM 1999, 830.
171 BGH, Rpfleger 2010, 527 ff.
172 Die eine Pfändbarkeit verneinende Entscheidung des LG München, MMR 2001, 319 mit abl. Anm. *Welzel* ist vereinzelt geblieben.
173 LG Essen, Rpfleger 2000, 168.
174 BGH, NJW 2005, 3353 f. mit zust. Anm. *Beyerlein*, EWiR 2005, 811 f.; LG Mönchengladbach, NJW-RR 2005, 439; LG Zwickau, Rpfleger 2010, 34; *Berger*, Rpfleger 2002, 181, 182 f.; *Hanloser*, Rpfleger 2000, 525, 527 ff.; im Ausgangspunkt auch BVerfG, NJW 2014, 3213.
175 Dazu § 811 Rn. 3 auch mit Nachweisen zur Gegenansicht.

§ 844 auch durch Überweisung an Zahlungs statt zu einem Schätzwert,[176] durch Versteigerung durch ein Internet-Auktionshaus[177] oder durch den Gerichtsvollzieher im Internet[178] erfolgen.

58 Sofern das **Recht** eines Sportvereins **zur Teilnahme** mit Mannschaften **am sportlichen Wettbewerb einer Bundesliga** aufgrund der Spielordnung des Verbandes übertragbar ist und einen Vermögenswert hat, weil für die Übertragung üblicherweise Geldbeträge gezahlt werden, ist dieses Teilnahmerecht als sonstiges Vermögensrecht nach § 857 pfändbar.[179] Die Verwertung kann durch Anordnung der Veräußerung an einen nach dem Regelwerk des Verbandes berechtigten Verein gem. § 857 Abs. 5 erfolgen.

IV. Rechtsbehelfe

59 Die Rechtsbehelfe des Gläubigers, des Schuldners und möglicher Drittschuldner im Zusammenhang mit der Pfändung und Überweisung »sonstiger Vermögensrechte« sind die gleichen wie bei der Pfändung und Überweisung von Geldforderungen.[180] Soweit das Recht zur Einziehung überwiesen wurde, gelten auch die allgemeinen Regeln zum Einziehungsprozess[181] entsprechend.

V. Gebühren

60 Für das Verfahren über einen Antrag auf Vollstreckung nach § 857 fällt eine Gerichtsgebühr von 20 Euro an (KV Nr. 2111 GKG). Mehrere Verfahren innerhalb eines Rechtszuges gelten als ein Verfahren, sofern sie denselben Anspruch und denselben Gegenstand betreffen. Der Rechtsanwalt erhält für seine Tätigkeit (Pfändungsantrag) bis zur Anordnung der Verwaltung eine 0,3-Verfahrensgebühr nach § 18 Abs. 1 Nr. 1 RVG, RVG-VV Nr. 3309. Seine Tätigkeit bei der Durchführung der Verwaltung (§ 857 Abs. 4) gilt gem. § 18 Abs. 1 Nr. 9 RVG als besondere Angelegenheit, für die eine weitere Gebühr nach RVG-VV Nr. 3309 anfällt. Der Gerichtsvollzieher erhält für seine Mitwirkung bei der Verwertung (Rn. 12) eine Gebühr nach GvKostG-KV Nr. 300.

VI. ArbGG, VwGO, AO

61 Die Vorschrift gilt gem. §§ 62 Abs. 2, 85 Abs. 1 Satz 3 ArbGG auch bei der Vollstreckung von arbeitsgerichtlichen Titeln und gem. § 167 VwGO bei der Vollstreckung von Titeln nach § 168 VwGO. Die Vollstreckung von Titeln nach § 169 VwGO erfolgt gem. § 5 Abs. 1 VwVG nach der AO. In § 321 AO ist die Vollstreckung in andere Vermögensrechte wie in § 857 geregelt; an Stelle des Gerichts ist die Vollstreckungsbehörde zuständig.

---

176 BGH, NJW 2005, 2353, 2354.
177 LG Mönchengladbach, NJW-RR 2005, 439.
178 Dazu AG Bad Berleburg, Rpfleger 2001, 560.
179 BGH, ZIP 2001, 889, 890 f.
180 Siehe § 829 Rdn. 66–72.
181 Siehe § 835 Rdn. 6–14.

§ 858 Zwangsvollstreckung in Schiffspart

(1) Für die Zwangsvollstreckung in die Schiffspart (§§ 489 ff. des Handelsgesetzbuchs) gilt § 857 mit folgenden Abweichungen.

(2) Als Vollstreckungsgericht ist das Amtsgericht zuständig, bei dem das Register für das Schiff geführt wird.

(3) ¹Die Pfändung bedarf der Eintragung in das Schiffsregister; die Eintragung erfolgt auf Grund des Pfändungsbeschlusses. ²Der Pfändungsbeschluss soll dem Korrespondentreeder zugestellt werden; wird der Beschluss diesem vor der Eintragung zugestellt, so gilt die Pfändung ihm gegenüber mit der Zustellung als bewirkt.

(4) ¹Verwertet wird die gepfändete Schiffspart im Wege der Veräußerung. ²Dem Antrag auf Anordnung der Veräußerung ist ein Auszug aus dem Schiffsregister beizufügen, der alle das Schiff und die Schiffspart betreffenden Eintragungen enthält; der Auszug darf nicht älter als eine Woche sein.

(5) ¹Ergibt der Auszug aus dem Schiffsregister, dass die Schiffspart mit einem Pfandrecht belastet ist, das einem anderen als dem betreibenden Gläubiger zusteht, so ist die Hinterlegung des Erlöses anzuordnen. ²Der Erlös wird in diesem Fall nach den Vorschriften der §§ 873 bis 882 verteilt; Forderungen, für die ein Pfandrecht an der Schiffspart eingetragen ist, sind nach dem Inhalt des Schiffsregisters in den Teilungsplan aufzunehmen.

Übersicht	Rdn.			Rdn.
I. Schiffspart	1	IV.	Gebühren	4
II. Pfändung	2	V.	ArbGG, VwGO, AO	5
III. Verwertung	3			

Literatur:
Quardt, Schiffsparten in der Zwangsvollstreckung, JurBüro 1961, 271.

I. Schiffspart

Die Schiffspart ist der Anteil eines Mitreeders an einem Schiff (§ 491 Abs. 1 Satz 3, 1. Halbs. HGB a. F.[1]). Wird von mehreren Personen ein ihnen gemeinschaftlich zustehendes Schiff zum Erwerb durch die Seefahrt für gemeinschaftliche Rechnung verwendet, so besteht eine Reederei (§ 489 Abs. 1 HGB a. F.). Aufgrund des Gesetzes zur Reform des Seehandelsrechts können seit dem 25.4.2013 keine neuen Partenreedereien mehr gegründet werden. Die Partenreedereien, die bis zum 24.4.2013 gegründet wurden, bestehen aber fort; für sie gelten die alten HGB-Bestimmungen weiter (Art. 71 EGHGB). Die Zwangsvollstreckung in eine fortbestehende Schiffspart richtet sich weiterhin nach § 858. Während ein eingetragenes Schiff der Zwangsvollstreckung in das unbewegliche Vermögen unterliegt (§ 864 Abs. 1), wird die Schiffspart als Miteigentumsanteil an einem Schiff vollstreckungsrechtlich dem beweglichen Vermögen zugeordnet. Da § 489 HGB a. F. nur die gemeinsame Verwendung von Schiffen zur **Seeschifffahrt** anspricht, begründet das Miteigentum an Binnenschiffen keine Schiffspart.[2] In den Miteigentumsanteil an Binnenschiffen wird gem. §§ 870a, 864 Abs. 2 vollstreckt.

1

II. Pfändung

Bei der Vollstreckung in die Schiffspart: Es ergeht ein Pfändungsbeschluss nach §§ 857 Abs. 1, 829. Drittschuldner sind die Korrespondentreeder (§ 492 HGB a. F.) oder, falls ein solcher fehlt, die

2

---

1 Bis zum 24.4.2013 geltende Fassung des HGB.
2 LG Würzburg, JurBüro 1977, 1289.

Mitreeder.³ Zuständig zum Erlass des Pfändungsbeschlusses ist das Amtsgericht (Rechtspfleger), bei dem das Register für das Schiff geführt wird (**Abs. 2**). Zur Wirksamkeit der Pfändung ist die Eintragung in das Schiffsregister erforderlich (**Abs. 3 Satz 1**). Ob die Pfändung der Schiffspart automatisch die laufenden Gewinnanteile aus der Mitgliedschaft in der Reederei erfasst, ist umstritten, wird aber überwiegend bejaht.⁴ Die Rechtslage entspricht insoweit derjenigen bei der Pfändung eines GmbH-Anteils.⁵ Auf jeden Fall ist es ratsam, den Anspruch auf Gewinnauszahlung ausdrücklich mitpfänden zu lassen. Die Gewinnanteile können aber auch selbstständig als Geldforderung gem. § 829 gepfändet werden.

III. Verwertung

3   Die Verwertung erfolgt ausschließlich in der Form der Veräußerung (**Abs. 4**); jede Form der Überweisung ist also ausgeschlossen. Auch die Verwaltung kommt entgegen der h. M.⁶ nicht in Betracht, da die Gewinnbeteiligungsansprüche ja gesondert zu pfänden sind.

Hinsichtlich der durch die Veräußerung entstehenden Gebühren und Kosten gilt das zu § 844 Gesagte.⁷

IV. Gebühren

4   Für das Verfahren über einen Antrag auf Vollstreckung nach § 858 fällt eine Gerichtsgebühr von 20 Euro (Stand: Nov. 2014) an (KV Nr. 2111 GKG). Der Rechtsanwalt erhält eine 0,3-Verfahrensgebühr nach § 18 Abs. 1 Nr. 10 RVG, RVG-VV Nr. 3309.

V. ArbGG, VwGO, AO

5   Die Vorschrift gilt gem. §§ 62 Abs. 2, 85 Abs. 1 Satz 3 ArbGG auch bei der Vollstreckung von arbeitsgerichtlichen Titeln und gem. § 167 VwGO bei der Vollstreckung von Titeln nach § 168 VwGO. Die Vollstreckung aus Titeln nach § 169 Abs. 1 VwGO erfolgt gem. § 5 VwVG nach der AO. Nach § 321 Abs. 7 AO gelten die Vorschriften der §§ 858–863 sinngemäß.

---

3   Wie hier *Stein/Jonas/Brehm*, § 858 Rn. 2; a. A. *Quardt*, JurBüro 1961, 271, 273; *Stöber*, Forderungspfändung, Rn. 1746.
4   *Baumbach/Lauterbach/Hartmann*, § 858 Rn. 1; HK-ZV/*Koch*, § 858 Rn. 4; MüKo/*Smid*, § 858 Rn. 2; PG/*Ahrens*, § 858 Rn. 3; *Stein/Jonas/Brehm*, § 858 Rn. 2; *Stöber*, Forderungspfändung, Rn. 1750.
5   Siehe § 857 Rdn. 42.
6   MüKo/*Smid*, § 858 Rn. 6; PG/*Ahrens*, § 858 Rn. 4; *Quardt*, JurBüro 1961, 271, 274; *Stein/Jonas/Brehm*, § 858 Rn. 6; *Stöber*, Forderungspfändung, Rn. 1751; *Wieczorek/Schütze/Lüke*, § 858 Rn. 6; *Zöller/Stöber*, § 858 Rn. 4.
7   Siehe § 844 Rdn. 6.

§ 859 Pfändung von Gesamthandanteilen

(1) ¹Der Anteil eines Gesellschafters an dem Gesellschaftsvermögen einer nach § 705 des Bürgerlichen Gesetzbuchs eingegangenen Gesellschaft ist der Pfändung unterworfen. ²Der Anteil eines Gesellschafters an den einzelnen zu dem Gesellschaftsvermögen gehörenden Gegenständen ist der Pfändung nicht unterworfen.

(2) Die gleichen Vorschriften gelten für den Anteil eines Miterben an dem Nachlass und an den einzelnen Nachlassgegenständen.

Übersicht	Rdn.		Rdn.
I. Pfändung von Gesamthandanteilen....	1	VI. Zwangsvollstreckung in Gesellschaftsanteile an einer KG	14
II. Zwangsvollstreckung in den Gesellschaftsanteil an einer Gesellschaft bürgerlichen Rechts (GbR)	2	VII. Zwangsvollstreckung in die Beteiligung eines stillen Gesellschafters	15
1. Pfändungsbeschluss	2	VIII. Zwangsvollstreckung eines Gesellschaftsgläubigers in das Gesellschaftsvermögen	16
2. Rechtswirkungen der Pfändung	4	IX. Zwangsvollstreckung in einen Miterbenanteil	17
3. Verwertung.....................	8	1. Pfändung des Anteils	18
III. Zwangsvollstreckung in den Gesellschaftsanteil an einer OHG	9	2. Wirkungen der Pfändung............	19
IV. Zwangsvollstreckung in den Anteil an einer Europäischen wirtschaftlichen Interessenvereinigung	12	3. Verwertung des Anteils.............	21
		4. Besonderheiten bei Vorerbschaft.......	23
V. Zwangsvollstreckung in den Anteil an einer Partnerschaftsgesellschaft	13	X. ArbGG, VwGO, AO	24

Literatur:
1. *Zwangsvollstreckung in Gesellschaftsanteile an BGB-Gesellschaften und Personenhandelsgesellschaften:* *Anders*, Die Zwangsvollstreckung in Gesellschaftsanteile und die materiellrechtlichen und prozessualen Mittel zu ihrer Durchsetzung – eine rechtsvergleichende Studie zum deutschen und US-amerikanischen Recht, 2001; *Behr*, Die Vollstreckung in Personengesellschaften, NJW 2000, 1137; *Jauernig*, Zur Rechts- und Parteifähigkeit der Gesellschaft bürgerlichen Rechts, NJW 2001, 2231; *Marotzke*, Zwangsvollstreckung in Gesellschaftsanteile nach Abspaltung der Vermögensansprüche, ZIP 1988, 1509; *Muth*, Übertragbarkeit und Pfändbarkeit des Kapitalentnahmeanspruchs von Personenhandelsgesellschaftern, DB 1984, 1761; *H. Roth*, Pfändung und Verwertung von Gesellschaftsanteilen, ZGR 2000, 187; *Rupp/Fleischmann*, Probleme bei der Pfändung von Gesellschaftsanteilen, Rpfleger 1984, 223; *K. Schmidt*, Zur Vermögensordnung der Gesamthands-BGB-Gesellschaft, JZ 1985, 909; *Smid*, Probleme der Pfändung von Anteilen an Personengesellschaften (§ 859 I ZPO), JuS 1988, 613; *Ulmer* Die höchstrichterlich »enträtselte« Gesellschaft bürgerlichen Rechts, ZIP 2001, 585; *Wertenbruch*, Die Haftung von Gesellschaften und Gesellschaftsanteilen in der Zwangsvollstreckung, 2000; *ders.*, Die BGB-Gesellschaft in der Zwangsvollstreckung, DGVZ 2001, 97; *Wössner*, Die Pfändung des Gesellschaftsanteils bei den Personengesellschaften, 2000
Vgl. ferner die Literaturangaben vor §§ 735, 736.
2. *Zwangsvollstreckung in Miterbenanteile:* *Eickmann*, Die Versteigerung des Erbanteils durch den Gerichtsvollzieher, DGVZ 1984, 65; *Mümmler*, Pfändung eines Miterbenanteils, JurBüro 1983, 817; *W. Roth*, Die Pfändung des Miterbenanteils und spätere Ausschlagung, NJW-Spezial 2010, 487; *Stöber*, Grundbucheintragung der Erben nach Pfändung des Erbanteils, Rpfleger 1976, 197.
Siehe ferner die Literaturangaben Vor §§ 747–749.

I. Pfändung von Gesamthandanteilen

Die Gesellschaft bürgerlichen Rechts (§§ 705 ff. BGB) und die Miterbengemeinschaft (§§ 2032 ff. BGB) sind Gesamthandsgemeinschaften: Jedes Mitglied ist mit einem Anteil (Gesellschaftsanteil, Erbteil), der unterschiedlich groß sein kann, am Gesamthandsvermögen als Ganzem beteiligt (§§ 718, 2032 BGB). In seiner Funktion als Anteilsinhaber kann das einzelne Mitglied weder über einzelne zum Gesamthandsvermögen gehörende Gegenstände noch über das Gesamthandsvermögen als solches verfügen (§§ 719 Abs. 1, 2033 Abs. 2 BGB). Der Gesellschaftsanteil als ganzer (also 1 nicht nur die bloße Vermögensbeteiligung, § 719 Abs. 1 BGB) ist übertragbar,[1] ebenso der Erbanteil (§ 2033 Abs. 1 BGB). Gem. §§ 105 Abs. 3, 161 Abs. 2 HGB gelten die Grundsätze über die GbR, soweit das HGB nicht Sonderregelungen enthält, auch für die Personenhandelsgesellschaften. Auch die Gesellschaftsanteile an einer OHG und KG sind grundsätzlich übertragbar.[2] § 859 zieht aus diesen materiellrechtlichen Grundsätzen die vollstreckungsrechtliche Konsequenz: Der Anteil am Gesamthandsvermögen ist als solcher pfändbar, der Anteil an den einzelnen zum Gesamthandsvermögen gehörenden Gegenständen aber nicht. Die Pfändung selbst richtet sich nach § 857. Hinsichtlich der Wirkungen der Pfändung und im Hinblick auf die Verwertung enthalten die §§ 725 BGB, 135 HGB gewisse Sonderregeln. Im Einzelnen gilt:

II. Zwangsvollstreckung in den Gesellschaftsanteil an einer Gesellschaft bürgerlichen Rechts (GbR)

1. Pfändungsbeschluss

2 Die Pfändung erfolgt aufgrund eines Titels gegen den Gesellschafter durch Beschluss gem. §§ 857 Abs. 1, 829 Abs. 1. Der Beschluss muss erkennen lassen, dass der Gesellschaftsanteil und nicht nur einzelne Ansprüche des Gesellschafters gegen die Gesellschaft (§ 717 Satz 2 BGB) gepfändet sind. Die Gesellschaft muss, insbesondere wenn der Schuldner an mehreren Gesellschaften beteiligt ist, identifizierbar bezeichnet sein.[3] Unschädlich ist insoweit allerdings, dass die bezeichnete Gesellschaft in Wahrheit eine Liquidationsgesellschaft ist oder dass das Ausscheiden des Gesellschafters, ohne dass die Abfindung schon ausgezahlt und das Ausscheiden bereits abgewickelt wäre, zwischen den Gesellschaftern schon vereinbart war, als der Pfändungsbeschluss erging.[4] Die Pfändung erfasst dann das, was dem Gesellschafter noch an der Gesellschaft zusteht.

3 Ob der Pfändungsbeschluss nur den geschäftsführenden oder auch allen übrigen Gesellschaftern als Drittschuldner zuzustellen ist, war lange umstritten.[5] Seit der BGH[6] die Rechts- und Parteifähigkeit der GbR anerkannt hat,[7] ist geklärt, dass die Zustellung wie bei Handelsgesellschaften und juristischen Personen gem. § 170 Abs. 1 Satz 1 an deren gesetzliche Vertreter, also an die geschäftsführenden Gesellschafter, zu erfolgen hat. Bei mehreren Geschäftsführern genügt die Zustellung an einen von ihnen (§ 170 Abs. 3). Falls die GbR keinen Geschäftsführer hat, wird sie gem. § 709 BGB von allen Gesellschaftern gemeinschaftlich vertreten, sodass gem. § 171 Abs. 3 auch in diesem Fall die Zustellung an einen von ihnen ausreicht.[8]

2. Rechtswirkungen der Pfändung

4 Die Pfändung erfasst den Gesellschaftsanteil mit den aus ihm resultierenden abtretbaren vermögensrechtlichen Ansprüchen, insbesondere dem Gewinnanspruch und dem Anspruch auf das Auseinandersetzungsguthaben für den Fall der Auflösung der Gesellschaft (§ 717 Satz 2 BGB). Diese Ansprüche können zwar als künftige Ansprüche auch gesondert gepfändet werden. Eine solche

---

[1] BGHZ 13, 179; 24, 106; 44, 229; 45, 221; *Flume*, FS Larenz 1973, S. 769 ff.; *K. Schmidt*, Gesellschaftsrecht, § 45 III 2, jeweils m. w. N.
[2] Grundlegend RG (GS), DNotZ 1944, 195; vgl. auch BGHZ 79, 374; 81, 82; 86, 367; ferner: *Baumbach/Hopt*, § 124 HGB Rn. 12; *Heymann/Emmerich*, § 109 HGB Rn. 33, jeweils m. w. N.
[3] BGH, MDR 1961, 408.
[4] BGH, NJW 1972, 259.
[5] Zum Meinungsstand bis zur Entscheidung des BGH vom 29.1.2001 (ZIP 2001, 330) siehe 2. Aufl., § 859 Rn. 2 mit Nachw. in Fn. 5, 6.
[6] BGH, ZIP 2001, 330; dazu *Habersack*, BB 2001, 477; *Jauernig*, NJW 2001, 2231; *Prütting*, EWiR 2001, 341; *Römermann*, DB 2001, 428; *K. Schmidt*, NJW 2001, 993; *Ulmer*, ZIP 2001, 585; *Wertenbruch*, DGVZ 2001, 97.
[7] Zu den Auswirkungen auf die Vollstreckung in das Vermögen von BGB-Gesellschaften siehe Vor §§ 735, 736 Rn. 4; § 736 Rn. 2 ff.
[8] *Wertenbruch*, DGVZ 2001, 97, 98.

Pfändung wird jedoch gegenstandslos, wenn vor Entstehung der Ansprüche über den Gesellschaftsanteil verfügt wird.[9] Dagegen werden die Geschäftsführungs- und Verwaltungsbefugnisse durch die Pfändung nicht berührt (§ 725 Abs. 2 BGB). Insbesondere werden die Gesellschafter (einschließlich des Schuldners, auch wenn er alleiniger Geschäftsführer ist) nicht gehindert, über einzelne Gesellschaftsgegenstände zu verfügen.[10] Die Pfändung kann deshalb auch nicht bei den zum Gesellschaftsvermögen gehörenden Grundstücken als Verfügungsbeschränkung im Grundbuch eingetragen werden.[11] Da der Gläubiger aufgrund der Pfändung, abgesehen von den in §§ 717 Satz 2, 725 Abs. 2 BGB genannten Ansprüchen, keine sich aus dem Gesellschaftsverhältnis ergebenden Rechte des Schuldners als Gesellschafter geltend machen kann, kann ein Gläubiger, der den Anteil seines Schuldners an einer Grundstücksgesellschaft bürgerlichen Rechts gepfändet hat, auch nicht die Teilungsversteigerung verlangen.[12] Er ist darauf beschränkt, die Gesellschaft fristlos zu kündigen.[13]

Dass die Übertragung des Gesellschaftsanteils im Gesellschaftsvertrag ausdrücklich ausgeschlossen ist, steht einer Pfändung nicht entgegen (§ 851 Abs. 1). War der Schuldner zum Zeitpunkt der Pfändung bereits wirksam aus der Gesellschaft ausgeschieden oder ausgeschlossen und war dieser Vorgang bereits abgeschlossen, geht die Pfändung des Gesellschaftsanteils ins Leere.[14] Ist der angebliche Gesellschaftsanteil in Wahrheit seinerseits nur Teil eines größeren Gesellschaftsvermögens (Gemeinschaftskonto als Gesellschaftskonto), ist die Pfändung nicht unwirksam, aber wegen Verstoßes nach **Abs. 1 Satz 2** anfechtbar. 5

Bereits die Pfändung,[15] nicht erst die Überweisung[16] gibt dem Gläubiger die Möglichkeit, die Gesellschaft fristlos zu **kündigen**, vorausgesetzt, der Titel, aus dem er vollstreckt, ist nicht nur vorläufig vollstreckbar (§ 725 Abs. 1 BGB). Je nach der Regelung im Gesellschaftsvertrag müssen die Gesellschafter nach dieser Kündigung die Gesellschaft durch Auseinandersetzung liquidieren (nach §§ 730 ff. BGB die Regel) oder, falls der Gesellschaftsvertrag für den Fall der Kündigung eine Fortsetzung der Gesellschaft nur unter den übrigen Gesellschaftern vorsieht (§§ 736, 737 BGB), das Auseinandersetzungsguthaben des Ausscheidenden ermitteln (§ 738 BGB). In jedem Fall erstreckt sich das Pfandrecht am Gesellschaftsanteil automatisch auch auf den Anspruch auf das Auseinandersetzungsguthaben. Auszahlung dieses Guthabens an sich kann der Gläubiger erst verlangen, wenn ihm der gepfändete Gesellschaftsanteil auch zur Einziehung überwiesen wurde. Die Befugnis zur Kündigung gibt dem Gläubiger nicht das weitergehende Recht, nunmehr seinerseits etwa Anträge nach § 180 ZVG zur Versteigerung des Grundbesitzes der Gesellschaft zu stellen.[17] Andererseits ist er aber nicht darauf angewiesen, von seinem Gesellschafter-Schuldner (notfalls klageweise) zu verlangen, dass dieser die zur Auseinandersetzung erforderlichen Anträge stellt. Vielmehr kann er nach Kündigung der Gesellschaft selbst den Anspruch des Gesellschafter-Schuldners gegen die 6

---

9 OLG Köln, NJW-RR 1994, 1517, 1518.
10 BayObLG, NJW-RR 1991, 361, 362; OLG Hamm, NJW-RR 1987, 723.
11 OLG Hamm, BB 1987, 569 f.; OLG Zweibrücken, Rpfleger 1982, 413; AG Arensburg, JurBüro 1964, 844; a. A. *Hintzen*, Anm. zu BGH, Rpfleger 1992, 260, 263.
12 LG Hamburg, Rpfleger 1983, 35.
13 Siehe unten Rn. 6.
14 OLG Frankfurt, JurBüro 1977, 103.
15 *Brox/Walker*, Rn. 775; *MüKo-BGB/Ulmer*, § 725 BGB Rn. 10; *Palandt/Sprau*, § 725 BGB Rn. 3; *Stein/Jonas/Brehm*, § 859 Rn. 5.
16 So aber *Stöber*, Forderungspfändung, Rn. 1566; ferner *Dierck/Morvilius/Vollkommer/Dörndorfer*, 5. Kap. Rn. 152.
17 RGZ 95, 231, 233; LG Hamburg, Rpfleger 1983, 35; Rpfleger 1989, 519; *Stein/Jonas/Brehm*, § 859 Rn. 7; a. A. (Gläubiger könne nun die Auseinandersetzung selbst betreiben) *Behr*, Rpfleger 1983, 36; *Gaul/Schilken/Becker-Eberhard*, § 58 Rn. 28; *Stöber*, Forderungspfändung, Rn. 1572. Ob ein solcher Antrag vom Gläubiger unmittelbar an das Vollstreckungsgericht gestellt werden kann, wurde ausdrücklich offengelassen von BGH, WM 1992, 366, 369.

Mitgesellschafter auf Durchführung der Auseinandersetzung ausüben.[18] Der titulierte Anspruch ist nach § 888 zu vollstrecken. Erschöpft sich der Zweck der Gesellschaft in der Verwaltung eines einzigen Vermögensgegenstandes, kann der Gläubiger nicht nur allgemein die Auseinandersetzung verlangen, sondern konkret auf Duldung der öffentlichen Veräußerung dieses Gegenstandes und auf Auszahlung des dem Gesellschafter-Schuldner gebührenden Anteils am Reinerlös klagen, sofern eine bessere Verwertungsart nicht ersichtlich ist.[19]

7 Da die Kündigung alle Gesellschafter berührt, nicht nur die zur Geschäftsführung befugten, muss sie auch **allen** Gesellschaftern gegenüber erklärt werden.[20] Weil § 725 Abs. 1 BGB nur von der Einhaltung einer Kündigungsfrist befreit, müssen im Gesellschaftsvertrag etwa vorgesehene Formerfordernisse für die Kündigung (z. B. eingeschriebener Brief) auch durch den Gläubiger beachtet werden. Die Möglichkeit zu kündigen verpflichtet den Gläubiger nicht, diesen Schritt zu tun. Er kann sich auch damit begnügen, den Anspruch des Schuldners auf den jeweiligen Jahresgewinnanteil geltend zu machen. Die Gesellschafter ihrerseits können die Kündigung dadurch abwenden, dass sie den Gläubiger befriedigen. Der Schuldner kann dem nicht widersprechen, der Gläubiger die Leistung nicht ablehnen (§ 268 Abs. 1 BGB).[21]

3. Verwertung

8 Die Verwertung des gepfändeten Gesellschaftsanteils kann allein durch Überweisung zur Einziehung erfolgen.[22] Eine »Verwaltung« nach § 857 Abs. 4 scheitert zum einen daran, dass weder der Gläubiger noch ein Verwalter die persönlichen Gesellschafterbefugnisse wahrnehmen können (§ 725 Abs. 2 BGB), zum anderen ist sie auch nicht notwendig, weil die Pfändung des Anteils ohnehin alle Ansprüche auf finanzielle Ausschüttungen aufgrund der Gesellschaftsbeteiligung erfasst.

III. Zwangsvollstreckung in den Gesellschaftsanteil an einer OHG

9 Grundsätzlich gilt das zur GbR Dargestellte auch für die Zwangsvollstreckung in den Gesellschaftsanteil an einer OHG. Jedoch ergeben sich einige Besonderheiten: Das Kündigungsrecht des Pfändungsgläubigers ergibt sich aus § 135 HGB. Im Hinblick auf dessen Wortlaut wird allgemein empfohlen, neben dem Gesellschaftsanteil auch das Auseinandersetzungsguthaben zu pfänden.[23] Der Pfändungsbeschluss ist an die OHG als Drittschuldnerin, zu Händen der geschäftsführenden Gesellschafter zuzustellen.[24] § 135 HGB schränkt das Recht zur **Kündigung** der Gesellschaft gegenüber § 725 Abs. 1 BGB ein: Innerhalb der letzten 6 Monate vor der Erwirkung des Pfändungs- und Überweisungsbeschlusses muss bereits durch irgendeinen Gläubiger, nicht notwendig den kündigenden,[25] ein Vollstreckungsversuch in das bewegliche Vermögen des Schuldners außerhalb seines Gesellschaftsanteils erfolglos, d. h. nicht zur vollen Befriedigung führend, verlaufen sein. Die Pfändung in den Gesellschaftsanteil muss aufgrund eines nicht nur vorläufig vollstreckbaren Schuldtitels erfolgt sein. An Stelle der Pfändung des Gesellschaftsanteiles schlechthin genügt allerdings auch die Pfändung des Anspruchs auf das Auseinandersetzungsguthaben.[26] Der Gesellschaftsanteil bzw. die-

---

18 BGH, WM 1992, 366, 369; **anders** noch RGZ 95, 231, 233, wonach der Gläubiger ausschließlich auf Ansprüche gegen seinen Schuldner beschränkt war.
19 BGH, WM 1992, 366, 369.
20 BGH, DB 1993, 529; *Stöber*, Forderungspfändung, Rn. 1565.
21 MüKo-BGB/*Ulmer*, § 725 BGB Rn. 17; *K. Schmidt*, JR 1977, 177, 178; *Stöber*, Forderungspfändung, Rn. 1578.
22 *Stöber*, Forderungspfändung, Rn. 1575.
23 *Musielak/Voit/Becker*, § 859 Rn. 8; *Stein/Jonas/Brehm*, § 859 Rn. 12; *Zöller/Stöber*, § 859 Rn. 7.
24 BGH, Rpfleger 1986, 308; *Baumbach/Lauterbach/Hartmann*, Anh. nach § 859 Rn. 2; *K. Schmidt*, Gesellschaftsrecht, § 45 IV 3; *Thomas/Putzo/Seiler*, § 859 Rn. 3; *Wieczorek/Schütze/Lüke*, § 859 Rn. 13.
25 *Baumbach/Hopt*, § 135 HGB Rn. 6; *Heymann/Emmerich*, § 135 HGB Rn. 9; *K. Schmidt*, Gesellschaftsrecht, § 52 IV 8.
26 *K. Schmidt*, Gesellschaftsrecht, § 45 IV 3 sowie JR 1977, 180.

ser Anspruch **müssen** dem Gläubiger auch zur Einziehung überwiesen worden sein. Die Pfändung allein genügt – anders als beim Anteil an einer GbR[27] – nicht.

Liegen diese Voraussetzungen vor, kann der Gläubiger die Gesellschaft **sechs Monate** vor Ende des Geschäftsjahres zu diesem Zeitpunkt **kündigen**. Die Kündigungserklärung ist **allen** Gesellschaftern gegenüber auszusprechen, nicht nur gegenüber den geschäftsführenden.[28] Eine Erklärung gegenüber der Gesellschaft oder den Geschäftsführern genügt nur dann, wenn diese noch innerhalb der Frist die Erklärung an alle Gesellschafter weiter übermitteln.[29] Die Beweislast für den rechtzeitigen Zugang trifft im Streitfall den Vollstreckungsgläubiger. 10

Ist die Kündigung wirksam ausgesprochen, führt das anders als bei der GbR (Rn. 6) nicht zur Auflösung der Gesellschaft. Nach § 131 Abs. 3 Satz 1 Nr. 4 HGB scheidet vielmehr der Gesellschafter zum Ablauf der Kündigungsfrist (§ 131 Abs. 3 Satz 2 HGB) aus, und die OHG wird ohne ihn fortgesetzt, soweit im Gesellschaftsvertrag nichts anderes bestimmt ist. Das **Abfindungsguthaben** des Schuldners ist zu errechnen und der errechnete Betrag flüssig zu machen. 11

IV. Zwangsvollstreckung in den Anteil an einer Europäischen wirtschaftlichen Interessenvereinigung

Ebenso wie ein Gesellschaftsanteil an einer OHG ist auch der Gesellschaftsanteil an einer **Europäischen wirtschaftlichen Interessenvereinigung** (EWiV) pfändbar.[30] Diese ist der OHG weitgehend gleichgestellt (§ 1 EWiV-AusführungsG).[31] Vertreten wird die EWiV durch Geschäftsführer (Art. 19, 20 EWG-VO vom 25.7.1985).[32] An einen von ihnen ist der Pfändungsbeschluss zuzustellen (Art. 19 EWG-VO). Die Kündigung (§ 135 HGB i. V. m. § 1 EWiV-AusführungsG) der EWiV durch den Pfändungsgläubiger führt wie bei der OHG nicht zur Auflösung, sondern nur zum Ausscheiden des Schuldners aus der EWiV (§ 131 Abs. 3 Satz 1 Nr. 4 HGB). Dessen Auseinandersetzungsguthaben sollte wegen des Wortlauts von § 135 HGB wie bei der OHG zusammen mit dem Gesellschaftsanteil gepfändet werden. 12

V. Zwangsvollstreckung in den Anteil an einer Partnerschaftsgesellschaft

Der Anteil an einer Partnerschaftsgesellschaft i. S. v. § 1 PartGG kann ebenso wie ein OHG-Anteil nach §§ 859, 857 Abs. 1, 829, 835 gepfändet und dem Gläubiger zur Einziehung überwiesen werden. Drittschuldner ist die Partnerschaft als Gesamthand. Die Zustellung des Pfändungs- und Überweisungsbeschlusses erfolgt an ihre geschäftsführenden Partner. Der Vollstreckungsgläubiger kann die Partnerschaft unter den Voraussetzungen des § 135 HGB (Rn. 9), auf den § 9 Abs. 1 PartGG verweist, kündigen. Die Kündigung führt zum Ausscheiden des Partners, dessen Anteil gepfändet wurde. 13

VI. Zwangsvollstreckung in Gesellschaftsanteile an einer KG

Hinsichtlich der Zwangsvollstreckung in Gesellschaftsanteile an einer Kommanditgesellschaft gelten die Regeln zur Zwangsvollstreckung in einen OHG-Anteil uneingeschränkt entsprechend. Es spielt dabei keine Rolle, ob es sich um den Anteil eines Komplementärs oder eines Kommanditisten handelt. Die Kündigung gem. § 135 HGB ist auch den Kommanditisten gegenüber auszusprechen. Das gilt auch für die Publikums-KG. 14

---

27 Siehe oben Rn. 6.
28 *Heymann/Emmerich*, § 135 HGB Rn. 13.
29 BGH, LM Nr. 7 zu § 142 HGB.
30 *Stöber*, Forderungspfändung, Rn. 1597.
31 Vom 14.4.1988, BGBl. I, 514.
32 ABlEG Nr. L 199 v. 31.7.1985, S. 1.

VII. Zwangsvollstreckung in die Beteiligung eines stillen Gesellschafters

15 Auch der Gläubiger eines stillen Gesellschafters, der dessen Beteiligung gepfändet hat, hat nach § 234 Abs. 1 HGB das Kündigungsrecht des § 135 HGB. Er ist auf diese Kündigung angewiesen, wenn er sich aus dem Auseinandersetzungsguthaben des stillen Gesellschafters (§ 235 HGB) befriedigen will, ehe die Gesellschaft nach dem Gesellschaftsvertrag ihr vorgesehenes Ende findet.

VIII. Zwangsvollstreckung eines Gesellschaftsgläubigers in das Gesellschaftsvermögen

16 Von der in den vorstehenden Gliederungspunkten dargestellten Zwangsvollstreckung eines Privatgläubigers eines der Gesellschafter in den Gesellschaftsanteil als ein sonstiges Vermögensrecht dieses Gesellschafters zu unterscheiden ist die Zwangsvollstreckung eines Gläubigers der Gesellschaft in das Gesellschaftsvermögen. Insoweit ist § 859 nicht einschlägig.[33] Da der Gesellschaftsgläubiger sich aus dem gesamten Gesellschaftsvermögen befriedigen kann, ist es nicht notwendig, ihm ein Recht zur Kündigung der Gesellschaft zu geben. § 135 HGB gilt für ihn nicht, auch soweit er den für die Verbindlichkeiten der Gesellschaft persönlich haftenden Gesellschafter allein in Anspruch nimmt.[34]

IX. Zwangsvollstreckung in einen Miterbenanteil

17 Der Anteil des Miterben am Nachlass insgesamt ist pfändbar, nicht aber der an den einzelnen Nachlassgegenständen (**Abs. 2**).

1. Pfändung des Anteils

18 Die Pfändung des Miterbenanteils erfolgt nach §§ 857 Abs. 1, 829. Der Pfändungsbeschluss muss, damit die Pfändung wirksam wird (§ 829 Abs. 3), allen übrigen Miterben oder, falls ein solcher bestellt ist, dem Testamentsvollstrecker zugestellt werden. Die Pfändung wird gegenstandslos, wenn sich nachträglich herausstellt, dass der Schuldner aufgrund eines später aufgefundenen Testaments enterbt und daher gar nicht Miterbe geworden ist. Gleiches gilt, wenn der Schuldner die Erbschaft ausschlägt, wozu er wie im Fall des § 83 Abs. 1 Satz 1 InsO auch nach der Pfändung noch in der Lage ist. Wenn er im Fall der Enterbung oder nach der Ausschlagung den Pflichtteil geltend macht, was trotz Ausschlagung unter den Voraussetzungen des § 2306 Abs. 1 BGB möglich ist, wird der schuldrechtliche Pflichtteilsanspruch von der Pfändung des Miterbenanteils nicht erfasst. Der Pflichtteilsanspruch kann aber von vornherein als bedingter Anspruch mitgepfändet werden.[35]

2. Wirkungen der Pfändung

19 Mit der Pfändung erwirbt der Gläubiger ein Pfändungspfandrecht am Miterbenanteil, nicht aber an den einzelnen zum Nachlass gehörenden Gegenständen.[36] Auf einzelne Gegenstände erstreckt sich das Pfandrecht erst, wenn sie im Wege der Teilauseinandersetzung dem Schuldner zugesprochen wurden und der Gläubiger den Herausgabeanspruch des Schuldners gem. § 847 mitgepfändet hat.[37] Das Pfandrecht am Miterbenanteil hat gem. § 804 Abs. 2 dieselben Wirkungen wie ein durch Erbteilsverpfändung entstandenes Pfandrecht.[38] Es gelten also die §§ 1273 ff. BGB. Der Gläubiger erwirbt daher gem. §§ 1273 Abs. 2, 1258 BGB auch die Rechte, die sich aus der Tatsache der Miterbengemeinschaft in Ansehung der Verwaltung des Nachlasses und der Art seiner Benutzung ergeben (Mitverwaltungs- und Mitverfügungsrechte). Er kann auch ohne Mitwirkung des Schuld-

---

33 Einzelheiten: Vor §§ 735, 736 Rn. 4, § 736 Rn. 1 ff.
34 *Baumbach/Hopt*, § 135 HGB Rn. 4; *Heymann/Emmerich*, § 135 HGB Rn. 5.
35 *Stöber*, Forderungspfändung, Rn. 273e; zustimmend *W. Roth*, NJW-Spezial 2010, 487.
36 OLG München, NJW-RR 2014, 1415, 1416.
37 BGH, NJW 1967, 200; Einzelheiten siehe unten Rn. 21.
38 OLG Hamm, DB 1977, 579.

ners jederzeit die Auseinandersetzung des Nachlasses verlangen (§ 2042 BGB) und in diesem Rahmen, soweit zum Nachlass Grundbesitz gehört, auch den Antrag auf Teilungsversteigerung nach §§ 180 ff. ZVG stellen.[39]

Den anderen Miterben gegenüber bewirkt die Pfändung nicht nur, dass sie ohne Zustimmung des Gläubigers nicht mehr über den Nachlass als Ganzes verfügen können; auch zu gemeinschaftlichen Verfügungen über einzelne Nachlassgegenstände gem. § 2040 Abs. 1 BGB sind sie ohne seine Mitwirkung nicht mehr in der Lage, da der Gläubiger auch insoweit in die Position seines Schuldners eingerückt ist.[40] Würde man dem Schuldner Verfügungen über einzelne Nachlassgegenstände zusammen mit den anderen Miterben auch nach der Pfändung des Erbteils gestatten, könnte er den Wert des Nachlasses völlig aushöhlen und damit indirekt doch über seinen Anteil zulasten des Gläubigers verfügen. Gehören Grundstücke zum Nachlass, kann diese Verfügungsbeschränkung auch ins Grundbuch eingetragen werden.[41] Um die Eintragung zu erreichen, muss der Gläubiger nur den Pfändungsbeschluss sowie den Nachweis der Wirksamkeit der Pfändung (Zustellung an alle Miterben, § 829 Abs. 3) beim Grundbuchamt vorlegen; einer Eintragungsbewilligung der Erben bedarf es nicht. Sind die Miterben noch nicht im Grundbuch als Grundstückseigentümer eingetragen, muss der Gläubiger zunächst ihre Voreintragung herbeiführen.[42]

3. Verwertung des Anteils

Die Verwertung des gepfändeten Erbanteils kann sowohl gem. §§ 857 Abs. 1, 835 durch Überweisung zur Einziehung erfolgen als auch gem. § 857 Abs. 5, 844 durch Anordnung der Veräußerung.[43] Ist dem Gläubiger der Anteil zur Einziehung überwiesen, kann er die Ansprüche, die dem Schuldner in der Auseinandersetzung zustehen, im eigenen Namen geltend machen. Dagegen ist er nicht befugt, gemeinschaftlich mit den Drittschuldner-Miterben unter Ausschluss des Schuldners über einzelne Nachlassgegenstände zu verfügen; denn auch nach der Pfändung und Überweisung an den Gläubiger bleibt der Schuldner Miterbe.[44] Der Schuldner muss daher an solchen Verfügungen weiterhin mitwirken. An Forderungen, die dem Schuldner von der Gemeinschaft in der Auseinandersetzung zugeteilt werden, setzt sich das Pfandrecht am Erbteil ohne Weiteres fort.[45] Dagegen sind bewegliche körperliche Sachen nur gepfändet, wenn der Gläubiger auch eine Anordnung nach § 847 Abs. 1 erwirkt hat und die dem Schuldner zugeteilten Sachen tatsächlich an den Gerichtsvollzieher herausgegeben wurden. Solange sich die einzelnen Sachen im Mitbesitz der Miterben oder im Besitz des Schuldners oder auch des Gläubigers befinden, sind sie mangels Evidenz der Beschlagnahme noch nicht gepfändet.[46] Findet die Auseinandersetzung in der Weise statt, dass die einzelnen Nachlassgegenstände verkauft werden, um den Erlös schließlich zu teilen, setzt sich das Pfandrecht am Erbteil automatisch fort am Anspruch des Schuldners gegen die Gemeinschaft auf Auszahlung des Erlösanteils.

---

39 BayObLGZ 1959, 50; LG Frankenthal, Rpfleger 1985, 500; *Stöber*, Forderungspfändung, Rn. 1674.
40 Siehe zur Verfügungsbefugnis über einzelne Nachlassgegenstände noch Rn. 21.
41 BayObLGZ 1959, 50; OLG Frankfurt, Rpfleger 1979, 205; MüKo/*Smid*, § 859 Rn. 16; *Gaul/Schilken/Becker-Eberhard*, § 58 Rn. 34; *Stöber*, Forderungspfändung, Rn. 1682.
42 Einzelheiten des Verfahrens: *Brox/Walker*, Rn. 789.
43 Die Veräußerung erfolgt auch dann durch freihändigen Verkauf oder öffentliche Versteigerung nach den Regeln der, nicht des ZVG, wenn zum Nachlass ein Grundstück gehört; denn es wird nicht das Grundstück, sondern der Erbteil veräußert; vgl. OLG Frankfurt, JR 1954, 183 mit Anm. *Riedel* und *Werner*.
44 OLG Köln, NJW-RR 2014, 1415, 1416.
45 BGHZ 52, 99; BayObLG, Rpfleger 1983, 112.
46 MüKo/*Smid*, § 859 Rn. 22, 23; *Stein/Jonas/Brehm*, § 859 Rn. 32, 34; *Stöber*, Forderungspfändung, Rn. 1693; **anders** die h. M., die ein Pfandrecht auch an beweglichen körperlichen Sachen ohne Inbesitznahme durch den Gerichtsvollzieher annimmt; vgl. *Liermann*, NJW 1962, 2189; *Gaul/Schilken/Becker-Eberhard*, § 58 Rn. 34.

22 Wirken die anderen Miterben nicht freiwillig an der Auseinandersetzung mit, ist der Gläubiger berechtigt, den Notar um Vermittlung der Auseinandersetzung gem. §§ 363 ff. FamFG zu ersuchen. Der Auseinandersetzungsplan des Notars (§ 368 FamFG) bildet dann den Ausgangspunkt für die tatsächliche Verteilung. Auch hier erstreckt sich das Pfandrecht am Erbteil auf den Anspruch auf Übertragung der dem Schuldner zugesprochenen Forderungen sowie auf diese Forderungen nach ihrer Zuteilung, nicht aber ohne Pfändung seitens des Gerichtsvollziehers auf einzelne bewegliche körperliche Sachen, die dem Schuldner zugeteilt werden. Der Gläubiger sollte deshalb immer mit dem Erbteil auch die Ansprüche des Schuldners auf Herausgabe einzelner ihm zugeteilter beweglicher Sachen gegen die Erbengemeinschaft mitpfänden, damit der Gerichtsvollzieher, nachdem der Auseinandersetzungsplan feststeht, nach § 847 vorgehen kann.

4. Besonderheiten bei Vorerbschaft

23 Ist der Schuldner nur als **Vorerbe** an einer Erbengemeinschaft beteiligt, steht dies der Pfändung seines Anteils nicht entgegen.[47] Drittschuldner sind nur die Miterben, nicht auch der Nacherbe. Der Gläubiger hat nach der Pfändung keine weitergehenden Rechte als der Vorerbe selbst. Ist der Vorerbe nicht gem. § 2136 BGB von seinen Bindungen befreit, kann der Gläubiger praktisch nur den Anteil des Schuldners an den Nutzungen des Nachlasses einziehen. Die an sich mögliche Veräußerung des Vorerbenanteils an der Miterbengemeinschaft (§§ 857 Abs. 5, 844) dürfte nicht praktisch werden.

X. ArbGG, VwGO, AO

24 Siehe § 858 Rn. 5.

---

47 *Stöber*, Forderungspfändung, Rn. 1705.

§ 860 Pfändung von Gesamtgutanteilen

(1) ¹Bei dem Güterstand der Gütergemeinschaft ist der Anteil eines Ehegatten an dem Gesamtgut und an den einzelnen dazu gehörenden Gegenständen der Pfändung nicht unterworfen. ²Das gleiche gilt bei der fortgesetzten Gütergemeinschaft von den Anteilen des überlebenden Ehegatten und der Abkömmlinge.

(2) Nach der Beendigung der Gemeinschaft ist der Anteil an dem Gesamtgut zu Gunsten der Gläubiger des Anteilsberechtigten der Pfändung unterworfen.

Übersicht	Rdn.		Rdn.
I. Zwangsvollstreckung in das Gesamtgut .	1	III. Die Pfändung und Verwertung der Anteile nach Beendigung der Gemeinschaft (Abs. 2) .	5
II. Pfändung von Gesamtgutsanteilen während der Gütergemeinschaft	2	IV. ArbGG, VwGO, AO	7

Literatur:
Tiedtke, Gesamthand- und Gesamtschuldklage im Güterstand der Gütergemeinschaft, FamRZ 1975, 538.

I. Zwangsvollstreckung in das Gesamtgut

Zu den Voraussetzungen der Zwangsvollstreckung in das Gesamtgut selbst (also nicht nur den Anteil eines Ehegatten hieran) siehe die Anmerkungen zu den §§ 740–745. 1

II. Pfändung von Gesamtgutanteilen während der Gütergemeinschaft

Haben die Ehegatten durch Ehevertrag Gütergemeinschaft vereinbart (§ 1415 BGB), so wird ihr Vermögen gemeinschaftliches Vermögen, sog. Gesamtgut (§ 1416 BGB), soweit nicht ausnahmsweise Sondergut (§ 1417 BGB) oder Vorbehaltsgut (§ 1418 BGB) vorliegt. Die Ehegatten können im Ehevertrag auch vereinbaren, dass die Gütergemeinschaft nach dem Tode eines Ehegatten zwischen dem überlebenden Ehegatten und den Abkömmlingen fortgesetzt wird, sog. fortgesetzte Gütergemeinschaft (§ 1483 BGB). Sowohl bei der Gütergemeinschaft wie bei der fortgesetzten Gütergemeinschaft können die Teilhaber an der Gemeinschaft (Ehegatten, Abkömmlinge) nicht über ihren Anteil am Gesamtgut und an den einzelnen Gegenständen, die zum Gesamtgut gehören, verfügen; sie können während des Bestehens der Gütergemeinschaft auch nicht Teilung verlangen (§§ 1419, 1487 BGB). 2

Der materiellrechtlichen Regelung entspricht die vollstreckungsrechtliche: Die Anteile der Ehegatten bzw. der Abkömmlinge am Gesamtgut sind nicht pfändbar (Abs. 1). Eine dennoch ausgesprochene Pfändung wäre nicht nur anfechtbar, sondern **nichtig**; dies folgt aus dem Zweck der materiellrechtlichen Vorschriften, die verhindern wollen, dass Dritte in die Gemeinschaft eindringen und deren Auseinandersetzung betreiben könnten. Schon im Hinblick auf die erforderliche vollstreckungsrechtliche Sicherheit aller Beteiligten kann eine solche Pfändung auch nicht einfach umgedeutet werden in die aufschiebend bedingte Pfändung des Anteils für den Fall der Beendigung der Gemeinschaft oder die Pfändung des künftigen Auseinandersetzungsguthabens. 3

Während des Bestehens der Gemeinschaft kommt eine solche aufschiebend bedingte Pfändung des Anteils aber auch dann nicht in Betracht, wenn sie ausdrücklich als solche beantragt ist.[1] Das ergibt sich aus der Formulierung des Abs. 2, dass die Pfändung überhaupt erst »nach der Beendigung der Gemeinschaft« möglich ist. Auch der künftige Anspruch auf das »Auseinandersetzungsguthaben« 4

---

[1] *Stein/Jonas/Brehm,* § 860 Rn. 1; *Stöber,* Forderungspfändung, Rn. 1639.

§ 860 ZPO Pfändung von Gesamtgutanteilen

ist nicht pfändbar.[2] Eine solche Pfändung wäre, abgesehen davon, ob es sich überhaupt um einen künftigen Anspruch und nicht um eine bloße Möglichkeit handelt, zu unbestimmt, da die Auseinandersetzung auch in Form der völligen Realteilung erfolgen kann, sodass nicht feststellbar wäre, worauf sich denn die Pfändung erstrecken soll.

III. Die Pfändung und Verwertung der Anteile nach Beendigung der Gemeinschaft (Abs. 2)

5 Die Ehegatten können die Gütergemeinschaft jederzeit durch Vereinbarung aufheben; unter bestimmten Voraussetzungen besteht aber auch ein Anspruch auf Aufhebung der Gemeinschaft (§ 1469 BGB). Vergleichbares gilt für die fortgesetzte Gütergemeinschaft (§§ 1492, 1495 BGB). Nach Beendigung der Gütergemeinschaft findet die Auseinandersetzung statt (§ 1471 BGB). Auch im Zuge der Auseinandersetzung sind die Anteile nicht übertragbar (§§ 1471 Abs. 2, 1419 Abs. 1 BGB). In Abweichung von der Regel des § 851 Abs. 1 lässt § 860 Abs. 2 dennoch nunmehr die Pfändung der Anteile zu. Drittschuldner sind die übrigen Mitglieder der beendeten, aber noch nicht auseinandergesetzten Gütergemeinschaft. Ihnen ist der Pfändungsbeschluss zuzustellen. Aufgrund der Pfändung erwirbt der Gläubiger ein Pfandrecht an dem Anteil. Dieses Pfändungspfandrecht berechtigt ihn gem. §§ 373, 363 Abs. 1, 2 FamFG, beim Notar (§ 344 Abs. 5 FamFG, § 23a Abs. 1 Nr. 2, Abs. 2 Nr. 2 GVG) die Vermittlung der Auseinandersetzung zu beantragen.[3]

6 **Die Verwertung** kann allein durch Überweisung zur Einziehung erfolgen.[4] Einer Veräußerung des Anteils gem. §§ 857 Abs. 5, 844 stehen die §§ 1471 Abs. 2, 1419 BGB entgegen. Hinsichtlich der Fortsetzung des Pfandrechts am Anteil an den in der Auseinandersetzung zugeteilten Gegenständen gilt das zu § 859 im Hinblick auf die Erbauseinandersetzung Gesagte entsprechend.[5]

IV. ArbGG, VwGO, AO

7 Siehe § 858 Rdn. 5.

---

[2] OLG München, NJW-RR 2013, 527 f.; LG Frankenthal, Rpfleger 1981, 241; *Baumbach/Lauterbach/Hartmann*, § 860 Rn. 2; HK-ZV/*Koch*, § 860 Rn. 2;. **A.A.** wohl BGH, MDR 1966, 750, der den künftigen Anspruch auf das Auseinandersetzungsguthaben jedenfalls für abtretbar hält.

[3] *Brox/Walker*, Rn. 784; *Gaul/Schilken/Becker-Eberhard*, § 58 Rn. 34; HK-ZPO/*Kemper*, § 860 Rn. 4; MüKo/ *Smid*, § 860 Rn. 3; *Musielak/Voit/Becker*, § 860 Rn. 3; PG/*Ahrens*, § 860 Rn. 3; *Stein/Jonas/Brehm*, § 860 Rn. 3; *Stöber*, Forderungspfändung, Rn. 1643; *Thomas/Putzo/Seiler*, § 860 Rn. 2; *Wieczorek/Schütze/Lüke*, § 860 Rn. 3.

[4] *Baumbach/Lauterbach/Hartmann*, § 860 Rn. 3; *Gaul/Schilken/Becker-Eberhard*, § 58 Rn. 34; *Stein/Jonas/ Brehm*, § 860 Rn. 3; *Stöber*, Forderungspfändung, Rn. 1643.

[5] Siehe § 859 Rdn. 21, 22.

§§ 861, 862

(weggefallen)

Die beiden Vorschriften betrafen die Unpfändbarkeit des Rechts der Nutznießung des Ehemannes am eingebrachten Gute der Ehefrau bzw. der Eltern am Vermögen der Kinder. Sie sind durch Art. 2 Nr. 2 des Gleichberechtigungsgesetzes vom 18.6.1957[1] aufgehoben worden.

---

1 BGBl. I, 609.

§ 863 Pfändungsbeschränkungen bei Erbschaftsnutzungen

(1) ¹Ist der Schuldner als Erbe nach § 2338 des Bürgerlichen Gesetzbuchs durch die Einsetzung eines Nacherben beschränkt, so sind die Nutzungen der Erbschaft der Pfändung nicht unterworfen, soweit sie zur Erfüllung der dem Schuldner seinem Ehegatten, seinem früheren Ehegatten, seinem Lebenspartner, einem früheren Lebenspartner oder seinen Verwandten gegenüber gesetzlich obliegenden Unterhaltspflicht und zur Bestreitung seines standesmäßigen Unterhalts erforderlich sind. ²Das Gleiche gilt, wenn der Schuldner nach § 2338 des Bürgerlichen Gesetzbuchs durch die Ernennung eines Testamentsvollstreckers beschränkt ist, für seinen Anspruch auf den jährlichen Reinertrag.

(2) Die Pfändung ist unbeschränkt zulässig, wenn der Anspruch eines Nachlassgläubigers oder ein auch dem Nacherben oder dem Testamentsvollstrecker gegenüber wirksames Recht geltend gemacht wird.

(3) Diese Vorschriften gelten entsprechend, wenn der Anteil eines Abkömmlings an dem Gesamtgut der fortgesetzten Gütergemeinschaft nach § 1513 Abs. 2 des Bürgerlichen Gesetzbuchs einer Beschränkung der im Absatz 1 bezeichneten Art unterliegt.

Übersicht

	Rdn.		Rdn.
I. Regelungsgegenstand des Abs. 1 und 2	1	III. ArbGG, VwGO, AO	3
II. Regelungsgegenstand des Abs. 3	2		

Literatur:
Liebs, Die unbeschränkbare Verfügungsbefugnis, AcP 175 (1975), 1.

I. Regelungsgegenstand des Abs. 1 und 2

1 § 2338 BGB eröffnet verschiedene Möglichkeiten, die Substanz eines Nachlasses vor verschwenderischen oder hoch überschuldeten pflichtteilsberechtigten Erben zu schützen. Sie erhalten dann nur die Nutzungen oder den jährlichen Reinertrag des Nachlasses.[1] Soweit diese Einnahmen erforderlich sind, damit der Schuldner seinen eigenen standesgemäßen Unterhalt bestreiten und seine gesetzlichen Unterhaltspflichten (seit dem 1.8.2001 auch gegenüber dem [früheren] Lebenspartner nach dem LPartG) erfüllen kann, sind sie für gewöhnliche persönliche Gläubiger unpfändbar (**Abs. 1**). Nachlassgläubigern gegenüber gilt diese Pfändungsbeschränkung nicht (**Abs. 2**). Da die Unpfändbarkeit in der Regel, wenn der Gläubiger nicht schon mit seinem Antrag entsprechende Umstände vorträgt, bei Erlass des Pfändungsbeschlusses nicht erkennbar ist, müssen der Schuldner oder die Unterhaltsberechtigten sie mit der Erinnerung nach § 766 geltend machen. Obwohl § 850d für Einkünfte der in § 863 angesprochenen Art nicht unmittelbar gilt, kann der Schuldner dann, wenn Unterhaltsberechtigte die Zwangsvollstreckung in die Nachlassnutzungen bzw. den jährlichen Reinertrag betreiben, nicht den »standesgemäßen« eigenen Unterhalt als unpfändbar geltend machen. Es muss dann vielmehr § 1603 BGB mit herangezogen werden,[2] was letztlich doch zur indirekten Berücksichtigung des § 850d Abs. 1 Satz 2 führt.

II. Regelungsgegenstand des Abs. 3

2 Eine Verweisung auf die nach § 2338 BGB möglichen Beschränkungen enthält § 1513 Abs. 2 BGB für den Fall der fortgesetzten Gütergemeinschaft. Auch hier soll der verschwenderische oder überschuldete Abkömmling hinsichtlich seines Anteils am Gesamtgut auf Nutzungen beschränkt werden können. Er genießt dann den Pfändungsschutz nach Abs. 1 (**Abs. 3**).

---

[1] Siehe beispielhaft OLG Bremen, FamRZ 1984, 213.
[2] *Stein/Jonas/Brehm*, § 863 Rn. 2.

III. ArbGG, VwGO, AO

Siehe § 858 Rdn. 5.   3

Titel 3. Zwangsvollstreckung in das unbewegliche Vermögen

Vor §§ 864–871 Übersicht über Voraussetzungen und Rechtsbehelfe

Übersicht

	Rdn.		Rdn.
I. Übersicht über die gesetzlichen Regelungen	1	III. Rechtsbehelfe im Rahmen der Zwangsvollstreckung in das unbewegliche Vermögen	6
II. Allgemeine Voraussetzungen der Vollstreckung in das unbewegliche Vermögen	5	IV. ArbGG, VwGO, AO, JBeitrO	8

Allgemeine Literatur zur Zwangsvollstreckung in das unbewegliche Vermögen:
1. Kommentare, Lehr- und Handbücher: *Balser/Bögner/Ludwig*, Vollstreckung im Grundbuch, 10 Aufl. 1994; *Behr/Eickmann*, Pfändung von Grundpfandrechten und ihre Auswirkungen auf die Zwangsversteigerung, 2. Aufl., 1989; *Böttcher*, Gesetz über die Zwangsversteigerung und die Zwangsverwaltung mit Erläuterungen, 5. Aufl. 2010; *Dassler/Schiffhauer/Hintzen/Engels/Rellermeyer*, Zwangsversteigerungsgesetz, 14. Aufl. 2013; *Depre*, Kommentar zum Gesetz über die Zwangsversteigerung und Zwangsverwaltung, 2015; *Dierck/Morvilius/Vollkommer*, Handbuch des Zwangsvollstreckungsrechts, 2009; *Eickmann*, ZVG-Kommentar, 2005; *Eickmann/Böttcher*, Zwangsversteigerungs- und Zwangsverwaltungsrecht, 3. Aufl. 2013; *Harmeyer/Wutzke/Förster/Hintzen*, Zwangsversteigerung, 5. Aufl. 2011; *Hennings-Holtmann*, Zwangsversteigerung und Zwangsverwaltung, 5. Aufl. 2006; *Hintzen/Wolf*, Zwangsvollstreckung, Zwangsversteigerung und Zwangsverwaltung, 2006; *Hintzen*, Handbuch der Immobiliarvollstreckung, 3. Aufl. 1999; *ders.*, Pfändung und Vollstreckung im Grundbuch, 3. Aufl. 2008; *Kindl/Meller-Hannich/Wolf*, Gesamtes Recht der Zwangsvollstreckung, 2. Aufl., 2013; *Stöber*, Zwangsversteigerungsgesetz, 20. Aufl. 2012; *ders.*, Zwangsvollstreckung in das unbewegliche Vermögen, 9. Aufl. 2010; *Storz/Kiderlen*, Praxis des Zwangsversteigerungsverfahrens, 12. Aufl. 2014.
2. Aufsätze: *App*, Zur Vorgehensweise bei der Vollstreckung gegen einen Grundstücksverkäufer, InVo 2003, 173; *Bestelmeyer*, Eintragung einer Zwangshypothek am Grundbesitz oder zugunsten einer GbR, Rpfleger 2011, 420; *Goldbach*, Verfahren bei Pfändung des Eigentumsverschaffungsanspruchs, KKZ 2014, 173; *Glotzbach/App*, Zur Wahrung der Rechte von dinglich Berechtigten, Mietern und Pächtern in einem Zwangsversteigerungsverfahren durch Ablösung der Forderung des betreibenden Gläubigers, ZMR 2002, 254; *Hasselblatt*, Praxishinweise zur Zwangsverwaltung – nicht nur für Gläubiger, NJW 2012, 3222; *Heinze*, Die Zwangsvollstreckung in Immobilarvermögen einer Gesellschaft bürgerlichen Rechts, DB 2011, 460; *Helwich*, Immobiarvollstreckung in der Praxis, JurBüro 2008, 172, 287, 346, 566; 2009, 290, 343, 570; 2010, 343, 620; 2011, 64, 175, 625; 2012, 175, 283; 2013, 120; *Hünnekens*, Ein Überblick zur Zwangsvollstreckung in das unbewegliche Vermögen, RpflStud 2004, 136; *Morvilius*, Versteigerungsrechtliche Auswirkungen von Rangvorbehalt und Rangrücktritt auf die Eigentumsvormerkung, MittBayNot 2005, 477; *ders.*, Zum Zwangsversteigerungsverfahren bei einer Grundstücksvereinigung mit einem belasteten Grundstück, MittBayNot 2006, 229; *ders.*, Die Zwangshypothek und die Arresthypothek, FPR 2013, 382; *Onussert*, Zwangsverwaltung und Umsatzsteuer, ZfIR 2007, 121; *Rimmelspacher*, Binden Mietverträge mit dem Zwangsverwalter den Ersteher des zwangsversteigerten Grundstücks?, WM 2004, 1945; *Schmidberger*, Der Besitz und die Immobiliarvollstreckung, Rpfleger 2008, 105; *K. Schmidt*, Unwirksamer Zuschlag bei irreführender Grundstücksbezeichnung, JuS 2014, 456; *Schneider*, Zwangsvollstreckung in Mietforderungen des Grundstückseigentümers, ZMR 2008, 595; *ders.*, Ausgewählte Fragestellungen zur Immobiliarvollstreckung nach der WEG-Novelle 2007, ZfIR 2008, 161; *Schreiber*, Zwangsvollstreckung in das unbewegliche Vermögen, Jura 2013, 792.

I. Übersicht über die gesetzlichen Regelungen

1 Das Verfahren der Vollstreckung wegen Geldforderungen in das unbewegliche Vermögen ist in den §§ 864–871 nur unvollkommen geregelt. Die praktisch bedeutsameren Verfahrensregeln finden sich im **Gesetz über die Zwangsversteigerung und Zwangsverwaltung** vom 24.3.1897 (ZVG), auf das § 869 verweist. Das ZVG ist damit (aus historisch bedingten Gründen ausgegliederter) Teil des 8. Buches der ZPO. Demgemäß gelten die Grundsätze und allgemeinen Regeln des Vollstreckungsrechts der ZPO auch für Zwangsversteigerung und Zwangsverwaltung, soweit das ZVG nicht ausdrücklich abweichende Bestimmungen enthält. Insbesondere müssen zur Einleitung der Zwangsversteigerung und der Zwangsverwaltung alle allgemeinen Voraussetzungen der Zwangsvollstreckung vorliegen.

Ergänzende Regelungen können sich aus **Sondergesetzen** ergeben, die die Anwendbarkeit der allgemeinen Bestimmungen der §§ 864 ff. und des ZVG einschränken: So darf die Zwangsvollstreckung in ein Erbbaurecht ein vertraglich vereinbartes Zustimmungserfordernis des Grundstückseigentümers zu Verfügungen über das Erbbaurecht (§ 5 ErbbauRG) nicht beeinträchtigen (§ 8 ErbbauRG); Gleiches gilt gem. § 12 Abs. 3 Satz 2 WEG für das Erfordernis der Zustimmung anderer Wohnungseigentümer zur Veräußerung von Wohnungseigentum[1].

2

Nach § 99 Abs. 1 LuftfzRG unterliegen Luftfahrzeuge, die in die Luftfahrzeugrolle eingetragen sind oder nach der Löschung dort noch im Register für Pfandrechte an Luftfahrzeugen (§ 79 LuftFzgG) eingetragen sind, der Vollstreckung in das unbewegliche Vermögen. Eingetragen werden nur Flugzeuge, Drehflügler, Luftschiffe und Motorsegler (§ 14 LuftVZO); für Segelflugzeuge und bemannte Ballone erfolgt die Eintragung in ein besonderes Register mit gleicher Rechtswirkung (§ 18a LuftVZO). Die übrigen Luftfahrzeuge sind bewegliche Sachen. Nach § 871 kann das Landesrecht Bahneinheiten i. S. Art. 112 EGBGB ganz vom Zugriff nach §§ 864 ff. ausnehmen.

3

In der Abgabenvollstreckung gelten gem. § 322 AO die §§ 864 ff. und das ZVG mit einigen Einschränkungen und Abweichungen entsprechend.[2]

4

II. Allgemeine Voraussetzungen der Vollstreckung in das unbewegliche Vermögen

Der Gläubiger muss gegen den Schuldner einen auf eine Geldleistung lautenden vollstreckbaren Titel haben. Die Inanspruchnahme des Erwerbers, etwa einer Eigentumswohnung, wegen gegen den Rechtsvorgänger titulierte Altverbindlichkeiten dieses Rechtsvorgängers kommt nicht in Betracht.[3] Nicht erforderlich ist eine dingliche Absicherung der Geldschuld. Der Titel muss demgemäß nicht auf Duldung der Zwangsvollstreckung in das Grundstück wegen dieser Geldleistung (§ 1147 BGB) gerichtet sein; es genügt vielmehr jeder einfache Zahlungstitel. Bei Antragstellung müssen die allgemeinen und besonderen Voraussetzungen der Zwangsvollstreckung aus dem Titel vorliegen (Klausel, Zustellung, gegebenenfalls Sicherheitsleistung) und nachgewiesen werden. Der Antrag muss konkret bezeichnen, welche Art der Zwangsvollstreckung in das unbewegliche Vermögen gewollt ist. Er ist, wenn eine Zwangshypothek erwirkt werden soll, an das Grundbuchamt als Vollstreckungsorgan, bei Zwangsverwaltung und Zwangsversteigerung an das Vollstreckungsgericht (Rechtspfleger) zu richten.

5

III. Rechtsbehelfe im Rahmen der Zwangsvollstreckung in das unbewegliche Vermögen

Auch dann, wenn der Gläubiger die Immobiliarzwangsvollstreckung betreibt, werden materiell-rechtliche Einwendungen des Schuldners gegen die titulierte Forderung mit der Klage gem. § 767, die Veräußerung hindernde Rechte Dritter am Vollstreckungsobjekt mit der Klage gem. § 771 geltend gemacht. Gegen Vollstreckungsmaßnahmen des Vollstreckungsgerichts hat der Schuldner die Vollstreckungserinnerung nach § 766, Entscheidungen des Vollstreckungsgerichts können unabhängig davon, ob sie der Rechtspfleger (§ 11 Abs. 1 RPflG) oder der Richter getroffen hat, vom Gläubiger wie vom Schuldner mit der sofortigen Beschwerde gem. § 793 angefochten werden. Für die Zuschlagsbeschwerde gelten gem. § 96 ZVG die besonderen Regelungen der §§ 97–104 ZVG. § 95 ZVG beschränkt von vornherein den Kreis der beschwerdefähigen Entscheidungen des Rechtspflegers vor der Zuschlagsentscheidung. Für die gemäß §§ 869, 793 ZPO befristeten Rechtsmittel in Zwangsversteigerungsverfahren ergibt sich bereits unmittelbar aus der Verfassung das Erfordernis einer Rechtsmittelbelehrung, deren Fehlen zwar nicht die Wirksamkeit der gerichtlichen Entscheidung sowie den Beginn des Laufs der Rechtsmittelfrist hindert, bei der Prüfung der

6

---

[1] Einzelheiten hierzu: Bärmann/*Klein,* WEG, 12. Aufl. 2013, § 12 Rn. 35; Erman/*Grziwotz,* § 12 WEG Rn. 9.
[2] Einzelheiten Rdn. 8; vgl. ferner *Tipke/Kruse,* AO, § 322 Rn. 28 ff. Zum Wortlaut des § 322 AO siehe § 870a Rdn. 5.
[3] AG Heilbronn, ZMR 2010, 241.

Wiedereinsetzung in den vorigen Stand aber die unwiderlegliche Vermutung fehlenden Verschuldens des Rechtsmittelführers begründet.[4]

7 Die Entscheidungen des Grundbuchamtes im Rahmen der Eintragung der Zwangshypothek unterliegen nicht den Rechtsbehelfen des Vollstreckungsrechts (§§ 766, 793 ZPO, 11 Abs. 1 RPflG), sondern denen der Grundbuchordnung (§§ 71 ff. GBO).[5] Zwar hat die Eintragung der Zwangshypothek Doppelcharakter als Vollstreckungs- und als Grundbuchmaßnahme. Jedoch wird die Eintragung einer Zwangshypothek als Vollstreckungsakt verfahrensrechtlich nur nach den Vorschriften der GBO behandelt, weil das Grundbuchamt insoweit in erster Linie als Grundbuchbehörde tätig wird.

IV. ArbGG, VwGO, AO, JBeitrO

8 Wenn wegen einer Geldforderung in das unbewegliche Vermögen vollstreckt werden soll, gelten die §§ 864–871 gem. §§ 62 Abs. 2, 85 Abs. 1 Satz 3 ArbGG auch für die Vollstreckung aus arbeitsgerichtlichen Titeln und gem. § 167 Abs. 1 VwGO für die Vollstreckung aus Titeln nach § 168 VwGO. Für die Vollstreckung zugunsten öffentlicher Rechtsträger verweist § 169 Abs. 1 VwGO auf das VwVG, dessen § 5 weiter auf § 322 AO[6] verweist. Für die Abgabenvollstreckung in das unbewegliche Vermögen sind gem. § 322 Abs. 1 Satz 2 AO die §§ 864–871 anzuwenden. Die für die Vollstreckung erforderlichen Anträge des Gläubigers stellt die Vollstreckungsbehörde (§ 322 Abs. 3 AO). Zwangsversteigerung und Zwangsverwaltung soll die Vollstreckungsbehörde nur beantragen, wenn die Vollstreckung in das bewegliche Vermögen aussichtslos ist (§ 322 Abs. 4 AO). Streitig ist die Rechtsnatur des von der Vollstreckungsbehörde gem. § 322 Abs. 3 AO zu stellenden Antrags, ferner, welche Rechtsbehelfe dagegen möglich sind.[7] Soll eine Zwangssicherungshypothek auf Ersuchen des Finanzamts eingetragen werden, hat das Grundbuchamt Einwendungen des Schuldners, die sich gegen die Berechtigung der zugrunde gelegten Steuerforderungen richten, nicht nachzugehen.[8] Entsprechendes gilt bei Anträgen der Gerichtskasse nach § 7 JBeitrO; denn die Prüfung des Grundbuchamts ist darauf beschränkt, ob die ersuchende Behörde zur Stellung eines Ersuchens der in Rede stehenden Art abstrakt befugt ist, ob das Ersuchen bezüglich seines Inhalts und seiner Form den gesetzlichen Vorschriften entspricht und ob die durch das Ersuchen nicht ersetzten Eintragungserfordernisse gegeben sind.[9]

---

4 BGHZ 180, 199 = Rpfleger 2009, 405.
5 BayObLG, Rpfleger 1995, 106; OLG Frankfurt, NJW-RR 2007, 1248; OLG Köln, Rpfleger 1996, 189; 2009, 78; OLG München, FGPrax 2010, 232; OLG Zweibrücken, Rpfleger 2001, 174.
6 Zum Wortlaut dieser Norm siehe § 870a Rdn. 5.
7 Zum Meinungsstand vgl. Klein/*Brockmeyer*, AO, 12. Aufl. 2014, § 322 Rn. 14; *Tipke/Kruse*, a. a. O., § 322 Rn. 32 ff.
8 OLG München, FGPrax 2008, 235.
9 OLG Frankfurt, FGPrax 2009, 252.

§ 864 Gegenstand der Immobiliarvollstreckung

(1) Der Zwangsvollstreckung in das unbewegliche Vermögen unterliegen außer den Grundstücken die Berechtigungen, für welche die sich auf Grundstücke beziehenden Vorschriften gelten, die im Schiffsregister eingetragenen Schiffe und die Schiffsbauwerke, die im Schiffsbauregister eingetragen sind oder in dieses Register eingetragen werden können.

(2) Die Zwangsvollstreckung in den Bruchteil eines Grundstücks, einer Berechtigung der im Absatz 1 bezeichneten Art oder eines Schiffes oder Schiffsbauwerks ist nur zulässig, wenn der Bruchteil in dem Anteil eines Miteigentümers besteht oder wenn sich der Anspruch des Gläubigers auf ein Recht gründet, mit dem der Bruchteil als solcher belastet ist.

Übersicht	Rdn.
I. Unbewegliches Vermögen	1
II. Grundstücke und grundstücksgleiche Rechte (Abs. 1)	2
1. Grundstücke	2
2. Grundstücksgleiche Rechte	3
3. Schiffe und Schiffsbauwerke	4
III. Bruchteilseigentum (Abs. 2)	5
IV. Folgen der irrtümlichen Zwangsvollstreckung nach den Regeln der Mobiliarvollstreckung oder Forderungspfändung in Grundstücksbestandteile oder grundstücksgleiche Rechte	10
V. ArbGG, VwGO, AO	12

Literatur:
Siehe Vor §§ 864–871 und bei § 866.

I. Unbewegliches Vermögen

Die Vorschrift umschreibt den Begriff des unbeweglichen Vermögens i. S. des 8. Buches der ZPO. Sie wird ergänzt durch § 865, der zusätzlich bestimmte körperliche Sachen und Forderungen der unselbstständigen Zwangsvollstreckung in das unbewegliche Vermögen unterwirft und sie dadurch einem isolierten Vollstreckungszugriff entzieht. Über die in § 864 genannten Gegenstände und Berechtigungen hinaus sind ferner Luftfahrzeuge kraft sondergesetzlicher Regelung[1] unbewegliches Vermögen im vollstreckungsrechtlichen Sinne.

II. Grundstücke und grundstücksgleiche Rechte (Abs. 1)

1. Grundstücke

Grundstück im Rechtssinne ist ein abgegrenzter Teil der Erdoberfläche, der im Grundbuch als ein Grundstück eingetragen ist, sei es, dass er nach § 3 GBO im Grundbuch eine besondere Stelle (eigenes Grundbuchblatt) erhalten hat, sei es, dass er auf einem gemeinschaftlichen Grundbuchblatt (§ 4 GBO) eine eigene Nummer führt.[2] Dass das Grundstück aus mehreren Flurstücken (vermessungstechnische Einheit aus dem Katasterrecht[3]) besteht, unterwirft die einzelnen Flurstücke nicht der isolierten Zwangsvollstreckung,[4] sie sind auch kein Grundstücksbestandteil i. s. der §§ 93 ff BGB, sondern lediglich nach qm nicht festliegende (also im Einzelnen unterschiedlich große) Größenbezeichnungen zur Beschreibung unselbstständiger Teilflächen des Grundstücks. Entscheidend für die Klassifizierung als ein selbstständiges Grundstück und die Zuordnung zu einem bestimmten Schuldnervermögen ist allein das **Grundbuch**, nicht der optische Eindruck oder die wirtschaftliche Nutzung (unerheblich also, dass mehrere Grundstücke verschiedener Eigentümer als ein einheit-

---

1 Siehe auch Vor §§ 864–871 Rdn. 3.
2 RGZ 84, 265; *Zöller/Stöber*, § 864 Rn. 1; die Möglichkeit elektronischer Führung der Grundakten und des elektronischen Rechtsverkehrs gem. §§ 135 ff. GBO sowie die Einführung des Datenbankgrundbuchs (§§ 126 ff GBO) ändern daran im Prinzip nichts.
3 Siehe § 2 Abs. 2 GBO sowie aus den Ländergesetzen beispielhaft § 11 Abs. 2 VermKatG-NRW.
4 BeckOK-ZPO/*Riedel*, § 864 Rn. 1, 2.

licher Acker genutzt werden oder dass auf einem einzigen Grundstück in mehreren Gebäuden verschiedene Gewerbebetriebe tätig sind). Zum Grundstück gehören auch dessen **Bestandteile** (§§ 93, 94, 96 BGB), nicht aber bloße Scheinbestandteile (§ 95 BGB). Letztere werden wie bewegliche körperliche Sachen behandelt und dem Vermögen ihres tatsächlichen Eigentümers zugeordnet. Auch ein Gebäude auf einem Grundstück (z. B. das eines Mieters oder Pächters) kann Scheinbestandteil sein[5]. Dabei entscheidet die vertragliche Vereinbarung mit dem Eigentümer darüber, ob eine dauerhafte oder nur vorübergehende Verbindung mit dem Grundstück gewollt ist, wobei im Zweifel anzunehmen ist, dass nur eine vorübergehende Verbindung gewollt ist.[6] Kein vorübergehender Zweck liegt vor, wenn von vornherein feststeht, dass der Grundstückseigentümer die Sache nach Beendigung des Nutzungsverhältnisses übernehmen soll; insoweit entscheidet der Wille des Nutzers, das Gebäude auch bei Aufhebung des Nutzungsanspruchs auf dem Grundstück zu belassen.[7] Scheinbestandteile, die im Eigentum des Grundstückseigentümers stehen, können allerdings Grundstückszubehör sein und dann über § 865 doch der Immobiliarvollstreckung unterfallen. Eine Sonderregelung für mit dem Grundstück noch festverbundene Früchte (Getreide auf dem Halm pp.) enthält § 810: Sie können, wenn das Grundstück verpachtet ist, von Gläubigern des Pächters wie bewegliche Sachen gepfändet werden, solange nicht das Grundstück selbst von Gläubigern des Verpächters im Wege der Immobiliarvollstreckung beschlagnahmt worden ist.[8]

2. Grundstücksgleiche Rechte

3   Solche Rechte i. S. v. Abs. 1 sind das Erbbaurecht (§§ 1, 11 ErbbauRG),[9] das Bergwerkseigentum (§ 9 Abs. 1 BBergG)[10] sowie eine Reihe landesrechtlicher Berechtigungen.[11] Dagegen sind das Wohnungseigentum (§ 1 Abs. 2 WEG) und das Teileigentum an anderen Räumen eines Gebäudes (§ 1 Abs. 3 WEG) keine grundstücksgleichen Rechte, sondern Eigentum,[12] und zwar am Bruchteil eines Grundstücks.[13]

3. Schiffe und Schiffsbauwerke

4   Wie Grundstücke und grundstücksgleiche Rechte sind nach Abs. 1 schließlich die im Schiffsregister eingetragenen **Schiffe** und die Schiffsbauwerke zu behandeln, die im Schiffsbauregister eingetragen sind oder dort eingetragen werden können (§§ 2, 3, 77 SchiffsRG)[14]. Alle übrigen Schiffe werden dagegen wie bewegliche Sachen behandelt. Ergänzende Sondervorschriften für die Zwangsvollstreckung in eingetragene Schiffe und Schiffsbauwerke enthalten die §§ 870a,[15] 163–171 ZVG. Schließlich muss § 482 HGB beachtet werden.[16]

---

5   So schon RGZ 59, 19. Ob ein Gebäude wesentlicher Bestandteil eines Grundstücks oder im Einzelfall nur Scheinbestandteil ist, ist letztlich von der tatrichterlichen Beurteilung abhängig: BGH, NJW 1988, 2789.
6   BGHZ 8, 1; BGHZ 92, 70 = NJW 1984, 2878; BGHZ 131, 368 = NJW 1996, 916; BGH NJW NJW 1984, 22; 1987, 774. *Gaul*, NJW 1989, 2514; vgl. auch § 811 Abs. 1 Nr. 1.
7   BGHZ 8, 1; BGHZ 104, 298 = NJW 1988, 2789.
8   § 810 Rdn. 1, 4 f.
9   Siehe auch Vor §§ 864–871 Rdn. 2.
10 BGBl. 1980 I, 1310.
11 Siehe insoweit die Übersicht bei *Stöber*, ZVG, Einleitung Rn. 13.
12 *Hintzen/Wolf*, Rn. 9.22; Kindl/Meller-Hannich/Wolf/*Noethen*, § 864 Rn. 7; Zöller/*Stöber*, § 864 Rn. 1.
13 BeckOK-ZPO/*Riedel*, § 864 Rn. 5; *Stöber*, ZVG, Einleitung 12.8. Zu dem für die Durchführung der Immobiliarzwangsvollstreckung letztlich bedeutungslosen Streit, ob Abs. 1 oder Abs. 2 anzuwenden ist, vgl. Stein/Jonas/*Münzberg*, § 864 Rn. 11 (bei Fn. 62) und 16.
14 *Joss*, EWiR 2012, 387; *Tetzlaff*, jurisPR-InsR 6/2012 (Anm. 4), beide Autoren in berechtigter Kritik an einer Entscheidung des LG Bremen, WM 2012, 904.
15 Siehe dort insbesondere Rdn. 2; ferner LG Würzburg, JurBüro 1977, 1289.
16 Einzelheiten siehe *Drischler*, KTS 1980, 111.

III. Bruchteilseigentum (Abs. 2)

Bruchteilseigentum an Grundstücken und an den übrigen in Abs. 1 genannten Berechtigungen und Gegenständen unterliegt nach Abs. 2 der Liegenschaftsvollstreckung, wenn es sich entweder um den im Grundbuch eingetragenen (§ 47 GBO) Anteil eines Miteigentümers nach § 1008 BGB handelt oder wenn sich der Anspruch des Gläubigers auf ein Recht gründet, mit dem der Bruchteil als solcher noch belastet ist. Der letztgenannte Fall liegt vor, wenn der jetzige Alleineigentümer ursprünglich nur Miteigentümer zu einem Bruchteil war, als dieser Bruchteil mit einem Recht des Gläubigers belastet wurde. In einem solchen Fall erstreckt sich die auf einem Miteigentumsanteil eingetragene Zwangshypothek bei der nachträglichen Vereinigung der Miteigentumsanteile in einer Hand nicht auf das Gesamtgrundstück; die Vollstreckung aus der bereits eingetragenen Sicherungshypothek erfolgt vielmehr gem. § 864 Abs. 2, 2. Fall in den als fiktiv fortbestehend geltenden Miteigentumsanteil.[17]

5

Verliert ein belastetes Grundstück durch Vereinigung mit einem anderen Grundstück die Selbstständigkeit, so ruhen die Belastungen auf dem Teil des neuen Grundstücks, der vor der Vereinigung Belastungsgegenstand war; in einem solchen Fall ist der Gläubiger des Rechts, das auf dem früheren selbstständigen Grundstück gelastet hat, nicht gehindert, einem Zwangsversteigerungsverfahren beizutreten, das das vereinigte neue Grundstück betrifft, wobei es unerheblich ist, ob das frühere Grundstück als Flurstück fortbesteht oder als solches nicht mehr existiert.[18]

Der Gläubiger des Miteigentümers eines Grundstücks kann dessen Anspruch auf Aufhebung der Gemeinschaft sowie auf Teilung und Auszahlung des Erlöses gemäß §§ 857, 829 pfänden und sich überweisen lassen (§ 835).[19] In den Anteil an einer Gesamthandsgemeinschaft ist gem. §§ 859, 857 zu vollstrecken.[20] In das Grundstück selbst kann in einem solchen Fall nur mit einem Titel gegen alle Gesamthänder vollstreckt werden[21] (dann nach Abs. 1).

6

Vereinigt sich das frühere Bruchteilseigentum in einer Hand, weil der neue Gesamteigentümer den Bruchteil des Vollstreckungsschuldners in anfechtbarer Weise (§§ 3 ff. AnfG) hinzuerwirbt, so muss zugunsten des Gläubigers im Rahmen des § 11 AnfG nicht fingiert werden, der frühere Bruchteil bestehe weiter.[22] Der Gläubiger kann vielmehr vom nunmehrigen Alleineigentümer die Duldung der Zwangsversteigerung des ganzen Grundstücks verlangen,[23] allerdings nur zwecks Befriedigung aus dem Teil des Versteigerungserlöses, der dem Schuldner ohne die anfechtbare Rechtshandlung zugestanden hätte. Hat ein Schuldner seine Miteigentumshälfte in anfechtbarer Weise auf einen Dritten übertragen, der nunmehr Alleineigentümer ist, und nimmt der Anfechtungsgläubiger aufgrund von Zahlungstiteln gegen den Schuldner den Dritten erfolgreich auf Duldung der Zwangsvollstreckung in Anspruch, so ist aufgrund des Duldungstitels und der Zahlungstitel gegen den Schuldner auch die Eintragung einer Sicherungshypothek auf dem als fortbestehend fingierten Miteigentumsanteil des Schuldners zulässig.[24] Ebenso ist die Vollstreckung in einen als fortbestehend fingierten ehemaligen Miteigentumsanteil durch Eintragung einer Zwangssicherungshypothek möglich, wenn der Alleineigentümer des Grundstücks als Erbe des Schuldners verurteilt worden ist und nur mit dem aus dem Nachlass stammenden Miteigentumsanteil haftet.[25]

7

---

17 BGH, NJW 2013, 3786 mit Anm. *Birkenheier*, jurisPR-FamR 4/2014 (Anm. 1); OLG Oldenburg, ZIP 1996, 175; OLG Schleswig, FGPrax 2011, 69.
18 BGH, Rpfleger 2006, 150.
19 BGH, Rpfleger 2006, 204; vgl. auch BGHZ 154, 64.
20 OLG Düsseldorf, FGPrax 2013, 12 mit Anm. *Linnartz*, jurisPR-FamR 21/2012 (Anm. 1). Siehe auch § 859 Rdn. 1, 2.
21 *Stein/Jonas/Münzberg*, § 864 Rn. 16; siehe ferner auch *K. Schmidt*, JZ 1985, 909.
22 OLG Frankfurt, NJW-RR 1988, 463; OLG Köln, MDR 1984, 939.
23 BGHZ 90, 207 = NJW 1984, 1968.
24 OLG Celle OLGReport 2005, 15.
25 OLG Schleswig, Beschl. v. 10.9.2010 – 2 W 98/10, Juris.

8 Weist nur das Grundbuch Bruchteilseigentum aus, während in Wahrheit einer der Eingetragenen Alleineigentümer ist, kann in den Buchbruchteil nicht selbstständig vollstreckt werden;[26] denn guter Glaube spielt im Rahmen der Zwangsvollstreckung keine Rolle. Ein Antrag, das (Buch-)Bruchteilseigentum zwangszuversteigern, kann aber, wenn der Schuldner in Wahrheit der Alleineigentümer ist, in einen Antrag auf Zwangsversteigerung des Grundstücks umgedeutet werden.

9 Das **Wohnungseigentum** unterliegt in der Zwangsvollstreckung den gleichen Regeln wie das Grundstücksmiteigentum.[27] Bei der Zwangsversteigerung ist § 12 WEG zu beachten.[28] Streitig ist, ob und wie in ein einem Wohnungseigentümer zustehendes dingliches Sondernutzungsrecht selbstständig vollstreckt werden kann. Während eine Meinung die selbstständige Pfändung eines Sondernutzungsrechts ablehnt und es nur zusammen mit dem Wohnungseigentum selbst als dessen unselbstständigen Inhaltsbestandteil der Immobiliarvollstreckung unterwirft,[29] lässt eine andere Meinung, die im Ergebnis Zustimmung verdient, die selbstständige Pfändung des Sondernutzungsrechts jedenfalls durch andere Wohnungseigentümer, denen es ja auch selbstständig übertragen werden könnte, als sonstiges Vermögensrecht nach § 857 ZPO zu.[30]

Nach § 857 ist auch in das Dauerwohnrecht (§§ 31 ff. WEG) zu vollstrecken.[31] Das Wohnungsrecht (§ 1093 BGB) unterliegt der Zwangsvollstreckung nach § 857 Abs. 3 BGB nur ausnahmsweise, wenn seine Ausübung einem Dritten überlassen werden darf.[32]

IV. Folgen der irrtümlichen Zwangsvollstreckung nach den Regeln der Mobiliarvollstreckung oder Forderungspfändung in Grundstücksbestandteile oder grundstücksgleiche Rechte

10 Nach den allgemeinen Regeln[33] ist ein Pfändungsakt nur ausnahmsweise nichtig, wenn ein besonders schwerwiegender und bei verständiger Würdigung aller Umstände offenkundiger Mangel vorliegt. Ein solcher Mangel wird in der Regel zu bejahen sein, wenn ein sachlich und funktionell unzuständiges Vollstreckungsorgan tätig wurde.[34] Das kann aber dann nicht gelten, wenn der Gerichtsvollzieher sich bei der oft schwierigen Abgrenzung, ob ein Gegenstand nur Scheinbestandteil oder doch wesentlicher Bestandteil eines Grundstücks ist, geirrt hat. Hier sind Wertungen erforderlich, die nicht immer auf der Hand liegen und im Rahmen derer sogar unterschiedliche Meinungen vertretbar erscheinen. Insoweit ist ein Fehler oft nicht offenkundig. Man muss die Beschlagnahme eines solchen Bestandteils durch den Gerichtsvollzieher daher als zwar anfechtbar, aber vorläufig wirksam einstufen.[35] Dennoch kann an dem Bestandteil im Hinblick auf § 93 BGB kein Pfandrecht entstehen. Der Ersteher eines solchen Gegenstandes kann erst Eigentum erwerben, wenn die Verbindung des Gegenstandes mit dem Grundstück vom Gerichtsvollzieher endgültig gelöst und der Gegenstand dem Ersteher tatsächlich abgeliefert wird. Mit der Zuweisung mittel-

---

26 OLG Koblenz, MDR 1978, 669.
27 *Sauren*, NJW 1985, 180; vgl. auch oben Rdn. 3.
28 Siehe auch: vor §§ 864 – 871 Rdn. 2.
29 BeckOK-GBO/*Wilsch*, Pfändung in Grundbuchverfahren, Rn. 22; *Ott*, ZWE 2010, 335; *Schneider* in Bärmann/Seuß, Praxis des Wohnungseigentums, 6. Aufl. 2013, Rn. 425.
30 LG Stuttgart, DWE 1989, 72; Palandt/*Bassenge*, § 13 WEG Rn. 13; *Schmid*, ZfIR 2011, 733, 736; *Schuschke*, NZM 1999, 830. Zum Sonderfall, dass ein Wohnungseigentümer treuhänderisch Sondernutzungsrechte für den nicht mehr zur Wohnungseigentümergemeinschaft gehörenden Bauträger verwaltet: BGH, ZWE 2010, 333 mit Anm. *Ott* (S. 335): Hier sind jedenfalls die sich aus dem Treuhandverhältnis ergebenden Ansprüche des Bauträgers gem. § 857 ZPO pfändbar.
31 Einzelheiten: § 857 Rdn. 37.
32 Einzelheiten: § 857 Rdn. 36.
33 Siehe Vor §§ 803, 804 Rdn. 4, 5.
34 Vor §§ 803, 804 Rdn. 5.
35 Siehe auch § 810 Rdn. 5 f.; ferner *Brox/Walker*, Rn. 207, 229; *Gaul*, NJW 1989, 2512; *Stein/Jonas/Münzberg*, § 865 Rn. 36; a.A. *Zöller/Stöber*, § 865 Rn. 11 (zum Zubehör); offengelassen von BGHZ 104, 298 = NJW 1988, 2789 (Pfändung eines fest mit dem Boden verbundenen Blockhauses).

baren Besitzes und der Erteilung der Befugnis, den Gegenstand selbst abzuholen, kann im Hinblick auf § 93 BGB kein Eigentum übertragen werden.[36] Das materielle Eigentumsrecht begrenzt hier die öffentlich-rechtlichen Befugnisse des Gerichtsvollziehers.

Hat der Rechtspfleger eine grundstücksgleiche Berechtigung entgegen Abs. 1 gem. §§ 857, 829 gepfändet, so ist die Berechtigung nicht nur – anfechtbar – verstrickt worden, sondern es ist auch ein Pfändungspfandrecht an ihr entstanden. Auch hier ist der Fehler (insbesondere bei der Beurteilung einer landesrechtlichen Berechtigung) nicht so offensichtlich, dass Nichtigkeit angenommen werden könnte. 11

V. ArbGG, VwGO, AO

Siehe Vor §§ 864–871 Rdn. 8. 12

---

36 BGHZ 104, 298 = NJW 1988, 2789; kritisch dazu *Gaul*, NJW 1989, 2509.

§ 865 Verhältnis zur Mobiliarvollstreckung

(1) Die Zwangsvollstreckung in das unbewegliche Vermögen umfasst auch die Gegenstände, auf die sich bei Grundstücken und Berechtigungen die Hypothek, bei Schiffen oder Schiffsbauwerken die Schiffshypothek erstreckt.

(2) [1]Diese Gegenstände können, soweit sie Zubehör sind, nicht gepfändet werden. [2]Im Übrigen unterliegen sie der Zwangsvollstreckung in das bewegliche Vermögen, solange nicht ihre Beschlagnahme im Wege der Zwangsvollstreckung in das unbewegliche Vermögen erfolgt ist.

Übersicht

	Rdn.		Rdn.
I. Zweck der Norm	1	3. Folgen eines Verstoßes gegen Abs. 2 Satz 1	5
II. Der Hypothek unterliegenden Gegenstände	2	IV. Die Zwangsvollstreckung in die übrigen Gegenstände des Hypothekenverbandes (Abs. 2 Satz 2)	6
III. Die Zwangsvollstreckung in Zubehör (Abs. 2 Satz 1)	3		
1. Zubehör im Eigentum des Grundstückseigentümers	3	V. Rechtsbehelfe bei Nichtbeachtung des § 865	10
2. Regeln zur Bestimmung des Zubehörs	4	VI. ArbGG, VwGO, AO	11

Literatur:

App, Zum Vorgehen bei der Vollstreckung in Ersatzteile von Luftfahrzeugen, ZKF 2013, 204; *Cranshaw*, Unzulässige (»dingliche«) Pfändung des Zwangsverwaltungsüberschusses nach Aufhebung der Zwangsverwaltung auf vorbehaltslose Antragsrücknahme, jurisPR- InsR 1/2014(Anm. 1); *Dorn*, Bestandteile und Zubehör in der Zwangsversteigerung, Rpfleger 1987, 143; *Eckardt*, Das Grundstückszubehör in der Zwangsvollstreckung, ZJS 2012, 467; *Fischer*, Aus der Praxis: Der findige Vollstreckungsgläubiger, JuS 2006, 707; *Gaul*, Sachenrechtsordnung und Vollstreckungsordnung im Konflikt, NJW 1989, 2509; *Geißler*, Das Anwartschaftsrecht des Vorbehaltskäufers mit seinen Berührungspunkten zur Mobiliarvollstreckung, DGVZ 1990, 81; *Graba/Teufel*, Anwartschaftsrecht am Zubehör in der Grundstücksversteigerung, Rpfleger 1979, 401; *Herminghausen*, Zuständigkeit für Zwangsvollstreckung in Zubehör eines landwirtschaftlichen Grundstücks, NJW 1952, 531; *Hoche*, Zum Widerspruchsrecht des Hypotheken-Gläubigers gegen die Pfändung von Grundstückserzeugnissen, NJW 1952, 961; *Holch*, Sind Einbauküchen pfändbar?, DGVZ 1998, 65; *Jaeger*, Einbauküche – Wesentlicher Bestandteil oder Zubehör?, NJW 1995, 432; *Kerres*, Das Verfahren zur Pfändung und Versteigerung von Scheinbestandteilen (Gebäuden auf fremdem Boden) und fremdem Zubehör zu einem Grundstück, DGVZ 1990, 55; *Lauer*, Die Pfändung der dinglichen Miet- und Pachtzinsansprüche, MDR 1984, 977; *Liermann*, Anwartschaft auf Eigentumserwerb und Zwangsvollstreckung, JZ 1962, 658; *Möschel*, Die Eigentumsanwartschaft an Zubehörstücken in der Grundstückszwangsversteigerung, BB 1970, 237; *Mylich*, Der Zugriff Dritter auf den künftigen Grundstücksmietzins – Ein Beitrag zum Grundstücksmietzins als Kreditsicherheit und Vollstreckungsobjekt, WM 2010, 1923; *Noack*, Die Pfändung von Früchten auf Grundstücken, Rpfleger 1969, 113; *ders.*, Zur Mobiliarvollstreckung in Gebäude als bewegliche körperliche Sachen, ZMR 1982, 97; *ders.*, Wirtschaftliche und rechtliche Zusammengehörigkeit zwischen einem Grundstück und seinem Zubehör. Verbot der Einzelvollstreckung nach § 808 ZPO in Zubehör durch die Regelung in § 865 ZPO, §§ 20, 55, 90 ZVG, §§ 97, 98, 1120 f. BGB, DGVZ 1983, 177; *ders.*, Die Mobiliarvollstreckung von Scheinbestandteilen und fremdem Zubehör zu einem Grundstück, DGVZ 1985, 161; *Oertel*, Die Wärmeerzeugungsanlage – Wesentlicher Bestandteil oder Scheinbestandteil des Gebäudes?, CuR 2004, 6; *Paschold*, Die Grundstücksbeschlagnahme nach § 20 ZVG und ihre Auswirkung auf die Fahrnisvollstreckung des Gerichtsvollziehers, DGVZ 1974, 53; *Plander*, Erstreckung der Hypothekenhaftung auf bewegliche Sachen und deren Enthaftung nach §§ 1121 f., 135 Abs. 2, 136, 932 f., 936 BGB, JuS 1975, 345; *Schmidt*, Pfändbarkeit einer Saunaanlage – wesentlicher Bestandteil, Zubehör oder einfach eine bewegliche Sache?, JurBüro 2004, 467; *Schreiber*, Der Hypothekenhaftungsverband, Jura 2006, 597; *Schuschke*, Pfändung mithaftender Mieten/ Pachten durch absonderungsberechtigte Grundpfandgläubiger, BGHReport 2006, 1320; *Student*, Das Pfändungsverbot des § 865 Abs. 2 S. 1 ZPO, Diss. Tübingen 1970*Zipperer*, Die Pfändung von Miet- und Pachtzinsforderungen aus dinglichen Titeln – die ewig junge »Pfändungsbeschlagnahme«, ZfIR 2006, 395.

I. Zweck der Norm

1 Der Wert eines Grundstücks wird wirtschaftlich nicht nur durch den Grund und Boden bestimmt, sondern auch durch die Gegenstände, auf die sich nach den §§ 1120 ff. BGB die Hypothek erstreckt. Dieser wirtschaftlichen Einheit muss auch in der Zwangsvollstreckung sinnvoll Rechnung getragen

werden. Dies bezweckt Abs. 1. Ansonsten wäre etwa ein hinsichtlich des gesamten Zubehörs ausgeschlachtetes Grundstück oft nur noch mit Mühen und unter Wert zu veräußern. Dem will konkret die Vorschrift des Abs. 2 Satz 1 entgegenwirken. Zudem gilt es, die möglichen Kollisionsprobleme beim Zusammentreffen von Mobiliar- und Immobiliarzwangsvollstreckung aufzufangen. Dies ist insbesondere das Ziel von Abs. 2 Satz 2.

II. Der Hypothek unterliegende Gegenstände

Gem. § 1120 BGB erstreckt sich die auf einem Grundstück lastende Hypothek auch auf die vom Grundstück getrennten Erzeugnisse und sonstigen Bestandteile, soweit sie nicht mit der Trennung nach den §§ 954–957 BGB in das Eigentum eines anderen als des Grundstückseigentümers gelangt sind, sowie auf das Zubehör des Grundstücks, soweit es Eigentum des Grundstückseigentümers geworden war. Nach Maßgabe der §§ 1123–1125 BGB erstreckt die Hypothek sich ferner auf Miet- und Pachtforderungen für das Grundstück, gem. § 1126 BGB auf mit dem Eigentum an dem Grundstück verbundene Rechte auf wiederkehrende Leistungen und nach Maßgabe der §§ 1127–1130 BGB auf bestimmte Versicherungsforderungen.

Die Schiffshypothek erstreckt sich auf das Zubehör, soweit es im Eigentum des Schiffseigners steht (§ 31 SchiffsRG) und auf bestimmte Versicherungsforderungen gem. §§ 32 ff. SchiffsRG. Dem Registerpfandrecht an Luftfahrzeugen unterliegen schließlich das Zubehör (§ 31 LuftfzRG) und bestimmte Versicherungsforderungen (§ 32 LuftfzRG).

III. Die Zwangsvollstreckung in Zubehör (Abs. 2 Satz 1)

1. Zubehör im Eigentum des Grundstückseigentümers

Zubehör, das im Eigentum des Grundstückseigentümers (Schiffseigentümer) steht, kann, solange es zum Haftungsverband der Hypothek gehört, nicht im Wege der Mobiliarvollstreckung gepfändet werden. Dies gilt unabhängig davon, ob das Grundstück (Schiff) tatsächlich mit einer Hypothek belastet ist oder nicht. Wie das Zubehör selbst ist auch das Anwartschaftsrecht auf Eigentumserwerb an Zubehörstücken zu behandeln: Wäre das Zubehörstück im Eigentum des Schuldners nicht pfändbar, so kann auch auf das Anwartschaftsrecht nicht isoliert zugegriffen werden.[1] Zubehörstücke, die nicht zum Schuldnervermögen gehören, können dagegen von den Gläubigern der tatsächlichen Eigentümer (soweit der Besitzer seine Zustimmung gem. § 809 erteilt) als bewegliche körperliche Sachen gepfändet werden. Für sie gilt Abs. 2 Satz 1 nicht. Allerdings ist zulasten der tatsächlichen Eigentümer derartiger Zubehörstücke § 55 Abs. 2 ZVG zu beachten: Befanden sie sich zum Zeitpunkt des Zuschlages in der Zwangsversteigerung noch auf dem Grundstück und hatte der Eigentümer sein Recht nicht gem. § 37 Nr. 5 ZVG, § 771 bereits geltend gemacht (über die Klage muss allerdings noch nicht entschieden worden sein), so erwirbt der Ersteher mit dem Zuschlag gem. § 90 Abs. 2 ZVG auch an diesen Gegenständen Eigentum. Der gute Glaube des Erwerbers spielt insoweit keine Rolle. Für Gläubiger des Erstehers sind diese Zubehörstücke nunmehr gem. § 865 Abs. 2 Satz 1 unpfändbar.

Ehemalige Zubehörstücke, die mit dem Verlust ihrer Zubehöreigenschaft[2] vor der Beschlagnahme des Grundstücks gem. §§ 1121 Abs. 1, 1122 Abs. 2 BGB von der Haftung freigeworden sind, können wieder wie jede andere körperliche Sache gem. §§ 808 ff. vom Gerichtsvollzieher gepfändet werden. Ob ein Zubehörstück auch noch nach der Beschlagnahme des Grundstücks von der Haftung freiwerden und deshalb danach auch wieder gepfändet werden kann, richtet sich nach § 23 ZVG. Dafür, ob sich ein Zubehörstück noch auf dem Grundstück befindet oder »von dem

---

1 BGHZ 35, 85; BeckOK-ZPO/*Riedel,* § 865 Rn. 6; *Brox/Walker,* Rn. 216; *Kindl/Meller-Hannich/Wolf/ Noethen,* § 865 Rn. 6; *Graba/Teufel,* Rpfleger 1979, 401; *Liermann,* JZ 1972, 658; a. A. *Baur/Stürner/Bruns,* Rn. 34, 21; *Gaul/Schilken/Becker-Eberhard,* § 49 Rn. 27; *Geißler,* DGVZ 1990, 86.

2 In beiden Fällen dienen sie nicht mehr der Zweckbestimmung des Grundstücks.

Grundstück entfernt« worden ist, ist die tatsächliche Besitzlage maßgebend. Die Fiktion des § 739 gilt insoweit nicht.[3]

2. Regeln zur Bestimmung des Zubehörs

4 Die Frage, wann eine bewegliche körperliche Sache als Zubehör eines Grundstücks anzusehen ist, sodass die vorstehend dargestellten Regeln auf sie Anwendung finden, richtet sich allein nach dem materiellen Recht, also nach den §§ 97, 98 BGB. So können im Einzelfall auch Gebäude[4] oder Gebäudeteile[5] Zubehör sein ebenso wie sie wesentlicher Bestandteil oder auch Scheinbestandteil ohne Zubehöreigenschaft[6] sein können. Entscheidend ist insoweit nicht der äußere Eindruck (feste Verbindung mit dem Grundstück); es kommt vielmehr auf den Willen des Grundstückseigentümers und gegebenenfalls auf seine Vereinbarungen mit dem Ersteller des Gebäudes an. Unproblematisch gehört der in einem Gebäude gelagerte Heizölvorrat als Zubehör zum hypothekarischen Haftungsverband und kann daher nicht als bewegliche Sache gepfändet werden.[7] Ebenso handelt es sich bei der in einem Wohnhaus installierten Kleinkläranlage[8] oder die auf einem Mehrfamilienhaus installierte Sattelitenempfangsanlage[9] um Zubehör. Ob Einbauküchen als Zubehör anzusehen sind, ist umstritten und wird in den einzelnen OLG-Bezirken verschieden beurteilt.[10]

3. Folgen eines Verstoßes gegen Abs. 2 Satz 1

5 Wird ein Zubehörstück entgegen Abs. 2 Satz 1 vom Gerichtsvollzieher gepfändet, so ist die Pfändung nicht nichtig,[11] obwohl das funktionell unzuständige Vollstreckungsorgan tätig wurde, sondern nur anfechtbar.[12] Die Frage, ob ein Gegenstand Zubehör ist oder nicht, ist oft schwierig zu beantworten und vor allem nicht immer aufgrund des äußeren Eindrucks zu entscheiden. Deshalb ist ein möglicher Fehler des Gerichtsvollziehers, der grds. zur Pfändung beweglicher Sachen zuständig ist, insoweit vielfach nicht offensichtlich. Es muss dem Schuldner und betroffenen Dritten überlassen bleiben, die Pfändung mit den zulässigen Rechtsbehelfen[13] zu beseitigen.

IV. Die Zwangsvollstreckung in die übrigen Gegenstände des Hypothekenverbandes (Abs. 2 Satz 2)

6 Sie unterliegen der Zwangsvollstreckung in das bewegliche Vermögen, solange nicht ihre Beschlagnahme im Wege der Zwangsvollstreckung in das unbewegliche Vermögen erfolgt ist. Wann die Beschlagnahme dieser Gegenstände im Wege der Immobiliarvollstreckung erfolgt, hängt davon ab, ob im Wege der Zwangsversteigerung oder der Zwangsverwaltung vorgegangen wird; denn

---

3 OLG Bamberg, FamRZ 1962, 391; LG Coburg, FamRZ 1962, 387.
4 Beispiele: **Einerseits** OLG Zweibrücken, DGVZ 1976, 172; LG Braunschweig, DGVZ 1972, 169; LG Frankenthal, DGVZ 1976, 86; AG Braunschweig, DGVZ 1972, 118; **andererseits** LG Berlin, DGVZ 1976, 26.
5 Vgl. BGHZ 62, 49 = WM 1974, 70; BGH, NJW 1984, 22.
6 Siehe auch § 864 Rdn. 2.
7 LG Braunschweig, ZMR 1990, 61; AG Saarlouis, DGVZ 1999, 187.
8 LG Traunstein, DGVZ 2009, 44.
9 LG Nürnberg-Fürth, DGVZ 1996, 123.
10 Vgl. BeckOK – ZPO/*Riedel*, § 865 Rn. 11.1; *Holch*, DGVZ 1998, 65; *Jaeger*, NJW 1995, 432, aus der Rspr. etwa OLG Nürnberg, NJW-RR 2002, 387; OLG Zweibrücken, Rpfleger 1993, 169; AG Bad Neuenahr-Ahrweiler, DGVZ 2004, 159; AG Linz, ZMR 1996, 269 m.Anm. *Baldus*.
11 So aber RGZ 135, 197, 206; OLG München, MDR 1957, 428; PG/*Zempel*, § 865 Rn. 18; Zöller/Stöber, § 865 Rn. 11.
12 Wie hier etwa *Brox/Walker*, Rn. 229; *Gaul*, NJW 1989, 2512; *Gaul/Schilken/Becker-Eberhard*, § 24 Rn. 8; *Lackmann*, Rn. 259; *MüKo/Eickmann*, § 865 Rn. 63; *Musielak/Becker*, § 865 Rn. 10; *Stein/Jonas/Münzberg*, § 865 Rn. 36; *Thomas/Putzo/Seiler*, § 865 Rn. 5.
13 Einzelheiten unten Rdn. 10.

der Umfang der Beschlagnahme ist bei der Zwangsverwaltung weitergehend (§ 148 ZVG) als bei der Zwangsversteigerung (§§ 20 Abs. 2, 21, 23 Abs. 1 und 2 ZVG): Während mit Anordnung der Zwangsverwaltung sogleich alle zum Haftungsverband zählenden Gegenstände beschlagnahmt sind, sodass etwa Miet- und Pachtforderungen von diesem Augenblick an nicht mehr gem. § 829 gepfändet werden können, umfasst die Beschlagnahme bei Anordnung der Zwangsversteigerung die Miet- und Pachtforderungen sowie die Ansprüche aus einem mit dem Eigentum an dem Grundstück verbundenen Rechte auf wiederkehrende Leistungen überhaupt nicht (§ 21 Abs. 2 ZVG), landwirtschaftliche Erzeugnisse[14] sowie die Forderung aus einer Versicherung solcher Erzeugnisse nur, soweit die Erzeugnisse (falls sie nicht zugleich Zubehör des Grundstücks sind) noch mit dem Boden verbunden sind (§ 21 Abs. 1 ZVG).

Die Beschlagnahme der Miet- und Pachtzinsforderungen »im Wege der Zwangsvollstreckung« kann außer durch Zwangsverwaltung des Grundstücks auch noch dadurch erfolgen, dass ein Gläubiger aufgrund eines dinglichen (also auf Duldung der Zwangsvollstreckung aus einem bestimmten Grundstück lautenden) Titels gem. § 1147 BGB in eine solche Forderung nach §§ 829 ff vollstreckt: Die Forderung ist dann dem Zugriff aller persönlichen Gläubiger aufgrund eines »gewöhnlichen« Zahlungstitels durch § 829 entzogen.[15] Bereits erfolgte Pfändungen für persönliche Gläubiger bleiben wirksam, treten aber im Rahmen der §§ 1123, 1124 BGB im Rang hinter der dinglichen Beschlagnahme zurück.[16] Dingliche Gläubiger können weiter in die Forderung vollstrecken; der Rang ihrer Pfandrechte richtet sich aber nicht nach dem Prioritätsprinzip, sondern nach dem dinglichen Rangverhältnis, wie es sich aus § 10 ZVG ergibt.[17] Waren künftige Mietforderungen bereits vor der Beschlagnahme an einen Dritten abgetreten, wird diese Abtretung dem dinglichen Gläubiger gegenüber zwar nicht rückwirkend, aber vom Zeitpunkt der Beschlagnahme an unwirksam.[18] Eine rückwirkende Unwirksamkeit solcher vorangehenden Verfügungen tritt auch dann nicht ein, wenn der aus einem persönlichen Titel pfändende Vollstreckungsgläubiger zuvor bereits eine Zwangshypothek erwirkt hatte.[19]

Die Pfändung von mithaftenden Mieten oder Pachten durch einen absonderungsberechtigten Gläubiger ist nach Eröffnung des Insolvenzverfahrens unzulässig.[20]

Gegenstände, die im Wege der zulässigen Mobiliarvollstreckung bereits verwertet worden sind, wenn die Beschlagnahme des Grundstücks angeordnet wird, sind dem Zugriff der an der Immobiliarvollstreckung beteiligten Gläubiger endgültig entzogen. Sind dagegen Erzeugnisse oder Forderungen zwar bereits gepfändet, aber noch nicht verwertet, wenn eine sie umfassende Beschlagnahme des Grundstücks erfolgt, so erstreckt sich die Beschlagnahme nunmehr auch auf sie,[21] das Pfandrecht bleibt allerdings bestehen. Im Hinblick auf § 23 ZVG, § 772 kommt eine Veräußerung oder sonstige Verwertung im Wege der Mobiliarvollstreckung nun nicht mehr in Betracht.[22] Der Pfändungsgläubiger muss sein Recht gem. § 37 Nr. 4 ZVG anmelden. Hinsichtlich des Ranges des Pfändungsgläubigers und des die Immobiliarvollstreckung betreibenden Gläubigers entscheidet § 10 ZVG. Für dingliche Gläubiger ist die Rangordnung ihrer Rechte maßgebend; dingliche Gläubiger genießen ihrerseits Vorrang vor persönlichen Gläubigern, soweit ihr dingliches Recht

---

14 Zum möglichen Pfändungsschutz gem. § 811 Nr. 4 siehe OLG Celle, MDR 1962, 139.
15 BGH, NJW-RR 2005, 1466; *Brox/Walker*, Rn. 518; MüKo-BGB/*Eickmann*, § 1123 Rn. 22; *Lauer*, MDR 1984, 977; *Zipperer*, ZfIR 2006, 395.
16 *Fischer*, JuS 2006, 707.
17 Einzelheiten zum privilegierten Zugriff auf Miet- und Pachtzinsforderungen: Staudinger/*Wolfsteiner*, Ausgabe 2009, § 1123 BGB Rn. 20-24.
18 BGH, NJW-RR 2005, 1467.
19 BGH, NJW 2008, 1599 mit Anm. *Zimmer*, NJW 2008, 1600.
20 BGHZ 168, 339 = Rpfleger 2006, 549 mit Anm. *K. Schmidt*, JuS 2007, 290 und *Schädlich/Stapper*, NZI 2006, 577; vgl. auch BGH, Rpfleger 2007, 219.
21 OLG Celle, JR 1955, 267.
22 *Gaul/Schilken/Becker-Eberhard*, § 49 Rn. 26.

§ 865 ZPO Verhältnis zur Mobiliarvollstreckung

älter ist (auch wenn sie später erst die Beschlagnahme des Grundstücks betrieben haben); unter persönlichen Gläubigern ist die Priorität der Pfändung bzw. Beschlagnahme maßgebend.

9   Werden nach der Beschlagnahme im Zuge der Immobiliarvollstreckung irrtümlich noch zum Hypothekenverband gehörende Gegenstände (z. B. Mietforderungen nach Anordnung der Zwangsverwaltung) gepfändet, so ist die Pfändung nicht unwirksam, sondern nur anfechtbar. Insoweit gilt das Gleiche wie bei der irrtümlichen Pfändung von Zubehörstücken.[23] Das durch die anfechtbare Pfändung begründete Pfandrecht nimmt bis zur Anfechtung den sich aus den obigen Regeln[24] ergebenden Rang ein,[25] berechtigt also materiellrechtlich nach durchgeführter Verwertung (z. B. nach Einziehung der überwiesenen Mietforderung) nur insoweit endgültig zum Behaltendürfen des Erlöses, wie die Befriedigung nicht auf Kosten vorrangiger Gläubiger erfolgte. Diese können den zu Unrecht ausgekehrten Erlös ansonsten nach § 812 BGB vom Pfändungsgläubiger herausverlangen.[26]

V. Rechtsbehelfe bei Nichtbeachtung des § 865

10 Wird unzulässigerweise ein nach § 865 der Mobiliarvollstreckung entzogener Gegenstand doch gepfändet, können sowohl der Schuldner als auch alle durch diese Pfändung benachteiligten Gläubiger, insbesondere also die Hypothekengläubiger und alle, die bereits die Beschlagnahme des Grundstücks erwirkt haben, ferner auch der Zwangsverwalter, Erinnerung nach § 766 einlegen. Das Recht des Hypothekengläubigers aus § 1120 BGB ist zudem ein »die Veräußerung hinderndes Recht«, das zur Klage nach § 771 berechtigt.[27] Wurde ein der Hypothekenhaftung unterliegender Gegenstand gepfändet,[28] so kann der vorrangige dingliche Gläubiger sein Recht auf vorzugsweise Befriedigung aus dem Erlös mit der Klage gem. § 805 geltend machen.[29]

VI. ArbGG, VwGO, AO

11 Siehe Vor §§ 864–871 Rdn. 8.

---

23 Siehe oben Rdn. 5.
24 Siehe Rdn. 8.
25 A. A. (es entsteht kein Pfandrecht) *Baur/Stürner/Bruns*, Rn. 28.3; *Gaul/Schilken/Becker-Eberhard*, § 49 Rn. 31.
26 Siehe auch Anh. § 771 Rdn. 2.
27 Siehe hierzu im Einzelnen § 771 Rdn. 26; kritisch insoweit allerdings: *Stein/Jonas/Münzberg*, § 865 Rdn. 36.
28 Oben Rdn. 6.
29 *Stein/Jonas/Münzberg*, § 865 Rn. 33.

§ 866 Arten der Vollstreckung

(1) Die Zwangsvollstreckung in ein Grundstück erfolgt durch Eintragung einer Sicherungshypothek für die Forderung, durch Zwangsversteigerung und durch Zwangsverwaltung.

(2) Der Gläubiger kann verlangen, dass eine dieser Maßregeln allein oder neben den übrigen ausgeführt werde.

(3) ¹Eine Sicherungshypothek (Absatz 1) darf nur für einen Betrag von mehr als siebenhundertfünfzig Euro eingetragen werden; Zinsen bleiben dabei unberücksichtigt, soweit sie als Nebenforderung geltend gemacht sind. ²Auf Grund mehrerer demselben Gläubiger zustehender Schuldtitel kann eine einheitliche Sicherungshypothek eingetragen werden.

Übersicht	Rdn.			Rdn.
I. Arten der Zwangsvollstreckung in das Grundstück (Abs. 1)	1	III.	Der Mindestbetrag der Zwangshypothek (Abs. 3)	6
1. Zwangshypothek	2	1.	Mindestbetrag von 750 Euro	6
2. Zwangsverwaltung	2	2.	Keine Anwendbarkeit bei freiwillig bestellten Sicherungshypotheken	7
3. Zwangsversteigerung	3	3.	Rechtsfolgen eines Verstoßes gegen Abs. 3	8
II. Verhältnis der drei Vollstreckungsarten zueinander (Abs. 2)	4	IV.	Gebühren	9
		V.	ArbGG, VwGO, AO	10

Literatur (zugleich auch zu §§ 867, 868):
Alff, Immobiliarvollstreckung nach Gläubigeranfechtung, Rpfleger 2003, 284; *ders.*, Beitragsforderungen bei Zwangsvollstreckung in Wohnungseigentum, ZWE 2010, 105; *Alff/Hintzen*, Die wiederauferstandene Zwangshypothek, ZInsO 2006, 481; *Bestelmeyer*, Zur nachträglichen absoluten schwebenden Unwirksamkeit einer von der insolvenzrechtlichen Rückschlagsperre betroffenen Zwangshypothek, Rpfleger 2006, 388; *ders.*, Die klinisch tote BGH-GbR, ungelöste und unlösbare GbR-Probleme nach dem Inkrafttreten des ERVGBG, Rpfleger 2010, 169; *Böhringer*, Zur Grundbuchfähigkeit der Wohnungseigentümergemeinschaft, Rpfleger 2006, 53; *ders.*, Entwicklungen des Grundstücks- und Grundbuchrechts seit 2007, Rpfleger 2009, 124; *Böttcher*, Zwangshypothek und Insolvenzeröffnung, NotBZ 2007, 86; *ders.*, Immobiliengeschäfte mit der Gesellschaft bürgerlichen Rechts, ZNotP 2010, 173; *Bredow/Wetzlar/Thum*, Die Besicherung von privatplazierten Schifffinanzierungen, ZIP 2014, 1316; *Bruder*, Zwangshypothek bei mehreren zu belastenden Grundstücken, NJW 1990, 1163; *Cranshaw*, Effizientes Zwangsversteigerungs- und Zwangsverwaltungsmanagement – Perspektiven aus Gläubigersicht, ZfIR 2013, 345; *Deimann*, Gesamtzwangssicherungshypothek und die »vergessene« Regelung des § 868, Rpfleger 2000, 193; *ders.*, Erlöschen einer Gesamtzwangshypothek bei Eröffnung des Insolvenzverfahrens, Rpfleger 2004, 40; *Demharter*, Zur Eintragung einer Wohnungseigentümergemeinschaft als Gläubigerin einer Zwangssicherungshypothek, Rpfleger 2006, 120; *ders.*, Zwangshypothek für den Verwalter als Verfahrensstandschafter, ZfIR 2001, 957; *ders.*, Zur insolvenzrechtlichen Rückschlagsperre und deren Auswirkungen auf Grundpfandrechte, Rpfleger 2006, 256; *Dümig*, Fehler bei der Eintragung von Zwangshypotheken, Rpfleger 2004, 1; *ders.*, Zur Rechtsfähigkeit der Wohnungseigentümergemeinschaft, Rpfleger 2005, 528; *Eickmann*, Zur Frage der Zulässigkeit der Eintragung eines Amtswiderspruchs gegen eine Zwangssicherungshypothek, ZfIR 2005, 827; *Eiselt*, Zur Eintragungsfähigkeit der Kosten der Zwangsvollstreckung bei der Sicherungshypothek, BWNotZ 1984, 68; *Fischinger*, Aktuelle Fragen der Zwangshypothek, WM 2009, 637; *Hasselblatt*, Praxishinweise zur Zwangsverwaltung – nicht nur für Gläubiger, NJW 2012, 3222; *Heil*, Das Grundeigentum der Gesellschaft bürgerlichen Rechts – res extra commercium?, NJW 2002, 2158; *Heinze*, Nachträgliche Eintragung der Gesellschafter einer Namens-GbR, DNotZ 2010, 695; *ders.*, Die Gesellschaft bürgerlichen Rechts im Grundbuchverkehr, RNotZ 2010, 289; *Hintzen*, Die Rechtsprechung zur Zwangssicherungshypothek im Eintragungsverfahren 1980–1990, ZIP 1991, 474; *ders.*, Antragsprobleme bei der Zwangshypothek, Rpfleger 1991, 286; *Holch*, Vollstreckung aus der Zwangshypothek, Rpfleger 1993, 140; *Keller*, Die Wirkungen der Rückschlagsperre des § 88 InsO auf die Sicherungshypothek nach §§ 866, 867, ZIP 2006, 1174; *ders.*, Wann ist die Anordnung einer Zwangsverwaltung für den Gläubiger eines Grundstückseigentümers ratsam?, NJ 2005, 498; *Klawikowski*, Zur Eintragung von Zinsen bei Grundpfandrechten, Rpfleger 2007, 388; *Lautner*, Rechtsfähigkeit ohne Grundbuchfähigkeit? – Das Dilemma der Außengesellschaft bürgerlichen Rechts im Grundstücksrecht, MittBayNot 2005, 93; *ders.*, Alles wieder beim Alten? – Die gesetzliche Neuregelung zur Teilnahme der Gesellschaft bürgerlichen Rechts am Grundstücksverkehr, DNotZ 2009, 650; *Mensch*, Grundbuchprüfung bei Eintragung von Zwangssicherungshypotheken, RpflStud 2010, 41; *ders.*, Materielle Einwendungen gegen eine Zwangssicherungshypothek, Rpfleger

2009, 609; *Morvilius*, Die Zwangshypothek und die Arresthypothek, FPR 2013, 382; *Mylich*, Die Einordnung der gepfändeten Eigentümergrundschuld als Zwangshypothek, ZZP 2013, 2013; *Nagel*, Grundeigentum und Grundbucheintragung der GbR, NJW 2003, 1646; *Ott*, Zur Grundbuchfähigkeit der GbR und des nicht eingetragenen Vereins, NJW 2003, 1223; *Scherer*, Neuregelung für Grundstücksgeschäfte mit einer GbR – Rückschritt auf dem Weg zur Rechtsfähigkeit der GbR, NJW 2009, 3063; *Schmidt-Räntsch, Aktuelle Probleme im Bereich der Grundpfandrechte, ZNotP 2012, 362; Thietz-Bartram*, Keine Sperre durch die Rückschlagsperre – Zur Heilung der Unwirksamkeit von gegen § 88 InsO verstoßenden Vollstreckungen, ZInsO 2006, 527; *Ulmer/Steffek*, Grundbuchfähigkeit einer rechts- und parteifähigen GbR, NJW 2002, 330; *Volmer*, Anmerkung zur Rechtsprechung des BGH zur Eintragung einer GbR im Grundbuch unter ihrem Namen, ZflR 2009, 97; *Wagner*, Grundbuchfähigkeit der Gesellschaft bürgerlichen Rechts, ZIP 2005, 637; *Wertenbruch*, Grundbucheintragung und Zwangshypothek bei der Gesellschaft bürgerlichen Rechts, WPM 2003, 1785; *ders.*, Die Parteifähigkeit der GbR – die Änderungen für die Gerichts- und Vollstreckungspraxis, NJW 2002, 324; *Wilsch*, Teilrechtsfähigkeit der Wohnungseigentümergemeinschaft und Grundbuchverfahren, RNotZ 2005, 536; *ders.*, Die Rückschlagsperre nach § 88 InsO im Lichte der neueren BGH-Rechtsprechung, JurBüro 2006, 396; *ders.*, Titel zur Duldung der Zwangsvollstreckung als Grundlage der Sicherungsvollstreckung und der Eintragung einer Zwangshypothek, ZflR 2013, 783; *Zeiser*, Zwangssicherungshypothek wegen Wohngeldansprüchen nach der WEG-Reform, Rpfleger 2008, 58; *Zeising*, Zwangshypothek, Arresthypothek und Bauwerksicherungshypothek – vom Bauunternehmer zum Grundpfandgläubiger, Jura 2008, 763.

I. Arten der Zwangsvollstreckung in das Grundstück (Abs. 1)

1 Dem Gläubiger stehen drei Möglichkeiten der Vollstreckung in das unbewegliche Vermögen zur Verfügung:

1. Zwangshypothek

Die Eintragung einer Zwangshypothek (Abs. 3 und § 867) führt noch nicht zur Befriedigung des Gläubigers, sondern gibt ihm lediglich eine dingliche Sicherheit für seine Forderung. Sie ist als erster Schritt zu empfehlen, wenn ein persönlicher Gläubiger des Schuldners die Zwangsvollstreckung betreibt, um für den weiteren Verlauf der Vollstreckung die Vorteile einer dinglichen Sicherheit zu erlangen, insbesondere eine feste Rangstelle in der Zwangsversteigerung. Vollstreckungsorgan, an das der Gläubiger seinen Antrag zu richten hat, ist das Grundbuchamt.

2. Zwangsverwaltung

2 Durch die Zwangsverwaltung (§§ 146–161 ZVG) werden die laufenden Erträge des Grundstücks zur Befriedigung des Gläubigers verwertet, während die Substanz des Grundstücks dem Schuldner noch ungeschmälert erhalten bleibt. Die Zwangsverwaltung empfiehlt sich[1] nicht nur, wenn das Grundstück so hohe Erträge abwirft, dass aus ihnen allein eine Tilgung der Schuld möglich erscheint, sondern auch in Vorbereitung einer beabsichtigten Zwangsversteigerung, da die Beschlagnahme durch die Zwangsverwaltung auch die Miet- und Pachtforderungen erfasst und das Recht des Schuldners beschneidet, über einzelne zum Grundstück gehörende Sachen in den Grenzen einer ordnungsgemäßen Wirtschaft weiter zu verfügen (§ 148 ZVG), während die Beschlagnahme im Rahmen der Zwangsversteigerung insoweit nicht durchgreift (§§ 21 Abs. 2, 23 Abs. 1 Satz 2 ZVG).[2] Der Antrag auf Anordnung der Zwangsverwaltung ist an das Vollstreckungsgericht (§ 1 Abs. 1 ZVG) zu richten. Dieses bestellt zur Durchführung der Zwangsverwaltung einen Zwangsverwalter (§ 150 Abs. 1 ZVG). Dessen Rechtsstellung ähnelt derjenigen des Insolvenzverwalters.

---

[1] Zu den Fällen, in denen Gläubigern die Wahl der Zwangsverwaltung anzuraten ist, ausführlicher: *Haselblatt*, NJW 2012, 3222; *Keller*, NJ 2009, 498.

[2] Siehe hierzu auch § 865 Rdn. 6.

Einzelheiten zu seiner Rechtsstellung und Vergütung sind auf der Grundlage des § 152a ZVG in der Zwangsverwalterverordnung vom 19.12.2003 (ZwVwV)[3] geregelt.[4]

3. Zwangsversteigerung

Die Zwangsversteigerung führt schließlich zur Verwertung der Substanz des Grundstücks einschließlich der mithaftenden Gegenstände mit dem Ziel der Befriedigung des Gläubigers. Die Zwangsversteigerung ist in der Regel ein langwieriger Weg, da dem Schuldner zahlreiche Möglichkeiten eingeräumt worden sind (vgl. §§ 30, 30a-d, 31, 85a ZVG), das Verfahren einstweilen zu unterbrechen, um seinen Grundbesitz doch noch zu erhalten. Auch der Antrag, die Zwangsversteigerung eines Grundstücks anzuordnen, ist an das Vollstreckungsgericht (§ 1 Abs. 1 ZVG) zu richten.

II. Verhältnis der drei Vollstreckungsarten zueinander (Abs. 2)

Grundsätzlich kann der Gläubiger sowohl jede der drei Vollstreckungsarten isoliert betreiben als auch alle drei oder zwei davon gleichzeitig nebeneinander. Da die drei Vollstreckungsarten den Gläubiger unterschiedlich sichern und zu einer unterschiedlich weitgehenden Beschlagnahme des Grundstücks führen, kann es auch durchaus sinnvoll, ja geboten sein,[5] die drei Wege nebeneinander zu beschreiten. Folgende Einschränkungen der Wahlfreiheit des Gläubigers sind zu beachten: Betreibt der Gläubiger lediglich die Sicherungsvollstreckung gem. § 720a oder will er aus einem Arrestbefehl in den Grundbesitz vollstrecken (§ 932 Abs. 1), so kann er nur die Eintragung einer Sicherungshypothek beantragen, vorläufig aber nicht die Einleitung des Zwangsverwaltungs- oder Zwangsversteigerungsverfahrens erreichen.

Die Höhe der Forderung, wegen der die Zwangsvollstreckung betrieben wird, ist nur bei Eintragung einer Sicherungshypothek von Bedeutung (Abs. 3 Satz 1),[6] nicht bei den beiden anderen Vollstreckungsarten. Abs. 3 Satz 1 kann keine allgemeine Regel dahingehend entnommen werden, dass der Grundbesitz des Schuldners dem Zugriff wegen geringwertiger Forderungen entzogen sei; die Vorschrift soll allein die Übersichtlichkeit des Grundbuchs sichern,[7] nicht aber den Grundbesitz in der Zwangsvollstreckung privilegieren. Auch Art. 14 GG gebietet keine Sonderbehandlung des Grundbesitzes als Vollstreckungsobjekt.[8] Die Zwangsvollstreckung in das unbewegliche Vermögen ist deshalb auch nicht subsidiär gegenüber der Zwangsvollstreckung in Geldforderungen und bewegliche Sachen. Es bleibt dem Schuldner überlassen, den Zugriff auf sein Grundstück durch freiwillige Leistungen abzuwenden. Besonderen sozialen Härten im Einzelfall kann durch § 765a begegnet werden.[9] Eine Ausnahme gilt allerdings, wenn Gläubiger die Finanzverwaltung ist: die Vollstreckungsbehörde soll wegen Steuer- und Bußgeldschulden die Immobiliarvollstreckung erst betreiben, wenn sie die Möglichkeiten der Mobiliarvollstreckung ausgeschöpft hat (§§ 322 Abs. 4, 412 Abs. 2 AO).

---

3 BGBl. I, S. 2804.
4 Zur Verfassungsmäßigkeit der Verordnung über die Geschäftsführung und die Vergütung des Zwangsverwalters vom 16.2.1970 (ZwVerwVO), BGBl. I, S. 185, siehe BVerfG, NJW-RR 2001, 1203; zum Anwendungsbereich der alten und neuen VO vgl. BGH, MDR 2004, 773; 2005, 536.
5 Hierzu insbesondere *Stöber*, Rpfleger 1977, 425.
6 Einzelheiten siehe unten Rdn. 6.
7 LG Stuttgart, KTS 1982, 500; *Gaul*, JZ 1974, 283.
8 MüKo-ZPO/*Eickmann*, § 866 Rn. 9; Musielak/*Becker*, § 866 Rn. 3; Saenger/*Kindl*, § 866 ZPO Rn. 3.
9 BVerfGE 42, 64; 46, 325.

III. Der Mindestbetrag der Zwangshypothek (Abs. 3)

1. Mindestbetrag von 750 Euro

6 Die Eintragung einer Zwangshypothek als Maßnahme der Vollstreckung in ein Grundstück gem. Abs. 1 ist nur zulässig, wenn der zu vollstreckende Betrag ohne die nur als Nebenforderung auf diesen Betrag zu zahlenden Zinsen mehr als 750 Euro beträgt. Durch diese Regelung soll das Grundbuch von der Eintragung von Kleinsthypotheken freigehalten werden und ein Mindestmaß an Übersichtlichkeit gewahrt bleiben.[10] Bei der Berechnung der Summe ist zum einen die titulierte Hauptsumme anzusetzen, zum anderen sind die Kosten der Zwangsvollstreckung, deren Sicherung der Gläubiger begehrt, hinzuzusetzen, aber ohne die Kosten der Eintragung der Hypothek (§ 867 Abs. 1 Satz 3). Dass die der Eintragung vorausgegangenen Kosten der Zwangsvollstreckung, insbesondere auch die Kosten früherer vergeblicher Vollstreckungsversuche aus demselben Titel, durch die Hypothek gesichert werden können, dann aber auch als Forderung ins Grundbuch ausdrücklich eingetragen und bei der Berechnung des Mindestbetrages mitberücksichtigt werden müssen, ist heute unstreitig.[11] Auf die Eintragungskosten selbst erstreckt sich die Hypothek dagegen automatisch, ohne dass eine Eintragung insoweit erforderlich wäre. Sie ist aus diesem Grunde, um Unklarheiten zu vermeiden, auch gar nicht erst zulässig. Dies aber wiederum bedingt ihre Nichtberücksichtigung bei den 750 Euro. Für Zinsen kann eine Eintragung nur insoweit erfolgen, als sie in kapitalisierter Form ausdrücklich tituliert sind; eine nachträgliche Kapitalisierung der titulierten Zinsforderung zur Errechnung des Mindestbetrags ist nicht zulässig.[12] Ansonsten könnte der Gläubiger die Vorschrift des § 866 Abs. 3 Satz 1 allzu leicht umgehen, die dann leerliefe. Die Eintragung einer Zwangssicherungshypothek allein für die kapitalisierten Zinsen einer vollstreckbaren Forderung ist zulässig, auch wenn die Hauptforderung noch besteht.[13] Soweit die Zinsen isoliert als Hauptforderung geltend gemacht werden, muss ihr Betrag ebenfalls die Mindestsumme von 750 Euro übersteigen.

Erreicht der einzelne Titel des Gläubigers nicht den Mindestbetrag, hat der Gläubiger aber mehrere Schuldtitel, deren Gesamtsumme den Mindestbetrag erreicht, kann er auch für alle gemeinsam eine einheitliche Sicherungshypothek eintragen lassen (Abs. 3 Satz 2). Die Zusammenrechnung erfolgt aber nicht automatisch, wenn der Gläubiger mehrere Einzelanträge stellt, die allein den Anforderungen nach Abs. 3 Satz 1 nicht genügen. Er selbst muss vielmehr – gegebenenfalls auf Hinweis des Rechtspflegers – die Zusammenrechnung beantragen.

Bei der Abgabenvollstreckung (§ 322 AO 1977) gilt als »Gläubiger«, dessen verschiedene Schuldtitel gegebenenfalls zusammengerechnet und durch eine einheitliche Zwangshypothek gesichert werden können, die Körperschaft, der die Vollstreckungsbehörde angehört (§ 252 AO), sodass auch Steuerbescheide verschiedener Anspruchsberechtigter (Kirchensteuer, Gewerbesteuer, Einkommensteuer usw.) zusammengerechnet werden können.[14]

2. Keine Anwendbarkeit bei freiwillig bestellten Sicherungshypotheken

7 Der Mindestbetrag gem. Abs. 3 Satz 1 gilt nur für Zwangshypotheken nach Abs. 1 und Arresthypotheken, nicht für freiwillig bestellte Sicherungshypotheken nach dem BGB oder für Hypotheken, die aufgrund einer einstweiligen Verfügung auf Bewilligung einer Bauhandwerkersicherungshypothek (§ 648 BGB) im Wege der Vollstreckung nach §§ 894 ff. einzutragen sind. Er gilt ebenso wenig

---

10 BT-Drucks. 13/341, S. 35.
11 BayObLG, Rpfleger 1982, 466; LG Regensburg, Rpfleger 1979, 147; *Habermeier*, Die Zwangshypotheken der Zivilprozessordnung, S. 45; *Zöller/Stöber*, § 866 Rn. 5.
12 OLG Hamm, Rpfleger 2009, 447; OLG Köln, BeckRS 2011, 01003; OLG München, FGPrax 2012, 11; OLG Celle, FGPrax 2012, 103; OLG Nürnberg, MDR 2014, 802.
13 *Stöber*, ZVG, Einl. 66.2; *Zöller/Stöber*, § 866 Rn. 5; a. A. insoweit OLG Schleswig, Rpfleger 1982, 301.
14 Vgl. *Tipke/Kruse*, § 322 AO Rn. 45, 65. BGHZ 7, 326, wo dies verneint wird, betrifft das alte Recht vor der AO 1977.

für Sicherungshypotheken, die im Rahmen der Vollstreckung nach § 848 Abs. 2 entstehen. Schließlich braucht der Mindestbetrag auch nicht bei den einzelnen Hypotheken erreicht zu werden, die bei einer Aufteilung einer Forderung auf mehrere Grundstücke nach § 867 Abs. 2 zu bilden sind.[15]

3. Rechtsfolgen eines Verstoßes gegen Abs. 3

Eine Zwangshypothek, die unter Verletzung von Abs. 3 Satz 1 für einen geringeren Betrag als 750 Euro eingetragen wurde, etwa weil unzulässigerweise Hauptsumme und als Nebenleistung geltend gemachte Zinsen oder die Kosten der Eintragung zur Erreichung der Mindestsumme zusammengerechnet wurden, ist **nichtig** (»... darf nur ... eingetragen werden ...«)[16] und von Amts wegen wieder zu löschen.[17] Es entsteht auch keine Eigentümergrundschuld. Verzögert sich die Löschung wegen der zuvor erforderlichen Anhörung der Parteien, ist sogleich ein Amtswiderspruch einzutragen.

8

IV. Gebühren

Die Gerichtskosten bestimmen sich für das Verfahren der Zwangsversteigerung und der Zwangsverwaltung nach §§ 54 ff. GKG und KV Nr. 2210 ff. GKG, die Anwaltsgebühren nach §§ 26 ff. RVG und VV Nr. 3311 f. sowie Nr. 3500 f. RVG für das Rechtsmittelverfahren. Für die Eintragung einer Zwangshypothek wird eine volle Gebühr gem. § 34 GNotKG, KV Nr. 14121 erhoben. Der Geschäftswert richtet sich nach § 53 Abs. 1 GNotKG. Bei Belastung mehrerer Grundstücke fällt für jede Eintragung eine Gebühr an[18]. Für den Anwalt ist das Verfahren auf Eintragung einer Zwangshypothek eine besondere Angelegenheit (§ 18 Nr. 11 RVG und VV RVG Nr. 3309.).[19]

9

V. ArbGG, VwGO, AO

Siehe Vor §§ 864–871 Rdn. 8.

10

---

15 Siehe auch § 867 Rdn. 22; a. A. *Reuter*, Rpfleger 1986, 285.
16 RGZ 60, 279; OLG Frankfurt, OLGZ 1981, 261; *MüKo/Eickmann*, § 866 Rn. 14.
17 *MüKo/Eickmann*, § 866 Rn. 14; *Stein/Jonas/Münzberg*, § 867 Rn. 39 (bei Fn. 201); *Zöller/Stöber*, § 866 Rn. 5.
18 Saenger/*Kindl*, § 866 Rn. 6.
19 Hartmann, Kostengesetze, § 18 RVG Rn. 26 und VV RVG 3309 Rn. 4.

§ 867 Zwangshypothek

(1) ¹Die Sicherungshypothek wird auf Antrag des Gläubigers in das Grundbuch eingetragen; die Eintragung ist auf dem vollstreckbaren Titel zu vermerken. ²Mit der Eintragung entsteht die Hypothek. ³Das Grundstück haftet auch für die dem Schuldner zur Last fallenden Kosten der Eintragung.

(2) ¹Sollen mehrere Gründstücke des Schuldners mit der Hypothek belastet werden, so ist der Betrag der Forderung auf die einzelnen Grundstücke zu verteilen. ²Die Größe der Teile bestimmt der Gläubiger; für die Teile gilt § 866 Abs. 3 Satz 1 entsprechend.

(3) Zur Befriedigung aus dem Grundstück durch Zwangsversteigerung genügt der vollstreckbare Titel, auf dem die Eintragung vermerkt ist.

Übersicht

		Rdn.			Rdn.
I.	Rechtliche Einordnung der Eintragung	1	IV.	Die Zwangshypothek	17
II.	Voraussetzungen der Eintragung	2	1.	Buchhypothek	17
1.	Vollstreckungsantrag des Gläubigers	2	2.	Akzessorietät	18
2.	Vollstreckungstitel	3	3.	Gutgläubiger Erwerb	19
3.	Sonstige allgemeine und besondere Vollstreckungsvoraussetzungen	4	4.	Heilung von Vollstreckungsmängeln	20
4.	Keine Erforderlichkeit einer Eintragungsbewilligung	5	5.	Nachträgliche Unwirksamkeit gem. § 88 InsO	21
5.	Rechtsschutzbedürfnis	6	V.	Belastung mehrerer Grundstücke (Abs. 2)	22
6.	Besonderheiten bei Titel für mehrere Gläubiger	7	VI.	Der Übergang von der Zwangshypothek zur Zwangsversteigerung	25
III.	Die Bearbeitung des Eintragungsantrages durch das Grundbuchamt	8	VII.	Rechtsbehelfe	28
1.	Reihenfolge der Bearbeitung gem. § 17 GBO	8	1.	Rechtsbehelfe des Gläubigers und des Schuldners gegen das Verfahren	28
2.	Rangwahrende Zwischenverfügung gem. § 18 Abs. 2 GBO	9		a) Die Rüge von Verfahrensmängeln im Eintragungsverfahren	28
3.	Inhalt der Eintragung, insbesondere Bezeichnung des Gläubigers	10		b) Rügen im Hinblick auf die Vollstreckungsklausel	29
4.	Geldbetrag der Forderung	11	2.	Rechtsbehelfe des Schuldners bei materiellrechtlichen Einwendungen	30
5.	Rang der Eintragung	13	3.	Rechtsbehelfe eines Dritten	31
6.	Vermerk der Eintragung auf dem Titel	14	VIII.	Verfahrenskostenhilfe/Gebühren	32
7.	Eintragungshindernis	15	IX.	ArbGG, VwGO, AO	33
8.	Rücknahme des Eintragungsantrages	16			

Literatur

zur Zwangshypothek siehe bei § 866.

I. Rechtliche Einordnung der Eintragung

1 Die Eintragung der Zwangshypothek hat einen **Doppelcharakter:** Sie ist ein Akt der Zwangsvollstreckung, zugleich aber auch ein Grundbuchgeschäft.[1] In welchem Verhältnis die beiden Seiten desselben Vorgangs zueinander stehen, ist im Einzelnen streitig.[2] Richtigerweise ist davon auszugehen, dass die vollstreckungsrechtlichen und die grundbuchrechtlichen Voraussetzungen im Ergebnis gleichrangig zu berücksichtigen sind: Einerseits müssen vor der Eintragung alle Vollstreckungsvoraussetzungen (Titel, Klausel, Zustellung, besondere Vollstreckungsvoraussetzungen nach §§ 751

---

[1] BGHZ 27, 310 = NJW 1958, 1090, 1526; BGH, NJW 2001, 1134; BGHZ 148, 392 = Rpfleger 2002, 17; *Demharter*, GBO, Anh. zu § 44 GBO Rn. 113; *Stein/Jonas/Münzberg*, § 867 Rn. 1; *Stöber*, ZVG, Einl., Rn. 62.2; *Zöller/Stöber*, § 867 Rn. 1.

[2] Siehe hierzu den Überblick bei *Habermeier*, Die Zwangshypotheken der Zivilprozessordnung, S. 23 ff.

Abs. 1, 765 oder auch § 929 Abs. 2[3] sowie das Nichtvorliegen von Vollstreckungshindernissen, z. B. der Staatenimmunität des Schuldners[4]) vorliegen, andererseits sind auch die Verfahrensregeln der GBO (§§ 13, 28, 29, 39, 40, 47 GBO) insoweit zu beachten, wie sie nicht im Widerspruch zur Vollstreckungssituation stehen. Da die Zwangshypothek nur der dinglichen Sicherung der titulierten Forderung dient, bedarf es bei Stellung des Vollstreckungsantrages nicht des Nachweises der erbrachten Sicherheitsleistung, § 720a Abs. 1, wenn der Nachweis erbracht wird, dass die Wartefrist des § 750 Abs. 3 abgelaufen ist. Das Verfahren richtet sich nach der GBO (bzw. der SchiffsRegO), soweit sich nicht aus § 867 bzw. aus dem Vollstreckungszweck die Notwendigkeit ergibt, Vollstreckungsrecht anzuwenden. Die Vollstreckungsvoraussetzungen müssen vom Grundbuchamt als Vollstreckungsorgan selbstständig geprüft werden.[5] Zu den Konsequenzen bei Fehlen einer Vollstreckungsvoraussetzung siehe Rdn. 8, bei Fehlen einer grundbuchrechtlichen Voraussetzung siehe Rdn. 9. Im Einzelnen gilt:

II. Voraussetzungen der Eintragung

1. Vollstreckungsantrag des Gläubigers

Wie jede Vollstreckung setzt auch die Eintragung der Sicherungshypothek einen Vollstreckungsantrag des Gläubigers voraus (**Abs. 1 Satz 1**). Das Vollstreckungsgericht und der Schuldner sind nicht antragsberechtigt. Der Antrag ist gem. § 13 Abs. 1 GBO schriftlich oder zur Niederschrift des zuständigen Beamten des Grundbuchamtes zu erklären.[6] Antragstellung durch einen Bevollmächtigten ist zulässig.[7] Im Antrag ist gem. § 28 Satz 1 GBO das Grundstück genau zu bezeichnen. Der Titel muss auf eine bestimmte Geldsumme lauten. Der genaue Betrag muss sich zumindest im Wege der Auslegung aus dem Titel selbst und nicht nur unter Zuhilfenahme weiterer Urkunden ermitteln lassen.[8] Die titulierte und zu vollstreckende Forderung ist zudem gem. § 28 Satz 2, 1. Halbs. GBO grundsätzlich in inländischer Währung zu bezeichnen,[9] auch wenn der Titel selbst über eine ausländische Währung lautet.[10] Um eine durch Zwangshypothek sicherbare Geldforderung handelt es sich auch dann, wenn der Anspruch auf Hinterlegung von Geld oder auf Leistung an einen Dritten oder auch auf Duldung der Zwangsvollstreckung wegen einer Geldforderung (z. B. auf § 2329 BGB basierend –) gerichtet ist.[11] Für den Antrag besteht kein Anwaltszwang (§ 78 Abs. 3). Stellt der Gläubiger den Antrag nicht persönlich, sondern durch einen Bevollmächtigten, so ist die Vollmacht nach den Regeln der ZPO, nicht in der Form des § 29 GBO nachzuweisen, da insoweit das Vollstreckungsrecht den Vorrang haben muss, um die Vollstreckung nicht ungebührlich zu erschweren.[12] Es gelten deshalb auch die §§ 80, 88. Da die für den Rechtsstreit erteilte Prozessvollmacht gem. § 81 auch für die Zwangsvollstreckung gilt, ist es ausreichend, wenn der die Vollstreckung beantragende Rechtsanwalt mit dem im Rubrum des Urteils genannten identisch ist.[13]

---

3 OLG Jena, Beschluss vom 6. 3. 2013 – 9 W 94/13 – (juris).
4 OLG München, FGPrax 2015, 17.
5 BGHZ 27, 310 = NJW 1958, 1090, 1526; BGH, BeckRS 2013, 14238; BayObLG, NJW 1956, 1800 und Rpfleger 1982, 466; OLG Düsseldorf, NJOZ 2013, 1531; OLG Frankfurt, NJW-RR 2007, 1248; OLG München, FGPrax 2013, 156; LG Bonn, Rpfleger 1984, 28; *Morvilius*, FÜR 2013, 382; *Stein/Jonas/Münzberg*, § 867 Rn. 1, 22; *Söber*, ZVG, Einl., Rn. 64.3; *Zöller/Stöber*, § 867 Rn. 1.
6 *Brox/Walker*, Rn. 1037; *Demharter*, GBO, § 30 GBO Rn. 3; *Habermeier*, a. a. O., S. 29; *Stein/Jonas/Münzberg*, § 867 Rn. 23; *Zöller/Stöber*, § 867 Rn. 2.
7 OLG Zweibrücken, Rpfleger 2001, 174.
8 OLG Düsseldorf, NJOZ 2013, 1531.
9 Zur hinreichenden Bestimmtheit siehe LG Bonn, MDR 1995, 747.
10 LG Osnabrück, Rpfleger 1968, 122; *MüKo/Eickmann*, § 867 Rn. 22, 42.
11 Siehe Vor §§ 803–882a Rdn. 3; BGH, BeckRS 2013, 14238; LG Essen, Rpfleger 2001, 543.
12 *Stein/Jonas/Münzberg*, § 867 Rn. 24; *Zöller/Stöber*, § 867 Rn. 2; **a. A.** OLG Zweibrücken, Rpfleger 2001, 174.
13 *Habermeier*, a. a. O., S. 32.

Ist Antragsteller eine Behörde, so ist § 29 Abs. 3 GBO zu beachten. Diese Formvorschrift gilt auch dann, wenn die dem Antrag zugrunde liegende Vollstreckungsanordnung ohne Unterschrift und Siegel erlassen werden kann.[14]

2. Vollstreckungstitel

3   Dem Antrag beizufügen ist der Vollstreckungstitel, der mit der Vollstreckungsklausel versehen sein muss, soweit diese nicht ausnahmsweise nach den allgemeinen Regeln entbehrlich ist.[15] Als Gläubiger der Hypothek kann nur eingetragen werden, wer auch im Vollstreckungstitel oder in der diesem beigefügten Klausel als Gläubiger genannt ist. Lautet der Titel etwa auf »Übrige Eigentümer der Wohnungseigentümergemeinschaft«, so erlaubt er nicht die Eintragung einer Zwangshypothek für die Wohnungseigentümergemeinschaft als solche.[16] Der im Titel oder in der ihm beigefügten Klausel genannte Vollstreckungsschuldner[17] muss mit dem Grundstückseigentümer (Erbbaurechtsberechtigten, Wohnungseigentümer usw.), zu dessen Lasten die Hypothek eingetragen werden soll, identisch sein. Soll die Hypothek aufgrund eines Titels nur gegen einen Ehegatten an einem Grundstück eingetragen werden, das zum gemeinschaftlich verwalteten Gesamtgut der in Gütergemeinschaft lebenden Ehegatten gehört, müssen die Voraussetzungen des § 740 Abs. 1 oder des § 741 in der Form des § 29 GBO nachgewiesen werden.[18] Ist die Identität zwischen Titelschuldner und im Grundbuch eingetragenen Eigentümer deshalb noch nicht gegeben, weil ein zwischenzeitlich erfolgter Eigentümerwechsel bisher nicht eingetragen ist, dann muss der Gläubiger zunächst die **Voreintragung** des Schuldners ins Grundbuch betreiben (**§ 39 GBO**);[19] § 14 GBO gibt ihm diesbezüglich ein eigenes Antragsrecht. Die zur Berichtigung erforderlichen Urkunden kann er gegebenenfalls über § 792 beantragen. Der Voreintragung bedarf es gem. § 40 GBO ausnahmsweise nicht, wenn der Schuldner Erbe des Eingetragenen ist und der Titel noch gegen den Erblasser erwirkt wurde[20] oder sich gegen den Nachlasspfleger oder den Testamentsvollstrecker richtet.

3. Sonstige allgemeine und besondere Vollstreckungsvoraussetzungen

4   Auch die übrigen allgemeinen und besonderen Vollstreckungsvoraussetzungen sind dem Grundbuchamt in grundbuchmäßiger Form (§ 29 GBO) nachzuweisen,[21] insbesondere die Zustellung des Titels (§ 750 Abs. 1 und 2), der Eintritt des Gläubigerverzuges oder die Befriedigung des Gegenanspruchs des Schuldners (§ 765).[22] So muss der Beweis, dass der Schuldner befriedigt oder im Verzug der Annahme ist, durch öffentliche oder öffentlich beglaubigte Urkunden nachgewiesen sein. Zudem muss die Zustellung einer Abschrift dieser Urkunden bewirkt oder deshalb entbehrlich sein, weil der Gerichtsvollzieher die Zwangsvollstreckung nach § 756 Abs. 1 begonnen oder er die Zwangsvollstreckung nach § 756 Abs. 2 durchgeführt hat (§ 765 Nr. 2). In beiden Fällen muss dies durch das Protokoll des Gerichtsvollziehers nachgewiesen sein. Wird Befriedigung nach § 373 Abs. 2 Satz 1 HGB geltend gemacht, so ist neben dem Annahmeverzug auch die wirksame Andro-

---

14 OLG München, FGPrax 2015, 19.
15 Siehe hierzu: Vor §§ 724–734 Rdn. 5.
16 OLG München, FGPrax 2013, 156.
17 Zum besonderen Fall, dass in das Gesamtgut von in Gütergemeinschaft lebenden Ehegatten aus zwei Vollstreckungstiteln, die sich jeweils nur gegen einen der beiden richten, vollstreckt werden soll: OLG München, FamRZ 2013, 1403.
18 BayObLG, Rpfleger 1996, 63; OLG München, FG Prax 2011, 18.
19 BayObLG, Rpfleger 1982, 466; OLG Hamm, Rpfleger 1973, 440; *Hintzen*, ZIP 1991, 474, 480; *Stein/Jonas/Münzberg*, § 867 Rn. 27 ff.; *Stöber*, ZVG, Einl. 63.5.
20 Abweichend *Habermeier*, a.a.O., S. 38.
21 BayObLG, Rpfleger 1982, 466 und Rpfleger 1983, 407.
22 OLG Frankfurt, Rpfleger 1981, 312; OLG Hamm, Rpfleger 1983, 393; LG Wuppertal, Rpfleger 1988, 153; OLG München, Rpfleger 2014, 369.

hung des freihändigen Verkaufs in der Form des § 29 GBO nachzuweisen.[23] Das Grundbuchamt prüft die vollstreckungsrechtlichen wie auch die grundbuchrechtlichen Voraussetzungen vor der Eintragung selbstständig.[24]

Im Hinblick auf die Vollstreckungsklausel sind im Vollstreckungsverfahren allerdings lediglich die formgerechte Erteilung der Vollstreckungsklausel und ihre Zustellung zu prüfen, nicht, ob die – z. B. titelumschreibende – Klausel rechtmäßig erteilt werden durfte.[25] Eines Nachweises der Sicherheitsleistung (§ 751 Abs. 2) bedarf es im Hinblick auf § 720a nicht, wenn der Nachweis des Ablaufs der Wartefrist des § 750 Abs. 3 geführt wird, es sei denn, der Schuldner hat seinerseits Sicherheit geleistet. Ist zur Belastung eines Erbbaurechts gem. § 5 Abs. 2 ErbbauRG die Zustimmung des Grundstückseigentümers erforderlich, so ist diese Zustimmung oder ihre Ersetzung gem. § 7 Abs. 3 ErbbauRG in der Form des § 29 GBO nachzuweisen.[26] Befindet sich das Grundstück in einem Umlegungsgebiet (§§ 45 ff. BauGB), so bedarf es zur Eintragung einer Zwangshypothek nicht des Nachweises der Zustimmung der Umlegungsstelle gem. § 51 Abs. 1 BauGB.[27] Die Eintragung einer Zwangssicherungshypothek auf einem diplomatisch genutzten Grundstück ohne Zustimmung des fremden Staates ist eine völkerrechtlich unzulässige Maßnahme der Zwangsvollstreckung, für die gem. Art. 25 GG keine deutsche Gerichtsbarkeit besteht.[28]

4. Keine Erforderlichkeit einer Eintragungsbewilligung

Entgegen § 19 GBO bedarf es zur Eintragung der Zwangshypothek nie der Eintragungsbewilligung des Schuldners.[29] Sie wird durch den Vollstreckungstitel ersetzt.

5. Rechtsschutzbedürfnis

Wie für jeden Verfahrensantrag bedarf es auch für den Antrag auf Eintragung einer Zwangshypothek eines Rechtsschutzbedürfnisses.[30] Es fehlt, wenn für die Forderung, die vollstreckt werden soll, am zu belastenden Grundstück bereits eine gleichwertige rechtsgeschäftliche Hypothek bestellt ist;[31] dagegen besteht es auch dann, wenn für diese Forderung an einem anderen Grundstück rechtsgeschäftlich eine Hypothek oder Grundschuld bestellt ist.[32] Eine analoge Anwendung des § 867 Abs. 2 Satz 1 kommt insoweit nicht in Betracht.[33] Das Rechtsschutzbedürfnis kann nicht mit der Begründung verneint werden, das Grundstück sei geringwertig und bereits so weit vorbelastet, dass die Zwangshypothek in einer Zwangsversteigerung in jedem Fall nicht befriedigt werde.[34] Eine solche Prognose steht dem Grundbuchamt nicht zu. Ein Rechtsschutzinteresse für die beantragte Eintragung einer Zwangssicherungshypothek kann auch bestehen, wenn die im Vollstreckungstitel

---

23 OLG München, Rpfleger 2014, 369.
24 BGH, NJW 2001, 3627; OLG München, Rpfleger 2014, 369.
25 Einzelheiten unten Rdn. 29; siehe auch: BGH, NJW-RR 2013, 437; BGH, NJW-RR 2012, 1146; BGH, NJW-RR 2012, 1148; OLG Hamm, BeckRS 2010, 18025.
26 OLG Hamm, Rpfleger 1985, 233.
27 AG Eschweiler, Rpfleger 1978, 187; siehe ferner LG Regensburg, Rpfleger 1977, 224 zu §§ 5, 15 StBauFG.
28 OLG München, FGPrax 2015, 17; LG Bonn, NJW-RR 2009, 1316.
29 *MüKo/Eickmann*, § 867 Rn. 20.
30 *Brox/Walker*, Rn. 1038.
31 *Baur/Stürner/Bruns*, Rn. 38.2; *Brox/Walker*, Rn. 1038. Zur Zulässigkeit der Doppelsicherung durch Grundschuld und Zwangshypothek siehe OLG Köln, NJW-RR 1996, 1106, 1107. Besteht wegen derselben Forderung bereits eine Zwangshypothek, liegt ein Fall verbotener Gesamtbelastung i. S. des Abs. 2 vor: OLG Düsseldorf, MDR 1990, 62; vgl. dazu Rdn. 22.
32 BayObLG, MDR 1991, 163; LG Lübeck, Rpfleger 1985, 287; *Brox/Walker*, Rn. 1038; *Zöller/Stöber*, § 867 Rn. 17.
33 RGZ 98, 106.
34 LG Marburg, Rpfleger 1984, 406; *Hintzen*, ZIP 1991, 474, 476.

titulierten Forderungen zu den nach § 10 Abs. 1 Nr. 2 ZVG bevorrechtigten Forderungen (z. B. Wohngeldforderungen) gehören.[35]

6. Besonderheiten bei Titel für mehrere Gläubiger

7 Lautet der Titel auf mehrere Gläubiger, müssen sich aus ihm die Anteile der Berechtigten in Bruchteilen ergeben oder es muss das für die Gemeinschaft maßgebende Rechtsverhältnis zu ersehen sein (§ 47 GBO). Ist das Gemeinschaftsverhältnis in ihm nicht näher bezeichnet, so können jedoch die Gläubiger dem Erfordernis des § 47 GBO noch im Eintragungsantrag Genüge tun und ihr Rechtsverhältnis dort konkretisieren.[36] Dabei reicht der Zusatz »als Gesamtberechtigte« nicht aus.[37] Vielmehr ist das für die Gemeinschaft maßgebliche konkrete Rechtsverhältnis anzugeben. Diese Angaben unterliegen nicht dem Formzwang des § 29 GBO.[38]

Zum notwendigen Inhalt der Eintragung im Grundbuch siehe Rdn. 10.

III. Die Bearbeitung des Eintragungsantrages durch das Grundbuchamt

1. Reihenfolge der Bearbeitung gem. § 17 GBO

8 Grundsätzlich gilt auch im Verhältnis mehrerer Eintragungsanträge betreffend rechtsgeschäftliche Hypotheken und Zwangshypotheken § 17 GBO: Der Zeitpunkt des Eingangs des Antrages begründet die Priorität der Eintragung. Uneingeschränkt gilt dies aber nur, wenn alle Anträge verfahrensrechtlich unproblematisch sind oder wenn zugunsten der späteren Eintragung rechtsgeschäftlich bestellter Hypotheken eine Maßnahme nach § 18 Abs. 2 GBO (Zwischenverfügung) möglich ist. Fehlt dagegen im Hinblick auf die beantragte Eintragung einer Zwangshypothek eine Vollstreckungsvoraussetzung (dazu zählen neben den bereits genannten[39] allgemeinen und besonderen Vollstreckungsvoraussetzungen auch die Beachtung des Mindestbetrages gem. § 866 Abs. 3 von 750 Euro und die Verteilungserklärung nach § 867 Abs. 2 Satz 2, 1. Halbs.), so verdrängt das vollstreckungsrechtliche Prioritätsprinzip die Regelung der §§ 17, 18 GBO: Ein vollstreckungsrechtlich unzulässiger Antrag gilt im Sinne des § 17 GBO als noch nicht gestellt.[40] Es kann auch keine rangwahrende Zwischenverfügung gem. § 18 Abs. 2 GBO ergehen, da nur ein zulässiger Vollstreckungsantrag Priorität begründen kann.[41] Das gilt selbst dann, wenn der Gläubiger das Vorliegen der Vollstreckungsvoraussetzungen zwar schlüssig vorgetragen, aber nicht nachgewiesen hat.[42] Ein solcher Antrag ist allerdings auch nicht sofort nach § 18 Abs. 1 GBO zurückzuweisen. Dem

---

35 OLG Frankfurt, Beschluss vom 28.10.2010 – 20W 354/10, Juris; OLG Stuttgart, ZMR 2011, 154; LG Düsseldorf, NJW 2008, 3150; a. A. AG Neuss, NZM 2008, 691.
36 OLG Köln, Rpfleger 1986, 91; OLG Saarbrücken, Rpfleger 1978, 227; LG Bonn, Rpfleger 1984, 28; *Musielak/Becker*, § 867 Rn. 6; *Stein/Jonas/Münzberg*, § 867 Rn. 12; *Zöller/Stöber*, § 867 Rn. 3; **a. M.** *MüKo/ Eickmann*, § 867 Rn. 23.
37 BGH, Rpfleger 1980, 464; BayObLG, Rpfleger 1996, 21.
38 OLG Köln, Rpfleger 1986, 91; *Stein/Jonas/Münzberg*, § 867 Rn. 12; *E. Schneider*, MDR 1986, 817; **a. A.** insoweit *Zöller/Stöber*, § 867 Rn. 3.
39 Siehe Rdn. 2 ff.
40 *Hoche*, DNotZ 1957, 3.
41 BGHZ 27, 310 = NJW 1958, 1090, 1526; BayObLG, Rpfleger 2005, 250; OLG Düsseldorf, Rpfleger 1990, 60; OLG München, NJW 2009, 1358; OLG München, NJOZ 2012, 607; *Brox/Walker*, Rn. 1043; *MüKo/Eickmann*, § 867 Rn. 30; *Musielak/Becker*, § 867 Rn. 5; *Stein/Jonas/Münzberg*, § 867 Rn. 34; *Zöller/Stöber*, § 867 Rn. 4.
42 *Zöller/Stöber*, § 867 Rn. 4; **a. M.** *MüKo/Eickmann*, § 867 Rn. 31; *Musielak/Becker*, § 867 Rn. 5; *Stein/Jonas/Münzberg*, § 867 Rn. 33.

Gläubiger ist ein Hinweis nach § 139 zu geben,[43] damit er die Mängel beseitigen kann. Gelingt ihm dies, erhält sein Antrag Priorität i. S. des § 17 GBO, allerdings erst ab Vorliegen sämtlicher Vollstreckungsvoraussetzungen. Ist der Antrag bezüglich eines Teils der Forderung begründet, bezüglich eines anderen Teils dagegen zu beanstanden, muss die Zwangshypothek für den beanstandungsfreien Teil eingetragen werden, um insoweit für den Antragsteller den Rang zu wahren.[44] Ist eine rangwahrende Zwischenverfügung möglich, da die beanstandeten Hindernisse rückwirkend behebbar sind, so sind in ihr die einzelnen Hindernisse, die der sofortigen Eintragung entgegenstehen, und die Mittel zur Beseitigung dieser Hindernisse klar zu benennen, damit die Eintragung zügig weiterverfolgt werden kann.[45]

Materiellrechtliche Einwendungen gegen die Zwangsvollstreckung werden vom Vollstreckungsorgan nur unter den Voraussetzungen des § 775 Nr. 4, 5 berücksichtigt; ansonsten müssen sie im Wege der Vollstreckungsgegenklage nach § 767 geltend gemacht werden.[46]

2. Rangwahrende Zwischenverfügung gem. § 18 Abs. 2 GBO

Liegen alle Vollstreckungsvoraussetzungen vor und sind sie auch in einer dem Vollstreckungsrecht genügenden Weise nachgewiesen, stehen aber der beantragten Eintragung noch ausschließlich aus dem Grundbuchrecht herrührende Hindernisse entgegen, so kann das Grundbuchamt, wie schon dargestellt,[47] auch bei der Zwangshypothek nach § 18 Abs. 2 GBO verfahren und eine rangwahrende Zwischenverfügung treffen.[48] Dies kommt etwa in Betracht, wenn der Vollstreckungstitel auf ausländische Währung lautet[49] und dem Antrag die gem. § 28 GBO erforderliche Umrechnung in Euro nicht beigefügt war, wenn die gem. § 5 Abs. 2 ErbbauRG notwendige Zustimmung des Grundstückseigentümers[50] zwar vorlag, aber nicht in der erforderlichen Form des § 29 GBO, wenn die Zustellung des Titels nicht zur Überzeugung des Grundbuchamts nachgewiesen ist[51], ferner wenn die Abtretung einer durch eine Sicherungshypothek gesicherten Forderung nicht ausreichend belegt ist, wobei eine Berufung auf die nach § 727 Abs. 1 erteilte titelübertragende Vollstreckungsklausel nicht ausreicht.[52] Gleiches gilt, wenn der beantragende Vollstreckungsgläubiger erst die Voreintragung des Schuldners gem. § 39 GBO herbeiführen muss[53] oder wenn er dessen von Amts wegen zu veranlassende Eintragung noch abzuwarten hat.[54] In diesen Fällen werden andere Vollstreckungsgläubiger nicht benachteiligt, weil der Gläubiger allen Anforderungen des Vollstreckungsrechts Genüge getan hat; er seinerseits wird aber nicht gegenüber anderen, die eine Eintragung beantragen, benachteiligt. Bezeichnet eine Zwischenverfügung die Mittel zur Behebung des Eintragungshindernisses nicht zutreffend, kann eine Abänderung auch noch durch eine Entscheidung des Rechtsbeschwerdegerichts geschehen.[55]

---

43 BGHZ 27, 310 = NJW 1958, 1090, 1526; BayObLG, Rpfleger 2005, 250; OLG Jena, Rpfleger 2002, 355; *MüKo/Eickmann*, § 867 Rn. 32; *Stein/Jonas/Münzberg*, § 867 Rn. 34; *Zöller/Stöber*, § 867 Rn. 4. Die Aufklärungsverfügung ist als verfahrensleitende Maßnahme nicht selbstständig anfechtbar: BayObLG, Rpfleger 2005, 250.
44 *Hintzen*, Rpfleger 1991, 286, 287; *Stein/Jonas/Münzberg*, § 867 Rn. 20.
45 OLG Düsseldorf, MDR 2012, 274.
46 OLG Köln, Rpfleger 1991, 149.
47 Vorstehend Rdn. 8.
48 BGHZ 27, 310 = NJW 1958, 1090, 1526; BayObLG, Rpfleger 1996, 63; *MüKo/Eickmann*, § 867 Rn. 28; *Stein/Jonas/Münzberg*, § 867 Rn. 33; *Zöller/Stöber*, § 867 Rn. 5; kritisch *Habermeier*, a. a. O., S. 51 ff.
49 Zu dieser Möglichkeit siehe auch Vor §§ 803–882a Rdn. 4.
50 OLG Celle, MDR 1985, 331; a. A. *Habermeier*, a. a. O., S. 63 (bei Fn. 144).
51 OLG München, NJW 2009, 1358.
52 OLG Köln, FGPrax 2009, 6.
53 *Löscher*, JurBüro 1982, 1617.
54 LG Lahn-Gießen, Rpfleger 1979, 352 mit Anm. *Schiffhauer*.
55 OLG Köln, FGPrax 2009, 6.

3. Inhalt der Eintragung, insbesondere Bezeichnung des Gläubigers

10 Die Eintragung wird vom Grundbuchamt in Abt. III vorgenommen. Die Zwangshypothek ist im Grundbuch als Sicherungshypothek zu bezeichnen (§ 1184 Abs. 2 BGB). Ferner ist anzugeben, dass sie »im Wege der Zwangsvollstreckung« des näher zu bezeichnenden Titels eingetragen wurde. Das Grundbuchamt hat zu gewährleisten, dass die auch bei einer Zwangssicherungshypothek (§§ 866 f.) nach §§ 1115, 1184 ff. BGB, § 15 GBVfg erforderlichen Angaben zur Person des Gläubigers im Grundbuch vermerkt werden.[56] Als Gläubiger ist der aus dem Rubrum des Titels oder der beigefügten Klausel ersichtliche Vollstreckungsgläubiger einzutragen. Eine Zwangshypothek ist demnach für den Verwalter einer Wohnungseigentumsanlage einzutragen, wenn er in dem zugrundeliegenden Vollstreckungstitel als Gläubiger ausgewiesen ist, auch wenn er nicht materiellrechtlicher Forderungsinhaber ist und der Titel von ihm als gewillkürter Verfahrensstandschafter erstritten wurde.[57] Ist Inhaber des Vollstreckungstitels ein Insolvenzverwalter, so ist dieser als Gläubiger der Zwangshypothek in das Grundbuch einzutragen.[58] Ein im Weg der gewillkürten Verfahrensstandschaft erstrittener Vollstreckungstitel rechtfertigt die Eintragung des Verfahrensstandschafters als Titelgläubiger auch dann, wenn er materiell-rechtlich nicht Inhaber der Forderung ist.[59] Einzelkaufleute sind nicht unter ihrer Firma (§ 17 HGB), sondern unter ihrem bürgerlichen Namen einzutragen.[60]

Eine **GbR** ist, soweit sie als Außengesellschaft am Rechtsverkehr teilnimmt, nach heute herrschender Ansicht rechtsfähig.[61] Ob sie als solche im Grundbuch eingetragen werden kann, war ursprünglich streitig, ist jetzt jedoch ausdrücklich gesetzlich dahin gehend geregelt, dass dann, wenn ein Recht für eine Gesellschaft bürgerlichen Rechts eingetragen werden soll, neben der als Berechtigter primär einzutragenden Gesellschaft auch deren Gesellschafter im Grundbuch einzutragen sind (§ 47 Abs. 2 GBO; insoweit wurde auch § 899a BGB neu eingefügt[62]). Das Bestehen, die Identität und die Vertretungsverhältnisse der Gesellschaft sind in der Form des § 29 GBO nachzuweisen.[63] Nach § 899a BGB wird bei einem für die GbR im Grundbuch eingetragenen Recht vermutet, dass diejenigen Personen Gesellschafter sind, die nach § 47 Abs. 2 Satz 1 GBO im Grundbuch eingetragen sind, und dass es daneben keine Gesellschafter gibt. § 899a BGB und § 47 Abs. 2 Satz 2 GBO gelten gemäß Art. 229 § 21 EGBGB auch, wenn die Eintragung vor dem Zeitpunkt des Inkrafttretens (18.8.2009) erfolgte. Vorhandene Eintragungen »als Gesellschafter des bürgerlichen Rechts« werden erfasst, die gesetzlich angeordnete Rückwirkung kommt einer GbR auch im laufenden Grundbuchverfahren zugute.[64] Wurde eine GbR aufgrund der BGH-Rechtsprechung nur unter ihrem Namen ins Grundbuch eingetragen, kommt evtl. eine Ergänzung des Grundbuchs um die Gesellschafter zum Zeitpunkt der ursprünglichen Eintragung in Form einer Richtigstellung in Betracht.[65] Gemäß § 82 Satz 3 GBO besteht Berichtigungszwang. Veränderungen im Gesellschafterbestand sind durch Rechtsnachfolge-Klausel analog § 727 nachzuweisen.[66]

---

56 BGHZ 148, 392 = Rpfleger 2002, 17.
57 BGHZ 148, 392 = Rpfleger 2002, 17; KG Rpfleger 2001, 340; a. A. OLG Celle, Rpfleger 1986, 484, OLG Köln, Rpfleger 1988, 526; *Demharter*, ZfIR 2001, 957.
58 OLG München, ZInsO 2010, 1339.
59 OLG München, FGPrax 2010, 120.
60 BayObLG, Rpfleger 1988, 309.
61 BGHZ 146, 341 = Rpfleger 2001, 246; ausführlich zur Problematik der BGB-Gesellschaft in der Zwangsvollstreckung und im Grundbuch: vor §§ 735, 736 Rdn. 3, 4 sowie § 736 Rdn. 2.
62 Zu hinsichtlich der Altfälle den verbleibenden Problemen vgl. etwa *Bestelmeyer*, RPfleger 2010, 169; *Böttcher*, ZNotP 2010, 173.
63 OLG Hamm, ZIP 2010, 2245; OLG München, Rpfleger 2010, 362; OLG Schleswig, Rpfleger 2010, 320; vgl. auch OLG München, ZIP 2010, 1496 und 2248 gegen OLG Saarbrücken, ZfIR 2010, 329; zur Vermutungswirkung von § 899a BGB und § 47 Abs. 2 GBO vgl. OLG Zweibrücken, Rpfleger 2010, 208 und a. A. *Bestelmeyer*, Rpfleger 2010, 169.
64 OLG München, DNotZ 2009, 680; BT-Drucks. 16/13437, S. 26, 30.
65 OLG München, DNotZ 2010, 691; zust. *Heinze*, DNotZ 2010, 695; siehe auch § 736 Rdn. 2.
66 BGH, NJW 2011, 615; dazu *Witt*, BB 2011, 399.

Eine **Wohnungseigentümergemeinschaft** ist rechts- und parteifähig, soweit sie bei der Verwaltung des gemeinschaftlichen Eigentums am Rechtsverkehr teilnimmt; sie kann auch als Gläubiger einer Zwangshypothek im Grundbuch eingetragen werden.[67] Lautet der zugrundeliegende Vollstreckungstitel allerdings auf einen anderen Gläubiger als die Wohnungseigentümergemeinschaft (etwa eine Hausverwaltung[68] oder »die übrigen Wohnungseigentümer«[69]), darf zu ihren Gunsten eine Zwangshypothek nicht eingetragen werden. Ist der Vollstreckungstitel nicht unter der Bezeichnung der Gemeinschaft, sondern nur unter Auflistung aller Eigentümer ergangen, ist das Grundbuchamt zu einer »Umschreibung« nicht befugt.[70] Wurde aufgrund mehrerer teils auf die Wohnungseigentümergemeinschaft, teils auf einen anderen Gläubiger lautender Vollstreckungstitel eine Zwangshypothek als einheitliche Hypothek an einem Grundstück zugunsten der Wohnungseigentümergemeinschaft eingetragen, kommt die Eintragung eines Amtswiderspruchs, beschränkt auf die den Dritten ausweisenden Titel, in Betracht.[71]

Auch eine baurechtliche Arbeitsgemeinschaft – **ARGE** – kann als Gläubigerin einer Sicherungshypothek im Grundbuch eingetragen werden.[72]

Bei Steuerschulden ist wegen der Gläubigerbezeichnung § 252 AO zu beachten;[73] danach gilt im Vollstreckungsverfahren die Körperschaft als Gläubigerin der zu vollstreckenden Ansprüche, der die Vollstreckungsbehörde angehört.

4. Geldbetrag der Forderung

Als »Geldbetrag der Forderung« i. S. des § 1115 BGB sind alle Forderungen, wegen derer der Gläubiger die Zwangsvollstreckung in dieses Grundstück durch Eintragung einer Zwangshypothek beantragt hat, einzutragen. Dies gilt auch für die Kosten früherer Zwangsvollstreckungen aus diesem Titel i. S. von § 788.[74] Ihre Höhe und Berechtigung muss nicht in der Form des § 29 GBO nachgewiesen werden; es gelten vielmehr die allgemeinen Grundsätze zu § 788.[75] In Zweifelsfällen empfiehlt es sich für den Gläubiger aber, die Kosten vorher förmlich festsetzen zu lassen,[76] um dann aus dem Kostenfestsetzungsbeschluss als Titel vorzugehen. 11

Die **Kosten des Eintragungsverfahrens** selbst brauchen nicht eingetragen zu werden.[77] Für sie haftet das Grundstück gem. Abs. 1 Satz 3 automatisch. Eintragungskosten sind neben den Kosten des Grundbuchamtes nach dem GNotKG[78] auch die Gebühren des Rechtsanwalts für den Eintragungsantrag (§ 18 Nr. 13 RVG und VV Nr. 3309 f. RVG). 12

5. Rang der Eintragung

Der Rang der Zwangshypothek bestimmt sich nach § 879 BGB. Sie wird mit dem Rang der nächstbereiten Stelle eingetragen.[79] Hatte der Schuldner sich bei einer vorausgehenden Belastung des 13

---

67 BGHZ 163, 154 = Rpfleger 2005, 521; zur Bezeichnung der WEG vgl. LG Bremen, Rpfleger 2007, 315.
68 OLG München, FGPrax 2010, 120.
69 OLG München, FGPrax 2013, 156.
70 *Demharter*, Rpfleger 2006, 120; **a. A.** LG Hamburg, Rpfleger 2006, 10.
71 OLG München, FGPrax 2010, 120.
72 KG, FGPrax 2010, 171.
73 Siehe § 866 Rdn. 6.
74 *Habermeier*, a. a. O., S. 45; siehe auch § 866 Rdn. 6.
75 Wie hier *Habermeier*, a. a. O., S. 48; *Löscher*, Rpfleger 1960, 355; *MüKo/Eickmann*, § 867 Rn. 20; *Zöller/Stöber*, § 867 Rn. 2; **a. A.** (Form des § 29 GBO zu beachten) *Drischler*, JurBüro 1961, 5; *Eiselt*, BWNotZ 1984, 68; *Stein/Jonas/Münzberg*, § 867 Rn. 59.
76 Zu dieser Möglichkeit siehe § 788 Rdn. 30.
77 Siehe auch § 866 Rdn. 6.
78 Siehe insoweit § 866 Rdn. 9.
79 *Stein/Jonas/Münzberg*, § 867 Rn. 47; *Zöller/Stöber*, § 867 Rn. 12.

§ 867 ZPO Zwangshypothek

Grundstücks gem. § 881 Abs. 1 BGB die Befugnis vorbehalten, später einem anderen Gläubiger ein Grundpfandrecht zu bestellen, das dem Recht im Rang vorgehen soll (**Rangvorbehalt**), so kann der Vollstreckungsgläubiger diesen Rangvorbehalt **nicht** für seine Zwangshypothek ausnutzen.[80] Der Rangvorbehalt dient persönlichen Zwecken des Grundstückseigentümers, in der Regel der Finanzierung der Bebauung des Grundstücks. Er ist weder übertragbar, noch kann seine Ausübung einem Dritten überlassen werden. Damit ist er dem Zugriff in der Zwangsvollstreckung gänzlich entzogen (Gedanke des § 851 Abs. 1), solange der Schuldner Grundstückseigentümer ist. Die Zweckbindung entfällt erst im Rahmen der Zwangsversteigerung.

6. Vermerk der Eintragung auf dem Titel

14 Die Eintragung der Zwangshypothek muss vom Grundbuchamt auf der vollstreckbaren Ausfertigung des Vollstreckungstitels vermerkt werden (**Abs. 1 Satz 1, 2. Halbs.**). Ein Unterlassen beeinträchtigt das wirksame Entstehen der Zwangshypothek allerdings nicht. Die Vorschrift soll den Schuldner nur vor der Eintragung weiterer Zwangshypotheken für die gleiche Forderung unter Missachtung des Abs. 2 schützen.[81] Nach **Abs. 3** reicht der vollstreckbare Titel, auf dem die Eintragung vermerkt ist, auch zur Befriedigung aus dem Grundstück durch Zwangsversteigerung aus.[82]

7. Eintragungshindernis

15 Die Eintragung einer Zwangshypothek an rangbereiter Stelle wird durch ein im Grundbuch eingetragenes richterliches Verfügungsverbot gegen den Grundstückseigentümer nicht gehindert.[83] Erfährt das Grundbuchamt vor Eintragung der Zwangshypothek von einer Entscheidung, durch die die Zwangsvollstreckung aus dem Titel (einstweilen) eingestellt wurde, muss es ohne besonderen Antrag der Parteien die Eintragung von Amts wegen unterlassen.[84] Denn der Schuldtitel scheidet mit der Einstellung der Zwangsvollstreckung als Vollstreckungsgrundlage aus.[85]

8. Rücknahme des Eintragungsantrages

16 Will der Gläubiger den Antrag auf Eintragung der Zwangshypothek vor seiner Erledigung zurücknehmen, etwa um eine förmliche Zurückweisung zu vermeiden, muss er die Rücknahme wegen § 31 GBO in der Form des § 29 GBO erklären.[86] Zwar bedarf die Rücknahme von Vollstreckungsanträgen im Allgemeinen keiner besonderen Form; wenn der Gläubiger aber die Vollstreckung durch Zwangshypothek wählt, muss er auch die dafür geltenden grundbuchrechtlichen Regeln berücksichtigen. Wird das Formerfordernis nicht erfüllt, ist über den Antrag zu entscheiden, bei Fehlen einer Eintragungsvoraussetzung durch Zurückweisung des Antrages. Die Erklärung des Gläubigers, dass statt der ursprünglich beantragten Eintragung einer Zwangshypothek auf mehreren Grundstücken nunmehr die Eintragung einer Zwangshypothek auf einem dieser Grundstücke beantragt werde, ist allerdings als formlos zulässige bloße Einschränkung des ursprünglichen Antrags anzusehen.[87]

---

80 BGHZ 12, 238; OLG Frankfurt, MDR 1953, 243; *Musielak/Becker*, § 867 Rn. 8; *Stöber*, ZVG, Einl., Rn. 67.6; *Zöller/Stöber*, § 867 Rn. 12; a. A. LG Stuttgart, NJW 1954, 1045 mit Anm. *Jansen*, NJW 1954, 1291; AG Stuttgart, NJW 1953, 1876 mit Anm. *Jansen*, NJW 1954, 238; *Habermeier*, a. a. O., S. 119; *Stein/Jonas/Münzberg*, § 867 Rn. 47.
81 Vgl. *Stein/Jonas/Münzberg*, § 867 Rn. 32.
82 Dazu Rdn. 25.
83 BGH, Rpfleger 2007, 538.
84 OLG Frankfurt, Rpfleger 1974, 443.
85 Zu den Folgen, wenn dennoch eine Eintragung erfolgt, siehe unten Rdn. 20.
86 OLG Hamm, Rpfleger 1985, 231; **a. A.** *Hintzen*, ZIP 1991, 474, 475.
87 OLG München, ZfIR 2010, 255 (LS).

IV. Die Zwangshypothek

1. Buchhypothek

Sie entsteht gem. **Abs. 1 Satz 2** mit ihrer Eintragung. Als Sicherungshypothek ist sie immer Buchhypothek (§ 1184 Abs. 2 BGB). Die Ausstellung eines Briefes ist also in jedem Fall ausgeschlossen (§ 1185 Satz 1 BGB). Die Hypothek entsteht nicht, wenn der Titelschuldner nicht Eigentümer des Grundstücks ist; ein gutgläubiger Erwerb des Vollstreckungsgläubigers scheidet aus, weil § 892 BGB nicht den Erwerb im Wege der Zwangsvollstreckung schützt.[88] Daneben sind weitere Entstehungsvoraussetzungen, dass den weitergehenden zwingenden grundbuchrechtlichen Eintragungsvoraussetzungen Genüge getan ist und die allgemeinen und – je nach Titel – besonderen Vollstreckungsvoraussetzungen im Zeitpunkt der Eintragung vorliegen. Fehlt es an letzteren, ist zu unterscheiden: Die Hypothek entsteht nicht, wenn es an zwingenden Eintragungsvoraussetzungen nach der GBO (nicht bei Verletzung bloßer Ordnungsvorschriften) mangelt, gegen § 866 Abs. 3 (Mindesthöhegebot) oder § 867 Abs. 2 (Gesamtbelastungsverbot) verstoßen wurde oder ein sonstiger Fall ausnahmsweiser Nichtigkeit vorliegt, insbesondere weil der Mangel nicht behoben werden kann.[89] Ansonsten kommt eine Heilung in Betracht.[90]

17

2. Akzessorietät

Die Zwangshypothek ist, sieht man von ihren besonderen Entstehungsvoraussetzungen ab, eine bürgerlich-rechtliche Hypothek, für die auch § 1163 BGB gilt.[91] Dieser wird durch die Sonderregelung in § 868 nicht verdrängt, sondern nur ergänzt.[92] War der titulierte Anspruch zum Zeitpunkt der Eintragung der Zwangshypothek also bereits erloschen (z. B. durch Erfüllung) oder erlischt er später, so steht die Hypothek dem Eigentümer zu (§ 1163 Abs. 1 BGB) und wird zur Eigentümergrundschuld (§ 1177 BGB). Der Eigentümer muss in diesem Fall sein Recht mit der Vollstreckungsabwehrklage geltend machen (§ 767).

18

3. Gutgläubiger Erwerb

Gehört das Grundstück, auf dem die Zwangshypothek eingetragen wurde, nicht dem Schuldner, war er also nur sog. Bucheigentümer, so erwirbt der Gläubiger keine Hypothek, da dem Gläubiger gegen den wahren Eigentümer keine Forderung zusteht, ein gutgläubiger Erwerb im Rahmen der Zwangsvollstreckung aber grundsätzlich ausgeschlossen ist.[93] Allerdings kann, sofern die gesicherte Forderung besteht, der ins Grundbuch eingetragene Gläubiger die Zwangshypothek auf einen gutgläubigen Dritten rechtsgeschäftlich weiterübertragen, der die Hypothek dann gem. §§ 1138, 892 BGB erwirbt.[94] Während der wahre Eigentümer gegen den Gläubiger wegen der Eintragung der Zwangshypothek mit der Drittwiderspruchsklage (§ 771) vorgehen kann, hat er diese Möglichkeit gegen einen dritten gutgläubigen Erwerber nicht mehr. Er hat in diesem Fall nur Bereicherungsansprüche gegen den Gläubiger, der die Hypothek weiterübertragen hat, oder, wenn er die Weiterveräußerung genehmigt, gegen den Schuldner.

19

---

88 Dazu Rdn. 19.
89 Vgl. *MüKo/Eickmann*, § 867 Rn. 50 f.; *Musielak/Becker*, § 867 Rn. 7; *Stein/Jonas/Münzberg*, § 867 Rn. 18, 38 f.; *Zöller/Stöber*, § 867 Rn. 25.
90 Dazu Rdn. 20.
91 Allgem. Meinung; siehe nur OLG Köln, JurBüro 1996, 160; *Brox/Walker*, Rn. 1042; *Habermeier*, a. a. O., S. 93; *Stein/Jonas/Münzberg*, § 868 Rn. 7.
92 Siehe auch § 868 Rdn. 1.
93 BGH, WM 1963, 219; *MüKo/Eickmann*, § 867 Rn. 49; *Musielak/Becker*, § 867 Rn. 7.
94 Vgl. BGHZ 64, 194 = WM 1975, 567.

4. Heilung von Vollstreckungsmängeln

20 Liegen keine unbehebbaren Mängel vor,[95] ist das eingetragene Recht beim Fehlen von Vollstreckungsvoraussetzungen oder beim Vorliegen von Vollstreckungshindernissen zwar zunächst unwirksam, doch kann die Unwirksamkeit geheilt werden;[96] in diesem Fall entsteht das Recht mit dem Rang der Eintragung,[97] jedoch darf die Rückwirkung nicht den Rang eingetragener Zwischenrechte beeinträchtigen.[98] Die Zustellung des Titels als Voraussetzung der Zwangsvollstreckung ist, wenn zunächst fehlerhaft, nicht rückwirkend, sondern nur ex nunc heilbar. Ansonsten würde die zwangsvollstreckungsrechtliche Priorität erschlichen werden können.[99] Im Einzelnen ist hier vieles streitig. So wird die Auffassung vertreten, die Zwangshypothek sei bei Verstoß gegen die Vollstreckungsvoraussetzungen generell nichtig.[100] Andere halten sie für auflösend bedingt wirksam.[101] Die hier vertretene Auffassung berücksichtigt die Interessen der Beteiligten in angemessener Weise. Insbesondere dient auch die mögliche Rückwirkung der im Grundbuchwesen in besonderem Maße erforderlichen Sicherheit des Rechtsverkehrs.

5. Nachträgliche Unwirksamkeit gem. § 88 InsO

21 Eine Zwangshypothek, die innerhalb eines Monats vor dem Antrag auf Eröffnung des Insolvenzverfahrens oder nach diesem Antrag eingetragen wurde,[102] wird gem. § 88 InsO unwirksam[103], wenn über das Vermögen des Schuldners das Insolvenzverfahren eröffnet wird. Für die Berechnung der Monatsfrist gilt § 139 InsO; unerheblich ist, ob der Insolvenzantrag zunächst mangelhaft war oder bei einem unzuständigen Gericht gestellt wurde.[104] Nach Ansicht des BGH[105] gilt Folgendes: Von der insolvenzrechtlichen Rückschlagsperre betroffene Sicherungen eines Gläubigers sind gegenüber jedermann (schwebend) unwirksam. Wird infolge der insolvenzrechtlichen Rückschlagsperre eine Zwangshypothek unwirksam, entsteht keine Eigentümergrundschuld[106]. Sicherungen eines Gläubigers, die infolge der Rückschlagsperre unwirksam geworden sind, können ohne Neueintragung mit entsprechend verändertem Rang wirksam werden, wenn sie als Buchposition erhalten sind und die Voraussetzungen für eine Neubegründung der Sicherung im Wege der Zwangsvollstreckung bestehen[107]. Gibt der Insolvenzverwalter ein Grundstück aus der Masse frei, welches buchmäßig mit einer durch die Rückschlagsperre unwirksam gewordenen Zwangshypothek belastet ist, kann die Zwangshypothek trotz des Verbots, während des Insolvenzverfahrens in massefreies Vermögen des Schuldners zu vollstrecken, schon im Zeitpunkt der Freigabe wieder wirksam werden. Trotz

---

95 Dazu Rdn. 17.
96 OLG Hamm, Rpfleger 2005, 532; Beschluss vom 15.7.2010 – I-15 W 198/10, Juris; BayObLG, Rpfleger 2003, 647 (zur Arresthypothek); *MüKo/Eickmann*, § 867 Rn. 51; *Stein/Jonas/Münzberg*, § 867 Rn. 16 ff., 36 ff.; *Zöller/Stöber*, § 867 Rn. 25.
97 *MüKo/Eickmann*, § 867 Rn. 51; *Musielak/Becker*, § 867 Rn. 7; *Stein/Jonas/Münzberg*, § 867 Rn. 16 ff., 36 ff.; *Zöller/Stöber*, § 867 Rn. 25; **anders** bei grundlegenden Mängeln der Vollstreckungsvoraussetzungen, etwa einem Verstoß gegen das Gesamtbelastungsverbot, vgl. BGHZ 27, 310 = NJW 1958, 1090, 1526.
98 OLG Bremen, InVo 1997, 19; *Hintzen/Wolf*, Rn. 10.135; *Stöber*, ZVG, Einl. 71.4.
99 OLG München, NJW 2009, 1358; OLG München, NJOZ 2012, 607.
100 *Habermeier*, a. a. O., S. 84.
101 OLG Frankfurt, MDR 1956, 111; *Dümig*, Rpfleger 2004, 1.
102 Zur Maßgeblichkeit dieses Zeitpunkts: OLG Brandenburg, BeckRS 2010, 22201; OLG Köln, FGPrax 2010, 230; LG Nürnberg-Fürth, Rpfleger 2001, 410 f; *Keller*, NZI 2012, 755.
103 BGH, NJW 2012, 3574; OLG Düsseldorf, NZI 2004, 93; OLG Köln, FGPrax 2010, 230; Kreft/*Kayser*, Insolvenzordnung, 12. Aufl. 2014, § 88 InsO Rn. 17 und Rn. 35.
104 OLG Köln, ZIP 2010, 1763; vgl. auch OLG München, ZIP 2010, 1861.
105 BGHZ 166, 74 = Rpfleger 2006, 253; kritisch dazu auf der Basis der bis dahin h. M.: *Alff/Hintzen*, ZInsO 2006, 481; *Demharter*, Rpfleger 2006, 256; *Fischinger*, WM 2009, 637; *Gundlach*, EWiR 2006, 317; *Keller*, ZIP 2006, 1174; *Ringstmeier*, BGH-Report 2006, 607.
106 Siehe auch unten § 868 Rdn. 2.
107 BGH, NJW 2012, 3574 mit insoweit kritischer Anm. *Keller*, NZI 2012, 755.

der danach anzunehmenden schwebenden Unwirksamkeit darf eine eingetragene Zwangshypothek während des laufenden Insolvenzverfahrens auf Verlangen des Insolvenzverwalters wegen Unrichtigkeit gelöscht werden.[108]

Zum Zweck der Rückschlagsperre nach § 88 InsO siehe im Übrigen schon Vor §§ 803, 804 Rdn. 20.

V. Belastung mehrerer Grundstücke (Abs. 2)

Könnte auch in der Zwangsvollstreckung nach § 1132 BGB verfahren werden, würde das Grundbuch unnötig verkompliziert und der Schuldner zudem erheblich eingeengt werden; im Einzelfall könnte auch § 803 Abs. 1 Satz 2 verletzt sein. Deshalb verbietet Abs. 2 ohne jede Einschränkung die Eintragung einer Gesamtzwangshypothek an mehreren Grundstücken[109] für die titulierte Forderung. Der Gläubiger muss den Betrag der Forderung auf die einzelnen Grundstücke aufteilen, sodass auf jedem Grundstück eine isolierte Zwangshypothek für den einzelnen Teilbetrag eingetragen werden kann. Bei der Vollstreckung aus mehreren Titeln muss angegeben werden, auf welchem Grundstück welcher Teilbetrag aus welchem Titel gesichert werden soll.[110] Besteht wegen derselben Forderung bereits eine Zwangshypothek, liegt ein Fall verbotener Gesamtbelastung i. S. des Abs. 2 vor.[111] Eine Rangfolge dieser Teile für die Befriedigung muss der Gläubiger nicht angeben.[112] Die Höhe der einzelnen Teilbeträge bestimmt allein der Gläubiger (Abs. 2 Satz 2, 1. Halbs.); eine Zustimmung des Schuldners ist nicht erforderlich. Die Teilbeträge müssen dem Mindestbetrag des § 866 Abs. 3 Satz 1 (750 Euro) genügen. Das ergibt sich aus Abs. 2 Satz 2, 2. Halbs. Dadurch soll der Zweck des § 866 Abs. 3 Satz 1, die Grundbücher von Kleinsthypotheken freizuhalten,[113] abgesichert werden. Das Verbot des Abs. 2 kann nicht dadurch umgangen werden, dass der Gläubiger sich neben der Zwangshypothek an dem einen Grundstück eine »Ausfallhypothek« an einem anderen Grundstück eintragen lässt, für den Fall, dass die Zwangshypothek nicht zum Zuge komme.[114] Eine Eintragung, die unter Missachtung der zwingenden Vorschrift des Abs. 2 erfolgte, ist inhaltlich unzulässig, führt nicht zur Entstehung der Gesamthypothek und ist von Amts wegen nach § 53 GBO zu löschen. Wird der Verteilungsantrag vor der Löschung nachgeholt, so haben die einzelnen Zwangshypotheken nicht den Rang der unzulässigen Gesamthypothek, sondern nur den des Einganges der Aufteilungserklärung.[115] War allerdings eine der später zu einer Gesamthypothek zusammengefassten Eintragungen zunächst als isolierte Zwangshypothek erfolgt, so sind nur die späteren Eintragungen inhaltlich unzulässig. Die erste Eintragung bleibt dann zulässig;[116] nur der Hinweis auf die Gesamthypothek muss gelöscht werden.

Kein Fall von Abs. 2 liegt vor, wenn im Rahmen der Vollstreckung gegen mehrere Gesamtschuldner auf je einem Grundstück jedes Schuldners eine Zwangshypothek eingetragen wird. Eine solche Eintragung ist uneingeschränkt zulässig.[117] Sollen von einzelnen Gesamtschuldnern mehrere Grundstücke belastet werden, ist insoweit wieder eine Aufteilung erforderlich. Abs. 2 gilt nur für die Zwangshypotheken nach § 866 Abs. 1. Sollen im Übrigen im Rahmen eines Vollstreckungsverfahrens Sicherungshypotheken eingetragen werden, so ist auch die Eintragung einer Gesamt-

---

108 OLG Köln, ZIP 2010, 1763; vgl. auch OLG München, ZIP 2010, 1861.
109 Auch an selbstständigen Miteigentumsanteilen, OLG Oldenburg, Rpfleger 1996, 242.
110 OLG Zweibrücken, Rpfleger 2001, 586.
111 OLG Düsseldorf, MDR 1990, 62.
112 BGH, ZIP 1991, 468.
113 Siehe § 866 Rdn. 6.
114 OLG Stuttgart, NJW 1971, 898.
115 BGHZ 27, 310 = NJW 1958, 1090, 1526; OLG Düsseldorf, ZIP 1989, 1363; vgl. auch schon Rdn. 17, 20.
116 LG Mannheim, Rpfleger 1981, 406.
117 *Groß*, BWNotZ 1984, 111.

sicherungshypothek grundsätzlich möglich, etwa im Rahmen eines Versteigerungsverfahrens auf Ersuchen des Versteigerungsgerichts.[118]

24 Die Aufteilungserklärung nach Abs. 2 Satz 2, 1. Halbs. muss nicht in der Form des § 29 GBO abgegeben werden.[119] Sie ist Teil des Vollstreckungsantrages, auch wenn sie erst nachträglich abgegeben wird. Deshalb bedarf sie wie dieser nur der einfachen Schriftform und kann gegebenenfalls auch zu Protokoll des Grundbuchamtes erklärt werden.[120]

VI. Der Übergang von der Zwangshypothek zur Zwangsversteigerung

25 Will der Gläubiger, der aufgrund eines Titels über die persönliche Schuld zunächst eine Zwangshypothek erwirkt hatte, anschließend **mit dem Rang** dieser Hypothek die Zwangsversteigerung betreiben, genügt nach **Abs. 3** zur Befriedigung aus dem Grundstück durch Zwangsversteigerung[121] der vollstreckbare Titel, auf dem gem. Abs. 1 Satz 1, 2. Halbs.[122] die Eintragung vermerkt ist. Dieser ursprüngliche Titel ist also die Grundlage für die weitere Zwangsvollstreckung durch Zwangsversteigerung, nicht etwa die Zwangshypothek, sodass sich auch gegen ihn eine Klage mit möglichen materiellrechtlichen Einwendungen gegen die weitere Zwangsvollstreckung richten müsste und er für den nach § 767 Abs. 2 maßgeblichen Zeitpunkt ausschlaggebend ist[123]. Durch die Regelung nach Abs. 3 soll verhindert werden, dass die Zwangsvollstreckung verzögert und dass zusätzliche (oft nicht beitreibbare) Verfahrenskosten verursacht werden. Der mit dem Vermerk versehene Vollstreckungstitel muss nicht erneut zugestellt werden.[124] Die Vollstreckungserleichterung gilt allerdings nicht bei solchen Sicherungshypotheken, die nach § 848 Abs. 2 Satz 2 im Wege dinglicher Surrogation entstehen,[125] und ferner nicht für die Arresthypothek. Hier muss für die Zwangsversteigerung erst ein Duldungstitel erwirkt werden. Dasselbe gilt bei rechtsgeschäftlichem Eigentumsübergang, weil der Erwerber hinsichtlich des titulierten Anspruchs nicht Rechtsnachfolger des Schuldners ist.[126] Will sich der Inhaber der Zwangshypothek durch Pfändung von Mieten aus dem Grundstück befriedigen, benötigt er einen dinglichen Titel.[127] Bei einer Gesamtrechtsnachfolge ist ein gesonderter Duldungstitel dagegen nicht erforderlich; hier genügt die Umschreibung des Titels nach § 727 nebst Zustellung gem. § 750 Abs. 2.[128]

26 Für die **Abgabenvollstreckung** enthält § 323 AO eine abweichende Regelung: Ist hier zunächst gem. § 322 AO[129] eine Sicherungshypothek eingetragen worden, so bedarf es zur Zwangsversteigerung oder Zwangsverwaltung aus diesem Recht dann eines Duldungstitels, wenn nach der Eintragung dieses Rechts ein Eigentumswechsel eingetragen ist.[130]

27 In der **von einem anderen Gläubiger betriebenen Zwangsversteigerung** ist die Zwangshypothek wie jede andere Hypothek zu behandeln. Geht sie dem Recht des betreibenden Gläubigers vor, ist

---

118 OLG Düsseldorf, KTS 1989, 717.
119 OLG Köln, Rpfleger 1986, 91; *MüKo/Eickmann*, § 867 Rn. 61; *Stein/Jonas/Münzberg*, § 867 Rn. 51; *Zöller/Stöber*, § 867 Rn. 15.
120 Siehe oben Rdn. 2.
121 BGH, WM 2008, 801.
122 Siehe dazu Rdn. 14.
123 BGH, BeckRS 2015, 05736.
124 *Stein/Jonas/Münzberg*, § 867 Rn. 50; *Zöller/Stöber*, § 867 Rn. 20.
125 Dazu § 848 Rdn. 6.
126 BGH, Rpfleger 2007, 490; *Stein/Jonas/Münzberg*, § 867 Rn. 49; *Zöller/Stöber*, § 867 Rn. 20; abweichend *MüKo/Eickmann*, § 867 Rn. 57 unter Hinweis auf § 26 ZVG.
127 BGH, WM 2008, 801.
128 *Zöller/Stöber*, § 867 Rn. 20; *Stein/Jonas/Münzberg*, § 867 Rn. 49, dieser allerdings differenzierend hinsichtlich des Erben; zur Problematik vgl. auch *Alff*, Rpfleger 2001, 385, 394; *Dümig*, Rpfleger 2004, 1, 10.
129 Zum Wortlaut dieser Norm siehe § 870a Rdn. 5.
130 Siehe auch: *Tipke/Kruse*, § 322 AO Rn. 50 ff.; § 323 AO Rn. 2.

sie in das geringste Gebot aufzunehmen (§§ 44, 45 ZVG); sie erlischt gem. § 91 ZVG, wenn sie nach den Versteigerungsbedingungen nicht bestehen bleiben soll (§ 52 ZVG), mit dem Zuschlag. Deshalb hat auch der Gläubiger einer Zwangshypothek das Ablösungsrecht des § 268 BGB.[131] Wird das Zwangsversteigerungsverfahren durch das Insolvenzverfahren über das Vermögen des Grundstückseigentümers unterbrochen und versucht der Insolvenzverwalter den freihändigen Verkauf des Grundstücks, muss der Gläubiger einer Zwangshypothek, die bei der Zwangsversteigerung ohne Anteil am Erlös ausfiele, nicht einer Löschung seiner Zwangshypothek zustimmen, um den freihändigen lastenfreien Verkauf zu erleichtern[132].

Soweit der Ersteher des Grundstücks die Hypothek, die ins geringste Gebot aufgenommen worden war, mitübernehmen musste, geht gem. § 53 ZVG auch die durch sie gesicherte persönliche Schuld in Höhe der Hypothek auf ihn über. Der Gläubiger der Zwangshypothek kann sich deshalb gem. § 727 gegen den Ersteher Klausel zum Titel gegen den Schuldner erteilen lassen und dann gegen ihn aus diesem Titel weitervollstrecken.

VII. Rechtsbehelfe

1. Rechtsbehelfe des Gläubigers und des Schuldners gegen das Verfahren

a) Die Rüge von Verfahrensmängeln im Eintragungsverfahren

Die Entscheidungen des Grundbuchamtes im Rahmen der Eintragung einer Zwangshypothek (z. B. Zwischenverfügungen zur Nachreichung von Urkunden und Nachweisen; Zurückweisung von Eintragungsanträgen) unterliegen nicht den Rechtsbehelfen des Vollstreckungsrechts (also §§ 766, 793), sondern denen der Grundbuchordnung (§§ 71 ff GBO).[133] Trotz des Doppelcharakters der Eintragung der Zwangshypothek als Zwangsvollstreckungs- und als Grundbuchmaßnahme werden allein die grundbuchrechtlichen Rechtsbehelfe den Sicherheitsanforderungen gerecht, die für das Grundbuch gelten müssen.

28

Wird ein Antrag des **Gläubigers** zurückgewiesen, hat er gegen diese Entscheidung des Rechtspflegers die Beschwerde gem. § 71 Abs. 1 GBO i. V. m. § 11 Abs. 1 RPflG.[134] Hält der Schuldner die Eintragung für unzulässig, weil wesentliche Verfahrensvorschriften des Grundbuch- oder Vollstreckungsrechts verletzt worden seien, kann er nur mit der Beschwerde nach § 71 Abs. 2 Satz 2 GBO verlangen, dass das Grundbuchamt angewiesen werde, nach § 53 GBO einen Widerspruch einzutragen oder (falls ein gutgläubiger Erwerb nicht möglich ist) eine Löschung vorzunehmen.[135] Nur das entspricht den besonderen Sicherheitserfordernissen des Grundbuchwesens. Es muss verhindert werden, dass eine Hypothek gelöscht wird, die u. U. materiellrechtlich zwischenzeitlich doch zur Entstehung gelangt ist, etwa durch gutgläubigen Erwerb seitens eines Dritten. § 71 Abs. 2 GBO gibt hier allein die zutreffenden abgestuften Reaktionsmöglichkeiten.

Zur Entscheidung über Beschwerden nach § 71 GBO ist nach § 72 GBO das OLG berufen; nach § 81 Abs. 1 GBO ist dort ein Zivilsenat zuständig. Gegen die Entscheidung des OLG ist die Rechtsbeschwerde zulässig, wenn sie zugelassen wurde (§ 78 GBO). Für das Verfahren der Rechtsbeschwerde wird auf § 73 GBO und §§ 71–74a FamFG Bezug genommen.

---

131 LG Verden, KTS 1973, 193.
132 BGH, WM 2015, 1067.
133 OLG Frankfurt (20 W 366/06) NJW-RR 2007, 1248; OLG Köln (2 Wx 26/08) MDR 2009, 52; OLG München (34 Wx 45/10) FGPrax 2010, 232.
134 *MüKo/Eickmann*, § 867 Rn. 72; *Musielak/Becker*, § 867 Rn. 12; *Stein/Jonas/Münzberg*, § 867 Rn. 36; *Zöller/Stöber*, § 867 Rn. 24; **a. A.** (§ 793) *Habermeier*, a. a. O., S. 110. Bei der Schiffshypothek gilt § 75 Schiffs-RegO: BayObLG, Rpfleger 1992, 28.
135 BGHZ 64, 194 = WM 1975, 567; BayObLG, Rpfleger 2003, 647; KG, NJW-RR 1987, 592; OLG Köln, OLGZ 1967, 499; Rpfleger 1996, 189; OLG Zweibrücken, Rpfleger 2001, 174; *MüKo/Eickmann*, § 867 Rn. 73; *Musielak/Becker*, § 867 Rn. 12; *Stein/Jonas/Münzberg*, § 867 Rn. 36 ff.; *Zöller/Stöber*, § 867 Rn. 24; **a. A.** (§ 766) *Habermeier*, a. a. O., S. 106; *Weiß*, DNotZ 1985, 524.

b) Rügen im Hinblick auf die Vollstreckungsklausel

29 Betrifft der angebliche Verfahrensmangel die Vollstreckungsklausel, so ist zu unterscheiden: Wird gerügt, dass dem Titel die Klausel fehlte, obwohl erforderlich, wird das Fehlen einer Vollstreckungsvoraussetzung gerügt. Hierfür ist die Beschwerde nach § 71 GBO entsprechend den vorstehend dargestellten Grundsätzen[136] das richtige Rechtsmittel. Soll aber gerügt werden, dass die konkrete Klausel zu Unrecht erteilt sei, weil statt einer einfachen Klausel eine qualifizierte Klausel erforderlich gewesen sei, oder weil die Voraussetzungen für die erteilte qualifizierte Klausel nicht nachgewiesen oder überhaupt nicht vorhanden gewesen seien, so sind allein die Rechtsbehelfe des Klauselverfahrens (§§ 573, 567, 732, 732, 768 ZPO) einschlägig. Das Klauselverfahren geht dem eigentlichen Vollstreckungsverfahren voraus, ist also noch nicht Teil der Zwangsvollstreckung. Andererseits ist das Vorliegen einer Vollstreckungsklausel aber allgemeine Voraussetzung für den Beginn der Zwangsvollstreckung (§ 750 ZPO). Deshalb muss streng zwischen der Überprüfung der materiellen Voraussetzungen der Klausel als solcher einerseits und der Überprüfung des Vorliegens der allgemeinen Vollstreckungsvoraussetzung andererseits getrennt werden. Im Vollstreckungsverfahren bzw. im Grundbuchverfahren ist zu prüfen, ob eine (wenn vielleicht auch anfechtbare) Vollstreckungsklausel (als Voraussetzung für den Beginn der Zwangsvollstreckung) vorliegt und ob die Klausel, so wie sie erteilt wurde, äußerlich ordnungsgemäß erteilt ist. Dagegen ist es nicht Aufgabe der Vollstreckungsorgane (hier also des Grundbuchamtes), in Korrektur der die Klausel erteilenden Organe die materielle Richtigkeit der Klausel zu überprüfen, also zu prüfen, ob die konkrete Klausel auch so, wie geschehen, erteilt werden durfte (etwa als einfache und nicht als qualifizierte Klausel).[137]

2. Rechtsbehelfe des Schuldners bei materiellrechtlichen Einwendungen

30 Materiellrechtliche Einwendungen gegen die Vollstreckungsforderung muss der Schuldner mit der Klage nach § 767 geltend machen. Ein obsiegendes Urteil erbringt den Nachweis, dass die Eintragung als Fremdhypothek gem. § 868 unrichtig geworden ist (§ 22 GBO). Der Schuldner kann die Umschreibung der Hypothek in eine Eigentümergrundschuld verlangen.

3. Rechtsbehelfe eines Dritten

31 Ein Dritter, dessen Grundstück zu Unrecht mit einer Zwangshypothek belastet wurde, kann mit der Klage gem. § 771 hiergegen vorgehen.[138] Allein durch die Eintragung der Zwangshypothek ist die Vollstreckung noch nicht beendet, weil sie noch nicht zu einer Befriedigung des Gläubigers führt, sodass die Drittwiderspruchsklage noch zulässig ist. Durch Vorlage eines obsiegenden Urteils kann er erreichen, dass gegen die Hypothek ein Amtswiderspruch eingetragen wird, solange der Schuldner noch fälschlicherweise als Eigentümer des Grundstücks eingetragen ist. Nach seiner Eintragung als Grundstückseigentümer kann er die Umschreibung der Hypothek in eine Eigentümergrundschuld durchsetzen.

VIII. Verfahrenskostenhilfe/Gebühren

32 Dem Gläubiger, dem für die Eintragung einer Zwangshypothek im Wege der Zwangsvollstreckung Verfahrenskostenhilfe bewilligt wird (§ FamFG), ist auf seinen Antrag hin insoweit auch ein Rechtsanwalt beizuordnen. Aufgrund der bei der Eintragung einer Zwangshypothek durch das Zusammenwirken von Zivilprozess- und Grundbuchrecht bestehenden Unübersichtlichkeit und

---

136 Rdn. 28.
137 BGH, NJW-RR 2013, 437; BGH, NJW-RR 2012, 1146; BGH, NJW-RR 2012, 1148; OLG Hamm, BeckRS 2010, 18025.
138 *MüKo/Eickmann*, § 867 Rn. 74; *Musielak/Becker*, § 867 Rn. 12; *Stein/Jonas/Münzberg*, § 867 Rn. 40.

Schwierigkeit kann grundsätzlich nicht von einer einfachen Angelegenheit gesprochen werden,[139] zumal bei einer fehlerhaften Antragstellung die Gefahr eines Rangverlustes droht.

Hinsichtlich der durch Beantragung der Eintragung einer Zwangshypothek entstehenden Gerichts- und Anwaltskosten siehe im Einzelnen § 866 Rdn. 9.

IX. ArbGG, VwGO, AO

Siehe Vor §§ 864–871 Rdn. 8.

33

---

[139] OLG Jena, Beschluss vom 23. 7. 2014 – 3 W 328/14 – (juris); OLG München, Rpfleger 2014, 78; KG, Rpfleger 2012, 1486; OLG Stuttgart, FamRZ 2011, 128; OLG Zweibrücken, Beschluss vom 20. 5. 2010 – 3 W 82/10 – (juris); a. A.: OLG Hamm, Rpfleger, 2012, 23; OLG Schleswig, Rpfleger 2010, 492.

§ 868 Erwerb der Zwangshypothek durch den Eigentümer

(1) Wird durch eine vollstreckbare Entscheidung die zu vollstreckende Entscheidung oder ihre vorläufige Vollstreckbarkeit aufgehoben oder die Zwangsvollstreckung für unzulässig erklärt oder deren Einstellung angeordnet, so erwirbt der Eigentümer des Grundstücks die Hypothek.

(2) Das Gleiche gilt, wenn durch eine gerichtliche Entscheidung die einstweilige Einstellung der Vollstreckung und zugleich die Aufhebung der erfolgten Vollstreckungsmaßregeln angeordnet wird oder wenn die zur Abwendung der Vollstreckung nachgelassene Sicherheitsleistung oder Hinterlegung erfolgt.

Übersicht

		Rdn.				Rdn.
I.	Zweck der Norm	1		3.	Nachträgliche Gestattung der Vollstreckungsabwendung	5
II.	Umwandlung der Zwangshypothek in eine Eigentümergrundschuld	2		4.	Zeitpunkt der Umwandlung	6
1.	Aufhebung des Vollstreckungstitels	3	III.		Berichtigung des Grundbuchs	7
2.	Aufhebung der dem Kostenfestsetzungsbeschluss zu Grunde liegenden Kostenentscheidung	4	IV.		ArbGG, VwGO, AO	8

Literatur:
Siehe die Nachweise zu § 866.

I. Zweck der Norm

1 Die Zwangshypothek ist eine bürgerlich-rechtliche Hypothek, für deren **Entstehung** neben dem Bestand der zu sichernden Forderung und der Zugehörigkeit des Grundstücks zum Schuldnervermögen als bürgerlich-rechtlichen Entstehungsvoraussetzungen auch das Vorliegen der allgemeinen und besonderen Vollstreckungsvoraussetzungen erforderlich ist.[1] Diese Verbindung von materiellem Recht und Vollstreckungsrecht bleibt auch für den **Fortbestand** der Hypothek von Bedeutung: Erlischt nachträglich die durch die Hypothek gesicherte titulierte Forderung, so erwirbt der Grundstückseigentümer die Hypothek (§ 1163 Abs. 1 BGB), die hierdurch zur Eigentümergrundschuld wird (§ 1177 BGB). Insoweit bedurfte es keiner Regelung in der ZPO. Das BGB enthält aber keine Aussagen darüber, welche Folgen für den Fortbestand der Zwangshypothek der nachträgliche Fortfall der zwingenden Vollstreckungsvoraussetzungen hat. Insoweit bedurfte es einer ergänzenden Regelung in der ZPO. Dies ist die Aufgabe des § 868. Er ist also die notwendige vollstreckungsrechtliche **Ergänzung** zu § 1163 Abs. 1 BGB.

II. Umwandlung der Zwangshypothek in eine Eigentümergrundschuld

2 Die Zwangshypothek wandelt sich gem. **Abs. 1** und **Abs. 2** in Verbindung jeweils mit § 1177 BGB nachträglich in eine Eigentümergrundschuld, wenn entweder
a) der Vollstreckungstitel durch eine ihrerseits vollstreckbare Entscheidung (zumindest vorläufig vollstreckbares Urteil oder Beschluss i. S. v. § 794 Abs. 1 Nr. 3) aufgehoben wird oder
b) die vorläufige Vollstreckbarkeit des Titels nachträglich aufgehoben oder
c) die Zwangsvollstreckung aus ihm für unzulässig erklärt oder
d) endgültig eingestellt worden oder
e) einstweilen eingestellt und zugleich die Aufhebung der erfolgten Vollstreckungsmaßregeln angeordnet worden oder
f) die dem Schuldner zur Abwendung der Vollstreckung nachgelassene Sicherheitsleistung oder Hinterlegung erfolgt ist.

---
1 Einzelheiten: § 867 Rdn. 18 und 20.

Nach früher überwiegender Meinung führte die Rückschlagsperre des § 88 InsO in entsprechender Anwendung des § 868 zur Entstehung einer Eigentümergrundschuld. Seitdem der BGH dies aber in gefestigter Rechtsprechung verneint,[2] folgt dem auch überwiegend die Literatur.[3]

1. Aufhebung des Vollstreckungstitels

Wird das Urteil, in dessen Vollstreckung die Zwangshypothek eingetragen worden war, durch zumindest vorläufig vollstreckbares Urteil derselben Instanz (z. B. das Versäumnisurteil auf Einspruch hin) oder einer höheren Instanz (z. B. auf die Berufung oder Revision hin) aufgehoben oder inhaltlich dergestalt abgeändert, dass der bisherige vollstreckbare Anspruch entfällt, so wandelt sich die Zwangshypothek in eine Eigentümergrundschuld, und zwar automatisch (und damit zunächst außerhalb des Grundbuchs[4]) und bereits im Zeitpunkt der Verkündung der aufhebenden (abändernden) Entscheidung. Diese Eigentümergrundschuld kann ihrerseits, auch wenn das Grundbuch insoweit noch nicht berichtigt ist, wieder von Gläubigern des Grundstückseigentümers nach §§ 857, 830 gepfändet werden. Zur Eintragung dieser Pfändung ins Grundbuch muss der Gläubiger die Entstehung der Eigentümergrundschuld in der Form des § 29 GBO nachweisen und die Voreintragung seines Schuldners als Inhaber der Eigentümergrundschuld (§ 39 GBO) herbeiführen.

Das Urteil, auf dem die Eintragung beruht, muss, damit die vorstehend beschriebene Folge eintritt, selbst aufgehoben werden. Daran fehlt es, wenn ein Versäumnisurteil zunächst durch ein streitiges Urteil aufrechterhalten wird und dieses dann durch ein Berufungsurteil aufgehoben wird, welches die Sache – ohne Aufhebung des Versäumnisurteils – an das erstinstanzliche Gericht zurückverweist.[5] Ein (im Rahmen der Vollstreckungsabwehrklage des Eigentümers geschlossener) gerichtlicher Vergleich, in dem sich der Gläubiger verpflichtet, keine Zwangsvollstreckung aus dem Titel zu betreiben, steht einer gerichtlichen Entscheidung i. S. v. § 868 Abs. 1 nicht gleich. Er führt deshalb nicht dazu, dass der Eigentümer eine schon eingetragene Hypothek erwirbt, sondern nur zu einer dauernden Einrede des Eigentümers gegen die Vollstreckung aus der Hypothek.[6] Eine nach Abs. 1 entstehende Grundschuld steht dem Eigentümer des Grundstücks im Zeitpunkt der Verkündung der aufhebenden Entscheidung zu, nicht etwa dem Eigentümer zur Zeit der Eintragung der Zwangshypothek, falls zwischenzeitlich ein Eigentümerwechsel stattgefunden hat. Die Eigentümergrundschuld wandelt sich nicht zurück in eine (Fremd-) Zwangshypothek, falls das aufhebende (oder abändernde) Urteil seinerseits in der nächsten Instanz aufgehoben und das ursprüngliche Urteil wiederhergestellt wird.[7] Der Gläubiger muss entweder erneut die Eintragung einer Zwangshypothek erwirken, dann aber nur mit dem jetzt nächstbereiten Rang, oder, um sich den Rang der Eigentümergrundschuld nutzbar zu machen, in diese gem. § 857[8] vollstrecken.[9] In einem solchen Fall besteht auch kein Bereicherungsanspruch des Gläubigers aus § 717 Abs. 3 gegen den Schuldner dahingehend, dass er ihm die Eigentümergrundschuld abtritt.[10]

2. Aufhebung der dem Kostenfestsetzungsbeschluss zu Grunde liegenden Kostenentscheidung

Ist der Titel, in dessen Vollstreckung die Zwangshypothek eingetragen worden war, ein Kostenfestsetzungsbeschluss (§§ 104, 794 Abs. 1 Nr. 2), so tritt deren Umwandlung in eine Eigentümergrund-

---

2 Vgl. dazu § 867 Rdn. 21.
3 BeckOK-ZPO/*Riedel*, § 868 Rn. 13; Kreft/*Kayser,* Insolvenzordnung, 12. Aufl., § 88 Rn. 35; Saenger/*Kindl*, § 868 Rn. 2; Zöller/*Stöber*, § 868 Rn. 2; kritisch zur BGH-Rechtsprechung allerdings: Kindl/Meller-Hannich/Wolf/*Noethen*, § 868 Rn. 5.
4 Zur – deklaratorischen – Berichtigung des Grundbuchs siehe unten Rdn. 7.
5 OLG Brandenburg, Rpfleger 2001, 487.
6 BayObLG, NJW-RR 1999, 506, 507.
7 BGH, MDR 1976, 830; *Deimann*, Rpfleger 2000, 193, 194.
8 OLG Köln, NJW 1960, 440.
9 Zur Durchführung der Vollstreckung gem. § 857 siehe dort Rdn. 27, 28.
10 BGH, MDR 1971, 378; 1976, 830.

schuld gem. Abs. 1 und Abs. 2 nicht nur dann ein, wenn der Kostenfestsetzungsbeschluss selbst abgeändert, aufgehoben, die Zwangsvollstreckung aus ihm für unzulässig erklärt oder eingestellt wird, sondern auch, wenn der Titel, der die dem Kostenfestsetzungsbeschluss zu Grunde liegende Kostenentscheidung enthält, aufgehoben oder hinsichtlich der Kostenentscheidung (z. B. auf eine Beschwerde nach § 99 Abs. 2 hin) abgeändert wird oder wenn die in diesem Titel zur Abwendung der Vollstreckung nachgelassene Sicherheit geleistet wurde.[11]

3. Nachträgliche Gestattung der Vollstreckungsabwendung

5 Ein Fall der nachträglichen Aufhebung der vorläufigen Vollstreckbarkeit ist gegeben, wenn im Verfahren gem. § 718 einem erstinstanzlich zurückgewiesenen Antrag gem. § 712 Abs. 1 Satz 2, 1. Alt. stattgegeben wird.[12]

4. Zeitpunkt der Umwandlung

6 Auch in den oben[13] unter c) bis f) dargestellten Fällen tritt die Wirkung der Umwandlung in eine Eigentümergrundschuld jeweils bereits mit dem Wirksamwerden der aufhebenden oder einstellenden Entscheidung bzw. mit Erbringung der Sicherheitsleistung ein, nicht erst mit deren Nachweis gegenüber dem Grundbuchamt. Das Grundbuch ist also auch dann unrichtig, wenn der Schuldner von sich aus nichts unternimmt.

III. Berichtigung des Grundbuchs

7 Sind die Voraussetzungen des § 868 Abs. 1 ZPO festgestellt, ist das Grundbuch gemäß § 22 Abs. 1 GBO dahin zu berichtigen, dass die bislang als Sicherungshypotheken zugunsten des Gläubigers eingetragenen Grundpfandrechte Eigentümergrundschulden darstellen, wobei der zur Berichtigung nach § 22 Abs. 1 GBO erforderliche Nachweis grundsätzlich in der Form des § 29 Abs. 1 GBO, also durch öffentliche oder öffentlich beglaubigte Urkunden zu führen ist.[14] Die Berichtigung bedarf dann nicht der Bewilligung durch den Gläubiger gem. § 19 GBO. Für eine auf Erteilung der Berichtigungsbewilligung gerichtete Klage des Schuldners gegen den Gläubiger fehlt das Rechtsschutzbedürfnis, wenn dem Schuldner aufgrund der ihm vorliegenden oder von ihm jederzeit beschaffbaren Urkunden dieser Nachweis ohne jeden Zweifel möglich ist.[15] Ist Gläubigerin der eingetragenen Zwangssicherungshypothek eine Gesellschaft bürgerlichen Rechts, so können bei der späteren Löschung dieser Zwangssicherungshypothek die Vertretungsverhältnisse in der GbR mit der vollstreckbaren Ausfertigung des Urteils nachgewiesen werden, aufgrund dessen die Eintragung der Hypothek erfolgt war.[16]

Ist die Eigentümergrundschuld nicht gem. § 868, sondern nach Befriedigung des Gläubigers aufgrund freiwilliger Zahlung der titulierten Schuld bzw. deren zwangsweiser Beitreibung im Wege der Vollstreckung gem. §§ 1163, 1177 BGB entstanden, so kann der Schuldner den Nachweis der Unrichtigkeit des Grundbuches nicht allein dadurch führen, dass er den ihm vom Gläubiger oder vom Vollstreckungsorgan nach Beendigung der Zwangsvollstreckung ausgehändigten Vollstreckungstitel dem Grundbuchamt vorlegt.[17] In diesem Fall benötigt er vielmehr zusätzlich die Bewilligung durch den Gläubiger gem. § 19 GBO.

---

11 OLG Köln, Rpfleger 2009, 78 m. w. N.
12 Zur Frage, ob ein in erster Instanz vergessener Antrag nach § 712 Abs. 1 S. 2 mit einem Antrag gem. § 718 auch noch zweitinstanzlich nachgeholt werden kann, vgl. § 714 Rdn. 2.
13 Siehe Rdn. 2.
14 OLG Köln, Rpfleger 2009, 78.
15 OLG Zweibrücken, MDR 1967, 840.
16 BGH, NJW-RR 2012, 532.
17 BayObLG, Rpfleger 1980, 347 f.

Die Kosten der Umschreibung der Zwangshypothek in eine Eigentümergrundschuld hat der Grundstückseigentümer zu tragen.

IV. ArbGG, VwGO, AO

Siehe Vor §§ 864–871 Rdn. 8. In der Abgabenvollstreckung ist die Anwendung des § 868 gem. § 322 Abs. 1 Satz 3 AO teilweise ausgeschlossen. 8

§ 869 Zwangsversteigerung und Zwangsverwaltung

Die Zwangsversteigerung und die Zwangsverwaltung werden durch ein besonderes Gesetz geregelt.

Übersicht

	Rdn.		Rdn.
I. Verhältnis zwischen ZPO und ZVG ...	1	II. ArbGG, VwGO, AO	2

Literatur:
Kommentare und Handbücher zum ZVG siehe Vor §§ 864–871.

I. Verhältnis zwischen ZPO und ZVG

1 Dass das **Gesetz über die Zwangsversteigerung und die Zwangsverwaltung** vom 24.3.1897,[1] in der Fassung der Bekanntmachung vom 20.5.1898,[2] zuletzt geändert durch Gesetz vom 7. 12. 2011,[3] nicht in die ZPO unmittelbar integriert ist, hat allein geschichtliche Gründe: Im Zuge der Rechtsvereinheitlichung nach der Reichsgründung von 1871 konnte die Zivilprozessordnung im Übrigen schneller fertiggestellt werden[4] als die Vorschriften über die Zwangsversteigerung und Zwangsverwaltung, da zunächst das zersplitterte Liegenschaftsrecht vereinheitlicht werden musste. Diese Aufgabe leistete erst das BGB vom 18.8.1896. Durch § 869 sollte aber von vornherein klargestellt werden, dass das ZVG einen Bestandteil der ZPO bildet.[5] Die ZPO findet deshalb auf das Zwangsversteigerungs- und Zwangsverwaltungsverfahren uneingeschränkt Anwendung (obwohl die Verfahren von ihrer Materie her – etwa §§ 180 – 184 ZVG – teilweise der freiwilligen Gerichtsbarkeit näher stehen), soweit nicht das ZVG im Einzelfall ausdrückliche abweichende Regelungen enthält.[6] Das gilt nicht nur für die Regelungen im 8. Buch der ZPO (allgemeine und besondere Voraussetzungen der Zwangsvollstreckung, Rechtsbehelfe, Kosten der Zwangsvollstreckung usw.), sondern auch für die allgemeinen Verfahrensregeln (z. B. Prozesskostenhilfe, § 139, Regeln über die Prozess- und Parteifähigkeit, über die Prozessbevollmächtigten, über die Bewirkung von Zustellungen, die Notwendigkeit einer Rechtsmittelbelehrung[7] usw.).

II. ArbGG, VwGO, AO

2 Siehe Vor §§ 864–871 Rdn. 8.

---

1 RGBl. S. 97.
2 RGBl. S. 713.
3 BGBl. I 2011, 2582.
4 30.1.1877, RGBl. S. 83.
5 OLG Frankfurt, Rpfleger 1977, 66; 1983, 36; AG Heilbronn, ZMR 2010, 241.
6 Siehe auch Vor §§ 864–871 Rdn. 1.
7 BGHZ 180, 199 = Rpfleger 2009, 405.

§ 870 Grundstücksgleiche Rechte

Auf die Zwangsvollstreckung in eine Berechtigung, für welche die sich auf Grundstücke beziehenden Vorschriften gelten, sind die Vorschriften über die Zwangsvollstreckung in Grundstücke entsprechend anzuwenden.

Der Zwangsvollstreckung in das unbewegliche Vermögen unterliegen gem. § 864 Abs. 1 auch grundstücksgleiche Rechte.[1] § 870 stellt klar, dass alle drei möglichen Formen der Zwangsvollstreckung in Grundstücke auch bei der Zwangsvollstreckung in grundstücksgleiche Rechte möglich sind. Soweit in den einschlägigen Sondergesetzen, z. B. dem ErbbauRG, keine abweichenden Regeln enthalten sind,[2] gelten hinsichtlich der Durchführung der drei Vollstreckungsarten die Vorschriften über die Zwangsvollstreckung in Grundstücke entsprechend. 1

---

1 Zum Begriff siehe § 864 Rdn. 3.
2 Siehe Vor §§ 864–871 Rdn. 2.

§ 870a Zwangsvollstreckung in ein Schiff oder Schiffsbauwerk

(1) ¹Die Zwangsvollstreckung in ein eingetragenes Schiff oder in ein Schiffsbauwerk, das im Schiffsbauregister eingetragen ist oder in dieses Register eingetragen werden kann, erfolgt durch Eintragung einer Schiffshypothek für die Forderung oder durch Zwangsversteigerung. ²Die Anordnung einer Zwangsversteigerung eines Seeschiffes ist unzulässig, wenn sich das Schiff auf der Reise befindet und nicht in einem Hafen liegt.

(2) § 866 Abs. 2, 3, § 867 gelten entsprechend.

(3) ¹Wird durch eine vollstreckbare Entscheidung die zu vollstreckende Entscheidung oder ihre vorläufige Vollstreckbarkeit aufgehoben oder die Zwangsvollstreckung für unzulässig erklärt oder deren Einstellung angeordnet, so erlischt die Schiffshypothek; § 57 Abs. 3 des Gesetzes über Rechte an eingetragenen Schiffen und Schiffsbauwerken vom 15. November 1940 (Reichsgesetzbl. I S. 1499) ist anzuwenden. ²Das Gleiche gilt, wenn durch eine gerichtliche Entscheidung die einstweilige Einstellung der Zwangsvollstreckung und zugleich die Aufhebung der erfolgten Vollstreckungsmaßregeln angeordnet wird oder wenn die zur Abwendung der Vollstreckung nachgelassene Sicherheitsleistung oder Hinterlegung erfolgt.

Übersicht	Rdn.			Rdn.
I. Anwendungsbereich der Norm	1	IV.	Gebühren	4
II. Durchführung der Vollstreckung	2	V.	ArbGG, VwGO, AO	5
III. Erlöschen der Schiffshypothek (Abs. 3)	3			

Literatur:
Hornung, Das Schwimmdock in der Register- und Vollstreckungspraxis, Rpfleger 2003, 232.

I. Anwendungsbereich der Norm

1 Die Vorschrift gilt nur für eingetragene Schiffe, und zwar für Seeschiffe i. S. v. § 3 Abs. 2 SchiffsRegO[1] sowie für Binnenschiffe i. S. v. § 3 Abs. 3 SchiffsRegO; ferner gilt sie für eingetragene Schwimmdocks[2] und für Schiffsbauwerke, die eintragungsfähig sind. Für die im Bau befindlichen Schiffe nach § 3 Abs. 2, 3 SchiffsRegO gilt § 870a Abs. 1 unabhängig davon, ob eine Eintragung im Schiffsbauregister (§§ 65 ff. SchiffsRegO) erfolgt ist. Nichteingetragene Schiffe werden wie bewegliche Sachen gem. §§ 808 ff. gepfändet. Wie die eingetragenen Schiffe selbst werden auch die Miteigentumsanteile an ihnen behandelt; sie unterliegen also nicht der Pfändung gem. § 857, sondern der Vollstreckung entsprechend § 870a Abs. 1.[3]

II. Durchführung der Vollstreckung

2 Die Vollstreckung in ein eingetragenes Schiff oder ein eingetragenes bzw. eintragungsfähiges Schiffsbauwerk erfolgt ausschließlich durch Eintragung einer Schiffshypothek oder durch Zwangsversteigerung; Zwangsverwaltung ist dagegen unzulässig. Die Eintragung ist gleichzeitig Vollstreckungsakt und Akt der freiwilligen Gerichtsbarkeit. Deshalb muss das Registergericht ebenso wie das Grundbuchamt bei § 867 (siehe § 867 Rdn. 1) auch die Voraussetzungen der Zwangsvollstreckung prüfen.[4] Gegen die Versagung der Eintragung ist die unbefristete Beschwerde nach § 75 Abs. 1 SchiffsRegO

---

1 SchiffsRegO i. d. F. der Bek. vom 26.5.1994 (BGBl. I 1994, S. 1133), zuletzt geändert durch Gesetz 10.10.2013 (BGBl. I 2013, S. 3787); § 3 SchiffRegO i. d. F. des Gesetzes vom 20.12. 2012 (BGBl. I 2012, S. 2792).
2 *Hornung*, Rpfleger 2003, 232.
3 LG Würzburg, JurBüro 1977, 1289.
4 BayObLG, Rpfleger 1992, 28.

gegeben. Hinsichtlich der Zwangsversteigerung von Schiffen und Schiffsbauwerken enthalten die §§ 162–171 ZVG Sonderregelungen gegenüber der Zwangsversteigerung von Grundstücken.

III. Erlöschen der Schiffshypothek (Abs. 3)

Abs. 3 enthält eine den § 868 verdrängende Sonderregelung: Entfällt der Vollstreckungstitel, wird seine Vollstreckbarkeit aufgehoben, die Zwangsvollstreckung aus ihm für unzulässig erklärt oder eingestellt, entsteht keine Eigentümerschiffshypothek. Die Schiffshypothek erlischt vielmehr. Sie ist dann im Schiffsregister zu löschen. Wird die aufhebende, einstellende usw. Entscheidung ihrerseits später wieder aufgehoben und die ursprüngliche Entscheidung wiederhergestellt, so lebt die Hypothek, auch wenn ihre Löschung im Register noch nicht vollzogen war, nicht wieder auf; der Gläubiger muss vielmehr erneut an nächstbereiter Stelle die Eintragung einer neuen Schiffshypothek bewirken. 3

Kostenschuldner der Löschung der Schiffshypothek aufgrund des Abs. 3 ist der Schiffseigner. Ist er der Vollstreckungsschuldner, kann er gegebenenfalls nach § 717 vom Gläubiger Ersatz verlangen.

IV. Gebühren

Siehe zunächst § 867 Rdn. 32. Für die Eintragung der Schiffshypothek wird die volle Gebühr gem. § 34 GNotKG i. V. Nr. 14220 KV GNotKG erhoben. 4

V. ArbGG, VwGO, AO

Siehe Vor §§ 864–871 Rdn. 8. In der Abgabenvollstreckung ist die Anwendung des § 870a gem. § 322 Abs. 1 Satz 3 teilweise ausgeschlossen. § 322 AO lautet: 5

(1) ¹Der Vollstreckung in das unbewegliche Vermögen unterliegen außer den Grundstücken die Berechtigungen, für welche die sich auf Grundstücke beziehenden Vorschriften gelten, die im Schiffsregister eingetragenen Schiffe, die Schiffsbauwerke und Schwimmdocks, die im Schiffsbauregister eingetragen sind oder in dieses Register eingetragen werden können, sowie die Luftfahrzeuge, die in der Luftfahrzeugrolle eingetragen sind oder nach Löschung in der Luftfahrzeugrolle noch in dem Register für Pfandrechte an Luftfahrzeugen eingetragen sind. ²Auf die Vollstreckung sind die für die gerichtliche Zwangsvollstreckung geltenden Vorschriften, namentlich die §§ 864 bis 871 der Zivilprozessordnung und das Gesetz über die Zwangsversteigerung und die Zwangsverwaltung anzuwenden. ³Bei Stundung und Aussetzung der Vollziehung geht eine im Wege der Vollstreckung eingetragene Sicherungshypothek jedoch nur dann nach § 868 der Zivilprozessordnung auf den Eigentümer über und erlischt eine Schiffshypothek oder ein Registerpfandrecht an einem Luftfahrzeug jedoch nur dann nach § 870a Abs. 3 der Zivilprozessordnung sowie § 99 Abs. 1 des Gesetzes über Rechte an Luftfahrzeugen, wenn zugleich die Aufhebung der Vollstreckungsmaßnahme angeordnet wird.

(2) Für die Vollstreckung in ausländische Schiffe gilt § 171 des Gesetzes über die Zwangsversteigerung und die Zwangsverwaltung, für die Vollstreckung in ausländische Luftfahrzeuge § 106 Abs. 1, 2 des Gesetzes über Rechte an Luftfahrzeugen sowie die §§ 171h bis 171n des Gesetzes über Zwangsversteigerung und die Zwangsverwaltung.

(3) ¹Die für die Vollstreckung in das unbewegliche Vermögen erforderlichen Anträge des Gläubigers stellt die Vollstreckungsbehörde. ²Sie hat hierbei zu bestätigen, dass die gesetzlichen Voraussetzungen für die Vollstreckung vorliegen. ³Diese Fragen unterliegen nicht der Beurteilung des Vollstreckungsgerichts oder des Grundbuchamts. ⁴Anträge auf Eintragung einer Sicherungshypothek, einer Schiffshypothek oder eines Registerpfandrechts an einem Luftfahrzeug sind Ersuchen im Sinne des § 38 der Grundbuchordnung und des § 45 der Schiffsregisterordnung.

(4) Zwangsversteigerung und Zwangsverwaltung soll die Vollstreckungsbehörde nur beantragen, wenn festgestellt ist, dass der Geldbetrag durch Vollstreckung in das bewegliche Vermögen nicht beigetrieben werden kann.

§ 870a ZPO Zwangsvollstreckung in ein Schiff oder Schiffsbauwerk

(5) Soweit der zu vollstreckende Anspruch gemäß § 10 Abs. 1 Nr. 3 des Gesetzes über die Zwangsversteigerung und Zwangsverwaltung den Rechten am Grundstück im Rang vorgeht, kann eine Sicherungshypothek unter der aufschiebenden Bedingung in das Grundbuch eingetragen werden, dass das Vorrecht wegfällt.

§ 871 Landesrechtlicher Vorbehalt bei Eisenbahnen

Unberührt bleiben die landesgesetzlichen Vorschriften, nach denen, wenn ein anderer als der Eigentümer einer Eisenbahn oder Kleinbahn den Betrieb der Bahn kraft eigenen Nutzungsrechts ausübt, das Nutzungsrecht und gewisse dem Betriebe gewidmete Gegenstände in Ansehung der Zwangsvollstreckung zum unbeweglichen Vermögen gehören und die Zwangsvollstreckung abweichend von den Vorschriften des Bundesrechts geregelt ist.

Die Vorschrift trägt dem Art. 112 EGBGB Rechnung. Sie hat derzeit nur geringe praktische Bedeutung. 1

Titel 4. Verteilungsverfahren

Vor §§ 872–882 Die Erlösverteilung bei Beteiligung mehrerer Gläubiger am Vollstreckungsverfahren

Übersicht

	Rdn.		Rdn.
I. Zweck des Verteilungsverfahrens	1	V. Verteilung der Überschüsse im Rahmen der Zwangsverwaltung	5
II. Anwendungsbereich der §§ 872 ff.	2		
III. Rechtsbehelfe materiell berechtigter Dritter	3	VI. Auskehr des vom Drittschuldner hinterlegten Betrages	6
IV. Erlösverteilung nach der Zwangsversteigerung eines Grundstückes	4	VII. ArbGG, VwGO, AO	7

Literatur:
Hantke, Rangverhältnis und Erlösverteilung bei der gleichzeitigen Pfändung durch den Gerichtsvollzieher für mehrere Gläubiger, DGVZ 1978, 105; *Münzberg*, Verteilungsverfahren und Erinnerung nach § 766 ZPO, Rpfleger 1986, 252; *Naendrup*, Gläubigerkonkurrenz bei fehlerhaften Zwangsvollstreckungsakten, ZZP 85 (1972), 311; *H. Schneider*, Das zivilprozessuale Verteilungsverfahren (§§ 872 ff. ZPO) sowie das Verfahren nach § 13 der Hinterlegungsordnung, DAVorm. 1982, 517; *Wieser*, Das Verteilungsverfahren als Zwangsvollstreckung, ZZP 103 (1990), 171.

I. Zweck des Verteilungsverfahrens

1 Ein und derselbe bewegliche Gegenstand kann für mehrere Gläubiger gepfändet werden, und zwar gleichzeitig[1] oder hintereinander (§ 826). Gleiches gilt für einen Anspruch auf Herausgabe einer beweglichen Sache oder für eine Geldforderung. An der Zwangsversteigerung oder Zwangsverwaltung eines Grundstücks können mehrere Gläubiger beteiligt sein. Neben den Vollstreckungsgläubigern können noch Dritte auf den Versteigerungserlös beweglicher Sachen oder von Grundstücken, auf gepfändetes Geld oder gepfändete Geldforderungen oder auf die Erträge einer Zwangsverwaltung Anspruch erheben. Sind sich in allen diesen Fällen der Schuldner und alle, die Ansprüche erheben, über die Verteilung des Geldes einig, ergeben sich keine Schwierigkeiten: Der Gerichtsvollzieher, der Rechtspfleger des Versteigerungsgerichts oder der Zwangsverwalter nehmen die Verteilung entsprechend dem allgemeinen Einverständnis unmittelbar vor. Hatte der Drittschuldner einer Geldforderung hinterlegt und bewilligen alle Beteiligten übereinstimmend eine bestimmte Art und Weise der Auszahlung, so zahlt die Hinterlegungsstelle entsprechend aus. Ist aber in den genannten Fällen eine Einigung aller Beteiligten nicht zu erzielen, bedarf es jeweils eines besonderen Verfahrens, um die Rangfolge der Berechtigungen festzulegen. Die ZPO bietet nicht für alle genannten Fälle ein einheitliches Verfahren an, an dem alle Anspruchsteller, gleich ob Vollstreckungsgläubiger oder sonstige Berechtigte, sich beteiligen könnten. Der einzuschlagende Weg ist vielmehr unterschiedlich, zum einen, je nachdem welche Anspruchsteller miteinander konkurrieren, zum anderen, aus welcher Art von Zwangsvollstreckung der Erlös stammt, um den der Streit entbrannt ist. U. U. sind mehrere unterschiedliche Verfahren neben- und nacheinander erforderlich, ehe der Erlös aus einer Vollstreckungsmaßnahme zutreffend verteilt werden kann. Im Einzelnen:

II. Anwendungsbereich der §§ 872 ff.

2 Die §§ 872 ff. regeln das Verfahren ausschließlich unter mehreren beteiligten **Vollstreckungsgläubigern** für den Fall, dass entweder der Gerichtsvollzieher im Fall der Vollstreckung in eine **bewegliche Sache** den Erlös nach §§ 827 Abs. 2, 3, 854 Abs. 2, 3 oder im Fall der Forderungspfändung der Drittschuldner nach § 853 den Erlös bzw. den Schuldbetrag hinterlegt haben.

---

[1] Siehe hierzu § 804 Rdn. 5 und § 826 Rdn. 2.

III. Rechtsbehelfe materiell berechtigter Dritter

Berühmt ein Dritter sich gegenüber einem Vollstreckungsgläubiger aufgrund materiellen Rechts eines »die Veräußerung hindernden Rechts«[2] am Erlös aus der Verwertung eines Vollstreckungsgegenstandes (gleichgültig, ob aus dem beweglichen oder unbeweglichen Vermögen), so muss er Klage nach § 771 erheben, solange der Erlös noch nicht an den Vollstreckungsgläubiger ausgekehrt ist; danach kann er noch Ausgleichsansprüche aus ungerechtfertigter Bereicherung geltend machen.[3] Berühmt er sich aufgrund materiellen Rechts eines Rechts auf »vorzugsweise Befriedigung« aus dem Vollstreckungserlös, muss er Klage nach § 805 erheben. Das gilt auch dann, wenn sich neben dem Dritten noch mehrere Vollstreckungsgläubiger, die auf ein und dieselbe bewegliche Sache zugegriffen haben, um den Vorrang streiten: Während die Vollstreckungsgläubiger ihr Rangverhältnis untereinander nach §§ 872 ff. klären, muss der Dritte seinen Vorrang nach § 805 erstreiten.[4] Es drängt sich auf, dass dieses Verfahren bei einer künftigen Reform des Vollstreckungsrechts vereinfacht werden könnte.

3

IV. Erlösverteilung nach der Zwangsversteigerung eines Grundstückes

Für die **Erlösverteilung** nach der Zwangsversteigerung eines **Grundstückes** regeln die §§ 105 ff. ZVG ein eigenständiges Verfahren. An ihm nehmen im Gegensatz zum Verteilungsverfahren nach §§ 872 ff. nicht nur die Vollstreckungsgläubiger teil, sondern alle Beteiligten i. S. des § 9 ZVG,[5] darüber hinaus der Ersteher und neben ihm in den Fällen des § 81 Abs. 2 und 3 ZVG auch der Meistbietende, ferner im Fall des § 69 ZVG der für mithaftend erklärte Bürge, schließlich der Schuldner. Dieses Verteilungsverfahren findet darüber hinaus immer von Amts wegen statt, nicht nur, wenn der Erlös beim Streit mehrerer Anspruchsberechtigter hinterlegt wurde. Es entfällt nur ausnahmsweise dann, wenn alle Beteiligten ausdrücklich auf seine Durchführung verzichten und dem Gericht ihre Einigung durch öffentliche oder öffentlich beglaubigte Urkunden nachweisen (Einzelheiten: §§ 143–145 ZVG).

4

V. Verteilung der Überschüsse im Rahmen der Zwangsverwaltung

Hinsichtlich der Verteilung der Überschüsse der im Rahmen der Zwangsverwaltung gezogenen Nutzungen regeln die §§ 155–160 ZVG ein gesondertes Verfahren. Auch an diesem Verfahren nehmen nicht nur die Vollstreckungsgläubiger teil (§§ 155, 156 ZVG).

5

VI. Auskehr des vom Drittschuldner hinterlegten Betrages

Hat der Drittschuldner einer gepfändeten Forderung den Schuldbetrag deshalb hinterlegt, weil neben dem Vollstreckungsgläubiger mehrere Dritte aufgrund materiellen Rechts (z. B. weil der Vollstreckungsschuldner die Forderung mehrfach abgetreten hatte) Ansprüche auf ihn geltend machten (§ 372 BGB), hat dann aber der Vollstreckungsgläubiger auf seine Rechte verzichtet oder wurde die Zwangsvollstreckung auf eine Klage nach § 771 für unzulässig erklärt, so müssen die Dritten ihren Rangstreit austragen, indem sie einander nach § 812 BGB auf Zustimmung gegenüber der Hinterlegungsstelle zur Auszahlung des Schuldbetrages in Anspruch nehmen. Einzelheiten dazu sind in den Hinterlegungsgesetzen der Länder geregelt.

6

VII. ArbGG, VwGO, AO

Ein Verteilungsverfahren nach den §§ 872 ff. findet bei der Vollstreckung wegen Geldforderungen auch dann statt, wenn die Vollstreckung aus arbeitsgerichtlichen (vgl. §§ 62 Abs. 2, 85 Abs. 1 Satz 3 ArbGG) oder aus verwaltungsgerichtlichen Titeln nach § 168 VwGO (vgl. § 167 VwGO) erfolgt.

7

---

2 Zum Begriff siehe § 771 Rdn. 15 ff.
3 Zu dieser Möglichkeit siehe Anh. § 771 Rdn. 2.
4 Kritisch zu dieser Aufspaltung *Bruns/Peters*, § 27 II 1.
5 Siehe hierzu *Gaul/Schilken/Becker-Eberhard*, § 61 Rn. 24 ff.

Vor §§ 872–882 ZPO Die Erlösverteilung bei Beteiligung mehrerer Gläubiger

Für die Vollstreckung nach § 169 VwGO verweist § 5 VwVG auf die Abgabenordnung. § 308 Abs. 4, 5 AO sieht ebenfalls ein Verteilungsverfahren vor, für das die §§ 873 bis 882 gelten.

§ 872 Voraussetzungen

Das Verteilungsverfahren tritt ein, wenn bei der Zwangsvollstreckung in das bewegliche Vermögen ein Geldbetrag hinterlegt ist, der zur Befriedigung der beteiligten Gläubiger nicht hinreicht.

Übersicht

	Rdn.		Rdn.
I. Voraussetzungen des Verteilungsverfahrens	1	III. Rechtsbehelfe im Verteilungsverfahren	4
II. Verhältnis des Verteilungsverfahrens zu anderen Rechtsbehelfen	3	IV. Gebühren des Verteilungsverfahrens	5
		V. ArbGG, VwGO, AO	7

I. Voraussetzungen des Verteilungsverfahrens

Ist in den Fällen der §§ 827 Abs. 2, 3, 853, 854 Abs. 2, 3 der Erlös bzw. der Schuldbetrag hinterlegt und die Hinterlegung dem in diesen Vorschriften bezeichneten Amtsgericht angezeigt worden, so eröffnet dieses (zuständig dort ist der Rechtspfleger, § 20 Nr. 17 RPflG) von Amts wegen, ohne dass es des Antrages eines der Gläubiger bedarf, das Verteilungsverfahren, wenn es feststellt, dass der hinterlegte Betrag zur Befriedigung der beteiligten Gläubiger nicht ausreicht. »Beteiligt« sind ausschließlich die **Vollstreckungsgläubiger**,[1] zu deren Gunsten der Gerichtsvollzieher bzw. der Drittschuldner die Hinterlegung vorgenommen hat. Gläubiger, die sich eines anderen Rechtes als eines Pfändungspfandrechts an dem hinterlegten Betrag berühmen, nehmen am Verteilungsverfahren nicht teil.[2] Zur »Befriedigung« der einzelnen Gläubiger erforderlich ist der Betrag, der zum Ausgleich der in der Vollstreckung geltend gemachten titulierten Hauptsumme nebst Zinsen, Verfahrenskosten und geltend gemachten Kosten der Zwangsvollstreckung benötigt wird. Ist der Versteigerungserlös bzw. der Schuldbetrag hinterlegt worden, obwohl der Betrag zur Befriedigung der beteiligten Gläubiger hinreicht, so genügt es nach den Hinterlegungsgesetzen der Länder für seine Auszahlung durch die Hinterlegungsstelle, wenn alle beteiligten Gläubiger die Auszahlung des jeweiligen Betrages an die einzelnen Gläubiger bewilligen. Verweigert einer der Gläubiger die Bewilligung der Auszahlung, so kann das Verteilungsgericht, wenn einer der Gläubiger es auf diesen Sachverhalt aufmerksam macht, die Hinterlegungsstelle – ohne Eröffnung des Verteilungsverfahrens – ersuchen, die Auszahlung anzuordnen. 1

Unterlässt der Gerichtsvollzieher nach der Hinterlegung die zur Eröffnung des Verteilungsverfahrens zwingend erforderliche **Anzeige** (§ 827 Abs. 2),[3] so kann jeder Gläubiger ihn mit der Erinnerung gem. § 766 hierzu anhalten lassen. Unterlässt der Drittschuldner bei der Hinterlegung die notwendige Anzeige, so wird er noch nicht von seiner Zahlungspflicht frei; es kann weiter gegen ihn aus der Überweisung vorgegangen werden.[4] 2

II. Verhältnis des Verteilungsverfahrens zu anderen Rechtsbehelfen

Liegen die Voraussetzungen zur Durchführung eines Verteilungsverfahrens vor, so ist dieses auch bis zur endgültigen Ausführung des Teilungsplanes die einzige zulässige Möglichkeit für die Vollstreckungsgläubiger, ihren Streit über das Rangverhältnis untereinander zu klären. In dieser Zeit wäre eine auf § 812 BGB gestützte Klage auf Zustimmung zur Auszahlung des hinterlegten Betrages durch die Hinterlegungsstelle oder auf Verzicht auf die durch die Hinterlegung erlangte Sperrposi- 3

---

1 »Vollstreckungsgläubiger« sind auch die Arrestgläubiger sowie diejenigen, die eine wirksame Vorpfändung ausgebracht haben, vgl. *Brox/Walker*, Rn. 480.
2 Hinsichtlich der von diesen einzuschlagenden Verfahren siehe Vor §§ 872–882 Rdn. 2–4.
3 LG Berlin, Rpfleger 1981, 453.
4 Siehe auch § 853 Rdn. 4 f.

tion unzulässig.[5] Die Eröffnung des Verteilungsverfahrens,[6] nicht erst die Eröffnung des Verteilungstermins,[7] beendet auch die Möglichkeit der beteiligten Gläubiger, Mängel der Vollstreckung durch einen vorrangigen Gläubiger selbstständig mit der Erinnerung gem. § 766 anzugreifen. Mängel der Zwangsvollstreckung, die im Erinnerungsverfahren dazu führen würden, dass die Zwangsvollstreckung für unzulässig erklärt und das durch sie begründete Pfändungspfandrecht zum Erlöschen gebracht würde, müssen nunmehr mit dem Widerspruch geltend gemacht werden und führen, wenn der Widerspruch Erfolg hat, zur Nichtberücksichtigung des Rechts.[8]

III. Rechtsbehelfe im Verteilungsverfahren

4 Formelle Mängel des Verfahrens (Unzuständigkeit des Gerichts, das das Verfahren eröffnet; Nichtbeachtung der Fristen; Unterlassen der Ladung eines Beteiligten; Verweigerung der Ausführung des Teilungsplanes, obwohl die Frist zur Erhebung der Widerspruchsklage versäumt wurde; usw.) können von den beteiligten Gläubigern mit der sofortigen Beschwerde nach § 793 i. V. m. § 11 Abs. 1 RPflG geltend gemacht werden.[9] Den gleichen Rechtsbehelf hat der Drittschuldner gegen die Weigerung des Rechtspflegers, eine auf § 853 beruhende Anzeige entgegenzunehmen.[10] Sachliche Mängel des Verteilungsplanes sind dagegen von dem durch sie betroffenen Gläubiger mit der Widerspruchsklage gem. § 878 Abs. 1 geltend zu machen. Die Möglichkeiten, das Verteilungsverfahren formell zu rügen und die vorgesehene Verteilung sachlich mit der Widerspruchsklage anzugreifen, stehen unabhängig nebeneinander.[11] Der Schuldner, der am Verteilungsverfahren mehr als eine Art Zuschauer teilnimmt, kann dennoch Verfahrensmängel (z. B. die Versäumnis, ihn rechtzeitig zum Verteilungstermin zu laden oder ihm den Teilungsplan vor dem Termin zur Stellungnahme zukommen zu lassen) mit der Vollstreckungserinnerung gem. § 766 geltend machen.[12] Will er die materielle Berechtigung eines Gläubigers rügen, im Verteilungsverfahren berücksichtigt zu werden, kann er dies nur mit der Vollstreckungsabwehrklage gem. § 767 tun. Dritte, die am Verteilungsverfahren nicht beteiligt sind, die aber anstelle oder vor einem der beteiligten Vollstreckungsgläubiger Anspruch auf die Verteilungsmasse erheben, müssen gem. § 771 bzw. § 805 klagen.[13] Die in einem solchen Verfahren gem. § 769 angeordnete einstweilige Einstellung der Zwangsvollstreckung hemmt den Fortgang des Verteilungsverfahrens.

IV. Gebühren des Verteilungsverfahrens

5 Für die Durchführung des Verteilungsverfahrens fällt gem. KV Nr. 2117 GKG eine 0,5-**Gerichtsgebühr** an. Sie wird von der gesamten zur Verteilung anstehenden Masse (Hinterlegungssumme zuzüglich aufgelaufener Hinterlegungszinsen) berechnet. Die Gebühr deckt alle Gerichtstätigkeiten im Verteilungsverfahren als solche ab. Sie wird gem. § 874 Abs. 2 vom Gericht vorab aus der zu verteilenden Masse entnommen. Welche Gebühren der **Rechtsanwalt** für seine Tätigkeit im Verteilungsverfahren (§ 18 Abs. 1 Nr. 10 RVG) erhält, ist angesichts der insoweit unklaren Rechtsgrundlagen umstritten. Z. T. wird die 0,4-Verfahrensgebühr nach RVG-VV Nr. 3333 (Verteilungsverfahren außerhalb der Zwangsversteigerung und Zwangsverwaltung) für maßgeblich gehalten;[14] dann muss

---

5 Zur Möglichkeit, nach abgeschlossenem Verteilungsverfahren noch materiellrechtliche Ausgleichsansprüche geltend zu machen, siehe § 878 Rdn. 18.
6 Wie hier OLG Koblenz, DGVZ 1984, 59 und LG Koblenz, MDR 1983, 676; *Gaul/Schilken/Becker-Eberhard,* § 59 Rn. 11; *Wieser,* ZZP 103 (1990), 171, 180.
7 So aber *Münzberg,* Rpfleger 1986, 252.
8 Siehe auch § 878 Rdn. 13.
9 *Brox/Walker,* Rn. 499; *PG/Zempel,* § 876 Rn. 7; teilweise a. A. *Musielak/Voit/Becker,* § 872 Rn. 8; *Wieser,* ZZP 103 (1990), 171, 177 (§ 766, wenn Anhörung vorher nicht stattgefunden hat).
10 OLG Frankfurt, Rpfleger 1977, 184.
11 OLG Köln, MDR 1969, 401.
12 *Brox/Walker,* Rn. 499.
13 *Brox/Walker,* Rn. 499.
14 *Musielak/Voit/Becker,* § 872 Rn. 10; *Stein/Jonas/Münzberg,* § 872 Rn. 12.

konsequenterweise der Wert nach (dem nicht recht passenden) § 26 Nr. 1, 2 RVG bestimmt werden und es entsteht keine Terminsgebühr. Nach anderer Ansicht fällt für den Rechtsanwalt eine 0,3-Verfahrensgebühr und ggf. eine 0,3-Terminsgebühr nach RVG-VV Nr. 3309, 3310 an;[15] dann ist der Wert nach § 25 Abs. 1 Nr. 1 RVG zu bestimmen, der nach seinem Wortlaut unmittelbar passt.

Rechtsbehelfe im Verteilungsverfahren und die Durchführung der Widerspruchsklage sind durch die vorstehend genannten Gebühren nicht mitabgegolten. Für sie entstehen Gerichts- und Rechtsanwaltsgebühren nach den allgemeinen Grundsätzen.[16]

V. ArbGG, VwGO, AO

Siehe Vor §§ 872–882 Rn. 7. Für die Abgabenvollstreckung sind die Voraussetzungen für die Durchführung eines Verteilungsverfahrens in § 308 Abs. 4, 5 AO geregelt.

---

15 PG/*Zempel*, § 872 Rn. 6; *Zöller/Stöber*, § 872 Rn. 8.
16 Zu den Gebühren bei der Widerspruchs- und Bereicherungsklage siehe noch § 878 Rdn. 21.

§ 873 Aufforderung des Verteilungsgerichts

Das zuständige Amtsgericht (§§ 827, 853, 854) hat nach Eingang der Anzeige über die Sachlage an jeden der beteiligten Gläubiger die Aufforderung zu erlassen, binnen zwei Wochen eine Berechnung der Forderung an Kapital, Zinsen, Kosten und sonstigen Nebenforderungen einzureichen.

Übersicht

	Rdn.		Rdn.
I. Verteilungsgericht	1	IV. Fehlerhafte Berechnung und Nichtberücksichtigung der Frist	4
II. Aufforderung zur Berechnung der Forderung	2	V. ArbGG, VwGO, AO	5
III. Versäumung der Zwei-Wochen-Frist	3		

I. Verteilungsgericht

1 Das in §§ 827 Abs. 2 Satz 1, 853, 854 Abs. 2 Satz 1 genannte Gericht, an das der Gerichtsvollzieher bzw. der Drittschuldner die Anzeige der Hinterlegung zu richten haben, ist auch das für die Durchführung des Verteilungsverfahrens ausschließlich (§ 802) zuständige **Verteilungsgericht**. Es wird durch den Rechtspfleger tätig (§ 20 Nr. 17 RPflG).

II. Aufforderung zur Berechnung der Forderung

2 Der Rechtspfleger wird, sobald die Anzeige bei ihm eingeht, von Amts wegen tätig. Er erlässt an alle aus der Anzeige ersichtlichen beteiligten Gläubiger die Aufforderung, binnen zwei Wochen eine Berechnung ihrer Forderung, wegen der sie die Vollstreckungsmaßnahme, die zur Hinterlegung geführt hat, betrieben haben, bei ihm einzureichen. Die Berechnung muss die Hauptforderung, die Zinsen, Kosten und sonstigen Nebenforderungen getrennt ausweisen. Ihr müssen, obwohl § 873 dies nicht ausdrücklich erwähnt, die die Berechnung tragenden Unterlagen beigefügt sein, soweit sie nicht bereits dem Gerichtsvollzieher übergeben worden und von diesem seiner Anzeige beigefügt waren. Die Aufforderung ist den Gläubigern gem. § 329 Abs. 2 Satz 2 zuzustellen. Die Gläubiger können der Aufforderung sowohl schriftlich als auch zu Protokoll der Geschäftsstelle nachkommen.

III. Versäumung der Zwei-Wochen-Frist

3 Die Versäumung der Zwei-Wochen-Frist führt nicht dazu, dass die Forderung gar nicht berücksichtigt würde. Geht die Berechnung nach Fristablauf, aber bevor der Rechtspfleger den Teilungsplan ausgearbeitet hat, ein, ist sie noch uneingeschränkt für den Teilungsplan auszuwerten. Geht sie allerdings erst nach Anfertigung des Planes ein, so gilt § 874 Abs. 3: Im Plan wird nur das berücksichtigt, was sich aus der Anzeige und den dieser beigefügten Unterlagen ergibt. Der Plan wird nicht nachträglich ergänzt. Sieht sich ein Gläubiger von vornherein nicht in der Lage, die Zwei-Wochen-Frist einzuhalten, kann ihm keine Fristverlängerung bewilligt werden (§ 224 Abs. 2).

IV. Fehlerhafte Berechnung und Nichtberücksichtigung der Frist

4 Die fehlerhafte Berechnung der Frist durch den Rechtspfleger und ihre Nichtberücksichtigung im weiteren Verfahrensverlauf sind Verfahrensfehler, die alle beteiligten Gläubiger mit der sofortigen Beschwerde nach § 793 i. V. m. § 11 Abs. 1 RPflG rügen können.

V. ArbGG, VwGO, AO

5 Siehe Vor §§ 872–882 Rn. 7. Die Zuständigkeit des Amtsgerichts ist auch in der Abgabenvollstreckung gegeben (§ 308 Abs. 4 Satz 3 AO) sowie in der Vollstreckung nach § 5 VwVG, der auf die AO verweist.

§ 874 Teilungsplan

(1) Nach Ablauf der zweiwöchigen Fristen wird von dem Gericht ein Teilungsplan angefertigt.

(2) Der Betrag der Kosten des Verfahrens ist von dem Bestand der Masse vorweg in Abzug zu bringen.

(3) ¹Die Forderung eines Gläubigers, der bis zur Anfertigung des Teilungsplanes der an ihn gerichteten Aufforderung nicht nachgekommen ist, wird nach der Anzeige und deren Unterlagen berechnet. ²Eine nachträgliche Ergänzung der Forderung findet nicht statt.

Übersicht

	Rdn.
I. Anfertigung des Teilungsplanes	1
1. Vorwegabzug der Verfahrenskosten (Abs. 2)	2
2. Prüfung durch den Rechtspfleger	3
3. Reihenfolge der zu befriedigenden Forderungen	4
II. Folgen der Nichteinreichung der Forderungsberechnung	5
III. ArbGG, VwGO, AO	7

I. Anfertigung des Teilungsplanes

Nach Ablauf der Zwei-Wochen-Frist des § 873 stellt der Rechtspfleger anhand der Anzeige, der dieser beigefügten Unterlagen, der ihm vorliegenden Berechnungen der beteiligten Gläubiger und der hierzu eingereichten Unterlagen von Amts wegen und ohne vorherige mündliche Verhandlung einen Teilungsplan auf (**Abs. 1**). Die Frist kann weder abgekürzt noch verlängert werden; sie ist auch keine Notfrist, sodass eine Wiedereinsetzung in den vorigen Stand ausscheidet.

1. Vorwegabzug der Verfahrenskosten (Abs. 2)

Hierzu hat er zunächst den hinterlegten Betrag und die angefallenen Hinterlegungszinsen festzustellen. Sodann sind von der festgestellten Masse **vorab** »die Kosten des Verfahrens« in Abzug zu bringen (**Abs. 2**). Hierzu zählen nicht nur die Gerichtskosten des Verteilungsverfahrens[1] und die der Hinterlegung, sondern auch die den Gläubigern gemeinsam erwachsenen Kosten des vorausgegangenen Versteigerungsverfahrens, soweit sie nicht schon vor der Hinterlegung aus dem Versteigerungserlös berichtigt wurden. Ferner werden die von einem Gläubiger auf die Sache aufgewendeten Kosten mitumfasst, um ihre günstigere Versteigerung zu ermöglichen,[2] deren Erstattung er von den übrigen Gläubigern anteilig verlangen kann. Hierzu zählen auch Aufwendungen zur Ablösung des Eigentumsvorbehalts eines Dritten an der Sache, um die Verwertung der Sache selbst durch die Gläubiger, die zunächst auf das Anwartschaftsrecht zugegriffen hatten, überhaupt erst zu ermöglichen.[3] »Kosten des Verfahrens« sind also nicht nur Gerichtskosten,[4] sondern auch Aufwendungen durch einen Gläubiger im gemeinsamen Interesse aller Gläubiger. Nicht unter Abs. 2 fallen dagegen die nur dem einzelnen Gläubiger im Interesse **seiner** Vollstreckung erwachsenen Kosten sowie die außergerichtlichen Kosten jedes einzelnen Teilnehmers am Verteilungsverfahren. Sie sind vielmehr bei der Berechnung der Forderung des einzelnen Gläubigers mit anzusetzen.

2. Prüfung durch den Rechtspfleger

Die titulierten Forderungen der einzelnen Gläubiger werden vom Rechtspfleger – wie auch sonst im Vollstreckungsverfahren – nicht auf ihre materielle Berechtigung hin untersucht. Geltend gemachte Vollstreckungskosten werden nach den Regeln des § 788[5] auf ihre Notwendigkeit hin überprüft.

---

1 Siehe hierzu § 872 Rdn. 5.
2 LG Hamburg, MDR 1953, 433; *Baumbach/Lauterbach/Hartmann*, § 874 Rn. 5.
3 LG Aachen, Rpfleger 1968, 60.
4 So aber *Zimmermann*, § 874 Rn. 1.
5 Siehe dort Rdn. 7 ff., 28-30.

3. Reihenfolge der zu befriedigenden Forderungen

4 Sodann legt der Rechtspfleger die Reihenfolge der aus der vorhandenen Masse zu befriedigenden Forderungen nach der Reihenfolge der Pfändungen (§ 804 Abs. 3) fest. Er richtet sich dabei nach den ihm mit der Anzeige und der Anmeldung eingereichten Unterlagen. Ergibt sich bereits aus diesen Unterlagen, dass eine Pfändung nichtig ist,[6] so wird die Forderung nicht in den Teilungsplan aufgenommen. Andererseits werden in den Plan alle Gläubiger, die eine wirksame (wenn auch vielleicht anfechtbare) Pfändung ausgebracht haben, aufgenommen, auch wenn die Teilungsmasse zu ihrer Befriedigung offensichtlich nicht ausreicht. Die lediglich durch eine Arrestpfändung gesicherten Forderungen werden im Rahmen des Planes wie endgültig titulierte Forderungen behandelt. Der auf sie entfallende Betrag ist bei der Ausführung des Planes dann allerdings nicht an den Gläubiger auszuzahlen, sondern zu hinterlegen (§ 930 Abs. 2).

II. Folgen der Nichteinreichung der Forderungsberechnung

5 Hat ein Gläubiger die Frist des § 873 versäumt, so bleibt er im Teilungsplan nicht unberücksichtigt, seine Position wird vielmehr dann allein aufgrund der Anzeige und der dieser beigefügten Unterlagen bestimmt. Reicht er seine Unterlagen nach Anfertigung des Teilungsplanes nach, so darf dieser nicht mehr nachgebessert werden (**Abs. 3**). Mit »Anfertigung« ist nach Sinn und Zweck von Abs. 3 die Erstellung einschließlich der Hinterlegung des Teilungsplanes auf der Geschäftsstelle gemeint.[7] Erst ab diesem Zeitpunkt können die Beteiligten Kenntnis von seinem Inhalt nehmen und ihr prozessuales Vorgehen im Vertrauen auf seinen Bestand an ihm ausrichten. Der Gläubiger muss dann im Verteilungstermin versuchen, die Zustimmung der übrigen Gläubiger zu einer Planänderung zu erwirken.

6 Ziehen Gläubiger ihre Anmeldungen nach Erstellung des Teilungsplanes ganz oder teilweise zurück, so darf der Rechtspfleger den Plan bereits vor dem Verteilungstermin entsprechend ändern: Gläubiger, die ihre Anmeldung ganz zurückgezogen haben, sind zum Verteilungstermin erst gar nicht mehr zu laden. Es besteht ein berechtigtes Interesse der übrigen Gläubiger daran, hiervon frühzeitig zu erfahren.

III. ArbGG, VwGO, AO

7 Siehe Vor §§ 872–882 Rn. 7.

---

6 Zu dieser seltenen Möglichkeit siehe Vor §§ 803, 804 Rn. 4, 5.
7 HK-ZV/*Wolf*, § 874 Rn. 10; MüKo/*Eickmann*, § 874 Rn. 14; *Musielak/Voit/Becker*, § 874 Rn. 5; *Stein/Jonas/Münzberg*, § 874 Rn. 5; *Thomas/Putzo/Seiler*, § 874 Rn. 3; *Wieczorek/Schütze/Bittmann*, § 874 Rn. 13; *Zöller/Stöber*, § 874 Rn. 5. Vgl. auch *Baumbach/Lauterbach/Hartmann*, § 874 Rn. 7, der auf die »Hinausgabe« durch den Rechtspfleger abstellt.

§ 875 Terminsbestimmung

(1) ¹Das Gericht hat zur Erklärung über den Teilungsplan sowie zur Ausführung der Verteilung einen Termin zu bestimmen. ²Der Teilungsplan muss spätestens drei Tage vor dem Termin auf der Geschäftsstelle zur Einsicht der Beteiligten niedergelegt werden.

(2) Die Ladung des Schuldners zu dem Termin ist nicht erforderlich, wenn sie durch Zustellung im Ausland oder durch öffentliche Zustellung erfolgen müsste.

Übersicht	Rdn.		Rdn.
I. Terminsbestimmung und Ladung zum Termin	1	II. Rechtsfolgen eines Verstoßes gegen § 875	2
		III. ArbGG, VwGO, AO	3

I. Terminsbestimmung und Ladung zum Termin

Über den vom Gericht erstellten Plan und seine Ausführung ist mündlich zu verhandeln. Zu diesem Zweck ist ein Termin zu bestimmen. Die Terminsbestimmung erfolgt von Amts wegen, sobald der Plan erstellt ist. Die beteiligten Gläubiger und der Schuldner sind zum Termin durch Zustellung zu laden (§ 329 Abs. 2 Satz 2). Die Ladung des Schuldners – nicht die des Gläubigers – kann gem. **Abs. 2** unterbleiben, wenn sie durch Zustellung im Ausland oder durch öffentliche Zustellung erfolgen müsste. Die Ladungsfrist zum Termin beträgt mindestens drei Tage (§ 217). In der Ladung ist darauf hinzuweisen, dass der Teilungsplan spätestens drei Tage vor dem Termin auf der Geschäftsstelle zur Einsicht der Beteiligten niedergelegt wird. Die Beteiligten haben keinen Anspruch darauf, dass ihnen der Teilungsplan zugesandt wird; selbstverständlich kann der Rechtspfleger diese Übersendung aber anordnen. Das empfiehlt sich besonders dann, wenn ein Gläubiger weit vom Ort des Verteilungsgerichts entfernt wohnt und die Vermutung nahe liegt, er werde nicht am Termin teilnehmen, wenn er den Plan zur Kenntnis genommen hat.

1

II. Rechtsfolgen eines Verstoßes gegen § 875

Wird die Ladungsfrist nicht eingehalten oder der Teilungsplan zu spät zur Einsicht niedergelegt, so haben alle Beteiligten ein Recht auf Terminsvertagung. Die Gläubiger können diese Vertagung mit der sofortigen Beschwerde nach § 793, der Schuldner mit der Erinnerung gem. § 766 erzwingen. Nehmen die Beteiligten aber am Termin teil, ohne Vertagung zu beantragen, können sie nachträglich aus der Nichtbeachtung der Fristen keine Rechte mehr herleiten. Gleiches gilt für die Gläubiger, die zwar nicht zum Termin erschienen sind, die aber vor dem Termin keine Vertagung beantragt haben (§ 295).

2

III. ArbGG, VwGO, AO

Siehe Vor §§ 872–882 Rdn. 7.

3

§ 876 Termin zur Erklärung und Ausführung

¹Wird in dem Termin ein Widerspruch gegen den Plan nicht erhoben, so ist dieser zur Ausführung zu bringen. ²Erfolgt ein Widerspruch, so hat sich jeder dabei beteiligte Gläubiger sofort zu erklären. ³Wird der Widerspruch von den Beteiligten als begründet anerkannt oder kommt anderweit eine Einigung zu Stande, so ist der Plan demgemäß zu berichten. ⁴Wenn ein Widerspruch sich nicht erledigt, so wird der Plan insoweit ausgeführt, als er durch den Widerspruch nicht betroffen wird.

Übersicht	Rdn.		Rdn.
I. Terminsverlauf ohne Widerspruch gegen den Teilungsplan	1	III. Protokoll	5
II. Verfahren nach Widerspruch gegen den Teilungsplan	2	IV. Rechtsbehelfe	6
1. Berichtigung des Teilungsplanes	3	1. Widerspruchsklage gem. § 878	7
2. Aufforderung zur Erhebung der Widerspruchsklage	4	2. Sofortige Beschwerde	8
		3. Verhältnis zwischen den Rechtsbehelfen	10
		V. ArbGG, VwGO, AO	11

I. Terminsverlauf ohne Widerspruch gegen den Teilungsplan

1 Im Termin zur mündlichen Verhandlung über den vom Gericht ausgearbeiteten Teilungsplan kann von allen anwesenden Gläubigern – nicht vom Schuldner bzw. einem Dritten – Widerspruch gegen den Plan erhoben werden. Darüber hinaus ist, wie § 877 Abs. 1 zeigt, auch jeder bereits vor dem Termin schriftlich oder zu Protokoll der Geschäftsstelle erhobene Widerspruch zu berücksichtigen. Jeder Widerspruch kann ohne Begründung und ohne dass es der Zustimmung der übrigen Beteiligten bedürfte, zurückgenommen werden. Das bloße Nichterscheinen zum Termin gilt nicht als Widerspruch, sondern wird sogar, falls auch nicht schon vorher ausdrücklich Widerspruch gegen den Plan erhoben wurde, unwiderleglich als Zustimmung zum Plan vermutet (§ 877 Abs. 1). Zeigt sich am Ende des Termins, dass kein Widerspruch (mehr) gegen den Plan vorliegt, so weist der Rechtspfleger die Hinterlegungsstelle schriftlich an (Herausgabeersuchen), den hinterlegten Betrag an die Gläubiger entsprechend dem Verteilungsplan auszuzahlen. Ein solches gerichtliches Ersuchen reicht nach den Hinterlegungsgesetzen der Länder für eine Herausgabeanordnung der Hinterlegungsstelle aus. Widerspricht ein Gläubiger nachträglich gegenüber der Hinterlegungsstelle, so hat sie diesen Widerspruch nicht zu beachten und ausschließlich entsprechend der Auszahlungsanweisung des Rechtspflegers zu verfahren.

II. Verfahren nach Widerspruch gegen den Teilungsplan

2 Ist vor der mündlichen Verhandlung oder in der mündlichen Verhandlung ein Widerspruch gegen den Plan erfolgt, so muss sich jeder der anwesenden beteiligten Gläubiger – nicht der Schuldner – sofort im Termin zu dem Widerspruch erklären. »Beteiligt« sind jeweils nur die Gläubiger, die durch den Widerspruch hinsichtlich der ihnen durch den Plan zugedachten Position betroffen sind, nicht aber diejenigen, deren Position auch dann unverändert bliebe, wenn der Widerspruch in vollem Umfange berücksichtigt würde. Der den Termin leitende Rechtspfleger kann sich mit Informationen und Rechtsansichten an der Diskussion beteiligen; er entscheidet aber nicht über die dem Widerspruch materiell zu Grunde liegenden Rechtsfragen[1] und darf auch nicht den Eindruck erwecken, dass seine Auffassung entscheidungserheblich wäre. Die Verhandlung kann zu zweierlei Ergebnissen führen:

1. Berichtigung des Teilungsplanes

3 Erkennen alle Beteiligten den Widerspruch als begründet an oder einigen sich der Widersprechende und die betroffenen Gläubiger oder auch alle am Plan überhaupt Beteiligten auf eine bestimmte Ausführung des Planes, so berichtigt der Rechtspfleger den Plan entsprechend der erzielten Eini-

---

1 BGH, NJW-RR 2007, 782, 783; OLG Hamm, JMBl.NW 1962, 97; LG Mannheim, MDR 1960, 319.

gung und weist die Hinterlegungsstelle an, entsprechend dem neuen Plan zu verfahren. Eine Einigung zulasten nicht erschienener Gläubiger ist nicht möglich, da gem. § 877 Abs. 2 unwiderleglich vermutet wird, dass durch den Widerspruch betroffene, im Termin nicht erschienene Gläubiger den Widerspruch nicht als begründet anerkennen. Ein Widerruf der im Termin erzielten Einigung ist nachträglich nicht möglich; er kann auch nicht im Termin vorbehalten werden. Die Hinterlegungsstelle hat ihn deshalb auch nicht zu beachten.

2. Aufforderung zur Erhebung der Widerspruchsklage

Erledigt der Widerspruch sich nicht oder nur teilweise durch Einigung der Beteiligten, so hat der Rechtspfleger **nicht** über ihn zu entscheiden. Er prüft vielmehr nur, ob der aufrechterhaltene Widerspruch die gesamte Planausführung betrifft oder nicht. Wird ein Teil des Planes durch den Widerspruch nicht berührt, so ordnet der Rechtspfleger die Ausführung dieses Teiles an und weist die Hinterlegungsstelle entsprechend zur Auszahlung an. Im Übrigen weist er den Widersprechenden darauf hin, dass auch der durch den Widerspruch betroffene Teil des Planes ausgeführt wird, wenn nicht innerhalb der Monatsfrist des § 878 Abs. 1 Satz 1 die Erhebung einer Widerspruchsklage nachgewiesen wird. 4

III. Protokoll

Über den Termin ist in jedem Fall ein Protokoll aufzunehmen (§ 159). Es hat den Gang der Verhandlung und ihr Ergebnis, also auch abschließende Anordnungen des Rechtspflegers zur Ausführung des Planes, zu enthalten. Das Protokoll ist allen am Verteilungsverfahren Beteiligten, auch den zum Termin nicht Erschienenen, mitzuteilen. 5

IV. Rechtsbehelfe

Zu unterscheiden ist, ob gegen die im endgültigen Teilungsplan vorgesehene Rangfolge und Höhe der Masseausschüttung vorgegangen werden soll oder ob das vom Rechtspfleger auf dem Wege zur Feststellung dieses Planes eingeschlagene Verfahren beanstandet wird: 6

1. Widerspruchsklage gem. § 878

Den Streit um den materiellen Vorrang, der mit dem Widerspruch geltend gemacht worden war, müssen die Parteien mit der Widerspruchsklage nach § 878 austragen.[2] Da der Rechtspfleger im Termin nicht über die Berechtigung eines Widerspruchs in der Sache zu entscheiden hat, kann auch nicht mit der befristeten Rechtspflegererinnerung gerügt werden, dass er einen angeblich in der Sache unbegründeten Widerspruch in der Weise berücksichtigt hat, dass er die sofortige Verteilung zunächst um die Frist des § 878 Abs. 1 hinausgeschoben hat.[3] Dies würde auf eine indirekte Überprüfung der Berechtigung des Widerspruchs hinauslaufen. 7

2. Sofortige Beschwerde

Hat der Rechtspfleger dagegen gesetzwidrig über einen Widerspruch entschieden und ihn als unberechtigt für das weitere Verteilungsverfahren außer Acht gelassen, ist diese Entscheidung mit der sofortige Beschwerde gem. § 793 i. V. m. § 11 Abs. 1 RPflG anfechtbar, um den Widerspruch wieder zur Geltung zu bringen.[4] Gleiches gilt, wenn der Rechtspfleger einen rechtzeitig schriftlich eingegangenen Widerspruch übersehen oder wenn er die Reichweite eines Widerspruchs bei einer Anordnung nach Satz 4 unrichtig beurteilt hat. Schließlich ist die sofortige Beschwerde zulässig, 8

---

2 BGH, NJW-RR 2007, 782, 783.
3 LG Münster, MDR 1966, 1011.
4 BGH, NJW-RR 2007, 782, 783; OLG Hamm, JMBl.NW 1962, 97.

soweit ein Gläubiger Rechenfehler bei der Festsetzung seiner Forderung (falsche Zinsberechnung, Nichtberücksichtigung geltend gemachter Vollstreckungskosten u. ä.) rügen will.

9 Um die Auszahlung der Verteilungsmasse durch die Hinterlegungsstelle aufgrund einer nach § 793 angefochtenen Ausführungsanordnung des Rechtspflegers zu verhindern, ist entweder beim Rechtspfleger oder beim Beschwerdegericht die einstweilige Aussetzung der Vollziehung gem. § 572 Abs. 2, 3 zu beantragen.

3. Verhältnis zwischen den Rechtsbehelfen

10 Die sofortige Beschwerde, um eine verfahrenswidrig ergangene Ausführungsanordnung des Teilungsplanes außer Kraft zu setzen, und die Widerspruchsklage, um dem übergangenen Widerspruch materiell zum Erfolg zu verhelfen, können nach umstrittener Ansicht parallel nebeneinander verfolgt werden,[5] da die sofortige Beschwerde den Verteilungsplan als solchen nie berührt, sondern nur die Ausführungsanordnung stoppen kann.

V. ArbGG, VwGO, AO

11 Siehe Vor §§ 872–882 Rdn. 7.

---

5 Wie hier OLG Köln, MDR 1969, 401; *Baumbach/Lauterbach/Hartmann*, § 876 Rn. 5; PG/*Zempel*, § 876 Rn. 7; *Wieczorek/Schütze/Bittmann*, § 877 Rn. 21, § 878 Rn. 11; *Zöller/Stöber*, § 876 Rn. 12; *Wieser*, ZZP 103 (1990), 171, 178 differenziert zusätzlich noch zwischen der Erinnerung gem. § 766 und der sofortigen Beschwerde (damals noch Rechtspflegererinnerung), die nach seiner Ansicht beide, je nach Fallgestaltung, in Betracht kommen. A. A. MüKo/*Eickmann*, § 876 Rn. 3; *Stein/Jonas/Münzberg*, § 876 Rn. 2; *Thomas/Putzo/Seiler*, § 876 Rn. 3.

§ 877 Säumnisfolgen

(1) Gegen einen Gläubiger, der in dem Termin weder erschienen ist noch vor dem Termin bei dem Gericht Widerspruch erhoben hat, wird angenommen, dass er mit der Ausführung des Planes einverstanden sei.

(2) Ist ein in dem Termin nicht erschienener Gläubiger bei dem Widerspruch beteiligt, den ein anderer Gläubiger erhoben hat, so wird angenommen, dass er diesen Widerspruch nicht als begründet anerkenne.

Übersicht	Rdn.		Rdn.
I. Unwiderlegliche Vermutung	1	III. ArbGG, VwGO, AO	3
II. Bedeutung der Vermutung des Abs. 2	2		

I. Unwiderlegliche Vermutung

Die Vorschrift ergänzt § 876 im Hinblick auf die Bewertung des Verhaltens der beteiligten Gläubiger. Die in Abs. 1 und Abs. 2 aufgestellten Vermutungen sind jeweils unwiderleglich. Der nicht zum Termin erschienene Gläubiger kann also im Fall des Abs. 1 die Ausführung des Teilungsplanes nicht durch einen nachträglichen Widerspruch verhindern. Er verliert zwar durch die Versäumnis des Widerspruchs auch nicht sein besseres materielles Recht, muss es aber nun mit einer Bereicherungsklage gegen den durch den Teilungsplan begünstigten Gläubiger geltend machen.[1] Die Vermutung des Abs. 1 gilt nicht nur für die im Termin nicht erschienenen Gläubiger, sondern auch für diejenigen, die, obwohl sie anwesend sind, keine Erklärungen zum Teilungsplan abgeben.[2] Auch sie können also ihren Widerspruch nicht nach dem Termin nachholen. War allerdings ein nicht erschienener Gläubiger zu Unrecht zum Termin nicht geladen worden, kann er gem. § 793 die Aufhebung des Planes erreichen.[3]

1

II. Bedeutung der Vermutung des Abs. 2

Ein im Termin nicht erschienener Gläubiger, der durch einen im Termin oder bereits vorher erhobenen Widerspruch betroffen ist, verhindert durch sein bloßes Untätigsein die sofortige Ausführung des Planes. Haben die übrigen betroffenen Gläubiger den Widerspruch als begründet anerkannt, so empfiehlt es sich, im Termin einen Hilfsverteilungsplan für den Fall aufzustellen, dass auch der nichterschienene Gläubiger nachträglich noch zustimmt. Tut er dies dann, kann der Rechtspfleger die Hinterlegungsstelle anweisen, nach dem Hilfsverteilungsplan auszuzahlen. Gibt der Gläubiger aber innerhalb der Monatsfrist des § 878 Abs. 1 eine solche nachträgliche Zustimmungserklärung nicht ab, muss ihn der widersprechende Gläubiger mit der Widerspruchsklage verklagen, um eine Ausführung des ursprünglichen Teilungsplans zu verhindern. Erkennt nunmehr der Gläubiger, der bisher geschwiegen hatte, den Klageanspruch sogleich an, kommt ihm dennoch § 93 nicht zu Gute,[4] weil er infolge der Fiktion des § 877 Abs. 2 durch sein Nichterscheinen zum Verhandlungstermin über den Verteilungsplan Veranlassung zur Klage gegeben hat. Der widersprechende Gläubiger muss ihn daher vor Klageerhebung nicht noch ausdrücklich zur Zustimmung zum Widerspruch auffordern, um Kostennachteile zu vermeiden.

2

III. ArbGG, VwGO, AO

Siehe Vor §§ 872–882 Rdn. 7.

3

---

1 Einzelheiten: § 878 Rdn. 18.
2 So schon RGZ 125, 137.
3 *Wieser*, ZZP 103 (1990), 171, 180.
4 HK-ZV/*Wolf*, § 877 Rn. 6; MüKo/*Eickmann*, § 877 Rn. 4; *Musielak/Voit/Becker*, § 877 Rn. 2; PG/*Zempel*, § 877 Rn. 2; a. A. *Baumbach/Lauterbach/Hartmann*, § 877 Rn. 3; *Stein/Jonas/Münzberg*, § 877 Rn. 2; *Wieczorek/Schütze/Bittmann*, § 877 Rn. 8; *Zöller/Stöber*, § 877 Rn. 2.

§ 878 Widerspruchsklage

(1) ¹Der widersprechende Gläubiger muss ohne vorherige Aufforderung binnen einer Frist von einem Monat, die mit dem Terminstag beginnt, dem Gericht nachweisen, dass er gegen die beteiligten Gläubiger Klage erhoben habe. ²Nach fruchtlosem Ablauf dieser Frist wird die Ausführung des Planes ohne Rücksicht auf den Widerspruch angeordnet.

(2) Die Befugnis des Gläubigers, der dem Plan widersprochen hat, ein besseres Recht gegen den Gläubiger, der einen Geldbetrag nach dem Plan erhalten hat, im Wege der Klage geltend zu machen, wird durch die Versäumung der Frist und durch die Ausführung des Planes nicht ausgeschlossen.

Übersicht

	Rdn.
I. Die Widerspruchsklage	1
1. Notwendigkeit der Klage	1
2. Rechtsnatur der Klage	2
3. Klageberechtigung	3
4. Zulässigkeitsvoraussetzungen	4
a) Statthaftigkeit	5
b) Zuständigkeit	5
c) Klageantrag	6
d) Rechtsschutzbedürfnis	7
5. Monatsfrist des Abs. 1	8
6. Begründetheit	9
a) Vorrangiges Recht zum Zeitpunkt des Verteilungstermins	9
b) Widerspruchsgründe	10
aa) Einwendungen des Vollstreckungsschuldners	11
bb) Nichtigkeit der Pfändung aus formellen Gründen	12
cc) Anfechtbarkeit der Pfändung wegen eines Pfändungsmangels	13
dd) Anfechtbarkeit der Pfändung nach dem AnfG und sonstige Widerspruchsgründe	14
ee) Fehlende materielle Berechtigung des Schuldners am Pfändungsobjekt	15
7. Verteidigungsmöglichkeiten des Beklagten	16
8. Entscheidung über die Widerspruchsklage	17
II. Bereicherungsklage eines Gläubigers	18
III. Gebühren	21
IV. ArbGG, VwGO, AO	22

Literatur:

Gaul, Ungerechtfertigte Zwangsvollstreckung und materielle Ausgleichsansprüche, AcP 173 (1973), 323; *Lippross*, Das Rechtsbehelfssystem der Zwangsvollstreckung, JA 1979, 9; *Wolf*, Die Bindungswirkung des den Titel begründenden Urteils im zwangsvollstreckungs- und insolvenzrechtlichen Prätendentenstreit, FS Leipold, 2009, 469. Zusätzliche Literaturangaben siehe Vor §§ 872–882.

I. Die Widerspruchsklage

1. Notwendigkeit der Klage

1 Einigen die Gläubiger sich im Termin zur Verhandlung über den Verteilungsplan nicht über einen rechtzeitig erhobenen Widerspruch, so darf der Rechtspfleger nicht seinerseits eine Widerspruchsentscheidung fällen. Die Berechtigung des Widerspruchs kann vielmehr nur im Rahmen einer besonderen Klage (**sog. Widerspruchsklage**) festgestellt werden, die der Widersprechende gegen die von seinem Widerspruch betroffenen Gläubiger erheben muss. Diese Widerspruchsklage ist in den §§ 878–881, wenn auch unvollständig, geregelt.

2. Rechtsnatur der Klage

2 Die Klage ist **prozessuale Gestaltungsklage**,[1] nicht Feststellungsklage,[2] da das durch sie erstrebte Urteil nicht nur die materielle Rechtslage unter den Parteien feststellt, sondern überhaupt erst die

---

[1] H.M.; vgl. OLG Düsseldorf, NJW-RR 1989, 599; *Baumbach/Lauterbach/Hartmann*, § 878 Rn. 7; *Gaul/Schilken/Becker-Eberhard*, § 59 Rn. 42; HK-ZV/*Wolf*, § 881 Rn. 10; PG/*Zempel*, § 878 Rn. 1; *Stein/Jonas/Münzberg*, § 878 Rn. 40; *Wieczorek/Schütze/Bittmann*, § 878 Rn. 8.

[2] Nachweise zu dieser älteren, heute nicht mehr vertretenen Auffassung bei *Förster/Kann*, § 878 Anm. 1.

Möglichkeit eröffnet, eine vom ursprünglichen Teilungsplan abweichende Verteilung wider den Willen der Gläubiger, die dem Widerspruch nicht zugestimmt hatten, vorzunehmen (§ 880).

3. Klageberechtigung

Die Klage kann zulässigerweise nur von einem Gläubiger erhoben werden, der am Verteilungsverfahren beteiligt war und dort Widerspruch gegen den Verteilungsplan erhoben hatte. Sie ist also weder für den Schuldner statthaft, der die Auskehrung eines angeblichen Erlösüberschusses an sich begehrt,[3] noch für sonstige Gläubiger des Vollstreckungsschuldners, die am Vollstreckungsverfahren und damit auch am Verteilungsverfahren nicht beteiligt waren, sich aber privatrechtlich begründeter Rechte an der Verteilungsmasse berühmen.[4] Während der Schuldner seine Rechte gegebenenfalls über § 767 geltend machen muss, müssen die sonstigen dinglich an der Verteilungsmasse Berechtigten nach §§ 771, 805 vorgehen.

4. Zulässigkeitsvoraussetzungen

Die Widerspruchsklage ist **zulässig**, wenn folgende Voraussetzungen erfüllt sind:

a) Statthaftigkeit

Die Widerspruchsklage ist statthaft, wenn ein **Vollstreckungsgläubiger**, der am Verteilungsverfahren beteiligt war und dort rechtzeitig gegen den Verteilungsplan Widerspruch erhoben hatte, gegen einen anderen Vollstreckungsgläubiger, der durch den Widerspruch betroffen ist und ihm nicht im Verteilungsverfahren zugestimmt hatte, die Berechtigung seines Widerspruchs und eine diesem entsprechende Masseverteilung geltend macht. Sie ist nicht statthaft, wenn ausschließlich Mängel des Verfahrens bei Aufstellung des Planes und bei der Durchführung der mündlichen Verhandlung über den Plan mit dem Ziel gerügt werden sollen, eine verfahrenswidrige Ausführungsanordnung zu verhindern.[5] Sie ist auch nicht statthaft, wenn mit ihr Ansprüchen von Gläubigern, die am Verteilungsverfahren nicht beteiligt waren und die im Verteilungsplan deshalb auch nicht berücksichtigt sind, entgegengetreten werden soll.

b) Zuständigkeit

Die Zuständigkeit des angerufenen Gerichts ergibt sich aus § 879.

c) Klageantrag

In ihm muss die begehrte Abänderung des Teilungsplanes genau bezeichnet sein (§ 253 Abs. 2 Nr. 2). Der Antrag kann etwa lauten, »den Kläger mit seiner Forderung in Höhe von ... Euro im Verteilungsverfahren ... (AZ) vor der Forderung des Beklagten in Höhe von ... Euro zu befriedigen«.[6] Sind mehrere Gläubiger durch den Widerspruch, dem sie nicht zugestimmt haben, betroffen und verklagt,[7] muss der Antrag die Auswirkung des Widerspruchs auf alle im Einzelnen genau bezeichnen. Auf die richtige Formulierung des Antrags ist der Kläger gem. § 139 Abs. 1 hinzuweisen.[8]

---

3 OLG Köln, MDR 1974, 240; LG Hamburg, MDR 1963, 320; LG Lüneburg, ZIP 1981, 914.
4 BGH, BB 1970, 149.
5 Siehe hierzu § 876 Rdn. 8.
6 Zur Formulierung des Klageantrages siehe BGH, Rpfleger 2001, 443, 444.
7 Zur Notwendigkeit, alle Gläubiger zu verklagen, die dem Widerspruch nicht zugestimmt haben, OLG Celle, FamRZ 1996, 1228, 1231.
8 BGH, Rpfleger 2001, 443, 444.

d) Rechtsschutzbedürfnis

7   Für die Klage muss ein Rechtsschutzbedürfnis bestehen. Es besteht grundsätzlich vom Ende des Verteilungstermins an bis zum Abschluss der Ausführung des Teilungsplanes. Nach Ausführung des Teilungsplanes kann der Kläger seine Klage in eine Bereicherungsklage gem. Abs. 2 ändern.[9] Hat ein Gläubiger, der zunächst dem Widerspruch nicht zugestimmt hatte, bereits vor Klageerhebung dem Rechtspfleger mitgeteilt, dass er nunmehr dem Widerspruch zustimme und eine Auszahlung entsprechend dem Widerspruch bewillige, besteht für eine Klage kein Rechtsschutzbedürfnis mehr, weil der Rechtspfleger nunmehr auch ohne Urteil eine dem Widerspruch entsprechende Ausführungsanordnung erlassen kann.[10] Lehnt er dies ab, können die Gläubiger mit der sofortigen Beschwerde gem. § 793 hiergegen vorgehen.

5. Monatsfrist des Abs. 1

8   Die Monatsfrist des Abs. 1 ist eine gesetzliche Frist, »die mit dem Terminstag beginnt«, der also mitgezählt wird. Die Frist kann mangels besonderer Bestimmung nicht verlängert werden (vgl. § 224 Abs. 2). Gegen ihre Versäumung gibt es keine Wiedereinsetzung in den vorigen Stand.[11] Ihre Einhaltung ist **keine Zulässigkeitsvoraussetzung** der Klage. Die Klage kann also auch nach versäumter Frist ohne Weiteres zulässigerweise erhoben werden, aber nur bis der Teilungsplan ausgeführt ist.[12] Nach Versäumung der Frist hat der Rechtspfleger aber den ursprünglichen Teilungsplan ohne Berücksichtigung des Widerspruchs auszuführen (Abs. 1 Satz 2). Die bloße Einreichung einer Klageschrift innerhalb der Monatsfrist stoppt allein die Planausführung noch nicht.[13] Abs. 1 Satz 1 verlangt grundsätzlich, dass Klage »erhoben« wurde (§§ 261 Abs. 1, 253 Abs. 1). Allerdings gilt auch hier § 167: Hat der Gläubiger bis zum Fristablauf alles seinerseits Erforderliche getan, damit die Klage zugestellt werden konnte,[14] und hat er dies dem Verteilungsgericht nachgewiesen, so hat der Rechtspfleger die Planausführung zurückzustellen und dem widersprechenden Gläubiger Gelegenheit zu geben, unverzüglich nachzuweisen, dass die Klage »demnächst« zugestellt worden ist.[15] Ist rechtzeitig Klage erhoben, der Nachweis gegenüber dem Verteilungsgericht aber versäumt worden, so hemmt ein verspäteter Nachweis die Planausführung nicht mehr.[16] Stellt der Rechtspfleger dennoch die Ausführung des Planes zurück, um den Ausgang der Widerspruchsklage abzuwarten, so können die hiervon betroffenen Gläubiger hiergegen mit der sofortigen Beschwerde gem. § 793 vorgehen.

6. Begründetheit

a) Vorrangiges Recht zum Zeitpunkt des Verteilungstermins

9   Die Widerspruchsklage ist begründet, wenn der widersprechende Gläubiger ein dem (oder den) durch den Widerspruch betroffenen Gläubiger(n) vorgehendes Recht an der Verteilungsmasse hat, das sich auf Tatsachen stützt, die bis zum Zeitpunkt des Verteilungstermins eingetreten waren.[17] Spätere Entwicklungen können nicht berücksichtigt werden, da auch der Widerspruch nicht mit

---

9 Einzelheiten zu dieser Klage unten Rn. 18.
10 Siehe auch § 877 Rdn. 2.
11 AG Hannover, Rpfleger 1993, 296.
12 BGH, NJW-RR 1987, 891; *Baumbach/Lauterbach/Hartmann*, § 878 Rn. 5; *Stein/Jonas/Münzberg*, § 878 Rn. 6; *Thomas/Putzo/Seiler*, § 878 Rn. 2; siehe auch oben Rn. 7.
13 So aber wohl OLG Neustadt, KTS 1961, 111.
14 OLG Hamburg, MDR 1960, 767; OLG Hamm, NJW 1965, 825.
15 OLG Bremen, MDR 1982, 762; **a. A.** (gegen entsprechende Anwendung von § 167 MüKo/*Eickmann*, § 878 Rn. 7; PG/*Zempel*, § 878 Rn. 3.
16 OLG Hamm, NJW 1965, 825; AG Hannover, Rpfleger 1993, 296, 297.
17 BGHZ 113, 169, 174 m. w. N.; OLG Düsseldorf, NJW-RR 1989, 599; *Baumbach/Lauterbach/Hartmann*, § 878 Rn. 9; *Brox/Walker*, Rn. 493; HK-ZV/*Wolf*, § 878 Rn. 18; i. E. auch *Gaul/Schilken/Becker-Eberhard*, § 59 Rn. 36; MüKo/*Eickmann*, § 878 Rn. 26; *Musielak/Voit/Becker*, § 878 Rn. 5; PG/*Zempel*, § 878 Rn. 6; *Zöller/Stöber*, § 878 Rn. 14.

ihnen begründet werden konnte. Würde man anders entscheiden, würden Widersprüche »ins Blaue hinein« provoziert, um die Klagemöglichkeit offen zu halten. Andererseits kann nicht auf den Zeitpunkt des Widerspruchs abgestellt werden,[18] weil es den beteiligten Gläubigern durchaus zugemutet werden kann, im Verteilungstermin die aktuelle Sach- und Rechtslage zu beurteilen, auch wenn ihnen der Widerspruch schon vorher schriftlich zugegangen sein sollte.

b) Widerspruchsgründe

Der Widerspruch kann sich darauf gründen, dass entweder für den Pfändenden durch die Pfändung kein Pfandrecht entstanden oder dieses Pfandrecht nach der Pfändung wieder erloschen ist (materiellrechtliche Einwendungen aus dem Verhältnis des durch den Widerspruch Betroffenen zum Schuldner) oder aber, dass die Pfändung aus formellen Gründen nichtig oder zum Zeitpunkt des Endes des Verteilungstermins anfechtbar gewesen ist (formelle Einwendungen gegen die Pfändung) oder dass der Beklagte trotz wirksamer Pfändung den vorrangigen Zugriff des Klägers aus Gründen, die in der unmittelbaren Beziehung der Parteien liegen, dulden muss. Im Einzelnen: 10

aa) Einwendungen des Vollstreckungsschuldners

Der Widersprechende kann gegen die Vollstreckungsforderung des durch den Widerspruch betroffenen Gläubigers alle Einwendungen geltend machen, die auch der Vollstreckungsschuldner zum Schluss des Verteilungstermins noch mit Erfolg hätte geltend machen können. Er kann also geltend machen, die Forderung habe von Anfang an nicht bestanden, soweit diesem Einwand nicht, würde der Schuldner ihn mit der Vollstreckungsabwehrklage geltend machen, § 767 Abs. 2[19] entgegenstünde.[20] Er kann sich ferner darauf berufen, die Forderung sei später erloschen oder gestundet worden. Auch insoweit ist der Einwand ausgeschlossen, wenn der Vollstreckungsschuldner mit ihm gem. § 767 Abs. 2 oder Abs. 3[21] präkludiert wäre. 11

bb) Nichtigkeit der Pfändung aus formellen Gründen

War die vom Beklagten ausgebrachte Pfändung aus formellen Gründen nichtig,[22] so hat sie weder Verstrickung bewirkt noch ein Pfändungspfandrecht entstehen lassen. Sie konnte damit auch kein Vorrecht für den Beklagten begründen. Da die nachträgliche Heilung einer nichtigen Pfändung nicht möglich ist,[23] ist eine rückwirkende Begründung eines solchen Vorrechts durch Wegfall der Nichtigkeitsgründe auch nicht denkbar. 12

cc) Anfechtbarkeit der Pfändung wegen eines Pfändungsmangels

War die Pfändung, die der Beklagte zeitlich vorrangig vor der des Klägers ausgebracht hatte, nur mit der Erinnerung anfechtbar, so war durch sie zunächst auch ein Pfändungspfandrecht begründet worden.[24] Es war in seinem Bestand auflösend bedingt durch den Erfolg der Erinnerung. Hatte nun der Kläger als anfechtungsberechtigter Gläubiger[25] bis zur Eröffnung des Verteilungsverfahrens 13

---

18 So aber *Stein/Jonas/Münzberg*, § 878 Rn. 35 f.
19 Siehe hierzu § 767 Rdn. 32 ff.
20 BGHZ 63, 61; OLG Hamburg, VersR 1973, 563; *Baur/Stürner/Bruns*, Rn. 33.6; *Brox/Walker*, Rn. 494; MüKo/*Eickmann*, § 878 Rn. 22; *Musielak/Voit/Becker*, § 878 Rn. 6; *Gaul/Schilken/Becker-Eberhard*, § 59 Rn. 36; *Zimmermann*, § 878 Rn. 4; *Zöller/Stöber*, § 878 Rn. 12; a. A. *Stein/Jonas/Münzberg*, § 878 Rn. 27; *Wolf*, FS Leipold, 2009, 469, 475 ff., 485, nach dessen Ansicht die Rechtskraft des Urteils gegen den Vollstreckungsschuldner keine Bindungswirkung gegenüber dem Widerspruchskläger hat.
21 Siehe hierzu § 767 Rdn. 44.
22 Siehe hierzu Vor §§ 803, 804 Rdn. 4, 5.
23 Vor §§ 803, 804 Rdn. 7.
24 Vor §§ 803, 804 Rdn. 15.
25 Siehe hierzu § 766 Rdn. 21.

noch nicht Erinnerung eingelegt und war ihm ab diesem Zeitpunkt die Möglichkeit der selbstständigen Erinnerung genommen worden,[26] so kann er seine Anfechtungsgründe nunmehr mit der Widerspruchsklage geltend machen.[27] Er wird, wenn seine Rügen mit der Erinnerung dazu geführt hätten, dass die ihn belastende vorrangige Pfändung zugunsten des Beklagten für unzulässig erklärt worden wäre, auf seinen Widerspruch hin auch im Verteilungsverfahren so behandelt, als läge die vorrangige Pfändung nicht vor. Die mit der Widerspruchsklage gerügten Verfahrensmängel müssen bis zum Ende des Verteilungstermins vorgelegen haben, damit der auf sie gegründete Widerspruch Aussicht auf Erfolg hat.[28] Insoweit gilt dasselbe wie im Erinnerungsverfahren, in dem die gerügten Vollstreckungsmängel noch im Zeitpunkt der Erinnerungsentscheidung vorliegen müssen,[29] wenn die Erinnerung Erfolg haben soll und in dem eine nachträgliche Heilung der Mängel vor Erlass der Erinnerungsentscheidung dazu führt, dass das ursprünglich durch Anfechtung zu beseitigende Pfandrecht sich als von Anfang an rechtsbeständig erweist.[30]

dd) Anfechtbarkeit der Pfändung nach dem AnfG und sonstige Widerspruchsgründe

14   Der Widerspruch kann schließlich damit begründet werden, der Beklagte habe sein Vorrecht anfechtbar nach den Vorschriften des AnfG erworben und müsse sich deshalb im Verhältnis zum Kläger so behandeln lassen, als stünde ihm dieser Vorrang nicht zu.[31] Ferner kann zur Begründung vorgetragen werden, der Beklagte habe mit dem Kläger dessen Vorrang vertraglich vereinbart, oder der Beklagte handele bei Berufung auf seinen Vorrang rechtsmissbräuchlich, weil er ihn sich in sittenwidriger Weise erschlichen habe.[32]

ee) Fehlende materielle Berechtigung des Schuldners am Pfändungsobjekt

15   Dagegen kann der Widerspruch **nicht** damit begründet werden, das Pfändungsobjekt, um dessen Versteigerungserlös gestritten wird, oder die gepfändete Forderung, deren Schuldsumme hinterlegt ist, stehe nicht im Eigentum des Vollstreckungsschuldners, sodass auch kein Pfändungspfandrecht begründet worden sei. Konnte keiner der Vollstreckungsgläubiger am Vollstreckungsobjekt ein Pfandrecht begründen,[33] so kann auch keiner diesbezüglich einen Vorrang vor den anderen haben. Da es bei der Widerspruchsklage aber nur um die Klärung dieses Vorrangs geht, ist sie insoweit nicht der richtige Weg. Der wahre Berechtigte muss sein Recht am Erlös mit der Klage nach § 771 geltend machen. Für die anderen Gläubiger besteht kein Rechtsschutzbedürfnis, dieses Recht klären zu lassen.

7. Verteidigungsmöglichkeiten des Beklagten

16   Da es sich bei der Widerspruchsklage um eine prozessuale Gestaltungsklage und keine Leistungsklage handelt,[34] kann der Beklagte gegen den Klageanspruch weder mit Forderungen gegen den Widersprechenden aufrechnen noch ein Zurückbehaltungsrecht ihm gegenüber geltend machen.[35] Er kann sich nur damit verteidigen, dass dem Kläger der geltend gemachte Vorrang nicht zustehe. Dabei kann er über die Abwehr der Argumente des Klägers hinaus geltend machen, der Kläger habe sein Recht ebenfalls verfahrensfehlerhaft erlangt, die Verfahrensmängel seien noch nicht geheilt. Ferner kann er vortragen, die Position des Klägers sei ihrerseits anfechtbar nach dem AnfG erwor-

---

26 Siehe hierzu § 872 Rdn. 3.
27 Wie hier *Brox/Walker*, Rn. 496; *Stein/Jonas/Münzberg*, § 878 Rn. 14; *Zimmermann*, § 878 Rn. 4.
28 Wie hier *Brox/Walker*, Rn. 493.
29 § 766 Rdn. 39.
30 Vor §§ 803, 804 Rdn. 15.
31 *Bötticher*, ZZP 77 (1964), 489; *Gaul/Schilken/Becker-Eberhard*, § 59 Rn. 36.
32 BGH, NJW 1971, 2226 mit Anm. *Münzberg*, JZ 1972, 214.
33 Zur Pfändung schuldnerfremder beweglicher Sachen siehe auch Vor §§ 803, 804 Rn. 15; zur Pfändung schuldnerfremder Forderungen siehe auch § 829 Rn. 54.
34 Siehe oben Rn. 2.
35 BGH, WM 1966, 575.

ben, oder der Kläger handele rechtsmissbräuchlich, wenn er aus dieser Position gegen den Beklagten vorgehe. Schließlich kann der Beklagte ebenso wie der Kläger auch auf die materiellrechtlichen Beziehungen zum Vollstreckungsschuldner zurückgreifen und seinerseits behaupten, die Forderung des Klägers gegen den Schuldner bestehe nicht oder sei jedenfalls erloschen. Auch hier sind allerdings die Schranken des § 767 Abs. 2 und 3 zu beachten: Einwände, mit denen der Schuldner dem Kläger gegenüber präkludiert wäre, kann auch der Beklagte nicht zu seiner Verteidigung vorbringen.

8. Entscheidung über die Widerspruchsklage

Bleibt die Widerspruchsklage dem Grunde nach ohne Erfolg, weil dem Kläger der geltend gemachte Vorrang entweder nicht zustand oder jedenfalls nicht bewiesen werden konnte, ist die Klage als unbegründet, nicht nur als unzulässig abzuweisen.[36]   17

Ist die Klage begründet, muss der Urteilstenor entsprechend § 880 gefasst werden.[37]

II. Bereicherungsklage eines Gläubigers

Hat ein Gläubiger dem Teilungsplan ausdrücklich zugestimmt, hat er sowohl die Möglichkeit verloren, nachträglich Widerspruchsklage zu erheben, als auch die Möglichkeit, sein angebliches Recht mit einer auf § 812 BGB gestützten Klage doch noch geltend zu machen. Hat er aber den Widerspruch nur unterlassen, kann er zwar nicht Widerspruchsklage erheben und die Ausführung des Teilungsplanes zunächst nicht aufhalten;[38] er kann aber sein besseres Recht immer noch in der Weise weiterverfolgen, dass er den im Teilungsplan zu Unrecht als vorrangig bezeichneten Gläubiger aus § 812 BGB auf Zustimmung zur Auszahlung des entsprechenden Betrages durch die Hinterlegungsstelle an ihn verklagt,[39] bzw. auf Zahlung dieses Betrages, falls die Hinterlegungsstelle die Teilungsmasse schon ausgekehrt hat. **Abs. 2** sieht diese Möglichkeit zwar ausdrücklich nur für diejenigen Gläubiger vor, die zwar widersprochen, dann aber die Frist des Abs. 1 versäumt und damit die Ausführung des Planes nicht verhindert haben. Es gelten hier aber die gleichen Erwägungen, wie sie zur Versäumung der Vollstreckungsabwehr-[40] und der Drittwiderspruchsklage[41] entwickelt wurden: Es besteht kein Zwang zur Verteidigung der eigenen Rechtsposition schon während des Vollstreckungsverfahrens. Der Abschluss der Zwangsvollstreckung führt zu keiner der Rechtskraft vergleichbaren »Vollstreckungskraft«, die den durch die Zwangsvollstreckung geschaffenen Zustand unter allen, die sich am Verfahren hätten beteiligen können, festschreibt. Nur derjenige, über dessen Recht (z. B. im Rahmen einer selbst angestrengten Widerspruchsklage) schon rechtskräftig entschieden ist oder der auf dieses Recht (z. B. durch ausdrückliche Zustimmung zum Verteilungsplan) wirksam verzichtet hat, kann auch nicht mehr aufgrund eines angeblichen besseren Rechts Bereicherungsklage erheben.   18

Für diese Bereicherungsklage gilt der Gerichtsstand des § 879 nicht. Sie hat **keinen ausschließlichen Gerichtsstand** und wird regelmäßig am Wohnsitz des als Schuldner in Anspruch genommenen Vollstreckungsgläubigers zu erheben sein. Ist das Rechtsschutzbedürfnis für eine Widerspruchsklage während des Prozesses entfallen, weil zwischenzeitlich der Teilungsplan ausgeführt wurde, so wird es regelmäßig sachdienlich sein, wenn der Kläger die Widerspruchsklage in eine Bereicherungsklage ändert.   19

Dem Anspruch des Bereicherungsgläubigers kann der auf (Zustimmung zur) Auskehrung des (hinterlegten) Erlöses in Anspruch Genommene kein Zurückbehaltungsrecht aus seinem Verhältnis   20

---

36 BGH, NJW 1969, 1428 mit Anm. *Stöber*, Rpfleger 1969, 202.
37 Siehe hierzu § 880 Rdn. 1; Bsp. bei *Brox/Walker*, Rn. 498.
38 Siehe auch § 877 Rdn. 2.
39 **H. M.**; beispielhaft BGHZ 39, 242; *Baumbach/Lauterbach/Hartmann*, § 878 Rn. 15; MüKo/*Eickmann*, § 878 Rn. 31; PG/*Zempel*, § 878 Rn. 12; *Thomas/Putzo/Seiler*, § 878 Rn. 7 f.; *Wieczorek/Schütze/Bittmann*, § 878 Rn. 39; *Zimmermann*, § 878 Rn. 5; *Zöller/Stöber*, § 878 Rn. 16.
40 Siehe insoweit § 767 Rdn. 46.
41 Siehe insoweit Anh. § 771 Rdn. 2 ff.

zum Vollstreckungsschuldner entgegenhalten, wenn er sich nicht auf Ansprüche stützen kann, die eine Zuteilung aus dem Versteigerungserlös rechtfertigen.[42] Für den Bereicherungsanspruch gilt die regelmäßige Verjährungsfrist des § 195 BGB von drei Jahren.

III. Gebühren

21 Für die Widerspruchsklage und die Bereicherungsklage fallen Gerichtsgebühren nach KV Nr. 1210 ff. GKG an. Der Anwalt erhält Gebühren nach RVG-VV Vorbem. 3 Abs. 2–6, Nr. 3100 ff. Der Streitwert der Widerspruchsklage bestimmt sich nach der Höhe der Forderung, deren vorrangige Befriedigung durch das Urteil erreicht werden soll. Nebenforderungen zu dieser Forderung (Zinsen, Vollstreckungskosten), die mit ihr zusammen aus der Verteilungsmasse befriedigt werden sollen, sind hinzuzurechnen, erhöhen also den Streitwert. Die vom Rechtsanwalt durch seine Mitwirkung im Verteilungsverfahren bereits verdienten Gebühren[43] werden auf die Gebühren im Prozess um die Widerspruchsklage (die allgemeinen Gebühren gem. RVG-VV Nr. 3100 ff.) nicht angerechnet, da die Klage nicht Teil des Verteilungsverfahrens ist (vgl. § 18 Abs. 1 Nr. 10 RVG).

Der Streitwert für die Bereicherungsklage wird durch die Höhe des eingeklagten Betrages bestimmt.

IV. ArbGG, VwGO, AO

22 Siehe Vor §§ 872–882 Rdn. 7.

---

42 BGH, NJW-RR 1987, 890.
43 Siehe § 872 Rdn. 5.

§ 879 Zuständigkeit für die Widerspruchsklage

(1) Die Klage ist bei dem Verteilungsgericht und, wenn der Streitgegenstand zur Zuständigkeit der Amtsgerichte nicht gehört, bei dem Landgericht zu erheben, in dessen Bezirk das Verteilungsgericht seinen Sitz hat.

(2) Das Landgericht ist für sämtliche Klagen zuständig, wenn seine Zuständigkeit nach dem Inhalt der erhobenen und in dem Termin nicht zur Erledigung gelangten Widersprüche auch nur bei einer Klage begründet ist, sofern nicht die sämtlichen beteiligten Gläubiger vereinbaren, dass das Verteilungsgericht über alle Widersprüche entscheiden solle.

Übersicht	Rdn.		Rdn.
I. Anwendungsbereich der Norm	1	III. Zuständigkeit bei mehreren Widersprüchen gegen denselben Teilungsplan	4
II. Örtliche und sachliche Zuständigkeit	2	IV. ArbGG, VwGO, AO	7

I. Anwendungsbereich der Norm

Die Zuständigkeitsregelung des § 879 gilt **nur für die Widerspruchsklage** des § 878 Abs. 1, nicht für andere Klagen aufgrund einer angeblichen vorrangigen Berechtigung an der Teilungsmasse, insbesondere nicht für die Bereicherungsklage (§ 878 Abs. 2) oder für Schadensersatzklagen. Die sich aus dieser Regelung ergebende Zuständigkeit ist eine **ausschließliche** (§ 802), und zwar örtlich wie sachlich. Die Regelung gilt unabhängig davon, in welchem Rechtsweg oder bei welchem Gericht die Forderung, deren Vorrang erstritten oder bestritten werden soll, gegen den Schuldner geltend gemacht werden musste. Die ordentlichen Gerichte sind deshalb auch dann zuständig, wenn sich der Widerspruch gegen den Gläubiger einer öffentlich-rechtlichen Forderung richtet.[1] Die einmal gegebene Zuständigkeit wird durch nachträgliche Umstände auch dann nicht berührt, wenn diese bei Vorliegen vor Rechtshängigkeit eine andere ausschließliche Zuständigkeit begründet hätten.[2]

II. Örtliche und sachliche Zuständigkeit

Die **örtliche** Zuständigkeit wird durch den Sitz des Verteilungsgerichts bestimmt, und zwar des Verteilungsgerichts, bei dem tatsächlich das Verteilungsverfahren durchgeführt wurde, auch wenn es – von den Gläubigern nicht beanstandet – eigentlich nach der Regelung des § 873[3] nicht hierfür zuständig gewesen wäre.[4]

Sachlich zuständig ist je nach Streitwert (§§ 23, 71 GVG) das Amtsgericht, das als Verteilungsgericht tätig geworden ist, oder die Zivilkammer (nie die Kammer für Handelssachen)[5] desjenigen Landgerichts, in dessen Bezirk das Verteilungsgericht seinen Sitz hat. Der Streitwert bestimmt sich nach dem Betrag, dessen besserrangige Berücksichtigung im Vergleich zu der im Verteilungsplan vorgesehenen Regelung mit der Klage erstrebt wird.[6] Abgesehen von der in Abs. 2 geregelten Ausnahme[7] kann die Zuständigkeit des Amts- oder Landgerichts nicht durch abweichende Vereinbarung begründet werden.[8]

---

1 RGZ 116, 369; *Brox/Walker*, Rn. 491; *Zimmermann*, § 879 Rn. 1.
2 BGH, Rpfleger 2001, 443, 444.
3 Siehe dort Rdn. 1.
4 *Baumbach/Lauterbach/Hartmann*, § 879 Rn. 2; *MüKo/Eickmann*, § 879 Rn. 3; *Zöller/Stöber*, § 879 Rn. 1.
5 *Stein/Jonas/Münzberg*, § 879 Rn. 4; *Thomas/Putzo/Seiler*, § 879 Rn. 1.
6 Zur Wertberechnung siehe auch § 878 Rdn. 21.
7 Siehe unten Rdn. 6.
8 *Gaul/Schilken/Becker-Eberhard*, § 59 Rn. 34; *Wieczorek/Schütze/Bittmann*, § 879 Rn. 5; **a.A.** *Baumbach/Lauterbach/Hartmann*, § 879 Rn. 3; *MüKo/Eickmann*, § 879 Rn. 5; *PG/Zempel*, § 879 Rn. 1; *Stein/Jonas/Münzberg*, § 879 Rn. 4.

III. Zuständigkeit bei mehreren Widersprüchen gegen denselben Teilungsplan

4 Sind im Zusammenhang mit ein und demselben Verteilungsplan mehrere Widerspruchsklagen erhoben worden, sei es, dass ein Gläubiger Vorrang gegenüber mehreren anderen begehrt, sei es, dass mehrere Gläubiger in unterschiedlicher Weise eine Änderung des Verteilungsplanes zu ihren Gunsten erstreben, so ist nach *Abs. 2* das Landgericht für sämtliche Klagen zuständig, wenn seine Zuständigkeit nach dem Inhalt der erhobenen und im Verteilungstermin nicht durch allseitige Einigung oder durch Rücknahme zur Erledigung gelangten Widersprüche auch nur bei einer Klage begründet ist, sofern nicht alle beteiligten Gläubiger vereinbaren, dass das Amtsgericht über alle Widersprüche entscheiden solle. Die nach Abs. 2 begründete sachliche Zuständigkeit des Landgerichts steht also schon am Ende des Verteilungstermins fest, wenn noch keiner der Widersprechenden tatsächlich Klage erhoben hat. Es müssen auch diejenigen Widersprechenden sofort beim Landgericht Klage erheben, deren Klage – isoliert betrachtet – nicht einen die Zuständigkeit des Landgerichts begründenden Streitwert hat. Die Zuständigkeit des Landgerichts bleibt bestehen, wenn dann ausgerechnet derjenige Widersprechende, dessen Widerspruch die landgerichtliche Zuständigkeit ausgelöst hat, seinen Widerspruch nicht mit der Klage weiterverfolgt.[9] Sinn der Zuständigkeitsregelung des Abs. 2 ist es, alle Widerspruchsklagen von vornherein bei einem einzigen Gericht zusammenzufassen. Dieser Zweck gebietet es zwingend, dass nach dem innergerichtlichen Geschäftsverteilungsplan auch die Zuständigkeit desselben Spruchkörpers für alle Klagen begründet wird.

5 Dass die Summe aller Widerspruchsstreitwerte die amtsgerichtliche Zuständigkeit überschreitet, begründet, obwohl die Klagen zur einheitlichen Entscheidung zusammengefasst werden können (§ 147), noch nicht die Zuständigkeit des Landgerichts, wenn nicht wenigstens einer der Einzelstreitwerte für sich genommen über der Grenze des § 23 Nr. 1 GVG liegt.

6 Die **Vereinbarung der Zuständigkeit des Amtsgerichts** zur Entscheidung über alle Widersprüche (Abs. 2, 2. Halbs.) muss von allen durch alle Widersprüche (sei es aktiv, sei es passiv) betroffenen Gläubigern gemeinsam getroffen werden. Eine bestimmte Form ist nicht erforderlich. Zweckmäßigerweise wird die Vereinbarung im Verteilungstermin getroffen und dort protokolliert. Eine entsprechende Vereinbarung zur Begründung der Zuständigkeit des Landgerichts ist nicht möglich.[10]

IV. ArbGG, VwGO, AO

7 Siehe Vor §§ 872–882 Rdn. 7.

---

9 *Zöller/Stöber*, § 879 Rn. 2.
10 Siehe schon Rn. 1 und 3 mit Nachweisen.

§ 880 Inhalt des Urteils

¹In dem Urteil, durch das über einen erhobenen Widerspruch entschieden wird, ist zugleich zu bestimmen, an welche Gläubiger und in welchen Beträgen der streitige Teil der Masse auszuzahlen sei. ²Wird dies nicht für angemessen erachtet, so ist die Anfertigung eines neuen Planes und ein anderweites Verteilungsverfahren in dem Urteil anzuordnen.

Übersicht	Rdn.		Rdn.
I. Tenorierungsmöglichkeiten	1	III. ArbGG, VwGO, AO	3
II. Ausführung des Urteils durch das Verteilungsgericht	2		

I. Tenorierungsmöglichkeiten

Ist die Klage unzulässig oder der Widerspruch (und damit die Klage) in der Sache nicht begründet, ist die Klage abzuweisen. Für die Tenorierung ergeben sich insofern keine Besonderheiten. Ist der Widerspruch aber begründet, so ist schon im Tenor festzulegen, in welcher Weise der Kläger bei der Erlösauszahlung abweichend vom Verteilungsplan vor dem (den) Beklagten zu berücksichtigen ist. Der Tenor hat etwa zu lauten: »Der Kläger ist im Verteilungsverfahren des Amtsgerichts ... (AZ) mit seiner Forderung in Höhe von ... Euro vor derjenigen des (der) Beklagten in Höhe von ... Euro zu befriedigen.« Das Gesetz sieht diese Aufstellung eines neuen (Teil-) Verteilungsplanes im Urteilstenor als die Regel an.¹ Ergeben sich ausnahmsweise Schwierigkeiten, eine solche Berechnung bereits vorzunehmen, so ordnet gem. Satz 2 das Gericht die Anfertigung eines neuen Planes und ein anderweites Verteilungsverfahren an: »In dem Verteilungsverfahren des Amtsgerichts ... (AZ) wird die Anfertigung eines neuen Teilungsplanes entsprechend der vorliegenden Entscheidung und die anschließende Durchführung eines entsprechenden Verteilungsverfahrens angeordnet.« Die Entscheidungsgründe haben dann die Weisungen, an die das Verteilungsgericht sich bei der Planerstellung zu halten hat, im Einzelnen auszuführen.

1

II. Ausführung des Urteils durch das Verteilungsgericht

Die Ausführung der im Urteil gegebenen Weisungen durch das Verteilungsgericht erfolgt erst, wenn die **Rechtskraft** des Urteils nachgewiesen ist.² Ein einschränkender Hinweis im Tenor, etwa dahingehend, dass das Urteil nur hinsichtlich der Kosten vorläufig vollstreckbar sei, ist möglich, aber nicht notwendig. Die Beschränkung ergibt sich schon aus dem Sinn des § 882.

2

III. ArbGG, VwGO, AO

Siehe Vor §§ 872–882 Rdn. 7.

3

---

1 A.A. *Baumbach/Lauterbach/Hartmann*, § 880 Rn. 2.
2 Einzelheiten: § 882 Rdn. 1.

§ 881 ZPO Versäumnisurteil

§ 881 Versäumnisurteil

Das Versäumnisurteil gegen einen widersprechenden Gläubiger ist dahin zu erlassen, dass der Widerspruch als zurückgenommen anzusehen sei.

Übersicht	Rdn.		Rdn.
I. Tenorierung des Versäumnisurteils gegen den Kläger	1	II. Rechtsfolgen des Versäumnisurteils	2
		III. ArbGG, VwGO, AO	3

I. Tenorierung des Versäumnisurteils gegen den Kläger

1 Die Vorschrift enthält hinsichtlich des Versäumnisurteils gegen den Kläger eine Modifikation zu § 330: Der Tenor lautet nicht, dass der Kläger mit der Klage abgewiesen werde (so § 330), sondern: »Der Widerspruch des Klägers gegen den Verteilungsplan vom ... im Verteilungsverfahren des Amtsgerichts ... (AZ) gilt als zurückgenommen.« Im Übrigen gelten bei Säumnis des Klägers die §§ 331 a ff. ohne Einschränkung. Hinsichtlich der Entscheidung bei Säumnis des Beklagten gelten keine Besonderheiten.

II. Rechtsfolgen des Versäumnisurteils

2 Im Fall eines Versäumnisurteils gegen den Kläger wird, sobald Rechtskraft eingetreten ist, der alte Verteilungsplan ohne Rücksicht auf die Einwendungen des Klägers ausgeführt; im Fall, dass gegen den Beklagten Versäumnisurteil ergangen ist, wird nach § 882 verfahren. Der Kläger verliert durch ein rechtskräftiges Versäumnisurteil nicht die Möglichkeit, sein angebliches Vorrecht noch mit der Bereicherungsklage gem. § 878 Abs. 2 geltend zu machen.[1] Denn es wurde ja gerade nicht in der Sache über seinen Widerspruch entschieden, sondern nur dessen Rücknahme fingiert. Die Rücknahme des Widerspruchs bedeutet aber noch keine aktive Zustimmung zum Verteilungsplan, also auch kein materiellrechtliches Anerkenntnis des Vorranges anderer Gläubiger.

III. ArbGG, VwGO, AO

3 Siehe Vor §§ 872–882 Rdn. 7. Die VwGO und die FGO kennen allerdings keine Versäumnisurteile.

---

[1] *A. Blomeyer,* Vollstreckungsverfahren, § 71 IV 6; *Brox/Walker,* Rn. 498; *Bruns/Peters,* § 27 IV 6; *Gaul/Schilken/Becker-Eberhard,* § 59 Rn. 41; HK-ZV/*Wolf,* § 881 Rn. 2; MüKo/*Eickmann,* § 881 Rn. 3; *Musielak/Voit/Becker,* § 881 Rn. 1; PG/*Zempel,* § 881 Rn. 1; *Stein/Jonas/Münzberg,* § 881 Rn. 1; *Wieczorek/Schütze/Bittmann,* § 881 Rn. 1; **a. A.** (Bereicherungsklage ausgeschlossen) *Baumbach/Lauterbach/Hartmann,* § 881 Rn. 2; *Zimmermann,* § 881 Rn. 1; *Zöller/Stöber,* § 881 Rn. 1.

§ 882 Verfahren nach dem Urteil

Auf Grund des erlassenen Urteils wird die Auszahlung oder das anderweite Verteilungsverfahren von dem Verteilungsgericht angeordnet.

Übersicht	Rdn.		Rdn.
I. Ausführung des Urteils über die Widerspruchsklage.	1	III. Rechtsfolgen eines Vergleichs im Widerspruchsverfahren	3
II. Widerspruch gegen den neuen Teilungsplan	2	IV. ArbGG, VwGO, AO	4

I. Ausführung des Urteils über die Widerspruchsklage

Da die Gestaltungswirkung des dem Widerspruch stattgebenden Urteils erst mit Rechtskraft eintreten kann, kann auch **erst nach Rechtskraft** die praktische Umsetzung des Urteils im Verteilungsverfahren erfolgen.[1] Enthält das Urteil im Tenor bereits einen neuen Verteilungsplan,[2] so ordnet der Rechtspfleger nur an, dass die Hinterlegungsstelle entsprechend diesem Plan auszuzahlen habe. Ist dagegen im Urteil Aufstellung eines neuen Planes und die Durchführung eines entsprechenden Verteilungsverfahrens angeordnet,[3] so fertigt der Rechtspfleger von Amts wegen einen neuen Plan, der jetzt nur noch die durch den Widerspruch blockierte Teilungsmasse zum Gegenstand hat. Inhaltlich muss sich der Plan an den Vorgaben des Urteils ausrichten. Hinsichtlich des weiteren Verfahrens gelten dann die §§ 875–877. Beteiligt sind jetzt allerdings nur noch diejenigen Gläubiger, die als Kläger oder Beklagte(r) am Rechtsstreit nach §§ 878 Abs. 1, 879 ff. beteiligt waren. Hinsichtlich der übrigen Gläubiger ist der ursprüngliche Teilungsplan bereits endgültig ausgeführt.[4] Sie sind von dem neuen Verfahren nicht mehr zu verständigen und erst recht nicht zum Termin zu laden.

1

II. Widerspruch gegen den neuen Teilungsplan

Gegen den neuen Plan kann Widerspruch nur insoweit erhoben werden, als mit ihm geltend gemacht wird, die Vorgaben des Urteils würden nicht zutreffend umgesetzt werden. Dagegen sind neue materiellrechtliche Einwände ebenso ausgeschlossen wie ein Rückgriff auf diejenigen, die bereits Gegenstand der Klage waren. Ein inhaltlich unzulässiger Widerspruch ist unbeachtlich, führt also nicht zu einer erneuten Blockade der Auszahlung. Einigen sich die Betroffenen dagegen nicht über einen zulässigen Widerspruch, muss gegebenenfalls erneut geklagt werden, um eine »authentische Interpretation« des ersten Urteils zu erreichen.

2

III. Rechtsfolgen eines Vergleichs im Widerspruchsverfahren

Endet das Verfahren über die Widerspruchsklage nicht durch Urteil, sondern durch Vergleich, gilt § 882 entsprechend.[5] Der Vergleichsinhalt bildet dann für den Rechtspfleger die Grundlage, um eine entsprechende Auszahlungsanordnung zu treffen.

3

IV. ArbGG, VwGO, AO

Siehe Vor §§ 872–882 Rdn. 7.

4

---

1 Allgemeine Meinung; beispielhaft *Baumbach/Lauterbach/Hartmann*, § 882 Rn. 1; *Brox/Walker*, Rn. 498; *Dierck/Morvilius/Vollkommer/Morvilius*, 4. Kap. Rn. 918; *MüKo/Eickmann*, § 882 Rn. 7; *Wieczorek/Schütze/Bittmann*, § 882 Rn. 1; *Zöller/Stöber*, § 882 Rn. 1.
2 Siehe hierzu § 880 Rdn. 1.
3 § 880 Rdn. 1.
4 § 878 Rdn. 8.
5 LG Berlin, WM 1958, 267.

Titel 5. Zwangsvollstreckung gegen juristische Personen des öffentlichen Rechts

§ 882a Zwangsvollstreckung wegen einer Geldforderung

(1) ¹Die Zwangsvollstreckung gegen den Bund oder ein Land wegen einer Geldforderung darf, soweit nicht dingliche Rechte verfolgt werden, erst vier Wochen nach dem Zeitpunkt beginnen, in dem der Gläubiger seine Absicht, die Zwangsvollstreckung zu betreiben, der zur Vertretung des Schuldners berufenen Behörde und, sofern die Zwangsvollstreckung in ein von einer anderen Behörde verwaltetes Vermögen erfolgen soll, auch dem zuständigen Minister der Finanzen angezeigt hat. ²Dem Gläubiger ist auf Verlangen der Empfang der Anzeige zu bescheinigen. ³Soweit in solchen Fällen die Zwangsvollstreckung durch den Gerichtsvollzieher zu erfolgen hat, ist der Gerichtsvollzieher auf Antrag des Gläubigers vom Vollstreckungsgericht zu bestimmen.

(2) ¹Die Zwangsvollstreckung ist unzulässig in Sachen, die für die Erfüllung öffentlicher Aufgaben des Schuldners unentbehrlich sind oder deren Veräußerung ein öffentliches Interesse entgegensteht. ²Darüber, ob die Voraussetzungen des Satzes 1 vorliegen, ist im Streitfall nach § 766 zu entscheiden. ³Vor der Entscheidung ist der zuständige Minister zu hören.

(3) ¹Die Vorschriften der Absätze 1 und 2 sind auf die Zwangsvollstreckung gegen Körperschaften, Anstalten und Stiftungen des öffentlichen Rechtes mit der Maßgabe anzuwenden, dass an die Stelle der Behörde im Sinne des Absatzes 1 die gesetzlichen Vertreter treten. ²Für öffentlich-rechtliche Bank- und Kreditanstalten gelten die Beschränkungen der Absätze 1 und 2 nicht.

(4) (weggefallen)

(5) Der Ankündigung der Zwangsvollstreckung und der Einhaltung einer Wartefrist nach Maßgabe der Absätze 1 und 3 bedarf es nicht, wenn es sich um den Vollzug einer einstweiligen Verfügung handelt.

Übersicht	Rdn.		Rdn.
I. Anwendungsbereich der Norm	1	2. Bestimmung des Gerichtsvollziehers durch das Vollstreckungsgericht	7
1. Vollstreckung wegen einer Geldforderung	1	3. Pfändungsschutz	8
2. Keine Anwendung bei bestimmten öffentlich-rechtlichen Rechtsträgern	2	4. Besonderheiten bei der Vollziehung einer einstweiligen Verfügung	9
3. Vollstreckung gegen Bund, Länder, Körperschaften, Anstalten, Stiftungen	3	IV. Vollstreckung in das Vermögen der Deutschen Bahn	10
II. Zweck der Norm	4	V. Gebühren	11
III. Verfahren (dazu § 50 GVGA)	5	VI. ArbGG, VwGO, AO	12
1. Anzeige der Vollstreckungsabsicht und Kosten der Anzeige	5		

Literatur:
Bank, Zwangsvollstreckung gegen Behörden, 1982; *Goerlich*, Zwangsvollstreckung und Kirchengut, Gedächtnisschrift für Martens, 1987, 559; *Willenbruch*, Zwangsvollstreckung gegen Gemeinden wegen Geldforderungen, ZIP 1998, 817.

I. Anwendungsbereich der Norm

1. Vollstreckung wegen einer Geldforderung

1 Die Vorschrift enthält nur Sonderregeln für den Fall der Zwangsvollstreckung wegen einer Geldforderung, und das auch nur, wenn diese Geldforderung nicht aufgrund eines dinglichen Rechts

(z. B. Forderung aus § 1147 BGB) verfolgt wird.[1] Die Zwangsvollstreckung zur Erwirkung der Herausgabe von Sachen und zur Erwirkung von Handlungen und Unterlassungen sowie auf Abgabe von Willenserklärungen folgt also ebenso uneingeschränkt den allgemeinen Regeln (§§ 883 ff.) wie die Zwangsvollstreckung wegen einer Geldforderung aufgrund eines dinglichen Titels. Unmittelbar gilt die Vorschrift darüber hinaus nur, wenn aus einem zivilgerichtlichen Titel (ordentliche Gerichte und Arbeitsgerichte) einschließlich der Titel des § 794 vollstreckt wird. Soll aus einem Urteil eines Verwaltungsgerichts, Sozialgerichts oder Finanzgerichts gegen die öffentliche Hand oder eine Körperschaft des öffentlichen Rechts vollstreckt werden, enthalten die §§ 170 VwGO, 198 Abs. 1 SGG, 151 Abs. 1 FGO eigenständige, allerdings dem § 882a nachgebildete Regeln.

2. Keine Anwendung bei bestimmten öffentlich-rechtlichen Rechtsträgern

Die Regelung **gilt nicht** für alle öffentlich-rechtlichen Rechtsträger als Vollstreckungsschuldner: Infolge des fortgeltenden § 15 Nr. 3 EG ZPO ist das Vermögen der **Gemeinden** und **Gemeindeverbände** aus dem Anwendungsbereich der Norm herausgenommen. Für sie gilt weiterhin das in Einzelheiten durchaus unterschiedliche Landesrecht (etwa §§ 128 GO NRW, 29 LVerbO NRW oder Art. 77 Bay GO, 71 Bay LKrO, 69 Bay BezO oder § 127 GO BW). Ausgenommen aus dem Anwendungsbereich sind ferner die **öffentlich-rechtlichen Bank- und Kreditanstalten** (Abs. 3 Satz 2): Für sie gelten keine Sonderregelungen, sondern uneingeschränkt die allgemeinen Vorschriften wie für Privatpersonen. Gleiches gilt schließlich für die Vollstreckung in das Vermögen der Deutschen Bahn.[2]

2

3. Vollstreckung gegen Bund, Länder, Körperschaften, Anstalten, Stiftungen

Die Vorschrift gilt demnach für die Zwangsvollstreckung gegen den Bund einschließlich dessen selbstständigen Sondervermögens,[3] gegen die Bundesländer, gegen die aufgrund Bundes- und Landesrechts bestehenden Körperschaften, Anstalten und Stiftungen des öffentlichen Rechts (**Abs. 3 Satz 1**). Hierzu zählen insbesondere auch die öffentlich-rechtlichen Rundfunk- und Fernsehanstalten,[4] die Versicherungsträger der Sozialversicherung (z. B. Bundesversicherungsanstalt und Landesversicherungsanstalten, Bundesanstalt für Arbeit), die Industrie- und Handelskammern (§ 3 Abs. 1 IHKG) und die Handwerkskammern (§ 90 Abs. 1 HandwO), aber auch alle als Körperschaft des öffentlichen Rechts organisierten **Kirchen**[5] (Art. 140 GG i. V. mit Art. 137 Abs. 5 WRV) einschließlich der kirchlichen Stiftungen und des kirchlichen Sondervermögens, soweit es nicht trotz kirchenrechtlicher Aufsicht rein privatrechtlich organisiert ist (wie etwa eine kirchliche Krankenanstalt oder ein kirchliches Altenwohnheim, die durch einen eingetragenen Verein oder eine GmbH getragen werden).

3

II. Zweck der Norm

Die Norm will sicherstellen, dass die Erfüllung öffentlicher Aufgaben durch die zwangsweise Durchsetzung privater Ansprüche nicht gefährdet wird. Da durch die Zwangsvollstreckung gegen die öffentliche Hand oder öffentlich-rechtliche Institutionen deren Ansehen beschädigt wird, soll zudem nach Einschaltung der jeweiligen Dienstvorgesetzten und aufgrund längerfristiger Ankündigung der Vollstreckungsabsicht eine gütliche Einigung mit freiwilliger Zahlung der Schuld ermöglicht werden. Es geht also in mehrfacher Hinsicht um den Schutz öffentlicher Interessen.

4

---

1 A.M. LG Freiburg, DGVZ 1993, 12 für den Fall, dass die Vollstreckung gegen eine kirchliche Körperschaft aus einem dinglichen Titel erfolgt.
2 Siehe Rdn. 10.
3 Dazu gehören seit der Umwandlung der Deutschen Bundespost in Aktiengesellschaften (§ 1 PostUmwG) nicht mehr die früher zu ihr gehörenden drei öffentlichen Unternehmen. Auch auf die Vollstreckung gegen die Deutsche Bahn AG (früher Deutsche Bundesbahn) ist § 882a nicht anwendbar (siehe Rn. 10).
4 BVerfG, NJW 1987, 3018.
5 LG Freiburg, DGVZ 1993, 12. Vgl. auch BVerfG, NJW 1984, 2401, 2402.

III. Verfahren (dazu § 50 GVGA)

1. Anzeige der Vollstreckungsabsicht und Kosten der Anzeige

5 Der Gläubiger, der eine Geldforderung gegen den Bund, ein Land oder eine der in Abs. 3 Satz 1 genannten juristischen Personen des öffentlichen Rechts im Wege der Zwangsvollstreckung beitreiben will, muss zunächst seine Absicht derjenigen Behörde, die den Schuldner in der konkreten Angelegenheit kraft Gesetzes vertritt (bei Urteilen ergibt sie sich schon aus dem Rubrum), anzeigen. Bei den juristischen Personen des öffentlichen Rechts ist die Anzeige an deren jeweiligen gesetzlichen Vertreter zu richten. Beabsichtigt der Gläubiger, in einen Gegenstand zu vollstrecken, der nicht von der Behörde verwaltet wird, der er die Anzeige übersenden muss, so muss er zusätzlich dem zuständigen Bundes- oder Landesminister der Finanzen Anzeige erstatten. Die Zwangsvollstreckung darf erst vier Wochen nach dem Eingang aller erforderlichen Anzeigen beginnen. Da der Gläubiger die Einhaltung der **Wartefrist als Vollstreckungsvoraussetzung** nachweisen muss, kann er verlangen, dass die Behörde ihm den Empfang der Anzeige bescheinigt (Abs. 1 Satz 2).

6 Die Anfertigung und Absendung der Anzeige der Vollstreckungsabsicht löst für den **Rechtsanwalt** des Gläubigers gem. §§ 19 Abs. 2 Nr. 4, 18 Abs. 1 Nr. 1 RVG die **Vollstreckungsgebühr** nach RVG-VV Nr. 3309/3310 aus, auch wenn die Vollstreckung nicht durchgeführt wird. Voraussetzung ist nur, dass zu diesem Zeitpunkt alle übrigen Vollstreckungsvoraussetzungen vorlagen.[6] Die Gebühr ist nach § 788 vom Schuldner zu erstatten, wenn er die Absendung der Anzeige veranlasst hatte.[7] Dies ist der Fall, wenn er innerhalb angemessener Zeit nach Zustellung des Titels, die ihm die verwaltungsmäßige Abwicklung der Zahlung ermöglichte, nicht die Zahlung veranlasst hat.[8]

2. Bestimmung des Gerichtsvollziehers durch das Vollstreckungsgericht

7 Will der Gläubiger die Zwangsvollstreckung durch den Gerichtsvollzieher betreiben lassen, so hat das Vollstreckungsgericht (§ 764) diesen auf Antrag des Gläubigers zu bestimmen (Abs. 1 Satz 3). Der Gläubiger muss also nicht (wie sonst) von sich aus auf den zuständigen Gerichtsvollzieher zugehen.

3. Pfändungsschutz

8 Im Rahmen der Durchführung der Vollstreckung ergänzt Abs. 2 Satz 1 den § 811 Abs. 1: Sachen (bewegliche Sachen und Grundstücke),[9] die zur Erfüllung der öffentlichen (oder kirchlichen)[10] Aufgaben des Schuldners unentbehrlich sind oder deren Veräußerung ein öffentliches Interesse (im Sinne der Erhaltung nationaler Kulturgüter oder bedeutsamer wissenschaftlicher Sammlungen u. ä.) entgegensteht, sind unpfändbar. Für Forderungen und andere unkörperliche Vermögensrechte gibt es dagegen keinen vergleichbaren Schutz;[11] er ist auch nicht notwendig, da die Liquidität der öffentlichen Hand anderweitig sicherzustellen ist. Ob ein Gegenstand den Schutz des Abs. 2 Satz 1 genießt, prüft das Vollstreckungsorgan zunächst in eigener Verantwortung. Im Streitfall entscheidet hierüber das Vollstreckungsgericht im Rahmen der Erinnerung nach § 766, je nach Beschwer auf Antrag des Gläubigers oder der juristischen Person des öffentlichen Rechts. Der Richter muss vor seiner Entscheidung den zuständigen Minister hören (Abs. 2 Satz 3), d. h. den Minister, in dessen Verwaltungsbereich die Obhut für den Gegenstand fällt.

---

6 OLG Frankfurt, Rpfleger 1981, 158; AG Hamm, JMBl.NW 1976, 138.
7 Siehe auch § 788 Rdn. 7, 15.
8 LG Mülheim, AnwBl. 1982, 123.
9 LG Oldenburg, Rpfleger 1983, 33.
10 BVerfG, NJW 1984, 2401.
11 BVerfGE 64, 44.

4. Besonderheiten bei der Vollziehung einer einstweiligen Verfügung

Handelt es sich bei dem Vollstreckungstitel um eine einstweilige Verfügung, so bedarf es vor der Vollstreckung weder einer Ankündigung noch der Einhaltung einer Wartefrist (**Abs. 5**). Der Vollstreckungsschutz nach Abs. 2 gilt aber auch hier. Da einstweilige Verfügungen auf Zahlung einer bestimmten Geldsumme (sog. Leistungs- oder Befriedigungsverfügungen)[12] eher selten sind (von ihnen ist in Abs. 5 aber ausschließlich die Rede, da § 882a insgesamt nur für die Zwangsvollstreckung wegen Geldforderungen gilt), hat die Vorschrift nur eine begrenzte Bedeutung. Ihr Hauptanwendungsgebiet ist das öffentliche Arbeitsrecht. Auf den Vollzug eines dinglichen Arrestes ist Abs. 5 nicht entsprechend anwendbar. 9

IV. Vollstreckung in das Vermögen der Deutschen Bahn

Für die Zwangsvollstreckung aus Titeln gegen die frühere Deutsche Bundesbahn in deren Sondervermögen galt bis zum Jahre 1993 gem. dem bis dahin geltenden Abs. 4 an Stelle des § 882a der § 39 des Bundesbahngesetzes vom 13.12.1951.[13] Die Vorschrift[14] lehnte sich inhaltlich an § 882a an. Erteilte die Bundesregierung nicht die Zustimmung zur Vollstreckung in Gegenstände des Sondervermögens »Deutsche Bundesbahn«, konnte in das allgemeine Vermögen des Bundes gem. § 882a vollstreckt werden, da der Bund mit seinem gesamten Vermögen für Verbindlichkeiten der Bundesbahn haftete. 10

Durch Art. 6 Abs. 38 des ENeuOG vom 27.12.1993[15] wurde der frühere Abs. 4 des § 882a, und durch Art. 8 § 1 Nr. 2, § 3 ENeuOG wurde der § 39 des Bundesbahngesetzes aufgehoben. Daher ist das Vermögen der Deutschen Bahn in der Zwangsvollstreckung nicht mehr privilegiert.[16]

V. Gebühren

Sowohl für die Bestimmung des Gerichtsvollziehers nach Abs. 1 Satz 3 als auch für das Erinnerungsverfahren nach Abs. 2 Satz 2 fallen **keine Gerichtsgebühren** an.[17] Für den **Rechtsanwalt** löst die Anzeige nach Abs. 1 Satz 1 die Gebühr nach RVG-VV Nr. 3309 aus;[18] sie ist aber keine besondere Angelegenheit (§§ 19 Abs. 2 Nr. 4 RVG, 18 Abs. 1 Nr. 1 RVG). Für die Tätigkeit im Erinnerungsverfahren fällt eine 0,5-Verfahrensgebühr nach RVG-VV Nr. 3500 an. Der Gerichtsvollzieher (Abs. 1 Satz 3) erhält für die Pfändung wie auch sonst[19] die Gebühr nach Nr. 205 des Kostenverzeichnisses (Anlage zu § 9 GvKostG). 11

VI. ArbGG, VwGO, AO

Die Vorschrift gilt gem. § 62 Abs. 2 ArbGG auch für die Vollstreckung aus arbeitsgerichtlichen Titeln. Zur Vollstreckung nach der VwGO siehe Rn. 1. Für die Abgabenvollstreckung gilt § 255 AO. Danach ist die Vollstreckung gegen den Bund oder ein Land gar nicht und gegen eine juristische Person des öffentlichen Rechts, die der Staatsaufsicht unterliegt, nur mit Zustimmung der Aufsichtsbehörde zulässig. Eine Ausnahme gilt gem. § 255 Abs. 2 AO, dem § 882a Abs. 3 Satz 2 nachgebildet ist, für die Vollstreckung gegen öffentlich-rechtliche Kreditinstitute. 12

---

12 Siehe dazu Vor § 916–945b Rdn. 14 und Vor § 935 Rdn. 31 ff.
13 BGBl. I, 955.
14 Abgedruckt in 1. Aufl. Rn. 10.
15 BGBl. I, 2378.
16 Zu Pfändungsbeschränkungen bei Fahrbetriebsmitteln siehe § 811 Rdn. 54.
17 Siehe schon § 766 Rdn. 43.
18 Siehe schon Rdn. 6.
19 Siehe schon § 808 Rdn. 19.

Vorbemerkung vor §§ 882b–882h ZPO Schuldnerverzeichnis

Titel 6 Schuldnerverzeichnis

Vorbemerkung vor §§ 882b–882h Vermögensverzeichnis und Schuldnerverzeichnis

Übersicht

	Rdn.			Rdn.
I.	Zur Gesetzesgeschichte	1	III. Vermögensverzeichnis und Schuldner-	
II.	Die zentralen, die Schuldnerverzeich-		verzeichnis	4
	nisse führenden Vollstreckungsgerichte			
	in den Bundesländern und ihre Internet-			
	adressen	3		

Literatur:
Zur Geschichte der Reform: *Gietmann*, Die neuen Reformgesetze in der Zwangsvollstreckung, DGVZ 2009, 157; *Holzapfl*, Sachaufklärung und Zwangsvollstreckung in Europa, Baden-Baden 2009; *Mroß*, Grundzüge der Reform der Sachaufklärung, DGVZ 2010, 181; *Schilken*, Zur Reform der Sachaufklärung in der Zwangsvollstreckung, Rpfleger 2006, 629; *Seip*, Vermögensoffenbarung als erste Maßnahme der Zwangsvollstreckung und Minderung des Schuldnerschutzes – Verbesserung oder rechtsstaatlicher Rückschritt?, ZRP 2007, 23; *ders.*, Zur geplanten Reform der Sachaufklärung in der Zwangsvollstreckung – Eine Betrachtung zum gegenwärtigen Sachstand-, DGVZ 2008, 38; *Würdinger*, Die Sachaufklärung in der Einzelzwangsvollstreckung, Informationsgewinnung des Vollstreckungsgläubigers de lege lata et ferenda JZ 2011, 177.
Zu einzelnen Normen: *Büttner*, Die Bewilligung der öffentlichen Zustellung durch den Gerichtsvollzieher und andere Probleme, DGVZ 2013, 222; *Dörndorfer*, Die Reform der Geldvollstreckung zum 1.1.2013, JurBüro 2012, 617; *Fischer*, Die Reform der Sachaufklärung im Lichte der Vollstreckungsmodernisierung. Anmerkungen zu einer reformbedürftigen Reform, DGVZ 2010, 113; *Giers*, Rechtsprechungsübersicht zur Sachaufklärung in der Zwangsvollstreckung, DGVZ 2014, 252; *Harnacke*, Das neue Vollstreckungsrecht, DGVZ 2012, 197; *ders.*, Das neue Recht – Probleme über Probleme, DGVZ 2013, 1; *Jungbauer*, Zentrale Vollstreckungsgerichte und Auskunft aus dem Schuldnerverzeichnis ab 1.1.2013, JurBüro 2012, 629; *Mroß*, Grundzüge der Reform der Sachaufklärung, DGVZ 2010, 181; *ders.*, Sachaufklärung in der Zwangsvollstreckung: Ecken und Kanten der Reform – Vorschläge für runde Verfahrensabläufe, DGVZ 2012, 169; *Vollkommer*, Die Reform der Sachaufklärung in der Zwangsvollstreckung – Ein Überblick, NJW 2012, 3681; *Wasserl*, Reform der Sachaufklärung – Die Eintragungsanordnung des Gerichtsvollziehers, DGVZ 2013, 85..

I. Zur Gesetzesgeschichte

1 Die §§ 882b–882h wurden durch das Gesetz zu Verbesserung der Sachaufklärung in der Zwangsvollstreckung vom 29.7.2009[1] in die ZPO neu eingefügt. Sie traten mit Ausnahme von § 882g Abs. 8 und § 882h Abs. 2 und 3, die gem. Art. 6 Satz 1 des Gesetzes bereits am 1.8.2009 in Kraft getreten waren, zum 1.1.2013 in Kraft. Die Bundesregierung und die Landesregierungen erhielten auf diese Weise die nötige Vorlaufzeit, um die Rechtsverordnungen auszuarbeiten und mit Zustimmung der Parlamente zu verabschieden, die die technische Umsetzung des Schuldnerregisters (etwa durch Einrichtung der zentralen Vollstreckungsgerichte gem. §§ 802k, 882h), die Regelungen des Bewilligungsverfahrens für Abdrucke aus dem Schuldnerregister und die technischen Details der Sicherung des Datenschutzes im Zusammenhang mit der Erteilung von Abdrucken und Auszügen zum Gegenstand haben. Gleichzeitig bot die Vorlaufzeit Gelegenheit, Schwachstellen der Regelungen schon vor ihrem Inkrafttreten zu erkennen und Lösungswege zu diskutieren, sodass der Start weniger holprig, als sonst zu erwarten, verlief.

2 Der Gesetzgeber übernahm in den neuen §§ 882b–882h einerseits Bewährtes aus den zum 1.1.2013 außer Kraft getretenen §§ 915–915h und der zu § 915h erlassenen SchuVVO[2], versuchte aber andererseits die neuen Regeln über das Schuldnerverzeichnis der neuen geänderten Funktion dieses Verzeichnisses und der nach §§ 802c, 802f, 802k vom Schuldner abzugebenden und durch

---
1 BGBl. I 2009 S. 2258.
2 Siehe die Vorauflage Anlage zu § 915h.

das zentrale Vollstreckungsgericht zu verwaltenden Vermögensauskunft sowie den neuen Bedürfnissen des Datenschutzes und den neuen technischen Gegebenheiten (Internet) anzupassen. Auch die Neufassung kommt ohne Ermächtigungen für Verordnungen, durch die die Regelungen der technischen Details flexibler gestaltet werden sollen als dies im förmlichen Gesetzgebungsverfahren möglich wäre, nicht aus.

II. Die zentralen, die Schuldnerverzeichnisse führenden Vollstreckungsgerichte in den Bundesländern und ihre Internetadressen[3]

In der Anlaufzeit bis zum 1.1.2013 sind in allen Bundesländern die in §§ 802k, 882h vorgesehenen zentralen Vollstreckungsgerichte eingerichtet worden. Es sind dies in:

Baden-Württemberg	Amtsgericht Karlsruhe Schloßplatz 23
	76131 Karlsruhe
	www.agkarlsruhe.de/
Bayern	Amtsgericht Hof Berliner Platz 1
	95030 Hof
	www.justiz,bayern.de/gericht/ag/ho/
Berlin	Amtsgericht Mitte Littenstraße 12-17
	10179 Berlin
	www.berlin.de/sen/justiz/gerichte/ag/mitte/index.html
Brandenburg	Amtsgericht Nauen Paul-Jerchel-Str. 9
	14641 Nauen
	www.ag-nauen.brandenburg.de
Bremen	Amtsgericht Bremerhaven Nordstraße 10
	27580 Bremerhaven
	www.amtsgricht.bremerhaven.de
Hamburg	Amtsgericht Hamburg Sievekingplatz 1
	20355 Hamburg
	justiz.hamburg.de/ag-hamburg
Hessen	Amtsgericht Hünfeld Hauptstraße 24
	36088 Hünfeld
	www.ag-huenfeld.justiz.hessen.de
Mecklenburg-Vorpommern	Amtsgericht Neubrandenburg Friedrich-Engels-Ring 16-18
	17033 Neubrandenburg
	www.mv-justiz.de/pages/ordent_gerichte/ag_nb.htm
Niedersachsen	Amtsgericht Goslar Hoher Weg 9
	38640 Goslar
	www.amtsgericht-goslar.niedersachsen.de

---

3 Die Internetadressen sind dem Aufsatz von *Jungbauer*, JurBüro 2012, 629 entnommen.

Vorbemerkung vor §§ 882b–882h ZPO Schuldnerverzeichnis

Nordrhein-Westfalen	Amtsgericht Hagen Heinitzstraße 42
	58097 Hagen
	www.ag-hagen.nrw.de/
Rheinland-Pfalz	Amtsgericht Kaiserslautern Bahnhofstraße 24
	67655 Kaiserslautern
	www.agkl.justiz.rlp.de/
Saarland	Amtsgericht Saarbrücken
	Franz-Josef-Röder-Straße 13
	66119 Saarbrücken
	www.ag-sb.saarland.de
Sachsen	Amtsgericht Zwickau
	Platz der Deutschen Einheit 1
	08056 Zwickau
	www.justiz.sachsen.de/agz/
Sachsen-Anhalt	Amtsgericht Dessau-Roßlau
	Willy-Lohmann-Straße 29
	06844 Dessau-Roßlau
	www.justiz,sachsen-anhalt.de/index.php?id=1428
Schleswig-Holstein	Amtsgericht Schleswig
	Lollfuß 78
	24837 Schleswig
	www.schleswig-holstein.de/LGFL/DE/
Thüringen	Amtsgericht Meiningen
	Lindenallee 15
	98617 Meiningen
	www.thueringen.de/amtsgericht_meiningen/

Durch den Verbund der Bundesländer können über jedes zentrale Vollstreckungsgericht, aber auch über das gemeinsame Vollstreckungsportal der Länder (https://www.vollstreckungsportal.de/zponf/allg/willkommen.jsf.) diejenigen Eintragungen aus allen Bundesländern im Schuldnerverzeichnis, die seit dem 1.1.2013 dort vorgenommen wurden, kostenpflichtig abgefragt werden. Soweit noch Eintragungen aus der Zeit davor in den Schuldnerregistern nach altem Recht (§ 915 ff ZPO), die nach § 39 Nr. 5 EGZPO zeitlich befristet fortgeführt werden, vorhanden sind, müssen sie nach wie vor bei den einzelnen Amtsgerichten, die vor dem 1.1.2013 die Schuldnerregister alten Rechts führten, nach den Regeln des alten Rechts abgefragt werden. Es findet also keine Übertragung aus den alten Registern in das neue Verzeichnis statt.

Im Rahmen der Führung des Schuldnerverzeichnisses nimmt das zentrale Vollstreckungsgericht nicht Vollstreckungsaufgaben, sondern Aufgaben der Justizverwaltung wahr. Der Erlass der Eintragungsanordnung durch den Gerichtsvollzieher ist dagegen Zwangsvollstreckung. Diese Unterscheidung ist für die jeweiligen Rechtsbehelfe von Wichtigkeit. Soweit durch fehlerhafte Eintragungen Schäden entstehen, haftet der Staat gem. Art. 34 GG, § 839 BGB.[4]

III. Vermögensverzeichnis und Schuldnerverzeichnis

Während die Vermögensauskunft nach § 802d nunmehr allein der Sachaufklärung für den konkreten Vollstreckungsgläubiger dient und ihm, wenn der Schuldner ihn nicht freiwillig sogleich befriedigt oder auf Vermittlung des Gerichtsvollziehers einen realistischen Schuldentilgungsplan mit ihm vereinbart hat, zeigen soll, wo sich Schuldnervermögen befindet, auf das zuzugreifen sich lohnt, und während sie deshalb nunmehr gleich am Beginn der Zwangsvollstreckung steht und nicht automatisch die Eintragung in das Schuldnerregister zur Folge hat, (anders als das Vermögensverzeichnis, das der Schuldner nach dem früheren Recht im Rahmen der Offenbarungsversicherung, also am Ende der Zwangsvollstreckung, auszufüllen hatte), hat auch das neue Schuldnerverzeichnis weiterhin nur die Aufgabe, auf die zweifelhafte Kreditwürdigkeit eines Schuldners hinzuweisen, der sich in einem bereits abgeschlossenen Vollstreckungsverfahren als unzuverlässig erwiesen hat.[5] Denn die Eintragung erfolgt auch jetzt nur dann, wenn die Vollstreckungsversuche des Gläubigers innerhalb angemessener Zeit gescheitert sind. Der Inhalt des Schuldnerverzeichnisses (§ 882b Abs. 2 und Abs. 3) beschränkt sich neben den notdürftigsten Angaben zur Person des Schuldners auf die Fakten, die zu seiner Eintragung geführt haben. Die Angaben sind insoweit aber etwas weitergehend als der frühere Inhalt des alten Schuldnerverzeichnisses nach §§ 915 ff. ZPO, als die Eintragungsgründe erweitert wurden.

4

Diese Angaben im als elektronisches »Auskunftsregister«[6] ausgestalteten Schuldnerverzeichnis, können von jedermann bundesweit über eine zentrale Abfrage im Internet kostenpflichtig abgerufen werden, der einen der in § 882f Satz 1 Nr. 1–6 genannten Gründe darlegen kann (§ 882h Abs. 1 Satz 2). Die sehr weit gefasste Nr. 4 ermöglicht praktisch jedem, der behauptet, mit dem Schuldner in geschäftlichen Kontakt treten zu wollen, die Einsichtnahme. Der Umstand, dass die Einsichtnahme kostenpflichtig ist, wird leichtfertige Einsichtnahmen aus purer Neugier etwas einschränken.

Die Einsicht in ein im Rahmen der Vermögensauskunft erstelltes Vermögensverzeichnis, das ebenfalls beim zentralen Vollstreckungsgericht hinterlegt ist (§ 802k), steht dagegen nicht jedermann, sondern nur solchen Gläubigern offen, die eine konkrete Zwangsvollstreckung betreiben und durch § 802d Abs. 1 daran gehindert sind, ihrerseits die erneute Abnahme der Vermögensauskunft vom Schuldner zu verlangen. Sie erhalten diese Einsicht zudem nicht unmittelbar, sondern nur über den von ihnen mit der Zwangsvollstreckung beauftragten Gerichtsvollzieher (§ 802k Abs. 2).

Die Verfassungsgemäßheit des Schuldnerregisters

5

Durch die Veröffentlichung im Schuldnerregister werden unzuverlässige Schuldner in gewisser Weise an den Pranger gestellt. Es besteht aber ein legitimes, das Geheimhaltungsinteresse des Schuldners überwiegendes Interesse[7] der Allgemeinheit, auf die mangelnde Leistungsfähigkeit oder Leistungsbereitschaft von Schuldnern, die trotz der Erkenntnis, dass sie ihre Verbindlichkeiten nicht erfüllen können, immer wieder neue Verbindlichkeiten eingehen, ohne den Gläubiger über sein Risiko zu informieren, hingewiesen zu werden. Nur so können u. U. nicht unerhebliche volkswirtschaftliche Schäden im Rahmen gehalten werden. Die Normen über das Schuldnerregister sind in ihrer derzeitigen Fassung verfassungskonform, da der Ausgleich aller gegensätzlichen Interessen weitgehend überzeugend gelungen ist. Dem Grundrecht des Schuldners auf »**informationelle Selbstbestimmung**« ist dadurch Genüge getan, dass der Schuldner jederzeit durch Leistung, selbst durch Teilleistungen, die Eintragung ins Schuldnerverzeichnis abwenden kann, und dass sogleich

---

4 Kindl/Meller-Hannich/Wolf/*Sternal*, § 882b Rn. 3.
5 BT-Drucks. 16/10069 vom 30.7.2008 S. 78 und S. 81.
6 BT-Drucks. 16/10069 S. 81.
7 Dazu, dass Eingriffe des Staates in das Grundrecht auf informationelle Selbstbestimmung immer nur bei überwiegendem Interesse der Allgemeinheit gestattet sind: Maunz/Dürig/*di Fabio*, Art. 2 Abs. 1 GG Rn. 181.

Vorbemerkung vor §§ 882b–882h ZPO Schuldnerverzeichnis

eine Löschung im Schuldnerverzeichnis zu erfolgen hat, wenn eine Warnung vor dem Schuldner nicht mehr erforderlich ist. Dem Grundsatz der **Verhältnismäßigkeit** ist Genüge getan durch die zeitliche Begrenzung der Eintragung (§ 882e), die Begrenzung der Angaben auf das Notwendigste (§ 882b Abs. 2 und Abs. 3) und die Beschränkung der Verwendungszwecke der aus dem Verzeichnis gewonnenen Daten (§ 882f). Dem Schuldner werden keine »alten Sünden« nachgetragen, es wird vielmehr nur sein aktueller Status, den er darüber hinaus durch Zahlung aus eigener Initiative verbessern kann öffentlich gemacht. Dem nicht zahlungsfähigen Schuldner steht es zudem letztlich frei, keine Schulden zulasten Dritter zu machen. Durch die strikte Trennung der Vermögensverzeichnisse einerseits und des Schuldnerverzeichnisses andererseits ist gewährleistet, dass die Allgemeinheit über die geschäftliche Unzuverlässigkeit des Schuldners hinaus keine weiteren bloßstellenden Informationen erhält.

§ 882b Inhalt des Schuldnerverzeichnisses

(1) Das zentrale Vollstreckungsgericht nach § 882h Abs. 1 führt ein Verzeichnis (Schuldnerverzeichnis) derjenigen Personen,
1. deren Eintragung der Gerichtsvollzieher nach Maßgabe des § 882c angeordnet hat;
2. deren Eintragung die Vollstreckungsbehörde nach Maßgabe des § 284 Abs. 9 der Abgabenordnung angeordnet hat; einer Eintragungsanordnung nach § 284 Abs. 9 der Abgabenordnung steht die Anordnung der Eintragung in das Schuldnerverzeichnis durch eine Vollstreckungsbehörde gleich, die auf Grund einer gleichwertigen Regelung durch Bundesgesetz oder durch Landesgesetz ergangen ist;
3. deren Eintragung das Insolvenzgericht nach Maßgabe des § 26 Abs. 2 oder des § 303a der Insolvenzordnung angeordnet hat.

(2) Im Schuldnerverzeichnis werden angegeben:
1. Name, Vorname und Geburtsname des Schuldners sowie die Firma und deren Nummer des Registerblatts im Handelsregister,
2. Geburtsdatum und Geburtsort des Schuldners,
3. Wohnsitze des Schuldners oder Sitz des Schuldners,

einschließlich abweichender Personendaten.

(3) Im Schuldnerverzeichnis werden weiter angegeben:
1. Aktenzeichen und Gericht oder Vollstreckungsbehörde der Vollstreckungssache oder des Insolvenzverfahrens,
2. im Fall des Absatzes 1 Nr. 1 das Datum der Eintragungsanordnung und der gemäß § 882c zur Eintragung führende Grund,
3. im Fall des Absatzes 1 Nr. 2 das Datum der Eintragungsanordnung und der gemäß § 284 Abs. 9 der Abgabenordnung oder einer gleichwertigen Regelung im Sinne von Absatz 1 Nr. 2 Halbsatz 2 zur Eintragung führende Grund,
4. im Fall des Absatzes 1 Nr. 3 das Datum der Eintragungsanordnung und die Feststellung, dass ein Antrag auf Eröffnung des Insolvenzverfahrens über das Vermögen des Schuldners mangels Masse abgewiesen wurde, oder bei einer Eintragung gemäß § 303a der Insolvenzordnung der zur Eintragung führende Grund und das Datum der Entscheidung des Insolvenzgerichts.

Übersicht	Rdn.		Rdn.
I. Die Eintragungsgründe	1	a) Personenbezogene Angaben (Abs. 2).	4
II. Der Eintragungsinhalt	3	b) Veranlassungsbezogene Daten (Abs 3)	5
1. Notwendigkeit einer gesetzlichen Regelung	3	III. Rechtsbehelfe gegen die Eintragung bzw. Nichteintragung.	6
2. Zu den Eintragungsinhalten im Einzelnen	4		

I. Die Eintragungsgründe

Abs. 1 nennt die drei Vollstreckungsverfahren, die zur Eintragung eines Schuldners in das Schuldnerverzeichnis führen können: 1
- das zivilrechtliche Zwangsvollstreckungsverfahren nach Maßgabe des § 882c, sofern der Gerichtsvollzieher einen der dort in Abs. 1 Nr. 1–3 genannten Eintragungsgründe festgestellt hat. Hier erfolgt die Eintragung auf Antrag des das Zwangsvollstreckungsverfahren durchführenden Gerichtsvollziehers (also nicht des Gläubigers, der auch dem Gerichtsvollzieher keine entsprechende Anregung gegeben haben muss). Der Antrag ist zwingende Eintragungsvoraussetzung.
- das Verfahren der Verwaltungsvollstreckung nach Maßgabe des § 284 Abs. 9 AO; hier erfolgt die Eintragung auf Antrag der Verwaltungs-(Steuer-)behörde.

§ 882b ZPO Inhalt des Schuldnerverzeichnisses

– die Ablehnung der Eröffnung eines Insolvenzverfahrens mangels Masse nach Maßgabe des § 26 Abs. 2 InsO oder die Versagung bzw. der Widerruf der Restschuldbefreiung nach Maßgabe des § 303a InsO; hier veranlasst das Insolvenzgericht die Eintragung.

In allen drei Fällen besteht nach Ansicht des Gesetzgebers Veranlassung, von Amts wegen auf die Kreditunwürdigkeit des Schuldners öffentlich hinzuweisen.

2 Der in Abs. 1 Nr. 2 und Abs. 3 Nr. 3 in Bezug genommene § 284 AO lautet:

§ 284 Vermögensauskunft des Vollstreckungsschuldners

(1) ¹ Der Vollstreckungsschuldner muss der Vollstreckungsbehörde auf deren Verlangen für die Vollstreckung einer Forderung Auskunft über sein Vermögen nach Maßgabe der folgenden Vorschriften erteilen, wenn er die Forderung nicht binnen zwei Wochen begleicht, nachdem ihn die Vollstreckungsbehörde unter Hinweis auf die Verpflichtung zur Abgabe der Vermögensauskunft zur Zahlung aufgefordert hat. ² Zusätzlich hat er seinen Geburtsnamen, sein Geburtsdatum und seinen Geburtsort anzugeben. ³ Handelt es sich bei dem Vollstreckungsschuldner um eine juristische Person oder um eine Personenvereinigung, so hat er seine Firma, die Nummer des Registerblatts im Handelsregister und seinen Sitz anzugeben.

(2) ¹ Zur Auskunftserteilung hat der Vollstreckungsschuldner alle ihm gehörenden Vermögensgegenstände anzugeben. ² Bei Forderungen sind Grund und Beweismittel zu bezeichnen. ³ Ferner sind anzugeben:
1. die entgeltlichen Veräußerungen des Vollstreckungsschuldners an eine nahestehende Person (§ 138 der Insolvenzordnung), die dieser in den letzten zwei Jahren vor dem Termin nach Absatz 7 und bis zur Abgabe der Vermögensauskunft vorgenommen hat;
2. die unentgeltlichen Leistungen des Vollstreckungsschuldners, die dieser in den letzten vier Jahren vor dem Termin nach Absatz 7 und bis zur Abgabe der Vermögensauskunft vorgenommen hat, sofern sie sich nicht auf gebräuchliche Gelegenheitsgeschenke geringen Werts richteten.

⁴ Sachen, die nach § 811 Abs. 1 Nr. 1 und 2 der Zivilprozessordnung der Pfändung offensichtlich nicht unterworfen sind, brauchen nicht angegeben zu werden, es sei denn, dass eine Austauschpfändung in Betracht kommt.

(3) ¹ Der Vollstreckungsschuldner hat zu Protokoll an Eides statt zu versichern, dass er die Angaben nach Absatz 2 nach bestem Wissen und Gewissen richtig und vollständig gemacht habe. ² Vor Abnahme der eidesstattlichen Versicherung ist der Vollstreckungsschuldner über die Bedeutung der eidesstattlichen Versicherung, insbesondere über die strafrechtlichen Folgen einer unrichtigen oder unvollständigen eidesstattlichen Versicherung, zu belehren.

(4) ¹ Ein Vollstreckungsschuldner, der die in dieser Vorschrift oder die in § 802c der Zivilprozessordnung bezeichnete Vermögensauskunft innerhalb der letzten zwei Jahre abgegeben hat, ist zur erneuten Abgabe nur verpflichtet, wenn anzunehmen ist, dass sich seine Vermögensverhältnisse wesentlich geändert haben. ² Die Vollstreckungsbehörde hat von Amts wegen festzustellen, ob beim zentralen Vollstreckungsgericht nach § 802k Abs. 1 der Zivilprozessordnung in den letzten zwei Jahren ein auf Grund einer Vermögensauskunft des Schuldners erstelltes Vermögensverzeichnis hinterlegt wurde.

(5) ¹ Für die Abnahme der Vermögensauskunft ist die Vollstreckungsbehörde zuständig, in deren Bezirk sich der Wohnsitz oder der Aufenthaltsort des Vollstreckungsschuldners befindet. ² Liegen diese Voraussetzungen bei der Vollstreckungsbehörde, die die Vollstreckung betreibt, nicht vor, so kann sie die Vermögensauskunft abnehmen, wenn der Vollstreckungsschuldner zu ihrer Abgabe bereit ist.

(6) ¹ Die Ladung zu dem Termin zur Abgabe der Vermögensauskunft ist dem Vollstreckungsschuldner selbst zuzustellen; sie kann mit der Fristsetzung nach Absatz 1 Satz 1 verbunden wer-

den. ² Der Termin zur Abgabe der Vermögensauskunft soll nicht vor Ablauf eines Monats nach Zustellung der Ladung bestimmt werden. ³ Ein Rechtsbehelf gegen die Anordnung der Abgabe der Vermögensauskunft hat keine aufschiebende Wirkung. ⁴ Der Vollstreckungsschuldner hat die zur Vermögensauskunft erforderlichen Unterlagen im Termin vorzulegen Hierüber und über seine Rechte und Pflichten nach den Absätzen 2 und 3, über die Folgen einer unentschuldigten Terminssäumnis oder einer Verletzung seiner Auskunftspflichten sowie über die Möglichkeit der Eintragung in das Schuldnerverzeichnis bei Abgabe der Vermögensauskunft ist der Vollstreckungsschuldner bei der Ladung zu belehren.

(7) ¹ Im Termin zur Abgabe der Vermögensauskunft erstellt die Vollstreckungsbehörde ein elektronisches Dokument mit den nach Absatz 2 erforderlichen Angaben (Vermögensverzeichnis). ² Diese Angaben sind dem Vollstreckungsschuldner vor Abgabe der Versicherung nach Absatz 3 vorzulesen oder zur Durchsicht auf einem Bildschirm wiederzugeben. ³ Ihm ist auf Verlangen ein Ausdruck zu erteilen. ⁴ Die Vollstreckungsbehörde hinterlegt das Vermögensverzeichnis bei dem zentralen Vollstreckungsgericht nach § 802k Abs. 1 der Zivilprozessordnung. ⁵ Form, Aufnahme und Übermittlung des Vermögensverzeichnisses haben den Vorgaben der Verordnung nach § 802k Abs. 4 der Zivilprozessordnung zu entsprechen.

(8) ¹ Ist der Vollstreckungsschuldner ohne ausreichende Entschuldigung in dem zur Abgabe der Vermögensauskunft anberaumten Termin vor der in Absatz 5 Satz 1 bezeichneten Vollstreckungsbehörde nicht erschienen oder verweigert er ohne Grund die Abgabe der Vermögensauskunft, so kann die Vollstreckungsbehörde, die die Vollstreckung betreibt, die Anordnung der Haft zur Erzwingung der Abgabe beantragen. ² Zuständig für die Anordnung der Haft ist das Amtsgericht, in dessen Bezirk der Vollstreckungsschuldner im Zeitpunkt der Fristsetzung nach Absatz 1 Satz 1 seinen Wohnsitz oder in Ermangelung eines solchen seinen Aufenthaltsort hat. ³ Die §§ 802g bis 802j der Zivilprozessordnung sind entsprechend anzuwenden. ⁴ Die Verhaftung des Vollstreckungsschuldners erfolgt durch einen Gerichtsvollzieher. ⁵ § 292 dieses Gesetzes gilt entsprechend. ⁶ Nach der Verhaftung des Vollstreckungsschuldners kann die Vermögensauskunft von dem nach § 802i der Zivilprozessordnung zuständigen Gerichtsvollzieher abgenommen werden, wenn sich der Sitz der in Absatz 5 bezeichneten Vollstreckungsbehörde nicht im Bezirk des für den Gerichtsvollzieher zuständigen Amtsgerichts befindet oder wenn die Abnahme der Vermögensauskunft durch die Vollstreckungsbehörde nicht möglich ist. ⁷ Der Beschluss des Amtsgerichts, mit dem der Antrag der Vollstreckungsbehörde auf Anordnung der Haft abgelehnt wird, unterliegt der Beschwerde nach den §§ 567 bis 577 der Zivilprozessordnung.

(9) ¹ Die Vollstreckungsbehörde kann die Eintragung des Vollstreckungsschuldners in das Schuldnerverzeichnis nach § 882h Abs. 1 der Zivilprozessordnung anordnen, wenn
1. der Vollstreckungsschuldner seiner Pflicht zur Abgabe der Vermögensauskunft nicht nachgekommen ist,
2. eine Vollstreckung nach dem Inhalt des Vermögensverzeichnisses offensichtlich nicht geeignet wäre, zu einer vollständigen Befriedigung der Forderung zu führen, wegen der die Vermögensauskunft verlangt wurde oder wegen der die Vollstreckungsbehörde vorbehaltlich der Fristsetzung nach Absatz 1 Satz 1 und der Sperrwirkung nach Absatz 4 eine Vermögensauskunft verlangen könnte, oder
3. der Vollstreckungsschuldner nicht innerhalb eines Monats nach Abgabe der Vermögensauskunft die Forderung, wegen der die Vermögensauskunft verlangt wurde, vollständig befriedigt. Gleiches gilt, wenn die Vollstreckungsbehörde vorbehaltlich der Fristsetzung nach Absatz 1 Satz 1 und der Sperrwirkung nach Absatz 4 eine Vermögensauskunft verlangen kann, sofern der Vollstreckungsschuldner die Forderung nicht innerhalb eines Monats befriedigt, nachdem er auf die Möglichkeit der Eintragung in das Schuldnerverzeichnis hingewiesen wurde.

² Die Eintragungsanordnung soll kurz begründet werden. ³ Sie ist dem Vollstreckungsschuldner zuzustellen. ⁴ § 882c Abs. 3 der Zivilprozessordnung gilt entsprechend.

(10) ¹ Ein Rechtsbehelf gegen die Eintragungsanordnung nach Absatz 9 hat keine aufschiebende Wirkung. ² Nach Ablauf eines Monats seit der Zustellung hat die Vollstreckungsbehörde die Eintragungsanordnung dem zentralen Vollstreckungsgericht nach § 882h Abs. 1 der Zivilprozessordnung mit den in § 882b Abs. 2 und 3 der Zivilprozessordnung genannten Daten elektronisch zu übermitteln. ³ Dies gilt nicht, wenn Anträge auf Gewährung einer Aussetzung der Vollziehung der Eintragungsanordnung nach § 361 dieses Gesetzes oder § 69 der Finanzgerichtsordnung anhängig sind, die Aussicht auf Erfolg haben.

(11) ¹ Ist die Eintragung in das Schuldnerverzeichnis nach § 882h Abs. 1 der Zivilprozessordnung erfolgt, sind Entscheidungen über Rechtsbehelfe des Vollstreckungsschuldners gegen die Eintragungsanordnung durch die Vollstreckungsbehörde oder durch das Gericht dem zentralen Vollstreckungsgericht nach § 882h Abs. 1 der Zivilprozessordnung elektronisch zu übermitteln. ² Form und Übermittlung der Eintragungsanordnung nach Absatz 10 Satz 1 und 2 sowie der Entscheidung nach Satz 1 haben den Vorgaben der Verordnung nach § 882h Abs. 3 der Zivilprozessordnung zu entsprechen.

Der in Abs. 1 Nr. 3 in Bezug genommene § 26 Abs. 2 InsO lautet:

§ 26 *Abweisung mangels Masse*

(2) ¹Das Gericht ordnet die Eintragung des Schuldners, bei dem der Eröffnungsantrag mangels Masse abgewiesen worden ist, in das Schuldnerverzeichnis nach § 882b der Zivilprozessordnung an und übermittelt die Anordnung unverzüglich elektronisch dem zentralen Vollstreckungsgericht nach § 882h Abs. 1 der Zivilprozessordnung. ²§ 882c Abs. 3 der Zivilprozessordnung gilt entsprechend.

Der in der gleichen Norm ebenfalls in Bezug genommene § 303a InsO[1] lautet:

§ 303a *Eintragung in das Schuldnerverzeichnis*

¹Das Insolvenzgericht ordnet die Eintragung in das Schuldnerverzeichnis nach § 882b der Zivilprozessordnung an. ²Eingetragen werden Schuldner,

1. denen die Restschuldbefreiung nach den §§ 290, 296, 297 oder 297a oder auf Antrag eines Insolvenzgläubigers nach § 300 Absatz 2 versagt worden ist,

2. deren Restschuldbefreiung widerrufen worden ist.

³ Es übermittelt die Anordnung unverzüglich elektronisch dem zentralen Vollstreckungsgericht nach § 882h Absatz 1 der Zivilprozessordnung. §882c Abs. 2 und 3 der Zivilprozessordnung gilt entsprechend.

II. Der Eintragungsinhalt

1. Notwendigkeit einer gesetzlichen Regelung

3   Abs. 2 und Abs. 3 des § 882b entsprechen weitgehend dem § 1 der früheren SchuVVO; allerdings entfällt die Anbindung der Angaben an einen bestimmten Titel, da zu einem Schuldner nunmehr mehrere sich überlagernde Eintragungen möglich sind. Die Regelungen wurden jetzt unmittelbar ins Gesetz aufgenommen, also nicht mehr dem Verordnungsgeber überlassen, da der in der Aufnahme ins Schuldnerregister liegende Eingriff in das Recht auf informationelle Selbstbestimmung

---

1 Eingefügt mit Wirkung vom 1.7.2014 (BGBl. I 2013, 2379).

und die mit ihm verbundenen Einschränkungen des Datenschutzes auf gesetzlicher Grundlage besser abgesichert sind[2].

2. Zu den Eintragungsinhalten im Einzelnen

a) Personenbezogene Angaben (Abs. 2)

Einzutragen ist immer nur der Schuldner persönlich, nicht sein gesetzlicher Vertreter.[3] Dessen Name darf auch nicht als zusätzliche Information hinzugefügt werden. Die in Abs. 2 Nr. 1–3 genannten personenbezogenen Daten ermittelt der Gerichtsvollzieher beim Schuldner, falls er diesen antrifft und dieser auskunftsbereit ist. Zwangsmittel gegen den nicht auskunftsbereiten Schuldner (z. B. Wohnungsdurchsuchung nach entsprechenden Urkunden usw.) hat der Gerichtsvollzieher nicht. Er muss in einem solchen Fall vielmehr von Amts wegen amtliche Auskünfte beim Melderegister (soweit natürliche Personen als Schuldner betroffen sind), beim Handelsregister (soweit juristische Personen des Handelsrechts oder Handelsgesellschaften betroffen sind), gegebenenfalls beim Vereinsregister oder beim Ausländeramt einholen (§ 882c Abs. 3). Die Meldebehörden haben dem Gerichtsvollzieher auf seine Anfrage auch diejenigen persönlichen Daten mitzuteilen, die sie an Nichtamtspersonen nicht mitteilen dürften, da der Gerichtsvollzieher insoweit nicht als Interessenwahrer des Gläubigers, sondern im Interesse der Allgemeinheit tätig wird.[4]

»Abweichende Personendaten«, die eingetragen werden können, sind etwa Künstlernamen, unter denen der Schuldner in der Öffentlichkeit auftritt, der frühere Name im Fall einer Namensänderung, nicht zur Firma gehörende Etablissementsbezeichnungen des Betriebes des Schuldners, akademische Grade und Adelsbezeichnungen. Personenbezogene Angaben, die der Gerichtsvollzieher nicht ermitteln kann (etwa das Geburtsdatum bei Ausländern ohne entsprechende Unterlagen), hindern die Eintragung im Übrigen nicht.[5]

b) Veranlassungsbezogene Daten (Abs 3)

Das einzutragende Aktenzeichen ist nicht das des Titels, aus dem die Zwangsvollstreckung versucht worden war,[6] sondern das Vollstreckungsaktenzeichen des Gerichtsvollziehers; als »Gericht« sind entsprechend der Name des Gerichtsvollziehers nebst der Bezeichnung des Amtsgerichts, bei dem er tätig ist, einzutragen.[7] Eine Eintragung des Titels aus dem vollstreckt wurde, würde der Allgemeinheit personenbezogene Daten mitteilen, die nicht für sie bestimmt sind. Wenn der Eintragung mehrere Vollstreckungsverfahren zugrunde liegen, sind alle Vollstreckungsaktenzeichen einzutragen.[8]

»Vollstreckungsbehörde« i. S. des Abs. 3 ist das die Abgabenvollstreckung betreibende Finanzamt. In den Fällen der §§ 26 Abs. 2, 303a InsO ist das Insolvenzgericht einzutragen.

III. Rechtsbehelfe gegen die Eintragung bzw. Nichteintragung

Da die Führung des Schuldnerverzeichnisses durch das zentrale Vollstreckungsgericht eine Aufgabe der Justizverwaltung ist, können Gläubiger und Schuldner die Nichteintragung bzw. Eintragung in das Schuldnerregister nur mittels Antrages nach §§ 23 ff. EGGVG überprüfen lassen. Gegen die

---

2 So auch BT-Drucks. 16/10069 S. 80 unter Hinweis auf die erhöhte Publizität durch das neue Veröffentlichungsmedium Internet.
3 Kindl/Meller-Hannich/Wolf/*Sternal*, § 882b Rn. 7.
4 *Harnacke/Bungart*, DGVZ 20113, 1, 9.
5 BT-Drucks. 16/10069 S. 39; *Mroß*, DGVZ 2010, 181, 185.
6 So aber: *Harnacke/Bungardt*, DGVZ 2013, 1, 9; *Mroß*, DGVZ 2010, 181, 185.
7 Wie hier: *Mroß*, DGVZ 2012, 169; Zöller/*Stöber*, § 882b Rn. 6.
8 *Harnacke*, DGVZ 2012, 197, 203; *Mroß*, DGVZ 2012, 169, 176; Zöller/*Stöber*, § 882b Rn. 6.

der Eintragung vorangehende Eintragungsanordnung durch den Gerichtsvollzieher ist dagegen der Widerspruch nach § 882d gegeben.

§ 882c Eintragungsanordnung

(1) Der zuständige Gerichtsvollzieher ordnet von Amts wegen die Eintragung des Schuldners in das Schuldnerverzeichnis an, wenn
1. der Schuldner seiner Pflicht zur Abgabe der Vermögensauskunft nicht nachgekommen ist;
2. eine Vollstreckung nach dem Inhalt des Vermögensverzeichnisses offensichtlich nicht geeignet wäre, zu einer vollständigen Befriedigung des Gläubigers zu führen, auf dessen Antrag die Vermögensauskunft erteilt oder dem die erteilte Auskunft zugeleitet wurde, oder
3. der Schuldner dem Gerichtsvollzieher nicht innerhalb eines Monats nach Abgabe der Vermögensauskunft oder Bekanntgabe der Zuleitung nach § 802d Abs. 1 Satz 2 die vollständige Befriedigung des Gläubigers nachweist, auf dessen Antrag die Vermögensauskunft erteilt oder dem die erteilte Auskunft zugeleitet wurde. Dies gilt nicht, solange ein Zahlungsplan nach § 802b festgesetzt und nicht hinfällig ist.

(2) ¹Die Eintragungsanordnung soll kurz begründet werden. ²Sie ist dem Schuldner zuzustellen, soweit sie ihm nicht mündlich bekannt gegeben und in das Protokoll aufgenommen wird (§ 763).

(3) ¹Die Eintragungsanordnung hat die in § 882b Abs. 2 und 3 genannten Daten zu enthalten. ²Sind dem Gerichtsvollzieher die nach § 882b Abs. 2 Nr. 1 bis 3 im Schuldnerverzeichnis anzugebenden Daten nicht bekannt, holt er Auskünfte bei den in § 755 Abs. 1 und 2 Satz 1 Nr. 1 genannten Stellen ein oder sieht das Handelsregister ein, um die erforderlichen Daten zu beschaffen.

Übersicht	Rdn.		Rdn.
I. Voraussetzungen der Eintragungsanordnung durch den Gerichtsvollzieher	1	III. Verfahren des Gerichtsvollziehers	6
II. Inhalt der Eintragungsanordnung	5	IV. Rechtsbehelfe betreffend die Eintragungsanordnung	7

Literatur:
siehe Vorbemerkung vor §§ 882b – 882h

I. Voraussetzungen der Eintragungsanordnung durch den Gerichtsvollzieher

Die Norm regelt die zur Eintragung im Fall der in § 882b Abs. 1 Nr. 1 angesprochenen zivilrechtlichen Zwangsvollstreckung wegen einer Geldforderung notwendige Eintragungsanordnung durch den Gerichtsvollzieher. Diese ist ein Akt der Zwangsvollstreckung und nicht wie die Eintragung selbst durch das zentrale Vollstreckungsgericht ein Akt der Justizverwaltung. 1

Die Eintragung ins Schuldnerregister kann vom Gerichtsvollzieher in diesem Rahmen in drei Fällen angeordnet werden, in denen sich nach Ansicht des Gesetzgebers die Kreditunwürdigkeit des Schuldners in einem Maße geoffenbart hat, dass ein überwiegendes Informationsbedürfnis der Allgemeinheit besteht:

– **Abs. 1 Nr. 1** erfasst das grundlose Fernbleiben zum Termin zur Abgabe der Vermögensauskunft, die grundlose Verweigerung der Auskunft als ganzer oder wesentlicher Teile der Auskunft im Termin oder die Verweigerung der eidesstattlichen Bekräftigung der Auskunft. Eine Verweigerung wesentlicher Teile der Auskunft ist auch anzunehmen, wenn der Schuldner die zum Beleg seiner Angaben erforderlichen Unterlagen (§ 882f Abs. 1 Satz 3) zum Termin nicht beibringt. Dagegen ist eine nach Ansicht des Gläubigers falsche Auskunft keine verweigerte Auskunft. Da die Richtigkeit der Auskunft an Eides statt versichert werden muss, muss der Gläubiger hier den Weg der Strafanzeige gehen. 2

Es ist für die Eintragung nicht erforderlich, dass bereits Haft gegen den Schuldner angeordnet ist. Die Eintragung ins Register schließt einen späteren Haftantrag aber auch nicht aus. Sie hindert den Gerichtsvollzieher ferner nicht, das Vollstreckungsverfahren im Wege weiterer Sachaufklärung durch Einholung von Auskünften bei Dritten (§ 802l Abs. 1 Nr. 1–3), die zum Zeitpunkt der Eintragung noch nicht vorliegen müssen, fortzusetzen. Die Eintragungsanordnung wird im Fall des Abs. 1 Nr. 1 von dem für die Abnahme der Vermögensauskunft zuständigen Gerichtsvollzieher erlassen.

3 – **Abs. 1 Nr. 2** greift ein, wenn der Inhalt des Vermögensverzeichnisses von Anfang an ohne Zweifel die Aussichtslosigkeit der Zwangsvollstreckung gegen den Schuldner ergibt. Bestehen Zweifel, ob im Vermögensverzeichnis aufgeführte Gegenstände verwertbar sind und einen zur **vollständigen Befriedigung** des Gläubigers ausreichenden Erlös erbringen könnten, ist zunächst die Vollstreckung zu versuchen. Denn in einem solchen Fall steht die Kreditunwürdigkeit des Schuldners noch nicht fest. Abs. 1 Nr. 2 greift aber auch dann ein, wenn zwar pfändbares Vermögen vorhanden ist, aber in Anbetracht der Höhe der Gläubigerforderung von vorn herein feststeht, dass es allenfalls einen Teil der Forderung abdecken kann. Ebenso greift Nr. 2 dann ein, wenn sich die Unzulänglichkeit des in der Vermögensauskunft aufgeführten pfändbaren Vermögens erst bei der Vollstreckung eines Folgeauftrages durch einen anderen Gläubiger innerhalb der Sperrfrist des § 802d erweist. Ob das in der Vermögensauskunft aufgeführte Vermögen unzureichend ist, um aus ihm die Forderung des Gläubigers befriedigen zu können, muss vom Gerichtsvollzieher aufgrund seiner Vollstreckungserfahrung prognostiziert werden. Wegen der negativen Folgen der Eintragung ins Schuldnerregister ist in Zweifelsfällen immer zunächst die Zwangsvollstreckung zu versuchen.

4 – **Abs. 1 Nr. 3** greift ein, wenn zunächst nicht von der Vermögenslosigkeit des Schuldners ausgegangen werden kann, aber dennoch eine Befriedigung des Gläubigers nicht innerhalb eines Monats erfolgt. Die Frist erscheint allerdings sehr knapp bemessen, um den Schuldner vor wirtschaftlich unsinnigen Veräußerungen zur Unzeit, nur um der Eintragung ins Schuldnerregister zu entgehen, zu schützen. Ein Zahlungsplan nach § 802b hilft hier oft auch nicht weiter, da der temporär fehlende Markt für bestimmte Güter auch Teilzahlungen in dieser Zeit nicht erlauben wird. Hier wird sich ein neuer Anwendungsbereich des § 765a auftun. Abs. 1 Nr. 3 gilt auch, wie in der Vorschrift ausdrücklich klargestellt ist, für Folgeaufträge. Dass er den bzw. die Gläubiger innerhalb der Frist vollständig befriedigt hat, muss der Schuldner dem Gerichtsvollzieher nachweisen. Er kann insoweit Quittungen oder andere Urkunden (Einzahlungsbelege usw.) vorlegen.

II. Inhalt der Eintragungsanordnung

5 Der Inhalt der vom Gerichtsvollzieher zu veranlassenden Eintragungsanordnung ergibt sich aus **Abs. 3**. Es handelt sich um die in § 882b Abs. 2 Nr. 1–3 und Abs. 3 Nr. 1–4 genannten Daten[1]. Soweit dem Gerichtsvollzieher die Daten gem. § 882 Abs. 2 Nr. 1–3 nicht aus dem Titel oder aus freiwilligen Angaben des Schuldners im Rahmen der Erstellung des Vermögensverzeichnisses bekannt sind, ist der Gerichtsvollzieher ermächtigt, hierzu von Amts wegen Auskünfte aus dem Melderegister und bei den in § 755 Abs. 2 Nr. 1–3 genannten Ausländerbehörden, Sozialversicherungsträgern und beim Kraftfahrt-Bundesamt einzuholen oder in das Handelsregister einzusehen[2]. Dem Auskunftsrecht des Gerichtsvollziehers entspricht eine Auskunftspflicht der genannten Behörden im Wege der Amtshilfe.

III. Verfahren des Gerichtsvollziehers

6 Der Gerichtsvollzieher soll seine Eintragungsanordnung über die Pflichtangaben hinaus **begründen** (**Abs. 2**). Die Begründung soll sich insbesondere auf die Umstände beziehen, bei deren Feststellung dem Gerichtsvollzieher ein gewisses Ermessen eingeräumt ist, so etwa darauf, warum er die Anga-

---

1 Siehe hierzu § 882b Rdn. 4, 5.
2 Kindl/Meller-Hannich/Wolf/*Sternal,* § 882c Rn. 12 will die Möglichkeit, Auskünfte auch beim Kraftfahrt-Bundesamt und beim Rentenversicherungsträger einzuholen, hier ausschließen. Es handelt sich aber oft gerade um Möglichkeiten, die aktuellste Anschrift des Schuldners zu erfragen. § 882c Abs. 3 enthält hier eine dem Gesetzgeber nicht bewusst gewordene Lücke ohne nachvollziehbaren Sinn.

ben des Schuldners für unvollständig hält, welche Unterlagen erforderlich, aber nicht beigebracht waren, warum das in der Vermögensauskunft angegebene Vermögen offensichtlich unzureichend ist, warum kein Zahlungsplan gem. § 802 Abs. 2 erstellt wurde. Der Hinweis in den Gesetzesmaterialien, die Begründung könne auch formularmäßig erfolgen[3], wird leider dazu führen, dass die gängigen Formulare solche nichtssagenden Begründungen im multiple-choice-Verfahren vorsehen werden. Da die Einzutragenden oft einfache Leute sein werden, verfehlt ein solches Vorgehen den Zweck des Begründungszwanges und wird zur sinnentleerten Formalie. Die Eintragungsanordnung ist vom Gerichtsvollzieher urschriftlich zu unterschreiben[4]. Eine eingescannte Unterschrift ist insoweit nicht zulässig.

Die Eintragungsanordnung muss dem Schuldner von Amts wegen durch den Gerichtsvollzieher bekannt gemacht werden. Hierzu stehen ihm zwei Möglichkeiten zur Verfügung: Ergibt sich die Notwendigkeit der Eintragung im Termin zur Vermögensauskunft, so kann der Gerichtsvollzieher die Anordnung einschließlich der Begründung dem Schuldner sogleich mündlich bekannt geben und den Text der Anordnung einschließlich einer Kurzfassung der Begründung in das gem. § 763 zu erstellende Protokoll aufnehmen, das dem Schuldner zu übergeben oder in der Form des § 763 Abs. 2 Satz 1 zu übermitteln ist. Ansonsten ist die schriftliche Eintragungsanordnung nebst Begründung dem Schuldner durch den Gerichtsvollzieher **von Amts wegen**[5] zuzustellen. Ob er die Zustellung persönlich vornimmt oder durch ein Postunternehmen bewirken lässt, steht dabei in seinem Ermessen, kann also nicht unter Kostengesichtspunkten beanstandet werden.[6] Trotz § 763 Abs. 2 Satz 3 kommt hier nach sorgfältiger Prüfung aller Voraussetzungen des § 185 auch die öffentliche Zustellung in Betracht,[7] da die Eintragungsanordnung zwar Vollstreckungshandlung ist, aber nicht mehr eine solche zugunsten des betreibenden Gläubigers, sondern nur angelehnt an das konkrete Vollstreckungsverfahren allein zugunsten der Allgemeinheit[8]. Zur Aufenthaltsermittlung, ehe die öffentliche Zustellung angeordnet werden darf, muss der Gerichtsvollzieher alle Möglichkeiten der Amtsermittlung ausschöpfen. Sowohl im Fall der mündlichen Bekanntgabe als auch im Fall der Zustellung ist der Schuldner sogleich auf über sein Widerspruchsrecht nach § 882d Abs. 1 und über die hierbei zu beachtende Frist zu belehren (§ 882d Abs. 3).

Weist der Schuldner dem Gerichtsvollzieher, nachdem dieser ihm die Eintragungsanordnung angekündigt hat, aber bevor das zentrale Vollstreckungsgericht die Eintragung vorgenommen hat, durch eine vom Gläubiger ausgestellte Urkunde (das ist auch eine vom Gläubiger oder von dessen Prozessbevollmächtigtem unterzeichnete Vereinbarung) nach, dass er mit dem Gläubiger – u. U. unter Vereinbarung von Ratenzahlungen – eine Stundungsvereinbarung getroffen hat, liegt ein Fall von § 775 Nr. 4 vor.[9] Der Gerichtsvollzieher hat die Zwangsvollstreckung einzustellen, darf also die Eintragungsanordnung nicht mehr absenden und hat eine bereits abgesandte, aber noch nicht eingetragene Eintragungsanordnung zurückzunehmen. Das Eintragungsverfahren kann dann erst im Rahmen eines neuen, das Verfahren wieder aufnehmenden Vollstreckungsauftrages des Gläubigers fortgesetzt werden.

Auch eine Ratenvereinbarung mit dem Gerichtsvollzieher nach § 802b ZPO ist zu diesem Zeitpunkt noch möglich, wenn der Schuldner erst unter dem Druck der ihm angekündigten Eintragungs-

---

[3] BT-Drucks. 16/10069 S. 85.
[4] LG Stuttgart, DGVZ 2014, 260.
[5] AG Pinneberg, DGVZ 2015, 27 mit zahlreichen weiteren Nachweisen; AG Stuttgart, JurBüro 2015, 218; *Wasserl*, DGVZ 2013, 90; *Schlaak*, DGVZ 2014, 154. **A. A.**: AG Geldern, AG Stuttgart- Bad Cannstadt, AG Koblenz, AG Gernsbach, AG Kleve, AG Villingen- Schwenningen, alle DGVZ 2015, 27. Offengelassen in AG Schöneberg, JurBüro 2015, 217.
[6] AG Solingen, DGVZ 2014, 178.
[7] Ausführlich hierzu: *Büttner*, DGVZ 2013, 222; ferner: *Wasserl*, DGVZ 2013, 85, 90; *Mroß*, DGVZ 2012, 169, 176; **a. A.** aber (keine öffentliche Zustellung): LG Paderborn, DGVZ 2013, 213.
[8] Dies begründet auch die Amtszustellung.
[9] LG Berlin, DGVZ 2013, 213; LG Detmold, DGVZ 2015, 22.

anordnung die entsprechenden Möglichkeiten geschaffen und dem Gerichtsvollzieher glaubhaft nachgewiesen hat.[10] Wird sie getroffen, entfallen die Voraussetzungen für die Eintragungsanordnung nachträglich vorläufig. Sie hat deshalb zunächst zu unterbleiben. Hält der Schuldner die vereinbarten Raten dann nicht ein und kommt dadurch mehr als zwei Wochen in Rückstand, ist das Eintragungsverfahren fortzusetzen.[11]

Die Eintragungsanordnung ist dem zentralen Vollstreckungsgericht nach Ablauf der Zweiwochenfrist nach der Bekanntgabe an den Schuldner durch den Gerichtsvollzieher elektronisch zu übermitteln.

Durch die Eintragungsanordnung und die mit ihr in Zusammenhang stehenden Amtsermittlungen entstehen keine dem Schuldner anzulastenden Kosten.[12]

IV. Rechtsbehelfe betreffend die Eintragungsanordnung

7   Wird keine Eintragungsanordnung erlassen, weil der Gerichtsvollzieher meint, es müssten noch Vollstreckungsversuche unternommen werden, obwohl der Gläubiger der Ansicht ist, die Anordnung müsste bereits in diesem Stadium erlassen werden, kann der Gläubiger Erinnerung nach § 766 einlegen.

Der Schuldner kann sich dagegen gegen die Anordnung der Eintragung als solche und gegen den konkreten Inhalt der Eintragungsanordnung **nur** mit dem **Widerspruch** gem. § 882d wehren[13]. In den Fällen des Abs. 1 Nr. 3 kann zudem im Einzelfall § 765a ZPO eingreifen.[14]

---

10 *Büttner*, DGVZ 2013, 222, 233; *Harnacke*, DGVZ 2013, 1, 10; **a. A.** insoweit *Mroß*, DGVZ 2012, 169, 176.
11 *Harnacke*, DGVZ 2013, 1, 10.
12 Kindl/Meller-Hannich/Wolf/*Sternal*, § 882c Rn. 18, 19.
13 LG Augsburg, BeckRS 2013, 19825; *Harnacke*, DGVZ 2012, 197, 204; *Vollkommer*, NJW 2012, 3681, 3686.
14 Siehe oben Rdn. 4.

§ 882d Vollziehung der Eintragungsanordnung

(1) ¹Gegen die Eintragungsanordnung nach § 882c kann der Schuldner binnen zwei Wochen seit Bekanntgabe Widerspruch beim zuständigen Vollstreckungsgericht einlegen. ²Der Widerspruch hemmt nicht die Vollziehung. ³Nach Ablauf der Frist des Satzes 1 übermittelt der Gerichtsvollzieher die Anordnung unverzüglich elektronisch dem zentralen Vollstreckungsgericht nach § 882h Abs. 1. ⁴Dieses veranlasst die Eintragung des Schuldners.

(2) ¹Auf Antrag des Schuldners kann das Vollstreckungsgericht anordnen, dass die Eintragung einstweilen ausgesetzt wird. ²Das zentrale Vollstreckungsgericht nach § 882h Abs. 1 hat von einer Eintragung abzusehen, wenn ihm die Ausfertigung einer vollstreckbaren Entscheidung vorgelegt wird, aus der sich ergibt, dass die Eintragungsanordnung einstweilen ausgesetzt ist.

(3) ¹Über die Rechtsbehelfe nach den Absätzen 1 und 2 ist der Schuldner mit der Bekanntgabe der Eintragungsanordnung zu belehren. ²Das Gericht, das über die Rechtsbehelfe entschieden hat, übermittelt seine Entscheidung dem zentralen Vollstreckungsgericht nach § 882h Abs. 1 elektronisch.

Übersicht	Rdn.		Rdn.
I. Rechtsbehelf gegen die Eintragungsanordnung	1	III. Einstweilige Aussetzung der Eintragung	6
II. Übermittlung der Anordnung an das zentrale Vollstreckungsgericht	5	IV. Eintragung in das zentrale Schuldnerregister	7

I. Rechtsbehelf gegen die Eintragungsanordnung

Der selbstständige und ausschließliche Rechtsbehelf gegen die Anordnung der Eintragung ins Schuldnerregister ist der Widerspruch. Eine Erinnerung gem. § 766 wäre unzulässig.[1] Der Schuldner ist über diese Rechtsbehelfsmöglichkeit zu belehren. Die Belehrung hat nicht nur die Angabe des zuständigen Gerichts, sondern auch dessen Adresse zu enthalten[2]. 1

Der Widerspruch hat schriftlich oder zu Protokoll des Vollstreckungsgerichts zu erfolgen. Er ist beim – örtlichen, nach § 764 Abs. 2 zuständigen, – nicht beim zentralen – Vollstreckungsgericht einzulegen, und zwar binnen 2 Wochen nach Bekanntgabe der Eintragungsanordnung an den Schuldner. Ein verspätet eingelegter Widerspruch kann als Antrag auf Wiedereinsetzung in den vorigen Stand (siehe nachfolgend) auszulegen sein[3]. 2

Die Frist eröffnet dem Schuldner eine letzte Möglichkeit, die Eintragung noch durch Zahlung abzuwenden. Weist er dem Gerichtsvollzieher die vollständige Zahlung innerhalb der Frist nach, hat die Übermittlung der Eintragungsanordnung an das zentrale Vollstreckungsgericht zu unterbleiben. Auch materiellrechtliche Stundungsvereinbarungen mit dem Gläubiger oder Ratenzahlungsvereinbarungen mit dem Gerichtsvollzieher nach § 802b sind in dieser Zeit noch möglich und verhindern ebenfalls die Übermittlung der Anordnung.[4] Dagegen sind ein bloßer Verzicht des Gläubigers auf die Eintragung des Schuldners in das Schuldnerregister und eine entsprechende Einigung mit dem Schuldner ohne Belang und daher nicht zu beachten.[5] Denn die Eintragung dient dem Schutz der Allgemeinheit, nicht des betreibenden Gläubigers. Ob der Schuldner auf die Einhaltung der 2-Wochenfrist und sein Widerspruchsrecht verzichtet und sich mit einer sofortigen Übermittlung

---

1 AG Augsburg, BeckRS 2013, 19825.
2 LG Karlsruhe, DGVZ 2014, 260.
3 LG Schwerin, DGVZ 2015, 59.
4 Siehe hierzu § 882c Rdn. 6.
5 AG Böblingen, DGVZ 2014, 174; *Jungbauer, JurBüro 2012, 629, 632.*

der Eintragungsanordnung an das zentrale Vollstreckungsgericht einverstanden erklären kann, ist streitig,[6] im Ergebnis aber aus Gründen der Rechtssicherheit zu verneinen.

Die 2-Wochenfrist läuft auch dann, wenn die Fristbelehrung nach **Abs. 3** unterblieben ist oder fehlerhaft war.[7] Der Schuldner kann aber, wenn er die Frist mangels Fristbelehrung versäumt hat, Wiedereinsetzung in den vorigen Stand beantragen. Der Schuldner sollte die Widerspruchsfrist, wenn er einen Widerspruch beabsichtigt, nach Möglichkeit nicht voll ausschöpfen, um vor seiner Eintragung ins Schuldnerregister noch durch einen Antrag auf einstweilige Aussetzung[8] reagieren zu können. Denn der Widerspruch als solcher hat keine aufschiebende Wirkung hinsichtlich der Eintragung.

3   Mit dem Widerspruch müssen sowohl alle Einwendungen gegen das Vorliegen der Eintragungsvoraussetzungen als auch gegen den Inhalt der beabsichtigten Eintragung geltend gemacht werden, ebenso mögliche Anordnungshindernisse (§ 775). Der Schuldner kann aber auch Einwände vorbringen, die einen Vollstreckungsschutzantrag nach § 765a rechtfertigen. Zur Entscheidung beim Vollstreckungsgericht ist der Rechtspfleger berufen.

4   Ist der Widerspruch zulässig und begründet (entscheidend ist insoweit der Zeitpunkt der Beschlussfassung über den Widerspruch), so hebt das Gericht (der Rechtspfleger) die Eintragungsanordnung auf. Diese Entscheidung ist durch das Vollstreckungsgericht dem zentralen Vollstreckungsgericht elektronisch zu übermitteln (**Abs. 3 Satz 2**).

Die Entscheidung, die den Widerspruch als unzulässig oder unbegründet zurückweist, kann vom Schuldner mit der sofortigen Beschwerde gem. § 793 angefochten werden.

Durch das Widerspruchsverfahren entstehen für den Schuldner keine Gerichtskosten.

II. Übermittlung der Anordnung an das zentrale Vollstreckungsgericht

5   Nach Ablauf der 2-Wochenfrist übermittelt der Gerichtsvollzieher unabhängig davon, ob Widerspruch eingelegt wurde, die Eintragungsanordnung unverzüglich auf elektronischem Wege dem zentralen Vollstreckungsgericht, es sei denn, es ist zwischenzeitlich eine Aussetzungsanordnung nach Abs. 2 ergangen[9]. Die Übermittlung muss in einer Form erfolgen, die dem zentralen Vollstreckungsgericht die vollautomatische Verarbeitung zur Eintragung, aber auch die vollautomatische Überprüfung des Vorliegens etwaiger formaler Eintragungshindernisse ermöglicht. Eine inhaltliche Überprüfung durch das zentrale Vollstreckungsgericht erfolgt nicht.

III. Einstweilige Aussetzung der Eintragung

6   Da die Eintragung für den Schuldner schwerwiegende wirtschaftliche Folgen, der Widerspruch aber keine aufschiebende Wirkung hat, ermöglicht es **Abs. 2** dem Schuldner, beim nach § 764 Abs. 2 zuständigen Vollstreckungsgericht – also nicht beim zentralen Vollstreckungsgericht – die vorläufige Aussetzung der Eintragung zu erwirken, bis über den Widerspruch entschieden wurde. Auch dieser Antrag hat keine aufschiebende Wirkung. Erst die positive Entscheidung über den Aussetzungsantrag verpflichtet das zentrale Vollstreckungsgericht, von der Eintragung abzusehen. Das Vollstreckungsgericht hat seine dem Aussetzungsgesuch stattgebende Entscheidung dem zentralen Vollstreckungsgericht unmittelbar auf elektronischem Wege zu übermitteln. War zu diesem Zeitpunkt die Eintragung bereits erfolgt, ist sie umgehend wieder zu löschen.

---

6 Für die Möglichkeit eines Verzichts zu Protokoll des Gerichtsvollziehers im Rahmen der mündlichen Rechtsbehelfsbelehrung: *Harnacke*, DGVZ 2012, 197, 204; dagegen: *Wasserl*, DGVZ 2013, 85, 90.
7 Kindl/Meller-Hannich/Wolf/*Sternal*, § 882d Rn. 14.
8 Hierzu unten Rdn. 6.
9 Siehe Rdn. 6.

Die eine einstweilige Aussetzung ablehnende Entscheidung des Rechtspflegers kann vom Schuldner mit der Erinnerung nach § 11 Abs. 2 Satz 1 RPflG angefochten werden.[10]

IV. Eintragung in das zentrale Schuldnerregister

Die Eintragung erfolgt auf elektronischem Wege. Das elektronische System hat sicher zu stellen, dass die Daten vor unbefugtem Abruf geschützt und bei der Abspeicherung nicht verfälscht oder verstümmelt werden(§ 882h). 7

---

10 Kindl/Meller-Hannich/Wolf/*Sternal*, § 882d Rn. 15.

§ 882e Löschung

(1) Eine Eintragung im Schuldnerverzeichnis wird nach Ablauf von drei Jahren seit dem Tag der Eintragungsanordnung von dem zentralen Vollstreckungsgericht nach § 882h Abs. 1 gelöscht.

(2) ¹Über Einwendungen gegen die Löschung nach Absatz 1 oder ihre Versagung entscheidet der Urkundsbeamte der Geschäftsstelle. ²Gegen seine Entscheidung findet die Erinnerung nach § 573 statt.

(3) Abweichend von Absatz 1 wird eine Eintragung auf Anordnung des zentralen Vollstreckungsgerichts nach § 882h Abs. 1 gelöscht, wenn diesem
1. die vollständige Befriedigung des Gläubigers nachgewiesen worden ist;
2. das Fehlen oder der Wegfall des Eintragungsgrundes bekannt geworden ist oder
3. die Ausfertigung einer vollstreckbaren Entscheidung vorgelegt wird, aus der sich ergibt, dass die Eintragungsanordnung aufgehoben oder einstweilen ausgesetzt ist.

(4) ¹Wird dem zentralen Vollstreckungsgericht nach § 882h Abs. 1 bekannt, dass der Inhalt einer Eintragung von Beginn an fehlerhaft war, wird die Eintragung durch den Urkundsbeamten der Geschäftsstelle geändert. ²Wird der Schuldner oder ein Dritter durch die Änderung der Eintragung beschwert, findet die Erinnerung nach § 573 statt.

Übersicht	Rdn.		Rdn.
I. Die Löschung nach Fristablauf	1	III. Einwendungen gegen die Entscheidung über die Löschung	9
II. Die vorzeitige Löschung	3	IV. Die Berichtigung der Eintragung	10

I. Die Löschung nach Fristablauf

1 Das Bedürfnis, die Allgemeinheit vor einem Schuldner im Hinblick auf seine Kreditunwürdigkeit zu warnen, entfällt, wenn dieser Schuldner über längere Zeit nicht mehr negativ in Erscheinung getreten ist. Der Gesetzgeber hält insoweit einen Zeitraum von drei Jahren für ausreichend. Sind für einen Schuldner mehrere Eintragungen im Schuldnerverzeichnis, so gilt die Frist für jede Eintragung isoliert. Die Frist beginnt jeweils mit der Eintragungsanordnung.

2 Die Löschung nach Fristablauf erfolgt von Amts wegen durch das zentrale Vollstreckungsgericht. Zuständig ist dort der Urkundsbeamte der Geschäftsstelle. Da die Löschung die Interessen des Gläubigers wie des Schuldners berührt, ist ihnen vor der Durchführung der Löschung rechtliches Gehör zu gewähren.

II. Die vorzeitige Löschung

3 Schon vor Ablauf der Dreijahresfrist kann das Interesse der Allgemeinheit an der Eintragung des Schuldners im Verzeichnis entfallen und das Rechtsschutzbedürfnis des Schuldners seine Löschung notwendig machen. Diese Fälle sind abschließend in **Abs. 3 Nr. 1–3** geregelt.

4 Im Fall der **Nr. 1** ist ein Einverständnis zwischen Gläubiger und Schuldner allein nicht ausreichend[1]. Denn das Schutzbedürfnis der Öffentlichkeit besteht fort, solange die Schuld, wegen der die Eintragung erfolgte, nicht tatsächlich getilgt ist. Es bedarf des sicheren Nachweises, dass die Schuld vollständig getilgt ist.

---

1 Nach BeckOK-ZPO/*Utermark*, § 882e Rn. 11 kann hiervon auch in den Fällen des § 383 Nr. 1–3, wenn also Gläubiger und Schuldner in einer engen familiären Bindung zueinander stehen, keine Ausnahme zugelassen werden. Der Gläubiger muss in diesen Fällen einen materiellrechtlichen Verzicht auf die titulierte Forderung als Form der vollständigen Erfüllung vorlegen.

Fälle der **Nr. 2** sind etwa die Aufhebung des Vollstreckungstitels in einer höheren Instanz oder im 5
Wiederaufnahmeverfahren, die Aufhebung der vorläufigen Vollstreckbarkeit des Titels, die Unzulässigkeitserklärung der Zwangsvollstreckung aus dem Titel im Verfahren nach § 767. Das zentrale Vollstreckungsgericht wird von diesen Umständen in der Regel nur durch Mitteilung seitens des Schuldners erfahren. Er muss zum Nachweis der Richtigkeit seiner Mitteilung die entsprechende gerichtliche Entscheidung vorlegen. Das zentrale Vollstreckungsgericht stellt insoweit keine Ermittlungen von Amts wegen an.

Eine Löschung nach Abs. 3 **Nr. 3** setzt zunächst voraus, dass eine Entscheidung ergangen ist, durch 6
die die Eintragungsanordnung aufgehoben oder einstweilen ausgesetzt worden ist. In Betracht kommen insoweit eine positive Entscheidung nach § 882d Abs. 2 Satz 1 über einen einstweiligen Aussetzungsantrag oder eine Widerspruchsentscheidung. Diese Entscheidungen werden dem zentralen Vollstreckungsgericht von Amts wegen elektronisch übermittelt. Der Schuldner kann sie aber auch seinerseits dem zentralen Vollstreckungsgericht mit seiner Löschungsanregung einreichen.

Kein Fall von Abs. 3 Nr. 1–3 liegt vor, wenn Gläubiger und Schuldner, nachdem der Schuldner 7
zunächst die Erstellung eines Vermögensverzeichnisses verweigert hatte und deshalb ins Schuldnerverzeichnis eingetragen worden war, nachträglich doch noch eine Ratenzahlungsvereinbarung treffen.[2] Insoweit ist weder der Eintragungsgrund (Verweigerung des Vermögensverzeichnisses) entfallen noch die Schuld restlos getilgt. Eine analoge Anwendung des Abs. 3 verbietet sich hier ebenfalls.

Im Fall des Abs. 3 wird die vorzeitige Löschung von Amts wegen durch den Rechtspfleger des zen- 8
tralen Vollstreckungsgerichts durch Beschluss angeordnet, sobald ihm die objektiven Nachweise vorliegen.[3] In allen drei Fällen ist dem Gläubiger vor der Löschung rechtliches Gehör zu gewähren, und zwar nicht nur dann, wenn der Rechtspfleger Zweifel hegt[4], im Fall der Nr. 2 auch dem Schuldner.

III. Einwendungen gegen die Entscheidung über die Löschung

In den Fällen der Löschung nach Abs. 1 kann der durch die Löschung Betroffene Erinnerung nach 9
§ 573 erheben. Über die Erinnerung entscheidet der Rechtspfleger des zentralen Vollstreckungsgerichts. Gegen dessen Entscheidung ist nach §§ 793, 573 Abs. 2 die sofortige Beschwerde zum Landgericht gegeben. Gegen dessen Entscheidung wiederum ist nach den allgemeinen Regeln Rechtsbeschwerde möglich. In den Fällen des Abs. 3 ist sofortige Beschwerde nach § 793 möglich, da es sich insoweit um ein gerichtliches Verfahren im Rahmen der Zwangsvollstreckung handelt.

IV. Die Berichtigung der Eintragung

Da das Register die Öffentlichkeit objektiv informieren soll, ist es nicht nur durch Löschung zu 10
berichtigen, wenn das Informationsbedürfnis der Öffentlichkeit nachträglich entfallen ist (Fälle der Absätze 1 und 3), sondern erst recht, wenn das Register von Anfang an fehlerhaft war (**Abs. 4**). Die Berichtigung nimmt der Urkundsbeamte der Geschäftsstelle des zentralen Vollstreckungsgerichts von Amts wegen vor. Er hat Schuldner und Gläubiger hiervon zu unterrichten, da nur auf diese Weise gewährleistet ist, dass sie von ihrem Recht, Erinnerung einlegen zu dürfen, Gebrauch machen können. Über die Erinnerung entscheidet, wie im Fall des Abs. 2 der Rechtspfleger beim zentralen Vollstreckungsgericht.

---

2 LG Karlsruhe, DGVZ 2013, 212; LG Dessau-Roßlau, DGVZ 2015, 21.
3 Kindl/Meller-Hannich/Wolf/*Sternal,* § 882e Rn. 17; *Vollkommer,* NJW 2012, 3681, 3686.
4 So allerdings die Gesetzesbegründung: BT-Drucks. 16/10069 S. 89.

§ 882f Einsicht in das Schuldnerverzeichnis

¹Die Einsicht in das Schuldnerverzeichnis ist jedem gestattet, der darlegt, Angaben nach § 882b zu benötigen:
1. für Zwecke der Zwangsvollstreckung;
2. um gesetzliche Pflichten zur Prüfung der wirtschaftlichen Zuverlässigkeit zu erfüllen;
3. um Voraussetzungen für die Gewährung von öffentlichen Leistungen zu prüfen;
4. um wirtschaftliche Nachteile abzuwenden, die daraus entstehen können, dass Schuldner ihren Zahlungsverpflichtungen nicht nachkommen;
5. für Zwecke der Strafverfolgung und der Strafvollstreckung;
6. zur Auskunft über ihn selbst betreffende Eintragungen.

²Die Informationen dürfen nur für den Zweck verwendet werden, für den sie übermittelt worden sind; sie sind nach Zweckerreichung zu löschen. ³Nichtöffentliche Stellen sind darauf bei der Übermittlung hinzuweisen.

Übersicht	Rdn.		Rdn.
I. Einsicht in das Schuldnerverzeichnis	1	III. Kosten und Gebühren	
II. Verwendungsbeschränkungen	5		

I. Einsicht in das Schuldnerverzeichnis

1 Die Einsicht in das Schuldnerverzeichnis erfolgt nach § 6 Abs. 1 SchuFV[1] über ein zentrales und länderübergreifendes elektronisches Informations- und Kommunikationssystem der Länder im Internet. Sie ist nicht frei für jedermann abrufbar, sondern wird nach § 6 Abs. 2 SchuFV nur registrierten Nutzern gewährt. Die Registrierung erfolgt nach § 7 SchuFV bei dem für den Wohnsitz des Einsichtsberechtigten zuständigen zentralen Vollstreckungsgericht. Die Einzelheiten der Registrierung regelt § 7 SchuFV. Einsichtsberechtigte, die keinen eigenen Internetzugang haben, können nach § 11 SchuFV sich bei jedem Amtsgericht registrieren lassen und dann dort in das Schuldnerverzeichnis Einsicht nehmen. Auf Wunsch ist ihnen ein Ausdruck ihrer Datenabfrage zu überlassen.

2 Der Kreis derer, die in das Schuldnerverzeichnis Einsicht nehmen dürfen, ist zwar dadurch eingegrenzt, dass einer der in Satz 1 aufgezählten Zwecke als Grund für die Einsicht genannt werden muss; diese Zwecke sind in den 6 Ziffern des Satz 1 allerdings sehr weit gefasst. Der beabsichtigte Verwendungszweck ist zudem nur darzulegen und nicht auch glaubhaft zu machen oder gar zu beweisen. Dies muss zudem nicht eigenständig formuliert werden. Da die Anfragen an das zentrale Vollstreckungsgericht elektronisch durchgeführt werden, sieht die Abfragemaske für den Anfragenden die 6 in Satz 1 genannten Zwecke als elektronische Textfelder oder Schlüsselzahlen lediglich zum Anklicken vor. Da die Anfrage allerdings elektronisch protokolliert (Einzelheiten hierzu: § 6 Abs. 3 SchuFV) und abgespeichert wird, wozu der Einsichtnehmende, bevor ihm Einsicht erteilt wird, ausdrücklich sein Einverständnis erteilen muss (§ 9 Abs. 3 SchuFV), kann ein zutage tretender Missbrauch der empfangenen Auskünfte durch zweckwidrige Verwendung im Einzelfall nachträglich festgestellt werden. Der Schutz für den im Schuldnerverzeichnis aufgeführten Schuldner davor, dass seine prekäre Vermögenssituation ganz allgemein (also ohne detaillierte Einzelangaben) breiten Kreisen bekannt wird, ist somit recht gering.

3 Hinsichtlich der einzelnen im Gesetz abschließend geregelten Verwendungszwecke ist hervorzuheben:

Ein abstraktes Interesse im Hinblick auf eine der 6 Ziffern genügt nicht. Vielmehr muss eine konkrete Zwangsvollstreckung (Ziff. 1), eine konkrete gesetzliche Prüfungspflicht im Einzelfall (Ziff. 2), ein konkretes Verfahren hinsichtlich eines Antrages auf öffentliche Leistungen (Ziff. 3),

---

[1] Siehe den Text der SchuFV unten im Anhang zu § 882h.

ein konkret geplanter geschäftlicher Kontakt mit möglichen Ausfallrisiken (Ziff. 4) Anlass für das Einsichtsbegehren sein. Im Fall der Ziff. 4 trifft dies insbesondere für kreditgewährende Banken, Werkunternehmer vor Übernahme umfangreicherer Aufträge, Lieferanten vor Abschluss gewichtigerer Kaufverträge, Vermieter vor dem Abschluss von Mietverträgen, also Vertragspartner, zu, die nicht unbeachtliche eigene Vermögensschäden im Fall der Zahlungsunfähigkeit des Schuldners zu befürchten haben.

Konkrete Einzelheiten der Vermögenssituation des Schuldners, die sich ja nur aus dem Vermögensverzeichnis, nicht aber aus den pauschalen Angaben im Schuldnerverzeichnis, ergeben können, erfahren nur Gläubiger, die selbst auch aktuell die Zwangsvollstreckung betreiben können, denen aber die Erstellung eines aktuellen Vermögensverzeichnisses durch die Sperrfrist des § 802d Abs. 1 verwehrt ist. Die Auskünfte aus den hinterlegten Vermögensverzeichnissen erhalten zudem nicht diese Gläubiger persönlich, sondern nur die von ihnen mit der Zwangsvollstreckung (Einholung der Vermögensauskunft) beauftragten Gerichtsvollzieher.[2]

II. Verwendungsbeschränkungen

Die aus dem Schuldnerverzeichnis empfangenen Informationen dürfen nur zu dem Zweck, der bei der Anfrage genannt worden war und zu dem sie dann auch erteilt wurden, verwendet werden. Die Verpflichtung, die Information nach Zweckerreichung zu löschen (Satz 2 2. Halbs.), ist vage, da Nr. 4 Informationen über den Schuldner erfordert, solange überhaupt wirtschaftlicher Kontakt zu ihm besteht. Will der Einsichtnehmende die Auskunft später für einen anderen Zweck als den, den er bei der Einsichtnahme angegeben hatte, verwenden, muss er eine neue Auskunft beantragen[3] und die alte löschen. Wird eine zweckwidrige Nutzung publik, kann immerhin nachvollzogen werden, wem die Information zu welchem Zweck erteilt worden war. Ein besonders effektiver Schutz des Schuldners ist dies nicht.

Private Anfragende sind durch das zentrale Vollstreckungsgericht bei Übermittlung von Informationen aus dem Schuldnerverzeichnis auf ihre Verpflichtungen aus Satz 2 ausdrücklich hinzuweisen. Eine Kontrolle von Amts wegen, ob dieser Verpflichtung durch den belehrten Gläubiger dann auch nachgekommen wurde, erfolgt allerdings nicht, sodass ein Missbrauch der Daten kaum eingeschränkt ist.

III. Kosten und Gebühren

Bundesweit einheitliche Gerichtsgebühren für die Einsichtnahme in das Schuldnerverzeichnis sind nicht vorgesehen. Die Länder können jedoch jeweils für ihren Bereich, da es sich um eine Justizverwaltungsangelegenheit handelt, kostendeckende Gebühren festlegen.

Für den Anwalt des Einsichtnehmenden entsteht die Gebühr nach Nr. 3309 VV-RVG. Kommt es später zu einer konkreten Vollstreckungsmaßnahme (z. B. Vermögensauskunft) ist diese dann bereits mit abgegolten.

---

2 *Jungbauer,* JurBüro 2012, 629, 632.
3 BeckOK-ZPO/*Utermark,* § 882f Rn. 4.

§ 882g Erteilung von Abdrucken

(1) ¹Aus dem Schuldnerverzeichnis können auf Antrag Abdrucke zum laufenden Bezug erteilt werden, auch durch Übermittlung in einer nur maschinell lesbaren Form. ²Bei der Übermittlung in einer nur maschinell lesbaren Form gelten die von der Landesjustizverwaltung festgelegten Datenübertragungsregeln.

(2) Abdrucke erhalten:
1. Industrie-und Handelskammern sowie Körperschaften des öffentlichen Rechts, in denen Angehörige eines Berufes kraft Gesetzes zusammengeschlossen sind (Kammern),
2. Antragsteller, die Abdrucke zur Errichtung und Führung nichtöffentlicher zentraler Schuldnerverzeichnisse verwenden, oder
3. Antragsteller, deren berechtigtem Interesse durch Einzeleinsicht in die Länderschuldnerverzeichnisse oder durch den Bezug von Listen nach Absatz 5 nicht hinreichend Rechnung getragen werden kann.

(3) ¹Die Abdrucke sind vertraulich zu behandeln und dürfen Dritten nicht zugänglich gemacht werden. ²Nach der Beendigung des laufenden Bezugs sind die Abdrucke unverzüglich zu vernichten; Auskünfte dürfen nicht mehr erteilt werden.

(4) ¹Die Kammern dürfen ihren Mitgliedern oder den Mitgliedern einer anderen Kammer Auskünfte erteilen. ²Andere Bezieher von Abdrucken dürfen Auskünfte erteilen, soweit dies zu ihrer ordnungsgemäßen Tätigkeit gehört. ³Absatz 3 gilt entsprechend. ⁴Die Auskünfte dürfen auch im automatisierten Abrufverfahren erteilt werden, soweit dieses Verfahren unter Berücksichtigung der schutzwürdigen Interessen der Betroffenen und der Geschäftszwecke der zum Abruf berechtigten Stellen angemessen ist.

(5) ¹Die Kammern dürfen die Abdrucke in Listen zusammenfassen oder hiermit Dritte beauftragen; sie haben diese bei der Durchführung des Auftrags zu beaufsichtigen. ²Die Listen dürfen den Mitgliedern von Kammern auf Antrag zum laufenden Bezug überlassen werden. ³Für den Bezug der Listen gelten Absatz 2 Nr. 3 und Absatz 3 entsprechend. ⁴Die Bezieher der Listen dürfen Auskünfte nur jemandem erteilen, dessen Belange sie kraft Gesetzes oder Vertrages wahrzunehmen haben.

(6) ¹Für Abdrucke, Listen und Aufzeichnungen über eine Eintragung im Schuldnerverzeichnis, die auf der Verarbeitung von Abdrucken oder Listen oder auf Auskünften über Eintragungen im Schuldnerverzeichnis beruhen, gilt § 882e Abs. 1 entsprechend. ²Über vorzeitige Löschungen (§ 882e Abs. 3) sind die Bezieher von Abdrucken innerhalb eines Monats zu unterrichten. ³Sie unterrichten unverzüglich die Bezieher von Listen (Absatz 5 Satz 2). ⁴In den auf Grund der Abdrucke und Listen erstellten Aufzeichnungen sind die Eintragungen unverzüglich zu löschen. ⁵Listen sind auch unverzüglich zu vernichten, soweit sie durch neue ersetzt werden.

(7) ¹In den Fällen des Absatzes 2 Nr. 2 und 3 sowie des Absatzes 5 gilt für nichtöffentliche Stellen § 38 des Bundesdatenschutzgesetzes mit der Maßgabe, dass die Aufsichtsbehörde auch die Verarbeitung und Nutzung dieser personenbezogenen Daten in oder aus Akten überwacht. ²Entsprechendes gilt für nichtöffentliche Stellen, die von den in Absatz 2 genannten Stellen Auskünfte erhalten haben.

(8) Das Bundesministerium der Justiz wird ermächtigt, durch Rechtsverordnung mit Zustimmung des Bundesrates
1. Vorschriften über den Bezug von Abdrucken nach den Absätzen 1 und 2 und das Bewilligungsverfahren sowie den Bezug von Listen nach Absatz 5 zu erlassen;
2. Einzelheiten der Einrichtung und Ausgestaltung automatisierter Abrufverfahren nach Absatz 4 Satz 4, insbesondere der Protokollierung der Abrufe für Zwecke der Datenschutzkontrolle, zu regeln;
3. die Erteilung und Aufbewahrung von Abdrucken aus dem Schuldnerverzeichnis, die Anfertigung, Verwendung und Weitergabe von Listen, die Mitteilung und den Vollzug von Löschun-

gen und den Ausschluss vom Bezug von Abdrucken und Listen näher zu regeln, um die ordnungsgemäße Behandlung der Mitteilungen, den Schutz vor unbefugter Verwendung und die rechtzeitige Löschung von Eintragungen sicherzustellen;
4. zur Durchsetzung der Vernichtungs- und Löschungspflichten im Fall des Widerrufs der Bewilligung die Verhängung von Zwangsgeldern vorzusehen; das einzelne Zwangsgeld darf den Betrag von 25 000 Euro nicht übersteigen.

Übersicht	Rdn.		Rdn.
I. Berechtigung zum Bezug von Abdrucken	1	IV. Pflichten der Listenbezieher	11
II. Auskunftserteilung durch die Abdruckbezieher	7	V. Verpflichtung zur Aktualisierung der Abdrucke und Listen	14
III. Berechtigung zur Listenerstellung	9	VI. Verordnungsermächtigung	15

I. Berechtigung zum Bezug von Abdrucken

Trotz der elektronischen Einsichts- und Abrufmöglichkeiten bleibt die Möglichkeit der Erteilung von Abdrucken[1] aus dem Schuldnerregister für bestimmte Bezieher (**Abs. 2 Nr. 1–3**) erhalten. Die Regelungen insoweit entsprechen denen in den früheren §§ 915d, 915e, 915f und 915g, allerdings mit kleinen textlichen Anpassungen an §§ 10 und 38 BDSG. 1

Um den in **Abs. 2** genannten Institutionen und Gewerbetreibenden, die ihren Mitgliedern oder Kunden Auskünfte über die Bonität Dritter erteilen oder die die Bonität und Seriosität ihrer Mitglieder zu überwachen haben, die Arbeit zu erleichtern, ohne die Gebote des Datenschutzes zu verletzen, regelt § 882g und die aufgrund der Ermächtigung des § 882g Abs. 8 ergangene Schuldnerverzeichnisabdruckverordnung (SchuAbdrV)[2] die laufende und regelmäßige Weitergabe von Informationen aus dem Schuldnerverzeichnis unabhängig von der schlüssigen Darlegung eines der in § 882f Satz 1 genannten Zwecke für jeden konkreten Einzelfall. 2

§ 3 SchuAbdrV stellt klar, dass der Versand nicht ohne Weiteres von Amts wegen an die in Ziff. 1.–3. genannten Personen und Institutionen erfolgt, sondern dass dem Bezug ein Antrag, die Überprüfung der konkreten Bezugsberechtigung und eine Bewilligung als Ergebnis einer individuellen Überprüfung – auch bei antragstellenden Kammern – vorauszugehen haben. Der Antrag muss sich auf den tatsächlichen Bezug von Abdrucken beziehen und nicht auf eine vom konkreten Bezug unabhängige generelle Bestätigung, gegebenenfalls Abdrucke beziehen zu dürfen. Ein solches abstraktes Vorschaltverfahren kennt das Gesetz nicht[3]. Das Bewilligungsverfahren ist in §§ 1–6 SchuAbdrV im Einzelnen geregelt. Die Entscheidung über die Bewilligung des Bezugs von Abdrucken ist eine gebundene Entscheidung. Liegen die im Gesetz genannten Voraussetzungen vor, so muss die Bewilligung erteilt werden.[4]

Zu den in Ziff. 1. angesprochenen Kammern zählen die Rechtsanwalts-, Architekten-, Steuerberater-, Ärzte-, Zahnärzte-, Apotheker- und Handwerkskammern. Die Vorschrift ist auf berufsständische Vereinigungen, die nicht Körperschaften des öffentlichen Rechts sind, nicht entsprechend anwendbar. 3

Ziff. 2. stellt klar, dass die Erstellung privater Schuldnerverzeichnisse sowohl für einen regionalen Bereich (z. B. für einen Regierungsbezirk oder für ein Bundesland) als auch mit bundesweiter Geltung nach wie vor möglich sein soll (Beispiel: Schufa). Die Seriosität des Unternehmens ist im konkreten Bewilligungsverfahren zu prüfen. Stellt sich nachträglich die Unzuverlässigkeit im Hinblick auf die Einhaltung der datenschutzrechtlichen Erfordernisse heraus, kann die Bewilligung 4

---

1 Zum Begriff: § 8 Abs. 1 SchuAbdrV.
2 Text siehe Anh. § 882g.
3 BGH, DGVZ 2015, 81.
4 OLG Brandenburg, Rpfleger 2003, 201.

§ 882g ZPO Erteilung von Abdrucken

widerrufen bzw. zurückgenommen werden (§ 7 SchuAbdrV). Die Anregung hierzu kann selbstverständlich auch von betroffenen Schuldnern und ihren Bevollmächtigten kommen.

5 Die Antragsteller nach Ziff. 1–3 müssen ihre Antragsberechtigung nach Abs. 2 sowie ihr berechtigtes Interesse i. S. von § 882f am Bezug der Abdrucke vor der Bewilligung darlegen (§ 3 Abs. 2 SchuAbdrV). Antragsteller gem. Ziff. 3 müssen in diesem Rahmen darlegen, dass ihren berechtigten Interessen durch Einzelauskünfte aus privaten Schuldnerverzeichnissen oder durch den Bezug der in Abs. 5 genannten Listen von den Kammern nicht hinreichend Rechnung getragen werden kann.[5] Diese Beschränkung dient nicht dem Schuldnerschutz, sondern allein der Entlastung des zentralen Vollstreckungsgerichts: Wer bei anderen Institutionen für seine Zwecke hinreichende Auskünfte erhalten kann, soll nicht die Justizverwaltung bemühen. Zu den von Ziff. 3 angesprochenen Antragstellern zählen insbesondere Banken und private Handelsauskunfteien – sie fallen nicht unter Ziff. 2, da sie sich nicht mit der Erstellung von privaten Schuldnerverzeichnissen befassen –, die nicht Mitglied einer Kammer sind, von dort also keine Listen beziehen können, aber auch nicht ausreichende Auskünfte aus Listen erhalten, da diese Auskünfte nicht durch Abs. 4 gedeckt sind.

6 Nach Beendigung der Berechtigung zum Bezug sind die vorhandenen Abdrucke und alle hiervon gefertigten Kopien (gleich in welcher Technik) unverzüglich (d.h. ohne schuldhaftes Zögern) zu vernichten. Die Berechtigung endet bei zeitlicher Befristung mit dem Zeitablauf, bei fristlosem Widerruf sogleich, bei Kündigung mit Ablauf der Kündigungsfrist. Unmittelbar mit Ablauf der Bezugsberechtigung endet auch das Recht, den eigenen Kunden, Mitgliedern usw. Auskünfte aus dem bezogenen Datenbestand zu erteilen. Ein Verstoß hiergegen ist nach § 43 BDSG strafbar. Abs. 3 ist zudem Schutzgesetz i. S. § 823 Abs. 2 BGB.

II. Auskunftserteilung durch die Abdruckbezieher

7 **Abs. 4** ermöglicht es den Kammern grundsätzlich, den sonstigen Beziehern von Abdrucken, soweit die Auskunftserteilung zu ihrer ordnungsgemäßen Tätigkeit gehört, Einzelauskünfte aus den Abdrucken zu erteilen. Die Kammern dürfen dies nur ihren Mitgliedern und den Mitgliedern anderer Kammern, die sonstigen Abdruckbezieher aber jedermann, soweit nur die konkrete Auskunftserteilung im Rahmen ihrer ordnungsgemäßen Tätigkeit liegt. So kann etwa eine Rechtsanwaltskammer nur ihre Mitglieder, die sog. »Schufa« aber alle ihre Kunden aus dem Schuldnerverzeichnis informieren.

Die Empfänger der Auskünfte müssen diese vertraulich behandeln und dürfen sie Dritten nicht zugänglich machen (**Abs. 3**). Die Auskünfte sind, soweit sie schriftlich erteilt oder auf automatischem Wege – Abs. 1 Satz 2 lässt diese Möglichkeit für bestimmte Fälle ausdrücklich zu – übermittelt wurden, unverzüglich, wenn der Zweck der Auskunft erreicht ist, zu vernichten bzw. zu löschen.

8 Alle Abdruckbezieher mit Ausnahme der Kammern und öffentlicher (staatlicher oder kommunaler) Stellen unterliegen der Aufsicht gem. § 38 BDSG, wobei **Abs. 7** den Anwendungsbereich des BDSG ein wenig erweitert.[6] Der nämlichen Aufsicht unterliegen diejenigen nicht-öffentlichen Stellen, die von einem der Abdruck-Bezugsberechtigten Auskünfte, auch in der Form der Übermittlung von Listen, erhalten haben. Sie alle müssen im Interesse der Datensicherheit auch dann eine Überprüfung hinnehmen, wenn ein Verdacht, sie hätten Vorschriften des Datenschutzes verletzt, nicht vorliegt.

III. Berechtigung zur Listenerstellung

9 Nur die in Ziff. 1. genannten Kammern, nicht die sonstigen Bezugsberechtigten von Abdrucken, dürfen die ihnen von den Amtsgerichten übermittelten Abdrucke zu **Listen** zusammenfassen (**Abs. 5**), die sie dann ihren Mitgliedern zum laufenden Bezug überlassen dürfen. Die Erstellung

---

5 OLG Hamm, JurBüro 2006, 442; BeckOK-ZPO/*Utermark*, § 882g Rn. 5.
6 *Wieczorek/Schütze/Storz*, § 915e Rn. 10.

der Listen, die bei großen Kammerbezirken zeitaufwändig sein kann, dürfen die Kammern Dritten, etwa zentralen EDV-Anlagen, aber auch ausgewählten anderen Kammern, die dann für mehrere Kammerbezirke tätig werden, überlassen. Diese Dritten sind nicht nur vor ihrer Tätigkeit sorgfältig (insbesondere im Hinblick auf die Belange des Datenschutzes) auszuwählen, sondern auch **bei der** Durchführung des Auftrages zu beaufsichtigen. Dies erfordert zumindest regelmäßige stichprobenartige Kontrollen.

Nur Kammermitglieder, nicht andere Institutionen, mit denen die Kammer etwa eng zusammenarbeitet, oder außenstehende Personen können die in Abs. 5 angesprochenen Listen auf Antrag von ihrer Kammer laufend beziehen. Die Kammer prüft dann, ob dieses Mitglied die in den Listen enthaltenen Auskünfte zu einem der in § 882f genannten Zwecke benötigt, ob bei dem Antragsteller die Gewähr besteht, dass er die Verpflichtungen nach Abs. 5 Satz 3 und 4 beachtet und ob den Interessen des Antragstellers nicht auch durch gelegentliche Einzelauskünfte aus den Abdrucken (statt des laufenden Bezuges der Listen) Rechnung getragen werden kann. Die vorgenannte Prüfung wird von der Kammer in eigener Verantwortung vorgenommen ohne Beteiligung der Justizverwaltung. 10

IV. Pflichten der Listenbezieher

Die Listenbezieher müssen den Listeninhalt grundsätzlich vertraulich behandeln. Sie dürfen Personen, deren Interessen sie kraft Gesetzes oder kraft vertraglicher Verpflichtung wahrzunehmen haben, insoweit Einzelauskünfte aus den Listen erteilen, wie dies zur Erfüllung der gesetzlichen oder vertraglichen Verpflichtungen erforderlich ist. Die vertragliche Verpflichtung muss etwas mit der Aufgabenstellung zu tun haben, im Hinblick auf welche der Listenbezieher Kammermitglied ist. Ansonsten enthielte **Abs. 5 Satz 4** keine Beschränkung der Auskunftsmöglichkeiten, wie vom Gesetz beabsichtigt, da sich dann jeder Listenbezieher gegenüber jedermann vertraglich zur Auskunft verpflichten könnte. 11

Beispiel: Ein Rechtsanwalt berät und vertritt einen Kreditvermittler. Gleichzeitig verdient er sich hin und wieder Provisionen, indem er dem Unternehmen Kunden, die Kredite benötigen, vermittelt. Soweit er den Kreditvermittler in Prozessen, in der Zwangsvollstreckung oder im Rahmen bereits angebahnter konkreter Vertragsverhandlungen anwaltlich vertritt, kann er ihm sein Wissen aus den Listen nutzbar machen. Er kann ihm aber nicht die Listen zugänglich machen, damit er sie sich für eine Werbeaktion nutzbar macht, bei der potentielle neue Kunden, die andernorts keine Kredite mehr erhalten, angesprochen werden sollen. Letztere Tätigkeit mag im Rahmen der vertraglichen Vertreternebentätigkeit des Anwalts liegen, sie gehört aber nicht zu seinen Aufgaben als Rechtsanwalt. Nur als solcher hat er aber von seiner Kammer die Listen erhalten.

Sowohl die Kammer selbst als auch diejenigen, die von der Kammer laufend oder in Einzelfällen Listen bezogen haben, **müssen** die Listen unverzüglich vernichten, soweit sie tatsächlich durch neue ersetzt werden. Die Verpflichtung gilt nicht, soweit Teile der Listen neben der neuen Liste ihre Gültigkeit behalten (Beispiel: Eine Handwerkskammer hat in einer Liste die Auskünfte aus dem Schuldnerregister für einen bestimmten Zeitraum zusammengefasst. Die neue Liste bringt nur für 6 weitere Monate Ergänzungen). Die Vorschrift legt es nahe, den Kammern im Interesse des Datenschutzes zu empfehlen, ihre Listen jeweils nach einer gewissen Zeit komplett auszutauschen, da die Einhaltung der Verpflichtung nach **Abs. 6** sonst kaum überprüft werden kann. 12

Die weitere Speicherung von Daten, die nach Abs. 6 gelöscht werden müssen, ist unbefugt i. S. § 43 Abs. 1 Nr. 1 BDSG und daher strafbar. Die Tat wird aber gem. § 43 Abs. 4 BDSG nur auf Antrag des durch die weitere Speicherung betroffenen Schuldners bestraft. Der Schutz ist daher nur effektiv, wenn Datenschutzbehörden und Justizverwaltung, soweit sie bei zufälligen Kontrollen auf unbefugt gespeicherte Daten stoßen, die Betroffenen unverzüglich informieren. Die unbefugte 13 weitere Speicherung ist gegenüber dem Betroffenen eine unerlaubte Handlung, die Schadensersatzansprüche auslösen kann.[7]

V. Verpflichtung zur Aktualisierung der Abdrucke und Listen

Abs. 6 Satz 2–4 will sicherstellen, dass frühere Eintragungen im Schuldnerverzeichnis, die dort längst gelöscht sind, nicht weiter in Sekundärverzeichnissen aller Art kursieren und den wirtschaftlichen Ruf des Schuldners weiter schädigen, obgleich eine Warnung vor diesem Schuldner nach den mit dem Schuldnerverzeichnis verfolgten Zwecken gar nicht mehr erforderlich ist. Die Regelung kann nur Erfolg haben, wenn die Benachrichtigungs- und Löschungsverpflichtungen ernstgenommen werden, auch dann, wenn die Justizverwaltung und die Datenschutzbehörden ihre Einhaltung mangels hinreichender sachlicher und personeller Möglichkeiten nicht ernsthaft überprüfen können.

14

VI. Verordnungsermächtigung

15 Die in **Abs. 8** vorgesehenen Verordnungen sind zwischenzeitlich ergangen. Es handelt sich um die SchuVAbdrV[8] und die SchuFV.[9]

---

[7] AG Speyer, BeckRS 2008, 21396.
[8] Den Text siehe Anh. zu § 882g.
[9] Den Text siehe Anh. zu § 882h.

Anhang zu § 882g ZPO

Verordnung über den Bezug von Abdrucken aus dem Schuldnerverzeichnis (Schuldnerverzeichnisabdruckverordnung – SchuVAbdrV)

Vom 26. Juli 2012

(BGBl. I S. 1658)

Auf Grund des § 882g Absatz 8 der Zivilprozessordnung, der durch Artikel 1 Nummer 17 des Gesetzes vom 29. Juli 2009 (BGBl. I S. 2258) eingefügt worden ist, verordnet das Bundesministerium der Justiz:

Abschnitt 1 Bewilligungsverfahren

§ 1 Bewilligung des Bezugs von Abdrucken

(1) Abdrucke aus Schuldnerverzeichnissen dürfen nur Inhabern einer Bewilligung nach den Vorschriften dieses Abschnitts erteilt werden.

(2) Die Bewilligung ist zu erteilen, wenn die Voraussetzungen der §§ 882f und 882g Absatz 1 und 2 der Zivilprozessordnung und dieser Verordnung erfüllt sind.

(3) Die Bewilligung ist zu versagen, wenn
– der Antragsteller schuldhaft unrichtige Angaben macht,
– die Voraussetzungen vorliegen, unter denen die Bewilligung gemäß § 7 Absatz 1 widerrufen werden könnte,
– Tatsachen vorliegen, welche die Unzuverlässigkeit des Antragstellers in Bezug auf die Verarbeitung und Nutzung personenbezogener Daten begründen, oder
– dem Antragsteller oder einer Person, die im Auftrag des Antragstellers die aus dem Schuldnerverzeichnis zu beziehenden Daten verarbeitet oder nutzt, der Betrieb eines Gewerbes untersagt ist.

(4) ¹Die Bewilligung des Bezugs von Abdrucken berechtigt Kammern,
– die Abdrucke in Listen zusammenzufassen oder hiermit Dritte zu beauftragen und
– die Listen ihren Mitgliedern oder Mitgliedern anderer Kammern auf Antrag zum laufenden Bezug zu überlassen.

²Die Überlassung von Listen ist unzulässig, wenn bei den Listenbeziehern die Voraussetzungen der §§ 882f und 882g Absatz 1 und 2 der Zivilprozessordnung nicht erfüllt sind oder Versagungsgründe entsprechend Absatz 3 vorliegen.

§ 2 Zuständigkeit

Über Anträge nach § 882g Absatz 1 Satz 1 der Zivilprozessordnung entscheidet der Leiter oder die Leiterin des zentralen Vollstreckungsgerichts nach § 882h Absatz 1 der Zivilprozessordnung, bei dem das Schuldnerverzeichnis geführt wird.

§ 3 Antrag

(1) ¹Der Antrag ist schriftlich bei dem nach § 2 zuständigen Leiter oder der zuständigen Leiterin des zentralen Vollstreckungsgerichts zu stellen. ²Die zur Entscheidung über den Antrag erforderlichen Angaben sind auf Verlangen glaubhaft zu machen.

(2) ¹Der Antrag muss die Angaben enthalten, aus denen sich das Vorliegen der in den §§ 882f und 882g Absatz 2 der Zivilprozessordnung geforderten Voraussetzungen ergibt. ²Darüber hinaus muss er enthalten:
– die Angabe von Wohn- oder Geschäftssitz des Antragstellers; die Angabe von Gewerbe- oder Handelsregistereintragung oder des ausgeübten Berufs;
– die Angabe der elektronischen Kontaktdaten für die Übermittlung der Abdrucke nach § 9 Absatz 1 Satz 1;

- die Angabe, ob, wann, bei welchem Gericht und mit welchem Ergebnis bereits Anträge im Sinne dieses Abschnitts gestellt wurden;
- die Erklärung, in welcher der dem Gericht möglichen Formen die Abdrucke erteilt werden sollen;
- die Angabe, ob Listen gefertigt werden sollen;
- die Angabe, von wem die Listen gefertigt und an wen diese weitergegeben werden sollen;
- die Angabe, ob Einzelauskünfte im automatisierten Abrufverfahren erteilt werden sollen.

§ 4 Speicherung von Daten des Antragstellers

(1) Für die Bewilligung des Bezugs von Abdrucken sowie die Einrichtung und Ausgestaltung des Abrufverfahrens von Abdrucken können personenbezogene Daten des Antragstellers, insbesondere der Name des Antragstellers, das Datum des Antrags sowie die Angaben des Antragstellers nach § 3 Absatz 2 von dem zentralen Vollstreckungsgericht oder der nach § 882h Absatz 1 Satz 3 der Zivilprozessordnung zuständigen Stelle erhoben und verarbeitet werden.

(2) ¹Im Fall der Ablehnung oder Rücknahme des Antrags werden der Name des Antragstellers, das Datum des Antrags sowie die Angaben des Antragstellers nach § 3 Absatz 2 Nummer 1 und 2 von dem zentralen Vollstreckungsgericht oder der nach § 882h Absatz 1 Satz 3 der Zivilprozessordnung zuständigen Stelle erfasst und gespeichert. ²Diese Angaben dürfen nur dazu erhoben, verarbeitet und genutzt werden, um Mehrfachanträge und Bewilligungshindernisse zu erkennen.

(3) ¹Die Frist für die Aufbewahrung oder Speicherung beträgt sechs Jahre ab dem Ende des Jahres, in dem der Antrag gestellt wurde. ²Nach Ablauf der Frist nach Satz 1 oder mit dem Fristablauf der Bewilligung nach § 5 Absatz 2 in Verbindung mit § 6 Absatz 1 sind die Angaben zu löschen.

§ 5 Bewilligung

(1) ¹Die Bewilligung ist nur gegenüber dem Antragsteller wirksam. ²Sie ist nicht übertragbar.

(2) Gegenstand der Bewilligung sind
- die Entscheidung über den Antrag,
- Bedingungen,
- Auflagen, Befristungen und der Vorbehalt des Widerrufs.

(3) ¹Die Bewilligung enthält die Belehrung über die vom Begünstigten zu beachtenden datenschutzrechtlichen Vorschriften, insbesondere der Zivilprozessordnung und dieser Verordnung. ²In den Fällen des § 9 Absatz 1 Satz 2 ist ferner über die anzuwendenden Datenübermittlungsregeln zu belehren. ³Auf § 7 ist gesondert hinzuweisen. ⁴Der Bewilligung ist eine Rechtsmittelbelehrung beizufügen.

(4) Die Bewilligung wird der Stelle mitgeteilt, die nach den jeweils maßgeblichen datenschutzrechtlichen Vorschriften für die Kontrolle des Beziehers der Abdrucke zuständig ist.

§ 6 Befristungen, Auflagen und Bedingungen

(1) Die Bewilligung ist auf mindestens ein Jahr und höchstens sechs Jahre zu befristen.

(2) Zum Zweck der Einhaltung der Vorschriften der §§ 882e bis 882h der Zivilprozessordnung, der anzuwendenden Vorschriften der Datenschutzgesetze und dieser Verordnung kann die Bewilligung ergehen mit Bestimmungen,
- durch die dem Begünstigten ein Tun, Dulden oder Unterlassen vorgeschrieben wird (Auflagen) und
- nach denen der Eintritt oder der Wegfall einer Vergünstigung oder Belastung von dem ungewissen Eintritt eines zukünftigen Ereignisses abhängt (Bedingung).

§ 7 Widerruf und Rücknahme von Bewilligungen

(1) Für den Widerruf von Bewilligungen gilt § 49 Absatz 2, 3 und 6 Satz 1 und 2 des Verwaltungsverfahrensgesetzes entsprechend.

(2) Für die Rücknahme von Bewilligungen gilt § 48 Absatz 1, 3 und 4 des Verwaltungsverfahrensgesetzes entsprechend.

(3) ¹Über Widerruf und Rücknahme von Bewilligungen entscheidet die nach § 2 zuständige Stelle. ²Wenn die Bewilligung widerrufen oder zurückgenommen wird, ist die Entscheidung
– dem Inhaber der Bewilligung mit Rechtsmittelbelehrung zuzustellen und
– den Leitern oder Leiterinnen der zentralen Vollstreckungsgerichte mitzuteilen, bei denen weitere Anträge auf Erteilung einer Bewilligung zugunsten des ehemaligen Inhabers der Bewilligung gestellt wurden.

³Sind aus den Abdrucken Listen gefertigt und weitergegeben worden, so ist die rechtskräftige Entscheidung den Beziehern der Listen unter Hinweis auf ihre Pflichten nach Absatz 4 bekannt zu geben. ⁴Betrifft die Entscheidung eine Kammer, erfolgen die Mitteilungen nach Satz 2 Nummer 2 durch diese, im Übrigen durch das entscheidende Gericht. ⁵Benachrichtigungen nach Satz 3 erfolgen durch die betroffene Kammer.

(4) ¹Ist eine Bewilligung rechtskräftig widerrufen oder zurückgenommen, so sind Abdrucke sowie daraus gefertigte Dateien, Listen und sonstige Aufzeichnungen unverzüglich und ordnungsgemäß zu löschen oder zu vernichten. ²Bezieher der Abdrucke und Inhaber von Listen können dazu durch Zwangsgeld angehalten werden. ³Das einzelne Zwangsgeld darf den Betrag von 25 000 Euro nicht übersteigen. ⁴Ist die Verhängung von Zwangsgeld untunlich oder erfolglos, so ist die Ersatzvornahme anzuordnen.

Abschnitt 2 Abdrucke und Listen

§ 8 Inhalt von Abdrucken

(1) ¹Abdrucke werden als Vollabdruck oder als Teilabdruck erteilt. ²Der Vollabdruck enthält alle Eintragungen im Schuldnerverzeichnis. ³Der Teilabdruck enthält nur die seit der letzten Abdruckerstellung eingetretenen Änderungen.

(2) ¹An gut sichtbarer Stelle ist auf die Pflichten hinzuweisen, die sich für den Inhaber von Abdrucken aus § 882g der Zivilprozessordnung ergeben. ²Der Hinweis kann den Abdrucken auch in Form eines Merkblattes beigefügt werden.

(3) Die Abdrucke dürfen keine weiteren Mitteilungen enthalten.

§ 9 Erteilung und Aufbewahrung von Abdrucken

(1) ¹Abdrucke gemäß § 882g Absatz 1 der Zivilprozessordnung werden grundsätzlich in elektronischer Form übermittelt. ²Es gelten die Datenübermittlungsregeln der Landesjustizverwaltung des Landes, in dem das Schuldnerverzeichnis geführt wird. ³Die elektronische Übermittlung der Daten erfolgt bundesweit einheitlich durch ein geeignetes Transportprotokoll sowie in einheitlich strukturierten Datensätzen.

(2) ¹Bei der Datenübermittlung sind geeignete Maßnahmen zur Sicherstellung von Datenschutz und Datensicherheit zu treffen, die insbesondere gewährleisten, dass
– nur Befugte personenbezogene Daten zur Kenntnis nehmen können (Vertraulichkeit),
– personenbezogene Daten während der Verarbeitung unversehrt, vollständig und aktuell bleiben (Integrität),
– personenbezogene Daten zeitgerecht zur Verfügung stehen und ordnungsgemäß verarbeitet werden können (Verfügbarkeit),
– personenbezogene Daten jederzeit ihrem Ursprung zugeordnet werden können (Authentizität),
– festgestellt werden kann, wer wann welche personenbezogenen Daten in welcher Weise verarbeitet hat (Revisionsfähigkeit), und
– die Verfahrensweisen bei der Verarbeitung personenbezogener Daten vollständig, aktuell und in einer Weise dokumentiert sind, dass sie in zumutbarer Zeit nachvollzogen werden können (Transparenz).

²Werden zur Übermittlung öffentliche Telekommunikationsnetze genutzt, ist ein geeignetes Verschlüsselungsverfahren zu verwenden.

(3) ¹Die Abdrucke können dem Bezieher im Einzelfall auch in einem verschlossenen Umschlag gegen Empfangsnachweis zugestellt werden. ²Die Abdrucke dürfen, außer mit dem Merkblatt nach § 8 Absatz 2 Satz 2, nicht mit anderen Druckerzeugnissen verbunden werden. ³Ausgeschlossen sind
– die Ersatzzustellung nach § 178 der Zivilprozessordnung,
– die Zustellung bei verweigerter Annahme nach § 179 der Zivilprozessordnung sowie
– die öffentliche Zustellung nach § 185 der Zivilprozessordnung.

(4) ¹Der Empfänger der Daten nach Absatz 1 hat durch geeignete Vorkehrungen sicherzustellen, dass die Anforderungen des Absatzes 2 auch bezüglich der übermittelten Daten erfüllt werden. ²Der Inhaber der Bewilligung hat dafür Sorge zu tragen, dass ihm überlassene Abdrucke
– gesondert aufbewahrt werden,
– bis zu ihrer Vernichtung jederzeit auffindbar sind und
– gegen unbefugten Zugriff gesichert sind.

³Satz 2 gilt auch für Vervielfältigungen und jede andere Form der Bearbeitung der Abdrucke, insbesondere zum Zweck ihrer Maschinenlesbarkeit.

§ 10 Einstweiliger Ausschluss vom Bezug von Abdrucken

(1) Der Inhaber einer Bewilligung kann von dem Bezug von Abdrucken einstweilen ausgeschlossen werden, wenn Tatsachen bekannt werden, die eine hinreichende Wahrscheinlichkeit begründen, dass die Bewilligung alsbald widerrufen oder zurückgenommen wird.

(2) ¹Über den einstweiligen Ausschluss entscheidet die nach § 2 zuständige Stelle. ²Die Entscheidung ist mit einer Rechtsmittelbelehrung zu versehen und zuzustellen; § 7 Absatz 3 Satz 2 Nummer 2 und Satz 4 gilt entsprechend. ³Die Wirksamkeit der Entscheidung entfällt, wenn nicht binnen eines Monats ab Zustellung eine Entscheidung nach § 7 ergeht.

(3) ¹Ein nach Absatz 2 Satz 3 unwirksam gewordener oder alsbald unwirksam werdender einstweiliger Ausschluss kann wiederholt erlassen werden, wenn während des Zeitraums, in dem der zuerst erlassene einstweilige Ausschluss wirksam war, ein Verfahren mit dem Ziel des Widerrufs oder der Rücknahme der Bewilligung gemäß § 7 zwar eingeleitet, aber noch nicht abgeschlossen wurde. ²Die Gesamtdauer des einstweiligen Ausschlusses darf in einem Verfahren nicht mehr als drei Monate betragen. ³Für den wiederholten einstweiligen Ausschluss gelten im Übrigen die Absätze 1 und 2.

§ 11 Inhalt von Listen

(1) ¹Listen sind Zusammenstellungen von Angaben aus einem oder mehreren Abdrucken. ²Die Aufnahme anderer Angaben als solchen aus rechtmäßig bezogenen Abdrucken oder die Verknüpfung mit anderen Angaben ist unzulässig.

(2) ¹Die Zusammenstellung der Angaben erfolgt
– aufgrund von gemeinsamen Merkmalen, nach denen die Angaben aus den Abdrucken ausgewählt werden können (Auswahlmerkmale), sowie
– aufgrund von Sortieranweisungen, nach denen die Angaben in den Listen zu ordnen sind (Ordnungsmerkmale).

²Auswahlmerkmale dürfen sich nur auf Eintragungen nach § 882b Absatz 2 und 3 der Zivilprozessordnung beziehen.

(3) ¹Listen müssen das Datum ihrer Erstellung tragen, den Ersteller benennen und mit Quellenangaben versehen sein. ²In den Listen ist an gut sichtbarer Stelle auf die Pflichten hinzuweisen, die sich für den Bezieher von Listen aus § 882g der Zivilprozessordnung ergeben. ³§ 8 Absatz 2 Satz 2 ist anzuwenden.

(4) Die Listen dürfen keine weiteren Mitteilungen enthalten.

§ 12 Anfertigung, Erteilung und Verwendung von Listen

¹Listen sind unverzüglich nach dem Eingang der Abdrucke zu erstellen und den Beziehern zu überlassen. ²§ 9 gilt entsprechend.

§ 13 Ausschluss vom Bezug von Listen

(1) ¹Die Kammern sind verpflichtet, einen Bezieher von Listen künftig vom Bezug auszuschließen, wenn ihm die Bewilligung zum Bezug von Abdrucken zu versagen wäre. ²Diesen Ausschluss teilen die Kammern ihren Aufsichtsbehörden mit.

(2) Die Aufsichtsbehörden der Kammern teilen Verstöße gegen Absatz 1 den Leitern oder Leiterinnen der zentralen Vollstreckungsgerichte mit, die den Kammern die Bewilligung zum Bezug von Abdrucken erteilt haben.

(3) Bei Verstößen gegen Absatz 1 kann die Bewilligung zum Bezug von Abdrucken gemäß § 7 widerrufen werden.

§ 14 Löschung in Abdrucken und Listen

(1) Löschungen gemäß § 882g Absatz 6 der Zivilprozessordnung führen die Bezieher von Abdrucken und Listen sowie die Inhaber sonstiger Aufzeichnungen im Sinne des § 882g Absatz 6 Satz 1 der Zivilprozessordnung eigenverantwortlich durch.

(2) ¹Löschungsmitteilungen gemäß § 882g Absatz 6 Satz 2 der Zivilprozessordnung werden in der gleichen Weise wie die zugrunde liegenden Abdrucke übermittelt. ²§ 8 Absatz 3 und § 9 sind entsprechend anzuwenden.

(3) ¹Die Kammern unterrichten die zur Umsetzung der Löschungsmitteilungen verpflichteten Listenbezieher in der Form, in der die zugrunde liegenden Listen erteilt werden. ²Kammern oder von ihnen gemäß § 882g Absatz 5 Satz 1 der Zivilprozessordnung beauftragte Dritte, die Listen nicht durch automatisierte Datenverarbeitung erstellen, dürfen alle unterrichten, die zu diesem Zeitpunkt Listen beziehen. ³Listenbezieher, von denen die Kammer oder der beauftragte Dritte ohne unverhältnismäßigen Aufwand feststellen können, dass ihnen die zu löschende Eintragung bis zu diesem Zeitpunkt nicht durch eine Liste oder eine Auskunft der Kammer bekannt geworden ist, müssen nicht unterrichtet werden.

(4) ¹Löschungsmitteilungen nach Absatz 2 sind unverzüglich nach Zugang umzusetzen. ²Sie sind zu vernichten oder zu löschen, sobald sie umgesetzt sind. ³Es ist durch geeignete technische Maßnahmen sicherzustellen, dass gelöschte Datensätze nicht wiederhergestellt werden können. ⁴Die Sätze 1 bis 3 gelten entsprechend für die Mitteilungen an die Listenbezieher nach Absatz 3.

§ 15 Kontrolle von Löschungen in Abdrucken und Listen

¹Werden öffentlichen Stellen Tatsachen bekannt, die die Annahme rechtfertigen, dass einer Löschungspflicht nach § 882g Absatz 6 der Zivilprozessordnung nicht nachgekommen wurde, haben sie diese Tatsachen dem Leiter oder der Leiterin des zentralen Vollstreckungsgerichts nach § 882h Absatz 1 der Zivilprozessordnung mitzuteilen, bei dem das Schuldnerverzeichnis geführt wird, dem die zu löschende Eintragung entnommen wurde. ²Die zuständige Stelle nach § 2 ergreift die Maßnahmen nach dieser Verordnung und benachrichtigt die für die Kontrolle über die Einhaltung der Datenschutzvorschriften zuständigen Stellen.

Abschnitt 3 Automatisiertes Abrufverfahren

§ 16 Einrichtung

(1) Bezieher von Abdrucken dürfen unter den Voraussetzungen des § 882g Absatz 4 der Zivilprozessordnung im automatisierten Abrufverfahren Einzelauskünfte aus den Abdrucken nach Maßgabe der Vorschriften dieses Abschnitts erteilen.

(2) ¹Im automatisierten Abrufverfahren dürfen nur die nach § 882b Absatz 2 und 3 der Zivilprozessordnung in das Schuldnerverzeichnis aufzunehmenden Eintragungen übermittelt werden. ²Die Verknüpfung zu übermittelnder Daten mit anderen Daten ist nur zulässig, wenn
- die Verknüpfung für die Zwecke des § 882f der Zivilprozessordnung notwendig ist,
- die Daten, mit denen die Daten aus dem Schuldnerverzeichnis verknüpft werden sollen, rechtmäßig und ausschließlich zu den in § 882f der Zivilprozessordnung genannten Zwecken erhoben, verarbeitet und genutzt werden,
- der Bezieher der Abdrucke die Herkunft der Daten nachweisen kann und
- der Bezieher der Abdrucke sicherstellt, dass der Empfänger der Auskunft im Wege des Abrufs von Daten, die mit Daten aus dem Schuldnerverzeichnis verknüpft sind, nur dann Kenntnis von verknüpften Daten aus Schuldnerverzeichnissen erhält, wenn er dazu berechtigt ist oder wenn dies für die Zwecke des § 882f der Zivilprozessordnung notwendig ist.

(3) Für Anfragen im automatisierten Abrufverfahren dürfen nur Angaben verwendet werden, deren Eintragung in das Schuldnerverzeichnis nach § 882b Absatz 2 und 3 der Zivilprozessordnung zu erfolgen hätte.

§ 17 Ausgestaltung elektronischer Abrufverfahren

¹Der Bezieher von Abdrucken, der Einzelauskünfte im automatisierten Abrufverfahren erteilt (Auskunftsstelle), hat die geeigneten technischen und organisatorischen Maßnahmen zu treffen, die erforderlich sind, um die Ausführung der Vorschriften des Bundesdatenschutzgesetzes oder der entsprechenden landesrechtlichen Regelungen zu gewährleisten. ²§ 9 Absatz 2 gilt entsprechend.

§ 18 Ausschluss von der Abrufberechtigung

(1) ¹Die Auskunftsstelle ist verpflichtet, den Abrufberechtigten vom Abrufverfahren auszuschließen, wenn ihr Tatsachen bekannt werden, die erkennen lassen, dass
- die abgerufenen Daten vom Abrufberechtigten nicht zu den in § 882f der Zivilprozessordnung genannten Zwecken verwendet werden,
- kein berechtigtes Interesse nach § 882g Absatz 2 Nummer 3 der Zivilprozessordung bei dem Abrufberechtigten vorliegt und dennoch wiederholt Daten abgerufen wurden,
- die abgerufenen Daten vom Abrufberechtigten in unzulässiger Weise genutzt, insbesondere weitergegeben werden,
- der Abrufberechtigte seinen Pflichten nach § 17 nicht oder nicht hinreichend nachkommt oder
- die Unzuverlässigkeit in Bezug auf die Verarbeitung und Nutzung personenbezogener Daten bei dem Abrufberechtigten aus sonstigen Gründen begründet ist.

²Die Auskunftsstelle teilt der für die Kontrolle der datenschutzrechtlichen Vorschriften zuständigen Stelle den Ausschluss mit.

(2) Die Aufsichtsbehörde teilt Verstöße gegen Absatz 1 den Leitern oder Leiterinnen der zentralen Vollstreckungsgerichte nach § 882h Absatz 1 der Zivilprozessordnung mit, die die Bewilligungen zum Bezug von Abdrucken zugunsten der Auskunftsstelle erteilt haben.

(3) Bei Verstößen gegen Absatz 1 kann die Bewilligung gemäß § 7 widerrufen werden.

Abschnitt 4 Schlussvorschriften

§ 19 Rechtsweg

Auf Entscheidungen des Leiters oder der Leiterin des zentralen Vollstreckungsgerichts nach § 882h Absatz 1 der Zivilprozessordnung nach dieser Verordnung sind die §§ 23 bis 30 des Einführungsgesetzes zum Gerichtsverfassungsgesetz anzuwenden.

§ 20 Inkrafttreten

Diese Verordnung tritt am 1. Januar 2013 in Kraft.

§ 882h Zuständigkeit; Ausgestaltung des Schuldnerverzeichnisses

(1) ¹Das Schuldnerverzeichnis wird für jedes Land von einem zentralen Vollstreckungsgericht geführt. ²Der Inhalt des Schuldnerverzeichnisses kann über eine zentrale und länderübergreifende Abfrage im Internet eingesehen werden. ³Die Länder können Einzug und Verteilung der Gebühren sowie weitere Abwicklungsaufgaben im Zusammenhang mit der Abfrage nach Satz 2 auf die zuständige Stelle eines Landes übertragen.

(2) ¹Die Landesregierungen bestimmen durch Rechtsverordnung, welches Gericht die Aufgaben des zentralen Vollstreckungsgerichts nach Absatz 1 wahrzunehmen hat. ²§ 802k Abs. 3 Satz 2 und 3 gilt entsprechend. ³Die Führung des Schuldnerverzeichnisses stellt eine Angelegenheit der Justizverwaltung dar.

(3) ¹Das Bundesministerium der Justiz wird ermächtigt, durch Rechtsverordnung mit Zustimmung des Bundesrates die Einzelheiten zu Form und Übermittlung der Eintragungsanordnungen nach § 882b Abs. 1 und der Entscheidungen nach § 882d Abs. 3 Satz 2 dieses Gesetzes und § 284 Abs. 10 Satz 2 der Abgabenordnung oder gleichwertigen Regelungen im Sinne von § 882b Abs. 1 Nr. 2 Halbsatz 2 dieses Gesetzes sowie zum Inhalt des Schuldnerverzeichnisses und zur Ausgestaltung der Einsicht insbesondere durch ein automatisiertes Abrufverfahren zu regeln. ²Die Rechtsverordnung hat geeignete Regelungen zur Sicherung des Datenschutzes und der Datensicherheit vorzusehen. ³Insbesondere ist sicherzustellen, dass die Daten
1. bei der elektronischen Übermittlung an das zentrale Vollstreckungsgericht nach Absatz 1 sowie bei der Weitergabe an eine andere Stelle nach Absatz 2 Satz 2 gegen unbefugte Kenntnisnahme geschützt sind,
2. unversehrt und vollständig wiedergegeben werden,
3. jederzeit ihrem Ursprung nach zugeordnet werden können und
4. nur von registrierten Nutzern nach Angabe des Verwendungszwecks abgerufen werden können, jeder Abrufvorgang protokolliert wird und Nutzer im Fall des missbräuchlichen Datenabrufs oder einer missbräuchlichen Datenverwendung von der Einsichtnahme ausgeschlossen werden können.

⁴Die Daten der Nutzer dürfen nur für die in Satz 3 Nr. 4 genannten Zwecke verwendet werden.

Obwohl die Schuldnerverzeichnisse jeweils nur für ein Bundesland geführt werden, ermöglicht **Abs. 1 Satz 2** eine bundesweite Abfrage. **Abs. 2 Satz 3** stellt klar, dass die Führung der Schuldnerverzeichnisse kein Teil der Zwangsvollstreckung, sondern eine Angelegenheit der Justizverwaltung ist. Zwangsvollstreckung ist nur die Eintragungsanordnung hinsichtlich des einzelnen Schuldners. Danach dient das Schuldnerverzeichnis nicht mehr dem Schutz des vollstreckenden Gläubigers, sondern ausschließlich der Warnung der am Wirtschaftsverkehr teilnehmenden Allgemeinheit vor unsicheren und deshalb bei der Kreditgewährung mit Vorsicht zu behandelnden Schuldnern.

Die zentralen Vollstreckungsgerichte aller Bundesländer sind zwischenzeitlich bestimmt.[1]. Zudem haben die Länder ein gemeinsames Vollstreckungsportal im Internet eingerichtet.

Die in Abs. 3 vorgesehene Verordnung ist die Schuldnerverzeichnisführungsverordnung (SchuFV).[2]

---

[1] Siehe die Liste mit den Namen der Gerichte, deren Adressen und Internetadressen: vor §§ 882b – 882h Rdn. 3. Zudem haben die Länder ein gemeinsames Vollstreckungsportal im Internet eingerichtet.
[2] Den Text siehe im Anhang zu § 882h.

Anhang zu § 882h ZPO

Verordnung über die Führung des Schuldnerverzeichnisses (Schuldnerverzeichnisführungsverordnung – SchuFV)

Vom 26. Juli 2012[1]

Auf Grund des § 882h Absatz 3 der Zivilprozessordnung, der durch Artikel 1 Nummer 17 des Gesetzes vom 29. Juli 2009 (BGBl. I S. 2258) eingefügt worden ist, verordnet das Bundesministerium der Justiz:

Abschnitt 1 Das Schuldnerverzeichnis

§ 1 Inhalt des Schuldnerverzeichnisses

(1) In das Schuldnerverzeichnis werden die in § 882b Absatz 2 und 3 der Zivilprozessordnung angegebenen Daten eingetragen.

(2) ¹Offenbare Unrichtigkeiten der Bezeichnung des Schuldners in den Eintragungsanordnungen nach § 882b Absatz 3 Nummer 2 bis 4 der Zivilprozessordnung können bei Eintragung im Schuldnerverzeichnis berichtigt werden. ²Ist dem zentralen Vollstreckungsgericht bekannt, dass die Eintragungsanordnung fehlerbehaftet ist, berichtigt es den Inhalt der Eintragung von Amts wegen und benachrichtigt den Einsender von der Berichtigung. ³Im Übrigen nimmt das zentrale Vollstreckungsgericht die Eintragung ohne inhaltliche Überprüfung vor.

Abschnitt 2 Form und Übermittlung von Eintragungsanordnungen und Entscheidungen

§ 2 Übermittlung von Eintragungsanordnungen und Entscheidungen

(1) ¹Die Eintragungsanordnung erfolgt durch die in § 882b Absatz 1 Nummer 1 bis 3 der Zivilprozessordnung genannten Stellen. ²Die Eintragungsanordnung ist dem zentralen Vollstreckungsgericht elektronisch zu übermitteln. ³Die Übermittlung der Daten erfolgt bundesweit einheitlich durch ein geeignetes Transportprotokoll sowie in einheitlich strukturierten Datensätzen.

(2) ¹Bei der Datenübermittlung an das zentrale Vollstreckungsgericht und bei der Weitergabe an eine andere Stelle im Sinne des § 882h Absatz 2 der Zivilprozessordnung sind geeignete technische und organisatorische Maßnahmen zur Sicherstellung von Datenschutz und Datensicherheit zu treffen, die insbesondere gewährleisten, dass

– nur Befugte personenbezogene Daten zur Kenntnis nehmen können (Vertraulichkeit),
– personenbezogene Daten während der Verarbeitung unversehrt, vollständig und aktuell bleiben (Integrität),
– personenbezogene Daten zeitgerecht zur Verfügung stehen und ordnungsgemäß verarbeitet werden können (Verfügbarkeit),
– personenbezogene Daten jederzeit ihrem Ursprung zugeordnet werden können (Authentizität),
– festgestellt werden kann, wer wann welche personenbezogenen Daten in welcher Weise verarbeitet hat (Revisionsfähigkeit), und
– die Verfahrensweisen bei der Verarbeitung personenbezogener Daten vollständig, aktuell und in einer Weise dokumentiert sind, dass sie in zumutbarer Zeit nachvollzogen werden können (Transparenz).

²Werden zur Übermittlung öffentliche Telekommunikationsnetze genutzt, ist ein geeignetes Verschlüsselungsverfahren zu verwenden.

(3) Vor der elektronischen Übermittlung von Eintragungsanordnungen ist durch geeignete technische Maßnahmen zu gewährleisten, dass überprüfbar ist, wer die Daten übermittelt und empfängt.

---

[1] BGBl. I 2012, 1654, zuletzt geändert durch Art. 4 G zur Verkürzung des Restschuldbefreiungsverfahrens und zur Stärkung der Gläubigerrechte vom 15.7.2013 (BGBl. I S. 2379).

(4) Absatz 1 Satz 2 und 3 sowie die Absätze 2 und 3 gelten entsprechend für die elektronische Übermittlung von Entscheidungen im Sinne des § 882h Absatz 3 Satz 1 der Zivilprozessordnung.

§ 3 Vollziehung von Eintragungsanordnungen

(1) ¹Das zentrale Vollstreckungsgericht prüft elektronisch übermittelte Eintragungsanordnungen daraufhin, ob die elektronische Übermittlung die Anforderungen des § 2 Absatz 2 und 3 erfüllt. ²Das Ergebnis der Prüfung ist zu protokollieren.

(2) ¹Erfüllt die elektronische Übermittlung der Eintragungsanordnung die Anforderungen des § 2 Absatz 2 und 3, trägt das zentrale Vollstreckungsgericht die in § 882b Absatz 2 und 3 der Zivilprozessordnung angegebenen Daten in das Schuldnerverzeichnis ein. ²Das zentrale Vollstreckungsgericht informiert den Einsender unverzüglich über die Eintragung.

(3) ¹Erfüllt die elektronische Übermittlung der Eintragungsanordnung die Anforderungen des § 2 Absatz 2 und 3 nicht, trägt das zentrale Vollstreckungsgericht die in § 882b Absatz 2 und 3 der Zivilprozessordnung angegebenen Daten nicht in das Schuldnerverzeichnis ein und teilt dem Einsender dies unter Angabe der Gründe mit. ²Der Einsender veranlasst eine erneute elektronische Übermittlung einer Eintragungsanordnung, die den Anforderungen des § 2 Absatz 2 und 3 entspricht.

(4) Die Absätze 1 bis 3 gelten entsprechend für die elektronische Übermittlung von Entscheidungen im Sinne des § 882h Absatz 3 Satz 1 der Zivilprozessordnung.

§ 4 Löschung von Eintragungen

(1) Das zentrale Vollstreckungsgericht löscht eine Eintragung im Schuldnerverzeichnis nach dem Ablauf von drei Jahren seit dem Tag der Eintragungsanordnung.

(2) Das zentrale Vollstreckungsgericht löscht eine Eintragung im Schuldnerverzeichnis außerdem, wenn
- die vollständige Befriedigung des Gläubigers nachgewiesen ist,
- das Fehlen oder der Wegfall des Eintragungsgrundes bekannt ist oder
- die Ausfertigung einer vollstreckbaren Entscheidung vorgelegt wird, aus der sich ergibt, dass die Eintragungsanordnung aufgehoben oder einstweilen ausgesetzt ist.

Abschnitt 3 Einsicht in das Schuldnerverzeichnis

§ 5 Einsichtsberechtigung

Einsichtsberechtigt ist jeder, der darlegt, Angaben nach § 882b der Zivilprozessordnung zu benötigen
- für Zwecke der Zwangsvollstreckung;
- um gesetzliche Pflichten zur Prüfung der wirtschaftlichen Zuverlässigkeit zu erfüllen;
- um Voraussetzungen für die Gewährung von öffentlichen Leistungen zu prüfen;
- um wirtschaftliche Nachteile abzuwenden, die daraus entstehen können, dass Schuldner ihren Zahlungsverpflichtungen nicht nachkommen;
- für Zwecke der Strafverfolgung und der Strafvollstreckung oder
- zur Auskunft über ihn selbst betreffende Eintragungen.

§ 6 Einsichtnahme

(1) Die Einsichtnahme in das Schuldnerverzeichnis erfolgt über ein zentrales und länderübergreifendes elektronisches Informations- und Kommunikationssystem der Länder im Internet.

(2) ¹Die Einsichtnahme in das Schuldnerverzeichnis wird nur registrierten Nutzern gewährt. ²Die jeweilige Einsichtnahme ist erst nach Darlegung des Verwendungszwecks nach § 5 Nummer 1 bis 6 zu ermöglichen.

(3) ¹Bei jeder Einsichtnahme ist der Abrufvorgang so zu protokollieren, dass feststellbar ist, ob das Datenverarbeitungssystem befugt genutzt worden ist. ²Zu protokollieren sind:
– die zur Abfrage verwendeten Daten nach Absatz 2 Satz 2,
– das Datum und die Uhrzeit der Einsichtnahme,
– die Identität der abfragenden Person,
– welche Datensätze nach § 3 Absatz 2 betroffen sind.

³Die protokollierten Daten nach Satz 2 dürfen nur zu Datenschutzzwecken, für gerichtliche Verfahren oder Strafverfahren verwendet werden.

(4) ¹Die gespeicherten Abrufprotokolle werden nach sechs Monaten gelöscht. ²Ausgenommen von der Löschung nach sechs Monaten sind gespeicherte Daten, die in einem eingeleiteten Verfahren zur Datenschutzkontrolle, einem gerichtlichen Verfahren oder Strafverfahren benötigt werden. ³Diese Daten sind nach dem endgültigen Abschluss dieser Verfahren zu löschen.

§ 7 Registrierung

(1) ¹Die Identifikation der Nutzungsberechtigten ist durch geeignete Registrierungsverfahren sicherzustellen. ²Sie erfolgt durch das für den Wohnsitz oder Sitz des Einsichtsberechtigten zuständige zentrale Vollstreckungsgericht oder über die nach § 802k Absatz 3 Satz 3 in Verbindung mit § 882h Absatz 2 der Zivilprozessordnung beauftragte Stelle. ³Hat ein Nutzungsberechtigter im Inland keinen Wohnsitz oder Sitz, erfolgt die Registrierung durch ein zentrales Vollstreckungsgericht nach Wahl des Nutzungsberechtigten. ⁴Juristische Personen werden zusammen mit den für sie handelnden natürlichen Personen registriert. ⁵Bei der Registrierung von natürlichen Personen nach Satz 4 ist das Identifikationsmerkmal der juristischen Person zu ergänzen. ⁶Behörden und Gerichte können gesondert registriert werden.

(2) Das elektronische Registrierungsverfahren hat insbesondere die Identifikationsmöglichkeit durch Angabe und Überprüfung der Personendaten mittels elektronischen Identitätsnachweises nach § 18 des Personalausweisgesetzes bereitzustellen.

(3) ¹Die Registrierung erfolgt nur, wenn der Nutzungsberechtigte zuvor sein Einverständnis erklärt hat, dass sämtliche Abrufvorgänge gemäß § 6 Absatz 3 gespeichert und verwendet werden dürfen. ²Satz 1 gilt nicht für Behörden und Gerichte. ³Die Registrierung ist abgeschlossen, wenn das zentrale Vollstreckungsgericht dem Nutzungsberechtigten die Zugangsdaten für das zentrale und länderübergreifende elektronische Informations- und Kommunikationssystem nach § 6 Absatz 1 übermittelt.

(4) ¹Das Registrierungsverfahren für die nach § 5 Nutzungsberechtigten kann über ein zentrales und länderübergreifendes elektronisches Informations- und Kommunikationssystem im Internet oder ein anderes System, das die Identifikation des Nutzungsberechtigten sicherstellt, erfolgen. ²Die zentralen Vollstreckungsgerichte veröffentlichen, unter welcher elektronischen Adresse das zentrale länderübergreifende elektronische Informations- und Kommunikationssystem zur Verfügung steht.

(5) Ist es dem Nutzungsberechtigten nicht möglich, ein elektronisches Registrierungsverfahren nach Absatz 4 zu nutzen, kann die Registrierung durch ein geeignetes nicht elektronisches Registrierungsverfahren bei dem zuständigen zentralen Vollstreckungsgericht erfolgen.

§ 8 Abfragedatenübermittlung

(1) ¹Bei der Einsichtnahme in das Schuldnerverzeichnis erfolgt die elektronische Übermittlung der Daten bundesweit einheitlich durch ein geeignetes Transportprotokoll sowie in einheitlich strukturierten Datensätzen. ²Bei der elektronischen Übermittlung sind durch geeignete technische und organisatorische Maßnahmen der Datenschutz und die Datensicherheit zu gewährleisten. ³§ 2 Absatz 2 und 3 gilt entsprechend.

(2) ¹Eine Übermittlung von Daten an den Nutzer erfolgt, wenn dieser mindestens folgende Suchkriterien angibt:

– den Namen und Vornamen des Schuldners oder die Firma des Schuldners und
– den Sitz des zuständigen zentralen Vollstreckungsgerichts oder den Wohnsitz oder das Geburtsdatum des Schuldners oder den Ort, an dem der Schuldner seinen Sitz hat.

²Vorbehaltlich der Absätze 3 und 4 wird nicht mehr als ein Datensatz übermittelt. ³Der Datensatz enthält die in § 882b Absatz 2 und 3 der Zivilprozessordnung angegebenen personenbezogenen Daten des Schuldners.

(3) ¹Sind zu einer Abfrage gemäß Absatz 2 mehrere Datensätze vorhanden, hat der Nutzer zusätzlich das Geburtsdatum des Schuldners einzugeben. ²Ergibt auch diese Abfrage mehrere Treffer, hat der Nutzer außerdem zu der Angabe gemäß Satz 1 den Geburtsort des Schuldners einzugeben; sind dann weiterhin mehrere Treffer vorhanden, sind diese zu übermitteln.

(4) ¹Kann der Nutzer abweichend von der Abfrage gemäß den Absätzen 2 und 3 Familiennamen, Vornamen, Geburtsdatum und Geburtsort des Schuldners sofort angeben, werden ihm sämtliche zu einem Schuldner vorhandene Datensätze übermittelt. ²Das Gleiche gilt, wenn der Schuldner keine natürliche Person ist und bei der Abfrage Name oder Firma und Sitz des Schuldners angegeben werden.

(5) Die Absätze 2 bis 4 sind nicht anzuwenden auf die Einsichtnahme in das Schuldnerverzeichnis durch Gerichte und Behörden aus den Mitgliedstaaten der Europäischen Union.

§ 9 Informationsverwendung

(1) ¹Die Daten aus der Einsichtnahme in das Schuldnerverzeichnis dürfen nur zu dem Zweck verwendet werden, für den sie übermittelt werden. ²Die Zweckbestimmung richtet sich nach § 5 in Verbindung mit § 6 Absatz 2 Satz 2.

(2) ¹Die Daten aus der Einsichtnahme in das Schuldnerverzeichnis sind zu löschen, sobald der Zweck erreicht wurde. ²Nichtöffentliche Stellen sind darauf bei der Übermittlung hinzuweisen.

§ 10 Ausschluss von der Einsichtnahme

(1) Ein nach § 7 registrierter Nutzer kann bei missbräuchlicher Datenverwendung oder missbräuchlichen Datenabrufen von der Einsichtnahme in das Schuldnerverzeichnis ganz oder bis zu fünf Jahre ausgeschlossen werden.

(2) Handelt es sich bei dem nach § 7 registrierten Nutzer um eine juristische Person, für die nach § 7 Absatz 1 Satz 4 und 5 mehrere natürliche Personen registriert sind, können bei missbräuchlicher Datenverwendung oder missbräuchlichen Datenabrufen alle nach § 7 Absatz 1 Satz 4 und 5 für die juristische Person handelnden Personen von der Einsichtnahme in das Schuldnerportal ganz oder bis zu fünf Jahre ausgeschlossen werden.

(3) Auf den Ausschluss von der Einsichtnahme sind § 49 Absatz 2, 3 und 6 Satz 1 und 2 sowie § 48 Absatz 1, 3 und 4 des Verwaltungsverfahrensgesetzes entsprechend anzuwenden.

(4) ¹Mit dem Ausschluss von der Einsichtnahme bestimmt die zuständige Stelle den Zeitraum, für den der Nutzer keine neue Registrierung erhalten kann. ²Zuständig für die Entscheidung ist die Stelle, die die Registrierung nach § 7 vorgenommen hat. ³Die Entscheidung ist dem ehemaligen Inhaber der Registrierung mit Rechtsmittelbelehrung zuzustellen. ⁴Die zuständige Stelle veranlasst die Sperrung der nach § 7 Absatz 3 Satz 3 übermittelten Zugangsdaten.

(5) ¹Die Sperrfrist für eine erneute Registrierung des Nutzers nach Absatz 4 Satz 1 darf zur Registrierungsverwaltung nach den §§ 6 und 7 gespeichert und an andere zentrale Vollstreckungsgerichte übermittelt werden. ²Die gespeicherten Daten sind mit dem Ablauf der Sperrfrist zu löschen.

§ 11 Zugang zur Einsicht in das Schuldnerverzeichnis

(1) Die Landesregierungen stellen sicher, dass nach § 5 Einsichtsberechtigte eine Registrierung nach § 7 Absatz 5 bei jedem Amtsgericht veranlassen können.

Anhang zu § 882h ZPO Schuldnerverzeichnisführungsverordnung

(2) ¹Die Landesregierungen ermöglichen durch geeignete technische und organisatorische Maßnahmen, dass registrierte Nutzer in jedem Amtsgericht Einsicht in das elektronische Schuldnerverzeichnis nehmen können. ²Die Einsichtsberechtigten können verlangen, dass ihnen ein Ausdruck ihrer Datenabfrage überlassen wird.

Abschnitt 4 Schlussvorschriften

§ 12 Rechtsweg

Auf Entscheidungen des zentralen Vollstreckungsgerichts sind, soweit es sich um Angelegenheiten der Justizverwaltungen im Sinne des § 882h Absatz 2 Satz 3 der Zivilprozessordnung handelt, die §§ 23 bis 30 des Einführungsgesetzes zum Gerichtsverfassungsgesetz anzuwenden.

§ 13 Inkrafttreten, Außerkrafttreten

(1) Diese Verordnung tritt am 1. Januar 2013 in Kraft.

(2) Die Schuldnerverzeichnisverordnung vom 15. Dezember 1994 (BGBl. I S. 3822), die zuletzt durch Artikel 3 des Gesetzes vom 13. Dezember 2001 (BGBl. I S. 3638) geändert worden ist, tritt am 31. Dezember 2017 außer Kraft.

Abschnitt 3. Zwangsvollstreckung zur Erwirkung der Herausgabe von Sachen und zur Erwirkung von Handlungen oder Unterlassungen

Vor §§ 883–898 Überblick über die Regelungen des 3. Abschnitts

Übersicht	Rdn.		Rdn.
I. Zwangsvollstreckung wegen anderer Forderungen als Geldforderungen	1	III. Vollstreckung gegen eine juristische Person des öffentlichen Rechts	4
II. Abgrenzung zwischen den in Betracht kommenden Forderungen	3	

Literatur:
Dietrich, Die Individualvollstreckung, 1976; *Schilken*, Ansprüche auf Auskunft und Vorlegung von Sachen im materiellen Recht und im Verfahrensrecht, Jura 1988, 525; *Schünemann*, Befriedigung durch Zwangsvollstreckung, JZ 1985, 49.

I. Zwangsvollstreckung wegen anderer Forderungen als Geldforderungen

Der 3. Abschnitt regelt die Zwangsvollstreckung aller Titel, die nicht unmittelbar auf die Erfüllung einer Geldforderung gerichtet sind, auch wenn, wie im Fall des § 887 Abs. 2, die Verwirklichung des Anspruchs letztlich doch durch die zwangsweise Beitreibung einer Geldsumme ermöglicht wird. Das Gesetz teilt die Vielzahl der in Betracht kommenden Ansprüche in vier Gruppen ein, für die jeweils ein unterschiedliches Vollstreckungsverfahren vorgesehen ist: 1
– Ansprüche auf Herausgabe beweglicher und unbeweglicher Sachen (§§ 883–886);
– Ansprüche auf Vornahme vertretbarer und unvertretbarer Handlungen (§§ 887–889);
– Ansprüche auf Unterlassung einer Handlung oder auf Duldung der Vornahme einer Handlung (§ 890);
– Ansprüche auf Abgabe einer Willenserklärung (§§ 894–898).

Diese Einteilung kann es notwendig machen, dass ein einheitlicher materiellrechtlicher Anspruch in der Zwangsvollstreckung in mehrere Teile zerlegt werden muss. So ist der kaufvertragliche Erfüllungsanspruch aus § 433 Abs. 1 BGB vollstreckungsrechtlich ein Anspruch auf Herausgabe der Kaufsache und zusätzlich ein Anspruch auf Abgabe der zur Übereignung erforderlichen Willenserklärungen. Seine Durchsetzung im Wege der Zwangsvollstreckung erfolgt daher gem. §§ 883 ff. und zusätzlich gem. §§ 894 ff. 2

II. Abgrenzung zwischen den in Betracht kommenden Forderungen

Die Einordnung eines Anspruchs in eine der vier Gruppen ist nicht immer zweifelsfrei. Insbesondere die Abgrenzung von Herausgabeansprüchen zu Ansprüchen auf Vornahme von Handlungen kann Schwierigkeiten bereiten, wenn die Herausgabe erst möglich ist, nachdem der Schuldner zuvor bestimmte wesentliche Vorbereitungshandlungen geleistet hat, die der für die Herausgabevollstreckung zuständige Gerichtsvollzieher nicht leisten kann. Liegt der Schwerpunkt in Wahrheit bei diesen Handlungen, so handelt es sich im Einzelfall möglicherweise trotz der entsprechenden Formulierung des zu vollstreckenden Tenors nicht um eine Herausgabeschuld, sondern um einen nach §§ 887 ff. zu vollstreckenden Anspruch. Entscheidend für die Einordnung eines Anspruchs ist also nicht allein die tatsächliche Formulierung des Tenors, sondern darüber hinaus die verständige Bewertung der zu seiner Verwirklichung erforderlichen Abläufe. 3

III. Vollstreckung gegen eine juristische Person des öffentlichen Rechts

Die §§ 883 ff. unterscheiden nicht, ob die Zwangsvollstreckung gegen eine Privatperson oder eine juristische Person des öffentlichen Rechts erfolgt. Im 3. Abschnitt fehlt eine dem § 882a entsprechende Sondervorschrift. Diese Norm ist auch nicht ergänzend oder entsprechend heranzuziehen. 4

Die Regeln des 1. Abschnitts (§§ 704–802) gelten dagegen für alle Arten der Zwangsvollstreckung, sind deshalb selbstverständlich auch im Rahmen des 3. Abschnitts ergänzend heranzuziehen. Das gilt für die allgemeinen und besonderen Voraussetzungen der Zwangsvollstreckung ebenso wie für die Rechtsbehelfe.

§ 883 Herausgabe bestimmter beweglicher Sachen

(1) Hat der Schuldner eine bewegliche Sache oder eine Menge bestimmter beweglicher Sachen herauszugeben, so sind sie von dem Gerichtsvollzieher ihm wegzunehmen und dem Gläubiger zu übergeben.

(2) Wird die herauszugebende Sache nicht vorgefunden, so ist der Schuldner verpflichtet, auf Antrag des Gläubigers zu Protokoll an Eides Statt zu versichern, dass er die Sache nicht besitze, auch nicht wisse, wo die Sache sich befinde. ²Der gemäß § 802e zuständige Gerichtsvollzieher lädt den Schuldner zur Abgabe der eidesstattlichen Versicherung. ³Die Vorschriften der §§ 478 bis 480, 483, 802f Abs. 4, §§ 802g bis 802i und 802j Abs. 1 und 2 gelten entsprechend.

(3) Das Gericht kann eine der Sachlage entsprechende Änderung der eidesstattlichen Versicherung beschließen.

Übersicht

	Rdn.
I. Zweck und Anwendungsbereich der Norm	1
1. Herausgabe	2
2. Sonstige Handlungen	3
3. Bewegliche Sache	5
4. Herausgabe eines Kindes	6
II. Die Durchführung der Herausgabevollstreckung	7
1. Genaue Bezeichnung des herauszugebenden Gegenstandes	8
2. Richterliche Durchsuchungsanordnung	9
3. Gewahrsam des Schuldners oder eines herausgabebereiten Dritten	11
4. Umfang der Prüfung durch den Gerichtsvollzieher	12
5. Pfändungsschutz	13
6. Rechtswirkungen der Wegnahme durch den Gerichtsvollzieher	14
7. Zusammentreffen der Herausgabevollstreckung mit der Pfändung	15
8. Verbrauch des Titels mit der Wegnahme	16
III. Die eidesstattliche Versicherung (Abs. 2, 3)	17
1. Verfahren	18
2. Versicherung an Eides statt	19
3. Einwendungen des Schuldners	20
IV. Gebühren und Kosten	21
1. Wegnahme und Verhaftung	21
2. Eidesstattliche Versicherung	23
V. Entsprechende Anwendung der Vorschriften über die eidesstattliche Versicherung	24
VI. ArbGG, VwGO, AO	26

Literatur:
Beier, Herausgabevollstreckung gemäß § 883 ZPO aufgrund des Beschlusses über die Anordnung der Zwangsverwaltung als Vollstreckungstitel, DGVZ 2007, 33; *Chudziak*, Die Anwendung des § 883 ZPO bei der Zwangsvollstreckung von Vernichtungsansprüchen des gewerblichen Rechtsschutzes und Urheberrechts, DGVZ 2011, 177; *Hein*, Die Zwangsvollstreckung zur Herausgabe von Sachen, JuS 2012, 902; *Nies*, Die zwangsweise Durchsetzung von Herausgabeansprüchen aus Eilentscheidungen, MDR 1994, 877; *Schilken*, Probleme der Herausgabevollstreckung, DGVZ 1988, 49; *ders.*, Ansprüche auf Auskunft und Vorlegung von Sachen im materiellen Recht und im Verfahrensrecht, Jura 1988, 525; *E. Schneider*, Problemfälle aus der Prozeßpraxis: Vollstreckung des Anspruchs auf Herausgabe am Gläubigerwohnsitz, MDR 1983, 287; *Stamm*, Die Erfassung von Besitz, Eigentum und Vermieterpfandrecht in der Herausgabe- und Übereignungsvollstreckung, ZZP 2013, 427.

I. Zweck und Anwendungsbereich der Norm

§ 883 trägt dem Interesse des Gläubigers Rechnung, sein Recht auf Besitz an einer Sache zwangsweise durchsetzen zu können. Die Vorschrift regelt das Vollstreckungsverfahren für den Fall, dass der Schuldner nach dem Inhalt des Titels eine **bestimmte bewegliche körperliche Sache**[1] oder eine Menge derartiger Sachen aus seinem Besitz an den Gläubiger herauszugeben hat. Ist nicht eine bestimmte Sache, sondern nur eine bestimmte Menge vertretbarer Sachen herauszugeben, greift

---

[1] Zum Begriff: § 90 BGB; zum weitergehenden Begriff des »beweglichen Vermögens« in §§ 803 ff. siehe Vor §§ 803–863 Rdn. 1 ff.

§ 884 ein; befindet sich die herauszugebende Sache nicht im Besitz des Schuldners, sondern eines Dritten, ist nach § 886 zu verfahren.

1. Herausgabe

2 Ob der Schuldner die Herausgabe einer bestimmten Sache schuldet, entscheidet sich nicht allein nach der im Tenor des Titels gewählten Formulierung, sondern ist aufgrund verständiger Auslegung der vom Schuldner zur Verwirklichung der titulierten Schuld zu erbringenden Handlungen zu ermitteln: Entscheidend ist, dass auch die **Wegnahme** der Sache beim Schuldner durch den Gerichtsvollzieher erforderlich ist, um den Anspruch zu befriedigen.[2] So ist etwa der Beschluss zur Anordnung der Zwangsverwaltung zusammen mit der Ermächtigung des Gerichtsvollziehers zur Besitzverschaffung (§ 150 Abs. 2 ZVG) ein für die Herausgabevollstreckung nach § 883 geeigneter Titel; mit diesem kann auch die Herausgabe der von einem Mieter des Objekts geleisteten Kaution vollstreckt werden.[3] Ganz unerheblich ist, ob der den Titel Formulierende seinerseits auf eine Vollstreckung nach § 883 Abs. 1 abgestellt hat, oder ob er etwa – irrigerweise – von einer Vollstreckung nach §§ 888 oder 890 ausgegangen ist und deshalb das Herausgabegebot im Titel für den Fall der Nichtbefolgung mit einer Zwangs- oder Ordnungsgeldandrohung bewehrt hat.[4] Ob die Sache nach der Vollstreckung endgültig beim Gläubiger verbleiben darf oder ob er sie etwa dem Schuldner alsbald wieder zur Verfügung stellen muss, ist, wenn der Gläubiger jedenfalls zeitweilig den Besitz an der Sache zur Befriedigung seines Anspruchs benötigt, für die Anwendbarkeit des § 883 ebenfalls ohne Bedeutung. Deshalb ist nach § 883, nicht nach § 888 vorzugehen, wenn der Schuldner verurteilt wurde, dem Gläubiger Auskunft über bestimmte Fakten in der Weise zu erteilen, dass er ihm Einsichtnahme in bestimmte Unterlagen gewährt[5] oder ihm bestimmte Unterlagen zur Auswertung vorlegt.[6] Eine Vollstreckung nach § 888 ist allenfalls denkbar, wenn die Pflicht zur Vorlage von Urkunden nur Teil einer umfassenden Verpflichtung zur Auskunftserteilung ist.[7] Entscheidend ist schließlich auch nicht, dass der Gläubiger Anspruch darauf hat, dass die Sache gerade ihm selbst übergeben oder vorgelegt wird: Ist der Schuldner zur Vorlage bestimmter Urkunden gegenüber einem Dritten (z. B. dem Grundbuchamt) oder zur Hinterlegung einer bestimmten Sache verurteilt worden, wird auch ein solcher Anspruch, da er nur mittels Wegnahme der Urkunden beim Schuldner verwirklicht werden kann, nach § 883 vollstreckt.[8]

2. Sonstige Handlungen

3 Die Herausgabe (Vorlage, Hinterlegung) der Sache muss nicht die einzige nach dem Titel vom Schuldner zu erbringende Handlung sein. So kann der Schuldner verurteilt sein, eine Sache herzustellen (zu reparieren, zu bearbeiten usw.) und sie dem Gläubiger zu übergeben. Wie in solchen Fällen die Vollstreckung erfolgt, ist umstritten: Nach überwiegender Ansicht ist in einem solchen Fall, um alle Handlungen zu erzwingen, gegebenenfalls eine kombinierte Vollstreckung nach § 883 und §§ 887, 888 erforderlich:[9] Wegnahme der Sache zum Zwecke der Durchführung der Ersatz-

---

[2] OLG Köln, NJW-RR 1988, 1210.
[3] BGH, NJW 2008, 1598, 1599; DGVZ 2007, 6, 7.
[4] OLG Hamm, NJW 1974, 653; *Stein/Jonas/Brehm*, § 883 Rn. 1; a. A. AG Aachen, DGVZ 1979, 95.
[5] OLG Frankfurt, NJW-RR 1992, 171; OLG Hamm, NJW 1974, 653; LG Itzehoe, DGVZ 1982, 187; *Wieczorek/Schütze/Rensen*, § 883 Rn. 17; a. A. BFH, BB 2001, 83 (Vollstreckung des Anspruchs auf Akteneinsicht nach § 888); LAG Hamm, DB 1973, 1951.
[6] OLG Köln, NJW-RR 1988, 1210.
[7] OLG Köln, NJW-RR 1996, 387.
[8] OLG Bamberg, DGVZ 1972, 112.
[9] BGH, DGVZ 2003, 88, 89; *Baumbach/Lauterbach/Hartmann*, § 883 Rn. 3 ff.; *MüKo/Gruber*, § 883 Rn. 14 ff. m. w. N.; *Musielak/Voit/Lackmann*, § 883 Rn. 4; *Gaul/Schilken/Becker-Eberhard*, § 70 Rn. 6; *Stein/Jonas/Brehm*, § 883 Rn. 4 ff.; *Zöller/Stöber*, § 883 Rn. 9.

vornahme oder Zwangsgeld zur Erzwingung der (nicht vertretbaren) Herstellung der Sache[10] und deren anschließende Wegnahme. Nach anderer Ansicht[11] erfolgt die Vollstreckung allein nach § 883. Falls diese nicht möglich ist, weil der Schuldner schon die Beschaffungs- oder Herstellungshandlung nicht vornimmt, steht dem Gläubiger nur ein Schadensersatzanspruch nach § 893 zu. Die Unanwendbarkeit des § 887 wird von dieser Ansicht mit § 887 Abs. 3 sowie damit begründet, dass über den Bestand und die Höhe sachlicher Ansprüche grds. im Erkenntnis- und nicht im Vollstreckungsverfahren zu entscheiden ist und dass § 887 Abs. 2 als Ausnahme von diesem Grundsatz eng ausgelegt werden muss. Jedenfalls dann, wenn die übrigen nach dem Inhalt des Titels geschuldeten Handlungen neben der Herausgabe der Sache von untergeordneter Bedeutung sind und letztlich lediglich der Durchführung der Herausgabe dienen, sodass auch der Gerichtsvollzieher sie ohne Weiteres veranlassen kann (Verpackung der Sache, Transport der Sache im Inland zum Gläubiger),[12] bedarf es des Vorgehens nach § 887 nicht. Die zusätzlichen Handlungen des Gerichtsvollziehers sind durch § 883 gedeckt.[13] Die durch sie verursachten Kosten sind nach § 788 zu behandeln.[14]

Ist umgekehrt die Herausgabe der Sache von ganz untergeordneter Bedeutung und mehr nur eine Nebenfolge der geschuldeten nichtvertretbaren Handlung, so ist allein nach § 888 zu vollstrecken (z. B. Anspruch auf Erteilung eines Arbeitszeugnisses[15] oder ordnungsgemäße Ausfüllung und Herausgabe von Arbeitspapieren;[16] auf Ausstellung einer Quittung u.ä.). 4

3. Bewegliche Sache

Eine bewegliche (körperliche) Sache liegt auch dann vor, wenn die Sache zunächst noch Bestandteil eines Grundstücks ist, vom Schuldner nach dem Titel aber vom Grundstück getrennt und an den Gläubiger herausgegeben werden muss.[17] Muss in einem solchen Fall die Trennung vom Grundstück des Schuldners allerdings gem. § 887 durch Ersatzvornahme erzwungen werden, darf auch die Wegschaffung vom Grundstück in die Ersatzvornahme miteinbezogen, die Zwangsvollstreckung also insgesamt gem. § 887 abgewickelt werden. 5

4. Herausgabe eines Kindes

Nicht entsprechend anwendbar ist § 883 zur Vollstreckung eines Titels auf Herausgabe eines Kindes.[18] Wenn das Familiengericht nach § 1632 Abs. 3 BGB die Herausgabe angeordnet hat, ist nach **§§ 88 ff. FamFG** vorzugehen. Danach können Ordnungsmittel und unter bestimmten Voraussetzungen unmittelbarer Zwang angeordnet werden. Das Jugendamt leistet dem Gericht in geeigneten Fällen Unterstützung. Wird die herauszugebende Person nicht vorgefunden, kann das Gericht anordnen, dass der zur Herausgabe Verpflichtete eine eidesstattliche Versicherung über den Verbleib der Person abgeben muss. 6

---

10 Z.B. Ausfüllung der Arbeitspapiere durch den früheren Arbeitgeber und Aushändigung an den Arbeitnehmer; siehe GMP/*Germelmann*, ArbGG, § 62 Rn. 58; *Schwab/Weth/Walker*, ArbGG, § 62 Rn. 69 ff., 84.
11 *Brox/Walker*, Rn. 1068.
12 OLG Frankfurt, NJW 1983, 1686; MüKo/*Gruber*, § 883 Rn. 16; Zöller/*Stöber*, § 883 Rn. 9; a. A. (§ 888 sei anzuwenden) *E. Schneider*, MDR 1983, 287.
13 *Baumbach/Lauterbach/Hartmann*, § 883 Rn. 9.
14 Einzelheiten unten Rn. 14.
15 GMP/*Germelmann* § 62 ArbGG Rn. 58; *Schwab/Weth/Walker*, ArbGG, § 62 Rn. 83.
16 LAG Thüringen, BB 2001, 943 (Leitsatz).
17 *Stein/Jonas/Brehm*, § 883 Rn. 15.
18 Heute h.M.; OLG Frankfurt, FamRZ 1980, 1038; AG Bonn, FamRZ 1979, 844; AG München, DGVZ 1980, 174; *Brox/Walker*, Rn. 1049; *Baur/Stürner/Bruns*, Rn. 39.7; *Gaul/Schilken/Becker-Eberhard*, § 70 Rn. 7; *Geißler*, DGVZ 1997, 145, 147 ff.; MüKo/*Gruber*, § 883 Rn. 6; *Musielak/Voit/Lackmann*, § 883 Rn. 2; PG/*Olzen*, § 883 Rn. 7; *Stein/Jonas/Brehm*, § 883 Rn. 30; *Wieczorek/Schütze/Rensen*, § 883 Rn. 13; Zöller/*Stöber*, § 883 Rn. 7.

II. Die Durchführung der Herausgabevollstreckung

7   Vollstreckungsorgan ist der Gerichtsvollzieher. Örtlich zuständig ist der Gerichtsvollzieher, in dessen Bezirk die Wegnahmehandlung vorgenommen werden soll. Der Vollstreckungsantrag muss den allgemeinen Anforderungen[19] entsprechen. Der Gerichtsvollzieher prüft, bevor er dem Antrag entspricht, wie bei jeder sonstigen Vollstreckungshandlung, ob die allgemeinen und die sich aus dem Titel ergebenden besonderen Vollstreckungsvoraussetzungen vorliegen. Im Einzelnen gilt:

1. Genaue Bezeichnung des herauszugebenden Gegenstandes

8   In der Regel muss der herauszugebende Gegenstand als solcher **im Titel so genau bezeichnet** sein, dass Zweifel hinsichtlich seiner Identifizierung ausgeschlossen sind.[20] Unzulässig wäre es, den Gegenstand erst im Rahmen der Vollstreckung durch den Gläubiger identifizieren zu lassen. Wenn der Gerichtsvollzieher Zweifel hat, ob die Angaben im Titel ausreichend sind, hat er den Auftrag zunächst zu übernehmen und vor Ort zu klären, ob eine hinreichende Bestimmung des Vollstreckungsobjekts möglich ist. Er kann auch (etwa bei der Wegnahme technischer Unterlagen) einen Sachverständigen zuziehen; die dadurch verursachten Kosten fallen als Kosten der Zwangsvollstreckung dem Schuldner zur Last, wenn sie notwendig waren.[21] Hält er die Angaben von vornherein für unzureichend, muss er den Antrag sogleich zurückweisen, da eine »Nachbesserung« allein durch ergänzende Angaben des Gläubigers den Titel nicht vollstreckungsfähig machen kann. In einigen Fällen sind aber Ausnahmen von der Regel, dass der herauszugebende Gegenstand schon im Titel als solcher genau bezeichnet sein muss, möglich und notwendig: Wenn der Insolvenzverwalter aus dem Insolvenzeröffnungsbeschluss gegen den Gemeinschuldner auf Herausgabe von zur Masse gehörenden Gegenständen vollstreckt (§ 148 Abs. 2 Satz 1 InsO),[22] so genügt es, wenn der Insolvenzverwalter die Gegenstände bezeichnet. Der Gerichtsvollzieher prüft dann allein, ob der Schuldner im Besitz dieser Gegenstände ist und ob ihrer Massezugehörigkeit § 36 Abs. 1 InsO entgegensteht. Ähnliches gilt, wenn der Ersteher eines Grundstücks aus dem Zuschlagsbeschluss gegen den früheren Eigentümer oder den Besitzer des Grundstücks auf Herausgabe von Zubehörgegenständen vollstreckt: Solange die Zubehöreigenschaft durch den Gerichtsvollzieher feststellbar ist, genügt es, dass der Ersteher mit dem Vollstreckungsantrag die wegzunehmenden Gegenstände bezeichnet.[23] Sind die Gegenstände zwischenzeitlich im Besitz eines Dritten oder ist ihre Zuordnung zum Grundstück nicht mehr feststellbar und sind die Gegenstände in diesem Fall nicht im Zuschlagsbeschluss hinreichend genau bezeichnet, so muss die Vollstreckung aus dem Zuschlagsbeschluss allerdings unterbleiben und ein neuer, inhaltlich bestimmter Titel erwirkt werden.

2. Richterliche Durchsuchungsanordnung

9   Verwehrt der Schuldner dem Gerichtsvollzieher den Zutritt zu seiner Wohnung, war auch nach der Einfügung des § 758a durch die 2. Zwangsvollstreckungsnovelle[24] zunächst nicht unumstritten, ob der Gläubiger eine richterliche Durchsuchungsanordnung erwirken und dem Gerichtsvollzieher zur Verfügung stellen muss.[25] Zwar legt der Wortlaut von § 758a Abs. 2, der die richterliche Anordnung nur bei der Räumungsvollstreckung nach § 885 für entbehrlich erklärt, nahe, dass bei der Herausga-

---

19 Einzelheiten insoweit: § 753 Rdn. 5, 6.
20 Siehe hierzu Vor §§ 704–707 Rn. 18; vgl. ferner LG Essen, JurBüro 1975, 962; LG Lübeck, DGVZ 1989, 30.
21 LG Münster, DGVZ 1995, 184.
22 Zum Insolvenzeröffnungsbeschluss als Herausgabetitel MüKo-InsO/*Füchsl/Weishäupl*, § 148 Rn. 61; früher schon zu § 117 KO BGHZ 12, 389; BGH, NJW 1962, 1392; LG Düsseldorf, KTS 1957, 143.
23 OLG Hamm, JurBüro 1956, 31.
24 BGBl. I, S. 3039.
25 Zum Meinungsstand vor Einfügung des § 758a siehe *Schuschke/Walker*, 2. Aufl., § 883 Rn. 8.

bevollstreckung nach § 883 eine solche Durchsuchungsanordnung erforderlich ist.[26] Jedoch ergibt sich aus der Gesetzesbegründung,[27] dass der Gesetzgeber diese Frage durch § 758a Abs. 2 bewusst nicht endgültig entschieden, sondern zunächst einer verfassungsrechtlichen Klärung überlassen hat. Gegen die Notwendigkeit einer richterlichen Anordnung ließe sich immerhin anführen, dass bei der Herausgabevollstreckung – anders als bei der Vollstreckung wegen einer Geldforderung – von vornherein nur die zwangsweise Wegnahme in Betracht kommt, zu der eben auch eine Wohnungsdurchsuchung erforderlich sein kann; insofern kann in dem richterlichen Herausgabetitel gleichzeitig eine richterliche Durchsuchungsanordnung gesehen werden. Dennoch sprechen die besseren Gründe für die Notwendigkeit einer besonderen richterlichen Anordnung; denn bei Erlass des Herausgabetitels steht noch gar nicht fest, ob es wirklich zu einer Wohnungsdurchsuchung kommt, sodass in dem Titel auch noch nicht notwendigerweise eine Durchsuchungsanordnung liegen muss.

Entbehrlich ist eine richterliche Durchsuchungsanordnung aber gem. § 758a Abs. 2 **bei der Räumungsvollstreckung** nach § 885.[28] Das ist sachgerecht, sofern es sich um einen richterlichen Titel handelt; denn die Zwangsräumung einer Wohnung ist, von vornherein erkennbar, ohne deren Betreten nicht möglich, sodass in dem richterlichen Titel automatisch auch eine richterliche Durchsuchungserlaubnis liegt. Erfolgt die Herausgabe dagegen aus einem nichtrichterlichen Titel, etwa aus einem Prozessvergleich oder einem vom Rechtspfleger erlassenen Zuschlagsbeschluss im Zwangsversteigerungsverfahren,[29] kann von einer richterlichen Durchsuchungsanordnung keine Rede sein. Sie ist jedoch auch in solchen Fällen nach der unmissverständlichen Regelung in § 758a Abs. 2 entbehrlich.[30]

10

3. Gewahrsam des Schuldners oder eines herausgabebereiten Dritten

Wie die Regelung in § 886 zeigt, ist die Herausgabevollstreckung durch Wegnahme bestimmter beweglicher Sachen nur zulässig, wenn diese Sachen sich entweder im Alleingewahrsam des Schuldners befinden oder ein Dritter, der Gewahrsam oder Mitgewahrsam an den Sachen hat, zur Herausgabe bereit ist.[31] Soweit allerdings Mitgewahrsam unter Eheleuten oder Lebenspartnern nach dem Lebenspartnerschaftsgesetz vorliegt, greift § 739 ein.[32] Die Vorschrift gilt aber nicht entsprechend zulasten nichtehelicher Lebensgefährten[33] oder sonstigen Personen, mit denen der Schuldner einen gemeinsamen Haushalt führt. Ermöglicht eine richterliche Durchsuchungsanordnung oder die Einwilligung des Schuldners dem Gerichtsvollzieher das Betreten der Wohnung des Schuldners, so benötigt er keine weitere richterliche Anordnung, wenn ein Mitbewohner Mitgewahrsam an der Wohnung hat und dem Gerichtsvollzieher den Zutritt zur Wohnung verwehrt (§ 758a Abs. 3).

11

4. Umfang der Prüfung durch den Gerichtsvollzieher

Der Gerichtsvollzieher hat bei der Durchführung der Wegnahmevollstreckung materiellrechtliche Fragen aus der Beziehung des Gläubigers zum Schuldner nicht zu prüfen und zu berücksichtigen. Es ist Sache des Schuldners, solche Einwendungen gegebenenfalls mit der Klage nach § 767 geltend zu machen. So darf der Gerichtsvollzieher die Herausgabevollstreckung seitens des Vorbehalts- oder Sicherungseigentümers nicht mit der Begründung verweigern, der Gläubiger müsse ihm zuvor erst

12

---

26 So heute ganz **h. M.**; siehe nur § 758a Rn. 27; PG/*Olzen*, § 883 Rn. 10; *Stein/Jonas/Brehm*, § 883 Rn. 19; *Zöller/Stöber*, § 883 Rn. 10, § 758a Rn. 6.
27 BT-Drucks. 13/341, S. 17.
28 Siehe dort Rdn. 16.
29 Dazu OLG Bremen, Rpfleger 1994, 77.
30 Zur Gesetzesbegründung siehe BT-Drucks. 13/341, S. 16.
31 OLG Köln, DGVZ 1976, 153.
32 OLG Bamberg, FamRZ 1962, 391.
33 Näheres hierzu: Vor §§ 739–745 Rdn. 5.

die Rückzahlung der zur Abwendung der Zwangsvollstreckung vom Schuldner gezahlten Kaufpreis- oder Darlehensraten nachweisen.[34]

5. Pfändungsschutz

13 Im Rahmen der Herausgabevollstreckung ist § 811 nicht anwendbar: Der Gerichtsvollzieher muss den im Titel genannten Gegenstand auch dann unverzüglich wegnehmen, wenn der Gegenstand als solcher unpfändbar ist.[35] Im Einzelfall kann der Schuldner über einen Antrag nach § 765a, über den der Rechtspfleger beim Vollstreckungsgericht entscheidet,[36] einen zeitlich befristeten Vollstreckungsaufschub erreichen, falls eine sofortige Wegnahme sich als rechtsmissbräuchlich erweist.[37] In einem solchen Fall kann der Gläubiger u. U. aber die sofortige Herausgabe des Gegenstandes gegen zeitweise Überlassung eines vergleichbaren Gegenstandes (ein der Austauschpfändung verwandter Vorgang) erwirken.[38]

6. Rechtswirkungen der Wegnahme durch den Gerichtsvollzieher

14 Mit der Wegnahme durch den Gerichtsvollzieher ist die Sache beschlagnahmt. Der Schuldner ist von seiner Herausgabepflicht befreit. Die Gefahr des zufälligen Untergangs der Sache trägt jetzt der Gläubiger, der mit der Besitzerlangung seitens des Gerichtsvollziehers selbst mittelbarer Besitzer der Sache geworden ist, bis sie der Gerichtsvollzieher ihm unmittelbar übergibt. Die Übergabe soll nach § 127 Abs. 2 Satz 2 GVGA tunlichst sogleich an Ort und Stelle erfolgen. Deshalb hat der Gerichtsvollzieher auch dem Gläubiger rechtzeitig vorher den Tag und die Stunde der beabsichtigten Vollstreckung anzuzeigen, damit sich dieser zur Empfangnahme der Sachen an dem Ort der Vollstreckung einfinden oder einen Vertreter entsenden und die notwendigen Maßnahmen zur Fortschaffung der Sachen treffen kann (§ 127 Abs. 2 Satz 3 GVGA). Auf Verlangen des Gläubigers darf (muss aber nicht)[39] der Gerichtsvollzieher die Sachen auch an diesen versenden. Die **Kosten** des Versands sind nur dann nach § 788 zu behandeln, wenn schon der Titel ausdrücklich anordnet, dass der Schuldner die Sache dem Gläubiger an dessen Wohnsitz (oder an einem anderen im Titel bezeichneten Ort) zu übergeben oder dorthin zu versenden habe.[40] Ansonsten muss der Gläubiger seinen möglichen Kostenerstattungsanspruch gegebenenfalls in einem neuen Rechtsstreit klären und titulieren lassen.[41] Übernimmt der Gerichtsvollzieher die Versendung, hat er die erforderlichen Maßnahmen nach pflichtgemäßem Ermessen zu treffen und die Kosten so niedrig wie möglich zu halten.[42]

7. Zusammentreffen der Herausgabevollstreckung mit der Pfändung

15 Hat der Gerichtsvollzieher gleichzeitig für einen Gläubiger einen Herausgabetitel zu vollstrecken und für einen anderen Gläubiger einen Pfändungsauftrag durchzuführen und findet er nicht genügend andere pfändbare Habe beim Schuldner, so trifft § 127 Abs. 5 GVGA folgende Regelung: Der Gerichtsvollzieher hat zunächst den Gegenstand, auf den der Herausgabetitel sich bezieht, zu pfänden, ihn dann aber entgegen § 808 Abs. 2 sogleich mitzunehmen. Dieser Gegenstand ist allerdings nicht an den Gläubiger, der die Herausgabevollstreckung betreibt, auszuhändigen. Der

---

34 AG Köln, JurBüro 1966, 806; **a. A.** insoweit LG Braunschweig, MDR 1968, 157.
35 OLG Stuttgart, NJW 1971, 50 mit Anm. *Reich*, NJW 1971, 757 und *Gerhardt*, JuS 1972, 696.
36 Einzelheiten: § 765a Rn. 8, 35.
37 LG Hannover, MDR 1979, 589.
38 *Stein/Jonas/Brehm*, § 883 Rn. 17.
39 LG Saarbrücken, DGVZ 2009, 205, 206.
40 OLG Koblenz, DGVZ 1990, 40; OLG Stuttgart, JurBüro 1981, 943; *Alisch*, DGVZ 1984, 87; *MüKo/Gruber*, § 883 Rn. 35; *Noack*, DGVZ 1983, 21.
41 *Schilken*, DGVZ 1988, 54; *Stein/Jonas/Brehm*, § 883 Rn. 27; **a. A.** (immer § 788) *Baumbach/Lauterbach/Hartmann*, § 883 Rn. 9.
42 LG Hannover, NJW 1966, 2318.

Gerichtsvollzieher setzt die Zwangsvollstreckung in diese Sache erst fort, wenn sie der eine Gläubiger von dem Recht des anderen befreit hat.

8. Verbrauch des Titels mit der Wegnahme

Wenn der Gerichtsvollzieher dem Gläubiger die dem Schuldner weggenommene Sache ausgehändigt hat, ist die Zwangsvollstreckung aus dem Herausgabetitel beendet und der Titel insoweit auch verbraucht.[43] Gibt der Gläubiger dem Schuldner die Sache wieder zurück, etwa weil der Schuldner seine Ratenzahlungen wieder aufgenommen oder dem Gläubiger eine andere Sicherheit bestellt oder man sich sonst neu geeinigt hat, kann aus dem alten Titel eine spätere erneute Herausgabevollstreckung nicht betrieben werden. Der neue Herausgabeanspruch muss neu tituliert werden.[44] Dieses Ergebnis kann auch nicht durch eine Vereinbarung der Parteien unterlaufen werden, da es nicht im Belieben der Parteien steht, einen verbrauchten Titel mit einem neuen Inhalt zu füllen.

III. Die eidesstattliche Versicherung (Abs. 2, 3)

Wird die herauszugebende Sache nicht vorgefunden und macht der Schuldner über ihren Verbleib keine Angaben oder aber Angaben, die der Gläubiger nicht ohne Weiteres nachprüfen kann oder denen er mangels Überprüfungsmöglichkeit keinen Glauben schenken will, so kann der Gläubiger vom Schuldner verlangen, dass dieser an Eides statt versichere, dass er die Sache nicht besitze und auch nicht wisse, wo die Sache sich befinde, oder dass der von ihm angegebene Verbleib zutreffend sei. Dabei hat er alles anzugeben, was geeignet ist, den Verbleib der herauszugebenden Sache aufzuklären.[45] Betreibt der Zwangsverwalter als Gläubiger die Zwangsvollstreckung zur Erwirkung der Herausgabe der vom Mieter geleisteten Barkaution, reicht es aus, wenn der Schuldner eidesstattlich versichert, er habe die Kaution mit rückständigen Mietzahlungen verrechnet.[46] Im Einzelnen:

1. Verfahren

Das Verfahren zur Abnahme der eidesstattlichen Versicherung richtet sich seit dem 1.1.2013 nach den §§ 802c ff. Diese Vorschriften sind aufgrund Art. 1 Nr. 7, 20, Art. 6 des Gesetzes zur Reform der Sachaufklärung in der Zwangsvollstreckung vom 29.7.2009[47] an die Stelle der bis dahin geltenden §§ 899 ff. getreten. Deshalb wurden an den bis dahin schon geltenden § 883 **Abs. 2 Satz 1** über die eidesstattliche Versicherung des Schuldners zum Verbleib der herauszugebenden, aber nicht vorgefundenen Sache zwei neue Sätze angefügt. **Satz 2** regelt die Zuständigkeit des Gerichtsvollziehers durch Bezugnahme auf § 802e und die Ladung des Schuldners zur Abgabe der eidesstattlichen Versicherung. **Satz 3** erklärt die Vorschriften über die Zustellung der Terminsladung und über die Erzwingungshaft für entsprechend anwendbar und nimmt die bisher in Abs. 4 enthaltene Verweisung auf die Vorschriften zur Abnahme der eidesstattlichen Versicherung gem. den §§ 478 bis 480 und 483 auf.

2. Versicherung an Eides statt

Macht der Schuldner im Rahmen der Befragung durch den Gerichtsvollzieher Angaben über den Verbleib der Sache, so ist die Richtigkeit dieser Angaben an Eides statt zu versichern. **Abs. 3** ermöglicht eine entsprechende Anpassung der Formel der in Abs. 2 geregelten Versicherung; mit »Gericht« ist der Gerichtsvollzieher gemeint.[48] Der Schuldner kann sich also nicht durch irgendwelche Angaben »ins Blaue hinein« der ihm lästigen eidesstattlichen Versicherung (wegen der Ver-

---

43 MüKo/*Gruber*, § 883 Rn. 28; PG/*Olzen*, § 883 Rn. 12; *Zöller/Stöber*, § 883 Rn. 10.
44 *Stein/Jonas/Brehm*, § 883 Rn. 28; *Zöller/Stöber*, § 883 Rn. 10.
45 BGH, NJW 2008, 1598, 1599.
46 BGH, NJW 2008, 1598, 1599.
47 BGBl. I, 2258, 2260, 2266.
48 So auch *Zöller/Stöber*, § 883 Rn. 16.

haftungsmöglichkeit nach § 802g Abs. 1) entziehen, sondern nur durch die Herausgabe der Sache.[49] Wird die Sache später vom Gerichtsvollzieher nicht an dem Ort vorgefunden, den der Schuldner in seiner eidesstattlichen Versicherung benannt hat, so hat der Gläubiger grundsätzlich keine weiteren Zwangsmittel mehr, um aufgrund seines Herausgabetitels Auskunft über den Verbleib der Sache zu erhalten. Eine erneute eidesstattliche Versicherung kommt nur ausnahmsweise dann in Betracht, wenn der Gläubiger glaubhaft machen kann (§ 294), dass der Schuldner **nach** der ersten eidesstattlichen Versicherung in den Besitz der Sache gelangt ist oder Kenntnis von deren Verbleib erlangt hat[50] oder dass er die Sache von dem damals angegebenen Ort entfernt hat.[51] Ansonsten verbleibt dem Gläubiger die Möglichkeit, Schadensersatz geltend zu machen. Hierzu bedarf es aber eines neuen Rechtsstreits (§ 893).

3. Einwendungen des Schuldners

20 Einwendungen gegen die Verpflichtung zur Abgabe der Versicherung musste der Schuldner bis zum 31.12.2012 im Wege des Widerspruchs nach § 900 Abs. 4 a. F. geltend machen.[52] Seit 1.1.2013 gibt es ein solches Widerspruchsrecht nicht mehr. Vielmehr sind solche Einwendungen im Wege der Erinnerung nach § 766 geltend zu machen.[53] Einwendungen gegen den materiellrechtlichen Herausgabeanspruch selbst muss der Schuldner dagegen mit der Klage nach § 767 durchsetzen. Ist im Rahmen einer solchen Klage gem. § 769 die Zwangsvollstreckung einstweilen eingestellt, hindert dies auch den Fortgang des Verfahrens auf Abgabe der eidesstattlichen Versicherung.

IV. Gebühren und Kosten

1. Wegnahme und Verhaftung

21 Der **Gerichtsvollzieher** erhält für die **Wegnahme** die Gebühr aus Nr. 221 des Kostenverzeichnisses in der Anlage zu § 9 GvKostG, ferner Auslagenersatz gem. Nrn. 700 ff. dieses Kostenverzeichnisses. Erstattungsfähige Beförderungskosten sind nur die nach dem Titel notwendigen Kosten einer Versendung der Sache. Versendet der Gerichtsvollzieher auf Wunsch des Gläubigers die Sache an einen anderen Ort und ergibt sich nicht unmittelbar aus dem Titel, dass der Schuldner die Herausgabe an diesem anderen Ort zu bewirken hat, so muss der Gläubiger diese Kosten zunächst dem Gerichtsvollzieher vorschießen. Sie dürfen nicht gem. § 788 beigetrieben werden. Der Gläubiger muss vielmehr, will er die Erstattung dieser Kosten durch den Schuldner erreichen, im streitigen Erkenntnisverfahren einen neuen Titel erstreben; entscheidend für seinen Erfolg insoweit sind allein die materiellrechtlichen Rechtsbeziehungen. Für die **Verhaftung** erhält der Gerichtsvollzieher ebenso wie für eine Nachverhaftung die Festgebühr nach Nr. 270 des Kostenverzeichnisses in der Anlage zu § 9 GvKostG.

22 Der **Rechtsanwalt** erhält für seine Tätigkeit im Rahmen der Wegnahmevollstreckung (ohne eidesstattliche Versicherung) die 0,3-Gebühr nach § 18 Abs. 1 Nr. 1 RVG, RVG-VV Nr. 3309.

2. Eidesstattliche Versicherung

23 Für die Abnahme der eidesstattlichen Versicherung durch den **Gerichtsvollzieher** fällt die Festgebühr nach Nr. 260 des Kostenverzeichnisses in der Anlage zu § 9 GvKostG an. Für den **Rechtsanwalt** ist die Mitwirkung am Verfahren zur Abnahme der eidesstattlichen Versicherung eine besondere Angelegenheit (§ 18 Abs. 1 Nr. 16 RVG), für die wiederum die Gebühren nach RVG-VV Nr. 3309 und ggf. Nr. 3310 anfallen. Der Gegenstandswert entspricht dem Wert der herauszuge-

---

49 *Zöller/Stöber*, § 883 Rn. 13.
50 BGH, NJW 2008, 1598, 1599.
51 LG Limburg, JurBüro 1971, 720; *Stein/Jonas/Brehm*, § 883 Rn. 36.
52 OLG Frankfurt, Rpfleger 1977, 221.
53 BT-Drs. 16/10069, S. 43.

benden Sache (§ 25 Abs. 1 Nr. 2 RVG).⁵⁴ Ein Abschlag, weil die Versicherung noch nicht unbedingt zum Besitzerwerb an der Sache führe, ist nicht angebracht, weil die eidesstattliche Versicherung das einzige Zwangsmittel ist, das dem Gläubiger zur Verfügung steht; das Interesse, diesen Weg zu beschreiten, deckt sich mit dem Interesse an der (Wieder-) Erlangung der Sache.

V. Entsprechende Anwendung der Vorschriften über die eidesstattliche Versicherung

Die Abs. 2–3 sind gem. § 94 Satz 2 FamFG entsprechend anwendbar, wenn im Rahmen der Herausgabevollstreckung nach §§ 88 ff. FamFG die herauszugebende Sache oder Person nicht vorgefunden wird. In diesem Fall bedarf es nicht des Antrages eines Beteiligten. Das Gericht hat im Rahmen pflichtgemäßen Ermessens die eidesstattliche Versicherung von Amts wegen anzuordnen.⁵⁵ Gem. § 35 Abs. 4 Satz 1 FamFG i. V. m. § 883 Abs. 2 kann ein gem. § 2259 Abs. 1 BGB zur Ablieferung eines Testaments Verpflichteter nach einer erfolglosen Vollstreckung nach § 358 FamFG auf Antrag des Gläubigers angehalten werden, an Eides statt zu versichern, dass er das Testament nicht besitzt und auch nicht weiß, wo es sich befindet.   24

Gem. § 90 Abs. 3 Satz 3 OWiG sind die Abs. 2–4 [ab 1.1.2013: Abs. 2, 3] ferner entsprechend anzuwenden, wenn durch Bußgeldbescheid die Einziehung oder Unbrauchbarmachung einer Sache angeordnet, die Sache aber beim Betroffenen nicht vorgefunden wurde.   25

VI. ArbGG, VwGO, AO

Auf die Vollstreckung wegen eines Anspruches auf Herausgabe beweglicher Sachen findet § 883 gem. §§ 62 Abs. 2, 85 Abs. 1 Satz 3 ArbGG auch Anwendung, wenn sie aufgrund eines arbeitsgerichtlichen Titels erfolgt (z. B. Herausgabe von Arbeitspapieren). Gleiches gilt gem. § 167 VwGO für die Vollstreckung aus Titeln nach § 168 VwGO.⁵⁶ Für die Vollstreckung zugunsten der öffentlichen Hand verweist § 169 Abs. 1 VwGO auf § 6 VwVG und damit auf die Zwangsmittel nach § 9 VwVG. Die Wegnahme ist ein Fall des unmittelbaren Zwangs. In der Abgabenvollstreckung wird ein Anspruch auf Herausgabe beweglicher Sachen (z. B. von Urkunden) mit den Zwangsmitteln der AO (§§ 328 ff. AO) durchgesetzt. Für den Fall, dass eine Wegnahme aufgrund einer gerichtlichen Anordnung über den Verfall, die Einziehung oder Unbrauchbarmachung von Sachen (§ 1 Abs. 1 Nr. 2 a JBeitrO) erfolgen soll, verweist § 6 Abs. 1 Nr. 1 JBeitrO auf § 883. Deshalb ist etwa für die Wegnahme eines eingezogenen Führerscheins der Gerichtsvollzieher zuständig.⁵⁷   26

---

54 MüKo/*Gruber*, § 883 Rn. 36.
55 *Zöller/Feskorn*, § 94 FamFG Rn. 2.
56 *Kopp/Schenke*, VwGO, § 172 Rn. 9.
57 LG Bielefeld, DGVZ 1996, 76; AG Berlin-Tiergarten, DGVZ 1996, 76.

§ 884 Leistung einer bestimmten Menge vertretbarer Sachen

Hat der Schuldner eine bestimmte Menge vertretbarer Sachen oder Wertpapiere zu leisten, so gilt die Vorschrift des § 883 Abs. 1 entsprechend.

Übersicht

	Rdn.		Rdn.
I. Bedeutung der Anwendung von § 883 Abs. 1	1	II. Keine Anwendung von § 883 Abs. 2, 3, §§ 887, 888	2
		III. ArbGG, VwGO, AO	3

Literatur:
Jahnke, Die Durchsetzung von Gattungsschulden, ZZP 93 (1980), 43; *Noack*, Aktuelle Fragen zur Pfändung von Ansprüchen auf Herausgabe beweglicher Sachen gegen Dritte (§§ 884, 886 ZPO), DGVZ 1988, 97.

I. Bedeutung der Anwendung von § 883 Abs. 1

1 Hat der Schuldner nach dem Titel eine bestimmte Menge vertretbarer Sachen (§ 91 BGB) oder Wertpapiere[1] zu liefern oder herauszugeben (z.B. in Erfüllung eines Anspruchs aus § 433 Abs. 1 Satz 1 BGB), so wird der Anspruch des Gläubigers auf Besitzerlangung nach § 883 Abs. 1 vollstreckt: Der Gerichtsvollzieher nimmt die Sachen oder Wertpapiere beim Schuldner weg und händigt sie dem Gläubiger aus. Mit der Wegnahme konkretisiert sich die Schuld gem. § 243 Abs. 2 BGB auf die vom Gerichtsvollzieher in Besitz genommenen Gegenstände. Findet der Gerichtsvollzieher mehr Sachen vor als nach dem Titel geschuldet, so nimmt er an Stelle des Schuldners die Auswahl nach den Regeln des § 243 Abs. 1 BGB vor.[2]

II. Keine Anwendung von § 883 Abs. 2, 3, §§ 887, 888

2 Findet der Gerichtsvollzieher keine Sachen der geschuldeten Art, kann der Gläubiger vom Schuldner nicht die eidesstattliche Versicherung verlangen; denn die Abs. 2 und 3 des § 883 gelten hier nicht. Da die Vollstreckung **allein** nach § 883 Abs. 1 erfolgt, kann der Gläubiger sich auch nicht nach § 887 ermächtigen lassen, die Gegenstände auf Kosten des Schuldners anschaffen oder herstellen und an sich ausliefern zu lassen.[3] Ebenso wenig kommt ein Antrag nach § 888 Abs. 1 auf Festsetzung von Zwangsgeld in Betracht.[4] Dem Gläubiger bleibt allein der Weg, nunmehr seinen Schadensersatzanspruch titulieren zu lassen (§ 893).

III. ArbGG, VwGO, AO

3 Siehe § 883 Rdn. 26.

---

1 Nur Papiere, bei denen das Recht aus dem Papier dem Recht am Papier nachfolgt; siehe auch § 821 Rn. 1.
2 *Brox/Walker*, Rn. 1051; PG/*Olzen*, § 884 Rn. 2.
3 OLG Köln, JZ 1959, 63.
4 LG Berlin, JR 1948, 137; LG Kiel, JR 1948, 340.

§ 885 Herausgabe von Grundstücken oder Schiffen

(1) ¹Hat der Schuldner eine unbewegliche Sache oder ein eingetragenes Schiff oder Schiffsbauwerk herauszugeben, zu überlassen oder zu räumen, so hat der Gerichtsvollzieher den Schuldner aus dem Besitz zu setzen und den Gläubiger in den Besitz einzuweisen. ²Der Gerichtsvollzieher hat den Schuldner aufzufordern, eine Anschrift zum Zweck von Zustellungen oder einen Zustellungsbevollmächtigten zu benennen.

(2) Bewegliche Sachen, die nicht Gegenstand der Zwangsvollstreckung sind, werden von dem Gerichtsvollzieher weggeschafft und dem Schuldner oder, wenn dieser abwesend ist, einem Bevollmächtigten des Schuldners, einem erwachsenen Familienangehörigen, einer in der Familie beschäftigten Person oder einem erwachsenen ständigen Mitbewohner übergeben oder zur Verfügung gestellt.

(3) ¹Ist weder der Schuldner noch eine der bezeichneten Personen anwesend oder wird die Entgegennahme verweigert, hat der Gerichtsvollzieher die in Absatz 2 bezeichneten Sachen auf Kosten des Schuldners in die Pfandkammer zu schaffen oder anderweitig in Verwahrung zu bringen. ²Bewegliche Sachen, an deren Aufbewahrung offensichtlich kein Interesse besteht, sollen unverzüglich vernichtet werden.

(4) ¹Fordert der Schuldner die Sachen nicht binnen einer Frist von einem Monat nach der Räumung ab, veräußert der Gerichtsvollzieher die Sachen und hinterlegt den Erlös. ²Der Gerichtsvollzieher veräußert die Sachen und hinterlegt den Erlös auch dann, wenn der Schuldner die Sachen binnen einer Frist von einem Monat abfordert, ohne binnen einer Frist von zwei Monaten nach der Räumung die Kosten zu zahlen. ³Die §§ 806, 814 und 817 sind entsprechend anzuwenden. ⁴Sachen, die nicht verwertet werden können, sollen vernichtet werden.

(5) Unpfändbare Sachen und solche Sachen, bei denen ein Verwertungserlös nicht zu erwarten ist, sind auf Verlangen des Schuldners jederzeit ohne Weiteres herauszugeben.

Übersicht	Rdn.
I. Zweck und Anwendungsbereich der Norm	1
1. Unbewegliche Sachen	2
2. Herausgabe, Überlassung, Räumung	2
II. Durchführung der Räumungsvollstreckung	3
1. Prüfung der Vollstreckungsvoraussetzungen	3
2. Mitteilung der Vollstreckungsabsicht, Anforderung einer zustellungsfähigen Anschrift und Aufschub der Vollstreckung	6
3. Räumung	7
a) Aus-dem-Besitz-Setzen des Schuldners	8
b) In-den-Besitz-Einweisen des Gläubigers	11
c) Herausgabevollstreckung bei brachliegenden Grundstücken	12
4. Mitbesitz Dritter	13
III. Besonderheiten bei der zwangsweisen Räumung von Wohnraum	15
1. Prüfung drohender Obdachlosigkeit	15
2. Richterliche Durchsuchungsanordnung	16
3. Mitbesitz Dritter	17
a) Dritter als Partei des Mietvertrags	18
b) Dritter ohne eigenen Mietvertrag	20
aa) 1. Ansicht (überholt): Kein eigener Titel gegen den Mitbewohner erforderlich	21
bb) 2. Ansicht (heute herrschend): Eigener Titel gegen jeden Mitbewohner erforderlich	22
c) Personelle Teilräumung nur gegen den Schuldner	25
4. Vermieterpfandrecht des Gläubigers	26
5. Einweisung durch die Ordnungsbehörde zur Abwendung von Obdachlosigkeit	27
6. Räumungsschutz	28
IV. Die Verwahrung des Räumungsgutes (Abs. 3 Satz 1)	29
1. Voraussetzungen für die Verwahrung	29
2. Kostenvorschuss des Gläubigers	33
3. Abholung durch den Schuldner	35
4. Vernichtung beweglicher Sachen ohne Aufbewahrungsinteresse (Abs. 3 Satz 2)	36
V. Der Verkauf eingelagerten Räumungsgutes (Abs. 4)	37
1. Voraussetzungen	37
2. Durchführung	40
VI. Unpfändbare und nicht verwertbare Sachen (Abs. 5)	41

VII.	Rechtsbehelfe im Rahmen der Räumungsvollstreckung	42	3. Auf Zahlung der Transport- und Lagerkosten	44
1.	Gegen formelle Fehler	42	VIII. Gebühren	45
2.	Gegen den Verkauf gem. Abs. 4	43	IX. ArbGG, VwGO, AO	46

Literatur:

Artzt/Schmidt, Räumungsvollstreckung bei Lebensgemeinschaften, ZMR 1994, 90; *Becker-Eberhard*, Die Räumungsvollstreckung gegen Ehegatten und sonstige Hausgenossen, FamRZ 1994, 1296; *Braun*, Vollstreckungsakte gegen Drittbetroffene, AcP 196 (1996), 557; *Brosette*, Kostentragungspflicht bei der Zwangsräumung von Wohnraum, NJW 1989, 963; *Derleder*, Die Voraussetzungen der Räumungsvollstreckung gegen Mieterfamilien, JurBüro 1994, 1; *ders.*, Die Unterbringung unversorgter Haustiere in der Räumungsvollstreckung, DGVZ 1995, 145; *Ferst*, Die Unterbringung von Tieren bei der Zwangsvollstreckung, DGVZ 1997, 177; *Fischer/Mroß*, Zwei Jahre neues Recht der Räumungsvollstreckung (§§ 885, 885a ZPO): Problemlösung oder -kreation?, DGVZ 2015, 97; *Flatow*, Räumungsvollstreckung ohne Räumung? – Vermieterpfandrecht als »Kostenbremse«, NJW 2006, 1396; *Geißler*, Streit um die Kostenpflicht bei nutzlos verauslagten Räumungskosten, DGVZ 1992, 83; *ders.*, Die Unterbringung unversorgter Haustiere in der Räumungsvollstreckung, DGVZ 1995, 145; *ders.*, Zuständigkeiten des Gerichtsvollziehers und der Ordnungsbehörde bei der Zwangsräumung von Wohnraum, DGVZ 1996, 161; *ders.*, Räumungsvollstreckung bei Hausbesetzungen, DGVZ 2011, 37; *Gerland*, Die Räumungsvollstreckung gegen »Unbekannt«, DGVZ 1991, 182; *Gilleßen*, Die Räumungsvollstreckung und ihre Problembereiche – eine systematische Darstellung, DGVZ 2006, 145, 165, 185; *Hein*, Die Zwangsvollstreckung zur Herausgabe von Sachen, JuS 2012, 902; *Hornung*, Zustellung der Benachrichtigung des Schuldners vom Räumungstermin, DGVZ 2007, 58; *Honsell*, Die Räumungsvollstreckung gegen Personenmehrheiten, 1992; *M. Loritz*, Unterbringung von Tieren bei der Zwangsräumung, DGVZ 1997, 150; *Pauly*, Zur Frage der Räumungsvollstreckung gegenüber dem sich in der Mietwohnung aufhaltenden nichtehelichen Lebensgefährten, DGVZ 2008, 165; *ders.*, Die Räumungsvollstreckung gegen nicht am Mietvertrag beteiligte Personen, DGVZ 2000, 17; *Pawlowski*, Räumung nach polizeilicher (Wieder-)Einweisung?, ZZP 102 (1989), 440; *ders.*, Zum Verbrauch von Räumungstiteln, DGVZ 1992, 97; *ders.*, Der forsche Gerichtsvollzieher, Jura 1991, 190 ff.; *ders.*, Durchsuchungsanordnung gegen Ehegatten?, DGVZ 1997, 17; *Riecke*, Der Mit- bzw. Drittgewahrsamsinhaber als Vollstreckungshindernis, DGVZ 2006, 81; *ders.*, Räumungsvollstreckung mit vom Gläubiger gestelltem Personal und Räumlichkeiten – ein Irrweg oder Kostenersparnis?, DGVZ 2004, 145; *de Riese*, Zur Vollstreckung gegen Lebensgefährten bei Zwangsräumung, ZMR 1994, 549; *Rigol*, Tierhaltung als Vollstreckungshindernis in der Räumungsvollstreckung, MDR 1999, 363; *Rüfner*, Folgenbeseitigungsanspruch bei Wiedereinweisung eines Mieters in seine bisherige Wohnung – BGHZ 130, 332, JuS 1997, 309; *Scherer*, Titel gegen Nicht-Mieter bei der Wohnungszwangsräumung?, DGVZ 1993, 161; *M. Schmid*, Tiere in der Zwangsvollstreckung, JR 2013, 245; *Schultes*, Voraussetzungen der Räumungsvollstreckung nach der 2. Zwangsvollstreckungsnovelle, DGVZ 1998, 177; *ders.*, Durchführung der Räumungsvollstreckung nach der 2. Zwangsvollstreckungsnovelle, DGVZ 1999, 1; *Schuschke*, Räumungsprozess und Räumungsvollstreckung, 3. Aufl., 2013; *ders.*, Aktuelle Probleme zur Räumungsvollstreckung, NZM 2012, 209; *ders.*, Die Entfernung von Ein- und Ausbauten, die Entrümpelung und Abfallentsorgung auf Grundstücken und in Wohnungen durch den Gerichtsvollzieher im Rahmen der Räumungsvollstreckung aus einem mietrechtlichen Räumungstitel, DGVZ 2010, 137; *ders.*, Erleichterte Räumungsvollstreckung gegen Mit- und Nachbesitzer, DGVZ 2009, 160; *ders.*, Sechs Stolpersteine auf dem Weg zur Zwangsräumung einer Mietwohnung, JuS 2008, 977; *ders.*, Räumungsvollstreckung gegen Mitbewohner der Wohnung des Titelschuldners, NZM 1998, 58; *ders.*, Die Zwangsvollstreckung in und aus Wohnungen, die der Schuldner mit Dritten teilt, und Art. 13 Abs. 2 GG, DGVZ 1997, 49; *ders.*, Kostensenkungsmodelle bei der Zwangsräumung sowie Räumungsvollstreckung gegen den Mitbewohner, NZM 2005, 681; *ders.*, Die besonderen Aufgaben des Gerichtsvollziehers bei der Vollstreckung gegen psychisch kranke, insbesondere suizidgefährdete Personen, DGVZ 2008, 33; *Schwieren*, Die Kostenbelastung des Gläubigers bei der Räumungsvollstreckung – effektiver Rechtsschutz?, DGVZ 2011, 41; *Schwörer*, Schwarzer-Peter-Spiele bei der Räumung, DGVZ 2008, 135; *Sues*, Tiere in der Räumungsvollstreckung, DGVZ 2008, 129; *Walker*, Grundrechte in der Zwangsvollstreckung, Gedächtnisschrift für Manfred Wolf, 2011, 561; *ders.*, Wegweisende BGH-Entscheidungen zum Zwangsvollstreckungsrecht seit Einführung der Rechtsbeschwerde, JZ 2011, 401 u. 453; *Winderlich*, Die Räumungsvollstreckung gegen den nicht am Mietvertrag beteiligten Ehegatten des Schuldners, ZMR 1990, 125.

I. Zweck und Anwendungsbereich der Norm

1 § 885 ergänzt den § 883 und regelt das Verfahren, wie der Gläubiger sein Recht auf Besitz an einer Sache, hier an einer unbeweglichen Sache, zwangsweise durchsetzen kann.

1. Unbewegliche Sachen

Unmittelbar anwendbar ist die Vorschrift, wenn der Schuldner nach dem Inhalt des Titels eine unbewegliche Sache, ein eingetragenes Schiff oder Schiffsbauwerk zu räumen, an den Gläubiger herauszugeben oder an ihn zu überlassen hat. Unbewegliche Sachen i. S. der Norm sind nur Grundstücke sowie räumlich-körperlich definierbare Teile von Grundstücken wie Wohnungen, Geschäftsräume, Gebäude aller Art. Nicht erforderlich ist andererseits, dass die zu räumenden Gebäude wesentlicher Bestandteil des Grundstücks (also unbewegliche Sache) im Rechtssinne sind, sodass nach § 885 Abs. 1 auch die Räumung von Behelfsheimen, zu Wohnzwecken überlassenen Wohnwagen oder eines Kiosk zu vollstrecken ist.[1] Umgekehrt ist allein nach § 883 und gegebenenfalls noch nach § 887 zu vollstrecken, wenn wesentliche Bestandteile eines Grundstücks oder Grundstückszubehör von diesem zu trennen und an den Gläubiger durch Entfernung vom Grundstück herauszugeben sind.[2] Ist ein Grundstück samt allem beweglichen Zubehör herauszugeben oder zu räumen, erfolgt die Vollstreckung nicht kombiniert nach § 883 und § 885, sondern ausschließlich nach § 885 Abs. 1,[3] wenn sich nicht ausdrücklich aus dem Titel ergibt, dass die Zubehörstücke durch Entfernung vom Grundstück herauszugeben sind.

2. Herausgabe, Überlassung, Räumung

Der Titel muss sinngemäß auf Herausgabe, Überlassung oder Räumung des Grundstücks bzw. Grundstücksteiles lauten und das zu räumende Grundstück bzw. die Räume hinreichend genau bezeichnen.[4] Wesentlich ist dabei, dass im Vordergrund die Entfernung des Schuldners nebst seiner Habe vom Grundstück steht. Daher berechtigt ein Titel auf Herausgabe eines Grundstücks auch zur Räumung (nicht dagegen zum Abriss[5] oder zur zwangsweisen Beseitigung baulicher Veränderungen[6]) eines darauf errichteten Gebäudes. Stehen dagegen nach dem Titel andere Leistungen des Schuldners im Vordergrund (z. B. der Abriss eines Gebäudes, die Reinigung des Erdreiches von umweltbelastenden Ablagerungen, die Beseitigung von Anpflanzungen oder eines zurückgelassenen Lagers z. B. von zu verschrottenden Fahrzeugen, die Gewährung von Zutritt durch Aushändigung von Schlüsseln u. ä.), ist nach §§ 887, 888 zu vollstrecken.[7] Ist der Schuldner nach dem Titel sowohl zur Räumung als auch zur Beseitigung der auf dem Grundstück vorhandenen Baulichkeiten verpflichtet, erfolgt die Räumungsvollstreckung nach § 885 und die Vollstreckung der Beseitigungsverpflichtung nach § 887.[8] Der Gerichtsvollzieher darf also den Abriss des Gebäudes erst aufgrund einer Ermächtigung zur Ersatzvornahme durch das Prozessgericht erster Instanz veranlassen; die Kosten eines ohne diese Ermächtigung erfolgten Abrisses sind keine notwendigen Kosten der Zwangsvollstreckung i. S. v. § 788 Abs. 1 Satz 1. Für die Anwendung des § 885 ist die Wortwahl im Titel nicht entscheidend. Wird in einem Beschluss gem. §§ 200, 209 FamFG, §§ 1361b, 1568a BGB,[9] in einem Vergleich[10] oder auch in einer einstweiligen Anordnung gem. §§ 49 ff. FamFG[11] einem Ehegatten die eheliche Wohnung zur alleinigen Benutzung zugewiesen, so

---

1 OLG Celle, NJW 1962, 595; OLG Hamm, NJW 1965, 2207; *Stein/Jonas/Brehm*, § 885 Rn. 3.
2 Siehe hierzu § 883 Rdn. 5.
3 OLG Hamm, JurBüro 1956, 31.
4 OLG München u. LG Kempten, DGVZ 1999, 56.
5 BGH, NJW-RR 2005, 212.
6 BGH, NJW-RR 2007, 1091.
7 KG, NJW-RR 2007, 1311; OLG Düsseldorf, MDR 1959, 215, JZ 1961, 293 und DGVZ 1999, 155; *Schuschke*, DGVZ 2010, 137, 139 ff.; *ders.*, JuS 2008, 977, 979.
8 BGH, NJW-RR 2005, 212; NJW-RR 2007, 1091; *Schuschke*, DGVZ 2010, 137, 139 ff.
9 **A. A.** (Vollstreckung nach § 888) OLG Köln, FamRZ 1983, 1231.
10 KG, MDR 1988, 152; OLG Köln, MDR 1966, 761.
11 Noch zu § 620 Nr. 7 a. F.: OLG Hamburg, FamRZ 1983, 1151; **a. A.** (kein Vollstreckungstitel) LG Itzehoe, FamRZ 1987, 176; **a. A.** (§ 888 bzw. § 890) OLG Köln, FamRZ 1983, 1231; *Stein/Jonas/Brehm*, § 885 Rn. 5, 1.

genügt diese Formulierung, um den Schuldner persönlich nach Abs. 1 durch den Gerichtsvollzieher aus der Wohnung entfernen zu lassen. Eine solche Formulierung würde den Gerichtsvollzieher allerdings nicht verpflichten, auf Antrag des Gläubigers irgendwelche Sachen aus der Wohnung zu schaffen und gegebenenfalls gar noch einzulagern.[12] Ist der Schuldner nicht nur zum Auszug aus der Ehewohnung verpflichtet worden, sondern darüber hinaus dazu, diese nicht mehr zu betreten, erfolgt die Vollstreckung einheitlich nach § 890,[13] da auch ein Nichtauszug einen Verstoß gegen das Betretungsverbot darstellt. Bei dem Titel muss es sich nicht um ein Urteil handeln. Abgesehen von einem Räumungsvergleich kommen z. B. auch ein Zuschlagsbeschluss nach § 93 Abs. 1 ZVG, ein Räumungsbeschluss nach § 149 Abs. 2 ZVG, ein Beschluss über die Anordnung der Zwangsverwaltung mit der Ermächtigung des Zwangsverwalters zur Besitzverschaffung (§ 150 Abs. 2 ZVG)[14] und ein Insolvenzeröffnungsbeschluss nach § 148 Abs. 2 InsO in Betracht.

II. Durchführung der Räumungsvollstreckung

1. Prüfung der Vollstreckungsvoraussetzungen

3 Der Gerichtsvollzieher überprüft zunächst (wie vor jeder Vollstreckung) das Vorliegen der allgemeinen und der nach dem Titel zu beachtenden besonderen Vollstreckungsvoraussetzungen (z. B. den Gläubigerverzug des Schuldners hinsichtlich einer nach dem Titel vom Vollstreckungsgläubiger Zug um Zug anzubietenden Gegenleistung).[15] Er darf einen Antrag, ein Räumungsurteil zu vollstrecken, nicht allein deshalb als rechtsmissbräuchlich zurückweisen, weil der Gläubiger einen solchen Antrag in den letzten Jahren schon mehrfach gestellt, in dann aber nach der Tilgung von Miet- oder Nutzungsentschädigungsrückständen oder der Diskussion von Lösungsmöglichkeiten jeweils wieder zurückgenommen hatte.[16] Es ist durchaus legitim, den Herausgabetitel als Druckmittel zu benutzen, um Zahlungen, auf die ein Anspruch besteht, zu erlangen. Zu überprüfen, ob etwa durch das mehrfache Absehen von der Zwangsräumung ein neuer Miet- oder Pachtvertrag zustande gekommen ist, der ein neues Recht zum Besitz für den Schuldner begründet hat, oder ob der Gläubiger sein Vollstreckungsrecht aus dem Titel verwirkt hat,[17] ist grundsätzlich nicht Aufgabe des Gerichtsvollziehers. Der Schuldner mag dies mit der Klage nach § 767 geltend machen.[18] Wenn allerdings der Gläubiger mehrere Jahre von seinem Titel keinen Gebrauch gemacht und durch Entgegennahme von Zahlungen offensichtlich beim Schuldner den Eindruck erweckt hat, er wolle das Mietverhältnis fortsetzen, kann darin eine vom Gerichtsvollzieher zu beachtende Verwirkung liegen.[19]

4 Ein Vollstreckungstitel kann in aller Regel **nur einmal** Grundlage für eine Räumungsvollstreckung sein. Mit der Vollstreckung ist er verbraucht, auch wenn der Räumungsschuldner später erneut Besitz an dem Grundstück oder der Wohnung erlangt (siehe auch Rn. 27). Eine **Ausnahme** gilt allerdings nach § 96 Abs. 2 Satz 1 FamFG. Danach ist bei einstweiligen Anordnungen in Gewaltschutzsachen (§ 210 FamFG i. V. m. GewaltschutzG), soweit Gegenstand des Verfahrens Regelungen aus dem Bereich der Ehewohnungssachen sind, und in Ehewohnungssachen (§ 200 Abs. 1 FamFG, §§ 1361b, 1568a BGB) auch die mehrfache Einweisung des Besitzes i. S. d. § 885 Abs. 1 durch mehrfache Räumungsvollstreckung möglich. In diesen Fällen braucht sich der Gläubiger also nicht erneut an das Gericht zu wenden, wenn sich der Schuldner nach Räumung und Überlassung

---

12 KG, MDR 1988, 152; OLG Hamburg, FamRZ 1983, 1151.
13 *Stein/Jonas/Brehm*, § 885 Rn. 5.
14 BGH, NJW-RR 2011, 1095.
15 AG Neustadt, DGVZ 1976, 73 (Räumung Zug um Zug gegen Zahlung einer Entschädigung).
16 LG Hannover, MDR 1979, 495; LG Münster, DGVZ 1989, 156; LG Rottweil und AG Horb, DGVZ 2005, 182 f.; a. A. AG Hannover, NdsRPfl. 1968, 82; AG München, DGVZ 2006, 123 f.; vgl. auch LG Itzehoe, WuM 1995, 662.
17 Dazu LG Itzehoe, WuM 1995, 662; AG Pinneberg, WuM 1995, 662 f.
18 LG Freiburg, DGVZ 1989, 155.
19 Vgl. etwa AG Dorsten, DGVZ 2007, 142; AG Kronach, DGVZ 2005, 187, 188.

der Wohnung an den Gläubiger dort wieder Zugang verschafft hat. Allerdings ist bei der erneuten Vollziehung die Geltungsdauer der einstweiligen Anordnung zu beachten. Da dem Schuldner bereits beim ersten Vollzug der Titel zugestellt wurde, ist in diesen Fällen gem. § 96 Abs. 2 Satz 2 FamFG eine weitere Zustellung nicht erforderlich.

Eine wiederholte Vollstreckung aus demselben Räumungstitel nach § 96 Abs. 2 FamFG ist allerdings nicht sachgerecht, wenn der Räumungsgläubiger den Schuldner zunächst **freiwillig** wieder in die Wohnung aufgenommen hat und es danach zu einem erneuten Zerwürfnis zwischen beiden kommt. Mit der freiwilligen Aufnahme ist der Räumungsanspruch erloschen. Gegen eine erneute Räumung aus demselben Titel kann sich der Schuldner gem. § 95 Abs. 1 Nr. 2 FamFG mit der Klage analog § 767 wehren.[20] Nach anderer Ansicht kann der Schuldner in diesem Fall eine wiederholte Räumung nur verhindern, wenn er gem. § 54 FamFG eine Aufhebung oder Änderung der einstweiligen Anordnung erwirkt.[21] 5

2. Mitteilung der Vollstreckungsabsicht, Anforderung einer zustellungsfähigen Anschrift und Aufschub der Vollstreckung

Der Gerichtsvollzieher hat Tag und Stunde der beabsichtigten Vollstreckung dem Gläubiger und – in der Regel – auch dem Schuldner mitzuteilen (§ 128 Abs. 2 GVGA). Die gebotene Rücksicht auf die Interessen des Schuldners erfordert es, dass diese Mitteilung regelmäßig so frühzeitig erfolgt, dass der Schuldner die für eine reibungslose Übergabe erforderlichen Vorkehrungen treffen kann (nach § 128 Abs. 2 Satz 5 GVGA müssen zwischen der Zustellung der Mitteilung und dem Vollstreckungsbeginn mindestens drei Wochen liegen).[22] Der Gerichtsvollzieher hat zwecks effektiver Gestaltung der Zwangsvollstreckung gem. Abs. 1 Satz 2[23] den Schuldner aufzufordern, eine zustellungsfähige Anschrift anzugeben. Das gilt insbesondere für den Fall des § 1361b Abs. 4 BGB, in dem der Ehegatte seinen bisherigen Wohnsitz aufgibt. Der Gerichtsvollzieher ist nicht verpflichtet, den Räumungstermin zu bestimmen, bevor der Gläubiger einen angemessenen Kostenvorschuss gezahlt hat.[24] Macht der Schuldner dem Gerichtsvollzieher glaubhaft, dass die Voraussetzungen für eine Vollstreckungsschutzentscheidung des Rechtspflegers nach § 765a Abs. 1 vorliegen, dass ihm aber die rechtzeitige Anrufung des Vollstreckungsgerichts noch nicht möglich war, kann der Gerichtsvollzieher die Räumung bis zur Entscheidung des Vollstreckungsgerichts, jedoch nicht länger als eine Woche aufschieben (§ 765a Abs. 2).[25] Zu einem weiteren Aufschub ist der Gerichtsvollzieher von sich aus auch dann nicht befugt, wenn die Notlage des Schuldners offensichtlich ist.[26] 6

3. Räumung

Die Räumung des Grundstücks (Schiffes, Schiffsbauwerks usw.) selbst erfolgt in der Weise, dass der Gerichtsvollzieher den Schuldner aus dem Besitz setzt und den Gläubiger in den Besitz einweist. 7

a) Aus-dem-Besitz-Setzen des Schuldners

Der Schuldner wird dadurch aus dem Besitz gesetzt, dass der Gerichtsvollzieher ihm die Möglichkeit nimmt, die tatsächliche Sachherrschaft über das Grundstück oder die Räumlichkeiten auszuüben. Dazu fordert der Gerichtsvollzieher ihn – falls der Schuldner anwesend ist – persönlich auf, 8

---

20 *Musielak/Borth/Grandel*, FamFG § 96 Rn. 3; *Zöller/Feskorn*, FamFG § 96 Rn. 7.
21 MüKo/*Zimmermann*, FamFG § 96 Rn. 7; *Thomas/Putzo/Seiler*, FamFG § 96 Rn. 6.
22 LG Mannheim, MDR 1965, 144.
23 Eingefügt durch das Gewaltschutzgesetz (BGBl. I 2001, S. 3515 f.).
24 AG Schönau, DGVZ 1989, 45.
25 Einzelheiten: § 765a Rdn. 50.
26 AG Köln, MDR 1968, 248.

das Grundstück endgültig zu verlassen; notfalls setzt er das mit Gewalt[27] durch (§ 758).[28] Ferner werden dem Schuldner alle Schlüssel entzogen, oder es wird ein neues Schloss eingebaut, von dem der Schuldner keinen Schlüssel erhält.

9 Sodann entfernt der Gerichtsvollzieher, soweit der Schuldner dies nicht getan hat, alle **beweglichen Sachen**, die weder mit herauszugeben noch wegen einer gleichzeitig beizutreibenden Forderung oder wegen der Kosten zu pfänden sind, von dem Grundstück (§ 885 Abs. 2 ZPO; § 128 Abs. 4 GVGA). Das gilt auch für Sachen, die nicht dem Schuldner, sondern einem Dritten gehören oder herrenlos sind.[29] Der Gläubiger selbst kann aufgrund des Räumungstitels nicht zur Entfernung der beweglichen Gegenstände ermächtigt werden.[30] Zubehör des Grundstücks verbleibt auf dem Grundstück und wird dem Gläubiger zusammen mit dem Grundstück selbst zu Besitz zugewiesen, es sei denn, der Titel sieht ausdrücklich die Herausgabe dieser Gegenstände an einem anderen Ort vor. Die zu entfernenden Sachen hat der Gerichtsvollzieher gegebenenfalls so zu verpacken, dass sie keinen Schaden nehmen können. Wünscht der Schuldner allerdings eine besondere Art der Verpackung, muss er selbst hierfür Vorsorge treffen.[31] Zu den vom Gerichtsvollzieher vom Grundstück zu entfernenden Sachen gehören auch Müll und Gerümpel[32] in einem nicht erheblichen Umfang, wobei der Gläubiger allerdings keinen Anspruch darauf hat, dass ihm das Grundstück besenrein übergeben wird.[33] Bei größeren Mengen gelagerten Abfalls ist die aufwändige und kostenintensive Beseitigung nicht mehr von der Wegschaffungspflicht des Gerichtsvollziehers nach § 885 Abs. 2 erfasst; die Beseitigung ist dann wie der Abbruch eines Gebäudes oder einer Anlage nach § 887 zu vollstrecken (siehe schon Rn. 2).[34] Der Gerichtsvollzieher braucht das Grundstück auch nicht (z. B. durch Beseitigung einer Erdaufschüttung) in einen vertragsgemäßen Zustand zu versetzen.[35] Das bedarf vielmehr einer gesonderten Titulierung.[36] Die vom Grundstück entfernten Gegenstände hat der Gerichtsvollzieher an Ort und Stelle dem Schuldner oder einer von diesem bevollmächtigten Person (z. B. einem vom Schuldner beauftragten Spediteur) oder einer zur Familie des Schuldners gehörigen oder in dieser Familie dienenden erwachsenen Person zu übergeben (§ 885 Abs. 2). Besteht diese Möglichkeit, so muss auch von ihr Gebrauch gemacht werden;[37] eine Verwahrung der Sachen nach Abs. 3 kommt dann nicht in Betracht, auch wenn sie gegebenenfalls für den Gerichtsvollzieher mit weniger Mühen verbunden wäre.[38]

10 Wie bewegliche Sachen sind auch (**Haus-**) **Tiere** vom Grundstück zu entfernen und dem Schuldner oder bei dessen Abwesenheit einer anderen der in Abs. 2 genannten Person zu übergeben.[39] Umstritten war lange, wie zu verfahren ist, wenn der Schuldner oder sein Beauftragter nicht bereit oder in der Lage ist, die Tiere wieder an sich zu nehmen (z. B. bei Einweisung des Schuldners in ein Obdachlosenheim). Verbreitet wurde vertreten, der Gerichtsvollzieher müsse die Tiere nach Abs. 3 (auf Kosten des vorschusspflichtigen Gläubigers) in Verwahrung nehmen oder bei einem Dritten in

---

27 Zur Gewaltanwendung bei der Räumung von Wohnraum siehe unten Rn. 16.
28 Zur Hinzuziehung der Polizei durch den Gerichtsvollzieher siehe § 758 Rn. 10.
29 LG Limburg (bestätigt vom BGH), DGVZ 2005, 70 f.
30 AG Leverkusen, DGVZ 1996, 44; AG Lörrach, DGVZ 2005, 109 f.
31 AG Siegen, DGVZ 1989, 44.
32 LG Aschaffenburg, DGVZ 1997, 155, 156; LG Berlin, DGVZ 1980, 154; AG Berlin-Neukölln, DGVZ 1980, 42; AG Bielefeld, DGVZ 1974, 142; AG und LG Karlsruhe, DGVZ 1980, 14.
33 LG Berlin, DGVZ 1980, 154.
34 LG Limburg (bestätigt vom BGH), DGVZ 2005, 70, 71 (Kostenvoranschlag für die Beseitigung: 409.000 Euro); AG Pirna, DGVZ 2010, 155; *Schuschke*, DGVZ 2010, 137, 139 ff.
35 OLG Düsseldorf, DGVZ 1999, 155.
36 OLG Hamburg, NJW-RR 2001, 576.
37 OLG Hamm, DGVZ 1980, 185.
38 Zur Einlagerung des Räumungsgutes durch den Gerichtsvollzieher für den Fall, dass es der Schuldner nicht an Ort und Stelle in Empfang nimmt, siehe unten Rn. 29.
39 *Braun*, JZ 1997, 574, 575; *Brox/Walker*, Rn. 1057b; PG/*Olzen*, § 885 Rn. 24.

Verwahrung geben.⁴⁰ Die Gegenansicht stellte darauf ab, dass diese Lösung wegen der u. U. hohen Kosten zu einer Erschwerung der Vollstreckung oder sogar zu einem faktischen Vollstreckungshindernis führe. Wegen des berechtigten Interesses des Gläubigers an einer effektiven Zwangsvollstreckung habe für die Unterbringung und Versorgung von Haustieren das zuständige Ordnungsamt im Rahmen der Gefahrenabwehr zu sorgen.⁴¹ Der BGH⁴² hat sich unter der formalen Berufung auf § 90a Satz 3 BGB, wonach auf Tiere die Vorschriften über Sachen anzuwenden seien, im Grundsatz der erstgenannten Ansicht angeschlossen. Der Gerichtsvollzieher habe mit den Tieren auf dem zu räumenden Grundstück wie mit beweglichen Sachen nach § 885 Abs. 2 bis 4 zu verfahren. Dass dadurch der Gläubiger möglicherweise zu hohen Kostenvorschüssen gezwungen sei, müsse er wie bei der u. U. kostenaufwändigen Verwahrung oder Beseitigung anderer beweglicher Sachen hinnehmen. Allerdings ende die Kostentragungspflicht des Gläubigers, sobald der Gerichtsvollzieher sich erfolglos um den Verkauf der Tiere (§ 885 Abs. 4 Satz 1) bemüht habe. Die Tiere dürften dann entgegen § 885 Abs. 4 Satz 4 nicht getötet werden, sondern müssten auf Kosten der Allgemeinheit (Ordnungsbehörde) in Tierheimen weiter verwahrt werden.

b) In-den-Besitz-Einweisen des Gläubigers

Der Gläubiger wird in den Besitz eingewiesen, indem ihm z. B. durch Übergabe des Schlüssels die Möglichkeit der Inbesitznahme, also der Ausübung der tatsächlichen Gewalt über das Grundstück oder die Räume, verschafft wird. Dazu ist eine Anwesenheit des Gläubigers bei der Räumung nicht erforderlich (§ 128 Abs. 2 Satz 8 GVGA). 11

c) Herausgabevollstreckung bei brachliegenden Grundstücken

Sofern ein **brachliegendes Grundstück** herauszugeben ist, von dem **keine Gegenstände zu entfernen** sind und auf dem der **Schuldner sich nicht persönlich aufhält**, musste nach früher vertretener Ansicht die Herausgabevollstreckung ebenfalls immer an Ort und Stelle erfolgen, indem der Gerichtsvollzieher in Gegenwart des Gläubigers (oder seines Vertreters) förmlich erklärt und zu Protokoll feststellt, dass er den Schuldner aus dem Besitz setzt und den Gläubiger in den Besitz einweist.⁴³ Nach der jüngeren Rechtsprechung des BGH⁴⁴ kann dagegen der Gerichtsvollzieher den Gläubiger auch durch bloße **Protokollerklärung** in den Besitz einweisen; das gilt selbst dann, wenn er dabei die genauen Grenzen des Grundstücks nicht präzise bestimmen kann, weil das für die Ergreifung der tatsächlichen Gewalt durch den Gläubiger nicht erforderlich ist. 12

4. Mitbesitz Dritter

§ 885 ermöglicht nur die Zwangsräumung von Grundstücken (Schiffen usw.), die sich im Alleinbesitz des Schuldners befinden.⁴⁵ Besitzen mehrere das Grundstück (als Mitbesitzer und nicht nur als Besitzdiener) gemeinschaftlich, muss gegen alle ein Räumungstitel vorliegen. So darf die Räumungsvollstreckung gegen den Betreiber eines Altenwohnheimes nicht ohne gesonderten Titel auf die Heimbewohner erstreckt werden.⁴⁶ Hat der Schuldner das Grundstück untervermietet oder unterverpachtet, muss gegen den Untermieter, sofern er wirklich (Mit-) Besitz hat, ein eigener Räu- 13

---

40 So z. B. *Ferst*, DGVZ 1997, 177, 178 f.; *Sues*, DGVZ 2008, 129 ff.
41 Zur umstrittenen Behandlung von Tieren bei der Vollstreckung nach § 885 vgl. OLG Karlsruhe, JZ 1997, 573; LG Oldenburg, DGVZ 1995, 44; VG Freiburg, DGVZ 1997, 185; *Ferst*, DGVZ 1997, 177; *Geißler*, DGVZ 1995, 145; *Loritz*, DGVZ 1997, 150; MüKo/*Gruber*, § 885 Rn. 52; *Musielak/Voit/Lackmann*, § 885 Rn. 14; *Rigol*, MDR 1999, 1363; *Sues*, DGVZ 2008, 129 ff.; *Zöller/Stöber*, § 885 Rn. 19.
42 BGH, NJW 2012, 2889 f. mit Anm. *Bruns*.
43 LG Trier, DGVZ 1972, 93; hier bis 4. Aufl.
44 BGH, NJW-RR 2009, 445.
45 Zur Problematik, dass eine zu räumende Wohnung außer vom Schuldner auch noch von Familienangehörigen oder sonstigen Personen, die selbst nicht Mieter sind, genutzt wird, siehe unten Rn. 17.
46 BGH, DGVZ 2003, 88, 89.

mungstitel erwirkt werden, gegebenenfalls über den Weg des § 886.[47] Das gilt auch dann, wenn der Untermieter nach materiellem Recht zur Herausgabe der Mietsache verpflichtet ist; diese materielle Frage ist im Erkenntnisverfahren zu klären.[48] Ein eigener Räumungstitel ist auch dann erforderlich, wenn der Schuldner den Besitz an dem Grundstück freiwillig aufgegeben und ein Dritter diesen Besitz zwischenzeitlich übernommen hat. Beispiele: Nach dem Auszug des Schuldners aus der Wohnung leben dort nunmehr dessen frühere Lebensgefährtin und deren neuer Partner;[49] statt des Schuldners hat jetzt eine andere Gesellschaft Besitz an den Räumlichkeiten.[50] Dann geht es gar nicht mehr um Mitbesitz, sondern um Alleinbesitz des Dritten. Überträgt der Räumungsschuldner kurz vor dem Räumungstermin seinen Besitz auf einen Dritten, um dadurch die Vollstreckung zu vereiteln, liegt ein Fall von Rechtsmissbrauch vor, sodass die Räumungsvollstreckung dann auch ohne gesonderten Titel gegen den neuen Besitzer möglich sein müsste.[51] Der BGH[52] hält jedoch die Berufung des Dritten darauf, dass gegen ihn kein Titel vorliege, nicht für rechtsmissbräuchlich. Vielmehr hänge die Zulässigkeit der Vollstreckung davon ab, ob der Dritte tatsächlich (Mit-) Besitzer sei (dann sei auch gegen ihn ein Titel erforderlich), was ggf. im Erinnerungsverfahren geprüft werden müsse. Siehe dazu auch Rn. 20 ff.

14 Haben **unbekannte »Hausbesetzer«** ein Grundstück in Besitz genommen und wechseln die Hausbewohner in der Folgezeit häufig, ist die Räumungsvollstreckung problematisch, weil die unbekannten gegenwärtigen Hausbesetzer im Titel nicht genannt werden können. Ein Titel gegen namentlich festgestellte frühere Besetzer kann ohne Klauselumschreibung (§ 727) gegen deren Nachfolger nicht vollstreckt werden. Die Klauselumschreibung würde aber wieder die Feststellung der konkreten Namen erforderlich machen. Deshalb wird verbreitet vertreten, das Problem der Räumung »besetzter Häuser« könne nicht durch Zwangsvollstreckung, sondern in der Regel nur öffentlich-rechtlich mithilfe der Polizei- und Ordnungsgesetze gelöst werden.[53] Auf diese Weise bliebe der Hauseigentümer allerdings weitgehend rechtsschutzlos. Deshalb sollte hier ausnahmsweise ein Titel gegen »Unbekannt im Hause ...« zugelassen werden.[54] Zu besonderen Problemen im Zusammenhang mit dem Mitbesitz Dritter bei der Räumung von Wohnraum siehe auch Rn. 17.

III. Besonderheiten bei der zwangsweisen Räumung von Wohnraum

1. Prüfung drohender Obdachlosigkeit

15 Vor der Durchführung des Räumungstermins hat der Gerichtsvollzieher zu prüfen, ob der Räumungsschuldner durch die Vollstreckung des Titels etwa obdachlos werden würde. In diesem Fall hat er von Amts wegen die für die Unterbringung von Obdachlosen zuständige Verwaltungsbehörde von der bevorstehenden Räumung zu benachrichtigen.[55] Erfährt er von der drohenden Obdachlosigkeit erst so spät, dass die Verwaltungsbehörde nicht mehr tätig werden kann, hat er in entsprechender Anwendung des § 765a Abs. 2 den Räumungstermin bis zu einer Woche aufzuschieben,

---

47 Allgem. Meinung; beispielhaft BGH, NJW-RR 2003, 1450 f.; OLG Celle, NJW-RR 1988, 913; *Gaul/Schilken/Becker-Eberhard*, § 70 Rn. 21; PG/*Olzen*, § 885 Rn. 18; *Stein/Jonas/Brehm*, § 885 Rn. 16.
48 BGH, NJW-RR 2003, 1450, 1451.
49 Siehe dazu Rn. 22 f. m. w. N.
50 LG Memmingen, DGVZ 2007, 126.
51 So AG und LG Hamburg, DGVZ 2005, 164 f.
52 BGH, NJW 2008, 3287 f.; insoweit zustimmend *Schuschke*, DGVZ 2009, 160.
53 So OLG Köln, NJW 1982, 1888; OLG Oldenburg, NJW-RR 1995, 1164; BezG Potsdam, OLGZ 1993, 324, 327; LG Hannover, NJW 1981, 1455; LG Krefeld, NJW 1982, 289; HK-ZV/*Bendtsen*, § 885 Rn. 23; *Jauernig/Berger*, § 26 Rn. 17; MüKo/*Gruber*, § 885 Rn. 5; *Gaul/Schilken/Becker-Eberhard*, § 70 Rn. 24.
54 Siehe auch § 920 Rn. 16. Wie hier *Baumbach/Lauterbach/Hartmann*, § 253 Rn. 27; *Baur/Stürner/Bruns*, Rn. 39.10; *Brox/Walker*, Rn. 1629; *Raeschke-Kessler*, NJW 1981, 663; *Lisken*, NJW 1982, 1136; *Scherer*, DGVZ 1993, 132, 134; **a. A.** *Schuschke*, Vor §§ 704–707 Rn. 9; *ders.*, NZM 2005, 681, 686.
55 § 130 Abs. 2 Satz 1 GVGA.

um der Verwaltungsbehörde die Möglichkeit zu Maßnahmen zu geben, die die Obdachlosigkeit verhindern sollen (§ 130 Abs. 3 i. V. m. § 65 GVGA).[56]

2. Richterliche Durchsuchungsanordnung

Verweigert der Schuldner dem Gerichtsvollzieher den Zutritt zur Wohnung, so bedarf es gem. § 758a Abs. 2[57] **keiner** erneuten richterlichen Durchsuchungsanordnung, um im Rahmen des § 758 Gewalt anwenden und die Wohnung auch gegen den Widerstand des Schuldners öffnen und räumen zu lassen.[58] Das gilt nach dem eindeutigen Wortlaut des § 758a Abs. 2 unabhängig davon, ob die Vollstreckung aus einem richterlichen Titel (Urteil, Beschluss z. B. nach §§ 200, 209 FamFG, §§ 1361b, 1568a BGB oder nach §§ 49 ff. FamFG) oder aus einem Beschluss des Rechtspflegers (z. B. nach § 90 ZVG) oder aus einem Prozessvergleich betrieben wird. Die Entbehrlichkeit der richterlichen Durchsuchungsanordnung auch bei der Vollstreckung aus nichtrichterlichen Räumungstiteln war vor Einfügung des § 758a heftig umstritten.[59] Der Gesetzgeber hat die Regelung des § 758a Abs. 2 damit begründet, die Räumung sei keine Durchsuchung (zweifelhaftes Argument), und außerdem dürfe demjenigen Schuldner, der nach dem Titel gerade zur Räumung verpflichtet sei, nicht durch die Notwendigkeit einer richterlichen Anordnung die Möglichkeit der ungestörten Wohnungsnutzung eingeräumt werden.[60] Hat der Gerichtsvollzieher rechtmäßig die Wohnung zum Zwecke der Räumung betreten, dann darf er dort auch einen ihm gleichzeitig vorliegenden Zahlungstitel des Räumungsgläubigers gegen den Willen des Schuldners durch Pfändung vollstrecken.[61] Es wäre widersinnig, würde man verlangen, dass zunächst nur die Räumung durchgeführt wird, um dann anschließend auf der Straße die Pfändung nachzuholen. Dennoch kann der Gerichtsvollzieher nicht gleichzeitig Titel anderer Gläubiger, die keine Durchsuchungsanordnung erwirkt haben, gegen den Willen des Schuldners noch in der Wohnung mit vollstrecken.[62] Seine Berechtigung, sich gewaltsam Zutritt zur Wohnung des Schuldners zu verschaffen, gilt nur zugunsten des Gläubigers, der eine richterliche Anordnung erwirkt hat. Insofern müssen verfahrensökonomische Gesichtspunkte zurückstehen.

3. Mitbesitz Dritter

Bei der Räumung von Wohnungen stellt sich besonders häufig das Problem, wie sich die Anwesenheit Dritter (dazu allgemein schon Rn. 13) auf die Räumungsbefugnis des Gerichtsvollziehers auswirkt. Wohnen neben dem Schuldner noch dritte Personen (Ehegatte, Familienangehörige, Lebensgefährten, Dienstpersonal) in den herauszugebenden Räumen, ist zu unterscheiden:

a) Dritter als Partei des Mietvertrags

Ist der Dritte selbst Vertragspartei des Mietvertrages, muss gegen ihn ein selbstständiger Räumungstitel vorliegen.[63] § 739 gilt insoweit nicht; die Vorschrift passt weder nach ihrem Wortlaut

---

56 A.A. insoweit wohl (kein Aufschub, sondern nur Benachrichtigung der Behörde) *Stein/Jonas/Brehm*, § 885 Rn. 22 f.
57 Eingefügt durch die 2. Zwangsvollstreckungsnovelle mit Wirkung zum 1.1.1999 (BGBl. I 1997, S. 3039).
58 So bzgl. der Räumungsvollstreckung aus richterlichen Titeln schon vor Einfügung des § 758a: *Schuschke/Walker*, 2. Aufl., § 758 Rn. 2 mit Nachw. zum damaligen Meinungsstand.
59 Zum damaligen Meinungsstand siehe *Schuschke/Walker*, 2. Aufl., § 885 Rn. 8 und § 758 Rn. 2 a sowie *Brox/Walker*, 5. Aufl., Rn. 1059.
60 Siehe BT-Drucks. 13/341, S. 16.
61 Siehe § 758a Rdn. 24.
62 Siehe § 758a Rdn. 29.
63 OLG Köln, FamRZ 1955, 46; OLG Oldenburg, JurBüro 1991, 1276; LG Düsseldorf, MDR 1962, 995; AG Bad Neuenahr-Ahrweiler, DGVZ 1987, 142; AG Hamburg, DGVZ 1987, 141; *Becker-Eberhard*, FamRZ 1994, 1296; *Derleder*, JurBüro 1994, 1, 3; **a.A.** (Dritter könne sich nur über Klage nach § 771 wehren) OLG Hamburg, NJW 1952, 550.

(Gewahrsamsvermutung bei beweglichen Sachen) noch nach ihrem Zweck (Verhinderung der Vollstreckungsvereitelung durch Eigentumsverschiebungen). Auch § 809 oder der dahinter stehende Rechtsgedanke findet keine Anwendung; denn die Herausgabebereitschaft des Mitbesitzers kann nicht den gegen ihn fehlenden Titel ersetzen. Allerdings wird der Mitbesitzer, der mit der Räumung einverstanden ist, im Zweifel seinen Besitz aufgeben; dann braucht gegen ihn auch kein Titel vorzuliegen. Bestreitet der Gläubiger die Wirksamkeit des Mietvertrages des Dritten, ist diese Frage nicht im Vollstreckungsverfahren gegen den Titelschuldner, sondern im selbstständigen Räumungsprozess gegen den Dritten zu klären.

19 Ebenfalls ein selbstständiger Räumungstitel ist erforderlich, wenn der Dritte aufgrund Vertrages mit dem Schuldner dessen **Untermieter** ist;[64] etwas anderes gilt nach Ansicht des BGH[65] auch dann nicht, wenn Anhaltspunkte dafür bestehen, dass das Untermietverhältnis rechtsmissbräuchlich zur Vereitelung der Zwangsvollstreckung aus dem Räumungstitel gegen den Hauptmieter eingegangen wurde.[66] Allerdings reicht allein die Vorlage eines Untermietvertrags durch einen im Titel nicht genannten Dritten nicht aus, um den Gerichtsvollzieher von einer Räumung abzuhalten. Dieser muss vielmehr vor Ort prüfen, ob der angebliche Untermieter wirklich Besitz an der Wohnung hat.[67] Fehlt es dafür an hinreichenden Indizien, führt der Gerichtsvollzieher die Räumungsvollstreckung durch. Der Dritte muss sich dann im Rechtsbehelfsverfahren wehren.

b) Dritter ohne eigenen Mietvertrag

20 Dagegen war es lange heftig umstritten, ob und unter welchen Voraussetzungen es eines weiteren Räumungstitels bedarf, wenn der Dritte ohne eigenen Mietvertrag mit dem Schuldner in dessen Wohnung zusammen lebt.

aa) 1. Ansicht (überholt): Kein eigener Titel gegen den Mitbewohner erforderlich

21 Von einer verbreiteten, aber umstrittenen Ansicht wurde die Notwendigkeit eigener Titel gegen die Mitbewohner, die nur aufgrund familienrechtlicher Bindung[68] (Ehegatte, Kinder, Eltern,

---

64 BGH, NJW-RR 2003, 1450f.; OLG Celle, DGVZ 1988, 171; LG Landsberg, DGVZ 2007, 72; *Becker-Eberhard*, FamRZ 1994, 1296; a.A. *Braun*, AcP 196 (1996), 557, 582ff.
65 BGH, NJW 2008, 3287, 3288; insoweit zustimmend *Schuschke*, DGVZ 2009, 160, 162.
66 A.A. zu einem solchen Fall AG Hamburg-St. Georg, DGVZ 2007, 63; LG Lübeck, DGVZ 2008, 172, 173; siehe ferner *Riecke*, DGVZ 2006, 81, 82. Kritisch auch *Walker*, FS Stürner, 2013, Bd. 1, 829, 840ff.
67 AG Berlin-Charlottenburg, NJW-RR 2014, 1359f.
68 OLG Frankfurt, MDR 1969, 882; OLG Hamburg, FamRZ 1954, 258; MDR 1991, 453; FamRZ 1991, 996; LG Aachen, ZMR 1970, 123; LG Baden-Baden, WuM 1992, 493; LG Berlin, DGVZ 1993, 173; ZMR 1990, 146; LG Detmold, DGVZ 1999, 27; LG Essen, ZMR 1966, 281; LG Frankfurt, DGVZ 1991, 11; LG Hannover, FamRZ 1954, 107; LG Heidelberg, DGVZ 1994, 9, 10; LG Mainz, MDR 1978, 765; LG Mannheim, MDR 1964, 59; LG Oldenburg, Rpfleger 1991, 29; LG Tübingen, NJW 1964, 2021; AG Darmstadt, DGVZ 1996, 14; AG und LG Düsseldorf, DGVZ 1995, 126; AG Castrop-Rauxel, DGVZ 1997, 140; AG Frankfurt, DGVZ 1990, 173; AG Hamburg, DGVZ 1987, 141; AG Schwarzenbek, DGVZ 1990, 47; *Pauly*, DGVZ 2000, 17, 18ff.; *Scherer*, DGVZ 1993, 161; *Schuschke*, NZM 1998, 58ff.; weitere Nachweise aus der Kommentar- und Lehrbuchliteratur bis 2004 siehe in der 4. Aufl.; **a.A. (eigener Titel erforderlich)** KG, OLGZ 1994, 479; WuM 1994, 32; OLG Hamburg, MDR 1993, 274; OLG Oldenburg, Rpfleger 1994, 366f.; LG Hamburg, WuM 1992, 549; LG Heilbronn, Rpfleger 2004, 431f.; LG Kiel, DGVZ 1992, 42f.; LG Lübeck, DGVZ 1990, 91 (wenn aus einem Titel nach § 90 ZVG vollstreckt wird); LG Mannheim, ZMR 1992, 253; LG München, WuM 1997, 633 (Leitsatz); LG Oldenburg, DGVZ 1998, 10; AG Gelsenkirchen, DGVZ 1995, 172; AG Münster, DGVZ 2006, 117 (geschiedene Ehefrau); AG Ratingen und LG Düsseldorf, DGVZ 1995, 125f.; *Becker-Eberhard*, FamRZ 1994, 1296, 1299ff.; *Derleder*, JurBüro 1994, 1, 5; *Pawlowski*, DGVZ 1988, 97, 98; *Winderlich*, ZMR 1990, 125; weitere Nachweise aus der Kommentar- und Lehrbuchliteratur bis 2004 siehe in der 4. Aufl.; zu **differenzierenden** Ansichten siehe die Nachweise in der 4. Aufl.

Großeltern usw.), aufgrund Lebenspartnerschaft oder eheähnlicher Lebensgemeinschaft,[69] nur als Freund oder Gast[70] oder als im Haushalt des Schuldners beschäftigte Person (Dienstmädchen, Fahrer, Hausmeister, Kindermädchen, Krankenpfleger usw.) in der Wohnung des Schuldners leben, verneint. Diese hätten, sofern sie überhaupt Besitzer und nicht nur Besitzdiener seien, kein eigenes, unmittelbar vom Vermieter abgeleitetes, sondern allenfalls ein vom Mieter vermitteltes Besitzrecht. Außerdem zeige § 885 Abs. 2, dass der Gesetzgeber als ganz selbstverständlich davon ausgegangen sei, dass die dort genannten Personen (heute einschließlich der Lebenspartner und sonstigen Lebensgefährten) bei der Räumung zugegen seien, ohne dass sie die Zwangsräumung verhindern könnten.[71] Nach dieser auch hier bis zur 3. Aufl. vertretenen[72] Ansicht berechtigt der Titel gegen den Schuldner den Gerichtsvollzieher ohne Weiteres, auch die weiteren in der Wohnung lebenden Personen aus der Wohnung zu entfernen und hierbei notfalls auch Gewalt anzuwenden, sodass zusätzliche Räumungstitel nicht erforderlich sind. Allerdings gilt dies nur so lange, wie auch gegen den Schuldner selbst noch vollstreckt werden kann. Ist die Zwangsvollstreckung aus dem Titel gegen ihn – vorläufig – eingestellt, kann auch gegen seine Mitbewohner nicht vollstreckt werden.[73] Hat er den Besitz an der Wohnung ganz aufgegeben, während seine Angehörigen dort weiter verblieben sind, bedarf es eines eigenen Räumungstitels gegen die Angehörigen,[74] die nunmehr nicht mehr aus abgeleitetem Recht besitzen und daher nicht »mit« dem Schuldner herausgesetzt werden, sondern an seiner Stelle. Haben die Angehörigen allerdings den Alleinbesitz erst nach Rechtshängigkeit des Räumungsprozesses erlangt, kann der gegen den Schuldner ergangene Titel gem. §§ 727, 325 gegen sie umgeschrieben werden.[75]

bb) 2. Ansicht (heute herrschend): Eigener Titel gegen jeden Mitbewohner erforderlich

Der BGH hat sich zunächst für die Zulässigkeit der Räumungsvollstreckung gegen den **Ehegatten** der Gegenansicht angeschlossen.[76] Danach kann der Ehegatte nur dann aus der Wohnung gesetzt werden, wenn **auch gegen ihn ein Räumungstitel** vorliegt. Aus dem Gebot der ehelichen Lebensgemeinschaft (§ 1353 BGB) folge die Pflicht der Ehegatten, sich gegenseitig die Benutzung der Wohnung zu gestatten. Deshalb sei auch der Ehegatte, der nicht Partei des Mietvertrages sei, nicht nur Besitzdiener, sondern Mitbesitzer. Nur darauf komme es für die Räumungsvollstreckung durch den Gerichtsvollzieher an. Dieser habe nicht zu prüfen, ob der Ehegatte des Räumungsschuldners zum Besitz berechtigt sei, sondern nur, ob er tatsächlich Besitz habe und ob auch gegen ihn ein Räumungstitel vorliege. Aus § 885 Abs. 2 folge nichts anderes, weil diese Vorschrift nur die Weg-

22

---

69 LG Baden-Baden, WuM 1992, 493; LG Darmstadt, DGVZ 1980, 110; LG Detmold, DGVZ 1999, 27; LG Freiburg, WuM 1989, 571; LG Lübeck, JurBüro 1992, 196; AG Mergentheim, DGVZ 2000, 28; AG Neuss, NJW 1985, 2427; AG Stuttgart, DGVZ 1983, 190; *de Riese*, ZMR 1994, 549, 550; *Schuschke*, NZM 1998, 58 ff.; **a.A. (eigener Titel erforderlich)** KG, OLGZ 1994, 479, 482 f.; OLG Düsseldorf, DGVZ 1998, 140; OLG Köln, DGVZ 1997, 119, 121; WuM 1997, 280, 281; AG Darmstadt, DGVZ 1980, 91; AG Mönchengladbach, DGVZ 1999, 140, 141; *Pawlowski*, DGVZ 1988, 97; **differenzierend** LG Berlin, DGVZ 1996, 171; LG Mönchengladbach, DGVZ 1996, 74 (grds. Titel gegen den Mitbesitzer erforderlich, ausnahmsweise aber entbehrlich, wenn der Mitbesitz ohne Wissen oder gegen den Willen des Vermieters begründet wurde). Weitere Nachweise zu den einzelnen Ansichten aus der Kommentar- und Lehrbuchliteratur bis 2004 siehe 4. Aufl.
70 AG Hannover, DGVZ 1973, 158; AG Hildesheim, DGVZ 2003, 93 (Mitbewohner, den der Mieter ohne Kenntnis des Vermieters in die Wohnung aufgenommen hat).
71 *Baur/Stürner/Bruns*, Rn. 39.10; *Brox/Walker*, Rn. 1047.
72 3. Aufl., 2002, § 885 Rn. 14.
73 AG Burgsteinfurt und LG Münster, DGVZ 1988, 76.
74 OLG Düsseldorf, MDR 1960, 234; LG Mannheim, NJW 1962, 815 mit Anm. *Rheinspitz*, NJW 1962, 1402; AG und LG Düsseldorf, DGVZ 1995, 126; LG Stuttgart, DGVZ 2003, 121 f.; **a.A.** LG Frankfurt, DGVZ 1991, 11; LG Mönchengladbach, DGVZ 2000, 118, 119; AG Dortmund, DGVZ 1996, 77 f.
75 LG Mannheim, NJW 1962, 815.
76 BGH, NJW 2004, 3041 mit zust. Anm. *Stickelbrock*, ZZP 118 (2005), 106 und krit. Anm. *Schuschke*, LMK 2004, 214.

schaffung beweglicher Sachen, die nicht Gegenstand der Zwangsvollstreckung seien, regele. Für die Zulässigkeit der Räumungsvollstreckung komme es auch nicht auf die »Räumungsbereitschaft« des Ehegatten an; denn anders als im Fall des § 809 richte sich die Räumungsvollstreckung nicht nur gegen das Vermögen des Schuldners, sondern gegen den Dritten selbst. Diese BGH-Entscheidung ist hinsichtlich der Auseinandersetzung mit § 885 Abs. 2 und auch hinsichtlich der Bedeutung der »Räumungsbereitschaft« des Ehegatten zwar recht knapp ausgefallen und nicht nur auf Zustimmung gestoßen;[77] aber an ihr orientiert sich die Vollstreckungspraxis. Sie führt allerdings dazu, dass die Räumungsvollstreckung für den Gläubiger, der oft die Mitbewohner des Schuldners nicht kennt und der mit wechselnden Mitbewohnern konfrontiert wird, bis an die Grenze der Aussichtslosigkeit erschwert wird, zumal zusätzlich nicht selten der Vollstreckungsschutz nach § 765a einer Zwangsräumung entgegen steht.[78] Deshalb wird in der Literatur vorgeschlagen, § 885 in dem Sinne zu ändern, dass der Gerichtsvollzieher bei der Räumungsvollstreckung den Schuldner »und alle weiteren Besitzer der Sache, die ihr Besitzrecht nur vom Schuldner ableiten«, aus dem Besitz zu setzen habe, sofern sie – falls sie nicht im Titel genannt sind – in einer dem Titel beizufügenden Vollstreckungsklausel namentlich als Schuldner bezeichnet sind.[79]

23   In Konsequenz dieser Rechtsprechung ist auch gegen **eingetragene oder sonstige Lebenspartner**, gegen die **Eltern** und andere **erwachsene Verwandte und gegen Mitglieder einer Wohngemeinschaft, sofern sie ein eigenes Besitzrecht haben**, die Räumungsvollstreckung nur zulässig, wenn sie gegen diese Personen tituliert ist.[80] Allerdings kann bei der Aufnahme eines nichtehelichen Lebensgefährten, eines Verwandten oder eines bloßen Mitbewohners nicht automatisch auf deren Mitbesitz geschlossen werden. Umgekehrt steht dieser Personenkreis nicht typischerweise in einem solchen sozialen Abhängigkeitsverhältnis zum Schuldner, dass stets nur Besitzdienerschaft anzunehmen wäre.[81] Bei ihnen muss der Gerichtsvollzieher vielmehr anhand der äußerlich erkennbaren Umstände (z. B. Name an der Haustür oder am Briefkasten, Anzeige der Aufnahme an den Vermieter; Anmeldung nach dem Meldegesetz; eigenes bewohntes Zimmer) die tatsächlichen Besitzverhältnisse prüfen.[82] Dagegen hat der Gerichtsvollzieher bei Lebensgemeinschaften nicht zu prüfen, ob diese schon gefestigt sind oder erst seit Kurzem bestehen;[83] das kann er im Zweifel ohnehin nicht beurteilen.

24   Offen war lange, ob und ggf. bis zu welchem Alter **minderjährige Kinder** wegen des sozialen Abhängigkeitsverhältnisses zu ihren Eltern lediglich als Besitzdiener anzusehen sind.[84] Nach Ansicht des BGH[85] haben minderjährige Kinder, die mit ihren Eltern zusammenleben, grundsätzlich keinen Mitbesitz an der gemeinsam benutzten Wohnung, sodass für eine Räumung ein Vollstreckungstitel gegen die Eltern ausreicht.[86] Daran soll sich im Regelfall (Ausnahme nur bei äußerlich erkenn-

---

77 So zu Recht *Schuschke*, LMK 2004, 214; zur Unbeachtlichkeit der Räumungsbereitschaft ebenfalls kritisch *Gilleßen*, DGVZ 2006, 145, 155.
78 *Riecke*, DGVZ 2006, 81; *Stickelbrock*, ZZP 118 (2005), 106, 113 will die Schwierigkeiten dadurch abmildern, dass sie dem Dritten die Berufung auf den fehlenden Räumungstitel versagt, wenn der Räumungsschuldner den Gläubiger nicht richtig über seine Mitbewohner informiert hat.
79 *Schuschke*, DGVZ 2009, 160, 165.
80 BGH, Rpfleger 2008, 509; ablehnend *Pauly*, DGVZ 2008, 165 ff.
81 Ebenso *Stickelbrock*, ZZP 118 (2005), 106, 108.
82 BGH, DGVZ 2013, 155, 157; Rpfleger 2008, 509, 510; LG Berlin, DGVZ 2011, 172; *Schuschke*, JuS 2008, 977, 978.
83 A.A. LG Wuppertal, DGVZ 2007, 39 (kein Mitbesitz, sondern nur Besitzdienerschaft bei lediglich kurzer oder vorübergehender Aufnahme eines Partners ohne Erlaubnis des Vermieters).
84 Vgl. dazu *Schuschke*, NZM 2005, 10, 11 und NZM 2005, 681, 686, der im Hinblick auf § 1626 Abs. 2 BGB auch bei älteren Minderjährigen Besitz annimmt; ferner *Gilleßen*, DGVZ 2006, 145, 153; *Riecke*, DGVZ 2006, 81, 83 (kein Besitz bei Minderjährigen). Nicht entschieden von BGH, NJW 2004, 3041.
85 BGH, Rpfleger 2008, 509, 510.
86 Kritisch dazu im Hinblick auf ältere Kinder *Schuschke*, DGVZ 2009, 160, 162 unter Berufung auf § 1626 Abs. 2 BGB; *ders.*, JuS 2008, 977, 978; *ders.*, FS Samwer, 2008, 303, 304.

barer Änderung der Besitzverhältnisse) auch nichts ändern, wenn das Kind volljährig wird. Ob das der allgemeinen Lebenserfahrung entspricht, erscheint zweifelhaft.[87] Ein eigenes Besitzrecht des volljährigen Kindes dürfte aber jedenfalls dann anzunehmen sein, wenn es nach seiner Verheiratung den Lebenspartner mit in die Wohnung aufgenommen hat.[88] **Hausangestellte** und **Gäste** des Schuldners, die sich nur vorübergehend bei diesem aufhalten und in dessen Wohnung nicht zu Hause sind, müssen als bloße Besitzdiener angesehen werden.[89] Diese können auch aufgrund eines gegen den Schuldner gerichteten Titels aus der zu räumenden Wohnung gesetzt werden.

c) Personelle Teilräumung nur gegen den Schuldner

Wenn gegen einen Dritten (Mitbesitzer) mangels eines gegen ihn gerichteten Titels nicht vollstreckt werden kann, kommt eine Räumungsvollstreckung gegen den Schuldner in Betracht, sofern dadurch der Besitz des Dritten nicht beeinträchtigt wird.[90] Davon ist auszugehen, wenn der Schuldner in dem Räumungsobjekt abgeschlossene Teileinheiten allein genutzt hat.[91]

4. Vermieterpfandrecht des Gläubigers

Macht der Gläubiger an Gegenständen in der Wohnung ein Vermieterpfandrecht geltend, so kann er wirksam seinen Vollstreckungsauftrag dahingehend einschränken, dass diese Gegenstände nicht aus der Wohnung zu entfernen seien (sog. **Berliner Räumung**, siehe noch Rn. 34).[92] Der Gerichtsvollzieher ist an diese Beschränkung zur »Teilräumung« gebunden, selbst wenn die Parteien des Vollstreckungsverfahrens über den Umfang des Vermieterpfandrechts streiten.[93] Er hat insoweit auch nicht zu überprüfen, ob die Gegenstände, die in der Wohnung verbleiben sollen, nach § 811 Abs. 1 unpfändbar sind,[94] sodass nach materiellem Recht (§ 562 Abs. 1 Satz 2 BGB) ein Vermieterpfandrecht an ihnen nicht entstehen kann. Es ist allein Sache des Schuldners, seine materiellrechtlichen Ansprüche, etwa aus § 985 BGB, gegen den Gläubiger geltend zu machen, notfalls durch Klage oder einstweilige Verfügung. Diese von der Praxis entwickelte Berliner Räumung unter Berufung auf das Vermieterpfandrecht hat seit Inkrafttreten des § 885a am 1.5.2013 an Bedeutung verloren, weil nach dieser Vorschrift ein auf die bloße Außerbesitzsetzung des Schuldners und Besitzeinweisung des Gläubigers beschränkter Vollstreckungsauftrag auch ohne Berufung auf das Vermieterpfandrecht möglich ist.

---

87 Ebenfalls zweifelnd *Pauly*, DGVZ 2008, 165, 167; *Schuschke*, DGVZ 2009, 160, 162.
88 Zutreffend *Schuschke*, DGVZ 2009, 160, 162.
89 Ebenso *Gilleßen*, DGVZ 2006, 145, 153; *Schuschke*, NZM 2005, 681, 688; *ders.*, DGVZ 2009, 160, 162; vgl. auch LG Heilbronn, Rpfleger 2004, 431 f.
90 BGH, DGVZ 2013, 155, 158.
91 LG Berlin, DGVZ 2011, 173.
92 BGH, NJW-RR 2009, 1384, 1385; NJW 2006, 848; NJW 2006, 3273; DGVZ 2003, 88, 89.
93 BGH, NJW-RR 2009, 1384, 1385; NJW 2006, 848, 849 (kritisch dazu *Flatow*, NJW 2006, 1396); NJW 2006, 3273; LG Arnsberg, DGVZ 1984, 30; LG Darmstadt, DGVZ 1977, 89; AG Leverkusen und LG Köln, DGVZ 1996, 75; AG Offenbach, DGVZ 1977, 46; PG/*Olzen*, § 885 Rn. 25; *E. Schneider*, MDR 1982, 984; *Schuschke*, NZM 2005, 681, 682 m.w.N.; *ders.*, JuS 2008, 977, 981; Stein/Jonas/*Brehm*, § 885 Rn. 29; a.A. (keine Beschränkung möglich) LG Düsseldorf, DGVZ 1984, 74.
94 Auch § 128 Abs. 4 GVGA stellt allein darauf ab, dass der Gläubiger ein Pfandrecht »in Anspruch nimmt« und räumt dem Gerichtsvollzieher kein Prüfungsrecht ein. Vgl. auch BGH, NJW-RR 2006, 848, 849; NJW 2006, 3273; AG Philippsburg, DGVZ 2005, 12; AG Wedding, NJW-RR 2005, 162, 163; *Christmann*, DGVZ 1986, 177; a.A. (§ 811 sei zu beachten) LG Berlin, DGVZ 2005, 140; LG Potsdam, DGVZ 2006, 15; AG Berlin-Lichtenberg, DGVZ 2005, 11 f.; AG Hanau, DGVZ 2005, 185; AG Jülich und LG Aachen, DGVZ 2007, 125 f.; AG Königswinter, MDR 1982, 1028; AG Saarbrücken, DGVZ 2008, 174; *E. Schneider*, MDR 1982, 984 und DGVZ 1982, 73.

5. Einweisung durch die Ordnungsbehörde zur Abwendung von Obdachlosigkeit

27 Hat die Ordnungsbehörde den Schuldner zur Abwendung von Obdachlosigkeit bereits vor Anberaumung des Räumungstermins in die zu räumende Wohnung durch Ordnungsverfügung eingewiesen, so steht dieser Verwaltungsakt einer Räumung entgegen. Es bedarf insoweit auch keiner »symbolischen Räumung«, etwa durch zeitweises Entfernen einiger Möbel aus der Wohnung. Unabhängig davon, ob der Gerichtsvollzieher überhaupt eine bloß »symbolische Räumung« durchgeführt oder die Zwangsräumung sogleich völlig ausgesetzt hat, verbraucht eine behördliche Einweisungsverfügung den Räumungstitel nicht. Erst die tatsächliche vollständige Räumung führt zur Erfüllung.[95] Der Gläubiger kann daher, sobald die Einweisungsverfügung wieder aufgehoben ist, erneut die Vollstreckung aus dem Titel betreiben.[96] Nach Ablauf der Einweisungszeit hat er aber auch einen Folgenbeseitigungsanspruch gegen die Einweisungsbehörde.[97] Diese ist dann verpflichtet, den Räumungsschuldner zwangsweise aus der Wohnung zu entfernen. Verletzt sie schuldhaft diese Pflicht, hat der Eigentümer gegen sie einen Schadensersatzanspruch gem. § 839 BGB i. V. m. Art. 34 GG.[98] Dass der Gläubiger der behördlichen Verfügung Folge leistet, führt nicht zum Neuabschluss eines Mietvertrages mit dem Schuldner. Dem Schuldner erwächst aus einem solchen Verhalten des Gläubigers also auch kein mit § 767 verfolgbarer Einwand gegen eine künftige Räumung. Hatte der Gerichtsvollzieher allerdings die Räumung tatsächlich vollständig abgeschlossen und den Gläubiger uneingeschränkt in den Besitz der Wohnung gesetzt, so ist der Titel verbraucht[99] und bleibt auch verbraucht, wenn der Schuldner sich später – etwa im Wege der Hausbesetzung – erneut in den Besitz der Wohnung setzt, oder wenn die Ordnungsbehörde die Wohnung später beschlagnahmt und den Schuldner in sie wieder einweist. In diesen Fällen muss der Gläubiger einen erneuten Räumungstitel erstreiten. Hatte der Gerichtsvollzieher bereits einen Spediteur beauftragt und waren insoweit schon Kosten entstanden, als die behördliche Einweisungsverfügung erging, die zur Einstellung der weiteren Vollstreckung führte, so sind diese Kosten notwendige Kosten der Zwangsvollstreckung, die vom Schuldner zu tragen sind.[100]

6. Räumungsschutz

28 Zur Möglichkeit des Schuldners, befristeten Räumungsschutz durch das Prozessgericht zu erhalten, siehe § 721. Im Einzelfall ermöglicht § 765a darüber hinaus dem Vollstreckungsgericht die Gewährung weiteren Räumungsschutzes.[101] Vorbereitend hierzu kann auch der Gerichtsvollzieher bis zu einer Woche Räumungsaufschub bewilligen (§ 765a Abs. 2).[102] § 765a hat bei der Räumungsvollstreckung seine größte Bedeutung. Hier sind die Grundrechte des Schuldners und seiner Familienangehörigen auf Leben und Gesundheit und das Recht des Gläubigers auf effektiven Rechtsschutz und ggf. das Recht auf Eigentum andererseits gegeneinander abzuwägen.[103]

---

95 OLG Bamberg, JurBüro 1962, 176; OLG Hamm, NJW 1960, 1016; OLG Köln, NJW 1957, 1525; OLG Nürnberg, NJW 1953, 1398; OLG Stuttgart, NJW 1956, 1844; LG Bochum, MDR 1954, 431; LG Bonn, ZMR 1990, 346; LG Darmstadt, NJW 1955, 1640; DGVZ 1989, 24; LG Duisburg, MDR 1953, 559; LG Freiburg, DGVZ 1989, 155; LG Hannover, JurBüro 1951, 393; LG Köln, MDR 1957, 678; LG Verden, MDR 1956, 37; AG Bad Iburg, MDR 1988, 1066; AG Villingen, DGVZ 1989, 77.
96 BGHZ 130, 332, 340; LG Darmstadt, DGVZ 1993, 154; LG Wuppertal, DGVZ 1991, 26f.; **a. A.** (Titel verbraucht) OLG Hamm, NJW 1955, 28; LG Darmstadt, NJW 1952, 389; AG Langen, DGVZ 1988, 47.
97 BGHZ 130, 332, 334f.
98 BGHZ 130, 332; zustimmend *Rüfner*, JuS 1997, 309.
99 AG Hanau, DGVZ 1972, 63.
100 AG Riedlingen, DGVZ 1989, 77; AG Wetzlar, DGVZ 1983, 126.
101 Zum Verhältnis von § 721 und § 765a vgl. § 721 Rdn. 4.
102 Siehe auch oben Rdn. 6.
103 Siehe § 765a Rdn. 1, 13ff.; *Walker*, GS für M. Wolf, 2011, 561, 573ff.

IV. Die Verwahrung des Räumungsgutes (Abs. 3 Satz 1)

1. Voraussetzungen für die Verwahrung

Ist niemand aufseiten des Schuldners bei der Räumung anwesend, um das Räumungsgut in Empfang zu nehmen, oder verweigert der Schuldner die Empfangnahme der Sachen, so darf sie der Gerichtsvollzieher nicht einfach auf der Straße oder sonst im Freien abstellen.[104] Ein solches Verhalten wäre rechtswidrig und würde Amtshaftungsansprüche auslösen. Der Gerichtsvollzieher muss die Sachen vielmehr in sein Pfandlokal schaffen oder, wenn dort keine Unterstellmöglichkeit besteht, sie anderweit in Verwahrung bringen (vgl. auch § 128 Abs. 5 Satz 1 GVGA). Ausgenommen hiervon sind Müll und Gerümpel. Diese Dinge kann der Gerichtsvollzieher, um unnötige und auf den Gläubiger deshalb nicht abwälzbare Kosten zu ersparen,[105] sogleich zur Müllkippe schaffen lassen (vgl. § 128 Abs. 5 Satz 3, 4 GVGA).[106] Das gilt allerdings nicht für sonstiges wertloses oder unverwertbares Räumungsgut.[107] Dieses muss der Gerichtsvollzieher im Hinblick auf Art. 14 GG zunächst für den Schuldner zur Abholung bereithalten und diesem auf Verlangen kostenlos herausgeben (vgl. § 128 Abs. 5 Satz 2 GVGA).[108] Ist der Schuldner an sich annahmebereit, aber infolge von Mittellosigkeit nicht in der Lage, einen Spediteur mit dem Abtransport der Möbel zu beauftragen, so darf der Gerichtsvollzieher das Räumungsgut nicht einfach in die Ersatzwohnung des Schuldners schaffen lassen,[109] es sei denn, der Gläubiger stimmt dem zu und leistet einen ausreichenden Vorschuss für die zu erwartenden Kosten.

Die **Auswahl und Beauftragung des Spediteurs**, der das Räumungsgut fortschaffen soll, und des Lagerhalters, bei dem es untergestellt werden soll, wenn in der Pfandkammer kein Platz ist, ist grundsätzlich Aufgabe des Gerichtsvollziehers.[110] Er ist schon wegen der Haftungsrisiken nicht verpflichtet, einen vom Gläubiger beauftragten Spediteur tätig werden zu lassen[111] oder auf das Angebot des Gläubigers einzugehen, die Räumung mit einem eigenen LKW und eigenen sachkundigen und preiswerten Arbeitskräften durchzuführen (sog. **Frankfurter Modell**),[112] zumal der Gerichtsvollzieher die angebliche Sachkunde kaum beurteilen kann.[113] Der Gerichtsvollzieher trifft seine Entscheidung über das zu Veranlassende vielmehr nach pflichtgemäßem Ermessen. Dabei hat er die Interessen des Gläubigers und des Schuldners, aber auch sein eigenes Interesse bzw. das des Staates zu berücksichtigen, Sicherheit für die durch die Räumung verursachten Gebühren, Kosten und Auslagen zu erhalten. Im Einzelfall kann es zwar durchaus im Rahmen dieses pflichtgemäßen Ermessens liegen, die Sachen dem Gläubiger zur Verwahrung zu überlassen, wenn dieser dazu bereit ist und Lagerraum mit Zugangsmöglichkeit für den Gerichtsvollzieher anbietet.[114] In jedem Fall hat der Gerichtsvollzieher durch entsprechende Vorbereitung und Aufsicht dafür zu sorgen, dass keine überhöhten Transport- und Lagerkosten entstehen.[115] Das bedeutet allerdings nicht, dass er sich unmittelbar vor dem anberaumten Vollstreckungstermin nochmals vergewissern muss, ob

---

104 OLG Karlsruhe, Rpfleger 1974, 408; *Baumbach/Lauterbach/Hartmann*, § 885 Rn. 21; *Schuschke*, NZM 2005, 681, 682.
105 LG Hamburg, MDR 1963, 854.
106 OLG Zweibrücken, DGVZ 1998, 8, 9; LG Berlin, DGVZ 1980, 154; AG Berlin-Neukölln, DGVZ 1980, 42; AG Bielefeld, DGVZ 1974, 142; AG und LG Karlsruhe, DGVZ 1980, 14; AG Leverkusen, DGVZ 1996, 44 f.
107 Siehe dazu auch Rdn. 37.
108 So die Begründung zur geplanten Änderung des § 885 Abs. 4, BT-Drucks. 13/341, S. 40.
109 LG Essen, MDR 1974, 762.
110 AG Herne, DGVZ 1980, 30; AG Westerburg u. LG Koblenz, DGVZ 1997, 29.
111 LG Düsseldorf, JurBüro 1987, 464 mit Anm. *Mümmler*.
112 AG Frankfurt, NZM 2004, 359.
113 AG Hannover, DGVZ 1975, 124; kritisch gegenüber dem Frankfurter Modell auch *Gilleßen*, DGVZ 2006, 165, 174; *Riecke*, DGVZ 2004, 145 ff.; *Schuschke*, NZM 2005, 681, 684 f.
114 OLG Stuttgart, Justiz 1965, 238; LG Detmold, DGVZ 1996, 171; LG Ulm, DGVZ 1990, 123.
115 LG Frankfurt, DGVZ 1972, 136.

der Schuldner inzwischen doch noch freiwillig geräumt hat. Erweist sich in einem solchen Fall die Beauftragung einer Spedition als überflüssig, muss der Gläubiger auch die Kosten für einen bloßen Beförderungsversuch tragen.[116] Wenn der Gerichtsvollzieher den Auftrag an die Spedition noch so rechtzeitig zurücknimmt, dass der Spediteur zum Räumungstermin gar nicht erst anreist, kann er doch einen Anspruch auf Zahlung eines angemessenen Ausfallbetrages haben, der vom Gläubiger zu tragen ist.[117]

31 Um die mit der Einlagerung verbundenen Kosten, die im Zweifel mehrere tausend Euro betragen, nicht ohne Not zu verursachen, wird nach dem Modell der sog. **Hamburger Räumung**[118] in zwei Schritten vollstreckt: Zunächst wird nur die Person des Schuldners aus dem Besitz gesetzt. Mit der Räumung der Wohnung wird sodann etwa zwei Wochen gewartet. Wenn der Schuldner bis dahin eine neue Wohnung anzeigt, weist der Gerichtsvollzieher den Spediteur an, die Möbel und sonstigen beweglichen Sachen des Schuldners sogleich in dessen Wohnung zu verbringen, sofern die damit verbundenen Kosten vom Vorschuss des Gläubigers (Rn. 33) gedeckt oder vom Schuldner selbst vorgestreckt werden. Ergibt sich diese Möglichkeit trotz der ca. zweiwöchigen Wartezeit nicht, leitet der Gerichtsvollzieher die »klassische« Räumung ein.

32 Die vom Gerichtsvollzieher durch privatrechtlichen Vertrag (Rn. 44) beauftragte Spedition wird nicht hoheitlich tätig, sodass für die von ihr verursachten Schäden nicht die Staatskasse nach § 839 BGB haftet.[119] Die Spedition haftet für beschädigte oder abhandengekommene Sachen dem Schuldner, der in die Schutzwirkung des Vertrages zwischen Gerichtsvollzieher und Spedition einbezogen ist, auf Schadensersatz.[120] Abs. 3 kann nicht auf Tiere des Schuldners angewendet werden. Für deren Unterbringung und Versorgung muss das Ordnungsamt im Rahmen der Gefahrenabwehr sorgen.[121]

2. Kostenvorschuss des Gläubigers

33 Damit die notwendigen Kosten des Abtransportes und der zunächst erforderlichen Einlagerung in jedem Fall gedeckt sind, hat der Gerichtsvollzieher vor Ansetzung des Räumungstermins vom Gläubiger, der insoweit nach § 13 Abs. 1 Nr. 1 GvKostG Kostenschuldner ist, einen entsprechenden Vorschuss gem. § 4 GvKostG zu verlangen (siehe auch § 128 Abs. 5 Satz 6 GVGA).[122] Dieser Vorschuss ist so zu bemessen, dass er die gewöhnlichen Transportkosten einschließlich der Kosten der notwendigen Verpackung der Sachen und der Kosten der Möbelpacker umfasst wie auch die Kosten einer kurzfristigen (Abs. 4: höchstens einen Monat zzgl. einer angemessenen Frist für die Verwertung)[123] Einlagerung[124] oder der Entsorgung und Vernichtung des Räumungsgutes;[125] denn alle genannten Kosten entstehen im Rahmen der Räumungsvollstreckung, die der Gläubiger durch seinen Antrag

---

116 AG Flensburg, DGVZ 2005, 130.
117 LG Kassel, DGVZ 2003, 42.
118 Dazu (auch zu den Nachteilen dieses Modells) *Gilleßen*, DGVZ 2006, 165, 173; *Riecke*, DGVZ 2005, 81 und *Schuschke*, NZM 2005, 681, 684 f. (jeweils mit Nachweisen aus der Rechtsprechung).
119 LG Berlin, DGVZ 1997, 168.
120 OLG Stuttgart, DGVZ 2010, 152, 153.
121 OLG Karlsruhe, DGVZ 1997, 41 f.; LG Oldenburg, DGVZ 1995, 44; **a. M.** *Braun*, JZ 1997, 574; *Ferst*, DGVZ 1997, 177, 178 f. weitere Nachweise zum Meinungsstand siehe bei Rn. 10.
122 LG Berlin, JurBüro 1965, 759; LG Hamburg, DGVZ 1983, 124; *Alisch*, DGVZ 1979, 6; *Baumbach/Lauterbach/Hartmann*, § 885 Rn. 27; *Brosette*, NJW 1989, 965; *Gilleßen*, DGVZ 2006, 165 ff.; *Zöller/Stöber*, § 885 Rn. 33.
123 Zur vertretbaren Dauer der Einlagerung siehe LG Berlin, Rpfleger 2004, 431; LG Koblenz, JurBüro 1995, 551 f.
124 OLG Frankfurt, Rpfleger 1979, 350; OLG Hamburg, MDR 1966, 933; OLG Karlsruhe, Rpfleger 1974, 408; LG Hamburg, JurBüro 1983, 1728; LG Osnabrück, NdsRpfl. 1979, 225; LG Waldshut-Tiengen, DGVZ 1990, 93; AG Frankfurt, DGVZ 1975, 78; AG Hamburg-Harburg, DGVZ 1973, 122.
125 OLG Karlsruhe, Rpfleger 1974, 408; LG Koblenz, NJW-RR 2006, 1580, 1581.

in Gang gesetzt hat (Veranlasserprinzip). Dagegen braucht der Gläubiger nicht die Kosten für eine über die Ein-Monats-Frist hinausgehende Einlagerung zu tragen und vorzuschießen, selbst wenn die längere Einlagerung aus rechtlichen Gründen (z. B. Aufbewahrung von Geschäftsunterlagen des Schuldners, Rn. 37) erforderlich ist; denn diese Kosten fallen erst nach Beendigung der Räumungsvollstreckung an und stellen keine notwendigen Vollstreckungskosten dar.[126] Zahlt der Gläubiger den notwendigen Vorschuss nicht, kann der Gerichtsvollzieher die Durchführung der Räumung ganz ablehnen.[127]

Stellt allerdings der Gläubiger nur einen beschränkten Vollstreckungsauftrag nach § 885a oder macht er an den beweglichen Sachen des Schuldners ein **Vermieterpfandrecht** geltend und beschränkt deshalb seinen Räumungsauftrag auf die Auswechslung des Schlosses (sog. **Berliner Räumung**, dazu schon Rn. 26), ist auch nur diese Maßnahme bei der Bemessung des Kostenvorschusses zu berücksichtigen.[128] 34

3. Abholung durch den Schuldner

Ist der Gerichtsvollzieher nach Abs. 3 Satz 1 verfahren und hat er Gegenstände des Schuldners eingelagert, so ist es Sache des Schuldners, für ihre Abholung zu sorgen.[129] Der Schuldner muss sich dabei an den Gerichtsvollzieher, nicht etwa an den Gläubiger oder an den Lagerhalter halten.[130] Der Gerichtsvollzieher hat die Herausgabe von pfändbaren und verwertbaren[131] (vgl. Abs. 5) Sachen von der Bezahlung derjenigen offenstehenden Kosten abhängig zu machen, die nicht durch den Vorschuss des Gläubigers gedeckt sind. Hinsichtlich des Kostenerstattungsanspruchs des Gläubigers steht ihm dagegen kein Zurückbehaltungsrecht zu.[132] Der Gläubiger muss seinen Erstattungsanspruch nach den allgemeinen Regeln als Vollstreckungskosten beitreiben lassen.[133] Auch einem Dritten gegenüber, der etwa unter Berufung auf sein (Sicherungs- oder Vorbehalts-) Eigentum die Herausgabe eingelagerten Räumungsgutes verlangt, kann der Gerichtsvollzieher die Herausgabe von der Erstattung der entstandenen und vom Vorschuss des Gläubigers nicht gedeckten Transport- und Lagerkosten abhängig machen.[134] Die Herausgabe an den Dritten kommt aber überhaupt nur in Betracht, wenn der Schuldner einverstanden ist; andernfalls darf die Herausgabe nur an ihn erfolgen, und der Dritte muss seinen Herausgabeanspruch gegen den Schuldner geltend machen.[135] 35

4. Vernichtung beweglicher Sachen ohne Aufbewahrungsinteresse (Abs. 3 Satz 2)

Nach Abs. 3 Satz 2[136] hat der Gerichtsvollzieher solche beweglichen Sachen, an deren Aufbewahrung offensichtlich kein Interesse besteht, unverzüglich zu vernichten. Damit ist vor allem Müll und Gerümpel gemeint. Der Gerichtsvollzieher ist aber nur insoweit zur Vernichtung verpflichtet, als es sich um Sachen in nicht erheblichem Umfang handelt. Große Massen muss er dagegen nicht 36

---

126 BGH, NJW-RR 2008, 1166, 1167; insoweit zustimmend *Schwörer*, DGVZ 2008, 135, 136, der sich allerdings entgegen dem BGH für eine Vernichtung der Unterlagen ausspricht (S. 137 f.).
127 LG Berlin, JurBüro 1965, 759; AG Brakel, DGVZ 1984, 158; AG Schönau, DGVZ 1989, 45.
128 BGH, NJW 2006, 848, 849; AG Wedding, NJW-RR 2005, 162; a. M. LG Berlin, DGVZ 2005, 140; LG Berlin-Lichtenberg, DGVZ 2005, 11 f.; LG Potsdam, DGVZ 2006, 15.
129 OLG Celle, NdsRPfl. 1956, 109; LG Wuppertal, DGVZ 2005, 108, 109.
130 OLG Stuttgart, Justiz 1965, 238.
131 Zur Rechtslage bei unpfändbaren und nicht verwertbaren Sachen siehe Rn. 41.
132 LG Berlin, MDR 1972, 249; *Stein/Jonas/Brehm*, § 885 Rn. 40; so auch die amtliche Begründung zur Neufassung des § 885 Abs. 3 (dazu Rn. 36) in BT-Drucks. 13/341, S. 39; a. A. KG, MDR 1975, 235.
133 Einzelheiten: § 788 Rn. 28; siehe auch LG Kassel, ZMR 1967, 190.
134 LG Berlin, DGVZ 1974, 156; AG Hildesheim, DGVZ 1974, 59.
135 AG Essen, DGVZ 2000, 125; *Brox/Walker*, Rn. 1057b; MüKo/*Gruber*, § 885 Rn. 36.
136 Eingefügt durch die 2. Zwangsvollstreckungsnovelle mit Wirkung zum 1.1.1999 (BGBl. I 1997, S. 3041).

entsorgen. Dann geht es nämlich um die Vornahme einer vertretbaren Handlung (§ 887), für deren Vollstreckung der Herausgabetitel nicht ausreicht.[137]

V. Der Verkauf eingelagerten Räumungsgutes (Abs. 4)

1. Voraussetzungen

37 Die Verwahrung nach Abs. 3 hat nur so lange zu erfolgen, dass der Schuldner unter zumutbaren Umständen Gelegenheit erhält, seine Sachen abzuholen und in Besitz zu nehmen. Nur für diese Zeit kann es dem Gläubiger zugemutet werden, die Unterbringungskosten vorzuschießen. Nach Abs. 4 Satz 1 und 2 veräußert der Gerichtsvollzieher das (pfändbare oder unpfändbare) Räumungsgut und hinterlegt den Erlös, wenn der Schuldner es nicht binnen einer Frist von einem Monat nach der Räumung abfordert oder es zwar abfordert, aber die Kosten der Räumung nicht innerhalb von zwei Monaten nach der Räumung zahlt (Abs. 4 Satz 2). Darüber wird der Schuldner vom Gerichtsvollzieher benachrichtigt (§ 128 Abs. 6 GVGA). Lediglich unpfändbare und nicht verwertbare Sachen sind gem. Abs. 5 stets ohne Kostenforderungen an den Schuldner herauszugeben. Sofern unverwertbare Sachen nicht abgefordert werden, sollen sie gem. Abs. 4 Satz 4 nach Ablauf von einem Monat durch den Gerichtsvollzieher vernichtet werden. Aus dem »sollen« ergibt sich, dass der Gerichtsvollzieher aufgrund einer Ermessensentscheidung im Einzelfall diese Sachen auch dem Schuldner oder einem Dritten, z. B. einer gemeinnützigen Organisation, zur Verfügung stellen darf.[138] Davon abgesehen sind Maßnahmen nach Abs. 4 unzulässig, wenn es sich bei den eingelagerten Sachen um Geschäftsunterlagen handelt, für die der Schuldner gem. § 257 Abs. 1 HGB, 147 Abs. 1 AO aufbewahrungspflichtig ist.[139] Außerdem dürfen Tiere, mit denen der Gerichtsvollzieher nach der Rechtsprechung des BGH[140] grundsätzlich nach Abs. 2 bis 4 zu verfahren hat, entgegen Abs. 4 Satz 4 nicht getötet werden. Das wäre mit §§ 1, 2 TierSchG nicht vereinbar. Tiere sind nach erfolglosem Verkaufsversuch durch die Ordnungsbehörde auf Kosten der Allgemeinheit in einem Tierheim oder einer vergleichbaren Einrichtung aufzubewahren.

38 **Verzögerungen** bei Herausgabe und Veräußerung des eingelagerten Räumungsgutes gehen nicht zulasten des Gläubigers. Er haftet nicht für höhere Lagerkosten, die bei zügiger Sachbehandlung nicht entstanden wären.[141]

39 Die Veräußerung kann auch erfolgen, wenn der eingelagerte Gegenstand im Eigentum eines Dritten (z. B. Vorbehaltsverkäufers oder Sicherungseigentümers) steht und dieser ebenso wenig wie der Schuldner bereit ist, die offenen Transport- und Lagerkosten auszugleichen.[142] Auch wenn der Gläubiger bereit sein sollte, über längere Zeit die Lagerkosten vorzuschießen, reicht das Interesse des Gerichtsvollziehers, aus der Obhut für die verwahrten Sachen entlassen zu werden, für eine Anordnung nach Abs. 4 aus.[143]

2. Durchführung

40 Die »Veräußerung« erfolgt gem. Abs. 4 Satz 3 nach den Regeln der §§ 814, 817 über die öffentliche Versteigerung (vgl. auch § 128 Abs. 7 Satz 1 GVGA). Dabei finden die Vorschriften, die zum Schutz des Schuldners bei der Pfändung gelten (§§ 803 Abs. 2, 811, 811c, 812, 816, 817a), keine Anwendung (§ 128 Abs. 7 Satz 2 GVGA). Es ist im Interesse des Schuldners der Weg zu wählen, der möglichst rasch (zur Einsparung weiterer Kosten) den größten Erfolg verspricht. Der Gerichtsvollzieher

---

137 BGH, NJW 2012, 2889, 2890.
138 Vgl. *Zöller/Stöber*, § 885 Rn. 26; a. A. *Baumbach/Lauterbach/Hartmann*, § 885 Rn. 33 (muss).
139 BGH, NJW-RR 2008, 1166; *Gilleßen*, DGVZ 2006, 165, 167; *Schultes*, DGVZ 1999, 1, 7; a. A. *Schwörer*, DGVZ 2008, 135, 137 f.
140 BGH, NJW 2012, 2889, 2890.
141 LG Berlin, DGVZ 1975, 42; LG Lübeck, JurBüro 1982, 622.
142 LG Berlin, Rpfleger 1974, 409.
143 LG Essen, MDR 1955, 365; LG Frankenthal, MDR 1962, 140; LG Hamburg, MDR 1973, 593.

darf sodann aus dem Erlös, bevor dieser hinterlegt wird, seine noch offenen, durch einen Vorschuss des Gläubigers nicht gedeckten Kosten für Räumung, Einlagerung und Verkauf (Versteigerung) unmittelbar abziehen (§ 128 Abs. 7 Satz 3 GVGA). Dagegen hat der Räumungsgläubiger wegen der von ihm geleisteten Vorschüsse nur dann einen Anspruch auf Auszahlung des Versteigerungserlöses, wenn er einen entsprechenden Pfändungs- und Überweisungsbeschluss erwirkt hat.[144] Als Titel kann ihm ein die Räumungskosten als Vollstreckungskosten festsetzender Beschluss des Rechtspflegers dienen.[145] Einer Pfändung des Versteigerungserlöses steht nicht entgegen, dass sich unter den verkauften Sachen auch nach § 811 Abs. 1 unpfändbare Gegenstände befanden.[146] Da § 811 Abs. 1 schon nicht den Verkauf oder die Versteigerung verhinderte, hindert er auch einen Zugriff auf den Erlös nicht.

VI. Unpfändbare und nicht verwertbare Sachen (Abs. 5)

Unpfändbare Sachen und solche Sachen, bei denen ein Verwertungserlös nicht zu erwarten ist,[147] sind auf Verlangen des Schuldners jederzeit ohne Weiteres kostenlos herauszugeben. Durch die erleichterte Herausgabemöglichkeit soll erreicht werden, dass das Räumungsgut tatsächlich abgefordert wird, damit die Pfandkammern entlastet und unwirtschaftliche Verkäufe vermieden werden.[148] Der Gläubiger wird dadurch nicht benachteiligt. Er kann wegen seiner aufgelaufenen Kosten ohnehin nicht auf unpfändbare (§ 811 Abs. 1) und auf nicht verwertbare (§ 803 Abs. 2) Sachen des Schuldners zugreifen. Der Schuldner hat allerdings nach dem Rechtsgedanken des § 275 Abs. 2 BGB keinen Anspruch auf Herausgabe einzelner Gegenstände, wenn diese in dem in Umzugskisten verpackten Räumungsgut erst aufwändig gesucht werden müssten.[149] Der Schuldner muss diese Sachen allerdings abholen. Besorgt in einem solchen Fall dagegen der Gerichtsvollzieher den Abtransport zum Schuldner, um Lagerkosten einzusparen, kann er die Transportkosten nicht vom Gläubiger erstattet verlangen.[150]

41

VII. Rechtsbehelfe im Rahmen der Räumungsvollstreckung

1. Gegen formelle Fehler

Formelle Fehler bei der Durchführung der Räumungsvollstreckung können der Gläubiger, der Schuldner und von der Räumung unmittelbar betroffene Dritte mit der Erinnerung nach § 766 rügen. Dagegen ist die fehlerhafte Räumung keine verbotene Eigenmacht i. S. v. § 858 BGB, gegen die der Schuldner sich nach § 861 BGB wehren könnte. Falls er die Räumung eigenmächtig rückgängig macht, begeht er seinerseits verbotene Eigenmacht.[151] Die Vollstreckungserinnerung hat auch der Gläubiger gegen eine Ablehnung seines Räumungsantrages sowie gegen die Festsetzung der Höhe des Vorschusses. Ein formeller Fehler im Hinblick auf Dritte kann das Fehlen eines eigenen Räumungstitels sein.[152] Ist in tatsächlicher Hinsicht streitig, ob der Dritte ein eigenes Recht zum Besitz hat, so erfolgt die Beweisaufnahme hierzu allerdings nicht im Erinnerungsverfahren; der Gläubiger muss in diesem Fall vielmehr immer einen eigenen Räumungsprozess gegen den Dritten anstrengen und die Frage dort klären. Dritte, deren Sachen sich im Besitz des Schuldners in der zu räumenden Wohnung befinden (Sicherungs- und Vorbehaltseigentümer, Leihgeber usw.) können nicht mit einer Klage nach § 771 verhindern, dass auch ihre Sachen aus der zu räumenden Woh-

42

---

144 LG Kassel, DGVZ 1982, 9; *Stein/Jonas/Brehm*, § 885 Rn. 45.
145 Siehe auch § 788 Rdn. 30.
146 *Noack*, Rpfleger 1968, 42; *E. Schneider*, JurBüro 1974, 437; *Stein/Jonas/Brehm*, § 885 Rn. 45.
147 Das galt hinsichtlich der unverwertbaren Sachen auch schon nach altem Recht; LG Hamburg, DGVZ 1983, 122.
148 BT-Drucks. 13/341, S. 39.
149 LG Krefeld, DGVZ 2014, 42.
150 LG Bochum, Rpfleger 1968, 127 (zum alten Recht).
151 OLG Celle, DGVZ 1999, 75.
152 Siehe oben Rdn. 17.

nung fortgeschafft werden. Diese Sachen sind den Dritten allerdings gegen Zahlung der anteiligen Räumungskosten nach der Räumung auszuhändigen. Verweigert der Gerichtsvollzieher dies oder setzt er den Erstattungsbetrag zu hoch an, ist die Erinnerung nach § 766 gegeben.

2. Gegen den Verkauf gem. Abs. 4

43 Der Verkauf nach Abs. 4 (Verkauf oder Versteigerung) ist eine Maßnahme des Gerichtsvollziehers im Vollstreckungsverfahren und deshalb sowohl vom Schuldner als auch von möglichen Dritteigentümern mit der Vollstreckungserinnerung nach § 766 anzufechten. § 771 ist nicht anwendbar, da der Verkauf keine Zwangsvollstreckung in die Sache darstellt, sondern lediglich dem Bedürfnis des Gerichtsvollziehers Rechnung trägt, von der weiteren Obhut für die Sachen befreit zu werden. Wird später allerdings der hinterlegte Erlös gepfändet, können Dritte wegen des auf ihre Gegenstände entfallenden Erlösanteils Klage nach § 771 erheben.

3. Auf Zahlung der Transport- und Lagerkosten

44 Ein vom Gerichtsvollzieher hinzugezogener Spediteur oder Lagerhalter schließt einen privatrechtlichen Vertrag mit dem Gerichtsvollzieher.[153] Lange war es umstritten, ob dieser dabei im eigenen Namen oder im Namen des Justizfiskus handelt. Die ganz h. M. im Schrifttum[154] und die überwiegende Rechtsprechung der Instanzgerichte[155] nahm an, der Gerichtsvollzieher schließe den Verwahrungsvertrag im eigenen Namen. Inzwischen hat der BGH[156] anders entschieden. Der Gerichtsvollzieher handele als Bevollmächtigter des Justizfiskus. Dieser ist deshalb von den Spediteuren und Verwahrern als Schuldner der vertraglichen Zahlungspflicht in Anspruch zu nehmen.

VIII. Gebühren

45 Der **Gerichtsvollzieher** erhält für seine Tätigkeit in der Räumungsvollstreckung die Gebühren aus Nr. 240 des Kostenverzeichnisses in der Anlage zu § 9 GvKostG. Für die Durchführung einer Versteigerung nach Abs. 4 erhält er darüber hinaus die Gebühr aus Nr. 300 dieses Kostenverzeichnisses. Für das **Gericht** fallen keine Gebühren mehr an, seit das Verfahren nach Abs. 4 dem Gerichtsvollzieher übertragen ist. Der **Rechtsanwalt** erhält für seine Tätigkeit in der Räumungsvollstreckung die 0,3-Gebühr nach § 18 Abs. 1 Nr. 1 RVG, RVG-VV Nr. 3309. Der frühere Streit, ob der Gegenstandswert für diese Gebühr nach dem Verkehrswert der zu räumenden Wohnung[157] oder nach der einjährigen Miete[158] zu bemessen ist, hat sich durch die Neufassung des früheren § 57 Abs. 2 Nr. 2 BRAGO, heute § 25 Abs. 1 Nr. 2 RVG, erledigt. Danach ist der Wert der herauszugebenden Sache – begrenzt durch die Jahresmiete (§ 41 Abs. 2 GKG) – maßgeblich. Von diesem Wert wird ein (gesondert zu titulierendes) Beseitigungsverlangen des Gläubigers nicht erfasst.[159]

---

153 BGHZ 89, 82, 84; BGH, NJW 1999, 2597.
154 Nachweise bei *Schuschke/Walker*, 3. Aufl., § 885 Rn. 26.
155 OLG Köln, MDR 1955 362; LG Essen, DGVZ 1989, 153, 154; LG Hamburg, DGVZ 1983, 124; LG Hannover, DGVZ 1977, 61; LG Offenbach, DGVZ 1978, 158.
156 BGH, NJW 1999, 2597 m. krit. Anm. *Walker*, LM § 885 ZPO Nr. 1 und mit zust. Anm. *Hintzen*, EWiR 1999, 767 sowie *Berger*, JZ 2000, 361. Siehe auch § 808 Rn. 9.
157 OLG Karlsruhe, NJW-RR 1996, 778; OLG Koblenz, DGVZ 1996, 116; LG München, WM 1995, 197 f.
158 KG, DGVZ 1996, 117; OLG Düsseldorf, NJW-RR 1997, 125; OLG Frankfurt, NJW-RR 1996, 1481; OLG Stuttgart, NJW-RR 1998, 443; OLG Zweibrücken, DGVZ 1996, 118; LG Arnsberg, WuM 1996, 104; LG Bad Kreuznach, DGVZ 1996, 172; LG Koblenz, DGVZ 1996, 61; LG Köln, DGVZ 1995, 153; LG Osnabrück, DGVZ 1996, 119.
159 OLG Hamburg, NJW-RR 2001, 576.

IX. ArbGG, VwGO, AO

§ 885 gilt gem. §§ 62 Abs. 2, 85 Abs. 1 Satz 3 ArbGG auch für die Vollstreckung aus arbeitsgerichtlichen Titeln, spielt dort aber kaum eine Rolle. Gleiches gilt gem. § 167 VwGO für die Vollstreckung aus Titeln nach § 168 VwGO.[160] Für die Vollstreckung zugunsten der öffentlichen Hand verweist § 169 Abs. 1 VwGO auf § 6 VwVG und damit auf die Zwangsmittel nach § 9 VwVG. Die Zwangsräumung ist ein Anwendungsfall des unmittelbaren Zwangs. In der Abgabenvollstreckung spielt die Zwangsräumung keine Rolle. 46

---

160 *Kopp/Schenke*, VwGO, § 172 Rn. 9.

§ 885a Beschränkter Vollstreckungsauftrag

(1) Der Vollstreckungsauftrag kann auf die Maßnahmen nach § 885 Absatz 1 beschränkt werden.

(2) ¹Der Gerichtsvollzieher hat in dem Protokoll (§ 762) die frei ersichtlichen beweglichen Sachen zu dokumentieren, die er bei der Vornahme der Vollstreckungshandlung vorfindet. ²Er kann bei der Dokumentation Bildaufnahmen in elektronischer Form herstellen.

(3) ¹Der Gläubiger kann bewegliche Sachen, die nicht Gegenstand der Zwangsvollstreckung sind, jederzeit wegschaffen und hat sie zu verwahren. ²Bewegliche Sachen, an deren Aufbewahrung offensichtlich kein Interesse besteht, kann er jederzeit vernichten. ³Der Gläubiger hat hinsichtlich der Maßnahmen nach den Sätzen 1 und 2 nur Vorsatz und grobe Fahrlässigkeit zu vertreten.

(4) Fordert der Schuldner die Sachen beim Gläubiger nicht binnen einer Frist von einem Monat nach der Einweisung des Gläubigers in den Besitz ab, kann der Gläubiger die Sachen verwerten. ²Die §§ 372 bis 380, 382, 383 und 385 des Bürgerlichen Gesetzbuchs sind entsprechend anzuwenden. ³Eine Androhung der Versteigerung findet nicht statt. ⁴Sachen, die nicht verwertet werden können, können vernichtet werden.

(5) (Unpfändbare Sachen und solche Sachen, bei denen ein Verwertungserlös nicht zu erwarten ist, sind auf Verlangen des Schuldners jederzeit ohne Weiteres herauszugeben.

(6) Mit der Mitteilung des Räumungstermins weist der Gerichtsvollzieher den Gläubiger und den Schuldner auf die Bestimmungen der Absätze 2 bis 5 hin.

(7) Die Kosten nach den Absätzen 3 und 4 gelten als Kosten der Zwangsvollstreckung.

Übersicht	Rdn.
I. Überblick über die Norm zur sog. Berliner Räumung	1
II. Zweck des beschränkten Vollstreckungsauftrags	2
III. Anwendungsbereich der Norm	3
IV. Beschränkter Vollstreckungsauftrag (Abs. 1)	4
V. Durchführung der beschränkten Räumung	5
1. Verfahren des Gerichtsvollziehers	6
a) Bindung an den beschränkten Vollstreckungsauftrag	6
b) Dokumentationspflicht (Abs. 2)	7
c) Hinweispflicht (Abs. 6)	8
2. Weiteres Verfahren im Hinblick auf die in den Räumen verbliebenen beweglichen Sachen (Abs. 3 bis 5)	9
a) Wegschaffung und Verwahrung beweglicher Sachen (Abs. 3 Satz 1)	10
b) Vernichtung beweglicher Sachen (Abs. 3 Satz 2)	11
c) Haftung des Gläubigers (Abs. 3 Satz 3)	12
d) Abforderung der beweglichen Sachen durch den Schuldner und Verwertung der nicht abgeforderten Sachen (Abs. 4)	13
e) Herausgabe unpfändbarer und nicht verwertbarer Sachen (Abs. 5)	16
VI. Kosten der Räumung (Abs. 7)	17
VII. Gebühren	18
VIII. ArbGG, VwGO, AO	19

Literatur:
Fischer/Mroß, Zwei Jahre neues Recht der Räumungsvollstreckung (§§ 885, 885a ZPO): Problemlösung oder -kreation?, DGVZ 2015, 97; *Schuschke*, Aktuelle Probleme zur Räumungsvollstreckung, NZM 2012, 209.

I. Überblick über die Norm zur sog. Berliner Räumung

1 § 885a wurde durch das Mietrechtsänderungsgesetz vom 11.03.2013[1] neu eingefügt. Mit dieser Norm wurde die vorher schon von der Praxis entwickelte sog. **Berliner Räumung** auf eine gesetzliche Grundlage gestellt. Abs. 1 bestimmt, dass der Vollstreckungsauftrag auf die Besitzverschaffung

---
[1] BGBl. I, S. 434. Zur Begründung BT-Drucks. 17/10485.

an den Räumen beschränkt werden kann. Abs. 2 und ergänzend Abs. 6 regeln die Durchführung der beschränkten Räumung durch den Gerichtsvollzieher. Die Absätze 3 bis 5 regeln die Rechte und Pflichten des Gläubigers und des Schuldners bei der beschränkten Räumung. Abs. 7 enthält eine Kostenregelung.

II. Zweck des beschränkten Vollstreckungsauftrags

Die in § 885a geregelte Berliner Räumung dient der **Kostensenkung** in der Räumungsvollstreckung. Beschränkt der Gläubiger nämlich seinen Vollstreckungsauftrag auf die Auswechslung des Schlosses, ist auch nur diese Maßnahme bei der Bemessung des Kostenvorschusses zu berücksichtigen.[2] Anschließend betreibt der Gläubiger selbst die Entrümpelung der Wohnung bzw. die Pfandverwertung. Dadurch kann er einen u. U. hohen Betrag für Räumungskosten sparen, die durch den Abtransport und die Verwahrung der beweglichen Sachen des Schuldners anfallen würden und auf denen er mangels Realisierbarkeit des Erstattungsanspruchs gegen den Schuldner sitzen bliebe.

2

III. Anwendungsbereich der Norm

§ 885a gilt sowohl bei der Herausgabe- oder Räumungsvollstreckung durch den Vermieter einer unbeweglichen Sache als auch bei derjenigen durch den Erwerber in der Zwangsversteigerung gegen den früheren Eigentümer nach § 93 Abs. 1 ZVG. Die vor Inkrafttreten des § 885a praktizierte Berliner Räumung war nur für die Vollstreckung durch den Vermieter gedacht. Dieser musste sein Vermieterpfandrecht an den beweglichen Sachen geltend machen, um seinen Vollstreckungsauftrag auf die Herausgabe der Wohnung beschränken zu können. Das nutzte dem Erwerber in der Zwangsversteigerung nichts, weil ihm mangels Mietverhältnisses kein Vermieterpfandrecht zustand.[3] Der Gesetzgeber hat den § 885a bewusst weiter gefasst und den beschränkten Vollstreckungsauftrag nicht von einer Geltendmachung des Vermieterpfandrechts abhängig gemacht.[4]

3

IV. Beschränkter Vollstreckungsauftrag (Abs. 1)

Wenn der Gläubiger die Zwangsvollstreckung aus einem Räumungstitel beantragt, hat der Gerichtsvollzieher in der herauszugebenden Wohnung vorgefundene bewegliche Sachen gem. § 885 Abs. 2 bis 5 wegzuschaffen und ggf. in Verwahrung zu bringen. Wenn der Gläubiger die damit verbundenen Kosten vermeiden will, kann er seinen Vollstreckungsauftrag wirksam dahingehend einschränken, dass nur der Schuldner aus dem Besitz gesetzt und der Gläubiger in den Besitz eingewiesen wird (Abs. 1 i. V. m. § 885 Abs. 1). Das bedeutet, dass die beweglichen Sachen nicht zwangsweise aus der Wohnung zu entfernen sind.[5] Dagegen ist § 885a keine Grundlage für Beschränkungen in anderer Hinsicht; deshalb kann der Vollstreckungsauftrag nicht etwa auf Räumung nur eines Teils der zu räumenden Immobilie beschränkt werden.

4

V. Durchführung der beschränkten Räumung

Die Durchführung der beschränkten Räumungsvollstreckung ist in den Abs. 2 bis 6 geregelt. Es geht dabei um das Verfahren des Gerichtsvollziehers sowie um Rechte und Pflichten des Gläubigers und des Schuldners im Hinblick auf die in den Räumen verbliebenen beweglichen Sachen.

5

---

2 BGH, NJW 2006, 848, 849; AG Wedding, NJW-RR 2005, 162; **a. M.** LG Berlin, DGVZ 2005, 140; AG Berlin-Lichtenberg, DGVZ 2005, 11 f.; LG Potsdam, DGVZ 2006, 15.
3 LG Saarbrücken, DGVZ 2010, 216, 217; AG Wuppertal, DGVZ 2010, 178.
4 BT-Drucks. 17/10485, S. 31.
5 BGH, NJW-RR 2009, 1384, 1385; NJW 2006, 848; NJW 2006, 3273; DGVZ 2003, 88, 89.

1. Verfahren des Gerichtsvollziehers

a) Bindung an den beschränkten Vollstreckungsauftrag

6   Der Gerichtsvollzieher ist an die Beschränkung des Vollstreckungsauftrags gebunden. Er hat lediglich den Schuldner aus dem Besitz zu setzen und den Gläubiger in den Besitz einzuweisen. Dabei muss er – wie schon bei der Berliner Räumung vor Inkrafttreten des § 885a – nicht prüfen, ob die Gegenstände, die in der Wohnung verbleiben sollen, dem Vermieterpfandrecht des Gläubigers unterliegen oder nach § 811 Abs. 1 unpfändbar sind.[6] Wenn der Schuldner meint, nach materiellem Recht (z. B. nach § 985 BGB) einen Anspruch auf Herausgabe der in der Wohnung belassenen beweglichen Sachen zu haben, muss er diesen Anspruch gegen den Gläubiger geltend machen (vgl. Abs. 4, 5), notfalls durch Klage oder einstweilige Verfügung.

b) Dokumentationspflicht (Abs. 2)

7   Der Gerichtsvollzieher hat in dem ohnehin nach § 762 anzufertigenden Protokoll die bei seiner Vollstreckung vorgefundenen frei ersichtlichen beweglichen Sachen zu dokumentieren, ggf. durch Bildaufnahmen in elektronischer Form (Abs. 2). Dadurch soll im Streitfall die Beweisführung über den Bestand und den Zustand der vom Schuldner in die Räume eingebrachten beweglichen Sachen erleichtert werden.[7] Insoweit wird vom Gerichtsvollzieher keine vollständige Inventarisierung verlangt (nur frei ersichtliche Sachen), die viel zu aufwändig wäre. Die Dokumentation soll aber einen zuverlässigen Überblick über den wesentlichen Bestand und Zustand der bei der Räumung vorhandenen beweglichen Sachen des Schuldners erlauben. Die Möglichkeit zur Anfertigung von Bildern in elektronischer Form dient zum einen der Minimierung des Aufwands, weil solche Bilder leicht auch mit einer kleinen Digitalkamera oder einem Handy erstellt werden können, andererseits der Qualität der Dokumentation. Die angefertigten Bilder hat der Gerichtsvollzieher ebenso wie das Protokoll zu verwahren. In einem Prozess ist das Protokoll öffentliche Urkunde i. S. v. §§ 415 ff. und begründet den vollen Beweis seines Inhalts. Angefertigte Bilddateien sind im Rahmen des Augenscheinsbeweises (§§ 371 ff.) verwertbar.

c) Hinweispflicht (Abs. 6)

8   Nach Abs. 6 hat der Gerichtsvollzieher mit der Mitteilung des Räumungstermins den Gläubiger und den Schuldner darauf hinzuweisen, welche Folgen sich gem. Abs. 2 bis 5 aus der Beschränkung des Vollstreckungsauftrags ergeben. Dadurch sollen insbesondere private Vermieter als Vollstreckungsgläubiger in die Lage versetzt werden, schnell und sachgerecht über ihr weiteres Vorgehen im Hinblick auf die vorgefundenen beweglichen Sachen zu entscheiden. Für den Schuldner hat der Hinweis des Gerichtsvollziehers eine Warnfunktion, weil er darüber in Kenntnis gesetzt wird, dass auch eine Liquidierung oder Verwertung seiner in den Räumlichkeiten befindlichen Sachen erfolgen kann.[8]

---

6   Auch § 128 Abs. 4 GVGA stellt allein darauf ab, dass der Gläubiger ein Pfandrecht »in Anspruch nimmt« und räumt dem Gerichtsvollzieher kein Prüfungsrecht ein. Vgl. auch BGH, NJW-RR 2006, 848, 849; NJW 2006, 3273; AG Philippsburg, DGVZ 2005, 12; AG Wedding, NJW-RR 2005, 162, 163; *Christmann*, DGVZ 1986, 177; **a. A.** (§ 811 sei zu beachten) LG Berlin, DGVZ 2005, 140; LG Potsdam, DGVZ 2006, 15; AG Berlin-Lichtenberg, DGVZ 2005, 11 f.; AG Hanau, DGVZ 2005, 185; AG Jülich und LG Aachen, DGVZ 2007, 125 f.; AG Königswinter, MDR 1982, 1028; AG Saarbrücken, DGVZ 2008, 174; *E. Schneider*, MDR 1982, 984 und DGVZ 1982, 73.
7   BT-Drucks. 17/10485, S. 31.
8   Zum Ganzen BT-Drucks. 17/10485, S. 33.

2. Weiteres Verfahren im Hinblick auf die in den Räumen verbliebenen beweglichen Sachen (Abs. 3 bis 5)

Die Absätze 3 bis 5 regeln das weitere Verfahren zur Aufbewahrung, Vernichtung, Verwertung und Herausgabe der in den Räumen verbliebenen beweglichen Sachen im Wesentlichen in Anlehnung an § 885 Abs. 3 und 4, allerdings unter Berücksichtigung von Besonderheiten des beschränkten Vollstreckungsauftrags.

a) Wegschaffung und Verwahrung beweglicher Sachen (Abs. 3 Satz 1)

Der Gläubiger ist unmittelbar im Anschluss an die Vollstreckungsmaßnahme befugt, die beweglichen Sachen des Schuldners in Besitz zu nehmen, aus den Räumen zu entfernen und an einem anderen Ort (Lager, Garage, Keller) aufzubewahren. Erst dadurch wird er in die Lage versetzt, die Räumlichkeiten nach den eigenen Vorstellungen zu nutzen und sie ggf. für die Weitervermietung oder Eigennutzung zu renovieren. Er kann selbst entscheiden, ob er die Wegschaffung und Verwahrung in Eigenregie vornimmt oder ein Unternehmen damit beauftragt; die Entfernung der Sachen erfolgt anders als bei der klassischen Räumung nach § 885 nicht automatisch durch den Gerichtsvollzieher. Im Zweifel wird der Gläubiger sich für die einfachste und kostengünstigste Möglichkeit entscheiden. Der Gläubiger muss aber von seinen Befugnissen nach Abs. 3 Satz 1 keinen Gebrauch machen und kann die beweglichen Sachen des Schuldners auch zunächst in den Räumen belassen. Das gilt auch für persönliche Sachen des Schuldners.[9] Dieser kann sie vor dem Räumungstermin aus der Wohnung entfernen.

b) Vernichtung beweglicher Sachen (Abs. 3 Satz 2)

Solche Sachen, an deren Aufbewahrung offensichtlich kein Interesse besteht, kann der Gläubiger jederzeit vernichten (Abs. 3 Satz 2). Dadurch sollen unnötige Kosten für eine Entfernung und Verwahrung oder einen vergeblichen Verwertungsversuch vermieden werden. Ein offensichtlich fehlendes Interesse ist ebenso wie bei § 885 Abs. 3 Satz 2 jedenfalls bei Müll und Unrat anzunehmen, wenn der Schuldner nicht ausnahmsweise ein Interesse an der Aushändigung zum Ausdruck bringt. Der Gläubiger muss von seiner Vernichtungsbefugnis keinen Gebrauch machen; er kann diese Sachen nach Abwägung aller Vor- und Nachteile auch zunächst in den Räumen belassen oder anderweitig verwahren.

c) Haftung des Gläubigers (Abs. 3 Satz 3)

Abs. 3 Satz 3 regelt eine Haftungseinschränkung für den Fall, dass der Gläubiger materiellrechtlichen Schadensersatzansprüchen des Schuldners ausgesetzt ist, weil bewegliche Sachen des Schuldners bei der Entfernung oder Verwahrung abhandengekommen, beschädigt oder zerstört worden sind oder weil er sie vernichtet hat. Danach hat der Gläubiger nur Vorsatz und grobe Fahrlässigkeit zu vertreten. Er haftet deshalb nicht, wenn er etwa Sachen des Schuldners vernichtet und dabei leicht fahrlässig zu Unrecht ein offensichtlich fehlendes Interesse an der Aufbewahrung angenommen hat. Diese Haftungsbeschränkung ist an diejenige des § 300 BGB angelehnt. Danach haftet der Schuldner bei Annahmeverzug des Gläubigers ebenfalls nur für Vorsatz und grobe Fahrlässigkeit. Der Gesetzgeber geht davon aus, dass der Räumungsschuldner, der trotz seiner titulierten Verpflichtung die unbewegliche Sache nicht in geräumtem Zustand herausgibt, sich in einer dem Annahmeverzug vergleichbaren Situation befindet.[10] Die Haftungsprivilegierung erfasst nur Maßnahmen nach Abs. 3 Satz 1 und 2 und gilt nicht für sonstige Pflichtverletzungen (etwa im Rahmen der Verwertung nach Abs. 4) des Gläubigers.

---

9 **A.M.** LG Aachen, DGVZ 2015, 110 mit abl. Anm. *Mroß*.
10 BT-Drucks. 17/10485, S. 31 f.

d) **Abforderung der beweglichen Sachen durch den Schuldner und Verwertung der nicht abgeforderten Sachen (Abs. 4)**

13 Der Schuldner kann die in den Räumen verbliebenen Sachen beim Gläubiger abfordern (arg. e Abs. 4 Satz 1). Diese Sachen muss der Gläubiger dann herausgeben, es sei denn, er macht sein Vermieterpfandrecht (§ 562 BGB) geltend.

14 Der Gläubiger muss nach seiner Einweisung in den Besitz die in den Räumen verbliebenen beweglichen Sachen des Schuldners **einen Monat lang aufbewahren**. Hat der Schuldner sie bis dahin **nicht abgefordert**, kann der Gläubiger diese Sachen in entsprechender Anwendung der §§ 372 bis 380, 382, 383 und 385 BGB über Hinterlegung, Versteigerung und Verkauf **verwerten**. Da es sich bei den zurückgelassenen Gegenständen häufig um nicht hinterlegungsfähige Sachen handeln dürfte, wird meist eine öffentliche Versteigerung durch den Gerichtsvollzieher oder eine andere nach § 383 Abs. 3 BGB befugte Person erfolgen.[11] Bei der Versteigerung findet gem. Abs. 4 Satz 3 abweichend von § 384 BGB eine Androhung der Versteigerung nicht statt. Der Schuldner ist bereits durch das vorangegangene Erkenntnisverfahren und durch den Hinweis des Gerichtsvollziehers nach Abs. 6 hinreichend gewarnt.

15 **Unverwertbare Sachen** können vom Gläubiger **vernichtet** werden (Abs. 4 Satz 4). Diese Regelung entspricht derjenigen des § 885 Abs. 4 Satz 4 bei der klassischen Räumung. Für die Feststellung der Unverwertbarkeit ist kein erfolgloser Verwertungsversuch erforderlich.[12] Der Gerichtsvollzieher muss nach pflichtgemäßem Ermessen über die Vernichtung entscheiden. Er kann nach der Vorstellung des Gesetzgebers etwa dann davon absehen, wenn es sich um Familienurkunden, Zeugnisse, Alben oder Geschäftsunterlagen handelt.[13]

e) **Herausgabe unpfändbarer und nicht verwertbarer Sachen (Abs. 5)**

16 Unpfändbare und solche Sachen, bei denen ein Verwertungserlös nicht zu erwarten ist, hat der Gläubiger auf Verlangen des Schuldners jederzeit (auch nach Ablauf der Monatsfrist des Abs. 4 Satz 1) herauszugeben (Abs. 5). Die Vorschrift entspricht wortgleich dem § 885 Abs. 5 bei der klassischen Räumungsvollstreckung. Dadurch sollen ein Anreiz zur Abforderung gegeben und unwirtschaftliche Aufbewahrung und Verwertung vermieden werden. Der Gläubiger wird dadurch nicht benachteiligt, weil er sich aus solchen Sachen wegen seiner Kosten ohnehin nicht befriedigen kann. Der Schuldner muss die abgeforderten Sachen allerdings auf seine Kosten selbst abholen (lassen).

VI. Kosten der Räumung (Abs. 7)

17 Alle durch die Entfernung, Verwahrung, Verwertung und Vernichtung der in den Räumen verbliebenen beweglichen Sachen anfallenden Kosten sind solche der Zwangsvollstreckung (Abs. 7). Sie sind – soweit sie notwendig waren – gem. § 788 Abs. 1 vom Schuldner zu tragen. Für ihre Beitreibung braucht der Gläubiger keinen selbstständigen Titel zu beschaffen. Diese Regelung zum Umfang des materiellen Anspruchs auf Kostenerstattung im Vollstreckungsverfahren ist auf solche Räumungen, die vor Inkrafttreten des § 885a am 1.5.2013 begonnen wurden, nicht anzuwenden.[14]

VII. Gebühren

18 Der **Rechtsanwalt** erhält wie bei der klassischen Räumungsvollstreckung nach § 885 für seinen Vollstreckungsauftrag eine 0,3-Verfahrensgebühr nach § 18 Abs. 1 Nr. 1 RVG, RVG-VV 3309. Der **Gerichtsvollzieher** erhält für die beschränkte Vollstreckung nach Abs. 1 und die Dokumentation nach Abs. 2 die erhöhte Festgebühr nach GvKostG-KV 241 in Höhe von 108 Euro (Stand: Nov.

---

11 BT-Drucks. 17/10485, S. 33.
12 BT-Drucks. 17/10485, S. 33.
13 BT-Drucks. 17/10485, S. 33.
14 BGH, DGVZ 2015, 108, 109.

2014). Daneben fallen Auslagen für die Herstellung und Überlassung von Dokumenten (KV 700) und für die Dokumentation mittels elektronischer Bilder (KV 713) an. Falls er nicht abgeforderte Sachen öffentlich versteigert (Abs. 4 i. V. m. § 383 Abs. 3 BGB), fällt zusätzlich eine Festgebühr nach GvKostG-KV 300 in Höhe von 52 Euro (Stand: Nov. 2014) an.

VIII. ArbGG, VwGO, AO

Siehe § 885 Rdn. 46.   19

§ 886 Herausgabe bei Gewahrsam eines Dritten

Befindet sich eine herauszugebende Sache im Gewahrsam eines Dritten, so ist dem Gläubiger auf dessen Antrag der Anspruch des Schuldners auf Herausgabe der Sache nach den Vorschriften zu überweisen, welche die Pfändung und Überweisung einer Geldforderung betreffen.

Übersicht	Rdn.		Rdn.
I. Anwendungsbereich der Norm	1	IV. Rechtsbehelfe des Dritten	6
II. Vollstreckung nach § 886	4	V. Kosten	7
III. Eigener Herausgabeanspruch des		VI. Gebühren	8
Gläubigers gegen den Dritten	5	VII. ArbGG, VwGO, AO	9

Literatur:
Braun, Vollstreckungsakte gegen Drittbetroffene, AcP 196 (1996), 557; *Honsel*, Die Räumungsvollstreckung gegen Personenmehrheiten, 1992; siehe ferner die Literaturangaben bei § 885.

I. Anwendungsbereich der Norm

1 Die Vorschrift gilt sowohl im Rahmen der Zwangsvollstreckung auf Herausgabe beweglicher Sachen nach §§ 883, 884 als auch bei der Zwangsvollstreckung nach § 885 auf Herausgabe oder Räumung eines Grundstücks (Schiffes usw.) oder einer Wohnung. Ihre Anwendung setzt voraus, dass der Dritte im Rechtssinne Besitzer (Allein- oder Mitgewahrsamsinhaber)[1] und nicht nur Besitzdiener ist. Ist der Dritte freiwillig zur Herausgabe für den Fall bereit, dass der Gerichtsvollzieher ein entsprechendes Verlangen an ihn stellt, kann der Gerichtsvollzieher in entsprechender Anwendung des § 809[2] die Sache bei ihm in Vollstreckung des gegen den Schuldner gerichteten Titels wegnehmen oder das Grundstück (bzw. die Wohnung) räumen, ohne dass er die Art des Besitzes des Dritten klären müsste.

2 Hat der besitzende und nicht zur Herausgabe bereite Dritte den Besitz als Rechtsnachfolger des Schuldners nach Eintritt der Rechtshängigkeit im Räumungs- oder Herausgabeprozess erlangt, so bedarf es ebenfalls keines Vorgehens nach § 886. Der Gläubiger kann in diesem Fall den Titel gegen den alten Schuldner nach §§ 325, 727 auf den neuen Schuldner umschreiben lassen, um ihn sodann nach §§ 883 ff. zu vollstrecken. Ein solcher die Umschreibung ermöglichender Fall der Rechtsnachfolge ist auch anzunehmen, wenn der verklagte alleinmietende Ehegatte während des Räumungsprozesses auszieht und der andere Ehegatte die Ehewohnung von diesem Zeitpunkt an unabhängig vom Besitzrecht des Alleinmieters weiterbesitzt.[3]

3 § 886 greift auch ein, wenn der Gläubiger einen Anspruch auf Herausgabe von Wertpapieren hat, an denen ein Dritter (z. B. eine Depotbank) Gewahrsam hat. Befinden sich dort die **Wertpapiere in Sammelverwahrung**, hat der Schuldner allerdings gar keinen zur Überweisung geeigneten Anspruch auf Herausgabe konkreter Wertpapiere, sondern nur Miteigentum nach Bruchteilen an allen zum Sammelbestand des Verwahrers gehörenden Wertpapieren derselben Art (§ 6 Abs. 1 Satz 1 DepotG). Der Gläubiger kann deshalb nicht auf einen Herausgabeanspruch des Schuldners zurückgreifen, sondern nur auf dessen Anspruch gegen die Depotbank auf Umbuchung der Miteigentumsverhältnisse in dem von ihr gem. § 14 DepotG zu führenden Verwahrungsbuch. Dieser

---

1 *Brox/Walker*, Rn. 1056, 249; *MüKo/Gruber*, § 886 Rn. 3; *PG/Olzen*, § 886 Rn. 3; *Stein/Jonas/Brehm*, § 886 Rn. 1; *Wieczorek/Schütze/Rensen*, § 886 Rn. 1; *Zöller/Stöber*, § 886 Rn. 1; **a. A.** (keine Anwendung auf Mitgewahrsamsinhaber) *Baumbach/Lauterbach/Hartmann*, § 886 Rn. 2.
2 Allgem. Meinung; beispielhaft *Baumbach/Lauterbach/Hartmann*, § 886 Rn. 2; *Brox/Walker*, Rn. 1056; *HdbZVR/Keller*, Kap. 5 Rn. 8; *Schilken*, DGVZ 1988, 50; *Stein/Jonas/Brehm*, § 886 Rn. 1.
3 Siehe auch § 885 Rdn. 13.

Umbuchungsanspruch kann **analog § 886** an den Gläubiger überwiesen und anschließend von diesem gegen die Depotbank (notfalls durch Klage) geltend gemacht werden.[4]

II. Vollstreckung nach § 886

Ist der Dritte nicht zur Herausgabe bereit und kann der Gläubiger gegen ihn nicht allein aufgrund des gegen den Schuldner erstrittenen Titels zwangsweise vorgehen, so kann der Gläubiger aufgrund des Herausgabetitels den Anspruch des Schuldners gegen den Dritten auf Herausgabe der Sache (aus Miet- oder Leihvertrag, aus § 1006 BGB u. a. Anspruchsgrundlagen) nach § 829 pfänden und sich nach § 835 zur Einziehung überweisen lassen (also kein Vorgehen nach §§ 846–849). Aufgrund der Überweisung kann der Gläubiger sich im Einziehungsprozess dann den Herausgabeanspruch des Schuldners gegen den Dritten im eigenen Namen und auf Leistung an sich selbst titulieren lassen. Diesen Titel kann er dann gem. §§ 883 ff. gegen den Dritten unmittelbar vollstrecken. Das Vorgehen nach § 886 setzt nicht voraus, dass der Schuldner (und mittelbare Besitzer) einen bereits fälligen Herausgabeanspruch gegen den unmittelbaren Besitzer hat. So wie bedingte und noch nicht fällige Geldforderungen bereits pfändbar sind, können auch künftige Herausgabeansprüche schon nach § 886 überwiesen werden.[5]

4

III. Eigener Herausgabeanspruch des Gläubigers gegen den Dritten

Der komplizierte Weg über § 886 ist **nicht notwendig**, wenn der Gläubiger schon aus **eigenem Recht** einen Herausgabeanspruch gegen den Dritten hat, z. B. aus § 546 Abs. 2 BGB gegen den Untermieter. Er kann sich diesen Anspruch dann unabhängig von der Zwangsvollstreckung gegen den Schuldner gegen den Dritten titulieren lassen und vollstrecken. Es steht im freien Belieben des Gläubigers, welchen Weg insoweit er wählt.

5

IV. Rechtsbehelfe des Dritten

Der nichtherausgabebereite Dritte kann, soweit er die Vollstreckung aus einem gegen den Schuldner gerichteten Titel nicht dulden muss, der Zwangsvollstreckung so lange mit der Erinnerung nach § 766 begegnen, wie der Besitz an der Sache nicht uneingeschränkt auf den Gläubiger übergegangen ist. Ist Letzteres der Fall, ist die Zwangsvollstreckung beendet. Der Dritte kann dann allein aufgrund materiellen Rechts vom Gläubiger Rückgabe der Sache verlangen. Hat der Gläubiger im Bewusstsein seiner Nichtberechtigung gegen den Dritten vollstrecken lassen, besteht ein Rückgabeanspruch aus § 861 Abs. 1 BGB.[6]

6

V. Kosten

Die Kosten des Vorgehens gegen den Dritten nach § 886 einschließlich der Kosten eines möglichen Einziehungsprozesses sind Kosten der Zwangsvollstreckung gegen den Schuldner. Der Schuldner muss sie deshalb dem Gläubiger im Rahmen des § 788 erstatten. Die Kosten sind dann nicht notwendig, wenn der Dritte von Anfang an herausgabebereit war[7] und im Einziehungsprozess den Anspruch des Gläubigers sofort anerkannt hatte, sodass es zu einer Kostenentscheidung nach § 93 gegen den Gläubiger kam. Ob der Dritte, soweit er im Einziehungsprozess gegen den Gläubiger unterlegen ist, einen Erstattungsanspruch gegen den Schuldner hat, richtet sich nach seiner materiellrechtlichen Beziehung zum Schuldner.

7

---

4 BGH, NJW 2004, 3340 mit Anm. *Walker/Wrobel*, LMK 2004, 236 f.
5 BGHZ 53, 29.
6 LG Bielefeld, NJW 1956, 1879; *Zöller/Stöber*, § 886 Rn. 2; **a.A.** *Lüke*, NJW 1957, 425; MüKo/*Gruber*, § 886 Rn. 5.
7 Vgl. *Stein/Jonas/Brehm*, § 886 Rn. 7.

VI. Gebühren

8 Für die Überweisung nach § 886 fällt eine Gerichtsgebühr nach KV Nr. 2111 GKG (Festgebühr von [Stand: Nov. 2014] 20 Euro) an. Der Anwalt erhält eine 0,3-Gebühr nach § 18 Abs. 1 Nr. 1 RVG, RVG-VV Nr. 3309.

VII. ArbGG, VwGO, AO

9 Siehe § 883 Rdn. 26 und § 885 Rdn. 46.

§ 887 Vertretbare Handlungen

(1) Erfüllt der Schuldner die Verpflichtung nicht, eine Handlung vorzunehmen, deren Vornahme durch einen Dritten erfolgen kann, so ist der Gläubiger von dem Prozessgericht des ersten Rechtszuges auf Antrag zu ermächtigen, auf Kosten des Schuldners die Handlung vornehmen zu lassen.

(2) Der Gläubiger kann zugleich beantragen, den Schuldner zur Vorauszahlung der Kosten zu verurteilen, die durch die Vornahme der Handlung entstehen werden, unbeschadet des Rechts auf eine Nachforderung, wenn die Vornahme der Handlung einen größeren Kostenaufwand verursacht.

(3) Auf die Zwangsvollstreckung zur Erwirkung der Herausgabe oder Leistung von Sachen sind die vorstehenden Vorschriften nicht anzuwenden.

Übersicht	Rdn.
I. Zweck und Anwendungsbereich der Norm	1
1. Begriff der »Handlung«	2
2. Vertretbarkeit	6
3. Keine Bindung an unrichtige Einordnung im Titel	7
II. Einzelbeispiele vertretbarer Handlungen	8
1. Nachbesserungspflicht im Werkvertragsrecht	8
2. Mängelbeseitigungspflichten im Mietrecht	9
3. Beseitigung von Störungen insbesondere im Nachbarrecht	10
4. Erteilung eines Buchauszuges oder einer Abrechnung	11
5. Befreiung von einer Verbindlichkeit	13
6. Verpflichtung zur Leistung von Arbeit oder Diensten und Pflicht zur Beschäftigung	14
7. Materiellrechtliche Verpflichtung zur Sicherheitsleistung	16
8. Verpflichtung zum Abschluss von Verträgen	17
9. Verfahrenshandlungen im Steuerfestsetzungsverfahren	18
III. Erwirkung des Ermächtigungsbeschlusses	19
1. Antrag	19
2. Zuständiges Gericht	20
3. Allgemeine und besondere Vollstreckungsvoraussetzungen	21
4. Erfüllungseinwand	22
5. Anhörung der Parteien, Hinweispflichten	25
IV. Inhalt des Ermächtigungsbeschlusses	26
1. Bezeichnung der Handlung	26
2. Zusätzliche Anordnungen	27
3. Kosten der Ersatzvornahme	28
4. Anordnung eines Kostenvorschusses	29
V. Zeitliche Grenze der Anordnung der Ersatzvornahme und des Kostenvorschusses	30
VI. Einwirkung eines Beschlusses nach Abs. 1 auf die Rechtsbeziehungen zwischen Schuldner und Gläubiger	31
VII. Die praktische Verwirklichung der Beschlüsse nach Abs. 1 und Abs. 2	33
1. Die Ersatzvornahme	33
2. Die Beitreibung des Kostenvorschusses	35
3. Die Beitreibung der Kosten der Ersatzvornahme	36
4. Die Kosten des Verfahrens nach § 887	37
5. Gebühren	38
VIII. Rechtsbehelfe	39
IX. ArbGG, VwGO, AO	40

Literatur:

Bischoff, Der Freistellungsanspruch, ZIP 1984, 1444; *ders.*, Der Erfüllungseinwand in der Zwangsvollstreckung gem. §§ 887–890 ZPO, NJW 1988, 1957; *J. Blomeyer*, Die Kosten erfolgloser Nachbesserungsversuche des Auftraggebers, ZfBR 1985, 155; *Geißler*, Der Befreiungsanspruch des Bürgen und seine vollstreckungsrechtliche Durchsetzung, JuS 1988, 452; *ders.*, Der Anspruch auf Erteilung eines Arbeitszeugnisses in der Vollstreckungspraxis des Gerichtsvollziehers, DGVZ 1988, 17; *Gerhardt*, Die Handlungsvollstreckung – eine Bestandsaufnahme über Befund und Entwicklungstendenzen, Festgabe 50 Jahre BGH, 2000, Bd. 3, 463; *Grunsky*, Zur Durchsetzung einer Geldforderung durch Kreditaufnahme des Schuldners in der Zwangsvollstreckung, ZZP 95 (1982), 264; *Guntau*, Fälle zum Vollstreckungsrecht nach §§ 887–890 ZPO, JuS 1983, 687, 782, 939; *Huber*, Der Erfüllungseinwand des Schuldners in der Zwangsvollstreckung zur Erwirkung von Handlungen und Unterlassungen, FS Merz, 1992, 229; *ders.*, Aus der Praxis: »Billiger« Erfüllungseinwand in der Handlungsvollstreckung, JuS 2005, 521; *Kannowski/Distler*, Der Erfüllungseinwand im Vollstreckungsverfahren nach § 887 ZPO, NJW 2005, 865; *Kannowski/Keil*, Wohnungsöffnung und Widerstand des Schuldners beim Ausbau von Energiezählern: Ein Fall der Duldungsvollstreckung?, DGVZ 2008, 109; *Lüke*, Die Vollstreckung des Anspruchs auf Arbeitsleistung, FS E. Wolf, 1985, 459; *Nehlsen-von Stryk*, Grenzen des Rechtszwangs: Zur Geschichte der Naturalvollstreckung, AcP 193 (1993), 529; *Pentz*, Keine Divergenz des Rechtsmittelzuges von Hauptsache und Beschwerde bei der Zwangsvollstreckung nach §§ 887, 888 und 890 ZPO, NJW 1990, 1466; *Schilken*, Die Geltendmachung des Erfüllungseinwandes bei der Handlungs- und Unterlassungsvollstreckung, FS Gaul, 1997, 667; *Schuschke*, Beweisführungslast und Beweislastprobleme im Zuge der Geltendmachung des Erfüllungseinwandes im Vollstreckungsverfahren nach §§ 887, 888 ZPO, InVo 2006, 396; *Seetzen*, Die Zwangsvollstreckung wegen eines Buchauszuges, WM 1985, 218; *Treibmann*, Die Vollstreckung von Handlungen und Unterlassungen im europäischen Zivilrechtsverkehr, 1994; *Walker*, Wegweisende BGH-Entscheidungen zum Zwangsvollstreckungsrecht seit Einführung der Rechtsbeschwerde, JZ 2011, 401 u. 453.

I. Zweck und Anwendungsbereich der Norm

1 § 887 trägt dem Interesse des Gläubigers an der zwangsweisen Durchsetzung einer vom Schuldner geschuldeten, aber auch von einem Dritten durchführbaren Handlung Rechnung.

1. Begriff der »Handlung«

2 Die nach dem Titel geschuldete Handlung darf zunächst weder eine reine Geldleistung sein, die nach §§ 803 ff. zu vollstrecken wäre, noch in der Herausgabe oder Leistung einer Sache (Vollstreckung insoweit nach §§ 883–886) oder in der Abgabe einer Willenserklärung (Vollstreckung nach §§ 894 ff.) bestehen. Bei der Ermittlung des nach dem Titel Geschuldeten ist nicht allein auf die Formulierung des Tenors abzustellen, sondern der gesamte Entscheidungsinhalt ist mit heranzuziehen.

3 Die Auslegung kann dabei auch ergeben, dass in Wahrheit **mehrere Leistungen** zu erbringen sind, deren Zwangsvollstreckung sich nach unterschiedlichen Regeln richtet.[1] So kann der Tenor eines Urteils schlicht auf »Räumung« eines bestimmten Grundstücks lauten, die Entscheidungsgründe können aber ergeben, dass unter »Räumung« nicht nur die Herausgabe des Besitzes, sondern zusätzlich die Entfernung eines vom Schuldner auf dem Grundstück errichteten Gebäudes oder die Beseitigung großer Mengen gelagerten Abfalls zu verstehen ist.[2] Hier wäre hinsichtlich des Besitzentzuges und der Besitzeinweisung nach § 885 vorzugehen, hinsichtlich des Gebäudeabrisses oder der Abfallbeseitigung aber nach § 887.[3] Lautet der Titel dagegen nur auf Herausgabe und Räumung, kann auch nur nach § 885 vollstreckt werden; die Erzwingung der Beseitigung von baulichen Veränderungen nach §§ 887, 888 scheidet aufgrund eines reinen Räumungstitels aus.[4]

4 Ferner besteht die Möglichkeit, dass der Titel schlicht auf Leistung einer Sache an den Gläubiger lautet, die Entscheidungsgründe aber ergeben, dass der Schuldner die **unvertretbare Sache erst selbst herstellen muss** (z. B. Anfertigung eines Maßanzuges oder eines Portraits), ehe er sie liefert.[5] In einem solchen Fall geht die überwiegende Ansicht davon aus, die geschuldete Leistung werde in zwei Teile aufgespalten, nämlich in die nach §§ 887, 888 durchzusetzende Herstellungshandlung und die nach § 883 zu vollstreckende Übergabe der Sache.[6] Die hier vertretene Gegenansicht leitet aus dem Wortlaut des § 887 Abs. 3 und der Systematik des Gesetzes her, dass in diesem Fall nur eine Vollstreckung nach § 883 in Betracht kommt.[7] Danach muss der Gläubiger einen Schadensersatzprozess führen (vgl. § 893), wenn die Herausgabevollstreckung erfolglos bleibt. Auf diese Weise

---

1 Siehe auch § 885 Rdn. 2.
2 Vgl. OLG Celle, JR 1962, 425; OLG Düsseldorf, JZ 1961, 293; LG Mannheim, MDR 1964, 63.
3 BGH, NJW-RR 2005, 212 (Gebäudeabriss auf einem zu räumenden Grundstück; siehe dazu auch § 885 Rn. 2); LG Limburg und BGH, DGVZ 2005, 70 f. (Abfallbeseitigung mit einem Kostenaufwand von 409.000 Euro).
4 BGH, NJW-RR 2007, 1091.
5 Siehe dazu schon § 883 Rdn. 3.
6 *Baumbach/Lauterbach/Hartmann*, § 883 Rn. 4; *MüKo/Gruber*, § 883 Rn. 17 ff.; *Gaul/Schilken/Becker-Eberhard*, § 70 Rn. 6; *Stein/Jonas/Brehm*, § 883 Rn. 7; *Zöller/Stöber*, § 883 Rn. 9.
7 RGZ 58, 160; OLG Köln, JZ 1959, 63 mit zust. Anm. *Lent*; *Brox/Walker*, Rn. 1068; *Gerhardt*, § 13 III 2 a.

wird sichergestellt, dass über den Bestand und die Höhe sachlicher Ansprüche in einem Erkenntnisverfahren und nicht im Vollstreckungsverfahren entschieden wird.

Ein Titel auf Duldung der **Wegnahme oder des Ausbaus eines Energiezählers** ist nicht nach § 887, sondern einheitlich als Duldungstitel nach § 890 zu vollstrecken.[8] Das gilt auch dann, wenn der Schuldner zur Erfüllung seiner Verpflichtung eine Handlung (Öffnen der Wohnung) vornehmen muss.[9] Falls der Schuldner Widerstand leistet, kann der Gläubiger wahlweise die Festsetzung eines Ordnungsmittels nach § 890 beantragen oder gem. § 892 zur Beseitigung des Widerstandes einen Gerichtsvollzieher hinzuziehen, der seinerseits einen Handwerker mit dem Öffnen der verschlossenen Gebäudetür beauftragen kann. 5

2. Vertretbarkeit

Die nach dem Titel geschuldete Handlung muss vertretbar sein. Ihre Vornahme muss also durch einen Dritten erfolgen können, ohne dass sich aus der Sicht des Gläubigers am wirtschaftlichen Erfolg und am Charakter der Leistung irgendetwas ändert; der Schuldner muss sich bei Vornahme der Handlung vertreten lassen können, ohne dass das Erfüllungsinteresse des Gläubigers hiervon berührt wird.[10] Ohne Belang für die Beurteilung der Vertretbarkeit oder Unvertretbarkeit einer Handlung ist dagegen das Kosteninteresse des Schuldners.[11] Dass der Schuldner die Handlung kostengünstiger ausführen könnte, als es bei jeder Ersatzvornahme möglich wäre, und dass er den Auftrag gerade wegen seines überaus kostengünstigen Angebots erhalten hat, beeinflusst den Charakter der Handlung als solcher nicht. Auch der Umstand, dass die geschuldete Handlung in mehrfacher, unterschiedlicher Weise erbracht werden kann und der Schuldner insoweit freie Hand hat, welchen Weg er geht, macht die Handlung nicht zur unvertretbaren (z. B. Sicherheitsleistung durch Hinterlegung von Geld, Wertpapieren oder durch Gestellung einer Bankbürgschaft; Beseitigung einer störenden Anlage auf unterschiedlichem technischem Wege; Beheizung von Räumen; Abwehr von Feuchtigkeitsimmissionen).[12] Die Wahl des konkreten Weges geht auf den Gläubiger über, sobald er die Vollstreckung nach § 887 einleitet. 6

3. Keine Bindung an unrichtige Einordnung im Titel

Auf den Vollstreckungsantrag hin ist vom Gericht selbstständig zu prüfen, ob eine Handlung vertretbar oder unvertretbar ist, ob also nach § 887 oder nach § 888 zu verfahren ist, oder ob eine Unterlassungsvollstreckung nach § 890 in Betracht kommt. Dazu muss das Gericht den Titel notfalls selbst auslegen.[13] Es kommt nicht allein auf die Formulierung des Tenors, sondern darauf an, was in der Sache geschuldet ist.[14] Eine irrtümliche Androhung von Zwangs- oder Ordnungsgeld schon im Tenor der zu vollstreckenden Entscheidung bindet ebenso wenig, nun nach § 888 vor- 7

---

8 LG Koblenz, DGVZ 2008, 119 (Duldungsverfügung); LG Weiden, DGVZ 2008, 120; AG Bühl, DGVZ 2010, 61 (Duldungsverfügung) mit zust. Anm. *Goebel*; AG Montabaur, DGVZ 2008, 121.
9 A.A. *Kannowski/Keil*, DGVZ 2008, 109 ff., die bzgl. der Durchsetzung einer titulierten Pflicht zur Öffnung der Wohnungstür für eine Anwendung des § 887 plädieren.
10 Zur Definition der »Vertretbarkeit« siehe auch OLG Bamberg, MDR 1983, 499; OLG Düsseldorf, NJW-RR 1998, 1768, 1769; OLG Köln, MDR 1975, 586; LG Hamburg, ZMR 1985, 303; *Brox/Walker*, Rn. 1066; *Gaul/Schilken/Becker-Eberhard*, § 71 Rn. 4; PG/*Olzen*, § 887 Rn. 15; *Stein/Jonas/Brehm*, § 887 Rn. 6.
11 *Gaul/Schilken/Becker-Eberhard*, § 71 Rn. 4; PG/*Olzen*, § 887 Rn. 16; *Stein/Jonas/Brehm*, § 887 Rn. 6; *Wieser*, ZZP 98 (1985), 76.
12 OLG Düsseldorf, NJW-RR 1998, 1768, 1769; OLG Hamm, MDR 1983, 850; OLG Koblenz, FamRZ 1973, 382; OLG Köln, MDR 1994, 95; OLG Zweibrücken, MDR 1983, 500; **a. A.** (unvertretbare Handlung) OLG Düsseldorf, NJW-RR 1988, 63.
13 BGH, WM 1993, 393, 396.
14 OLG Saarbrücken, NJW-RR 2001, 163.

gehen zu müssen,[15] wie die Einigung in einem Vergleich, dass die geschuldete, objektiv vertretbare Handlung durch Festsetzung von Zwangsgeld gem. § 888 zu erzwingen sei.[16] Daran ändert auch die Rechtskraft der Entscheidung, welche die unzulässige Zwangsgeldandrohung enthält, nichts. Die Androhung geht von Anfang an ins Leere. Allerdings darf das Gericht einen durch den falschen Titel provozierten falschen Antrag nicht einfach zurückweisen; es muss den Parteien Gelegenheit geben, zur Rechtsauffassung des Gerichts vorab Stellung zu nehmen.[17] Wegen der allzu unterschiedlichen Rechtsfolgen aus § 887 und § 888 kommt eine Antragsumdeutung von Amts wegen ohne jeglichen Hinweis nicht in Betracht.[18]

II. Einzelbeispiele vertretbarer Handlungen

1. Nachbesserungspflicht im Werkvertragsrecht

8 Entscheidend für die Einordnung der Nachbesserung als vertretbare Handlung ist, dass das Werk nicht seinen Charakter einbüßt, wenn ein Dritter an ihm Mängelbeseitigungsarbeiten vornimmt. Vertretbar sind etwa Mängelbeseitigungsarbeiten am Bau,[19] an einem PKW,[20] an Maschinen oder an sonstigen Handwerksleistungen. Nicht vertretbar wären Mängelbeseitigungsarbeiten etwa am Portrait eines berühmten Malers oder am einmaligen Modellkleid eines bekannten Modeschöpfers.

2. Mängelbeseitigungspflichten im Mietrecht

9 Beseitigung von Schäden an der vermieteten Wohnung[21] oder an den Gemeinschaftsanlagen; Schaffung von Schallschutzanlagen; Verpflichtung zu einer bestimmten Mindestheizleistung.[22]

3. Beseitigung von Störungen insbesondere im Nachbarrecht

10 Einschränkung von Immissionen durch Veränderungen an einer Anlage;[23] Abwehr von Feuchtigkeitsimmissionen;[24] Beseitigung von Bäumen und Sträuchern im Grenzbereich;[25] Räumung von Schnee;[26] Errichtung einer Grenzanlage;[27] Beseitigung störender baulicher oder sonstiger Anlagen[28] oder eines Überbaus;[29] Abriss einer Mauer;[30] Regelung des Verkehrs auf einem Grundstück[31] oder Sperrung einer Grundstückszufahrt;[32] Entfernung von Tieren von einem Grundstück oder aus einer Wohnung.[33] Handelt es sich dagegen um komplexe Maßnahmen, bei deren Durchführung meh-

---

15 LAG Hamm, DB 1977, 1272.
16 OLG Hamm, MDR 1968, 334; LG Itzehoe, NJW-RR 1987, 1343.
17 Siehe den vergleichbaren Fall OLG Köln, OLGZ 1983, 255.
18 OLG Hamm, ZIP 1983, 871; NJW 1985, 274.
19 Beispiele: BGHZ 58, 30 ff.; 90, 344 ff.; BGH, WM 1993, 393; OLG Düsseldorf, MDR 1984, 323; OLG Frankfurt, MDR 1983, 140; OLG Zweibrücken, JurBüro 1982, 939.
20 OLG Oldenburg, MDR 1985, 855.
21 OLG Frankfurt, NJW-RR 1990, 19; LG Berlin, WuM 1994, 552.
22 Vgl. auch OLG Köln, MDR 1995, 95 (offengelassen, ob § 887 oder § 888); a. A. (§ 890) LG Essen, Rpfleger 1959, 358; LG Koblenz, NJW-RR 1986, 506; AG Köln, WuM 1974, 188.
23 OLG Frankfurt, Rpfleger 1975, 445; OLG Hamm, MDR 1983, 850.
24 OLG Düsseldorf, NJW-RR 1998, 1768.
25 LG Mannheim, ZMR 1973, 89; ZMR 1978, 152.
26 OLG Stuttgart, NJW-RR 2011, 1695 f.
27 OLG Frankfurt, MDR 1960, 404; OLG Zweibrücken, MDR 1974, 409.
28 BGH, NJW-RR 2009, 443; OLG Koblenz, WRP 1982, 427; AG Medebach, JMBl.NW 1967, 283.
29 OLG Köln, JMBl.NW 1984, 103; JurBüro 1969, 364 mit Anm. *Schalhorn*.
30 OLG Köln, JurBüro 1992, 702.
31 OLG Hamm, NJW 1985, 274; OLG Zweibrücken, OLGZ 1978, 124.
32 OLG Bamberg, DGVZ 1999, 135, 136 f.
33 OLG Hamm, NJW 1966, 2415; LG Hamburg, NJW-RR 1986, 158; WuM 1989, 445; LG Stuttgart, DGVZ 1990, 122; AG Meschede, DGVZ 1997, 91; **a. A.** (§ 888) LG Köln, MDR 1963, 228.

rere Beklagte zusammenwirken müssen, kann es auch um eine unvertretbare Handlung gehen.[34] Wenn der Schuldner zur Beseitigung eines von ihm vermieteten Gebäudes verpflichtet ist, ist die Zwangsvollstreckung nach § 887 nur möglich, wenn der Mieter einverstanden ist oder der Gläubiger gegen ihn einen Duldungstitel erwirkt hat; andernfalls kommt nur eine Vollstreckung nach § 888 in Betracht, in deren Rahmen der Schuldner sich um eine Mitwirkung des Mieters bemühen muss.[35] Ebenso wie allgemein die Beseitigung von Störungen ist auch die Beseitigung von Unterlagen (Filme, Fotos) als vertretbare Handlung einzuordnen, und zwar auch dann, wenn sich das zu beseitigende Material im Besitz des Schuldners befindet. Dieser muss dann das Material zugänglich machen. Leistet er Widerstand, kann der Gläubiger nach § 892 vorgehen.[36]

4. Erteilung eines Buchauszuges oder einer Abrechnung

Kann jeder Buchsachverständige oder Steuerberater den Buchauszug oder die Abrechnung allein anhand der Unterlagen des Schuldners erstellen, ohne dass es der persönlichen Mitwirkung des Schuldners bedürfte, liegt eine vertretbare Handlung vor.[37] Dies gilt etwa für den Anspruch des Handelsvertreters nach § 87c Abs. 2 HGB auf Erteilung eines Buchauszuges und einer Provisionsabrechnung,[38] für den Anspruch des ausgeschiedenen Arbeitnehmers auf Lohnabrechnung,[39] den Anspruch auf Abrechnung der Heizkosten für eine Wohnung,[40] den Anspruch der Wohnungseigentümer gegen den (abberufenen) Verwalter auf Vorlage einer geordneten Aufstellung der Einnahmen und Ausgaben,[41] den Anspruch des Urhebers oder sonstigen Schutzrechtsinhabers über den Umfang des Vertriebs von Plagiaten, soweit der Verletzer kaufmännische Bücher geführt hat, oder für den Anspruch des Lizenzgebers gegen den Lizenznehmer auf Abrechnung des Verkaufs usw. Entscheidend ist in allen diesen Fällen, dass die Abrechnung, Auskunft oder sonstige Rechnungslegung **allein** anhand schriftlicher Unterlagen, die auch von Dritten eingesehen und ausgewertet werden können, zu erteilen ist.[42] Unter dieser Voraussetzung kann es auch bei der Erstellung einer Abschluss- oder Auseinandersetzungsbilanz nach Beendigung einer BGB-Gesellschaft oder OHG um eine vertretbare Handlung gehen.[43] Entsprechendes gilt für den Anspruch aus § 1379 Abs. 1 Satz 3 BGB auf Wertermittlung des Vermögens und der Verbindlichkeiten.[44]

11

Bedarf es dagegen über die Buchauswertung hinaus sonstiger Kenntnisse, die nur der Schuldner haben kann, ist § 888 einschlägig. Dies gilt etwa für den Anspruch auf Erteilung einer Auskunft über den Bestand eines Nachlasses,[45] ferner für die Erteilung einer Betriebskostenrechnung, die eine Rechnungslegung mit verbindlichen Erklärungen des Schuldners voraussetzt,[46] aber auch für

12

---

34 OLG München, NJW-RR 1992, 768.
35 BGH, NJW-RR 2009, 443; *Stein/Jonas/Brehm*, § 888 Rn. 13.
36 OLG Frankfurt, NJW-RR 2007, 485.
37 BGH, NJW-RR 2010, 279, 280; OLG Köln, NJW-RR 1998, 716; NJW-RR 1996, 100. Kann der Gläubiger die Auskünfte durch persönliche Einsichtnahme in die Bücher erhalten, ist nach § 883 durch Wegnahme der Bücher zu vollstrecken; vgl. hierzu § 883 Rn. 2.
38 BGH, NJW-RR 2007, 1475; OLG Celle, BB 1962, 1017; OLG Düsseldorf, MDR 1958, 42; BB 1964, 191; OLG Hamburg, MDR 1955, 43; MDR 1968, 932; OLG Hamm, BB 1965, 1047; JurBüro 1967, 601; OLG Koblenz, MDR 1994, 198; OLG Köln, NJW-RR 1996, 100; OLG Zweibrücken, JurBüro 1986, 1740; LAG Baden-Württemberg, BB 1959, 1151; LAG Saarbrücken, BB 1965, 605; a. A. (§ 888) OLG München, BB 1960, 188.
39 LAG Hamm, ZIP 1983, 1253; LAG Köln, MDR 1991, 650; LAG Rheinland-Pfalz, BB 1998, 1695 (Leitsätze) a. M. LAG Hamburg, NJW-RR 1996, 422.
40 LG Hannover, WuM 1993, 475.
41 OLG Düsseldorf, NJW-RR 1999, 1029.
42 OLG Köln, JurBüro 1995, 550; LAG Frankfurt, DB 1971, 2220.
43 BGH, NJW 2009, 431; OLG Zweibrücken, DGVZ 1998, 9, 10.
44 OLG Bamberg, NJW-RR 1999, 577; **a. A.** OLG Hamm, FamRZ 2010, 222.
45 OLG Frankfurt, JurBüro 1977, 864.
46 BGH, NJW 2006, 2706, 2707.

jede Rechnungslegung, deren Richtigkeit vom Schuldner anschließend an Eides statt zu versichern ist. Dagegen ändert allein der Umstand, dass der begehrte Buchauszug im Ausland zu erteilen ist, was mit zusätzlichen Schwierigkeiten bei der Durchsetzung der Ersatzvornahme verbunden sein kann, nichts an der Einordnung als vertretbare Handlung.[47] Dem eventuellen Widerstand des Schuldners, gegen die zu duldende Ersatzvornahme im Ausland kann der Gläubiger z. B. durch Androhung und Festsetzung eines Ordnungsgeldes nach § 890 begegnen.

5. Befreiung von einer Verbindlichkeit

13 Der Befreiungsanspruch ist kein Zahlungsanspruch und daher nicht nach §§ 803 ff. zu vollstrecken.[48] Die Verpflichtung kann auch durch jeden Dritten mittels Zahlung an denjenigen, der Ansprüche an den Freistellungsgläubiger stellt, erfüllt werden.[49] Das gilt auch für die Verpflichtung eines Elternteiles, den anderen von den Unterhaltsansprüchen der gemeinsamen Kinder freizustellen.[50]

6. Verpflichtung zur Leistung von Arbeit oder Diensten und Pflicht zur Beschäftigung

14 Die vollstreckungsrechtliche Einordnung der Arbeitsleistung ist umstritten. Der Vorschrift des § 888 Abs. 3 kann nicht entnommen werden, dass es sich bei der Verpflichtung zur Leistung von Arbeit und Diensten immer um die Verpflichtung zur Vornahme unvertretbarer Handlungen, die durch Zwangsvollstreckung nicht durchgesetzt werden könne, handele.[51] Das BAG folgert allerdings aus § 613 Satz 1 BGB, wonach die Arbeitsleistung im Zweifel in Person zu erbringen ist, dass es sich bei der Arbeitsleistung immer um eine unvertretbare Handlung handele.[52] Das überzeugt nicht.[53] Richtigerweise sollte differenziert werden:[54] Ist es für den Arbeitgeber gleichgültig, wer die Arbeitsleistung erbringt, kommt § 887 zur Anwendung. Dies wird insbesondere bei einfachen Arbeitsleistungen der Fall sein, etwa bei der Tätigkeit von Bauarbeitern,[55] aber auch bei Reinigungspersonal, Aushilfsverkäufern, Büroboten u. ä. Spielt dagegen schon bei der Auswahl des Arbeitnehmers seine Persönlichkeit eine erhebliche Rolle und sind seine besonderen Kenntnisse und Fähigkeiten für die Erfüllung seiner Dienstpflichten von nicht untergeordneter Bedeutung, so ist § 888 anzuwenden. Letzteres trifft etwa auf den Geschäftsführer einer GmbH zu,[56] aber auch auf alle sonst in hervorgehobener Position oder in einer Vertrauensstellung Tätigen.

---

47 BGH, NJW-RR 2010, 279, 280 f.; a. A. OLG Frankfurt, EWiR § 888 ZPO 1/01 (*Schuschke*); OLG Stuttgart, ZZP 97 (1984), 487.
48 KG, MDR 1970, 1018; OLG Hamm, Rpfleger 1963, 248; DB 1984, 1824.
49 BGH, JZ 1958, 57; BAG, VersR 1976, 80; KG, NJW-RR 1999, 793; OLG Düsseldorf, VersR 1983, 140; OLG Frankfurt, JurBüro 1978, 770; OLG Hamm, JurBüro 1956, 30; JurBüro 1960, 549; JMBl.NW 1984, 45; AG St. Goar, DGVZ 1979, 127.
50 OLG Frankfurt, FamRZ 1976, 108; OLG Hamburg, FamRZ 1983, 212 und 1252.
51 So aber LAG Düsseldorf, BB 1958, 82; LAG Hamburg, BB 1959, 198; ArbG Bayreuth, BB 1958, 343; *Zöllner/Loritz*, Arbeitsrecht, 5. Aufl., § 12 V.
52 BAG, NZA 2004, 727, 732.
53 Zutreffende Kritik z. B. bei *Reichenbach*, NZA 2003, 309, 311.
54 Ebenso *Baumbach/Lauterbach/Hartmann*, § 887 Rn. 20; *Brox/Walker*, Rn. 1066; *Gaul/Schilken/Becker-Eberhard*, § 71 Rn. 5, 52; GMP/*Germelmann*, ArbGG, § 62 Rn. 62; GWBG/*Benecke*, ArbGG, § 62 Rn. 24; PG/*Olzen*, § 887 Rn. 18; *Schwab/Weth/Walker*, ArbGG, § 62 Rn. 73 f., 77 ff.; *Stein/Jonas/Brehm*, § 888 Rn. 41.
55 ArbG Gelsenkirchen, BB 1958, 159.
56 BGHZ 78, 82.

Die Pflicht des Arbeitgebers, seinen Arbeitnehmer tatsächlich zu beschäftigen[57] sowie die Pflicht des Ausbildenden, dem Auszubildenden tatsächlich eine Berufsausbildung zu gewähren[58] sind immer auf unvertretbare Handlungen gerichtet, also immer nach § 888 zu vollstrecken. 15

7. Materiellrechtliche Verpflichtung zur Sicherheitsleistung

Eine solche (nicht prozessuale) Verpflichtung kann sich ergeben z. B. aus § 843 Abs. 2 BGB. Die Sicherheitsleistung ist eine vertretbare Handlung, da es für den Gläubiger ohne Belang ist, wer ihm die Sicherheit stellt, wenn er nur im Sicherungsfall darauf zurückgreifen kann.[59] Ebenso vertretbar ist die Verpflichtung des Schuldners, sich für den Gläubiger einem Dritten gegenüber zu verbürgen,[60] soweit der Dritte im Einzelfall nicht ausnahmsweise nur durch die Bürgschaft seitens des Schuldners vereinbarungsgemäß gesichert ist. 16

8. Verpflichtung zum Abschluss von Verträgen

Hier ist zu unterscheiden, ob der Schuldner zur Erreichung des Zweckes der Verbindlichkeit persönlich tätig werden muss oder ob dem Gläubigerinteresse Genüge getan ist, wenn aufgrund des beim Schuldner beigetriebenen Vorschusses Dritte tätig werden. So ist vertretbar die Verpflichtung, in Höhe eines bestimmten Gesamtwertes Gegenstände nach freier Wahl aus dem Sortiment der Gläubigerin zum Listenpreis zu kaufen,[61] oder die Verpflichtung, einen Architekten mit der weiteren Planung und Durchführung eines Bauvorhabens zu betrauen.[62] Nicht vertretbar ist dagegen die Verpflichtung, einen Lebensversicherungsvertrag in bestimmter Höhe abzuschließen und den Gläubiger als Bezugsberechtigten einzusetzen,[63] oder die Verpflichtung, ein Grundstück an einen bestimmten Dritten zu veräußern.[64] 17

9. Verfahrenshandlungen im Steuerfestsetzungsverfahren

Verfahrenshandlungen im Steuerfestsetzungsverfahren wie Abgabe der Steuererklärung, Einspruch oder Klage gegen den Steuerbescheid sind so eng mit der Person des Steuerpflichtigen verbunden, dass es sich dabei um unvertretbare Handlungen handelt.[65] Eine Ersatzvornahme durch den Gläubiger oder einen Dritten gem. § 887 kommt daher entgegen einer vereinzelt gebliebenen, inzwischen wieder aufgegebenen Entscheidung des BGH[66] nicht in Betracht.[67] 18

---

57 LAG Berlin, DB 1986, 2192; LAG Hamm, BB 1980, 160; LAG Köln, DB 1988, 660; NZA-RR 1996, 108, 109; LAG München, BB 1994, 1083.
58 LAG Berlin, AuR 1978, 281.
59 OLG Celle, FamRZ 1984, 1231; OLG Düsseldorf, FamRZ 1984, 704; OLG Hamburg, FamRZ 1982, 284; OLG Köln, MDR 1989, 169.
60 OLG Karlsruhe, MDR 1991, 454; OLG Köln, MDR 1989, 169; OLG Zweibrücken, MDR 1986, 1034.
61 OLG Köln, MDR 1975, 586.
62 A.A. OLG Hamm, MDR 1966, 769.
63 OLG Bamberg, MDR 1983, 499 (die Verpflichtung sei gar nicht vollstreckbar); OLG Köln, MDR 1975, 386.
64 OLG Hamm, MDR 1965, 584.
65 BGH, NJW 2008, 1675, 1676 mit Anm. *Timme* (S. 1677) und Anm. *Walker*, WuB VI. D § 836 ZPO 2.08; BFH, NJW 2001, 462.
66 BGH, NJW 2004, 954 mit krit. Anm. von *Schuschke*, EWiR 2004, 621 und *Walker/Reichenbach*, LMK 2004, 76.
67 Siehe auch § 888 Rdn. 15.

III. Erwirkung des Ermächtigungsbeschlusses

1. Antrag

19 Erforderlich ist zunächst ein Antrag des Gläubigers an das Prozessgericht des ersten Rechtszuges. Soweit bei diesem Gericht Anwaltszwang besteht (§ 78), ist er auch für den Vollstreckungsantrag zu beachten.[68] Der Antrag muss die vorzunehmenden Maßnahmen genau bezeichnen,[69] da das Gericht überprüfen muss, ob sie durch den Tenor der zu vollstreckenden Entscheidung gedeckt sind oder ob sie etwa über den geschuldeten Erfolg hinausgehen (z. B. Änderung einer Baumaßnahme statt bloßer Mängelbeseitigung oder Veräußerung eines störenden Gegenstandes statt dessen bloßer Entfernung).[70] Das gilt allerdings nur mit Einschränkungen, wenn nach dem Titel mehrere Möglichkeiten zur Herbeiführung des geschuldeten Erfolges bestehen;[71] denn dem Gläubiger ist es nicht zuzumuten, sich auf eine bestimmte Maßnahme festzulegen, die sich später möglicherweise als ungeeignet erweist. Dadurch entstehen dem Schuldner keine Nachteile, da der Gläubiger ohnehin nur die notwendigen Kosten erstattet erhält. Ist allerdings nach dem Inhalt des Titels schon der geschuldete Erfolg unklar,[72] so ist eine Konkretisierung durch einen auch noch so klar formulierten Vollstreckungsantrag ausgeschlossen. Der Antrag kann immer nur das »Wie« der Erfolgsherbeiführung konkretisieren (z. B. durch welche Arbeiten der zu beseitigende Mangel des Werkes behoben werden soll), nicht aber das »Was« (etwa den zu beseitigenden Mangel selbst).[73] Zur Konkretisierung der durchzuführenden Maßnahmen gehört nicht die Angabe, welches Unternehmen die erforderlichen Arbeiten ausführen soll.[74] Vollstreckungsanträge nach § 887 sind auslegungsfähig nach den allgemeinen Regeln: Es darf auch hier bei unrichtiger Antragstellung dem Gläubiger nichts zugesprochen werden, wofür sein Vorbringen keinerlei Anhaltspunkte bietet.[75] Gegebenenfalls muss ein Hinweis nach § 139 erfolgen.

2. Zuständiges Gericht

20 Zuständig zur Entscheidung über den Vollstreckungsantrag ist das **Prozessgericht** des ersten Rechtszuges, gegebenenfalls also auch die Kammer für Handelssachen, wenn sie bei der Titulierung Prozessgericht war, oder das Familiengericht[76] oder auch das Wohnungseigentums-Gericht.[77] War der Rechtsstreit vor der Titulierung auf den Einzelrichter übertragen, so bleibt dieser auch für die Zwangsvollstreckung das »Prozessgericht«.[78] Die Vollstreckungsentscheidung darf aber nicht erstmalig auf den Einzelrichter übertragen werden.[79] Zur Vollstreckung arbeitsgerichtlicher Titel ist das Arbeitsgericht zuständig. Es entscheidet der Vorsitzende allein, wenn die Entscheidung ohne mündliche Verhandlung ergeht (§ 53 ArbGG) oder wenn schon das Verfahren, das zur Titulierung

---

68 OLG Hamburg, MDR 1969, 61; OLG Koblenz, WRP 1985, 292; NJW-RR 1988, 1279; OLG Köln, MDR 1973, 58; NJW-RR 1995, 644; OLG Nürnberg, NJW 1983, 2950; *Brox/Walker*, Rn. 1072; PG/ Olzen, § 887 Rn. 8; *Stein/Jonas/Brehm*, § 891 Rn. 1; **a. A.** OLG Neustadt, NJW 1961, 1266.
69 OLG Frankfurt, JurBüro 1988, 259; OLG Koblenz, NJW-RR 1998, 1770; OLG Stuttgart, BauR 1986, 490; OLG Zweibrücken, MDR 1974, 409.
70 OLG Köln, NJW-RR 1990, 1087; OLG Schleswig, SchlHA 1968, 218.
71 OLG Hamm, MDR 1983, 850; MDR 1984, 591; *Brox/Walker*, Rn. 1072; **a. A.** wohl OLG Stuttgart, NJW-RR 1999, 792 f. Zum Meinungsstand siehe OLG Köln, NJW-RR 1990, 1087.
72 Ein Beispiel eines zu offen formulierten Tenors geben KG, NJW-RR 1999, 793 (Freistellung von [nicht bezeichneten] Gewährleistungsansprüchen); OLG Hamm, JMBl.NW 1960, 229; OLG Köln, JMBl.NW 1984, 103.
73 OLG Zweibrücken, JurBüro 1982, 939.
74 *Stein/Jonas/Brehm*, § 887 Rn. 40.
75 OLG Hamm, ZIP 1983, 871; NJW 1985, 274.
76 OLG Düsseldorf, FamRZ 1981, 577.
77 BayObLG, Rpfleger 1979, 67.
78 OLG Karlsruhe, OLGZ 1973, 373.
79 OLG München, MDR 1983, 499.

führte, ihm zur Alleinentscheidung übertragen war (§ 55 ArbGG). Im Übrigen entscheidet die Kammer. Handelt es sich bei dem Vollstreckungstitel um die Vollstreckbarerklärung eines Schiedsspruches (§§ 1054, 1060), eines Anwaltsvergleiches (§§ 796a, 796b) oder um das Vollstreckungsurteil zu einem ausländischen Urteil (§§ 722, 723), so ist das Gericht zur Entscheidung über den Vollstreckungsantrag berufen, das die Vollstreckbarkeit des Titels erklärt hatte.[80] Bei notariellen Titeln (vollstreckbare Urkunde gem. § 794 Abs. 1 Nr. 5 und Vollstreckbarerklärung nach § 796c) ist das Gericht zuständig, in dessen Bezirk der Notar seinen Amtssitz hat (vgl. § 797 Abs. 3, 6).[81]

3. Allgemeine und besondere Vollstreckungsvoraussetzungen

Das Prozessgericht als Vollstreckungsorgan prüft zunächst wie jedes andere Vollstreckungsorgan, ob die allgemeinen Vollstreckungsvoraussetzungen sowie die nach dem Titel zu beachtenden besonderen Vollstreckungsvoraussetzungen vorliegen,[82] und zwar noch im Zeitpunkt der verfahrensabschließenden Vollstreckungsentscheidung.[83] Die materielle Richtigkeit des Titels wird dagegen nicht geprüft.[84] Ist nach dem Inhalt des Titels oder nach dem Antrag des Gläubigers zur Ersatzvornahme die Zustimmung eines Dritten erforderlich, dann darf der Ermächtigungsbeschluss nur ergehen, wenn der Gläubiger das Vorliegen dieser Zustimmung zuvor nachgewiesen hat,[85] da für eine praktisch nicht durchführbare Entscheidung das Rechtsschutzbedürfnis fehlt. 21

4. Erfüllungseinwand

Ob der Erfüllungseinwand des Schuldners im Vollstreckungsverfahren nach § 887 zu berücksichtigen ist, war lange umstritten. Das wurde von einer verbreiteten Ansicht in Rechtsprechung und Schrifttum grundsätzlich verneint; die Erfüllung müsse als materieller Einwand vom Schuldner mit der Klage nach § 767 geltend gemacht werden.[86] Eine Ausnahme wurde von einem Teil der Vertreter dieser Ansicht für den Fall befürwortet, dass alle die Erfüllung ergebenden Tatsachen unstreitig oder liquide beweisbar sind und die Parteien sich nur über die Bewertung dieser Tatsachen streiten (also etwa darüber, ob die unstreitigen Erfüllungshandlungen nach dem Titel ausreichen oder ob der Gläubiger noch zusätzliche Maßnahmen verlangen darf).[87] 22

---

80 *Brox/Walker*, Rn. 1071.
81 OLG München, WRP 2015, 646, 647; *Musielak/Voit/Lackmann*, § 887 Rn. 18; *Zöller/Stöber*, § 887 Rn. 6; a. M. LG Paderborn, BeckRS 2013, 22653.
82 OLG Düsseldorf, OLGZ 1976, 376; OLG Frankfurt, JurBüro 1976, 668.
83 KG, UFITA 1972, 302.
84 OLG Bamberg, NJW-RR 1998, 716, 717.
85 OLG Frankfurt, MDR 1983, 141.
86 OLG Bamberg, Rpfleger 1983, 79; OLG Düsseldorf, BauR 1982, 196; MDR 1996, 309; OLG Hamm, MDR 1977, 411; MDR 1984, 591; OLG Koblenz, MDR 1991, 547; OLG Köln, Rpfleger 1986, 309; NJW-RR 1988, 1212; MDR 1993, 579; OLG München, MDR 1962, 487; NJW-RR 1988, 22; LG Aachen, JurBüro 1969, 777; LG Bochum, MDR 1983, 65; *Baur/Stürner*, 12. Aufl., Rn. 40.9 (auch jetzt noch *Baur/Stürner/Bruns*, 13. Aufl.); *Brox/Walker*, 7. Aufl., Rn. 1073; *Musielak/Voit/Lackmann*, 2. Aufl., § 888 Rn. 19; *Bruns/Peters*, § 44 II 3; *Schuschke/Walker*, 3. Aufl., § 887 Rn. 15; *Thomas/Putzo*, 23. Aufl., § 887 Rn. 4, 17; zur Zulässigkeit der Vollstreckungsgegenklage siehe auch BGH, WM 1993, 393, 396; NJW 1995, 3189, 3190.
87 KG, NJW-RR 2003, 214 f. und 1987, 840; OLG Frankfurt, MDR 1973, 323; MDR 1984, 239; OLG Hamm, OLGZ 1985, 222; OLG Koblenz, NJW-RR 2005, 160, 161 (zu § 888); MDR 1991, 547; OLG Köln, JMBl.NW 1982, 153; MDR 1993, 579; OLG München, NJW-RR 2002, 1034; *Brox/Walker*, 7. Aufl., Rn. 1073; *Schuschke/Walker*, 3. Aufl., § 887 Rn. 15.

23 Der BGH[88] hat sich der schon damals verbreiteten Gegenansicht[89] angeschlossen, wonach der **Einwand der Erfüllung** im Verfahren nach § 887 unabhängig davon **zu berücksichtigen** sei, ob die tatsächlichen Umstände der Erfüllung unstreitig sind. Die bestrittenen maßgeblichen Tatsachen habe das Prozessgericht als Vollstreckungsorgan notfalls durch Beweisaufnahme aufzuklären. Der BGH stellt vor allem auf den Wortlaut des § 887 ab, wonach die Nichterfüllung der geschuldeten Handlung eine tatbestandliche Voraussetzung für die gerichtliche Ermächtigung zur Ersatzvornahme sei.[90] Außerdem trete die Verzögerung, die mit einer Prüfung des Erfüllungseinwandes verbunden sei, genauso ein, wenn der Schuldner Vollstreckungsgegenklage erhebe und über § 769 Vollstreckungsaufschub erhalte. Die BGH-Entscheidung ist verbreitet auf Kritik gestoßen, weil sie die Grenze zwischen Erkenntnis- und Vollstreckungsverfahren verwische und zum Nachteil des Gläubigers zu praktischen Ungereimtheiten bei der Beweis- und der Beweisführungslast führe.[91] Trotzdem hat sich die Praxis darauf einzustellen, dass der Schuldner den Erfüllungseinwand wahlweise mit der Vollstreckungsgegenklage oder im Vollstreckungsverfahren nach § 887 geltend machen kann.[92] Das gilt auch dann, wenn die Handlungsvollstreckung aus einem für vollstreckbar erklärten Schiedsspruch betrieben wird.[93]

24 Offen ist, ob ebenso wie der Erfüllungseinwand auch der Einwand beachtlich ist, die titulierte Schuld sei aus anderen Gründen erloschen, etwa durch Verzicht, oder der Gläubiger sei nicht mehr Inhaber der titulierten Forderung, weil er sie abgetreten habe oder weil sie gepfändet worden sei. Anders als beim Erfüllungseinwand kann hier nicht damit argumentiert werden, das Prozessgericht könne aufgrund seiner Kenntnis vom Inhalt des Rechtsstreits am besten beurteilen, ob die vorgenommene Handlung der nach dem Titel geschuldeten Handlung entspreche. Deshalb spricht einiges dafür, dass diese Einwände nur mit der Klage nach § 767 verfolgt werden können. Auch nach dem BGH kann der zur Vornahme einer vertretbaren Handlung verurteilte Schuldner im Zwangsvollstreckungsverfahren jedenfalls nicht geltend machen, die Vornahme der Handlung sei für ihn unzumutbar (geworden) oder führe nicht zum Erfolg.[94] Gleiches sollte für die Behauptung des Schuldners gelten, ihm sei die Erfüllung unmöglich, weil er die nachträglich notwendig gewordene Zustimmung eines Dritten nicht bekomme.[95]

5. Anhörung der Parteien, Hinweispflichten

25 Der Schuldner ist grundsätzlich vor der Entscheidung zu hören (§ 891 Satz 2). Beide Parteien sind auf Gesichtspunkte, die sie bisher nicht angesprochen haben, die für die Entscheidung des Gerichts aber wesentlich sein werden, gem. § 139 hinzuweisen, um verfahrenswidrige Überraschungsentscheidungen auszuschließen.[96] Eine mündliche Verhandlung ist möglich, aber nicht notwendig

---

88 BGH, NJW 2005, 367, 369 mit zust. Anm. *Becker-Eberhard*, LMK 2005, 30 f. u. krit. Anm. *Schuschke*, BGH-Report 2005, 197; NJW-RR 2007, 1475 Rn. 16; zustimmend OLG Bamberg, NJW-RR 2008, 1422, 1423.
89 OLG Köln, NJW-RR 1996, 100; OLG München, MDR 1978, 1020; OLG Nürnberg, NJW-RR 1995, 63; OLG Schleswig, SchlHA 1968, 73; OLG Zweibrücken, DGVZ 1998, 9, 10; LG Bielefeld, MDR 1991, 903; ferner schon damals die Kommentare *Baumbach/Lauterbach/Hartmann*, § 887 Rn. 5; *MüKo/Gruber*, § 887 Rn. 17; *Stein/Jonas/Brehm*, § 887 Rn. 25; *Zöller/Stöber*, § 887 Rn. 7.
90 Kritisch zu dem Wortlautargument *Kannowski/Distler*, NJW 2005, 865, 866.
91 *Kannowski/Distler*, NJW 2005, 865; *Huber*, JuS 2005, 521; *Schuschke*, BGH-Report 2005, 197; *ders.*, InVo 2006, 396.
92 Ebenso die Einschätzung von *Huber*, JuS 2005, 521; *Schuschke*, InVo 2006, 396; vgl. auch *Thole*, Jura 2010, 605, 610.
93 BGH, NJW-RR 2013, 1336 mit krit. Anm. *Münch*, JZ 2013, 1057.
94 BGH, NJW-RR 2006, 202, 203.
95 OLG Düsseldorf, MDR 1991, 260 f.; *Brox/Walker*, Rn. 1073; **a.M.** OLG Zweibrücken, NJW-RR 1998, 1767.
96 OLG Köln, OLGZ 1983, 255.

(§ 891 Satz 1 i. V. m. § 128 Abs. 4). Die Entscheidung des Gerichts ergeht durch Beschluss, der zu begründen ist.

IV. Inhalt des Ermächtigungsbeschlusses

1. Bezeichnung der Handlung

Der Beschluss hat zunächst die Handlung, zu deren Ersatzvornahme der Gläubiger ermächtigt wird, genau zu bezeichnen.[97] Die Ermächtigung darf dabei über den nach dem Titel geschuldeten Erfolg nicht hinausführen: Ist der Schuldner etwa zur Entfernung eines störenden Gegenstandes vom Grundstück des Gläubigers verurteilt worden, darf das Gericht den Gläubiger nicht zur Veräußerung dieser Sache ermächtigen.[98] Schuldet der Erbe nach dem Titel gem. § 2314 BGB Auskunft über den Bestand des Nachlasses, kann das Gericht den Gläubiger nicht ermächtigen, den Wert der Nachlasssachen durch einen Sachverständigen schätzen zu lassen.[99] In beiden Beispielsfällen würde der Gläubiger durch die Vollstreckung sonst mehr erreichen, als er materiellrechtlich zu beanspruchen hat. Wer die Ersatzvornahme tatsächlich durchführt, ist im Beschluss nicht festzulegen. Die Auswahl obliegt dem Gläubiger im Rahmen der späteren Durchführung des Beschlusses.[100] Das Gericht braucht deshalb auch nicht zu prüfen, ob der Gläubiger die Handlung selbst durchführen kann oder ob er etwa Dritte einschalten muss.[101] Es muss aber immer prüfen, ob die Ersatzvornahme überhaupt möglich ist. Für eine Ermächtigung, Unmögliches durchzuführen, fehlt das Rechtsschutzbedürfnis.

26

2. Zusätzliche Anordnungen

Sind zur Ermöglichung der Ersatzvornahme weitere Anordnungen erforderlich, etwa dass der Schuldner das Betreten seines Grundstücks zu dulden oder auch erst zu ermöglichen habe (z. B. Wegschließen bissiger Wachhunde auf dem Grundstück, auf dem gearbeitet werden soll), so kann der Beschluss auch diese Anordnungen treffen.[102] Ist eine solche Anordnung getroffen, bedarf es keines zusätzlichen Beschlusses nach § 758a mehr, wenn der Schuldner beim konkreten Versuch den Zutritt zum Grundstück verwehrt. Der Gerichtsvollzieher kann unmittelbar nach § 892 vorgehen und den Zutritt gewaltsam durchsetzen.[103] Beispiel: Der Schuldner ist zur Vernichtung von in seinem Besitz befindlichem Fotomaterial verurteilt und der Gläubiger ist zur Ersatzvornahme ermächtigt (§ 887 Abs. 1). Wenn der Schuldner gegen die Ersatzvornahme durch den Gläubiger Widerstand leistet, kann der Gläubiger gem. § 892 zur Beseitigung des Widerstandes einen Gerichtsvollzieher hinzuziehen.[104]

27

3. Kosten der Ersatzvornahme

Der dem Antrag des Gläubigers stattgebende Beschluss hat ferner auszusprechen, dass der Schuldner die Kosten der Ersatzvornahme zu tragen habe. Gem. § 891 Satz 3 wird in dem Beschluss auch über die Kosten des Verfahrens nach § 887 entschieden.

28

---

97 OLG Stuttgart, NJW-RR 1999, 792 f.
98 OLG Schleswig, SchlHA 1968, 218.
99 OLG Hamm, MDR 1969, 223.
100 Siehe hierzu unten Rdn. 33.
101 **A. A.** OLG Hamm, NJW 1959, 891.
102 OLG Düsseldorf, NJW-RR 1998, 1768, 1769; OLG Hamm, NJW 1985, 274.
103 *Brox/Walker*, Rn. 1075; *Stein/Jonas/Brehm*, § 887 Rn. 52, erachtet eine solche Duldungsanordnung nicht für erforderlich.
104 OLG Frankfurt, NJW-RR 2007, 485.

4. Anordnung eines Kostenvorschusses

29 Abs. 2 gibt dem Gläubiger die Möglichkeit, zusammen mit dem Antrag auf Ermächtigung zur Ersatzvornahme einen Kostenvorschussantrag zu stellen. Der Gläubiger kann den Vorschuss nicht willkürlich schätzen, er muss seine Angaben vielmehr nachvollziehbar belegen. Hierzu kann er Kostenvoranschläge oder ein Sachverständigengutachten vorlegen. Die Kosten dieser Nachweise sind Verfahrenskosten. Das Gericht ist an diese Angaben des Gläubigers nur insofern gebunden, als es ihm nicht mehr als beantragt zusprechen darf. Im Übrigen kann das Gericht anhand der vorgelegten Unterlagen den notwendigen Betrag frei schätzen. Es kann dabei von Amts wegen ein Sachverständigengutachten einholen. Vorschusspflichtig insoweit ist dann zunächst der Gläubiger, da das Gutachten der Bearbeitung seines Vollstreckungsantrages dient und die endgültige Kostentragungspflicht noch nicht festgestellt ist.[105] Voraussetzung für die Festsetzung eines Kostenvorschusses ist nicht, dass der Gläubiger darlegt, er sei nicht dazu in der Lage, die Kosten aus eigenen Mitteln vorzuschießen. Für den Vorschussantrag fehlt allerdings das Rechtsschutzinteresse, wenn der Gläubiger einen einfacheren und billigeren Weg zur Verfügung hat, sich vom Schuldner die erforderlichen Geldmittel zu verschaffen. Ein solcher Fall liegt aber nicht schon dann vor, wenn der Gläubiger sich später einmal aus einer Gegenforderung des Schuldners wird durch Aufrechnung befriedigen können, die erst nach Durchführung der vertretbaren Handlung fällig wird.[106] Hier das Rechtsschutzbedürfnis zu versagen, liefe auf eine Vorschusspflicht des Gläubigers hinaus, die insbesondere die Gläubiger treffen würde, welche die Mittel für die Ersatzvornahme nicht selbst aufbringen können.

V. Zeitliche Grenze der Anordnung der Ersatzvornahme und des Kostenvorschusses

30 Hat der Gläubiger bereits selbst ohne gerichtliche Ermächtigung die vom Schuldner nach dem Titel zu erbringende Handlung vorgenommen (hat er z. B. die Mängel des Werkes selbst beseitigt oder die Mieträume selbst wieder in einen voll nutzbaren Zustand versetzt), geht es ihm also nur noch darum, einen Titel zur Beitreibung der Kosten seiner Ersatzvornahme zu erwirken, so kann er **nicht** mehr nach § 887 vorgehen:[107] Die Ersatzvornahme darf nur so lange angeordnet werden, wie sie noch tatsächlich durchgeführt werden kann. Dies ist nach Beendigung der geschuldeten Handlungen aber nicht mehr der Fall. Auch der Kostenvorschuss darf nur so lange angeordnet werden, wie nicht bereits tatsächlich entstandene Kosten abgerechnet werden können. Da die Ersatzvornahme ohne gerichtliche Anordnung keine Zwangsvollstreckung ist, sondern freiwillige Erfüllung der Verbindlichkeit des Schuldners durch einen Dritten (hier: durch den Gläubiger selbst), können die Kosten einer solchen »Ersatzvornahme« auch nicht nach § 788 beigetrieben werden. Der Gläubiger muss vielmehr im Klagewege einen neuen Zahlungstitel etwa aufgrund der §§ 677 ff. oder §§ 812 ff. BGB gegen den Schuldner erwirken.[108] Dass einmal bereits eine inzwischen rechtskräftige[109] Vorschussanordnung ergangen ist, hindert den Gläubiger dagegen nicht, weitere Anträge nach § 887 Abs. 2 zu stellen, falls die mittels der Vorschüsse zu bezahlenden Handlungen nicht bereits ausgeführt sind.[110] Das Gericht prüft dann selbstständig die Notwendigkeit und Angemessenheit der weiteren Vorschüsse. Sind die durch den ursprünglichen Vorschuss nicht gedeckten Arbeiten aber bereits ausgeführt, bevor ein neuer Antrag nach Abs. 2 gestellt wurde, muss die Kostenerstattung unmittelbar nach § 788 betrieben werden.[111]

---

105 Zur Kostenentscheidung oben Rn. 28.
106 OLG Hamm, MDR 1984, 591.
107 BGH, DGVZ 2006, 197; OLG Hamm, MDR 1972, 616; LG Essen, MDR 1959, 399.
108 *Stein/Jonas/Münzberg*, § 887 Rn. 49.
109 Zur Rechtskraft von Beschlüssen nach § 887 LG Wiesbaden, NJW 1986, 939.
110 OLG Frankfurt, JurBüro 1976, 397; OLG München, JurBüro 1976, 398.
111 LG Koblenz, MDR 1984, 591.

VI. Einwirkung eines Beschlusses nach Abs. 1 auf die Rechtsbeziehungen zwischen Schuldner und Gläubiger

Die Anordnung der Ersatzvornahme hindert den Schuldner in der Regel nicht, die titulierte Handlung noch selbst auszuführen, bevor der Gläubiger seinerseits tätig wird.[112] Die Ankündigung, nun doch selbst erfüllen zu wollen, kann allerdings weder den Erlass eines Beschlusses nach Abs. 1 verhindern, noch die sofortige Beschwerde gegen einen solchen Beschluss begründen.[113] Sie ist auch von den Vollstreckungsorganen, die dem Gläubiger bei der Durchsetzung der Beschlüsse nach Abs. 1 und Abs. 2 zur Seite stehen,[114] nicht zu beachten. Der Gläubiger darf regelmäßig den Schuldner nicht an der Erfüllung der titulierten Schuld hindern. Eine Ausnahme gilt aber dann, wenn die bisherige Unzuverlässigkeit des Schuldners berechtigte Zweifel an seiner Fähigkeit aufwirft, die Handlung in vertretbarer Zeit und mit Erfolg durchzuführen, und wenn dem Gläubiger ein Abwarten eines Erfüllungsversuches des Schuldners deshalb nicht zuzumuten ist.[115] Dies wird insbesondere der Fall sein, wenn ein solcher Versuch des Schuldners längere Zeit in Anspruch nehmen würde.[116] Der Schuldner darf ferner die titulierte Schuld nicht erfüllen, wenn er die Handlung nur mit Zustimmung des Gläubigers vornehmen kann und dieser seine Zustimmung ausdrücklich verweigert.[117]

31

Die Möglichkeit des Gläubigers, die Handlung selbst vornehmen zu lassen, beseitigt den Verzug des Schuldners und dessen Verantwortlichkeit für die Verzugsfolgen nicht. Der Gläubiger muss sich seine eigene Säumigkeit u. U. im Rahmen des § 254 BGB anrechnen lassen.

32

VII. Die praktische Verwirklichung der Beschlüsse nach Abs. 1 und Abs. 2

1. Die Ersatzvornahme

Der Gläubiger kann, sobald er zur Ersatzvornahme ermächtigt ist, die Handlung selbst in eigener Person durchführen oder Dritte mit ihrer Durchführung beauftragen. Beauftragt er Dritte, so ist er allein deren Vertragspartner, nicht etwa der Schuldner. Im Verhältnis zum Vollstreckungsschuldner sind sie seine Erfüllungsgehilfen in dem durch die Vollstreckung begründeten besonderen Schuldverhältnis. Leistet der Schuldner gegen die Ersatzvornahme Widerstand, kann der Gläubiger die Hilfe des Gerichtsvollziehers in Anspruch nehmen, um den Widerstand zu brechen (§ 892).[118]

33

Bei der Auswahl der von ihm zu beauftragenden Dritten muss der Gläubiger nicht unbedingt auf die billigsten Angebote zurückgreifen. Er kann sich für das Angebot entscheiden, das ihm unter gleichzeitiger Berücksichtigung von Preisgünstigkeit und Zuverlässigkeit am ehesten die Gewähr zuverlässiger Erfüllung bietet. Deshalb kann sich der Schuldner bei der späteren Abrechnung der Vollstreckungskosten auch nicht allein damit verteidigen, er kenne kostengünstigere Unternehmen als die vom Gläubiger beauftragten. Er muss vielmehr darlegen und ggf. beweisen, dass die Kosten der Ersatzvornahme unangemessen waren. Die Angemessenheit richtet sich dabei nicht nach einem mittleren Marktpreis, sondern nach den Kosten, die ein vernünftig und wirtschaftlich denkender Auftraggeber im konkreten Einzelfall akzeptieren würde.[119]

34

---

[112] BGH, NJW 1995, 3189, 3190; 1993, 1394, 1395; OLG Hamm, MDR 1951, 47; OLG Köln, 1982, 589; *Brox/Walker*, Rn. 1075; MüKo/*Gruber*, § 887 Rn. 29.
[113] OLG Frankfurt, NJW-RR 1989, 59.
[114] Siehe unten Rdn. 33–35.
[115] BGH, NJW 1995, 3189, 3190; OLG Düsseldorf, MDR 1982, 61; *Brox/Walker*, Rn. 1075; MüKo/*Gruber*, § 887 Rn. 29.
[116] OLG Düsseldorf, MDR 1982, 62; OLG Hamm, MDR 1951, 47.
[117] OLG Frankfurt, NJW-RR 1989, 58.
[118] Siehe auch oben Rdn. 27.
[119] OLG Nürnberg, JurBüro 1993, 239; zur Überprüfung der Höhe der Ersatzvornahmekosten vgl. auch OLG Köln, JurBüro 1992, 197.

2. Die Beitreibung des Kostenvorschusses

35 Leistet der Schuldner den nach Abs. 2 festgesetzten Kostenvorschuss nicht freiwillig, muss der Gläubiger den Beschluss als Titel gem. § 794 Nr. 3 nach den Regeln für die Zwangsvollstreckung wegen Geldforderungen vollstrecken. Der Schuldner kann gegenüber dem Anspruch auf Kostenvorschuss nicht mit einer Gegenforderung aufrechnen, weil andernfalls die Vollstreckung des Titels unterlaufen und ein effektiver Rechtsschutz des Gläubigers vereitelt würde.[120] Der Gläubiger muss den Vorschuss dem Schuldner gegenüber nach Beendigung der Ersatzvornahme abrechnen. Verbleibt ein Überschuss, ist er dem Schuldner aus § 812 BGB zu erstatten. Verweigert der Gläubiger die Rückzahlung, steht dem Schuldner kein vereinfachtes Verfahren (etwa entsprechend § 788 Abs. 2) zur Verfügung. Er muss vielmehr klagen.[121]

3. Die Beitreibung der Kosten der Ersatzvornahme

36 Die Kosten der Ersatzvornahme sind, soweit sie nicht durch einen Vorschuss gedeckt sind, als Kosten der Zwangsvollstreckung nach § 788 zu behandeln.[122] Der Gläubiger hat die Möglichkeit, sie entweder ohne besondere Festsetzung durch Vollstreckung beitreiben zu lassen[123] oder zunächst einen Festsetzungsbeschluss zu erwirken[124] und sodann aus diesem zu vollstrecken. Für die Festsetzung dieser Kosten ist der Rechtspfleger des Prozessgerichts zuständig.[125] Er hat bereits im Festsetzungsverfahren zu prüfen, ob die zur Ersatzvornahme aufgewendeten Kosten nach Art und Höhe notwendig waren.[126] Zur Ermittlung der notwendigen Kosten kann er sich aller zulässigen Beweismittel bedienen und darf deshalb die Festsetzung nicht mit der Begründung ablehnen, die Ermittlung der Notwendigkeit bereite erhebliche tatsächliche Schwierigkeiten.[127] Die Möglichkeit der Kostenfestsetzung durch den Rechtspfleger nimmt einer Zahlungsklage auf Kostenerstattung das Rechtsschutzbedürfnis.

4. Die Kosten des Verfahrens nach § 887

37 Über die Kosten des Verfahrens nach § 887 wird in dem Beschluss, der die beantragte Ersatzvornahme anordnet, ebenfalls entschieden (§ 891 Satz 3). Für diese Kostenentscheidung gelten die §§ 91–93, 95–100, 106, 107 entsprechend. Auch § 91a ist anwendbar (§ 891 Satz 3).[128] Aufgrund dieser Kostenentscheidung ist nach den allgemeinen Regeln der §§ 104 ff. die Kostenfestsetzung zu betreiben, damit dann aus dem so erwirkten Kostenfestsetzungsbeschluss die Zwangsvollstreckung betrieben werden kann.

5. Gebühren

38 Es fällt eine **Gerichtsgebühr** nach KV Nr. 2111 GKG (Festgebühr von 20 Euro) an. Für den **Rechtsanwalt** sind die Anträge nach § 887 Abs. 1 und 2 durch die Vollstreckungsgebühr nach § 18 Abs. 1 Nr. 1 RVG, RVG-VV Nr. 3309 abgegolten. Die Vollstreckung einer nach Abs. 2 ergangenen Vorschussanordnung stellt eine besondere Angelegenheit dar (§ 18 Abs. 1 Nr. 12 RVG), die zusätzlich nach RVG-VV Nr. 3309 zu vergüten ist. Wird aus einem Titel gegen mehrere Schuldner vollstreckt, dann bildet jede Vollstreckung gegen einen der Schuldner eine eigene Angelegenheit,[129] sodass jeder

---

120 OLG Celle, NJW-RR 2005, 1013; a. A. PG/*Olzen*, § 887 Rn. 46.
121 *Stein/Jonas/Brehm*, § 887 Rn. 51.
122 OLG München, JurBüro 1992, 270.
123 Siehe hierzu § 788 Rdn. 28.
124 Zu dieser Möglichkeit siehe § 788 Rdn. 30.
125 OLG Hamm, NJW-RR 1986, 421.
126 OLG Nürnberg, JurBüro 1993, 239; OLG Zweibrücken, JurBüro 1995, 326.
127 OLG Stuttgart, JurBüro 1978, 607.
128 Dazu LAG Bremen, NZA-RR 2006, 654, 656.
129 LG Berlin, AnwBl 1985, 270.

dieser Schuldner die durch die Vollstreckung gegen ihn entstandenen Kosten allein erstatten muss. Wird ein **Gerichtsvollzieher** zugezogen, um den Widerstand des Schuldners zu brechen (Rn. 30), fällt gem. Nr. 250 des Kostenverzeichnisses in der Anlage zu § 9 GvKostG eine Festgebühr mit der Erhöhungsmöglichkeit nach Nr. 500 dieses Kostenverzeichnisses je nach Dauer des Geschäfts an.

VIII. Rechtsbehelfe

Gegen die Ablehnung von Anträgen nach Abs. 1 und Abs. 2 kann der Gläubiger **sofortige Beschwerde** nach § 793 einlegen. Der gleiche Rechtsbehelf steht dem Schuldner gegen die Anordnung einer Ersatzvornahme oder die Verurteilung nach Abs. 2 zur Zahlung eines Kostenvorschusses zu. Das gilt auch für Einwendungen gegen die Höhe des Kostenvorschusses. Da diese sich nicht gegen den titulierten Anspruch richten, können sie nicht nach § 767 geltend gemacht werden.[130] Die Beschwerdeentscheidung ist nur unter den engen Voraussetzungen des § 574 (Zulassung erforderlich) mit der Rechtsbeschwerde anfechtbar. Der Beschluss nach § 887 ist der materiellen Rechtskraft fähig. Nach einer rechtskräftigen Ablehnung ist ein neuer Antrag nur unter veränderten Umständen zulässig.[131] Gegen die Tätigkeit des Gerichtsvollziehers im Rahmen des § 892[132] hat der Schuldner die Möglichkeit der Erinnerung gem. § 766. Über die Erinnerung entscheidet der Richter am Vollstreckungsgericht, nicht das Prozessgericht. Ein schutzwürdiges Bedürfnis des Schuldners zur Stellung eines Vollstreckungsschutzantrages nach § 765a ist erst anzunehmen, wenn die sofortige Beschwerde nicht mehr möglich ist. Über den Antrag entscheidet dann der Rechtspfleger des Vollstreckungsgerichts.[133] Will der Schuldner die Ersatzvornahme mit dem Erfüllungseinwand abwenden, muss er Klage nach § 767 erheben.[134]

39

IX. ArbGG, VwGO, AO

Die Erwirkung vertretbarer Handlungen aufgrund arbeitsgerichtlicher Titel erfolgt gem. §§ 62 Abs. 2, 85 Abs. 1 Satz 3 ArbGG nach § 887. Zuständig ist insoweit das Arbeitsgericht. Typische Anwendungsfälle sind etwa die Entfernung einer Abmahnung aus der Personalakte, die Erteilung einer Lohn- oder Provisionsabrechnung, falls sie anhand von Büchern, Belegen oder sonstigen Unterlagen möglich ist,[135] aber auch die Erbringung der Arbeitsleistung, sofern sie nicht nur von einem bestimmten Arbeitnehmer persönlich vorgenommen werden kann.[136] Nach § 61 Abs. 2 ArbGG kann der Kläger für den Fall, dass die geschuldete Handlung nicht binnen einer bestimmten Frist vorgenommen ist, die Verurteilung des Beklagten zur Zahlung einer Entschädigung beantragen. Dann ist eine Vollstreckung nach § 887 ausgeschlossen. Die Vollstreckung aus Titeln nach § 168 VwGO erfolgt gem. § 167 Abs. 1 VwGO ebenfalls nach § 887. Soll die Vollstreckung zugunsten der öffentlichen Hand erfolgen, gilt gem. § 169 Abs. 1 VwGO das VwVG oder gem. § 169 Abs. 2 VwGO die entsprechende landesrechtliche Regelung. Gem. § 10 VwVG erfolgt die Durchsetzung einer vertretbaren Handlung ebenfalls durch Ermächtigung zur Ersatzvornahme. Eine entsprechende Regelung enthält § 330 AO für die Abgabenvollstreckung.

40

---

130 BGH, WM 1993, 393 mit Anm. *Paulu*s, EWiR 1993, 203.
131 OLG Zweibrücken, JurBüro 1996, 443.
132 Siehe oben Rdn. 27 und 33.
133 LG Frankenthal, Rpfleger 1984, 28.
134 Siehe auch oben Rdn. 22.
135 Dazu Rdn. 11.
136 Dazu Rdn. 14.

§ 888 Nicht vertretbare Handlungen

(1) ¹Kann eine Handlung durch einen Dritten nicht vorgenommen werden, so ist, wenn sie ausschließlich von dem Willen des Schuldners abhängt, auf Antrag von dem Prozessgericht des ersten Rechtszuges zu erkennen, dass der Schuldner zur Vornahme der Handlung durch Zwangsgeld und für den Fall, dass dieses nicht beigetrieben werden kann, durch Zwangshaft oder durch Zwangshaft anzuhalten sei. ²Das einzelne Zwangsgeld darf den Betrag von fünfundzwanzigtausend Euro nicht übersteigen. ³Für die Zwangshaft gelten die Vorschriften des *Zweiten* Abschnitts über die Haft entsprechend.

(2) Eine Androhung der Zwangsmittel findet nicht statt.

(3) Diese Vorschriften kommen im Falle der Verurteilung zur Leistung von Diensten aus einem Dienstvertrag nicht zur Anwendung.

Übersicht

	Rdn.
I. Zweck und Anwendungsbereich der Norm	1
1. Unvertretbare Handlung	2
2. Abgrenzung zu §§ 803, 883, 887	3
3. Schranken einer Auslegung des Titels	4
4. Besonderheiten im Verhältnis zu § 894	5
II. Einzelbeispiele unvertretbarer Handlungen	6
1. Arbeitsrechtliche Ansprüche	6
a) Anspruch auf Beschäftigung oder Weiterbeschäftigung	6
b) Anspruch auf tatsächliche Berufsausbildung	7
c) Anspruch auf Erteilung eines Arbeitszeugnisses	8
d) Anspruch auf Vornahme bestimmter Eintragungen in den Arbeitspapieren	9
e) Anspruch auf Arbeitsleistung	10
f) Ansprüche des Betriebsrats aus dem BetrVG	11
2. Auskunfts- und Rechnungslegungsansprüche	12
3. Anspruch auf Widerruf ehrkränkender Behauptungen	13
4. Werkvertragliche Erfüllungsansprüche	14
5. Anspruch auf Abgabe oder Mitwirkung bei der Steuererklärung	15
6. Anspruch auf Abgabe schriftlicher Erklärungen oder (Mit-) Unterzeichnung von Urkunden	16
III. Ausschließliche Abhängigkeit der Vornahme der Handlung vom Willen des Schuldners	17
1. Verpflichtung zur Hinzuziehung Dritter	18
2. Unmöglichkeit der Vornahme der Handlung	19
3. Darlegungs- und Beweislast	20
IV. Erfüllungseinwand durch den Schuldner	21
V. Erwirkung des Zwangsmittelbeschlusses	23
1. Keine isolierte vorherige Androhung (Abs. 2)	23
2. Antrag; Anwaltszwang	24
3. Zuständiges Gericht	25
4. Allgemeine und besondere Vollstreckungsvoraussetzungen	26
5. Rechtsschutzbedürfnis	27
6. Anhörung des Schuldners	28
VI. Der Zwangsmittelfestsetzungsbeschluss	29
1. Kriterien zur Auswahl des Zwangsmittels	30
2. Zwangsgeld	32
3. Zwangshaft	33
4. Adressat der Zwangsmittelfestsetzung	34
a) Prozessunfähige Schuldner	35
b) Juristische Personen als Schuldner	36
c) Arbeitgeber als Schuldner im arbeitsgerichtlichen Beschlussverfahren	37
d) Betriebsrat als Schuldner	38
5. Kostenentscheidung	39
6. Tenor des Festsetzungsbeschlusses	40
7. Streitwert	41
8. Erledigung der Hauptsache	42
VII. Die Vollstreckung der Zwangsmittel	43
1. Zwangsgeld	43
2. Zwangshaft	45
VIII. Die Position des Schuldners nach der Zwangsmittelfestsetzung	46
IX. Ausschluss der Anwendung von Abs. 1 und 2 gem. Abs. 3	48
1. Leistung von Diensten aus einem Dienstvertrag	50
2. Entsprechende Anwendung des Abs. 3	51
X. Rechtsbehelfe	52
XI. Gebühren	55
XII. ArbGG, VwGO, AO	57

Literatur:

Bischoff, Der Erfüllungseinwand in der Zwangsvollstreckung gem. §§ 887–890 ZPO, NJW 1988, 1957; *Cirullies*, Die Vollstreckung von Zwangs- und Ordnungsmitteln, insbesondere in Familiensachen, Rpfleger 2011, 573; *ders.*,

Zwangsmittel und Haftbefehl – Die Anordnung von Ersatzzwangshaft, NJW 2013, 203; *Geißler*, Der Anspruch auf Erteilung eines Arbeitszeugnisses in der Vollstreckungspraxis des Gerichtsvollziehers, DGVZ 1988, 17; *Gerhardt*, Die Handlungsvollstreckung – eine Bestandsaufnahme über Befund und Entwicklungstendenzen, Festgabe 50 Jahre BGH, 2000, Bd. 3, 463; *Guntau*, Fälle zum Vollstreckungsrecht nach §§ 887–890 ZPO, JuS 1983, 687, 782, 939; *Huber*, Der Erfüllungseinwand des Schuldners in der Zwangsvollstreckung zur Erwirkung von Handlungen und Unterlassungen, FS Merz, 1992, 229; *ders.*, Aus der Praxis: »Billiger« Erfüllungseinwand in der Handlungsvollstreckung, JuS 2005, 521; *Kannowski/Distler*, Der Erfüllungseinwand im Vollstreckungsverfahren nach § 887 ZPO, NJW 2005, 865; *Kannowski/Keil*, Wohnungsöffnung und Widerstand des Schuldners beim Ausbau von Energiezählern: Ein Fall der Duldungsvollstreckung?, DGVZ 2008, 109; *Klein/Burianski*, Ordnungsgeld statt Zwangsgeld – Effektive Durchsetzung von Belieferungsansprüchen, NJW 2010, 2248; *Lüke*, Die Vollstreckung des Anspruchs auf Arbeitsleistung, FS E. Wolf, 1985, 459; *Nehlsen-von Stryk*, Grenzen des Rechtszwangs: Zur Geschichte der Naturalvollstreckung, AcP 193 (1993), 529; *Ostermaier*, Das Arbeitszeugnis in der Zwangsvollstreckung, FA 2009, 297; *Pentz*, Keine Divergenz des Rechtsmittelzuges von Hauptsache und Beschwerde bei der Zwangsvollstreckung nach §§ 887, 888 und 890 ZPO, NJW 1990, 1466; *Peters*, Restriktive Auslegung des § 888 I ZPO?, Gedächtnisschrift f. R. Bruns, 1980, 285; *Ritter*, Zum Widerruf einer Tatsachenbehauptung, ZZP 84 (1971), 163; *Schilken*, Ansprüche auf Auskunft und Vorlegung von Sachen im materiellen Recht und im Verfahrensrecht, Jura 1988, 525; *ders.*, Die Geltendmachung des Erfüllungseinwandes bei der Handlungs- und Unterlassungsvollstreckung, FS Gaul, 1997, 667; *Schuschke*, Beweisführungslast und Beweislastprobleme im Zuge der Geltendmachung des Erfüllungseinwandes im Vollstreckungsverfahren nach §§ 887, 888 ZPO, InVo 2006, 396; *Smid*, Zur Dogmatik der Klage auf Schutz des »räumlich gegenständlichen Bereichs« der Ehe. Das Hausrecht der Ehe, 1983; *Süß*, Zur Problematik der Vollstreckbarkeit von Weiterbeschäftigungsurteilen zu Gunsten gekündigter Arbeitnehmer, NZA 1988, 719; *Treibmann*, Die Vollstreckung von Handlungen und Unterlassungen im europäischen Zivilrechtsverkehr, 1994; *Walker*, Grundrechte in der Zwangsvollstreckung – Eine Skizze, Gedächtnisschrift für Manfred Wolf, 2011, 561; *ders.*, Anm. zu HansOLG Bremen, JZ 2000, 316; *ders.*, Wegweisende BGH-Entscheidungen zum Zwangsvollstreckungsrecht seit Einführung der Rechtsbeschwerde, JZ 2011, 401 u. 453.

I. Zweck und Anwendungsbereich der Norm

§ 888 ergänzt den § 887 und stellt ein Verfahren zur Verfügung, in dem das Recht des Gläubigers auf Vornahme einer nur dem Schuldner möglichen Handlung zwangsweise durchgesetzt werden kann. 1

1. Unvertretbare Handlung

Der Begriff der »**Handlung**« in § 888 ist der Gleiche wie in § 887.[1] Im Gegensatz zur »vertretbaren Handlung«[2] kann eine »**unvertretbare** Handlung«, deren zwangsweise Durchsetzung die Norm regelt, nur vom Schuldner persönlich oder jedenfalls unter persönlicher Mitwirkung des Schuldners vorgenommen werden, sofern es diesem freisteht, Hilfskräfte einzusetzen. Ob nur der Schuldner die Handlung vornehmen kann, ist zum einen objektiv aus dem Charakter der Handlung, zum anderen aber auch aus deren subjektiver Bedeutung für den Gläubiger zu ermitteln. So kann das Zeugnis über eine bestimmte Arbeitsleistung schon objektiv nur derjenige ausstellen, für den diese Arbeitsleistung erbracht wurde; ein Porträt kann zwar objektiv durch viele Maler angefertigt werden, es ist für einen Auftraggeber aber subjektiv von entscheidender Bedeutung, ob der beauftragte berühmte Maler es selbst anfertigt oder ein unbekannter Zeitgenosse. 2

2. Abgrenzung zu §§ 803, 883, 887

Ob eine »Handlung« i. S. der §§ 887, 888 oder eine Geldleistung, die nach §§ 803 ff. zu vollstrecken ist, oder eine Willenserklärung, auf die § 894 Anwendung findet, oder ob schließlich die Herausgabe einer Sache geschuldet wird, entscheidet sich nicht allein nach dem Wortlaut des Tenors des Vollstreckungstitels; der Inhalt der geschuldeten Leistung ist vielmehr auch unter dem Gesichtspunkt zu bestimmen, was der Sache nach geschuldet ist[3] und wie eine sinnvolle Zwangsvollstreckung mög- 3

---

1 Vgl. § 887 Rdn. 2.
2 Zum Begriff der »Vertretbarkeit« vgl. § 887 Rdn. 6.
3 OLG Saarbrücken, NJW-RR 2001, 163.

lich ist. Falls der Schuldner etwa nach dem Wortlaut eines Vergleichs verpflichtet ist, dem Gläubiger Geldbeträge abzuliefern, die bei ihm auf eine an den Gläubiger abgetretene Forderung eingehen, so ist trotz dieser Formulierung keine unvertretbare Handlung (»Ablieferung«), sondern eine reine Geldleistung geschuldet,[4] die allerdings jeweils erst nach Eintritt einer Bedingung (»Eingang entsprechender Beträge beim Schuldner«) zu erfüllen ist. Ist der Schuldner zum Widerruf einer ehrverletzenden Behauptung verurteilt worden, so wäre dem Gläubiger durch eine Fiktion entsprechend § 894 Abs. 1 nicht gedient;[5] er hat Anspruch auf eine tatsächliche Erklärung des Schuldners, die er nur über § 888 erlangen kann.[6] Verfassungsrechtlichen Bedenken,[7] der Schuldner würde hierdurch zu Erklärungen wider seine persönliche Überzeugung gezwungen, wird dadurch begegnet, dass der Schuldner seine Verpflichtung schon ausreichend erfüllt, wenn er die Widerrufserklärung durch die Aussage ergänzt, er handle lediglich in Erfüllung des gegen ihn ergangenen Urteils.[8] Wurde der Schuldner verurteilt, dem Gläubiger über bestimmte Fakten dadurch Auskunft zu erteilen, dass er ihm bestimmte Unterlagen zur Einsichtnahme oder Auswertung überlässt, liegt in Wahrheit eine Herausgabeschuld (betreffend die genannten Unterlagen), die nach § 883 zu vollstrecken ist, vor.[9] Zwar handelt es sich auch bei der Herausgabe oder Vorlage von Akten um eine »Handlung«; aber für den Fall, dass der Schuldner die Herausgabehandlung nicht freiwillig vornimmt, stellt § 883 als Spezialregelung die Wegnahme durch den Gerichtsvollzieher zur Verfügung, die einer Durchsetzung des Anspruchs mithilfe von Zwangsmitteln vorgeht. Wenn allerdings die Herausgabe oder Vorlage von Urkunden nur Teil einer umfassenden Auskunftsverpflichtung ist, kann § 888 eingreifen.[10] Aufgrund eines reinen Räumungstitels kann nur nach §§ 885, 886 vollstreckt werden; dieser Titel ist dagegen keine Grundlage für die Erzwingung der für die Räumung erforderlichen Handlungen[11] oder der Beseitigung von baulichen Veränderungen nach § 888.[12]

3. Schranken einer Auslegung des Titels

4 Die grundsätzlich zulässige[13] Auslegung des Titels zur Ermöglichung einer sinnvollen Zwangsvollstreckung darf allerdings nicht dazu führen, dass ein nach den allgemeinen Regeln wegen Unbestimmtheit oder inhaltlicher Unvollständigkeit nicht vollstreckbarer Titel,[14] der eindeutig auf Abgabe einer Willenserklärung oder auf Vornahme einer vertretbaren Handlung gerichtet ist, nur deshalb nach § 888 vollstreckt wird, weil die vom Schuldner abzugebende Willenserklärung oder vorzunehmende Handlung nicht so genau feststeht, dass nach § 894 oder nach § 887 vorgegangen werden könnte.[15] § 888 ist keine Auffangnorm. Lässt sich der Titel nicht in Richtung auf eine bestimmte Willenserklärung, eine bestimmte vorzunehmende Handlung usw. auslegen, muss seine

---

4 OLG Düsseldorf, MDR 1959, 399.
5 Für die Anwendbarkeit des § 894 allerdings OLG Frankfurt, JZ 1974, 62; NJW 1982, 113; OLG Hamm, NJW-RR 1992, 634, 635; OLG Karlsruhe, OLGZ 1985, 125; *Baur/Stürner/Bruns*, Rn. 41.4.
6 Wie hier BGHZ 37, 187; 68, 331; OLG Saarbrücken, JurBüro 1987, 937; OLG Zweibrücken, NJW 1991, 304; *Baumbach/Lauterbach/Hartmann*, § 887 Rn. 40; *Brox/Walker*, Rn. 1077; *Gaul/Schilken/Becker-Eberhard*, § 71 Rn. 14; HK-ZV/*Bendtsen*, § 888 Rn. 5; *Jauernig/Berger*, § 27 Rn. 14; PG/*Olzen*, § 888 Rn. 3; *Zöller/Stöber*, § 888 Rn. 3 »Widerruf«; offengelassen, ob § 888 oder § 894, OLG Frankfurt, JurBüro 1993, 749.
7 Vgl. BVerfGE 28, 1.
8 Ebenso *Brox/Walker*, Rn. 1077. Eine Erklärung des Schuldners, er nehme seine Behauptung lediglich aus Beweisnot zurück, wäre allerdings unzureichend; vgl. OLG Hamm, MDR 1983, 850.
9 Vgl. § 883 Rdn. 2; a. M. BFH, BB 2001, 83, 84.
10 OLG Köln, NJW-RR 1996, 382.
11 BGH, NJW 2012, 2889, 2890.
12 BGH, NJW-RR 2007, 1091.
13 BGH, NJW-RR 1993, 1154.
14 Siehe hierzu Vor §§ 704–707 Rdn. 13 ff.
15 So aber BayObLG, NJW-RR 1989, 462; OLG Braunschweig, NJW 1959, 1929; OLG Düsseldorf, OLGZ 1976, 376; NJW-RR 1988, 63; OLG Karlsruhe, Rpfleger 2005, 95; **wie hier** BGH, NJW 2011, 3161; OLG Koblenz, OLGZ 1976, 380; OLG Köln, MDR 1993, 83; OLG München, VersR 1994, 1343.

Vollstreckung unterbleiben. Der Gläubiger muss entweder einen neuen klarstellenden Titel erstreiten[16] oder sich mit dem Schadensersatzanspruch gem. § 893 begnügen.

4. Besonderheiten im Verhältnis zu § 894

Besonderheiten in der Abgrenzung zu anderen Vollstreckungsarten ergeben sich hinsichtlich des § 894: Da diese Vorschrift nur für die Zwangsvollstreckung aus der formellen Rechtskraft fähigen Titeln gilt,[17] müssen Willenserklärungen, die aufgrund von Prozessvergleichen geschuldet werden, gem. § 888 zwangsweise durchgesetzt werden.[18] Die Anforderungen an die Bestimmtheit des Titels, der die abzugebende Willenserklärung umschreibt, sind aber keine geringeren als diejenigen zu § 894. Hat der Schuldner sich etwa zum Abschluss eines bestimmten Vertrages verpflichtet (z. B. Lebensversicherungsvertrag zugunsten des Gläubigers; Veräußerung eines Grundstücks an einen Dritten), ohne dass schon alle notwendigen Vertragsklauseln im Titel festgelegt sind, so scheidet auch eine Vollstreckung nach § 888 aus;[19] der Gläubiger muss entweder Leistungsklage auf Abgabe der im Einzelnen konkretisierten Willenserklärungen erheben[20] oder sich gegebenenfalls mit einem Schadensersatzanspruch begnügen.

II. Einzelbeispiele unvertretbarer Handlungen

1. Arbeitsrechtliche Ansprüche

a) Anspruch auf Beschäftigung oder Weiterbeschäftigung

Es handelt sich immer um eine unvertretbare Handlung des Arbeitgebers.[21] Der Titel ist hinreichend bestimmt und damit vollstreckungsfähig, wenn sich aus ihm die wesentlichen Bedingungen des Arbeitsverhältnisses ergeben.[22] Die Verpflichtung zur Weiterbeschäftigung »zu den bisherigen Arbeitsbedingungen« ist dagegen mangels Bestimmtheit nicht vollstreckungsfähig.[23] Besteht der Anspruch nur zeitlich befristet, entfällt die Vollstreckbarkeit des Titels mit Zeitablauf.[24]

b) Anspruch auf tatsächliche Berufsausbildung

Es geht immer um eine unvertretbare Handlung.[25]

c) Anspruch auf Erteilung eines Arbeitszeugnisses[26]

Die Leistung ist immer unvertretbar. Das gilt nicht nur für ein **qualifiziertes Zeugnis** (§ 630 Satz 2 BGB). Ein **einfaches Zeugnis** enthält zwar keine Wertungen zu den Leistungen des Arbeitnehmers und zu seiner Führung im Dienst (§ 630 Satz 1 BGB); die Angaben über das Dienstverhältnis und dessen Dauer könnte nach Einsicht in die Personalakte auch ein Dritter vornehmen. Jedoch hängt

---

16 Siehe hierzu Vor §§ 704–707 Rdn. 19.
17 Einzelheiten vgl. § 894 Rdn. 1.
18 BGHZ 98, 127; OLG Köln, MDR 1975, 586; LG Koblenz, DGVZ 1986, 43.
19 OLG Bamberg, MDR 1983, 499; OLG Frankfurt, Rpfleger 1980, 117.
20 BGHZ 98, 127.
21 LAG Köln, NZA-RR 1996, 108, 109; NZA-RR 2006, 437; LAG München, BB 1994, 1083.
22 LAG Berlin, NZA 1986, 36; LAG Bremen, NZA 1989, 231; LAG Hamm, MDR 1980, 172; NZA 1985, 68; 1990, 327; LAG Rheinland-Pfalz, NZA 1987, 827; LAG Schleswig-Holstein, NZA 1987, 322; ArbG Dortmund, BB 1979, 272; GMP/*Germelmann*, ArbGG, § 62 Rn. 62; *Schwab/Weth/Walker*, ArbGG, § 62 Rn. 81.
23 LAG Köln, NZA-RR 1996, 108.
24 LAG Frankfurt, NZA 1988, 743.
25 LAG Berlin, BB 1979, 1404.
26 LAG Düsseldorf, NZA-RR 2004, 206; BB 1959, 117; LAG Frankfurt, NZA 1990, 192; LAG Hamburg, BB 1969, 538; LAG Nürnberg, BB 1993, 365 f.; GMP/*Germelmann*, ArbGG, § 62 Rn. 62; *Schwab/Weth/Walker*, ArbGG, § 62 Rn. 83.

die Bedeutung auch des einfachen Zeugnisses im Rechtsverkehr davon ab, dass es vom Arbeitgeber ausgestellt ist. Das spricht für eine unvertretbare Handlung und damit für eine Anwendung des § 888. In beiden Fällen muss das Zeugnis eigenhändig vom Aussteller unterschrieben sein; ein Faksimilestempel oder eine Paraphe reicht nicht aus.[27] Wie das Arbeitszeugnis ist auch das Zeugnis für den Geschäftsführer einer GmbH zu behandeln.[28] Der titulierte Zeugnisanspruch ist auch bei nachfolgender Insolvenzeröffnung weiterhin gegen den bisherigen Arbeitgeber vollstreckbar; denn dieser Anspruch bildet keine Insolvenzforderung, er berührt nicht die Insolvenzmasse und er wird nicht von dem Vollstreckungshindernis des § 89 InsO erfasst.[29]

d) Anspruch auf Vornahme bestimmter Eintragungen in den Arbeitspapieren

9   Die Eintragungen können nicht durch Dritte durchgeführt werden, wenn sie im Rechtsverkehr (z. B. gegenüber dem Finanzamt oder Rentenversicherungsträgern) Beweiskraft haben sollen. Es handelt sich deshalb um unvertretbare Leistungen.[30] Ein Titel auf ordnungsgemäße Ausfüllung und Herausgabe von Arbeitspapieren ist einheitlich nach § 888 zu vollstrecken.[31] Der Anspruch auf bloße Gehalts-/Lohnabrechnung ist dagegen auf eine vertretbare Leistung gerichtet, wenn diese Abrechnung nach Einsichtnahme in die Unterlagen des Arbeitgebers auch jeder Dritte vornehmen kann.[32] Nur dann, wenn für die konkrete Abrechnung Kenntnisse des Arbeitgebers erforderlich sind, richtet sich die Vollstreckung nach § 888.

e) Anspruch auf Arbeitsleistung

10 Weder der Regelung in **Abs. 3**[33] noch dem § 613 Satz 1 BGB[34] kann entnommen werden, dass es sich bei der Verpflichtung zur Leistung von Arbeit und Diensten immer um die Verpflichtung zur Vornahme unvertretbarer Handlungen handle. Ist es für den Arbeitgeber ganz gleichgültig, wer die Arbeitsleistung erbringt, kommt § 887 zur Anwendung.[35] Unvertretbar ist die Arbeits- oder Dienstleistung allerdings nicht nur dann, wenn der Arbeitnehmer tatsächlich unersetzlich ist (da dies auf fast niemanden zutrifft, liefe Abs. 3 ins Leere), sondern schon dann, wenn bei der Anstellung des Arbeitnehmers seine Persönlichkeit eine Rolle gespielt hat, wenn dem Arbeitgeber also nicht völlig gleichgültig war, wer für ihn tätig wird. Jedenfalls bei höherwertigen Arbeitsleistungen wird das personale Element immer mit von Bedeutung sein.[36]

f) Ansprüche des Betriebsrats aus dem BetrVG

11 Im Verhältnis zwischen Betriebsrat und Arbeitgeber enthalten die §§ 23 Abs. 3, 98 Abs. 5, 101 und 104 BetrVG besondere Verpflichtungen zur Vornahme unvertretbarer Handlungen, die das Arbeitsgericht durch Beschluss festgelegt hat (siehe auch Rn. 45). Für die Vollstreckung derartiger Titel enthalten die genannten Vorschriften in Verbindung mit § 85 Abs. 1 ArbGG besondere Regeln, die § 888 teilweise abändern bzw. ergänzen. Ein spezielles Vollstreckungsverfahren, etwa

---

27 LAG Hamm, NZA 2001, 576 (Leitsatz).
28 *Mohrbutter*, BB 1967, 1355.
29 LAG Düsseldorf, NZA-RR 2004, 206.
30 LAG Düsseldorf, BB 1969, 406; **a. A.** (nicht vollstreckungsfähiger Anspruch) LAG Hamm, MDR 1972, 900.
31 LAG Hamburg, NZA-RR 1996, 422, 423; LAG Thüringen, BB 2001, 943 (Leitsatz).
32 LAG Hamm, DB 1983, 2256; LAG Rheinland-Pfalz, BB 1998, 1695 (Leitsätze); GMP/*Germelmann*, ArbGG, § 62 Rn. 62; *Schwab/Weth/Walker*, ArbGG, § 62 Rn. 79; **a. M.** BAG, NZA 2010, 61; LAG Hamburg, NZA-RR 1996, 422.
33 Einzelheiten unten Rdn. 50.
34 So aber BAG, NZA 2004, 727, 732.
35 Einzelheiten: § 887 Rdn. 14.
36 GMP/*Germelmann*, ArbGG, § 62 Rn. 48; *Schwab/Weth/Walker*, ArbGG, § 62 Rn. 77.

2. Auskunfts- und Rechnungslegungsansprüche

Hier geht es nur um solche Ansprüche, die nicht allein durch Einsicht in die Geschäftsbücher befriedigt werden können, sondern bei denen das Recht zur Einsichtnahme in Urkunden nur ein Teil eines Auskunftsbegehrens ist; die Vollstreckung erfolgt dann einheitlich nach § 888.[38] Handelt es sich dagegen allein um eine Einsichtnahme in die Geschäftsbücher oder eine Abschrift aus diesen Büchern, ist § 887 anzuwenden,[39] gegebenenfalls auch § 883.[40] Geht es um Auskünfte, die der Schuldner aufgrund persönlichen Wissens zu erteilen oder deren Richtigkeit er selbst an Eides statt zu versichern hat, liegt eine unvertretbare Handlung vor.[41] Dies gilt insbesondere für die familienrechtliche Auskunftsverpflichtung des Unterhaltsschuldners über seine Einkünfte und der Mutter eines nichtehelichen Kindes über den Namen des leiblichen Vaters,[42] die erbrechtliche Verpflichtung, über den Bestand eines Nachlasses Auskunft zu erteilen, die familienrechtliche Auskunftspflicht aus § 1379 BGB, ferner für Betriebskostenabrechnungen mit verbindlichen Erklärungen des Schuldners[43] sowie für die Informationserzwingung gem. § 51b GmbHG.[44] Muss bei der Aufstellung einer Bilanz der Schuldner mitwirken, liegt eine unvertretbare Handlung vor.[45] Ist der zur Auskunftserteilung Verurteilte zusätzlich dazu verurteilt worden, über bestimmte Positionen, auf welche die Auskunft sich bezieht, ein Sachverständigengutachten (z. B. Wertgutachten) vorzulegen, kann auch dies eine unvertretbare Handlung sein, wenn der Gutachter ausnahmsweise sein Gutachten nicht ohne Auskünfte und sonstige persönliche Mitwirkungshandlungen des Schuldners erstellen kann.[46] Entscheidend sind die Umstände des Einzelfalles. Erklärt der zur Auskunftserteilung Verpflichtete nach Durchsicht seiner Unterlagen, er sei anhand der wenigen noch vorhandenen Unterlagen nicht in der Lage, Auskunft in der im Titel festgelegten Form zu geben, kann gegen ihn keine Maßnahme nach § 888 verhängt werden. Wenn ein Anspruch auf Abgabe einer eidesstattlichen Versicherung der Richtigkeit einer solchen Erklärung oder ein Anspruch auf Herausgabe der noch vorhandenen Unterlagen durchgesetzt werden soll, bedarf es dazu eines hierauf gerichteten gesonderten Vollstreckungstitels.[47]

---

37 BAG, DB 1979, 1282.
38 LAG Nürnberg, DB 2012, 1216.
39 Vgl. § 887 Rdn. 11.
40 Vgl. § 883 Rdn. 2.
41 BGHZ 49, 11; KG, NJW 1972, 2093; FamRZ 1979, 297; OLG Frankfurt, NJW-RR 1992, 171, 172; OLG Karlsruhe, FamRZ 1967, 339; OLG Köln, WuM 1997, 245; OLG München, NJW 1969, 436; OLGZ 1994, 485 f.; VersR 1994, 1343; LG Hamburg, Rpfleger 1982, 387; LG Lahn-Gießen, MDR 1979, 64; LG Köln, WuM 1997, 126; NJW-RR 1986, 360; LG Wiesbaden, FamRZ 1964, 369; a. A. (immer § 888 ohne Differenzierung) BFH, BB 2001, 83 (Verurteilung der Finanzbehörde zur Gewährung von Akteneinsicht); OLG Hamm, JMBl.NW 1960, 245; OLG München, MDR 1960, 404.
42 BGH, NJW 2008, 2919 mit Anm. *Stamm*, LMK 2008, 269680; HansOLG Bremen, JZ 2000, 314 m. zust. Anm. *Walker*; OLG Hamm, NJW 2001, 1870; a. M. LG Münster, NJW 1999, 3787 f.
43 BGH, NJW 2006, 2706, 2707; OLG Celle, NJW-RR 2008, 168 f.
44 BayObLG, DB 1996, 977.
45 OLG Köln, NJW-RR 1998, 716; OLG Zweibrücken, DGVZ 1998, 9, 10.
46 BGH, NJW 1975, 258; OLG Frankfurt, NJW-RR 1987, 1472.
47 OLG Köln, JurBüro 1994, 613.

3. Anspruch auf Widerruf ehrkränkender Behauptungen

13 Bei dem Anspruch auf Widerruf ehrkränkender Behauptungen,[48] dem Anspruch auf Widerruf kreditschädigender Äußerungen[49] sowie dem Anspruch auf Abdruck einer presserechtlichen Gegendarstellung[50] handelt es sich um unvertretbare Handlungen.

4. Werkvertragliche Erfüllungsansprüche

14 Solche Ansprüche werden nach § 888 vollstreckt, soweit das Werk entscheidend durch die Person des Herstellers bestimmt wird und durch Dritte nicht gleichwertig erstellt werden kann. Beispiele: Gemälde eines bestimmten Malers, Modellkleid eines berühmten Modeschöpfers, Artikel oder Buch eines bekannten Autors.

5. Anspruch auf Abgabe oder Mitwirkung bei der Steuererklärung

15 An der **Abgabe der Einkommensteuererklärung** durch den Schuldner kann der Gläubiger interessiert sein, wenn er wegen einer Geldforderung auf den zu erwartenden Steuererstattungsanspruch des Schuldners zugreifen will. Die Abgabe der Steuererklärung und sonstige Verfahrenshandlungen des Schuldners im Steuerfestsetzungsverfahren sind jedoch unvertretbare Handlungen, da sie nicht von einem Dritten vorgenommen werden können, sondern vom Willen des Schuldners abhängen.[51] Ihre Vornahme kann aufgrund eines Zahlungstitels des Gläubigers aber nicht erzwungen werden. Daher kann in den gem. § 46 AO grundsätzlich pfändbaren Steuererstattungsanspruch nur vollstreckt werden, wenn der Schuldner freiwillig eine Steuererklärung abgegeben hat. Der grundsätzlich aus § 1360 BGB sich ergebende Anspruch gegen den Ehegatten auf **Mitwirkung bei der Steuererklärung** wird meist von einem Gläubiger des anderen Ehegatten geltend gemacht werden, der diesen Anspruch zusammen mit dem Anspruch seines Schuldners auf Lohn- oder Einkommensteuerrückerstattung gepfändet[52] und sich im Einziehungsprozess hat titulieren lassen. Die Mitwirkung setzt persönliches Tätigwerden voraus und ist deshalb nicht vertretbar.[53]

6. Anspruch auf Abgabe schriftlicher Erklärungen oder (Mit-) Unterzeichnung von Urkunden

16 Der Schuldner hat sich etwa in einem Vergleich verpflichtet, bestimmte Anträge bei Behörden einzureichen oder über eine Schuld zusätzlich eine notarielle Urkunde aufsetzen zu lassen oder Wechsel auszustellen.[54] Da hier die Person des Schuldners als Antragsteller oder Aussteller nicht auswechselbar ist, liegen unvertretbare Handlungen vor. Gleiches gilt, wenn der Schuldner verurteilt ist, einem der bei einem bestimmten Gericht zugelassenen Rechtsanwälte Prozessvollmacht zu erteilen; der Schuldner kann mit den Zwangsmitteln des § 888 zur Auswahl eines Anwalts und zur Mandatserteilung angehalten werden.[55]

III. Ausschließliche Abhängigkeit der Vornahme der Handlung vom Willen des Schuldners

17 Ganz abgesehen von dem in Abs. 3 geregelten Ausnahmefall sind auch im Übrigen nicht alle unvertretbaren Handlungen nach Abs. 1 Satz 1 mittels Zwangsgeld oder Zwangshaft durchsetzbar. Erfor-

---

48 Siehe oben Rdn. 3.
49 OLG Frankfurt, JurBüro 1993, 749, 750.
50 OLG Köln, NJW 1969, 755; Zöller/Stöber, § 888 Rn. 3 »Widerruf«.
51 BGH, NJW 2008, 1675, 1676 mit Anm. Timme (S. 1677) und Anm. Walker, WuB VI. D § 836 ZPO 2.08.
52 Es bestehen allerdings Bedenken, ob der Anspruch nicht höchstpersönlicher Natur ist; siehe hierzu Anh. § 829 Rn. 42.
53 LG Zweibrücken, MDR 1976, 144; Stein/Jonas/Brehm, § 888 Rn. 5; Tiedtke, FamRZ 1978, 386.
54 Stein/Jonas/Brehm, § 888 Rn. 5.
55 BGH, MDR 1995, 740 f.

derlich ist vielmehr, dass die Vornahme der nach dem Titel geschuldeten Handlung im Zeitpunkt der Zwangsvollstreckung ausschließlich vom Willen des Schuldners abhängt.

1. Verpflichtung zur Hinzuziehung Dritter

Dies bedeutet nicht, dass der Schuldner die Handlung immer höchstpersönlich und allein ausführen muss. Vielmehr ist er sogar verpflichtet, sich im Rahmen seiner Möglichkeiten der Hilfe Dritter zu bedienen, es sei denn, dies ist im Titel ausnahmsweise ausdrücklich untersagt. Deshalb ist die Zwangsvollstreckung nie ausgeschlossen, wenn der Schuldner tatsächliche und rechtliche Möglichkeiten hat, auf Dritte, deren Hilfe er zur Verwirklichung der geschuldeten Handlung benötigt, einzuwirken.[56] So muss sich etwa der Schuldner, der zur Beseitigung einer von ihm vermieteten baulichen Anlage verpflichtet ist, um die Zustimmung des Mieters bemühen, wenn dieser nicht von sich aus einverstanden ist und gegen ihn auch kein Duldungstitel vorliegt.[57] Notfalls muss der Schuldner gegen diese Dritten auch gerichtlich vorgehen.[58] Dass der Schuldner Geldmittel einsetzen muss, um die Hilfe Dritter in Anspruch nehmen zu können, ist unerheblich.[59]

18

2. Unmöglichkeit der Vornahme der Handlung

Die geschuldete Handlung hängt nur dann nicht ausschließlich vom Willen des Schuldners ab, wenn er entweder auf die Mitwirkung Dritter angewiesen ist, auf die er weder in tatsächlicher noch in rechtlicher Hinsicht erfolgbringenden Einfluss nehmen kann, oder wenn die Vornahme der Handlung objektiv oder subjektiv unmöglich ist.[60] Im ersteren Falle muss der Schuldner aber alle Teilhandlungen durchführen, die ohne die Mitwirkung der Dritten möglich sind, und er muss alles ihm Zumutbare unternommen haben, um die Mitwirkung des bzw. der Dritten herbeizuführen.[61] Diese Teilhandlungen sind auch mit den Mitteln des § 888 erzwingbar.[62] Hinsichtlich der Unmöglichkeit ist auf den Zeitpunkt der Vollstreckung abzustellen. Dass die Handlung dem Schuldner früher möglich gewesen wäre, ist unerheblich, da § 888 nicht der Sanktion in der Vergangenheit abgeschlossener Zuwiderhandlungen dient, sondern der Durchsetzung des Titels in der Zukunft.[63] Falls dem Schuldner die Vornahme der von ihm verlangten Handlung nicht möglich ist, scheidet eine Vollstreckung nach § 888 aus. Der Gläubiger kann dann nur nach § 893 vorgehen.

19

3. Darlegungs- und Beweislast

Da aufgrund des Titels davon auszugehen ist, dass dem Schuldner zum Zeitpunkt der Titulierung die Vornahme der Handlung möglich war, muss der Schuldner im Vollstreckungsverfahren seinerseits die Tatsachen einschließlich der Beweismittel, aus denen sich die Unmöglichkeit der Handlungsvornahme ergibt, in einer für den Gläubiger überprüfbaren und substantiierten Weise

20

---

56 OLG Celle, NJW-RR 1996, 585 f. (Verpflichtung zum Betrieb eines Ladengeschäfts); OLG Frankfurt, Rpfleger 1977, 184; NJW-RR 1997, 567; OLG Hamm, MDR 1978, 586; OLG Köln, NJW 1969, 755; OLG Zweibrücken, NJW-RR 1998, 1767, 1768; LG Aurich, MDR 1973, 144; LG Köln, NJW-RR 1986, 360; *Brox/Walker*, Rn. 1078; *Dierck/Morvilius/Vollkommer/Vollkommer*, 7. Kap. Rn. 61; HK-ZV/*Bendtsen*, § 888 Rn. 26; *Peters*, GS Bruns, 1980, S. 287 ff.; *Stein/Jonas/Brehm*, § 888 Rn. 13–15.
57 *Stein/Jonas/Brehm*, § 888 Rn. 13; vgl. auch BGH, NJW-RR 2009, 443.
58 BayObLG, NJW-RR 1989, 462; *Peters*, GS Bruns, 1980, S. 294.
59 *Brox/Walker*, Rn. 1078.
60 Dazu OLG Düsseldorf, NJW-RR 2001, 48; OLG Frankfurt, NJW-RR 1992, 171, 172; OLG Köln, JurBüro 1994, 613; OLG Zweibrücken, NJW-RR 1998, 1767, 1768; LG Heilbronn, JurBüro 1993, 175; LAG Köln, NJW-RR 1996, 108, 109; AG Frankfurt, DGVZ 1995, 156.
61 OLG Köln, NJW-RR 1992, 633; OLG Stuttgart, OLGZ 1990, 354 f.
62 OLG Hamm, MDR 1978, 586.
63 OLG Hamm, FamRZ 1997, 1094, 1095; OLG Karlsruhe, NJW-RR 1989, 189.

darlegen.[64] So muss der Schuldner z. B. darlegen, dass eine für die vorzunehmende Handlung erforderliche behördliche Genehmigung unzweifelhaft nicht zu erlangen ist.[65] Es ist dann Sache des Gläubigers, die Darlegung des Schuldners zu entkräften und die Beweise zu widerlegen. Je mehr die Behauptung des Schuldners, dass ihm die Leistung unmöglich sei, der allgemeinen Lebenserfahrung widerspricht, umso strenger müssen die Anforderungen an die Darlegung von Einzelheiten und Beweismitteln sein. Bleiben aber unter Berücksichtigung dieses strengen Maßstabes hinsichtlich der Darlegungspflicht des Schuldners unter Würdigung des Gläubigervorbringens begründete Zweifel, dass der Schuldner die von ihm geschuldete Leistung im Zeitpunkt der Verhängung von Zwangsmitteln noch erbringen kann, so ist der Vollstreckungsantrag zurückzuweisen; denn auch unter Berücksichtigung aller Darlegungs- und Beweiserleichterungen verbleibt letztlich die Beweislast dafür, dass es dem Schuldner möglich ist, die geschuldete Handlung vorzunehmen, beim Gläubiger.[66]

IV. Erfüllungseinwand durch den Schuldner

21 Es gilt im Ergebnis das Gleiche wie bei § 887:[67] Der Erfüllungseinwand ist nach der Rechtsprechung des BGH im Vollstreckungsverfahren zu beachten.[68] Das gilt nicht nur dann, wenn die Tatsachen, aus denen sich bei zutreffender rechtlicher Würdigung die Erfüllung der titulierten Schuld ergibt, unstreitig oder jedenfalls vom Gläubiger selbst vorgetragen sind. Der BGH sieht bei § 888 ebenso wie bei § 887 die Nichterfüllung der geschuldeten Handlung als Tatbestandsvoraussetzung für die Zwangsvollstreckung an. Die verbreitete Kritik im Schrifttum[69] dürfte kaum verhindern, dass die Praxis und die Instanzgerichte sich an der Entscheidung des BGH orientieren.

22 Offen ist – wie bei der Vollstreckung nach § 887 (siehe dort Rn. 24) –, ob ebenso wie der Erfüllungseinwand auch **andere materiellrechtliche Einwendungen** des Schuldners gegen den Bestand des Anspruchs auf Vornahme der unvertretbaren Handlung bei der Entscheidung über den Vollstreckungsantrag zu berücksichtigen sind. Das betrifft etwa die Stundungseinrede, die Einrede eines Zurückbehaltungsrechts[70] oder, soweit nicht die Voraussetzungen des § 775 vorliegen, die Einwendung des Erlasses oder Verzichts. Jedenfalls den Einwand der Unzumutbarkeit muss der Schuldner auch nach einer Entscheidung des BGH[71] (zur Vollstreckung nach § 887) mit der Klage gem. § 767 geltend machen.

V. Erwirkung des Zwangsmittelbeschlusses

1. Keine isolierte vorherige Androhung (Abs. 2)

23 Eine Androhung der Zwangsmittel im Titel oder in einem gesonderten Beschluss ist – anders als gem. § 890 Abs. 2 bei der Duldungs- und Unterlassungsvollstreckung – gem. § 888 Abs. 2[72] ausdrücklich ausgeschlossen. Das galt allerdings schon vor der Einfügung dieser Vorschrift. Die Anordnung der Zwangsmittel selbst wirkt nämlich, solange der Anordnungsbeschluss noch nicht

---

64 OLG Düsseldorf, NJW-RR 2001, 48; OLG Hamm, NJW-RR 1988, 1087; FamRZ 1997, 1094, 1095; OLG Zweibrücken, NJW-RR 1998, 1767, 1768; LG Aurich, MDR 1973, 144.
65 OLG Hamburg, NJW-RR 2014, 133 (behördliche Erlaubnis zum Betrieb einer Apotheke).
66 BFH, BB 2001, 83, 85; OLG Hamm, NJW-RR 1988, 1087; OLG Zweibrücken, NJW-RR 1998, 1767, 1768; *Stein/Jonas/Brehm*, § 888 Rn. 9; *Zöller/Stöber*, § 888 Rn. 11.
67 Siehe dort Rdn. 23.
68 BGH, NJW 2005, 367, 369.
69 *Kannowski/Distler*, NJW 2005, 865; *Huber*, JuS 2005, 521; *Schuschke*, BGH-Report 2005, 197; *ders.*, InVo 2006, 396.
70 OLG Hamm, NJW 1968, 1241.
71 BGH, NJW-RR 2006, 202, 203.
72 Eingefügt durch die 2. Zwangsvollstreckungsnovelle mit Wirkung zum 1.1.1999 (BGBl. I 1997, S. 3042).

vollzogen ist, als Androhung.[73] Enthält der Titel dennoch – ohne rechtliche Grundlage – bereits eine konkrete Androhung, ist diese nicht isoliert anfechtbar, sondern nur zusammen mit dem titulierten Anspruch, soweit die Entscheidung über diesen anfechtbar ist.[74] Begehrt der Gläubiger, um den Schuldner zur Erfüllung des Titels »anzuhalten«, dennoch statt der Anordnung eines Zwangsmittels dessen bloße Androhung, ist dieser Antrag umzudeuten in einen Antrag auf Festsetzung von Zwangsmitteln.[75] Hat das Gericht aber – ohne gesetzliche Grundlage – einen besonderen Androhungsbeschluss erlassen, so ist dieser mit der sofortigen Beschwerde nach § 793 anfechtbar.[76]

2. Antrag; Anwaltszwang

Die Festsetzung von Zwangsmitteln erfolgt nur auf Antrag des Gläubigers. Gilt für das Prozessgericht des ersten Rechtszuges Anwaltszwang, so gilt er auch für den Vollstreckungsantrag nach § 888[77] und das diesem Antrag sich u. U. anschließende Verfahren vor dem Prozessgericht. In dem Antrag ist die vorzunehmende Handlung genau zu bezeichnen.[78] Der Antrag darf über das nach dem Titel Geschuldete nicht hinausgehen.[79] Er kann auch nicht einen inhaltlich zu unbestimmten und deshalb nicht vollstreckbaren Titel durch Nachholung der fehlenden konkreten Angaben nachträglich vollstreckbar machen.[80] Das Zwangsmittel sowie die Höhe des ggf. festzusetzenden Zwangsgeldes braucht der Gläubiger in seinem Antrag nicht anzugeben,[81] da das Gericht insoweit nach freiem Ermessen entscheidet. Gibt der Gläubiger aber einen Höchstbetrag an, darf das Gericht diesen nicht überschreiten, da der Gläubiger insoweit Herr der Vollstreckung bleibt.[82] Der Antrag kann immer nur darauf gerichtet sein, vom Schuldner ein künftiges Verhalten zu erzwingen. Ergibt sich aus der Antragsbegründung, dass der Gläubiger in Wahrheit die Sanktion eines in der Vergangenheit bereits abgeschlossenen Verhaltens des Schuldners begehrt, ist der Antrag unzulässig.[83] Er kann aber entsprechend § 140 BGB in einen Vollstreckungsantrag nach § 890 umgedeutet werden, wenn das erkennbar dem Willen des Gläubigers entspricht.[84] Der Antrag kann bis zur Rechtskraft des Beschlusses nach § 888 Abs. 1 zurückgenommen werden. Mit der Rücknahme wird ein bereits ergangener Zwangsmittelbeschluss analog § 269 Abs. 3 Satz 1 unwirksam.[85]

24

---

73 OLG München, OLGZ 1982, 101.
74 LAG Hamm, MDR 1977, 699.
75 OLG Köln, MDR 1982, 589; vgl. auch BayObLG, DB 1996, 977 (Umdeutung oder Zurückweisung).
76 BayObLG 1989, 371, 373; OLG Frankfurt, FamRZ 1989, 1321; OLG Hamm, NJW-RR 1987, 765, 766; OLG Stuttgart, MDR 1995, 92; LG Hannover, MDR 1995, 314; LAG Köln, MDR 1991, 650; a. A. OLG Nürnberg, FamRZ 1987, 1290; OLG Karlsruhe, FamRZ 1994, 54, 55 (Anfechtbarkeit nur dann, wenn der Androhungsbeschluss eine Kostenentscheidung zulasten des Schuldners enthält).
77 OLG Celle, NJW 1960, 2346; OLG Hamburg, MDR 1969, 61; OLG München, NJW 1977, 909; *Baumbach/Lauterbach/Hartmann*, § 891 Rn. 3.
78 OLG Frankfurt, JurBüro 1988, 259.
79 BayObLG, NJW-RR 1989, 932.
80 OLG Düsseldorf, FamRZ 1978, 717; OLG Frankfurt, FamRZ 1984, 271; OLG Karlsruhe, FamRZ 1983, 631.
81 OLG Köln, MDR 1982, 589; *Brox/Walker*, Rn. 1084; *Musielak/Voit/Lackmann*, § 888 Rn. 4; *Zöller/Stöber*, § 888 Rn. 4.
82 *Zöller/Stöber*, § 888 Rn. 4; a. A. (keine Bindung des Gerichts) *Baumbach/Lauterbach/Hartmann*, § 888 Rn. 9.
83 OLG Karlsruhe, NJW-RR 1989, 189.
84 OLG Frankfurt, OLG-Report 1997, 118.
85 *Zöller/Stöber*, § 888 Rn. 4.

3. Zuständiges Gericht

25 Über den Antrag zu entscheiden hat das Prozessgericht des ersten Rechtszuges, also etwa auch das Familiengericht,[86] die Kammer für Handelssachen beim Landgericht,[87] das Wohnungseigentumsgericht[88] oder das Arbeitsgericht. Es gelten die gleichen Grundsätze wie zu § 887.[89]

4. Allgemeine und besondere Vollstreckungsvoraussetzungen

26 Wie vor jeder sonstigen Vollstreckung muss auch das Prozessgericht als Vollstreckungsorgan zunächst prüfen, ob die allgemeinen und die im Titel genannten besonderen Vollstreckungsvoraussetzungen vorliegen: Ein auf Vornahme einer unvertretbaren Handlung gerichteter **Titel** kann nicht durch eine Parteivereinbarung ersetzt werden, einen an sich nach anderen Normen vollstreckbaren Titel durch Festsetzung von Zwangsmitteln vollstrecken zu wollen.[90] Ein inhaltlich unbestimmter Titel kann nicht erst durch Angaben im Vollstreckungsantrag konkretisiert werden. Erst recht kann die nach dem Urteil geschuldete Handlung nicht durch eine andere – nach Meinung des Gläubigers gleichwertige – ausgetauscht werden.[91] Hängt die Handlung des Schuldners nach dem Titel von einer Zug um Zug zu bewirkenden Leistung des Gläubigers an den Schuldner ab, so muss der Gläubiger dem Antrag den Nachweis in der Form des § 765 beifügen, dass der Schuldner bereits befriedigt oder im Annahmeverzug ist.[92] Obwohl in einem vorausgegangenen – an sich unzulässigen – Verfahren auf Androhung der Zwangsmittel die Vollstreckungsvoraussetzungen bereits gerichtlich geprüft und bejaht worden sind, muss das Gericht vor Festsetzung der Zwangsmittel alle Vollstreckungsvoraussetzungen erneut überprüfen.[93]

5. Rechtsschutzbedürfnis

27 Dem Antrag des Gläubigers ist trotz Vorliegens aller Vollstreckungsvoraussetzungen nicht zu entsprechen, wenn ein Rechtsschutzbedürfnis für die Festsetzung von Zwangsmitteln gegen den Schuldner fehlt.[94] Dies ist zum einen der Fall, wenn schon nach dem unstreitigen Sachverhalt oder nach dem eigenen Vorbringen des Gläubigers die titulierte Schuld erfüllt ist, also keine Notwendigkeit der Zwangsvollstreckung mehr besteht.[95] Dies ist aber auch der Fall, wenn der Gläubiger bereits einen Beschluss gem. § 888 Abs. 1 erwirkt hatte, diesen aber noch nicht voll durchgeführt hat,[96] weil der Schuldner sich bisher einer Beitreibung des Zwangsgeldes erfolgreich entzogen hat. War das festgesetzte Zwangsgeld infolge Vermögenslosigkeit des Schuldners nicht beizutreiben, so fehlt jedenfalls für die Festsetzung eines erneuten höheren Zwangsgeldes das Rechtsschutzbedürfnis, solange nicht zunächst die Ersatzhaft vollstreckt ist. Schließlich fehlt für einen Antrag auf Festsetzung eines Zwangsmittels das Rechtsschutzbedürfnis, wenn der Antrag objektiv sinnlos ist und der Kläger mit ihm keinen schutzwürdigen Vorteil erlangen kann. Das ist aber nicht schon dann anzunehmen, wenn der Schuldner unbekannten Aufenthalts ist und ihm deshalb bereits im Erkenntnisverfahren alle Schriftstücke und Entscheidungen durch öffentliche Bekanntmachung

---

86 OLG Düsseldorf, FamRZ 1978, 129; OLG Hamburg, FamRZ 1978, 787.
87 OLG Bamberg, OLGZ 1988, 413, 415.
88 BayObLG, Rpfleger 1979, 67.
89 Siehe dort Rdn. 20.
90 OLG Hamm, MDR 1968, 333.
91 OLG Karlsruhe, GRUR 1984, 197.
92 LG Frankenthal, Rpfleger 1976, 109.
93 OLG Hamm, MDR 1966, 769.
94 BGH, NJW 2013, 2906.
95 Zur Berücksichtigung des Erfüllungseinwandes im Einzelnen siehe oben Rn. 21.
96 OLG Hamm, MDR 1969, 227; DGVZ 1977, 41; OLG Karlsruhe, FamRZ 1994, 1274; LG Lüneburg, MDR 1955, 114; einschränkend KG, NJW 1963, 2081.

i. S. v. § 185 zugestellt werden mussten; denn er kann auch durch die Benachrichtigung nach § 186 Abs. 1 Kenntnis von seiner titulierten Verpflichtung erhalten haben.[97]

6. Anhörung des Schuldners

Vor Erlass des Beschlusses ist der Schuldner anzuhören (§ 891 Satz 2). Dem Gläubiger seinerseits ist dann Gelegenheit zur Stellungnahme zu den Einwendungen des Schuldners zu geben. Eine mündliche Verhandlung ist möglich, aber nicht notwendig. Das Gericht kann über die entscheidungserheblichen Tatsachen eine Beweisaufnahme durchführen. 28

VI. Der Zwangsmittelfestsetzungsbeschluss

Das Gericht entscheidet über den Antrag des Gläubigers durch Beschluss, der zu begründen ist. Erweist sich der Vollstreckungsantrag als unzulässig oder unbegründet, so ist er zurückzuweisen. Ist der Antrag begründet, so setzt das Gericht nach seiner Wahl ein Zwangsgeld oder Zwangshaft fest. 29

1. Kriterien zur Auswahl des Zwangsmittels

Durch das Zwangsmittel soll der Wille des Schuldners dahingehend beeinflusst werden, dass er sich dem Titel beugt und die geschuldete Handlung vornimmt. Das festgesetzte Mittel muss daher einerseits geeignet sein, auf den Willen des Schuldners einzuwirken, andererseits darf es über das zur Herbeiführung des Vollstreckungserfolges Erforderliche nicht hinausgehen.[98] Bei dieser Abwägung wird das Gericht grundsätzlich zunächst das Mittel des Zwangsgeldes wählen, da es den Schuldner weniger beeinträchtigt, und Zwangshaft als ursprüngliches Zwangsmittel nur dann sogleich anordnen, wenn feststeht, dass die Anordnung von Zwangsgeld wirkungslos bleiben wird.[99] Dies ist etwa der Fall, wenn schon zuvor mehrfach ohne Erfolg Zwangsgeld festgesetzt und beigetrieben worden ist oder wenn die völlige Vermögenslosigkeit des Schuldners feststeht. Ob der Schuldner in der Vergangenheit die Handlung schuldhaft unterlassen hatte oder nicht, ist kein Kriterium für die Bemessung des Zwangsmittels,[100] da es nicht darum geht, den Schuldner für sein bisheriges Verhalten zu bestrafen, sondern seinen Willen für die Zukunft zu beugen. Das Verhalten in der Vergangenheit kann allerdings durchaus ein Indiz dafür sein, dass von vornherein erheblichere Mittel erforderlich sind, um den entgegenstehenden Willen des Schuldners erfolgreich zu beeinflussen. Das Gericht muss sich immer für eines der beiden Zwangsmittel entscheiden, darf also nicht beide nebeneinander anordnen. 30

Da die Zwangsmittel keine Strafen darstellen, gilt Art. 103 Abs. 3 GG nicht: Dass gegen den Schuldner bereits einmal ein Zwangsmittel festgesetzt wurde, schließt die Festsetzung weiterer Zwangsmittel nicht aus; allerdings darf der Vollzug der Haft den Höchstrahmen des § 802j insgesamt nicht überschreiten (§ 888 Abs. 1 Satz 3). Außerdem darf ein weiterer Zwangsmittelbeschluss erst ergehen, wenn der erste Beschluss vollstreckt worden ist.[101] 31

2. Zwangsgeld

Das Zwangsgeld muss in bestimmter Höhe festgesetzt werden.[102] Der Mindestbetrag sind 5 Euro (Art. 6 Abs. 1 Satz 1 EGStGB), der Höchstbetrag des einzelnen Zwangsgeldes 25 000 Euro (Abs. 1 32

---

97 BGH, NJW 2013, 2906 f.
98 *Brox/Walker*, Rn. 1087; *Wieser*, Der Grundsatz der Verhältnismäßigkeit in der Zwangsvollstreckung, 1989, 88.
99 *Baur/Stürner/Bruns*, Rn. 40.18; *Brox/Walker*, Rn. 1087; *Gaul/Schilken/Becker-Eberhard*, § 71 Rn. 38; *Stein/Jonas/Brehm*, § 888 Rn. 23.
100 OLG Frankfurt, NJW 1953, 1029; OLG Hamm, NJW 1973, 1135; NJW-RR 1987, 766; *Baumbach/Lauterbach/Hartmann*, § 888 Rn. 16; *Gaul/Schilken/Becker-Eberhard*, § 71 Rn. 38.
101 LAG Schleswig-Holstein, NZA-RR 2006, 540.
102 Zur Bemessung siehe etwa OLG München, NJW-RR 1992, 704; LAG Frankfurt, BB 1993, 1740.

Satz 2). Die festzusetzende Höhe richtet sich insbesondere am Interesse des Gläubigers an der Durchsetzung der titulierten Forderung und an der Hartnäckigkeit des Schuldners aus, mit der dieser die Erfüllung verweigert.[103] Ist in derselben Sache mehrfach hintereinander die Festsetzung von Zwangsgeld erforderlich, besteht für die Gesamtsumme der einzelnen Zwangsgelder keine gesetzliche Obergrenze. Mit der Festsetzung des Zwangsgeldes ist sogleich für den Fall, dass dieses nicht beigetrieben werden kann, Ersatzhaft festzusetzen. Hierbei ist konkret anzugeben, auf welchen Euro-Betrag ein Tag Ersatzhaft kommt. § 802j ist insoweit zu beachten; auch die Ersatzhaft darf die Hafthöchstzeit also nicht überschreiten.

3. Zwangshaft

33 Die Zwangshaft verstößt nicht gegen die Europäische Menschenrechtskonvention.[104] Wird die Zwangshaft als ursprüngliches Zwangsmittel angeordnet, ist die Festlegung einer bestimmten Dauer nicht erforderlich. Die Mindesthaft beträgt einen Tag (Art. 6 Abs. 2 Satz 1 EGStGB). Die höchstmögliche Vollzugszeit ergibt sich aus Abs. 1 Satz 3 in Verbindung mit § 802j. Hat der Schuldner die vollen 6 Monate Haftzeit hinter sich gebracht, kann in Vollstreckung desselben Titels nicht noch einmal Zwangshaft gegen ihn festgesetzt werden.

4. Adressat der Zwangsmittelfestsetzung

34 Der Adressat der Zwangsmittelfestsetzung ist grundsätzlich der sich aus dem Titel oder im Fall der Rechtsnachfolge aus der Klausel ergebende **Schuldner**. Hiervon sind aber folgende Ausnahmen zu beachten:

a) Prozessunfähige Schuldner

35 Ist der Schuldner prozessunfähig, so hindert dies – so wie bei den anderen Vollstreckungsarten auch – die Vollstreckung nach § 888 gegen ihn grundsätzlich nicht. Doch ist es häufig nicht sein Wille, der gebeugt werden muss, sondern der des gesetzlichen Vertreters. Deshalb ist das Zwangsmittel jeweils gegen denjenigen festzusetzen, von dessen Willen die Vornahme der konkreten geschuldeten Handlung tatsächlich abhängt. Dies kann sowohl der Schuldner selbst als auch der gesetzliche Vertreter sein. Die vorstehenden Grundsätze gelten für das Zwangsgeld[105] uneingeschränkt ebenso wie für die Zwangshaft.[106] Fehlt dem Schuldner infolge seiner Minderjährigkeit oder infolge geistiger Gebrechen die Einsichtsfähigkeit in die Bedeutung der Zwangsmittel, scheidet eine Festsetzung gegen ihn persönlich aus.[107] Die Zwangsmittelfestsetzung gegen den gesetzlichen Vertreter scheitert nicht daran, dass sich der Titel nicht gegen ihn, sondern gegen den Schuldner richtet; denn es bleibt eine Zwangsvollstreckung gegen den Schuldner, auch wenn dabei der Wille seines gesetzlichen Vertreters gebeugt werden muss.

b) Juristische Personen als Schuldner

36 Ist der Schuldner eine juristische Person, die nur durch ihre Organe handeln kann, muss der Wille der Vertreter der juristischen Person gebeugt werden. Die Zwangsmittel sind deshalb gegen ihre

---

103 OLG Karlsruhe, NJW-RR 2000, 1312.
104 *Baumbach/Lauterbach/Hartmann*, § 888 Rn. 15; *Zöller/Stöber*, § 888 Rn. 7.
105 *Musielak/Voit/Lackmann*, § 888 Rn. 10; *Stein/Jonas/Brehm*, § 888 Rn. 43; **a. A.** hinsichtlich des Zwangsgeldes (immer gegen den Schuldner persönlich) *Baur/Stürner/Bruns*, Rn. 40.18; *Bruns/Peters*, § 44 III 1; *MüKo/Gruber*, § 888 Rn. 26; *Gaul/Schilken/Becker-Eberhard*, § 71 Rn. 39; *Zöller/Stöber*, § 888 Rn. 8.
106 Wie hier OLG Braunschweig, JurBüro 1976, 967; *Brox/Walker*, Rn. 1088; *Stein/Jonas/Brehm*, § 888 Rn. 43; **a. A.** PG/*Olzen*, § 888 Rn. 25 (nur der gesetzliche Vertreter).
107 *Brox/Walker*, Rn. 1088.

Organe anzuordnen. Eine Unterscheidung zwischen Zwangsgeld und Zwangshaft ist dabei abzulehnen; denn beide Zwangsmittel werden zur Erreichung desselben Zwecks eingesetzt.[108]

c) Arbeitgeber als Schuldner im arbeitsgerichtlichen Beschlussverfahren

Eine Besonderheit hinsichtlich der Vollstreckung von arbeitsgerichtlichen Beschlüssen und Vergleichen regelt § 85 Abs. 1 Satz 3 ArbGG: In den Fällen der §§ 23 Abs. 3, 98 Abs. 5, 101, 104 BetrVG darf gegen den Arbeitgeber nur Zwangsgeld, nicht aber auch Zwangshaft festgesetzt werden. Ist Arbeitgeber eine juristische Person, hat sich die Festsetzung nach dem oben Gesagten[109] daher immer gegen diese, nicht gegen deren Organe zu richten. 37

d) Betriebsrat als Schuldner

Ist im Rubrum eines arbeitsgerichtlichen Beschlusses oder Vergleiches (§ 85 Abs. 1 Satz 1 ArbGG) der Betriebsrat als Schuldner einer unvertretbaren Handlung aufgeführt, so kann gegen ihn unmittelbar als betriebsverfassungsrechtliches Organ weder Zwangsgeld[110] noch Zwangshaft festgesetzt werden. Zwangsgeld kommt nicht in Betracht, weil der Betriebsrat keine zweckfreien Mittel besitzt, in die vollstreckt werden könnte, Zwangshaft nicht, weil ein Kollegialorgan als solches nicht in Haft genommen werden kann.[111] Die Festsetzung muss deshalb immer gegen einzelne Betriebsratsmitglieder erfolgen. Dazu ist keine »Umschreibung« des Titels gegen sie erforderlich; für sie gäbe es keine Rechtsgrundlage. Es gilt vielmehr das zur Festsetzung von Zwangsmitteln gegen Organe juristischer Personen Gesagte entsprechend.[112] 38

5. Kostenentscheidung

Die Kosten des Verfahrens nach § 888 gehören zu den Kosten der Zwangsvollstreckung. Deshalb muss der den Vollstreckungsantrag bescheidende Beschluss nur im Fall der Zurückweisung des Antrages oder einer Entscheidung nach § 91a mit einer Kostenentscheidung versehen werden. Es gilt insoweit das zu § 887 Gesagte[113] entsprechend.[114] Da der Gläubiger die Zwangsmaßnahme in seinem Vollstreckungsantrag nicht beziffern muss, trifft ihn nicht ein Teil der Kosten, falls er dem Gericht dennoch eine Anregung gegeben hat, das Gericht aber unter dem vom Gläubiger genannten Zwangsgeldbetrag geblieben ist. 39

6. Tenor des Festsetzungsbeschlusses

Der Tenor muss die Handlung so exakt umreißen, dass der Schuldner keine vernünftigen Zweifel daran haben kann, was er zur Vermeidung des Zwangsgeldes tun muss. Er kann also etwa lauten: »Gegen den Schuldner wird zur Erzwingung seiner Verpflichtung aus dem... (genaue Bezeichnung des Titels),... (genaue Bezeichnung der Handlung, z. B. »dem Gläubiger Auskunft über den Verbleib folgender Gegenstände zu erteilen:...«) ein Zwangsgeld in Höhe von... Euro verhängt, ersatzweise 40

---

[108] OLG Braunschweig, JurBüro 1976, 967; *Brox/Walker*, Rn. 1088; HK-ZV/*Bendtsen*, § 888 Rn. 35; *Stein/Jonas/Brehm*, § 888 Rn. 43; a. A. (Zwangsgeld gegen juristische Person) *Baur/Stürner/Bruns*, Rn. 40.18; MüKo/*Gruber*, § 888 Rn. 26; *Musielak/Voit/Lackmann*, § 888 Rn. 10; *Zöller/Stöber*, § 888 Rn. 8.
[109] Rn. 36.
[110] Wie hier jetzt GWBG/*Greiner*, ArbGG, § 85 Rn. 6; a. A. *Stein/Jonas/Brehm*, § 888 Rn. 44.
[111] Im Ergebnis wie hier LAG Berlin, NZA 1984, 333; LAG Hamburg, BB 1977, 1056; *Germelmann/Matthes/Prütting/Müller-Glöge*, ArbGG, § 85 Rn. 17; *Schwab/Weth/Walker*, ArbGG, § 85 Rn. 31 ff.
[112] Siehe oben Rdn. 36.
[113] Siehe § 887 Rdn. 28 u. 37.
[114] Zur Kostenentscheidung bei Antragszurückweisung OLG Hamm, Rpfleger 1973, 104; zur Kostenentscheidung nach Erledigung der Hauptsache OLG Koblenz, AnwBl 1984, 216; OLG München, MDR 1964, 769; zur Kostenentscheidung nach Rücknahme des Vollstreckungsantrages KG, NJW-RR 1987, 192; LAG Bremen, AnwBl 1988, 173.

für den Fall, dass dieses nicht beigetrieben werden kann, für je... Euro ein Tag Zwangshaft. Der Streitwert für das Verfahren wird auf... Euro festgesetzt.«

7. Streitwert

41 Der Streitwert für das Vollstreckungsverfahren ist gem. § 3 zu schätzen. Er entspricht dem Interesse des Gläubigers an der Durchführung der Vollstreckung und deckt sich daher regelmäßig mit dem Wert der Hauptsache.[115] Wird nur ein Teil der Hauptsache vollstreckt, weil etwa mehrere Handlungen oder eine immer wiederkehrende Handlung geschuldet sind, die Erfüllung aber nur in einem Teilbereich verweigert wird, ist entsprechend auch nur ein Teil des Wertes der Hauptsache anzusetzen.[116]

8. Erledigung der Hauptsache

42 Erklärt der Gläubiger die Hauptsache für erledigt, noch ehe über die Zwangsmittelfestsetzung entschieden ist, so ist zu differenzieren: War der Antrag bisher zulässig und begründet und hat er sich tatsächlich in der Hauptsache erledigt, so sind die Kosten auf Antrag des Gläubigers gem. § 788 sowie in entsprechender Anwendung des § 91a[117] dem Schuldner aufzuerlegen. War der Antrag dagegen unzulässig oder sonst nicht notwendig i. S. des § 788 Abs. 1 Satz 1, so hat der Gläubiger die Kosten zu tragen. Fehlt es aber an einem erledigenden Ereignis, so ist die Erledigungserklärung des Gläubigers in eine Rücknahme des Vollstreckungsantrages umzudeuten. In diesem Fall sind die Kosten entsprechend § 269 Abs. 3 Satz 2 auf Antrag des Schuldners dem Gläubiger aufzuerlegen. Kein erledigendes Ereignis ist darin zu sehen, dass der Gläubiger sein wirtschaftliches Interesse an einer weiteren Zwangsvollstreckung verliert.[118]

VII. Die Vollstreckung der Zwangsmittel

1. Zwangsgeld

43 Der Festsetzungsbeschluss ist dem Schuldner von Amts wegen zuzustellen.[119] Die Beitreibung des Zwangsgeldes erfolgt aber nicht von Amts wegen durch die Justizkasse,[120] sondern auf Antrag des Gläubigers durch den Gerichtsvollzieher unter Anwendung der §§ 803 ff.[121] bzw. aufgrund Pfändungs- und Überweisungsbeschlusses nach §§ 829, 835. Im letzteren Falle ist dem Drittschuldner in dem Überweisungsbeschluss Zahlung an die Gerichtskasse aufzugeben. Auch der Gerichtsvollzieher hat das Geld nicht an den Gläubiger, sondern unmittelbar an die Gerichtskasse abzuliefern.[122] Bei einer ebenfalls möglichen Beitreibung nach § 867 ist im Grundbuch als Gläubiger der Vollstreckungsgläubiger, als Zahlungsempfänger aber die Gerichtskasse einzutragen.[123] Der Festsetzungsbeschluss bedarf der Vollstreckungsklausel,[124] bevor das Zwangsgeld beigetrieben werden kann; denn er, nicht der ursprüngliche Titel, ist die Vollstreckungsgrundlage für die Beitreibung (§ 794

---

115 KG, JurBüro 1973, 150; OLG Nürnberg, JurBüro 1963, 368.
116 KG, JurBüro 1969, 1204.
117 BayObLG, NJW-RR 1997, 489.
118 OLG Schleswig, SchlHA 1969, 20.
119 KG, NJW 1969, 57.
120 So aber OLG München, NJW 1983, 947; LG Koblenz, MDR 1983, 851; *Baumbach/Lauterbach/Hartmann*, § 888 Rn. 18.
121 BGH, NJW 1983, 1859; KG, NJW 1980, 2363; OLG Frankfurt, JurBüro 1986, 1259; OLG Hamm, FamRZ 1982, 185; LG Berlin, Rpfleger 1979, 225; LG Kiel, DGVZ 1983, 156; LAG Hamburg, NZA 1985, 373; *Brox/Walker*, Rn. 1090; *Dierck/Morvilius/Vollkommer/Vollkommer*, 7. Kap. Rn. 76; PG/*Olzen*, § 888 Rn. 29; *Stein/Jonas/Brehm*, § 888 Rn. 27; *Zöller/Stöber*, § 888 Rn. 13.
122 LG Essen, Rpfleger 1973, 185.
123 AG Hamburg, Rpfleger 1982, 31.
124 *Stein/Jonas/Brehm*, § 888 Rn. 27; *Zöller/Stöber*, § 888 Rn. 13; a. A. (Klausel nicht erforderlich) *Baumbach/Lauterbach/Hartmann*, § 888 Rn. 18.

Abs. 1 Nr. 3).¹²⁵ Da der Gläubiger Herr des Beitreibungsverfahrens ist, nicht die Justizkasse, dürfen der Gerichtsvollzieher, der Rechtspfleger oder gar die Justizkasse dem Schuldner weder Stundung noch Ratenzahlung gewähren. Beide Maßnahmen würden zudem den beabsichtigten Druck auf den Schuldner mildern und damit den Zweck des Zwangsmittels unterlaufen. Allein der Gläubiger selbst kann dem Schuldner entgegenkommen, indem er den Festsetzungsbeschluss entweder gar nicht oder mit zeitlicher Verzögerung vollstrecken lässt.

Ist der Versuch, das Zwangsgeld beizutreiben, fruchtlos verlaufen, kann der Gläubiger die festgesetzte Ersatzhaft vollziehen lassen. War keine Ersatzhaft angeordnet worden, kann der Gläubiger einen neuen, nunmehr auf Haft gerichteten Vollstreckungsantrag stellen. Mit der Fruchtlosigkeitsbescheinigung gilt der erste Vollstreckungsversuch in diesem Fall als voll durchgeführt.¹²⁶ 44

2. Zwangshaft

Die originäre Zwangshaft ebenso wie die Ersatzhaft wird aufgrund eines vom Prozessgericht auf Antrag des Gläubigers ausgestellten Haftbefehls vollstreckt. Die Verhaftung ist vom Gerichtsvollzieher,¹²⁷ nicht von der Polizei durchzuführen. Der Gerichtsvollzieher kann jedoch nach den allgemeinen Regeln (§ 758 Abs. 3)¹²⁸ die Hilfe der Polizei zur Überwindung von Widerstand in Anspruch nehmen. Die Vollstreckung der Haft richtet sich im Übrigen nach §§ 802g ff. (**Abs. 1 Satz 3**). Ist die Höchstdauer der Haft von sechs Monaten (§ 802j Abs. 1 Satz 1) erreicht, ist der Schuldner von Amts wegen zu entlassen. Der Gläubiger ist hiervon zu unterrichten. Ist die Höchstdauer der Haft ausgeschöpft und erweist sich darüber hinaus Zwangsgeld als nicht beitreibbar, verbleibt dem Gläubiger nur die Möglichkeit, sich einen eventuellen Schadensersatzanspruch titulieren zu lassen (§ 893), um sich spätere Vollstreckungsmöglichkeiten offen zu halten. 45

VIII. Die Position des Schuldners nach der Zwangsmittelfestsetzung

Durch den Zwangsmittelfestsetzungsbeschluss wird der Schuldner nicht gehindert, die geschuldete Handlung jederzeit vorzunehmen. Tut er dies, bevor die festgesetzten Zwangsmittel vollstreckt sind, ist die Zwangsvollstreckung, soweit der Gläubiger die Erfüllung einräumt (§ 775 Nr. 4), einzustellen.¹²⁹ Bestreitet der Gläubiger die Erfüllung, muss der Schuldner gegebenenfalls nach §§ 769, 767 Abs. 1 vorgehen. Ist das Zwangsgeld noch beigetrieben worden, nachdem der Schuldner bereits erfüllt hatte, kann der Schuldner das Geld von der Staatskasse wegen ungerechtfertigter Bereicherung zurückverlangen; denn der Anspruch des Landes auf das Zwangsgeld ist aus dem Festsetzungsbeschluss nur materiell gerechtfertigt, solange der Gläubiger vom Schuldner noch Erfüllung der titulierten Schuld verlangen kann.¹³⁰ Hat der Gläubiger die Vollstreckung aus einem noch nicht rechtskräftigen, nur vorläufig vollstreckbaren Titel betrieben und der Schuldner zur Abwendung der Vollstreckung das Zwangsgeld bezahlt, so ist die Staatskasse nach Vorlage des abändernden Urteils der nächsten Instanz zur Rückerstattung verpflichtet. Gleiches gilt, wenn nach Beitreibung des Zwangsgeldes der Festsetzungsbeschluss in der Beschwerdeinstanz aufgehoben wird oder der Gläubiger im Beschwerdeverfahren auf seine titulierten Rechte verzichtet.¹³¹ Über die Rückzahlung des Zwangsgeldes hinausgehende Schadensersatzansprüche kann der Schuldner gegen den Gläubiger gem. § 717 Abs. 2 geltend machen. Erfüllt der Schuldner dagegen erst nach der Beitreibung des Zwangsgeldes und erweist sich der Titel als beständig, so verbleibt das Zwangsgeld endgültig bei der Staatskasse. 46

---

125 BGH, NJW 2008, 2919, 2920; BAG, NZA 2010, 61.
126 Siehe auch oben Rdn. 27.
127 AG Krefeld, MDR 1977, 322.
128 Siehe auch § 758 Rdn. 8 ff. und § 758a Rdn. 44.
129 BGH, DGVZ 2015, 80 f.
130 *Brox/Walker*, Rn. 1090; *Gaul/Schilken/Becker-Eberhard*, § 71 Rn. 41; *Stein/Jonas/Brehm*, § 888 Rn. 30; *Zöller/Stöber*, § 888 Rn. 14; siehe auch OLG Frankfurt, JurBüro 1991, 1554 ff. (Rückzahlung analog § 776).
131 BAG, NJW 1990, 2579; OLG Köln, NJW 1968, 259 mit Anm. *Baur*, JZ 1967, 763.

47 War der Schuldner in Zwangshaft und erweist sich die Vollstreckung nachträglich als unzulässig, weil der Titel oder die Haftfestsetzung aufgrund eines Rechtsmittels entfällt oder weil sich nachträglich herausstellt, dass der Schuldner vor seiner Verhaftung schon erfüllt hatte, besteht kein Anspruch auf Haftentschädigung gegen den Staat, sondern nur ein Schadensersatzanspruch gegen den Gläubiger im Rahmen des § 717 Abs. 2. Er erstreckt sich nicht auf den durch die Verhaftung erlittenen immateriellen Schaden. Dieser ist nur auszugleichen, wenn zusätzlich die Voraussetzungen des § 253 BGB erfüllt sind, wenn der Gläubiger etwa wider besseres Wissen die Erfüllung in Abrede gestellt hatte.

IX. Ausschluss der Anwendung von Abs. 1 und 2 gem. Abs. 3

48 Ist der Schuldner nach dem Titel zur Leistung von Diensten aus einem Dienstvertrag[132] verpflichtet, so findet keine Vollstreckung nach Abs. 1 statt (**Abs. 3**). Gleiches gilt, wenn die zwangsweise Durchsetzung des titulierten Anspruchs einen Verstoß gegen Grundrechte darstellen würde (Abs. 3 analog). In diesen Fällen ist der Gläubiger allein auf mögliche Schadensersatzansprüche angewiesen (§ 893). Außer in den Fällen des Abs. 3 ist die Handlungsvollstreckung schließlich unter den Voraussetzungen des § 888a ausgeschlossen. Folgende Einzelheiten zu Abs. 3 sind erwähnenswert:

49 Bis zum 31.8.2009 schloss Abs. 3 die Vollstreckung nach § 888 auch im Fall der Verurteilung zur **Eingehung einer Ehe** und im Fall der Verurteilung zur **Herstellung des ehelichen Lebens** aus. Mit Wirkung zum 1.9.2009 wurde dieser Vollstreckungsausschluss durch das FGG-Reformgesetz vom 17.12.2008[133] in § 888 Abs. 3 gestrichen und in § 120 Abs. 3 FamFG verschoben.[134] Unabhängig von ihrer gesetzlichen Verortung hat die Vorschrift jedoch keine nennenswerte Bedeutung. § 1297 BGB schließt einen deutschen Titel auf Eingehung einer Ehe ebenso wie auf dieses Ziel gerichteten indirekten Zwang aus. Im Hinblick auf § 1353 Abs. 2 BGB ist ein deutscher Titel auf Herstellung der ehelichen Gemeinschaft praktisch ebenfalls ausgeschlossen. Ausländische Titel dieser Art mögen denkbar sein, doch dürfte ein deutsches Anerkennungsurteil zu einem solchen Titel regelmäßig am deutschen ordre public scheitern. Die Bedeutung der Vorschrift liegt deshalb lediglich darin, dass sie auch die Vollstreckung von Handlungen ausschließt, die mittelbar die Wiederherstellung der ehelichen Gemeinschaft zum Ziel haben. So wäre ein Titel, der einem Ehegatten aufgibt, den anderen Ehegatten, der freiwillig aus der Ehewohnung ausgezogen war und sich eine eigene Wohnung eingerichtet hatte, wieder in die eheliche Wohnung aufzunehmen, nicht vollstreckbar. Andererseits wäre ein Titel, der einen Ehegatten verpflichtet, den anderen eigenmächtig aus der ehelichen Wohnung ausgesperrten Ehegatten wieder Zutritt zur Wohnung zu geben, solange keine familiengerichtliche Entscheidung über eine Zuweisung der Wohnung an nur einen Ehepartner vorliegt, durchaus vollstreckbar; denn Ziel eines solchen Titels wäre nicht die Herstellung der ehelichen Gemeinschaft, sondern die Vermeidung von Obdachlosigkeit und der Schutz des Besitzstandes.

1. Leistung von Diensten aus einem Dienstvertrag

50 Abs. 3 bezieht sich nur auf die Leistung unvertretbarer Dienste aus einem Dienstvertrag. Das ist bei Arbeitsleistungen nach Ansicht des BAG immer der Fall, während die Gegenansicht je nach Art der Arbeitsleistung differenziert (dazu Rn. 10). Schuldet der Schuldner nach dem Titel Dienste, hinsichtlich derer eine Ersatzvornahme nach § 887 nicht in Betracht kommt,[135] weil der Schuldner sie nur höchstpersönlich zu leisten vermag, so scheidet nach Abs. 3 eine Zwangsvollstreckung aus. Ob die Dienste entgeltlich zu leisten sind (§§ 611, 675 Abs. 1 BGB) oder unentgeltlich (Auftrag, § 662 BGB), ist für die Anwendbarkeit des Abs. 3 ohne Belang.[136] Soll ein vertragsbrüchiger Arbeit-

---

132 Geht es um einfache Dienste, bei denen das personale Element keine Rolle spielt, richtet sich die Vollstreckung nach § 887 vgl. § 887 Rn. 14 sowie oben Rn. 10.
133 BGBl. I, S. 2586, 2702.
134 Dazu BT-Drucks. 16/6308, S. 326.
135 Siehe hierzu § 887 Rdn. 14 sowie oben Rdn. 10.
136 *Gaul/Schilken/Becker-Eberhard*, § 71 Rn. 21; *Stein/Jonas/Brehm*, § 888 Rn. 40.

nehmer dadurch zur Rückkehr an seinen alten Arbeitsplatz bis zum Ablauf der ordentlichen Kündigung gezwungen werden, dass ihm die anderweitige Arbeitsaufnahme untersagt wird, so muss auch die Vollstreckung eines solchen Titels an Abs. 3 scheitern, da die auf § 890 abzielende Tenorierung auf eine Umgehung des § 888 Abs. 3 hinausliefe. Dennoch fehlt einer Klage auf Leistung der geschuldeten Dienste nicht das Rechtsschutzinteresse. Solche Klagen dienen der Vorbereitung möglicher Schadensersatzansprüche aus positiver Vertragsverletzung. Der Arbeitgeber kann, muss aber nicht, solche Klagen sogleich mit dem Antrag verbinden, den Arbeitnehmer zur Zahlung einer Entschädigung zu verurteilen (§ 61 Abs. 2 Satz 1 ArbGG). Die Vollstreckung dieses Entschädigungsanspruches nach §§ 803 ff. verstößt nicht gegen Abs. 3, da diese Vorschrift die Durchsetzung von Schadensersatzansprüchen gegen den Vertragsbrüchigen nicht behindern will.[137] Eine Klage auf Unterlassung anderweitiger Tätigkeit ist dagegen nur dann zulässig, wenn es dem Arbeitnehmer kraft Gesetzes (z. B. § 60 HGB) oder kraft ausdrücklicher Vereinbarung untersagt ist, eine andere Tätigkeit aufzunehmen. Andernfalls stellt nämlich eine entsprechende Unterlassungspflicht lediglich die Kehrseite der Beschäftigungspflicht des Arbeitnehmers dar und ist als unselbstständige Nebenpflicht nicht einklagbar.[138] Für einstweilige Verfügungen auf Wiederaufnahme der Arbeit und Unterlassung anderweitiger Arbeitsleistung fehlt immer das Rechtsschutzinteresse.[139] Eine derartige einstweilige Verfügung ist nicht vollziehbar (§ 888 Abs. 3) und kann daher zur Effektivität des Rechtsschutzes, der sie dienen soll, nichts beitragen.[140] Sie kann als einstweilige Regelung nicht mit dem Entschädigungsfestsetzungsantrag nach § 61 Abs. 2 Satz 1 ArbGG verbunden werden;[141] zudem müsste sie gem. §§ 927, 929 Abs. 2 nach Ablauf der Vollziehungsfrist wieder aufgehoben werden.

2. Entsprechende Anwendung des Abs. 3

Abs. 3 muss entsprechend angewendet werden, wenn die zwangsweise Durchsetzung des Anspruchs einen Verstoß gegen Grundrechte darstellen würde. So wäre das Grundrecht auf Glaubens- und Gewissensfreiheit (Art. 4 Abs. 1 und 2 GG) verletzt, wenn ein Schuldner mit staatlichen Zwangsmaßnahmen dazu angehalten würde, die in einem Scheidungsvergleich übernommene Verpflichtung einzuhalten, auch noch an einem Verfahren vor einem kirchlichen Ehegericht mitzuwirken.[142] Die durch Art. 14 Abs. 1 GG geschützte Testierfreiheit[143] wäre eingeschränkt, wenn die in einem Vergleich übernommene Verpflichtung, zugunsten einer bestimmten Person ein notarielles Testament zu errichten oder mit dieser Person einen Erbvertrag abzuschließen, durch Zwangsgeld oder Zwangshaft durchgesetzt würde.[144] Eine entsprechende Anwendung ist dagegen abzulehnen, wenn der titulierte Anspruch eines nichtehelichen Kindes gegen seine Mutter auf Benennung des leiblichen Vaters oder der entsprechende Anspruch des scheinbaren Vaters gegen die Kindesmutter vollstreckt werden soll.[145] Zwar sind auch hier das Grundrecht der Kindesmutter und des Kindes jeweils aus Art. 2 Abs. 1 GG und ggf. das Recht des scheinbaren Vaters auf effektiven Rechtsschutz

---

137 GMP/*Germelmann*, ArbGG, § 61 ArbGG Rn. 28; *Schwab/Weth/Berscheid/Schwab*, ArbGG, § 61 Rn. 16.
138 Brox/Walker, Rn. 1604 m. w. N.
139 Wie hier LAG Baden-Württemberg, DB 1958, 404; LAG Berlin, BB 1961, 678; MDR 1966, 271; LAG Düsseldorf, BB 1958, 82; LAG Hamburg, BB 1959, 198; 1962, 1121; LAG Hannover, BB 1953, 889; ArbG Essen, BB 1961, 48; *Walker*, Der einstweilige Rechtsschutz, Rn. 697 f.; **a. A.** (Rechtsschutzinteresse gegeben) LAG Bremen, DB 1964, 811; LAG Frankfurt, DB 1956, 774; JZ 1965, 285; ArbG Frankfurt, NZA 1995, 552.
140 Siehe auch Vor § 916-945b Rn. 45; *Walker*, Der einstweilige Rechtsschutz, Rn. 227, 698.
141 *Walker*, Der einstweilige Rechtsschutz, Rn. 698.
142 OLG Köln, MDR 1973, 768.
143 BVerfGE 67, 341.
144 OLG Frankfurt, Rpfleger 1980, 117.
145 OLG Bremen, JZ 2000, 314 mit zustimmender Anm. *Walker*; OLG Hamm, NJW 2001, 1870; **a. M.** LG Münster, NJW 1999, 3787 f.

gem. Art. 19 Abs. 4, 20 Abs. 3 GG gegeneinander abzuwägen.[146] Aber diese Abwägung ist bereits bei der Prüfung des nicht ausdrücklich geregelten Anspruchs im Erkenntnisverfahren vorzunehmen, wenn die Kindesmutter auf Auskunft verklagt wird. Falls das Gericht im Erkenntnisverfahren den Anspruch zuspricht, kann die Abwägung im Vollstreckungsverfahren nicht anders ausgehen.[147]

X. Rechtsbehelfe

52 **Die Entscheidung des Prozessgerichts** über einen Antrag nach Abs. 1 ist mit der sofortigen Beschwerde gem. § 793 anfechtbar. Die Beschwerde kann nur auf die Verletzung formellen Rechts gestützt werden. Streiten die Parteien dagegen um materiellrechtliche Einwände gegen die titulierte Forderung, so muss der Schuldner gem. § 767 Abs. 1 Klage erheben. Nur dann, wenn der Gläubiger die vom Schuldner behaupteten Erfüllungshandlungen in tatsächlicher Hinsicht zugesteht und lediglich bestreitet, dass sie in rechtlicher Hinsicht ausreichend seien, kann der Schuldner den Erfüllungseinwand auch mit der sofortigen Beschwerde geltend machen, dann aber unter dem formellen Gesichtspunkt des fehlenden Rechtsschutzinteresses.[148] Umstritten ist, ob die sofortige Beschwerde aufschiebende Wirkung hat. Nach dem Wortlaut des § 570 Abs. 1 müsste das bejaht werden.[149] Dagegen spricht jedoch, dass der Gesetzgeber[150] klar zum Ausdruck gebracht hat, dass er durch die Neuregelung des früheren § 572 Abs. 1, wonach Beschwerden keine aufschiebende Wirkung hatten, in dem heutigen § 570 Abs. 1 inhaltlich nichts ändern wollte.[151] Über die sofortige Beschwerde entscheidet das dem Prozessgericht übergeordnete Beschwerdegericht (§§ 72, 119 GVG). Gegen eine Beschwerdeentscheidung findet die Rechtsbeschwerde zum BGH (§ 133 GVG) statt, wenn sie das Beschwerdegericht in seinem Beschluss zugelassen hat (§ 574 Abs. 1 Nr. 2). Hatte ein Gläubiger in der Vorinstanz neben dem Antrag nach § 887 hilfsweise den Antrag nach § 888 mit dem gleichen Ziel gestellt und ist dem Hauptantrag zu Unrecht stattgegeben worden, so fällt dem vom Schuldner angerufenen Beschwerdegericht auch der Hilfsantrag an, ohne dass es einer Anschlussbeschwerde des Gläubigers bedarf.[152] Das Beschwerdegericht kann dann über die Zulässigkeit und Begründetheit dieses Hilfsantrages selbst befinden. Da die Festsetzung der Höhe des Zwangsgeldes eine Ermessensfrage ist, ist es dem Beschwerdegericht in der Regel versagt, die Höhe – nach eigenem Ermessen – anders festzusetzen als die Vorinstanz.[153] Etwas anderes gilt, wenn die gesetzlichen Höchstgrenzen überschritten sind oder wenn der Grundsatz der Verhältnismäßigkeit offenbar verletzt ist.

53 Das **Verhalten des Gerichtsvollziehers** bei der Beitreibung des Zwangsgeldes oder der Verhaftung des Schuldners ist mit der Erinnerung gem. § 766 anfechtbar. Über diese entscheidet das Vollstreckungsgericht (§ 764), nicht das Prozessgericht. Wird der **Rechtspfleger** zur Beitreibung des Zwangsgeldes eingeschaltet (Forderungspfändung gem. §§ 829 ff.), so richtet es sich nach den allgemeinen Regeln,[154] ob seine Beschlüsse gem. § 766 oder § 793 i. V. m. § 11 Abs. 1 RPflG anzufechten sind.

54 Der **Streitwert für die sofortige Beschwerde des Gläubigers** gegen die Ablehnung seines Vollstreckungsantrages entspricht regelmäßig dem Wert der Hauptsache;[155] der Streitwert **für die Beschwerde des Schuldners** gegen die Festsetzung eines Zwangsgeldes richtet sich nicht nach der

---

146 *Walker*, GS M. Wolf, 2011, 561, 576 ff.
147 Zum Ganzen BGH, NJW 2008, 2919 ff. mit Anm. *Stamm*, LMK 2008, 269680.
148 Siehe auch oben Rdn. 21.
149 So *Musielak/Voit/Lackmann*, § 888 Rn. 14.
150 BT-Drucks. 14/4722, S. 112.
151 Darauf abstellend OLG Köln, NJW-RR 2003, 716 f.; NJW-RR 2004, 716; ebenso PG/*Olzen*, § 888 Rn. 33; *Stein/Jonas/Brehm*, § 888 Rn. 48; *Zöller/Stöber*, § 888 Rn. 15.
152 So zum alten Beschwerderecht OLG Stuttgart, ZZP 97 (1984), 487 mit Anm. *Münzberg*.
153 LAG Berlin, AuR 1976, 153.
154 Siehe § 766 Rn. 6 sowie § 829 Rdn. 66 ff.
155 Siehe auch oben Rdn. 41.

Höhe des Zwangsgeldes, sondern nach dem Interesse des Schuldners, die Handlung nicht ausführen zu müssen.[156] Dieses Interesse ist gem. §3 zu schätzen. Es liegt jedenfalls nicht über dem Wert der Hauptsache.

XI. Gebühren

Im erstinstanzlichen Verfahren zur Entscheidung über einen Antrag nach §888 fällt eine **Gerichtsgebühr** nach KV Nr. 2111 GKG (Festgebühr von [Stand: Nov. 2014] 20 Euro) an. Mehrere Verfahren innerhalb desselben Rechtszuges gelten als ein Verfahren, sofern sie denselben Anspruch und denselben Gegenstand betreffen. Die Gebühren des **Gerichtsvollziehers** für die Beitreibung des Zwangsgeldes durch Pfändung beim Schuldner ergeben sich aus Nr. 205, für die Verhaftung des Schuldners aus Nr. 270 des Kostenverzeichnisses in der Anlage zu §9 GvKostG. Erfolgt die Beitreibung eines Zwangsgeldes durch Pfändung und Überweisung einer Forderung des Schuldners, wird dafür eine Gebühr nach KV Nr. 2111 GKG erhoben. 55

Für den **Rechtsanwalt** ist die Mitwirkung am Verfahren gem. §888 eine besondere Angelegenheit (§18 Abs. 1 Nr. 13 RVG). Die 0,3-Gebühr (RVG-VV Nr. 3309) deckt dann aber die gesamte Tätigkeit in diesem Verfahren ab, auch wenn mehrere Zwangsmittelanträge hintereinander notwendig werden sollten. 56

XII. ArbGG, VwGO, AO

Die Erwirkung unvertretbarer Handlungen aufgrund arbeitsgerichtlicher Titel erfolgt gem. §§62 Abs. 2, 85 Abs. 1 Satz 3 ArbGG nach §888. Zuständig ist das Arbeitsgericht. Typische Anwendungsfälle sind etwa die Erteilung eines Zeugnisses, die (Weiter-) Beschäftigung des Arbeitnehmers und die Vornahme von Eintragungen in die Arbeitspapiere (siehe Rn. 6ff.). Nach §61 Abs. 2 ArbGG kann der Kläger für den Fall, dass die geschuldete Handlung nicht binnen einer bestimmten Frist vorgenommen ist, die Verurteilung des Beklagten zur Zahlung einer Entschädigung beantragen. Dann ist eine Vollstreckung nach §888 ausgeschlossen. Sonderregelungen zur Vollstreckung unvertretbarer Handlungen enthalten die §§23 Abs. 3, 98 Abs. 5, 101 und 104 BetrVG (siehe schon Rn. 11). Die darin enthaltenen Bestimmungen zur Höhe des Zwangsgeldes gehen dem §888 vor. Die Verhängung einer Zwangshaft ist gem. §85 Abs. 1 Satz 3 ArbGG ausgeschlossen. 57

Die Vollstreckung aus verwaltungsgerichtlichen Titeln (§168 VwGO) erfolgt gem. §167 Abs. 1 VwGO grds. ebenfalls nach §888. Für die Vollstreckung zugunsten der öffentlichen Hand gilt gem. §169 Abs. 1 VwGO die Regelung in §11 VwVG, wonach ein Zwangsgeld zwischen 1,53 und 1.022,58 Euro verhängt werden kann. Für die Vollstreckung aus Urteilen auf Folgenbeseitigung, aus Verpflichtungsurteilen und aus entsprechenden einstweiligen Anordnungen gilt die Sonderregelung in §172 VwGO. Danach kann ein Zwangsgeld bis 10.000 Euro (u. U. wiederholt) angedroht, festgesetzt und vollstreckt werden. In der Abgabenvollstreckung kommen zur Durchsetzung unvertretbarer Handlungen gem. §328 AO Zwangsgeld bis 25.000 Euro (§329 AO), unmittelbarer Zwang (§331 AO) und Ersatzzwangshaft (§334 AO) in Betracht. Soll im Anwendungsbereich der FGO vollstreckt werden, ist Prozessgericht i. S. d. §888 das Finanzgericht.[157] 58

---

156 OLG Braunschweig, JurBüro 1977, 1148.
157 Zu einem solchen Fall (Vollstreckung des Anspruchs auf Gewährung von Akteneinsicht) BFH, BB 2001, 83.

§ 888a Keine Handlungsvollstreckung bei Entschädigungspflicht

Ist im Falle des § 510b der Beklagte zur Zahlung einer Entschädigung verurteilt, so ist die Zwangsvollstreckung auf Grund der Vorschriften der §§ 887, 888 ausgeschlossen.

Übersicht

	Rdn.			Rdn.
I.	Vollstreckungsverbot bzgl. des Hauptausspruches bei hilfsweise titulierter Geldforderung	1	II. Rechtsfolgen beim Verstoß gegen § 888a	2
			III. ArbGG, VwGO, AO	3

I. Vollstreckungsverbot bzgl. des Hauptausspruches bei hilfsweise titulierter Geldforderung

1 Hat der Gläubiger im amtsgerichtlichen Verfahren gem. § 510b oder im arbeitsgerichtlichen Prozess gem. § 61 Abs. 2 ArbGG ein Urteil erwirkt, durch das der Schuldner zur Vornahme einer Handlung und zugleich für den Fall, dass er die Handlung in einer im Urteil bestimmten Frist nicht vorgenommen hat, zur Zahlung einer Entschädigung verurteilt worden ist, so kann der Gläubiger den Hauptausspruch nicht im Wege der Zwangsvollstreckung durch Ersatzvornahme (im Fall des § 887) oder Festsetzung von Zwangsmitteln (im Fall der §§ 888, 889 Abs. 2) durchsetzen. Er kann nach Fristablauf nur die hilfsweise titulierte Geldforderung gem. §§ 803 ff. vollstrecken. Dem Gläubiger ist sogleich (also nicht erst nach Fristablauf) die Vollstreckungsklausel zu erteilen. Den Fristablauf prüft das Vollstreckungsorgan vor Beginn der Vollstreckung wegen der Geldforderung (§ 751 Abs. 1). Den Einwand, er habe die Handlung fristgerecht vorgenommen oder er habe die Nichterfüllung nicht zu vertreten, kann der Schuldner nur mit der Klage gem. § 767 geltend machen. Die mit der Zwangsvollstreckung des Entschädigungsanspruchs befassten Vollstreckungsorgane dürfen den Einwand nur unter den engen Voraussetzungen des § 775 Nr. 4 berücksichtigen.

II. Rechtsfolgen beim Verstoß gegen § 888a

2 Wird der Hauptausspruch unter Missachtung des § 888a doch vollstreckt, kann der Schuldner die entsprechenden Beschlüsse des Prozessgerichts mit der sofortigen Beschwerde anfechten. Ein Verstoß gegen § 888a führt aber nicht zur Nichtigkeit des Beschlusses, durch den eine Ersatzvornahme angeordnet oder ein Zwangsmittel festgesetzt wurde, sodass ein aufgrund eines derartigen, inzwischen rechtskräftigen Beschlusses beigetriebenes Zwangsgeld nicht mehr von der Staatskasse zurückgefordert werden kann.

III. ArbGG, VwGO, AO

3 Bei der Vollstreckung aus arbeitsgerichtlichen Titeln wird § 888a im Fall des § 61 Abs. 2 ArbGG durch die entsprechende Sonderregelung in § 61 Abs. 2 Satz 2 ArbGG ersetzt. In der Verwaltungs- und der Abgabenvollstreckung spielt § 888a keine Rolle, weil § 510b dort nicht anwendbar ist.

§ 889 Eidesstattliche Versicherung nach bürgerlichem Recht

(1) ¹Ist der Schuldner auf Grund der Vorschriften des bürgerlichen Rechts zur Abgabe einer eidesstattlichen Versicherung verurteilt, so wird die Versicherung vor dem Amtsgericht als Vollstreckungsgericht abgegeben, in dessen Bezirk der Schuldner im Inland seinen Wohnsitz oder in Ermangelung eines solchen seinen Aufenthaltsort hat, sonst vor dem Amtsgericht als Vollstreckungsgericht, in dessen Bezirk das Prozessgericht des ersten Rechtszuges seinen Sitz hat. ²Die Vorschriften der §§ 478 bis 480, 483 gelten entsprechend.

(2) Erscheint der Schuldner an dem zur Abgabe der eidesstattlichen Versicherung bestimmten Termin nicht oder verweigert er die Abgabe der eidesstattlichen Versicherung, so verfährt das Vollstreckungsgericht nach § 888.

Übersicht	Rdn.		Rdn.
I. Anwendungsbereich der Norm	1	3. Formel der eidesstattlichen Versicherung	4
II. Verfahren	2	4. Vertretung bei der Versicherung	5
1. Freiwillige Erfüllung des titulierten Anspruchs	2	III. Zwangsvollstreckung nach Abs. 2	6
		IV. Rechtsbehelfe	8
2. Zuständiges Gericht	3	V. Gebühren	9

I. Anwendungsbereich der Norm

Ist der Schuldner aufgrund materiellen Rechts verpflichtet, dem Gläubiger die Richtigkeit von Abrechnungen, Verzeichnissen oder Auskünften an Eides statt zu versichern – etwa aufgrund der §§ 259 Abs. 2, 260 Abs. 2 BGB i. V. mit §§ 666, 681 Satz 2, 713, 740 Abs. 2, 1361 Abs. 4 Satz 4 i. V. m. § 1605 BGB, 1379, 1435, 1580, 1605, 2028, 2057, 2127, 2218 Abs. 1, 2314 BGB (praktisch bedeutsam), 74 c Abs. 2, 87 c HGB, 51 a GmbHG –,[1] so schuldet er i. S. der Terminologie der §§ 883 ff. eine unvertretbare Handlung – nicht etwa nur eine Willenserklärung –.[2] Denn nur der Schuldner selbst weiß, ob die eigenen Angaben seinem »besten Wissen« (vgl. §§ 259 Abs. 2, 260 Abs. 2 BGB) entsprechen. Will der Schuldner diese Verpflichtung freiwillig erfüllen, so ist nach §§ 410 Nr. 1, 413 FamFG vorzugehen. Das zuständige Gericht ergibt sich aus § 411 Abs. 1 Nr. 1 FamFG. Die Abgabe vor einem Notar genügt hingegen zur freiwilligen Erfüllung der Verpflichtung nicht.[3] Erfüllt der Schuldner seine Verpflichtung nicht, muss der Gläubiger Leistungsklage erheben. § 254 ermöglicht es dem Gläubiger, den Auskunfts- oder Rechnungslegungsanspruch und den möglichen künftigen Anspruch auf eidesstattliche Versicherung zugleich im Wege der *Stufenklage* zu verfolgen.

Eine Klage auf Abgabe der eidesstattlichen Versicherung (2.Stufe) ist immer dann statthaft, wenn die Richtigkeit und Vollständigkeit der Auskunft oder Rechnungslegung aufgrund seines »überlegenen Wissens« nur vom Schuldner selbst versichert werden kann. In diesem Sinne ist die Klageform auch zwingend. Geht es dem Gläubiger indes allein um die Herausgabe bestimmter Urkunden oder kann die auf der ersten Stufe titulierte Auskunft oder Rechnungslegung nach Einsicht in die maßgeblichen Unterlagen auch durch einen sogen. Buchsachverständigen erfolgen, dann ist nach § 883 respektive § 887 zu vollstrecken.[4] Konkurriert der Anspruch auf Abgabe einer eidesstattli-

---

[1] Weitere Beispiele: *Palandt/Grüneberg*, § 259 Rn. 4, § 260 Rn. 10-13.
[2] Daher die Stellung im Gesetz unmittelbar nach § 888.
[3] OLG Zweibrücken, MDR 1979, 492.
[4] Dies gilt auch dann (betr. Erstellung eines Buchauszugs), wenn sich die hierfür erforderlichen Unterlagen im Ausland befinden, vgl. hierzu BGH, WRP 2009, 1559. In der Praxis des Erkenntnisverfahrens wird der Antrag auf Verurteilung zur Abgabe einer eidesstattlichen Versicherung häufig »ins Blaue« hinein gestellt, ohne dass die in §§ 259 Abs. 2, 260 Abs. 2 BGB normierte materiell rechtliche Voraussetzung (»Besteht Grund zu der Annahme, ...«), die konkret darzulegen ist, Beachtung findet, vgl. auch obiter BGHZ 55, 201, 203; ferner LG Düsseldorf, Urt. vom 19.6.2012 – 4a O 122/11 – juris; *Roßmann*, ZFE 2009, 444, 448/9.

chen Versicherung materiellrechtlich mit einem Anspruch auf Gewährung von Bucheinsicht, § 810 BGB, so mag für die Titulierung des ersteren Anspruchs ein Rechtsschutzinteresse fehlen, wenn die Bucheinsicht voraussichtlich leichter und schneller zum Ziel führt.[5]

Hat der Gläubiger schließlich einen Titel über seinen zivilrechtlichen Anspruch auf eidesstattliche Versicherung durch den Schuldner erlangt, so regelt § 889 die Zwangsvollstreckung dieses Titels. Mit der vollstreckungsrechtlichen eidesstattlichen Versicherung (§§ 802c Abs. 3, 807, 836 Abs. 3 Satz 3, 883 Abs. 2[6]) hat die Vorschrift somit nichts zu tun[7]. Während die vollstreckungsrechtliche eidesstattliche Versicherung der zwangsweisen Realisierung eines ganz anderen Anspruchs (auf Geldleistung oder Herausgabe einer Sache) dient, geht es bei § 889 um die zwangsweise Durchsetzung eines gerade auf Abgabe der eidesstattlichen Versicherung gerichteten materiellrechtlichen Anspruchs.

II. Verfahren

1. Freiwillige Erfüllung des titulierten Anspruchs

2 Hat der Gläubiger ein jedenfalls vorläufig vollstreckbares Urteil auf Abgabe einer eidesstattlichen Versicherung durch den Schuldner erwirkt[8], so richtet sich nunmehr auch die freiwillige Erfüllung dieses Anspruchs durch den Schuldner nach Abs. 1 und nicht mehr nach §§ 410 Nr. 1, 413 FamFG.[9] Erforderlich, um das Verfahren einzuleiten, ist ein Antrag des Gläubigers oder des – zur freiwilligen Erfüllung bereiten – Schuldners auf Terminbestimmung. Dem Antrag ist der Titel beizufügen,[10] damit das Gericht seine Verpflichtung zur Mitwirkung überprüfen kann.

2. Zuständiges Gericht

3 Sachlich zuständig zur Abnahme der eidesstattlichen Versicherung ist das **Amtsgericht als Vollstreckungsgericht**[11] auch dann, wenn das zu vollstreckende Urteil von einem Arbeitsgericht oder Familiengericht[12] erlassen wurde.[13] Funktionell zuständig beim Vollstreckungsgericht ist der Rechtspfleger (§ 20 Ziff. 17 RPflG). Örtlich zuständig ist das Gericht des § 13, hilfsweise des § 16[14], äußerst hilfsweise das Gericht, in dessen Bezirk das Prozessgericht des ersten Rechtszuges seinen Sitz hat. Das zuständige Gericht kann anordnen (Abs. 1 Satz 2), dass der Schuldner, wenn die Voraussetzungen des § 479 vorliegen, die eidesstattliche Versicherung vor einem ersuchten anderen Gericht abgibt.

---

5 Vgl. BGHZ 55, 201 (Urt. v. 20.1.1971).
6 Sämtlich in der Fassung des Gesetzes zur Reform der Sachaufklärung in der Zwangsvollstreckung vom 29.7.2009 (BGBl. I, S. 2258 ff).
7 OLG Düsseldorf, OLGR 1993, 296.
8 Ein Prozessvergleich genügt hingegen nicht, str.: Wie hier *Prütting/Gehrlein/Olzen*, § 889 Rn. 2; a. A. *MüKo/ Gruber*, § 889 Rn. 3.
9 BayObLG, BayObLGZ 3, 135; **a. A.** (die Parteien können weiter das Verfahren nach dem FamFG wählen): *Musielak/Lackmann*, § 889 Rn. 2; *Prütting/Gehrlein/Olzen*, § 889 Rn. 1; *Thomas/Putzo/Seiler*, § 889 Rn. 1; *Wieczorek/Schütze/Rensen*, § 889 Rn. 7. Offengelassen in OLG Düss., FamRZ 2004, 129.
10 **A. A.**: *Stein/Jonas/Brehm* § 889 Rn. 4.
11 LG Bochum, Pfleger 1999, 404.
12 Vgl. OLG Frankfurt, FamRZ 2004, 219.
13 *Baumbach/Lauterbach/Hartmann*, § 889 Rn. 4; *Stein/Jonas/Brehm*, § 889 Rn. 5.
14 Zur Bestimmung des zuständigen Vollstreckungsgerichts reicht ein nur vorübergehender Aufenthalt des Schuldners im Hoheitsgebiet der Bundesrepublik Deutschland aus (so LG Düsseldorf, Urt. vom 19.6.2013, 4a O 122/11, unter Berufung auf BGH, NJW 2008, 3288 zu § 899 Abs. 1 ZPO a. F.).

3. Formel der eidesstattlichen Versicherung

Die genaue Formel, also – wenn man so will – der (Streit-) Gegenstand der eidesstattlichen Versicherung, ergibt sich in der Regel schon aus dem Tenor des Urteils.[15] Ist dies nicht der Fall, so bedarf es der Auslegung des Titels unter Heranziehung der Entscheidungsgründe. In diesem Fall legt der Rechtspfleger die Formel durch Beschluss fest.[16] Muss die im Urteil festgelegte Formel später eingetretenen Umständen angepasst werden, weil die Versicherung sonst nicht möglich oder unzulässig wäre, gilt § 261 Abs. 1 BGB auch im Vollstreckungsverfahren weiter: Der Rechtspfleger kann eine den Umständen entsprechende Änderung der eidesstattlichen Versicherung beschließen.[17] Er kann die Verpflichtung aus dem Urteil dadurch allerdings nicht in der Sache erweitern oder substantiell verändern, sondern hat sich im Rahmen des Entscheidungssatzes zu halten.[18]

Dem Gläubiger steht im Termin kein besonderes Fragerecht, wie im Fall der vollstreckungsrechtlichen eidesstattlichen Versicherung (§§ 802c Abs. 3, 807, 836 Abs. 3 Satz 3, 883 Abs. 2) zu[19].

4. Vertretung bei der Versicherung

Der Schuldner muss die Versicherung persönlich abgeben und kann sich nicht durch die Personen vertreten lassen, die ihm bei der Erstellung der Auskunft oder der Rechnungslegung behilflich waren.[20] Für den prozessunfähigen Schuldner hat dessen gesetzlicher Vertreter bzw. derjenige, der mit der Vermögenssorge betraut wurde, die Versicherung abzugeben, für die juristische Person deren vertretungsberechtigtes Organ. Einer Klauselumschreibung gegen den Vertreter oder das Organ bedarf es ebenso wie bei der Zwangsmittelfestsetzung nach § 888 nicht.[21]

III. Zwangsvollstreckung nach Abs. 2

Erscheint der ordnungsgemäß zum Termin geladene Schuldner dort unentschuldigt nicht oder verweigert er die eidesstattliche Versicherung, so kann der Gläubiger Antrag auf Zwangsmittelfestsetzung gem. § 888 Abs. 1 stellen.[22] Auch über diesen Antrag entscheidet das in Abs. 1 genannte Vollstreckungsgericht – also nicht wie sonst bei § 888 das Prozessgericht des ersten Rechtszuges –, allerdings nunmehr durch den **Richter**. Die Zuständigkeit des Richters folgt aus § 4 Abs. 2 Nr. 2 RPflG (i. V. m. Art. 104 Abs. 2 Satz 1 GG), da auch die Zwangshaft eine Freiheitsentziehung darstellt und gegen den Schuldner im Fall der Zulässigkeit und Begründetheit des Zwangsmittelantrages in jedem Fall zumindest Ersatzzwangshaft festzusetzen ist.[23]

Vor Erlass des Zwangsmittelfestsetzungsbeschlusses hat das Gericht das Vorliegen der allgemeinen und besonderen Vollstreckungsvoraussetzungen zu prüfen. Der Einwand des Schuldners, er habe den vom Rechtspfleger bestimmten Termin ohne Verschulden nicht wahrnehmen können, ist nicht beachtlich, da der erfüllungsbereite Schuldner seinerseits jederzeit Anberaumung eines neuen Termins beantragen und die Zwangsmittelfestsetzung damit vermeiden kann. Die Beschränkungen

---

15 Eine Bezugnahme auf einen bei den Akten befindlichen Schriftsatz, in dem die zu versichernde Auskunft enthalten ist, soll insoweit nach BayObLGR 2005, 319 ausreichen; dagegen mit Recht OLG Zweibrücken, EzFamR aktuell 2003, 237.
16 *Baumbach/Lauterbach/Hartmann*, § 889 Rn. 3.
17 BGH, MDR 2014, 1342 mit Anm. Walker/Khachatryan, LMK 2014, 363526; OLG Bamberg, NJW 1969, 1304; LG Berlin, Rpfleger 1971, 264; *Wieczorek/Schütze/Rensen*, § 889 Rn. 3; a. A.: *Winter*, NJW 1969, 2244.
18 Dazu noch unten zu Rdn. 7 a. E.
19 OLG Celle, OLGR 1995, 310.
20 LG Köln, NJW-RR 1986, 360.
21 Siehe auch § 888 Rdn. 34, 35.
22 Die Androhung der Zwangsmittel bereits vor dem Termin und bevor der Schuldner die eidesstattliche Versicherung verweigert, wäre unzulässig: OLG Düsseldorf, FamRZ 1997, 1495.
23 Die Vollstreckung solcher Maßnahmen liegt wiederum beim Rechtspfleger, vgl. § 31 Abs. 3 RPflG.

für eine Terminsverlegung auf Antrag des Schuldners, die in § 802 f für die zwangsvollstreckungsrechtliche eidesstattliche Versicherung geregelt sind, gelten nämlich im Verfahren nach § 889 Abs. 1 nicht.[24] Der Erfüllungseinwand ist, da er durch das Protokoll der eidesstattlichen Versicherung zu belegen ist (§ 775 Nr. 4), zu berücksichtigen. Materiellrechtliche Einwendungen gegen die Verpflichtung zur eidesstattlichen Versicherung im Übrigen kann der Schuldner nur mit der Klage gem. § 767 geltend machen. Eine solche Klage kann aber nicht erfolgreich darauf gestützt werden, der Schuldner müsste sich in der Versicherung selbst einer strafbaren Handlung bezichtigen oder werde andernfalls zu einer erneuten Straftat genötigt;[25] dies aber sei unzumutbar. Denn der Schuldner kann eine vorherige falsche Auskunft oder Rechnungslegung jederzeit korrigieren und die eidesstattliche Versicherung dann erst im Hinblick auf die geänderte Auskunft abgeben.[26] Insoweit kann die Formel im Sinne von § 261 Abs. 1 BGB den geänderten Umständen angepasst werden, freilich aufgrund der organisatorischen und verfahrensmäßigen Trennung der Zwangsvollstreckung vom Erkenntnisverfahren[27] immer nur im Rahmen des ursprünglichen Entscheidungssatzes. Der Schuldner darf in einem solchen Fall im Verfahren nach § 889 sogar zur Abgabe einer inhaltlich »nachgebesserten« Auskunft *gezwungen* werden.[28]

IV. Rechtsbehelfe

8 Die Ladung zur eidesstattlichen Versicherung ist, da es sich noch nicht um einen Akt der Zwangsvollstreckung handelt,[29] nicht anfechtbar.[30] Über die Einwendungen des Schuldners gegen seine Verpflichtung zur eidesstattlichen Versicherung ist erst im Zwangsmittelfestsetzungsverfahren zu entscheiden. Hinsichtlich der Rechtsmittel gegen den Zwangsmittelfestsetzungsbeschluss gilt das zu § 888 Gesagte entsprechend,[31] ebenso hinsichtlich der Rechtsmittel gegen Vollstreckungshandlungen aus dem Zwangsmittelfestsetzungsbeschluss.[32]

V. Gebühren

9 Für die freiwillige Abgabe der eidesstattlichen Versicherung gilt § 124 KostO. Für das Verfahren nach § 889 Abs. 1 und Abs. 2 wird die gerichtliche Festgebühr von 35 EUR gem. KV Nr. 2114 GKG erhoben. Die Tätigkeit des Gerichtsvollziehers ist im Rahmen einer Vorgehensweise nach §§ 889 Abs. 2, 888 denkbar. Für seine Gebühren gilt dann das zu § 888 Gesagte.[33]

Der Rechtsanwalt erhält bereits für die Mitwirkung im Antragsverfahren des § 889 Abs. 1 die besondere 0,3 Vollstreckungsgebühr gem. VV Nr. 3309, 3310 RVG, obgleich der Wortlaut des § 18 Nr. 13 RVG dies nicht unmittelbar hergibt. Denn schon das Verfahren nach Abs. 1 ist notwendiger Teil der Zwangsvollstreckung auf Vornahme einer unvertretbaren Handlung. Der Rechtsanwalt erhält also die vorerwähnten Gebühren unabhängig davon, ob der Schuldner im anberaumten

---

24 OLG Düsseldorf, OLGR 1993, 296 zur früheren Rechtslage (§ 900 Abs. 3 und 4).
25 BGHZ 41, 318.
26 Die Möglichkeit zur vorherigen Berichtigung ist gerade der Zweck jeder Eidesform, vgl. auch OLG Zweibrücken, EzFamR aktuelll 2003, 237.
27 Hierzu *Gaul* in *Gaul/Schilken/Becker-Eberhard*, § 5 Rn. 2 ff.
28 So mit Recht BGH, MDR 2014, 1342 mit Anm. Walker/Khachatryan, LMK 2014, 363526; WM 2004, 1742. Ansonsten wäre der Schuldner jederzeit in der Lage, durch die bloße Behauptung, seine bisherige Auskunft sei falsch, die Vollstreckung nach § 889 zu unterlaufen (treffend *Stein/Jonas/Brehm*, § 889 Rn. 9 mit Fn. 15).
29 OLG Düsseldorf, OLGR 1993, 296.
30 LG Berlin, DGVZ 1976, 9; LG Heilbronn, FamRZ 1994, 1539; *MüKo/Gruber*, § 889 Rn. 7; wohl liegt hierin die, nach § 891 ZPO zwingende, Gewährung rechtlichen Gehörs; so auch *Musielak/Lackmann*, § 889 Rn. 7 und 8.
31 § 888 Rdn. 52.
32 § 888 Rdn. 53.
33 § 888 Rdn. 55.

Termin erscheint oder nicht.[34] Mit der Entstehung der Gebühren ist die weitere Teilnahme am Verfahren gem. Abs. 2 mit abgegolten.[35]

Für die Kostenerstattung gilt indes folgendes: Gibt der Schuldner die eidesstattliche Versicherung – auch nach Erlass eines Urteils – freiwillig ab, kann der Gläubiger wegen des Norminhalts des § 261 Abs. 3 BGB keine Erstattung der gerichtlichen und außergerichtlichen Kosten verlangen; § 788 ist insoweit nicht anwendbar.[36] Etwas anderes gilt für die Kosten, die daraus entstehen, dass der Schuldner die Abgabe der eidesstattlichen Versicherung verweigert, sodass sie mit Maßnahmen nach §§ 889 Abs. 2, 888 erzwungen werden muss. Diese Kosten muss der Schuldner tragen.[37]

Der Gegenstandswert, nach dem die Anwaltsgebühren zu berechnen sind, ist nach § 3 festzusetzen und entspricht dem Mehr, das der Gläubiger aufgrund der eidesstattlichen Versicherung gegenüber der bisher erteilten Auskunft zu erreichen hofft.

---

[34] A.A. (nur, wenn es auch zu Verfahren nach Abs. 2 kommt): *Stein/Jonas/Brehm*, § 889 Rn. 13; **wie hier:** *Zöller/Stöber*, § 889 Rn. 6.
[35] A.A. *MüKo/Gruber*, § 889 Rn. 13.
[36] BGH, MDR 2000, 907; OLG Frankfurt, FamRZ 2004, 129; *Stein/Jonas/Brehm*, § 889 ZPO, Rn. 13; a.A. (§ 788 gehe dem § 261 Abs. 3 BGB vor; der Schuldner habe also die Kosten zu tragen): LG Berlin, JurBüro 1967, 678.
[37] BGH, MDR 2000, 907.

§ 890 Erzwingung von Unterlassungen und Duldungen

(1) ¹Handelt der Schuldner der Verpflichtung zuwider, eine Handlung zu unterlassen oder die Vornahme einer Handlung zu dulden, so ist er wegen einer jeden Zuwiderhandlung auf Antrag des Gläubigers von dem Prozessgericht des ersten Rechtszuges zu einem Ordnungsgeld und für den Fall, dass dieses nicht beigetrieben werden kann, zur Ordnungshaft oder zur Ordnungshaft bis zu sechs Monaten zu verurteilen. ²Das einzelne Ordnungsgeld darf den Betrag von zweihundertfünfzigtausend Euro, die Ordnungshaft insgesamt zwei Jahre nicht übersteigen.

(2) Der Verurteilung muss eine entsprechende Androhung vorausgehen, die, wenn sie in dem die Verpflichtung aussprechenden Urteil nicht enthalten ist, auf Antrag von dem Prozessgericht des ersten Rechtszuges erlassen wird.

(3) Auch kann der Schuldner auf Antrag des Gläubigers zur Bestellung einer Sicherheit für den durch fernere Zuwiderhandlungen entstehenden Schaden auf bestimmte Zeit verurteilt werden.

Übersicht

	Rdn.
I. Anwendungsbereich der Vorschrift	1
1. Unmittelbarer Anwendungsbereich	1
a) Unterlassungsverpflichtungen	2
b) Duldungsverpflichtungen	3
2. Keine entspr. Anwendung auf Dauerverpflichtungen zur Vornahme vertretbarer oder nichtvertretbarer Handlungen	4
II. Die Funktion der in Abs. 1 Satz 1 vorgesehenen Ordnungsmittel	5
III. Die verfahrensrechtlichen Voraussetzungen des Erlasses eines Ordnungsmittelbeschlusses	9
1. Antrag	9
2. Zuständiges Gericht	10
3. Allgemeine und besondere Prozessvoraussetzungen	11
a) Inhaltlich bestimmter Vollstreckungstitel	12
b) Bestand des Titels zum Zeitpunkt der Entscheidung	13
c) Besonderer Tatbestand der Erledigung	14
d) Sonstige Vollstreckungsvoraussetzungen	15
4. Ordnungsmittelandrohung	16
5. Rechtsschutzbedürfnis	21
6. Rechtliches Gehör, Anwaltszwang	22
7. Keine Verfahrensunterbrechung durch Insolvenz	23
IV. Die sachlichen Voraussetzungen des Erlasses eines Ordnungsmittelbeschlusses	24
1. Zuwiderhandlungen gegen das Unterlassungs- und Duldungsgebot/«Kerntheorie»	24
a) Beispiele im Kern gleichwertiger Handlungen	25
b) Beispiele nur ähnlicher, aber im Kern nicht mehr gleichwertiger Handlungen	26
c) Weitere Tatbestände	27
2. Maßgeblicher Zeitpunkt der Zuwiderhandlung	28
3. Behandlung mehrfacher Zuwiderhandlungen gegen den nämlichen Unterlassungstitel	29
4. Notwendigkeit eigenen Verschuldens	30
a) Grundsätzliches	31
b) Verbotsirrtum	32
c) Zurechnung anwaltlichen Verhaltens	33
5. Einstehenmüssen für das Verhalten Dritter	34
6. Mögliche Einwendungen des Schuldners	36
7. Darlegungs- und Beweislastverteilung	40
V. Der Inhalt des Ordnungsmittelbeschlusses	41
1. Die Wahl des Ordnungsmittels	41
a) Ordnungsgeld	42
b) Ersatzordnungshaft	43
c) Ordnungshaft	44
2. Der Adressat der Ordnungsmittelfestsetzung	45
a) Betreffend Ordnungshaft	45
b) Betreffend Ordnungsgeld	46
c) Rechtsnachfolge und ähnliche Gestaltungen	47
3. Kostenentscheidung	48
4. Begründungszwang/Rechtsbehelfsbelehrung	49
VI. Bestellung einer Sicherheit	50
VII. Die Vollstreckung der festgesetzten Ordnungsmittel	51
1. Ordnungsgeld	52
2. Ordnungshaft	53
3. Vollstreckung in EU-Staaten	54
VIII. Rückzahlung bereits geleisteter Ordnungsgelder nach Aufhebung des Vollstreckungstitels	55
IX. Rechtsbehelfe	57
X. Streitwert und Gebühren	62

Literatur:

Ahrens/Spätgens, Einstweiliger Rechtsschutz und Vollstreckung in UWG-Sachen, 4. Aufl., 2001; *Ahrens*, Unterlassungsschuldnerschaft beim Wechsel des Unternehmensinhabers – Zur materiellrechtlichen und prozessrechtlichen Kontinuität des Unterlassungsanspruchs, GRUR 1996, 518; *Altmeppen*, Die Bindung des Schuldners an Unterlassungsurteile in ihrer Abhängigkeit von der Sicherheitsleistung und der Veranlasserhaftung des Gläubigers, WM 1989, 1157; *Busch*, Die Rechtsprechung zur Rückrufverpflichtung, AfP 2004, 413; *Dahm*, Vollbeweis oder Glaubhaftmachung bei Vollstreckung einstweiliger Unterlassungsverfügungen, MDR 1996, 1100; *Diekmann/Pohlmann*, Prozessrechtliche Abwicklung von Unterlassungsverfügungen vor dem Sozialgericht unter Berücksichtigung der Erledigung und des einstweiligen Rechtsschutzes, NZS 2004, 640; *Henckel*, Vorbeugender Rechtsschutz im Zivilrecht, AcP 1974, 97; *Hillinger*, Nochmals zur Verjährung von Unterlassungsansprüchen, GRUR 1973, 254; *Jauernig*, Einstweilige Verfügung gegen ein Bezugsverbot, NJW 1973, 1671; *Jestaedt*, Die Vollstreckung von Unterlassungstiteln nach § 890 ZPO bei Titelfortfall, WRP 1981, 433; *Köhler*, Die Auswirkungen der Unternehmensveräußerung auf gesetzliche und vertragliche Unterlassungsansprüche, WRP 2000, 921; *ders.*, Natürliche Handlungseinheit und Fortsetzungszusammenhang bei Verstößen gegen Unterlassungsurteil und strafbewehrte Unterlassungserklärungen., WRP 1993, 666; *Klute*, Eine Streitschrift wider die Kenntniserlangung – Zustellungsmängel von Beschlussverfügungen und deren Heilung, GRUR 2005, 924; *Lindacher*, Zur »Natur« der Strafe nach § 890 ZPO, ZZP 1972, 239; *ders.*, Internationale Unterlassungsvollstreckung, FS Gaul, 1997, S. 399; *Mankowski*, Für einen Wegfall des Fortsetzungszusammenhangs bei der Unterlassungsvollstreckung, WRP 1996, 1144; *Nieder*, Die vertragsstrafenbewehrte Unterwerfung im Prozeßvergleich, WRP 2001, 117; *Pastor*, Das Verschulden bei wettbewerblichen Titelverstößen, GRUR 1967, 185; *Rieble*, Das Ende des Fortsetzungszusammenhangs im Recht der Vertragsstrafe, WM 1995, 828; *Ruess*, Vollstreckung aus Unterlassungstiteln bei Erledigung des Verfahrens – das Ende einer endlosen Diskussion, NJW 2004, 485; *Rüßmann*, Bindungswirkung rechtskräftiger Unterlassungsurteile, FS Lüke, 1997, S. 675; *Schilken*, Geltendmachung des Erfüllungseinwands, FS Gaul, 1997, S. 667; *Schuschke*, Wiederholte Verletzungshandlungen: Natürliche Handlungseinheit, Fortsetzungszusammenhang und Gesamtstrafe im Rahmen des § 890 ZPO, WRP 2000, 1008; *ders.*, Einstweilige Verfügungen gegen ehrverletzende Äußerungen, ZAP, Fach 14 S. 361; *Teplitzky*, Das Verhältnis des objektiven Beseitigungsanspruchs zum Unterlassungsanspruch im Wettbewerbsrecht, WRP 1984, 365; *Volkmann*, Die Unterlassungsvollstreckung gegen Störer aus dem Online-Bereich, CR 2003, 440.

I. Anwendungsbereich der Vorschrift

1. Unmittelbarer Anwendungsbereich

§ 890 regelt die Vollstreckung aus Titeln, durch die dem Schuldner die Verpflichtung auferlegt wurde, bestimmte Handlungen zu unterlassen oder die Vornahme bestimmter Handlungen zu dulden. In formeller Hinsicht kommen als Titel mit einem derartigen Inhalt neben – zumindest vorläufig vollstreckbaren – Urteilen auch einstweilige Verfügungen (Beschluss- und Urteilsverfügungen), vollstreckbare Beschlüsse (besonders häufig in Wohnungseigentumssachen) und Prozessvergleiche in Betracht. Denn im Gesetz, § 890 Abs. 1 S. 1, ist anders als zu § 889 von der »Verpflichtung« und nicht von der »Verurteilung« die Rede. In sachlicher Hinsicht sind Unterlassungsverpflichtungen besonders häufig im Bereich des gewerblichen Rechtsschutzes, im Urheberrecht, im Nachbarrecht sowie zum Schutze absoluter Rechtsgüter, insbesondere der Ehre (§§ 823 Abs. 1, 1004 BGB).[1] Duldungsverpflichtungen finden sich häufig im Nachbarrecht und im Mietrecht.

a) Unterlassungsverpflichtungen

Etwas **unterlassen** bedeutet zunächst, dieses »etwas« nicht zu tun; z. B. eine Behauptung nicht aufzustellen, ein bestimmtes Produkt nicht zu verkaufen, eine Produktausstattung nicht (mehr) zu verwenden, bestimmte Baumaßnahmen im Grenzbereich nicht vorzunehmen usw. In diesem »Nichtstun« erschöpft sich jedoch die Bedeutung eines Unterlassungsgebotes nicht: Das Unterlassen ist dem Schuldner immer deshalb auferlegt worden, weil durch das verbotene Tun – die Behauptung, die Werbung, den Verkauf usw. – eine – absolut oder auch nur relativ – geschützte Rechtsposition des Gläubigers verletzt würde. Würde dieser Verletzungserfolg bei einem bloßen Nichtstun des Schuldners aber aus Gründen, die dem Schuldner zuzurechnen sind, weiterhin ein-

---

[1] *Schuschke*, ZAP, Fach 14 S. 361.

treten,[2] so ist immanenter Bestandteil des Unterlassungsgebotes auch das Gebot, aktiv zu werden und den Erfolgseintritt oder den Fortbestand der schon vorliegenden Rechtsverletzung zu verhindern.[3] Insofern bedarf es weder einer ausdrücklichen Aufspaltung des Gebots an den Schuldner in ein Gebot, die bereits eingetretene Störung oder die ihren Eintritt vorbereitenden Ursachen zu beseitigen,[4] und ein Gebot, künftig alles zu unterlassen, was neue Ursachen für einen weiteren Verletzungserfolg in Gang setzen könnte, noch auch nur einer »Auslegung« des Unterlassungsgebotes in ein nach §§ 887, 888 zu vollstreckendes Gebot zum Handeln und ein zusätzliches Unterlassungsgebot, das nach § 890 durchgesetzt wird.[5] Der Gläubiger kann aus einem Unterlassungstitel also nach § 890 sowohl vollstrecken, wenn der Schuldner aktiv etwas dem Unterlassungsgebot Zuwiderlaufendes unternimmt – die untersagte Werbung erneut schaltet; die plagiierten Produkte weiterhin zum Kauf anbietet; die untersagte Behauptung erneut aufstellt; usw. – als auch, wenn der Schuldner durch Nichtstun die Rechtsverletzung fortbestehen, aus vorhandenen Ursachen sich verwirklichen oder durch Dritte durchführen lässt – etwa bereits erteilte Anzeigenaufträge mit dem verbotenen Werbetext nicht widerruft;[6] die Werbetafeln mit den zu unterlassenden Aussagen nicht abhängt;[7] seine Arbeitnehmer oder Handelsvertreter nicht über das Unterlassungsgebot informiert oder ihr Tun nicht ausreichend überwacht;[8] eine verbotene Veröffentlichung auf der Homepage des Schuldners nicht löscht;[9] die Registrierung einer Domain, deren Nutzung untersagt worden ist, nicht rückgängig macht;[10] usw.[11] –. Die Möglichkeit, einheitlich aus einem Unterlassungsanspruch ein Tun und ein Nichtstun mittels § 890 zu erzwingen, hindert den Gläubiger allerdings nicht, den Unterlassungsanspruch und den Beseitigungsanspruch von vornherein ausdrücklich getrennt titulieren und dann folgerichtig den einen Titel nach § 890 und den anderen nach §§ 887, 888 vollstrecken zu lassen.[12] Der Gläubiger wird diesen Weg sogar beschreiten, wenn er sich eine schnellere und wirkungsvollere Durchsetzung des Beseitigungsanspruchs erhofft, falls dieser isoliert tituliert und dann im Wege der Ersatzvornahme erzwungen wird.[13] Besteht ausnahmsweise nur eine einzige Möglichkeit, dem Unterlassungsgebot gerecht zu werden, indem nämlich eine ganz

---

2 Der Schuldner hat etwa vor Titelerlass Ursachen gesetzt, die den Erfolg herbeiführen oder aufrechterhalten, wenn sie nicht beseitigt werden.
3 *Brox/Walker*, Rn. 1093; *Pastor*, Die Unterlassungsvollstreckung, 3. Aufl. S. 32; *Schilken in Gaul/Schilken/Becker-Eberhard*, § 73 Rdn. 6; *Stein/Jonas/Brehm*, § 890 Rn. 5; BGH, WuM 2007, 209 für den Fall einer Duldungsverpflichtung (Urt. vom 25.1.2007); NJW-RR 2003, 1235; OLG Hamburg, GRUR 1990, 673 und InVo 1997, 278; OLG München, WRP 1992, 809 und GRUR 1993, 510; OLG Düsseldorf, WRP 1993, 326; OLG Stuttgart, NJW-RR 1993, 24; OLG Köln, MDR 2008, 1066; OLG Köln, OLGZ 1994, 599; InVo 2000, 70 u. 289 sowie InVo 2001, 35; OLG München, OLGR 2000, 86; OLG Zweibrücken, OLGR 2000, 72.
4 So aber; OLG München, GRUR 1972, 502 und 540; OLG Hamm, OLGZ 1974, 62.
5 *Brehm*, ZZP 1993, 266, 270 plädiert für diese Möglichkeit.
6 OLG Hamburg InVo 1997, 278; Thüringer OLG, InVo 2005, 71.
7 LG München I, ZMR 2008, 244; OLG Hamburg, GRUR 1967, 618 und WRP 1973, 276; OLG Koblenz, MDR 1965, 51; OLG München, GRUR 1993, 510.
8 Einzelheiten zur erforderlichen Einflussnahme auf Dritte siehe unten Rdn. 34 f.
9 OLGR München 2003, 412.
10 LG Berlin, MMR 2001, 323.
11 Hierzu gehören – teilweise – auch die Fälle der sogen. »Rückrufverpflichtung« bei Verletzung des allgemeinen Persönlichkeitsrechts, vgl. die interessante Auflistung bei *Busch*, AfP 2004, 413.
12 *Prütting/Gehrlein/Olzen*, § 890 Rn. 5; *Pastor*, Die Unterlassungsvollstreckung, S. 32; *Teplitzky*, Wettbewerbsrechtliche Ansprüche, 8. Aufl. 2002, Kap. 22 Rn. 9–13 (in 9.Aufl. ohne Text). A.A. offenbar OLG Köln, CR 2008, 512 (Vorinstanz: LG Köln, K& R 2008, 188) hinsichtlich der Fallgestaltung Bewertung von Lehrern durch Schüler auf einer Internetseite (Unterlassung der Veröffentlichung von Daten, Löschung bereits veröffentlichter Daten), das das Rechtsschutzinteresse für den Löschungsanspruch verneint. Im Hinblick auf die nachfolgenden Ausführungen hier im Text ist diese Rechtsansicht unzutreffend. Der **BGH** hat die Frage in WuM 2007, 209 (oben Fn3) offengelassen, obgleich dort die Pflicht zum Handeln ausdrücklich besonders tituliert war.
13 A.A. insoweit: *Brehm*, ZZP 1976, 178.

konkrete Handlung zur Beseitigung der Störungsursache vorgenommen werden muss, handelt es sich in Wahrheit nicht um einen Unterlassungstitel. Ergeben die Gründe hinreichend bestimmt die geschuldete Handlung, so ist sogleich nach §§ 887, 888 zu verfahren. Bleibt der Titel auch nach Auslegung zu unbestimmt,[14] so kommt nicht etwa § 890 als »subsidiäre Vollstreckungsart« zum Zuge,[15] die Zwangsvollstreckung muss vielmehr insgesamt unterbleiben.

Die Auslegung des Titels, ob ein Unterlassen oder doch eher ein Tun geschuldet wird, kann im Einzelfall schwierig sein, etwa bei der Verurteilung zur Verhinderung von Immissionen. Entscheidend ist, ob in der Sache ein Gebot zum Handeln oder ein Gebot zum Unterlassen im Vordergrund steht.[16] So hat die Durchsetzung einer im Bereich der Geschäftsraummiete vertraglich übernommenen Betriebspflicht die Vollstreckung einer unvertretbaren Handlung zum Gegenstand und muss daher über § 888 ZPO erfolgen[17].

Ein und dasselbe Titelgebot kann aber immer nur entweder auf ein Tun oder ein Unterlassen gerichtet und nicht im Einzelfall einmal nach §§ 887, 888 und ein andermal nach § 890 zu vollstrecken sein.

b) Duldungsverpflichtungen

Etwas **dulden** bedeutet, ein Handeln Dritter oder einen Zustand hinnehmen. So kann der Nachbar aufgrund eines Notwegerechts verpflichtet sein, das Begehen seines Grundstücks durch Dritte zu dulden, der Mieter, Renovierungs- oder Umbauarbeiten in seiner Wohnung oder im Treppenhaus hinzunehmen.[18] Auch in diesem Rahmen kann die titulierte Duldungsverpflichtung immanent die Verpflichtung zu einem positiven Tun beinhalten.[19] Einen klaren Fall der Duldungsvollstreckung stellt es auch dar, wenn der Schuldner nach dem Titel verpflichtet ist, den Beauftragten eines Energieversorgungsunternehmens Zutritt zu seiner Wohnung zu gewähren und den Ausbau des konkret bezeichneten Gaszählers zum Zwecke der Sperrung der Gasversorgung zu dulden[20]. Die Formulierung im Titel ist insofern nicht entscheidend, wenn die Verpflichtung des Schuldners jedenfalls auf ein Hinnehmenmüssen hinausläuft.[21] Wie bei Unterlassungstiteln kann es auch bei Duldungstiteln im Einzelfall Auslegungsschwierigkeiten geben, so etwa, ob tatsächlich das selbstständige Dulden einer Wegnahmehandlung durch den Gläubiger oder nicht vielmehr die Herausgabe einer Sache (vollstreckt durch Duldung der Wegnahme seitens des Gerichtsvollziehers) gewollt ist. Entscheidend ist hier, ob es für den Gläubiger ohne Interesse ist, wer den Gegenstand wegnimmt – dann

3

---

14 Zur Auslegung von Unterlassungstiteln im Einzelnen unten Rn. 12.
15 So aber *Stein/Jonas/Brehm*, § 890 Rn. 6; zutr. Wieczorek/Schütze/Rensen, § 890 Rn. 4 (a. E.).
16 OLG Saarbrücken, NJW-RR 2001, 163 mit Anm. *K. Schmidt*, JuS 2001, 511 f.; auch OLGR Saarbrücken 2004, 640, freilich nicht überzeugend im Hinblick auf die dort vorgenommene Differenzierung danach, ob die Störung »vom Zustand einer Sache« des Schuldners ausgeht oder nicht. Im konkreten Fall waren vielmehr Antrag und Titel nicht hinreichend bestimmt.
17 Vgl. *Ingendoh*, jurisPR-MietR 7/2009 Anm. 5 zu OLG Frankfurt, ZMR 2009, 446.
18 AG Berlin-Wedding, DGVZ 1987, 63. Damit der Gerichtsvollzieher in diesem Fall den Handwerkern den Zugang zur Wohnung verschafft, benötigt er nicht zusätzlich noch eine gerichtliche Anordnung nach § 758a; Siehe zu § 892 Rdn. 2.
19 Vgl. bereits oben zu Rdn. 2; ferner LG Hamburg, ZMR 2012, 574 unter Berufung auf BGH, WM 2007, 574 (siehe auch oben Fn 3 und 12).
20 Vgl. BGH, NJW 2006, 3352 (B vom 10.8.2006); zu den weiteren vollstreckungsrechtlichen Problemen siehe zu § 892.
21 Zu eng: OLG Düsseldorf, MDR 1986, 328, da auch das »Nichtbehindern« ein Dulden darstellt. Der Inhalt der Grunddienstbarkeit selbst stand fest. Ebenfalls zu eng OLGR Zweibrücken 2004, 100: »gewähren von Zutritt zu einem verschlossenen Anwesen« als unvertretbare Handlung, § 888, da Schuldner die Tür öffnen müsse (!?); richtig hingegen OLG Köln, OLGZ 1994, 599, 602; LG Braunschweig, DGVZ 1988, 140.

Herausgabetitel –, oder ob es ihm darauf ankommt, den Gegenstand selbst etwa fachmännisch ab- oder auszubauen.[22]

2. Keine entspr. Anwendung auf Dauerverpflichtungen zur Vornahme vertretbarer oder nicht-vertretbarer Handlungen

4   Streitig ist, ob § 890 über die Fälle der eigentlichen Unterlassungs- und Duldungsvollstreckung hinaus auch anzuwenden ist, wenn aus einem Titel über eine Dauerverpflichtung des Schuldners zur Vornahme einer Handlung zu vollstrecken ist.[23] Begründet wird die analoge Anwendung damit, dass in diesen Fällen versäumte Einzelleistungen nicht mehr nachgeholt werden können – hat der Schuldner an einigen Tagen die Sammelheizung nicht bis zu einem bestimmten Wärmegrad geheizt, hilft es den Mietern oder Mitgliedern der Wohnungseigentümergemeinschaft wenig, wenn er an anderen Tagen mehr heizt –, sodass es erforderlich sei, dem Schuldner schon vor der ersten Leistungspflicht Sanktionen für den Fall der Nichterfüllung anzudrohen. Dem kann nicht zugestimmt werden.[24] Die Entscheidung des Gesetzgebers, Handlungen in anderer Weise erzwingen zu lassen als Unterlassungen, kann nicht einfach aus »Zweckmäßigkeitserwägungen« außer Kraft gesetzt werden. Im Übrigen ist eine solche Gesetzeskorrektur auch nicht notwendig, da die §§ 887, 888 hinreichende Möglichkeiten bieten, um den unwilligen Schuldner schnell zur Erfüllung zu zwingen. Aber selbst wenn dies nicht so in der Praxis empfunden wird: Keinesfalls dürfen grundlegende Vorgaben des Gesetzes etwa durch die Antragsformulierung umgangen werden[25].

II. Die Funktion der in Abs. 1 Satz 1 vorgesehenen Ordnungsmittel

5   § 890 ist eine Norm des Zwangsvollstreckungsrechts. Zwangsvollstreckung bedeutet, einem Titel gegen den Willen des Schuldners zum Erfolg zu verhelfen, die Erfüllung des titulierten Anspruchs erzwingen. Steht fest, dass eine Erfüllung eines Anspruchs nicht mehr in Betracht kommt, fehlt für die Einleitung von Vollstreckungsmaßnahmen das Rechtsschutzbedürfnis. Zwangsvollstreckung aus zivilrechtlichen Titeln erfolgt nie von Amts wegen, sondern immer nur auf Antrag des Gläubigers. Im Zeitpunkt dieses Antrages muss es daher noch sinnvoll sein, Vollstreckungsmaßnahmen einzuleiten, um zur noch möglichen Erfüllung des Anspruchs zu gelangen.

6   Hinsichtlich der Funktion der in Abs. 1 Satz 1 vorgesehenen Ordnungsmittel folgt aus diesen allgemeinen Erwägungen: Ihr Zweck kann nicht darin liegen, den Schuldner für ein Verhalten in der Vergangenheit zu »bestrafen«, sondern nur darin, die Erfüllung der Unterlassungsverpflichtung in der Zukunft sicherzustellen. Da der Schuldner durch sein Verhalten gezeigt hat, dass er nicht willens ist, zu erfüllen, muss sein entgegenstehender Wille gebeugt[26] (nicht »gebrochen«) werden. Auch die

---

22 Beispiel: AG Peine, DGVZ 1999, 140.
23 So mit beachtlicher Begründung für den Fall der Verpflichtung des Schuldners zur fortgesetzten Belieferung des Gläubigers *Klein/Burianski*, NJW 2010, 2248; ferner OLG Hamm, JMBlNW 1962, 186; OLG Düsseldorf, FamRZ 1997, 648; *Stein/Jonas/Brehm*, § 890 Rn. 7.
24 Wie hier: OLG Schleswig, MDR 2011, 1204; OLG Hamm, MDR 1973, 681; OLG Frankfurt, Rpfleger 1975, 445; *MüKo/Gruber*, § 890 Rn. 4.
25 So aber die Empfehlung von *Klein/Burianski* (oben Fn. 23) für den dort geschilderten Fall: »Antrag auf Unterlassung der Unterbrechung der Belieferung«. Das Vorhaben ist auch durchsichtig. Ob nämlich ein Unterlassen oder ein Tun geschuldet wird, entscheidet letztlich die Auslegung des Antragsbegehrens und des darauf ergangenen Titels (s. o. zu Rn. 2).
26 Vgl. *Gaul* in *Gaul/Schilken/Becker-Eberhard*, § 6 Rdn. 19.

Ordnungsmittel des § 890 sind also reine Beugemittel,[27] keine Strafen.[28] Sie haben auch keinen »Doppelcharakter« als Strafen und Beugemittel.[29] Denn die Strafe ist vergangenheitsbezogen, während Vollstreckung immer nur auf einen zukünftigen Zweck – noch mögliche Erfüllung – abstellt. Dass der Schuldner nach Abs. 1 Satz 1 »wegen einer jeden Zuwiderhandlung« zu einem Ordnungsmittel »zu verurteilen« ist, ist kein Beleg für den Strafcharakter der Ordnungsmittel. Nur anhand der Zuwiderhandlungen kann festgestellt werden, dass der Schuldner zur Erfüllung gezwungen werden muss. Ebenso wenig spricht es für den »Strafcharakter« der Ordnungsmittel, dass nach der h. M. zu Recht nur schuldhafte Zuwiderhandlungen gegen das Unterlassungsgebot Grundlage der Verhängung von Ordnungsmitteln sein können.[30] Nur wenn der Schuldner vorwerfbar gegen das Unterlassungsgebot verstoßen hat, hat er zu erkennen gegeben, dass er erfüllungsunwillig ist oder jedenfalls nicht die notwendige Sorgfalt auf die Erfüllung verwendet. Hier zeigt sich der Unterschied zu den Zwangsmitteln des § 888: Dort genügt die objektive Nichterfüllung als Voraussetzung der Verhängung von Zwangsmitteln, weil es der Schuldner noch in der Hand hat, die Beitreibung der Zwangsmittel durch eine nachträgliche Erfüllung zu verhindern; dem »schuldlosen« Schuldner, dem aber eine Erfüllung noch möglich ist, geschieht damit kein Unrecht. Dagegen befreit den Schuldner, gegen den ein Ordnungsmittel nach § 890 Abs. 1 Satz 1 verhängt werden musste, die künftige uneingeschränkte Beachtung des Titels nicht mehr von der Pflicht, das einmal zu Recht verhängte Ordnungsgeld zu bezahlen. Dieser Unterschied rechtfertigt es auch, die Beugemittel in § 888 und § 890 unterschiedlich zu bezeichnen (hier: Zwangsmittel; dort: Ordnungsmittel), ohne dass aus dieser unterschiedlichen Bezeichnung ein wesentliches Argument für die Frage gewonnen werden könnte, ob die Ordnungsmittel Beugemittel oder auch – oder nur – Strafen sind.[31]

Dass das Bundesverfassungsgericht[32] den Ordnungsmitteln des § 890 Strafcharakter zugesprochen hat, bindet insoweit nicht, da die Anwendbarkeit der zu Art. 103 GG entwickelten Grundsätze, um die es dem Bundesverfassungsgericht allein ging, nicht die Annahme des »Strafcharakters« zur unumstößlichen Voraussetzung hat.[33] Die Übernahme dieser Grundsätze ist schon deshalb sinnvoll, weil – wie oben dargestellt – erst eine schuldhafte Zuwiderhandlung anzeigt, dass Beugemittel geboten sind, und weil die Höhe dieser Beugemittel nur sinnvoll festgesetzt werden kann,[34] wenn

7

---

27 Wie hier: *Baumbach/Lauterbach/Hartmann*, § 890 Rn. 9; *Dahm*, MDR 1986, 1100; *Lindacher*, ZZP 1972, 239; *Pastor*, Die Unterlassungsvollstreckung, 3. Aufl., S. 12; *ders.*, WRP 1981, 299; *Schuschke*, WRP 2000, 1008; und die ältere Rspr. OLG Köln, WRP 1986, 428 und JurBüro 1995, 269; OLG Düsseldorf, JurBüro 1987, 1261; WRP 1988, 37 und 677; OLG Schleswig, JurBüro 1988, 671; neuerdings wieder in diese Richtung OLG Celle, WRP 2013, 388.
28 Vor der Neufassung des EGStGB im Jahr 1974 durch Gesetz v. 2.3.1974 (BGBl. I, 469) ganz überwiegende Meinung; siehe hierzu den Rückblick bei *Pastor*, Die Unterlassungsvollstreckung, 3. Aufl., S. 2 ff.;. Auch heute noch betonen den strafrechtlichen bzw. repressiven Charakter insbesondere das BverfGE, 20, 331; 58, 159; 84, 82; ferner: BGH, NJW 1998, 1138; BayObLG, DWE 1995, 107; *Borck*, WRP 1980, 676; *Jauernig*, Zwangsvollstreckungs- und Insolvenzrecht, § 27 IV; *MüKo/Gruber*, § 890 Rn. 2; *Thomas/Putzo/Seiler*, § 890 Rn. 15.
29 So die wohl h. M. und Rspr.; beispielhaft: *Ahrens/Spätgens*, Einstweiliger Rechtsschutz und Vollstreckung in UWG-Sachen, 4. Aufl. 2001, Rn. 612; *Bruns/Peters*, § 45 II; *Köhler*, WRP 1993, 666, 672; *Prütting/Gehrlein/Olzen*, § 890 Rn. 2; *Schilken* in Gaul/Schilken/Becker-Eberhard, § 73 Rdn. 1; *Stein/Jonas/Brehm*, § 890 Rn. 3; *Wieczorek/Schütze/Rensen*, § 890 Rn. 1; *Zöller/Stöber*, § 890 Rn. 5; *Zimmermann*, § 890 Rn. 1; BGH, NJW 1987, 3253; OLG Köln, WRP 1986, 185; OLGR Frankfurt 2005, 598; OLGR Stuttgart 2001, 248.
30 Im Einzelnen zum Verschulden unten Rdn. 30 ff.
31 So aber *Brox/Walker*, Rn. 1100 mit Verweis auf die frühere Fassung des § 890 Abs. 1.
32 BVerfGE 20, 331; 58, 159; 84, 82.
33 Zum Umfang der Bindungswirkung der Entscheidungen des Bundesverfassungsgerichts: *Jarass/Pieroth*, GG, 11. Aufl. 2011, Art. 93 GG Rn. 65. Im Übrigen betont auch das BVerfG im Beschl. v. 23.4.1991 (E 84, 82 ff.) mit Recht, der (vermeintliche) strafähnliche Charakter des Ordnungsgeldes ändere nichts daran, »dass es sich um die Durchsetzung privatrechtlicher Verpflichtungen in einem Verfahren zwischen privaten Parteien handelt«.
34 Einzelheiten unten Rdn. 41 ff.

anhand des Verschuldens ermittelt wird, welcher Druck auf den Schuldner erforderlich ist, um die Erfüllung in Zukunft zu sichern.

8 Der Streit um den Rechtscharakter der Ordnungsmittel ist nicht allein theoretischer oder terminologischer Natur. Er hat, richtig verstanden, Bedeutung für die Frage, inwieweit Verstöße gegen das Unterlassungsgebot noch geahndet werden können, wenn später der das Unterlassungsgebot enthaltende Titel weggefallen ist.[35] Ferner wirkt er sich in den Fällen aus, in denen ohne formellen Wegfall des Titels aus rein tatsächlichen Gründen nach einem einmaligen Verstoß gegen das Unterlassungsgebot weitere Zuwiderhandlungen ausscheiden.[36]

III. Die verfahrensrechtlichen Voraussetzungen des Erlasses eines Ordnungsmittelbeschlusses

1. Antrag

9 Wie jede Zwangsvollstreckung setzt auch das Ordnungsmittelverfahren nach § 890 einen **Antrag** des Gläubigers voraus. Der Antrag muss die Zuwiderhandlung des Schuldners konkret bezeichnen, muss aber keine Angaben zur Art des Ordnungsmittels (Ordnungsgeld oder Ordnungshaft) oder zur Höhe des Ordnungsgeldes machen. Für den Antrag besteht **Anwaltszwang**, wenn vor dem Prozessgericht des ersten Rechtszuges, an das dieser Antrag zu richten ist, allgemein Anwaltszwang besteht (§ 78).[37]

2. Zuständiges Gericht

10 Der Antrag ist zu richten an das **Prozessgericht** des ersten Rechtszuges,[38] also etwa auch an das Familiengericht, das Arbeitsgericht oder auch das Wohnungseigentumsgericht.[39] Es gelten im Übrigen die gleichen Grundsätze wie zu §§ 887, 888.[40] Hatte der Einzelrichter den Vollstreckungstitel erlassen, ist er auch »das Prozessgericht« für das Ordnungsmittelverfahren.[41] Nach Erlass des Titels durch die Zivilkammer eines Landgerichts darf indes keine Übertragung des Vollstreckungsverfahrens auf den Einzelrichter erfolgen; die Kammer bleibt zuständig.[42] Hat in einem Landwirtschaftsverfahren das Landwirtschaftsgericht unter Beteiligung der ehrenamtlichen Richter entschieden, so muss das Prozessgericht in der Zwangsvollstreckung ebenso besetzt sein.[43] Hat der Vors. einer Kammer für Handelssachen die zu Grunde liegende einstweilige Verfügung gemäß § 944 ZPO allein erlassen, so soll die voll besetzte Kammer für die Entscheidung über Ordnungsmittelanträge zuständig sein[44]. Ist die Unterlassungsverpflichtung durch eine vollstreckbare notarielle Urkunde

---

35 Näheres hierzu unten Rdn. 13 f.
36 Näheres hierzu unten Rdn. 21.
37 OLG Hamm, MDR 1985, 242; OLG Düsseldorf, JurBüro 1987, 942; *Brox/Walker*, Rn. 1096.
38 Das den Unterlassungstitel erlassende Berufungsgericht der Hauptsache, vgl. auch § 943 ZPO, ist daher niemals erstinstanzlich gemäß § 890 zuständig (vgl. BGH, NJW 2002, 754 zur Rechtslage vor dem ZPO-Reformgesetz; ferner Thüringer LSG, JurBüro 2013,164).
39 OLG Schleswig, NZM 2000, 557.
40 Siehe: § 887 Rdn. 20 und § 888 Rdn. 25. Zur **internationalen Zuständigkeit** deutscher Gerichte gemäß § 890 Abs. 1: OLG Köln, MD 2010, 534, und betr. die *Androhung* von Ordnungsmitteln nach § 890 Abs. 2 für den Fall, dass eine Handlung im Ausland (in concreto Österreich) *zu dulden* ist: BGH, WRP 2009, 1559 (B vom 13.8.2009, in Bestätigung der Vorinstanz OLG Hamm, B vom 18.4.2008, 25 W 28/08). Die Vorschrift des Art. 22 Nr. 5 EuGVVO greift insoweit nicht. Davon zu unterscheiden sind die Rechtsfragen um die *Vollstreckung* eines gegen einen im Geltungsbereich der EU niedergelassenen Schuldner erwirkten *Ordnungsgeldes* (vgl. hierzu Rdn. 54).
41 OLG Frankfurt, MDR 1981, 504; *Baumbach/Lauterbach/Hartmann*, § 890 Rn. 14; a. A.: OLG München, OLGZ 1966, 47; OLG Hamburg, MDR 1970, 10.
42 OLG Koblenz, NJW-RR 2002, 1724 zu § 348 ZPO a. F.
43 OLG Saarbrücken, B. vom 29.10.2013 (4 W Lw 31/13 – juris).
44 Hans.OLG, MD 2010, 312. Es empfiehlt sich dann allerdings, um die Sache zu beschleunigen, ein Einvernehmen nach § 349 Abs. 3 ZPO herbeizuführen.

tituliert worden, so ist mangels einer besonderen gesetzlichen Bestimmung das Verfahren nach § 890 vor dem (Amts-) Gericht durchzuführen, in dessen Bezirk der Notar seinen Amtssitz hat (vgl. auch § 797 Abs. 3 und 6).[45]

3. Allgemeine und besondere Prozessvoraussetzungen

Im Zeitpunkt des Erlasses des Ordnungsmittelbeschlusses und für den Fall, dass der erstinstanzlich erlassene Ordnungsmittelbeschluss mit der sofortigen Beschwerde angefochten worden ist, auch noch im Zeitpunkt der Beschwerdeentscheidung, müssen die allgemeinen und die im Titel genannten besonderen Vollstreckungsvoraussetzungen vorliegen.[46] Dies bedeutet im Einzelnen:

a) Inhaltlich bestimmter Vollstreckungstitel

Der Gläubiger muss einen seinem Inhalt nach auf eine Duldung oder Unterlassung gerichteten vollstreckbaren **Titel** gegen den Schuldner besitzen. Es kann sich dabei um ein Urteil, eine einstweilige Verfügung, einen sonstigen vollstreckbaren Beschluss eines Gerichts (z.B. einstweilige Anordnung in Ehesachen, zur Unterlassung verurteilender Beschluss in einer WEG-Sache oder Beschluss eines Arbeitsgerichts gem. § 85 ArbGG), um einen Prozessvergleich, einen Anwaltsvergleich (§§ 796a–796c)[47] oder um eine notarielle Urkunde (§ 794 Abs. 1 Nr. 5) handeln. Dieser Titel muss seinem Inhalt nach so **bestimmt** sein,[48] dass eine Vollstreckung aus ihm überhaupt in Betracht kommt.[49] So ist etwa ein auf der Grundlage des GewSchG ergangenes Unterlassungsgebot, den Gläubiger(in) »körperlich zu attackieren« respektive »zu beschimpfen« noch hinreichend bestimmt, nicht hingegen das Gebot, den Gläubiger(in) nicht »zu belästigen«.[50] Geht es um die Unterlassung von Immissionen, so sollen Anträge mit dem Gebot, allgemein Störungen bestimmter Art, etwa in Form von Geräuschen, zu unterlassen, zulässig sein. Begründet wird dies mit der Erwägung, es sei vielfach unmöglich, mit Worten das Maß unzulässiger Einwirkungen so zu bestimmen, dass der Beeinträchtigte hinreichend geschützt werde[51]. Diese Einschränkung ist aus der Not geboren und sollte mit Zurückhaltung gehandhabt werden. Denn der Schuldner muss klar erkennen können, welches Verhalten ihm untersagt ist. Umgehungen des Unterlassungsgebots ist mit der Kerntheorie zu begegnen[52].

---

[45] OLG München, WRP 2015, 646: Die Zuständigkeitsvorschriften des UWG, §§ 13 f. UWG, gelten nicht; ebenso OLG Düsseldorf, WRP 2015, 71; OLG Köln, WRP 2014, 746 (B. vom 26.3.2014); dem folgend LG Bonn, MD 2014, 851. **A. A.** LG Paderborn, WRP 2014, 117: Sachl. und örtl. zuständig sei das Gericht, das für die gerichtliche Geltendmachung des titulierten Anspruchs zuständig gewesen wäre.
[46] BGH, WRP 1989, 514; OLG Köln, FamRZ 1992, 842; VGH Mannheim, NVwZ-RR 1993, 520.
[47] Instruktiv Hans. OLG MDR 2014, 1049.
[48] BGH, InVo 2001, 210: Ein Unterlassungsantrag, der auf das Verbot der Werbung mit »Anzeigen der nachfolgend eingeblendeten Art« gerichtet ist, ist nicht hinreichend bestimmt; OLG Hamburg, ZVM-RD 2007, 343; OLG Hamm, GRUR 1990, 642; OLGR Köln 2003, 145 (für einen Fall nach dem WEG); OLG Köln, MD 2001, 582 OLG Düsseldorf, MDR 1998, 1431; BAG, AP Nr. 41 zu § 23 BetrVG 1972 (B v. 25.8.2004) mit Anm. *Bepler*, jurisPR-ArbR 43/2004 Anm. 2; *Stein/Jonas/Brehm*, § 890 Rn. 9; *Wieczorek/Schütze/Rensen*, § 890 Rn. 7.
[49] Vgl. exemplarisch aber instruktiv OLG Köln, ZMR 2009, 626. Zum Bestimmtheitserfordernis als Voraussetzung der Vollstreckbarkeit jeglichen Titels siehe im Einzelnen: Vor §§ 704–707 Rdn. 7; ferner BGH, NJW 1986, 1440 (Rn. 14 nach juris).
[50] Zutr. OLG Köln, NZFam 2014, 1002.
[51] OLG Stuttgart, NJW 2009, 3377; dagegen mit Recht OLG Dresden, FoVo 2012, 80 für einen Fall der Unterlassung »lärmschutzverursachender Handlungen«.
[52] Vgl. die Ausführungen zur Kerntheorie Rdn. 24 ff. Vgl. auch BVerfG, B. vom 23.8.2010 (1 BvR 480/10 – juris); in diese Richtung wohl auch BGH, B. vom 22.11.2012 (IZB 18/12), Rn. 17 (zit. nach juris) betr. die Unterlassung »wechselseitiger Beleidigungen«.

Bei der Frage der inhaltlichen Bestimmtheit ist nicht allein auf den Tenor abzustellen, vielmehr können wie ansonsten auch die Entscheidungsgründe[53] und – soweit ergänzend erforderlich – auch der Sachvortrag des Antragstellers[54] zur Auslegung mit herangezogen werden.[55] Bei durch Beschluss erlassenen einstweiligen Verfügungen kann auch auf die Antragsschrift zurückgegriffen werden, soweit diese dem Schuldner mitgeteilt wurde.[56] Soweit es die Feststellung betrifft, gegen welchen Schuldner sich der Titel richtet, sind einer solchen Auslegung im Hinblick auf § 750 Abs. 1 Satz 1 allerdings sehr enge Grenzen gesetzt.[57] Schließlich darf das Unterlassungsgebot nicht auf ein objektiv unmögliches Verhalten gerichtet sein[58]. Darauf ist freilich schon im Erkenntnisverfahren besonders zu achten.

b) Bestand des Titels zum Zeitpunkt der Entscheidung

13 Der Titel muss zum Zeitpunkt der Entscheidung über den Ordnungsmittelantrag (bzw. zum Zeitpunkt der Beschwerdeentscheidung[59]) noch als derzeit und künftig weiterhin zu vollstreckender Titel Bestand haben. Das ist nicht der Fall, wenn der Titel auf einen Rechtsbehelf oder ein Rechtsmittel hin rückwirkend (ex tunc) vollständig[60] in Wegfall gekommen ist,[61] und auch dann nicht, wenn der Titel nur ex nunc als Vollstreckungsgrundlage entfällt. Letzteres tritt etwa ein, wenn die Parteien übereinstimmend die Hauptsache für erledigt erklären[62] oder wenn das bisherige Unterlassungsgebot in einem Urteil durch ein anderes in einem Vergleich ersetzt wird,[63] aber auch, wenn eine einstweilige Verfügung wegen später veränderter Verhältnisse aufgehoben wird.[64] Der Gegenmeinung, die auf das Interesse des Gläubigers abstellt, vergangene Zuwiderhandlungen nicht sanktionslos zu lassen, ist entgegenzuhalten, dass ein noch immer vollstreckbarer Titel zu den

---

53 Instruktiv OLG Dresden, FoVo 2012, 80.
54 BGH, WRP 1989, 572.
55 OLG Braunschweig, OLGZ 1974, 295; OLG Köln, WRP 1987, 127; OLGR Schleswig 2003, 279; *Baumbach/Lauterbach/Hartmann*, § 890 Rn. 3; *MüKo/Gruber*, § 890 Rn. 7.
56 OLGR Schleswig 2009, 581; OLG Stuttgart, WRP 1989, 276; OLG Köln, NJW-RR 1986, 916.
57 Vgl. hierzu BGHZ 156, 395 (Beschl. v. 23.10.2003, Euro-Einführungsrabatt).
58 LG Köln, B vom 8.10.2009 (31 O 605/04 SH II – juris).
59 Vgl. KGR Berlin 2009, 440.
60 Wird der Titel nur teilweise aufgehoben und soll wegen eines Verstoßes gegen das verbliebene, eingeschränkte Verbot vollstreckt werden, ist dies selbstverständlich möglich: OLG Stuttgart, NJWE-WettbR 1997, 24.
61 **Insoweit allgem. Meinung;** beispielhaft: OLG Frankfurt, NJW-RR 2011, 1290; OLG Stuttgart, WRP 1984, 714; OLG München, WRP 1984, 713; OLG Hamm, WRP 1992, 338; OLG Köln, JurBüro 1995, 269; OLG Nürnberg, GRUR 1996, 79; OLG Hamburg, MDR 1997, 394; OLG Bamberg, OLGR 2000, 131; *Baur/Stürner/Bruns*, Rn. 40.28; *Brox/Walker*, Rn. 1097; *Bruns/Peters*, § 45 IV 1; *MüKo/Gruber*, § 890 Rn. 18; *Schilken* in *Gaul/Schilken/Becker-Eberhard*, § 73 Rn. 19.
62 **Höchst umstritten,** vgl. hierzu mit umfangreichen Nachw. pro und contra *Schilken* in *Gaul/Schilken/Becker-Eberhard*, § 73 Rn. 19, welcher selbst eine »restriktive Interpretation der §§ 775 Nr. 1, 776 vertritt, dazu und zur Rspr. sogleich im Text. Ein anderer Fall liegt aber vor, wenn nach Erlass einer einstweiligen Verfügung und Einleitung des Hauptsacheverfahrens die Parteien nur das Hauptsacheverfahren übereinstimmend für erledigt erklären. Hier bleibt der Verfügungstitel zunächst erhalten und kann daher auch weiter einen Ordnungsmittelantrag stützen: OLGR Zweibrücken 1998, 43.
63 OLG Stuttgart, NJW-RR 1986, 1255.
64 OLG München, InstGE 6, 55; a. A. offenbar OLG Frankfurt, NJW-RR 2011, 1290 (passim). Wird eine durch Beschluss erlassene einstweilige Verfügung auf den Widerspruch des Schuldners durch Urteil aufgehoben, dann jedoch durch Berufungsurteil wieder bestätigt, kann aber wegen einer während des Bestandes der Beschlussverfügung vorgenommenen Zuwiderhandlung gegen das Unterlassungsgebot ein Ordnungsmittel verhängt werden: OLG München, OLGR 2000, 99; a. A. (kein Ordnungsmittelantrag mehr möglich): OLG Frankfurt, GRURPrax 2012, 247 (mit zust. Anm. Himmelsbach, ebenda) mit dem schillernden Argument, durch das Berufungsurteil würde ein »neuer Titel« geschaffen; ferner auch OLG Hamburg, MDR 1997, 394.

Grundvoraussetzungen jeder Zwangsvollstreckung zählt und dass es allen Grundsätzen des Vollstreckungsrechts widerspräche, eine Vollstreckungsmaßnahme (hier: den Ordnungsmittelbeschluss) zu einem Zeitpunkt zuzulassen, in dem kein Titel mehr vorhanden ist. Darüber hinaus erfordert es auch der Zweck des § 890, den Schuldner zu künftiger Titelbefolgung anzuhalten, nicht, noch aus vergangenen Zuwiderhandlungen Schlussfolgerungen zu ziehen, wenn künftig ein zu beachtender Titel gar nicht mehr vorhanden ist.

c) Besonderer Tatbestand der Erledigung

Indes hat der **BGH** in einem grundlegenden **Beschluss vom 23.10.2003 (Euro-Einführungsrabatt)**[65] die Streitfrage für die Fallkonstellation der Erledigung anders entschieden und damit wohl – jedenfalls für die Praxis – den Schlusspunkt unter eine »davor jahrzehntelang geführte Diskussion« gesetzt.[66] Zwar hat der BGH ausdrücklich betont, das Erfordernis eines noch vollstreckbaren Titels sei auch im Rahmen des § 890 unverzichtbar; er hat damit einer »interpretatorischen Anpassung des § 775 ZPO« an auf ein Dauerverhalten zugeschnittene Unterlassungstitel[67] eine deutliche Absage erteilt. Doch könne der Gläubiger, so der BGH, seine Erledigungserklärung auf die Zeit nach dem erledigenden Ereignis beschränken, um zu verhindern, »dass ein von ihm erwirkter Titel nicht bereits wegen der Erledigtenerklärung als Grundlage für Vollstreckungsmaßnahmen wegen Zuwiderhandlungen, die vor dem erledigenden Ereignis begangen worden sind, entfällt«.[68] Mit diesem juristischen Kunstgriff, der im Kern nicht neu war,[69] werden freilich weitere Fragen aufgeworfen, die nicht beantwortet werden. So bleibt bei Annahme einer auf die Zukunft gerichteten – übereinstimmenden – Erledigungserklärung ein Teil des Streitgegenstandes offen; über diesen Teil müsste entschieden werden.[70] Zudem ist höchst fraglich, ob die Tendenz, die zeitliche Einschränkung als konkludent erklärt anzunehmen, auch für die Person des Schuldners gelten kann[71]. Daher wird in kritischer Auseinandersetzung mit dem vorerwähnten Beschluss des BGH zu Recht eine eindeutige

14

---

65 BGHZ 156, 335 = NJW 2004, 506 = WRP 2004, 235 usw.
66 So *Teplitzky*, GRUR 2007, 177, 186 mit Fn. 176; *ders.*, LMK 2003, 53 (Anm.); ferner zust. *Lenz*, BGHReport 2004, 342 (Anm.); *MüKo/Gruber*, § 890 Rn. 19; *Brox/Walker*, Rn. 1097.
67 So die Rspr. des 20. Zivilsenats des OLG Düsseldorf als Vorinstanz, Beschl. v. 29.10.2002 – 20 W 36/02 –; ferner GRUR 2003, 127, Beschl. v. 29.10.2002 – 20 W 34/02 –; OLGR 2001, 414; in diese Richtung auch *Ahrens*, Der Wettbewerbsprozess, 6. Aufl. 2009, Kap. 66, Rn. 24.
68 BGHZ 156, 335 unter I.5.
69 Ähnlich, wenn auch mit Nuancen in der Begründung, hatten zuvor zahlreiche OLGe argumentiert, vgl. etwa OLG Stuttgart, WRP 2002, 590; auch WRP 2005, 390 für den Fall der Änderung der Rechtslage; KGR Berlin 2004, 92 und NJW-RR 2004, 68 (für den Fall der Aufhebung des Titels aufgrund veränderter Umstände). Unrichtig allerdings OLGR Schleswig 2003, 308, wonach bei beiderseitiger Erledigungserklärung der Titel von Anfang an wegfalle und damit die Vollstreckung nach § 890 von Beginn an unzulässig gewesen sei; ähnlich Thüringer OLG, InVo 2012, 386.
70 Mit Recht daher kritisch *Ruess*, NJW 2004, 485, 488 (Anm). Die Problematik sieht auch *Melullis*, der die Begründung des BGH weitgehend vorweggenommen hat, in seinem Handbuch des Wettbewerbsrechts, 3. Aufl. 2000, Rn. 958. Soweit er dort (a. a. O., mit Fn. 2) dem Schuldner die Möglichkeit einer Feststellungsklage eröffnen will, verkompliziert dies freilich die Sachlage nur noch mehr.
71 Vgl. auch BGH, WRP 2012, 475 (B. vom 23.2.2012) für einen Fall, in dem nach bestandskräftiger Festsetzung eines Ordnungsgeldes (und auch Zahlung desselben) der Schuldner (aufgrund zwischenzeitlich abgegebener »strafbewehrter Unterlassungserklärung«) Widerspruch gegen den Unterlassungstitel erhoben hatte und auf *einseitige* Erklärung des Gläubigers (der Schuldner hatte sich der Erledigungserklärung ausdrücklich nicht angeschlossen) die (rechtskräftige) Feststellung der Erledigung getroffen worden war. Der BGH war der Ansicht, es komme nicht darauf an, ob der Gläubiger in der Tatsacheninstanz seine Erledigungserklärung zeitlich beschränkt habe, diese Entscheidung bleibe dem Gericht überlassen. Diese Argumentation ist nicht haltbar, s. auch sogleich zu Fn. 72. Vgl. ferner OLG Frankfurt, B. vom 9.12.2013 (11 W 30/13 – juris), welches in dem Umstand, dass der Gläubiger vor der Erledigungserklärung bereits einen Vollstreckungsantrag gestellt hatte, keinen zwingenden Umstand für eine zeitliche, d. h. auf die Zukunft gerichtete Beschränkung der (Erledigungs-) Erklärung sieht; so auch OLG Frankfurt, B. vom 2.10.2014 (6 W 48/14 – juris).

Antragstellung des Gläubigers und eine dem entsprechende Beschlussfassung gefordert.[72] Sachgerechter erschiene es indes, wenn die Praxis mit ihrer weitverbreiteten Einschätzung, eine strafbewehrte Unterlassungserklärung oder auch eine notarielle Unterwerfungserklärung beseitigten ohne Weiteres die Wiederholungsgefahr und damit trete Erledigung ein, zurückhaltender umginge[73]. Dann würde das offenbar als »gerecht« empfundene Ergebnis auch ohne juristische Zwänge zu erzielen sein.

d) Sonstige Vollstreckungsvoraussetzungen

15 Der Titel muss dem Schuldner zugestellt worden sein. Bei Urteilen, die eine einstweilige Verfügung enthalten, genügt insoweit die Amtszustellung gem. § 317.[74] Beschlussverfügungen sind hingegen gemäß § 922 Abs. 2 immer im Parteibetrieb zuzustellen, und zwar zum Zwecke ihrer Wirksamkeit und zur Wahrung der Vollziehungsfrist nach § 929 Abs. 2.[75] Soweit nach den allgemeinen Regeln erforderlich,[76] muss zum Titel Vollstreckungsklausel erteilt sein.[77] Der Gläubiger muss die ihm nach dem Titel obliegende Sicherheitsleistung erbracht haben.[78]

4. Ordnungsmittelandrohung

16 Die Ordnungsmittel müssen dem Schuldner bereits zuvor **angedroht** worden sein (**Abs. 2**). Die Androhung kann schon im Titel selbst enthalten sein, soweit es sich bei dem Titel um ein Urteil oder einen gerichtlichen Beschluss handelt. Dagegen können die Parteien in einen Prozessvergleich, der trotz der Mitwirkung des Gerichts ein privatrechtlicher Vertrag bleibt, keine Ordnungsmittelandrohung aufnehmen.[79] Insoweit bedarf es immer des nachträglichen Androhungsbeschlusses durch das Prozessgericht.[80] In einem solchen Fall folgt der Androhungsbeschluss dem Antrag des Gläubigers und nicht einem evt. erklärten Anerkenntnis des Schuldners, sodass im Rahmen der Kostenentscheidung auch der Rechtsgedanke des § 93 zugunsten des Schuldners nicht anwendbar ist.[81]

---

72 Mit Recht (Gläubiger müsse »für die nötige Klarheit« sorgen) OLG Frankfurt, B vom 29.10.2009 (6 W 170/09 – juris); ferner bereits zuvor *Ruess*, NJW 2004, 485 (Anm. zu BGHZ 156, 335); *Stein/Jonas/Brehm*, § 890 Rn. 29; abweichend *Spätgens*, EWiR 2001, 789 (Anm. zu OLGR Düsseldorf 2001, 417): Klarstellung im Tenor und/oder den Gründen sei zwar »wünschenswert« aber nicht notwendig.
73 In diese Richtung immerhin OLG Köln, WRP 2015, 623.
74 BGH, WRP 1989, 514 = NJW 1990, 122.
75 BGH, MDR 2015, 154 (Urt. vom 10.7.2014); vgl. hierzu i. e. die Kommentierung zu § 929 Rdn. 27 f., zu Zustellungsmängeln im Hinblick auf § 189: dort Rdn. 30 f.; auch *Klute*, GRUR 2005, 924.
76 Siehe hierzu: Vor §§ 724–734 Rdn. 4, 5.
77 OLG Hamburg, MDR 1965, 143 für einen Fall des § 750 Abs. 2 i. V. m. §§ 936, 928. Für den in der Praxis wichtigsten Fall des Unterlassungstitels in Form der einstweiligen Verfügung bedarf es hingegen gemäß den §§ 936, 929 Abs. 1 keiner Vollstreckungsklausel, vgl. auch OLGR Frankfurt 2005, 598; OLG Naumburg, NJOZ 2005, 3673.
78 OLG Zweibrücken, OLGR 1998, 112. Zur Frage, inwieweit diese Vollstreckungsvoraussetzungen auch schon zum Zeitpunkt der zu ahndenden Zuwiderhandlung vorliegen müssen, siehe zu Rdn. 28.
79 Nunmehr auch BGH, GRUR 2012, 957 (B. v. 2.2.2012); ferner Schleswig Holst. OLG, SchlHA 2011, 244 als Vorinstanz; OLG Hamm, MDR 1988, 506; OLG München, InVo 1997, 250; LG Oldenburg, VersR 2000, 385; OLG Saarbrücken, Beschl. v. 25.5.2004 – 9 WF 57/04 – , juris); für den Anwendungsbereich des GewSchG OLG Saarbrücken, B. vom 4.3.2013 (6 WF 27/13 – juris) mit Anm. Hamm, FamFR 2013, 186; *MüKo/Gruber*, § 890 Rn. 25; *Stein/Jonas/Brehm*, § 890 Rn. 13; *Musielak/Lackmann*, § 890 Rn. 7; *Schröder*, NJW 1969, 1285; **a. A.**: LG Berlin, MDR 1967, 134; OLG Hamm, GRUR 1985, 82; *Hasse*, NJW 1969, 23.
80 OLG Frankfurt, NJW-RR 2006, 1441 meint, eine solche Androhung läge in der nachträglichen Genehmigung des Vergleichs durch das Prozessgericht (dort für ein Verfahren nach § 64b FGG i. V. m. dem GewSchG).
81 OLG Köln, MD 2007, 698; LG Braunschweig, Prozessrecht aktiv 2011, 9.

Die Androhung sollte regelmäßig expressis verbis sowohl den gesetzlichen Höchstrahmen des Ordnungsgeldes als auch der Ordnungshaft umfassen:[82] »Dem Schuldner wird für jeden Fall der Zuwiderhandlung gegen die Verpflichtung ... Ordnungsgeld bis zu 250 000,– Euro, ersatzweise Ordnungshaft oder Ordnungshaft bis zu 6 Monaten angedroht.« Eine nichtbezifferte Androhung von Ordnungsmitteln lediglich »in gesetzlicher Höhe« wäre keine ausreichende Grundlage für eine Ordnungsmittelfestsetzung.[83] Beantragt der Gläubiger, dass dem Schuldner nur ein geringerer Ordnungsmittelrahmen als der gesetzliche Höchstrahmen angedroht werde, ist dem zu entsprechen. Schränkt das Gericht den Rahmen aber von sich aus ein, so kann der Gläubiger hiergegen sofortige Beschwerde mit dem Ziel einlegen, den gesetzlichen Höchstrahmen androhen zu lassen.[84] Eine den gesetzlichen Rahmen überschreitende Androhung ist nicht unwirksam, bildet aber nur die Grundlage für Ordnungsmittel innerhalb des gesetzlichen Höchstrahmens.[85] In einem solchen Fall besteht nämlich nicht die Gefahr, dass der Schuldner die Bedeutung der Ordnungsmittelandrohung unterschätzt. Vor diesem Hintergrund ist auch die kumulative Androhung von »Ordnungsgeld und Ordnungshaft« wirksam.[86] Ist allerdings eines der beiden Ordnungsmittel im Androhungsbeschluss vergessen oder auch nur versehentlich in die dem Schuldner mitgeteilte Beschlussausfertigung nicht aufgenommen worden, kann dieses Ordnungsmittel später auch nicht verhängt werden.[87] Nicht erforderlich, um später Ordnungsgeld festsetzen zu können, ist es, dass dem Schuldner auch bereits Ersatzordnungshaft für den Fall angedroht war, dass das Ordnungsgeld nicht beigetrieben werden könne.[88] Dieser Mangel hindert nur die spätere Vollstreckung der Ersatzhaft.

Der Androhungsbeschluss hat ausschließlich die Ordnungsmittelandrohung zum Inhalt. Er kann nicht dazu genutzt werden, das Unterlassungsgebot selbst noch einmal inhaltlich zu verändern, z. B. deutlicher oder enger zu fassen.[89] Ist der Titel von Anfang an zu weit gefasst, kann der Schuldner dies nur mit dem gegen den Titel zulässigen Rechtsmittel geltend machen. Ist der Titel nicht mehr anfechtbar, muss das titulierte Gebot befolgt werden.

Der Antrag auf Erlass eines Androhungsbeschlusses und der entsprechende Erlass dieses Beschlusses selbst sind zulässig, sobald ein wirksamer Unterlassungstitel mit vollstreckungsfähigem Inhalt[90] in der Welt ist. Der Titel selbst muss noch nicht zugestellt sein,[91] sodass etwa der Gläubiger, der beim Antrag auf Erlass einer einstweiligen Verfügung den Androhungsantrag vergessen hatte, diesen sogleich nachholen[92] und den Androhungsbeschluss zusammen mit der einstweiligen Verfügung zustellen kann. Selbstverständlich kann eine Zuwiderhandlung aber nur geahndet werden, wenn sie zeitlich *nach* der Zustellung der Ordnungsmittelandrohung erfolgt.[93]

Da der Schuldner den Unterlassungstitel bei Erlass des Androhungsbeschlusses noch nicht kennen muss, ist es nicht Voraussetzung für die Beantragung eines Androhungsbeschlusses, dass der Gläu-

---

82 OLG Hamm, NJW-RR 1988, 960.
83 OLG Düsseldorf, NJW 1977, 963; OLG Köln, JMBlNW 1979, 257; OLG Schleswig, SchlHA 1979, 214; OLG Hamm, NJW 1980, 1289; BGH, WRP 1995, 923.
84 OLG Hamm, NJW-RR 1988, 960.
85 OLG Hamm, WRP 1983, 552.
86 BGHZ 156, 335 (EURO-Einführungsrabatt); *Musielak/Lackmann*, § 890 Rn. 17. a. A. offenbar OLGR München 2002, 193.
87 OLG Düsseldorf, ZZP 1963, 474.
88 OLG Hamm, OLGZ 1993, 450.
89 OLG Koblenz, InVo 2000, 220.
90 OLG Köln, NZFam 2014, 1002.
91 *Baumbach/Lauterbach/Hartmann*, § 890 Rn. 19; a. A.: OLG Stuttgart, WRP 1986, 360; VGH Mannheim, NVwZ-RR 1990, 447 und 1993, 520; OLG Köln, FamRZ 1992, 842.
92 Vgl. OLG Saarbrücken, Beschl. v. 25.8.2003 – 1 W 183/03 –, juris.
93 Missverständlich, mit formell wie sachlich unrichtigem Zitat betr. die hier vertretene Ansicht aber im Ergebnis zutr. BGH, B. vom 22.11.2012 (I ZB 18/12 – juris); vgl. ferner hier zu Rdn. 28.

biger darlegt, der Schuldner habe bereits dem Unterlassungsgebot zuwidergehandelt.[94] Beantragt der Gläubiger bereits Festsetzung eines Ordnungsmittels, das noch nicht angedroht worden war, so kann der Festsetzungsantrag in einen Antrag auf Androhung umgedeutet werden.[95] Das Rechtsschutzbedürfnis für die Androhung von Ordnungsmaßnahmen fehlt auch dann nicht, wenn seit Erlass des Titels bereits längere Zeit vergangen ist und der Schuldner bisher das Unterlassungsgebot uneingeschränkt befolgt hat.[96] Da die Ordnungsmittelandrohung nur sinnvoll ist, wenn noch die Möglichkeit besteht, dass sie je zur Grundlage einer Ordnungsmittelfestsetzung werden kann, fehlt allerdings ausnahmsweise dann das Rechtsschutzbedürfnis für einen Androhungsantrag, wenn über ihn nicht mehr entschieden werden kann, bevor der Unterlassungstitel schon wieder außer Kraft tritt (Androhungsantrag am letzten Tag eines zeitlich befristeten Unterlassungsgebotes).[97]

19 Gleiches gilt, wenn die Parteien die Vollstreckung des Unterlassungstitels nach § 890 durch Vereinbarung ausgeschlossen haben. Eine solche Vereinbarung liegt nicht schon konkludent darin, dass die Parteien in einem Prozessvergleich die Unterlassungsverpflichtung durch ein **Vertragsstrafenversprechen** bewehrt haben.[98] Es kommt insoweit vielmehr auf die Umstände des Einzelfalles an.[99] Beide Sanktionen sind durchaus nebeneinander sinnvoll und geeignet, den Schuldner von weiteren Zuwiderhandlungen abzuhalten[100], sodass grundsätzlich sogar davon auszugehen ist, dass sich der Gläubiger beide Wege offen halten wollte. Er braucht sich auch im Einzelfall nicht für den einen oder anderen Weg zu entscheiden,[101] sondern kann beide Sanktionen gleichzeitig nebeneinander in Anspruch nehmen.[102] Um einer Doppelsanktion zu entgehen, sollte der Schuldner im Einzelfall auf einen ausdrücklichen Verzicht des Gläubigers hinsichtlich einer Vollstreckung aus § 890 ZPO bestehen.[103]

Für einen weiteren, vom Streitgegenstand her identischen Unterlassungsantrag fehlt allerdings das Rechtsschutzinteresse.[104]

20 Die vorherige Androhung der Ordnungsmittel ist für eine nachfolgende Sanktion unverzichtbar. Die Parteien können auch in einem Vergleich nicht vereinbaren, dass dieses Erfordernis entbehrlich sein sollte.[105]

---

94 BGH, GRUR 2014, 909 (B. v. 3.4.2014); OLG Hamm, MDR 1988, 506; OLG Zweibrücken, OLGZ 1990, 214; BayObLG, InVo 1999, 322; LAG Rheinland-Pfalz, Beschl. v. 5.1.2006 – 2 Ta 287/05 –, juris; LAG Berlin, LAGE § 85 ArbGG 1979 Nr. 6 (Beschl. v. 12.11.2003); VGH Bad.-Württ., NVwZ-RR 2012, 869 und (instruktiv) ZfBR 2012, 381; *MüKo/Gruber*, § 890 Rn. 26; *Wieczorek/Schütze/Rensen*, § 890 Rn. 33.
95 OLGR Köln 2005, 319.
96 KG, NJW-RR 1987, 507.
97 OLG Köln, MDR 1986, 937.
98 OLG Saarbrücken, NJW 1980, 461; OLG Köln, NJW-RR 1986, 1191; a. A. OLG Frankfurt, GRURPrax 2013, 414, aufgehoben durch BGH, B. vom 9.10.2014 (I ZB 57/13).
99 Vgl. OLG Stuttgart, GRURPrax 2012, 99: Konkrete Anhaltspunkte erforderlich; ferner *Kolb*, WRP 2014, 522.
100 Zutr. BGH, GRUR 2014, 909 (B. vom 3.4.2014); GRUR 2010, 355 (Urt. v. 17.9.2009); passim auch GRUR 2012, 957 (B. vom 2.2.2012); a. A.: OLG Hamm, GRUR 1985, 82; OLG Karlsruhe, InVo 2002, 384.
101 So aber OLG Köln, OLGZ 1989, 58 = NJW 1969, 756.
102 BGHZ 138, 67; OLG Köln, NJW-RR 1986, 1191; OLG Düsseldorf, NJW-RR 1988, 1216; OLG München, InVo 1997, 250; OLG Köln, OLGR 2000, 412 und InVo 2001, 36 und 37; *Saenger/Pukall*, § 890 Rn. 10; a. A.: LG Berlin, WRP 1992, 593; LG Frankenthal, MDR 1992, 362. Vgl. auch *Nieder*, WRP 2001, 117, 118: Zur Bemessung des Ordnungsgeldes in einer solchen Fallgestaltung s. hier zu Rdn. 42.
103 BGH, GRUR 2014, 909 (B. vom 3.4.2014); auch LAG Schleswig-Holstein, B. vom 7.5.2008 (6 TaBV 7/08 – juris); *Kolb*, WRP 2014, 522, 525. Umgekehrt ist ein Verzicht des Schuldners auf die Androhung regelmäßig unwirksam, zutr. BGH, GRUR 2012, 957 (B. vom 2.2.2012).
104 Hans. OLG, MD 2006, 742.
105 OLG Köln, MD 1986, 937.

5. Rechtsschutzbedürfnis

Für die begehrte Ordnungsmaßnahme muss noch im Zeitpunkt des Ordnungsmittelantrages ein **Rechtsschutzbedürfnis** bestehen. Das Rechtsschutzbedürfnis fehlt, wenn aus dem formell wirksam fortbestehenden Titel aufgrund tatsächlicher Umstände künftig, d. h. über den Zeitpunkt hinaus, zu dem der Ordnungsmittelantrag gestellt wurde, keine Unterlassungsansprüche mehr abgeleitet werden können[106]. Das ist etwa der Fall, wenn das Unterlassungsgebot zeitlich befristet war und die Frist zum Zeitpunkt der Entscheidung über den Ordnungsmittelantrag (bzw. zum Zeitpunkt der Beschwerdeentscheidung[107]) schon verstrichen ist, wenn sich auch die Zuwiderhandlung noch innerhalb der Frist ereignete[108]; ferner, wenn eine einmalige, auch unter nur vergleichbaren Umständen nicht wiederholbare Handlung zu unterlassen war, die Handlung aber dennoch vorgenommen wurde. In diesen Fällen würde die Verhängung von Ordnungsmitteln ausschließlich auf eine Bestrafung für vergangenes Tun hinauslaufen, während der Zweck der Zwangsvollstreckung, die noch ausstehende Erfüllung des Anspruchs zu sichern, nicht mehr erreicht werden kann. Dem kann nicht entgegengehalten werden, dass dann die ein einmaliges Tun betreffenden Unterlassungsansprüche nicht zwangsvollstreckt werden könnten und damit die angedrohten Ordnungsmittel nie greifen, den Schuldner also auch nicht vor Zuwiderhandlungen abschrecken könnten. Zum einen verbleibt dem Gläubiger der Schadensersatzanspruch wegen Schlecht- oder Nichterfüllung (§ 893). Der Schwierigkeit, diesen Schaden im Einzelfall zu berechnen, ist gerade in den Bereichen, in denen Unterlassungsansprüche besonders häufig vorkommen (gewerblicher Rechtsschutz und Urheberrecht), durch die Rechtsprechung dadurch Rechnung getragen worden, dass auch auf der Basis einer fiktiven Lizenzgebühr (sog. Lizenzanalogie) oder der Abschöpfung des Verletzergewinns abgerechnet werden kann.[109] Zum anderen sind die Fälle, in denen dem Schuldner eine Wiederholung der Zuwiderhandlung auch unter Berücksichtigung der sog. »Kerntheorie«[110] nicht möglich ist, so selten, dass sie die Außerkraftsetzung der allgemeinen vollstreckungsrechtlichen Regeln allein für den Ausnahmefall der Unterlassungsvollstreckung nicht rechtfertigen können.

Im Einzelfall kann das Rechtsschutzbedürfnis für den Ordnungsmittelantrag auch dann fehlen, wenn der Antrag sich als rechtsmissbräuchlich erweist. Eine solche Konstellation wird selten anzunehmen sein[111] und ist nicht schon deshalb zu bejahen, weil der Gläubiger das verbotswidrige

---

106 OLG Hamm, NJW 1980, 1399; OLG Düsseldorf, NJW-RR 1988, 510 und GRUR 1992, 478; LAG Hamburg, MDR 1990, 365; OLG Köln, JurBüro 1995, 269; AG Hamburg, B v. 6.12.2006 (49 C 191/02 – juris);für ein verwaltungsrechtliches Streitverfahren VG Düsseldorf, B. v. 13.3.2013 (1 L 441/13 – juris), bestätigt durch OVG Münster, NVwZ-RR 2013, 814; **a. A.**: OLG Hamm, NJW 1990, 1086; OLG Karlsruhe, WRP 1994, 410; BayObLG, NJW-RR 1995, 1040; OLG Nürnberg, GRUR 1996, 79; OLGR Düsseldorf 2001, 350; OLG Stuttgart, OLGR 2001, 248; OLGR Dresden 2003, 452; OLGR Frankfurt 2005, 598; in der Literatur wie hier alle diejenigen, die auch bei einem Titelfortfall ex nunc keine Ordnungsmittel mehr als zulässig ansehen, außer *Lindacher*, ZZP 1972, 239; der Gegenmeinung folgen diejenigen, die auch bei einem Titelfortfall ex nunc für Zuwiderhandlungen aus der Vergangenheit Ordnungsmittel für zulässig erachten, ferner *Stein/Jonas/Brehm*, § 890 Rn. 32.
107 Darauf stellt offenbar OLG Celle, FamRZ 2013, 1758 ab, ohne das aber näher zu begründen.
108 Etwa im Fall des *Ablaufs der Patentschutzdauer*, vgl. OLG Düss., InstGE 9, 53 (B vom 3.3.2008), das freilich die Gegenansicht (oben Fn. 97) vertritt (offenbar zust. Kühnen, GRUR 2009, 288, 290). Das hierzu vertretene Argument, der Schuldner könne ansonsten darauf spekulieren, das Ordnungsmittelverfahren bis zum Ablauf der Schutzfrist in die Länge zu ziehen, ist äußerst schwach, denn es ist doch gerade Sache der Justiz, dem entgegenzuwirken, um – wie im Übrigen auch – eine zügige und effektive Zwangsvollstreckung zu gewährleisten. a. A. ferner LG Berlin, WuM 2010, 99 mit zustimmender Anm. Lohmann, für den Fall *des Ablaufs einer Heizperiode* während derer gegen den Vermieter Unterlassungsschutz in einem bestimmten Umfang bestand.
109 Einzelheiten, auch zur Entwicklung der höchstrichterlichen Rspr.: *Teplitzky*, Wettbewerbsrechtliche Ansprüche, 9. Aufl. 2007, Kap. 34 Rn. 18–36.
110 Näheres siehe unten Rdn. 24.
111 KG, InVo 1997, 244.

Verhalten des Schuldners seinerseits bewusst provoziert hat.[112] Keinesfalls kommt einer nicht titulierten, sog. »strafbewehrten Unterlassungserklärung« eine das Rechtsschutzbedürfnis berührende Wirkung zu, da der Gläubiger (scil.) aus ihr nicht unmittelbar vollstrecken kann, sondern es dazu eines Titels, etwa in Form einer einstweiligen Verfügung, bedarf. Infolge der Annahme einer solchen (vorgerichtlichen) Erklärung des Schuldners durch den Gläubiger *kann* freilich ein Erlassvertrag zwischen den Parteien mit dem Inhalt des Verzichts auf den gesetzlichen Unterlassungsanspruch zustande kommen.[113]

6. Rechtliches Gehör, Anwaltszwang

22   Dem Schuldner ist vor Erlass des Ordnungsmittelbeschlusses immer **rechtliches Gehör** zu gewähren. Eine mündliche Verhandlung ist möglich, aber nicht notwendig (§ 891). Die entscheidungserheblichen Tatsachen sind durch die jeweils beweisbelastete Partei[114] zu beweisen; eine bloße Glaubhaftmachung genügt nicht.[115] Auch dann, wenn mündliche Verhandlung stattgefunden hat, ist das gesamte Vorbringen der Parteien bis zum Erlass der Entscheidung bei der Entscheidungsfindung zu berücksichtigen. Eine Nichtzulassung späteren schriftlichen Vorbringens bei der Entscheidung gem. §§ 296, 296a ist ausgeschlossen.[116] Besteht vor dem Prozessgericht des ersten Rechtszuges nach den allgemeinen Regeln (§ 78) **Anwaltszwang**, gilt dies auch für das Ordnungsmittelverfahren, und zwar **auch für den Schuldner**.[117] Das gilt auch dann, wenn es sich bei dem Titel um eine landgerichtliche einstweilige Verfügung handelt, die gem. § 920 Abs. 3 vom Gläubiger persönlich beantragt worden war.[118] Privatschriftliche Eingaben des Schuldners sind in diesen Fällen also nicht zu berücksichtigen.[119] Der Schuldner ist aber auf den Anwaltszwang hinzuweisen und es ist ihm ausreichend Gelegenheit einzuräumen, einen Anwalt zu beauftragen, bevor über das Ordnungsmittelgesuch des Gläubigers in der Sache entschieden wird.

7. Keine Verfahrensunterbrechung durch Insolvenz

23   Die Eröffnung des Insolvenzverfahrens steht Ordnungsmittelanträgen nicht entgegen. Denn sie betreffen nicht die Insolvenzmasse oder das sonstige Vermögen des Schuldners im Sinne von § 89 Abs. 1 InsO.[120] Allerdings kann das Insolvenzgericht solche Ansprüche durch eine ausdrückliche Anordnung nach § 21 Abs. 2 Nr. 3 InsO von der Zwangsvollstreckung ausnehmen.[121] Ein bereits eingeleitetes Ordnungsmittelverfahren wird durch das Insolvenzverfahren demgemäß auch nicht unterbrochen.[122] Unterlassungsansprüche sind auch während der Insolvenz uneingeschränkt zu beachten[123].

---

112   OLG Stuttgart, NJWE-WettbR 1998, 20.
113   Vgl. sehr instruktiv OLGR Frankfurt 2003, 379.
114   Zur Beweislastverteilung siehe unten Rdn. 35.
115   *Stein/Jonas/Brehm*, § 891 Rn. 2; a. A. für die Vollstreckung einer einstweiligen Verfügung: *Dahm*, MDR 1996, 1100; s. hierzu § 891 Rdn. 3 mit weit. Nachw.
116   OLG München, MDR 1981, 1025; a. A.: KG, OLGZ 1979, 366.
117   OLG München, MDR 1984, 592; OLG Hamm, GRUR 1985, 235; OLG Düsseldorf, JurBüro 1987, 942; a. A.: LG Berlin, WRP 1976, 194; *Zimmermann*, § 891 Rn. 2 *MüKo/Gruber*, § 891 Rn. 4.
118   OLG Frankfurt, WRP 1979, 129; OLG Düsseldorf, JurBüro 1987, 942.
119   A. A. offenbar: *Wieczorek/Schütze/Rensen*, § 891 Rn. 12.
120   Gegen dieses »Dogma« neuerdings *K. Schmidt*, KTS 2004, 241 (Besprechung zu BGHZ 155, 371).
121   Hierzu AG Göttingen, InVo 2003, 438; zu § 887 LG Mainz, DGVZ 2002, 138 mit kritischer Anm. *App*, KKZ 2003, 125 f. und EWiR 2003, 377.
122   KG, InVo 2000, 245.
123   Zur Vollstreckung gegen den Insolvenzverwalter siehe zu Rdn. 47.

IV. Die sachlichen Voraussetzungen des Erlasses eines Ordnungsmittelbeschlusses

1. Zuwiderhandlungen gegen das Unterlassungs- und Duldungsgebot/»Kerntheorie«

Der Schuldner muss dem Unterlassungs- oder Duldungsgebot **zuwidergehandelt** haben. Das ist zunächst immer dann der Fall, wenn die vom Schuldner vorgenommene Handlung mit der Handlung identisch ist, die der Schuldner nach den hinreichend bestimmten Angaben im Titel nicht mehr vornehmen darf,[124] also zu unterlassen hat, ferner, wenn nach Auslegung der titulierten Unterlassungsverpflichtung die »inkriminierte« Handlung als vom Unterlassungsgebot umfasst angesehen werden kann,[125] und schließlich bei Duldungsgeboten, wenn der Schuldner die Handlungen Dritter, die er nach dem Titel hinzunehmen hatte, ganz oder teilweise unmöglich gemacht hat. Bei Unterlassungsgeboten liegt eine Zuwiderhandlung aber darüber hinaus auch dann schon vor, wenn der Schuldner Handlungen vorgenommen hat (bzw. hat vornehmen lassen), die von der Verbotsform nur unbedeutend abweichen und deren Abweichungen den Kern der Verletzungshandlung unberührt lassen, die damit ihrerseits schon implizit Gegenstand der Prüfung im Erkenntnisverfahren waren (sog. **Kerntheorie**).[126] Im Rahmen der Ermittlung der Reichweite des in einem Urteil/Beschluss ausgesprochenen Unterlassungsgebots sind dessen Entscheidungsgründe und, sofern solche nicht existieren[127], die Antragsschrift heranzuziehen[128]. Auf die Kerntheorie ist daher auch zurückzugreifen, wenn es sich bei dem Vollstreckungstitel um ein Anerkenntnisurteil handelt.[129]

Jene »Erweiterung« des Schutzumfanges der Unterlassungstitel auf im Kern gleichwertige Handlungen ist notwendig, da sich menschliches Handeln selten bis in die letzten Details identisch wiederholt und weil deshalb Unterlassungsgebote, die konkret und streng auf die gerügte Verletzungshandlung hin formuliert sind, allzu leicht durch gänzlich unwesentliche Abweichungen bei nachfolgenden Handlungen unterlaufen werden könnten. Dies würde zu ständig neuen Unterlassungstiteln nötigen oder aber die Versuchung nahe legen, das Unterlassungsgebot über den konkreten Vorwurf hinaus allzu unbestimmt weit zu fassen, obwohl eine Wiederholungsgefahr in diesem weiten Umfange bei der Titulierung noch gar nicht ersichtlich ist. Anderseits ist es ein Postulat der Rechtsstaatlichkeit, dass der Schuldner zweifelsfrei erkennen kann, was ihm nun wirklich durch den Titel verboten ist.

---

124 Der bloße Versuch, eine Handlung vorzunehmen, die nach dem Titel zu unterlassen ist, ist nicht ausreichend *MüKo/Gruber*, § 890 Rn. 14.

125 Vgl. eingängig OLG Karlsruhe, Beschl. v. 7.6.2004 – 16 WF 220/03 –, juris): Das Verbot telefonischer Kontaktaufnahme erfasse auch die Versendung von SMS-Nachrichten.

126 BGHZ 5, 189; BGH, NJW 1973, 809; WRP 1989, 572 (Bioäquivalenzwerbung); BGHZ 126, 287 (Urt. v. 23.6.1994, passim); BGH, GRUR 2004, 72 (Coenzym Q 10); inzident auch BGH, WRP 2009, 990; KGR Berlin, 2008, 65; OLG Köln, WRP 1989, 334 mit Anm. *Teplitzky*, OLGR Köln 2005, 346; OLG Düsseldorf, InstGE 6, 43; OLG Frankfurt, GRUR 1987, 653; NJW-RR 1989, 169; alle mit weiteren Nachw. aus der Rspr.; OLG Hamburg, GRUR 1990, 637; OLG Celle, WRP 1991, 315; OLG Stuttgart, WRP 1997, 248; OLG Frankfurt, OLGR 1998, 150; OLG München, WRP 2002, 266; OLGR Schleswig 2003, 279; OLG Sachsen-Anhalt, WRP 2007, 566; *Baur/Stürner/Bruns*, Rn. 40.21; *Brox/Walker*, Rn. 1099; *Bruns/Peters*, § 45 I; *MüKo/Gruber*, § 890 Rn. 10; *Pastor*, Unterlassungsvollstreckung, S. 169; *Prütting/Gehrlein/Olzen*, § 890 Rn. 12; *Schilken* in *Gaul/Schilken/Becker-Eberhard*, § 73 Rn. 5; *Schuschke*, ZAP 2000, Fach 14 S. 361, 370; *Stein/Jonas/Brehm*, § 890 Rn. 34; *Teplitzky*, Wettbewerbsrechtliche Ansprüche, 9. Aufl. 2007, Kap. 57 Rn. 12 ff.; *Wieczorek/Schütze/Rensen*, § 890 Rn. 8; *Zimmermann*, § 890 Rn. 9.

127 Durchaus denkbar im Fall der einstweiligen Verfügung aber auch in der sogleich im Text besprochenen Konstellation.

128 OLG München, GRUR Prax 2010, 303; ferner OLG Köln, MDR 2010, 534, das freilich unnötig den schillernden Begriff vom »Schutzbereich« des Unterlassungsgebots verwendet.

129 **A.A.** LG Düsseldorf, InstGE 6, 30, das noch einen Unterschied zum Versäumnisurteil sieht, welcher aber wohl nur akademischer Natur ist. Die noch in der Vorauflage vertretene (dem LG Düss zust.) Ansicht wird aufgegeben.

Die Kerntheorie hat daher auch – entgegen einer grundlegenden Entscheidung des BGH[130] – unmittelbare Bedeutung für die Bestimmung des Streitgegenstandes und damit der Rechtskraftwirkung eines Unterlassungstitels. Die materielle Rechtskraft eines solchen Titels umfasst sämtliche Verletzungshandlungen, die bei Anwendung der Kerntheorie gleichartig sind. Ansonsten dürfte wegen solcher »nur« gleichartiger (»kerngleicher«) Verletzungshandlungen gar nicht vollstreckt werden: Was nämlich der – rechtskräftige – Titel nach Bestimmung seines Streitgegenstandes und damit seiner materiellen Rechtskraft nicht erfasst, kann nicht Gegenstand der Vollstreckung sein.[131] Dies gilt (scil.) auch dann, wenn die »abgeänderte« und nunmehr erneut beanstandete jedoch *nicht* »kerngleiche« Verletzungshandlung ihrerseits verboten, etwa wettbewerbswidrig ist. In einem solchen Fall muss eben ein neues Erkenntnisverfahren respektive Verfügungsverfahren angestrengt werden[132]. Ist zweifelhaft, ob die nunmehr beanstandete Zuwiderhandlung einen Verstoß gegen ein bereits tituliertes Unterlassungsgebot darstellt, mag ein Rechtsschutzbedürfnis für einen neuerlichen Antrag bestehen.[133] Vice versa kann der Schuldner im Streit mit dem Gläubiger über die Reichweite eines titulierten Unterlassungsgebots diese Frage durch eine negative Feststellungsklage klären lassen. Das rechtliche Interesse für diese Klage im Sinne von § 256 Abs. 1 ZPO entfällt nicht dadurch, dass der Gläubiger wegen eines entsprechenden Verhaltens des Schuldners bereits einen Ordnungsmittelantrag gestellt hat.[134]

Zusammenfassend gilt: Handlungen, die der untersagten lediglich im Kern ähnlich, aber nicht mehr charakteristisch für sie sind, können nicht mehr als Zuwiderhandlung gegen das Unterlassungsgebot behandelt werden.[135] Durch § 9 Nr. 3 UKlaG hat die sog. Kerntheorie – unnötig – Eingang in das positive Recht gefunden[136].

---

130 BGHZ 166, 253 mit krit. Anm. *Vollkommer*, BGHReport 2006, 743; *H. J. Ahrens*, JZ 2006, 1184.

131 So mit Recht *Schöpflin*, JR 2007, 243, 244 (Anm. zu BGHZ 166, 253). In diese Richtung jetzt aber auch BGH, MDR 2013, 1118 (B. vom 6.2.2013, LS 2): »Die Zuordnung einer Handlung zum Kernbereich des Verbots scheidet allerdings aus, wenn sie nicht Gegenstand der Prüfung im Erkenntnisverfahren gewesen ist.« Und noch treffender BGH, NJW 2014, 2870 (B. vom 3.4.2014, Rn. 13 – zit. nach juris; mit krit. Anm. Kleinemenke, GRUR-Prax 2014, 238): »Nur so ist der Umfang der Rechtskraft sicher feststellbar und eine Grundlage der Vollstreckung gegeben, die den Bestimmtheitsanforderungen genügt.« **A. A.** ist offenbar v. *Ungern-Sternberg*, GRUR 2009, 1009, der diese Problematik jedoch trotz ausführlichster Darstellung nur streift. Dass der BGH (oben Fn. 129) im Übrigen als Korrektiv seiner Rechtsprechung das Rechtsschutzbedürfnis bemüht, ist bezeichnend und methodisch fragwürdig. Wie irreführend das Urt. des BGH ist, zeigt die Entscheidung OLGR Hamburg 2009, 873 (B. vom 27.5.2008): Anstatt schlicht die Vorgaben der Kerntheorie anzuwenden, bemüht das Hans. OLG die Rechtskraftlehre, freilich ohne zu erkennen, dass im zu entscheidenden Fall gar keine zwei widerstreitenden Verfahren anhängig waren (so nämlich im Fall des BGH). Dieselbe Kritik gilt für die Entscheidung OLGR Hamburg 2009, 741 (B. vom 23.5.2008), in der sich der Senat auch noch durch das Urt. des BGH vom 23.2.2006 (BGHZ 166, 253) bestätigt fühlt.

132 So auch (passim) OLG Düsseldorf, GRUR-RR 2011, 286; vgl. ferner Hans.OLG, MD 2011, 154 (wobei im dort entschiedenen Fall zweifelhaft war, ob nicht doch ein kerngleicher Verstoß vorlag); Hans. OLG, InstGE 11, 58 (B vom 26.2.2009). Wenn natürlich das neuerliche Begehren bereits Gegenstand der Prüfung im vorangegangenen Verfahren und dort rechtskräftig abgewiesen worden war, ist der auf Unterlassung gerichtete Antrag wegen entgegenstehender Rechtskraft (res iudicata) unzulässig.

133 Vgl. OLG Köln, GRUR-RR 2012, 148.

134 Mit Recht BGH, NJW 2008, 1001 (Urt. vom 8.11.2007).

135 BGH, WRP 1989, 572 (Bioäquivalenzwerbung); OLG Köln, WRP 1989, 334 mit Anm. *Teplitzky*, OLG Hamm, GRUR 1990, 642; OLG Hamburg, GRUR 1990, 637; OLG Frankfurt, NJW-RR 1992, 751 und NJW 1995, 892; vgl. auch *Teplitzky*, Wettbewerbsrechtliche Ansprüche, 9. Aufl. 2007, Kap. 57 Rn. 15 bis 16e. Es besteht schließlich kein Anlass, die Kerntheorie in einzelnen Rechtsgebieten, etwa im Markenrecht, einschränkend anzuwenden. **A. A.** offenbar OLGR Hamburg, 2009, 611 zu Verletzungshandlungen durch sogen. »Vertipper«-Domains. Die Irreführung des Verbrauchers war in diesem entschiedenen Fall geradezu signifikant.

136 Anschaulicher Fall in KGR Berlin 2009, 394.

a) Beispiele im Kern gleichwertiger Handlungen

Verbot der Werbung, dass Waren »bis zu 20 % unter den Richtpreisen der Hersteller verkauft« würden; neue Werbung, die Waren würden nunmehr »bis zu 30 %« unter den Richtpreisen verkauft.[137] Oder: Dem Schuldner ist untersagt, ein bestimmtes Markenfernsehgerät unter Gegenüberstellung mit einer nicht existierenden »unverbindlichen Preisempfehlung« des Herstellers zu bewerben. Er bewirbt nunmehr das Gerät einer anderen Marke ebenfalls unter Gegenüberstellung mit einer nicht existierenden unverbindlichen Preisempfehlung des Herstellers.[138] Oder: Dem Schuldner ist die Wiederholung einer bestimmten Behauptung untersagt. Er verbreitet stattdessen die einstweilige Verfügung, deren Tenor die Behauptung enthält, an Dritte zur Kenntnisnahme.[139] Oder: Dem Schuldner war verboten, geschäftsmäßig Hilfe in Steuersachen zu leisten. Nunmehr übt er diese Tätigkeit als leitender eigenverantwortlicher Angestellter einer SteuerberatungsGmbH aus.[140] Einem Presseorgan ist eine bestimmte – wahrheitswidrige – Behauptung untersagt. Nunmehr berichtet es im Rahmen sogen. »Eigenberichterstattung« ausführlich darüber, dass ihm diese Behauptung untersagt sei.[141] Einem Schuldner ist die Werbung für Produkte im Bereich der Magnetfeldtherapie mit Werbeaussagen, die die Wirkung dieser Produkte als gesicherte wissenschaftliche Erkenntnisse erscheinen lassen, verboten; nunmehr bewirbt der Schuldner die Produkte wortgleich mit dem abschließenden (Form-) Hinweis, aus Rechtsgründen müsse er darauf hinweisen, dass es für die beschriebenen Wirkungen keine gesicherte wissenschaftliche Bestätigung gäbe[142]. Eine nach § 5 Abs. 1 Satz 2 Nr. 2 UWG irreführende Werbung (irreführende Preisangabe) wird mit einem Aufklärungszusatz wiederholt, welcher in derart versteckter Form erfolgt, dass er von den Werbeadressaten praktisch nicht wahrgenommen wird.[143]

In allen Fällen entscheidet letztlich die natürliche Betrachtungsweise der Einzelmerkmale, die der Verletzungshandlung das Gepräge geben.[144] Kritisch erscheint die Auffassung, das im Rahmen einer einstweiligen Verfügung ergangene Unterlassungsgebot erfasse keine Handlungen des Schuldners, die mangels Dringlichkeit bereits nicht Gegenstand dieser einstweiligen Verfügung sein konnten.[145] Denn damit wird die Kernbereichslehre unnötig ausgehöhlt.[146]

b) Beispiele nur ähnlicher, aber im Kern nicht mehr gleichwertiger Handlungen

Dem Schuldner ist die Ankündigung eines zeitlich nicht befristeten Rabatts von 20 % auf das gesamte Warensortiment untersagt; er kündigt sodann im Rahmen eines verkaufsoffenen Sonntags für 5 Std. einen 10 %igen Rabatt auf sein Sortiment an.[147] Oder: Verbot der Verwendung einer irreführenden Geschäftsbezeichnung im geschäftlichen Verkehr; nachfolgend Verwendung von

---

137 OLG Braunschweig, OLGZ 1977, 382.
138 LG Dortmund, WRP 2000, 1422.
139 OLG Köln, WRP 1986, 626.
140 OLG Köln, OLGR 2000, 105.
141 A.A. insoweit: OLG Frankfurt, NJW-RR 2001, 187; auch OLG München, AfP 2001, 322 für die »bloß referierende Wiederholung eines Unterlassungstenors«, was allerdings im konkreten Fall gerade zweifelhaft war; mit Recht daher kritisch *Wülfing*, ITRB 2002, 54 (Anm.); vgl. auch LG Köln, B vom 12.5.2009 (28 O 381/07 – juris).
142 OLG Hamm, MD 2009, 60.
143 OLG Frankfurt, K&R 2011, 414.
144 Die Abgrenzung im Einzelfall kann sehr schwierig sein und stellt letztlich einen wertenden Akt dar: Einerseits sind »semantische Spitzfindigkeiten« zu vermeiden (vgl. OLGR Schleswig 2005, 473); andererseits ist der Gefahr zu begegnen, das titulierte Unterlassungsgebot im Rahmen des Verfahrens nach § 890 sachlich zu erweitern, (vgl. instruktiv OLGR Köln 2005, 346; ferner OLG Köln, MD 2007, 490); zur Herausarbeitung des Kerngehalts des Titels OLG Nürnberg, GRUR 2004, 61.
145 So OLGR Köln 2003, 362.
146 Mit Recht *Brückmann/Beyerlein*, EWiR 2004, 43.
147 OLG Hamm, WRP 2003, 668.

Briefbögen mit dieser Bezeichnung lediglich im Rahmen der Korrespondenz mit dem Gläubiger;[148] Wiedergabe einer wettbewerbswidrigen Werbetextform lediglich im Rahmen einer Domainadresse.[149] Oder: Dem Schuldner ist eine bestimmte Handlung untersagt worden. Er unternimmt anschließend einen fehlgeschlagenen Versuch der Wiederholung dieser Handlung.[150] Oder: Dem Schuldner war untersagt, eine Stereoanlage mit dem Zusatz »Dolby Surround« zu bewerben, wenn das Gerät dieses Merkmal nicht aufweist. Nunmehr bewirbt er ein TV-Monogerät als »Stereo-Fernsehgerät«.[151] Oder schließlich: Dem Schuldner war untersagt, Rechtsberatung anzubieten. Nunmehr bietet er eine andere – ebenfalls nach anderen gesetzlichen Vorschriften unzulässige – Beratung an, die aber keine Rechtsberatung ist.[152]

c) Weitere Tatbestände

27 Eine von der Rechtsordnung missbilligte Zuwiderhandlung liegt zudem dann nicht vor, wenn der Schuldner eine ihm untersagte Äußerung oder eine in ihrem Kerngehalt vergleichbare Äußerung im Rahmen des Beweisthemas einer gerichtlichen Zeugenaussage wiederholt.[153]

Schließlich soll die (im Wettbewerbsrecht entwickelte) Kerntheorie auf das Recht der Bildberichterstattung nicht übertragbar sein, da die Möglichkeiten einer Bildveröffentlichung im Kontext zur begleitenden Wortberichterstattung zu vielgestaltig seien.[154]

2. Maßgeblicher Zeitpunkt der Zuwiderhandlung

28 Die Zuwiderhandlung, die Gegenstand eines Ordnungsmittelbeschlusses sein soll, muss zeitlich nach der Zustellung der Ordnungsmittelandrohung[155] und dem Eintritt (nicht dem Nachweis) der unbedingten Vollstreckbarkeit des Titels liegen; d.h. also die Klausel muss noch nicht erteilt, ein verkündeter Titel muss noch nicht zugestellt sein,[156] die die Vollstreckbarkeit bedingende Sicherheitsleistung des Gläubigers muss aber erbracht und dem Schuldner in formalisierter Form nachgewiesen[157], oder es muss Rechtskraft eingetreten sein.[158] Nichtverkündete Titel (Beschluss-

---

148 OLG Hamm, WRP 1989, 743; ähnlich OLG Hamburg, GRUR 1990, 637.
149 Hans.OLG, MD 2011, 152.
150 OLG Frankfurt, MDR 1972, 58; OLG Köln, OLGR 1993, 187; *Stein/Jonas/Brehm*, § 890 Rn. 35.
151 OLG Köln, Beschl. vom 13.8.1997 – 6 W 39/97 –.
152 OLG Stuttgart, NJWE-WettbR 1997, 59.
153 OLGR Frankfurt 2000, 311 = NJW-RR 2001, 1364.
154 BGH, GRUR 2008, 1024 (»Shopping mit Putzfrau auf Mallorca«), jedenfalls dort zutr. im Hinblick auf einen Antrag entschieden, mit dem eine Bildveröffentlichung uneingeschränkt, also ohne Berücksichtigung eines begleitenden Textes, untersagt werden sollte.
155 Bzw. deren bloßer Verkündung, wenn sie schon im verkündeten Titel selbst enthalten war; vergl. *Stein/Jonas/Brehm*, § 890 Rn. 21; vgl. im Übrigen bereits oben zu Fn. 92.
156 Ganz h.M., bestätigt durch BGHZ 180, 72 (B vom 22.1.2009) m.w.Nachw. auch zur Gegenansicht (Schuldner müsse eine verkündete Verbotsverfügung erst ab Zustellung im Parteibetrieb beachten); vgl. ferner OLG Hamm, MD 2007, 1210; OLGR Frankfurt 2003, 176 im Rahmen des § 708 Nr. 10 ZPO; ebenso OLG Köln 2007, 481.
157 BGH, NJW 2008, 3220 zur Zustellung einer Prozessbürgschaft gemäß § 751 Abs. 2 ZPO durch den Gerichtsvollzieher an den Schuldner persönlich (Nachweis der Bürgschaftsbestellung gegenüber dem Prozessbevollmächtigten des Schuldners nicht erforderlich); ferner BGHZ 131, 233 (Urt. vom 30.11.1995) mit Anm. *K. Schmidt*, JuS 1996, 463; OLG Köln 2007, 481; OLG Stuttgart, WRP 1990, 134; OLG München, GRUR 1990, 638.
158 Etwa mit Verkündung des Berufungsurteils, das ein die Unterlassungsverpflichtung enthaltenes (gegen Sicherheitsleistung vorläufig vollstreckbares) Urteil der ersten Instanz bestätigt (vgl. § 542 Abs. 1 Satz 1 ZPO), und zwar (scil.) ohne Sicherheitsleistung, OLG Celle, MD 2012, 287; OLG Hamburg, NJW-RR 1986, 1501.

verfügungen) müssen dem Schuldner vor der Zuwiderhandlung zugestellt worden sein.[159] Verstöße vor Erlass des Titels sind ohne Bedeutung,[160] selbst wenn der Schuldner in der letzten mündlichen Verhandlung unzweifelhaft auf das zu erwartende Ergebnis hingewiesen wurde; Gleiches gilt für Verstöße, die in der Zeit begangen wurden, während der die Zwangsvollstreckung aus dem Titel eingestellt war.[161] Zuwiderhandlungen, die vor der Einstellung der Zwangsvollstreckung liegen, behalten ihre Bedeutung[162], können aber so lange nicht Ausgangspunkt eines Ordnungsmittelbeschlusses sein, wie die Einstellung wirksam ist.[163] Wie bereits dargestellt,[164] spielt der Zeitpunkt der Zuwiderhandlung dann keine Rolle, wenn der Titel zu der Zeit, in der über das Ordnungsmittelgesuch entschieden wird, keinen Bestand mehr hat oder wenn jedenfalls aus ihm über diesen Zeitpunkt hinaus nicht mehr Erfüllung des titulierten Anspruchs verlangt werden kann. Denn in beiden genannten Fällen scheidet die Verhängung von Ordnungsmitteln für vorausgegangene Zuwiderhandlungen grundsätzlich aus.

3. Behandlung mehrfacher Zuwiderhandlungen gegen den nämlichen Unterlassungstitel

Grundsätzlich zeigt jeder erneute Verstoß gegen das Unterlassungs- oder Duldungsgebot des Titels, dass der Schuldner nicht gewillt ist, die titulierte Verpflichtung zu erfüllen. Jeder Verstoß gibt deshalb erneut Anlass, auf den Willen des Schuldners durch Ordnungsmittel einzuwirken. Der strafrechtliche Grundsatz »ne bis in idem« gilt deshalb abgesehen davon, dass es sich bei den Ordnungsmitteln um keine Strafen handelt, insoweit auch aus dem Grunde nicht, dass jede erneute Zuwiderhandlung eine andere, nach Ort, Zeit, den sonstigen Umständen und insbesondere auch dem Grad des Verschuldens allenfalls vergleichbare, aber niemals gleiche Handlung darstellt. Andererseits nötigen der besondere Charakter der Ordnungsmittel als Beugemittel und die rein vollstreckungsrechtliche Betrachtungsweise des Verfahrens nach § 890 auch nicht dazu, jeden dem Unterlassungsgebot zuwiderlaufenden Einzelakt immer isoliert als eine neue Zuwiderhandlung zu behandeln, wenn dem Gesamtgeschehen ein einheitlicher Plan zugrunde liegt. Vielmehr ist insoweit eine natürliche Betrachtungsweise, wie sie dem strafrechtlichen Denkmodell der natürlichen Handlungseinheit[165] und der im Strafrecht durch den BGH[166] allerdings weitgehend aufgegebenen Figur der fortgesetzten Tat zugrunde liegt, durchaus angemessen.[167] Denn in der »fortgesetzten Tat«, legt man das bisherige, im Strafrecht nun nicht mehr bedeutsame Denkmodell zugrunde, wird nur ein Willensentschluss des Schuldners wirksam, den es deshalb auch nur einmal zu beugen

---

159 BGH, MDR 2015, 154 (Urt. vom 10.7.2014);OLG Hamm, NJW-RR 1986, 679; a. A. offenbar OLGR Jena 2001, 304, was im Hinblick auf § 922 Abs. 2 nicht vertretbar ist, vgl. auch hier zu Rdn. 15. Eine Vorabübersendung an den Anwalt des Schuldners per Fax reicht nicht aus, vgl. LG München I, InstGE 8, 297.
160 OLG Nürnberg, GRUR 1965, 563.
161 Vgl. BGH, NJW 1990, 122, 125; a. A. OLG Hamm, WRP 1980, 214.
162 OLG Köln, B. vom 30.1.2009 (6 W 40/08 – juris).
163 OLG Düsseldorf, JMBlNW 1963, 229.
164 Oben Rdn. 13 f. und Rdn. 21.
165 Hierzu: *Schuschke*, WRP 2000, 1008.
166 BGHSt 40, 138 und 195; BGHSt 41, 113 und 385.
167 Siehe insoweit: BGHZ 121, 13; OLG Köln, WRP 1985, 717; OLG Stuttgart, GRUR 1986, 335; OLG Köln, GRUR 1988, 488; OLG Stuttgart, WRP 1989, 544; OLG Zweibrücken, OLGZ 1989, 360; OLG Frankfurt, GRUR 1990, 638; OLG Stuttgart, NJW-RR 1993, 24; OLG Frankfurt, NJW 1995, 2567 (mit abl. Anm. von *Mankowski*, EWiR 1995, 1143); OLG Celle, WRP 1997, 89; KG, KGR 198, 8 und 168 sowie KGR 2000, 124; *Köhler*, WRP 1993, 666; *Körner*, WRP 1982, 75; *Pastor*, Unterlassungsvollstreckung, S. 215 ff. Siehe ferner die Fallbeispiele bei *Schuschke*, WRP 2000, 1008.

gilt[168] (u. U. durch ein empfindlicheres Ordnungsmittel, als hätte der Wille sich nur in einem einmaligen Tätererfolg manifestiert). Die Änderung der strafrechtlichen Rechtsprechung muss daher im Vollstreckungsrecht, da das Institut hier durchaus sinnvoll bleibt – es hätte hier auch ohne das Strafrecht entwickelt werden können –, *nicht* zu einer Abkehr von den zum Fortsetzungszusammenhang entwickelten Grundsätzen führen.[169] Der in diesem, nicht im ursprünglichen strafrechtlichen Sinne bedeutsame »Fortsetzungszusammenhang« wird allerdings durch alle Umstände unterbrochen, die den Schuldner zu einem Überdenken seines Verhaltens und zu einem neuen Entschluss, gegebenenfalls »weiterzumachen«, nötigen.[170] Wann dies der Fall ist, hängt von den Umständen des Einzelfalles ab. Regelmäßig wird schon ein Ordnungsmittelantrag des Gläubigers den Schuldner veranlassen müssen, einen neuen Entschluss zu fassen, jedenfalls aber die Zustellung eines Ordnungsmittelbeschlusses.[171] Bei Werbeanzeigen wird oft eine zusammengehörende Kampagne unabhängig von der Zahl der oft auf den Typus des Werbeträgers zugeschnittenen, auch teilweise unterschiedlich gestalteten Einzelanzeigen eine einzige Zuwiderhandlung darstellen, jede neue Kampagne, aber auch die nachträgliche Verlängerung einer laufenden dagegen jeweils eine neue Zuwiderhandlung.[172] Bei Zuwiderhandlungen gegen das Verbot, einwilligungslose Telefon-

---

168 Diese zivilprozessrechtliche Betrachtungsweise im Rahmen des § 890 ist nicht ohne Weiteres auf die vereinbarte, anderen Zwecken dienende Vertragsstrafe übertragbar, sodass nach mehrfachen Verstößen gegen eine strafbewehrte Unterlassungsverpflichtungserklärung nicht schon immer dann Fortsetzungszusammenhang bejaht werden kann, wenn man dies im Vollstreckungsrecht täte: Hierzu BGH, GRUR 2009, 181 mit Anm. *Rieble*, GRUR 2009, 824; BGH, BGHR 2001, 473 (= BGHZ 146, 318) mit Anm. *Schuschke* S. 475; vgl. ferner BGHZ 33, 163; 121, 13; dies verkennt in der Begründung OLG Hamm, FamFR 2013, 208.

169 **A. A. BGH**, NJW 2009, 921 = GRUR 2009, 427 = WRP 2009,637 u.ö. (B vom 18.12.2008 mit Anm. *Schmidt*, jurisPR-WettbR 5/2009 Anm. 5), freilich ohne substantielle Begründung und in der Sache unnötig: Denn im entschiedenen Fall war der Schuldner vor der zweiten Zuwiderhandlung durch einen zwischenzeitlich wegen der ersten Zuwiderhandlung gestellten Ordnungsmittelantrag hinreichend gewarnt, und der »Fortsetzungszusammenhang« war damit unterbrochen worden (s. dazu oben sogleich im Text). Die Gefahr jener Rspr., dass nämlich das für den Einzelverstoß angemessen erscheinende Ordnungsgeld schlicht mit der Anzahl der Verstöße multipliziert (vgl. etwa LG Köln, ZVI 2008, 546, bereits vor dem Beschluss des BGH, auch AG Reutlingen, ZMR 2014, 163 danach) und damit unter Umständen ein unangemessenes Gesamtergebnis erzielt wird, sieht der BGH durchaus. Es bleibt nur abzuwarten, ob auch die Instanzgerichte jener »Versuchung« beggnen (in diese Richtung auch warnend *Musielak/Lackmann*, § 890 Rdn. 13). **Wie hier:** OLG Frankfurt, NJW 1995, 2567 (mit ablehnender Anm. *Mankowski*, EWiR 1995, 1143); OLG Koblenz, OLGR 1997, 268; JurBüro 2000, 325; OLG Celle, WRP 1997, 89; OLG Schleswig, OLGR 1997, 312; KG, KGR 1998, 8 und 168; KGR 2000, 124; OLG Bamberg, InVo 1999, 400; *Baur/Stürner/Bruns*, Rn. 40.28.; *Schuschke*, WRP 2000, 1008; . Wer **stattdessen** den nämlichen Erfolg über das strafrechtliche Institut der Gesamtstrafe erzielen will (*Mankowski* EWiR 1995, 1143 und WRP 1996, 1144; *Stein/Jonas/Brehm*, § 890 Rn. 41; OLG Frankfurt, OLGZ 1992, 378), muss sich in seiner Argumentation viel weiter von der vollstreckungsrechtlichen Basis entfernen als bei Beibehaltung der Konstruktion des Fortsetzungszusammenhanges. **Für die gänzliche Aufgabe des Instituts des Fortsetzungszusammenhangs im Vollstreckungsrecht:** OLG Nürnberg, NJW-RR 1999, 723 = WRP 1999, 1184; ferner OLGR Dresden 2003, 452; OLG Sachsen-Anhalt, WRP 2007, 566, das freilich mit der gegebenen Begründung die hier vertretene Auffassung gerade stützt; LG Berlin, Beschl. v. 20.4.2006–57 T 12/06 –, juris; *Melllulis*, a. a. O., Rn. 906 und 946; *Teplitzky*, Wettbewerbsrechtliche Ansprüche, 9. Aufl. 2007, Kap. 57, Rn. 35; *MüKo/Gruber*, § 980 Rn. 13; *Schilken* in *Gaul/Schilken/Becker-Eberhard*, § 73 Rn. 15; *Thomas/Putzo/Seiler*, § 890 Rn. 27; *Zimmermann*, § 890 Rn. 19.

170 OLG Bremen, OLGZ 1971, 183; OLG Stuttgart, WRP 1989, 544; OLG Köln, GRUR 1988, 488; OLG Frankfurt, GRUR 1990, 638; OLG Stuttgart, NJW-RR 1993, 24; OLG Hamburg, GRUR 2000, 826; OLG Köln, InVo 2000, 288 und MMR 2000, 698.

171 OLGR Schleswig 2004, 20; LG Düsseldorf, InstGE 6, 94; *Ahrens*, a. a. O., Kap. 66 Rn. 5. Namentlich dieser Gesichtspunkt schützt den Gläubiger hinreichend, was in der gegenläufigen Argumentation des OLG Nürnberg, WRP 1999, 1184, 1187 (oben Fn. 141) verkannt wird.

172 Nicht thematisiert von LG Lüneburg, MD 2012, 354 (Zuwiderhandlungen durch zwei, an zwei Tagen aufeinander folgende Werbeanzeigen; dort aber keine schlichte Addition).

werbung zu betreiben, erscheint es indes vertretbar, jede Zuwiderhandlung, also jeden gleichwohl zu Werbezwecken getätigten Telefonanruf, als einzelnen Verstoß zu ahnden.[173]

Die Praxis scheint nunmehr die Problematik unter dem (freilich nicht minder schillernden) Gesichtspunkt der »**natürlichen Handlungseinheit**« lösen zu wollen.[174]

Sofern von selbstständigen Verstößen auszugehen ist, dürfen die »verwirkten« einzelnen Ordnungsgelder addiert werden; eine Anwendung der §§ 53 ff. StGB, namentlich des § 54 Abs. 2 Satz 1 StGB, findet nicht statt.[175]

4. Notwendigkeit eigenen Verschuldens

Eine Zuwiderhandlung kann nur dann Anlass eines Ordnungsmittelbeschlusses sein, wenn den Schuldner persönlich ein **Verschulden** trifft. Dies folgt allein daraus, dass nur ein vorwerfbar handelnder Schuldner deutlich macht, dass es erforderlich ist, seinen Willen zu beugen, um die lückenlose Erfüllung der titulierten Unterlassungsschuld zu sichern.[176] Bei minderjährigen Titelschuldnern ist die Schuldfähigkeit in Analogie zu den Regelungen des § 828 BGB zu beurteilen.[177] Gegen schuldunfähige Personen darf ein Ordnungsmittel nicht verhängt werden[178], wobei die Beweislast in entsprechender Anwendung der §§ 276 Abs. 1 Satz 2, 827 Satz 1, 280 Abs. 1 Satz 2 BGB beim Schuldner liegt.[179] 30

a) Grundsätzliches

Das Verschulden muss sich nicht auf die unmittelbare Verwirklichung eines der Tatbestandselemente des Unterlassungsgebotes beziehen, es genügt, wenn der Schuldner vorwerfbar Ursachen in Gang gesetzt hat, die den tatbestandsmäßigen Erfolg später herbeiführen. Verschulden in diesem Zusammenhang heißt nicht nur Vorsatz, sondern auch jede Form der Fahrlässigkeit. Vorzuwerfen ist dem Schuldner nicht nur aktives Tun, sondern auch das Unterlassen von Maßnahmen, die den Erfolgseintritt hätten verhindern können.[180] Hierzu zählt auch ein dem Schuldner rechtlich und tatsächlich mögliches Einwirken auf Dritte (Werbeagentur, Abnehmer der Ware, Handelsvertreter, eigene Arbeitnehmer, Familienmitglieder[181] usw.),[182] die die untersagte Handlung für den Schuldner oder an seiner Stelle vornehmen können. 31

---

173 So KG Berlin, WRP 2013, 360, ohne freilich die einschlägige Problematik überhaupt zu thematisieren.
174 Vgl. etwa OLG Schleswig, MDR 2014, 561; OLG Düsseldorf, MD 2014, 815; OLG Celle, MD 2012, 287; ferner *Brox/Walker*, Rn. 1105; *Saenger/Pukall*, § 890 Rn. 24; Wieczorek/Schütze/Rensen, § 890 Rn. 53.
175 OLGR Köln 2007, 64.
176 OLG Frankfurt, WRP 1981, 29; OLG Düsseldorf, AfP 1984, 42; OLG Köln, NJW-RR 1986, 1191; OLG Köln, GRUR 1987, 652; OLG Frankfurt, WRP 1992, 185; OLG Hamburg, NJW-RR 1993, 1392; KG. OLGZ 1993, 339; LAG Köln, NZA 1994, 911; BayObLG, NJW-RR 1995, 1040; AG Hamburg, Beschl. v. 6.12.2006 – 49 C 191/02 –, juris.
177 Unrichtig LG Bonn, FamRZ 2006, 1290 (zust. *Prütting/Gehrlein/Olzen*, § 890 Rn. 13): § 19 StGB sei heranzuziehen.
178 Hierzu passim (im Rahmen des § 57 Abs. 1 ZPO) und sehr instruktiv: BGH, FamRZ 2010, 548.
179 LG Mönchengladbach, MDR 2007, 357; ferner KG Berlin, B. vom 27.2.2012 (19 WF 254/11 – juris) zu § 95 Abs. 1 Nr. 4 FamFG, § 1 GewSchG.
180 Siehe oben Rdn. 2; ferner: OLG Hamburg, NJW-RR 1993, 1392; OLG Köln, InVo 2000, 289; OLG Zweibrücken, OLGR 2000, 72.
181 Ob hier eine Unterrichtung über das Unterlassungsgebot ausreicht, wie LG Freiburg, FamRZ 1992, 1208 meint, ist eine Tatfrage. Ist größerer Einfluss möglich, ist er auch auszuüben.
182 Einzelheiten siehe unten Rdn. 34.

b) Verbotsirrtum

32 Ein **Verbotsirrtum** des Schuldners kann im Einzelfall das Verschulden ausschließen;[183] jedoch sind insoweit strenge Maßstäbe anzulegen. So unterliegt der Schuldner keinem unvermeidbaren Verbotsirrtum, wenn er, ohne anwaltlichen Rat einzuholen, der Auffassung ist, ein nicht rechtskräftiges Urteil bewirke noch nicht die Vollziehbarkeit der in ihm ausgesprochenen einstweiligen Verfügung.[184] Hat hingegen das Gericht selbst in der dem Titel vorausgehenden mündlichen Verhandlung bestimmte Äußerungen als vom Kern des Unterlassungsgebotes nicht mehr umfasst bezeichnet, obwohl sie objektiv dem Kernbereich noch zuzurechnen wären, so ist der hierauf begründete Irrtum des Schuldners nicht vorwerfbar.[185] Anwaltlicher Rat kann den Schuldner nur dann entlasten, wenn es sich um Fragen handelt, in denen eine Beurteilung nicht auch aufgrund eigener (z.B. kaufmännischer oder sonstiger beruflicher) Erfahrung möglich ist.[186] Nimmt der Schuldner in einer ihm von seinem Rechtsanwalt als offen bezeichneten Frage auf dessen Rat ein Risiko in Kauf, weil beide hoffen, sich im Rahmen der nach dem Titel nicht verbotenen Möglichkeiten zu bewegen, handelt er zumindest fahrlässig.[187] Dass der Gläubiger den Verstoß durch Testpersonen selbst provoziert hat, verringert das Verschulden des Schuldners in der Regel nicht.[188] Es ist das gute Recht des Gläubigers, zu erproben, ob der Schuldner gewillt ist, den Unterlassungstitel zu befolgen. Er muss es nicht erst auf Verstöße ankommen lassen, die ihm, dem Gläubiger, Schaden zufügen.

c) Zurechnung anwaltlichen Verhaltens

33 Hatte der Schuldner keine Kenntnis vom Titel, weil sein Anwalt ihn nicht oder nicht rechtzeitig informiert hatte – im Termin wurde ein nicht verabredeter Prozessvergleich geschlossen; die einstweilige Verfügung wurde unmittelbar an den Anwalt, nicht an die Partei zugestellt; der Anwalt hatte der Partei irrtümlich einen späteren Verkündungstermin mitgeteilt, sodass sie nicht mit dem tatsächlichen Termin rechnete –, so trifft ihn so lange kein Verschulden, wie er nicht mit einem Titel rechnen und beim Anwalt deshalb nachfragen musste.[189] Ist hingegen in erster Instanz ein vorläufig vollstreckbarer Unterlassungstitel ergangen, muss der Schuldner, der hiergegen Berufung eingelegt hat, mit einem die Berufung zurückweisenden Urteil rechnen, sodass er sich Kenntnis vom Inhalt des ihm bekannten Verkündungstermins verschaffen muss.[190] Soweit die Unkenntnis vom Titel auf einem vermeidbaren Organisationsmangel im Bereich des Schuldners beruht, kann sie ihn nicht entlasten.[191] So muss ein Kaufmann immer dafür Sorge tragen, dass er von in seinem Bereich eingegangenen einstweiligen Verfügungen unverzüglich informiert wird.[192]

---

183 OLG Köln, NJW-RR 1987, 1471; vgl. auch KGR Berlin 2003, 34.
184 OLG Naumburg, NJOZ 2005, 3673.
185 OLG Köln, InVo 2001, 34; vgl. auch Thüringer OLG, InVo 2005, 71.
186 OLG Sachsen-Anhalt MD 2007, 65; OLGR Frankfurt 2001, 122; OLGR Stuttgart 2001, 248: Rechtsansicht des Rechtsanwalts, ein bereits tituliertes Unterlassungsgebot sei mit Erfolgsaussicht anfechtbar und müsse daher nicht befolgt werden, entschuldigt nicht; weitergehend freilich (anwaltlicher Rat entschuldige in der Regel): OLG Hamburg, MDR 1974, 52.
187 OLG Stuttgart, OLGR 1999, 39.
188 OLG Hamburg, WRP 1981, 221.
189 LG Frankfurt, WRP 1966, 151; **a.A.** (Schuldner müsse sich hier das Fehlverhalten des Anwalts immer zurechnen lassen): OLG Frankfurt, GRUR 1987, 652. Hat der Schuldner bereits eine Abmahnung seitens des Gläubigers erhalten und war deshalb schon ein Rechtsanwalt eingeschaltet worden, muss der Schuldner damit rechnen, dass diesem Anwalt eine einstweilige Verfügung zugestellt wurde. In einem solchen Fall besteht deshalb immer eine Nachfragepflicht: OLG Frankfurt, NJWE-WettbR 2000, 148; **a.A.** OLG Hamburg 2008, 170.
190 OLGR Frankfurt 2003, 176; s. im Übrigen auch oben zu Rdn. 32.
191 OLG Köln, Beschl. vom 23.8.89 – 6 W 74/89 –, mitgeteilt bei *Traub*, Wettbewerbsrechtliche Verfahrenspraxis, 2. Aufl. unter Stichpunkt 11.2.22.
192 LG Oldenburg, WRP 2001, 1365.

5. Einstehenmüssen für das Verhalten Dritter

Da es sich im Rahmen des § 890 nicht um ein Verschulden im strafrechtlichen Sinne handelt, sondern um eine vorwerfbare Pflichtverletzung innerhalb des durch das Unterlassungsgebot begründeten Schuldverhältnisses, die zeigt, dass der Schuldner nicht alles ihm Mögliche veranlasst, um die lückenlose Beachtung des titulierten Gebotes sicherzustellen, muss der Schuldner sich auch das **Verhalten Dritter** zurechnen lassen, die in seinem Einflussbereich tätig sind, soweit er die rechtliche und tatsächliche Möglichkeit hat, auf das Verhalten dieser Dritten Einfluss zu nehmen und soweit er nicht alle Möglichkeiten seiner Einflussnahme umfassend ausgeschöpft hat. Der persönliche Schuldvorwurf geht hier dahin, dass der Schuldner durch die Beschäftigung oder Beauftragung dieser Dritten Verletzungsmöglichkeiten eröffnet und nicht gleichzeitig alles Zumutbare getan hat, die hieraus für den Gläubiger resultierenden Gefahren abzuwenden.[193] Kann dem Schuldner im Einzelfall dieser persönliche Vorwurf nicht gemacht werden, so genügt eine gesetzliche Zurechnungsvorschrift allein (etwa § 278 BGB, § 8 Abs. 2 UWG, §§ 14 Abs. 7, 128 Abs. 3 MarkenG) nicht, um wegen des Verhaltens Dritter gegen den Schuldner ein Ordnungsmittel zu verhängen.[194] Die Anforderungen an den Schuldner, seinen Einfluss auf von ihm abhängige Dritte geltend zu machen und die in seinem Interesse tätigen Dritten zu kontrollieren, müssen allerdings hoch angesetzt werden.[195] Bloße Hausmitteilungen, Rundschreiben oder sonstige Unterrichtungen mit dem Hinweis auf das, was künftig zu unterlassen sei, sind unzureichend, wenn der Schuldner rechtlich oder auch nur tatsächlich andere Einflussmöglichkeiten hat. Der Schuldner muss in jedem Fall eigene Kontrollen durchführen[196] und gegebenenfalls auch von seinen rechtlichen Möglichkeiten, auf das Verhalten des Dritten einwirken zu können (z. B. Androhen von Schadensersatzansprüchen oder von Disziplinarmaßnahmen), Gebrauch machen. Notfalls muss der Schuldner sogar einem Dritten, der sein Vertragspartner ist und das inkriminierte Verhalten auf der Basis des mit dem Schuldner geschlossenen Vertrages fortführt, fristlos kündigen.[197] Nur dann, wenn der Schuldner alle ihm zumutbaren Maßnahmen ergriffen hat, um sicherzustellen, dass Zuwiderhandlungen gegen den Titel durch Dritte in seinem Einflussbereich unterbleiben, entfällt der Schuldvorwurf

34

---

193 OLG Hamburg, InVo 1997, 278; OLG Köln, Beschl. v. 1.12.97 – 6 W 97/97 –; BayObLG, NZM 1999, 769; OLG Köln, InVo 2000, 70 und 289; OLG München, OLGR 2000, 86; OLG Zweibrücken, OLGR 2000, 72; OLG Düsseldorf, MD 2002, 351; OLG Saarbrücken, WRP 2006, 780.

194 So bereits BVerfGE 20, 323, 334–336 für das Verschulden einer juristischen Person des Privatrechts; häufig wird es insoweit auf ein sog. **Organisationsverschulden** ankommen, vgl. OLGR Schleswig 2005, 473. Vgl. ferner OLGR Jena, 2001, 304 (zu § 85 Abs. 2 ZPO); OLG Köln 2007, 563 mit Anm. *Hirtz*, EWiR 2007, 383; OLG München, MD 1987, 1223; OLG Zweibrücken, NJW-RR 1988, 1341; OLG Frankfurt, NJW-RR 1990, 639; *Stein/Jonas/Brehm*, § 890 Rn. 26; **a. A.**: OLG Celle, NJW 1959, 1691; OLG München, BB 1963, 1194; OLG Celle, DB 1963, 1463; OLG Koblenz, NJW 1966, 1567; OLG Nürnberg, WRP 1968, 413; OLG Frankfurt, GRUR 1987, 652 (zu § 85 Abs. 2 ZPO).

195 OLG Oldenburg, WRP 2007, 360 (»Wildplakatierungen«); OLGR Schleswig 2005, 473; OLG Stuttgart, WRP 2004, 1078; OLG München, MD 1987, 1223; OLG Hamburg, NJW-RR 1993, 1392; LG Düsseldorf, GRVR-RR 2008, 110; weniger streng: OLG München, WRP 1985, 25; LG Freiburg, FamRZ 1992, 1208; zu weit: OLG Frankfurt, OLGR 1998, 150.

196 Vgl. LG Hamburg, B vom 9.3.2010 (308 O 536/09 – juris) zur Überwachung eines Verbots, im Rahmen eines Online-Dienstes bestimmte Tonaufnahmen öffentlich zugänglich zu machen.

197 LG Hamburg, NJW 2003, 1196. Die – zutreffende – Entscheidung belegt, wie undurchsichtig die moderne Welt geworden ist; vgl. auch **für den Internetbereich** BGH, CR 2007, 523 (Internet-Versteigerung II) mit krit. Anm. *Rössel*, CR 2007, 527 u. *Hoeren*, NJW 2008, 2615, 2618; *Roggenkamp*, juris PR-ITR 11/2007, Anm. 2; OLG Hamburg 2009, 234 mit krit. Anm. *Dieselhorst*, CR 2003, 66; LG Berlin, MMR 2005, 785; OLG Köln, InVo 2001, 35; NJW-RR 2002, 215; LG Paderborn, NJW-RR 2001, 1223; zur Unterlassungsvollstreckung gegen Provider *Volkmann*, CR 2003, 440; *Sankol*, UFITA 2005, 653, 702–704.

gegen den Schuldner persönlich,[198] auch wenn sich dann noch einzelne Zuwiderhandlungen durch Außenstehende ereignen.[199]

Veranlasst der Schuldner einen unabhängigen Dritten, die dem Schuldner untersagte Handlung vorzunehmen, so liegt in dieser Anstiftung ein Verstoß gegen das Unterlassungsgebot.[200] Dolus eventualis des Schuldners ist insoweit ausreichend: Ist etwa dem Schuldner eine Alleinstellungsbehauptung im Wettbewerb untersagt, informiert er daraufhin in einer Pressekonferenz an sich zutreffend, aber bewusst so spitz und missverständlich über seine Marktposition, dass die Journalisten anschließend über seine Alleinstellung berichten, liegt in der Provokation der Berichterstattung eine Zuwiderhandlung gegen das Unterlassungsgebot.[201] Die Zuwiderhandlung ist ferner verschuldet, wenn zwar ein Unternehmen mit der Entfernung einer beanstandeten Werbung aus dem Netz beauftragt, die ordnungsgemäße Durchführung dieses Auftrags vom Schuldner aber nicht überwacht bzw. kontrolliert wird.[202]

35 Kein Problem des dem Schuldner zuzurechnenden Drittverstoßes liegt vor, wenn der Schuldner selbst nur in unterschiedlicher Funktion oder unter anderem Namen tätig wird, da das Unterlassungsgebot, soweit der Titel nicht ausdrücklich etwas anderes sagt, den Schuldner unabhängig von der gerade ausgeübten Funktion betrifft. So erfasst ein gegen den Inhaber einer Einzelfirma gerichtetes Verbot unmittelbar auch solche Handlungen, die er als Geschäftsführer einer von der Einzelfirma rechtlich selbstständigen GmbH[203] oder als Organ einer selbstständigen Handelsgesellschaft[204] oder als Geschäftsführer einer neu gegründeten »Ltd.«[205] vornimmt. Das Gebot an einen Kaufmann, bestimmte herabsetzende Äußerungen über einen Mitwettbewerber zu unterlassen, betrifft ihn auch als »privaten« Mitbürger, der Leserbriefe schreibt. Andererseits gilt das gegen eine bestimmte juristische Person ausgesprochene Unterlassungsgebot nicht deshalb auch gegen eine andere – eigenständige – juristische Person, weil beide die nämliche Person zum Geschäftsführer haben.[206] Ist die juristische Person und Titelschuldnerin hingegen 100%-ige Gesellschafterin einer anderen juristischen Person, welche gegen das Unterlassungsgebot inhaltlich verstößt, so ist von einer Zurechnung dieses Verhaltes zulasten der Titelschuldnerin ohne Weiteres auszugehen.[207] Ist dem Angestellten einer GmbH persönlich eine bestimmte Werbeaussage untersagt, so muss er nicht für das Verhalten des ihm übergeordneten Geschäftsführers dieser GmbH einstehen.[208]

6. Mögliche Einwendungen des Schuldners

36 Der Schuldner kann sich im Ordnungsmittelverfahren weder damit, dass der Titel von Anfang an über den allenfalls gegebenen ursprünglichen Unterlassungsanspruch hinaus zu weit gefasst worden

---

198 OLG Köln, MD 2007, 955; OLG Köln, WRP 2004, 1519; OLGR Köln 2003, 366; OLG Stuttgart, VuR 2003, 153: Hinweis auf gerichtliches Unterlassungsgebot an Vertriebspartner/Vermittler erforderlich.
199 OLG Köln, OLGR 1999, 377.
200 OLG Koblenz, NJW-RR 1990, 639.
201 OLG Köln, GRUR 1984, 909 und 1986, 570.
202 LG Gießen, B. vom 6.11.2013 (8 O 47/12).
203 OLG Koblenz, WRP 1978, 833; OLG Hamm, WRP 1971, 34.
204 OLG Hamm, WRP 1979, 802.
205 LG Stuttgart, WRP 2006, 779.
206 OLG Frankfurt, NJWE-WettbR 1997, 187; *Ahrens*, a. a. O., Kap. 67 Rn. 29. Für den Fall teilweiser Personenidentität der Geschäftsführer KG, DB 2005, 1565.
207 OLG Celle, WRP 2013, 388, das i. Ü. völlig mit Recht von einem vorsätzlichen Verhalten ausging, da die Geschäftsführer der beiden juristischen Personen identisch waren; a. A. offenbar KG Berlin, AfP 2013, 413 mit dem auch im konkreten Fall unhaltbaren Argument, jedes »Selbständige Presseorgan« könne auch »eine eigene Pressefreiheit für sich in Anspruch nehmen«. Das mag sein, entlastet den Titelschuldner aber nicht!
208 OLG Stuttgart, NJWE-WettbR 1997, 59.

sei,[209] noch mit erst nach der Titulierung entstandenen materiellrechtlichen Einwendungen gegen die titulierte Schuld als solche verteidigen, etwa damit, der Unterlassungsanspruch sei infolge veränderter Umstände entfallen – beispielhaft: die verbotene Werbung sei wegen veränderter Verkehrsanschauung nicht mehr zur Irreführung geeignet;[210] die Benutzung des Grundstücks des Schuldners durch den Gläubiger sei nicht mehr notwendig, da dieser nunmehr einen anderen Zugang zu seinem Grundstück habe; das Warenzeichen des Gläubigers sei zwischenzeitlich gelöscht; das Verbot, ein bestimmtes Pachtgrundstück zu nutzen, sei aufgrund konkludenten Zustandekommens eines neuen Pachtvertrags obsolet;[211] oder der Anspruch sei verjährt.[212] Einwendungen, die die ursprüngliche Titelfassung betreffen, bleiben generell ausgeschlossen[213]; den titulierten Anspruch nachträglich berührende Einwendungen können allein mit der Vollstreckungsabwehrklage geltend gemacht werden.[214]

Der Erfüllungseinwand spielt hingegen im Rahmen des § 890 naturgemäß keine Rolle.[215] Denn die Verpflichtung, eine Handlung zu unterlassen oder die Vornahme einer Handlung zu dulden, kann vom Schuldner nicht »erfüllt« werden. Ist es etwa dem Gläubiger gelungen, die vom Schuldner zu duldende Handlung inzwischen vorzunehmen, so besteht für eine Vollstreckung kein Rechtsschutzbedürfnis mehr. Der Titel ist »verbraucht«, ohne dass von einer Erfüllung seitens des Schuldners gesprochen werden könnte.[216]

Zulässig ist die Verteidigung, dem Schuldner sei der gerügte vorsätzliche Verstoß gegen die Unterlassungspflicht ausnahmsweise von der Rechtsordnung gestattet gewesen; so habe er die Behauptung nur in einem Prozess[217] oder in einem sonstigen geordneten rechtsstaatlichen Verfahren[218] wiederholt oder in einem intimen Kreis, in dem er sich frei von staatlichen Unterlassungsgeboten äußern könne,[219] oder innerhalb einer sonstigen rechtlich geschützten Vertrauensbeziehung.[220] In all diesen Fällen liegt in Wahrheit schon kein Verstoß gegen das Unterlassungsgebot vor.[221] 37

Dass der Schuldner wegen der gleichen Zuwiderhandlung bereits von anderen Gläubigern, denen er die nämliche Unterlassungspflicht schuldete, im Wege der Zwangsvollstreckung in Anspruch genommen und dass insoweit auch schon ein Ordnungsgeld gegen ihn festgesetzt worden war, steht der Durchführung des Ordnungsmittelverfahrens ebenso wenig entgegen wie der Umstand, dass 38

---

209 OLG Koblenz, InVo 1997, 220.
210 Zulässig wäre allerdings die Verteidigung, die gerügte Werbung sei mit der verbotenen gar nicht identisch, da Zusätze zum untersagten Text die Irreführungsgefahr beseitigten. Die Beweislast für die Beseitigung der Irreführungsgefahr trägt in einem solchen Fall der Schuldner: BGH, NJW 1992, 2358.
211 OLGR München 2002, 14.
212 Zur Verjährungseinrede hinsichtlich des materiellrechtlichen Unterlassungsanspruchs: OLG Karlsruhe, GRUR 1979, 571; BGHZ 59, 72. Davon zu unterscheiden ist die Verfolgungsverjährung nach Art. 9 Abs. 1 EGStGB, s. hierzu Rdn. 39.
213 Vgl. OLG Köln, B vom 30.1.2009 (6 W 40/08 – juris); bestätigt durch OLG Köln, ZfWE 2010, 22 (B vom 23.12.2009).
214 OLG Dresden, Beschl. v. 16.5.2002 – 11 W 1807/0 –, juris; dies wird von LG Paderborn, DGVZ 2006, 75 übersehen.
215 Treffend *Ahrens/Spätgens,* a. a. O., Kap. 67 Rn. 49: Der Erfüllungseinwand ist hier »begrifflich unmöglich«.
216 So lag der Fall LG Bonn, MDR 1965, 304. Der Beschluss des BGH vom 5.11.2004 (BGHZ 161, 67 mit krit. Anm. *Schuschke,* InVo 2005, 396; Anm. *Brehm,* WuB VI D. § 767 ZPO 1.05; zust. *Becker-Eberhard,* LMK 2005, 31) zur Berücksichtigung des Erfüllungseinwandes im Rahmen der §§ 887 f. ist daher hier ohne Bedeutung.
217 LG Hannover, MDR 1998, 987; OLG Koblenz, OLGR 1997, 294.
218 BGH, NJW 1998, 1399, 1401.
219 OLG Hamburg, JR 1990, 515.
220 Gespräch Anwalt/Mandant oder Arzt/Patient o. ä.: OLG Hamburg, JR 1990, 515; OLG München, NJW 1993, 2998.
221 Zur Problematik ausführlich: *Schuschke,* ZAP, Fach 14 S. 361, 363.

der Schuldner dem Gläubiger wegen dieser Zuwiderhandlung schon eine Vertragsstrafe schuldet.[222] Der strafrechtliche Grundsatz »ne bis in idem« gilt ehedem nicht.[223] Im Übrigen kann das Verschulden gegenüber den einzelnen Gläubigern unterschiedlich hoch sein und damit unterschiedliche Ordnungsmittel rechtfertigen. Eine juristische Person oder eine Handelsgesellschaft als Schuldnerin kann sich im Ordnungsmittelverfahren nicht damit entlasten, dass die Person, die die Zuwiderhandlung begangen hatte, zwischenzeitlich nicht mehr in ihren Diensten ist.[224] Auch ein Ausscheiden sämtlicher Gesellschafter, die zur Zeit der Zuwiderhandlung der Gesellschaft angehörten und der Eintritt neuer »unbelasteter« Gesellschafter steht dem Ordnungsmittelverfahren nicht entgegen, kann aber für die Höhe des festzusetzenden Ordnungsgeldes von Bedeutung sein.[225]

39 Schließlich kann der Schuldner einwenden, es sei **Verfolgungsverjährung** eingetreten, also die Verjährung des Anspruchs des Gläubigers, aufgrund des Vollstreckungstitels einen Vollstreckungsantrag nach § 890 zu stellen. Diese Verfolgungsverjährung richtet sich nach Art. 9 Abs. 1 EGStGB und ist von Amts wegen zu berücksichtigen.[226] Sie kann nach einer grundlegenden und zutreffenden Entscheidung des BGH[227] allerdings nicht mehr eintreten, wenn das Prozessgericht als Vollstreckungsgericht auf Antrag des Gläubigers ein Ordnungsmittel bereits festgesetzt hat, ohne dass dem der Umstand entgegenstünde, dass in Art. 9 Abs. 1 EGStGB eine den §§ 78b Abs. 3 StGB, 32 Abs. 2 OWiG entsprechende Regelung fehlt. Die hier vertretene Auffassung ergibt sich aus Wortlaut und Sinn des Art. 9 Abs. 1 EGStGB selbst und ist allein sachgerecht, da der Schuldner ansonsten in der Lage wäre, den bestandskräftigen Verfahrensabschluss bis zum Eintritt der Verjährung hinauszuzögern.[228] Andererseits unterbricht bzw. hemmt die Einleitung des Ordnungsmittelverfahrens durch den Gläubiger und auch eine daraufhin ergangene *zurückweisende* Entscheidung des Prozessgerichts als Vollstreckungsgericht die Verfolgungsverjährung nicht. Denn insoweit ist nur ein Ruhen der Verjährung in den Fällen des Art. 9 Abs. 1 Satz 4 EGStGB vorgesehen.[229] Diese Rechtslage ist unbefriedigend, da in der Tat bei einer entsprechenden Verfahrensdauer und/oder bei missbräuchlicher Verfahrensverzögerung durch den Schuldner die Verfolgungsverjährung stets droht.[230]

Ist das Ordnungsmittel hingegen (erstmals) festgesetzt, kommt nur noch die **Vollstreckungsverjährung** in Betracht, die sich wiederum nach Art. 9 Abs. 2 EGStGB richtet.[231] Nach einer weiteren Entscheidung des BGH[232] soll die Verjährung nach Maßgabe des Art. 9 Abs. 1 Satz 3 EGStGB im Fall einer einheitlichen Verurteilung zu einer Duldung und einem (immanenten) positiven Tun[233] nicht beginnen, bevor sich der Schuldner nicht uneingeschränkt zu diesem Tun bereit erklärt hat. Das ist in dieser allgemeinen Form zumindest missverständlich. Richtig dürfte demgegenüber sein,

---

222 Siehe hierzu oben Rdn. 19 a. E.
223 BGHZ 138, 67; OLG Köln, WRP 1976, 185; OLG Frankfurt, NJW 1984, 316; OLG München, InVo 1997, 250; OLG Köln, OLGR 2000, 412 sowie Urt. v. 31.3.2000 – 6 U 183/99 –; *Teplitzky*, Wettbewerbsrechtliche Ansprüche, 9. Aufl. 2007, Kap. 57, Rn. 36.
224 OLG Zweibrücken, GmbHRdsch 1988, 307.
225 OLG Zweibrücken, GmbHRdsch 1988, 307.
226 LG Düsseldorf, InstGE 6, 293.
227 BGHZ 161, 60 (B. vom 5.11.2004); bestätigt durch BGH, NJW 2011, 3791 (B. vom 17.8.2011).
228 Genau das war Ziel des Schuldners in dem der Entscheidung des BGH zugrunde liegenden Verfahren. Der Hinweis des (die Verjährung bejahenden) OLG Franfurt als Vorinstanz (OLGR Frankfurt 2004, 156) auf einen möglichen Verstoß gegen das anwaltliche Standesrecht hilft dem Gläubiger wenig.
229 OLG Celle, MD 2012, 287 (B. vom 27.12.2011); so inzident, wenn auch missverständlich KG, MMR 2012, 106.
230 Uhrich, GRUR-Prax 2012, 48.
231 S. zu Fn. 208, bestätigt durch BGH, WM 2013, 711 (Urt. vom 7.3.2013). Wie der BGH zuvor: OLG Nürnberg, WRP 1999, 1184, 1187; *Musielak/Lackmann*, § 890 Rn. 15; *Gloy/Loschelder*, Hdb. des Wettbewerbsrechts, 4. Aufl. 2010, § 88 Rn. 4; zust. *Teplitzky*, GRUR 2007, 177, 186; **a. A.** zuvor OLG Düsseldorf, WRP 2002, 464 und OLGR Frankfurt 2004, 156 als Vorinstanz zu BGHZ 161, 60.
232 WuM 2007, 209 (B. v. 25.1.2007); so wohl auch Hans. OLG, MD 2010, 312.
233 Siehe oben zu Rdn. 2.

dass die Verjährung beginnt, sobald der Schuldner ernsthaft die Vornahme der ihm auferlegten Handlung verweigert, respektive sich nur eingeschränkt dazu bereit erklärt. Ansonsten bedarf es nämlich gar keiner Vollstreckung nach § 890. Der Rechtssatz des BGH gilt nur für den Fall, dass der Gläubiger fortdauernd den Duldungstitel durchzusetzen versucht und sich vice versa das Verhalten des Schuldners als eine *fortgesetzte* Zuwiderhandlung gegen das Duldungsgebot darstellt.[234] Sofern indes isoliert auf den Verstoß gegen das Unterlassungs- respektive Duldungsgebot abgestellt wird, beginnt die Verjährung mit der Beendigung der behaupteten Zuwiderhandlung gegen das Gebot.[235]

7. Darlegungs- und Beweislastverteilung

Der Gläubiger muss den objektiven Verstoß des Schuldners gegen das Unterlassungsgebot darlegen und beweisen. Glaubhaftmachung genügt nicht. Dies gilt auch dann, wenn es sich bei dem Vollstreckungstitel um eine einstweilige Verfügung handelt.[236] Deshalb muss das Gericht gegebenenfalls auch Zeugen und Sachverständige hören.[237] Eidesstattliche Versicherungen genügen nicht.[238] Will der Schuldner allerdings geltend machen, sein Tun verletze nur noch scheinbar das Unterlassungsgebot; er habe Vorkehrungen getroffen, dass der durch das verbotene Handeln befürchtete Verletzungserfolg nicht mehr eintreten könne (z. B. Vermeidung befürchteter Verbrauchertäuschungen durch anderweitige Aufklärungsmaßnahmen), so ist er in vollem Umfange hierfür beweispflichtig.[239] Wie im Erkenntnisverfahren[240] können auch im Vollstreckungsverfahren dem Gläubiger Indizien die Beweisführung erleichtern.[241] Das persönliche Verschulden des Schuldners ist, da Vollstreckungsvoraussetzung, grundsätzlich vom Gläubiger zu beweisen.[242] Jedoch kommt ihm insoweit eine Beweiserleichterung zugute, als nach erwiesener objektiver Verletzungshandlung eine tatsächliche Vermutung dafür spricht, dass der Schuldner auch vorwerfbar gehandelt hat.[243] Gegen die Übernahme dieser zivilrechtlichen Beweisregeln zulasten des Schuldners sprechen keine verfassungsrechtlichen Bedenken.[244] Es ist Sache des Schuldners, darzulegen und zu beweisen, dass er alles ihm Zumutbare getan hat, um die Beachtung des Titels sicherzustellen. Diese Beweiserleichterung ist insbesondere dann gerechtfertigt, wenn die unmittelbare Zuwiderhandlung durch Dritte aus der Einflusssphäre des Schuldners begangen wurde.[245] Es wäre dem außenstehenden Gläubiger gar nicht möglich, im Einzelnen darzutun, welche Vorkehrungen der Schuldner unterlassen hat,

40

---

234 So lag wohl der Sachverhalt in der vom BGH (Fn. 211) entschiedenen Konstellation.
235 Zutr. KG, MMR 2012, 106.
236 OLG München, MD 2015, 501; OLG Frankfurt, WRP 2013, 1402; OLG Frankfurt, Beschl. v. 23.5.2006–6 W 59/06 –, juris; KGR Berlin (Fam) 2004, 579 (freilich mit Verweis auf den angeblichen Strafcharakter des Ordnungsmittels);OLG Saarbrücken, FamRZ 2012, 998 für ein vorausgegangenes Verfahren nach dem GewSchG; OLG Stuttgart, WRP 2001, 1107; LG Landau, NJW-RR 2002, 214; *Ahrens/Spätgens*, a. a. O., Kap. 67 Rn. 41; *Musielak/Lackmann*, § 890 Rn. 10; **a. A.**: *Dahm*, MDR 1996, 1100; OLG Bremen, MDR 2003, 233; **siehe im Übrigen auch zu § 891 Rdn. 3**.
237 Allerdings *kann* § 138 Abs. 3 Anwendung finden, vgl. zu § 891 ZPO Rdn. 3.
238 LG Nürnberg-Fürth, ZMR 2010, 401; **a. A.** OLG Dresden, Beschl. v. 4.6.2002 – 11 W 680/02 –, juris.
239 BGH, NJW 1992, 2358.
240 Siehe insoweit: *Baumgärtel*, Beweislastpraxis im Privatrecht, 1996, Rn. 272 ff.
241 OLG Frankfurt, GRUR 2006, 520; 1999, 371.
242 *Ahrens*, Wettbewerbsverfahrensrecht, 1983, S. 23; *ders.*, a. a. O., Kap. 68 Rd. 3; *Zimmermann*, § 890 Rn. 13.
243 OLG Zweibrücken, GRUR 1986, 839; KG, OLGZ 1993, 339; noch weitergehend (volle Beweislastumkehr zulasten des Schuldners): *Pastor*, Unterlassungsvollstreckung, S. 202; *Dietrich*, Individualvollstreckung, S. 74.
244 BVerfGE 84, 82.
245 BGH, NJW 2009, 921 (a. E.); *Stein/Jonas/Brehm*, § 890 Rn. 39; vgl. auch OLG Dresden, WRP 2001, 1114: Von einem Gläubiger kann regelmäßig nicht der Vortrag verlangt werden, welche Person eines Unternehmens eine verbotswidrige Anzeige aufgegeben hat, denn der Gläubiger erhält hierzu vom Zeitungsverlag keine näheren Auskünfte.

um die Zuwiderhandlung abzuwenden. In diesem Rahmen kann auch die Darlegungslast des Gläubigers entsprechend dem Rechtsgedanken des § 138 Abs. 2 ZPO erleichtert sein[246].

V. Der Inhalt des Ordnungsmittelbeschlusses

1. Die Wahl des Ordnungsmittels

41 Das Gericht hat unter Berücksichtigung aller Umstände des Einzelfalles im Rahmen pflichtgemäßer Ermessensausübung das Ordnungsmittel und dessen Höhe zu bestimmen.[247] Ordnungshaft kommt als primäres Ordnungsmittel nur in Betracht, wenn ausnahmsweise feststeht, dass Ordnungsgeld den Beugezweck unter keinen Umständen erfüllen kann.[248]

a) Ordnungsgeld

42 **Ordnungsgeld** kann in Höhe von 5 Euro, Art. 6 Abs. 1 Satz 1 EGStGB, bis zu 250.000 Euro, § 890 Abs. 1 Satz 2, verhängt werden, wenn nicht ausnahmsweise von vornherein ein niedrigerer Ordnungsmittelrahmen angedroht war. Bei der Festlegung der Höhe hat das Gericht sich davon leiten zu lassen, welcher Druck erforderlich erscheint, um den Schuldner künftig zur Titelbefolgung zu veranlassen.[249] Dabei sind sowohl der Grad des Verschuldens[250] zu berücksichtigen als auch die wirtschaftliche Leistungsfähigkeit des Schuldners,[251] ferner der wirtschaftliche Erfolg, den der Schuldner bei einer weiteren Nichtbeachtung des Titels erzielen könnte.[252] Feste Taxen (etwa ein bestimmter Bruchteil des Wertes des Unterlassungsanspruchs)[253] sollte es insoweit nicht geben, da sie den Einzelfall zu wenig berücksichtigen.[254]

Muss der Schuldner wegen der gleichen Zuwiderhandlung die Zwangsvollstreckung auch noch durch weitere Gläubiger dulden, so können die bereits festgesetzten Ordnungsgelder im Einzelfall insofern mindernd berücksichtigt werden, als u. U. nur noch ein geringeres weiteres Ordnungsgeld erforderlich erscheint, um den Willen des Schuldners auch zugunsten des derzeitigen Vollstreckungsgläubigers zu beugen. Auch kann zugunsten des Schuldners die Verhängung einer echten »Kriminalstrafe«, die gegen ihn aufgrund desselben Lebenssachverhalts ergangen oder zu erwarten ist, berücksichtigt werden.[255] Das Verbot der »Doppelbestrafung«, Art. 103 Abs. 2 GG, ist dagegen schon deshalb nicht einschlägig, als die Ordnungsmittel keinen Strafcharakter haben.[256] Schließlich kann eine vom Schuldner wegen der gleichen Zuwiderhandlung an den Vollstreckungsgläubiger zusätzlich zu zahlende Vertragsstrafe zu einer geringeren Ordnungsgeldfestsetzung,[257] niemals aber zur Herabsetzung auf null Euro führen.

---

246 Instruktiv Brandenburg. OLG, MD 2009, 325.
247 BGHZ 156, 335 (Euro-Einführungsrabatt).
248 *Brox/Walker*, Rn. 1105; *Jauernig*, § 27 IV; *MüKo/Gruber*, § 890 Rn. 34.
249 OLG Stuttgart, NJW-RR 1993, 25; OLG Naumburg, NJOZ 2005, 3673, 3677; OLGR Celle, 2009, 657 passim.
250 Etwa vorsätzliches Verhalten, vgl. LG Köln, B vom 8.10.2009 (31 O 605/04 SH II): 200.000,– € Ordnungsgeld im entschiedenen Fall bei wiederholtem Verstoß (herabgesetzt durch OLG Köln, ZfWE 2010, 22 auf 100.000,– €); vgl. ferner OLG Köln, WRP 1986, 626; WRP 1987, 569; InVo 1997, 276; MMR 2000, 703.
251 OLG Nürnberg, WRP 1968, 413; OLG Köln InVo 1999, 399.
252 Vgl. im Einzelnen BGHZ 156, 335 (Euro-Einführungsrabatt).
253 So aber OLG Hamburg, NJW-RR 1987, 1014; OLG Frankfurt, NJW-RR 1990, 639; zu Recht gegen diese Praxis: BGH, NJW 1994, 45.
254 Wie hier OLGR Zweibrücken 2003, 410.
255 Etwa aufgrund § 4 GewSchG, vgl. OLGR Schleswig 2006, 685; *Hohloch*, FRP 2008, 430, 432; vgl. auch LG Karlsruhe, WRP 2002, 485.
256 Siehe oben zu Rdn. 5–8; ferner *Musielak/Lackmann*, § 890 Rn. 9.
257 OLG Köln, NJW-RR 1986, 1191; OLG Düsseldorf, NJW-RR 1988, 1216; vgl. auch BGHZ 138, 67 und namentlich BGH, GRUR 2010, 355.

Die Höchstgrenze von 250.000 Euro gilt nur für jedes einzelne Ordnungsgeld, kann also bei mehrfacher Verhängung von Ordnungsgeld aufgrund ein und desselben Titels durchaus überschritten werden. Sie gilt zudem nur für die einzelne Zuwiderhandlung gegen einen ganz bestimmten Titel. Haben verschiedene Gläubiger unterschiedliche Titel erwirkt, durch die aber dem Schuldner (u. a. auch) die nämliche Unterlassungsverpflichtung auferlegt worden ist, so ist diese Höchstgrenze weder bei der Festsetzung auf Antrag der einzelnen Gläubiger jeweils aufgrund der verschiedenen Titel noch bei der späteren Beitreibung[258] zu beachten. Es handelt sich um ganz verschiedene, nicht miteinander zu verknüpfende Zwangsvollstreckungen, während das Gesetz immer auf die Zwangsvollstreckung aus einem ganz bestimmten Titel abstellt.

b) Ersatzordnungshaft

Zusammen mit dem Ordnungsgeld ist sogleich – und zwar auch ohne entsprechenden Antrag des Gläubigers[259] –, wenn im Titel oder im anschließenden Beschluss gem. Abs. 2 eine entsprechende Androhung enthalten war[260], **Ersatzordnungshaft** für den Fall, dass das Ordnungsgeld nicht beigetrieben werden kann, festzusetzen. Über die Höhe dieser Ersatzordnungshaft entscheidet das Ermessen des Gerichts. Es gelten also nicht die Regeln des StGB über Tagessätze. Andererseits muss bei der Festsetzung der Beugezweck der Ordnungsmittel mit Berücksichtigung finden. Er wäre nicht mehr gewahrt, wenn die Ersatzordnungshaft so niedrig bemessen wäre, dass sie keine abschreckende Wirkung entfalten kann (z. B. 3 Tage Ersatzordnungshaft bei einem Ordnungsgeld von 7500,– Euro).[261] Ersatzordnungshaft ist nicht nur festzusetzen, wenn der Schuldner eine natürliche Person ist, sondern auch gegen eine juristische Person, dann aber mit der Maßgabe, dass sie an deren Organen zu vollziehen ist.[262] Voraussetzung der Festsetzung ist allerdings, dass schon im Androhungsbeschluss eine Androhung enthalten war.[263] Auch für die Ersatzordnungshaft gilt, dass sie im Einzelfall nicht 6 Monate und im Fall mehrfacher Verhängung aufgrund ein und desselben Titels insgesamt 2 Jahre nicht überschreiten darf.[264]

43

c) Ordnungshaft

Ordnungshaft als primäres Ordnungsmittel kommt nur ausnahmsweise in Betracht, wenn feststeht, dass Ordnungsgeld den Beugezweck nicht erfüllen könnte. Der Höchstrahmen für den Einzelfall und für die mehrfache Vollstreckung aus demselben Titel ergibt sich aus Abs. 1 Satz 1 und Satz 2. Die Mindestdauer (1 Tag) folgt aus Art. 6 Abs. 2 Satz 1 EGStGB. Gegen Mitglieder der Nato-Streitkräfte darf keine Ordnungshaft verhängt werden (Art. 34 Abs. 2 Zusatzabkommen zum Nato-Truppenstatut).

44

---

258 **A. A.** die wohl überwiegende Auffassung: OLG Köln, WRP 1976, 185; OLG Frankfurt, WRP 1983, 692; *Stein/Jonas/Brehm*, § 890 Rn. 42.
259 BGH, NJW-RR 1992, 1453.
260 Vgl. OLG Köln, MD 2015, 566 (a. E.).
261 OLG Frankfurt, GRUR 1987, 940.
262 BGH, NJW 1992, 749.
263 So nunmehr auch LG Köln, ZfWG 2009, 463. **a. A.** die h. M., die hier Art. 8 EGStGB mit der Folge anwendet, dass auch eine nachträgliche Festsetzung ohne vorherige Androhung zulässig ist: *Musielak/Lackmann*, § 890 Rn. 11; *Thomas/Putzo/Seiler*, § 890 Rn. 29; *Wieczorek/Schütze/Rensen*, § 890 Rn. 45. Auch nach der hier vertretenen Auffassung steht die fehlende Androhung der Ersatzordnungshaft nur der Verhängung dieser Haft, nicht etwa schon der Verhängung der angedrohten Ordnungsgeldes selbst entgegen: OLG Hamm, MDR 1992, 441; *Baumbach/Lauterbach/Hartmann*, § 890 Rn. 34.
264 Wie hier: *Brox/Walker*, Rn. 1103; *Pastor*, Unterlassungsvollstreckung, S. 276; *Stein/Jonas/Brehm*, § 890 Rn. 43; *Thomas/Putzo/Seiler*, § 890 Rn. 29; *Zöller/Stöber*, § 890 Rn. 18; **a. A.** (Art. 6 Abs. 2 S. 1 EGStGB sei maßgeblich): *Baumbach/Lauterbach/Hartmann*, § 890 Rn. 17.

2. Der Adressat der Ordnungsmittelfestsetzung

a) Betreffend Ordnungshaft

45 Grundsätzlich sind die Ordnungsmittel gegen den gemäß § 750 Abs. 1 Satz 1 im Titel namentlich bezeichneten Schuldner persönlich, dem sie zuvor auch angedroht waren, festzusetzen. Ist der Schuldner eine juristische Person, so ist die **Ordnungshaft** jedoch deren gesetzlichen Vertretern anzudrohen und auch gegen diese festzusetzen.[265] Abzustellen ist auf den gesetzlichen Vertreter, dessen Willen zu beugen ist, also nicht immer auf denjenigen, der schon im Titel als gesetzlicher Vertreter genannt ist. Entscheidend ist die tatsächliche gesetzliche Vertretung, auch wenn sie noch nicht bekannt gemacht war. Dadurch wird der Titel nicht etwa zu unbestimmt.[266] Im Festsetzungsbeschluss muss der Vertreter gegen den nunmehr vorzugehen ist, ausdrücklich namentlich benannt sein.[267] Es genügt nun nicht mehr, anders als im Androhungsbeschluss, den gesetzlichen Vertreter abstrakt zu bezeichnen. Im Einzelfall kann auch der stellvertretende Geschäftsführer einer GmbH das im Beschluss zu bezeichnende Organ sein, wenn der Geschäftsführer etwa für längere Zeit abwesend ist.[268] Richtet sich der Titel gegen den Betriebsrat eines Unternehmens, so wird das Ordnungsmittel nicht gegen das Gremium als solches verhängt,[269] auch nicht gleichzeitig gegen alle seine Mitglieder, der Festsetzungsbeschluss muss vielmehr bestimmen, gegen welches Betriebsratsmitglied vorzugehen ist, um den Willen des Gremiums zu beugen. Im arbeitsgerichtlichen Beschlussverfahren kann aufgrund der spezialgesetzlichen Beschränkung des § 85 Abs. 1 Nr. 3 ArbGG gegen den Arbeitgeber Ordnungshaft nicht angedroht und/oder verhängt werden.[270]

b) Betreffend Ordnungsgeld

46 **Ordnungsgeld** hingegen kann gegen den gesetzlichen Vertreter nur dann festgesetzt werden, wenn er neben dem Vertretenen auch selbst Titelschuldner ist.[271] Daran ist festzuhalten; Billigkeitserwägungen rechtfertigen keine abweichende Beurteilung.[272] In jenem Fall ist schon im Festsetzungsbeschluss auszusprechen, dass beide als Gesamtschuldner für die Einbringung des einheitlich gegen sie festgesetzten Ordnungsgeldes einzustehen haben.[273] Diese Grundsätze gelten gleichermaßen für juristische Personen wie für Minderjährige. Selbstverständlich ist bei Minderjährigen ein eigenes Verschulden[274] unabdingbare Voraussetzung für die Festsetzung von Ordnungsmitteln überhaupt.[275] Schließlich ist auch gegen Körperschaften des öffentlichen Rechts die Festsetzung von Ordnungsmitteln gem. § 890 möglich.[276]

---

265 BGH, WM 2012, 414 (B. vom 12.1.2012). Bei einer KG, deren Komplementärin eine GmbH ist, gegen den Geschäftsführer der GmbH, OLG Koblenz, NZG 2002, 622; keine Festsetzung hingegen gegen den »Generalbevollmächtigten einer Gesellschaft«, OLGR München 2002, 193.
266 BGH, NJW 1992, 749: Die Eingrenzung und Bestimmung erfolgt erst im Vollstreckungsverfahren.
267 KG, WRP 1997, 38.
268 OLG Karlsruhe, NJW-RR 1998, 1571.
269 LAG Baden-Württemberg, DB 1996, 2084.
270 BAGE 135, 375 (B. vom 5.10.2010).
271 OLG Braunschweig, JZ 1959, 94; *Baur/Stürner/Bruns*, Rn. 40.26; *Pastor*, Unterlassungsvollstreckung, S. 283, 287; *Musielak*/Lackmann, § 890 Rn. 12; a. A. (Ordnungsgeldfestsetzung auch gegen den gesetzlichen Vertreter aus einem Titel gegen den Vertretenen): *Brox/Walker*, Rn. 1106; *Stein/Jonas/Brehm*, § 890 Rn. 62.
272 So aber *Stein/Jonas/Brehm*, § 890 Rn. 62 mit dem Fallbeispiel, dass die juristische Person illiquide ist. Damit wird freilich verkannt, dass in einem solchen Fall bei entsprechender Androhung Ersatzordnungshaft gegen den gesetzlichen Vertreter festgesetzt werden kann, siehe oben Rdn. 43.
273 OLG Hamm, NJW-RR 1987, 383; OLG Zweibrücken, InVo 1998, 331; siehe ferner: OLGR Frankfurt 2001, 122.
274 Dieses bemisst sich in Analogie zu den Regelungen des § 828 BGB, siehe oben Rn. 29.
275 Nicht ganz verständlich daher *Stein/Jonas/Brehm*, § 890 Rn. 59 f.
276 BSG, NJW 1989, 796.

Zu beachten ist jedoch:

Auch wenn eine juristische Person/GmbH und ihr Geschäftsführer Titelschuldner ein und desselben Unterlassungsgebots sind, wirkt das verbotswidrige Verhalten des Geschäftsführers, soweit es sich ausschließlich auf die geschäftlichen Aktivitäten der GmbH bezieht, auch nur gegen diese GmbH. Gegen den Geschäftsführer selbst darf daher in solchen Konstellationen kein Ordnungsgeld verhängt werden.[277] Dies gilt auch dann, wenn die allgemeinen Vollstreckungsvoraussetzungen, etwa eine zu erbringende Sicherheitsleistung, betr. die juristische Person als Titelschuldnerin nicht erfüllt sind. In einem solchen Fall müssen eben diese Voraussetzungen vom Gläubiger herbeigeführt werden.[278] Der maßgebliche Grund hierfür ist schlicht der Umstand, dass die juristische Person selbst nicht handlungsfähig ist (scil.), sondern durch die Organe, deren (schuldhaftes) Verhalten sie sich zurechnen lassen muss, agiert.

c) Rechtsnachfolge und ähnliche Gestaltungen

Stirbt der Schuldner eines Unterlassungsanspruchs nach der Zuwiderhandlung, aber vor Festsetzung des Ordnungsmittels, so sind gegen den Erben mangels persönlichen Verschuldens keine Ordnungsmittel festzusetzen. Ein anhängiges Ordnungsmittelverfahren ist vielmehr in der Hauptsache für erledigt zu erklären.[279] Nach Klauselumschreibung muss den Erben, falls die Androhung noch nicht im Titel enthalten war, zunächst ein sie selbst betreffender Beschluss nach Abs. 2 zugestellt werden[280]. Scheidet der Vertreter einer juristischen Person, der schuldhaft gegen das Unterlassungsgebot gehandelt hatte, vor Festsetzung von Ordnungsmitteln aus, so ist zu differenzieren: Die Festsetzung eines Ordnungsgeldes gegen die juristische Person wird hierdurch nicht behindert. Ersatzordnungshaft ist in diesem Fall gegen den neuen gesetzlichen Vertreter festzusetzen, der es ja nun allein in der Hand hat, dafür zu sorgen, dass die juristische Person das Ordnungsgeld bezahlt.[281] Primäre Ordnungshaft kann in einem solchen Fall dagegen gar nicht festgesetzt werden: Die Festsetzung gegen den früheren gesetzlichen Vertreter scheidet aus, da dessen Wille nicht mehr zu beugen ist.[282] Eine Festsetzung gegen den neuen gesetzlichen Vertreter kommt nicht in Betracht, da ihn kein Verschulden trifft, also nicht feststeht, dass sein Wille für die Zukunft zu beugen ist.

Gegen den durch Verschmelzung entstandenen Rechtsnachfolger können gleichfalls keine Ordnungsmittel nach § 890 festgesetzt werden, wenn (nur) einer seiner Rechtsvorgänger gegen ein ihn betreffendes gerichtliches Verbot zuwidergehandelt hat. Denn den Rechtsnachfolger trifft kein Verschulden an der Zuwiderhandlung, und eine Zurechnung des Verhaltens des Rechtsvorgängers kraft Gesetzes findet nicht statt[283]. Erfolgt die Zuwiderhandlung hingegen durch ein Unternehmen,

47

---

277 So nunmehr auch BGH, WM 2012, 414 (B. vom 12.1.2012) mit krit. Anm. Nassall, jurisPR-BGHZivilR 5/2012 Anm. 3 unter Bezugnahme auf § 421 BGB; vgl. auch BGH, ZIP 2014, 1382 (Urt. vom 8.5.2014); dem folgend OLG Düsseldorf, NZG 2013, 1346; HansOLG, Beschl. v. 2.10.2007 (5 W 99/07 – juris); a. A. offenbar LG Köln, B vom 11.9.2008 (31 O 605/04 – juris).
278 A. A. OLG Frankfurt, NZG 2013, 510, veranlasst durch eine möglicherweise missverständliche Begründung des BGH (s. o. zu Fn. 276), eine »Doppelahndung« müsse vermieden werden.
279 KG, BB 1985, 2245; OLG Hamm, MDR 1986, 156.
280 Vgl. LArbG Rheinland-Pfalz, B vom 22.1.2010 (9 Ta 296/09 – juris).
281 Soweit dies im Einzelfall eine unbillige Härte bedeutet, kann Art. 8 Abs. 2 EGStGB Anwendung finden; OLG Köln, OLGZ 1989, 475 (für einen Fall der Vollstreckung der Ersatzordnungshaft gegen die Geschäftsführerin einer im Löschungsstadium befindlichen GmbH); a. A. (nur § 765a ZPO im Einzelfall möglich): LG München, MDR 2000, 354 **wiederum a. A.**: OLG Nürnberg, MDR 2003, 293; *Musielak/Lackmann*, § 890 Rn. 12; *Stein/Jonas/Brehm*, § 890 Rn. 63: Ersatzordnungshaft sei am ausgeschiedenen Geschäftsführer zu vollstrecken.
282 A. A.: *Stein/Jonas/Brehm*, § 890 Rn. 62.
283 Vgl. OLGR Köln 2009, 408.

dessen Geschäftsführer die vormalige Titelschuldnerin ist, so kann gegen diese Schuldnerin ein Ordnungsgeld verhängt werden.[284]

Der Verhängung eines Ordnungsmittels gegen eine GmbH steht nicht entgegen, dass die GmbH bei Erlass des Titels und bei der Zuwiderhandlung noch nicht eingetragen und deshalb noch Vorgesellschaft war. Die gegen die Vorgesellschaft erteilte Vollstreckungsklausel muss nicht auf die GmbH umgeschrieben werden.[285]

Gegen den *Insolvenzverwalter* kann schließlich ein Ordnungsmittel nach § 890 nur festgesetzt werden, wenn der Unterlassungstitel vor der Zuwiderhandlung auf ihn als Rechtsnachfolger gemäß § 727 ZPO umgeschrieben worden ist.[286]

3. Kostenentscheidung

48 Der über den Ordnungsmittelantrag entscheidende Beschluss ist, wie § 891 Satz 3 ergibt, in jedem Fall mit einer Kostenentscheidung zu versehen. Hat etwa ein Gläubiger bei seinem Antrag nach § 890 die Höhe des festzusetzenden Ordnungsgeldes in das Ermessen des Gerichts gestellt, aber zugleich einen Mindestbetrag genannt, und bleibt das Gericht im Ordnungsmittelbeschluss deutlich unter diesem Mindestbetrag, so ist es angemessen, den Gläubiger anteilsmäßig mit den Kosten des Verfahrens zu belasten.[287] Im Übrigen orientiert sich die Kostenentscheidung, die nach den §§ 91 ff. ergeht, inhaltlich an den zu § 788 entwickelten Regeln zur »Notwendigkeit der Zwangsvollstreckung«.[288]

4. Begründungszwang/Rechtsbehelfsbelehrung

49 Die Ordnungsmittelbeschlüsse müssen immer so detailliert begründet sein, dass es dem Beschwerdegericht möglich ist nachzuprüfen, welchen konkreten Sachverhalt das Prozessgericht seiner Entscheidung zugrunde gelegt und ob es das ihm eingeräumte Ermessen hinsichtlich der Art und der Höhe des Ordnungsmittels sachgemäß angewendet und nicht etwa überschritten hat.[289] Der Beschluss ist zudem nach Maßgabe des § 232 ZPO mit einer Rechtsbehelfsbelehrung zu versehen (vgl. auch § 9 Abs. 5 ArbGG für Ordnungsmittelbeschlüsse der Arbeitsgerichte als Prozessgerichte).

VI. Bestellung einer Sicherheit

50 Sind künftige Zuwiderhandlungen des Schuldners gegen das Unterlassungsgebot möglich und anhand des festgestellten bisherigen Verhaltens auch zu besorgen,[290] so kann der Gläubiger gem. **Abs. 3** beantragen, dass der Schuldner zur **Sicherheitsleistung** für durch fernere Zuwiderhandlungen entstehende Schäden auf bestimmte Zeit verurteilt wird. Diese Anordnung, die im Ermessen des Gerichts steht,[291] muss dem Schuldner nicht vorher angedroht worden sein. Es muss auch noch kein Ordnungsmittel festgesetzt sein. Die Feststellung der vorausgegangenen Zuwiderhandlung kann auch erstmals im Beschluss nach Abs. 3 selbst erfolgen. Der Gläubiger muss die anzuordnende Sicherheitsleistung in seinem Antrag nicht beziffern.[292] Das Gericht kann den Betrag anhand der Angaben des Gläubigers gem. § 287 schätzen. Der Beschluss muss in seinen Gründen genau ange-

---

284 Zutr. OLG München, MD 2011, 642.
285 OLG Stuttgart, NJW-RR 1989, 637.
286 OLGR Frankfurt 2009, 575.
287 BGH, WM 2015, 1022 (B vom 19.2.2015) in Bestätigung von OLG Köln, WRP 2013, 1099.
288 **A. A.** insoweit BGH, a. a. O. (oben Fn 285); vgl. aber zu § 891 Rdn. 5 f.; ferner hier zu Rdn. 60; siehe auch OLG Köln, InVo 2001, 35.
289 OLG Frankfurt, NJW 1969, 58.
290 Es muss also bereits eine konkrete Zuwiderhandlung festgestellt sein; vgl. *Brox/Walker*, Rn. 1102.
291 OLG München, InVo 2000, 25.
292 OLG Frankfurt, Rpfleger 1978, 267.

ben, für welchen konkreten Zeitraum die Festsetzung erfolgte.[293] Kommt der Schuldner der Anordnung zur Sicherheitsleistung nicht nach, kann der Gläubiger den Beschluss nach § 887 vollstrecken.

VII. Die Vollstreckung der festgesetzten Ordnungsmittel

Die Vollstreckung erfolgt anders als bei § 888 nicht auf Veranlassung (Antrag) des Gläubigers, sondern von Amts wegen durch das Prozessgericht. Zuständig für die Einleitung der Vollstreckungsmaßnahmen ist der Rechtspfleger (§ 31 Abs. 3, § 4 Abs. 2 Nr. 2 a RPflG).[294] 51

1. Ordnungsgeld

Ordnungsgeld wird auf Anordnung des Rechtspflegers nach den Vorschriften der Justizbeitreibungsordnung von den Vollziehungsbeamten der Gerichtskasse beigetrieben (§§ 1 Abs. 1 Nr. 3, 2 Abs. 1 JBeitrO).[295] Vollstreckungsbehörde i. S. der JustizbeitreibungsO ist, soweit ein Kollegialgericht entschieden hat, der Vorsitzende des Prozessgerichts.[296] Er entscheidet deshalb darüber, ob dem Schuldner gem. Art. 7 Abs. 2 Satz 1 EGStGB Zahlungserleichterungen gewährt werden. Über Einwendungen gegen dessen Entscheidung befindet darum gem. Art. 7 Abs. 4 EGStGB die Zivilkammer des Landgerichts.[297] Das Ordnungsgeld fließt in die Staatskasse. Die Vollstreckung ist ausgeschlossen, wenn seit Erlass des Ordnungsmittelbeschlusses zwei Jahre verstrichen sind (Art. 9 Abs. 2 EGStGB[298]). Die Verjährung ruht allerdings, solange die Vollstreckung aus dem Festsetzungsbeschluss eingestellt oder dem Schuldner Zahlungsaufschub gewährt ist (Art. 9 Abs. 2 Satz 4 EGStGB).[299] 52

2. Ordnungshaft

Zuständig für die Vollstreckung der **Ordnungshaft** ist der Rechtspfleger des Prozessgerichts, nicht der der Staatsanwaltschaft.[300] Die Vollstreckung richtet sich nach §§ 802g ff. (in der Fassung des Gesetzes zur Reform der Sachaufklärung in der Zwangsvollstreckung),[301] nicht nach den Regeln der StrVollstrO.[302] Dass in § 890 ein Hinweis wie in § 888 Abs. 1 Satz 3 fehlt, ist kein zwingendes Argument gegen die hier vertretene Auffassung, die deutlich macht, dass es sich auch bei der Ordnungshaft um keine Kriminalstrafe, sondern lediglich um ein Beugemittel handelt. Der Hinweis in § 888 macht lediglich deutlich, dass dort die gesamte Vollstreckung in der Hand des Gläubigers liegt. 53

Erweist sich im Einzelfall die Vollstreckung einer bereits angeordneten Ersatzordnungshaft als unbillige Härte, ist Art. 8 Abs. 2 EGStGB anwendbar:[303] Das Gericht – nicht der Vorsitzende

---

293 OLG Nürnberg, JurBüro 1968, 250.
294 KG, InVo 1997, 334.
295 BGH, WM 2013, 711 (Urt. vom 7.3.2013).
296 So geregelt durch §§ 1 Abs. 1 Nr. 3, 2 Nr. 2 der aufgrund einer Vereinbarung der Landesjustizverwaltungen und des BMin der Justiz eingeführten **Einforderungs- und Beitreibungsordnung vom 25.11.1974** (EBAO; BAnz, Jahrgang 26, Nr. 230 v. 11.12.1974), neu gefasst durch Verordnung vom 1.4.2001 (BAnz Jahrgang 53, Nr. 87, S. 9164 f.).
297 KGR Berlin, 2007, 972; KG, InVo 1997, 334.
298 Denn mit dem Erlass des Ordnungsmittelbeschlusses liegt eine ohne Weiteres vollstreckbare Entscheidung im Sinne von Art. 9 Abs. 2 S. 3 EGStGB vor, vgl. hierzu allgemein *Gaul* in *Gaul/Schilken/Becker-Eberhard*, § 10 Rn. 10.
299 Zur Verfolgungsverjährung nach Art. 9 Abs. 1 EGStGB siehe oben Rdn. 39.
300 OLG München, Rpfleger 1988, 540 = NJW-RR 1988, 1407; *Musielak/Lackmann*, § 890 Rn. 15; *Wieczorek/Schütze/Rensen*, § 890 Rn. 56.
301 Wie hier: *Brox/Walker*, Rn. 1109; *MüKo/Gruber*, § 890 Rn. 39; *Schilken* in *Gaul/Schilken/Becker-Eberhard*, § 73 Rn. 22; *Prütting/Gehrlein/Olzen*, § 890 Rn. 25.
302 So aber: *Baur/Stürner/Bruns*, Rn. 40.29; *Stein/Jonas/Brehm*, § 890 Rn. 45 in Fußn. 238; *Zimmermann*, § 890 Rn. 25.
303 OLG Köln, OLGZ 1989, 475; OLGR Bamberg 2005, 125.

als Vollstreckungsbehörde – kann anordnen, dass die Vollstreckung unterbleibt. Für den Antrag, aus Billigkeitsgründen von der Vollstreckung der Ersatzordnungshaft abzusehen, besteht vor dem Landgericht kein Anwaltszwang. Der Schuldner kann diesen Antrag also auch persönlich stellen.[304]

Eine nach § 890 festgesetzte Ordnungshaft ist nicht gnadenfähig.[305] Sie wird demnach auch von keiner Amnestie betroffen. Dies folgt zum einen daraus, dass es sich um keine Strafe, sondern um ein Beugemittel handelt, zum anderen auch daraus, dass eine Begnadigung den Gläubiger in seinem Vollstreckungsanspruch beeinträchtigen würde.[306]

3. Vollstreckung in EU-Staaten

54 Hat der Gläubiger gegen einen im Geltungsbereich der EU niedergelassenen Schuldner einen Ordnungsgeldbeschluss erwirkt, so kann (auch) der Gläubiger einen Antrag auf Bestätigung dieses Beschlusses als Europäischer Vollstreckungstitel gemäß den Bestimmungen der *EuVTVO* stellen. Die Justizbeitreibungsordnung steht der Vollstreckung eines Ordnungsgeldes im Ausland nicht entgegen, und es handelt sich bei der Vollstreckung eines Ordnungsgeldbeschlusses auch um eine Zivil- und Handelssache i. S. des Art. 2 Abs. 1 Satz 1 EuVTVO und bei dem Ordnungsgeldanspruch um eine Forderung gemäß den Art. 4 Nr. 2, 6 Abs. 1 EuVTVO[307]. Dies gilt indes nicht für die angedrohte Ersatzordnungshaft, da eine solche Bestätigung durch die Bestimmungen der EuVTVO nicht gedeckt wäre und daher einen unzulässigen Eingriff in die Hoheitsrechte des Vollstreckungsmitgliedstaats bedeuten würde, vgl. auch Art. 20 Abs. 1 Satz 1 EuVTVO[308]. Im Übrigen bleibt es natürlich dabei, dass der ggf. erzielte Ertrag aus der Vollstreckung eines Ordnungsgeldes unverändert der Staatskasse im Entscheidungsstaat zufließt[309].

Fehlt es indes an den für eine Bestätigung als Europäischer Vollstreckungstitel ferner erforderlichen Voraussetzungen, bleibt dem Gläubiger nur der herkömmliche Weg, das Vollstreckbarkeitsverfahren nach den Art. 38 ff. EuGVVO zu betreiben. Bei der Anerkennung und Vollstreckung einer Entscheidung über die Verhängung eines Ordnungsgeldes nach § 890 handelt es sich jedenfalls um eine »Zivil- und Handelssache« i. S. von Art. 1 Abs. 1 EuGVVO.[310] Wenn freilich das Erkenntnisverfahren vor einem deutschen Gericht stattgefunden hat und der Gläubiger nunmehr auch das Verfahren nach § 890 in Deutschland betreibt, sind die materiellen Bestimmungen der EuGVVO und damit auch die Art. 34 Nr. 2, 49 EuGVVO *in diesem Verfahren* nach § 890 a priori nicht anwendbar. Denn

---

304 OLG Köln, OLGR 1992, 29.
305 JM Bad.-Württ., Justiz 1979, 227 mit Anm. *Holch*; OLG Koblenz, WRP 1983, 575; **a. A.**: OLG Frankfurt, OLGZ 1980, 336.
306 *Bruns/Peters*, § 45 III; *Stein/Jonas/Brehm*, § 890 Rn. 49.
307 Zu alledem BGHZ 185, 124 (B vom 25.3.2010) = NJW 2010, 1883 = GRUR 2010, 746 = WM 2010, 894 u.ö. mit zust. Anm. *Heggen*; Rpfleger 2010, 526 f. und abl. Anm. *Stoffregen*, WRP 2010, 839 ff. (letzterer unter massiver und sachlich unangemessener Überbetonung des »strafrechtsähnlichen« Charakters des Ordnungsmittels; abl. ferner *Bittmann*, IPrax 2012, 62, da das Ordnungsgeld der Staatskasse zufließe und dem Gläubiger damit die Aktivlegitimation fehle), gegen die Vorinstanz OLGR München 2009, 152. Freilich hat der BGH im konkreten Fall den Antrag letztlich doch scheitern lassen, da das Verfahren nicht den Vorgaben der EuTVO entsprach, es insbesondere an der nach Art. 17 lit. b EuVTVO gebotenen Belehrung fehlte, ein für den Gläubiger nach offenbar jahrelangen Auseinandersetzungen doch mageres Ergebnis.
308 Zutr. *Strasser*, Rpfleger 2009, 396 f. in Anm. zu OLGR München 2009, 152. Darüber hatte der BGH (oben Fn. 280) nicht zu befinden, da der Gläubiger im Verfahren zuletzt nur noch die Bestätigung des Ordnungsgeldanspruchs begehrt hatte.
309 *Giebel*, IPRax 2009, 324 in Anm. zu OLGR München 2009, 152.
310 EuGH, NJW 2011, 3568 (Urt. vom 18.10.2011) mit zust. Anm. *Schröler*, WRP 2012, 185 und *Giebel*, NJW 2011, 3568, wobei sich die Vertreter einer »strafrechtlichen« Einordnung des Ordnungsmittels nach § 890 in arge Argumentationsnot geraten. Betont man nämlich diesen Gesichtspunkt, wäre die EuGVVO, da der Charakter einer hoheitlichen Maßnahme in Rede stünde, gerade nicht anwendbar, und exakt diese Ansicht hatte auch der Generalanwalt vor dem EuGH mit seinem Schlussantrag vertreten.

in dem Verfahren, in welchem erst um die Festsetzung des Ordnungsmittels gestritten wird, ist lediglich die Internationale Zuständigkeit des deutschen Gerichts zu prüfen. Sie ist zu bejahen, da die Verhängung von Ordnungsmitteln nach § 890, soweit die Entscheidung nicht in dem ausländischen Staat für vollstreckbar erklärt worden ist, nur den inländischen Geltungsbereich betrifft.[311]

VIII. Rückzahlung bereits geleisteter Ordnungsgelder nach Aufhebung des Vollstreckungstitels

Ist, nachdem das Ordnungsgeld rechtskräftig festgesetzt und anschließend auch beigetrieben worden war, nachträglich der Titel in Wegfall gekommen, entsteht nicht automatisch ein Rückzahlungsanspruch gegen die Staatskasse. Denn der Rechtsgrund für den Anspruch auf das Ordnungsgeld und die Legitimation für das Behaltendürfen des beigetriebenen Ordnungsgeldes ist der Ordnungsmittelbeschluss, nicht der diesem zu Grunde liegende Titel. Solange der Ordnungsmittelbeschluss nicht aufgehoben ist, kommt eine Rückzahlung nicht in Betracht.[312] Eine nachträgliche Aufhebung des rechtskräftigen Ordnungsmittelbeschlusses in entsprechender Anwendung der §§ 775 Nr. 1, 776 kommt nur dann in Betracht, wenn der Titel später ex tunc entfallen ist, der früheren Vollstreckung (= Erlass des Ordnungsmittelbeschlusses) also aus der Rückschau von Anfang an die innere Berechtigung fehlte.[313] Wird der Titel nur ex nunc aufgehoben, kann er zwar nicht mehr Legitimation für neue Ordnungsmittelbeschlüsse sein, selbst wenn es um zurückliegende Zuwiderhandlungen geht,[314] abgeschlossene und unanfechtbare Vollstreckungsmaßnahmen werden aber nicht mehr berührt.[315] Die Aufhebung des Ordnungsmittelbeschlusses erfolgt ihrerseits durch Beschluss, der als Entscheidung im Zwangsvollstreckungsverfahren mit der sofortigen Beschwerde gem. § 793 anfechtbar ist. Die Rückzahlung des Ordnungsgeldes ist dann nach Aufhebung des Ordnungsmittelbeschlusses ein reiner Verwaltungsvorgang der Gerichtskasse. Der Schuldner darf also nicht noch zur Rückforderung des Ordnungsgeldes auf den Klageweg verwiesen werden.[316]

55

Nimmt der Gläubiger den Ordnungsmittelantrag zurück, nachdem bereits ein Ordnungsmittelbeschluss ergangen und das Ordnungsgeld bezahlt ist, so ist der Ordnungsmittelbeschluss, falls er

56

---

311 S.o. Fn 40 zu Rdn. 10, namentlich BGH, WRP 2009, 1559. Deutlich Irreführend daher OLG Koblenz, IPRspr 2011, Nr. 281, 757-759, B. vom 18.1.2011, unter Berufung auf BGHZ 185, 124 [oben Fn 305], aber verkennend, dass der BGH dort Bestimmungen der EuGVVO nur als Auslegungshilfe für die ihm zur Entscheidung angetragene Rechtsfrage herangezogen hatte. Demgegenüber stellen *Kieser/Sagemann*, GRURPrax 2012, 155 die Dinge richtig.
312 BGH, NJW-RR 1988, 1530.
313 OLG Düss., InstGE 9, 56 (B vom 31.3.2008); OLG Hamm, GRUR 1990, 306; OLG Köln, OLGZ 1992, 448; KG, InVo 1999, 316 = NJW-RR 2000, 1523; LAG Rheinland-Pfalz, InVo 2000, 177; offengelassen von BPatG, B. vom 25.10.2011 (1 Ni 22/98 [EU] – juris); auch LG Hamburg, MD 2003, 932, das – allerdings bedenklich – den Verzicht des Gläubigers auf die Rechte aus einem Unterlassungstitel dem Titelfortfall ex tunc aufgrund gerichtlicher Entscheidung gleichsetzen will; dagegen mit Recht OLGR Nürnberg 2006, 359; a. A. (auch bei Titelfortfall ex tunc keine Aufhebung rechtskräftiger Ordnungsmittelbeschlüsse mehr möglich): OLG Frankfurt, Rpfleger 1980, 199; OLG Koblenz, WRP 1983, 575. **Gegen die Unterscheidung**, ob der Titel ex tunc oder ex nunc weggefallen ist: *Stein/Jonas/Brehm*, § 890 Rn. 46 f.
314 So nunmehr auch BGH, WRP 2012, 475 (B. vom 23.2.2012) für einen Fall, in dem nach bestandskräftiger Festsetzung eines Ordnungsgeldes (und auch Zahlung desselben) der Schuldner (aufgrund zwischenzeitlich abgegebener »strafbewehrter Unterlassungserklärung«) Widerspruch gegen den Unterlassungstitel erhoben hatte und auf einseitige Erklärung des Gläubigers die (rechtskräftige) Feststellung der Erledigung getroffen worden war. Die Entscheidung des BGH ist nur im Ergebnis zutreffend, sie folgt den hier auch weiterhin kritisierten Erwägungen im Beschluss vom 23.10.2002 (Euro-Einführungsrabatt), s. o. zu Rdn. 14.
315 OLGR Nürnberg 2006, 359; OLG Zweibrücken, NJW-RR 1988, 1280; OLG Hamm, GRUR 1990, 306.
316 OLG Hamm, WRP 2002, 472; *Prütting/Gehrlein/Olzen*, § 890 Rn. 27; eine a. A. hierzu (so etwa *Zöller/Stöber*, § 890 Rn. 26) erscheint absurd.

noch nicht rechtskräftig ist[317], auf Antrag des Schuldners analog § 269 Abs. 3 Satz 1 für wirkungslos zu erklären.[318] Die Gerichtskasse hat dann ohne Weiteres das Ordnungsgeld zurückzuzahlen. Eine Antragsrücknahme nach Rechtskraft kann den Ordnungsmittelbeschluss nicht mehr beseitigen. Gegebenenfalls kann der Schuldner die der Antragsrücknahme zu Grunde liegende Vereinbarung mit dem Gläubiger aber mit der Klage nach § 767 geltend machen.

IX. Rechtsbehelfe

57 Gegen die Ablehnung seines Ordnungsmittelantrages ebenso wie gegen die Festsetzung eines seiner Ansicht nach zu niedrigen Ordnungsmittels[319] steht dem **Gläubiger** das Rechtsmittel der sofortigen Beschwerde (§ 793) zu. Der Gläubiger ist auch dann beschwert, wenn er in seinem Antrag auf Festsetzung eines Ordnungsmittels weder einen konkreten Betrag noch eine bestimmte Größenordnung genannt hat. Denn hierzu ist er nicht verpflichtet; die Bestimmung des Ordnungsmittels und dessen Höhe ist Sache des Gerichts.[320] In der Beschwerdeinstanz[321] kann der Gläubiger nach den für die Klageänderung geltenden Grundsätzen auch Verhängung von Ordnungsmitteln für Zuwiderhandlungen beantragen, die im ersten Rechtszug noch nicht geltend gemacht waren.[322]

58 Der **Schuldner** kann sowohl den Erlass des Ordnungsmittelbeschlusses schlechthin als auch die Höhe und Art des verhängten Ordnungsmittels mit der sofortigen Beschwerde gemäß den §§ 793, 569 angreifen, darüber hinaus (scil.) auch die *nachträglich* erfolgte Androhung nach § 890 Abs. 2.[323] Gleiches gilt für eine ablehnende Entscheidung über einen Antrag, einen rechtskräftigen Ordnungsmittelbeschluss nach Wegfall des Titels ex tunc nachträglich aufzuheben.[324] Sofern sich die sofortige Beschwerde gegen die Festsetzung des Ordnungsmittels selbst richtet, hat sie nicht nur nach dem eindeutigen Wortlaut des § 570 Abs. 1 (in der Neufassung durch das ZPO-RG vom 27.7.2001, BGBl. I, 1887) aufschiebende Wirkung.[325] Dies ergibt sich gerade auch aus der Begründung der Neufassung, wonach die jetzt verwandte Generalklausel die frühere enumerative Aufzählung zu § 572 Abs. 1 ZPO a. F. »obsolet« machen sollte.[326]

Im Ordnungsmittelverfahren ist zudem die Anwendbarkeit des § 765a zugunsten des Schuldners grundsätzlich nicht ausgeschlossen,[327] wenngleich die besonderen Härteklauseln der Art. 7, 8 Abs. 2 EGStGB Vorrang haben, schon wegen der eigenständigen Zuständigkeiten. Über einen Antrag nach § 765a hat der Rechtspfleger des Vollstreckungsgerichts, nicht des Prozessgerichts, zu entscheiden.

---

317 Vgl. OLG Düss, InstGE 9, 56 (B vom 31.3.2008).
318 OLG Düsseldorf, WRP 1988, 374.
319 OLG Karlsruhe, NJW 1957, 917; OLG Frankfurt, GRUR 1987, 940.
320 OLG Frankfurt, VuR 2015, 71; s. auch oben Rdn. 41.
321 Die örtliche Zuständigkeit dieser Instanz bestimmt sich in WEG-Angelegenheiten nach § 72 Abs. 2 GVG, vgl. LG Kassel, NJW-RR 2011, 304.
322 OLG Stuttgart, WRP 1990, 134.
323 OLG Saarbrücken, Beschl. v. 25.8.2003–1 W 183/03 –, juris; anderes gilt freilich für die bereits im Titel selbst erfolgte Androhung, gegen die mit dem Rechtsmittel »in der Hauptsache« vorgegangen werden kann und muss, siehe BGH, NJW 1992, 749, 750; ferner keine isolierte Anfechtung, wenn im nachträglichen Androhungsbeschluss die Kostenentscheidung zunächst übergangen und sodann nach § 321 ergänzt worden war, OLGR Köln 2005, 319.
324 OLG Hamm, GRUR 1990, 306; a. A. (unanfechtbar): OLG München, MDR 1984, 592.
325 So auch OLG Frankfurt, B vom 12.6.2009 (6 W 81/09 – juris); *Musielak/Lackmann*, § 890 Rn. 20; offengelassen von BGHZ 160, 60, 65; a. A. OLGR Köln 2003, 158.
326 So nunmehr auch BGH, NJW 2011, 3791 (B. vom 17.8.2011 mit Nachw. pro und contra) mit dem zutreffenden Hinweis auf ansonsten erneut drohende Abgrenzungsschwierigkeiten; bestätigt durch BGH, GRUR 2012, 496; ferner *Saenger/Pukall*, § 890 Rn. 37.
327 LG Frankenthal, Rpfleger 1982, 479; LG München, MDR 2000, 354.

Im Verfahren der sofortigen Beschwerde gilt für den Gläubiger wie für den Schuldner Anwaltszwang nach den allgemeinen Regeln (§ 78).[328]

Über die *Kosten des Beschwerdeverfahrens* ist nach §§ 91 ff. unter Berücksichtigung des § 788 zu entscheiden.[329] Hat die Beschwerde des Schuldners Erfolg, weil gar kein Ordnungsmittel festgesetzt werden durfte, trägt der Gläubiger die Kosten; wird aber nur das verhängte Ordnungsgeld herabgesetzt und hatte der Gläubiger in erster Instanz sich nicht auf einen bestimmten Mindestbetrag festgelegt, sondern lediglich auf ein »empfindliches« Ordnungsgeld angetragen und hat er auch in zweiter Instanz nicht ausdrücklich darauf bestanden, dass es mindestens bei dem verhängten Ordnungsgeld bleiben müsse, so führt die Anwendung des § 788 dazu, dass dem Schuldner trotz seines Erfolges die gesamten Kosten beider Instanzen aufzuerlegen sind.[330]

Materiellrechtliche Einwendungen gegen den Unterlassungsanspruch selbst, etwa, dass die untersagte Werbung infolge Änderung der Verbraucheranschauungen nicht mehr irreführe und deshalb auch kein Grund zur Unterlassung mehr bestehe,[331] kann der Schuldner nur mit der Klage nach § 767 geltend machen. Für materiellrechtliche Einwendungen gegen einen in einem Vergleich niedergelegten Unterlassungsanspruch kommt u. U. auch die Fortsetzung des ursprünglichen Rechtsstreits in Betracht, falls die Einwendungen zur ursprünglichen Unwirksamkeit des Vergleichs selbst führen (anfängliches Fehlen der Vergleichsgrundlage; Sittenwidrigkeit; Anfechtung wegen arglistiger Täuschung u. ä.).[332]

X. Streitwert und Gebühren

Der **Streitwert/Gegenstandswert** des Verfahrens bemisst sich unabhängig von der Höhe des zu erwartenden Ordnungsgeldes nach dem Vollstreckungsinteresse des Gläubigers.[333] Es ist nach § 3 ZPO (ggf. § 25 Abs. 1 Nr. 3 RVG) zu schätzen und nicht zwingend identisch mit dem Streitwert des titulierten Anspruchs/der Hauptsache,[334] da der Zweck des Ordnungsgeldes und damit das Vollstreckungsinteresse des Gläubigers in die Zukunft gerichtet ist, nämlich darauf, dass der »inkriminierte« Verstoß in Zukunft unterbleibt[335]. Der Streitwert kann daher auch – mit der möglichen Kostenfolge des § 92 Abs. 1 Satz 1 – das tatsächlich festgesetzte Ordnungsgeld überschreiten,[336] sich aber mit diesem im Einzelfall auch durchaus decken.[337] In der Regel wird er jedoch – um überhaupt einen greifbaren Ansatz zu gewinnen – mit einem Bruchteil des Hauptsachestreitwerts festzusetzen

---

328 OLG Stuttgart, MDR 1965, 391; OLG München, MDR 1984, 592 OLG Köln, WRP 1986, 116; OLG Hamburg, OLGZ 1991, 346; **a. A.:** KG, NJW 1961, 612. Zur evt. **Wiederholung einer Beweisaufnahme im Beschwerdeverfahren** s. *Dötsch*, MDR 2008, 893.
329 OLG Köln, WRP 1986, 626 und WRP 1987, 569 sowie InVo 2001, 35. **Zur Kostenentscheidung in erster Instanz** s. zu § 891 Rn. 5 und 6.
330 OLG Köln, InVo 2001, 35; OLGR Frankfurt 2001, 122; vgl. auch KGR Berlin 2005, 605, wobei freilich dort die Bedeutung des § 891 S. 2 ZPO verkannt wird. In dem hier vertretenen Sinne wohl auch BGH, WM 2015, 1022 (B vom 19.2.2015), der aber § 788 inhaltlich nicht mehr anwendet (s. dazu oben zu Fn. 285).
331 Siehe den Fall OLG Köln, NJW-RR 1987, 1471.
332 Einzelheiten: § 767 Rdn. 36.
333 OLG München, MDR 1983, 1029.
334 OLG Nürnberg, JurBüro 1965, 61 und MDR 1984, 762.
335 Treffend OLGR Celle 2009, 657.
336 Vgl. OLGR Köln 2004, 316. Allerdings ist eine obere Grenze aufgrund objektivrechtlicher Betrachtungsweise zu ziehen, das Vollstreckungsinteresse des Gläubigers darf also nicht »überbewertet« werden.
337 OLG München, Beschl. v. 22.9.2005 – 21 W 2416/05 –, juris.

sein[338], wobei dieser Fixpunkt niemals starr sein darf, sondern die Umstände des Einzelfalls – nicht nur rhetorisch – eine abweichende Festsetzung gebieten können.[339] Der *Gegenstandswert einer Beschwerde* des Schuldners gegen eine Ordnungsgeldfestsetzung ist in der Regel nach der Höhe des festgesetzten Ordnungsgeldes zu bemessen[340] und damit durch diese Höhe auch begrenzt,[341] nicht hingegen durch die Höhe des Hauptsachwertes.[342]

Im Verfahren nach § 890 entsteht nunmehr gemäß KV Nr. 2111 GKG[343] eine **gerichtliche Festgebühr** in Höhe von 20 EUR, die gemäß § 12 Abs. 6 GKG vorschusspflichtig ist. Im Beschwerdeverfahren wird im Fall der Zurückverweisung oder Verwerfung gemäß KV Nr. 2121 GKG eine Festgebühr von 30 EUR erhoben. Angesichts der kontradiktorischen Ausgestaltung des Verfahrens nach § 890 und der Komplexität der Fragestellungen ist die geringe Höhe dieser Gebühren völlig unzureichend.

Für den **Rechtsanwalt** entsteht nach dem Gebührenrecht des RVG im Verfahren der Zwangsvollstreckung neben der **0,3 Verfahrensgebühr** (gemäß VV Nr. 3309 RVG)[344] unter den Voraussetzungen der Vorbemerkung 3 (3) zu VV Nr. 3100 ff. RVG auch eine **0,3 Terminsgebühr** (gemäß VV Nr. 3310 RVG). Dies ist für das Verfahren nach § 890 von besonderer Bedeutung: Denn zum einen kann es aufgrund der Beweisführungslast des Gläubigers[345] durchaus zu einer Beweisaufnahme und damit zu einem Termin kommen. Zum anderen stellte (§ 58 Abs. 3 Nr. 9 BRAGO) und stellt (§ 18 Nr. 14 RVG) die Teilnahme am Verfahren nach § 890 Abs. 1 eine besondere gebührenrechtliche Angelegenheit dar,[346] ebenso wie die Teilnahme am Verfahren nach § 890 Abs. 3 (§ 58 Abs. 3 Nr. 10 BRAGO = § 18 Nr. 15 RVG). Die Erwirkung eines Androhungsbeschlusses nach Abs. 2 ist dagegen von der allgemeinen Vollstreckungsgebühr mit abgegolten (§§ 57 Abs. 1, 58 Abs. 2 Nr. 6 BRAGO = §§ 18 Nr. 1, 19 Abs. 2 Nr. 5 RVG). Hat der Rechtsanwalt eine solche Gebühr hingegen noch nicht verdient, löst die Tätigkeit im Rahmen des § 890 Abs. 2 die Gebühr nach VV Nr. 3309 RVG aus.

Wirkt ein Patentanwalt an der Vollstreckung eines markenrechtlichen oder patentrechtlichen Unterlassungsanspruchs mit, gilt § 140 Abs. 3 MarkenG bzw. § 143 Abs. 3 PatG Die Notwendigkeit der Mitwirkung ist also nicht gesondert zu prüfen.[347]

---

338 Insoweit folgend OLGR Celle 2009, 657 (B vom 23.4.2009) mit zahlr. Nachw.: Regelmäßig **ein Drittel des Hauptsachewertes**; auch Saarl.OLG, B vom 19.8.2009 (5 W 181/09 – juris) mit dem freilich unzutreffenden Hinweis auf den »rein repressiven Charakter« des Ordnungsmittels; vgl. ferner OLG Düsseldorf, B. vom 10.1.2013 (I-W 137/12, 20 W 137/12 – juris). Für *den Beschluss nach § 890 Abs. 2* auch OLG Saarbrücken, B. vom 25.8.2003 (1 W 183/03 – juris): 50 % des festzusetzenden Ordnungsgeldes; OLG Hamm, WRP 2014, 965: Voller Wert der Hauptsache (zweifelhaft).
339 In diesem Sinne (wohl) auch LG Hamburg, CR 2014, 611.
340 KGR Berlin 2009, 394 (a. E.).
341 OLG München, MDR 1955, 306; OLG Düsseldorf, MDR 1977, 676; **a. A.**: OLG Köln, OLGR 1994, 138 (maßgeblich sei das – meist höhere – Interesse an der Nichtdurchführung der Zwangsvollstreckung); vgl. auch LG Rostock, JurBüro 2003, 495.
342 LAG Hamm, Beschl. v. 24.9.2007 – 10 Ta 692/06 – juris.
343 Anlage 1 zu § 3 Abs. 2 GKG (Kostenverzeichnis).
344 Anlage 1 zu § 2 Abs. 2 RVG (Vergütungsverzeichnis).
345 Siehe oben Rdn. 40.
346 Und zwar »jede Verurteilung zu einem Ordnungsgeld« anders etwa im Fall des § 888 i. V. m. § 18 Nr. 13 RVG, vgl. LG Mannheim. Rpfleger 2008, 160.
347 So zu § 143 Abs. 3 PatG OLGR München 2005, 599 unter Berufung auf die Rspr. zu einer vergleichbaren Fallgestaltung nach § 32 Abs. 5 WZG (außer Kraft).

§ 891 Verfahren; Anhörung des Schuldners; Kostenentscheidung

¹Die nach den §§ 887 bis 890 zu erlassenden Entscheidungen ergehen durch Beschluss. ²Vor der Entscheidung ist der Schuldner zu hören. ³Für die Kostenentscheidung gelten die §§ 91 bis 93, 95 bis 100, 106, 107 entsprechend.

Übersicht	Rdn.		Rdn.
I. Anwaltszwang nach Maßgabe des § 78	1	III. Beweis der erheblichen Tatsachen	3
II. Rechtliches Gehör für den Schuldner (Satz 2)	2	IV. Entscheidung durch Beschluss	4
		V. Kostenentscheidung	5

I. Anwaltszwang nach Maßgabe des § 78

In den Verfahren nach §§ 887–890 herrscht nach Maßgabe des § 78 Anwaltszwang.[1] Das gilt nicht nur für den das Verfahren einleitenden Antrag des Gläubigers, sondern auch für Stellungnahmen des Schuldners.[2] Auch dann, wenn der Gläubiger den Titel vor dem LG ausnahmsweise ohne Anwalt erstreiten konnte (§ 920 Abs. 3), muss für das nachfolgende Zwangsvollstreckungsverfahren ein Anwalt bestellt werden.[3]

1

II. Rechtliches Gehör für den Schuldner (Satz 2)

Ehe eine Entscheidung des Prozessgerichts als Vollstreckungsorgan ergeht, **muss** dem Schuldner **rechtliches Gehör** gewährt werden (Satz 2). Da die Vollmacht aus dem Verfahren auf Erlangung des Titels gem. § 81 1. Halbs. auch für das Vollstreckungsverfahren fortgilt, ist der Vollstreckungsantrag des Gläubigers aber dem aus den Akten des Erkenntnisverfahrens ersichtlichen Prozessbevollmächtigten des Schuldners zur Stellungnahme zuzuleiten, nicht dem Schuldner persönlich, um dem Anhörungserfordernis Genüge zu tun.[4] Findet eine mündliche Verhandlung statt,[5] so gelten für die Anordnung des persönlichen Erscheinens des Schuldners die allgemeinen Regeln der §§ 141, 278 Abs. 3. Die Anwesenheit des Schuldners ist auch im Ordnungsmittelverfahren nach § 890 nicht erforderlich, da es sich um kein »Strafverfahren«, sondern um im privaten Interesse erfolgende Zwangsvollstreckung handelt.

2

III. Beweis der erheblichen Tatsachen

Der entscheidungserhebliche Sachverhalt muss bewiesen, nicht nur glaubhaft gemacht sein. Das gilt auch, wenn es sich bei dem Titel, aus dem vollstreckt wird, um eine einstweilige Verfügung handelt.[6] Denn anders als im vorausgegangenen Verfügungs-/«Erkenntnisverfahren« ist die Anhörung des Schuldners im Rahmen des § 890 zwingend, und daher gelten die Gründe, die dazu geführt haben, im Verfahren des einstweiligen Rechtsschutzes eine Glaubhaftmachung ausreichen zu lassen (§§ 920 Abs. 2, 936), nämlich die schnelle und effiziente Erlangung eines Titels im eilbedürftigen Fall zu ermöglichen, gerade nicht für die sich unter Umständen anschließende Zwangsvollstreckung

3

---

1 Einzelheiten: § 887 Rdn. 19; § 888 Rdn. 24; § 890 Rdn. 9.
2 Siehe auch § 890 Rdn. 22 m. w. N.
3 OLG Frankfurt, WRP 1979, 129; OLG Düsseldorf, JurBüro 1987, 942.
4 Eine Stellungnahme des Schuldners persönlich ist aber, soweit sie zur Aufklärung des Sachverhalts beiträgt, zu beachten: *Wieczorek/Schütze/Rensen*, § 891 Rn. 12.
5 Sie ist auch für das Verfahren nach § 890 ZPO nicht notwendig; vergl. BVerfGE 59, 330 (passim).
6 OLG München, MD 2015, 501; OLG Frankfurt, WRP 2013, 1402;, OLG Frankfurt, Beschl. v. 23.5.2006 – 6 W 59/06 –, juris; OLG Schleswig, KGR Berlin (Fam) 2004, 579; *Baumbach/Lauterbach/Hartmann*, § 891 Rn. 5; *Prütting/Gehrlein/Olzen*, *§ 891 Rn. 3*; **a. A.** (in diesem Fall genüge Glaubhaftmachung): *Dahm*, MDR 1996, 1100; OLG Bremen, MDR 2003, 233; OLG Dresden, Beschl. v. 4.6.2002 – 11 W 680/02 – juris; vgl. auch § 890 ZPO Rdn. 40.

nach § 890.[7] Für die Durchführung einer etwaigen Beweisaufnahme gelten im Übrigen die allgemeinen Regeln der §§ 355 ff.[8]

Antwortet der Schuldner im Rahmen seiner Anhörung auf konkrete und substantiierte Tatsachenbehauptungen nicht, können diese als zugestanden behandelt werden. § 138 Abs. 3 gilt insoweit aber nur eingeschränkt, d. h. nur unter der Voraussetzung einer ordnungsgemäßen Anhörung und Belehrung des Schuldners.[9]

IV. Entscheidung durch Beschluss

4   Die Entscheidung ergeht in allen Fällen der §§ 887, 888, 890 durch Beschluss (Satz 1), der zu begründen ist. Ergeht der Beschluss auf eine mündliche Verhandlung hin, ist er zu verkünden (§ 329 Abs. 1 Satz 1). Im Übrigen gelten für die Frage, ob der Beschluss formlos mitzuteilen oder förmlich zuzustellen ist, die allgemeinen Regeln der Abs. 2 und 3 des § 329.

V. Kostenentscheidung

5   Die Vollstreckungsentscheidung des Prozessgerichts muss von Amts wegen mit einer **Kostenentscheidung** versehen werden. Dadurch soll der Schuldner, der sich gegen den Vollstreckungsantrag – zum Teil – erfolgreich gewehrt hatte, die Möglichkeit erhalten, seine Kosten nach einem Kostenfestsetzungsverfahren ganz oder teilweise vom Gläubiger zurückzuholen. Die Gefahr, dass der Gläubiger mit seinem Vollstreckungsantrag aus eigenem Verschulden über das Notwendige hinausschießt, ist in den Fällen der §§ 887, 888, 890 höher als im Rahmen der Forderungsvollstreckung. Darüber hinaus liegt es in diesen Fällen auch näher, dass der Schuldner im Rahmen seiner Anhörung einen Rechtsanwalt einschaltet, wodurch ihm notwendigerweise Kosten erwachsen. Ein Vorgehen allein nach § 788 würde den Schuldner insoweit rechtlos stellen oder ihn auf den Weg schwierig durchzusetzender Schadensersatzansprüche verweisen. Daher ist die Pflicht zur Kostenentscheidung notwendiger Ausfluss des fair trial-Prinzips im Vollstreckungsverfahren.

6   Inhaltlich muss aber die Frage, ob ein Zwangsvollstreckungsantrag »notwendig« war und ob der Gläubiger mit seinem Antrag »unterlegen« ist, weiterhin anhand der Grundsätze beantwortet werden, die zu § 788 entwickelt wurden.[10] Es kann also nicht allein formal darauf abgestellt werden, ob der Vollstreckungsantrag des Gläubigers so, wie gestellt, auch erfolgreich war.[11] Denn das Verfahren nach §§ 887, 888, 890 ist kein Rechtsstreit, auch nicht in eingeschränktem Rahmen, sondern bleibt Zwangsvollstreckung. Nennt der Gläubiger indes im Ordnungsmittelverfahren nach § 890 einen aus seiner Sicht zu verhängenden Mindestbetrag und bleibt das Gericht deutlich unter diesem Betrag, so ist es durchaus angemessen, den Gläubiger anteilsmäßig mit den Kosten des Verfahrens zu belasten.[12]

---

[7] Dies verkennt *Dahm*, MDR 1996, 1000, 1001.

[8] Zur evt. Wiederholung einer Beweisaufnahme im Beschwerdeverfahren s. *Dötsch*, MDR 2008, 893.

[9] OLG Düsseldorf, NJW-RR 1991, 1088; *Stein/Jonas/Brehm*, § 891 Rn. 2; vgl. auch AG Aachen, JurBüro 2005, 498.

[10] A. A. BGH, WM 2015, 1022 (B vom 19.2.2015), wobei der BGH zu stark auf die Begründung der Neufassung durch die 2. Zvg-Novelle vom 17.12.1997 (vgl. BT-Drucks. 13/341, S. 41) abstellt, die aber inhaltlich unklar ist; auch *Musielak/Lackmann*, § 891 Rn. 1 u. 3 siehe hierzu *Schuschke*, InVo 2005, 396, 398 in krit. Auseinandersetzung mit BGHZ 161, 67; ferner *Ahrens*, Der Wettbewerbsprozess, 5. Aufl. 2005, Kap. 68 Rn. 23.

[11] OLG Köln, InVo 2001, 35; vgl. auch KGR Berlin 2005, 605; siehe im Übrigen zu § 890 Rdn. 60.

[12] Insoweit mit Recht BGH, a. a. O. (oben zu Fn 10), in Bestätigung von OLG Köln, WRP 2013, 1099.

§ 892 Widerstand des Schuldners

Leistet der Schuldner Widerstand gegen die Vornahme einer Handlung, die er nach den Vorschriften der §§ 887, 890 zu dulden hat, so kann der Gläubiger zur Beseitigung des Widerstandes einen Gerichtsvollzieher zuziehen, der nach den Vorschriften des § 758 Abs. 3 und des § 759 zu verfahren hat.

Übersicht	Rdn.		Rdn.
I. Anwendungsfälle	1	III. Beauftragung des Gerichtsvollziehers.	3
II. Notwendigkeit einer richterlichen Durchsuchungsanordnung	2	IV. Kosten des Gerichtsvollziehers	5

I. Anwendungsfälle

Die Vorschrift regelt **zwei Fälle**: Zum einen kann eine nach § 887 angeordnete Ersatzvornahme nur durchführbar sein, wenn der Schuldner denjenigen, die »handeln« wollen und sollen, keinen physischen Widerstand entgegensetzt. Zum anderen kann der nach dem Titel zur Duldung bestimmter Handlungen im Interesse des Gläubigers verpflichtete Schuldner die Erfüllung der titulierten Schuld dadurch verweigern, dass er die Vornahme der Handlungen mit Gewalt verhindert. Der erste Fall liegt etwa vor, wenn der Schuldner zur Vornahme bestimmter Renovierungsarbeiten in seiner Wohnung verurteilt wurde, der Gläubiger durch Beschluss gem. § 887 Abs. 1 ermächtigt wurde, diese Arbeiten selbst durch Handwerker durchführen zu lassen, und der Schuldner den Handwerkern den Zutritt zu seiner Wohnung verwehrt. Hier stellt die Hinzuziehung des Gerichtsvollziehers lediglich eine Hilfsmaßnahme im Rahmen der Vollstreckung dar. Der zweite Fall dagegen liegt vor, wenn die Handlung, die der Schuldner nach dem Titel zu dulden hat (z. B. das Überfahren seines Grundstücks durch Fahrzeuge des Gläubigers), durch die Gewaltanwendung seitens des Gerichtsvollziehers (indem er z. B. die Barrikaden beseitigt und den Schuldner hindert, neue aufzustellen) ermöglicht wird. Hier liegt in der Tätigkeit des Gerichtsvollziehers die unmittelbare Zwangsvollstreckung des Titels; § 892 bietet hier also einen alternativen Weg zu § 890; er ermöglicht nicht das Vorgehen nach § 890 – wie im Fall des § 887 –, sondern ersetzt es. Für welchen Weg der Gläubiger sich entscheidet, steht ihm frei.[1]

§ 890 ist nicht einschlägig, wenn nicht der Schuldner Widerstand leistet, sondern Dritte, etwa Sympathisanten des Schuldners, die Zwangsvollstreckung erschweren.[2] Insoweit ist nicht das Vollstreckungsrecht gefragt, sondern gegebenenfalls das Polizei- und Ordnungsrecht nach den einschlägigen landesrechtlichen Vorschriften.

II. Notwendigkeit einer richterlichen Durchsuchungsanordnung

Soweit der Gerichtsvollzieher zur Brechung des Widerstandes gewaltsam in die Wohnung des Schuldners eindringen muss, gelten die allgemeinen Regeln zu § 758a. Muss nach dem Titel oder dem Beschluss nach § 887 Abs. 1 der Schuldner die Handlung gerade – und nicht nur zufällig in der konkreten Vollstreckungssituation – in seiner Wohnung dulden, enthält schon der Titel bzw. der Ermächtigungsbeschluss die richterliche Genehmigung, gewaltsam in die Wohnung des Schuldners einzudringen. Es bedarf dann zur Vollstreckung keiner erneuten richterlichen Durchsuchungsan-

---

[1] LG Braunschweig, DGVZ 1988, 140; *Baumbach/Lauterbach/Hartmann*, § 892 Rn. 4 a. E.; *Musielak/Lackmann*, § 892 Rn. 1; *Stein/Jonas/Brehm*, § 892 Rn. 3; *Wieczorek/Schütze/Rensen*, § 892 Rn. 2.
[2] OLG Hamburg, OLGZ 1991, 441.

ordnung.³ Dem steht entgegen einer vertretenen Auffassung⁴ auch nicht die Neufassung des § 758a Abs. 2 durch die 2. ZVG-Novelle vom 17.12.1997⁵ entgegen. Denn aus der Gesetzesbegründung⁶ geht gerade hervor, dass der Gesetzgeber mit der Neufassung kein abschließendes Votum abgeben wollte und Art. 13 Abs. 1 GG jedenfalls aus Sicht des Gesetzgebers hinreichende Beachtung gefunden hat, wenn sich aus dem Titel ergibt, dass die titulierte Verpflichtung in der Wohnung des Schuldners zu vollstrecken ist.⁷ Hat sich der Schuldner in einem Prozessvergleich unter bestimmten Voraussetzungen mit dem Betreten seiner Wohnung durch den Gläubiger einverstanden erklärt, ist bereits der Schutzbereich des Art. 13 Abs. 1 GG nicht betroffen.⁸ Ansonsten muss diese Genehmigung aber gesondert eingeholt werden.⁹

III. Beauftragung des Gerichtsvollziehers

3 Für die Hinzuziehung des Gerichtsvollziehers bedarf es im Regelfall keiner gesonderten gerichtlichen Ermächtigung. Seine Befugnis, tätig zu werden, ergibt sich unmittelbar aus dem Gesetz¹⁰. Der Gläubiger wiederum muss dem Gerichtsvollzieher bei Auftragserteilung nicht »nachweisen«¹¹, dass der Schuldner bereits Widerstand geleistet hat. Allerdings ist es erforderlich, dass der Gläubiger eine erwartete Widerstandleistung behauptet und diese Behauptung durch Sachvortrag belegt¹². Denn ansonsten ist dem Gesetz, § 892, nicht mehr Genüge getan¹³, und ein Rechtsschutzbedürfnis für die immerhin kostenauslösende Hinzuziehung des Gerichtsvollziehers ist nicht gegeben¹⁴.

4 Der Gerichtsvollzieher prüft in eigener Verantwortung, ob und welche Gewaltmaßnahmen notwendig sind. Er hat dann die Befugnisse des § 758 Abs. 3 ZPO, kann daneben aber auch trotz fehlender gesetzlicher Bezugnahme nach § 758 Abs. 2 ZPO vorgehen und darf verschlossene Türen öffnen

---

3 BGH, NJW 2006, 3352 (B vom 10.8.2006): Duldung des Ausbaus eines konkret bezeichneten Gaszählers zum Zwecke der Sperrung der Gasversorgung; OLG Köln, NJW-RR 1988, 832, das jedoch ein Rechtsschutzbedürfnis für den Erlass einer gesonderten Durchsuchungsanordnung bejaht, wenn im Erkenntnisverfahren vom Gericht eine solche Anordnung ausdrücklich abgelehnt worden ist; ferner AG Berlin/Charlottenburg, DGVZ 1997, 190; LG Braunschweig, DGVZ 1988, 140; LG Dessau, DGVZ 2006, 59; LG Potsdam, DGVZ 2006, 59; LG Berlin, DGVZ 1992, 91; *Baumbach/Lauterbach/Hartmann*, § 892 Rn. 4; *MüKo/Gruber*, § 892 Rn. 3; a. A. LG München, DGVZ 2011, 18, wobei dort die hier vertretene Rechtsansicht »als überholt« bezeichnet wird, eine angesichts der vorerwähnten BGH Entscheidung unverständliche Feststellung; ohne die Thematik überhaupt zu erkennen Wieczorek/Schütze/Rensen, § 892 Rn. 5.
4 AG Neuruppin, WuM 2006, 106 mit abl. Anm. *Flatow*, jurisPR-MietR 8/2006 Anm. 6.
5 BGBl. 1997 I, S. 3039.
6 BT-Drucks. 13/341, S. 17.
7 Vgl. auch § 758a ZPO Rdn. 26.
8 So zutr. AG Erkelenz, DGVZ 2007, 74.
9 A. A. auch für diese Konstellation (nie zusätzliche Genehmigung erforderlich): *Stein/Jonas/Brehm*, § 892 Rn. 2.
10 LG Duisburg, GWF/Recht und Steuern 2013, 4-5; LG Paderborn, B vom 24.2.2009 – 5 T 329/08 – zit. nach juris, mit weit. Nachw.
11 Vgl. § 184 Nr. 1 Satz 2 GVGA.
12 Etwa durch ein entsprechendes Vorverhalten oder eine entsprechende Ankündigung des Schuldners, zutr. LG Paderborn (oben Fn. 10) mit. weit. Nachw. Zu weitgehend aber LG Weiden, DGVZ 2008, 120: Beim Nichtöffnen der Haustür handele es sich jedenfalls dann um eine Widerstandsmaßnahme des Schuldners, wenn der Schuldner nach Mitteilung eines Termins für die Sperrung eines Stromanschlusses nicht reagiert habe oder nicht zu Hause angetroffen worden sei. Gerade für den Fall, dass der Schuldner nicht zu Hause angetroffen worden ist, bedarf es genauer Prüfung der konkreten Umstände.
13 »Leistet der Schuldner Widerstand ...«.
14 So im Ergebnis auch *Kannowski/Keil*, DGVZ 2008, 109, 115; ferner *Prütting/Gehrlein/Olzen*, § 892 Rn. 3.

lassen, so im praktisch wichtigen Fall der Vollstreckung zur Unterbrechung der Energieversorgung durch Ausbau entsprechender Zähler[15]. Über das Vorgehen ist ein Protokoll aufzunehmen[16].

IV. Kosten des Gerichtsvollziehers

Der Gerichtsvollzieher erhält für seine Tätigkeit eine Festgebühr in Höhe von 52 EUR gem. Kostenverzeichnis Nr. 250 GvKostG i. V. m. §§ 9, 10 Abs. 1 GvKostG, bei nicht erledigtem Auftrag eine solche von 15 EUR gemäß Kostenverzeichnis Nr. 604 GvKostG zu § 9 GvKostG. War die Hinzuziehung des Gerichtsvollziehers objektiv – weil bei der objektiven Betrachtung ex ante[17] Widerstand zu erwarten war – notwendig, so handelt es sich bei dessen Kosten um Kosten der Zwangsvollstreckung (§ 788), die der Schuldner erstatten muss.

5

---

[15] AG Brühl, DGVZ 2010, 61 mit dem zutreffenden Argument, bei der Öffnung der (Wohnungs-) Tür handele es sich lediglich um einen »vollkommen untergeordneten Zwischenschritt« der eigentlichen Vollstreckung; ferner LG Paderborn, B vom 24.2.2009 (5 T 329/08 – juris) mit weit. Nachw.; wohl auch AG Hamburg, NZM 2010, 667 f. a.A. *Kannowski/Keil*, DGVZ 2008, 109: Öffnen der (Wohnungs-) Tür sei nach § 887 zu vollstrecken, wobei in diesem Rahmen fehlerhaft von einem »verfassungsrechtlich vorgegebenen gradus executionis« die Rede ist. Letzteres ist gerade nicht der Fall, und zwar nicht nach Inkrafttreten des Gesetzes zur Reform der Sachaufklärung in der Zwangsvollstreckung vom 29.7.2009 (BGBl. I, 2258), vgl. nämlich treffend *Gaul* in *Gaul/Schilken/Becker-Eberhard*, §, § 5 Rdn. 27 ff., § 3 Rdn. 49. Wie hier i.ü. *Baumbach/Lauterbach/Hartmann*, § 892 Rn. 4.
[16] Einzelheiten zu § 184 Nr. 3 GVGA.
[17] *Wieczorek/Schütze/Rensen*, § 892 Rn. 12.

§ 892a Unmittelbarer Zwang im Verfahren nach dem Gewaltschutzgesetz
(aufgehoben)

1 Die Norm ist durch Art 29 Nr. 25 des Gesetzes zur Reform des Verfahrens in Familiensachen und in den Angelegenheiten der freiwilligen Gerichtsbarkeit (FGG-Reformgesetz) vom 17.12.2008 (BGBl. I 2008, 2586) mit Wirkung vom 1.9.2009 aufgehoben worden. An ihre Stelle ist nahezu wortgleich (nur die Umschreibung »der Gläubiger« ist durch »der Berechtigte« ersetzt worden) § 96 Abs. 1 FamFG getreten. Infolgedessen behält die hiesige Kommentierung in der vierten Aufl. im Kern ihre Gültigkeit, namentlich zu der bestrittenen praktischen Bedeutung der Vorschrift.

2 Zudem erscheint gesichert, dass auf § 1 GewSchG gestützte Unterlassungstitel gemäß §§ 95 Abs. 1 Nr. 4, 96 Abs. 1 Satz 3 FamFG weiterhin nach den Vorschriften der ZPO, nämlich nach § 890 zu vollstrecken sind, und nicht nach § 35 FamFG[1].

---

[1] OLG Köln, NZFam 2014, 1002; OLG Saarbrücken, NJW 2013, 1612; OLG Celle, NJW 2010, 2223; OLG Zweibrücken, FamRZ 2010, 1369; vgl. auch bereits Brand. OLG, FamRZ 2009, 1084. Zur Zuständigkeitsbestimmung nach der Übergangsnorm des Art. 111 FGG-RG OLG Hamm, FamRZ 2010, 920 mit krit. Anm. *Stockmann*, jurisPR-FamRZ 7/2010 Anm. 3.

§ 893 Klage auf Leistung des Interesses

(1) Durch die Vorschriften dieses Abschnitts wird das Recht des Gläubigers nicht berührt, die Leistung des Interesses zu verlangen.

(2) Den Anspruch auf Leistung des Interesses hat der Gläubiger im Wege der Klage bei dem Prozessgericht des ersten Rechtszuges geltend zu machen.

Übersicht	Rdn.		Rdn.
I. Anwendungsbereich der Norm	1	III. Zuständigkeitsregelung in Abs. 2	3
II. Verhältnis des Schadensersatzanspruchs zur Herausgabevollstreckung	2	IV. Prozessaufrechnung und Widerklage	4

Literatur:
Vollkommer, § 893 Abs. 2 ZPO im internationalen Rechtsstreit, IPRax 1997, 323.

I. Anwendungsbereich der Norm

Die Vorschrift gilt für die Fälle der §§ 883–892, dagegen nicht im Fall des § 894[1], falls ausschließlich zur Abgabe einer Willenserklärung verurteilt wurde. Denn durch Abs. 1 wird kein selbstständiger Schadensersatzanspruch gewährt, sondern lediglich klargestellt, dass das etwa aufgrund bürgerlich-rechtlicher Vorschriften bestehende Recht an Stelle der zwangsweisen Durchsetzung des Anspruchs auf Herausgabe, Vornahme einer Handlung, Unterlassung usw. Schadensersatz verlangen zu können, von den Zwangsvollstreckungsvorschriften der ZPO nicht berührt wird.[2] Ist der ursprünglich titulierte Anspruch aber erfüllt – wie im Fall des § 894 mit Rechtskraft des Urteils –, ist kein Raum mehr für diesen Schadensersatzanspruch. § 893 einschließlich der Zuständigkeitsregelung in Abs. 2 gilt somit auch von vornherein **nicht** für die Fälle, in denen nach dem Tenor des Titels kumulativ neben dem Herausgabeanspruch usw. zusätzlich Schadensersatz verlangt werden kann (Beispiel: Die herauszugebende Sache ist vom Besitzer in der Zeit seines Besitzes beschädigt worden).[3]

1

II. Verhältnis des Schadensersatzanspruchs zur Herausgabevollstreckung

Die Frage, ob überhaupt, unter welchen Voraussetzungen im Einzelnen und ab wann an Stelle des titulierten Anspruchs auf Herausgabe usw. Schadensersatz verlangt werden kann, bestimmt sich **allein** nach den Vorschriften des materiellen Rechts, etwa §§ 280–286, 325 BGB. § 893 Abs. 1 begründet also keinen Vorrang der Vollstreckung der im 3. Abschnitt des 8. Buches der ZPO geregelten Vollstreckungsarten, sodass der den Schadensersatzanspruch Geltendmachende auch nicht darlegen oder gar nachweisen muss, dass er zuvor vergeblich die Vollstreckung nach §§ 883 ff. versucht hat[4], es sei denn, die materiellrechtliche Anspruchsgrundlage (z.B. aus einem Vertrag) sieht dies selbst ausnahmsweise vor. Da eine vorausgegangene Vollstreckung nach §§ 883 ff. keine Voraussetzung des Schadensersatzanspruchs ist, gilt § 893 einschließlich der Zuständigkeitsregelung in Abs. 2 auch in den Fällen, in denen eine Vollstreckung des zur Vornahme einer Handlung verurteilenden Titels von vornherein gem. § 888 Abs. 2 ausgeschlossen ist.

2

---

[1] Baumbach/Lauterbach/Hartmann, § 893 Rn. 1; Brox/Walker, Rn. 1124; Prütting/Gehrlein/Olzen, § 893 Rn. 1; Stein/Jonas/Brehm, § 893 Rn. 1; Wieczorek/Schütze/Rensen, § 893 Rn. 2.
[2] BGHZ 23, 215.
[3] Brox/Walker, Rn. 1063.
[4] Stein/Jonas/Brehm, § 893 Rn. 1; Thomas/Putzo/Seiler, § 893 Rn. 3. Umgekehrt darf der Gläubiger aufgrund vermeintlicher Aussichtslosigkeit der Vollstreckung nach den §§ 883 ff. nicht von vornherein auf den Schadensersatzanspruch verwiesen werden, vgl. OLG Celle, NZM 2007, 838.

III. Zuständigkeitsregelung in Abs. 2

3 Für den Fall, dass über den Herausgabeanspruch, Anspruch auf Vornahme einer Handlung usw. bereits ein gerichtlicher Titel vorliegt, bestimmt **Abs. 2** die ausschließliche (§ 802), auch internationale[5] Zuständigkeit dieses Prozessgerichts des ersten Rechtszuges auch für die Geltendmachung des Schadensersatzanspruchs unabhängig davon, ob dieses Gericht nach den allgemeinen Gerichtsstandsregeln für diese Klage zuständig wäre. Beispiele: Der Herausgabeanspruch ist vom Amtsgericht tituliert; der Schadensersatzanspruch wird jetzt über 5.000 Euro beziffert. Dennoch ist das AG nunmehr auch zur Entscheidung über den Schadensersatzanspruch berufen. Oder: Der Herausgabetitel wurde im Hausratsteilungsverfahren vom Familiengericht erlassen. Obwohl der spätere Schadensersatzanspruch keine Familiensache ist, ist zur Entscheidung über ihn jetzt das Familiengericht zuständig.[6] Die Vorschrift gilt (scil.) gemäß § 62 Abs. 2 ArbGG auch im Bereich des arbeitsgerichtlichen Verfahrens.[7]

IV. Prozessaufrechnung und Widerklage

4 Abs. 2 gilt nur für die **klageweise** Geltendmachung des Anspruchs. Macht ihn der Gläubiger, woran ihn § 893 nicht hindert, im Wege der Aufrechnung in einem anderen Rechtsstreit geltend, wird die Zuständigkeit dieses Gerichts durch diese Aufrechnung nicht berührt.[8] Andererseits kann Abs. 2 durchaus der Zulässigkeit einer Widerklage entgegenstehen (§§ 33 Abs. 2, 40 Abs. 2).

---

5 BGH, NJW 1997, 2245; Vollkommer, IPRax 1997, 323.
6 OLG Zweibrücken, FamRZ 2006, 431; OLGR Schleswig 2003, 253; OLG Karlsruhe, FamRZ 2000, 1168; LG München II, FamRZ 1992, 335; MüKo/Gruber, § 893 Rn. 6; Musielak/Lackmann, § 893 Rn. 2; Thomas/Putzo/Seiler, § 893 Rn. 3; Zöller/Stöber, § 893 Rn. 2. Auch das OLG Koblenz (FamRZ 1982, 507) folgt der gegenteiligen Auffassung inzwischen nicht mehr (FamRZ 2000, 1168). **a. A.** aber nach wie vor (die Prozessabteilung des Amtsgerichts sei zuständig): Baumbach/Lauterbach/Hartmann, § 893 Rn. 3.
7 Vgl. instruktiv LArbG Köln, AA 2014, 162 (B. vom 7.7.2014, 1 SHa 6/14).
8 Baumbach/Lauterbach/Hartmann, § 893 Rn. 1; Stein/Jonas/Brehm, § 893 Rn. 3; Musielak/Lackmann, § 893 Rn. 2; Prütting/Gehrlein/olzen, § 893 Rn. 2.

§ 894 Fiktion der Abgabe einer Willenserklärung

¹Ist der Schuldner zur Abgabe einer Willenserklärung verurteilt, so gilt die Erklärung als abgegeben, sobald das Urteil die Rechtskraft erlangt hat. ²Ist die Willenserklärung von einer Gegenleistung abhängig gemacht, so tritt diese Wirkung ein, sobald nach den Vorschriften der §§ 726, 730 eine vollstreckbare Ausfertigung des rechtskräftigen Urteils erteilt ist.

Übersicht	Rdn.			Rdn.
I. Anwendungsbereich der Vorschrift	1	II.	Beispiele aus der Rechtsprechung zur Anwendbarkeit des § 894	5
1. Keine Anwendung bei Prozessvergleichen und vollstreckbaren Urkunden	1	III.	Durchführung der Vollstreckung nach § 894	8
2. Keine Anwendung bei Willensäußerungen rein tatsächlicher Art	2	IV.	Keine Vorverlegung der Rechtskraftwirkung durch Sicherheitsleistung	13
3. Bestimmtheitserfordernis	3	V.	Rechtsbehelfe	14
4. Anwendbar auch bei Willenserklärungen gegenüber Dritten	4			

Literatur:
Dietrich, Die Individualvollstreckung, 1976; *Furtner*, Vorläufige Vollstreckbarkeit von Urteilen, aufgrund derer eine Eintragung im Grundbuch vorgenommen werden soll, JZ 1964, 19; *Gotthardt*, Teilzeitanspruch und einstweiliger Rechtsschutz, NZA 2001, 1183; *Grau*, Die Bedeutung der §§ 894, 895 ZPO für die Vollstreckung von Willenserklärungen, Diss. Bonn, 2000; *Helle*, Das Urteil auf Widerruf einer ehrverletzten Behauptung und seine Vollstreckung, NJW 1963, 129; *Löwenheim*, Zulässigkeit und Vollstreckbarkeit von Stimmbindungsvereinbarungen (zu BGHZ 48, 183), JuS 1969, 260; *Ritter*, Zum Widerruf einer Tatsachenbehauptung, ZZP 1971, 163; *Sutschet*, Bestimmter Klageantrag und Zwangsvollstreckung, ZZP 2006, 279; *Tiedtke*, Der Zeitpunkt, zu dem die subjektiven Voraussetzungen des § 1365 BGB vorliegen müssen, FamRZ 1975, 65; *vom Holtz*, Erzwingung von Willenserklärungen im einstweiligen Rechtsschutz, 1995; *Wieser*, Das Urteil auf Abgabe einer Willenserklärung – ein Vollstreckungsakt?, FS Söllner, 1990; *ders.*, Begriff und Grenzfälle der Zwangsvollstreckung, 1995; *Zawar*, Vorläufige Vollstreckbarkeit von Urteilen, denen eine auf Auflassung gerichtete Klage zugrunde liegt, JZ 1975, 168.

I. Anwendungsbereich der Vorschrift

1. Keine Anwendung bei Prozessvergleichen und vollstreckbaren Urkunden

Als Vollstreckungstitel, die nach § 894 zwangsweise durchgesetzt werden können, kommen nur gerichtliche Entscheidungen, die der formellen Rechtskraft fähig sind,[1] in Betracht. Dies sind zunächst inländische Urteile, ausländische Urteile in Verbindung mit einer inländischen Vollstreckbarkeitsentscheidung (§§ 722, 723),[2] ferner (entgegen dem zu engen Wortlaut des § 894 Satz 1 auch:) gerichtliche Beschlüsse (etwa im Rahmen des § 1383 BGB), auch einstweilige Verfügungen,[3] die auf Abgabe einer Willenserklärung lauten,[4] schließlich Schiedssprüche und Anwaltsvergleiche in Verbindung mit der gerichtlichen Vollstreckbarerklärung.[5] Nicht nach § 894 vollstreckbar sind

1

---

1 Zum Begriff der »formellen« Rechtskraft: § 705 Rdn. 1.
2 *Schilken* in *Gaul/Schilken/Becker-Eberhard*, § 72 Rn. 14; *Wieser*, Begriff und Grenzfälle der Zwangsvollstreckung, S. 94, hält bei ausländischen Urteilen auf Abgabe einer Willenserklärung ein Vollstreckungsurteil generell für entbehrlich.
3 Einzelheiten insoweit siehe aber unten Rdn. 8; siehe ferner: § 938 Rdn. 36 m. w. N.
4 Dazu, dass einstw. Verfügungen auch ausnahmsweise die Abgabe von Willenserklärungen zum Gegenstand haben können: OLG Stuttgart, NJW 1973, 908; OLG Köln, NJW-RR 1997, 59; ferner *Jauernig*, ZZP 1966, 341; für den Anwendungsbereich des TzBfG im Arbeitsrecht LAG Schleswig/Holstein, AuA 2007, 559; LAG Berlin, BB 2007, 560 mit Anm. *Sievers*, juris-PR-ArbR 49/2006, Anm. 5 mit weit. Nachw.; *Gotthardt*, NZA 2001, 1183; *Eisemann/Schinz*, RdA 2004, 136, 138–140.
5 BGH, KTS 1961, 31 = BB 1961, 264.

dagegen vollstreckbare Urkunden und Prozessvergleiche.[6] Letztere müssen nach § 888 vollstreckt werden.[7] Ist der Inhalt der Willenserklärung im Vergleich zu unbestimmt wiedergegeben, sodass eine Vollstreckung nach § 888 ausscheidet,[8] muss entweder auf Abgabe der nunmehr im Antrag hinreichend konkretisierten Erklärung geklagt werden,[9] oder der Gläubiger muss sich mit einem möglichen Schadensersatzanspruch zufriedengeben, für den § 893 gilt, da es sich nicht um einen Fall des § 894 handelt.[10]

2. Keine Anwendung bei Willensäußerungen rein tatsächlicher Art

2   Von ihrem Inhalt her muss es sich bei der geschuldeten Willenserklärung um eine rechtsgeschäftliche Erklärung, eine rechtsgeschäftsähnliche oder sonst unmittelbar im

Rechtsverkehr sich auswirkende Erklärung,[11] nicht dagegen eine Erklärung über rein tatsächliche Umstände, die der Schuldner kennt und die er dem Gläubiger oder Dritten mitteilen soll, handeln. Denn nur bei Ersteren steht der Inhalt aufgrund der einschlägigen Rechtsnormen fest, sodass er bereits im Tenor des Titels festgelegt werden kann. Bei Letzteren muss der Schuldner erst sein Wissen selbst formulieren. Dies kann aber nur über § 888 erzwungen werden:

Deshalb muss etwa der Anspruch auf Erteilung eines Arbeitszeugnisses[12] oder auf Abgabe einer eidesstattlichen Versicherung nach § 888 bzw. § 889 vollstreckt werden. Ebenso verhält es sich mit dem Anspruch auf Erteilung einer Quittung, soll sie auch öffentlich beglaubigt sein.[13] Der Anspruch auf Erteilung einer umsatzsteuerlich geforderten Rechnung unterfällt ebenfalls nicht § 894, sondern kann gemäß § 14 Abs. 2 Satz 4 UStG nach § 887 vollstreckt werden.[14] Der Anspruch auf Erteilung von Betriebskostenabrechnungen aus Vermietung ist wiederum nach § 888 zu vollstrecken.[15]

Ist es für den Gläubiger mit der Fiktion der Willenserklärung, selbst wenn ihr Inhalt vorher feststeht, nicht getan, ist vielmehr für die gehörige Erfüllung des Anspruchs wesentlich, dass der Schuldner die Erklärung persönlich abgibt, so ist § 894 ebenfalls nicht anwendbar, sondern muss nach § 888 vorgegangen werden. Dies gilt z. B. für den Widerruf ehrkränkender Behauptungen.[16] Ergibt die Auslegung des Titels, dass die in ihm vordergründig bezeichnete Willenserklärung des Schuldners gar nicht den Kern der Verurteilung darstellt, sondern dass eine vertretbare oder unvertretbare

---

6 OLG Hamm, NJW 1956, 918; OLG Koblenz, DGVZ 1986, 138; BGH, MDR 1986, 931; a. A. *Wurzer*, AcP 1920, 248.
7 Siehe hierzu § 888 Rdn. 5.
8 Siehe hierzu § 888 Rdn. 5.
9 Zum Rechtsschutzbedürfnis für eine solche Klage trotz Vorliegens eines Vergleichs-Titels siehe: BGHZ 98, 127 = MDR 1986, 931 = NJW 1986, 2704.
10 Siehe auch § 893 Rdn. 1.
11 Siehe auch *Schilken* in *Gaul/Schilken/Becker-Eberhard*, § 72 Rn. 5 bis 8.
12 Siehe § 888 Rdn. 8.
13 A. A. OLG München, B vom 28.1.2014 (34 Wx 508/13 – juris).
14 *Heeseler*, BB 2006, 1137, 1138.
15 BGH, ZMR 2006, 608 [B v. 11.5.2006].
16 BGHZ 37, 187, 190; NJW 1961, 1913, 1914; offengelassen in BGHZ 68, 331, 336; ferner OLG Frankfurt, MDR 1998, 986; *MüKo/Gruber*, § 894 Rn. 4; *Prütting/Gehrlein/Olzen*, § 894 Rn. 4; a. A. (§ 894 ZPO sei analog anzuwenden): OLG Frankfurt, JZ 1974, 62 und NJW 1982, 113; OLG Karlsruhe, OLGZ 1985, 125 = Justiz 1985, 51; vgl. auch OLG Celle, InVo 2002, 301.

Handlung des Schuldners gemeint ist, erfolgt die Vollstreckung ebenfalls nach §§ 887, 888.[17] Und schließlich liegt auch dann kein Fall des § 894 vor, wenn dem Schuldner nach dem Urteilsinhalt ein Wahlrecht zusteht und eine oder gar beide der wahlweise geschuldeten Leistungen die Abgabe einer Willenserklärung betreffen. In dieser in der Praxis seltenen Konstellation muss der Gläubiger notgedrungen gemäß § 264 Abs. 1 BGB i. V. m. § 888 vorgehen, wenn er die Zwangsvollstreckung auf die Abgabe der Willenserklärung richten will.[18]

3. Bestimmtheitserfordernis

§ 894 kommt schließlich nur zur Anwendung, wenn der Inhalt der geschuldeten Erklärung im Titel so **bestimmt** festgelegt ist, dass nach Rechtskraft für jedermann zweifelsfrei feststeht, welche konkrete Erklärung nunmehr als abgegeben gilt. Verbleiben nach einer Auslegung des Titels, auch unter Zuhilfenahme von Tatbestand und Entscheidungsgründen, Zweifel, scheidet die Anwendung des § 894 aus.[19] Solche Titel sind dann aber auch nicht »hilfsweise« nach § 888 zu vollstrecken,[20] da die Variationsbreite möglicher Erklärungen auch hier zur vollstreckungsrechtlichen Unbestimmtheit des Titels führt:[21]

3

So ist ein Urteil, das die Verpflichtung ausspricht, »die Eintragung eines Nutzungsrechts« betreffend eine Wohnung zu bewilligen, nicht im Sinne von § 894 Satz 1 vollstreckbar und führt damit nicht die Wirkung des § 19 GBO herbei, da das Sachenrecht des BGB ein (allgemeines) Nutzungsrecht nicht kennt[22].

Auch ist ein Urteil, das dem Beklagten aufgibt, mit dem Kläger alle Rechtsgeschäfte abzuschließen, die zur Übertragung eines Geschäftsbetriebes auf den Kläger erforderlich sind, nicht vollstreckbar.[23] Gleiches gilt für ein Urteil, das den Beklagten verpflichtet, einen Lebensversicherungsvertrag in

---

17 Ist der Schuldner etwa verurteilt, den Gläubiger von gemeinschaftlichen Schulden gegenüber einem Dritten freizustellen, so ist nicht die Erklärung gegenüber dem Drittgläubiger das Wesentliche, für die Schuld ab sofort allein aufkommen zu wollen, da der Drittgläubiger sich nicht nach dieser Erklärung richten muss, sondern die Erfüllung des Anspruchs des Drittgläubigers, sobald dieser sich an den Vollstreckungsgläubiger wendet. Deshalb ist jener (Freistellungs-)Anspruch nach § 887 zu vollstrecken: OLG München, OLGR 1997, 256. Ebenso verhält es sich, wenn der Schuldner im Rahmen einer Erbauseinandersetzungsklage, § 2042 BGB, verurteilt worden ist, eine Bank *anzuweisen*, an den Gläubiger bestimmte Beträge zu zahlen. Entgegen OLG Koblenz, FamR 2002, 1513 handelt es sich bei der Anweisung nicht um eine Willenserklärung gemäß § 894, sondern um eine nach § 888 zu vollstreckende unvertretbare Handlung. Richtig demgegenüber OLG Schleswig, SchlHA 2012, 187.
18 *Schilken* in *Gaul/Schilken/Becker-Eberhard*, § 72 Rn. 12; vgl. ferner – allerdings unklar – LAG Berlin, Urt. v. 1.3.2002 – 2 Sa 2316/01 –, juris; **a. A.** *Stein/Jonas/Brehm*, § 894 Rn. 33: Gläubiger könne nach Eintritt der Rechtskraft des Urteils dem Schuldner gegenüber die Wahl selbst erklären, und mit dem Zugang dieser Erklärung trete die Wirkung des § 894 ein (so wohl auch *Prütting/Gehrlein/Olzen*, § 894 Rn. 10 und *Baumbach/Lauterbach/Hartmann*, § 894 Rn. 16 a. E.). Das ist unvereinbar mit Wortlaut und Sinn des § 894 Abs. 1, und ebenso des § 264 Abs. 1 BGB.
19 BGH, NJW 2011, 3161; BGH, NJW 1959, 1371; *Thomas/Putzo/Seiler*, § 894 Rn. 1; **a. A.** *Sutschet*, ZZP 2006, 279,288 in Verbindung mit Fn. 33 mit dem nicht überzeugenden Argument, der Schuldner wisse in der Regel genau, was er zu tun habe; ferner *Baumbach/Lauterbach/Hartmann*, § 894 Rn. 4 (»...man sollte prozesswirtschaftlich handeln...«).
20 So aber OLG Braunschweig, NJW 1959, 1929 und OLG Karlsruhe, InVo 2005, 201, das zudem meint, die im konkreten Fall eindeutig fehlende Bestimmtheit des Urteilsinhalts (Abgabe der »erforderlichen Erklärungen« gegenüber dem »kroatischen Grundbuchamt«) könne noch im Vollstreckungsverfahren des § 888 über § 293 nachgeholt werden, was wiederum verfehlt ist.
21 Treffend und mit ausführlicher Begründung und Darlegung des Meinungsstandes BGH, NJW 2011, 3161 (B. vom 19.5.2011); dem folgend OLG Saarbrücken, FamRZ 2015, 430 (B. vom 28.8.2014); ferner *Prütting/Gehrlein/Olzen*, § 894 Rn. 6.
22 BGH, NJW 2012, 530: Vielmehr muss das Urteil das einzutragende Recht, im Streitfall ein Wohnungsrecht nach § 1093 BGB, vollständig bezeichnen.
23 BGH, NJW 1959, 1371.

bestimmter Höhe abzuschließen und den Kläger als Bezugsberechtigten einzusetzen,[24] oder ein Urteil, das den Schuldner verpflichtet, ein Drittel seines Grundbesitzes auf den Gläubiger zu übertragen,[25] oder schließlich ein Urteil, durch das ein Wohnungseigentümer verpflichtet wird, der Sanierung des Gemeinschaftseigentums aufgrund von Vergleichsangeboten zuzustimmen, die erst noch einzuholen sind.[26]

4. Anwendbar auch bei Willenserklärungen gegenüber Dritten

4 Keine Rolle für die Anwendbarkeit des § 894 spielt es, ob die Erklärung ihre Auswirkungen **im Privatrecht** (z. B. Übereignung eines bestimmten Gegenstandes), **im öffentlichen Recht** (z. B. Rücknahme eines Bauantrages; Zustimmung des Grabnutzungsberechtigten zur Urnenumbettung[27]), einschließlich des **Steuerrechts** (z. B. Zustimmung zum begrenzten Realsplitting gem. § 10 Abs. 1 Nr. 1 EStG[28] oder zur steuerlichen Zusammenveranlagung von Ehegatten gemäß § 26 Abs. 2 Satz 2 EStG,[29] Klage auf Abgabe der Zustimmungserklärung zur Übertragung des halben Ausbildungsfreibetrages gemäß § 33a Abs. 2 EStG)[30] und des **Sozialrechts** (Stellung eines Rentenantrags),[31] oder **im Prozessrecht** (z. B. Rücknahme einer Klage) einschließlich des **Strafverfahrensrechts** (z. B. Rücknahme eines Strafantrages)[32] entfalten soll. Ebenso wenig ist es von Bedeutung, ob die Erklärung nach dem Inhalt des Titels gegenüber dem Gläubiger persönlich abzugeben ist oder gegenüber einem Dritten (z. B. in einer Gesellschafterversammlung, gegenüber einer Behörde,[33] gegenüber einem Vertragspartner des Gläubigers oder gegenüber einem Notar).[34],[35] Im letzteren Fall ist es Sache des Gläubigers, den Dritten nach Eintritt der Fiktion zu informieren.[36]

Einen Anwendungsfall des § 894 stellt auch die Ersetzung der nicht erteilten Einwilligung nach § 1598a Abs. 1 BGB[37] durch das Familiengericht nach § 1598a Abs. II BGB i. V. m. §§ 169 Nr. 2, 184 Abs. 1 Satz 1 FamFG dar[38]. Je nach Inhalt können auch namensrechtliche Regelungen in Eheverträgen und Scheidungsfolgenvereinbarungen nach § 894 vollstreckbar sein[39], oder schließlich auch eine Anordnung nach den §§ 1 f. GewSchG, vgl. § 95 Abs. 1 Nr. 5 FamFG.[40]

---

24 OLG Bamberg, MDR 1983, 499.
25 OLG Koblenz, OLGZ 1976, 380.
26 BayObLG, BayObLGR 1999, 50.
27 BayVGH, B vom 13.11.2008 (4 ZB 08.949 – juris).
28 Vgl. *Niermann*, LSW Gruppe 4/263, 1–6.
29 Vgl. BFH, BFH/NV 2011, 638 (a. E.); ferner BGH, NJW-RR 2005, 225; OLG Koblenz, FamRZ 2005, 224; FG Köln, EFG 2005, 703. Eine solche zivilrechtliche Klage auf Zustimmung zur Zusammenveranlagung ist steuerrechtlich nur entbehrlich, wenn es sich um sog. »Evidenzfälle« handelt, vgl. hierzu BFH/NV 2005, 1083 mit Anm. *Spieker*, jurisPR-FamR 18/2005, Anm. 5.
30 Vgl. OLG Koblenz, NJW 2004, 1743.
31 SG Frankfurt, NJW-RR 2002, 1213.
32 OLG München, MDR 1967, 223.
33 Z. B. Erklärung gegenüber dem Standesamt gem. § 1355 Abs. 5 Satz 2 BGB, dass der Geburtsname wieder angenommen werde: LG München I, FamRZ 2000, 1168.
34 OLG Köln, InVo 1999, 323.
35 Der Dritte, dem gegenüber die Erklärung abzugeben ist, muss es entgegen OLG Hamm, NJW-RR 1992, 634 hinnehmen, dass er im Urteil des Rechtsstreits, an dem er nicht als Partei mitwirken konnte, bezeichnet wird. Der Schutz des Gläubigers hat hier Vorrang vor der nur geringfügigen Beeinträchtigung des Dritten.
36 Siehe auch unten Rdn. 11.
37 Eingefügt durch das Gesetz zur Klärung der Vaterschaft vom 26.3.2008 (BGBl. I 2008, S. 441).
38 Vgl. auch Thür. OLG (Fam), NJW-RR 2010, 300 (B vom 28.8.2009), ohne freilich das Gesetz zu zitieren (seinerzeit § 56 Abs. 2 FGG); instruktiv zum Ganzen *Zimmermann*, FuR 2008, 374.
39 *Berger*, DNotZ 2008, 851 (Anm. zu BGHZ 175, 173 – Urt. v. 6.2.2008); ferner von *Oertzen/Engelmeier*, FamRZ 2008, 1133.
40 Vgl. OLG München, FamRZ 2014, 587.

II. Beispiele aus der Rechtsprechung zur Anwendbarkeit des § 894

Verurteilung auf Abschluss eines Vertrages aufgrund eines Vorvertrages;[41] Verpflichtung zur Auflassung eines Grundstücks;[42] Verpflichtung zur Bewilligung der Löschung einer Grundstücksbelastung[43] oder zur Einwilligung in die Berichtigung des Grundbuches,[44] im **Mietrecht**: Verurteilung zur Zustimmung des Mieterhöhungsverlangens gemäß § 558b Abs. 2 Satz 1 BGB;[45] im **Erbrecht**: Klage auf Zustimmung gegen den einzelnen Miterben gemäß § 2038 Abs. 1 Satz 2 BGB[46] oder auf Zustimmung zum Abschluss des schuldrechtlichen Auseinandersetzungsvertrages gemäß § 2042 Abs. 1 BGB;[47] (parallel) auf Zustimmung zur Teilung einer Bruchteilsgemeinschaft gemäß § 749 Abs. 1 BGB;[48] im **Gesellschaftsrecht**: Verurteilung zu einem bestimmten Abstimmungsverhalten in einer Gesellschafterversammlung aufgrund eines Stimmbindungsvertrages;[49] Verpflichtung eines Gesellschafters, einer Klage der Gesellschaft zuzustimmen;[50] Verurteilung zur – genau festzulegenden – Erklärung des Mitgesellschafters einer GbR, gerichtet auf die Überführung eines gesamthänderisch gebundenen Miteigentumsanteils in Bruchteilseigentum;[51] im **Handelsrecht**: Verurteilung einer GmbH zur Löschung ihrer Firma beim Handelsregister;[52] im **Wohnungseigentumsrecht**: Verpflichtung, gem. § 12 WEG der beabsichtigten Veräußerung von Wohnungseigentum zuzustimmen;[53] im **Arbeitsrecht**: Gewährung von Urlaub aufgrund eines Arbeitsvertrages;[54] Annahme des Angebots zur Aufhebung eines Arbeitsvertrages[55] oder des Angebots auf Abschluss eines Arbeitsvertrages, wobei aus Gründen der Bestimmtheit, § 253 Abs. 2 Nr. 2 ZPO, die wesentlichen Vertragsbedingungen (wie Art der Tätigkeit, Arbeitsumfang, Vergütung, Vertragsbeginn, ggf. Befristung) genannt sein müssen;[56] ferner Antrag auf Erteilung einer Versorgungszusage.[57]

Überhaupt hat § 894 im Arbeitsrecht große Bedeutung, und zwar im Hinblick auf die Verurteilung zur Verringerung der Arbeitszeit gemäß § 8 Abs. 1, Abs. 4 Satz 1 TzBfG oder zur Verlängerung der

---

41 BGHZ 98, 130; BGH, NJW 2001, 1272; zum Antragsinhalt BGH, NJW-RR 2005, 666; NJW 2006, 2843 mit krit. Anm. *Freitag*, EWiR 2006, 641 f. und Anm. *Roth*, 30 LMK 189755.
42 BayObLG, MDR 1953, 561; OLG Celle, DNotZ 1979, 308; BGH, MDR 1962, 727; BGHZ 82, 292; BayObLG, Rpfleger 1983, 390; BGH, Rpfleger 1984, 310.
43 BayObLG, Rpfleger 1983, 480.
44 BGH, Rpfleger 1986, 210.
45 BGH, ZMR 2011, 790; BGH, NJW 2005, 2310; LG Hamburg, ZMR 2005, 367. Im Klageantrag ist allerdings die exakte Angabe der Wohnung des Mieters erforderlich, § 253 Abs. 2 Nr. 2; a. A. LG Berlin, Das Grundeigentum 2007, 782 mit offenbar zust. Anm. *Both*, juris PR-MietR 2/2008, Anm. 6; AG Berlin-Schöneberg, Das Grundeigentum 2006, 1621 mit zust. Anm. *Börstinghans*, juris PR-MietR 11/2007, Anm. 4.
46 Hierzu BGH, NJW 2006, 439; *Eberl-Borges*, NJW 2006, 1313; auch OLG Frankfurt, ErbR 2011, 26.
47 Hierzu instruktiv *Klinger/Maulbetsch*, NJW-Spezial 2007, 349; ferner *Steiner*, ZFE 2004, 332.
48 Etwa am Guthaben eines Einzelkontos, vgl. hierzu *Bonefeld*, ZErb 2003, 369.
49 BGHZ 48, 163; siehe auch BGH, NJW-RR 1989, 1056; *Stein/Jonas/Brehm*, § 894 Rn. 8.
50 BGHZ 64, 253; BGH, BB 1977, 615.
51 OLGR Hamm 2005, 8. Nicht aber die Verurteilung der Gesellschafter einer GbR zur Abgabe einer Willenserklärung, die die Gesellschaft schuldet, BGH WM 2008, 738 mit Anm. *Nassall*, jurisPR-BGHZivilR 11/2008 Anm. 4.
52 OLG München, ZIP 2013, 1324.
53 OLGR Zweibrücken 2006, 90.
54 LAG Frankfurt, DB 1965, 187; BAG, NJW 1962, 270.
55 BAG, NJW 2010, 1100; BAG, VersR 1989, 767.
56 BAG, AP Nr. 31 zu § 57 HRG (Urt. vom 16.7.2008);vgl. ferner *Leuchten*, BAGReport 2005, 257. Modifizierend BAG, BB 2014, 563: Zu den wesentlichen Vertragsbedingungen (essentialia negotii) gehörten nach § 611 Abs. 1 BGB nur die »versprochenen Dienste«, und damit Art und Beginn der Arbeitsleistung. Eine Einigung über weitere Inhalte sei grundsätzlich nicht erforderlich, sofern klar sei, dass die Arbeitsleistung vergütet werden soll.
57 BAG, Urt. vom 21.8.2012 (3 AZR 81/10 – juris).

Arbeitszeit gemäß § 9 TzBfG. Hier ist wiederum aufgrund des Bestimmtheitsgrundsatzes auf den richtigen Klageantrag (nebst anschließender Urteilsformel) zu achten: Er muss lauten auf *Erteilung der Zustimmung zur Änderung des Arbeitsvertrages* hinsichtlich der im Einzelnen erstrebten Verteilung der Arbeitszeit. Nur dann ist der Schuldner (Arbeitgeber) zur Abgabe einer Willenserklärung verurteilt.[58] Lautet der Tenor dagegen – ungeachtet der Frage, ob dies materiellrechtlich nach dem TzBfG überhaupt statthaft ist – lediglich auf »Verteilung der Arbeitszeit«, dann steht nicht eine Willenserklärung sondern eine unvertretbare Handlung in Rede.[59]

7 Selbstverständlich wirkt die Fiktion des § 894 nicht stärker als das materielle Recht, m.a.W.: Zu welchem Zeitpunkt die Willenserklärung ihre Wirkungen in der Wirklichkeit entfaltet, ist allein eine Frage des materiellen Rechts und daher im Erkenntnisverfahren im Rahmen der Begründetheit einer auf Abgabe einer Willenserklärung gerichteten Klage zu prüfen. So ist eine auf eine Vertragsänderung (Zustimmung zu einer entsprechenden Willenserklärung) zu einem in der Vergangenheit liegenden Zeitpunkt gerichtete Klage ohne jeden Zweifel zulässig und würde mit einem entsprechenden Tenor auch diese Wirkung entfalten, vgl. auch § 311a I BGB. Ob der Kläger indes überhaupt einen solchen Anspruch hat, ist nach materiellem Recht zu prüfen. Mit § 894 hat diese Prüfung nichts zu tun.[60],[61]

III. Durchführung der Vollstreckung nach § 894

8 Ist die Erklärung dem Gläubiger gegenüber abzugeben und nach dem Inhalt des Titels von keiner Gegenleistung des Gläubigers abhängig, so wird sie durch das **rechtskräftige** Urteil bzw. den rechtskräftigen Beschluss ersetzt, ohne dass dem Gläubiger eine vollstreckbare Ausfertigung erteilt oder dem Schuldner der Titel zugestellt sein muss.[62] Eine Ausnahme hiervon gilt im Hinblick auf § 929 Abs. 2 und 3, die erkennen lassen, dass die Vollziehung (= Vollstreckung) einer einstweiligen Verfügung regelmäßig ein aktives Verhalten des Gläubigers erfordert, für die Verurteilung zur Abgabe von Willenserklärungen in einstweiligen Verfügungen, in denen es letztlich um die Erlangung einer Geldleistung geht (z. B. Zustimmung zur Auszahlung hinterlegter Unterhaltsleistungen oder hinterlegten Arbeitslohnes). Hier muss zusätzlich zur formellen Rechtskraft der einstweiligen Verfügung deren Parteizustellung durch den Gläubiger an den Schuldner als aktives Vollziehungsverhalten gefordert werden. Die Fiktion des Abs. 1 Satz 1 tritt hier also nur ein, wenn die formell rechtskräftige Verfügung zuvor auch im Parteibetriebe innerhalb der Frist des § 929 Abs. 2 zugestellt worden

---

58 Vgl. BAG, NZA 2013, 1358: Das Vertragsangebot des Arbeitnehmers muss mit einem einfachen »ja« angenommen werden können; ferner BAG, MDR 2006, 580 mit Anm. *Hamann*, jurisPR-ArbR 7/2006, Anm. 3; *ders.*, AP Nr. 14 zu § 8 TzBfG; vgl. auch BAG, MDR 2008, 392 und ZTR 2008, 166; ferner ArbG Frankfurt, AiB 2002, 781; *Gotthard*, NZA 2001, 1183; *Wisskirchen*, DB 2003, 277, 281; *Hamann*, jurisPR-ArbR 29/2004, Anm. 4; *Walker*, ZfA 2005, 45, 63/64.

59 Bedenklich daher BAG, NZA 2010, 339 (Urt. vom 13.10.2009); BAGE 110, 45 (Urt. v. 13.3.2004); LAG Hamm, NZA-RR 2005, 405.

60 Vgl. aus der Arbeitsgerichtsbarkeit die Fälle *zur Rückdatierung eines Altersteilzeitarbeitsvertrags* BAG, AP Nr. 47 zu § 1 TVG Altersteilzeit (Urt. vom 13.7.2010); BAG, Urt. vom 4.5.2010 (9 AZR 155/09, juris) mit Anm. *Boemke*, jurisPr-ArbR 47/2010 Anm. 2; BAG, NZA 2010,32 (Urt. vom 15.9.2009) mit Anm. *Bissels*, jurisPr-ArbR 5/2010 Anm. 1; *zur rückwirkenden Verringerung und Neuverteilung der Arbeitszeit*: BAG, NZA 2008, 1309 (Urt. vom 24.6.2008); *zur rückwirkenden Verlängerung der Arbeitszeit* LarbG Hamm, ArbR 2014, 495 AG Bremen-Bremerhaven, AE 2009, 328; *zur rückwirkenden Begründung eines Arbeitsverhältnisses* BAG, Urt. vom 13.3.2013 (7 AZR 344/11); Urt. vom 14.3.2012 (7 AZR 147/11) = AP Nr. 60 zu § 77 BetrVG 1972 Betriebsvereinbarung, u.ö. Der Antrag kann im Übrigen auch auf Abgabe eines entsprechenden Vertragsangebots des Arbeitgebers gerichtet sein, vgl. BAG, NZA-RR 2012, 232 (Urt. v. 9.2.2011); *zur rückwirkenden Auflösung eines Arbeitsvertrages* BAG, NJW 2010, 1100. Es ist daher auch schillernd, von einem durch § 894 ZPO gedeckten »Anspruch« zu sprechen (so *Bissels*, a. a. O.): § 894 Ist per definitionem keine Norm des materiellen Rechts.

61 Inzident auch, ohne es allerdings zu thematisieren, BGH, ZMR 2011, 790 (Zustimmung zur Mieterhöhung zu einem in der Vergangenheit liegenden Zeitpunkt).

62 *Wieser*, Begriff und Grenzfälle der Zwangsvollstreckung, S. 90.

war.⁶³ Soweit im Übrigen einstweilige Verfügungen auf Abgabe einer Willenserklärung ausnahmsweise zulässig sind – dies wird nur der Fall sein, wenn die Ablehnung einer Verweigerung jeglichen Rechtsschutzes schlechthin gleichkäme⁶⁴–, tritt die Fiktion der Abgabe der Willenserklärung bei Beschlussverfügungen bereits mit dem Erlass der einstweiligen Verfügung ein,⁶⁵ bei Urteilsverfügungen erst mit der Rechtskraft des Urteils.⁶⁶

Ist dagegen nach dem Inhalt des Titels die Willenserklärung von einer Gegenleistung des Gläubigers abhängig (z. B. von der Zahlung oder Hinterlegung eines bestimmten Betrages oder von einer vom Gläubiger vorzunehmenden Handlung), so bedarf der Gläubiger zum rechtskräftigen Urteil einer Vollstreckungsklausel nach den Vorschriften der §§ 726, 730 (Abs. 1 Satz 2). Er muss also dem Rechtspfleger durch öffentliche oder öffentlich beglaubigte Urkunde nachweisen, dass der Schuldner hinsichtlich seines Anspruchs auf die Gegenleistung bereits befriedigt ist oder sich im Verzug der Annahme der Gegenleistung befindet,⁶⁷ bevor ihm die benötigte Klausel erteilt werden kann (§ 726 Abs. 2). Der Nachweis durch Urkunden kann durch ein Eingeständnis des Schuldners *im Rahmen seiner Anhörung* ersetzt werden.⁶⁸ In den Fällen des Satz 2 tritt die Fiktion der Abgabe in dem Augenblick ein, in dem der Rechtspfleger die Klausel nach außen hin wirksam erteilt hat, also die vollstreckbare Ausfertigung in den Geschäftsgang zur Absendung oder Aushändigung an den Gläubiger gegeben hat. Die Erteilung einer einfachen Vollstreckungsklausel durch den Urkundsbeamten der Geschäftsstelle reicht nach dem Gesetzeswortlaut nicht.⁶⁹ Muss der Gläubiger sich die Klausel mit der Klage nach § 731 erstreiten, tritt die Fiktion nicht schon mit Klauselerteilung nach obsiegendem vorläufig vollstreckbarem Urteil, sondern erst mit Rechtskraft dieses Urteils ein.⁷⁰ Ist die Klausel erteilt und damit die Fiktion nach Abs. 1 Satz 2 eingetreten, ist die Zwangsvollstreckung insoweit beendet. Deshalb sind Rechtsbehelfe gegen die Klausel (§§ 732, 768) in diesen Fällen nicht möglich.⁷¹ War die Klausel zu Unrecht erteilt, bleibt dem Schuldner nur die Möglichkeit, gegebenenfalls nach materiellem Recht Ausgleichsansprüche geltend zu machen.⁷²

Die Fiktion nach Abs. 1 ersetzt auch jede Form, in der die Willenserklärung abzugeben war, also etwa die nach §§ 311b, 925 BGB erforderliche notarielle Form.⁷³ Dies gilt allerdings nur für die Erklärung des Schuldners, da nur sie durch den rechtskräftigen Titel ersetzt wird. Ist, wie bei

---

63 Siehe auch § 928 Rdn. 14 und § 938 Rdn. 36.
64 Vgl. den Fall OLG Köln, NJW-RR 1997, 59. Der Hauptanwendungsfall in der Praxis liegt wiederum im Arbeitsrecht bei den Fällen zur Durchsetzung eines Arbeitsteilzeitbegehrens, s. bereits oben zu Rdn. 6 und vgl. LArbG Berlin-Brandenburg, Urt. vom 14.3.2012 (15 SaGa 2286/11 – juris); ArbG Dessau-Roßlau, Urt. vom 15.4.2009 (1 Ga 1/09) mit Anm. *Kothe/Schulze-Doll*, jurisPR-ArbR 46/2009 Anm. 5 mit weit. Nachw. Die Anforderungen an das Vorliegen der Eilbedürftigkeit sind aber auch hier streng, vgl. ArbG Hamburg, Urt. vom 19.6.2008 (17 Ga 12/08) mit Anm. *Hamann/Stritzel*, jurisPR-ArbR 2/2009 Anm. 5, welche jedoch zweierlei verkennen: Zum einen ist auch in diesem Rahmen der (Verfügungs-) Antrag auf Abgabe einer Willenserklärung zu richten, und es steht nichts entgegen, dass damit die durch § 894 angeordnete Fiktion eintritt. Zum anderen wird die Wirkung des Titels durch § 894 nicht hinausgeschoben; sie richtet sich allein nach materiellem Recht, s. oben zu Rdn. 7.
65 Siehe auch § 928 Rdn. 15 mit zahlreichen weiteren Nachweisen; *Walker*, FS Leinemann, 2006, S. 641 ff.
66 Nicht klar unterschieden in OLG Frankfurt, B. vom 29.8.2013 (5 U 135/13 – juris); OLG Stuttgart, NJW 1973, 908; *Köhler*, BB 2002, 584, 587; gegen die Anwendung des § 894 in diesen Fällen überhaupt *Schilken* in *Gaul/Schilken/Becker-Eberhard*, § 72 Rn. 16 mit weit. Nachw (dort Fn. 23).
67 Ergibt die Auslegung der qualifizierten Klausel, dass der Rechtspfleger lediglich den »Beurkundungsverzug« des Schuldners festgestellt hat, reicht das (scil.) nicht, vgl. OLG München, Rpfleger 2014, 133.
68 Siehe auch § 726 Rdn. 11.
69 Vgl. OLG Hamm, Rpfleger 2014, 366; vgl. aber auch BGH, NJW-RR 2012, 1146.
70 *Wieczorek/Schütze/Rensen*, § 894 Rn. 16; *Zöller/Stöber*, § 894 Rn. 8; *MüKo/Gruber*, § 894 Rn. 20.
71 Vgl. OLG Koblenz, FamRZ 2005, 224.
72 *Stein/Jonas/Brehm*, § 894 Rn. 29.
73 Die Verurteilung, eine Erklärung »in notarieller Form« abzugeben, läuft daher ins Leere, soweit die Form angesprochen worden ist: OLG Köln, InVo 1999, 323.

Verträgen, auch für die korrespondierende Erklärung des Gläubigers eine bestimmte Form vorgeschrieben, so muss der Gläubiger sie seinerseits einhalten (also z. B. seinen Teil der Auflassung zur Beurkundung vor dem Notar unter Vorlage des rechtskräftigen Urteils erklären).[74] Ist es ausnahmsweise erforderlich, dass der Schuldner seine Willenserklärung eigenhändig unterzeichnet, damit sie Wirkung im Rechtsverkehr erlangen kann, ist § 894 nicht einschlägig, sondern insgesamt nach § 888 vorzugehen. Hier steht vollstreckungsrechtlich gar nicht die Willenserklärung, sondern die Unterschrift als nicht vertretbare Handlung im Vordergrund.[75]

11 Ist die Willenserklärung nicht gegenüber dem Gläubiger, sondern einem Dritten gegenüber abzugeben, z. B. gegenüber einer Behörde (Grundbuchamt usw.), so muss der Gläubiger diesem Dritten eine Ausfertigung der rechtskräftigen Entscheidung vorlegen.[76] Die Erklärung gilt dem Dritten gegenüber in dem Zeitpunkt als abgegeben, in dem diesem die Entscheidung zugeht (§§ 130 ff. BGB); einer förmlichen Zustellung des Urteils an den Dritten bedarf es hingegen nicht.[77]

12 Bedarf der Schuldner zur Abgabe der Willenserklärung einer gerichtlichen oder behördlichen Genehmigung (z. B. der Genehmigung des Vormundschaftsgerichts), so muss das Vorliegen dieser Genehmigung bereits vor der Titulierung des Anspruchs auf Abgabe der Willenserklärung geprüft werden. Dem Schuldner darf bei Fehlen dieser Genehmigung die Abgabe der Erklärung erst gar nicht aufgegeben werden. Ist dies doch geschehen, muss der Schuldner den Titel selbst mit den insoweit vorgesehenen Rechtsmitteln angreifen, um ihn nicht rechtskräftig werden zu lassen. Wird der Titel aber doch rechtskräftig, so ersetzt die Rechtskraft die fehlende Genehmigung.[78] Diese kann also später nicht mehr der Wirksamkeit des auf der Willenserklärung basierenden Rechtsgeschäfts entgegengehalten werden.[79] Nicht zu verwechseln mit dem Erfordernis einer Genehmigung der Willenserklärung des Schuldners ist das mögliche Erfordernis einer Genehmigung des sich aus der Willenserklärung des Schuldners und einer korrespondierenden Erklärung des Gläubigers sich zusammensetzenden Rechtsgeschäfts (z. B. nach § 2 Abs. 1 Satz 1 GrdstVG). Diese Genehmigung einzuholen ist Sache des Gläubigers nach Abschluss des genehmigungspflichtigen Vertrages. Sie wird, da sie gedanklich der Vollstreckung erst nachfolgt, natürlich nicht durch die Rechtskraft des den Schuldner zur Abgabe seiner Erklärung verurteilenden Titels ersetzt.[80] Ebenso wenig ersetzt wird eine möglicherweise erforderliche rechtsgeschäftliche Genehmigung eines Dritten,[81] etwa des Vermieters zum Übergang des Mietverhältnisses vom Schuldner als bisherigem Mieter auf den Gläubiger als neuem Mieter. Auch diese Genehmigung folgt der Erklärung nach, ist nicht Voraussetzung ihrer Wirksamkeit als solcher, sondern nur des mit der Erklärung bezweckten rechtlichen Erfolges.

---

74 Hierzu im Einzelnen BayObLG, Rpfleger 2005, 488; ferner OLG München, Rpfleger 2014, 133; OLG Naumburg, NJW-RR 2014, 1229; OLG Stuttgart, NJW-RR 2008, 828 mit Anm. *Böttcher*, ZNotP 2008, 258.
75 So schon RGZ 156, 164, 170; siehe ferner *Baur/Stürner/Bruns*, Rn. 41.5; *Stein/Jonas/Brehm*, § 887 Rn. 76 und § 894 Rn. 13; *Saenger/Pukall*, § 894 Rn. 6.
76 Etwa dem (Handels-) Registergericht in der gehörigen Form des § 12 Abs. 2 HGB, vgl. OLG München, ZIP 2013, 1324.
77 *Brox/Walker*, Rn. 1116. Eine Klage des Titelschuldners auf Herausgabe der vollstreckbaren Ausfertigung analog § 371 BGB gegen den Vollstreckungsgläubiger ist so lange unbegründet, als dem Titelschuldner noch, nicht im eigentlichen Sinne vollstreckbare, Mitwirkungshandlungen obliegen, der Gläubiger daher aufgrund der Dokumentationspflicht gegenüber der Behörde auf die weitere Nutzung des gemäß § 894 ergangenen Titels angewiesen ist, vgl. hierzu Hans. OLG, ZMR 2010, 463 (B vom 8.12.2009).
78 Wie hier: BayObLG, MDR 1953, 561; *Baur/Stürner/Bruns*, Rn. 41.10; *Brox/Walker*, Rn. 1115; *Musielak/Lackmann*, § 894 Rn. 11; *Thomas/Putzo/Seiler*, § 894 Rn. 8; *Wieczorek/Schütze/Rensen*, § 894 Rn. 21; *Zimmermann*, § 894 Rn. 6.
79 A. A.: *Baumann/Brehm*, § 28 I 1 b; *Jauernig*, § 28 II; *Stein/Jonas/Brehm*, § 894 Rn. 24.
80 Daher kann hieraus kein Argument für die vorerwähnte Gegenansicht (Fn. 71) hergeleitet werden, so aber *MüKo/Gruber*, § 894 Rn. 16 a. E.
81 BayObLG, Rpfleger 1983, 390.

IV. Keine Vorverlegung der Rechtskraftwirkung durch Sicherheitsleistung

Die Wirkung der **Rechtskraft** des den Schuldner zur Abgabe einer Willenserklärung verurteilenden Titels wird bei vorläufig vollstreckbaren Urteilen **nicht** auf den Zeitpunkt vorverlegt, in dem der Gläubiger die im Urteil angeordnete Sicherheitsleistung erbringt. Die Sicherheitsleistung kann also nie die Rechtskraft ersetzen. Die vorläufige Vollstreckbarkeit ist – abgesehen von der Vollstreckung der Kosten – einzig und allein im Hinblick auf § 895 von Bedeutung, soweit der Schuldner zur Abgabe einer Willenserklärung verurteilt wurde, aufgrund derer eine Eintragung im Grundbuch (Schiffsregister, Schiffsbauregister) erfolgen soll.[82] Dennoch kann im Einzelfall ein Rechtsschutzbedürfnis des Gläubigers bestehen, schon vor Rechtskraft eine vollstreckbare Ausfertigung des Urteils zu erhalten.[83]

13

V. Rechtsbehelfe

Vollstreckungsrechtliche Rechtsbehelfe gegen die Art und Weise der Zwangsvollstreckung sind nicht denkbar, da kein Vollstreckungsorgan tätig wird. Zudem fallen Beginn und Ende der Zwangsvollstreckung in einem, nämlich dem Eintritt der Rechtskraft, zusammen. Klagen nach §§ 767, 771 sind theoretisch denkbar bis zum Eintritt der Rechtskraft des zur Abgabe der Willenserklärung verurteilenden Titels.[84] Durch die Erhebung einer solchen Klage kann aber der Eintritt der Rechtskraft des Titels nicht herausgeschoben werden. Dies kann nur mit Rechtsmitteln gegen den Titel selbst erreicht werden.[85] Im Einzelfall mag darüber hinaus eine Beseitigung des Titels im Wiederaufnahmeverfahren (§§ 579, 580) möglich sein. Mit Beseitigung des Titels entfällt auch die fingierte Willenserklärung wieder.[86]

14

---

82 Daher kann der Titelgläubiger in allen anderen Fällen die Fiktion des § 894 Satz 1 auch nicht durch einen Antrag nach § 718 Abs. 1 ZPO »erzwingen«, vgl. LG Frankfurt, ZMR 2013, 983, wobei dort freilich zweifelhaft war, ob überhaupt eine Willenserklärung in Rede stand.
83 BGH, Rpfleger 1969, 425.
84 In diesem Sinne auch *Prütting/Gehrlein/Olzen*, § 894 Rn. 12.
85 Vgl. auch *Stein/Jonas/Brehm*, § 894 Rn. 19 f., der aber zu Unrecht für die Klage nach § 767 im Hinblick auf § 767 Abs. 2 ein praktisches Bedürfnis sieht: Der Schuldner, der im Normalfall die Wahl zwischen § 767 und der Berufung hat (vgl. hierzu § 767 Rdn. 18), kann ohne Rechtsverlust immer Berufung einlegen, wenn die behauptete Tatsache im Sinne von § 767 Abs. 2 neu ist. Denn wie hätte er diese Tatsache im ersten Rechtszug geltend machen sollen, vgl. auch § 531 Abs. 2 Nr. 3.
86 *Thomas/Putzo/Seiler*, § 894 Rn. 7.

§ 895 Willenserklärung zwecks Eintragung bei vorläufig vollstreckbarem Urteil

¹Ist durch ein vorläufig vollstreckbares Urteil der Schuldner zur Abgabe einer Willenserklärung verurteilt, auf Grund deren eine Eintragung in das Grundbuch, das Schiffsregister oder das Schiffsbauregister erfolgen soll, so gilt die Eintragung einer Vormerkung oder eines Widerspruchs als bewilligt. ²Die Vormerkung oder der Widerspruch erlischt, wenn das Urteil durch eine vollstreckbare Entscheidung aufgehoben wird.

Übersicht	Rdn.		Rdn.
I. Anwendungsbereich der Norm	1	1. Dem Antrag beizufügende Nachweise	5
1. In Betracht kommende Titel	1	2. Vormerkung oder Widerspruch	6
2. Vorläufige Vollstreckbarkeit	2	3. Kosten der Eintragung	7
3. Entsprechende Anwendung	3	4. Verfahren nach Rechtskraft	8
II. Zweck der Vorschrift	4	IV. Aufhebung des Titels vor Rechtskraft	9
III. Verfahren im Einzelnen	5	V. Rechtsbehelfe	11

Literatur:
Bauer, Zwangsvollstreckung in Luftfahrzeuge einschließlich Konkurs- und Vergleichsverfahren, JurBüro 1974, 1; *Furtner*, Vorläufige Vollstreckbarkeit von Urteilen, auf Grund derer eine Eintragung im Grundbuch vorgenommen werden soll, JZ 1964, 19; *Zawar*, Vorläufige Vollstreckbarkeit von Urteilen, denen eine auf Auflassung gerichtete Klage zugrunde liegt, JZ 1975, 168.

I. Anwendungsbereich der Norm

1. In Betracht kommende Titel

1 Die Vorschrift ergänzt § 894. Deshalb kommen als Vollstreckungstitel nur diejenigen in Betracht, für die auch § 894 gilt.[1] Die Willenserklärung, zu deren Abgabe der Titel den Schuldner verpflichtet, muss als Grundlage einer Eintragung in das Grundbuch, das Schiffsregister oder das Schiffsbauregister bestimmt sein. Unter »Eintragung« sind nicht nur positive Eintragungen zu verstehen, sondern auch die bloße Löschung bisheriger Eintragungen. In Betracht kommen also etwa eine Auflassungserklärung, eine Hypothekenbewilligung, die Löschungsbewilligung betreffend eingetragene Rechte, Berechtigungen oder auch einen Widerspruch, die Verpflichtung zur Veräußerung von Wohnungseigentum gem. § 19 WEG[2] an einen noch unbekannten Erwerber, die Verpflichtung zur Einwilligung in eine Grundbuchberichtigung, nicht dagegen die Verurteilung zur Bewilligung einer Vormerkung, da die vorläufige Sicherung einer Vormerkung ihrerseits durch eine Vormerkung nicht möglich ist.[3]

2. Vorläufige Vollstreckbarkeit

2 Der Titel muss jedenfalls **vorläufig vollstreckbar sein**. Das gilt zum einen für die in §§ 708, 709 genannten Urteile der ordentlichen Gerichte, zum anderen auch für alle Urteile der Arbeitsgerichte, deren vorläufige Vollstreckbarkeit nicht ausdrücklich ausgeschlossen wurde.[4] Hängt die vorläufige

---

1 Siehe § 894 Rdn. 1.
2 KG, Rpfleger 1979, 198.
3 BayObLG, NJW-RR 1997, 1445.
4 Siehe hierzu: Vor §§ 708–720a Rdn. 4.

Vollstreckbarkeit von der Erbringung einer Sicherheitsleistung ab, so muss diese Sicherheitsleistung vom Gläubiger bereits erbracht sein, damit nach § 895 vorgegangen werden kann.[5]

3. Entsprechende Anwendung

Obwohl Satz 1 nur das Grundbuch, das Schiffsregister und das Schiffsbauregister nennt, gilt die Vorschrift auch entsprechend für Willenserklärungen, die als Grundlage für Eintragungen in andere Register dienen sollen, soweit diese Register der Vormerkung oder dem Widerspruch entsprechende Einrichtungen kennen.[6] Das gilt zum einen für Kabelpfandrechte, zum anderen für Ansprüche auf Eintragung von Registerpfandrechten an Luftfahrzeugen.[7]

II. Zweck der Vorschrift

Da für Eintragungen im Grundbuch das strikte Prioritätsprinzip gilt (§ 45 GBO) und da der Schuldner den für ein Vorgehen gem. § 894 unerlässlichen Eintritt der Rechtskraft durch Rechtsbehelfe lange hinauszögern kann, könnte die Eintragung, auf deren Bewilligung der Titel abzielt, oft so spät kommen, sodass dem Gläubiger durch vorrangige andere Eintragungen (z. B. Belastungen des aufzulassenden Grundstücks, Pfändungen der eigentlich zu löschenden Hypothek usw.) bereits ein nicht mehr wieder gutzumachender Schaden entstanden wäre. § 894 erwiese sich dann bei Ansprüchen auf Abgabe von Willenserklärungen, die auf eine Eintragung im Grundbuch zielen, als stumpfes Schwert. Deshalb gibt § 895 dem Gläubiger sogleich, wenn sein Titel vorläufig vollstreckbar ist, die Möglichkeit, eine Vormerkung oder einen Widerspruch im Grundbuch eintragen zu lassen, durch die weitere Verfügungen zu seinen Lasten verhindert werden. Er kann dann dem Eintritt der Rechtskraft mit Ruhe entgegensehen.

III. Verfahren im Einzelnen

1. Dem Antrag beizufügende Nachweise

Vollstreckungsorgan, das die den Gläubiger einstweilen sichernde Eintragung vorzunehmen hat, ist das Grundbuchamt. Es wird nur auf **Antrag** des Gläubigers, also nicht etwa auf ein Ersuchen des Prozessgerichts tätig. Dem Antrag ist der Titel beizufügen sowie der Nachweis der vorläufigen Vollstreckbarkeit, also etwa der Nachweis, dass der Gläubiger die vorgesehene Sicherheitsleistung erbracht hat.[8] Dagegen braucht der Titel nicht mit einer Vollstreckungsklausel versehen[9] oder dem Schuldner bereits zugestellt zu sein. Das Grundbuchamt hat nur die formellen Voraussetzungen der Antragsbefugnis des Gläubigers nachzuprüfen, nicht dagegen, ob der titulierte Anspruch noch besteht.[10] Betrifft die begehrte Eintragung eine Briefgrundschuld, ist allerdings der Brief vorzulegen, §§ 41 f. GBO. Dieses grundbuchrechtliche Erfordernis wird durch § 895 nicht ersetzt[11].

---

5 Ganz h. M., vgl. SchleswigHolst. OLG, Rpfleger 2010, 264 für den instruktiven Fall, dass im Urteil eine Sicherheitsleistung in Höhe von »120 % des jeweils zu vollstreckenden Betrags« angeordnet war. Diese – im Hinblick auf § 895 mutmaßlich gedankenlose – Anordnung kann sich nur auf die Vollstreckung wegen der Kosten beziehen (sodass sie auch nur in diesem Umfang gegenüber dem Grundbuchamt nachzuweisen ist), nicht aber auf die Hauptsacheentscheidung über die Abgabe der Willenserklärung. Vgl. ferner *Baumbach/Lauterbach/Hartmann*, § 895 Rn. 4; *MüKo/Gruber*, § 895 Rn. 3; *Musielak/Lackmann*, § 895 Rn. 2; zur Gegenansicht im Hinblick auf §§ 885 Abs. 1 Satz 2, 899 Abs. 2 Satz 2 BGB neigend (Sicherheitsleistung muss noch nicht geleistet sein): *Brox/Walker*, Rn. 1118.
6 Siehe aber auch *Baumbach/Lauterbach/Hartmann*, § 895 Rn. 2 f.; *MüKo/Gruber*, § 895 Rn. 5; *Stein/Jonas/Brehm*, § 895 Rn. 2.
7 Siehe hierzu auch *Bauer*, JurBüro 1974, 1.
8 Siehe oben Rdn. 2.
9 BGH, Rpfleger 1969, 425.
10 OLG Stuttgart, Justiz 1979, 298; KG, Rpfleger 1981, 23.
11 Vgl. OLG München, FGPrax 2011, 279; Rpfleger 2010, 420.

2. Vormerkung oder Widerspruch

6 Ob eine Vormerkung oder ein Widerspruch einzutragen ist, richtet sich danach, ob der Titel auf Einräumung eines dinglichen Rechts lautet – dann Vormerkung, § 883 BGB – oder auf Bewilligung einer Grundbuchberichtigung – dann Widerspruch, §§ 899, 894 BGB –. Andere Eintragungen im Grundbuch als die Vormerkung und der Widerspruch können mittels § 895 aufgrund eines vorläufig vollstreckbaren Urteils nicht erzwungen werden, also z. B. kein Rechtshängigkeitsvermerk oder Ähnliches.[12]

3. Kosten der Eintragung

7 Die Kosten der Grundbucheintragung hat der Gläubiger vorzuschießen.[13] Es besteht keine dem § 887 Abs. 2 entsprechende Möglichkeit. Ob der Gläubiger die Kosten auch endgültig zu tragen hat, richtet sich nach dem materiellen Recht. § 788 kommt also nicht zum Zuge.[14]

4. Verfahren nach Rechtskraft

8 Sobald das Urteil rechtskräftig ist, ist die Eintragung auf Antrag des Gläubigers in eine endgültige Eintragung umzuschreiben bzw. die geschuldete Löschung vorzunehmen. Sind zur endgültigen Eintragung noch weitere eigene Handlungen des Gläubigers selbst erforderlich, müssen auch diese dem Grundbuchamt in der gehörigen Form nachgewiesen werden.

IV. Aufhebung des Titels vor Rechtskraft

9 Vormerkung und Widerspruch werden von selbst wirkungslos, wenn das vorläufig vollstreckbare Urteil auf ein Rechtsmittel des Schuldners hin durch eine vollstreckbare Entscheidung wieder aufgehoben wird (Satz 2). Sie sind dann auf Antrag des Schuldners, ohne dass es einer Bewilligung des Gläubigers bedürfte (§ 25 Satz 2 GBO), wieder im Grundbuch zu löschen. Wird dagegen die Zwangsvollstreckung aus dem vorläufig vollstreckbaren Titel nur einstweilen eingestellt, nachdem die Vormerkung oder der Widerspruch bereits eingetragen sind, ist die Eintragung nicht gem. § 776 rückgängig zu machen.[15] Denn es handelt sich um keine »Vollstreckungsmaßregel« im Sinne dieser Vorschrift. Eine § 868 Abs. 2 entsprechende Vorschrift fehlt bei § 895. Satz 2 ist nicht entsprechend anzuwenden, wenn die materiellrechtliche Berechtigung für die erstrebte Eintragung entfallen ist, dies dem Grundbuchamt auch durch öffentliche Urkunden nachgewiesen wird – die Vormerkung sicherte z. B. ein Wohnrecht des Gläubigers, das nur zu seinen Lebzeiten Bestand haben sollte; der Schuldner kann den Tod des Gläubigers durch öffentliche Urkunde nachweisen –, wenn aber der zu Grunde liegende Titel noch nicht aufgehoben ist.[16] Hier bedarf es einer Löschungsbewilligung durch den Gläubiger (bzw. seine Erben). Etwas Anderes mag gelten, wenn das Urteil infolge Klagerücknahme gemäß § 269 Abs. 3 Satz 1, beiderseitiger Erledigungserklärung, § 91a Abs. 1, oder auch aufgrund eines Prozessvergleichs, § 794 Abs. 1 Nr. 1, wirkungslos geworden ist[17]

10 Sind die Vormerkung oder der Widerspruch nach Vorlage einer die ursprüngliche Entscheidung aufhebenden Entscheidung im Grundbuch gelöscht worden, so leben sie nicht wieder auf, wenn die aufhebende Entscheidung ihrerseits abgeändert und der ursprüngliche Titel wiederhergestellt wird. Sie müssen neu beantragt werden. Für den Rang ist der Zeitpunkt des neuen Antrages maßgebend.

---

12 OLG Koblenz, NJW-RR 1992, 846. Aus § 895 folgt darüber hinaus, dass die Klageerhebung allein nicht Grundlage einer in Form eines Rechtshängigkeitsvermerks sichernden Grundbucheintragung (etwa analog § 22 GBO) sein kann, so zutr. OLG Nürnberg, Rpfleger 2012, 521 mit weit. Nachw. pro und contra.

13 OLG Celle, NJW 1968, 2246.

14 *Thomas/Putzo/Seiler*, § 895 Rn. 4.

15 *Musielak/Lackmann*, § 895 Rn. 4; *Prütting/Gehrlein/Olzen*, § 895 Rn. 6; *Stein/Jonas/Brehm*, § 895 Rn. 6; *Zöller/Stöber*, § 895 Rn. 2; *MüKo/Gruber*, § 895 Rn. 9.

16 KG, DNotZ 1981, 394.

17 *Stein/Jonas/Brehm*, § 895 Rn. 11.

V. Rechtsbehelfe

Gegen die Entscheidungen des Grundbuchamtes im Zusammenhang mit Eintragungen nach § 895 sind nicht die vollstreckungsrechtlichen Rechtsbehelfe (§§ 766, 11 RPflG, 793) gegeben, sondern allein die grundbuchrechtliche Beschwerde gem. §§ 71 ff. GBO.[18] Materiellrechtliche Einwendungen gegen die titulierte Schuld können bis zur Rechtskraft des Titels entweder mit den Rechtsmitteln gegen den Titel (Berufung, Revision) oder mit der Klage nach § 767 geltend gemacht werden. Nach Rechtskraft des Titels ist die Klage nach § 767 auch dann ausgeschlossen, wenn die endgültige Eintragung aufgrund der nunmehr fingierten Willenserklärung des Schuldners noch nicht erfolgt ist. Die Zwangsvollstreckung ist mit der Rechtskraft abgeschlossen.[19]

---

18 Brandenburg. OLG, B vom 9.6.2009 (5 Wx 8/08 – juris); KG Rpfleger 1979, 198 = OLGZ 1979, 146.
19 Siehe auch § 894 Rdn. 14.

§ 896 Erteilung von Urkunden an Gläubiger

Soll auf Grund eines Urteils, das eine Willenserklärung des Schuldners ersetzt, eine Eintragung in ein öffentliches Buch oder Register vorgenommen werden, so kann der Gläubiger an Stelle des Schuldners die Erteilung der im § 792 bezeichneten Urkunden verlangen, soweit er dieser Urkunden zur Herbeiführung der Eintragung bedarf.

Übersicht	Rdn.		Rdn.
I. Zweck der Vorschrift	1	III. Bedeutung in der Praxis	3
II. Anwendungsfälle	2	IV. Verfahren	4

I. Zweck der Vorschrift

1 Die Vorschrift enthält eine dem § 792 vergleichbare Regelung, die deshalb erforderlich war, weil die aufgrund einer Fiktion gem. §§ 894, 895 erfolgenden Eintragungen als solche keine Zwangsvollstreckung darstellen, sondern der eigentlichen Vollstreckung – Fiktion der Willenserklärung – nachfolgen, sodass § 792 nicht unmittelbar anwendbar gewesen wäre.

II. Anwendungsfälle

2 »Öffentliches Buch oder Register« sind neben dem in § 895 schon genannten Grundbuch Schiffsregister, oder Schiffsbauregister u. a. auch das Handelsregister, Genossenschaftsregister, das Erbbaugrundbuch, Wohnungs- und Teileigentumsgrundbuch, die Patent- oder Musterrolle.

III. Bedeutung in der Praxis

3 Ein praktisch häufiger Anwendungsfall ist der, dass der Gläubiger, der sich die Auflassungserklärung des Schuldners hinsichtlich eines Grundstücks oder die Löschungsbewilligung hinsichtlich einer Grundstücksbelastung erstritten hat, um die von ihm gewünschte Grundbucheintragung zu erreichen, zunächst die Voreintragung des Schuldners im Grundbuch bewirken und zu diesem Zweck einen auf den Schuldner lautenden Erbschein vorlegen muss.

IV. Verfahren

4 Das Verfahren auf Erlangung der Urkunden richtet sich, wie auch im Fall des § 792, nach den Regeln des FamFG.[1] Das gilt auch für die Rechtsmittel (§§ 58 ff. FamFG), falls die zuständige Behörde die Erteilung der Urkunde verweigert.[2] Soweit die Möglichkeit des § 896 gegeben ist, fehlt für eine entsprechende Leistungsklage gegen den Schuldner, die Urkunden seinerseits zu beschaffen, das Rechtsschutzbedürfnis.[3]

---

[1] S. zum alten Recht (FGG) OLG Hamm, FamRZ 1985, 1185, 1186.
[2] *Prütting/Gehrlein/Olzen*, § 896 Rn. 3. Siehe auch § 792 Rdn. 5.
[3] *MüKo/Gruber*, § 896 Rn. 4.

§ 897 Übereignung; Verschaffung von Grundpfandrechten

(1) Ist der Schuldner zur Übertragung des Eigentums oder zur Bestellung eines Rechtes an einer beweglichen Sache verurteilt, so gilt die Übergabe der Sache als erfolgt, wenn der Gerichtsvollzieher die Sache zum Zwecke der Ablieferung an den Gläubiger wegnimmt.

(2) Das gleiche gilt, wenn der Schuldner zur Bestellung einer Hypothek, Grundschuld oder Rentenschuld oder zur Abtretung oder Belastung einer Hypothekenforderung, Grundschuld oder Rentenschuld verurteilt ist, für die Übergabe des Hypotheken-, Grundschuld- oder Rentenschuldbriefs.

Übersicht	Rdn.		Rdn.
I. Erfordernis der Regelung	1	IV. Wegnahme aufgrund nur vorläufig vollstreckbaren Titels	4
II. Folgen der Fiktion nach Abs. 1	2	V. Rechtsbehelfe	5
III. Anwendungsbereich des Abs. 2	3		

I. Erfordernis der Regelung

Hat der Gläubiger einen Titel, wonach ihm der Schuldner eine bewegliche Sache zu übereignen, einen Nießbrauch oder ein Pfandrecht an einer beweglichen Sache zu bestellen habe, so genügt es jeweils nicht, dass die auf Übereignung oder auf die Einräumung des Rechtes gerichtete Willenserklärung gem. § 894 durch die Rechtskraft des Titels ersetzt wird; das materielle Recht verlangt in diesen Fällen darüber hinaus (§§ 929, 1032, 1205 BGB), dass die Sache dem Gläubiger als Erwerber des Rechts übergeben werde. Dieser Teil der Verpflichtung muss nach § 883 durch Wegnahme seitens des Gerichtsvollziehers vollstreckt werden.[1] Hieran knüpft nun **Abs. 1** an: Die Übergabe gilt bereits als erfolgt, wenn der Gerichtsvollzieher die Sache dem Schuldner zum Zwecke der Ablieferung an den Gläubiger wegnimmt, und nicht erst, wenn der Gläubiger tatsächlich unmittelbaren Besitz an der Sache erlangt. Der Wegnahme steht es gleich, wenn der Schuldner die Sache freiwillig an den Gerichtsvollzieher zum Zwecke der Weiterleitung an den Gläubiger herausgibt.[2]

II. Folgen der Fiktion nach Abs. 1

Die Fiktion des Abs. 1 bewirkt, dass die Gefahr des Untergangs oder der Beschädigung der Sache bereits mit der Besitzerlangung durch den Gerichtsvollzieher auf den Gläubiger übergeht, der Schuldner also nicht nochmals leisten muss, wenn der Gerichtsvollzieher die Sache zerstört, verliert oder beschädigt. Trifft den Gerichtsvollzieher am Untergang der Sache ein Verschulden, so hat der Gläubiger einen Amtshaftungsanspruch (§ 839 BGB i. V. m. Art. 34 GG), ansonsten geht er leer aus[3].

III. Anwendungsbereich des Abs. 2

Ist der Schuldner zur Bestellung einer Briefhypothek, Briefgrundschuld oder Briefrentenschuld verurteilt oder dazu, eine verbriefte Hypothekenforderung, Grundschuld oder Rentenschuld abzutreten oder zu belasten, so bedarf es nach materiellem Recht (§§ 1117, 1154, 1192, 1274 BGB) neben der auf diesen Erfolg gerichteten Willenserklärung noch der Übergabe des Briefes an den Gläubiger. Der letztere Anspruch wird durch Wegnahme des Briefes seitens des Gerichtsvollziehers vollstreckt. Auch hier gilt (**Abs. 2**) die Übergabe bereits mit der Besitzergreifung durch den Gerichtsvollzieher als bewirkt. Ist der Schuldner verurteilt worden, der Löschung einer Briefgrundschuld zuzustimmen, so gilt Abs. 2 entsprechend: Die Verurteilung beinhaltet konkludent die Ver-

---

1 Die Sache ist also anders als bei § 808 Abs. 2 Satz 1 immer sofort mitzunehmen: *Wieczorek/Schütze/Rensen*, § 897 Rn. 5.
2 *Baumbach/Lauterbach/Hartmann*, § 897 Rn. 3; *Stein/Jonas/Brehm*, § 897 Rn. 3.
3 *Prütting/Gehrlein/Olzen*, § 897 Rn. 3.

urteilung zur Übereignung des Grundschuldbriefes. Der Gläubiger wird mit der Wegnahme durch den Gerichtsvollzieher Eigentümer des Briefes.[4] Ist der Brief noch nicht erstellt und der Schuldner deshalb auch nur zur Einwilligung in die Aushändigung des zu bildenden Briefes verurteilt (§ 1117 Abs. 2 BGB), so bedarf es keiner Wegnahme des Briefes zum Rechtserwerb; § 897 Abs. 2 ist deshalb hier nicht einschlägig.

IV. Wegnahme aufgrund nur vorläufig vollstreckbaren Titels

4   Die Wegnahme kann sowohl im Fall des Abs. 1 als auch des Abs. 2 bereits erfolgen, wenn der Titel erst vorläufig vollstreckbar ist. Der Rechtserwerb tritt dann aber erst ein, wenn auch die zusätzlich erforderliche Erklärung des Schuldners vorliegt, also mit Eintritt der Rechtskraft.[5]

V. Rechtsbehelfe

5   Da der nach dem Titel geschuldete Erfolg in den vorstehend erläuterten Fällen jeweils aus zwei Teilakten besteht, ist die Zwangsvollstreckung beendet, wenn beide Teilakte (Einigung und Übergabe) vorliegen. Daher sind auch alle zwangsvollstreckungsrechtlichen Rechtsbehelfe so lange möglich, bis auch der zweite Teilakt vollendet ist. So kann nach Rechtskraft des Titels noch gem. § 767 geklagt werden, wenn die Wegnahme noch nicht erfolgt ist. Insofern unterscheiden sich die unter § 897 zu subsummierenden Fälle von denen, für die ausschließlich § 894 einschlägig ist.[6]

---

4   BayObLG, Rpfleger 1998, 32 = NJW-RR 1998, 18.
5   *MüKo/Gruber*, § 897 Rn. 4.
6   Siehe hierzu § 895 Rdn. 11; vgl. auch *Brox/Walker*, Rn. 1123.

§ 898 Gutgläubiger Erwerb

Auf einen Erwerb, der sich nach den §§ 894, 897 vollzieht, sind die Vorschriften des bürgerlichen Rechts zu Gunsten derjenigen, die Rechte von einem Nichtberechtigten herleiten, anzuwenden.

Übersicht	Rdn.		Rdn.
I. Zweck der Vorschrift	1	II. Gutgläubiger Erwerb einer Vormerkung	2

Literatur:
Deubner, Gutgläubiger Erwerb in der Zwangsvollstreckung und Drittwiderspruchsklage, MDR 1952, 405; *Reinicke*, Der Schutz des guten Glaubens beim Erwerb einer Vormerkung, NJW 1964, 2373; *Schuschke*, § 898 und der gutgläubige Ersterwerb einer Vormerkung in der Zwangsvollstreckung, FS Kreft, 2004, S. 151 ff.; *Tiedtke*, Die Auflassungsvormerkung, Jura 1981, 354; *Wiegand*, Der öffentliche Glaube des Grundbuchs, JuS 1975, 205.

I. Zweck der Vorschrift

Erwirbt der Gläubiger nach §§ 894, 897 vom Schuldner ein Recht an einer Sache, so handelt es sich, obwohl die Einzelakte der Begründung oder Übertragung des Rechts – Einigung und Übergabe – erzwungen werden, doch um einen rechtsgeschäftlichen Erwerb – anders als etwa in den Fällen der §§ 825, 867 –. Deshalb ist es konsequent, dass § 898 die Gutglaubensvorschriften der §§ 892, 893, 932–936 BGB, 366 HGB auch auf einen Erwerb nach §§ 894, 897 für anwendbar erklärt. Hätte also der Gläubiger das Eigentum an dem Grundstück oder an der beweglichen Sache, die Hypothek oder Grundschuld usw., das Pfandrecht oder den Nießbrauch dann, wenn ihm der Schuldner dieses Recht freiwillig eingeräumt oder übertragen hätte, gutgläubig erworben, obwohl der Schuldner objektiv nicht verfügungsberechtigt über das Recht war, so erwirbt er es auch, wenn er nach §§ 894, 897 vorgehen muss. Der gute Glaube des Gläubigers muss so lange fortbestehen, bis der Rechtserwerb vollendet ist;[1] denn § 898 will den Gläubiger, der sich die Erklärungen und Handlungen seines Schuldners im Vollstreckungswege erzwingen muss, nicht gegenüber demjenigen, der aufgrund freiwilliger Akte des Schuldners erwirbt, bevorzugen, sondern ihn diesem nur gleichstellen. Böser Glaube des die Sache dem Schuldner wegnehmenden Gerichtsvollziehers schadet dem Gläubiger nicht, da der Gerichtsvollzieher im Rahmen des § 897 als Vollstreckungsorgan und nicht als Vertreter des Gläubigers tätig wird.[2]

II. Gutgläubiger Erwerb einer Vormerkung

Obwohl § 898 den § 895 nicht in Bezug nimmt, ist auch ein gutgläubiger Erwerb einer aufgrund der Bewilligungsfiktion des § 895 eingetragenen Vormerkung möglich.[3] Es liegt insoweit eine Gesetzeslücke vor, da das Problem der Möglichkeit eines gutgläubigen Vormerkungserwerbes generell bei Schaffung des § 898 noch nicht erkannt sein konnte. Denn schließlich ist diese Problematik auch für den zwangsfreien rechtsgeschäftlichen Verkehr erst später herausgearbeitet und gelöst worden. Es besteht keine Veranlassung, hier anders als beim freiwilligen Erwerb zu entscheiden,[4] denn § 895

---

1 Beim gutgläubigen Erwerb eines Rechts an einem Grundstück genügt der gute Glaube zum Zeitpunkt der Stellung des Eintragungsantrags beim Grundbuchamt, vgl. § 892 Abs. 2 BGB und *Tiedtke*, Jura 1983, 518, 521, falls zu diesem Zeitpunkt die Fiktion des § 894 ZPO eingetreten ist, *Musielak/Lackmann*, § 898 Rn. 2; *MüKo/Gruber*, § 898 Rn. 4 a. E.
2 *Stein/Jonas/Brehm*, § 898 Rn. 4; *Baur/Stürner/Bruns*, Rn. 41.12; *Dörndorfer*, RpflStud. 1997, 181.
3 Wie hier: *Böttcher*, RpflStud 2002, 7, 15; *Baumann/Brehm*, § 28 II 3; *Baur/Stürner/Bruns*, Rn. 41.12; *Brox/Walker*, Rn. 1122; *Jauernig*, § 883 BGB Anm. 6 a, cc; *Müko-BGB/Wacke*, § 883 BGB Rn. 69; *MüKo/Gruber*, § 898 Rn. 3; *Musielak/Lackmann*, § 898 Rn. 1; *Prütting/Gehrlein/Olzen*, § 898 Rn. 2; *Schilken* in *Gaul/Schilken/Becker-Eberhard*, § 72 Rn. 30; (erstmals) *Reinicke*, NJW 1964, 2379; *Stein/Jonas/Brehm*, § 898 Rn. 1; *Wieczorek/Schütze/Rensen*, § 898 Rn. 1.
4 Gegen die Möglichkeit des gutgl. Erwerbs der Vormerkung im Rahmen des § 895 ZPO aber: *Baumbach/Lauterbach/Hartmann*, § 898 Rn. 3 a. E.; *Blomeyer*, § 90 V 3; *Zimmermann*, § 898 Rn. 2.

fingiert wie § 894 die erforderlichen rechtsgeschäftlichen Erklärungen des Schuldners.[5] Dies gilt allerdings nicht im Fall der durch eine einstweilige Verfügung erzwungenen Vormerkung. Denn insoweit fehlt es an dem notwendigen rechtsgeschäftlichen Anknüpfungspunkt für die Begründung des durch die Vormerkung zu sichernden Anspruchs: »Der Wille, diesen Anspruch befriedigen und ihn deshalb vorab sichern zu wollen, kann nicht fingiert werden«.[6]

---

5 Vgl. umfassend *Schuschke*, in FS Kreft, 2004, S. 151 ff.
6 *Schuschke*, in FS Kreft, 2004, S. 151. 156; h. M., vgl. *Tiedtke*, Jura 1983, 518, 522 m.w.Nachw.; **a.A.** *MüKo-BGB/Wacke*, § 883 BGB Rn. 70.

Abschnitt 4. Eidesstattliche Versicherung und Haft

§§ 899–915h

Der Abschnitt ist insgesamt entfallen.

Die §§ 899 – 915h sowie die SchuldnerverzeichnisVO sind durch das Gesetz zur Verbesserung der Sachaufklärung in der Zwangsvollstreckung mit Wirkung zum 1. 1. 2013 aufgehoben und durch das Verfahren nach §§ 802a – 802l sowie nach §§ 882a – 882h ersetzt worden. An die Stelle der SchuldnerverzeichnisVO sind die SchuldnerverzeichnisführungsVO (SchuFV) und die Schuldnerverzeichnisabdruckvo (SchVAbdrV) getreten.

Die Fälle, in denen nach der Übergangsvorschrift des § 39 Abs. 1 EGZPO noch weiterhin das alte Recht anzuwenden war, dürften zwischenzeitlich abgewickelt sein.

Abschnitt 5. Arrest und einstweilige Verfügung

Vor §§ 916–945b Gesamtüberblick über den Arrest, die einstweilige Verfügung und das Eilverfahren

Übersicht	Rdn.
I. Funktion des einstweiligen Rechtsschutzes	1
1. Funktion des gerichtlichen Rechtsschutzes im Allgemeinen	2
2. Funktion gerade des einstweiligen Rechtsschutzes	3
a) Sicherung des Gläubigers vor Nachteilen durch Zeitablauf	4
b) Schutz des Gläubigers vor Vereitelungshandlungen des Schuldners	5
3. Funktion des einstweiligen Rechtsschutzes und Vorwegnahme der Hauptsache	6
II. Praktische Relevanz des einstweiligen Rechtsschutzes	7
III. Einordnung des einstweiligen Rechtsschutzes im Achten Buch der ZPO	10
IV. Arten des einstweiligen Rechtsschutzes	11
1. Abgrenzung zwischen Arrest und einstweiliger Verfügung	11
2. Arrestarten	13
3. Verfügungsarten	14
V. Verhältnis zu anderen einstweiligen Regelungen	18
1. Vorläufige Vollstreckbarkeit	18
2. Einstweilige Einstellung der Zwangsvollstreckung	19
3. Einstweilige Anordnungen außerhalb der ZPO	20
VI. Streitgegenstand und Verhältnis zum Hauptsacheverfahren	21
VII. Unterscheidung zwischen Zulässigkeit und Begründetheit	23
1. Zulässigkeitsvoraussetzungen	24
a) Ordnungsgemäßes Gesuch	25
b) Prozessvoraussetzungen	26
aa) Deutsche Gerichtsbarkeit	27
bb) Rechtsweg	28
cc) Sachliche und örtliche Zuständigkeit	29
c) Parteifähigkeit, Prozessfähigkeit, Prozessführungsbefugnis	30
d) Keine entgegenstehende Rechtskraft	31
e) Keine anderweitige Rechtshängigkeit	32
f) Keine prozesshindernden Einreden	35
aa) Einrede der Schiedsgerichtsbarkeit	36
bb) Einrede der Prozesskostensicherheit	37
cc) Einrede der Kostenerstattung des Vorprozesses	38
g) Rechtsschutzinteresse	39
h) Arrest- oder Verfügungsgrund	40
2. Begründetheitsvoraussetzungen	42
a) Materieller Arrest- oder Verfügungsanspruch	43
b) Arrest- oder Verfügungsgrund	46
VIII. Das Erkenntnisverfahren	47
1. Allgemeines Verfahrensrecht	47
2. Besonderes Verfahrensrecht der §§ 916 ff.	52
a) Regelungen zugunsten des Antragstellers	53
b) Regelungen zugunsten des Antragsgegners	54
3. Ungeschriebene verfahrensrechtliche Besonderheiten	55
a) Kurzfristige Terminierung	56
b) Schriftsatzfrist	57
c) Verweisung	58
d) Aussetzung	59
e) Vertagung	64
f) Zurückverweisung	65
g) Glaubhaftmachungslast	66
h) Schutzschrift	67
IX. Die Vollziehung	68
1. Allgemeines Vollstreckungsrecht	69
a) Voraussetzungen der Vollziehung	70
b) Durchführung der Vollziehung	71
2. Besonderes Vollstreckungsrecht der §§ 929 ff.	72
3. Ungeschriebene vollstreckungsrechtliche Besonderheiten	76
X. Streitwert und Gebühren	77
1. Streitwert	77
2. Gerichtsgebühren	79
3. Anwaltsgebühren	82
XI. Einstweiliger Rechtsschutz mit Auslandsberührung	85
XII. Bedeutung der §§ 916 ff. für andere Verfahrensordnungen	91
1. FamFG-Verfahren	91
2. Arbeitsgerichtliches Verfahren	93
3. Verwaltungsgerichtliches Verfahren	94
4. Finanzgerichtliches Verfahren	95
5. Sozialgerichtliches Verfahren	96
6. Verfassungsgerichtliches Verfahren	97
7. Strafprozess	98

Lehr- und Handbücher siehe Literaturverzeichnis. Spezielle Monografien und Aufsätze zum einstweiligen Rechtsschutz:
Aden, Der einstweilige Rechtsschutz im Schiedsgerichtsverfahren, BB 1985, 2277; *Ahrens,* Wettbewerbsverfahrensrecht, 1983; *Ahrens/Spätgens,* Einstweiliger Rechtsschutz und Vollstreckung in UWG-Sachen, 4. Aufl., 2001; *F. Baur,* Arrest und einstweilige Verfügung in ihrem heutigen Anwendungsbereich, BB 1964, 607; *Bayerlein,* (K) eine zweite Chance – wiederholter Antrag auf Erlass einer einstweiligen Verfügung als Dringlichkeitsproblem, WRP 2005, 1463; *Berger,* Einstweiliger Rechtsschutz im Zivilrecht, 2006; *Beys,* Einstweilige Verfügungen an der Grenze der akademischen Freiheit, in: FS Schumann, 2002, 43; *Clemenz,* Das Arrestverfahren im Arbeitsrecht, NZA 2007, 64; *Ganselmayer,* Die einstweilige Verfügung im Zivilverfahren, 1991; *Gaul,* Tendenzen zur vorzeitigen Erlangung von Zahlungstiteln und einstweiliger Rechtsschutz, Festgabe für Vollkommer, 2006, 61; *ders.,* Die Entwicklung des einstweiligen Rechtsschutzes in Familien- und insbesondere Unterhaltssachen, FamRZ 2003, 1137; *ders.,* System und Prinzipien des deutschen einstweiligen Rechtsschutzes, in: FS Alangoya, 2007, 1; *Giers,* Die Neuregelung der einstweiligen Anordnung durch das FamFG, FGPrax 2009, 47; *Gießler/Soyka,* Vorläufiger Rechtsschutz in Familiensachen, 5. Aufl., 2010; *Gronstedt,* Grenzüberschreitender einstweiliger Rechtsschutz, 1994; *Grunsky,* Grundlagen des einstweiligen Rechtsschutzes, JuS 1976, 277; *Heinze,* Der einstweilige Rechtsschutz im Zahlungsverkehr der Banken, 1984; *ders.,* Einstweiliger Rechtsschutz im arbeitsgerichtlichen Verfahren, RdA 1986, 273; *ders.,* Einstweiliger Rechtsschutz im sozialgerichtlichen Verfahren, NZA 1984, 305; *Henckel,* Vorbeugender Rechtsschutz im Zivilrecht, AcP 174 (1974), 97; *Jeong-Ha,* Einstweilige Maßnahmen in der Schiedsgerichtsbarkeit, 1991; *Kargados,* Zur Verfassungsmäßigkeit von gesetzlichen Verboten einstweiligen Rechtsschutzes, inklusive eines generellen Ausschlusses der Hauptsachevorwegnahme, in: FS Gaul, 1997, S. 265; *Kußmaul,* Zur Vorgeschichte der Vorschriften der ZPO über einstweiligen und beschleunigten Rechtsschutz, 1989; *Laukemann,* Effektiver einstweiliger Rechtsschutz an der Schnittstelle von Schiedsverfahren und staatlicher Justiz, ZZP 126 (2013), 175; *Leipold,* Grundlagen des einstweiligen Rechtsschutzes, 1971; *ders.,* Strukturfragen des einstweiligen Rechtsschutzes, ZZP 90 (1977), 258; *ders.,* Einstweiliger Rechtsschutz im Recht der Bundesrepublik Deutschland, in: Gilles, Effizienter Rechtsschutz, 1987, S. 113; *Löhnig/Heiß,* Die Neuregelung des einstweiligen Rechtsschutzes nach dem FamFG – die einstweilige Anordnung nach §§ 49 ff. FamFG, FamRZ 2009, 1101; *Mankowski,* Einstweiliger Rechtsschutz und Vorlagepflicht nach Art. 177 Abs. 3 EWG-Vertrag, JR 1993, 402; *Minnerop,* Materielles Recht und einstweiliger Rechtsschutz, 1973; *Morbach,* Einstweiliger Rechtsschutz in Zivilsachen: Eine rechtsvergleichende Untersuchung, 1988; *Piehler,* Einstweiliger Rechtsschutz und materielles Recht, 1980; *Savaète,* Der Arrest im arbeitsgerichtlichen Verfahren, AuR 1965, 197; *Schäfer,* Der einstweilige Rechtsschutz im Arbeitsrecht, 1996; *Schlosser,* Der einstweilige Rechtsschutz im Zivilprozeß, Jura 1984, 360; *ders.,* Auf dem Wege zu neuen Dimensionen des Einstweiligen Rechtsschutzes, in: FS Odersky, 1996, S. 669; *Schönberger,* Unterschiede und Gemeinsamkeiten des zivilprozessualen und des strafprozessualen Arrestes, 2007; *Schütze,* Einstweiliger Rechtsschutz im Schiedsverfahren, BB 1998, 1650; *Schuschke,* Der einstweilige Rechtsschutz nach dem FamFG in Angelegenheiten der freiwilligen Gerichtsbarkeit, Fakultätsspiegel der Universität Köln WS 2009/10, 19; *K. H. Schwab,* Einstweiliger Rechtsschutz und Schiedsgerichtsbarkeit, in: FS Baur, 1981, S. 627; *M. Stürner,* Zur Rechtskraftfähigkeit von Entscheidungen im einstweiligen Rechtsschutzverfahren, ZZP 125 (2012), 3; *Teplitzky,* Arrest und einstweilige Verfügung, JuS 1980, 882; 1981, 122, 352, 435; *Tsikrikas,* Probleme der grenzüberschreitenden Vollstreckung von Maßnahmen des einstweiligen Rechtsschutzes in der Europäischen Union, ZZP 124 (2011), 461; *Vogg,* Einstweiliger Rechtsschutz und vorläufige Vollstreckbarkeit, 1991; *Walker,* Der einstweilige Rechtsschutz im Zivilprozeß und im arbeitsgerichtlichen Verfahren, 1993; *ders.,* Neuere höchstrichterliche Rechtsprechung zum Zwangsvollstreckungsrecht (1990–1993), Teil 2, JZ 1994, 1039; *ders.,* Verfahrensrechtliche Streitfragen im arbeitsgerichtlichen Eilverfahren, Gedächtnisschrift für Heinze, 2004, 1009; *ders.,* Einstweiliger Rechtsschutz im Urlaubsrecht, in: FS Leinemann, 2006, 641; *Weinert,* Vollstreckungsbegleitender einstweiliger Rechtsschutz, 2007; *Wenzel,* Grundlinien des Arrestprozesses, MDR 1967, 889; *M. Wolf,* »Summarische Verfahren« im neuen Schiedsverfahrensrecht, DB 1999, 1101.

I. Funktion des einstweiligen Rechtsschutzes

Der in den §§ 916–945 geregelte einstweilige Rechtsschutz ist Bestandteil des Rechtsschutzes insgesamt. Seine Funktion hängt deshalb untrennbar mit derjenigen des gerichtlichen Rechtsschutzes im Allgemeinen zusammen. 1

1. Funktion des gerichtlichen Rechtsschutzes im Allgemeinen

2 Der gerichtliche Rechtsschutz dient insgesamt vorrangig der Feststellung und Durchsetzung subjektiver Rechte.[1] Diese wären von geringem Wert, wenn sie entweder vom Willen des Verpflichteten abhingen oder von dem Berechtigten selbst zwangsweise durchgesetzt werden könnten.[2] Deshalb steht abgesehen von den engen Grenzen der Selbsthilfe (§ 229 BGB) das Gewaltmonopol dem Staat zu, der die Verwirklichung des Rechts der rechtsprechenden Gewalt (Art. 20 Abs. 2, 92 GG) anvertraut hat. Der gerichtliche Rechtsschutz dient somit der Verwirklichung des materiellen Rechts und ist von diesem existentiell abhängig.[3] Damit sind zwar gleichzeitig weitere Funktionen verbunden, nämlich die Bewährung der objektiven Rechtsordnung sowie die Gewährung von Rechtsfrieden und Rechtsgewissheit.[4] Diese Funktionen sind aber nur die Folgen der Rechtsschutzfunktion und treten dahinter im Rang zurück.[5] Das Recht des Einzelnen auf umfassenden Rechtsschutz durch staatliche Gerichte wird als **Justizgewährungsanspruch** bezeichnet.[6] Dieser Anspruch hat auch außerhalb des Anwendungsbereiches von Art. 19 Abs. 4 GG Verfassungsrang.[7] Soweit er sich nicht schon unmittelbar aus einzelnen Grundrechten herleiten lässt,[8] gehört die Gewährung eines umfassenden, wirkungsvollen Rechtsschutzes zu den unverzichtbaren Elementen des Rechtsstaates,[9] sodass der Justizgewährungsanspruch im Rechtsstaatsprinzip seine verfassungsrechtliche Grundlage hat.

2. Funktion gerade des einstweiligen Rechtsschutzes

3 Der einstweilige Rechtsschutz als Bestandteil des Rechtsschutzes im Allgemeinen kann in seiner Funktion nicht über diesen hinausgehen. Während der Rechtsschutz im Allgemeinen eine dienende Funktion gegenüber dem materiellen Recht hat,[10] hat der einstweilige Rechtsschutz eine dienende Funktion gegenüber dem Hauptsacherechtsschutz. Er dient damit mittelbar ebenfalls der Verwirklichung des materiellen Rechts.[11] Der einstweilige Rechtsschutz ist unter zwei verschiedenen Gesichtspunkten notwendig, damit in der Hauptsache überhaupt ein effektiver Rechtsschutz gewährt werden kann:

---

1 *Benda/Weber*, ZZP 96 (1983), 285; *Gaul*, AcP 168 (1968), 27, 46 ff.; *Grunsky*, Grundlagen des Verfahrensrechts, § 1 II, S. 6; *Jauernig*, JuS 1971, 329, 331; *Mes*, Der Rechtsschutzanspruch, 1970, S. 98; *Schumann*, ZZP 96 (1983), 137, 153; vgl. auch BVerfGE 52, 131, 153.
2 Vgl. *Ahrens*, Wettbewerbsverfahrensrecht, S. 235; *Rosenberg/Schwab/Gottwald*, Zivilprozessrecht, § 1 Rn. 5 ff.; *Stein/Jonas/Schumann*, 20. Aufl., Einl. Rn. 201.
3 BVerfGE 42, 64, 73; 49, 220, 226; 49, 252, 257; GemSOGB, BGHZ 75, 340, 348; *Jauernig*, JuS 1971, 329, 334; *Schumann*, ZZP 96 (1983), 137, 143.
4 Vgl. nur RGZ 151, 82, 85 f.; *Gaul*, AcP 168 (1968), 27, 46 f.; *Grunsky*, Grundlagen des Verfahrensrechts, 1 II, S. 5; *Jauernig*, JuS 1971, 329, 331; *Rosenberg/Schwab/Gottwald*, Zivilprozessrecht, § 1 Rn. 8 ff.
5 Vgl. etwa *Leipold*, Grundlagen des einstweiligen Rechtsschutzes, S. 83; *Schilken*, Die Befriedigungsverfügung, 1976, S. 102 f.; *Stein/Jonas/Schumann*, 20. Aufl., Einl. Rn. 7, 10, 26; *Zöller/Vollkommer*, Einleitung, Rn. 39.
6 BVerfG, NJW 1988, 3141; *Benda/Weber*, ZZP 96 (1983), 285, 292; *Schmidt-Aßmann* in: *Maunz/Dürig*, GG, Art. 19 IV Rn. 16; *Schumann*, ZZP 96 (1983), 137, 162.
7 Siehe nur *Schumann*, ZZP 96 (1983), 137, 170.
8 Siehe etwa zu Art. 14 I GG BVerfGE 24, 367, 401; 37, 132, 148; zu Art. 5 GG BVerfGE 35, 79, 115 f.; zu Art. 12 GG BVerfGE 37, 67, 77; 52, 380, 389 f.; zu Art. 2 I GG BVerfGE 50, 1; 52, 203, 206 f.; zu Art. 2 II GG BVerfGE 51, 324, 343; 53, 30, 57 ff., 65; zu Art. 16 GG BVerfGE 52, 391, 407; 56, 216, 244; zu Art. 4 GG BVerfGE 79, 69.
9 Vgl. etwa BVerfGE 30, 1, 25; NJW 1988, 3141; *Benda/Weber*, ZZP 96 (1983), 285, 292; *Grzeszick* in: *Maunz/Dürig*, GG, Art. 20 VII Rn. 27 f., 40; *Kargados*, FS Gaul, 1997, S. 265, 271; *Stein/Jonas/Schumann*, 20. Aufl., Einl. Rn. 207.
10 GemSOGB, BGHZ 75, 340, 348.
11 *Walker*, Der einstweilige Rechtsschutz, Rn. 65.

a) Sicherung des Gläubigers vor Nachteilen durch Zeitablauf

Zum einen ist der Rechtsschutz nur dann effektiv, wenn nicht während eines Rechtsstreites vor allem wegen dessen Zeitdauer bereits vollendete Tatsachen zulasten dessen geschaffen werden, der Rechtsschutz begehrt. Wenn nämlich der gerichtliche Rechtsschutz aufgrund seiner nicht zu vermeidenden Dauer so spät kommt, dass das in Anspruch genommene Recht tatsächlich nicht mehr durchsetzbar ist, kann der Rechtsschutz seine verfassungsrechtlich vorgegebene Funktion nicht erfüllen. Um das zu verhindern, müssen schon vor Abschluss eines Hauptsacheverfahrens einstweilige Vollstreckungsmaßnahmen möglich sein, um die tatsächliche Durchsetzbarkeit des in Anspruch genommenen Rechts zu sichern. Insoweit bezweckt der einstweilige Rechtsschutz also eine Sicherung des Gläubigers vor Nachteilen durch Zeitablauf.[12] Diese Funktion des einstweiligen Rechtsschutzes ergibt sich unmittelbar aus dem Justizgewährungsanspruch und bezieht sich auf den einstweiligen Rechtsschutz in allen Gerichtsbarkeiten.[13]

4

b) Schutz des Gläubigers vor Vereitelungshandlungen des Schuldners

Allerdings ist der einstweilige Rechtsschutz noch aus einem anderen Grund notwendig, um die Effektivität des Rechtsschutzes in der Hauptsache zu sichern. Dessen Wirksamkeit kann nämlich nicht nur durch Zeitablauf, sondern auch dadurch gefährdet sein, dass der durch Zustellung der Klageschrift oder jedenfalls in der mündlichen Verhandlung gewarnte Schuldner Vorkehrungen trifft, um sich einer gegen ihn gerichteten Vollstreckung zu entziehen. Hier besteht also ein Bedürfnis an einem Schutz des Gläubigers vor Vereitelungshandlungen des Schuldners. Das ist nur dadurch möglich, dass der Gläubiger einen einstweiligen Rechtsschutz erhält, vor dessen Gewährung der Schuldner weder angehört noch überhaupt informiert wird. Auch diese Funktion des einstweiligen Rechtsschutzes, den Antragsgegner zu überraschen, ergibt sich unmittelbar aus dem Rechtsstaatsprinzip.[14]

5

Zusammenfassend formuliert soll also der einstweilige Rechtsschutz die Effektivität des Hauptsacheverfahrens dadurch absichern, dass er in Fällen der zeitlichen Dringlichkeit in einem beschleunigten Verfahren und in Fällen mit Vereitelungsgefahr in einem den Schuldner überraschenden Verfahren dem Gläubiger einen einstweiligen Rechtsschutz gewährt.

3. Funktion des einstweiligen Rechtsschutzes und Vorwegnahme der Hauptsache

Schon im Zusammenhang mit der grundsätzlich auf bloße Sicherung beschränkten Funktion des einstweiligen Rechtsschutzes stellt sich die Frage, ob die Effektivität des Rechtsschutzes in der Hauptsache auch dadurch »gesichert« werden kann, dass die Entscheidung in der Hauptsache vorweggenommen wird. Dabei geht es um die Zulässigkeit von so genannten Leistungs- oder Befriedigungsverfügungen.[15] Allein mit dem verfassungsrechtlichen Gebot effektiven Rechtsschutzes lässt sich diese Frage nicht beantworten. Wenn eine bloße Sicherung wegen des Gegenstandes des materiellen Anspruches gar nicht möglich ist (so bei Unterlassungsansprüchen) oder wenn sie dem Gläubiger nichts nützt, weil dieser (etwa aufgrund einer Notlage) auf sofortige Erfüllung angewiesen ist, kann ihm effektiver Rechtsschutz nur durch eine auf Erfüllung gerichtete Befriedigungsverfügung gewährt werden. Andererseits wird dem Antragsgegner effektiver Rechtsschutz versagt, wenn die Vollziehung einer Befriedigungsverfügung zu irreparablen Folgen führt, die faktisch weder rückgängig gemacht noch ausgeglichen werden können. Durch jede Entscheidung über ein Gesuch auf Erlass einer Befriedigungsverfügung geht somit für eine der Parteien die verfassungsrechtlich gewährleistete Möglichkeit eines effektiven Rechtsschutzes verloren. Hielte man eine Befriedigungsverfügung wegen der damit verbundenen Vorwegnahme der Hauptsache für unzulässig, läge darin

6

---

[12] *Grunsky*, JuS 1976, 277; *Walker*, Der einstweilige Rechtsschutz, Rn. 55.
[13] *Dütz*, ZfA 1972, 247, 248; *Heinze*, NZA 1984, 305, 306.
[14] *Walker*, Der einstweilige Rechtsschutz, Rn. 58 f.
[15] Siehe Vor § 935 Rdn. 31 ff.

eine einseitige Bevorzugung des Antragsgegners. Dieser würde nämlich vor den möglicherweise irreparablen Folgen einer einstweiligen Verfügung bewahrt. Dagegen würden dem Antragsteller die irreparablen Folgen, die sich bei einer Versagung einer Befriedigungsverfügung aufgrund des Zeitablaufes für ihn ergeben, zugemutet. Ein Verbot der Befriedigungsverfügung stellt sich somit als eine einseitige Rechtsverweigerung dar,[16] wofür es keinen sachlichen Grund gibt. Darin läge ein Verstoß gegen das verfassungsrechtliche Gebot der Ausgewogenheit des Rechtsschutzes.[17] Wenn der einstweilige Rechtsschutz seine Funktion nur durch Vorwegnahme der Hauptsache erfüllen kann, darf daher auch eine Befriedigungsverfügung nicht von vornherein ausgeschlossen sein.[18] Zwar muss bei einer Entscheidung über ein Gesuch auf Erlass einer Befriedigungsverfügung notwendigerweise eine Partei das Risiko einer irreparablen Fehlentscheidung hinnehmen, nämlich der Antragsteller bei Zurückweisung seines Gesuchs und der Antragsgegner bei Erlass der Befriedigungsverfügung. Aber die Entscheidung, welche von beiden Parteien betroffen ist, darf nicht durch ein generelles Verbot von Befriedigungsverfügungen, sondern nur durch eine Entscheidung im Einzelfall getroffen werden. Ausschlaggebend ist insoweit die gerade bei Befriedigungsverfügungen notwendige Interessenabwägung im Rahmen des Verfügungsgrundes.[19]

II. Praktische Relevanz des einstweiligen Rechtsschutzes

7   Seit langem wird zu Recht die Bedeutung des einstweiligen Rechtsschutzes in der gerichtlichen Praxis betont.[20] Daraus darf allerdings nicht geschlossen werden, dass die Gerichtspraxis immer mehr von Eilverfahren geprägt werde. Jedenfalls in quantitativer Hinsicht hat sich ausweislich der Statistik in den letzten Jahrzehnten das Verhältnis zwischen Hauptsache- und Eilverfahren nicht wesentlich verändert.[21] In der **Zivilgerichtsbarkeit** ist der Anteil der erstinstanzlichen Eilverfahren bei den Landgerichten schon immer größer gewesen als bei den Amtsgerichten. Das beruht unter anderem auf der herausragenden Bedeutung der einstweiligen Verfügung in Wettbewerbsstreitigkeiten,[22] vielleicht auch auf der nachweislich längeren Zeitdauer der landgerichtlichen Verfahren.[23]

8   In der **Arbeitsgerichtsbarkeit** hat der einstweilige Rechtsschutz in quantitativer Hinsicht eine deutlich geringere Bedeutung als in der ordentlichen Gerichtsbarkeit. Das dürfte jedenfalls auch mit der durchgängig kürzeren Dauer der arbeitsgerichtlichen Hauptsacheverfahren aufgrund der verfah-

---

16 *Wenzel*, MDR 1967, 889, 894.
17 Zum Gebot der Ausgewogenheit vgl. nur *Schmidt-Aßmann* in: *Maunz/Dürig*, GG, Art. 19 IV Rn. 4f.; *Schoch*, Vorläufiger Rechtsschutz und Risikoverteilung im Verwaltungsrecht, S. 1014, 1016.
18 Vgl. LAG Hamm, NZA-RR 2001, 655; LAG München, NZA 1994, 997, 999; *Faecks*, NZA 1985, Beilage 3, S. 6, 16; *Damm*, ZHR 1990, 413, 418 f.; *v. Gerkan*, ZGR 1985, 167, 169 f.; *Schoch*, Vorläufiger Rechtsschutz und Risikoverteilung im Verwaltungsrecht, S. 194; *Vogg*, Einstweiliger Rechtsschutz und vorläufige Vollstreckbarkeit, S. 125 ff.; *Walker*, Der einstweilige Rechtsschutz, Rn. 71 f.; auch *Gaul*, FS Vollkommer, 61, 65, lehnt ein sog. Verbot der Hauptsachevorwegnahme ab. Siehe auch BVerfG, NJW 2003, 1236, 1237 zur Notwendigkeit vorläufigen Rechtsschutzes in sog. Vornahmesachen.
19 *Walker*, Der einstweilige Rechtsschutz, Rn. 257 ff. Zustimmend *Kargados*, FS Gaul, 1997, S. 265, 273. Siehe dazu noch Rn. 46.
20 *Baur*, BB 1964, 607; *K. Blomeyer*, ZZP 65 (1952), 52; *Faecks*, NZA 1985, Beilage 3, S. 6, 7; *Grunsky*, JurA 1970, 724.
21 Ausführliches Zahlenmaterial zum Verhältnis zwischen Hauptsacheverfahren und Eilverfahren in der ordentlichen Gerichtsbarkeit und in der Arbeitsgerichtsbarkeit bei *Walker*, Der einstweilige Rechtsschutz, Rn. 20 ff. und Tabellen 1–3 im Anhang.
22 Vgl. nur das Zahlenmaterial bei *Engelschall*, GRUR 1972, 103, 104; Eingabe der Deutschen Vereinigung für gewerblichen Rechtsschutz und Urheberrecht zum Entwurf eines zweiten Änderungsgesetzes zur ZPO, GRUR 1972, 353, 354; ferner *Ahrens*, Wettbewerbsverfahrensrecht, S. 150 ff.; *Klaka*, GRUR 1979, 593, 594; *Ulrich*, GRUR 1985, 201, 202.
23 Vgl. zur Dauer der Erledigungen der amts-, land- und arbeitsgerichtlichen Verfahren *Walker*, Der einstweilige Rechtsschutz, Tabellen 8–12 im Anhang.

rensbeschleunigenden Regelungen im Arbeitsgerichtsgesetz (z. B. §§ 9 Abs. 1, 47 Abs. 1, 56 Abs. 1, 57 Abs. 1, 59 Satz 1, 61a ArbGG) zusammenhängen.[24]

Die praktische Relevanz des einstweiligen Rechtsschutzes wird allerdings nicht nur durch den zahlenmäßigen Anteil der Eilverfahren, sondern auch dadurch geprägt, dass die **zahlreichen Befriedigungsverfügungen** oft nicht nur die Hauptsache vorwegnehmen, sondern auch **endgültig wirken**. So findet nach den Landespressegesetzen zur Durchsetzung eines Gegendarstellungsanspruches neben einer einstweiligen Verfügung ein Verfahren zur Hauptsache gar nicht statt.[25] Gleiches gilt im Arbeitsgerichtsprozess, wenn der Arbeitgeber sich gem. § 102 Abs. 5 Satz 2 BetrVG durch einstweilige Verfügung von der Pflicht zur Weiterbeschäftigung eines gekündigten Arbeitnehmers entbinden lässt.[26] Aber selbst wenn die Durchführung eines Hauptsacheverfahrens möglich ist, verzichten die Parteien häufig u. a. wegen der Dauer und der Kosten darauf. Insbesondere bei unstreitigen Sachverhalten haben sie oft kein Interesse mehr an der Durchführung des Hauptsacheverfahrens, zumal es naheliegt, dass das Gericht über denselben Sachverhalt in der Hauptsache nicht anders entscheiden wird als im Eilverfahren.[27] In allen diesen Fällen liegt die qualitative Bedeutung des einstweiligen Rechtsschutzes darin, dass das Eilverfahren den Hauptsacherechtsschutz nicht nur sichert, sondern ersetzt, sodass der im summarischen und daher mit erhöhten Fehlentscheidungsrisiken belasteten Verfahren[28] erstrittene Titel eine endgültige Wirkung hat.

III. Einordnung des einstweiligen Rechtsschutzes im Achten Buch der ZPO

Die Regelung des gesamten einstweiligen Rechtsschutzes im Fünften Abschnitt des Achten Buches (Zwangsvollstreckung) stellt einen Systembruch dar.[29] Bei dem Verfahren über das Gesuch auf Erlass eines Arrestes oder einer einstweiligen Verfügung handelt es sich nämlich nicht um Zwangsvollstreckung, sondern um ein besonderes, summarisches Erkenntnisverfahren. Nur die Vollziehung der Eilanordnung (§§ 928 ff., 936) gehört zur Zwangsvollstreckung. Der einstweilige Rechtsschutz besteht also – wenn auch mit einem anderen Ziel – wie der Rechtsschutz in der Hauptsache aus einem zweistufigen Verfahren. Zunächst ist darüber zu entscheiden, ob dem Antragsteller ein Anspruch auf Sicherung der Zwangsvollstreckung wegen eines materiellen Anspruches zusteht, und erst danach erfolgt die Vollziehung dieser Entscheidung. Eine Ausnahme besteht nur bei Unterlassungsverfügungen, weil diese nicht besonders vollzogen werden, sondern schon von ihrer Wirksamkeit an beachtet werden müssen und deshalb unmittelbar vollstreckungsrechtliche Wirkungen haben.[30] Die Konsequenz aus der Zweistufigkeit des Eilverfahrens besteht darin, dass für die Voraussetzungen und den Ablauf des Verfahrens einerseits und die Vollziehung andererseits die allgemeinen Regeln über das Erkenntnisverfahren bzw. über das Vollstreckungsverfahren gelten, soweit sich nicht aus den §§ 916 ff. oder den Eigenarten des einstweiligen Rechtsschutzes Besonderheiten ergeben.[31]

---

24 GWBG/*Benecke*, ArbGG, § 62 Rn. 34; *Walker*, Der einstweilige Rechtsschutz, Rn. 24.
25 Siehe noch § 926 Rn. 39.
26 GWBG/*Benecke*, ArbGG, § 62 Rn. 40; HdbVR/*Baur*, B Rn. 12, 155.
27 *Leipold*, Grundlagen des einstweiligen Rechtsschutzes, Rn. 12; *Walker*, Der einstweilige Rechtsschutz, Rn. 29.
28 Siehe noch Rdn. 52 ff.
29 Allgemeine Ansicht; siehe nur *Grunsky*, JuS 1976, 277, 280; *Leipold*, ZZP 90 (1977), 258, 261; PG/*Fischer*, § 916 Rn. 1; *Teplitzky*, JuS 1980, 882, 883; *Wenzel*, MDR 1967, 889, 891; *ders.*, NZA 1984, 112, 113.
30 Einzelheiten dazu bei § 945 Rn. 48 f.; für die Notwendigkeit eines besonderen Vollziehungsaktes zwecks Wahrung der Vollziehungsfrist nach § 929 Abs. 2 siehe aber § 929 Rn. 28 ff. m. w. N.
31 *Walker*, Der einstweilige Rechtsschutz, Rn. 74; Zöller/*Vollkommer*, Vor § 916 Rn. 3.

IV. Arten des einstweiligen Rechtsschutzes

1. Abgrenzung zwischen Arrest und einstweiliger Verfügung

11 Das Gesetz unterscheidet zwischen dem Arrest (§§ 916 ff.) und der einstweiligen Verfügung (§§ 935 ff.). Der Arrest kommt in Betracht, wenn die Zwangsvollstreckung »wegen einer Geldforderung oder wegen eines Anspruchs, der in eine Geldforderung übergehen kann«[32] (§§ 802a–882h) gesichert werden soll (§ 916). Das Ziel der einstweiligen Verfügung ist in den §§ 935, 940 weniger exakt umschrieben als das des Arrestes in § 916. Es kann im Umkehrschluss aus § 916 bestimmt werden: Die einstweilige Verfügung dient dazu, die Zwangsvollstreckung wegen anderer Ansprüche als Geldforderungen (§§ 883 ff.) zu sichern. Arrest und einstweilige Verfügung unterscheiden sich also in erster Linie nach dem **Gegenstand des materiellen Anspruchs**, dessen Vollstreckung gefährdet ist. Nur ausnahmsweise kann auch in Bezug auf Geldforderungen einstweiliger Rechtsschutz in Form der einstweiligen Verfügung gewährt werden, wenn die Geldforderung nicht nur gesichert, sondern aufgrund eines einstweiligen Titels durchgesetzt werden soll. Die Befriedigung des Gläubigers kann nämlich niemals durch Arrest erreicht werden, weil dieser nach dem unmissverständlichen Wortlaut der §§ 916, 930 ff. eine ausschließlich sichernde Funktion hat. Demgegenüber ist § 940 offener und bewusst abweichend von der auf Sicherung bezogenen Terminologie der §§ 916 und 935 formuliert. Die Zulässigkeit der einstweiligen Verfügung mit befriedigender Wirkung ist inzwischen auch allgemein anerkannt.[33] Lediglich die konkrete Rechtsgrundlage und die Voraussetzungen sind umstritten. Arrest und einstweilige Verfügung unterscheiden sich somit in zweiter Linie auch danach, ob bei Geldforderungen wirklich nur die Vollstreckung des materiellen Anspruchs gesichert (dann Arrest) oder der Anspruch durchgesetzt werden soll (dann einstweilige Befriedigungsverfügung).

12 Aufgrund dieser Abgrenzung **schließen sich Arrest und einstweilige Verfügung** zwar **grundsätzlich gegenseitig aus**.[34] Schwierigkeiten kann die Frage nach der richtigen Art des einstweiligen Rechtsschutzes allerdings dann bereiten, wenn es zwar um die Sicherung der Vollstreckung wegen eines Individualanspruches geht (§ 935), der aber in eine Geldforderung übergehen kann (§ 916). Je nachdem, ob es dem Gläubiger mehr auf die Durchsetzung des Individualanspruches oder der Geldforderung ankommt, kann der Gläubiger zwischen Arrest und sichernder einstweiliger Verfügung wählen. Falls er in erster Linie an dem Individualanspruch interessiert ist, aber vorsorglich auch die Zwangsvollstreckung wegen der eventuell (z. B. wegen Unmöglichkeit) entstehenden Geldforderung sichern will, kann er Arrest und Sicherungsverfügung sogar nebeneinander beantragen.[35] Auch eine auf Befriedigung gerichtete einstweilige Verfügung und ein Arrest sind nebeneinander möglich, sofern der Antragsteller wegen einer Geldforderung teilweise befriedigt werden will und hinsichtlich des übrigen Teils die Sicherung der Zwangsvollstreckung begehrt.[36]

2. Arrestarten

13 Die §§ 917 und 918 unterscheiden zwischen dem **dinglichen** und dem **persönlichen Arrest**. Mit beiden Arrestarten wird zwar dasselbe Ziel (Sicherung der Zwangsvollstreckung wegen einer Geldforderung), aber auf verschiedene Weise angestrebt. Die Vollziehung beider Arrestarten ist nämlich in den §§ 930–932 einerseits (Zwangsvollstreckung in Sachen und Forderungen) und § 933 andererseits (Freiheitsbeschränkung oder Verhaftung) verschieden geregelt. Von der jeweils vom

---

32 Siehe dazu § 916 Rdn. 7.
33 Siehe näher Vor § 935 Rdn. 31 ff.
34 OLG Köln, JMBl. NW 1984, 9; *Baumbach/Lauterbach/Hartmann*, Grundz. § 916 Rn. 3; HdbVR-*Dunkl*, A Rn. 4; HdbZVR/*Kellendorfer*, Kap. 8 Rn. 5; Hk-ZV/*Haertlein*, Vor §§ 916–945 Rn. 8; *Thomas/Putzo/Seiler*, Vorbem. § 916 Rn. 8; *Zöller/Vollkommer*, Vor § 916 Rn. 1.
35 OLG Köln, JMBl. NW 1984, 9; MüKo/*Drescher*, vor § 916 Rn. 37; *Zöller/Vollkommer*, § 916 Rn. 2; *Wieczorek/Schütze/Thümmel*, § 916 Rn. 6.
36 *Walker*, Der einstweilige Rechtsschutz, Rn. 159.

Antragsteller zu wählenden Arrestart[37] hängen auch die Voraussetzungen ab, die für die Anordnung des Arrestes vorliegen müssen. Der Arrestgrund für den persönlichen Arrest ist nach §918 nur unter engeren Voraussetzungen gegeben, als derjenige für den dinglichen Arrest nach §917. Der persönliche Arrest ist gegenüber dem dinglichen subsidiär.[38] In der gerichtlichen Praxis der Zivilgerichte spielt der persönliche Arrest allenfalls eine untergeordnete Rolle.[39] Im arbeitsgerichtlichen Verfahren ist er praktisch ohne Bedeutung. Hier kommen im Zusammenhang mit einstweiligen Verfügungen gelegentlich Verhaftungen nach §§888, 890 vor, praktisch niemals dagegen ein persönlicher Arrest zur Sicherung der Vollstreckung wegen einer Geldforderung.

3. Verfügungsarten

Nach §§935, 940 sind einstweilige Verfügungen »in bezug auf den Streitgegenstand« und »zur Regelung in bezug auf ein streitiges Rechtsverhältnis« zulässig. Nach der üblichen Terminologie unterscheidet man insoweit zwischen »Sicherungsverfügungen« (§935) und »Regelungsverfügungen« (§940). Daneben sind einstweilige Verfügungen, die auf eine einstweilige Erfüllung des materiellen Anspruchs gerichtet sind, die so genannten Leistungs- oder Befriedigungsverfügungen, allgemein anerkannt. Ob es sich dabei wirklich um drei verschiedene Verfügungsarten handelt, die sich nach Rechtsgrundlage, Voraussetzungen und Rechtsfolgen voneinander trennen lassen, ist äußerst umstritten.[40] Das Meinungsspektrum reicht von der Ansicht, die streng zwischen drei Verfügungsarten unterscheidet,[41] bis zu der extremen Gegenposition, die nur von einer einzigen einheitlichen Verfügungsart ausgeht, bei der je nach Notwendigkeit verschiedene Anordnungen möglich seien.[42] Dazwischen gibt es mehrere weitere Ansichten, wonach entweder die sog. Regelungsverfügung mit der Sicherungsverfügung gleichzusetzen sei[43] oder aber mit der Befriedigungsverfügung.[44]

14

Schließlich wird die Existenz einer sog. Regelungsverfügung neben der Sicherungs- und der Befriedigungsverfügung auch ganz geleugnet mit der Begründung, dass auch die sog. Regelungsverfügung immer einen materiellen Verfügungsanspruch voraussetze, der entweder nur gesichert oder erfüllt werden könne, und dass sich die Vorstellung des historischen Gesetzgebers nachweisen lasse, der heutige §940 sollte einstweilige Verfügungen mit befriedigender Wirkung ermöglichen.[45] Einig ist man sich allerdings darin, dass eine einstweilige Verfügung mit befriedigender Wirkung jedenfalls nur in engeren Grenzen zulässig ist als eine lediglich sichernde Verfügung.[46]

15

In ihrer praktischen Relevanz ist gerade die im Gesetz nicht ausdrücklich geregelte einstweilige Verfügung mit befriedigender Wirkung von besonderer Bedeutung. Das liegt im Zivilprozess vor allem an der großen Zahl von Unterlassungsverfügungen insbesondere im Wettbewerbsrecht,[47] weil

16

---

37 Siehe dazu §920 Rdn.7.
38 Siehe §918 Rdn.3.
39 Alternativkommentar/*Damm*, §918 Rn.1; *Grunsky*, JuS 1976, 277, 279 mit Fn.16; *Ritter*, ZZP 88 (1975), 126, 127f.
40 Einzelheiten dazu Vor §935 Rdn.28ff., 49.
41 *Baur/Stürner/Bruns*, Rn.53.1, 2, 23; *Jauernig*, ZZP 79 (1966), 321, 326, 332ff.; HdbVR-*Dunkl*, A Rn.467ff.; *Sernetz/v. Gronau*, in Rechtsanwaltshandbuch, D 4 Rn.7.
42 *Damm*, ZHR 1990, 413, 418f.; *v. Gerkan*, ZGR 1985, 167, 171; MüKo/*Drescher*, §935 Rn.4–6; *Wenzel*, MDR 1967, 889, 893.
43 GMP/*Germelmann*, ArbGG, §62 Rn.92f.; *Grunsky*, JuS 1976, 277, 279; *Leipold*, Grundlagen des einstweiligen Rechtsschutzes, S.102; *Minnerop*, Materielles Recht und einstweiliger Rechtsschutz, S.58f.
44 *Schilken*, Die Befriedigungsverfügung, 1976, S.124ff.; siehe auch *Vogg*, Einstweiliger Rechtsschutz und vorläufige Vollstreckbarkeit, S.129, wonach es sich bei der Leistungsverfügung nicht um eine eigene Verfügungsart handele.
45 *Walker*, Der einstweilige Rechtsschutz, Rn.100–119.
46 Siehe schon Rn.6 und unten Rn.46.
47 Zur einstweiligen Verfügung im Wettbewerbsrecht siehe Vor §935 Rn.98ff., Anh. §935 *(Kessen)* sowie *Teplitzky*, Wettbewerbsrechtliche Ansprüche und Verfahren, Kap. 53–56.

Unterlassungsansprüche einer bloßen Sicherung nicht zugänglich sind, sondern nur durch (vorübergehende) Erfüllung »gesichert« werden können. Aber auch sonst geht es sowohl im zivilgerichtlichen wie auch im arbeitsgerichtlichen Eilverfahren oft um Ansprüche, die entweder wegen ihres Inhalts oder ihrer Zeitgebundenheit nur durch Erfüllung sicherbar sind (z. B. Anspruch auf tatsächliche Beschäftigung, auf Zeugniserteilung) oder mit deren bloßer Sicherung dem Antragsteller nicht gedient ist (Anspruch auf Zahlung von Arbeitsentgelt, auf Herausgabe von Arbeitspapieren).

17 Grundsätzlich **unzulässig** sind nach ganz h. M. bloße **Feststellungsverfügungen**.[48] Mit einer lediglich vorläufigen Feststellung ohne Bindungswirkung lässt sich der Rechtsschutz in der Hauptsache weder sichern noch vorweg durchsetzen.

V. Verhältnis zu anderen einstweiligen Regelungen

1. Vorläufige Vollstreckbarkeit

18 Durch die vorläufige Vollstreckbarkeit von Urteilen nach den §§ 708 ff. wird der obsiegenden Partei ebenso wie durch die Vollziehbarkeit von Eilanordnungen die Vollstreckung aus einem noch nicht endgültigen Titel eingeräumt, um zu verhindern, dass der Titel bis zum Eintritt der Rechtskraft durch Zeitablauf wertlos wird.[49] Anders als Arreste und einstweilige Verfügungen beruhen die vorläufig vollstreckbaren Titel aber in der Regel[50] auf einem ordentlichen Erkenntnisverfahren, welches nicht mit den erhöhten Fehlentscheidungsrisiken eines summarischen Verfahrens belastet ist. Deshalb hängt die vorläufige Vollstreckbarkeit auch nicht von einer dem Arrest- oder Verfügungsgrund vergleichbaren besonderen Rechtfertigung ab.[51] Für den Fall, dass nach Durchführung der Vollstreckung der vorläufig vollstreckbare Titel aufgehoben oder abgeändert wird, gilt die Schadensersatzregelung des § 717 Abs. 2, 3, nicht diejenige des § 945.

2. Einstweilige Einstellung der Zwangsvollstreckung

19 Für zahlreiche Fälle sieht das Gesetz die Möglichkeit vor, die Zwangsvollstreckung aus einem Titel einstweilen einzustellen. Hierunter fallen Beschlüsse nach §§ 570 Abs. 3 (auch i. V. m. § 793 und § 11 RPflG), 707, 719, 732 Abs. 2 (auch i. V. m. §§ 765a und 766 Abs. 1 Satz 2 und 850k Abs. 4 Satz 3), 769 (auch i. V. m. § 771 Abs. 3) und einstweilige Anordnungen i. S. v. § 769, die in Urteilen nach § 767 und § 771 enthalten sind (§§ 770, 771 Abs. 3). Die einstweilige Einstellung soll verhindern, dass durch die Vollstreckung vor der Entscheidung über den jeweiligen Rechtsbehelf vollendete Tatsachen geschaffen werden. Bei den genannten einstweiligen Anordnungen handelt es sich nicht um einstweilige Verfügungen nach §§ 935 ff. Voraussetzungen und Verfahren richten sich nicht nach den §§ 916 ff., sondern nach den jeweiligen Spezialvorschriften.[52] Erweist sich eine solche einstweilige Anordnung als ungerechtfertigt, greift weder § 945 noch § 717 über die verschuldensunabhängige Schadensersatzpflicht ein, weil das dem vollstreckungsschützenden Sinn der Normen über die einstweilige Einstellung widersprechen würde.[53]

---

48 LAG Rheinland-Pfalz, BB 1997, 1643; *Brox/Walker*, Rn. 1595; einschränkend LAG Berlin, NZA 2001, 53 (Feststellung des Nichtbestehens eines Arbeitsverhältnisses eines Lizenzfußballspielers); ähnlich LAG Thüringen, DB 2001, 1204 f.; siehe auch unten § 940 Rn. 17 (in ganz engen Ausnahmefällen zulässig). Auch das BAG (NZA 2014, 1213, 1215) will unter bestimmten Voraussetzungen eine einstweilige Feststellungsverfügung gegen den Betriebsrat zulassen.
49 Siehe nur *Brox/Walker*, Rn. 53.
50 Ausnahme im Versäumnis- und Mahnverfahren.
51 *Vogg*, Einstweiliger Rechtsschutz und vorläufige Vollstreckbarkeit, S. 87 ff., 109.
52 Siehe auch Vor § 935 Rdn. 4.
53 *Brox/Walker*, Rn. 1444, 1365.

3. Einstweilige Anordnungen außerhalb der ZPO

Auch in anderen Fällen als der einstweiligen Einstellung der Zwangsvollstreckung, die der Gesetzgeber für besonders eilbedürftig hält, sieht das Gesetz einstweilige Anordnungen vor. Zu nennen sind die §§ 49 ff. FamFG (dazu noch Rn. 67a f.).[54] Diese Vorschriften gehen als Sonderregelungen den §§ 916 ff. vor. Der Sache nach handelt es sich allerdings trotz der abweichenden Terminologie um einstweilige Verfügungen. Erweisen sie sich als ungerechtfertigt, findet über §§ 119 Abs. 1, 112 Nr. 2, 3 FamFG in Güterrechtssachen und in sonstigen Familiensachen einschließlich der entsprechenden Lebenspartnerschaftssachen (nicht dagegen in Unterhaltssachen) § 945 über die verschuldensunabhängige Schadensersatzpflicht entsprechende Anwendung, soweit nicht (wie in § 248 Abs. 5 Satz 2 FamFG) eine Spezialregelung vorgeht. 20

VI. Streitgegenstand und Verhältnis zum Hauptsacheverfahren

Im Eilverfahren wird nicht über den zu sichernden materiellen Anspruch entschieden, sondern nur über den davon zu unterscheidenden Anspruch auf Sicherung der Zwangsvollstreckung wegen eines materiellen Anspruches. Das gilt nicht nur für den ausschließlich auf Sicherung gerichteten Arrest und für die lediglich anspruchsichernde einstweilige Verfügung (§ 935), sondern auch für die Leistungs- oder Befriedigungsverfügung. Diese hat zwar in tatsächlicher Hinsicht oft eine endgültige Wirkung,[55] in rechtlicher Hinsicht aber im Gegensatz zur Hauptsacheentscheidung doch nur einen einstweiligen Charakter.[56] Das Rechtsschutzziel ist im Eilverfahren immer von vornherein nur eine einstweilige gerichtliche Entscheidung. Deshalb haben Eilverfahren und Hauptsacheverfahren auch immer verschiedene Streitgegenstände.[57] 21

Daraus ergeben sich folgende Konsequenzen: Eil- und Hauptsacheverfahren sind **nebeneinander möglich**. Für die Durchführung des Hauptsacheverfahrens neben einem bereits anhängigen Eilverfahren fehlt es weder am Rechtsschutzinteresse,[58] noch steht dem einen Verfahren die Rechtshängigkeit des jeweils anderen entgegen.[59] Nur dieses Ergebnis passt zu § 926 Abs. 1, wonach der Antragsgegner das Hauptsacheverfahren sogar erzwingen kann. Ein Wechsel vom Eilverfahren in den Hauptsacheprozess ist ebenso unzulässig[60] wie umgekehrt der Verfahrenswechsel vom Hauptsacheprozess zum Arrestverfahren.[61] Für einen Übergang von einer Verfahrensart in die andere besteht auch gar kein praktisches Bedürfnis, zumal ein Eilantrag jederzeit zurückgenommen, eine Hauptsacheklage jederzeit erhoben und ein Eilantrag auch während der Rechtshängigkeit der Hauptsache jederzeit gestellt werden kann. Durch die Zustellung des Arrest- oder Verfügungsgesuchs wird die Verjährung gem. § 204 Abs. 1 Nr. 9 BGB gehemmt; falls der Antrag nicht zugestellt wird, tritt die 22

---

54 Zur Ablösung der früheren §§ 127a, 620 ff., 621f, 641d durch die §§ 49 ff. FamFG *Bruns*, FamFR 2009, 8; *Giers*, FGPrax 2009, 47.
55 Siehe oben Rdn. 9.
56 *K. Blomeyer*, ZZP 65 (1952), 52, 64.
57 BGH, NJW 1980, 191; OLG München, OLGZ 1988, 230, 233; *Baur*, Studien zum einstweiligen Rechtsschutz, S. 98; HdbVR-*Dunkl*, A Rn. 8; *Musielak/Voit/Huber*, § 916 Rn. 3; *Walker*, Der einstweilige Rechtsschutz, Rn. 141 ff.; ähnlich jetzt auch *Berger*, Kap. 2 Rn. 25; MüKo/*Drescher*, vor § 916 Rn. 13.
58 BGH, GRUR 1964, 274, 275; 1967, 611, 612; 1973, 384; OLG Dresden, WRP 1996, 433; OLG Hamm, WRP 1991, 496; KG, WRP 1981, 277, 278 und 1984, 545, 546 f.; OLG Köln, WRP 1987, 188, 190.
59 BGH, NJW 1980, 191; OLG Celle, AnwBl. 1987, 237; OLG Hamm, NJW 1978, 57, 58; KG, GRUR 1985, 325; *Baur*, Studien zum einstweiligen Rechtsschutz, S. 77, 81; *Grunsky*, JuS 1976, 277, 280; *Teplitzky*, JuS 1981, 435, 437.
60 OLG Hamm, NJW 1971, 387 und 1978, 57, 58; OLG Karlsruhe, OLGZ 1977, 484, 486; *Gottwald*, Vorbem. Rn. 19; HdbZVR-*Kellendorfer*, Kap. 8 Rn. 15; Hk-ZV/*Haertlein*, Vor §§ 916–945 Rn. 16; MüKo/*Drescher*, § 920 Rn. 8; Stein/Jonas/*Grunsky*, § 920 Rn. 3; *Thomas/Putzo/Seiler*, § 920 Rn. 3; Wieczorek/Schütze/*Thümmel*, § 920 Rn. 9; Zöller/*Vollkommer*, § 920 Rn. 14; **a. M.** OLG Braunschweig, MDR 1971, 1017; OLG Frankfurt, FamRZ 1989, 296; *Baumbach/Lauterbach/Hartmann*, § 920 Rn. 9, Grdz. Vor § 916 Rn. 5 (Klageänderung); *Teplitzky*, DRiZ 1982, 41.
61 OLG Düsseldorf, FamRZ 1981, 67 ff.; *Baumbach/Lauterbach/Hartmann*, § 920 Rn. 9.

Verjährungshemmung schon mit der Einreichung des Antrags ein, sofern die Eilanordnung innerhalb eines Monats seit Verkündung oder Zustellung an den Gläubiger dem Schuldner zugestellt wird. Durch die Neuregelung des Verjährungsrechts im Rahmen der Schuldrechtsreform hat sich die Rechtslage also geändert; nach § 209 a. F. BGB führte die Einreichung des Arrest- oder Verfügungsgesuchs nicht zu einer Verjährungsunterbrechung.[62]

VII. Unterscheidung zwischen Zulässigkeit und Begründetheit

23 Da es sich bei dem Eilverfahren wie bei dem Klageverfahren in der Hauptsache um ein Erkenntnisverfahren handelt, gelten – soweit sich nicht aus den §§ 916 ff. und aus dem Zweck des einstweiligen Rechtsschutzes ein anderes ergibt – auch die für die Klage geregelten Zulässigkeitsvoraussetzungen. Die Erfolgsaussichten des Antrags hängen also wie diejenigen der Klage davon ab, ob der Antrag zulässig und begründet ist.[63]

1. Zulässigkeitsvoraussetzungen

24 Im Grundsatz gelten für die Zulässigkeit des Gesuchs im Eilverfahren dieselben Voraussetzungen wie für die Zulässigkeit einer Klage im Hauptsacheverfahren. Einige davon sind allerdings in den §§ 916 ff. abweichend von den allgemeinen Vorschriften geregelt, andere haben nach Sinn und Zweck des Eilverfahrens nicht dieselbe Bedeutung wie im Hauptsacheverfahren. Folgende Besonderheiten sind hervorzuheben:

a) Ordnungsgemäßes Gesuch

25 Eine Sachentscheidung im Eilverfahren setzt voraus, dass überhaupt ein ordnungsgemäßes Gesuch vorliegt. Maßgebliche Vorschrift ist insoweit § 920. Entgegen der von § 253 abweichenden Ausgestaltung als bloße »Soll-Regelung« handelt es sich dabei um eine zwingende Vorschrift über den notwendigen Inhalt des Gesuchs.[64] Durch das Wort »soll« hat der Gesetzgeber lediglich klargestellt, dass das Gericht vor einer Abweisung des Gesuchs als unzulässig nach § 139 auf eine Ergänzung des mangelhaften Gesuchs hinzuweisen hat.[65]

b) Prozessvoraussetzungen

26 Die das Gericht betreffenden Prozessvoraussetzungen gelten auch im Eilverfahren.

aa) Deutsche Gerichtsbarkeit

27 Die deutsche Gerichtsbarkeit muss gegeben sein, damit ein (auch abweisendes)[66] Sachurteil ergehen darf. Demjenigen gegenüber, der nach §§ 18–20 GVG der deutschen Gerichtsbarkeit nicht unterliegt, ist auch im Eilverfahren jede Sachentscheidung, die ohne Prüfung der deutschen Gerichtsbarkeit erfolgt, wirkungslos.[67] Falls dagegen die deutsche Gerichtsbarkeit geprüft und lediglich unzutreffend bejaht wurde, ist die Entscheidung wirksam, aber mit der Begründung der fehlenden deutschen Gerichtsbarkeit anfechtbar.[68]

---

[62] Nachweise dazu siehe 2. Aufl., Vor § 916 Fn. 62.
[63] *J. Blomeyer*, ZZP 81 (1968), 20, 37 ff.; *Walker*, Der einstweilige Rechtsschutz, Rn. 167.
[64] Einzelheiten dazu bei § 920 Rdn. 2, 4 ff.
[65] *Baumbach/Lauterbach/Hartmann*, § 920 Rn. 3; *Stein/Jonas/Grunsky*, § 920 Rn. 6; *Zöller/Vollkommer*, § 920 Rn. 6.
[66] BGH, NJW 1979, 1101; a. M. *Stein/Jonas/Grunsky*, vor § 578 Rn. 10.
[67] *Stein/Jonas/Schumann*, 20. Aufl., Einl. Rn. 479; *Schellhammer*, Zivilprozess, Rn. 1343.
[68] *Stein/Jonas/Grunsky*, vor § 578 Rn. 10.

bb) Rechtsweg

Die Wahl des richtigen Rechtsweges ist ebenfalls Voraussetzung für eine Sachentscheidung im Eilverfahren.[69] Die Rechtswegabgrenzung ist seit der Neufassung der §§ 17 ff. GVG, §§ 2 f. und 48 f. ArbGG durch das vierte VwGO-Änderungsgesetz vom 17.12.1990[70] auch im Verhältnis zwischen der ordentlichen und der Arbeitsgerichtsbarkeit von Bedeutung.[71] § 17a GVG gilt auch im Arrest- oder Verfügungsverfahren.[72] Bei Unzulässigkeit des Rechtsweges hat das Gericht von Amts wegen an das zuständige Gericht des zulässigen Rechtsweges zu verweisen (§ 17a Abs. 2 Satz 1 GVG).[73] Falls das im Eilverfahren angerufene Gericht den Rechtsweg entgegen der Rüge einer Partei für gegeben hält, hat es darüber in Abweichung von § 17a Abs. 3 GVG nicht etwa vorab eine Entscheidung zu treffen, die gem. § 17a Abs. 4 Satz 3 GVG selbstständig anfechtbar ist, sondern lediglich inzident im Rahmen der Sachentscheidung.[74] Die mit einer selbstständig anfechtbaren Vorabentscheidung verbundene Zeitverzögerung verträgt sich nicht mit dem Charakter des Eilverfahrens.[75] § 17a GVG gilt für die in bürgerlichen Rechtsstreitigkeiten, Familiensachen und Angelegenheiten der freiwilligen Gerichtsbarkeit zuständigen Spruchkörper in ihrem Verhältnis zueinander entsprechend (§ 17a Abs. 6 GVG).

cc) Sachliche und örtliche Zuständigkeit

Die sachliche und örtliche Zuständigkeit ist ebenfalls vorrangig vor der Begründetheit des Gesuchs zu prüfen. Sie ist für das Eilverfahren in den §§ 919, 937, 942, 943 besonders geregelt. Die Vorschriften legen den gesetzlichen Richter i. S. v. Art. 101 Abs. 1 Satz 2 GG fest.[76] Ein unzuständiges Gericht darf daher keine Sachentscheidung treffen. Die Zuständigkeitsbegründung durch rügelose Einlassung spielt im Eilverfahren gem. § 40 Abs. 2 Satz 1 und 2 keine Rolle, weil die im Achten Buch der ZPO besonders geregelte Zuständigkeit eine ausschließliche ist (§ 802). Zur Möglichkeit der Verweisung bei Unzuständigkeit siehe noch Rn. 42.

c) Parteifähigkeit, Prozessfähigkeit, Prozessführungsbefugnis

Die auf die Parteien bezogenen Prozessvoraussetzungen der Parteifähigkeit, Prozessfähigkeit, Prozessführungsbefugnis und Postulationsfähigkeit gelten im Verfahren des einstweiligen Rechtsschutzes ohne Einschränkungen.[77] Das bedeutet allerdings nicht, dass das Gesuch immer als unzulässig abgewiesen werden muss, wenn eine dieser Voraussetzungen fehlt. Zumindest dann, wenn aufseiten des Antragsgegners die Parteifähigkeit (z. B. bei der örtlichen Untergliederung eines eingetragenen Vereins[78] oder bei Streit um die angebliche Gewerkschaftseigenschaft) oder die Prozessfähigkeit

---

69 *Baumbach/Lauterbach/Hartmann*, § 17a GVG Rn. 4; *Zöller/Lückemann*, Vorbem. zu §§ 17–17b GVG Rn. 12.
70 BGBl. I, 2809.
71 BAG, NJW 1993, 751 f.; OLG Köln, OLGZ 1994, 475; LAG Frankfurt, DB 1992, 1636; ArbG Passau, NZA 1992, 428; *Baumbach/Lauterbach/Hartmann*, § 17a GVG Rn. 3; *Drygala*, NZA 1992, 294, 295; *Baur* in: *Gift/Baur*, Das Urteilsverfahren vor den Gerichten für Arbeitssachen, C Rn. 1; *Koch*, NJW 1991, 1856, 1858; *Walker*, Der einstweilige Rechtsschutz, Rn. 733 ff.; *Zöller/Lückemann*, Vorbem. zu §§ 17–17b GVG Rn. 10; siehe auch § 919 Rn. 14; **a. M.** *Baumbach/Lauterbach/Hartmann*, § 942 Rn. 1; *N. Schwab*, NZA 1991, 657, 663.
72 BGH, NJW-RR 2005, 142; OLG Dresden, MDR 2012, 246.
73 Siehe zur Verweisung im Eilverfahren noch Rn. 58.
74 Zur eingeschränkten Anwendbarkeit des § 17a GVG in besonderen Verfahrensarten vgl. auch BAG, NJW 1993, 751, 752 (Prozesskostenhilfeverfahren).
75 Siehe noch Rn. 62; ferner *Walker*, Der einstweilige Rechtsschutz, Rn. 360.
76 *V. Münch*, GG, Art. 101 Rn. 16; *Stein/Jonas/Schumann*, 20. Aufl., Einl. Rn. 484; *Zwanziger*, DB 1991, 2239, 2240.
77 MüKo/*Drescher*, vor § 916 Rn. 18; *Walker*, Der einstweilige Rechtsschutz, Rn. 186-193.
78 Dazu BGH, NJW 1984, 2223.

erst aufwendig geprüft werden müsste, das Gesuch aber gleichzeitig offensichtlich unbegründet ist, spricht nichts dagegen, das Gesuch als »jedenfalls unbegründet« abzuweisen.[79] Die Parteien werden dadurch nicht benachteiligt. Aus Sicht des Antragsgegners spielt es keine Rolle, ob das Gesuch als unzulässig oder unbegründet abgewiesen wird. Gleiches gilt für den unterliegenden Antragsteller, der in jedem Fall die Kosten tragen muss und kein schützenswertes Interesse daran hat, dass sein in der Sache bereits geprüftes und abweisungsreifes Gesuch nur als unzulässig abgewiesen wird. Die Postulationsfähigkeit schließlich spielt im Eilverfahren zwar als Prozesshandlungsvoraussetzung eine Rolle, nicht aber als Zulässigkeitsvoraussetzung; denn die Einreichung des Gesuchs ist gem. § 920 Abs. 3 ZPO zu Protokoll der Geschäftsstelle möglich und unterliegt daher selbst dann nicht dem Anwaltszwang (§ 78 Abs. 3), wenn sie beim Landgericht erfolgt. Zwar gilt im Verfahren vor dem Landgericht der Anwaltszwang, doch führt die im Verfahren fehlende anwaltliche Vertretung nicht zu einer Abweisung als unzulässig, sondern gegebenenfalls zu einem Versäumnisurteil gegen die nicht ordnungsgemäß vertretene Partei.

d) Keine entgegenstehende Rechtskraft

31 Die negative Prozessvoraussetzung des Fehlens einer rechtskräftigen Entscheidung über denselben Streitgegenstand gilt zwar grundsätzlich auch im Eilverfahren; denn auch die Entscheidungen über Arrest- und Verfügungsanträge werden nicht nur formell rechtskräftig, sondern entfalten gegenüber neuen Eilanträgen materielle Rechtskraft.[80] Diese Zulässigkeitsvoraussetzung hat aber wenig praktische Bedeutung. Es dürfte selten vorkommen, dass nach rechtskräftiger Abweisung eines Gesuchs ein identisches Eilgesuch ohne neuen Tatsachenvortrag neu gestellt wird. Falls allerdings ein zweites identisches Gesuch (z. B. bei einem anderen zuständigen Gericht) gestellt wird, obwohl sich die Umstände nicht verändert haben, ist das zweite Gesuch wegen entgegenstehender Rechtskraft unzulässig.[81] Bei geänderten Umständen steht eine rechtskräftige Abweisung des Verfügungsgesuchs einem erneuten Gesuch nicht entgegen.[82] An einer Wiederholung eines erfolgreichen Gesuchs kann der Antragsteller zwar auch interessiert sein, wenn der im Eilverfahren erstrittene Titel nicht mehr vollzogen werden kann, weil die Monatsfrist nach § 929 Abs. 2 abgelaufen ist und der Arrest oder die einstweilige Verfügung möglicherweise schon nach § 927 aufgehoben wurde. Hier ist ein neues Gesuch jedoch wegen Ablaufs der Vollziehungsfrist zulässig, und die Rechtskraft der ersten Entscheidung bindet in ihrem Umfang den Richter in dem neuen Verfahren.[83]

e) Keine anderweitige Rechtshängigkeit

32 Von größerer Bedeutung ist die zweite negative Prozessvoraussetzung, nämlich das Fehlen der anderweitigen Rechtshängigkeit (§ 261 Abs. 3 Nr. 1).[84] Es ist keine Seltenheit, dass der Antragsteller identische Gesuche gleichzeitig bei mehreren zuständigen Gerichten einreicht in der Hoffnung, dass wenigstens ein Gericht seinem Antrag ohne mündliche Verhandlung stattgibt.[85] Dann sind alle Gesuche wegen anderweitiger Rechtshängigkeit unzulässig.[86] Diesen Zulässigkeitsmangel kann

---

79 *Walker*, Der einstweilige Rechtsschutz, Rn. 187, 190; für die Klage ebenso *Lindacher*, ZZP 90 (1967), 131, 140; *Olroth*, JurA 1970, 708, 721.
80 Siehe dazu noch § 922 Rdn. 43 f.
81 Zu dem Fall, dass über das erste Gesuch nicht rechtskräftig entschieden wurde, siehe noch Rn. 33.
82 LAG Sachsen, NZA-RR 2000, 588.
83 OLG Frankfurt, NJW 1968, 2112, 2113; *Finger*, NJW 1971, 1242, 1243; *Walker*, Der einstweilige Rechtsschutz, Rn. 196.
84 Zur Geltung des § 261 Abs. 3 Nr. 1 im Eilverfahren siehe nur OLG Hamm, WRP 1996, 581; *Stein/Jonas/Grunsky*, vor § 916 Rn. 11; *Walker*, Der einstweilige Rechtsschutz, Rn. 154. Zum Zeitpunkt der Rechtshängigkeit siehe Rn. 47.
85 Zu dieser Praxis schon *Baur*, Studien zum einstweiligen Rechtsschutz, S. 82.
86 So zu gleichzeitig eingereichten Klagen *Baumbach/Lauterbach/Hartmann*, § 261 Rn. 26; *Zöller/Greger*, § 261 Rn. 8.

der Antragsteller aber so lange verheimlichen, bis mindestens zwei der angerufenen Gerichte den Antragsteller zur mündlichen Verhandlung laden. Falls in der Zwischenzeit ein Gericht die beantragte Eilmaßnahme anordnet, nimmt der Antragsteller seine übrigen Gesuche zurück, sodass der Gegner seinen Widerspruch (§ 924) jetzt nicht mehr mit anderweitiger Rechtshängigkeit begründen kann. Ein solches Verhalten des Antragstellers wird verbreitet als rechtsmissbräuchlich angesehen.[87] Falls ein Gericht Anhaltspunkte für eine derartige Taktik des Antragstellers hat, kann es im Rahmen seiner von Amts wegen vorzunehmenden Zulässigkeitsprüfung (vgl. § 56 Abs. 1) danach fragen, ob dieselbe Streitsache bereits anderweitig rechtshängig ist.[88] Dadurch kann allerdings eine wahrheitswidrige Antwort nicht verhindert werden. Sofern zwar schon eine Eilanordnung erlassen wurde, das Verfahren aber noch im Widerspruchs-, Aufhebungs- oder Rechtsmittelverfahren schwebt, steht die Rechtshängigkeit dieses Verfahrens der Zulässigkeit eines neuen Gesuchs nicht entgegen, wenn die bereits erlassene Eilanordnung wegen Ablaufs der Frist des § 929 Abs. 2 nicht mehr vollzogen werden kann.[89]

Hat der Antragsteller zunächst nur ein Gesuch eingereicht und nimmt er dieses zurück, sobald ihm fehlende Erfolgsaussichten angedeutet werden, steht der Zulässigkeit eines zweiten identischen Gesuchs bei einem anderen Gericht zwar weder eine entgegenstehende Rechtskraft noch eine anderweitige Rechtshängigkeit entgegen. Aber in diesem Fall zeigt der Antragsteller, dass ihm an einer schnellen Entscheidung im bereits eingeleiteten ersten Verfahren gar nicht gelegen ist. Deshalb muss er damit rechnen, dass sein zweites Gesuch mangels Dringlichkeit zurückgewiesen wird.[90] 33

Problematisch kann das Zulässigkeitshindernis der anderweitigen Rechtshängigkeit dann sein, wenn der Antragsteller wegen desselben materiellen Anspruchs **verschiedene Eilgesuche** einreicht.[91] Beantragt etwa der Gläubiger zur Sicherung derselben Geldforderung einen dinglichen und einen persönlichen Arrest, strebt er verschiedene Ziele an. Das ist zulässig.[92] Wenn der Gläubiger wegen eines Individualanspruches, der in eine Geldforderung übergehen kann, vorsorglich die Vollstreckung wegen beider Forderungen sichern will, sind Arrest und Sicherungsverfügung nebeneinander zulässig.[93] Eine Befriedigungsverfügung einerseits und ein Arrest oder eine Sicherungsverfügung andererseits können im Verhältnis von Haupt- und Hilfsantrag gleichzeitig begehrt werden, wenn der Gläubiger eine Forderung in erster Linie durchsetzen, aber hilfsweise wenigstens sichern lassen will. Beide Anordnungen sind aber auch nebeneinander zulässig, wenn ein Teil der Forderung durchgesetzt, der andere nur gesichert werden soll.[94] 34

f) Keine prozesshindernden Einreden

Hinsichtlich der Anwendbarkeit der prozesshindernden Einreden im Eilverfahren ist zu differenzieren: 35

---

87 Siehe nur *Teplitzky*, WRP 1980, 373, 374.
88 *Teplitzky*, WRP 1980, 373, 374; *Walker*, Der einstweilige Rechtsschutz, Rn. 198.
89 *Walker*, Der einstweilige Rechtsschutz, Rn. 199.
90 So OLG Frankfurt, NJW 2005, 3222; OLG Karlsruhe, GRUR 1993, 135; zustimmend *Bayerlein*, WRP 2005, 1463 ff.
91 Einzelheiten dazu bei § 920 Rn. 16 sowie bei *Walker*, Der einstweilige Rechtsschutz, Rn. 156–164.
92 *Baur*, Studien zum einstweiligen Rechtsschutz, S. 83; *Ebmeier/Schöne*, Rn. 116; *Ritter*, ZZP 88 (1975), 126, 134; *Stein/Jonas/Grunsky*, § 918 Rn. 6; *Zöller/Vollkommer*, § 918 Rn. 1.
93 Siehe schon Rn. 12; OLG Köln, JMBl. NW 1984, 9; MüKo/*Drescher*, vor § 916 Rn. 37; *Zöller/Vollkommer*, § 916 Rn. 2; einschränkend *Wieczorek/Schütze/Thümmel*, § 916 Rn. 6.
94 *Baur*, Studien zum einstweiligen Rechtsschutz, S. 83 mit Fn. 17; *Walker*, Der einstweilige Rechtsschutz, Rn. 159.

aa) Einrede der Schiedsgerichtsbarkeit

36 Die Einrede der Schiedsgerichtsbarkeit (§ 1032 Abs. 1) hat für die Zulässigkeit des Gesuchs auf einstweiligen Rechtsschutz keine Bedeutung. Bis zur Neuregelung des Schiedsverfahrensrechts durch Gesetz vom 22.12.1997[95] wurde teilweise schon bestritten, dass die Schiedsgerichte überhaupt einstweiligen Rechtsschutz gewähren können.[96] Diese Ansicht ist heute zwar überholt; denn nach § 1041 Abs. 1 kann das Schiedsgericht auf Antrag einer Partei vorläufige oder sichernde Maßnahmen anordnen, die es in Bezug auf den Streitgegenstand für erforderlich hält, wenn die Parteien nichts anderes vereinbart haben. Daneben sind aber gem. § 1033 auch die staatlichen Gerichte konkurrierend für den einstweiligen Rechtsschutz zuständig. Das ergibt sich zudem aus § 1041 Abs. 2, wonach die Vollziehung einer schiedsgerichtlich angeordneten Eilmaßnahme nur zuzulassen ist, wenn nicht schon eine entsprechende Maßnahme bei einem staatlichen Gericht beantragt ist. Diese Unabdingbarkeit des staatlichen einstweiligen Rechtsschutzes beruht auf der grundgesetzlichen Garantie effektiven Rechtsschutzes.[97] Da nämlich die Schiedsgerichte keine eidesstattliche Versicherung abnehmen können und zudem eine schiedsgerichtliche Eilmaßnahme noch der Vollziehungsanordnung (§ 1041 Abs. 2) und der Schiedsspruch noch der Vollstreckbarkeitserklärung (§ 1060 Abs. 1) durch ein staatliches Gericht bedürfen (§ 1062 Abs. 1 Nr. 3, 4), ist ein schiedsgerichtlicher einstweiliger Rechtsschutz niemals eine gleichwertige Alternative zum staatlichen.[98]

bb) Einrede der Prozesskostensicherheit

37 Die Einrede der Prozesskostensicherheit (§§ 110 Abs. 1, 113) spielt selbst in den Verfahren mit Beteiligung des Antragsgegners, in denen dieser sich auf die Einrede berufen könnte, keine Rolle.[99] Der verfahrensbeschleunigende Zweck des Eilverfahrens steht im Interesse eines effektiven Rechtsschutzes der Notwendigkeit einer Prozesskostensicherheit entgegen.[100] Zwar hat der Gesetzgeber durch die Streichung des früheren Befreiungstatbestandes des § 110 Abs. 2 Nr. 2 a. F. im Urkunden- und Wechselprozess dem Interesse des Beklagten an Prozesskostensicherheit Vorrang vor dem Interesse des Klägers an einem beschleunigten Verfahren eingeräumt;[101] aber die dafür u. a. gegebene Begründung, Wechsel- und Scheckprozesse seien von geringer praktischer Bedeutung, lässt sich auf das Eilverfahren nicht übertragen.

cc) Einrede der Kostenerstattung des Vorprozesses

38 Die Einrede der Kostenerstattung des Vorprozesses (§ 269 Abs. 6) kann dagegen zur Unzulässigkeit des Eilgesuchs führen. Der Zweck dieser Regelung, den Beklagten vor einer Erstattung der Kosten aus dem Vorprozess davor zu bewahren, erneut mit derselben Klage belästigt zu werden,[102] trifft auch bei der erneuten Einreichung eines zuvor zurückgenommenen Eilgesuchs zu. Hier müssen

---

95 BGBl. 1997 I, 3224.
96 BGH, LM Nr. 8 zu § 1041 ZPO; OLG München, SpuRt 1997, 134; LG Frankfurt, NJW 1983, 761, 762; *Dütz*, ZfA 1972, 247, 266; *Schwab*, FS Baur, 1981, S. 627, 638; *Semler*, BB 1979, 1533; *Stein/Jonas/Grunsky*, vor § 916 Rn. 30; a. M. *Aden*, BB 1985, 2277, 2279; *Baur*, Neuere Probleme der privaten Schiedsgerichtsbarkeit, 1980, S. 25; *Lindacher*, ZGR 1979, 201; *Lüke*, FS LG Saarbrücken, 1985, S. 297, 310, 315.
97 *Vollkommer*, RdA 1982, 16, 21, 23; a. M. *Stein/Jonas/Grunsky*, vor § 916 Rn. 31.
98 OLG München, SpuRt 2001, 64, 65. Zum begrenzten Wert des einstweiligen Rechtsschutzes im Schiedsverfahren siehe *Schütze*, BB 1998, 1650; *Wolf*, DB 1999, 1101, 1103.
99 OLG München, SpuRt 2001, 64; LG Berlin, MDR 1957, 552, 553; *Melullis*, Handbuch des Wettbewerbsprozesses, Rn. 190; *Musielak/Voit/Foerste*, § 110 Rn. 2 (solange nicht mündlich verhandelt ist); *Stein/Jonas/Bork*, § 110 Rn. 13; *Thomas/Putzo/Hüßtege*, § 110 Rn. 3 (solange nicht mündlich verhandelt ist); *Zöller/Herget*, § 110 Rn. 3 (anders, wenn nach Widerspruch Termin bestimmt und der Antragsgegner beteiligt wird); a. M. OLG Köln, NJW 1987, 76; ferner *Ahrens*, FS Nagel, S. 1, 7 ff.
100 *Walker*, Der einstweilige Rechtsschutz, Rn. 204.
101 BT-Drucks. 13/10871, S. 18.
102 BGH, ZIP 1992, 645 f.; OLG Bremen, ZIP 1991, 1307, 1308.

g) Rechtsschutzinteresse

Das Rechtsschutzinteresse als Voraussetzung für die Zulässigkeit einer Klage hat im Arrest- und Verfügungsverfahren kaum eine selbstständige Bedeutung.[104] Es wird im Wesentlichen von der ausdrücklich im Gesetz vorgeschriebenen Erfolgsvoraussetzung des Arrest- oder Verfügungsgrundes verdrängt.[105] Allenfalls dann, wenn zwar ein Bedürfnis nach einstweiligem Rechtsschutz und damit ein Arrest- oder Verfügungsgrund besteht, diesem Bedürfnis aber aus verfahrensrechtlichen Gründen gar nicht Rechnung getragen werden kann, ist das Eilverfahren mangels Rechtsschutzinteresses unzulässig. Davon dürfte etwa dann auszugehen sein, wenn das Gericht eine entscheidungserhebliche Norm für verfassungswidrig hält und deshalb an sich nach Art. 100 Abs. 1 GG das Verfahren aussetzen müsste;[106] denn die mit einer solchen Aussetzung verbundene Zeitdauer lässt ein Rechtsschutzinteresse am Eilverfahren entfallen.[107]

39

h) Arrest- oder Verfügungsgrund

Ob der Arrest- oder Verfügungsgrund (§§ 917, 918, 935, 940) zur Zulässigkeit oder zur Begründetheit des Gesuchs gehört, ist äußerst umstritten.[108] Seine Nähe zum Rechtsschutzinteresse wird als Argument für die Einordnung bei den Zulässigkeitsvoraussetzungen herangezogen.[109] Andererseits sind die Voraussetzungen des Arrest- oder Verfügungsgrundes ebenso wie diejenigen der Selbsthilfe nach § 229 BGB materieller Art. Die hier zu prüfende Gefährdung muss sich auf die Verwirklichung eines materiellen Anspruchs beziehen. Die in den §§ 917 f., 935, 940 verwendeten Formulierungen »findet statt« und »sind zulässig« haben danach die Bedeutung von »dürfen angeordnet werden«.[110] Diese Terminologie hat der Gesetzgeber in § 940a für den Sonderfall der Räumungsverfügung auch bewusst gewählt.

40

Letztlich kann die dogmatische Einordnung bei den Zulässigkeits- oder Begründetheitsvoraussetzungen jedoch offen bleiben.[111] Auch nach der Ansicht, die von einer Zulässigkeitsvoraussetzung ausgeht, braucht nämlich bei offensichtlich fehlendem Arrest- oder Verfügungsanspruch der mög-

41

---

103 *Walker*, Der einstweilige Rechtsschutz, Rn. 206.
104 Zur Bedeutung des Rechtsschutzinteresses in den Aufhebungsverfahren siehe § 926 Rn. 11, 30 und § 927 Rn. 16 f.
105 OLG Köln, GRUR 1982, 504, 505; *Faecks*, NZA 1985, Beilage 3, S. 6, 15; *Heinze*, RdA 1986, 273, 275; *Jauernig*, ZZP 79 (1966), 321; *Teplitzky*, JuS 1981, 122, 124; vgl. aber OLG Frankfurt, WRP 1997, 51.
106 Zur Aussetzung im Eilverfahren siehe noch Rn. 59 ff.
107 *Walker*, Der einstweilige Rechtsschutz, Rn. 208 und 354.
108 Siehe noch § 917 Rn. 2.
109 So etwa OLG Frankfurt, NJW 1975, 392, 393; OLG Stuttgart, WRP 1997, 355, 357; LAG Frankfurt, NZA 1988, 37, 38; LAG Hamm, NZA 1984, 130; DB 1987, 846; NZA 1988, Beilage 2, S. 26; LAG Köln, NZA 1991, 396; LAG München, NJW 1980, 957; LAG Rheinland-Pfalz, NZA 1986, 264; *Ahrens/Schmukle*, Der Wettbewerbsprozess, Kap. 45 Rn. 1; Alternativkommentar/*Damm*, § 917 Rn. 4; *Teplitzky*, JuS 1981, 122, 124; *ders.*, Wettbewerbsrechtliche Ansprüche und Verfahren, Kap. 54 Rn. 15; *Wenzel*, MDR 1967, 889, 892.
110 So (Einordnung bei der Begründetheit) im Ergebnis auch *Baur*, Studien zum einstweiligen Rechtsschutz, S. 77 mit Fn. 5; *J. Blomeyer*, ZZP 81 (1968), 20, 45; *K. Blomeyer*, ZZP 65 (1952), 52, 61 ff.; *Gaul/Schilken/Becker-Eberhard*, § 75 Rn. 5; HdbVR-*Dunkl*, A Rn. 14, 153, 504; *Minnerop*, Materielles Recht und einstweiliger Rechtsschutz, S. 36 f.; MüKo/*Drescher*, § 917 Rn. 2; Stein/Jonas/*Grunsky*, § 917 Rn. 2; *Walker*, Der einstweilige Rechtsschutz, Rn. 210; Zöller/*Vollkommer*, § 917 Rn. 3.
111 Siehe aus der Rechtsprechung nur OLG Karlsruhe, GRUR 1978, 116, 117.

licherweise schwierig festzustellende Arrest- oder Verfügungsgrund nicht geprüft zu werden.[112] Es erfolgt vielmehr eine schnelle Sachabweisung.

2. Begründetheitsvoraussetzungen

42 Zur Begründetheit des Gesuchs gehören das Vorliegen eines Arrest- oder Verfügungsanspruchs sowie ein Arrest- oder Verfügungsgrund, sofern man diesen nicht bereits zu den Zulässigkeitsvoraussetzungen zählt.[113] Während der materielle Anspruch Voraussetzung dafür ist, dass dem Antragsteller überhaupt Rechtsschutz gewährt wird, ist der Arrest- oder Verfügungsgrund die Legitimation dafür, dass er gerade einen einstweiligen Rechtsschutz schon vor Durchführung des Hauptsacheverfahrens erhält.

a) Materieller Arrest- oder Verfügungsanspruch

43 Ein materieller Arrest- oder Verfügungsanspruch ist nicht nur beim Arrest (§ 916) und bei der Sicherungsverfügung (§ 935) erforderlich, sondern auch bei der Leistungs- oder Befriedigungsverfügung und bei der sog. Regelungsverfügung, falls man diese überhaupt als eigene Verfügungsart anerkennt.[114] Zwar spricht der insoweit missverständliche Wortlaut des § 940 nicht von einem Anspruch oder einem Recht, sondern von einem regelungsbedürftigen Rechtsverhältnis. Aus diesem Rechtsverhältnis müssen sich aber für den Antragsteller Rechte ergeben, deren Ausübung durch die erstrebte Regelung gesichert oder einstweilen ermöglicht werden soll.[115] Andernfalls könnte der Antragsteller kein Hauptsacheverfahren durchführen, wovon der Bestand der einstweiligen Verfügung jedoch abhängt (§§ 926, 936). Hinsichtlich der Voraussetzungen des Arrest- oder Verfügungsanspruchs hat auch im Eilverfahren eine uneingeschränkte Schlüssigkeitsprüfung stattzufinden.[116]

44 Allen Arrest- und Verfügungsansprüchen ist gemeinsam, dass sie bereits **gegenwärtig einklagbar** sein müssen. Das ergibt sich aus dem Sinn des einstweiligen Rechtsschutzes, die Effektivität des Hauptsacherechtsschutzes zu sichern,[117] und kommt in § 926 zum Ausdruck, wonach das Gericht auf Antrag dem Antragsteller die Einleitung des Hauptsacheverfahrens innerhalb einer bestimmten Frist aufzugeben und die Eilanordnung aufzuheben hat, wenn die fristgerechte Erhebung der Hauptsacheklage unterbleibt. Die Vollstreckung wegen eines noch nicht einklagbaren (künftigen) Anspruchs kann ebenso wenig wie die eines gar nicht einklagbaren Anspruchs (z. B. eines unselbstständigen Nebenanspruchs) im Wege des einstweiligen Rechtsschutzes gesichert werden.

45 Ferner muss der Anspruch auch grundsätzlich **vollstreckbar** sein. Eine nicht vorhandene Vollstreckungsmöglichkeit kann auch im Eilverfahren nicht gesichert oder gar vollzogen werden. Deshalb scheidet entgegen einer anderen Ansicht[118] eine einstweilige Verfügung wegen solcher Ansprüche,

---

112 *Baur*, ZTR 1989, 419, 421; Hk-ZV/*Haertlein*, § 917 Rn. 1; MüKo/*Drescher*, § 917 Rn. 2; *Stolz*, Einstweiliger Rechtsschutz und Schadensersatzpflicht, 1989, S. 76 mit Fn. 300; Stein/Jonas/*Grunsky*, § 917 Rn. 2; *Teplitzky*, JuS 1981, 122, 124; *ders.*, Wettbewerbsrechtliche Ansprüche und Verfahren, Kap. 54 Rn. 15; Zöller/*Vollkommer*, § 917 Rn. 3.
113 Siehe soeben Rdn. 40.
114 Siehe dazu Rdn. 14.
115 OLG Koblenz, NJW-RR 1986, 1039; *Baur*, Studien zum einstweiligen Rechtsschutz, S. 29 f.; *J. Blomeyer*, ZZP 81 (1968), 20, 38; *Brox/Walker*, Rn. 1591; *Grunsky*, JuS 1976, 277, 279; Hk-ZV/*Haertlein*, § 940 Rn. 2; *Leipold*, Grundlagen des einstweiligen Rechtsschutzes, S. 85 f.; *Minnerop*, Materielles Recht und einstweiliger Rechtsschutz, S. 63 ff.; MüKo/*Drescher*, § 940 Rn. 3; Stein/Jonas/*Grunsky*, § 940 Rn. 1, 2; Thomas/Putzo/*Seiler*, § 940 Rn. 2; *Vogg*, Einstweiliger Rechtsschutz und vorläufige Vollstreckbarkeit, S. 70 f.; *Walker*, Der einstweilige Rechtsschutz, Rn. 115; Wieczorek/Schütze/*Thümmel*, § 940 Rn. 5. Siehe auch § 940 Rn. 5.
116 Siehe § 922 Rdn. 16, 18 sowie § 935 Rdn. 6 ff. und § 940 Rdn. 6.
117 Siehe schon Rdn. 1 ff.
118 Vgl. nur *Baur*, Studien zum einstweiligen Rechtsschutz, S. 28; *Faecks*, NZA 1985, Beilage 3, S. 6, 10; *Jauernig*, ZZP 79 (1966), 321, 345; *Wenzel*, MDR 1967, 889, 890 f.

die nach § 888 Abs. 3 oder nach § 120 Abs. 3 FamFG gar nicht vollstreckbar sind, aus.[119] Dagegen braucht der Anspruch beim Arrest noch nicht »gegenwärtig« vollstreckbar zu sein. Das folgt aus § 916 Abs. 2, wonach auch betagte und bedingte, also nach §§ 726, 751 noch nicht vollstreckbare Ansprüche arrestfähig sind. Gleiches gilt für die Verfügungsansprüche, die Grundlage einer dem Arrest vergleichbaren Sicherungsverfügung sind. Dagegen kommen für Befriedigungsverfügungen nur solche Ansprüche als Verfügungsansprüche in Betracht, die auch gegenwärtig schon vollstreckbar sind. Im Wege des einstweiligen Rechtsschutzes darf der Antragsgegner nicht zu einer Leistung gezwungen werden, zu der er schon nach dem Vortrag des Antragstellers nach materiellem Recht derzeit gar nicht verpflichtet ist.[120] Andernfalls würde er im Eilverfahren mehr erhalten, als er im Hauptsacheverfahren erlangen könnte.

b) Arrest- oder Verfügungsgrund

Die Einzelheiten für den Arrest- oder Verfügungsgrund ergeben sich aus den §§ 917, 918, 935, 940, 940a. Sie werden deshalb auch jeweils dort kommentiert. Vorab sei lediglich folgender Gesichtspunkt wegen seiner strukturellen Bedeutung für die jeweils zu prüfenden Erfolgsaussichten eines Gesuchs angesprochen. Der Arrestgrund für den dinglichen Arrest setzt nach dem unmissverständlichen Wortlaut des § 917 neben der Gefahr einer Vollstreckungsvereitelung oder -erschwerung **keine Interessenabwägung** in jedem Einzelfall voraus.[121] Dahinter steht die pauschalierende gesetzgeberische Wertung, dass die Interessen des Antragstellers, die Durchsetzung seines schlüssig dargelegten und glaubhaft gemachten Anspruchs wenigstens zu sichern, grundsätzlich höher zu bewerten sind als die Interessen des Antragsgegners, selbst vor lediglich sichernden Maßnahmen bis zum Abschluss des Hauptsacheverfahrens verschont zu bleiben.[122] Gleiches muss auch für den Verfügungsgrund bei einer Sicherungsverfügung (§ 935) gelten, den der Gesetzgeber bewusst eng an die Regelung des Arrestgrundes beim dinglichen Arrest angelehnt hat. Auch hier ist also eine Interessenabwägung entbehrlich.[123] Dagegen kann der Arrestgrund beim **persönlichen Arrest** erst aufgrund einer **Interessenabwägung** festgestellt werden, denn der mit dem persönlichen Arrest verbundene Grundrechtseingriff (Art. 2 Abs. 2 GG) muss verhältnismäßig sein, und die Prüfung der Verhältnismäßigkeit im engeren Sinne verlangt eine Abwägung zwischen dem geschützten und dem beeinträchtigten Rechtsgut.[124] Daher darf ein persönlicher Arrest z. B. nicht zur Sicherung der Vollstreckung wegen einer Bagatellforderung angeordnet werden.[125] Ferner unterscheiden sich die Voraussetzungen des Verfügungsgrundes bei der **Befriedigungsverfügung** durch die **Notwendigkeit einer Interessenabwägung** entscheidend vom Verfügungsgrund bei der Sicherungsverfügung.[126] Das folgt aus dem verfassungsrechtlichen Gebot der Ausgewogenheit des einstweiligen Rechtsschutzes. Die Befriedigungsverfügung ist nämlich geradezu darauf angelegt, beim Antragsgegner solche irreparablen Folgen zu bewirken, wie sie beim Antragsteller gerade verhindert werden sollen. Um sicherzustellen, dass das Risiko einer irreparablen Fehlentscheidung nicht von vornherein bei

46

---

119 Siehe nur LAG Hamburg, DB 2002, 2003 f.; *Brox/Walker*, Rn. 1593; GMP/*Germelmann*, ArbGG, § 62 Rn. 107; GWBG/*Benecke*, ArbGG, § 62 Rn. 37; HdbVR-*Baur*, B Rn. 60; MüKo/*Drescher*, § 935 Rn. 112 (kein Verfügungsgrund); *Walker*, Der einstweilige Rechtsschutz, Rn. 227; Zöller/*Vollkommer*, § 940 Rn. 8 – Arbeitsrecht.
120 *Walker*, Der einstweilige Rechtsschutz, Rn. 229.
121 Siehe auch § 917 Rdn. 4.
122 *Walker*, Der einstweilige Rechtsschutz, Rn. 231.
123 *Brox/Walker*, Rn. 1581; *Gaul/Schilken/Becker-Eberhard*, § 76 Rn. 12; *Schilken*, Die Befriedigungsverfügung, 1976, S. 126 f.; *Walker*, Der einstweilige Rechtsschutz, Rn. 245; wohl auch MüKo/*Drescher*, der die Interessenabwägung nur bei der befriedigenden und regelnden Verfügung voraussetzt (§ 938 Rn. 20, § 940 Rn. 17); a. M. Stein/Jonas/*Grunsky*, § 935 Rn. 9; siehe auch § 935 Rn. 16.
124 *Ritter*, ZZP 88 (1975), 126, 158 f.; *Walker*, Der einstweilige Rechtsschutz, Rn. 241.
125 *Brox/Walker*, Rn. 1503; Zöller/*Vollkommer*, § 918 Rn. 2; *Berger/Skamel*, Kap. 4 Rn. 41; **a.A.** MüKo/*Drescher*, § 918 Rn. 7.
126 Siehe statt aller *Schilken*, Die Befriedigungsverfügung, 1976, S. 129 f.

einer der Parteien liegt, muss bei der Prüfung des Verfügungsgrundes neben der ohnehin erforderlichen Notwendigkeit der einstweiligen Verfügung in jedem Einzelfall eine Interessenabwägung vorgenommen werden und zugunsten des Antragstellers ausgehen.[127] Hier können sowohl der vermutliche Ausgang des Hauptsacheverfahrens als auch die Schutzbedürftigkeit und Schutzwürdigkeit beider Parteien einschließlich der Höhe des jeweils drohenden Schadens und der Realisierbarkeit eines etwaigen Schadensersatzanspruches berücksichtigt werden.[128]

VIII. Das Erkenntnisverfahren

1. Allgemeines Verfahrensrecht

47 Zum Erkenntnisverfahren im einstweiligen Rechtsschutz enthalten die §§ 916 ff. nur punktuelle Regelungen. Im Übrigen gilt das allgemeine Verfahrensrecht, soweit nicht der Zweck des Eilverfahrens entgegensteht.[129]

Es herrscht die **Dispositionsmaxime**: Das Verfahren wird niemals von Amts wegen eingeleitet. An die Stelle der Klageschrift tritt das Gesuch.[130] Bereits durch die Einreichung des Gesuchs bei Gericht und nicht erst mit der Zustellung an den Antragsgegner wird die Streitsache rechtshängig.[131] Das folgt daraus, dass schon vor der Zustellung und unabhängig davon, ob überhaupt eine Zustellung erfolgt, eine Entscheidung über das Gesuch ergehen kann. Mit Einreichung des Gesuchs treten daher die Rechtshängigkeitswirkungen des § 261 Abs. 3 Nr. 1, 2 ein.[132] Nach diesem Zeitpunkt ist eine Änderung des in dem Gesuch enthaltenen Antrags nur unter den Voraussetzungen der §§ 263 f. zulässig. In dem bloßen Wechsel der Verfahrensart vom Arrest- in das Verfügungsverfahren und umgekehrt liegt keine Klageänderung.[133] Die Rücknahme des Gesuchs ist bis zum rechtskräftigen Abschluss des Verfahrens jederzeit möglich, und zwar selbst nach mündlicher Verhandlung ohne Zustimmung des Gegners.[134] An den Antrag ist der Richter gem. § 308 gebunden, soweit der Antragsinhalt wie etwa die Wahl zwischen dem dinglichen und dem persönlichen Arrest[135] und die Wahl zwischen Sicherung und Befriedigung[136] der Disposition des Antragstellers unterliegt.

48 Die Vorschriften über **Prozesskostenhilfe** gelten auch im Eilverfahren.[137] Die gem. § 118 Abs. 1 vor der Bewilligung der Prozesskostenhilfe vorgesehene Anhörung des Gegners dürfte immer dann »unzweckmäßig« i. S. d. Vorschrift sein, wenn in dem Eilverfahren gem. § 922 Abs. 1 Satz 1 i. V. m. § 128 Abs. 4 oder gem. § 937 Abs. 2 ohne mündliche Verhandlung entschieden werden soll. Prozess-

---

127 OLG Frankfurt, OLGZ 1989, 356, 357; GmbH-Rdsch. 1992, 368, 369; LAG Hamburg, NZA 1988, Beilage 2, S. 27, 28; LAG Sachsen, NZA-RR 2002, 439, 440 f.; *Baur*, Studien zum einstweiligen Rechtsschutz, S. 56 f.; *Grunsky*, JuS 1976, 277, 282; *Jauernig*, ZZP 79 (1966), 321; *Kargados*, FS Gaul, 1997, S. 265, 273 ff.; *Walker*, Der einstweilige Rechtsschutz, Rn. 258.
128 *Walker*, Der einstweilige Rechtsschutz, Rn. 261 ff.
129 HdbVR-*Dunkl*, A Rn. 12; *Stein/Jonas/Grunsky*, vor § 916 Rn. 5, 7 ff.; *Teplitzky*, DRiZ 1982, 41.
130 Zu Form und Inhalt des Gesuchs siehe § 920 Rdn. 3 ff.
131 OLG Düsseldorf, NJW 1981, 2824 f.; OLG Hamburg, VersR 1989, 1164; WRP 1977, 495 f.; *Brox/Walker*, Rn. 1508; HdbVR-*Dunkl*, A Rn. 11; HdbZVR/*Kellendorfer*, Kap. 8 Rn. 14; Hk-ZV/*Haertlein*, Vor §§ 916–945 Rn. 32; MüKo/*Drescher*, vor § 916 Rn. 15; *Teplitzky*, DRiZ 1982, 41, 42; *Zöller/Vollkommer*, § 920 Rn. 12; differenzierend nach verschiedenen Wirkungen der Rechtshängigkeit *Stein/Jonas/Grunsky*, vor § 916 Rn. 10.
132 Siehe dazu § 920 Rdn. 10 ff.
133 KG, NJW 1961, 1978; HdbVR-*Dunkl*, A Rn. 7; *Stein/Jonas/Grunsky*, vor § 916 Rn. 54; *Zöller/Vollkommer*, Vor § 916 Rn. 3; a. M. OLG Düsseldorf, NJW 1991, 2028.
134 Siehe § 920 Rdn. 14.
135 Siehe § 920 Rdn. 7.
136 *Walker*, Der einstweilige Rechtsschutz, Rn. 148.
137 OLG Düsseldorf, NJW-RR 1992, 198; HdbVR-*Dunkl*, A Rn. 38 ff.; *Stein/Jonas/Bork*, § 114 Rn. 11 und § 119 Rn. 12; *Zöller/Geimer*, § 114 Rn. 2.

kostenhilfe kann selbst für die Einreichung einer Schutzschrift[138] gegen einen erwarteten Antrag auf Erlass einer einstweiligen Verfügung beantragt werden, sofern für die Einreichung der Schutzschrift eine dem Verfügungsgrund[139] vergleichbare Dringlichkeit gegeben ist.[140]

Falls eine mündliche Verhandlung stattfindet, gelten die §§ 128 ff. Bei **Säumnis** einer Partei finden die §§ 330 ff. Anwendung. Tatsachen können **zugestanden** werden (§ 288) mit der Folge, dass eine Glaubhaftmachung entbehrlich wird.[141] Falls Angriffs- oder Verteidigungsmittel unter Verstoß gegen die allgemeine Prozessförderungspflicht so spät vorgetragen werden, dass der Gegner sich dazu nicht erklären kann, kommt eine **Zurückweisung nach § 296 Abs. 2** in Betracht.[142] Als Folge der Dispositionsmaxime ist ein **Verzicht**[143] des Antragstellers auf sein Sicherungsbegehren (§ 306) ebenso möglich wie umgekehrt ein **Anerkenntnis**[144] des Antragsgegners (§ 307). Beide Erklärungen beschränken sich allerdings grundsätzlich auf den Gegenstand des Eilverfahrens und haben nicht automatisch Auswirkungen auf das Hauptsacheverfahren.[145] Sie führen zu einem Verzichts- bzw. Anerkenntnisurteil. Der Erlass eines Arrestes oder einer einstweiligen Verfügung durch Anerkenntnisurteil setzt voraus, dass sich das Anerkenntnis auch auf den Arrest- oder Verfügungsgrund bezieht.[146] Auch ein Prozessvergleich im Eilverfahren bezieht sich im Zweifel nur auf den Gegenstand dieses Verfahrens.[147] Er kann aber auch zwecks Beilegung des Hauptsacherechtsstreits geschlossen werden.[148] Ein Streit über die Wirksamkeit des Vergleichs ist im Eilverfahren fortzusetzen, wenn nur dieses vergleichsweise beendet werden sollte, andernfalls in einem Hauptsacheverfahren.[149]

49

Eine Beendigung des Eilverfahrens durch **übereinstimmende Erledigungserklärung** ist wie im Hauptsacheverfahren möglich. Das gilt selbst dann, wenn keine mündliche Verhandlung stattgefunden hat und der Antragsgegner seine Erledigungserklärung schriftlich eingereicht oder zu Protokoll der Geschäftsstelle erklärt hat (§ 91a Abs. 1). Der Antragsgegner kann eine wirksame Erledigungserklärung aber nicht schon mit dem Eintritt der vorgezogenen Rechtshängigkeit (Rn. 33), sondern erst nach tatsächlicher Beteiligung am Verfahren durch Zustellung der Antragsschrift bzw. der Eilanordnung abgeben.[150] Die Erledigung bezieht sich nur auf das Eilverfahren, nicht auf ein gleichzeitig anhängiges Hauptsacheverfahren. Dieses kann allenfalls zusätzlich für erledigt erklärt werden, was sich etwa dann anbietet, wenn durch das erledigende Ereignis der materielle Arrest- oder Verfügungsanspruch weggefallen ist. Die Kostenentscheidung hängt nach § 91a von dem bisherigen Sach- und Streitstand ab. Das gilt auch dann, wenn die Erledigung auf zwischenzeitlicher Verjährung des Verfügungsanspruches beruht.[151] Die übereinstimmenden Erledigungserklärungen sind für das Gericht bindend; ob tatsächlich eine Erledigung eingetreten ist, spielt keine Rolle. Eine **einseitige Erledigungserklärung** durch den Antragsteller ist ebenfalls möglich. Dann muss das Gericht prüfen, ob der Eilantrag ursprünglich zulässig und begründet war und wegen eines

50

---

138 Siehe dazu Rn. 67 und § 937 Rdn. 21.
139 Siehe dazu Rn. 46; § 935 Rdn. 14 ff.; § 940 Rdn. 8 ff.
140 MüKo/*Motzer*, § 114 Rn. 35; *Zöller/Geimer*, § 114 Rn. 2; vgl. auch OLG Düsseldorf, FamRZ 1985, 502 (im konkreten Fall verneint).
141 Siehe § 920 Rdn. 23.
142 Siehe § 922 Rdn. 15.
143 OLG Koblenz, NJW-RR 1986, 1443.
144 OLG Hamm, NJW-RR 1986, 1232; OLG München, OLGZ 1988, 230.
145 OLG Hamm, NJW-RR 1986, 1232 f.
146 *Stein/Jonas/Grunsky*, vor § 916 Rn. 22.
147 HdbVR-*Baur*, H Rn. 394.
148 BGH, NJW-RR 1991, 1021; HdbVR-*Dunkl*, A Rn. 63; *Stein/Jonas/Grunsky*, vor § 916 Rn. 25 ff.; *Zöller/Vollkommer*, Vor § 916 Rn. 5.
149 HdbVR-*Dunkl*, A Rn. 63; *Stein/Jonas/Grunsky*, vor § 916 Rn. 25 f.
150 OLG Brandenburg, NJW-RR 1996, 1470; vgl. auch *Gottwald*, § 920 Rn. 8.
151 OLG Koblenz, NJW-RR 1996, 1520; OLG Stuttgart, NJW-RR 1996, 1520.

nachträglich eingetretenen Ereignisses unzulässig oder unbegründet geworden ist. Falls das bejaht wird, ist durch Urteil[152] die Erledigung festzustellen.[153] Andernfalls ist das Gesuch zurückzuweisen. Im **Aufhebungsverfahren** nach § 926 Abs. 2 bietet sich eine einseitige Erledigungserklärung für den Schuldner an, wenn der Gläubiger während des Aufhebungsverfahrens die nicht innerhalb der nach § 926 Abs. 1 gesetzten Frist erhobene Klage in der Hauptsache nachträglich einreicht. Hier kann der Schuldner durch die Erledigungserklärung eine Belastung mit den Kosten des Aufhebungsverfahrens vermeiden.[154] Eine **sofortige Beschwerde** des Antragstellers, dessen Gesuch ohne mündliche Verhandlung durch Beschluss zurückgewiesen wurde,[155] kann allerdings nicht mit dem Ziel eingelegt werden, die Erledigung der Hauptsache auszusprechen;[156] das ergibt sich erstens aus § 922 Abs. 3, wonach der Antragsgegner im Fall der Zurückweisung des Gesuchs nicht zu beteiligen ist, und zweitens fehlt es für ein bloßes Erledigungsbegehren an einem Arrest- oder Verfügungsgrund.

51 Die **Rechtsbehelfe** gegen die Entscheidung über ein Arrest- oder Verfügungsgesuch entsprechen nur z. T. den allgemeinen Regeln.[157] Gegen ein erstinstanzliches Urteil im Eilverfahren findet für die jeweils unterliegende Partei die Berufung (§ 511 Abs. 1) statt. Handelt es sich um ein Versäumnisurteil, ist dagegen der Einspruch (§ 338) gegeben. Eine Revision ist weder gegen ein Berufungsurteil des Landgerichts noch gegen ein solches des Oberlandesgerichts (§ 542 Abs. 2 Satz 1) zulässig. Deshalb ist auch eine Nichtzulassungsbeschwerde im Eilverfahren nicht statthaft.[158] Gegen einen Beschluss, durch den das Gesuch zurückgewiesen wird, steht dem unterlegenen Antragsteller die sofortige Beschwerde (§§ 567 Abs. 1 Nr. 2, 569) zu. Gegen einen stattgebenden Beschluss findet – abweichend vom allgemeinen Verfahrensrecht – der Widerspruch (§ 924 Abs. 1) statt.[159] Berufungsurteile im Eilverfahren sowie die erstinstanzlichen Urteile nach Ablauf der Berufungs- (§ 517) oder Einspruchsfrist (§ 339) werden **formell rechtskräftig**. Soweit der Streitgegenstand des Eilverfahrens reicht, erwachsen sie auch in **materielle Rechtskraft**; diese bindet allerdings nicht den Richter im Hauptsacheverfahren und im Schadensersatzprozess nach § 945.[160]

2. Besonderes Verfahrensrecht der §§ 916 ff.

52 Soweit die §§ 916 ff. besondere Regelungen zum Erkenntnisverfahren enthalten, dienen diese überwiegend den Interessen des Antragstellers an einem beschleunigten und gegnerüberraschenden Verfahren,[161] z. T. aber auch den Interessen des Antragsgegners daran, die mit dem summarischen Verfahren verbundenen Fehlentscheidungsrisiken so gering wie möglich zu halten oder wenigstens auszugleichen.[162]

a) Regelungen zugunsten des Antragstellers

53 Von den zugunsten des Antragstellers wirkenden Vorschriften haben herausragende Bedeutung die §§ 920 Abs. 2, 922 Abs. 1 Satz 1 i. V. m. 128 Abs. 4 und 937 Abs. 2. Danach wird erstens der im

---

152 OLG Köln, WRP 1985, 660; HdbVR-*Dunkl*, A Rn. 56; *Zöller/Vollkommer*, § 91a Rn. 58 – Arrest und einstweilige Verfügung; a. M. *Gottwald*, § 922 Rn. 26; *Stein/Jonas/Grunsky*, § 922 Rn. 18 (Beschluss).
153 Das dürfte der einzige Fall sein, in dem im Eilverfahren ein Feststellungsurteil ergehen darf.
154 Siehe § 926 Rdn. 24.
155 Zur Statthaftigkeit der sofortigen Beschwerde gegen einen zurückweisenden Beschluss siehe § 922 Rn. 39.
156 OLG Celle, NJW-RR 2009, 1074; a. A. OLG Frankfurt, NJW-RR 1992, 493.
157 Siehe § 922 Rdn. 34 ff. und § 924 Rdn. 1 ff.
158 BAG, NZA 2005, 1016 (Ls).
159 Eine Ausnahme besteht im Fall des § 942 Abs. 1, wonach sich an den Erlass einer einstweiligen Verfügung durch das Amtsgericht der belegenen Sache das Rechtfertigungsverfahren vor dem Gericht der Hauptsache anschließt.
160 Siehe § 922 Rdn. 43 und § 945 Rdn. 25.
161 Einzelheiten dazu bei *Walker*, Der einstweilige Rechtsschutz, Rn. 265 ff.
162 Einzelheiten dazu bei *Walker*, Der einstweilige Rechtsschutz, Rn. 418 ff.

Hauptsacheverfahren erforderliche Beweis durch die bloße Glaubhaftmachung (§ 294) ersetzt,[163] und zweitens kann die Entscheidung über das Gesuch ohne mündliche Verhandlung ergehen.[164] Diese Regelungen bilden den verfahrensrechtlichen Kern des einstweiligen Rechtsschutzes und machen das Eilverfahren zu einem summarischen Verfahren. Verfahrensbeschleunigenden Charakter haben ferner die §§ 919, 942 Abs. 1 über die Zuständigkeit des Amtsgerichts der belegenen Sache, welches im Zweifel schneller zu erreichen ist als das Hauptsachegericht, sowie § 944 über das Alleinentscheidungsrecht des Vorsitzenden. Unter dem Gesichtspunkt der Gegnerüberraschung ist neben dem möglichen Verzicht auf mündliche Verhandlung § 922 Abs. 3 zu erwähnen, wonach der den Eilantrag zurückweisende Beschluss dem Antragsgegner nicht zuzustellen ist; dadurch wird dem zunächst unterliegenden Antragsteller auch für das Beschwerdeverfahren oder für ein neues Gesuch die Möglichkeit erhalten, eine ihm günstige Entscheidung ohne Vorwarnung des Gegners zu erlangen.

b) Regelungen zugunsten des Antragsgegners

Die Notwendigkeit von Vorschriften, die zugunsten des Antragsgegners wirken, ergibt sich daraus, dass sich die erhöhten Fehlentscheidungsrisiken im Eilverfahren insbesondere zu seinen Lasten auswirken. Diese Risiken ergeben sich erstens aus der bloßen Glaubhaftmachung, für die im Zweifel eine eidesstattliche Versicherung (§ 294) ausreicht, die ihrerseits nicht mehr als eine bekräftigte Parteierklärung ist, sowie zweitens aus dem möglichen Verzicht auf eine mündliche Verhandlung. Die genannten Risiken werden zwar vom Gesetz im Interesse eines effektiven Rechtsschutzes für den Antragsteller in Kauf genommen, aber wegen des verfassungsrechtlichen Gebots der Ausgewogenheit des (einstweiligen) Rechtsschutzes sowohl materiellrechtlich als auch durch Verfahrensregelungen zum Erkenntnis- und Vollziehungsverfahren[165] zugunsten des Antragsgegners kompensiert. Hier ist an erster Stelle § 945 zu nennen, wonach dem Antragsgegner ein verschuldensunabhängiger Schadensersatzanspruch zusteht, wenn der Antragsteller eine Eilanordnung vollzogen hat, die sich später als von Anfang an ungerechtfertigt erweist oder vom Gericht aufgehoben wird. Im Erkenntnisverfahren dienen die besonderen Rechtsbehelfe des Antragsgegners, mit denen dieser sich gegen die Eilanordnung wehren und ihre Aufhebung verlangen kann (§§ 924 f., 926, 927, 942 Abs. 3), dazu, dass eine ohne Beteiligung des Gegners ergangene Eilanordnung besonders schnell unter seiner Beteiligung gerichtlich überprüft wird und dass der Antragsgegner nicht länger als unbedingt nötig an sie gebunden ist.

3. Ungeschriebene verfahrensrechtliche Besonderheiten

Schließlich ergeben sich zahlreiche nicht ausdrücklich geregelte verfahrensrechtliche Besonderheiten vor allem aus dem Charakter des Eilverfahrens als einem beschleunigten Verfahren.

a) Kurzfristige Terminierung

Im Eilverfahren ist eine besonders kurzfristige Terminierung der mündlichen Verhandlung möglich. Zwar muss die Ladungsfrist des § 217 grundsätzlich eingehalten werden, weil auch im Eilverfahren für die Parteien die Möglichkeit bestehen muss, den Termin vorzubereiten und von anderen Vorhaben freizuhalten. Diese Ladungsfrist von drei Tagen kann jedoch gem. § 226 ohnehin schon verkürzt werden. Dagegen braucht die Einlassungsfrist des § 274 Abs. 3 von zwei Wochen nicht eingehalten zu werden, weil diese Zeitdauer einem schnellen, effektiven Rechtsschutz entgegensteht.[166]

---

163 Siehe dazu § 920 Rdn. 17 ff.
164 Siehe dazu § 922 Rdn. 3 ff. und § 937 Rdn. 10 ff.
165 Dazu Rdn. 75.
166 OLG Koblenz, WRP 1981, 115, 116; *Ahrens*, Wettbewerbsverfahrensrecht, S. 179; *Berger/Skamel*, Kap. 6 Rn. 13; *MüKo/Drescher*, § 922 Rn. 20; *Nirk/Kurtze*, Wettbewerbsstreitigkeiten, Rn. 345; *Stein/Jonas/ Grunsky*, § 922 Rn. 21; *Teplitzky*, JuS 1981, 352, 353; *Thomas/Putzo/Seiler*, § 922 Rn. 2; *Wenzel*, NZA 1984, 112, 114; *Wieczorek/Schütze/Thümmel*, § 922 Rn. 1; *Zöller/Vollkommer*, § 922 Rn. 15.

Die im Interesse eines effektiven Rechtsschutzes notwendige kurzfristige Terminierung verlangt ferner, dass das im Hauptsacheverfahren in der Regel einzuhaltende Reihenfolgeprinzip, wonach die Terminierung nach der zeitlichen Reihenfolge der Eingänge erfolgt,[167] nicht beachtet werden muss. Gesuche auf einstweiligen Rechtsschutz sind zeitlich vorrangig zu bearbeiten.[168]

b) Schriftsatzfrist

57   Die Gewährung einer Schriftsatzfrist in solchen Fällen, in denen sich eine Partei in der mündlichen Verhandlung auf ein Vorbringen des Gegners nicht erklären kann, weil dieses ihr nicht rechtzeitig vor dem Termin mitgeteilt worden ist (§ 283), kommt im Eilverfahren nicht in Betracht.[169] Das ergibt sich schon daraus, dass die tatbestandliche Voraussetzung dieser Norm, wonach ein Vorbringen dem Gegner rechtzeitig vor dem Termin mitzuteilen ist, im Eilverfahren, in dem jede Partei mit Überraschungen im Termin rechnen und sich darauf einstellen muss,[170] nicht gegeben ist.

c) Verweisung

58   Eine Verweisung von dem angerufenen Gericht an ein anderes Gericht kommt im Eilverfahren nur eingeschränkt in Betracht. Wegen sachlicher oder örtlicher Unzuständigkeit ist eine Verweisung gem. § 281 im erstinstanzlichen Arrest- oder Verfügungsverfahren zulässig.[171] Damit ist nämlich kein größerer Zeitverlust verbunden als mit der Einreichung eines neuen Gesuchs bei einem zuständigen Gericht. Aus demselben Grund findet § 281 auch im Widerspruchsverfahren Anwendung, wenn der Widerspruch bei dem falschen Gericht eingelegt wurde;[172] die Verweisung führt nicht zu einem größeren Zeitverlust als die erneute Einlegung des Widerspruchs bei dem zuständigen Gericht. Falls dagegen erst im Widerspruchsverfahren festgestellt wird, dass der Arrest oder die einstweilige Verfügung von einem unzuständigen Gericht erlassen wurde, kommt eine Verweisung entgegen einer verbreiteten Ansicht nicht in Betracht.[173] Hier würde nämlich die mit einer Verweisung verbundene Verzögerung dazu führen, dass die Eilanordnung für einen unter Umständen längeren Zeitraum aufrechterhalten bleibt, obwohl sie von einem unzuständigen Gericht getroffen wurde. Das ist nicht der Zweck des § 281. Die Eilanordnung ist vielmehr im Interesse des Antragsgegners wegen Unzuständigkeit des anordnenden Gerichts aufzuheben.[174] Eine Verweisung nach § 17a Abs. 2, 6 GVG ist im Eilverfahren möglich.[175] Damit ist nämlich kein Zeitverlust verbunden, der bei einer Abweisung des Gesuchs als unzulässig vermieden werden könnte. Zweifelhaft ist dagegen, ob der Verweisungsbeschluss gem. § 17a Abs. 4 Satz 3 GVG mit der sofortigen Beschwerde anfechtbar ist mit der Folge, dass der Rechtsstreit bis zur Rechtskraft des Verweisungsbeschlusses nicht fortgeführt werden kann; denn der damit verbundene Zeitverlust ist beträchtlich und kann einen effektiven Rechtsschutz verhindern.[176] Deshalb spricht viel dafür, im Eilverfahren den Ver-

---

167 Siehe nur Alternativkommentar/*Ankermann*, § 216 Rn. 2; *Zöller/Stöber*, § 216 Rn. 17.
168 *Haug/Pfarr/Struck*, Möglichkeiten der Beschleunigung des arbeitsgerichtlichen Verfahrens, 1985, S. 19; *Walker*, Der einstweilige Rechtsschutz, Rn. 278.
169 OLG Koblenz, WRP 1981, 115, 116; OLG München, WRP 1971, 533 und 1979, 166; *Ahrens*, Wettbewerbsverfahrensrecht, S. 180; *Melullis*, Handbuch des Wettbewerbsprozesses, Rn. 200; *Teplitzky*, JuS 1981, 352, 353.
170 OLG Koblenz, NJW-RR 1987, 509, 510; *Teplitzky*, JuS 1981, 352, 353 f.
171 BGH, FamRZ 1989, 847; BAG, BB 1982, 313; OLG Frankfurt, WRP 1979, 726; OLG Koblenz, NJW 1963, 1460; *Stein/Jonas/Grunsky*, § 919 Rn. 1; *Teplitzky*, JuS 1981, 352, 354.
172 *Jacobs*, NJW 1988, 1365 f.
173 Siehe § 924 Rdn. 11 und § 925 Rdn. 10.
174 *Walker*, Der einstweilige Rechtsschutz, Rn. 379.
175 BGH, NJW-RR 2005, 142; KG, NZA-RR 1998, 563 f.; *Baumbach/Lauterbach/Hartmann*, § 17a GVG Rn. 4; *Zöller/Lückemann*, Vorbem. zu §§ 17–17b GVG Rn. 12.
176 *Zwanziger*, DB 1991, 2239, 2240. Zum Einfluss von Rechtswegstreitigkeiten auf den Gang des Eilverfahrens siehe den Sachverhalt bei BGH, NJW-RR 2005, 142.

weisungsbeschluss nach § 17a Abs. 2 GVG ebenso wie denjenigen nach § 281 für unanfechtbar zu halten.[177]

d) Aussetzung

Eine Aussetzung, die nach zahlreichen Bestimmungen innerhalb und außerhalb der ZPO möglich oder geboten ist, kommt im Eilverfahren allenfalls in engen Grenzen in Betracht. Eine **fakultative** Aussetzung gem. § 148 wegen einer vorgreiflichen Entscheidung in einem anderen anhängigen Rechtsstreit scheidet aus.[178] Gleiches sollte für eine fakultative Aussetzung nach Art. 267 Abs. 2 AEUV gelten,[179] denn die damit verbundene Zeitdauer wäre mit dem verfahrensbeschleunigenden Zweck des Eilverfahrens unvereinbar.[180]

59

Problematisch ist dagegen, ob eine **zwingende** Aussetzung, wie sie etwa in Art. 100 GG wegen Verfassungswidrigkeit einer Norm, in § 153 wegen angefochtener Vaterschaft, in § 97 Abs. 5 ArbGG wegen vorrangiger Klärung der Tariffähigkeit oder Tarifzuständigkeit einer Partei, in § 17a Abs. 3 GVG wegen einer Vorabentscheidung über die Zulässigkeit des Rechtsweges und in § 267 Abs. 3 AEUV zwecks Einholung einer Vorabentscheidung durch den EuGH vorgesehen ist, auch im Eilverfahren erfolgen muss.[181] Gegen eine Aussetzung im Eilverfahren auch in diesen Fällen spricht, dass jede Aussetzung mit einem Stillstand des Verfahrens verbunden ist, der sich mit dem Charakter des Eilverfahrens nicht verträgt.[182]

60

Das bedeutet allerdings nicht, dass auch die Zwecke der jeweiligen Aussetzungsgebote im Eilverfahren unberücksichtigt bleiben dürfen. Vielmehr ist zu unterscheiden: Liegt ein Fall des **Art. 100 Abs. 1 GG** vor, darf der Erlass eines Arrestes oder einer einstweiligen Verfügung nicht auf eine Norm gestützt werden, die das Gericht für verfassungswidrig hält. Vielmehr ist das Gesuch ohne Aussetzung zurückzuweisen; denn wegen der mit einer an sich erforderlichen Aussetzung verbundenen Verzögerung besteht kein Rechtsschutzinteresse mehr an der Durchführung des Eilverfahrens.[183] Dagegen ist in den Fällen des **§ 153**[184] und des **§ 97 Abs. 5 ArbGG**,[185] in denen für die Entscheidung über eine bestimmte Rechtsfrage lediglich eine besondere Verfahrensart vorgesehen ist, im Eilverfahren weder eine Aussetzung noch eine Zurückweisung des Gesuchs erforderlich.[186]

61

---

177 *Walker*, Der einstweilige Rechtsschutz, Rn. 352; **a. M.** (zu § 17a Abs. 4 S. 4 GVG) BGH, NJW-RR 2005, 142.
178 OLG Köln, WRP 1973, 597, 598; OLG Frankfurt, FamRZ 1985, 409; *Baur*, BB 1964, 607, 611 f.; *Ostler*, MDR 1968, 713, 717; *Teplitzky*, JuS 1981, 352, 354; *Walker*, Der einstweilige Rechtsschutz, Rn. 353.
179 **A.M.** EuGH, NJW 1977, 1585.
180 OLG Hamburg, WRP 1981, 589, 590; *Gottwald*, Vorbem. Rn. 89.
181 Zum Meinungsstand siehe etwa OLG Hamm, BB 1963, 1349; LAG Hamm, EzA Nr. 1 zu § 46 BetrVG 1972; OLG Köln, GRUR 1966, 641, 643; LG Aurich, NJW 1964, 2358; LG Stuttgart, NJW 1954, 37; *Ahrens*, Wettbewerbsverfahrensrecht, S. 180; *Baur*, BB 1964, 607, 611; *Leipold*, Grundlagen des einstweiligen Rechtsschutzes, S. 140; *Ostler*, MDR 1968, 713, 717; *Teplitzky*, DRiZ 1982, 41, 42; *ders.*, Wettbewerbsrechtliche Ansprüche und Verfahren, Kap. 55 Rn. 21 f.; *Zöller/Vollkommer*, Vor § 916 Rn. 8; Die Aussetzung wegen einer kartellrechtlichen Vorfrage nach § 96 Abs. 2 GWB a. F. ist durch die GWB-Novelle von 1998 gestrichen worden.
182 OLG München, OLGZ 1988, 230, 232; LAG Hamm, DB 1991, 1126; *Baumbach/Lauterbach/Hartmann*, Grundz. § 916 Rn. 13; *Berger/Skamel*, Kap. 6 Rn. 41; *GMP/Schlewing*, ArbGG, § 97 Rn. 11; HdbVR-*Dunkl*, A Rn. 34 f.; *MüKo/Drescher*, vor § 916 Rn. 19; *Teplitzky*, DRiZ 1982, 41, 42; *Wenzel*, NZA 1984, 112, 115; *Zöller/Vollkommer*, Vor § 916 Rn. 7.
183 Siehe schon Rn. 39; *Walker*, Der einstweilige Rechtsschutz, Rn. 357.
184 OLG Hamm, FamRZ 1987, 1188; LG Aurich, NJW 1964, 2358; LG Stuttgart, NJW 1954, 37; Alternativkommentar/*Göring*, § 153 Rn. 2; *Zöller/Greger*, § 153 Rn. 2.
185 LAG Hamm, DB 1991, 1126; BB 1973, 891; GMP/*Schlewing*, ArbGG, § 97 Rn. 11; *Schwab/Weth/Walker*, ArbGG, § 97 Rn. 46; *Wenzel*, NZA 1984, 112, 115.
186 *Walker*, Der einstweilige Rechtsschutz, Rn. 358.

62 Eine Aussetzung nach **§ 17a Abs. 3 GVG** zwecks Vorabentscheidung über die Zulässigkeit des Rechtsweges scheidet im Eilverfahren aus.[187] Das Ziel dieser Aussetzung, die Rechtswegfrage vorab endgültig zu klären, ist in dem summarischen Verfahren mit bloßer Glaubhaftmachung ohnehin nicht möglich. Die Zulässigkeit des Rechtsweges ist vielmehr ohne Aussetzung wie die übrigen Zulässigkeitsvoraussetzungen des Gesuchs vom Gericht zu prüfen. Bejaht das Gericht die Zulässigkeit des Rechtsweges, ergeht darüber keine gesonderte Entscheidung; andernfalls wird das Eilverfahren von Amts wegen gem. § 17a Abs. 2 GVG an ein Gericht des richtigen Rechtsweges verwiesen.

63 Eine Aussetzung nach **Art. 267 Abs. 3 AEUV** zwecks Einholung einer Vorabentscheidung durch den EuGH kommt im Eilverfahren in aller Regel schon deshalb nicht in Betracht, weil die Voraussetzungen dieser Norm nicht gegeben sind. Die Vorlagepflicht setzt nämlich u. a. voraus, dass die Entscheidung des vorlegenden Gerichts nicht mehr mit Mitteln des innerstaatlichen Rechts angefochten werden kann. Selbst nach einer letztinstanzlichen Entscheidung im Eilverfahren ist aber in aller Regel noch eine erneute Prüfung im Hauptsacheverfahren möglich. Deshalb besteht erst im letztinstanzlichen Hauptsacheverfahren eine Verpflichtung, unter den weiteren Voraussetzungen des Art. 267 Abs. 3 AEUV den EuGH um Vorabentscheidung zu ersuchen.[188] Ob ein Hauptsacheverfahren tatsächlich überhaupt durchgeführt wird, ist insoweit unerheblich.[189]

e) Vertagung

64 Eine Vertagung gem. § 227 führt immer zu einer Zeitverzögerung und kommt daher regelmäßig im Eilverfahren nicht in Betracht.[190] Das folgt für eine Vertagung zwecks Beweisaufnahme schon unmittelbar aus § 294 Abs. 2. Eine Ausnahme kann allenfalls dann anerkannt werden, wenn eine Vertagung erforderlich ist, weil andernfalls eine Partei in ihrer Rechtsverfolgung durch ein missbräuchliches Verhalten des Gegners unzumutbar beeinträchtigt würde.[191] Der Vertagungszeitraum ist dann auf eine kurze Dauer zu beschränken.[192]

f) Zurückverweisung

65 Schließlich scheidet eine Zurückverweisung im Rechtsmittelverfahren aus. Jede Zurückverweisung verzögert.[193] Bei der Zurückverweisung im Berufungsverfahren gem. § 538 Abs. 2 handelt es sich ohnehin nicht um ein zwingendes Zurückverweisungsgebot (»darf«). Im Eilverfahren ist allein eine eigene Entscheidung durch das Berufungsgericht sachgerecht.[194] Gleiches sollte entgegen einer verbreiteten Ansicht[195] auch für eine Zurückverweisung durch das Beschwerdegericht gem. § 572

---

187 Siehe schon Rn. 28; ferner *Walker*, Der einstweilige Rechtsschutz, Rn. 360.
188 EuGH, NJW 1977, 1585 f.; OLG Frankfurt, NJW-RR 1990, 190, 191; OLGZ 1994, 245; OLG Hamburg, WRP 1981, 589, 590; OLG Köln, WRP 1976, 714; OLG Stuttgart, WuW 1976, 384; *Teplitzky*, Wettbewerbsrechtliche Ansprüche und Verfahren, Kap. 55 Rn. 21.
189 EuGH, NJW 1977, 1585, 1586.
190 OLG Koblenz, NJW-RR 1987, 509, 510; *Ahrens*, Wettbewerbsverfahrensrecht, S. 180; *Baumbach/Lauterbach/Hartmann*, § 922 Rn. 18; *Melullis*, Handbuch des Wettbewerbsprozesses, Rn. 200; *Walker*, Der einstweilige Rechtsschutz, Rn. 361; *Wenzel*, DB 1972, 1290, 1293.
191 OLG Koblenz, NJW-RR 1987, 509, 511; *Nirk/Kurtze*, Wettbewerbsstreitigkeiten, Rn. 388; **a. M.** *Ahrens/Bähr*, Der Wettbewerbsprozess, Kap. 52 Rn. 17; *Melullis*, Handbuch des Wettbewerbsprozesses, Rn. 200.
192 *Teplitzky*, JuS 1981, 352, 354; *Wenzel*, NZA 1984, 112, 115.
193 *Zöller/Heßler*, § 538 Rn. 7.
194 So im Ergebnis OLG Karlsruhe, GRUR 1978, 116; *Baumbach/Lauterbach/Hartmann*, § 922 Rn. 23; *MüKo/Drescher*, § 922 Rn. 25; *Stein/Jonas/Grunsky*, § 922 Rn. 30; *Teplitzky*, JuS 1981, 435, 438; *Walker*, Der einstweilige Rechtsschutz, Rn. 383; vgl. auch OLG Dresden, MDR 2012, 668.
195 RGZ 14, 391; 29, 396, 398; LAG Frankfurt, DB 1965, 188; LAG Sachsen, NZA 1998, 223, 224; *Stein/Jonas/Grunsky*, § 924 Rn. 18; *Thomas/Putzo/Seiler*, § 924 Rn. 2.

Abs. 3 gelten.[196] Eine Übertragung der Arrestanordnung auf das erstinstanzliche Gericht würde zwar den Parteien die Möglichkeit der Berufung belassen, während gegen ein Urteil des Beschwerdegerichts kein Rechtsmittel mehr statthaft wäre. Die Länge des Instanzenzuges hat aber keinesfalls vorrangige Bedeutung gegenüber der Eilbedürftigkeit des Verfahrens. Das Beschwerdegericht sollte daher die ihm möglichen Anordnungen sofort selbst erlassen.[197]

g) Glaubhaftmachungslast

Eine weitere ungeschriebene verfahrensrechtliche Besonderheit des einstweiligen Rechtsschutzes wird verbreitet in der Verteilung der Glaubhaftmachungslast gesehen. So wird häufig formuliert, der Antragsteller habe nicht nur die anspruchsbegründenden Tatsachen glaubhaft zu machen, sondern er trage auch die Glaubhaftmachungslast dafür, dass die im Hauptsacheverfahren vom Gegner zu beweisenden einwendungsbegründenden Tatsachen nicht vorliegen.[198] Das ist jedoch nur mit Einschränkungen zutreffend. Soweit der Antragsgegner vor Erlass der Entscheidung über das Arrest- oder Verfügungsgesuch angehört wird, also im **zweiseitigen Verfahren**, entspricht die Glaubhaftmachungslast im Eilverfahren der Beweislast im Hauptsacheverfahren.[199] Allein die Zulässigkeit der Glaubhaftmachung anstelle eines Beweises ist nämlich kein Grund, die Beweislast umzukehren. Die Glaubhaftmachungslast für anspruchshindernde, -hemmende und -vernichtende Tatsachen hat deshalb der Antragsgegner zu tragen. Im so genannten **einseitigen Eilverfahren**, in dem der Antragsgegner vor Erlass der Entscheidung nicht angehört wird, passt diese Verteilung der Glaubhaftmachungslast allerdings nicht. Hier muss der Antragsteller nicht nur die anspruchsbegründenden Tatsachen glaubhaft machen, sondern auch darlegen und glaubhaft machen, dass Einwendungen des Antragsgegners, für deren Vorliegen konkrete Anhaltspunkte bestehen, seinem Anspruch nicht entgegenstehen.[200]

66

h) Schutzschrift

Schließlich stellt die so genannte Schutzschrift eine Besonderheit des Eilverfahrens dar. Sie war schon bisher allgemein anerkannt und erhält mit Wirkung zum 1.1.2016 in den §§ 945a, 945b eine gesetzliche Grundlage.[201] Es handelt sich dabei um einen an ein oder mehrere möglicherweise zuständige Gerichte gerichteten Schriftsatz, mit dem der potenzielle Antragsgegner eines von ihm selbst erwarteten Eilverfahrens durch eine vorsorgliche Stellungnahme zu erreichen sucht, dass über ein gegen ihn gerichtetes Gesuch jedenfalls nicht ohne mündliche Verhandlung entschieden wird.[202] Die größte Bedeutung hat die Schutzschrift gegenüber erwarteten wettbewerbsrechtlichen Unterlassungsverfügungen. Sie bildet für den Antragsgegner eine Möglichkeit, sich rechtliches Gehör zu verschaffen, obwohl eine mündliche Verhandlung wegen der erhöhten Dringlichkeit im Sinne von § 937 Abs. 2 nicht stattfindet. Zwar wurde die Zulässigkeit von Schutzschriften früher zum Teil

67

---

196 *Walker*, Der einstweilige Rechtsschutz, Rn. 384; siehe auch MüKo/*Drescher*, § 922 Rn. 17 (Zurückverweisung nicht zweckmäßig); *Wieczorek/Schütze/Thümmel*, § 922 Rn. 14; *Zöller/Heßler*, § 572 Rn. 27 f.
197 OLG München, OLGZ 1983, 86, 89.
198 Für eine derart umfassende Glaubhaftmachungslast des Antragstellers etwa LAG Baden-Württemberg, BB 1961, 977; OLG Celle, WRP 1974, 277; OLG Düsseldorf, FamRZ 1980, 157; OLG Frankfurt, ZIP 1990, 1393, 1395; LAG Hamburg, DB 1977, 500; LG Mannheim, BB 1967, 1101; *Fenge*, JurA 1970, 547, 561; *Hirtz*, NJW 1986, 110, 112; *Wenzel*, NZA 1984, 112, 114.
199 Siehe § 920 Rdn. 25 mit zahlreichen Nachweisen.
200 Siehe § 920 Rdn. 26.
201 Zur Schutzschrift und zum elektronischen Schutzschriftenregister nach §§ 945a, 945b siehe *Walker*, FS Schilken, 2015, 815.
202 Zur Definition der Schutzschrift siehe etwa § 945a Rn. 2 (*Kessen*); *Bülow*, ZZP 98 (1985), 274 f.; *V. Deutsch*, GRUR 1990, 327; HdbVR-*Dunkl*, A Rn. 549; *May*, Die Schutzschrift im Arrest- und Einstweiligen-Verfügungs-Verfahren, 1983, S. 11; *Nirk/Kurtze*, Wettbewerbsstreitigkeiten, Rn. 152; *Teplitzky*, NJW 1980, 1667.

heftig bestritten,[203] doch ist ihre Berücksichtigung durch das Gericht wegen des verfassungsrechtlichen Anspruchs des Gegners auf rechtliches Gehör (Art. 103 GG) geradezu geboten.[204] Das gilt umso mehr, als die Gesichtspunkte der Verfahrensbeschleunigung und der Gegnerüberraschung nicht entgegenstehen; denn der Gegner erfährt vor Anberaumung einer mündlichen Verhandlung nicht, ob ein Eilverfahren gegen ihn anhängig ist und seine Schutzschrift berücksichtigt wird. Dem Bedürfnis nach der Möglichkeit, durch Einreichung von Schutzschriften auf das erwartete Eilverfahren Einfluss zu nehmen, hat der Gesetzgeber insbesondere durch den neuen § 945a, der am 1.1.2016 in Kraft tritt, Rechnung getragen.

IX. Die Vollziehung

68 Das Erkenntnisverfahren endet entweder mit einer Zurückverweisung des Gesuchs oder mit dem Erlass eines Vollstreckungstitels. Dieser ermöglicht es dem Gläubiger, die begehrte Sicherung oder einstweilige Befriedigung zwangsweise durchzusetzen. Das erfolgt durch Vollziehung des Arrestes oder der einstweiligen Verfügung. Die Vollziehung der Eilanordnung entspricht somit der Vollstreckung eines im Hauptsacheverfahren erstrittenen Titels (vgl. § 928). Eine Differenzierung zwischen Vollziehung und Vollstreckung[205] ist nicht erforderlich.[206] Die terminologische Unterscheidung zwischen Vollziehung im Eilverfahren und Vollstreckung im Hauptsacheverfahren macht lediglich deutlich, dass im Eilverfahren der Gläubiger grundsätzlich nur gesichert und noch nicht – wie es bei der Zwangsvollstreckung eines Hauptsachetitels der Fall ist – befriedigt wird.

1. Allgemeines Vollstreckungsrecht

69 Ebenso wie für das Erkenntnisverfahren gelten auch für die Vollziehung die allgemeinen Vorschriften über die Zwangsvollstreckung entsprechend, soweit nicht Abweichungen in den §§ 929 ff. geregelt oder nach Sinn und Zweck des Eilverfahrens geboten sind (vgl. § 928).

a) Voraussetzungen der Vollziehung

70 Zu den Voraussetzungen der Vollziehung gehört ein wirksamer Antrag des Gläubigers.[207] Ferner müssen auch für das Vollziehungsverfahren die Prozessvoraussetzungen vorliegen. Der im Eilverfahren erstrittene Titel muss einen vollziehungsfähigen Inhalt haben.[208] Der Vollziehung darf kein Vollstreckungshindernis wie etwa die Eröffnung des Insolvenzverfahrens (§ 89 InsO)[209] entgegenstehen (vgl. § 928).

b) Durchführung der Vollziehung

71 Für die Durchführung der Vollziehung ist zu unterscheiden: Der dingliche Arrest wird durch Pfändung einer beweglichen Sache (§§ 930, 808 ff.), einer Forderung (§§ 930, 828 ff.) oder eines sonstigen Rechts (§§ 930, 857 ff.) oder durch Eintragung einer Arresthypothek (§§ 932, 867) vollzogen. Dabei sind die Pfändungsverbote und -beschränkungen (§§ 811 ff., 850 ff., 803 Abs. 1 Satz 2, Abs. 2) zu beachten. Für die Vollziehung des persönlichen Arrestes gelten – wenn sie durch Haft erfolgt – gem. § 933 die §§ 802g, 802h, 802j Abs. 1, 2. Die Vollziehung von einstweiligen Verfügungen hängt gem. §§ 936, 928 von deren Inhalt ab:[210] Sicherzustellende bewegliche oder unbewegliche Sachen werden vom Gerichtsvollzieher nach §§ 883 f., 885 f. in Besitz genommen

---

203 So noch MüKo/*Heinze*, 2. Aufl., § 937 Rn. 12 ff.
204 Einzelheiten dazu §§ 945a, 945b Rn. 7 ff. (*Kessen*) und bei § 937 Rn. 21.
205 So *Baumbach/Lauterbach/Hartmann*, Grundz. § 916 Rn. 19.
206 MüKo/*Drescher*, § 928 Rn. 1; *Stein/Jonas/Grunsky*, vor § 916 Rn. 42.
207 Siehe § 928 Rdn. 4.
208 § 928 Rdn. 3.
209 Dazu KG, ZIP 2005, 2126, 2127.
210 Einzelheiten dazu § 928 Rdn. 13 ff.

und – falls Sequestration angeordnet ist (§ 938 Abs. 2) – dem Sequester übergeben. Ist die einstweilige Verfügung auf Vornahme einer Handlung gerichtet, gelten die §§ 887 f. Bei der Zuwiderhandlung des Schuldners gegen eine Unterlassungsverfügung muss der Gläubiger nach § 890 vorgehen.[211] Sofern durch einstweilige Verfügung ausnahmsweise die Abgabe einer Willenserklärung angeordnet wird, tritt bereits mit Erlass der einstweiligen Verfügung die Fiktionswirkung des § 894 ein.[212] Sind aufgrund der einstweiligen Verfügung Eintragungen im Grundbuch erforderlich (z. B. Eintragung eines Veräußerungsverbots), werden diese auf Antrag des Gläubigers oder auf Ersuchen des Gerichts (§ 941)[213] vom Grundbuchamt (§ 1 GBO) vorgenommen. Eine auf Geldzahlung gerichtete Befriedigungsverfügung wird unmittelbar nach den §§ 808 ff., 828 ff. durch Pfändung und Verwertung (Überweisung) bzw. nach §§ 864 ff. durch Zwangsversteigerung oder Zwangsverwaltung vollzogen.[214]

2. Besonderes Vollstreckungsrecht der §§ 929 ff.

Ebenso wie die §§ 919 ff. für das Erkenntnisverfahren Abweichungen vom Hauptsacheverfahren regeln, enthalten die §§ 929 ff. für die Vollziehung Sonderregelungen gegenüber dem allgemeinen Vollstreckungsrecht. Die wichtigste Abweichung liegt darin, dass die Vollziehung grundsätzlich nur zur Sicherung des Gläubigers führen darf. Das ergibt sich für den Arrest unmissverständlich aus den §§ 930–933. Danach gehört zur Vollziehung in das bewegliche Vermögen nur die Pfändung, nicht aber die Verwertung. Deshalb ist ein Arrest auch kein geeigneter Titel für die Überweisung einer Forderung nach § 835;[215] denn die Überweisung ist Bestandteil der Verwertung. Einem dennoch aufgrund eines Arrestes ergangenen Überweisungsbeschluss kommt keinerlei Wirkung zu; er ist nicht nur anfechtbar, sondern nichtig.[216] Zur Vollziehung in das unbewegliche Vermögen kommt nur die Eintragung einer lediglich sichernden Arresthypothek (§ 932) in Betracht, nicht dagegen eine auf Gläubigerbefriedigung gerichtete Zwangsversteigerung oder -verwaltung. Für die Vollziehung einer Sicherungsverfügung zeigen die in § 938 Abs. 2 aufgezählten Regelbeispiele, dass die Vollziehung auch hier auf eine bloße Sicherung beschränkt ist. 72

Die **Wirkungen der Vollziehung** ergeben sich nur zum Teil unmittelbar aus dem Gesetz. Die Pfändung von beweglichem Vermögen begründet gem. § 930 Abs. 1 Satz 2 ein Pfändungspfandrecht mit den Wirkungen des § 804. Dieses wandelt sich nach dem Obsiegen des Gläubigers in der Hauptsache in ein Vollstreckungspfandrecht um, aus dem jetzt die Verwertung betrieben werden kann.[217] Der Rang des Vollstreckungspfandrechts, der für die Verteilung des Erlöses von wesentlicher Bedeutung ist, bestimmt sich nach dem Rang des Arrestpfandrechts.[218] Der Arrestgläubiger geht daher später pfändenden Gläubigern im Rang vor. Entsprechendes gilt bei der Arrestvollziehung in das unbewegliche Vermögen: Die Arresthypothek (§ 932 Abs. 1) kann nach dem Obsiegen des Gläubigers in der Hauptsache in eine Zwangshypothek umgeschrieben werden, die den Rang der Arresthypothek behält.[219] 73

Die übrigen vom allgemeinen Vollstreckungsrecht abweichenden Vorschriften über die Vollziehung dienen ganz überwiegend den **Interessen des Gläubigers** an einer schnellen und effektiven Vollziehung. Erleichterungen gelten schon hinsichtlich der allgemeinen Vollstreckungsvoraussetzungen. So können Arrest- und Verfügungsbefehle gem. §§ 929 Abs. 1, 936 vollzogen werden, ohne dass eine Vollstreckungsklausel (§§ 724 ff.) vorliegen muss; eine Ausnahme gilt nur für die titelumschreibende 74

---

211 Siehe § 928 Rdn. 14.
212 Siehe § 928 Rdn. 15.
213 Siehe dazu auch Rdn. 74 und § 941 Rdn. 1 f.
214 Siehe § 928 Rdn. 17.
215 BGH, NJW 2014, 2732, 2733; BGHZ 121, 98, 101; 68, 289, 292.
216 BGH, NJW 2014, 2732, 2733.
217 Siehe § 930 Rdn. 13.
218 Siehe § 930 Rdn. 13; BGHZ 66, 394, 397; 68, 289, 292; *Brox/Walker*, Rn. 1542 f.
219 Siehe § 932 Rdn. 16; *Brox/Walker*, Rn. 1552.

Klausel nach §§ 727 ff. Ferner ist die Vollziehung gem. § 929 Abs. 3 abweichend von §§ 750 Abs. 1, 2, 751 Abs. 2 schon vor Zustellung des Titels und anderer Urkunden zulässig. Das spart nicht nur die mit einer Zustellung verbundene Zeit, sondern ermöglicht es auch, den Überraschungseffekt gegenüber dem im Beschlussverfahren nicht angehörten Gegner bis zum Beginn der Vollziehung zu erhalten.[220] Verfahrensbeschleunigend wirken sich ferner die besonderen Zuständigkeitsregelungen im Vollziehungsverfahren aus. Für die Pfändung von Forderungen ist entgegen § 828 Abs. 2 nicht das Vollstreckungsgericht, sondern das davon möglicherweise verschiedene Arrestgericht zuständig. Da somit für die Anordnung und die Vollziehung des Arrestes dasselbe Gericht zuständig ist, kann der Vollziehungsantrag sogleich in das Arrestgesuch aufgenommen und die Arrestanordnung mit dem Pfändungsbeschluss verbunden werden.[221] Ähnliches gilt für die Vollziehung des persönlichen Arrestes. Für den Erlass des Haftbefehls ist nicht das Vollstreckungsgericht (§§ 802e, g), sondern das Arrestgericht (§ 919) zuständig; dieses kann den Haftbefehl bereits in die Anordnung des persönlichen Arrestes aufnehmen.[222] Schließlich ist in diesem Zusammenhang auch § 941 zu nennen, wonach die zur Vollziehung einer einstweiligen Verfügung notwendige Eintragung im Grundbuch entgegen § 13 Abs. 1 Satz 2 GBO nicht nur vom Gläubiger, sondern auch sogleich von dem Gericht beantragt werden kann, welches die einstweilige Verfügung erlassen hat.[223] Auf diese Weise kann der Zeitverlust bis zur Eintragung so gering wie möglich gehalten werden.

75 Im **Interesse des Antragsgegners** regelt § 929 Abs. 2 ein besonderes Vollziehungshindernis.[224] Danach ist eine Vollziehung des Arrestes oder der einstweiligen Verfügung nur innerhalb einer Frist von einem Monat ab Verkündung des Urteils oder Zustellung des Beschlusses an den Gläubiger statthaft. Dadurch wird verhindert, dass eine Vollziehung unter wesentlich veränderten Umständen erfolgt, unter denen eine Eilanordnung gar nicht erlassen worden wäre. Ferner kann im Interesse des Schuldners die Vollziehung unter leichteren Voraussetzungen als im Hauptsacheverfahren durch einstweilige Anordnung eingestellt werden (§ 924 Abs. 3 Satz 2). Entgegen § 707 Abs. 1 kommt eine einstweilige Einstellung ohne Sicherheitsleistung nicht nur dann in Betracht, wenn der Schuldner zur Sicherheitsleistung nicht in der Lage ist und die Vollziehung einen nicht zu ersetzenden Nachteil bringen würde, sondern z. B. auch dann, wenn er nicht genügend Zeit für die Aufbringung einer Sicherheitsleistung hat.[225] Diese erleichterte einstweilige Einstellung der Vollziehung ist zwar in § 924 Abs. 3 Satz 2 ausdrücklich nur für das Widerspruchsverfahren vorgesehen, sie ist aber auch in den Aufhebungsverfahren nach §§ 926 Abs. 2, 927 und im Rechtfertigungsverfahren nach § 942 Abs. 1 entsprechend anwendbar.[226]

3. Ungeschriebene vollstreckungsrechtliche Besonderheiten

76 Wie schon für das Erkenntnisverfahren ergeben sich auch für die Vollziehung gesetzlich nicht ausdrücklich geregelte Besonderheiten aus dem Sinn des Eilverfahrens. So sind ein Arrest und eine einstweilige Verfügung auch ohne besonderen Ausspruch sofort vollstreckbar.[227] § 708 Nr. 6, wonach Urteile im Eilverfahren für vorläufig vollstreckbar erklärt werden müssen, gilt nur für solche Urteile, durch die das Gesuch zurückgewiesen oder eine Eilanordnung aufgehoben wird. Eine weitere Besonderheit besteht darin, dass die für eine Pfändung in Wohnungen zur Nachtzeit sowie an Sonn- und allgemeinen Feiertagen notwendige richterliche Erlaubnis (§ 758a Abs. 4 Satz 1) auch ohne vorhergehenden erfolglosen Vollstreckungsversuch, wie er bei der Vollstreckung aus Hauptsa-

---

220 BayObLG, Rpfleger 1985, 58, 59; *Walker*, Der einstweilige Rechtsschutz, Rn. 392.
221 Siehe § 930 Rdn. 7; *Walker*, Der einstweilige Rechtsschutz, Rn. 404 ff.
222 Siehe § 933 Rdn. 3; *Walker*, Der einstweilige Rechtsschutz, Rn. 402.
223 Siehe § 941 Rdn. 2.
224 *Brox/Walker*, Rn. 197.
225 Siehe § 924 Rdn. 20.
226 Siehe § 924 Rdn. 20; § 926 Rdn. 33; § 927 Rdn. 29; § 942 Rdn. 16.
227 Siehe § 928 Rn. 2; OLG Hamm, OLGE 37, 189; *Baur/Stürner/Bruns*, Rn. 52.2; *Brox/Walker*, Rn. 56.

chetiteln grundsätzlich vorausgesetzt wird,[228] zu erteilen ist; es reicht aus, wenn schon das Abwarten mit der Vollziehung bis zum nächsten Tag oder Werktag einem Vollziehungserfolg entgegensteht.[229] Ferner kann eine richterliche Durchsuchungsanordnung (§ 758a Abs. 1 Satz 1, Art. 13 Abs. 2 GG) als Voraussetzung für die Vollziehung einer Eilanordnung[230] entbehrlich sein. Das gilt nicht nur für Herausgabe- und Räumungsverfügungen, bei denen schon bei Erlass der Verfügung durch den Richter feststeht, dass im Wege der Vollziehung auf eine bestimmte bewegliche oder unbewegliche Sache zugegriffen werden muss, was notfalls eine Durchsuchung erfordert.[231] Vielmehr dürfte immer dann, wenn eine einstweilige Verfügung durch das Amtsgericht der belegenen Sache (§ 942 Abs. 1) oder durch den Vorsitzenden allein (§ 944) erlassen wurde, »Gefahr im Verzug« anzunehmen sein, sodass eine Durchsuchung schon nach § 758a Abs. 1 Satz 2 auch ohne richterliche Erlaubnis zulässig ist. Die nach diesen Vorschriften vorausgesetzte erhöhte Dringlichkeit steht nämlich dem Zeitverlust, der mit der Einholung einer richterlichen Durchsuchungsanordnung verbunden ist, entgegen.[232]

X. Streitwert und Gebühren

1. Streitwert

Der Streitwert bestimmt sich nach § 3. Das gilt gem. § 53 Abs. 1 Nr. 1 GKG auch, soweit der Streitwert für die Gebühren maßgeblich ist (§§ 3, 34 GKG). Gem. § 3 wird der Wert vom Gericht nach freiem Ermessen festgesetzt. Bei der Ausübung des richterlichen Ermessens in nichtvermögensrechtlichen Streitigkeiten sind die in § 48 Abs. 2–3 GKG genannten Gesichtspunkte zu berücksichtigen. Der Streitwert liegt wegen des bloßen Sicherungsinteresses in der Regel unter dem Wert der Hauptsache,[233] häufig bei 1/2 oder 1/3.[234] Er kann sich jedoch dem Hauptsachewert nähern oder ihn sogar erreichen, wenn die Hauptsache vorweggenommen wird und das Verfügungsinteresse dem Hauptsacheinteresse gleichsteht.[235] Dagegen kann der Wert der Hauptsache niemals überschritten werden. 77

Diese Regeln für die Wertberechnung gelten nicht nur im Anordnungsverfahren, sondern grundsätzlich auch im Widerspruchsverfahren (§§ 924f.) und in den Aufhebungsverfahren (§§ 926 Abs. 2, 927).[236] Dort kommt es allerdings auf den Wert an, den der aufzuhebende Titel zur Zeit der Entscheidung noch hat.[237] Er ist außerdem niedriger festzusetzen, wenn nur über den formalen Tatbestand der Aufhebung der Eilanordnung (z. B. im Fall des § 926 Abs. 2) zu entscheiden ist.[238] 78

---

228 Siehe § 758a Rdn. 56, 61; OLG Hamm, KTS 1984, 725; LG Berlin, DGVZ 1971, 61; LG Trier, DGVZ 1981, 13; *Zöller/Stöber*, § 758a Rn. 35.
229 *Walker*, Der einstweilige Rechtsschutz, Rn. 396.
230 Siehe dazu § 930 Rdn. 2.
231 *Walker*, Der einstweilige Rechtsschutz, Rn. 400.
232 *Walker*, Der einstweilige Rechtsschutz, Rn. 398.
233 KG, NJW 1965, 1029; LAG Köln, NZA-RR 2005, 547.
234 OLG Schleswig, NJW-RR 2014, 1342, 1343; *Baumbach/Lauterbach/Hartmann*, Anhang zu § 3 Rn. 11, 35; HdbVR-*Dunkl*, A Rn. 101; *Zöller/Herget*, § 3 Rn. 16 »Arrestverfahren« und »Einstweilige Verfügung«.
235 OLG Bamberg, JurBüro 1978, 1552 und 1975, 794; OLG Frankfurt, AnwBl. 1983, 89; OLG Köln, JurBüro 1977, 1118; OLG Schleswig, SchlHAnz. 1978, 22; LAG Hamm, NZA-RR 2005, 435 (bei vollständigem Abbruch der Betriebsratswahl); AnwBl. 1981, 106, 107; LAG Nürnberg, NZA-RR 2004, 103; LAG Schleswig-Holstein, NZA-RR 2006, 659, 660 (bei erheblichem Eingriff in die Betriebsratsarbeit).
236 OLG Köln, VersR 1973, 1032.
237 OLG Celle, Rpfleger 1969, 96.
238 OLG Bamberg, JurBüro 1974, 1150, 1151; *Zöller/Herget*, § 3 Rn. 16 »Einstweilige Verfügung«.

Ist ein Widerspruch (§ 924) gegen die Eilanordnung auf die Änderung der Kostenentscheidung beschränkt,[239] richtet sich auch der Streitwert allein nach dem Kosteninteresse.[240]

2. Gerichtsgebühren[241]

79 In welchem Umfang im Verfahren über Anträge auf Anordnung, Aufhebung oder Änderung eines Arrestes oder einer einstweiligen Verfügung Gebühren anfallen, richtet sich nach GKG-KV Nr. 1410–1412, 1420–1423, 1430 f. Gebührenrechtlich ist das Eilverfahren von dem Hauptsacheverfahren zu trennen, sodass für beide Verfahren auch dann gesonderte Gebühren anfallen, wenn sie in tatsächlicher Hinsicht miteinander verbunden sind.

Gebühren fallen sowohl für das Anordnungsverfahren (GKG-KV Nr. 1410 ff.), das Berufungsverfahren (GKG-KV Nr. 1420 ff.) und das Beschwerdeverfahren (GKG-KV Nr. 1430 f.) als auch für die Aufhebungsverfahren nach §§ 926 Abs. 2, 927 an (GKG-KV Vorbem. 1.4 i. V. m. Nr. 1410 ff.), die hinsichtlich der Gerichtsgebühren als selbstständige Verfahren behandelt werden. Dagegen bilden sowohl das Rechtfertigungsverfahren im Fall des § 942 (GKG-KV Vorbem. 1.4) als auch das Widerspruchsverfahren gem. §§ 924 f. jeweils zusammen mit dem vorangegangenen Anordnungsverfahren einen einheitlichen Rechtsstreit.

80 Neben den genannten Gebühren für das Verfahren entsteht für die Vollziehung der Eilanordnung eine zusätzliche Festgebühr nach GKG-KV Nr. 2111, da die Vollziehung zur Zwangsvollstreckung gehört (§ 928).[242]

81 Kostenschuldner ist gem. § 22 GKG derjenige, der das Verfahren beantragt, also im Anordnungsverfahren der Gläubiger und in den Aufhebungsverfahren der Schuldner, daneben gem. § 29 Nr. 1 GKG jeweils die andere Partei, sofern das Gericht ihr die Kosten auferlegt hat. Eine Pflicht zur Vorauszahlung der Gebühren, die gem. § 6 GKG mit Einreichung des Gesuchs fällig werden, besteht nicht, weil das Eilverfahren von § 12 GKG nicht erfasst wird.

3. Anwaltsgebühren[243]

82 Seit dem 1.7.2004 ist das **Rechtsanwaltsvergütungsgesetz (RVG)** maßgeblich. Das RVG hat die BRAGO abgelöst. Diese war lediglich in denjenigen Fällen weiter anzuwenden, in denen der unbedingte Auftrag zur Erledigung derselben Angelegenheit vor dem 1.7.2004 erteilt oder der Rechtsanwalt vor diesem Zeitpunkt gerichtlich bestellt oder beigeordnet worden war (§ 61 Abs. 1 Satz 1 RVG). Die Anwaltsvergütung für ein nach dem 1.7.2004 eingelegtes Rechtsmittel richtet sich selbst dann nach dem RVG, wenn der Rechtsanwalt schon vorher in derselben Angelegenheit tätig war (§ 61 Abs. 1 Satz 2 RVG). Nach § 15 Abs. 2 RVG können die Gebühren (Verfahrensgebühr, Terminsgebühr; siehe Vergütungsverzeichnis zum RVG (RVG-VV) Teil 3 Vorbem. 3 i. V. m. Nr. 3100, 3104 sowie 3200, 3202) in derselben Angelegenheit nur einmal, in gerichtlichen Verfahren aber in jedem Rechtszug gefordert werden.

83 Das Hauptsacheverfahren und das Verfahren über einen Antrag auf Anordnung, Abänderung oder Aufhebung eines Arrestes oder einer einstweiligen Verfügung gelten gem. § 17 Nr. 4 a, b, d RVG hinsichtlich der Anwaltsgebühren als verschiedene Angelegenheiten. Das Widerspruchsverfahren (§§ 924 f.) und das Rechtfertigungsverfahren (§ 942) gehören insoweit zum Anordnungsver-

---

239 Zum sog. Kostenwiderspruch siehe § 924 Rn. 12.
240 OLG Frankfurt, JurBüro 1990, 1210; OLG Hamburg, MDR 1989, 1002; JurBüro 1985, 283; KG, MDR 1982, 853; OLG München, AnwBl. 1987, 289.
241 Zu den Gerichtsgebühren in den arbeits-, verwaltungs-, finanz-, sozial- und verfassungsgerichtlichen Eilverfahren siehe Rdn. 93–97.
242 Siehe oben Rdn. 68.
243 Zu den Anwaltsgebühren in den arbeits-, verwaltungs-, finanz-, sozial- und verfassungsgerichtlichen Eilverfahren siehe Rdn. 93–97.

fahren.²⁴⁴ Anders als für die Berechnung der Gerichtsgebühren gilt für die Anwaltsgebühren das Anordnungsverfahren zusammen mit einem Verfahren auf Aufhebung oder Abänderung als dieselbe Angelegenheit (§ 16 Nr. 5 RVG), sodass die einschlägigen Gebühren im Eilverfahren jeweils nur einmal anfallen.²⁴⁵ Ist das Berufungsgericht als Gericht der Hauptsache i. S. v. § 943 anzusehen, erhält der Rechtsanwalt gem. RVG-VV Teil 3 Vorbem. 3.2 Abs. 2 nur die nichterhöhte Gebühr nach RVG-VV Nr. 3100, weil das Eilverfahren zwar vor dem Berufungsgericht, dort aber als erstinstanzliches Verfahren stattfindet.

Die **Vollziehung** eines Arrestes oder einer einstweiligen Verfügung (§§ 928 bis 934, 936) gilt – sofern sie sich nicht auf eine Zustellung beschränkt – gem. § 18 Abs. 1 Nr. 2 RVG für die Anwaltsgebühren als besondere Angelegenheit. Die bloße Zustellung des Arrest- oder Verfügungsbefehls ist dagegen selbst dann gebührenrechtlich keine besondere Angelegenheit, wenn sie – wie bei Unterlassungsverfügungen – die Vollziehung darstellt. **84**

XI. Einstweiliger Rechtsschutz mit Auslandsberührung

Die **internationale Zuständigkeit** deutscher Gerichte ergibt sich aus § 919.²⁴⁶ Sie ist deshalb auch bei fehlender Zuständigkeit inländischer Gerichte in der Hauptsache gegeben, sofern sich nur der mit Arrest zu belegende Gegenstand oder die in ihrer Freiheit zu beschränkende Person im Inland befindet.²⁴⁷ Wenn der Arrest oder die einstweilige Verfügung von einem Ausländer beantragt wird, braucht dieser ebenso wie ein deutscher Antragsteller **keine Prozesskostensicherheit (früher: Ausländersicherheit)** zu leisten; denn § 110 findet im Eilverfahren keine Anwendung.²⁴⁸ Falls die **Zwangsvollstreckung**, die durch einen Arrest gesichert werden soll, **im Ausland** erfolgen müsste und die Gegenseitigkeit nicht verbürgt ist, reicht das gem. § 917 Abs. 2 als **zureichender Arrestgrund**²⁴⁹ aus. Angesichts der mit einer Auslandsvollstreckung immer verbundenen Schwierigkeiten braucht in solchen Fällen eine konkrete Vollstreckungsgefährdung nicht glaubhaft gemacht zu werden.²⁵⁰ **85**

Ob aus einem im Eilverfahren ergangenen Titel, der von einem deutschen Gericht erlassen wurde, **im Ausland vollstreckt werden kann**, hängt von dem ausländischen Recht, ggf. von bilateralen Vollstreckungsabkommen, ab.²⁵¹ Jedenfalls sind solche Arrestanordnungen gem. § 922 Abs. 1 Satz 2 zu begründen,²⁵² damit die Voraussetzungen für eine Anerkennung im Ausland geprüft werden können. Eine vergleichbare Problematik stellt sich, wenn aus einem ausländischen Titel im Inland vollstreckt werden soll. Im Einzelnen ist zu unterscheiden: **86**

In einem Vertragsstaat der **Brüssel Ia-VO (EU) Nr. 1215/2012** vom 12.12.2012,²⁵³ die am 10.1.2015 in Kraft getreten ist und die bis dahin geltende **Brüssel I-VO (EuGVVO)** abgelöst hat,²⁵⁴ können deutsche Arrestbefehle unabhängig davon, ob sie in Urteils- oder Beschlussform ergangen sind, vollzogen werden, ohne dass es einer besonderen Vollstreckbarerklärung bedarf. Der Antragsteller hat lediglich eine Ausfertigung der Arrestentscheidung, eine Formblattbescheinigung des **87**

---

244 So noch zur BRAGO bezüglich § 942 OLG Hamm, JurBüro 1970, 1073; OLG Zweibrücken, JurBüro 1985, 1715.
245 So noch zur BRAGO OLG Hamburg, MDR 1974, 150.
246 Einzelheiten siehe § 919 Rdn. 3.
247 OLG Frankfurt, RIW 1983, 289, 290; OLG Hamburg, RIW 1990, 225.
248 Siehe Rdn. 37.
249 Siehe zum Arrestgrund allgemein Rdn. 46.
250 Einzelheiten siehe § 917 Rdn. 9.
251 Zu Einzelheiten siehe die Kommentierung von *Jennissen*, Vor §§ 722, 723, zur Brüssel Ia-VO, zur EuVTVO, zum AVAG sowie zu den §§ 1079 ff.
252 Zu den Voraussetzungen, unter denen sonst eine Begründung der Arrestanordnung entbehrlich ist, siehe § 922 Rn. 28.
253 ABl. 2012 EU L 351, 1.
254 Siehe dazu die Kommentierung von *Jennissen* zur Brüssel Ia-VO und zur Brüssel I-VO im Anhang.

Ursprungsarrestgerichts nach § 53 Brüssel Ia-VO, in der die Zuständigkeit des Hauptsachegerichts und die Vollstreckbarkeit im Ursprungsmitgliedstaat bestätigt wird, sowie – falls die Entscheidung ohne Vorladung des Arrestbeklagten ergangen ist – den Nachweis der Zustellung der Entscheidung vorzulegen (Art. 42 Abs. 2 Brüssel Ia-VO). Unter denselben Voraussetzungen können umgekehrt **Arrestbefehle eines ausländischen Vertragsstaates** in Deutschland vollzogen werden. Die Durchführung der Brüssel Ia-VO im Inland erfolgt nach den am 10.1.2015 in Kraft getretenen §§ 1110-1117 ZPO.[255]

88 Die Vollstreckung von gerichtlichen Entscheidungen, gerichtlichen Vergleichen und öffentlichen Urkunden mit Unterwerfungserklärung über anerkannte oder nicht bestrittene Geldforderungen richtet sich seit dem 21.10.2005 nach der EG-VO über den Europäischen Vollstreckungstitel in den Mitgliedstaaten (**EuVTVO**)[256] über den **Europäischen Vollstreckungstitel**. Dieser wird auf Antrag des Gläubigers im Gerichtsstaat auf einem einheitlichen Formblatt (Art. 9 EuVTVO) bestätigt und dann im jeweiligen Vollstreckungsmitgliedstaat ohne Weiteres anerkannt und wie eine dort ergangene Entscheidung vollstreckt (Art. 5, 20 EuVTVO). Zu den gerichtlichen Entscheidungen i.S.d. Art. 4 Nr. 1 EuVTVO können ebenso wie nach dem gleichlautenden Art. 2 Satz 1 Buchst. a Brüssel Ia-VO grundsätzlich auch solche im einstweiligen Rechtsschutz gehören.[257] Voraussetzung für ihre Eignung als Europäischer Vollstreckungstitel ist allerdings erstens, dass es sich bei dem Verfügungsanspruch um eine unbestrittene (Art. 3 Abs. 1 EuVTVO) und fällige Forderung auf Zahlung einer bestimmten Geldsumme (Art. 4 Nr. 2 EuVTVO) handelt. Außerdem liegt nur dann eine »Entscheidung« vor, wenn dem Antragsgegner rechtliches Gehör gewährt wurde; ob er davon Gebrauch gemacht hat oder säumig geblieben ist, spielt dagegen keine Rolle.[258] Die nationalen Durchführungsbestimmungen zur EuVTVO finden sich mit den §§ 1079 bis 1086 im 11. Buch der ZPO. Nach Art. 27 EuVTVO berührt diese VO nicht die Möglichkeit, die Vollstreckung nach der Brüssel Ia-VO zu betreiben.

89 Außerhalb des Anwendungsbereichs der EuVTVO, der Brüssel Ia-VO und von bi- oder multinationalen Vollstreckungsabkommen setzt die Vollziehbarkeit ausländischer Arreste in Deutschland voraus, dass sie gem. § 722 für vollstreckbar erklärt sind. Ein solches Vollstreckungsurteil ergeht nur, wenn das Arresturteil des ausländischen Gerichts formell rechtskräftig und nicht seine Anerkennung nach § 328 ausgeschlossen ist (§ 723 Abs. 2 Satz 1, 2). Wenn eine einstweilige Anordnung eines ausländischen Gerichts vollzogen wird, die sich dann als von Anfang an ungerechtfertigt erweist, greift § 945 nicht ein.[259]

90 Arreste und einstweilige Verfügungen, welche die Sicherung der Zwangsvollstreckung wegen eines Anspruches betreffen, dessen Erfüllung nach dem **Außenwirtschaftsgesetz** von einer Genehmigung abhängt, können gem. § 16 Abs. 1 Satz 3 AWG schon vor Erteilung der Genehmigung und – im Gegensatz zu Hauptsacheurteilen (§ 16 Abs. 1 Satz 1 AWG) – ohne den Vorbehalt ergehen, dass die Leistung oder die Zwangsvollstreckung erst nach Erteilung der Genehmigung erfolgen darf.

XII. Bedeutung der §§ 916 ff. für andere Verfahrensordnungen

1. FamFG-Verfahren

91 Der einstweilige Rechtsschutz in Familiensachen und in den Angelegenheiten der Freiwilligen Gerichtsbarkeit ist im FamFG abschließend geregelt[260]. Die §§ 916–945 finden daher unmittelbar

---

255 Gesetz vom 8.7.2014, BGBl. I, 890.
256 Siehe dazu die Kommentierung von *Jennissen* zur EuVTVO im Anhang.
257 MüKo/*Adolphsen*, § 1079 Rn. 2; *Rellermeyer*, Rpfleger 2005, 389, 392; a. M. *Kropholler*, EZPR, Art. 4 EuTVVO Rn. 2.
258 Siehe EuGH, NJW 1980, 2016 (Ls.); *Jennissen* zur Brüssel Ia-VO, Art. 2 in diesem Buch.
259 OLG Nürnberg, WRP 1992, 509.
260 Siehe dazu etwa *Bruns*, FamFR 2009, 8; *Giers*, FGPrax 2009, 47; *Löhnig/Heiß*, FamRZ 2009, 1101; *Schuschke*, Fakultätsspiegel der Universität Köln Wintersemester 2009/2010, 19; *Vorwerk*, FPR 2009, 8.

keine Anwendung. Die §§ 49–57 FamFG enthalten allgemeine Vorschriften über die Zulässigkeit einstweiliger Anordnungen in FamFG-Sachen. Sie werden ergänzt durch Spezialregelungen für Familienstreitsachen (§ 119 FamFG), Kindschaftssachen (§ 157 Abs. 3 FamFG), Gewaltschutzsachen (§ 214 FamFG), Unterhaltssachen (§§ 246–248 FamFG), Betreuungssachen (§§ 272 Abs. 2, 300–302 FamFG), Unterbringungssachen (§§ 313 Abs. 2, 331–334 FamFG) und Freiheitsentziehungssachen (§ 427 FamFG). Nur für Arreste in Familienstreitsachen verweist § 119 Abs. 2 auf Arrestvorschriften aus dem einstweiligen Rechtsschutz nach den §§ 916 ff.

Die §§ 49–57 FamFG sind den Vorschriften über das Arrest- und Verfügungsverfahren angeglichen. Auch einstweilige Anordnungen nach dem FamFG können außerhalb eines Hauptsacheverfahrens angeordnet werden. Eine Ausnahme gilt gem. § 248 FamFG nur für einstweilige Anordnungen in Vaterschaftsfeststellungsverfahren nach § 1600d BGB, wenn der Mann auf Zahlung von Unterhalt für ein Kind oder dessen Mutter in Anspruch genommen wird. Inhaltlich kommen sichernde und vorläufig regelnde Anordnungen in Betracht (§ 49 Abs. 2 FamFG). Das entspricht allen Arten von einstweiligen Verfügungen und dem Arrest, der allerdings nur in Familienstreitsachen von Bedeutung ist (§ 119 Abs. 2 FamFG). Ob das Verfahren nur auf Antrag eingeleitet wird, hängt davon ab, ob es sich auch in der Hauptsache um ein Antragsverfahren handelt (§ 51 Abs. 1 FamFG). Es besteht kein Anwaltszwang, auch nicht in Familiensachen (§ 114 Abs. 4 Nr. 1 FamFG). Die Voraussetzungen des § 49 Abs. 1 FamFG für den Erlass einer einstweiligen Anordnung sind dem Arrest- oder Verfügungsanspruch (Rn. 43 ff.) und dem Arrest- oder Verfügungsgrund (Rn. 46) nachgebildet. Sie sind gem. § 51 FamFG wie nach § 920 Abs. 2 glaubhaft zu machen, wobei aber der Amtsermittlungsgrundsatz des FamFG (§ 26 FamFG) zu beachten ist. Die Entscheidung des Gerichts ergeht immer durch Beschluss. Dieser ist nur in den Grenzen des § 57 FamFG mit der Beschwerde (§§ 58 ff. FamFG) anfechtbar. Der Beschluss ist gem. § 95 Abs. 1 Nr. 1 FamFG Vollstreckungstitel. Die Durchführung der Vollstreckung erfolgt gem. § 95 Abs. 1 FamFG grundsätzlich nach den Vorschriften der ZPO. Allerdings kann das Gericht bei der Herausgabe- und Handlungsvollstreckung neben oder anstelle einer gem. §§ 883, 885–887 vorgesehenen Maßnahme ein Zwangsgeld verhängen (§ 95 Abs. 4 FamFG). Für die Gerichtskosten sind die FamGKG-KV Nr. 1410 ff. maßgeblich. Die Anwaltsgebühren richten sich nach dem RVG.

2. Arbeitsgerichtliches Verfahren

Es ist zwischen dem Urteils- und dem Beschlussverfahren zu unterscheiden: Für das arbeitsgerichtliche Urteilsverfahren verweist § 62 Abs. 2 ArbGG unmittelbar auf die Vorschriften des Achten Buches der ZPO über Arrest und einstweilige Verfügung. Für das Beschlussverfahren regelt § 85 Abs. 2 ArbGG, dass für das Verfahren die Vorschriften der ZPO über die einstweilige Verfügung bis auf einzelne genannte Abweichungen entsprechend gelten. Wenn somit die §§ 916–945 auch im Arbeitsgerichtsprozess unmittelbare oder entsprechende Anwendung finden, so ist doch bei jeder einzelnen Vorschrift zu prüfen, ob sich nicht aus dem speziellen Verfahrensrecht des ArbGG Besonderheiten für das arbeitsgerichtliche Eilverfahren ergeben. Für die Gerichtsgebühren sind im Urteilsverfahren gem. § 1 Abs. 2 Nr. 4 GKG die KV Nr. 8310 ff. GKG maßgeblich. Im Beschlussverfahren fallen keine Gerichtsgebühren an (§ 2 Abs. 2 GKG). Die Anwaltsgebühren richten sich nach dem RVG.

3. Verwaltungsgerichtliches Verfahren

Es gibt einmal den vorläufigen Rechtsschutz nach §§ 80 Abs. 5, 80a VwGO (Anordnung oder Wiederherstellung der aufschiebenden Wirkung eines Widerspruchs oder einer Anfechtungsklage). Diese Form des vorläufigen Rechtsschutzes hat mit dem einstweiligen Rechtsschutz nach den §§ 916 ff. nichts zu tun. Daneben können aber gem. § 123 VwGO einstweilige Anordnungen erlassen werden. Diese entsprechen den einstweiligen Verfügungen nach den §§ 935 ff. Ein einstweiliger Rechtsschutz in Form des Arrestes ist in der VwGO nicht vorgesehen. Soll die Vollstreckung einer Geldforderung gesichert werden, ist das mittels einer einstweiligen Anordnung nach § 123 VwGO möglich.²⁶¹ Für den Erlass einstweiliger Anordnungen gelten gem. § 123 Abs. 3 VwGO die §§ 920, 921, 923, 926, 928–932, 938, 939, 941 und 945 entsprechend. Abweichungen zum zivilprozessualen Eilverfahren sind in den Absätzen 2 und 4 des § 123 VwGO ausdrücklich geregelt. Für die Gerichtsgebühren sind gem. § 1 Abs. 2 Nr. 1 GKG die GKG-KV Nr. 5210 ff. maßgeblich.²⁶² Nur im Verfahren der in § 188 VwGO genannten Sachgebiete werden Gebühren nicht erhoben (§ 188 Satz 2 VwGO). Die Wertbestimmung erfolgt nach §§ 53 Abs. 2, 52 Abs. 1, 2 GKG. Für die Anwaltsgebühren gilt das RVG.²⁶³

4. Finanzgerichtliches Verfahren

95 Der einstweilige Rechtsschutz ist ähnlich wie in der VwGO geregelt. Nach § 69 FGO kann die Aussetzung der Vollziehung beantragt werden. Diese Form des einstweiligen Rechtsschutzes entspricht § 80 Abs. 5 VwGO und hat mit dem zivilprozessualen Eilverfahren nichts zu tun. Daneben sind gem. § 114 FGO einstweilige Anordnungen möglich. Diese Vorschrift entspricht dem § 123 VwGO im Verwaltungsgerichtsprozess und erklärt einzelne Vorschriften der §§ 916 ff. im finanzgerichtlichen Eilverfahren für entsprechend anwendbar. Ein Arrest ist ebenso wenig wie im verwaltungsgerichtlichen Eilverfahren vorgesehen. Für die Gerichtsgebühren sind gem. § 1 Abs. 2 Nr. 2 GKG die GKG-KV Nr. 6210 ff. maßgeblich.²⁶⁴ Die Wertbestimmung erfolgt nach §§ 53 Abs. 2, 52 Abs. 1, 2 GKG. Für die Anwaltsgebühren gilt das RVG.²⁶⁵

5. Sozialgerichtliches Verfahren

96 Das SGG sieht seit dem 1.1.2002²⁶⁶ in § 86b einen einstweiligen Rechtsschutz vor, der demjenigen nach §§ 80 Abs. 5, 123 VwGO nachgebildet ist. § 86b Abs. 2 Satz 4 SGG erklärt die §§ 920, 921, 923, 926, 928 bis 932, 938, 939 und 945 für entsprechend anwendbar. Die Gerichtsgebühren ergeben sich gem. § 1 Abs. 2 Nr. 2 GKG aus GKG-KV Nr. 7210 ff. Für die Anwaltsgebühren gilt das RVG.

6. Verfassungsgerichtliches Verfahren

97 Im Verfahren vor dem Bundesverfassungsgericht sind einstweilige Anordnungen nach der allgemeinen Verfahrensnorm des § 32 BVerfGG sowie in den Sonderfällen des Art. 61 Abs. 2 Satz 2 GG, der §§ 53 und 58 Abs. 1 BVerfGG und des § 16 Abs. 3 WahlprüfG vorgesehen. Eine dem § 32 BVerfGG vergleichbare Regelung gibt es in den einzelnen Bundesländern auch für das Verfahren vor den Landesverfassungsgerichten.²⁶⁷ Allen diesen Vorschriften ist gemeinsam, dass sie im Gegensatz zu den §§ 62 Abs. 2, 85 Abs. 2 ArbGG, § 123 VwGO und § 114 FGO nicht auf die §§ 916 ff. verweisen. Andererseits regeln sie die Voraussetzungen für den Erlass einstweiliger Anordnungen, deren Wirkungen sowie das Verfahren nicht vollständig. Zur Lückenausfüllung kann daher auf die Vorschriften des zivilprozessualen einstweiligen Rechtsschutzes zurückgegriffen werden, sofern nicht die ausdrücklich geregelten oder die ungeschriebenen Besonderheiten des verfassungsgerichtlichen Verfahrens entgegenstehen.²⁶⁸ Gerichtsgebühren fallen grundsätzlich nicht an (§ 34 Abs. 1 BVerfGG). Die Anwaltsgebühren richten sich nach § 37 RVG.²⁶⁹

---

261 *Finkelnburg/Dombert/Külpmann*, Vorläufiger Rechtsschutz im Verwaltungsstreitverfahren, Rn. 17, 180; *Schoch* in: *Schoch/Schmidt-Aßmann/Pietzner*, VwGO, § 123 Rn. 55.
262 Siehe zum Kostenverzeichnis (Anlage 1 zum GKG) Rn. 79.
263 Siehe dazu Rdn. 82 ff.
264 Siehe zum Kostenverzeichnis (Anlage 1 zum GKG) Rn. 79.
265 Siehe dazu Rdn. 82 ff.
266 BGBl. I 2001, S. 2144.
267 Einzelheiten dazu bei HdbVR-*Feldmeier*, N Rn. 60 ff.
268 *Grunsky*, JuS 1977, 217, 218.
269 Siehe dazu Rn. 82 ff.

7. Strafprozess

Im Rahmen eines strafrechtlichen Ermittlungsverfahrens bzw. im Strafprozess kann ein dinglicher Arrest unter den Voraussetzungen der §§ 111b Abs. 2, 111d StPO zur Sicherung des Verfalls von Wertersatz, der Einziehung von Wertersatz bzw. wegen einer Geldstrafe oder der voraussichtlichen Kosten des Strafverfahrens angeordnet werden. Ferner kommt gem. § 111o StPO[270] ein dinglicher Arrest in Betracht, wenn Gründe für die Annahme vorhanden sind, dass die Voraussetzungen für die Verhängung einer Vermögensstrafe vorliegen. Während die Zuständigkeit (Richter, bei Gefahr im Verzug auch Staatsanwaltschaft) in §§ 111e Abs. 1, 111o Abs. 3 StPO besonders geregelt ist (zur Zuständigkeit bei der Vollziehung des Arrestes durch Pfändung beweglicher Sachen § 111f Abs. 3 StPO), wird insbesondere wegen des Arrestgrundes und der Durchführung der Vollziehung auf die §§ 917, 928, 930 bis 932 und 934 verwiesen (vgl. §§ 111d Abs. 2, 111o Abs. 2 StPO). Der Grundsatz des rechtlichen Gehörs gilt hier genau so wie im zivilprozessualen Eilverfahren und ist bereits bei dem Rechtseingriff im Arrestverfahren und nicht erst bei der endgültigen (Verfall-) Entscheidung zu beachten.[271] Über Einwendungen des Betroffenen gegen Maßnahmen bei Vollziehung des Arrestes (§ 111f Abs. 5 StPO) entscheiden die Strafgerichte, die nicht an den zivilprozessualen Beibringungsgrundsatz und an das zivilprozessuale Beweisverfahren gebunden sind; es gelten vielmehr der Amtsermittlungsgrundsatz und das Freibeweisverfahren.[272]

98

---

270 Die Vermögensstrafe wurde allerdings vom BVerfG (NJW 2002, 1779) für verfassungswidrig erklärt, sodass für § 111o StPO kein Anwendungsbereich mehr gegeben ist.
271 BVerfG, NJW 2004, 2443.
272 OLG Hamburg, NStZ-RR 2008, 347 f.

§ 916 Arrestanspruch

(1) Der Arrest findet zur Sicherung der Zwangsvollstreckung in das bewegliche oder unbewegliche Vermögen wegen einer Geldforderung oder wegen eines Anspruchs statt, der in eine Geldforderung übergehen kann.

(2) Die Zulässigkeit des Arrestes wird nicht dadurch ausgeschlossen, dass der Anspruch betagt oder bedingt ist, es sei denn, dass der bedingte Anspruch wegen der entfernten Möglichkeit des Eintritts der Bedingung einen gegenwärtigen Vermögenswert nicht hat.

Übersicht

	Rdn.			Rdn.
I. Zweck der Norm	1		a) Betagte Ansprüche	9
II. Der Arrestanspruch	4		b) Bedingte Ansprüche	10
1. Inhalt	5		c) Künftige Ansprüche	11
a) Geldforderung, Haftungs- und Duldungsansprüche	6	III.	Bedeutung des § 916 für die einstweilige Verfügung	14
b) Ansprüche, die in Geldforderungen übergehen können	7	1.	Abs. 1	14
		2.	Abs. 2	16
2. Betagte, bedingte und künftige Ansprüche	8	IV.	Bedeutung des § 916 außerhalb des Zivilprozesses	17

Literatur:
Baur, Arrest und einstweilige Verfügung in ihrem heutigen Anwendungsbereich, BB 1964, 607; *Cirullies*, Sicherung von Unterhaltsansprüchen durch Arrest und Gläubigeranfechtung, FamRZ 2012, 1017; *Everts*, Sicherung anwaltlicher Honorarforderungen durch Arrest?, NJW 2002, 3136; *Ditzen*, Sicherung des Zugewinnausgleichs durch Arrest?, NJW 1987, 1806; *Groß*, Die Sicherung der Ansprüche aus dem Bauvertrag vor dem Hauptsacheprozeß, 1983; *Meller-Hannich*, Die Sicherung der Zwangsvollstreckung durch Arrest wegen künftiger Forderungen, ZZP 115 (2002), 161; *Minnerop*, Materielles Recht und einstweiliger Rechtsschutz, 1973; *Nieschulz*, Der Arrest in Seeschiffe, 1997; *Piehler*, Einstweiliger Rechtsschutz und materielles Recht, 1980; *Roth*, Der Arrest im Pflichtteilsverfahren – das unterschätzte Sicherungsmittel, NJW-Spezial, 2014, 359; *Savaète*, Der Arrest im arbeitsgerichtlichen Verfahren, AuR 1965, 197; *Schneider*, Das Arrestverfahren im Pflichtteilsprozess, NJW 2010, 3401; *Teplitzky*, Arrest und einstweilige Verfügung, JuS 1980, 882; 1981, 122, 352, 435.

I. Zweck der Norm

1 § 916 regelt entgegen der zu engen Überschrift nicht nur, welche Ansprüche als Grundlage für einen Arrest in Betracht kommen. Vielmehr wird auch das allein zulässige Ziel und damit der **Zweck des Arrestes festgelegt**. Dieser dient ausschließlich der »Sicherung der Zwangsvollstreckung ... wegen einer Geldforderung«. Diesem Zweck entsprechen die §§ 930–933. Danach darf die Vollstreckung des Arrestes nicht über eine Sicherung des Antragstellers hinausgehen. Der bloße Sicherungszweck gilt gleichermaßen für den dinglichen und für den persönlichen Arrest. Beide Arrestarten unterscheiden sich nicht in ihrem Ziel, sondern in dem Weg, wie dieses Ziel erreicht werden soll, sowie in den Voraussetzungen für den Arrestgrund (§§ 917 f.).

2 Die Beschränkung des Arrestzwecks auf die Sicherung der Zwangsvollstreckung bedeutet, dass der Antragsteller lediglich vor den Gefahren geschützt wird, die ihm durch die Erstreitung eines Vollstreckungstitels im Hauptsacheverfahren drohen. Diese Gefahren liegen vor allem in der Zeitdauer des Hauptsacheverfahrens, die dazu führen kann, dass die Zwangsvollstreckung zu spät kommt und deshalb für den Gläubiger wertlos ist, ferner darin, dass der am Hauptsacheverfahren beteiligte und damit notwendig gewarnte Schuldner Vorkehrungen trifft, um die Vollstreckung zu vereiteln. Der Arrest setzt aber immer voraus, dass eine Zwangsvollstreckung aufgrund eines Hauptsachetitels möglich wäre. Eine nicht vorhandene Vollstreckungsmöglichkeit (z. B. § 888 Abs. 3, § 120 Abs. 3 FamFG) lässt sich auch nicht sichern. Indem der Arrest die Vollstreckungsmöglichkeit aufgrund eines später im Hauptsacheverfahren erreichbaren Vollstreckungstitels sichert, dient er der Effektivität des Hauptsacherechtsschutzes. Da dieser seinerseits auf die Durchsetzung des materiellen

Rechts gerichtet ist,[1] hat der Arrest mittelbar ebenfalls eine dienende Funktion gegenüber dem materiellen Recht.[2]

Unerheblich ist, ob die zu sichernde Zwangsvollstreckung in das bewegliche (§§ 803–863) oder in das unbewegliche Vermögen (§§ 864–871) betrieben werden soll. Aber es muss sich um eine Vollstreckung in das Vermögen handeln. Das ist die notwendige Konsequenz daraus, dass der Arrest nur zur Sicherung der Zwangsvollstreckung »wegen einer Geldforderung« (§§ 802a–882h) dient. Insofern haben die Worte »in das bewegliche oder unbewegliche Vermögen« lediglich einen klarstellenden Charakter.

II. Der Arrestanspruch

Die Notwendigkeit eines materiellen Arrestanspruchs ergibt sich schon daraus, dass der einstweilige Rechtsschutz nur eine besondere Form des allgemeinen gerichtlichen Rechtsschutzes ist,[3] der seinerseits ein zu schützendes subjektives Recht voraussetzt.[4] Im Übrigen setzt auch die zu sichernde Zwangsvollstreckung immer einen titulierten materiellen Anspruch voraus. Sowohl im Arrestgesuch[5] als auch im Arrestbefehl[6] ist die dem Arrest zu Grunde liegende Forderung zu bezeichnen. Der zu sichernde Anspruch kann nicht durch einen anderen ersetzt werden. So ist beispielsweise ein Austausch der dem Arrest zu Grunde liegenden Steuerforderungen durch das Finanzgericht nicht möglich.[7]

1. Inhalt

Als Arrestansprüche kommen nur solche mit dem vom Gesetz vorgeschriebenen Inhalt in Betracht. Das sind neben Geldforderungen auch Ansprüche, die in Geldforderungen übergehen können. Wegen dieser Erweiterung hat der Arrest einen viel größeren Anwendungsbereich, als verbreitet angenommen wird.[8]

a) Geldforderung, Haftungs- und Duldungsansprüche

Geldforderung ist jeder Anspruch, der auf Zahlung eines bestimmten Geldbetrages gerichtet ist. Unerheblich ist, ob dieser von einer Gegenleistung des Gläubigers abhängig ist und ob die Gegenleistung schon erbracht ist.[9] Bei Verweigerung der Ausstellung richtiger Konnossemente ist der Arrest wegen der Sicherung daraus entstehender Schadensersatzansprüche zulässig.[10] – Den Geldforderungen stehen Haftungs- und Duldungsansprüche gleich.[11] Dabei geht es etwa um den Anspruch des Testamentsvollstreckers gegen den Erben auf Duldung der Zwangsvollstreckung (§ 2213 Abs. 3 BGB), um den Anspruch des Anfechtenden gegen den Anfechtungsgegner bei

---

1 GemSOGB, BGHZ 75, 340, 348.
2 Siehe Vor §§ 916-945b Rdn. 3.
3 Vgl. nur MüKo/*Drescher*, vor § 916 Rn. 4 und § 935 Rn. 3; *Walker*, Der einstweilige Rechtsschutz, Rn. 65, 71.
4 Zur Funktion des gerichtlichen Rechtsschutzes, dem Einzelnen zur Durchsetzung seines subjektiven Rechts zu verhelfen, siehe schon Vor §§ 916-945b Rn. 2 sowie BVerfGE 52, 131, 153; *Benda/Weber*, ZZP 96 (1983), 285; *Gaul*, AcP 168 (1968), 27, 46 ff.; *Grunsky*, Grundlagen des Verfahrensrechts, § 1 III; *Mes*, Der Rechtsschutzanspruch, 1970, S. 98; *Rosenberg/Schwab/Gottwald*, Zivilprozessrecht, § 1 Rn. 5, vgl. auch § 1 Rn. 8 ff.
5 Siehe § 920 Rdn. 4 f.
6 Siehe § 922 Rdn. 20.
7 BFH, ZIP 1983, 853.
8 *Wieczorek/Schütze/Thümmel*, § 916 Rn. 6.
9 RGZ 54, 162, 164.
10 OLG Hamburg, MDR 1973, 142.
11 *Brox/Walker*, Rn. 1495; *Gottwald*, § 916 Rn. 5; Hk-ZV/*Haertlein*, § 916 Rn. 5; MüKo/*Drescher*, § 916 Rn. 5; *Stein/Jonas/Grunsky*, § 916 Rn. 12; *Zöller/Vollkommer*, § 916 Rn. 6; a. M. *Musielak/Voit/Huber*, § 916 Rn. 13; PG/*Fischer*, § 916 Rn. 13.

der Gläubigeranfechtung auf Zurverfügungstellung der durch die angefochtene Rechtshandlung erworbenen Sache (§ 11 Abs. 1 AnfG)[12], um den besonderen Duldungsanspruch nach § 11 Abs. 3 AnfG und um den Anspruch des Grundpfandgläubigers gegen den Eigentümer auf Duldung der Zwangsvollstreckung in das Grundstück (§ 1147 BGB). Derartige Ansprüche sind zwar nicht unmittelbar auf Zahlung gerichtet; aber die zu duldende Zwangsvollstreckung erfolgt wegen einer Geldforderung und muss ggf. durch Pfändung davor gesichert werden, dass der Schuldner des Duldungsanspruchs über mithaftende Gegenstände wie Miet- und Pachtzinsforderungen wirksam verfügt und dadurch die Haftungsmasse schmälert.[13]

b) Ansprüche, die in Geldforderungen übergehen können

7 Auch so genannte Individualansprüche kommen als Arrestanspruch in Betracht, sofern sie in eine Geldforderung übergehen können. Das gilt nicht nur für die Fälle, in denen eine entsprechende gesetzliche Regelung vorhanden ist wie bei dem bereicherungsrechtlichen Herausgabeanspruch, der gem. § 818 Abs. 2 BGB auf Wertersatz gerichtet sein kann, bei den Rückgewähr- und Herausgabeansprüchen, bei deren Unmöglichkeit gem. §§ 346 Abs. 4 i. V. m. §§ 280 ff. oder gem. §§ 989, 990 BGB Schadensersatz zu leisten ist. Vielmehr kann jeder vermögensrechtliche Anspruch in eine auf Geldzahlung gerichtete Schadensersatzforderung übergehen, sofern er nicht oder schlecht erfüllt wird.[14] Durch die weite Fassung des § 916 Abs. 1 wird der Gläubiger also auch dann geschützt, wenn die Zwangsvollstreckung wegen der zu beanspruchenden Individualleistung nicht sicherbar ist.[15] Zu den Folgen, die sich daraus für das Verhältnis zwischen Arrest und einstweiliger Verfügung ergeben, vgl. Rn. 14 f.

2. Betagte, bedingte und künftige Ansprüche

8 Weitere Voraussetzungen für den Arrestanspruch enthält Abs. 1 nicht. Wegen der dienenden Funktion des Arrestes gegenüber dem Hauptsacherechtsschutz stellt sich aber die Frage, ob ein Arrest nur dann in Betracht kommt, wenn der Arrestanspruch in der Hauptsache gegenwärtig mit Erfolg eingeklagt werden kann und bei Vorhandensein eines Hauptsachetitels auch vollstreckt werden könnte (»Sicherung der Zwangsvollstreckung«). Da der Arrest allein bezweckt, die Wirksamkeit des Hauptsacherechtsschutzes durch Sicherung der Zwangsvollstreckung zu gewährleisten, setzt er notwendig die Möglichkeit eines Rechtsschutzes in der Hauptsache voraus. Der Arrestanspruch muss also gegenwärtig einklagbar sein.[16] Das kommt auch in § 926 zum Ausdruck, wonach das Gericht auf Antrag anzuordnen hat, dass der obsiegende Antragsteller binnen einer zu bestimmenden Frist Klage in der Hauptsache zu erheben hat. Ferner muss der Arrestanspruch grundsätzlich auch vollstreckbar sein; denn eine trotz Hauptsachetitels gegenwärtig nicht bestehende Vollstreckungsmöglichkeit kann auch nicht gesichert werden.[17] Die Voraussetzungen der Klagbarkeit und der Vollstreckbarkeit des materiellen Anspruchs haben Bedeutung für betagte, bedingte und künftige Ansprüche. Diese brauchen gegenwärtig noch nicht erfüllt zu werden und können daher auch noch nicht zwangsweise durchgesetzt werden. Für ihre Arrestfähigkeit ist § 916 Abs. 2 von Bedeutung.

a) Betagte Ansprüche

9 Betagte Ansprüche sind solche, die zwar schon bestehen, aber erst zu einem späteren bestimmten oder von einer Kündigung abhängigen Zeitpunkt fällig werden. Sie sind zwar gem. §§ 257, 259 ein-

---

12 A.A. OLG Koblenz, Rpfleger 1993, 170 (durch einstweilige Verfügung zu sichernder Anspruch auf Individualleistung).
13 *Brox/Walker*, Rn. 1495.
14 Allgemeine Ansicht; vgl. nur Alternativkommentar/*Damm*, § 916 Rn. 2; *Baumbach/Lauterbach/Hartmann*, § 916 Rn. 5; *Stein/Jonas/Grunsky*, § 916 Rn. 2.
15 *Hahn*, Materialien zur ZPO, Bd. 2, S. 471.
16 Siehe Vor §§ 916-945b Rdn. 44 m. w. N.
17 Siehe Vor §§ 916-945b Rdn. 45 m. w. N.

klagbar, können aber selbst bei Vorhandensein eines Hauptsachetitels gem. §§ 726, 751 vor Eintritt der Fälligkeit noch nicht vollstreckt werden. Ein Arrest kann hier also nicht eine bereits gegenwärtig bestehende Vollstreckungsmöglichkeit vor den Gefahren durch Zeitablauf sichern, sondern nur eine aufgrund des materiellen Rechts erst künftig entstehende Vollstreckungsmöglichkeit.[18] Genau dazu hat der Gesetzgeber den Arrest aber zur Verfügung gestellt, wie sich aus § 916 Abs. 2 ergibt. Zur Erreichung dieses Zieles muss der Arrest konsequenterweise selbst dann zulässig sein, wenn wegen des betagten Anspruches bereits ein rechtskräftiger, aber wegen §§ 726 Abs. 1, 751 noch nicht vollstreckbarer Hauptsachetitel vorhanden ist.[19]

b) Bedingte Ansprüche

Ähnliches gilt für bedingte Ansprüche. Auflösend bedingte Ansprüche können ohnehin eingeklagt und vollstreckt werden und kommen daher unproblematisch als Arrestanspruch in Betracht. Aufschiebend bedingte Ansprüche sind unter den Voraussetzungen des § 259 ebenfalls einklagbar. Diese Voraussetzungen liegen auch regelmäßig vor, sofern der Arrestgrund des § 917 (Gefahr der Vollstreckungsvereitelung oder -erschwerung) besteht; denn dieser Arrestgrund setzt ebenso wie § 259 voraus, dass mit der Notwendigkeit einer Vollstreckung gerechnet wird, weil der Schuldner freiwillig nicht rechtzeitig erfüllt.[20] Ebenso wie betagte Ansprüche sind auch die aufschiebend bedingten zwar noch nicht vollstreckbar (§§ 726, 751), aber gem. § 916 Abs. 2 trotzdem arrestfähig. Sie müssen allerdings bereits einen gegenwärtigen Vermögenswert haben. Mit dieser Einschränkung trägt das Gesetz dem Umstand Rechnung, dass der Bedingungseintritt ungewiss ist; bei einer eher unwahrscheinlichen Vollstreckungsmöglichkeit geht aber das Interesse des Schuldners an einer unbeeinträchtigten Verfügungsmöglichkeit dem Interesse des Gläubigers an einer effektiven Zwangsvollstreckung vor. Dabei obliegt dem Schuldner die Darlegungs- und Beweislast dafür, dass der Anspruch gegenwärtig keinen Vermögenswert besitzt.

c) Künftige Ansprüche

Künftige Ansprüche sind in § 916 Abs. 2 im Gegensatz zu den betagten und bedingten Ansprüchen nicht für arrestfähig erklärt. Der Grund dafür liegt darin, dass es bei ihnen gegenwärtig nicht nur an der Fälligkeit fehlt, sondern an ihrem materiellen Bestand. Sie können grundsätzlich selbst gem. § 259 noch nicht eingeklagt werden,[21] sodass auch das in § 926 vorgesehene Hauptsacheverfahren noch nicht möglich ist.

Etwas anderes muss dann gelten, wenn der künftige Anspruch bereits Gegenstand einer Feststellungsklage sein kann.[22] Voraussetzung dafür ist, dass er aus einem bestehenden Rechtsverhältnis hergeleitet wird und dass für die Klage ein Feststellungsinteresse besteht.[23] Darüber hinaus muss

---

18 *Stolz*, Einstweiliger Rechtsschutz und Schadensersatzpflicht, 1989, S. 87; *Walker*, Der einstweilige Rechtsschutz, Rn. 219 f.
19 KG, FamRZ 1985, 730, 731; AG Steinfurt, FamRZ 1988, 1082 f.; *Baumbach/Lauterbach/Hartmann*, § 916 Rn. 7; MüKo/*Drescher*, § 916 Rn. 8; *Walker*, Der einstweilige Rechtsschutz, Rn. 220; Zöller/*Vollkommer*, § 916 Rn. 7.
20 *Walker*, Der einstweilige Rechtsschutz, Rn. 215; a. M. wohl Zöller/*Greger*, § 259 Rn. 3.
21 *Roth*, ZZP 98 (1985), 287, 306.
22 H. M.; vgl. nur *Berger/Skamel*, Kap. 4. Rn. 7; *Brox/Walker*, Rn. 1494; *Furtner*, NJW 1964, 745, 746; *Gaul/Schilken/Becker-Eberhard*, § 75 Rn. 4; *Gottwald*, § 916 Rn. 17; Hk-ZV/*Haertlein*, § 916 Rn. 12; *Meller-Hannich*, ZZP 115 (2002), 161, 173; *Minnerop*, Materielles Recht und einstweiliger Rechtsschutz, S. 66 f.; MüKo/*Drescher*, § 916 Rn. 10 und § 935 Rn. 10; PG/*Fischer*, § 916 Rn. 16; Stein/Jonas/*Grunsky*, § 916 Rn. 10; Zöller/*Vollkommer*, § 916 Rn. 8; **a. M.** *Baumbach/Lauterbach/Hartmann*, § 916 Rn. 10; *Ullmann*, NJW 1971, 1294, 1296.
23 Dazu BGH, NJW 1988, 774; BGHZ 4, 133, 135.

weder ein schutzwertes Interesse an der Anspruchssicherung bestehen[24] noch muss der künftige Anspruch einen gegenwärtigen Vermögenswert haben.[25] Eine zulässige Feststellungsklage reicht auch im Rahmen von § 926 als Hauptsacheklage aus;[26] denn auch sie kann zu einer verbindlichen Sachentscheidung führen. Zwar ist ein solches Feststellungsurteil nicht vollstreckbar, sodass ein Arrest auch keine gegenwärtige Vollstreckungsmöglichkeit gegen die Gefahren durch Zeitablauf sichern kann. Insoweit gleicht die Rechtslage aber derjenigen bei betagten und bedingten Ansprüchen. Da diese in § 916 Abs. 2 trotz gegenwärtig fehlender Vollstreckungsmöglichkeit für arrestfähig erklärt sind, ist es sachgerecht, auch künftige Ansprüche als Arrestansprüche ausreichen zu lassen, sofern sie ausnahmsweise schon einklagbar sind.[27] Ein Arrest ist daher möglich bei Ansprüchen zur Sicherung des künftigen Unterhalts,[28] beim Anspruch auf Kostenerstattung im Prozess, wenn das Unterliegen des Antragsgegners im Hauptverfahren wahrscheinlich ist,[29] und bei dem mit dem Tod des Versicherungsnehmers fällig werdenden Anspruch aus der Lebensversicherung zu Lebzeiten des Versicherungsnehmers.[30]

13 Bei Rechtshängigkeit des Scheidungsantrages kann sowohl der Unterhaltsanspruch des geschiedenen Ehegatten gem. §§ 1569 ff. BGB[31] als auch der (künftige) Anspruch des Ehegatten auf Zugewinnausgleich durch Arrest gesichert werden.[32]

III. Bedeutung des § 916 für die einstweilige Verfügung

1. Abs. 1

14 Die Formulierungen in § 916 Abs. 1 einerseits und in den §§ 935, 940 andererseits deuten bereits darauf hin, dass diese Vorschriften sich gegenseitig ausschließen. § 916 Abs. 1 regelt gerade, welche Ansprüche als Arrest-, nicht aber als Verfügungsansprüche in Betracht kommen. Er ist deshalb für die einstweilige Verfügung grundsätzlich nur als Negativabgrenzung von Bedeutung: Geldforderungen und gleichgestellte Haftungs- und Duldungsforderungen kommen als Verfügungsansprüche grundsätzlich nicht in Betracht.

15 Eine Ausnahme gilt nur für die sog. Leistungs- oder Befriedigungsverfügung.[33] Sie kommt auch wegen einer Geldforderung in Betracht.[34] Trotzdem kann es zu einer Überschneidung zwischen Arrest und Befriedigungsverfügung nicht kommen, weil der Arrest ausschließlich der »Sicherung der Zwangsvollstreckung«, niemals aber der einstweiligen Befriedigung dient.[35] Befriedigungsver-

---

24 Wie hier Hk-ZV/*Haertlein*, § 916 Rn. 12; MüKo/*Drescher*, § 916 Rn. 10; **a.A.** Alternativkommentar/ *Damm*, § 916 Rn. 3; *Stein/Jonas/Grunsky*, § 916 Rn. 10; *Zöller/Vollkommer*, **§ 916 Rn. 8.**
25 So noch MüKo/*Heinze*, 2. Aufl., § 916 Rn. 13.
26 BGH, LM Nr. 4 zu § 926 ZPO; *Baumbach/Lauterbach/Hartmann*, § 926 Rn. 11; *Zöller/Vollkommer*, § 926 Rn. 29.
27 H.M.; OLG Düsseldorf, FamRZ 1994, 114, 115; *Baur/Stürner/Bruns*, Rn. 51.2; *Furtner*, NJW 1964, 745 ff.; *Kohler*, ZZP 103 (1990), 184, 198; *Meller-Hannich*, ZZP 115 (2002), 161, 170; *Stein/Jonas/ Grunsky*, § 916 Rn. 10; *Walker*, Der einstweilige Rechtsschutz, Rn. 221; *Zöller/Vollkommer*, § 916 Rn. 8.
28 OLG Düsseldorf, FamRZ 1981, 44; OLG Hamm, FamRZ 2012, 579; FamRZ 1980, 391; KG, FamRZ 1985, 730; AG Geilenkirchen, FamRZ 1984, 1227; AG Steinfurt, FamRZ 1988, 1082, 1083.
29 *Baumbach/Lauterbach/Hartmann*, § 916 Rn. 9; MüKo/*Drescher*, § 916 Rn. 10; *Stein/Jonas/Grunsky*, § 916 Rn. 11; *Zöller/Vollkommer*, § 916 Rn. 8.
30 OLG München, JW 1916, 286, 287.
31 MüKo/*Drescher*, § 916 Rn. 10; *Stein/Jonas/Grunsky*, § 916 Rn. 11; *Zöller/Vollkommer*, § 916 Rn. 8.
32 OLG Celle, NJW-RR 2014, 1283, 1285; AG Nordenham, FamRZ 2013, 35; MüKoBGB/*Koch*, § 1389 Rn. 1; PG/*Fischer*, § 916 Rn. 17; *Zöller/Vollkommer*, § 916 Rn. 5. Das war vor Streichung des § 1389 BGB zum 1.9.2009, auf den sich die Gegenansicht berufen hatte, umstritten. Zum früheren Meinungsstand siehe die Nachweise in § 916 Rn. 7 in der 4. Aufl.
33 Siehe dazu Vor § 935 Rdn. 31 ff.
34 Siehe Vor §§ 916-945b Rdn. 11 f.
35 Siehe Rdn. 1.

fügung und Arrest können aber wegen derselben Geldforderung im Verhältnis von Haupt- und Hilfsantrag begehrt werden.[36] – Überschneidungen sind dagegen wegen desselben materiellen Anspruchs zwischen Arrest und Sicherungsverfügung möglich. Ein Anspruch, »der in eine Geldforderung übergehen kann« (vgl. § 916 Abs. 1), ist bis zu diesem Übergang ein Individualanspruch, der durch einstweilige Verfügung sicherbar ist. Trotzdem ist er bereits vor diesem Zeitpunkt gem. § 916 Abs. 1 ein tauglicher Arrestanspruch. Der Antragsteller kann dann zwischen beiden Sicherungsmitteln wählen, je nachdem, ob es ihm mehr auf die Durchsetzung des Individualanspruchs oder der Geldforderung ankommt.[37] Er kann sogar den Arrest neben der einstweiligen Verfügung beantragen, wenn er zwar in erster Linie an einer effektiven Vollstreckung wegen des Individualanspruchs interessiert ist, vorsorglich aber auch die Vollstreckung wegen der eventuell entstehenden Geldforderung sichern lassen will.[38]

2. Abs. 2

Eine Regelung über betagte oder bedingte Ansprüche, die den § 916 Abs. 2 verdrängen könnte, gibt es für die einstweilige Verfügung nicht. Da aber auch Individualansprüche betagt oder bedingt sein oder als künftige Ansprüche bestehen können, liegt die entsprechende Anwendung (vgl. § 936) des § 916 Abs. 2 bei der einstweiligen Verfügung nahe.[39] Das ist sachgerecht nur für die Sicherungsverfügung. Würden auch für die Befriedigungsverfügung betagte, bedingte oder ggf. künftige Ansprüche als Verfügungsansprüche ausreichen, ginge der einstweilige Rechtsschutz über die Grenzen des materiellen Rechts unzulässig hinaus. Der Schuldner eines noch nicht fälligen oder noch nicht einmal entstandenen Anspruchs darf nicht im Wege der Befriedigungsverfügung zu einer Leistung gezwungen werden, zu der er nach materiellem Recht noch nicht verpflichtet ist.[40] Für Befriedigungsverfügungen gilt § 916 Abs. 2 daher nicht.

IV. Bedeutung des § 916 außerhalb des Zivilprozesses

In **Familienstreitsachen** nach dem FamFG ist § 916 über § 119 Abs. 2 FamFG entsprechend anwendbar. Im **arbeitsgerichtlichen Urteilsverfahren** gilt § 916 über § 62 Abs. 2 Satz 1 ArbGG unmittelbar. Für das **arbeitsgerichtliche Beschlussverfahren** verweist § 85 Abs. 2 Satz 1 ArbGG zwar nur auf die einstweilige Verfügung; durch diese klarstellende Regelung soll die Zulässigkeit eines Arrestes etwa zur Sicherung der Zwangsvollstreckung von Kostenerstattungsansprüchen (z. B. §§ 40, 37 Abs. 6 BetrVG) aber nicht ausgeschlossen sein.[41] Im **verwaltungsgerichtlichen Eilverfahren** tritt die einstweilige Anordnung zur Sicherung von Geldleistungsansprüchen gem. § 123 VwGO an die Stelle des Arrestes.[42] Im **sozialgerichtlichen Verfahren** kommen einstweilige Anordnungen nach § 86b Abs. 2 SGG in Betracht.

---

36 *Walker*, Der einstweilige Rechtsschutz, Rn. 159.
37 Hk-ZV/*Haertlein*, § 916 Rn. 7; MüKo/*Drescher*, vor § 916 Rn. 36 und § 916 Rn. 4; PG/*Fischer*, § 916 Rn. 14; *Stein/Jonas/Grunsky*, vor § 916 Rn. 53; *Thomas/Putzo/Seiler*, Vorbem. § 916 Rn. 8; *Walker*, Der einstweilige Rechtsschutz, Rn. 158; *Zöller/Vollkommer*, § 916 Rn. 2; zweifelnd, ob in diesen Fällen eine einstweilige Verfügung zulässig ist, aber OLG Frankfurt, ZMR 1997, 22, 23.
38 OLG Köln, JMBl. NW 1984, 9; MüKo/*Drescher*, vor § 916 Rn. 37 und § 916 Rn. 4; *Walker*, Der einstweilige Rechtsschutz, Rn. 158; *Zöller/Vollkommer*, § 916 Rn. 2.
39 *Baumbach/Lauterbach/Hartmann*, § 936 Rn. 1; MüKo/*Drescher*, § 936 Rn. 3; *Stein/Jonas/Grunsky*, § 936 Rn. 2 und § 935 Rn. 4 f.; *Thomas/Putzo/Seiler*, § 936 Rn. 2; *Wieczorek/Schütze/Thümmel*, § 936 Rn. 2; *Zöller/Vollkommer*, § 916 Rn. 9 und § 936 Rn. 2.
40 *Walker*, Der einstweilige Rechtsschutz, Rn. 229.
41 HdbVR-*Baur*, B Rn. 290; GMP/*Matthes/Spinner*, ArbGG, § 85 Rn. 28; GWBG/*Greiner*, ArbGG, § 85 Rn. 34; *Schwab/Weth/Walker*, ArbGG, § 85 Rn. 52; *Walker*, Der einstweilige Rechtsschutz, Rn. 763; *Wieser*, Arbeitsgerichtsverfahren, Rn. 711.
42 VGH Mannheim, NVwZ-RR 1989, 588; *Finkelnburg/Dombert/Külpmann*, Vorläufiger Rechtsschutz im Verwaltungsstreitverfahren, Rn. 148; *Schoch* in: Schoch/Schmidt-Aßmann/Pietzner, VwGO, § 123 Rn. 55; jetzt auch MüKo/*Drescher*, § 916 Rn. 11.

§ 917 Arrestgrund bei dinglichem Arrest

(1) Der dingliche Arrest findet statt, wenn zu besorgen ist, dass ohne dessen Verhängung die Vollstreckung des Urteils vereitelt oder wesentlich erschwert werden würde.

(2) ¹Als ein zureichender Arrestgrund ist es anzusehen, wenn das Urteil im Ausland vollstreckt werden müsste und die Gegenseitigkeit nicht verbürgt ist. ²Eines Arrestgrundes bedarf es nicht, wenn der Arrest nur zur Sicherung der Zwangsvollstreckung in ein Schiff stattfindet.

Übersicht	Rdn.		Rdn.
I. Rechtliche Einordnung des Arrestgrundes	1	4. Entbehrlichkeit eines Arrestgrundes (Abs. 2 Satz 2).....................	10
II. Vollstreckungsvereitelung oder -erschwerung (Abs. 1)	3	a) Zweck und Entstehung der Norm ..	10
		b) Anwendungsbereich............	11
1. Allgemeines	3	c) Arrestanspruch und Arrestparteien..	12
2. Konkret festzustellender Arrestgrund ...	5	d) Rechtsfolge	13
a) Vereitelungs- oder Gefährdungshandlungen des Schuldners	6	III. Ausschluss eines Arrestgrundes	14
		1. Anderweitige Sicherung	15
b) Vom Schuldner nicht zu vertretende Umstände	7	2. Anderweitige Vollstreckungsmöglichkeit.	16
		IV. Bedeutung des § 917 für die einstweilige Verfügung	17
c) Drohende Gläubigerkonkurrenz ...	8		
3. Unwiderlegliche Vermutung eines Arrestgrundes (Abs. 2 Satz 1)	9	V. Bedeutung des § 917 außerhalb des Zivilprozesses...................	18

Literatur:

Berger, Haftungsrechtliche Verteilungsprinzipien an der Schnittstelle von Einzelzwangsvollstreckung und Insolvenz, ZZP 121 (2008), 407; *Buciek*, Gläubigerkonkurrenz als Arrestgrund?, NJW 1987, 1063; *Eilers*, Maßnahmen des einstweiligen Rechtsschutzes im europäischen Zivilrechtsverkehr, Internationale Zuständigkeit, Anerkennung und Vollstreckung, 1991; *Foerste*, Vollstreckungsvorsprung durch einstweiligen Rechtsschutz, ZZP 106 (1993), 143; *Fohrer/Mattil*, Der »grenzüberschreitende« dingliche Arrest im Anwendungsbereich des EuGVÜ (seit dem 1.3.2003 ersetzt durch die Verordnung [EG] Nr. 44/2001), WM 2002, 840; *Grunsky*, Konkurrenz anderer Gläubiger als Arrestgrund, NJW 1976, 553; *Kannowski*, Arrest und einstweilige Verfügung (§§ 916 f. ZPO) neben einem bereits vorliegenden Titel, JuS 2001, 482; *Katzenstein/Hüfile*, Vermieterpfandrecht – Schutz durch Selbsthilfe und gerichtlichen Eilrechtsschutz, MDR 2005, 1027; *Köper*, Auswirkungen der strafprozessualen Rückgewinnungshilfe auf den zivilprozessualen Arrestgrund, NJW 2004, 2485; *Kohler*, Der Wettlauf der Gläubiger, Jura 1986, 44; *Mertins*, Der dingliche Arrest, JuS 2008, 692; *Schack*, Rechtsangleichung mit der Brechstange des EuGH – vom Fluch eines falsch verstandenen Diskriminierungsverbotes, ZZP 108 (1995), 47; *Schilken*, Gläubigerkonkurrenz als Arrestgrund?, FS Leipold, 2009, 159; *Schlosser*, Vollstreckungsrechtliches Prioritätsprinzip und verfassungsrechtlicher Gleichheitssatz, ZZP 97 (1984), 121; *Schneider*, Das Arrestverfahren im Pflichtteilsprozess, NJW 2010, 3401; *Schütze*, Einstweilige Verfügungen und Arreste im internationalen Rechtsverkehr, insbesondere im Zusammenhang mit der Inanspruchnahme von Bankgarantien, WM 1980, 1438; *ders.*, Forderungssicherung im deutsch-iranischen Verhältnis, BB 1979, 348; *Welter*, Zwangsvollstreckung und Arrest in Forderungen – insbesondere Kontenpfändung – in Fällen mit Auslandsberührung, 1988.

I. Rechtliche Einordnung des Arrestgrundes

1 Während der Arrestanspruch Voraussetzung dafür ist, dass dem Antragsteller überhaupt Rechtsschutz gewährt wird, ist der Arrestgrund notwendig, damit Rechtsschutz in der Form des einstweiligen Rechtsschutzes in Betracht kommt. Der Arrestgrund ist in den §§ 917, 918 für den dinglichen und den persönlichen Arrest verschieden geregelt, setzt aber in beiden Fällen gleichermaßen die Gefahr einer Vollstreckungsbeeinträchtigung voraus, aus der sich das Bedürfnis nach einstweiligem Rechtsschutz ergibt.

Der Arrestgrund wird vielfach als Sonderform des Rechtsschutzinteresses angesehen.[1] Daraus lässt sich aber entgegen einer verbreiteten Ansicht nicht folgern, dass es sich bei dem Arrestgrund um eine Voraussetzung für die Zulässigkeit des Gesuchs handele[2] mit der Konsequenz, dass der Arrestanspruch erst nach Feststellung des Arrestgrundes geprüft werden dürfte. Die Gefahr der Vollstreckungsbeeinträchtigung bezieht sich nämlich auf die Verwirklichung des materiellen Arrestanspruchs. Erst wenn dieser für die Begründetheit des Gesuchs erforderliche Anspruch geprüft ist, lässt sich feststellen, ob dessen Durchsetzung gefährdet ist. Deshalb handelt es sich bei dem Arrestgrund – ebenso wie bei den vergleichbaren Voraussetzungen des § 229 BGB für die Zulässigkeit der Selbsthilfe und bei den Voraussetzungen des § 259 für die Klage auf künftige Leistung – um eine materiellrechtliche Voraussetzung für die Begründetheit des Gesuchs und bei der Antragsabweisung mangels Antragsgrundes um eine Sachentscheidung.[3] Der in § 917 gewählte Wortlaut »findet statt« spricht nicht gegen die hier vertretene Ansicht. Er hat die Bedeutung von »darf angeordnet werden«, wie es für den Verfügungsgrund bei der Räumungsverfügung in § 940a im Übrigen ausdrücklich formuliert ist. Für die hier vertretene Einordnung des Arrestgrundes bei den Begründetheitsvoraussetzungen spricht auch, dass es mit dem Charakter des Eilverfahrens und mit dem Gesichtspunkt der Prozessökonomie unvereinbar wäre, wenn selbst bei offensichtlicher Unbegründetheit des Antrags mangels Arrestanspruchs der möglicherweise zweifelhafte Arrestgrund zunächst aufwendig geprüft werden müsste.[4]

II. Vollstreckungsvereitelung oder -erschwerung (Abs. 1)

1. Allgemeines

Für den Erlass eines dinglichen Arrestes muss die Gefahr einer Vollstreckungsvereitelung oder -erschwerung vorliegen. Sie wird vom Gericht nicht aus der Sicht des um seine Vollstreckungsmöglichkeit bangenden Gläubigers, sondern vom Standpunkt eines verständigen Dritten aus geprüft.[5] Die Gefahren für die Vollstreckungsmöglichkeit des Gläubigers, vor denen der Arrest schützen soll, können zwar, müssen aber nicht notwendig vom Schuldner zu vertreten sein. Deshalb setzt die Vereitelungsgefahr auch keine Vereitelungsabsicht des Schuldners voraus.[6]

---

[1] Siehe schon Vor §§ 916-945b Rdn. 39 f.; OLG Köln, GRUR 1982, 504, 505; *Baumbach/Lauterbach/Hartmann*, § 917 Rn. 14; *Bruns/Peters*, § 49 II 2; Hk-ZV/*Haertlein*, § 917 Rn. 1; *Jauernig*, ZZP 79 (1966), 321; MüKo/*Drescher*, § 917 Rn. 2; *Piehler*, Einstweiliger Rechtsschutz und materielles Recht, S. 28 f.; *Schellhammer*, Zivilprozess, Rn. 1904; *Teplitzky*, Wettbewerbsrechtliche Ansprüche und Verfahren, Kap. 54 Rn. 14 f.; *Walker*, Der einstweilige Rechtsschutz, Rn. 208.

[2] So aber OLG Frankfurt, NJW 1975, 392, 393; LAG Frankfurt, NZA 1988, 37, 38; LAG Hamm, NZA 1984, 130, 132; DB 1987, 846, 847; NZA 1988, Beil. 2, S. 26, 27; LAG Köln, NZA 1991, 396; LAG München, NJW 1980, 957; LAG Rheinland-Pfalz, NZA 1986, 264; Alternativkommentar/*Damm*, § 917 Rn. 4; *Jauernig/Berger*, § 35 Rn. 6; *Piehler*, Einstweiliger Rechtsschutz und materielles Recht, S. 28 f.; *Teplitzky*, JuS 1981, 122, 123; *Wenzel*, MDR 1967, 889, 892; *Wieczorek/Schütze/Thümmel*, § 917 Rn. 2.

[3] Zutreffend OLG Hamm, GmbH-Rdsch. 1993, 743, 745, 748; *Baur*, Studien zum einstweiligen Rechtsschutz, S. 77 m. Fn. 5; *Baur/Stürner/Bruns*, Rn. 51.2; *Baumbach/Lauterbach/Hartmann*, § 917 Rn. 5, Grdz. § 916 Rn. 12; *J. Blomeyer*, ZZP 81 (1968), 20, 45; *K. Blomeyer*, ZZP 65 (1952), 52, 61 ff.; *Gaul/Schilken/Becker-Eberhard*, § 75 Rn. 5; HdbVR-*Dunkl*, A Rn. 14, 153, 504; HdbZVR/*Kellendorfer*, Kap. 8 Rn. 44; *Minnerop*, Materielles Recht und einstweiliger Rechtsschutz, S. 36 ff.; MüKo/*Drescher*, § 917 Rn. 2; *Musielak/Voit/Huber*, § 922 Rn. 2; *Stein/Jonas/Grunsky*, § 917 Rn. 2; *Walker*, Der einstweilige Rechtsschutz, Rn. 210; *Wieser*, Arbeitsgerichtsverfahren, Rn. 522; *Zöller/Vollkommer*, § 917 Rn. 3.

[4] Siehe schon Vor §§ 916-945b Rdn. 40 f.; *Walker*, Der einstweilige Rechtsschutz, Rn. 211.

[5] RGZ 67, 365, 369; BGH, WM 1988, 1352, 1354; BFH, BB 1978, 1203; OLG Rostock NJW-RR 2012, 222; *Baumbach/Lauterbach/Hartmann*, § 917 Rn. 6; *Bruns*, ZZP 65 (1952), 67, 70; MüKo/*Drescher*, § 917 Rn. 1; *Stein/Jonas/Grunsky*, § 917 Rn. 4; *Thomas/Putzo/Seiler*, § 917 Rn. 1; *Zöller/Vollkommer*, § 917 Rn. 4.

[6] BFH, BB 1978, 1203; *Baur/Stürner/Bruns*, Rn. 51.3; *Brox/Walker*, Rn. 1498; *Baumbach/Lauterbach/Hartmann*, § 917 Rn. 6; MüKo/*Drescher*, § 917 Rn. 5; *Schwerdtner*, NJW 1970, 222, 224; *Stein/Jonas/Grunsky*, § 917 Rn. 6; *Zöller/Vollkommer*, § 917 Rn. 5.

4 Neben der Feststellung der in § 917 genannten Gefahr ist nach dem insoweit unmissverständlichen Gesetzeswortlaut **keine Interessenabwägung** erforderlich, selbst wenn der Schuldner von einer Arrestvollziehung besonders hart betroffen sein sollte. Der Gesetzgeber hat beim Arrest das Interesse des Antragstellers, dass die Verwirklichung seines schlüssig vorgetragenen Anspruchs wenigstens gesichert wird, pauschal höher bewertet als das Interesse des Antragsgegners, bis zum Abschluss des Hauptsacheverfahrens selbst vor lediglich anspruchssichernden Maßnahmen verschont zu bleiben.[7]

2. Konkret festzustellender Arrestgrund

5 Die Gefahr einer Vollstreckungsbeeinträchtigung muss grundsätzlich in jedem Einzelfall anhand konkreter Tatsachen festgestellt werden; allgemein gehaltene Befürchtungen reichen nicht aus.[8]

a) Vereitelungs- oder Gefährdungshandlungen des Schuldners

6 In Betracht kommen in erster Linie Vereitelungs- oder Gefährdungshandlungen des Schuldners.[9] Dabei kann es sich auch um ein rechtmäßiges Verhalten handeln. Vereitelungs- oder Gefährdungshandlungen werden allgemein angenommen bei einer Verschleuderung von Vermögen, bei ungewöhnlicher Veräußerung oder Belastung[10] von Vermögensgegenständen, ohne dass entsprechende Gegenwerte in das Schuldnervermögen fließen, bei einer Verdunkelung der Vermögenslage,[11] bei selbstschädigendem Geschäftsgebaren, bei einem häufigen Aufenthaltswechsel des Schuldners.[12] Es reicht aus, wenn solche Vereitelungshandlungen beabsichtigt sind; der Schuldner muss noch nicht mit einer Realisierung begonnen haben.[13] Allein die Verlegung des Wohnsitzes ins Ausland reicht jedenfalls dann nicht aus,[14] wenn genügend inländisches Vermögen vorhanden ist, auf das der Gläubiger zugreifen kann;[15] außerdem wird selbst bei der Notwendigkeit einer Auslandsvollstreckung ein Arrestgrund nur unter den Voraussetzungen des Abs. 2 Satz 1 unwiderleglich vermutet.[16] Wenn der Schuldner seinen einzigen dinglichen Vermögensgegenstand (z. B. Eigentumswohnung) veräußern will, sollte das nach verbreiteter Ansicht in aller Regel für die Annahme eines Arrestgrundes ausreichen,[17] selbst wenn er als Gegenleistung eine Geldzahlung erhält; denn Geld kann der Vollstreckung leicht entzogen werden. Nach einer engeren Ansicht liegt dagegen in der beabsichtigten Veräußerung des einzigen dinglichen Vermögensstücks nur ein starkes Indiz für einen Arrestgrund,[18] das aber nicht die Prüfung weiterer Einzelfallumstände ersetzt.[19] Wenn allerdings der Schuldner ein ausländischer Staatsangehöriger ist, seine Immobilie im Inland verkauft und seine Absicht bekundet, in seine Heimat (Großbritannien) zu ziehen, wo auch sein finanzieller Bezugspunkt sein wird, reicht das auf jeden Fall als Arrestgrund

---

7 *Walker*, Der einstweilige Rechtsschutz, Rn. 231.
8 OLG Rostock, NJW-RR 2012, 222, 224.
9 KG, FamRZ 2014, 148; ZIP 2005, 2126, 2128.
10 KG, FamRZ 2014, 148, 149.
11 OLG Frankfurt, FamRZ 1996, 747, 749; MüKo/*Drescher*, § 917 Rn. 5; *Stein/Jonas/Grunsky*, § 917 Rn. 7; *Zöller/Vollkommer*, § 917 Rn. 5.
12 OLG Karlsruhe, FamRZ 1985, 507, 508.
13 OLG Karlsruhe, NJW 1997, 1017.
14 So aber KG, FamRZ 1985, 730, 731.
15 OLG Stuttgart, NJW-RR 1996, 775.
16 U. a. deshalb hat das OLG Rostock, NJW-RR 2012, 222, 223 selbst dann, wenn eine Auswanderung des Schuldners nach Polen zu befürchten ist, einen Arrestgrund abgelehnt.
17 OLG Dresden, NJW-RR 2007, 659; OLG Hamm, NJW-RR 1992, 1410; *Brox/Walker*, Rn. 1497.
18 OLG Celle, NJW-RR 2014, 1283, 1285.
19 KG, NJW-RR 2013, 708, 710; großzügiger AG Nordenham, FamRZ 2013, 35, 36.

aus.[20] In einer strafbaren Handlung des Schuldners gegen den Gläubiger liegt nicht immer,[21] sondern nur dann ein Arrestgrund, wenn sie auf eine Vollstreckungsbeeinträchtigung hindeutet.[22] Davon kann z. B. auszugehen sein, wenn der in Anspruch genommene Ehegatte wissentlich eine grob falsche Auskunft über sein Endvermögen abgibt, um den anderen Ehegatten davon abzuhalten, eine Klage auf Zugewinnausgleich zu erheben.[23] Ebenso wenig reicht allein ein vorsätzliches vertragswidriges Verhalten des Schuldners für einen Arrestgrund aus;[24] es müssen schon Tatsachen wie etwa ein auf Zeitverschleppung abzielendes Verhalten hinzukommen, die eine Vollstreckungsbeeinträchtigung konkret befürchten lassen. In diesem Fall wird ein Arrestgrund nicht dadurch ausgeschlossen, dass der Gläubiger von Anfang an mit Vertragsverletzungen durch den Schuldner rechnen musste.[25] Ein in der Vergangenheit liegendes Verhalten des Schuldners kann nur dann für einen Arrestgrund ausreichen, wenn sich aus ihm auch für die Zukunft die Gefahr einer Vollstreckungsbeeinträchtigung ergibt.[26]

b) Vom Schuldner nicht zu vertretende Umstände

Auch vom Schuldner nicht zu vertretende Umstände können für einen Arrestgrund ausreichen;[27] denn die Gefahr einer Vollstreckungsvereitelung oder -erschwerung kann sich auch aus dem Verhalten Dritter und aus anderen Umständen als menschlichem Verhalten ergeben. So ist es anerkannt, dass etwa drohende Einkommensausfälle aufgrund einer Krankheit des Schuldners[28] oder dessen Inhaftierung[29] ebenso ausreichen können wie der Boykott seines Gewerbebetriebes.[30] Selbst Naturereignisse wie Überschwemmungen, Feuer oder Sturm können einen Vermögensverfall des Schuldners und damit eine Schmälerung seiner Haftungsmasse befürchten lassen.[31] – Nicht ausreichend ist dagegen allein eine schlechte Vermögenslage des Schuldners.[32] Das folgt schon aus der Funktion des Arrestes, den Antragsteller davor zu schützen, dass bis zur Vollstreckung eines Hauptsachetitels eine Verschlechterung der Vollstreckungsmöglichkeit eintritt. Davon kann aber keine Rede sein, wenn allein auf eine schon bestehende schlechte Vermögenslage abgestellt wird, ohne dass Tatsachen für eine weitere Verschlechterung vorgetragen werden. Ferner liegt ein Arrestgrund nicht allein darin, dass die Schuldnerin zu 100 % einem Konzern angehört, dessen Muttergesellschaft insolvent ist, solange keine konkreten Tatsachen die Besorgnis von rechtswidrigen Vermögensverschiebungen innerhalb des Konzerns von der Schuldnerin auf die Muttergesellschaft begründen.[33]

---

20 OLG Hamm, FamRZ 2012, 579.
21 OLG Bamberg, WM 2013, 649 mit Anm. *Walker/Schmitt-Kästner*, WuB VI D. § 930 ZPO 1.13; OLG Düsseldorf, NJW-RR 1986, 1192; OLG Koblenz, WM 1987, 313; OLG Saarbrücken, NJW-RR 1999, 143 f.; OLG Schleswig, MDR 1983, 141; Hk-ZV/*Haertlein*, § 917 Rn. 7; **a. M.** OLG München, MDR 1970, 934; *Baumbach/Lauterbach/Hartmann*, § 917 Rn. 11 »Straftat«; *Thomas/Putzo/Seiler*, § 917 Rn. 1.
22 BGH, WM 1983, 614; OLG Dresden, MDR 1998, 795; OLG Düsseldorf, NJW-RR 1999, 1592; 1986, 1192; OLG Koblenz, NJW-RR 2002, 575; OLG Saarbrücken, NJW-RR 1999, 143; offengelassen von OLG Rostock, NJW-RR 2012, 222, 223.
23 OLG Frankfurt, FamRZ 1996, 747, 749.
24 BGH, VersR 1975, 763, 764; OLG Saarbrücken, NJW-RR 1999, 143.
25 *Zöller/Vollkommer*, § 917 Rn. 8.
26 BGH, VersR 1975, 763, 764.
27 *Brox/Walker*, Rn. 1498; *Schwerdtner*, NJW 1970, 222, 224.
28 *Brox/Walker*, Rn. 1498; **kritisch** Alternativkommentar/*Damm*, § 917 Rn. 7.
29 OLG Köln, MDR 1986, 595 (aber auch hier immer Einzelfallprüfung erforderlich).
30 MüKo/*Drescher*, § 917 Rn. 11; *Stein/Jonas/Grunsky*, § 917 Rn. 10; *Zöller/Vollkommer*, § 917 Rn. 7.
31 Allgemeine Ansicht; MüKo/*Drescher*, § 917 Rn. 7; *Stein/Jonas/Grunsky*, § 917 Rn. 10; *Zöller/Vollkommer*, § 917 Rn. 7.
32 OLG Frankfurt, ZIP 2004, 777, 778; OLG Hamburg, WM 1998, 522; OLG Köln, FamRZ 1983, 1259; ArbG Berlin, Berliner Entscheidungskalender 1952, 9 und 1955, 106; HdbVR-*Dunkl*, A Rn. 159; *Schwerdtner*, NJW 1970, 222, 223; *Walker*, Der einstweilige Rechtsschutz, Rn. 234.
33 OLG Frankfurt, ZIP 2004, 777, 778.

c) Drohende Gläubigerkonkurrenz

8   Am meisten umstritten ist im Zusammenhang mit § 917 Abs. 1, ob auch eine drohende Gläubigerkonkurrenz einen Arrestgrund bildet. Das wird von der h.M. verneint.[34] Der Arrest diene nicht dazu, einem Gläubiger einen Vorsprung vor anderen zu verschaffen, und dürfe nicht zu einem Wettlauf der Gläubiger gegeneinander führen; es gelte vielmehr das Prinzip der Gläubigergleichbehandlung. – Diese Ansicht wird zu Recht zunehmend infrage gestellt.[35] Zweifellos verschlechtert ein zuvorkommender Gläubigerkonkurrent die Vollstreckungsmöglichkeit des später zugreifenden Gläubigers. Damit ist die von § 917 Abs. 1 vorausgesetzte Gefahr einer Vollstreckungsbeeinträchtigung gegeben; das Gesetz unterscheidet nicht danach, worauf diese Verschlechterung beruht. Der wenig wünschenswerte Wettlauf der Gläubiger kann ohnehin tatsächlich nicht verhindert werden; auch im Hauptsacheverfahren wird vielmehr jeder Gläubiger bemüht sein, als erster einen Vollstreckungstitel zu erlangen. Mit dem Prinzip der Gläubigergleichbehandlung kann eine Verneinung des Arrestgrundes ebenfalls nicht begründet werden; dieses Prinzip gilt erst für die Zeit ab Eröffnung des Insolvenzverfahrens (vgl. § 89 InsO). In der Einzelzwangsvollstreckung herrscht dagegen das Präventions- oder Prioritätsprinzip (§ 804 Abs. 3), also das Prinzip des ersten Zugriffs. Zu diesem Prinzip hat der Gesetzgeber sich in § 930 Abs. 1 Satz 2 auch für das Arrestverfahren ausdrücklich und bewusst[36] bekannt. Der zuerst vollstreckende Arrestgläubiger soll also nach dem Willen des Gesetzgebers den später vollstreckenden Gläubigern zuvorkommen. Nach richtiger Ansicht reicht daher die drohende Konkurrenz anderer Gläubiger für einen Arrestgrund aus.

3. Unwiderlegliche Vermutung eines Arrestgrundes (Abs. 2 Satz 1)

9   Abs. 2 ist durch Gesetz vom 4.11.2003[37] mit Wirkung zum 1.1.2004 neu gefasst worden.[38] Danach wird ein Arrestgrund wegen der mit einer Auslandsvollstreckung verbundenen abstrakten Schwierigkeiten[39] unwiderlegbar vermutet,[40] wenn das Urteil im Ausland vollstreckt werden müsste und die Gegenseitigkeit nicht verbürgt ist. Eine konkrete Gefährdung der Zwangsvollstreckung braucht dann nicht dargelegt und glaubhaft gemacht zu werden. Die **Notwendigkeit einer Auslandsvollstreckung** ist dann gegeben, wenn es an einem ausreichenden inländischen Vermögen

---

34 RGZ 67, 26; BGH, NJW 1996, 321, 324 mit insoweit ablehnender Anm. *Walker*, JR 1996, 505; OLG Bamberg, WM 2013, 649, 653 mit Anm. *Walker/Schmitt-Kästner*, WuB VI D. § 930 ZPO 1.13 (zum dinglichen Arrest nach § 111d StPO, aber mit der Andeutung möglicher Ausnahmen); OLG Hamburg, WM 1998, 522, 523; OLG Frankfurt, ZIP 2004, 777, 778; OLG Karlsruhe, FamRZ 1985, 507, 508; LAG Hamm, MDR 1977, 611; LG Augsburg, NJW 1975, 2350; *Baumbach/Lauterbach/Hartmann*, § 917 Rn. 7 »Andere Gläubiger«; *Buciek*, NJW 1987, 1063 f.; HdbVR-*Dunkl*, A Rn. 159; *Ebmeier/Schöne*, Rn. 15; *Foerste*, ZZP 106 (1993), 143, 155 f.; *Gaul/Schilken/Becker-Eberhard*, § 75 Rn. 8; *Gottwald*, § 917 Rn. 15; *Henckel*, JZ 1992, 645, 656; Hk-ZPO/*Kemper*, § 917 Rn. 6; MüKo/*Drescher*, § 917 Rn. 12; *Musielak/Voit/Huber*, § 917 Rn. 4; PG/*Fischer*, § 917 Rn. 5; *Schilken*, FS Leipold, 2009, 159, 163 ff.; *Schlosser*, ZPR II, Rn. 246; *Schwerdtner*, NJW 1970, 222, 224; *Thomas/Putzo/Seiler*, § 917 Rn. 2; *Wieser*, Arbeitsgerichtsverfahren, Rn. 522; *Zöller/Vollkommer*, § 917 Rn. 9.

35 *Berger*, ZZP 121 (2008), 407, 422; *Berger/Skamel*, Kap. 4 Rn. 17 ff.; *Brox/Walker*, Rn. 1499; *Morbach*, Einstweiliger Rechtsschutz in Zivilsachen, S. 28 f.; *Grunsky*, NJW 1976, 553 f.; *ders.*, JuS 1976, 277, 279; HdbZVR/*Kellendorfer*, Kap. 8 Rn. 45; Hk-ZV/*Haertlein*, § 917 Rn. 9; *Stein/Jonas/Grunsky*, § 917 Rn. 1, 10; *Walker*, Der einstweilige Rechtsschutz, Rn. 236 f.; LG Bremen, WM 1997, 2077, 2081 mit zust. Anm. *Wittkowski*, EWiR 1998, 95.

36 Vgl. die Begründung zu § 727 I 2 des ersten Entwurfs einer CPO von 1871, abgedruckt bei *Dahlmanns*, Neudrucke zivilprozessualer Kodifikationen und Entwürfe des 19. Jahrhunderts, Bd. 2, S. 495.

37 BGBl. I, 2166.

38 Zu der von der Rechtsprechung des EuGH geprägten bis zum 31.12.2003 geltenden Fassung des Abs. 2 siehe die Kommentierung in der 3. Auflage, § 917 Rn. 6 a.

39 Vgl. noch zur alten Fassung des Abs. 2 OLG München, NJW 1983, 2778 f.; *Schlafen*, NJW 1976, 2082, 2083.

40 Noch zu Abs. 2 a. F. OLG Hamburg, NJW-RR 1988, 1277, 1279; *Ackmann*, IPrax 1991, 166, 168; *Brox/Walker*, Rn. 1500; *Ehricke*, NJW 1991, 2189, 2191; *Mankowski*, RIW 1991, 181.

des Schuldners fehlt. Ausreichend ist das Inlandsvermögen eines Schuldners, der in der Bundesrepublik Grundbesitz oder eine Zweigniederlassung hat, dessen Verbringung ins Ausland nicht zu befürchten ist.[41] Trotz fehlendem Inlandsvermögen sind die Voraussetzungen des § 917 Abs. 2 zu verneinen, wenn z. B. eine ausländische Reederei mit einem eigenen Schiff innerhalb eines feststehenden Fahrplanes regelmäßig einen deutschen Hafen anläuft.[42] Ebenso fehlt es an diesem Arrestgrund, wenn dem Gläubiger genügend – auch im Ausland befindliche – Sicherheiten eingeräumt werden.[43] Maßgeblich ist insoweit nicht der Zeitpunkt der Antragstellung, sondern derjenige der Vollstreckungsmöglichkeit aus dem Hauptsacheurteil. Unerheblich ist, ob der Schuldner Ausländer ist oder sich im Ausland aufhält. Will der Gläubiger in eine Forderung vollstrecken, so liegt eine Auslandsvollstreckung i. S. des § 917 Abs. 2 nur vor, wenn sich der Wohnsitz des Schuldners im Ausland befindet; ein ausländischer Wohnsitz des Drittschuldners genügt nicht.[44] Mit **Gegenseitigkeit** ist eine dem deutschen Recht vergleichbare, zumindest tatsächliche Vollstreckungsmöglichkeit im Ausland gemeint. Eine **Verbürgung** der Gegenseitigkeit[45] kann sich aus dem innerstaatlichen Recht des Vollstreckungsstaats, aus bi- oder multilateralen völkerrechtlichen Verträgen sowie aus der Zugehörigkeit zu einer inter- oder supranationalen Organisation ergeben. Als Anhalt kann das Gegenseitigkeitserfordernis bei der Anerkennung ausländischer Urteile in § 328 Abs. 1 Nr. 5 dienen.[46]

4. Entbehrlichkeit eines Arrestgrundes (Abs. 2 Satz 2)

a) Zweck und Entstehung der Norm

Nach Abs. 2 Satz 2 bedarf es keines Arrestgrundes, wenn der Arrest nur zur Sicherung der Zwangsvollstreckung in ein Schiff stattfindet. Diese Vorschrift wurde durch das Gesetz[47] zur Reform des Seehandelsrechts vom 20.04.2013 mit Wirkung zum 25.04.2013 neu eingefügt. Dadurch sollte die Rechtslage derjenigen in den Niederlanden angeglichen und der Rechtsstandort Deutschland gestärkt werden. Abs. 2 Satz 2 schützt die Rechte von besonders schutzwürdigen Gläubigern, unter anderem von Mitgliedern der Schiffsbesatzung, die Forderungen wegen ausstehender Heuer geltend machen. Sie sollen ihre Forderungen schnell tatsächlich durchsetzen können, bevor der Schuldner das Schiff aus dem Inland entfernen und dem Zugriff der Gläubiger entziehen kann.[48]

10

b) Anwendungsbereich

Die Regelung gilt nicht nur für Seeschiffe, sondern auch für Binnenschiffe. Sie greift ausschließlich dann ein, wenn der Arrest »nur zur Zwangsvollstreckung in ein Schiff« beantragt wird. Wird dagegen ein Arrest zur Beschlagnahme von Vermögenswerten aller Art beantragt, ist ein Arrestgrund erforderlich.[49]

11

c) Arrestanspruch und Arrestparteien

Die Voraussetzungen für die Anwendung des Abs. 2 Satz 2 ergeben sich daraus, dass es um die »Zwangsvollstreckung in ein Schiff« geht. Rechte »aus dem Schiff« haben nur Schiffsgläubiger

12

---

41 Vgl. OLG Stuttgart, FamRZ 1997, 181 f.
42 OLG Bremen, OLGZ 1972, 247; AG Hamburg, VersR 1987, 1237.
43 BGH, NJW 1972, 1044.
44 OLG Frankfurt, MDR 1976, 321; *Baumbach/Lauterbach/Hartmann*, § 917 Rn. 23; *Thomas/Putzo/Seiler*, § 917 Rn. 4; *Stein/Jonas/Grunsky*, § 917 Rn. 14.
45 Verneint für eine Vollstreckung, die in Russland erfolgen müsste, durch OLG Celle, NJW-RR 2014, 1283, 1285.
46 Zu dieser Definition der Verbürgung der Gegenseitigkeit siehe BR-Drucks. 239/03, S. 10 f.
47 BGBl. I, S. 831, 866.
48 Dazu und zur Begründung des § 917 Abs. 2 Satz 2 insgesamt BT-Drucks. 17/10309, S. 143.
49 BT-Drucks. 17/10309, S. 143.

i.S.v. § 596 HGB wegen ihrer dort aufgelisteten Forderungen, insbesondere ihrer Heuerforderungen (**Arrestanspruch**). Sie haben für ihre Forderungen ein gesetzliches Pfandrecht an dem Schiff (§ 597 Abs. 1 Satz 1 HGB) einschließlich der dem Schiffseigentümer gehörenden Zubehörstücke (Einzelheiten: § 598 HGB). **Arrestgläubiger** können also nur diese Schiffsgläubiger sein. Als **Arrestschuldner** kommen der Eigentümer oder der Ausrüster des Schiffs in Betracht, gegen die die Schiffsgläubiger ihre Forderungen durch Klage auf Duldung der Zwangsvollstreckung geltend machen können (§ 601 Abs. 2 HGB). Der Arrestanspruch muss glaubhaft gemacht werden (§ 920 Abs. 2); eine eidesstattliche Versicherung des Arrestgläubigers genügt.[50]

d) Rechtsfolge

13 Der Arrest wird dadurch vollzogen, dass der Gerichtsvollzieher das Schiff pfändet und dabei in Bewachung und Verwahrung nimmt (§ 931 Abs. 1, 4 mit Einschränkungen nach §§ 930 Abs. 4, 931 Abs. 7). Durch die damit verbundene Beschlagnahme des Schiffs kann zur Sicherung der Zwangsvollstreckung verhindert werden, dass dieses ins Ausland verbracht wird.

III. Ausschluss eines Arrestgrundes

14 Ein Arrestgrund ist ausgeschlossen, wenn trotz einzelner Vereitelungshandlungen die Durchführung der Vollstreckung insgesamt nicht gefährdet ist. Folgende Fallgruppen sind insoweit von Bedeutung:

1. Anderweitige Sicherung

15 Ein Arrestgrund fehlt, wenn der Gläubiger anderweitig gesichert ist.[51] Eine derartige Sicherung kann etwa in Form von Sicherungseigentum, von vorbehaltenem Eigentum, eines Pfandrechts oder Grundpfandrechts bestehen. Es kommt aber immer darauf an, ob dieses Recht wirklich eine ausreichende Sicherheit bietet. Daran kann es etwa bei einem lediglich nachrangigen Grundpfandrecht oder bei geringem Wert der belasteten oder sicherungsübereigneten Sache fehlen. Auch ein besitzloses Pfandrecht wie das Vermieterpfandrecht bietet mangels tatsächlicher Zugriffsmöglichkeit nicht den gleichen Schutz wie der Arrest.[52] Die lediglich schuldrechtliche Mithaftung eines Bürgen bietet in der Regel keine ausreichende Sicherheit.[53] Das kann zwar bei einer Bankbürgschaft anders zu beurteilen sein, aber selbst dann ist in jedem Einzelfall zu prüfen, ob das Geldinstitut in jeder Hinsicht ein tauglicher Bürge ist.[54]

2. Anderweitige Vollstreckungsmöglichkeit

16 Ferner braucht der Gläubiger nicht vor einer Beeinträchtigung seiner Vollstreckungsmöglichkeit geschützt zu werden, wenn er aufgrund eines vorläufig vollstreckbaren Titels bereits eine anderweitige Vollstreckungsmöglichkeit hat. Das gilt jedenfalls dann, wenn der Titel rechtskräftig oder ohne Sicherheitsleistung vorläufig vollstreckbar ist. Aber selbst dann, wenn die Vollstreckung durch die Notwendigkeit einer Sicherheitsleistung, die der Gläubiger möglicherweise nicht aufbringen kann, erschwert ist, fehlt es entgegen einer teilweise vertretenen Ansicht[55] an einem Arrestgrund; denn der

---

50 Vgl. BT-Drucks. 17/10309, S. 143.
51 BGH, NJW 1972, 1044, 1045; OLG Hamburg, MDR 1967, 50 und 677; LG Duisburg, WM 1988, 1483.
52 LG Augsburg, NJW 1975, 2350.
53 OLG Hamm, OLGZ 1993, 331; LG Hamburg, MDR 1971, 851 f.
54 OLG Köln, NJW 1975, 454; vgl. auch OLG Köln, EWiR 1993, 97, wo die Bürgschaft einer Genossenschaftsbank nicht als taugliche Sicherheit i.S.v. § 108 angesehen wurde.
55 OLG Hamm, NJW-RR 1990, 1536; *Baumbach/Lauterbach/Hartmann*, § 917 Rn. 14; *Göppinger*, NJW 1967, 177; *Kannowski*, JuS 2001, 482, 483; vgl. auch OLG Hamburg, NJW 1958, 1145, 1147; OLG Karlsruhe, NJW-RR 1996, 960.

Gläubiger kann gem. § 720a auch ohne Sicherheitsleistung die Sicherungsvollstreckung betreiben, und mehr als eine bloße Sicherung könnte er auch durch den Arrest nicht erreichen.[56] – Trotz eines bereits vorhandenen anderweitigen Vollstreckungstitels besteht allerdings das für den Arrestgrund erforderliche Sicherungsbedürfnis, wenn der Titel über künftig fällig werdende Leistungen lautet und gegenwärtig wegen der §§ 726, 751 noch nicht vollstreckt werden kann;[57] denn im Gegensatz zu dem noch nicht vollstreckbaren Hauptsacheurteil ist ein Arrest wegen eines betagten Anspruches gem. § 916 Abs. 2 zulässig. Ferner kann ein Arrest in Betracht kommen, wenn der Hauptsachetitel wegen eines Individualanspruchs erwirkt wurde, der in eine Geldforderung übergehen kann; diese ist nämlich nur durch einen Arrest sicherbar, weil eine Sicherungsvollstreckung nach § 720a nur wegen titulierter Zahlungsansprüche möglich ist.[58] – Ein bereits anderweitig erwirkter Arrest steht weder der Zulässigkeit eines neuen Arrestantrages noch der Bejahung eines Arrestgrundes entgegen, wenn er wegen Fristablaufs (§ 929 Abs. 2) nicht mehr vollziehbar ist.[59]

IV. Bedeutung des § 917 für die einstweilige Verfügung

Die Voraussetzungen für den Verfügungsgrund ergeben sich aus den §§ 935, 940, 940a. Durch diese Vorschriften wird § 917 Abs. 1 verdrängt. Wegen der Parallelität zwischen dem Arrest und der Sicherungsverfügung liegt es allerdings nahe, den § 917 für die Auslegung des § 935 heranzuziehen, sofern nicht die Verschiedenartigkeit der zu sichernden Ansprüche entgegensteht.[60] Ferner bestehen die abstrakten Gefahren bei einer Auslandsvollstreckung ohne Gegenseitigkeitsverbürgung unabhängig davon, ob es sich um einen Arrest- oder einen Verfügungsanspruch handelt. Das spricht dafür, § 917 Abs. 2 bei der einstweiligen Verfügung entsprechend anzuwenden.[61] Ein Verfügungsgrund kann trotz eines bereits vorhandenen vollstreckbaren Unterlassungstitels bestehen, wenn der Unterlassungsgläubiger ernsthaft befürchten muss, dass sich der Schuldner im Vollstreckungsverfahren darauf berufen werde, durch Abwandlung des verbotenen Verhaltens der titulierten Unterlassungsverpflichtung Rechnung getragen zu haben.[62]

17

V. Bedeutung des § 917 außerhalb des Zivilprozesses

Soweit es außerhalb des Zivilprozesses ein Arrestverfahren gibt, nämlich bei **Familienstreitsachen nach dem FamFG** (§ 119 Abs. 2 FamFG), im **arbeitsgerichtlichen Urteils- und Beschlussverfahren**[63] und nach §§ 111d Abs. 2,[64] 111 o StPO,[65] ergeben sich die Voraussetzungen für den dinglichen Arrest aus § 917. Bei der Prüfung des Arrestgrundes für den dinglichen Arrest im Strafprozess hat das Gericht sowohl die Art und Umstände der Verfehlung (Hartnäckigkeit und Dauer) als auch

18

---

56 *Brox/Walker*, Rn. 1502; MüKo/*Drescher*, § 917 Rn. 15; *Walker*, Der einstweilige Rechtsschutz, Rn. 233; *Zöller/Vollkommer*, § 917 Rn. 13.
57 OLG Düsseldorf, FamRZ 1994, 111, 114; OLG Hamm, FamRZ 1980, 391; OLG Stuttgart, NJW-RR 1996, 775; AG Steinfurt, FamRZ 1988, 1082 f.; *Kannowski*, JuS 2001, 482, 483; *Walker*, Der einstweilige Rechtsschutz, Rn. 233.
58 *Walker*, Der einstweilige Rechtsschutz, Rn. 233.
59 *Finger*, NJW 1971, 1242, 1243; MüKo/*Drescher*, § 917 Rn. 14; *Walker*, Der einstweilige Rechtsschutz, Rn. 164, 199; vgl. auch OLG Frankfurt, NJW 1968, 2112, 2113 (zur einstweiligen Verfügung).
60 *Walker*, Der einstweilige Rechtsschutz, Rn. 242 ff.
61 So MüKo/*Drescher*, § 936 Rn. 4; *Stein/Jonas/Grunsky*, § 936 Rn. 2; **a. M.** ausdrücklich *Zöller/Vollkommer*, § 917 Rn. 21.
62 OLG Frankfurt, WRP 1997, 51. Zu dieser Problematik (einstweilige Verfügung – ähnliches neues Verhalten) siehe auch *Kehl*, WRP 1999, 46.
63 Siehe dazu § 916 Rdn. 17.
64 KG, ZIP 2005, 2126, 2128.
65 Allerdings hat das BVerfG (NJW 2002, 1779) die Vermögensstrafe für verfassungswidrig erklärt, sodass für § 111o StPO kein Anwendungsbereich mehr gegeben ist.

die Erkenntnisse aus dem Verhalten nach der Tat darauf zu würdigen, ob aus ihnen auf eine Vollstreckungsvereitelungsabsicht geschlossen werden kann.[66]

19 Da im arbeitsgerichtlichen Urteilsverfahren gem. § 62 Abs. 1 ArbGG die arbeitsgerichtlichen Urteile grundsätzlich ohne Sicherheitsleistung vorläufig vollstreckbar sind, ist bei Vorliegen eines vorläufig vollstreckbaren arbeitsgerichtlichen Titels ein Arrestgrund selbst nach der Ansicht ausgeschlossen, die ihn im Zivilprozess trotz der Möglichkeit einer Sicherungsvollstreckung nach § 720a bejaht.[67] Für das **verwaltungsgerichtliche Eilverfahren** sieht die VwGO einen Arrest nicht vor. Sollte ein Bedürfnis nach Sicherung der Vollstreckung wegen einer Geldforderung bestehen, kommt eine einstweilige Anordnung nach § 123 VwGO in Betracht.[68]

---

66 BGH, NJW 2014, 3258.
67 Siehe oben Rdn. 16.
68 Siehe § 916 Rdn. 17.

§ 918 Arrestgrund bei persönlichem Arrest

Der persönliche Sicherheitsarrest findet nur statt, wenn er erforderlich ist, um die gefährdete Zwangsvollstreckung in das Vermögen des Schuldners zu sichern.

Übersicht	Rdn.			Rdn.
I. Zweck des persönlichen Arrestes	1	V.	Bedeutung des § 918 für die einstweilige Verfügung	5
II. Vorhandensein von Schuldnervermögen	2			
III. Erforderlichkeit	3	VI.	Bedeutung des § 918 außerhalb des Zivilprozesses	6
IV. Interessenabwägung	4			

Literatur:
Gaul, Zur Problematik des persönlichen Arrestes, in: FS Beys, 2003, 327; *Ritter*, Zum persönlichen Sicherheitsarrest nach §§ 918, 933 S. 1, 1. Alt. ZPO, ZZP 88 (1975), 126; *Schuschke*, Der Vollzug des persönlichen Sicherheitsarrestes, DGVZ 1999, 129; *Winter*, Vollzug der Zivilhaft, 1987.

I. Zweck des persönlichen Arrestes

Der persönliche Arrest wird durch Verhaftung oder eine sonstige Freiheitsbeschränkung des Schuldners vollzogen (§ 933). Unter welchen Voraussetzungen er angeordnet werden darf, ergibt sich aus dem in § 918 geregelten Arrestgrund. Danach muss der persönliche Arrest erforderlich sein, um die gefährdete Zwangsvollstreckung in das Vermögen des Schuldners zu sichern. Durch die Worte »in das Vermögen« wird in Ergänzung zu § 916 nochmals klargestellt, dass auch der persönliche Arrest nur zur Sicherung der Zwangsvollstreckung wegen einer Geldforderung dient. Er kommt mithin nicht in Betracht, wenn der Schuldner zur Herbeischaffung von Vermögen (etwa aus dem Ausland),[1] zur Erzielung von Einkünften durch Arbeitsleistung,[2] zur Vornahme sonstiger Handlungen oder Unterlassungen oder zur Herausgabe von Sachen angehalten werden soll.[3] Die Staatsangehörigkeit des Schuldners ist für den persönlichen Arrest ohne Bedeutung, da das deutsche Vollstreckungsrecht – in Übereinstimmung mit Art. 26 Haager Zivilprozessübereinkommen 1954 – In- und Ausländer gleichstellt.

1

II. Vorhandensein von Schuldnervermögen

Eine Sicherung der Zwangsvollstreckung in das Vermögen des Schuldners setzt voraus, dass eine solche Vollstreckung überhaupt als möglich erscheint. Daran fehlt es, wenn feststeht, dass der Schuldner kein pfändbares Vermögen hat. Zur Sicherung einer gar nicht möglichen Zwangsvollstreckung kann der persönliche Arrest aber nicht erforderlich sein. Deshalb ist das Vorhandensein von pfändbarem Schuldnervermögen eine Voraussetzung für den Arrestgrund.[4] Ohne Belang ist, ob sich das Vermögen im Inland oder im Ausland befindet, wenn nur in das ausländische Vermögen vollstreckt werden kann.[5] Die ursprünglich in § 743 des dritten Entwurfs einer CPO vorgesehene Formulierung »um die gefährdete Zwangsvollstreckung in das Vermögen eines *zahlungsfähigen* Schuldners zu sichern« wurde nur deshalb nicht in den heutigen § 918 übernommen, weil man das Merkmal der Zahlungsfähigkeit für überflüssig hielt.[6] Diese Voraussetzung hat der Gläubiger in seinem Arrestgesuch gem. § 920 Abs. 2 glaubhaft zu machen.[7]

2

---

1 LG Frankfurt, NJW 1960, 2006.
2 LG Itzehoe, SchlHAnz. 1966, 90.
3 Allgemeine Ansicht; zur Anwendbarkeit des § 918, wenn es um die Sicherung eines Herausgabeanspruches geht, siehe noch Rdn. 5.
4 OLG Karlsruhe, NJW-RR 1997, 450; *Ritter*, ZZP 88 (1975), 126, 129, 138, 155; MüKo/*Drescher*, § 918 Rn. 2; *Schuschke*, DGVZ 1999, 129, 130; *Walker*, Der einstweilige Rechtsschutz, Rn. 240.
5 *Stein/Jonas/Grunsky*, § 918 Rn. 4.
6 Protokoll der 134. Sitzung der Kommission des Reichstages vom 7. Juni 1875, abgedruckt bei *Hahn*, Materialien zur ZPO, S. 869–871.
7 Siehe § 920 Rdn. 22.

III. Erforderlichkeit

3 Mit der in § 918 vorausgesetzten »Erforderlichkeit« ist gemeint, dass gerade der persönliche Arrest erforderlich sein muss, um die gefährdete Zwangsvollstreckung zu sichern.[8] Der persönliche Arrest ist gegenüber dem dinglichen **subsidiär**.[9] Der Arrestgrund für den persönlichen Arrest setzt mithin neben der Gefahr einer Vollstreckungsbeeinträchtigung, also dem Arrestgrund für den dinglichen Arrest,[10] voraus, dass der dingliche Arrest für die Sicherung der Zwangsvollstreckung nicht ausreicht. Diese Voraussetzungen liegen selten vor. So reicht allein der Verdacht, dass der Schuldner sein Vermögen (ins Ausland) verschiebt, nicht aus, sofern der Gläubiger weiß, wo das Vermögen sich gegenwärtig befindet; denn dann kann er die Vollstreckung in dieses Vermögen schon durch den dinglichen Arrest sichern.[11] Auch in der Fluchtgefahr des Schuldners liegt kein Arrestgrund für einen persönlichen Arrest; denn zur Zwangsvollstreckung in sein Vermögen ist die Anwesenheit des Schuldners nicht erforderlich.[12] Etwas anderes gilt nur dann, wenn dem Gläubiger nicht bekannt ist, an welchem Ort sich das Schuldnervermögen befindet; in diesem Fall ist ihm nämlich eine Arrestpfändung aufgrund eines dinglichen Arrestes nicht möglich. Dann kann der persönliche Arrest erforderlich sein, um eine befürchtete Vermögensverschiebung oder -veräußerung durch den Schuldner zu verhindern oder um seine Anwesenheit zur Abgabe einer eidesstattlichen Versicherung gem. § 802c über den Bestand seines Vermögens und dessen Verbleib zu erzwingen.[13] Unstreitig ist innerhalb des persönlichen Arrestes zudem die Verhaftung gegenüber den anderen nach § 933 möglichen Beschränkungen der persönlichen Freiheit (Wegnahme der Ausweispapiere, Meldepflicht, Anwesenheitspflicht)[14] subsidiär. Insoweit wird deshalb auch von doppelter Subsidiarität des Haftarrestes gesprochen.[15] Der Gläubiger kann in Ausnahmefällen gleichzeitig den Antrag für den dinglichen und für den persönlichen Arrest stellen. Ein solcher Ausnahmefall liegt vor, wenn derzeit der Verbleib einzelner Vermögensstücke noch bekannt ist, aber zu erwarten ist, dass der Schuldner sie alsbald verschwinden lässt.[16] Bei prozessunfähigen Schuldnern und bei juristischen Personen als Schuldnern wird der persönliche Arrest gegenüber dem gesetzlichen Vertreter angeordnet. Die Anordnung erweist sich aber dann als zwecklos, wenn nur der Schuldner persönlich weiß, wo sich die Vermögensgegenstände befinden (vgl. § 888).[17]

IV. Interessenabwägung

4 Zwar ergibt sich aus dem Wortlaut des § 918 ebenso wenig wie aus dem des § 917 ein Anhaltspunkt für die Notwendigkeit einer Interessenabwägung; jedoch ist zu berücksichtigen, dass der persönliche Arrest einen staatlichen Eingriff in das Grundrecht des Schuldners aus Art. 2 Abs. 2 Satz 2 GG bedeutet. Dieser Eingriff muss nicht nur geeignet und erforderlich, sondern auch ver-

---

8 *Ritter*, ZZP 88 (1975), 126, 140.
9 Allgemeine Ansicht; vgl. nur OLG Karlsruhe, NJW-RR 1997, 450; *Baur/Stürner/Bruns*, Rn. 51.4; *Baumbach/Lauterbach/Hartmann*, § 918 Rn. 1; *Brox/Walker*, Rn. 1503; *Gaul*, FS Beys, 327, 333, 334 ff.; *Gaul/Schilken/Becker-Eberhard*, § 75 Rn. 10; HdbZVR/*Kellendorfer*, Kap. 8 Rn. 47; Hk-ZV/*Haertlein*, § 918 Rn. 1; MüKo/*Drescher*, § 918 Rn. 1; PG/*Fischer*, § 918 Rn. 2; *Ritter*, ZZP 88 (1975), 126, 140; *Stein/Jonas/Grunsky*, § 918 Rn. 6; *Thomas/Putzo/Seiler*, § 918 Rn. 1; *Walker*, Der einstweilige Rechtsschutz, Rn. 239; *Wieczorek/Schütze/Thümmel*, § 918 Rn. 1; *Zöller/Vollkommer*, § 918 Rn. 1.
10 LG Frankfurt, NJW 1960, 2006; *Ritter*, ZZP 88 (1975), 126, 137.
11 *Ritter*, ZZP 88 (1975), 126, 144 f.; a. M. wohl *Baumbach/Lauterbach/Hartmann*, § 918 Rn. 3 f.
12 *Ritter*, ZZP 88 (1975), 126, 147.
13 OLG Karlsruhe, NJW-RR 1997, 450 f.; OLG München, NJW-RR 1988, 382; MüKo/*Drescher*, § 918 Rn. 3; *Stein/Jonas/Grunsky*, § 918 Rn. 7; *Walker*, Der einstweilige Rechtsschutz, Rn. 239; *Zöller/Vollkommer*, § 918 Rn. 1.
14 Siehe § 933 Rdn. 2.
15 Vgl. Alternativkommentar/*Damm*, § 918 Rn. 2; *Gaul*, FS Beys, 2003, 327, 335 (mehrfach abgestufte Subsidiarität); MüKo/*Drescher*, § 918 Rn. 1; *Ritter*, ZZP 88 (1975), 126, 140 f., 144; *Stein/Jonas/Grunsky*, § 918 Rn. 6; *Walker*, Der einstweilige Rechtsschutz, Rn. 239, Fn. 126.
16 *Stein/Jonas/Grunsky*, § 918 Rn. 6; *Zöller/Vollkommer*, § 918 Rn. 1.
17 *Stein/Jonas/Grunsky*, § 918 Rn. 10.

hältnismäßig sein. Im Rahmen der Verhältnismäßigkeitsprüfung muss eine Abwägung zwischen der Rechtsstellung des Antragstellers (Eigentum; Recht auf effektiven Rechtsschutz) und derjenigen des Antragsgegners (Freiheit) erfolgen.[18] Diese immer notwendige Interessenabwägung unterscheidet die Prüfung des Arrestgrundes beim persönlichen Arrest von derjenigen beim dinglichen Arrest. Ihr Ausgang hängt zwar von allen Umständen des Einzelfalles ab; sie geht aber immer zugunsten des Schuldners aus, wenn der Gläubiger lediglich Bagatellansprüche verfolgt.[19] Gleiches gilt, wenn der Gläubiger den zu sichernden Anspruch nicht einmal glaubhaft machen kann; eine Ersetzung der Glaubhaftmachung durch Sicherheitsleistung des Gläubigers gem. § 921 Satz 1 kommt beim persönlichen Arrest nicht in Betracht,[20] zumal eine Sicherheitsleistung nicht geeignet ist, eine Einschränkung der persönlichen Freiheit des Antragsgegners auszugleichen.

V. Bedeutung des § 918 für die einstweilige Verfügung

Grundsätzlich wird § 918 durch die in den §§ 935, 940, 940a geregelten Verfügungsgründe verdrängt.[21] Eine Ausnahme muss aber dann gelten, wenn es um die Befriedigungsverfügung wegen einer Geldforderung geht und der Schuldner zur Abgabe einer eidesstattlich versicherten Vermögensauskunft über den Verbleib seines Vermögens verhaftet werden soll; denn die Voraussetzungen für eine derartige Verhaftung können nicht davon abhängen, ob Vermögensgegenstände des Schuldners nur gepfändet oder auch zwecks Befriedigung des Gläubigers verwertet werden sollen. Sollte zur Sicherung eines Herausgabeanspruches, die nur im Wege einer einstweiligen Verfügung möglich ist, ausnahmsweise eine Verhaftung des Schuldners erwogen werden, gelten dafür ebenfalls die engen Voraussetzungen des § 918.[22]

5

VI. Bedeutung des § 918 außerhalb des Zivilprozesses

Für Arreste in **Familienstreitsachen** verweist § 119 Abs. 2 FamFG auf die §§ 916 ff. Da die Vorschriften über den Arrest sowohl im **arbeitsgerichtlichen Urteilsverfahren** (§ 62 Abs. 2 Satz 1 ArbGG) als auch im **arbeitsgerichtlichen Beschlussverfahren** (trotz des engeren Wortlauts von § 85 Abs. 2 Satz 1 ArbGG)[23] anwendbar sind, gilt insoweit auch § 918. Aus § 85 Abs. 1 Satz 3 ArbGG, wonach in bestimmten Fällen die Festsetzung von Ordnungs- oder Zwangshaft zwecks der zwangsweisen Durchsetzung von Handlungs- oder Unterlassungspflichten unzulässig ist, kann nicht abgeleitet werden, dass auch ein persönlicher Arrest nicht in Betracht kommt.[24] Allerdings hat der persönliche Arrest in beiden arbeitsgerichtlichen Verfahrensarten keine praktische Bedeutung.[25] Sofern es überhaupt einmal um die Verhaftung des Schuldners geht, handelt es sich zumeist um Zwangshaft im Rahmen einer Vollstreckung nach § 888.[26] Zu deren Sicherung kommt aber kein Arrest, sondern nur eine einstweilige Verfügung in Betracht. Im **verwaltungsgerichtlichen Eilverfahren** gibt es keinen (persönlichen) Arrest.

6

---

[18] *Ritter*, ZZP 88 (1975), 126, 158 f.; *Walker*, Der einstweilige Rechtsschutz, Rn. 241; OLG Karlsruhe, NJW-RR 1997, 450.
[19] *Brox/Walker*, Rn. 1503; PG/*Fischer*, § 918 Rn. 4.
[20] Siehe § 921 Rn. 4; *Ritter*, ZZP 88 (1975), 126, 161; *Walker*, Der einstweilige Rechtsschutz, Rn. 241, 346.
[21] Allgemeine Ansicht; *Baumbach/Lauterbach/Hartmann*, § 936 Rn. 2; *Thomas/Putzo/Seiler*, § 936 Rn. 2; *Zöller/Vollkommer*, § 936 Rn. 1.
[22] *Zöller/Vollkommer*, § 918 Rn. 3; a. M. aber unten § 933 Rn. 7.
[23] Siehe § 916 Rdn. 17.
[24] *Walker*, Der einstweilige Rechtsschutz, Rn. 764.
[25] Siehe schon oben Vor §§ 916-945b Rdn. 13.
[26] Vgl. etwa LAG Frankfurt, DB 1981, 534.

§ 919 Arrestgericht

Für die Anordnung des Arrestes ist sowohl das Gericht der Hauptsache als das Amtsgericht zuständig, in dessen Bezirk der mit Arrest zu belegende Gegenstand oder die in ihrer persönlichen Freiheit zu beschränkende Person sich befindet.

Übersicht	Rdn.		Rdn.
I. Übersicht über die Zuständigkeitsordnung.................	1	3. Keine Anhängigkeit der Hauptsache....	11
		III. Amtsgericht der belegenen Sache......	12
II. Gericht der Hauptsache.............	4	IV. Verhältnis des § 919 zu § 942.........	15
1. Allgemeines.....................	4	V. Bedeutung des § 919 außerhalb des	
2. Anhängigkeit der Hauptsache.........	6	Zivilprozesses.....................	16

Literatur:
Otte, Beschränkte Nachprüfbarkeit internationaler Zuständigkeit im Arrestverfahren, ZIP 1991, 1048; *Teplitzky*, Arrest und einstweilige Verfügung, JuS 1980, 882; *Thümmel*, Zum Gerichtsstand im Arrestverfahren, NJW 1985, 472.

I. Übersicht über die Zuständigkeitsordnung

1 § 919 regelt die sachliche und örtliche Zuständigkeit für die Anordnung des Arrestes. Die Zuständigkeit ist als Voraussetzung für die Zulässigkeit des Gesuchs vom angerufenen Gericht von Amts wegen und vorrangig vor der Begründetheit zu prüfen.[1] Zwischen dem Gericht der Hauptsache[2] und dem Amtsgericht, in dessen Bezirk der mit Arrest zu belegende Gegenstand oder die in ihrer persönlichen Freiheit zu beschränkende Person sich befindet,[3] hat der Antragsteller nach dem insoweit unmissverständlichen Wortlaut ein freies Wahlrecht (§ 35).[4] Bei beiden handelt es sich um ausschließliche Gerichtsstände (§ 802). Abweichende Gerichtsstandsvereinbarungen sind unwirksam (§ 40 Abs. 2 Satz 1). Dagegen kann ein an sich unzuständiges Gericht als Hauptsachegericht vereinbart werden, was sich dann gem. § 919 auch auf die Zuständigkeit für die Arrestanordnung auswirkt.[5] Bei Unzuständigkeit des angegangenen Gerichts kann außerdem der Kläger eine Verweisung nach § 281 beantragen.[6] Der Arrest eines unzuständigen Gerichts bleibt bis zu seiner Aufhebung aufgrund eines Rechtsbehelfs wirksam.[7]

2 Die in § 919 geregelte Zuständigkeit für die Anordnung des Arrestes hat Auswirkungen auf die Zuständigkeit **in weiteren Verfahrensabschnitten**, auch soweit es dort an einer besonderen Zuständigkeitsregelung fehlt. So ist jedenfalls dann, wenn der Arrest von einem erstinstanzlichen Gericht erlassen wurde,[8] dieses auch für die Entscheidung über den Widerspruch (§§ 924 ff.), für die Fristsetzung zur Einleitung des Hauptsacheverfahrens (§ 926 Abs. 1), für die Entscheidung im Aufhebungsverfahren (§§ 926 Abs. 2, 927), für die Arrestvollziehung durch Forderungspfändung (§ 930 Abs. 1 Satz 3) und durch Anordnung der Pfändung eines eingetragenen Schiffes (§ 931 Abs. 3)

---

1 Siehe Vor §§ 916-945b Rdn. 29; *Walker*, Der einstweilige Rechtsschutz, Rn. 179 ff.
2 Siehe Rdn. 4.
3 Siehe Rdn. 12.
4 Allgemeine Ansicht; vgl. nur OLG Frankfurt, FamRZ 1988, 184. – **Kritisch** zu dieser vom Recht der einstweiligen Verfügung abweichenden Zuständigkeitsregelung *Walker*, Der einstweilige Rechtsschutz, Rn. 270.
5 MüKo/*Drescher*, § 919 Rn. 2; *Stein/Jonas/Grunsky*, § 919 Rn. 1; *Zöller/Vollkommer*, § 919 Rn. 9.
6 BGH, FamRZ 1989, 847; BAG, BB 1982, 313; *Gottwald*, § 919 Rn. 1; *Stein/Jonas/Grunsky*, § 919 Rn. 1; *Walker*, Der einstweilige Rechtsschutz, Rn. 348. Zur Anwendbarkeit des § 281 im Eilverfahren siehe schon Vor §§ 916-945b Rn. 58.
7 *Baumbach/Lauterbach/Hartmann*, § 919 Rn. 3.
8 Zu den Streitfragen, die sich im Zusammenhang mit der Zuständigkeit im Widerspruchsverfahren ergeben, wenn der Arrest erst vom Beschwerde- oder vom Berufungsgericht erlassen wurde, siehe § 924 Rn. 10; *Walker*, Der einstweilige Rechtsschutz, Rn. 524 ff., 539, 545 f., 557 f.

sowie für die Klage auf Erteilung der Vollstreckungsklausel (§§ 929 Abs. 1, 731) zuständig. Anderweitige Zuständigkeiten ergeben sich aus § 927 Abs. 2 (Aufhebung durch das Hauptsachegericht, auch wenn der Arrest vom Amtsgericht erlassen wurde) und bei der Arrestvollziehung durch Pfändung beweglicher Sachen, die gem. §§ 930, 753, 808 durch den Gerichtsvollzieher erfolgt, oder durch Eintragung einer Arresthypothek, die gem. §§ 932, 867 durch das Grundbuchamt erfolgt.

Die **internationale Zuständigkeit** ergibt sich ebenfalls aus § 919.[9] Sie ist daher nicht nur bei inländischer Hauptsachezuständigkeit und bei inländischer Rechtshängigkeit in der Hauptsache gegeben,[10] sondern auch dann, wenn der mit Arrest zu belegende Gegenstand oder die in ihrer Freiheit zu beschränkende Person sich im Inland befindet und nicht schon eine Hauptsachezuständigkeit nach § 23 gegeben ist.[11] Die Zuständigkeitsordnung der Art. 4 ff. Brüssel Ia-VO (EU) Nr. 1215/2012,[12] welche zum 10.1.2015 die Brüssel I-VO (EuGVVO) abgelöst hat, wirkt sich insoweit nicht aus, weil nach Art. 35 Brüssel Ia-VO einstweilige Maßnahmen auch bei den nach nationalem Recht zuständigen Gerichten beantragt werden können.[13] Entsprechendes gilt nach Art. 24 Lugano-Übereinkommen.[14] Ein international nicht zuständiges inländisches Gericht kann gem. Art. 25 Brüssel Ia-VO wirksam als Hauptsachegericht i. S. v. § 919 vereinbart werden.[15]

II. Gericht der Hauptsache

1. Allgemeines

Die Zuständigkeit des sachlich und örtlich zuständigen Gerichts der Hauptsache für die Arrestanordnung entspricht den Gesichtspunkten der Sachnähe und der Prozessökonomie. Doppelte Prüfungen bzgl. des materiellen Arrestanspruches, der mit dem im Hauptsacheverfahren verfolgten Anspruch identisch ist, mit möglicherweise divergierenden Ergebnissen können so verhindert werden. Die Parteien der Hauptsache und des Arrestverfahrens müssen identisch sein; ihre Parteirolle ist dagegen ohne Bedeutung. Hauptsachegericht i. S. v. § 919 kann somit auch das für eine Widerklage zuständige Gericht (§ 33) sein; zuständigkeitsbegründende Voraussetzung ist allerdings, dass eine Widerklage tatsächlich erhoben ist.[16] – Ist Hauptsachegericht ein Familiengericht (so auch gem. §§ 23a Abs. 1 Nr. 1, 23b Abs. 1 GVG, § 111 Nr. 8 FamFG beim Verlangen nach Prozesskostenvorschuss gem. §§ 1360a Abs. 4, 1610 BGB),[17] ist dieses auch für die Arrestanordnung zuständig (§ 119 Abs. 2 FamFG i. V. m. § 919).[18] Wenn der Gläubiger die Hauptsache bei einer Kammer für Handelssachen anhängig machen kann (§ 96 GVG), besteht diese Möglichkeit auch im Arrestverfahren.

---

[9] OLG Frankfurt, ZIP 1980, 922; OLG München, SpuRt 2001, 64; MüKo/*Drescher*, § 919 Rn. 4; *Schack*, Internationales Zivilverfahrensrecht, Rn. 475; *Zöller/Vollkommer*, § 919 Rn. 2.

[10] OLG Karlsruhe, OLGZ 1973, 58; LG Frankfurt, NJW 1990, 652; *Otte*, ZIP 1991, 1048 ff.; a. M. OLG Koblenz, ZIP 1991, 1098, 1100. Grund: Eine möglicherweise aufwendige Prüfung der internationalen Zuständigkeit des in der Hauptsache angerufenen inländischen Gerichts durch das Arrestgericht wäre mit dem Eilcharakter des Verfahrens nicht vereinbar und könnte zudem zu divergierenden Entscheidungen führen.

[11] OLG Frankfurt, RIW 1983, 289; OLG Hamburg, RIW 1990, 225.

[12] VO vom 8.7.2014, ABl. 2012 EU L 351,1.

[13] Noch zur EuGVVO: OLG Düsseldorf, NJW 1978, 2034; *Dittmar*, NJW 1978, 1720; *Schack*, Internationales Zivilverfahrensrecht, Rn. 484; a. A. OLG Koblenz, NJW 1976, 2081 mit abl. Anm. *Schlafen*.

[14] Dazu OLG Karlsruhe, MDR 2002, 231.

[15] OLG Frankfurt, ZIP 1980, 922.

[16] OLG Schleswig, SchlHAnz. 1956, 270.

[17] Siehe § 937 Rdn. 5.

[18] So schon vor Inkrafttreten des FamFG BGH, NJW 1980, 191; OLG Frankfurt, NJW 1978, 1012; OLG Schleswig, SchlHAnz. 1978, 70; a. M. OLG Hamm, NJW 1978, 57 f. mit der nicht überzeugenden Begründung, im Arrestverfahren werde nicht über den familienrechtlichen Anspruch, sondern nur über das Recht auf Sicherung dieses Anspruchs entschieden.

5   Ein in der Hauptsache zuständiges **Schiedsgericht** kann allerdings trotz der Befugnis, vorläufige oder sichernde Maßnahmen anzuordnen (§ 1041 Abs. 1),[19] nicht Arrestgericht sein;[20] denn die Möglichkeit, sofort vollstreckbare einstweilige Maßnahmen anzuordnen, hat nur das staatliche Gericht (vgl. §§ 1041 Abs. 2, 1062 Abs. 1 Nr. 3).[21] Als Hauptsachegericht i. S. d. § 919 ist deshalb im Fall einer Schiedsabrede das Gericht anzusehen, welches gegebenenfalls als Hauptsachegericht vereinbart wurde oder nach allgemeinen Regeln ohne die Schiedsvereinbarung zuständig wäre (Einzelheiten dazu § 943 Rn. 2). – Bei einer Anspruchshäufung richtet sich die Bestimmung des Hauptsachegerichts danach, welcher konkrete Anspruch durch den Arrest gesichert werden soll.[22]

2. Anhängigkeit der Hauptsache

6   Sobald die Hauptsache anhängig ist, ist das damit befasste Gericht selbst dann Hauptsachegericht, wenn es unzuständig ist.[23] Voraussetzung ist allerdings, dass zur Zeit des Eingangs des Arrestgesuchs der gewählte Rechtsweg gegeben ist,[24] zumal es in den anderen Rechtswegen bis auf das arbeitsgerichtliche Verfahren gar kein Arrestverfahren, sondern nur ein Verfahren auf Erlass einstweiliger Anordnungen gibt.[25] Erst die auf fehlende Zuständigkeit gestützte rechtskräftige Abweisung im Hauptsacheverfahren hat zur Folge, dass das angerufene Hauptsachegericht nicht für die Arrestanordnung zuständig ist.[26]

7   Für die Anhängigkeit reicht die Einreichung des Antrags auf Erlass eines Mahnbescheides aus.[27] Danach ist das Amtsgericht, dessen Rechtspfleger den Mahnbescheid zu bearbeiten hat, Hauptsachegericht i. S. v. § 919. Nach Abgabe an das für das streitige Verfahren zuständige Gericht gilt der Rechtsstreit jedoch als dort anhängig (§ 696 Abs. 1 Satz 4; § 700 Abs. 3 Satz 2), sodass dieses zweite Gericht nunmehr alleiniges Hauptsachegericht ist. Dagegen führt die Tatsache, dass ein Anspruch durch Aufrechnung oder einredeweise geltend gemacht wird, nicht zur Anhängigkeit dieses Anspruchs, sodass ein darüber verhandelndes Gericht nicht zum Hauptsachegericht i. S. v. § 919 wird.[28]

8   Eine später eintretende Unzuständigkeit des Hauptsachegerichts ändert nichts an der Wirksamkeit eines vorher angeordneten Arrestes.[29] Auch eine Aufhebung nach § 927 kommt nicht in Betracht,

---

19 Dazu *Schütze*, BB 1998, 1650.
20 *Zöller/Vollkommer*, § 919 Rn. 3.
21 So noch zum alten Schiedsverfahrensrecht LG Frankfurt, NJW 1983, 761, 763; Alternativkommentar/*Damm*, § 919 Rn. 2–4; *Jeong-Ha*, Einstweilige Maßnahmen in der Schiedsgerichtsbarkeit, S. 63; *Vollkommer*, RdA 1982, 16, 21, 23; *Walker*, Der einstweilige Rechtsschutz, Rn. 201; **a. A.** *Aden*, BB 1985, 2277, 2279; *Kerameus*, ZZP 92 (1979), 413, 429 f.; *Lindacher*, ZGR 1979, 201, 203 f.; *Stein/Jonas/Grunsky*, vor § 916 Rn. 31.
22 LG Stuttgart, MDR 1977, 676.
23 RGZ 50, 342, 346; OLG Hamburg, MDR 1981, 1027; OLG Hamm, OLGZ 1989, 338; OLG Nürnberg, GRUR 1957, 296; LG Frankfurt, NJW 1990, 652.
24 *Baumbach/Lauterbach/Hartmann*, § 919 Rn. 8; *Brox/Walker*, Rn. 1505; Hk-ZV/*Haertlein*, § 919 Rn. 7; MüKo/*Drescher*, § 919 Rn. 7; *Stein/Jonas/Grunsky*, § 919 Rn. 5; *Thomas/Putzo/Seiler*, § 919 Rn. 3; *Zöller/Vollkommer*, § 919 Rn. 8.
25 Siehe Vor §§ 916-945b Rdn. 91 ff.
26 *Baumbach/Lauterbach/Hartmann*, § 919 Rn. 8; *Berger*, Kap. 3 Rn. 58; MüKo/*Drescher*, § 919 Rn. 7.
27 OLG Frankfurt, AnwBl. 1980, 282; *Baumbach/Lauterbach/Hartmann*, § 919 Rn. 6; *Gottwald*, § 919 Rn. 5; Hk-ZV/*Haertlein*, § 919 Rn. 7; MüKo/*Schüler*, vor § 688 Rn. 15; *Schilken*, JR 1984, 446; *Thomas/Putzo/Seiler*, § 919 Rn. 3; *Zöller/Vollkommer*, vor § 688 Rn. 5 und § 693 Rn. 3; **a. M.** LG Oldenburg, Rpfleger 1983, 118.
28 *Baumbach/Lauterbach/Hartmann*, § 919 Rn. 4; MüKo/*Drescher*, § 919 Rn. 5; *Stein/Jonas/Grunsky*, § 919 Rn. 3; *Zöller/Vollkommer*, § 919 Rn. 4.
29 Alternativkommentar/*Damm*, § 919 Rn. 5; *Baumbach/Lauterbach/Hartmann*, § 919 Rn. 8; MüKo/*Drescher*, § 919 Rn. 7; *Stein/Jonas/Grunsky*, § 919 Rn. 5; *Thomas/Putzo/Seiler*, § 919 Rn. 3; *Zöller/Vollkommer*, § 919 Rn. 8.

weil sich die dort vorausgesetzten »veränderten Umstände« auf den Arrestanspruch oder den Arrestgrund beziehen müssen.[30]

Hauptsachegericht ist gem. § 943 Abs. 1 grundsätzlich das **erstinstanzliche Gericht,** auch wenn die erste Instanz schon durch Endurteil abgeschlossen ist. Erst wenn durch Einlegung der Berufung die Anhängigkeit der Hauptsache in der Berufungsinstanz eintritt, wird das **Berufungsgericht** Hauptsachegericht (§ 943 Abs. 1). Es ist dann bis zum Eintritt der Rechtskraft des Berufungsurteils oder bis zur Einlegung der Revision für die Arrestanordnung zuständig.[31] Danach geht die Hauptsachezuständigkeit wieder auf das erstinstanzliche Gericht über,[32] niemals auf das Revisionsgericht. Das ergibt sich nicht nur aus dem Wortlaut des § 943 Abs. 1, sondern auch daraus, dass das Revisionsgericht kein Tatsachengericht ist.

In bestimmten Fällen kann die **Hauptsache sowohl in der ersten als auch in der zweiten Instanz anhängig** sein. Das ist der Fall, wenn nach einem erstinstanzlichen Grundurteil (§ 304) über den Grund in zweiter und über die Höhe in erster Instanz, wenn nach einem Zwischenurteil (§ 280 Abs. 2) über die Zulässigkeit in zweiter und über die Sache in erster Instanz und wenn nach einem Vorbehaltsurteil (§ 302) über die Forderung in zweiter und über die Gegenforderung in erster Instanz gestritten wird. In allen diesen Fällen müssen nach dem Wortlaut des § 943 Abs. 1 beide Gerichte als Hauptsachegericht i. S. v. § 919 angesehen werden.[33] Lediglich nach Erlass eines Zwischenurteils mag es sachgerecht sein, nur das erstinstanzlich noch mit der Sache befasste Gericht als Hauptsachegericht i. S. d. § 919 anzusehen;[34] denn das allein über die Zulässigkeit entscheidende Berufungsgericht ist mit der Sache nicht befasst, sodass es weder unter dem Gesichtspunkt der Sachnähe noch unter dem der Prozessökonomie sinnvoll ist, dieses Gericht für die Arrestanordnung als zuständig anzusehen. – Bei einer erst- und einer zweitinstanzlichen Hauptsachezuständigkeit nach Erlass eines Teilurteils (§ 301) über einen Teil des Anspruchs kommt es für die Zuständigkeit zur Arrestanordnung darauf an, welcher Teil durch Arrest gesichert werden soll;[35] wird der Arrest wegen des gesamten Anspruches beantragt, sollten aber wegen der Eilbedürftigkeit und im Interesse der Prozessökonomie beide Gerichte als Hauptsachegericht angesehen werden.

3. Keine Anhängigkeit der Hauptsache

Solange die Hauptsache noch nicht anhängig ist, kommt als Arrestgericht jedes erstinstanzliche Gericht in Betracht, bei dem die Hauptsache unter den Gesichtspunkten der sachlichen und örtlichen Zuständigkeit zulässigerweise anhängig gemacht werden könnte.[36] Dabei ist eine wirksame Gerichtsstandsvereinbarung (§§ 38, 40) zu beachten. Das Wahlrecht des Klägers zwischen mehreren zuständigen Gerichten im Hauptsacheverfahren (§ 35) gilt dann über § 919 auch im Arrestverfahren.

---

30 *Walker,* Der einstweilige Rechtsschutz, Rn. 547.
31 BGH, WM 1976, 134 und 1201; OLG Köln, WRP 1976, 714; OLG Schleswig, NJW-RR 1992, 318; Zöller/*Vollkommer,* § 919 Rn. 6.
32 BGH, WM 1976, 134 und 1201.
33 OLG Karlsruhe, MDR 1954, 425; OLG Köln, ZZP 71 (1958), 243; Hk-ZV/*Haertlein,* § 919 Rn. 12; MüKo/*Drescher,* § 919 Rn. 8; Zöller/*Vollkommer,* § 919 Rn. 7; a. M. Baumbach/Lauterbach/Hartmann, § 919 Rn. 7; Gaul/Schilken/Becker-Eberhard, § 77 Rn. 4; Gottwald, § 919 Rn. 6; Stein/Jonas/Grunsky, § 919 Rn. 6 (nur das erstinstanzliche Gericht).
34 So *Thomas/Putzo/Seiler,* § 943 Rn. 2.
35 Allgemeine Ansicht; vgl. nur Baumbach/Lauterbach/Hartmann, § 919 Rn. 7; MüKo/*Drescher,* § 919 Rn. 8; Zöller/*Vollkommer,* § 919 Rn. 7.
36 *Thomas/Putzo/Seiler,* § 919 Rn. 2; Zöller/*Vollkommer,* § 919 Rn. 9.

III. Amtsgericht der belegenen Sache

12 Neben dem Hauptsachegericht ist auch das Amtsgericht zuständig, in dessen Bezirk der mit Arrest zu belegende Gegenstand oder die in ihrer persönlichen Freiheit zu beschränkende Person sich befindet. Maßgeblicher Zeitpunkt ist derjenige der Antragstellung.[37] Diese Zuständigkeitsregelung dient im Interesse der Effektivität des einstweiligen Rechtsschutzes der Verfahrensbeschleunigung. Falls schon die Anrufung des Hauptsachegerichts so zeitaufwendig ist, dass dadurch der Vollziehungserfolg gefährdet ist, soll der Gläubiger die Möglichkeit haben, das für ihn möglicherweise schneller erreichbare Amtsgericht der belegenen Sache anzurufen.[38] Eine solche erhöhte Dringlichkeit braucht der Antragsteller allerdings nicht darzulegen. Er hat vielmehr nach dem eindeutigen Wortlaut des § 919 ein freies Wahlrecht i. S. d. § 35, ob er das Hauptsachegericht oder das Amtsgericht der belegenen Sache anruft.[39] Das gilt unabhängig von der Höhe des Arrestanspruches und davon, ob überhaupt ein deutsches Gericht als Hauptsachegericht zuständig wäre.[40] Ferner ist die Zuständigkeit des Amtsgerichts nicht dadurch ausgeschlossen, dass die Hauptsache bereits bei einem anderen Gericht anhängig ist.[41] Diese Möglichkeit ist wenig prozessökonomisch und dann nicht sachgerecht, wenn das bereits mit der Sache befasste Hauptsachegericht genauso schnell zu erreichen ist wie das Amtsgericht der belegenen Sache.[42]

13 Bei dem mit Arrest zu belegenden Gegenstand kann es sich auch um eine Forderung handeln. Sie befindet sich i. S. d. § 919 am Wohnsitz des Drittschuldners und, wenn für sie eine Sache zur Sicherheit haftet, auch am Ort dieser Sache (§ 23 Satz 2).

14 Der Ort der mit Arrest zu belegenden Sache oder Person ist lediglich ein zuständigkeitsbegründendes Merkmal. Dieses hat keine Auswirkungen darauf, wo und in welche Gegenstände der Arrest vollzogen werden kann. Aufgrund des vom Amtsgericht angeordneten Arrestes kann deshalb wie bei § 23 Satz 1 in das gesamte Vermögen des Schuldners vollstreckt werden, auch wenn es sich außerhalb des Amtsgerichtsbezirks befindet.[43]

IV. Verhältnis des § 919 zu § 942

15 Bei der einstweiligen Verfügung ist § 919 angesichts der besonderen Zuständigkeitsregelung der §§ 937 Abs. 1, 942 nicht anwendbar. Auffallend ist, dass für den Erlass einer einstweiligen Verfügung grundsätzlich das Hauptsachegericht und nur »in dringenden Fällen« das Amtsgericht der belegenen Sache zuständig ist (§ 942 Abs. 1). Der Gläubiger hat also kein Wahlrecht wie im Fall des § 919, sondern er muss bei Anrufung des Amtsgerichts darlegen, dass eine Entscheidung durch das Hauptsachegericht nicht mehr rechtzeitig herbeigeführt werden könnte.[44] Die Begründung des Gesetzgebers für diese verschiedenen Voraussetzungen für die Zuständigkeit des Amtsgerichts, die durch eine einstweilige Verfügung zu beseitigende Gefahr sei regelmäßig nicht so dringend wie

---

37 *Baumbach/Lauterbach/Hartmann*, § 919 Rn. 9; MüKo/*Drescher*, § 919 Rn. 11; noch den Zeitpunkt der gerichtlichen Entscheidung als ausreichend ansehend *Thomas/Putzo/Seiler*, § 919 Rn. 7.

38 Vgl. die Materialien zum ersten Entwurf einer CPO, abgedruckt bei *Dahlmanns*, Neudrucke zivilprozessualer Kodifikationen und Entwürfe des 19. Jahrhunderts, Bd. 2, S. 745. Näher zum verfahrensbeschleunigenden Zweck der Zuständigkeitsregelung des § 919 *Walker*, Der einstweilige Rechtsschutz, Rn. 265 f.

39 Allgemeine Ansicht; OLG Frankfurt, FamRZ 1988, 184; *Brox/Walker*, Rn. 1506; MüKo/*Drescher*, § 919 Rn. 1, 10; *Stein/Jonas/Grunsky*, § 919 Rn. 12; *Zöller/Vollkommer*, § 919 Rn. 10.

40 Siehe schon Rdn. 3.

41 *Baumbach/Lauterbach/Hartmann*, § 919 Rn. 9; *Brox/Walker*, Rn. 1506; MüKo/*Drescher*, § 919 Rn. 8; *Stein/Jonas/Grunsky*, § 919 Rn. 12; *Thomas/Putzo/Seiler*, § 919 Rn. 7; *Zöller/Vollkommer*, § 919 Rn. 10.

42 *Walker*, Der einstweilige Rechtsschutz, Rn. 270.

43 *Baumbach/Lauterbach/Hartmann*, § 919 Rn. 9; *Gaul/Schilken/Becker-Eberhard*, § 77 Rn. 5; MüKo/*Drescher*, § 919 Rn. 9; PG/*Fischer*, § 919 Rn. 4; *Stein/Jonas/Grunsky*, § 919 Rn. 13; *Thümmel*, NJW 1985, 472; *Zöller/Vollkommer*, § 919 Rn. 10.

44 Siehe § 942 Rdn. 2, 5 m. w. N.

beim Arrest,⁴⁵ kann nicht überzeugen. Unter dem Gesichtspunkt der Prozessökonomie wäre es sachgerecht, für die Anordnung des Arrestes ebenso wie bei der einstweiligen Verfügung grundsätzlich das Hauptsachegericht und nur in dringenden Fällen das Amtsgericht der belegenen Sache für zuständig zu erklären.⁴⁶

V. Bedeutung des § 919 außerhalb des Zivilprozesses

Für einen Arrest in einer **Familienstreitsache** ist gem. § 119 Abs. 2 FamFG i. V. m. § 919 das Familiengericht als Gericht der Hauptsache zuständig. Da § 62 Abs. 2 Satz 1 ArbGG auf das Achte Buch der ZPO verweist, soll nach verbreiteter Ansicht auch § 919 im **arbeitsgerichtlichen Urteilsverfahren** anwendbar sein.⁴⁷ Diese Ansicht hat zur Folge, dass arbeitsrechtliche Streitigkeiten im Arrestverfahren außerhalb der Arbeitsgerichtsbarkeit, nämlich vor dem nach § 919 wahlweise zuständigen Amtsgericht der belegenen Sache, ausgetragen werden können. Dieses Ergebnis, welches vor Inkrafttreten des vierten VwGO-Änderungsgesetzes am 1.1.1990⁴⁸ der ganz h. M. entsprach,⁴⁹ ist seit der Neuregelung der §§ 17, 17a, 17b GVG und der §§ 2, 2a, 48, 48a ArbGG durch das vierte VwGO-Änderungsgesetz nicht mehr mit dem Gesetz vereinbar. Aus der Neufassung dieser Vorschriften ergibt sich nämlich, dass es sich bei der ordentlichen Gerichtsbarkeit und der Arbeitsgerichtsbarkeit nunmehr um verschiedene Rechtswege handelt.⁵⁰ Wenn aber im arbeitsgerichtlichen Verfahren schon der Rechtsweg zu den Amtsgerichten nicht gegeben ist, können diese auch nicht mehr wahlweise an Stelle der für die Hauptsache zuständigen Arbeitsgerichte für die Arrestanordnung zuständig sein.⁵¹ Man kann allenfalls daran denken, § 919 im arbeitsgerichtlichen Verfahren so auszulegen, dass neben dem in der Hauptsache zuständigen Arbeitsgericht wahlweise das möglicherweise schneller erreichbare Arbeitsgericht der belegenen Sache für die Arrestanordnung zuständig ist.⁵² Das kann für den Gläubiger insbesondere dann nützlich sein, wenn die Hauptsache bereits vor dem örtlich möglicherweise weiter entfernten Landesarbeitsgericht anhängig ist.

16

---

45 So die Begründung zu den §§ 731–736 des ersten Entwurfs einer CPO, abgedruckt bei *Dahlmanns*, Neudrucke zivilprozessualer Kodifikationen und Entwürfe des 19. Jahrhunderts, S. 753.
46 Siehe auch § 942 Rdn. 2. Einzelheiten für diese – allerdings lediglich rechtspolitischen – Überlegungen bei *Walker*, Der einstweilige Rechtsschutz, Rn. 269 f.
47 LG Fulda, NJW 1996, 265, 266; *Baumbach/Lauterbach/Hartmann*, § 919 Rn. 9; *Gaul/Schilken/Becker-Eberhard*, § 77 Rn. 2; *Gottwald*, § 919 Rn. 14; HdbVR-*Baur*, B Rn. 1; *Stein/Jonas/Grunsky*, § 919 Rn. 17; *Thomas/Putzo/Seiler*, § 919 Rn. 8; *Wieser*, Arbeitsgerichtsverfahren, Rn. 520; *Zöller/Vollkommer*, § 919 Rn. 10.
48 BGBl. I, 2809.
49 LAG Bremen, BB 1982, 2188 mit kritischer Anm. von *Strube*; LAG Hamm, MDR 1980, 698; *Baur*, ZTR 1989, 419; *Stein/Jonas/Grunsky*, vor § 916 Rn. 60 und § 919 Rn. 18 (vertritt auch jetzt noch die Zuständigkeit des Amtsgerichts); *Wenzel*, BB 1983, 1225, 1226.
50 BAG, NJW 1993, 751 f.; KG, NZA-RR 1998, 563, 564; OLG Köln, OLGZ 1994, 475; LAG Frankfurt, DB 1992, 1636; ArbG Passau, NZA 1992, 428; *Baur* in: *Gift/Baur*, Das Urteilsverfahren vor den Gerichten für Arbeitssachen, C Rn. 1; *Drygala*, NZA 1992, 294, 295; *Koch*, NJW 1991, 1856, 1858; *Walker*, Der einstweilige Rechtsschutz, Rn. 734; wohl auch *Künzl*, BB 1991, 757 mit Fn. 2. Siehe schon Vor §§ 916-945b Rdn. 28.
51 *Baur* in: *Gift/Baur*, Das Urteilsverfahren vor den Gerichten für Arbeitssachen, C Rn. 2 und J Rn. 67; GMP/*Germelmann*, ArbGG, § 62 Rn. 79, 81; *Koch*, NJW 1991, 1856, 1858; *Schwab/Weth/Walker*, ArbGG, § 62 Rn. 114; *Walker*, Der einstweilige Rechtsschutz, Rn. 735; *Ebmeier/Schöne*, § 919 Rn. 420.
52 So auch MüKo/*Drescher*, § 919 Rn. 13.

§ 920 Arrestgesuch

(1) Das Gesuch soll die Bezeichnung des Anspruchs unter Angabe des Geldbetrages oder des Geldwertes sowie die Bezeichnung des Arrestgrundes enthalten.

(2) Der Anspruch und der Arrestgrund sind glaubhaft zu machen.

(3) Das Gesuch kann vor der Geschäftsstelle zu Protokoll erklärt werden.

Übersicht

	Rdn.		Rdn.
I. Überblick über den Inhalt der Norm	1	5. Rücknahme des Gesuchs	14
II. Arrestgesuch (Abs. 1, 3)	2	6. Bedeutung des § 920 Abs. 1 für die einstweilige Verfügung	16
1. Notwendigkeit eines Gesuchs	2		
2. Form des Gesuchs	3	III. Glaubhaftmachung (Abs. 2)	17
3. Inhalt des Gesuchs	4	1. Zweck der Regelung	18
a) Bezeichnung des Arrestanspruchs und des Arrestgrundes	4	2. Maß und Mittel der Glaubhaftmachung	19
		3. Gegenstand der Glaubhaftmachung	22
aa) Arrestanspruch	5	4. Zeitpunkt der Glaubhaftmachung	24
bb) Arrestgrund	6	5. Glaubhaftmachungslast	25
b) Antrag	7	6. Entbehrlichkeit der Glaubhaftmachung	28
c) Keine Angabe eines bestimmten Arrestgegenstandes	8	7. Bedeutung des § 920 Abs. 2 für die einstweilige Verfügung	29
d) Beispiel für konkreten Arrestantrag	9	8. Bedeutung des § 920 Abs. 2 außerhalb des Zivilprozesses	30
4. Rechtsfolgen des Gesuchs	10		

Literatur:
Baumgärtel, Die Verteilung der Glaubhaftmachungslast im Verfahren des einstweiligen Rechtsschutzes nach der ZPO, in: FS Gaul, 1997, 27; *Dahm*, Vollbeweis oder Glaubhaftmachung bei Vollstreckung einstweiliger Unterlassungsverfügungen, MDR 1996, 1100; *Gloge*, Die Darlegung und Sachverhaltsuntersuchung im einstweiligen Rechtsschutzverfahren, 1991; *Hansen*, Die Substantiierungslast, JuS 1991, 588; *Hirtz*, Darlegungs- und Glaubhaftmachungslast im einstweiligen Rechtsschutz, NJW 1986, 110; *Schilken*, Zur Bedeutung der »Anhängigkeit« im Zivilprozeß, JR 1984, 446; *Teplitzky*, Schutzschrift, Glaubhaftmachung und »besondere« Dringlichkeit bei § 937 Abs. 2 ZPO – drei Beispiele für Diskrepanzen zwischen Theorie und Praxis, WRP 1980, 373; *ders.*, Arrest und einstweilige Verfügung, JuS 1980, 882; *ders.*, Streitfragen beim Arrest und bei der einstweiligen Verfügung, DRiZ 1982, 41; *Ulrich*, Die Beweislast in Verfahren des Arrestes und der einstweiligen Verfügung, GRUR 1985, 201; *Walker*, Die Schutzschrift und das elektronische Schutzschriftenregister nach §§ 945a, 945b ZPO, Festschrift Schilken, 2015, 815; *Walter*, Die Darlegungs- und Glaubhaftmachungslast in den Verfahren von Arrest und einstweiliger Verfügung nach §§ 916 ff. ZPO, 1992; *Zeising*, Zwangshypothek, Arresthypothek und Bauwerksicherungshypothek, Jura 2008, 763.

I. Überblick über den Inhalt der Norm

1 § 920 enthält entgegen der zu engen Überschrift zwei voneinander unabhängige Regelungen, nämlich eine über die Form (Abs. 3) und den Inhalt (Abs. 1) des Arrestgesuchs und eine andere über die Glaubhaftmachung von Arrestanspruch und Arrestgrund (Abs. 2).

II. Arrestgesuch (Abs. 1, 3)

1. Notwendigkeit eines Gesuchs

2 § 920 bestimmt zwar anders als § 253 für die Klage nicht ausdrücklich, dass die Einleitung des Arrestverfahrens durch die Einreichung oder Zustellung einer Klage- bzw. Antragsschrift erfolgt; aber diese Vorschrift über Form und Inhalt des Gesuchs setzt die Notwendigkeit eines solchen voraus. Es gilt also wie im Klageverfahren die Dispositionsmaxime. Das Gesuch i. S. v. § 920 hat insoweit die gleiche Bedeutung wie die »Klage« i. S. v. § 253 Abs. 1. Der Arrestantrag kann auch in die Klageschrift im Hauptsacheverfahren aufgenommen werden; das bringt jedoch die Gefahr des Übersehens mit sich, da bei der Terminfestsetzung die Klageschrift nicht auf ihren Inhalt geprüft werden muss.

2. Form des Gesuchs

Das Gesuch kann schriftlich eingereicht oder vor der Geschäftsstelle zu Protokoll erklärt werden (Abs. 3). Ein nur mündlicher Vortrag des Arrestantrages in der Hauptverhandlung genügt nicht. Gem. § 78 Abs. 3 besteht deshalb für das Gesuch selbst dann kein Anwaltszwang, wenn es bei einem Landgericht eingereicht wird.[1] Für das weitere Verfahren, also für die mündliche Verhandlung,[2] für die Einlegung des Widerspruchs (arg. e § 924 Abs. 2 Satz 2) oder einer Beschwerde gegen einen vom Landgericht in erster Instanz erlassenen abweisenden Beschluss (arg. e § 569 Abs. 3)[3] sowie für das dazugehörige Vollstreckungsverfahren[4] gilt dagegen unter den Voraussetzungen des § 78 der Anwaltszwang.

3. Inhalt des Gesuchs

a) Bezeichnung des Arrestanspruchs und des Arrestgrundes

Das Gesuch soll die Bezeichnung des Arrestanspruches sowie die des Arrestgrundes enthalten. Trotz der Formulierung als »Soll-Vorschrift« handelt es sich dabei ebenso wie bei der nach § 253 Abs. 2 Nr. 2 erforderlichen bestimmten Angabe des Gegenstandes und des Grundes des erhobenen Anspruchs um zwingende Mindesterfordernisse, die aber in einem ergänzenden Schriftsatz oder in der mündlichen Verhandlung nachgeholt werden können. Darauf hat das Gericht den Antragsteller nach § 139 hinzuweisen, bevor es ein unvollständiges Gesuch als unzulässig zurückweist.[5] Ein mangelhaftes Gesuch darf mit ausreichendem Inhalt wiederholt werden. Die Ansicht, wonach auch ein unvollständiges Gesuch zulässig sein soll, wenn eine Anordnung des Arrestes gegen Sicherheitsleistung nach § 921 in Betracht kommt, ist abzulehnen. In das Arrestgesuch kann der Antrag auf Forderungspfändung gleich mit aufgenommen werden.[6] Es liegen dann zwei rechtlich zu trennende Anträge auf Anordnung und Vollziehung des Arrestes vor.

aa) Arrestanspruch

Der Arrestanspruch, also die Geldforderung oder gleichgestellte Forderung i. S. v. § 916, muss der Höhe nach durch Angabe des Geldbetrages oder – soweit es sich um eine Forderung handelt, die erst noch in eine Geldforderung übergehen kann – des Geldwertes konkretisiert werden. Die Bezeichnung des Geldwertes ist schon deshalb erforderlich, weil andernfalls das Ausmaß der für den Arrestgrund notwendigen Gefährdung des Gläubigers nicht beurteilt werden kann. Nach der Höhe des Geldbetrages oder Geldwertes richtet sich auch der Umfang der zulässigen Arrestpfändung (§§ 928, 803 Abs. 1 Satz 2), des Arrestpfandrechts (§ 930 Abs. 1 Satz 2) oder der Arresthypothek (§ 932 Abs. 1) sowie der Lösungssumme (§ 923). Zur Bezeichnung des Anspruches gehört ferner die Angabe des Gläubigers (Antragstellers) und des Schuldners (Antragsgegners), die im Rubrum mit ladungsfähigen Anschriften anzugeben sind.[7] Entgegen dem insoweit missverständlichen Wortlaut muss der Anspruch – anders als etwa im Mahnverfahren (§ 690 Abs. 1 Nr. 3) – nicht nur bezeichnet, sondern auch durch Angabe von Tatsachen begründet werden.[8] Das ergibt sich u. a. aus Abs. 2

---

1 OLG Düsseldorf, OLGZ 1983, 358; OLG Frankfurt, MDR 1989, 459, 460; OLG Hamburg, Rpfleger 1979, 28; OLG Köln, FamRZ 1988, 1273, 1274.
2 OLG Köln, FamRZ 1988, 1273, 1274.
3 Str.; wie hier OLG Frankfurt, MDR 1999, 186; OLG Hamm, NJW-RR 1997, 763; MDR 1996, 1182; a. M. *Zöller/Vollkommer*, § 920 Rn. 7 m. w. N. Siehe auch § 924 Rn. 2.
4 OLG Frankfurt, MDR 1989, 459, 460.
5 *Baumbach/Lauterbach/Hartmann*, § 920 Rn. 3 (Anstandspflicht); *MüKo/Drescher*, § 920 Rn. 7; *Stein/Jonas/Grunsky*, § 920 Rn. 6; *Wieczorek/Schütze/Thümmel*, § 920 Rn. 1; *Zöller/Vollkommer*, § 920 Rn. 6.
6 Siehe schon Vor §§ 916–945b Rdn. 70 und § 930 Rdn. 7.
7 OLG Frankfurt, NJW 1992, 1178. Zu Schwierigkeiten bei der namentlichen Bezeichnung des Antragsgegners, z. B. bei Hausbesetzern, vgl. Rn. 16.
8 *Walker*, Der einstweilige Rechtsschutz, Rn. 304 f.

i. V. m. § 294; denn die Glaubhaftmachung bezieht sich auf die anspruchsbegründenden Tatsachen. Insoweit gilt nichts anderes als für die Angabe des Grundes für den eingeklagten Anspruch nach § 253 Abs. 2 Nr. 2. Andernfalls könnte nicht einmal eine Schlüssigkeitsprüfung durch das Gericht erfolgen.

Das Fehlen dieser Angaben kann auch nicht gem. § 921 Satz 1 durch die Leistung einer Sicherheit ersetzt werden.

bb) Arrestgrund

6   Auch zur Bezeichnung des Arrestgrundes (§§ 917, 918) sind die Tatsachen anzugeben, aus denen die Gefahr einer Vollstreckungsvereitelung oder -erschwerung hergeleitet wird. Falls ein persönlicher Arrest beantragt wird, gehört dazu auch die Begründung, warum ein dinglicher Arrest zur Sicherung der Zwangsvollstreckung nicht ausreicht.

b) Antrag

7   Obwohl § 920 Abs. 1 keine weiteren Voraussetzungen für den notwendigen Inhalt des Gesuchs enthält, gehört dazu ebenso wie gem. § 253 Abs. 2 Nr. 2 bei der Klage ein bestimmter Antrag, über den das Gericht zu entscheiden hat. Der Gläubiger muss zunächst klarstellen, welche Art von einstweiligem Rechtsschutz er begehrt, einen Arrest oder eine sichernde oder befriedigende einstweilige Verfügung.[9] Insbesondere dann, wenn es sich bei dem Arrestanspruch um eine Individualforderung handelt, die in eine Geldforderung übergehen kann, muss der Gläubiger sich zwischen mehreren zulässigen Eilanordnungen entscheiden. Aber auch hinsichtlich der Wahl zwischen dem dinglichen und dem persönlichen Arrest, für die jeweils verschiedene Voraussetzungen gelten (§§ 917, 918), gilt die Dispositionsmaxime. Die Festlegung auf eine der beiden Arrestarten gehört zur Bestimmtheit des Gesuchs.[10] Das Gericht ist an einen entsprechenden Antrag des Gläubigers gebunden (§ 308). Fehlt es insoweit an einem eindeutigen Antrag, kann häufig allerdings durch Auslegung des Gesuchs unter besonderer Berücksichtigung des vorgetragenen Arrestgrundes ermittelt werden, welche Arrestart der Gläubiger beantragt; im Zweifel wird angesichts der sich aus § 918 ergebenden Subsidiarität des persönlichen Arrestes ein dinglicher Arrest gewollt sein.[11]

c) Keine Angabe eines bestimmten Arrestgegenstandes

8   Dagegen braucht der Antrag nicht die Angabe eines bestimmten Arrestgegenstandes zu enthalten, in den der dingliche Arrest vollzogen werden soll. Diese Festlegung erfolgt nicht im Anordnungs-, sondern erst im Vollziehungsverfahren (§§ 930 ff.). Beim persönlichen Arrest gehört die Art und Weise der Vollziehung ebenfalls nicht in den Arrestantrag; sie wird zwar schon in der Arrestanordnung festgelegt,[12] aber ihre Festlegung steht im Ermessen des Gerichts (vgl. den Wortlaut des § 933). Eine Beschränkung des Antrages auf einen bestimmten Arrestgegenstand oder eine bestimmte Art der Freiheitsbeschränkung macht den Arrest zwar nicht unzulässig, bindet das Gericht aber nicht.[13] Selbst wenn der Antragsteller das Amtsgericht der belegenen Sache (vgl. § 919) anruft, braucht er in seinem Antrag keinen mit Arrest zu belegenden Gegenstand anzugeben, der sich im Bezirk dieses Gerichts befindet, zumal die Arrestvollziehung ohnehin nicht auf diesen Gegenstand beschränkt

---

9   *Walker*, Der einstweilige Rechtsschutz, Rn. 147 f.
10 *Ostler*, MDR 1968, 713, 715; *Ritter*, ZZP 88 (1975), 126, 135; *Walker*, Der einstweilige Rechtsschutz, Rn. 149.
11 MüKo/*Drescher*, § 920 Rn. 6; PG/*Fischer*, § 920 Rn. 2; Zöller/*Vollkommer*, § 920 Rn. 3.
12 MüKo/*Drescher*, § 933 Rn. 1; *Thomas/Putzo/Seiler*, § 933 Rn. 1; Zöller/*Vollkommer*, § 933 Rn. 1.
13 *Stein/Jonas/Grunsky*, § 920 Rn. 16; *Walker*, Der einstweilige Rechtsschutz, Rn. 150.

ist.¹⁴ Erforderlich ist allerdings, dass die Voraussetzungen für dieses zuständigkeitsbegründende Merkmal in der Begründung des Gesuchs dargelegt werden.¹⁵

d) Beispiel für konkreten Arrestantrag

Ein konkreter Arrestantrag kann etwa lauten:

9

»Wegen einer Kaufpreis-/Werklohn-/Schadensersatzforderung des Antragstellers in Höhe von ... € nebst ... % Zinsen seit dem ... gegen den Antragsgegner wird der dingliche Arrest in das gesamte Vermögen des Antragsgegners angeordnet.«

4. Rechtsfolgen des Gesuchs

Bereits mit Eingang des Gesuchs beim Gericht wird der Arrestprozess **rechtshängig**.¹⁶ Diese Abweichung von den §§ 261, 253, 271, wonach die Rechtshängigkeit der Klage erst mit Zustellung der Klageschrift an den Beklagten eintritt, beruht darauf, dass eine Entscheidung über das Gesuch schon vor dessen Zustellung an den Antragsgegner möglich ist, sodass auch die Rechtshängigkeit nicht von der Zustellung abhängen kann. Wegen des vom Arrestverfahren verschiedenen Streitgegenstandes des Hauptsacheverfahrens¹⁷ wird dieses mit Einreichung des Gesuchs noch nicht rechtshängig.¹⁸ Deshalb steht die Einreichung des Gesuchs auch nicht der Klageerhebung i.S.v. § 204 Abs. 1 Nr. 1 BGB gleich.¹⁹ Die Zustellung des Eilgesuchs führt aber nach § 204 Abs. 1 Nr. 9 BGB ebenso wie die Klageerhebung zu einer **Hemmung der Verjährung**; falls eine Zustellung nicht erfolgt, reicht dafür sogar die Einreichung des Gesuchs aus, sofern die Eilanordnung innerhalb eines Monats zugestellt wird.

10

Die **Folgen der Rechtshängigkeit** des Arrestverfahrens bestehen darin, dass die Zuständigkeit des Gerichts durch eine Veränderung der Umstände nicht berührt wird (§ 261 Abs. 3 Nr. 2) und dass während der Dauer des Rechtsstreits die Streitsache von keiner Partei anderweitig anhängig gemacht werden kann (§ 261 Abs. 3 Nr. 1). Dieses Prozesshindernis der anderweitigen Rechtshängigkeit steht nur der Zulässigkeit eines weiteren Eilverfahrens wegen derselben Streitsache entgegen, nicht aber derjenigen des Hauptsacheverfahrens, welches einen anderen Streitgegenstand hat.²⁰

11

---

14 Siehe § 919 Rdn. 14.
15 *Walker*, Der einstweilige Rechtsschutz, Rn. 150.
16 Ganz h.M.; OLG Düsseldorf, NJW 1981, 2824f.; OLG Hamburg, VersR 1989, 1164 und WRP 1977, 495f.; OLG München, Rpfleger 1982, 114; *Ahrens*, Der Wettbewerbsprozess, Kap. 55 Rn. 13; *Berger*, Kap. 3 Rn. 21; *Brox/Walker*, Rn. 1508; *Gaul/Schilken/Becker-Eberhard*, § 74 Rn. 14; *Gießler/Soyka*, Vorläufiger Rechtsschutz, Rn. 40; HdbVR-*Dunkl*, A Rn. 11; HdbZVR/*Kellendorfer*, Kap. 8 Rn. 14; Hk-ZV/*Haertlein*, Vor §§ 916–945 Rn. 32; MüKo/*Drescher*, § 920 Rn. 8; *Ostler*, MDR 1968, 713, 715; *Musielak/Voit/Huber*, § 920 Rn. 3; *Stein/Jonas/Grunsky*, vor § 916 Rn. 11; *Teplitzky*, JuS 1981, 122, 123; *Walker*, Der einstweilige Rechtsschutz, Rn. 153; *Wieczorek/Schütze/Thümmel*, § 920 Rn. 6; *Zöller/Vollkommer*, § 920 Rn. 12; a.M. OLG München, NJW 1955, 1803; *Lent*, NJW 1956, 426.
17 Siehe Vor §§ 916-945b Rdn. 21.
18 Allgemeine Ansicht; BGH, NJW 1980, 191; OLG Düsseldorf, FamRZ 1992, 961, 962; OLG Frankfurt, FamRZ 1989, 296; OLG Hamm, NJW 1978, 57, 58; KG, GRUR 1985, 325; OLG Köln, GRUR 1988, 646; OLG München, Rpfleger 1982, 114; *Baur*, Studien zum einstweiligen Rechtsschutz, S. 81; *Walker*, Der einstweilige Rechtsschutz, Rn. 155; *Wieczorek/Schütze/Thümmel*, § 920 Rn. 7; a.M. noch OLG München, NJW 1955, 1803.
19 BGH, NJW 1980, 191; OLG Koblenz, NJW-RR 1996, 1520; OLG Stuttgart, NJW-RR 1996, 1520; *Baur*, Studien zum einstweiligen Rechtsschutz, S. 98; *Bennert*, Rpfleger 1996, 485; *Teplitzky*, DRiZ 1982, 41, 42f.; *Traub*, WRP 1997, 903 (auch mit einem Vorschlag für eine abweichende gesetzliche Regelung für die wettbewerbsrechtliche Unterlassungsverfügung); *Walker*, Der einstweilige Rechtsschutz, Rn. 141. Weitere Nachweise siehe Vor §§ 916-945b Rdn. 22 und § 935 Rdn. 27.
20 Wegen der Verschiedenheit des Streitgegenstandes ist auch der Übergang vom Arrestprozess in den Hauptprozess weder entsprechend § 596 noch nach § 263 zulässig; vgl. Vor §§ 916-945b Rdn. 22.

12 Dass mehrere Eilverfahren mit identischen Gesuchen anhängig gemacht werden, kommt bei einstweiligen Verfügungen eher vor als beim Arrest. Wenn der Gläubiger daran interessiert ist, jedenfalls bei einem von mehreren zuständigen Gerichten eine Entscheidung ohne mündliche Verhandlung zu erreichen, kann er identische Gesuche bei allen zuständigen Gerichten einreichen.[21] In einem solchen Fall sind zwar zunächst sämtliche Gesuche jeweils wegen anderweitiger Rechtshängigkeit unzulässig.[22] Sobald ein Gericht den beantragten Arrest angeordnet hat, kann der Gläubiger aber seine übrigen Gesuche zurücknehmen[23] und dadurch das Prozesshindernis beseitigen. Diese Inanspruchnahme verschiedener Gerichte unter Ausnutzung der mehrfachen Zuständigkeit wird z.T. als rechtsmissbräuchlich angesehen.[24]

13 Der Gesichtspunkt der anderweitigen Rechtshängigkeit schließt es nicht aus, neben einem dinglichen auch einen persönlichen Arrest zu beantragen; denn hierbei handelt es sich um verschiedene Möglichkeiten, die gefährdete Zwangsvollstreckung zu sichern, und diese Möglichkeiten sind nebeneinander zulässig.[25] – Ferner steht die Rechtshängigkeit eines Arrestverfahrens der Zulässigkeit eines Gesuchs auf Sicherungsverfügung nicht entgegen, wenn es sich um die Sicherung eines Individualanspruches handelt (einstweilige Verfügung), der in eine Geldforderung übergehen kann (Arrest), und wenn der Gläubiger vorrangig an der Vollstreckung wegen des ersteren Anspruchs interessiert ist, vorsorglich aber auch die Vollstreckung wegen der möglicherweise entstehenden Geldforderung sichern will.[26] – Schließlich kann der Gläubiger, der den Erlass einer Befriedigungsverfügung beantragt, wegen derselben Geldforderung ein Arrestgesuch stellen mit dem Ziel, die Vollstreckung wegen des nicht zu erfüllenden Teils dieser Geldforderung wenigstens zu sichern; denn mit beiden Anträgen werden verschiedene Rechtsschutzziele verfolgt.[27]

5. Rücknahme des Gesuchs

14 Der Gläubiger kann sein Gesuch bis zum rechtskräftigen Abschluss des Arrestverfahrens jederzeit zurücknehmen. Das ist unproblematisch, solange der Antragsgegner noch nicht einmal mündlich verhandelt hat. Aber selbst nach der mündlichen Verhandlung – sogar noch im Rechtsmittelverfahren und nach Widerspruch des Schuldners[28] – ist entgegen dem für die Rücknahme der Klage geltenden § 269 Abs. 1 die Rücknahme des Gesuchs ohne Zustimmung des Gegners möglich.[29] Durch das Zustimmungserfordernis soll der Beklagte nämlich nur deshalb eine Sachentscheidung erzwingen können, damit er eine erneute Klage mit dem gleichen Antrag verhindern kann. Dieser Zweck ist aber im Eilverfahren ohnehin nicht erreichbar; denn eine Hauptsacheklage bleibt auch

---

21 Siehe schon Vor §§ 916-945b Rn. 32.
22 *Baumbach/Lauterbach/Hartmann*, § 261 Rn. 6, 26; *Walker*, Der einstweilige Rechtsschutz, Rn. 156; *Zöller/Greger*, § 261 Rn. 8.
23 Dazu sogleich Rn. 14.
24 *Teplitzky*, WRP 1980, 373, 374. Zu den sich daraus ergebenden Konsequenzen siehe Vor §§ 916-945b Rn. 32.
25 Siehe schon Vor §§ 916-945b Rn. 34 sowie *Baur*, Studien zum einstweiligen Rechtsschutz, S. 83; *Ritter*, ZZP 88 (1975), 126, 134; *Stein/Jonas/Grunsky*, § 918 Rn. 6; *Walker*, Der einstweilige Rechtsschutz, Rn. 157; *Zöller/Vollkommer*, § 918 Rn. 1.
26 Siehe schon Vor §§ 916-945b Rn. 34 sowie OLG Köln, JMBl. NW 1984, 9; MüKo/*Drescher*, vor § 916 Rn. 37 und § 916 Rn. 4; *Walker*, Der einstweilige Rechtsschutz, Rn. 158; *Zöller/Vollkommer*, § 916 Rn. 2.
27 *Baur*, Studien zum einstweiligen Rechtsschutz, S. 83 Fn. 17; *Walker*, Der einstweilige Rechtsschutz, Rn. 159.
28 A.M. *Fürst*, BB 1974, 890.
29 Ganz h.M.; OLG Düsseldorf, NJW 1982, 2452 f.; OLG Köln, JMBl. NW 1964, 257; OLG Saarbrücken, JurBüro 1985, 1888; LAG Niedersachsen, NZA 1988, Beil. 2, 35, 36; *Baumbach/Lauterbach/Hartmann*, § 920 Rn. 18; *Berger/Skamel*, Kap. 6 Rn. 55; *Brox/Walker*, Rn. 1509; *Gießler/Soyka*, Vorläufiger Rechtsschutz, Rn. 54; HdbVR-*Dunkl*, A Rn. 47; Hk-ZPO/*Kemper*, § 920 Rn. 8; Hk-ZV/*Haertlein*, Vor §§ 916–945 Rn. 51; MüKo/*Drescher*, § 920 Rn. 11; *Schaffer*, NJW 1972, 1176, 1177; *Stein/Jonas/Grunsky*, § 920 Rn. 4; *Ullmann*, BB 1975, 236; *Wieczorek/Schütze/Thümmel*, § 920 Rn. 8; *Zöller/Greger*, § 269 Rn. 14; a.M. *Fürst*, BB 1974, 890.

bei rechtskräftiger Abweisung des Arrestgesuchs möglich, und selbst ein wiederholtes Arrestgesuch ist zulässig, sofern es nur auf neue Tatsachen oder neue Glaubhaftmachungsmittel gestützt wird.[30]

Mit der Rücknahme des Antrages entfallen gleichzeitig alle eingetretenen Wirkungen der Rechtshängigkeit des Arrestverfahrens. Der Antragsteller hat in entsprechender Anwendung des § 269 Abs. 3 die Verfahrenskosten zu tragen.[31] Die Kostenerstattungspflicht nach § 269 Abs. 3 Satz 2, 1. Halbs. besteht auch, wenn der Antragsgegner noch nicht durch Zustellung der Antragsschrift zu dem Prozess zugezogen wurde und die Rücknahme im einseitigen Verfahren erfolgt.[32] § 269 Abs. 3 Satz 2 ist auch im einseitigen Verfügungsverfahren anwendbar.[33] Nach § 269 Abs. 3 Satz 3, der auch im Eilverfahren gilt, erfolgt allerdings eine Kostenverteilung nach billigem Ermessen unter Berücksichtigung des bisherigen Sach- und Streitstandes, wenn der Anlass für die Einreichung des Gesuchs vor dessen Zustellung wegfällt und das Gesuch daraufhin unverzüglich zurückgenommen wird. Gleiches gilt, wenn der Anlass sogar schon vor Eingang des Verfügungsantrags bei Gericht (also vor Anhängigkeit) wegfällt, der Antragsteller aber schuldlos erst nachher davon erfährt.[34] Dann gelten also für die Kosten die gleichen Regeln wie bei der Erledigung der Hauptsache nach § 91a. Auf Antrag ist der Arrestbeschluss entsprechend § 269 Abs. 4 mit der Kostenfolge des Abs. 3 für wirkungslos zu erklären.[35]

6. Bedeutung des § 920 Abs. 1 für die einstweilige Verfügung

Über § 936 findet § 920 Abs. 1 auf die Anordnung einstweiliger Verfügungen entsprechende Anwendung. Folgende Besonderheiten sind jedoch zu beachten: Die namentliche Bezeichnung des Antragsgegners kann schwierig oder unmöglich sein, wenn dieser dem Antragsteller nicht bekannt ist. Dieses Problem stellt sich etwa bei einstweiligen Verfügungen auf Räumung gegen Hausbesetzer. Hier schafft zwar der neue § 940a Abs. 2 mit der Möglichkeit, einen Räumungstitel gegen dritte Besitzer im Wege der einstweiligen Verfügung zu erlangen, Erleichterungen. Aber gerade die Problematik des unbekannten Besitzers lässt sich damit auch nicht lösen.[36] Im Sinne einer effektiven Vollstreckung sollte es ausreichen, wenn die Identität des oder der Hausbesetzer aufgrund einer unverwechselbaren Beschreibung ermittelt werden kann; so genügt die Angabe des zu räumenden Gebäudes als Aufenthaltsort der Antragsgegner jedenfalls dann, wenn sich dort immer dieselben Personen unbefugt aufhalten.[37] Aber selbst dann, wenn die Hausbesetzer nach Person oder Zahl wechseln, sollte die Möglichkeit bestehen, dass das Gesuch unter Angabe des Gebäudes »gegen Unbekannt« gerichtet wird, weil der Hauseigentümer andernfalls rechtsschutzlos bliebe.[38] Durchgesetzt haben sich diese Vorschläge aber nicht. – Zur Bestimmtheit des Verfügungsantrages gehört

---

[30] *Baur*, Studien zum einstweiligen Rechtsschutz, S. 89 f.; *Walker*, Der einstweilige Rechtsschutz, Rn. 165; siehe auch OLG Frankfurt, NJW 2005, 3222 (Unzulässigkeit des zweiten Gesuchs, wenn seit dem ersten keine Veränderung der Umstände eingetreten ist).
[31] OLG Dresden, JurBüro 1998, 28; OLG Düsseldorf, NJW 1982, 2452; FamRZ 1992, 961, 962; OLG Frankfurt, NJW 1955, 1194; OLG Hamburg, NJW 1977, 813; KG, MDR 1988, 239; OLG München, Rpfleger 1982, 114, 115; OLG Stuttgart, WRP 1979, 818; vgl. auch BGH, NJW-RR 1995, 495 (Kostentragungspflicht des Antragstellers auch dann, wenn er im Hauptsacheverfahren obsiegt); a. M. *Bülow*, ZZP 98 (1985), 274; *Fürst*, BB 1974, 890.
[32] *Zöller/Vollkommer*, § 920 Rn. 13; vgl. auch LG Düsseldorf, NJW-RR 2003, 213; OLG Karlsruhe, NJW 2012, 1373, 1374; a. M. noch OLG Dresden, JurBüro 1998, 28.
[33] *Zöller/Vollkommer*, § 920 Rn. 13.
[34] OLG Karlsruhe, NJW 2012, 1373, 1374.
[35] A.M. *Fürst*, BB 1974, 890.
[36] Zu den Schwächen des § 940a siehe etwa *Dötsch*, ZMR 2012, 83; *Fischer*, DGVZ 2012, 151, 154 ff.; *Flatow*, NJW 2013, 1185, 1191; *Schuschke*, NZM 2012, 209 ff.; *Walker*, Festschrift Pekcanitez, 2015.
[37] LG Krefeld, NJW 1982, 289; *Brox/Walker*, Rn. 1629; *Raeschke-Kessler*, NJW 1981, 663.
[38] *Brox/Walker*, Rn. 1629; *Lisken*, NJW 1982, 1136, 1137; *Scherer*, DGVZ 1993, 132, 134; a. M. BezG Potsdam, OLGZ 1993, 324, 327.

zunächst, dass sich das jeweilige Ziel (Sicherung oder Befriedigung) aus dem Antrag ergibt.[39] Eine nähere Konkretisierung der begehrten Anordnung ist bei der Sicherungsverfügung nicht erforderlich;[40] denn die Wahl der anzuordnenden Maßnahme steht nach § 938 Abs. 1 dem Gericht zu. Beschränkt der Antragsteller dennoch sein Gesuch auf eine bestimmte Maßnahme, ist das Gericht daran – anders als beim Arrest[41] – gebunden (§ 308).[42] Begehrt der Gläubiger eine Befriedigungsverfügung, muss das Gesuch auf eine konkrete Maßnahme gerichtet sein.[43] Es gelten dieselben Anforderungen wie für die Bestimmtheit des Klageantrags nach § 253 Abs. 2 Nr. 2. Das Gericht darf keine Rechtsfolge anordnen, die nicht dem konkreten Antrag entspricht, zumindest als Minus in ihm enthalten ist oder jedenfalls in die gleiche Richtung geht.[44] Ein Antrag auf Erlass einer Verbots- oder Unterlassungsverfügung muss so deutlich gefasst sein, dass der Streitgegenstand klar abgegrenzt ist und die Entscheidung darüber, was dem Verfügungsbeklagten verboten werden soll, nicht dem Gericht überlassen bleibt.[45] Allerdings gehört zur Bestimmtheit eines Antrags auf Erlass einer Unterlassungsverfügung nicht, dass immer alle konkret zu unterlassenden Einzelhandlungen aufgelistet werden; hier kann auch eine Sammelbezeichnung ausreichen. So kann etwa ein Antrag des Mieters auf Unterlassung der Durchführung weiterer Modernisierungsmaßnahmen durch den Vermieter hinreichend bestimmt sein, auch wenn nicht alle Modernisierungsmaßnahmen konkret genannt werden.[46] – Das Prozesshindernis der anderweitigen Rechtshängigkeit gilt auch im Verhältnis zwischen verschiedenen Verfügungsanträgen. Es schließt allerdings nicht aus, wegen derselben Forderung gleichzeitig eine Befriedigungs- und eine Sicherungsverfügung zu beantragen; denn in beiden Fällen werden verschiedene Rechtsschutzziele verfolgt. Unzulässig sind dagegen mehrere Anträge auf Erlass einer Befriedigungsverfügung. Stellt der Gläubiger mehrere Anträge auf Erlass einer Sicherungsverfügung wegen derselben Individualforderung, ist zu differenzieren: Wird in beiden Verfahren jeweils eine andere konkrete Maßnahme beantragt, ist keines der Verfahren wegen Rechtshängigkeit des anderen unzulässig. Falls ein Gesuch zulässigerweise auf die Anordnung einer bestimmten Maßnahme beschränkt ist, die aber auch aufgrund eines zweiten Gesuchs, in dem lediglich das Rechtsschutzziel angegeben ist, erlassen werden könnte, ist das konkretere Gesuch wegen anderweitiger Rechtshängigkeit unzulässig.[47]

III. Glaubhaftmachung (Abs. 2)

17 Nach Abs. 2 sind der Anspruch und der Arrestgrund glaubhaft zu machen (§ 294).

---

39 Siehe § 938 Rdn. 3 f.
40 *Baur*, Studien zum einstweiligen Rechtsschutz, S. 72; *Ostler*, MDR 1968, 713, 715; *Teplitzky*, JuS 1981, 122, 124; *Walker*, Der einstweilige Rechtsschutz, Rn. 152.
41 Siehe Rn. 8.
42 *Ahrens*, Wettbewerbsverfahrensrecht, S. 275; *Baumbach/Lauterbach/Hartmann*, § 938 Rn. 4; *Baur*, Studien zum einstweiligen Rechtsschutz, S. 72; *Gottwald*, § 920 Rn. 26; *Ostler*, MDR 1968, 713, 715; *Stein/Jonas/Grunsky*, vor § 935 Rn. 11; *Walker*, Der einstweilige Rechtsschutz, Rn. 152; a. M. *MüKo/Drescher*, § 938 Rn. 5 f.
43 Siehe § 938 Rdn. 4 f. sowie OLG Koblenz, WRP 1991, 599, 600; *Ahrens*, Wettbewerbsverfahrensrecht, S. 156, 276; *Baur*, Studien zum einstweiligen Rechtsschutz, S. 83; *Brox/Walker*, Rn. 1629; *Stein/Jonas/Grunsky*, vor § 935 Rn. 10; *Ulrich*, WRP 1991, 361, 364; *Walker*, Der einstweilige Rechtsschutz, Rn. 151; *Wieser*, Arbeitsgerichtsverfahren, Rn. 538.
44 Siehe § 938 Rdn. 8 f. sowie *Stein/Jonas/Grunsky*, vor § 935 Rn. 11.
45 OLG München, WRP 2012, 1145, 1146 unter Bezugnahme auf BGH, GRUR 2011, 539 (Bestimmtheit des Verbotsantrags im Hauptsacheverfahren).
46 LG Berlin, NJW-RR 2012, 1229.
47 Zum Zusammentreffen verschiedener Verfügungsanträge und der damit verbundenen Problematik der anderweitigen Rechtshängigkeit vgl. *Walker*, Der einstweilige Rechtsschutz, Rn. 160 ff.

1. Zweck der Regelung

Die Möglichkeit der Glaubhaftmachung tritt an die Stelle des Beweises im Hauptsacheverfahren. Sie ist neben dem nach §§ 922 Abs. 1 Satz 1, 128 Abs. 4 zulässigen Verfahren ohne mündliche Verhandlung eine der beiden verfahrensrechtlichen Besonderheiten, die den Charakter des Eilverfahrens in Abweichung zum Hauptsacheverfahren prägen. Die mit der Glaubhaftmachung verbundenen Eigenarten bei dem Maß und den Mitteln der Glaubhaftmachung dienen in erster Linie der Verfahrensbeschleunigung.[48]

18

2. Maß und Mittel der Glaubhaftmachung

Glaubhaftmachung bedeutet Herbeiführung der richterlichen Überzeugung davon, dass für die Wahrheit der behaupteten Tatsache eine überwiegende Wahrscheinlichkeit spricht.[49] Darin liegt eine Herabsetzung des **Beweismaßes**; denn ein Beweis ist erst dann gelungen, wenn der Richter von der Wahrheit der behaupteten Tatsache überzeugt ist (vgl. § 286 Abs. 1). Da von einer überwiegenden Wahrscheinlichkeit schon dann gesprochen werden kann, wenn mehr für als gegen die behauptete Tatsache spricht,[50] was häufig bereits bei einer eidesstattlichen Versicherung anzunehmen ist, dient die Erleichterung bei dem Beweismaß der Verfahrensbeschleunigung. Anstelle der Glaubhaftmachung ist natürlich auch die Erbringung des Vollbeweises zulässig, soweit das entsprechende Beweismittel präsent ist. Das Beweismaß der Glaubhaftmachung nach § 920 Abs. 2 gilt auch im Streit um die Kosten des Eilverfahrens.[51]

19

Wie die Glaubhaftmachung erfolgt, ergibt sich aus § 294. Danach kommen alle, nicht nur die in den §§ 371 ff. geregelten **Beweismittel** in Betracht. Glaubhaftmachung kann somit auch durch Verweisung auf die Hauptsacheakten[52] oder auf ein bereits ergangenes Urteil, selbst wenn es angefochten wird, durch ein ausländisches Urteil, selbst dann, wenn seine Anerkennung nach § 328 ausgeschlossen ist, durch anwaltliche Versicherung,[53] durch Vorlage schriftlicher Zeugenaussagen[54] oder eines Privatgutachtens[55] erfolgen, vor allem aber durch eidesstattliche Versicherung der Parteien[56] oder Dritter.[57] Allerdings muss es sich immer um ein präsentes Glaubhaftmachungsmittel handeln, das eine sofortige Beweisaufnahme ermöglicht (§ 294 Abs. 2). Eine Vertagung zwecks Beweisaufnahme wäre mit dem Eilcharakter des Verfahrens nicht vereinbar.[58] Deshalb kann im Eilverfahren auch keine Anordnung der Vorlage von Urkunden nach § 142 ergehen.[59]

20

---

48 *Walker*, Der einstweilige Rechtsschutz, Rn. 319.
49 BGH, VersR 1976, 928, 929; VersR 1986, 59 und 463; BVerfGE 38, 35, 39; Alternativkommentar/*Rüßmann*, § 294 Rn. 3; *Baumbach/Lauterbach/Hartmann*, § 294 Rn. 1; *Grunsky*, JuS 1976, 277, 281; *Hirtz*, NJW 1986, 110, 111; MüKo/*Drescher*, § 920 Rn. 14; *Stein/Jonas/Leipold*, § 294 Rn. 6; *Zöller/Greger*, § 294 Rn. 1.
50 OLG Brandenburg, NJW-RR 2009, 801, 802; *Borck*, WRP 1978, 776 f.; *Bruns*, Zivilprozeßrecht, Rn. 168 d; *Walker*, Der einstweilige Rechtsschutz, Rn. 321.
51 OLG Hamburg, NJW-RR 2012, 1210.
52 *Baumbach/Lauterbach/Hartmann*, § 920 Rn. 15; *Ebmeier/Schöne*, Rn. 37; MüKo/*Drescher*, § 920 Rn. 19; PG/*Fischer*, § 920 Rn. 5; *Stein/Jonas/Grunsky*, § 920 Rn. 8; *Zöller/Greger*, § 294 Rn. 5 und *Zöller/Vollkommer*, § 920 Rn. 10.
53 BGH, VersR 1974, 1021; OLG Koblenz, Rpfleger 1986, 71; OLG Köln, MDR 1986, 152; NJW 1964, 1038, 1039; OLG München, Rpfleger 1985, 457; LG Dortmund, Rpfleger 1986, 321; RG, JW 1926, 1561; MüKo/*Drescher*, § 920 Rn. 19; *Stein/Jonas/Leipold*, § 294 Rn. 17; *Zöller/Vollkommer*, § 920 Rn. 10.
54 *Stein/Jonas/Leipold*, § 294 Rn. 12.
55 KG, Rpfleger 1987, 262; *Krüger*, WRP 1991, 68; *Zöller/Vollkommer*, § 920 Rn. 10.
56 OLG Celle, NJW-RR 1987, 447, 448; *Baumbach/Lauterbach/Hartmann*, § 920 Rn. 14; PG/*Fischer*, § 920 Rn. 5; *Zöller/Vollkommer*, § 920 Rn. 10.
57 *Baumbach/Lauterbach/Hartmann*, § 920 Rn. 15; *Zöller/Vollkommer*, § 920 Rn. 10.
58 Siehe Vor §§ 916–945b Rdn. 64. Zu Abweichungen im arbeitsgerichtlichen Beschlussverfahren siehe Rdn. 30.
59 OLG Frankfurt, NJW-RR 2010, 936.

21 Auch hinsichtlich der genannten Beweismittel gilt gem. § 286 Abs. 1 Satz 1 der **Grundsatz der freien Beweiswürdigung.** Allerdings ist bei der Prüfung, ob ein Beweismittel geeignet ist, dem Richter die Überzeugung von der überwiegenden Wahrscheinlichkeit der behaupteten Tatsache zu verschaffen, besondere Vorsicht geboten. Eine kritische Würdigung ist insbesondere gegenüber eidesstattlichen Versicherungen der Parteien angebracht.[60] Bei ihnen handelt es sich letztlich um nicht mehr als eine bekräftigte Parteierklärung. Wird die Glaubhaftmachung allein durch Abgabe einer eidesstattlichen Versicherung angetreten und widerspricht diese Versicherung aus Sicht des Richters der allgemeinen Lebenserfahrung, dann ist die Glaubhaftmachung nicht gelungen. Eine ähnliche Zurückhaltung ist schließlich auch bei der Würdigung von Privatgutachten angebracht, welche von den Parteien in das Eilverfahren eingeführt werden. Da jede Partei selbst darüber entscheidet, ob sie sich eines solchen Gutachtens bedient und welches von mehreren Gutachten sie in das Verfahren einbringt, rückt ein solches Gutachten hinsichtlich seines Beweiswertes ebenfalls in die Nähe des übrigen Parteivortrags.[61]

3. Gegenstand der Glaubhaftmachung

22 Gegenstand der Glaubhaftmachung sind nur Tatsachen.[62] Das ergibt sich unmittelbar aus § 294. Die gegenteilige Ansicht, die aus dem Wortlaut des § 920 herleitet, auch die rechtlichen Voraussetzungen des materiellen Anspruchs seien lediglich glaubhaft zu machen, weshalb nur eine eingeschränkte Schlüssigkeitsprüfung stattfinde,[63] hat sich zu Recht nicht durchgesetzt.[64] Zu den (lediglich) glaubhaft zu machenden Tatsachen gehören zunächst diejenigen, aus denen der Arrestanspruch hergeleitet wird. Ferner sind die Tatsachen glaubhaft zu machen, aus denen sich die Vollstreckungsgefährdung und damit der Arrestgrund ergibt. Dazu gehört beim persönlichen Arrest auch das Vorhandensein von pfändbarem Schuldnervermögen.[65] Schließlich bezieht sich die Notwendigkeit der Glaubhaftmachung entgegen dem zu engen Wortlaut des § 920 Abs. 2 auch auf die Zulässigkeitsvoraussetzungen[66] sowie auf die erhöhte Dringlichkeit i. S. v. § 937 Abs. 2, § 942 Abs. 1 und § 944.

23 Selbst die für die Zulässigkeit, den Anspruch und den Arrestgrund maßgeblichen Tatsachen müssen nur dann glaubhaft gemacht werden, wenn sie im Hauptsacheverfahren **beweisbedürftig** wären. Bei offenkundigen (§ 291) und kraft Gesetzes vermuteten Tatsachen (§ 292) ist daher eine Glaubhaftmachung ebenso wenig erforderlich wie bei ausdrücklich zugestandenen (§ 288) und bei nichtbestrittenen Tatsachen (§ 138 Abs. 3).[67] Die gegenteilige Ansicht, wonach bereits im Gesuch

---

60 LAG München, DB 1978, 260; *Baumbach/Lauterbach/Hartmann,* § 920 Rn. 14; *Stein/Jonas/Leipold,* § 294 Rn. 16; *Walker,* Der einstweilige Rechtsschutz, Rn. 336.
61 *Walker,* Der einstweilige Rechtsschutz, Rn. 337.
62 Ganz h. M.; LAG Berlin, NZA 1994, 526, 527; *Ahrens,* Wettbewerbsverfahrensrecht, S. 287, 292; *Baur,* Studien zum einstweiligen Rechtsschutz, S. 24; *Baumbach/Lauterbach/Hartmann,* § 920 Rn. 15; *Berger/Skamel,* Kap. 6 Rn. 27; *Grunsky,* JuS 1976, 277, 280 in Fn. 27; *Heinze,* RdA 1986, 273, 276; *Hirtz,* NJW 1986, 110, 111; *Vogg,* Einstweiliger Rechtsschutz und vorläufige Vollstreckbarkeit, S. 82; *Walker,* Der einstweilige Rechtsschutz, Rn. 322. Ebenso zum einstweiligen Rechtsschutz im öffentlichen Recht etwa *Finkelnburg/Dombert/Külpmann,* Vorläufiger Rechtsschutz im Verwaltungsstreitverfahren, Rn. 324; *Schoch,* Vorläufiger Rechtsschutz und Risikoverteilung im Verwaltungsrecht, S. 1637 ff., 1644 f.
63 *Leipold,* Grundlagen des einstweiligen Rechtsschutzes, S. 64 f., 70; *Zöller/Vollkommer,* § 922 Rn. 6.
64 Zur Intensität der Schlüssigkeitsprüfung siehe § 922 Rn. 16 und § 935 Rn. 6.
65 Siehe § 918 Rdn. 2.
66 OLG Koblenz, GRUR 1979, 496, 498; Alternativkommentar/*Damm,* § 920 Rn. 2; *Baumbach/Lauterbach/Hartmann,* § 920 Rn. 13; *Baumgärtel,* FS Gaul, 1997, S. 27, 30; *Stein/Jonas/Grunsky,* § 920 Rn. 15; *Teplitzky,* JuS 1981, 122, 124; *ders.,* Wettbewerbsrechtliche Ansprüche und Verfahren, Kap. 54 Rn. 44; *Walker,* Der einstweilige Rechtsschutz, Rn. 329 ff.
67 *Brox/Walker,* Rn. 1512; *Walker,* Der einstweilige Rechtsschutz, Rn. 324 ff.

alle anspruchsbegründenden Tatsachen glaubhaft zu machen seien,⁶⁸ ist mit dem verfahrensbeschleunigenden Zweck der Glaubhaftmachung nicht vereinbar. Davon abgesehen hat niemand ein berechtigtes Interesse daran, dass insbesondere die vom Antragsgegner ausdrücklich zugestandenen Tatsachen zusätzlich noch glaubhaft gemacht werden. Nicht bestritten i. S. v. § 138 Abs. 3 ist eine Tatsache allerdings nur dann, wenn der Antragsgegner schriftlich (ggf. in Form einer von Gericht berücksichtigten Schutzschrift)⁶⁹ oder mündlich (ggf. im Rahmen einer telefonischen Anhörung) Gelegenheit zum Bestreiten hatte. Im einseitigen Verfahren ohne Anhörung des Gegners (§§ 922 Abs. 1 Satz 1, 128 Abs. 4) können die vom Antragsteller behaupteten Tatsachen dagegen nicht als unbestritten gelten und sind daher glaubhaft zu machen.⁷⁰

4. Zeitpunkt der Glaubhaftmachung

Auch wenn die systematische Stellung des § 920 Abs. 2 dafür spricht, als müsse die Glaubhaftmachung bereits im Gesuch erfolgen, darf ein Gesuch mit unzureichender Glaubhaftmachung nicht sogleich zurückgewiesen werden. Die nicht glaubhaft gemachten Tatsachen können bei einer Anhörung des Gegners noch unstreitig werden, sodass eine Glaubhaftmachung entbehrlich ist. Ferner kann gem. § 921 Satz 1 der beantragte Arrest bei einer Sicherheitsleistung auch ohne Glaubhaftmachung angeordnet werden. Die Glaubhaftmachung ist mithin auch nach Einreichung des Gesuchs noch nachholbar, sofern sie sich dann als notwendig erweist. Auf eine unzureichende Glaubhaftmachung muss das Gericht den Antragsteller hinweisen (§ 139). 24

5. Glaubhaftmachungslast

Die Frage, von wem welche erheblichen Tatsachen glaubhaft gemacht werden müssen, ist oft ausschlaggebend für die Entscheidung über den Antrag. Grundsätzlich **entspricht die Glaubhaftmachungslast im Eilverfahren der Beweislast im Hauptsacheverfahren**.⁷¹ § 920 Abs. 2 enthält keinen Anhaltspunkt dafür, dass mit der Zulässigkeit der Glaubhaftmachung auch eine Umkehr der Beweislast erfolgen solle. Der Antragsteller braucht also nur die (anspruchsbegründenden) tatsächlichen Voraussetzungen der ihm günstigen Normen glaubhaft zu machen; für die dem Beklagten günstigen (anspruchshindernden, -hemmenden und -vernichtenden) Tatsachen liegt die Last der Glaubhaftmachung beim Beklagten.⁷² 25

---

68 So wohl *Ahrens*, Wettbewerbsverfahrensrecht, S. 203; *Hirtz*, NJW 1986, 110, 111 f.; *Ulrich*, GRUR 1985, 201, 206.
69 *Walker*, Der einstweilige Rechtsschutz, Rn. 327.
70 *Ahrens/Scharen*, Der Wettbewerbsprozess, Kap. 50 Rn. 18; *Brox/Walker*, Rn. 1512; *Stein/Jonas/Grunsky*, § 920 Rn. 13; *Walker*, Der einstweilige Rechtsschutz, Rn. 328; siehe auch OLG Brandenburg, ZIP 2000, 1541.
71 OLG Celle, WRP 1965, 186 und 1977, 718; OLG Frankfurt, ZIP 1990, 1393, 1395; OLG Karlsruhe, GRUR 1980, 314; WRP 1983, 170; OLG Koblenz, WRP 1979, 387, 389; OLG Köln, WRP 1992, 407; OLG Stuttgart, WRP 1978, 316, 317; LAG Niedersachsen, DB 1986, 1126, 1130; *Baumgärtel*, FS Gaul, 1997, S. 27, 34; *Ahrens/Scharen*, Der Wettbewerbsprozess, Kap. 50 Rn. 19; *Baur*, Studien zum einstweiligen Rechtsschutz, S. 39 ff.; *Baur/Stürner/Bruns*, Rn. 51.13; *Berger/Skamel*, Kap. 6 Rn. 32 f.; *Brox/Walker*, Rn. 1512, 1632; *Bruns/Peters*, § 49 IV 2 mit Fn. 21; Hk-ZV/*Haertlein*, § 920 Rn. 13; MüKo/*Drescher*, § 920 Rn. 21; *Ostler*, MDR 1968, 713, 715; *Stein/Jonas/Grunsky*, § 920 Rn. 10; *Teplitzky*, JuS 1981, 122, 124, 125; *Ulrich*, GRUR 1985, 201, 207, 211; *Zöller/Vollkommer*, Vor § 916 Rn. 6 a. **Offen gelassen** von OLG Celle, FamRZ 1994, 386; OLG Frankfurt, BB 1991, 96.
72 Zu diesem Grundsatz der Beweislastverteilung vgl. BVerfGE 52, 131, 145, 158; BGH, NJW 1983, 2944; NJW 1972, 1673, 1674; OLG Frankfurt, ZIP 1990, 1393, 1395; *Brox*, JA 1979, 590, 591; *Lüke*, JZ 1966, 587, 588 f.; *Rosenberg*, Die Beweislast, 1965, S. 105 ff.; *Ulrich*, GRUR 1985, 201, 204. Die **Gegenposition** geht davon aus, dass der Antragsteller alle ihm günstigen Tatsachen glaubhaft machen müsse. Darunter fallen nicht nur die anspruchsbegründenden, sondern auch die im Hauptsacheverfahren vom Gegner zu beweisenden einwendungsbegründenden Tatsachen. So OLG Celle, WRP 1974, 277; KG, WRP 1978, 819, 821; *Fenge*, JurA 1970, 547, 561; ebenfalls noch *Pastor*, Der Wettbewerbsprozeß, 3. Aufl., S. 298.

26 Diese Verteilung der Glaubhaftmachungslast ist aber nur im zweiseitigen Verfahren unter Anhörung des Antragsgegners sachgerecht. Im **einseitigen Eilverfahren** ist der nichtbeteiligte Antragsgegner an jeglicher Darlegung und Glaubhaftmachung der ihm günstigen Tatsachen gehindert. Seine damit verbundene Benachteiligung verlangt unter dem Gesichtspunkt des rechtsstaatlichen Gebots der Ausgewogenheit des Rechtsschutzes und der davon umfassten Notwendigkeit der prozessualen Waffengleichheit einen verfahrensrechtlichen Ausgleich, damit das im einseitigen Verfahren ohnehin schon erhöhte Fehlentscheidungsrisiko möglichst gering gehalten wird. Dazu ist eine **begrenzte Verschiebung der Glaubhaftmachungslast** erforderlich:[73] Wenn trotz der Nichtanhörung des Antragsgegners konkrete Hinweise für das Vorliegen von Einwendungen vorhanden sind, die allerdings mangels hinreichender Substantiierung nicht schon zur Unschlüssigkeit des Gläubigervortrags führen, muss dieser zum Ausgleich der fehlenden Substantiierungsmöglichkeit des Schuldners darlegen und glaubhaft machen, dass die nach seinem eigenen Vortrag naheliegenden Einwendungen seinem Anspruch nicht entgegenstehen.[74] Beziehen sich die Hinweise dagegen nicht auf Einwendungen, sondern auf Einreden (z.B. Verjährung) oder Gestaltungsrechte (z.B. Aufrechnung), braucht der Antragsteller das Nichtvorliegen der tatsächlichen Voraussetzungen dieses Rechts so lange nicht glaubhaft zu machen, wie noch nicht feststeht, dass der Schuldner sein Recht auch wirklich ausübt.[75] In diesen Fällen liegt es für das Gericht allerdings nahe, den Antragsgegner anzuhören und ihm so Gelegenheit zu geben, sich auf seine Einrede zu berufen oder sein Gestaltungsrecht auszuüben.

27 Wenn der Antragsteller den Antragsgegner im Eilverfahren auf Unterlassung in Anspruch nimmt und der Antragsgegner im Hinblick auf die Kostentragung nach § 93 sofort anerkennt und vorträgt, ihm sei keine Abmahnung zugegangen, trägt der Antragsgegner die Darlegungs- und Glaubhaftmachungslast für diejenigen Tatsachen, die der Annahme einer Zugangsfiktion wegen Nichtabholung des Übergabe-Einschreibens entgegenstehen. Er muss also glaubhaft machen (eidesstattliche Versicherung, Zeugen), dass in seinem Briefkasten kein Benachrichtigungsschein bzgl. des Einschreibens hinterlassen wurde.[76]

6. Entbehrlichkeit der Glaubhaftmachung

28 Selbst die ohnehin schon gegenüber dem Beweis erleichterte Glaubhaftmachung ist gem. § 921 Satz 1 entbehrlich, sofern wegen der dem Gegner drohenden Nachteile Sicherheit geleistet wird. Der Gesetzgeber ging offenbar davon aus, der Antragsgegner sei durch die Sicherheitsleistung hinreichend geschützt. Diese Regelung, wonach das Gericht den Arrest selbst dann ohne jede Glaubhaftmachung anordnen kann, wenn der Antragsgegner eine vom Antragsteller behauptete entscheidungserhebliche Tatsache substantiiert bestreitet, ist rechtspolitisch zweifelhaft und bedarf jedenfalls einer einschränkenden Auslegung.[77] Die Glaubhaftmachung einer konkreten Vollstreckungsgefährdung als Voraussetzung für den Arrestgrund ist außerdem gem. § 917 Abs. 2 entbehrlich für den Fall, dass ein Urteil im Ausland vollstreckt werden müsste und die Gegenseitigkeit nicht verbürgt ist.

---

[73] *Barby*, JZ 1973, 164, 165; *Baumgärtel*, FS Gaul, 1997, S. 27, 34; *Gottwald*, § 920 Rn. 23; PG/*Fischer*, § 920 Rn. 6; *Stein/Jonas/Grunsky*, § 920 Rn. 11; *Teplitzky*, WRP 1980, 373, 374; *ders.*, Wettbewerbsrechtliche Ansprüche und Verfahren, Kap. 54 Rn. 45; *Ulrich*, GRUR 1985, 201; *Wieczorek/Schütze/Thümmel*, § 920 Rn. 16.

[74] *Ahrens/Scharen*, Der Wettbewerbsprozess, Kap. 50 Rn. 18; *Walker*, Der einstweilige Rechtsschutz, Rn. 647 f.; siehe auch § 935 Rn. 8 f.

[75] *Ahrens/Scharen*, Der Wettbewerbsprozess, Kap. 50 Rn. 18; *Walker*, Der einstweilige Rechtsschutz, Rn. 645; a. M. etwa *Köhler/Bornkamm*, UWG, § 12 Rn. 3.21.

[76] OLG Hamburg, NJW-RR 2012, 1210, 1211.

[77] Siehe dazu näher § 921 Rdn. 4, 8 und § 935 Rdn. 13.

7. Bedeutung des § 920 Abs. 2 für die einstweilige Verfügung

Die Regelung des § 920 Abs. 2 über die Glaubhaftmachung gilt gem. § 936 ohne Einschränkungen auch für die einstweilige Verfügung. Hier ist im Rahmen der Zulässigkeit auch die besondere Dringlichkeit als Voraussetzung für die Zuständigkeit des Amtsgerichts (§ 942 Abs. 1), für die Entscheidung durch den Vorsitzenden (§ 944) und für den Verzicht auf mündliche Verhandlung (§ 937 Abs. 2) glaubhaft zu machen.[78] Besonderheiten ergeben sich bei Anträgen auf Erlass einer einstweiligen Verfügung nur aus dem materiellen Recht. In zahlreichen Vorschriften ist die Glaubhaftmachung des Verfügungsgrundes ausdrücklich für entbehrlich erklärt (§§ 885 Abs. 1 Satz 2, 899 Abs. 2 Satz 2 BGB; § 12 Abs. 2 UWG).[79] In diesen Fällen darf konsequent auch § 921 Satz 1 nicht angewendet werden; denn eine nicht erforderliche Glaubhaftmachung kann und muss auch nicht durch Sicherheitsleistung ersetzt werden.

29

8. Bedeutung des § 920 Abs. 2 außerhalb des Zivilprozesses

Beim Arrest in **Familienstreitsachen** ist § 920 Abs. 2 gem. § 119 Abs. 2 FamFG entsprechend anwendbar. Die Glaubhaftmachung ist in § 31 FamFG geregelt, der dem § 294 entspricht. Die Notwendigkeit der Glaubhaftmachung ist allerdings durch den Amtsermittlungsgrundsatz (§ 26 FamFG) eingeschränkt. Im **arbeitsgerichtlichen Urteilsverfahren** gilt § 920 Abs. 2 über § 62 Abs. 2 Satz 1 ArbGG unmittelbar und ohne Einschränkungen. Auch für das **arbeitsgerichtliche Beschlussverfahren** erklärt § 85 Abs. 2 Satz 2 ArbGG die Vorschriften der ZPO über die einstweilige Verfügung für entsprechend anwendbar, ohne den § 920 Abs. 2 auszunehmen.[80] Trotzdem ergeben sich hier wegen des Amtsermittlungsgrundsatzes (§ 83 Abs. 1 Satz 1 ArbGG) Besonderheiten. Es gibt keine formelle Beweislast im Sinne einer Beweisführungslast.[81] Hat der Antragsteller eine erforderliche Glaubhaftmachung nicht angeboten, muss das Arbeitsgericht von sich aus eine weitere Aufklärung versuchen.[82] Dagegen gelten wie im Zivilprozess die Grundsätze der materiellen Beweislast. Wenn sich eine erhebliche Tatsache nicht im Sinne einer überwiegenden Wahrscheinlichkeit ermitteln lässt, wirkt sich das zulasten dessen aus, der die materielle Beweislast trägt.[83] Ferner wird § 294 Abs. 2, wonach nur präsente Beweismittel zu berücksichtigen sind, durch den Untersuchungsgrundsatz eingeschränkt; eine Vertagung zwecks Beweisaufnahme ist nicht von vornherein ausgeschlossen.[84] Schließlich ergibt sich aus dem Amtsermittlungsgrundsatz, dass auch bezüglich solcher Tatsachen eine Glaubhaftmachung erforderlich ist, die zugestanden oder nicht bestritten sind; die §§ 138 Abs. 3, 288 gelten im arbeitsgerichtlichen Beschlussverfahren nicht. Solange das Gericht Zweifel an der überwiegenden Wahrscheinlichkeit des vorgetragenen Sachverhalts hat, muss es auch dann weiterermitteln, wenn dieser nicht bestritten oder zugestanden ist. – Die für das arbeitsgerichtliche Beschlussverfahren festgestellten Besonderheiten gelten auch im **verwaltungsgerichtlichen Eilverfahren**, für das § 123 Abs. 3 VwGO grundsätzlich auf § 920 Abs. 2 verweist.[85]

30

---

78 *Walker*, Der einstweilige Rechtsschutz, Rn. 330, 334.
79 Siehe auch § 935 Rdn. 21 f.
80 Zur Anwendbarkeit des 920 Abs. 2 im arbeitsgerichtlichen Beschlussverfahren BAG, BB 1991, 2306, 2307; *Schwab/Weth/Walker*, ArbGG, § 85 Rn. 66.
81 GWBG/*Greiner*, ArbGG, § 83 Rn. 12; *Walker*, Der einstweilige Rechtsschutz, Rn. 890; *Wenzel*, DB 1972, 1290, 1293.
82 *Wenzel*, DB 1972, 1290, 1292.
83 GMP/*Matthes/Spinner*, ArbGG, § 83 Rn. 94; GWBG/*Greiner*, ArbGG, § 83 Rn. 13; *Hergenröder*, AR-Blattei (SD), Beweislast B II, Rn. 7, 10; *Walker*, Der einstweilige Rechtsschutz, Rn. 895; *Wenzel*, NZA 1984, 112, 115.
84 BAG, BB 1991, 2306, 2307; *Bertelsmann*, AR-Blattei, Arbeitsgerichtsbarkeit XII A, unter B; *Walker*, Der einstweilige Rechtsschutz, Rn. 892; *Wenzel*, DB 1972, 1290, 1293; *ders.*, AR-Blattei (SD), Einstweilige Verfügung G, Rn. 99.
85 So zutreffend *Schoch*, Vorläufiger Rechtsschutz und Risikoverteilung im Verwaltungsrecht, S. 1644 ff.; *ders.* in: *Schoch/Schmidt-Aßmann/Pietzner*, VwGO, § 123 Rn. 95.

§ 921 Entscheidung über das Arrestgesuch

¹Das Gericht kann, auch wenn der Anspruch oder der Arrestgrund nicht glaubhaft gemacht ist, den Arrest anordnen, sofern wegen der dem Gegner drohenden Nachteile Sicherheit geleistet wird. ²Es kann die Anordnung des Arrestes von einer Sicherheitsleistung abhängig machen, selbst wenn der Anspruch und der Arrestgrund glaubhaft gemacht sind.

Übersicht

		Rdn.				Rdn.
I.	Inhalt der Norm	1		7.	Bedeutung des § 921 Satz 1 außerhalb des Zivilprozesses	10
II.	Sicherheitsleistung als Ersatz für Glaubhaftmachung (Satz 1)	2	III.		Sicherheitsleistung trotz Glaubhaftmachung (Satz 2)	11
	1. Zweck und Anwendungsbereich	3		1.	Zweck	12
	2. Voraussetzungen	4		2.	Voraussetzungen	13
	3. Bemessung der Sicherheitsleistung	5		3.	Bedeutung des § 921 Satz 2 für die einstweilige Verfügung	15
	4. Anordnung der Sicherheitsleistung	6		4.	Bedeutung des § 921 Satz 2 außerhalb des Zivilprozesses	16
	5. Rechtspolitische Bewertung des § 921 Satz 1	8				
	6. Bedeutung des § 921 Satz 1 für die einstweilige Verfügung	9				

Literatur:
Ahrens, Ausländersicherheit im einstweiligen Verfügungsverfahren, in: FS Nagel, 1987, 1; *Borck*, Das rechtliche Gehör im Verfahren auf Erlaß einer einstweiligen Verfügung, MDR 1988, 908; *Bülow*, Zur prozeßrechtlichen Stellung des Antragsgegners im Beschlußverfahren von Arrest und Einstweiliger Verfügung, ZZP 98 (1985), 274; *Christmann*, Arrestvollziehung gegen Sicherheitsleistung, DGVZ 1993, 109; *V. Deutsch*, Die Schutzschrift in Theorie und Praxis, GRUR 1990, 327; *Hilgard*, Die Schutzschrift im Wettbewerbsrecht, 1985; *Krüger*, Das Privatgutachten im Verfahren der einstweiligen Verfügung, WRP 1991, 68; *Leipold*, Die Schutzschrift zur Abwehr einstweiliger Verfügungen gegen Streiks, RdA 1983, 164; *Marly*, Akteneinsicht in arbeitsgerichtliche Schutzschriften vor Anhängigkeit eines Verfahrens, BB 1989, 770; *May*, Die Schutzschrift im Arrest- und Einstweiligen-Verfügungs-Verfahren, 1983; *Schneider*, Verspätungsrecht im Eilverfahren, MDR 1988, 1024; *Teplitzky*, Die »Schutzschrift« als vorbeugendes Verteidigungsmittel gegen einstweilige Verfügungen, NJW 1980, 1667; *ders.*, Schutzschrift, Glaubhaftmachung und »besondere« Dringlichkeit bei § 937 Abs. 2 ZPO – drei Beispiele für Diskrepanzen zwischen Theorie und Praxis, WRP 1980, 373; *ders.*, Arrest und einstweilige Verfügung, JuS 1981, 352; *Walker*, Die Schutzschrift und das elektronische Schutzschriftenregister nach §§ 945a, 945b ZPO, Festschrift Schilken, 2015, 815.

I. Inhalt der Norm

1 § 921 wurde durch das Zivilprozessreformgesetz vom 27.7.2001¹ mit Wirkung zum 1.1.2002 geändert. Der frühere Absatz 1, der eine Entscheidung ohne mündliche Verhandlung ermöglichte, wurde gestrichen. Diese Möglichkeit ergibt sich heute aus § 922 Abs. 1 Satz 1 i. V. m. dem ebenfalls zum 1.1.2002 neu eingefügten § 128 Abs. 4. § 921 enthält nur noch eine Regelung zur Sicherheitsleistung als Ersatz für Glaubhaftmachung (Satz 1) und zur Sicherheitsleistung trotz Glaubhaftmachung (Satz 2).

II. Sicherheitsleistung als Ersatz für Glaubhaftmachung (Satz 1)

2 Das Gericht kann den beantragten Arrest trotz fehlender Glaubhaftmachung anordnen, sofern wegen der dem Gegner drohenden Nachteile Sicherheit geleistet wird. Die Sicherheitsleistung ersetzt jedoch nur die Glaubhaftmachung des Arrestgesuchs. Trägt der Gläubiger die dem Anspruch oder dem Arrestgrund zu Grunde liegenden Tatsachen nicht schlüssig vor, so ist der Antrag abzuweisen.²

---
1 BGBl. I, 1887.
2 RG, JW 1900, 393.

1. Zweck und Anwendungsbereich

Die zur Glaubhaftmachung notwendige Heranschaffung etwa von Urkunden oder eidesstattlichen Versicherungen von Zeugen kann für den Antragsteller so aufwendig sein, dass er dazu bis zu dem Zeitpunkt, in dem er einstweiligen Rechtsschutz begehrt, nicht in der Lage ist. Indem § 921 Satz 1 unter bestimmten Voraussetzungen auf die Glaubhaftmachung verzichtet, dient die Vorschrift also der Verfahrensbeschleunigung. – Entgegen dem Wortlaut kann nicht nur auf die Glaubhaftmachung des Anspruchs oder des Arrestgrundes verzichtet werden, sondern auf die Glaubhaftmachung beider Begründetheitsvoraussetzungen.[3] Ferner kann über den Wortlaut hinaus auch die Glaubhaftmachung von Zulässigkeitsvoraussetzungen durch Sicherheitsleistung ersetzt werden.[4]

2. Voraussetzungen

Der Gesetzeswortlaut enthält keine besonderen Voraussetzungen dafür, dass bei einer Sicherheitsleistung auf die Glaubhaftmachung verzichtet werden kann. Eine derartige Umkehr der Beweislast wäre aber nicht sachgerecht und wird auch von § 921 Satz 1 nicht bezweckt. Die Vorschrift dient den Interessen des Antragstellers an einer Verfahrensbeschleunigung zwecks Effektivität des Rechtsschutzes.[5] Aus diesem begrenzten Regelungszweck ergeben sich auch die ungeschriebenen Voraussetzungen für eine Entbehrlichkeit der Glaubhaftmachung.[6] Erstens muss der Antragsteller ein berechtigtes Interesse daran haben, den beantragten Arrest auch ohne Glaubhaftmachung zu erhalten. Daran fehlt es, wenn die Arrestanordnung auch trotz des mit der Glaubhaftmachung verbundenen Zeitverlustes noch rechtzeitig käme. Zweitens ist nur eine solche Glaubhaftmachung entbehrlich, die dem Antragsteller allein wegen der Eile des Verfahrens nicht gelingt, grundsätzlich aber möglich ist. Falls das Gericht dagegen davon ausgehen muss, dass der Antragsteller zur Glaubhaftmachung überhaupt nicht in der Lage ist, sodass ihm erst recht nicht der im Hauptsacheverfahren notwendige Beweis gelingen wird, muss es das Gesuch selbst bei angebotener Sicherheitsleistung zurückweisen; es darf nicht sehenden Auges eine Fehlentscheidung fällen. Drittens ist die Glaubhaftmachung im Sinne der Vermittlung einer überwiegenden Wahrscheinlichkeit nicht vollständig verzichtbar; ein gewisses Maß von Überzeugung muss beim Gericht vorhanden sein.[7] Wenn dagegen aus Sicht des Richters mehr gegen als für die vom Antragsteller behauptete Tatsache spricht, muss er von der überwiegenden Wahrscheinlichkeit des Gegenteils ausgehen und darf den Arrest nicht anordnen. Viertens kommt eine Ersetzung der Glaubhaftmachung durch Sicherheitsleistung entgegen dem zu weiten Wortlaut des § 921 Satz 1 niemals bei der Anordnung eines persönlichen Arrestes in Betracht; denn die damit verbundene Grundrechtseinschränkung beim Antragsgegner kann durch Sicherheitsleistung nicht ausgeglichen werden und wäre bei einer nicht einmal glaubhaft gemachten Rechtsstellung des Antragstellers verfassungswidrig.[8]

3. Bemessung der Sicherheitsleistung

Die Sicherheit ist »wegen der dem Gegner drohenden Nachteile« zu leisten. Das sind die Nachteile, die nach anderen Vorschriften ersatzfähig sind, wenn sich der angeordnete Arrest als ungerechtfertigt erweist. Dazu gehören die gem. § 945 zu ersetzenden Vollziehungsschäden, nicht dagegen solche Schäden, welche bereits durch die bloße Anordnung des Arrestes entstehen (Ruf- und Kre-

---

3 *Baumbach/Lauterbach/Hartmann*, § 921 Rn. 8; *Stein/Jonas/Grunsky*, § 921 Rn. 5; a. M. *Stolz*, Einstweiliger Rechtsschutz und Schadensersatzpflicht, 1989, S. 60.
4 MüKo/*Drescher*, § 921 Rn. 2; *Stein/Jonas/Grunsky*, § 921 Rn. 5; *Walker*, Der einstweilige Rechtsschutz, Rn. 341; *Zöller/Vollkommer*, § 921 Rn. 2.
5 *Walker*, Der einstweilige Rechtsschutz, Rn. 341 f.
6 *Walker*, Der einstweilige Rechtsschutz, Rn. 343 ff.
7 MüKo/*Drescher*, § 921 Rn. 2; *Stein/Jonas/Grunsky*, § 921 Rn. 5.
8 *Ritter*, ZZP 88 (1975), 126, 161.

ditschäden), zumal diese nur in seltenen Ausnahmefällen gem. §§ 823 ff. BGB ersatzfähig sind.[9] Nach der Höhe des möglichen Schadensersatzanspruchs aus § 945 richtet sich deshalb auch die Höhe der anzuordnenden Sicherheitsleistung.[10] Über die Höhe und die Art der Sicherheitsleistung entscheidet nach § 108 das Gericht. Neben der Hinterlegung von Geld oder Wertpapieren kann die Sicherheitsleistung auch durch Bürgschaft oder Pfand erbracht werden.[11]

4. Anordnung der Sicherheitsleistung

6 Das Gericht hat das ihm nach Satz 1 zustehende Ermessen von Amts wegen auszuüben. Es ist weder ein entsprechender Antrag des Antragsgegners noch ein Erbieten zur Sicherheitsleistung durch den Antragsteller erforderlich. Nach dem Gesetzeswortlaut ist schon die Arrestanordnung von einer Sicherheitsleistung abhängig zu machen. Dann ergeht zunächst ein Beschluss über die Notwendigkeit einer Sicherheitsleistung, und erst wenn diese erbracht ist, wird der Arrest angeordnet. Nach allgemeiner Ansicht kann das Gericht aber auch sogleich den Arrest anordnen und nur dessen Vollziehung von einer Sicherheitsleistung abhängig machen.[12] Das ist sogar die sachgerechtere Lösung; denn allein durch die Anordnung des Arrestes entsteht noch kein nach § 945 ersatzfähiger Schaden,[13] dessen Durchsetzbarkeit durch die Sicherheitsleistung gewährleistet werden könnte.[14] Zur Leistung der Sicherheit braucht dem Antragsteller keine Frist gesetzt zu werden, weil er ohnehin an die Vollziehungsfrist des § 929 Abs. 2 und die Zustellungsfrist des § 929 Abs. 3 gebunden ist.

7 Gegen die Anordnung der Sicherheitsleistung steht dem Antragsteller die sofortige Beschwerde zu. Sie ist allerdings mangels Beschwer unzulässig, wenn er sich zur Sicherheitsleistung erboten hatte.[15] Gegen die Anordnung des Arrestes ohne Sicherheitsleistung kann der Schuldner sich mit dem Widerspruch oder der Berufung wehren, je nach dem, ob die Entscheidung durch Beschluss oder Urteil ergangen ist.

5. Rechtspolitische Bewertung des § 921 Satz 1

8 Eine rechtspolitische Wertung des § 921 Satz 1 muss kritisch ausfallen.[16] Die Ersetzung der Glaubhaftmachung, die ohnehin schon ein erhöhtes Fehlentscheidungsrisiko bedeutet, durch bloße Sicherheitsleistung führt dazu, dass das Gericht die Begründetheit des begehrten Rechtsschutzes nur noch in rechtlicher, nicht aber in tatsächlicher Hinsicht prüfen kann. Dass eine derartige Begünstigung des Antragstellers zwecks Erreichung eines effektiven Rechtsschutzes wirklich erforderlich ist, erscheint zweifelhaft. Aus Sicht des ohnehin schon im Verfahren benachteiligten Antragsgegners ist die Sicherheitsleistung kein ausreichender Ersatz für die Glaubhaftmachung, zumal durch sie die allein durch die Anordnung des Arrestes möglichen Nachteile wie Kreditverlust

---

9   BGH, WM 1988, 1352, 1355; NJW 1985, 1959, 1961; RGZ 143, 118, 123; *Baumbach/Lauterbach/Hartmann*, § 945 Rn. 19; *Baur/Stürner/Bruns*, Rn. 52.29; *Gaul/Schilken/Becker-Eberhard*, § 80 Rn. 9; PG/*Fischer*, § 921 Rn. 6; *Stolz*, Einstweiliger Rechtsschutz und Schadensersatzpflicht, 1989, S. 108; *Walker*, Der einstweilige Rechtsschutz, Rn. 500; *Zöller/Vollkommer*, § 945 Rn. 14a.

10 *Baumbach/Lauterbach/Hartmann*, § 921 Rn. 12; *Gottwald*, § 921 Rn. 13; Hk-ZV/*Haertlein*, § 921 Rn. 8; *Zöller/Vollkommer*, § 921 Rn. 5; a. M. MüKo/*Drescher*, § 921 Rn. 6, wonach die Höhe durch Interessenabwägung im Einzelfall zu ermitteln sei.

11 RG, JW 1902, 444; KG, JW 1923, 23.

12 OLG Hamm, GRUR 1984, 603 (Leitsatz 2); Alternativkommentar/*Damm*, § 921 Rn. 4; *Baumbach/Lauterbach/Hartmann*, § 921 Rn. 12; MüKo/*Drescher*, § 921 Rn. 5, 8; *Stein/Jonas/Grunsky*, § 921 Rn. 10; *Thomas/Putzo/Seiler*, § 921 Rn. 3; *Zöller/Vollkommer*, § 921 Rn. 4.

13 Siehe § 945 Rn. 42.

14 OLG Nürnberg, BayJMBl. 1957, 428; *Baumbach/Lauterbach/Hartmann*, § 921 Rn. 12; MüKo/*Drescher*, § 921 Rn. 5.

15 OLG Köln, MDR 1959, 311; Hk-ZV/*Haertlein*, § 921 Rn. 10; MüKo/*Drescher*, § 921 Rn. 7; *Zöller/Vollkommer*, § 921 Rn. 6; a. M. *Baumbach/Lauterbach/Hartmann*, § 921 Rn. 15.

16 So auch Alternativkommentar/*Damm*, § 921 Rn. 3.

oder Verlust von Geschäftsverbindungen nicht ausgeglichen werden können. Die Vorschrift sollte ersatzlos gestrichen werden.

6. Bedeutung des § 921 Satz 1 für die einstweilige Verfügung

Die Vorschrift ist gem. § 936 auch bei der einstweiligen Verfügung anwendbar.[17] Sofern allerdings eine Glaubhaftmachung des Verfügungsgrundes schon nach materiellem Recht entbehrlich ist (§§ 885 Abs. 1 Satz 2, 899 Abs. 2 Satz 2 BGB; § 12 Abs. 2 UWG), kann als Ersatz für Glaubhaftmachung keine Sicherheitsleistung angeordnet werden. Eine Sicherheitsleistung kommt allerdings zusätzlich zur Glaubhaftmachung gem. § 921 Satz 2 in Betracht.[18]

9

7. Bedeutung des § 921 Satz 1 außerhalb des Zivilprozesses

Für den Arrest in **Familienstreitsachen** verweist § 119 Abs. 2 Satz 2 FamFG auch auf § 921. Im **arbeitsgerichtlichen Urteilsverfahren** findet die Vorschrift über § 62 Abs. 2 Satz 1 ArbGG Anwendung. § 62 Abs. 1 Satz 1 ArbGG, wonach die Vollstreckung nicht von einer Sicherheitsleistung abhängig gemacht werden kann, schließt § 921 Satz 1 nicht aus, weil diese Vorschrift die Vollstreckung nicht erschwert, sondern weiter erleichtert.[19] – Im **arbeitsgerichtlichen Beschlussverfahren** kann die Glaubhaftmachung dagegen trotz der Verweisung in § 85 Abs. 2 Satz 2 ArbGG auf die Vorschriften der ZPO nicht durch Sicherheitsleistung ersetzt werden. Das wäre mit dem dort geltenden Untersuchungsgrundsatz nicht vereinbar. Außerdem könnte die Sicherheitsleistung auch nicht die Durchsetzung eines eventuellen Schadensersatzanspruches absichern, weil § 945 im arbeitsgerichtlichen Beschlussverfahren gem. § 85 Abs. 2 Satz 2 ArbGG nicht gilt.[20] – Im **verwaltungsgerichtlichen Eilverfahren** kann wegen des dort geltenden Untersuchungsgrundsatzes die Glaubhaftmachung ebenfalls nicht durch Sicherheitsleistung ersetzt werden.

10

III. Sicherheitsleistung trotz Glaubhaftmachung (Satz 2)

Nach Satz 2 kann die Anordnung eines Arrestes von einer Sicherheitsleistung abhängig gemacht werden, obwohl der Anspruch und der Arrestgrund glaubhaft gemacht sind. Zur Bemessung und Anordnung der Sicherheitsleistung siehe Rn. 5 und 6.

11

1. Zweck

Die kumulativ zur Glaubhaftmachung hinzutretende Sicherheitsleistung nach Satz 2 hat eine ganz andere Funktion als diejenige an Stelle der Glaubhaftmachung nach Satz 1. Hier geht es nicht um Verfahrensbeschleunigung im Interesse des Antragstellers, sondern um einen Schutz des Antragsgegners vor den besonderen Gefahren des einstweiligen Rechtsschutzes.[21] Auch bei vollständiger Glaubhaftmachung ist nämlich das Fehlentscheidungsrisiko viel höher als im Hauptsacheverfahren. Der Hauptzweck des § 921 Satz 2 besteht darin, den im Fall einer ungerechtfertigten Anordnung entstehenden Schadensersatzanspruch nach § 945 abzusichern und auf diese Weise dazu beizutragen, dass wenigstens die dem Antragsgegner nachteiligen Folgen einer Fehlentscheidung ausgeglichen werden können.[22] Die Anordnung einer Sicherheitsleistung kann den Antragsteller im

12

---

17 OLG Nürnberg, BayJMBl. 1957, 428; Alternativkommentar/*Damm*, § 936 Rn. 3; *Lidle*, GRUR 1978, 96; *Zöller/Vollkommer*, § 921 Rn. 7.
18 Siehe Rdn. 15.
19 *Schwab/Weth/Walker*, ArbGG, § 62 Rn. 118.
20 *Walker*, Der einstweilige Rechtsschutz, Rn. 896.
21 Vgl. die Begründung zu den §§ 745, 746 des dritten Entwurfs einer CPO von 1874, abgedruckt bei *Hahn*, Materialien zur ZPO, S. 474.
22 *Walker*, Der einstweilige Rechtsschutz, Rn. 500.

Übrigen davon abhalten, den angeordneten Arrest trotz zweifelhafter Rechtslage leichtfertig zu vollziehen.[23]

2. Voraussetzungen

13 Die Anordnung einer Sicherheitsleistung ist nach dem Gesetzeswortlaut nicht von bestimmten Voraussetzungen abhängig, sondern in das Ermessen des Gerichts gestellt. Grenzen für eine richtige Ermessensausübung ergeben sich jedoch aus dem Zweck der Sicherheitsleistung, die Durchsetzbarkeit eines möglichen Schadensersatzanspruches zu gewährleisten. Es muss also erstens ein Schadensersatzanspruch zu erwarten sein und zweitens dessen Durchsetzbarkeit gefährdet erscheinen.[24] Ein Bedürfnis danach besteht insbesondere bei unklarer Rechtslage, bei nur mühsam gelungener Glaubhaftmachung, bei schlechten oder jedenfalls zweifelhaften Vermögensverhältnissen des Antragstellers.[25] In solchen Fällen kann eine Sicherheitsleistung auch bei einem geringen befürchteten Schaden erforderlich sein. Wenn dagegen entweder kein Schadensersatzanspruch droht, z. B. weil die Rechtslage bei unstreitigem oder durch Vollbeweis geklärten Sachverhalt eindeutig zugunsten des Antragstellers spricht, oder die Durchsetzbarkeit eines möglichen Schadensersatzanspruchs nach den Vermögensverhältnissen des Antragstellers gesichert ist, besteht kein Grund für die Anordnung einer Sicherheitsleistung.

14 Ob eine Sicherheitsleistung auch dann angeordnet werden darf, wenn der Antragsteller sie nicht aufbringen kann, ist problematisch. Dafür spricht, dass es eine dem § 710 vergleichbare Gläubigerschutzvorschrift im Eilverfahren nicht gibt.[26] Dagegen spricht, dass auf diese Weise eine faktische Rechtsschutzsperre gegenüber dem Antragsteller herbeigeführt wird. Hier muss das Gericht im Rahmen seiner Ermessensausübung zumindest eine sorgfältige Interessenabwägung vornehmen, um den Sinn des einstweiligen Rechtsschutzes nicht zulasten des Antragstellers leer laufen zu lassen.[27] Der Anordnung einer Sicherheitsleistung nach § 921 Satz 2 sind insbesondere bei Erlass einer einstweiligen Verfügung Grenzen gesetzt.[28]

3. Bedeutung des § 921 Satz 2 für die einstweilige Verfügung

15 Über § 936 gilt diese Vorschrift auch für die einstweilige Verfügung. Zwei Besonderheiten sind allerdings zu beachten: Bei auf Geldzahlung gerichteten Befriedigungsverfügungen kommt die Anordnung einer Sicherheitsleistung nach Satz 2 nicht in Betracht; denn hier setzt der Verfügungsgrund gerade voraus, dass der Antragsteller aufgrund einer Notlage auf die sofortige Geldleistung angewiesen ist.[29] Mit der Bejahung des Verfügungsgrundes steht automatisch fest, dass der Antragsteller eine Sicherheitsleistung nicht aufbringen kann.[30] Ferner sollte die Anordnung einer Sicherheitsleistung dann ausscheiden, wenn der Gläubiger im Hauptsacheverfahren bereits einen gegen Sicherheitsleistung vorläufig vollstreckbaren Titel erlangt hat und gerade deswegen einen Arrest beantragt, weil er die Sicherheitsleistung nicht aufbringen kann.[31]

---

23 *Walker*, Der einstweilige Rechtsschutz, Rn. 501.
24 *Walker*, Der einstweilige Rechtsschutz, Rn. 502.
25 Alternativkommentar/*Damm*, § 921 Rn. 6; *Stein/Jonas/Grunsky*, § 921 Rn. 7; *Zöller/Vollkommer*, § 921 Rn. 3.
26 OLG Köln, MDR 1989, 920; *Zöller/Vollkommer*, § 921 Rn. 7.
27 *Walker*, Der einstweilige Rechtsschutz, Rn. 503.
28 Siehe dazu sogleich Rdn. 15.
29 Siehe Vor § 935 Rdn. 47 f.
30 *Walker*, Der einstweilige Rechtsschutz, Rn. 503.
31 *Zöller/Vollkommer*, § 921 Rn. 4. Eine Sicherungsvollstreckung gem. § 720a kommt in diesen Fällen nicht in Betracht, weil diese Vorschrift nur bei der Vollstreckung von Geldforderungen anwendbar ist.

4. Bedeutung des § 921 Satz 2 außerhalb des Zivilprozesses

Beim Arrest in **Familienstreitsachen** ist § 921 Satz 2 gem. § 119 Abs. 2 FamFG entsprechend anwendbar. Im **arbeitsgerichtlichen Urteilsverfahren** findet diese Vorschrift über § 62 Abs. 2 Satz 1 ArbGG Anwendung. Dem steht § 62 Abs. 1 Satz 1, 2 ArbGG, wonach arbeitsgerichtliche Urteile immer ohne Sicherheitsleistung vorläufig vollstreckbar sind, nicht entgegen; denn diese Vorschrift setzt voraus, dass über den Anspruch bereits eine Entscheidung im Hauptsacheverfahren aufgrund einer umfassenden rechtlichen und tatsächlichen Prüfung ergangen ist. Sie schließt dagegen nicht aus, dass die besonderen Fehlentscheidungsrisiken im Eilverfahren durch eine Sicherheitsleistung ausgeglichen werden.[32] – Etwas anderes ergibt sich für das **arbeitsgerichtliche Beschlussverfahren**. Da hier § 945 nicht anwendbar ist (§ 85 Abs. 2 Satz 2 ArbGG), muss auch eine Sicherheitsleistung nach § 921 Satz 2 ausscheiden, weil diese allein die Durchsetzbarkeit eines solchen Schadensersatzanspruchs gewährleisten soll.[33] – Für das **verwaltungsgerichtliche Eilverfahren** verweist § 123 Abs. 3 VwGO sowohl auf § 945 als auch auf § 921. Eine Sicherheitsleistung nach § 921 Satz 2 kann deshalb unter den gleichen Voraussetzungen wie im zivilprozessualen Eilverfahren angeordnet werden.

16

---

[32] *Dietz/Nikisch*, ArbGG, § 62 Rn. 34; MüKo/*Drescher*, § 921 Rn. 8; *Stein/Jonas/Grunsky*, § 921 Rn. 13; *Schwab/Weth/Walker*, ArbGG, § 62 Rn. 119; *Walker*, Der einstweilige Rechtsschutz, Rn. 758.
[33] *Schwab/Weth/Walker*, ArbGG, § 85 Rn. 76; *Walker*, Der einstweilige Rechtsschutz, Rn. 904.

§ 922 Arresturteil und Arrestbeschluss

(1) ¹Die Entscheidung über das Gesuch ergeht im Falle einer mündlichen Verhandlung durch Endurteil, andernfalls durch Beschluss. ²Die Entscheidung, durch die der Arrest angeordnet wird, ist zu begründen, wenn sie im Ausland geltend gemacht werden soll.

(2) Den Beschluss, durch den ein Arrest angeordnet wird, hat die Partei, die den Arrest erwirkt hat, zustellen zu lassen.

(3) Der Beschluss, durch den das Arrestgesuch zurückgewiesen oder vorherige Sicherheitsleistung für erforderlich erklärt wird, ist dem Gegner nicht mitzuteilen.

Übersicht

	Rdn.
I. Verfahrensarten	1
1. Verfahren mit mündlicher Verhandlung	2
2. Verfahren ohne mündliche Verhandlung	3
a) Zulässigkeit	4
b) Voraussetzungen	5
c) Antrag auf Entscheidung ohne mündliche Verhandlung	8
3. Verhältnis des § 922 Abs. 1 Satz 1 i. V. m. § 128 Abs. 4 zu § 937 Abs. 2	9
4. Bedeutung des § 922 Abs. 1 Satz 1 außerhalb des Zivilprozesses	10
II. Entscheidungsformen (Abs. 1 Satz 1)	11
1. Endurteil	12
2. Beschluss	13
III. Entscheidungsgrundlagen	15
1. Beim Urteil	15
2. Beim Beschluss	17
IV. Entscheidungsinhalt	19
1. Tenor	20
2. Begründung	26
V. Zustellung und Mitteilung der Entscheidung	29
1. Urteil	30
2. Beschluss	31
a) Stattgebender Beschluss	31
b) Zurückweisender Beschluss	32
VI. Rechtsbehelfe	34
1. Gegen ein Endurteil	35
2. Gegen einen Beschluss	37
a) Gegen einen stattgebenden Beschluss	38
b) Gegen einen zurückweisenden Beschluss	39
3. Gegen eine Entscheidung in fehlerhafter Form	41
VII. Rechtskraft	42
1. Formelle Rechtskraft	42
2. Materielle Rechtskraft	43
VIII. Bedeutung des § 922 für die einstweilige Verfügung	45
IX. Bedeutung des § 922 außerhalb des Zivilprozesses	46
X. Gebühren	48
1. Gerichtsgebühren	48
a) Verfahren in der ersten Instanz	48
b) Berufungsverfahren	49
c) Beschwerdeverfahren	50
2. Anwaltsgebühren	51
a) Verfahren in der ersten Instanz	52
b) Berufungs- und Beschwerdeverfahren	53

Literatur:

Addicks, Welche Anforderungen gibt es bei der Zustellung und Vollziehung von einstweiligen Verfügungen?, MDR 1994, 225; *Bongen/Renaud*, Zur materiellen Rechtskraft antragsabweisender Beschlüsse und Urteile im Arrestverfahren, NJW 1991, 2886; *Herr*, Keine Begründungspflicht für Arrest oder einstweilige Verfügung anordnende Beschlüsse, NJW 1993, 2287; *Lippold*, Nochmals: Begründungspflicht für Arrest oder einstweilige Verfügungen anordnende Beschlüsse, NJW 1994, 1110; *Meyer*, Richterspruchprivileg auch für Arrestbeschlüsse und einstweilige Verfügungen im Beschlusswege, NJW 2005, 864; *Nägele*, Muß der einen Arrest oder eine einstweilige Verfügung anordnende Beschluß begründet werden?, NJW 1993, 1045; *Teplitzky*, Zur Bindungswirkung gerichtlicher Vorentscheidungen im Schadensersatzprozeß nach § 945 ZPO, NJW 1984, 850; *Werner*, Rechtskraft und Innenbindung zivilprozessualer Beschlüsse im Erkenntnis- und summarischen Verfahren, 1982.

I. Verfahrensarten

1 Aus § 922 Abs. 1 Satz 1 i. V. m. § 128 Abs. 4 ergibt sich die Möglichkeit, ohne mündliche Verhandlung über das Arrestgesuch zu entscheiden. Der mögliche Verzicht auf mündliche Verhandlung ist neben der in § 920 Abs. 2 vorgesehenen Glaubhaftmachung eine der beiden wesentlichen verfahrensrechtlichen Besonderheiten, die den Charakter des Eilverfahrens in Abgrenzung zum Hauptsacheverfahren (§ 128 Abs. 1) ausmachen. Über die Wahl der Verfahrensart entscheidet im Arrest-

verfahren immer das Gericht, nicht der Vorsitzende allein.[1] Nur bei der Kammer für Handelssachen entscheidet darüber, ob eine mündliche Verhandlung stattfinden soll, der Vorsitzende allein;[2] denn dadurch wird die Sachentscheidung, die dann von der vollständigen Kammer zu treffen ist,[3] nur vorbereitet. Zu den Besonderheiten im arbeitsgerichtlichen Urteilsverfahren vgl. Rn. 10. Die Wahl der Verfahrensart ist grundsätzlich nicht anfechtbar,[4] ausnahmsweise nur dann, wenn ein Ermessensfehler gerügt wird.[5] In diesem Fall ist die sofortige Beschwerde nach § 567 Abs. 1 Nr. 2 zulässig.

1. Verfahren mit mündlicher Verhandlung

Das Urteilsverfahren (vgl. § 922 Abs. 1 Satz 1) richtet sich nach den allgemeinen Vorschriften der §§ 128 ff. Für die Terminierung gelten allerdings wegen der Eilbedürftigkeit Besonderheiten gegenüber dem Hauptsacheverfahren. Die Einlassungsfrist des § 274 Abs. 3 von zwei Wochen ist mit dem Eilcharakter des Verfahrens nicht vereinbar und daher nicht anwendbar.[6] Nur die Ladungsfrist des § 217 ist zu beachten; sie kann aber auf Antrag gem. § 226 verkürzt werden. Bei der Terminierung braucht das sonst geltende Reihenfolgeprinzip nicht eingehalten zu werden.[7] Für die mündliche Verhandlung vor einem Landgericht gilt Anwaltszwang (§ 78 Abs. 1), auch wenn die Einlegung des Gesuchs gem. §§ 78 Abs. 3, 920 Abs. 3 durch den Antragsteller selbst erfolgen kann.

2

2. Verfahren ohne mündliche Verhandlung

In dem Beschlussverfahren (vgl. § 922 Abs. 1 Satz 1) ergeht die Entscheidung allein auf der Grundlage des schriftlichen Vortrags des Antragstellers oder beider Parteien, falls der Antragsgegner schriftlich angehört wird. Im letzten Fall handelt es sich um ein zweiseitiges Verfahren, in dem die Vorschriften über Anerkenntnis (§ 307), Geständnis (§ 288) und Nichtbestreiten (§ 138 Abs. 3, 4) gelten. Dadurch kann eine Glaubhaftmachung entbehrlich werden.[8] – Der Verzicht auf mündliche Verhandlung steht entgegen dem Wortlaut der §§ 128 Abs. 4, 922 Abs. 1 Satz 1 nicht im freien Ermessen des Gerichts.[9] Das ergibt sich aus Art. 103 Abs. 1 GG. Danach ist dem Antragsgegner grundsätzlich vor Erlass der Entscheidung rechtliches Gehör zu gewähren. Dieses Grundrecht gilt auch im Eilverfahren.[10]

3

---

1 *Baumbach/Lauterbach/Hartmann*, § 921 Rn. 3; *MüKo/Drescher*, § 921 Rn. 1; *Zöller/Vollkommer*, § 921 Rn. 1.
2 *MüKo/Drescher*, § 922 Rn. 1; *Zöller/Vollkommer*, § 921 Rn. 1.
3 *Zöller/Greger*, § 349 Rn. 17; *Zöller/Lückemann*, § 105 GVG Rn. 3.
4 *Baumbach/Lauterbach/Hartmann*, § 921 Rn. 7; *MüKo/Drescher*, § 922 Rn. 1; *Zöller/Vollkommer*, § 921 Rn. 1.
5 *Brox/Walker*, Rn. 1514; *Stein/Jonas/Grunsky*, § 921 Rn. 3; vgl. auch *Ahrens/Bähr*, Der Wettbewerbsprozess, Kap. 52 Rn. 6 (Beschwerderecht bei allzu langer Terminierung).
6 Ganz h. M.; OLG Koblenz, WRP 1981, 115, 116; *Ahrens*, Wettbewerbsverfahrensrecht, 179; *Baumbach/Lauterbach/Hartmann*, § 922 Rn. 17; *Berger/Skamel*, Kap. 6 Rn. 13; *Gießler/Soyka*, Vorläufiger Rechtsschutz, Rn. 10; *Hk-ZV/Haertlein*, § 922 Rn. 6; *MüKo/Drescher*, § 922 Rn. 20; *Stein/Jonas/Grunsky*, § 922 Rn. 21; *Teplitzky*, JuS 1981, 352, 353; *Thomas/Putzo/Seiler*, § 922 Rn. 2; *Wenzel*, NZA 1984, 112, 114; *Zöller/Vollkommer*, § 922 Rn. 15.
7 *Walker*, Der einstweilige Rechtsschutz, Rn. 278.
8 Siehe § 920 Rdn. 23.
9 So aber LAG Hamm, MDR 1984, 348; GMP/*Germelmann*, ArbGG, § 62 Rn. 83; *May*, Die Schutzschrift im Arrest- und Einstweiligen-Verfügungs-Verfahren, S. 62; *Schäfer*, MDR 1986, 979, 980. In der Sache wie hier *Hk-ZV/Haertlein*, § 922 Rn. 4; *Stein/Jonas/Grunsky*, § 921 Rn. 1; *Zöller/Vollkommer*, § 921 Rn. 1.
10 BVerfGE 65, 227, 233; *Finkelnburg/Dombert/Külpmann*, Vorläufiger Rechtsschutz im Verwaltungsstreitverfahren, Rn. 294; *Grunsky*, JuS 1976, 277, 280; *Schoch*, Vorläufiger Rechtsschutz und Risikoverteilung im Verwaltungsrecht, S. 1023; *Waldner*, Der Anspruch auf rechtliches Gehör, Rn. 351.

§ 922 ZPO Arresturteil und Arrestbeschluss

a) Zulässigkeit

4 An der Zulässigkeit eines Verzichts auf mündliche Verhandlung bestehen trotz Art. 103 Abs. 1 GG keine Zweifel. Zwar unterliegt das »prozessuale Urrecht«[11] nach dem Wortlaut der Regelung überhaupt keinen Schranken. Dennoch ist § 922 Abs. 1 Satz 1 i. V. m. § 128 Abs. 4 nicht etwa verfassungswidrig. Wie jedes andere Grundrecht kann auch der Anspruch auf rechtliches Gehör dadurch begrenzt sein, dass bei einer Kollision mit anderen Schutzgütern der Verfassung wie dem aus dem Rechtsstaatsprinzip abgeleiteten Anspruch auf effektiven Rechtsschutz eine von beiden verfassungsrechtlichen Gewährleistungen zurückstehen muss.[12]

b) Voraussetzungen

5 Aus diesen engen Grenzen, in denen eine Einschränkung des Grundrechts auf rechtliches Gehör zulässig ist, ergeben sich die Voraussetzungen für einen zulässigen Verzicht auf mündliche Verhandlung im Eilverfahren. Das rechtliche Gehör muss zwar nicht notwendig, kann aber am besten in einer mündlichen Verhandlung verwirklicht werden.[13] § 922 Abs. 1 Satz 1 i. V. m. § 128 Abs. 4 ist deshalb verfassungskonform so auszulegen, dass grundsätzlich mündlich verhandelt werden muss. Nur dann, wenn der damit verbundene Zeitverlust[14] oder die damit notwendigerweise verbundene Warnung des Antragsgegners[15] den begehrten Rechtsschutz im Einzelfall wertlos machen würde und deshalb mit dem Recht des Antragstellers auf effektiven Rechtsschutz unvereinbar wäre, darf ohne mündliche Verhandlung entschieden werden. Dem steht nicht entgegen, dass nur § 937 Abs. 2 für den Verzicht auf mündliche Verhandlung im Verfügungsverfahren, nicht aber § 922 Abs. 1 Satz 1 für eine Arrestanordnung ohne mündliche Verhandlung eine besondere Dringlichkeit voraussetzt. Beide Vorschriften sind vielmehr angesichts des Art. 103 Abs. 1 GG einheitlich in dem Sinne auszulegen, dass auf eine mündliche Verhandlung nur dann verzichtet werden darf, wenn die Wirksamkeit des Rechtsschutzes entweder von einer besonderen Eile oder von einer Überraschung des Gegners abhängt.[16]

6 Der Grundsatz des rechtlichen Gehörs ist selbst dann noch zu beachten, wenn ohne mündliche Verhandlung entschieden werden soll. Die Anhörung des Antragsgegners kann – sofern sie nicht wegen des Überraschungseffekts ganz unterbleiben soll – auch außerhalb einer mündlichen Verhandlung etwa schriftlich[17] oder telefonisch[18] erfolgen.[19] Eine vom Antragsgegner vorsorglich eingereichte

---

11 BVerfGE 55, 1, 6; 61, 14, 17; 70, 180, 188; BVerfG, NJW 2004, 2443.
12 *Schmidt-Aßmann* in: Maunz/Dürig, Art. 103 I GG Rn. 16 ff., vgl. auch Rdn. 93.
13 *Waldner*, Der Anspruch auf rechtliches Gehör, Rn. 128.
14 Ständige Rechtsprechung des Bundesverfassungsgerichts, vgl. nur BVerfGE 7, 95, 99; 70, 180, 188, 189; OLG Koblenz, NJW-RR 1987, 509, 510 f.
15 BVerfGE 9, 89, 98; 57, 346, 359 f.; ebenso zur Warnung im strafprozessualen Ermittlungsverfahren BVerfG, NJW 2004, 2443, 2444.
16 Ganz **h. M.**; BVerfGE 9, 89, 98; OLG Koblenz, NJW-RR 1987, 509, 511; LG Zweibrücken, NJW-RR 1987, 1199; *Baumbach/Lauterbach/Hartmann*, § 921 Rn. 2; *Baur/Stürner/Bruns*, Rn. 51.16; *Brox/Walker*, Rn. 1514; *Grunsky*, JuS 1976, 277, 280; Hk-ZV/*Haertlein*, § 922 Rn. 4; *Leipold*, Grundlagen des einstweiligen Rechtsschutzes, S. 13 mit Fn. 31; MüKo/*Drescher*, § 922 Rn. 2; PG/*Fischer*, § 922 Rn. 3, 4; *Ritter*, ZZP 88 (1975), 126, 162 ff.; Stein/Jonas/*Grunsky*, § 921 Rn. 1; *Walker*, Der einstweilige Rechtsschutz, Rn. 288; Zöller/*Vollkommer*, § 921 Rn. 1. Vgl. auch noch Rn. 9.
17 BVerfGE 60, 175, 210; NJW 1988, 1715 f.; BGH, NJW 1988, 1794, 1795; OLG Nürnberg, MDR 1982, 943; *Baur/Stürner/Bruns*, Rn. 51.16; *Brox/Walker*, Rn. 1514; *Engelschall*, GRUR 1972, 103, 105; *Heinze*, RdA 1986, 273, 277; *Lindacher*, ZGR 1979, 201, 218; PG/*Fischer*, § 922 Rn. 6; *Schoch*, Vorläufiger Rechtsschutz und Risikoverteilung im Verwaltungsrecht, S. 1024; *Teplitzky*, JuS 1980, 352, 353; *ders.*, Wettbewerbsrechtliche Ansprüche, Kap. 55 Rn. 3; *Ulrich*, GRUR 1985, 201, 207; **kritisch dazu** Nirk/Kurtze, Wettbewerbsstreitigkeiten, Rn. 324; **ablehnend** Musielak/Voit/Huber, § 921 Rn. 6.
18 *May*, Die Schutzschrift im Arrest- und Einstweiligen-Verfügungs-Verfahren, S. 89.
19 Zur Gewährung rechtlichen Gehörs ohne mündliche Verhandlung insgesamt *Walker*, Der einstweilige Rechtsschutz, Rn. 280.

Schutzschrift[20] muss wegen Art. 103 Abs. 1 GG vom Gericht berücksichtigt werden.[21] Andererseits liegt allein in der Berücksichtigung einer Schutzschrift noch keine ausreichende Gewährung des rechtlichen Gehörs.[22]

Unter den genannten Voraussetzungen kann eine Entscheidung auch dann ohne mündliche Verhandlung ergehen, wenn **das Gesuch zurückgewiesen** werden soll. Das ergibt sich zunächst aus § 922 Abs. 3, wonach der zurückweisende Beschluss dem Gegner nicht mitzuteilen ist; dadurch soll eine Warnung des Gegners vermieden werden, was nur dann einen Sinn hat, wenn er auch im vorangegangenen Verfahren nicht angehört wurde. An der Erhaltung der Überraschungsmöglichkeit kann der Antragsteller interessiert sein, wenn er möglichst schnell und vor allem ohne Warnung des Gegners das Verfahren in die zweite Instanz bringen oder in der ersten Instanz ein neues Gesuch einreichen will. Voraussetzung für eine Zurückweisung ohne mündliche Verhandlung ist allerdings, dass dies im Interesse eines effektiven Rechtsschutzes erforderlich ist; deshalb muss der Antragsteller aus Sicht des Gerichts realistische Chancen haben, in der zweiten Instanz oder mit einem erneuten Gesuch doch noch erfolgreich zu sein.[23] Bei offensichtlich fehlenden Erfolgsaussichten darf dagegen das Gesuch nur nach mündlicher Verhandlung zurückgewiesen werden.

c) Antrag auf Entscheidung ohne mündliche Verhandlung

Da die Wahl zwischen einem Verfahren mit oder ohne mündliche Verhandlung durch das Gericht erfolgt, wird ein Antrag des Gläubigers auf Entscheidung ohne mündliche Verhandlung verbreitet nur als unverbindliche Anregung an das Gericht angesehen.[24] Diese Ansicht wird dem Anspruch des Gläubigers auf einen effektiven Rechtsschutz nicht gerecht. Er kann ein berechtigtes Interesse daran haben, dass der Antragsgegner unter keinen Umständen vor der Vollziehung eines Arrestes gewarnt wird. Es spricht nichts dagegen, dass er in solchen Fällen sein Gesuch mit der zulässigen Anregung verbindet, ohne mündliche Verhandlung zu entscheiden, und die Rücknahme seines Gesuchs für den Fall erklärt, dass das Gericht doch mündliche Verhandlung anberaumen will.[25] Eine solche bedingte Rücknahme ist trotz des auch für sie geltenden Grundsatzes der Bedingungsfeindlichkeit von Prozesshandlungen zulässig; denn Gegenstand der Bedingung ist kein ungewisses außerprozessuales Ereignis, sondern ein dem Gericht bekannter innerprozessualer Vorgang. Die Durchführung des Arrestverfahrens wird also nicht mit einer prozessualen Unsicherheit belastet. Wenn sich beim Gericht die Überzeugung gebildet hat, nicht ohne mündliche Verhandlung entscheiden zu können, weiß es, dass das Gesuch zurückgenommen ist. Einen Nachteil erleidet durch eine derartige Beschränkung des Gesuchs auf die Durchführung eines Beschlussverfahrens niemand. – Auf jeden Fall sollte das erkennbare Interesse des Gläubigers, eine mündliche Verhandlung unter allen Umständen zu vermeiden, Anlass für das Gericht sein, dem Gläubiger vor der beabsichtigten Anberaumung einer mündlichen Verhandlung einen richterlichen Hinweis zu geben (§ 139).[26] Dann kann der Gläubiger sein Gesuch noch rechtzeitig zurücknehmen, bevor der Antragsgegner davon erfährt.

---

20 Siehe dazu Rn. 17.
21 *Gaul*, Aktuelle Aspekte des Arbeitsrechts, S. 365, 387 f.; *Gottwald*, § 921 Rn. 4; *Hilgard*, Die Schutzschrift im Wettbewerbsrecht, S. 40 f.; *Klaka*, GRUR 1979, 593, 595; *Walker*, Der einstweilige Rechtsschutz, Rn. 613.
22 *Walker*, Der einstweilige Rechtsschutz, Rn. 281.
23 *Walker*, Der einstweilige Rechtsschutz, Rn. 294.
24 Wohl **h. M.**; Alternativkommentar/*Damm*, § 921 Rn. 2 a; *Baumbach/Lauterbach/Hartmann*, § 921 Rn. 4; Hk-ZV/*Haertlein*, § 922 Rn. 5; MüKo/*Drescher*, § 922 Rn. 3; *Thomas/Putzo/Seiler*, § 921 Rn. 2; *Zimmermann*, § 921 Rn. 2.
25 *Brox/Walker*, Rn. 1514; *Gottwald*, § 921 Rn. 5; *Stein/Jonas/Grunsky*, § 921 Rn. 2; *Walker*, Der einstweilige Rechtsschutz, Rn. 297 f.; vgl. auch *Zöller/Vollkommer*, § 921 Rn. 1.
26 *Brox/Walker*, Rn. 1514; MüKo/*Drescher*, § 922 Rn. 3; *Morbach*, Einstweiliger Rechtsschutz in Zivilsachen, S. 24; *Musielak/Voit/Huber*, § 921 Rn. 4; *Walker*, Der einstweilige Rechtsschutz, Rn. 299 ff.

3. Verhältnis des § 922 Abs. 1 Satz 1 i. V. m. § 128 Abs. 4 zu § 937 Abs. 2

9 Für die einstweilige Verfügung wird § 922 Abs. 1 Satz 1 i. V. m. § 128 Abs. 4 durch § 937 Abs. 2 verdrängt. Es fällt auf, dass in beiden Vorschriften die Voraussetzungen, unter denen ohne mündliche Verhandlung entschieden werden kann, in mehrfacher Hinsicht verschieden geregelt sind. Ein sachlicher Grund dafür ist nicht ersichtlich. Die Vorstellung des historischen Gesetzgebers, bei der einstweiligen Verfügung sei das Bedürfnis nach einer schnellen Entscheidung ohne Vorwarnung des Gegners nicht so groß wie beim Arrest, sodass der Verzicht auf mündliche Verhandlung dort nur unter engeren Voraussetzungen zulässig sein soll,[27] trifft jedenfalls heute nicht mehr zu[28] und wird im Übrigen der Bedeutung des Art. 103 Abs. 1 GG nicht gerecht. Vielmehr ist § 922 Abs. 1 Satz 1 trotz des abweichenden Wortlauts genau i. S. v. § 937 Abs. 2 auszulegen. Das bedeutet erstens, dass der Verzicht auf mündliche Verhandlung im Arrestverfahren ebenso wie im Verfügungsverfahren nur in dringenden Fällen in Betracht kommt,[29] und dass zweitens diese Voraussetzungen auch bei einer Zurückweisung des Gesuchs gegeben sein können.[30]

4. Bedeutung des § 922 Abs. 1 Satz 1 außerhalb des Zivilprozesses

10 Entscheidungen über einstweilige Anordnungen nach dem **FamFG** können ohne mündliche Verhandlung erlassen werden (vgl. § 51 Abs. 2 Satz 2 FamFG). Sie ergehen immer durch Beschluss (§ 38 FamFG). Dieser ist auch dann zu begründen, wenn keine mündliche Verhandlung stattgefunden hat (§ 38 Abs. 3 FamFG). Für das **arbeitsgerichtliche Urteilsverfahren** verweist § 62 Abs. 2 Satz 1 ArbGG uneingeschränkt auf die Vorschriften der ZPO, also auch auf § 922 Abs. 1 Satz 1. Falls beim Arbeitsgericht ohne mündliche Verhandlung entschieden wird, ergeht diese Entscheidung gem. der auch im Eilverfahren geltenden Sonderregelung des § 53 Abs. 1 ArbGG[31] durch den Vorsitzenden allein ohne Beteiligung der ehrenamtlichen Richter.[32] Zur Bedeutung der von § 937 Abs. 2 abweichenden Fassung des § 62 Abs. 2 Satz 2 ArbGG[33] für das Verfahren bei der einstweiligen Verfügung vgl. § 937 Rn. 13, 18. – Auch im **arbeitsgerichtlichen Beschlussverfahren** ist eine Entscheidung ohne mündliche Anhörung der Beteiligten zulässig;[34] angesichts der kaum vorhandenen praktischen Relevanz des Arrestes spielt 922 Abs. 1 Satz 1 insoweit allerdings keine nennenswerte Rolle. – Über § 123 Abs. 3 VwGO gilt § 922 Abs. 1 Satz 1 auch für das **verwaltungsgerichtliche Verfahren** über Anträge auf Erlass einer einstweiligen Anordnung.

II. Entscheidungsformen (Abs. 1 Satz 1)

11 Die gerichtliche Entscheidung über das Arrestgesuch kann in Form eines Endurteils oder eines Beschlusses ergehen. Die im Einzelfall richtige Form hängt davon ab, ob eine mündliche Verhand-

---

27 So die Begründung zu den §§ 718 Abs. 1, 733 Abs. 2 des ersten Entwurfs einer CPO von 1871, abgedruckt bei *Dahlmanns*, Neudrucke zivilprozessualer Kodifikationen und Entwürfe des 19. Jahrhunderts, Bd. 2, S. 490, 497.
28 *Walker*, Der einstweilige Rechtsschutz, Rn. 287; **anders** allerdings noch die offizielle Begründung zur letzten Änderung des § 937 durch das Rechtspflege-Vereinfachungsgesetz vom 17.12.1990, BT-Drucks. 11/3621, S. 52.
29 Siehe dazu schon Rdn. 5.
30 Siehe dazu bereits Rdn. 7.
31 GMP/*Germelmann*, ArbGG, § 53 Rn. 12 und § 62 Rn. 86.
32 Allgemeine Ansicht; GMP/*Germelmann*, ArbGG, § 62 Rn. 86; GWBG/*Benecke*, ArbGG, § 53 Rn. 6 und § 62 Rn. 45; HdbVR-*Baur*, B Rn. 8; Stein/Jonas/Grunsky, § 921 Rn. 13; Schwab/Weth/Walker, ArbGG, § 62 Rn. 117; *Walker*, Der einstweilige Rechtsschutz, Rn. 736; *Wenzel*, NZA 1984, 112, 114; **a. M.** noch *Dietz/Nikisch*, ArbGG, § 53 Rn. 4.
33 Eingefügt durch Rechtspflege-Vereinfachungsgesetz vom 17.12.1990, BGBl. I, 2847.
34 *Schwab/Weth/Walker*, ArbGG, § 85 Rn. 69. Siehe ferner für die einstweilige Verfügung BAG, BB 1991, 2306, 2308; *Bertelsmann*, AR-Blattei, Arbeitsgerichtsbarkeit XII A, unter B III; *Wenzel*, DB 1972, 1290, 1293; *ders.*, AR-Blattei (SD), Einstweilige Verfügung G, Rn. 102.

lung (Urteilsverfahren) stattfindet oder nicht (Beschlussverfahren). Über die Verfahrensart entscheidet das Gericht (§ 922 Abs. 1 Satz 1). Dieses muss wegen des Grundrechts auf rechtliches Gehör (Art. 103 Abs. 1 GG) grundsätzlich mündlich verhandeln und folglich durch Urteil entscheiden, wenn nicht ausnahmsweise die zeitliche Dringlichkeit oder die notwendige Überraschung des Gegners einer mündlichen Verhandlung entgegensteht.[35]

1. Endurteil

Nach mündlicher Verhandlung entscheidet das Gericht durch Endurteil i. S. v. § 300. Die allgemeinen Vorschriften über Urteile gelten auch im Eilverfahren. Folglich kann das Urteil auch als Verzichts- (§ 306), als Anerkenntnis- (§ 307) oder als Versäumnisurteil (§§ 330 ff.) ergehen. Es ist zu verkünden (§ 310 f.), hat grundsätzlich den in den §§ 313 ff. vorgesehenen Inhalt[36] und wird beiden Parteien von Amts wegen in Abschrift zugestellt (§ 317 Abs. 1). Eine Überraschung des Antragsgegners ist aufgrund dessen Ladung zur mündlichen Verhandlung ohnehin nicht mehr möglich. Da die amtswegige Zustellung unabhängig von einem entsprechenden Willen des Gläubigers erfolgt, wird sie ihm grundsätzlich nicht als Vollziehungshandlung i. S. d. § 929 zugerechnet.[37]

12

2. Beschluss

Wenn keine mündliche Verhandlung stattfindet, entscheidet das Gericht durch Beschluss. Die §§ 306, 307, 330 ff. sind nicht anwendbar, zumal sie gerade an eine mündliche Verhandlung anknüpfen. Der Beschluss wird nicht verkündet. Er wird nur dem Antragsteller von Amts wegen zugestellt, sofern es sich um einen stattgebenden Beschluss handelt (§ 329 Abs. 3), oder formlos bekannt gegeben, sofern es sich um einen zurückweisenden Beschluss handelt. Die Zustellung an den Antragsgegner erfolgt nur bei stattgebenden Arrestbeschlüssen und auch dann nicht von Amts wegen, sondern im Parteibetrieb durch den Antragsteller (Abs. 3).[38]

13

Bei dem Beschluss handelt es sich um ein »urteilsvertretendes Erkenntnis« und damit um ein »Urteil in einer Rechtssache« i. S. v. **§ 839 Abs. 2 Satz 1 BGB**.[39] Er unterfällt damit ebenso wie ein Arrest- oder Verfügungsurteil dem **Richterspruchprivileg**, sodass eine Amtspflichtverletzung beim Erlass eines solchen Beschlusses nur dann einen Amtshaftungsanspruch auslöst, wenn sie in einer Straftat besteht. Der Grund für die amtshaftungsrechtliche Gleichsetzung des Beschlusses mit dem Urteil liegt vor allem darin, dass beide Entscheidungsformen faktisch eine vergleichbare »interimistische Befriedungsfunktion« haben und rechtlich jedenfalls in beschränktem Umfang der materiellen Rechtskraft fähig sind.[40]

14

III. Entscheidungsgrundlagen

1. Beim Urteil

Das Urteil im Arrestverfahren beruht in tatsächlicher Hinsicht auf dem Vortrag der Parteien in der mündlichen Verhandlung. Alle bis dahin vorgetragenen Tatsachen sind zu berücksichtigen. Eine Zurückweisung als verspätet (§ 296) kommt nicht in Betracht,[41] ausnahmsweise allenfalls dann, wenn die Partei gegen ihre allgemeine Prozessförderungspflicht verstoßen hat (§ 296 Abs. 2).[42] Im

15

---

35 Siehe schon Rdn. 5.
36 Siehe dazu näher Rdn. 19 ff.
37 Siehe dazu § 929 Rdn. 23.
38 Siehe Rdn. 32.
39 BGH, NJW 2005, 436 f.
40 Siehe Rdn. 43.
41 OLG Hamburg, NJW-RR 1987, 36; OLG Koblenz, NJW-RR 1987, 509; MüKo/*Drescher*, § 922 Rn. 19; *Zöller/Vollkommer*, § 922 Rn. 15; **a. M.** LG Aachen, NJW-RR 1997, 380; *Schneider*, MDR 1988, 1024, 1025.
42 OLG Koblenz, NJW-RR 1987, 509; *Stein/Jonas/Grunsky*, § 922 Rn. 23; *Thomas/Putzo/Seiler*, § 922 Rn. 2.

Berufungsverfahren sind auch neu entstandene veränderte Umstände zu berücksichtigen, die eine Aufhebung nach § 927 rechtfertigen würden.[43] Bis zum Schluss der mündlichen Verhandlung kann entgegen der insoweit missverständlichen Stellung des § 920 Abs. 2 innerhalb der Vorschrift über das Gesuch auch eine zunächst nicht vorhandene oder nicht ausreichende Glaubhaftmachung nachgeholt werden. Sie muss allerdings sofort erfolgen können (§ 294 Abs. 2); eine Vertagung kommt nicht in Betracht.[44]

16 In rechtlicher Hinsicht beruht das Urteil auf einer gerichtlichen Prüfung der Zulässigkeit und der Begründetheit des Gesuchs. Der Vortrag beider Parteien ist auf seine Schlüssigkeit zu prüfen. Die Intensität dieser **Schlüssigkeitsprüfung** ist umstritten. Gegen eine vollständige Prüfung mit der gleichen zeitraubenden Gründlichkeit wie im Hauptsacheverfahren wird vor allem geltend gemacht, dass dadurch der besonderen Eilbedürftigkeit des Verfahrens nicht hinreichend Rechnung getragen würde.[45] Schwierige Rechtsfragen seien daher nur mit eingeschränkter Intensität zu prüfen. Zum Teil wird sogar eine sog. offene Eilentscheidung aufgrund einer bloßen Interessenabwägung für zulässig gehalten;[46] das wird u. a. mit § 920 Abs. 2 begründet, wonach die Glaubhaftmachung sich nicht nur auf die Tatsachen, sondern auch auf die rechtlichen Voraussetzungen des Anspruchs beziehe.[47] – Die besseren Gründe sprechen jedoch für die Notwendigkeit einer vollständigen Schlüssigkeitsprüfung.[48] Zunächst gibt es keinerlei Kriterien dafür, wie die Gründlichkeit der rechtlichen Prüfung abgestuft sein könnte.[49] Vor allem darf aber selbst im Eilverfahren die Schnelligkeit des Verfahrens nicht höher gewichtet werden als die rechtliche Prüfung. Auch einstweiliger Rechtsschutz ist »Rechts« schutz, nicht bloßer »Interessen« schutz. Unter dem Gesichtspunkt der Ausgewogenheit des Rechtsschutzes sind die Rechtspositionen beider Parteien gleichrangig; die des Antragstellers darf nicht dadurch höher bewertet werden, dass sein geltend gemachtes Recht nicht exakt geprüft wird. Das Eilverfahren ist ohnehin schon durch die bloße Glaubhaftmachung und durch den möglichen Verzicht auf eine mündliche Verhandlung mit besonderen Fehlentscheidungsrisiken belastet. Diese Risiken sind als abschließend anzusehen. Die rechtliche Prüfung ist somit gegenüber dem Hauptsacheverfahren nicht eingeschränkt.

2. Beim Beschluss

17 Der Beschluss im Arrestverfahren beruht notwendigerweise auf dem Tatsachenvortrag des Antragstellers in seinem Gesuch. Ferner ist ein ggf. ergänzter Vortrag etwa aufgrund eines richterlichen

---

43 MüKo/*Drescher*, § 922 Rn. 25; *Stein/Jonas/Grunsky*, § 922 Rn. 23.
44 Siehe allgemein zur Vertagung im Eilverfahren schon Vor §§ 916–945b Rdn. 64.
45 Vgl. etwa *Baumann/Brehm*, § 15 II 2 a; *Baur*, BB 1964, 607, 608; *Damm*, ZHR 1990, 413, 421; *Finkelnburg/Dombert/Külpmann*, Vorläufiger Rechtsschutz im Verwaltungsstreitverfahren, Rn. 328; *Leipold*, Grundlagen des einstweiligen Rechtsschutzes, S. 94 ff.; *Melullis*, Handbuch des Wettbewerbsprozesses, Rn. 203; *Zöller/Vollkommer*, § 922 Rn. 6; wohl auch OLG Brandenburg, NJW-RR 2009, 801, 802.
46 *Leipold*, Grundlagen des einstweiligen Rechtsschutzes, S. 64 f., 86 ff.
47 *Leipold*, Grundlagen des einstweiligen Rechtsschutzes, S. 64 f., 70 f.; *Zöller/Vollkommer*, § 922 Rn. 6.
48 So LAG Berlin, NZA 1994, 526, 527; LAG Hamm, EzA Nr. 3 zu § 37 BetrVG 1972 und Nr. 1 zu § 46 BetrVG 1972; OLG Hamm, WRP 1992, 407; OLG Koblenz, NJW 2001, 1364; *Ahrens*, Wettbewerbsverfahrensrecht, S. 287 ff.; *Ahrens/Scharen*, Der Wettbewerbsprozess, Kap. 50 Rn. 19; *Baumgärtel*, AcP 168, 401, 403; *Berger/Skamel*, Kap. 6 Rn. 21; *Gaul/Schilken/Becker-Eberhard*, § 74 Rn. 9; HdbZVR/*Kellendorfer*, Kap. 8 Rn. 23; *Heinze*, RdA 1986, 273, 276; *Melullis*, Handbuch des Wettbewerbsprozesses, Rn. 203; *Minnerop*, Materielles Recht und einstweiliger Rechtsschutz, S. 64 f.; MüKo/*Drescher*, § 920 Rn. 10, § 935 Rn. 13 ff. und § 940 Rn. 8; *Piehler*, Einstweiliger Rechtsschutz und materielles Recht, S. 30 f.; *Thomas/Putzo/Seiler*, § 920 Rn. 4; *Vogg*, Einstweiliger Rechtsschutz und vorläufige Vollstreckbarkeit, S. 82 f.; *Walker*, Der einstweilige Rechtsschutz, Rn. 313 ff.; *Wenzel*, MDR 1967, 889, 892; zum einstweiligen Rechtsschutz im Verwaltungsrecht *Schoch*, Vorläufiger Rechtsschutz und Risikoverteilung im Verwaltungsrecht, S. 1566 f. Siehe auch § 935 Rn. 6.
49 *Schoch*, Vorläufiger Rechtsschutz und Risikoverteilung im Verwaltungsrecht, S. 1566; *Walker*, Der einstweilige Rechtsschutz, Rn. 316.

Hinweises zu berücksichtigen. Sofern dem Antragsgegner außerhalb einer mündlichen Verhandlung rechtliches Gehör gewährt wurde (z. B. in Form einer schriftlichen oder telefonischen Anhörung), gehört sein Vortrag ebenfalls zur Entscheidungsgrundlage. Umstritten ist dagegen, ob auch eine vom Antragsgegner vorsorglich eingereichte Schutzschrift vom Gericht berücksichtigt werden darf und muss. Diese Frage ist insbesondere im Hinblick auf Art. 103 Abs. 1 GG zu bejahen.[50] Die Schutzschrift ist allerdings fast ausschließlich bei einstweiligen Verfügungen von praktischer Bedeutung. Sie wird deshalb erst im Zusammenhang mit ihr ausführlich erörtert.[51]

Die rechtliche Prüfung entspricht derjenigen im Urteilsverfahren. Nur die tatsächliche Grundlage der Rechtsprüfung ist schmaler, wenn keine mündliche Verhandlung stattfindet. Falls der Antragsgegner gar nicht angehört wird, beschränkt sie sich auf eine **Schlüssigkeitsprüfung** hinsichtlich des einseitigen Vortrags des Antragstellers. Der Umfang dieser Schlüssigkeitsprüfung ist allerdings gegenüber dem Hauptsacheverfahren nicht eingeschränkt. Der begehrte Arrest darf nicht angeordnet werden, wenn der Richter nicht einmal aufgrund des eigenen Vortrags des Antragstellers davon überzeugt ist, dass dieser einen Anspruch auf den Arrest hat. 18

IV. Entscheidungsinhalt

Der Tenor ist bei Urteilen und Beschlüssen im Arrestverfahren weitgehend identisch. Abweichungen ergeben sich bei der Notwendigkeit einer Begründung. 19

1. Tenor

Die stattgebende Entscheidung (Arrestbefehl, Arrestanordnung) enthält im Tenor immer die Anordnung des dinglichen Arrestes in das Vermögen des Antragsgegners oder des persönlichen Arrestes. Fehlt die Angabe der **Arrestart**, liegt kein vollziehbarer Arrestbefehl vor. Ist der dingliche Arrest auf bestimmte Vermögensgegenstände beschränkt (etwa weil der Antragsteller das so beantragt hat), ist nur die Beschränkung unwirksam,[52] und zwar selbst dann, wenn das Amtsgericht der belegenen Sache entscheidet. Neben der Arrestart muss wie schon das Gesuch[53] auch der Tenor den Arrestanspruch, also die **Geldforderung nach Grund und Betrag** enthalten; ohne diese Angabe lassen sich der zulässige Umfang der Arrestpfändung und des Arrestpfandrechts nicht bestimmen, sodass kein wirksamer Arrestbefehl vorliegt. Auf Antrag kann zusätzlich eine Kostenpauschale zur Absicherung der Kosten im Arrest- und Hauptsacheverfahren aufgenommen werden.[54] 20

Ferner ist von Amts wegen die **Lösungssumme** im Tenor anzugeben, durch deren Hinterlegung die Vollziehung des Arrestes gehemmt und der Schuldner zu dem Antrag auf Aufhebung des vollzogenen Arrestes berechtigt wird (vgl. § 923): Ein Arrestbefehl ohne Lösungssumme ist aber nicht unwirksam, weil es sich dabei nur um eine Vorschrift über die Vollstreckung handelt; der Arrestbefehl kann (ähnlich der Regelung des § 716) entsprechend § 321 auf Antrag der Parteien oder auf 21

---

50 OLG Düsseldorf, MDR 1982, 59; OLG Hamburg, WRP 1977, 495; OLG Köln, NJW 1973, 2071; *Bülow*, ZZP 98 (1985), 274, 281 ff.; *Deutsch*, GRUR 1990, 327, 328; HdbVR-*Baur*, H Rn. 253; HdbVR-*Dunkl*, A Rn. 553; Hk-ZV/*Haertlein*, Vor §§ 916–945 Rn. 63; *Teplitzky*, NJW 1980, 1667; *Thomas/Putzo/Seiler*, § 935 Rn. 9; *Ulrich*, GRUR 1985, 201, 210 f.; *Walker*, Der einstweilige Rechtsschutz, Rn. 613; a. M. *May*, Die Schutzschrift im Arrest- und Einstweiligen-Verfügungs-Verfahren, S. 57 f., 87 f.
51 Siehe § 937 Rdn. 21 ff.
52 RGZ 9, 319, 321; *Baumbach/Lauterbach/Hartmann*, § 922 Rn. 14; MüKo/*Drescher*, § 922 Rn. 6; *Zöller/Vollkommer*, § 922 Rn. 2; a. M. RGZ 67, 22, 25; Hk-ZV/*Haertlein*, § 922 Rn. 9.
53 Siehe dazu § 920 Rdn. 4 ff.
54 OLG Frankfurt, OLGZ 83, 104, 105; OLG München, MDR 1957, 238 (nur Kosten des Hauptsacheprozesses); *Stöber*, Forderungspfändung, Rn. 822.

einen Rechtsbehelf des Schuldners ergänzt werden.[55] Falls der Schuldner nur beschränkt haftet (z. B. als Erbe), hat das Gericht die konkrete Haftungsmasse in der Arrestanordnung zu benennen.[56]

22 Der Tenor endet mit der **Kostenentscheidung.** Deren Inhalt richtet sich unabhängig von der Form der Entscheidung und dem Entscheidungsinhalt in der Hauptsache nach den §§ 91 ff. Bei einem Anerkenntnis hat unter den Voraussetzungen des § 93 der Gläubiger die Kosten zu tragen. Eine fehlende Kostenentscheidung kann gem. § 321 oder aufgrund einer sofortigen Beschwerde ergänzt werden.[57] – Aufgrund der Kostenentscheidung können der jeweils anderen Partei auch die Kosten für ein Privatgutachten,[58] die erhöhten Gebühren für ein Sachverständigengutachten, die Kosten für ein selbstständiges Beweisverfahren,[59] u. U. die Kosten für zwei verschiedene Anwälte im Beschluss- und im Widerspruchsverfahren[60] zu erstatten sein. Zur Beitreibung der Kosten des Arrestverfahrens ist eine Kostenfestsetzung gem. §§ 103 ff. notwendig, ohne dass dafür die Frist des § 929 Abs. 2 einzuhalten ist. Dem Antragsgegner, der zwar nicht mündlich verhandelt, aber durch die gerichtliche Aufforderung zu einer schriftlichen Stellungnahme oder auf andere Weise von dem Arrestverfahren Kenntnis erlangt, steht bei Zurückweisung des Antrags ein Kostenerstattungsanspruch zu, wenn er Aufwendungen für seine Verteidigung getätigt hatte.[61] Dem kann nicht entgegengehalten werden, es fehle an einem Prozessrechtsverhältnis und damit an einer Anspruchsvoraussetzung;[62] denn ein Prozessrechtsverhältnis besteht bereits mit Anhängigkeit des Arrestgesuchs unabhängig von der Kenntnis des Antragsgegners.[63]

23 Gem. § 232 enthält die Entscheidung eine **Rechtsbehelfsbelehrung**,[64] wenn sie von einem Amtsgericht getroffen wird, bei dem kein Anwaltszwang besteht (§ 78 Abs. 1). Über die Statthaftigkeit eines Widerspruchs gegen einen den Arrest anordnenden Beschluss ist gem. § 232 Satz 2 2. Halbs. immer zu belehren. Die Möglichkeit eines Aufhebungsverfahrens nach § 926 oder § 927 ist nicht Gegenstand der Rechtsbehelfsbelehrung; denn diese Aufhebungsverfahren sind nicht immer zulässig, sondern noch von weiteren Voraussetzungen abhängig.[65]

24 **Nicht erforderlich** ist ein Ausspruch über die **vorläufige Vollstreckbarkeit** des Arrestbefehls. Die sofortige Vollziehungsmöglichkeit gehört zum Sinn des ganzen Eilverfahrens und wird von § 929 vorausgesetzt. Im Übrigen werden die Vorschriften über die Sicherheitsleistung (§§ 709 f.) und über die Abwendungsbefugnis des Schuldners (§§ 711 ff.) durch die §§ 921, 923 verdrängt. – Anderes gilt für eine Zurückweisung des Arrestgesuchs, die wegen der Kosten für vorläufig vollstreckbar zu erklären ist (§ 708 Nr. 6), sofern sie durch Urteil erfolgt. Für den zurückweisenden Beschluss ergibt sich die Notwendigkeit kraft Gesetzes und aus § 794 Abs. 1 Nr. 3.

25 Neben den notwendigen Bestandteilen kann der Tenor **weitere Anordnungen** enthalten. In Betracht kommen die Anordnung einer Sicherheitsleistung als Voraussetzung für die Vollziehung (§ 921) und die Anordnung, binnen einer bestimmten Frist Klage in der Hauptsache zu erheben, sofern der Schuldner das beantragt und die Hauptsache noch nicht anhängig ist (§ 926 Abs. 1).

---

55 OLG Hamburg, NJW 1958, 1145 mit zust. Anm. *Lent*; *Baumbach/Lauterbach/Hartmann*, § 922 Rn. 14 und § 923 Rn. 6; MüKo/*Drescher*, § 923 Rn. 2; *Zöller/Vollkommer*, § 923 Rn. 1.
56 *Baumbach/Lauterbach/Hartmann*, § 922 Rn. 14.
57 MüKo/*Drescher*, § 922 Rn. 7; *Zöller/Vollkommer*, § 922 Rn. 8.
58 BGH, NJW 1990, 122, 123.
59 Vgl. *Zöller/Vollkommer*, § 922 Rn. 8.
60 OLG Koblenz, WRP 1982, 109.
61 OLG Frankfurt, NJW 1955, 1194; OLG München, JW 1935, 809; OLG Stuttgart, NJW 1956, 426; MüKo/*Drescher*, § 922 Rn. 8; *Stein/Jonas/Grunsky*, § 922 Rn. 15.
62 *Lent*, NJW 1955, 1194; *Brüggemann*, ZZP 81 (1968), 458, 462 f.
63 OLG Hamburg, WRP 1977, 495; MüKo/*Drescher*, § 922 Rn. 8; *Teplitzky*, WRP 1980, 373, 374.
64 Dazu auch Rn. 34.
65 BT-Drucks. 17/10490, S. 13.

2. Begründung

Eine Begründung ist jedenfalls bei einer **stattgebenden Entscheidung** erforderlich, die **im Ausland** geltend gemacht werden soll (§ 922 Abs. 1 Satz 2). Diese Regelung wurde durch das Anerkennungs- und Vollstreckungsausführungsgesetz vom 30.5.1988 (AVAG)[66] in die ZPO eingefügt. Ihr Sinn besteht darin, dass ohne Entscheidungsgründe die Nachprüfung, ob die Voraussetzungen für eine Anerkennung im Ausland vorliegen, erschwert wäre.[67]

26

Aus dieser Sonderregelung für einen Spezialfall kann aber nicht geschlossen werden, dass in allen anderen Fällen die Arrestentscheidung nicht begründet werden müsste. Bei **Arresturteilen** gehören vielmehr gem. § 313 Abs. 1 Nr. 6, Abs. 3 zu dem notwendigen Inhalt auch die Entscheidungsgründe, sofern nicht die Erleichterungen der §§ 313a, b eingreifen. Bei **Arrestbeschlüssen** ist eine Begründung jedenfalls dann erforderlich, wenn das Gesuch **zurückgewiesen** wird.[68] Andernfalls ließe sich nicht nachprüfen, ob das Gericht sich mit dem Vortrag des Antragstellers in einer dem Art. 103 Abs. 1 GG genügenden Art befasst hat.[69] Ferner wäre es für den unterlegenen Antragsteller erschwert, die Erfolgsaussichten einer Beschwerde einzuschätzen, und auch das Beschwerdegericht hätte keinen Ansatz für eine Überprüfung der angegriffenen Entscheidung.[70]

27

Beide Gesichtspunkte greifen dagegen bei einem **stattgebenden Beschluss** nicht ein. Das vom unterlegenen Antragsgegner angerufene Widerspruchsgericht ist dasselbe Gericht, welches den Arrest angeordnet hat und dem die Entscheidungsgründe bekannt sind; außerdem hat es ohnehin vollständig zu prüfen, ob der Arrest auch jetzt noch erlassen werden dürfte.[71] Der unterlegene Antragsgegner braucht ebenfalls keine Entscheidungsgründe, um die Erfolgsaussichten seines Widerspruches einschätzen zu können; da er keine Gelegenheit hatte, in einer mündlichen Verhandlung Einfluss auf die Entscheidung zu nehmen, wird er – sofern er den Arrest nicht selbst für berechtigt hält – in aller Regel auch ohne Kenntnis der konkreten Entscheidungsgründe Widerspruch einlegen wollen, um dort ein Verfahren mit mündlicher Verhandlung (§§ 924 Abs. 2 Satz 2, 925 Abs. 1) zu erreichen. Deshalb braucht ein stattgebender Arrestbeschluss im Interesse der Verfahrensbeschleunigung keine Entscheidungsgründe zu enthalten.[72] Das soll auch dann gelten, wenn der Antragsgegner eine Schutzschrift eingereicht hatte.[73] Jedenfalls muss es als zulässig angesehen werden, wenn die Begründung aus einer bloßen Bezugnahme auf das Gesuch besteht und der Antragsteller dieses zusammen mit dem Beschluss zustellen lässt;[74] denn im einseitigen Verfahren beruht der Arrestbefehl immer darauf, dass das Gericht den Vortrag des Antragstellers für schlüssig hält.

28

---

66 BGBl. I, 662.
67 So die amtliche Begründung zu § 55 Abs. 3 Nr. 1, 3 des Entwurfs der Bundesregierung, BT-Drucks. 11/351, S. 35 und 11/1885, S. 24.
68 Vgl. OLG Nürnberg, WRP 1991, 827, 828; LAG Nürnberg, NZA-RR 1997, 188; MüKo/*Drescher*, § 922 Rn. 10; PG/*Fischer*, § 922 Rn. 8; *Roellecke*, JZ 1975, 244, 245; *Stein/Jonas/Grunsky*, § 922 Rn. 7; *Walker*, Der einstweilige Rechtsschutz, Rn. 366; *Wenzel*, DB 1972, 1290, 1293; *Zöller/Vollkommer*, § 922 Rn. 10.
69 BVerfGE 11, 218, 220; 54, 86, 91 f.; *Schmidt-Aßmann* in: Maunz/Dürig, GG, Art. 103 I Rn. 99.
70 Zur grundsätzlichen Notwendigkeit der Begründung von Beschlüssen vgl. BVerfGE 6, 32, 44; 71, 122, 135 f.; OLG Hamm, MDR 1991, 452; OLG Köln, NJW-RR 1991, 1280; Alternativkommentar/*Wassermann*, § 329 Rn. 4; *Baumbach/Lauterbach/Hartmann*, § 329 Rn. 4; *Zöller/Vollkommer*, § 329 Rn. 24.
71 Siehe § 925 Rn. 6.
72 OLG Nürnberg, NJW 1976, 1101; *Ahrens/Scharen*, Der Wettbewerbsprozess, Kap. 51 Rn. 41; *Walker*, Der einstweilige Rechtsschutz, Rn. 367 ff.; a. M. wohl Alternativkommentar/*Damm*, § 922 Rn. 8; *Baumbach/Lauterbach/Hartmann*, § 922 Rn. 2 (mindestens nobile officium).
73 OLG Köln, MDR 1998, 432 mit kritischer Anm. *Schneider*.
74 OLG Nürnberg, NJW 1976, 1101; *Bischof*, NJW 1980, 2235, 2236 f.; *Baumbach/Lauterbach/Hartmann*, § 922 Rn. 26; *Walker*, Der einstweilige Rechtsschutz, Rn. 369; *Wenzel*, DB 1972, 1290, 1293; *Zöller/Vollkommer*, § 922 Rn. 10.

V. Zustellung und Mitteilung der Entscheidung

29 Zu der Frage, ob, wem und wie die Entscheidung über das Arrestgesuch bekannt zu geben ist, enthält § 922 in Abs. 2 und 3 nur unvollständige Regelungen. Hier ist in erster Linie zwischen Urteilen und Beschlüssen und in zweiter Linie nach dem Inhalt der Entscheidung zu differenzieren:

1. Urteil

30 Das Arresturteil ist gem. § 317 von Amts wegen (§ 166 Abs. 2) beiden Parteien zuzustellen. In dieser Amtszustellung liegt grundsätzlich noch keine Vollziehung i. S. v. § 929.[75] Die Zustellung ist abweichend von den §§ 750 Abs. 1, 2, 751 Abs. 2 keine Voraussetzung für die Vollziehung des Arrestes (§ 929 Abs. 3 Satz 1); sie muss aber innerhalb einer Woche nach der Vollziehung und innerhalb der Monatsfrist des § 929 Abs. 2 nachgeholt werden (§ 929 Abs. 3 Satz 2). Die Zustellung zum Zwecke der Vollziehung kann auch durch den Gläubiger erfolgen; die Ausfertigung braucht dann keine Entscheidungsgründe zu enthalten (§ 750 Abs. 1 Satz 2). Diese Regelung dient einer beschleunigten Vollziehung.

2. Beschluss

a) Stattgebender Beschluss

31 Der stattgebende Beschluss (Arrestbeschluss) wird von Amts wegen nur dem Antragsteller zugestellt (§§ 329 Abs. 2 Satz 2, 929 Abs. 2; § 329 Abs. 3). Ist dieser anwaltlich vertreten, erfolgt die Zustellung an den Prozessbevollmächtigten (§ 172 Abs. 1 Satz 1). Dem Antragsgegner ist der Beschluss gem. Abs. 2 vom Antragsteller im Parteibetrieb durch Vermittlung des Gerichtsvollziehers zuzustellen. Auf diese Weise kann der Antragsteller auch noch nach Erlass des Arrestbefehls darüber entscheiden, ob er davon wirklich Gebrauch macht und den Antragsgegner somit von dem Arrestverfahren in Kenntnis setzt, oder ob er davon absieht, weil ihm die Vollziehung zu riskant (vgl. § 945), aussichtslos oder wegen eines geänderten Verhaltens des Antragsgegners nicht notwendig erscheint.[76] Die Zustellung an den Antragsgegner ist nach h. M.[77] Voraussetzung für die Wirksamkeit des Beschlusses, nicht nur für die Vollziehung (§ 929 Abs. 3). Ein Zustellungsmangel kann nicht mit rückwirkender Kraft geheilt werden.[78] Von dem Beschluss ist eine Ausfertigung oder eine beglaubigte Abschrift zuzustellen.[79] Falls die Urschrift einer Unterlassungsverfügung farbige Anlagen enthält und nur bei Kenntnis der Farbigkeit der Umfang der Unterlassungsverpflichtung ersichtlich ist, setzt eine wirksame Zustellung voraus, dass auch die farbigen Anlagen mit der Ausfertigung oder Abschrift zugestellt werden.[80] Wird in dem Beschluss auf andere Urkunden (z. B. das Gesuch) Bezug genommen, sind diese ebenfalls zuzustellen.[81] Sind die Parteien in einem gleichzeitig rechtshängigen Hauptsacheverfahren anwaltlich vertreten, kann die Zustellung an den Prozessbevollmächtigten im Hauptsacheverfahren erfolgen (§ 82);[82] notwendig ist das aber nicht, weil das Arrestverfahren nicht zu den in § 172 Abs. 1 genannten Verfahrensarten gehört. Hat der Antragsgegner vorsorglich eine Schutzschrift (ab 1.1.2016: § 945a) eingereicht und sich dabei anwaltlich vertreten lassen, muss der Antragsteller den Beschluss an diesen Prozessbevollmächtig-

---

[75] § 929 Rn. 23 ff., 27; PG/*Fischer*, § 922 Rn. 16. **A.M.** für den Sonderfall der Vollziehung von Urteilsunterlassungsverfügungen *Walker*, Der einstweilige Rechtsschutz, Rn. 394, 581 ff. m. w. N. zum Meinungsstand.
[76] *Brox/Walker*, Rn. 1516.
[77] § 929 Rn. 31 m. w. N.; BayObLG, Rpfleger 2004, 93, 94; KG, NJW-RR 1999, 71; OLG Koblenz, WRP 1998, 227, 228; *Walker*, Der einstweilige Rechtsschutz, Rn. 579; *Zöller/Vollkommer*, § 929 Rn. 13.
[78] Einzelheiten: § 929 Rn. 31; siehe ferner KG, NJW-RR 1999, 71; OLG Düsseldorf, WRP 1998, 1092, 1094; OLG Koblenz, WRP 1998, 227, 228.
[79] *Bischof*, NJW 1980, 2235, 2236 f.
[80] OLG Frankfurt, NJW-RR 2014, 1023 f.
[81] OLG Düsseldorf, GRUR 1984, 78.
[82] RG, JW 1900, 13; OLG Frankfurt, MDR 1984, 58.

ten zustellen lassen (§ 172 Abs. 1 Satz 1), sofern er von der Schutzschrift Kenntnis erlangt.[83] Bei unbekanntem Aufenthaltsort des Antragsgegners kommt grds. auch eine öffentliche Zustellung (§ 185 Nr. 1) in Betracht.[84] Wohnt der Antragsgegner im Ausland, erfolgt die Zustellung vorrangig nach den bestehenden völkerrechtlichen Vereinbarungen (§ 183 Satz 1). Falls danach Schriftstücke unmittelbar durch die Post versandt werden dürfen, soll durch Einschreiben mit Rückschein zugestellt werden, andernfalls die Zustellung auf Ersuchen des Vorsitzenden des Prozessgerichts durch die zuständige Behörde des fremden Staates erfolgen (Abs. 1 Satz 2). Ist eine solche Zustellung insbesondere mangels völkerrechtlicher Vereinbarungen nicht möglich, ist durch die zuständige diplomatische oder konsularische Vertretung des Bundes oder die sonstige zuständige Behörde zuzustellen (Abs. 2 Satz 1, 2). Die Zustellungserleichterung des § 829 Abs. 2 Satz 3 gilt nur für die Zustellung des Pfändungsbeschlusses, nicht für diejenige der Arrestanordnung. Wird die Arrestanordnung mit dem Pfändungsbeschluss verbunden, liegt in der für die Pfändung ausreichenden Zustellung an den Drittschuldner (§ 829 Abs. 3) nicht gleichzeitig eine Zustellung nach §§ 922 Abs. 2, 929.[85]

b) Zurückweisender Beschluss

Der das Arrestgesuch zurückweisende Beschluss wird dem Antragsteller nicht förmlich zugestellt, weil die Voraussetzungen des § 329 Abs. 2 Satz 2, Abs. 3 nicht vorliegen, sondern nur formlos mitgeteilt (§ 329 Abs. 2 Satz 1). Eine Mitteilung an den Antragsgegner erfolgt abweichend von § 329 Abs. 2 Satz 1 (»den Parteien«) gem. § 922 Abs. 3 nicht. Diese für das Eilverfahren geltende Sonderregelung trägt dem Gedanken Rechnung, dass der Gläubiger auch nach einer Zurückweisung noch daran interessiert sein kann, den Antragsgegner mit der Arrestvollziehung aufgrund einer obsiegenden Entscheidung in einem neuen Arrestverfahren oder in einem Beschwerdeverfahren zu überraschen. Eine Mitteilung des zurückweisenden Beschlusses an den Antragsgegner könnte einen effektiven Rechtsschutz im Arrestverfahren ebenso gefährden wie eine Mitteilung des Gesuchs vor Erlass des Beschlusses.[86] § 922 Abs. 3 gilt nach seinem eindeutigen Gesetzeswortlaut auch dann, wenn in dem stattgebenden Beschluss eine vorherige Sicherheitsleistung für erforderlich erklärt wird; auch dabei handelt es sich nämlich inhaltlich um eine teilweise Zurückweisung.[87]

32

Aus dem Zweck des § 922 Abs. 3, dem Antragsteller zwecks eines effektiven Rechtsschutzes die Überraschungsmöglichkeit für ein neues Gesuch oder für das Beschwerdeverfahren zu erhalten, ergeben sich aber auch die Grenzen dieser Norm. Kann der Antragsgegner gar nicht mehr überrascht werden, etwa weil er im Beschlussverfahren schriftlich oder telefonisch angehört wurde, ist ihm der zurückweisende Beschluss entgegen § 922 Abs. 3 mitzuteilen.[88]

33

VI. Rechtsbehelfe

Die statthaften Rechtsbehelfe hängen in erster Linie davon ab, in welcher Form die Entscheidung über das Arrestgesuch ergangen ist, ferner von dem Inhalt der Entscheidung. Über den jeweils

34

---

83 OLG Düsseldorf, AnwBl. 1982, 433; OLG Frankfurt, NJW-RR 1986, 587; OLG Karlsruhe, NJW-RR 1992, 700, 701; KG, NJW-RR 1999, 71; OLG Stuttgart, WRP 1996, 60, 61; *Teplitzky*, Wettbewerbsrechtliche Ansprüche und Verfahren, Kap. 55 Rn. 43.
84 OLG Bamberg, MDR 2013, 672.
85 Vgl. BayObLG, Rpfleger 1985, 58, 59; *Walker*, Der einstweilige Rechtsschutz, Rn. 405.
86 So schon die Begründung zu § 719 Abs. 2 des ersten Entwurfs einer CPO von 1871, abgedruckt bei *Dahlmanns*, Neudrucke zivilprozessualer Entwürfe und Kodifikationen, Bd. 2, S. 491 und zu § 747 des dritten Entwurfs einer CPO von 1874, abgedruckt bei *Hahn*, Materialien, Bd. 2, S. 474.
87 *Baumbach/Lauterbach/Hartmann*, § 922 Rn. 5.
88 So *Alternativkommentar/Damm*, § 922 Rn. 10; *Bülow*, ZZP 98 (1985), 274, 285; *Gießler/Soyka*, Vorläufiger Rechtsschutz, Rn. 138; *Hk-ZV/Haertlein*, § 922 Rn. 14; *MüKo/Drescher*, § 922 Rn. 13; *Stein/Jonas/Grunsky*, § 922 Rn. 1; *Walker*, Der einstweilige Rechtsschutz, Rn. 370; *Zöller/Vollkommer*, § 922 Rn. 1; **a. M.** *Baumbach/Lauterbach/Hartmann*, § 922 Rn. 35.

statthaften Rechtsbehelf muss die gerichtliche Entscheidung eine **Rechtsbehelfsbelehrung**[89] enthalten, sofern das Arrestgericht ein Amtsgericht ist, vor dem kein Anwaltszwang besteht (§§ 232, 78 Abs. 1). Über die Statthaftigkeit eines Widerspruchs[90] ist nach dieser Norm immer zu belehren, auch wenn das Arrestgericht ein Landgericht ist, obwohl dort Anwaltszwang besteht. Die Aufhebungsverfahren nach § 926 Abs. 2 und nach § 927 sind nicht Gegenstand der Rechtsbehelfsbelehrung, weil diese Verfahren erst noch ein untätiges Verhalten des Arrestgläubigers bzw. eine Veränderung der Umstände voraussetzen.[91]

1. Gegen ein Endurteil

35 Gegen ein **erstinstanzliches** Endurteil findet für beide Parteien die Berufung nach § 511 statt. Über sie wird nach mündlicher Verhandlung durch Urteil entschieden. Nur dann, wenn in der ersten Instanz ein Versäumnisurteil ergeht, ist dagegen der Einspruch gem. § 338 zulässig. Die Revision findet gegen Urteile, durch die über die Anordnung, Abänderung oder Aufhebung eines Arrestes oder einer einstweiligen Verfügung entschieden worden ist, nicht statt (§ 542 Abs. 2 Satz 1). Das zeitaufwendige Revisionsverfahren ist mit der Eilbedürftigkeit des Arrestverfahrens nicht vereinbar. Ferner kann die mit der Revision vorrangig bezweckte Rechtsfortbildung und Wahrung der Rechtseinheit im Eilverfahren wegen dessen vorläufigen Charakters ohnehin nicht erreicht werden.[92] Deshalb scheidet auch eine Sprungrevision nach § 566[93] sowie eine Rechtsbeschwerde gegen einen Beschluss nach § 522 Abs. 1 Satz 2, 3, durch den die Berufung als unzulässig verworfen wird, aus.[94] Ferner ist eine Nichtzulassungsbeschwerde unstatthaft.[95] Gegen ein Arresturteil, welches vom Landgericht oder Oberlandesgericht als Berufungsgericht der Hauptsache (§ 943 Abs. 1) erlassen wurde, findet kein Rechtsmittel statt.[96] – Zuständig für das Berufungsverfahren gegen amtsgerichtliche Urteile ist eine Zivilkammer des übergeordneten Landgerichts (§ 72 Abs. 1 Satz 1 GVG), gegen landgerichtliche Urteile das übergeordnete Oberlandesgericht (§ 119 Abs. 1 Nr. 2 GVG).

36 Die **beschleunigungswirksamen verfahrensrechtlichen Besonderheiten** des Arrestverfahrens gelten grundsätzlich auch in der Berufungsinstanz.[97] Bei der Terminierung braucht lediglich die (gem. § 226 abkürzbare) Ladungsfrist des § 217 beachtet zu werden, und die Terminbestimmung muss sich nicht nach dem Reihenfolgeprinzip richten. Statt des sonst notwendigen Beweises reicht auch im Berufungsverfahren Glaubhaftmachung (§§ 920 Abs. 2, 294)[98] aus. Eine Aussetzung des Verfahrens[99] scheidet ebenso wie eine Vertagung nach § 227 grundsätzlich im Berufungsverfahren aus. Schriftsatzfristen (§ 283) können im Interesse einer schnellen Überprüfung der erstinstanzlichen Entscheidung nicht gewährt werden.[100] Anders als im Hauptsacheverfahren scheidet im Eilver-

---

89 Dazu schon Rdn. 23.
90 Dazu Rdn. 38.
91 BT-Drucks. 17/10490, S. 13.
92 BGH, NJW 1968, 699 f.; NJW 1984, 2368; *Walker*, Der einstweilige Rechtsschutz, Rn. 387 f.
93 Alternativkommentar/*Ankermann*, § 566a a. F. Rn. 2; *Baumbach/Lauterbach/Hartmann*, § 566 Rn. 4; *Thomas/Putzo/Reichold*, § 566 Rn. 2; *Stein/Jonas/Grunsky*, § 566a Rn. 2.
94 BGH, NJW 2003, 69.
95 BAG, NZA 2005, 1016 (Ls).
96 So auch OLG München, OLGE 23, 187 f.; OLG Stuttgart, OLGE 15, 147 f.; HdbZVR/*Kellendorfer*, Kap. 8 Rn. 29; Hk-ZV/*Haertlein*, § 922 Rn. 16; *Mädrich*, Das Verhältnis der Rechtsbehelfe des Antragsgegners im einstweiligen Verfügungsverfahren, 1980, S. 36; *Stein/Jonas/Grunsky*, § 922 Rn. 11, 30; *Thomas/Putzo/Seiler*, § 922 Rn. 6; *Zöller/Vollkommer*, § 922 Rn. 17.
97 Insgesamt zu den Eigentümlichkeiten des Arrestprozesses in der Berufungsinstanz *Stein/Jonas/Grunsky*, § 922 Rn. 30 f.
98 *Stein/Jonas/Grunsky*, § 920 Rn. 30; *Walker*, Der einstweilige Rechtsschutz, Rn. 377.
99 Dazu RG, JW 1898, 2, 4 f.
100 OLG München, WRP 1979, 166.

fahren eine Zurückverweisung durch das Berufungsgericht gem. § 538 Abs. 2 aus.[101] Wegen der Eilbedürftigkeit ist nur eine eigene Sachentscheidung durch das Berufungsgericht sachgerecht, zumal aufwendige Beweisaufnahmen, die u.U. besser in der ersten Instanz erfolgen könnten, ohnehin nicht stattfinden.

2. Gegen einen Beschluss

Die statthaften Rechtsbehelfe gegen einen Beschluss über das Arrestgesuch hängen davon ab, ob der Arrest angeordnet oder das Gesuch zurückgewiesen wird.

37

a) Gegen einen stattgebenden Beschluss

Gegen einen Beschluss, durch den Arrest angeordnet wird, findet der Widerspruch statt (§ 924 Abs. 1). Über ihn entscheidet das Gericht, welches den Arrest erlassen hat. Der Arrestprozess wird also in derselben Instanz in ein Verfahren mit mündlicher Verhandlung (§§ 924 Abs. 2 Satz 2, 925 Abs. 1) übergeleitet und fortgesetzt.[102] Einzelheiten zum Sinn des Widerspruchs und zum Widerspruchsverfahren siehe bei den §§ 924, 925.

38

b) Gegen einen zurückweisenden Beschluss

Gegen einen das Gesuch zurückweisenden Beschluss in erster Instanz kann der unterlegene Antragsteller die sofortige Beschwerde (§ 567 Abs. 1 Nr. 2) einlegen. Eine Ausnahme gilt nur dann, wenn der Beschluss vom Landgericht oder Oberlandesgericht als Berufungsgericht der Hauptsache erlassen wurde; denn nach § 567 Abs. 1 findet die sofortige Beschwerde nur gegen die im ersten Rechtszug ergangenen Entscheidungen der Amtsgerichte und der Landgerichte, mithin nicht gegen OLG-Entscheidungen und Landgerichtsentscheidungen im Berufungsverfahren, statt. Auch eine Rechtsbeschwerde ist gem. § 574 Abs. 1 Satz 2 i.V.m. § 542 Abs. 2 Satz 1 (ebenso § 72 Abs. 4 ArbGG) nicht statthaft, selbst wenn sie vom Oberlandesgericht (Landesarbeitsgericht) als Beschwerdegericht zugelassen wurde.[103] Die fehlerhafte Zulassung bindet den BGH entgegen § 574 Abs. 3 Satz 2 nicht; denn diese Vorschrift eröffnet nicht ein gesetzlich nicht vorgesehenes Rechtsmittel.[104] Über die Beschwerde entscheidet das im Rechtszuge nächsthöhere Gericht (vgl. §§ 72 Abs. 1 Satz 1, 119 Abs. 1 Nr. 2 GVG). Dieses kann auch sogleich angerufen werden (§ 569 Abs. 1 Satz 1 Fall 2). Der Gläubiger kann die Beschwerde aber auch beim Ausgangsgericht einlegen (§ 569 Abs. 1 Satz 1 Fall 1); das ist für ihn dann interessant, wenn er eine Abhilfe durch dieses Gericht (vgl. § 572 Abs. 1 Satz 1, 1. Hs.) für möglich hält. Ob die Beschwerde gegen einen landgerichtlichen Beschluss von einem Rechtsanwalt eingelegt werden muss, ist umstritten. Das wird zunehmend mit dem berechtigten Hinweis auf die §§ 78 Abs. 3, 571 Abs. 4, 569 Abs. 3 Nr. 1 abgelehnt.[105] Von der Gegenansicht wird zwar die Notwendigkeit einer anwaltlichen Vertretung damit begründet, dass auch für eine mündliche Verhandlung im landgerichtlichen Arrestverfahren Anwaltszwang bestan-

39

---

[101] OLG Karlsruhe, GRUR 1978, 116; *Baumbach/Lauterbach/Hartmann*, § 922 Rn. 23; Hk-ZV/*Haertlein*, § 922 Rn. 16; MüKo/*Drescher*, § 922 Rn. 25; *Stein/Jonas/Grunsky*, § 922 Rn. 30; *Teplitzky*, JuS 1981, 435, 438; *Walker*, Der einstweilige Rechtsschutz, Rn. 383; a.M. KG, WRP 1992, 34, 37.
[102] OLG Hamm, OLGZ 1989, 338, 340; *Mädrich*, Das Verhältnis der Rechtsbehelfe des Antragsgegners im einstweiligen Verfügungsverfahren, S. 17; *Walker*, Der einstweilige Rechtsschutz, Rn. 519.
[103] BGH, NJW 2003, 1531; BAG, NZA 2003, 399; *Musielak/Voit/Huber*, § 922 Rn. 10 b; a.M. *Baumbach/Lauterbach/Hartmann*, § 922 Rn. 32.
[104] BGH, NJW 2003, 1531; NJW-RR 2003, 1075; ebenso BAG, NZA 2003, 399 für den Fall, dass das LAG eine Rechtsbeschwerde zugelassen hat.
[105] OLG Düsseldorf, FamRZ 1987, 611; OLG Hamm, MDR 1978, 940; OLG Karlsruhe, MDR 1993, 902; KG, NJW-RR 1992, 576; OLG Köln, NJW-RR 1988, 254; *Ahrens/Scharen*, Der Wettbewerbsprozess, Kap. 51 Rn. 74; *Stein/Jonas/Grunsky*, § 922 Rn. 8; *Thomas/Putzo/Seiler*, § 922 Rn. 7; *Wieczorek/Schütze/Thümmel*, § 920 Rn. 10; *Zöller/Vollkommer*, § 922 Rn. 13.

den hätte (vgl. § 569 Abs. 3 Nr. 1 i. V. m. § 78 Abs. 3)[106] und nur die Einlegung der Beschwerde als Prozesshandlung vom Anwaltszwang befreit ist. Dieses Argument überzeugt aber nicht, weil im ersten Rechtszug gerade keine mündliche Verhandlung stattgefunden hat, sodass der Rechtsstreit nicht als Anwaltsprozess zu führen war. – Die sofortige Beschwerde muss binnen einer Notfrist von zwei Wochen seit Zustellung der Entscheidung eingelegt werden (§ 569 Abs. 1 Satz 1). Ohne Zustellung beginnt die Notfrist spätestens mit dem Ablauf von fünf Monaten seit der Verkündung des Beschlusses (§ 569 Abs. 1 Satz 2). Die Zulässigkeit der sofortigen Beschwerde ist nicht von einem bestimmten Beschwerdewert abhängig; eine dem § 511 Abs. 2 Nr. 1 vergleichbare Beschränkung gibt es für die sofortige Beschwerde nicht.[107]

40 Die **verfahrensbeschleunigenden Besonderheiten** gelten im Beschwerdeverfahren ebenso wie im Berufungsverfahren (Rn. 36). Eine Zurückverweisung nach § 572 Abs. 3 in die erste Instanz widerspricht der Eilbedürftigkeit des Verfahrens. Allein die Erweiterung des Instanzenzuges kann eine Zurückverweisung nicht rechtfertigen. Das Beschwerdegericht sollte die ihm möglichen Anordnungen immer selbst treffen.[108] – Das Beschwerdegericht entscheidet durch Beschluss (§ 572 Abs. 4). Dieser kann ohne mündliche Verhandlung ergehen (§ 128 Abs. 4). Gegen den abweisenden Beschluss gibt es wegen § 542 Abs. 2 keine Rechtsbeschwerde zum BGH, selbst wenn sie das Beschwerdegericht in dem Beschluss zugelassen hat.[109] Sofern das Beschwerdegericht jedoch den beantragten Arrest durch Beschluss anordnet, findet dagegen der Widerspruch statt. Entscheidet das Beschwerdegericht nach mündlicher Verhandlung durch Urteil, kann dieses nicht mehr mit einer Berufung angegriffen werden, da es sich bereits um ein zweitinstanzliches Urteil handelt.[110] Eine Revision scheidet ebenfalls aus (§ 542 Abs. 2 Satz 1). Zwar steht dem Antragsgegner bei einem stattgebenden Urteil des Beschwerdegerichts insgesamt nur eine Instanz zur Verfügung, um seine Einwendungen gegen das Arrestgesuch vorzubringen, doch liegt darin keine unzulässige Benachteiligung;[111] denn der Gegner wird jedenfalls von dem Gericht, welches im Eilverfahren letztinstanzlich entscheidet, angehört. Die Ansicht, in diesen Fällen müsse im Interesse des Antragsgegners eine Berufung gegen das Urteil des Beschwerdegerichts zulässig sein,[112] widerspricht dem Gesetz.[113]

3. Gegen eine Entscheidung in fehlerhafter Form

41 Welcher Rechtsbehelf statthaft ist, wenn das Gericht unter Verstoß gegen § 922 Abs. 1 Satz 1 bei der Entscheidung über das Arrestgesuch die falsche Entscheidungsform gewählt hat, ist umstritten. Nach dem vorzugswürdigen Meistbegünstigungsprinzip steht der unterlegenen Partei ein Wahlrecht zu.[114] Wenn also die Entscheidung trotz mündlicher Verhandlung durch Beschluss ergangen ist,

---

106 OLG Düsseldorf, OLGZ 1983, 358; OLG Frankfurt, NJW 1981, 2203; MDR 1983, 233; OLG Hamm, NJW-RR 1997, 763; MDR 1996, 1182; NJW 1982, 1711.
107 Wie hier LG Zweibrücken, NJW-RR 1987, 1199; *Baumbach/Lauterbach/Hartmann*, § 922 Rn. 28; *Berger/Heiderhoff*, Kap. 8 Rn. 57; Hk-ZV/*Haertlein*, § 922 Rn. 17; *Thomas/Putzo/Seiler*, § 922 Rn. 7; *Zöller/Vollkommer*, § 922 Rn. 13; a. A. LG Kiel, NJW-RR 2012, 1211 f.; LG Köln, MDR 1986, 245; *Musielak/Voit/Huber*, § 922 Rn. 10; zweifelnd auch *Stein/Jonas/Grunsky*, § 920 Rn. 8.
108 OLG München, OLGZ 1983, 86, 89; *Ahrens/Scharen*, Der Wettbewerbsprozess, Kap. 51 Rn. 78; *Walker*, Der einstweilige Rechtsschutz, Rn. 384; *Wieczorek/Schütze/Thümmel*, § 922 Rn. 14.
109 BGH, NJW 2003, 1531; BAG, NZA 2003, 399.
110 OLG Hamm, MDR 1987, 942; *Ahrens/Scharen*, Der Wettbewerbsprozess, Kap. 51 Rn. 80; HdbVR-Dunkl, A Rn. 259; *Gaul/Schilken/Becker-Eberhard*, § 77 Rn. 16; *Thomas/Putzo/Seiler*, § 922 Rn. 6; *Walker*, Der einstweilige Rechtsschutz, Rn. 525; *Zöller/Vollkommer*, § 922 Rn. 14.
111 So aber Alternativkommentar/*Damm*, § 922 Rn. 15; *Stein/Jonas/Grunsky*, § 922 Rn. 9.
112 Alternativkommentar/*Damm*, § 922 Rn. 15; *Stein/Jonas/Grunsky*, § 922 Rn. 9 (mit den »im ersten Rechtszuge erlassenen« Endurteilen i. S. v. § 511 seien die »ersten Urteile in der Sache« gemeint, auch wenn sie erst im Beschwerdeverfahren ergangen seien).
113 MüKo/*Drescher*, § 922 Rn. 17; *Walker*, Der einstweilige Rechtsschutz, Rn. 525.
114 *Baumbach/Lauterbach/Hartmann*, § 922 Rn. 23; MüKo/*Drescher*, § 922 Rn. 14; *Stein/Jonas/Grunsky*, § 922 Rn. 30; *Zöller/Vollkommer*, § 922 Rn. 17; vgl. auch *Brox/Walker*, Rn. 1645.

kann der Antragsgegner zwischen Berufung und Widerspruch, der Antragsteller zwischen Berufung und Beschwerde wählen; Voraussetzung für die Zulässigkeit der Berufung ist allerdings, dass diese auch im Fall eines Urteils statthaft wäre.[115] Nach der Gegenansicht soll nur die Berufung statthaft sein. Gegen die Zulässigkeit des Widerspruchs spreche, dass auch bei richtiger Bezeichnung der Entscheidung eine erneute mündliche Verhandlung in erster Instanz ausgeschlossen wäre.[116]

VII. Rechtskraft

1. Formelle Rechtskraft

Hinsichtlich der formellen Rechtskraft gelten keine Besonderheiten. Sie tritt ein, wenn gegen die Entscheidung im Arrestprozess kein Rechtsmittel (mehr) zulässig ist. Das ist bei allen Berufungsurteilen im Eilverfahren der Fall, bei den erstinstanzlichen Entscheidungen dagegen nur bei Arresturteilen, wenn die Berufungsfrist (§ 517) oder – im Fall eines Versäumnisurteils – die Einspruchsfrist (§ 339) abgelaufen ist. Arrestbeschlüsse werden nicht formell rechtskräftig, weil der Widerspruch des Schuldners[117] unbefristet zulässig ist.

42

2. Materielle Rechtskraft

Inwieweit Entscheidungen im Arrestverfahren in materielle Rechtskraft erwachsen, ist umstritten. Abzulehnen ist die Ansicht, wonach es im Arrestverfahren keine materielle Rechtskraft gebe;[118] danach könnte ein abgelehntes Arrestgesuch nämlich mit demselben Antrag und derselben Begründung immer wieder neu gestellt werden. Sowohl die Parteien als auch die Allgemeinheit haben aber im Eilverfahren ebenso wie im Hauptsacheverfahren ein berechtigtes Interesse an der Endgültigkeit von gerichtlichen Entscheidungen und am Unterbleiben von sich widersprechenden Entscheidungen. Deshalb müssen auch Eilentscheidungen in materielle Rechtskraft erwachsen können. Diese beschränkt sich allerdings auf das Eilverfahren, weil hier nicht über den materiellen Anspruch selbst, sondern nur über den Anspruch auf Sicherung der Zwangsvollstreckung wegen des materiellen Anspruchs entschieden wird. Deshalb bindet die Arrestentscheidung niemals den Richter, der über die Hauptsache zu entscheiden hat.[119] Das gilt nach richtiger Ansicht auch, wenn in einem ordentlichen Erkenntnisverfahren über den Schadensersatzanspruch nach § 945 entschieden wird; auch hier geht es um einen anderen Streitgegenstand als im Eilverfahren.[120]

43

Innerhalb des Eilverfahrens führt die Einrede der entgegenstehenden Rechtskraft dazu, dass die erneute Einreichung eines abgelehnten Arrestgesuchs nur dann zulässig ist, wenn dieses auf neue Tatsachen zum Arrestanspruch oder zum Arrestgrund gestützt oder wenn die Glaubhaftmachung mit neuen Mitteln geführt wird und wenn diese Tatsachen oder Mittel im ersten Verfahren entweder noch nicht vorhanden waren oder jedenfalls vom Gläubiger wegen der Eile nicht mit der gebotenen Sorgfalt ermittelt bzw. beigebracht werden konnten.[121] Eine neue Tatsache ist allerdings auch dann gegeben, wenn auf das erste Gesuch zwar ein Arrestbefehl erlassen wurde, dieser aber wegen Ablaufs

44

---

115 Siehe dazu Rn. 35.
116 OLG Karlsruhe, NJW 1987, 509; *Thomas/Putzo/Seiler*, § 922 Rn. 7.
117 Siehe § 924 Rn. 14.
118 So aber KG, JW 1929, 2616 f.; OLG Frankfurt, FamRZ 1982, 1223; *Bongen/Renaud*, NJW 1991, 2886, 2888.
119 BGH, JZ 1966, 528, 529; *Baur*, Studien zum einstweiligen Rechtsschutz, S. 105 ff.; *Brox/Walker*, Rn. 1520; *Gottwald*, § 922 Rn. 35; *Stein/Jonas/Grunsky*, vor § 916 Rn. 13; *M. Stürner*, ZZP 125 (2012), 3, 6.
120 Siehe näher § 945 Rn. 25; OLG Karlsruhe, WRP 1984, 102; KG, NJW-RR 1987, 448; *Baur/Stürner/Bruns*, Rn. 52.26; *Brox/Walker*, Rn. 1567; *Bruns*, ZZP 65 (1952), 67, 69 f.; *Gaul/Schilken/Becker-Eberhard*, § 80 Rn. 7; MüKo/*Drescher*, § 925 Rn. 6 und § 945 Rn. 16; *Musielak/Voit/Huber*, § 922 Rn. 11; *Stein/Jonas/Grunsky*, § 945 Rn. 29 ff.; *Walker*, Der einstweilige Rechtsschutz, Rn. 462 ff.; *Zöller/Vollkommer*, § 945 Rn. 9.
121 KG, MDR 1979, 64 (Zulässigkeit eines neuen Gesuchs bei neuen Mitteln zur Glaubhaftmachung); *Brox/Walker*, Rn. 1520; *Zöller/Vollkommer*, Vor § 916 Rn. 13; ähnlich *M. Stürner*, ZZP 125 (2012), 3, 13 ff.

der Vollziehungsfrist (§ 929 Abs. 2) nicht mehr vollzogen werden kann; hier darf dasselbe Gesuch zulässigerweise wiederholt werden, weil es auf den erneuten Lauf einer Vollziehungsfrist gerichtet ist und insoweit von der materiellen Rechtskraft der Entscheidung über das erste Gesuch nicht erfasst wird.[122] Soweit allerdings die Streitgegenstände in beiden Arrestverfahren identisch sind, ist das Gericht im zweiten Verfahren an seine Entscheidung im ersten Verfahren gebunden.[123] Neue Tatsachen können trotz der materiellen Rechtskraft auch zugunsten des Antragsgegners berücksichtigt werden; dieser kann bei veränderten Umständen nach § 927 die Aufhebung des Arrestes beantragen. Sie können wahlweise auch mit der Berufung vorgebracht werden, wenn das zurückweisende Urteil noch nicht rechtskräftig ist.[124]

VIII. Bedeutung des § 922 für die einstweilige Verfügung

45 Über § 936 gilt § 922 auch für die einstweilige Verfügung. Eine Besonderheit gilt nur dann, wenn über das Gesuch in dringenden Fällen das Amtsgericht der belegenen Sache entscheidet (§ 942 Abs. 1). Diese Entscheidung kann zwar nach §§ 942 Abs. 4, 128 Abs. 4 ebenso wie nach § 922 Abs. 1 Satz 1, 128 Abs. 4 mit oder ohne mündliche Verhandlung getroffen werden, sie ergeht aber immer in Form des Beschlusses. Das ergibt sich erstens daraus, dass in aller Regel ohne mündliche Verhandlung entschieden wird; denn bereits die Zuständigkeit des Amtsgerichts hängt von einer solchen Dringlichkeit ab, dass erst recht keine mündliche Verhandlung in Betracht kommt.[125] Aber selbst wenn ausnahmsweise mündlich verhandelt wird (insbesondere im Fall des § 942 Abs. 2), entscheidet das Amtsgericht nach § 942 Abs. 4 durch Beschluss;[126] die davon abweichende Sondervorschrift des § 922 Abs. 1 findet hier keine Anwendung.[127] Gegen den stattgebenden Beschluss des Amtsgerichts braucht der Antragsgegner nicht den Widerspruch nach § 924 einzulegen; vielmehr wird dem Antragsteller von Amts wegen (§ 942 Abs. 1) oder auf Antrag (§ 942 Abs. 2) vom Gericht eine kurz bemessene Frist zur Einleitung des sog. Rechtfertigungsverfahrens vor dem Hauptsachegericht gesetzt.[128] Eine Besonderheit gilt nach umstrittener Ansicht ferner bei Unterlassungsverfügungen, die durch Urteil angeordnet werden. Hier wird zum Teil in der Amtszustellung (§ 317),[129] zum Teil sogar schon in der Verkündung des Verfügungsurteils eine Vollziehung i. S. d. § 929 gesehen, sofern der Gläubiger nicht gegenüber dem Schuldner vorläufig auf eine Vollziehung verzichte.[130]

IX. Bedeutung des § 922 außerhalb des Zivilprozesses

46 Beim Arrest in **Familienstreitsachen** findet § 922 gem. § 119 Abs. 2 FamFG entsprechende Anwendung. Wegen des dortigen Verweises auf die Arrestvorschriften der ZPO findet gegen die ohne mündliche Verhandlung erfolgende Zurückweisung eines Arrestantrags in einer Familiensache nicht die Beschwerde nach § 58 FamFG,[131] sondern die sofortige Beschwerde nach § 567 statt; denn der Verweis auf die §§ 916 ff. bezieht sich auch auf das zivilprozessuale Rechtsmittelsystem.[132]

---

122 *Brox/Walker*, Rn. 1521.
123 *Brox/Walker*, Rn. 1521; *Zöller/Vollkommer*, Vor § 916 Rn. 13.
124 OLG Zweibrücken, FamRZ 1982, 413 f.
125 *Brox/Walker*, Rn. 1634; MüKo/*Drescher*, § 942 Rn. 9; *Stein/Jonas/Grunsky*, § 942 Rn. 6; *Walker*, Der einstweilige Rechtsschutz, Rn. 289; *Zöller/Vollkommer*, § 942 Rn. 2.
126 RGZ 13, 319, 324; 147, 129, 132.
127 *Stein/Jonas/Grunsky*, § 936 Rn. 4.
128 Einzelheiten dazu siehe bei § 942 Rdn. 10.
129 Siehe Rdn. 30.
130 OLG Bremen, WRP 1979, 791, 792; OLG Hamburg, WRP 1980, 341; OLG Oldenburg, WRP 1992, 412, 413; OLG Stuttgart, WRP 1981, 291; LAG Hamm, NZA 1987, 825, 826; *Walker*, Der einstweilige Rechtsschutz, Rn. 581 ff. Zum Meinungsstand siehe auch § 929 Rn. 26.
131 So aber OLG Karlsruhe, FamRZ 2011, 234; OLG München, FamRZ 2011, 746.
132 KG, NJW-RR 2013, 708 f.; OLG Frankfurt, NJW-RR 2012, 902 f.; OLG Oldenburg, NJW-RR 2012, 902.

Im **arbeitsgerichtlichen Urteilsverfahren** gilt § 922 gem. § 62 Abs. 2 Satz 1 ArbGG unmittelbar; die Zustellungsart für Urteile – von Amts wegen (§ 50 ArbGG) – wird dadurch nicht verändert. Für die Berufung gelten die §§ 64 ff. ArbGG. Die Revision ist gem. § 72 Abs. 4 ArbGG ausgeschlossen; folglich ist auch eine Nichtzulassungsbeschwerde unstatthaft.[133] Im **arbeitsgerichtlichen Beschlussverfahren** ergeben sich dagegen Besonderheiten aus § 85 Abs. 2 Satz 2 ArbGG. Danach erfolgen Zustellungen im Eilverfahren von Amts wegen. Darin liegt zunächst eine Abweichung von § 922 Abs. 2, wonach stattgebende Beschlüsse dem Antragsgegner nur im Parteibetrieb durch den Antragsteller zugestellt werden. Diese Abweichung beruht darauf, dass der Zweck des § 922 Abs. 2, wonach der Antragsteller durch die Parteizustellung selbst darüber entscheiden soll, ob er von dem Titel Gebrauch macht und sich damit dem Schadensersatzrisiko des § 945 aussetzt, im arbeitsgerichtlichen Beschlussverfahren nicht passt, weil § 945 dort gar nicht anwendbar ist (§ 85 Abs. 2 Satz 2 ArbGG). Dagegen ist § 85 Abs. 2 Satz 2 ArbGG insoweit einzuschränken, als sich die dort vorgesehene Amtszustellung auch auf zurückweisende Beschlüsse bezieht, die dem Antragsgegner nach § 922 Abs. 3 nicht mitzuteilen sind. Der Zweck dieser Vorschrift, im Interesse eines effektiven Rechtsschutzes die Möglichkeit der Gegnerüberraschung auch für das Beschwerdeverfahren oder für ein neues Gesuch zu erhalten, greift im Beschlussverfahren ebenso ein wie im Urteilsverfahren. § 922 Abs. 3 ist daher entgegen dem zumindest missverständlichen Wortlaut des § 85 Abs. 2 Satz 2 ArbGG auch im arbeitsgerichtlichen Beschlussverfahren anwendbar.[134] An die Stelle der Berufung tritt die Beschwerde gem. §§ 87 ff. ArbGG. Die der Revision entsprechende Rechtsbeschwerde ist gem. § 92 Abs. 1 Satz 3 ArbGG ausgeschlossen.

Für die einstweilige Anordnung im **verwaltungsgerichtlichen Eilverfahren** verweist § 123 Abs. 3 VwGO nicht auf § 922. Die Entscheidung ergeht stets durch Beschluss (§ 123 Abs. 4 VwGO), der allen Beteiligten von Amts wegen zugestellt wird (§ 56 Abs. 1, 2 VwGO). Entsprechendes gilt gem. § 86b Abs. 2, 4 SGG für das **sozialgerichtliche Verfahren**.

47

X. Gebühren

1. Gerichtsgebühren[135]

a) Verfahren in der ersten Instanz

Für das Verfahren in erster Instanz über einen Antrag auf Anordnung eines Arrestes oder einer einstweiligen Verfügung fällt eine 1,5-Gebühr an (GKG-KV Nr. 1410). Von der Gebühr ist auch ein Ersuchen des Gerichts nach § 941 mit abgedeckt. Wird nach mündlicher Verhandlung durch Urteil entschieden, entstehen drei Gebühren (GKG-KV Nr. 1412). Bei der Berechnung der beiden zusätzlichen Gebühren sind Wertänderungen, die zwischen Antragstellung und mündlicher Verhandlung eingetreten sind, zu berücksichtigen.[136] Endet das Verfahren durch Zurücknahme des Antrags vor Schluss der mündlichen Verhandlung, Anerkenntnis- oder Verzichtsurteil, durch gerichtlichen Vergleich oder durch Erledigungserklärungen nach § 91a ohne entgegengesetzte Kostenanträge, ermäßigt sich die Gebühr der GKG-KV Nr. 1410 auf eine volle Gebühr (GKG-KV Nr. 1411). Die Gebühren nach GKG-KV Nr. 1410–1412 sind auch dann maßgeblich, wenn das Berufungsgericht als Gericht der Hauptsache (§ 943) tätig wird, weil es sich dann um ein erstinstanzliches Eilverfahren handelt.

48

---

133 BAG, NZA 2005, 1016 (Ls).
134 *Bertelsmann*, AR-Blattei, Arbeitsgerichtsbarkeit XII A, unter B V; GMP/*Matthes*, ArbGG, § 85 Rn. 45; *Schwab/Weth/Walker*, ArbGG, § 85 Rn. 74; *Walker*, Der einstweilige Rechtsschutz, Rn. 899; a.M. wohl *Wenzel*, DB 1972, 1290, 1294 (sämtliche Beschlüsse seien von Amts wegen zuzustellen).
135 Siehe dazu schon Vor §§ 916–945b Rdn. 79.
136 So schon zum GKG a. F. OLG München, MDR 1996, 423.

b) Berufungsverfahren

49 Für das Berufungsverfahren fallen 4,0 Gebühren an (GKG-KV Nr. 1420). Sie ermäßigen sich auf 1,0, wenn das Verfahren durch Zurücknahme der Berufung, des Antrags oder des Widerspruchs oder durch übereinstimmende Erledigungserklärungen ohne entgegengesetzte Kostenanträge beendet wird, bevor die Berufungsbegründungsschrift bei Gericht eingegangen ist (GKG-KV Nr. 1421). Weitere Ermäßigungsgründe ergeben sich aus GKG-KV Nr. 1422 (2,0) und 1423 (3,0).

c) Beschwerdeverfahren

50 Für das Beschwerdeverfahren gegen eine zurückweisende Entscheidung fällt eine 1,5-Gebühr nach GKG-KV Nr. 1430 an. Verweist das Beschwerdegericht an die erste Instanz zurück (§ 572 Abs. 3),[137] fällt für die erneute Verhandlung in der ersten Instanz aber keine weitere Gebühr nach GKG-KV Nr. 1410 an.

2. Anwaltsgebühren[138]

51 Das Verfahren über die Anordnung, Abänderung oder Aufhebung eines Arrestes oder einer einstweiligen Verfügung gilt gem. § 17 Nr. 4 a, b RVG gegenüber dem Hauptsacheverfahren als verschiedene Angelegenheit.

a) Verfahren in der ersten Instanz

52 In der ersten Instanz entsteht mit Einreichung des Gesuchs die 1,3-Verfahrensgebühr (RVG-VV Teil 3 Vorbem. 3 Abs. 2 i. V. m. Nr. 3100), die sich bei vorzeitiger Beendigung des Auftrags auf 0,8 ermäßigt (RVG-VV Nr. 3101). Daneben fällt eine 1,2-Terminsgebühr (RVG-VV Teil 3 Vorbem. 3 Abs. 3 i. V. m. Nr. 3104) an, falls ein Verhandlungs-, Erörterungs- oder Beweistermin, ein Sachverständigentermin oder ein auf die Vermeidung oder Erledigung des Verfahrens gerichteter Termin (nicht bei bloßer Besprechung mit dem Auftraggeber) stattfindet. Der Abschluss eines Vergleichs löst eine 1,5-Einigungsgebühr nach RVG-VV Nr. 1000 aus. Zur ersten Instanz gehört gem. § 16 Nr. 5 RVG auch die Durchführung eines Aufhebungsverfahrens. Findet das Eilverfahren vor dem Berufungsgericht als Gericht der Hauptsache, dort aber als erstinstanzliches Verfahren statt, erhält der Anwalt gem. RVG-VV Teil 3 Vorbem. 3.2 Abs. 2 nur die nicht um 3/10 erhöhte 1,3-Verfahrensgebühr nach RVG-VV Nr. 3100.

b) Berufungs- und Beschwerdeverfahren

53 Im Berufungsverfahren erhöht sich die Verfahrensgebühr von 1,3 auf 1,6 (RVG-VV Nr. 3200). Dagegen beträgt die Terminsgebühr (RVG-VV Nr. 3202) wie im ersten Rechtszug 1,2. Im Beschwerdeverfahren erhält der Anwalt gem. RVG-VV Nr. 3500 eine 0,5-Verfahrensgebühr und gem. RVG-VV Nr. 3513 eine 0,5-Terminsgebühr. Falls das Beschwerdegericht allerdings über die Beschwerde gegen die Zurückweisung des Antrags auf Erlass einer Eilanordnung nach mündlicher Verhandlung durch Endurteil entscheidet, fällt gem. RVG-VV Nr. 3514 eine 1,2-Terminsgebühr an. Grund: Hier entscheidet das Beschwerdegericht wie das Gericht im erstinstanzlichen Verfahren, in dem ebenfalls die 1,2-Terminsgebühr anfällt. Das gilt auch dann, wenn die Entscheidung trotz der mündlichen Verhandlung unzutreffend als »Beschluss« bezeichnet wird.[139]

---

137 Zur begrenzten Zulässigkeit der Zurückverweisung im Eilverfahren siehe schon Vor §§ 916–945b Rdn. 58.
138 Siehe dazu schon Vor §§ 916–945b Rdn. 82.
139 So noch zur BRAGO OLG München, NJW-RR 1996, 447.

§ 923 Abwendungsbefugnis

In dem Arrestbefehl ist ein Geldbetrag festzustellen, durch dessen Hinterlegung die Vollziehung des Arrestes gehemmt und der Schuldner zu dem Antrag auf Aufhebung des vollzogenen Arrestes berechtigt wird.

Übersicht	Rdn.		Rdn.
I. Zweck des § 923	1	V. Wirkung der Hinterlegung	7
II. Abgrenzung von der Abwendungsbefugnis bei der vorläufigen Vollstreckbarkeit	2	VI. Bedeutung des § 923 für die einstweilige Verfügung	9
III. Festsetzung der Lösungssumme	3	VII. Bedeutung des § 923 außerhalb des Zivilprozesses	10
IV. Hinterlegung der Lösungssumme	6		

I. Zweck des § 923

Der nach § 923 festzusetzende Geldbetrag wird allgemein als Lösungssumme bezeichnet. Durch ihre Hinterlegung kann die Vollziehung des Arrestes verhindert werden. Der Schuldner kann also wählen, ob er dem Gläubiger freiwillig Sicherheit leistet oder den Arrest über sich ergehen lässt. Dieses Wahlrecht nützt dem Schuldner natürlich nur dann etwas, wenn er die Lösungssumme überhaupt aufbringen kann. § 923 beruht auf der Überlegung, dass der Gläubiger durch Hinterlegung eines Geldbetrages die mit dem Arrest begehrte Sicherheit erhält und daher auf die Vollziehung des Arrestes nicht mehr angewiesen ist. Die Hinterlegung der Lösungssumme beseitigt die Gefahr einer Vollstreckungsvereitelung oder -erschwerung i. S. d. § 917. Der Arrestgrund fällt mithin nachträglich weg. § 923 ist somit eine folgerichtige Ergänzung zu § 917 und bringt zum Ausdruck, dass der Arrestgrund nicht nur eine Voraussetzung für die Anordnung, sondern auch für die Vollziehung des Arrestes ist.[1] Die Regelung ist auch notwendig, weil der Arrestbefehl als solcher mit dem nachträglichen Wegfall des Arrestgrundes nicht automatisch wirkungslos wird; hierzu bedarf es vielmehr erst einer Aufhebung im Verfahren nach § 927 oder im Widerspruchsverfahren.

II. Abgrenzung von der Abwendungsbefugnis bei der vorläufigen Vollstreckbarkeit

Die terminologische Kennzeichnung als »Lösungssumme« verdeutlicht, dass es bei § 923 nicht um eine Sicherheitsleistung i. S. d. §§ 711 f., 720a Abs. 3 geht, obwohl insoweit Überschneidungen bestehen. In beiden Fällen geht es um die Befugnis des Schuldners, die Vollstreckung abzuwenden. Bei der Abwendung der vorläufigen Vollstreckung erhält jedoch der Gläubiger mit der Sicherheitsleistung weniger als die Befriedigung, die ihm aufgrund des Urteils zusteht; um seinem berechtigten Vollstreckungsinteresse trotzdem Rechnung zu tragen, steht die Abwendungsbefugnis dem Schuldner nur dann zu, wenn der Gläubiger nicht seinerseits Sicherheit leistet (§§ 711, 720a Abs. 3, 2. Hs.) oder wenn dem Schuldner die Gefahr eines nicht zu ersetzenden Nachteils droht (§§ 712, 714 Abs. 2). Dagegen ist die Abwendungsbefugnis nach § 923 von keinen weiteren Voraussetzungen abhängig, weil der Gläubiger auch bei einer Vollziehung des Arrestes nicht mehr als eine Sicherheit erhielte.[2]

III. Festsetzung der Lösungssumme

Das Gericht setzt die Lösungssumme von Amts wegen fest. Sie gehört zum Inhalt jeden Arrestbefehls; ihr Fehlen macht den Arrestbefehl allerdings nicht unwirksam.[3] Der Tenor kann insoweit etwa lauten: »Durch Hinterlegung von ... Euro wird die Vollziehung des Arrestes gehemmt.«[4]

---

1 *Walker*, Der einstweilige Rechtsschutz, Rn. 508.
2 *Walker*, Der einstweilige Rechtsschutz, Rn. 509.
3 OLG Hamburg, NJW 1958, 1145; *Stein/Jonas/Grunsky*, § 923 Rn. 3. Zur Möglichkeit, die Lösungssumme nachträglich zu ergänzen, vgl. Rn. 5 a. E.
4 *Brox/Walker*, Rn. 1517; *Tempel/Theimer*, Mustertexte zum Zivilprozess II, 6. Aufl., Muster 156.

4 Die **Art** der vom Schuldner zu stellenden Sicherheit ist entgegen dem Wortlaut des § 923 nicht auf die Hinterlegung eines Geldbetrages beschränkt.[5] Erforderlich ist nur, dass die Sicherheit derjenigen gleichwertig ist, die durch eine Arrestvollziehung erreicht werden könnte. Deshalb kann das Gericht gem. § 108 auch die Hinterlegung von Wertpapieren,[6] die Beibringung einer Bürgschaft[7] oder eine solche Sicherheit zulassen, auf welche die Parteien sich verständigt haben.[8]

5 Die **Höhe** der Lösungssumme richtet sich nicht etwa nach dem Wert der zu pfändenden Sache, sondern nach dem Wert der Forderung, deren zwangsweise Durchsetzung gesichert werden soll.[9] Zinsen und Kosten sind dazuzurechnen. Dagegen sind die Kosten des Arrestverfahrens nicht zu berücksichtigen;[10] diese werden gesondert festgesetzt und beigetrieben. Eine anderweitige Sicherung des Gläubigers spielt für die Höhe der Lösungssumme keine Rolle. Soweit sie nicht schon von vornherein den Arrestgrund ganz oder teilweise ausschließt, muss sie auch bei der Lösungssumme unberücksichtigt bleiben.[11] Haben sich die Parteien auf eine bestimmte Höhe der Lösungssumme verständigt, ist das Gericht wegen der auch in diesem Verfahrensstadium noch geltenden Dispositionsmaxime daran gebunden.[12] Hat der Gläubiger – ohne dazu verpflichtet zu sein – hinsichtlich der Höhe der Lösungssumme einen bestimmten Antrag gestellt, darf das Gericht zwar einen niedrigeren Betrag festsetzen, weil das Sicherungsbedürfnis des Gläubigers objektiv festzustellen ist; dagegen ist die Festsetzung eines höheren als des beantragten Betrages nicht zulässig (§ 308 Abs. 1 Satz 1). Beide Parteien können sich gegen die festgesetzte Höhe wehren, der Gläubiger mit der Berufung (§ 511) oder der sofortigen Beschwerde (§ 567), der Antragsgegner mit der Berufung oder dem Widerspruch (§ 924). Hat das Gericht gar keine Lösungssumme in den Arrestbefehl aufgenommen, ist dieser entweder in einem der genannten Rechtsbehelfsverfahren oder auf Antrag nach § 321 zu ergänzen.

IV. Hinterlegung der Lösungssumme

6 Die Hinterlegung erfolgt nach den Vorschriften der inhaltlich weitgehend identischen Hinterlegungsgesetze der Länder. Die frühere Hinterlegungsordnung (Bund) wurde mit Wirkung zum 1.12.2010 aufgehoben. Ohne Bedeutung ist es, ob der Schuldner oder ein Dritter die Lösungssumme leistet; entscheidend ist allein die Sicherung des Gläubigers. Dieser kann auch nicht etwa nach §§ 267 Abs. 2, 268 BGB der Sicherheitsleistung widersprechen. Danach haben zwar der Gläubiger und der Schuldner gemeinsam die Möglichkeit, die Einmischung eines Dritten in ihr Schuldverhältnis zu verhindern;[13] diese Möglichkeit geht ihnen aber durch die bloße Sicherheitsleistung eines Dritten nicht verloren, da der Gläubiger nicht gezwungen ist, sich aus dieser Sicherheit zu befriedigen.[14] Er kann weiterhin versuchen, auf das Vermögen des Schuldners zuzugreifen. Lediglich die Arrestvollziehung muss unterbleiben, weil der Arrestgrund entfällt, wenn dem Gläubiger eine Sicherheit für die zu vollstreckende Forderung zur Verfügung steht, und zwar unabhängig davon, wer die Sicherheit geleistet hat. Nur eine Befriedigung durch einen Dritten braucht der Gläubiger

---

5 Alternativkommentar/*Damm*, § 923 Rn. 1; *Baumbach/Lauterbach/Hartmann*, § 923 Rn. 1; Hk-ZV/*Haertlein*, § 923 Rn. 3; MüKo/*Drescher*, § 923 Rn. 3; PG/*Fischer*, § 923 Rn. 2; *Stein/Jonas/Grunsky*, § 923 Rn. 6; *Zöller/Vollkommer*, § 923 Rn. 1.
6 RG, JW 1911, 55.
7 BGH, MDR 1975, 750; OLG Darmstadt, JW 1935, 1345.
8 RG, JW 1911, 55; *Stein/Jonas/Grunsky*, § 923 Rn. 2, 6; *Wieczorek/Schütze/Thümmel*, § 923 Rn. 2.
9 So schon die Begründung zu § 748 des dritten Entwurfs einer CPO von 1874, abgedruckt bei *Hahn*, Materialien zur ZPO, Bd. 2, S. 474.
10 OLG Karlsruhe, HRR 31, 364; MüKo/*Drescher*, § 923 Rn. 2; PG/*Fischer*, § 923 Rn. 10; *Stein/Jonas/Grunsky*, § 923 Rn. 1, 9; *Wieczorek/Schütze/Thümmel*, § 923 Rn. 4; *Zöller/Vollkommer*, § 923 Rn. 1.
11 *Stein/Jonas/Grunsky*, § 923 Rn. 1.
12 MüKo/*Drescher*, § 923 Rn. 2; *Stein/Jonas/Grunsky*, § 923 Rn. 2.
13 *Gernhuber*, Die Erfüllung und ihre Surrogate, 2. Aufl., S. 427.
14 *Walker*, Der einstweilige Rechtsschutz, Rn. 511.

sich nicht aufdrängen zu lassen, sofern auch der Schuldner widerspricht;[15] denn § 267 Abs. 2 BGB differenziert nicht danach, ob der Dritte in oder außerhalb der Zwangsvollstreckung leistet.

V. Wirkung der Hinterlegung

Der Gläubiger erwirbt ein Pfandrecht an der hinterlegten Sicherheit oder an dem Rückforderungsanspruch gegen den Staat (§ 233 BGB). Das gilt unabhängig davon, wer die Sicherheit geleistet hat. Bis zur Aufhebung des Arrestes kann die Sicherheit nur vom Gläubiger und vom Schuldner gemeinsam zurückgefordert werden. Sobald gem. § 925 Abs. 2, § 926 Abs. 2 oder § 927 Abs. 2 ein vorläufig vollstreckbares Urteil über die Aufhebung des Arrestes ergangen ist, hat – sofern der Gläubiger nicht in die Rückgabe einwilligt – das Gericht entsprechend § 109 Abs. 2 auf Antrag anzuordnen, dass die Sicherheit dem Schuldner zurückzugeben ist[16] oder dass eine als Sicherheit gestellte Bürgschaft erlischt (§ 109 Abs. 2 Satz 1 Hs. 2).

Nach der Sicherheitsleistung darf der Arrest durch das Vollstreckungsorgan **nicht vollzogen** werden, sofern die Hinterlegung durch eine öffentliche Urkunde nachgewiesen wird (§ 775 Nr. 3). Nach dem Sinn des § 923 muss eine Vollziehung auch dann unterbleiben, wenn der Schuldner dem Gerichtsvollzieher die Hinterlegung nicht nachweist, ihm aber die Lösungssumme als Sicherheit anbietet. Der Gerichtsvollzieher hat dann den Betrag anzunehmen und zu hinterlegen (§ 155 Satz 2 Nr. 5 GVGA). Erfolgt die Hinterlegung erst nach der Arrestvollziehung, sind die Vollstreckungsmaßnahmen gem. § 934 vom Vollstreckungsgericht aufzuheben. Damit wird der Arrestbefehl als solcher aber nicht unwirksam. Er muss seinerseits im Verfahren nach §§ 924, 926 oder 927 aufgehoben werden, bevor der Schuldner seine Sicherheit zurückverlangen kann.

VI. Bedeutung des § 923 für die einstweilige Verfügung

Für die einstweilige Verfügung findet § 923 über § 936 keine Anwendung, weil § 939 insoweit eine abweichende Vorschrift enthält.[17] Nach dieser viel engeren Regelung kann nur unter besonderen Umständen die Aufhebung einer einstweiligen Verfügung (nicht nur die Aufhebung der Vollziehung) gegen Sicherheitsleistung gestattet werden. Der Grund dafür liegt darin, dass es bei der einstweiligen Verfügung um die Sicherung der Vollstreckung wegen einer (nicht auf Geldzahlung gerichteten) Individualforderung geht und dass die Vollstreckungsgefährdung in aller Regel nicht durch Hinterlegung eines Geldbetrages beseitigt werden kann.[18]

VII. Bedeutung des § 923 außerhalb des Zivilprozesses

Beim Arrest in **Familienstreitsachen** gilt § 923 gem. § 119 Abs. 2 FamFG entsprechend.

Im **arbeitsgerichtlichen Urteilsverfahren** findet § 923 gem. § 62 Abs. 2 Satz 1 ArbGG Anwendung. § 62 Abs. 1 Satz 1 ArbGG, wonach die arbeitsgerichtlichen Urteile ohne Sicherheitsleistung vorläufig vollstreckbar sind und auch eine Vollstreckungsabwendung durch Sicherheitsleistung ausscheidet, steht dem nicht entgegen, da die Arrestvollstreckung ohnehin nicht über eine Gläubigersicherung hinausgeht.[19]

Im **arbeitsgerichtlichen Beschlussverfahren** spielt § 923 in der Praxis keine Rolle: Die vermögenslosen Betriebsverfassungsorgane sind nicht Schuldner einer durch Arrest zu sichernden Geldforderung. Wenn ein Arbeitgeber vom Betriebsrat im Eilverfahren wegen einer Geldforderung in

---

15 *Walker*, Der einstweilige Rechtsschutz, Rn. 511; a. M. MüKo/*Drescher*, § 923 Rn. 3; *Stein/Jonas/Grunsky*, § 923 Rn. 7.
16 OLG Düsseldorf, NJW-RR 1987, 511, 512.
17 Siehe § 939 Rdn. 1 f.
18 Alternativkommentar/*Damm*, § 939 Rn. 1; *Baumbach/Lauterbach/Hartmann*, § 939 Rn. 3; *Brox/Walker*, Rn. 1638; MüKo/*Drescher*, § 939 Rn. 1; *Stein/Jonas/Grunsky*, § 939 Rn. 1; *Zöller/Vollkommer*, § 939 Rn. 1.
19 *Schwab/Weth/Walker*, ArbGG, § 62 Rn. 120; *Walker*, Der einstweilige Rechtsschutz, Rn. 758.

§ 923 ZPO Abwendungsbefugnis

Anspruch genommen wird, geht es in aller Regel nicht um die Sicherung, sondern um die Durchsetzung eines Kostenvorschuss- oder Erstattungsanspruchs. Diese ist nur durch eine Befriedigungsverfügung möglich. Dann tritt aber § 939 an die Stelle des § 923. Falls dennoch ausnahmsweise die Vollstreckung wegen einer Geldforderung nur gesichert werden soll, spricht nichts dagegen, § 923 über § 85 Abs. 2 ArbGG im arbeitsgerichtlichen Beschlussverfahren anzuwenden.

13 Im **verwaltungsgerichtlichen Eilverfahren** findet § 923 über § 123 Abs. 3 VwGO entsprechende Anwendung, aber nur, soweit die einstweilige Anordnung die Vollstreckung wegen einer Geldforderung sichern soll.[20] Falls eine andere (Individual-) Forderung gesichert werden soll, tritt wie bei der einstweiligen Verfügung § 939 an die Stelle des § 923.[21]

---

20 Zu dieser Möglichkeit siehe Vor §§ 916-945b Rdn. 94.
21 *Finkelnburg/Dombert/Külpmann*, Vorläufiger Rechtsschutz im Verwaltungsstreitverfahren, Rn. 246.

§ 924 Widerspruch

(1) Gegen den Beschluss, durch den ein Arrest angeordnet wird, findet Widerspruch statt.

(2) ¹Die widersprechende Partei hat in dem Widerspruch die Gründe darzulegen, die sie für die Aufhebung des Arrestes geltend machen will. ²Das Gericht hat Termin zur mündlichen Verhandlung von Amts wegen zu bestimmen. ³Ist das Arrestgericht ein Amtsgericht, so ist der Widerspruch unter Angabe der Gründe, die für die Aufhebung des Arrestes geltend gemacht werden sollen, schriftlich oder zum Protokoll der Geschäftsstelle zu erheben.

(3) Durch Erhebung des Widerspruchs wird die Vollziehung des Arrestes nicht gehemmt. ²Das Gericht kann aber eine einstweilige Anordnung nach 707 treffen; § 707 Abs. 1 Satz 2 ist nicht anzuwenden.

Übersicht

	Rdn.
I. System der Rechtsbehelfe	1
1. Rechtsbehelfe des Gläubigers	2
2. Rechtsbehelfe des Schuldners	3
3. Verhältnis zwischen den Rechtsbehelfen des Schuldners	4
II. Der Widerspruch	6
1. Zweck	7
2. Widerspruchsberechtigung	8
3. Zuständigkeit	9
4. Gegenstand des Widerspruchs	12
5. Einlegung des Widerspruchs (Abs. 2)	13
a) Form	13
b) Frist	14
6. Verlust des Widerspruchsrechts	15
a) Verwirkung	15
b) Verzicht	16
7. Rücknahme des Widerspruchs	17
8. Widerspruchsverfahren	18
9. Wirkung des Widerspruchs (Abs. 3)	19
a) Keine aufschiebende Wirkung	19
b) Einstweilige Einstellung der Vollziehung	20
III. Bedeutung des § 924 für die einstweilige Verfügung	21
IV. Bedeutung des § 924 außerhalb des Zivilprozesses	23
V. Gebühren	26

Literatur:

Mädrich, Das Verhältnis der Rechtsbehelfe des Antragsgegners im einstweiligen Verfügungsverfahren, 1980; *Meiski*, Aus der Praxis: Widerspruch oder Aufhebungsantrag gegen eine einstweilige Verfügung wegen Ablaufs der Vollziehungsfrist, JuS 2006, 889.

I. System der Rechtsbehelfe

Welcher Rechtsbehelf gegen die Entscheidung über das Arrestgesuch statthaft ist, hängt erstens davon ab, ob der begehrte Arrest angeordnet oder ob das Gesuch zurückgewiesen wurde, und zweitens davon, ob die Entscheidung in einem Verfahren mit oder ohne mündliche Verhandlung ergangen ist. Über den jeweils statthaften Rechtsbehelf muss die gerichtliche Arrestentscheidung gem. § 232 eine **Rechtsbehelfsbelehrung** enthalten.[1] Das System der Rechtsbehelfe ist kompliziert. Das gilt umso mehr, als die Rechtsbehelfe im Verfügungsverfahren sich z. T. noch von denen im Arrestverfahren unterscheiden (vgl. § 942 Abs. 1, 3). Die Frage, ob dieses Rechtsbehelfssystem so kompliziert sein muss,[2] kann nicht einheitlich beantwortet werden. Die in § 924 geregelte Widerspruchsmöglichkeit des Schuldners ist jedenfalls sinnvoll und wohl auch verfassungsrechtlich notwendig.[3] Im Einzelnen kommen im Arrestverfahren folgende Rechtsbehelfe in Betracht:

1

---

1 Dazu § 922 Rdn. 23 und 34.
2 *Baur*, NJW 1981, 970.
3 Siehe dazu sogleich Rn. 6 ff.

§ 924 ZPO Widerspruch

1. Rechtsbehelfe des Gläubigers

2 Der Gläubiger kann sich gegen eine ihn beschwerende Zurückweisung des Gesuchs durch Urteil mit der Berufung (§ 511) wehren; gegen das Berufungsurteil ist eine Revision nicht statthaft (§ 542 Abs. 2),[4] sodass auch eine Nichtzulassungsbeschwerde ausscheidet.[5] Ist das Gesuch ohne mündliche Verhandlung durch Beschluss zurückgewiesen worden,[6] kommt die sofortige Beschwerde (§ 567) in Betracht; für deren Einlegung besteht Anwaltszwang, falls der Beschluss von einem Landgericht erlassen wurde, weil auch für das Verfahren vor dem Landgericht Anwaltszwang bestanden hätte (vgl. § 569 Abs. 3 Nr. 1).[7] Davon abgesehen hat der Gläubiger die Möglichkeit, sein erfolgloses Gesuch nach rechtskräftiger Zurückweisung mit einer neuen Begründung zu wiederholen.[8]

2. Rechtsbehelfe des Schuldners

3 Der Schuldner kann sich gegen ein ihn belastendes Arresturteil ebenfalls mit der Berufung (§ 511) wehren. Gegen einen Beschluss, durch den ein Arrest angeordnet wurde, findet allerdings nicht die Beschwerde, sondern der Widerspruch statt (§ 924 Abs. 1); das gilt auch dann, wenn der Schuldner sich auf Verfahrensmängel beruft.[9] Die Widerspruchsentscheidung ist ihrerseits für den Gläubiger und den Schuldner mit der Berufung angreifbar, sofern sie nicht ohnehin erst von einem Gericht des zweiten Rechtszuges erlassen wurde. Zusätzlich hat der Schuldner noch die Möglichkeit, den durch Urteil oder Beschluss angeordneten Arrest wegen nicht rechtzeitiger Einleitung des Hauptsacheverfahrens (§ 926 Abs. 2) oder wegen veränderter Umstände (§ 927) aufheben zu lassen. Dagegen ist eine Vollstreckungsgegenklage (§ 767) oder eine Abänderungsklage (§ 323) zu dem Zweck, die Aufhebung des Arrestes zu erreichen, unzulässig. Die §§ 926, 927 sind insoweit abschließende Sonderregelungen.[10]

3. Verhältnis zwischen den Rechtsbehelfen des Schuldners

4 Die Voraussetzungen für einen Widerspruch oder eine Berufung einerseits und einen Aufhebungsantrag nach § 927 andererseits können gleichzeitig vorliegen; denn die Berufung und der Widerspruch können nicht nur auf die ursprüngliche Unbegründetheit des Arrestantrags gestützt werden, sondern auch darauf, dass der Arrest jetzt nicht mehr angeordnet werden dürfte.[11] Der Schuldner kann sich also im Berufungs- und im Widerspruchsverfahren ebenso wie im Aufhebungsverfahren gem. § 927 auf den nachträglichen Wegfall von Arrestanspruch oder -grund berufen. Nach richtiger Ansicht hat er zwischen beiden Rechtsbehelfen ein Wahlrecht.[12] Der Schuldner ist nicht etwa darauf angewiesen, vor dem Aufhebungsverfahren eine Aufhebung im Widerspruchs- oder

---

4 Siehe dazu Vor §§ 916-945b Rn. 51.
5 BAG, NZA 2005, 1016 (Ls).
6 Zu dieser Möglichkeit siehe § 922 Rn. 3 ff.
7 OLG Düsseldorf, OLGZ 1983, 358, 359; OLG Frankfurt, MDR 1999, 186; NJW 1981, 2203; OLG Hamm, NJW-RR 1997, 763; MDR 1996, 1182; NJW 1982, 1171; *Brox/Walker*, Rn. 1524; a. M. OLG Karlsruhe, MDR 1993, 902; KG, NJW-RR 1992, 556.
8 KG, MDR 1979, 64. Zum Problem der entgegenstehenden Rechtskraft siehe Vor §§ 916-945b Rn. 31.
9 MüKo/*Drescher*, § 924 Rn. 2; *Stein/Jonas/Grunsky*, § 924 Rn. 8.
10 RGZ 132, 180; OLG Karlsruhe, GRUR 1979, 571.
11 Siehe noch § 925 Rdn. 7.
12 OLG Hamburg, OLGZ 1994, 472, 473; OLG Koblenz, GRUR 1989, 373, 374; OLG Köln, WRP 1987, 567; *Baumbach/Lauterbach/Hartmann*, § 924 Rn. 6; *Berger/Heiderhoff*, Kap. 8 Rn. 77; *Gottwald*, § 924 Rn. 5; HdbVR-*Dunkl*, A Rn. 263, 266; Hk-ZV/*Haertlein*, § 927 Rn. 2; *Löwer*, ZZP 75 (1962), 232, 233; MüKo/*Drescher*, § 924 Rn. 3; *Stein/Jonas/Grunsky*, § 927 Rn. 1; *Teplitzky*, Wettbewerbsrechtliche Ansprüche und Verfahren, Kap. 56 Rn. 42; *Thomas/Putzo/Seiler*, § 924 Rn. 6; *Walker*, Der einstweilige Rechtsschutz, Rn. 549 f.; *Wieczorek/Schütze/Thümmel*, § 927 Rn. 3, § 924 Rn. 13; *Zöller/Vollkommer*, § 924 Rn. 2; a. M. wohl Alternativkommentar/*Damm*, § 924 Rn. 6; *Mädrich*, Die Rechtsbehelfe des Antragsgegners im einstweiligen Verfügungsverfahren, S. 42 ff., 46; *Teplitzky*, DRiZ 1982, 41, 42, 45.

Berufungsverfahren zu verfolgen. Das wird zunächst mit dem Wortlaut des § 927 begründet. Wenn nämlich eine Aufhebung »auch nach Bestätigung des Arrestes« beantragt werden könne, müsse das folgerichtig auch vor einer Bestätigung (im Berufungs- oder Widerspruchsverfahren) möglich sein. Von größerem Gewicht ist aber das Argument, dass im Verhältnis zwischen Berufungs- und Widerspruchsverfahren einerseits und Aufhebungsverfahren nach § 927 andererseits keine Verfahrensart als die einfachere, schnellere oder kostengünstigere angesehen werden kann, sodass für die jeweils andere das Rechtsschutzinteresse fehlen würde. Es wird jeweils vielmehr aufgrund mündlicher Verhandlung durch Endurteil nach demselben Verfahrensrecht entschieden.[13] Auch in den Rechtsfolgen führen die genannten Verfahren nicht zu nennenswerten Unterschieden. Zwar erfolgt die Aufhebung des Arrestes im Widerspruchs- und im Berufungsverfahren ex tunc, im Aufhebungsverfahren nach § 927 dagegen ex nunc, und dieser Unterschied kann grundsätzlich für die Anwendung des § 945 von Bedeutung sein, weil die Vorschrift voraussetzt, dass die Eilanordnung »von Anfang an ungerechtfertigt« war. Doch selbst aus einer rückwirkenden Aufhebung folgt keine Schadensersatzpflicht nach § 945, wenn die Aufhebung nicht auf einem ursprünglichen Fehlen, sondern auf einem nachträglichen Wegfall von Arrestanspruch oder -grund beruht.[14] Ein Unterschied, der im Einzelfall für die Ausübung des Wahlrechts durch den Schuldner von Bedeutung sein mag, besteht zwischen den Kostenentscheidungen in den jeweiligen Verfahrensarten. Die Kostenentscheidung im Berufungs- und im Widerspruchsverfahren[15] bezieht sich auf das gesamte Arrestverfahren, also auch auf die Kosten des Anordnungsverfahrens. Dagegen wird im Verfahren nach § 927 nur über die Kosten des Aufhebungsverfahrens entschieden, sodass der Schuldner selbst bei einer Aufhebung des Arrestes mit den Kosten des Anordnungsverfahrens belastet bleibt.

Wenn sich der Schuldner allerdings für einen Rechtsbehelf entschieden hat, ist die gleichzeitige Durchführung des jeweils anderen Rechtsbehelfsverfahrens entweder mangels Rechtsschutzinteresses[16] oder wegen **anderweitiger Rechtshängigkeit** unzulässig.[17] Nach rechtskräftigem Abschluss des Berufungs-, Widerspruchs- oder Aufhebungsverfahrens zu Ungunsten des Schuldners kann dieser wegen **entgegenstehender Rechtskraft** die Aufhebung nicht mit dem jeweils anderen Rechtsbehelf weiterbetreiben, sofern nicht ein neuer Aufhebungsgrund vorliegt, der im ersten Verfahren noch nicht geltend gemacht werden konnte.[18]

II. Der Widerspruch

Der Widerspruch ist der statthafte Rechtsbehelf für den Schuldner, der sich gegen eine Arrestanordnung wehren will, die ohne mündliche Verhandlung durch Beschluss erfolgt ist.

1. Zweck

Wenn es den Rechtsbehelf des Widerspruchs nicht gäbe, könnte sich der Schuldner gegen einen Arrestbeschluss nur mit der sofortigen Beschwerde (§ 567) wehren. Über dieses Rechtsmittel würde in der nächsthöheren Instanz entschieden (§ 72 GVG). Dem im Arrestverfahren nicht beteiligten

---

13 *Stein/Jonas/Grunsky*, § 924 Rn. 4; *Walker*, Der einstweilige Rechtsschutz, Rn. 550; *Zöller/Vollkommer*, § 927 Rn. 2.
14 Ebenso *Stein/Jonas/Grunsky*, § 924 Rn. 4.
15 Zum Inhalt der Kostenentscheidung siehe § 925 Rn. 10, 13.
16 So OLG Düsseldorf, NJW 1955, 1844; OLG Hamm, WRP 1978, 394; OLG Karlsruhe, WRP 1976, 489; OLG Koblenz, GRUR 1989, 373; *Baumbach/Lauterbach/Hartmann*, § 924 Rn. 6; *Wedemeyer*, NJW 1979, 293, 294. Siehe auch § 927 Rn. 4.
17 *Mädrich*, Das Verhältnis der Rechtsbehelfe des Antragsgegners im einstweiligen Verfügungsverfahren, S. 149; *Stein/Jonas/Grunsky*, § 924 Rn. 6; *Teplitzky*, Wettbewerbsrechtliche Ansprüche und Verfahren, Kap. 56 Rn. 42; *Zöller/Vollkommer*, § 924 Rn. 3; **a.M.** OLG Hamm, WM 1966, 291; GRUR 1978, 611; *MüKo/Drescher*, § 924 Rn. 5; *Musielak/Voit/Huber*, § 924 Rn. 2; *Thomas/Putzo/Seiler*, § 924 Rn. 6.
18 *Mädrich*, Das Verhältnis der Rechtsbehelfe des Antragsgegners im einstweiligen Verfügungsverfahren, S. 153 ff.; *Stein/Jonas/Grunsky*, § 924 Rn. 5; *Zöller/Vollkommer*, § 924 Rn. 3.

Schuldner würde also das rechtliche Gehör im erstinstanzlichen Verfahren nicht einmal nachträglich gewährt. Selbst die Beschwerdeentscheidung könnte gem. § 572 Abs. 4 i. V. m. § 128 Abs. 4 ohne mündliche Verhandlung ergehen. Unter Umständen wäre die Möglichkeit des Schuldners, sich wenigstens nachträglich rechtliches Gehör zu verschaffen, sogar ganz ausgeschlossen. Wenn nämlich der Arrest erst auf eine Beschwerde des Gläubigers vom Beschwerdegericht erlassen wird, ist eine Rechtsbeschwerde (§ 574) wegen § 542 Abs. 2 nicht statthaft, selbst wenn sie vom Beschwerdegericht zugelassen wurde.[19] Auch wenn das Landgericht oder das Oberlandesgericht als Berufungsgericht der Hauptsache den Arrest anordnet, ist diese Entscheidung nicht mit der Beschwerde angreifbar (§ 542 Abs. 2). Diese Lücke im Rechtsschutz des Schuldners innerhalb des Eilverfahrens wird durch § 924 geschlossen. Durch den Widerspruch kann der Schuldner erreichen, dass dasselbe Gericht, welches den Arrest angeordnet hat, seine eigene Entscheidung nochmals überprüft, jetzt aber mit Beteiligung des Schuldners. Der Widerspruch ist also kein Rechtsmittel, sondern er leitet den Arrestprozess in derselben Instanz in ein Verfahren mit mündlicher Verhandlung (§ 924 Abs. 2 Satz 2) über.[20] Dieser Rechtsbehelf ist zwar einer der Gründe für die Kompliziertheit des Rechtsbehelfssystems im Eilverfahren, aber er ist durch das Prozessgrundrecht auf rechtliches Gehör (Art. 103 Abs. 1 GG) geradezu verfassungsrechtlich geboten.

2. Widerspruchsberechtigung

8   Widerspruchsberechtigt ist der Schuldner, weil er durch die Arrestanordnung beschwert ist. An seiner Stelle kann nach allgemeinen Regeln auch sein Rechtsnachfolger und im Insolvenzverfahren über das Vermögen des Schuldners der Insolvenzverwalter den Widerspruch einlegen.[21] Sofern Dritte durch die Arrestvollziehung beschwert werden, etwa weil sie Eigentümer oder Gewahrsamsinhaber des beschlagnahmten Gegenstandes sind, stehen ihnen nur die allgemeinen vollstreckungsrechtlichen Rechtsbehelfe (§§ 766, 771) zu; sie können sich aber nicht gegen den Arrest als solchen mit dem Widerspruch wehren.

3. Zuständigkeit

9   Welches Gericht zur Entscheidung über den Widerspruch des Schuldners örtlich und sachlich zuständig ist, ergibt sich nicht aus dem Gesetz. Aus dem Sinn des Widerspruchs, dem Schuldner in derselben Instanz nachträglich rechtliches Gehör zu gewähren, folgt aber, dass dasselbe Gericht, welches den Arrest durch Beschluss angeordnet hat, auch über den Widerspruch entscheidet. Die Zuständigkeit des Arrestgerichtes ist unstreitig, soweit sich der Widerspruch gegen einen **erstinstanzlichen Arrestbeschluss** richtet,[22] unabhängig davon, ob das Gericht der Hauptsache oder das Amtsgericht der belegenen Sache entschieden hat. Die Zuständigkeit des Erlassgerichts beruht hier auf derselben Überlegung wie die Zuständigkeit des Prozessgerichts für den Einspruch gegen ein Versäumnisurteil (§§ 338, 340) und die Zuständigkeit des Mahngerichts für den Widerspruch gegen den Mahnbescheid (§ 694 Abs. 1). Es handelt sich um eine ausschließliche Zuständigkeit (§ 802).

10   Wenn der Arrest nicht in der ersten Instanz, sondern **vom Beschwerdegericht angeordnet** wurde, soll nach schon wohl gewohnheitsrechtlich verfestigter[23] h. M. für die Entscheidung über den

---

19 Siehe § 922 Rdn. 39.
20 OLG Hamm, OLGZ 1989, 338, 340; *Mädrich*, Das Verhältnis der Rechtsbehelfe des Antragsgegners im einstweiligen Verfügungsverfahren, S. 17; MüKo/*Drescher*, § 924 Rn. 1; *Ostler*, MDR 1968, 713, 715; *Schlüter*, ZZP 80 (1967), 447, 448; *Walker*, Der einstweilige Rechtsschutz, Rn. 519.
21 BGH, NJW 1962, 589, 591.
22 RGZ 37, 368, 369; *Baumbach/Lauterbach/Hartmann*, § 924 Rn. 11; *Mädrich*, Das Verhältnis der Rechtsbehelfe des Antragsgegners im einstweiligen Verfügungsverfahren, S. 22; MüKo/*Drescher*, § 924 Rn. 10; *Stein/Jonas/Grunsky*, § 924 Rn. 17; *Thomas/Putzo/Seiler*, § 924 Rn. 2; *Walker*, Der einstweilige Rechtsschutz, Rn. 523; *Zöller/Vollkommer*, § 924 Rn. 6.
23 *Brox/Walker*, Rn. 1525; *Stein/Jonas/Grunsky*, § 924 Rn. 18.

Widerspruch trotzdem das erstinstanzliche Gericht zuständig sein.[24] Das wird vor allem damit begründet, dass bei einer Zuständigkeit des Beschwerdegerichts dem widersprechenden Schuldner eine Instanz verloren ginge, weil das Urteil über den Widerspruch (§ 925 Abs. 1) nicht im ersten Rechtszug ergehe und daher nicht berufungsfähig sei.[25] Dieses Argument überzeugt jedoch nicht. Der Schuldner wird nämlich gar nicht benachteiligt, wenn er jedenfalls von dem Gericht angehört wird, welches ohnehin die letztinstanzliche Entscheidung über das Arrestgesuch trifft. Der Grundsatz des rechtlichen Gehörs (Art. 103 Abs. 1 GG) gewährt keinen Anspruch auf eine bestimmte Länge des Instanzenzuges, in dem beide Parteien zu beteiligen sind. Die Verlängerung des Instanzenzuges, die bei einer Zuständigkeit des erstinstanzlichen Gerichts für die Entscheidung über den Widerspruch gegen die Arrestanordnung durch das Beschwerdegericht eintreten würde, widerspricht geradezu dem Eilcharakter des Arrestverfahrens.[26] Davon abgesehen erweckt die h. M. auch deshalb Unbehagen, weil sie zur Folge hat, dass das erstinstanzliche Gericht in seiner Entscheidung über den Widerspruch die Arrestanordnung des übergeordneten Gerichts aufheben kann. Der Zweck des Widerspruchs, wonach das Gericht, welches den Arrest angeordnet hat, seine eigene Entscheidung aufgrund mündlicher Verhandlung nochmals überprüfen soll, und der Eilcharakter des Verfahrens sprechen für eine Zuständigkeit des Beschwerdegerichts zur Entscheidung über den Widerspruch, zumal dieses mit der Sache bereits vertraut ist.[27]

Ruft der Schuldner ein **unzuständiges Gericht** an, sind §§ 281, 506 anwendbar.[28] Stellt sich erst im Widerspruchsverfahren heraus, dass der Arrest von einem unzuständigen Gericht angeordnet wurde, findet nach ganz h. M.[29] § 281 ebenfalls Anwendung. Gute Gründe sprechen jedoch dafür, in diesem Fall eine Verweisung gem. § 281 entweder ganz auszuschließen[30] oder jedenfalls nur dann in Betracht kommen zu lassen, wenn der Arrestbefehl zuvor aufgehoben wird.[31] Der Schuldner hat nämlich ein berechtigtes Interesse daran, dass der von einem unzuständigen Gericht angeordnete Arrest nicht länger aufrechterhalten und damit vollziehbar bleibt (falls er nicht sogar schon vollzogen ist), sondern sofort aufgehoben wird.

11

---

24 RGZ 29, 396, 399; 37, 368, 369; OLG Düsseldorf, MDR 1984, 324; OLG Hamburg, MDR 1957, 105; OLG Hamm, OLGZ 1987, 492, 493; KG, NJW-RR 2008, 520; *Ahrens/Scharen*, Der Wettbewerbsprozess, Kap. 51 Rn. 78; Alternativkommentar/*Damm*, § 924 Rn. 3; *Baumbach/Lauterbach/Hartmann*, § 924 Rn. 11; *Baur/Stürner/Bruns*, Rn. 51.22; HdbVR-*Dunkl*, A Rn. 270; Hk-ZV/*Haertlein*, § 924 Rn. 7; *Jacobs*, NJW 1988, 1365; *Mädrich*, Das Verhältnis der Rechtsbehelfe des Antragsgegners im einstweiligen Verfügungsverfahren, S. 23; MüKo/*Drescher*, § 924 Rn. 10; *Musielak/Voit/Huber*, § 924 Rn. 6; PG/*Fischer*, § 924 Rn. 8; *Stein/Jonas/Grunsky*, § 924 Rn. 18; *Teplitzky*, JuS 1981, 435; *Thomas/Putzo/Seiler*, 924 Rn. 2; *Wieczorek/Schütze/Thümmel*, § 924 Rn. 3, Zöller/*Vollkommer*, § 924 Rn. 6; a. M. *Uhle-Bahls*, MDR 1973, 889.
25 Vgl. etwa OLG Düsseldorf, MDR 1984, 324; OLG Hamm, OLGZ 1987, 492, 493; *Baumbach/Lauterbach/Hartmann*, § 924 Rn. 11; *Mädrich*, Das Verhältnis der Rechtsbehelfe des Antragsgegners im einstweiligen Verfügungsverfahren, S. 23, 51; **a. M.** *Stein/Jonas/Grunsky*, § 922 Rn. 9, der für eine Berufungsmöglichkeit auch bei einer Widerspruchsentscheidung durch das Beschwerdegericht plädiert.
26 *Walker*, Der einstweilige Rechtsschutz, Rn. 526.
27 KG, NJW-RR 2004, 1665, 1666 (jedenfalls dann, wenn es ausschließlich um Rechtsfragen geht); *Walker*, Der einstweilige Rechtsschutz, Rn. 526; in der Sache ebenso *Berger/Heiderhoff*, Kap. 8 Rn. 20; *Stein/Jonas/Grunsky*, § 924 Rn. 18.
28 OLG Koblenz, NJW 1963, 1460; LG Frankfurt, NJW 1975, 1932, 1933; *Baumbach/Lauterbach/Hartmann*, § 942 Rn. 10 (zum Rechtfertigungsverfahren); *Jacobs*, NJW 1988, 1365, 1366; *Stein/Jonas/Grunsky*, § 942 Rn. 10, 11.
29 OLG Hamm, OLGZ 1989, 338, 340; OLG Stuttgart, MDR 1958, 171; MüKo/*Drescher*, § 924 Rn. 10; *Stein/Jonas/Grunsky*, § 924 Rn. 19; Zöller/*Vollkommer*, § 924 Rn. 6.
30 RG, JW 1924, 1050; OLG Stettin, ZZP 49 (1925), 231, 233; Alternativkommentar/*Damm*, § 924 Rn. 4; *Bernaerts*, MDR 1979, 97; *Teplitzky*, DRiZ 1982, 41, 42; *ders.*, Wettbewerbsrechtliche Ansprüche und Verfahren, Kap. 55 Rn. 20; *Walker*, Der einstweilige Rechtsschutz, Rn. 379.
31 So LG Arnsberg, NJW-RR 1993, 318; LG Berlin, BB 1972, 336.

4. Gegenstand des Widerspruchs

12 Der Widerspruch richtet sich gegen den Beschluss, durch den der Arrest angeordnet wurde, nicht gegen dessen Vollziehung. Er ist als Vollwiderspruch, aber auch als beschränkter, sog. Kostenwiderspruch, zulässig.[32] Daran kann der Schuldner interessiert sein, wenn er den Anspruch sofort anerkennen und gem. § 93 der Kostenlast entgehen will.[33] Ein sofortiges Anerkenntnis setzt allerdings voraus, dass die Beschränkung des Widerspruchs auf die Kostenentscheidung schon mit der Widerspruchseinlegung nicht nur in Aussicht gestellt, sondern klargestellt wird.[34] Das ist gegebenenfalls durch Auslegung zu ermitteln.[35] In einer solchen Beschränkung liegt dann ein Verzicht auf einen Widerspruch gegen die Arrestanordnung in der Sache;[36] deshalb ist es ausgeschlossen, das Fehlen eines Arrest- oder Verfügungsgrundes mit einem bloßen Kostenwiderspruch geltend zu machen.[37] Dieser Verzicht ist bindend; ein Übergang vom Kosten- zum Vollwiderspruch ist unzulässig.[38] Ein bloßer Kostenwiderspruch liegt ferner dann nahe, wenn wegen eines zwischenzeitlich eingetretenen erledigenden Umstandes nur noch die Kosten im Streit sind; allerdings ist auch ein Vollwiderspruch möglich, wenn der Antragsgegner daran interessiert ist, den gegen ihn gerichteten Titel zu beseitigen.[39] § 99 Abs. 1, wonach eine Entscheidung nur hinsichtlich der Kosten nicht angefochten werden kann, steht der Zulässigkeit eines Kostenwiderspruchs nicht entgegen; denn diese Vorschrift setzt voraus, dass die Kostenentscheidung nach Anhörung des Gegners ergangen ist.[40] Dieser erhielte andernfalls keinerlei rechtliches Gehör. Außerdem schließt § 99 Abs. 1 lediglich Rechtsmittel, nicht aber andere Rechtsbehelfe aus.[41] Das Urteil über den Kostenwiderspruch ist nach h. M. analog § 99 Abs. 2 mit der sofortigen Beschwerde anfechtbar.[42] Diese Ansicht, die z.T. wegen des entgegenstehenden Wortlauts des § 99 Abs. 1, 2 abgelehnt wird,[43] überzeugt; denn die Beschränkung des Widerspruchs auf die Kostenentscheidung steht einem Anerkenntnis i. S. d. § 99 Abs. 2 bzgl. der Arrestvoraussetzungen gleich.[44]

---

32 BGH, NJW 1986, 1815; OLG Brandenburg, NJW-RR 1994, 1022; OLG Celle, GRUR 1980, 945; OLG Frankfurt, BB 1984, 1323; OLGZ 1993, 238; NJW-RR 1996, 1535; NJW-RR 2012, 1018; OLG Hamburg, MDR 1960, 850; WRP 1976, 180; MDR 1989, 1002; WRP 1996, 442; OLG Hamm, MDR 1991, 357 f.; JurBüro 1977, 1279; KG, MDR 1985, 770; OLG Koblenz, NJW-RR 1997, 893; Rpfleger 1986, 407, 408; OLG München, NJW 1972, 954; OLG Schleswig, MDR 1979, 763, 764; *Baumbach/Lauterbach/Hartmann*, § 924 Rn. 9; HdbZVR/*Kellendorfer*, Kap. 8 Rn. 31; Hk-ZV/*Haertlein*, § 924 Rn. 4; MüKo/*Drescher*, § 924 Rn. 7; *Stein/Jonas/Grunsky*, § 924 Rn. 9; *Teplitzky*, Wettbewerbsrechtliche Ansprüche und Verfahren, Kap. 55 Rn. 9; *Wieczorek/Schütze/Thümmel*, § 924 Rn. 11; *Zöller/Vollkommer*, § 924 Rn. 5.
33 Zu einem solchen Fall etwa OLG Frankfurt, NJW-RR 2012, 1018.
34 OLG Düsseldorf, NJW-RR 1986, 37; OLG Hamburg, MDR 1989, 1002; OLG Hamm, MDR 1989, 1001; OLG Schleswig, GRUR 1986, 840; *Baumbach/Lauterbach/Hartmann*, § 924 Rn. 9; *Lemke*, DRiZ 1992, 339; MüKo/*Drescher*, § 924 Rn. 7; *Teplitzky*, DRiZ 1982, 41, 45; *Zöller/Vollkommer*, § 924 Rn. 5.
35 KG, MDR 1982, 853.
36 OLG Hamm, MDR 1991, 357 f.; *Baumbach/Lauterbach/Hartmann*, § 924 Rn. 9; *Zöller/Vollkommer*, § 924 Rn. 5.
37 OLG Hamburg, WRP 1996, 442.
38 OLG Hamburg, NJW-RR 2000, 1238; OLG Hamm, MDR 1991, 357; *Baumbach/Lauterbach/Hartmann*, § 924 Rn. 9.
39 OLG Hamburg, NJW-RR 2002, 215.
40 OLG Düsseldorf, NJW 1972, 1955, 1956; OLG München, NJW 1972, 954; *Baumbach/Lauterbach/Hartmann*, § 924 Rn. 9; a. M. *von Gamm*, NJW 1961, 1048, 1050.
41 *Zöller/Herget*, § 99 Rn. 3.
42 OLG Brandenburg, NJW-RR 1994, 1022; OLG Bremen, NJW-RR 1988, 625; OLG Frankfurt, NJW-RR 2012, 1018; BB 1984, 1323; OLG Karlsruhe, NJW-RR 1987, 105; OLG Koblenz, NJW-RR 1997, 893; MüKo/*Drescher*, § 924 Rn. 7; *Teplitzky*, Wettbewerbsrechtliche Ansprüche und Verfahren, Kap. 55 Rn. 13; *Zöller/Vollkommer*, § 924 Rn. 5.
43 OLG München, NJW 1972, 954; OLG Stuttgart, WRP 1970, 403; *Baumbach/Lauterbach/Hartmann*, § 925 Rn. 15.
44 Siehe noch § 925 Rn. 18.

5. Einlegung des Widerspruchs (Abs. 2)

a) Form

Hinsichtlich der Form ist zu unterscheiden: Ist das Arrestgericht ein Amtsgericht, kann der Widerspruch schriftlich oder zum Protokoll der Geschäftsstelle (§ 924 Abs. 2 Satz 3, letzter Hs.) eingelegt werden. Es besteht kein Anwaltszwang. Beim Landgericht ist dagegen die Schriftform einzuhalten; außerdem gilt dort Anwaltszwang. In beiden Fällen sind nach dem Wortlaut des § 924 Abs. 2 Satz 1, 3 die Widerspruchsgründe anzugeben. Hierbei handelt es sich jedoch nach allgemeiner Ansicht nur um eine Soll-Vorschrift.[45] Ein Widerspruch ohne Begründung ist daher nicht unzulässig, und die Gründe können nachgeschoben werden, ohne dass darin eine Klageänderung liegt. Die Bezeichnung der Eingabe als »Widerspruch« ist nicht erforderlich.[46] Wie bei anderen Rechtsbehelfen reicht es vielmehr aus, wenn sich der Wille des Schuldners, die Arrestanordnung in derselben Instanz überprüfen zu lassen, durch Auslegung eindeutig ermitteln lässt.

13

b) Frist

Eine Frist braucht nicht eingehalten zu werden. Der Widerspruch ist frühestens nach Erlass des Arrestbeschlusses (vgl. § 924 Abs. 1), also schon vor Zustellung und Vollziehung, und höchstens so lange zulässig, wie der Arrestbeschluss noch besteht. Er ist also auch zulässig gegen einen Arrestbefehl, der nicht zugestellt oder nicht vollzogen wurde.[47] Er kann selbst nach längerer Zeit noch eingelegt werden, vor allem, wenn der Hauptprozess noch läuft.[48] Ohne Bedeutung ist es insoweit, wenn sich zwischenzeitlich die Hauptsache erledigt hat,[49] wenn in der Hauptsache schon eine rechtskräftige Entscheidung ergangen ist,[50] wenn die gepfändeten Sachen inzwischen wieder freigegeben wurden,[51] wenn die Vollziehung durch das Gericht aufgehoben wurde[52] oder die Vollziehungsfrist (§ 929 Abs. 2) abgelaufen ist.[53]

14

6. Verlust des Widerspruchsrechts

a) Verwirkung

Falls zu dem bloßen Zeitablauf weitere Umstände hinzukommen, kommt eine Verwirkung in Betracht.[54] Das setzt allerdings voraus, dass der Gläubiger aufgrund eines Verhaltens des Schuldners darauf vertrauen durfte, dieser werde keinen Widerspruch einlegen. Das ist anzunehmen, wenn

15

---

45 *Baumbach/Lauterbach/Hartmann*, § 924 Rn. 13; MüKo/*Drescher*, § 924 Rn. 9; *Stein/Jonas/Grunsky*, § 924 Rn. 21; *Zöller/Vollkommer*, § 924 Rn. 7; a. M. Hk-ZV/*Haertlein*, § 924 Rn. 6.
46 RGZ 67, 159, 162; *Baumbach/Lauterbach/Hartmann*, § 924 Rn. 13; MüKo/*Drescher*, § 924 Rn. 9; PG/*Fischer*, § 924 Rn. 4; *Stein/Jonas/Grunsky*, § 924 Rn. 20; *Wieczorek/Schütze/Thümmel*, § 924 Rn. 6; *Zöller/Vollkommer*, § 924 Rn. 7.
47 OLG Frankfurt, OLGE 19, 159.
48 BGH, NJW 1992, 2297.
49 *Baumbach/Lauterbach/Hartmann*, § 924 Rn. 14; MüKo/*Drescher*, § 924 Rn. 11. – Zum Rechtsschutzinteresse in diesem Fall siehe *Walker*, Der einstweilige Rechtsschutz, Rn. 527.
50 Vgl. *Baumbach/Lauterbach/Hartmann*, § 924 Rn. 14 (Hauptsacheprozess darf erst abgewartet werden); MüKo/*Drescher*, § 924 Rn. 11.
51 RGZ 16, 323, 324; *Baumbach/Lauterbach/Hartmann*, § 924 Rn. 14.
52 RGZ 16, 323, 324.
53 OLG Düsseldorf, NJW 1970, 618, 619; OLG Hamburg, MDR 1960, 932; *Baumbach/Lauterbach/Hartmann*, § 924 Rn. 14; MüKo/*Drescher*, § 924 Rn. 11; *Stein/Jonas/Grunsky*, § 924 Rn. 10.
54 BVerfGE 32, 305, 308 f.; OLG Celle, GRUR 1980, 945; OLG Frankfurt, MDR 1956, 622; KG, GRUR 1985, 237; OLG Saarbrücken, NJW-RR 1989, 1512, 1513; *Ahrens/Scharen*, Der Wettbewerbsprozess, Kap. 51 Rn. 49; *Brox/Walker*, Rn. 1525; *Gottwald*, § 924 Rn. 11; Hk-ZV/*Haertlein*, § 924 Rn. 11; MüKo/*Drescher*, § 924 Rn. 11; PG/*Fischer*, § 924 Rn. 5; *Stein/Jonas/Grunsky*, § 924 Rn. 11; *Zöller/Vollkommer*, § 924 Rn. 10; a. M. wohl KG, NJW 1962, 816.

der Schuldner positiv zu erkennen gibt, dass er sich mit dem Arrest abfinden wolle,[55] oder wenn er jedenfalls untätig bleibt, obwohl er unter den konkreten Verhältnissen vernünftigerweise etwas zur Rechtswahrung hätte unternehmen müssen.[56]

b) Verzicht

16 Ebenso wie das Widerspruchsrecht nachträglich verwirkt werden kann, ist auch von vornherein ein Verzicht möglich.[57] Das ist zwar nicht ausdrücklich so geregelt, doch besteht kein sachlicher Grund, einen Verzicht auf den Widerspruch anders als den auf Berufung oder Revision (vgl. §§ 515, 565) als unzulässig anzusehen. Der Verzicht kann sich auf das Widerspruchsrecht insgesamt beziehen, aber auch auf den Widerspruch in der Sache beschränken, wenn es dem Schuldner nur noch auf einen Kostenwiderspruch[58] ankommt. Der Verzicht auf das Widerspruchsrecht spielt insbesondere bei einstweiligen Verfügungen in Wettbewerbsstreitigkeiten eine Rolle. Er erfolgt regelmäßig in einer sog. Abschlusserklärung, zu deren Abgabe der Gläubiger dem Schuldner oft in einem sog. Abschlussschreiben eine Frist setzt.[59] Ob sich ein solcher Verzicht auch auf die Aufhebungsverfahren nach §§ 926, 927 erstreckt, muss im Einzelfall durch Auslegung ermittelt werden. Allenfalls wenn das zu bejahen ist, hat der Gläubiger kein Rechtsschutzinteresse mehr an der Durchführung des Hauptsacheverfahrens.[60] Ein wirksamer Verzicht auf das Widerspruchsrecht hat zur Folge, dass ein dennoch eingelegter Widerspruch unzulässig ist.[61]

7. Rücknahme des Widerspruchs

17 Sie ist jederzeit möglich, solange das Urteil (vgl. § 925 Abs. 1) noch nicht formell rechtskräftig ist.[62] Auf eine Zustimmung des Gläubigers kommt es nicht an.[63] Ein zurückgenommener Widerspruch kann wiederholt werden, sofern die Rücknahme nicht im Einzelfall zu einer Verwirkung des Widerspruchsrechts führt[64], sonst rechtsmissbräuchlich ist oder sogar als Verzicht auf das Widerspruchsrecht auszulegen ist.[65] Ein solches prozessuales Verhalten ist jedenfalls dann nicht rechtsmissbräuchlich, wenn mit dem Widerspruch neue Glaubhaftmachungsmittel angekündigt werden.[66] Bei einer Rücknahme hat das Gericht entsprechend § 516 Abs. 3 auf Antrag des Gläubigers dem widersprechenden Schuldner die Kosten des Widerspruchs aufzuerlegen.[67]

8. Widerspruchsverfahren

18 Über den Widerspruch wird mündlich verhandelt und durch Endurteil entschieden (§ 925 Abs. 1). Das Gericht hat nach Eingang des Widerspruchs von Amts wegen einen Termin zur mündlichen Verhandlung zu bestimmen (§ 924 Abs. 2 Satz 2) und beide Parteien unter Einhaltung der abkürz-

---

55 OLG Saarbrücken, NJW-RR 1989, 1512, 1513.
56 Vgl. BVerfGE 32, 305, 308 f.
57 *Baumbach/Lauterbach/Hartmann*, § 924 Rn. 15; *Stein/Jonas/Grunsky*, § 924 Rn. 12; *Wieczorek/Schütze/Thümmel*, § 924 Rn. 9; *Zöller/Vollkommer*, § 924 Rn. 9.
58 Siehe Rdn. 5.
59 Einzelheiten siehe Anhang C zu § 935 (*Kessen*); BGH, NJW 1981, 1955; OLG Hamm, NJW-RR 1986, 922; OLG Köln, WRP 1987, 188, 190; *Brox/Walker*, Rn. 1646; MüKo/*Drescher*, § 924 Rn. 12; *Wieczorek/Schütze/Thümmel*, § 924 Rn. 10; *Zöller/Vollkommer*, § 924 Rn. 9.
60 OLG Hamm, NJW-RR 1986, 922; OLG Koblenz, GRUR 1986, 94.
61 OLG Hamm, WRP 1981, 475.
62 Ebenso OLG Frankfurt, NJW-RR 2013, 703.
63 MüKo/*Drescher*, § 924 Rn. 13; *Stein/Jonas/Grunsky*, § 924 Rn. 13; *Zöller/Vollkommer*, § 924 Rn. 8.
64 MüKo/*Drescher*, § 924 Rn. 13; *Stein/Jonas/Grunsky*, § 924 Rn. 13; *Zöller/Vollkommer*, § 924 Rn. 8.
65 OLG Frankfurt, NJW-RR 2013, 703; *Stein/Jonas/Grunsky*, § 924 Rn. 13.
66 OLG Frankfurt, NJW-RR 2013, 703.
67 OLG München, JurBüro 1977, 93; MüKo/*Drescher*, § 924 Rn. 13; *Stein/Jonas/Grunsky*, § 924 Rn. 13; *Zöller/Vollkommer*, § 924 Rn. 8.

baren (§ 226) Frist des § 217 zu laden (§ 274 Abs. 1). Terminsbestimmung und Ladung müssen auch dann erfolgen, wenn der Widerspruch entgegen § 924 Abs. 2 Satz 1, 3 nicht mit Gründen versehen ist.[68] Findet das Verfahren vor einem Landgericht statt, ist der bisher nicht anwaltlich vertretene Arrestkläger (vgl. §§ 920 Abs. 3, 78 Abs. 3)[69] mit der Ladung zur Bestellung eines Anwalts aufzufordern (vgl. § 271 Abs. 2). Entscheidungserhebliche Tatsachen brauchen nicht bewiesen, sondern nur glaubhaft gemacht zu werden (§§ 920 Abs. 2, 294).

9. Wirkung des Widerspruchs (Abs. 3)

a) Keine aufschiebende Wirkung

Der Widerspruch führt zunächst nur dazu, dass der Schuldner nachträglich rechtliches Gehör 19 erhält. Er bewirkt dagegen weder eine automatische Aufhebung des Arrestes noch eine Aufhebung oder Hemmung der Arrestvollziehung (§ 924 Abs. 3 Satz 1). Er hat also keine aufschiebende Wirkung. Insofern bleibt die Wirkung des Widerspruchs hinter derjenigen des § 923 bei Hinterlegung der Lösungssumme zurück. Diese bewusste gesetzgeberische Entscheidung ist sachgerecht. Sie verhindert, dass durch die Einlegung von aussichtslosen Widersprüchen der Zweck des einstweiligen Rechtsschutzes vereitelt wird, zumal die Einlegung des Widerspruchs im Gegensatz zur Hinterlegung der Lösungssumme dem Gläubiger keinerlei Sicherheit bietet.[70]

b) Einstweilige Einstellung der Vollziehung

Davon abgesehen braucht der widersprechende Schuldner die Arrestvollziehung nicht schutzlos 20 über sich ergehen zu lassen. Das Gericht kann nämlich gem. §§ 924 Abs. 3 Satz 2, 707 Abs. 1 die einstweilige Einstellung der Vollziehung anordnen. Dabei ist es an die einschränkende Regelung des § 707 Abs. 1 Satz 2, wonach eine einstweilige Einstellung im Regelfall nur gegen Sicherheitsleistung zulässig ist, nicht gebunden (§ 924 Abs. 3 Satz 2, 2. Hs.). Diese Regelung dient dazu, dem Schuldner einen schnellen Vollstreckungsschutz zu gewähren, auch wenn er nicht genügend Zeit zur Aufbringung einer Sicherheitsleistung hat.[71] Allerdings steht der Erlass einer einstweiligen Anordnung nach §§ 924 Abs. 3 Satz 2, 707 Abs. 1 nicht im freien Ermessen des Gerichts. Durch sie darf der Zweck des einstweiligen Rechtsschutzes nicht unterlaufen werden.[72] So kommt eine Einstellung der Vollziehung ohne Sicherheitsleistung grundsätzlich nur dann in Betracht, wenn der Schuldner aufgrund seines Vortrags im Widerspruchsverfahren aller Voraussicht nach obsiegen wird.[73] Zu weiteren Einschränkungen bei der Vollziehung von Befriedigungsverfügungen vgl. Rn. 22. Eine einstweilige Einstellung der Vollziehung gegen Sicherheitsleistung ist nicht an diese strengen Voraussetzungen gebunden. Ein Einstellungsgrund kann etwa darin liegen, dass die Arrestsache zugleich mit dem ausgesetzten Hauptsacheverfahren dem Bundesverfassungsgericht zur Entscheidung der völkerrechtlichen Frage vorgelegt wird, ob das Schuldnerland sich gegenüber seiner Zahlungspflicht auf einen völkerrechtlichen Grundsatz des staatlich verkündeten Notstandes berufen kann.[74] Die Entscheidung des Gerichts ergeht durch Beschluss und ist gem. § 707 Abs. 2 Satz 2 nicht anfechtbar.[75] Wenn die einstweilige Anordnung vor der Vollziehung des Arrestes erfolgt, führt dies zur Unterbrechung der Vollziehungsfrist des § 929 Abs. 2. § 924 Abs. 3 Satz 2

---

68 Siehe Rdn. 13.
69 Vgl. dazu § 920 Rdn. 3.
70 *Walker*, Der einstweilige Rechtsschutz, Rn. 522.
71 BT-Drucks. 7/2729, S. 111 f.
72 OLG Frankfurt, GRUR 1989, 932; OLG Hamburg, MDR 1955, 48.
73 *Walker*, Der einstweilige Rechtsschutz, Rn. 605.
74 Dazu OLG Frankfurt, NJW 2003, 2688 (Vorläufige Einstellung der Arrestvollstreckung bei Argentinien-Anleihen).
75 Zur Einschränkung der Unanfechtbarkeit bei greifbarer Gesetzeswidrigkeit siehe nur OLG Celle, OLGZ 1986, 492.

ist entsprechend anwendbar in den Aufhebungsverfahren nach §§ 926 Abs. 2, 927 und im Rechtfertigungsverfahren nach § 942 Abs. 1.

III. Bedeutung des § 924 für die einstweilige Verfügung

21 Über § 936 gilt § 924 grundsätzlich auch, wenn eine einstweilige Verfügung durch Beschluss angeordnet wurde. Falls diese Entscheidung allerdings nicht durch das Gericht der Hauptsache (§§ 937 Abs. 1, 943), sondern gem. § 942 durch das Amtsgericht der belegenen Sache (Amtsgericht der Zwangsbereitschaft) erging, tritt das vom Antragsteller einzuleitende Rechtfertigungsverfahren vor dem Gericht der Hauptsache (§ 942 Abs. 1) an die Stelle des Widerspruchsverfahrens. Soweit § 924 nicht durch § 942 verdrängt wird, gilt auch § 924 Abs. 3 Satz 2, sodass bei einem Widerspruch gegen den Erlass einer einstweiligen Verfügung deren Vollziehung einstweilen eingestellt werden kann.[76]

22 Besonderheiten gelten allerdings für alle Arten von **Befriedigungsverfügungen**. Zwar kommt auch hier eine Einstellung der Vollziehung in Betracht, wenn sich im Widerspruchsverfahren herausstellt, dass ein Verfügungsgrund evident nicht (mehr) besteht,[77] wenn der Gläubiger die Vollziehungsfrist (§ 929 Abs. 2) versäumt hat[78] oder wenn die einstweilige Verfügung aus materiellrechtlichen Gründen (z. B. weil der Schuldner die Verjährungseinrede erhoben hat) offensichtlich keinen Bestand haben wird.[79] In diesen Fällen hat der Antragsteller kein berechtigtes Interesse, die Verfügung bis zum Abschluss des Widerspruchsverfahrens weiter vollziehen zu können. Das Gebot eines ausgewogenen Rechtsschutzes verlangt geradezu die Möglichkeit, die Vollziehung einzustellen. Daher ist die Ansicht, § 924 Abs. 3 Satz 2 sei bei Unterlassungsverfügungen gar nicht anwendbar,[80] zu eng.[81] Unter den genannten Voraussetzungen ist die einstweilige Einstellung auch bei einer einstweiligen Verfügung zulässig, durch welche die Rechtslage einstweilen umgestaltet wird (z. B. vorläufige Einziehung der Befugnis zur Geschäftsführung und Vertretung einer Gesellschaft).[82] Dagegen wird bei unklarer Sach- oder Rechtslage eine Einstellung der Vollziehung regelmäßig nicht in Betracht kommen. Wenn nämlich im Rahmen des Verfügungsgrundes die Notwendigkeit einer sofortigen Befriedigung bejaht wurde, wäre es widersprüchlich, durch eine Anordnung nach §§ 924 Abs. 3 Satz 2, 707 eine sofortige Vollziehung zu verhindern.[83] In diesen Fällen scheidet auch eine Einstellung gegen Sicherheitsleistung aus; denn bei einer Befriedigungsverfügung wie etwa einer Unterlassungs- oder Geldzahlungsverfügung nützt dem Gläubiger eine bloße Sicherheit nichts.[84]

IV. Bedeutung des § 924 außerhalb des Zivilprozesses

23 Bei Arresten in **Familienstreitsachen** gilt § 924 gem. § 119 Abs. 2 FamFG entsprechend. Bei einstweiligen Anordnungen nach dem **FamFG** ist § 924 dagegen nicht anwendbar. An die Stelle des Widerspruchs tritt dort der Antrag auf mündliche Verhandlung nach § 54 Abs. 2 FamFG, wenn die Entscheidung in einer Familiensache ohne mündliche Verhandlung ergangen ist.

---

76 *Baumbach/Lauterbach/Hartmann*, § 936 Rn. 4; MüKo/*Drescher*, § 936 Rn. 11; *Stein/Jonas/Grunsky*, § 924 Rn. 24; *Zöller/Vollkommer*, § 924 Rn. 13.
77 OLG Koblenz, WRP 1985, 657; OLG Köln, GRUR 1982, 504, 505.
78 OLG Koblenz, NJW-RR 1990, 1535, 1536; WRP 1981, 545; *Klette*, GRUR 1982, 471.
79 *Walker*, Der einstweilige Rechtsschutz, Rn. 604.
80 OLG Köln, WRP 1973, 665; OLG Nürnberg, GRUR 1983, 469, 470.
81 OLG Celle, NJW-RR 1987, 190.
82 OLG Karlsruhe, MDR 1975, 324.
83 OLG Hamburg, MDR 1955, 48; OLG Frankfurt, WRP 1992, 120 f.; GRUR 1989, 932; OLG Koblenz, NJW-RR 1990, 1535; OLG Nürnberg, GRUR 1983, 469, 470; *Baumbach/Lauterbach/Hartmann*, § 936 Rn. 4; *Stein/Jonas/Grunsky*, § 924 Rn. 24; *Walker*, Der einstweilige Rechtsschutz, Rn. 603; *Zöller/Vollkommer*, § 924 Rn. 13; a. M. wohl MüKo/*Drescher*, § 924 Rn. 15.
84 *Walker*, Der einstweilige Rechtsschutz, Rn. 603.

Im **arbeitsgerichtlichen Urteilsverfahren** ist § 924 über § 62 Abs. 2 ArbGG, im **arbeitsgerichtlichen** **Beschlussverfahren** über § 85 Abs. 2 Satz 2 ArbGG (entsprechend) anwendbar.[85] Im arbeitsgerichtlichen Urteilsverfahren soll allerdings nach verbreiteter Ansicht die Möglichkeit einer einstweiligen Einstellung der Vollziehung, die gem. § 924 Abs. 3 Satz 2 ausdrücklich nicht an besondere Voraussetzungen geknüpft ist, durch § 62 Abs. 1 Satz 3 ArbGG eingeschränkt sein.[86] Danach darf die Vollstreckung nur dann einstweilen eingestellt werden, wenn der Beklagte (Schuldner) glaubhaft macht, dass die Vollstreckung ihm einen nicht zu ersetzenden Nachteil bringen würde. Ein solcher Vorrang des § 62 Abs. 1 Satz 3 ArbGG vor § 924 Abs. 3 Satz 2 widerspricht jedoch dem Wortlaut des § 62 Abs. 2 ArbGG, der uneingeschränkt auf die Vorschriften des Achten Buches der ZPO verweist.[87] Außerdem wird der mit § 62 Abs. 1 Satz 3 ArbGG bezweckte Schutz des Vollstreckungsgläubigers im Eilverfahren schon bei sachgerechter Anwendung der §§ 924 Abs. 3 Satz 2, 707 Abs. 1 erreicht. Wenn der Gläubiger nämlich auf eine sofortige Vollziehung angewiesen ist, also bei allen Befriedigungsverfügungen, kommt nach hier vertretener Ansicht auch nach diesen Vorschriften eine Einstellung der Vollziehung nur in den seltenen Fällen in Betracht, in denen die Voraussetzungen für den Fortbestand der einstweiligen Verfügung evident fehlen.[88] In diesen Fällen wäre es aber gerade nicht sachgerecht, die Einstellung der Vollziehung von den engen Voraussetzungen des § 62 Abs. 1 Satz 3 ArbGG abhängig zu machen.[89] Die besseren Gründe sprechen somit dafür, § 924 Abs. 3 Satz 2 auch im arbeitsgerichtlichen Urteilsverfahren anzuwenden. 24

Für das **verwaltungsgerichtliche Eilverfahren** verweist § 123 Abs. 3 VwGO nicht auf § 924. Gegen den Erlass einer einstweiligen Anordnung, der immer durch Beschluss erfolgt (§ 123 Abs. 4 VwGO), findet also nicht der Widerspruch, sondern die Beschwerde nach §§ 146 ff. VwGO statt. In diesem Verfahren kann allerdings die Vollstreckung aus der einstweiligen Anordnung entsprechend § 924 Abs. 3 Satz 2 einstweilen eingestellt werden.[90] Im **sozialgerichtlichen Verfahren** findet § 924 gem. § 86b Abs. 2 SGG ebenfalls keine Anwendung. Gegen Beschlüsse findet die Beschwerde statt (§ 172 SGG). 25

V. Gebühren

Siehe § 925 Rdn. 27 f. 26

---

85 LAG Hamm, DB 1973, 1024; *Schwab/Weth/Walker*, ArbGG, § 62 Rn. 113 u. § 85 Rn. 75 jeweils m. w. N.; *Walker*, Der einstweilige Rechtsschutz, Rn. 752, 907.
86 LAG Hamm, MDR 1988, 892; DB 1977, 1420; *Dütz*, NZA 1986, 209, 213; *Gottwald*, § 924 Rn. 22; GWBG/*Benecke*, ArbGG, § 62 Rn. 15; *Zöller/Vollkommer*, § 924 Rn. 13.
87 LAG Baden-Württemberg, NZA 1988, 40; LAG Köln, DB 1983, 1827; *Baur*, ZTR 1989, 419, 429; *Schwab/Weth/Walker*, ArbGG, § 62 Rn. 122.
88 Siehe Rn. 22.
89 *Schwab/Weth/Walker*, ArbGG, § 62 Rn. 122; *Walker*, Der einstweilige Rechtsschutz, Rn. 760.
90 Hess. VGH, DÖV 1966, 802.

§ 925 Entscheidung nach Widerspruch

(1) Wird Widerspruch erhoben, so ist über die Rechtmäßigkeit des Arrestes durch Endurteil zu entscheiden.

(2) Das Gericht kann den Arrest ganz oder teilweise bestätigen, abändern oder aufheben, auch die Bestätigung, Abänderung oder Aufhebung von einer Sicherheitsleistung abhängig machen.

Übersicht

	Rdn.			Rdn.
I. Entscheidungsfindung	1	2.	Aufhebung des Arrestbefehls	13
1. Mündliche Verhandlung	2	3.	Abänderung des Arrestbefehls	15
a) Parteien	3	III.	Rechtsmittel	16
b) Ablauf	4	IV.	Bedeutung des § 925 für die einstweilige Verfügung	20
2. Gegenstand des Widerspruchsverfahrens	5			
3. Maßgeblicher Zeitpunkt	6	V.	Bedeutung des § 925 außerhalb des Zivilprozesses	23
4. Vortrag des Schuldners	7			
5. Vortrag des Gläubigers	9	VI.	Gebühren	27
II. Inhalt und Wirkungen der Entscheidung	10	1.	Gerichtsgebühren	27
1. Bestätigung des Arrestbefehls	11	2.	Anwaltsgebühren	28

Literatur:
Mädrich, Das Verhältnis der Rechtsbehelfe des Antragsgegners im einstweiligen Verfügungsverfahren, 1980; *Ule/Bahls*, Welches Gericht hat über den Widerspruch nach Anordnung eines Arrestes oder einer einstweiligen Verfügung in der Beschwerdeinstanz zu entscheiden?, MDR 1973, 889.

I. Entscheidungsfindung

1 § 925 enthält eine Regelung über die Entscheidung im Widerspruchsverfahren. Diese Regelung ist unvollständig. Im Einzelnen ist danach zu trennen, wie es zu dieser Entscheidung kommt, welchen Inhalt und welche Wirkung sie hat.

1. Mündliche Verhandlung

2 Da die Entscheidung durch Endurteil getroffen wird, muss eine mündliche Verhandlung vorausgehen (vgl. §§ 128 Abs. 1, 4, 924 Abs. 2 Satz 2). Durch sie wird das rechtliche Gehör, das vor dem Erlass des Arrestes möglicherweise nicht gewährt wurde, nachgeholt.[1]

a) Parteien

3 Die Parteien und deren Rollen sind mit denen im Anordnungsverfahren identisch. Die Tatsache, dass der Schuldner den Widerspruch einlegt,[2] ändert nichts daran, dass sich im Verfahren der Gläubiger als Arrestkläger (Antragsteller) und der Schuldner als Arrestbeklagter (Antragsgegner) gegenüberstehen. Deshalb findet bei Säumnis des Gläubigers § 330, bei Säumnis des Schuldners § 331 Anwendung. Wenn der Gläubiger seinen Arrestantrag zurücknimmt, liegt darin nicht etwa ein Anerkenntnis des Widerspruchs, sondern entweder eine Antragsrücknahme, die sich grundsätzlich nach § 269 beurteilt,[3] oder ein Verzicht gem. § 306.[4]

---

[1] Zur Unverzichtbarkeit des jedenfalls nachträglichen rechtlichen Gehörs BVerfG, NJW 2004, 2443.
[2] Siehe zur Widerspruchsberechtigung § 924 Rdn. 8.
[3] Zu der gegenüber § 269 erleichterten Möglichkeit der Rücknahme des Arrestantrags vgl. § 920 Rn. 14.
[4] *Baumbach/Lauterbach/Hartmann*, § 925 Rn. 2; *Zöller/Vollkommer*, § 306 Rn. 2.

b) Ablauf

Der Ablauf der mündlichen Verhandlung unterscheidet sich nicht von demjenigen im Anordnungsverfahren, welches mit einem Endurteil über das Gesuch die erste Instanz abschließt (§ 922). Der Widerspruch leitet das bis dahin einseitige Verfahren lediglich in ein solches mit mündlicher Verhandlung über. Auch im Widerspruchsverfahren sind deshalb die tatsächlichen Behauptungen von beiden Parteien lediglich glaubhaft zu machen (§§ 920 Abs. 2, 294). Es gelten die damit verbundenen Erleichterungen hinsichtlich Beweismaß und Beweismittel.[5] Andererseits müssen die Beweismittel präsent sein (§ 294 Abs. 2). Eine Zurückweisung wegen verspäteten Vorbringens kommt wie im Anordnungsverfahren[6] allenfalls gem. § 296 Abs. 2 in Betracht. Selbst dafür werden die Voraussetzungen aber selten vorliegen, weil eine Beweisaufnahme, die sofort erfolgen kann (§ 294 Abs. 2), die Erledigung des Rechtsstreits im Zweifel nicht verzögert. Eine Aussetzung der Verhandlung bis zur rechtskräftigen Entscheidung in der Hauptsache ist anders als im Verfahren nach § 927 nicht statthaft.[7] Zur Einleitung der mündlichen Verhandlung vgl. schon § 924 Rn. 18.

2. Gegenstand des Widerspruchsverfahrens

Im Widerspruchsverfahren geht es allein um die Rechtmäßigkeit des Arrestbefehls (Abs. 1). Mit dem Widerspruch kann also nicht etwa die Aufhebung der Vollziehung oder ein Schadensersatzanspruch gem. § 945 geltend gemacht werden. Ferner ist nicht die materiellrechtliche Forderung, sondern nur der Anspruch auf deren Sicherung Gegenstand des Verfahrens.

3. Maßgeblicher Zeitpunkt

Für die Rechtmäßigkeit des Arrestbefehls kommt es auf den Zeitpunkt der Entscheidung über den Widerspruch, also auf den Sach- und Streitstand bei **Schluss der mündlichen Verhandlung**, an. Das Gericht entscheidet nicht (wie bei § 945) darüber, ob der Arrest im Beschlussverfahren zu Recht angeordnet wurde. Ein darauf gerichteter Antrag einer Partei wäre wegen fehlenden Rechtsschutzinteresses unzulässig.[8] Die Prüfung der ursprünglichen Rechtmäßigkeit des Arrestbefehls bleibt dem Schadensersatzprozess vorbehalten.[9] Im Widerspruchsverfahren kommt es allein darauf an, ob der Arrest jetzt angeordnet werden dürfte.[10] Das ergibt sich aus dem Sinn des Widerspruchs, das zunächst ohne mündliche Verhandlung begonnene Verfahren nach der Arrestanordnung in derselben Instanz in ein Verfahren mit mündlicher Verhandlung überzuleiten. Im Widerspruchsverfahren muss das Gericht daher erneut alle Voraussetzungen für die Zulässigkeit und die Begründetheit des Gesuchs prüfen, jetzt aber unter Berücksichtigung des gegnerischen Vortrags.[11] Es ist dabei in keiner Weise an die Entscheidung, durch die der Arrest angeordnet wurde, gebunden.[12] Die rechtliche Prüfung beschränkt sich wie im Anordnungsverfahren nicht auf eine bloße Interessenabwägung und hat auch im Gegensatz zur Tatsachenprüfung keinen summarischen Charakter.[13] Sie erfolgt mit derselben Intensität wie im Hauptsacheverfahren.

---

5 Siehe § 920 Rdn. 19 ff.
6 Siehe § 922 Rdn. 15.
7 *Baumbach/Lauterbach/Hartmann*, § 925 Rn. 5; MüKo/*Drescher*, § 925 Rn. 8; *Stein/Jonas/Grunsky*, § 925 Rn. 16. Allgemein zur Aussetzung im Eilverfahren vgl. Vor §§ 916-945b Rn. 59 ff.
8 *Stein/Jonas/Grunsky*, § 925 Rn. 13.
9 Siehe dazu § 945 Rdn. 5 ff.
10 BFH, NJW 2004, 2183, 2184; OLG Frankfurt, MDR 1985, 681; OLG Köln, WRP 1994, 50; Hk-ZV/ *Haertlein*, § 925 Rn. 3; MüKo/*Drescher*, § 925 Rn. 3–5; *Stein/Jonas/Grunsky*, § 925 Rn. 4; *Walker*, Der einstweilige Rechtsschutz, Rn. 527, 440; Zöller/*Vollkommer*, § 925 Rn. 2.
11 Siehe schon § 924 Rdn. 6 f.
12 *Baumbach/Lauterbach/Hartmann*, § 925 Rn. 4; Hk-ZV/*Haertlein*, § 923 Rn. 3; MüKo/*Drescher*, § 925 Rn. 3; PG/*Fischer*, § 925 Rn. 3; *Stein/Jonas/Grunsky*, § 925 Rn. 3; a. M. *Schwerdtner*, NJW 1970, 597, 599.
13 Siehe schon § 922 Rdn. 16.

4. Vortrag des Schuldners

7 Der Schuldner kann seinen Widerspruch zunächst damit begründen, der Arrest sei **von Anfang an ungerechtfertigt** gewesen und hätte gar nicht erst angeordnet werden dürfen. Unerheblich ist insoweit, ob er sich auf das ursprüngliche Fehlen einer Prozessvoraussetzung oder einer Voraussetzung des Arrestanspruches oder des Arrestgrundes beruft. Ferner spielt es keine Rolle, ob er sich auf eine angeblich fehlerhafte Rechtsanwendung oder eine unzutreffende Beweiswürdigung stützt, ob er die vom Gläubiger vorgetragenen und glaubhaft gemachten Tatsachen lediglich bestreitet und seinerseits Gegentatsachen glaubhaft macht oder ob er Einwendungen und Einreden vorträgt und gegebenenfalls glaubhaft macht. Zur Geltendmachung der ursprünglichen Unzulässigkeit oder Unbegründetheit des Arrestantrags ist der Widerspruch sogar der einzige statthafte Rechtsbehelf; denn eine Aufhebung nach § 927 kann nur auf nachträglich veränderte Umstände gestützt werden. – Der Schuldner hat aber ebenso die Möglichkeit, sich darauf zu berufen, eine ursprünglich vorhandene Voraussetzung für die Arrestanordnung sei aufgrund **nachträglich eingetretener Umstände** zwischenzeitlich wieder weggefallen.[14] Er kann seinen Vortrag also darauf stützen, der Gläubiger habe nach Erlass des Arrestbefehls eine anderweitige Sicherheit oder ein vorläufig vollstreckbares Urteil in der Hauptsache erhalten (Wegfall des Arrestgrundes),[15] oder der gesicherte Anspruch sei z. B. durch Erfüllung, Verzicht, Erlass, Rücktritt oder Anfechtung untergegangen (Wegfall des Arrestanspruchs). Die dafür maßgeblichen Tatsachen sind – soweit sie weder offenkundig noch vom Gläubiger ausdrücklich oder durch Nichtbestreiten zugestanden sind – glaubhaft zu machen.[16] Die Glaubhaftmachung muss dann als gelungen angesehen werden, wenn der Schuldner inzwischen ein obsiegendes Hauptsacheurteil erstritten hat.[17] Solche nachträglich eingetretenen Umstände können auch einen Aufhebungsantrag nach § 927 rechtfertigen. Der Schuldner hat insoweit zwischen dem Widerspruchs- und dem Aufhebungsverfahren ein Wahlrecht.[18]

8 Falls der Arrestantrag tatsächlich nachträglich unzulässig oder unbegründet geworden ist, sodass der Arrestbefehl vom Widerspruchsgericht aufgehoben werden müsste, liegt es für den Gläubiger nahe, den **Rechtsstreit im Widerspruchsverfahren für erledigt zu erklären**.[19] So kann er eine ihm günstige Kostenentscheidung erreichen; sie beruht auf § 91a, sofern sich der Schuldner der Erledigungserklärung anschließt. Das Eilverfahren endet dann ohne eine gerichtliche Entscheidung zu Ungunsten des Gläubigers. Der bereits ergangene Arrestbefehl wird wie bei einer Antragsrücknahme (§ 269 Abs. 3 Satz 1, 2. Hs.) automatisch wirkungslos.[20] Schließt sich der Schuldner der Erledigungserklärung nicht an, stellt das Gericht die Erledigung fest, sofern der Arrestantrag ursprünglich zulässig und begründet war und ein erledigendes Ereignis eingetreten ist. Es ergeht dann eine auf § 91 beruhende Kostenentscheidung zugunsten des Gläubigers. Hätte der Arrest dagegen von Anfang an nicht erlassen werden dürfen, ist dieser auf den Widerspruch des Schuldners aufzuheben.

5. Vortrag des Gläubigers

9 Der Gläubiger kann sich zunächst gegen die Angriffe des Schuldners verteidigen, indem er etwa die einrede- oder einwendungsbegründenden Tatsachen bestreitet und die Glaubhaftmachung des Schuldners erschüttert. Darauf ist der Gläubiger aber nicht beschränkt. Da es für die Entscheidung über den Widerspruch auf den Zeitpunkt der letzten mündlichen Verhandlung im Widerspruchs-

---

14 OLG Karlsruhe, Rpfleger 1997, 16, 17; *Baumbach/Lauterbach/Hartmann*, § 925 Rn. 4; HdbVR-*Dunkl*, A Rn. 348; *Löwer*, ZZP 75 (1962), 232, 234; MüKo/*Drescher*, § 925 Rn. 3; *Stein/Jonas/Grunsky*, § 925 Rn. 6; *Walker*, Der einstweilige Rechtsschutz, Rn. 550 und 527; *Zöller/Vollkommer*, § 925 Rn. 3.
15 RGZ 60, 179, 182; OLG Köln, WRP 1994, 50 f.; OLG Nürnberg, NJW 1967, 205.
16 Siehe dazu § 920 Rdn. 17 ff.
17 LG Berlin, FamRZ 1966, 513, 514; RG JW 1902, 170; *Mädrich*, Die Rechtsbehelfe des Antragsgegners, S. 27; MüKo/*Drescher*, § 925 Rn. 3; *Stein/Jonas/Grunsky*, § 925 Rn. 8.
18 Siehe schon § 924 Rdn. 4.
19 Zur Erledigung im Eilverfahren vgl. Vor §§ 916-945b Rdn. 50.
20 MüKo/*Drescher*, § 925 Rn. 7; *Stein/Jonas/Grunsky*, § 925 Rn. 9.

verfahren ankommt, kann der Gläubiger eine bisher unterbliebene (z. B. weil nicht notwendige) oder vom Schuldner erschütterte Glaubhaftmachung nachholen oder verstärken. Auf diese Weise kann er auch erreichen, dass die im Arrestbeschluss mangels Glaubhaftmachung noch enthaltene Anordnung einer Sicherheitsleistung (§ 921 Satz 1) im Widerspruchsverfahren aufgehoben wird.[21] Ferner hat er ebenso wie der Schuldner die Möglichkeit, sich auf nachträglich eingetretene Umstände zu berufen, wenn dadurch sein Arrestantrag erst zulässig und begründet wurde. Das kommt etwa dann in Betracht, wenn erst aufgrund zwischenzeitlicher Veräußerungen durch den Schuldner ein vorher gar nicht bestehendes Sicherungsbedürfnis des Gläubigers (Arrestgrund) eingetreten ist. Dagegen reicht es nicht aus, wenn der Gläubiger sich nunmehr auf einen ihm im Beschlussverfahren noch gar nicht zustehenden oder jedenfalls noch nicht geltend gemachten Zahlungsanspruch (Arrestanspruch) beruft, den er erst nachträglich etwa durch Abtretung erworben hat. In einem solchen Nachschieben oder Austauschen eines Arrestanspruches liegt im Zweifel eine Antragsänderung (§§ 263 ff.), die auf Anordnung eines neuen Arrestes gerichtet ist, aber nicht zu einer Bestätigung des ursprünglichen Arrestbefehls mit ex-tunc-Wirkung führen kann.[22]

II. Inhalt und Wirkungen der Entscheidung

Der mögliche Inhalt des Endurteils, mit dem das Widerspruchsverfahren abgeschlossen wird, ergibt sich aus Abs. 2. Danach kann das Gericht den im Beschlussverfahren angeordneten Arrest ganz oder teilweise bestätigen, abändern oder aufheben, und es kann seine Entscheidung von einer Sicherheitsleistung abhängig machen. Diese Regelung betrifft nur die Entscheidung in der Hauptsache. Daneben muss das Urteil eine **Kostenentscheidung** gem. §§ 91 ff. enthalten (§ 308 Abs. 2); bei Übergehung kommt eine Ergänzung nach § 321 in Betracht. Die Kostenentscheidung bezieht sich nicht nur auf die Kosten des Widerspruchsverfahrens, sondern auf die des gesamten Arrestverfahrens. Bei aufeinander folgenden Teilanfechtungen hat im späteren Widerspruchsverfahren eine einheitliche Kostenentscheidung zu erfolgen, die eine frühere Kostenentscheidung mit einbezieht.[23] Eine **Vollstreckbarkeitsentscheidung** ist gem. § 708 Nr. 6 nur bei einem Urteil erforderlich, welches den Arrestbefehl aufhebt, abändert oder eine Sicherheitsleistung anordnet. Die den Arrestbefehl bestätigende Widerspruchsentscheidung ist ebenso wie der Arrestbefehl selbst[24] automatisch vollstreckbar.[25] – Nicht geregelt ist in § 925 Abs. 2 die **Entscheidung über einen unzulässigen Widerspruch**. Dieser ist wie ein unzulässiger Einspruch gegen ein Versäumnisurteil analog § 341 Abs. 1 Satz 2 als unzulässig zu verwerfen.[26] Eine Besonderheit gilt, wenn sich im Widerspruchsverfahren herausstellt, dass der Arrest von einem unzuständigen Gericht erlassen wurde. Wegen der im Widerspruchsverfahren bezweckten Selbstüberprüfung ist dasselbe Gericht trotz seiner Unzuständigkeit im Anordnungsverfahren für die Entscheidung im Widerspruchsverfahren zuständig. Eine Verwerfung als unzulässig scheidet daher aus. Eine Verweisung gem. § 281 kommt entgegen einer verbreiteten Ansicht[27] allenfalls dann in Betracht, wenn der Arrestbefehl zuvor aufgehoben wird; denn der Schuldner hat ein berechtigtes Interesse daran, dass die Arrestanordnung durch ein unzu-

10

---

21 *Zöller/Vollkommer*, § 925 Rn. 4.
22 Dazu OLG Frankfurt, NJW-RR 1988, 319; MüKo/*Drescher*, § 925 Rn. 4; *Zöller/Vollkommer*, § 925 Rn. 4. Siehe auch Rn. 11.
23 OLG Düsseldorf, NJW 1970, 618, 619; OLG Karlsruhe, WRP 1981, 285; *Baumbach/Lauterbach/Hartmann*, § 925 Rn. 12; *Stein/Jonas/Grunsky*, § 925 Rn. 18; *Zöller/Vollkommer*, § 925 Rn. 8.
24 Siehe § 922 Rdn. 20.
25 *Brox/Walker*, Rn. 1526; *Stein/Jonas/Grunsky*, § 925 Rn. 21; *Zöller/Vollkommer*, § 925 Rn. 9.
26 OLG Celle GRUR 1980, 945, 946; *Baumbach/Lauterbach/Hartmann*, § 925 Rn. 7; HdbVR-*Dunkl*, A Rn. 285; Hk-ZV/*Haertlein*, § 925 Rn. 4; MüKo/*Drescher*, § 925 Rn. 8; *Thomas/Putzo/Seiler*, § 925 Rn. 2; *Zöller/Vollkommer*, § 925 Rn. 7.
27 OLG Hamm, OLGZ 1989, 338, 340; OLG Stuttgart, MDR 1958, 171; *Baumbach/Lauterbach/Hartmann*, § 924 Rn. 7; MüKo/*Drescher*, § 924 Rn. 10; *Stein/Jonas/Grunsky*, § 924 Rn. 19; *Thomas/Putzo/Seiler*, § 925 Rn. 1; *Zöller/Vollkommer*, § 924 Rn. 6.

ständiges Gericht nicht bis zu der Entscheidung durch ein zuständiges Gericht aufrechterhalten, sondern sofort aufgehoben wird.[28]

1. Bestätigung des Arrestbefehls

11 Eine Bestätigung erfolgt, wenn die Voraussetzungen des im Beschlussverfahren angeordneten Arrestes zur Zeit der Entscheidung im Widerspruchsverfahren (noch) gegeben sind. Die Kosten hat in diesem Fall gem. § 91 Abs. 1 (nicht § 97) der unterlegene Schuldner zu tragen. Die Bestätigung wirkt ex tunc. Das bei einem Arrestvollzug entstandene Arrestpfandrecht (§ 930 Abs. 1 Satz 2) behält seinen Rang. Deshalb muss eine Bestätigung ausscheiden, wenn der Gläubiger erst im Widerspruchsverfahren einen ursprünglich nicht bestehenden Arrestanspruch nachschiebt oder den Arrestanspruch gegen einen neuen Anspruch austauscht. Der Wechsel des Arrestanspruches stellt nämlich eine Antragsänderung gem. §§ 263 ff. dar, sodass die Rechtshängigkeit des ursprünglichen Antrags wegfällt. Obwohl der auf diesen Antrag hin erlassene Arrestbefehl damit entsprechend § 269 Abs. 3 Satz 1 automatisch wirkungslos wird, hat im Hinblick auf § 775 Nr. 1 eine ausdrückliche Aufhebungsentscheidung zu ergehen.[29] Wenn das Gericht aufgrund des ausgetauschten oder nachgeschobenen Arrestanspruchs einen neuen Arrest anordnet, muss dieser unter Rangverlust neu vollzogen werden.[30] – Wird die Bestätigung von einer Sicherheitsleistung des Gläubigers abhängig gemacht (Abs. 2 letzter Halbsatz), liegt darin eine Abänderung des Arrestbefehls. Solange der Gläubiger die Sicherheit nicht leistet, kann der Schuldner sich gegen die Vollziehung mit der Erinnerung nach § 766 wehren. Die Sicherheit ist innerhalb der neu beginnenden Vollziehungsfrist des § 929 Abs. 2 zu erbringen.[31]

12 Einer Bestätigung steht nicht entgegen, dass zwischenzeitlich das Insolvenzverfahren über das Vermögen des Schuldners eröffnet worden ist; die Vollziehung muss allerdings bereits bei Verfahrenseröffnung erfolgt sein. Anderenfalls ist der Arrestbefehl wegen des Verbots der Einzelzwangsvollstreckung während des Insolvenzverfahrens (§ 89 InsO) auf Widerspruch des Insolvenzverwalters ohne Sachprüfung aufzuheben.[32]

2. Aufhebung des Arrestbefehls

13 Eine Aufhebung erfolgt, wenn irgendeine Voraussetzung für den Erlass des Arrestbefehls zur Zeit der Widerspruchsentscheidung fehlt. In diesem Fall ist der Arrestantrag zurückzuweisen.[33] Der Arrest ist auch dann aufzuheben, wenn er von einem unzuständigen Gericht angeordnet worden ist; eine Bestätigung scheidet von vornherein aus, da es zur Zeit der Entscheidung über den Widerspruch an einer Zulässigkeitsvoraussetzung für die Arrestanordnung fehlt.[34] – Die Kosten des gesamten Verfahrens werden gem. § 91 dem Gläubiger auferlegt. Dieser hat auch die notwendigen Kosten für die Rückführung der gepfändeten Gegenstände an den Schuldner zu tragen.[35] Die Kostenpflicht des Gläubigers besteht selbst dann, wenn der Arrest ursprünglich zu Recht angeordnet wurde und lediglich nachträglich eine Voraussetzung weggefallen ist. Dann kann der Gläubiger allerdings einer ihm nachteiligen Kostenentscheidung dadurch entgehen, dass er die Hauptsache für erledigt erklärt.[36] Dagegen scheidet eine Kostenentscheidung nach § 93 aus, wenn der Gläubiger sich mit

---

28 *Walker*, Der einstweilige Rechtsschutz, Rn. 379 m.w.N.; LG Arnsberg, NJW-RR 1993, 318, 319; LG Berlin, BB 1972, 336, 337; *Bernaerts*, MDR 1979, 97, 98; *Musielak/Voit/Huber*, § 925 Rn. 5; *Teplitzky*, DRiZ 1982, 41, 42. Siehe schon § 924 Rn. 11.
29 Im Ergebnis auch OLG Frankfurt, NJW-RR 1988, 319, 320.
30 OLG Frankfurt, NJW-RR 1988, 319, 320; *Zöller/Vollkommer*, § 925 Rn. 4.
31 OLG Hamm, OLGZ 1994, 243, 244; OLG München, NJW-RR 1988, 1466.
32 So noch zum Konkursrecht BGH, MDR 1962, 400, 401; *Baumbach/Lauterbach/Hartmann*, § 925 Rn. 5.
33 MüKo/*Drescher*, § 925 Rn. 8; *Thomas/Putzo/Seiler*, § 925 Rn. 2.
34 Siehe schon Rdn. 10 und § 924 Rdn. 11.
35 RGZ 26, 204, 205; *Baumbach/Lauterbach/Hartmann*, § 925 Rn. 12; *Zöller/Vollkommer*, § 925 Rn. 8.
36 Siehe Rdn. 8.

einer Aufhebung einverstanden erklärt; denn er befindet sich auch im Widerspruchsverfahren in der Rolle des Arrestklägers[37] und kann daher kein Anerkenntnis i. S. v. § 93 abgeben. Wird die Aufhebung von einer Sicherheitsleistung des Schuldners abhängig gemacht, kann dieser die Einstellung der Vollziehung und die Aufhebung von bereits getroffenen Vollziehungsmaßnahmen erwirken, sobald er die Leistung der Sicherheit durch eine öffentliche Urkunde nachweist (§§ 775 Nr. 3, 760).

Ob die Wirkung des Arrestbefehls bereits mit Verkündung des vorläufig vollstreckbaren Aufhebungsurteils oder erst mit Rechtskraft dieses Urteils entfällt, ist umstritten. Z. T. wird vertreten, der Arrest bleibe bis zur Rechtskraft bestehen, weil dem Gläubiger andernfalls der Rang des Arrestpfandrechts endgültig verloren gehe, auch wenn er später im Berufungsverfahren obsiege.[38] Gegen diese Ansicht spricht jedoch der Zweck des Widerspruchs, das Eilverfahren innerhalb der ersten Instanz in ein Verfahren mit mündlicher Verhandlung überzuleiten und zu einem erstinstanzlichen Abschluss zu bringen.[39] Wird aber das Arrestgesuch erstinstanzlich abgewiesen, besteht kein Grund, dem Gläubiger den Rang des Arrestpfandrechts bis zum Abschluss des Berufungsverfahrens vorläufig zu sichern. Deshalb wäre es auch sachwidrig, in der Entscheidung über den Widerspruch »die Aufhebung der Zwangsvollstreckungsmaßnahmen bis zur Rechtskraft des Arresturteils« aufzuschieben;[40] für einen solchen Tenor gibt es zudem keine Rechtsgrundlage. Die **Aufhebung muss vielmehr mit Verkündung** des aufhebenden Widerspruchsurteils ex tunc **wirksam werden**.[41] Aufgrund der gem. § 708 Nr. 6 ohne Sicherheitsleistung vorläufig vollstreckbaren Aufhebungsentscheidung können somit die bereits getroffenen Vollziehungsmaßnahmen gem. §§ 776 Satz 1, 775 Nr. 1, 3 unter endgültigem Rangverlust aufgehoben werden. Gegen eine weitere Vollziehung kann der Schuldner mit der Erinnerung nach § 766 vorgehen. Eine Aufhebung der Vollziehung im Urteil nach § 925 Abs. 1 kommt dagegen nicht in Betracht; denn die Vollziehung ist nicht Gegenstand des Widerspruchsverfahrens.[42] Der rückwirkende Wegfall des Vollstreckungstitels des Gläubigers führt weiterhin dazu, dass die vom Arrestschuldner geleisteten Sicherheiten frei werden.[43] Dabei ist in Kauf zu nehmen, dass sie dem Gläubiger endgültig verloren gehen und auch bei einem Obsiegen in der Berufungsinstanz nicht mehr wiederbeschafft werden können.[44] Gegen den Schuldner kann wegen einer vor der Aufhebung begangenen Zuwiderhandlung gegen eine einstweilige Verfügung kein Ordnungsmittel verhängt werden.[45]

---

37 Siehe Rdn. 3.
38 OLG Celle, NJW-RR 1987, 64; OLG Düsseldorf, NJW 1971, 812, 814; OLG Hamburg, MDR 1977, 148; *Gaul/Schilken/Becker-Eberhard*, § 77 Rn. 36.
39 Siehe auch § 924 Rn. 6 f.
40 So aber das Arrestgericht in dem vom OLG Karlsruhe, Rpfleger 1997, 16, 17, entschiedenen Fall.
41 BFH, NJW 2004, 2183 (ex-tunc-Wirkung der Aufhebung im Einspruchsverfahren gegen die Arrestanordnung durch die Finanzbehörde); OLG Bremen, MDR 1998, 667 f.; OLG Düsseldorf, NJW-RR 1987, 511, 512; OLG Frankfurt, NJW-RR 2011, 1290; MDR 1997, 1060 f.; OLGZ 1976, 373, 375; OLG Hamburg, MDR 1997, 394 f.; WRP 1997, 53, 54; KG, NJW-RR 1996, 1088; OLG Köln, MDR 2003, 352 f.; OLG München, Rpfleger 2013, 444; OLG München, OLGZ 1969, 196, 200; OLG Schleswig, NJW-RR 1992, 317, 318; *Ahrens/Bähr*, Der Wettbewerbsprozess, Kap. 52 Rn. 42 und Kap. 59 Rn. 8 *(Ahrens)*; Alternativkommentar/*Damm*, § 925 Rn. 7; *Berger/Heiderhoff*, Kap. 8 Rn. 34; *Brox/Walker*, Rn. 1526; *Ebmeier/Schöne*, Rn. 208; HdbVR-*Dunkl*, A Rn. 293; Hk-ZPO/*Kemper*, § 925 Rn. 5; Hk-ZV/*Haertlein*, § 925 Rn. 5; MüKo/*Drescher*, § 925 Rn. 10; PG/*Fischer*, § 925 Rn. 5; Stein/Jonas/*Grunsky*, § 925 Rn. 19; *Teplitzky*, Wettbewerbsrechtliche Ansprüche, Kap. 55 Rn. 15; Thomas/Putzo/*Seiler*, § 925 Rn. 2; *Walker*, Der einstweilige Rechtsschutz, Rn. 529; *Winkler*, MDR 1962, 88, 90; Zöller/*Vollkommer*, § 925 Rn. 10.
42 Siehe Rdn. 5.
43 Siehe auch § 943 Rdn. 8.
44 OLG Düsseldorf, NJW-RR 1987, 511, 512 m. w. N.
45 OLG Hamburg, WRP 1997, 394 f.

3. Abänderung des Arrestbefehls

15 Eine Abänderung erfolgt etwa dann, wenn die Höhe des zu sichernden Anspruchs und/oder der Lösungssumme (§ 923) von dem Inhalt des Arrestbefehls abweicht oder wenn der Arrestbefehl nachträglich von einer Sicherheitsleistung abhängig gemacht wird. Rechtlich handelt es sich hier um eine Kombination aus einer teilweisen Bestätigung und einer teilweisen Aufhebung des Arrestbefehls, sodass für die Kostenentscheidung auf § 92 abzustellen ist. Die vorläufige Vollstreckbarkeit, die gem. § 708 Nr. 6 ohne Sicherheitsleistung angeordnet wird, bezieht sich auch hier auf die Entscheidung in der Hauptsache und auf die Kostenentscheidung. In der Hauptsache verliert der Arrestbefehl im Umfang seiner Abänderung seine Vollziehbarkeit (§ 717 Abs. 1). Der Schuldner kann insoweit die Beschränkung der Arrestvollziehung (§ 775 Nr. 1) und die Aufhebung von bereits vollzogenen Maßnahmen erreichen (§ 776 Satz 1). Gegen Vollstreckungsmaßnahmen, die der Beschränkung zuwiderlaufen, kann der Schuldner nach § 766 vorgehen.[46]

III. Rechtsmittel

16 Die möglichen Rechtsmittel entsprechen denen, die gegen ein erstinstanzliches Endurteil im Arrestverfahren gegeben sind, sofern über das Arrestgesuch sogleich aufgrund mündlicher Verhandlung entschieden wird.[47] Über das statthafte Rechtsmittel nach Maßgabe des § 232 ist in der Widerspruchsentscheidung zu belehren. Das Endurteil kann von der unterlegenen Partei mit der **Berufung** angegriffen werden. Es gelten die allgemeinen Voraussetzungen der §§ 511 ff. Die Parteien können sich auch auf solche Umstände berufen, die erst nach Erlass der Widerspruchsentscheidung eingetreten sind; der Schuldner ist also nicht auf einen Antrag nach § 926 Abs. 2 oder § 927 angewiesen.[48] Zum Teil wird dem im Widerspruchsverfahren unterlegenen Gläubiger die Möglichkeit eingeräumt, zugleich mit der Einlegung der Berufung eine einstweilige Einstellung der Zwangsvollstreckung aus dem Widerspruchsurteil gem. §§ 719, 707 zu beantragen;[49] auf diese Weise könne der Gläubiger eine Aufhebung der Arrestpfändung vermeiden, sodass er beim Obsiegen in der Berufungsinstanz keinen Rangverlust erleide. Dieser Ansicht steht jedoch entgegen, dass die Aufhebung auf der Gestaltungswirkung des Widerspruchsurteils und nicht auf einer Zwangsvollstreckung beruht, die einstweilig eingestellt werden könnte.[50] Aber selbst eine aus diesem Grunde lediglich entsprechende Anwendung der §§ 719, 707[51] scheidet nach dem Sinn des Widerspruchs, das bisher einseitige Verfahren in derselben Instanz in ein Verfahren mit mündlicher Verhandlung überzuleiten, aus; denn die Aufhebung im Widerspruchsverfahren entspricht der erstinstanzlichen Zurückweisung des Arrestantrags, und einem nicht angeordneten Arrest kann über die §§ 719, 707 keine vorläufige Wirkung verschafft werden.[52]

17 Hat das Gericht über den Widerspruch **fehlerhaft durch Beschluss statt durch Urteil** entschieden, gilt der Grundsatz der Meistbegünstigung: Der betroffenen Partei steht nach ihrer Wahl das der äußeren Form der Entscheidung (Beschluss) entsprechende Rechtsmittel (Beschwerde) oder dasjenige Rechtsmittel (Berufung) zu, das bei korrekter Entscheidungsform (Urteil) gegeben wäre.[53] Unabhängig von dem eingelegten Rechtsmittel wird darüber in dem Verfahren und in der Form

---

46 Siehe schon Rdn. 11.
47 Siehe dazu § 922 Rdn. 34.
48 *Baumbach/Lauterbach/Hartmann*, § 925 Rn. 15; *Zöller/Vollkommer*, § 925 Rn. 12.
49 OLG Düsseldorf, MDR 1962, 660; OLG München, OLGZ 69, 196, 199 f.; LG Bonn, NJW 1962, 660; *Stein/Jonas/Grunsky*, § 925 Rn. 19; *Winkler*, MDR 1962, 88, 90.
50 OLG Düsseldorf, NJW-RR 1987, 511, 512; OLG Köln, MDR 2003, 352; ebenso *Musielak/Voit/Huber*, § 925 Rn. 10.
51 So KG, MDR 1994, 727; *Stein/Jonas/Grunsky*, § 925 Rn. 19.
52 Zutreffend OLG Bremen, MDR 1998, 677; OLG Düsseldorf, NJW-RR 1987, 511, 512; OLG Frankfurt, MDR 1997, 1060 f.; OLGZ 1976, 373, 374; OLG Köln, MDR 2003, 352, 353; *Zöller/Vollkommer*, § 925 Rn. 11; jetzt auch MüKo/*Drescher*, § 925 Rn. 13.
53 Zum Grundsatz der Meistbegünstigung BGH NJW 1999, 583, 584; NJW 1987, 442.

entschieden, die bei von vornherein richtiger Form der angegriffenen Entscheidung über den Widerspruch maßgeblich gewesen wären,[54] hier also nach mündlicher Verhandlung durch Urteil. Der Grundsatz der Meistbegünstigung führt allerdings nach ständiger Rechtsprechung nicht zu einer Erweiterung des Instanzenzuges und kann der betroffenen Partei kein Rechtsmittel verschaffen, wenn ein solches bei korrekter Entscheidungsform nicht statthaft wäre.[55] Deshalb scheidet auch eine Beschwerde gegen die fehlerhaft durch Beschluss ergangene Widerspruchsentscheidung aus, wenn gegen ein richtigerweise ergangenes Urteil keine Berufung statthaft gewesen wäre.[56]

Handelt es sich bei der Entscheidung im Widerspruchsverfahren um ein Versäumnisurteil, ist dagegen der **Einspruch** nach § 338 statthaft. – War der Widerspruch auf die Kostenentscheidung beschränkt (sog. Kostenwiderspruch),[57] kann die Widerspruchsentscheidung nicht mit der Berufung angefochten werden (§ 99 Abs. 1). Eine **sofortige Beschwerde gem. § 99 Abs. 2** scheint ebenfalls auszuscheiden, weil der Schuldner nicht aufgrund eines Anerkenntnisses im Widerspruchsverfahren verurteilt wurde. Jedoch ist die Beschränkung des Widerspruchs auf einen bloßen Kostenwiderspruch der Erklärung eines Anerkenntnisses vergleichbar. Es macht keinen entscheidenden Unterschied, ob der Schuldner von vornherein nicht gegen den Arrestbefehl in der Hauptsache vorgeht oder ob er erst einen unbeschränkten Widerspruch einlegt und im Widerspruchsverfahren ein Anerkenntnis erklärt. Deshalb ist es sachgerecht, über die Entscheidung gegen einen Kostenwiderspruch analog § 99 Abs. 2 die sofortige Beschwerde zuzulassen.[58] – Haben die Parteien das Eilverfahren in der Hauptsache übereinstimmend für erledigt erklärt, findet gegen die gem. § 91a Abs. 1 ergehende Kostenentscheidung **unter den Voraussetzungen des § 91a Abs. 2 die sofortige Beschwerde** statt. Enthält das Urteil nach § 925 Abs. 1 eine sog. Kostenmischentscheidung (einheitliche Kostenentscheidung über einen streitigen und einen nach § 91a Abs. 1 übereinstimmend für erledigt erklärten Teil der Hauptsache), erfasst die Berufung die gesamte Kostenentscheidung einschließlich des auf § 91a Abs. 1 beruhenden Teils.[59]

In der Berufungsinstanz kann ein im Widerspruchsverfahren aufgehobener Arrestbefehl nicht etwa bestätigt,[60] sondern lediglich neu erlassen werden.[61] Das ist die notwendige Folge der sofort eintretenden Aufhebungswirkung (Rn. 13). Die Wirkung eines einmal aufgehobenen Arrestbefehls kann durch eine dem Gläubiger günstige Entscheidung im Berufungsverfahren nicht wiederaufleben. Ein neu angeordneter Arrest muss unter Rangverlust neu vollzogen werden.[62] Für den Fall, dass

---

54 OLG Brandenburg, NJW-RR 1998, 1286; *Musielak/Voit/Ball*, vor § 511 Rn. 34; *Thomas/Putzo/Reichold*, Vorbem § 511 Rn. 10.
55 BGH, NJW-RR 1998, 1286; NJW 1997, 1448; NJW 1990, 1286.
56 OLG Köln, NJW-RR 1999, 1084.
57 Siehe dazu § 924 Rdn. 12.
58 Siehe schon § 924 Rdn. 12. OLG Brandenburg, NJW-RR 1994, 1022; OLG Bremen, NJW-RR 1988, 625; OLG Düsseldorf, NJW 1972, 1955, 1956; OLG Hamburg, MDR 1976, 674; WRP 1979, 141, 142; OLG Karlsruhe, NJW-RR 1987, 105; OLG Köln, GRUR 1985, 459; WRP 1970, 186; WRP 1975, 173, 174; OLG München, GRUR 1990, 482; OLG Stuttgart, GRUR 1984, 163; WRP 1970, 403; *Gottwald*, § 925 Rn. 20; Hk-ZV/*Haertlein*, § 925 Rn. 8; PG/*Fischer*, § 925 Rn. 6; *Stein/Jonas/Leipold*, § 99 Rn. 7; *Thomas/Putzo/Seiler*, § 925 Rn. 4; *Zöller/Vollkommer*, § 925 Rn. 11; a. M. (überhaupt keine Anfechtbarkeit) OLG München, NJW 1972, 954; OLG Oldenburg, MDR 1976, 674; *Baumbach/Lauterbach/Hartmann*, § 925 Rn. 15.
59 OLG Hamm, OLGZ 1987, 374, 375 f.; OLG Stuttgart, NJW 1969, 1493; KG, MDR 1986, 241; *Bergerfurth*, NJW 1992, 1655, 1661; *Zöller/Vollkommer*, § 925 Rn. 11; a. M. OLG München, NJW 1970, 761; OLG Zweibrücken, NJW 1973, 1935, 1936; *Heintzmann*, FS Baumgärtel, 1990, S. 137, 150; *Schiffer*, ZZP 101 (1988), 25, 29 ff.
60 So aber OLG Celle, NJW-RR 1987, 64; OLG Hamburg, MDR 1977, 148.
61 OLG Düsseldorf, NJW-RR 2002, 138; OLG Frankfurt, NJW-RR 2002, 1080; OLG Hamburg, WRP 1997, 53, 54; OLG Schleswig, NJW-RR 1992, 317 f.; *Stein/Jonas/Grunsky*, § 925 Rn. 19; *Zöller/Vollkommer*, § 925 Rn. 12.
62 OLG Düsseldorf, NJW-RR 2000, 68; OLG Frankfurt, NJW-RR 2002, 1080 mit zahlreichen Nachw.

der Arrestbefehl auf eine Berufung des Schuldners in der Berufungsinstanz wegen Versäumung der Vollziehungsfrist (§ 929 Abs. 2) aufgehoben wird, kann der Gläubiger im Wege der Anschlussberufung sogleich die erneute Anordnung des Arrestes beantragen.[63]

IV. Bedeutung des § 925 für die einstweilige Verfügung

20 Abs. 1 ist über § 936 ohne Einschränkungen auch bei einer einstweiligen Verfügung anwendbar. Das Gericht entscheidet also über die Rechtmäßigkeit der einstweiligen Verfügung durch Endurteil aufgrund einer mündlichen Verhandlung. Maßgeblich ist die Sach- und Rechtslage zur Zeit der letzten mündlichen Verhandlung. Auch der erste Halbsatz des Abs. 2 gilt: Das Widerspruchsgericht kann die Beschlussverfügung ganz oder teilweise bestätigen, abändern oder aufheben.

21 Dagegen ist der zweite Halbsatz von Abs. 2, wonach das Gericht seine Entscheidung von einer Sicherheitsleistung abhängig machen kann, nur insoweit anwendbar, als die Bestätigung oder Abänderung einer einstweiligen Verfügung von einer Sicherheitsleistung des Gläubigers abhängig gemacht werden soll. Dagegen ergeben sich die Voraussetzungen, unter denen eine Aufhebung gegen Sicherheitsleistung des Schuldners in Betracht kommt, aus § 939, der insoweit den § 925 verdrängt. Danach kommt eine Aufhebung gegen Sicherheitsleistung im Regelfall nicht in Betracht. Das ist sachgerecht, weil bei Individualansprüchen, die durch eine einstweilige Verfügung gesichert oder befriedigt werden sollen, der Verfügungsgrund grundsätzlich nicht durch Hinterlegung eines Geldbetrages oder einer anderen Sicherheit beseitigt werden kann.[64]

22 Ist der Verfügungsantrag auf eine Unterlassung gerichtet, soll nach einer z. T. vertretenen Ansicht[65] eine Aufhebung der Verfügung ausscheiden, wenn der Gläubiger zwischenzeitlich im Hauptverfahren einen vorläufig vollstreckbaren Titel erstritten hat, obwohl dadurch der Verfügungsgrund wegfällt;[66] anderenfalls ließen sich Zuwiderhandlungen des Schuldners in diesem Zeitraum zwischen Verfügungserlass und Hauptsacheentscheidung nicht erfassen. Dem ist jedoch entgegenzuhalten, dass zur Ahndung derartiger Verstöße nach § 890 die Aufrechterhaltung der einstweiligen Verfügung nicht erforderlich ist, sofern diese wegen eines nachträglichen Wegfalls des Verfügungsgrundes aufgehoben wird.[67]

V. Bedeutung des § 925 außerhalb des Zivilprozesses

23 Bei Arresten in **Familienstreitsachen** gilt § 925 gem. § 119 Abs. 2 FamFG entsprechend.

24 Im **arbeitsgerichtlichen Urteilsverfahren** findet § 925 über § 62 Abs. 2 ArbGG Anwendung. Hier ist die Widerspruchsentscheidung allerdings kraft Gesetzes vorläufig vollstreckbar (§ 62 Abs. 1 Satz 1 ArbGG), ohne dass es eines Ausspruchs gem. § 708 bedarf. Gegen das Urteil ist die Berufung nach Maßgabe der §§ 64 ff. ArbGG statthaft.

25 Im **arbeitsgerichtlichen Beschlussverfahren** findet § 925 über § 85 Abs. 2 Satz 2 ArbGG entsprechende Anwendung, soweit das Arbeitsgericht ohne mündliche Verhandlung entschieden hat.[68] Die Entscheidung über den Widerspruch ergeht zwar aufgrund einer mündlichen Verhandlung, allerdings durch Beschluss. Das Arbeitsgericht kann die ohne mündliche Verhandlung ergangene Eilanordnung durch einen urteilsersetzenden Beschluss entsprechend § 925 Abs. 2 bestätigen, aufheben

---

63 Sehr str.; wie hier OLG Düsseldorf, GRUR 1984, 385, 386; OLG Hamm, MDR 1970, 936; KG, NJW 1950, 707; LG Hamburg, NJW 1965, 1769, 1771; LG Wuppertal, NJW-RR 1992, 319, 320; *Finger*, NJW 1971, 1242, 1243, 1245; *Schneider*, MDR 1985, 112, 114; *Walker*, Der einstweilige Rechtsschutz, Rn. 599 ff.; **anders** aber § 929 Rn. 41 mit zahlreichen Nachweisen.
64 Einzelheiten bei § 939 Rdn. 1.
65 *Göppinger*, NJW 1967, 177, 179 f.; wohl auch *Stein/Jonas/Grunsky*, § 925 Rn. 7.
66 Siehe dazu allg. Rdn. 7.
67 Vgl. dazu § 890 Rn. 13 (*Schuschke*); *Brox/Walker*, Rn. 1097.
68 *Schwab/Weth/Walker*, ArbGG, § 85 Rn. 75; *Walker*, Der einstweilige Rechtsschutz, Rn. 907.

oder abändern. Dagegen kann die Bestätigung nicht von einer Sicherheitsleistung des Gläubigers abhängig gemacht werden.[69] Der Betriebsrat oder ein anderes betriebsverfassungsrechtliches Organ als beteiligter Gläubiger hat nämlich kein Vermögen und kann daher auch nicht zur Sicherheitsleistung angehalten werden. Das muss unter dem Gesichtspunkt der verfahrensrechtlichen Gleichbehandlung dann auch für andere Verfahrensbeteiligte gelten.[70] Die Widerspruchsentscheidung ist anders als im arbeitsgerichtlichen Urteilsverfahren vor Rechtskraft nicht kraft Gesetzes vollstreckbar (§ 85 Abs. 1 Satz 1 ArbGG), aber gem. § 85 Abs. 2 Satz 2 ArbGG i. V. m. § 708 Nr. 6 für vorläufig vollstreckbar zu erklären; bliebe es auch im Eilverfahren bei der Regel des § 85 Abs. 1 ArbGG, wonach die Vollstreckung nur nach rechtskräftigen Beschlüssen stattfindet, liefe der Zweck des Widerspruchsverfahrens weitgehend leer.[71] Gegen die Entscheidung über den Widerspruch findet die Beschwerde nach § 87 ArbGG statt, die an die Stelle der Berufung im Urteilsverfahren tritt.

Im **verwaltungsgerichtlichen Eilverfahren** spielt § 925 keine Rolle, da es dort gar kein Widerspruchsverfahren gibt.[72] Gegen den Erlass einer einstweiligen Anordnung findet die Beschwerde nach Maßgabe der §§ 146 ff. VwGO statt. Entsprechendes gilt im **sozialgerichtlichen Eilverfahren** (Beschwerde nach § 172 SGG). 26

VI. Gebühren

1. Gerichtsgebühren[73]

Das Widerspruchsverfahren gehört gebührenrechtlich zum Anordnungsverfahren und ist daher durch die 1,5-Verfahrensgebühr nach GKG-KV Nr. 1410 mit abgegolten. Da aber im Widerspruchsverfahren nach mündlicher Verhandlung durch Urteil entschieden wird, kommt es zur Erhöhung auf drei Gebühren nach GKG-KV Nr. 1412. 27

2. Anwaltsgebühren[74]

Gem. § 16 Nr. 5 RVG bildet das Widerspruchsverfahren mit dem Anordnungsverfahren eine Angelegenheit, sodass die jeweiligen Gebühren nur einmal anfallen. Da über den Widerspruch mündlich verhandelt wird, fällt nunmehr auch eine 1,2-Terminsgebühr nach RVG-VV Teil 3 Vorbem. 3 Abs. 3 i. V. m. Nr. 3104 an. Wird der Anwalt des Gegners erstmals im Widerspruchsverfahren tätig, erhält er trotzdem die vollen Gebühren. 28

---

69 *Walker*, Der einstweilige Rechtsschutz, Rn. 909 mit Fn. 621; *Wenzel*, DB 1972, 1290, 1293.
70 *Walker*, Der einstweilige Rechtsschutz, Rn. 904.
71 *Schwab/Weth/Walker*, ArbGG, § 85 Rn. 75; *Walker*, Der einstweilige Rechtsschutz, Rn. 909.
72 Siehe § 924 Rdn. 25.
73 Siehe schon Vor §§ 916–945b Rdn. 79 ff. und § 922 Rdn. 48.
74 Siehe schon Vor §§ 916–945b Rdn. 82 ff. und § 922 Rdn. 51.

§ 926 Anordnung der Klageerhebung

(1) Ist die Hauptsache nicht anhängig, so hat das Arrestgericht auf Antrag ohne mündliche Verhandlung anzuordnen, dass die Partei, die den Arrestbefehl erwirkt hat, binnen einer zu bestimmenden Frist Klage zu erheben habe.

(2) Wird dieser Anordnung nicht Folge geleistet, so ist auf Antrag die Aufhebung des Arrestes durch Endurteil auszusprechen.

Übersicht

	Rdn.		Rdn.
I. Zweck............................	1	IV. Aufhebung mangels Klageerhebung	
II. Anordnung der Klageerhebung (Abs. 1).	3	(Abs. 2)......................	25
1. Verhältnis zu anderen Rechtsbehelfen...	4	1. Verhältnis zu anderen Rechtsbehelfen...	26
2. Voraussetzungen..................	5	2. Voraussetzungen..................	27
a) Antrag......................	6	a) Zulässigkeit................	28
b) Bestand eines Arrestbefehls......	9	b) Begründetheit..............	31
c) Keine Anhängigkeit der Hauptsache	10	3. Verfahren......................	32
d) Rechtsschutzinteresse...........	11	4. Entscheidung...................	34
3. Verfahren......................	12	5. Rechtsmittel....................	37
4. Entscheidung...................	13	V. Bedeutung des § 926 für die einstweilige	
5. Rechtsbehelfe...................	16	Verfügung......................	38
III. Fristgerechte Klageerhebung.........	18	VI. Bedeutung des § 926 außerhalb des	
1. Parteien.......................	19	Zivilprozesses...................	43
2. Art der Klage...................	20	VII. Gebühren.......................	46
3. Gegenstand der Klage.............	21	1. Gerichtsgebühren................	46
4. Zulässigkeit der Klage.............	22	2. Anwaltsgebühren................	47
5. Einhaltung der Frist..............	23		

Literatur:
Mädrich, Das Verhältnis der Rechtsbehelfe des Antragsgegners im einstweiligen Verfügungsverfahren, 1980; *Scherf*, Wettbewerbliche Unterlassungsverfügung als »Hauptsache«?, WRP 1969, 393; *Teplitzky*, Arrest und einstweilige Verfügung, JuS 1981, 435; *ders.*, Streitfragen beim Arrest und bei der einstweiligen Verfügung, DRiZ 1982, 41.

I. Zweck

1 § 926 ist eine Regelung im Interesse des Schuldners. Dieser ist im Eilverfahren insbesondere wegen der vom Gläubiger lediglich geforderten Glaubhaftmachung und dem möglichen Verzicht auf eine mündliche Verhandlung in besonderem Maße dem Risiko einer ihm nachteiligen Fehlentscheidung ausgesetzt. Durch § 926 soll er davor geschützt werden, übermäßig lange an eine solche, im Hauptsacheverfahren nicht überprüfte Eilentscheidung gebunden zu sein. Nach Abs. 1 hat das Gericht auf seinen Antrag dem Gläubiger eine Frist zur Erhebung der Hauptsacheklage zu setzen. Dadurch wird dem Schuldner die Möglichkeit eingeräumt, den Zeitraum, in dem er an eine mögliche Fehlentscheidung gebunden ist, so kurz wie möglich zu halten, ohne selbst in der Hauptsache klagen und die mit einer Klageerhebung verbundenen Nachteile (Kostenvorschuss) in Kauf nehmen zu müssen. Von dem Ausgang des Hauptsacheverfahrens ist der Fortbestand des Arrestes nämlich insofern abhängig, als bei einem Obsiegen des Schuldners eine Aufhebung des Arrestes gem. § 927 in Betracht kommt.[1] Die im Interesse des Schuldners notwendige Überprüfbarkeit des Arrestes im Hauptsacheverfahren ist der Grund dafür, dass künftige Forderungen nicht arrestfähig sind,[2] sofern sie nicht ausnahmsweise schon Gegenstand einer Feststellungsklage sein können.

---

[1] Zum Zweck des § 926 Abs. 1 vgl. etwa *Schlüter*, ZZP 80 (1967), 447, 462; *Walker*, Der einstweilige Rechtsschutz, Rn. 535 f.; *Zöller/Vollkommer*, § 926 Rn. 1; etwas **abweichend** MüKo/*Drescher*, § 926 Rn. 1.
[2] Siehe schon § 916 Rdn. 11.

Um den mit der Fristsetzung nach Abs. 1 verfolgten Zweck abzusichern, ist in Abs. 2 an den fruchtlosen Ablauf der Frist das Recht des Schuldners geknüpft, die Aufhebung des Arrestes zu beantragen. In diesem Fall wird der Gläubiger also so behandelt, als sei er im Hauptsacheverfahren unterlegen. Ergänzt wird diese Sanktion durch § 945, 2. Fall, wonach der Gläubiger bei einer Aufhebung mangels rechtzeitiger Einleitung des Hauptsacheverfahrens ebenso wie bei einer von Anfang an ungerechtfertigten Anordnung zum Schadensersatz verpflichtet wird. Dagegen ist der Gesichtspunkt, durch das Aufhebungsverfahren mit seinen Folgen solle verhindert werden, dass der Gläubiger den vorläufigen Titel ständig als Druckmittel bereit halte, ohne ihn wirklich zu vollziehen,[3] angesichts der Vollziehungsfrist des § 929 Abs. 2 für den Sinn des Aufhebungsverfahrens weniger maßgeblich.

II. Anordnung der Klageerhebung (Abs. 1)

Die Anordnung der Klageerhebung (Abs. 1) ist von der Aufhebung mangels Klageerhebung (Abs. 2) streng zu trennen. Es handelt sich um zwei verschiedene Verfahren, von denen das erste zwar notwendige Voraussetzung für das zweite ist, das zweite aber nicht notwendigerweise dem ersten nachfolgt.

1. Verhältnis zu anderen Rechtsbehelfen

Abs. 1 schließt andere Möglichkeiten des Schuldners, gegen die Eilanordnung vorzugehen, nicht aus.[4] Er hat die Möglichkeit, auch neben einem Antrag nach Abs. 1 eine Überprüfung der Eilanordnung innerhalb des Eilverfahrens mit dem Widerspruch oder der Berufung zu erreichen. Er kann aber auch zur Einleitung des Hauptsacheverfahrens selbst die Initiative ergreifen, indem er eine negative Feststellungsklage erhebt;[5] ein obsiegendes Urteil in der Hauptsache ermöglicht dann eine Aufhebung der Eilanordnung nach § 927. Das notwendige Feststellungsinteresse (§ 256) fehlt allerdings dann, wenn sich die Hauptsache erledigt hat und der Schuldner nur noch die ihm nachteilige Kostenentscheidung im Eilverfahren beseitigen will. Dazu kann er nämlich einen auf die Kostenentscheidung beschränkten Widerspruch[6] einlegen, der gegenüber der negativen Feststellungsklage einen einfacheren und billigeren Weg darstellt.[7] Zwischen den Aufhebungsmöglichkeiten nach Abs. 2 und § 927 Abs. 1 kann der Schuldner zwar wählen, nicht aber ohne weiteres zwischen einem Antrag nach Abs. 1 und einem Aufhebungsverfahren nach § 927 Abs. 1. Für einen Antrag auf Fristsetzung zur Klageerhebung kann nämlich das Rechtsschutzinteresse fehlen, wenn die Hauptsacheklage wegen nachträglich veränderter Umstände offensichtlich erfolglos wäre.[8]

2. Voraussetzungen

Die Voraussetzungen, unter denen das Gericht die Klageerhebung in der Hauptsache innerhalb einer bestimmten Frist anordnet, ergeben sich nur z.T. unmittelbar aus Abs. 1:

---

3 OLG Düsseldorf, NJW-RR 1988, 696; kritisch dazu *Ahrens*, Der Wettbewerbsprozess, Kap. 61 Rn. 3.
4 Siehe § 924 Rdn. 3.
5 BGH, NJW 1986, 1815; NJW 1978, 2157, 2158 (anders noch in JZ 1961, 295 mit abl. Anm. *Dunz*); OLG Koblenz, GRUR 1986, 94, 95; OLG Zweibrücken, FamRZ 1980, 1041, 1042; Alternativkommentar/ *Damm*, § 926 Rn. 1; *Baumbach/Lauterbach/Hartmann*, § 926 Rn. 1; *Baur*, Studien zum einstweiligen Rechtsschutz, S. 80; HdbVR-*Dunkl*, A Rn. 345; Hk-ZV/*Haertlein*, § 926 Rn. 3; MüKo/*Drescher*, § 926 Rn. 2; PG/ *Fischer*, § 926 Rn. 2; *Stein/Jonas/Grunsky*, § 926 Rn. 2; *Wieczorek/Schütze/Thümmel*, § 926 Rn. 1; *Zöller/Vollkommer*, § 926 Rn. 3.
6 Siehe § 924 Rdn. 12.
7 BGH, NJW 1986, 1815.
8 Siehe noch Rdn. 11.

a) Antrag

6 Nach dem unmissverständlichen Gesetzeswortlaut ist immer ein Antrag des Schuldners erforderlich. Von Amts wegen kommt eine Anordnung der Klageerhebung nicht in Betracht, und zwar auch dann nicht, wenn eine einstweilige Verfügung mit befriedigender Wirkung erlassen wurde.[9] Andernfalls würden die Grenzen richterlicher Rechtsfortbildung überschritten. Der Gesetzgeber hat bewusst auf eine entsprechende Regelung verzichtet.[10] Das Antragserfordernis hat auch seinen Sinn: Der Schuldner soll selbst entscheiden, ob er von der zu seinem Schutz gedachten Vorschrift Gebrauch macht. Wenn er befürchten muss, auch im Hauptsacheverfahren zu unterliegen, wird er an dessen Durchführung wegen der damit verbundenen Kosten gar kein Interesse haben. In solchen Fällen würde eine von Amts wegen gesetzte Frist zur Klageerhebung das Gericht unnötig belasten und dem bezweckten Schuldnerschutz gerade widersprechen.

7 Der Antrag kann nicht erst nach Anordnung des Arrestes, sondern vorsorglich schon mit dem Antrag auf Abweisung des Arrestgesuchs unter der (zulässigen) Bedingung gestellt werden, dass der Arrest angeordnet wird.[11] Das folgt aus dem Zweck des Abs. 1, den Zeitraum zwischen Arrestanordnung und Überprüfung in der Hauptsache so kurz wie möglich zu halten. In diesem Fall entscheidet über die Fristsetzung ausnahmsweise nicht der Rechtspfleger (§ 20 Nr. 14 RPflG), sondern der Richter (§§ 6, 8 RPflG). Die Fristsetzung kann dann gleichzeitig mit dem Arrestbefehl ausgesprochen werden. Der Antrag ist schriftlich oder (beim Amtsgericht) zu Protokoll des Urkundsbeamten der Geschäftsstelle (§ 496) oder des Rechtspflegers (§ 24 Abs. 2 Nr. 3 RPflG) einzureichen. Gemäß § 78 Abs. 3, § 13 RPflG besteht kein Anwaltszwang.

8 Auf das Antragsrecht aus Abs. 1 kann der Schuldner **verzichten.** Hier gilt das Gleiche wie für den Verzicht auf das Widerspruchsrecht.[12] Ein Verzicht ist dann sinnvoll, wenn die Parteien die Entscheidung im Eilverfahren zu einer endgültigen Entscheidung machen wollen. Das ist insbesondere bei Wettbewerbsstreitigkeiten praktisch relevant. In der sog. Abschlusserklärung[13] wird häufig auf das Widerspruchsrecht und auf das Recht aus Abs. 1 verzichtet.[14] Ferner kann ein auf die Kostenentscheidung beschränkter Widerspruch[15] so auszulegen sein, dass damit nicht nur auf den Widerspruch in der Sache, sondern auch auf das Antragsrecht aus Abs. 1 verzichtet wird.[16] Der trotz eines wirksamen Verzichts gestellte Antrag ist unzulässig. Dagegen lässt ein Verzicht das Rechtsschutzinteresse für das Hauptsacheverfahren nur dann entfallen, wenn der Schuldner gleichzeitig auf die Einlegung des Widerspruchs und die Einleitung des Aufhebungsverfahrens nach § 927 verzichtet,[17] was nicht automatisch der Fall ist.[18]

---

9 *Walker*, Der einstweilige Rechtsschutz, Rn. 537; ebenso *Ahrens*, Der Wettbewerbsprozess, Kap. 61 Rn. 1; MüKo/*Drescher*, § 938 Rn. 13; **a. M.** noch *Heinze*, RdA 1986, 273, 279, 284.
10 Vgl. die Begründung zu § 723 des ersten Entwurfs von 1871 (heute § 926), abgedruckt bei *Dahlmanns*, Neudrucke zivilprozessualer Kodifikationen und Entwürfe des 19. Jahrhunderts, Bd. 2, S. 493.
11 HdbVR-*Dunkl*, A Rn. 313; MüKo/*Drescher*, § 926 Rn. 3; *Stein/Jonas/Grunsky*, § 926 Rn. 3; *Walker*, Der einstweilige Rechtsschutz, Rn. 538; *Zöller/Vollkommer*, § 926 Rn. 9; **distanzierend** *Baumbach/Lauterbach/Hartmann*, § 926 Rn. 5.
12 Siehe dazu § 924 Rdn. 16.
13 Siehe Rdn. 40 und Anhang C zu § 935 *(Kessen)*.
14 Vgl. BGH, NJW-RR 1991, 297; NJW 1981, 1955; OLG Hamm, NJW-RR 1986, 922; OLG Koblenz, GRUR 1986, 94, 95; OLG Köln, WRP 1987, 188, 190; *Zöller/Vollkommer*, § 926 Rn. 4.
15 Siehe § 924 Rdn. 12.
16 OLG Stuttgart, WRP 1980, 102; MüKo/*Drescher*, § 926 Rn. 8; *Zöller/Vollkommer*, § 926 Rn. 4; vgl. aber auch OLG Hamm, MDR 1991, 358.
17 OLG Koblenz, GRUR 1986, 94, 95.
18 OLG Koblenz, GRUR 1986, 94, 95; MüKo/*Drescher*, § 926 Rn. 8; *Zöller/Vollkommer*, § 926 Rn. 4.

b) Bestand eines Arrestbefehls

Neben einem wirksamen Antrag setzt die Fristsetzung nach Abs. 1 den Bestand eines Arrestbefehls voraus. Ob dieser in Urteils- oder Beschlussform erlassen wurde, ist unerheblich. Ferner spielt es keine Rolle, ob der Arrestbefehl schon zugestellt oder gar vollzogen wurde; das ist die notwendige Konsequenz daraus, dass die Fristsetzung ohnehin schon gleichzeitig mit der Anordnung des Arrestes erfolgen kann.[19] Es schadet auch nicht, wenn die Vollziehung durch Hinterlegung der Lösungssumme (§ 923) gehemmt ist. Selbst die Einlegung eines Widerspruchs oder einer Berufung ist unschädlich; solange der Arrestbefehl Bestand hat, muss auch seine Überprüfung im Hauptsacheverfahren beantragt werden können. Wenn allerdings der beantragte Arrest gar nicht angeordnet oder im Widerspruchs-, Berufungs- oder Aufhebungsverfahren nach § 927 rechtskräftig aufgehoben wurde, ist eine Fristsetzung nach Abs. 1 nicht (mehr) zulässig.[20] Die Tatbestandsvoraussetzung einer (noch) wirksamen Arrestanordnung ist letztlich ein besonderer Aspekt des Rechtsschutzinteresses.[21]

9

c) Keine Anhängigkeit der Hauptsache

Die Hauptsache darf noch nicht oder nicht mehr anhängig sein. Andernfalls würde der Gläubiger zu einer unzulässigen Klageerhebung aufgefordert, ohne dass der Schuldner daran ein berechtigtes Interesse hat. Auch hierbei geht es in der Sache um das Rechtsschutzinteresse.[22] Die Anhängigkeit der Hauptsacheklage ist vom Gläubiger glaubhaft zu machen (Rn. 32).[23] Nach überwiegender Ansicht ist eine Fristsetzung nach Abs. 1 auch während der Dauer eines Mahn-[24] oder Prozesskostenhilfeverfahrens[25] unzulässig.[26] Die Anhängigkeit der Hauptsache im Ausland steht einer Fristsetzung entgegen, wenn das ausländische Urteil gem. § 328 anerkannt würde.[27]

10

d) Rechtsschutzinteresse

Der Schuldner muss ein Rechtsschutzinteresse an der Fristsetzung für die Klageerhebung haben. Dieses liegt regelmäßig vor, solange der Arrestbefehl besteht[28] und die Hauptsache nicht anhängig ist.[29] Die Erfolgsaussichten in der Hauptsache sind grundsätzlich ohne Bedeutung und daher vom Arrestgericht nicht zu prüfen; der Schuldner geht ja gerade davon aus, dass der Gläubiger im Hauptsacheverfahren vor allem wegen des dort anstelle der bloßen Glaubhaftmachung erforderlichen Beweises unterliegen wird. Etwas anderes gilt allerdings dann, wenn die Klage in der Hauptsache aus Sicht beider Parteien durch eine nachträgliche Veränderung der Umstände offensichtlich aussichtslos geworden ist. Das ist der Fall, wenn der Anspruch weggefallen ist,[30] etwa durch Ver-

11

---

19 Siehe Rdn. 7.
20 BGH, NJW 1973, 1329; MüKo/*Drescher*, § 926 Rn. 3; *Zöller/Vollkommer*, § 926 Rn. 9.
21 So auch OLG Frankfurt, GRUR 1987, 650, 651; *Baumbach/Lauterbach/Hartmann*, § 926 Rn. 5.
22 Vgl. BGH, NJW-RR 1987, 683, 685.
23 OLG Frankfurt, Rpfleger 1981, 118, 119; *Baumbach/Lauterbach/Hartmann*, § 926 Rn. 3; *Stein/Jonas/Grunsky*, § 926 Rn. 17.
24 OLG Köln, OLGZ 1979, 118, 119.
25 OLG Frankfurt, MDR 1989, 272.
26 *Baumbach/Lauterbach/Hartmann*, § 926 Rn. 3; *Zöller/Vollkommer*, § 926 Rn. 10, 32. Siehe auch Rn. 20.
27 OLG Frankfurt, Rpfleger 1981, 118.
28 Siehe Rdn. 9.
29 Siehe Rdn. 10.
30 OLG Frankfurt, NJW-RR 2002, 1474 (Erfüllungsfunktion einer rechtskräftigen einstweiligen Verfügung nach § 10 IV HessPresseG auf Veröffentlichung einer Gegendarstellung).

zicht des Gläubigers,[31] durch Erfüllung des Schuldners,[32] durch Ablauf der Geltungsdauer der Eilanordnung[33] oder durch Wegfall der Wiederholungsgefahr bei Unterlassungsverfügungen,[34] oder wenn der Anspruch nicht mehr durchsetzbar ist, etwa wegen Verjährung,[35] oder wenn anderweitig sichergestellt ist, dass der Gläubiger den Schuldner aus dem Arrest nicht mehr in Anspruch nehmen wird.[36] In allen genannten Fällen kann der Schuldner zwar daran interessiert sein, dass der Arrestbefehl als Titel aufgehoben wird. Diese Aufhebung kann er aber unter Berufung auf veränderte Umstände ebenso im Verfahren nach § 927 Abs. 1 beantragen. Dagegen fehlt ihm ein schützenswertes Interesse daran, die Aufhebung gerade über einen Fristsetzungsantrag nach Abs. 1 zu bewirken und dadurch den Gläubiger in ein offensichtlich aussichtsloses Hauptsacheverfahren zu treiben.[37] Am fehlenden Rechtsschutzbedürfnis scheitert ein Antrag nach Abs. 1 auch dann, wenn der Gläubiger in der Zwischenzeit bereits einen vollstreckbaren Titel in der Hauptsache erworben hat; dann kommt allerdings eine Aufhebung nach § 927 wegen Wegfalls des Arrest- oder Verfügungsgrundes in Betracht.[38]

3. Verfahren

12 Über den Antrag nach Abs. 1 entscheidet das Gericht **ohne mündliche Verhandlung.** Eine vorherige Anhörung des Gläubigers ist zwar zulässig,[39] aber nicht erforderlich.[40] Ausschließlich **zuständig** (§ 802) ist das Arrestgericht. Das gilt unabhängig davon, ob das Gericht der Hauptsache oder das Amtsgericht der belegenen Sache den Arrest erlassen hat.[41] Über die Fristsetzung entscheidet der Rechtspfleger (§ 20 Nr. 14 RPflG).[42] Wenn der Arrest nicht in der ersten Instanz, sondern erst vom Beschwerde- oder Berufungsgericht angeordnet wurde, ist ebenfalls der Rechtspfleger des erstinstanzlichen Gerichts zuständig.[43] Hiergegen bestehen im Regelfall keine Bedenken, da es – anders

---

31 OLG Hamburg, NJW-RR 1986, 1122, 1123; OLG Karlsruhe, WRP 1980, 713, 714; OLG Koblenz, GRUR 1986, 94, 95; LG Freiburg, NJW-RR 1988, 250, 251; HdbVR-*Dunkl*, A Rn. 317; *Zöller/Vollkommer*, § 926 Rn. 12.
32 KG, NJW-RR 2009, 23, 24; OLG Frankfurt, NJW 1972, 1330; OLG Hamburg, MDR 1970, 935; OLG Saarbrücken, NJW-RR 1989, 1512, 1514; LG Mainz, NJW 1973, 2294, 2295; *Schlüter*, ZZP 80 (1967), 447, 462 f.
33 OLG Hamm, MDR 1986, 418; OLG Karlsruhe, NJW-RR 1988, 251, 252; HdbVR-*Dunkl*, A Rn. 317; *Thomas/Putzo/Seiler*, § 926 Rn. 3; *Zöller/Vollkommer*, § 926 Rn. 12.
34 BGH, NJW 1974, 503; OLG Hamburg, GRUR 1986, 564; MDR 1970, 935; OLG Hamm, GRUR 1984, 598; OLG Karlsruhe, NJW-RR 1988, 251, 252; vgl. aber auch OLG Köln, Rpfleger 1981, 26.
35 *Zöller/Vollkommer*, § 926 Rn. 12.
36 BGH, NJW 1974, 503; OLG Düsseldorf, NJW-RR 1988, 696; *Baumbach/Lauterbach/Hartmann*, § 926 Rn. 5; HdbVR-*Dunkl*, A Rn. 317; Hk-ZV/*Haertlein*, § 926 Rn. 9; *Zöller/Vollkommer*, § 926 Rn. 12; a. A. *Mädrich*, Das Verhältnis der Rechtsbehelfe des Antragsgegners im einstweiligen Verfügungsverfahren, S. 61 f.; *Stein/Jonas/Grunsky*, § 926 Rn. 7.
37 KG, NJW-RR 2009, 23; *Gottwald*, § 926 Rn. 10; *Musielak/Voit/Huber*, § 926 Rn. 8; *Schlüter*, ZZP 80 (1967), 447, 463; *Stein/Jonas/Grunsky*, § 926 Rn. 7; *Teplitzky*, Wettbewerbsrechtliche Ansprüche und Verfahren, Kap. 56 Rn. 9 f.; *Walker*, Der einstweilige Rechtsschutz, Rn. 541; a. A. wohl MüKo/*Drescher*, § 926 Rn. 7.
38 *Stein/Jonas/Grunsky*, § 926 Rn. 7; *Zöller/Vollkommer*, § 926 Rn. 12.
39 HdbVR-*Dunkl*, A Rn. 319; *Zöller/Vollkommer*, § 926 Rn. 15.
40 A.M. *Musielak/Voit/Huber*, § 926 Rn. 10; *Teplitzky*, Wettbewerbsrechtliche Ansprüche und Verfahren, Kap. 56 Rn. 17.
41 Zur Zuständigkeit bei Erlass einer einstweiligen Verfügung durch das Amtsgericht gem. § 942 vgl. noch Rdn. 41 und § 942 Rdn. 12.
42 Siehe auch Rdn. 7.
43 *Baumbach/Lauterbach/Hartmann*, § 926 Rn. 6; HdbVR-*Dunkl*, A Rn. 312; Hk-ZV/*Haertlein*, § 926 Rn. 5; MüKo/*Drescher*, § 926 Rn. 4; PG/*Fischer*, § 926 Rn. 3; *Stein/Jonas/Grunsky*, § 926 Rn. 5; *Thomas/Putzo/Seiler*, § 926 Rn. 1; *Zöller/Vollkommer*, § 926 Rn. 6; offen gelassen von OLG Karlsruhe, NJW 1973, 1509 (meist unzutreffend als Gegenansicht zitiert).

als beim Widerspruch[44] – nicht um eine Selbstüberprüfung durch das Erlassgericht. Wenn aber der Schuldner den Antrag nach Abs. 1 im Beschwerde- oder Berufungsverfahren zusammen mit seinem Antrag auf Aufhebung des Arrestbefehls und Abweisung des Arrestgesuchs stellt, wäre es wenig sachgerecht, wenn zwar der Arrest vom Beschwerde- oder Berufungsgericht erlassen würde, die Frist zur Klageerhebung dagegen vom erstinstanzlichen Gericht angeordnet werden müsste. In solchen Fällen hat vielmehr die Fristsetzung zusammen mit der Arrestanordnung durch das zweitinstanzliche Gericht zu erfolgen.[45]

4. Entscheidung

Grundlage der Entscheidung ist allein die förmliche Zulässigkeit des Antrags. Der Rechtspfleger prüft also lediglich die allgemeinen Prozessvoraussetzungen, nicht dagegen, ob der Arrest zu Recht erlassen wurde[46] und auch nicht, welche Erfolgsaussichten für die Klage in der Hauptsache bestehen. Darauf kommt es nur ausnahmsweise an, wenn nämlich wegen offensichtlicher Aussichtslosigkeit der Hauptsacheklage aufgrund veränderter Umstände das Rechtsschutzinteresse für den Antrag fehlt.[47] In diesem Fall ist der Antrag zurückzuweisen.[48] Liegen dagegen die Prozessvoraussetzungen vor, muss das Arrestgericht dem Antrag des Schuldners stattgeben.

13

Die Entscheidung ergeht immer durch **Beschluss**. Beim LG trifft nicht der Vorsitzende, sondern die gesamte Kammer die Entscheidung über die Klageanordnung.[49] Der anordnende Beschluss wird dem Gläubiger zugestellt (§ 329 Abs. 2 Satz 2), dem Schuldner formlos mitgeteilt (§ 329 Abs. 2 Satz 1). Mit der Zustellung beginnt der Lauf der für die Klageerhebung gesetzten Frist. Der ablehnende Beschluss wird dem Schuldner formlos (§ 329 Abs. 2 Satz 1), dem Gläubiger gar nicht mitgeteilt.

14

Der **Inhalt** der stattgebenden Entscheidung besteht aus der Anordnung, innerhalb einer bestimmten Frist Klage zu erheben, und aus einer Begründung. Die Beschlussformel lautet etwa: »Der Gläubiger hat bis zum ... (oder binnen einer Frist von ... Wochen nach Zustellung dieses Beschlusses) Klage bei dem Gericht der Hauptsache zu erheben. Nach fruchtlosem Ablauf der Frist wird auf Antrag des Schuldners der Arrestbefehl vom ... aufgehoben.«[50] Das Gericht der Hauptsache braucht nicht benannt zu werden.[51] Die **Bemessung der Frist** liegt im pflichtgemäßen Ermessen des Gerichts. Zwar sollte die Frist nicht zu kurz sein, damit der Gläubiger nicht zu einem übereilten Prozess verleitet wird;[52] andererseits hat er aber auch kein schutzwürdiges Interesse an einer längeren Überlegungs- und Vorbereitungszeit, zumal er selbst das Eilverfahren eingeleitet hat. Gegen eine zu lange Frist spricht vor allem das im Vordergrund stehende Interesse des Schuldners, die Arrestanordnung so schnell wie möglich in dem mit allen Verfahrensgarantien ausgestatteten Hauptsacheverfahren zu überprüfen.[53] In der Regel dürfte eine Frist von mindestens zwei Wochen (§§ 276 Abs. 1 Satz 2, 277 Abs. 3 analog)[54] und höchstens einem Monat[55] angemessen sein. Die Frist beginnt mit der Zustellung an den Gläubiger. Für die Fristberechnung gilt § 222. Die Frist kann gem. § 224 Abs. 2 auf Antrag verlängert werden. Ein solcher Beschluss ist unanfechtbar (§ 225

15

---

44 Siehe § 924 Rdn. 10.
45 *Walker*, Der einstweilige Rechtsschutz, Rn. 539.
46 OLG Köln, Rpfleger 1981, 26.
47 Siehe Rn. 11.
48 BGH, NJW 1974, 503.
49 OLG Nürnberg, MDR 1965, 755.
50 *Baumbach/Lauterbach/Hartmann*, § 926 Rn. 7; *Zöller/Vollkommer*, § 926 Rn. 16.
51 *Baumbach/Lauterbach/Hartmann*, § 926 Rn. 7; *Stein/Jonas/Grunsky*, § 926 Rn. 9.
52 *Stein/Jonas/Grunsky*, § 926 Rn. 9.
53 *Walker*, Der einstweilige Rechtsschutz, Rn. 538.
54 KG, WRP 1976, 378, 379; MüKo/*Drescher*, § 926 Rn. 9; *Zöller/Vollkommer*, § 926 Rn. 16.
55 Alternativkommentar/*Damm*, § 926 Rn. 5; MüKo/*Drescher*, § 926 Rn. 9; *Stein/Jonas/Grunsky*, § 926 Rn. 9.

Abs. 3). Die Aufhebung des Arrestes im Widerspruchsverfahren hat auf den Lauf der Frist keinen Einfluss, sofern der Gläubiger gegen das Urteil Berufung einlegt.[56]

5. Rechtsbehelfe

16 Dem **Gläubiger** steht gegen die Anordnung der Klageerhebung innerhalb der vom Gericht nach Abs. 1 bestimmten Frist die innerhalb von zwei Wochen einzulegende befristete Rechtspflegererinnerung gem. § 11 Abs. 2 Satz 1 RPflG zu, sofern der Rechtspfleger (§ 20 Nr. 14 RPflG) entschieden hat;[57] denn gegen die Fristsetzung wäre kein Rechtsmittel gegeben, wenn der Richter sie getroffen hätte.[58] Die Rechtspflegererinnerung dürfte aber nur selten Erfolg haben, da die Anordnung der Klageerhebung nur von wenigen Voraussetzungen abhängig ist (Rn. 13). Der Rechtspfleger kann der Erinnerung abhelfen (§ 11 Abs. 2 Satz 5 RPflG). Andernfalls entscheidet der Richter bei dem Gericht, dem der Rechtspfleger angehört, endgültig (§ 11 Abs. 2 Satz 6 RPflG). Ferner kann der Gläubiger gem. § 224 Abs. 2 Fristverlängerung beantragen: Eine Zurückweisung dieses Antrages ist gem. § 225 Abs. 3 unanfechtbar, sofern sie ausnahmsweise durch den Richter erfolgt (vgl. Rn. 6); andernfalls kommt die Rechtspflegererinnerung nach § 11 Abs. 2 Satz 1 RPflG in Betracht. Schließlich kann sich der Gläubiger noch im Aufhebungsverfahren nach Abs. 2 mit der Begründung gegen die Aufhebung wehren, dass die Anordnung nach Abs. 1 nicht hätte erfolgen dürfen.[59] – Ist die Fristsetzung ausnahmsweise durch den Richter zusammen mit dem Arrestbefehl erfolgt,[60] ist kein Rechtsmittel statthaft. Eine sofortige Beschwerde gem. § 793 scheidet aus, da die Fristsetzung nicht zur Vollziehung des Arrestes gehört.[61] Die Voraussetzungen für eine sofortige Beschwerde gem. § 567 liegen ebenfalls nicht vor, da ihre Zulässigkeit nicht ausdrücklich im Gesetz vorgesehen ist und mit der Fristsetzung kein das Verfahren betreffendes Gesuch zurückgewiesen wird.[62]

17 Der **Schuldner** kann gegen einen zurückweisenden Beschluss des Rechtspflegers oder gegen eine von diesem zu lang bemessene Frist die sofortige Beschwerde einlegen (§ 11 Abs. 1 RPflG i. V. m. § 567).[63] Der Grund für diese von den Rechtsbehelfen des Gläubigers abweichende Möglichkeit liegt darin, dass in der Ablehnung des Antrages nach Abs. 1 die Zurückweisung eines das Verfahren betreffenden Gesuchs liegt. Deshalb ist gegen den zurückweisenden Beschluss, sofern er ausnahmsweise durch den Richter ergeht, die sofortige Beschwerde nach § 567 statthaft.[64]

III. Fristgerechte Klageerhebung

18 Wenn innerhalb der nach Abs. 1 gesetzten Frist die Hauptsacheklage erhoben wird, ist das Verfahren gem. § 926 beendet. Eine Aufhebung nach Abs. 2 kommt dann nicht in Betracht.

1. Parteien

19 Nach dem Wortlaut des Abs. 1 ist die Hauptsacheklage von der Partei zu erheben, die den Arrestbefehl erwirkt hat. Im Fall der Rechtsnachfolge ist das Hauptsacheverfahren allerdings von dem

---

56 LG Arnsberg, MDR 1986, 328; MüKo/*Drescher*, § 926 Rn. 9; *Zöller/Vollkommer*, § 926 Rn. 17.
57 BGH, NJW-RR 1987, 683, 685; OLG Köln, Rpfleger 1990, 452; OLG Stuttgart, Rpfleger 2008, 475; **a. A.** OLG Karlsruhe, WRP 1983, 104 (fehlendes Rechtsschutzinteresse).
58 OLG Köln, Rpfleger 1990, 452; LG Göttingen, Rpfleger 1993, 439, 440.
59 BGH, NJW-RR 1987, 683, 685; OLG Hamburg, MDR 1970, 935, 936; OLG Karlsruhe, NJW-RR 1988, 251, 252; WRP 1983, 104.
60 Siehe Rn. 7, 12.
61 OLG Schleswig, SchlHAnz. 1982, 44.
62 OLG Köln, Rpfleger 1990, 452.
63 OLG Stuttgart, Rpfleger 2008, 475; Hk-ZV/*Haertlein*, § 926 Rn. 14; *Zöller/Vollkommer*, § 926 Rn. 21; **a. M.** *Baumbach/Lauterbach/Hartmann*, § 926 Rn. 9 (sofortige Erinnerung).
64 MüKo/*Drescher*, § 926 Rn. 11; *Musielak/Voit/Huber*, § 926 Rn. 12 a. E.; *Stein/Jonas/Grunsky*, § 926 Rn. 10; *Wieczorek/Schütze/Thümmel*, § 926 Rn. 12; *Zöller/Vollkommer*, § 926 Rn. 21; **a. M.** *Baumbach/Lauterbach/Hartmann*, § 926 Rn. 10.

Rechtsnachfolger des Arrestgläubigers einzuleiten; § 265 greift hier nicht ein.[65] Nach Sinn und Zweck des Abs. 1, eine verbindliche Überprüfung des Arrestanspruches in der Hauptsache zu erreichen, kommt auch eine Klageerhebung durch einen Prozessstandschafter in Betracht.[66] Entsprechendes gilt auf Beklagtenseite. Grundsätzlich ist die Hauptsacheklage gegen den Arrestschuldner, bei Vorhandensein eines Rechtsnachfolgers oder eines gesetzlichen Prozessstandschafters gegen diesen, zu richten.

2. Art der Klage

Da mit dem Arrest die Zwangsvollstreckung wegen eines noch nicht titulierten Geldanspruchs oder wegen eines Anspruchs, der in eine Geldforderung übergehen kann, gesichert werden soll, kommt in der Hauptsache in erster Linie eine Leistungsklage in Betracht. Die Geltendmachung des Anspruchs im Urkundenprozess genügt. Es reicht auch eine Feststellungsklage aus, sofern das Feststellungsinteresse (§ 256) gegeben ist;[67] denn das Ziel des Abs. 1, den Arrestanspruch in der Hauptsache zu überprüfen, ist auch mit einer Feststellungsklage erreichbar. Ein Bedürfnis für eine Feststellungsklage besteht etwa dann, wenn mit dem Arrest die Vollstreckung wegen eines künftigen Anspruchs gesichert werden soll, der noch nicht im Wege der Leistungsklage geltend gemacht werden kann.[68] Anstelle einer Klage reicht auch die fristgerechte Einleitung eines Mahnverfahrens aus.[69] Zwar findet hier eine Schlüssigkeitsprüfung gerade nicht statt; der Schuldner kann aber erreichen, dass sich ein streitiges Verfahren anschließt (§ 696), in dem der Arrestanspruch geprüft wird und ein rechtskräftiger Hauptsachetitel erreicht werden kann. Der Antrag auf Prozesskostenhilfe steht nach wohl überwiegender Ansicht ebenfalls einer Klageerhebung i. S. v. § 926 Abs. 1 gleich.[70] Dagegen spricht, dass hier lediglich die hinreichenden Erfolgsaussichten einer Rechtsverfolgung geprüft werden und der Schuldner – anders als im Mahnverfahren – nicht die Möglichkeit hat, von sich aus den Übergang ins Hauptsacheverfahren zu erreichen. Auch der Gesichtspunkt der Chancengleichheit hilfsbedürftiger Parteien (Art. 3 GG i. V. m. Sozialstaatsprinzip) erfordert nicht zwingend eine Gleichsetzung von Klageerhebung und Antrag auf Prozesskostenhilfe,[71] da der finanziell schwache Arrestgläubiger die Zustellung der Klage gem. § 14 Nr. 3 a GKG auch ohne Zahlung eines Gerichtskostenvorschusses erreichen kann.[72] Die Klageerhebung vor einem ausländischen Gericht reicht im Rahmen von Abs. 1 dann aus, wenn das Urteil dieses Gerichts in Deutschland gem. § 328 anerkannt wird.[73] Statt einer Klageerhebung vor einem staatlichen Gericht genügt auch

20

---

[65] LG Frankfurt, NJW 1972, 955; *Baumbach/Lauterbach/Hartmann*, § 926 Rn. 11; *MüKo/Drescher*, § 926 Rn. 15; *Stein/Jonas/Grunsky*, § 926 Rn. 15; wohl auch *Zöller/Vollkommer*, § 926 Rn. 29.

[66] *MüKo/Drescher*, § 926 Rn. 15; *Stein/Jonas/Grunsky*, § 926 Rn. 15.

[67] BGH, NJW 1974, 503; OLG Düsseldorf, MDR 1988, 976; *Brox/Walker*, Rn. 1531; *Baumbach/Lauterbach/Hartmann*, § 926 Rn. 12; *MüKo/Drescher*, § 926 Rn. 12; *Stein/Jonas/Grunsky*, § 926 Rn. 11; *Zöller/Vollkommer*, § 926 Rn. 29, 31.

[68] Siehe § 916 Rn. 11.

[69] Siehe schon Rn. 10; OLG Köln, OLGZ 1979, 118, 119; LG Mainz, NJW 1973, 2294, 2295; *Baumbach/Lauterbach/Hartmann*, § 926 Rn. 12; *Berger/Heiderhoff*, Kap. 8 Rn. 49; HdbVR-*Dunkl*, A Rn. 333; *MüKo/Drescher*, § 926 Rn. 12; *Stein/Jonas/Grunsky*, § 926 Rn. 11; *Wieczorek/Schütze/Thümmel*, § 926 Rn. 21; *Zöller/Vollkommer*, § 926 Rn. 32; **a. A.** Alternativkommentar/*Damm*, § 926 Rn. 9.

[70] Alternativkommentar/*Damm*, § 926 Rn. 10; *Baumbach/Lauterbach/Hartmann*, § 926 Rn. 12; *Brox/Walker*, Rn. 1531; *Gottwald*, § 926 Rn. 33; Hk-ZV/*Haertlein*, § 926 Rn. 16; *MüKo/Drescher*, § 926 Rn. 12; *Musielak/Voit/Huber*, § 926 Rn. 7, 15; *Schneider*, MDR 1982, 721; *Stein/Jonas/Grunsky*, § 926 Rn. 11; *Wieczorek/Schütze/Thümmel*, § 926 Rn. 21; *Zöller/Vollkommer*, § 926 Rn. 32; **a. M.** OLG Düsseldorf, MDR 1987, 771; OLG Hamm, OLGZ 1989, 322 f.; *Thomas/Putzo/Seiler*, § 926 Rn. 7.

[71] So in anderem Zusammenhang schon BGH, NJW 1982, 1050, 1051; **a. M.** Alternativkommentar/*Damm*, § 926 Rn. 10; *Schneider*, MDR 1982, 721.

[72] So noch nach GKG a. F. OLG Düsseldorf, JurBüro 1987, 1263; OLG Hamm, OLGZ 1989, 322, 323; *Ahrens*, Der Wettbewerbsprozess, Kap. 61 Rn. 10 f.

[73] OLG Frankfurt, Rpfleger 1981, 118; *Baumbach/Lauterbach/Hartmann*, § 926 Rn. 12; *MüKo/Drescher*, § 926 Rn. 12; *Stein/Jonas/Grunsky*, § 926 Rn. 11.

die fristgerechte Einleitung eines Verfahrens vor einem Schiedsgericht, sofern ein solches vereinbart ist;[74] denn die Klageerhebung vor dem ordentlichen Gericht wäre unzulässig, und auch der Schiedsspruch ergeht nach einer Prüfung des Anspruches und führt gem. § 1060 Abs. 1 zu einem Vollstreckungstitel (§ 794 Abs. 1 Nr. 4 a).

3. Gegenstand der Klage

21 Aus dem Sinn des Abs. 1 folgt, dass die zu erhebende Klage den materiellen Arrestanspruch,[75] dessen Vollstreckung gesichert werden soll, betreffen muss.[76] Das bedeutet nicht, dass eine förmliche Identität zwischen dem Hauptsacheantrag und dem Arrestanspruch bestehen muss; vielmehr reicht es aus, wenn über den Arrestanspruch aufgrund eines weitergehenden Antrags inzident mitentschieden wird.[77] Die Klage muss zu einer Entscheidung über den gesamten Arrestanspruch führen. Im Fall einer Teilklage ist der Arrest hinsichtlich des nichteingeklagten Teils unter den Voraussetzungen des Abs. 2 aufzuheben. Die Voraussetzung des richtigen Gegenstandes der Klage spielt beim Arrest praktisch keine Rolle, während sie bei der einstweiligen Verfügung im Einzelfall problematisch sein kann.[78]

4. Zulässigkeit der Klage

22 Eine Klage kann nur dann zu der nach Abs. 1 bezweckten Überprüfung des Arrestanspruches führen, wenn sie zulässig ist. Andernfalls kommt es gar nicht zu der angestrebten Sachentscheidung. Grundsätzlich müssen daher alle Prozessvoraussetzungen vorliegen, damit die fristgerecht eingereichte Klage eine Aufhebung nach Abs. 2 verhindern kann. Deshalb reicht eine Feststellungsklage in der Hauptsache nicht aus, wenn das dafür notwendige Feststellungsinteresse (§ 256) fehlt. Das ist nach h. M. etwa der Fall, wenn auf Feststellung der ursprünglichen Begründetheit des Arrestes geklagt wird;[79] denn die ursprüngliche Begründetheit ist im Rahmen von Abs. 1 ohne jede Bedeutung. Sie spielt lediglich für einen Schadensersatzanspruch nach § 945 eine Rolle, und insoweit braucht der Gläubiger zur Wahrung seiner Interessen keine Feststellungsklage zu erheben, sondern er kann sich unter Berufung auf die ursprüngliche Begründetheit des Arrestes gegen den Schadensersatzanspruch wehren. Unter mehreren zuständigen Gerichten kann der Gläubiger jetzt noch wählen (§ 35); mit dem vorangegangenen Arrestverfahren hat er sich noch nicht gebunden.[80] Wird die Klage bei einem Gericht des falschen Rechtsweges eingereicht, liegt dennoch eine Klageerhebung i. S. v. § 926 Abs. 1 vor, weil der Rechtsstreit von Amts wegen an ein Gericht des richtigen Rechtsweges verwiesen wird (§ 17a Abs. 2 Satz 1 GVG).[81] Auch die Anrufung eines sachlich oder örtlich unzuständigen Gerichts reicht aus,[82] weil damit wegen der Verweisungsmöglichkeit nach § 281[83] die gerichtliche Überprüfung in der Sache eingeleitet ist. Schließlich kann die Hauptsacheklage mangels Rechtsschutzinteresses unzulässig sein, wenn der Arrest- oder Verfügungsanspruch inzwischen erfüllt wurde; falls der Arrest- oder Verfügungsbeklagte durch einen Antrag nach § 926

---

74 OLG Frankfurt, NJW 1959, 1088, 1090; *Baumbach/Lauterbach/Hartmann*, § 926 Rn. 12; MüKo/*Drescher*, § 926 Rn. 12; *Stein/Jonas/Grunsky*, § 926 Rn. 11; *Zöller/Vollkommer*, § 926 Rn. 32.
75 Siehe § 916 Rdn. 4 ff.
76 OLG Düsseldorf, ZMR 1997, 24, 25; MDR 1988, 976; OLG Frankfurt, NJW 1983, 1129, 1130.
77 OLG Düsseldorf, MDR 1988, 976; OLG Koblenz, WRP 1983, 108, 109; MüKo/*Drescher*, § 926 Rn. 13; *Zöller/Vollkommer*, § 926 Rn. 30.
78 Siehe noch Rdn. 42.
79 BGH, NJW 1973, 1329; OLG Hamburg, MDR 1970, 935; OLG München, ZIP 1982, 497; MüKo/*Drescher*, § 926 Rn. 14; *Zöller/Vollkommer*, § 926 Rn. 31.
80 OLG Karlsruhe, NJW 1973, 1509; *Ahrens, Der Wettbewerbsprozess*, Kap. 61 Rn. 24.
81 Siehe dazu schon Vor §§ 916-945b Rdn. 28.
82 *Ahrens, Der Wettbewerbsprozess*, Kap. 61 Rn. 13; *Baumbach/Lauterbach/Hartmann*, § 926 Rn. 12; HdbVR-*Dunkl*, A Rn. 334; *Zöller/Vollkommer*, § 926 Rn. 32.
83 Zur Anwendung dieser Vorschrift im Eilverfahren siehe Vor §§ 916-945b Rdn. 58.

Abs. 1 Anlass zur Erhebung einer offensichtlich unzulässigen Klage gegeben hat, muss er bei übereinstimmender Erledigungserklärung im Hauptsacheverfahren (§ 91a) nach dem Rechtsgedanken des § 93 die Hälfte der dadurch verursachten Kosten tragen.[84]

5. Einhaltung der Frist

Abs. 1 verlangt, dass innerhalb der Frist die Klage erhoben wird. Zur Klageerhebung gehört die Zustellung der Klageschrift (§ 253 Abs. 1). Jedoch reicht eine rechtzeitige Einreichung der Klageschrift bei Gericht aus, sofern die Zustellung der Klage zwar erst nach Fristablauf, aber jedenfalls »demnächst« erfolgt (§ 167). In diesem Fall ist allerdings erforderlich, dass der Gläubiger seinerseits alles getan hat, damit die Zustellung demnächst erfolgen kann;[85] denn § 167 will den Kläger nur von den Folgen solcher Verzögerungen freistellen, auf die er keinen Einfluss hat. Deshalb reicht allein die fristgerechte Einreichung der Klage nicht aus, wenn die Zustellung dadurch verzögert wird, dass der Prozesskostenvorschuss trotz Aufforderung durch das Gericht erst mehrere Wochen verspätet eingezahlt wird.[86] Unschädlich ist es dagegen, wenn der Prozesskostenvorschuss gezahlt und lediglich aufgrund eines unzutreffenden Streitwertes zu niedrig berechnet wird.[87]

Der fristgerechten Klageerhebung steht die rechtzeitige Einleitung des Mahnverfahrens oder eines schiedsgerichtlichen Verfahrens, nach überwiegender (aber durchaus zweifelhafter) Ansicht auch die rechtzeitige Beantragung von Prozesskostenhilfe gleich.[88]

Maßgeblicher Zeitpunkt für die Feststellung der rechtzeitigen Klageerhebung ist der Schluss der mündlichen Verhandlung des Aufhebungsverfahrens nach Abs. 2 in erster Instanz.[89] Bis dahin kann eine bisher versäumte Klageerhebung noch nachgeholt werden (§ 231 Abs. 2). In diesem Fall wird trotz Versäumung der nach Abs. 1 gesetzten Frist der Aufhebungsantrag zurückgewiesen. § 167 gilt hier allerdings nicht.[90] Den Kosten des Verfahrens kann der Schuldner dadurch entgehen, dass er die Hauptsache für erledigt erklärt[91] oder die Aufhebungsklage zurücknimmt. Im Fall der Rücknahme werden dem Gläubiger analog § 93 die Kosten auferlegt.[92] Eine Heilung der Fristversäumung durch nachträgliche Klageerhebung ist allerdings nur bis zum erstinstanzlichen Urteil über den Aufhebungsantrag nach Abs. 2 möglich, nicht mehr während des Berufungsverfahrens;[93] das gegenteilige Ergebnis wäre weder mit § 231 Abs. 2 noch mit dem Sinn des § 926, entweder eine schnelle Überprüfung in der Hauptsache oder eine Aufhebung zu ermöglichen, vereinbar. Zum Schluss der mündlichen Verhandlung des Aufhebungsverfahrens muss nach dem Sinn des Abs. 1 eine Sachentscheidung in der Hauptsache aufgrund der fristgerecht erhobenen Klage noch möglich sein. Daran fehlt es, wenn die Klage zwar fristgerecht erhoben, nachträglich aber wieder zurück-

---

84 KG, NJW-RR 2012, 446 f.
85 OLG Hamburg, WRP 1978, 907, 908; OLG Hamm, OLGZ 1989, 322, 323; *Baumbach/Lauterbach/Hartmann*, § 926 Rn. 12; Hk-ZV/*Haertlein*, § 926 Rn. 18; MüKo/*Drescher*, § 926 Rn. 16; *Stein/Jonas/Grunsky*, § 926 Rn. 12; *Thomas/Putzo/Seiler*, § 926 Rn. 8; *Zöller/Vollkommer*, § 926 Rn. 32; a. A. (gegen eine Anwendung des § 270 Abs. 3 a. F.) OLG Frankfurt, GRUR 1987, 650; OLG Hamburg, MDR 1977, 237; KG, WRP 1976, 378.
86 OLG Köln, NJW 1967, 2063.
87 KG, NJW-RR 1986, 1127; *Ahrens*, Der Wettbewerbsprozess, Kap. 61 Rn. 11.
88 Einzelheiten dazu schon Rn. 20.
89 OLG Frankfurt, NJW-RR 1990, 190 f.; GRUR 1987, 650, 651; MüKo/*Drescher*, § 926 Rn. 17; *Zöller/Vollkommer*, § 926 Rn. 33.
90 *Stein/Jonas/Grunsky*, § 926 Rn. 12.
91 OLG Frankfurt, GRUR 1987, 650, 651; MDR 1982, 328; OLG München, MDR 1976, 761; *Stein/Jonas/Grunsky*, § 926 Rn. 12. Zur Erledigungserklärung im Eilverfahren siehe auch Vor §§ 916-945b Rn. 50.
92 OLG Frankfurt, MDR 1982, 328; OLG München, MDR 1976, 761.
93 OLG Frankfurt, NJW-RR 1990, 190 f.; OLG Hamburg, MDR 1977, 237; KG, MDR 1971, 767, 768; *Mädrich*, Das Verhältnis der Rechtsbehelfe des Antragsgegners im einstweiligen Verfügungsverfahren, S. 68; *Stein/Jonas/Grunsky*, § 926 Rn. 12.

genommen wurde[94] oder wenn der Rechtsstreit in der Hauptsache übereinstimmend für erledigt erklärt wurde.[95] Wenn man sich mit der überwiegenden Ansicht auf den Standpunkt stellt, dass die rechtzeitige Beantragung von Prozesskostenhilfe zur Fristwahrung ausreicht,[96] kann das jedenfalls nur so lange gelten, wie der Antrag noch nicht zurückgewiesen wurde; danach kommt eine Aufhebung gem. Abs. 2 in Betracht.[97]

IV. Aufhebung mangels Klageerhebung (Abs. 2)

25 Abs. 2 knüpft an den fruchtlosen Ablauf der für eine Klageerhebung gesetzten Frist die Sanktion, dass der Schuldner die Aufhebung des Arrestes beantragen kann. Weil die Aufhebung nicht sogleich nach Erlass der Arrestentscheidung beantragt werden kann, sondern erst nach einer Fristsetzung für die Klageerhebung und deren fruchtlosen Ablauf, braucht in der **Rechtsbehelfsbelehrung** zur Arrestentscheidung (§ 232) nicht über die Aufhebungsklage nach § 926 Abs. 2 informiert zu werden.[98] Über den Aufhebungsantrag entscheidet das Gericht[99] aufgrund mündlicher Verhandlung durch Endurteil. Die Parteirollen sind gegenüber dem Arrest- und dem Widerspruchsverfahren vertauscht: Kläger ist der Schuldner, Beklagter der Gläubiger.

1. Verhältnis zu anderen Rechtsbehelfen

26 Wenn neben der Aufhebung nach Abs. 2 aus dem formalen Grund der unterlassenen Klageerhebung auch eine solche nach § 927 wegen veränderter Umstände in Betracht kommt, kann der Schuldner wählen, auf welchen Grund er seinen Aufhebungsantrag stützt.[100] Im Zweifel wird er nach Abs. 2 vorgehen, weil nur eine Aufhebung mangels Klageerhebung eine Schadensersatzpflicht des Gläubigers gem. § 945 begründet. Hat der Schuldner damit Erfolg, kommt es auf weitere Aufhebungsgründe nicht an. Scheidet eine Aufhebung nach Abs. 2 dagegen aus, kann der Schuldner in demselben Verfahren andere Aufhebungsgründe regelmäßig nicht vorbringen.[101] Das beruht darauf, dass für die Aufhebung nach Abs. 2 das Arrestgericht, für die Aufhebung nach § 927 dagegen bei Anhängigkeit der Hauptsache, die bei einem erfolglosen Antrag nach § 926 Abs. 2 gerade gegeben ist, das Hauptsachegericht zuständig ist.[102]

2. Voraussetzungen

27 Eine Aufhebung des Arrestes setzt voraus, dass der Antrag des Schuldners zulässig und begründet ist.

a) Zulässigkeit

28 Zur Zulässigkeit gehört zunächst ein ordnungsgemäßer Antrag. Dieser ist schriftlich einzureichen; beim Amtsgericht kann er zu Protokoll des Urkundsbeamten der Geschäftsstelle erklärt werden (§ 496). Beim Landgericht besteht Anwaltszwang (§ 78), weil § 13 RPflG mangels Zuständigkeit des Rechtspflegers (vgl. § 20 Nr. 14 RPflG) für das Aufhebungsverfahren nicht gilt. Der Aufhe-

---

94 OLG Frankfurt, NJW 1972, 1330; *Stein/Jonas/Grunsky*, § 926 Rn. 13.
95 MüKo/*Drescher*, § 926 Rn. 17; *Stein/Jonas/Grunsky*, § 926 Rn. 13.
96 Siehe Rdn. 20.
97 OLG Frankfurt, MDR 1989, 272.
98 Siehe schon § 922 Rdn. 23.
99 Zur Zuständigkeit siehe Rdn. 29.
100 HdbVR-*Dunkl*, A Rn. 343, 266; *Gottwald*, § 926 Rn. 21; MüKo/*Drescher*, § 926 Rn. 2; *Stein/Jonas/Grunsky*, § 926 Rn. 16.
101 Alternativkommentar/*Damm*, § 926 Rn. 11; *Mädrich*, Das Verhältnis der Rechtsbehelfe des Antragsgegners im einstweiligen Verfügungsverfahren, S. 69 ff.; MüKo/*Drescher*, § 926 Rn. 20; *Stein/Jonas/Grunsky*, § 926 Rn. 16.
102 *Walker*, Der einstweilige Rechtsschutz, Rn. 560.

bungsantrag nach § 926 Abs. 2 kann bereits vor dem rechtskräftigen Abschluss des Eilverfahrens gestellt werden.[103] Der Antrag ist ein Sachantrag i. S. v. § 297. Er ist dem Gläubiger zuzustellen. Andernfalls ist ein echtes Versäumnisurteil[104] nach § 335 Abs. 1 Nr. 3 unzulässig.

Zuständig ist nach Abs. 2 i. V. m. Abs. 1 das Arrestgericht, also dasjenige Gericht, welches den Arrest angeordnet und die Frist zur Klageerhebung gesetzt hat. Das gilt auch dann, wenn das Eilverfahren inzwischen in der Berufungs- oder Beschwerdeinstanz anhängig ist.[105] Wurde der Arrest erst in der Beschwerde- oder Berufungsinstanz angeordnet, ist nach ganz h. M. für das Aufhebungsverfahren das erstinstanzliche Gericht zuständig.[106] Das ist hier – anders als beim Widerspruch gegen einen im zweiten Rechtszug erlassenen Arrest – sachgerecht, weil es im Aufhebungsverfahren nicht um eine Selbstüberprüfung durch das erlassende Gericht geht, sondern um ein von der Arrestanordnung zu unterscheidendes Verfahren innerhalb des Eilverfahrens.[107]

29

Für die Aufhebung muss ein **Rechtsschutzinteresse** bestehen.[108] Daran fehlt es, wenn der Arrest inzwischen schon im Widerspruchs- oder im Rechtsmittelverfahren rechtskräftig aufgehoben[109] oder das Eilverfahren in der Hauptsache für erledigt erklärt wurde;[110] denn in diesem Fall wäre schon keine Fristsetzung nach Abs. 1, die Voraussetzung für eine Aufhebung nach Abs. 2 ist, zulässig.[111] Dieser Gedanke lässt sich verallgemeinern: Ein Rechtsschutzinteresse besteht nur dann, wenn z. Z. des Aufhebungsverfahrens die Voraussetzungen für die Fristsetzung fortbestehen.[112] Hat etwa der Schuldner nach der Fristsetzung erfüllt und ist dadurch der Arrestanspruch untergegangen, hat er wie bei einer Erfüllung vor Fristsetzung,[113] kein berechtigtes Interesse an der Durchführung eines für den Gläubiger aussichtslosen Hauptsacheverfahrens.[114] Er kann die begehrte Aufhebung gem. § 927 (Erfüllung als nachträglicher Umstand) erreichen.[115] Das Rechtsschutzbedürfnis für ein Aufhebungsverfahren nach Abs. 2 fehlt ebenso, wenn der Gläubiger zwischenzeitlich auf die Rechte aus der Arrestanordnung verzichtet hat.[116] Dieses gilt entgegen einer z. T. vertretenen Ansicht[117] auch bei einer Beschränkung des Verzichts auf den Hauptausspruch des Arrestbefehls. In diesem Fall beabsichtigt der Schuldner mit einem Antrag nach Abs. 2 nur die Umkehrung der Kostenentscheidung des Arrestverfahrens. Dieses Ziel kann nicht nach § 926,[118] sondern nur im Aufhebungsverfahren nach § 927 erreicht werden.[119]

30

---

103 OLG Hamburg, MDR 1977, 148; LG Freiburg, NJW-RR 1988, 250.
104 Siehe Rn. 32.
105 Hk-ZV/*Haertlein*, § 926 Rn. 25; MüKo/*Drescher*, § 926 Rn. 19; PG/*Fischer*, § 926 Rn. 8; *Stein/Jonas/Grunsky*, § 926 Rn. 16; *Wieczorek/Schütze/Thümmel*, § 926 Rn. 13; wohl auch *Zöller/Vollkommer*, § 926 Rn. 22, 6; **a. M.** *Baumbach/Lauterbach/Hartmann*, § 926 Rn. 14; *Thomas/Putzo/Seiler*, § 926 Rn. 10.
106 *Ahrens*, Der Wettbewerbsprozess, Kap. 61 Rn. 47; *Gottwald*, § 926 Rn. 26; *Mädrich*, Das Verhältnis der Rechtsbehelfe des Antragsgegners im einstweiligen Verfügungsverfahren, S. 66 f.; *Stein/Jonas/Grunsky*, § 926 Rn. 16; **a. A.** OLG Karlsruhe, NJW 1973, 1509.
107 *Walker*, Der einstweilige Rechtsschutz, Rn. 557, 546.
108 BGH, NJW 1974, 503; OLG Düsseldorf, NJW-RR 1988, 696.
109 MüKo/*Drescher*, § 926 Rn. 18; *Thomas/Putzo/Seiler*, § 926 Rn. 11; *Zöller/Vollkommer*, § 926 Rn. 23.
110 BGH, NJW 1973, 1329; OLG Frankfurt, GRUR 1987, 650, 651.
111 Siehe Rn. 9.
112 MüKo/*Drescher*, § 926 Rn. 18; *Zöller/Vollkommer*, § 926 Rn. 23.
113 Siehe Rn. 11.
114 *Walker*, Der einstweilige Rechtsschutz, Rn. 541.
115 Vgl. KG, NJW-RR 2012, 447.
116 OLG Düsseldorf, NJW-RR 1988, 696; OLG Karlsruhe, WRP 1980, 713.
117 LG Köln, NJW-RR 1986, 552; *Baumbach/Lauterbach/Hartmann*, § 926 Rn. 14.
118 So auch OLG Düsseldorf, NJW-RR 1988, 696, 697.
119 Siehe § 927 Rn. 16.

b) Begründetheit

31 Die **Begründetheit** des Aufhebungsantrags ist gegeben, wenn der Gläubiger die Hauptsacheklage entweder nicht fristgerecht erhoben oder sie zurückgenommen hat oder wenn die Klage als unzulässig zurückgewiesen wurde oder abzuweisen ist. Das Arrestgericht hat also innerhalb der Begründetheitsprüfung nach Abs. 2 auch die Zulässigkeit der Hauptsacheklage zu prüfen.[120] Die Glaubhaftmachungslast für die rechtzeitige Klageerhebung trägt der Gläubiger.[121] Falls die Rechtshängigkeit gerichtsbekannt ist, bedarf sie gem. § 291 keiner Glaubhaftmachung.[122] Die Glaubhaftmachungslast für die Rücknahme der Klage oder dafür, dass sie als unzulässig abzuweisen oder schon abgewiesen worden sei, trägt der Schuldner.

3. Verfahren

32 Bei dem Aufhebungsverfahren handelt es sich um ein Urteilsverfahren mit notwendiger mündlicher Verhandlung. Sowohl die Terminsbestimmung (§ 216) als auch die Ladung der Parteien (§ 274) erfolgen von Amts wegen. Da es ein Verfahren innerhalb des einstweiligen Rechtsschutzes ist, reicht Glaubhaftmachung an Stelle eines Vollbeweises aus (§§ 920 Abs. 2, 294). Wie schon im Arrestverfahren sind die Vorschriften über das Versäumnisverfahren und über die Entscheidung nach Aktenlage anwendbar. Hier wirkt sich die umgekehrte Parteirolle von Schuldner und Gläubiger aus: Ist der Schuldner säumig, wird sein Aufhebungsantrag gem. § 330 abgewiesen. Bei Säumnis des Gläubigers gilt die Nichterhebung der Klage innerhalb der Frist als zugestanden (§ 331).[123] Bei einer Entscheidung nach Aktenlage (§§ 251a, 331a) wird die vom Gläubiger schriftlich nachgewiesene Klageerhebung berücksichtigt.[124]

33 Bereits während des Aufhebungsverfahrens kann das Gericht die **Arrestvollziehung einstweilen einstellen**. § 924 Abs. 3 Satz 2, der eine gegenüber § 707 Abs. 1 erleichterte Einstellung unmittelbar nur für das Widerspruchsverfahren vorsieht, gilt im Aufhebungsverfahren nach Abs. 2 entsprechend;[125] denn das Bedürfnis des Schuldners nach einem schnellen Vollstreckungsschutz besteht unabhängig davon, ob er sich mit dem Widerspruch oder mit einem Aufhebungsantrag gegen den Arrest wehrt. Die einstweilige Einstellung erfolgt durch das Gericht, welches über den Aufhebungsantrag entscheidet,[126] unabhängig davon, ob es sich dabei um das Hauptsachegericht oder das Amtsgericht handelt.[127]

4. Entscheidung

34 Das Gericht entscheidet durch Endurteil, ggf. durch Versäumnisurteil.[128] Dies gilt auch dann, wenn der Arrest im Beschlussverfahren angeordnet wurde. In der **Hauptsache** wird entweder der Arrest aufgehoben oder der Antrag zurückgewiesen. Die Aufhebung wirkt auf den Zeitpunkt der Arrestanordnung zurück. Zwischenzeitliche Zuwiderhandlungen gegen eine nunmehr aufgehobene Unterlassungsverfügung können nicht mit Ordnungsmitteln nach § 890 geahndet werden.[129]

---

120 HdbVR-*Dunkl*, A Rn. 327; MüKo/*Drescher*, § 926 Rn. 20; *Zöller/Vollkommer*, § 926 Rn. 24.
121 OLG Frankfurt, MDR 1981, 237.
122 OLG Frankfurt, MDR 1977, 849.
123 OLG Frankfurt, MDR 1981, 237, 238.
124 *Stein/Jonas/Grunsky*, § 926 Rn. 18; *Zöller/Vollkommer*, § 926 Rn. 22.
125 OLG Düsseldorf, NJW 1970, 254; Alternativkommentar/*Damm*, § 926 Rn. 14; MüKo/*Drescher*, § 926 Rn. 21; *Stein/Jonas/Grunsky*, § 926 Rn. 17; *Walker*, Der einstweilige Rechtsschutz, Rn. 602; *Zöller/Vollkommer*, § 926 Rn. 28.
126 Siehe Rdn. 27.
127 MüKo/*Drescher*, § 926 Rn. 21; *Stein/Jonas/Grunsky*, § 926 Rn. 17; *Zöller/Vollkommer*, § 926 Rn. 28; a. A. OLG Düsseldorf, MDR 1970, 58; OLG Frankfurt, FamRZ 1985, 723.
128 Siehe Rdn. 32.
129 Siehe dazu allgemein § 890 Rdn. 13 (*Sturhahn*).

Die **Kostenentscheidung** richtet sich nach den §§ 91 ff. Sie bezieht sich im Fall der Aufhebung 35
nicht nur auf das Aufhebungs-, sondern auf das gesamte Arrestverfahren.[130] Wird der Arrest aufgehoben, trägt daher der Gläubiger die gesamten Kosten, also auch diejenigen der Arrestanordnung, selbst wenn diese ursprünglich berechtigt war.[131] Selbst die Kosten eines vom Verfügungsbeklagten erfolglos eingeleiteten Berufungsverfahrens sind dann vom Gläubiger zu tragen.[132] Im Fall der Zurückweisung des Aufhebungsantrags betrifft die Kostenentscheidung dagegen nur die Kosten des Aufhebungsverfahrens; davon wird die Kostenentscheidung im Arrestverfahren nicht berührt.[133] Falls die Parteien das Aufhebungsverfahren übereinstimmend für erledigt erklären, weil der Gläubiger nachträglich die Hauptsacheklage erhoben und damit den Aufhebungsantrag unzulässig gemacht hat, ergeht eine gesonderte Kostenentscheidung für das Aufhebungsverfahren,[134] in der dem Gläubiger die Kosten dieses Verfahrens auferlegt werden.[135]

Sofern der Arrest durch das Endurteil aufgehoben wird, ist dieses gem. § 708 Nr. 6 von Amts wegen 36
für **vorläufig vollstreckbar** zu erklären. Deshalb ist schon vor Rechtskraft jede weitere Vollziehung des Arrestes unzulässig. Dagegen kommt eine Aufhebung der bereits vollzogenen Maßregeln erst nach Rechtskraft des Aufhebungsurteils in Betracht.[136] Solange nämlich noch die Möglichkeit besteht, dass das Aufhebungsurteil im Berufungsverfahren aufgehoben wird, darf dem Gläubiger der durch die Vollziehung gesicherte Rang nicht verloren gehen.[137] Das den Aufhebungsantrag zurückweisende Urteil wird je nach der Höhe der Kosten gem. § 708 Nr. 11 ohne oder gem. § 709 Satz 1 gegen Sicherheitsleistung für vorläufig vollstreckbar erklärt.

5. Rechtsmittel

Das Endurteil ist für die jeweils unterliegende Partei mit der Berufung angreifbar. Handelt es sich 37
um ein Versäumnisurteil, findet der Einspruch (§ 338) statt. Über den statthaften Rechtsbehelf muss die Entscheidung nach Maßgabe des § 232 eine Rechtsbehelfsbelehrung enthalten. Die Revision ist gem. § 542 Abs. 2 Satz 1 nicht statthaft.

V. Bedeutung des § 926 für die einstweilige Verfügung

Beide Absätze des § 926 gelten über § 936 entsprechend für die einstweilige Verfügung.[138] Ebenso 38
wie beim Arrest kommt auch bei der einstweiligen Verfügung eine Fristsetzung zur Klageerhebung nur auf Antrag des Schuldners in Betracht, niemals (auch nicht bei Befriedigungsverfügungen) von Amts wegen. Die gegenteilige Ansicht[139] ist contra legem und zudem mit den Interessen des Schuldners, der durch § 926 geschützt werden soll, nicht immer vereinbar.[140] Für die einstweiligen Anordnungen nach dem FamFG, die auf Antrag erlassen werden, gilt hinsichtlich der Einleitung des Hauptsacheverfahrens und der Aufhebung mangels rechtzeitiger Hauptsacheklage die an § 926 angelehnte Regelung des § 52 Abs. 2 FamFG.

Gegenüber dem Arrest gelten bei der einstweiligen Verfügung folgende **Besonderheiten:** 39

---

130 KG, WRP 1976, 378; OLG München, NJW-RR 1997, 832.
131 OLG Frankfurt, GRUR 1987, 650, 651; OLG Karlsruhe, MDR 1989, 826; LG Köln, NJW-RR 1986, 552; *Baumbach/Lauterbach/Hartmann*, § 926 Rn. 15; MüKo/*Drescher*, § 926 Rn. 22.
132 OLG München, NJW-RR 1997, 832.
133 MüKo/*Drescher*, § 926 Rn. 22; *Stein/Jonas/Grunsky*, § 926 Rn. 18.
134 OLG Frankfurt, Rpfleger 1986, 281.
135 OLG Frankfurt, GRUR 1987, 650, 651; MüKo/*Drescher*, § 926 Rn. 22; *Zöller/Vollkommer*, § 926 Rn. 26.
136 A.M. wohl HdbVR-*Dunkl*, A Rn. 341; *Stein/Jonas/Grunsky*, § 926 Rn. 18 i. V. m. § 925 Rn. 19; *Zöller/Vollkommer*, § 926 Rn. 27 i. V. m. § 925 Rn. 10.
137 *Walker*, Der einstweilige Rechtsschutz, Rn. 561 i. V. m. Rn. 553.
138 Siehe auch § 936 Rdn. 2.
139 *Heinze*, RdA 1986, 273, 279, 284.
140 Siehe Rdn. 6.

Unanwendbar ist § 926, wenn eine **Hauptsacheklage kraft Gesetzes ausgeschlossen** ist. Das ist in den meisten Pressegesetzen der Länder bzgl. der Durchsetzung des presserechtlichen Gegendarstellungsanspruchs der Fall.[141] Diese Gesetze gehen davon aus, dass die Parteien wegen der notwendigen Aktualität überhaupt nur an einem schnellen Rechtsschutz und nicht an einem langwierigen Hauptsacheverfahren interessiert sind.[142]

40 Der **Verzicht** auf einen Antrag nach Abs. 1 spielt bei der einstweiligen Verfügung eine größere Rolle als beim Arrest.[143] Insbesondere bei Unterlassungsverfügungen im Wettbewerbsrecht[144] haben die Parteien meist kein Interesse daran, nach der rechtlichen Klärung des oft unstreitigen Sachverhalts im Eilverfahren noch das zeit- und kostenaufwendige Hauptsacheverfahren durchzuführen, zumal viel dafür spricht, dass das Gericht in der Hauptsache über denselben Sachverhalt nicht anders als im Eilverfahren entscheiden wird. Um die Beendigung des Verfahrens abzusichern, verzichtet der Schuldner in der sog. Abschlusserklärung[145] (u. a.) auf sein Recht aus § 926 Abs. 1. Ein dennoch gestellter Antrag auf Fristsetzung ist dann unzulässig.[146] Wird dem Antrag trotzdem stattgegeben, kann der Gläubiger die Unzulässigkeit der Fristsetzung noch im Aufhebungsverfahren nach Abs. 2 geltend machen.[147] Erhebt der Gläubiger trotz Verzichts des Schuldners Hauptsacheklage, hat er nach § 93 die Kosten zu tragen, wenn der Schuldner sofort anerkennt.

41 Wurde die einstweilige Verfügung ausnahmsweise vom Amtsgericht, in dessen Bezirk sich der Streitgegenstand befindet (§ 942 Abs. 1), angeordnet, ist fraglich, ob dieses oder das Hauptsachegericht, vor dem das nur für die einstweilige Verfügung geltende Rechtfertigungsverfahren durchzuführen ist, **für die Fristsetzung** nach Abs. 1 **zuständig** ist. Hier muss unterschieden werden: Hat der Schuldner seinen Antrag schon vorsorglich zusammen mit dem Antrag auf Abweisung der einstweiligen Verfügung gestellt, ist die Fristsetzung Bestandteil des Anordnungsverfahrens und kann daher wie beim Arrest (Rn. 7) schon in dem Verfügungsbefehl ausgesprochen werden. Dafür ist notwendigerweise das Amtsgericht zuständig. Gleiches gilt, wenn der Antrag auf Fristsetzung nachträglich gestellt wird, sofern das Rechtfertigungsverfahren noch nicht anhängig ist.[148] Es wäre wenig sinnvoll, die Zuständigkeit auf ein Gericht zu verlagern, welches möglicherweise niemals mit der Sache befasst wird. Nach Einleitung des Rechtfertigungsverfahrens ist für die Fristsetzung dagegen das Hauptsachegericht zuständig. **Für die Aufhebung** nach Abs. 2 ist immer das Hauptsachegericht zuständig.[149] An einer solchen Aufhebung besteht nämlich erst nach Einleitung des Rechtfertigungsverfahrens vor dem Hauptsachegericht ein Interesse, weil vorher schon eine Aufhebung nach § 942 Abs. 3 erfolgt.

---

141 Vgl. § 11 Abs. 4 der Pressegesetze/Mediengesetze von Baden-Württemberg, Bremen, Nordrhein-Westfalen, Saarland, Schleswig-Holstein und § 10 Abs. 4 des Pressegesetzes von Berlin und § 12 Abs. 4 des Pressegesetzes von Brandenburg. Ähnlich § 11 Abs. 4 der Pressegesetze/Mediengesetze von Niedersachsen, Rheinland-Pfalz und Thüringen sowie § 10 Abs. 4 des Pressegesetzes von Sachsen-Anhalt. Nicht ausgeschlossen ist das Hauptsacheverfahren in den Pressegesetzen von Bayern (Art. 10 Abs. 3), Hessen (§ 10 Abs. 4) und Sachsen (§ 10 Abs. 5). Auch ohne eine ausdrückliche Regelung im Pressegesetz von Hamburg wird dort § 926 nicht angewendet (BGH, NJW 1974, 642; OLG Hamburg, NJW 1968, 2383).
142 *Walker*, Der einstweilige Rechtsschutz, Rn. 30.
143 Siehe Rdn. 8 und § 936 Rdn. 2.
144 Zahlenmaterial dazu bei *Engelschall*, GRUR 1972, 103, 104.
145 Vgl. dazu nur *Ahrens*, Wettbewerbsverfahrensrecht, S. 356 ff.; *ders.*, WRP 1997, 907; *ders.*, Der Wettbewerbsprozess, Kap. 58; siehe ferner Anh. § 935 Abschnitt C (*Kessen*).
146 Siehe Rdn. 8.
147 BGH, NJW-RR 1987, 683, 685.
148 OLG Dresden, OLGE 23, 241; OLG Düsseldorf, OLGZ 1970, 43, 45; *Mädrich*, Das Verhältnis der Rechtsbehelfe des Antragsgegners im einstweiligen Verfügungsverfahren, S. 64; *Walker*, Der einstweilige Rechtsschutz, Rn. 540; grds. für die Zuständigkeit des Amtsgerichts *Ahrens*, Der Wettbewerbsprozess, Kap. 61 Rn. 29.
149 SchlHOLG, MDR 1997, 391; *Mädrich*, Das Verhältnis der Rechtsbehelfe des Antragsgegners im einstweiligen Verfügungsverfahren, S. 66; *Walker*, Der einstweilige Rechtsschutz, Rn. 558.

Bei der einstweiligen Verfügung ist besonders darauf zu achten, dass der **Gegenstand der Hauptsacheklage** eine Überprüfung des materiellen Verfügungsanspruches ermöglicht. So muss bei Unterlassungsverfügungen der Klageantrag in der Hauptsache dasselbe Unterlassungsgebot betreffen.[150] Die umstrittene Frage, wie bei einer einstweiligen Verfügung auf Eintragung der Vormerkung für eine Bauhandwerkersicherungshypothek gem. §§ 648 Abs. 1, 885 Abs. 1 BGB der Klageantrag in der Hauptsache lauten muss, wird von der h. M. dahin beantwortet, dass nur die Klage auf Bewilligung der Eintragung der Hypothek, nicht dagegen die Klage auf Zahlung des Werklohnes den Voraussetzungen von Abs. 1 genüge.[151] Gegen diese Ansicht spricht, dass für die Begründetheit der Zahlungsklage auch alle Voraussetzungen für die Bewilligung der Eintragung der Hypothek geprüft werden müssen.[152] Daher kann auch durch die fristgerechte Klage auf Zahlung des Werklohnes eine Aufhebung nach Abs. 2 vermieden werden. 42

VI. Bedeutung des § 926 außerhalb des Zivilprozesses

Bei Arresten in **Familienstreitsachen** gilt § 926 gem. § 119 Abs. 2 FamFG entsprechend. Bei einstweiligen Anordnungen in **FamFG-Sachen** findet dagegen § 52 Abs. 2 FamFG Anwendung, der dem § 926 nachgebildet ist. 43

Im **Arbeitsgerichtsprozess** sind beide Absätze sowohl im Urteilsverfahren[153] als auch im Beschlussverfahren[154] anwendbar. Hier muss der Schuldner ebenso wie im Zivilprozess vor einer überlangen Bindung an die aufgrund bloßer Glaubhaftmachung ergangene Eilentscheidung geschützt werden. Da Arrestgericht immer das Arbeitsgericht ist (vgl. § 919 Rn. 16), ist dieses auch für die Fristsetzung und die Aufhebung zuständig. 44

Im **Verwaltungsgerichtsprozess** gilt § 926 gem. § 123 Abs. 3 VwGO entsprechend. Die Aufhebung erfolgt allerdings nicht durch Endurteil, sondern durch Beschluss (§ 123 Abs. 4 VwGO). Entsprechendes gilt gem. § 86b Abs. 2, 4 SGG im **sozialgerichtlichen Eilverfahren**. 45

VII. Gebühren

1. Gerichtsgebühren[155]

Allein für die Fristsetzung zur Klageerhebung (Abs. 1) entsteht zusätzlich zu der im Anordnungsverfahren anfallenden 1,5-Gebühr nach GKG-KV Nr. 1410 keine weitere Gebühr (arg.e GKG-KV Vorbem. 1.4). Dagegen fällt im Aufhebungsverfahren (Abs. 2) eine weitere 1,5-Verfahrensgebühr (GKG-KV Nr. 1410) an, die gesondert neben der 1,5-Gebühr im Anordnungsverfahren erhoben wird (GKG-KV Vorbem. 1.4). Soweit im Verfahren eine mündliche Verhandlung stattgefunden hat (also nicht, wenn mit Zustimmung der Parteien gem. § 128 Abs. 2 Satz 1 schriftlich entschieden wurde),[156] erhöht sich die 1,5-Gebühr nach GKG-KV Nr. 1410 gem. GKG-KV Nr. 1412 auf die dreifache Gebühr. Die mit Einreichung des Antrags fällige Verfahrensgebühr (§ 6 GKG) ermäßigt sich gem. GKG-KV Nr. 1411 u. a. bei einer Beendigung des gesamten Verfahrens durch Zurücknahme des Antrags vor Schluss der mündlichen Verhandlung, durch Anerkenntnis- oder Verzichtsurteil, durch gerichtlichen Vergleich oder durch übereinstimmende Erledigungserklärung 46

---

150 Dazu OLG Koblenz, WRP 1983, 108; *Teplitzky*, Wettbewerbsrechtliche Ansprüche und Verfahren, Kap. 56 Rn. 21.
151 OLG Celle, NJW-RR 2003, 1529; OLG Düsseldorf, NJW-RR 1986, 322; OLG Frankfurt, NJW 1983, 1129; MüKo/*Drescher*, § 926 Rn. 13; *Musielak/Voit/Huber*, § 926 Rn. 14; *Thomas/Putzo/Seiler*, § 926 Rn. 14.
152 OLG Frankfurt, MDR 2003, 23; *Leue*, JuS 1985, 176; *Kohler*, ZZP 102 (1989), 58, 66; *Zöller/Vollkommer*, § 926 Rn. 30.
153 *Schwab/Weth/Walker*, ArbGG, § 62 Rn. 113; *Walker*, Der einstweilige Rechtsschutz, Rn. 752.
154 *Schwab/Weth/Walker*, ArbGG, § 85 Rn. 75; *Walker*, Der einstweilige Rechtsschutz, Rn. 908.
155 Siehe schon Vor §§ 916-945b Rdn. 79 und § 922 Rdn. 48.
156 OLG München, MDR 1999, 59.

§ 926 ZPO Anordnung der Klageerhebung

ohne streitige Kostenentscheidung. In dem vom Arrestgläubiger eingeleiteten Hauptsacheverfahren entstehen die für das erstinstanzliche Prozessverfahren vorgesehenen Gebühren nach GKG-KV Nr. 1210 ff.

2. Anwaltsgebühren[157]

47 Gem. § 16 Nr. 5 RVG bildet das Aufhebungsverfahren mit dem Anordnungsverfahren eine Angelegenheit, sodass die jeweiligen Gebühren nur einmal anfallen. Da im Aufhebungsverfahren mündlich verhandelt wird, fällt nunmehr auch dann eine 1,2-Terminsgebühr nach RVG-VV Teil 3 Vorbem. 3 Abs. 3 i. V. m. Nr. 3104 an, wenn im Anordnungsverfahren ohne mündliche Verhandlung entschieden wurde. Wird der Anwalt des Gegners erstmals im Aufhebungsverfahren tätig, erhält er trotzdem die vollen Gebühren.

---

157 Siehe schon Vor §§ 916–945b Rdn. 82 und § 922 Rdn. 51.

§ 927 Aufhebung wegen veränderter Umstände

(1) (Auch nach der Bestätigung des Arrestes kann wegen veränderter Umstände, insbesondere wegen Erledigung des Arrestgrundes oder auf Grund des Erbietens zur Sicherheitsleistung die Aufhebung des Arrestes beantragt werden.

(2) Die Entscheidung ist durch Endurteil zu erlassen; sie ergeht durch das Gericht, das den Arrest angeordnet hat, und wenn die Hauptsache anhängig ist, durch das Gericht der Hauptsache.

Übersicht

	Rdn.
I. Zweck	1
II. Verhältnis zu anderen Rechtsbehelfen	3
1. Verhältnis zum Widerspruch	4
2. Verhältnis zur Berufung	5
3. Verhältnis zu §§ 926 Abs. 2, 323, 323a, 767, § 238 FamFG	6
III. Aufhebungsvoraussetzungen	9
1. Zulässigkeit des Antrags	10
a) Antrag	10
b) Zuständigkeit	14
c) Rechtsschutzinteresse	16
2. Begründetheit des Antrags	18
a) Nachträglich eingetretene Umstände	19
b) Wegfall einer Arrestvoraussetzung	20
aa) Arrestanspruch	21
bb) Arrestgrund	24
cc) Erbieten zur Sicherheitsleistung	28
IV. Aufhebungsverfahren	29
V. Entscheidung über den Aufhebungsantrag	30
1. Inhalt	31
a) Hauptsache	31
b) Kostenentscheidung	32
c) Vorläufige Vollstreckbarkeit	35
d) Rechtsmittelbelehrung	36
2. Wirkungen	37
a) Unzulässigkeit der weiteren Vollziehung des Arrestes	37
b) Aufhebung bereits vollzogener Maßregeln	38
3. Rechtsmittel	39
VI. Bedeutung des § 927 für die einstweilige Verfügung	40
VII. Bedeutung des § 927 außerhalb des Zivilprozesses	45
VIII. Gebühren	48

Literatur:
Burgard/Fresemann, In welchen Fällen kann ein Aufhebungsantrag gemäß § 927 ZPO auf Umstände gestützt werden, die bereits bei Erlass der einstweiligen Verfügung oder des Arrestes vorlagen?, DRiZ 2000, 195; *Damrau*, Die Erstattung außergerichtlicher und gerichtlicher Kosten bei unberechtigtem Arrest bzw. einstweiliger Verfügung, ZAP 2013, Heft 1 S. 39; *Mädrich*, Das Verhältnis der Rechtsbehelfe des Antragsgegners im einstweiligen Verfügungsverfahren, 1980; *Meiski*, Aus der Praxis: Widerspruch oder Aufhebungsantrag gegen eine einstweilige Verfügung wegen Ablaufs der Vollziehungsfrist, JuS 2006, 889; *Teplitzky*, Arrest und einstweilige Verfügung, JuS 1981, 435; *ders.*, Streitfragen beim Arrest und bei der einstweiligen Verfügung, DRiZ 1982, 41.

I. Zweck

§ 927 bezweckt den Schutz des Schuldners. Die Aufhebung des Arrestes wegen veränderter Umstände ermöglicht es, die Wirkungsdauer und damit auch die Folgen einer möglicherweise nicht (mehr) berechtigten Eilmaßnahme in Grenzen zu halten. Die Aufhebungsmöglichkeit wegen veränderter Umstände ist die prozessuale Konsequenz aus der begrenzten Funktion des einstweiligen Rechtsschutzes, dem Gläubiger unter den Voraussetzungen eines Arrestgrundes die Durchsetzung seines materiellen Anspruchs bis zum Erlass eines vollstreckbaren Hauptsachetitels zu sichern.[1] Fällt eine Voraussetzung für den Erlass der Eilanordnung nachträglich weg, kann diese ihre Funktion nicht mehr erfüllen. Daraus ist zu ersehen, dass die Voraussetzungen für den Erlass einer Eilanordnung »clausula rebus sic stantibus« für ihren Fortbestand sind.[2] Deshalb hat der Gesetzgeber dem Schuldner mit § 927 einen Rechtsbehelf zur Verfügung gestellt, der sich nicht gegen die Anord-

---

[1] Siehe Vor §§ 916-945b Rdn. 3 ff.
[2] *Baur*, Studien zum einstweiligen Rechtsschutz, S. 92; *Baur/Stürner/Bruns*, Rn. 51.30; *Mädrich*, Das Verhältnis der Rechtsbehelfe des Antragsgegners im einstweiligen Verfügungsverfahren, S. 38; *Schlüter*, ZZP 80 (1967), 447, 454; *Walker*, Der einstweilige Rechtsschutz, Rn. 543.

nung, sondern gegen die Fortdauer des Arrestes richtet.[3] Dieser Rechtsbehelf ist auch notwendig, weil die Aufhebung des Arrestes zwar ebenso mit dem Widerspruch und der Berufung begehrt werden kann, was dem Schuldner aber nichts nützt, wenn eine Voraussetzung für die Fortdauer des Arrestes erst nach Durchführung des Widerspruchs- oder Berufungsverfahrens wegfällt. Aus dem Zweck des § 927 folgt bereits, dass es für die Anwendung dieser Norm unerheblich ist, ob der Arrest durch Beschluss oder durch Urteil angeordnet wurde oder ob der Arrestbefehl schon rechtskräftig ist oder noch nicht.

2 Weil die Aufhebung nach § 927 nicht unmittelbar nach der Arrestentscheidung, sondern erst nach einer Veränderung der Umstände beantragt werden kann, handelt es sich bei dieser Möglichkeit nicht um einen solchen Rechtsbehelf, der Gegenstand der **Rechtsbehelfsbelehrung** nach § 232 sein müsste.

II. Verhältnis zu anderen Rechtsbehelfen

3 Neben dem Aufhebungsverfahren nach § 927 stehen dem Schuldner der Widerspruch, die Berufung, die Aufhebung nach § 926 Abs. 2 und bei der einstweiligen Verfügung noch die Aufhebung nach § 942 Abs. 3[4] zur Verfügung. Das Verhältnis dieser Rechtsbehelfe zueinander ist kompliziert, zumal es mit der Abänderungsklage (§ 323) und der Vollstreckungsgegenklage (§ 767) noch weitere allgemeine Rechtsbehelfe gibt.

1. Verhältnis zum Widerspruch[5]

4 Die ursprüngliche Rechtmäßigkeit des Arrestes kann grundsätzlich nur mit dem Widerspruch, nicht dagegen im Verfahren nach § 927 angegriffen werden.[6] Dagegen kann nicht nur nach § 927, sondern auch mit dem Widerspruch der nachträgliche Wegfall von Arrestanspruch oder -grund geltend gemacht werden.[7] Insoweit steht dem Schuldner zwischen dem Widerspruchs- und dem Aufhebungsverfahren ein Wahlrecht zu, zumal kein Verfahren gegenüber dem anderen einfacher oder billiger ist.[8] Allerdings können nicht beide Rechtsbehelfsverfahren nebeneinander durchgeführt werden.[9] Das nach Anhängigkeit des Widerspruchsverfahrens eingeleitete Aufhebungsverfahren ist schon wegen anderweitiger Rechtshängigkeit unzulässig. Wird dagegen nach Anhängigkeit des Aufhebungsverfahrens noch ein Widerspruch eingelegt, entfällt für das Aufhebungsverfahren nachträglich das Rechtsschutzinteresse; denn bei dem Widerspruch, der sich auch auf die Prüfung der ursprünglichen Rechtmäßigkeit der Arrestanordnung bezieht und der eine das gesamte Verfahren betreffende Kostenentscheidung enthält, handelt es sich um den weitergehenden Rechtsbehelf.[10] Nach rechtskräftigem Abschluss des Widerspruchsverfahrens ist ein Aufhebungsverfahren bezüglich desselben Aufhebungsgrundes wegen entgegenstehender Rechtskraft unzulässig.[11] Auf einen neuen Aufhebungsgrund kann dagegen ein Antrag nach § 927 zulässigerweise gestützt werden, unter bestimmten Voraussetzungen sogar dann, wenn dieser Grund schon vor Abschluss des Widerspruchsverfahrens vorlag, aber noch nicht geltend gemacht wurde.[12]

---

3 OLG München, WRP 1996, 1052.
4 Siehe dazu noch Rdn. 41.
5 Siehe dazu schon § 924 Rdn. 4.
6 Siehe aber noch Rdn. 19.
7 Dazu schon § 925 Rdn. 7.
8 Vgl. § 924 Rdn. 4.
9 Vgl. schon § 924 Rdn. 5 mit Nachweisen.
10 So OLG Düsseldorf, NJW-RR 1988, 188, 189 zum Verhältnis zwischen Berufung und Aufhebungsverfahren nach § 927; MüKo/*Drescher*, § 927 Rn. 3.
11 HdbVR-*Dunkl*, A Rn. 350; *Zöller/Vollkommer*, § 927 Rn. 2; vgl. auch OLG München, WRP 1982, 602 (im konkreten Fall entgegenstehende Rechtskraft verneint).
12 Siehe dazu Rdn. 19.

2. Verhältnis zur Berufung

Für das Verhältnis zwischen Berufung und Aufhebungsantrag nach § 927 gilt das zum Widerspruch Ausgeführte entsprechend. Zwischen beiden Möglichkeiten kann der Schuldner wählen.[13] Es ist aber nicht zulässig, beide Verfahren nebeneinander in Form eines »doppelten Angriffs« zu führen.[14] Falls der Schuldner nach Einleitung des Aufhebungsverfahrens auch noch Berufung einlegt, entfällt aus den in Rn. 4 genannten Gründen für das Aufhebungsverfahren nachträglich das Rechtsschutzinteresse, weil es sich bei der Berufung ebenso wie bei dem Widerspruch um den weitergehenden Rechtsbehelf handelt.[15]

3. Verhältnis zu §§ 926 Abs. 2, 323, 323a, 767, § 238 FamFG

Zum Verhältnis zwischen § 927 und § 926 Abs. 2 vgl. noch Rn. 26 und schon § 926 Rn. 26. Der Schuldner hat zwischen beiden Aufhebungsverfahren ein Wahlrecht. Er kann aber wegen des fruchtlosen Fristablaufs nicht gleichzeitig zwei verschiedene Aufhebungsverfahren betreiben.[16] Läuft die nach § 926 Abs. 1 gesetzte Frist während der Anhängigkeit eines Aufhebungsverfahrens nach § 927 ab, kann das in diesem Verfahren berücksichtigt werden,[17] weil es sich auch bei dem fruchtlosen Fristablauf um einen nachträglich veränderten Umstand handelt.

Die Frage nach der Abgrenzung zwischen § 323 und § 927 stellt sich nicht beim Arrest, sondern nur bei einstweiligen Verfügungen, die auf künftig fällig werdende wiederkehrende Leistungen gerichtet sind. Insoweit geht § 927 als Spezialregelung der allgemeinen Abänderungsmöglichkeit nach § 323 vor.[18] § 323a betrifft nicht die Abänderung von gerichtlichen Entscheidungen, sondern nur diejenige von Vergleichen und vollstreckbaren Urkunden. § 238 FamFG ermöglicht nur die Abänderung von Hauptsacheentscheidungen in Unterhaltssachen, sodass es keine Überschneidung mit § 927 gibt.

Einen nachträglichen Wegfall der Arrestvoraussetzungen könnte der Schuldner zwar auch mit der Vollstreckungsgegenklage nach § 767 geltend machen, sofern es um eine materielle Einwendung gegen den Arrestanspruch geht. Dagegen stellt der nachträgliche Wegfall des Arrestgrundes keine Einwendung gegen den titulierten Anspruch dar und könnte nicht Gegenstand einer Vollstreckungsgegenklage sein. Deren Begründetheit würde außerdem voraussetzen, dass die Einwendung nicht gem. § 767 Abs. 2 präkludiert ist, während § 927 eine entsprechende Einschränkung gerade nicht enthält. Daraus ist zu ersehen, dass § 927 insgesamt als Spezialregelung anzusehen ist, die in ihrem Anwendungsbereich den § 767 verdrängt.[19]

III. Aufhebungsvoraussetzungen

Voraussetzungen für eine Aufhebung nach § 927 sind »veränderte Umstände« und ein Aufhebungsantrag. Ebenso wie bei § 926 Abs. 2 lässt sich auch hier zwischen Zulässigkeit und Begründetheit des Antrags unterscheiden:

---

13 Vgl. schon § 924 Rn. 4 mit Nachweisen.
14 OLG Düsseldorf, NJW-RR 1988, 188.
15 OLG Düsseldorf, WRP 1993, 327, 329; NJW-RR 1988, 188, 189; *Brox/Walker*, Rn. 1530; *Zöller/Vollkommer*, § 927 Rn. 2.
16 A.M. *Musielak/Voit/Huber*, § 927 Rn. 3.
17 So LG Freiburg, NJW-RR 1988, 250, zu dem vergleichbaren Fall, dass die Frist während der Anhängigkeit des Widerspruchsverfahrens abläuft.
18 OLG Zweibrücken, FamRZ 1983, 415; *Zöller/Vollkommer*, § 323 Rn. 7.
19 OLG Koblenz, GRUR 1986, 94, 95; OLG München, FamRZ 1993, 1101; *Brox/Walker*, Rn. 1527; MüKo/*Drescher*, § 927 Rn. 2; *Stein/Jonas/Grunsky*, § 928 Rn. 3; *Zöller/Vollkommer*, § 928 Rn. 7; vgl. auch *Ahrens*, Der Wettbewerbsprozess, Kap. 59 Rn. 3.

1. Zulässigkeit des Antrags

a) Antrag

10 Der Antrag muss schriftlich eingereicht oder (falls das Amtsgericht zuständig ist) zu Protokoll des Urkundsbeamten der Geschäftsstelle erklärt werden (§ 496). Der Rechtspfleger ist für die Entgegennahme des Antrags nicht zuständig (arg. e § 20 Nr. 14 RPflG). Falls das Landgericht als Hauptsachegericht zuständig ist, besteht gem. § 78 Anwaltszwang. Der Antrag kann nur vom Schuldner oder seinem Rechtsnachfolger gestellt werden, von einem Dritten lediglich dann, wenn dieser in Prozessstandschaft für den Schuldner handelt. Der Erwerber einer im Wege der Arrestvollziehung gepfändeten Sache ist nicht Rechtsnachfolger des Schuldners als Arrestbeklagtem.[20]

11 Umstritten ist, ob der Schuldner auf sein Recht aus § 927 ebenso **verzichten** kann wie auf seine Rechte aus § 926. Ein Bedürfnis nach einem solchen Verzicht besteht insbesondere bei Unterlassungsverfügungen in Wettbewerbsstreitigkeiten, wenn die Parteien die Entscheidung im Eilverfahren durch eine sog. **Abschlusserklärung** des Schuldners[21] zu einer endgültigen Entscheidung machen wollen;[22] denn »endgültig« wird der im Eilverfahren erstrittene Titel erst, wenn der Gläubiger nicht nur vor einem Widerspruch oder einer Berufung und einem Fristsetzungs- und Aufhebungsantrag nach § 926, sondern auch vor einem Aufhebungsantrag nach § 927 geschützt ist.[23] Gegen die Zulässigkeit eines umfassenden Verzichts auf das Recht aus § 927 spricht, dass – im Gegensatz zum Verzicht auf den Widerspruch und auf einen Antrag nach § 926 – noch gar nicht übersehen werden kann, ob und welche Umstände mit welchen Folgen für die Voraussetzungen des einstweiligen Rechtsschutzes nachträglich eintreten. Der Schuldner kennt also die Tragweite seiner Verzichtserklärung nicht. Deshalb entspricht es einer verbreiteten Ansicht, dass ein Verzicht zwar zulässig ist, sich aber nur auf solche Umstände beziehen darf, deren Eintritt grundsätzlich vorhersehbar ist.[24] Jedenfalls auf eine Aufhebung wegen der bis zur Verzichtserklärung bereits eingetretenen (wenn auch dem Schuldner noch nicht bekannten) Umstände kann der Schuldner aber wirksam verzichten; dadurch legen die Parteien dem vorläufigen Titel lediglich die Präklusionswirkung (§ 767 Abs. 2) eines rechtskräftigen Urteils bei, was gerade Sinn der Abschlusserklärung ist[25] und allgemein als zulässig angesehen wird.[26] Im Übrigen legt der BGH[27] eine Abschlusserklärung des Schuldners auch dann, wenn der Verzicht auf die Rechte aus § 927 keine entsprechende ausdrückliche Einschränkung enthält, so aus, dass der Verzicht nicht diejenigen Rechte umfasst, die als Einwendungen im Wege einer Vollstreckungsgegenklage nach § 767 auch einem rechtskräftigen Hauptsachetitel entgegengehalten werden könnten. Zu diesen nach § 767 beachtlichen Einwendungen gehören jedenfalls bei wettbewerbsrechtlichen Unterlassungstiteln auch nachträgliche Gesetzes- und Rechtsprechungsänderungen, wonach das zu unterlassende Verhalten nunmehr rechtmäßig ist. Andernfalls wäre der Schuldner gegenüber Mitbewerbern benachteiligt. Auch eine insoweit eingeschränkte Abschlusserklärung lässt das Rechtsschutzinteresse für eine Hauptsacheklage entfallen, da die Abschlusserklärung dem im Eilverfahren erstrittenen Unterlassungstitel die gleiche Wirkung wie einem Hauptsachetitel verschafft.

---

20 *Baumbach/Lauterbach/Hartmann*, § 927 Rn. 8; *Stein/Jonas/Grunsky*, § 927 Rn. 10.
21 Dazu Anh. zu § 935 C (*Kessen*).
22 Einzelheiten § 926 Rdn. 40.
23 *Köhler/Bornkamm*, UWG, § 12 Rn. 3.74.
24 *Ahrens*, WRP 1997, 907, 910; *Köhler/Bornkamm*, UWG, § 12 Rn. 3.74; *Gottwald*, § 927 Rn. 9; MüKo/*Drescher*, § 927 Rn. 13. Der BGH (NJW 2009, 3303, 3304) hat die Zulässigkeit eines vollständigen Verzichts auf die Rechte aus § 927 ausdrücklich offengelassen.
25 KG, NJW-RR 1987, 814 f. Zur Abschlusserklärung siehe nur Anh. § 935 Abschnitt C (*Kessen*).
26 BGH, WM 1976, 907, 908; *Brox/Walker*, Rn. 1351 (jeweils zur vereinbarten Anwendung des § 767 Abs. 2 bei vollstreckbaren Urkunden und Prozessvergleichen).
27 BGH, NJW 2009, 3303, 3305 mit zust. Anm. *Walker/Findeisen*, LMK 2009, 292536.

Der Antrag kann (z. B. bei teilweiser Erfüllung des Arrestanspruchs) auf eine **Teilaufhebung** 12
beschränkt werden; daran ist das Gericht gebunden, auch wenn es eine vollständige Aufhebung
für berechtigt hält.[28] Jedoch ist eine Beschränkung des Antrags auf eine Aufhebung der Kostenentscheidung anders als beim Widerspruch,[29] nicht zulässig; denn während das Widerspruchsverfahren noch zum Arrestverfahren gehört und den Arrestprozess in derselben Instanz lediglich in ein Verfahren mit mündlicher Verhandlung (auch über die Kostenentscheidung) überleitet,[30] handelt es sich bei § 927 um ein davon unabhängiges Verfahren, mit dem nach dem unmissverständlichen Gesetzeswortlaut ausschließlich die Aufhebung des Arrestes bezweckt wird.[31] Davon zu unterscheiden ist die Frage, ob für einen zwar auf Aufhebung gerichteten, aber allein mit dem Ziel einer Änderung der Kostenentscheidung gestellten Antrag ein Rechtsschutzinteresse besteht.[32]

Der Antrag muss **nicht notwendig in einem selbstständigen Verfahren** gestellt werden. Ist die 13
Hauptsache bereits anhängig, kann der Aufhebungsantrag schon in der Verhandlung über die
Hauptsache gestellt werden; das Gericht kann dann die Aufhebung sofort mit der Abweisung der
Klage aussprechen.[33] Ebenso kann sich der Schuldner bereits im Widerspruchsverfahren, in dem er
die Aufhebung des Arrestes (§ 925 Abs. 2) begehrt, auf veränderte Umstände berufen.[34]

b) Zuständigkeit

Die Zuständigkeit ist in Abs. 2 abweichend von § 926 geregelt. Aus Gründen der Sachnähe und 14
der Praktikabilität[35] soll dasjenige Gericht zuständig sein, welches am besten mit der Sache vertraut
ist oder jedenfalls ohnehin über die Sache entscheiden muss. Deshalb ist das Hauptsachegericht
(§ 943) zuständig, sobald und solange die Hauptsache anhängig ist. Andernfalls ist das Arrestgericht
zuständig, welches mit dem Hauptsachegericht identisch sein kann, aber nicht muss (§ 919). Es
handelt sich um eine ausschließliche Zuständigkeit (§ 802). Eine Besonderheit für die Zuständigkeit des Hauptsachegerichts gilt, wenn die Hauptsache in der Revisionsinstanz anhängig ist (vgl.
§ 943 Abs. 1); da über die Aufhebung in einer Tatsacheninstanz entschieden werden muss, geht die
Zuständigkeit dann wieder auf das erstinstanzliche Hauptsachegericht über.[36] Für die Zuständigkeit des Hauptsachegerichts muss Anhängigkeit bei einem deutschen[37] staatlichen Gericht gegeben
sein. Anhängigkeit bei einem Schiedsgericht reicht niemals aus, zumal dieses den durch ein staatliches Gericht angeordneten Arrest nicht aufheben könnte.[38] Unerheblich ist, welcher Rechtsweg für
die Hauptsache gegeben ist. Diese Frage, die früher im Zusammenhang mit der Arrestanordnung
durch das Amtsgericht der belegenen Sache trotz arbeitsgerichtlicher Hauptsachezuständigkeit
diskutiert wurde,[39] hat allerdings seit der Neuregelung der §§ 17 ff. GVG und der §§ 2 f., 48 f.
ArbGG durch das 4. VwGO-Änderungsgesetz[40] an Bedeutung verloren; denn seitdem ist in arbeitsgerichtlichen Streitigkeiten nach richtiger Ansicht ohnehin keine Zuständigkeit des Amtsgerichts

---

28 MüKo/*Drescher*, § 927 Rn. 12; *Stein/Jonas/Grunsky*, § 927 Rn. 11; *Zöller/Vollkommer*, § 927 Rn. 9 b.
29 Zum sog. Kostenwiderspruch siehe § 924 Rn. 12.
30 § 924 Rdn. 7.
31 OLG München, OLGZ 1986, 452, 456; *Gottwald*, § 927 Rn. 10; MüKo/*Drescher*, § 927 Rn. 12; *Zöller/Vollkommer*, § 927 Rn. 9 b; **a.M.** OLG Hamm, NJW-RR 1990, 1214; KG, NJW-RR 1987, 381.
32 Siehe dazu noch Rn. 16.
33 *Walker*, Der einstweilige Rechtsschutz, Rn. 545, mit Hinweis auf die Motive zur ZPO.
34 Siehe schon § 925 Rdn. 7.
35 OLG Hamm, JurBüro 1991, 1411; *Baur*, Studien zum einstweiligen Rechtsschutz, S. 93; *Walker*, Der einstweilige Rechtsschutz, Rn. 545.
36 BGH, WM 1976, 134 und 1201.
37 *Stein/Jonas/Grunsky*, § 927 Rn. 12.
38 Vgl. schon § 919 Rn. 5; HdbVR-*Dunkl*, A Rn. 354; *Teplitzky*, Wettbewerbsrechtliche Ansprüche, Kap. 56 Rn. 25; *Zöller/Vollkommer*, § 927 Rn. 10; **a.M.** *Stein/Jonas/Grunsky*, § 927 Rn. 12.
39 MüKo/*Drescher*, § 927 Rn. 10.
40 Gesetz vom 17.12.1990, BGBl. I, 2809.

als Arrestgericht mehr gegeben.[41] Nach rechtskräftigem Abschluss des Hauptsacheverfahrens ist der Aufhebungsantrag wieder beim Arrestgericht zu stellen. Eine einmal gegebene Zuständigkeit des Hauptsachegerichts geht allerdings durch Beendigung des Hauptsacheverfahrens während der Anhängigkeit des Aufhebungsverfahrens nicht verloren (§ 261 Abs. 3 Nr. 2). Ebenso wird das Arrestgericht nicht dadurch unzuständig, dass während des Aufhebungsverfahrens bei einem anderen Gericht die Hauptsache anhängig gemacht wird.

15 Wurde der Arrest von einem zweitinstanzlichen Gericht erlassen, ist für die Frage, welches Gericht als Arrestgericht für die Aufhebung zuständig ist, zu unterscheiden: Bei einer erstmaligen Arrestanordnung durch das zweitinstanzliche Gericht in seiner Eigenschaft als Hauptsachegericht (vgl. §§ 919, 943) ist dieses auch für die Aufhebung zuständig. Es wäre mit dem Sinn des § 927 Abs. 2 nicht vereinbar, hier eine Zuständigkeit des erstinstanzlichen Gerichts anzunehmen, obwohl dieses niemals mit der Sache befasst war.[42] Hat dagegen das zweitinstanzliche Gericht den Arrest nicht in seiner Eigenschaft als Hauptsachegericht, sondern als Rechtsmittelgericht angeordnet, ist für die Aufhebung das erstinstanzliche Gericht zuständig, welches schon im Arrestverfahren als erstes Gericht über den Arrestantrag zu entscheiden hatte.[43]

c) Rechtsschutzinteresse

16 Das **Rechtsschutzinteresse** als Voraussetzung für die Zulässigkeit des Aufhebungsantrags setzt immer voraus, dass dem Schuldner aus dem bisher noch nicht aufgehobenen Arrest irgendwelche Nachteile drohen.[44] Daran fehlt es, wenn der Schuldner selbst den Anspruch erfüllt hat und der Gläubiger ihm den Titel herausgegeben hat; dann muss der Schuldner nämlich keine Vollziehung des Arrestes mehr befürchten, und über einen eventuell noch bestehenden Streit zwischen den Parteien über die Berechtigung der Eilanordnung ist im Hauptsacheverfahren[45] oder im Schadensersatzprozess nach § 945 zu entscheiden. Ferner besteht kein Rechtsschutzinteresse an einer förmlichen Aufhebung, wenn sich die Eilanordnung offensichtlich vollständig erledigt hat (z. B. Erledigung einer Unterlassungsverfügung durch Zeitablauf).[46] Ein Verzicht des Gläubigers auf die Rechte aus der Eilanordnung lässt nach überwiegender Ansicht das Rechtsschutzinteresse des Schuldners für eine Aufhebung nach § 927 jedenfalls dann entfallen, wenn der Gläubiger dem Schuldner auch den Titel herausgibt.[47] Nach anderer Ansicht soll trotz des Verzichts ein Aufhebungsinteresse bestehen, weil der Gläubiger einen neuen Arrest beantragen könne und das Gericht an die materielle Rechtskraft der ersten Entscheidung gebunden sei.[48] Diese Ansicht trifft in dem seltenen Fall zu, in dem der Verzicht sich nur auf die Vollziehung des konkreten Arrestes beschränkt und damit lediglich die Wirkung einer Vollstreckungsvereinbarung hat. Im Zweifel wird er jedoch als Verzicht auf den materiellen Anspruch auszulegen sein, der einem erfolgreichen neuen Gesuch entgegensteht.[49] Allerdings lässt ein Verzicht des Gläubigers das Rechtsschutzinteresse für eine Aufhebung nicht entfallen, wenn der Gläubiger es trotz einer von Anfang an unberechtigten Eilan-

---

41 Siehe schon § 919 Rdn. 16.
42 OLG Hamm, JurBüro 1991, 1411; *Walker*, Der einstweilige Rechtsschutz, Rn. 545.
43 OLG Düsseldorf, MDR 1984, 324; OLG Hamm, OLGZ 1997, 492, 493; HdbVR-*Dunkl* A Rn. 355; *Mädrich*, Das Verhältnis der Rechtsbehelfe des Antragsgegners im einstweiligen Verfügungsverfahren, S. 51; MüKo/*Drescher*, § 927 Rn. 10; Stein/Jonas/*Grunsky*, § 927 Rn. 13; *Walker*, Der einstweilige Rechtsschutz, Rn. 546; Zöller/*Vollkommer*, § 927 Rn. 10.
44 OLG Frankfurt, ZIP 1981, 210 f.; OLG Hamburg, MDR 1960, 59; OLG München, ZIP 1982, 497; OLGZ 1986, 452.
45 OLG Hamburg, MDR 1960, 59.
46 OLG München, GRUR 1982, 321, 322; LG Mainz, NJW 1973, 2294, 2295.
47 OLG Frankfurt, NJW 1968, 2112, 2114; ZIP 1981, 210, 211; OLG Köln, OLGZ 1992, 448, 449 f.; Baumbach/Lauterbach/*Hartmann*, § 927 Rn. 1; MüKo/*Drescher*, § 927 Rn. 11; Stein/Jonas/*Grunsky*, § 927 Rn. 2; Thomas/Putzo/*Seiler*, § 927 Rn. 4; Zöller/*Vollkommer*, § 927 Rn. 3.
48 OLG Hamm, WRP 1993, 254, 255; OLG München, OLGZ 1986, 452.
49 Vgl. auch Zöller/*Vollkommer*, § 927 Rn. 3.

ordnung ablehnt, den Kostenerstattungsanspruch des Schuldners anzuerkennen;[50] denn in diesem Fall ist das Aufhebungsverfahren für den Schuldner (abgesehen von denkbaren materiellrechtlichen Ansprüchen) die einzige Möglichkeit, seine außergerichtlichen Kosten des Eilverfahrens erstattet zu bekommen. Ebenso wie ein Verzicht des Gläubigers auf seine Rechte aus der Eilanordnung kann auch eine Vereinbarung zwischen den Parteien, wonach die Wirkungen des § 927 gelten sollen, dem Rechtsschutzinteresse für ein Aufhebungsverfahren entgegenstehen.[51]

Das Rechtsschutzinteresse fehlt nicht schon deshalb, weil der Schuldner die veränderten Umstände auch mit dem Widerspruch nach § 924 geltend machen könnte; denn das Widerspruchsverfahren ist gegenüber dem Aufhebungsverfahren kein einfacherer oder billigerer Rechtsschutz.[52] Sobald allerdings ein Widerspruchs- oder Berufungsverfahren anhängig ist, in dem die veränderten Umstände geltend gemacht werden können, fehlt es für das Aufhebungsverfahren (falls man dieses nicht schon wegen anderweitiger Rechtshängigkeit für unzulässig hält)[53] jedenfalls am Rechtsschutzinteresse.[54] Auch wenn nach Anhängigkeit des Aufhebungsverfahrens Widerspruch oder Berufung eingelegt wird, geht das Rechtsschutzinteresse für das Aufhebungsverfahren nachträglich verloren.[55] Allein die rechtskräftige Abweisung der Hauptsacheklage lässt dagegen das Rechtsschutzinteresse nicht entfallen; denn der Arrest wird dadurch nicht automatisch wirkungslos, sondern muss noch vom Gericht aufgehoben werden.[56]

2. Begründetheit des Antrags

Der Aufhebungsantrag ist begründet, wenn aufgrund **veränderter Umstände** eine Voraussetzung für die Arrestanordnung weggefallen ist.

a) Nachträglich eingetretene Umstände

Der Wortlaut »veränderte Umstände« legt die Auslegung nahe, dass es sich um **nachträglich eingetretene Umstände** handeln muss. Als maßgeblicher Zeitpunkt für die Beurteilung der Nachträglichkeit wird derjenige der Arrestanordnung,[57] bei Durchführung eines Widerspruchs- oder Rechtsmittelverfahrens derjenige der Bestätigung des Arrestes[58] angesehen. Mit solchen Tatsachen (Umständen), die schon vor der Arrestanordnung oder -bestätigung vorgelegen haben, soll der Schuldner im Verfahren nach § 927 – ähnlich wie nach § 767 Abs. 2 – präkludiert sein.[59] Dem ist mit Einschränkungen zuzustimmen. Die Beschränkung auf »veränderte« Umstände beruht allein darauf, dass der Einwand, der Arrest sei ursprünglich unberechtigt gewesen, schon im Widerspruchs- oder Berufungsverfahren geltend gemacht werden kann, und dass § 927 den Rechtsschutz des Schuldners zwar auf die Geltendmachung später eingetretener Tatsachen erstrecken, nicht aber das Aufsparen von Einwendungen für einen späteren Zeitpunkt ermöglichen will. Daraus folgt, dass der Schuldner alle ihm bekannten Umstände, die er auch glaubhaft machen kann, im Arrestanordnungs-, im Widerspruchs- oder im Berufungsverfahren vorbringen muss. Auf derartige Tatsachen kann eine Aufhebungsklage nach § 927 nicht gestützt werden. Dagegen stellen solche Umstände, die zu diesem Zeitpunkt zwar objektiv vorlagen, dem Schuldner aber entweder nicht

---

50 BGH, NJW 1993, 2685, 2687; OLG Köln, GRUR 1985, 458, 459.
51 Vgl. OLG Köln, OLGZ 1992, 448, 449 f.; MüKo/*Drescher*, § 927 Rn. 11; *Stein/Jonas/Grunsky*, § 927 Rn. 2.
52 Siehe schon Rn. 4 und § 924 Rn. 4.
53 Siehe schon oben Rn. 4, 6 und § 924 Rn. 5.
54 OLG Düsseldorf, NJW 1955, 1844; OLG Hamm, WRP 1978, 394; OLG Karlsruhe, WRP 1976, 489; OLG Koblenz, GRUR 1989, 373; *Wedemeyer*, NJW 1979, 293, 294.
55 Siehe schon Rn. 4, 6; OLG Düsseldorf, NJW-RR 1988, 188.
56 BGH, NJW-RR 1987, 288, 289.
57 MüKo/*Drescher*, § 927 Rn. 4; *Zöller/Vollkommer*, § 927 Rn. 1.
58 *Baumbach/Lauterbach/Hartmann*, § 927 Rn. 3; *Schlüter*, ZZP 80 (1967), 447, 455.
59 *Mädrich*, Das Verhältnis der Rechtsbehelfe des Antragsgegners im einstweiligen Verfügungsverfahren, S. 54; *Schlüter*, ZZP 80 (1967), 447, 455.

bekannt waren oder (z. B. mangels Erreichbarkeit eines Zeugen) nicht durch ein präsentes Beweismittel glaubhaft gemacht werden konnten, »veränderte Umstände« i. S. v. § 927 dar und können eine Aufhebung rechtfertigen.[60] Der Rechtsgedanke des unmittelbar ohnehin nicht anwendbaren § 767 Abs. 2 steht dem nicht entgegen; denn die Eilentscheidung erwächst nur in beschränkte materielle Rechtskraft,[61] die hier nicht durchbrochen wird.[62]

b) Wegfall einer Arrestvoraussetzung

20 Nicht jeder denkbare veränderte Umstand rechtfertigt eine Aufhebung. Er muss vielmehr zu einem Wegfall einer Arrestvoraussetzung führen. Die nicht abschließende (»insbesondere«) Aufzählung von den soweit maßgeblichen Fällen, nämlich der Erledigung des Arrestgrundes und des Erbietens zur Sicherheitsleistung, ist wenig aussagekräftig.

aa) Arrestanspruch

21 Die erste Arrestvoraussetzung, die durch veränderte Umstände weggefallen sein kann, ist der materielle Arrestanspruch. Insoweit sind alle Tatsachen beachtlich, die zu einem Wegfall des Anspruchs oder zur Beseitigung seiner Durchsetzbarkeit führen. In Betracht kommen etwa das Erlöschen der gesicherten Forderung durch Erfüllung,[63] durch Ausübung eines Gestaltungsrechts wie Aufrechnung oder Anfechtung oder durch Erlass[64] oder eine zwischenzeitliche Stundung. Beruht der Anspruch auf mehreren Anspruchsgrundlagen, müssen alle wegfallen, damit eine Aufhebung des Arrestes in Betracht kommt.[65] Tritt an die Stelle des weggefallenen Anspruchs ein anderer Anspruch, ist der Arrest aufzuheben; ein Austausch der zu sichernden Forderung scheidet auch bei wirtschaftlicher Gleichwertigkeit und selbst bei identischem Leistungsinhalt aus.[66] Eine Ausnahme wird gemacht, wenn nach der Ausübung eines Gestaltungsrechts an die Stelle des ursprünglich gesicherten (Geld-)Leistungsanspruchs ein gleichartiger Rückabwicklungsanspruch (Schadensersatz) tritt.[67]

22 Einen veränderten Umstand in Bezug auf den Arrestanspruch stellt auch die rechtskräftige **Abweisung der Hauptsacheklage** als unbegründet dar.[68] Damit steht nämlich endgültig fest, dass der Arrestanspruch, der gesichert werden sollte, nicht besteht. Erfolgt die Klageabweisung durch Prozessurteil wegen Unzulässigkeit, ist damit zwar über den Bestand und die Durchsetzbarkeit des materiellen Anspruchs nicht entschieden worden; wenn der Zulässigkeitsmangel aber nicht oder jedenfalls nicht innerhalb der nach § 926 Abs. 1 gesetzten oder noch zu setzenden Frist beseitigt werden kann, reicht das ebenfalls für eine Aufhebung nach § 927 aus;[69] denn ohne Rechtsschutz in der Hauptsache kann der einstweilige Rechtsschutz seine Funktion nicht mehr erfüllen.[70] Eine lediglich vorläufig vollstreckbare Hauptsacheentscheidung zugunsten des Schuldners kann zwar,

---

60 So schon RGZ 24, 368, 371 f.; 63, 38, 41; *Baur,* Studien zum einstweiligen Rechtsschutz, S. 92; *Berger/Heiderhoff,* Kap. 8 Rn. 65; *Brox/Walker,* Rn. 1528; *Burgard/Fresemann,* DRiZ 2000, 195, 197 f.; HdbVR-*Dunkl,* A Rn. 364; MüKo/*Drescher,* § 927 Rn. 4; *Nirk/Kurtze,* Wettbewerbsstreitigkeiten, Rn. 402; *Stein/Jonas/Grunsky,* § 927 Rn. 3; *Walker,* Der einstweilige Rechtsschutz, Rn. 547; *Wieczorek/Schütze/Thümmel,* § 927 Rn. 2; *Zöller/Vollkommer,* § 927 Rn. 4.
61 Siehe § 922 Rn. 43 f.
62 *Stein/Jonas/Grunsky,* § 927 Rn. 3; *Walker,* Der einstweilige Rechtsschutz, Rn. 547.
63 OLG Karlsruhe, NJW-RR 1988, 1469, 1470.
64 Zum Rechtsschutzinteresse beim Verzicht vgl. aber Rn. 16.
65 BGH, NJW 1978, 2157; OLG Frankfurt, GRUR 1997, 484; OLG Saarbrücken, NJW 1971, 946.
66 Siehe schon § 916 Rdn. 4; ferner MüKo/*Drescher,* § 927 Rn. 5; *Stein/Jonas/Grunsky,* § 927 Rn. 6.
67 *Stein/Jonas/Grunsky,* § 927 Rn. 6.
68 BGH, NJW 1978, 2157, 2158; OLG Hamm, WRP 1993, 254; *Baur,* Studien zum einstweiligen Rechtsschutz, S. 92 f.; *Brox/Walker,* Rn. 1527.
69 *Ahrens,* Der Wettbewerbsprozess, Kap. 60 Rn. 28; *Stein/Jonas/Grunsky,* § 927 Rn. 6; *Zöller/Vollkommer,* § 927 Rn. 5.
70 *Walker,* Der einstweilige Rechtsschutz, Rn. 548.

muss aber nicht zu einer Aufhebung nach § 927 führen. Es kommt auf die Erfolgsaussichten des Gläubigers in der Rechtsmittelinstanz an, die im Aufhebungsverfahren zu prüfen sind.[71] Solange realistische Chancen bestehen, dass der Gläubiger den begehrten Rechtsschutz doch noch erreicht, besteht auch sein Sicherungsbedürfnis fort; dann scheidet eine Aufhebung vor Eintritt der Rechtskraft des Hauptsacheurteils aus. Erscheint dagegen ein Obsiegen des Gläubigers in der Hauptsache ausgeschlossen (z. B. aufgrund einer für die Entscheidung maßgeblichen Gesetzesänderung),[72] ist der Arrest aufzuheben. Das wird häufig der Fall sein, da über den Aufhebungsantrag dasselbe Gericht entscheidet, welches das vorläufig vollstreckbare Hauptsacheurteil zugunsten des Schuldners erlassen hat. Es wird im Zweifel keinen Anlass haben, ohne neuen Sachvortrag zugunsten des Gläubigers zu entscheiden.[73] Außerdem dürfte die vorläufig vollstreckbare Abweisung der Hauptsacheklage in der Regel ausreichen, um die notwendige Glaubhaftmachung des Arrestanspruches zu erschüttern.[74]

Eine Aufhebung wegen eines für den Arrestanspruch maßgebenden Umstandes kommt schließlich auch dann in Betracht, wenn eine für den Bestand oder die Durchsetzbarkeit maßgebliche **Norm vom Bundesverfassungsgericht für nichtig erklärt** wurde.[75] Selbst die Änderung der höchstrichterlichen Rechtsprechung reicht aus, wenn sie sich auf eine für das Hauptsacheverfahren maßgebliche Rechtsfrage bezieht und ein Obsiegen des Gläubigers als ausgeschlossen erscheinen lässt.[76]   23

bb) Arrestgrund

Die Erledigung des **Arrestgrundes**[77] ist in § 927 ausdrücklich als ein die Aufhebung rechtfertigender Umstand genannt. Sie kann etwa dadurch eintreten, dass der Schuldner im Fall des § 917 Abs. 2 vollstreckbares Vermögen im Inland erwirbt[78] oder dass er im Fall des § 918 die eidesstattlich versicherte Vermögensauskunft abgibt.[79]   24

Die Frage, ob ein **stattgebendes Hauptsacheurteil** den Arrestgrund entfallen lässt, kann nur differenziert beantwortet werden. Sie ist zu bejahen, wenn in der Hauptsache ein rechtskräftiges Leistungsurteil ergeht; denn jetzt wandelt sich das Arrestpfandrecht ohne Rangverlust in ein Vollstreckungspfandrecht um,[80] und der Gläubiger kann nunmehr aufgrund des Hauptsachetitels weiter vollstrecken, sodass der Arrest seine Funktion verliert.[81] In diesen Fällen wird allerdings in der Regel das Rechtsschutzinteresse für eine Aufhebungsklage fehlen, da der Schuldner ohnehin mit einer Vollstreckung rechnen muss.[82] Der Arrestgrund entfällt nicht durch ein lediglich vorläufig vollstreckbares Urteil oder durch ein Vorbehaltsurteil in der Hauptsache, weil ein solches jederzeit   25

---

71 BGH, WM 1976, 134; OLG Düsseldorf, NJW-RR 1987, 993; OLG München, NJW-RR 1987, 761; OLGZ 1988, 230; *Brox/Walker*, Rn. 1527; HdbVR-*Dunkl*, A Rn. 367.
72 *Stein/Jonas/Grunsky*, § 927 Rn. 4; *Zöller/Vollkommer*, § 927 Rn. 4.
73 *Baur*, Studien zum einstweiligen Rechtsschutz, S. 93; *Walker*, Der einstweilige Rechtsschutz, Rn. 548.
74 *Baur*, Studien zum einstweiligen Rechtsschutz, S. 92 f.; MüKo/*Drescher*, § 927 Rn. 5; *Stein/Jonas/Grunsky*, § 927 Rn. 6; *Walker*, Der einstweilige Rechtsschutz, Rn. 548.
75 BGH, NJW 1989, 106, 107.
76 KG, WRP 1990, 330; *Ahrens*, Der Wettbewerbsprozess, Kap. 60 Rn. 8; *Brox/Walker*, Rn. 1527; *Stein/Jonas/Grunsky*, § 927 Rn. 4.
77 Zur Erledigung des Verfügungsgrundes siehe noch Rn. 40.
78 *Baumbach/Lauterbach/Hartmann*, § 927 Rn. 4; *Stein/Jonas/Grunsky*, § 927 Rn. 8; *Zöller/Vollkommer*, § 927 Rn. 6.
79 *Baumbach/Lauterbach/Hartmann*, § 927 Rn. 4; Hk-ZV/*Haertlein*, § 927 Rn. 6; *Stein/Jonas/Grunsky*, § 927 Rn. 8; *Zöller/Vollkommer*, § 927 Rn. 6.
80 Siehe § 930 Rdn. 13; BGHZ 66, 394, 397; *Brox/Walker*, Rn. 1543.
81 OLG Hamm, OLGZ 1988, 321, 322; *Baumbach/Lauterbach/Hartmann*, § 927 Rn. 4; MüKo/*Drescher*, § 927 Rn. 6; *Stein/Jonas/Grunsky*, § 927 Rn. 8; *Zöller/Vollkommer*, § 927 Rn. 6.
82 *Brox/Walker*, Rn. 1527; *Stein/Jonas/Grunsky*, § 927 Rn. 8.

aufgehoben und die Vollstreckung aus ihm einstweilen eingestellt werden kann.[83] Auch ein rechtskräftiges Feststellungsurteil in der Hauptsache reicht nicht, weil es keine Vollstreckungsmöglichkeit bietet.

26 Ferner rechtfertigt der **Ablauf der Vollziehungsfrist** des § 929 Abs. 2 eine Aufhebung nach § 927.[84] Nach Ablauf eines Monats wird kraft Gesetzes unwiderlegbar vermutet, dass sich die für die Arrestanordnung maßgeblichen Umstände verändert haben. Das führt zu einem Wegfall des Arrestgrundes:[85] Der Gesetzgeber geht nämlich davon aus, dass ein Gläubiger, der von seinem vorläufigen Titel nicht innerhalb eines Monats Gebrauch macht, mangels Dringlichkeit das Hauptsacheverfahren abwarten kann.[86] Die Versäumung der Frist ist von dem Aufhebungskläger darzulegen und glaubhaft zu machen.[87] Gleiches gilt, wenn der Gläubiger die Klageerhebungsfrist des § 926 Abs. 1 versäumt.[88] Wurde der Arrestvollzug im Anordnungs- oder im Widerspruchsverfahren von einer vorherigen Sicherheitsleistung des Gläubigers innerhalb einer bestimmten Frist abhängig gemacht (vgl. §§ 921, 925 Abs. 2), ist nach fruchtlosem Fristablauf ebenfalls der Aufhebungsantrag wegen Erledigung des Arrestgrundes begründet.[89]

27 Wird nach Arrestanordnung das Insolvenzverfahren über das Vermögen des Schuldners eröffnet, ist zu unterscheiden:[90] Ein noch nicht vollzogener Arrest kann wegen des Vollstreckungshindernisses des § 89 InsO nicht mehr vollzogen werden, sodass auch die Vollziehungsfrist des § 929 Abs. 2 nicht mehr eingehalten werden kann. Folglich kommt eine Aufhebung wegen Erledigung des Arrestgrundes in Betracht. Das gilt auch für den nach §§ 111b, 111d StPO angeordneten strafprozessualen dinglichen Arrest.[91] Etwas anderes gilt dann, wenn der Gläubiger gem. §§ 49 ff. InsO absonderungsberechtigt ist,[92] weil in diesem Fall das Vollstreckungshindernis nicht gilt. Deshalb scheidet eine Aufhebung aus, wenn der Arrest schon vor der Eröffnung des Insolvenzverfahrens vollzogen wurde und der Gläubiger ein zur Absonderung berechtigendes Pfandrecht erlangt hat. Andernfalls würde der Titel entfallen, und der Gläubiger würde bei einer Aufhebung der Arrestpfändung (§§ 775 Nr. 1, 776) seinen durch das Pfandrecht erlangten Vorrang vor anderen Insolvenzgläubigern verlieren.[93]

cc) Erbieten zur Sicherheitsleistung

28 § 927 nennt schließlich das Erbieten zur Sicherheitsleistung als Aufhebungsgrund. Hierbei handelt es sich lediglich um einen Sonderfall der Erledigung des Arrestgrundes. Eine tatsächliche Sicherheitsleistung lässt das Sicherungsbedürfnis und damit den Arrestgrund entfallen.[94] Dadurch wird

---

83 OLG Frankfurt, ZIP 1980, 922, 924; KG, WRP 1979, 547; MüKo/*Drescher*, § 927 Rn. 7; *Stein/Jonas/Grunsky*, § 927 Rn. 8; *Zöller/Vollkommer*, § 927 Rn. 7.
84 OLG Düsseldorf, NJW-RR 1999, 795; OLG Frankfurt, NJW-RR 2000, 1236; OLGZ 1985, 442; OLG Hamm, FamRZ 1994, 1479, 1480; NJW-RR 1990, 1214; NJW 1978, 830, 831; OLG Köln, NJW-RR 1997, 59, 60; WRP 1983, 702, 703 und 1986, 353; OLG München, OLGZ 1986, 452, 455.
85 BVerfG, NJW 1988, 3141; OLG Celle, FamRZ 1984, 1248 f.; OLG Köln, FamRZ 1985, 508 f.; *Walker*, Der einstweilige Rechtsschutz, Rn. 567.
86 OLG Köln, FamRZ 1985, 508 und 1062, 1063; *Grunsky*, ZZP 104 (1991), 1; *Walker*, Der einstweilige Rechtsschutz, Rn. 567.
87 OLG Frankfurt, NJW-RR 2000, 1236.
88 Siehe schon Rn. 6; MüKo/*Drescher*, § 927 Rn. 6; PG/*Fischer*, § 927 Rn. 8; *Stein/Jonas/Grunsky*, § 927 Rn. 8.
89 OLG Frankfurt, WRP 1980, 423; MüKo/*Drescher*, § 927 Rn. 6; *Stein/Jonas/Grunsky*, § 927 Rn. 8; *Zöller/Vollkommer*, § 927 Rn. 6.
90 Vgl. zum Ganzen MüKo/*Drescher*, § 927 Rn. 7; *Stein/Jonas/Grunsky*, § 927 Rn. 8; *Zöller/Vollkommer*, § 927 Rn. 7.
91 KG, ZIP 2005, 2126, 2127.
92 RGZ 20, 361; 56, 145; BFH, ZIP 2004, 1020, 1022.
93 BFH, ZIP 2004, 1020, 1022.
94 Siehe schon § 923 Rdn. 1.

die weitere Arrestvollziehung gehemmt (§ 923), die bereits erfolgten Vollziehungsmaßnahmen werden aufgehoben (§ 934), und auch der Arrest selbst kann nach § 927 aufgehoben werden. Eine lediglich angebotene, aber tatsächlich nicht geleistete Sicherheit reicht für eine Aufhebung nur dann aus, wenn der Gläubiger die Sicherheit nicht annimmt;[95] er hat dann sein Sicherungsbedürfnis und damit den Arrestgrund selbst widerlegt. Da die Sicherheit gem. § 108 vom Gericht nach freiem Ermessen bestimmt wird, reicht es aus, wenn der Schuldner sich in seinem Aufhebungsantrag allgemein zur Sicherheitsleistung erbietet, ohne eine konkrete Art der Sicherheitsleistung anzugeben.

IV. Aufhebungsverfahren

Für das Verfahren gilt – bis auf die abweichende Zuständigkeitsregelung[96] – Entsprechendes wie beim Aufhebungsverfahren nach § 926 Abs. 2.[97] Es handelt sich um ein Urteilsverfahren mit notwendiger mündlicher Verhandlung. Streitige Tatsachen sind lediglich glaubhaft zu machen (§§ 920 Abs. 2, 294). Bei Säumnis des Schuldners ergeht Versäumnisurteil nach § 330, bei Säumnis des Gläubigers gelten die vom Schuldner behaupteten veränderten Umstände gem. § 331 als zugestanden. Entscheidung nach Aktenlage (§§ 251a, 331a) ist möglich. Während des Aufhebungsverfahrens kann das Gericht analog § 924 Abs. 3 Satz 2, 1. Halbs. die Arrestvollziehung unter erleichterten Voraussetzungen einstellen.[98]

29

V. Entscheidung über den Aufhebungsantrag

Das Gericht entscheidet gem. Abs. 2 durch Endurteil, ggf. durch Versäumnisurteil.[99]

30

1. Inhalt

a) Hauptsache

In der Hauptsache wird entweder der Arrest aufgehoben oder der Antrag zurückgewiesen. Ebenso wie bei § 926 Abs. 2[100] kann die Aufhebung auch auf einen Teil des Arrestes beschränkt werden, wenn z. B. der Anspruch nur teilweise erloschen ist.[101] Daneben besteht wie bei der Entscheidung über den Widerspruch die Möglichkeit, den Arrest abzuändern, auch die Aufrechterhaltung von einer Sicherheitsleistung des Gläubigers oder seine Aufhebung von einer Sicherheitsleistung des Schuldners abhängig zu machen.[102]

31

b) Kostenentscheidung

Die Kostenentscheidung bezieht sich – anders als bei der Entscheidung über den Widerspruch[103] und über den Aufhebungsantrag nach § 926 Abs. 2[104] – nur auf die Kosten des Aufhebungsverfahrens.[105] Die Kostenentscheidung im Arrestverfahren bleibt davon unberührt. Der Grund dafür liegt

32

---

95 MüKo/*Drescher*, § 927 Rn. 8; *Stein/Jonas/Grunsky*, § 927 Rn. 9; *Zöller/Vollkommer*, § 927 Rn. 8.
96 Siehe Rdn. 14.
97 Siehe § 926 Rdn. 32.
98 OLG Braunschweig, MDR 1956, 557; *Baumbach/Lauterbach/Hartmann*, § 927 Rn. 13; *Brox/Walker*, Rn. 1530; MüKo/*Drescher*, § 927 Rn. 15; *Stein/Jonas/Grunsky*, § 927 Rn. 15; *Wieczorek/Schütze/Thümmel*, § 927 Rn. 15; *Zöller/Vollkommer*, § 924 Rn. 13 und § 927 Rn. 9 c.
99 Siehe Rdn. 29.
100 Siehe § 926 Rdn. 21.
101 *Mädrich*, Das Verhältnis der Rechtsbehelfe des Antragsgegners im einstweiligen Verfügungsverfahren, S. 55; *Stein/Jonas/Grunsky*, § 927 Rn. 14.
102 MüKo/*Drescher*, § 927 Rn. 15; *Stein/Jonas/Grunsky*, § 927 Rn. 14; *Zöller/Vollkommer*, § 927 Rn. 11.
103 Siehe § 925 Rdn. 10.
104 Siehe § 926 Rdn. 35.
105 BGH, NJW 1989, 106, 107; OLG Frankfurt, WRP 1992, 248; OLG Karlsruhe, NJW-RR 1988, 1469, 1470; OLG Koblenz, WRP 1988, 389; *Baumbach/Lauterbach/Hartmann*, § 927 Rn. 10.

darin, dass allein über den weiteren Fortbestand des Arrestbefehls entschieden wird, nicht über seine bisherige Berechtigung. Etwas anderes muss ausnahmsweise dann gelten, wenn die Aufhebung aus einem Grund erfolgt, der den Arrest von Anfang an als ungerechtfertigt ausweist.[106] Das ist erstens dann der Fall, wenn die Aufhebung wegen eines Umstandes erfolgt, der zwar ursprünglich objektiv schon vorhanden war, aber erst nachträglich bekannt wurde oder glaubhaft gemacht werden konnte.[107] Der zweite Fall dieser Art ist dann gegeben, wenn die Aufhebung wegen einer Abweisung der Hauptsacheklage erfolgt,[108] die auf dem ursprünglichen Fehlen eines Arrestanspruches beruht.[109] In diesen Fällen hat der Gläubiger nicht nur die Kosten des Aufhebungsverfahrens, sondern auch die gesamten Kosten des Arrestverfahrens zu tragen. Das muss in der Kostenentscheidung auch so ausgesprochen werden, damit eine entsprechende Kostenfestsetzung erfolgen kann.[110]

33 Gleiches soll nach verbreiteter Ansicht auch bei einer Aufhebung wegen Versäumung der Vollziehungsfrist des § 929 Abs. 2,[111] und der Klageerhebungsfrist nach § 926 Abs. 1[112] gelten.[113] Das mag für die Aufhebung mangels rechtzeitiger Klageerhebung berechtigt sein; denn hier hat der Gesetzgeber in § 945 zum Ausdruck gebracht, dass der Gläubiger wie bei einem von Anfang an ungerechtfertigten Arrest behandelt werden soll.[114] Dagegen erscheint eine Belastung des Gläubigers mit den Kosten des gesamten Arrestverfahrens bei einer Aufhebung wegen Versäumung der Vollziehungsfrist nicht sachgerecht;[115] denn § 929 Abs. 2 enthält nur die Vermutung, dass nach Ablauf der Monatsfrist die Dringlichkeit und damit der Arrestgrund nachträglich entfallen ist.[116] Daraus kann aber nicht auf eine von Anfang an ungerechtfertigte Arrestanordnung geschlossen werden. Wenn etwa die Vollziehung nur deshalb unterbleibt, weil der Arrest- oder Verfügungsanspruch nachträglich entfallen ist, braucht der Gläubiger die Kosten des Anordnungsverfahrens nicht zu tragen.[117]

34 Die Kostenlast richtet sich nach den §§ 91 ff. Bei einer Aufhebungsentscheidung hat der Gläubiger also die Kosten zu tragen. Das gilt auch dann, wenn der Schuldner den Aufhebungsgrund selbst herbeigeführt hat, etwa durch Erfüllung der Arrestforderung. Hier kann der Gläubiger aber durch ein sofortiges Anerkenntnis im Aufhebungsverfahren[118] der Belastung mit den Kosten entgehen, wenn er keine Veranlassung zur Klageerhebung gegeben hat (§ 93). Davon ist jedenfalls

---

106 MüKo/*Drescher*, § 927 Rn. 17; *Stein/Jonas/Grunsky*, § 927 Rn. 16.
107 Zu dieser Möglichkeit siehe Rn. 19.
108 Siehe Rn. 22.
109 OLG Celle, WRP 1991, 586, 587; OLG Düsseldorf, NJW-RR 1988, 696, 697; OLG Hamm, GRUR 1985, 84; 1992, 888; OLG Karlsruhe, NJW-RR 1988, 1469, 1471; OLG Koblenz, GRUR 1989, 75 f.; OLG Köln, GRUR 1985, 458, 460; KG, WRP 1990, 330, 333; MüKo/*Drescher*, § 927 Rn. 17; *Stein/Jonas/Grunsky*, § 927 Rn. 16; *Zöller/Vollkommer*, § 927 Rn. 12.
110 MüKo/*Drescher*, § 927 Rn. 17; *Ahrens*, Der Wettbewerbsprozess, Kap. 60 Rn. 39; *Stein/Jonas/Grunsky*, § 927 Rn. 16; a. A. OLG Frankfurt, Rpfleger 1963, 251.
111 Siehe dazu Rn. 26.
112 Siehe dazu Rn. 26. So OLG Frankfurt, Rpfleger 1963, 251, 252; OLG Hamm, NJW-RR 1990, 1214; *Stein/Jonas/Grunsky*, § 929 Rn. 19; *Ulrich*, WRP 1996, 84, 85 ff.; auch *Schuschke*, unter § 929 Rn. 42; für bestimmte Fälle auch OLG Karlsruhe, WRP 1996, 120, 122.
113 OLG Hamm, GRUR 1985, 84; OLG Koblenz, WRP 1988, 389 f.; OLG Köln, WRP 1983, 702; HdbVR-*Dunkl*, A Rn. 377; *Ebmeier/Schöne*, Rn. 273; MüKo/*Drescher*, § 927 Rn. 17; *Stein/Jonas/Grunsky*, § 927 Rn. 16.
114 Einzelheiten dazu bei *Walker*, Der einstweilige Rechtsschutz, Rn. 556.
115 Ebenso OLG Frankfurt, WRP 1992, 248; OLG Karlsruhe, WRP 1981, 285; differenzierend aber in WRP 1996, 120, 122; OLG München, OLGZ 1986, 452, 457; *Ahrens/Schmukle*, Der Wettbewerbsprozess, Kap. 54 Rn. 13; *Meiski*, JuS 2006, 889, 890; *Musielak/Voit/Huber*, § 927 Rn. 12; *Zöller/Vollkommer*, § 927 Rn. 12.
116 Siehe schon Rdn. 26.
117 OLG Karlsruhe, WRP 1996, 120, 122.
118 Siehe allgemein zum Anerkenntnis im Eilverfahren schon Vor §§ 916-945b Rdn. 49.

dann auszugehen, wenn er gegenüber dem Schuldner auf die Rechte aus dem Arrest verzichtet und die Herausgabe des Vollstreckungstitels angeboten[119] sowie die Kosten des Anordnungsverfahrens übernommen hat.[120] In diesen Fällen ist allerdings immer zu prüfen, ob nicht schon das Rechtsschutzinteresse für den Aufhebungsantrag fehlt,[121] sodass die Klage ohnehin abzuweisen und der Schuldner mit den Kosten zu belasten ist. Bei übereinstimmender Erledigungserklärung ergeht eine Kostenentscheidung nach § 91a. Nimmt der Schuldner den Aufhebungsantrag zurück, hat er nach § 269 Abs. 3 Satz 2 die Kosten des Aufhebungsverfahrens zu tragen.

c) Vorläufige Vollstreckbarkeit

Wird der Arrest aufgehoben, ist das Endurteil gem. § 708 Nr. 6 von Amts[122] wegen für vorläufig vollstreckbar zu erklären. Das den Aufhebungsantrag zurückweisende Urteil wird je nach der Höhe der Kosten gem. § 708 Nr. 11 ohne oder gem. § 709 Satz 1 gegen Sicherheitsleistung für vorläufig vollstreckbar erklärt. 35

d) Rechtsmittelbelehrung

Die Entscheidung über den Aufhebungsantrag enthält nach Maßgabe des § 232 eine Rechtsmittelbelehrung. 36

2. Wirkungen

a) Unzulässigkeit der weiteren Vollziehung des Arrestes

Die Aufhebung wirkt **ex nunc**.[123] Nur die Rechtmäßigkeit des Arrestes für die Zukunft wird verneint. Dagegen wird nicht darüber entschieden, ob der Arrest vor Eintritt der veränderten Umstände rechtmäßig oder rechtswidrig war. Die vorläufige Vollstreckbarkeit des Aufhebungsurteils hat zur Folge, dass die Aufhebungsentscheidung schon vor Rechtskraft Wirkungen entfaltet. Jede weitere Vollziehung des Arrestes ist unzulässig.[124] Insoweit hat das Aufhebungsurteil nach § 927 Abs. 2 die gleiche Wirkung wie die Aufhebung im Widerspruchsverfahren[125] und wie diejenige nach § 926 Abs. 2.[126] Wenn allerdings das Berufungsgericht die vorläufige Vollstreckbarkeit des Aufhebungsurteils einstellt (§ 718), kann die Vollziehung des Arrestes fortgesetzt werden.[127] 37

b) Aufhebung bereits vollzogener Maßregeln

Hinsichtlich der Folgen, die das Aufhebungsurteil für die bereits vollzogenen Maßregeln hat, ist zu unterscheiden: Ebenso wie im Verfahren nach § 926 Abs. 2 kommt eine Aufhebung der vollzogenen Maßregeln grundsätzlich erst nach Rechtskraft des Aufhebungsurteils in Betracht.[128] Diese von der Aufhebung im Widerspruchsverfahren[129] verschiedene Wirkung des Aufhebungsurteils ergibt sich daraus, dass im Widerspruchsverfahren erstmals nach mündlicher Verhandlung über die Anord- 38

---

119 MüKo/*Drescher*, § 927 Rn. 16; *Stein/Jonas/Grunsky*, § 927 Rn. 17.
120 So OLG Karlsruhe, WRP 1996, 120, 121.
121 Siehe Rdn. 16.
122 Zum statthaften Rechtsmittel Rdn. 39.
123 BFH, NJW 2004, 2183, 2184.
124 HdbVR-*Dunkl*, A Rn. 380; MüKo/*Drescher*, § 927 Rn. 18; *Stein/Jonas/Grunsky*, § 927 Rn. 18; *Zöller/Vollkommer*, § 927 Rn. 14.
125 Siehe § 925 Rdn. 14.
126 Siehe § 926 Rdn. 34.
127 LG Kiel, SchlHAnz. 1958, 177; MüKo/*Drescher*, § 927 Rn. 18; *Stein/Jonas/Grunsky*, § 927 Rn. 18; *Zöller/Vollkommer*, § 927 Rn. 14.
128 Siehe § 926 Rn. 36. HdbVR-*Dunkl*, A Rn. 380; MüKo/*Drescher*, § 927 Rn. 18; *Stein/Jonas/Grunsky*, § 927 Rn. 18; *Walker*, Der einstweilige Rechtsschutz, Rn. 553; *Zöller/Vollkommer*, § 927 Rn. 14.
129 Siehe dazu § 925 Rdn. 14.

nung des Arrestes entschieden wird, sodass eine stattgebende Widerspruchsentscheidung einer Abweisung des Arrestantrags gleichkommt, die eine Arrestvollziehung von vornherein unzulässig macht und deshalb die sofortige Aufhebung schon vollzogener Maßregeln erfordert. Dagegen wird im Verfahren nach § 927 nicht erstmals über die Berechtigung der Arrestanordnung, sondern über den Fortbestand des Arrestes entschieden, dessen Anordnung in der Regel auf einer mündlichen Verhandlung (im Arrest- oder im Widerspruchsverfahren) beruht. Damit der zunächst angeordnete Arrest seine Funktion erfüllen kann, muss dem Gläubiger der durch die Vollziehung gesicherte Rang zunächst erhalten bleiben, solange er noch die Möglichkeit hat, das Aufhebungsurteil im Berufungsverfahren zu beseitigen. Nur wenn der Aufhebungsantrag sogleich im Widerspruchsverfahren gestellt wird[130] oder wenn im Aufhebungsverfahren ausnahmsweise erstmals aufgrund mündlicher Verhandlung über die Berechtigung des Arrestes entschieden wird, weil kein Widerspruchsverfahren vorangegangen ist, sind bereits vollzogene Maßregeln aufgrund der Widerspruchsentscheidung schon vor deren Rechtskraft aufzuheben.[131]

3. Rechtsmittel

39 Das Aufhebungsurteil ist für die jeweils unterliegende Partei mit der Berufung angreifbar. Ist das Endurteil als Versäumnisurteil ergangen, findet der Einspruch (§ 338) statt. Die Revision ist gem. § 542 Abs. 2 Satz 1 nicht statthaft.

VI. Bedeutung des § 927 für die einstweilige Verfügung

40 Über § 936 gelten beide Absätze des § 927 auch für die einstweilige Verfügung.[132] Folgende **Besonderheiten** sind hervorzuheben:

41 Das ohnehin schon komplizierte Konkurrenzverhältnis zwischen § 927 und anderen Rechtsbehelfen des Schuldners ist bei der einstweiligen Verfügung noch durch das Verhältnis zwischen § 927 und der Aufhebung mangels fristgerechter Einleitung des sog. Rechtfertigungsverfahrens (§ 942 Abs. 3) zu ergänzen. § 942 Abs. 3 ist für den dort geregelten Aufhebungsgrund lex specialis. Kommt eine Aufhebung nach dieser Vorschrift nicht infrage, weil der Gläubiger das zunächst versäumte Rechtfertigungsverfahren noch während der Anhängigkeit des Aufhebungsverfahrens nachholt,[133] können allerdings andere veränderte Umstände nicht in diesem Verfahren, sondern nur in einem neu einzuleitenden Aufhebungsverfahren nach § 927 geltend gemacht werden. Das beruht auf der begrenzten Aufhebungskompetenz des Amtsgerichts nach § 942 Abs. 3.[134] Zum Verhältnis zwischen § 927 und § 323, welches nur bei einstweiligen Verfügungen auf wiederkehrende Leistungen eine Rolle spielt, vgl. schon Rn. 7.

42 Die Frage, ob und in welchem Umfang ein **Verzicht** auf die Rechte aus § 927 möglich ist,[135] stellt sich bei der einstweiligen Verfügung eher als beim Arrest. Sie ist vor allem bei Unterlassungsverfügungen in Wettbewerbsstreitigkeiten praktisch relevant.[136]

43 Veränderte Umstände können bei der einstweiligen Verfügung leichter als beim Arrest zu einem **Wegfall des materiellen Verfügungsanspruchs** führen. Das ergibt sich aus der Eigenart der von

---

130 Zu dieser Möglichkeit siehe Rdn. 4.
131 *Walker*, Der einstweilige Rechtsschutz, Rn. 554; ähnlich, wenn auch mit abweichender Begründung MüKo/*Drescher*, § 927 Rn. 18; *Stein/Jonas/Grunsky*, § 927 Rn. 18; *Zöller/Vollkommer*, § 927 Rn. 14.
132 Siehe auch § 926 Rdn. 38 ff. Zu solchen Fällen vgl. BGH, NJW 1978, 2157, 2158; OLG Düsseldorf, NJW-RR 1988, 188.
133 Zu dieser Möglichkeit siehe § 942 Rdn. 17, 21.
134 RG Recht 1912 Nr. 470; *Baumbach/Lauterbach/Hartmann*, § 942 Rn. 14; *Mädrich*, Das Verhältnis der Rechtsbehelfe des Antragsgegners im einstweiligen Verfügungsverfahren, S. 75; *Stein/Jonas/Grunsky*, § 942 Rn. 19; *Thomas/Putzo/Seiler*, § 942 Rn. 1; *Walker*, Der einstweilige Rechtsschutz, Rn. 564.
135 Siehe dazu Rdn. 11.
136 Siehe auch § 926 Rdn. 40.

den Geldforderungen zu unterscheidenden Individualansprüche. Wandelt sich etwa der gesicherte Individualanspruch in eine Geldforderung um (z. B. Schadensersatz wegen Unmöglichkeit), fehlt es an einem geeigneten Verfügungsanspruch. Jetzt kommt nur noch ein Arrest in Betracht, und die einstweilige Verfügung ist aufzuheben.[137] Ein Unterlassungsanspruch, der durch einstweilige Verfügung gesichert oder befriedigt werden soll, entfällt nicht nur durch Erfüllung, sondern auch mit Wegfall der Wiederholungsgefahr. Ein **Wegfall des Verfügungsgrundes** kann etwa dadurch eintreten, dass der Schuldner eine auf wiederkehrende Leistungen gerichtete Befriedigungsverfügung über längere Zeit freiwillig und ordnungsgemäß befolgt.[138]

Der **Inhalt der Aufhebungsentscheidung** unterscheidet sich insofern von der Arrestaufhebung, als wegen der von §923 abweichenden Regelung des §939 eine Aufhebung gegen Sicherheitsleistung[139] in aller Regel nicht in Betracht kommt. Diese Möglichkeit besteht nur dann, wenn die Leistung einer Sicherheit ausnahmsweise geeignet ist, den Verfügungsgrund zu beseitigen.[140] Insoweit tritt also §939 an die Stelle des §927.[141]

44

VII. Bedeutung des §927 außerhalb des Zivilprozesses

Bei Arresten in **Familienstreitsachen** gilt §927 gem. §119 Abs.2 FamFG entsprechend. Bei einstweiligen Anordnungen in **FamFG-Sachen** gibt es die Aufhebung nach §54 FamFG.

45

Im **Arbeitsgerichtsprozess** sind beide Absätze sowohl im Urteilsverfahren[142] als auch im Beschlussverfahren[143] anwendbar. Die Aufhebung erfolgt durch das Arbeitsgericht, bei Anhängigkeit der Hauptsache in der Berufungsinstanz durch das LAG als Gericht der Hauptsache. Eine Zuständigkeit des Amtsgerichts für die Aufhebung scheidet aus, weil Arrestgericht i. S. v. §927 Abs.2 immer ein Arbeitsgericht ist.[144]

46

Im **Verwaltungsgerichtsprozess** gilt §927 nach ganz h. M. entsprechend, obwohl die Vorschrift in §123 Abs.3 VwGO nicht genannt ist.[145] Die Aufhebung erfolgt allerdings wie bei §926 Abs.2 nicht durch Endurteil, sondern durch Beschluss (§123 Abs.4 VwGO).

47

VIII. Gebühren[146]

Das Aufhebungsverfahren nach §927 wird gebührenrechtlich genau so behandelt wie das Aufhebungsverfahren nach §926 Abs.2. Das gilt sowohl für die Gerichtsgebühren (GKG-KV Nr.1410ff. i. V. m. GKG-KV Vorbem. 1.4) als auch für die Anwaltsgebühren (§16 Nr.5 RVG). Zu diesen Gebühren siehe daher §926 Rn.46f.

48

---

137 MüKo/*Drescher*, §927 Rn.5; *Stein/Jonas/Grunsky*, §927 Rn.6.
138 OLG Zweibrücken, FamRZ 1983, 415.
139 Siehe dazu Rdn.31 und §925 Rdn.15.
140 Siehe dazu §939 Rdn.3.
141 *Walker*, Der einstweilige Rechtsschutz, Rn.514.
142 *Schwab/Weth/Walker*, ArbGG, §62 Rn.113; *Walker*, Der einstweilige Rechtsschutz, Rn.752.
143 *Schwab/Weth/Walker*, ArbGG, §85 Rn.75; *Walker*, Der einstweilige Rechtsschutz, Rn.908.
144 Siehe §919 Rdn.16.
145 *Finkelnburg/Dombert/Külpmann*, Vorläufiger Rechtsschutz im Verwaltungsstreitverfahren, Rn.528; *Kuhla/Hüttenbrink*, Der Verwaltungsprozess, J Rn.226; a. M. *Kopp/Schenke*, VwGO, §123 Rn.35; *Schoch* in: Schoch/Schmidt-Aßmann/Pietzner, VwGO, §123 Rn.177.
146 Siehe schon Vor §§916–945b Rdn.79ff. und §922 Rdn.48ff.

§ 928 Vollziehung des Arrestes

Auf die Vollziehung des Arrestes sind die Vorschriften über die Zwangsvollstreckung entsprechend anzuwenden, soweit nicht die nachfolgenden Paragraphen abweichende Vorschriften enthalten.

Übersicht

	Rdn.
I. Allgemeines	1
1. Sonderregelungen in §§ 929 ff.	2
2. Anwendung der allgemeinen Vollstreckungsregeln	3
3. Beschränkte Anwendbarkeit des AnfG	6
II. Einzelheiten zur Vollziehung des dinglichen Arrests	7
1. Vollziehung durch Pfändung von beweglichen Sachen und Forderungen	7
2. Arrestvollzug in das unbewegliche Vermögen	9
3. Arrestvollzug in Schiffe und Luftfahrzeuge	10
III. Besonderheiten der Vollziehung des dinglichen Arrests gem. §§ 111d, 111o StPO	11
IV. Vollziehung des persönlichen Arrests	12
V. Einzelheiten zur Vollziehung einer einstweiligen Verfügung	13
1. Vollziehung nach §§ 883–888	13
2. Vollziehung einer Unterlassungs- oder Duldungsverfügung	14
3. Einstweilige Verfügung auf Abgabe einer Willenserklärung	15
4. Anordnung von Eintragungen im Grundbuch	16
5. Vollziehung einstweiliger Verfügungen auf einmalige oder fortlaufende Geldzahlungen	17
6. Eidesstattliche Versicherung und Vermögensauskunft aufgrund einstweiliger Verfügungen	18
VI. Verjährungsunterbrechung durch Vollziehung des Arrests und der einstweiligen Verfügung	19
VII. Rechtsbehelfe im Rahmen der Vollziehung	20
1. Rechtsbehelfe des Gläubigers	20
2. Rechtsbehelfe des Schuldners	21
3. Rechtsbehelfe betroffener Dritter	22
VIII. Kosten	23

Literatur:

Addicks, Welche Anforderungen gibt es bei der Zustellung und Vollziehung von einstweiligen Verfügungen, MDR 1994, 225; *Anders*, Die Zustellungen einstweiliger Verfügungen nach dem Zustellungsreformgesetz, WRP 2003, 204; *Bach*, Arrest bei mehreren Tatbeteiligten, StV 2006, 446; *ders.*, Verhältnis von strafprozessualem dinglichem Arrest und steuerrechtlichem dinglichem Arrest im Steuerstrafverfahren iSv § 386 Abs. 2 AO, JR 2010, 286; *Borck*, Probleme bei der Vollstreckung von Unterlassungstiteln, GRUR 1991, 428; *Dahm*, Vollbeweis oder Glaubhaftmachung bei der Vollstreckung einstweiliger Unterlassungsverfügungen, MDR 1996, 1100; *Frommhold*, Strafprozessuale Rückgewinnungshilfe und privatrechtliche Anspruchsdurchsetzung, NJW 2004, 1083; *Gleußner*, Die Vollziehung von Arrest und einstweiliger Verfügung in ihren zeitlichen Grenzen, Diss., Erlangen 1999; *Hees*, Die Regelungslücke bei der Gewinnabschöpfung durch dinglichen Arrest, ZRP 2004, 37; *Helwich*, Immobiliarvollstreckung in der Praxis – Teil 5: Die Arresthypothek, JurBüro 2009, 290; *Hintzen*, Wahrung der Vollziehungsfrist bei Eintragung einer Arresthypothek – neue Rechtsprechung des BGH, OLGReport 2001, K29; *Hofmann/Riedel*, Verteidigungsmöglichkeiten gegen den im Ermittlungsverfahren angeordneten dinglichen Arrest, wistra 2005, 405; *Kempf/Schilling*, Vermögensabschöpfung, 2007; *Köper*, Auswirkungen der strafprozessualen Rückgewinnungshilfe auf den zivilprozessualen Arrestgrund, NJW 2004, 2485; *Leipold*, Der dingliche Arrest im Strafverfahren, NJW-Spezial 2006, 39; *Mädrich*, Das Verhältnis der Rechtsbehelfe des Antragsgegners im einstweiligen Verfügungsverfahren, 1980; *Mathey*, Probleme bei der Vollziehung von Arrest und einstweiliger Verfügung gemäß § 929 Absatz 2 ZPO, Diss., Bonn 1999; *Maurer*, Verjährungshemmung durch vorläufigen Rechtsschutz, GRUR 2003, 208; *Mertins*, Der dingliche Arrest, JuS 2008, 692; *Neufeind*, Strafrechtliche Gewinnabschöpfung, JA 2004, 155; *Nies*, Die Durchsetzung von Herausgabeansprüchen aus Eilentscheidungen, MDR 1994, 887; *Oetker*, Die Zustellung von Urteilsverfügungen innerhalb der Vollziehungsfrist des § 929 II ZPO, GRUR 2003, 119; *Schröler*, Vollstreckung und Durchsetzung von Unterlassungsverfügungen im EU-Ausland, WRP 2012, 185; *Schuschke*, Die Vollziehung von Unterlassungsverfügungen, InVo 1998, 277; *ders.*, Der Vollzug des persönlichen Sicherheitsarrestes, DGVZ 1999, 129; *Schwartmann*, Einstweilige Verfügung – Entscheidung, Vollziehung, Rechtsbehelfe, ProzRB 2005, 49; *Ulrich*, Die unterbliebene Vollziehung wettbewerbsrechtlicher Unterlassungsverfügungen und ihre Folgen, WRP 1996, 84; *Wulf*, Dinglicher Arrest: Tatbestandsvoraussetzungen und Verteidigungsmöglichkeiten, PStR 2006, 10.

I. Allgemeines

Mit dem Arrestbefehl oder der einstweiligen Verfügung hat der Gläubiger zunächst nur einen Titel erlangt, nicht schon die von ihm erstrebte vorläufige Sicherung seines Anspruchs. Hierzu bedarf es noch der **Vollziehung** des Arrests oder der einstweiligen Verfügung. Diese erfolgt nach den Regeln über die Zwangsvollstreckung gemäß dem 8. Buch der ZPO, soweit die §§ 929 ff. keine Sondervorschriften enthalten.

1. Sonderregelungen in §§ 929 ff.

Wichtige **Sonderregeln** gegenüber dem allgemeinen Vollstreckungsrecht sind:
a) Es steht nicht im Belieben des Gläubigers, wann er den Titel vollstreckt, er muss dies vielmehr innerhalb der Vollziehungsfrist des § 929 Abs. 2 bzw. Abs. 3 tun.
b) Der Gläubiger bedarf nur ausnahmsweise, nämlich in den Fällen der §§ 727 bis 729, der Vollstreckungsklausel (§ 929 Abs. 1).
c) Arrest und einstweilige Verfügung können schon vor ihrer Zustellung an den Schuldner vollstreckt werden, wenn die Zustellung in der Frist des § 929 Abs. 3 nachfolgt.
d) Auch durch Urteil erlassene Arrestbefehle/einstweilige Verfügungen sind sogleich vollstreckbar, ohne dass es der Anordnung der vorläufigen Vollstreckbarkeit im Urteilstenor bedürfte. Sicherheitsleistung ist nur in den Fällen des § 921 Satz 2 zu erbringen. In diesen Fällen kann die Pflicht zur Sicherheitsleistung dann aber auch nicht durch eine Sicherungsvollstreckung gem. § 720a unterlaufen werden
e) Der Schuldner kann die Vollziehung des Arrestes stets durch Hinterlegung der Lösungssumme (§ 923) hemmen; der Gläubiger kann dies seinerseits auch durch eigene Sicherheitsleistung nicht umgehen.

Im Ergebnis führt die Vollziehung eines Arrestes nie, die Vollziehung einer einstweiligen Verfügung nur in den Fällen der sog. Befriedigungsverfügung[1] zur Befriedigung des Hauptsacheanspruchs des Gläubigers. Die Regel ist lediglich eine vorläufige Sicherung (z. B. durch die Beschlagnahme von Vermögen, durch Hinterlegung der streitbefangenen Sache, durch ein vorläufiges Verfügungsverbot usw.), die es dem Gläubiger ermöglicht, nach Erlangung des Hauptsachetitels diesen erfolgreich zu vollstrecken. Die Überweisung einer aufgrund eines Arrestbefehls gepfändeten Forderung an den Gläubiger im Arrestverfahren kommt grundsätzlich nie in Betracht. Ein gleichwohl erlassener Überweisungsbeschluss ist nicht nur anfechtbar, sondern nichtig.[2]

2. Anwendung der allgemeinen Vollstreckungsregeln

Im Übrigen gelten aber die allgemeinen Vollstreckungsregeln: Auch der Arrest und die einstweilige Verfügung sind nur vollziehbar, wenn sie einen **vollstreckungsfähigen Inhalt** haben[3] und sich gegen die Person richten, gegen die bzw. in deren Vermögen vollstreckt werden soll.[4] Alle erforderlichen Angaben müssen sich auch hier aus dem Titel selbst ergeben und nicht erst aus den Gerichtsakten, der Antragsschrift oder sonstigen Unterlagen. Die Beachtung des Bestimmtheitsgrundsatzes bei der Tenorierung ist bei Arrestbefehlen und einstweiligen Verfügungen von besonderer Bedeutung, da dann, wenn sich die mangelnde Vollziehbarkeit herausstellt, in der Regel eine neue einstweilige Verfügung wegen zwischenzeitlich nicht mehr gegebener Dringlichkeit nicht zu erlangen sein wird. Enthält die von den Richtern unterzeichnete Urschrift des Arrestbefehls oder der Beschlussverfügung nicht unmittelbar das vollständige Rubrum, sondern verweist sie diesbezüglich auf Angaben in der Akte (meist: »... einrücken wie Bl...«), so ist der Beschluss insoweit fehlerhaft, allerdings nicht

---

1 Einzelheiten: Vor § 935 Rdn. 22 ff.
2 BGH, NJW 2014, 2732 mit Anm. *Elzer*, FD-ZVR 2014, 360975.
3 Zu den Anforderungen insoweit siehe: Vor §§ 704 bis 707 Rdn. 7–19; ferner OLG Naumburg, NJW-RR 1998, 873.
4 OLG Karlsruhe, NJOZ 2013, 1660.

unwirksam. Aus der Beschlussausfertigung mit dem vollständigen Rubrum kann deshalb vollstreckt werden.[5]

4   Wie jede Vollstreckung erfolgt auch die Vollziehung nicht von Amts wegen, sondern nur auf **Antrag** des Gläubigers. Dies gilt auch dann, wenn der Tenor schon die einzig denkbare Vollziehungsmöglichkeit umreißt, der Gläubiger also keine Wahlmöglichkeit hat (z. B. Anordnung, dass ein bestimmter Gegenstand an einen Sequester zur Verwahrung herauszugeben sei). Die einzige Ausnahme insoweit bildet § 941, der es dem Gericht ermöglicht, von Amts wegen um eine Eintragung im Grundbuch zu ersuchen.[6]

Ist zwischen dem Erlass des Arrestes oder der einstweiligen Verfügung und der Vollziehung das Insolvenzverfahren über das Vermögen des Schuldners eröffnet worden, so wird die Vollziehung unzulässig (§ 89 InsO);[7] denn sie ist nichts anderes als eine besondere Form der Einzelzwangsvollstreckung gegen den Schuldner.

5   Auch zur Vollziehung eines Arrests durch Pfändung oder einer einstweiligen Verfügung durch Wegnahme einer Sache darf die Wohnung des Schuldners gegen dessen Willen nur mit einer richterlichen Durchsuchungsanordnung (§§ 758, 758a) betreten werden.[8] Die zur Erlangung des Titels notwendige Dringlichkeit lässt nicht den Schluss zu, dass für die Vollziehung stets Gefahr im Verzuge sei. Letzteres bedarf vielmehr in jedem Einzelfalle der Prüfung nach den allgemeinen Grundsätzen.[9] Gleiches gilt für Vollstreckungsversuche zur Nachtzeit oder an Feiertagen (§ 758a Abs. 4). Sie bedürfen, soweit sie in der Wohnung des Schuldners vorgenommen werden sollen, immer der richterlichen Erlaubnis.

3. Beschränkte Anwendbarkeit des AnfG

6   Der Arrestbefehl ermöglicht es dem Gläubiger nur, sich vorläufig aus dem Vermögen seines Schuldners Sicherheit zu verschaffen. Er ist dagegen kein Titel i. S. v. § 2 AnfG, der – bei Vorliegen der übrigen Voraussetzungen – bereits die Anfechtungsklage gegen Dritte rechtfertigen kann.[10] Will der Gläubiger verhindern, dass der Dritte einen anfechtbar erworbenen Gegenstand weiterveräußert, ehe alle formellen Anfechtungsvoraussetzungen vorliegen, muss er gegebenenfalls im Wege der einstweiligen Verfügung ein Veräußerungsverbot erwirken. Die auf eine Geldzahlung gerichtete einstweilige Verfügung (sog. Befriedigungsverfügung) reicht dagegen als Titel aus, um im Fall erfolgloser Vollstreckung gegen den Schuldner Anfechtungsklage auch gegen Dritte erheben zu können (§§ 2, 13 AnfG).[11]

II. Einzelheiten zur Vollziehung des dinglichen Arrests

1. Vollziehung durch Pfändung von beweglichen Sachen und Forderungen

7   Hinsichtlich der **Vollziehung durch Pfändung** von beweglichen Sachen und Forderungen enthält § 930 geringfügige Ergänzungen und Abweichungen gegenüber den §§ 808 ff., 829 ff. Im Übrigen hat die Pfändung sich nach den allgemeinen Regeln zu richten: Der Gläubiger beauftragt den Gerichtsvollzieher mit der Sachpfändung, oder er beantragt die Pfändung einer von ihm konkret

---

5   BGH, BGHR 2003, 1173 mit Anm. *Riedel*, ProzRB 2003, 327.
6   Einzelheiten § 941 Rdn. 1.
7   *Musielak/Huber*, § 928 Rn. 1.
8   Einzelheiten § 930 Rdn. 2.
9   *Musielak/Lackmann*, § 758a Rn. 9; **a. A.** (Gefahr im Verzuge sei in diesen Fällen grundsätzlich zu bejahen): Musielak/*Huber*, § 930 Rn. 2; *Thomas/Putzo/Seiler*, § 758a Rn. 11; *Zöller/Stöber*, § 758a Rn. 32 und *Zöller/Vollkommer*, § 930 Rn. 2.
10   *Huber*, AnfG, 10. Aufl., § 2 Rn. 16.
11   *Huber*, AnfG, 10. Aufl., § 2 Rn. 16.

zu bezeichnenden Forderung[12] durch das Vollstreckungsgericht (Rechtspfleger). Der Gerichtsvollzieher hat die Pfändungsschutzvorschriften der §§ 811–812 zu beachten. Ist die Verwahrung der gepfändeten Sache mit unverhältnismäßig hohen Kosten verbunden, kann das Gericht ausnahmsweise deren Verwertung und die Hinterlegung des Erlöses bereits aufgrund des Arrestes anordnen.[13] Bei der Forderungspfändung gelten die Einschränkungen der §§ 850a–852. Gepfändetes Geld ist abweichend von § 815 zu hinterlegen (§ 930 Abs. 2). Zur weiteren Beschleunigung der Forderungspfändung ist auch § 845 (Vorpfändung) uneingeschränkt anwendbar. Das durch die Vorpfändung begründete Arrestpfandrecht bleibt allerdings auch nach der Pfändung als solches bestehen. Die Umwandlung in ein Pfändungspfandrecht tritt erst nach Erlangung des Hauptsachetitels ein.[14]

Ein Arrestbefehl und eine auf eine Geldleistung gerichtete einstweilige Verfügung rechtfertigen bereits den Antrag auf Vermögensauskunft[15] (§ 802c). Die Verweigerung der Vermögensauskunft, ferner die Feststellung im Rahmen der Vermögensauskunft, dass nur zur Sicherung des Gläubigers unzureichendes Vermögen vorhanden ist, und die unterlassene Abwendung nach § 923 rechtfertigen die Eintragung ins Schuldnerregister, da sich auch hierin die wirtschaftliche Unzuverlässigkeit des Schuldners zeigt. 8

Der Schuldner kann die Pflicht zur Vermögensauskunft jederzeit durch Hinterlegung der Lösungssumme abwenden.

2. Arrestvollzug in das unbewegliche Vermögen

Der **Arrestvollzug in das unbewegliche Vermögen** ist in § 932 teilweise abweichend von §§ 864 ff. geregelt; er erfolgt ausschließlich durch Eintragung einer Arresthypothek, die sich als Höchstbetragssicherungshypothek auch materiellrechtlich von der Zwangshypothek des § 867 unterscheidet.[16] 9

3. Arrestvollzug in Schiffe und Luftfahrzeuge

Der **Arrestvollzug in eingetragene Schiffe** und Schiffsbauwerke ist in § 931 gänzlich abweichend von §§ 864 ff. ausgestaltet worden; er erfolgt durch Pfändung. Die Schiffe werden hier also wie bewegliche Sachen behandelt. Ähnlich ausgestaltet ist in § 99 LuftfzRG die Vollziehung des dinglichen Arrests in inländische Luftfahrzeuge.[17] 10

III. Besonderheiten der Vollziehung des dinglichen Arrests gem. §§ 111d, 111o StPO

Gem. §§ 111b Abs. 2, 111d Abs. 1, 111o Abs. 1 StPO kann zur Sicherung des zukünftigen Wertersatzverfalls, der Wertersatzeinziehung, einer Vermögensstrafe[18] und zur Sicherung des aus einer Straftat entstandenen Anspruchs[19] eines Verletzten i. S. des § 73 Abs. 1 Satz 2 StPO[20] ein dinglicher Arrest in das Vermögen des Beschuldigten verhängt werden,[21] wobei bei Anordnung des 11

---

12 Zum Erfordernis der konkreten Forderungsangabe: § 829 Rdn. 39–41.
13 LG Mönchengladbach, DGVZ 2003, 141.
14 Einzelheiten: § 930 Rdn. 13.
15 Thomas/Putzo/*Seiler*, § 802c Rn. 4; Zöller/*Stöber*, § 802c Rn. 3.
16 Einzelheiten § 932 Rdn. 10.
17 Einzelheiten § 931 Rdn. 6.
18 Da § 43a StGB durch das BVerfG, NJW 2002, 1779 für verfassungswidrig erklärt wurde, läuft § 111o StPO insoweit derzeitig leer.
19 Nur der Anspruch des Verletzten muss aus der Straftat erwachsen sein, ob das gepfändete Vermögen auch aus der Straftat des Verletzten stammt, ist im Rahmen der Sicherung von Schadensersatzansprüchen nicht von Belang: OLG Rostock, BeckRS 2010, 27385.
20 Sog. Rückgewinnungshilfe. Näheres: *Frommhold*, NJW 2004, 1083; *Hess*, ZPP 2004, 37; *Köper*, NJW 2004, 2485.
21 Zu den hierbei zu beachtenden verfassungsrechtlichen Grenzen: BVerfG, NJW 2005, 3630; BVerfG, MedR 2006, 54 sowie BVerfG, WM 2006, 337; OLG Köln, NStZ 2005, 400; *Leipold*, NJW-Spezial 2006, 39.

Arrests noch nicht geklärt sein muss, ob letztlich Ansprüche des Verletzten oder des Staates zu sichern sind.[22] Hinsichtlich der Vollziehung des Arrests verweist § 111d Abs. 2 StPO auf die §§ 928, 930–932 und 934 Abs. 1, also nicht auf § 929, sodass die Vollziehungsfrist des § 929 Abs. 2 im Fall des dinglichen Arrests gem. § 111d Abs. 3 StPO nicht gilt.[23] Die sinngemäße Anwendung der genannten ZPO-Vorschriften betrifft generell nur die zur Vollziehung des dinglichen Arrests erforderlichen Maßnahmen und deren Verfahren[24] und gilt auch insoweit nur in den Grenzen des § 111f Abs. 3 StPO.[25] So sind für die Pfändung beweglicher Sachen die dort genannten Behörden[26] und der Gerichtsvollzieher zuständig.[27] Dem strafprozessualen dinglichen Arrest nachgebildet ist der steuerrechtliche dingliche Arrest gem. § 386 Abs. 2 AO, um die spätere Vollstreckung vermeintlicher Steuerforderungen als Ergebnis von Steuerstrafverfahren sicherzustellen[28].

IV. Vollziehung des persönlichen Arrests

12 Ein dem **persönlichen Arrest** vergleichbarer Titel ist in der »gewöhnlichen« Zwangsvollstreckung nicht bekannt. Soweit er aber durch Haft vollzogen werden soll, sind die §§ 802g, 802h, 802j Abs. 1 und Abs. 2 entsprechend anzuwenden (§ 933). Im Übrigen legt das Arrestgericht die Vollstreckungsregeln unter Beachtung des Verhältnismäßigkeitsgrundsatzes und der konkreten Notwendigkeiten des Einzelfalles selbst fest.[29]

V. Einzelheiten zur Vollziehung einer einstweiligen Verfügung

1. Vollziehung nach §§ 883–888

13 Sieht man von der von der Rechtsprechung entwickelten, vom Gesetzgeber später in einzelnen Regelungen für bestimmte Sonderfälle in und außerhalb der ZPO auch anerkannten, auf einmalige oder auch fortlaufende Zahlung einer Geldsumme gerichteten Befriedigungsverfügung[30] ab, so sind Gegenstand der einstweiligen Verfügung Ansprüche, deren Vollstreckung sich nach §§ 883 ff. richtet. Entsprechend erfolgt auch die auf Sicherung dieser Ansprüche gerichtete Vollziehung der einstweiligen Verfügung. Entscheidend ist das Gebot im Tenor: Geht es dahin, dass eine bestimmte Sache an einen Sequester herauszugeben sei, so geht der Gerichtsvollzieher nach § 883 vor; soll der Abdruck einer presserechtlichen Gegendarstellung durchgesetzt werden, sind Zwangsmittel gem. § 888 zu beantragen;[31] ist dem Gläubiger der Zutritt zu bestimmten Räumlichkeiten zu ermöglichen, sind Absperrungen gegebenenfalls im Wege der Ersatzvornahme gem. § 887 zu beseitigen; sind die Räumlichkeiten einer Gaststätte, deren Betrieb der Schuldner bereits eingestellt hat, an den Gerichtsvollzieher herauszugeben, so kann der Vollzug etwa dadurch erfolgen, dass der Gerichtsvollzieher neue Schlösser anbringen lässt und die Schlüssel in eigene Verwahrung nimmt;[32] usw. Für die Entscheidung, welche Vollstreckungsmöglichkeit im Einzelfall die zutreffende ist, gelten die allgemeinen Abgrenzungsregeln zu §§ 883, 887, 888.[33]

---

22 OLG Frankfurt, NStZ-RR 2005, 111.
23 BGH, MDR 2000, 906; OLG Schleswig, OLGReport 2006, 187; *Kempf/Schilling*, Vermögensabschöpfung, Rn. 298.
24 OLG Oldenburg, StV 2006, 29.
25 BGH, NStZ-RR 2005, 146; KK-*Spillecke*, § 111d StPO Rn. 11.
26 Hiezu ausführlich: *Brettschneider*, NStZ 2000, 180.
27 AG Rosenheim, DGVZ 2002, 45; KK-*Spillecke*, § 111f StPO Rn. 3; *Kempf/Schilling*, Vermögensabschöpfung, Rn. 329.
28 Zum Verhältnis von strafprozessualem zu steuerrechtlichem Arrest in Steuerstrafverfahren: *Bach*, JR 2010, 286.
29 Einzelheiten § 933 Rdn. 2 sowie: *Schuschke*, DGVZ 1999, 129.
30 Einzelheiten Vor § 935 Rdn. 31 ff.
31 Siehe hierzu: § 888 Rdn. 8.
32 AG Northeim, DGVZ 2002, 125.
33 Hierzu: Vor §§ 883–898 Rdn. 3.

2. Vollziehung einer Unterlassungs- oder Duldungsverfügung

Hat der Schuldner einstweilen bestimmte Handlungen zu **unterlassen** und handelt er diesem 14
Gebot innerhalb der Vollziehungsfrist des § 929 Abs. 2 zuwider, so muss der Gläubiger nach § 890
verfahren. Bevor ein Ordnungsmittel gegen den Schuldner verhängt werden kann, müssen ihm
der Titel und die Ordnungsmittelandrohung zugestellt sein. Ist die einstweilige Verfügung durch
Urteil ergangen und war die Ordnungsmittelandrohung bereits in dem Tenor aufgenommen, so ist
es bereits ab der Urteilsverkündung zu beachten[34] und es genügt als Zustellung der Ordnungsmittelandrohung insoweit selbstverständlich die Amtszustellung des Urteils gem. § 317,[35] um bereits
innerhalb der Vollziehungsfrist unmittelbar einen Ordnungsmittelfestsetzungsantrag stellen zu können. Es ist daneben nicht noch eine Parteizustellung erforderlich.[36] Die Frage darf nicht verwechselt
werden mit der ganz anderen Frage, ob dann, wenn der Schuldner innerhalb der Vollziehungsfrist
des § 929 Abs. 2 dem Unterlassungsgebot nicht zuwiderhandelt, sodass als Vollziehungshandlung
kein Ordnungsmittelantrag nach § 890 gestellt werden kann, nicht wenigstens eine Parteizustellung
des Titels als Gläubigerhandlung innerhalb der Vollziehungsfrist gefordert werden müsste.[37] Die
Befürworter des letzteren stellen keine zusätzlichen Erfordernisse über § 890 hinaus für die Vollziehung der Unterlassungsverfügung auf, sondern versuchen nur dem Anliegen des § 929 Abs. 2
gerecht zu werden, wenn im Hinblick auf das – augenblickliche – Schuldnerverhalten nicht nach
§ 890 vorgegangen werden kann. Wieder eine andere Frage ist es, ob bei Unterlassungsverfügungen zur Wahrung der Vollziehungsfrist immer eine Parteizustellung des Titels genügt, auch wenn
der Schuldner innerhalb der Frist schon gegen das Unterlassungsgebot verstoßen hat und deshalb
bereits innerhalb der Frist ein Antrag nach § 890 möglich gewesen wäre. Man wird dies bejahen
müssen.[38] Entscheidend ist, dass der Gläubiger dem Schuldner innerhalb der Vollziehungsfrist
durch eigenes aktives, als Vollstreckungshandlung auszulegendes Verhalten zeigt, dass er von der
einstweiligen Verfügung Gebrauch machen wolle. Dies geschieht daher auch durch Veranlassung
der Parteizustellung, als Vollstreckungshandlung erforderlich würde, wenn es zu keiner Zuwiderhandlung des Schuldners innerhalb der Vollziehungsfrist kommt.

Im Rahmen der Vollziehung von Duldungsverfügungen[39] ist auch § 892 anwendbar, Widerstand
des Schuldners gegen die Vollziehung kann also mit Gewalt gebrochen werden.

3. Einstweilige Verfügung auf Abgabe einer Willenserklärung

Ergeht ausnahmsweise eine einstweilige Verfügung auf Abgabe einer **Willenserklärung** – dies 15
kann nur der Fall sein, wenn durch diese Willenserklärung nicht bereits der Hauptsacheanspruch
ohne Revisionsmöglichkeit erfüllt oder auch nur dessen Erfüllung irreversibel eingeleitet wird –,
so bedarf es abgesehen von den Fällen, in denen es letztlich um die Erlangung einer Geldleistung
geht, keiner besonderen Vollziehung, auch nicht durch Parteizustellung der Verfügung. Die Fiktion
der Abgabe der Willenserklärung (§ 894) tritt bereits mit Erlass der einstweiligen Verfügung ein.[40]
Geht es allerdings letztlich um die Erlangung einer Geldleistung (z. B. Zustimmung zur Auszahlung
eines hinterlegten Betrages) und dient die Willenserklärung insoweit nur der Vorbereitung, wird
man die Willenserklärung nicht wie in den übrigen Fällen bereits mit dem Erlass der einstweiligen

---

34 BGH, GRUR 2009, 890.
35 Überzeugend BGH, GRUR 2009, 890; BGH, WRP 1989, 514; siehe ferner OLG Hamm, WRP 1978, 394; *Altmeppen*, WRP 1989, 1163; *Castendiek*, WRP 1979, 527.
36 So aber OLG Düsseldorf, WRP 1985, 640; OLG Frankfurt, NJW-RR 1987, 764.
37 Einzelheiten zum Streitstand: § 929 Rdn. 26. Beide Fragen vermengt unzulässigerweise OLG Stuttgart, WRP 1997, 350 und NJWE-WettbR 1997, 43.
38 So auch BGH, WRP 1989, 514.
39 Z. B., dass der Schuldner den Zugang zu den Messeinrichtungen zum Zwecke der vorläufigen Unterbrechung der Energieversorgung zu dulden habe: AG Brühl, DGVZ 2010, 61 mit Anm. *Goebel*.
40 *Baur*, Studien zum einstweiligen Rechtsschutz, 1967, S. 56; *Brox/Walker*, Rn. 1594; *Jauernig*, NJW 1973, 1671; *Stein/Jonas/Grunsky*, vor § 935 Rn. 50; **a. A.** OLG Stuttgart, NJW 1973, 908.

Verfügung als abgegeben ansehen können, sondern erst mit deren Parteizustellung,[41] da § 929 stets, wenn der Schuldner nicht freiwillig leistet, ein aktives Gläubigerverhalten erfordert, um den Vollziehungserfolg eintreten zu lassen.

4. Anordnung von Eintragungen im Grundbuch

16 Einstweilige Verfügungen, die unmittelbar eine Eintragung im Grundbuch anordnen (z. B. Eintragung einer Vormerkung zur Sicherung des Anspruchs auf Eintragung einer Bauhandwerkersicherungshypothek) oder die eine Anordnung enthalten, die als solche unmittelbar ins Grundbuch einzutragen ist (Verfügungsverbote),[42] werden durch Einreichung des Eintragungsantrages beim Grundbuchamt vollzogen.[43] Es genügt insoweit auch das Eintragungsersuchen durch das Gericht (§ 941). Da das Gericht die Eintragung selbst unmittelbar angeordnet hat, bedarf es zur Eintragung nicht auch noch der Bewilligung durch den Schuldner als Grundstückseigentümer (§ 38 GBO); es bedarf deshalb auch nicht der vollstreckungsrechtlichen Fiktion (§§ 894 ff.) der Bewilligung durch den Schuldner.

5. Vollziehung einstweiliger Verfügungen auf einmalige oder fortlaufende Geldzahlungen

17 Einstweilige Verfügungen auf **einmalige oder fortlaufende** Geldzahlungen[44] werden wie alle anderen eine Geldforderung zusprechenden Titel vollstreckt, also nach §§ 803–882. Die Vollziehung führt hier nicht nur zur Beschlagnahme von Schuldnervermögen, sondern auch zu dessen Verwertung zum Zwecke der Befriedigung der mittels einstweiliger Verfügung titulierten Forderung: Gepfändete bewegliche Sachen werden also auch versteigert, der Erlös dem Gläubiger ausgekehrt, gepfändete Forderungen nach Wahl des Gläubigers zur Einziehung oder an Zahlungs statt überwiesen; die Zwangsversteigerung von Grundstücken ist möglich.

Eine andere Frage ist, wie derartige Verfügungen fristgerecht vollzogen werden, wenn der Schuldner anfänglich freiwillig zahlt, sodass auch eine Vorratspfändung zunächst nicht möglich ist.[45] Dies ist aber kein Problem der Vollziehung als solcher, sondern nur der Fristwahrung i. S. v. § 929 Abs. 2. Sicher genügen eine Parteizustellung der Verfügungen nach ihrem Erlass innerhalb der Frist des § 929 Abs. 2 und die Einleitung einer Vollstreckungsmaßnahme innerhalb eines Monats ab Fälligkeit des Teilbetrages, der nicht mehr freiwillig bezahlt wurde. Streitig ist nur, ob nicht bei Urteilen auf die Parteizustellung ganz verzichtet werden kann oder ob nicht umgekehrt eine Parteizustellung des Titels innerhalb eines Monats ab Fälligkeit der offen stehenden Rate allein schon zur Fristwahrung ausreicht.[46]

6. Eidesstattliche Versicherung und Vermögensauskunft aufgrund einstweiliger Verfügungen

18 Einstweilige Verfügungen, die nach § 883 vollzogen werden,[47] sind auch Grundlage der eidesstattlichen Versicherung gem. § 883 Abs. 2 und 3; die auf eine Geldleistung gerichtete einstweilige Verfügung rechtfertigt bei Vorliegen der übrigen Voraussetzungen den Antrag auf Abgabe der Vermögensauskunft gem. § 802c.

---

41 Siehe hierzu auch § 938 Rdn. 36.
42 Siehe hierzu § 941 Rdn. 3.
43 Einzelheiten § 941 Rdn. 4.
44 Zu ihrer Zulässigkeit: Vor § 935 Rdn. 33–36.
45 Siehe hierzu die Kommentierung bei § 850d.
46 Einzelheiten § 929 Rdn. 33.
47 Siehe vorn Rdn. 11.

VI. Verjährungsunterbrechung durch Vollziehung des Arrests und der einstweiligen Verfügung

Die Durchführung echter Zwangsvollstreckungsmaßnahmen aus einem Arrest oder einer einstweiligen Verfügung (Beschlussverfügung ebenso wie Urteilsverfügung) führt nicht, wie der Erlass des Arrestes und der einstweiligen Verfügung, nur zur Hemmung der Verjährung,[48] sondern zum Neubeginn der Verjährungsfrist gem. § 212 Abs. 1 Nr. 2 BGB. Die bloße Parteizustellung des Verfügungstitels zum Zwecke der Vollziehung[49] stellt in diesem Sinne aber keine Vollstreckung dar.[50] Der Neubeginn der Verjährungsfrist betrifft allerdings nur die in der einstweiligen Verfügung gesicherte Forderung, nicht die dahinter stehende Hauptsacheforderung[51], falls diese weitergeht. Die Unterbrechung gilt als nicht erfolgt, wenn die Vollstreckungsmaßnahme später wieder rückgängig gemacht werden muss (§ 212 Abs. 3 BGB).

VII. Rechtsbehelfe im Rahmen der Vollziehung

1. Rechtsbehelfe des Gläubigers

Der **Gläubiger** hat, soweit der Gerichtsvollzieher die Vollziehung ganz oder teilweise ablehnt, die Erinnerung gem. § 766, soweit der Rechtspfleger oder der Richter einen Vollziehungsantrag zurückweist, die sofortige Beschwerde gem. § 793. Lehnt das Grundbuchamt einen Antrag ab, ist allein die Beschwerde gem. §§ 71 GBO, 11 Abs. 1 RpflG gegeben.

2. Rechtsbehelfe des Schuldners

Will der **Schuldner** die Verletzung von Regeln des förmlichen Vollstreckungsrechts durch den Gerichtsvollzieher oder durch Vollstreckungsmaßnahmen des Rechtspflegers rügen, ist § 766 der richtige Rechtsbehelf. Entscheidungen des Rechtspflegers, die förmliches Vollstreckungsrecht verletzen, ebenso solche des Richters, sind mit der sofortigen Beschwerde gem. § 793 anzufechten. Gegen Eintragungen im Grundbuch ist allein die Beschwerde gem. §§ 71 GBO, 11 Abs. 1 RpflG gegeben.

Will der Schuldner materiellrechtliche Einwendungen gegen den durch den Arrest bzw. die einstweilige Verfügung gesicherten Anspruch erheben, muss er dies mit einem Antrag gem. § 927 tun. Das Aufhebungsverfahren verdrängt als das speziellere und einfachere Verfahren die Klage gem. § 767,[52] zumal der Anspruch selbst im Arrest- bzw. Verfügungsverfahren noch gar nicht festgestellt ist. Streitig ist allerdings, ob für den Einwand nachträglicher Zahlung gegenüber der auf Geldleistungen gerichteten einstweiligen Verfügung eine Ausnahme zu machen sei.[53] Die Zulässigkeit der Vollstreckungsabwehrklage gem. § 767 insoweit wird damit begründet, der Zahlungseinwand könne mit § 927 nicht geltend gemacht werden.[54] Dies ist jedoch nicht richtig: Besteht infolge Erfüllung kein Zahlungsanspruch mehr, haben sich die Verhältnisse, die die einstweilige Verfügung gerechtfertigt haben, durchaus verändert; die einstweilige Verfügung kann rückwirkend ab Zahlung

---

48 Einzelheiten: § 935 Rdn. 27–29; Erman/*Schmidt-Räntsch*, § 212 BGB Rn. 14; *Maurer*, GRUR 2003, 208.
49 Siehe hierzu § 929 Rdn. 26 ff. Dass die Parteizustellung des Verfügungstitels auch dann, wenn dieser schon die Ordnungsmittelandrohung gem. § 890 Abs. 2 enthält, keine Zwangsvollstreckung i. S. von § 212 Abs. 1 Nr. 2 BGB ist, ist überwiegende Auffassung; vgl. BGH, NJW 1997, 217; *Teplitzky*, Wettbewerbsrechtliche Ansprüche, Kap. 16 Rn. 44; *Teplitzky*, GRUR 1984, 307; a. A. aber OLG Hamm, NJW 1977, 2319; *Dittmar*, GRUR 1979, 288, allerdings zum alten § 209 BGB.
50 BGH, NJW 1979, 217.
51 Bamberger/Roth/*Henrich*, § 212 BGB Rn. 13.
52 *Baur/Stürner Bruns*, Rn. 45.5 und 54.18; *Brox/Walker*, Rn. 1527; *Musielak/Huber*, § 924 Rn. 2 und § 927 Rn. 3; *Thomas/Putzo/Seiler*, § 924 Rn. 7.
53 So *Baur/Stürner/Bruns*, Rn. 54.20; *Musielak/Huber*, § 936 Rn. 7; *Stein/Jonas/Grunsky*, § 938 Rn. 41; *Thomas/Putzo/Seiler*, § 936 Rn. 15; *Zöller/Vollkommer*, § 927 Rn. 15.
54 So LG Hamburg, MDR 1960, 59; *Baumbach/Lauterbach/Hartmann*, § 936 Rn. 17; *Stein/Jonas/Grunsky*, § 938 Rn. 41.

aufgehoben werden[55]. Richtigerweise ist deshalb auch in diesen Fällen § 767 durch § 927 verdrängt, sodass die Vollstreckungsabwehrklage gegen die Vollziehung von Arresten und einstweiligen Verfügungen generell ausgeschlossen ist[56].

3. Rechtsbehelfe betroffener Dritter

22 **Dritte** können den Verstoß gegen Verfahrensregeln, die auch ihrem Schutze dienen (z. B. §§ 809, 811 Nr. 1),[57] mit der Erinnerung gem. § 766 rügen. Rechte an Gegenständen, in die ein dinglicher Arrest vollzogen wurde, können mit der Drittwiderspruchsklage gem. § 771 bzw. mit der Klage gem. § 805 geltend gemacht werden. Ebenfalls mit der Klage gem. § 771 muss der Dritte seine Rechte an Gegenständen geltend machen, die der Schuldner aufgrund einstweiliger Verfügung an den Gläubiger oder an einen Sequester herausgeben muss.

VIII. Kosten

23 Die **Kosten** der Arrestvollziehung und der Vollziehung einer einstweiligen Verfügung sind Kosten der Zwangsvollstreckung i. S. v. § 788.[58] Sie werden daher, ohne dass es eines zusätzlichen Zahlungstitels bedarf, vom angegangenen Vollstreckungsorgan beigetrieben.[59] Das gilt grundsätzlich auch, wenn im Rahmen der Zustellung einer Unterlassungsverfügung zum Zwecke der Vollziehung notwendigerweise nicht unerhebliche Reisekosten entstehen.[60] Werden der Arrest oder die einstweilige Verfügung aufgehoben, so kommt eine Beitreibung der bis dahin entstandenen Vollziehungskosten, auch wenn die Aufhebung nur ex nunc erfolgt war, nicht mehr in Betracht.[61] Der Schuldner kann bei Aufhebung des Titels Erstattung der bereits beigetriebenen Kosten gem. § 788 Abs. 2 verlangen.

---

55 Wie hier: Brox/*Walker* Rn. 1665.
56 Brox/*Walker* Rn. 1665.
57 Zur Erinnerungsbefugnis Dritter allgemein: § 766 Rdn. 23.
58 *Musielak/Huber*, § 928 Rn. 2.
59 Siehe vorn § 788 Rdn. 16. Zum Verfahren der Beitreibung siehe: § 788 Rdn. 28, 29.
60 OLG Hamburg, NJW 2004, 3723.
61 § 788 Rdn. 28.

§ 929 Vollstreckungsklausel; Vollziehungsfrist

(1) Arrestbefehle bedürfen der Vollstreckungsklausel nur, wenn die Vollziehung für einen anderen als den in dem Befehl bezeichneten Gläubiger oder gegen einen anderen als den in dem Befehl bezeichneten Schuldner erfolgen soll.

(2) Die Vollziehung des Arrestbefehls ist unstatthaft, wenn seit dem Tage, an dem der Befehl verkündet, oder der Partei, auf deren Gesuch er erging, zugestellt ist, ein Monat verstrichen ist.

(3) ¹Die Vollziehung ist vor der Zustellung des Arrestbefehls an den Schuldner zulässig. ²Sie ist jedoch ohne Wirkung, wenn die Zustimmung nicht innerhalb einer Woche nach der Vollziehung und vor Ablauf der für diese im vorhergehenden Absatz bestimmten Frist erfolgt.

Übersicht

	Rdn.
I. Vollstreckungsklausel, Abs. 1	1
1. Vollstreckbarkeit ohne Klausel	1
2. Ausnahmen	3
3. Einstweilige Einstellung der Vollziehung	5
II. Vollziehungsfrist, Abs. 2	6
1. Allgemeines	6
2. Fristbeginn	9
3. Unterbrechung des Fristlaufes	10
4. Erneuter Fristlauf in sonstigen Fällen	11
5. Fristende	16
III. Wahrung der Vollziehungsfrist	17
1. Allgemeines	17
2. Fristwahrung bei der Arrestvollziehung	20
3. Fristwahrung bei Vollziehung einer einstweiligen Verfügung	23
a) Allgemeines	23
b) Fristwahrung durch Parteizustellung	26
aa) Beschlussverfügungen allgemein	27
bb) Unterlassungsverfügungen (durch Beschluss oder Urteil)	28
cc) Geldleistungsverfügungen	33
dd) bei Regelungsverfügungen	34
IV. Folgen der Versäumung der Vollziehungsfrist des Abs. 2	35
1. Auswirkungen auf Vollstreckungsakte	35
2. Rechtsbehelfe des Schuldners	36
a) Vollstreckungserinnerung, § 766	36
b) Widerspruch, § 924	37
c) Aufhebungsantrag, § 927	38
d) Verzicht auf die Rechte aus der einstweiligen Verfügung	39
3. Neuerlass des Arrests oder der einstweiligen Verfügung	40
a) Allgemein	40
b) Durch das Rechtsmittelgericht	41
4. Kostentragungspflicht	42
V. Vollziehung vor Zustellung, Abs. 3	43
1. Grundsatz des § 750 Abs. 1	43
2. Voraussetzungen der Vollziehung vor Zustellung	44
3. Fristwahrung gem. Abs. 3 Satz 2	45
4. Folgen der Versäumung der Zustellungsfrist	47
5. Rechtsbehelfe	48
VI. Arbeitsgerichtliches Verfahren	49

Literatur:

Addicks, Welche Anforderungen gibt es bei der Zustellung und Vollziehung von einstweiligen Verfügungen, MDR 1994, 223; *Ahrens*, Die fristgebundene Vollziehung einstweiliger Verfügungen. Für eine Neuinterpretation des § 929 Abs. 2 ZPO, WRP 1999, 1; *Anders*, Die Zustellung einstweiliger Verfügungen nach dem Zustellungsreformgesetz, WRP 2003, 204; *Borck*, »Vollziehung«, Zustellung oder Zwangsvollstreckung?, MDR 1983, 180; *ders.*, Die Vollziehung und Vollstreckung von Unterlassungstiteln, WRP 1993, 374; *Castendieck*, Die Amtszustellung als Vollziehung von Urteilsverfügungen mit Unterlassungsgebot, WRP 1979, 527; *Eyinck*, Zustellungen nach dem Zustellungsreformgesetz, ProzRB 2003, 93 und 126; *Fritze*, Fehlerhafte Zustellung von Arresten und einstweiligen Verfügungen, FS Schiedermair, 1976, S. 141; *Gleußner*, Die Vollziehung von Arrest und einstweiliger Verfügung in ihren zeitlichen Grenzen, Diss. Erlangen, 1999; *Graf von der Groeben*, Zuwiderhandlungen gegen die einstweilige Verfügung zwischen Verkündung und Vollziehung des Unterlassungsurteils, GRUR 1999, 674; *Griesel*, Die Notfristähnlichkeit der Vollziehungsfrist, § 929 Abs. 2 ZPO. Zugleich ein Beitrag zur Vollziehung von Arrest und einstweiliger Verfügung, 1999; *Grunsky*, Die Vollziehungsfrist des § 929 Abs. 2 ZPO nach Durchführung eines Widerspruchs- oder Berufungsverfahrens, ZZP 1991, 1; *Heistermann*, Die Vollziehungsfrist des § 929 Abs. 2 ZPO – Eine Regressfalle für den Anwalt im Einstweiligen Verfügungsverfahren?, MDR 2001, 792; *Hegmanns*, Die funktionelle Zuständigkeit der Berufungsgerichte zum Erlass von Arrest und einstweiliger Verfügung bei versäumter Vollziehungsfrist, WRP 1984, 120; *Hintzen*, Die Wahrung der Vollziehungsfrist bei Eintragung einer Arresthypothek – neue Rechtsprechung des BGH, OLGReport 2001, K 29; *Klute*, Eine Streitschrift wider die Kenntniserlangung – Zustellungsmängel von Beschlussverfügungen und deren Heilung, GRUR 2005, 924; *Loritz*, Rechtsnachfolge und Umschreibung der Vollstreckungsklausel in den Verfahren des einstweiligen Rechtsschutzes, ZZP 1993 (Bd. 106), 3; *Matthey,* Probleme bei der Vollziehung von Arrest und einstweiliger Verfügung gemäß § 929 Absatz 2 ZPO, Diss., Bonn, 1999; *Mennicke,* Vollziehung einer Unterlassungsverfügung durch Zustellung in einem anderen Vertragsstaat des EuGVÜ, IPRax 2001, 202; *Oetker,* Die Zustellung von Unterlassungsverfügungen innerhalb der Vollziehungsfrist des § 929 Abs. 2 ZPO, GRUR 2003, 119; *Pohlmann,* Die Wahrung der Vollziehungsfrist des § 929 II ZPO bei Arrest und einstweiliger Verfügung, KTS 1994, 49; *ders.*, Wann ist ein Titel i. S. § 929 II ZPO und § 945 ZPO vollzogen?, WM 1994, 1227; *Rehart,* Die Monatsfrist des § 929 Abs. 2 ZPO – Freie Hand für bewusst späte Vollziehungszustellung?, WRP 2011, 1041; *Schilling,* Eintragungsfähigkeit und Wirksamkeit eines durch einstweilige Verfügung im Beschlusswege erlassenen Veräußerungsverbots vor Zustellung an den Antragsgegner, NotBZ 2003, 416; *Schuschke,* Die Vollziehung von Unterlassungsverfügungen, InVo 1998, 277; *ders.*, Einstweilige Verfügungen gegen ehrverletzende Äußerungen, ZAP 2000, Fach 14 S. 361; *Teplitzky,* Die Vollziehung der einstweiligen Verfügung auf Auskunftserteilung, FS Kreft, 2004, S. 163; *ders.*, Gewohnheitsrecht? – Anmerkungen zum Einfluss der normativen Kraft des Faktischen auf die einstweilige Unterlassungsverfügung, FS Joachim Bornkamm, 2014, S. 1073; *Treffer,* Zur Vollziehungsfrist gemäß § 929 Abs. 2 ZPO, MDR 1998, 951; *Ulrich,* Die Befolgung und Vollziehung einstweiliger Unterlassungsverfügungen sowie der Schadensersatzanspruch gemäß § 945 ZPO, WRP 1991, 361; *ders.*, Die unterbliebene Vollziehung wettbewerbsrechtlicher Unterlassungsverfügungen und ihre Folgen, WRP 1996, 84; *Vogg,* Einstweiliger Rechtsschutz und vorläufige Vollstreckbarkeit, 1991; *Weber,* Die Vollziehung einstweiliger Verfügungen auf Unterlassung, DB 1981, 877; *Wedemeyer,* Vermeidbare Klippen des Wettbewerbsrechts, NJW 1979, 293; *Wenzel,* Risiken des schnellen Rechtsschutzes, NZA 1984, 112; *Wittmann,* Löschung und Neueintragung der Arresthypothek bei Versäumung der Zustellungsfrist nach § 929 III ZPO, MDR 1979, 549; *Wüstenberg,* Zur Vollziehung aus Unterlassungsverfügungen, WRP 2010, 1237; *Wunsch,* Zustellungsreformgesetz – Vereinfachung und Vereinheitlichung des Zustellwesens, JuS 2003, 276.

I. Vollstreckungsklausel, Abs. 1

1. Vollstreckbarkeit ohne Klausel

1 Entgegen der allgemeinen Regel des § 724 findet aus Arrestbefehlen und einstweiligen Verfügungen, unabhängig davon, ob sie durch Beschluss oder Urteil erlassen wurden, die Zwangsvollstreckung statt, ohne dass die dem Gläubiger erteilte Ausfertigung[1] zusätzlich noch der Vollstreckungsklausel bedürfte. Der dem Vollstreckungsorgan mit dem Vollstreckungsantrag zu überreichende Titel bzw. der Titel, dessen Parteizustellung zu veranlassen ist,[2] ist die dem Gläubiger von Amts wegen, sei es gem. § 329 Abs. 2 formlos mitgeteilte, sei es gemäß § 317 zugestellte amtliche Ausfertigung des Arrests oder der einstweiligen Verfügung, nicht nur eine vom Gläubiger erstellte Abschrift, auch wenn diese anwaltlich beglaubigt ist.[3] Daran hat sich auch nach der Änderung und Vereinfachung des Zustellungsrechts durch das Zustellungsreformgesetz[4] im Hinblick auf die durch Beschluss erlassenen Arreste und einstweiligen Verfügungen, bei denen der Schuldner keine Ausfertigung durch das Gericht selbst zugestellt erhält (§ 922 Abs. 2), nichts geändert. Wird durch Telekopie von Anwalt zu Anwalt zugestellt (§§ 174 Abs. 2 Satz 1, 195 Abs. 1 Satz 5), ist die Ausfertigung, und nicht nur eine Abschrift von ihr, zu faxen. Durch die Zustellungsreform ist nur das Übermittlungsverfahren den modernen Gegebenheiten angepasst worden;[5] die Frage, was zuzustellen ist, wurde nicht berührt. Wie dem § 750 als allgemeiner Grundsatz zu entnehmen ist, soll dem Schuldner spätestens zu Beginn der Zwangsvollstreckung eine Ausfertigung des Titels zugestellt werden. Denn einmal muss der Schuldner eine erkennbar vom Gericht selbst herrührende Fassung des Titels zur

---

1 Zum Begriff der »Ausfertigung« in der ZPO siehe PG/*Kessen,* § 169 Rn. 5; *Schuschke,* EWiR 1992, 1245; *Thomas/Putzo/Reichold,* § 317 ZPO Rn. 2.
2 Einzelheiten: Rdn. 25 ff.
3 OLG Hamburg, WRP 2001, 720. Nach OLG Hamburg, DGVZ 2002, 137 soll allerdings eine vom Gerichtsvollzieher beglaubigte Abschrift der Ausfertigung einschließlich des Ausfertigungsvermerkes, die keinen berechtigten Zweifel daran bestehen lässt, dass eine ordnungsgemäße Ausfertigung des zugestellten Beschlusses existiert, ausreichen. OLG Düsseldorf, OLGReport 2004, 438 lässt sogar eine vom Gerichtsvollzieher hergestellte beglaubigte Abschrift einer Telekopie der Ausfertigung ausreichen. Hier fehlt jede Gewissheit, dass tatsächlich eine Originalausfertigung beim Gläubiger vorliegt.
4 BGBl. I 2001, 1206.
5 *Wunsch,* JuS 2003, 276.

Kenntnis erhalten.⁶ Zweckmäßigerweise wird der Gläubiger deshalb sogleich mehrere Ausfertigungen beantragen oder aber er bittet den Gerichtsvollzieher, von der Originalausfertigung eine Abschrift zu erstellen und diese zu beglaubigen. Eine solche vom Gerichtsvollzieher erstellte beglaubigte Abschrift der Originalausfertigung steht der Originalausfertigung gleich, wenn das Original (nicht nur eine Telekopie des Originals)⁷ dem Gerichtsvollzieher zur Verfügung steht.⁸ Das Vollstreckungsorgan kann ein Vollziehungsersuchen zurückweisen, wenn ihm nicht die Ausfertigung des Titels übergeben wird. Vollstreckt es allerdings, obwohl es nur über eine Titelabschrift verfügt, sind die Vollstreckungsmaßnahmen nicht anfechtbar, wenn der Gläubiger den Besitz einer Ausfertigung nachweisen kann. Anders verhält es sich bei Zustellungen: Die Zustellung einer bloßen Abschrift ist fehlerhaft. Die Wirkungen der Zustellung treten zunächst nicht ein. Der Zustellungsmangel kann aber geheilt werden.⁹

Der Arrest und die einstweilige Verfügung sind vollstreckbar, ohne dass es des Ausspruchs der (vorläufigen) Vollstreckbarkeit im Tenor bedarf. Die §§ 708, 709 sind nicht anwendbar. Die Frage, ob Sicherheitsleistung anzuordnen ist, beantwortet sich allein aus § 921 Abs. 2. Ist die Vollziehung von einer Sicherheitsleistung abhängig gemacht worden, so gilt für ihren Nachweis vor Beginn der Vollziehung § 751 Abs. 2. Wird die angeordnete Sicherheitsleistung nicht innerhalb der Vollziehungsfrist des § 929 Abs. 2 geleistet, wird die Vollstreckung unstatthaft, auch wenn die Zustellung des Titels innerhalb der Frist erfolgt war.¹⁰ Hätte das Gericht – fehlerhaft und gesetzwidrig – über die Vollstreckbarkeit gem. §§ 708, 711 oder gem. § 709 entschieden, wäre eine solche Anordnung nicht nichtig, sondern von den Vollstreckungsorganen uneingeschränkt zu beachten.¹¹

2. Ausnahmen

Ausnahmsweise, nämlich in den Fällen der §§ 727–729, bedarf der Gläubiger zur Vollziehung einer Vollstreckungsklausel. Diese ist vom Rechtspfleger zu erteilen. Für den Nachweis der Rechtsnachfolge, Nachfolge in der Verfügungsbefugnis oder der Firmenübernahme gelten die allgemeinen Regeln.¹² Der Schuldner kann in diesen Fällen vor der Klauselerteilung gehört werden (§ 730). Der Umstand, dass ein Titel des einstweiligen Rechtsschutzes vollstreckt werden soll, wird der Anhörung aber meist entgegen stehen, zumal der Antrag auf Klauselerteilung die Vollziehungsfrist nicht wahren würde, da das Klauselverfahren der Zwangsvollstreckung noch vorgelagert ist.

Ist aus dem Arrestbefehl oder der einstweiligen Verfügung nach den einschlägigen zwischenstaatlichen Verträgen eine Zwangsvollstreckung im Ausland möglich und gewollt, so ist immer Vollstreckungsklausel erforderlich (§ 31 AVAG), ohne Rücksicht darauf, ob eine qualifizierte oder eine einfache Vollstreckungsklausel zu erteilen ist. Zu den Besonderheiten der Vollziehung von Titeln aus dem einstweiligen Rechtsschutz im EU-Ausland siehe hinten die Kommentierung zu Art. 31, 32 EGVVO¹³ bzw. zu Art. 35 VO (EU) Nr. 1215/2012.

3. Einstweilige Einstellung der Vollziehung

Die unbedingte Vollstreckbarkeit des Arrestbefehls oder der einstweiligen Verfügung entfällt, wenn das Gericht die Vollziehung des Titels einstweilen einstellt. Grundsätzlich gelten auch im noch

---

6 *Oetker*, GRUR 2003, 120, 122; **a. A.** (es genüge die Zustellung einer – auch anwaltlich – beglaubigten Abschrift): *Anders*, WRP 2003, 204, 205; *Zöller/Vollkommer*, § 929 Rn. 13.
7 So aber OLG Düsseldorf, OLGReport 2004, 438.
8 *Oetker*, GRUR 2003, 110, 125.
9 Näheres siehe unten Rdn. 31.
10 OLG Celle, OLGReport 2006, 378.
11 OLG Karlsruhe, MDR 1983, 677; *Zöller/Vollkommer*, § 929 Rn. 1.
12 Siehe insoweit: § 727 Rdn. 3.
13 Zur Vollstreckung von Unterlassungsverfügungen im EU-Ausland siehe auch *Schröler*, WRP 2012, 185.

nicht rechtskräftig abgeschlossenen Arrest- und Verfügungsverfahren die §§ 707, 719;[14] jedoch ist hier bei Einstellungen äußerste Zurückhaltung geboten, da nach der Einstellung der Vollziehung der Schuldner das Verhalten fortsetzen kann, das Veranlassung gerade für das besondere Eilverfahren war, und da dies zu Veränderungen der Verhältnisse führen kann, die im späteren Hauptsacheverfahren nicht mehr rückgängig zu machen sind.[15] In der Regel wird eine Einstellung der Vollziehung gem. § 719 in der Berufungsinstanz nur in Betracht kommen, wenn eine ganz überwiegende Wahrscheinlichkeit dafür besteht, dass die Entscheidung der Vorinstanz keinen Bestand haben wird.[16] Wird die Vollziehung einstweilen eingestellt, so wird hierdurch die Vollziehungsfrist des Abs. 2, soweit sie noch nicht abgelaufen war, unterbrochen.[17] Umgekehrt kann aber die Gestaltungswirkung eines einen Arrest aufhebenden Urteils nicht dadurch (mit Wirkung der Wiederbegründung des Arrestes) beseitigt werden, dass das Berufungsgericht die Zwangsvollstreckung aus dem aufhebenden Urteil einstellt.[18]

Für die einstweilige Einstellung der Vollziehung nach Einlegung des Widerspruchs gegen die durch Beschluss erlassene einstweilige Verfügung oder den durch Beschluss erlassenen Arrest enthält § 924 Abs. 3 eine Spezialregelung.[19] Anträge, noch nach Rechtskraft die Zwangsvollstreckung aus einer einstweiligen Verfügung oder einem Arrestbefehl einzustellen, sind unzulässig.[20]

II. Vollziehungsfrist, Abs. 2

1. Allgemeines

6 Einstweiliger Rechtsschutz durch Arrestbefehl oder einstweilige Verfügung wird nur dem Gläubiger gewährt, der glaubhaft macht, dass eine unverzügliche Sicherung seines Anspruchs erforderlich ist und dass ein Zuwarten dessen spätere Verwirklichung gefährden würde. Käme es hierbei nur auf die Prognose des Gläubigers vor Einleitung des Eilverfahrens an, so wären die Interessen des Schuldners, nur in objektiv wirklich dringlichen Fällen mit dem im Übrigen rechtsstaatlich bedenklichen Eilverfahren – meist ohne Mitwirkungsmöglichkeit vor Titelerlass – überzogen zu werden, nicht mehr gewahrt. Die Eilbedürftigkeit muss deshalb im gesamten Verfahren bis zur Sicherung des Gläubigers fortbestehen und auch deutlich gemacht werden. Die in Abs. 2 angeordnete Vollziehungsfrist trägt dem Rechnung und errichtet eine zeitliche Schranke, innerhalb der der Gläubiger die Verwirklichung des ihm durch den Titel ermöglichten Rechtsschutzes auch in Angriff genommen haben muss. Auf diese Weise wird zugleich sichergestellt, dass – regelmäßig – keine erheblichen Veränderungen der Umstände eintreten können gegenüber denjenigen, die das Gericht seiner Eilentscheidung zugrunde gelegt hat.[21] Diese Begrenzung der Gläubigerbefugnisse aus dem

---

14 *Musielak/Huber*, § 928 Rn. 2; *Thomas/Putzo/Seiler*, § 717 Rn. 3; *Zöller/Vollkommer*, § 929 Rn. 2; siehe ferner vorn: § 719 Rdn. 4.
15 *Klette*, GRUR 1982, 471.
16 OLG Frankfurt, NZG 2013, 1388; OLG Köln, WRP 1973, 665; OLG Koblenz, WRP 1981, 545; OLG Köln, GRUR 1982, 504; OLG Frankfurt, JurBüro 1983, 1265; GRUR 1969, 456 und 932; WRP 1991, 405; MDR 1997, 393; OLG Rostock, InVo 1997, 218; OLG Zweibrücken, InVo 1997, 486; OLG Karlsruhe, AfP 1999, 506; *Stein/Jonas/Grunsky*, § 938 Rn. 34; *Thomas/Putzo/Seiler*, § 719 Rn. 3; siehe ferner vorn: § 719 Rdn. 4. Zu weitgehend OLG Brandenburg, MDR 2002, 53, dass bei einstweiligen Verfügungen auf Abdruck einer presserechtlichen Gegendarstellung eine vorläufige Einstellung der Zwangsvollstreckung nie in Betracht komme.
17 OLG Düsseldorf, OLGZ 1987, 367.
18 OLG Köln, MDR 2003, 352.
19 KG, NJW-RR 1986, 1127.
20 OLG Köln, BeckRS 2002 30280318.
21 BGHZ 112, 361; OLG Frankfurt, NJW-RR 1986, 64; *Zöller/Vollkommer*, § 929 Rn. 3.

von ihm erstrittenen Eiltitel ist nicht nur verfassungsrechtlich unbedenklich,[22] sie erscheint sogar verfassungsrechtlich aus dem Rechtsstaatsprinzip geboten.[23]

Die Frist des Abs. 2 ist eine zwingende gesetzliche Frist, keine prozessrechtliche Notfrist 224 Abs. 2).[24] Bei Fristversäumnis kann deshalb keine Wiedereinsetzung in den vorigen Stand gewährt werden.[25] Dies gilt auch dann, wenn die Frist aus Gründen nicht eingehalten werden konnte, die allein in der Sphäre des Gerichts liegen, etwa weil das verkündete Urteil den Parteien nicht innerhalb der Frist des Abs. 2 zugänglich gemacht wurde.[26] Die Parteien können durch Vereinbarung die Frist verkürzen (§ 224 Abs. 1 Satz 1).[27] Insoweit läge eine zulässige Vollstreckungsvereinbarung zugunsten des Schuldners vor.[28] Eine Fristverlängerung durch Parteivereinbarung ist dagegen ausgeschlossen.[29] Eine Fristverlängerung durch richterliche Verfügung wäre wirkungslos[30]; sie kann allerdings wegen der durch sie bedingten Irreführung Anlass zu Amtshaftungsansprüchen sein. Die Vollziehungsfrist muss auch dann eingehalten werden, wenn die Parteien nach Erlass der einstweiligen Verfügung noch Vergleichsgespräche führen.[31]

7

Die Vollziehungsfrist gilt nur für den Arrestbefehl oder die einstweilige Verfügung selbst, nicht für die Zwangsvollstreckung des aufgrund der Kostenentscheidung in diesen Titeln ergangenen Kostenfestsetzungsbeschlusses.[32] Die Kostenfestsetzung kann, solange der zugrunde liegende Titel nicht aufgehoben ist, auch noch nach Ablauf der Vollziehungsfrist beantragt werden. Die Zwangsvollstreckung aus dem Kostenfestsetzungsbeschluss ist dann so lange uneingeschränkt möglich, wie der ihm zugrunde liegende Titel Bestand hat.[33] Erst recht gilt die Vollziehungsfrist nicht für die Beitreibung der Vollziehungskosten gem. § 788. Sie ist möglich, solange der Arrest bzw. die einstweilige Verfügung nicht – auch nicht ex nunc – aufgehoben sind.[34]

8

2. Fristbeginn

Der erstmalige Fristlauf beginnt bei ursprünglich durch Urteil erlassenen Arrestbefehlen und einstweiligen Verfügungen mit Verkündung des Urteils, unabhängig davon, ob der Antragsteller von der Verkündung Kenntnis genommen hat. Die nachfolgende Amtszustellung des Urteils gem. § 317 ist für den Fristlauf ohne Bedeutung, auch wenn sie – etwa weil der Richter das am Ende der mündlichen Verhandlung sogleich verkündete Urteil nicht rechtzeitig genug absetzt oder weil die Gerichtskanzlei überlastet ist – nicht mehr innerhalb der Monatsfrist des Abs. 2 erfolgt. Es ist Sache des Antragstellers, den Fristlauf zu überwachen. Im Fall der Verkündung des Tenors der Entscheidung am Ende der mündlichen Verhandlung zur Sache genügt als Titel zur Durchführung der Vollziehung nicht die Ausfertigung des Terminprotokolls,[35] da das Protokoll, wie §§ 313a Abs. 1, 540 Satz 2 zeigen, nicht das Urteil ersetzt, sondern neben dieses tritt und Teile des Urteils aufnimmt, die dann im Urteil selbst überflüssig werden. Ist der Arrest oder die einstweilige Verfügung durch

9

---

22 BVerfG, NJW 1988, 3141.
23 Überzeugend: *Walker*, Der einstweilige Rechtsschutz, Rn. 566.
24 OLG Frankfurt, OLGZ 1981, 99; *Musielak/Huber*, § 929 Rn. 3; *Zöller/Vollkommer*, § 929 Rn. 3.
25 BGHZ 120, 86; *Zöller/Vollkommer*, § 929 Rn. 3.
26 OLG Düsseldorf, NJW-RR 1987, 763; OLG Zweibrücken, JurBüro 1986, 626.
27 *Stein/Jonas/Grunsky*, § 929 Rn. 8.
28 Zur Zulässigkeit von Vollstreckungsvereinbarungen zugunsten des Schuldners siehe Allg. Einführung Rdn. 11.
29 BGHZ 120, 86; OLG Köln, NJW-RR 1987, 575; OLG Koblenz, NJW-RR 1987, 509; OLG Hamm, MDR 1988, 63; *Stein/Jonas/Grunsky*, § 929 Rn. 8; *Zöller/Vollkommer*, § 929 Rn. 3.
30 *Musielak/Huber*, § 929 Rn. 3.
31 OLG Schleswig, OLGReport 1999, 73.
32 LG Berlin, Rpfleger 1961, 23.
33 Siehe insoweit § 794 Rdn. 32.
34 Siehe auch § 928 Rdn. 21.
35 OLG Hamm, GRUR 1987, 853 mit zutreffendem Hinweis auf § 317 Abs. 2.

Beschluss ohne mündliche Verhandlung erlassen worden, so beginnt die Frist mit der Zustellung des Titels an den Antragsteller. Ist, wie in der Praxis häufig, der Titel dem Antragsteller unmittelbar durch die Geschäftsstelle übergeben worden, beginnt die Frist bereits mit der Übergabe, die gem. § 173 Satz 1 die Zustellung bewirkt. Der Zeitpunkt der Zustellung wird in diesen Fällen gem. § 173 Abs. 2, 1. Hs. sowohl auf dem Titel wie in den Akten vermerkt. Bei Aushändigung des Titels an den Prozessbevollmächtigten muss nach § 173 Abs. 2, 2. Hs. verfahren werden. Befindet sich die Vollmacht bereits in den Akten, ist auf diese zu verweisen. Eine bloße Kenntnisnahme des Gläubigers vom Arrest- oder Verfügungsbeschluss durch telefonische Übermittlung – auch wenn diese in einem Vermerk der Geschäftsstelle festgehalten ist – oder die bloße Einsichtnahme des Gläubigers auf der Geschäftsstelle in das Original des Titels in den Gerichtsakten – auch wenn der Gläubiger hierbei eine persönliche Abschrift gefertigt hat – reichen nicht aus, die Frist in Lauf zu setzen.[36] Denn in diesen Fällen ist nicht nachzuweisen, was der Gläubiger tatsächlich zur Kenntnis nehmen konnte und genommen hat.

3. Unterbrechung des Fristlaufes

10 Die Einstellung der Zwangsvollstreckung vor Fristablauf[37] unterbricht die Vollziehungsfrist.[38] Sie beginnt wieder von vorn, wenn der Titel seine Vollziehbarkeit wiedererlangt. Ein Antrag auf Tatbestandsberichtigung,[39] der Widerspruch gegen den Arrestbeschluss oder die Beschlussverfügung[40] oder die Berufung[41] gegen das Arresturteil bzw. die Urteilsverfügung unterbrechen die Frist dagegen nicht, sie hemmen sie noch nicht einmal. Der Gläubiger muss daher nach seinem Anfangserfolg das Risiko, später Ansprüchen nach § 945 ausgesetzt zu sein, uneingeschränkt in Kauf nehmen und kann nicht erst die endgültige Bestätigung des Titels vor der Vollstreckung abwarten, will er nicht die Möglichkeit der Sicherung durch vorläufigen Rechtsschutz ganz einbüßen.

4. Erneuter Fristlauf in sonstigen Fällen

11 Wird im Widerspruchsverfahren der Arrest oder die einstweilige Verfügung *in inhaltlich veränderter Form* bestätigt, so muss das Urteil, auch wenn der Beschlusstitel bereits ordnungsgemäß in der Frist des Abs. 2 vollzogen worden war, erneut innerhalb der mit der Verkündung neu anlaufenden Frist vollzogen werden.[42] Eine Veränderung liegt nicht nur vor, wenn das Gebot im Tenor erweitert[43] oder durch ein aliud ersetzt wird,[44] sondern auch, wenn der bisher zu unbestimmt oder aus sonstigen Gründen nicht durchsetzbar formulierte Tenor im Wege »der Klarstellung« so umgestaltet wird,[45] dass nunmehr erstmals ein auch tatsächlich durchsetzbares Ge- oder Verbot vorliegt.[46] Dagegen ist keine neue Vollziehung *erforderlich*, wenn das aus mehreren Teilen zusammengesetzte Ge- oder Verbot im Widerspruchsverfahren in der Weise eingeschränkt wird, dass selbstständige Teile wegfallen, während andere unverändert bestehen bleiben, es sei denn, durch die Teileinschränkung

---

[36] OLG Köln, NJW-RR 1987, 576.
[37] Zu dieser Möglichkeit siehe oben Rdn. 5; ferner *Stein/Jonas/Grunsky*, § 929 Rn. 7.
[38] *Musielak/Huber*, § 929 Rn. 4.
[39] OLG Koblenz, WRP 1980, 576; OLG Düsseldorf, ZIP 1981, 540; KG, WRP 1983, 341.
[40] OLG Schleswig, NJW 1972, 1056; OLG Hamburg, MDR 1960, 932.
[41] *Zöller/Vollkommer*, § 929 Rn. 7.
[42] OLG Düsseldorf, BauR 1995, 424; OLG Karlsruhe, WRP 1997, 57; OLG Köln, InVo 1998, 295 und GRUR 1999. 89; KG, NJWR-WettbR 2000, 197; *Grunsky*, ZZP 1991, 1; *Schuschke*, InVo 1998, 277; *Stein/Jonas/Grunsky*, § 929 Rn. 5; *Zöller/Vollkommer*, § 929 Rn. 7.
[43] OLG Köln, WRP 1982, 669 und 1986, 353; GRUR 1999, 89; OLG Hamburg, NJOZ 2002, 1957, 1994.
[44] OLG Schleswig, NJW-RR 1986, 1128; OLG Celle, GRUR 1989, 541.
[45] OLG Hamm, GRUR 1989, 931 und WRP 1991, 406.
[46] OLG Koblenz, WRP 1981, 479.

entsteht ein insgesamt inhaltlich neu zu wertendes Ge- oder Verbot.[47] Erfolgt die Teileinschränkung des bisherigen Unterlassungsgebotes durch die Hinzufügung weiterer inhaltlicher Elemente, so entsteht aber eines neues Gebot, dass der erneuten Zustellung bedarf[48]. Keine neue Vollziehung ist erforderlich, wenn das bestätigende Urteil den auch vorher ohne weiteres vollziehbaren Beschlusstitel sprachlich zwar neu fasst, aber den Inhalt des Ge- oder Verbotes ohne Abstriche oder Zusätze unverändert lässt[49], oder wenn es lediglich die Schriftgröße eines im Übrigen unverändert abzudruckenden Textes ändert[50]. Erst recht bedarf es keiner erneuten Vollziehung, wenn der Beschlusstitel im Widerspruchsverfahren durch Urteil unverändert bestätigt wird.[51] Das gilt auch dann, wenn zwischen den Instanzen ein Parteiwechsel auf Antragstellerseite in der Weise stattgefunden hat, dass an die Stelle des bisherigen Prozessstandschafters der Rechtsinhaber getreten ist.[52] Wird zwar der Beschlusstenor in der Sache bestätigt, die Vollziehbarkeit aber nun vom Nachweis einer Sicherheitsleistung abhängig gemacht, so muss nicht nur die Sicherheitsleistung innerhalb der Monatsfrist erbracht[53], sondern auch das Urteil erneut vollzogen werden.[54] Der Gläubiger, dessen Antrag durch das Arresturteil teilweise zurückgewiesen wurde oder der etwas anderes als beantragt zugesprochen erhielt, muss dieses Urteil natürlich nicht vollziehen, wenn er sich damit nicht abfinden, sondern Berufung einlegen will.[55] Wird seine Berufung dann allerdings zurückgewiesen, kann er auf den von ihm ursprünglich abgelehnten erstinstanzlichen Titel nun wegen Ablaufs der Vollziehungsfrist nicht mehr zurückgreifen.

Erwirkt der Gläubiger, obwohl er bereits einen Arrest oder eine einstweilige Verfügung erstritten hat, einen weiteren gleich lautenden Arrestbefehl (bzw. einstweilige Verfügung), so bedarf der neue Titel natürlich der erneuten Vollziehung unabhängig von der Vollziehung des vorausgegangenen. Hatte der Gläubiger einen Beschlusstitel nicht vollzogen, der Schuldner dies im Widerspruchsverfahren nicht gerügt und das Gericht dies auch von Amts wegen nicht festgestellt und hatte das Gericht den Beschluss schließlich durch Urteil uneingeschränkt bestätigt, so liegt praktisch ein neuer Titel vor, der nun innerhalb der Frist vollzogen werden muss, wenn er nicht seine Wirkung verlieren will.[56] 12

Das im Hinblick auf das Urteil nach dem Widerspruchsverfahren Dargestellte gilt entsprechend für das Berufungsurteil. Auch das Berufungsurteil muss nicht erneut vollzogen werden, wenn es den durch das erstinstanzliche Urteil erlassenen Arrestbefehl (bzw. die einstweilige Verfügung) nur – 13

---

47 OLG Hamburg, OLGReport 2009, 104; OLG Hamburg, WRP 2010, 298; OLG Hamm, WRP 1981, 222; OLG Hamm, EWiR 1994, 727; OLG Hamm, NJW-RR 2000, 971. OLG Köln, WRP 1982, 669 und 1986, 353; LG Berlin, BeckRS 2013, 12493 mit Anm. *Möller*, GRUR-Prax 2013, 393.
48 A.A.: OLG Hamburg, MDR 2010, 459, falls die Hinzufügung zu einer »unwesentlichen Abänderung« führt.
49 OLG Karlsruhe, WRP 1986, 232. Gleiches gilt, wenn nur ein offensichtlicher Fehler in der Beschlussverfügung durch das Urteil berichtigt wird: OLG Celle, GRUR 1998, 175.
50 OLG Karlsruhe, MDR 2008, 1244.
51 OLG Koblenz, WRP 1980, 576; OLG Düsseldorf, WRP 1981, 151; LG Kassel, WuM 1993, 418; OLG Celle, NJWE-WettbR 1998, 19; a.A. (auch dann erneute Vollziehung notwendig) OLG Frankfurt, NJW-RR 1986, 64; OLG Zweibrücken, Rpfleger 2003, 36; LG Münster, Rpfleger 1997, 75.
52 KG, NJWE-WettbR 1996, 161.
53 OLG Celle, OLGReport 2006, 378; OLG Oldenburg, NZBau 2008, 652.
54 OLG Hamm, WRP 1982, 609; OLG Oldenburg, InVo 2000, 253; OLG Oldenburg, NZBau 2008, 652; a.A. OLG Stuttgart, WRP 1982, 50. Der Fall darf nicht mit dem verwechselt werden, dass die Sicherheitsleistung nicht erst im bestätigenden Urteil angeordnet wird, sondern schon während des Widerspruchsverfahrens gem. § 924 Abs. 3. Hier behält eine bereits durchgeführte Vollziehung ihre Wirkung. So auch: KG, NJW-RR 1986, 1127. War die Vollziehung noch nicht durchgeführt, unterbricht eine solche Anordnung die Vollziehungsfrist, bis die Sicherheit geleistet, die Vollziehbarkeit also wiederhergestellt ist; siehe oben, Rdn. 5 und Rdn. 10.
55 OLG Koblenz, NJW-RR 1988, 142.
56 *Stein/Jonas/Grunsky*, § 929 Rn. 4.

durch schlichte Zurückweisung der Berufung – bestätigt.[57] Dies gilt auch, wenn es das Gebot der 1. Instanz nur teilweise aufrechterhält, für den bestätigten Teil des erstinstanzlichen Urteils.[58] Eine erneute Vollziehung ist dagegen erforderlich, wenn das Berufungsurteil das im erstinstanzlichen Urteil angesprochene Ge- oder Verbot inhaltlich abändert.[59] Erst recht ist eine erneute Vollziehung notwendig, wenn der zunächst rechtzeitig vollzogene Arrest-(Verfügungs-) Beschluss im Widerspruchsverfahren aufgehoben und der Arrest-(Verfügungs-) Antrag zurückgewiesen worden war und wenn dann der ursprüngliche Beschlusstitel durch das Berufungsurteil wiederhergestellt wird.[60] Dies muss im Übrigen durch Neuerlass der Verfügung geschehen.

14 Eine ganz andere Frage als die, ob eine erneute Vollziehung in den zuvor beschriebenen Fällen **notwendig** ist oder nicht, ist die, ob in bestimmten Fällen eine erneute Vollziehung **möglich** ist. Diese Frage stellt sich, wenn der Arrest (die einstweilige Verfügung) im Widerspruchsverfahren oder im Berufungsurteil vorbehaltlos bestätigt oder wenn der Aufhebungsantrag des Antragsgegners im Verfahren nach § 927 Abs. 2 uneingeschränkt zurückgewiesen wird.[61] Die Frage ist von Bedeutung, weil die Vollziehungsfrist relativ knapp ist, nach Ablauf der Vollziehungsfrist neue Vollziehungsmaßnahmen nicht begonnen werden dürfen[62] und der Gläubiger sich bei einem noch nicht bestandskräftigen Beschlusstitel im Hinblick auf § 945 scheuen mag, sogleich alle denkbaren Vollziehungsmöglichkeiten auszuschöpfen. Kann er in den genannten Fällen, obwohl er bereits aufgrund des ursprünglichen – später nur bestätigten – Titels Vollziehungsmaßnahmen ergriffen hat, erneut vollziehen, vergrößern sich seine Chancen erheblich: Hatte sich etwa die ursprünglich ausgebrachte Forderungspfändung nach der Drittschuldnerauskunft (§ 840) wegen zahlreicher Vorausabtretungen als wertlos erwiesen, könnte er sein Glück nochmals mit einer Sachpfändung oder der Vollstreckung in eine Immobilie versuchen; sind erst mithilfe der im Rahmen der ersten Vollziehung abgegebenen Vermögensauskunft[63] pfändbare Forderungen bekannt geworden, könnte auf diese noch zugegriffen werden; usw. Die Eingangsfrage ist zu **bejahen**. Schützenswerte Interessen des Schuldners stehen dem nicht entgegen. Er hat durch seinen Widerspruch, die Berufung oder den Aufhebungsantrag Veranlassung für das bestätigende Urteil gegeben, durch das auch bestätigt wird, dass es nach wie vor dringlich ist, den Gläubigeranspruch zu sichern. Er muss dann auch damit rechnen, dass der Gläubiger von dieser Sicherungsmöglichkeit Gebrauch macht. Dass ein berechtigtes Gläubigerinteresse an einer erneuten Vollziehungsmöglichkeit besteht, ist bereits dargelegt worden.

---

57 OLG Celle, NJW-RR 1987, 64; OLG Stuttgart, WRP 2009, 337.
58 OLG Köln, OLGReport 2002, 363.
59 OLG Hamburg, WRP 1997, 53; OLG Karlsruhe, NJWE-WettbR 1999, 39; OLG Düsseldorf, NJW-RR 2000, 68; OLG Frankfurt, MDR 2002, 602.
60 LG Hamburg, NJW 1965, 1769; KG, Rpfleger 1981, 119; LG Dortmund, Rpfleger 1982, 276; OLG Celle, NJW-RR 1987, 64; *Baumbach/Lauterbach/Hartmann*, § 929 Rn. 11; *Brox/Walker*, Rn. 1538; *Stein/Jonas/Grunsky*, § 929 Rn. 6; *Zöller/Vollkommer*, § 929 Rn. 7. Eine »Wiederherstellung« im wörtlichen Sinne ist nicht möglich; denn mit dem das Widerspruchsverfahren abschließenden Urteil war die aufgehobene Beschlussverfügung endgültig erloschen. Das Berufungsgericht konnte sie nach Eingang der Berufungsschrift nicht in analoger Anwendung der §§ 707, 719 Abs. 1 bis zum Berufungsurteil aufrechterhalten: KG, NJW-RR 1996, 1088; OLG Bremen, MDR 1998, 677; OLG Frankfurt, FamRZ 1998, 689; OLG Hamburg, MDR 1997, 394. *Schneider*, MDR 1998, 1133 schlägt vor, dass, um dieses Ergebnis zu vermeiden, das erstinstanzliche Gericht die Aufhebung der einstweiligen Verfügung im Tenor seines Urteils erst ab Rechtskraft anordnen sollte.
61 Für die Möglichkeit einer erneuten Vollziehung in diesen Fällen: LG Münster, Rpfleger 1997, 75; *Brox/Walker*, Rn. 1539; *Grunsky*, ZZP 991, 1; *Stein/Jonas/Grunsky*, § 929 Rn. 4; *Zöller/Vollkommer*, § 929 Rn. 7; *Schneider*, MDR 1985, 113; *Walker*, Der einstweilige Rechtsschutz, Rn. 572; a. A. (keine erneute Vollziehung möglich): OLG Köln, WRP 1986, 353; OLG Karlsruhe, WRP 1986, 232; OLG Schleswig, NJW-RR 1986, 1128; *Baumbach/Lauterbach/Hartmann*, § 929 Rn. 8.
62 Einzelheiten unten Rdn. 21.
63 Siehe hierzu § 928 Rdn. 18.

Da es im Einzelnen wie oben dargelegt, sehr streitig ist, ob und wann eine erneute Vollziehung 15
erforderlich ist, wenn im Laufe des Verfahrens schon einmal ein Titel vorgelegen hat, der vollzogen worden war, ist dem Gläubiger immer anzuraten, sicherheitshalber nach jeder erneuten Entscheidung in der Sache auch eine Vollziehung dieser neuen – wenn auch die alte nur bestätigenden – Entscheidung einzuleiten. In Anbetracht der erheblichen Unsicherheiten wird man die Kosten dieser neuen Vollziehung auch dann als notwendig i. S. § 788 ansehen müssen, wenn man die Vollziehung im Einzelfall für entbehrlich hält.

5. Fristende

Das Fristende errechnet sich nach den allgemeinen Regeln: §§ 222 Abs. 1 und 2, 187 Abs. 1, 188 16
Abs. 2 und 3 BGB. Das Fristende ist von den Vollstreckungsorganen von Amts wegen zu beachten. Sie dürfen nach Fristablauf mit neuen Vollstreckungsmaßnahmen auch dann nicht mehr beginnen, wenn der Schuldner dem nicht widerspricht. Selbst eine einvernehmliche Fristverlängerung durch die Parteien ist unwirksam und für die Vollstreckungsorgane ohne Belang.

III. Wahrung der Vollziehungsfrist

1. Allgemeines

Vollziehung bedeutet Zwangsvollstreckung. Zwangsvollstreckung aber erfolgt nie von Amts wegen, 17
setzt vielmehr immer eine Initiative des Gläubigers voraus.[64] Ist, wie in Abs. 2, der Vollziehungsbeginn an eine Frist gebunden, kann dies nur bedeuten, dass die Gläubigerinitiative innerhalb dieser Frist erfolgen muss. Dass nur eine Gläubigeraktivität als Vollziehungsbeginn in Betracht kommt, wird zusätzlich unterstrichen durch den Zweck der kurzen Vollziehungsfrist:[65] Der mit jeder Vollstreckung verbundene Eingriff in die Schuldnersphäre soll noch unter Umständen erfolgen, die bei Titelerlass gerichtlich überprüft worden sind. Der Schuldner soll zweifelsfrei erkennen, dass der Gläubiger selbst die Eilbedürftigkeit nach wie vor bejaht und deshalb auch das Risiko des § 945 auf sich nimmt.

Das Gebot, dass innerhalb der Vollziehungsfrist eine bewusste Gläubigerinitiative zum Zwecke der 18
Titeldurchsetzung erfolgen müsse, damit die Frist gewahrt wird, gilt grundsätzlich für alle Titel, die im Verfahren der §§ 916 ff., 935 ff. erlassen wurden. Eine »berichtigende Auslegung« des Abs. 2 dahin, dass die Einhaltung der Vollziehungsfrist durch eine Gläubigerinitiative für bestimmte Titel grundsätzlich wegen des besonderen Charakters dieser Titel nicht erforderlich sei, ist weder erforderlich noch auch nur wünschenswert. Dies gilt auch für Anerkenntnisurteile,[66] Unterlassungsverfügungen[67] (auch soweit sie bereits mit einer Ordnungsmittelandrohung versehen sind)[68] und einstweilige Verfügungen, die Ansprüche auf fortlaufende Geldzahlungen titulieren.[69] Fraglich in den zuletzt genannten Fällen kann nur sein, durch welche Gläubigerhandlung die Frist gewahrt wird. Die Antwort insoweit muss differenziert ausfallen und die jeweiligen Möglichkeiten – echte Vollstreckungshandlungen aus dem Repertoire der §§ 803 ff. oder bloße Parteizustellung des Titels – berücksichtigen.

---

64 Siehe vorn: Allgem. Einführung Rdn. 10.
65 Siehe hierzu auch oben, Rdn. 6.
66 OLG Hamm, NJW-RR 1987, 426 und NJW 1986, 1232.
67 OLG Düsseldorf, OLGR 2004, 477; OLG Oldenburg, WRP 2011, 508 (unter Aufgabe seiner bisherigen Rechtsprechung); LAG Berlin-Brandenburg mit Anm. *Gravenhorst*, juris-PR-ArbR 32/2011 (Anm. 6). Einzelheiten unten Rdn. 27.
68 OLG Stuttgart, WRP 2009, 337; OLG Köln, WRP 2003, 738. **A. A.** insoweit noch: OLG Stuttgart, NJWE-WettbR 1997, 43; WRP 1997, 350 und NJW-RR 1998, 622; LAG München, Urt. 6.11.2007 – 6 Sa 892/07 – (juris).
69 Einzelheiten unten, Rdn. 33.

19 Erfüllt der Schuldner freiwillig vor jeglicher Vollziehungshandlung des Gläubigers den auf eine einmalige Leistung gerichteten Titel – einmalige Geldzahlung, Herausgabe eines Gegenstandes an einen Sequester, Abdruck einer presserechtlichen Gegendarstellung, Unterlassung einer einmaligen und nicht – auch nicht im Kern ähnlich – wiederholbaren Handlung, usw. –, so ist keine – etwa symbolische – Vollziehungshandlung des Gläubigers mehr erforderlich. Der Schuldner kann dann aber auch nicht unter Hinweis auf die unterbliebene Vollziehung oder die Erledigung des Sicherungszweckes Aufhebung der einstweiligen Verfügung gem. § 927 verlangen.[70] Die Vollstreckung der mittitulierten Verfahrenskosten bleibt in diesem Fall uneingeschränkt möglich.

2. Fristwahrung bei der Arrestvollziehung

20 Zur Vollziehung eines Arrestbefehles reicht die bloße Parteizustellung des Titels nie aus. Der Gläubiger muss vielmehr eine der konkreten Vollziehungsmaßnahmen der §§ 930–933 eingeleitet haben. Die Maßnahme selbst – Pfändung einer Sache, Erlass eines Pfändungsbeschlusses, Eintragung einer Arresthypothek usw. – braucht aber innerhalb der Vollziehungsfrist nicht abgeschlossen, ja vom Vollstreckungsorgan noch nicht einmal begonnen worden zu sein.[71] Es genügt, dass der Gläubiger fristgerecht beim Vollstreckungsorgan einen **Vollstreckungsantrag** derart eingereicht hatte, dass das Vollstreckungsorgan umgehend – d.h., ohne beim Gläubiger noch Unterlagen oder Nachweise irgendwelcher Art nachfordern zu müssen[72] – mit der beantragten Vollziehung beginnen kann. Dass der Antragseingang ausreichend ist, kann § 932 Abs. 3 als allgemeiner Gedanke entnommen werden. Der Gläubiger hat es nicht in der Hand, wie schnell das Vollstreckungsorgan arbeitet und welche anderen Aufgaben es etwa aufgrund des starken Geschäftsanfalles vorrangig zu erledigen hat. Die Frist des Abs. 2 wird bei Arresturteilen notwendigerweise schon durch die Zeit verkürzt, die der Gläubiger auf den Erhalt einer Ausfertigung warten muss.[73] Es ist nicht vertretbar und auch nicht aus Gründen des Schuldnerschutzes geboten, dem Gläubiger noch weitere Verzögerungen aus dem Einflussbereich der Justiz anzulasten. Eine ausreichende Vollziehungsmaßnahme ist auch die Vorpfändung gem. § 845.[74] Ist die Vorpfändung selbst noch in der Frist des § 929 Abs. 2 erfolgt, so kann die eigentliche Pfändung nach Fristablauf nachfolgen, wenn sie nur innerhalb der Frist des § 845 Abs. 2 erfolgt. Wird diese letztere Frist versäumt, so verliert die Verpfändung auch ihre Wirkung zur Wahrung der Vollziehungsfrist.

21 Wurde eine Vollziehungsmaßnahme fristgerecht begonnen, kann sie nach Fristablauf ohne weiteres noch zu Ende geführt werden.[75] Der Begriff der »begonnenen Vollziehungsmaßnahme« ist dabei nicht eng zu sehen. Hat etwa der Gerichtsvollzieher Pfändungsauftrag erhalten, kann er, wenn ein

---

70 OLG Hamburg, MDR 1960, 59; OLG München, GRUR 1994, 83; LAG Hamm, NZA-RR 1996, 145.

71 BGHZ 112, 376, 379 mit Anm. *Huber*, LM Nr. 1 zu § 1 GBO und *Stürner*, JZ 1991, 406; OLG Hamburg, FGPrax 2001, 53; OLG Celle, InVo 1997, 23 und InVo 2000, 29 und 31; OLG Frankfurt, InVo 2000, 26; OLG Düsseldorf, Rpfleger 1993, 488 und NJW-RR 1997, 781; AG Düsseldorf, DGVZ 1991, 159; LG Berlin, MDR 1988, 327; OLG Hamm, NJW-RR 1990, 1536 und FamRZ 1994, 1540; *Baur/Stürner/Bruns*, Rn. 52.5; *Brox/Walker*, Rn. 1539; *Musielak/Huber*, § 929 Rn. 6; *Schneider*, MDR 1985, 112; *Stein/Jonas/Grunsky*, § 929 Rn. 15; *Thomas/Putzo/Seiler*, § 929 Rn. 4; *Zöller/Vollkommer*, § 929 Rn. 10. A. A. (Vollstreckungsorgan muss bereits tätig geworden sein): OLG Koblenz, NJW-RR 1987, 760. Ist das Vollstreckungsorgan, an das sich der Antrag zu richten hat, das Grundbuchamt, so muss der Antrag rechtzeitig bei dem Amtsgericht eingegangen, zu dem das Grundbuchamt gehört; nicht notwendig ist aber der Eingang innerhalb der Vollziehungsfrist bei dem zuständigen Beamten des Grundbuchamtes: BGH, NJW 2001, 1134; a.A.: LG Lübeck, Rpfleger 1995, 66.

72 Dies gilt auch für den Nachweis einer gem. § 924 angeordneten Sicherheitsleistung; vgl. OLG München, NJW-RR 1988, 1466.

73 Siehe oben Rdn. 9.

74 AG Berlin-Charlottenburg, NJW-RR 1988, 639.

75 Insoweit heute **h.M.**; beispielhaft OLG Celle, NJW 1968, § 1682; OLG Hamm, FamRZ 1980, 1144; OLG Koblenz, NJW-RR 1987, 760; LG Hamburg, DGVZ 1991, 11; *Lang*, AnwBl. 1981, 236; *Thomas/Putzo/Seiler*, § 929 Rn. 4.

Pfändungsversuch erfolglos verlief, weitere Pfändungsversuche – etwa in anderen Räumlichkeiten oder nach Feststellung weiteren pfändbaren Gläubigermobiliars – ohne weiteres anschließen, da insoweit kein neuer Gläubigerantrag erforderlich wäre Der Gläubiger kann aber nach Ablauf der Vollziehungsfrist nicht mit völlig neuen Vollziehungsmaßnahmen beginnen.[76] Neu ist eine Vollziehungsmaßnahme, wenn sie einen ganz neuen Vollstreckungsantrag voraussetzt und sich nicht als rechtlich konsequente Folge einer vorausgegangenen Vollziehungsmaßnahme darstellt. Sicher neu wäre deshalb der Antrag auf Forderungspfändung nach vorausgegangenem vergeblichem Versuch der Sachpfändung oder der Antrag auf Eintragung einer Arresthypothek nach vorausgegangener Forderungspfändung, die sich nach der Drittschuldnerauskunft gem. § 840 nachträglich als nicht werthaltig erwies. Gleiches muss aber auch für einen neuen Antrag auf Erlass eines Pfändungsbeschlusses hinsichtlich einer neuen Forderung gelten, nachdem sich ein vorausgegangener Pfändungsbeschluss hinsichtlich einer anderen Forderung als fehlgeschlagen oder jedenfalls nicht hinreichend werthaltig erwiesen hat.[77] Denn jede neue, von den vorausgegangenen Vollstreckungsmaßnahmen isolierte Vollstreckungsmaßnahme stellt sich bei natürlicher Betrachtungsweise als neue Vollziehung und nicht als einheitlicher, noch nicht abgeschlossener Vollziehungsvorgang dar. Abs. 2 will den Schuldner aber gerade davor schützen, nach längerer Zeit noch mit einer Vollziehung rechnen zu müssen. Es ist unzureichend, den Schuldner in diesen Fällen auf die Möglichkeiten des § 927 zu verweisen. Im Hinblick auf die kurze Zeitspanne, die dem Gläubiger für die Einleitung neuer selbstständiger Vollziehungsmaßnahmen verbleibt, ist es sinnvoll, bei jeder gerichtlichen Bestätigung des Titels eine neue Vollziehungsfrist zu eröffnen.[78]

Da schon der Antrag auf Einleitung einer Vollziehungsmaßnahme zur Fristwahrung genügt, wahrt eine fehlerhafte Vollstreckungsmaßnahme, die dann erst nach Fristablauf geheilt und damit unanfechtbar wird, die Frist erst recht. Anfechtbare Vollstreckungsakte sind, solange keine Anfechtung erfolgt, voll wirksam und führen sowohl zur Verstrickung des gepfändeten Gegenstandes wie zur Entstehung eines Pfändungspfandrechts. Fehlerhafte Vollstreckungsakte können selbst dann, wenn sie später wirksam angefochten werden, Anknüpfungspunkt für ergänzende, nunmehr vollwirksame Vollziehungsakte nach Ablauf der Vollziehungsfrist sein, die sich als Beendigung der begonnenen Vollziehung darstellen.[79] Die Arrestpfändung seitens des durch eine Straftat Verletzten in einen von der Staatsanwaltschaft gem. § 111b StPO beschlagnahmten Vermögensgegenstand des Täters setzt zu ihrer Wirksamkeit nicht voraus, dass innerhalb der Frist des § 929 Abs. 2 eine Arrestvollziehung gem. § 111g Abs. 2 Satz 1 StPO[80] zugelassen wird.[81]

3. Fristwahrung bei Vollziehung einer einstweiligen Verfügung

a) Allgemeines

Zunächst gilt grundsätzlich das Gleiche wie schon zur Arrestvollziehung dargestellt:[82] Als Vollziehungshandlung, die innerhalb der Frist erfolgen muss, kommt nur eine Handlung des Gläubigers in Betracht, nicht eine Amtshandlung des Gerichts, schon gar nicht eine solche, die ohne jeden Vollziehungswillen des Gläubigers aus Gründen, die mit der Vollziehung nichts zu tun haben, in

---

76 BGH, NJW 1991, 496; BFH, NJW 1974, 1216; OLG Düsseldorf, MDR 1983, 239; OLG Koblenz, FamRZ 1979, 326; OLG München, FamRZ 1993, 1101; *Baur/Stürner/Bruns*, Rn. 52.5; *Kindl/Meller-Hannich/Wolf/Haertlein*, § 929 Rn. 12; *Stein/Jonas/Grunsky*, § 929 Rn. 11; *Zöller/Vollkommer*, § 929 Rn. 11; a. A.: *App*, BB 1984, 273; *Brox/Walker*, Rn. 1539; *Gaul/Schilken/Becker-Eberhard* § 78 I 1; *MüKo/Drescher*, § 929 Rn. 12; *Schneider*, NJW 1985, 114; *Walker*, Der einstweilige Rechtsschutz, Rn. 586.
77 BFH, NJW 1974, 1216.
78 Einzelheiten oben, Rdn. 13.
79 Siehe oben, Rdn. 20.
80 Zur Durchführung dieses Zulassungsverfahrens im Einzelnen: *Kempf/Schilling*, Vermögensabschöpfung, Rn. 368–377.
81 BGH, MDR 2000, 906; OLG Schleswig, OLGReport 2006, 187.
82 Oben, Rdn. 17.

jedem Fall erfolgen muss, wie die Amtszustellung des Verfügungsurteils gem. § 317 Abs. 1.[83] Auf letztere hat der Gläubiger keinerlei Einfluss; er kann auch nicht auf sie verzichten. Eine Ausnahme muss nur für das Ersuchen des Gerichts gem. § 941 auf Vornahme einer Eintragung im Grundbuch gelten. Hier wahrt der Eingang des gerichtlichen Ersuchens bereits die Vollziehungsfrist (§ 932 Abs. 3 analog).[84] Soweit Streit besteht,[85] ob bei bestimmten, von Amts wegen zuzustellenden Urteilen auf eine Vollziehungshandlung des Gläubigers innerhalb der Frist des Abs. 2 verzichtet werden könne, resultiert er auch nicht aus der Ansicht, die Amtszustellung sei Vollziehung, sondern aus der Ansicht, diese Urteile eigneten sich nicht für eine Vollziehung innerhalb der Vollziehungsfrist, die entsprechende Anwendung des § 929 über § 936 führe also in diesen Fällen zur Nichtanwendbarkeit des Abs. 2. Als geeignete Vollziehungsmaßnahme kommt jeder Antrag auf Einleitung einer Vollstreckungsmaßnahme in Betracht,[86] die vom Vollstreckungsorgan (– Gerichtsvollzieher bei der Herausgabevollstreckung gem. § 883 ff., Prozessgericht bei der Vollstreckung gem. §§ 887, 888[87], Grundbuchamt bei Eintragungen von Vormerkungen[88] oder Verfügungsverboten im Grundbuch, Gerichtsvollzieher oder Rechtspfleger bei der Vollstreckung von Geldleistungsverfügungen gem. §§ 808, 829 –) umgehend durchgeführt werden könnte. Geeignete Vollziehungsmaßnahme bei der Geldleistungsverfügung ist ferner die Vorpfändung gem. § 845,[89] bei der Unterlassungsverfügung, die nicht von vornherein mit einer Ordnungsmittelandrohung versehen war, der Antrag auf Erlass dieser Androhung gem. § 890 Abs. 2.[90] Bei Duldungsverfügungen, bei denen dem Schuldner das Dulden von Handlungen des Gerichtsvollziehers oder eines gerichtlichen Sachverständigen auferlegt wurde, genügt als Vollstreckungsantrag der auch dem Schuldner abschriftlich mitgeteilte Antrag an das Gericht, die zu duldende Handlung nunmehr vorzunehmen.[91] Hat der Gläubiger fristgerecht einen solchen Vollstreckungsantrag gestellt oder ist gar schon eine Vollstreckungsmaßnahme gem. §§ 883, 887, 888, 890 begonnen oder durchgeführt worden, bedarf es bei durch Urteil erlassenen einstweiligen Verfügungen in keinem Falle mehr der zusätzlichen Parteizustellung des Titels, um den Vollziehungswillen des Gläubigers zu dokumentieren.[92] Denn entschlossener als durch die Einleitung »echter« Vollstreckungsmaßnahmen kann der Gläubiger seinen Willen, den gewährten Rechtsschutz umgehend in Anspruch zu nehmen, nicht deutlich machen. Eine ganz andere Frage ist, ob nicht anstelle von – nicht zusätzlich zu – »echten« Vollstreckungsmaßnahmen in bestimmten Fällen aufgrund der Besonderheiten des im Titel ausgesprochenen Gebotes, das eine »echte« Vollstreckung vorläufig nicht möglich macht oder nicht zweckmäßig erscheinen lässt, die

---

83 OLG Brandenburg, OLGReport 2009, 754. Zur Motivation des Gesetzgebers, die Amtszustellung aller Urteile vorzusehen, siehe BT-Drucks. 7/2729 S. 43 ff.
84 OLG Celle, OLGReport 2000, 333; *Zöller/Vollkommer*, § 941 Rn. 2.
85 Näheres unten, Rdn. 27.
86 Dazu, dass auch hier der Vollstreckungsantrag zur Fristwahrung ausreichend ist und ein Beginn der Vollziehung durch das Vollstreckungsorgan ebenso wie in den Rdn. 20 dargestellten Fällen nicht erforderlich ist, siehe ergänzend: *Köhler/Bornkamm*, UWG, § 12 UWG Rn. 3.62; *Teplitzky*, Wettbewerbsrechtliche Ansprüche und Verfahren, Kap. 55, Rn. 40.
87 OLG Rostock, NJOZ 2006, 2733 mit Anm. *Zenker*, NJ 2006, 467; OLG Brandenburg, OLGReport 2009, 754.
88 OLG Düsseldorf, Rpfleger 1997, 259.
89 AG Berlin-Charlottenburg, NJW-RR 1988, 639.
90 OLG Düsseldorf, WRP 1993, 327; OLG Hamm, WRP 1978, 65; OLG Karlsruhe, WRP 1982, 44; OLG München, InVo 2000, 32; *Teplitzky*, Wettbewerbsrechtliche Ansprüche und Verfahren, Kap. 55 Rn. 4; *Wedemeyer*, NJW 1979, 293 (allerdings zweifelnd).
91 OLG Karlsruhe, NJW-RR 2002, 951.
92 BGH, WRP 1989, 514; NJW 1990, 122; NJW 1993, 1076; KG, InVo 1998, 291; OLG Celle, NJW 1986, 2441; OLG Düsseldorf, MDR 1998, 1180 und InVo 1998, 296; OLG Koblenz, WRP 1988, 404; OLG Frankfurt, WRP 1981, 680; OLG Oldenburg, FamRZ 1989, 879; OLG München, MDR 1998, 1243; *Teplitzky*, Wettbewerbsrechtliche Ansprüche und Verfahren, Kap. 55, Rn. 42; a. A. (die Parteizustellung des Titels sei in diesen Fällen zusätzlich erforderlich): OLG Köln, NJW-RR 1987, 575; OLG Hamburg, FamRZ 1988, 521.

bloße Parteizustellung des Titels innerhalb der Vollziehungsfrist zur Wahrung der Frist des Abs. 2 ausreicht.[93]

Eine reine Zahlungs- oder Leistungsaufforderung des Gläubigers an den Schuldner ohne Einschaltung eines Vollstreckungsorgans reicht allerdings als Beginn der Vollziehung ebenso wenig aus[94] wie eine bloße anwaltliche Vollstreckungsandrohung, eine Androhung, einen Antrag nach § 890 Abs. 2 stellen zu wollen[95] oder die formlose Übersendung einer einfachen Abschrift der einstweiligen Verfügung[96]; erst recht nicht ausreichend ist das Angebot von Vergleichsgesprächen.[97] Auch eine Einigung zwischen Gläubiger und Schuldner, bis zur Rechtskraft des Verfügungsverfahrens auf die Zwangsvollstreckung aus dem Verfügungstitel zu verzichten, kann die Vollziehungsfrist nicht wahren.[98]

Hat der Gläubiger seinen Vollziehungswillen innerhalb der Frist aktiv betätigt und dabei ohne staatliche Vollstreckungshilfe in Anspruch nehmen zu müssen, die Erfüllung der titulierten Forderung erreicht, muss er seinen Vollziehungswillen nicht noch zusätzlich durch Parteizustellung der Urteilsverfügung dokumentieren: Hat er etwa die Handlung vorgenommen, die der Schuldner dulden sollte, und hat der Schuldner sie auch geduldet, so bedarf es nicht noch nachträglich der Urteilszustellung im Parteibetrieb,[99] um die Bestandskraft des Titels zu erhalten. Gleiches gilt bei Geldleistungsverfügungen, wenn der Gläubiger den geschuldeten Betrag persönlich abgeholt hat, oder bei Herausgabeverfügungen, wenn er sich den Gegenstand hat geben lassen. Hat der Schuldner in diesen Fällen von sich aus erfüllt, ohne auf eine Gläubigerinitiative zu warten, bedarf es ebenfalls nicht mehr zusätzlicher Vollziehungshandlungen des Gläubigers zur Wahrung der Frist des Abs. 2.[100] Ein bloßes Schreiben des Schuldners, dem gerichtlichen Unterlassungsgebot folgen zu wollen, macht die Vollziehung allerdings noch nicht überflüssig.[101]

24

Hat der Gläubiger durch eine geeignete Handlung die Frist des Abs. 2 gewahrt, kann er nach Fristablauf die begonnene Vollziehung fortsetzen. Ist etwa ein Gegenstand herauszugeben, so sind mehrere Anläufe, die teilweise erst nach Fristablauf vorgenommen werden, zur Wegnahme in verschiedenen Räumen oder zu unterschiedlichen Zeiten keine neuen Vollziehungsmaßnahmen[102]. Gebietet die Verfügung dem Schuldner ein fortgesetztes Verhalten (dauernde Unterlassung bestimmter Handlungen; Dulden eines fortwährenden Zustandes; Leistung fortlaufender Zahlungen), so kann der Gläubiger, der die Verfügung nach ihrem Erlass fristgerecht vollzogen hatte, nach Ablauf der Frist selbstverständlich immer wieder Vollstreckungsantrag – etwa auf Verhängung von Ordnungsmitteln gem. § 890 oder auf Pfändung im Fall von Geldleistungsverfügungen – stellen, um die Titelbefolgung auch künftig (bei späteren Verstößen gegen das Unterlassungsgebot oder bei späterer Zahlungseinstellung) sicherzustellen. Diese späteren Vollstreckungsanträge sind hier keine neue – nach Abs. 2 unzulässige – Vollziehung, sondern nur Fortführung der einen als Dauervorgang zu sehenden Vollziehung.[103]

25

---

93 Näheres unten, Rdn. 26–32.
94 BGH NJW 1993, 1076; OLG Schleswig, OLGReport 1999, 73.
95 OLG Hamburg, NJWE-WettbR 2000, 51.
96 BGH, GRUR 2015, 196; OLG Düsseldorf, BeckRS 2015, 08419.
97 OLG Schleswig, OLGReport 1999, 73.
98 KG, WRP 2011, 932.
99 OLG Karlsruhe, NJW-RR 1988, 1469; OLG Hamburg, OLGZ 1994, 21; *Zöller/Vollkommer*, § 929 Rn. 12.
100 LAG Hamm, NZA-RR 1996, 145.
101 OLG Köln, InVo 2002, 122.
102 Es handelt sich auch kostenrechtlich für den Anwalt nur um eine Vollziehungsmaßnahme: KG, MDR 2009, 892.
103 Entgegen OLG Jena, InVo 2002, 159 ist allerdings ein Antrag nach § 888, nachdem zuvor bereits nach § 887 vorgegangen worden war, eine neue Vollstreckungsmaßnahme und nicht die Fortsetzung der bisherigen Vollstreckung.

b) Fristwahrung durch Parteizustellung

26 Ist dem Schuldner ein Unterlassungs- oder Duldungsgebot auferlegt worden, muss er laufende Geldleistungen an den Gläubiger erbringen oder muss er eine Handlung zu einem Zeitpunkt vornehmen, der nach Ablauf der Frist des Abs. 2 liegt, und befolgt er das Unterlassungsgebot während der Vollziehungsfrist, zahlt er in dieser Zeit die fälligen Raten oder erbringt er die geschuldete Handlung innerhalb dieser Frist nicht schon vorzeitig, so stellt sich die Frage, ob der Gläubiger innerhalb der Vollziehungsfrist untätig bleiben darf, um abzuwarten, ob später einmal ein Vollstreckungsantrag notwendig werden sollte oder ob er, um die Frist des Abs. 2 zu wahren, jedenfalls die Parteizustellung des Titels veranlassen muss, da eine andere Vollziehungshandlung derzeit zur Demonstration des Vollziehungswillens nicht möglich ist. Hier wird teilweise die Auffassung vertreten, § 929 Abs. 2 passe für diese Fälle nicht;[104] eine besondere Vollziehungshandlung des Gläubigers sei überflüssig; auch ohne sie könne er nach Ablauf der Frist des Abs. 2 dann, wenn dies erforderlich werde, Vollstreckungsantrag stellen. Dem stimmt die h. M.[105] zu Recht nicht zu. Gerade im Hinblick auf den Anspruch aus § 945 muss der Schuldner sogleich wissen, ob der Gläubiger tatsächlich Rechte aus dem im Eilverfahren erwirkten Titel durchsetzen will.[106] Ein bloßes Nichtstun des Gläubigers wäre keine hinreichende Grundlage für diesen Anspruch, der nicht an das Erwirken, sondern an die Vollziehung der einstweiligen Verfügung anknüpft. Eine Parteizustellung des Titels ist hier das mögliche, aber auch ausreichende Signal an den Schuldner, dass die Verfügung vollzogen ist.

Andererseits wäre weit über das Ziel hinausgeschossen, würde man generell bei der einstweiligen Verfügung die Parteizustellung allein schon als Vollziehung, die die Frist des § 929 Abs. 2 wahrt, ausreichen lassen,[107] weil sie ja immer anzeige, dass der Gläubiger vom errungenen Titel auch Gebrauch machen wolle. Grundsätzlich ist Vollziehung Vollstreckung. Davon kann nur abgesehen werden, wenn das Gebot im Titel eine fristgerechte Vollstreckungshandlung im engeren Sinne nicht zulässt, sodass auf eine »Ersatzhandlung« zurückgegriffen werden muss.

---

104 OLG Hamburg, WRP 1973, 346, WRP 1980, 341, MDR 1986, 419; OLG Bremen, WRP 1979, 791; OLG Stuttgart, WRP 1981, 291, WRP 1983, 647; OLG Celle, NJW 1986, 2441, NJW-RR 1990, 1088; OLG Koblenz, FamRZ 1991, 589; OLG München, MDR 2005, 1244; für den Fall, dass die einstweilige Verfügung bereits mit einer Ordnungsmittelandrohung versehen ist, auch LAG Thüringen, NZA 2001, 347 (ansonsten sei der Antrag gem. § 890 Abs. 2 als Vollziehungsmaßnahme zu stellen); siehe auch ausführlich *Walker*, Der einstweilige Rechtsschutz, Rn. 394 und 581. Dieser Ansicht ebenfalls zuneigend und deshalb zur Klarstellung eine entsprechende Gesetzesänderung empfehlend: *Wüstenberg*, WRP 2010, 1237, 1240.

105 Beispielhaft: BGH, WRP 1993, 308; OLG Celle, OLGZ 1992, 354; OLG Hamburg, WRP 1994, 408; WRP 1997, 53 und GRUR 1998, 175; OLG Hamm, MDR 1978, 765; LAG Frankfurt, NZA 1991, 30; OLG Frankfurt, NJW-RR 1987, 764, WRP 1988, 680; OLGZ 1989, 127 und NJW-RR 2000, 1236; OLG Karlsruhe, FamRZ 1979, 733; OLG Koblenz, WRP 1998, 227; OLG Köln, GRUR 1987, 404; OLG München, NJW-RR 1989, 180; OLG Schleswig, InVo 1997, 219 und InVo 2000, 31; OLG Düsseldorf, MDR 1998, 1180 und GRUR-RR 2001, 94; OLG Brandenburg, DGVZ 1999, 169; OLG Hamburg, OLGReport 2006, 572 und OLGReport 2007, 343; LAG Köln, JurBüro 2009, 659; OLG Braunschweig, MDR 2013, 1308; OLG Jena, GRUR 2011, 436; OLG Oldenburg (unter Aufgabe seiner bisherigen abweichenden Auffassung), WRP 2011, 508; OLG Brandenburg, BeckRS 2014, 19354; LAG Berlin-Brandenburg, jurisPR-ArbR 32/2011 Anm. 6; *Köhler/Bornkamm*, § 12 UWG Rn. 3.62; *Borck*, WRP 1989, 360; *Stein/Jonas/Grunsky*, § 938 Rn. 30; *Teplitzky*, Wettbewerbsrechtliche Ansprüche und Verfahren, Kap. 55 Rn. 38; *Ulrich*, WRP 1991, 361; *Wedemeyer*, NJW 1979, 293; *Zöller/Vollkommer*, § 929 Rn. 16.

106 Siehe auch oben, Rdn. 17, 18.

107 Wie hier BGH, NJW 1993, 1076; OLG Hamm, GRUR 1992, 888 und NJW-RR 1993, 959; OLG Hamburg, GRUR 1997, 147; *Teplitzky*, FS Kreft, 2004, S. 163; a. A. bei auf Erteilung einer Auskunft gerichteten einstweiligen Verfügungen – Parteizustellung reiche auch hier aus; ein Antrag nach § 888 innerhalb der Vollziehungsfrist sei nicht erforderlich –: OLG Frankfurt, NJW-RR 1998, 1007; OLG Celle, InVo 2001, 111; OLG München, OLGR 2002, 390.

Im Einzelnen gilt:

aa) Beschlussverfügungen allgemein

Beschlussverfügungen sind gem. § 922 Abs. 2 immer im Parteibetrieb zuzustellen, um dem Schuldner gegenüber wirksam zu werden. Diese Zustellung dokumentiert deshalb nicht notwendig den Willen des Gläubigers, den Titel auch zwangsweise durchsetzen zu wollen. Sie dient zunächst einmal dazu, dem Schuldner überhaupt Kenntnis vom Titel zu geben, damit er sich nach ihnen richten kann. Aus diesem Grunde kann für die Frage, wann eine Parteizustellung des Titels zur Wahrung der Vollziehungsfrist ausreicht, nicht darauf abgestellt werden, in welcher Form der Titel vom Gericht erlassen wurde, ob durch Beschluss oder Urteil. Maßgeblich ist nicht die Form des Titels, sondern der Inhalt des in seinem Tenor niedergelegten Gebots oder Verbots. Kommen danach – jedenfalls in der Frist des Abs. 2 – »echte« Vollstreckungsmaßnahmen nicht in Betracht, genügt die Parteizustellung. Ist dagegen die Einleitung eines Vollstreckungsverfahrens möglich, ist sie auch notwendig.[108] Ist dem Schuldner etwa aufgegeben, eine presserechtliche Gegendarstellung abzudrucken, so muss der Gläubiger Antrag gem. § 888[109] stellen und darf sich nicht mit der Parteizustellung des Titels begnügen, wenn nach den Erscheinungsdaten des Presseorgans ein Abdruck innerhalb der Vollziehungsfrist des Abs. 2 in Betracht käme. Steht von Anfang an fest, dass ein Abdruck innerhalb der Frist aus drucktechnischen und terminlichen Gründen – wie in der Praxis häufig – nicht möglich, genügt ausnahmsweise die Parteizustellung.[110] Wenn die Parteizustellung ausreicht, hat sie natürlich auch bei Beschlussverfügungen nur einmal zu erfolgen: Neben der nach § 922 Abs. 2 zu veranlassenden Zustellung ist dann keine zusätzliche »Vollziehungszustellung« erforderlich.

bb) Unterlassungsverfügungen (durch Beschluss oder Urteil)

Verstößt der Schuldner innerhalb der Vollziehungsfrist nicht gegen das Unterlassungsgebot, kann der Gläubiger die Vollziehungsfrist nur durch Parteizustellung gemäß §§ 191 ff.[111] als geeignete Vollziehungshandlung wahren.[112] Richtet sich die einstweilige Verfügung gegen mehrere Unterlassungsschuldner, so muss sie an jeden von ihnen zugestellt werden, um auch ihm gegenüber wirksam vollzogen zu sein. Die Zustellung an nur einen kann also nicht Zustellungsmängel im Verhältnis zu den anderen heilen.[113] Ein Antrag auf Verhängung von Ordnungsmitteln (als »echte« Vollstreckungshandlung) kommt mangels zu ahndender Verletzungshandlung nicht in Betracht. Ein rein privates Gläubigerhandeln, das seinen ernsthaften Willen zeigen soll, von der einstweiligen Verfügung gegebenenfalls Gebrauch zu machen, etwa ein Aufforderungsschreiben auf Abgabe einer Abschlusserklärung, die formlose Übersendung einer Abschrift der einstweiligen Verfügung[114] oder sonstige schriftlichen oder mündlichen Äußerungen des Gläubigers, kann die Parteizustellung nicht

---

108 OLG Hamburg, GRUR 1997, 147; OLG Rostock, NJOZ 2006, 2733 *Teplitzky*, FS Kreft, 2004, S. 163. A. A. insoweit, jedenfalls wenn aufgrund der einstweiligen Verfügung eine Auskunft zu erteilen ist (Parteizustellung genüge dann als Vollziehung; ein Antrag nach § 888 sei in der Vollziehungsfrist nicht erforderlich): OLG Frankfurt, WRP 1998, 223.
109 OLG Koblenz, AfP 2009, 59; OLG Rostock, MDR 2006, 1425; zur Vollstreckung eines presserechtlichen Gegendarstellungsanspruchs siehe auch *Schuschke*, ZAP 2000, 603, 614. A. A. (Parteizustellung innerhalb der Frist sei immer ausreichend): OLG München, OLGReport 2002, 390; OLG Hamm, ZUM-RD 2011, 554; Kindl/Meller-Hannich/Wolf/*Haertlein*, § 929 Rn. 15.
110 Sie ist dann aber auch erforderlich, OLG Frankfurt, NJW-RR 1987, 764.
111 Die bloße Übermittlung durch Fax ist keine Zustellung: OLG Köln, NJOZ 2007, 1981.
112 *Brox/Walker*, Rn. 1654; *Köhler/Bornkamm*, § 12 UWG Rn. 3.62; *Musielak/Huber*, § 936 Rn. 5; *Stein/Jonas/Grunsky*, § 938 Rn. 30; *Zöller/Vollkommer*, § 929 Rn. 18. Siehe auch die Hinweise bei Rdn. 26. War die einstweilige Verfügung noch nicht mit einer Ordnungsmittelandrohung versehen, muss zuerst allerdings ein Antrag auf Erlass eines Androhungsbeschlusses als Vollziehungshandlung gestellt werden; siehe oben Rdn. 23; ferner: *Wedemeyer*, NJW 1979, 293; *Brox/Walker*, Rn. 1654.
113 OLG Karlsruhe, DGVZ 2014, 127.
114 BGH, GRUR 2015, 196.

ersetzen.[115] Denn Vollziehung als Vollstreckung verlangt, auch wenn sie weitgehend in der Hand des Gläubigers liegt – wie auch der Fall des § 845 zeigt[116] –, mehr als nur einfaches Gläubigerhandeln. Fraglich kann erscheinen, ob die bloße Parteizustellung als Vollziehungsmaßnahme auch dann ausreicht, wenn der Gläubiger bereits Ordnungsmittelantrag nach § 890 stellen könnte, weil der Schuldner unmittelbar nach Titelerlass das ihm untersagte Verhalten fortgesetzt hat. Die Frage muss aufgrund von Zweckmäßigkeitserwägungen und Gründen der Rechtssicherheit bejaht werden. Es ließe sich selten objektiv feststellen, wann der Gläubiger tatsächlich von der Verletzungshandlung Kenntnis erlangte, ob diese Kenntnis noch innerhalb der Vollziehungsfrist lag oder nicht.

29   Genügt als Vollziehungshandlung bei Unterlassungsverfügungen also immer die Parteizustellung des Titels innerhalb der Frist, um den Bestand der einstweiligen Verfügung zu sichern, so muss doch eine Einschränkung dahin gehend gemacht werden, dass dies nur gilt, wenn der Titel bereits mit der Ordnungsmittelandrohung[117] gem. § 890 Abs. 2 versehen ist.[118] Denn ohne vorangegangene Ordnungsmittelandrohung kann kein Ordnungsmittel verhängt werden. Verletzungshandlungen vor Zustellung der Ordnungsmittelandrohung an den Schuldner können nicht geahndet werden. Dem steht nicht entgegen, dass nach richtiger Auffassung die Urteilsverfügung bereits mit ihrer Verkündung wirksam wird,[119] so wie jedes andere verkündete Urteil auch. Der Schuldner hat ein Urteil zwar ab seinem Wirksamwerden als für ihn geltendes Recht zu beachten. Vom Gläubiger erzwungen werden kann diese Beachtung aber erst, wenn auch die Vollstreckungsvoraussetzungen vorliegen. Die Zustellung eines noch nicht mit Ordnungsmitteln durchsetzbaren Titels kann vom Schuldner nicht als ernsthafte Bekundung des Vollziehungswillens gewertet werden. Stellt der Gläubiger noch innerhalb der Vollziehungsfrist den Antrag auf nachträgliche Ordnungsmittelandrohung, so wahrt er auch mit diesem Antrag schon die Vollziehungsfrist und sichert sich die Möglichkeit, jederzeit Ordnungsmittelantrag zu stellen, wenn der Schuldner – jetzt auch nach Ablauf der Vollziehungsfrist – eine Verletzungshandlung begeht.

Hat die Parteizustellung ins Ausland zu erfolgen, so genügt zur Fristwahrung der Eingang des Antrages auf Auslandszustellung bei Gericht innerhalb der Vollziehungsfrist, wenn die tatsächliche Zustellung »demnächst« (§ 167), ohne vom Gläubiger zu vertretende Verzögerung, bewirkt wird.[120]

---

115 Wie hier: BGHZ 120, 73, 78; OLG Frankfurt, WRP 1995, 45; KG, WRP 1995, 325; OLG Koblenz, WRP 1998, 227; OLG München, MDR 1998, 1243; OLG Hamburg, NJWE-WettbR 2000, 51; OLG Düsseldorf, OLGReport 2004, 477; OLG Hamburg, OLGReport 2006, 572; BAG, MDR 2008, 576; a.A. (jede ernsthafte sonstige Bekundung, soweit urkundlich belegt, ist ausreichend): OLG Celle, NJW 1986, 2441; *Zöller/Vollkommer*, § 929 Rn. 12; wiederum a.A. (schon Amtszustellung zur Vollziehung ausreichend): OLG München, MDR 2005, 1244; *Walker*, Der einstweilige Rechtsschutz, Rn. 394 und 581 ff.; kritisch zur h.M. auch *Pohlmann*, WM 1994, 1280.

116 Auch dort ist eine »Zustellung« unter Ausschaltung des Gerichtsvollziehers unwirksam; siehe hierzu: § 845 Rdn. 4.

117 Entgegen LAG Nürnberg, NZA-RR 2002, 272 reicht die Amtszustellung als Vollzug auch in diesem Fall nie aus. Dass der Gläubiger vor Titelerlass schon Ordnungsmittelantrag gestellt hatte, zeigt noch nicht seine Entschlossenheit, den Titel eilig durchzusetzen.

118 OLG Köln, GRUR-RR 2001, 71; OLG Hamm, VW 1978, 394 und GRUR 1991, 336; *Köhler/Bornkamm*, § 12 UWG Rn. 3.61; *Wedemeyer*, NJW 1979, 293; a.A.: OLG Celle, GRUR 1987, 66.

119 H.M.; beispielhaft OLG Hamburg, OLGReport 2006, 572; OLG Hamm, JurBüro 2008, 50; *Bork*, WRP 1989, 360; *Teplitzky*, Wettbewerbsrechtliche Ansprüche und Verfahren, Kap. 55 Rn. 35.

120 OLG Frankfurt, GRUR-RR 2015, 183.

Zugestellt werden muss eine ordnungsgemäße Ausfertigung[121] der einstweiligen Verfügung (Beschluss oder Urteil),[122] nicht nur eine vom Gläubiger hergestellte Abschrift,[123] auch wenn diese anwaltlich beglaubigt ist.[124] Erst recht reicht nicht die Abschrift eines Urteilsentwurfes, den das Gericht unzulässigerweise dem Antragsteller überlassen hatte, auch wenn dieser wortwörtlich mit dem Urteil selbst übereinstimmt.[125] Gehört zum Tenor der einstweiligen Verfügung eine Anlage, die dort ausdrücklich in Bezug genommen ist[126], so muss auch sie zugestellt werden[127]. Teil der ordnungsgemäßen Ausfertigung, der deshalb nicht fehlen darf,[128] ist schließlich auch der Ausfertigungsvermerk der Geschäftsstelle.[129] Hat das Gericht angeordnet, dass neben der Ausfertigung der Entscheidung auch noch andere Schriftstücke, die nicht zum Teil der Entscheidung selbst gemacht worden sind, zugestellt werden sollen, so ist deren Zustellung aber nicht Wirksamkeitsvoraussetzung der Entscheidung oder der Vollziehung der Entscheidung.[130]

Die Zustellung hat an den Schuldner persönlich[131] zu erfolgen,[132] wenn sich bisher noch kein Verfahrensbevollmächtigter für ihn bestellt hatte, sonst an den Verfahrensbevollmächtigten.[133] Die Zustellung an den Schuldner persönlich genügt dann nicht mehr.[134] Hat der Schuldner im Vorfeld des Verfügungsverfahrens durch einen Rechtsanwalt eine Schutzschrift einreichen lassen, so hat die Zustellung der alsdann ergangenen Beschlussverfügung an diesen Rechtsanwalt zu erfolgen. Hat

---

121 Ist Teil der Originalverfügung und der vom Gericht dem Gläubiger erteilten amtlichen Ausfertigung eine farbige Verbindungsanlage zum Verbot, so genügt es nicht, wenn eine Ausfertigung mit der Verbindungsanlage in Schwarz-Weiß-Kopie zugestellt wird, jedenfalls dann nicht, wenn der konkrete Umfang der geschuldeten Unterlassungsverpflichtung erst bei Kenntnis der Farbigkeit ersichtlich ist: OLG Hamburg, WRP 2007, 559; OLG Frankfurt, GRUR 2009, 995; OLG Frankfurt, WRP 2014, 726; LG Magdeburg, DGVZ 2010, 159; a.A. (Zustellung einer schwarz-weiß-Kopie reiche aus, wenn es sich bei der Anlage um Farbfotografien handelt): OLG Köln, GRUR-RR 2010, 175.
122 *Musielak/Huber*, § 929 Rn. 9; OLG Düsseldorf, WRP 1990, 43 und WRP 1996, 1172; OLG Hamburg, GRUR 1990, 151 und WRP 1994, 408; OLG Hamm, WRP 1988, 552 und WRP 1989, 262; OLG Köln, WRP 1995, 506; OLG München, InVo 2000, 32. Der Ausfertigung darf keine Seite fehlen. Ansonsten ist die Zustellung insgesamt unwirksam: BGH, NJW 1998, 1959.
123 Ebenso OLG Koblenz, WRP 1980, 643; § 1981, 286; NJW-RR 1987, 509; OLG München, MDR 1998, 1243; OLG Düsseldorf, BeckRS 2015, 08419.
124 **A.A.** (Zustellung einer beglaubigten Abschrift ausreichend): OLG Hamburg, GRUR 1998, 175; OLG Frankfurt, BeckRS 2010, 15476 (die Anforderungen an eine ausreichende Beglaubigung ausführend); OLG Karlsruhe, DGVZ 2014, 127, 129.A.A.: OLG München (sogar formlose Abschrift des Urteils ausreichend, wenn das Urteil zuvor im Amtsbetrieb zugestellt worden war), WRP 2013, 674.
125 OLG Düsseldorf, InVo 2003, 299.
126 Das gilt auch für Bezugnahmen auf die Antragsschrift im Tenor: OLG Düsseldorf, MDR 2010, 652; OLG Frankfurt, GRUR-RR 2011, 340.
127 **A.A.** OLG Jena, WRP 2013, 833 für den Fall, dass die Anlagen keine Auswirkungen auf die Verständlichkeit des Tenors haben.
128 OLG Hamm, WRP 1988, 552 und WRP 1989, 262; OLG Düsseldorf, WRP 1990, 43.
129 Zu den Anforderungen an einen ordnungsgemäßen Ausfertigungsvermerk *Schuschke*, EWiR 1992, 1245; ferner: BGH, NJW-RR 2013, 3451 (zu den Anforderungen an die Unterschrift des Urkundsbeamten unter der Ausfertigung).
130 OLG Köln, InVo 2004, 512.
131 Zur Ersatzzustellung an eine Raumpflegerin: OLG Stuttgart, InVo 2000, 28.
132 OLG Hamburg, OLGR 2007, 231. Zu den Erfordernissen einer ordnungsgemäßen Zustellung durch Niederlegung als Form der Parteizustellung: OLG Düsseldorf, MDR 2005, 109.
133 OLG Celle, GRUR 1989, 541 und NJWE-WettbR 1998, 1; OLG Hamburg. OLGReport 2000, 475; OLG Köln, InVo 2001, 110 und GRUR 2001, 456; OLG Hamburg, OLGReport 2006, 572; KG, GRUR-Prax 2011, 287 (– der Mangel werde allerdings geheilt, wenn dem Prozessbevollmächtigten innerhalb der Vollziehungsfrist eine Kopie der Entscheidung übermittelt werde –).
134 OLG Köln, GRUR 2001, 456; OLG Schleswig, MDR 2001, 231. Die Zustellung nur an den Schuldner wird auch nicht durch die Amtszustellung an den Prozessbevollmächtigten geheilt: OLG Jena, MDR 2011, 755.

sich ein Anwalt bereits in der Hauptsache bestellt, ist ihm auch die einstweilige Verfügung zuzustellen.[135] Hat sich dagegen ein Anwalt nur in der vorprozessualen Korrespondenz gemeldet, ohne eindeutig und zweifelsfrei darauf hin zuweisen,[136] dass seine Beauftragung auch für ein mögliches anschließendes Verfahren gilt,[137] so ist er noch nicht als für das Verfahren bestellt anzusehen.[138] Die Zustellung hat in diesem Fall noch an die Partei selbst zu erfolgen. Bei der Zustellung von Anwalt zu Anwalt ist § 195 Abs. 2 zu beachten.[139] Waren dem Gläubiger die Schutzschrift und die Anwaltsbestellung unbekannt, weil weder das Gericht noch der Schuldner ihm dies mitgeteilt hatten, kann die Zustellung weiterhin wirksam an die Partei persönlich erfolgen.[140] Eine Nachforschungspflicht für den Gläubiger, ob der Schuldner etwa eine Schutzschrift hat hinterlegen lassen, in der ein Prozessbevollmächtigter benannt ist, besteht nicht,[141] auch wenn vor dem Verfügungsantrag zwischen den Parteien eine Korrespondenz stattgefunden hat, die erkennen ließ, dass der Schuldner sich gegen eine einstweilige Verfügung in jedem Fall verteidigen werde.

31 War die vom Gläubiger betriebene Zustellung mangelhaft, so muss entgegen der heute h. M.[142] im Hinblick auf den Zeitpunkt der Heilung und deren Folgen unterschieden werden,[143] ob es sich um eine Beschlussverfügung oder eine Urteilsverfügung handelte. Beschlussverfügungen werden gem. § 922 Abs. 2 überhaupt erst mit ihrer Zustellung an den Schuldner wirksam. Sie können, solange sie nicht wirksam sind, auch nicht wirksam vollzogen werden. Das Wirksamwerden kann immer erst ex nunc mit der Zustellung geschehen, sodass auch von da an erst eine Vollziehung möglich ist. Deshalb ist bei der Beschlussverfügung eine rückwirkende Heilung von Zustellungsmängeln mit der Folge, dass die Vollziehung nachträglich als schon mit der Durchführung der ursprünglich fehlerhaften Zustellung als erfolgt anzusehen ist, ausgeschlossen. Erfolgt die Heilung der Zustellungsmängel erst nach Ablauf der Vollziehungsfrist, kann die einstweilige Verfügung nie mehr wirksam werden. § 189 hat an diesem Ergebnis nichts geändert. Nur dann, wenn der durch § 189 fingierte Zustellungszeitpunkt innerhalb der Vollziehungsfrist liegt, wenn also der tatsächliche Zugang der ordnungsgemäßen Ausfertigung, nicht etwa nur eines Parteischreibens über deren Inhalt,[144] feststellbar ist, so ist zu diesem festgestellten Zeitpunkt wirksam vollzogen.[145] Anders verhält es sich bei Urteilsverfügungen. Sie sind mit ihrer Verkündung wirksam.[146] Die Parteizustellung ist nicht für das Wirksamwerden, sondern als reine Vollziehungsmaßnahme für das Wirksambleiben von Bedeutung. Auch eine zunächst mängelbehaftete Parteizustellung dokumentiert jedenfalls dann unzweideutig den Willen des Gläubigers, die Rechte aus dem Titel umgehend in Anspruch nehmen zu wollen, wenn die Heilung der Zustellungsmängel unverzüglich nachgeholt wird, sobald die Mängel dem Gläubiger bewusst werden. Deshalb bestehen keine grundsätzlichen Bedenken, bei Urteilsverfügungen eine rückwirkende Heilung von Zustellungsmängeln mit der Folge zuzu-

---

135 **A.A.** (nur, wenn die Vollmacht auch ausdrücklich für das Verfügungsverfahren erteilt ist, sonst an die Partei persönlich): OLG Nürnberg, OLGReport 2002, 13; OLG Oldenburg, MDR 2002, 290.
136 OLG Hamburg, OLGReport 2007, 231.
137 Die Angabe, man sei »für gerichtliche Schritte« zustellungsbevollmächtigt, ist insoweit aber ausreichend: OLG Hamburg, NJOZ 2002, 1994.
138 OLG Hamm, NJW-RR 2001, 1086, 1088; OLG Hamburg, MDR 2006, 1183.
139 LG Stuttgart, NJW 2001, 3791.
140 OLG Frankfurt, GRUR 1988, 858.
141 OLG Frankfurt, GRUR 1988, 858.
142 OLG Hamburg, OLGReport 2007, 343; OLG Dresden, NJW-RR 2003, 1721; LG Dortmund, WRP 2003, 1368; *Anders*, WRP 2003, 205; *Köhler/Bornkamm*, § 12 UWG Rn. 3.64; *Musielak/Huber*, § 929 Rn. 9.
143 Wie hier: *Klute*, GRUR 2005, 924.
144 OLG Karlsruhe, Rpfleger 2004, 641. **A.A.** KG, GRUR 2011, 287 (Zugang des Originals nicht erforderlich; Kopie oder Telefaxkopie ausreichend).
145 Wie hier: OLG Hamburg, OLGReport 2006, 572.
146 BGH, GRUR 2009, 890 mit Anm. *Weber*, GRUR 2009, 892; OLG Hamm, JurBüro 2008, 50; *Teplitzky*, Wettbewerbsrechtliche Ansprüche und Verfahren, Kap. 55 Rn. 35.

lassen,[147] dass bereits durch die mängelbehaftete Zustellung an den Schuldner die Vollziehungsfrist gewahrt wurde.

Die Zustellung als solche – bzw. bei fehlerhaften, aber noch heilbaren Zustellungen der Zugang des zustellenden Urteils – muss innerhalb der Vollziehungsfrist erfolgt sein, nicht nur die Antragstellung an den Gerichtsvollzieher, die Zustellung demnächst vorzunehmen.[148] Würde man anders entscheiden, würde die Frage der Heilung von Zustellungsmängeln letztlich nie eine Rolle spielen können, da diese Mängel ja immer nach dem Antrag lägen. Ausnahmsweise wird dann auf den fristgerechten Zustellungsversuch abzustellen sein, wenn der Schuldner die fristgerechte Zustellung bewusst vereitelt; so dürfte bei der Zustellung von Anwalt zu Anwalt das Einlegen des Titels in das Zustellungsfach mehrere Tage vor Ablauf der Vollziehungsfrist ausreichen, wenn der Anwalt dann auch das Empfangsbekenntnis erst nach Fristablauf unterzeichnet.[149] Bei Auslandszustellungen gem. § 183 Abs. 1 Nr. 1 ist der im Rückschein als Ablieferungsdatum angegebene Zeitpunkt maßgebend. Bei Auslandszustellungen gem. § 183 Abs. 1 Nr. 2 und Nr. 3 muss allerdings der Eingang des Ersuchens beim deutschen Gericht ausreichen.[150] Dass der einstweiligen Verfügung bereits die Ordnungsmittelandrohung beigefügt ist, steht ihrer Zustellung im Ausland nicht entgegen.

32

cc) Geldleistungsverfügungen

Einstweilige Verfügungen, durch die dem Schuldner eine einmalige Geldleistung auferlegt wird, können nur durch Pfändungsantrag oder Antrag auf Immobiliarvollstreckung innerhalb der Frist vollzogen werden, also durch »echte« Vollstreckungsmaßnahmen. Eine Parteizustellung reicht insoweit allein nicht aus.[151] Der dem fristgerechten Antrag folgende Pfändungs- und Überweisungsbeschluss kann dann nach Ablauf der Vollziehungsfrist erlassen und dem Drittschuldner zugestellt werden.[152] Lautet der Titel dagegen auf fortlaufende Geldleistungen, so ist zu differenzieren: Wird schon die erste Rate, soweit sie innerhalb der Vollziehungsfrist zu erbringen ist, nicht erbracht, kann die Vollziehung nur durch Pfändungsantrag innerhalb der Vollziehungsfrist des § 929 Abs. 2 erfolgen.[153] Bloße Parteizustellung des Titels wäre zur Fristwahrung unzureichend.[154] Die Pfändung kann dann, falls eine Pfändung von Arbeitslohn beantragt wird, auch schon für die erst künftig fällig werdenden Raten mit ausgesprochen werden. Wird die Vollziehungsfrist hinsichtlich der ersten Rate versäumt, kann die einstweilige Verfügung auch wegen künftiger Raten später nicht mehr wirksam vollzogen werden.[155] Sie ist endgültig wirkungslos geworden. Wird die erste Rate erst nach Ablauf der Vollziehungsfrist des Abs. 2 fällig, sodass innerhalb der Frist nicht absehbar ist, ob pünktlich gezahlt werden wird, muss innerhalb der Vollziehungsfrist Parteizustellung des Titels durch den Gläubiger erfolgen, um den unbedingten Vollziehungswillen fristgerecht zu dokumentieren.

33

---

147 Für die rückwirkende Heilungsmöglichkeit von Zustellungsmängeln jedenfalls in diesem Fall: *Baur/Stürner/Bruns*, Rn. 54.16.
148 A.A. aber: OLG Düsseldorf, GRUR-RR 2001, 94; OLG Frankfurt, NJW-RR 2000, 1236 und GRUR 2010, 400 (im konkreten Fall die »demnächstige« Zustellung allerdings verneinend).
149 OLG Düsseldorf, NJW 1973, 2030.
150 OLG Köln, NJWE-WettbR 1999, 232; KG, InVo 2000, 70; OLG Frankfurt, BeckRS 2013, 20071; OLG Frankfurt, GRUR-RR 2015, 183.
151 *Brox/Walker*, Rn. 1662; *Stein/Jonas/Grunsky*, § 938 Rn. 38; *Zöller/Vollkommer*, § 929 Rn. 19; *Walker*, Der einstweilige Rechtsschutz, Rn. 587.
152 Siehe oben, Rdn. 20, 23.
153 Wie hier: OLG München, FamRZ 1993, 1101; *Brox/Walker*, Rn. 1663.
154 **A.A.** (Parteizustellung ausreichend) OLG Hamburg, FamRZ 1988, 522; OLG Hamm, FamRZ 1981, 583; OLG Hamm, NJW-RR 1994, 521 (Parteizustellung aber nicht zusätzlich erforderlich, falls fristgerecht durch Pfändung vollzogen wird); OLG Köln, FamRZ 1992, 75; OLG Koblenz, FamRZ 1988, 191; **wie hier dagegen:** OLG Hamm, FamRZ 1991, 583; OLG Karlsruhe, FamRZ 1992, 580; ferner OLG Celle, FamRZ 1988, 524; OLG Oldenburg, FamRZ 1989, 879; *Zöller/Vollkommer*, § 929 Rn. 19.
155 OLG Köln, FamRZ 1985, 508 und 1063; OLG Hamburg, FamRZ 1988, 521; OLG Brandenburg, FamRZ 1997, 624; OLG Hamm, FamRZ 1997, 1496; *Walker*, Der einstweilige Rechtsschutz, Rn. 588.

Erfüllt der Schuldner den Anspruch auf die erste Rate innerhalb der Vollziehungsfrist, erübrigt sich zunächst eine fristwahrende Handlung des Gläubigers.[156] Die Vollziehungsfrist beginnt aber erneut zu laufen, sobald eine der künftigen Raten ausbleibt. Der Gläubiger muss dann zur Fristwahrung Vollstreckungsantrag stellen. Dieser kann sich wieder sogleich auch auf die künftigen Raten beziehen

dd) bei Regelungsverfügungen

34 Ist dem Schuldner durch die einstweilige Verfügung geboten worden, eine bestimmte Handlung vorzunehmen (z. B. bestimmte bauliche Maßnahmen einstweilen wieder zu beseitigen, eine bestimmte Inschrift von seinem Geschäftslokal zu entfernen oder eine bestimmte Auskunft zu erteilen usw.), muss zur Vollziehung innerhalb der Frist Antrag nach §§ 887, 888 gestellt werden. Entgegen der überwiegend vertretenen Auffassung[157] reicht bloße Parteizustellung zur Wahrung der Vollziehungsfrist nicht aus. Nur der konkrete Vollstreckungsantrag macht deutlich, dass der Gläubiger den Zustand, den die Handlung des Schuldners beseitigen soll, nicht weiter hinzunehmen gewillt ist, sodass das Eilverfahren berechtigt war. Etwas anderes kann nur gelten, wenn dem Schuldner eine fortgesetzte Handlung aufgegeben war und er zunächst innerhalb der Vollziehungsfrist dem Gebot folgt. Hier ist die Situation derjenigen bei Unterlassungsverfügungen, die zunächst befolgt werden, vergleichbar. Deshalb genügt in diesen Fällen als Vollziehungshandlung innerhalb der Frist die Parteizustellung des Titels, um nach Fristablauf, falls dann doch noch eine Fortsetzung der Handlung erzwungen werden muss, weiterhin aus dem bestandsfesten Titel vollstrecken zu können.

IV. Folgen der Versäumung der Vollziehungsfrist des Abs. 2

1. Auswirkungen auf Vollstreckungsakte

35 Ist die Vollziehungsfrist des Abs. 2 versäumt worden, werden der Arrest oder die einstweilige Verfügung ohne die Möglichkeit einer Heilung endgültig wirkungslos.[158] Sie sind nun als Vollstreckungstitel nicht mehr geeignet. So kann etwa auch ein mutwilliger Verstoß gegen ein Unterlassungsgebot im Titel nicht mehr mit einem Ordnungsmittel geahndet werden.[159] Die Vollstreckungsorgane haben das ohne weiteres von Amts wegen zu beachten,[160] ohne dass der Schuldner dies erst rügen müsste. Vollstreckungsakte, die dennoch vorgenommen wurden, sind, weil sie eben nicht aufgrund eines vollstreckungsfähigen Titels erfolgten, nichtig,[161] nicht nur anfechtbar. Es entsteht weder ein Pfandrecht noch ist der Gegenstand verstrickt. Die Vollstreckungsorgane haben den durch den nichtigen Vollstreckungsakt erzeugten Schein durch Aufhebung der Pfändung, der Zwangsgeldfestsetzung oder des Ordnungsmittelbeschlusses von Amts wegen zu beseitigen. Wurde unter Missachtung der Fristversäumnis eine Arresthypothek eingetragen, ist das Grundbuch von Anfang an

---

156 *Brox/Walker*, Rn. 1663. A.A. (Parteizustellung erforderlich): AG Sinzig, NJW-RR 1986, 744.
157 Beispielhaft: OLG München, MDR 2003, 53; OLG Celle, OLGR 2001, 261; OLG Frankfurt, NJW-RR 1998, 1007; *Brox/Walker*, Rn. 1654; *Stein/Jonas/Grunsky*, § 938 Rn. 30 a; **wie hier dagegen:** OLG Hamm, NJW-RR 1993, 959; OLG Hamburg, GRUR 1997, 147; OLG Rostock, NJOZ 2006, 2733 mit Anm. *Zenker*, NJ 2006, 467; *Köhler/Bornkamm*, § 12 UWG Rn. 3. 61; *Teplitzky*, FS Kreft, 2004, S. 163, 168.
158 BGH, NJW 1991, 496; OLG Köln, NJW-RR 1987, 575; OLG Zweibrücken, GRUR-RR 2001, 288; OLG Frankfurt, MittdtschPatAnw. 2005, 234; *Stein/Jonas/Grunsky*, § 929 Rn. 17; *Zöller/Vollkommer*, § 929 Rn. 20; *Walker*, Der einstweilige Rechtsschutz, Rn. 591. A.A. aber: BAG, MDR 2008, 576 mit ablehnender Anm. *Walker*, AP Nr. 64 zu Art. 33 Abs. 2 GG: Die einstweilige Verfügung sei nicht wirkungslos geworden, sondern nur ihre Vollstreckung gehindert:; ein Verstoß gegen das in ihr ausgesprochene Unterlassungsgebot führe dennoch zu Schadensersatzansprüchen.
159 OLG Schleswig, MDR 1999, 1404.
160 In § 192 Abs. 3 GVGA ist dies für den Gerichtsvollzieher ausdrücklich geregelt.
161 *Brox/Walker*, Rn. 1540; *Musielak/Huber*, § 929 Rn. 7; *Zöller/Vollkommer*, § 929 Rn. 21.

unrichtig. Bezüglich der Löschung der unrichtigen Eintragung sind aber die Besonderheiten des Grundbuchrechts zu beachten.[162]

2. Rechtsbehelfe des Schuldners

a) Vollstreckungserinnerung, § 766

Zunächst kann der Schuldner die ohne wirksamen Titel durchgeführten Zwangsvollstreckungsmaßnahmen des Gerichtsvollziehers oder des Vollstreckungsgerichts (Rechtspfleger) mit der Erinnerung gem. § 766 rügen,[163] Maßnahmen des Prozessgerichts mit der sofortigen Beschwerde gem. § 793, des Grundbuchamtes mit der Beschwerde gem. §§ 71 GBO, 11 Abs. 1 RpflG.[164] Es besteht ein Rechtsschutzbedürfnis für den Rechtsbehelf bzw. das Rechtsmittel, weil der Rechtsschein der Beschlagname beseitigt werden muss.[165] Die Erinnerungs- bzw. Beschwerdeentscheidung führt dann zur förmlichen Beseitigung des unzulässigen Vollstreckungsaktes (§§ 775 Nr. 1, 776).

36

b) Widerspruch, § 924

Sind eine Beschlussverfügung oder ein durch Beschluss erlassener Arrest nicht fristgerecht vollzogen worden, sodass sie endgültig zur Vollstreckung nicht mehr geeignet sind, kann der Schuldner auch mit dem Widerspruch gem. § 924 die Aufhebung des Arrest-(Verfügungs-) Beschlusses betreiben.[166] Der Beschlusstitel ist in diesem Fall durch Urteil aufzuheben, da nach Versäumung der Vollziehungsfrist endgültig feststeht, dass in diesem Eilverfahren für diesen Titel die Dringlichkeit fehlt. Für das Widerspruchsverfahren fehlt allerdings das Rechtsschutzinteresse, wenn die Vollziehung nur deshalb unterblieben war, weil der Schuldner innerhalb der Vollziehungsfrist eine strafbewehrte Unterlassungsverpflichtungserklärung abgegeben hatte, sodass die Wiederholungsgefahr entfallen war.[167] War die Vollziehungsfrist eines durch Urteil erlassenen Arrests oder einer Urteilsverfügung ungenutzt verstrichen, ehe die Berufungsfrist verstrichen war, kann das Urteil allein schon aus diesem Grunde erfolgreich mit der Berufung angegriffen werden.[168] War die Berufung zunächst aus anderem Grunde eingelegt worden, stellt sich dann aber im Laufe des Berufungsverfahrens – auch durch Befragen von Amts wegen[169] – heraus, dass die Vollziehungsfrist ungenutzt verstrichen ist, muss der Berufung schon aus diesem Grunde stattgegeben werden. Die Parteien können, wenn die mangelnde Vollziehung feststeht, das Gericht nicht zwingen, über diesen Mangel hinwegzusehen und in der Sache selbst im Widerspruchsverfahren oder im Berufungsverfahren eine Entscheidung zu treffen. Dies gilt unabhängig davon, ob man die – durch die fehlende Vollziehung zutage getretene – mangelnde Dringlichkeit als Element der Zulässigkeit des Antrages auf Erlass eines Arrests oder einer einstweiligen Verfügung ansieht oder als Element der Begründetheit.[170] Das Berufungsgericht kann mangels Zuständigkeit auch keine neue einstweilige Verfügung erlassen.[171] Ob ein erneuter Verfügungsantrag erster Instanz zulässig ist oder ob die Dringlichkeit für ein zwei-

37

---

162 Einzelheiten § 930 Rdn. 17.
163 Kindl/Meller-Hannich/Wolf/*Haertlein*, § 929 Rn. 21; *Zöller/Vollkommer*, § 929 Rn. 22.
164 Einzelheiten § 932 Rdn. 13.
165 *Musielak/Huber*, § 929 Rn. 7.
166 *Brox/Walker*, Rn. 1540; *Zöller/Vollkommer*, § 929 Rn. 21; *Walker*, Der einstweilige Rechtsschutz, Rn. 592.
167 OLG Hamburg, GRUR-Prax 2011, 230 mit Anm. *Scholl*.
168 OLG Hamm, NJW-RR 1986, 1232; *Zöller/Vollkommer*, § 929 Rn. 1; *Walker*, Der einstweilige Rechtsschutz, Rn. 595.
169 Die Vollziehung ist im Berufungsverfahren aber nicht in jedem Fall von Amts wegen aufzuklären, falls nicht konkrete Anhaltspunkte dafür vorliegen, dass die Vollziehungsfrist versäumt wurde: OLG Zweibrücken, MDR 1998, 123.
170 Zum Streit siehe: *Musielak/Huber*, § 929 Rn. 7; *Walker*, Der einstweilige Rechtsschutz, Rn. 209–211.
171 Einzelheiten Rdn. 41.

tes Verfügungsverfahren durch diese Säumnis im ersten Verfahren widerlegt ist, kann nicht generell beantwortet werden, es kommt vielmehr auf die konkreten Umstände des Einzelfalles an.[172]

c) Aufhebungsantrag, § 927

38 Die versäumte fristgerechte Vollziehung ist darüber hinaus ein Umstand, der den Schuldner zum Aufhebungsantrag nach § 927 berechtigt.[173] Ob der Schuldner diesen Weg wählt oder sich für die oben genannten anderen Möglichkeiten entscheidet, steht in seinem freien Ermessen.[174] Ist nach versäumter Vollziehungsfrist unzulässigerweise doch noch vollstreckt worden, empfiehlt sich aber immer ein doppeltes Vorgehen sowohl gegen die Vollstreckung als auch gegen den Titel.

d) Verzicht auf die Rechte aus der einstweiligen Verfügung

39 Der Gläubiger kann sich den Kosten des Widerspruchs- (Berufungs-, Aufhebungs-) Verfahrens vorbeugend entziehen, indem er, sobald er bemerkt, dass die Vollziehungsfrist versäumt wurde, auf alle Rechte aus dem Titel verzichtet, den Titel an den Schuldner aushändigt, seinen unzulässigen Vollstreckungsantrag zurücknimmt – damit jedem weiteren Vorgehen der Vollstreckungsorgane den Boden entzieht – und einer Aufhebung aller bisherigen Vollstreckungsakte zustimmt. Dann entfällt das Rechtsschutzbedürfnis für die Durchführung des Rechtsbehelfsverfahrens, aber auch des selbstständigen Aufhebungsverfahrens.[175] Erkennt der Antragsteller den Aufhebungsanspruch aber erst im Verfahren über den Aufhebungsantrag an, so sind ihm die Kosten dieses Verfahrens und des Verfügungsverfahrens aufzuerlegen, es sei denn die Vollziehung war nur deshalb unterblieben, weil der ursprünglich gegebene Verfügungsanspruch durch verspätete Erfüllung seitens des Antragsgegners entfallen ist.[176]

3. Neuerlass des Arrests oder der einstweiligen Verfügung

a) Allgemein

40 Ist ein Arrest oder eine einstweilige Verfügung einmal erlassen worden, so hindert dieser Umstand allein den Gläubiger noch nicht – etwa unter dem Aspekt der rechtskräftig entschiedenen Sache –, erneut mit gleichem Ziel einen Arrest oder eine einstweilige Verfügung zu beantragen[177]. Denn der Arrest und die einstweilige Verfügung sind nicht in gleichem Umfange der Rechtskraft fähig – und damit der Sicherung durch die Einrede der rechtskräftig entschiedenen Sache bedürftig – wie Urteile im streitigen Verfahren.[178] Solange der Gläubiger allerdings einen noch vollziehbaren Arrest – eine noch vollziehbare einstweilige Verfügung – in Händen hat, fehlt das Rechtsschutzinteresse zur Erlangung eines weiteren Titels im Eilverfahren. Dieser Einwand entfällt aber, wenn der zunächst erwirkte Eiltitel nicht oder nicht mehr vollziehbar ist. Liegen in diesem Fall die prozessrechtlichen und sachlichen Voraussetzungen für den erneuten Erlass eines Arrestbefehls oder einer einstweiligen Verfügung vor, so kann ein neuer Titel, durch den dann eine neue Vollziehungsfrist in Gang gesetzt wird, erlassen werden.[179] Problematisch wird in diesen Fällen aber häufig die Dring-

---

172 OLG Hamburg, BeckRS 2012, 11659. Siehe auch nachfolgend Rdn. 40.
173 OLG Düsseldorf, NJW-RR 1987, 763; siehe auch § 927 Rdn. 26.
174 *Zöller/Vollkommer*, § 929 Rn. 21.
175 OLG Frankfurt, NJW-RR 1999, 1742.
176 OLG Düsseldorf, NJOZ 2012, 1500.
177 OLG Frankfurt, IBR 2009, 492 mit Anm. *Parbs-Neumann*.
178 *Baur/Stürner/Bruns*, Rn. 51.27 und 54.4; *Brox/Walker*, Rn. 1540; *Musielak/Huber*, § 929 Rn. 7; *Zöller/Vollkommer*, § 929 Rn. 23; *Walker*, Der einstweilige Rechtsschutz, Rn. 196 und 596.
179 OLG Stuttgart, NJW 1964, 48; OLG Düsseldorf, MDR 1983, 239; OLG Frankfurt, NJW 1968, 2112; KG, NJW-RR 1992, 318; OLG Köln, NJW-RR 1996, 368; LG Wuppertal, NJW-RR 1992, 319; *Musielak/Huber*, § 929 Rn. 7; a.A. für den Fall, dass das Verfahren über die Erstverfügung noch nicht formell rechtskräftig abgeschlossen ist: OLG Hamm, NJWE-WettbR 1996, 234.

lichkeit sein.¹⁸⁰ Wer schon einmal die Vollziehungsfrist versäumt hat, zeigt in aller Regel, dass er es objektiv doch nicht so eilig hat, dass er seinen Anspruch also auch ohne vorläufige Sicherung im Hauptsacheverfahren verfolgen kann. Entscheidend sind aber immer die gesamten Umstände des Einzelfalles.¹⁸¹ Eine allgemeine Regel, dass in diesen Fällen immer die Dringlichkeit fehlte, lässt sich nicht aufstellen.

b) Durch das Rechtsmittelgericht

Wird die unterlassene Vollziehung mit der Berufung gerügt, fragt sich, ob der Gläubiger sogleich mit der Anschlussberufung den Neuerlass des Arrests oder der einstweiligen Verfügung beantragen kann, um nicht nur Zeit zu gewinnen, sondern vor allem auch, um die Kosten doch noch auf den Schuldner überwälzen zu können. Die Frage ist sehr streitig.¹⁸² Die h. M.¹⁸³ verneint sie aber zu Recht unter Hinweis auf §§ 919, 937 Abs. 1, 943 Abs. 1. Das Berufungsgericht ist nur als Rechtsmittelgericht – wenn die bereits mit dem Antrag befasst gewesene erste Instanz den Antrag zurückgewiesen hatte – oder als derzeit bereits mit der Hauptsache befasstes Gericht – wenn sich die Hauptsache also bereits in der Berufung befindet – zum Erlass eines Arrests oder einer einstweiligen Verfügung befugt. Die Zuständigkeitsregelungen in den §§ 919, 937, 942, 943 sind im Hinblick auf § 802 zwingend. Darüber hinaus verbieten es die schwerwiegenden Folgen, die ein Arrestbefehl oder eine einstweilige Verfügung für den Schuldner zunächst haben können, dem Schuldner die Rechtsbehelfsmöglichkeiten gegen einen solchen Titel von vornherein ausgerechnet in Fällen zu beschneiden, in denen der Gläubiger von dem ihm bereits gewährten Rechtsschutz keinen Gebrauch gemacht hatte.

4. Kostentragungspflicht

Sind der Arrest oder die einstweilige Verfügung durch Versäumung der Vollziehungsfrist wirkungslos, so besteht ein berechtigtes Interesse des Schuldners, nicht nur dem Gläubiger nicht mehr die Kosten dieses Verfahrens erstatten zu müssen, sondern auch von den u. U. schon bei ihm beigetriebenen Gerichtskosten¹⁸⁴ und der eigenen Kostenlast – etwa durch Beauftragung eines Rechtsanwalts im Verfahren – befreit zu werden. Soweit der Schuldner noch Widerspruch oder Berufung einlegen kann, ist dies unproblematisch, da dann im Urteil gem. § 925 Abs. 1 oder im Berufungsurteil dem Gläubiger die gesamten Verfahrenskosten auferlegt werden können. Die gleiche Möglichkeit besteht, wenn die Parteien es nach dem Widerspruch – der Berufung – nicht mehr zum Urteil kommen lassen, sondern die Hauptsache übereinstimmend für erledigt erklären: Hier sind dann in der § 91 a – Kostenentscheidung die Kosten des gesamten bisherigen Rechtsstreits dem Gläubiger aufzuerlegen.¹⁸⁵ Aber auch dann, wenn der Schuldner den Weg des § 927 wählt, ist im Aufhebungsurteil nicht nur über die Kosten des Aufhebungsverfahrens, sondern auch über die Kosten des vor-

---

180 LAG Hamm, DB 1995, 1871.
181 OLG Hamburg, BeckRS 2012, 11659.
182 Für diese Möglichkeit *Walker*, Der einstweilige Rechtsschutz, Rn. 599; *Stein/Jonas/Grunsky*, § 929 Rn. 18; *Zöller/Vollkommer*, § 929 Rn. 23; *Schneider*, MDR 1985, 114; OLG Karlsruhe, NJW 1965, 47; OLG Hamm, MDR 1970, 936; LG Wuppertal, NJW-RR 1992, 319.
183 OLG Brandenburg, MDR 1999, 1219; OLG Düsseldorf, OLGR 2004, 477; OLG Frankfurt, NJW-RR 1987, 764; OLG Hamm, GRUR 1989, 457; OLG Koblenz, GRUR 1980, 1022; OLG Köln, WRP 1979, 817 und WRP 1982, 599; OLG Schleswig, NJW 1972, 1057; LAG Köln, JurBüro 2009, 659; *Hegmanns*, WRP 1984, 120; Kindl/Meller-Hannich/Wolf/Haertlein, § 929 Rn. 22; *Teplitzky*, Wettbewerbsrechtliche Ansprüche und Verfahren, Kap. 55, Rn. 51; *Thomas/Putzo/Seiler*, § 929 Rn. 5.
184 Das Gericht hat die Beitreibung der Kosten beim Antragsgegner als Entscheidungsschuldner zu unterlassen, wenn er nachweist, dass die ohne mündliche Verhandlung gegen ihn ergangene einstweilige Verfügung nicht fristgerecht vollzogen wurde: OLG Hamburg, MDR 1999, 60.
185 OLG Hamburg, NJW 1964, 600.

ausgegangenen Anordnungsverfahrens zu befinden.[186] Sie sind dem Gläubiger aufzuerlegen. Denn abweichend von der Regel des § 927 haben hier nicht »nachträgliche« Umstände zur Aufhebung des Arrests (der einstweiligen Verfügung) geführt, die die ursprüngliche Berechtigung des Titels und damit auch seiner Kostenentscheidung nicht infrage stellen, der Titel hat sich vielmehr *von Anfang an* – mangels Dringlichkeit – als zu Unrecht erlassen erwiesen. Damit steht auch nachträglich fest, dass der Schuldner zu Unrecht mit Kosten belastet wurde. Dann aber ist es berechtigt, die gesamte Belastung des Schuldners von Anfang an wieder aufzuheben.

V. Vollziehung vor Zustellung, Abs. 3

1. Grundsatz des § 750 Abs. 1

43   Bevor sein Vermögen zugunsten eines Gläubigers durch staatlichen Hoheitsakt beschlagnahmt wird, soll der Schuldner den Grund für diesen Eingriff zur Kenntnis nehmen können. Dies ist ein selbstverständliches Gebot der Rechtsstaatlichkeit. Deshalb sieht § 750 Abs. 1 vor, dass der Vollstreckungstitel dem Schuldner vor der Vollstreckung, spätestens aber bei Beginn der Vollstreckung, zugestellt sein muss. Würde dieser Grundsatz im Verfahren des einstweiligen – besonders dringlichen – Rechtsschutzes auch uneingeschränkt gelten, würde der besondere Gläubigerschutz, der gerade das Eilverfahren rechtfertigt, oftmals leer laufen. Hier muss dem Gläubiger im Einzelfall der – im Regelfall auch nur zu einer Sicherung führende – Zugriff auf das Schuldnervermögen schon ermöglicht werden, bevor dieser überhaupt von der Existenz des Titels Kenntnis hat, um ihn gerade daran zu hindern, die Handlungen, die das Eilverfahren gerechtfertigt hatten, noch schnell zu Ende zu führen, sodass auch nur einstweiliger Rechtsschutz für den Gläubiger nicht mehr möglich ist. Andererseits muss diese Möglichkeit sehr eng begrenzt werden, um die berechtigte Verteidigung des Schuldners so wenig wie möglich zu beschränken. Beiden Anliegen versucht die Regelung des Abs. 3 gerecht zu werden.

2. Voraussetzungen der Vollziehung vor Zustellung

44   Abs. 3 Satz 1 befreit den Gläubiger nur vorläufig von den Vollstreckungsvoraussetzungen der Zustellung des Titels (§ 750 Abs. 1), der qualifizierten Vollstreckungsklausel (§ 750 Abs. 2) und des urkundlichen Nachweises der Sicherheitsleistung (§ 751 Abs. 2), nicht aber vom Nachweis der übrigen Vollstreckungsvoraussetzungen. Ist also dem Gläubiger die Vollziehung nur gegen Sicherheitsleistung gestattet (§ 921), so muss dem Vollstreckungsorgan gegenüber der Nachweis der Sicherheitsleistung zusammen mit dem Vollziehungsantrag vorgelegt werden.[187] Soll die Vollziehung zugunsten eines anderen Gläubigers als des im Titel genannten oder gegen einen anderen als den dort genannten Schuldner erfolgen, muss auch die Vollstreckungsklausel nach den §§ 727–729 erteilt sein, wenn der Vollziehungsantrag gestellt wird. Nur die Zustellung des Nachweises der Sicherheitsleistung an den Schuldner (§ 751 Abs. 2) oder der besonderen Klausel nebst den Abschriften der Urkunden, die der Klauselerteilung zugrunde gelegt worden waren, kann nachfolgen.[188] Abs. 3 Satz 1 befasst sich nur mit den Zustellungen gem. §§ 750 Abs. 1 und 2, 751 Abs. 2,

---

[186] Wie hier BGHZ 122, 172; OLG Düsseldorf, GRUR 1985, 160 und NJW-RR 2000, 68; OLG Hamburg, NJW 1964, 600; OLG Hamm, GRUR 1985, 84 und GRUR 1990, 714; OLG Karlsruhe, WRP 1996, 120; OLG Koblenz, GRUR 1981, 91; OLG Köln, GRUR 1985, 458 und WRP 1982, 288 sowie WRP 1983, 702; OLG Schleswig, WRP 1995, 346; *Köhler/Bornkamm*, § 12 UWG Rn. 3.58; *Stein/Jonas/Grunsky*, § 927 Rn. 16; *Teplitzky*, Wettbewerbsrechtliche Ansprüche und Verfahren, Kap. 56, Rn. 38; a. A. (Entscheidung nur über die Kosten des Aufhebungsverfahrens): OLG Karlsruhe, WRP 1981, 285 (der Senat hat diese Auffassung zwischenzeitlich ausdrücklich aufgegeben); OLG München, NJW-RR 1988, 999; *Vollkommer*, WM 1994, 52; *Zöller/Vollkommer*, § 927 Rn. 12.

[187] OLG München, NJW-RR 1988, 1466; OLG Celle, OLGReport 2006, 378; *Stein/Jonas/Grunsky*, § 929 Rn. 20; *Zöller/Vollkommer*, § 929 Rn. 24; a. A. (allerdings nur für den Fall einer auf Abdruck einer Gegendarstellung gerichteten einstweiligen Verfügung) *Thomas/Putzo/Seiler*, § 936 Rn. 7.

[188] OLG München, NJW-RR 1988, 1466.

er befreit dagegen nicht vom Zustellungserfordernis des § 829 Abs. 2 Satz 1 (Zustellung des Arrestatoriums an den Drittschuldner) als Wirksamkeitsvoraussetzung einer in Vollziehung des Titels erwirkten Pfändung (§ 829 Abs. 3).[189] Auch die Forderungspfändung in Vollziehung eines Arrests oder einer Leistungsverfügung wird also nicht schon mit Erlass des Pfändungsbeschlusses, sondern erst mit dessen Zustellung an den Drittschuldner wirksam.

3. Fristwahrung gem. Abs. 3 Satz 2

Der Gläubiger wird vom Zustellungserfordernis nicht endgültig befreit, die vor Zustellung des Titels erfolgten Vollziehungsmaßnahmen bleiben nur wirksam, wenn der Titel, erforderlichenfalls mit Nachweis der Sicherheitsleistung, qualifizierter Klausel nebst Beweisurkunden, dem Schuldner innerhalb **einer Woche** nach der Vollziehung und in jedem Fall vor Ablauf der Vollziehungsfrist des Abs. 2 zugestellt wird. Die Frist beginnt nicht erst mit Abschluss des gesamten Vollziehungsvorgangs, sondern mit dem Akt, der im Sinne des Abs. 2 zur Wahrung der Vollziehungsfrist ausreicht.[190] Ist insoweit die Antragstellung beim Vollstreckungsorgan ausreichend, so beginnt auch die Frist des Abs. 3 Satz 2 schon mit dieser Antragstellung.[191] Die Zustellung muss innerhalb der Wochenfrist nicht nur beantragt, sondern auch durchgeführt sein. Es gilt das zur Zustellung zum Zwecke der Vollziehung Ausgeführte entsprechend.[192] In den Fällen der § 183 Abs. 1 Nr. 1 und Nr. 2 genügt zur Fristwahrung die Einreichung des Zustellungsersuchens bei der zuständigen Behörde, wenn die Zustellung dann demnächst nachfolgt.[193] Ist zur Bewirkung der Zustellung ein aktives Mitwirken des Schuldners bzw. seines Prozessbevollmächtigten erforderlich (Unterzeichnung des Empfangsbekenntnisses durch den Anwalt gem. § 195 Abs. 2), so genügt zum Nachweis der Fristwahrung der Nachweis der Übermittlung zu einem Zeitpunkt, in dem nach aller Erfahrung davon ausgegangen werden kann, dass das Schriftstück noch vor Fristablauf in Empfang genommen wird (Einlegen ins Anwaltsfach bei Gericht 2 Werktage vor Fristablauf).[194]

45

War die Zustellung zwar tatsächlich innerhalb der Frist erfolgt, aber mangelhaft, so stellt sich die Frage, ob dieser Mangel noch nachträglich mit der rückwirkenden Folge geheilt werden kann, dass die nach Abs. 3 Satz 1 erfolgte Vollziehung wirksam bleibt. Hinsichtlich des durch Beschluss erlassenen Arrestbefehls und der Beschlussverfügung gilt das oben schon zu Abs. 2 Ausgeführte:[195] Der Beschlusstitel wird erst mit der Zustellung wirksam. War die Zustellung mangelhaft, so wird der Titel ex nunc mit dem Zeitpunkt, zu dem der tatsächliche Erhalt festgestellt wird (§ 189), wirksam, nicht jedoch rückwirkend auf den Zeitpunkt noch fehlerbehafteten Zustellung, deren Entgegennahme durch den Schuldner nicht feststellbar ist. Abs. 3 Satz 2 heilt eine aufgrund eines noch nicht wirksamen Titels erfolgte Zustellung nur, wenn der Titel binnen Wochenfrist wirksam wird. Erlangt der Titel erst später seine Wirksamkeit, ist die Vollziehungsmaßnahme unheilbar unwirksam. Ist zum Zeitpunkt des Wirksamwerdens des Titels die Vollziehungsfrist des Abs. 2 noch nicht abgelaufen, so kann der Gläubiger die Vollziehungsmaßnahme natürlich wiederholen. Er muss dies sogar tun, wenn er will, dass der Titel auch weiterhin wirksam bleibt. Urteilsverfügungen und Arresturteile sind dagegen mit ihrer Verkündung wirksam.[196] Bei ihnen stellt Abs. 3 Satz 2 also nur eine zusätzliche Bedingung für das Wirksambleiben einer von Anfang wirksamen, wenn

46

---

189 BayObLG, Rpfleger 1985, 59.
190 Siehe oben Rdn. 20, 23.
191 **A.A.** für den Fall der Arrestvollziehung durch Forderungspfändung (Fristbeginn erst mit der Zustellung des Pfändungs- und Überweisungsbeschlusses an den Drittschuldner): OLG Frankfurt, Rpfleger 1999, 84; *Zöller/Vollkommer*, § 929 Rn. 24.
192 Oben Rdn. 31.
193 LG Hamburg, NJW-RR 1988, 1277; OLG Köln, OLGZ 1987, 406.
194 OLG Düsseldorf, NJW 1973, 2030.
195 Oben Rdn. 31.
196 Siehe oben Rdn. 29.

auch vorläufig noch mit einem Mangel behafteten Vollstreckung dar.[197] Deshalb müssen insoweit auch die Grundsätze über die nachträgliche Heilung anfechtbarer Vollstreckungsakte Anwendung finden: Ist der Zustellungsakt als solcher rechtzeitig erfolgt, so können Mängel dieser Zustellung nachträglich geheilt werden (z. B. durch Nachübermittlung des fehlenden Ausfertigungsvermerks), wenn der Vollstreckungsakt nicht zwischenzeitlich bereits wirksam angefochten ist.[198] In der Praxis wird sich das Problem bei Arresturteilen und Urteilsverfügungen allerdings selten stellen, da die Zustellung nach § 317 an den Gläubiger und an den Schuldner meist etwa gleichzeitig erfolgen wird, sodass vorweggenommene Vollziehungsmaßnahmen nach Abs. 3 Satz 1 nur ausnahmsweise vorkommen werden.

4. Folgen der Versäumung der Zustellungsfrist

47 Das Vollstreckungsorgan, das um die vorgezogene Vollziehung ersucht wird, prüft nicht von Amts wegen, ob die Zustellung fristgerecht nachgeholt wird. Dies gilt auch dann, wenn die zum Zwecke der Vollziehung beantragte Tätigkeit des Vollstreckungsorgans noch nicht abgeschlossen ist, sodass dem Vollstreckungsorgan die Nachprüfung an sich zwanglos möglich wäre. Die vor der Zustellung vorgenommenen Vollstreckungsakte werden jedoch automatisch wirkungslos, wenn die Zustellungsfrist versäumt ist. Sie sind also nicht nur anfechtbar, bis zur Anfechtung aber wirksam, sondern sogleich endgültig, d. h. unheilbar unwirksam:[199] Die zunächst begründete Verstrickung samt Pfändungspfandrecht erlöschen; das Grundbuch wird unrichtig, soweit eine Hypothek eingetragen war.[200] Der Gläubiger kann aber, solange nicht auch zusätzlich die Vollziehungsfrist des Abs. 2 abgelaufen ist, den bis dahin weiterhin wirksamen Titel erneut vollziehen. Ist die Frist des Abs. 2 abgelaufen, bevor die Zustellung bewirkt wurde, führt dieser Mangel zur Aufhebung der einstweiligen Verfügung.[201]

5. Rechtsbehelfe

48 Sowohl der Schuldner als auch Dritte, die durch den äußeren Anschein der wirkungslos gewordenen Vollziehungsmaßnahme beeinträchtigt werden (z. B. nachrangige Pfändungsgläubiger), können den vorgezogenen Vollstreckungsakt wegen Versäumnis der Zustellungsfrist mit der Erinnerung gem. § 766 angreifen.[202] Handelt es sich um eine Eintragung im Grundbuch, verdrängt § 71 GBO als speziellerer Rechtsbehelf die Vollstreckungserinnerung. Die Versäumung der Zustellungsfrist kann als solche weder mit § 927 noch mit dem Widerspruch oder mit der Berufung gegen den Titel gerügt werden. Solange die Vollziehungsfrist des Abs. 2 noch nicht verstrichen ist, kann ja jederzeit erneut vollstreckt werden.

VI. Arbeitsgerichtliches Verfahren

49 Die vorstehenden Ausführungen gelten uneingeschränkt auch dann, wenn der Arrest oder die einstweilige Verfügung im arbeitsrechtlichen Verfahren erlassen wurden.

---

197 Vollstreckungsmaßnahmen ohne Titel sind normalerweise nichtig; vgl. Vor §§ 803, 804 Rdn. 5. Vollstreckungsmaßnahmen unter Verstoß gegen § 750 Abs. 1 sind dagegen nur anfechtbar, also vorläufig wirksam; vgl. Vor §§ 803, 804 Rdn. 6.
198 OLG Hamm, NJW-RR 1988, 1535; OLG Stuttgart, NJW-RR 1989, 1534; OLG Düsseldorf, MDR 1989, 829; LG Aachen, NJW-RR 1990, 1344.
199 BGH, NJW 1999, 3494; *Zöller/Vollkommer*, § 929 Rn. 25.
200 Siehe auch § 932 Rdn. 13; BayObLG, Rpfleger 1993, 397.
201 LG Düsseldorf, NJW-RR 1999, 383.
202 BGH, Rpfleger 1989, 248; *Stein/Jonas/Grunsky*, § 929 Rn. 22.

§ 930 Vollziehung in bewegliches Vermögen und Forderungen

(1) ¹Die Vollziehung des Arrestes in bewegliches Vermögen wird durch Pfändung bewirkt. ²Die Pfändung erfolgt nach denselben Grundsätzen wie jede andere Pfändung und begründet ein Pfandrecht mit den im § 804 bestimmten Wirkungen. ³Für die Pfändung einer Forderung ist das Arrestgericht als Vollstreckungsgericht zuständig.

(2) Gepfändetes Geld und ein im Verteilungsverfahren auf den Gläubiger fallender Betrag des Erlöses werden hinterlegt.

(3) Das Vollstreckungsgericht kann auf Antrag anordnen, dass eine bewegliche körperliche Sache, wenn sie der Gefahr einer beträchtlichen Wertverringerung ausgesetzt ist oder wenn ihre Aufbewahrung unverhältnismäßige Kosten verursachen würde, versteigert und der Erlös hinterlegt werde.

(4) Die Vollziehung des Arrests in ein nicht eingetragenes Schiff ist unzulässig, wenn sich das Schiff auf der Reise befindet und nicht in einem Hafen liegt.

Übersicht	Rdn.			Rdn.
I. Gemeinsame Grundsätze der Arrestvollziehung	1	4.	Vorpfändung	11
II. Arrestvollziehung in bewegliche Sachen.	2	IV.	Arrestvollziehung in ein nicht eingetragenes Schiff	12
1. Sachpfändung	2	V.	Auswirkungen der Erlangung des Hauptsachetitels	13
2. Pfändung von Bargeld	4			
3. Pfändung von Herausgabeansprüchen	5	1.	Obsiegen des Gläubigers im Hauptsacheverfahren	13
4. Sachverwertung als Zwischenlösung	6			
III. Arrestvollziehung in Forderungen	7	2.	Klageabweisung im Hauptsacheverfahren	16
1. Arrestgericht als Vollstreckungsgericht (Abs. 1 Satz 3)	7	VI.	Rechtsmittel	17
2. Pfändung von Geldforderungen	9	VII.	Keine entsprechende Anwendung bei Vollziehung einer Befriedigungsverfügung	18
3. Pfändung sonstiger Vermögensrechte i. S. v. § 857	10	VIII.	Gebühren	20

Literatur:

Bittmann, Arrestvollziehung und richterliche Durchsuchungsanordnung, NJW 1982, 2421; *Foerste*, Vollstreckungsvorsprung durch einstweiligen Rechtsschutz, ZZP 1993 (Bd. 106), 143; *Herdegen*, Arrestvollziehung und richterliche Durchsuchungsanordnung, NJW 1982, 368; *Nies*, Die Durchsetzung von Herausgabeansprüchen aus Eilentscheidungen, MDR 1994, 887; *Schlosser*, Vollstreckungsrechtliches Prioritätsprinzip und verfassungsrechtlicher Gleichheitssatz, ZZP 1984 (Bd. 97), 121; *Schultes*, Zur Nichtigkeit des den Arrest vollziehenden Überweisungsbeschlusses, JR 1995, 136; *Vogg*, Einstweiliger Rechtsschutz und vorläufige Vollstreckbarkeit, 1991.

I. Gemeinsame Grundsätze der Arrestvollziehung

Da der Arrest nur der Sicherung der künftigen Vollstreckung des noch ausstehenden Hauptsachetitels dient, darf die Arrestvollziehung nicht bereits zur Befriedigung des Gläubigers führen. Die Anwendung der Vorschriften über die Zwangsvollstreckung (§ 928) auf die Arrestvollziehung kommt daher von vornherein nur insoweit in Betracht, als diese lediglich die Beschlagnahme von Schuldnervermögen bezwecken, nicht aber dessen Verwertung zugunsten des Gläubigers. Konsequenterweise ordnet Abs. 1 an, dass der Gläubiger bewegliches Vermögen[1] nur pfänden lassen darf, körperliche Sachen aber nicht darüber hinaus versteigern lassen, gepfändetes Geld nicht sich aushändigen, gepfändete Forderungen nicht sich überweisen lassen darf.[2]

1

---

1 Zum Begriff des beweglichen Vermögens: Vor §§ 803–863 Rdn. 2.
2 Eine dennoch angeordnete Überweisung wäre nichtig: BGH, NJW 1993, 735; *Zöller/Vollkommer*, § 930 Rn. 4; sehr kritisch hierzu allerdings: *Schultes*, JR 1995, 136.

Im Einzelnen gilt:

II. Arrestvollziehung in bewegliche Sachen

1. Sachpfändung

2 Die Pfändung beweglicher Sachen in Vollziehung eines Arrestes erfolgt nach den allgemeinen Regeln (§§ 808 ff.) durch den Gerichtsvollzieher auf Antrag des Gläubigers. Gewährt der Schuldner dem Gerichtsvollzieher nicht freiwillig Zutritt zu seinen Räumen, muss der Gläubiger[3] regelmäßig auch zur Arrestpfändung eine richterliche Durchsuchungsanordnung erwirken.[4] Dass der Arrest selbst nur bei Vorliegen eines Arrestgrundes – Dringlichkeit – erlassen wird, besagt noch nicht, dass die Verzögerung seines Vollzugs um allenfalls wenige Tage – mehr erfordert ein Antrag nach § 758a ZPO, Art. 13 Abs. 2 GG keinesfalls – den Erfolg erkennbar gefährden würde.[5] Es muss vielmehr nach den allgemeinen Grundsätzen zu § 758a geprüft werden, ob im Einzelfall Gefahr im Verzuge ist.

3 Mit der Anlegung des Pfandsiegels am Gegenstand oder seiner sonstigen Besitznahme[6] durch den Gerichtsvollzieher wird der Gegenstand verstrickt – öffentlichrechtlich beschlagnahmt –. Gleichzeitig erwirbt der Gläubiger an ihm nach den nämlichen Grundsätzen, nach denen er in der Zwangsvollstreckung ein Pfändungspfandrecht erwerben würde – wenn nämlich die Forderung besteht und der Gegenstand im Eigentum des Schuldners steht –[7] ein **Arrestpfandrecht**. Dieses Arrestpfandrecht unterscheidet sich in seinem Charakter vom Pfändungspfandrecht insofern, als es noch nicht der Rechtsgrund für das Behaltendürfen des späteren Verwertungserlöses ist, sondern nur für die Rangsicherung zugunsten des späteren Pfändungspfandrechts.[8]

2. Pfändung von Bargeld

4 Bargeld, das gem. § 808 Abs. 2 durch Wegnahme gepfändet wird, ist gem. **Abs. 2** vom Gerichtsvollzieher zugunsten des Gläubigers und des Schuldners zu hinterlegen. Ebenfalls zu hinterlegen ist der dem Gläubiger in einem Verteilungsverfahren zugefallene Betrag, falls andere Gläubiger, die ein Pfändungspfandrecht am Gegenstand, an dem der Gläubiger ein Arrestpfandrecht erworben hatte, besaßen, die Versteigerung dieses Gegenstandes betrieben hatten.

3. Pfändung von Herausgabeansprüchen

5 Hat der Gläubiger im Wege der Arrestvollziehung den Anspruch des Schuldners gegen einen Dritten auf Herausgabe einer beweglichen körperlichen Sache gem. § 847 gepfändet, so erwirbt er, sobald der Dritte der Anordnung des Gerichts entsprechend den Gegenstand an den Gerichtsvollzieher herausgibt, am Gegenstand ein Arrestpfandrecht. Gibt der Dritte den Gegenstand nicht

---

3 Nicht etwa der Gerichtsvollzieher von sich aus; vgl. 758a Rn. 27.
4 Siehe auch § 758a Rdn. 20; ferner: OLG Karlsruhe, DGVZ 1983, 139; LG Düsseldorf, DGVZ 1985, 60; *Amelung*, ZZP 88 (1975), 74 ff; Kindl/Meller-Hannich/Wolf/*Haertlein*, § 928 Rn. 3; MüKo/*Drescher*, § 930 Rn. 2.
5 A. A. – Durchsuchungsanordnung sei regelmäßig nicht erforderlich –: LG Kaiserslautern, DGVZ 1986, 62; AG Mönchengladbach-Rheydt, DGVZ 1980, 94; *Behr*, NJW 1992, 2128; *Bischoff*, ZIP 1983, 522; *Bittmann*, NJW 1982, 2421; *Herdegen*, NJW 1982, 368; *Nies*, MDR 1994, 887; *Musielak/Huber*, § 930 Rn. 2 (für den Fall des Arrestbefehls durch Beschluss); *Schneider*, NJW 1980, 2377; siehe ferner *Zöller/Vollkommer*, § 930 Rn. 2 (Art. 13 Abs. 2 GG müsse zwar grundsätzlich beachtet werden; regelmäßig sei aber Gefahr im Verzuge zu bejahen).
6 Beispiel: Beschlagnahme des Inventars einer nicht mehr betriebenen Gaststätte durch Auswechseln des Schlosses: AG Northeim, DGVZ 2002, 125.
7 Näheres: Vor §§ 803, 804 Rdn. 14–17.
8 Näheres unten, Rdn. 13.

freiwillig heraus, darf ihn der Gläubiger auf Herausgabe an den Gerichtsvollzieher verklagen.[9] Die Legitimation hierzu folgt bereits aus der Herausgabeanordnung,[10] nicht erst aus der – beim Arrestvollzug ausgeschlossenen – Überweisung. Die weitere Verwertung der Sache allein aufgrund des Arrestpfandrechts ist dann natürlich ebenso ausgeschlossen, als hätte der Gläubiger sogleich die Sache selbst beim Schuldner pfänden lassen.

4. Sachverwertung als Zwischenlösung

Ausnahmsweise endet die Arrestvollziehung dann nicht mit der Sachpfändung, wenn der Gläubiger Sachen hatte pfänden lassen, die durch Zuwarten beträchtlich an Wert verlieren (insbesondere leicht verderbliche Sachen oder dem Kursverfall ausgesetzte Wertpapiere) oder deren Aufbewahrung unverhältnismäßig hohe Kosten verursachen würde (z. B. Einlagerung sehr sperriger, aber mäßig wertvoller Gegenstände).[11] Hier können der Gläubiger und der Schuldner – nicht der Gerichtsvollzieher, dem die Verwahrung lästig ist[12] – beantragen, dass die Versteigerung der gepfändeten Sachen und die Hinterlegung des so erzielten Erlöses angeordnet werden (**Abs. 3**). Der Antrag ist an das Vollstreckungsgericht zu stellen. Dort entscheidet der Rechtspfleger. Die Versteigerung wird nach den allgemeinen Regeln (§§ 814 ff.) durch den Gerichtsvollzieher durchgeführt, der auch die Hinterlegung des Erlöses vornimmt. Ist ausnahmsweise die Verwertung der beschlagnahmten Sache zulässig, so kann im Einzelfall an Stelle der Versteigerung auch eine andere Verwertungsart gem. § 825 angeordnet werden, etwa die freihändige Veräußerung durch den Gerichtsvollzieher.[13]

III. Arrestvollziehung in Forderungen

1. Arrestgericht als Vollstreckungsgericht (Abs. 1 Satz 3)

Soll der Arrest durch Pfändung einer Forderung – aller Arten von Forderungen, für die die §§ 828–863 gelten,[14] nicht nur einer Geldforderung – vollzogen werden, so ist Vollstreckungsorgan das Arrestgericht (§ 919). Die Zuständigkeit ist eine ausschließliche (§ 802). Das gilt auch, soweit das Arbeitsgericht Arrestgericht ist.[15] Das Pfändungsgesuch, für das das gem. § 829 Abs. 4 Satz 2 vorgeschriebene Formular verwendet werden muss, kann sogleich mit dem Arrestgesuch verbunden werden.[16] Ist dies geschehen, so entscheidet über den Erlass des Pfändungsbeschlusses – ein Überweisungsbeschluss ist als Beginn der Verwertung immer ausgeschlossen – das Arrestgericht durch den **Richter**, der auch den Arrestbefehl erlässt. Erlässt er den Arrest durch Beschluss (§ 922 Abs. 1 Satz 1, 2. Halbs.), so kann er die Pfändung sogleich in der nämlichen Entscheidung[17] aussprechen.[18] Dies gilt auch für das Beschwerdegericht, das den Arrestbefehl erst in der Beschwerdeinstanz erlässt, falls mit dem Arrestantrag der Antrag auf Forderungspfändung verbunden war.[19] Ergeht ein Arresturteil nach mündlicher Verhandlung, so ist neben dem Urteil durch den Richter ein besonderer Pfändungsbeschluss zu verkünden (§ 329 Abs. 1 Satz 1).[20] Der Richter muss sich für den Pfän-

---

9 *Zöller/Vollkommer*, § 930 Rn. 4.
10 Siehe auch: § 847 Rdn. 3.
11 Beispiel: Teure Garage für älteren Gebrauchtwagen: LG Mönchengladbach, DGVZ 2003, 141.
12 BGHZ 89, 86.
13 OLG Schleswig, InVo 1997, 250.
14 Siehe Vor §§ 828–863 Rdn. 1.
15 LAG Frankfurt, DB 1965, 188; *Stein/Jonas/Grunsky*, § 930 Rn. 2.
16 *Brox/Walker*, Rn. 1547; *Musielak/Huber*, § 930 Rn. 3; *Stein/Jonas/Grunsky*, § 930 Rn. 5.
17 Für die Frage der Anfechtung handelt es sich um zwei getrennt zu beurteilende selbstständige Entscheidungen: OLG Zweibrücken, FamRZ 2000, 966.
18 Insoweit allgemeine Meinung; beispielhaft: OLG Zweibrücken, FamRZ 2000, 966; *Thomas/Putzo/Seiler*, § 930 Rn. 2; *Zöller/Vollkommer*, § 930 Rn. 3.
19 OLG München, MDR 2004, 1383; Kindl/Meller-Hannich/Wolf/*Haertlein*, § 930 Rn. 3; *Musielak/Huber*, § 930 Rn. 3.
20 Wie hier *Brox/Walker*, Rn. 1547; *Stein/Jonas/Grunsky*, § 930 Rn. 5; *Zöller/Vollkommer*, § 930 Rn. 3.

dungsbeschluss nicht zwingend des Formulars nach der ZVFV bedienen, da seine Benutzung nur dem Gläubiger vorgeschrieben ist. Verkündung des Pfändungsbeschlusses ist erforderlich, da regelmäßig der gesamte Gläubigerantrag, also auch das Pfändungsgesuch, Gegenstand der mündlichen Verhandlung ist. Der Pfändungsausspruch sollte nicht in den Urteilstenor (durch Verquickung von Beschluss und Urteil) aufgenommen werden, um Verwirrungen hinsichtlich der Anfechtbarkeit zu vermeiden.[21] Geschieht dies dennoch, ist er aber wirksam. Wird der Pfändungsbeschluss erst nach Erlass des Arrestes beantragt oder kann er noch nicht zugleich mit der Arrestentscheidung ergehen, weil die Arrestvollziehung vom Nachweis einer Sicherheitsleistung abhängig gemacht worden ist (§ 921 Abs. 2), so ist nunmehr der **Rechtspfleger** für den Erlass des Pfändungsbeschlusses zuständig.

8   Der Pfändungsbeschluss, auch wenn er mit dem Urteil zusammen verkündet wurde, ist dem Schuldner und dem Drittschuldner zuzustellen (§ 829 Abs. 2). Die Zustellung an den Drittschuldner hat der Gläubiger zu veranlassen.[22] Die Zustellung an den Schuldner muss, soweit die Pfändung im Arrestbeschluss mit ausgesprochen ist, ebenfalls vom Gläubiger veranlasst werden (§ 922 Abs. 2). Ist sie in einem isolierten Beschluss neben dem Arresturteil verkündet worden oder in einem späteren Beschluss ergangen, erfolgt die Zustellung an den Schuldner von Amts wegen nach den Regeln zu § 829 Abs. 2.[23]

2. Pfändung von Geldforderungen

9   Die Pfändung einer **Geldforderung** durch Arrestvollziehung berechtigt den Gläubiger nicht, vom Drittschuldner Zahlung an sich zu verlangen, sie hindert aber andererseits auch nicht den Drittschuldner an der Erfüllung der fälligen Forderung. Er muss dann allerdings an den Gläubiger und den Schuldner gemeinsam leisten. Können Gläubiger und Schuldner sich nicht einigen, wie sie die Leistung gemeinsam in Empfang nehmen wollen, so darf der Drittschuldner hinterlegen. Das Arrestpfandrecht setzt sich dann an der Forderung gegen die Hinterlegungsstelle fort. Die Pfändung der Forderung gibt dem Gläubiger das Recht, vom Drittschuldner Auskunft gem. § 840 zu verlangen. Der Auskunftsanspruch kann, genauso wie im Rahmen der Vollstreckungspfändung auch,[24] nicht zwangsweise durchgesetzt werden.[25] Ist über die Forderung ein Sparbuch oder eine andere Beweisurkunde ausgestellt, so berechtigt bereits der Pfändungsbeschluss (da ein Überweisungsbeschluss nicht ergeht), die Herausgabe des Sparbuchs oder der sonstigen Urkunde an den Gerichtsvollzieher zur Verwahrung zu beantragen.[26] Auf Antrag des Gläubigers ist dies klarstellend im Pfändungsbeschluss auszusprechen (»Ein über die Forderung ausgestelltes Sparbuch ist an den Gerichtsvollzieher zur Verwahrung herauszugeben.«). Der Gerichtsvollzieher kann dann dem Schuldner das Sparbuch im Wege der Hilfspfändung wegnehmen. Der Schuldner kann sich den Besitz des Sparbuchs jederzeit durch Hinterlegung der Lösungssumme wiederbeschaffen (§§ 923, 934). Ist für die Forderung eine Hypothek bestellt, so ergibt schon § 830, dass der Schuldner aufgrund des Pfändungsbeschlusses dem Gläubiger den Hypothekenbrief herausgeben muss. Tut er dies nicht freiwillig, nimmt der Gerichtsvollzieher den Brief im Wege der sog. Hilfspfändung[27] weg. Ist der Brief im Besitze eines Dritten, der ihn nicht freiwillig herausgibt, muss der Gläubiger nach § 886 vorgehen.[28] Die Pfändung der Hypothek ist erst bewirkt, wenn die Übergabe des Briefes an den Gläubiger bzw. an den Gerichtsvollzieher bewirkt ist. Steht die in Vollziehung es Arrests gepfändete Forderung dem

---

21 Ebenso: *Musielak/Huber*, § 930 Rn. 3.
22 Einzelheiten § 829 Rdn. 48.
23 Näheres § 829 Rdn. 50.
24 Siehe insoweit § 840 Rdn. 1 sowie BGHZ 68, 289; *Musielak/Becker*, § 840 Rn. 8.
25 BGHZ 68, 289; *Zöller/Vollkommer*, § 930 Rn. 3.
26 Im Ergebnis ebenso *Musielak/Huber*, § 930 Rn. 4; *Stein/Jonas/Grunsky*, § 930 Rn. 9 a; *Stöber*, Forderungspfändung, Rn. 708; weitergehend (Herausgabe an den Gläubiger selbst gegen Sicherheitsleistung) *Kolbenschlag*, MDR 1959, 18.
27 Einzelheiten § 830 Rdn. 3.
28 Einzelheiten § 830 Rdn. 4.

Schuldner nicht oder nicht mehr zu, geht die Pfändung ins Leere, ist also unwirksam.[29] Es gilt insofern nichts anderes als bei jeder »gewöhnlichen« Forderungspfändung.[30]

3. Pfändung sonstiger Vermögensrechte i. S. v. § 857

Hat der Gläubiger den Gesellschaftsanteil des Schuldners an einer BGB-Gesellschaft, einer oHG oder einer KG aufgrund eines Arrestbefehls gepfändet, hat er noch nicht das Kündigungsrecht der §§ 725 BGB, 135 HGB, obwohl dieses nur an die Pfändung, nicht auch an die Überweisung des Anteils gebunden ist. Der Arrestbefehl ist aber kein »endgültig« vollstreckbarer Titel;[31] er steht vielmehr immer unter dem Vorbehalt der Bestätigung im Hauptsacheverfahren. Die Arrestpfändung eines Gesellschaftsanteils gibt dem Gläubiger auch noch nicht die Befugnis, die Auszahlung des auf den Schuldner entfallenden Jahresüberschusses an sich oder auch nur dessen Hinterlegung zu fordern. Die Gesellschaft kann allerdings nur noch an den Gläubiger und den Schuldner gemeinsam befreiend leisten.

10

4. Vorpfändung

Der Arrestbefehl berechtigt, da er insoweit ein vollwertiger Vollstreckungstitel ist, auch zur Vorpfändung gem. § 845.[32] Die wirksame Vorpfändung wahrt die Vollziehungsfrist des § 929 Abs. 2. Geht die endgültige Pfändung dann weiter als die Vorpfändung, beschränkt sich die rangwahrende Arrestwirkung allein auf die vorgepfändeten Forderungen.[33]

11

IV. Arrestvollziehung in ein nicht eingetragenes Schiff

Die Arrestvollziehung in nicht eingetragene Schiffe folgt den Regeln der Pfändung beweglicher Sachen. **Abs. 4**, eingefügt durch das Gesetz zur Reform des Seehandelsrechts vom 20.4.2013,[34] schränkt die Arrestvollziehung allerdings ein, solange die Schiffe sich auf Reise befinden und nicht in einem Hafen liegen. Für die Frage, ob sich das Schiff auf Reise befindet, ist auf die natürliche Betrachtungsweise aufgrund der tatsächlichen Gegebenheiten abzustellen.[35]

12

V. Auswirkungen der Erlangung des Hauptsachetitels

1. Obsiegen des Gläubigers im Hauptsacheverfahren

Erlangt der Gläubiger in der Hauptsache gegen den Schuldner einen – jedenfalls – vorläufig vollstreckbaren Titel und liegen alle Vollstreckungsvoraussetzungen für diesen Titel vor, also Vollstreckungsklausel (soweit erforderlich), Zustellung an den Schuldner,[36] Nachweis einer eventuell angeordneten Sicherheitsleistung, Nachweis i. S. §§ 756, 765, dass eine Zug-um-Zug-Leistung erbracht oder Annahmeverzug gegeben ist, so wandelt sich das Arrestpfandrecht in ein gewöhnliches, zur Verwertung berechtigendes Pfändungspfandrecht,[37] das den Rang des alten Arrestpfandrechts behält,[38] und zwar auch dann, wenn zwischenzeitlich von anderen Gläubigern vollwertige andere

13

---

29 OLG Celle, JurBüro 1997, 495.
30 § 829 Rdn. 52.
31 *Ebenroth/Boujong/Joost*, § 135 HGB, Rn. 7; *Heymann/Emmerich*, 2. Aufl., § 135 HGB, Rn. 8.
32 *Musielak/Huber*, § 930 Rn. 2, *Stein/Jonas/Grunsky*, § 929 Rn. 15; *Zöller/Vollkommer*, § 929 Rn. 11.
33 OLG Zweibrücken, FamRZ 2000, 966.
34 BGBl. I 2013, 831.
35 *Noack*, JurBüro 1982, 165; siehe auch § 931 Rdn. 1.
36 Einzelheiten § 929 Rdn. 43, 44.
37 Wie hier: OLG Frankfurt, Rpfleger 1982, 479; *Brox/Walker*, Rn. 1542; *Musielak/Huber*, § 930 Rn. 8; MüKo-/*Drescher*, § 930 Rn. 10; *Stein/Jonas/Grunsky*, § 930 Rn. 11; *Zöller/Vollkommer*, § 930 Rn. 5; a.A. (Titelzustellung nicht erforderlich) LG Köln, Rpfleger 1974, 121; *Baur/Stürner/Bruns*, Rn. 52.12; *Münzel*, NJW 1958, 1615.
38 BGHZ 66, 394.

Pfandrechte erworben worden waren. Hier wird die rangsichernde Funktion des Arrestpfandrechts offenkundig.

Der Gläubiger kann nunmehr, wenn er den vollstreckbaren Hauptsachetitel nebst Nachweisen der Vollstreckungsvoraussetzungen vorlegt, beim Gerichtsvollzieher die Verwertung der gepfändeten Sache, beim Vollstreckungsgericht, und zwar jetzt dem gem. § 828, nicht mehr dem gem. § 930 Abs. 1 Satz 3, den Erlass eines Überweisungsbeschlusses beantragen.

14 Verliert der Hauptsachetitel nachträglich, aber noch nicht endgültig seine Vollstreckbarkeit, etwa aufgrund nachträglicher Einstellung der Zwangsvollstreckung im Rechtsmittelverfahren oder im Rahmen eines Verfahrens nach § 767 durch eine Entscheidung gem. § 769, so wird aus dem Pfändungspfandrecht wieder ein Arrestpfandrecht, solange der Arrestbefehl nicht ebenfalls aufgehoben ist, also als Vollstreckungstitel noch fortbesteht. Die weitere Verwertung des Pfändungsgutes ist dann vorläufig nicht mehr möglich. Die Pfändung als solche ist aber nicht gem. § 776 aufzuheben, da sie ja nicht auf dem Titel beruht, zu dem die Entscheidung gem. § 775 Nr. 1 ergangen ist oder auf den die Urkunde gem. § 775 Nr. 3 sich bezieht.

15 Verliert umgekehrt der Arrestbefehl nachträglich zu einem Zeitpunkt, als sich das Arrestpfandrecht schon in ein Pfändungspfandrecht umgewandelt hatte, seine Vollstreckbarkeit – er wird etwa im Berufungsverfahren aufgehoben, weil von Anfang an keine Dringlichkeit vorgelegen habe –, während der Hauptsachetitel fortbesteht, so erlischt das Pfändungspfandrecht nicht mehr, weil es nun seine Legitimation im Hauptsachetitel hat, es verliert aber seine auf das Arrestpfandrecht zurückgehende Priorität.[39] Sein Rang bestimmt sich nun nach dem Zeitpunkt, in dem das Pfändungspfandrecht zur Entstehung gelangt ist.[40]

2. Klageabweisung im Hauptsacheverfahren

16 Unterliegt der Gläubiger in der Hauptsache, so steht zwar materiellrechtlich sogleich fest, dass dem Gläubiger mangels Forderung kein privatrechtliches Pfandrecht am Pfändungsgut zusteht,[41] die öffentliche Verstrickung der Sache aufgrund der Arrestpfändung besteht aber zunächst fort. Verzichtet der Gläubiger nicht freiwillig auf seine Rechte aus der Pfändung (in diesem Fall führt die Vorlage der schriftlichen Gläubigererklärung zur Aufhebung des Pfändungsbeschlusses durch das Vollstreckungsgericht bzw. zur Abnahme des Pfandsiegels durch den Gerichtsvollzieher), so muss der Schuldner Antrag gem. § 927 stellen und unter Vorlage des Aufhebungsurteils nach §§ 775 Nr. 1, 776 die Aufhebung der Pfändung betreiben.[42]

VI. Rechtsmittel

17 Hat der Richter sowohl den Arrestbefehl als auch den gleichzeitig beantragten Pfändungsbeschluss abgelehnt, so kann das Rechtsmittelgericht auf die Beschwerde (§ 793) hin gleichzeitig den Arrest anordnen und den Pfändungsbeschluss erlassen.[43] Hat der Richter dagegen den zusammen mit dem Arrestbefehl beantragten Pfändungsbeschluss abgelehnt, den Arrestbefehl selbst aber erlassen, so steht dem **Gläubiger** insoweit die sofortige Beschwerde gem. § 793 zu. Gegen die Ablehnung des Pfändungsbeschlusses durch den Rechtspfleger hat er die sofortige Beschwerde gem. § 793 i. V. m. § 11 Abs. 1 RpflG, gegen die Zurückweisung seines Pfändungsgesuches durch den Gerichtsvollzieher die Erinnerung gem. § 766. Lehnt das Vollstreckungsgericht (Rechtspfleger) einen Verwertungsantrag nach Abs. 3 ab, steht dem Gläubiger die sofortige Beschwerde gem. § 793 i. V. m. § 11 Abs. 1 RpflG zu. Gegen den Pfändungsbeschluss des Richters ebenso wie gegen den des Rechtspflegers

---

39 *Stein/Jonas/Grunsky*, § 930 Rn. 12; **a. A.** *Baur/Stürner/Bruns*, Rn. 52.13 (unter Berufung auf BGHZ 66, 394).
40 Zu diesem Zeitpunkt siehe oben, Rdn. 13.
41 Siehe hierzu Vor §§ 803, 804 Rdn. 15.
42 *Brox/Walker*, Rn. 1545; *Musielak/Huber*, § 930 Rn. 8; *Zöller/Vollkommer*, § 930 Rn. 5.
43 Siehe auch Rdn. 7.

steht dem Schuldner die Erinnerung gem. § 766 zu. Über sie entscheidet das Vollstreckungsgericht gem. § 930 Abs. 1 Satz 3, also das Arrestgericht.[44] Will der Schuldner sich gegen Vollstreckungsmaßnahmen des Gerichtsvollziehers wenden, hat er ebenfalls die Erinnerung gem. § 766. Über diese entscheidet allerdings das Vollstreckungsgericht gem. § 764. Gegen eine Entscheidung gem. § 930 Abs. 3 hat auch der Schuldner die sofortige Beschwerde gem. § 793 i. V. m. § 11 Abs. 1 RpflG.

VII. Keine entsprechende Anwendung bei Vollziehung einer Befriedigungsverfügung

Da es Ziel der Befriedigungsverfügung ist, dem Gläubiger bereits Geld zur Befriedigung seines Anspruchs vor Erlangung des Hauptsachetitels zur Verfügung zu stellen, ist § 930 insoweit nicht anwendbar, als er gerade eine Befriedigung des Gläubigers ausschließt. Der Gläubiger kann schon aufgrund der einstweiligen Verfügung die Versteigerung einer gepfändeten beweglichen Sache betreiben oder sich eine gepfändete Forderung überweisen lassen, um sie dann im Einziehungsprozess beizutreiben. Anwendbar ist allerdings – jedenfalls teilweise – **Abs. 1 Satz 3**: Ist aufgrund einer einstweiligen Verfügung einmalig eine Geldforderung zu pfänden, ist Vollstreckungsgericht das Gericht, das die einstweilige Verfügung erlassen hat.[45] Lautet die einstweilige Verfügung allerdings auf wiederkehrende Zahlungen und leistet der Schuldner erst freiwillig, wird aber zu einem späteren Zeitpunkt eine Vollstreckung notwendig, so passt der Zweck des Abs. 1 Satz 3, die Vollstreckung zu beschleunigen, nicht mehr. Ein Fortbestand dieser Zuständigkeit könnte das Verfahren sogar erschweren. Deshalb gilt jetzt die Zuständigkeit gem. § 828.

18

Ist aufgrund einer Sicherungs- oder Regelungsverfügung (§§ 935, 940) angeordnet worden, dass eine Sache beim Sequester zu hinterlegen sei, kann im Einzelfall Abs. 3 entsprechend anwendbar sein, wenn letztlich nur das wirtschaftliche Verwertendürfen der Sache in der Hauptsache streitig ist. Steht die Notwendigkeit der alsbaldigen Verwertung der Sache schon bei Anordnung ihrer Herausgabe fest, kann die weitergehende Anordnung allerdings sogleich im Rahmen des § 938 getroffen werden, ohne dass es des Rückgriffs auf Abs. 3 bedürfte.

19

VIII. Gebühren

Für die Gerichtsgebühren und die Anwaltsgebühren im Vollziehungsverfahren gelten die nämlichen Tatbestände wie bei der Sach- bzw. Forderungspfändung im Rahmen der Zwangsvollstreckung.[46] Die Festgebühr gem. KV Nr. 2110 GKG fällt auch dann zusätzlich an, wenn der Pfändungsbeschluss bereits im Arrestbefehl (auch im Arresturteil) erlassen wird. War der Anwalt bereits im Rahmen der Vollziehung tätig, ist eine zusätzliche Tätigkeit im Rahmen des § 930 Abs. 3 mit der bereits verdienten Gebühr gem. VV Nr. 3309 RVG mit abgegolten; es handelt sich insoweit nicht um eine weitere Vollziehungsmaßnahme gem. § 18 Nr. 4 RVG.

20

---

44 BGHZ 66, 395; OLG Stuttgart, Rpfleger 1975, 407; OLG Frankfurt, Rpfleger 1980, 485.
45 *Thomas/Putzo/Seiler*, § 936 Rn. 13; **a. A.**: *Brox/Walker*, Rn. 1664; *Zöller/Vollkommer*, § 936 Rn. 7.
46 Siehe insoweit § 829 Rdn. 73, 74.

§ 931 Vollziehung in eingetragenes Schiff oder Schiffsbauwerk

(1) Die Vollziehung des Arrestes in ein eingetragenes Schiff oder Schiffsbauwerk wird durch Pfändung nach den Vorschriften über die Pfändung beweglicher Sachen mit folgenden Abweichungen bewirkt:

(2) Die Pfändung begründet ein Pfandrecht an dem gepfändeten Schiff oder Schiffsbauwerk; das Pfandrecht gewährt dem Gläubiger im Verhältnis zu anderen Rechten dieselben Rechte wie eine Schiffshypothek.

(3) Die Pfändung wird auf Antrag des Gläubigers vom Arrestgericht als Vollstreckungsgericht angeordnet; das Gericht hat zugleich das Registergericht um die Eintragung einer Vormerkung zur Sicherung des Arrestpfandrechts in das Schiffsregister oder Schiffsbauregister zu ersuchen; die Vormerkung erlischt, wenn die Vollziehung des Arrestes unstatthaft wird.

(4) Der Gerichtsvollzieher hat bei der Vornahme der Pfändung das Schiff oder Schiffsbauwerk in Bewachung und Verwahrung zu nehmen.

(5) Ist zur Zeit der Arrestvollziehung die Zwangsversteigerung des Schiffes oder Schiffsbauwerks eingeleitet, so gilt die in diesem Verfahren erfolgte Beschlagnahme des Schiffes oder Schiffsbauwerks als erste Pfändung im Sinne des § 826; die Abschrift des Pfändungsprotokolls ist dem Vollstreckungsgericht einzureichen.

(6) [1]Das Arrestpfandrecht wird auf Antrag des Gläubigers in das Schiffsregister oder Schiffsbauregister eingetragen; der nach § 923 festgestellte Geldbetrag ist als der Höchstbetrag zu bezeichnen, für den das Schiff oder Schiffsbauwerk haftet. [2]Im Übrigen gelten der § 867 Abs. 1 und Abs. 2 und der § 870a Abs. 3 entsprechend, soweit nicht vorstehend etwas anderes bestimmt ist.

(7) Die Vollziehung des Arrestes in ein eingetragenes Seeschiff ist unzulässig, wenn sich das Schiff auf der Reise befindet und nicht in einem Hafen liegt.

Übersicht

	Rdn.			Rdn.
I. Anwendungsbereich	1	IV.	Sequestrierung eines Schiffes	5
II. Durchführung der Arrestvollziehung	2	V.	Arrestvollziehung in Luftfahrzeuge	6
III. Eintragung im Schiffs- bzw. Schiffsbauregister	4			

Literatur:
Heinz, Die Sicherungsbeschlagnahme von Luftfahrzeugen, Diss., Frankfurt/Main, 1988; *Kerameus*, Brüsseler Übereinkommen über den Arrest in Seeschiffe, FS Nagel, 1987, S. 133; *Nieschulz*, Der Arrest in Seeschiffe, 1997; *Noack*, Arrestierung eingetragener deutscher und in Deutschland eintragungspflichtiger ausländischer Seeschiffe, JurBüro 1982, 165; *Weyand*, Arrest in Seeschiffe zur Sicherung von Seeforderungen gegen einfache Zeitcharterer, TranspR 1991, 56.

I. Anwendungsbereich

1   Die Vorschrift gilt wie § 870a nur für **eingetragene Schiffe** oder Schiffsbauwerke. Nichteingetragene Schiffe werden wie bewegliche Sachen behandelt. Die Arrestvollziehung insoweit richtet sich nach § 930[1], wobei aber § 930 Abs. 4 ebenso wie § 931 Abs. 7 klarstellt, dass die Anordnung bzw. Durchführung der Arrestvollziehung – nicht schon der Erlass des Arrestbefehls – in **Seeschiffe** –unzulässig ist, wenn sich das Schiff auf der Reise befindet und nicht in einem Hafen liegt. Ob Letzteres der Fall ist, beurteilt sich nach der natürlichen Betrachtungsweise anhand der tatsächlichen Gegebenheiten[2].

---

1   LG Hamburg, MDR 1978, 764; *Stein/Jonas/Grunsky*, § 931 Rn. 1.
2   BeckOK-ZPO/*Mayer*, § 931 Rn. 8.

II. Durchführung der Arrestvollziehung

Obwohl die endgültige Zwangsvollstreckung in eingetragene Schiffe und Schiffsbauwerke weitgehend den Regeln der Zwangsvollstreckung in das unbewegliche Vermögen folgt (§ 870a), richtet die Arrestvollziehung sich nach den Vorschriften über die Pfändung beweglicher Sachen (**Abs. 1**), also nach § 808. Allerdings wird der Gerichtsvollzieher nicht einfach auf Antrag des Gläubigers aufgrund des Titels tätig, es bedarf vielmehr einer besonderen Anordnung der Pfändung durch das Arrestgericht als Vollstreckungsgericht auf Antrag des Gläubigers (**Abs. 3**). Die Anordnung kann schon unmittelbar zusammen mit dem Arrestbefehl erlassen werden. In diesem Fall trifft sie der Richter. Erfolgt sie im Anschluss an den Arrestbefehl, so ist der Rechtspfleger zuständig § 20 Nr. 16 RpflG. Zugleich mit der Anordnung hat das Arrestgericht das Registergericht um die Eintragung einer Vormerkung zur Sicherung des Arrestpfandrechts in das Schiffsregister oder Schiffsbauregister zu ersuchen; diese Vormerkung erlischt kraft Gesetzes wieder, wenn die Vollziehung des Arrestes nachfolgend unstatthaft wird (Abs. 3, 3. Halbs.).

Die eigentliche Pfändung des Schiffes erfolgt dann durch den Gerichtsvollzieher (**Abs. 4**). Das Verfahren ist in § 84 GVGA geregelt. Der Gerichtsvollzieher verständigt umgehend die Hafenbehörde von der Pfändung, um ein Auslaufen des Schiffes zu verhindern. Der Schuldner kann jederzeit durch Hinterlegung der Lösungssumme (§ 923) die Aufhebung der Pfändung und die Freigabe des Schiffes erreichen. Abweichend von § 865 Abs. 2 ist die Arrestpfändung auch noch möglich, wenn vorher bereits die Zwangsversteigerung des Schiffes oder Schiffsbauwerks eingeleitet, die Beschlagnahme des Schiffes im Wege der Zwangsvollstreckung in das unbewegliche Vermögen also erfolgt ist (Abs. 5). Die Arrestpfändung wird dann im Wege der Anschlusspfändung (§ 826) durchgeführt; die Beschlagnahme zum Zwecke der Zwangsversteigerung gilt als erste Pfändung i. S. § 826, wobei an die Stelle des »anderen Gerichtsvollziehers« i. S. § 826 Abs. 2 das Vollstreckungsgericht tritt (§ 931 Abs. 5, 2. Halbs.).

III. Eintragung im Schiffs- bzw. Schiffsbauregister

Weder für die öffentlich-rechtliche Beschlagnahme noch zur Entstehung des Arrestpfandrechts ist die Eintragung der Pfändung im Schiffs- bzw. Schiffsbauregister erforderlich. Nach **Abs. 6** kann der Gläubiger aber die Eintragung beantragen, um auf diese Weise den lastenfreien Erwerb des Schiffes durch gutgläubige Dritte zu verhindern. Das Pfandrecht entsteht bereits mit der Pfändung durch den Gerichtsvollzieher (nicht aber schon mit der Anordnung der Pfändung durch das Arrestgericht als Vollstreckungsgericht).[3] Bei der Eintragung im Schiffsregister ist die Lösungssumme (§ 923) als Höchstbetrag, für den das Schiff bzw. Schiffsbauwerk haftet, anzugeben. In entsprechender Anwendung von § 870a Abs. 3 erlischt das Pfandrecht, wenn der Arrestbefehl aufgehoben oder die Vollstreckung aus ihm eingestellt oder für unzulässig erklärt wird.

IV. Sequestrierung eines Schiffes

Abs. 3, 1. Teil und Abs. 4 sind entsprechend anwendbar, wenn im Wege der **einstweiligen Verfügung** die Sequestrierung eines eingetragenen Schiffes angeordnet werden soll. Die übrigen Teile der Vorschrift gelten dagegen nicht.[4]

V. Arrestvollziehung in Luftfahrzeuge

Für die Vollziehung des Arrestes in **inländische Luftfahrzeuge**, die in der Luftfahrzeugrolle oder im Register für Pfandrechte an Luftfahrzeugen eingetragen sind, enthält § 99 Abs. 2 LuftfzRG eine abweichende Regelung zu § 931: Die Vollziehung erfolgt hier dadurch, dass der Gerichtsvollzieher

---

3 MüKo/*Drescher*, § 931 Rn. 5. **A. A.** (Das Pfandrecht entsteht schon mit der Zustellung der Pfändungsanordnung an den Schuldner): *Baumbach/Lauterbach/Hartmann*, § 931 Rn. 2.

4 *Baumbach/Lauterbach/Hartmann*, § 936 Rn. 13, hält die gesamte Vorschrift für unanwendbar.

das Luftfahrzeug in Bewachung und Verwahrung nimmt,[5] und ein **Registerpfandrecht** (das die Sperrwirkungen des § 7 LuftfzRG auslöst) für die Forderung eingetragen wird. Hintergrund der Regelung ist, dass im Interesse der Rechtsklarheit Registerpfandrechte und Pfändungspfandrechte nicht zusammentreffen sollen. Bei **ausländischen** Luftfahrzeugen ist wegen § 106 Abs. 2 LuftfzRG eine Arrestvollziehung praktisch ausgeschlossen.[6]

Inländische Luftfahrzeuge, die nicht eingetragen sind, werden wie gewöhnliche bewegliche Sachen behandelt. Die Arrestvollziehung erfolgt insoweit ohne Einschränkungen nach § 930.

In allen Fällen ist das LFzPfSchG, das die Pfändung bestimmter öffentlichen Zwecken dienender Luftfahrzeuge beschränkt, zu beachten. Hier ist eine besondere Anordnung des Arrestgerichts erforderlich.[7]

---

5 Soweit die Verwahrung nicht durch das Gesetz über die Unzulässigkeit der Sicherungsbeschlagnahme von Luftfahrzeugen vom 17.3.1935 (RGBl. I S. 385) ausgeschlossen ist.
6 Ausführlich *Stein/Jonas/Grunsky*, § 928 Rn. 8.
7 BeckOK-ZPO/*Mayer*, § 931 Rn. 10.

§ 932 Arresthypothek

(1) ¹Die Vollziehung des Arrestes in ein Grundstück oder in eine Berechtigung, für welche die sich auf Grundstücke beziehenden Vorschriften gelten, erfolgt durch Eintragung einer Sicherungshypothek für die Forderung; der nach § 923 festgestellte Geldbetrag ist als der Höchstbetrag zu bezeichnen, für den das Grundstück oder die Berechtigung haftet. ²Ein Anspruch nach § 1179a oder § 1179b des Bürgerlichen Gesetzbuchs steht dem Gläubiger oder im Grundbuch eingetragenen Gläubiger der Sicherungshypothek nicht zu.

(2) Im Übrigen gelten die Vorschriften des § 866 Abs. 3 Satz 1 und des § 867 Abs. 1 und 2 und des § 868.

(3) Der Antrag auf Eintragung der Hypothek gilt im Sinne des § 929 Abs. 2, 3 als Vollziehung des Arrestbefehls.

Übersicht	Rdn.
I. Zweck der Norm	1
II. Durchführung der Vollziehung	2
1. Antrag	2
2. Bedeutung der Vollziehungsfrist	6
3. Bearbeitung des Antrages durch das Grundbuchamt	7
III. Wesen der Arresthypothek	10
IV. Weitere Zwangsvollstreckung aus der Arresthypothek	11
V. Wirkungen der Arresthypothek im Rahmen der Zwangsvollstreckung durch andere	12
VI. Rechtsbehelfe	13
VII. Erwerb der Hypothek durch den Eigentümer	14
VIII. Das Urteil in der Hauptsache	16
IX. Zwangsvollstreckung in eine Arresthypothek	18
X. Entsprechende Anwendung	19

Literatur:
Deger, Die Durchsetzung von Forderungen des Bauunternehmers in der Krise seines Auftraggebers, BB 2004, 453; *Deimann*, Die Eintragung einer Zwangs-/Arresthypothek auf Ersuchen des Finanzamtes, RpflStud 2006, 1; *Habermeier*, Die Zwangshypotheken der Zivilprozeßordnung, 1989; *Helwich*, Immobiliarvollstreckung in der Praxis – Teil 5: Die Arresthypothek, JurBüro 2009, 290; *Nicklisch*, Wesen und Wirkung der Arresthypothek, AcP 169 (1969), 124; *Streuer*, Die Grundbucheintragung als Voraussetzung der Rechtsänderung, Rpfleger 1988, 513; *Wittmann*, Löschung und Neueintragung der Arresthypothek bei Versäumnis der Zustellfrist nach § 929 III ZPO, MDR 1979, 549.

I. Zweck der Norm

Die Vorschrift beschränkt die Vollstreckungsmöglichkeiten des dinglichen Arrestes in Grundstücke und grundstücksgleiche Rechte allein auf die Eintragung einer Sicherungshypothek für die titulierte Forderung. Dadurch wird besonders deutlich, dass die Arrestvollziehung nur Sicherungsvollstreckung, vergleichbar § 720a, ist. Zwangsverwaltung, auch nicht mit dem eingeschränkten Ziel der Hinterlegung der laufenden Grundstückserträge, und Zwangsversteigerung sind nicht möglich. Der Weg des durch einen dinglichen Arrest in das unbewegliche Vermögen vorläufig gesicherten Gläubigers zur endgültigen Befriedigung ist daher noch weit, da sie, anders als bei der Arrestvollziehung ins bewegliche Vermögen, auch nicht in ersten Schritten bereits eingeleitet ist. Da die Eintragung einer Arresthypothek noch nicht Zwangsvollstreckung im engeren Sinne ist, bedarf es bei Grundstücken im Eigentum ausländischer Staaten noch keiner abschließenden Klärung, ob die konkreten Grundstücke hoheitlich genutzt werden und Staatenimmunität besitzen. Die diplomatische Immunität wird durch Eintragung einer Arresthypothek noch nicht beeinträchtigt.[1]

1

---

[1] OLG Köln, IPRax 2006, 170 mit Anm. *Fassbender*, IPRax 2006, 129.

II. Durchführung der Vollziehung

1. Antrag

2 Der im Arrestbefehl selbst oder in der diesem ausnahmsweise gem. § 929 Abs. 1 beigefügten Klausel bezeichnete Arrestgläubiger muss die Eintragung der Arresthypothek beim Grundbuchamt beantragen. Für diesen Antrag gelten die nämlichen Regeln wie zu § 867. Er bedarf also nicht der strengen Form des § 29 GBO, sondern kann vom Gläubiger selbst schriftlich oder zur Niederschrift des zuständigen Beamten des Grundbuchamtes eingereicht werden. Zum Nachweis der Vollmacht des für den Gläubiger tätigen Rechtsanwaltes genügt dessen Bezeichnung als Verfahrensbevollmächtigter im Rubrum des Arrestbefehls.[2]

3 Dem Antrag beizufügen ist der Arrestbefehl als Vollstreckungstitel, der nur ausnahmsweise in den in § 929 Abs. 1 genannten Fällen mit einer Vollstreckungsklausel versehen sein muss. Da der Gläubiger auch eine Ausfertigung des Arrestbefehls benötigt, um sie dem Schuldner zustellen zu lassen (§ 929 Abs. 2, 3), empfiehlt es sich für ihn, sogleich zwei Ausfertigungen zu beantragen oder eine vom Gerichtsvollzieher beglaubigte Abschrift der Originalausfertigung bei der Zustellung übergeben zu lassen,[3] damit er nicht später durch Verzögerungen seitens der Gerichtskanzlei oder der Post Nachteile etwa im Hinblick auf § 929 Abs. 3 erleidet.

4 Der Antrag muss das Grundstück, auf dem die Arresthypothek eingetragen werden soll, genau bezeichnen. Er ist zudem, da **Abs. 2** auf § 866 Abs. 3 Satz 1 verweist, nur zulässig, wenn der nach Abs. 1 Satz 1 zu bezeichnende Höchstbetrag 750 Euro übersteigt.[4] Da in die für die Berechnung des Höchstbetrages maßgebliche Lösungssumme (§ 923) auch die im späteren Hauptsacheverfahren als Nebenforderung geltend zu machenden Zinsen einbezogen werden, besteht – mehr theoretisch – die Möglichkeit, dass die Arresthypothek später nicht in eine »normale« Zwangshypothek umgeschrieben werden kann,[5] weil für letztere die Mindestsumme im Hinblick auf § 866 Abs. 3 Satz 1, 2. Halbs. nicht mehr erreicht wird. Soll für die durch den Arrest zu sichernde Forderung eine Arresthypothek auf mehreren Grundstücken eingetragen werden, ist § 867 Abs. 2 zu berücksichtigen: Der Gläubiger muss in seinem Antrag den Betrag der Forderung auf die einzelnen Grundstücke aufteilen, sodass dann auf jedem Grundstück eine isolierte Arresthypothek für den einzelnen Teilbetrag eingetragen werden kann. Die einzelnen Teilbeträge müssen dann ihrerseits dem Mindestbetrag des § 866 Abs. 3 Satz 1 genügen.[6] Solange der Gläubiger diese Aufteilung nicht vorgenommen hat, ist sein Antrag unzulässig.

5 Da die Eintragung der Arresthypothek wie die der Zwangshypothek nach § 867 sowohl Zwangsvollstreckung ist als auch ein Grundbuchgeschäft,[7] muss der Gläubiger, bevor seinem Antrag entsprochen werden kann, nicht nur alle Vollstreckungsvoraussetzungen erfüllt haben, er muss auch den Eintragungsvoraussetzungen nach der GBO Genüge tun, etwa die Voreintragung des Schuldners ins Grundbuch (§ 39 GBO) betreiben.[8] Während aber, solange die Vollstreckungsvoraussetzungen nicht vorliegen oder jedenfalls nicht in einer dem Vollstreckungsrecht genügenden Weise nachgewiesen sind, der Antrag sogleich als unzulässig zurückzuweisen ist,[9] und auch, solange dies nicht geschehen ist, nicht die Folgen eines wirksamen Vollstreckungsantrages nach sich ziehen

---

2 *Löscher*, JurBüro 1982, 1622.
3 Siehe auch § 929 Rdn. 1.
4 *Baur/Stürner/Bruns*, Rn. 52.20; *Brox/Walker*, Rn. 1549; *Musielak/Huber*, § 932 ZPO Rd. 2; *Thomas/Putzo/Seiler*, § 932 Rn. 1; *Zöller/Vollkommer*, § 932 Rn. 3.
5 Einzelheiten hierzu unten, Rdn. 16; ferner *Stein/Jonas/Grunsky*, § 932 Rn. 14.
6 *Hintzen*, Rpfleger 2005, 575; *Musielak/Huber*, § 932 Rn. 2; *Zöller/Vollkommer*, § 932 Rn. 3, 6.
7 *Musielak/Huber*, § 932 Rn. 3; *Stein/Jonas/Grunsky*, § 932 Rn. 5; *Zöller/Vollkommer*, § 932 Rn. 8; einschränkend kritisch: *Habermeier*, S. 23 ff.
8 *Brox/Walker*, Rn. 1549.
9 *Zöller/Vollkommer*, § 932 Rn. 8.

kann,[10] darf das Grundbuchamt, solange der Eintragung ausschließlich aus dem Grundbuchrecht herrührende Hindernisse entgegenstehen, nach § 18 Abs. 2 GBO verfahren und den wirksamen Vollstreckungsantrag durch eine den Rang wahrende Zwischenverfügung vorläufig auch in Wirksamkeit erhalten.[11]

2. Bedeutung der Vollziehungsfrist

Die Einhaltung der Vollziehungsfrist (§ 929 Abs. 2) ist Zulässigkeitsvoraussetzung der Eintragung der Arresthypothek und daher vom Grundbuchamt von Amts wegen zu beachten. Die Frist wird durch den Antrag auf Eintragung der Hypothek gewahrt, wenn dieser Antrag vollstreckungsrechtlich zulässig war und die Eintragung später, wenn auch nach Fristablauf, nachfolgt. Zur Fristwahrung ausreichend ist der rechtzeitige Eingang des Antrages bei dem Amtsgericht, zu dem das für die Eintragung zuständige Grundbuchamt gehört; nicht erforderlich ist, dass er noch innerhalb der Vollziehungsfrist dem zuständigen Mitarbeiter des Grundbuchamtes vorgelegt wird.[12] Fehlen bei Antragstellung die allgemeinen Vollstreckungsvoraussetzungen oder entspricht der Antrag nicht den besonderen Anforderungen der §§ 866 Abs. 3 Satz 1, 867 Abs. 2, werden diese Mängel aber geheilt,[13] bevor der Antrag zurückgewiesen wird, so ist für die Fristwahrung der Zeitpunkt entscheidend, in dem sämtliche Vollstreckungsvoraussetzungen vorlagen. Geht der Gläubiger nach § 929 Abs. 3 vor und beantragt die Eintragung der Hypothek vor Zustellung des Arrestbefehls an den Schuldner, so prüft das Grundbuchamt nicht zusätzlich von Amts wegen vor der Eintragung, ob die Zustellungsfrist des § 929 Abs. 3 Satz 2 eingehalten wurde.[14] Die Missachtung der Frist macht die Eintragung allerdings anfechtbar.[15] Ist, wenn die verspätete Zustellung an den Schuldner erfolgte, die Vollziehungsfrist des § 929 Abs. 2 noch nicht abgelaufen, so kann der Gläubiger erneuten Antrag auf Eintragung einer Arresthypothek stellen.[16] Er muss dann aber, wenn die zunächst eingetragene Hypothek nicht schon auf die Erinnerung des Schuldners hin gelöscht ist, durch Rücknahme seines ersten – sich nachträglich als fehlerhaft erweisenden – Vollstreckungsantrages die Löschung der ursprünglich für ihn eingetragenen Arresthypothek veranlassen.[17] Diese Mitteilung an das Grundbuchamt bedarf keiner besonderen Form.[18] § 31 GBO gilt hier also nicht.[19] Die Löschung der zunächst eingetragenen Hypothek vor Eintragung der neuen ist erforderlich, da auf ein und demselben Grundstück für die nämliche Forderung nicht mehrere Hypotheken eingetragen sein können.[20] Für die Berechnung der Wochenfrist des § 929 Abs. 3 Satz 2 ist ebenso wie

---

10 Zur Wahrung der Vollziehungsfrist durch einen vollstreckungsrechtlich zulässigen Antrag nachfolgend Rdn. 6. OLG Karlsruhe, NJW-RR 1998, 523 will auch dann für die Fristwahrung auf den Zeitpunkt des Einganges des Antrages abstellen, wenn die Beseitigung des auf einem seiner Natur nach dem Vollstreckungsrecht zuzurechnenden Mangel beruhenden Eintragungshindernisses allein in der Macht des Grundbuchamtes liegt. Dies erscheint bedenklich, da hierdurch die Trennung zwischen Vollstreckungshindernissen und Eintragungshindernissen allein aus der Sphäre des Grundbuchrechts verwischt wird. Wie hier: *Musielak/Huber*, § 932 Rn. 3.
11 *Musielak/Huber*, § 932 Rn. 3.
12 BGH, NJW 2001, 1134. A. A. (Eingang beim Grundbuchamt): *Baur/Stürner/Bruns*, Rn. 52.19.
13 Zur Möglichkeit der Heilung: BayObLG, NJW-RR 2003, 1668.
14 Ganz überwiegende Meinung; beispielhaft: BayObLG, Rpfleger 1993, 397; *Baur/Stürner/Bruns*, Rn. 52.19; *Musielak/Huber*, § 932 Rn. 3; *Thomas/Putzo/Seiler*, § 932 Rn. 4; *Stein/Jonas/Grunsky*, § 932 Rn. 10; a. A.: *Streuer*, Rpfleger 1988, 514.
15 Einzelheiten unten Rdn. 13.
16 *Wittmann*, MDR 1979, 549.
17 *Wittmann*, MDR 1979, 549; *Zöller/Vollkommer*, § 932 Rn. 7.
18 *Stein/Jonas/Grunsky*, § 932 Rn. 11.
19 Ebenso zur Zwangshypothek: *Habermeier*, S. 34.
20 *Wittmann*, MDR 1979, 550; *Stein/Jonas/Grunsky*, § 932 Rn. 11.

für die Monatsfrist des Abs. 2 der Eingang des Vollstreckungsantrages (Eintragungsantrages) beim Grundbuchamt maßgeblich, nicht etwa erst die Eintragung der Hypothek.[21]

3. Bearbeitung des Antrages durch das Grundbuchamt

7 Nach Eingang des Antrages prüft das Grundbuchamt das Vorliegen eines Arrestbefehls mit vollstreckungsfähigem Inhalt (bestimmte Bezeichnung des Gläubigers und des Schuldners,[22] Angabe des Höchstbetrages), ausnahmsweise auch das Vorliegen einer Vollstreckungsklausel (§ 929 Abs. 1), im Hinblick auf § 929 Abs. 3 Satz 1 aber nicht die Zustellung des Arrestbefehls an den Schuldner. Ob das Arrestgericht örtlich und sachlich zum Erlass des Arrestbefehls zuständig war, ob der Arrestanspruch und der Arrestgrund schlüssig vorgetragen und glaubhaft gemacht waren, hat das Grundbuchamt nicht zu prüfen. Auch bei erheblichen Zweifeln insoweit darf es die Eintragung nicht verweigern. Der Schuldner ist vor der Eintragung nicht zu hören, auch nicht formlos mit dem Eintragungsantrag bekannt zu machen. Liegen die Vollstreckungsvoraussetzungen[23] nicht vor und werden sie auf einen Hinweis (§ 139)[24] hin nicht innerhalb der Frist des § 929 Abs. 2 nachgebessert, so ist der Antrag zurückzuweisen; eine rangwahrende Zwischenverfügung gem. § 18 Abs. 2 GBO ist insoweit unzulässig. Fehlt es dagegen allein an der grundbuchrechtlichen Eintragungsvoraussetzung der Voreintragung des Schuldners im Grundbuch (§ 39 GBO) oder steht der Eintragung ein sonstiges allein aus dem Grundbuchrecht herrührendes Hindernis entgegen, so kann eine rangwahrende Zwischenverfügung mit Eintragung einer Vormerkung von Amts wegen (§ 18 Abs. 2 GBO) ergehen. Die allein aus dem Grundbuchrecht herrührenden Hindernisse müssen auch nicht innerhalb der Frist des § 929 Abs. 2 beseitigt sein,[25] um noch später eine unanfechtbare Eintragung zu ermöglichen.

8 Liegen alle Eintragungsvoraussetzungen vor, so ist die Arresthypothek in Abt. III als **Sicherungshöchstbetragshypothek** (Abs. 1) einzutragen. Der im Arrestbefehl als Lösungssumme (§ 923) festgestellte Geldbetrag ist als Höchstbetrag einzutragen, es sei denn, der Gläubiger beantragt nicht die Vollziehung des Arrestbefehls in voller Höhe, sondern nur hinsichtlich eines Teilbetrages.[26] In letzterem Fall ist der im Antrag bezeichnete Teilbetrag der einzutragende Höchstbetrag. Da die rückständigen und laufenden Zinsen im Höchstbetrag bereits einzurechnen sind, ist eine Eintragung einer Summe »nebst laufenden Zinsen« hinsichtlich des gesonderten Zinseintrages unwirksam.

9 Mit der Eintragung entsteht die Hypothek. Sie wirkt nicht zurück auf den Zeitpunkt der Antragstellung. Dies ist bedeutsam für alle Rechtsfolgen, die an die Entstehung der Hypothek oder an ihren Erwerb durch den Gläubiger anknüpfen. So rechnet etwa die Sperrfrist des § 88 InsO ab dem Tage der Eintragung der Hypothek;[27] § 878 BGB ist insoweit nicht entsprechend zugunsten des Gläubigers anwendbar, da bei der Beurteilung von Vermögensverschiebungen durch Zwangsvollstreckung allgemein auf den Vollstreckungserfolg, nicht auf den Vollstreckungsantrag abzustellen ist. Für die Fristen nach dem AnfG ist der Zeitpunkt des Eintragungsantrages maßgebend (§ 8 AnfG).[28]

---

21 Allgemeine Meinung; beispielhaft *Stein/Jonas/Grunsky*, § 932 Rn. 11.
22 Es gelten insoweit die allgemeinen Grundsätze; siehe: Vor §§ 704–707 Rdn. 5.
23 Siehe oben Rdn. 4.
24 Ein solcher Hinweis ist nicht erforderlich, wenn die Nachbesserung nicht innerhalb der Frist des § 929 Abs. 2 ZPO möglich ist; siehe auch oben Rdn. 6.
25 Wie hier: *Demharter*, Grundbuchordnung, § 13 GBO Rn. 14 und § 18 GBO, Rn. 36; *Zöller/Vollkommer*, § 932 Rn. 8; a. A. aber: LG Essen, Rechtspfleger 1985, 489; *Brox/Walker*, Rn. 1549; *Thomas/Putzo/Seiler*, § 932 Rn. 3.
26 Zu dieser Möglichkeit auch *Zöller/Vollkommer*, § 932 Rn. 3.
27 BayObLG, NJW 1955, 144; *Musielak/Huber*, § 932 Rn. 4; *Thomas/Putzo/Seiler*, § 932 Rn. 3; *Zöller/Vollkommer*, § 932 Rn. 6; a. A. aber (§ 878 BGB entsprechend anzuwenden): *Stein/Jonas/Grunsky*, § 932 Rn. 8.
28 *Musielak/Huber*, § 932 Rn. 4.

III. Wesen der Arresthypothek

Die Arresthypothek ist gem. Abs. 1 eine Höchstbetragssicherungshypothek (§§ 1190, 1184 BGB). 10
Sie sichert die spätere Vollstreckung des im Hauptsacheverfahren noch zu titulierenden Anspruchs nebst Nebenforderungen und Kosten. Im Hinblick auf diese bloße Sicherungsfunktion beschränkt **Abs. 1 Satz 2** die Befugnisse des Gläubigers im Vergleich zu denen der Gläubiger einer rechtsgeschäftlich oder gem. § 867 bestellten Sicherungshypothek: Er hat nicht den Löschungsanspruch nach §§ 1179a, 1179b BGB. Ob diese Beschränkung sachlich erforderlich war oder ob sich eine Gleichbehandlung nicht hätte mit besseren Gründen vertreten lassen,[29] mag dahinstehen. Die Regelung ist im Hinblick auf die Vorläufigkeit des Vollstreckungstitels und die mit ihm erstrebte nur einstweilige Sicherung nicht willkürlich und deshalb jedenfalls nicht wegen Verstoßes gegen den Gleichheitsgrundsatz des Art. 3 GG nichtig.[30] Eine weitere Beschränkung der Befugnisse des Gläubigers gegenüber anderen Hypothekengläubigern ist Abs. 1 Satz 2 aber nicht zu entnehmen. Insbesondere ist der Gläubiger nicht gehindert, aus § 1147 BGB auf Duldung der Zwangsvollstreckung aus der Hypothek zu klagen und mit einem solchen Titel dann die Zwangsversteigerung des Grundstücks zu betreiben.

IV. Weitere Zwangsvollstreckung aus der Arresthypothek

Die Zwangs-(Arrest-) Hypothek bietet dem Gläubiger zunächst nur Sicherheit für seine Forderung, 11
aber keine – auch nur einstweilige – Befriedigung. Andererseits ist aber mit der Eintragung der Hypothek die Vollstreckung aus dem Arrestbefehl beendet. Anders als die Zwangshypothek gem. § 867 in Verbindung mit dem Hauptsachetitel stellt die Arresthypothek in Verbindung mit dem Arrest keinen Titel dar, der es dem Gläubiger unmittelbar ermöglichen würde, die Zwangsversteigerung im Range des § 10 Abs. 1 Nr. 4 ZVG zu betreiben. Der Gläubiger kann aber aus der Arresthypothek gem. § 1147 BGB gegen den Grundstückseigentümer auf Duldung der Zwangsvollstreckung in das Grundstück klagen.[31] Der in diesem neuen Verfahren erstrittene Duldungstitel ermöglicht es dem Gläubiger dann, die Zwangsversteigerung oder Zwangsverwaltung des Grundstücks zu beantragen. Dem Gläubiger auch bei der Arresthypothek das Recht gem. § 1147 BGB zu gewähren, widerspricht nicht dem nur vorläufigen Sicherungscharakter der Arresthypothek. Denn der Rechtsstreit zur Erlangung des Duldungstitels gibt dem Schuldner bzw., wenn nachträglich eine Veräußerung des Grundstücks erfolgt sein sollte, dem Grundstückseigentümer keine geringere Sicherheit als das Hauptsacheverfahren. Der Schuldner kann dem Duldungsanspruch entgegenhalten, der gesicherte Anspruch bestehe nicht oder nicht in voller Höhe (§ 1184 BGB). Der Gläubiger muss dann wie im Hauptsacheverfahren das Bestehen des Anspruchs beweisen (nicht nur glaubhaft machen wie zur Erlangung des Arrestbefehls). Entgegen der h. M.[32] kann er diesen Beweis nicht nur durch Vorlage des Hauptsachetitels erbringen, sondern mit allen Beweismitteln der ZPO. Da er aber aus dem Arrestbefehl im Ergebnis dennoch nicht Befriedigung seines Anspruchs, sondern nur Sicherung des noch zu titulierenden Anspruchs verlangen kann, hat der Schuldner bzw. Grundstückseigentümer gegenüber dem Anspruch aus § 1147 BGB die Einrede, noch nicht zur Befriedigung verpflichtet zu sein, bis der Hauptsachetitel vorliegt.[33] Trotz dieses Ergebnisses ist die Bejahung des Anspruchs aus § 1147 BGB auch für den Arresthypothekengläubiger nicht dogmatische Spielerei. Hat nämlich der Schuldner das Grundstück nach Eintragung der Arresthypothek, aber vor Erlangung des

---

29 So die allgemeine Meinung: etwa *Brox/Walker*, Rn. 1551.
30 *Brox/Walker*, Rn. 1551; *Zöller/Vollkommer*, § 932 Rn. 1; a. A. aber: *Stein/Jonas/Grunsky*, § 932 Rn. 4; *Stöber*, Rpfleger 1977, 426.
31 Heute ganz h. M.; beispielhaft BGH, NJW 1997, 3230 mit Anm. *Medicus*, EWiR 1997, 877; OLG Celle, WM 1985, 547; LG Wuppertal, WM 1984, 1619; *Brox/Walker*, Rn. 1553; *Habermeier*, S. 121 ff.; *Musielak/Huber*, § 932 Rn. 6; *Nicklisch*, AcP 169, 124 ff.; *Stein/Jonas/Grunsky*, § 932 Rn. 3; *Thomas/Putzo/Seiler*, § 932 Rn. 1; *Zöller/Vollkommer*, § 932 Rn. 1.
32 Ausführliche Begründung durch *Nicklisch*, AcP 169, 127.
33 Im Ergebnis wie hier: *Habermeier*, S. 123.

Hauptsachetitels veräußert, so kann der Gläubiger vom neuen Eigentümer nicht Umschreibung der Arresthypothek in eine »normale« Zwangshypothek verlangen,[34] da es an einer Anspruchsgrundlage gegen diesen fehlt. Der Gläubiger könnte sich dann den Rang der Arresthypothek nicht mehr nutzbar machen. Der Arrestbefehl wäre folgenlos.

V. Wirkungen der Arresthypothek im Rahmen der Zwangsvollstreckung durch andere

12 Betreiben andere Gläubiger die Zwangsversteigerung des Grundstücks, so wird die Arresthypothek, soweit sie dem betreibenden Recht vorgeht, mit dem vollen Höchstbetrag in das geringste Gebot aufgenommen (§§ 44, 48 ZVG), obwohl sie gem. § 14 ZVG im Übrigen noch als bedingtes Recht gilt. Erweist sich später der Höchstbetrag als zu hoch angesetzt, ist nach §§ 50, 125 Abs. 1 ZVG zu verfahren. Im Verteilungsverfahren wird die dem die Zwangsversteigerung betreibenden Recht nachrangige Höchstbetragsarresthypothek mit dem vollen Höchstbetrag in den Teilungsplan aufgenommen (§ 114 Abs. 1 ZVG), zugleich ist aber festzustellen, wie der zugeteilte Betrag anderweitig aufzuteilen sei, wenn der Höchstbetrag die später endgültig festgestellte Forderung übersteigt (§ 119 ZVG). Der auf die Arresthypothek entfallende Betrag wird zunächst hinterlegt, bis die Forderung aufgrund des Hauptsachetitels feststeht (§ 120 ZVG).

VI. Rechtsbehelfe

13 Wird der Eintragungsantrag des Gläubigers ganz oder teilweise zurückgewiesen, hat er gegen diese Entscheidung des Rechtspflegers die Beschwerde gem. §§ 71 Abs. 1 GBO, 11 Abs. 1 RPflG. Hält der Schuldner die Eintragung für unzulässig, weil wesentliche Verfahrensvorschriften des Grundbuch- oder auch des Vollstreckungsrechts verletzt worden seien, kann er nur mit der Beschwerde gem. §§ 71 Abs. 2 Satz 2 GBO, 11 Abs. 1 RPflG anregen, dass das Grundbuchamt angewiesen werde, nach § 53 GBO einen Widerspruch einzutragen oder eine Löschung vorzunehmen. Zur Spezialität des § 71 GBO gegenüber § 766 gelten hier die nämlichen Erwägungen, wie sie der herrschenden Auffassung zur Zwangshypothek gem. § 867 zugrunde liegen. Hat das Grundbuchamt eine Arresthypothek eingetragen, obwohl bei Antragstellung bereits die Vollziehungsfrist des § 929 Abs. 2 verstrichen war, ist durch diese Eintragung keine, auch keine durch eine mögliche Anfechtung auflösend bedingte Hypothek entstanden.[35] Das Grundbuch ist unrichtig. In einem solchen Fall muss das Grundbuchamt auch ohne förmliche Erinnerung des Schuldners die Löschung der unzulässigen Eintragung betreiben, wenn der Grundstückseigentümer dies beantragt (§§ 22, 28 GBO, 894, 899 BGB).

VII. Erwerb der Hypothek durch den Eigentümer

14 Abs. 2 verweist insoweit auf § 868. Vollstreckbare Entscheidung i. S. § 868 Abs. 1 können das Endurteil auf einen Widerspruch (§ 925 Abs. 1), auf einen Antrag nach § 926 Abs. 2 oder auf einen Antrag nach § 927 hin, das Berufungsurteil im Arrestverfahren oder ein Urteil im Hauptsacheverfahren sein. Die Arresthypothek wandelt sich in diesen Fällen automatisch mit Verkündung der den Arrestbefehl oder das Arresturteil aufhebenden vollstreckbaren Entscheidung in eine Eigentümergrundschuld. Der gleiche Erfolg tritt ein, wenn der Schuldner nach Eintragung der Hypothek die Lösungssumme bezahlt hat, und zwar schon, bevor seinem Antrag auf Aufhebung der Vollziehungsmaßnahme stattgegeben wird (§ 868 Abs. 2),[36] oder wenn im Rahmen einer Entscheidung nach § 924 Abs. 3 Satz 2 nicht nur die Vollziehung einstweilen eingestellt, sondern auch die Aufhebung bereits erfolgter Vollziehungsmaßnahmen – etwa bei Nachweis einer Sicherheitsleistung – angeordnet wird.

---

34 Näheres hierzu unten Rdn. 16.
35 Ganz herrschende Auffassung; beispielhaft *Brox/Walker*, Rn. 1554.
36 *Stein/Jonas/Grunsky*, § 932 Rn. 15; *Thomas/Putzo/Seiler*, § 932 Rn. 1.

§ 868 ist nicht anwendbar, wenn die Arresthypothek von Anfang an unzulässigerweise eingetragen war, weil die Lösungssumme unter 750 Euro lag oder weil die Vollziehungsfrist des § 929 Abs. 2 versäumt war. In diesen Fällen ist mit der Eintragung nicht nur keine Arresthypothek, sondern auch keine Eigentümergrundschuld entstanden.[37] Das Grundbuch ist von Anfang an unrichtig[38] und muss auf Antrag des Grundstückseigentümers berichtigt werden.

15

VIII. Das Urteil in der Hauptsache

Obsiegt der Gläubiger im Hauptsacheverfahren, so wandelt sich die bisherige Höchstbetragssicherungshypothek nicht automatisch um in eine »normale« Zwangshypothek. Der Gläubiger muss vielmehr ausdrücklich beim Grundbuchamt die Umschreibung der Arresthypothek in eine Zwangshypothek beantragen.[39] Die Umschreibung ist nur zulässig, wenn der im Hauptsacheverfahren titulierte Anspruch nebst festgesetzten Kosten und mittitulierten Nebenkosten ausschließlich der nur als Nebenforderung titulierten Zinsen den Mindestbetrag des § 866 Abs. 3 Satz 1 übersteigt.[40] Mit der Umschreibung wahrt der Gläubiger den Rang der Arresthypothek. Hat der Schuldner nach Eintragung der Arresthypothek das Grundstück an einen Dritten veräußert, so ist nach Erlangung des Hauptsachetitels gegen den Schuldner für den Umschreibungsantrag kein zusätzlicher Titel gegen den Dritten erforderlich.[41] Aus der nach der Umschreibung entstandenen Zwangshypothek kann der Gläubiger nunmehr unter Vorlage des Hauptsachetitels unmittelbar die Zwangsversteigerung im Range des § 10 Abs. 1 Nr. 4 ZVG betreiben. Er bedarf keines zusätzlichen Duldungstitels gem. § 1147 BGB. Da die Umschreibung konstitutiv für die Entstehung der Zwangssicherungshypothek aus der bisherigen Arresthypothek ist und einen neuen, eigenständigen Akt der Zwangsvollstreckung, nunmehr aus dem Hauptsachetitel, darstellt, ist sie nach Eröffnung des Insolvenzverfahrens nicht mehr möglich.[42]

16

Dem Umschreibungsantrag müssen der – jedenfalls vorläufig[43] – vollstreckbare Hauptsachetitel (soweit zu dessen Vollstreckung erforderlich mit Vollstreckungsklausel und Nachweis der Sicherheitsleistung) und – zum Nachweis der Berechtigung der eingetragenen Arresthypothek – der Arrestbefehl und dessen Zustellungsnachweis an den Gläubiger beigefügt sein.[44] Erweist sich die Arresthypothek etwa wegen Versäumung der Frist des § 929 Abs. 2 als zu Unrecht eingetragen, kann die Zwangshypothek nicht durch Umschreibung an ihrer Rangstelle eingetragen werden, der Umschreibungsantrag ist vielmehr in einen Antrag auf Neueintragung einer Zwangshypothek an bereiter Stelle umzudeuten. Gleiches gilt, falls der Arrestbefehl zwischenzeitlich aufgehoben worden war.

17

Die Kosten der Umschreibung hat, da es sich um Vollstreckungskosten handelt, der Schuldner zu tragen.

IX. Zwangsvollstreckung in eine Arresthypothek

Die Arresthypothek ist immer Höchstbetragshypothek. Bei dieser kann gem. § 1190 Abs. 4 BGB die Forderung ohne die Hypothek übertragen werden. Daher kann gem. § 837 Abs. 4 auch der gesicherte Anspruch ohne die Hypothek gepfändet werden.[45] Soll aber die Arresthypothek gepfändet

18

---

37 *Brox/Walker*, Rn. 1554; *Stein/Jonas/Grunsky*, § 932 Rn. 10; *Zöller/Vollkommer*, § 932 Rn. 7.
38 Siehe oben Rdn. 13.
39 Allgemeine Meinung; beispielhaft: *Stein/Jonas/Grunsky*, § 932 Rn. 14.
40 Zur Unterschiedlichkeit der Zusammensetzung des Höchstbetrages bei der Arresthypothek und der Zwangshypothek siehe oben Rdn. 4.
41 LG Zweibrücken, NJW-RR 1995, 512.
42 OLG Frankfurt, Rpfleger 1975, 103.
43 *Brox/Walker*, Rn. 1552; *Stein/Jonas/Grunsky*, § 932 Rn. 14; *Zöller/Vollkommer*, § 932 Rn. 5.
44 Allgemeine Meinung; beispielhaft: *Zöller/Vollkommer*, § 932 Rn. 5.
45 Einzelheiten § 837 Rdn. 4.

werden, hat dies nach den Regeln der §§ 830, 829 zu erfolgen. Das Pfandrecht an der Arresthypothek setzt sich an der durch Umschreibung entstandenen Zwangshypothek fort, ohne dass es zum Fortbestand des Pfandrechts ebenfalls der Umschreibung – dass das Pfandrecht sich nunmehr auf die Zwangshypothek bezieht – bedarf. Der Gläubiger kann allerdings Richtigstellung des Grundbuches verlangen. Der Pfändungsgläubiger, dem die Arresthypothek zur Einziehung überwiesen wurde, kann die Duldungsklage gem. § 1147 BGB erheben. Es gilt aber auch für ihn das oben Rdn. 11 Gesagte: Um dem Einwand des Grundstückseigentümers, zur Befriedigung des Arresthypothekengläubigers noch nicht verpflichtet zu sein, erfolgreich entgegentreten zu können, muss er den in der Hauptsache ergangenen Titel vorlegen. Er kann ihn gegebenenfalls, wenn sein Schuldner – der Arresthypothekengläubiger – ihn noch nicht erstritten hat, aufgrund der Überweisung der – durch die Arresthypothek gesicherten – Forderung im Einziehungsprozess[46] selbst erstreiten.

X. Entsprechende Anwendung

19   Eine auf eine Geldleistung gerichtete Befriedigungsverfügung ermöglicht es dem Gläubiger abweichend von Abs. 1 auch, bereits die Zwangsverwaltung oder Zwangsversteigerung des Grundstücks (aus dem Rang des § 10 Abs. 1 Nr. 5 ZVG) zu betreiben. Eine bloße Arresthypothek in entsprechender Anwendung der Vorschrift würde den Bedürfnissen, für die diese Verfügungsart gerade entwickelt wurde, nicht gerecht.

20   Abs. 3 (Vorverlegung des Vollziehungszeitpunkts auf den Eingang des Antrages beim Grundbuchamt) ist auf die Wahrung der Vollziehungsfrist bei einstweiligen Verfügungen, die auf eine Eintragung im Grundbuch abzielen (Eintragung einer Vormerkung zur Sicherung eines Anspruchs auf Eintragung einer Sicherungshypothek; Eintragung eines Verfügungsverbots über ein Grundstück), entsprechend anzuwenden, wenn die beantragte Eintragung später nachfolgt. Wird hier die Eintragung aufgrund einer Beschlussverfügung beantragt, die dem Schuldner noch nicht zugestellt ist, muss § 929 Abs. 3 beachtet werden. Es gilt das oben in Rdn. 6 Ausgeführte entsprechend.

---

46 Einzelheiten § 835 Rdn. 6–13.

§ 933 Vollziehung des persönlichen Arrestes

¹Die Vollziehung des persönlichen Sicherheitsarrestes richtet sich, wenn sie durch Haft erfolgt, nach den Vorschriften der §§ 802g, 802h und 802j Abs. 1 und 2 und, wenn sie durch sonstige Beschränkung der persönlichen Freiheit erfolgt, nach den vom Arrestgericht zu treffenden besonderen Anordnungen, für welche die Beschränkungen der Haft maßgebend sind. ²In den Haftbefehl ist der nach § 923 festgestellte Geldbetrag aufzunehmen.

Übersicht	Rdn.		Rdn.
I. Möglichkeiten der Vollziehung des persönlichen Arrestes	1	V. Rechtsmittel	5
II. Freiheitsbeschränkungen ohne Haft	2	VI. Keine entsprechende Anwendung auf einstweilige Verfügungen	7
III. Der Haftbefehl	3	VII. Verhältnis zu paralleler Strafhaft	8
IV. Der Vollzug der Haft	4		

Literatur:
Winter, Vollzug der Zivilhaft, 1987; *Schuschke*, Der Vollzug des persönlichen Sicherheitsarrestes, DGVZ 1999, 129; *Gaul*, Zur Problematik des persönlichen Arrestes, FS Beys, 2003, S. 327.

I. Möglichkeiten der Vollziehung des persönlichen Arrestes

Der persönliche Arrest kann sowohl durch Haft als auch durch andere die Freizügigkeit des Schuldners beschränkende Maßnahmen[1] vollzogen werden. Die konkrete Art der Vollziehung kann schon im Arrestbefehl vom Arrestgericht festgelegt werden; es genügt dort allerdings auch die schlichte »Anordnung« des »persönlichen Arrests«. Ist letzteres geschehen, so muss das Arrestgericht noch in einem nachfolgenden, zusätzlichen Beschluss die konkrete Art der Vollziehung festlegen.[2] Die Auswahl der konkreten Maßnahme steht im Ermessen des Gerichts.[3] Der Antrag des Gläubigers, eine ganz bestimmte Maßnahme zu verhängen, ist lediglich Anregung zur Ermessensausübung. Da der persönliche Arrest insgesamt schon subsidiär gegenüber dem dinglichen Arrest ist,[4] ist bei der Festlegung der Vollziehungsmaßnahme nochmals sorgfältig abzuwägen, welche der in Betracht kommenden Maßnahmen tatsächlich erforderlich ist, um später eine Zwangsvollstreckung des Hauptsachetitels in das Schuldnervermögen zu gewährleisten. Jedes Mehr ist unzulässig. Insbesondere darf der persönliche Arrest nicht dazu eingesetzt werden, um den Willen des Schuldners zu beugen und ihn zur freiwilligen Erfüllung der noch zu titulierenden Hauptsacheschuld zu bewegen.[5]

II. Freiheitsbeschränkungen ohne Haft

Als gegenüber der Haft **mildere freiheitsbeschränkende Maßnahmen** kommen in Betracht:[6] die Anordnung von Hausarrest; das Verbot, den Ort oder einen bestimmten Bezirk zu verlassen; die Anordnung der Beschlagnahme des Personalausweises zur Sicherung des Hausarrests[7] oder des Passes zur Sicherung des Verbotes, das Land zu verlassen; die Bestimmung von Meldepflichten. Nicht in Betracht kommt die Anordnung, dass der Schuldner eine elektronische Fußfessel zu tragen habe, da der Schuldner insoweit über das im Rahmen der Zwangsvollstreckung Erforderliche in

---

1 Zur Vielzahl der denkbaren Maßnahmen im Einzelnen siehe unten Rdn. 2 sowie *Schuschke*, DGVZ 1999, 129, 130.
2 *Zöller/Vollkommer*, § 933 Rn. 1.
3 *Brox/Walker*, Rn. 1503.
4 LG München, NJW-RR 1988, 382; OLG Karlsruhe, FamRZ 1996, 1429.
5 *Brox/Walker*, Rn. 1503.
6 Wie hier: *Musielak/Huber*, § 933 Rn. 1.
7 A. A. (Personalausweis dürfe nie einbehalten werden): *Zöller/Vollkommer*, § 933 Rn. 1; wie hier aber: Kindl/Meller-Hannich/Wolf/*Haertlein*, § 933 Rn. 3; *Stein/Jonas/Grunsky*, § 933 Rn. 1.

seinen Persönlichkeitsrechten beschränkt würde. Vollstreckungsorgan ist der Gerichtsvollzieher.[8] Er nimmt also die Ausweispapiere an sich; bei ihm hat der Schuldner sich zu melden. Der Gerichtsvollzieher wird nur auf Antrag des Gläubigers tätig.

III. Der Haftbefehl

3   Ordnet das Gericht **Haft** an, so muss es einen Haftbefehl erlassen (§ 802g Abs. 1). Der Haftbefehl muss nicht in einer gesonderten Urkunde neben dem Arrestbefehl enthalten sein, sondern kann mit der Arrestanordnung zusammen ausgesprochen werden.[9] Ergeht ein besonderer Haftbefehl, so ist in ihm ausdrücklich die Lösungssumme (§ 923) aufzunehmen, durch deren Hinterlegung der Schuldner die Vollziehung des Arrests abwenden kann (**Satz 2**). Die Verhaftung erfolgt auf Antrag des Gläubigers durch den Gerichtsvollzieher (§ 802g Abs. 2).[10] Die Dauer der zulässigen Haft ergibt sich aus § 802j Abs. 1. Der Haftvollzug selbst richtet sich nach §§ 171–175 StrVollzG.

IV. Der Vollzug der Haft

4   Für die Haft gelten die Vorschriften der §§ 802g, 802h, 802j Abs. 1 und Abs. 2 entsprechend. Das Gericht hat diese Vorschriften aber auch bei seinen besonderen Anordnungen zur Ausführung anderer freiheitsbeschränkender Maßnahmen zu beachten. So dürfen auch diese Maßnahmen zugunsten jedes einzelnen Gläubigers die Höchstdauer von 6 Monaten gem. § 913 nicht überschreiten. Der Schuldner kann seine Verhaftung, den weiteren Vollzug einer bereits durchgeführten Verhaftung und die Vollziehung der sonstigen freiheitsbeschränkenden Maßnahmen jederzeit durch Hinterlegung der Lösungssumme (§ 923) abwenden. War gegen den Schuldner zuvor bereits auf Antrag eines anderen Gläubigers Erzwingungshaft gem. § 802g Abs. 1 angeordnet, so steht dies, auch wenn der Schuldner volle 6 Monate verhaftet war, der Arrestvollziehung durch Haft nicht entgegen, da § 802j Abs. 3 hier nicht gilt.[11]

V. Rechtsmittel

5   Hält der **Gläubiger** die angeordneten Maßnahmen für unzureichend und möchte er etwa erreichen, dass an die Stelle einer angeordneten Meldepflicht Haft treten solle, so steht ihm insoweit **kein** Rechtsmittel zur Verfügung, da im Abweichen von seiner Anregung keine Teilabweisung des Arrestantrages liegt. Hält der **Schuldner** die im Arrestbefehl selbst oder in einem späteren Ergänzungsbeschluss angeordnete Maßnahme für überzogen, meint er etwa, eine Meldepflicht sichere den Gläubiger ausreichend, sodass Haft nicht erforderlich sei, so muss er dies mit den gegen den Arrestbefehl zulässigen Rechtsbehelfen geltend machen (Widerspruch im Fall des § 924; Berufung, wenn durch Urteil gem. § 922 Abs. 1, 1. Alt. entschieden worden war). Wird der Schuldner auf gerichtliche Anordnung hin wieder aus der Haft entlassen, wird diese Entscheidung aber später aufgehoben, so steht § 929 Abs. 2 einer erneuten Verhaftung nach Ablauf der Vollziehungsfrist nicht entgegen.[12]

6   Wollen der Gläubiger oder der Schuldner dagegen die Art und Weise beanstanden, in der der Gerichtsvollzieher die Vollziehung der angeordneten Maßnahmen durchführt, so müssen sie Erinnerung gem. § 766 einlegen. Über diese Erinnerung entscheidet das allgemeine **Vollstreckungs-**

---

8   *Brox/Walker*, Rn. 1561; *Musielak/Huber*, § 933 Rn. 1; *Stein/Jonas/Grunsky*, § 933 Rn. 2; *Zöller/Vollkommer*, § 933 Rn. 1; zum Vollzug anderer freiheitsentziehender Maßnahmen außer der Haft im Einzelnen: *Schuschke*, DGVZ 1999, 129, 132.
9   *Zöller/Vollkommer*, § 933 Rn. 1.
10 *Schuschke*, DGVZ 1999, 129, 131.
11 OLG Celle, DGVZ 1999, 73; KG, DGVZ 2000, 59.
12 OLG Celle, DGVZ 1999, 73.

gericht (§ 764), nicht das Arrestgericht, sodass in einem solchen Fall auch dann, wenn der Arrestbefehl vom Arbeitsgericht stammte, das Amtsgericht zuständig ist.[13]

VI. Keine entsprechende Anwendung auf einstweilige Verfügungen

§ 933 ist auf einstweilige Verfügungen nicht entsprechend anwendbar. Freiheitsbeschränkende Maßnahmen gegenüber dem Schuldner sind dort nicht denkbar.[14]

7

VII. Verhältnis zu paralleler Strafhaft

Befindet sich der Schuldner aufgrund persönlichen Arrests in Haft und kann deshalb ein in einem Strafverfahren gegen den Schuldner ergangener Haftbefehl nicht unmittelbar, sondern nur durch Notierung von Überhaft vollzogen werden[15], ist die aufgrund des Arrests verbrachte Haftzeit später gem. § 51 Abs. 1 Satz 1 StGB auf die Strafe im Strafverfahren anzurechnen.[16] Als die Anrechnung gebietender Zusammenhang ist insoweit die Überhaft ausreichend.[17]

8

---

13 *Stein/Jonas/Grunsky*, § 933 Rn. 2.
14 *Musielak/Huber*, § 936 Rn. 7; *Zöller/Vollkommer*, § 933 Rn. 2.
15 Kindl/Meller-Hannich/Wolf/*Haertlein*, § 933 Rn. 10.
16 KG, NStZ-RR 2005, 388.
17 BVerfG, NStZ 1999, 477; enger zur Frage des Zusammenhanges: Kindl/Meller-Hannich/Wolf/*Haertlein*, § 933 Rn. 11.

§ 934 Aufhebung der Arrestvollziehung

(1) Wird der in dem Arrestbefehl festgestellte Geldbetrag hinterlegt, so wird der vollzogene Arrest von dem Vollstreckungsgericht aufgehoben.

(2) Das Vollstreckungsgericht kann die Aufhebung des Arrestes auch anordnen, wenn die Fortdauer besondere Aufwendungen erfordert und die Partei, auf deren Gesuch der Arrest verhängt wurde, den nötigen Geldbetrag nicht vorschießt.

(3) Die in diesem Paragraphen erwähnten Entscheidungen ergehen durch Beschluss.

(4) Gegen den Beschluss, durch den der Arrest aufgehoben wird, findet sofortige Beschwerde statt.

Übersicht

		Rdn.			Rdn.
I.	Zweck der Norm	1	IV.	Entsprechende Anwendung bei einstweiligen Verfügungen	6
II.	Verfahren	2			
III.	Rechtsbehelfe	5	V.	Gebühren	7

I. Zweck der Norm

1 Durch den Arrest will der Gläubiger den Erfolg einer späteren Zwangsvollstreckung des Hauptsachetitels, der auf Zahlung einer Geldsumme gerichtet ist, vorab sichern. Im Wege der Arrestvollziehung beschlagnahmt er soviel von ihm bzw. den Vollstreckungsorganen ausgewähltes Schuldnervermögen, dass die im Rahmen der endgültigen Vollstreckung durchzuführende Verwertung voraussichtlich zur Befriedigung führen wird. Da der Gläubiger einer Geldforderung aber keinen Anspruch darauf hat, aus bestimmten Vermögensgegenständen des Schuldners befriedigt zu werden, kann der Schuldner dem Sicherungsinteresse des Gläubigers dadurch Genüge tun, dass er die Lösungssumme (§ 923) hinterlegt. Es besteht dann kein Bedürfnis mehr, den Gläubiger anderweitig am Schuldnervermögen zu sichern (geregelt in **Abs. 1**). Da die Arrestvollziehung allein dem Gläubigerinteresse dient, nicht Bedürfnissen der Allgemeinheit, besteht ebenfalls kein Anlass, die Arrestvollziehung aufrechtzuerhalten, wenn hierdurch erhebliche Kosten entstehen, der Gläubiger diese Kosten aber nicht vorschießt (geregelt in **Abs. 2**). Für beide Fälle sieht das Gesetz daher die Möglichkeit vor, den Arrestvollzug, nicht etwa den Arrestbefehl selbst, wie man aufgrund der ungenauen Formulierung des Gesetzestextes annehmen könnte, aufzuheben.[1]

II. Verfahren

2 1. Im Fall des **Abs. 1** (Hinterlegung der Lösungssumme) ist ein **Antrag** des Schuldners[2] an das **Vollstreckungsgericht** erforderlich (§ 923, 2. Alt.). Dem Antrag ist der Hinterlegungsnachweis beizufügen. Vollstreckungsgericht im Fall der Pfändung beweglicher Sachen, der Eintragung einer Arresthypothek und der Vollziehung des persönlichen Arrests ist das Amtsgericht, in dessen Bezirk das Vollstreckungsverfahren stattgefunden hat (§ 764 Abs. 2), im Fall der Forderungspfändung aber das Arrestgericht (§ 930 Abs. 1 Satz 3). Über Anträge nach Abs. 1 entscheidet der Rechtspfleger (§ 20 Nr. 15 RpflG). War in Vollziehung des Arrests eine Forderung gepfändet, so hebt der Rechtspfleger selbst den Pfändungsbeschluss auf und benachrichtigt den Drittschuldner. War eine bewegliche Sache gepfändet, so muss der Schuldner den Aufhebungsbeschluss noch dem Gerichtsvollzieher vorlegen, damit dieser das Pfandsiegel entfernt. Bis dahin bleibt der Gegenstand beschlagnahmt. Ist eine Arresthypothek eingetragen, so hat diese sich schon vor dem förmlichen Aufhebungsbeschluss mit Hinterlegung der Lösungssumme in eine Eigentümergrundschuld umgewandelt.[3] Der Auf-

---

1 Stein/Jonas/Grunsky, § 934 Rn. 1.
2 BGHZ 89, 86.
3 Siehe auch § 932 Rdn. 14.

hebungsbeschluss muss aber dem Grundbuchamt zusammen mit der Hinterlegungsbescheinigung vorgelegt werden, damit das Grundbuch berichtigt werden kann.

2. Im Fall des **Abs. 2** (fehlender Vorschuss für die Vollziehungskosten) entscheidet der Richter am Vollstreckungsgericht[4] von Amts wegen. Eine Entscheidung des Rechtspflegers würde keinerlei Wirkungen entfalten, da er funktionell unzuständig ist. Die Aufhebungsentscheidung steht im Ermessen des Gerichts, ist also keine zwangsläufige Folge der Nichtleistung des Vorschusses. Sie ist dem Gläubiger deshalb auch zunächst ausdrücklich anzudrohen, bevor sie ergeht. Anwendungsfälle des Abs. 2 sind insbesondere der persönliche Arrest (Haftkostenvorschuss, falls die Haft einige Zeit andauern muss) und der Arrestvollzug in Kostbarkeiten und andere vom Gerichtsvollzieher zu verwahrende Gegenstände (Vorschuss für Safemiete, Lagerkosten u. ä.).

3

3. Die Entscheidung nach Abs. 1 ebenso wie die nach Abs. 2 kann ohne mündliche Verhandlung ergehen (**Abs. 3**). Sie erfolgt immer durch Beschluss. Für das Verfahren ohne mündliche Verhandlung besteht auch vor dem Kollegialgericht kein Anwaltszwang. Die Entscheidung ergeht ohne besondere Kostenentscheidung, da die Kosten des Aufhebungsverfahrens Kosten der Zwangsvollstreckung sind (§ 788), die dem Schuldner zur Last fallen.[5]

4

III. Rechtsbehelfe

Gegen die Aufhebungsentscheidung des Rechtspflegers steht dem Gläubiger die sofortige Beschwerde gem. § 793 i. V. m. § 11 Abs. 1 RPflG zu, gegen die Aufhebungsentscheidung des Richters die sofortige Beschwerde (§ 793). Dem Schuldner steht, wenn der Rechtspfleger den Aufhebungsantrag nach Abs. 1 zurückweist, ebenfalls die sofortige Beschwerde (§ 567 Abs. 1 Nr. 2, § 11 Abs. 1 RPflG) zu. Da im Fall des Abs. 2 kein Anspruch des Schuldners auf Aufhebung des Arrestvollzuges besteht, hat er auch kein Rechtsmittel, wenn der Richter einer diesbezüglichen Anregung nicht folgt;[6] denn es fehlt an einer Beschwer des Schuldners.

5

IV. Entsprechende Anwendung bei einstweiligen Verfügungen

Im Verfahren der einstweiligen Verfügung ist Abs. 1 nicht entsprechend anwendbar, da § 939 insoweit eine Spezialregelung enthält. Dagegen ist eine entsprechende Anwendung von Abs. 2 möglich.[7] In diesem Fall gelten dann auch Abs. 3 und 4 entsprechend. Eine entsprechende Anwendung von Abs. 2 kommt etwa in Betracht, wenn der Gläubiger im Fall des § 941 nachträglich die Eintragungskosten nicht übernehmen will.

6

V. Gebühren

Die Aufhebungsentscheidungen nach Abs. 1 und Abs. 2 ergehen gerichtsgebührenfrei; für den Anwalt ist der Antrag auf Aufhebung des Arrestes gegenüber der Mitwirkung im Arrestverfahren eine besondere Angelegenheit (§ 18 Nr. 1 Buchst. d RVG).[8] Es entsteht die Gebühr gem. VV Nr. 3309 RVG.

7

---

4 Stein/Jonas/Grunsky, § 934 Rn. 3; Zöller/Vollkommer, § 934 Rn. 1.
5 Musielak/Huber, § 934 Rn. 2; Zöller/Vollkommer, § 934 Rn. 2.
6 A. A. die h. M., die dem Schuldner hier die sofortige Beschwerde geben will: Musielak/Huber, § 934 Rn. 2; Stein/Jonas/Grunsky, § 934 Rn. 6; Thomas/Putzo/Seiler, § 934 Rn. 4; Zöller/Vollkommer, § 934 Rn. 3.
7 Brox/Walker, Rn. 1660; Musielak/Huber, § 936 Rn. 7; Stein/Jonas/Grunsky, § 938 Rn. 34; Thomas/Putzo/Seiler, § 936 Rn. 12; Zöller/Vollkommer, § 934 Rn. 4.
8 A. A. (eine Angelegenheit): Musielak/Huber, § 934 Rn. 3.

Vor § 935 Vorläufiger Rechtsschutz durch einstweilige Verfügung – Überblick

Übersicht

		Rdn.
A.	Die einstweilige Verfügung im System des einstweiligen Rechtsschutzes	1
I.	Verhältnis von Arrest und einstweiliger Verfügung	1
II.	Die einstweiligen Anordnungen der ZPO und die einstweilige Verfügung	3
	1. Die die Zwangsvollstreckung betreffenden einstweiligen Anordnungen	4
	2. Sonstiger vorläufiger Rechtsschutz in ZPO-Verfahren	6
III.	Die einstweiligen (vorläufigen) Anordnungen nach dem FamFG in den familiengerichtlichen Verfahren und in den Verfahren der freiwilligen Gerichtsbarkeit	7
IV.	Ausschluss einstweiliger Verfügungen zur Verfahrensbeeinflussung in Zivil-, Straf- oder Verwaltungsverfahren	26
V.	Einstweilige Verfügung und materiell-rechtliche Möglichkeiten der eiligen Abhilfe	27
B.	Die Arten der einstweiligen Verfügung	28
I.	Die Sicherungsverfügung (§ 935)	29
II.	Die Regelungsverfügung (§ 940)	30
III.	Die Leistungs- oder Befriedigungsverfügung	31
	1. Die Unterlassungsverfügung	32
	2. Die Herausgabeverfügung	33
	3. Die presserechtliche Gegendarstellung	35
	4. Einstweilige Verfügungen auf Vornahme sonstiger Handlungen mit Erfüllungscharakter	36
	5. Die Unterhaltsleistungsverfügung	44
	6. Geldleistungsverfügungen im Übrigen	47
	a) Lohnabschlagszahlungen	47
	b) Abschlagszahlungen auf Miete und Versicherungsleistungen	48
IV.	Stellungnahme zum Einordnungsstreit	49
C.	Einstweilige Verfügung und Schiedsverfahren	50
I.	Schiedsverfahren nach §§ 1025 ff.	51
II.	Schiedsverfahren in Arbeitsstreitigkeiten (§§ 101 ff. ArbGG)	52
III.	Vereins-, Verbands- und Parteischiedsgerichtsbarkeit	53
	1. Vereinsschiedsgerichte	53
	2. Schiedskommissionen der Parteien	54
D.	Einstweilige Verfügung und Europäisches Gemeinschaftsrecht	55
E.	Besondere Anwendungsfälle der einstweiligen Verfügung	56
I.	Im Bürgerlichen Recht	56

		Rdn.
	1. Vereinsrecht	56
	2. Recht der Allgemeinen Geschäftsbedingungen	57
	3. Mietrecht	58
	a) Einstweiliger Rechtsschutz zu Gunsten des Vermieters	58
	b) Einstweiliger Rechtsschutz zu Gunsten der Mieter	59
	c) Einstweiliger Rechtsschutz der Mieter untereinander	64
	4. Bauhandwerkersicherungshypothek	65
	5. Sicherung von und gegen Grundbucheintragungen im Übrigen	70
	6. Wohnungseigentumsrecht	71
	7. Familienrecht	72
	8. Erbrecht	73
II.	Im Handels- und Gesellschaftsrecht	74
	1. Eintragungen im Handelsregister und in der im Handelsregister aufgenommenen Gesellschafterliste	74
	2. Gesellschaftsrecht	76
	a) Einstweilige Verfügungen im Hinblick auf Abstimmungen (Beschlussfassungen, Ausübungen des Stimmrechts) innerhalb der Gesellschaft	77
	b) Einstweilige Verfügungen im Hinblick auf die Geschäftsführungs- und Vertretungsbefugnis	79
	c) Einstweilige Verfügungen im Hinblick auf die Rechte und Pflichten der Gesellschafter im Übrigen	82
	aa) Gesellschafterausschluss	82
	bb) einzelne Gesellschafterbefugnisse	83
	cc) Wettbewerbsverbote	83
	d) Einstweilige Verfügungen im Hinblick auf Rechte und Pflichten der Organe der Gesellschaft im Übrigen	83
	e) Sonstiges	84
	aa) feststellende einstweilige Verfügungen	84
	bb) einstweilige Anordnungen im Registerrecht	85
	cc) einstweiliger Rechtsschutz im Rahmen des UmwG	86
III.	Im Bank- und Wertpapierrecht	87
	1. Scheckverkehr	88
	2. Wechselrecht	89
	3. Bankbürgschaften und Garantieversprechen	90
	a) Bürgschaftsrecht	90

	d) Kontrolle von AGB	97	
IV.	Im Recht des unlauteren Wettbewerbs, im gewerblichen Rechtsschutz und im Kartellrecht	98	
	1. Im Recht des unlauteren Wettbewerbs	98	
	a) Funktion und Reichweite des § 12 Abs. 2 UWG	99	
	b) Widerlegung bzw. Selbstwiderlegung der Dringlichkeitsvermutung	102	
	c) Dringlichkeit und Allgemeininteresse	107	
	d) Erstbegehungs- oder Wiederholungsgefahr als unverzichtbare Elemente des Verfügungsanspruchs – Bezug zur Dringlichkeit	108	
	e) § 12 Abs. 2 UWG und die besondere Dringlichkeit gem. § 937 Abs. 2	110	
	f) Gerichtsstand des Verfügungsverfahrens und der Hauptsache (§ 14 UWG)	111	
	g) Die Bedeutung des Verfügungsantrages und seine Fassung	113	
	2. Gewerblicher Rechtsschutz im Übrigen	116	
	a) Markenrecht	116	
	b) Design- und Gebrauchsmustersachen	119	
	c) Patentsachen	120	
	aa) Unterlassungsansprüche des Patentinhabers	120	
	bb) Vernichtungsanspruch	121	
	cc) Anspruch auf Erteilung einer Zwangslizens	122	
	d) Urheberrechtssachen	123	
	3. Kartellrecht	129	
	a) Abwehransprüche am Wettbewerb Beteiligter	129	
	b) Vorbeugender Rechtsschutz in Vergabeverfahren	130	
	c) Zuständigkeit in Kartellsachen . . .	131	
	aa) ausschließliche Zuständigkeit nach § 95 GWB	131	
	bb) Eilzuständigkeit nach § 942 Abs. 1	132	
	cc) Zuständigkei bei kartellrechtlichen Vorfragen	133	
	d) Vorbeugender Rechtsschutz in Vergabeverfahren	134	
V.	Im Versicherungsrecht	135	
VI.	Im Presse- und Medienrecht	138	
	1. Vorbeugende Unterlassungsansprüche	139	
	2. Ansprüche auf Wiedergabe einer Gegendarstellung	142	
	3. Ansprüche auf Widerruf	144	
	4. Sonstige Ansprüche	145	
VII.	Im Arbeitsrecht	146	
	1. Typische Anwendungsfälle im Urteilsverfahren	147	
	a) Anspruch auf Gewährung von Erholungs- oder Bildungsurlaub .	147	
	b) Anspruch auf Herausgabe der Arbeitspapiere und persönlichen Gegenstände des Arbeitnehmers .	148	
	c) Anspruch des Arbeitgebers auf Rückgabe von Betriebseigentum .	151	
	d) Ansprüche des Arbeitnehmers auf Beschäftigung	153	
	aa) Im ungekündigten Arbeitsverhältnis	154	
	bb) Im gekündigten Arbeitsverhältnis	155	
	cc) In den besonderen Fällen der §§ 102 Abs. 5, 78a BetrVG – einstweilige Entbindung des Arbeitgebers von der Weiterbeschäftigungspflicht in diesen Fällen	156	
	e) Ansprüche des Arbeitnehmers auf Fortsetzung einer bestimmten Tätigkeit	160	
	f) Anspruch auf Arbeitszeitreduzierung	162	
	g) Anspruch auf Unterlassung einer Abmahnung	163	
	h) Anspruch des Arbeitgebers auf Arbeitsleistung durch den Arbeitnehmer	164	
	i) Anspruch des Arbeitgebers auf Unterlassung von Konkurrenztätigkeiten durch den Arbeitnehmer	166	
	j) Ansprüche des Arbeitnehmers auf Lohnzahlung	168	
	k) Einstweiliger Rechtsschutz im Wettkampf um Beförderungen . .	170	
	l) Einstweilige Verfügungen im Arbeitskampf	171	
	2. Typische Anwendungsfälle im arbeitsgerichtlichen Beschlussverfahren	176	
	a) Im Zusammenhang mit Betriebsratswahlen	179	
	b) Im Zusammenhang mit Betriebsversammlungen	180	
	c) Schulungsveranstaltungen für den Betriebsrat	181	
	d) Zutrittsrecht von Gewerkschaftsbeauftragten zum Betrieb	182	
	e) Behinderung der Betriebsratsarbeit	183	
	f) Sicherung der Mitwirkungs- und Mitbestimmungsrechte	185	

Vor § 935 ZPO Vorläufiger Rechtsschutz durch einstweilige Verfügung – Überblick

Literatur:
1. Allgemein: a) Dissertationen, Handbücher, Kommentare, Monographien: *Baur*, Studien zum einstweiligen Rechtsschutz, 1967; *Berger*, Einstweiliger Rechtsschutz im Zivilrecht, Handbuch, 2006; *Crückeberg*, Vorläufiger Rechtsschutz, 2. Aufl., 2001; *Ennemann/Schulze*, Einstweiliger Rechtsschutz, 2003; *Eschmann*, Der Einstweilige Rechtsschutz des Akkreditiv-Auftraggebers in Deutschland, England und der Schweiz, 1994; *Foerste*, Grenzen und Durchsetzung von Verfügungsbeschränkung und Erwerbsverbot im Grundstücksrecht, 1986; *Fuchs*, Die Darlegungs- und Glaubhaftmachungslast im zivilprozessualen Eilverfahren, Diss. Bonn, 1993; *Gabius*, Abschluss und Durchführung von Austauschverträgen im einstweiligen Rechtsschutz, Diss., Freiburg, 1997; *Gloge*, Die Darlegung und Sachverhaltsuntersuchung im einstweiligen Rechtsschutzverfahren, 1991; *Hilpert*, Eilrechtsschutz im Sport, SpuRt 2007, 223 und SpuRt 2008, 22; *Höhne*, Rechtshängigkeit und Rechtskraft bei Arrest und einstweiliger Verfügung, Diss. Freiburg, 1976; *Janßen*, Rechtsschutz gegen vereins- und verbandsrechtliche Sanktionen, 2004; *Kurtz*, Grenzüberschreitender einstweiliger Rechtsschutz im Immaterialgüterrecht, Diss. Kiel, 2004; *Liu*, Die Beiladung in Verfahren des einstweiligen Rechtsschutzes, Diss., Freiburg 2001; *Mädrich*, Das Verhältnis der Rechtsbehelfe des Antragsgegners im einstweiligen Verfügungsverfahren, 1980; *Nicklisch*, Verbandsmacht und einstweiliger Rechtsschutz, 1974; *Nink*, Die Kostenentscheidung nach § 93 ZPO im Urteilsverfahren des einstweiligen Rechtsschutzes, Diss. Gießen, 1990; *Piehler*, Einstweiliger Rechtsschutz und materielles Recht, 1980; *Saenger*, Einstweiliger Rechtsschutz und materiell-rechtliche Selbsterfüllung. Möglichkeiten der kurzfristigen Verwirklichung von Ansprüchen auf Vornahme vertretbarer Handlungen. – Zugleich ein Beitrag zum Spannungsverhältnis von Prozessrecht und materiellem Recht, 1998; *Schilken*, Die Befriedigungsverfügung, 1976; *Starck*, Die Zulässigkeit der einstweiligen Verfügung auf Feststellung, Diss., Bayreuth 2000; *Vogg*, Einstweiliger Rechtsschutz und vorläufige Vollstreckbarkeit: Gemeinsamkeiten und Wertungswidersprüche, 1991; *Walter*, Die Darlegungs- und Glaubhaftmachungslast in den Verfahren von Arrest und einstweiliger Verfügung nach § 916 ZPO, Diss. Freiburg, 1992; *Weinert*, Vollstreckungsbegleitender einstweiliger Rechtsschutz, 2007.

b) Aufsätze: *P. Arens*, Verfügungsanspruch und Interessenabwägung beim Erlass einstweiliger Verfügungen, FS Caemmerer, 1978, S. 75; *Baumgärtel*, Die Verteilung der Glaubhaftmachungslast im Verfahren des einstweiligen Rechtsschutzes nach der ZPO, FS Gaul, 1997, S. 27; *Baur*, Einstweiliger Rechtsschutz bei gegenläufigen Handlungs- und Unterlassungspflichten, FS Sieg, 1976, S. 43; *ders.*, Rechtsnachfolge in Verfahren und Maßnahmen des einstweiligen Rechtsschutzes, FS Schiedermair, 1976, S. 19; *Berger*, Zur Statthaftigkeit der auf Feststellung gerichteten einstweiligen Verfügung, ZZP 1997 (Bd. 110), 287; *Berneke*, Neues Vorbringen im Berufungsverfahren zu Arrest und einstweiliger Verfügung, FS Tilmann, 2003, S. 755; *Bernreuther*, Einstweilige Verfügung und Erledigungserklärung, GRUR 2007, 660; *ders.*, Der negative Feststellungsantrag im einstweiligen Verfügungsverfahren, WRP 2010, 1191; *Beyerlein*, (K) eine zweite Chance – wiederholte Anträge auf Erlass einer einstweiligen Verfügung als Dringlichkeitsproblem, WRP 2005 1463; *Beys*, Einstweilige Verfügungen an der Grenze der akademischen Freiheit, FS E. Schumann, 2001, S. 43; *Bornhorst*, Die einstweilige Verfügung zur Sicherung von Herausgabeansprüchen, WM 1998, 1668; *Bülow*, Zur prozessrechtlichen Stellung des Antragsgegners im Beschlussverfahren von Arrest und Einstweiliger Verfügung, ZZP 1985 (Bd. 98), 274; *Danckwerts*, Die Entscheidung über den Eilantrag, GRUR 2008, 763; *Dötsch*, Besonderheiten im Berufungsverfahren bei Arrest und einstweiliger Verfügung, MDR 2010, 1429; *Drettmann*, Die Berücksichtigung »öffentlicher Interessen« bei der Prüfung der Eilbedürftigkeit des einstweiligen Verfügungsverfahrens, GRUR 1979, 602; *Duffek*, Einstweilige Verfügung gegen verbotene Eigenmacht, NJW 1966, 1345; *Fellner*, Rücknahme eines Mahnantrages, eines Arrestgesuchs oder eines Antrags auf Erlass einer einstweiligen Verfügung. MDR 2010, 128; *Fritze*, Die Anordnung von Handlungen, insbesondere Erklärungen zur Beendigung einer andauernden Beeinträchtigung durch einstweilige Verfügung, FS Traub, 1994, S. 113; *Gehrlein*, Kein präventiver Rechtsschutz durch einstweilige Verfügung in Vergabeverfahren unterhalb der Schwellenwerte, NZBau 2001, 483; *Görmer*, Einstweilige Sicherung von Befreiungsansprüchen, JurBüro 2002, 7; *von der Groeben*, Zuwiderhandlungen gegen die einstweilige Verfügung zwischen Verkündung und Vollziehung des Unterlassungsurteils, GRUR 1999, 674; *Grunsky*, Die auf Leistungserbringung gerichtete einstweilige Verfügung, JurA 1970, 724; *ders.*, Grundlagen des einstweiligen Rechtsschutzes, JuS 1976, 277; *Hager*, Der Schutz der Persönlichkeit im Prozess, FS Medicus 2009, 171; *Hees*, Erstattung der Kosten des Eilverfahrens nach Obsiegen in der Hauptsache, MDR 1994, 438; *Heinze*, Die Leistungsverfügung, FS 50 Jahre Bundesgerichtshof, 2001, Bd. 3, S. 569; *Henckel*, Vorbeugender Rechtsschutz im Zivilrecht, AcP 1974, 97; *Heuer*, Vorläufiger Rechtsschutz durch Eilverfahren: Arrest und einstweilige Verfügung, JA 2005, 202; *Hilpert*, Eilrechtsschutz im Sport, SpuRt 2007, 223 und SpuRt 2008, 22; *Hirtz*, Darlegungs- und Glaubhaftmachungslast im einstweiligen Rechtsschutz, NJW 1986, 110; *Jauernig*, Zulässiger Inhalt einstweiliger Verfügungen, ZZP 1966 (Bd. 79), 321; *Kannowski*, Arrest und einstweilige Verfügung (§§ 916 f. ZPO) neben einem bereits vorliegenden Titel, JuS 2001, 482; *Kargados*, Zur Verfassungsmäßigkeit von gesetzlichen Verboten einstweiligen Rechtsschutzes, inklusive eines generellen Ausschlusses der Hauptsachevorwegnahme, FS Gaul, 1997, S. 265; *Kawano*, Funktionserweiterung und Strukturwandel der Regelungsverfügung?, FS Leipold, 2009; *Keller*, Der einstweilige Rechtsschutz im Zivilprozess, Jura 2007, 241 und Jura 2007, 341; *Kessel/Koch*, Anforderungen an die Leistungsverfügung auf Belieferung, BB 2009, 1032; *Kiethe*, Zivilprozessuale Sanktionen gegen unrichtigen und rechtswidrigen Sachvortrag, MDR 2007, 625; *Klute*,

Strategische Prozessführung im Verfügungsverfahren, GRUR 2003, 34; *Kohler*, Feststellende einstweilige Verfügungen, ZZP 1990 (Bd. 103), 184; *ders.*, Das Verfügungsverbot lebt, JZ 1983, 586;*Lehmann-Richter*, Possessorische Besitzschutzansprüche und petitorische Einwendungen im einstweiligen Rechtsschutz, NJW 2003, 1717; *Leipold*, Strukturfragen des einstweiligen Rechtsschutzes, ZZP 1977 (Bd. 90), 258; *Lemke*, Der Kostenwiderspruch gegen einstweilige Verfügungen, DRiZ 1992, 339; *Maurer*, Verjährungshemmung durch vorläufigen Rechtsschutz, GRUR 2003, 208; *Mertins*, Die einstweilige Verfügung, JuS 2009, 911; *Meyer*, Richterspruchprivileg auch für Arrestbeschlüsse und einstweilige Verfügungen im Beschlusswege, NJW 2005, 864; *Münzberg*, Einstweilige Verfügungen auf Herausgabe gepfändeter Sachen bei verbotener Eigenmacht, FS E. Schneider, 1997, 223; *Raeschke-Kessler*, Einstweilige Verfügung gegen unbekannt – ein Mittel gegen Hausbesetzer, NJW 1981, 663; *Scheef*, Risiken bei der zwangsweisen Durchsetzung der Eintragung einer Bauhandwerkerversicherung, BauRB 2004, 186; *Schladebach*, Die einstweilige Verfügung gegen namentlich nicht bekannte Personen, ZMR 2000, 72; *Schilling*, Eintragungsfähigkeit und Wirksamkeit eines durch einstweilige Verfügung im Beschlusswege erlassenen Veräußerungsverbots vor Zustellung an den Antragsgegner?, NotBZ 2003, 416; *Schlosser*, Einstweiliger Rechtsschutz und materielles Zwischenrecht – ein Gegensatz?, FS Henckel, 1995, S. 737; *ders.*, Auf dem Wege zu neuen Dimensionen des Einstweiligen Rechtsschutzes, FS Odersky, 1996, 669; *Schmidhuber/Haberer*, Rücknahme und Neueinreichung des Verfügungsantrages – Ein rechtsmissbräuchliches Auslaufmodell, WRP 2013, 436; *Schreiber*, Arrest und einstweilige Verfügung, Jura 2000 492; *Schulz*, Die Rechte des Hinterlegers einer Schutzschrift, WRP 2009, 1472; *Schur*, Rechtsschutz bei verbotener Eigenmacht im einstweiligen Verfügungsverfahren, ZMR 2000, 802; *Schwartmann*, Einstweilige Verfügung, ProzRB 2004, 340; ProzRB 2005, 25; ProzRB 2005, 49; *Saenger*, Macht und Ohnmacht der Gerichte bei der eiligen Durchsetzung von Herausgabeansprüchen, JZ 1999, 970; *Spickhoff*, Schmerzensgeld und einstweilige Verfügung, VersR 1994, 1155; *Spring/Kücük*, Zum einstweiligen Rechtsschutz in Anfechtungssachen, InVo 2004, 352; *Staudinger*, Zulassung neuer Tatsachen in der Berufungsinstanz nach der ZPO-Reform – Einstweiliger Rechtsschutz, Urheberrecht und internationale Streitigkeiten, IPRax 2004, 510; *Stürner*, Einstweilige Verfügung auf Durchführung von Austauschverträgen, FS Zeuner, 1994, S. 513; *ders.*, Zur Einrede der Prozesskostensicherheit in einstwelgen Rechtsschutzverfahren, IPRax 2004, 513; *ders.*, Zur Rechtskraftfähigkeit von Entscheidungen im einstweiligen Rechtsschutz, ZZP 2012, 3; *Teplitzky*, Arrest und einstweilige Verfügung, JuS 1980, 882; 1981, 122, 353, 435; *ders.*, Die Vollziehung der einstweiligen Verfügung auf Auskunftserteilung, FS G. Kreft, 2004, 163; *ders.*, Rücknahme und Neueinreichung des Verfügungsantrages – Eine Erwiderung, WRP 2013, 839; *ders.*, Gewohnheitsrecht? – Anmerkungen zum Einfluss der normativen Kraft des Faktischen auf die einstweilige Unterlassungsverfügung, FS Joachim Bornkamm, 2014,S. 1073; *Traub*, Verlust der Eilbedürftigkeit durch prozessuales Verhalten des Antragstellers, GRUR 1996, 707; *Ulrich*, Die Beweislast im Verfahren des Arrests und der einstweiligen Verfügung, GRUR 1985, 201; *ders.*, Die »Erledigung« des einstweiligen Verfügungsverfahrens durch nachlässige Prozessführung, WRP 1990, 651; *ders.*, Die Geltendmachung von Ansprüchen auf Erteilung einer Auskunft im Verfahren der einstweiligen Verfügung, WRP 1997, 135; *Ulrici*, Einstweilige Verfügung im Kollektiven Verbraucherschutz, WRP 2002, 399; *ders.*, Liefersperren als verbotene Eigenmacht, ZMR 2003, 895; *Vogg*, Einstweilige Feststellungsverfügung?, NJW 1993, 1357; *Vollkommer*, Erstattung der Kosten des Verfügungsverfahrens nach Klageabweisung in der Hauptsache, WM 1994, 51; *Vossler*, Die Erledigung der Hauptsache im Arrest- oder einstweiligen Verfügungsverfahren, MDR 2009, 667; *Wieling*, Jus ad rem durch einstweilige Verfügung?, JZ 1982, 839; *Zeising*, Petitorische Durchbrechung possessorischen Besitzschutzes, Jura 2010, 248.

2. Die einstweilige Verfügung im Arbeitsrecht: *Bissels*, Kein Unterlassungsanspruch des Betriebsrats gegen eine Betriebsänderung, jurisPR-ArbR 52/2009 Anm. 5; *Brill*, Die Durchsetzung des allgemeinen Weiterbeschäftigungsanspruchs, BB 1982, 621; *Brox*, Aussperrung oder einstweilige Verfügung bei rechtswidrigem Streik, JA 1982, 22 1; *Burger/Rein*, Kein Unterlassungsanspruch des Arbeitgebers gegen betriebsverfassungswidriges Verhalten des Betriebsrats?, NJW 2010, 3613; *Clemenz*, Das einstweilige Verfügungsverfahren im Arbeitsrecht, NZA 2005, 129; *Corts*, Einstweilige Verfügung auf Urlaubsgewährung, NZA 1998, 357; *Derleder*, Betriebliche Mitbestimmung ohne vorbeugenden Rechtsschutz?, AuR 1983, 289; *ders.*, Einstweiliger Rechtsschutz und Selbsthilfe im Betriebsverfassungsrecht, AuR 1985, 65; *Diller*, Einstellungsdiskriminierung durch Dritte. Im Irrgarten von Entschädigung, Auskunft, einstweiliger Verfügung, Ausschlussfrist und Rechtsweg, NZA 2007, 640; *Dorndorf-Weiss*, Warnstreiks und vorbeugender Rechtsschutz gegen Streiks, 1983; *Dütz*, Erzwingbare Verpflichtungen des Arbeitgebers gegenüber dem Betriebsrat, DB 1984, 115; *ders.*, Effektiver Bestandsschutz im Arbeitsverhältnis, DB 1978, Beil. 13; *ders.*, Vorläufiger Rechtsschutz im Arbeitskampf, BB 1980, 53; *ders.*, Einstweiliger Rechtsschutz beim Teilzeitanspruch, AuR 2003, 161; *Dunkl*, Einstweiliger Rechtsschutz gegen eine vertragswidrige Weisung des Arbeitgebers, FS Buchner 2009, 197; *Ehlers*, Einstweilige Verfügung auf Unterlassung betriebsbedingter Kündigungen, BB 1994, 2270; *Ehrich*, Einstweilige Verfügung gegen betriebsbedingte Kündigungen, BB 1993, 1076; *Ernst*, Rechtsprechung zur einstweiligen Verfügung wegen Betriebsänderung und zu deren Gegenstandswert, AuR 2002, 19; *Faupel*, Streikverbot durch einstweilige Verfügung, DB 1971, 816 u. 868; *Fesenmeyer*, Die Freistellung des Arbeitnehmers von der Arbeit, Diss., Berlin, 2007; *Fischer*, Rechtswidrig verweigerte Urlaubsgewährung durch den Arbeitgeber – Handlungsmöglichkeiten des Arbeitnehmers, AuR 2003, 241; *ders.*, Gerichtswahl in eilbedürftigen Arbeitskampfsachen, FA 2008, 2; *ders.*, Durchsetzung eines Weiterbeschäftigungsverlangens, jurisPK-ArbR 27/2010 Anm. 5; *Gillen/Vahle*, Vorläufige Personalmaßnahmen nach § 100 BetrVG, BB 2010, 761; *Gotthardt,* Teilzeitanspruch und einstweiliger Rechtsschutz, NZA 2001, 1183; *Grunsky,* Prozessuale Fragen des Arbeitskampfrechts, RdA 1986, 196; *Haas,* Der vorläufige Weiterbeschäftigungsanspruch des Arbeitnehmers nach § 102 BetrVG im Lichte der Rechtssprechung, NZA-RR 2008, 57; *Hartmann,* Einstweiliger Rechtsschutz zur Sicherung der Beteiligungsrechte des Betriebsrates, 1998; *Heinze,* Der einstweilige Rechtsschutz im Arbeits- und Wirtschaftsrecht, 1981; *ders.,* Bestandsschutz durch Beschäftigung trotz Kündigung, DB 1985, 111; *ders.,* Einstweiliger Rechtsschutz in arbeitsgerichtlichen Verfahren, RdA 1986, 273; *ders.,* Einstweiliger und vorläufiger Rechtsschutz in Streitfällen des Arbeits-, Sozial- und Wirtschaftsrechts, FS Zeuner, 1994, S. 369; *Hilbrandt,* Versetzung aufgrund vermeintlichen Weisungsrechts und einstweiliger Rechtsschutz, RdA 1998, 155; *Hohhenstatt/Dzida,* Einstweilige Verfügung auf Abbruch der Betriebsratswahl, BB 2005, Beil. Heft 50, 1; *Hoppe/Marcus,* Die vorläufige Durchführung personeller Maßnahmen: Das Verfahren gemäß § 100 BetrVG, ArbRAktuell 2011, 320423; *v. Hoyningen-Huene,* Die einstweilige Verfügung im Firmenarbeitskampf, JuS 1990, 298; *Isenhardt,* Einstweiliger Rechtsschutz im Arbeitskampf, FS Stahlhacke, 1995, 195; *Keßler,* Die auf Vergütungszahlung gerichtete einstweilige Verfügung, AuR 1996, 419; *Kliemt/Reinhard,* Die Durchsetzung arbeitsrechtlicher Ansprüche im Eilverfahren, NZA 2005, 545; *Korinth,* Einstweiliger Rechtsschutz im Arbeitsgerichtverfahren, 2. Aufl., 2007; *ders.,* Die einstweilige Verfügung auf Unterlassung einer Betriebsänderung, ArbRB 2005, 51; *ders.,* Einstweiliger Rechtsschutz im Arbeitskampf, ArbRB 2008, 354; *ders.,* Betriebsratsschulung und einstweilige Verfügung – Hinweise zur Antragsgestaltung, ArbRB 2008, 30; *Löwisch,* Abänderbarkeit von Entscheidungen über einstweilige Verfügungen in Arbeitskampfsachen, FS Leipold, 2009; *Luckscheiter,* Der einstweilige Rechtsschutz gegen Streiks, 1989; *Leisten,* Einstweilige Verfügung zur Sicherung von Mitbestimmungsrechten des Betriebsrats beim Einsatz von Fremdfirmen, BB 1992, 266; *Pahle,* Der vorläufige Rechtsschutz des Betriebsrats gegen mitbestimmungswidrige Maßnahmen des Arbeitgebers, NZA 1990, 51; *Reichold,* Grundrechtssuspendierung durch einstweilige Verfügung, FA 2008, 98; *ders.,* Verfassungsrechtliche Grenzen der Arbeitskampfverfügung, FS Buchner 2009, 721; *Reidel,* Die einstweilige Verfügung auf (Weiter-)Beschäftigung – eine vom Verschwinden bedrohte Rechtsschutzform?, NZA 2000. 354; *Rieble/Triskatis,* Vorläufiger Rechtsschutz in Betriebsratswahlverfahren, NZA 2006, 233; *Rudolf,* Der allgemeine Beschäftigungsanspruch im einstweiligen Verfügungsverfahren, ArbRAktuell 2014, 239; *Schaub,* Vorläufiger Rechtsschutz bei Kündigung von Arbeitsverhältnissen, NJW 1981, 1807; *Schmädicke,* Der Verfügungsgrund beim Antrag des Betriebsrats auf Unterlassung von Personalabbaumaßnahmen, NZA 2004, 295; *Schoof,* Personelle Einzelmaßnahmen, AuB 2009, 48; *Scholz,* Bahnstreik und Verfassung, FS Buchner, 2009, 827; *Schulze/Willsch,* BR-Wahlen 2014 – Abbruch bei Anfechtbarkeit und Nichtigkeit, ArbRAktuell 2013, 352487; *Schulze/Schreck,* Personelle Einzelmaßnahmen nach § 99 BetrVG – Handlungsmöglichkeiten des Betriebsrates, ArbRAktuell 2013, 341090; *Schunder,* Materielle und prozessuale Fallstricke des Teilzeitanspruchs, FS Buchner, 2009, 838; *Schwonberg,* Die einstweilige Verfügung des Arbeitgebers in Mitbestimmungsangelegenheiten im Rechtsschutzsystem der Betriebsverfassung, 1997; *Schulze,* Die Zulässigkeit einstweiliger Verfügungen gegen Betriebsänderungen, 1998; *Steinbrück,* Einstweilige Verfügungen im Arbeitskampf – Zivilprozessuale Aspekte, AuR 1987, 161; *ders.,* Streikposten und einstweilige Verfügung im Arbeitskampfrecht der Bundesrepublik Deutschland, 1992; *Ulber,* Die Einstellung und ihre vorläufige Durchführung, AiB 2009, 7; *Vossen,* Die auf Zahlung der Arbeitsvergütung gerichtete einstweilige Verfügung, RdA 1991, 216; *Walker,* Der einstweilige Rechtsschutz im Zivilprozess und im arbeitsgerichtlichen Verfahren, 1993; *ders.,* Grundlagen und aktuelle Entwicklungen des einstweiligen Rechtsschutzes in Arbeitsgerichtsprozessen, ZfA 2005, 45; *ders.,* Einstweiliger Rechtsschutz im Urlaubsrecht, FS *Leinemann,* 2006, S. 641; *ders.,* Einstweiliger Rechtsschutz im Arbeitskampf, ZfA 1995, 185; *ders.,* Verfahrensrechtliche Streitfragen in arbeitsgerichtlichen Eilverfahren, GS F.M. Heinze, 2004, S.1009; *Wank,* Aktuelle Probleme des Arbeitskampfrechts – Unterstützungsstreik, Streik um Tarifsozialplan und einstweilige Verfügung, RdA 2009, 1; *Winterfeld,* Einstweiliger Rechtsschutz bei fehlerhafter Betriebsratswahl, NZA 1990, Beil. 1, 20; *Worzalla,* Für die Zulässigkeit der einstweiligen Verfügung im Beschlussverfahren bei mitbestimmungspflichtigen Angelegenheiten, BB 2005, 1737; *Zeuner,* Arbeitskampf und einstweilige Verfügung, RdA 1971, 1.

3. Die einstweilige Verfügung im Recht gegen unlauteren Wettbewerb, im gewerblichen Rechtsschutz, im Markenrecht, im Urheberrecht, im Kartellrecht und im Vergaberecht: a) Dissertationen, Kommentare, Monographien und Nachschlagewerke: *Ahrens,* Wettbewerbsverfahrensrecht, 1983; *Ahrens/Spätgens,* Einstweiliger Rechtsschutz und Vollstreckung in UWG-Sachen, 4. Aufl., 2001; *Ahrens,* Der Wettbewerbsprozess, Ein Praxishandbuch, 7. Aufl. 2014; *Büscher/Dittmer/Schiwy* Gewerblicher Rechtsschutz, Urheberrecht, Medienrecht, Kommentar, 3. Aufl., 2014; *Gloy/Loschelder/Erdmann,* Handbuch des Wettbewerbsrechts, 4. Aufl. 2010; *Groß,* Die internationale Durchsetzung wettbewerbsrechtlicher Unterlassungsansprüche im Wege des vorläufigen Rechtsschutzes, Frankfurt, 2010; *Köhler/Bornkamm,* Wettbewerbsrecht, 32. Aufl., 2014; *Krebs,* Der Prozessvergleich und das wettbewerbsrechtliche einstweilige Rechtsschutzverfahren, Diss. Bonn 1996; *Kühnen/Geschke,* Die Durchsetzung von Patenten in der Praxis, 2. Aufl., 2005; *Lieber/Zimmermann,* Die einstweilige Verfügung im gewerblichen Rechtsschutz, 2009; *Melullis,* Handbuch des Wettbewerbsprozesses, 3. Aufl. 2000; *Nordemann,* Wettbewerbsrecht Markenrecht, 11. Aufl. 2012; *Pansch,* Die einstweilige Verfügung zum Schutze des geistigen Eigentums im grenzüberschreitenden Verkehr, 2003; *Sommer,* Beweisbeschaffung im einstweiligen Rechtsschutz, 2014; *Teplitzky,* Wettbewerbsrechtliche Ansprüche und Verfahren, 10. Aufl. 2012; *Widmann,* Vergaberechtsschutz im Unterschwellenbereich, 2008; *Wiemeyer,* Der Einfluss des

Verbraucherschutzes auf die Dringlichkeit einstweiliger Verfügungen im UWG-Wettbewerbsprozess, Schriften zum Zivilprozess Bd. 25, Hamburg 2011.

b) Aufsätze: *Ahrens*, Einstweiliger Rechtsschutz als Hauptsacheverfahren im Wettbewerbsrecht, FS Nakamura, 1996, S. 1; *ders.*, Die Bildung kleinteiliger Streitgegenstände als Folge des TÜV-Beschlusses, WRP 2013, 129; *Ann*, Auskunftsansprüche des Markeninhabers, GRUR-Prax 2012, 249; *Bepler*, »Fliegende Gerichtsstände«, FS Michael Loschelder, 2010, S. 15; *Berlit*, Zur Frage der Einräumung einer Aufbrauchsfrist im Wettbewerbsrecht, Markenrecht und Urheberrecht, WRP 1998, 250; *Bernreuther*, Zusammentreffen von Unterlassungserklärung und Antrag auf Erlass einer einstweiligen Verfügung, GRUR 2001, 400; *Böhler*, Einstweilige Verfügungen in Patentsachen, GRUR 2011, 965; *Borck*, Der Weg zum »richtigen« Unterlassungsantrag, WRP 2000, 824; *ders.*, Das rechtliche Gehör im Verfahren auf Erlass einer einstweiligen Verfügung, MDR 1988, 908; *Brandner/Bergmann*, Zur Zulässigkeit gesetzeswiederholender Unterlassungsanträge, WRP 2000, 842; *Danckwerts*, Aktuelle Entscheidungen zur Dringlichkeit – Welche Risiken birgt ein Vollstreckungsverzicht, GRURPrax 2010, 310088; *Demuth*, Neue Maßstäbe für einstweilige Verfügungen in Wettbewerbssachen, GRUR 2011, 404; *Doepner*, Selbstwiderlegung der Dringlichkeit in wettbewerbsrechtlichen Verfügungsverfahren: wider eine feste Zeitspanne, WRP 2011, 1384; *Eck/Dombrowski*, Rechtsschutz gegen Besichtigungsverfügungen im Kartellrecht, GRUR 2008, 387; *Emme/Schrotts*, Mehr Rechtsschutz bei Vergaben außerhalb des Kartellvergaberechts, NZB 2012, 216; *von Falck*, Einstweilige Verfügungen in Patent- und Gebrauchsmustersachen, MittdtPatA 2002, 429; *ders.*, Einstweilige Verfügungen in Pharmapatentsachen und die »Dringlichkeit im weiteren Sinne« – zugleich zur »Olanzapin«-Entscheidung des OLG Düsseldorf, FS Doepner 2008, 151; *Goldmann*, Den Marschallstab im Tornister – Zum Streitwert der einstweiligen Verfügung beim wettbewerbsrechtlichen Unterlassungsanspruch, WRP 2001, 240; *Grams*, Glaubhaftmachung des Anordnungsanspruchs im einstweiligen Verfügungsverfahren bei unterschwelligen Vergaben, VergabeR 2008, 474; *Günther*, Die Schubladenverfügung – Stolperfalle Dringlichkeit?, WRP 2006, 407; *Guhn*, Richterliche Hinweise und »forum shopping« im einstweiligen Verfügungsverfahren, WRP 2014, 27; *Heil*, Erstbegehungsgefahr durch Ausstellen auf internationaler Fachmesse, WRP 2015, 688; *Henning-Bodewig*, haften Privatpersonen nach dem UWG, GRUR 2013, 26; *Hess*, Aktuelles Wettbewerbsverfahrensrecht, WRP 2015, 317; *Holzapfel*, Zum einstweiligen Rechtsschutz im Wettbewerbs- und Patentrecht, GRUR 2003, 287; *Hoppen*, Software – Besichtigungsansprüche und ihre Duchsetzung, CR 2009, 407; *Hufnagel/Arnold*, Der »Kern der Verletzungshandlung« in Theorie und Praxis – Vollstreckungsfähige Tenorierung von Vernichtungsansprüchen, FS Doepner, 2008, 157; *Kehl*, Einstweilige Verfügung – ähnliche neue Werbung – was tun?, WRP 1999, 46; *ders.*, Von der Marktbeobachtung bis zur Nichtvollziehung – wann ist es dem Anspruchsteller »nicht so eilig«?, FS Michael Loschelder, 2010, S. 139; *Klein*, Hauptsacheverfahren oder Eilverfahren – worauf bezieht sich die Abmahnung?, GRUR 2012, 882; *Koch/Vykydal*, Immer wieder dringlich? Die Dringlichkeitsvermutung des § 12 Abs. 2 UWG in den Fällen gleichartiger Wettbewerbsverstöße, WRP 2005, 688; *Kochendörfer*, Der Nachweis der frühzeitigen Kenntnis vom Wettbewerbsverstoß – Beweiserleichterungen für die Widerlegung der Dringlichkeitsvermutung, WRP 2005, 1459; *Köhler*, Durchsetzung des kartellrechtlichen Durchleitungsanspruchs im Wege der einstweiligen Verfügung, BB 2002, 584; *ders.*, Wegfall der Erstbegehungsgefahr durch »entgegengesetztes Verhalten«?, GRUR 2011, 879; *ders.*, Zur Mitwettbewerberklage gegen die Verwendung unwirksamer AGB, WRP 2012, 1475; *Kohn*, Klärung der analogen Anwendung des § 12 Abs. 2 UWG im Markenrecht im Rahmen eines Beschlusses nach § 91a ZPO?, WRP 2014, 881; *Kontusch*, Dringlichkeitsschädliches Verhalten, JuS 2012, 323; *Krieger*, Die vorläufige Durchsetzung von Unterlassungsansprüchen wegen Patentverletzung, FS Preu, 1988, S. 165; *Krüger*, Das Privatgutachten im Verfahren der einstweiligen Verfügung, WRP 1991, 68; *ders.*, Zum Streitgegenstandsbegriff, WRP 2013, 140; *Krbetschek/Schingloff*, Bekämpfung von Rechtsmissbrauch durch Streitwertbegrenzung?, WRP 2014, 1; *Ladeur*, Der Auskunftsanspruch aus § 101 UrhG und seine Durchsetzung. Zivilrechtsanwendung ohne Methode und jenseits der Drittwirkung der Grundrechte, NJOZ 2010, 1606; *ders.*, Der Auskunftsanspruch aus § 101 UrhG und seine Durchsetzung, NJW 2010, 2702; *Lipps*, Gestaltungsmöglichkeiten bei einstweiligen Unterlassungsverfügungen im Wettbewerbsprozess, NJW 1970, 226; *Lindacher*, Einstweiliger Rechtsschutz in Wettbewerbssachen unter dem Geltungsregime von Brüssel I, FS Leipold, 2009; *Meinhardt*, Es eilt: Die Dringlichkeit im Markenrecht – Ein Appell an den Gesetzgeber, GRUR-Prax 2015, 27; *Melullis*, Zum Besichtigungsanspruch im Vorfeld einer Verletzung von Schutzrechten, FS W. Tilmann, 2003, S. 843; *Otten*, Die auskunftsrechtliche Anordnung nach § 101 IX UrhG in der gerichtlichen Praxis, GRUR-RR 2009, 369; *Pietzcker*, Gerichtsschutz im Unterschwellenbereich und Tariftreueklauseln, ZfBR 2007, 131; *Retzer*, Widerlegung der »Dringlichkeitsvermutung« durch Interessenabwägung?, GRUR 2009, 329; *Schlüter*, § 32 ZPO und das Internet: Flugverbot für den »fliegenden Gerichtsstand«?. GRUR-Prax 2014, 272; *Schmidthuber*, Rücknahme und Neueinreichung des Verfügungsantrages – Ein rechtsmissbräuchliches Auslaufmodell, WRP 2013, 436; *Schmidt*, Streitgegenstand und Kernbereich der konkreten Verletzungsform in lauterkeitsrechtlichen Verfügungsverfahren, GUR-Prax 2012, 179; *Schröder*, Ein Plädoyer gegen den Missbrauch des »Fliegenden Gerichtsstands« im Online Handel, WRP 2013, 153; *Schulte-Franzheim*, Vom Umgang mit der Dringlichkeit des Newcomers, WRP 1999, 70; *Schulz*, Einstweiliger Rechtsschutz gegen Markenanmeldungen, WRP 2000, 258; *Schwippert*, Alternative Begründung des Unterlassungsanspruchs mit unterschiedlichen Streitgegenständen, FS Michael Loschelder, 2010, S. 345; *Sosnitza*, Die Leistungsverfügung im Kartellrecht, WRP 2004, 62; *Spätgens*, Anmerkungen zur so

genannten Schubladenverfügung und zur Zurückweisung anwaltlicher Abmahnungen ohne Originalvollmacht, FS Michael Loscheder, 2010 S. 355; *Staudinger*, Zulassung neuer Tatsachen in der Berufungsinstanz nach der ZPO-Reform – Einstweiliger Rechtsschutz, Urheberrecht und internationale Rechtsstreitigkeiten, IPRax 2004, 510; *Steinbeck*, Ist die negative Feststellungsklage Hauptsache i. S. von § 937 ZPO?, NJW 2007, 1783; *Teplitzky*, Zu Meinungsdifferenzen über Urteilswirkungen im Verfahren der wettbewerbsrechtlichen einstweiligen Verfügung, WRP 1987, 149; *ders.*, Klageantrag und konkrete Verletzungsform, WRP 1999, 75; *ders.*, Aktuelle Probleme der Abmahnung und Unterwerfung sowie des Verfahrens der einstweiligen Verfügung im Wettbewerbs- und Markenrecht, WRP 2005, 654; *ders.*, Neue Entwicklungen beim wettbewerbs- und markenrechtlichen Auskunftsanspruch, FS W. Tilmann, 2003, S. 913; *ders.*, Zur Verwirkung des Verfügungsgrunds in Verfahren der einstweiligen Verfügung nach dem UWG und im Markenrecht, FS Michael Loschelder, 2010, S. 391; *ders.*, Zu offenen Fragen bei der Dringlichkeitsprüfung im Eilverfahren, WRP 2013, 1414; *Ulmer*, Die Geltendmachung des Unterlassungsanspruchs, ITRB 2002, 216; *von Ungern-Sternberg*, Grundfragen des Klageantrags bei urheber- und wettbewerbsrechtlichen Unterlassungsklagen, GRUR 2011, 375 und 486; *Wedemeyer*, Vermeidbare Klippen des Wettbewerbsrechts, NJW 1979, 293; *Wehlau/Kalfus*, Die Schutzschrift – Funktion, Gestaltung und prozesstaktische Erwägungen, WRP 2012, 395; *Weisert*, Rechtsprobleme der Schubladenverfügung, WRP 2007, 504; *Willenbruch*, Vorbeugender und vorläufiger Rechtsschutz nach dem Vergaberechtsänderungsgesetz, §§ 97–129 GWB, NZwZ 1999, 1062; *Zöllner*, Der Vorlage- und Besichtigungsanspruch im gewerblichen Rechtsschutz Ausgewählte Probleme, insbesondere im Eilverfahren, GRUR-Prax 2010, 74.
4. Einstweilige Verfügungen und einstweilige Anordnungen im Presse –, Medien- und Internetrecht: *Alexander*, Urheber- und presserechtliche Fragen eines Rechts auf Rückzug aus der Öffentlichkeit, ZUM 2011, 382; *Büscher/Dittmer/Schiwy* Gewerblicher Rechtsschutz, Urheberrecht, Medienrecht, Kommentar, 3. Aufl., 2014; *Damm/Rehbock*, Widerruf, Unterlassung und Schadensersatz in Presse und Rundfunk, 3. Aufl., 2008; *Engels/Stulz-Herrnstadt/Sievers*, Aktuelle Rechtsfragen des Presseprozessrechts, AfP 2009, 313; *Frenz*, Konkretisierte Abwägung zwischen Pressefreiheit und Persönlichkeitsschutz, NJW 2012, 1039; *ders.*, Berufsbezogene Vorwürfe und Medienveröffentlichungen, ZUM 2012, 282; *Gounalakis/Vollmann*, Der presserechtliche Gegendarstellungsanspruch, ZAP Fach 2 S. 103; *Hendricks*, Zivilprozessuale Geltendmachung von Widerrufs- und Unterlassungsansprüchen im Medienrecht, 2001; *Löffler*, Presserecht, 5. Aufl., 2006; *Ricke/Weberling*, Handbuch des Presserechts, 6. Aufl., 2012; *Schuschke*, Einstweilige Verfügungen gegen ehrverletzende Äußerungen, ZAP 2000 Fach 14 S. 361; *Sedelmeier*, Wann und wodurch entsteht der konkrete Leistungsanspruch auf Abdruck einer Gegendarstellung, AfP 2012, 345; *Seitz/Schmidt*, Der Gegendarstellungsanspruch, 4. Aufl. 2010; *Wanckel*, Die Durchsetzung von presserechtlichen Unterlassungsansprüchen, NJW 2009, 3353; *Weiß/Suchomski*, Rechtsschutz des Anschlussinhabers gegen IP-Abfragen, MMR-Aktuell 2012, 334897; *Wick*, Inhalt und Grenzen des Auskunftsanspruchs gegen Zugangsanbieter, Diss., Bonn 2010; *Zoebisch*, Der Gegendarstellungsanspruch im Internet, ZUM 2011, 390.
5. Einstweilige Verfügungen und einstweilige Anordnungen im Gesellschaftsrecht: *Buchta*, Einstweiliger Rechtsschutz gegen Fassung und Ausführung von Gesellschafterbeschlüssen, DB 2008, 913; *Damm*, Einstweiliger Rechtsschutz im Gesellschaftsrecht, ZHR 1990, 413; *Dittert*, Einstweiliger Rechtsschutz gegen falsche GmbH- Gesellschafterlisten, NZG 2015, 221; *Emde*, Einstweiliger Rechtsschutz im Auskunftserzwingungsverfahren nach §§ 51a, 51b GmbHG, ZIP 2001, 820; *Geißler*, Einstweiliger Rechtsschutz gegen die Registersperre bei eintragungspflichtigen Gesellschafterbeschlüssen, GmbHR 2008, 128; *Hartmann*, Einstweiliger Rechtsschutz gegen Organbeschlüsse. Dargestellt am Beispiel der Abberufung als Vorstandsmitglied einer Aktiengesellschaft und als Geschäftsführer einer GmbH., Diss. Köln, 1990; *Hasselmann*, Die Zuordnung des Widerspruchs zur Gesellschafterliste, NZG 2010, 207; *Heinze*, Einstweiliger Rechtsschutz im aktienrechtlichen Anfechtungs- und Nichtigkeitsverfahren, ZGR 1979, 293; *Kiethe*, Einstweilige Verfügung und Stimmrechtsausübung im Gesellschaftsrecht, DStR 1993, 609; *ders.*, Ausschluss aus der Personengesellschaft und Einstweilige Verfügung, NZG 2004, 114; *Leuering/Simon*, Vorbeugender Rechtsschutz bei Gesellschafterbeschlüssen, NJW-Spezial 2005, 411; *Littbarski*, Einstweiliger Rechtsschutz im Gesellschaftsrecht, 1996; *Lohr*, Zuordnung eines Widerspruchs zur Gesellschafterliste, GmbH-StB 2010, 18; *Lutt*, Einstweiliger Rechtsschutz bei Stimmbindungen, ZHR 1991, 190; *Lutz*, Einstweiliger Rechtsschutz bei Gesellschafterstreit in der GmbH, BB 2000, 833; *Markwardt*, Holzmüller im vorläufigen Rechtsschutz, WM 2004, 211; *Michalski*, Verbot der Stimmabgabe bei Stimmverboten und nicht nach § 16 I GmbHG legitimierten Nichtgesellschaftern mittels einstweiliger Verfügung, GmbHRdsch. 1991, 12; *Müller*, Stimmbindungen von GmbH-Gesellschaftern, GmbHR 2007,113; *Nietsch*, Einstweiliger Rechtsschutz bei Beschlussfassung in der GmbH-Gesellschafterversammlung, GmbHR 2006, 393; *Prasse/Strotmann*, Die Zuordnung eines Widerspruchs zur Gesellschafterliste im Handelsregister durch einstweilige Verfügung, BB 2010, 1747; *Reger*, Neues Auskunftsrecht in der Hauptversammlung, NZG 2013, 48; *Schlitt/Seiler*, Einstweiliger Rechtsschutz im Recht der börsenorientierten Aktiengesellschaften, ZHR Bd. 166, 544; *Schmitt*, Einstweiliger Rechtsschutz gegen drohende Gesellschafterbeschlüsse in der GmbH, ZIP 1992, 1212; *Schmidt-Diemitz*, Einstweiliger Rechtsschutz gegen rechtswidrige Gesellschafterbeschlüsse, Diss., Tübingen, 1993; *Schuschke*, Einstweiliger Rechtsschutz in Auskunftserzwingungsverfahren nach §§ 51a, 51b GmbHG nach der Reform des Rechts der Freiwilligen Gerichtsbarkeit, FS Günter Brambring, 2011, 335; *Semler*, Einstweilige Verfügungen bei Gesellschafterauseinandersetzungen, BB 1979, 1533; *Vorwerk*, Rechtsschutz bei Abberufung des GmbH-Geschäfts-

führers, GmbHR 1995, 266; *Werner,* Einstweiliger Rechtsschutz im Gesellschafterrechtsstreit in der GmbH, NZG 2006, 761; *Wohlleben,* Einstweiliger Rechtsschutz im Personengesellschaftsrecht, 1990.
6. **Einstweiliger Rechtsschutz im Bank- und Bürgschaftsrecht:** *Hahn,* Rechtsmissbrauch bei der Rückgarantie auf erstes Anfordern, NJW 2001, 2449; *Kopp,* Offensichtlichkeit des Rechtsmissbrauchs und »liquide Beweisbarkeit« bei der Bürgschaft auf erstes Anfordern, WM 2010, 640.; *Schmidt,* Die Bürgschaft auf erstes Anfordern im einstweiligen Verfahren, BauR 1998, 1159; *Schnauder,* Einstweiliger Rechtsschutz bei ungerechtfertigter Inanspruchnahme einer Bankgarantie auf erstes Anfordern, OLGReport 2000, K 25;
7. **Einstweiliger Rechtsschutz in Miet- und Wohnungseigentumssachen:** *Abramenko,* Einstweiliger Rechtsschutz in Wohnungseigentumssachen, ZMR 2010, 329; *Dötsch/Hogenschurz,* Passivlegitimation beim einstweiligen Rechtsschutz zur Aussetzung des Vollzugs von Eigentümerbeschlüssen, ZWE 2013, 308; *Fischer,* Wohnungsräumung von Mitbewohnern durch einstweilige Verfügung, ZAP 1998, Fach 4, S. 553; *Fritsche,* Einstweiliger Rechtsschutz im Mietrecht – eine Übersicht zur Rechtsprechung, Rpfleger 2005, 637; *Heinemann,* Auswirkungen des § 266 Abs. 1 FamFG auf Verfahren in Miet- und Wohnungseigentumssachen, MDR 2009, 1026; *Hinz,* Einstweiliger Rechtsschutz in Mietsachen, WuM 2005, 615; *Katzenstein/Hüftle,* Vermieterpfandrecht-Schutz durch Selbsthilfe und gerichtlichen Eilrechtsschutz, MDR 2005, 1027; *Katzenstein,* Einstweilige Verfügung bei Doppelvermietung, ZZP 2003 (Bd. 116), 459; *Klimesch,* Wenn jede Minute zählt – einstweilige Verfügungen im Wohnungseigentumsrecht, ZMR 2010, 427; *Kluth/Grün,* Mieterrechte bei Doppelvermietung, NZM 2002, 473; *Kohler,* Doppelvermietung – ein Glücksspiel für die Mieter?, NZM 2008, 545; *ders.,* Einstweilig verfügtes Gebrauchsüberlassungsverbot, insbesondere bei Doppelvermietung – Besitzerwerbsschutz in Analogie zu §§ 135, 136 BGB, ZZP 2010, 439; *Schmid,* Müssen Wohnungseigentümerbeschlüsse wirklich sofort durchgeführt werden?, ZMR 2013, 93; *N. Schneider,* Einstweiliger Rechtsschutz in Mietsachen, MDR 2004, 319; *Schuschke,* § 940a Abs. 2 und Abs. 3 ZPO – Irrwege des Gesetzgebers, FS Eberhardt Schilken 2015, 799; *Tolani,* Einstweilige Verfügung bei Doppelvermietung? Zur Zulässigkeit, Begründetheit und Rechtsfolge des Sicherungsmittels, Jura 2010, 887; *Ulrici,* Einstweiliges Überlassungsverbot bei Doppelvermietung, ZMR 2002, 881.
8. **Vorläufiger Rechtsschutz nach dem FamFG:** *Bruns,* Der einstweilige Rechtsschutz in Familiensachen ab dem 1.9.2009 – ein Praxisleitfaden, FamFR 2009, 8; *Els,* Vollstreckung von einstweiligen Anordnungen, FPR 2012, 480; *Fest,* Einstweilige Anordnung in Unterhaltssachen, MJW 2012, 428; *Finger,* Einstweilige Anordnungen nach §§ 49 ff. FamFG, MDR 2013, 1197; *Giers,* Die Neuregelung der einstweiligen Anordnung durch das FamFG, FGPrax 2009, 47; *ders.,* Die Rechtsprechung zum FamFG: Einstweilige Anordnung, Vollstreckung und einzelne Verfahren in Familiensachen, FGPrax 2011, 1; *ders.,* Einstweilige Anordnung, NZFam 2014, 207; *Gießler/Soyka,* Vorläufiger Rechtsschutz in Familiensachen, 5. Aufl., 2010; *Kemper,* Praxis des einstweiligen Rechtsschutzes in Familiensachen, 2011; *Konecny,* Endgültiger Gewaltsschutz durch »einstweilige« Verfügungen, FS Leipold, 2009; *Langheim,* Rechtsschutz bei einstweiligen Unterhaltsanordnungen, FamRZ 2014, 1413; *Löhnig/Heiß,* Die Neuregelung des einstweiligen Rechtsschutzes nach dem FamFG – die einstweilige Anordnung nach §§ 49 ff FamFG, FamRZ 2009, 1101; *Reger,* Neues zum Auskunftsrecht in der Hauptversammlung, NZG 2013, 48; *Schuschke,* Titel auf Wohnungsräumung nach dem neuen FamFG, NZM 2010, 137; *ders.,* Einstweiliger Rechtsschutz im Auskunftserzwingungsverfahren nach § 51a, 51b GmbHG nach der Reform des Rechts der Freiwilligen Gerichtsbarkeit, FS Günter Brambring, 2011, 335; *Socha,* Probleme des einstweiligen Rechtsschutzes nach dem FamFG am Beispiel der Kindschaftssachen, FamRZ 2010, 947; *Steiner,* Einstweiliger Rechtsschutz gegen das Eröffnungsprotokoll, ZWE 2015, 319; *Vorwerk,* Einstweilige Anordnung, Beschluss, Rechtsmittel und Rechtsmittelbelehrung nach dem FGG-RG, FPR 2009, 8;
9. **Einstweiliger Rechtsschutz in schiedsgerichtlichen Verfahren:** *Bandel,* Einstweiliger Rechtsschutz im Schiedsverfahren, 2000; *Bredow,* Das Deutsche Sportschiedsgericht, NJW-aktuell 24/2010, 68; *Janßen,* Rechtsschutz gegen vereins- und verbandsrechtliche Sanktionen, 2004; *Laschet,* Schiedsgerichtsbarkeit und einstweiliger Rechtsschutz, ZZP 1986, 271; *Laukemann,* Effektiver einstweiliger Rechtsschutz an der Schnittstelle von Schiedsverfahren und staatlicher Justiz, ZZP 2013, 175; *Leitzen,* Die Anordnung vorläufiger und sichernder Maßnahmen durch Schiedsgerichte nach § 1041 ZPO, 2002; *Schlosser,* Einstweiliger Rechtsschutz durch staatliche Gerichte im Dienste der Schiedsgerichtsbarkeit, ZZP 1986 (Bd. 99), 241; *ders.,* Der einstweilige Rechtsschutz in Sportangelegenheiten vor und nach Bildung des Schiedsgerichts, SchiedsVZ 2009, 84; *Schroth,* Einstweiliger Rechtsschutz im deutschen Schiedsverfahren, SchiedsVZ 2003, 102; *Schütze,* Einstweiliger Rechtsschutz in Schiedsverfahren, BB 1998, 1650; *Vilar,* Die neuen Reformen der UNICITRAL im Bereich des einstweiligen Rechtsschutzes in der Schiedsgerichtsbarkeit, FS Leipold, 2009.
10. **Einstweilige Verfügungen und Europäisches Gemeinschaftsrecht:** *Böttcher,* Deutsche einstweilige Verfügungen: Durchsetzung im europäischen Ausland, GRUR- Prax 2013, 484; *Eilers,* Maßnahmen des einstweiligen Rechtsschutzes im europäischen Zivilrechtsverkehr, 1991; *Kieser/Sagemann,* Vollstreckung von Unterlassungsverfügungen in EU-Staaten: Bestrafungsverfahren in Deutschland wird attraktiver, GRUR-Prax 2012, 155; *Koch,* Zur Vorlagepflicht nationaler Gerichte an den EuGH in Verfahren des vorläufigen Rechtsschutzes, NJW 1995, 2331; *Lübbert,* Vorläufiger Rechtsschutz und einheitliche Auslegung des Gemeinschaftsrechts, FS von Caemmerer, 1978, S. 933; *Mankowski,* Einstweiliger Rechtsschutz und Vorlagepflicht nach § 177 Abs. 3 EWG-Vertrag, JR 1993, 402; *Mennicke,* Vollziehung einer Unterlassungsverfügung durch Zustellung in einem anderen Vertragsstaat des EuGVÜ, IPRax 2001, 202; *Ohler/*

Weiß, Einstweiliger Rechtsschutz vor nationalen Gerichten und Gemeinschaftsrecht, NJW 1997, 2221; *Rhode*, Vorläufiger Rechtsschutz unter Einfluß des Gemeinschaftsrechts, Down by law, 1998; *Schulz*, Einstweilige Maßnahmen nach dem Brüsseler Gerichtsstands- und Vollstreckungsübereinkommen in der Rechtsprechung des Gerichtshofs der Europäischen Gemeinschaften (EuGH), ZEuP 2001, 805; *Stadler*, Erlass und Freizügigkeit einstweiliger Maßnahmen im Anwendungsbereich des EuGVÜ, JZ 1999, 1089; *Stürner*, Der einstweilige Rechtsschutz in Europa, FS K. Geiß, 2000, S. 199; *Tsikrikas*, Probleme der grenzüberschreitenden Vollstreckung von Maßnahmen des einstweiligen Rechtsschutzes in der Europäischen Union, ZZP 2011, 461; *Wägenbaur*, Stolpersteine des Vorabentscheidungsverfahrens, EuZW 2000, 37; *ders.*, Die jüngere Rechtsprechung der Gemeinschaftsgerichte im Bereich des vorläufigen Rechtsschutzes, EuZW 1996, 327.

A. Die einstweilige Verfügung im System des einstweiligen Rechtsschutzes

I. Verhältnis von Arrest und einstweiliger Verfügung

1   Nach der ursprünglichen Vorstellung des Gesetzgebers war die Abgrenzung des Arrests zur einstweiligen Verfügung sehr einfach: Ist der im Hauptsacheverfahren zu erstreitende Titel auf eine Geldforderung oder einen Anspruch gerichtet, der in eine Geldforderung übergehen kann, auf Ansprüche also, die nach den §§ 803–882a im Wege der Zwangsvollstreckung durchgesetzt werden, so werden diese Ansprüche einstweilen durch einen Arrest gesichert. Wird der Gläubiger jedoch im Hauptsacheprozess die Titulierung von Ansprüchen anstreben, deren Zwangsvollstreckung sich nach §§ 883–898 richtet, so kann er entweder im Wege der einstweiligen Verfügung gem. § 935 eine vorläufige Sicherung des Streitgegenstandes erwirken, indem dem Schuldner vorläufig Einwirkungsmöglichkeiten entzogen oder erschwert werden, oder gem. § 940 eine vorläufige Gestaltung der – ihn derzeit unerträglich störenden – Umstände dergestalt erreichen, dass das Zuwarten bis zum Erstreiten des Hauptsachetitels erträglich wird. Diese Regelung kann so weit gehen, dass – anders als beim Arrest je möglich – auch eine teilweise, im seltenen Ausnahmefall sogar vollständige Befriedigung des Anspruchs gewährt wird. Der vorläufige Rechtsschutz durch einstweilige Verfügung kann also nicht nur vom praktischen Ergebnis her – dies ist häufiger der Fall, wenn die Parteien nach Klärung ihres Streits im Eilverfahren auf die Durchführung des Hauptsacheprozesses verzichten[1] –, sondern im Extremfall auch unabhängig von einer Einigung der Parteien zu einer endgültigen Erledigung der Hauptsache[2] und damit zum endgültigen Rechtsschutz führen.[3] Diese im Recht der einstweiligen Verfügung von Anfang an angelegte Möglichkeit, die im Arrestverfahren nie – auch in Ausnahmefällen nicht – gegeben ist, hat in der Praxis dazu geführt, die ursprünglich vo7rgesehene einfache Unterscheidbarkeit von Arrest und einstweiliger Verfügung nach dem im Hauptsacheprozess zu verfolgenden Anspruch (– hier: Geldforderung, die nach §§ 803–882 zwangsweise durchzusetzen ist – dort: sonstiger Anspruch, der nach §§ 883–898 zwangsweise realisiert wird –) zu durchbrechen für Fälle, in denen dem Gläubiger mit einer vorläufigen Sicherung seiner Geldforderung allein nicht gedient ist, er vielmehr »zum Überleben« auf Abschlagzahlungen, also eine Teilbefriedigung seiner Ansprüche, angewiesen ist.[4] Für diese Fälle wurde in Anlehnung an die in familienrechtlichen Verfahren schon lange vorgesehene einstweilige Anordnung auf vorläufige Unterhaltszahlungen eine einstweilige Verfügung zur vorläufigen teilweisen Befriedigung von

---

1   Dies geschieht insbesondere häufiger im Bereich des gewerblichen Rechtsschutzes; vgl. *Ahrens*, Wettbewerbsverfahrensrecht, § 20 II; *Ahrens/Spätgens*, Einstweiliger Rechtsschutz und Vollstreckung in UWG-Sachen, 4. Aufl., Rn. 2; *Holzapfel*, GRUR 2003, 287; *Stein/Jonas/Grunsky*, 22. Aufl., vor § 935 Rn. 31; *Teplitzky*, Wettbewerbsrechtliche Ansprüche und Verfahren, Kap. 53 Rn. 2.
2   In den Fällen des presserechtlichen Gegendarstellungsanspruchs nach Landesrecht ist ein Hauptsacheverfahren erst gar nicht vorgesehen; Einzelheiten unten Rdn. 35 und 143.
3   Beispielhaft: OLG München, CR 1991, 731; OLG Düsseldorf, NJW-RR 1996, 123; OLG Hamburg, NJWE-WettbR 1997, 286; OLG Köln, NJW-RR 1997, 57; OLG Bremen, SpuRt 1994, 85. Siehe ferner *Walker*, Der einstweilige Rechtsschutz, Rn. 135. An die ausnahmsweise Zulässigkeit derartiger die Hauptsache vorwegnehmender einstweiliger Verfügungen sind sehr hohe Anforderungen zu stellen: OLG Celle, OLGReport 2005, 479; *Berger*, Einstweiliger Rechtsschutz im Zivilrecht, Kap. 2 Rn. 16.
4   Einzelheiten unten, Rdn. 31, 44 ff.

Geldforderungen zugelassen. Unter Berücksichtigung des – regelwidrigen – Ausnahmecharakters muss der Anwendungsbereich dieser einstweiligen Verfügung aber sehr eng begrenzt sein.[5]

Unter Berücksichtigung der unterschiedlichen Ausgangspunkte, Möglichkeiten und Ziele müssen Arrest und einstweilige Verfügung als so sehr eigenständige, einander grundsätzlich ausschließende[6] Institute des einstweiligen Rechtsschutzes angesehen werden, dass eine Umdeutung eines Arrestantrages in einen Antrag auf Erlass einer einstweiligen Verfügung und umgekehrt für den Fall, dass das Gericht der Auffassung ist, dem Begehren des Gläubigers könne mit dem anderen Institut besser oder auf eine für den Schuldner rücksichtsvollere Weise Rechnung getragen werden, nicht möglich ist.[7] Der Gläubiger kann auch nicht dem Gericht die Wahl des Instituts überlassen, indem er etwa nur »einstweiligen Rechtsschutz mit dem Ziel ...« begehrt.[8] Erweist sich der zunächst eingeschlagene Weg für den Gläubiger als nicht hinreichend erfolgversprechend, so muss er seinen Antrag gegebenenfalls ändern oder ihn, falls ein anderes Gericht zuständig ist, dort unter erneuter Beachtung aller Formalien und sachlichen Voraussetzungen anhängig machen. Das angerufene Gericht ist nach § 139 verpflichtet, den Gläubiger darüber zu belehren, welcher Weg des einstweiligen Rechtsschutzes Erfolg versprechender ist als der eingeschlagene, wenn es dem zur Entscheidung stehenden Antrag nicht stattgeben will. Eine solche »Beratung« wäre keine bedenkliche Parteinahme zugunsten des Gläubigers, sondern nur ein Hinwirken auf den »sachdienlichen Antrag«.[9]

II. Die einstweiligen Anordnungen der ZPO und die einstweilige Verfügung

Gewährt die ZPO in bestimmten Fällen einen besonderen vorläufigen oder einstweiligen Rechtsschutz[10] außerhalb der §§ 916 ff., so verdrängt dieses speziellere Verfahren die Möglichkeit, das nämliche oder ein ähnliches Rechtsschutzziel durch einstweilige Verfügung zu erreichen. Der Antrag auf Erlass einer einstweiligen Verfügung ist insoweit dann unzulässig. Es ist im Einzelfall allerdings immer zu prüfen, wie weit der Rechtsschutz durch das besondere Verfahren reicht und ob ein weitergehender einstweiliger Rechtsschutz, der in dem speziellen Verfahren nicht mehr zu erreichen ist, ausgeschlossen sein sollte. Ist Letzteres nicht der Fall, so bleiben einstweilige Verfügungen außerhalb des besonderen Regelungsbereichs möglich.[11]

Hat der Gesetzgeber die Hauptsacheentscheidung einer Angelegenheit dem familiengerichtlichen Verfahren oder dem Verfahren der freiwilligen Gerichtsbarkeit zugewiesen, richtet sich auch der einstweilige Rechtsschutz allein nach dem FamFG.[12] In diesen Fällen ist der Antrag auf Erlass einer einstweiligen Verfügung immer unzulässig.

1. Die die Zwangsvollstreckung betreffenden einstweiligen Anordnungen

Hat der Gläubiger gegen den Schuldner einen vollstreckbaren Titel erwirkt, macht der Schuldner aber gegen diesen Titel (durch Rechtsmittel oder Wiederaufnahmeverfahren), gegen die Erteilung der vollstreckbaren Ausfertigung, gegen die Zwangsvollstreckung aus diesem Titel schlechthin oder gegen einzelne Vollstreckungsmaßnahmen (durch Erinnerung oder Vollstreckungsabwehrklage) Einwendungen geltend oder wendet sich ein Dritter gegen den Vollstreckungszugriff auf sein Vermögen (mit der Drittwiderspruchsklage oder der Klage auf vorzugsweise Befriedigung), so eröffnet

---

5 Einzelheiten unten Rdn. 44 ff.
6 *Berger*, Einstweiliger Rechtsschutz im Zivilrecht, Kap. 2 Rn. 7, 8.
7 Ganz überwiegende Meinung; beispielhaft *Stein/Jonas/Grunsky*, vor § 916 Rn. 46;.
8 Auch de lege ferenda wäre ein solcher, die Grenzen der bisherigen Institute verwischender allgemeiner »einstweiliger Rechtsschutz« nicht begrüßenswert.
9 *Teplitzky*, JuS 1981, 123.
10 Zur strittigen, aber praktisch wenig bedeutsamen Unterscheidung der Begriffe siehe *Heinze*, FS 50 Jahre BGH, Bd. 3, S. 577, 596; *Walker*, Der einstweilige Rechtsschutz, Rn. 3–5.
11 *Stein/Jonas/Grunsky*, vor § 935 Rn. 6.
12 Einzelheiten unten, Rdn. 7 ff.

die ZPO dem Schuldner bzw. dem Dritten bis zur endgültigen Entscheidung über die Einwendungen die Möglichkeit des vorläufigen Schutzes vor nicht oder nur schwer wieder gutzumachenden Vollstreckungsschäden: §§ 707, 719, 732 Abs. 2, 766 Abs. 1 Satz 2, 769, 771 Abs. 3, 805 Abs. 4. In diesen Fällen mag auch ein materiellrechtlicher Anspruch des Schuldners oder des Dritten gegen den Gläubiger denkbar sein (etwa aus §§ 823 Abs. 1 und 2, 826 BGB, aber gegebenenfalls auch aus Vertrag), die Zwangsvollstreckung nicht weiter zu betreiben. Er wäre aber nicht durch einstweilige Verfügung – gerichtet auf vorläufige Unterlassung der Vollstreckung – zu sichern[13]. Die Möglichkeiten gem. §§ 707, 719 usw. stellen abschließende Sonderregelungen dar, neben denen für weiteren einstweiligen Rechtsschutz kein Raum ist.

5   Umstritten ist, welcher einstweilige Rechtsschutz zu gewähren ist, wenn der Schuldner sich gegen die Zwangsvollstreckung aus einem Titel mit der von der Rechtsprechung entwickelten Klage auf Unterlassung der Zwangsvollstreckung, gestützt auf § 826 BGB,[14] wehren will, weil ihm die Möglichkeit einer Klage gem. § 767 abgeschnitten ist. Die h. M.[15] lässt hier eine selbstständige einstweilige Verfügung zur Unterbindung der Zwangsvollstreckung aus dem Titel bis zur Entscheidung über den Unterlassungsanspruch in der Hauptsache zu, da es um die selbstständige Sicherung eines materiellrechtlichen Anspruchs gehe, nicht nur um eine vorläufige verfahrensmäßige Anordnung. Die Gegenmeinung, die auch hier § 769 mit der Folge zulässt, dass dann für eine selbstständige einstweilige Verfügung das Rechtsschutzbedürfnis fehlt, verdient aber den Vorzug.[16] Praktisches Ergebnis der begründeten auf § 826 BGB gestützten Klage ist die Unzulässigkeit der Zwangsvollstreckung aus dem ursprünglichen Titel; denn die Vollstreckungsorgane haben das Urteil im Rahmen der §§ 775, 776 unmittelbar zu beachten. Es handelt sich also letztlich um einen in ein materiellrechtliches Kleid gekleideten prozessualen Rechtsbehelf. In diesem Rahmen aber ist § 769 sachgerechter und flexibler. Dem Prozessgericht ist eine automatische Anpassung im Fortgange des Rechtsstreits möglich.

Was für die einstweiligen Anordnungen in der Einzelzwangsvollstreckung gilt, gilt in gleichem Maße für die einstweiligen Anordnungen im Insolvenzverfahren, durch die die Wirkungen noch nicht rechtskräftiger Entscheidungen hinausgeschoben oder eingeschränkt werden können.[17] Auch dieses System kann nicht durch weitergehende Ziele verfolgende einstweilige Verfügungen unterlaufen werden.

2. Sonstiger vorläufiger Rechtsschutz in ZPO-Verfahren

6   Während die einstweilige Verfügung und die einstweiligen Anordnungen der ZPO der Sicherung materiellrechtlicher Ansprüche bis zu ihrer endgültigen Klärung im Hauptsacheverfahren dienen, bietet das »Selbstständige Beweisverfahren« der §§ 485 ff. den Parteien des Zivilprozesses die Möglichkeit, innerhalb eines Rechtsstreits oder zur Vorbereitung eines solchen in einem vereinfachten

---

13 A. A. für den Fall, dass die – unberechtigte Zwangsvollstreckungsmaßnahme gezielt zu dem Zweck eingeleitet wird, die Kreditwürdigkeit des Schuldners zu beschädigen: OLG Hamm, OLGReport 2004, 173 (unberechtigte Vorpfändung).
14 Zu den Voraussetzungen dieser Klage im Einzelnen vorn: Anh. zu § 767.
15 OLG München, MDR 1976, 763; AG Saarbrücken, NJW-RR 1986, 1049; OLG Hamm, MDR 1987, 505; AG Bad Schwalbach, NJW-RR 1991, 1405; OLG Frankfurt, NJW-RR 1992, 511; OLG Köln, NJW-RR 1995, 576; OLG Stuttgart, NJW-RR 1998, 70; LAG SchlHolst., NZA-RR 2004, 346; Kindl/Meller-Hannich/Wolf/*Schneiders*, § 769 Rn. 5; *Musielak/Lackmann*, § 769 Rn. 1; *Stein/Jonas/Münzberg*, §§ 769 Rn. 4; *Thomas/Putzo/Seiler*, § 769 Rn. 2a; ebenso vorn: *Raebel*, § 769 Rn. 1.
16 Wie hier OLG Frankfurt, JurBüro 1969, 360; OLG Karlsruhe, FamRZ 1982, 400; OLG Karlsruhe, FamRZ 1986, 1141; OLG Karlsruhe, FamRZ 1992, 846; OLG Zweibrücken, NJW 1991, 3041; OLG Köln, OLG-Report 1994, 281; OLG Hamm, FamRZ 2002, 618; LG Berlin, MDR 2005, 1254; MüKo/*K. Schmidt/M. Brinkmann*, § 769 Rn. 4; *Peglau*, MDR 1999, 400; *Stein/Jonas/Münzberg*, § 707 ZPO Rn. 28; *Zöller/Herget*, § 769 Rn. 1. Offengelassen bei PG/*Scheuch*, § 769 ZPO Rn. 5.
17 BGH, BGHReport 2006, 393.

und beschleunigten Verfahren Beweismittel zu sichern, die im ordentlichen Verfahren unter Anwendung der teilweise etwas schwerfälligen und für Verzögerungsversuche des Gegners leicht anfälligen Regeln über die Beweisaufnahme möglicherweise zum Nachteil der beweisführungspflichtigen Partei nicht mehr oder nicht mehr mit dem gleichen Erfolg erhoben werden könnten. Ist es Ziel einer Partei, die Veränderung eines Zustandes im Hinblick auf eine spätere mögliche Beweisaufnahme zu verhindern, so scheidet demgemäß die einstweilige Verfügung als Sicherungsmittel dann aus, wenn dieses Ziel über den Weg eines »selbstständigen Beweisverfahrens« erreicht werden kann.[18]

Auch die Mitwirkung des Gegners an einer derartigen Sicherung des Beweises kann regelmäßig nicht durch einstweilige Verfügung erzwungen werden. Insoweit bieten die Regeln über das Beweisverfahren, über die Beweislast und die Folgen einer Beweisvereitelung (insbesondere § 371 Abs. 3) hinreichenden Schutz, sodass ganz abgesehen vom fraglichen materiell rechtlichen Mitwirkungsanspruch[19] für ein selbstständiges einstweiliges Verfügungsverfahren kein Rechtsschutzbedürfnis besteht.

III. Die einstweiligen (vorläufigen) Anordnungen nach dem FamFG in den familiengerichtlichen Verfahren und in den Verfahren der freiwilligen Gerichtsbarkeit

1. Die einstweilige Verfügung sichert ausschließlich Ansprüche, die später im streitigen Verfahren der ZPO als ordentlichem Hauptsacheverfahren durchzusetzen sind. Ist der Anspruch dagegen in einem Verfahren nach dem FamFG geltend zu machen, so ist auch der einstweilige (vorläufige) Rechtsschutz allein im FamFG-Verfahren zu suchen. Einstweilige Verfügungen im Anwendungsbereich des FamFG sind demgemäß ohne Ausnahme ausgeschlossen.[20] Zahlreiche früher dem streitigen Verfahren nach der ZPO zugeordnete Sachen sind seit der Reform des Familienverfahrens und des Verfahrens in Angelegenheiten der freiwilligen Gerichtsbarkeit nunmehr dem FamFG-Verfahren zugewiesen.

Hervorzuheben sind:

a) Alle Gewaltschutzsachen, auch wenn sie sich nicht gegen Familienangehörige, sondern gegen Personen ohne familienrechtliche Nähebeziehung richten, sind seit Einführung des FamFG Familiensachen und müssen im FamFG-Verfahren durch das Familiengericht entschieden werden. Das gilt dann auch für den einstweiligen Rechtsschutz in Gewaltschutzsachen, der sich allein nach § 214 FamFG regelt. Gegen die Ablehnung des Erlasses einer einstweiligen Anordnung in einer Gewaltschutzsache ist demgemäß die befristete Beschwerde nach § 63 Abs. 2 Nr. 1 FamFG das richtige Rechtsmittel.[21] Die Vollstreckung derartiger einstweiliger Anordnungen richtet sich nach §§ 214 Abs. 2, 86 ff FamFG[22] in Verbindung mit den Vorschriften des 8. Buches der ZPO, nicht nach § 35 FamFG, da es sich bei der Vollziehung nicht um die Durchsetzung einer Anordnung im laufenden Verfahren, sondern um die Vollstreckung eines selbstständigen Titels handelt.

b) Die Auseinandersetzungen mit dem in den räumlich-gegenständlichen Bereich der Ehe (also die Ehewohnung) eingedrungenen Ehestörer – den vom anderen Ehegatten in die Ehewohnung mit aufgenommenen Liebhaber –, sind jetzt sonstige Familiensache im Sinne des § 266 Abs. 1 Nr. 2 FamFG[23]. Der Anspruch auf Unterlassung der Ehestörung umfasst auch den Anspruch auf Beseitigung der Störung durch sofortige Räumung der Ehewohnung[24]. Ist eiliger Rechtsschutz gebo-

---

18 OLG Nürnberg, MDR 1973, 58 (zum damaligen Beweissicherungsverfahren).
19 Einen solchen Anspruch zu Recht verneinend OLG Stuttgart, NJW-RR 1986, 1448.
20 OLG Karlsruhe, BeckRS 2010, 19473.
21 OLG Zweibrücken, BeckR 2010, 25301 mit Anm. *Schuldei*, FamFR 2010, 518.
22 BGH, DGVZ 2013, 13; OLG Celle, FPR 2011, 237; OLG Hamm, FPR 2011, 232.
23 *Burger*, FamRZ 2009, 1017, 1019; *Heinemann*, MDR 2009, 1026; *Keidel/Giers*, FamFG, 16. Aufl., § 266 Rn. 10; *Prütting/Helms/Heiter*, FamFG, § 266 Rn. 43; *Schuschke*, NZM 2010, 137.
24 PWW/*Weinreich*, § 1353 BGB Rn. 23.

ten, um den Ehestörer aus der Wohnung zu weisen, ist die einstweilige Anordnung nach §§ 49 ff. FamFG, auf die §§ 113 Abs. 1, 119 Abs. 1 Satz 1 FamFG verweisen, der einzuschlagende Weg.

§ 940a Abs. 1 ZPO ist in diesen Fällen weder direkt noch entsprechend anwendbar[25].

10 c) Der einstweilige Rechtsschutz bezüglich gesetzlicher Unterhaltsansprüche richtet sich ausschließlich nach dem FamFG[26]. Einstweilige Verfügungen auf Leistung auf Grund familienrechtlicher Beziehungen gesetzlich geschuldeten Unterhalts sind nicht mehr denkbar[27].

11 d) Ebenso sind eilige Umgangs- und Besuchsregelungen allein im Verfahren nach §§ 49 ff. FamFG durchzusetzen. Für einstweilige Verfügungen insoweit ist kein Raum.

12 e) Auch der Streit, ob einer werdenden Mutter der legale Schwangerschaftsabbruch im Verfahren des einstweiligen Rechtsschutzes verboten werden kann, ist »sonstige« Familiensache i. S. des § 266 Abs. 1 FamFG. Der Antrag auf eine entsprechende einstweilige Anordnung dürfte allerdings ebenso wenig Erfolg haben wie nach altem Recht der Antrag auf Erlass einer entsprechenden einstweiligen Verfügung. Denn der Erzeuger eines Kindes hat keinen zivilrechtlichen Anspruch gegen die Kindesmutter, dass diese einen nach dem StGB nicht strafbaren Schwangerschaftsabbruch unterlässt. Ebenso besteht kein zivilrechtlich durchsetzbarer Anspruch des nasciturus selbst, sodass sich der Erzeuger auch nicht durch das Familiengericht zum Pfleger des nasciturus insoweit bestellen lassen kann, um diesen Anspruch durchzusetzen. Es fehlt also an einem Anordnungsanspruch, um ein vorläufiges Unterlassungsgebot gegen die Schwangere durch einstweilige Anordnung zu erwirken.[28]

13 f) Das Begehren, einen Notar zu einer bestimmten Amtshandlung (z. B. Auszahlung eines bei ihm hinterlegten Betrages) anzuhalten, ist im FamFG-Verfahren, nicht vor den Zivilgerichten der streitigen Gerichtsbarkeit, durchzusetzen (§ 15 Abs. 1 Satz 2 BNotO).[29] Deshalb muss auch einstweiliger Rechtsschutz insoweit im FamFG-Verfahren gesucht werden, nicht im Wege der einstweiligen Verfügung.[30]

14 2. Die Unterscheidung, ob eine FamFG-Sache vorliegt oder eine Angelegenheit der streitigen Gerichtsbarkeit, ist bezüglich des vorläufigen Rechtsschutzes nicht nur hinsichtlich der Zuständigkeit des anzurufenden Gerichts und des daran anknüpfenden Rechtsmittelzuges[31] von Bedeutung. Auch wenn das Verfahren des einstweiligen Rechtsschutzes in den familiengerichtlichen Verfahren und in den Verfahren der freiwilligen Gerichtsbarkeit durch das FamFG dem Verfügungsverfahren der ZPO weitgehend angeglichen worden ist und diese Harmonisierung der Verfahrensordnungen nach dem Leitbild der einstweiligen Verfügung in der ZPO auch ausdrücklich erklärtes Ziel des Gesetzgebers war[32], sind doch noch erhebliche Unterschiede in den beiden Verfahren verblieben[33]. Unterschiede ergeben sich darüber hinaus in der Zwangsvollstreckung[34] und im Kostenrecht.

---

25 Neben der Inbesitznahme einer Wohnung durch verbotene Eigenmacht (Hausbesetzung) beschränkt sich der Anwendungsbereich dieser Norm seit Einführung des FamFG auf die Fälle der Gewalt gegenüber dem Vermieter und seinem Personal und gegenüber anderen Mietern im Mietshaus sowie gegenüber den Mitgliedern einer losen Wohngemeinschaft ohne gemeinsame Haushaltsführung. Einzelheiten: *Schuschke*, NZM 2010, 137 ff.
26 Ausführlich hierzu: *Fest*, NJW 2012, 428.
27 Einzelheiten unten Rdn. 44, 72.
28 *Coester-Waltjen*, NJW 1985, 2175. A. A. AG Köln, NJW 1985, 2201; *Mittenzweig*, AcP 187 (1987), 274; *Roth-Stielow*, NJW 1985, 2746.
29 BGHZ 76, 11; OLG Hamm, MDR 1996, 1182.
30 OLG Hamm, MDR 1996, 1182.
31 OLG Karlsruhe, BeckRS 2010, 19473.
32 BT-Drucksache 16/6308 S. 437 f.
33 Einzelheiten Rdn. 16–25.
34 Hierzu: *Schuschke*, NZM 2010, 137, 141.

Ist in einer FamFG-Sache dennoch fälschlicherweise durch ein Gericht der streitigen Gerichtsbarkeit eine einstweilige Verfügung nach der ZPO an Stelle der an sich vorgesehenen einstweiligen Anordnung im FamFG-Verfahren erlassen worden, kann der Betroffene gegen diese einstweilige Verfügung nach den Regeln der ZPO unbefristeten Widerspruch einlegen, auch wenn im FamFG-Verfahren die befristete Beschwerde der richtige Rechtsbehelf wäre oder ein Rechtsbehelf im Einzelfall nicht vorgesehen ist.[35]

3. Anträge auf einstweiligen Rechtsschutz in FamFG-Verfahren setzen die Anhängigkeit oder das gleichzeitige Anhängigmachen einer Hauptsache nicht voraus[36]. Das Verfahren bleibt, auch kostenrechtlich[37], ein eigenständiges Verfahren, wenn ein Hauptsachverfahren bereits anhängig ist oder parallel anhängig gemacht wird (§ 51 Abs. 3 Satz 1 FamFG).

a) Soweit das Hauptsacheverfahren ein Amtsverfahren ist, werden auch die Verfahren auf Erlass einer einstweiligen Anordnung von Amts wegen – ebenfalls als selbständige Verfahren – eingeleitet.[38] Im letzteren Falle können Beteiligte aber den Erlass einer einstweiligen Anordnung anregen. Der Anregende ist, wenn seine Anregung nicht aufgenommen wird, durch das Gericht zu unterrichten (§ 24 Abs. 2 FamFG). Kann das Hauptsacheverfahren sowohl auf Antrag als auch von Amts wegen eingeleitet werden, so gilt dies auch für das Verfahren auf Erlass einer einstweiligen Anordnung.

b) Zuständiges Gericht, das über den Antrag entscheidet, ist das für das Hauptsacheverfahren im ersten Rechtszug zuständige Gericht (§ 50 FamFG). Ist die Hauptsache bereits anhängig und die Sache bereits beim Beschwerdegericht, kann auch das Beschwerdegericht einstweilige Anordnungen erlassen. Nach § 50 Abs. 1 FamFG kann dagegen das Rechtsbeschwerdegericht, dem die Hauptsache vorliegt, keine einstweiligen Anordnungen erlassen[39].

c) Der Antrag soll grundsätzlich nur auf eine »vorläufige Maßnahme« gerichtet sein, also nicht bereits die Hauptsache in vollem Umfange vorwegnehmen (§ 49 Abs. 1 FamFG)[40]. Dennoch sind neben den in § 49 Abs. 2 FamFG ausdrücklich aufgeführten Sicherungs- und Regelungsanordnungen (– entsprechend den Sicherungs- und Regelungsverfügungen in den §§ 938, 940 ZPO -) im Einzelfall – über die in § 246 FamFG ausdrücklich geregelte einstweilige Anordnung auf Unterhaltsleistungen hinaus – auch ausnahmsweise »Befriedigungsanordnungen« – entsprechend den Befriedigungsverfügungen im ZPO-Verfahren[41] – möglich, wenn anders ein effektiver Rechtsschutz nicht möglich wäre[42].

d) Die gem. § 51 Abs. 1 FamFG glaubhaft zu machenden Voraussetzungen für den Erlass einer einstweilige Anordnung sind, dass es nach den für das Rechtsverhältnis maßgebenden Vorschriften gerechtfertigt ist, eine vorläufige Maßnahme zu treffen und dass ein dringendes Bedürfnis für ein sofortiges Tätigwerden besteht (§ 49 Abs. 1 FamFG). Die Glaubhaftmachung ist in § 31 FamFG geregelt. Die Norm entspricht § 294 ZPO. Allerdings ist zu beachten, dass dem Antragsteller im Verfahren auf einstweiligen Rechtsschutz nicht mehr an Darlegungs- und Beibringungslasten auferlegt werden kann als im Hauptsacheverfahren. Das Verfahren bleibt ein Verfahren der frei-

---

35 OLG Zweibrücken, Beschl. v. 29.7.2005–6 UF 124/05 – mit Anm. *Friederici*, jurisPR-FamR 24/2005.
36 Eine Ausnahme bildet allein das hier nicht interessierende Verfahren gem. § 248 Abs. 1 FamFG.
37 *Vorwerk*, FPR 2009, 8.
38 Zu Streitfragen, wann ein Amtsverfahren vorliegt: *Socha*, FamRZ 2010, 947.
39 BGH, FGPrax 2010, 97 lässt in analoger Anwendung des § 64 Abs. 3 FamFG allerdings auch im Rechtsbeschwerdeverfahren einstweilige Anordnungen zu.
40 *Löhnig/Heiß*, FamRZ 2009, 1101.
41 Einzelheiten hierzu unten Rdn. 23.
42 *Schuschke*, FS Günter Brambring, 2011, S. 335. Keidel/*Giers*, FamFG, § 49 Rn. 15 sieht dagegen § 246 FamFG als Beleg dafür an, dass Befriedigungsverfügungen nach dem FamFG im Übrigen nicht zulässig seien.

willigen Gerichtsbarkeit, für das der Amtsermittlungsgrundsatz (§ 26 FamFG) gilt[43]. Zwar sind die Beteiligten in allen Antragsverfahren der freiwilligen Gerichtsbarkeit verpflichtet, dem Gericht den Sachverhalt von sich aus soweit darzustellen, dass eine sinnvolle Sachentscheidung über den Antrag überhaupt möglich ist[44] und in diesem Rahmen alle ihnen bekannten Beweismittel bzw. Glaubhaftmachungsmittel zu benennen. Ergeben sich aber aus dem Vortrag Anhaltspunkte für weitere Möglichkeiten der Glaubhaftmachung, so muss das Gericht dem in den Grenzen des § 31 Abs. 2 FamFG[45] – »Eine Beweisaufnahme, die nicht sofort erfolgen kann, ist unstatthaft« – von Amts wegen nachgehen[46]. Es muss also auch seinerseits, ohne dass der Antragsteller sich darauf berufen hat, gegebenenfalls amtliche Stellungnahmen einholen sowie Zeugen, deren eidesstattliche Versicherungen für das Gericht Fragen offen ließen, zum Termin laden und Urkunden aus dem Gericht bereits vorliegenden Akten, die dem Gericht für die Entscheidung bedeutsam erscheinen, beiziehen. Hier liegt nach wie vor ein bedeutsamer Unterschied zum Verfahren der einstweiligen Verfügung nach der ZPO, das vollständig von der Parteimaxime beherrscht ist.

21 e) Für das Verfahren der einstweiligen Anordnung nach dem FamFG gelten die Verfahrensregeln des Hauptsacheverfahrens (§ 51 Abs. 2 FamFG). Wie dort (§ 32 Abs. 1 FamFG) ist ein mündlicher Termin nicht zwingend erforderlich, wohl aber rechtliches Gehör für alle, in deren Rechte eingegriffen wird. Soweit für das Hauptsacheverfahren Anhörungen weiterer Beteiligter zwingend vorgeschrieben sind, sind sie bereits im Verfahren über den Erlass der einstweiligen Anordnung durchzuführen. Sie können, wenn das Gesetz nicht die persönliche Anhörung zwingend vorschreibt (§ 34 FamFG), schriftlich und innerhalb kurzer Fristen erfolgen.

22 f) Ist in einer *Familiensache*[47] eine einstweilige Anordnung ohne mündliche Verhandlung – gemeint ist hier ein Termin nach § 32 FamFG[48] – ergangen, so ist auf Antrag erneut aufgrund mündlicher Verhandlung zu entscheiden (§ 54 Abs. 2 FamFG)[49]. In den übrigen Sachen der freiwilligen Gerichtsbarkeit, für die § 54 Abs. 4 nicht gilt, kann die unterlassene mündliche Verhandlung nur in der Beschwerdeinstanz mit der Darlegung, durch den Verzicht auf die mündliche Verhandlung seien im konkreten Fall die Möglichkeiten der Amtsermittlung nicht ausgeschöpft worden, erzwungen werden.

23 g) Die Entscheidung des Gerichts, die eine Endentscheidung i. S. des § 38 Abs. 1 FamFG ist[50], ergeht durch Beschluss, der *immer*, also auch, wenn ohne mündlichen Termin entschieden wurde, zu begründen ist (§ 38 Abs. 3 FamFG). Bei seiner Entscheidung ist das Gericht an den Antrag nur insoweit gebunden, als es dem Antragsteller gemessen an seinem Rechtsschutzziel nicht etwas zuzusprechen darf, was dieser nicht beantragt hat. Im Übrigen wählt das Gericht – im Rahmen dieses Rechtsschutzzieles – die erforderlichen Maßnahmen nach seinem Ermessen aus. Die Aufzählung möglicher Maßnahmen in § 49 Abs. 2 FamFG ist nicht abschließend, also keine Beschränkung des Gerichts, sondern nur beispielhaft[51]. Deshalb sind im Einzelfall auch Befriedigungsanordnungen nicht ausgeschlossen, wenn anders effektiver Rechtsschutz nicht möglich wäre[52]. Das Gericht kann anstelle der vom Antragsteller vorgeschlagenen Maßnahmen auch andere wählen, soweit diese den

---

43 Ebenso Keidel/*Giers*, FamFG, § 51 Rn. 7, 19.
44 OLG Brandenburg, FamRZ 2004, 891.
45 So auch Keidel/*Giers*, FamFG, § 51 Rn. 8; Prütting/Helms/*Stößer*, FamFG, § 51 Rn. 5.
46 § 31 Abs. 2 FamFG würde es verbieten, ein schriftliches Sachverständigengutachten einzuholen, das längere Zeit in Anspruch nimmt. So auch *Giers*, FGPrax 2009, 47, 49.
47 Definition der Familiensachen in § 111 FamFG.
48 *Bumiller/Harders*, FamFG, § 54 Rn. 4.
49 Die Norm entspricht dem früheren § 620b Abs. 2 ZPO.
50 OLG Stuttgart, jurisPR-FamR 22/2009 mit Anm. durch *Friederici* (Anm. 4).
51 *Löhnig/Heiß*, FamRZ 2009, 1101.
52 Prütting/Helms/*Stößer*, § 49 FamFG Rn. 9. Für den Spezialfall der Auskunftsansprüche nach §§ 99, 132 AktG, 51a, 51b GmbHG: *Jänig/Leißring*, ZIP 2010, 110, 116; *Schuschke*, FS Günter Brambring, 2011, S. 335.

Antragsteller nicht weitergehend sichern als die von ihm selbst vorgeschlagene Maßnahme. Denn durch die Benennung der Maßnahme im Antrag legt der Antragsteller das Maß für die Erforderlichkeit des Sicherungsmittels – das dingende Bedürfnis – nach oben hin fest. Die Auswahl einer anderen Maßnahme als der vom Antragsteller vorgeschlagenen beinhaltet also nicht grundsätzlich ein Unterliegen des Antragsstellers, wenn in ihr nicht auch eine Einschränkung des angestrebten Rechtsschutzzieles des Antragsstellers zum Ausdruck kommt. Bei der Sicherungs- oder der Regelungsanordnung führt der Umstand, dass das Gericht glaubt, die vom Antragsteller vorgeschlagene Maßnahme nicht anordnen zu können (z. B. weil sie einen anderen Beteiligten ungebührlich belaste oder weil sie nach den Regeln des Vollstreckungsrechts nicht vollstreckbar sei), also nur dann zu einer Zurückweisung des Antrages mit Kostenfolgen, wenn der Antragsteller in der Begründung seines Antrages alle anderen Maßnahmen ausdrücklich ablehnt oder wenn keine andere gleichwertige oder minder belastende Maßnahme möglich erscheint. Die Grundsätze ähneln denen, die zu § 938 ZPO entwickelt wurden[53].

4. Einstweilige Anordnungen *in Familiensachen* sind nur in den in § 57 Nr. 1–5 genannten Fällen, also in bestimmten Kindschafts-, Gewaltschutz- und Ehewohnungssachen, anfechtbar, im Übrigen aber unanfechtbar. Im Einzelfall mag hier mit der Gehörsrüge nach § 44 FamFG eine Korrektur erreicht werden können. In diesem Bereich wird sicher neuer Streit um die sog. »außerordentliche Beschwerde wegen greifbarer Gesetzeswidrigkeit« entbrennen. Es sollte aber ein für allemal dabei bleiben, dass dieses Rechtsinstitut in unserer Rechtsordnung unzulässig[54] und auch überflüssig ist. Ein solches Rechtsmittel außerhalb des Gesetzes widerspräche dem verfassungsrechtlichen Grundsatz der Rechtsmittelklarheit[55]. In allen anderen Fällen als Familiensachen ist die Beschwerde gegen einstweilige Anordnungen nach den allgemeinen Regeln (§§ 58 ff FamFG) zulässig, da die Entscheidungen im einstweiligen Rechtsschutz ohne Zweifel Endentscheidungen sind. Es gilt allerdings nicht die allgemeine 4-wöchige Beschwerdefrist, sondern die 2-wöchige Beschwerdefrist des § 63 Abs. 2 Nr. 1 FamFG. Die Rechtsbeschwerde gegen Beschwerdeentscheidungen im Verfahren des einstweiligen Rechtsschutzes ist generell ausgeschlossen (§ 70 Abs. 4 FamFG). 24

5. Beschlüsse in FamFG-Verfahren sind grundsätzlich mit Wirksamwerden vollstreckbar (§ 86 Abs. 1 FamFG). Wie der Arrest und die einstweilige Verfügung bedürfen auch einstweilige Anordnungen im Verfahren der freiwilligen Gerichtsbarkeit der Vollstreckungsklausel, – soweit nach § 86 Abs. 3 FamG zur Vollstreckung von Entscheidungen im FamFG-Verfahren überhaupt noch eine Vollstreckungsklausel verlangt wird –, nur, wenn aus dem Beschluss für oder gegen einen anderen als den im Beschluss bezeichneten Beteiligten vollstreckt werden soll (§ 53 Abs. 1 FamFG)[56]. Soweit nach der Anordnung eine Geldleistung zu erbringen, eine bewegliche oder unbewegliche Sache herauszugeben, eine vertretbare oder nichtvertretbare Handlung vorzunehmen ist oder ein Dulden oder Unterlassen erzwungen werden soll, erfolgt die Zwangsvollstreckung nach den Vorschriften der ZPO (§ 95 Abs. 1 FamFG). Das Gericht kann aber bestimmen, dass an Stelle der an sich nach §§ 883, 885–887 ZPO durchzuführenden Vollstreckung Maßnahmen nach § 888 ZPO – also Zwangsgeld – verhängt werden (§ 95 Abs. 3 FamFG). Hier ist das Verfahren der freiwilligen Gerichtsbarkeit deutlich flexibler als die ZPO, die die Vollstreckungsmöglichkeiten immer scharf trennt[57]. 25

---

53 Siehe unten § 938 ZPO Rdn. 6.
54 Vergl. aus der neueren Rspr.: BGH, BGHReport 2002, 431; BGH, FamRZ 2004, 1191; BGH, BGHReport 2007, 1315; BGH, BGHReport 2008, 593; BFH, BFHE 211, 37; KG, OLGReport 2007, 466; OLG Bremen, OLGReport 2009, 174; OLG Saarbrücken, OLGReport 2008, 441; OLG München, OLGReport 2009, 716; siehe auch oben § 707 Rdn. 18.
55 BVerwG, NVwZ 2005, 232; OVG Münster, BeckRS 2008, 41308.
56 § 53 Abs. 1 schränkt § 86 Abs. 3 also ein und beschränkt die Klauselpflicht noch weiter: *Bumiller/Winkler*, a. a. O., § 53 Rn. 1; *Fels*, FPR 2012, 480; *Giers*, FPR 2008, 442; *Löhnig/Heiß*, FamRZ 2009, 1101, 1103.
57 Siehe hierzu: BGH, WuM 2009, 142 und BGH, NZM 2007, 852.

IV. Ausschluss einstweiliger Verfügungen zur Verfahrensbeeinflussung in Zivil-, Straf- oder Verwaltungsverfahren

26 Aus der Funktion der einstweiligen Verfügung, nur einstweiligen Rechtsschutz im Hinblick auf ein noch im streitigen Zivilprozess durchzuführendes Hauptsacheverfahren zu gewähren, folgt auch, dass sie nicht allein mit dem Ziel zulässig ist, durch sie den Ablauf eines anderweitigen Zivil-, Straf-, Verwaltungs- oder sonstigen rechtsstaatlich geregelten Verfahrens zu beeinflussen. So kann etwa der Kläger eines Zivilprozesses nicht durch Unterlassungs- oder Widerrufsansprüche zur Änderung seiner Klageschrift gezwungen werden,[58] der Zeuge in einem Zivilprozess zur Änderung seiner Aussage,[59] ein Beteiligter in einem familiengerichtlichen Verfahren der freiwilligen Gerichtsbarkeit zur Änderung oder Aufgabe seines Vorbringens,[60] erst recht nicht das Gericht durch eine einstweilige Verfügung auf Feststellung, dass dem Gegner ein von ihm verfolgter Anspruch nicht zustehe, zu einer bestimmten Entscheidung im Hauptsacheverfahren[61]. Ebenso wenig kann es einer Partei untersagt werden, gegenüber ihrem Rechtsanwalt oder Notar im Beratungsgespräch bestimmte Angaben zu machen.[62] Eine Grenze besteht allerdings auch bei Äußerungen im Zusammenhang mit einem gerichtlichen Verfahren da, wo die Äußerung nicht mehr einer – auch äußerst kritischen – Sachauseinandersetzung dient, sondern allein der Diffamierung einer Person durch unzulässige Schmähkritik.[63]

Weitere Beispiele: Stellt auf eine Anzeige hin die Kriminalpolizei kraft hoheitlicher Befugnisse einen Gegenstand sicher, so kann der Besitzer allein mit strafprozessualen Mitteln dessen Freigabe betreiben, nicht aber durch Antrag auf Erlass einer einstweiligen Verfügung gegen den Urheber der – u. U. falschen – Anzeige.[64] Die Fortsetzung eines Verwaltungszwangsverfahrens kann nicht durch einstweilige Verfügung gegen den Urheber des zugrunde liegenden, u. U. auf unrichtigen Informationen beruhenden Verwaltungsaktes unterbunden werden. Hier muss der Betroffene sich der Rechtsbehelfe des Verwaltungsverfahrensrechts gegen die vollstreckende Behörde bedienen.

V. Einstweilige Verfügung und materiellrechtliche Möglichkeiten der eiligen Abhilfe

27 Dass das materielle Recht dem Betroffenen die Möglichkeit eingeräumt hatte, durch Selbsthilfe (§§ 229, 859, 860 BGB), Notwehr (§ 227 BGB) oder gerechtfertigte Notstandshandlungen (§ 228 BGB) den gewünschten Zustand selbst ohne gerichtliche Hilfe unverzüglich herbeizuführen, dass er dies aber unterlassen hat, hindert ihn nicht, anschließend einstweiligen Rechtsschutz durch einstweilige Verfügung zu begehren.[65] Denn niemand ist verpflichtet, sich sein Recht selbst zu suchen. Die §§ 226 ff. BGB rechtfertigen nur Selbsthilfehandlungen, muten sie aber niemandem zu, stellen sie auch nicht als Idealverhalten eines Betroffenen hin. Der Regelweg für den Betroffenen, Rechtsschutz zu suchen, ist die Inanspruchnahme der Gerichte.

B. Die Arten der einstweiligen Verfügung

28 Die ZPO selbst unterscheidet in §§ 935, 940 zwischen der einstweiligen Verfügung »in Bezug auf den Streitgegenstand« (Sicherungsverfügung, § 935) und derjenigen »zum Zwecke der Regelung eines einstweiligen Zustandes« (Regelungsverfügung, § 940). Darüber hinaus haben Rechtsprechung und Literatur, ausgehend von der Erkenntnis, dass mit dieser Unterscheidung allein nicht allen Fällen, in denen in der Praxis einstweiliger Rechtsschutz durch einstweilige Verfügung erfor-

---

58 OLG Hamm, OLGReport 2004, 173; zweifelnd *Hager*, FS Medicus 2009, 171, 179.
59 LG Stuttgart, MMR 2011, 668.
60 OLG Frankfurt, NJOZ 2013, 79.
61 Abweigig insoweit *Bernreuther*, WRP 2010, 1191, 1194.
62 OLG Dresden, MittBayNot 2012, 159.
63 OLG Koblenz, NJW-RR 2014, 871.
64 OLG Hamm, VRS 1988, 419.
65 OLG Celle, NJW-RR 1987, 447; *Katzenstein/Hüftle*, MDR 2005, 1029; *Zöller/Vollkommer*, 935 Rn. 5.

derlich erscheint, Genüge getan werden kann, die sog. Befriedigungs- oder Leistungsverfügung entwickelt. Die Unterscheidung der einzelnen Typen, ihr Verhältnis zueinander und insbesondere auch die genaue dogmatische Begründung der Leistungsverfügung sind in der Literatur sehr umstritten.[66] Da aber der Streit in der Praxis selten zu unterschiedlichen Ergebnissen führt, spielt er dort nur eine geringe Rolle. Die zum Erlass einstweiliger Verfügungen bestimmten Formulare zitieren meist zur Begründung des Eiltitels gleichzeitig §§ 935 und 940, ohne dass eine der Normen gestrichen wird[67]. Auch für den Antragsteller ist die »richtige« Einordnung zweitrangig, da das Gericht nicht gehindert ist, einem auf § 935 gestützten Gesuch aus § 940 heraus stattzugeben und umgekehrt.[68] Entscheidend ist, dass der Antragsteller sein Rechtsschutzziel als solches unmissverständlich bezeichnet. Teilweise wird deshalb auch die Ansicht vertreten,[69] die gängige Unterscheidung in zwei oder gar drei Verfügungsarten sei unnötig; es gebe nur eine einstweilige Verfügung; den §§ 935, 940 seien lediglich Beispiele möglicher Anordnungen, die in diesem Verfahren getroffen werden könnten, zu entnehmen, weitergehende Konsequenzen hätte die Unterscheidung nicht. Wenn auch vieles zugunsten dieser Ansicht spricht, soll nachfolgend doch zunächst an der traditionellen Unterscheidung festgehalten werden, ehe die eigene Position dargestellt wird.[70]

I. Die Sicherungsverfügung (§ 935)

Steht dem Gläubiger ein Herausgabeanspruch zu, hat er ein materiellrechtliches Verwertungsrecht hinsichtlich eines Gegenstandes (z. B. aufgrund eines gesetzlichen oder vertraglichen Pfandrechts)[71] oder Anspruch auf Bestellung einer Sicherheit an einem Gegenstand (z. B. auf Bestellung einer Bauhandwerkersicherungshypothek an einem Grundstück), kann er Übereignung eines Gegenstandes oder die Einräumung von Rechten an ihm (z. B. die Bestellung eines Pfandrechts) oder die Duldung der Zwangsvollstreckung in ihn (z. B. aufgrund der Vorschriften des AnfG)[72] verlangen, so hängt der Erfolg der Zwangsvollstreckung eines auf eine derartige Individualleistung lautenden Titels davon ab, dass der Gegenstand beim Schuldner noch in dem Zustand, auf den der Anspruch sich bezog, vorhanden ist. Steht zu befürchten, dass der bestehende Zustand verändert wird, sodass die Verwirklichung des Rechts erschwert oder gar vereitelt würde, so besteht ein berechtigtes Interesse des Gläubigers, dass der Streitgegenstand so weit gesichert wird, dass es überhaupt noch sinnvoll erscheint, das Hauptsacheverfahren zur Titulierung des Anspruchs auf die geschuldete Individualleistung durchzuführen. Da auch eine solche vorläufige Sicherung, soll sie gegen den Willen des Schuldners durchgeführt werden, eines Vollstreckungstitels bedarf, räumt § 935 die Möglichkeit ein, die zur Sicherung erforderlichen Anordnungen durch einstweilige Verfügung zu treffen – also nicht, den Anspruch selbst bereits zu titulieren –. Typische Sicherungsmittel, die angeordnet werden können,[73] sind die Sequestrierung des Gegenstandes, ein Verfügungs- oder Veräußerungsverbot, das Verbot, bestimmte tatsächliche Einwirkungen auf den Gegenstand oder bestimmte sonstige, den gegenwärtigen Zustand verändernde Handlungen vorzunehmen.

29

---

66 Siehe im Einzelnen unten, Rdn. 31 – 48.
67 Zur Kritik an diesem einheitlichen Konzept des einstweiligen Rechtsschutzes durch einstweilige Verfügung: Gaul/*Schilken*/Becker-Eberhardt, § 74 Rn. 7 und § 76 Rn. 1.
68 Allgem. Ansicht; beispielhaft *Berger*, Kap. 2 Rn. 12, 13; *Stein/Jonas/Grunsky*, vor § 935 Rn. 30; *Zöller/Vollkommer*, § 935 Rn. 2.
69 *Damm*, ZHR 1990, 418.
70 Unten Rdn. 49.
71 Ein mögliches Verwertungsrecht in der – noch durchzuführenden – Zwangsvollstreckung reicht insoweit allerdings nicht aus: OLG Jena, InVo 1997, 162.
72 OLG Koblenz, KTS 1993, 217; OLG Köln, VersR 1997, 446.
73 Einzelheiten § 938 Rdn. 20–33.

II. Die Regelungsverfügung (§ 940)

30 Besteht zwischen den Parteien ein meist – auf eine gewisse Dauer[74], – damit einstweilige Regelungen überhaupt möglich erscheinen –, angelegtes Rechtsverhältnis, aus dem heraus Rechte und Pflichten der Beteiligten streitig sind, so kann dieser Streit für einen Beteiligten zu so unerträglichen Verhältnissen führen, dass es unzumutbar erscheint, den gegenwärtigen Zustand auch nur bis zur Hauptsacheentscheidung des Prozessgerichts unverändert hinzunehmen. Aber auch bei einzelnen und einmaligen Ansprüchen kann das Zuwarten bis zur Erfüllung zu einem derart unerträglichen oder unzumutbaren Zwischenzustand führen, dass die Hauptsacheentscheidung nicht mehr alle durch dieses Zuwarten verursachten Beeinträchtigungen auszugleichen vermag. Da auch »Zwischenlösungen« gegen den Willen dessen, der an ihnen durch ein Tun, Dulden oder Unterlassen mitwirken soll, nur aufgrund eines Vollstreckungstitels durchgesetzt werden können, räumt § 940 die Möglichkeit ein, die zur Erreichung des Regelungszwecks notwendigen Anordnungen durch einstweilige Verfügung zu treffen. Typische Anwendungsfälle der Regelungsverfügung finden sich im Nachbarrecht, im Gesellschaftsrecht, insbesondere aber auch im Arbeitsrecht. Die möglichen Anordnungen, die zum Zwecke der vorläufigen Regelung des Rechtsverhältnisses getroffen werden können, richten sich danach, was im Einzelfall »nötig erscheint«, um den Rechtsfrieden vorläufig zu wahren, müssen sich also grundsätzlich nicht an den Ansprüchen orientieren, die aus dem streitigen Rechtsverhältnis hergeleitet werden – wo gar kein Anspruch, da allerdings auch keine vorläufige Regelung –, können aber andererseits auch bis zur vollständigen Befriedigung dieser Ansprüche führen – soweit man nicht alle Verfügungen, die den Anspruch ganz oder teilweise befriedigen, dem Typus der Leistungs- oder Befriedigungsverfügung als eigenem drittem Typus zuordnet[75] –. Ist etwa streitig, ob jemand wirksam zum Geschäftsführer einer Gesellschaft bestellt wurde, so kann ihm die Ausübung dieses Amtes bis zu einem bestimmten Zeitpunkt ganz untersagt werden, es kann ihm aber auch aufgegeben werden, bestimmte Geschäfte in dieser Zeit nicht oder nur mit Zustimmung eines anderen Geschäftsführers oder Gesellschafters zu tätigen, und es können schließlich auch die Befugnisse des Geschäftsführers vorläufig einem Dritten übertragen werden. Entscheidend ist, was im Einzelfall geboten erscheint.

III. Die Leistungs- oder Befriedigungsverfügung

31 Geht man nicht davon aus, dass es nur eine besondere Form der vorläufigen Regelung des streitigen Rechtsverhältnisses (§ 940 ZPO) ist, den Anspruch des Gläubigers ganz oder teilweise zu befriedigen,[76] wo jede andere Regelung den Gläubiger rechtlos stellen, also auf eine gänzliche Rechtsverweigerung herauslaufen würde,[77] so muss man anerkennen, dass in bestimmten Fällen weder bloße Sicherungsmaßnahmen noch Regelungen unterhalb der Befriedigung ausreichend sind, um dem Gläubiger einen vorläufigen Rechtsschutz, der diesen Namen auch nur annähernd verdient, zu gewähren[78]. Man muss dann einen dritten Typus der einstweiligen Verfügung neben

---

[74] Dass § 940 ZPO aber nicht nur für Rechtsverhältnisse »von Dauer« gilt, zeigt die Formulierung »insbesondere bei dauernden Rechtsverhältnissen«: vgl. *Stein/Jonas/Grunsky*, § 940 Rn. 4; *Zöller/Vollkommer*, § 940 Rn. 2.
[75] Vgl. hierzu Rdn. 21.
[76] So beispielsweise *Gaul*, FamRZ 2003, 1137, 1148; Gaul/*Schilken*/Becker-Eberhardt, § 76 Rn. 10; *Musielak/Huber*, § 940 Rn. 1; *Teplitzky*, JuS 1980, 884 f.
[77] BVerfG, NVwZ 2005, 927; LAG Thüringen, NZA-RR 2001, 348; OLG Frankfurt, OLGReport 2007, 378; OLG Jena, OLGReport 2009, 131.
[78] GMP/*Germelmann*, § 62 ArbGG Rn. 98; *Schwab/Weth/Walker*, § 62 ArbGG Rn. 98.

der Sicherungs- und der Regelungsverfügung anerkennen, der vorläufig[79] – im Extremfall auch endgültig – die Befriedigung des Gläubigers ermöglicht, bis das Rechtsverhältnis der Parteien durch die Hauptsacheentscheidung endgültig geklärt ist.

1. Die Unterlassungsverfügung

Steht dem Gläubiger gegen den Schuldner ein Anspruch darauf zu, dass dieser ein Verhalten zeitweilig oder auch dauerhaft unterlässt, ist der Schaden, der dem Gläubiger entsteht, wenn er dieses Verhalten vorläufig hinnehmen muss, bis es dem Schuldner durch die Hauptsacheentscheidung verboten ist, oftmals nicht mehr wieder gut zu machen. Droht etwa eine verleumderische Presseveröffentlichung, so helfen ein späterer Gegendarstellungs- und Widerrufsanspruch und Schadensersatzleistungen in Geld oft nur begrenzt (»semper aliquid haeret«). Ist die unlautere Werbekampagne des Konkurrenten erfolgreich durchgeführt, lässt sich später der eigene Schaden oft nur schwer beziffern, obwohl feststeht, dass sich der Konkurrent gerade durch diese Kampagne erst etabliert oder jedenfalls kräftig profiliert hat. Hat der rechtswidrige Streik erst einmal begonnen und ist dadurch etwa die gesamte Produktion zeitweilig unterbunden worden, so kann der Schaden so hoch sein, dass ein späterer Schadensersatzanspruch bei den Organisatoren und Mitwirkenden des Streiks nicht mehr realisiert werden kann. Die Beispiele, die sich beliebig vermehren lassen, zeigen die Hauptanwendungsgebiete der Unterlassungsverfügung: den Schutz der Ehre und des Persönlichkeitsrechts,[80] den gewerblichen Rechtsschutz,[81] das Arbeitsrecht.[82] Würde in diesen Fällen kein einstweiliger Rechtsschutz auch dahin gehend möglich sein, dass der Unterlassungsanspruch bereits zeitweilig erfüllt wird, käme dies einer Verweigerung effektiven Rechtsschutzes gleich, ein Ergebnis, das in einem Rechtsstaat nicht hinnehmbar wäre. Andererseits darf nicht übersehen werden, dass der Schuldner oft nur ein einmaliges Tun plant, dessen späteres Nachholen für ihn nicht sinnvoll ist. Die zeitweilige Erfüllung des Unterlassungsbegehrens des Gläubigers stellt sich damit praktisch als endgültige Erfüllung dar. Das Hauptsacheverfahren kommt dann für den Schuldner zu spät, sodass er erst gar nicht mehr nach § 926 auf seine Durchführung drängt. Insbesondere im Bereich des gewerblichen Rechtsschutzes erledigt sich der Streit der Parteien überwiegend mit der Entscheidung im Verfügungsverfahren.[83]

Die Möglichkeit des Schadensersatzanspruchs aus § 945 erweist sich häufig als allzu stumpfes Schwert, weil der Schaden sich oft nicht sicher genug nachweisen lässt, sodass sie als Motivation zur Durchführung des Hauptsacheverfahrens ausscheidet. Die Konsequenz aus dieser Erkenntnis, dass es zugunsten des Gläubigers und zulasten des Schuldners häufig bei diesem »Rechtsschutz ohne vollwertigen Prozess«[84] endgültig verbleibt, darf nicht sein, dass man dieses »Schnellverfahren« schlicht als Besonderheit des kaufmännischen Verkehrs akzeptiert, sondern es müssen hieraus auch Folgerungen für das Verfahren gezogen werden, die gerade nicht dahin gehen dürfen, dass die Verfahrenssicherungen zugunsten des Schuldners weitgehend außer acht gelassen werden.[85]

---

79 Beispiele: OLG Brandenburg, OLGReport 2009, 472:Vorläufige weitere Freischaltung eines gesperrten eBay-Kontos:; LG Düsseldorf, BeckRS 2012, 20260 (mit Anm. *Birk*, GRUR-Prax 2013, 169): Unterlassen, Geschäftspartnern jegliche Dienstleistungen für die Antragstellerin zu verbieten und dadurch ihr Unternehmen als ganzes zu gefährden; LG Hamburg, ZMR 2013, 192: Gefährdung des Lebensunterhalts des Antragstellers, falls er seine Wohnung nicht befristet untervermieten kann (mit Anm. *Waßmann*, ZMR 2013, 193; hierzu auch der Aufsatz von *Harsch*, MDR 2013, 754).
80 Einzelheiten unten, Rdn. 138.
81 Einzelheiten unten, Rdn. 98 ff.
82 Einzelheiten unten, Rdn. 146 ff.
83 *Ahrens/Spätgens*, Einstweiliger Rechtsschutz und Vollstreckung in UWG-Sachen, 4. Aufl., Rn. 2; PG/ Fischer, § 935 ZPO Rn. 8; *Teplitzky*, Wettbewerbsrechtliche Ansprüche und Verfahren, Kap. 53 Rn. 1 ff.
84 So *Leipold*, ZZP 1977 (Bd. 90), 260.
85 Einzelheiten zum Wettbewerbsprozess insoweit unten Rdn. 98 ff.

2. Die Herausgabeverfügung

33 Werden Herausgabeansprüche auch in der Regel nur mit der Sicherungsverfügung auf Herausgabe an einen Sequester[86] vorläufig gesichert, so sind doch Fälle denkbar, in denen in der einstweiligen Verfügung bereits die Anordnung der Herausgabe an den Gläubiger selbst erfolgt. Zum einen sind dies die Fälle, in denen der Besitz der Sache für den Gläubiger existenznotwendig ist, während dem Schuldner der vorläufige Besitzverlust durchaus zugemutet werden kann.[87] Zum anderen zählen hierher die Fälle der Wiederherstellung des durch verbotene Eigenmacht rechtswidrig entzogenen Besitzes.[88] Hinsichtlich der ersteren Fallgruppe ist äußerste Zurückhaltung geboten. Immer ist erforderlich, dass der Gläubiger auf den sofortigen unmittelbaren Besitz angewiesen ist, etwa weil er die Gegenstände als Arbeitsgerät zur Erzielung seines Lebensunterhalts[89] (PKW des im Übrigen mittellosen Handelsvertreters, der sich kein Ersatzfahrzeug anmieten kann; Instrument des Musikers, der kein geeignetes Ersatzinstrument zur Verfügung hat; u. ä.) oder die herausverlangten Unterlagen zur sinnvollen Fortsetzung seiner Arbeit[90] dringend benötigt oder weil er schließlich ohne die einbehaltenen Arbeitspapiere keine andere Berufstätigkeit aufnehmen kann[91]. Nicht ausreichend ist dagegen, dass der Gläubiger den Gegenstand grundsätzlich, wenn auch nicht sofort benötigt, während aber zu befürchten steht, dass der Schuldner den Gegenstand alsbald übermäßig abnutzen oder beschädigen werde.[92] Ebenso wenig ist ausreichend, dass der Schuldner von dem Gegenstand (etwa einen Wechsel oder Scheck) alsbald abredewidrig Gebrauch machen und dadurch den Gläubiger schädigen werde. In diesen Fällen reicht es völlig aus, wenn der Gegenstand dem Regelfall des § 935 entsprechend vorläufig an einen Sequester herausgegeben und dadurch der weiteren Nutzung durch den Schuldner vorläufig entzogen wird.[93] Im Einzelfall kommen auch sonstige Regelungen der Nutzung des Gegenstandes durch den Schuldner oder auch durch beide Parteien in Betracht, die ebenfalls noch nicht zur vollständigen vorläufigen Befriedigung des Herausgabeanspruchs des Gläubigers führen.

34 Anders ist die zweite Fallgruppe (Wiederherstellung des durch verbotene Eigenmacht entzogenen Besitzes) zu beurteilen. Hier kommen eine Abwägung der beiderseitigen Interessen und eine »Zwischenlösung« nur ausnahmsweise in Betracht. Im Vordergrund steht die vom Gesetzgeber ganz allgemein gewollte rasche Wiedereinräumung des durch verbotene Eigenmacht entzogenen Besitzes (§§ 859, 863 BGB).[94] Sie ist praktisch nur zu bewerkstelligen, wenn der ursprüngliche Besitzer

---

86 OLG Köln, NJW-RR 1995, 1088; NJW-RR 1997, 57; OLG Naumburg, OLGR 2002, 295; OLG Koblenz, BeckRS 2014, 04385.
87 *Teplitzky*, JuS 1980, 885; *Stein/Jonas/Grunsky*, vor § 935 Rn. 45; *Thomas/Putzo/Seiler*, § 940 Rn. 12; OLG Frankfurt, BauR 1980, 193; OLG Köln, OLGReport 1998, 138 sowie NJW-RR 1998, 1097; OLG Celle, NZM 2001, 194; OLG Rostock, OLG-NL 2001, 279.
88 OLG Saarbrücken, NJW 1967, 1813; OLG Düsseldorf, MDR 1971, 1011 und JMBl. NW 2002, 109; LG Bremen, MDR 1989, 1111; OLG Köln, JMBl. NW 1990, 178 und JurBüro 1996, 217; OLG Celle, DGVZ 1999, 75; OLG Koblenz, OLGReport 2001, 2; OLG Saarbrücken, MDR 2003, 1198; *Lehmann-Richter*, NJW 2003, 117; *Wieczorek/Schütze/Thümmel*, § 940 Rn. 17; hierher zählen auch die Fälle, in denen der aus der Wohnung ausgesperrte Lebensgefährte seinen Wiedereinzug in die Wohnung durchsetzen will: *Schuschke*, NZM 1999, 481. Der zu Unrecht aus der Wohnung ausgesperrte Ehegatte muss dagegen den Weg der einstweiligen Anordnung nach dem FamFG wählen.
89 Für große Zurückhaltung auch: OLG Hamm, NJW-RR 1992, 640; OLG Celle, NZM 2001, 194.
90 Beispielsfall: ArbG Berlin, GesR 2010, 222 (es bedarf dann aber der genauen Beschreibung der Unterlagen und der genauen Angabe, warum sie gerade jetzt benötigt werden).
91 *Brox/Walker* Rn. 1625a; *Mertins*, JuS 2009, 911, 914.
92 OLG Brandenburg, MDR 2001, 1185; *Hess*, WuB VI C § 158 InsO 1.02 (kritisch zu LG Stralsund, WM 2002, 1504, das in einem derartigen Fall eine Herausgabeverfügung erlassen hat).
93 LG Köln, NJW-RR 1988, 1530; *Stein/Jonas/Grunsky*, vor § 935 Rn. 44.
94 OLG Düsseldorf, ZIP 2008, 1930; OLG Frankfurt, BB 1981, 148; OLG Hamm, NJW-RR 1991, 1526; OLG Köln, JMBl. NW 1990, 178 und JurBüro 1995, 217; LG Bremen, MDR 1989, 1111; *Stein/Jonas/Grunsky*, vor § 935 Rn. 44; *Zöller/Vollkommer*, § 940 Rn. 8 »Herausgabe, Räumung und Besitzschutz«.

schon im Eilverfahren des einstweiligen Rechtsschutzes unmittelbare Herausgabe der Sache an sich selbst verlangen kann.[95] Deshalb bedarf es hier auch keiner besonderen Glaubhaftmachung der Dringlichkeit.[96] Sie folgt automatisch aus der Glaubhaftmachung, dass verbotene Eigenmacht vorliege. Diese Privilegierung des durch verbotene Eigenmacht beeinträchtigten Besitzers führt allerdings nicht dazu, dass zu seinen Gunsten auch auf andere wesentliche Zulässigkeitsvoraussetzungen wie die genaue Bezeichnung des Schuldners, gegen den die Herausgabeanordnung sich richten soll, verzichtet werden kann. Eine einstweilige Verfügung »gegen Unbekannt«, weil der Eigentümer unbekannte, u. U. gewalttätige, nur vermummt auftretende Hausbesetzer nicht identifizieren kann, wäre unzulässig.[97] In Fällen dieser Art kann Rechtsschutz nur mit den Mitteln des öffentlichen Rechts (Polizei- und Ordnungsrechts) erlangt werden.[98]

Die im Fall des Besitzentzuges durch verbotene Eigenmacht vermutete Dringlichkeit der Wiederherstellung des rechtlich gewollten Besitzes kann im Einzelfall widerlegt werden, wenn der Geschädigte den Besitzentzug zunächst längere Zeit hingenommen hat.[99]

Wird der Besitz an einer Sache einem Ehegatten während der Trennungszeit oder im Scheidungsverfahren durch den anderen Ehegatten durch verbotene Eigenmacht entzogen, verdrängt das Eilverfahren nach dem FamFG als speziellerer Weg die einstweilige Verfügung.

Zwei Sonderfälle der einstweiligen Verfügung auf Herausgabe von Wohnraum regeln die Abs. 2 und 3 des § 940a.[100] Regelwidrig gewährt der Gesetzgeber dort Befriedigung des Herausgabeanspruchs im einstweiligen Rechtsschutz, ohne dass Existenzgefährdung für den Gläubiger drohen muss, allein aufgrund der Vermutung wirtschaftlichen Schadens.[101]

3. Die presserechtliche Gegendarstellung

Der sich aus den Pressegesetzen der Länder ergebende Gegendarstellungsanspruch[102] der Person oder Institution, die durch eine in einem Druckwerk aufgestellte Tatsachenbehauptung[103] betroffen ist,[104] ist nach den insoweit im Ergebnis übereinstimmenden Regelungen fast aller[105] Ländergesetze[106] im Verfahren der einstweiligen Verfügung, an das sich regelmäßig kein Hauptsacheverfahren

35

---

95 *Teplitzky*, JuS 1980, 885. Nach OLG Celle, OLGReport 2008, 145 (mit Anm. *Mack-Olberth*, jurisPR-MietR 10/2008) soll die einstweilige Verfügung gegen den Besitzstörer auch dann noch gerechtfertigt sein, wenn er den Besitz an der Sache zwischenzeitlich einem Dritten überlassen hat.
96 OLG Köln, JMBl. NJW 1990, 178; *Brox/Walker*, Rn. 1623; *Mertins, JuS 2009, 911, 914; Zöller/Vollkommer*, § 940 Rn. 8 »Herausgabe, Räumung und Besitzschutz«.
97 OLG Köln, NJW 1982, 1988; OLG Oldenburg, NJW-RR 1995, 1164; BezG Potsdam, OLGZ 1993, 327; *Zöller/Vollkommer*, § 940 Rn. 8 »Herausgabe und Besitzschutz«. A. A. aber: AG Kassel, NJW-RR 1991, 381.
98 Siehe zur Gegenmeinung vorn: § 885 Rdn. 13 sowie § 920 Rdn. 16, jeweils mit weiteren Nachweisen.
99 *Wieczorek/Schütze/Thümmel*, § 940 Rn. 17.
100 Einzelheiten siehe dort Rdn. 12-14.
101 Zu den verfassungsrechtlichen Bedenken gegen diese beiden Regelungen ausführlich: *Schuschke*, FS Eberhard Schilken, 2015, S. 799 ff.
102 Zum zulässigen Inhalt einer Gegendarstellung: OLG Karlsruhe, ZUM-RD 2010, 31; LG München, ZUM-RD 2014, 117.
103 Zur Abgrenzung von Tatsachenbehauptungen zu Meinungsäußerungen im Gegendarstellungsrecht: OLG Frankfurt, OLGReport 2009, 530; OLG Hamburg, ZUM-RD 2010, 76. Zur Gegendarstellung gegen verdeckte Tatsachenbehauptungen: OLG Hamburg, AfP 2008, 314; OLG Karlsruhe, OLGReport 2008, 418.
104 Beispielhaft § 10 BayPresseG; § 11 PresseGNW. Siehe die Übersicht bei *Löffler*, Presserecht, § 11 LPG.
105 Bayern, Hessen und Sachen sehen abweichend von den Regelungen der übrigen Länder auch ein Hauptsacheverfahren auf Abdruck einer Gegendarstellung vor. Einzelheiten: *Sedelmeier* in *Löffler*, Presserecht, § 11 LPG Rd. 187.
106 Siehe etwa § 1 Abs. 4 S. 3 PresseGNW.

anschließt,[107] durchzusetzen.[108] Der Grund liegt darin, dass die Erinnerung an in Presseerzeugnissen Gelesenes oft schnell verblasst. Würde die Gegendarstellung der Erstberichterstattung nicht unverzüglich[109] auf dem Fuße folgen, wäre der Effekt einer späteren Gegendarstellung eher negativ: Längst Vergessenes würde wieder aufgerührt und bliebe nun erst im Gedächtnis des Lesers haften, u. U. noch verbunden mit dem weiteren Effekt, an der Meldung werde schon etwas dran gewesen sein. Sieht man den Gegendarstellungsanspruch isoliert, so ist er mit dem Abdruck der Gegendarstellung in Erfüllung der einstweiligen Verfügung in der Tat endgültig erfüllt; ein Hauptsacheverfahren im Hinblick auf diesen Anspruch isoliert betrachtet – hat keinen Sinn mehr. Der Erfüllungswirkung im Hinblick auf den Gegendarstellungsanspruch steht nicht entgegen, dass die überwiegende Meinung es zulässt, dass mit dem Abdruck der Gegendarstellung ein sog. »Redaktionsschwanz« verbunden wird (»Nach dem Landespressegesetz sind wir verpflichtet, nicht nur wahre, sondern auch unwahre Gegendarstellungen abzudrucken.«)[110].

Sieht man als Hauptsacheanspruch allerdings einen möglichen Widerrufs- oder Schmerzensgeldanspruch an[111] – der Anspruch auf Abdruck einer Gegendarstellung wäre außerhalb der Pressegesetze nicht konstruierbar –, so erwiese sich die Gegendarstellung nicht als Erfüllung, sondern als besondere Form der einstweiligen Regelung des durch die Veröffentlichung geschaffenen Zustandes. Die presserechtliche einstweilige Verfügung auf Abdruck einer Gegendarstellung wäre dann nur eine sondergesetzliche Ausprägung des § 940[112]. Sieht man die Gegendarstellung als gänzlich eigenständiges Institut, das es dem Betroffenen ermöglicht, seine eigene Stellungnahme zu einer ihn betreffenden Meldung zu verbreiten, so kann natürlich § 938 Abs. 1 nicht eingreifen. Das Gericht darf dann die ihm vorgelegte Gegendarstellung nicht umformulieren, um das Anliegen des Antragstellers besser zum Ausdruck zu bringen, sondern allenfalls grammatikalische und orthographische Fehler verbessern.[113] Ordnet man sie dagegen § 940 zu, wäre auch eine Anwendung des § 938 Abs. 1 möglich.[114] Die gleichen Erwägungen, die für den presserechtlichen Gegendarstellungsanspruch gelten, gelten auch für die ähnlichen Regelungen in den Rundfunkgesetzen der Länder[115] über den Gegendarstellungsanspruch gegenüber Rundfunk und Fernsehen.

4. Einstweilige Verfügungen auf Vornahme sonstiger Handlungen mit Erfüllungscharakter

36 Grundsätzlich ist es über die dargestellten Fallgruppen hinaus auch in anderen Fällen nicht ausgeschlossen, im Wege der einstweiligen Verfügung dem Schuldner bereits die Pflicht zur Vornahme von Handlungen aufzuerlegen, die den Anspruch des Gläubigers teilweise oder sogar ganz befriedi-

---

107 Siehe etwa § 1 Abs. 4 S. 4 PresseGNW; deshalb gilt auch § 926 ZPO hier nicht; vgl. *Zöller/Vollkommer*, § 926 Rn. 2. Siehe ferner *Schuschke*, ZAP 1999 Fach 14 S. 361, 366. In Bayern, Hessen und Sachsen ist § 926 ZPO konsequenterweise nicht ausgeschlossen, da dort ein Hauptsacheverfahren möglich ist: *von Hutten* in *Büscher/Dittmer/Schiwy*, Teil 2, Kap. 2 Rn. 225; *Sedelmeier* in *Löffler*, Presserecht, § 11 LPG Rn. 187.
108 Einzelheiten unten, Rdn. 142.
109 Zur Frage der Unverzüglichkeit: OLG München, ZUM-RD 2014, 104; OLG Hamburg, ZUM-RD 2011, 306.
110 OLG Dresden, NJW-RR 2013, 1382.
111 Diese Ansprüche sind durch den Ausschluss des Hauptsacheverfahrens in § 11 Abs. 4 S. 4 PresseGNW und die entsprechenden anderen Länderregelungen nicht berührt und können selbstverständlich weiterverfolgt werden.
112 PG/*Scheuch*, § 940 ZPO Rn. 19 sieht die presserechtliche Gegendarstellung dagegen als Inhaltskonkretisierung des § 938 ZPO.
113 OLG Hamburg, NJW-RR 1995, 1053.
114 Hierzu: § 938 Rdn. 18.
115 Siehe hierzu die Darstellung bei *Seitz/Schmidt*, Der Gegendarstellungsanspruch. Presse, Film, Funk, Fernsehen und Internet.

sen, wenn dies die einzige Möglichkeit wäre, die Erreichbarkeit des Antragsstellers per Internet zu gewährleisten.

Auch der **Netzzugangs-** bzw. **Durchleitungsanspruch** eines Energielieferanten gegen einen Netzbetreiber kann bis zum Abschluss eines Netznutzungsvertrages oder bei Auseinandersetzungen über den Inhalt eines solchen Vertrages durch einstweilige Verfügung vorläufig geregelt werden.[134] Gleiches gilt für die entsprechenden Ansprüche der Anlagenbetreiber erneuerbarer Energien gegen die Netzbetreiber aus §§ 5, 8, 9, 16 EEG 2009 bzw. §§ 8, 11, 12, 19, 52 EEG 2014, §§ 59 Abs. 2 EEG 2009, 83 Abs. 2 EEG 2014. 41

Hinsichtlich anderer vertraglicher Erfüllungsleistungen kann im Einzelfall ebenfalls eine auf vorläufige Erfüllung (bzw. Weitererfüllung) gerichtete einstweilige Verfügung möglich sein.[135] Insoweit ist allerdings große Zurückhaltung geboten. Die Schäden durch vorläufige Nichterfüllung müssen die durch eine vorläufige Erfüllung deutlich überwiegen. 42

Ähnlich große Zurückhaltung wie bei der vorläufigen Durchsetzung von vertraglichen Erfüllungsansprüchen ist bei der Anordnung von **Beseitigungspflichten** durch einstweilige Verfügung geboten.[136] Mag auch der beseitigte Zustand – u. U. mit erheblichem Kostenaufwand – später wiederherzustellen sein, so besteht oft kein wirtschaftliches Interesse mehr an dieser Wiederherstellung, sodass durch die Beseitigung doch ein endgültiger Zustand geschaffen wurde. Beseitigungsmaßnahmen, die den Anspruch des Gläubigers vorab ganz oder teilweise befriedigen, dürfen deshalb ebenfalls nur angeordnet werden, wenn das Interesse des Gläubigers ganz erheblich überwiegt und er auf die alsbaldige Vornahme der Beseitigungshandlung dringend angewiesen ist. Nicht erheblich ist dabei, ob es sich bei der Beseitigungshandlung um eine vertretbare oder nichtvertretbare Handlung handelt.[137] Der vorweggenommene Erfüllungserfolg, vor dem der Schuldner im vorläufigen Verfahren noch weitgehend geschützt sein soll, ist der nämliche. 43

5. Die Unterhaltsleistungsverfügung

Die Durchsetzung auf familienrechtlichen Beziehungen beruhender gesetzlicher Unterhaltsansprüche ist Familiensache i. S. § 111 Nr. 8 FamFG und erfolgt nach den Regeln der §§ 231–260 FamFG im familiengerichtlichen Verfahren. §§ 246–248 FamFG ermöglichen es, die Verpflichtung zur Zahlung von Unterhalt auch durch einstweilige Anordnung auszusprechen. Für den Erlass einer einstweiligen Verfügung auf Zahlung gesetzlichen Unterhalts ist also in keinem Falle mehr Raum. Soweit Ehegatten in Abweichung vom gesetzlichen Unterhaltsrecht weitergehende vertragliche Unterhaltsvereinbarungen getroffen haben, ist der Streit hierüber ebenfalls Familiensache (§ 266 Abs. 1 Nr. 2 oder Nr. 3 FamFG), sodass einstweiliger Rechtsschutz ausschließlich im FamFG-Verfahren durch einstweilige Anordnung erfolgen kann. Gleiches gilt für Unterhaltsvereinbarungen zwischen Eltern und Kindern, die über die gesetzliche Unterhaltspflicht hinausgehen (Familiensache gem. § 266 Abs. 1 Nr. 4 FamFG). 44

Soweit nichteheliche Lebensgefährten eine vertragliche Unterhaltsvereinbarung getroffen haben, über deren Erfüllung Streit besteht, kommt im Einzelfall zur Abwendung einer dringenden Notlage einstweiliger Rechtsschutz durch einstweilige Verfügung in Betracht. Eine dringende Notlage besteht nicht, soweit bereits Sozialhilfe nach dem SGB XII oder eine vergleichbare Sozialleistung, 45

---

134 OLG Dresden, OLGReport 2002, 22; OLG Düsseldorf, BB 2002, 592; OLG München, GRUR-RR 2003, 56; OLG Schleswig, OLGReport 2001, 470; LG Magdeburg, NJWE-WettbR 2000, 199; LG Dortmund, GRUR-RR 2001, 43; *Köhler*, BB 2002, 584.

135 LG Mainz, NJW-RR 2001, 637 (vorläufige Erfüllung des auf die Errichtung einer Postfiliale gerichteten Vertrages); LG Leipzig, NJW 2001, 80 (vorläufige Weiterführung des Kontos bei einem Kreditinstitut); OLG Köln, OLGReport 2001, 421 (vorläufige Weiterbelieferung eines Vertragshändlers).

136 OLG Frankfurt, GRUR 1989, 74; OLG Naumburg, NJWE-WettbR 1996, 155; *Ahrens*, Wettbewerbsverfahrensrecht, S. 255 ff.; *Ahrens/Jestaedt*, Der Wettbewerbsprozess, Kap. 56 Rn. 6.

137 Hierauf stellt aber *Jauernig*, ZZP 1966 (Bd. 79), 340 f., ab.

die den Notunterhalt deckt, z. B. Erziehungsgeld[138] oder Arbeitslosengeld 2 (sog. Hartz IV-Leistungen), bewilligt sind und auch bezahlt werden.[139] Dagegen kann der nach einer entsprechenden Vereinbarung unterhaltsberechtigte Lebensgefährte nicht darauf verwiesen werden, dass er Sozialhilfe- oder vergleichbare Sozialleistungsansprüche geltend machen könnte.[140] Denn diese bloßen Ansprüche sind subsidiär gegenüber den Ansprüchen gegen den vertraglich Unterhaltsverpflichteten und daher, solange nicht tatsächlich gezahlt wird, nicht zu berücksichtigen. Hat der Unterhaltsberechtigte einen Kredit aufgenommen, der seinen Unterhaltsbedarf vorläufig deckt, so fehlt regelmäßig die Dringlichkeit, einen vorläufigen Unterhaltstitel im Wege der einstweiligen Verfügung zu erlangen.[141] Auf die bloße Möglichkeit der Kreditaufnahme darf der Berechtigte allerdings nicht verwiesen werden. Hat der Anspruchsberechtigte eigenes Vermögen, das er normalerweise nicht zur Bestreitung seines Unterhalts einsetzen muss, so fehlt doch die Dringlichkeit für eine einstweilige Verfügung auf Unterhalt, wenn dieses Vermögen einstweilen zur Unterhaltssicherung herangezogen werden kann. Es fehlt dann an einer akuten Notlage.[142] Zahlt der vertraglich zu Unterhaltsleistungen Verpflichtete freiwillig, wenn auch nicht in der vereinbarten Höhe besteht ebenfalls keine akute Notlage, die den Erlass einer einstweiligen Verfügung erforderte, wenn die Leistungen den Notunterhalt abdecken.[143] Steht bereits aus vorangegangenen Vollstreckungsversuchen über andere Ansprüche fest, dass der Unterhaltsanspruch keinesfalls befriedigt werden wird, fehlt für einen Antrag auf einstweilige Verfügung das Rechtsschutzinteresse.[144] Auch hier genügt der Hauptsachetitel zur künftigen Sicherung der Ansprüche. Fehlt es an der dringenden Notlage, um im Verfahren der einstweiligen Verfügung bereits Zahlungsansprüche durchsetzen zu können, kann aber ein Rechtsschutzbedürfnis dafür bestehen, künftig im Hauptsacheverfahren zu titulierende Zahlungsansprüche bereits durch einen dinglichen Arrest vorab zu sichern, um zu verhindern, dass der Verpflichtete sich seiner vertraglich übernommenen Unterhaltspflicht durch Verschieben seines Vermögens entzieht.[145]

46 Auch den Unterhaltsansprüchen vergleichbare Ansprüche auf Schadensersatzrenten nach §§ 842 ff. BGB[146] können noch Gegenstand eines Verfügungsverfahrens sein. Auch insoweit ist zwingende Voraussetzung, dass eine solche – den Hauptsachetitel im Ergebnis teilweise vorwegnehmende – einstweilige Regelung zur Abwendung die Existenz gefährdender Nachteile für den Geschädigten dringend erforderlich ist.[147] Der vorläufig zugesprochene Betrag muss unter dem im Hauptsache-

---

138 LG Stuttgart, NJWE-FER 1999, 18.
139 Insoweit kann die Rspr. und Literatur zum familienrechtlich geschuldeten Unterhalt vergleichsweise herangezogen werden, etwa: OLG Düsseldorf, FamRZ 1987, 1059. OLG Zweibrücken, FamRZ 1988, 1073; OLG Celle, FamRZ 1987, 395; OLG Celle, NJW-RR 1991, 137; OLG Hamm, FamRZ 1991, 582 (beim Bezug von Erziehungsgeld); OLG Oldenburg, NJW 1991, 2029 und 2031; OLG Düsseldorf, FamRZ 1992, 1321 und FamRZ 1993, 962; OLG Nürnberg, FamRZ 1995, 184; OLG Nürnberg, FamRZ 1995, 184; OLG Bamberg, NJW-RR 1995, 579; KG FamRZ 1998, 690 und NJW-RR 1998, 1381; LG Stuttgart, NJWE-FER 1999, 18 (beim Bezug von Erziehungsgeld); *Gaul*, FamRZ 2003, 1137, 1151; a. A. (Verfügungsgrund auch noch, wenn Sozialhilfe bereits gezahlt wird): OLG Koblenz, FamRZ 1988, 189; OLG Oldenburg, NJW-RR 1987, 1480; OLG Hamm, FamRZ 1989, 619; OLG Düsseldorf, FamRZ 1994, 387; OLG Köln, FamRZ 1996, 1430; *Stein/Jonas/Grunsky*, vor § 935 Rn. 39.
140 *Brox/Walker*, Rn. 1616; *Gaul*, FamRZ 2003, 1137, 1151; *Grunsky*, JurA 1970, 732; *Musielak/Huber*, § 940 Rn. 15; *Staudinger/Grunsky*, vor § 935 Rn. 39; a. A. (schon der bloße Anspruch auf Sozialleistungen beseitigt den Verfügungsgrund) *Kesseler/Klages*, FamRZ 2001, 1191; *Wieczorek/Schütze/Thümmel*, § 940 Rn. 36.
141 OLG Oldenburg, FamRZ 1997, 182; OLG Karlsruhe, FamRZ 1999, 244.
142 OLG Karlsruhe, FamRZ 1996, 1431; OLG Stuttgart, NJWE-FER 1997, 90.
143 OLG Düsseldorf, FamRZ 1979, 801.
144 OLG Düsseldorf, FamRZ 1995, 1215.
145 *Menne*, FamRZ 2004, 6, 9.
146 KG, MDR 1969, 1019; OLG Düsseldorf, VersR 1988, 803; OLG Celle, VersR 1990, 212; OLG Saarbrücken, OLGReport 2000, 244; OLG Frankfurt, OLGReport 2007, 378.
147 OLG Saarbrücken, OLGReport 2000, 244; OLG Frankfurt, OLGReport 2007, 378.

verfahren voraussichtlich zu erwartenden Betrag liegen[148] und darf das, was zur Abwendung der Notlage[149] erforderlich ist, nicht übersteigen.

6. Geldleistungsverfügungen im Übrigen

a) Lohnabschlagszahlungen

Im Kündigungsstreit oder auch in sonstigen Fällen, in denen der Arbeitgeber die Gehaltszahlung verweigert, kann der Arbeitnehmer die Leistung von **Abschlagzahlungen auf den laufenden und künftigen Lohn** – also nicht Weiterzahlung des vollen Lohns[150] und auch keine Abschlagzahlungen auf Rückstände aus der Vergangenheit – im Wege der einstweiligen Verfügung durchsetzen, wenn er auf diese Zahlungen zur Vermeidung einer existenziellen Notlage angewiesen ist.[151] Der Arbeitnehmer kann nicht darauf verwiesen werden, er habe Anspruch auf Arbeitslosengeld[152] oder Sozialhilfe. Denn diese Ansprüche sind subsidiär.[153] Es fehlt allerdings an einer Notlage, wenn der Arbeitnehmer schon den Lebensunterhalt sichernde Sozialleistungen erhält.[154] Darauf, dass er Bankkredit in Anspruch nehmen könnte – etwa weil er den Überziehungskredit auf seinem Gehaltskonto noch nicht ausgeschöpft habe –, kann der Arbeitnehmer nicht verwiesen werden.[155]

47

b) Abschlagszahlungen auf Miete und Versicherungsleistungen

Auch in sonstigen Fällen, in denen der Gläubiger durch die Verweigerung von Zahlungen durch den Schuldner in eine existenzielle Notlage gerät, weil er aus diesen Einkünften seinen notwendigen Lebensunterhalt bestreitet, können Abschlagszahlungen durch einstweilige Verfügung angeordnet werden, etwa, wenn der Mieter seine Mietzinszahlungen, die das einzige Einkommen des Vermieters darstellen, gänzlich eingestellt hat.[156]

48

Ebenso können vorläufige Abschlagszahlungen auf private Versicherungsleistungen angeordnet werden, wenn der Versicherte ohne diese vorläufigen Zahlungen in Not geraten würde, etwa weil er dringend benötigte Gegenstände ohne jegliche Anzahlung nicht wieder neu beschaffen kann[157] oder weil er dringend erforderliche Zahlungen (auf seine eigene Miete, auf Versicherungen u. ä.) ansonsten nicht erbringen kann[158]. An die Glaubhaftmachung des Verfügungsanspruchs sind in Fällen dieser Art sehr strenge Anforderungen zu stellen, da die Gefahr besteht, dass Zuvielleistungen

---

148 »Abschlagszahlungen«: *Thomas/Putzo/Seiler*, § 940 Rn. 9. Siehe auch unten, Rdn. 169, 170.
149 Für sie gilt das Rdn. 44 Gesagte entsprechend.
150 LAG Bremen, BB 1961, 1130; LAG Baden-Württemberg, BB 1961, 977 und BB 1968, 335; ErfKomm/*Koch*, ArbGG, § 62 Rn. 16; GMP/*Germelmann*Matthes/Prütting, ArbGG, § 62 Rn. 103, 104; *Musielak/Huber*, § 940 Rn. 17; *Walker*, Der einstweilige Rechtsschutz, Rn. 704.
151 ErfKomm/*Koch*, ArbGG, § 62 Rn. 19; GMP/*Germelmann*, ArbGG, § 62 Rn. 103; *Keßler*, AuA 1996, 419; *Musielak/Huber*, § 940 Rn. 17; *Vossen*, RdA 1991, 216; *Walker*, ZfA 2005, 56; *Walker*, Der einstweilige Rechtsschutz, Rn. 701 ff.; *Wieczorek/Schütze/Thümmel*, § 940 Rn. 22; *Zöller/Vollkommer*, § 940 Rn. 8 »Arbeitsrecht«; aus der Rechtsprechung beispielhaft: LAG Düsseldorf, DB 1976, 587; LAG Frankfurt, NJW 1977, 269 und NJW 1978, 76; LAG Hamburg, DB 1986, 1629; LAG Bremen, NZA 1998, 902.
152 Im Hinblick auf Leistungen der Bundesagentur für Arbeit a. A.: GMP/*Germelmann*, § 62 ArbGG Rn. 104.
153 So zu Recht: ArbG Herne, DB 1974, 1486; GMP/*Germelmann*, ArbGG, § 62 Rn. 104; *Grunsky*, ArbGG, § 62 Rn. 22; *Schwab/Weth/Walker*, § 62 ArbGG Rn. 116; *Walker*, Der einstweilige Rechtsschutz, Rn. 702, 703; *Walker*, ZfA 2005, 57.
154 Insoweit besteht Einigkeit; vgl. OLG Oldenburg, NJW 1991, 2029; OLG Celle, NJW-RR 1991, 137; *Walker*, Der einstweilige Rechtsschutz, Rn. 249 und 702; *Walker*, ZfA 2005, 56.
155 *Stein/Jonas/Grunsky*, vor § 935 Rn. 41.
156 *Teplitzky*, JuS 1980, 885. Die Nichtzahlung der Miete allein, ohne dass der Vermieter als deren Folge eine existenzielle Notlage darlegt, rechtfertigt keine Geldleistungsverfügung: OLG Düsseldorf, ZMR 2004, 751; AG Brandenburg, WuM 2005, 67 mit Anm. *Flatow*.
157 OLG Düsseldorf, JR 1970, 143; OLG Saarbrücken, NJW-RR 2007, 1406.
158 OLG München, NJW-RR 2009, 325.

später nicht mehr zurückerlangt werden können[159]. Sehr fraglich erscheint, ob vorläufige Abschlagzahlungen auf versicherungsrechtliche Zahlungsansprüche auch zu dem Zweck angeordnet werden dürfen, eine Gesellschaft, die keine anderen Einkünfte hat, vor der Insolvenz zu bewahren.[160]

IV. Stellungnahme zum Einordnungsstreit

49 Die vorstehenden Ausführungen haben gezeigt, dass auch da, wo Einigkeit besteht, dass einstweiliger Rechtsschutz jedenfalls möglich ist, oft große Schwierigkeiten bestehen, die einstweilige Verfügung einem der drei oben beschriebenen Typen zuzuordnen. Insbesondere die Fragen, ob eine Leistungsverfügung in Betracht kommt oder noch eine Regelungsverfügung oder ob nicht die Leistungs- (Befriedigungs-) Verfügung immer nur eine spezielle Ausgestaltung der Regelungsverfügung ist[161] oder aber ob die Regelungsverfügung ihrerseits keine selbstständige Bedeutung gegenüber der Sicherungsverfügung hat oder ob schließlich nicht die Sicherungs- und die Befriedigungsverfügung die eigentlichen Grundtypen des einstweiligen Rechtsschutzes durch einstweilige Verfügung sind,[162] lassen sich letztlich nicht überzeugend beantworten.[163] Deshalb erscheint es richtiger, auf die Unterscheidung selbstständiger Typen der einstweiligen Verfügung ganz zu verzichten, die einstweilige Verfügung statt dessen ganz allgemein als die prozessuale Möglichkeit der vorläufigen Sicherung von Rechten im Wege des einstweiligen Rechtsschutzes, soweit die Prozessordnungen keine anderweitigen besonderen Sicherungsmöglichkeiten anbieten, zu verstehen und die Regelungen in den §§ 935, 940 nur als Beispiele dafür anzusehen, wie diese Sicherung erfolgen kann.[164] Arrest und einstweilige Verfügung unterschieden sich dann dadurch, dass der Arrest gegenüber dem allgemeinen Sicherungsmittel der speziellere Weg zur Sicherung von Geldforderungen wäre, soweit nicht im Einzelfall hinter der Geldforderung ein Recht steht (Anspruch auf Unterhalt, auf Alimentierung durch den Arbeitgeber usw.), das nur durch Teilleistung wirklich gesichert werden kann (dann einstweilige Verfügung). Dass der Arrest in den §§ 916 ff. vor der einstweiligen Verfügung geregelt ist und dass die Regelungen für den Arrest ausführlicher und zudem als Leitbild für das Verfügungsverfahren ausgestattet sind (§ 936), steht dem nicht entgegen. Der Aufbau des 5. Abschnitts des 8. Buches der ZPO lehnt sich insoweit nur an die Systematik der vorausgegangenen Abschnitte an. Auch dort hat die Zwangsvollstreckung wegen Geldforderungen die ausführlichste Regelung gefunden und ist vor der Zwangsvollstreckung wegen aller sonstigen in Betracht kommenden Ansprüche dargestellt. Diese Art der Darstellung sollte im 5. Abschnitt übernommen werden, ohne dass damit eine weitergehende dogmatische Aussage über das Verhältnis von Arrest und einstweiliger Verfügung gemacht ist.

C. Einstweilige Verfügung und Schiedsverfahren

50 Haben die Parteien vereinbart, dass ihre Streitigkeiten durch ein Schiedsgericht entschieden werden sollen (Schiedsvereinbarungen gem. §§ 1025 ff. oder Schiedsverträge gem. §§ 101 ff. ArbGG), oder haben sie sich einer Verbandssatzung unterworfen, die für Streitigkeiten unter Verbandsmitgliedern oder zwischen Mitgliedern und dem Verband ein Schiedsverfahren zwingend vorsieht (Vereins-, Verbands- und Parteischiedsgerichtsbarkeit), so stellt sich jeweils die Frage, ob in Vorbereitung oder während dieser Verfahren noch einstweiliger Rechtsschutz durch einstweilige Verfügung gem. §§ 935 ff. vor den staatlichen Gerichten möglich ist oder ob auch insoweit §§ 1032 Abs. 1, 102 Abs. 1 ArbGG eingreifen und ein Verfügungsantrag als unzulässig zurückgewiesen werden müsste.

---

[159] OLG Jena, OLGReport 2009, 131.
[160] Bejahend: OLG Rostock, MDR 1996, 1183.
[161] So *Schilken*, Die Befriedigungsverfügung, S. 73 ff.
[162] So etwa *Musielak/Huber*, § 935 Rn. 2; *Walker*, Der einstweilige Rechtsschutz, Rn. 112 ff.
[163] Offen gelassen daher bei: *Berger*, a.a.O., Kap. 2 Rn. 13.
[164] Wie hier *Damm*, ZHR 1990 (Bd. 154), 418; *Wenzel*, MDR 1967, 889 und NZA 1984, 112; im Ergebnis auch *Stein/Jonas/Grunsky*, vor § 935 Rn. 29, 30. Sehr kritisch hierzu aber *Walker*, Der einstweilige Rechtsschutz, Rn. 104, 105, sowie *Baur/Stürner/Bruns*, Rn. 53.1.

Die Frage ist, wenn auch mit teilweise unterschiedlicher Begründung, für alle drei Fallvarianten zu bejahen. Im Einzelnen gilt:

I. Schiedsverfahren nach §§ 1025 ff.

Da die §§ 1025 ff. innerhalb des Schiedsverfahrens selbst keinen unmittelbar vollstreckbaren Titel im Rahmen eines einstweiligen Rechtsschutzes vorsehen (auch zur Vollstreckung vorläufiger oder sichernder Maßnahmen nach § 1041 Abs. 1 bedarf es der Mitwirkung des Gerichts), besteht die Notwendigkeit, neben dem Schiedsverfahren, bis dort eine vollstreckbare Entscheidung ergangen ist, einstweiligen Rechtsschutz durch einstweilige Verfügungen staatlicher Gerichte zu gewähren. § 1033 stellt dies ausdrücklich klar[165]. Das gilt auch dann, wenn in dem jeweiligen Schiedsvertrag expressis verbis vorgesehen ist, dass das Schiedsgericht einstweilige Anordnungen treffen[166] oder materiellrechtliche Zwischenlösungen durch Teilschiedsspruch[167] finden darf; denn auch dann ist der in § 1041 ausdrücklich vorgesehene schiedsgerichtliche einstweilige Rechtsschutz nicht mit dem staatlichen vergleichbar. In der Regel ist schon die Konstituierung des Schiedsgerichts zu langwierig. Die Parteien können dem Schiedsgericht ihren Vortrag nicht lediglich durch eidesstattliche Versicherung glaubhaft machen, da die privaten Schiedsgerichte keine zur Entgegennahme von eidesstattlichen Versicherungen befugten Stellen sind. Schließlich bedürfte ein jeder einstweilige Schiedsspruch zur Vollstreckung noch der Vollstreckbarerklärung durch das staatliche Gericht gem. §§ 1042 Abs. 2, 1060, ebenfalls ein zeitraubendes Verfahren. Die örtliche und sachliche Zuständigkeit (AG oder LG) des staatlichen Gerichts ergibt sich aus den allgemeinen Regeln[168]. Sollte im Einzelfall der schiedsgerichtliche einstweilige Rechtsschutz trotz seiner obengenannten Mängel für das konkrete Petitum des Antragstellers dennoch voll ausreichen, kann ganz ausnahmsweise, obwohl § 1033 eine solche Ausnahme nicht anspricht, der Verfügungsgrund für die Einleitung des Verfahrens auf Erlass einer einstweiligen Verfügung durch das staatliche Gericht fehlen Bei dieser Annahme ist aber Zurückhaltung geboten.[169] Im Allgemeinen stehen die Möglichkeit, staatlichen einstweiligen Rechtsschutz zu begehren und die Möglichkeit, eine einstweilige Maßnahme des Schiedsgerichts zu beantragen, gleichrangig zur Auswahl der Parteien.[170]

51

II. Schiedsverfahren in Arbeitsstreitigkeiten (§§ 101 ff. ArbGG)

Da auch aus arbeitsrechtlichen Schiedssprüchen, die aufgrund von nach § 101 ArbGG zulässigen Schiedsverträgen durch Schiedsstellen oder Schiedsgerichte erlassen wurden, nach § 109 ArbGG die Zwangsvollstreckung nur zulässig ist, wenn sie zuvor vom Arbeitsgericht nach Anhörung des Gegners für vollstreckbar erklärt worden sind, bieten diese Schiedsverfahren ebenfalls keinen ausreichenden Rechtsschutz, der dem Verfahren gem. §§ 935 ff. vergleichbar wäre. Deshalb gilt grundsätzlich die prozesshindernde Einrede des § 102 Abs. 1 ArbGG nicht im Verfahren der einstweiligen Verfügung.[171] Das gilt auch dann, wenn im Schiedsvertrag Möglichkeiten für dringende

52

---

165 *Musielak/Voit*, § 1033 Rn. 1, und *Musielak/Huber*, § 943 Rn. 2; PG/*Prütting*, § 1033 Rn. 1; *Stein/Jonas/Schlosser*, § 1033 Rn. 1; *Thomas/Putzo/Reichold*, § 1033 Rn. 2; *Zöller/Geimer*, § 1033 Rn. 1.
166 Unzulässig wären einstweilige Regelungen durch das Schiedsgericht nur, wenn die Parteien solche Regelungen für den konkreten Fall ausdrücklich ausgeschlossen hätten: § 1041 Abs. 1 S. 1; a. A. insoweit (Ausschluss auch konkludent möglich: *Stein/Jonas/Grunsky*, vor § 916 Rn. 31). Der *ausdrückliche* Ausschluss gerichtlicher einstweiliger Regelungen (durch Arrest oder einstweilige Verfügung) bereits in der Schiedsabrede wäre unwirksam: OLG München, NJW-RR 2001, 711; *Bandel*, Einstweiliger Rechtsschutz im Schiedsverfahren, S. 399; *Thomas/Putzo/Reichold*, § 1033 Rn. 2; a. A. insoweit (Ausschluss durch Vereinbarung zulässig): OLG Frankfurt, NJW-RR 2001, 711; *Zöller/Geimer*, § 1033 Rn. 6.
167 Für diese Möglichkeit: *Stein/Jonas/Schlosser*, § 1041 Rn. 8; *Zöller/Geimer*, § 1041 Rn. 6.
168 *Musielak/Voit*, § 1033 Rn. 3; *Stein/Jonas/Schlosser*, § 1033 Rn. 3.
169 Noch enger: Nur im Fall des Rechtsmissbrauchs könne der Antrag auf Erlass einer einstweiligen Verfügung unzulässig sein: *Stein/Jonas/Schlosser*, § 1033 Rn. 2.
170 *Zöller/Geimer*, § 1033 Rn. 2.
171 GMP/*Germelmann*, ArbGG, § 102 Rn. 4.

einstweilige Entscheidungen vorgesehen sind; auch derartige Teilschiedssprüche wären nur nach § 109 ArbGG vollstreckbar. Ausnahmsweise kann aber der Verfügungsgrund zum Erlass einer einstweiligen Verfügung fehlen, wenn die Parteien im Schiedsvertrag vereinbart haben, dass sie einer Entscheidung im schiedsgerichtlichen einstweiligen Rechtsschutz in jedem Fall bis zur Hauptsacheentscheidung folgen würden und kein Anhaltspunkt dafür gegeben ist, dass diese Vereinbarung nicht eingehalten wird;[172] denn in einem solchen Fall würde sich das zeitraubende Verfahren der Vollstreckbarerklärung erübrigen.

III. Vereins-, Verbands- und Parteischiedsgerichtsbarkeit

1. Vereinsschiedsgerichte

53 In der Satzung von Vereinen und Verbänden, auch nichtrechtsfähigen Vereinen,[173] kann vorgesehen sein, dass Streitigkeiten in Vereinsangelegenheiten unter Mitgliedern oder zwischen Mitgliedern und dem Verein ein Schiedsgericht zu entscheiden habe.[174] Für derartige Schiedsgerichte ordnet § 1066 die entsprechende Anwendung der §§ 1025 ff. an.[175] Auch in diesen Schiedsverfahren ist regelmäßig ein effektiver einstweiliger Rechtsschutz nicht möglich. Deshalb wird durch solche Schiedsgerichtsklauseln in Vereins- oder Verbandssatzungen nicht das Recht beschnitten, einstweiligen Rechtsschutz durch einstweilige Verfügung vor staatlichen Gerichten zu beantragen.[176] Es gilt insoweit das zu den Schiedsverträgen gem. § 1025 Ausgeführte entsprechend[177]. Eine Bestimmung in einer Vereinssatzung, die dies in allen Fällen ausschlösse[178], wäre nichtig.[179] Auch dann, wenn bereits das vorgesehene Verbandsschiedsgericht tätig war, kann noch einstweiliger Rechtsschutz durch die ordentlichen Gerichte erforderlich sein,[180] die an den Spruch der Verbandsschiedsgerichte jedenfalls insoweit nicht gebunden sind, als zwingende Vorschriften des allgemeinen Rechts durch diese verletzt wurden.[181]

2. Schiedskommissionen der Parteien

54 Die Schiedsgerichte oder **Schiedskommissionen der politischen Parteien**, die gem. § 14 ParteiG errichtet worden sind, sind keine Schiedsgerichte i. S. §§ 1025 ff.[182] Die nach § 14 Abs. 4 ParteiG

---

172 Ebenso GMP/*Germelmann*, ArbGG, § 102 Rn. 4.
173 BGH, NJW 1967, 2057 und NJW 1980, 1049; BGH, WM 1979, 1428.
174 Zu den Anforderungen an eine solche Regelung in einer Vereinssatzung: BGHZ 47, 172, 177; 88, 314; BGH, WM 1979, 1428; Bamberger/Roth/*Schöpflin*, § 25 BGB Rn. 84; Erman/*H. P. Westermann*, § 25 BGB Rn. 6. Neuerdings wird von manchen bezweifelt, ob eine Satzungsregelung allein genügt, um Vereinsmitglieder dieser Schiedsgerichtsbarkeit zu unterwerfen; hierzu: *Staudinger/Weick*, Vorbemerkung zu §§ 21 ff BGB Rn. 52.
175 *Zöller/Geimer*, § 1066 Rn. 2. Kritisch: *Staudinger/Weick*, Vorbemerkung zu §§ 21 ff BGB Rn. 52.
176 OLG München, SpuRt 1994, 90; SpuRt 1995, 131 und SpuRt 1997, 134; OLG Frankfurt, OLGREPORT 2001, 195; LG Stuttgart, SpuRt 1995, 73; a.A. (Vereinsschiedsgerichte und staatliche Gerichte seien nebeneinander originär zuständig): Bamberger/Roth/*Schöpflin*, BGB, § 25 Rn. 87. Wiederum a.A. (Anrufung der stattlichen Gerichte unzulässig, wenn permanente Eilzuständigkeit eines Vereinsschiedsrichters gewährleistet sei): *Bredow*, NJW-aktuell 24/2010, 68 im Hinblick auf das Deutsche Sportgericht. Die hier angesprochenen Schiedsgerichte sind von Vereins- und Verbandsorganen, die die Disziplinargewalt im Verein – etwa durch die Verhängung von Vereinsstrafen bis hin zum Vereinsausschluss – ausüben, sich oft auch Vereinsgericht nennen, aber kein Schiedsgericht i. S. der ZPO sind, zu unterscheiden: BGH, DNotZ 2004, 917; Erman/*H. P. Westermann*, § 25 BGB Rn. 5; *Staudinger/Weick*, Vorbemerkung zu §§ 21 ff BGB Rn. 52.
177 Siehe oben Rdn 47.
178 So etwa § 20. 1 DIS-SportSchO.
179 Erman/*H.P. Westermann*, BGB, § 25 BGB Rn. 3 und 6.
180 OLG Frankfurt, OLGReport 2001, 248.
181 OLG Frankfurt, OLGReport 2001, 195.
182 OLG Frankfurt, NJW 1970, 2250; OLG Köln, NJW 1992, 122.

erlassenen Schiedsgerichtsordnungen (»Parteigerichtsordnungen«) orientieren sich eher an der VwGO als an der ZPO. Dennoch ist die Beziehung der Parteimitglieder untereinander und zur Partei als solcher und ihren Organen eine vereinsrechtlich-zivilrechtliche. Auch wenn die Schiedsgerichtsordnungen der Parteien die Möglichkeit vorläufigen Rechtsschutzes durch einstweilige Anordnungen vorsehen, ist die Zulässigkeit einstweiligen Rechtsschutzes durch einstweilige Verfügung der ordentlichen Gerichte (Zivilgerichte) damit nicht ausgeschlossen[183], jedenfalls soweit der schiedsgerichtliche einstweilige Rechtsschutz im Einzelfall nicht völlig gleichwertig ist. Dies dürfte in aller Regel schon im Hinblick auf die Glaubhaftmachungsmittel und die Möglichkeit, auch ohne mündliche Verhandlung eine verbindliche Regelung treffen zu können, nicht der Fall sein.

D. Einstweilige Verfügung und Europäisches Gemeinschaftsrecht

Auch im Verfahren des einstweiligen Rechtsschutzes ist selbstverständlich das materielle europäische Gemeinschaftsrecht, soweit es unmittelbares innerstaatliches Recht geworden ist, uneingeschränkt anzuwenden.[184] 55

Dagegen ist es mit dem Charakter des Eilverfahrens nicht zu vereinbaren, in Zweifelsfragen bei der Auslegung des europäischen Gemeinschaftsrechts die streitige Rechtsfrage dem Europäischen Gerichtshof gem. Art. 19 Abs. 3 Buchst. b EUV, Art. 256 Abs. 3, 267 Abs. 3 AEUV zur Vorabentscheidung vorzulegen.[185] Das gilt auch dann, wenn die Entscheidung des deutschen Gerichts im Eilverfahren selbst nicht mehr mit einem Rechtsmittel angefochten werden kann. Art. 19 Abs. 3 Buchst. b EUV, Art. 256 Abs. 3, 267 Abs. 3 AEUV ist dadurch Genüge getan, dass den Parteien noch ein Hauptsacheverfahren zur Verfügung steht, in dem die Vorlagepflicht dann uneingeschränkt gilt.[186] Im Eilverfahren entscheidet das Gericht die gemeinschaftsrechtliche Zweifelsfrage selbst (lässt also nicht etwa das Gemeinschaftsrecht außer Acht)[187], wobei eine Vermutung für die Rechtswirksamkeit einer Entscheidung der EU-Kommission in dieser Frage gilt, falls im Streitfall eine solche bereits vorliegt. Nur dann, wenn das Gericht der Überzeugung ist, die Entscheidung der Kommission sei offensichtlich wegen Verstoßes gegen EU-Recht[188] oder wegen Verletzung nationaler Grundrechte rechtswidrig, kann es von der Kommissionsentscheidung abweichen.[189] Wird in diesem Fall anschließend das Hauptsacheverfahren durchgeführt, besteht Vorlagepflicht, falls das Gericht seine Rechtsansicht aus dem Eilverfahren weiterhin aufrechterhält.

E. Besondere Anwendungsfälle der einstweiligen Verfügung

I. Im Bürgerlichen Recht

1. Vereinsrecht

Im **Vereinsrecht** sind zwar einstweilige Verfügungen zur Regelung der Rechtsverhältnisse der Vereinsmitglieder untereinander oder zum Verein auch dann zulässig, wenn die Mitglieder nach der Vereinssatzung verpflichtet sind, ihre Streitigkeiten vor einem Vereinsschiedsgericht auszutragen.[190] 56

---

183 LG Düsseldorf, NJW-RR 1990, 832.
184 Beispielhaft: KG, WRP 1986, 31; LG Hannover, EuZW 1997, 638; LG Frankfurt, SpuRt 1997, 129.
185 EuGH, NJW 1977, 1585 und NJW 1988, 1451; BGH, ZZP Bd. 110, 373; OLG Frankfurt, WRP 1985, 366, 571; KG, GRUR 1986, 471; KG, NJW-RR 1994, 1463; *Köhler/Bornkamm*, § 12 UWG Rn. 3.28; *Piper/Ohly Sosnitza*, UWG, § 12 Rn. 136; *Zöller/Vollkommer*, vor § 916 Rn. 8; differenzierend: *Koch*, NJW 1995, 2331.
186 EuGH, NJW 1977, 1585.
187 OLG Hamburg, MD 2002, 748, 750; *Köhler/Bornkamm*, § 12 UWG Rn. 3.28.
188 Bei der Beurteilung dieser Frage müssen auch, wenn sie bekannt sind, Entscheidungen von Gerichten aus anderen EG-Staaten mit herangezogen werden: BVerfG, NJW 2004, 3770.
189 KG, WRP 1986, 31. In einem solchen Fall für eine Vorlagepflicht auch im Verfahren des einstweiligen Rechtsschutzes: *Koch*, NJW 1995, 2331.
190 Siehe oben, Rdn. 53; ferner LG Wiesbaden, SpuRt 1994, 244.

Hinsichtlich des Inhalts dieser Regelungen ist aber auf die Autonomie des Vereins bei der Gestaltung seiner Angelegenheiten Rücksicht zu nehmen. Der innerverbandliche Willensbildungsprozess darf nicht durch die Eilentscheidung des staatlichen Gerichts irreversibel beeinflusst werden.[191] Deshalb müssen, soweit nicht ausnahmsweise der Schutz verfassungsmäßiger Grundrechte und die Gewährleistung zwingenden, der Vereinsautonomie entzogenen staatlichen Rechts dies erfordern, Befriedigungsverfügungen hier ausscheiden. Das Gericht ist zudem an Wertungen, die sich aus der Vereinssatzung, dem Vereinszweck und einer ständigen Übung im Verein ergeben, soweit diese Wertungen nicht erkennbar gesetzwidrig sind, gebunden.[192] Etwas anderes muss gelten, wenn der Verein in erster Linie ein Wirtschaftsunternehmen darstellt (z. B. Fußballbundesligavereine) und die Beziehung des Vereins jedenfalls zu einzelnen Mitgliedern eher arbeitsrechtlicher Natur ist. Hier sind auch vorläufige Regelungen mit (Teil-) Befriedigungswirkung wie im Arbeitsrecht möglich.[193] Allerdings muss darauf geachtet werden, dass insoweit nicht in Rechte Dritter eingegriffen wird.[194] Ebenso muss die Vereinsautonomie zurücktreten, wenn die Mitgliedschaft im Verein unerlässliche Voraussetzung zur Ausübung eines Berufs ist. Insoweit kann etwa die Suspendierung von Vereinsrechten vorläufig ausgesetzt, die Teilhabe an vereinseigenen Einrichtungen vorläufig weiter gestattet werden.[195]

2. Recht der Allgemeinen Geschäftsbedingungen

57 Der Unterlassungsanspruch gem. §§ 1, 2 UKlaG kann auf Antrag der gem. § 3 UKlaG klagebefugten Verbände und Institutionen durch einstweilige Verfügung vorläufig gesichert werden.[196] Eine solche einstweilige Verfügung, durch die dem Verwender oder Empfehler aufgegeben werden kann, die Verwendung oder Empfehlung bis zur Entscheidung in der Hauptsache zu unterlassen, befriedigt faktisch vorläufig den Unterlassungsanspruch und ist deshalb wie jede Befriedigungsverfügung behutsam zu handhaben.[197] Durch die Verweisung auf § 12 UWG in § 5 UKlaG ist klargestellt, dass die Dringlichkeit zunächst vermutet wird.[198] Die Vermutung kann aber im Einzelfall, insbesondere auch durch das eigene Verhalten des den Unterlassungsanspruch verfolgenden Verbandes, widerlegt werden,[199] etwa, wenn der antragstellende Verband die beanstandete Klausel oder eine leicht anders formulierte, im Kern aber gleiche Klausel[200] längere Zeit ohne Reaktion zur Kenntnis genommen hatte.[201] Dass der Antragsteller bei gründlicher Marktbeobachtung die gerügten AGB früher hätte kennen können, reicht nicht aus.[202] Auch im Hinblick auf den Widerrufsanspruch gegen den Empfehler Allgemeiner Geschäftsbedingungen ist eine vorläufige Regelung durch einst-

---

191 *Nicklisch*, Verbandsmacht ist einstweiliger Rechtsschutz, S. 41 f.
192 BGHZ 87, 345; LG München, SpuRt 1995, 78; bedenklich weitgehend daher OLG Köln, NJW-RR 1993, 891.
193 Beispielhaft LG Frankfurt, NJW 1983, 761 (Lizenzerteilung an Fußballer); LG Lübeck, NJW-RR 1988, 122 (Zustimmung zum Vereinswechsel eines Fußballers); OLG München, SpuRt 1994, 89 (Spielberechtigung in einem Verein); ArbG Frankfurt, SpuRt 1997, 64 (Freigabe zum Vereinswechsel).
194 OLG Frankfurt, NJW-RR 2003, 498 (Beachtung der Interessen anderer Liga-Mitglieder).
195 ArbG Solingen, SpuRt 1997, 98; *Erman/H.P. Westermann*, § 25 BGB Rn. 7. Zur vorläufigen Teilhabe von Vereinsmitgliedern an den Leistungen eines dem Verein übergeordneten Verbandes im Wege einstweiliger Verfügung: OLG Düsseldorf, NJW-RR 1998, 328.
196 OLG Braunschweig, ZUM 2014, 142; OLG Düsseldorf, BeckRS 2014, 05129; *Ulrici*, WRP 2002, 399; *Ulmer*, ITRB 2002, 216.
197 Siehe oben, Rdn. 31 ff.
198 *Ulrici*, WRP 2002, 399, 401.
199 *Erman/Roloff*, § 5 UKlaG Rn. 6; MüKo-ZPO/*Micklitz*, § 5 UKlaG Rn. 31; *Ulrici*, WRP 2002, 399, 401.
200 OLG Düsseldorf, BeckRS 2014, 05129 (S. 10); OLG Düsseldorf, WuM 2012, 214.
201 **A.A.** (die Wahrnehmung öffentlicher Interessen durch die Verbände schließe einen Dringlichkeitsverlust allein durch Zuwarten aus): MüKo-ZPO/*Micklitz*, § 5 UKlaG Rn. 32.
202 OLG Braunschweig, ZUM 2012, 142, 143.

weilige Verfügung möglich, etwa dahin gehend, dass die Empfehlung vorläufig ausgesetzt werde.[203] Die Situation ist mit der des Widerrufs ehrverletzender Äußerungen[204] nicht vergleichbar. Vorliegend hat der »vorläufige« Widerruf in viel geringerem Maße endgültigen Charakter. Es entspricht auch sonst Gepflogenheiten im Wirtschaftsleben, Empfehlungen einstweilen auszusetzen, wenn sich neue Aspekte – hier: die gerichtliche Überprüfung – ergeben haben.

Auch im Verfahren der einstweiligen Verfügung kann, obwohl § 7 UKlaG nur von »der Klage« spricht, die Veröffentlichungsbefugnis hinsichtlich des – vorläufigen – Unterlassungsgebots zugesprochen werden.[205] Zum einen nimmt eine solche Veröffentlichung das Urteil in der Hauptsache und dessen Veröffentlichung nicht vorweg. Zum anderen besteht ein erhebliches praktisches Bedürfnis, auch schon das vorläufige Verwendungsverbot bekannt zu machen, da die Parteien häufig das Hauptsacheverfahren erst gar nicht mehr durchführen, sondern das vorläufige Verbot praktisch als endgültiges akzeptieren.

Auch Mitbewerber können, wenn die Verwendung unzulässiger AGB den Wettbewerb nicht nur unerheblich beeinträchtigt (§ 3 UWG) Unterlassung der Verwendung dieser AGB im Wege der einstweiligen Verfügung (§ 12 Abs. 2 UWG) verlangen.[206]

Verwender oder Empfehler Allgemeiner Geschäftsbedingungen können sich nicht durch einstweilige Verfügung vorbeugend gegen einen – unberechtigt – abmahnenden Verband wehren. Insoweit fehlt immer das Rechtsschutzinteresse, da die Unterlassungsklage des abmahnenden Verbandes in jedem Fall ohne ernsthafte Beeinträchtigung abgewartet werden kann[207].

3. Mietrecht

a) Einstweiliger Rechtsschutz zu Gunsten des Vermieters

Der **Vermieter** kann bei akuter Gefahr für die Miethäume, wenn also die beabsichtigten Erhaltungsmaßnahmen auch bei Anlegung eines strengen Maßstabes aus Sicherheitsgründen unaufschiebbar sind, die Duldung von derartigen Maßnahmen trotz der damit verbundenen Erfüllung seines Anspruchs aus § 555a BGB im Wege der einstweiligen Verfügung verlangen.[208] Dagegen kann die Duldung bloßer Modernisierungsmaßnahmen (§§ 555b, 555c BGB) oder unter Sicherheitsgesichtspunkten jederzeit aufschiebbarer Erhaltungsmaßnahmen, insbesondere Schönheitsreparaturen, nicht deshalb mit einer einstweiligen Verfügung durchgesetzt werden, weil der Vermieter gerade jetzt einen Handwerker günstig zur Hand hat.[209] Gleiches gilt für den Anspruch auf Zutritt zur Wohnung wegen Vorbereitung solcher Erhaltungsmaßnahmen oder gar zur Vorbereitung einer Klage gegen den Mieter, dass er seinerseits derartige Maßnahmen durchzuführen habe.[210]

58

---

203 *Ulrici*, WRP 2001, 399, 402; **a.A.** (einstweilige Verfügung insoweit nicht zulässig): *Erman/Roloff*, § 5 UKlaG Rn. 6; MüKo-ZPO/*Micklitz*, § 5 UKlaG Rn 30; *Palandt/Bassenge*, § 5 UKlaG Rn. 9.
204 Siehe oben Rdn. 38.
205 *Köhler/Bornkamm*, Unlauterer Wettbewerb, § 1 UKlaG Rn. 1; Ulrici, WRP 2002, 399, 402; **a.A.** (keine Veröffentlichungsbefugnis): *Erman/Roloff*, § 7 UKlaG Rn. 1; *Palandt/Bassenge*, § 7 UKlaG Rn. 1.
206 Zum Streitwert eines solchen Unterlassungsanspruchs: OLG Celle, OLGReport 2008, 310.
207 **A.A.** (bei »wesentlicher« Beeinträchtigung einstweilige Verfügung möglich): MüKo-ZPO/*Micklitz*, § 5 UKlaGRn. 33.
208 Zum alten, zwischenzeitlich durch die §§ 555a – 555f BGB ersetzten § 554 BGB: AG Neuss, NJW-RR 1986, 314; AG Münster, WuM 1987, 256; AG Görlitz, WuM 1993, 390; LG Hamburg, WuM 2006, 708; *Fritsche*, Rpfleger 2005, 637, 640; *Hinz*, WuM 2005, 615, 623; *Horst*, NZM 1999, 193, 195.
209 Ebenfalls zum alten, durch die §§ 555a – 555f BGB ersetzten § 554 BGB: AG Neuss, NJW-RR 1986, 314; LG Hamburg, WuM 1986, 243; AG Köln, WuM 1989, 88; LG Frankenthal, WuM 1993, 418; AG Görlitz, WuM 1993, 390; *Horst*, NZM 1999, 193, 195.
210 AG Wuppertal, WuM 1980, 180; LG Duisburg, WuM 2006, 700.

Der Vermieter kann seinen Mietzinsanspruch regelmäßig nicht mit der einstweiligen Verfügung durchsetzen;[211] eine Geldleistungsverfügung, durch die dem Mieter Abschlagszahlungen auf den Mietzins aufgegeben werden, ist aber für den Fall denkbar, dass der Vermieter auf derartige Zahlungen zur Sicherung seines Existenzminimums dringend angewiesen ist, während die Belange des Mieters vorläufig auch mit einer Teilmietminderung hinreichend gewahrt sind.[212]

Muss der Vermieter befürchten, der Mieter werde bei einem beabsichtigten kurzfristigen Auszug trotz erheblicher Mietrückstände die Gegenstände fortschaffen, an denen das Vermieterpfandrecht ausgeübt werden soll, ist eine entsprechende Unterlassungsverfügung zulässig[213]. Zur Dringlichkeit muss der Vermieter dartun, dass es sei ihm im konkreten Fall nicht möglich sei, die Entfernung der dem Pfandrecht unterliegenden Gegenstände durch den Einsatz anderweitiger Hilfskräfte – Ausübung des Selbsthilferechts gem. § 562b BGB – zu verhindern[214]. Hat der Mieter, ohne dass der Vermieter dies verhindern konnte, eingebrachte Sachen aus den Mieträumen bereits entfernt, kann der Vermieter im Wege der einstweiligen Verfügung zunächst Auskunft über die weggeschafften Sachen verlangen, um dann im Wege einer weiteren einstweiligen Verfügung Zurückschaffung dieser Sachen in die Mieträume geltend zu machen[215]. Der fristgerechte (§ 562b Abs. 2 Satz 2 BGB) Antrag auf Erlass einer einstweiligen Verfügung auf Auskunft hindert das Erlöschen des Pfandrechts[216] ebenso wie der Antrag auf Erlass einer einstweiligen Verfügung auf Herausgabe.

Schließlich kann der Vermieter zur Sicherung des Hausfriedens durch einstweilige Verfügung durchsetzen, dass der Mieter von seiner Außentür, den Fenstern, der Balkonaußenwand usw. Plakate, Aufschriften oder Dekorationen mit politisch oder gesellschaftlich anstößigem Inhalt (z. B. ausländerfeindliche oder antisemitische Parolen, NS-Embleme o. ä.) entfernt,[217] da das Unterlassen der Belästigung der Mitmieter und die Rücksichtnahme auf den Ruf des Vermieters mietvertragliche Nebenpflichten sind. Beabsichtigt der Mieter, in den gemieteten Räumlichkeiten eine ihm nach dem Vertrag nicht gestattete Veranstaltung durchzuführen, kann ihm dies durch einstweilige Verfügung vorläufig untersagt werden.[218] Ebenso kann die unbefugte Überlassung der gemieteten Räume an einen Dritten, bevor dieser ein eigenes Besitzrecht an den Räumen begründen konnte,[219] durch einstweilige Verfügung unterbunden werden.[220]

Eine einstweilige Verfügung auf Räumung einer Mietwohnung ist nur in den in § 940a Abs. 1 – Abs. 3 genannten Fällen, die eng auszulegen sind, da es sich um eine Befriedigungsverfügung handeln würde, möglich.[221]

Nimmt der Mieter unbefugt Personen in seine Wohnung auf, so begehen diese Personen keine verbotene Eigenmacht gegenüber dem Vermieter, da dieser seinen Besitz schon zuvor freiwillig dem Mieter überlassen hatte. Lässt der Mieter bei seinem Auszug aus der Wohnung dort seine Ehefrau und seine Kinder oder seinen Lebensgefährten, die keinen eigenen Mietvertrag mit dem Vermieter

---

211 OLG Düsseldorf, ZMR 2004, 751; AG Brandenburg, WuM 2005, 67 mit Anm. *Flatow*, WuM 2005, 313.
212 Siehe oben, Rdn. 48.
213 *Berger/Boemke*, Einstweiler Rechtsschutz, Kap. 5 Rn. 117.
214 OLG Celle, NJW-RR 1987, 447.
215 OLG Brandenburg OLGReport 2007, 851 will neben der einstweiligen Verfügung auf Auskunft nur eine weitere einstweilige Verfügung auf Überlassung der Sachen an einen Sequester geben.
216 OLG Rostock, NZM 2005, 440.
217 AG Ludwigsburg, WuM 1989, 618; *Berger/Boemke*, Kap. 5 Rn. 120.
218 LG Wuppertal, ZMR 1996, 439.
219 Danach bedarf es, auch wenn die Untervermietung an den Dritten unberechtigt war, eines eigenen Räumungstitels gegen den Dritten, um die Herausgabe der Räume zu erstreiten: BGH, NZM 2003, 802. Ist dieser aber erstritten, dürfte es am Rechtsschutzinteresse für eine einstweilige Verfügung gegen den vertragsuntreuen Hauptmieter fehlen.
220 LG Oldenburg, NJW-RR 1981, 89; *Bamberger/Roth/Ehlert*, § 540 BGB Rn. 27.
221 Einzelheiten siehe unten in der Kommentierung zu § 940a Rdn. 4 – 7.

haben, zurück, so liegt in der Weiternutzung der Wohnung durch diese Personen ebenfalls keine verbotene Eigenmacht. Auch der unberechtigte Untermieter begeht weder durch die Inbesitznahme der ihm untervermieteten Räume noch durch die Weigerung, nach Beendigung des Hauptmietverhältnisses die Räume zurückzugeben, verbotene Eigenmacht.[222] Der Vermieter kann deshalb gegen diese Personen auch keine einstweilige Verfügung gem. § 940a Abs. 1 auf Räumung der Wohnung erwirken, sondern nur eine nach Abs. 2,[223] wenn die Voraussetzungen der eng auszulegenden Norm vorliegen sollten.

Die Räumung von Gewerberäumen kann im Wege der einstweiligen Verfügung durchgesetzt werden, wenn der Vermieter infolge einer besonderen Notlage auf die sofortige Herausgabe der Räume angewiesen ist;[224] dagegen rechtfertigt die bloße Nichtzahlung des Miet- und Pachtzinsen und die Verweigerung der Rückgabe des Grundstücks nach Ablauf der Miet- (bzw. Pacht)zeit noch nicht den Erlass einer Räumungsverfügung.[225] Weder § 940a Abs. 2 noch Abs. 3 sind auf die Räumung von Gewerberaum entsprechend anzuwenden.[226]

Ganz allgemein kann vom Vermieter die Unterlassung vertragswidrigen Gebrauchs der Mietsache durch den Mieter mittels einstweiliger Verfügung durchgesetzt werden,[227] wenn der Mieter trotz Abmahnung (§ 541 BGB) von seinem Vorhaben nicht ablässt und ein Zuwarten bis zur Entscheidung in der Hauptsache nicht zumutbar ist. Unter besonderen Umständen kann im Einzelfall auch die Fortsetzung des vertragsgemäßen Gebrauchs der Mietsache (z. B. Aufrechterhaltung des Geschäftsbetriebs in einem Einkaufszentrum) durch einstweilige Verfügung erzwungen werden. Insoweit gelten sehr strenge Anforderungen an den Verfügungsgrund.[228]

b) Einstweiliger Rechtsschutz zu Gunsten der Mieter

Der Mieter kann Störungen seines Mietbesitzes (§ 862 Abs. 1 BGB) durch den Vermieter, die über unwesentliche Gebrauchsbeeinträchtigungen hinausgehen, per einstweiliger Verfügung untersagen.[229] Nimmt der Vermieter Einwirkungen auf die Mietsache eigenmächtig vor, ohne einen Duldungstitel erwirkt zu haben, trägt er im Verfügungsverfahren auf Unterlassung diverser Einwirkungen, die volle Beweislast dafür, dass die Einwirkung so unerheblich ist, dass es ausnahmsweise keines Duldungstitels bedarf[230]. Waren dem Mieter die geplanten Arbeiten schon längere Zeit bekannt, bevor er eine einstweilige Verfügung beantragte, kann der Verfügungsgrund durch dieses längere Zuwarten widerlegt sein[231].

59

---

222 LG Lüneburg, IMR 2012, 102.
223 Einzelheiten siehe bei § 940a Rdn. 15.
224 OLG Düsseldorf, ZMR 2006, 446; LG Karlsruhe, ZMR 2005, 870.
225 OLG Düsseldorf, ZMR 2004, 751.
226 Einzelheiten siehe bei § 940a Rdn. 7.
227 *Bamberger/Roth/Ehlert*, § 541 BGB Rn. 20; *Palandt/Weidenkaff*, § 541 BGB Rn. 5.
228 KG, ZMR 2005, 47; KG, GE 2011, 1484; KG, NZM 2013, 731 (bedenklich großzügig); KG, ZMR 2015, 117; KG BeckRS 2014, 22319 mit Anm. *Bub/Berhard*, FD- MietR 2015, 365506; OLG Frankfurt, ZMR 2009, 446; LG Köln, ZMR 2008, 459.
229 LG Berlin, WuM 2014, 424; LG Berlin, MDR 2014, 1195 .
230 LG Berlin, MDR 2014, 1195.
231 LG Berlin, GE 2015, 325 mit Anm. *Dötsch*, jurisPR-MietR 9/2015 (Anm. 2).

Der Mieter einer Wohnung[232] kann durch einstweilige Verfügung erreichen[233], seine vorläufige Versorgung mit ausreichender Heizung,[234] mit Wasser,[235] Gas[236] oder Strom,[237] aber auch mit der erforderlichen Zahl der Wohnungsschlüssel[238] sicherzustellen,[239] soweit der Vermieter die Zufuhr von Wasser, Gas usw. unberechtigt[240] abgestellt oder sonst unterbrochen oder die Unterbrechung schuldhaft verursacht hat oder die Zurverfügungstellung der erforderlichen Schlüssel verweigert. Ebenso kann er sich auf diesem Wege – Dringlichkeit im Einzelfall vorausgesetzt – den vorläufigen Zugang zu Gemeinschaftsräumen wie einer Gemeinschaftswaschküche, einem Fahrradkeller u. ä. verschaffen[241].

Gegenstand einer einstweiligen Verfügung können ferner Maßnahmen zur **Beseitigung die Gesundheit gefährdender Zustände, z. B. Schimmelbefall**, sein. Hier sind aber strenge Anforderungen an die Darlegung und Glaubhaftmachung des Verfügungsgrundes zu stellen[242]. Dagegen können auf diesem Wege nicht bloße Verbesserungsmaßnahmen, auf die nach dem Mietvertrag Anspruch bestehen mag – etwa die Anbringung einer Satellitenantenne zum besseren Fernsehempfang –, durchgesetzt werden. Regelmäßig können durch einstweilige Verfügung Modernisierungsmaßnahmen im Haus, die die Nutzung und die Bewohnbarkeit der Miträume *nicht* beeinträchtigen, nicht verhindert werden[243]. Renovierungs- und Verbesserungsarbeiten im Treppenhaus außerhalb

---

232 Die Zulässigkeit von Versorgungssperren aber auch im Rahmen der Wohnraummiete bejahend: AG Ludwigslust, BeckRS 2013, 16739 mit Anm. *Bub/von der Osten*, FD-MietR 2013, 351543; AG Bayreuth, jurisPR-MietR 5/2014 mit Anm. *Gies*; LG Bayreuth, Beschl. vom 22.10.2013 – 13 T 43/13. Für die Geschäftsraummiete hat der BGH ebenfalls die Zulässigkeit einer Versorgungssperre durch den Vermieter bejaht: BGH, NJW 2009, 1947 mit Anm. *Biber*, jurisPR-MietR 14/2009 (Anm. 2), *Schmid*, ZfIR 2009, 505 und (ausführlich und sehr kritisch) *Wolf*, JA 2009,735. Im Ergebnis sogar noch weitergehend als der BGH: *Lehmann-Richter*, ZMR 2014, 188. Wie der BGH auch: KG, WuM 2011, 519.

233 Im Ergebnis wie hier: *Emmert*, jurisPR-MietR 12/2008; *Mummenhoff*, WuM 2009, 437; *Derleder*, WuM 2011, 551, 552; *Streyl*, NZM 2011, 765; einschränkend für den Fall, dass der Mieter keinerlei Zahlungen auf die Versorgungsleistungen erbringt: *Leroy*, NJ 2013, 441.

234 LG Osnabrück, WuM 1980, 198; LG Mannheim, WuM 1975, 12 und ZMR 1978, 140.

235 AG Wuppertal, NJW-RR 1989, 251; AG Leipzig, NZM 1998, 716; AG Bochum, WuM 2013, 351. Zu den Rechten des Mieters, der seine Nebenkosten pünktlich dem Vermieter gegenüber bezahlt hat, für den Fall, dass das Versorgungsunternehmen den Vermieter wegen dessen Zahlungsrückstandes mit einer Liefersperre belegt: *Hempel*, NZM 1998, 689.

236 Der Anspruch richtet sich aber nur gegen den Vermieter, nicht gegen das Gasversorgungsunternehmen: LG Gera, NZM 1998, 715; AG Ludwigsburg, NZM 1999, 122; *Derleder*, NZM 2000, 1098 ff.

237 AG Königstein, NZM 2003, 106; AG Bremen, ZMR 2011, 726.

238 AG Bad Neuenahr-Ahrweiler, WuM 1996, 331.

239 Deutlich enger (einstweilige Verfügung nur bei verbotener Eigenmacht gegen den Mieter): *Ulrici*, ZMR 2003, 895, 898.

240 AG Bergheim, ZMR 2005, 53 will dem Vermieter ein Zurückbehaltungsrecht hinsichtlich der Versorgung mit Wasser und Gas einräumen, wenn der Mieter mehrere (mindestens 3) Monate hintereinander die Nebenkostenzahlung verweigert hat. Dies muss bei der Wohnraummiete jedoch als unzulässig abgelehnt werden (wie hier: *Mummenhoff*, WuM 2009, 437, 440 mit zahlreichen Nachweisen). Die zahlreichen materiellrechtlichen (§§ 643, 569, 573, 574 BGB) und auch verfahrensrechtlichen (§§ 721, 765a ZPO) Schutzvorschriften zugunsten des Mieters, dessen Mietverhältnis bereits gekündigt wurde, würden dadurch unterlaufen.

241 AG Brühl, WuM 2012, 152.

242 LG Hamburg, ZMR 2015, 28.

243 LG Berlin, MDR 1996, 899; deutlich enger aber: LG Berlin, NJW-RR 2012, 1229 (Geruchs-, Lärm- und Staubimmissionen an der Außenfront bereits als erhebliche Besitzstörung ausreichend); ebenso LG Berlin, BeckRS 2012, 19642 mit Anm. *Dötsch*, jurisPR-MietR 1/2013 (Anm. 4); LG Berlin, jurisPR-MietR 12/2013 mit Anm. *Dötsch* (Anm. 4).Anders ist die Situation bei Modernisierungsmaßnahmen, die Gewerberäume betreffen, da insoweit erhebliche Besitzstörungen und damit Eingriffe in den Gewerbebetrieb im Raum stehen. Hier sind einstweilige Verfügungen gegen nicht rechtzeitig angekündigte Modernisierungsmaßnahmen durchaus denkbar: LG Hamburg, ZMR 2010, 530.

der vermieteten Wohnung, für die der Vermieter grundsätzlich keinen Duldungstitel gegen den Mieter benötigt, kann der Mieter nach Ablauf der Frist des § 555d Abs. 3 BGB nur in Ausnahmefällen, wenn sein Wohngebrauch in ganz ungewöhnlicher Weise gestört wird und die Hinnahme der Arbeiten deshalb eine unzumutbare Härte darstellen würde, durch einstweilige Verfügung unterbinden[244].

Hat der Mieter wegen Mängeln der Wohnung die Miete gemindert und läuft zur Feststellung der Mängel ein selbstständiges Beweisverfahren, kann der Mieter den Vermieter, der die Mängel nun plötzlich beseitigen lassen will, durch einstweilige Verfügung auf Unterlassung der Mängelbeseitigung bis zur Durchführung der Begutachtung im selbstständigen Beweisverfahren in Anspruch nehmen.[245]

60

Der Verfügungsgrund für eine – ansonsten mögliche – einstweilige Verfügung aufgrund einer **Konkurrenzschutzklausel**[246] auf Unterlassung der Vermietung bestimmter Räumlichkeiten an ein Konkurrenzunternehmen[247] ist regelmäßig schon deshalb zu bejahen,[248] weil die Vermietung zulasten des Berechtigten faktisch kaum mehr abänderbare Verhältnisse schaffen würde.[249] Das gilt auch dann noch, wenn das Konkurrenzunternehmen im Fall der nicht rechtzeitigen Vermietung von der Anmietung Abstand nehmen wird, der Vermieter also seinerseits unter Zeitdruck steht.

Dagegen kann ein Mieter, der die ihm vermieteten Räumlichkeiten noch nicht bezogen hat, den Vermieter nicht durch einstweilige Verfügung am Verkauf dieser Räumlichkeiten als Grundeigentum an einen Dritten – der demnächst u. U. Eigenbedarf haben wird – einschließlich des grundbuchmäßigen Vollzugs dieses Verkaufs hindern.[250] Es fehlt insoweit schon am Verfügungsanspruch.

Im Fall der **Doppelvermietung** kann dem Vermieter nicht im Wege der einstweilen Verfügung vorgeschrieben werden[251], an welchen Gläubiger er zu leisten hat[252]. Denn es gibt keine Priorität unter konkurrierenden Erfüllungsansprüchen[253]. Die auf den Grundsatz »pacta sunt servanda« als Verfügungsanspruch abstellende Gegenmeinung von *Kohler*[254] kann nicht überzeugen, da alle konkurrierenden Verträge in gleicher Weise zu beachten sind und ein zeitlicher Vorrang unter schuldrechtlichen Verträgen dem deutschen Recht nicht zu entnehmen ist. Erst recht kann die Partei eines Mietvorvertrages ihren künftigen Besitzüberlassungsanspruch aus dem Hauptmietvertrag nicht bereits durch einstweilige Verfügung sichern, wenn zu befürchten ist, der Vermieter werde die Räumlichkeiten vorher Dritten zur Nutzung überlassen[255].

---

244 LG Hamburg, ZMR 2009, 208.
245 LG Berlin, ZMR 2014, 727.
246 Zum vertragsimmanenten Konkurrenzschutz bei Fehlen einer ausdrücklichen Konkurrenzschutzklausel: OLG Rostock, NZM 2006, 295 mit Anm. *Emmert*, jurisPR-MietR 14/2005.
247 Zum Streitwert insoweit: OLG Düsseldorf, NZM 2006, 158.
248 Er kann aber entfallen, wenn der Vermieter von der Vermietungsabsicht an ein Konkurrenzunternehmen schon längere Zeit Kenntnis hatte und zunächst monatelang bis zur Beantragung einstweiligen Rechtsschutzes zugewartet hatte: OLG Rostock, NZM 2006, 295.
249 OLG Hamm, NJW-RR 1990, 1236; *Fritsche*, Rpfleger 2005, 637, 643.
250 LG Mannheim, MDR 1964, 1007.
251 Der Antrag wird, um die Hauptsache nicht vorwegzunehmen, regelmäßig dahin gehen, dass der Vermieter es zu unterlassen habe, den Besitz an der Mietsache dem Konkurrenten einzuräumen.
252 OLG Brandenburg, OLGReport 1997, 329; OLG Frankfurt, ZMR 1997, 22; OLG Schleswig, JurBüro 2001, 164; OLG Hamm, NZM 2004, 192; KG, NZM 2007, 518; OLG Koblenz, ZMR 2008, 50; OLG Celle, OLGReport 2008, 888; LG Berlin, WuM 2014, 424; *Hinz*, WuM 2005, 616, 617; *Kluth/Grün*, NZM 2002, 473, 475; *Ulrici*, ZMR 2002, 881 und (mit anderer Begründung) *Katzenstein*, ZZP Bd. 116 (2003), 459, 490.
253 *Bamberger-Roth/Ehlert*, BGB, Vorbemerkung vor § 535 Rn. 10.
254 NZM 2008, 545 ff. und ZZP 2010, 439 ff. Zu Recht dagegen: Streyl, NZM 2008, 878. Wie Kohler im Ergebnis aber auch *Tolani*, Jura 2010, 887 ff.
255 OLG Celle, OLGReport 2008, 888.

61 Im Streit um die Nebenkostenabrechnung kann eine einstweilige Verfügung auf Gewährung von Einsicht in die Betriebskosten-Abrechnungsunterlagen gerechtfertigt sein, um zeitnah (§ 556 Abs. 3 Satz 5 BGB) Rückzahlungsansprüche berechnen oder eine Herabsetzung der Vorschüsse (§ 556 Abs. 2 Satz 2 BGB) erzwingen zu können.

Der Mieter kann einen Anspruch auf vorübergehende Duldung der Untervermietung eines Zimmers haben. Ist er auf diese Mieteinnahmen dringend zur Sicherung seines Lebensunterhalts angewiesen, kann ein solcher Anspruch auch im Wege der einstweiligen Verfügung gesichert werden (Befriedigungsverfügung zur Existenzsicherung).[256]

Schließlich kann der Mieter Belästigungen durch den Vermieter, die seine Persönlichkeitsrechte beeinträchtigen, durch einstweilige Verfügung untersagen.[257]

Nach Beendigung des Mietverhältnisses kann eine einstweilige Verfügung berechtigt sein, die es dem Vermieter verbietet, über das Mietkautionskonto vorläufig zu verfügen, wenn die Ansprüche, wegen derer der Vermieter auf das Konto zugreifen will, streitig und die Vermögensverhältnisse des Vermieters angespannt sind.[258] Regelmäßig wird allerdings ein Verfügungsanspruch, dass der Vermieter sich wegen seiner angeblichen Ansprüche des Zugriffs auf ein ihm als Mietkaution verpfändetes Sparbuch zu enthalten habe, zu verneinen sein, da es Sinn und Zweck dieser Art von Kaution ist, dass der Vermieter sich wegen seiner Ansprüche zunächst schnell und einfach befriedigen könne.[259]

Der Anspruch des Mieters, dass der Vermieter an einem Übergabeprotokoll nach Räumung der Wohnung mitwirke, ist dagegen nicht durch einstweilige Verfügung sicherbar.[260]

62 Im Rahmen der Räumung bzw. des Umzuges nach Beendigung des Mietverhältnisses kann der Mieter verlangen, dass der Vermieter nicht Sachen in der Wohnung in Ausübung seines vermeintlichen Vermieterpfandrechts zurückbehält, die nicht dem Vermieterpfandrecht unterliegen. Eine einstweilige Verfügung diesbezüglich kann berechtigt sein, wenn die Räumung bzw. der Umzug unmittelbar ansteht und der Mieter die Gegenstände in seiner neuen Wohnung dringend benötigt.[261]

Umgekehrt besteht ein Anspruch des Mieters gegen den Vermieter, dass dieser die Räumung nicht eigenmächtig im Rahmen eines angeblichen »Selbsthilferechts« vornimmt. Dieser Anspruch kann, wenn die Räumung unmittelbar droht, auch durch einstweilige Verfügung gesichert werden.[262]

Hat der Vermieter nach Beendigung des Mietverhältnisses die Wohnung des mit der Räumung in Verzug befindlichen Schuldners aber doch im Wege der Selbstjustiz geräumt, kann der Mieter durch einstweilige Verfügung Wiedereinräumung des Besitzes verlangen[263]. Der Vermieter kann ihm im Verfügungsverfahren nicht mit Erfolg die Einrede entgegenhalten, dass er seinerseits Anspruch auf den Besitz der Wohnung habe (§ 863 BGB). Im Verfügungsverfahren wäre auch ein Widerklageantrag auf Räumung im Hinblick auf § 940a ZPO unzulässig. Es hilft dem Vermieter ferner nichts, den Mieter über § 926 ins Hauptsacheverfahren zu zwingen (Klage auf »Feststellung, dass die vom Vermieter am ... durchgeführte Räumung rechtswidrig war«). Denn auch dort ist der Einwand unzulässig. Dem Vermieter bleibt nur, einen normalen Räumungsprozess anzustrengen.

---

256 LG Hamburg, NJW 2013, 548.
257 LG Hamburg, ZMR 2011, 386.
258 AG Berlin Tiergarten, MM 2003, 46 mit zustimmender Anm. durch *Wilkom;* AG Bensheim, ZMR 2005, 193.
259 AG Berlin-Charlottenburg, BeckRS 2011, 03055.
260 AG Neustadt a.d. Weinstr. und LG Frankenthal, WuM 2006, 700.
261 AG Ludwigslust, WuM 2012, 559.
262 Zum Streitwert einer solchen einstweiligen Verfügung: OLG Düsseldorf, WuM 2011, 246.
263 Lehmann-Richter, NZM 2009, 177, 178.

Den Räumungsanspruch könnte er allerdings der Hauptsacheklage im Wege der Widerklage entgegensetzen[264].

Der Mieter, dem nach Umwandlung seiner Wohnung in eine Eigentumswohnung gegen den Vermieter ein Vorkaufsrecht nach § 577 Abs. 1 BGB zusteht, kann zur Sicherung seines Eigentumsverschaffungsanspruchs im Wege der einstweiligen Verfügung eine Auflassungsvormerkung zu seinen Gunsten erwirken, ohne dass es der Glaubhaftmachung der Gefährdung des zu sichernden Anspruchs bedürfte (§ 883 Abs. 1 BGB).[265]

c) Einstweiliger Rechtsschutz der Mieter untereinander

Mieter untereinander können insbesondere aufgrund störender Immissionen (Lärm, laute Musik, Gerüche; Belästigung durch Zigarettenrauch u. ä.) Ansprüche haben, hinsichtlich derer vorläufige Regelungen durch einstweilige Verfügung denkbar sind – Verbot, außerhalb bestimmter Zeiten zu musizieren; Verbot, lärmende Umbauarbeiten am Wochenende durchzuführen; Verbot des Rauchens im gemeinsamen Treppenhaus[266] usw. – Es wird sich meist um (Teil-) Befriedigungsverfügungen handeln, sodass entsprechende Zurückhaltung geboten ist. Ähnliches gilt für einstweilige Verfügungen im Streit um die von Haustierhaltern gegenüber den Mitmietern zu übende Rücksichtnahme.[267]

Schließlich kommen vorläufige Regelungen im Streit um die Mitbenutzung von Gemeinschaftseinrichtungen der Mieter in Betracht – Abstellen eines Kinderwagens oder eines Rollators im Hausflur, Lagern von Gegenständen im Gemeinschaftskeller, Laufenlassen von Hunden ohne Leine im Treppenhaus u. ä. – § 866 BGB schließt diesbezüglich nur possessorische Ansprüche aus, nicht aber solche aus dem Gemeinschaftsverhältnis oder aus § 823 Abs. 1 BGB.[268] An die Dringlichkeit einer vorläufigen Regelung sind, da derartige Streitigkeiten erfahrungsgemäß schon längere Zeit schwelen, ehe die Gerichte bemüht werden, strenge Anforderungen zu stellen.

4. Bauhandwerkersicherungshypothek

Gemäß § 648 Abs. 1 BGB kann der Bauunternehmer für seine Forderungen aus dem Bau-Werkvertrag die Bewilligung zur Eintragung einer Sicherungshypothek am Grundstück des Bestellers, nicht etwa an dem eines nur mithaltenden Dritten (z. B. des persönlich haftenden Gesellschafters)[269] verlangen. Dieser Anspruch als solcher kann nicht bereits durch einstweilige Verfügung durchgesetzt werden. Für eine derartige Befriedigungsverfügung bestünde keine Notwendigkeit, da zum einen der Werklohnanspruch selbst auch noch durch einen Arrest gesichert werden könnte, zum anderen der Anspruch aus § 648 BGB bereits durch eine Vormerkung gem. §§ 883, 885 BGB vorläufig hinreichend abgesichert ist. Die Eintragung dieser Vormerkung kann gem. § 885 Abs. 1 Satz 1 BGB durch einstweilige Verfügung angeordnet werden, wenn der Bauherr sie nicht freiwillig bewilligt[270].

---

264 Lehmann-Richter, NZM 2009, 177, 178.
265 LG Heilbronn, ZMR 2014, 795.
266 Zur Belästigung der Mitmieter durch übermäßiges Rauchen: LG Hamburg, NJW-RR 2012, 1362; AG Hannover, NZM 2000, 520; AG Wetzlar, NZM 2014, 238.
267 Beispielhaft OLG Hamburg, MDR 1975, 578 (Gefahr der Körperverletzung durch frei herumlaufenden großen Hund).
268 BGHZ 62, 243, 246, 249; *Bamberger/Roth/Fritzsche*, § 866 BGB Rn. 18; *Palandt/Bassenge*, § 866 BGB Rn. 5.
269 Wie hier: *Erman/Schwenker*, § 648 BGB Rn. 8; *Palandt/Sprau*, § 648 BGB Rn. 3; MüKo-BGB/*Busche*, § 648 BGB Rn. 27. Bedenklich daher LG Aschaffenburg, NJW-RR 1997, 783, das bei rechtlicher Personenverschiedenheit auf die wirtschaftliche Identität abstellt. A. A. (§ 648 BGB auch insoweit anwendbar) hinsichtlich des persönlich haftenden Gesellschafters als Grundstückseigentümers und der OHG als Bestellerin: *Bamberger/Roth/Voit*, § 648 BGB Rn. 12; Staudinger/*Peters/Jacoby*, § 648 Rn. 23.
270 Die einstweilige Verfügung muss sich immer gegen den richten, auf dessen Grundstück die Vormerkung eingetragen werden soll (§ 750 Abs. 1 ZPO): KG, FGPrax 2011, 109.

Der **Verfügungsgrund** braucht in diesem Fall **nicht glaubhaft gemacht** zu werden.[271] Dies folgt aus § 885 Abs. 1 Satz 2 BGB. Daraus wird vielfach weiter gefolgert, dass ein Verfügungsgrund ganz entbehrlich sei.[272] Hiergegen bestehen aber Bedenken;[273] denn es sind durchaus Fälle denkbar, in denen ein dringendes Sicherungsbedürfnis nicht erkennbar ist, so etwa, wenn schon Sicherheiten gem. § 648a Abs. 1 und 2 BGB bestellt sind oder wenn bereits ein Arrestbefehl erwirkt wurde, der ins Grundstück vollzogen werden könnte.[274] Nimmt man an, dass ein Verfügungsgrund vermutet werde, so kann dieser jedenfalls sowohl durch das eigene Verhalten[275] und den eigenen Vortrag des Antragstellers als auch durch entsprechendes Vorbringen des Antragsgegners widerlegt werden.[276]

66 Bewilligt der Besteller die Eintragung der Vormerkung freiwillig, nachdem ihm der Antrag auf Erlass einer einstweiligen Verfügung zur Kenntnis gekommen ist, so gereicht es dem Unternehmer nicht zum Nachteil – insbesondere im Hinblick auf die Kostenentscheidung –, wenn er den Besteller vor Einreichung des Verfügungsantrages nicht noch einmal abgemahnt hat.[277] Die im Wettbewerbsrecht insoweit entwickelten Grundsätze lassen sich nicht auf das Baurecht übertragen.

67 **Verfügungsanspruch** ist der Anspruch aus § 648 Abs. 1 BGB, also nicht der eigentliche Werklohnanspruch. Da aber der Anspruch aus § 648 Abs. 1 BGB seinerseits voraussetzt, dass dem Unternehmer »Forderungen aus dem Werkvertrage« zustehen und dass er nicht bereits Sicherheiten gem. § 648a Abs. 1 und 2 BGB erhalten hat (§ 648a Abs. 4, BGB), bedarf es zur schlüssigen Darlegung des Anspruchsgrundes auch der Darlegung des Bestehens eines Werklohnanspruchs und des Fehlens anderer Sicherheiten. Der Werklohnanspruch kann sich nicht nur aus dem eigentlichen Werkvertrag ergeben, sondern auch aus einem Vergleich, den die Parteien über streitige Werklohnansprüche geschlossen haben.[278] »Unternehmer eines Bauwerks« i. S. § 648 Abs. 1 BGB ist nicht nur der Bauwerkunternehmer im engeren Sprachsinne (Bauunternehmer, Anstreicher, Installateur, Dachdecker usw.), sondern auch der Architekt,[279] der Statiker[280] oder der Baubetreuer.[281] Entscheidend ist, dass sie unmittelbare Vertragspartner des Bauherren sind und nicht nur Subunternehmer und dass ihre Tätigkeit, für die die zu sichernde Forderung geltend gemacht wird, sich dessen Wert erhöhend auf das Grundstück bzw. Bauwerk auswirkt.[282] Der Werklohnanspruch, der durch die Sicherungshypothek gesichert werden soll, muss noch nicht gemäß § 641 BGB fällig sein, wie § 648 Abs. 1 Satz 2 BGB zeigt. Andererseits müssen die Arbeiten aber schon begonnen haben, da nur für bereits »geleistete Arbeit« Sicherheit am Grundstück, das insoweit nunmehr im Wert erhöht ist, einzuräumen ist.

---

271 Eine vorherige Abmahnung des Schuldners ist, auch zur Vermeidung von Kostennachteilen, nicht erforderlich: OLG Köln, NJW-RR 1997, 1242.
272 BGHZ 91, 139; *Bamberger/Roth/Voit*, § 648 BGB Rn. 24; *Stein/Jonas/Grunsky*, § 935 Rn. 13; *Zöller/Vollkommer*, § 940 Rn. 8 »Bauhandwerkersicherungshypothek«; *Siegburg*, Die Bauwerksicherungshypothek, 1989, S. 292.
273 OLG Köln, BB 1973, 1375 und OLGReport 1994, 105; OLG Düsseldorf, NJW-RR 2000, 825.
274 Gleich zu beurteilen ist der Fall, dass dem Unternehmer vom Besteller eine gleichwertige anderweitige Sicherheit eingeräumt wurde; vgl. OLG Düsseldorf, BauR 1985, 334 und 580.
275 Überlanges Zuwarten nach Geltendmachung des Werklohnanspruchs: OLG Düsseldorf, NJW-RR 2013, 798; OLG Koblenz, NJW-Spezial 2013, 365; OLG Celle, MDR 2015, 453.
276 OLG Düsseldorf, NJW-RR 2000, 825; OLG Hamm, OLGReport 2004, 203; OLG Brandenburg, BauR 2005, 1067.
277 OLG Köln, NJW-RR 1997, 1242.
278 OLG Dresden, MDR 2010, 1377 mit Anm. *Voellmecke*, jurisPR-PrivBauR 10/2010 Anm. 5.
279 BGHZ 51, 190; OLG Koblenz, NZBau 2006, 188 (auch der nur planende Architekt); *Bamberger/Roth/Voit*, § 648 BGB Rn. 6; *Erman/Schwenker*, § 648 BGB Rn. 5; MüKo-BGB/*Busche*, § 648 BGB Rn. 13.
280 OLG Frankfurt, OLGZ 1979, 437; MüKo-BGB/*Busche*, § 648 BGB Rn. 14; str.; siehe hierzu: *Erman/Schwenker*, § 648 BGB Rn. 5.
281 OLG Frankfurt, BauR 1988, 343; MüKo-BGB/*Busche*, § 648 BGB Rn. 15.
282 *Bamberger/Roth/Voit*, § 648 BGB Rn. 6; *Palandt/Sprau*, § 648 BGB Rn. 2. Der Anspruch, der nach § 648 BGB gesichert werden kann, darf also nicht aus bloßen Vor- oder Nebenarbeiten resultieren, etwa der Erstellung einer Alternativplanung, die dann nicht zur Ausführung kam.

Für den Hauptsacheanspruch aus § 648 Abs. 1 BGB selbst ist das unstreitig.[283] Streitig ist, ob der Arbeitsbeginn auch Voraussetzung für die Bewilligung – im Wege der einstweiligen Verfügung – einer Vormerkung zur Sicherung des Anspruchs auf Einräumung der Bauhandwerkersicherungshypothek ist, sodass der Antragsteller auch den Beginn und den genauen Stand seiner Arbeiten glaubhaft machen muss. Anlass des Streits ist § 883 Abs. 1 Satz 2 BGB, der die Sicherung auch künftiger und bedingter Ansprüche durch Vormerkung zulässt. Die h. M.[284] schließt die Anwendbarkeit des § 883 Abs. 1 Satz 2 BGB hier aus. Die Begründung ist zum Teil prozessrechtlich,[285] zum Teil materiellrechtlich.[286] Die Gegenmeinung[287] will im Interesse eines wirksamen Baugläubigerschutzes die Eintragung einer Vormerkung schon vor tatsächlicher Bauausführung zulassen; es sei unhaltbar, dass ein Bauträger die noch zu errichtenden Häuser oder Eigentumswohnungen bereits vor Baubeginn veräußern und die Grundstücke durch die Erwerber zu seinen Gunsten erheblich belasten lassen könne, während die Bauunternehmer dann, wenn sie mit ihren Arbeiten begännen, keine praktische Chance mehr hätten, ihren Anspruch aus § 648 Abs. 1 BGB zu sichern.[288] Das prozessrechtliche Argument aus § 926 sei nicht durchgreifend, da als Klage i. S. dieser Vorschrift auch eine Feststellungsklage ausreiche, die auch im Hinblick auf künftige Forderungen möglich sei.[289] Trotz der misslichen Folgen im Verhältnis Bauträger – Bauhandwerker ist der h. M. im Ergebnis der Vorzug zu geben: § 648 BGB will das Grundstück nur insoweit als Sicherheit heranziehen, als es durch die Arbeiten bereits an Wert gewonnen hat.[290] Auch durch die Vormerkung würde das Grundstück aber schon wirtschaftlich belastet, nämlich als Kreditgrundlage teilweise ausgeschaltet, obwohl noch kein Wertzuwachs durch Werkleistungen eingetreten ist. Insofern enthält § 648 BGB in der Tat eine § 883 Abs. 1 Satz 2 BGB verdrängende Sonderregelung. Dem Sicherungsbedürfnis des Bauhandwerkers ist zudem durch § 648a BGB hinreichend Genüge getan. Da der Bauwerkunternehmer somit den Beginn seiner Arbeiten und den Wert des bisher Geleisteten vortragen und glaubhaft machen muss, ist auch von ihm zu verlangen, dass er darlegt, dass ihm berechtigte Einwände des Bestellers gegen den Wert seiner Arbeiten nicht bekannt sind, oder, dass solche Einwände zwar erhoben werden, aber eben nicht berechtigt sind. Es beeinträchtigt den Wert seiner Glaubhaftmachung auch im Übrigen, wenn er ihm bekannte Mängelrügen des Bestellers erst auf dessen Verteidigung gegen den Verfügungsantrag hin einräumt. Aus dem Vorstehenden ergibt sich bereits, dass Mängelrügen des Bestellers, soweit ihre Berechtigung glaubhaft gemacht ist, im Verfügungsverfahren selbstverständlich Berücksichtigung zu finden haben.[291] Gelingt es dem Bauwerkunternehmer dann nicht, seinerseits die Mängelfreiheit des Werkes glaubhaft zu machen – so die strengere Glaubhaftmachungslast vor Abnahme des Werkes- bzw. die Glaubhaftmachung seitens des Bestellers hinsichtlich der Mangelhaftigkeit des Werkes zu erschüttern – so die geringere Glaubhaftmachungslast nach Abnahme des Werkes –, so kann er die beantragte Vormerkung auch nicht über die Zusicherung erlangen, die festgestellten Mängel umgehend beseitigen zu wollen.

---

283 BGHZ 68, 180; BGH, NJW 1984, 2100.
284 BGHZ 68 180; *Bamberger/Roth/Voit*, § 648 BGB Rn. 25; MüKo-BGB/*Busche*, § 648 BGB Rn. 17; *Staudinger/Peters/Jacoby*, § 648 BGB Rn. 32.
285 So schon RGZ 74, 158: § 926 zeige, dass der Hauptsacheanspruch bereits einklagbar sein müsse, wenn er durch einstweilige Verfügung gesichert werden solle.
286 *Bamberger/Roth/Voit*, § 648 BGB Rn. 25 und *Staudinger/Peters/Jacoby*, § 648 BGB Rn. 32: § 648 BGB sei Sondervorschrift gegenüber § 883 BGB und schließe dessen Anwendung aus.
287 MüKo-BGB/*Kohler*, § 885 BGB Rn. 4; *Siegburg*, Die Bauwerksicherungshypothek, 1989, S. 296 ff.
288 So *Siegburg*, a. a. O., S. 298.
289 So MüKo-BGB/*Kohler*, § 885 BGB Rn. 4; *Palandt/Bassenge*, § 885 BGB Rn. 5.
290 Prot. II, S. 326. Deshalb hat auch der Architekt keinen Anspruch auf Eintragung einer Vormerkung, wenn es nie zu einer Bauausführung gekommen ist: OLG Celle, NJW-RR 1996, 854.
291 BGH, NJW 1977, 947; OLG Brandenburg, BauR 2005, 1067; OLG Köln, Rpfleger 2013, 265; *Bamberger/Roth/Voit*, § 648 BGB Rn. 24; *Erman/Schwenker*, § 648 BGB Rn. 10; MüKo-BGB/*Busche*, § 648 BGB Rn. 22; *Palandt/Sprau*, § 648 BGB Rn. 4, 5. Kritisch hierzu: *Staudinger/Peters/Jacoby*, § 648 BGB Rn. 36–38 (Eintragung der Vormerkung, allerdings mit Angabe des Zurückbehaltungsrechts des Bestellers wegen der Mängel).

68 Da das Grundstück, auf dem die Vormerkung einzutragen ist, im Tenor der Verfügung genau bezeichnet sein muss, hat der Antragsteller schon in seinem Antrag diese genaue Bezeichnung vorzunehmen.[292] Im Hinblick auf § 941 sollte der Antragsteller sogleich in der Antragsschrift anregen, dass das Gericht unverzüglich selbst das Grundbuchamt um Eintragung der Vormerkung nach Erlass der einstweiligen Verfügung ersucht.[293] Der Gläubiger erwirkt die Vormerkung erst mit der Eintragung. Ihre Wirkungen treten deshalb nicht mehr ein, wenn gleichzeitig schon die Eröffnung des Insolvenzverfahrens über das Schuldnervermögen wirksam wird.[294] Die Vollziehung der einstweiligen Verfügung auf Eintragung einer Vormerkung zur Sicherung des Anspruchs auf Bewilligung der Bauhandwerkersicherungshypothek unterbricht nicht die Verjährung der Werklohnforderung als solcher;[295] denn diese Forderung ist weder Gegenstand des Verfügungsverfahrens noch des späteren Hauptsachetitels. Dass ihre Verwirklichung durch die Sicherung des Anspruchs nach § 648 Abs. 1 BGB indirekt vorbereitet wird, reicht nicht aus.

69 Ist die Vormerkung zunächst aufgrund einer ohne mündliche Verhandlung ergangenen einstweiligen Verfügung eingetragen worden und wird auf den Widerspruch des Antragsgegners hin die einstweilige Verfügung später durch vorläufig vollstreckbares Urteil aufgehoben, so erlischt die Vormerkung. Das Berufungsgericht kann diesen Erfolg nicht dadurch beseitigen, dass es antragsgemäß gem. §§ 707, 719 die Zwangsvollstreckung aus diesem Urteil einstellt.[296]

5. Sicherung von und gegen Grundbucheintragungen im Übrigen

70 Der Anspruch auf Einräumung oder Aufhebung eines Rechts an einem Grundstück oder an einem das Grundstück belastenden Recht sowie der Anspruch auf Änderung des Inhalts oder des Ranges eines solchen Rechtes können gem. § 883 Abs. 1 Satz 1 BGB durch die Eintragung einer Vormerkung in das Grundbuch gesichert werden. Gem. § 885 Abs. 1 Satz 1 BGB kann diese Eintragung, wenn der Grundstückseigentümer sie nicht bewilligt, auch aufgrund einer sich gegen den betroffenen Grundstückseigentümer richtenden einstweiligen Verfügung erfolgen.[297] Ist das Grundbuch i. S. § 894 BGB unrichtig und kann der durch die Unrichtigkeit Beeinträchtigte Berichtigung des Grundbuches verlangen, so kann er von dem durch die spätere Berichtigung Betroffenen gem. § 899 BGB die Bewilligung der Eintragung eines Widerspruchs im Grundbuch verlangen. Gem. § 899 Abs. 2 Satz 1 BGB kann die Eintragung, wenn die Bewilligung fehlt, auch aufgrund einer einstweiligen Verfügung erfolgen. Soll ein Vermerk über die Rechtshängigkeit eines Rechtsstreits über das Eigentum in das Grundbuch eingetragen werden und verweigert der Bucheigentümer die Bewilligung der Eintragung, so kann die Eintragung in entsprechender Anwendung des § 889 Abs. 2 BGB ebenfalls im Wege der einstweiligen Verfügung erzwungen werden.[298]

Sowohl beim Antrag auf Erlass einer einstweiligen Verfügung auf Eintragung einer Vormerkung wie auch auf Eintragung eines Widerspruchs ist der **Verfügungsgrund** nicht glaubhaft zu machen (§§ 885 Abs. 1 Satz 2, 899 Abs. 2 Satz 2 BGB). Da der i. S. der §§ 883, 894 BGB Berechtigte durch Vormerkung bzw. Widerspruch vorläufig hinreichend gesichert ist, scheiden einstweilige Verfügungen (Befriedigungsverfügungen), die unmittelbar auf Eintragung der Rechtsänderung bzw. Löschung der unzutreffenden Eintragung gerichtet sind, grundsätzlich aus.[299]

---

292 BayObLG, Rpfleger 1981, 190.
293 Siehe auch § 941 Rdn. 2.
294 LG Frankfurt, ZIP 1983, 351.
295 OLG Düsseldorf, BauR 1980, 475; *Palandt/Ellenberger*, § 204 BGB Rn. 24; **a. A.** *Zöller/Vollkommer*, § 940 Rn. 8 »Bauhandwerkersicherungshypothek«.
296 OLG Schleswig, InVo 1997, 24.
297 KG, FGPrax 2011, 109.
298 BGH, NZM 2013, 623.
299 OLG Stuttgart, NJW 1973, 908; KG, JurBüro 1977, 731.

Neben dem Antrag auf einstweilige Verfügung zur Eintragung einer Vormerkung oder eines Widerspruchs kann im Einzelfall zur vorläufigen Sicherung der Rechtsposition am Grundstück auch ein Antrag auf Erlass eines Veräußerungs-, Belastungs- oder allgemeinen Verfügungsverbotes hinsichtlich des Grundstücks in Betracht kommen. Ein derartiges Verfügungsverbot durch einstweilige Verfügung wäre im Grundbuch eintragungsfähig.[300] Ein solcher Antrag ist insbesondere dann geboten, wenn in der Hauptsache ein Anspruch verfolgt werden soll, der nicht unter § 883 BGB fällt (z. B. Anspruch nach dem AnfG),[301] weil er nicht auf die Erlangung oder Sicherung einer dinglichen Rechtsposition am Grundstück abzielt, selbst also im Erfolgsfalle auf das Grundbuch keine Auswirkungen hätte.

In den Fällen der §§ 885 Abs. 1, 899 Abs. 2 BGB muss der Antrag auf Erlass der einstweiligen Verfügung sich gegen diejenigen richten, deren Rechte durch die Eintragung der Vormerkung oder des Widerspruchs betroffen werden, da ohne einen unmittelbar gegen sie gerichteten Titel keine Vollziehung zu ihren Lasten im Grundbuch möglich ist.[302] So kann etwa nicht durch einstweilige Verfügung gegen eine oHG angeordnet werden, dass zugunsten des Antragstellers auf einem dem Gesellschafter der oHG gehörenden Grundstück oder Grundstücksmiteigentumsanteil eine Vormerkung einzutragen sei.

Es fehlt nicht am Rechtsschutzinteresse für den Antrag auf Erlass einer einstweiligen Verfügung, wenn der Antragsteller bereits einen gem. § 894 zu vollstreckenden Titel auf Bewilligung der Eintragung im Grundbuch erstritten hat, diesen Titel aber auch vorläufig nicht nach § 895 vollstrecken kann, weil er zur Erbringung der im Titel gem. § 709 angeordneten Sicherheitsleistung außerstande ist.[303] § 720a hilft in Fällen dieser Art nicht weiter, da die Norm nur bei auf Geldleistungen gerichteten Titeln anwendbar ist.

6. Wohnungseigentumsrecht

Da die Streitigkeiten innerhalb der Wohnungseigentümergemeinschaft sowie unter Wohnungseigentümern gem. § 43 WEG im streitigen Zivilprozess auszutragen sind, ist insoweit grundsätzlich, soweit im Einzelfall ein Verfügungsanspruch besteht und ein Verfügungsgrund bejaht werden kann, auch einstweiliger Rechtsschutz durch einstweilige Verfügung gem. §§ 935 ff ZPO möglich[304]. An Besonderheiten ist zu berücksichtigen:

71

---

300 Siehe hierzu § 941 Rdn. 3.
301 Zur Sicherungsfähigkeit des Anfechtungsanspruchs durch einstweilige Verfügung: KG, ZInsO 2005, 656.
302 BayObLG 1986, 2578; KG, FGPrax 2011, 109.
303 OLG Celle, MDR 1964, 333.
304 Beispielhaft: LG Hamburg, ZMR 2008, 326; LG München, ZMR 2009, 82; LG Stuttgart, ZWE 2008, 357; LG München, ZWE 2011, 377; LG Köln, ZMR 2012, 992; LG Hamburg, ZMR 2013, 132; AG Fürth, ZMR 2009, 955; AG Kehlheim, ZMR 2008, 82; AG Landsberg, ZMR 2009, 486; AG München, ZMR 2009, 806; AG Niebüll, ZMR 2009, 82; AG Calw, ZWE 2013, 54; AG Reutlingen, ZMR 2013, 151; AG Oldenburg, ZMR 2014, 159; AG Offenbach, ZMR 2014, 71; *Abramenke*, ZMR 2010, 329; *Bärman/Klein*, § 43 WEG Rn. 207; *Bärmann/Seuß/Drasdo*, Praxis des Wohnungseigentums, Teil F Abschn. IX, Rn. 363 ff., 365, 367 ff.; *Palandt/Bassenge*, Vorb. Vor § 43 WEG Rn. 9; PWW/*Riecke*, or § 43 WEG Rn. 6.

Vor § 935 ZPO Vorläufiger Rechtsschutz durch einstweilige Verfügung – Überblick

a) Soweit durch Antrag auf einstweilige Verfügung gegen die (übrigen) Mitglieder der Wohnungseigentümergemeinschaft[305] die vorläufige Aussetzung der Vollziehung eines Beschlusses der Wohnungseigentümergemeinschaft beantragt wird[306], gilt § 44 Abs. 1 Satz 2 WEG nicht[307]. Die Beschaffung der Liste der Namen aller Wohnungseigentümer ist in der kurzen Zeit, die im Rahmen des Verfügungsverfahrens regelmäßig nur zur Verfügung steht, oft nicht möglich. Es muss genügen, wenn die Liste im Hauptsacheverfahren (Anfechtungsklage gem. § 46 WEG) nachgereicht wird. Die einstweilige Verfügung kann das Hauptsacheverfahren nämlich nie erübrigen, da ein Antrag auf Erlass einer einstweiligen Verfügung die Antragsfrist nach § 46 Abs. 1 Satz 2 WEG nicht wahrt[308]. Würde nicht rechtzeitig Anfechtungsklage eingereicht, fehlte es für die einstweilige Verfügung am Verfügungsanspruch[309], da der Beschluss der Gemeinschaft bestandskräftig geworden wäre und für eine Aussetzung der Vollziehung des Beschlusses jegliche Rechtsgrundlage fehlte. Die einstweilige Verfügung wäre auf Antrag gem. § 927 wieder aufzuheben. Bei der Prüfung des Verfügungsgrundes muss die Wertung des Gesetzgebers berücksichtigt werden, dass anfechtbare Beschlüsse grundsätzlich bereits vollziehbar sind, das Vollziehungsinteresse der Gemeinschaft im Regelfall also Vorrang haben soll vor dem Aussetzungsinteresse des Anfechtenden[310]. Ist der angefochtene Beschluss offensichtlich unzulässig, wird aber das Aussetzungsinteresse des Anfechtenden überwiegen[311].

Eine einstweilige Verfügung, dem Verwalter die Durchführung eines angefochtenen, aber noch nicht für unzulässig erklärten Beschlusses zu untersagen, scheitert immer am fehlenden Verfügungsanspruch[312]. Richtiger Antragsgegner insoweit können immer nur die übrigen, den Beschluss nicht anfechtenden Eigentümer sein[313], da der Verwalter verpflichtet ist, auch angefochtene, aber noch nicht für unwirksam erklärte Beschlüsse durchzuführen. Verwehren einzelne Wohnungseigentümer die Durchführung von der Gemeinschaft beschlossener, dringender Sanierungsmaßnahmen, kann eine einstweilige Verfügung auf Duldung dieser Maßnahmen angezeigt sein.[314]

b) Die Durchführung einer durch eine hierzu nicht befugte Person kurzfristig einberufenen Wohnungseigentümerversammlung kann durch einstweilige Verfügung untersagt werden, da die auf

---

305 Gegen wen der Antrag auf vorläufige Aussetzung von Beschlüssen der Wohnungseigentümergemeinschaft zu richten ist, ist sehr streitig: **gegen die Gemeinschaft als solche:** *Müller*, Praktische Fragen des Wohnungseigentums, Rn. 79 ff; *Schmid*, ZMR 3013, 93, 95; AG Calw, ZWE 2013, 54; **gegen die übrigen Wohnungseigentümer:** *Dötsch/Hogenschurz*, ZWR 2013, 308; AG Bonn, BeckRS 2012, 19999; LG Köln, ZMR 2011, 827; LG München I, ZWE 2014, 371. Im Hinblick auf § 46 WEG kann nur letzteres richtig sein. § 44 Abs. 1 Satz 1 WEG stellt insoweit nur eine technische Vereinfachung im Hinblick auf die Formulierung dar, ändert aber nichts an der Frage, wer der hinter dieser Formulierung stehende richtige Antragsgegner ist.

306 Zur grundsätzlichen Möglichkeit solcher Verfügungen: *Bärmann/Klein*, § 43 WEG Rn. 210; *Bärmann/Drasdo*, Praxis des Wohnungseigentums, Teil F Abschn. IX Rn. 367 f.; *Bonifacio*, ZMR 2007, 592, 596; *Erman/Grziwotz*, § 46 WEG Rn. 8; LG Köln, ZMR 2011, 827; LG Koblenz, ZMR 2012, 661; LG Köln, ZMR 2012, 992; LG Köln, ZWE 2013, 426; LG München I, ZWE 2014, 371 (allerdings sehr restriktiv); AG Hamburg, ZMR 2010, 477, 478; AG Bonn, BeckRS 2012, 19999; AG Calw, ZWE 2013, 54.

307 Wie hier: *Palandt/Bassenge*, § 44 WEG Rn. 6; PWW/*Riecke*, § 44 WEG Rn. 2; **a. A.** (Vorlage sogar schon mit der Antragsschrift erforderlich, damit Beschlussverfügung ergehen könne): *Bärmann/Klein*, § 44 WEG Rn. 13.

308 *Erman/Grziwotz*, § 46 WEG Rn. 8.

309 LG Dessau, jurisPK-MietR 16/2008 mit Anm. *Pfeilschifter* (Anm. 6).

310 LG München, ZMR 2009, 73.

311 LG Köln, ZWE 2013, 426; LG Köln, ZMR 2012, 992; LG Köln, ZMR 2011, 827; AG München, ZMR 2009, 806, 807; AG Calw, ZWE 2013, 54.

312 LG Frankfurt, ZMR 2010, 787.

313 An den Verfügungsgrund insoweit sind, solange über die Anfechtungsklage noch nicht entschieden ist, strenge Anforderungen zu stellen: LG Hamburg, ZMR 2015, 43.

314 LG Berlin, ZMR 2010, 878.

einer solchen Versammlung gefassten Beschlüsse nicht nichtig, sondern nur anfechtbar wären[315]. Die damit verbundenen Risiken muss kein Wohnungseigentümer hinnehmen. Auch der Verwalter kann sich gegen eine solche Einberufung durch einstweilige Verfügung zur Wehr setzen.[316]

c) Fehlt ein Verwalter und sind kurzfristig unaufschiebbare Verwalterhandlungen notwendig[317], kann die Einsetzung eines Notverwalters durch einstweilige Verfügung angeordnet werden[318]. Dagegen kommt die Einsetzung eines Notverwalters durch einstweilige Verfügung nicht in Betracht, wenn ein Verwalter gewählt, die Wahl aber mit einer Anfechtungsklage angefochten ist. Hier ist zunächst ein Verwalter vorhanden[319].

Umgekehrt kann im Fall des überwiegend wahrscheinlichen Erfolges der Anfechtung der Wahl eines Verwalters dessen Tätigwerden durch einstweilige Verfügung vorläufig unterbunden werden, wenn das Vertrauensverhältnis zu diesem Verwalter nachhaltig gestört ist[320].

Schließlich kann auch der Anspruch auf Abberufung eines untauglichen Verwalters und auf Bestellung eines tauglichen Verwalters durch einstweilige Verfügung gesichert werden[321]. Insoweit kommt die Bestellung eines Notverwalters in Betracht.[322]

d) Eine Leistungsverfügung auf Zahlung der geschuldeten Beiträge oder einer Sonderumlage kommt nur ganz ausnahmsweise in Betracht, wenn die Gemeinschaft ansonsten zahlungsunfähig würde. Insoweit können dann nur Abschlagszahlungen angeordnet werden[323].

e) Der Anspruch jedes Miteigentümers auf Aufnahme von Tagesordnungspunkten in die Einladung zur nächsten Eigentümerversammlung, deren Behandlung ordnungsgemäßer Verwaltung entspricht, kann durch einstweilige Verfügung gesichert werden.[324] Wird dieser Tagesordnungspunkt dann nicht behandelt, so kann der Verwalter durch einstweilige Verfügung zu einer Fortsetzungsversammlung angehalten werden.[325]

f) Mitwohnungseigentümer können untereinander unzulässige bauliche Veränderungen im Eilfall auch durch einstweilige Verfügung vorläufig verbieten lassen oder sonstige vorläufige Einschränkungen durchsetzen.[326] Hat allerdings die Gemeinschaft diese Angelegenheit per Beschluss zur gemeinschaftlichen Geltendmachung an sich gezogen[327], steht auch das Recht auf einstweiligen Rechtsschutz nur noch der Gemeinschaft zu, es sei denn, die Veränderung berührt das Sondereigentum eines der Eigentümer unmittelbar.

g) Obwohl es sich insoweit um eine Befriedigungsverfügung handelt, kann im Einzelfall einem früheren Verwalter die Herausgabe von Verwaltungsunterlagen der Gemeinschaft per einstweiliger Verfügung aufgegeben werden, wenn dies zur ordnungsgemäßen Fortsetzung der Verwaltung durch den neuen Verwalter dringend erforderlich ist.[328]

---

315 AG Fürth, ZMR 2009, 955–957; AG Hamburg, ZMR 2010, 477; AG Niebüll, ZMR 2009, 82; AG Wangen, ZWE 2008, 146; AG Berlin-Charlottenburg, ZWE 2013, 41.
316 AG Offenbach, ZMR 2014, 70.
317 Es bedarf also auch insoweit immer eines Verfügungsgrundes: LG Berlin, ZMR 2012, 569.
318 LG Stuttgart, ZWE 2009, 357; AG Landsberg, ZMR 2009, 429–431.
319 LG Hamburg, ZMR 2009, 69–71.
320 AG Hamburg, NZM 2010, 712.
321 LG Frankfurt, ZMR 2014, 904.
322 BGH, NZM 2011, 630.
323 *Bärmann/Klein*, § 43 WEG Rn. 208.
324 LG München I, ZWE 2011, 377.
325 AG Offenbach, ZMR 2014, 71.
326 AG Reutlingen, ZMR 2013, 151.
327 Zur Berechtigung der Gemeinschaft insoweit: BGH, ZWE 2015, 122.
328 AG Oldenburg, ZMR 2014, 159; AG Wiesloch, ZWE 2011, 290; LG Itzehoe, ZMR 2015, 54.

7. Familienrecht

72 Einstweiliger Rechtsschutz im Rahmen des Familienrechts kann zwar in vielfacher Hinsicht angezeigt sein. Er ist jedoch nie mittels einstweiliger Verfügung zu erlangen, sondern nur durch einstweilige Anordnungen im Rahmen des FamFG-Verfahrens. Nachdem durch § 266 FamFG auch die »sonstigen Familiensachen« dem FamFG-Verfahren bei den Familiengerichten zugeordnet wurden, sind familienrechtliche Streitigkeiten im ZPO-Verfahren nicht mehr denkbar, sodass auch insoweit einstweilige Verfügungen nach der ZPO generell ausgeschlossen sind.

8. Erbrecht

73 In Betracht kommen insbesondere Verfügungs- und Veräußerungsverbote des Erben gegen den Scheinerben, des Vermächtnisnehmers gegen den Erben, des Erben gegen den Nachlassverwalter oder Testamentsvollstrecker oder auch von Erben untereinander, ferner Anträge zur vorläufigen Sicherung von oder gegen Grundbucheintragungen. Insofern sind keine Besonderheiten gegenüber den allgemeinen Grundsätzen zu beachten.

Soweit die Einziehung eines Erbscheins nach § 2361 BGB betrieben wird, ist das Verfahren allerdings ein Amtsverfahren der freiwilligen Gerichtsbarkeit, in dessen Rahmen einstweilige Verfügungen nach der ZPO ausscheiden. Das Nachlassgericht prüft in diesem Verfahren von Amts wegen, ob es eine einstweilige Anordnung gem. §§ 49 ff FamFG auf vorläufige Hinterlegung des Erbscheins beim Nachlassgericht erlässt[329] oder nicht[330]. Eine solche vorläufige Hinterlegung ist keine Einziehung des Erbscheins, führt also nicht zu dessen Kraftlosigkeit und beseitigt nicht die Wirkungen des § 2366 BGB[331], für die es ja keiner Einsichtnahme in den Erbschein, ja noch nicht einmal der Kenntnis vom Erbschein[332] bedarf. Darüber hinaus enthält § 49 Abs. 2 FamFG die Möglichkeit, auch Verfügungsverbote über Gegenstände zu erlassen. Diese Verfügungsverbote sind nicht eng und ausschließlich auf den im Streit befindlichen Gegenstand beschränkt – dies wäre streng genommen hier ja nur der Erbschein. Es muss genügen, dass der Erbscheinbesitzer mit Hilfe des Erbscheins über konkrete Nachlassgegenstände verfügen will[333]. Hierzu bedarf es der Glaubhaftmachung, dass der noch durch den Erbschein legitimierte Scheinerbe solche Verfügungen in naher Zukunft beabsichtigt. Handelt es sich bei dem Nachlassgegenstand um ein Grundstück, ist ein solches Verfügungsverbot – wenn es erlassen wurde – immerhin im Grundbuch eintragbar[334].

Der (vermeintlich richtige) Erbe, der sich auf das Amtsverfahren des Nachlassgerichts nicht verlassen will, kann auch im streitigen Zivilprozess den Erbscheinsbesitzer auf Herausgabe des Erbscheins gem. § 2362 Abs. 1 BGB verklagen. Zur Vorbereitung oder in Begleitung dieses Verfahrens kann er beim Prozessgericht eine einstweilige Verfügung nach §§ 935, 938 zu erwirken, dass der Erbscheinsinhaber die ihm erteilte Erbscheinsausfertigung bei Gericht zu hinterlegen habe, oder, wenn die Veräußerung von Nachlassgegenständen akut droht, gegen den Erbscheinsbesitzer auch ein vorläufiges Veräußerungs- und Verfügungsverbot erwirken.

Die generelle Untersagung der einstweiligen Amtsausübung eines Testamentsvollstreckers durch einstweilige Verfügung bis zur Entscheidung über seine mögliche Amtsenthebung kommt nicht

---

329 OLG Köln, FamRZ 1990, 303; BayObLG, FamRZ 1993, 116; *Steiner*, ZEV 2015, 319, 320.

330 BGHZ 40, 54, 59 sah eine derartige einstweilige Anordnung unter Geltung des FGG noch als unzulässig an. Die dort geäußerten Bedenken greifen im Rahmen des FamFG nicht mehr.

331 BGHZ 33, 317; BGHZ 40, 54, 60; Bamberger/Roth/*Siegmann*/Höger, § 2366 BGB Rn. 13; PWW/Deppenkemper, § 2361 BGB Rn. 10.

332 Erman/*Schlüter*, § 2366 BGB Rn. 5; Bamberger/Roth/*Siegmann*/Höger, § 2366 Rn. 11; PWW/Deppenkemper, § 2366 BGB Rn. 2.

333 Wie hier: *Keidel*/Zimmermann, FamFG, 18. Aufl., § 353 FamFG Rn. 4; a. A. insoweit: *Brehm*, Freiwillige Gerichtsbarkeit, 4. Aufl., § 23 Rn. 13, der den Erben insoweit nur auf eine einstweilige Verfügung im Rahmen des § 2362 BGB verweist.

334 Siehe unten § 938 Rn. 31 mit weiteren Nachweisen.

in Betracht[335], wohl aber die vorläufige Untersagung konkreter einzelner Maßnahmen[336], die sich als Amtsmissbrauch darstellen[337]. Denn die vorläufige Untersagung jeglicher Amtsausübung liefe auf eine vorläufige Amtsenthebung hinaus. Das Amtsenthebungsverfahren ist jedoch dem Nachlassgericht als Verfahren nach dem FamFG zugewiesen. In diesem Verfahren wäre dann an eine einstweilige Anordnung nach dem FamFG zu denken, das Amt vorläufig nicht auszuüben, falls ein Erfolg des Entlassungsantrages höchstwahrscheinlich erscheint[338].

II. Im Handels- und Gesellschaftsrecht

1. Eintragungen im Handelsregister und in der im Handelsregister aufgenommenen Gesellschafterliste

Vollstreckbare Entscheidungen i. S. d. § 16 HGB, durch die die Verpflichtung eines Beteiligten, an einer Anmeldung zum Handelsregister mitzuwirken, festgestellt werden können, sind auch einstweilige Verfügungen (z. B. nach §§ 116, 117 HGB oder nach § 127 HGB).[339] 74

Da durch die einstweilige Verfügung in der Regel der Erfolg der Hauptsache nicht vorweggenommen werden soll, kommen einstweilige Verfügungen auf Zustimmung zu einer Löschung im Handelsregister nie,[340] solche auf Zustimmung zu einer Eintragung nur ganz ausnahmsweise in Betracht[341]. Dagegen kann ohne Bedenken durch einstweilige Verfügung eine Eintragung (z. B. eines neu bestellten Geschäftsführers) oder auch schon die Anmeldung zur Eintragung[342] – vorläufig – mit der Folge des § 16 Abs. 2 HGB für unzulässig erklärt werden[343]

Veränderungen hinsichtlich der Personen der Gesellschafter oder im Umfang ihrer Beteiligung als Inhaber eines Gesellschaftsanteils einer GmbH müssen in der Gesellschafterliste (§ 40 GmbHG) eingetragen sein (§ 16 Abs. 1 GmbHG). Ist aber ein Nichtberechtigter in der Liste eingetragen, so kann ein Gutgläubiger[344] von ihm den Gesellschaftsanteil oder Rechte am Gesellschaftsanteil erwerben (§ 16 Abs. 3 Satz 1), falls die Liste bereits mindestens 3 Jahre unrichtig oder die falsche Liste dem Betroffenen zuzurechnen ist (§ 16 Abs. 3 Satz 2 GmbHG). Der Gutglaubenserwerb ist u. a. ausgeschlossen, wenn der Liste zum entsprechenden Gesellschaftsanteil ein Widerspruch zugeordnet ist (§ 16 Abs. 3 Satz 3 GmbH). Diese Zuordnung[345] kann aufgrund einer Bewilligung des durch den Widerspruch Betroffenen oder durch einstweilige Verfügung auf Antrag des durch die Falscheintragung Betroffenen oder des Geschäftsführers der GmbH[346] erfolgen (§ 16 Abs. 3 Satz 4 75

---

335 OLG Schleswig, MDR 2010, 699 mit Anm. *Zimmermann*, ZEV 2010, 368; *Bamberger/Roth/Mayer*, § 2227 BGB Rn. 18.
336 *Muscheler*, AcP 1997 (Bd. 197), 226, 260.
337 Zur Anspruchsgrundlage insoweit: BGHZ 25, 276.
338 *Zimmermann*, ZEV 2010, 368; generell gegen die Zulässigkeit einer solchen vorläufigen Maßnahme aber: OLG Hamm, ZErb 2010, 263 mit Anm. *Roglmeier*, jurisPR-FamR 24/2010 (Anm. 1).
339 BayObLG, ZIP 1986, 94; LG Heilbronn, AG 1971, 372; *Baumbach/Hopt*, § 16 HGB Rn. 1; *Heymann/Sonnenschein/Weitemeyer*, 2. Aufl., HGB, § 16 Rn. 3 u. 11.
340 OLG Hamm, BB 1981, 259; *Zöller/Vollkommer*, § 940 Rn. 8 »Handelsregister«.
341 Zur Durchsetzung der Registereintragung von Beschlüssen der GmbH-Gesellschafterversammlung, über deren Anfechtung noch nicht endgültig entschieden ist, durch einstweilige Verfügung: *Geißler*, GmbHR 2008, 128.
342 *Lutz*, BB 200, 833, 837.
343 *Zöller/Vollkommer*, § 940 Rn. 8 »Handelsregister«.
344 Zur Frage, wann Bösgläubigkeit anzunehmen ist: *Baumbach/Hueck/Fastrich*, § 16 GmbHG Rn. 38; BeckOK-GmbHG/*Wilhelmi*, § 16 GmbHG Rn. 69–71; *Michalski/Ebbing*, § 16 GmbHG Rn. 221–223; *Verse* in Henssler/Strohn, Gesellschaftsrecht, 2. Aufl., § 16 GmbHG Rn. 79, 80.
345 Zum Begriff und der praktischen Durchführung der »Zuordnung«: *Hasselmann*, NZG 2010, 207, 208.
346 *Prasse/Strotmann*, BB 2010, 1748; BeckOK-GmbHG/*Wilhelmi*, § 16 GmbHG Rn. 109; *Michalsk/Ebbing*, § 16 GmbHG Rn. 228; *Wicke*, § 16 GmbHG Rn. 25. A. A. (Geschäftsführer nicht widerspruchsberechtigt): *Verse* in Henssler/Strohn, Gesellschaftsrecht, 2. Aufl., § 16 GmbHG Rn. 85.

GmbHG)³⁴⁷. Im Fall der einstweiligen Verfügung muss zwar der Verfügungsanspruch, d.h. der Grund, warum die eingereichte Gesellschafterliste unrichtig sein soll und deshalb eine korrigierte Liste eingereicht werden müsse, glaubhaft gemacht werden³⁴⁸, nicht dagegen die Dringlichkeit des einstweiligen Rechtsschutzes (§ 16 Abs. 3 Satz 5 GmbHG). Notwendig³⁴⁹, aber auch ausreichend ist allerdings die schlüssige Darlegung der Gefährdung des Rechts des Widersprechenden³⁵⁰. Es gelten die nämlichen Grundsätze wie zu § 899 BGB³⁵¹. Eine Widerlegung der Dringlichkeit ist im Einzelfall zwar möglich, sie ist aber nicht allein deshalb anzunehmen, weil die Dreijahresfrist des § 16 Abs. 3 Satz 2 noch nicht abgelaufen ist³⁵².

2. Gesellschaftsrecht

76 Das Idealbild, dass sich in Gesellschaften Gleichgesinnte, die sich ihre »Partnerwahl« wohl überlegen, zur Verfolgung gemeinsamer wirtschaftlicher Interessen zusammenfinden, ist heute – sollte es das je gewesen sein – weitgehend nicht mehr zeitgerecht. Gesellschaftsbeteiligungen sind häufig nur Kapitalanlagen, die man austauscht, wenn sich Günstigeres findet, oder die aus steuerrechtlichen Erwägungen konstruiert wurden. In Familiengesellschaften, soweit noch vorhanden, werden die Konflikte der auseinander rückenden Generationen oder der sich persönlich weitgehend entfremdeten Familienstämme ausgetragen. Insofern verwundert es nicht, dass derartige Konflikte weniger gesellschaftsintern durch kaufmännische Kompromisse beseitigt, sondern gerichtlich ausgetragen werden und dass dabei das Mittel des einstweiligen Rechtsschutzes als effektives »Druckmittel« zunehmend an Bedeutung gewinnt.³⁵³ Verfahrensrechtlich darf das weder zur Folge haben, dass die Möglichkeiten des Verfügungsrechts allzu restriktiv angewendet werden, um einer »unliebsamen« Entwicklung gegenzusteuern, noch, dass die einstweilige Verfügung als besonders geeignetes »Kampfinstrument« spezialrechtlich über die Möglichkeiten der §§ 935 ff hinaus ausgebaut wird. Nur die strikte Beachtung der auch sonst allgemein angewandten Verfahrensgrundsätze führt zu sachgerechten Ergebnissen.

a) Einstweilige Verfügungen im Hinblick auf Abstimmungen (Beschlussfassungen, Ausübungen des Stimmrechts) innerhalb der Gesellschaft

77 Aus dem Gesellschaftsvertrag, aus der allgemeinen Verpflichtung der Gesellschafter zur Rücksichtnahme aufeinander, soweit hierdurch der Gesellschaftszweck nicht tangiert wird, oder aus besonderen Vereinbarungen einzelner Gesellschafter untereinander (insbesondere aus sog. Stimmbindungsverträgen) kann ein Anspruch des einzelnen Gesellschafters gegen seine oder einzelne seiner Mitgesellschafter bestehen, dass ein bestimmter Beschluss der Gesellschafterversammlung nicht oder nicht in einem bestimmten Sinne oder nicht vor einem bestimmten Zeitpunkt gefasst wird. Die Terminierung der Gesellschafterversammlung kann kurzfristig geschehen sein, sodass ein Hauptsacheverfahren vor dem Termin nicht mehr durchgeführt werden kann. Der bevorstehende Beschluss kann Folgen zeitigen, die durch die Möglichkeit der nachträglichen Beschlussanfech-

---

347 Nicht des Notars, der die angeblich falsche Liste eingereicht hatte: *Lohr*, GmbH-StB 2010, 18.
348 *Wicke*, § 16 GmbHG Rn. 25.
349 OLG Nürnberg, ZIP 2014, 1881 mit Anm. *Dittert*, NZG 2015, 221.
350 *Prasse/Strotmann*, BB 2010, 1748.
351 *Hasselmann*, NZG 2010,m 207, 208.
352 KG, BB 2010, 1562; a.A. (Widerlegung ausgeschlossen): *Verse*, in Henssler/Strohn, Gesellschaftsrecht, § 16 GmbHG Rn. 84.
353 Kritisch an dieser Entwicklung: *Damm*, ZHR 1990 (Bd. 154), 413 ff. Zum Überblick über die vielfältigen Fallgestaltungen des einstweiligen Rechtsschutzes im Gesellschaftsrecht siehe: *Littbarski*, Einstweiliger Rechtsschutz im Gesellschaftsrecht, S. 3.

tung nicht mehr gänzlich zu beseitigen sind.[354] In diesen Fällen stellt sich die Frage vorläufigen Rechtsschutzes durch einstweilige Verfügung[355]. Andererseits sind in diesen Fällen oft recht diffizile Rechtsfragen zu beantworten, die im Eilverfahren nicht immer befriedigend ausgeschrieben werden können. Durch das Verbot eines bestimmten Beschlusses oder umgekehrt durch den Zwang zu einer bestimmten Stimmabgabe durch eine Eilentscheidung kann die Hauptsacheentscheidung praktisch vorweggenommen werden. Auf diese Problematik muss – wie stets bei Befriedigungsverfügungen – bei der Wahl des zulässigen Sicherungsmittels Rücksicht genommen werden. Unproblematisch erscheint regelmäßig eine einstweilige Verfügung, durch die eine Gesellschafterversammlung zeitlich hinausgeschoben[356] oder jedenfalls die Beschlussfassung zu einem bestimmten Punkt zeitlich begrenzt ausgesetzt wird. Die gänzliche Untersagung der Einberufung einer Gesellschafterversammlung, um dort bestimmte Beschlüsse zu fassen (z. B. Abberufung des Geschäftsführers), kommt aber nicht in Betracht, da die Gesellschafterversammlung grundsätzlich das Forum ist, auf dem streitige Angelegenheiten der Gesellschaft zu diskutieren und entscheiden sind.[357] Droht eine Abstimmung wider eine vertragliche Stimmbindungsvereinbarung[358] und liegt ein Verfügungsgrund vor, sind also die Belange des betroffenen Gesellschafters durch eine nachträgliche Beschlussanfechtung nicht zu wahren,[359] so kann durch einstweilige Verfügung im Einzelfall auch ein bestimmtes Abstimmungsverhalten verboten[360] oder umgekehrt die Anweisung erteilt werden, das Stimmrecht in einer bestimmten Weise auszuüben.[361] In diesen Fällen ist immer eine intensive folgenorientierte Interessenabwägung im Einzelfall geboten[362]. Gleiches muss gelten, wenn ohne bestimmte Stimmrechtsbindung eine unzweifelhaft gesellschaftsvertragswidrige Beschlussfassung droht und weniger einschneidende Anordnungen – siehe oben – zur Abwehr der Gefahr für den betroffenen Gesellschafter nicht ausreichen.[363] Hier ist immer allerhöchste Zurückhaltung geboten[364].

Die Verpflichtung zu einem bestimmten Abstimmungsverhalten kann im Eilverfahren aber grundsätzlich immer nur dann ausgesprochen werden, wenn feststeht, dass jede andere Abstimmung inhaltlich unzulässig wäre. Eine positive Stimmpflicht wird, abgesehen von den Fällen der vertraglichen Stimmbindung, selten anzunehmen sein. So kann etwa die Pflicht zur kurzfristigen Satzungsanpassung an veränderte Umstände bestehen, wenn ansonsten der Fortbestand der Gesell-

---

354 Ist die Beseitigung der Beschlussfolgen im Wege der Beschlussanfechtung ohne Weiteres möglich oder ist jedenfalls die Aussetzung der Beschlussdurchführung ausreichend, so fehlt der Verfügungsgrund für das Untersagen der Stimmrechtsausübung: OLG München, OLGReport 2006, 858 mit Anm. *Simon/Leuering*, NJW-Spezial 2007, 76.
355 Ausführlich hierzu: *Buchta*, DB 2008, 913.
356 OLG Frankfurt, WM 1982, 282; *Damm*, ZHR 1990, 433; *Littbarski*, a. a. O., S. 54.
357 OLG Jena, NZG 2002, 89. Ausführlich zur vorbeugenden Verhinderung von Beschlüssen der Gesellschaft im Wege einstweiliger Verfügungen: *Baumbach/Hueck/Zöllner*, Anh. § 47 GmbHG Rn. 202–204; Englisch/*Hölters*, § 243 AktG Rn. 106; Michalski/*Terlau*, § 38 GmbHG Rn. 79.
358 Zur generellen Zulässigkeit von Stimmbindungsvereinbarungen: BGHZ 48, 163; BeckOK-GmbHG/*Schindler*, § 47 GmbHG Rn. 62, 64 ff.; *Hillmann* in Henssler/Strohn, Gesellschaftsrecht, § 47 GmbHG Rn. 87 ff.
359 OLG Stuttgart, NJW 1987, 2449. Darauf, dass die Dringlichkeit fehlt, wenn dem Gesellschafter auch mit einer nachträglichen Korrektur des Beschlusses Genüge getan werden kann, weist besonders OLG München, OLGReport 2006, 858 hin.
360 OLG Koblenz, NJW 1986, 1962 und NJW 1991, 1119; *Zutt*, ZHR 1991, 190; *Hüffner*, Aktiengesetz, § 133 AktG Rn. 31; *Littbarski*, a. a. O., S. 71 ff.
361 OLG Hamburg, NJW 1992, 186 mit Anm. *K. Schmidt*, GmbHRdsch. 1991, 469; OLG Stuttgart, GmbHR 1997, 312; OLG Düsseldorf, NZG 2005, 633; KG, KGR 2005, 80; **a. A.** (einstweilige Verfügungen, das Stimmrecht vereinbarungsgemäß auszuüben, grundsätzlich unzulässig, weil die Hauptsache bereits in vollem Umfange vorwegnehmend): MüKo-BGB/*Schäfer*, § 717 Rn. 29; MüKo-HGB/*Enzinger*, § 119 HGB Rn. 39.
362 MüKo-AktG/*Schröer*, § 136 AktG Rn. 94.
363 LG Mainz, ZIP 1990, 1271; OLG Düsseldorf, NZG 2005, 633; KG, KGR 2005, 80.
364 Baumbach/Hueck/Zöllner, Anh. § 47 GmbHG Rn. 203.

schaft gefährdet wäre.³⁶⁵ Die geplante Gewinnauszahlung an die Gesellschafter kann unzulässig sein, wenn der Bestand der Gesellschaft im Hinblick auf absehbare künftige Belastungen ohne Rückstellungen gefährdet wäre. Die in der Satzung vorgesehene Verzinsung der Einlagen in eine Publikums-KG kann aufzuheben sein, wenn die Gesellschaft ansonsten in eine ernsthafte Krise geriete.³⁶⁶ Solche Entscheidungen können etwa im Hinblick auf eilige Kreditentscheidungen so schnell getroffen werden müssen, dass eine Entscheidung im Hauptsacheverfahren zu spät käme. Das Hauptsacheverfahren ist in diesen Fällen nicht irreversibel vorweggenommen, da eine erneute Satzungsänderung natürlich möglich bleibt. Die Vollstreckung derartiger einstweiliger Verfügungen erfolgt in entsprechender Anwendung des § 894³⁶⁷. Die Fiktion tritt mit Erlass der einstweiligen Verfügung ein.³⁶⁸

78 Im Insolvenzplanverfahren (§§ 217 ff InsO) kann nicht durch einstweilige Verfügung auf das Abstimmungsverhalten einzelner Gesellschafter im Hinblick auf den Insolvenzplan eingewirkt werden.³⁶⁹ Die in der InsO vorgesehenen Rechtsschutzmöglichkeiten gegen treuwidriges Verhalten einzelner Gesellschafter (insbesondere § 251 InsO) gewährleisten einen ausreichenden Schutz.³⁷⁰

b) Einstweilige Verfügungen im Hinblick auf die Geschäftsführungs- und Vertretungsbefugnis

79 Die Befugnis zur Geschäftsführung kann bei Personenhandelsgesellschaften gem. § 117 HGB auf Antrag der übrigen Gesellschafter »durch gerichtliche Entscheidung« entzogen werden, wenn ein wichtiger Grund vorliegt. Gleiches gilt gem. § 127 HGB für die Vertretungsmacht. »Gerichtliche Entscheidung« kann auch eine einstweilige Verfügung sein.³⁷¹ Die Dringlichkeit einer Eilentscheidung (§ 940) kann sich aus dem Zwang ergeben, baldmöglichst eine geordnete Außenvertretung der Gesellschaft zu gewährleisten und divergierendes Vertreterhandeln zu verhindern. Im Hinblick darauf, dass Beschränkungen der Vertretungsmacht Dritten gegenüber unwirksam sind (§ 126 Abs. 2 HGB), selbst wenn sie gerichtlich angeordnet wurden, ist auch die vollständige Entziehung der Vertretungsmacht im Eilverfahren dann angezeigt, wenn nicht sicher angenommen werden kann, der Betroffene werde – wenn auch unter dem Druck des § 890 – gerichtlich auferlegte Einschränkungen seiner Vertretungsmacht hinnehmen. Wird dem alleinigen geschäftsführenden Gesellschafter die Geschäftsführungs- und Vertretungsbefugnis entzogen, werden die übrigen Gesellschafter kollektiv geschäftsführungs- und vertretungsbefugt (§§ 114 Abs. 1, 125 Abs. 1 HGB).³⁷² In einem solchen Fall kann das Gericht aber in der einstweiligen Verfügung anordnen, dass die Geschäftsführungs- und Vertretungsbefugnis vorläufig einem Dritten übertragen wird.³⁷³ Die einstweilige Verfügung, durch die die Geschäftsführungs- und Vertretungsbefugnis vorläufig entzogen ist, wird dadurch vollzogen, dass der Eiltitel (Urteil ebenso wie Beschluss) dem Betroffenen im Parteiwege zugestellt wird.³⁷⁴ Allein die Anmeldung der Entziehung zum Handelsregister wäre noch kein Vollzug, da diese keine Vollstreckungshandlung darstellt.³⁷⁵ Die Möglichkeit, im Streit um die Entziehung der

---

365 Beispielhaft BGHZ 98, 276.
366 BGH, NJW 1985, 974.
367 *Hüffner*, AktG, § 133 AktG Rn. 30 (zweifelnd); MüKo-AktG/*Schröer*, § 136 AktG Rn. 89.
368 Siehe § 928 Rdn. 13.
369 OLG Frankfurt, GWR 2013, 524 mit Anm. *Kluth*.
370 *Kluth*, GWR 2013, 524.
371 BGHZ 33, 105; *Baumbach/Hopt/Roth*, § 117 HGB Rn. 7 und § 127 HGB Rn. 8; *Ebenroth/Boujong/Jost/Strohn*, § 117 HGB Rn. 25 und *Hillmann* in Ebenroth/Boujong/Jost/Hillmann, § 127 HGB Rn. 13; *Heymann/Emmerich*, § 117 HGB Rn. 20, 20 a; *ders.*, § 127 HGB Rn. 7; *Damm*, ZHR 1990, 424 f.; *Littbarski*, a. a. O., S. 34 ff.
372 BGHZ 33, 108; 41, 368; *Baumbach/Hopt/Roth*, § 127 HGB Rn. 2.
373 BGHZ 33, 105; OLG Stuttgart, DB 1961, 2644; *Baumbach/Hopt/Roth*, § 127 HGB Rn. 8; *Hillmann* in Ebenroth/Boujong/Joost/Strohn, § 117 HGB Rn. 26; *Littbarski*, a. a. O., S. 45 f.
374 *Heymann/Emmerich*, § 117 HGB Rn. 20 a.
375 *Heymann/Emmerich*, § 127 HGB Rn. 7.

Geschäftsführungs- und Vertretungsbefugnis einstweiligen Rechtsschutz durch einstweilige Verfügung zu erlangen, wird nicht dadurch beschränkt, dass im Gesellschaftsvertrag für Auseinandersetzungen innerhalb der Gesellschaft ein Schiedsverfahren vorgesehen ist.[376]

Die Bestellung zum Geschäftsführer einer GmbH ist gem. § 38 Abs. 1 GmbHG jederzeit durch die Gesellschafter widerruflich. Auch im Gesellschaftsvertrag kann diese Befugnis nicht völlig ausgeschlossen, sondern nur auf den Fall beschränkt werden, dass wichtige Gründe die Abberufung notwendig machen (§ 38 Abs. 3 GmbHG). In diesem Zusammenhang kann einstweiliger Rechtsschutz sowohl erforderlich werden, um einen Widerrufsbeschluss schon vorher zu verhindern,[377] als auch, um nachträglich den Schwebezustand zu regeln, der anlässlich des Streits um die Wirksamkeit oder auch nur Anfechtbarkeit des Abberufungsbeschlusses entstehen kann.[378] Da der abzuberufende Gesellschaftergeschäftsführer bei der Abberufung ohne wichtigen Grund selbst stimmberechtigt ist,[379] die Abberufung also u. U. mit seiner Stimme blockieren kann, bei der Abberufung aus wichtigem Grund dagegen von der Abstimmung – nicht von der Teilnahme an der Gesellschafterversammlung und der Mitberatung[380] – ausgeschlossen ist, und zwar nach der h. M.[381] unabhängig davon, ob ein wichtiger Grund objektiv gegeben ist, schon bei bloßer Behauptung eines wichtigen Grundes, da zudem streitig ist,[382] ob § 84 Abs. 3 Satz 4 AktG auf den Widerruf der Bestellung zum GmbH-Geschäftsführer durch die Gesellschafter grundsätzlich[383] oder jedenfalls in bestimmten Fällen[384] anwendbar ist oder nicht,[385] und da die Klärung der Zulässigkeit und Wirksamkeit eines Widerrufs sehr lange Zeit in Anspruch nehmen kann, besteht sowohl für die Gesellschafter, die die Abberufung eines Geschäftsführers durchsetzen wollen, als auch für den – bisherigen – Geschäftsführer erheblicher Bedarf für vorläufige Regelungen, die im Konsens der Gesellschafter nicht zu erreichen sind und daher durch eine außenstehende Institution, eben die Gerichte, getroffen werden müssen.[386] Geht man von der Nichtanwendbarkeit des § 84 Abs. 3 Satz 4 AktG im Fall des § 38 Abs. 2 GmbHG aus, so muss man stattdessen §§ 117, 127 HGB entsprechend heranziehen. Welche Maßnahme als vorläufiger Rechtsschutz für die übrigen Gesellschafter, die die Abberufung des Geschäftsführers betreiben, dann im Einzelfall geboten ist, hängt von den Umständen ab (z. B. Untersagung, vorläufig als Geschäftsführer aufzutreten[387] bzw. vorläufiger Entzug der Befugnis, die Gesellschaft zu vertreten und deren Geschäfte zu führen[388]). Im Hinblick auf § 37 Abs. 2 GmbHG ist eine Teilentziehung der Vertretungsbefugnis nur ausreichend (und sinnvoll), wenn der Geschäfts-

---

376 Siehe oben Rdn. 41; ferner *Heymann/Emmerich*, § 117 HGB Rn. 21.
377 Z. B. durch befristete Untersagung der Einberufung einer Gesellschafterversammlung mit diesem Tagesordnungspunkt: OLG Frankfurt, Rpfleger 1982, 154; OLG Koblenz, NJW 1986, 1692; *Lutz*, BB 2000, 833, 837; *Werner*, NZG 2006, 761, 763. Auf Dauer kann eine derartige Gesellschafterversammlung allerdings nicht ausgeschlossen werden: OLG Jena, NZG 2002, 89.
378 Beispielhaft: BGHZ 86, 177; OLG Celle, GmbHR. 1981, 264; OLG Frankfurt, NJW-RR 1992, 934 und BB 1998, 2440; OLG Hamm, GmbHR 1993, 745; OLG Jena, NZM 1998, 992; OLG Naumburg, GmbHR 2014, 714.
379 BGHZ 15, 181; 48, 143; BGHZ 18, 205, 210; BGH, WM 1968, 1350; *Baumbach/Hueck/Zöllner*, § 38 GmbHG Rn. 33.
380 *Baumbach/Hueck/Zöllner*, § 38 GmbHG Rn. 34; *Roth/Altmeppen*, § 38 GmbHG Rn. 45.
381 BGH, NJW 1969, 1483; BGHZ 86, 181; BGH, ZIP 1992, 760; OLG Naumburg, GmbHR 1996, 934; *Fischer/Lutter/Hommelhoff*, § 38 GmbHG Rn. 17; *Schneider*, ZGR 1983, 541; a. A. (wichtiger Grund muss tatsächlich vorliegen): OLG Stuttgart, GmbHR 1995, 228; *Baumbach/Hueck/Zöllner*, § 38 GmbHG Rn. 35.
382 Siehe den Überblick insoweit bei *Littbarski*, a. a. O., S. 20 ff.
383 *Schneider*, ZGR 1983, 535.
384 *Baumbach/Hueck/Zöllner*, § 38 GmbHG Rn. 53; *Hachenburg/U. Stein*, § 38 GmbHG Rn. 55; *Vollmer*, GmbHR 1984, 10; *Damm*, ZHR 1990, 426 f.
385 BGHZ 86, 177.
386 OLG Frankfurt, BB 1998, 2440; *Gehrlein*, BB 1996, 2256; *Werner*, NZG 2006, 761, 764.
387 OLG Jena, NZG 2014, 391.
388 OLG Naumburg, GmbHR 2014, 714.

führer sie – wenn auch unter dem Druck des § 890 – befolgen wird. Wendet man § 84 Abs. 3 Satz 4 AktG an, so muss der Geschäftsführer tätig werden, wenn er schon vor der Entscheidung in der Hauptsache seine Befugnisse ganz oder teilweise wiedererlangen will. Auch insoweit ist vorläufiger Rechtsschutz nicht grundsätzlich ausgeschlossen.[389] Eine uneingeschränkte Wiederbestellung zum Geschäftsführer durch einstweilige Verfügung wird aber nur bei offensichtlich unzulässigem Widerruf in Betracht kommen.[390]

81 Eine besondere Situation kann in der GmbH u. Co. KG entstehen, wenn der alleinige Gesellschafter der GmbH deren Geschäftsführer ist, der damit auch die Geschicke der KG maßgeblich bestimmt, und wenn die Kommanditisten diesem Geschäftsführer grobe Pflichtverletzungen oder Unfähigkeit zur ordnungsgemäßen Geschäftsführung vorwerfen. Der Weg, die GmbH zur Abberufung ihres Geschäftsführers zu zwingen, um auf diesem Wege die KG vor – weiterem – Schaden zu bewahren, kann langwierig und mühevoll sein. Ein späterer Schadensersatzanspruch gegen die GmbH mag weitgehend wertlos sein. Hier muss es den Kommanditisten »im Durchgriff« möglich sein, unmittelbar die vorläufige Abberufung des GmbH-Geschäftsführers durch einstweilige Verfügung durchzusetzen.[391] Bei Publikumsgesellschaften, bei denen meist die zahlreichen Kommanditisten die Wahrnehmung ihrer Rechte durch Satzung einem Beirat oder Verwaltungsrat übertragen, muss diesem Gremium die gleiche Befugnis zur Abwendung dringender Gefahren zuerkannt werden.[392] Entscheidend ist, dass die Verpflichtung der GmbH zur Abberufung ihres Geschäftsführers und ihre Weigerung, dieser Verpflichtung unverzüglich nachzukommen, sowie die der KG hieraus unmittelbar drohenden wesentlichen Nachteile glaubhaft gemacht sind.

c) Einstweilige Verfügungen im Hinblick auf die Rechte und Pflichten der Gesellschafter im Übrigen

aa) Gesellschafterausschluss

82 Sieht die Satzung einer Gesellschaft die Möglichkeit des Gesellschafterausschlusses durch Mehrheitsbeschluss (entsprechend § 737 BGB) vor,[393] so kann einstweiliger Rechtsschutz in der Weise geboten sein, dass die Wirkungen des Ausschlusses[394] bis zur Entscheidung über eine Klage des Ausgeschlossenen – auf Feststellung der Unwirksamkeit des Gesellschafterbeschlusses – aufgeschoben werden.[395] Umgekehrt kann, wenn die Satzung die Ausschlussklage vorsieht oder einfach die gesetzliche Regelung des § 140 HGB gilt, die Notwendigkeit gegeben sein, dass dem auszuschließenden Gesellschafter sofort bestimmte Gesellschafterbefugnisse entzogen werden, um unmittelbar drohenden Schaden von der Gesellschaft abzuwenden (Verbot des Betretens der Geschäftsräume, der Kontaktaufnahme mit bestimmten Kunden, der Einsichtnahme in die Geschäftsbücher usw.).[396] Dagegen kommt der sofortige Ausschluss aus der Gesellschaft durch einstweilige Verfügung nicht in Betracht,[397] da ein solcher Schritt im Hauptsacheverfahren nicht mehr rückgängig gemacht werden

---

389 OLG Celle, GmbHR 1981, 266; OLG Braunschweig, GmbHRdsch. 1977, 61. A. A. (grundsätzlich kein einstweiliger Rechtsschutz jedenfalls für den Fremdgeschäftsführer): OLG Hamm, NZG 2002, 50.
390 OLG Frankfurt, NJW-RR 1992, 934.
391 OLG Hamm, DB 1977, 765.
392 OLG Hamm, DB 1977, 765; *Damm*, ZHR 1990, 426.
393 Zu dieser 140 HGB erweiternden Möglichkeit *Schramm*, MDR 1963, 174; *Heymann/Emmerich*, § 140 HGB Rn. 32.
394 Zum vorbeugenden einstweiligen Rechtsschutz gegen eine erst drohende Ausschließung: OLG Saarbrücken, NJW-RR 1989, 1512; *Lutz*, BB 2000, 833, 839.
395 OLG Düsseldorf, NJW-RR 1988, 1271; a. A. aber für den Fall, dass hierdurch die weitere Handlungsfähigkeit der Gesellschaft gefährdet wird, OLG Hamm, NJW-RR 2001, 105.
396 Siehe auch *Zöller/Vollkommer*, § 940 Rn. 8 »Gesellschaftsrecht«.
397 *Brox/Walker*, Zwangsvollstreckungsrecht, Rn. 1597 und 1602; *Jauernig*, ZZP 1966 (Bd. 79), 335; *Littbarski*, a. a. O., S. 142; *Lutz*, BB 2000, 833, 839; *Werner*, NZG 2006, 761, 765; *Zöller/Vollkommer*, § 938 Rn. 3 und § 940 Rn. 8 »Gesellschaftsrecht«.

könnte; eine Verpflichtung zum Neuabschluss eines Gesellschaftsvertrages mit dem einmal Ausgeschlossenen gibt es nicht. Im Extremfall kann aber die völlige Entziehung der Geschäftsführungs- und Vertretungsbefugnisse als Vorbereitung auf den Gesellschaftsausschluss geboten sein.[398]

bb) einzelne Gesellschafterbefugnisse

Schließlich kann – ohne dass ein Ausschluss des Gesellschafters infrage steht – das dringende Bedürfnis bestehen, einzelne Gesellschafterpflichten durch vorläufigen Rechtsschutz abzusichern, etwa ein Wettbewerbsverbot[399] oder Verschwiegensheitspflichten.

Umgekehrt können einzelne Gesellschafterrechte, etwa das Einsichtsrecht in die Geschäftsbücher (z. B. zur Vorbereitung auf eine Gesellschafterversammlung) mittels einstweiliger Verfügung vorläufig durchgesetzt werden.

cc) Wettbewerbsverbote

Auch Wettbewerbsverbote für Gesellschafter können durch einstweilige Verfügung gesichert werden. Solche Wettbewerbsverbote, auch Kommanditisten betreffend, sind nicht kartellrechtswidrig, wenn sie in der gesellschaftsvertraglichen Treuepflicht begründet sind.[400]

d) Einstweilige Verfügungen im Hinblick auf Rechte und Pflichten der Organe der Gesellschaft im Übrigen

Zur Vorbereitung der Hauptversammlung kann der Vorstand einer AG zur Mitteilung auch von Gegenanträgen i. S. §§ 125, 126 AktG durch einstweilige Verfügung gezwungen werden,[401] etwa wenn der Vorstand sich zu Unrecht auf § 126 Abs. 2 AktG beruft. Dem Vorstand einer Aktiengesellschaft schließlich kann die Vornahme bestimmter Geschäftsführungsmaßnahmen, die unter Verletzung des Entscheidungsvorbehalts zugunsten der Hauptversammlung vorab vollzogen werden sollen, durch einstweilige Verfügung bis zur Entscheidung durch die Hauptversammlung untersagt werden.[402]

83

Dem Geschäftsführer einer GmbH kann die Vollziehung von Beschlüssen der Gesellschafterversammlung, deren Rechtswidrigkeit geltend gemacht wird, vorläufig untersagt werden,[403] insbesondere auch die Anmeldung angeblicher Änderungen zum Handelsregister.[404] Dem vorläufig suspendierten Geschäftsführer einer GmbH kann, damit der Betrieb ungestört fortgesetzt werden kann, auch wenn es sich insoweit um eine Befriedigungsverfügung handelt, die Herausgabe konkret und bestimmt bezeichneter Geschäftsunterlagen[405] der GmbH aufgegeben werden.

e) Sonstiges

aa) feststellende einstweilige Verfügungen

Wenn auch feststellende einstweilige Verfügungen, da sie das Ergebnis des Hauptsacheprozesses nicht nur vorläufig vorwegnehmen, in der Regel nicht zulässig sind,[406] muss hiervon im Fall besonderer Eilbedürftigkeit eine Ausnahme dann zugelassen werden, wenn anders ein vorläufiger

84

---

398 Siehe oben, Rdn. 80.
399 OLG Zweibrücken, NJW-RR 1990, 482; näheres unten unter cc).
400 KG, BeckRS 2014, 6778 mit Anm. *dos Santos Goncalves*, GWR 2014, 355.
401 OLG Frankfurt, NJW 1975, 392.
402 *Markwardt*, WM 2004, 211.
403 OLG Koblenz, NJW-RR 1986, 1039.
404 LG Düsseldorf, DB 1960, 172.
405 OLG Koblenz, WM 2012, 1542.
406 Einzelheiten: § 938 Rdn. 35; ferner: OLG Koblenz, VersR 2008, 1638; *Stein/Jonas/Grunsky*, vor § 935 Rn. 60.

Rechtsschutz nicht möglich wäre.[407] Ein solcher Fall kann gegeben sein, wenn für das Procedere in einer unmittelbar bevorstehenden Hauptversammlung die Kenntnis von der Unwirksamkeit eines Aufsichtsratsbeschlusses wesentlich ist, eine Feststellungsklage wegen der Kürze der Zeit aber nicht mehr erfolgreich durchgeführt werden kann.[408]

bb) einstweilige Anordnungen im Registerrecht

85 Soweit Aufgaben des Gerichts im Gesellschaftsrecht dem Registergericht oder allgemein den Gerichten der freiwilligen Gerichtsbarkeit übertragen und daher im Verfahren nach dem FamFG (§§ 374 ff FamFG) zu erledigen sind, so etwa die Bestellung von Liquidatoren gem. § 146 Abs. 2 HGB oder deren Abberufung gem. § 147, 2. Halbs. HGB (§ 375 FamFG), aber auch die Auskunftsverlangen im Verfahren nach §§ 131, 132 AktG, 51a, 51b GmbHG sind einstweilige Verfügungen ausgeschlossen,[409] da das FamFG in den §§ 49 ff eine eigenständige Regelung des einstweiligen Rechtsschutzes (durch einstweilige Anordnung) enthält.[410] Ist hier eine vorläufige Eilregelung erforderlich, so kann das Registergericht oder das sonstige Gericht der freiwilligen Gerichtsbarkeit, soweit die Voraussetzungen dafür im Übrigen vorliegen, einstweilige (vorläufige) Anordnungen erlassen[411].

cc) einstweiliger Rechtsschutz im Rahmen des UmwG

86 Im Rahmen der Verschmelzung verschmelzungsfähiger Rechtsträger (§ 3 UmwG) ist in § 16 Abs. 3 UmwG ein besonderer einstweiliger Rechtsschutz vorgesehen.[412] Soweit die Vorschrift nicht greift und auch nicht entsprechend anwendbar ist, aber eiliger Rechtsschutz erforderlich ist, bleibt einstweiliger Rechtsschutz durch einstweilige Verfügung möglich. So kann der Aktionär, der bereits Anfechtungs- oder Nichtigkeitsklage erhoben hat, im Wege der einstweiligen Verfügung von der AG verlangen, dass sie die Eintragung des angegriffenen Beschlusses vorläufig nicht betreibt.[413]

III. Im Bank- und Wertpapierrecht

87 Im Verhältnis des Kunden zu seiner Bank gibt es zahlreiche Pflichten und Ansprüche, die nicht unmittelbar auf eine Geldleistung gerichtet, also nicht durch Arrest vorläufig zu sichern sind. Ebenso ergeben sich für die am Scheck- und Wechselverkehr Beteiligten (Aussteller, Einreicher, Bank) über die jeweiligen Zahlungsansprüche hinaus Verpflichtungen und Ansprüche, die ein Tun oder Unterlassen zum Gegenstand haben, also nur durch einstweilige Verfügung im Bedarfsfall vorläufig gesichert werden können. Im Einzelnen sind hervorzuheben:

1. Scheckverkehr

88 Im Einzelfall kann ein Unterlassungsanspruch des Ausstellers eines Schecks gegen den Inhaber bestehen, den Scheck vor einem bestimmten Zeitpunkt nicht einzureichen. Da insoweit ein Arrest

---

407 *Grunsky*, JuS 1976, 284; *Kohler*, ZZP 1990 (Bd. 103), 184; *Vogg*, NJW 1993, 1363. Für die ausnahmslose Unzulässigkeit feststellender einstweiliger Verfügungen allerdings: OLG Celle, ZIP 1989, 1552; *Berger*, ZZP 1997 (Bd. 110), 287; *Berger*, Kap. 2, Rn. 19; *Wieczorek/Schütze/Thümmel*, § 940 Rn. 18; *Zöller/Vollkommer*, § 940 Rn. 8 »Gesellschaftsrecht«.
408 LG Hannover, ZIP 1989, 1330, **a.A.** (und das LG Hannover abändernd) OLG Celle, ZIP 1989, 1552. Dem OLG Celle zustimmend *Zöller/Vollkommer*, § 940 Rn. 8 »Gesellschaftsrecht«.
409 Zur Abberufung von Liquidatoren: OLG Frankfurt, NJW-RR 1989, 98; siehe ferner *Littbarski*. a.a.O., S. 48 f.
410 Näheres oben Rdn. 7–25.
411 *Schuschke*, FS Günter Brambring, 2011, S. 335.
412 Einzelheiten: *Heidinger* in Henssler/Strohn, Gesellschaftsrecht, § 16 UmwG Rn. 17–24; *Sosnitza*, NZG 1999, 965 ff.
413 BVerfG, NZG 2005, 280; *Heidinger* in Henssler/Strohn, § 16 UmwG Rn. 24; *Kort*, NZG 2007, 169. 171; *Sosnitza*, NZG 1999, 965, 968.

als Sicherungsmittel von vornherein ausscheidet, kommt gegebenenfalls eine einstweilige Verfügung als Mittel zur Anspruchssicherung in Betracht.

Im Reisescheckverkehr[414] kann trotz Verlustmeldung durch den Kunden Streit darüber bestehen, ob die Bank die gestohlenen Schecks noch einlösen darf.[415] Hier kommt eine Unterlassungsverfügung in Betracht.[416]

2. Wechselrecht

Steht zu befürchten, dass ein Wechsel rechtsmissbräuchlich und abredewidrig geltend gemacht werden soll – er wurde z. B. lediglich zur Sicherheit hinterlegt –, so kann vor Protest oder Ablauf der Protestfrist, solange also noch ein gutgläubiger Erwerb der Wechselforderung durch einen Dritten möglich ist, im Wege der einstweiligen Verfügung Herausgabe des Wechsels an einen Sequester zur Einziehung verlangt werden.[417] Ist dagegen gutgläubiger Erwerb nicht mehr möglich, fehlt es an einem Verfügungsgrund.[418] In Anbetracht der abträglichen Folgen eines Wechselprotests für die Kreditwürdigkeit des Akzeptanten kann im Einzelfall, wenn sich die Vorlage des Wechsels zu Protest als besonders rechtsmissbräuchlich darstellt, auch ein Vorlageverbot[419] bzw. ein Protestverbot durch einstweilige Verfügung ergehen.[420] In allen diesen Fällen muss aber im Interesse der Verkehrsfähigkeit des Wechsels ein strenger Maßstab hinsichtlich des Verfügungsgrundes und der Glaubhaftmachung des Verfügungsanspruchs angelegt werden. Der Protest kann nur in Extremfällen verboten werden, da dem Wechselgläubiger durch die Versäumung des Protests die Regressnahme abgeschnitten wird.[421]

89

3. Bankbürgschaften und Garantieversprechen

a) Bürgschaftsrecht

Wurde im Handelsverkehr oder zur Absicherung eines Werkvertrages (etwa gem. § 648a Abs. 2 BGB) **selbstschuldnerische Bürgschaft** einer Bank oder sogar **Bürgschaft auf erstes Anfordern**[422] gestellt, besteht für den Hauptschuldner die große Gefahr, dass sein Gläubiger den Bürgen auch dann in Anspruch nimmt, wenn ganz erhebliche Einwendungen gegen die Hauptschuld geltend gemacht werden, und dass er dann vom – u. U. inzwischen illiquide gewordenen – Gläubiger die zu Unrecht in Empfang genommenen Leistungen nachträglich wieder zurückerkämpfen muss. Andererseits werden die selbstschuldnerische Bürgschaft und schon gar die Bürgschaft auf erstes Anfordern gerade aus dem Grunde vereinbart, dass der Gläubiger, der häufig Vorleistungen erbracht hat, schnell an Geld kommt und nicht erst – u. U. aufgebauschte – Einwendungen des Hauptschuldners ausräumen muss.

90

Dieses Spannungsfeld ist beim Eingriff in die Beziehungen Hauptschuldner – Gläubiger – Bürge durch einstweilige Verfügung von erheblicher Bedeutung. Hat aber der Schuldner glaubhaft gemacht, dass die Hauptforderung – noch – nicht besteht und dass der Gläubiger nicht in der Lage

---

414 Zur Rechtsnatur des Reisechecks und zur umstrittenen Frage, ob es sich überhaupt um einen Scheck handelt: *Schwintowski/Schäfer*, Bankrecht, § 11 Rn. 3 ff., 6; Staudinger/*Marburger*, § 783 BGB Rn. 43.
415 LG Frankfurt, WM 1980, 290.
416 *Berger/Boemke*, Kap. 5 Rn. 78.
417 LG Köln, NJW-RR 1987, 1530; siehe auch *Ahrens*, WM 1977, 910.
418 OLG Hamm, ZIP 1988, 1245.
419 *Wieczorek/Schütze/Thümmel*, § 940 Rn. 33.
420 *Beisswinger/Vossius*, BB 1986, 2358; *Berger/Boemke*, Kap. 5 Rn. 82.
421 *Zöller/Vollkommer*, § 940 Rn. 8 »Wechselrecht«.
422 Zum Begriff: BGHZ 74, 244; 95, 375; 139, 325, 331; BGH, WM 1990, 1410; NJW 1996, 717; NJW 1999, 2361; OLG Köln, OLGReport 1998, 142; OLG Köln, JMBl.NW 1998, 102; *Bamberger/Roth/Rohe*, § 765 BGB Rn. 108 ff.; *Baumbach/Hopt*, § 349 HGB Rn. 6; *Heymann/Horn*, HGB, Bd. 4, 2. Aufl., Anh. zu § 372 HGB Bankgeschäfte VII Rn. 8 ff; *Knopp*, WM 2010, 640.

sein wird, eine zu Unrecht in Anspruch genommene Leistung zurückzuerstatten, so kann auch bei der Bürgschaft auf erstes Anfordern grundsätzlich eine einstweilige Verfügung des Schuldners gegen den Gläubiger zulässig sein, die Inanspruchnahme der Bürgschaft zu unterlassen;[423] denn die Inanspruchnahme der Bürgschaft stellt sich dann als unzulässige Rechtsausübung dar.[424] Hat der Gläubiger die Anforderungserklärung gegenüber der Bank bereits abgegeben, die Bank aber noch nicht bezahlt, so kann, wenn die Anforderung rechtsmissbräuchlich war[425] und glaubhaft gemacht ist, dass die Leistung vom Gläubiger nicht wieder zurückerlangt werden könnte, eine einstweilige Verfügung auch dahin ergehen, dass der Gläubiger die Anforderung zu widerrufen habe.[426] Diese einstweilige Verfügung, die durch Parteizustellung an den Gläubiger zu vollziehen ist, ersetzt dann entsprechend § 894 die Widerrufserklärung. Wollte die Bank dennoch noch auszahlen, könnte der Hauptschuldner nunmehr, da die Bank dem Gläubiger nicht mehr zur Auszahlung verpflichtet ist, auch gegen die Bank einstweilige Verfügung auf Unterlassung der Auszahlung erwirken.[427]

b) Bankgarantien

91 Anstelle einer Bürgschaft wird im kaufmännischen Verkehr, insbesondere im internationalen Handelsverkehr, häufig eine **Bankgarantie**[428] oder sogar eine Bankgarantie auf erstes Anfordern[429] als Sicherheit verlangt. Will der Garantiebegünstigte die Garantie in Anspruch nehmen, obwohl der durch sie abgesicherte Anspruch gegen den Garantieauftraggeber (noch) nicht besteht, und steht zu befürchten, dass die Rückforderung des zu Unrecht Empfangenen vom Begünstigten auf Schwierigkeiten stoßen wird, so kann der Garantieauftraggeber gegen den Begünstigten eine einstweilige Verfügung auf Unterlassung der Inanspruchnahme der Garantie erwirken;[430] denn die Inanspruchnahme stellt sich dann als unzulässige Rechtsausübung dar.[431] Dass die Garantie etwa zeitlich befristet ist und die Frist abläuft, ehe eine Entscheidung im Hauptsacheverfahren ergehen kann, sodass die Garantie für den Begünstigten wertlos wird, steht dem Erlass einer einstweiligen Verfügung grundsätzlich nicht entgegen; der Begünstigte kann, wenn die Garantie später vor Fristablauf doch noch berechtigt in Anspruch genommen werden kann, jederzeit nach § 927 vorgehen.

92 Hinsichtlich einer einstweiligen Verfügung gegen die Garantiebank auf Unterlassung der Auszahlung der Garantiesumme an den Begünstigten muss unterschieden werden:[432] Unproblematisch ist der Fall, dass gegen den Begünstigten bereits eine Unterlassungsverfügung vorliegt, die Bank aber dennoch an ihn – weil er verfügungswidrig die Garantie anfordert – auszahlen will. Hier hat

---

423 OLG Frankfurt, BauR 1988, 732 und NJW-RR 1991, 174; OLG Hamm, MDR 1991, 636; OLG Celle, OLGReport 1995, 269; OLG Jena, BauR 2001, 654; *Mankowski*, EWiR 1998, 831; *Schnauder*, OLGReport 2000, K 25 ff.; **a. A.**: OLG Stuttgart, NJW-RR 1994, 1204 mit Anm. *Ulbrich*, BauR 1994, 377.
424 *Heymann/Horn*, a. a. O., Anh. zu § 372 HGB Bankgeschäfte VII Rn. 12.
425 Zu den Kriterien für das Vorliegen von Rechtsmissbrauch: *Knopp*, WM 2010, 640, 642.
426 A. A. (einstweilige Verfügung auf Widerrufserklärung nicht möglich) *Jedzig*, WM 1988, 1472; *Zöller/Vollkommer*, § 940 Rn. 8 »Bankrecht«.
427 *Schmidt*, BauR 1998, 1159.
428 Zum Unterschied von Bürgschaft und Bankgarantie siehe: *Baumbach/Hopt*, § 349 HGB Rn. 15 sowie (7) BankGesch. Rn. L/1; *Heymann/Horn*, a. a. O., Anh. § 372 HGB Bankgeschäfte VII Rn. 88; *Palandt/Sprau*, vor § 765 BGB Rn. 22 ff.
429 Zum Verhältnis zur Bürgschaft auf erstes Anfordern: *Mankowski*, EWiR 1998, 831.
430 BGHZ 90, 292; OLG Stuttgart, MDR 1998, 435; *Jedzig*, WM 1988, 1469; *Heymann/Horn*, a. a. O., Anh. zu § 372 HGB Bankgeschäfte VII Rn. 132; *Zöller/Vollkommer*, § 940 Rn. 8 »Bankrecht«; enger (einstweilige Verfügung nur ganz ausnahmsweise bei betrügerischem Verhalten des Begünstigten) OLG Frankfurt, WM 1974, 956; *Baumbach/Hopt*, HGB, (7) BankGesch. Rn. L/17.
431 *Berger/Boemke*, Kap. 5 Rn. 70; *Salewski*, GWR 2012, 338822.
432 A. A. (einstweilige Verfügung unterschiedslos unzulässig) OLG Frankfurt, NJW-RR 1987, 1264; LG Dortmund, WM 1988, 1695; *Baumbach/Hopt*, (7) BankGesch. Rn. L/14 – wenn ausnahmsweise doch eine einstweilige Verfügung erlassen würde, dann jedenfalls nur gegen Sicherheitsleistung –; *Zöller/Vollkommer*, § 940 Rn. 8 »Bankrecht«.

der Garantieauftraggeber einen Anspruch gegen die Bank, dass sie nicht Beihilfe zur unzulässigen Rechtsausübung des Begünstigten leistet – selbstverständliche Nebenpflicht aus dem Auftragsverhältnis, die auch nicht ausgeschlossen werden kann –. Ein Anspruch des Begünstigten gegen die Bank besteht nicht, da der Garantiefall objektiv ja nicht eingetreten ist. Eine einstweilige Verfügung gegen die Bank greift deshalb auch nicht unzulässigerweise in ihr Rechtsverhältnis zum Begünstigten ein und lässt sie nicht zwischen zwei Fronten stehen. Die unzulässige Rechtsausübung des Begünstigten ist durch die einstweilige Verfügung gegen ihn ohne weiteres glaubhaft gemacht. Im Ergebnis kann aber auch nicht anders entschieden werden, wenn der Auftraggeber gegen den Begünstigten noch keine einstweilige Unterlassungsverfügung erwirkt hat, etwa weil im Hinblick auf dessen Sitz im Ausland prozessuale Schwierigkeiten bestehen. Die materielle Rechtslage verändert sich dadurch nicht. Es wird nur wesentlich schwieriger sein, den Verfügungsanspruch – auf Unterlassen der Beihilfe zu unzulässiger Rechtsausübung des Begünstigten – so glaubhaft zu machen, dass es im Ergebnis vertretbar erscheint, der Bank die Auseinandersetzung mit dem Begünstigten zuzumuten.[433]

Schaltet die Garantiebank ihrerseits eine zweite Garantiebank ein, an die der Begünstigte sich unmittelbar wenden kann, so besteht zwischen dieser Bank und dem Auftraggeber der ersten Bank zwar kein unmittelbares Auftragsverhältnis, gleichwohl wird man dem Auftraggeber auch gegen sie einen unmittelbaren Anspruch auf Unterlassen der Beihilfe zur unzulässigen Rechtsausübung des Begünstigten zubilligen müssen. Er folgt aus dem Vertrag der beiden Banken, der sich als Vertrag mit Schutzwirkung zugunsten des Auftraggebers der ersten Bank darstellt. Bejaht man diesen unmittelbaren Anspruch des Garantieauftraggebers auch gegen die zweite Bank, so ändert sich die Rechtslage im Hinblick auf die Zulässigkeit einer einstweiligen Unterlassungsverfügung nicht gegenüber der oben im Verhältnis zur ersten Bank dargestellten. Da Beihilfe zur unzulässigen Rechtsausübung nur möglich erscheint, wenn der Bank die Unzulässigkeit der Garantieanforderung durch den Begünstigten bekannt ist, hat der Antragsteller im Rahmen des Verfügungsanspruchs auch darzulegen und glaubhaft zu machen, dass er die Bank über den Sachverhalt informiert hat. Ein Verfügungsgrund ist in diesen Fällen immer dann gegeben, wenn die Auszahlung an den Begünstigten unmittelbar droht – sie wiederum birgt die unmittelbare Gefahr der Rückbelastung des Auftraggebers, die deshalb nicht erst abgewartet werden muss[434] – und dem Auftraggeber nicht zugemutet werden kann, allein auf eine nachträgliche Auseinandersetzung mit dem Begünstigten verwiesen zu werden – weil z. B. die Insolvenz des Begünstigten droht oder weil umgekehrt im Fall der Rückbelastung ernsthafte Zahlungsschwierigkeiten des Garantieauftraggebers zu erwarten wären –.

c) Dokumentenakkreditiv

Ähnlich stellen sich die Probleme beim **Dokumentenakkreditiv**.[435] Auch hier ist einstweiliger Rechtsschutz zugunsten des Akkreditivauftraggebers nicht grundsätzlich ausgeschlossen.[436] Da der Begünstigte regelmäßig im Ausland seinen Sitz hat – das Akkreditiv ist das gängige Sicherungsmittel im internationalen Handelsverkehr –, ist eine einstweilige Verfügung gegen ihn, auf seine Akkreditivforderung gegen die Bank zu verzichten und deren Geltendmachung zu unterlassen, weil sie sich als unzulässige Rechtsausübung darstellt[437] und der Akkreditivauftraggeber billigerweise nicht auf spätere Ausgleichsansprüche oder auf eine Auseinandersetzung mit der Bank über die

93

---

433 Im Ergebnis wie hier: OLG Saarbrücken, WM 1981, 275; OLG Frankfurt, WM 1983, 575; OLG Köln, WM 1988, 21; *Horn*, NJW 1980, 2158; *Heymann/Horn*, a. a. O., Anh. zu § 372 HGB Bankgeschäfte VII Rn. 137, 138; *Wieczorek/Schütze/Thümmel*, § 940 Rn. 31.
434 **A.A.** OLG Stuttgart, WM 1981, 631.
435 Zur Gestaltung der materiellrechtlichen Rechtsbeziehungen beim Akkreditiv *Baumbach/Hopt*, HGB, (7) BankGesch. Rn. K/2 ff.; *Heymann/Horn*, a. a. O., Anh. zu § 372 HGB, Bankgeschäfte VI Rn. 22; Staudinger/*Horn*, vor §§ 765-778 BGB Rn. 419-421.
436 So allerdings *Aden*, RIW 1976, 678; LG Düsseldorf, WM 1975, 67 (nur bei strafbarer Handlung soll eine Ausnahme gelten).
437 *Heymann/Horn*, a. a. O., Anh. zu § 372 HGB Bankgeschäfte VI Rn. 97.

Belastung seines Kontos verwiesen werden kann,[438] praktisch von geringer Bedeutung, wenn auch unter rechtlichen Gesichtspunkten unbedenklich.[439] Wichtiger ist die Möglichkeit, auch gegen die Bank dahin gehend einstweiligen Rechtsschutz zu erlangen, dass diese die Auszahlung oder sonstige Leistungen auf das Akkreditiv unterlässt.[440] Der Verfügungsanspruch ergibt sich aus der Verpflichtung der Bank in ihrem Verhältnis zum Auftraggeber, dessen Interessen zu wahren und nicht ihrerseits Beihilfe zur unzulässigen Rechtsausübung des Akkreditivbegünstigten zu leisten.[441] An die Glaubhaftmachung des Verfügungsanspruchs sind hier hohe Anforderungen zu stellen. Es muss unzweifelhaft sein, dass die Bank ihrerseits in der Lage ist, die Zahlungsverweigerung gegenüber dem Begünstigten durchzusetzen. Dies wird in der Regel der Fall sein, wenn die unzulässige Rechtsausübung seitens des Begünstigten offenkundig oder durch präsente Beweismittel praktisch bewiesen, also mehr als nur glaubhaft gemacht ist.[442] Hinsichtlich des Verfügungsgrundes genügt dagegen Glaubhaftmachung, dass es dem Akkreditivauftraggeber nicht zugemutet werden könne, allein auf den späteren Rückgriff beim Begünstigten verwiesen zu werden (Schwierigkeiten der Durchsetzung des Rückgriffs im Ausland; Liquiditätsprobleme des Begünstigten; Gefährdung der eigenen Liquidität bei unberechtigter Belastung seitens der leistenden Bank).

4. Sonstiges

a) Schutz gegen Inanspruchnahme von Sicherheiten

94   Hat der Kunde der Bank Sicherheiten für einen Kredit gewährt, so kann beim Streit über die Wirksamkeit der Darlehnsgewährung und über die Frage, ob die Bank überhaupt Rückzahlung des Kredits verlangen kann (z. B Kredit zur Finanzierung einer sog. »Schrottimmobilie« oder Kredit als Haustürwiderrufsgeschäft), ein dringendes Interesse daran bestehen, dass die Sicherheiten vorläufig nicht in Anspruch genommen werden. Hier kann eine einstweilige Verfügung dahin ergehen, dass der Bank vorläufig bis zur Entscheidung in der Hauptsache die Verwertung der Sicherheit untersagt wird.[443]

b) Überweisungs- und Lastschriftverkehr

95   Im Überweisungs- und im Lastschriftverkehr spielt die einstweilige Verfügung praktisch keine Rolle. Der Bankkunde ist hier durch sein Stornorecht in aller Regel ausreichend geschützt. Soweit nach versäumter Stornierung u. U. Schadensersatzansprüche in Betracht kommen, sind sie auf Geldleistung gerichtet, gegebenenfalls also durch Arrest vorläufig zu sichern.

c) Kontoneueröffnung

96   Die Neueröffnung eines Privat- oder Geschäftsgirokontos bei einem privaten Kreditinstitut durch einen überschuldeten Schuldner kann nicht im Wege des einstweiligen Rechtsschutzes durchgesetzt werden. Zum einen fehlt es schon an einem Verfügungsanspruch[444], zum anderen ist auch ein Verfügungsgrund regelmäßig nicht gegeben, da die Sparkassengesetze der Bundesländer einen Anspruch auf Kontoeröffnung für jedermann gegen die öffentlichen Sparkassen gewähren, sodass

---

438 Dies sind die Umstände, die zum Verfügungsanspruch und zum Verfügungsgrund glaubhaft zu machen sind.
439 *Baumbach/Hopt*, HGB, BankGesch. (7), Rn. K 28; *Heymann/Horn*, a. a. O., Anh. zu § 372 HGB, Bankgeschäfte VI, Rn. 105; *Zöller/Vollkommer*, § 940 Rn. 8 »Bankrecht«; siehe ferner BGHZ 101, 92.
440 Ablehnend insoweit OLG Düsseldorf, WM 1978, 360; OLG Frankfurt, WM 1981, 445; *v. Bernstorff*, RIW 1986, 334; wohl auch *Baumbach/Hopt*, HGB, BankGesch. (7), Rn. K/21.
441 *Heymann/Horn*, a. a. O., Anh.zu § 372 HGB, Bankgeschäfte VI, Rn. 102–104; einschränkend (nur in seltenen Annahmefällen möglich) LG Aachen, NJW-RR 1987, 1207.
442 Im Ergebnis ähnlich *Heymann/Horn*, Anh. § 372 HGB, Bankgeschäfte VI, Rn. 103, 104.
443 OLG Brandenburg, ZIP 2006, 1719 mit Anm. *Joswig*, EWiR 2007, 191.
444 Einzelheiten hierzu: Anh. § 829 Rdn. 5.

insoweit zu schneller Ersatzvornahme in der Lage sieht –.[464] Wichtig in diesen Fällen, damit die Handlungsgebote auch gesondert tituliert werden können, ist, dass der Schuldner zu der begehrten Handlung keine Alternative hat, die dem Gläubigerbegehren ebenso gerecht wird. Ist letzteres der Fall, muss es beim bloßen Unterlassungsgebot verbleiben und der Schuldner muss dann seinerseits selbst entscheiden, wie er ihm gerecht wird. In den Fällen, in denen das dem Unterlassungsanspruch immanente Beseitigungsgebot abgetrennt zusätzlich tituliert werden soll, gilt § 12 Abs. 2 UWG auch für die »ausgegliederten« Beseitigungsansprüche.[465] Dagegen kann die Vorschrift nicht auf isolierte Beseitigungs-, Veröffentlichungs- oder sonstige Schadensersatzansprüche angewendet werden. Insoweit bleibt es dann bei den allgemeinen Regeln der §§ 935, 940. § 12 Abs. 2 UWG schließt also die Möglichkeit einstweiliger Verfügungen hinsichtlich anderer Ansprüche als Unterlassungsansprüche keineswegs aus, er befreit in diesen Fällen den Gläubiger nur nicht von der schlüssigen Darlegung und der Glaubhaftmachung des Verfügungsgrundes. Zudem gilt, soweit in diesen Fällen die einstweilige Verfügung bereits zur Befriedigung (Teilbefriedigung) des Gläubigers führen würde, das allgemeine Gebot der Zurückhaltung im Hinblick auf Befriedigungsverfügungen.[466]

101 Soweit dem Wettbewerber zur Abwehr weiterer Eingriffe oder zur Vorbereitung von Schadensersatzansprüchen Auskunftsansprüche gegen den Störer zustehen, ist besondere Zurückhaltung beim Erlass einstweiliger Verfügungen geboten – § 12 Abs. 2 UWG gilt hier selbstverständlich nie –, da eine einmal erteilte Auskunft auch bei Verlust des Hauptsacheverfahrens nicht wieder rückgängig zu machen ist. Grundsätzlich ausgeschlossen, wie manchmal behauptet wird, ist aber einstweiliger Rechtsschutz auch hier nicht, wenn anders bevorstehende erhebliche Schädigungen nicht abgewehrt werden können.[467] In den Sonderfällen der §§ 46 Abs. 7 DesignG, 24b Abs. 7 GebrMG, 19 Abs. 7 MarkenG, 140b Abs. 7 PatG, 101 Abs. 7 UrhG ist die Durchsetzung des Auskunftsanspruchs durch einstweilige Verfügung in Fällen offensichtlicher Rechtsverletzung sogar ausdrücklich vorgesehen.

b) Widerlegung bzw. Selbstwiderlegung der Dringlichkeitsvermutung

102 Die Dringlichkeitsvermutung des § 12 Abs. 2 UWG ist jederzeit widerleglich.[468] So kann der Wettbewerbsstörer darlegen und glaubhaft machen, dass seine Absichten oder sein Tun dem Antragsteller seit Langem bekannt seien und dass er bisher dennoch nicht zivilrechtlich dagegen ein-

---

464 *Ahrens/Spätgens*, Rn. 33.
465 *Spätgens* in *Gloy/Loschelder/Erdmann*, Handbuch des Wettbewerbsrechts, § 100 Rn. 29. A. A. insoweit: *Teplitzky*, Wettbewerbsrechtliche Ansprüche und Verfahren, Kap. 54 Rn. 21.
466 Siehe oben Rdn. 31 ff; siehe ferner *Ahrens/Spätgens*, Rn. 34.
467 Einzelheiten oben Rdn. 38.
468 Ganz h. M. beispielhaft: OLG Celle, WRP 2014, 477; OLG Frankfurt, BeckRS 2013, 10983 mit Anm. *Ringleben*, GRUR-Prax 2013, 323; OLG Frankfurt, GRUR-Prax 2013, 550 mit Anm. *Hühner*; OLG Frankfurt, WRP 2013, 1068; OLG Hamburg, BeckRS 2012, 23068; OLG Koblenz, GRUR 2011, 451; KG, GRUR-RR 2005, 320; OLGReport 2008, 927 und MDR 2009, 888; OLG Celle, MD 2005, 911 und OLGReport 2009, 36; OLG Düsseldorf, WRP 1997, 968 OLG Düsseldorf, WRP 2005, 1301; OLG Düsseldorf, GRUR-RR 2005, 312; OLG Frankfurt, OLGReport 2009, 529; OLG Hamburg, OLGReport 2008, 170; OLG Hamm, NJW-RR 1993, 366; NJWE-WettbR 1996, 164; OLG Jena, OLGReport 2009, 174; OLG Jena, WRP 2012, 845; OLG Karlsruhe, NJOZ 2007, 2704; OLG Köln, NJWE-WettbR 1998, 145; OLG München, WRP 1993, 49; OLG München, MD 2005, 560; OLG Naumburg, GRUR-RR 2006, 32 und WRP 2005, 913; OLG Oldenburg, WRP 1996, 461; OLG Stuttgart, WRP 1997, 355; *Ahrens*, Wettbewerbsverfahrensrecht, S. 329 ff.; *Doepner*, WRP 2011, 1384; *Kontusch*, JuS 2012, 323; *Piper/Ohly/Sosnitza*, § 12 UWG Rn. 113; *Retzer* in Harte-Bavendamm/Henning-Bodewig, § 12 UWG Rn. 301, 304; *Köhler/Bornkamm*, Wettbewerbsrecht, § 12 UWG Rn. 3.15; *Spätgens* in *Gloy/Loschelder/Erdmann*, Handbuch des Wettbewerbsrechts, § 100 Rn. 26; *Teplitzky*, Wettbewerbsrechtliche Ansprüche und Verfahren, Kap. 54 Rn. 24; *ders.*, WRP 2013, 1414; *Traub*, GRUR 1996, 708. Diese Auslegung des § 12 UWG ist auch verfassungsrechtlich unbedenklich: BayVerfGH, NJW-RR 1993, 366 (zum insoweit gleichlautenden § 25 UWG a. F.).

geschritten sei.⁴⁶⁹ Ob dem Antragsteller die Absichten des Gegners durch Ankündigungen oder sonstiges Verhalten im Inland oder etwa auf einer ausländischen Messe bekannt geworden sind, ist ohne Belang, wenn der Antragsteller jedenfalls wusste, dass ihm demnächst Beeinträchtigungen im Inland bevorstehen.⁴⁷⁰

Allerdings muss der Antragsteller auch die Wettbewerbswidrigkeit haben erkennen können.⁴⁷¹ Die Unrichtigkeit von Werbeaussagen drängt sich nicht immer sogleich auf.⁴⁷² Unauffällige Werbeaussagen werden zudem oft erst später »auffällig«, wenn sie nunmehr hervorgehoben werden.⁴⁷³ Streitig ist, ob zur Widerlegung der Dringlichkeit auch schon der Nachweis ausreicht, dass das beanstandete Tun in der vorliegenden Intensität seit längerer Zeit am Markt feststellbar und bei zumutbarer gehöriger Marktbeobachtung auch vom Antragsteller wahrzunehmen gewesen wäre, wenn ihm diese Wahrnehmung konkret auch nicht nachzuweisen ist.⁴⁷⁴ Hier ist zwar Zurückhaltung geboten, jedoch wird man dem, der in der Branche ansonsten allgemein bekannte Umstände über längere Zeit wider alle Üblichkeiten nicht wahrnimmt, nicht mehr bescheinigen können, dass für ihn immer noch ein so dringliches Sicherungsbedürfnis gegeben ist, dass Rechtsschutz im Eilverfahren erforderlich wäre⁴⁷⁵. Soweit Antragsteller ein nach § 8 Abs. 3 Nr. 2 UWG klagebefugter Verband ist, können an die Pflicht zur Marktbeobachtung nur geringere Anforderungen gestellt werden;⁴⁷⁶ insbesondere kann nicht verlangt werden, dass ein solcher Verband regelmäßig alle Anzeigen in den Zeitungen und Zeitschriften seines Einzugsbereiches zur Kenntnis nimmt.⁴⁷⁷

103 Wie schnell der Antragsteller auf ihm bekannt gewordene Umstände reagieren muss, will er nicht die Dringlichkeit zur Erlangung vom Rechtsschutz im Eilverfahren einbüßen, kann nicht mit festen

---

469 Welche Zeit des Zuwartens schädlich ist, ist unter den Oberlandesgerichten streitig; siehe die Übersichten bei *Ahrens*, Wettbewerbsverfahrensrecht, S. 329 ff.; *Köhler/Bornkamm*, § 12 UWG Rn. 3.15a; *Retzer* in Harte-Bavendamm/Henning-Bodewig, Anh. § 12 UWG; *Teplitzky*, Wettbewerbsrechtliche Ansprüche und Verfahren, Kap. 54 Rn. 25 ff. Aus der Rspr. siehe beispielhaft. KG, NJW-RR 2001, 1201; KG, MD 2005, 1048; KG, OLGReport 2008, 927; KG, GRUR-Prax 2011, 317573; KG, WRP 2011, 640; OLG Bremen, MDR 2004, 50; OLG Celle, MD 2005, 911; OLG Düsseldorf, NJWE-WettbR 1999, 15; OLG Frankfurt, WRP 2012, 844; OLG Hamburg, GRUR-RR 2005, 312 und WRP 2005, 1301; OLG Hamm, NJW-RR 1994, 48; OLG Karlsruhe, NJOZ 2007, 2704; OLG Koblenz, GRUR 2011, 451 mit Anm. *Demuth*, GRUR 2011, 404; OLG Köln, NJWE-WettbR 1998, 138 und NJWE-WettbR 1998, 145; OLG Naumburg, GRUR-RR 2006, 32; OLG Nürnberg, MDR 2002, 533; OLG Rostock, OLGReport 2008, 211; OLG Saarbrücken, GRUR-RR 2001, 71; OLG Stuttgart, WRP 1997, 355. Gegen jede feste zeitliche Grenze: OLG Celle, WRP 2014, 477; *Doeppner*, WPR 2011, 1384.
470 OLG München, GRUR-Prax 2014, 468.
471 OLG Hamburg, NJWE-WettbR 1999, 264.
472 OLG Köln, NJWE-WettbR 1998, 83 und 138; *Retzer* in Harte-Bavendamm/Henning-Bodewig, § 12 UWG Rn. 308.
473 OLG Stuttgart, NJW-RR 1997, 1331.
474 Den Dringlichkeitsverlust bejahend: OLG Düsseldorf, WRP 1979, 392; OLG Koblenz, WRP 1973, 284; OLG Köln, WRP 1979, 392 und WRP 1980, 502 (einschränkender dagegen OLG Köln, NJWE-WettbR 1998, 83); *v. Gamm*, WRP 1968, 312; **a. A.** (nur positive Kenntnis schädlich, da es keine allgemeine Marktbeobachtungspflicht gibt): *Köhler/Bornkamm*, § 12 UWG Rn. 3. 15a; *Retzer* in Harte-Bavendamm/Henning-Bodewig, § 12 Rn. 310; *Teplitzky*, a. a. O., Kap. 54 Rn. 29; OLG Frankfurt, WRP 1972, 532 und WRP 1985, 83; OLG Hamburg, GRUR 1996, 221; OLG Köln, GRUR 2003, 541. **Differenzierend** (keine allgemeine Marktbeobachtungspflicht, aber bewusste Nichtbeachtung des Marktgeschehens dringlichkeitsschädlich): OLG Celle, MD 2005, 911.
475 *Spätgens* in *Gloy/Loschelder/Erdmann*, Handbuch des Wettbewerbsrechts, § 100 Rn. 47; *Retzer* in Harte-Bavendamm/Henning-Bodewig, § 12 UWG Rn. 312; *Piper/Ohly/Sosnitza*, § 12 UWG Rn. 115.
476 KG, WRP 1979, 305.
477 OLG Köln, WRP 1980, 502.

aber einmal ein letztes Mosaiksteinchen sein, um das Gesamtbild des Verhaltens des Antragstellers als dringlichkeitsschädlich zu beurteilen. Ähnliches gilt für die volle Ausschöpfung der Berufungs- und Berufungsbegründungsfrist. Als einziger Anhaltspunkt in einem sonst zügig geführten Verfahren widerlegen sie die Dringlichkeitsvermutung regelmäßig nicht,[501] zusammen mit anderen Umständen können sie aber das Bild abrunden, dass es der Antragsteller mit der Verfolgung seiner Rechte nicht allzu eilig hat. Vertagungswünsche um Wochen oder die Bitte um eine längere Verlängerung der Berufungsbegründungsfrist sind immer geeignet, die Dringlichkeitsvermutung zu widerlegen[502]. Auch der Verzicht auf weitere Vollstreckungshandlungen nach zunächst fristgerechter Vollziehung während des Eilverfahrens kann die Dringlichkeit entfallen lassen[503], falls hierdurch deutlich wird, dass es dem Antragsteller insgesamt doch nicht so dringlich ist, weitere Verletzungshandlungen zu verhindern. Letzteres wird man aber nicht annehmen können, wenn die Vollstreckung nur deshalb hinausgeschoben wird, um zügig geführte, erfolgsversprechende Vergleichsverhandlungen nicht zu behindern[504].

Ist die Dringlichkeitsvermutung widerlegt, so ist der Antrag auf Erlass einer einstweiligen Verfügung noch nicht ausnahmslos zum Scheitern verurteilt. Es verbleibt dann bei der allgemeinen Regel der §§ 935, 940, dass der Antragsteller die Dringlichkeit schlüssig darlegen und glaubhaft machen muss[505]. Daher kann es dem Antragsteller in diesen Fällen immer noch gelingen, einen Ausnahmesachverhalt darzulegen, der in diesem konkreten Einzelfall die Dringlichkeit weiterhin bestehen bleiben lässt, wenn sie auch im Allgemeinen unter Berücksichtigung eines solchen Zeitablaufes oder solcher Umstände im Übrigen fehlen mag.[506] Denn alle vorstehend genannten Umstände sind kein ehernes Gesetz, sondern nur Indizien dafür, dass der Antragsteller es mit der Verfolgung seiner Rechte nicht so eilig hat, dass er nicht den Weg des ordentlichen Rechtsstreits wählen könnte. Dass der Antragsgegner die Handlung, im Hinblick auf die die Dringlichkeit verloren gegangen war, immer wieder einmal wiederholt, lässt die Dringlichkeit allein nicht wieder aufleben.[507] Ebenso ist zu entscheiden, wenn der Antragsgegner sein wettbewerbswidriges Verhalten zunächst zwar ernsthaft angekündigt hatte, sodass Erstbegehungsgefahr bestand, dann aber, ohne dass eine Unterlassungsverfügung gegen ihn beantragt worden war, mit dessen Verwirklichung auf sich warten ließ, um sich Monate später doch in der angedrohten Weise zu verhalten.[508]

106

c) Dringlichkeit und Allgemeininteresse

Auf das Erfordernis der subjektiven Dringlichkeit des Eilverfahrens, dass also dieser Antragsteller das Eilverfahren wählen muss, weil er im Hauptsacheverfahren die Gefährdung seines Rechts nicht rechtzeitig hätte abwenden können, kann nicht deshalb verzichtet werden, weil der Antragsteller in erster Linie Interessen der Allgemeinheit wahrnimmt, etwa als nach § 8 Abs. 3 Nr. 2 UWG klagebefugter Verband.[509] Kennt der entscheidungsbefugte Vertreter des Verbandes (und nicht nur ein einfaches Verbandsmitglied[510]) die irreführende Werbung schon längere Zeit, ohne bisher trotz

107

---

501 KG, NJW-RR 1993, 555; kritisch insoweit: *Teplitzky*, WRP 2013, 1414, 1417.
502 KG, MDR 2009, 888.
503 OLG Köln, GRUR-Prax 2010, 188 mit kritischer Anm. *Musiol*.
504 *Danckwerts*, GRUR-Prax 2010, 31088.
505 *Spätgens* in *Gloy/Loschelder/Erdmann*, Handbuch des Wettbewerbsrechts, § 100 Rn. 27.
506 OLG Köln, GRUR 1977, 22 1; *Köhler/Bornkamm*, Wettbewerbsrecht, § 12 UWG Rn. 3.13.
507 OLG Saarbrücken, GRUR-RR 2001, 71.
508 OLG Frankfurt, GRUR-Prax 2013, 550 mit Anm. *Hühner*; *Czernik*, MMR 2012, 382.
509 OLG Frankfurt, WRP 1979, 325; WRP 1988, 744; OLG Koblenz, WRP 1985, 578; *Köhler/Bornkamm*, § 12 UWG Rn. 3.17; *Retzer* in Harte-Bavendamm/Henning-Bodewig, § 12 UWG Rn. 318; *Spätgens* in *Gloy/Loschelder/Erdmann*, Handbuch des Wettbewerbsrechts, § 100 Rn. 44; *Teplitzky*, Wettbewerbsrechtliche Ansprüche und Verfahren, Kap. 54 Rd. 32; a.A. OLG Stuttgart, GRUR 1970, 613; WRP 1986, 177; OLG Hamburg, GRUR 1977, 161 und 175; WRP 1977, 811; GRUR 1978, 313; LG Berlin, WRP 1974, 506.
510 *Retzer* in Harte-Bavendamm/Henning-Bodewig, § 12 UWG Rn. 319.

zutreffender Bewertung eingeschritten zu sein, so entsteht die Dringlichkeit nicht neu, weil etwa ein Mitglied den Verband nun zum Tätigwerden drängt oder weil das Interesse der Allgemeinheit an einem alsbaldigen Einschreiten neu entfacht wird – etwa durch Berichte in den Medien –. Denn entscheidend ist nicht, ob ein »dringliches« Interesse der Allgemeinheit daran besteht, dass bestimmte Missstände endlich abgestellt werden – materielle Dringlichkeit –, sondern dass derjenige, der für die Allgemeinheit tätig wird, genötigt ist, das prozessuale Eilverfahren zu wählen, weil er im ordentlichen Verfahren nicht mehr rechtzeitig Rechtsschutz erhielte und weil er sich auch nicht früher im ordentlichen Verfahren Rechtsschutz besorgen konnte – verfahrensrechtliche Dringlichkeit –[511].

d) Erstbegehungs- oder Wiederholungsgefahr als unverzichtbare Elemente des Verfügungsanspruchs – Bezug zur Dringlichkeit

108   Zum **Verfügungsanspruch** muss der Antragsteller schlüssig darlegen, dass ihm einer der wettbewerbsrechtlichen Unterlassungsansprüche nach dem UWG oder den wettbewerbsrechtlichen Nebengesetzen oder den übrigen den gewerblichen Rechtsschutz betreffenden Gesetzen[512] zusteht. Hierbei ist zu unterscheiden, ob der Antragsgegner bereits in einer so kurz zurückliegenden Zeit, dass die für ein Verfügungsverfahren erforderliche Dringlichkeit noch gegeben ist, gegen eine der in Betracht kommenden Verbotsnormen verstoßen hat (Wiederholungsgefahr) oder ob ein solcher Verstoß erstmals unmittelbar droht (Erstbegehungsgefahr). Denn unabdingbare Voraussetzung eines jeden Unterlassungsanspruchs ist, dass – noch – ein – weiterer – Verstoß des Störers gegen die Verbotsnorm zu erwarten ist, der verhindert werden soll.[513]

Liegt in der jüngsten Vergangenheit – identisch mit der für die Beurteilung der Dringlichkeit maßgeblichen Zeitspanne[514] – ein Verstoß gegen die Verbotsnorm vor, so wird vermutet, dass Wiederholungsgefahr besteht.[515] In diesem Fall muss der Antragsteller keine weiteren Umstände vortragen und glaubhaft machen, warum eine erneute Verletzung der Verbotsnorm zu befürchten sei. Es ist Sache des Antragsgegners, die Vermutung zu widerlegen. Dies kann in aller Regel nicht dadurch geschehen, dass die angebliche Einmaligkeit der Verfehlung dargelegt und die Angelegenheit bedauert wird; denn »einmalige Gelegenheiten« wiederholen sich nach der Lebenserfahrung weit häufiger als vermutet, zumal, wenn man im Hinblick auf die Wiederholungen auf die sog. Kerntheorie[516] abstellt. Ist eine Wiederholung nicht ausnahmsweise aufgrund objektiver Umstände ausgeschlossen – was ganz selten anzunehmen sein wird[517] –, kann nur eine strafbewehrte Unter-

---

511 Zum Einfluss des Verbraucherschutzes auf die Dringlichkeit siehe ausführlich: *Wiemeyer*, Der Einfluss des Verbraucherschutzes auf die Dringlichkeit einstweiliger Verfügungen im UWG-Wettbewerbsprozess, Hamburg 2011.
512 Siehe oben, Rdn. 99.
513 Zur Wiederholungsgefahr bzw. Erstbegehungsgefahr als notwendiger Voraussetzung aller Unterlassungsansprüche beispielhaft: BGHZ 14, 163; BGH, GRUR 1963, 218; GRUR 1973, 208; *Bamberger/Roth/Fritzsche*, § 1004 BGB Rn. 82, 87; *Erman/Ebbing*, § 1004 BGB Rn. 76; *Köhler/Bornkamm*, § 8 UWG Rn. 1.10, 1.17, 1.32; *Palandt/Sprau*, Einführung vor § 823 BGB Rn. 20, 21; PWW/*Englert*, § 1004 BGB Rn. 7; *Teplitzky*, Wettbewerbsrechtliche Ansprüche und Verfahren, Kap. 6 Rn. 1 ff. (zur Wiederholungsgefahr) und Kap. 5 Rn. 9–11 (zur Erstbegehungsgefahr).
514 Für eine großzügigere zeitliche Beurteilung allerdings OLG Köln, OLGReport 2002, 402.
515 BGH, NJW 1955, 546; NJW 1959, 2213; DB 1964, 259; GRUR 1973, 208; GRUR 1980, 724; OLG Köln, WRP 1980, 715; *Bamberger/Roth/Fritzsche*, § 1004 BGB Rn. 83;Erman/Ebbing, § 1004 BGB Rn. 77; *Köhler/Bornkamm*, § 8 UWG Rn. 1.33; *Spätgens* in *Gloy/Loschelder/Erdmann*, Handbuch des Wettbewerbsrechts, § 100 Rn. 59;*Teplitzky*, Wettbewerbsrechtliche Ansprüche und Verfahren, Kap. 6 Rn. 9.
516 Zum Kernbereich eines Verbots beispielhaft: BGH, NJW 2014, 775; OLG Frankfurt, GRUR-RR 2012, 404; OLG Frankfurt, WRP 2014, 101. Siehe ferner: *Schmidt*, GRUR-Prax 2012, 179, 180. Der sog. »Kernbereich des Verbots« ist eng zu bestimmen: OLG Hamburg, OLGReport 2009, 521; OLG Düsseldorf, GRUR-Prax 2012, 286.
517 Hierzu: *Spätgens* in *Gloy/Loschelder/Erdmann*, Handbuch des Wettbewerbsrechts, § 100 Rn. 61.

lassungsverpflichtungserklärung gegenüber dem Verletzten oder einem gem. § 8 Abs. 3 UWG zur Rechtsverfolgung Befugten[518] die Wiederholungsgefahr widerlegen.[519] Nicht ausreichend ist allerdings, dass die strafbewehrte Unterwerfungserklärung einem anderen Mitwettbewerber, der den Wettbewerbsverstoß gar nicht beanstandet hatte, unaufgefordert zugesandt worden war.[520] Von ihm würde im Zweifelsfall auch keine Sanktion drohen. Ebenso unzureichend ist eine Unterlassungsverpflichtungserklärung, nach der die Vertragsstrafe an eine gemeinnützige Organisation und nicht an den Gläubiger erfolgen soll.[521] Das Vertragsstrafeversprechen muss dergestalt sein, dass es die Ernsthaftigkeit des Unterlassungswillens hinreichend dokumentiert.[522] Besteht keine Wiederholungsgefahr mehr, ist auch keine Dringlichkeit mehr gegeben. Hier greifen also Verfahrensvoraussetzungen und materieller Anspruch ineinander über. Wird die strafbewehrte Unterlassungsverpflichtungserklärung erst nach Erlass der einstweiligen Verfügung abgegeben, rechtfertigt dies das Aufhebungsverfahren nach §§ 927, 936 ZPO. Hierfür kann allenfalls dann das Rechtsschutzinteresse fehlen, wenn der Gläubiger anderweitig zweifelsfrei sicherstellt, dass er auf seine Rechte aus der Eilentscheidung verzichtet[523].

Liegt noch kein Verstoß gegen eine Verbotsnorm vor oder liegt der letzte Verstoß so lange Zeit zurück, dass die Vermutung der Wiederholungsgefahr allein schon durch den Zeitablauf widerlegt ist, muss der Antragsteller, der eine Unterlassungsverfügung erstrebt, darlegen und glaubhaft machen, dass ein Verstoß unmittelbar bevorstehe (Begehungs- bzw. Erstbegehungsgefahr).[524] In einem solchen Fall wird naturgemäß auch die verfahrensmäßige Dringlichkeit erst vermutet, wenn die unmittelbare Begehungsgefahr glaubhaft gemacht ist; denn für das Eilverfahren besteht keine Veranlassung, wenn der Antragsteller nicht in nächster Zeit mit einer Rechtsverletzung rechnen muss. Typische Sachverhalte, die den Rückschluss auf das Bevorstehen eines Wettbewerbsverstoßes zulassen, sind vorausgegangene Versuchshandlungen oder der Beginn von Vorbereitungshandlungen (z. B. Testbefragungen zu einem Produkt, das demnächst auf den Markt kommen soll; Ankündigungen im Handel u. ä.). Die Erstbegehungsgefahr kann aber auch aus der Verteidigung des Antragsgegners im Verfahren folgen, wenn der zurückliegende Verstoß an sich zwar keine Dringlichkeit (und Wiederholungsgefahr) mehr begründet, der Antragsgegner sich aber ausdrücklich berühmt, die Handlung weiter vornehmen zu dürfen, und sich auch vorbehält, sie demnächst zu wiederholen.[525] Die bloße Rechtsverteidigung allein reicht insoweit allerdings nicht aus,[526] jedenfalls wenn gleichzeitig zum Ausdruck gebracht wird, dass nicht beabsichtigt sei, das beanstandete Verhalten zu begehen.[527] Die aus der Verteidigung gegen einen zurückliegenden, nicht mehr dringlichen Fall erwachsende neue

109

---

518 *Spätgens* in *Gloy/Loschelder/Erdmann*, Handbuch des Wettbewerbsrechts, § 100 Rn. 64.
519 Gefestigte Rspr.; beispielhaft BGH, GRUR 1981, 447; GRUR 1980, 724; GRUR 1973, 208; GRUR 1990, 617; GRUR 1992, 318; GRUR 1993, 677; GRUR 1994, 304; GRUR 1996, 200; WRP 1996, 284; OLG Celle, GRUR 1980, 803; OLG München, GRUR 1980, 1017; OLG Stuttgart, WRP 1977, 514 und OLGReport 2008, 924 OLG Frankfurt, NJWE-WettbR 1996, 280.
520 OLG Düsseldorf, WRP 1996, 1172. Dazu, dass das Zusenden derartiger Unterlassungserklärungen an Dritte selbst ein Wettbewerbsverstoß sein kann: OLG Hamburg, WRP 2012, 842; siehe hierzu auch (enger als das OLG Hamburg): BGH, MMR 2014, 316.
521 LG Köln, WRP 2014, 110.
522 OLG Köln, WRP 1985, 108; WRP 1986, 427; GRUR 1986, 194.
523 OLG Stuttgart, OLGReport 2008, 924.
524 BGH, GRUR 1970, 305; BGH, GRUR 1968, 49; BGH, GRUR 1967, 433; BGH, GRUR 1960, 340; OLG Bremen, WRP 1981, 913; OLG Hamburg, GRUR-RR 2005, 312; OLG Hamm, WRP 1981, 540; OLG Hamm, NJW-RR 1995, 1399; OLG Köln, WRP 1988, 126; OLG Stuttgart, WRP 1982, 115 und 170; *Spätgens* in *Gloy/Loschelder/Erdmann*, Handbuch des Wettbewerbsrechts, § 100 Rn. 66–68. Zur Frage, ob das Ausstellen des beanstandeten Produkts auf einer internationalen Fachmesse im Ausland bereits die Erstbegehungsgefahr für eine verletzungshandlung im Inland begründet: BGH, WPR 2015, 761 mit kritischer Anm. *Heil*, WRP 2015, 688.
525 OLG Hamburg, WRP 1979, 140; WRP 1981, 469; OLG Köln, WRP 1983, 44.
526 OLG Frankfurt, GRUR 1979, 864; OLG Koblenz, WRP 1986, 115; OLG Saarbrücken, WRP 1989, 54.
527 OLG Stuttgart, WRP 1982, 115.

Begehungsgefahr kann im Einzelfall auch die prozessuale Dringlichkeit für eine – nunmehr vorbeugende – Unterlassungsverfügung neu begründen, wenn die bevorstehende Verletzungshandlung eine andere Qualität hat als der zurückliegende nicht mehr dringliche Fall.[528]

e) § 12 Abs. 2 UWG und die besondere Dringlichkeit gem. § 937 Abs. 2

110 § 12 Abs. 2 UWG beinhaltet nur eine tatsächliche Vermutung für das Vorliegen eines Verfügungsgrundes (allgemeine Dringlichkeit) in Wettbewerbssachen. Er sagt jedoch nichts dazu, dass Wettbewerbssachen etwa immer auch »besonders dringende Fälle« i. S. § 937 Abs. 2 seien, beantragte einstweilige Verfügungen also in der Regel durch Beschluss ohne mündliche Verhandlung zu erlassen seien.[529] Es gilt vielmehr uneingeschränkt die allgemeine Regel, dass mündlich zu verhandeln ist, wenn nicht besondere über die allgemeine Dringlichkeit hinausgehende Umstände glaubhaft gemacht werden, dass dem Antragsteller ein Zuwarten bis zur mündlichen Verhandlung nicht zuzumuten sei.

f) Gerichtsstand des Verfügungsverfahrens und der Hauptsache (§ 14 UWG)

111 § 14 Abs. 2 Satz 1 UWG ändert nichts daran, dass Wettbewerbsverstöße zugunsten des unmittelbar verletzten Mitbewerbers oft einen Gerichtsstand an zahlreichen Orten (oft bundesweit)[530] begründen, insbesondere wenn sie durch in Presseerzeugnissen veröffentlichte Werbeanzeigen verwirklicht werden oder durch den Vertrieb einer Ware, da Begehungsort i. S. von § 14 Abs. 2 Satz 1 UWG jeder Ort ist, an dem in den geschützten Rechtskreis (z. B. durch Erscheinen der Anzeige, Vertrieb der Ware) eingegriffen wird[531]. Hier stellt sich die Frage, ob durch die Auswahl eines Gerichts zur Beantragung der einstweiligen Verfügung gleichzeitig der Gerichtsstand für die Durchführung des späteren Hauptsacheverfahrens auf nur noch dieses Gericht beschränkt wird und ob umgekehrt, falls bereits die Hauptsache bei einem Gericht anhängig ist, wenn die einstweilige Verfügung beantragt wird, der Antrag nur noch bei diesem Gericht gestellt werden kann. Die erste Frage muss mit der h. M.[532] verneint werden: Verfügungsgericht kann zwar nur ein Gericht sein, das auch Hauptsachegericht sein könnte. Damit ist aber, da die Zuständigkeit im Hauptsacheverfahren allein nach dem dort anhängigen Streitgegenstand zu beurteilen ist und da auch im Wettbewerbsprozess der Streitgegenstand des Verfügungsverfahrens und des Hauptsacheverfahrens nicht identisch sind,[533] die Hauptsache noch nicht präjudiziert. Das mag zu dem praktisch unerfreulichen Ergebnis führen, dass der, der mit den Rechtsansichten des Gerichts des Verfügungsverfahrens nicht zufrieden war, sein Glück im Hauptsacheverfahren noch bei einem anderen Gericht suchen kann, muss aber als Folge aus § 35 ZPO hingenommen werden.

---

528 Siehe hierzu auch vorn Rdn. 106.
529 *Teplitzky*, Wettbewerbsrechtliche Ansprüche und Verfahren, Kap. 55 Rn. 2.
530 KG, BB 1994, 2231 mit Kurzkommentar *Schricker*, EWiR 1994, 123; *Köhler/Bornkamm*, § 14 UWG Rn. 15; *Retzer* in Harte-Bavendamm/Henning-Bodewig, § 12 UWG Rn. 357. Kritisch zum fliegenden Gerichtsstand bei Rechtsverletzungen, die überall über das Internet abgerufen werden können: AG Hamburg, GRUR-Prax 2014, 95 mit Anm. *Danckwerts*. Siehe auch *Schröder*, WRP 2013, 153.
531 OLG Köln, WRP 2012, 499. Dass mehrere Gerichte zuständig sind, bedeutet nicht, dass auch an mehreren Orten *gleichzeitig* eine einstweilige Verfügung beantragt werden kann. Nach dem ersten Antrag sind alle nachfolgenden Anträge in entsprechender Anwendung des § 261 Abs. 3 Nr. 1 unzulässig: OLG Hamburg, WRP 2010, 790; *Gruhn*, WRP 2014, 27, 31. Der Mangel hinsichtlich der späteren. noch anhängigen Anträge ist durch die Rücknahme des ersten, zulässigen Antrages nicht mehr heilbar: OLG Hamburg, WRP 2010, 790, 792.
532 OLG Karlsruhe, NJW 1973, 1509 *Baumbach/Lauterbach/Hartmann*, § 35 Rn. 1; *Köhler/Bornkamm*, § 12 UWG Rn. 3.4; *Teplitzky*, Wettbewerbsrechtliche Ansprüche und Verfahren, Kap. 54 Rn. 8; *Thomas/Putzo/Hüßtege*, § 35 Rn. 2; *Zöller/Vollkommer*, § 35 Rn. 2.
533 OLG Köln, WRP 1987, 204; WRP 1996, 1214 und NJWE-WettbR 1999, 92, OLG Frankfurt, WRP 1982, 422; *Stein/Jonas/Grunsky*, vor § 935 Rn. 9; *Teplitzky*, Wettbewerbsrechtliche Ansprüche und Verfahren, Kap. 53 Rn. 3.

Etwas anderes gilt für die zweite Frage: Ist eine Hauptsache anhängig, greift § 937 Abs. 1. Die einstweilige Verfügung ist nun dieser Hauptsache zugeordnet. Sie muss deshalb – ausschließliche Zuständigkeit gem. § 802 – beim Gericht dieser Hauptsache beantragt werden.[534] Wird die Hauptsache bewusst bei einem offensichtlich unzuständigen Gericht anhängig gemacht, um auf diese Weise einen genehmen Gerichtsstand für die einstweilige Verfügung zu erschleichen, kann der Verfügungsantrag wegen Rechtsmissbrauch als unzulässig verworfen werden.[535]

112

g) Die Bedeutung des Verfügungsantrages und seine Fassung

Ausgangspunkt des Unterlassungsanspruchs (und daher auch regelmäßig Basis des Unterlassungsantrages[536]) ist die vorausgegangene konkrete Verletzungshandlung bzw. die konkrete Verletzungshandlung, die unmittelbar droht. Im Hinblick darauf, dass ein und dieselbe Handlung selten völlig unverändert wiederholt wird und nach der sog. »Kerntheorie«[537] vom Unterlassungsgebot auch solche Handlungen erfasst werden, die von der Verbotsform nur unbedeutend[538] abweichen und deren Abweichungen den Kern der Verletzungshandlung unberührt lassen, wird der Antragsteller aber oft versucht sein, von vornherein den Antrag etwas weiter zu fassen, um befürchtete, leicht variierende Wiederholungshandlung sogleich mit zu erfassen und für die Vollstreckung deutlich zu machen, wo er selbst den Kern des Unterlassungsgebotes sieht. Dieses verständliche Bemühen birgt die Gefahr, dass das Gericht die Wiederholungsgefahr und damit auch den zu sichernden Verfügungsanspruch enger beurteilt und den Antrag, da eine Anpassung über die Möglichkeiten des § 938 bereits hinausgehe, teilweise mit entsprechender Kostenfolge zurückweist.[539] Deshalb ist es trotz des Risikos für die Vollstreckung, dort dann erst den Kern der verbotenen Wettbewerbshandlung herausarbeiten zu können, empfehlenswert, den Antrag stets auf die Unterlassung des zuvor ganz konkret Beanstandeten zu begrenzen (z. B. »zu unterlassen, für sein Unternehmen wie folgt zu werben: – Einfügung der konkreten Anzeige –« oder »zu unterlassen, ein Produkt X in folgender Aufmachung in den Verkehr zu bringen: – Einfügung von Fotografien des Produkts aus den entscheidenden Blickwinkeln –« u. ä.) und erst in der Begründung klarzustellen, worin das Charakteristische der angegriffenen Störungshandlung gesehen wird[540]. Bei einer solchen konkreten Antragsfassung wird auch die Gefahr vermieden, zunächst im Eilverfahren mit einem verallgemeinerten Antrag durchzudringen,[541] im Hauptsacheverfahren dann aber unter Teilabweisung des Antrages auf die engere konkrete Verletzungsform zurückgedrängt zu werden und Ansprüchen aus § 945 ausgesetzt zu sein. Das Verfahren, allein die konkrete Verletzungsform insgesamt geschlos-

113

---

534 OLG Hamburg, WRP 1981, 325; *Köhler/Bornkamm*, § 12 UWG Rn. 3.3; *Teplitzky*, Wettbewerbsrechtliche Ansprüche und Verfahren, Kap. 54 Rn. 3.

535 OLG Hamburg, WRP 1981, 325; *Teplitzky*, Wettbewerbsrechtliche Ansprüche und Verfahren, Kap. 54 Rn. 4.

536 Wettbewerbswidrige Handlungen, die nicht Gegenstand des Antrages sind, sich aber aus den zur Begründung des Antrages beigefügten Unterlagen ergeben, kann das Gericht nicht von sich aus zum Gegenstand eines Verbots machen: BGH, MDR 2008, 1415.

537 Siehe hierzu: § 890 Rdn. 24–26; ferner: BGH, WM 2014, 1251; *Köhler/Bornkamm*, § 8 UWG Rn. 1.52–1. 54; *Piper/Ohly/Sosnitza*, § 12 UWG Rn. 61–63; Schmidt, GRUR-Prax 2012, 179, 180. Zur grundsätzlichen verfassungsrechtlichen Unbedenklichkeit der sog. »Kerntheorie« in wettbewerbsrechtlichen Verfahren: BVerfG, AfP 2008, 430.

538 Lediglich »kosmetische Veränderungen«: OLG Hamburg, OLGReport 2009, 521.

539 OLG Hamburg, WRP 1995, 240. Zu dieser Problematik auch *Teplizky*, WRP 1999, 75. U. U. kann ein zu weit gefasster Antrag sogar zur Unbestimmtheit des gesamten Petitums und damit zur Unzulässigkeit des Antrages führen: OLG München, OLGReport 2008, 228.

540 Diese Klarstellung ist allerdings notwendig, um kerngleiche Verletzungshandlungen in das Verbot mit einzubeziehen: BGH, NJW 2014, 2870. Zur richtigen Antragsfassung in Wettbewerbssachen zutreffend und ausführlich: *von Ungern-Sternberg*, GRUR 2011, 375 ff. und 486 ff.

541 Zur Frage, ob die Dringlichkeit verloren geht, wenn zunächst ein zu weit gefasster Antrag gestellt wurde, der erst später im Verfahren an die konkrete Verletzungsform angepasst wird: OLG Köln, NJW-RR 2001, 1486.

sen in den Antrag »einzurücken«, versagt aber, wenn hinsichtlich der konkreten Werbeanzeige, Produktausstattung usw. isoliert mehrere Wettbewerbsverstöße gerügt werden sollen. Hier müssen die einzelnen Unterlassungsgebote, und zwar wiederum in ihrer konkreten Form, hintereinander gereiht werden, die Anzeige usw. sind also zu zerlegen (z. B.: »*zu unterlassen, für das Produkt X wie folgt zu werben: a) und/oder b) und/oder c), insbesondere wenn dies wie folgt geschieht: – [Einrückung nunmehr der gesamten Anzeige]* –«).

114 Die Aufnahme der konkreten Werbeanzeige, Produktausstattung usw. in den Verfügungsantrag ist auch dann unschädlich und daher aus den vorstehend genannten Gründen zu empfehlen, wenn nicht alle Passagen der Werbeanzeige zu beanstanden sind – wann wird dies schon einmal der Fall sein –; denn die konkrete Anzeige als Ganze ist unzulässig, wenn auch nur einzelne Passagen zu beanstanden sind. Bei der Formulierung des richtigen Antrags zu helfen, gehört im Übrigen gerade im Wettbewerbsprozess zu den wichtigsten Aufgaben des Gerichts.[542] Ein solcher Hinweis macht das Gericht nicht befangen, sondern ist Folge aus § 139 Abs. 1, der selbstverständlich auch im Verfügungsverfahren gilt.

Was die Anzeige als ganze unzulässig macht und daher abgeändert oder weggelassen werden muss, damit die neue Anzeige nicht mehr vom Kern des Unterlassungsangebotes erfasst wird, kann der Antragsgegner der Antragsschrift bzw. den Entscheidungsgründen des Urteils entnehmen. Es ist dem Antragsgegner nicht unzumutbar, sich diese Gewissheit gegebenenfalls durch Anfordern der Antragsschrift zu verschaffen. Zudem wird in Wettbewerbssachen dem Verfügungsantrag in der Regel eine Abmahnung vorausgegangen sein, die schon erkennen ließ, welche Passagen der Anzeige beanstandet werden.

115 Dass der spätere Hauptsacheantrag über den Verfügungsantrag hinausgeht, ein weitergehendes – das Verbot aus der einstweiligen Verfügung allerdings mit umfassendes – Verbot oder auch zusätzliche neue Verbote anstrebt, ist nicht nur unschädlich, es entspricht an sich dem natürlichen Verhältnis von einstweiliger Verfügung, die nur die notwendige Sicherung erstrebt, und Hauptsacheverfahren.[543] Insofern gilt für das Wettbewerbsverfahren nichts Besonderes, insbesondere keine Pflicht, für alle Ansprüche zunächst das schnellere und u. U. auch billigere Verfügungsverfahren zu wählen und dem Antragsgegner die Möglichkeit einzuräumen, es durch entsprechende Abschlusserklärung auch beim Verfügungsverfahren zu belassen. Auch im Hinblick auf § 926 besteht keine Notwendigkeit, dass Verfügungsantrag und späterer Hauptsacheantrag sich decken.[544] Entscheidend ist nur, dass der Verfügungsantrag jedenfalls als Minus im Hauptsacheantrag enthalten ist, sodass über die Berechtigung dieses eingeschränkten Unterlassungsbegehrens im Hauptsacheverfahren mit entschieden wird.

2. Gewerblicher Rechtsschutz im Übrigen

a) Markenrecht

116 Hinsichtlich der markenrechtlichen Unterlassungsansprüche[545] gilt im Verfügungsverfahren die Vermutung des § 12 Abs. 2 UWG entsprechend,[546] die aber, wie in allgemeinen Wettbewerbsstrei-

---

542 *Danelzik*, WRP 1999, 18.
543 Siehe hierzu ausführlich *Walker*, Der einstweilige Rechtsschutz, Rn. 66–69.
544 So aber *Teplitzky*, Wettbewerbsrechtliche Ansprüche und Verfahren, Kap. 54 Rn. 39.
545 Hierher gehört auch der Anspruch auf Unterlassung eines Domainnamens im geschäftlichen Bereich: KG, OLGReport 2007, 1049.
546 Sehr streitig; wie hier: *Ingerl/Rohnke*, vor §§ 14–19d MarkenG Rn. 194; die überwiegende neuere Ansicht ist aber a. M.; Einzelheiten siehe oben, Rdn. 99; siehe ferner den Überblick über die neuere Literatur und Rechtsprechung bei OLG Köln, NJOZ 2015, 45.

tigkeiten, durch eigenes Verhalten des Antragstellers vor seinem Antrag auf einstweiligen Rechtsschutz[547] ebenso wie im Verfügungsverfahren selbst widerlegt werden kann.[548]

Neben der vorläufigen Sicherung der Unterlassungsansprüche kann ein Bedürfnis für Eilmaßnahmen auch im Hinblick auf den Vernichtungsanspruch gem. § 18 MarkenG bestehen. Die Vermutung des § 12 Abs. 2 UWG gilt insoweit nicht; die Dringlichkeit ist also schlüssig darzulegen und glaubhaft zu machen. Sie wird sich meist aber von selbst aus dem nahe liegenden Bedürfnis ergeben, die weitere Verunsicherung des Marktes durch den Vertrieb von Plagiaten zu verhindern. Der Verfügungsantrag im Hinblick auf § 18 MarkenG kann nie bereits auf die Vernichtung selbst, sondern nur auf die Herausgabe der Waren usw. an einen Sequester gerichtet sein. Ist die beanstandete Ware zunächst öffentlich-rechtlich gem. § 146 MarkenG beschlagnahmt worden, kann die einstweilige Verfügung unter Berücksichtigung des § 147 Abs. 3 MarkenG auch dahin ergehen, dass die Verwahrung der Waren bei einer bestimmten Stelle (etwa auch beim Gerichtsvollzieher, an den die Zollbehörde die Waren dann aushändigt) angeordnet wird.

Hinsichtlich des Auskunftsanspruchs gem. § 19 Abs. 1 und 2 MarkenG[549] enthält § 19 Abs. 7 MarkenG die ausdrückliche Regelung, dass die Auskunftsverpflichtung in Fällen »offensichtlicher Rechtsverletzung« auch durch einstweilige Verfügung angeordnet werden kann. Damit ist jedenfalls für diesen Bereich die Streitfrage, inwieweit Auskunftspflichten überhaupt Gegenstand einstweiliger Verfügungen sein können,[550] positivgesetzlich bejaht. Die einstweilige Verfügung ermöglicht es hier, insbesondere die an der Rechtsverletzung beteiligten Dritten umgehend ausfindig zu machen und damit von diesen drohende weitere Rechtsverletzungen rechtzeitig zu verhindern. Zu beachten sind aber die Grenzen des Auskunftsanspruchs, insbesondere wenn Dritte in Anspruch genommen werden, die selbst nicht Verletzer oder Störer sind.[551] 117

»Offensichtlich« ist die Rechtsverletzung, wenn sie mithilfe präsenter Beweismittel ohne weiteres nachgewiesen werden kann und eine andere Beurteilung im Hauptsacheverfahren kaum möglich erscheint[552]. Die Dringlichkeitsvermutung des § 12 Abs. 2 UWG gilt für die Geltendmachung des Auskunftsanspruchs aus § 19 MarkenG nicht.[553]

Für die warenzeichenrechtlichen Verfügungsverfahren gilt wie für das spätere Hauptsacheverfahren der besondere Gerichtsstand der §§ 140, 141 MarkenG.[554] Sind die Warenzeichensachen bei einem bestimmten Landgericht konzentriert, gilt diese Zuständigkeit auch für Anträge auf Erlass einer einstweiligen Verfügung. Der amtsgerichtliche Eilgerichtsstand des § 942 Abs. 1 bleibt von der Regelung des § 140 Abs. 1 MarkenG aber unberührt. Auch im Verfahren auf Erlangung einstweiligen Rechtsschutzes gilt die Mitwirkungsbefugnis der Patentanwälte[555] einschließlich der Regelung zur Kostentragung in § 140 Abs. 3 MarkenG. 118

---

547 OLG Zweibrücken, OLGReport 2008, 808; OLG Frankfurt, BeckRS 2013, 01264 mit Anm. *Matthes*, GRUR-Prax 2013, 341942; OLG Frankfurt, WRP 2014, 981. Gegen eine Verpflichtung zu Nachforschungen nach Markenanmeldungen bei Kenntnis der Verwendung als Unternehmenskennzeichen: OLG Hamburg, GRUR – RR 2008, 306 (zweifelhaft).
548 OLG Hamburg, GRUR 2005, 312.
549 Hierzu *Ann*, GRUR-Prax 2012, 249.
550 Siehe oben, Rdn. 38.
551 So zu den Grenzen der Auskunftsverpflichtung von Banken: OLG Stuttgart, NZG 2012, 272.
552 LG Mannheim, NJOZ 2010, 1778.
553 Siehe oben Rdn. 99.
554 *Fezer*, NJW 1997, 2915; *Ingerl/Rohnke*, Markengesetz, § 140 MarkenG Rn. 52.
555 *Ingerl/Rohnke*, a. a. O., § 140 MarkenG Rn. 54.

b) Design- und Gebrauchsmustersachen

119 Auch hier gilt die Dringlichkeitsvermutung des § 12 Abs. 2 UWG entsprechend,[556] soweit Unterlassungsansprüche geltend gemacht werden, nicht dagegen, soweit auch die Beseitigungs-, Vernichtungs- und Überlassungsansprüche (§§ 42, 43 DesignG, 24a GebrMG) vorläufig gesichert werden sollen. Ein Verfügungsgrund besteht nicht, wenn der Bestand des zu schützenden Gebrauchsmusters nicht bereits so überwiegend sicher erscheint, dass eine Aufhebung der einstweiligen Verfügung im Hauptsacheverfahren nicht mehr ernstlich zu erwarten ist.[557] Dies wird ohne Anhörung des Gegners regelmäßig nicht festzustellen sein[558]. Der Antragsgegner räumt die vermutete Dringlichkeit aus, indem er schlüssig Einwendungen vorbringt, die die Schutzunfähigkeit des Schutzrechts nahelegen.

Der Auskunftsanspruch gem. § 24b Abs. 1 und 2 GebrMG kann in Fällen »offensichtlicher Rechtsverletzung« gem. § 24b Abs. 7 GebrMG durch einstweilige Verfügung durchgesetzt werden, ebenso der Auskunftsanspruch des § 46 Abs. 7 DesignG. Die Regelung entspricht der in § 19 Abs. 3 MarkenG.[559] Die Kosten für die Mitwirkung eines Patentanwalts im Verfahren des einstweiligen Rechtsschutzes sind, da es sich auch beim einstweiligen Rechtsschutz unzweifelhaft um eine Designsache handelt,[560] ohne weiteres erstattungsfähig.

c) Patentsachen

aa) Unterlassungsansprüche des Patentinhabers

120 Für das Sicherungsverlangen des Patentinhabers bzw. Patentanmelders hinsichtlich seiner Unterlassungsansprüche aus §§ 9 ff., 139, 140 PatG durch einstweilige Verfügung gilt entgegen der h. M. ebenfalls § 12 Abs. 2 UWG entsprechend.[561] Die Dringlichkeit, der Verfügungsgrund, wird also zunächst vermutet. Die Anforderungen an die Glaubhaftmachung des Verfügungsanspruchs sind aber hoch. Dies gilt insbesondere dann, wenn bereits ein Patentnichtigkeitsverfahren anhängig ist.[562] Zur Vorbereitung des Unterlassungsanspruchs besteht ein Besichtigungsanspruch gem. § 140c Abs. 1 PatG.[563] Dieser Besichtigungsanspruch kann in Eilfällen[564] auch bereits durch einstweilige Verfügung durchgesetzt werden (§ 140c Abs. 3 PatG)[565].

---

556 Siehe oben, Rdn. 99. Anders als hier die heute wohl überwiegende Ansicht; siehe: *Köhler/Bornkamm*, § 12 UWG Rn. 3.14.
557 OLG Düsseldorf, BeckRS 2012, 07678 mit Anm. *Rehmann*, GRUR-Prax 2012, 331475; siehe auch *Böhler*, GRUR 2011, 965, 967.
558 LG Hamburg, GRUR- RR 2015, 137.
559 Siehe oben, Rdn. 118.
560 Zur weiten Auslegung des Begriffs: OLG Stuttgart, OLGReport 2005, 602.
561 Siehe oben, Rdn. 100; ferner OLG Karlsruhe, GRUR 1979, 700; **a. A.** aber die heute ganz überwiegende Meinung: OLG Hamm, GRUR 1981, 130; OLG Düsseldorf, GRUR 1994, 508; *Köhler/Bornkamm*, § 12 UWG Rn. 3. 14; *Holzapfel*, GRUR 2003, 287, 292.
562 LG Mannhein, GRUR-RR 2006, 348; LG Düsseldorf, GRUR-Prax 2014, 302 mit Anm. *Bölling*; OLG Düsseldorf, GRUR 2007, 219; OLG Düsseldorf, GRUR-RR 2008, 329; OLG Düsseldorf, GRUR-RR 2011, 81; OLG Düsseldorf, BeckRS 2012, 07678; OLG Karlsruhe, OLGReport 2009, 591. Siehe ferner: *Böhler*, GRUR 2011, 965.
563 *Kühnen/Geschke*, Die Durchsetzung von Patenten in der Praxis, 2. Aufl. 2005, Rn. 97.
564 OLG Düsseldorf, GRUR-RR 2011, 289 mit Anm. *Müller-Stoy*, jurisPR-WettbR 7/2011 (Anm. 2) verlangt für den Erlass einer einstweiligen Verfügung im Besichtigungsverfahren keine Dringlichkeit in zeitlicher Hinsicht. Die Dringlichkeit sei hier fingiert.
565 Einzelheiten: *Zöllner*, GRUR-Prax 2010, 74. Zum Rechtsschutz gegen solche Besichtigungsverfügungen: *Eck/Dombrowski*, GRUR 2008, 387.

bb) Vernichtungsanspruch

Zur einstweiligen Sicherung des Vernichtungsanspruchs gem. § 140a PatG kann eine einstweilige Verfügung dahin gehend zulässig sein, dass die fraglichen Erzeugnisse an einen Sequester herauszugeben seien. Insoweit muss der Verfügungsgrund aber nach den allgemeinen Regeln schlüssig dargelegt und glaubhaft gemacht sein, wird also nicht vermutet. Die Auskunftsverpflichtung gem. § 140b Abs. 1 und 2 PatG kann gem. Abs. 7 in »Fällen offensichtlicher Rechtsverletzung« auch im Wege der einstweiligen Verfügung angeordnet werden. Die Regelung entspricht der in § 19 Abs. 7 MarkenG.[566] Zur Berechnung und Sicherung des Schadensersatzanspruchs aus schuldhaften Patentverletzungen gem. § 139 Abs. 1 PatG kann den Verletzten gem. § 140d Abs. 1 PatG ein Anspruch auf Vorlage von Bank- und Handelsunterlagen zustehen. Diese Vorlage kann gem. § 140d Abs. 3 PatG auch im Wege der einstweiligen Verfügung angeordnet werden. Insoweit besteht keine Dringlichkeitsvermutung. 121

cc) Anspruch auf Erteilung einer Zwangslizens

Der Anspruch aus §§ 24 Abs. 1 PatG, 20 GebrMG auf Erteilung einer Zwangslizenz im öffentlichen Interesse gegen Zahlung einer angemessenen Vergütung kann gem. § 85 Abs. 1 PatG im Wege der einstweiligen Verfügung durchgesetzt werden, wenn glaubhaft gemacht ist, dass nicht nur die Anspruchsvoraussetzungen vorliegen, sondern darüber hinaus die alsbaldige Erteilung der Erlaubnis im öffentlichen Interesse dringend geboten ist. Die Dringlichkeit einer Entscheidung im Eilverfahren ist also dann gegeben, wenn öffentliche Interessen gefährdet wären, würde die Zwangslizenz nicht umgehend erteilt. Eine Gefährdung wirtschaftlicher Interessen des Antragstellers selbst allein wäre nicht ausreichend. 122

d) Urheberrechtssachen

Für urheberrechtliche **Unterlassungsansprüche** (§ 97 Abs. 1 UrhG), mögen sie auch von Gewerbetreibenden gegen Wettbewerber geltend gemacht werden, gilt § 12 Abs. 2 UWG nicht.[567] Die Dringlichkeit ist also im Einzelnen schlüssig darzulegen und glaubhaft zu machen[568]. Dabei ist aber, wie auch im Verfahrensablauf im Übrigen, auf die besonderen Schwierigkeiten des Anspruchstellers, insbesondere bei internationalen Urheberrechtsketten, Rücksicht zu nehmen.[569] Der Grund dafür liegt darin, dass es sich nicht um typische Ansprüche des gewerblichen Rechtsschutzes handelt, dass es vielmehr Zufall ist, wenn sie unter Wettbewerbern i. S. von § 8 Abs. 3 Nr. 1 UWG bestehen. Dass im Rahmen des Verfügungsanspruchs schwierige Rechtsfragen zu klären sind, darf das Gericht nicht von deren sorgfältiger Prüfung und vom Erlass einer einstweiligen Verfügung abhalten.[570] Soweit schwierige tatsächliche Fragen zu klären sind, sind aber an deren Glaubhaftmachung hohe Anforderungen zu stellen. 123

---

566 Siehe oben Rdn. 118.
567 OLG Hamm, GRUR 1981, 130; KG, NJW 1997, 330 mit Anm. *Zahrnt, Witte* und *Erben*, CR 1996, 531; KG, NJW-RR 2001, 1201; KG, GRUR 2003, 262; OLG Stuttgart, OLGReport 2009, 633; OLG München, WRP 2012, 1297; OLG Naumburg, GRUR-RR 2013, 135; LG Halle, BeckRS 2012, 13612; *Köhler/Bornkamm*, § 12 UWG Rn. 3.14. A. A. (§ 12 UWG entsprechend anwendbar): OLG Karlsruhe, BB 1994, Beilg. 14 S. 7 (mit Anm. *Zahrnt*).
568 Zu den Anforderungen an die Darlegung der Dringlichkeit: OLG Frankfurt, NJW 1989, 408; OLG Naumburg, GRUR-RR 2013, 135.
569 OLG Hamburg, IPRax 2004, 527. Abzulehnen ist daher eine Rechtsprechung (etwa OLG Brandenburg, MDR 2009, 581), die in Fällen von tatsächlicher und rechtlicher Schwierigkeit den Erlass einer einstweiligen Verfügung verweigert und diese nur in Betracht zieht, wenn keine gewichtigen Zweifel an einer Urheberrechtsverletzung bestehen.
570 A. A. insoweit allerdings LG Köln, ZUM-RD 2014, 440.

Vor § 935 ZPO Vorläufiger Rechtsschutz durch einstweilige Verfügung – Überblick

Soweit Beseitigungs-, Vernichtungs- oder Überlassungsansprüche bestehen (§§ 97 Abs. 1, 98 UrhG),[571] kann im Wege der einstweiligen Verfügung, sofern deren Voraussetzungen im Übrigen vorliegen, Herausgabe der Plagiate, Vervielfältigungsstücke oder Vorrichtungen an einen Sequester begehrt werden. Im Hinblick auf die engen Voraussetzungen der genannten Ansprüche wird eine solche vorläufige Anordnung aber nur in Betracht kommen, wenn die Anspruchsvoraussetzungen in tatsächlicher Hinsicht offensichtlich vorliegen.

Die Veröffentlichung des Textes einer auf Unterlassung gerichteten einstweiligen Verfügung kann nicht nach § 103 UrhG geltend gemacht werden.[572]

124 Der **Auskunftsanspruch** gem. § 101 Abs. 1 und 2 UrhG kann gem. Abs. 7 in Fällen »offensichtlicher Rechtsverletzung«[573] mit der einstweiligen Verfügung durchgesetzt werden. Die Regelung des Abs. 7 entspricht wieder der in § 19 Abs. 7 MarkenG.[574]

125 Abs. 7 gilt nicht für die Auskunft über die Namen und Adressen der Inhaber von IP-Adressen[575] unter Verwendung von Verkehrsdaten i. S. d. § 3 Nr. 30 TKG (Abs. 9)[576], da nach Auskunftserteilung das weitere dem FamFG zugeordnete Verfahren nach § 101 Abs. 9 UrhG hinfällig würde[577]. Im Rahmen des Verfahrens nach Abs. 9 sind aber einstweilige Anordnungen nach §§ 49 ff FamFG möglich[578].

126 Auch die Ansprüche auf Vorlage und Besichtigung des Plagiats gem. § 101a Abs. 1 UrhG[579] und auf Einsichtnahme in Handels- und Bankunterlagen zur Vorbereitung von Schadensersatzansprüchen gem. § 101b Abs. 1 UrhG können gem. §§ 101a Abs. 3, 101b Abs. 3 UrhG[580] im Wege der einstweiligen Verfügung geltend gemacht werden[581]. Neben dem Verfügungsanspruch (»offensichtliche Rechtsverletzung«) ist auch der Verfügungsgrund glaubhaft zu machen[582].

127 Einstweilige Verfügungen auf Einräumung einer Zwangslizenz (§ 42a UrhG) können erlassen werden, ohne dass es der Glaubhaftmachung eines Verfügungsgrundes bedarf (§ 42a Abs. 6 Satz 2 UrhG). Die Dringlichkeit wird vermutet; die Vermutung kann aber widerlegt werden. Da die einst-

---

571 Zum Maße der Glaubhaftmachung des Anspruchs: OLG Hamburg, GRUR-RR 2003, 135.
572 OLG Frankfurt, NJW-RR 1996, 423.
573 Zur Definition der »offensichtlichen« Rechtsverletzung: BGH, ZUM 2012, 802; BGH, ZUM-RD 2012, 587. Entgegen LG Köln, ZUM-RD 2010, 643 und LG Köln, ZUM-RD 2012, 619 muss die Rechtsverletzung selbst nicht in gewerblichem Ausmaße erfolgt sein.
574 Siehe oben Rdn. 118.
575 Zur zuverlässigen und zutreffenden Ermittlung dieser IP-Adressen als Voraussetzung der Offensichtlichkeit der Rechtsverletzung: OLG Köln, WRP 2011, 637.
576 Zu den Voraussetzungen dieses Auskunftsanspruchs im Einzelnen: BGH, ZUM 2012, 802.
577 OLG Zweibrücken, GRUR-RR 2009, 399. Kritisch hierzu: *Ladeur*, NJOZ 2010, 1606. Zum angesprochenen FamFG-Verfahren: LG Köln, ZUM-RD 2010, 425; *Otten*, GRUR-RR 2009, 369; *Bohm* in *Wandtke/Bullinger*, § 101 UrhG Rn 28, 29.
578 OLG Köln, MMR 2013, 257; LG Bielefeld, ZUM-RD 2010, 3395. Gegen den Gestattungsbeschluss im Wege der einstweiligen Anordnung hat der Anschlussinhaber, auch wenn die Auskunft schon erteilt ist, ein eigenes Beschwerderecht: BGH, GRUR 2013, 536; OLG Köln, FGPrax 2011, 44.
579 Zur Durchsetzung des Software – Besichtigungsanspruchs im Wege der einstweiligen Verfügung: *Hoppen*, CR 2009, 407 ff.
580 Zur Frage, wann ein zu sichernder Schadensersatzanspruch »offensichtlich« besteht: OLG Frankfurt, GRUR 2012, 197.
581 Zum Streit, ob es insoweit der Darlegung eines Verfügungsgrundes bedarf: OLG Köln, OLGReport 2009, 258 einerseits, *Tillmann*, GRUR 2005, 737 andererseits.
582 OLG Hamm, ZUM-RD 2010, 27; OLG Köln, ZUM 2009, 427. A. A. (bloßes Zuwarten über einen längeren Zeitpunkt allein schade hier der Dringlichkeit noch nicht): OLG Düsseldorf, GRURPrax 2010, 444 mit Anm. *Müller-Stoy*, jurisPR-WettbR 10/2010 Anm. 5.

weilige Verfügung zunächst ohne Absicherung der Vergütungsansprüche der Urheber ergeht, sollte sie im Regelfall nicht ohne Anordnung einer Sicherheitsleistung erlassen werden.[583]

Gesamtvertragsfähige Verbände i. S. von § 12 WahrnG können eine Verwertungsgesellschaft, mit der sie noch in Verhandlungen über einen Gesamtvertrag stehen, die aber bereits mit einem anderen Verband einen Gesamtvertrag ausgehandelt hat, nicht unter dem Gesichtspunkt des verhandlungstreuen Verhaltens durch einstweilige Verfügung an der Aufstellung eines Tarifwerkes hindern, da aus diesem Tarifwerk keine betragsmäßig durchsetzbaren Ansprüche auf Urheberrechtsabgaben gegen die Mitglieder des Verbandes, der seinerseits noch keinen Gesamtvertrag abgeschlossen hat, hergeleitet werden können[584]. 128

3. Kartellrecht

a) Abwehransprüche am Wettbewerb Beteiligter

§ 33 GWB gibt demjenigen, dem aus dem Verstoß gegen eine jedenfalls auch seinen Schutz bezweckende Norm des GWB[585] oder gegen eine aufgrund des GWB erlassene Verfügung, Schaden droht, einen vorbeugenden Unterlassungsanspruch und, falls der Schaden schuldhaft verursacht wurde, einen Schadensersatzanspruch, der gegebenenfalls auch als Beseitigungsanspruch geltend gemacht werden kann. Schutznormen dieser Art sind insbesondere §§ 19, 20, 21 GWB.[586] Der vorbeugende Unterlassungsanspruch spielt im Hinblick auf § 20 Abs. 1 GWB eine nicht unerhebliche praktische Rolle. Wird der Unterlassungsanspruch als solcher im Wege der einstweiligen Verfügung geltend gemacht, gilt entgegen der h. M.[587] § 12 Abs. 2 UWG entsprechend, da die Situation in jeder Hinsicht gleich gelagert ist.[588] Ausnahmsweise kann der Verletzte, wenn ihm aus der Nichtbelieferung große, seine Existenz bedrohende Nachteile drohen, im Weg der einstweiligen Verfügung auch einen positiven Belieferungsanspruch durchsetzen.[589] Insofern gilt aber § 12 Abs. 2 UWG nicht.[590] Der Gläubiger muss also substantiiert seine außergewöhnliche Notlage darlegen und glaubhaft machen. Der notwendige – nicht zu verwechseln mit dem an sich vom Gläubiger erwünschten – Lieferumfang muss genau umschrieben werden.[591] 129

b) Vorbeugender Rechtsschutz in Vergabeverfahren

Im Streit um die **Vergabe öffentlicher Aufträge** (§§ 97 ff. GWB) ist für Aufträge, die oberhalb der in der VO gem. § 127 GWB festgelegten Schwellenwerte liegen (§ 100 Abs. 1 GWB), ein eigenes beschleunigtes gerichtliches Kontrollverfahren vorgesehen (§§ 102 ff. GWB), das als spezielleres 130

---

583 *Schulze/Dreier*, UrhRG, § 42a Rn. 21.
584 OLG München, GRUR-RR 2010, 278 mit teilweise kritischer Anm. durch *Kröber*, GRUR-RR 2010, 281. Siehe auch *Dreier/Schulze*, UrhG, § 12 WahrnG Rn. 5.
585 *Immenga/Mestmäcker/Emmerich*, Wettbewerbsrecht, 4. Aufl., § 33 GWB Rn. 10.
586 *Immenga/Mestmäcker/Markert*, § 20 GWB Rn. 230 und § 21 GWB Rn. 47; *Köhler*, BB 2002, 584.
587 So etwa: *Köhler/Bornkamm*, § 12 UWG Rn. 3.14; *Teplitzky*, Wettbewerbsrechtliche Ansprüche und Verfahren, Kap. 54 Rn. 20 b.
588 Siehe auch oben Rdn. 100.
589 LG Magdeburg, NJWE-WettbR 2000, 199; LG Dortmund, GRUR-RR 2001, 43; OLG München, GRUR-RR 2003, 56 (zum Netzzugangsanspruch eines Stromlieferanten); LG Düsseldorf, GRUR-Prax 2013, 169; *Immenga/Mestmäcker/Makert*, 4. Aufl., § 20 GWB Rn. 234, 235; *Köhler*, BB 2002, 584 ff.; *Rehbinder* in *Loewenheim/Meessen/Riesenkampff*, Kartellrecht, 2. Aufl., § 33 GWB Rn. 44; *Musielak/Huber*, § 940 Rn. 10. Ein vergleichbarer positiver Erfüllungsanspruch (Zulassung zu einer Fachhändlerausstellung) ist Gegenstand der Entscheidung OLG Hamburg, NJWE-WettbR 1996, 286; **a. A.** (einstweilige Verfügung zur Durchsetzung eines positiven Erfüllungsanspruchs nicht zulässig) LG Hamburg, WuW 1988, 71; OLG Düsseldorf, WuW 1986, 917.
590 OLG Stuttgart, WRP 1990, 780.
591 OLG Düsseldorf, WuW 1986, 917.

Verfahren den vorbeugenden Rechtsschutz durch einstweilige Verfügung ausschließt[592] und auch hinreichenden Rechtsschutz gewährleistet.[593] Streitig ist, ob vorbeugender Rechtsschutz durch einstweilige Verfügung gegen Diskriminierungen in Vergabeverfahren unterhalb der Schwellenwerte möglich ist, wenn das Verfahren nach §§ 102 ff. GWB nicht greift.[594] Man wird dies grundsätzlich bejahen müssen[595], soweit ein Verfügungsanspruch auf Unterlassung der Auftragsvergabe an Mitbieter aus §§ 823 Abs. 1 oder Abs. 2[596], 826, 1004 BGB, aufgrund der Vorschriften des UWG[597] oder auch aus einem vorvertraglichen Vertrauensverhältnis (§§ 241, 311 Abs. 2 BGB)[598] im Einzelfall bejaht werden kann. Es kann insoweit keinen rechtsfreien Raum geben;[599] mögliche nachträgliche Schadensersatzansprüche[600] sind oft nur schwer zu berechnen und nach einer durch Auftragsverlust eingetretenen Insolvenz unzureichend. Sobald der Auftrag allerdings erteilt ist, kommt Eilrechtsschutz nicht mehr in Betracht[601].

c) Zuständigkeit in Kartellsachen

aa) ausschließliche Zuständigkeit nach § 95 GWB

131 Soweit Kartellsachen i. S. von § 87 Abs. 1 GWB im Wege der einstweiligen Verfügung verfolgt werden sollen, sind die Kartellgerichte (§§ 87, 89, 92 GWB) ausschließlich zuständig (§ 95 GWB). Werden Kartellsachen mit anderen Ansprüchen verbunden, etwa aus dem UWG, so können alle Ansprüche zusammen vor dem Kartellgericht geltend gemacht werden (§ 88 GWB). Problematisch ist der umgekehrte Fall: Ist das allgemeine Zivilgericht etwa in einem Boykottfall um eine auf das UWG oder auf § 826 BGB gestützte einstweilige Unterlassungsverfügung ersucht worden, so fragt sich, ob es auch über den Anspruch aus §§ 21, 33 GWB mit befinden darf. Die Frage ist zu verneinen.[602] Das allgemeine Zivilgericht könnte hinsichtlich der kartellrechtlichen Ansprüche nicht Gericht der Hauptsache sein. Dann aber ist es auch für den Erlass der einstweiligen Verfügung nicht zuständig (§§ 937, 802).

bb) Eilzuständigkeit nach § 942 Abs. 1

132 Nicht betroffen durch §§ 87 ff., 95 GWB ist die Zuständigkeit des Amtsgerichts gem. § 942 Abs. 1 in Eilfällen, etwa zur Unterbindung einer unversehens für eine Wochenendveranstaltung drohenden Liefersperre. Gericht der Hauptsache, das zur Bestätigung anzurufen ist, ist dann das Kartellgericht.

cc) Zuständigkei bei kartellrechtlichen Vorfragen

133 Die Kartellgerichte sind im Übrigen gem. §§ 87 Abs. 1 Satz 2, 95 GWB auch dann bereits ausschließlich zuständig, wenn die Entscheidung des Rechtsstreits ganz oder sogar nur teilweise von

---

592 *Gehrlein*, NZBau 2001, 483, 484. Das gilt auch für das Vergabeverfahren nach § 46 EnWG.
593 OLG München, OLGReport 2005, 253; OLG Naumburg, ZfBR 2005, 501.
594 Verneinend: *Gehrlein*, NZBau 2001, 483, 484.
595 LG München I, NZBau 2012, 464; *Emme/Schrotz*, NZBau 2012, 216, 218.
596 LG Leipzig, NZBau 2014, 250.
597 LG Heilbronn, NZBau 2002, 239; OLG München, WuW 2000, 947; OLG Jena, OLGReport 2009, 234; *Immenga/Mestmäcker/Stockmann*, § 104 GWB Rn. 16–18; *Grams*, VergabeR 2008, 474. Ausführlich zum Problem: *Widmann*, Vergaberechtsschutz im Unterschwellenbereich, Diss., Mainz 2008, §§ 4–7.
598 OLG Düsseldorf, VergabeR 2010, 531 mit Anm. *Finke/Hangebrauck*, EWiR 2010, 295.
599 BVerfG, NJW 2006, 3701. Zur streitigen Frage des Rechtsweges gegen die ausschreibende Behörde, Kommune usw. ausführlich: *Pietzker*, ZfBR 2007, 131; ferner BVerwG, NJW 2007, 2275; OVG Münster, NZBau 2012, 327; LG Leipzig, NZBau 2014, 250 (alle: Zivilrechtsweg).
600 BGH, NZBau 2012, 46.
601 OLG Naumburg, OLGReport 2008, 957.
602 Im Ergebnis wie hier: *Immenga/Mestmäcker/ K. Schmidt*, Wettbewerbsrecht, 4. Aufl., § 87 GWB Rn. 48.

einer kartellrechtlichen Vorfrage abhängt, obwohl sich der Anspruch selbst nicht aus dem GWB ergibt.[603]

d) Vorbeugender Rechtsschutz in Vergabeverfahren

Gegenüber den **Kartellbehörden** kommt einstweiliger Rechtsschutz durch einstweilige Verfügung nicht in Betracht. Hier sind in den §§ 54 ff. GWB Sonderregelungen getroffen, die sich an das Verfahren vor den Verwaltungsgerichten anlehnen, wenn auch Zivilgerichte zur Entscheidung berufen sind: Ist die sofortige Vollziehung einer Verfügung der Kartellbehörde angeordnet, kann der Beschwerdeführer beim Beschwerdegericht Wiederherstellung der aufschiebenden Wirkung seiner Beschwerde beantragen (§ 65 Abs. 3 GWB). 134

In Verfahren vor der Kartellbehörde sind vor deren endgültiger Entscheidung einstweilige Anordnungen der Behörde, auch zugunsten der Antragsteller, etwa in teilweiser Vorwegnahme einer beantragten Erlaubnis möglich (§ 60 GWB).

V. Im Versicherungsrecht

Regelmäßig geht es hier um Leistungsverfügungen auf vorläufige Zahlung von Versicherungsleistungen oder auf vorläufige Kostendeckungszusagen[604]: Der Versicherungsnehmer, dessen Krankenversicherungsvertrag oder Krankenhaustagegeldvertrag gekündigt wurde oder dem Leistungen aus sonstigem Grund versagt wurden, beantragt bis zur Entscheidung, ob die Kündigung oder Leistungsverweigerung zu Recht erfolgte, einstweilige Zahlungen.[605] Der Versicherungsnehmer einer Berufsunfähigkeitsrentenversicherung,[606] dessen Berufsunfähigkeit oder deren Fortdauer[607] umstritten ist, beansprucht vorläufige Rentenleistungen bis zur endgültigen Klärung seiner Ansprüche. Da nach »vorläufiger« Zahlung in diesen Fällen häufig eine Rückforderung des letztlich zu Unrecht geleisteten an wirtschaftlichen Schwierigkeiten scheitern wird[608], sind in diesen Fällen besonders hohe Anforderungen an den Verfügungsanspruch und den Verfügungsgrund zu stellen. Es muss überwiegend wahrscheinlich (also nicht gänzlich unumstritten[609]), wenn auch nicht sicher sein[610], dass die Klage in der Hauptsache Erfolg haben werde und darüber hinaus muss der Versicherungsnehmer infolge einer anders nicht abzuwendenden, existentiellen[611] Notlage[612] auf die 135

---

603 *Immenga/Mestmäcker/K. Schmidt*, GWB, 4. Aufl., § 87 Rn. 24. Siehe hierzu ferner auch die Begründung des Regierungsentwurfs zur 6. Kartellrechtsnovelle: BT-Drucks. 13/9720 S. 46, 68 f.
604 Auch insoweit liegt bereits eine Leistungsverfügung vor, obwohl die konkreten Zahlungen erst später erfolgen sollen. So zu Recht: OLG Frankfurt, BeckRS 2010 01474 mit Anm. *Günther*, FD-VersR 2009, 286821; OLG Koblenz, VersR 2008, 1638; OLG Hamm, VersR 2006, 826; OLG Bremen, NJW-RR 2012, 1177.
605 OLG Koblenz, NJOZ 2011, 1008 (einstweilige Verfügung im konkreten Fall abgelehnt.).
606 Beispielsfall: LG Jena, BeckRS 2012, 10941 (einstweilige Verfügung im konkreten Fall abgelehnt).
607 Zu den Anforderungen an eine wirksame Mitteilung im Nachprüfungsverfahren über die Leistungseinstellung: OLG Karlsruhe, VersR 2008, 1252.
608 So zu Recht *Beckmann/Matusche-Beckmann*, Versicherungsrechts-Handbuch, § 45 Rn. 106a.
609 So zu Recht OLG München, NJW-RR 2009, 325.
610 So aber OLG Koblenz, VersR 2008, 1638.
611 OLG Bremen, NJW-RR 2012, 1177; OLG Hamm, jurisPR-VersR 3/2014 mit Anm. *Laux* (Anm. 3); Nicht jede wirtschaftliche Schwierigkeit ist insoweit also ausreichend: OLG Köln, NJOZ 2005, 301; OLG Saarbrücken, VersR 2007, 935; OLG Karlsruhe, VersR 2008, 1252; *Voit/Neuhaus*, Berufsunfähigkeitsversicherung, 2. Aufl., Kap. R, Rn. 7.
612 Er muss sich allerdings nicht darauf verweisen lassen, Sozialhilfe oder andere subsidiäre Sozialleistungen zu beantragen: OLG Köln, RuR 2007, 463 mit Anm. *Rogler*, jurisPR-VersR 2/2008 (Anm. 5); LG Berlin, r+s 2005, 338; *Voit/Neuhaus*, Berufsunfähigkeitsversicherung, 2. Aufl., Kap. R, Rn. 7. Es gelten insoweit die allgemeinen Grundsätze zu Geldleistungsverfügungen; siehe oben Rn. 41, 43. **A.A.** (keine Notlage, wenn Sozialhilfeantrag gestellt werden kann): OLG Koblenz, NJOZ 2011, 1008; LG Leipzig, r+s 2005, 114; *Beckmann/Matusche-Beckmann*, Versicherungsrechts-Handbuch, 2. Aufl., § 45 Rn. 106a.

sofortigen Zahlungen angewiesen sein. Soweit vorläufige Renten- oder Krankentagegeldzahlungen beantragt werden, hat der vorläufig zugesprochene Betrag regelmäßig unter der endgültigen Leistung zu liegen und sich auf das zur Abwehr der Notlage unbedingt erforderliche zu beschränken[613]. Der Verfügungsgrund kann nicht deshalb verneint werden, weil der Versicherungsnehmer nach Kündigung seiner Versicherung bei einer anderen Gesellschaft sogleich erfolgreich Krankenversicherungsschutz zum Basistarif hätte beantragen können[614]. Dies würde den Versicherungsnehmer dazu zwingen, u. U. zwei Krankenversicherungen nebeneinander zu unterhalten.

136 Eine einstweilige Verfügung auf Feststellung, dass ein Krankenversicherungsvertrag fortbestehe und deshalb vorläufig ganz allgemein Leistungen aus diesem Vertrag zu erbringen seien, ist regelmäßig nicht zulässig[615]. Es muss auf einzelne notwendige Leistungen abgestellt werden, die der Versicherungsnehmer dringend in Anspruch nehmen muss. Denn nur insoweit kann das Vorliegen einer akuten Notlage überprüft werden. Gleiches gilt für eine einstweilige Verfügung, festzustellen, dass der Antragsteller vorläufig bei der Antragsgegnerin zum Basistarif versichert sei. Auch hier könnte das Vorliegen einer aktuellen Notlage nicht konkret festgestellt werden.[616]

137 Die von der Versicherung beanspruchte Leistung muss zudem geeignet sein, dem Versicherungsnehmer im Hinblick auf das Hauptsacheverfahren wirksamen Rechtsschutz zu gewähren. Im Streit, ob der Versicherungsnehmer mit Prämienzahlungen im Rückstand ist, wäre eine einstweilige Verfügung, diese Beträge vorläufig zu stunden, sinnlos, da sie keine erkennbaren Rechtsvorteile erbrächte[617].

VI. Im Presse- und Medienrecht

138 Die Presse und die übrigen Medien beschäftigen sich in immer größerem Maße auch mit der reinen Privatsphäre der Bürger, wobei zudem der Kreis derer, über die zu berichten es sich offensichtlich lohnt[618], und der der berichtenswerten Anlässe[619] immer größer wird. Da die Informationen in den Medien schnell durch immer neue Sensationen überholt werden, verliert eine späte »Wiedergutmachung« nach langwierigem Hauptsacheverfahren oft erheblich an Wert, ja sie kann sogar die nachteilige Folge haben, dass längst Vergessenes wieder aufgewühlt wird mit dem Erfolg, dass ein Schatten zurückbleibt (»semper aliquid haeret«). Im wirtschaftlichen Bereich kann falsche Berichterstattung zu Entscheidungen führen, die später nicht mehr rückgängig zu machen sind.

Deshalb ist gerade im Verhältnis zu den Medien der einstweilige Rechtsschutz von besonderer Bedeutung.[620] Hierbei ist von der Zielsetzung her zu unterscheiden, ob es darum geht, eine noch nicht erfolgte Veröffentlichung (Zeitungsartikel, Ausstrahlung eines Beitrages in Rundfunk und Fernsehen) vorab zu verhindern, die Wiederholung einer Meldung, die bereits einmal erfolgte, zu unterbinden oder die umgehende Veröffentlichung der eigenen Darstellung zu einer Meldung (sog. »Gegendarstellung«) zu erreichen. Während die Unterlassungsansprüche bundesrechtlich geregelt sind (BGB bzw., soweit es um das Recht am eigenen Bild geht, KUrhG), findet sich das Recht der Gegendarstellung in den Presse- und Rundfunkgesetzen der Länder, allerdings in der Ausgestaltung weitgehend übereinstimmend.

---

613 OLG München, NJW-RR 2009, 325; OLG Koblenz, NJOZ 2011, 1008; LG Gera, BeckRS 2012, 10941; LG Leipzig, r+s 2005, 114; LG Berlin, r+s 2005, 338.
614 So allerdings LG Schwerin, VersR 2010, 622. Anders allerdings, wenn er bereits zum Basistarif versichert ist: OLG Bremen, NJW-RR 2012, 1177.
615 LG Nürnberg-Fürth, Beschl. vom 6.11.2007 – 8 O 9385/07 –.
616 OLG Koblenz, NJW-RR 2013, 234.
617 OLG Koblenz, NJOZ 2008, 2873.
618 LG Berlin, ZUM 2010, 538.
619 LG Berlin, ZUM-RD 2010, 272.
620 Deshalb finden sich im Bereich des Medienrechts im Übrigen auch besonders klassische Fälle der sog. Befriedigungsverfügung; siehe oben, Rdn. 35.

1. Vorbeugende Unterlassungsansprüche

Auch wenn Art. 5 Abs. 1 Satz 2 GG ein Grundrecht von besonders herausragender Bedeutung in einer funktionierenden Demokratie ist,[621] müssen unerlaubte Handlungen durch die Presse (Verletzung der persönlichen Ehre,[622] Eingriffe in den eingerichteten und ausgeübten Gewerbebetrieb) nicht zunächst abgewartet werden, um dann allenfalls mit Gegendarstellungen und Schadensersatzansprüchen reagieren zu können, sie können vielmehr bereits vorbeugend durch einen Unterlassungsanspruch gem. §§ 823 Abs. 1, 1004 BGB[623] abgewehrt werden. Dies ist keine Zensur i. S. d. Art. 5 Abs. 1 Satz 3 GG,[624] sondern ausdrücklich durch Abs. 2 des Art. 5 GG gedeckt[625]. Der Unterlassungsanspruch setzt, wenn bisher noch keine Veröffentlichung erfolgt war, Erstbegehungsgefahr, nach erfolgter Veröffentlichung Wiederholungsgefahr voraus.[626] Während die Erstbegehungsgefahr substantiiert dargelegt und glaubhaft gemacht werden muss, wird die Wiederholungsgefahr aufgrund der vorausgegangenen Veröffentlichung, wenn diese nicht lange Zeit zurückliegt, zunächst vermutet:[627] Keine einmal gebrachte Meldung ist so einmalig, dass es sich nicht lohnte, auf sie noch einmal zurückzukommen.[628] Der Abdruck einer Gegendarstellung schließt die Wiederholungsgefahr nicht aus, da er ungeprüft, oft mit relativierendem Vorspann, allein aufgrund der landespresserechtlichen Verpflichtung erfolgt.[629]

139

Da die Meldung nach vorläufiger Unterlassung aufgrund einstweiliger Verfügung häufig nicht mehr oder jedenfalls nur eingeschränkt aktuell sein wird, ist der Verfügungsanspruch im Übrigen (Wahrheitsgehalt der Meldung, Persönlichkeitsrechtsbeeinträchtigung[630]) mit besonderer Sorgfalt zu prüfen.[631] Dies gebieten schon das in Art. 5 Abs. 1 Satz 1 GG verankerte Informationsrecht der Allgemeinheit und der Schutz der Pressefreiheit gem. Art. 5 Abs. 1 Satz 2 GG[632].

---

621 *Herzog* in: *Maunz/Dürig*, Art. 5 GG Rn. 118.
622 Zur Frage, wann eine nicht hinzunehmende Ehrverletzung und wann nur eine zwar polemische, aber zu duldende Meinungsäußerung vorliegt: OLG Brandenburg, NJW 1999, 3339; ferner: BVerfG, NJW 2000, 199 (Polemik eines Strafverteidigers in der Öffentlichkeit); *Damm/Rehbock*, Widerruf, Unterlassung und Schadensersatz in den Medien, Rn. 799, 800; *Schuschke*, ZAP 2000, Fach 14 S. 361 ff.
623 Zu den materiellrechtlichen Voraussetzungen des Unterlassungsanspruchs: *Bamberger/Roth/Fritzsche*, § 1004 BGB Rn. 79 ff.; *Erman/Klaas*, 13. Aufl., Anh. § 12 BGB Rn. 279-283; *Palandt/Sprau*, Einführung vor § 823 BGB Rn. 18–27; *PWW/Schaub*, § 823 BGB Rn. 96; *Schuschke*, ZAP 2000, Fach 14 S. 361 ff.
624 *Herzog* in: *Maunz/Dürig*, Art. 5 GG Rn. 300.
625 LG Berlin, ZUM 2010, 538, 539.
626 BVerfG, NJW-RR 2000, 1209, 1211; BGHZ 117, 271; *Bamberger/Roth/Fritzsche*, § 1004 BGB Rn. 79, 82; *Erman/Klaas*, Anh. § 12 BGB Rn. 282; *Palandt/Sprau*, Einführung vor § 823 BGB Rn. 20; *Schuschke*, ZAP 2000, Fach 14 S. 361, 365.
627 BGH, DB 1986, 2535; NJW 1987, 2227; einschränkend für den Fall, dass die Berichterstattung auf sorgfältigen Recherchen beruht: BGH, NJW 1985, 2225. In diesem Fall müsse die Wiederholungsgefahr konkret nachgewiesen werden. Dies erscheint im Ergebnis bedenklich.
628 Einschränkend bei »abgeschlossenen« Themenkreisen OLG Celle, AfP 1977, 345 sowie bei Interviews: OLG München, AfP 2007, 229.
629 BGH, NJW 1979, 518.
630 Bei der Abwägung, inwieweit Persönlichkeitsbeeinträchtigungen durch die Verbreitung wahrer Sachverhalte aus dem Intimbereich (Bestrafung wegen eines Sittlichkeitsdelikts) hingenommen werden müssen, ist dem Informationsinteresse der Öffentlichkeit nicht nur untergeordnetes Gewicht beizumessen: BVerfG, NJW 2009, 3357. Siehe auch OLG Karlsruhe, BeckRS 2007 00673 zur Veröffentlichung von Sportdisziplinarstrafen durch Sportverbände auf der Verbands-Website.Zur Frage, wie lange die Veröffentlichung zurückliegender, wahrer Sachverhalte hingenommen werden muss (Recht auf Vergessen): *Alexander*, ZUM 2011, 382. Zum Recht auf Vergessen siehe auch das Urteil des EuGH vom 15.5.2014, C – 131/12 – mit Anm. *Jandt*, MMR-Aktuell 2014, 358242.
631 Zur Glaubhaftmachungslast: OLG Hamburg, NJ 1996, 37; OLG München, NJW-RR 1996, 926.
632 *Frenz*, NJW 2012, 1039; *Frenz*, ZUM 2012, 282.

140 Hinsichtlich des Verfügungsgrundes ist sowohl bei Ansprüchen auf Unterlassung einer Erstveröffentlichung wie auch auf Unterlassung wiederholter Veröffentlichungen eine substantiierte Darlegung und Glaubhaftmachung erforderlich.[633] Die Dringlichkeit wird nie vermutet, auch wenn eine Vermutung für die Wiederholungsgefahr besteht.[634] Es muss also dargelegt werden, worauf die Befürchtung gründet, die Veröffentlichung werde in so kurzer Zeit wiederholt werden, dass dem Antragsteller durch ein Hauptsacheverfahren allein nicht genügender Rechtsschutz gewährt werden kann. Der glaubhaft gemachte Hinweis, dieses Presseorgan pflege regelmäßig die Mehrfachvermarktung seiner Artikel (Internet; Online-Zeitung usw.) dürfte insoweit allerdings ausreichen. Die Dringlichkeit für das Eilverfahren ist auch dann zu verneinen, wenn die Veröffentlichung zunächst folgenlos hingenommen wurde und nunmehr nur eine Wiederholung verhindert werden soll,[635] es sei denn, nach der Erstveröffentlichung ist eine so ungewöhnlich lange Zeit verstrichen, dass mit einer Wiederholung nicht mehr zu rechnen war.

141 Während drohende rechtswidrige Veröffentlichungen durch vorbeugende Unterlassungsverfügungen zunächst gestoppt werden können, ist eine einstweilige Verfügung dahin gehend, dass bereits Recherchen im Hinblick auf einen im Ergebnis wahrscheinlich missliebigen und schädigenden Artikel zu unterlassen seien oder dass bestimmte – etwa aus Hass, Missgunst, Rivalität usw. lügende – Informanten nicht befragt werden dürften, nicht möglich.[636] Ob durch solche Recherchen tatsächlich eine rechtswidrige Berichterstattung veranlasst worden ist, ist allenfalls möglich, jedenfalls aber so ungewiss, dass von unzulässigen Vorbereitungshandlungen im Hinblick auf eine bereits feststehende Rechtsverletzung nicht gesprochen werden kann.

Der Unterlassungstenor muss sich eng an die beanstandete Äußerung anschließen, da schon geringfügige Änderungen für die Frage der (Noch-) Zulässigkeit von großem Gewicht sein können. Ein verallgemeinerndes Verbot im Rahmen der sog. »Kerntheorie«[637] ist zwar nicht gänzlich ausgeschlossen[638], im Rahmen des presserechtlichen Unterlassungsanspruchs aber nur mit erheblichen Einschränkungen möglich[639].

2. Ansprüche auf Wiedergabe einer Gegendarstellung

142 Die Presse- und Rundfunkgesetze der Länder[640] räumen »der Person oder Stelle«, die »durch eine in dem Druckwerk aufgestellte Tatsachenbehauptung«[641] bzw. »durch eine vom Veranstalter in einer Sendung verbreitete Tatsachenbehauptung«[642] betroffen ist, das Recht ein, die Veröffentlichung (Verbreitung) einer Gegendarstellung (Zusammenfassung von die Veröffentlichung korrigierenden

---

633 OLG Brandenburg, NJW 1996, 666.
634 *Zöller/Vollkommer*, § 940 Rn. 8 »Presserecht«.
635 OLG Hamburg, AfP 2008, 317.
636 OLG Hamburg, AfP 1992, 279; *Wenzel/Burkhardt*, Das Recht der Wort- und Bildberichterstattung, 5. Aufl. 2003, Kap. 12 Rn. 35.
637 Siehe oben Rdn. 113.
638 OLG Hamburg, MDR 2010, 459.
639 Einzelheiten: *Engels/Stulz-Herrnstadt/Sievers*, AfP 2009, 313, 319.
640 Einen Überblick über die Fundstellen der Pressegesetze aller Bundesländer geben *Erbs/Kohlhaas*, Strafrechtliche Nebengesetze, Band III unter Vorbem. P 190, sowie *Löffler*, Presserecht, Kommentar, 5. Aufl., 2006; *Wenzel/Burkhardt*, Das Recht der Wort- und Bildberichterstattung, 5. Aufl., Kapitel 11 Rn. 9–25. Siehe ferner den Rundfunkstaatsvertrag der Bundesländer vom 31.8.1991 in der Fassung des 15. Rundfunkänderungsstaatsvertrages von 2011, den alle Bundesländer ratifiziert haben.
641 So § 11 Abs. 1 PresseG NW; zur Abgrenzung der »Tatsachenbehauptung« von bloßen Meinungsäußerungen: BVerfG 90, 241, 247; BGH, NJW 1994, 1242 und 1246; OLG Brandenburg, NJW 1999, 3339, 3341; OLG Frankfurt, OLGReport 2009, 530; OLG Hamburg, AfP 2008, 314; OLG Karlsruhe, OLGReport 2008, 418; siehe ferner *Schuschke*, ZAP 2000, Fach 14 S. 361, 363.
642 So § 18 Abs. 1 LRG NW.

Tatsachen)[643] zu verlangen. Das Begehren muss innerhalb einer in den jeweiligen Gesetzen festgelegten relativ kurzen Frist[644] gestellt werden. Kommt der Anspruchsgegner (verantwortlicher Redakteur, Verleger der Zeitung etc., Veranstalter des Rundfunkprogramms; Verantwortlicher für die Internetseite oder den Webblock) dem Gegendarstellungsbegehren nicht von selbst nach, kann der Anspruch durch einstweilige Verfügung durchgesetzt werden. Dass die Gegendarstellung mit einem sog. »Redaktionsschwanz« (etwa, man sei nach dem Landespressegesetz zum Abdruck nicht nur wahrer, sondern auch unwahrer Gegendarstellungen verpflichtet) versehen abgedruckt worden war, steht der Erfüllung des Anspruchs nicht entgegen.[645] Die Dringlichkeit für die Beantragung einer einstweiligen Verfügung besteht, solange die jeweilige gesetzliche Frist zur Geltendmachung des Anspruchs nicht abgelaufen ist.[646] Eine Gefährdung des Anspruchs ist nicht glaubhaft zu machen (so etwa ausdrücklich § 11 Abs. 4 Satz 4 PresseG NW). Ein Hauptsacheverfahren betreffend den Anspruch auf Gegendarstellung findet in der Mehrzahl der Bundesländer[647] nicht statt,[648] weshalb auch § 926 nicht anwendbar ist.[649] Durch den Ausschluss des Hauptsacheverfahrens nicht berührt ist selbstverständlich die Möglichkeit, trotz Abdrucks der Gegendarstellung vorbeugende Unterlassungsklage zu erheben, Schadensersatzansprüche einschließlich des Anspruchs auf Ersatz möglichen immateriellen Schadens und gegebenenfalls einen Widerrufsanspruch klageweise zu verfolgen. Diese Klagen sind im Verständnis der Regelungen der Landespressegesetze nicht »Hauptsache« im Hinblick auf den Gegendarstellungsanspruch.

Die Möglichkeit der Gegendarstellung schließt die Dringlichkeit einer einstweiligen Verfügung auf »Richtigstellung« einer Veröffentlichung[650] durch den für sie Verantwortlichen aus[651].

Die Vollziehung einer einstweiligen Verfügung auf Veröffentlichung einer Gegendarstellung erfolgt regelmäßig nach § 888.[652] Ist die Veröffentlichung der Gegendarstellung schon aus technischen Gründen (Erscheinungstermin erst in fernerer Zukunft, längere Fristen für die Drucklegung usw.) innerhalb der Vollziehungsfrist nicht möglich, erfolgt die Vollziehung durch Parteizustellung.[653]

3. Ansprüche auf Widerruf

Ergibt sich aus dem materiellen Recht ein Anspruch gegen das Fernseh- oder Rundfunk- oder Presse-Organ auf Widerruf, weil der durch die Falschmeldung entstandene Schaden anders nicht adäquat wieder gutzumachen ist,[654] so kommt eine Befriedigungsverfügung dahin gehend, dass

---

643 Zu den vom Anspruchsteller zu beachtenden Formalien beispielhaft: § 18 Abs. 3 LRG NW oder § 11 Abs. 2 S. 2–4 PresseG NW. Siehe ferner: OLG Köln, NJW-RR 2001, 337 (nur die Darstellung gegenläufiger Tatsachen, nicht abweichender Wertungen kann verlangt werden).
644 Z. B. 3 Wochen gem. § 11 Abs. 2 S. 5 PresseG NRW; 2 Wochen gem. § 18 Abs. 3 S. 3 LRG NRW oder »unverzüglich« gem. § 11 Abs. 2 HPG (hierzu OLG Hamburg, ZUM-RD 2011, 306).
645 OLG Dresden, NJW-RR 2013, 1382.
646 Zum Verlust der Aktualität einer Gegendarstellung: OLG München, ZUM-RD 2014, 104.
647 Eine Ausnahme insoweit gilt für Bayern, Hessen und Sachsen. Einzelheiten hierzu siehe: *Sedelmeier* in *Löffler*, Presserecht, 5. Aufl. 2006, § 11 LPG Rn. 187.
648 So etwa ausdrücklich § 11 Abs. 4 S. 5 PresseG NW.
649 Allgem. Auffassung; beispielhaft *Zöller/Vollkommer*, § 926 Rn. 2; siehe auch BGHZ 62, 7.
650 Zum noch weitergehenden Widerrufsbegehren siehe unten Rdn. 144.
651 LG Dresden, AfP 2009, 274.
652 Siehe vorn § 929 Rdn. 27; OLG Jena, OLG-NL 1994, 58; *Sedelmeier* in *Löffler*, Presserecht, 5. Aufl. 2006, § 11 LPG Rn. 222. Zur einstweiligen Einstellung der Zwangsvollstreckung aus einer solchen einstweiligen Verfügung: OLG München, AfP 2008, 309.
653 Siehe auch § 929 Rdn. 26; ferner: *Sedelmeier* in *Löffler*, Presserecht, 5. Aufl., § 11 LPG Rn. 222.
654 Zu den materiellrechtlichen Voraussetzungen des Widerrufsanspruchs *Bamberger/Roth*, Anh. § 823 BGB Rn. 98, 99; *Erman/Klaas*, 13. Aufl., Anh. § 12 BGB Rn. 292 ff.; *Palandt/Sprau*, Einführung vor § 823 BGB Rn. 32; *Wenzel/Gamer*, Das Recht der Wort- und Bildberichterstattung, 5. Aufl., Rn. 13–37.

bereits der uneingeschränkte Widerruf – Eilverfahren – angeordnet wird, nicht in Betracht.[655] Ein solcher uneingeschränkter Widerruf wäre, sollte der Antragsteller später im Hauptsacheverfahren unterliegen, nicht rückgängig zu machen, ohne dass für das Presseorgan ein Verlust an Glaubwürdigkeit und Ansehen zurückbliebe. Im Wege des einstweiligen Rechtsschutzes kann daher allenfalls eine weniger einschneidende »Zwischenerklärung« verlangt werden, etwa dahin gehend, dass bis zur Klärung des Streits im Hauptsacheverfahren die Behauptungen vorläufig nicht aufrechterhalten werden. Auch eine solche Anordnung kommt nur ganz ausnahmsweise in Betracht, wenn anders die Gefährdung der Rechte des Antragstellers nicht zu beseitigen ist.[656] In der Regel kommt im Eilverfahren nur die Verpflichtung zur Gegendarstellung oder zur vorläufigen Unterlassung in Betracht. Ist im Wege des einstweiligen Rechtsschutzes auf Abgabe einer »Zwischenerklärung« erkannt, wird dieser Titel wie ein Widerruf gem. § 888, nicht in analoger Anwendung des § 894 vollstreckt.[657]

4. Sonstige Ansprüche

145 Soweit im Einzelfall Ansprüche auf Herausgabe von Bildern, Dokumenten u. ä. bestehen oder die Vernichtung bestimmten unrechtmäßig erlangten Materials verlangt werden kann, gilt hinsichtlich der Sicherung dieser Ansprüche durch einstweilige Verfügung nichts Besonderes: Ist ein Verfügungsgrund gegeben (z. B. Gefahr, dass das Material beiseite geschafft oder unzulässig kopiert wird), kann im Wege der einstweiligen Verfügung Herausgabe des Materials an einen Sequester verlangt werden, nicht dagegen die sofortige Vernichtung des Materials.

VII. Im Arbeitsrecht

146 Zunächst muss hinsichtlich der darzustellenden Materien zwischen dem arbeitsgerichtlichen Urteilsverfahren (§§ 2, 46 ff. ArbGG) und dem Beschlussverfahren (§§ 2a, 80 ff. ArbGG) unterschieden werden. Grob zusammengefasst findet das Urteilsverfahren in bürgerlichrechtlichen Streitigkeiten statt, die mit dem Arbeitsverhältnis, mit Tarifverträgen oder mit einem Arbeitskampf im Zusammenhang stehen, das Beschlussverfahren aber in kollektivrechtlichen Streitigkeiten vor allem aus dem BetrVG. In beiden Verfahren wird hinsichtlich der einstweiligen Verfügung im Wesentlichen auf das 8. Buch der ZPO verwiesen (**§ 62 Abs. 2 ArbGG** einerseits, **§ 85 Abs. 2 ArbGG** andererseits, letzterer mit einigen zusätzlichen Sonderregelungen). Es gelten daher, soweit keine Sonderregelungen vorhanden sind, die §§ 916 ff., ergänzt durch die allgemeinen Verfahrensvorschriften des ArbGG, die vom Eilverfahren unabhängig sind.[658]

1. Typische Anwendungsfälle im Urteilsverfahren

a) Anspruch auf Gewährung von Erholungs- oder Bildungsurlaub

147 Der materiellrechtliche Anspruch auf **Urlaub** als solcher wird selten streitig sein, und wenn, kaum Anlass für das Eilverfahren geben.[659] Er ergibt sich aus Gesetz (BUrlG), Tarifvertrag oder dem individuellen Arbeitsvertrag. Soweit einmal Streit über die grundsätzliche Dauer des zu beanspruchenden Urlaubs besteht, wird es regelmäßig am Verfügungsgrund fehlen, den Streit im Eilverfahren auszutragen. Soll der Arbeitnehmer wider seinen Willen kurzfristig genötigt werden, seinen Urlaub zu einem ihm unliebsamen Zeitpunkt zu nehmen, müsste er seinen *Beschäftigungsanspruch* in dieser Zeit im einstweiligen Rechtsschutz durchsetzen – und nicht die negative vorläufige Feststellung,

---

655 Siehe oben, Rdn. 39.
656 Siehe oben, Rdn. 39.
657 *Erman/Klaas*, Anh. § 12 BGB Rn. 299.
658 Siehe hierzu: *Walker*, Der einstweilige Rechtsschutz, Rn. 655–663; *ders.*, GS M. Heinze, 2005, S. 1009, 1013 ff. Zur Abgrenzung von Urteils- und Beschlussverfahren im Übrigen ausführlich: *Walker*, 50 Jahre Bundesarbeitsgericht, 2004, S. 1365 ff.
659 Siehe den Überblick über die häufigsten Anwendungsfälle insoweit bei: *Walker*, FS Leinemann, 2006, S. 641 ff.

dass er den aufgenötigten Urlaub nicht antreten müsse –.[660] Auch über den Anspruch auf – bezahlten – Bildungsurlaub, der sich aus den einschlägigen Landesgesetzen oder dem Tarifvertrag ergeben kann, wird selten grundsätzlicher Streit bestehen, eher schon über den Anspruch auf kurzfristig zu gewährenden Sonderurlaub.[661] Hinsichtlich des Erholungsurlaubs kann aber Streit im Hinblick auf die Gewährung gerade zu einem bestimmten Zeitpunkt bestehen, hinsichtlich des Bildungsurlaubs zusätzlich auch noch Streit darüber, ob die konkrete Bildungsveranstaltung als solche anerkennungsfähig ist[662]. Hier kann, wenn der Arbeitnehmer den Urlaub rechtzeitig beantragt hat, der Arbeitgeber aber seine Entscheidung so lange herausgezögert hat, dass nunmehr Schwierigkeiten mit der Reisebuchung, der Stornierung einer bereits im Vorgriff gebuchten Reise, der Anmeldung zur Bildungsveranstaltung oder der Urlaubsplanung für mitreisewillige Angehörige zu befürchten sind, ein Verfügungsgrund für die Wahl des Eilverfahrens bestehen.[663] Der Arbeitnehmer darf die Eilbedürftigkeit allerdings nicht durch eigenes saumseliges Verhalten erst geschaffen haben.[664] Da die dem Antrag entsprechende einstweilige Verfügung zur praktisch nicht mehr reversiblen Befriedigung des Urlaubsanspruchs führt,[665] stellt die Rechtsprechung im Einzelfall hohe Anforderungen an den Verfügungsgrund.[666] Der Arbeitnehmer muss im Verfügungsantrag die genaue Urlaubszeit, im Hinblick auf Bildungsurlaub auch die konkrete Bildungsveranstaltung bezeichnen. Naturgemäß besteht dann für das Gericht kein Spielraum im Rahmen des § 938 für abweichende Regelungen. Die Vollziehung der den Arbeitgeber zur Gewährung von Urlaub verurteilenden einstweiligen Verfügung erfolgt nicht nach § 894,[667] sondern nach § 888.[668]

b) Anspruch auf Herausgabe der Arbeitspapiere und persönlicher Gegenstände des Arbeitnehmers

Wird der Anspruch des Arbeitnehmers auf **Herausgabe seiner Arbeitspapiere** (Lohnsteuerkarte, Rentenversicherungsnachweisheft, Krankenkassenbescheinigung, Urlaubsbescheinigung, Arbeitsbescheinigung gem. § 312 SGB III etc.) nicht erfüllt und hat der Arbeitnehmer dadurch Schwierigkeiten, eine neue Arbeitsstelle anzutreten, so ist ein Verfügungsgrund, das Verfügungsverfahren einzuleiten, gegeben,[669] wenn der Arbeitnehmer seinerseits nicht durch eigene lange Untätigkeit die Eilbedürftigkeit selbst verschuldet hat. Da die zusprechende einstweilige Verfügung den Anspruch des Arbeitnehmers bereits endgültig befriedigt, sind an das Vorliegen des Verfügungsgrundes strenge Anforderungen zu stellen.

148

Neben den Arbeitspapieren benötigt der Arbeitnehmer, um eine neue Stelle antreten zu können, in der Regel ein **Arbeitszeugnis**. Auch hier ist der Verfügungsgrund zu bejahen, wenn die Verzögerung der Zeugniserteilung (bzw. der Erteilung eines berichtigten, inhaltlich korrekten Zeugnisses[670]) nicht auf eigenes Verschulden des Arbeitnehmers (verspäteter Antrag, Verweigerung u. U. notwendiger Mitwirkungshandlungen) zurückzuführen ist und der Arbeitnehmer darlegen und

149

---

660 LAG Rheinland-Pfalz, ZTR 1997, 280.
661 ArbG Berlin, NZA-RR 2005, 51.
662 *Schwab/Weth/Walker*, § 62 ArbGG Rn 118.
663 Beispielsfälle: LAG Baden-Württemberg, BB 1968, 1330; LAG Hamm, DB 1970, 1396; LAG Köln, NZA 1991, 396; LAG Rheinland-Pfalz, NZA 2003, 130; LAG Baden-Württemberg, NZA 2010, 178; siehe auch *Corts*, NZA 1998, 357; ErfKomm/*Gallner*, § 7 BUrlG Rn. 33; *Walker*, ZfA 2004, 45, 5.
664 LAG Rheinland-Pfalz, NZA-RR 2003, 130; *Corts*, NZA 1998, 357; GMP/*Germelmann*, § 62 ArbGG Rn. 102; *Schwab/Weth/Walker*, 2. Aufl., § 62 ArbGG Rn. 119.
665 *Walker*, ZfA 2005, 45, 57.
666 LAG Köln, NZA 1991, 396.
667 So aber: ErfKomm/*Gallner*, § 7 BurlG Rn. 33. Zu den praktischen Schwierigkeiten, die sich aus diesem Lösungsweg ergeben: *Walker*, ZfA 2005, 45, 58 f sowie *Schwab/Weth/Walker*, § 62 ArbGG Rn. 120a.
668 ArbG Berlin, NZA-RR 2004, 51.
669 ArbG Wetzlar, BB 1972, 222; GMP/*Germelmann*, § 62 ArbGG Rn. 112; *Walker*, Der einstweilige Rechtsschutz, Rn. 674.
670 LAG Frankfurt, BeckRS 2014, 68627.

glaubhaft machen kann, dass er eine ihm ansonsten sichere Stelle ohne Vorlage des Zeugnisses nicht erhält[671]. In diesem Rahmen ist auch von Bedeutung, dass aus dem Umstand der Nichterteilung eines Zeugnisse u. U. negative Schlüsse auf die Qualifikation des Arbeitnehmers gezogen werden können[672]. Da der Arbeitsplatz nicht nur dem Verdienst dient, sondern für die Persönlichkeit des Arbeitnehmers in vielfacher Hinsicht von Bedeutung ist (ausfüllende Tätigkeit, Aufstiegschancen, Arbeitsklima usw.), muss der Arbeitnehmer sich nicht auf seinen – nicht eilbedürftigen – Schadensersatzanspruch wegen verspäteter Zeugniserteilung verweisen lassen. Er braucht, wenn er sich für einen konkreten neuen Arbeitsplatz entschieden hat, auch nicht darzulegen, dass er statt dieses Arbeitsplatzes ohne das Zeugnis auch keinen anderen (hinsichtlich des Verdienstes vergleichbaren) Arbeitsplatz finden würde.

150 Herausgabeansprüche hinsichtlich sonstiger persönlicher Gegenstände des Arbeitnehmers im Betrieb (z. B. bei einem Hausverbot) werden selten so dringlich sein, dass eine Befriedigungsverfügung erforderlich wäre; eine Herausgabe an einen Sequester dürfte gar keine Rolle spielen. Benötigt ein Arbeitnehmer zur Aufnahme einer neuen Arbeit dringend ein von ihm zu stellendes, im alten Betrieb zurückgelassenes Arbeitsgerät, dessen Herausgabe ihm zu Unrecht verweigert wird, ist eine Befriedigungsverfügung aber grundsätzlich möglich.[673]

Hat der Arbeitgeber auf seiner Internetseite mit Angaben zum Arbeitnehmer geworben (etwa mit Tätigkeitsbereichen eines angestellten Anwalts), so kann die Löschung dieser Angaben nach Ausscheiden des Arbeitnehmers aus dem Betrieb im Wege der einstweiligen Verfügung verlangt werden, da die Fortsetzung der Werbung nunmehr eine nicht weiter hinzunehmende Persönlichkeitsverletzung darstellt.[674]

c) Anspruch des Arbeitgebers auf Rückgabe von Betriebseigentum

151 Hat der Arbeitnehmer bei Aufgabe der Arbeitsstelle (Kündigung, Eintritt in den Ruhestand usw.) Betriebseigentum mitgenommen oder ihm ausgehändigtes Betriebseigentum nicht zurückgegeben (Dienstwagen, Handy, Laptop, Fachliteratur, Arbeitskleidung usw.), so ist zu unterscheiden: Benötigt der Arbeitgeber diese Gegenstände dringend, um die Arbeit durch den Nachfolger fortführen zu können – und sind natürlich die Voraussetzungen eines Verfügungsgrundes im Übrigen dargelegt und glaubhaft gemacht –, kann die Rückgabe an den Arbeitgeber selbst durch einstweilige Verfügung angeordnet werden. Steht dagegen nur zu befürchten, dass die Gegenstände bei Weiternutzung durch den Ausgeschiedenen erheblich an Wert verlieren werden oder dem Arbeitgeber durch ihre Weiternutzung nicht unerhebliche Kosten verursacht werden, kommt im Eilverfahren nur die Anordnung der Herausgabe an einen Sequester in Betracht[675]. Zur Darlegung des Verfügungsgrundes ist in diesen Fällen erforderlich, dass der Arbeitgeber vortragen und glaubhaft machen kann, dass der Schadensersatzanspruch nach §§ 989, 990 BGB für ihn keinen ausreichenden Ausgleich darstellt, etwa weil der ausgeschiedene Arbeitnehmer vermögenslos ist.

152 Hat der Arbeitnehmer unter Verstoß gegen §§ 17, 18 UWG geheime Betriebsunterlagen an sich gebracht, so ist der Arbeitgeber nicht auf den Schadensersatzanspruch gem. § 9 UWG bzw. §§ 823 Abs. 2 BGB i. V. §§ 17, 18 UWG und einen Unterlassungsanspruch aus § 8 UWG bzw. 1004 BGB, von den geheimen Unterlagen keinerlei Gebrauch zu machen oder durch andere machen zu lassen, beschränkt – dieser Unterlassungsanspruch ist durch einstweilige Verfügung, für die § 12 Abs. 2 UWG gilt,[676] durchsetzbar –, er hat selbstverständlich auch einen Herausgabeanspruch, für dessen Geltendmachung durch einstweilige Verfügung die gleichen Grundsätze gelten müssen wie für Her-

---

671 *Schwab/Weth/Walker*, § 62 ArbGG Rn. 140.
672 Zum »beredtem« Schweigen im Zeugniswesen: *Kokemoor*, jurisPK-ArbR 16/2009 Anm. 3.
673 Siehe oben Rdn. 34.
674 LAG Frankfurt, BeckRS 2012, 67213 mit Anm. *Stück*, ArbRAktuell 2012, 330044.
675 GMP/*Germelmann*, § 62 ArbGG Rn. 118.
676 Siehe oben, Rdn. 99.

ausgabeansprüche zur Abwehr verbotener Eigenmacht.[677] Der Arbeitgeber kann also unmittelbare Rückgabe der unlauter erlangten geheimen Betriebsunterlagen an sich selbst verlangen.

d) Ansprüche des Arbeitnehmers auf Beschäftigung

Hinsichtlich des einstweiligen Rechtsschutzes zur Durchsetzung des **allgemeinen Beschäftigungsanspruchs des Arbeitnehmers** muss unterschieden werden, ob der Anspruch im Rahmen eines ungekündigten Arbeitsverhältnisses oder während der Dauer eines Kündigungsschutzprozesses geltend gemacht wird.[678] Vom allgemeinen Beschäftigungsanspruch müssen dann noch unterschieden werden die speziellen Weiterbeschäftigungsansprüche gem. § 102 Abs. 5 BetrVG (Weiterbeschäftigungsanspruch während des Kündigungsschutzprozesses, wenn der Betriebsrat der ordentlichen Kündigung widersprochen hatte) und gem. § 78a Abs. 2 BetrVG (Weiterbeschäftigungsanspruch des Auszubildenden, der Mitglied eines Mitbestimmungsorgans ist). 153

aa) im ungekündigten Arbeitsverhältnis

Jeder Arbeitnehmer hat während der Dauer seines Arbeitsverhältnisses ein Recht darauf, auch tatsächlich beschäftigt zu werden.[679] Dieses Recht kann, wenn nach den allgemeinen Regeln ein Verfügungsgrund vorliegt, dem Arbeitnehmer also nicht zugemutet werden kann, das Hauptsacheverfahren abzuwarten, auch mithilfe einer Befriedigungs-(Leistungs-) Verfügung durchgesetzt werden.[680] Ein dringendes Beschäftigungsinteresse – das streng unterschieden werden muss vom Interesse an Fortzahlung des Lohnes – wird nur dort bejaht werden können, wo schon kurzfristige Unterbrechung der Tätigkeit zum Verlust wichtiger Fähigkeiten oder zu sonstiger erheblicher Beeinträchtigung führt.[681] Je ungeklärter und schwieriger die Rechtsfragen hinsichtlich des Verfügungsanspruchs im Einzelfall sind, desto höher müssen insoweit die Anforderungen an den Verfügungsgrund sein.[682] Eine auf Weiterbeschäftigung lautende einstweilige Verfügung wird vollzogen gem. § 888. Der Titel muss, um vollstreckbar zu sein, die Art der Beschäftigung konkret und bestimmt angeben.[683] Bloße Parteizustellung reicht als Vollziehung nicht aus, auch nicht zur Wahrung der Vollziehungsfrist.[684] 154

---

677 Siehe oben, Rdn. 34.

678 Ausführlich zu den praktischen Folgen dieser Differenzierung: *Riedel*, NZA 2000, 454 ff.; *Walker*, ZfA 2005, 45, 59 ff.

679 BAG (Gr. Sen.), NJW 1985, 2968; BAG, NJW 1956, 359; BAG, NJW 1972, 599; BAG, NJW 1978, 239; ErfKomm/*Schmidt*, Art. 2 GG Rn. 82; MüKo-BGB/*Müller-Glöge*, § 611 BGB Rn. 973; siehe auch: Staudinger/*Richardi*, Eckpfeiler des Zivilrechts, P. Dienstvertrag, Rn. 106, 107 (kritisch zur Rechtsprechung des BAG).

680 Allgemeine Meinung; beispielhaft: GMP/*Germelmann*, § 62 ArbGG Rn. 105; *Rudolf*, ArbrAktuell 2014, 239; Stein/Jonas/*Grunsky*, vor § 935 Rn. 58; *Walker*, Der einstweilige Rechtsschutz, Rn. 675; *ders.*, ZfA 2005, 45, 60; Zöller/*Vollkommer*, § 940 Rn. 8 »Arbeitsrecht«; ArbG Leipzig, BB 1997, 366 mit Anm. *Keßler*, BB 1997, 367.

681 LAG Frankfurt, NZA 1988, 37 und NJW 1977, 269; LAG Köln, NZA 1999, 1008; LAG Berlin, NZA 2001, 53 (Lizenzfußballspieler); LAG München, NZA-RR 2003, 269; LAG München, BeckRS 2009, 67819; LAG Düsseldorf, MDR 2005, 1419; ArbG Freiburg, NZA-RR 2012, 212; *Germelmann*, § 62 ArbGG Rn. 105. Großzügiger (Beschäftigungsinteresse des Arbeitnehmers überwiegt in der Regel): *Walker*, Der einstweilige Rechtsschutz, Rn. 686; *ders.*, ZfA 2005, 45, 60; *Schwab/Weth/Walker*, § 62 ArbGG Rn. 122; ähnlich: ArbG Herne, NZA 1989, 236; ArbG Berlin, BeckRS 2009, 73530; LAG Berlin, NZA 1991, 472; LAG Niedersachsen, NZA 1995, 1176; enger dagegen (dringende Notlage): LAG Hamm, NZA-RR 1998, 422.

682 LAG Köln, BeckRS 2005, 42402; ArbG Freiburg, NZA-RR 2012, 212.

683 LAG Schleswig, BeckRS 2012, 73641.

684 Vollstreckungsantrag genügt aber; vgl. § 929 Rdn. 23.

bb) im gekündigten Arbeitsverhältnis

155 Der allgemeine Beschäftigungsanspruch besteht grundsätzlich weiter, wenn das Arbeitsverhältnis zwar vom Arbeitgeber gekündigt wurde, diese Kündigung aber offensichtlich unwirksam ist und vom Arbeitnehmer im **Kündigungsschutzprozess** form- und fristgerecht angefochten wurde.[685] Dem steht nicht die besondere Regelung des Weiterbeschäftigungsanspruchs in § 102 Abs. 5 BetrVG entgegen. Denn dieser besondere Anspruch besteht gerade nicht nur dann, wenn die Kündigung im Ergebnis unwirksam ist, sondern unter den besonderen Voraussetzungen der Norm auch bei im Ergebnis wirksamer Kündigung bis zum Abschluss des Kündigungsschutzprozesses. Der allgemeine Beschäftigungsanspruch während der Dauer eines Kündigungsschutzprozesses ist grundsätzlich mit einer einstweiligen Verfügung durchsetzbar.[686] Zur Begründung des allgemeinen Beschäftigungsanspruchs während des Kündigungsschutzprozesses muss der Arbeitnehmer nicht nur die Unwirksamkeit der Kündigung schlüssig darlegen, sondern auch, dass sein Interesse an – vorläufiger – Weiterbeschäftigung das des Arbeitgebers, diese Dienste nicht in Anspruch nehmen zu müssen, überwiegt.[687] Hinsichtlich des Verfügungsgrundes gilt das oben zur Durchsetzung des Beschäftigungsanspruchs im ungekündigten Arbeitsverhältnis Gesagte entsprechend.[688] Die Dringlichkeit für das Verfügungsverfahren ist widerlegt, wenn der Arbeitnehmer mit seiner Kündigungsschutzklage nicht gleichzeitig oder in unmittelbarem zeitlichen Zusammenhang Weiterbeschäftigungsklage erhoben hat, sodass er beim Obsiegen im Kündigungsschutzprozess nicht sogleich ein Urteil auf Weiterbeschäftigung erhält.[689] Gleiches gilt, wenn der Arbeitnehmer neben dem Anspruch auf Weiterbeschäftigung mit einem Hilfsantrag seine unwiderrufliche Freistellung begehrt[690]. Er macht dann deutlich, dass die Weiterbeschäftigung für ihn nicht so vordringlich erscheint. Nicht schon dringlichkeitsschädlich ist es, dass der Arbeitnehmer, der rechtzeitig Klage erhoben hatte, den Ablauf der – u. U. längeren – Kündigungsfrist abwartet, ehe er, nachdem der Arbeitgeber ihn trotz entsprechender Aufforderung nicht weiterbeschäftigt hatte, nunmehr Weiterbeschäftigung auch im Verfahren des einstweiligen Rechtsschutzes beantragt.

Gerade weil der Arbeitnehmer, der seine sofortige Weiterbeschäftigung auch während des gesamten, möglicherweise durch mehrere Instanzen zu führenden Kündigungsschutzprozesses erstrebt, sogleich auch Weiterbeschäftigungsklage zu erheben hat, sollte die daneben zu erlassende einstweilige Verfügung von vornherein zeitlich bis zur Beendigung des Kündigungsschutzverfahrens in erster Instanz begrenzt werden.[691]

---

685 BAG (Gr. Sen.), NJW 1985, 2970; *Riedel*, NZA 2000, 454, 460.
686 Rudolf, ArbRAktuell, 2014, 239.
687 Ein Anwendungsfall wäre der Anspruch eines Piloten auf Weiterbeschäftigung, um die erforderlichen Flugstunden zum Behalt der Pilotenlizenz durchführen zu können: ArbG Berlin, BB 2010, 1020; LAG Berlin-Brandenburg, Beschl. vom 7.4.2010 – 29 Ga 5197/10 –. Zur Interessenabwägung: BAG (Gr. Sen.), NJW 1985, 2971/2972; BAG, NJW 1987, 1100; LAG Hamm, DB 1989, 1577; LAG Rheinland-Pfalz, NZA 1987, 535; LAG München, BeckRS 2009, 68055; LAG Düsseldorf, MDR 2005, 1419; KreisG Schwerin-Stadt, BB 1991, 843.
688 Oben, Rdn. 155; siehe auch GMP/*Germelmann*, § 62 ArbGG Rn. 108, 109; *Walker*, Der einstweilige Rechtsschutz, Rn. 684.
689 *Schäfer*, NZA 19985, 694; *Bauer*, BB 1986, 801; GMP/*Germelmann*, § 62 ArbGG Rn. 108; LAG Frankfurt, NZA 1988, 37; etwas großzügiger LAG Hamm, NZA 1986, 399. **A. A.** aber: ArbG Bielefeld, NZA 1986, 98; *Brehm*, ZZP 1996 (Bd. 109), 262; *Stein/Jonas/Grunsky*, vor § 935 Rn. 58.
690 LAG Koblenz, BeckRS 2015, 67337.
691 GMP/*Germelmann*, § 62 ArbGG Rn. 108.

cc) in den besonderen Fällen der §§ 102 Abs. 5, 78a BetrVG – einstweilige Entbindung des Arbeitgebers von der Weiterbeschäftigungspflicht in diesen Fällen

Hat der Betriebsrat einer ordentlichen Kündigung ordnungsgemäß widersprochen[692] und der Arbeitnehmer form- und fristgerecht Kündigungsschutzklage erhoben und gleichzeitig vom Arbeitgeber seine Weiterbeschäftigung verlangt, so hat der Arbeitnehmer einen Anspruch darauf, bis zum rechtskräftigen Abschluss des Rechtsstreits bei unveränderten Arbeitsbedingungen weiterbeschäftigt zu werden (§ 102 Abs. 5 Satz 1 BetrVG). Dieser besondere Weiterbeschäftigungsanspruch kann im Wege der Leistungsverfügung durchgesetzt werden.[693] Der Verfügungsgrund ist bei Vorliegen des Anspruchs in aller Regel zu bejahen,[694] da der Gesetzgeber selbst schon die Wertung zum Ausdruck gebracht hat, dass das Beschäftigungsinteresse des Arbeitnehmers im Regelfall deutlich überwiegt. Die Dringlichkeit ist jedoch widerlegt, wenn der Arbeitnehmer nach Einreichung der Kündigungsschutzklage zunächst längere Zeit zugewartet hat, ehe er den Verfügungsantrag einreiche. 156

Gleiches wie für den Weiterbeschäftigungsanspruch aus § 102 Abs. 5 BetrVG gilt für den Weiterbeschäftigungsanspruch des Jugendvertreters nach **§ 78a Abs. 2 BetrVG**.[695] Auch hier hat das Gesetz dem Arbeitgeber das Beschäftigungsrisiko, einen Arbeitnehmer oder Auszubildenden zu beschäftigen, mit dem kein Arbeitsverhältnis besteht, zugemutet. Die Dringlichkeit für das Verfügungsverfahren ist zu bejahen, wenn der Weiterbeschäftigungsanspruch besteht: Gerade bei jungen Leuten sind die negativen Auswirkungen, wenn sie längere Zeit ohne tatsächliche Beschäftigung waren, besonders hoch. Aber auch hier ist eine Widerlegung der Dringlichkeit durch langes Zuwarten möglich. 157

Im Fall des § 102 Abs. 5 Satz 1 BetrVG hat der Arbeitgeber nach Satz 2 die Möglichkeit, sich durch das Gericht im Wege der einstweiligen Verfügung von seiner Weiterbeschäftigungspflicht unter im Einzelnen genannten Bedingungen[696] entbinden zu lassen. Der Einwand, dass der Arbeitgeber im konkreten Fall einen Anspruch auf Entbindung von seiner Weiterbeschäftigungspflicht habe, kann nicht schon als Verteidigung gegen den Verfügungsantrag des Arbeitnehmers, ihn gem. § 102 Abs. 5 Satz 1 BetrVG weiterzubeschäftigen, berücksichtigt werden.[697] Er ist vom Arbeitgeber mit einer selbstständigen einstweiligen Verfügung zu verfolgen.[698] Beide Verfahren können zur gemeinsamen Verhandlung und Entscheidung verbunden werden. Ein Hauptsacheverfahren ist für den Antrag des Arbeitgebers aus § 102 Abs. 5 Satz 2 BetrVG nicht vorgesehen. Es erübrigt sich auch, da über den Fortbestand des Arbeitsverhältnisses schon im Kündigungsschutzprozess, dessen Anhängigkeit Voraussetzung für den Weiterbeschäftigungsanspruch nach Satz 1 ist, entschieden wird. Die Ent- 158

---

692 Die Wirksamkeit des Betriebsratsbeschlusses muss im Streitfall der Arbeitnehmer nachweisen: LAG Berlin, BeckRS 2010, 70271 mit insoweit kritischer Anm. *Fischer*, jurisPR-ArbR 27/2010 (Anm. 5) und Anm. *Salamon*, ArbRAktuell 2010, 349.

693 Allgemeine Ansicht; beispielhaft *Koch* in *Ascheid/Preis/Schmidt*, Kündigungsrecht, 4. Aufl., § 102 BetrVG Rn. 212; ErfKomm/*Kania*, BetrVG, § 102 Rn. 36; GMP/*Germelmann*, § 62 ArbGG Rn. 109; *Schwab/Weth/Walker*, § 62 ArbGG Rn. 129, 130; *Walker*, Der einstweilige Rechtsschutz, Rn. 687; *Zöller/Vollkommer*, § 940 Rn. 8 »Arbeitsrecht«. Aus der Rspr.: LAG Frankfurt, NJW 1987, 76; LAG Köln, NZA 1984, 57; ArbG Hamm, BB 1990, 1206; LAG München, NZA 1994, 997; LAG Köln, BeckRS 2013, 66586 mit Anm. *Boemke*, jurisPR-ArbR 14/2013 (Anm. 5).

694 LAG Berlin, BB 1980, 2449; LAG Köln, NZA 1984, 300; LAG Köln, BeckRS 2013, 66586 mit Anm. *Boemke*, jurisPR-ArbR 14/2013 (Anm. 5).*Koch* in *Ascheid/Preis/Schmidt*, Kündigungsrecht, § 102 BetrVG Rn. 213; ErfKomm/*Kania*, § 102 BetrVG Rn. 36; *Schwab/Weth/Walker*, § 62 ArbGG Rn. 129; *Walker*, Der einstweilige Rechtsschutz, Rn. 690; a. A. (für den Verfügungsgrund gelten die allgemeinen Grundsätze): LAG München, NZA 1994, 997.

695 LAG Berlin, NZA 1991, 472; ErfKomm/*Kania*, § 78a BetrVG Rn. 12; *Schwab/Weth/Walker*, § 62 ArbGG Rn. 128; *Stein/Jonas/Grunsky*, vor § 935 Rn. 57 a.

696 Zu den Einzelheiten siehe GMP/*Germelmann*, § 62 ArbGG Rn. 110.

697 LAG Düsseldorf, DB 1997, 2383; *Koch* in *Ascheid/Preis/Schmidt*, Kündigungsrecht, § 102 BetrVG Rn. 214; ErfKomm/*Kania*, § 102 BetrVG Rn. 36.

698 *Schwab/Weth/Walker*, § 62 ArbGG Rn. 131.

scheidung über den Antrag auf Erlass der einstweiligen Verfügung ergeht im arbeitsgerichtlichen Urteilsverfahren, nicht etwa im Beschlussverfahren.[699] Ein besonderer Verfügungsgrund ist nicht darzulegen. Er folgt zwangsläufig aus dem Verfügungsanspruch, wie er in Abs. 5 Satz 2 niedergelegt ist. Der Verfügungsgrund ist auch dann zu bejahen, wenn einerseits zwar die Voraussetzungen der Satz 2 vorliegen, andererseits aber die Voraussetzungen des Anspruchs des Arbeitnehmers nach Satz 1 zweifelhaft sind, weil Bedenken gegen die Ordnungsgemäßheit des Widerspruchs des Betriebsrates gegen die Kündigung bestehen.[700] Dies folgt aus dem Zweck des Abs. 5 Satz 2, dem Arbeitgeber eine schnelle Klärung der Beschäftigungspflicht zu ermöglichen.

159 Eine dem § 102 Abs. 5 Satz 2 BetrVG entsprechende ausdrückliche Regelung fehlt in § 78a Abs. 4 BetrVG. Die Beschäftigungspflicht des Arbeitgebers besteht hier also ohne die Möglichkeit, einstweilen durch das Gericht von ihr entbunden zu werden. Deshalb fehlt es für eine entsprechende einstweilige Verfügung bereits am Verfügungsanspruch.[701] Ist das Ausbildungsverhältnis unabhängig von § 78a BetrVG, etwa wegen grober Pflichtverletzungen, bereits vorzeitig fristlos gekündigt, kann aber gegebenenfalls gem. § 940 eine Regelungsverfügung dahin gehend zulässig sein, dass der Arbeitgeber von seiner Beschäftigungspflicht entbunden ist. Das zu regelnde Rechtsverhältnis ist das Ausbildungsverhältnis, dessen Fortbestand ungewiss ist.

e) Ansprüche des Arbeitnehmers auf Fortsetzung einer bestimmten Tätigkeit

160 Bei fortbestehendem Arbeitsverhältnis kann Streit darüber entstehen, ob der Arbeitgeber dem Arbeitnehmer kraft seines Direktionsrechts eine andere Tätigkeit oder die nämliche Tätigkeit an einem anderen Ort oder unter sonst veränderten äußeren Umständen zuweisen kann. Ein Verfügungsgrund kann hier im Einzelfall nur bejaht werden, wenn der Arbeitnehmer ohne vorläufige Aussetzung der Anordnung ganz erhebliche Nachteile in Kauf nehmen müsste.[702] Der Verfügungsantrag muss, um dem Bestimmtheitsgebot des § 253 Abs. 2 Nr. 2 zu genügen und auch vollstreckbar zu sein, genau bezeichnen, welche Tätigkeit der Arbeitnehmer unverändert fortsetzen will oder welche Änderungen der Arbeitgeber zu unterlassen habe.[703] Der Arbeitnehmer muss Gründe darlegen und glaubhaft machen, die sein Interesse, die Tätigkeit vorläufig unverändert fortsetzen zu können, die Interessen des Arbeitgebers deutlich überwiegen lassen. Solche Gründe können etwa vorliegen, wenn die Versetzung willkürlich ist und nur dem »Mobbing« des Arbeitnehmers dienen soll.[704] Soweit die §§ 99 ff. BetrVG greifen, kann ein Bedürfnis für Eilmaßnahmen nur ausnahmsweise gegeben sein, wenn der Betriebsrat der Maßnahme ausdrücklich zugestimmt hat, der Arbeitnehmer sie aber dennoch für rechtswidrig hält.[705]

161 Auch gegen den Insolvenzverwalter, der nach Anzeige der Masseunzulänglichkeit einen Arbeitnehmer wegen fehlenden Beschäftigungsbedarfs ohne Vergütung freistellt, ist eine einstweilige Verfügung auf Weiterbeschäftigung möglich, wenn die Anordnung der Freistellung unbillig war und der Arbeitnehmer durch die Freistellung erhebliche Nachteile erleidet.[706]

---

699 LAG Berlin, DB 1974, 1629; LAG Düsseldorf, DB 1974, 2112; GMP/*Germelmann*, § 62 ArbGG Rn. 110.
700 LAG Baden-Württemberg, BB 1975, 43; LAG Hamm, DB 1979, 1232; GMP/*Germelmann*, § 62 ArbGG Rn. 110; a. A. (es fehle dann am Rechtsschutzbedürfnis): LAG Berlin, DB 1974, 1629.
701 ArbG Wiesbaden, DB 1978, 797; *Walker*, Der einstweilige Rechtsschutz, Rn. 692; a. A. (auch hier einstweilige Verfügung zugunsten des Arbeitgebers grundsätzlich möglich): LAG Köln, LAGE § 78a BetrVG Nr. 2; ErfKomm/*Kania*, § 78a BetrVG Rn. 12.
702 LAG Mecklenburg-Vorpommern, BeckRS 2005, 30804262. A. A. (kein Eilbedarf, da dem Arbeitnehmer ein befristetes Tätigsein in einem anderen Bereich grundsätzlich zumutbar): ArbG Aachen, AE 2008, 291.
703 LAG Frankfurt, BeckRS 2012, 72133.
704 LAG Jena, NZA-RR 2001, 347.
705 Offen gelassen in LAG Hamm, NZA-RR 1998, 421.
706 LAG Nürnberg, NZA 2006, 151.

f) Anspruch auf Arbeitszeitreduzierung

Der Anspruch des Arbeitnehmers aus § 8 TzBfG gegen seinen Arbeitgeber auf Abgabe einer Willenserklärung zur **Verringerung der vertraglich vereinbarten Arbeitszeit** kann wegen der vorweggenommenen Erfüllungswirkung zwar nur ausnahmsweise im Wege einstweiliger Verfügung durchgesetzt werden;[707] vorläufiger Rechtsschutz insoweit ist aber keineswegs grundsätzlich ausgeschlossen[708] und auch nicht nur auf absolute Notfälle beschränkt.[709] Es bedarf aber einer sorgfältigen Interessenabwägung.[710]

162

g) Anspruch auf Unterlassung einer Abmahnung

Besteht zwischen Arbeitgeber und Arbeitnehmer Streit über die Bewertung eines bestimmten Verhaltens des Arbeitnehmers und befürchtet dieser eine Abmahnung – als Vorstufe zur Kündigung –, so kann er die Abmahnung nicht durch einstweilige (Unterlassungs-) Verfügung verhindern.[711] Es fehlt insoweit immer am Verfügungsgrund, da die Abmahnung als solche den Arbeitnehmer noch nicht unzumutbar belastet und das Folgen weitergehender Schritte des Arbeitgebers noch zu unbestimmt ist.

163

h) Anspruch des Arbeitgebers auf Arbeitsleistung durch den Arbeitnehmer

Hat der Arbeitnehmer unter Vertragsbruch seine Arbeit eingestellt, etwa um bei einem anderen Arbeitgeber eine Arbeit zu übernehmen, besteht aus dem fortdauernden Arbeitsverhältnis bzw. § 611 BGB ein Anspruch »auf Leistung der versprochenen Dienste«. Dieser Anspruch kann, wie § 61 ArbGG zeigt, ohne Rücksicht, ob es sich um vertretbare oder nichtvertretbare Dienste handelt, ob also eine Vollstreckung des Hauptsachetitels nach § 887 möglich oder nach § 888 Abs. 3 ausgeschlossen ist, im Hauptsacheverfahren tituliert werden. Sehr streitig ist aber, ob dieser Anspruch auch durch einstweilige Verfügung durchgesetzt werden kann, falls ein Verfügungsgrund besteht.[712] Es muss dabei unterschieden werden, ob die geschuldeten Dienste vertretbar sind, also ohne weiteres von beliebigen anderen Arbeitnehmern übernommen werden können, oder unvertretbar, wie dies insbesondere bei höheren Diensten der Fall ist. Da bei höheren Diensten § 888 Abs. 3 anzuwenden ist, eine Zwangsvollstreckung also ausscheidet, scheidet auch eine (fristgerechte) Vollziehung i. S. von §§ 928, 929 aus. Für den Erlass einer einstweiligen Verfügung, von der von vornherein feststeht, dass sie nicht bestandskräftig werden kann, fehlt immer das Rechtsschutzinteresse.[713] Dieses Ergebnis kann nicht dadurch umgangen werden, dass statt der Wiederaufnahme der Arbeit beim ursprünglichen Arbeitgeber das Unterlassen der Aufnahme beim neuen Arbeitgeber begehrt wird.[714] Zum einen müsste auch insoweit § 888 Abs. 3 entsprechend angewandt werden, weil die Absicht, die Vorschrift lediglich zu umgehen, offensichtlich wäre. Zum anderen fehlt es aber schon

164

---

707 LAG Berlin, NZA 2002, 858; LAG Rheinland-Pfalz, NZA 2002, 856; LAG Hamm, NZA 2003, 178; LAG Hamburg, NZA-RR 2007, 122; ErfKomm/*Preis*, § 8 TzBfG Rn. 52; *Gotthardt*, NZA 2001, 1183; *Kliemt*, NZA 2001, 63, 67.
708 So aber *Dütz*, AuR 2003, 161; *Rolfs*, RdA 2001, 129, 136; GMP/*Germelmann*, § 62 ArbGG Rn. 119.
709 So zu Recht LAG Berlin, NZA 2002, 858; LAG Hamburg, NZA-RR 2007, 122.
710 LAG Hamburg, NZA-RR 2007, 122; *Schwab/Weth/Walker*, § 62 ArbGG Rn. 136.
711 LAG Köln, NZA-RR 1996, 470.
712 Siehe die Übersicht über den Streitstand bei *Walker*, Der einstweilige Rechtsschutz, Rn. 697.
713 GMP/*Germelmann*, § 62 ArbGG Rn. 107; *Walker*, Der einstweilige Rechtsschutz, Rn. 698; Zöller/*Vollkommer*, § 940 Rn. 8 »Arbeitsrecht«; LAG Frankfurt, NZA 1990, 614; LAG Köln, BB 1964, 1468; LAG Hamburg, DB 2002, 2003; a. A. (einstweilige Verfügung möglich): LAG Baden-Württemberg AP Nr. 5 zu § 940 ZPO; LAG Bremen, BB 1964, 1468; *Brehm*, ZZP 1996 (Bd. 109), 261.
714 Stein/Jonas/*Grunsky*, vor § 935 Rn. 68; *Walker*, Der einstweilige Rechtsschutz, Rn. 697; Zöller/*Vollkommer*, § 940 Rn. 8 »Arbeitsrecht«; a. A.: ArbG Darmstadt, NZA 1988, 845.

an einem Verfügungsanspruch. Das Unterlassungsbegehren wäre lediglich unselbstständige Kehrseite des Erfüllungsanspruchs aus § 611 BGB und als solche nicht selbstständig durchsetzbar.[715]

165 Anders ist die Rechtslage, wenn es bei den geschuldeten Diensten um eine vertretbare Handlung geht, § 888 Abs. 3 also nicht anwendbar ist, die Vollziehung vielmehr nach § 887 zu erfolgen hat. Hier kann das Rechtsschutzbedürfnis nicht von vornherein verneint werden. Allerdings dürfte kaum je die Dringlichkeit, das Eilverfahren wählen zu müssen, zu bejahen sein: Eine Ersatzkraft kann der Arbeitgeber jederzeit auch ohne einstweilige Verfügung einstellen. Die Kosten bzw. Mehrkosten, die dem Arbeitgeber hierdurch entstehen, können ohne weiteres im Hauptsacheverfahren, gegebenenfalls im Rahmen des § 61 Abs. 2 ArbGG tituliert werden. Hinsichtlich dieses Geldleistungsanspruchs ist nie Dringlichkeit gegeben. Es müssten ferner ungewöhnliche Umstände vorliegen, die es ausnahmsweise dringlich erscheinen ließen, die Pflicht des Arbeitnehmers zu vertretbarer Dienstleistung im Eilverfahren zu titulieren,[716] etwa wenn die dringend benötigte Ersatzkraft unverhältnismäßig teuer ist, sodass berechtigte Hoffnung besteht, der Arbeitnehmer werde, wenn die einstweilige Verfügung ihm den Ernst seiner Lage vor Augen führe, an seinen alten Arbeitsplatz zurückkehren.

i) **Anspruch des Arbeitgebers auf Unterlassung von Konkurrenztätigkeiten durch den Arbeitnehmer**

166 Der Anspruch gegen den Arbeitnehmer, in der Arbeitszeit nicht für einen anderen Arbeitgeber tätig werden, ist in der Regel nur die unselbstständige Kehrseite des Anspruchs auf Leistung der versprochenen Dienste. Es kann aber auch unabhängig davon, ob die Arbeitszeiten sich nicht durchaus miteinander vereinbaren ließen oder ob überhaupt noch eine Arbeitspflicht zugunsten des ersten Arbeitgebers besteht, ein selbstständiger Unterlassungsanspruch bestehen, bestimmte Tätigkeiten, die in Konkurrenz zum Betrieb des Arbeitgebers stehen, zu unterlassen. Dieser Anspruch kann sich im Rahmen des noch fortbestehenden Arbeitsverhältnisses aus dem Gesetz (§ 60 HGB)[717] oder aus dem individuellen Arbeitsvertrag ergeben. Ein nachvertragliches Wettbewerbsverbot muss immer ausdrücklich vereinbart sein, wobei die besonderen Regeln der §§ 74 ff. HGB zu berücksichtigen sind. Der selbstständige Unterlassungsanspruch kann durch einstweilige Verfügung durchgesetzt werden,[718] wenn ein Verfügungsgrund im Einzelfall besteht. § 888 Abs. 2 ist hier nicht einschlägig, da insoweit die Arbeitspflicht nicht im Vordergrund steht.[719]

Die Vollziehung richtet sich nach § 890, wobei zur Wahrung der Vollziehungsfrist regelmäßig die Parteizustellung ausreicht.[720] Bei der Prüfung, ob ein Verfügungsgrund dargelegt und glaubhaft gemacht ist, muss ein strenger Maßstab angelegt werden, da die Folgen der Vollziehung für den Arbeitnehmer meist irreparabel sind: Er kann nicht nur die unterlassene Tätigkeit nicht nachholen, er wird sehr häufig den Arbeitsplatz beim neuen oder zweiten Arbeitgeber auf Dauer verloren haben. Das durch die einstweilige Verfügung zu sichernde Interesse des Arbeitgebers an der Ein-

---

715 LAG Berlin, DB 1966, 827; LAG Düsseldorf, BB 1955, 82.
716 *Faecks*, NZA 1985, Beil. 3, S. 6. Die ganz überwiegende Auffassung hält es für ausgeschlossen, dass solche Umstände überhaupt denkbar seien; *Baur*, BB 1964, 607; *Brox/Walker*, Rn. 1593; GMP/*Germelmann*, § 62 ArbGG Rn. 107; *Heinze*, RdA 1986, 273; *Jauernig*, ZZP 1966 (Bd. 79), 346; *Zöller/Vollkommer*, § 940 Rn. 8 »Arbeitsrecht«.
717 Zur einengenden (verfassungskonformen) Auslegung des § 60 HGB auf Konkurrenztätigkeiten siehe BAG, BB 1970, 1134; BAG, BB 1972, 1056.
718 LAG Baden-Württemberg, DB 1968, 669 und 1717; LAG Düsseldorf, DB 1972, 878; *Heinze*, RdA 1986, 273; *Schwab/Weth/Walker*, § 62 ArbGG Rn. 137; *Zöller/Vollkommer*, § 940 Rn. 8 »Arbeitsrecht«; *Walker*, Der einstweilige Rechtsschutz, Rn. 695.
719 LAG Düsseldorf, DB 1972, 878.
720 Siehe auch § 929 Rdn. 28 ff.

haltung des Wettbewerbsverbotes muss daher besonderes Gewicht haben, sodass ein Zuwarten bis zur Hauptsacheentscheidung als unzumutbar erscheint.[721]

Vermutet der Arbeitgeber nur, dass der Arbeitnehmer während des rechtlichen Bestandes des Arbeitsverhältnisses für einen anderen Arbeitgeber tätig ist, und verweigert der Arbeitnehmer hierzu jede Auskunft, so mag ein – auch einklagbarer – materiellrechtlicher Anspruch auf diese Auskunft bestehen. Im Wege der einstweiligen Verfügung kann er nur dann durchgesetzt werden,[722] wenn glaubhaft gemacht ist, dass eine für den Betrieb des Arbeitgebers bedrohliche Konkurrenztätigkeit ausgeübt wird und ein umgehendes Vorgehen auch gegen den konkurrierenden neuen Arbeitgeber erforderlich ist.[723] 167

j) Ansprüche des Arbeitnehmers auf Lohnzahlung

Ist das Arbeitsverhältnis gekündigt, streiten die Parteien sich aber über die Wirksamkeit der Kündigung, stellt sich für den Arbeitnehmer in der Regel die Frage der **Lohnfortzahlung** zur Absicherung seiner Existenz. Materiellrechtlich ergibt sich der Vergütungsanspruch des arbeitswilligen, aber infolge der Kündigung an der Arbeitsleistung gehinderten Arbeitnehmers aus § 615 BGB. Der Anspruch kann gegebenenfalls auch im Wege der einstweiligen Verfügung durchgesetzt werden.[724] Ein Verfügungsgrund ist nur gegeben, wenn der Arbeitnehmer ohne die vorläufige Lohnfortzahlung in eine erhebliche Notlage geriete. Eine solche Notlage besteht nicht, wenn der Arbeitnehmer auf Ersparnisse oder sonstiges Vermögen zurückgreifen kann[725] oder wenn er im Zeitpunkt des Antrages auf Erlass der einstweiligen Verfügung bereits tatsächlich Leistungen aus öffentlichen Kassen (Sozialhilfe, Arbeitslosengeld 1 oder 2 oder andere Leistungen nach dem SGB III) bezieht.[726] 168

Dagegen genügt es nicht, dass er diese Leistungen beantragen könnte. Denn der Arbeitnehmer ist zu einer derartigen Antragstellung, auch wegen des damit verbundenen erheblichen Verlustes an sozialem Ansehen, nicht gezwungen.[727] Ebenso wenig muss er möglichen Kredit in Anspruch nehmen, etwa den ihm eingeräumten Überziehungskredit seines Gehaltsgirokontos ausschöpfen.

Der im Wege der Geldleistungsverfügung vorläufig zuzusprechende Betrag entspricht nicht dem vollen bisherigen Entgelt des Arbeitnehmers. Dies folgt schon aus der Zielsetzung der Geldleistungsverfügung, eine aktuelle Notlage bis zur Hauptsacheentscheidung zu überbrücken,[728] nicht aber bereits die Hauptsacheentscheidung vorwegzunehmen. Der Betrag kann sich allerdings auch nicht einfach schematisch an den jeweiligen Sozialhilfesätzen bzw. Sätzen des Arbeitslosengeldes 2 orientieren,[729] auch wenn die Sozialhilfe bzw. das Arbeitslosengeld 2 grundsätzlich geeignet sind, eine aktuelle Notlage zu beheben. Denn die Sozialhilfe stellt nicht auf die konkrete bisherige Stellung des Arbeitnehmers ab, kann also zu einem unverhältnismäßigen sozialen Abstieg führen. Richtig dürfte das Anknüpfen an den Betrag sein, der dem Arbeitnehmer, ausgehend von seinem bisherigen Gehalt unter Berücksichtigung seines Familienstandes und seiner Unterhaltsverpflich- 169

---

721 LAG Baden-Württemberg, BB 1968, 708.
722 Zur allgemeinen Problematik der Durchsetzung von Auskunftsansprüchen durch einstweilige Verfügung siehe vorn, Rdn. 38.
723 Großzügiger: LAG Nürnberg, NZA-RR 1997, 188.
724 Ganz h. M., siehe oben, Rdn. 48.
725 Zur Pflicht, gegebenenfalls auf Ersparnisse zurückzugreifen, siehe auch *Walker*, Der einstweilige Rechtsschutz, Rn. 702.
726 Siehe oben, Rdn. 48.
727 Zum Sozialhilfeanspruch siehe vorn, Rdn. 48. Hinsichtlich der Ansprüche gegen die Bundesagentur für Arbeit: LAG Hamburg, DB 1986, 1629; *Schwab/Weth/Walker*, § 62 ArbGG Rn. 116; *Stein/Jonas/Grunsky*, vor § 935 Rn. 39; *Vossen*, RdA 1991, 216; *Walker*, Der einstweilige Rechtsschutz, Rn. 703.
728 GMP/*Germelmann*, § 62 ArbGG Rn. 82; *Musielak/Huber*, § 940 Rn. 17; *Thomas/Putzo/Seiler*, § 940 Rn. 9.
729 A. A. OLG Celle, VersR 1960, 1280; LG Bochum, MDR 1967, 921.

tungen, nach § 850c in der Zwangsvollstreckung verbliebe.[730] Dieser Betrag berücksichtigt beide Faktoren: die konkrete Lebensstellung und das in dieser Stellung dringend zum Lebensunterhalt Benötigte. Er ist deshalb als Anknüpfungspunkt auch deutlich geeigneter als das Arbeitslosengeld 1,[731] da dieses nach seiner Konzeption mehr gewähren soll als zur Überbrückung einer Notlage erforderlich. Da hinsichtlich der Vergangenheit regelmäßig keine Notlage mehr bestehen kann,[732] ist der Betrag grundsätzlich erst vom Tage der Entscheidung an zuzusprechen.[733] Die Zahlungspflicht sollte bis zur Verkündung einer Entscheidung erster Instanz im Kündigungsschutzprozess befristet werden. Entweder entfällt dann durch ein positives Urteil die Notlage oder aber es ergibt sich die Notwendigkeit, neu über den Verfügungsanspruch nachzudenken.

k) Einstweiliger Rechtsschutz im Wettkampf um Beförderungen

170 Im Beamtenrecht entspricht es gefestigter Rechtsprechung,[734] dass der Bewerber um eine Position bei Ablehnung seiner Bewerbung Klage erheben und durch die Inanspruchnahme vorläufigen Rechtsschutzes im verwaltungsgerichtlichen Verfahren den Dienstherrn daran hindern kann,[735] den Konkurrenten vorläufig zu befördern und dadurch vollendete Tatsachen zu schaffen. Ob eine vergleichbare Konkurrentenklage auch im Arbeitsrecht möglich ist, ist streitig,[736] muss aber bejaht werden;[737] denn auch aus dem Arbeitsvertrag und der dem Arbeitgeber obliegenden Fürsorgepflicht kann ein Erfüllungsanspruch auf Beförderung, nicht nur ein Schadenersatzanspruch bei Nichtbeförderung abzuleiten sein. Zur Sicherung dieses Beförderungsanspruchs kann dann im Wege einstweiliger Verfügung die vorläufige Nichtbesetzung der umstrittenen Stelle angeordnet werden.[738] Ist die Stelle besetzt, ist das Beförderungsverfahren regelmäßig beendet und dann kein Raum mehr für einstweiligen Rechtsschutz.[739] Im Einzelfall können allerdings bei schweren Rechtsverstößen im Rahmen des Übergehens des Arbeitnehmers auch eine Aufhebung der Beförderung des Konkurrenten im einstweiligen Rechtsschutz und die Neueröffnung des Auswahlverfahrens geboten sein.[740]

l) Einstweilige Verfügungen im Arbeitskampf

171 Ein besonderer Anwendungsbereich für den einstweiligen Rechtsschutz im Urteilsverfahren[741] ist der **Arbeitskampf**. Dass in diesem Bereich überhaupt einstweiliger Rechtsschutz möglich ist – Hauptsacheverfahren kämen regelmäßig zu spät, um den Beginn, aber auch die gesamte Durchführung einzelner rechtswidriger Arbeitskampfmaßnahmen zu verhindern –, dass er insbesondere

---

730 LAG Kiel, AP Nr. 1 zu § 940 ZPO; GMP/*Germelmann*, § 62 ArbGG Rn. 104; *Vossen*, RdA 1991, 216. Kritisch hierzu aber: *Walker*, Der einstweilige Rechtsschutz, Rn. 704.
731 An dieses will LAG Baden-Württemberg, BB 1968, 335, anknüpfen.
732 Siehe hierzu auch oben, Rdn. 46.
733 OLG Zweibrücken, FamRZ 1986, 76; OLG Hamm, FamRZ 1988, 527; a. A. (ab Antragseingang) OLG Saarbrücken, FamRZ 1985, 1150; OLG Düsseldorf, FamRZ 1986, 75; OLG Karlsruhe, FamRZ 1989, 80.
734 BVerwGE 80, 127; BVerwG, ZBR 1989, 281, *Schenk*, NVwZ 2011, 321; *Wittkowski*, NJW 1993, 817.
735 HessVGH, NJW 1985, 1103.
736 Ablehnend: LAG Berlin, NZA 1994, 526.
737 Wie hier: LAG Hamm, NZA 1994, 528; LAG Thüringen, NZA-RR 1997, 234; LAG Schleswig, NZA-RR 2012, 49; GMP/*Germelmann*, § 62 ArbGG Rn. 117; *Walker*, 50 Jahre Arbeitsgerichtsbarkeit Rheinland-Pfalz, 1999, S. 603, 606, 616; *ders.*, ZfA 2005, 45, 55.
738 LAG Hamm, NZA 1994, 528; LAG Sachsen, NZA-RR 2004, 448; GMP/*Germelmann*, § 62 ArbGG Rn. 117; *Walker*, ZfA 2005, 45, 55.
739 BAG, MDR 2008, 576.
740 BVerwG, NVwZ 2011, 358; *Schenk*, NVwZ 2011, 321; noch weitergehend: LAG Chemnitz, jurisPR-ArbR 2/2012 mit Anm. *Roetteken* (Anm. 5).
741 Zur Frage, wann ausnahmsweise das arbeitsgerichtliche Beschlussverfahren zu wählen ist: *Walker*, Der einstweilige Rechtsschutz, Rn. 705.

nicht an der verfassungsmäßigen Garantie des Streikrechts (Art. 9 Abs. 3 Satz 3 GG) scheitert,[742] ist ganz überwiegend anerkannt.[743] Würde man anders entscheiden, würde man den Arbeitgeber gegen kurze rechtswidrige Arbeitskampfmaßnahmen praktisch rechtlos stellen. Den Interessen der Arbeitnehmer bzw. der Gewerkschaften ist dadurch hinreichend Rechnung getragen, dass – wie bei allen auf vorläufige Befriedigung gerichteten Unterlassungsverfügungen – nicht nur der Verfügungsanspruch und der Verfügungsgrund substantiiert darzulegen und glaubhaft zu machen sind, sondern eine besonders gewissenhafte Interessenabwägung vorzunehmen ist, bei der die Interessen des Arbeitgebers (oder gegebenenfalls des Arbeitgeberverbandes) an einer Eilentscheidung deutlich überwiegen müssen,[744] wenn der Streik oder die Kampfmaßnahme, die bis zum Abschluss des Hauptsacheverfahrens regelmäßig ihren Sinn verloren haben werden – im Ergebnis meist endgültig –, untersagt werden sollen.[745]

Hinsichtlich des Verfügungsanspruchs muss substantiiert dargelegt und glaubhaft gemacht sein, dass die (zu untersagende) Arbeitskampfmaßnahme rechtswidrig ist.[746] Es ist allerdings nicht erforderlich, dass die Unzulässigkeit der Arbeitskampfmaßnahme offensichtlich ist.[747] Sie kann im Einzelfall auch das Ergebnis einer umstrittenen Rechtsauffassung, der sich das Gericht dann anschließt, sein.[748] Als Antragsgegner, soweit Arbeitskampfmaßnahmen der Arbeitnehmerseite untersagt werden sollen,[749] kommen die Organisationsstufe der Gewerkschaft, die den Streik organisiert, oder diejenigen einzelnen Personen, die bestimmte Einzelkampfmaßnahmen (Besetzungen, Zufahrtsperren u. ä.) durchführen oder organisieren, in Betracht. Anspruchsgrundlage gegen die Gewerkschaft kann der Tarifvertrag (Friedenspflicht) sein, aber auch §§ 1004, 823 Abs. 1 BGB (Eingriff in den eingerichteten und ausgeübten Gewerbebetrieb). Letztere Anspruchsgrundlage greift auch gegen einzelne, die unzulässigen Kampfmaßnahmen Durchführende. Gegen Betriebsangehörige kommt sodann der Arbeitsvertrag als Anspruchsgrundlage in Betracht.

172

Durch den Arbeitskampf in Mitleidenschaft gezogene Dritte (Eltern und Kinder, deren Kindertagesstätte bestreikt werden soll; Fluggäste, die keinen Ersatzflug für die dringend anstehende Flugreise finden) haben regelmäßig keinen Anspruch gegen die den Streik organisierende Gewerkschaft

173

---

742 Zu den Grenzen der Arbeitskampffreiheit ErfKomm/*Dieterich/Linsenmaier*, Art. 9 GG Rn. 112 ff.; *Scholz* in *Maunz/Dürig*, Art. 9 GG Rn. 364–375; *Walker*, Der einstweilige Rechtsschutz, Rn. 716.

743 Beispielhaft: LAG Nürnberg, NZA-RR 2010, 645; LAG Sachsen, NZA 2008, 59; LAG Hamm, DB 1991, 1126; NZA 1988, Beil. 2, 26 und NZA 1987, 825; LAG Hamburg, LAG Baden-Württemberg und LAG Schleswig-Holstein, NZA 1988, Beil. 2, 22, 27 bzw. 31; LAG Schleswig-Holstein, NZA-RR 1997, 401; LAG Köln, DB 1984, 2095 und NZA 1997, 327; LAG Rheinland-Pfalz 1986, 264; ArbG Wuppertal, AuR 1998, 426; ArbG Kiel, NZA-RR 2011, 316; ArbG Frankfurt, NZA 2012, 579; GMP/*Germelmann*, § 62 ArbGG Rn. 113; *Isenhardt*, FS Stahlhacke, 1995, S. 195; *Korinth*, ArbRB 2008, 354; *Schwab/Weth/Walker*, § 62 RrbGG Rn. 142; *Walker*, Der einstweilige Rechtsschutz, Rn. 713; *ders.*, ZfA 1995, 185; *ders.*, ZfA 2005, 45, 66 ff.; *Zöller/Vollkommer*, § 940 Rn. 8 »Arbeitsrecht – Arbeitskampfrecht«; a. A. (einstweiliger Rechtsschutz grundsätzlich ausgeschlossen): *Hoffmann*, AuR 1986, 33; ähnlich *Birk*, AuR 1974, 291.

744 LAG Nürnberg, NZA-RR 2010, 645; LAG Rheinland-Pfalz, NZA 1986, 264; LAG Hamm, LAG Hamburg und LAG Schleswig-Holstein, NZA 1988, Beil. 2, S. 26, 27 bzw. 31.

745 LAG Köln, NZA 1997, 327, und *Isenhardt*, FS Stahlhacke, 1995, S. 195, wollen in die Interessenabwägung im Rahmen der Prüfung des Verfügungsgrundes schon die Wahrscheinlichkeit der Rechtswidrigkeit des Streiks mit einbeziehen. Diese Prüfung ist aber erst im Rahmen der Feststellung des Verfügungsanspruchs durchzuführen.

746 ErfKomm/*Dieterich/Linsenmaier*, Art. 9 GG Rd. 229; GMP/*Germelmann*, § 62 ArbGG Rn. 113; *Schwab/Weth/Walker*, § 62 ArbGG Rn. 145.

747 So aber *Zeuner*, RdA 1971, 7; *Reichold*, FA 2008, 98 ff; LAG Sachsen, NZA 2008, 59; LAG Düsseldorf, DB 1979, 167. Wie hier: MüHdbAR/*Otto*, § 293 Rn. 31.

748 Nach ErfKomm/*Dieterich/Linsenmaier*, Art. 9 GG Rn. 229 soll diese Rechtsauffassung aber nicht auf Rechtsfortbildung beruhen dürfen. Diese generelle Einengung geht zu weit.

749 Diese Fälle überwiegen in der Praxis bei Weitem; vgl. insoweit die Nachweise bei *Walker*, Der einstweilige Rechtsschutz, Rn. 706; *Isenhardt*, FS Stahlhacke, 1995, S. 196–199.

auf Unterlassung des Streiks, der im Wege des einstweiligen Rechtsschutzes durchgesetzt werden könnte. Bei erheblichen Grundrechtsgefährdungen (Leben, Gesundheit) kann aber im Einzelfall ein Anspruch auf Aufrechterhaltung einer Notfallversorgung bestehen[750].

174 Gegen eine unzulässige Aussperrung kommt sowohl einstweiliger Rechtsschutz für die Gewerkschaft[751] – zur Sicherung ihres Streikrechts – als auch für die betroffenen Arbeitnehmer – auf Weiterbeschäftigung oder auf Lohnfortzahlung – in Betracht. Allerdings wird für die einzelnen Arbeitnehmer selten ein Verfügungsgrund gegeben sein, da kurzfristige Aussperrungen in der Regel nicht zu einer Notlage führen dürften, die eine Geldleistungsverfügung rechtfertigen könnte.[752]

175 Nicht nur die Rechtmäßigkeit einer Arbeitskampfmaßnahme als solcher kann Gegenstand eines Verfahrens des einstweiligen Rechtsschutzes sein, sondern auch einzelne Verhaltensweisen im Arbeitskampf, etwa die Frage, wer während des Arbeitskampfes das Betriebsgelände betreten darf,[753] oder Exzesse einzelner Streikposten[754], aber auch die Frage, ob ein öffentlicher Arbeitgeber zu bestimmten Arbeiten Beamte einsetzen muss, um den Angestellten die Streikteilnahme zu ermöglichen[755]. In diesen Fällen gelten die allgemeinen Regeln des vorläufigen Rechtsschutzes, da nicht ein Verbot des Arbeitskampfes insgesamt in Rede steht, also nicht im Hinblick auf Art. 9 GG ein verschärfter Maßstab hinsichtlich der Glaubhaftmachung usw. geboten ist.[756] Soweit gegen einzelne konkrete Streikmaßnahmen einstweiliger Rechtsschutz begehrt wird, kann auch der einzelne Arbeitnehmer (z. B. ein bestimmter Streikposten) Gegner der einstweiligen Verfügung sein[757].

2. Typische Anwendungsfälle im arbeitsgerichtlichen Beschlussverfahren

176 Hinsichtlich aller in Betracht kommenden Fälle, in denen einstweiliger Rechtsschutz durch einstweilige Verfügung möglich und erforderlich ist, ist zunächst auf die sich aus § 85 Abs. 2 Satz 2 ArbGG ergebenden Besonderheiten hinzuweisen: Die Entscheidungen müssen immer durch Beschluss der Kammer ergehen. Eilentscheidungen des Vorsitzenden sind also ausgeschlossen.[758] Obwohl die Entscheidungen immer in Form eines Beschlusses ergehen, werden sie auch dann, wenn der Antragsteller obsiegt hat, dem Antragsgegner von Amts wegen zugestellt. Schadensersatzansprüche nach § 945 sind in Angelegenheiten des Betriebsverfassungsgesetzes ausgeschlossen.

177 Ferner sind im Hinblick auf die durch einstweilige Verfügung zu sichernden betriebsverfassungsrechtlichen Ansprüche[759] die Schranken zu beachten, die sich aus dem BetrVG ergeben: Wo das Gesetz eine spezielle Regelung für Eilfälle vorsieht oder wo das Gesetz seinem Sinn nach Eilentscheidungen ausschließt, sind einstweilige Verfügungen nach §§ 935 ff. nicht zulässig. So sieht § 100 Abs. 2 und 3 BetrVG ein besonderes Verfahren vor, wenn der Betriebsrat eine vorläufige mitbestimmungspflichtige personelle Maßnahme des Arbeitgebers nicht akzeptiert[760]; daneben sind einstweilige Verfügungen, die vorläufige Maßnahme zu unterlassen oder sie vor Rechtskraft

---

750 LAG Hamm, Bechl. vom 29. 10 2009 – 8 SaGa 22/09 –; LAG Hamm, NZA 2007, 250.
751 LAG Berlin-Brandenburg, BB 2011, 1076.
752 Es gilt insofern das oben, Rdn. 169 Gesagte.
753 ArbG Mönchengladbach, NZA-RR 2003, 146; LAG Köln, NZA-RR 2002, 425.
754 ErfKomm/*Dieterich/Linsenmaier*, Art. 9 GG Rn. 235.
755 ArbG Berlin, Beschl. vom 6.5.2008 – 59 Ga 6988/08 – becklink 258811.
756 ErfKomm/*Diederich/Linsenmaier*, Art. 9 GG Rn. 229.
757 ErfKomm/*Dieterich/Linsenmaier*, Art. 9 GG Rn. 235.
758 Ebenso BAGE 68, 232; LAG Nürnberg, NZA 2000, 335; GMP/Spinner, § 85 ArbGG Rn. 45; **a. A.** (für unaufschiebbare Eilfälle) ErfKomm/*Koch*, § 85 ArbGG Rn. 7; noch weitergehend (§ 944 gelte auch hier) Stein/Jonas/*Grunsky*, vor § 935 Rn. 77; *Walker*, Der einstweilige Rechtsschutz, Rn. 883 ff.; ebenso *Walker*, unten § 944 Rdn. 6; *Wenzel*, NZA 1984, 115.
759 Wo kein Anspruch ersichtlich, kommt nicht nur keine Sicherungsverfügung, sondern auch keine Regelungsverfügung in Betracht; vgl. oben, Rdn. 30. Dies gilt uneingeschränkt auch im arbeitsgerichtlichen Beschlussverfahren.
760 Siehe hierzu: *Hoppe/Marcus*, ArbRAktuell 2011, 320423; *Schulze/Schreck*, ArbRAktuell 2013, 341090.

der eine Ersetzung ablehnenden Entscheidung schon rückgängig zu machen, unzulässig, da sie die gesetzliche Regelung unterlaufen würden.[761] Umgekehrt kann der Arbeitgeber sich seine bereits aus dem Gesetz ergebende Befugnis zu vorläufigen Maßnahmen nicht noch durch einstweilige Verfügung bestätigen lassen, da insoweit ein Rechtsschutzbedürfnis nicht ersichtlich wäre.[762] Gleiches wie für die Regelung in § 100 BetrVG gilt auch für § 98 Abs. 5 BetrVG: Der Betriebsrat ist darauf beschränkt, den Antrag ans Arbeitsgericht gem. § 98 Abs. 5 Satz 1 BetrVG zu stellen und nach Rechtskraft der Entscheidung zu seinen Gunsten Ordnungsgeld zu beantragen. Ließe man hier eine einstweilige Verfügung zu, würde das Rechtskrafterfordernis unterlaufen.[763] Schließlich scheidet auch eine vorläufige Regelung der positiven Ansprüche des Betriebsrats oder einer im Betrieb vertretenen Gewerkschaft, die durch § 23 Abs. 3 Satz 1 BetrVG gesichert sind (Ansprüche auf Mitbeteiligung), durch einstweilige Verfügung aus.[764] Es fehlt insoweit an einem praktischen Bedürfnis, da eine einstweilige Verfügung die Sanktionsgrenzen der Sätze 2–5 des Abs. 3 beachten müsste, um den Antragstellern nicht mehr im vorläufigen Verfahren zu geben, als sie im Hauptsacheverfahren erreichen können.

Hinsichtlich des Inhalts möglicher einstweiliger Verfügungen ist weiter zu beachten, dass da, wo das Gesetz dem Betriebsrat nur einen Anspruch auf Mitwirkung einräumt, nicht aber einen Anspruch auf eine bestimmte inhaltliche Regelung, und wo es im Fall fehlender Einigung eine Entscheidungskompetenz durch die Einigungsstelle (§ 76 BetrVG) vorsieht, einstweiliger Rechtsschutz durch die Arbeitsgerichte nicht dahin gewährt werden darf, dass diese in der Sache einstweilige Regelungen treffen, sondern nur dahin, dass die Mitwirkung als solche durchgesetzt wird.[765] So dient der Anspruch des Betriebsrats auf vorläufige Unterlassung einer Betriebsänderung,[766] solange nicht über einen Interessenausgleich verhandelt worden ist, nur der Sicherung des Verhandlungsanspruchs, nicht losgelöst davon der Untersagung der Betriebsänderung selbst[767]. Daher können durch einstweilige Verfügung auch nur solche Maßnahmen untersagt werden, die den Verhandlungsanspruch des Betriebsrats rechtlich oder faktisch infrage stellen.[768] Denn § 85 Abs. 2 ArbGG rechtfertigt keine Abweichung vom allgemeinen Grundsatz, dass die einstweilige Verfügung nie mehr gewähren darf als im Hauptsacheverfahren erstritten werden könnte und dass da, wo in der Hauptsache gar kein Anspruch besteht, auch eine vorläufige Regelung nicht möglich ist. Unter Berücksichtigung dieser Einschränkungen sind einstweilige Verfügungen insbesondere in folgenden Fällen häufiger: 178

a) Im Zusammenhang mit Betriebsratswahlen

Zeigen sich bei der Vorbereitung und Durchführung der Wahl erhebliche Fehler, so kann die Wahl zwar gem. § 19 Abs. 1 BetrVG nachträglich angefochten werden. Die Anfechtung wirkt aber nur 179

---

761 GMP/*Spinner*, § 85 ArbGG Rn. 39; *Schwab/Weth/Walker*, § 85 ArbGG Rn. 55; *Walker*, Der einstweilige Rechtsschutz, Rn. 766, 767; LAG Frankfurt, NZA 1989, 232; LAG Koblenz, AA 2011, 126 mit Anm. *Matthes*, jurisPR-ArbR 28/2011 (Anm. 7). **A. A.** aber (einstweilige Verfügung grundsätzlich möglich): LAG Köln, NZA-RR 2003, 249; LAG Frankfurt, NZA-RR 1999, 584; *Leisten*, BB 1992, 266, 271.
762 *Walker*, Der einstweilige Rechtsschutz, Rn. 766 m. w. N.
763 GMP/*Spinner*, § 85 ArbGG Rn. 39; *Schwab/Weth/Walker*, § 85 ArbGG Rn. 56; *Walker*, Der einstweilige Rechtsschutz, Rn. 769.
764 Sehr streitig. Wie hier LAG Hamm, DB 1977, 1514; GMP/*Spinner*, § 85 ArbGG Rn. 39; *Trittin*, DB 1983, 231; **a. A.**: *Schwab/Weth/Walker*, § 85 ArbGG Rn. 62. Eine andere Frage ist, ob insoweit Unterlassungsverfügungen, die strittigen Maßnahmen bis zum Spruch der Einigungsstelle zu unterlassen, möglich sind. Hierzu siehe Rdn. 186.
765 Wie hier GMP/*Spinner*, § 85 ArbGG Rn. 40; *Stein/Jonas/Grunsky*, vor § 935 Rn. 75; **a. A.** *Dütz*, AuR 1973, 372; *Küttner/Schmidt*, DB 1988, 704.
766 Zum Meinungsstand hinsichtlich eines solchen Anspruchs ausführlich: LAG Hamm, BeckRS 2012, 70259.
767 LAG Koblenz, BeckRS 2015, 65728.
768 LAG Berlin-Brandenburg, BeckRS 2014, 71664 mit Anm. *Söhl*, ArbRAktuell 2014, 474.

ex nunc.[769] Bis zur Entscheidung würde der anfechtbar gewählte Betriebsrat[770] amtieren, und es würden bis dahin u. U. irreversible Umstände geschaffen. Deshalb muss die Möglichkeit bestehen, jedenfalls gravierende Fehler[771] bereits im laufenden Wahlverfahren abzustellen und den ordnungsgemäßen Ablauf der Wahl zu sichern.[772] Eine Absetzung oder Aussetzung der Wahl kann aber nur dann erreicht werden, wenn die Nichtigkeit der Wahl zu erwarten ist.[773] Antragsberechtigt sind nur diejenigen, die auch zur Anfechtung der Wahl berechtigt wären (§ 19 Abs. 2 BetrVG),[774] also nicht ein einzelner Arbeitnehmer. Dieser kann allerdings sein persönliches aktives und passives Wahlrecht, sollte es bestritten werden, durch einstweilige Verfügung durchsetzen, und zwar ohne darlegen zu müssen, dass durch seine Teilnahme an der Wahl das Gesamtwahlergebnis beeinflusst würde.[775] Es bedarf aber, wie immer bei Befriedigungsverfügungen, der substantiierten Darlegung und Glaubhaftmachung, dass die Interessen des Antragstellers im Hinblick auf eine Eilentscheidung die der Antragsgegner an ihrem Unterbleiben überwiegen. Nicht nur der Wahlvorgang als solcher, sondern auch Ansprüche im Zusammenhang mit der Vorbereitung und Organisation der Betriebsratswahlen können Gegenstand einstweiliger Verfügungen sein, so die Bestellung des Wahlvorstandes, wenn die vorrangigen gesetzlichen Möglichkeiten ausgeschöpft sind,[776] oder etwa der Anspruch auf Herausgabe von Unterlagen im Zusammenhang mit der Erstellung der Wählerliste.[777]

b) Im Zusammenhang mit Betriebsversammlungen

180 Weil der Betriebsrat die während der Arbeitszeit stattfindenden Betriebsversammlungen (§§ 17, 43 Abs. 1, 44 Abs. 1 BetrVG) nach eigenem Gutdünken terminieren darf und den Arbeitgeber nur vom Termin zu verständigen hat, kann Streit bestehen, ob die festgesetzte Zeit für den Betriebsablauf so ungünstig ist, dass erheblicher Schaden für den Betrieb zu befürchten ist. Da die Terminierung meist kurzfristig erfolgt, käme die Hauptsacheentscheidung, mit der der Arbeitgeber eine Terminverschiebung erreichen wollte, vielfach zu spät. Deshalb wird hier allgemein eine einst-

---

769 BAG, DB 1992, 1986 und 1988; Rieble/*Triskatis*, NZA 2006, 233, 235; *Schwab/Weth/Walker*, § 65 ArbGG Rn. 80; *Walker*, ZfA 2005, 45, 69.
770 Mit BAG, NZA-RR 2005, 671 und BAG, NZA 2004, 395 ist die Nichtigkeit einer Betriebsratswahl nur dann anzunehmen, wenn gegen allgemeine Grundsätze jeder ordnungsgemäßen Wahl in so hohem Maße verstoßen wurde, dass nach der Anschein einer noch dem Gesetz entsprechenden Wahl nicht mehr vorliegt. Ähnlich LAG Hamm, BeckRS 2007 48771.
771 Bei unwesentlichen Mängeln stellt sich die Frage einstweiligen Rechtsschutzes nicht; vgl. ArbG Lingen, NZA 1988, 40.
772 Für die Möglichkeit einstweiligen Rechtsschutzes auch LAG Bremen, NZA-RR 1998, 401; LAG Hamm, NZA-RR 1998, 400; LAG Köln, NZA-RR 1999, 247; *Hanau*, DB 1986, Beil. 4, 9; Rieble/*Triskatis*, NZA 20906, 233; *Walker*, Der einstweilige Rechtsschutz, Rn. 791; *ders.*, ZfA 2005, 45, 69; *Winterfeld*, NZA 1990, Beil. 1, 20.
773 BAG, NZA 2012, 345; LAG Baden-Württemberg, NZA-RR 1997, 141; LAG Baden-Württemberg, BeckRS 2006 42541; LAG Berlin, NZA 2006, 509; LAG Frankfurt, NZA-RR 1998, 544; LAG Hamburg, NZA-RR 2006, 413; LAG Hamburg, NZA-RR 2010, 585; LAG Hamm, DB 1995, 260; LAG Hamm, NZA-RR 2010, 191; LAG Hamm, FD-ArbR 2012, 333426; LAG Hamm, ArbRAktuell 2013, 352466;, LAG Köln, BeckRS 2006 43761; *Heinze*, RdA 1986, 286; ErfKomm/*Koch*, § 85 ArbGG Rn. 6; GMP/*Spinner*, § 85 ArbGG Rn. 38; Rieble/*Triskatis*, NZA 2006, 233, 236; *Schwab/Weth/Walker*, § 85 ArbGG Rn. 84; *Schulze/Willsch*, ArbRAktuell 2013, 352487; *Walker*, NZA 2005, 45, 70. Weitergehend dagegen (Abbruch der Wahl, auch wenn nur Anfechtbarkeit im Raum steht, möglich, wenn eine neue Wahl vor Ablauf der Wahlperiode des alten Betriebsrats noch möglich): LAG Nürnberg, jurisPR-ArbR 32/2006 mit Anm. *Wolmerath*.
774 Obwohl das Anfechtungsverfahren nicht das Hauptsacheverfahren ist, da die Anfechtbarkeit der Wahl gerade verhindert werden soll.
775 *Walker*, Der einstweilige Rechtsschutz, Rn. 796.
776 LAG Hamm, ArbRAktuell 2013, 352466; LAG Köln, BeckRS 2013, 71645.
777 LAG Hamm, jurisPR-ArbR 32/2006 mit Anm. *Kohte* sowie LAG Hamm, NZA-RR 2005, 373.

weilige Verfügung für möglich gehalten.[778] Der Verfügungsanspruch folgt aus § 44 Abs. 1 Satz 1 BetrVG (»soweit nicht die Eigenart des Betriebes eine andere Regelung zwingend erfordert«).[779] Da Betriebsversammlungen in der Regel während der betriebsüblichen Arbeitszeit und als Vollversammlung aller Betriebsmitglieder durchzuführen sind, kann der Arbeitgeber mit Verweis auf Störungen des Betriebsablaufs grundsätzlich nicht verlangen, dass Betriebsversammlungen stets nur als Teilversammlungen oder außerhalb der üblichen Arbeitszeit durchgeführt werden dürften.[780] Eine bloße Terminsverlegung innerhalb der üblichen Arbeitszeit wird dem Betriebsrat in der Regel keine schwerwiegenden Nachteile verursachen. Daher werden bei der im Rahmen der Prüfung des Verfügungsgrundes vorzunehmenden Interessenabwägung insoweit meist die betrieblichen Interessen, die auch den Verfügungsanspruch tragen, überwiegen. Es sind aber auch hier durchaus Fälle denkbar, in denen das Interesse des Betriebsrates, die Versammlung an einem bestimmten Termin oder jedenfalls bis spätestens zu einem bestimmen Termin durchzuführen (z. B. einer Aufsichtsratsitzung, die über Änderungen der Betriebsstruktur entscheiden soll), überwiegen kann. Der Arbeitgeber darf die Teilnahme an Betriebsversammlungen auch nicht durch das Angebot einer attraktiven Gegenveranstaltung zur gleichen Zeit unterlaufen. Die gleichzeitige Durchführung einer solchen Veranstaltung kann ihm gegebenenfalls durch einstweilige Verfügung untersagt werden.[781]

Äußerungen eines Gewerkschaftssekretärs auf einer Betriebsversammlung können Gegenstand einer Unterlassungsverfügung vor dem Arbeitsgericht sein, wenn sie mit dem Gegenstand der Betriebsversammlung in unmittelbarem Zusammenhang stehen oder die Tätigkeit der Gewerkschaft im Betrieb betreffen. Für diese Themenfelder »überschießende« diskriminierende Äußerungen sind dagegen die allgemeinen Zivilgerichte zuständig.[782]

c) Schulungsveranstaltungen für den Betriebsrat

Die Mitglieder der Betriebsräte haben, um ihre Aufgaben sachgerecht wahrnehmen und dem Arbeitgeber kompetent gegenübertreten zu können, gem. § 37 Abs. 6 und 7 BetrVG Anspruch darauf, zu bestimmten **Schulungsveranstaltungen** unter Fortzahlung des Arbeitsentgelts und gegebenenfalls unter Zahlung eines Reisekostenvorschusses[783] von der Arbeit freigestellt zu werden. Soweit die Freistellungspflicht als solche im Streit ist[784] – etwa weil die Geeignetheit der Schulungsveranstaltung i. S. von § 37 Abs. 6 Satz 1 BetrVG bestritten wird – kann, weil etwa Anmeldefristen zu beachten sind, für das einzelne Betriebsratsmitglied einstweiliger Rechtsschutz geboten sein.[785] Dass der Betriebsrat als solcher – also nicht das einzelne schulungswillige Mitglied – in diesen Fällen die Einigungsstelle anrufen kann, sodass im Verhältnis Betriebsrat – Arbeitgeber eine Sachentscheidungskompetenz für die Arbeitsgerichte nicht gegeben ist,[786] betrifft das einzelne Betriebsratsmit-

181

---

778 *Heinze*, RdA 1986, 289; GMP/*Spinner*, § 85 ArbGG Rn. 31; LAG Düsseldorf, DB 1972, 2212; LAG Schleswig-Holstein, AiB 1996, 391.
779 LAG Düsseldorf, DB 1972, 2212; Schwab/Weth/Walker, § 85 ArbGG Rn. 87.
780 ArbG Essen, NZA-RR 2011, 579.
781 *Hunold*, NZA-RR 2003, 169, 172.
782 OLG Dresden, NZA-RR 2012, 210.
783 LAG Frankfurt, BeckRS 2014, 70908.
784 Soweit es nur um die Lohnfortzahlung geht, ist das arbeitsgerichtliche Urteilsverfahren einschlägig; vgl. BAG, BB 1974, 88, 89; BB 1975, 293. Insoweit wird auch selten ein Verfügungsgrund bestehen. Zur Sicherung des Lohnfortzahlungsanspruches durch einstweilige Verfügung allgemein siehe oben, Rdn. 169, 170.
785 LAG Hamm, DB 1972, 2489; LAG Berlin, AuR 1985, 293; LAG Frankfurt, BB 1988, 347; LAG Frankfurt, BeckRS 2013, 74925 (mit Anm. *Söhl*, ArbRAktuell 2014, 354114); GMP/*Spinner*, § 85 ArbGG Rn. 31; *Korinth*, ArbRB 2008, 30; *Maußner/Schuhmacher*, ArbRAktuell 2014, 221; Schwab/Weth/Walker, § 85 ArbGG Rn. 100.
786 Siehe oben, Rdn. 179.

glied nicht⁷⁸⁷. Es kann auch nicht darauf verwiesen werden, dass es ja einfach an der Veranstaltung teilnehmen könnte, um dann anschließend die Frage der Berechtigung im Rahmen der Geltendmachung des Lohnfortzahlungsanspruchs zu klären.⁷⁸⁸ Das nichtberechtigte Fernbleiben von der Arbeit kann für das Betriebsratsmitglied unzumutbare Weiterungen haben, sodass ein Interesse an vorheriger gerichtlicher Klärung besteht.

d) Zutrittsrecht von Gewerkschaftsbeauftragten zum Betrieb

182 Das **Zutrittsrecht** vom Beauftragten der im Betrieb vertretenen Gewerkschaften zum Betrieb (§ 2 Abs. 2 BetrVG) oder zu einzelnen Veranstaltungen im Betrieb (z. B. §§ 31, 51 Abs. 1, 59 BetrVG) kann vom Arbeitgeber sowohl generell als auch im Hinblick auf einzelne Personen bestritten sein. Im ersteren Fall wird der Verfügungsgrund regelmäßig zu bejahen sein, da es der Gewerkschaft zur ordnungsgemäßen Erfüllung ihrer Aufgaben im Betrieb nicht zuzumuten ist, bis zum Abschluss des Hauptsacheverfahrens zuzuwarten.⁷⁸⁹ Problematisch ist der Verfügungsgrund dagegen, wenn der Arbeitgeber nur bestimmten Gewerkschaftsvertretern den Zutritt verweigert, anderen Vertretern dieser Gewerkschaft aber ohne weiteres Zutritt zum Betrieb gewähren würde. Hier wird es der Gewerkschaft im Zweifel zuzumuten sein, vorläufig einen Vertreter in den Betrieb zu entsenden, gegen den der Arbeitgeber keine Einwände erhebt, bis eine Klärung im Hauptsacheverfahren erfolgt ist. Die bei Befriedigungsverfügungen immer vorzunehmende Interessenabwägung wird in diesen Fällen also regelmäßig zugunsten des Arbeitgebers ausfallen. Sind die Ablehnungsgründe seitens des Arbeitgebers offensichtlich nicht stichhaltig und kann die Gewerkschaft nur mit Mühen einen fachkundigen anderen Vertreter in den Betrieb entsenden, wird aber im Einzelfall auch hier der Verfügungsgrund zu bejahen sein.

e) Behinderung der Betriebsratsarbeit

183 Der Arbeitgeber kann die Arbeit des Betriebsrates oder einzelner seiner Mitglieder rein faktisch dadurch erschweren, dass er ihnen den Zutritt zum Betrieb oder einzelnen Betriebsstellen verwehrt⁷⁹⁰ oder dass er ihnen die notwendigen Räume oder sonstigen sachlichen Mittel für ihre Arbeit entgegen § 40 BetrVG vorenthält. Jedes Betriebsratsmitglied hat gem. § 78 BetrVG einen Anspruch auf ungehinderte und ungestörte Ausübung seiner Amtstätigkeit.⁷⁹¹ Darüber hinaus hat der Betriebsrat als Ganzer einen Anspruch darauf, dass seine Tätigkeit nicht durch die faktische Aussperrung einzelner Mitglieder beeinträchtigt wird⁷⁹². Da die kontinuierliche ungestörte Betriebsratsarbeit von erheblicher Bedeutung für alle Arbeitnehmer im Betrieb ist, dürfte regelmäßig ein Grund für eine Eilentscheidung gegeben sein. Dennoch kann auch hier nicht von einer Interessenabwägung abgesehen werden. Im Einzelfall können nämlich die Interessen des Arbeitgebers, das Betriebsratsmitglied – dem er unzulässige politische Agitation im Betrieb oder eine erhebliche Herabsetzung des Ansehens des Unternehmens oder unzulässige Weitergabe von Betriebsgeheimnissen oder ähnlich Gravierendes vorwirft – aus dem Betrieb fernzuhalten, ausnahmsweise durchaus ganz erheblich überwiegen. Soweit es um Ansprüche aus § 40 BetrVG geht, wird das Interesse des Betriebsrats

---

787 ArbG Bamberg, ArbAktuell 2013, 341600 (mit Anm. *Steiner*) bejaht auch das Recht des Betriebsrates als solchem, im Wege der einstweiligen Verfügung eine Klärung herbeizuführen.

788 So aber *Walker*, Der einstweilige Rechtsschutz, Rn. 824, 825.

789 LAG Hamm, jurisPR-ArbR 7/2006 mit Anm. *Kohte*; LAG Schwerin, ArbRAktuell 2014, 355266 (mit Anm. *Fleddermann*); ArbG Hamm, DB 1972, 342; ArbG Hamburg, AuR 1998, 43; ArbG Verden, NZA-RR 2014, 19; *Schwab/Weth/Walker*, § 85 ArbGG Rn. 91; *Walker*, Der einstweilige Rechtsschutz, Rn. 810.

790 Dass der Betriebsrat von den Arbeitnehmern dieses Betriebsteils nicht gewählt worden war, steht seinem Zutrittsrecht nicht entgegen: LAG Bremen, AuR 2013, 178 mit Anm. *Lange*, AuR 2013, 179.

791 LAG Düsseldorf, DB 1977, 1053; *Hunold*, NZA-RR 2003, 169, 174. Das gilt auch für Betriebsratsmitglieder, der Arbeitsverhältnis bereits gekündigt ist (z. B. wegen Stilllegung der entsprechenden Betriebsabteilung), bis zum Ablauf der Kündigungsfrist: LAG München, NZA-RR 2010, 189.

792 LAG Bremen, AuR 2013, 178.

überwiegen, wenn ihm die erforderlichen Sachmittel für seine Arbeit ganz verweigert werden, dagegen das Interesse des Arbeitgebers, nicht mit unnötigen Kosten belastet zu werden, soweit es nur um einzelne Arbeitsmittel (Bereitstellung eines zusätzlichen Raumes, zusätzliches technisches Büromaterial usw.) geht.[793] Entzieht der Arbeitgeber dem Betriebsrat seine bisherigen Räume oder notwendiges Mobiliar, so kann darin verbotene Eigenmacht liegen, die eine einstweilige Verfügung auf Wiederherstellung des ursprünglichen Zustandes rechtfertigt.[794]

Der Arbeitgeber hat grundsätzlich keinen Unterlassungsanspruch, dass der Betriebsrat seine Sitzungen zu dem Arbeitgeber nicht genehmen Zeiten abhält, auch wenn andere Sitzungstermine durchaus möglich wären[795]. Deshalb ist insoweit einstweiliger Rechtsschutz für den Arbeitgeber gegen die Terminierung einzelner – den Betriebablauf störender – Betriebsratssitzungen auch nicht möglich. In Extremfällen muss der Arbeitgeber nach § 23 Abs. 1 BetrVG vorgehen.

Verstößt der Betriebsrat oder eines seiner Mitglieder im Arbeitskampf gegen das Neutralitätsgebot des § 74 Abs. 2 Satz 1 BetrVG oder verwendet er Arbeitsmittel, die ihm für seine Betriebsratstätigkeit überlassen wurden (z. B. den Mail-Account) zur Unterstützung des Streiks, kann eine einstweilige Verfügung auf Unterlassung gerechtfertigt sein.[796]

Im Einzelfall kann der Arbeitgeber, der die Abberufung eines Betriebsratsmitgliedes gem. § 23 Abs. 1 BetrVG verlangt, ein Interesse daran haben, dass dieses Betriebsratsmitglied vorläufig seine Amtsgeschäfte nicht mehr ausübt, bis das Arbeitsgericht über den Ausschlussantrag in der Hauptsache entschieden hat.[797] Wegen des ganz erheblichen Eingriffs durch eine solche Unterlassungsverfügung in die Rechte des einzelnen Betriebsratsmitgliedes und des Betriebsrats ist ein Verfügungsgrund nur anzunehmen, wenn dem Arbeitgeber die weitere Amtsausübung des Betriebsratsmitglieds bis zur Hauptsacheentscheidung unzumutbar ist.[798] Das zu Unrecht von seiner Arbeit freigestellte Betriebsratsmitglied kann seinerseits im Wege der einstweiligen Verfügung seine Weiterbeschäftigung durchsetzen.[799]

184

f) Sicherung der Mitwirkungs- und Mitbestimmungsrechte

Nach den §§ 87–113 BetrVG sind dem Betriebsrat zahlreiche **Unterrichtungs-, Anhörungs-, Mitwirkungs- und Mitbestimmungsrechte** in sozialen, personellen und wirtschaftlichen Angelegenheiten des Betriebes und in Fragen der Gestaltung von Arbeitsplatz, Arbeitsablauf und Arbeitsumgebung eingeräumt. Allen diesen Beteiligungsrechten ist gemeinsam, dass der Betriebsrat nie Anspruch auf eine ganz konkrete Sachmaßnahme des Arbeitgebers hat, sondern – als Maximalergebnis –, soweit ein echtes Mitbestimmungsrecht besteht, für den Fall, dass eine Einigung nicht erzielt werden kann, eine Sachentscheidung der Einigungsstelle herbeiführen kann. Deshalb kann in diesen Fällen auch im Eilverfahren das Arbeitsgericht nicht vorläufig bis zum Spruch der Einigungsstelle bestimmte Sachentscheidungen treffen.[800] Es kann immer nur darum gehen, die Mitwirkung bzw. Mitbestimmung des Betriebsrates bei der strittigen Maßnahme zu sichern.[801] Ein Anspruch auf Durchführung einer ganz konkreten Maßnahme besteht in allen diesen Fällen immer erst, wenn bereits eine Entscheidung der Einigungsstelle vorliegt, die gerade diese Maßnahme zum Ergebnis

185

---

793 Schwab/Weth/Walker, § 85 ArbGG Rn. 97; Walker, Der einstweilige Rechtsschutz, Rn. 820.
794 Hunold, NZA-RR 2003, 169, 172.
795 LAG Berlin, BeckRS 2010, 70699 mit Anm. Burgmer, jurisPR-ArbR 38/2010 (Anm. 5).
796 LAG Berlin-Brandenburg, jurisPR-ArbR 28/2012 mit Anm. Henssen (Anm. 3).
797 Zum Anspruch auf vorläufiges Unterlassen der Betriebsratstätigkeit LAG Hamm, BB 1975, 1302; GMP/Spinner, § 85 ArbGG Rn. 31.
798 LAG Düsseldorf, DB 1977, 1053; LAG Köln, NZA-RR 2006, 28.
799 LAG Köln, NZA-RR 2006, 28.
800 Siehe oben, Rdn. 179.
801 Einzelheiten unten, Rdn. 187. Siehe ferner den Überblick bei: Schoof, AiB 2009, 48 ff; Ulber, AiB 2009, 7 ff.

hat. Verweigert der Arbeitgeber die Durchführung des Spruchs der Einigungsstelle (§ 77 BetrVG), dann kann er im Hauptsacheverfahren entsprechend verurteilt werden. In diesem Stadium wäre deshalb auch eine vorläufige Eilentscheidung des Arbeitsgerichts zur Durchführung des Spruchs der Einigungsstelle in der Sache denkbar.[802] Der Verfügungsanspruch folgt dann aus dem Einigungsstellenspruch. Hinsichtlich des Verfügungsgrundes gelten die allgemeinen Regeln. Im Rahmen der erforderlichen Interessenabwägung kommt der sich aus §§ 938, 940 ergebenden Möglichkeit, auch vorläufige Regelungen unterhalb der Befriedigung des Anspruchs anzuordnen, besondere Bedeutung zu. Es gilt hier der allgemeine Grundsatz, dass eine – vorläufige – volle Befriedigung des Anspruchs nur in Betracht kommt, wenn minderschwere Zwischenregelungen ausscheiden.[803]

186 Problematischer sind einstweilige Verfügungen gegen geplante oder bereits in Angriff genommene Maßnahmen des Arbeitgebers, die ohne die im BetrVG vorgesehene Mitwirkung des Betriebsrates durchgeführt werden sollen, wenn die Einigungsstelle noch nicht entschieden hat[804]. Da einstweilige Regelungen des strittigen Sachverhalts selbst ausscheiden, sind nur einstweilige Verfügungen sinnvoll, die dem Arbeitgeber die – vorläufige – Unterlassung der von ihm geplanten Maßnahme aufgeben.[805] Ob derartige einstweilige Verfügungen möglich sind, ist sehr streitig[806]. Die Entscheidung hängt davon ab, ob man insoweit den Anspruch des Betriebsrates auf Beteiligung an der fraglichen Maßnahme als Verfügungsanspruch, der durch das vorläufige Unterlassungsgebot gesichert wird, ausreichen lässt,[807] oder ob man als Verfügungsanspruch einen materiellrechtlichen (betriebsverfassungsrechtlichen) Unterlassungsanspruch verlangt, Maßnahmen, an denen der Betriebsrat nicht ordnungsgemäß beteiligt wurde, durchzuführen.[808] Folgt man der letzteren Meinung, so ist wiederum sehr streitig, ob ein solcher Unterlassungsanspruch generell besteht[809] – dann ergäben sich keine praktischen Unterschiede zur ersten Auffassung – oder ob ein solcher Anspruch nur unter den Voraussetzungen des § 23 Abs. 3 BetrVG bejaht werden kann[810] (»grobe Verstöße«). Im letzteren Fall ist dann natürlich wieder streitig, wann im Einzelnen ein »grober Verstoß« anzunehmen

---

802 LAG Berlin, DB 1991, 1288; LAG Frankfurt, ARSt 1988, 140 und LAGReport 2005, 159; LAG Berlin, BeckRS 2014, 71664 mit Anm. *Söhl*, ArbRAktuell 2014, 474; GMP/*Spinner*, § 85 ArbGG Rn. 40.
803 Siehe oben, Rdn. 31 ff.
804 Eine in einer Betriebsvereinbarung vorgesehene Regelung, dass statt der Einigungsstelle eine paritätisch besetzte Kommission anzurufen sei, ist nichtig: LAG Frankfurt, BeckRS 2013, 67432 mit Anm. *Dahl*, jurisPR-ArbR 43/2013 (Anm. 5).
805 LAG Frankfurt, jurisPR-ArbR 45/2011 mit Anm. *Dahl* (Anm. 2); ArbG Hamburg, NZA-RR 2006, 31; ArbG Hamburg, AuR 2005, 345 mit Anm. *Hjort*, AiB 2005, 570; *Korinth*, ArbRB 2005, 61. Dabei ist zu beachten, dass nicht etwa letztlich doch die Durchsetzung einer bestimmten Maßnahme über einen Unterlassungsanspruch erstrebt wird: LAG Hamm, NZA-RR 1997, 343.
806 Zum Streit, ob der Betriebsrat einen Unterlassungsanspruch gegen eine Betriebsänderung im Wege des einstweiligen Rechtsschutzes durchsetzen kann, wenn der Arbeitgeber nicht über einen Interessenausgleich verhandelt, siehe den ausführlichen Überblick bei *Bissels*, jurisPK-ArbR 52/2009 Anm,. 5. Zum Streit, ob und unter welchen Voraussetzungen der Betriebsrat Unterlassung betriebsverfassungswidrig durchgeführter vorläufiger Personalmaßnahmen durch einstweilige Verfügung erwirken kann: *Gillen/Vahle*, BB 2010, 1747; ferner: ArbG Berlin, Beschl. vom 21.11.2008 – 28 BVGa 18414/08 –.
807 So etwa LAG Köln, ArbAktuell 2014, 353597; GMP/*Spinner*, § 85 ArbGG Rn. 34; *Olderog*, NZA 1985, 759; *Schwab/Weth/Walker*, § 85 ArbGG Rn. 106.
808 So dagegen *Heinze*, RdA 1990, 281; *Walker*, Der einstweilige Rechtsschutz, Rn. 839.
809 *Derleder*, AuR 1983, 289 und AuR 1985, 65; *Kümpel*, AuR 1985, 91 sowie unter Aufgabe seiner bisherigen Rechtsprechung BAG, SAE 1995, 93 mit krit. Anm. *Walker*, SAE 1995, 99. Die Rspr. folgt nunmehr dem BAG; beispielhaft: LAG Berlin, AP Nr. 36 zu § 111 BetrVG; LAG Hamburg, NZA-RR 1997, 296; ArbG Bielefeld, BB 1996, 1114; ArbG Kiel, NZA-RR 1997, 298; ArbG Passau, BB 1997, 1315; a. A.: LAG Düsseldorf, NZA-RR 1997, 297.
810 BAG, DB 1983, 1926 und 1986; LAG Hamburg, NZA 1984, 56; *Walker*, Der einstweilige Rechtsschutz, Rn. 853.

ist.⁸¹¹ Die Auffassung, die den positiven Beteiligungsanspruch als Verfügungsanspruch ausreichen lässt und das Unterlassungsgebot dann als eine der nach § 938 möglichen Sicherungsmaßnahmen einordnet,⁸¹² hat den Vorteil, für alle Fälle praktische und flexible Lösungen anbieten zu können.

Hinsichtlich des Verfügungsgrundes gelten in den vorstehend erörterten Fällen unabhängig davon, welcher der Auffassungen man folgt, keine Besonderheiten (§ 935).⁸¹³ Auch wenn man die Verfügung als Sicherungsverfügung im Hinblick auf den positiven Beteiligungsanspruch sieht und nicht als Befriedigungsverfügung im Hinblick auf einen betriebsverfassungsrechtlichen Unterlassungsanspruch, hat hier eine Interessenabwägung zwischen dem Interesse des Betriebsrates an der Sicherung seiner Beteiligungsrechte und den betrieblichen Interessen an sofortiger Durchführung der Maßnahme stattzufinden.⁸¹⁴ Da der Gesetzgeber ausnahmsweise im Streitfalle dem Arbeitgeber ausdrücklich das Recht einräumt, vorläufige Maßnahmen zu ergreifen,⁸¹⁵ scheidet eine einstweilige Sicherung des Beteiligungsanspruchs durch eine Unterlassungsverfügung natürlich aus⁸¹⁶. 187

Eine besondere Situation besteht schließlich dann, wenn der Arbeitgeber zunächst das Mitwirkungsrecht des Betriebsrats respektiert, dann mangels Einigung die Einigungsstelle angerufen hat und nun den – ihm nicht unangenehmen – Spruch der Einigungsstelle durchführen will, während der Betriebsrat die Anrufung des Arbeitsgerichts beabsichtigt (§ 76 Abs. 5 Satz 4 BetrVG), weil er die Grenzen billigen Ermessens durch den Einigungsspruch überschritten sieht. Die Anrufung des Gerichts als solche führt nicht zur »Aussetzung« des Spruchs der Einigungsstelle. Ob der Betriebsrat deshalb den Arbeitgeber durch einstweilige Verfügung zur vorläufigen Unterlassung der Durchführung des Spruchs zwingen kann, ist streitig.⁸¹⁷ Man wird die Frage aber letztlich nicht anders beantworten können als die Frage nach der vorläufigen Unterlassung von Maßnahmen, die ganz unter Missachtung der Beteiligungsrechte vorgenommen wurden.⁸¹⁸ Denn ein grob unbilliger Spruch schafft, solange er noch angefochten werden kann, letztlich keine andere Rechtsqualität als ein noch gänzlich ausstehender. 188

Haben Arbeitgeber und Betriebsrat mitbestimmungspflichtige Angelegenheiten in einer Betriebsvereinbarung geregelt, hat der Betriebsrat einen Anspruch darauf, dass der Arbeitgeber sich auch an die Betriebsvereinbarung hält. Er kann, wenn Dringlichkeit gegeben ist, die Unterlassung von gegen die Betriebsvereinbarung verstoßenden Dienstplanungen per einstweiliger Verfügung verlangen.⁸¹⁹

---

811 ArbG Marburg, jurisPR-ArbR 48/2011 mit Anm. *Sixtus* (Anm. 5). Siehe hierzu *Walker*, Der einstweilige Rechtsschutz, Rn. 857, 858.
812 GMP/*Spinner*, § 85 ArbGG Rn. 34.
813 *Grunsky*, § 85 ArbGG Rn. 16; *Walker*, Der einstweilige Rechtsschutz, Rn. 828.
814 Siehe auch GMP/*Spinner*, § 85 ArbGG Rn. 36 a. E. **A.A.** (Verfügungsgrund immer zu bejahen): ArbG Berlin, Beschl. vom 21.11.2008 – 28 BVGa 18414/08 –.
815 Siehe oben Rdn. 178.
816 A.A., wenn der Arbeitgeber die Mitbestimmungsrechte fortgesetzt und beharrlich verletzt: ArbG Oberhausen, ArbRAktuell 2014, 399 mit Anm. *Schindele*.
817 Bejahend LAG Frankfurt, NZA 1988, 260; LAG Köln, NZA 2000, 334 (jedenfalls, wenn der Spruch auf krassen und zudem offensichtlichen Rechtsfehlern beruht); a.A.: LAG Baden-Württemberg, NZA 1990, 286; *Dütz*, AuR 1973, 372; GMP/*Spinner*, § 85 ArbGG Rn. 40.
818 Oben, Rdn. 187.
819 LAG Köln, BeckRS 2012, 73155.

§ 935 Einstweilige Verfügung bezüglich Streitgegenstand

Einstweilige Verfügungen in Bezug auf den Streitgegenstand sind zulässig, wenn zu besorgen ist, dass durch eine Veränderung des bestehenden Zustandes die Verwirklichung des Rechtes einer Partei vereitelt oder wesentlich erschwert werden könnte.

Übersicht

	Rdn.		Rdn.
I. Anwendungsbereich der Norm	1	VI. Das Rechtsschutzinteresse	23
II. Streitgegenstand des Verfügungsverfahrens	2	VII. Die prozessualen Nebenentscheidungen	24
III. Verfügungsverfahren und Hauptsacheprozess	3	1. Kostentragungspflicht	24
IV. Der Verfügungsanspruch	5	2. Vollstreckbarkeit	26
1. Schlüssige Darlegung durch den Antragsteller	6	VIII. Verfügungsverfahren und Verjährung des materiellrechtlichen Hauptsacheanspruchs	27
2. Glaubhaftmachung	9	IX. Erledigung der Hauptsache	30
V. Der Verfügungsgrund	14	X. Möglichkeit einer »Gegenverfügung« des Antragstellers	35
1. Schlüssige Darlegung	15	XI. Streitwert und Gebühren	36
2. Glaubhaftmachung	20	1. Streitwert	36
3. Ausnahmen von der Glaubhaftmachungspflicht	21	2. Gebühren	38

I. Anwendungsbereich der Norm

1 Nach der h. Auffassung, die drei selbstständige Typen der einstweiligen Verfügung unterscheidet,[1] ist in § 935 i. V. mit § mit § 938 die sog. Sicherungsverfügung[2] geregelt. Die Norm ist gleichzeitig zusammen mit § 940 gesetzliche Grundlage der sog. Befriedigungs- oder Leistungsverfügung.[3] Gegenstand der Sicherungsverfügung sind Ansprüche, die sich auf eine konkrete gegenständliche Leistung beziehen (Herausgabe einer Sache, Duldung der Verwertung eines Gegenstandes oder der Zwangsvollstreckung in einem Gegenstand, Einräumung eines Rechts an einen Gegenstand u. ä.[4]). § 935 selbst enthält nur konkrete Angaben zum Verfügungsgrund.

II. Streitgegenstand des Verfügungsverfahrens

2 Nicht der materiellrechtliche Anspruch, dessen spätere Verwirklichung nach Abschluss des Hauptsacheverfahrens jetzt schon einsweilen gesichert werden soll, ist Streitgegenstand des Verfügungsverfahrens, sondern nur der sich aus dem Hauptsacheanspruch ergebende Anspruch auf einstweilige Sicherung des Hauptsachestreitgegenstandes, also z. B. nicht der Anspruch aus § 985 BGB auf Herausgabe einer konkreten Sache, sondern nur der Anspruch, dass diese konkrete Sache einstweilen so gesichert wird, dass sie später bei Vorliegen des Hauptsachetitels noch im Verfahren der §§ 883 ff. weggenommen und dem Gläubiger herausgegeben werden kann. Dies ist im Prinzip jedenfalls für die Sicherungsverfügung unstreitig.[5] Bei der klassischen Sicherungsverfügung wird dies schon im Antrag, der nach der herrschenden Streitgegenstandslehre den Streitgegenstand wesentlich mit-

---

[1] Näheres siehe: Vor § 935 Rdn. 28.
[2] Siehe hierzu auch: Vor § 935 Rdn. 29.
[3] Einzelheiten: Vor § 935 Rdn. 31.
[4] Näheres: Vor § 935 Rdn. 29.
[5] Beispielhaft: BGH, WRP 2003, 1000; *Musielak/Huber*, § 916 Rn. 3; *Stein/Jonas/Grunsky*, vor § 935 Rn. 9; *Teplitzky*, JuS 1980, 886 und DRiZ 1982, 42; *ders.*, Wettbewerbsrechtliche Ansprüche und Verfahren, Kap. 53 Rn. 3 und Kap. 55 Rn. 11 und 33; *Thomas/Putzo/Seiler*, vor § 916 Rn. 2; *Walker*, Der einstweilige Rechtsschutz, Rn. 141; *Zöller/Vollkommer*, vor § 916 Rn. 5.

bestimmt,[6] deutlich, da der Antrag eben nicht auf die Erfüllung der Hauptsacheleistung abzielt, sondern nur Schritte zu deren Sicherung beinhaltet[7] (also z. B. nicht: Herausgabe des Gegenstandes an den Gläubiger, sondern: Herausgabe an einen Sequester zur vorläufigen Verwahrung). Auch bei der Befriedigungsverfügung decken sich trotz des u. U. identischen Antrages der Streitgegenstand des Hauptsacheverfahrens und des Verfügungsverfahrens nicht;[8] denn im Verfügungsverfahren geht es nur um eine einstweilige Befriedigung des Anspruchs, die wieder rückgängig gemacht werden kann, genauer: um eine Sicherung der späteren Möglichkeit, den Anspruch noch sinnvoll verfolgen zu können.

III. Verfügungsverfahren und Hauptsacheprozess

Da der Streitgegenstand beider Verfahren also nicht identisch ist, führt die Leistung nur auf den Verfügungstitel hin nicht zur Erfüllung des Hauptsacheanspruchs, etwa mit der Folge, dass dieser nicht mehr mit der Leistungsklage geltend gemacht werden könnte.[9] Dies gilt auch für die Geldleistungsverfügungen auf Arbeitslohn.[10] Auch hier tritt Erfüllung (§ 362 BGB) nur ein, wenn der Schuldner auf die einstweilige Verfügung hin mit dem erkennbaren Willen leistet, den Gläubiger nicht nur vorläufig zu sichern, sondern dessen Forderung endgültig, also ohne Vorbehalt der Rückforderung oder des Schadensersatzes, zu erfüllen. Einen solchen Willen wird man in der Regel nur annehmen können, wenn der Schuldner eine entsprechende ausdrückliche Erklärung (etwa eine sog. »Abschlusserklärung«) abgibt. Vor doppelter Vollstreckung sowohl aus der einstweiligen Verfügung wie später noch einmal aus dem Hauptsachetitel schützen § 775 Nr. 4 und Nr. 5.

Nicht nur der Streitgegenstand beider Verfahren ist unterschiedlich, die Verfahren selbst sind von so unterschiedlichem Charakter, dass ein Übergang von einem zum anderen etwa in entsprechender Anwendung der §§ 263, 264 (Klageänderung) oder des § 596 (Abstandnahme vom Urkundsprozess) nicht möglich ist,[11] auch nicht, wenn beide Parteien dem ausdrücklich zustimmen[12] oder wenn der Gegner sich jedenfalls rügelos auf andere Verfahren einlässt.[13] Wenn die Parteien so verfahren, hat das Gericht den Antrag auf Erlass der einstweiligen Verfügung als zurückgenommen zu behandeln. Es muss ferner die Antragsschrift, nun als Klageschrift, förmlich zustellen. Ferner müssten die Parteien klarstellen, welche Beweisantritte nunmehr (anstelle der im ordentlichen Verfahren nicht möglichen Glaubhaftmachung) gelten sollen. Nur so ist ein Neuanfang im ordentlichen Verfahren unter Verwendung der bisherigen Schriftsätze möglich.

IV. Der Verfügungsanspruch

Der Antrag auf Erlass einer einstweiligen Verfügung kann nur Erfolg haben, wenn der Antragsteller einen Verfügungsanspruch schlüssig darlegt und glaubhaft macht. »Verfügungsanspruch« ist jener Anspruch, den der Antragsteller im Hauptsacheverfahren geltend machen will und der

---

6 Zur Streitgegenstandslehre allgemein beispielhaft BGH, NJW 1984, 615; BGH, NJW-RR 1987, 526; BGH, NJW 1988, 1964; BGH, NJW 1989, 393; BGH, NJW 1999, 1407; BGH, NJW-RR 2006, 1118; BGH, NJW 2011, 3653 mit Anm. *K. Schmidt*, JuS 2012, 653; BGH, NJW 2013, 540; PG/*Prütting*, Einl., Rn. 17, 19: *Thomas/Putzo/Reichold*, ZPO, Einl. II Rn. 11; *Zöller/Vollkommer*, Einl. Rn. 82, 83. Zu besonderen Problemen der Streitgegenstandslehre im Wettbewerbs- und Markenrecht: *Teplitzky*, WRP 2007, 1 ff.
7 Einzelheiten zur Antragsfassung siehe § 938 Rdn. 3.
8 OLG Hamm, BeckRS 2010 09598; *Walker*, Der einstweilige Rechtsschutz, Rn. 143.
9 OLG Hamm, BeckRS 2010 09598. Folgerichtig beendet ein Vergleich im Verfügungsverfahren, wenn die Parteien nichts anderes zum Ausdruck bringen, daher auch nur dieses Verfahren und hindert nicht die Erhebung der Hauptsacheklage: OLG Schleswig, FamRZ 1997, 624.
10 Näheres insoweit: Vor § 935 Rdn. 48, 168, 169.
11 H.M.; beispielhaft OLG Hamm, NJW 1971, 387 und NJW 1978, 57. OLG Karlsruhe, WRP 1977, 272; *Musielak/Huber*, § 916 Rn. 4; *Stein/Jonas/Grunsky*, § 920 Rn. 3; *Thomas/Putzo/Seiler*, § 920 Rn. 3.
12 So allerdings *Teplitzky*, DRiZ 1982, 41; OLG Frankfurt, FamRZ 1989, 297.
13 So aber OLG Celle, WRP 1972, 323.

im Verfügungsverfahren gesichert werden soll. Es muss sich somit um einen Individualanspruch handeln, der im Zivilrechtsweg (vor den ordentlichen Gerichten oder den Arbeitsgerichten) geltend zu machen und im Erfolgsfalle nach den Regeln des dritten Abschnitts des 8. Buches der ZPO (§§ 883–898) zu vollstrecken wäre. Ausnahmsweise kann auch ein Zahlungsanspruch Verfügungsanspruch sein, wenn die Verweisung auf den – an sich sonst allein möglichen – Arrest den Berechtigten in eine ernsthafte Notlage versetzen und ihn praktisch des Rechtsschutzes berauben würde (sog. Geldleistungsverfügung).[14] Typische Anwendungsfälle der *Sicherungsverfügung*[15] sind Ansprüche auf Herausgabe einer Sache aus dinglichem Recht oder aus Vertrag, auf Bestellung einer Sicherheit oder auf Einräumung sonstiger Rechte an einer Sache oder einem Grundstück,[16] auf Duldung der Zwangsvollstreckung in eine bewegliche Sache oder in ein Grundstück[17] aufgrund der Vorschriften des AnfG, auf Abgabe von Willenserklärungen. Typische Anwendungsfälle der *Befriedigungsverfügung* sind die wettbewerbsrechtlichen Unterlassungsansprüche,[18] Herausgabeansprüche aus verbotener Eigenmacht,[19] Gegendarstellungsansprüche nach den Vorschriften der Landespressegesetze,[20] arbeitsrechtliche Ansprüche auf vorläufige Weiterbeschäftigung[21] und vorläufige Weiterbezahlung des Lohnes, auf Unterlassung von Arbeitskampfmaßnahmen,[22] auf Aushändigung der Arbeitspapiere.[23]

1. Schlüssige Darlegung durch den Antragsteller

6   Der Antragsteller muss den Verfügungsanspruch so substantiiert schlüssig darlegen, dass das Gericht auf der Grundlage dieses Antragstellervortrages den Anspruch in vollem Umfange nachprüfen kann (uneingeschränkte Schlüssigkeitsprüfung); es darf also nicht etwa nur die Wahrscheinlichkeit, dass dem Kläger ein Anspruch zustehen könnte, bejahen.[24] Erst recht genügt keine bloße Abwägung der Interessen der Parteien dahin gehend, wer bei Erlass oder Ablehnung der einstweiligen Verfügung größere oder gar irreversible Schäden hinnehmen müsste.[25] Die Schlüssigkeitsprüfung richtet sich in ihrer Intensität auch nicht nach der Eilbedürftigkeit der Sache, hat also in eiligen Fällen nicht weniger streng als sonst zu erfolgen. Das Gericht hat bei der Schlüssigkeitsprüfung den gleichen Maßstab anzulegen, den es im streitigen Verfahren bei der Prüfung anlegen würde, ob es ein beantragtes Versäumnisurteil erlassen kann oder nicht. Dies gilt auch für Ansprüche, zu deren Begründung komplizierte technische Sachverhalte (etwa in Patent- und Gebrauchsmustersachen)[26] oder die Ergebnisse empirischer Sozialforschung (etwa Meinungsumfragen zur Verkehrsdurchsetzung einer

---

14 Einzelheiten: Vor § 935 Rdn. 44–48.
15 Zu den wichtigsten typischen Anwendungsfällen der einstweiligen Verfügung im Bürgerlichen Recht, Handelsrecht, Wettbewerbsrecht und Arbeitsrecht siehe den Überblick: Vor § 935 Rdn. 56 ff.
16 Zur Sicherung des Anspruchs auf Eintragung einer Bauhandwerkersicherungshypothek siehe: Vor § 935 Rdn. 65.
17 KG, KGR 2005, 642.
18 Einzelheiten: Vor § 935 Rdn. 32, 98 ff.
19 Einzelheiten: Vor § 935 Rdn. 33, 34.
20 Einzelheiten: Vor § 935 Rdn. 35, 142, 143.
21 Einzelheiten: Vor § 935 Rdn. 157–159.
22 Einzelheiten: Vor § 935 Rdn. 171 ff.
23 Einzelheiten: Vor § 935 Rdn. 148 ff.
24 OLG Köln, WRP 1992, 407; *Baur*, BB 1964, 607; *Brox/Walker*, Rn. 1631; *Damm*, ZHR 1990, 420; *Stein/Jonas/Grunsky*, § 935 Rn. 6–8; *Walker*, Der einstweilige Rechtsschutz, Rn. 304; *Zöller/Vollkommer*, § 920 Rn. 1 und § 935 Rn. 7.
25 So: *Leipold*, Die Grundlagen des einstweiligen Rechtsschutzes, 1971, S. 64 ff. *Baur/Stürner/Bruns*, Rn. 53.7, bescheinigen diesem Ansatz »Praktikabilität« und verweisen auf eine vergleichbare Arbeitsweise des Bundesverfassungsgerichts, lehnen ihn aber letztlich im Hinblick auf die Gefahren des Verfügungsverfahrens für den Antragsgegner doch ab.
26 Siehe hierzu auch Vor § 935 Rdn. 119–122.

Ausstattung im Markenrecht,[27] zur Bekanntheit einer an sich wenig aussagekräftigen Firma oder Etablissementsbezeichnung im Wettbewerbsrecht) vorgetragen werden müssen. Diese Ansprüche sind deshalb nicht, wie manchmal behauptet wird,[28] für das Verfügungsverfahren generell ungeeignet.[29] Technische Sachverhalte müssen auch im Hauptsacheverfahren so vorgetragen, werden, dass das Gericht sie, gegebenenfalls mithilfe eines Sachverständigen, nachvollziehen kann.[30] Der bloße Glaube des Gerichts, der Sachverständige werde die Dinge schon richtig beurteilen, wäre auch im Hauptsacheverfahren unzureichend. Im Verfügungsverfahren muss nun der Antragsteller selbst die Rolle des Übersetzers, dessen also, der dem Gericht den technischen Sachverhalt verständlich macht, übernehmen. Gelingt ihm dies nicht, hat er seinen Anspruch auch nicht schlüssig dargelegt. Andererseits muss aber auch das Gericht sich die gleiche Mühe geben, den Vortrag zu verstehen, wie im Hauptsacheverfahren. Es darf sich dieser Mühe nicht von vornherein entziehen unter Hinweis auf einen »für das Eilverfahren zu komplizierten Sachverhalt«.[31] Kann der Antragsteller bestimmte zur Substantiierung seines Vortrages erforderliche Daten (Beispiel: »Die Ausstattung des Produkts des Antragsstellers ist im Verkehr durchgesetzt, da 70 % der angesprochenen Verbraucher sie kennen«, o. ä.) wegen der Eilbedürftigkeit der Sache nicht ermitteln und vortragen, kann er zur Substantiierung – nicht anders als im Hauptsacheverfahren – auch Indiztatsachen vortragen, die zwingend den Schluss auf die Haupttatsache zulassen[32] (Beispiel: »*Die angreifende Ausstattung ist im Verkehr durchgesetzt, weil der Antragsteller sie seit 3 Jahren im Fernsehen bewirbt, seit 2 Jahren monatlich folgende Anzeigen in folgenden Zeitschriften für sie geschaltet und x-Millionen Exemplare der Ausstattung bereits verkauft hat* ...« u. ä.). Kann er auch dies nicht, dann fehlt es an der erforderlichen schlüssigen Darlegung des Verfügungsanspruchs.

Wie in ordentlichen Verfahren wird auch im Verfügungsverfahren der Umfang der Substantiierungslast beeinflusst durch den Vortrag der anderen Partei.[33] Was in der Antragsschrift zunächst ausreichen mag, um das Vorbringen im Hinblick auf den Verfügungsanspruch schlüssig erscheinen zu lassen, kann nach einem entsprechend detaillierten Vortrag des Antragsgegners zu unbestimmt und ungenau erscheinen, um die tatsächlichen Voraussetzungen des Verfügungsanspruchs noch auszufüllen. Zu beachten ist allerdings, dass es sich bei dem die Substantiierungspflicht beeinflussenden Vorbringen des Gegners um Vorbringen handeln muss, das in das Verfügungsverfahren in prozessrechtlich beachtlicher Weise eingeführt wurde, sei es, dass es der Antragsteller selbst als Anlagen seiner Antragsschrift zur Ergänzung seines Vortrages beigefügt hat, sei es, dass es nach Anordnung der mündlichen Verhandlung oder mit dem Widerspruch gegen eine Beschlussverfügung vom Antragsgegner bei Gericht eingereicht wurde. Eine vor dem Verfügungsverfahren vom Antragsgegner einseitig eingereichte Schutzschrift[34] kann dagegen die Substantiierungspflicht noch nicht beeinflussen. Würde das Gericht ohne Kenntnis der Schutzschrift den Vortrag als ausreichend substantiiert ansehen und den Verfügungsanspruch aufgrund dieses Vorbringens für gegeben

7

---

27 Siehe auch Vor § 935 Rdn. 116–118.
28 So etwa OLG Düsseldorf, BB 1965, 562; KG, NJW-RR 1993, 555 und BB 1994, 1596; OLG Brandenburg, MDR 2009, 581.
29 Wie hier *Stein/Jonas/Grunsky*, § 935 Rn. 10; *Zöller/Vollkommer*, § 940 Rn. 8 »Gewerblicher Rechtsschutz« und § 935 Rn. 7.
30 Dass das Gericht, nicht der Sachverständige den Sachverhalt feststellt, zeigen schon zweifelsfrei die Regelungen in § 404a ZPO.
31 Kritisch zu einer solchen in manchen Entscheidungen erkennbaren Tendenz zu Recht *Schultz-Süchting*, GRUR 1988, 571.
32 Zur Schlüssigkeitsprüfung von Hilfstatsachen BGHZ 53, 260; zur Erfüllung der Darlegungspflicht durch den Vortrag von Hilfstatsachen siehe auch *Schuschke/ Kessen/ Höltje*, Zivilrechtliche Arbeitstechnik, 35. Aufl., Rn. 277 ff, 690 ff.
33 Allgemein zur Abhängigkeit des Umfanges der Substantiierungspflicht vor der Einlassung des Gegners: BGH, NJW 1962, 1394; BGH, NJW 1984, 2888; BGH, ZIP 1997, 928 mit Anm. *Schuschke*, EWiR 1997, 1151; BGH, NJW 1995, 2627; siehe ferner: *Brose*, MDR 2008, 1315 ff.
34 Einzelheiten zur sog. »Schutzschrift« Anh. § 935 B.

erachten, so kann es den Antrag nunmehr nicht ohne mündliche Verhandlung zurückweisen mit der Begründung, in Anbetracht der Schutzschrift sei das Antragstellervorbringen zu pauschal und unsubstantiiert. Es muss dann mündliche Verhandlung anordnen.

8   Sehr streitig ist, ob die Darlegungslast in Bezug auf den Verfügungsanspruch ohne Weiteres derjenigen im Hauptsacheverfahren entspricht[35] oder ob der Antragsteller auch darlegen – und dann natürlich auch glaubhaft machen – muss, dass dem Antragsgegner keine anspruchsvernichtenden oder anspruchshindernden Einreden zustehen,[36] oder ob Letzteres jedenfalls dann gilt, wenn der Antragsteller die einstweilige Verfügung im Beschlusswege ohne mündliche Verhandlung erlangen will,[37] oder ob schließlich jedenfalls dann die substantiierte Darlegung seitens des Antragstellers erforderlich ist, dass dem Antragsgegner keine den Anspruch beeinträchtigenden Einreden zustehen, wenn sich aus den von ihm mit der Antragsschrift eingereichten Anlagen ein Hinweis ergibt, dass der Antragsgegner solche Einreden erheben wird, und wenn der Antragsteller in dieser Situation eine Verfügung ohne mündliche Verhandlung beantragt.[38] Der zuletzt genannten Auffassung, die sich nur als leichte Abwandlung der zuerst genannten erweist, ist im Ergebnis der Vorzug zu geben. Es ist schon im streitigen Verfahren selbstverständlich, dass der Kläger sein Vorbringen unschlüssig macht, wenn er selbst vorträgt, der Beklagte berufe sich mit erheblichen Tatsachenbehauptungen auf eine anspruchsvernichtende oder hemmende Einrede, ohne sogleich seinerseits darzulegen, dass und warum die diesbezüglichen Behauptungen des Beklagten nicht zutreffen.[39]

Dieser Grundsatz gilt ohne Einschränkung auch im Verfügungsverfahren. Hat der Antragsteller sein Vorbringen zwar nicht bereits selbst unschlüssig gemacht, hat er aber andererseits auch nicht die sich aus seinem Vorbringen zu entnehmende Einrede des Antragsgegners überzeugend widerlegt, sodass nicht von der Hand zu weisen ist, der Antragsgegner würde im Fall seiner Anhörung die Einrede oder Einwendung schlüssig und damit gegenüber dem Antragstellervorbringen erheblich vortragen, so kann jedenfalls nicht ohne mündliche Verhandlung entschieden werden, da ansonsten der Antragsgegner ohne sachliche Rechtfertigung durch das Eilverfahren in seinen Rechten beeinträchtigt würde[40]. Ergibt sich dagegen weder aus der Antragsschrift noch aus ihren Anlagen irgendein Hinweis auf Einreden oder Einwendungen des Antragsgegners, so gibt es auch keinen Grund, vom Antragsteller zu verlangen, seinerseits dennoch darzulegen, dass und warum solche Einreden nicht gegeben sind.[41] § 920 Abs. 2 lässt sich eine Erweiterung der Darlegungslast des Antragstellers nicht entnehmen. Zweck dieser Vorschrift ist es allein, das Erfordernis des Vollbeweises durch das der bloßen Glaubhaftmachung zu ersetzen.

2. Glaubhaftmachung

9   Alles das, was der Antragsteller nach den vorstehenden Ausführungen im Einzelfall zum Verfügungsanspruch darlegen muss, muss er, wenn der Gegner dies bestreitet, auch glaubhaft machen. Darlegungspflicht und Pflicht zur Glaubhaftmachung decken sich also vollständig.[42] Hat der

---

35 OLG Karlsruhe, GRUR 1980, 314; OLG Karlsruhe, WRP 1983, 170; OLG Köln, WRP 1992, 407; LAG Niedersachsen, DB 1986, 1186; ferner: *Baur/Stürner/Bruns*, Rn. 53.24 mit gewissen Einschränkungen unter 53.7 und 53.17.
36 So OLG Celle, WRP 1974, 277; KG, WRP 1978, 819; LAG Hamburg, DB 1977, 500; OLG Düsseldorf, FamRZ 1980, 157; *Hirtz*, NJW 1986, 110; *Wenzel*, NZA 1984, 112.
37 So etwa OLG Frankfurt, BB 1991, 96; *Stein/Jonas/Grunsky*, § 920 Rn. 10; *Thomas/Putzo/Seiler*, vor § 916 Rn. 9; *Teplitzky*, WRP 1980, 373; *ders.*, JuS 1981, 125; *ders.*, DRiZ 1982, 41; *ders.*, Wettbewerbsrechtliche Ansprüche und Verfahren, 9. Aufl., Kap. 54 Rn. 45.
38 *Teplitzky*, WRP 1980, 273; *Walker*, Der einstweilige Rechtsschutz, Rn. 647–652.
39 BGH, NJW 1982, 1940 und BGH, NJW 1984, 128; *Walker*, Der einstweilige Rechtsschutz, Rn. 643.
40 *Danckwertz*, GRUR 2008, 763, 765.
41 Etwas anderes gilt selbstverständlich dann, wenn schon das materielle Recht die Darlegung der Einredefreiheit des Anspruchs verlangt; vgl. insoweit zur Bauhandwerkersicherungshypothek: Vor § 935 Rdn. 65 ff.
42 OLG München, NJW 1997, 804.

Antragsteller den Verfügungsanspruch schlüssig dargelegt, aber nicht hinreichend glaubhaft gemacht, kann nicht ohne mündliche Verhandlung entschieden werden, da es zu unstreitigen bzw. nicht bestrittenen Sachverhalten der Glaubhaftmachung nicht bedarf.[43]

Eine Tatsache ist glaubhaft gemacht, wenn aufgrund der vorgelegten Glaubhaftmachungsmittel (§ 294) die »überwiegende Wahrscheinlichkeit« besteht, dass sie zutrifft.[44] Wann dies der Fall ist, lässt sich nicht mit der gleichen allgemeinen Sicherheit sagen wie beim Vollbeweis, es ist vielmehr der richterlichen Überzeugungsbildung im Einzelfall überlassen, wann der ausreichende Grad an Wahrscheinlichkeit angenommen wird. Dieses unbestimmte Maß an Sicherheit der Beweisführung ermöglicht es dem Gericht, flexibel auf den Einzelfall zu reagieren: Je näher das im Verfügungsverfahren zum Zwecke der Sicherung Begehrte der Erfüllung des Hauptsacheanspruchs kommt, desto höher muss das Maß der Wahrscheinlichkeit sein, dass die Hauptsacheklage auch Erfolg haben wird.[45] Gleiches gilt, wenn die Abwägung der beiderseitigen Interessen ergibt, dass dem Antragsgegner im Fall der Erfolglosigkeit der Hauptsacheklage aus einem Vollzug der zuvor ergangenen einstweiligen Verfügung erheblichere Nachteile erwachsen würden als dem Antragsteller, wenn er seinen Anspruch letztendlich nicht durchsetzen kann.[46]

Als Glaubhaftmachungsmittel kommen gem. § 294 alle Beweismittel, die auch im streitigen Verfahren gelten (einschließlich des Indizienbeweises und des Beweises durch allgemein akzeptierte Lebenserfahrungssätze), in Betracht, darüber hinaus auch eidesstattliche Versicherungen einschließlich eidesstattlicher Versicherungen des Antragstellers selbst.

10

Hinsichtlich des Zeugenbeweises und des Beweises durch Sachverständigengutachten ist allerdings zu beachten, dass das Gericht im Verfügungsverfahren regelmäßig keine Zeugen oder Sachverständigen von Amts wegen lädt.[47] Der lediglich schriftsätzliche Beweisantritt »Beweis: Zeugnis X und Sachverständigengutachten« ist daher mit hohen Risiken verbunden.[48] Der Antragsteller sollte die Zeugen oder Sachverständigen vielmehr selbst zum Termin stellen oder eben eidesstattliche Versicherungen, schriftliche Aussagen bzw. schriftliche Gutachten vorlegen. Bei der Formulierung der eidesstattlichen Versicherungen muss der Abfassende beachten, dass sie in den entscheidenden Punkten die persönliche Note des Erklärenden so zur Geltung bringen sollten, dass eine individuelle Beweiswürdigung möglich wird. Der Beweiswert eidesstattlicher Versicherungen des Inhalts: »*Ich habe den Schriftsatz des Rechtsanwalts XY gelesen. Sein Inhalt ist zutreffend*«, sind nicht nur farblos, sie sind meist auch falsch, da irgendwelche Details der anwaltlichen Ausführungen, die oft als solche nicht entscheidungserheblich sein mögen, entweder nicht ganz den Tatsachen entsprechen, weil man eben wegen ihrer Unerheblichkeit auf sie nicht das notwendige Augenmerk gelegt hat, oder jedenfalls nicht vom Wissen des Erklärenden gedeckt sein können. Diese falschen Details sind dann aber geeignet, die eidesstattliche Versicherung als ganze im Wert zu mindern.

11

Da im Verfügungsverfahren bis zum Ende der mündlichen Verhandlung beiderseits ergänzender Tatsachenvortrag und die Präsentation neuer Beweise möglich sind, also jeweils eine sofortige Reak-

12

---

43 KG, MD 2011, 429.
44 So *Baumbach/Lauterbach/Hartmann*, § 294 Rn. 1; *Musielak/Huber*, § 920 Rn. 8; *Walker*, Der einstweilige Rechtsschutz, Rn. 321; *Zöller/Vollkommer*, § 935 Rn. 8. *Brox/Walker*, Rn. 1511, lassen »die gute Möglichkeit, dass die Behauptung wahr ist«, genügen.
45 Für ein flexibles Glaubhaftmachungsmaß im Ergebnis insbesondere auch: *Zöller/Vollkommer*, § 935 Rn. 8.
46 Für die Beachtlichkeit der Interessenabwägung im Hinblick auf das Glaubhaftmachungsmaß insbesondere auch *Baur*, Studien zum einstweiligen Rechtsschutz, S. 34; *Hirtz*, NJW 1986, 110; *Retzer*, GRUR 2009, 324; *Stein/Jonas/Grunsky*, § 935 Rn. 9.
47 BGH, NJW 1958, 712; OLG Frankfurt, MDR 1984, 1034; *Thomas/Putzo/Reichold*, § 294 Rn. 2.
48 Die vorbereitende Ladung von Zeugen durch das Gericht gem. § 273 Abs. 2 Nr. 4 ist im Verfahren des einstweiligen Rechtsschutzes zwar nicht verboten – so auch zu Recht *Baumbach/Lauterbach/Hartmann*, § 294 Rn. 10; *Musielak/Huber*, § 294 Rn. 5 –, aber in der Praxis doch so unüblich, dass der Antragsteller nicht auf sie vertrauen kann. Erst recht besteht kein Anspruch auf sie; a. A. insoweit allerdings *Zöller/Greger*, § 294 Rn. 3.

tion erforderlich ist und nachgelassene Schriftsätze ausgeschlossen sind, verlangen die Verfassungsgrundsätze der Gewährleistung des rechtlichen Gehörs und des fair trial, dass im Berufungsverfahren im einstweiligen Rechtsschutz neuer Sachvortrag mit entsprechenden neuen Beweismitteln, der den Streitgegenstand nicht verändert, großzügiger zugelassen werden muss als im Berufungsverfahren zur Hauptsache.[49] Zwar gilt § 531 Abs. 2 Nr. 3 grundsätzlich auch im Verfügungsverfahren,[50] jedoch muss über eine sehr enge Interpretation des Begriffes der »Nachlässigkeit« eine flexiblere, das heißt letztlich großzügigere Handhabung der Novenzulassung ermöglicht werden.[51] Eine Änderung des Streitgegenstandes in der Berufungsinstanz würde allerdings die Beantragung einer neuen einstweiligen Verfügung bedeuten. Für deren Erlass ist das Berufungsgericht aber funktionell nicht zuständig. Die neue einstweilige Verfügung müsste beim erstinstanzlichen Gericht der Hauptsache beantragt werden.

13 Grundsätzlich gilt auch im Verfügungsverfahren § 921 Abs. 2 Satz 1.[52] Das Gericht kann also, sofern der Antragsteller sich zur Sicherheitsleistung erbietet, die einstweilige Verfügung auch erlassen, wenn der Verfügungsanspruch zwar schlüssig dargelegt, aber nicht glaubhaft gemacht ist. Da die Vorschrift zu Recht nur äußerst zurückhaltend angewendet wird,[53] weil mit ihrer Hilfe insbesondere nicht das Gewicht von Gegenglaubhaftmachungsmitteln des Antragsgegners überspielt werden kann, kommt der Vorschrift im Verfügungsverfahren letztlich keine große Bedeutung zu.

V. Der Verfügungsgrund

14 Neben der Darlegung und Glaubhaftmachung des Verfügungsanspruchs ist es erforderlich, dass der Antragsteller schlüssig darlegt und glaubhaft macht, dass und warum zu besorgen sei, dass sein im Hauptsacheverfahren noch zu titulierender Anspruch nicht oder nur unter wesentlich erschwerten Umständen durchzusetzen sein werde, weil eine Veränderung des bestehenden Zustandes drohe, und dass eine Sicherung dieses Anspruchs gegen diese drohenden Veränderungen notwendig und auch möglich sei.[54] Da § 935 der Sicherung von Individualansprüchen dient, spielt die allgemeine Vermögenslage des Schuldners insoweit keine Rolle, insbesondere wären Ausführungen, der Schuldner gerate zusehends in Vermögensverfall, seine allgemeine Zahlungsfähigkeit sei zunehmend gefährdet, in der Regel unzureichend.[55]

1. Schlüssige Darlegung

15 Zunächst muss der Antragsteller alle Tatsachen, aus denen objektiv die oben genannte Besorgnis hergeleitet werden soll, **darstellen**. Diese Tatsachen müssen auch für das Gericht, also nicht nur für den subjektiv besorgten Antragsteller, den Schluss auf die bereits gegebene oder unmittelbar bevorstehende Gefährdung der Anspruchsverwirklichung zulassen (uneingeschränkte Schlüssig-

---

49 Die Ansicht des BVerfG, NJW 2004, 3768, dass Entscheidungen im Verfügungsverfahren regelmäßig nicht direkt mit der Verfassungsbeschwerde angefochten werden könnten, kann für die Beurteilung der Zulässigkeit von Verfassungsbeschwerden gegen Entscheidungen im Berufungsverfahren im einstweiligen Rechtsschutz aus diesem Grunde nicht ohne Weiteres übernommen werden.
50 *Staudinger*, IPRax 2004, 510.
51 OLG Hamburg, IPRax 2004, 527.
52 Allgemeine Meinung; beispielhaft *Baumbach/Lauterbach/Hartmann*, § 936 Rn. 3; *Musielak/Huber*, § 936 Rn. 2; *Thomas/Putzo/Seiler*, § 936 Rn. 2; *Walker*, Der einstweilige Rechtsschutz, Rn. 341; *Zöller/Vollkommer*, § 936 Rn. 2.
53 Siehe auch *Walker*, Der einstweilige Rechtsschutz, Rn. 342.
54 Ist eine Sicherung gar nicht möglich, etwa weil die Zerstörung des herauszugebenden Gegenstandes nicht mehr aufzuhalten ist, fehlt es schon am allgemeinen Rechtsschutzinteresse für das Verfügungsverfahren.
55 *Stein/Jonas/Grunsky*, § 935 Rn. 12; *Zöller/Vollkommer*, § 935 Rn. 13; für die Befriedigungsverfügung a. A.: OLG Rostock, OLG-NL 1996, 283.

keitsprüfung).⁵⁶ So kann beispielsweise aus einer starken Beanspruchung der herauszugebenden Sache – z. B. Einsatz des herauszugebenden Fahrzeugs bei einer Rennsportveranstaltung – ohne weiteres auf eine drohende übermäßige Abnutzung, aus dem Doppelverkauf einer Sache auf die baldige Aushändigung an den Zweitkäufer, aus der angekündigten baldigen Räumung einer Wohnung auf die beabsichtigte Mitnahme auch der dem Vermieterpfandrecht unterliegenden Gegenstände,⁵⁷ aus der bevorstehenden Fälligkeit eines Wechsels, dessen Rückgabe geschuldet ist, auf dessen Vorlage zur Einziehung⁵⁸ geschlossen werden. Lassen schon die vorgetragenen Tatsachen den Schluss auf den Verfügungsgrund – oft auch als »Dringlichkeit« bezeichnet – nicht zu, spielt es keine Rolle mehr, ob diese Tatsachen glaubhaft gemacht sind, da die Glaubhaftmachung über die mangelnde Schlüssigkeit nicht hinweghelfen kann.

Wie groß die Sorge um die Gefährdung der Anspruchsverwirklichung objektiv sein muss, ist nicht für alle Fälle gleich zu bestimmen. Immer muss den vorgetragenen Umständen zwar entnommen werden können, dass es bei einem Zuwarten bis zur Entscheidung im Hauptsacheverfahren wahrscheinlich ist, dass die Verwirklichung des Anspruchs vereitelt oder wesentlich erschwert werden könnte. Der Grad der Wahrscheinlichkeit ist aber zum einen davon abhängig, wie sehr das im Verfügungsverfahren Erstrebte bereits zur Erfüllung des Anspruchs führt, zum anderen davon, wie tief das Erstrebte in die Rechte des Antragsgegners eingreift⁵⁹. Bei Befriedigungsverfügungen⁶⁰ ist also ein höherer Grad der Wahrscheinlichkeit, dass das Hauptsacheverfahren nicht abgewartet werden könne, solle der Antragsteller nicht praktisch rechtlos gestellt und in eine Existenz gefährdende Not- und Zwangslage gebracht⁶¹ werden, zu verlangen⁶² als bei Verfügungen, die dem Antragsteller nur eine vorläufige Sicherung gewähren. Ebenso muss der Grad der Gefährdung dann höher sein, wenn dem Antragsgegner bei Erlass einer letztlich unberechtigten Verfügung ein größerer Schaden drohen kann als dem Antragsteller, falls die Verfügung abgelehnt wird. Diese Interessenabwägung⁶³ darf also nicht erst bei der Glaubhaftmachung eine Rolle spielen,⁶⁴ sondern muss auch schon im Rahmen der Schlüssigkeitsprüfung erfolgen. 16

Bei Geldleistungsverfügungen (vorläufige Zahlung von Arbeitslohn)⁶⁵ muss zum Verfügungsgrund darüber hinaus dargelegt werden, dass der Antragsteller sich in einer aktuellen Notlage befindet, dass er also nicht über andere Einkünfte verfügt, aus denen er vorläufig seinen Lebensunterhalt bestreiten kann. Ansprüche auf Sozialhilfe oder Arbeitslosengeld 2 sind allerdings nur zu berücksichtigen, wenn tatsächlich bereits Zahlungen erfolgen.⁶⁶ Dass der Antragsgegner möglicherweise später zahlungsunfähig sein wird, ist dagegen für den Verfügungsgrund, wenn keine aktuelle Notlage 17

---

56 OLG Frankfurt, MDR 2004, 1019. Beispiele objektiv nicht schlüssigen Vorbringens OLG Köln, ZIP 1988, 445; OLG Düsseldorf, MDR 1995, 635 (Weiterbenutzung einer Sache trotz Verzuges mit der Ratenzahlung lässt nicht den Schluss auf Gefährdung des Herausgabeanspruchs zu); KG, NJW 1993, 1480 (Verleihen einer herauszugebenden Sache lässt noch nicht den Schluss zu, der Herausgabeanspruch sei gefährdet).
57 OLG Celle, NJW-RR 1987, 447.
58 Siehe auch: Vor § 935 Rdn. 89.
59 *Retzer*, GRUR 2009, 329, 332.
60 Einzelheiten siehe: Vor § 935 Rdn. 31 ff.
61 OLG Köln, MMR 2012, 667.
62 So auch OLG Frankfurt, MDR 2004, 1019 (Darlegung erheblicher wirtschaftlicher Nachteile notwendig); LG Leipzig, SpuRt 1994, 40 (Darlegung einer dringenden Notlage erforderlich); LG Dortmund, SpuRt 1998, 59 (Darlegung einer existenzbedrohenden Situation erforderlich).
63 Zur Notwendigkeit einer Interessenabwägung schon bei der Schlüssigkeitsprüfung auch *Retzer*, GRUR 2009, 329 ff; *Stein/Jonas/Grunsky*, § 935 Rn. 9; gegen eine solche Interessenabwägung bei der Sicherungsverfügung aber *Walker*, Der einstweilige Rechtsschutz, Rn. 245.
64 Insoweit siehe unten, Rdn. 20.
65 Siehe auch: Vor § 935 Rdn. 168, 169.
66 Einzelheiten: Vor § 935 Rdn. 169.

des Antragstellers besteht, ohne Belang.⁶⁷ Dem reinen Sicherungsbedürfnis, später die Ansprüche noch verwirklichen zu können, könnte durch einen Arrest hinreichend Rechnung getragen werden.

18 Ein Verfügungsgrund fehlt auch dann, wenn der Antragsteller die im Zeitpunkt der Antragstellung an sich zu bejahende Gefährdung der Anspruchsverwirklichung dadurch selbst mit verursacht hat, dass er von einer schon länger gegebenen Möglichkeit, das Hauptsacheverfahren einzuleiten, bisher keinen Gebrauch gemacht hat (sog. »**Selbstwiderlegung der Dringlichkeit**«).⁶⁸ Diese Problematik spielt insbesondere im UWG-Wettbewerbsrecht eine Rolle, wenn dem Antragsteller der gerügte Wettbewerbsverstoß schon längere Zeit bekannt war,⁶⁹ aber auch im Arbeitsrecht im Hinblick auf die Verfolgung des Weiterbeschäftigungsanspruchs⁷⁰ oder des Anspruchs auf Lohnfortzahlung.⁷¹

Die Dringlichkeit kann auch noch im Verfügungsverfahren selbst entfallen, wenn der Antragsteller das Verfahren nicht mit Nachdruck betreibt (Vertagungsanträge, Verlängerung der Berufungsbegründungsfrist, Versäumung der Vollziehungsfrist der zunächst erwirkten Verfügung) und dadurch deutlich macht, dass ihm die Anspruchssicherung in Wahrheit gar nicht so dringlich ist.⁷² Schließlich kann die Dringlichkeit auch noch dadurch und so weit entfallen, wie eine bereits erhobene Hauptsacheklage wieder zurückgenommen wird.⁷³ Ist ein Gesuch um einstweiligen Rechtsschutz aufgrund prozessualer Versäumnisse oder aufgrund mangelhafter Glaubhaftmachung gescheitert, ist regelmäßig die Dringlichkeit für ein wiederholendes zweites Gesuch verloren gegangen.⁷⁴

19 Verschiedene gesetzliche Regelungen enthalten hinsichtlich des Verfügungsgrundes gegenüber der Regelung des § 935 Erleichterungen für den Antragsteller, so etwa die §§ 885 Abs. 1, 899 Abs. 2 BGB, 12 Abs. 2 UWG, 16 Abs. 3 Satz 5 GmbHG, 42a Abs. 6 Satz 2 UrhG, §§ 1, 5 UKlaG, § 59 Abs. 2 EEG 2009, § 83 Abs. 2 EEG 2014 sowie die Vorschriften der Landespresse- und Rundfunkgesetze über den Gegendarstellungsanspruch. Nicht in allen genannten Fällen ist der Antragsteller bereits von der schlüssigen Darlegung des Verfügungsgrundes befreit, zum Teil bezieht sich die Erleichterung nur auf die Glaubhaftmachung.⁷⁵ Im Einzelnen gilt: Lediglich im Fall der Beantragung einer einstweiligen Verfügung zur Durchsetzung eines Gegendarstellungsanspruchs nach den Landespressegesetzen⁷⁶ bedarf es in der Antragsschrift keiner Ausführungen zur Dringlichkeit. Der presserechtliche Gegendarstellungsanspruch kann, solange die in den Pressegesetzen geregelte Antragsfrist⁷⁷ nicht verstrichen ist, im Verfügungsverfahren verfolgt werden, da es insoweit gar kein Hauptsacheverfahren gibt.⁷⁸ Im Fall des § 12 Abs. 2 UWG wird die Dringlichkeit zwar zunächst vermutet,⁷⁹ muss also nicht dargelegt werden. Sobald aber Umstände erkennbar sind, die auf eine Widerlegung der Dringlichkeit hindeuten, sodass die Vermutung erschüttert ist,⁸⁰ bedarf es wieder

---

67 OLG Rostock, OLG-NL 1996, 283.
68 *Baur/Stürner/Bruns*, Rn. 53.25; *Teplitzky*, Wettbewerbsrechtliche Ansprüche und Verfahren, Kap. 54, Rn. 22 ff.; LAG Köln, SpuRt 1997, 62; KG, NJW-RR 2001, 1201; KG, MDR 2009, 888; OLG Celle, MDR 2009, 347; OLG Hamm, OLG-Report NRW 50/2010 Anm. 6; siehe ferner: Vor § 935 Rdn. 102–106.
69 Vor § 935 Rdn. 102 ff.
70 Vor § 935 Rdn. 153–159.
71 Vor § 935 Rdn. 168, 169.
72 Vor § 935 Rdn. 102–106. Siehe ferner: OLG München, BeckRS 2005 03147; OLG Hamm, NJW-RR 2007, 108; KG, MDR 2009, 888; *Köhler/Bornkamm*, Wettbewerbsrecht, § 12 UWG Rn. 3.16.
73 OLG Brandenburg, WRP 2012, 747.
74 OLG Frankfurt, NJW 2005, 3222.
75 Einzelheiten insoweit unten, Rdn. 21.
76 Einzelheiten: Vor § 935 Rdn. 142, 143.
77 Beispielhaft: § 11 Abs. 2 PresseG NW: 3 Monate.
78 Vor § 935 Rdn. 144.
79 Einzelheiten: Vor § 935 Rdn. 100 ff.
80 Siehe hierzu Vor § 935 Rdn. 103 ff.

der schlüssigen Darlegung der Dringlichkeit.[81] Gleiches gilt für § 42a Abs. 6 Satz 2 UrhG.[82] In den Fällen schließlich der §§ 885 Abs. 1, 899 Abs. 2[83] BGB, 16 Abs. 3 Satz 5 GmbHG muss der Antragsteller den Verfügungsgrund nach den allgemeinen Regeln schlüssig darlegen;[84] er ist lediglich von der Glaubhaftmachung befreit.

2. Glaubhaftmachung

Hinsichtlich der Glaubhaftmachung des Verfügungsgrundes gelten die nämlichen Regeln, wie sie oben zur Glaubhaftmachung des Verfügungsanspruchs dargestellt wurden:[85] Auch hier gilt also kein einheitlicher Maßstab für den Grad der Wahrscheinlichkeit, dass die schlüssig dargelegte Gefährdung der Anspruchsverwirklichung tatsächlich vorliegt. Auch hier hat eine Interessenabwägung stattzufinden.[86] Zudem spielt hier der Zeitfaktor eine wichtige Rolle: Ist die Anspruchsverwirklichung derart gefährdet, dass die Zeit nicht einmal ausreicht, um bei Dritten Glaubhaftmachungsmittel zu besorgen, mag eine eigene eidesstattliche Versicherung des Antragstellers allein ausreichen, die unzureichend wäre, wenn dem Antragsteller zuzumuten wäre, weitere Beweismittel beizubringen. Das Glaubhaftmachungsmaß muss deshalb auch nicht zu jedem Zeitpunkt des Verfahrens gleich sein. Was zunächst ausreiche, um die einstweilige Verfügung in einer kritischen Eilsituation ohne mündliche Verhandlung zu erlassen, muss im Widerspruchsverfahren nicht mehr ausreichen. Das Berufungsgericht ist an die Beurteilung der Glaubhaftmachung durch die Vorinstanz auch bei gleich bleibenden Glaubhaftmachungsmitteln nicht gebunden.[87]

3. Ausnahmen von der Glaubhaftmachungspflicht

In den Fällen der §§ 885 Abs. 1, 899 Abs. 2 BGB, 16 Abs. 3 Satz 5 GmbHG muss der Antragsteller den Verfügungsgrund zwar schlüssig darlegen,[88] er muss ihn jedoch nicht glaubhaft machen. Es handelt sich, solange das Vorbringen zum Verfügungsgrund schlüssig bleibt – der Antragsgegner kann durch substantiiertes Gegenvorbringen Einfluss auf die Schlüssigkeit des Antragstellervorbringens nehmen; reagiert der Antragsteller auf sehr detaillierten erheblichen Gegenvortrag nicht, mag sein ursprünglich schlüssiges Vorbringen nachträglich unschlüssig werden –, um eine nicht widerlegbare Vermutung. Der Antragsgegner kann den Antragsteller also nicht durch substantiiertes Bestreiten zur Glaubhaftmachung zwingen, sondern allenfalls zum Nachbessern des Vorbringens.

Anders ist die Situation bei § 12 Abs. 2 UWG: Hier ist der Antragsteller zunächst von der Darlegung[89] und der Glaubhaftmachung der Dringlichkeit befreit, da diese vermutet wird. Wird der Antragsteller aber infolge Widerlegung oder auch Selbstwiderlegung der Vermutung der Dringlichkeit zu deren schlüssiger Darlegung im Einzelnen gezwungen,[90] so muss er nun auch dieses sein Vorbringen nach den allgemeinen Regeln glaubhaft machen. Im Rahmen der Prüfung, ob die Glaubhaftmachung gelungen ist, sind – wie bei jeder Beweiswürdigung – nicht nur die Glaubhaftmachungsmittel, die der Antragsteller beigebracht hat, zu würdigen, sondern auch die Gegenbeweismittel des Antragsgegners, sobald diese prozessrechtlich einwandfrei – also nicht nur mit

---

81 Siehe: Vor § 935 Rdn. 107.
82 *Schulze/Dreier*, UrhRG, § 42a UrhRG Rn. 21. *Wandtke/Bullinger*, Urheberrecht, 3. Aufl. 2008, § 42a UrhG Rn. 28 wollen dagegen auf die Dringlichkeit ganz verzichten.
83 Zur Widerlegung der gesetzlichen Vermutung der Gefährdung des Rechts, wenn lediglich die Unwirksamkeit des zu sichernden Anspruchs geltend gemacht wird: KG, BeckRS 2014, 08950.
84 Einzelheiten: Vor § 935 Rdn. 70 und 75.
85 Siehe oben, Rdn. 9–13.
86 Wie hier: *Stein/Jonas/Grunsky*, § 935 Rn. 14.
87 *Stein/Jonas/Grunsky*, § 935 Rn. 14; a.A. (die Würdigung sei nur auf ihre Vertretbarkeit hin zu überprüfen): *Schwerdtner*, NJW 1970, 597.
88 Siehe oben, Rdn. 19.
89 Siehe oben, Rdn. 19.
90 Einzelheiten siehe vorn: Vor § 935 Rdn. 102 ff.

einer Schutzschrift, die noch nicht zum Gegenstand der Verhandlung gemacht worden war – in das Verfahren eingeführt sind. Entscheidend für die Frage der Glaubhaftmachung ist dann eine Gesamtschau.

VI. Das Rechtsschutzinteresse

23   Das allgemeine Rechtsschutzinteresse[91], einen Titel im Verfahren des einstweiligen Rechtsschutzes zu erlangen fehlt, wenn der mithilfe des Titels erstrebte Erfolg anderweitig billiger und einfacher zu erzielen ist. Dies ist regelmäßig der Fall, wenn bereits ein anderer zur Vollstreckung auch für den vorliegenden Fall ausreichender Titel vorhanden ist, etwa der vorläufig vollstreckbare Hauptsachetitel.[92] Insbesondere im Wettbewerbsrecht kann ein auf Unterlassung einer im Kern gleichen Handlung gerichteter Titel ausreichen, um auch wegen einer erneuten, im Kern vergleichbaren, wenn auch nicht identischen Handlung vollstrecken zu können.[93] Ebenso fehlt das Rechtsschutzinteresse, wenn eine im Wege des einstweiligen Rechtsschutzes erstrebte Grundbucheintragung auch ohne einstweilige Verfügung allein aufgrund bereits vorliegender Urkunden erreicht werden kann.[94] Ob dies allerdings für die Eintragung eines Rechtshängigkeitsvermerks hinsichtlich eines auf Grundbuchberichtigung laufenden Hauptsacheverfahrens gilt,[95] erscheint im Hinblick auf den Numerus clausus der sichernden Eintragungen zweifelhaft.[96] Umgekehrt kann ein bereits vorliegender Hauptsachetitel das Rechtsschutzinteresse zur Erlangung einer einstweiligen Verfügung dann im Einzelfall ausnahmsweise nicht ausschließen, wenn er aktuell nicht die gleiche Sicherheit wie eine einstweilige Verfügung bietet.[97]

VII. Die prozessualen Nebenentscheidungen

1. Kostentragungspflicht

24   Über die Kosten des Verfügungsverfahrens[98] wird nach den allgemeinen Regeln der §§ 91 ff. entschieden. Der Antragsteller unterliegt mit seinem Antrag nicht bereits deshalb teilweise, weil das Gericht im Rahmen seiner Möglichkeiten gem. § 938 ein anderes Mittel zur Sicherung des Hauptsacheanspruchs verfügt als vom Antragsteller beantragt. Entscheidend ist, ob der Antragsteller mit seinem Rechtsschutzziel voll durchgedrungen ist oder nicht.[99] Bejaht das Gericht den Verfügungsanspruch in dem Umfang, den der Antragsteller geltend gemacht hatte, und sichert es die künftige Durchsetzung des Anspruchs nur mit anderen, aber gleichwertigen, als den vorgeschlagenen Mitteln (z. B. Anordnung der Eintragung eines Verfügungsverbots im Grundbuch statt der beantragten

---

91   Nach richtiger, aber umstrittener Ansicht ist auch die Dringlichkeit Ausprägung eines besonderen Rechtsschutzinteresses, einen Titel im Eilverfahren zu erlangen: OLG Frankfurt, OLGReport 2009, 529; *Retzner*, GRUR 2009, 329, 330; *Teplitzky*, Wettbewerbsrechtliche Ansprüche und verfahren, 9. Aufl., Kap. 54 Rn. 14–16.
92   OLG Düsseldorf, OLGReport 2006, 480. Dass das Hauptsacheverfahren bereits rechtshängig ist, berührt dagegen das Rechtsschutzbedürfnis für die Einleitung eines Verfahrens auf Erlass einer einstweiligen Verfügung nicht: OLG Zweibrücken, OLGReport 2008, 902.
93   OLG Hamburg, OLGReport 2009, 521; *Kehl*, WRP 1999, 46. Einzelheiten siehe: vor § 935 Rdn. 108, 113.
94   OLG München, NJW-RR 2000, 384.
95   So OLG München, NJW-RR 2000, 384.
96   So zu Recht *Lickleder*, ZZP 2001 (Bd. 114), 195.
97   Ausführlich hierzu *Kannowski*, JuS 2001, 482. Siehe auch OLG Düsseldorf, OLGReport 2006, 480.
98   Kostensicherheit bei Beteiligung einer ausländischen Partei gem. § 110 Abs. 1 kann im Verfügungsverfahren im Hinblick auf einen effektiven Eilrechtsschutz auch nach Anberaumung der mündlichen Verhandlung nicht verlangt werden; so zu Recht gegen die allerdings überwiegende Auffassung in Lit. und Rspr.: OLG Köln, OLGReport 2005, 139; *Stürner*, IPRax 2004, 513; a.A.: LG Hamburg, IPRax 2004, 528; OLG Köln, ZIP 1004, 326 mit teilweise krit. Anm. *Geimer*, EWiR 1994, 719; *Musielak/Foerste*, § 110 Rn. 2; PG/*K. Schmidt*, § 110 ZPO Rn. 5.
99   Einzelheiten § 938 Rdn. 7.

Vormerkung oder Anordnung der Hinterlegung von Wertpapieren bei der Hinterlegungsstelle statt der beantragten Herausgabe an einen Sequester, u. ä.), so hat der Antragsteller voll obsiegt; die Kosten sind in diesen Fällen allein dem Antragsgegner aufzuerlegen. Wird dagegen der Verfügungsanspruch nur zum Teil bejaht oder wird eine weniger weit reichende Sicherung angeordnet als beantragt (z. B. anstelle der beantragten generalisierenden Unterlassungsverfügung ergeht nur eine streng an die konkrete Verletzungsform angelehnte) oder wird durch Geldleistungsverfügung ein geringerer Betrag zugesprochen als beantragt, so unterliegt der Antragsteller teilweise und ist gem. § 92 Abs. 1 mit einem Teil der Kosten zu belasten.

Erkennt der Antragsgegner den Antrag in der mündlichen Verhandlung an, ohne sich zuvor in der Sache verteidigt und Zurückweisung des Antrags beantragt zu haben, so kommt, wenn er zuvor zur Anrufung des Gerichts nicht Veranlassung gegeben hatte – etwa weil er den Eindruck erweckt hatte, er werde dem berechtigten Begehren des Antragstellers nicht Rechnung tragen –, die Anwendung des § 93 zulasten des Antragstellers in Betracht. Praktisch besonders bedeutsam ist die Frage der Anwendbarkeit des § 93 beim sog. Kostenwiderspruch:[100] Legt der Antragsgegner gegen eine Beschlussverfügung von vornherein nur einen auf seine Verurteilung zur Kostentragung beschränkten Widerspruch ein, während er die einstweilige Verfügung in der Sache unangefochten lässt,[101] so sind im anschließenden Urteil dem Antragsteller – unter Aufhebung der einstweiligen Verfügung lediglich im Kostenausspruch – die Kosten des Verfügungsverfahrens aufzuerlegen, wenn der Antragsgegner zur Einleitung des Verfügungsverfahrens keine Veranlassung gegeben hatte. Dies ist insbesondere der Fall, wenn der Antragsgegner vor Beantragung der einstweiligen Verfügung nicht abgemahnt worden war und so keine Gelegenheit erhalten hatte, durch strafbewehrte Unterlassungsverpflichtungserklärung die Wiederholungsgefahr zu beseitigen und auf diese Weise den Unterlassungsanspruch zum Erlöschen zu bringen.[102] Gegen das abschließend nach einem Kostenwiderspruch nur noch über die Kosten entscheidende Urteil ist in entsprechender Anwendung des § 99 Abs. 2 die sofortige Beschwerde statthaft.[103]

2. Vollstreckbarkeit

Sowohl die Beschlussverfügung als auch die Urteilsverfügung sind ohne weiteres **vollstreckbar**, 26 ohne dass es eines besonderen Ausspruchs der vorläufigen Vollstreckbarkeit bedürfte.[104] Das Urteil, durch das auf den Widerspruch hin eine Beschlussverfügung aufgehoben wird, ebenso das Urteil, durch das von vornherein der Erlass einer einstweiligen Verfügung abgelehnt wird, sind dagegen ausdrücklich gem. § 708 Nr. 6 für vorläufig vollstreckbar zu erklären, und zwar ohne Sicherheitsleistung.[105] Eine durch Urteil aufgehobene Beschlussverfügung verliert sogleich mit der Verkündung dieses Urteils,[106] nicht etwa erst mit dessen Rechtskraft,[107] jegliche Wirksamkeit. Diese Wirkung kann auch nicht durch eine »Aussetzung der Vollziehung« des aufhebenden Urteils hinausgeschoben werden.[108] Die ursprünglich erlassene einstweilige Verfügung lebt nicht automatisch wieder

---

100 Siehe hierzu auch OLG Hamm, BeckRS 2010, 09598; *Teplitzky*, Wettbewerbsrechtliche Ansprüche und Verfahren, Kap. 55 Rn. 9 ff.
101 OLG Stuttgart, NJWE-WettbR 2000, 125.
102 Siehe auch: Vor § 935 Rdn. 108 f.
103 OLG Schleswig, NJWE-WettbR 2000, 248.
104 Siehe auch: § 928 Rdn. 2.
105 Siehe auch: § 708 Rdn. 7.
106 Ebenso OLG Schleswig, NJW-RR 1992, 317; OLG Düsseldorf, NJW-RR 1987, 512; OLG München, OLGZ 1969, 196; KG, InVo 1997, 107; OLG Frankfurt, InVo 1997, 106; OLG Hamburg, MDR 1997, 394; *Brox/Walker*, Rn. 1526; PG/*Fischer*, § 925 Rn. 5; *Stein/Jonas/Grunsky*, § 925 Rn. 19; *Teplitzky*, Wettbewerbsrechtliche Ansprüche und Verfahren, Kap. 55 Rn. 15; *Walker*, Der einstweilige Rechtsschutz, Rn. 529; *Zöller/Vollkommer*, § 925 Rn. 10.
107 So aber OLG Hamburg, WRP 1976, 777; OLG Frankfurt, BB 1982, 832; OLG Celle, NJW-RR 1987, 64.
108 KG, InVo 1997, 107; OLG Frankfurt, InVo 1997, 106; a. A.: OLG Stuttgart, NJWE-WettbR 1996, 83.

auf, wenn ein Berufungsurteil das erstinstanzliche Urteil aufhebt.[109] Das Berufungsgericht muss die einstweilige Verfügung vielmehr wieder neu erlassen.[110] Diese erneut erlassene einstweilige Verfügung bedarf dann auch der erneuten Vollziehung.[111]

VIII. Verfügungsverfahren und Verjährung des materiellrechtlichen Hauptsacheanspruchs

27 Die Einleitung des Verfügungsverfahrens hat zunächst bereits ebenso die Verjährung hemmende Wirkung wie die Klageerhebung in der Hauptsache (§ 204 Abs. 1 Nr. 9 BGB). Deshalb wird durch Zustellung des Antrags auf Erlass einer einstweiligen Verfügung oder sogar bereits durch Einreichung des Antrages bei Gericht, wenn die Zustellung »demnächst« erfolgt, oder aber, wenn keine Antragszustellung erfolgt (Beschlussverfahren), die einstweilige Verfügung aber innerhalb eines Monats nach Erlass (Verkündung oder Zustellung an den Gläubiger) dem Schuldner zugestellt wird, die Verjährung des Hauptsacheanspruchs, soweit er mit dem Verfügungsantrag verfolgt wird,[112] gem. § 204 Abs. 1 Nr. 9 BGB gehemmt.[113] »Hemmung« bedeutet, dass die Verjährung nach Wegfall des hemmenden Ereignisses nicht wieder von vorn zu laufen beginnt, sondern dass die vor Eintritt der Hemmung bereits abgelaufene Zeit auf die Gesamtverjährungsfrist angerechnet wird und die restliche Verjährungsfrist mit Ablauf des Hemmungstatbestandes (§ 204 Abs. 2 BGB) weiterläuft (§ 209 BGB). Die Hemmung endet 6 Monate nach Beendigung des Verfahrens des einstweiligen Rechtsschutzes, auch wenn die Beendigung auf einem rechtskräftigen Urteil beruht. Die zuvor begonnene Verjährung des Anspruchs läuft also 6 Monate nach Erlass der einstweiligen Verfügung weiter. Wird danach erst Widerspruch eingelegt und mit der Verjährung begründet, so muss der Gläubiger die Hauptsache für erledigt erklären, um wenigstens eine für sich günstige Kostenentscheidung zu erreichen[114]. Hier zeigt sich ein deutlicher Unterschied zum Hauptsacheverfahren.[115] Nach rechtskräftiger Entscheidung über den Anspruch im Hauptsacheverfahren beginnt gem. § 197 Abs. 1 Nr. 3 BGB eine neue 30-jährige Verjährungsfrist. Wird der Antrag auf Erlass einer Beschlussverfügung sogleich zurückgewiesen, ohne dass er dem Antragsgegner zugestellt worden war, ist durch die Antragsstellung keinerlei Verjährungshemmung eingetreten.[116]

28 Die Durchführung echter Zwangsvollstreckungsmaßnahmen aus einer einstweiligen Verfügung (Beschlussverfügung ebenso wie Urteilsverfügung) führt nicht nur zur Hemmung, sondern zum Neubeginn der Verjährungsfrist gem. § 212 Abs. 1 Nr. 2 BGB. Die bloße Parteizustellung des Verfügungstitels zum Zwecke der Vollziehung[117] stellt in diesem Sinne aber keine Vollstreckung dar,[118] ebenso wenig die Beantragung oder Zustellung eines nachträglichen Ordnungsmittelandrohungsbeschlusses gem. § 890 Abs. 2. Der Neubeginn der Verjährungsfrist betrifft allerdings nur die in der

---

109 So aber OLG Celle, NJW-RR 1987, 64.
110 Wie hier OLG Schleswig, NJW-RR 1992, 317; *Musielak/Huber*, § 925 Rn. 10; *Teplitzky*, WRP 1987, 150; *Zöller/Vollkommer*, § 925 Rn. 12.
111 Einzelheiten: § 929 Rdn. 12.
112 Wird im Verfügungsverfahren nur der Unterlassungsanspruch verfolgt, wird nicht auch die Verjährung hinsichtlich möglicher Auskunfts- und Schadenseratzansprüche gehemmt: *Maurer*, WRP 2003, 208, 212.
113 *Bamberger/Roth/Henrich*, § 204 BGB Rn. 33; *Maurer*, GRUR 2003, 208 ff.; MüKo-BGB/*Grothe*, § 204 BGB, Rn. 49; *Palandt/Ellenberger*, § 204 BGB, Rn. 24.
114 KG, WRP 2010, 795.
115 MüKo-BGB/*Grothe*, § 204 BGB, Rn. 48 und 99.
116 *Maurer*, WRP 2003, 208, 212; *Palandt/Ellenberger*, § 204 BGB Rn. 24.
117 Siehe hierzu: § 929 Rdn. 26 ff. Dass die Parteizustellung des Verfügungstitels auch dann, wenn dieser schon die Ordnungsmittelandrohung gem. § 890 Abs. 2 enthält, keine Zwangsvollstreckung i. S. von § 212 Abs. 1 Nr. 2 BGB ist, ist überwiegende Auffassung; vgl. BGH, NJW 1997, 217; *Teplitzky*, Wettbewerbsrechtliche Ansprüche, Kap. 16 Rn. 44; *Teplitzky*, GRUR 1984, 307; **a. A.** aber OLG Hamm, NJW 1977, 2319; *Dittmar*, GRUR 1979, 288 (allerdings zum alten § 209 BGB); *Palandt/Ellenberger*, § 212 BGB Rn. 10.
118 *Palandt/Ellenberger*, § 212 BGB Rn. 10.

einstweiligen Verfügung gesicherte Forderung, nicht die dahinterstehende Hauptsacheforderung, falls diese weitergeht.[119]

Wie die Einleitung des Verfügungsverfahrens selbst die Verjährung hemmt, so hemmt auch bereits ein Antrag auf Prozesskostenhilfe für das Verfügungsverfahren die Verjährung gem. § 204 Abs. 1 Nr. 14 BGB. Die arme Partei kann ihre Chancen für das Verfügungsverfahren also gegebenenfalls im Prozesskostenhilfeverfahren ausloten. Dies ist regelmäßig nicht dringlichkeitsschädlich.

IX. Erledigung der Hauptsache

Die »Hauptsache« des Verfügungsverfahrens ist nicht identisch mit dem Streitgegenstand des Hauptsacheverfahrens.[120] Der Antrag auf Erlass einer einstweiligen Verfügung ist aber im Regelfall nicht mehr begründet, wenn ein Urteil in der Hauptsache ergeht; denn damit entfällt der Verfügungsgrund.[121] Allerdings wird das Verfügungsverfahren in einem solchen Fall nicht einfach gegenstandslos; es muss vielmehr förmlich durch Rücknahme des Antrages oder durch eine Entscheidung des Gerichts beendet werden.[122] Der Anspruch auf vorläufige Sicherung im Hinblick auf den Streitgegenstand kann im Übrigen sowohl wegfallen, wenn die Dringlichkeit nicht mehr gegeben ist (z. B. weil der Schuldner freiwillig einer einstweiligen Sicherung zugestimmt hat: Er hat etwa den Gegenstand, um dessen Herausgabe gestritten wird, freiwillig bei einem Dritten, auf den die Parteien sich geeinigt haben, hinterlegt; oder: er hat sich strafbewehrt verpflichtet, bis zum Abschluss des Hauptsacheverfahrens die Handlung, um deren Zulässigkeit gestritten wird, zu unterlassen), als auch wenn der Verfügungsanspruch entfällt (z. B.: Die umstrittene Sache wird freiwillig und endgültig herausgegeben; die Gegendarstellung wird freiwillig abgedruckt; infolge einer strafbewehrten, nicht nur für die Dauer des Verfügungsverfahrens abgegebenen Unterlassungsverpflichtungserklärung entfällt die Wiederholungsgefahr als anspruchsbegründende Voraussetzung des Unterlassungsanspruchs;[123] die Kündigung des Arbeitsverhältnisses als Anlass für die Geltendmachung eines vorläufigen Weiterbeschäftigungsanspruches[124] wird zurückgenommen). Es besteht Einigkeit darüber, dass die Parteien in diesen Fällen dann, wenn die »Erledigung der Hauptsache« nach Zustellung des Verfügungsantrages mit Ladung zur mündlichen Verhandlung oder nach dem Widerspruch gegen eine Beschlussverfügung eingetreten ist, übereinstimmend die Hauptsache für erledigt erklären können mit der Folge, dass nach den allgemeinen Regeln nur noch über die Kosten des Verfügungsverfahrens gem. § 91a zu entscheiden ist.[125]

Da das Verfügungsverfahren bereits mit der Einreichung des Verfügungsantrags rechtshängig wird,[126] kann eine Erledigung der Hauptsache aber auch schon zu einem Zeitpunkt eintreten, zu dem weder über den Erlass einer Beschlussverfügung noch über die Anordnung der mündlichen Verhandlung vor einer Entscheidung befunden worden ist.[127] Geht in diesem Stadium bereits die Erledigungserklärung des Antragstellers ein, ist sie dem Antragsgegner zusammen mit dem Verfügungsantrag zuzustellen, damit er Gelegenheit hat, sich der Erledigungserklärung anzuschließen. Tut er dies, kann wieder gem. § 91a über die Kosten des Verfahrens entschieden werden. Nimmt der

---

119 *Bamberger/Roth/Henrich*, § 212 BGB Rn. 13.
120 Siehe oben, Rdn. 2.
121 Siehe aber auch oben Rdn. 23.
122 OLG Düsseldorf, NJOZ 2006, 2281; OLG Jena, NJOZ 2013, 197.
123 Siehe auch: Vor § 935 Rdn. 108, 109.
124 Siehe auch: Vor § 935 Rdn. 153 ff.
125 Beispielhaft *Schlüter*, ZZP 1967 (Bd. 80), 449/450; *Stein/Jonas/Grunsky*, § 922 Rn. 17; *Teplitzky*, Wettbewerbsrechtliche Ansprüche und Verfahren, Kap. 55, Rn. 23 ff.; *Thomas/Putzo/Hüßtege*, § 91a Rn. 7; *Vossler*, MDR 2009, 667; *Walker*, Der einstweilige Rechtsschutz, Rn. 527; *Zöller/Vollkommer*, § 91a Rn. 58 »Arrest und einstweilige Verfügung« und § 922 Rn. 4; a. A. aber: OLG Stuttgart, NJWE-WettbR 1998, 91.
126 *Brox/Walker*, Rn. 1508; *Stein/Jonas/Grunsky*, vor § 916 Rn. 10; *Teplitzky*, DRiZ 1982, 41; *Zöller/Vollkommer*, § 920 Rn. 12; OLG Hamburg, WRP 1977, 495; OLG Düsseldorf, NJW 1981, 2824.
127 *Teplitzky*, DRiZ 1982, 42; *ders.*, JuS 1981, 354; *Walker*, Der einstweilige Rechtsschutz, Rn. 153.

Antragsteller stattdessen unter Hinweis auf das erledigende Ereignis seinen Antrag zurück, ist über die Kosten auf Antrag des Antragsstellers gem. § 269 Abs. 3 Satz 3, Abs. 4 analog zu entscheiden[128]. Gegen diese Entscheidung ist die Beschwerde, gegen die Beschwerdeentscheidung aber nicht die Rechtsbeschwerde möglich.[129]

31 Die Entscheidung durch Beschluss über die Kosten nach übereinstimmender Erledigungserklärung gem. § 91a hat in der Regel nach mündlicher Verhandlung zu ergehen;[130] denn es liegt kein Fall des § 937 Abs. 2 vor. Sind aber beide Parteien mit einer Entscheidung im schriftlichen Verfahren einverstanden, kann entsprechend § 128 Abs. 2 verfahren werden.

32 Stimmt der Antragsgegner der Erledigungserklärung des Antragstellers nicht zu, ist, wenn der Antrag auf Erlass der einstweiligen Verfügung bis zum angeblich erledigenden Ereignis zulässig und begründet war, bevor er dann durch dieses erledigende Ereignis später unzulässig oder unbegründet wurde, durch Urteil die Erledigung der Hauptsache festzustellen. War der Antrag dagegen von Anfang an unzulässig oder unbegründet, ist der Antrag, ebenfalls durch Urteil, zurückzuweisen. Dieses Ergebnis ist weitgehend unstreitig.[131] Es lässt sich allerdings dogmatisch nur sehr schwer begründen: Da ein Wechsel vom Verfügungsverfahren ins Hauptsacheverfahren nicht möglich ist,[132] kann es sich an sich nur um ein Urteil im Verfügungsverfahren handeln. Andererseits ist keine Dringlichkeit, die Erledigung der Hauptsache festzustellen, ersichtlich. Feststellende Urteile im Verfügungsverfahren sind zudem nur ganz ausnahmsweise möglich.[133] Man wird das Ergebnis nur gewohnheitsrechtlich legitimieren können. Die Kostenentscheidung im Urteil nach einseitiger Erledigungserklärung ergeht immer nach § 91,[134] nicht gem. § 91a.

33 Sehr streitig ist, ob eine Erledigung der Hauptsache auch anzunehmen ist, wenn der Verfügungsgrund entfallen oder der Verfügungsanspruch nicht mehr durchsetzbar ist aus Gründen, die der Antragsteller selbst allein aus Nachlässigkeit herbeigeführt hat,[135] oder ob in diesen Fällen der Antrag immer als unbegründet zurückzuweisen ist.[136] Die Frage stellt sich insbesondere, wenn die ursprünglich gegebene Dringlichkeit infolge nachlässiger Prozessführung nachträglich widerlegt wird[137] oder wenn die im Beschlusswege erlassene einstweilige Verfügung nicht rechtzeitig vollzogen wird. In diesen Fällen ist keine Erledigung der Hauptsache erst im Laufe des Verfügungsverfahrens anzunehmen. Es fehlt vielmehr aus der Rückschau von Anfang an der Verfügungsgrund:[138] Wer das Verfügungsverfahren nachlässig betreibt oder wer nichts unternimmt, um sich die Durchsetzbarkeit seines Anspruchs zu erhalten, der macht deutlich, dass er es in Wahrheit nie wirklich eilig hatte, Rechtsschutz zur Sicherung seines Anspruchs zu erlangen. Fehlte aber von Anfang an der Verfügungsgrund, so war der Verfügungsantrag – ohne dass dies zunächst erkennbar war – von

---

128 OLG Stuttgart, NJW-RR 2007, 527, 528; *Fellner*, MDR 2010, 128. **A. A.** (analoge Anwendung hier nicht möglich): KG, OLGReport 2009, 514; *Musielak/Huber*, § 922 Rn. 10a; *Vossler*, MDR 2009, 667, 669.
129 BGH, BGHR 2003, 1362 mit Anm. *Deichfuß*, ProzRB 2004, 7.
130 OLG Stuttgart, WRP 1976, 54; dagegen will *Stein/Jonas/Münzberg*, § 922 Rn. 17, ohne weiteres eine Entscheidung ohne mündliche Verhandlung zulassen, wenn der Antragsgegner der Erledigung schriftlich zugestimmt hat.
131 OLG Köln, WRP 1982, 599 und WRP 1985, 660; OLG Karlsruhe, WRP 1978, 832; OLG Saarbrücken, OLGReport 2008, 624; *Bernreuther*, GRUR 2007, 660; *Schlüter*, ZZP 1967 (Bd. 80), 450 f.; *Stein/Jonas/Grunsky*, § 922 Rn. 18; *Zöller/Vollkommer*, § 91a Rn. 58 »Arrest und einstweilige Verfügung« sowie § 922 Rn. 4; *Walker*, Der einstweilige Rechtsschutz, Rn. 527.
132 Siehe oben, Rdn. 4.
133 Siehe: Vor § 935 Rdn. 85; ferner: OLG Koblenz, VersR 2008, 1638.
134 *Stein/Jonas/Grunsky*, § 922 Rn. 18; *Walker*, Der einstweilige Rechtsschutz, Rn. 527.
135 Dafür OLG München, WRP 1987, 268; OLG Karlsruhe, WRP 1985, 288.
136 So insbesondere OLG Schleswig, NJW-RR 1986, 38; OLG Hamm, BB 1979, 1377 und WRP 1977, 199; *Ulrich*, GRUR 1982, 14 und WRP 1990, 651; *Zöller/Vollkommer*, § 91a Rn. 58 »Verjährung«.
137 Einzelheiten hierzu: Vor § 935 Rdn. 106.
138 Siehe auch oben, Rdn. 18.

vornherein unbegründet. Aber auch der, der in diesen Fällen eine Erledigung der Hauptsache erst während des Verfahrens annimmt, wird bei der Kostenentscheidung nicht darauf abstellen können, ob der Anspruch ursprünglich einmal zulässig und begründet war, sondern im Rahmen der gem. § 91a möglichen Abwägung nach billigem Ermessen dem Antragsteller die Kosten des Verfahrens auferlegen müssen: Es wäre unbillig, den Antragsgegner an den Kosten eines unsinnigen und unnötigen Verfahrens zu beteiligen.

Gegen die Entscheidung gemäß § 91a, in deren Rahmen gegebenenfalls auch § 93 zu berücksichtigen ist,[139] ist die Beschwerde gegeben, gegen die Beschwerdeentscheidung aber nicht die Rechtsbeschwerde.[140] Eine fehlerhafte Zulassung der Rechtsbeschwerde würde den BGH nicht binden.[141]

War der Antrag auf Erlass der einstweiligen Verfügung – aus der Sicht des Antragstellers zu Unrecht – durch Beschluss zurückgewiesen worden und tritt dann das die Hauptsache erledigende Ereignis ein, so kann der Antragsteller nicht mehr gegen die ihm negative Entscheidung Beschwerde einlegen, um anschließend die Hauptsache für erledigt zu erklären und wenigstens noch eine für ihn günstige Kostenentscheidung zu erreichen.[142] Mit der Zurückweisung des Antrags war zunächst kein Verfahren mehr anhängig, in dem eine Erledigung hätte eintreten können. 34

X. Möglichkeit einer »Gegenverfügung« des Antragsstellers

Sehr streitig ist, ob der Antragsgegner, der glaubt, seinerseits ebenfalls dringlich zu sichernde Gegenansprüche zu haben (z. B. seinerseits Unterlassungsansprüche im Hinblick auf das den Antrag auf Erlass einer einstweiligen Verfügung rechtfertigende Produkt des Antragsstellers) sich im laufenden Verfügungsverfahren mit dem Antrag auf Erlass einer »Gegenverfügung« verteidigen darf.[143]. Man wird dies mit der Einschränkung für zulässig zu erachten haben, dass die Streitgegenstände in engem Sachzusammenhang stehen und der Gegenantrag zu keiner relevanten Verfahrensverzögerung führt. Ein großes praktisches Bedürfnis dürfte aber – abgesehen von den Kostenersparnissen – nicht bestehen, da das Gericht auch zwei selbstständige Verfügungsverfahren unter den vorstehend genannten Bedingungen zur gleichzeitigen Verhandlung und Entscheidung gem. § 147 ZPO verbinden kann. 35

XI. Streitwert und Gebühren

1. Streitwert

Der Streitwert des Verfügungsverfahrens ist regelmäßig nicht identisch mit dem Streitwert der Hauptsache, da auch die Streitgegenstände[144] beider Verfahren unterschiedlich sind. Der Wert des Sicherungsinteresses liegt in der Regel unter dem Wert des Interesses an einer endgültigen Erfüllung des Anspruchs.[145] Maßgeblich nach § 53 Abs. 1 Nr. 1 GKG ist § 3: Das Interesse des Antragstellers 36

---

139 OLG Frankfurt, GRUR-RR 2001, 72.
140 BGH, MDR 2003, 1195.
141 BGH, MDR 2003, 1195.
142 OLG Hamm, WRP 1985, 227; OLG Stuttgart, NJWE-WettbR 1998, 91; OLG Celle, NJW-RR 2009, 1074. A. A.: OLG Frankfurt, NJW-RR 1992, 493.
143 Diese Möglichkeit bejahend: OLG Köln, BeckRS 2011, 04158; OLG Celle, NJW 1959, 1833; OLG Rostock, OLG-NL 2001, 279; *Dötsch*, MDR 2012, 623; Gaul/*Schilken*/Becker-Eberhard, §79 Rn. 9; MüKo/*Patzina*, § 33 Rn. 6; Musielak/*Heinrich*, § 33 Rn. 14; Zöller/*Vollkommer*, § 33 Rn. 19; gegen die Zulässigkeit von Gegenverfügungen: OLG Frankfurt, GRUR-Prax 2011, 325160 mit zust. Anm. *Gramsch*; Weber, WRP 1985, 527.
144 Zum Streitgegenstand des Verfügungsverfahrens siehe oben, Rdn. 2.
145 KG, WRP 1982, 157; OLG Frankfurt, MDR 1957, 754; OLG Koblenz, WRP 1969, 166; *Baumbach/Lauterbach/Hartmann*, § 3 Rn. 35; *Thomas/Putzo/Hüßtege*, § 3 Rn. 52; *Teplitzky*, Wettbewerbsrechtliche Ansprüche und Verfahren, Kap. 49 Rn. 26 ff. **A. A.** mit Rücksicht auf die in Wettbewerbssachen durch die einstweilige Verfügung in der Regel endgültige Erledigung des Streits: OLG Köln, WRP 2000, 650.

ist also nach freiem Ermessen zu schätzen[146], wobei entscheidend der Zeitpunkt der Antragstellung ist, sodass spätere Entwicklungen, die sich etwa aus der Erwiderungsschrift des Antragsgegners ergeben und nachträglich zu einer deutlichen Minderung des Interesses führen, keine Berücksichtigung finden.

Da auf das individuelle Sicherungsinteresse abzustellen ist, sollte keine starre Prozentregel im Hinblick auf den Hauptsachestreitwert aufgestellt werden.[147] Je mehr die einstweilige Verfügung zur endgültigen Befriedigung des Hauptsacheanspruchs führt, desto mehr sollten die Streitwerte angenähert werden.[148] Ein gewisser Abschlag ist aber immer angezeigt, da auch Befriedigungsverfügungen nur einen vorläufigen Charakter haben.[149] Die vorstehenden Grundsätze gelten uneingeschränkt auch für die wettbewerbsrechtliche Unterlassungsverfügung.[150] Mag sie auch häufig zu einer endgültigen Beendigung des Streits der Parteien führen,[151] so ist dies zum einen so gut wie nie bei der Antragstellung mit letzter Sicherheit abzusehen, zum anderen folgt die Endgültigkeit auch hier nicht aus dem Verfügungsverfahren selbst, für das der Streitwert ja nur gilt, sondern aus der dem Verfahren nachfolgenden Abschlussvereinbarung der Parteien.

37 Bei einstweiligen Verfügungen auf Weiterzahlung des Arbeitslohnes ist § 12 Abs. 7 Satz 1 ArbGG maßgeblich. Es ist also der Dreimonatsbetrag zugrunde zu legen.

2. Gebühren

38 Die Gerichtsgebühren für das Verfahren auf Erlass einer einstweiligen Verfügung ergeben sich aus KV Nr. 1410 ff. GKG. Die Anwaltsgebühren folgen aus §§ 16 Nr. 5, 17 Nr. 4 Buchst. b RVG, VV Nr. 3100 ff. RVG.

---

146 Dem widerspricht es, wenn viele Gerichte insoweit »Regelstreitwerte« festsetzen, so etwa OLG Schleswig, OLGReport 2008, 628; OLG Koblenz, BeckRS 2008 08784 (10.000,– € für durchschnittliche wettbewerbsrechtliche Unterlassungsbegehren).

147 In der Praxis sind solche festen Sätze allerdings üblich; besonders häufig wird 1/3 des Hauptsachestreitwerts festgesetzt; beispielsweise: KG, WRP 1977, 793; siehe auch *Baumbach/Lauterbach/Hartmann*, § 3 Rn. 35; *Musielak/Heinrich*, § 3 Rn. 26 »Einstweilige Verfügung«; *Thomas/Putzo Hüßtege*, § 3 Rn. 52; *Walker*, Der einstweilige Rechtsschutz, Rn. 144; *Zöller/Herget*, § 3 Rn. 16 »Einstweilige Verfügung«.

148 OLG Frankfurt, WRP 1981, 226; OLG Karlsruhe, WRP 1981, 405; OLG Bamberg, JurBüro 1975, 793; *Musielak/Heinrich*, § 3 Rn. 26; *Walker*, Der einstweilige Rechtsschutz, Rn. 143; *Zöller/Herget*, § 3 Rn. 16 »Einstweilige Verfügung«.

149 Siehe auch oben, Rdn. 2. A. A. (Wert des Hauptsacheanspruchs): OLG Köln, WRP 2000, 650; OLG Koblenz, OLGReport 2009, 503.

150 *Teplitzky*, Wettbewerbsrechtliche Ansprüche und Verfahren, Kap. 49, Rn. 29; OLG Karlsruhe, WRP 1981, 405.

151 Dies veranlasst die Gegenmeinung zu der These, der Streitwert der wettbewerbsrechtlichen Unterlassungsverfügung decke sich in der Regel mit dem des Hauptsacheverfahrens; so etwa OLG Hamburg, WRP 1980, 209, 213; WRP 1981, 470; OLG Köln, WRP 1983, 118; WRP 1984, 169; WRP 2000, 650.

Anhang zu § 935 ZPO

Abmahnung, Unterlassungserklärung und Abschlussschreiben im Wettbewerbsrecht

Übersicht

	Rdn.
A. Die Abmahnung	1
I. Begriff, Anwendungsbereich und Funktion der Abmahnung	1
II. Inhalt der Abmahnung	3
1. Notwendiger Inhalt	3
2. Weitere Bestandteile der Abmahnung	9
III. Form der Abmahnung; Anwendung des § 174 BGB	11
1. Form	11
2. Zurückweisung der Abmahnung nach § 174 BGB?	12
IV. Zugang der Abmahnung	14
V. Entbehrlichkeit der Abmahnung	16
1. Vorsätzliches Handeln und besondere Eilbedürftigkeit	17
2. Vorauszusehende Erfolglosigkeit und Unzumutbarkeit	19
a) Vorauszusehende Erfolglosigkeit der Abmahnung	20
b) Unzumutbarkeit der Abmahnung	22
VI. Aufklärungspflichten nach Abmahnung	24
1. Rechtsgrundlage der Aufklärungspflicht des Abgemahnten	24
2. Inhalt der Aufklärungspflicht	25
3. Rechtsfolgen bei Verletzung der Aufklärungs- und Antwortpflicht	26
4. Aufklärungspflicht des »Scheinstörers« bei unberechtigter Abmahnung?	27
5. Aufklärungspflicht des Abmahnenden	28
VII. Kosten der Abmahnung	29
1. Grundlagen des Kostenerstattungsanspruchs	29
2. Umfang des Kostenerstattungsanspruchs	34
3. Verjährung	38
VIII. Die unbegründete Abmahnung	39
1. Negative Feststellungsklage	39
2. Unterlassungs- und Schadensersatzansprüche	42
IX. Besonderheiten im Urheberrecht	44

	Rdn.
B. Die Unterlassungserklärung	1
I. Die Beseitigung der Erstbegehungs- und der Wiederholungsgefahr	1
II. Inhalt der strafbewehrten Unterlassungserklärung	5
1. Das Unterlassungsversprechen	5
a) Allgemeines	5
b) Einschränkungen des Unterlassungsversprechens	6
2. Verpflichtung zur Zahlung einer Vertragsstrafe	8
III. Form der Unterwerfungserklärung, Notwendigkeit des Zugangs	15
IV. Die Unterwerfung als Willenserklärung	16
V. Die einseitige Unterlassungserklärung	17
VI. Drittwirkung der Unterwerfung	19
VII. Wirkung der Unterwerfung im Prozess	24
VIII. Unterwerfung und erneuter Verstoß	25
C. Abschlussschreiben und Abschlusserklärung	1
I. Funktion des Abschlussverfahrens	1
II. Die Abschlusserklärung	4
1. Inhalt der Abschlusserklärung	4
2. Form der Abschlusserklärung, Notwendigkeit des Zugangs	8
3. Wirkung der Abschlusserklärung	9
4. Drittwirkung der Abschlusserklärung	11
5. Unterwerfung statt Abschlusserklärung	12
III. Das Abschlussschreiben	13
1. Rechtliche Bedeutung des Abschlussschreibens	13
2. Inhalt des Abschlussschreibens	16
3. Fristsetzung im Abschlussschreiben	17
4. Form und Zugang	18
5. Entbehrlichkeit eines Abschlussschreibens, Notwendigkeit eines nochmaligen Abschlussschreibens	19
6. Kosten des Abschlussschreibens, Frist vor Abschlussschreiben	20

Literatur (allgemein):

Ahrens, Wettbewerbsverfahrensrecht, 1983; *Ahrens,* Der Wettbewerbsprozess, 7. Aufl., 2014; *Berneke,* Die einstweilige Verfügung in Wettbewerbssachen, 2. Aufl., 2003; *Büscher/Dittmer/Schiwy,* Gewerblicher Rechtsschutz Urheberrecht Medienrecht, 3. Aufl., 2015; *Ekey/Klippel/Kotthoff/Meckel/Plass,* Heidelberger Kommentar zum Wettbewerbsrecht, 2. Aufl., 2005; *Fezer,* Lauterkeitsrecht, UWG, 2. Aufl., 2010; *Gloy/Loschelder/Erdmann,* Handbuch des Wettbewerbsrechts (Hdb. WettbewerbsR), 4. Aufl., 2010; *Götting/Nordemann,* UWG, 2. Auflage, 2014; *Harte-Bavendamm/Henning-Bodewig,* UWG, 3. Aufl., 2013; *Heermann/Schlingloff,* Münchener Kommentar zum Lauterkeitsrecht, 2. Aufl., 2014; *Köhler/Bornkamm,* Wettbewerbsrecht, 33. Aufl., 2015; *Melullis,* Handbuch des Wettbewerbsprozesses, 3. Aufl., 2000; *Ohly/Sosnitza,* UWG, Gesetz gegen den unlauteren Wettbewerb, 6. Aufl., 2014; *Teplitzky,* Wettbewerbsrechtliche Ansprüche und Verfahren, 10. Aufl., 2011; *Teplitzky/Peifer/Leistner*, UWG-Großkommentar, 2. Aufl., Band 3, 2015; *Ullmann*, juris Praxiskommentar, UWG, 3. Auflage 2013.

1 Von großer Bedeutung sind einstweilige Verfügungen im gesamten Bereich des gewerblichen Rechtsschutzes und insbesondere für das **Wettbewerbsrecht**. Mit dem Verbot einer wettbewerbswidrigen Handlung, das erst nach Durchführung eines langwierigen Hauptsacheverfahrens ausgesprochen wird, ist dem Verletzten meist nicht gedient. Schadensersatzansprüche lassen sich wegen der auftretenden Beweisprobleme häufig nicht durchsetzen. Deshalb beantragt der durch einen Wettbewerbsverstoß Verletzte in der Regel zunächst eine (einstweilige) **Unterlassungsverfügung**. In vielen Fällen verzichten die Parteien außerdem auf die anschließende Durchführung eines Hauptsacheverfahrens und nehmen die im Verfügungsverfahren getroffene Entscheidung als endgültige Regelung der Hauptsache hin.[1]

2 In der Praxis des Wettbewerbsprozesses haben sich einige Besonderheiten herausgebildet, die sowohl das Stadium vor der Einleitung des gerichtlichen Verfahrens – also insbesondere den Versuch einer vorgerichtlichen Durchsetzung des Unterlassungsanspruchs – als auch die Durchführung des Verfahrens und dessen Beendigung betreffen. Die Parteien müssen diese Entwicklungen, deren Anwendbarkeit nicht notwendig auf das Gebiet des Wettbewerbsprozesses beschränkt ist, im eigenen Interesse berücksichtigen. Im Folgenden werden die für die Abmahnung (A), die strafbewehrte Unterlassungserklärung (B) und die Abschlusserklärung (C) geltenden Grundsätze dargestellt. Die Schutzschrift, die in den früheren Auflagen unter (B) dargestellt worden ist, wird nunmehr in der Kommentierung zu §§ 945a, 945b, die durch das Gesetz zur Förderung des elektronischen Rechtsverkehrs mit den Gerichten mit Wirkung zum 1.1.2016 eingefügt worden sind, erörtert.

A. Die Abmahnung

Literatur:
Ahrens, Zum Ersatz der Verteidigungsaufwendungen bei unberechtigter Abmahnung, NJW 1982, 2477; *Berneke*, Der enge Streitgegenstand von Unterlassungsklagen des gewerblichen Rechtsschutzes und des Urheberrechts in der Praxis, WRP 2007, 579; *Borck*, Wiederholungsgefahr – Dringlichkeit – Abmahnungslast, NJW 1981, 2721; *ders.*, Über Schwierigkeiten im Gefolge von Mehrfachabmahnungen, WRP 1985, 311; *ders.*, Zuständigkeitserschleichung qua negativer Feststellungsklage?, WRP 1997, 265; *ders.*, Andere Ansichten in Kostenfragen, WRP 2001, 20; *Burchert*, Der Zugang der Abmahnung, WRP 1985, 478; *Busch*, Zurückweisung einer Abmahnung bei Nichtvorlage der Originalvollmacht nach § 174 S. 1 BGB, GRUR 2006, 477; *Conrad*, Abgabe einer Unterlassungserklärung ohne Anerkennung einer Rechts- und Zahlungspflicht und Aufwendungsersatz, WRP 2001, 187; *Einsiedler*, Geschäftsführung ohne Auftrag bildet keine Anspruchsgrundlage für die Erstattung der Kosten wettbewerblicher Abmahnschreiben und Abschussschreiben, WRP 2003, 354; *Engels/Salomon*, Vom Lauterkeitsrecht zum Verbraucherschutz: UWG-Reform 2003, WRP 2004, 32; *Eser*, Probleme der Kostentragung bei der vorprozessualen Abmahnung und beim Abschlussschreiben in Wettbewerbsstreitigkeiten, GRUR 1986, 35; *Fritze*, Gut gemeint – Ziel verfehlt – Negative Feststellungsklage als Hauptsache im Sinne des § 937 Abs. 1 ZPO –, GRUR 1996, 571; *Günther*, Die Schubladenverfügung – Stolperfalle Dringlichkeit, WRP 2006, 407; *Heidenreich*, Zum Kostenerstattungsanspruch für eine wettbewerbsrechtliche Gegenabmahnung, WRP 2004, 660; *Heinz/Stillner*, Abmahnung ohne schriftliche Vollmacht, WRP 1993, 379; *Keller*, Negative Feststellungsklage, gegenläufige Leistungsklage und Verzicht auf deren Rücknahme, WRP 2000, 908; *Köhler*, Die wettbewerbsrechtliche Abmahnung, WiB 1994, 16; *Kues*, Mehrfachabmahnung und Aufklärungspflicht, WRP 1985, 196; *Kunath*, Kostenerstattung bei ungerechtfertigter Verwarnung – neuer Lösungsansatz, WRP 2000, 1074; *ders.*, Zur Nachfragepflicht des Abgemahnten – Kostenbegünstigung des Abgemahnten durch neuere Entscheidungen?, WRP 2001, 238; *Lindacher*, Der »Gegenschlag« des Abgemahnten, Festschrift für v. Gamm 1990, S. 83; *Marx*, Wettbewerbsrechtliche Verfahrenspraxis des Oberlandesgerichts Dresden, WRP 2004, 970; *Oppermann*, Konstruktion und Rechtspraxis der Geschäftsführung ohne Auftrag – Zur Transformation eines bürgerlich-rechtlichen Instituts in das Wettbewerbsrecht, AcP 1993 (Band 193), 497; *Orth*, »Procura necesse est« oder: Vollmachtsnachweis bei Abmahnschreien und Kostenerstattung, WRP 2002, 1035; *Nill*, Sachliche Zuständigkeit bei Geltendmachung der Kosten von Abschlussschreiben, GRUR 2005, 740; *Pfister*, Erfordernis des Vollmachtsnachweises bei Abmahnschreiben, WRP 2002, 799; *Quiring*, Zur Haftung wegen unbegründeter Verwarnungen,

---

1 *Teplitzky*, Kap. 53 Rn. 1 ff.; vgl. auch Vor § 935 Rdn. 98.

WRP 1983, 317; *Schmittmann*, Zur Problematik der wettbewerbsrechtlichen Abmahnung mittels Telefax, WRP 1994, 225; *Schulz*, Kostenerstattung bei erfolgloser Abmahnung, WRP 1990, 658; *ders.*, Schubladenverfügung und die Kosten der nachgeschobenen Abmahnung, WRP 2007, 589; *Soehring*, Die neuere Rechtsprechung zum Presserecht, NJW 1994, 16; *Steinbeck*, Ist die negative Feststellungsklage Hauptsache i. S. von § 937 I ZPO?, NJW 2007, 1783; *Teplitzky*, Die jüngste Rechtsprechung des Bundesgerichtshofs zum wettbewerbsrechtlichen Anspruchs- und Verfahrensrecht (II), GRUR 1990, 393; *ders.*, Unterwerfung oder Unterlassungsurteil?, WRP 1996, 171; *ders.*, Die wettbewerbsrechtliche Unterwerfung heute – Neuere Entwicklungen eines alten Streitbereinigungsmittels, GRUR 1996, 696; *ders.*, Aktuelle Probleme der Abmahnung und Unterwerfung sowie des Verfahrens der einstweiligen Verfügung im Wettbewerbs- und Markenrecht, WRP 2005, 654; *ders.*, Die Regelung der Abmahnung in § 12 Abs. 1 UWG, ihre Reichweite und einige ihrer Folgen, FS Ullmann 2006, S. 999; *ders.*, Die jüngste Rechtsprechung des BGH zum wettbewerbsrechtlichen Anspruchs- und Verfahrensrecht XI, GRUR 2007, 177; *ders.*, Zum Verhältnis von Feststellungs- und Leistungsklage im Bereich des gewerblichen Rechtsschutzes und des Wettbewerbsrechts, Facetten des Verfahrensrechts – Liber amicorum Walter F. Lindacher, 2007, S. 185; *ders.*, Abmahnung und Vollmachtsvorlage – Zum noch relevanten Rest des Meinungsstreits, WRP 2010, 1427; *Ullmann*, Die Verwarnung aus Schutzrechten – mehr als eine Meinungsäußerung?, GRUR 2001, 1027; *Ulrich*, Die Aufklärungspflicht des Abgemahnten – zur sinngemäßen Anwendung des § 93 ZPO zugunsten des Klägers/Antragstellers, WRP 1985, 117; *ders.*, Die vorprozessualen Informationspflichten des Anspruchsgegners in Wettbewerbssachen, ZIP 1990, 1377; *ders.*, Die Kosten der Abmahnung und die Aufklärungspflicht des Abgemahnten, WRP 1995, 282; *ders.*, Der Zugang der Abmahnung, WRP 1998, 124; *ders.*, Die Abmahnung und der Vollmachtsnachweis, WRP 1998, 258; *Weisert*, Rechtsprobleme der Schubladenverfügung, WRP 2007, 504.

I. Begriff, Anwendungsbereich und Funktion der Abmahnung

Nach § 12 Abs. 1 Satz 1 UWG soll der Gläubiger eines wettbewerblichen Unterlassungsanspruchs den Schuldner vor der Einleitung eines gerichtlichen Verfahrens abmahnen und ihm Gelegenheit geben, den Streit durch Abgabe einer mit einer angemessenen Vertragsstrafe bewehrten Unterlassungsverpflichtung beizulegen. Damit ist das von der Rechtsprechung zum gewerblichen Rechtsschutz entwickelte Institut der vorgerichtlichen Abmahnung oder Verwarnung[2] als Mittel zur außergerichtlichen Durchsetzung von Unterlassungsansprüchen gesetzlich geregelt worden. Eine entsprechende Regelung findet sich in § 97a UrhG. Eine inhaltliche Änderung der bisherigen Rechtslage war nicht beabsichtigt; vielmehr sollte der von der Rechtsprechung geschaffene Rechtszustand nachvollzogen werden, so dass nach der Vorstellung des Gesetzgebers uneingeschränkt auf die bisherige Rechtsprechung zurückgegriffen werden kann.[3] Der Anwendungsbereich der Vorschriften beschränkt sich auf das Wettbewerbs- bzw. das Urheberrecht[4]; für eine entsprechende Anwendung auf weitere Rechtsgebiete fehlt es bereits an der Regelungslücke.[5] Anderseits ergibt

1

---

[2] Ein sachlicher Unterschied zwischen beiden Begriffen besteht nicht – der Begriff Verwarnung ist allerdings im Zusammenhang mit Schutzrechten gebräuchlicher, vgl. etwa BGH, GRUR 2004, 958.

[3] Begründung des Gesetzesentwurfs der Bundesregierung, BT-Drucks. 15/1487, S. 25; *Engels/Salomon*, WRP 2004, 32, 43. § 97a UrhG in der Fassung nach dem Gesetz gegen unlautere Geschäftspraktiken richtet sich allerdings speziell gegen »anwaltliche[...] Geschäftsmodelle[...] ..., bei denen die massenhafte Abmahnung von Internetnutzern wegen Urheberrechtsverstößen zur Gewinnoptimierung betrieben wird und überwiegend dazu dient, gegen den Rechtsverletzer einen Anspruch auf Ersatz von Aufwendungen oder Kosten der Rechtsverfolgung entstehen zu lassen« (BT-Drucks. 17/13057, S. 10 f.).

[4] Auf Verfahren nach dem Unterlassungsklagengesetz ist § 12 Abs. 1 UWG entsprechend anzuwenden, § 5 UKlaG; vgl. auch *Palandt/Bassenge*, § 5 UKlaG Rn. 2 ff.

[5] Vgl. BGH, WRP 2007, 325; GRUR 2008, 996 Tz. 10 – Clone-CD; OLG München, GRUR-RR 2006, 176; GK-UWG/*Feddersen*, § 12 B Rn. 2; *Köhler/Bornkamm*, § 12 UWG Rn. 1.90; *Teplitzky*, Kap. 41 Rn. 1; *ders.*, FS Ullmann, S. 999 ff. In der Gesetzesbegründung zu § 97a UrhG (BT-Drucks. 16/5048, S. 49) ist ausdrücklich ausgesprochen, § 12 Abs. 1 UWG gelte nur für Wettbewerbsverhältnisse. Daher sei die Regelung des § 97a UrhG erforderlich; sie sei »lex specialis für die Kostenerstattung von Abmahnungen bei urheberrechtlichen Verletzungstatbeständen«. Für das Abschlussschreiben als weitere wettbewerbsrechtliche Abmahnung (»Abmahnung zur Hauptsache«) befürwortet allerdings ein Teil der Literatur eine (entsprechende) Anwendung von § 12 Abs. 1 UWG: *Köhler/Bornkamm*, § 12 UWG Rn. 1.78 und Rn. 3.73; *Ahrens/Ahrens*, Kap. 58 Rn. 50; *Nill*, GRUR 2005, 740 (aA BGH GRUR 2010, 1038 Tz. 26 – Kosten für Abschlussschreiben; GRUR 2012, 184 Tz. 31 – Branchenbuch Berg).

sich aus den Neuregelungen in UWG und UrhG nicht, dass nach dem Willen des Gesetzgebers die von der Rechtsprechung entwickelten Grundsätze in den sonstigen Bereichen des gewerblichen Rechtsschutzes, im Kartellrecht und im Presserecht[6] nicht mehr anzuwenden wären.[7] Zudem ist es nicht nur rechtspolitisch wünschenswert, sondern auch rechtssystematisch folgerichtig, die auf der Grundlage der Regelungen über die Geschäftsführung ohne Auftrag beruhenden Lösungen für diese Rechtsgebiete im Wege der Auslegung der gesetzlichen Regelung im UWG anzupassen.[8]

2 Die Abmahnung ist, wie die Ausgestaltung des § 12 Abs. 1 Satz 1 UWG als Sollvorschrift deutlich macht, weder Prozessvoraussetzung, noch gehört sie zu den materiell-rechtlichen Voraussetzungen eines Unterlassungsanspruchs.[9] Jedoch geht ein Gläubiger, der ohne vorherige Abmahnung ein gerichtliches Verfahren einleitet, ein erhebliches Kostenrisiko ein. Nach allgemeiner Auffassung gibt nämlich der Schuldner eines Unterlassungsanspruchs nur dann Veranlassung zur Klageerhebung im Sinne von § 93, wenn er erfolglos abgemahnt worden ist.[10] Fehlt es an einer (ordnungsgemäßen) Abmahnung, so sind bei einem sofortigen Anerkenntnis des Verletzers[11] sowie im Fall eines auf die Kostenentscheidung beschränkten Widerspruchs gegen eine Beschlussverfügung[12] die Kosten des Rechtsstreits im Regelfall dem Gläubiger aufzuerlegen. § 93 ist auch anzuwenden, wenn der (nicht abgemahnte) Verletzer in seiner ersten Äußerung gegenüber dem Gericht (Klageerwiderung, Stellungnahme zum Verfügungsantrag der Gegenseite oder – nach Erlass einer Beschlussverfügung – mit Einlegung des Widerspruchs) eine strafbewehrte Unterlassungserklärung abgibt und die Parteien daraufhin den Rechtsstreit übereinstimmend in der Hauptsache für erledigt erklären. Bei der **Kostenentscheidung** nach § 91a ist nämlich der Rechtsgedanke des § 93 entsprechend heranzuziehen.[13] Schließt sich allerdings der Beklagte der Erledigungserklärung nicht an, so spielt die Frage, ob er Veranlassung zur Klageerhebung gegeben hat, für die vom Gericht zu treffende Entscheidung keine Rolle. Der Gläubiger kann sich nicht mit Erfolg darauf berufen, dass der Verletzer wegen der unterlassenen Abmahnung die Verfahrenskosten zu tragen gehabt hätte. Fiktive Abmahnkosten sind nicht erstattungsfähig und werden auch bei der Kostenentscheidung nach § 93 nicht berücksichtigt.[14]

Die **Funktion** der Abmahnung liegt also aus der Sicht des Gläubigers darin zu vermeiden, dass er mit den Kosten eines gerichtlichen Verfahrens belastet wird; ihr primärer Zweck ist aber, es dem Schuldner zu ermöglichen, ein Gerichtsverfahren ganz zu vermeiden, indem dieser die Begehungsgefahr (regelmäßig als Wiederholungsgefahr) ausräumt und damit den Unterlassungsanspruch zu Fall bringt. In der Praxis wird in der weitaus überwiegenden Zahl der Fälle vor Einleitung gerichtlicher Schritte abgemahnt. Da abgemahnte Verletzer sich sehr häufig unterwerfen, können ca. 90 %

---

6 Vgl. hierzu OLG Nürnberg, NJW-RR 1987, 695, 696; *Soehring*, NJW 1994, 16, 22; *Wenzel*, Das Recht der Wort- und Bildberichterstattung, 5. Aufl., Rn. 12.106 ff.
7 *Köhler/Bornkamm*, § 12 UWG Rn. 1.79.
8 Vgl. *Teplitzky*, Kap. 41 Rn. 84 d; *ders*. FS Ullmann, S. 999 ff. Im Hinblick auf § 97a UrhG gilt dies allerdings nicht. Dieser ist vielmehr als Sonderregelung zu verstehen – vgl. unten Rdn. 44.
9 Einhellige Meinung: vgl. *Fezer/Büscher*, § 12 UWG Rn. 2; *Köhler/Bornkamm*, § 12 UWG Rn. 1.7; *Teplitzky*, Kap. 41 Rn. 2.
10 *Köhler/Bornkamm*, § 12 UWG Rn. 1.8; *MüKo-UWG/Ottofülling*, § 12 Rn. 14; *Teplitzky*, Kap. 41 Rn. 21.
11 Das Anerkenntnis muss grds. innerhalb der Erwiderungsfrist erklärt werden; ein Anerkenntnis in der mündlichen Verhandlung genügt seit der Neufassung des § 307 Satz 2 nicht mehr, *Zöller/Herget*, § 93 Rn. 4. Vgl. auch BGH, NJW 2006, 2490.
12 Zum Kostenwiderspruch vgl. *Ahrens/Scharen*, Kap. 51 Rn. 55 ff. und § 924 Rn. 12.
13 OLG Hamburg, WRP 1986, 106; WRP 1989, 325; NJW-RR 2002, 215; OLG Karlsruhe, WRP 1990, 640, 641; OLG Köln, 1984, 164; OLG München, WRP 1988, 62; *Berneke*, Rn. 245; *Harte-Bavendamm/Henning-Bodewig/Brüning*, § 12 Rn. 64; *Köhler/Bornkamm*, § 12 UWG Rn. 1.9; *Melullis*, Rn. 729.
14 OLG Frankfurt, OLGR 1995, 44, 45; OLG Köln, WRP 1986; 426, 428; OLG Stuttgart, WRP 1986, 359, 360.

aller Wettbewerbsstreitigkeiten außergerichtlich erledigt werden.[15] Die Entlastung der Gerichte ist daher eine weitere wichtige Funktion der Abmahnung.[16]

Die **Rechtsnatur** der Abmahnung ist heftig umstritten;[17] sie hat praktische Bedeutung im Hinblick auf die Fragen, ob ein Zugang der Abmahnung erforderlich ist und ob sie ggf. gemäß § 174 BGB zurückgewiesen werden kann. Die Rechtsnatur der Abmahnung wird daher im Zusammenhang mit diesen Fragen erörtert werden.[18]

II. Inhalt der Abmahnung

1. Notwendiger Inhalt

Welchen Inhalt eine Abmahnung haben muss, bestimmt sich nach ihrem Zweck, dem Schuldner Gelegenheit zu geben, ein Gerichtsverfahren durch seine Unterwerfung zu vermeiden. Hierzu muss dem Schuldner deutlich gemacht werden, was ihm vorgeworfen wird und dass er alsbald gerichtlich in Anspruch genommen werden wird, wenn er sich nicht in einer den Unterlassungsanspruch befriedigenden Weise unterwirft. Im Einzelnen gilt Folgendes: 3

Zunächst muss in der Abmahnung das als wettbewerbswidrig beanstandete Verhalten konkret bezeichnet werden. Die bereits begangene oder unmittelbar bevorstehende **Verletzungshandlung** muss in tatsächlicher Hinsicht beschrieben, und es muss herausgearbeitet werden, worin der Wettbewerbsverstoß gesehen wird. Der Abgemahnte soll klar erkennen können, was ihm vorgeworfen wird, und er soll die Möglichkeit erhalten, die Berechtigung des Vorwurfs in tatsächlicher und rechtlicher Hinsicht zu prüfen.[19] Aus diesem Grund ist eine Abmahnung, die allein die konkrete Verletzungshandlung bezeichnet, ohne die tatsächlichen und rechtlichen Grundlagen der Beanstandung zu nennen, in der Regel unzureichend.[20] Eine **rechtliche Begründung** des geltend gemachten Anspruchs braucht die Abmahnung allerdings nicht zu enthalten.[21] Aus diesem Grund macht eine falsche rechtliche Würdigung des beanstandeten Verhaltens die Abmahnung nicht unwirksam. Grundsätzlich ist es allein Sache des Verletzers, sich über die Rechtslage zu informieren.[22] Entbehrlich ist ferner die Angabe von Beweismitteln.[23]

---

15 *Teplitzky*, Kap. 41 Rn. 3.
16 OLG Stuttgart, GRUR 1984, 163; KG, WRP 1988, 167, 168; OLG Köln, WRP 1984, 349; WRP 1988, 56; OLG Saarbrücken, WRP 1988, 198; OLG Hamburg, K&R 2009, 406; **kritisch** *Borck*, NJW 1981, 2722, 2725: vgl. auch; GK-UWG/*Feddersen*, § 12 B Rn. 5 (bloßer Reflex der Streitvermeidungsfunktion).
17 Vgl. die Nachweise in BGH, GRUR 2010, 1120 Tz. 13 – Vollmachtsnachweis.
18 S. unten Rdn. 13.
19 BGH, GRUR 2009, 502 Tz. 13 – pcb; OLG Bremen, NJW-RR 1988, 625; OLG Düsseldorf, WRP 1988, 107, 108; OLGR 1991, 13; OLG Frankfurt, WRP 1987, 563, 564; GRUR-RR 2002, 397 (zum Gegenstand einer Abmahnung wegen Markenverletzung und unlauterer Rufausbeutung gehört nicht ein etwaiger Verstoß gegen Vorschriften des AMG oder des HWG); OLG Hamburg, WRP 1989, 32; Pharma Recht 2003, 290; MD VSW 2005 71 (die Verletzungshandlung muss nicht in allen Einzelheiten beschrieben werden); OLGR 2006, 306; KG, MD VSW 1990, 833, 834 f.; KG, KGR 1993, 39; OLG Koblenz, WRP 1983, 700, 701; OLG Köln, WRP 1988, 56; OLG München, WRP 1981, 601; MD VSW 1989, 778, 781; WRP 1994, 56, 57; MD VSW 1994, 397, 398; MD VSW 1994, 579, 581; NJWE-WettbR 1998, 65; OLG Stuttgart, WRP 1985, 53; WRP 1996, 1229; GK-UWG/*Feddersen*, § 12 B Rn. 32; *Fezer/Büscher*, § 12 Rn. 16; *Harte-Bavendamm/Henning-Bodewig/Brüning*, § 12 UWG Rn. 39 ff.; *Köhler/Bornkamm*, § 12 UWG Rn. 1.15; *Teplitzky*, Kap. 41 Rn. 14.
20 OLG Hamburg, WRP 1996, 773; *Berneke*, WRP 2007, 579.
21 OLG Bremen, NJW-RR 1988, 625; OLG Düsseldorf, WRP 1988, 107, 108; OLG Hamm GRUR 1996, 988; KG, MD VSW 1989, 778, 782 f.; *Fezer/Büscher*, § 12 UWG Rn. 17; GK-UWG/*Feddersen*, § 12 B Rn. 32; *Köhler/Bornkamm*, § 12 UWG Rn. 1.15.
22 Einschränkend für Ausnahmefälle: OLG Frankfurt, WRP 1984, 155 f. (Mitteilung einschlägiger Rechtsprechung auf entsprechende Bitte des Verletzers); OLG Stuttgart WRP 1996, 1229 (für den Fall, dass die Abmahnung an eine relativ unbekannte Vorschrift oder an konkrete Gerichtsentscheidungen anknüpft).
23 KG, GRUR 1983, 673, 674; GK-UWG/*Feddersen*, § 12 B Rn. 32; *Köhler/Bornkamm*, § 12 UWG Rn. 1.24.

Die vom Schuldner vorzunehmende Prüfung muss sich nicht auf solche Ansprüche beziehen, die mit der Abmahnung nicht geltend gemacht werden, auch wenn derartige Ansprüche – nach Ergänzung des Vortrags zum maßgeblichen Lebenssachverhalt – in Betracht kommen können. Der Schuldner hat, wenn der Gläubiger nachträglich einen anderen als den in der Abmahnung bezeichneten »Streitgegenstand« in das Verfahren einführt, keine Veranlassung zur Inanspruchnahme gerichtlicher Hilfe gegeben.[24] Eine Abmahnung, in der die Unterlassung einer Wettbewerbshandlung anderer Art als die tatsächlich begangene verlangt wird, ist wirkungslos.[25]

4 Weiter wird der Verletzer in der Abmahnung aufgefordert, eine **Unterlassungserklärung** abzugeben und sich für jeden Fall der Zuwiderhandlung zur Zahlung einer **Vertragsstrafe** zu verpflichten.[26] Liegt allerdings nur Erstbegehungsgefahr vor, so kann, weil es zu deren Ausräumung einer strafbewehrten Unterlassungserklärung nicht unbedingt bedarf,[27] auf das Verlangen nach einem Vertragsstrafeversprechen verzichtet werden.

5 Der Gläubiger hat in der Abmahnung seine **Anspruchsberechtigung** darzutun, sofern sich diese nicht – wie etwa bei einem unmittelbaren Wettbewerber – aus den Umständen ergibt.[28] Verbände nach § 8 Abs. 3 Nr. 2 UWG müssen die Zahl der Mitglieder, die auf dem betreffenden Markt tätig sind, angeben. Jedoch ist ein Verbraucherschutzverband im Sinne von § 8 Abs. 3 Nr. 3 UWG nicht gehalten, im Rahmen einer Abmahnung die Namen seiner Mitglieder offen zu legen.[29]

6 Die Abmahnung muss in dem ernsthaften Willen ausgesprochen werden, den Unterlassungsanspruch notfalls gerichtlich geltend zu machen; sie muss dies für den Schuldner zumindest konkludent erkennen lassen.[30] Um insofern keine Unklarheiten aufkommen zu lassen, empfiehlt es sich, dem Schuldner eine **Frist** zur Abgabe der geforderten Unterlassungserklärung zu setzen und bei fruchtlosem Ablauf der Frist die Einleitung gerichtlicher Schritte anzudrohen.[31] Eine verbreitete Auffassung erachtet eine Fristsetzung sogar für zwingend.[32] Welche Frist angemessen ist, hängt von den Umständen des Einzelfalls und dabei insbesondere von der Gefährlichkeit erneuter Verstöße für den Verletzten ab. In der Regel wird der Abmahnende dem Abgemahnten mindestens 8–10 Tage Zeit geben müssen, eine Entscheidung über die sachgerechte Reaktion auf die Abmahnung zu

---

24 Vgl. GK-UWG/*Feddersen*, § 12 B Rn. 33, 37; *Berneke*, WRP 2007, 579.
25 BGH, GRUR 2004, 344 – Treue-Punkte.
26 *Fezer/Büscher*, § 12 UWG Rn. 18; *Teplitzky*, Kap. 41 Rn. 14. Abmahnungen, in denen der Verletzte sich mit einem ungesicherten Unterlassungsversprechen zufrieden gibt, kommen in der Praxis kaum jemals vor. Beschränkt allerdings der Gläubiger sein Verlangen (ausnahmsweise) auf die Abgabe eines ungesicherten Unterlassungsversprechens, so gibt der Schuldner keinen Anlass zu Klageerhebung, wenn er sich ohne Vertragsstrafeversprechen unterwirft.
27 BGH, WRP 1991, 719, 720 – Topfgucker-Scheck; GRUR 2001, 1174 – Berühmungsaufgabe; GK-UWG/*Paal*, § 8 Rn. 42.
28 GK-UWG/*Feddersen*, § 12 B Rn. 29; *Harte-Bavendamm/Henning-Bodewig/Brüning*, § 12 UWG Rn. 38; *Köhler/Bornkamm*, § 12 UWG Rn. 1.13; *Ohly/Sosnitza/Sosnitza*, § 12 Rn. 14; *Ahrens/Achilles*, Kap. 2 Rn. 20; *Melullis*, Rn. 773b.
29 OLG Frankfurt, GRUR-RR 2001, 287.
30 BGH, GRUR 2007, 164, 165, Tz. 12 – Telefax-Werbung II; OLG Hamburg, WRP 1986, 292; GK-UWG/*Feddersen*, § 12 B Rn. 34.
31 Vgl. OLG Düsseldorf, WRP 1988, 107, 108; KG, MD VSW 1989, 778, 78 1; GK-UWG/*Feddersen*, § 12 B Rn. 28; *Ahrens/Achilles*, Kap. 2 Rn. 29; *Melullis*, Rn. 773a.
32 OLG Dresden, WRP 2001, 706; *Gloy/Loschelder/Erdmann/Schwippert*, Hdb. WettbewerbsR, § 84 Rn. 23; aus Gründen der Rechtsklarheit »grundsätzlich« auch: *Teplitzky*, Kap. 41 Rn. 14; ähnlich *MüKo-UWG/Ottofülling*, § 12 Rn. 47.

treffen und ggf. anwaltlichen Rat einzuholen.[33] Bei besonderer Eilbedürftigkeit können aber auch wesentlich kürzere, u. U. nur nach Stunden bemessene Fristen angemessen sein.[34]

Das Fehlen einer ausdrücklichen Fristsetzung macht die Abmahnung nicht unwirksam.[35] Denn die »Wirksamkeit« der Abmahnung ist allein am Maßstab des § 93 zu messen, was sogar dazu führen kann, dass eine Abmahnung insgesamt entbehrlich ist. Entscheidend ist, dass an der Ernsthaftigkeit der Abmahnung keine Zweifel bestehen. Daher ist es auch unschädlich, wenn die gesetzte Frist unangemessen kurz ist. Vielmehr ist der Schuldner in einem solchen Fall gehalten, die Unterlassungserklärung innerhalb der angemessenen Frist abzugeben.[36]

7

Der Abgemahnte ist nicht verpflichtet, auf die Verlängerung einer zu kurzen Frist hinzuwirken,[37] denn aus der für § 93 maßgeblichen objektivierten Sicht des Abmahnenden[38] hat der Abgemahnte in diesem Fall vor Ablauf der angemessenen Frist keinen Anlass zur Klageerhebung gegeben. Etwas anderes gilt nur, wenn erkennbare Anhaltspunkte dafür vorliegen, dass der Abmahnende die gesetzte Frist mangels Kenntnis aller Umstände für angemessen halten durfte.[39] Da die Bestimmung, welche Frist angemessen ist, mit Unsicherheiten verbunden ist, empfiehlt es sich jedoch, dass der Abgemahnte, wenn ihm die gesetzte Frist zu kurz erscheint, den Abmahnenden um eine Verlängerung der Äußerungsfrist bittet. Ob dem Abmahnenden zuzumuten ist, eine angemessene Frist, die der Abgemahnte aus bestimmten, von ihm darzulegenden Gründen nicht einhalten kann, zu verlängern, ist eine Frage des Einzelfalls.[40]

Leitet der Verletzer vor Ablauf der angemessenen Frist ein gerichtliches Verfahren ein und geht ihm danach innerhalb der Frist eine Unterlassungserklärung des Abgemahnten zu, so sind die Kosten gem. § 93 dem Abmahnenden aufzuerlegen.[41] Das Gleiche gilt, wenn sich der Abgemahnte zwar nach Fristablauf, aber noch vor Anrufung des Gerichts dem Abmahnenden gegenüber wirksam unterworfen hatte.

Schließlich setzt eine ordnungsgemäße Abmahnung voraus, dass dem Verletzer **gerichtliche Schritte** für den Fall **angedroht** werden, dass er die geforderte Unterlassungserklärung nicht (innerhalb der

8

---

33 OLG Stuttgart, WRP 1990, 777, 778; OLGR 2004, 483; *Köhler/Bornkamm*, § 12 UWG Rn. 1.19; *Ahrens/Achilles*, Kap. 2 Rn. 33 f.; *Gloy/Loschelder/Erdmann/Schwippert*, Hdb. WettbewerbsR, § 84 Rn. 23.
34 OLG Düsseldorf, WRP 1988, 107, 108; OLG Hamburg, GRUR 1991, 80; OLG Köln, WRP 1986, 626, 627; OLG München, WRP 1988, 62, 63; MD VSW 1993, 510, 511; OLG Nürnberg, MD VSW 1990, 356, 358; GK-UWG/*Feddersen*, § 12 B Rn. 38.
35 OLG Nürnberg, MD VSW 1990, 356, 358; *Fezer/Büscher*, § 12 UWG Rn. 21; GK-UWG/*Feddersen*, § 12 B Rn. 38; *Harte-Bavendamm/Henning-Bodewig/Brüning*, § 12 UWG Rn. 47; MüKo-UWG/*Ottofülling*, § 12 UWG Rn. 47; *Ahrens/Achilles*, Kap. 2 Rn. 33; zur a. A. s. oben Fn. 32.
36 BGH, GRUR 1990, 381, 382 – Antwortpflicht des Abgemahnten; OLG Hamburg, GRUR 1991, 80; OLG Köln, WRP 1984, 164; OLG München, WRP 1988, 62; GK-UWG/*Feddersen*, § 12 B Rn. 40; *Ahrens/Achilles*, Kap. 2 Rn. 35.
37 Nach *Teplitzky*, Kap. 41 Rn. 16, ist er aber gehalten, dem Abmahnenden mitzuteilen, dass er in einer angemessenen, von ihm konkret anzugebenden Frist antworten werde.
38 Vgl. *Stein/Jonas/Bork*, § 93 Rn. 13 mwN.; **a. A.** Wieczorek/Smid/Hartmann, § 93 Rn. 7.
39 OLG Frankfurt, WRP 1996, 1194; OLG Hamburg, WRP 1995, 1043.
40 OLG Stuttgart, OLGR 2004, Rn. 483; *Teplitzky*, Kap. 41 Rn. 16. Auf einen zeitlich nicht konkretisierten Verlängerungsantrag, der den Eindruck erweckt, der Verletzer wolle den Gläubiger hinhalten, muss dieser sich nicht einlassen (OLG Hamburg, OLGR 2006, 28).
41 OLG Düsseldorf, WRP 1988, 107, 108; OLG München, WRP 1988, 62.

gesetzten Frist) abgibt.[42] Es genügt, wenn der Verwarnte klar erkennen kann, dass er mit einem Rechtsstreit rechnen muss, falls er sich nicht unterwirft.[43]

2. Weitere Bestandteile der Abmahnung

9 In der Praxis ist es üblich, dass der Gläubiger der Abmahnung eine von ihm formulierte Unterlassungserklärung beifügt. In einem solchen Fall enthält die Abmahnung das Angebot zum Abschluss eines Unterwerfungsvertrags.[44] Ordnungsgemäß ist eine Abmahnung aber auch dann, wenn die Formulierung der Unterwerfungserklärung dem Verletzer überlassen wird.[45] Es ist seine Sache, die **Wiederholungsgefahr** durch eine hierzu geeignete Unterwerfungserklärung auszuräumen. Daher ist eine Abmahnung, der eine vorformulierte Unterlassungserklärung beigefügt ist, nicht deshalb unwirksam, weil diese zu weit geht oder zu unbestimmt ist.[46] Allerdings muss der Verletzer, wenn er sich zur Abgabe einer eingeschränkten Unterlassungserklärung entschließt, beachten, dass nicht in allen Fällen, in denen die vom Verletzten geforderte Unterwerfungserklärung Verallgemeinerungen gegenüber der konkreten Verletzungshandlung enthält, eine so genannte **Übermaßabmahnung** vorliegt. Derartige Verallgemeinerungen sind nämlich zulässig, wenn dabei das »Charakteristische des konkreten **Verletzungstatbestandes** zum Ausdruck kommt«.[47] Beschränkt der Abgemahnte seine Unterlassungserklärung dennoch auf die konkrete Verletzungshandlung, so gibt er in der Regel Veranlassung zur Klageerhebung (vgl. unten B, Rdn. 5).

Wird dem Verletzer in der Abmahnung das Versprechen einer zu hohen Vertragsstrafe abverlangt, so ist es seine Sache, die Wiederholungsgefahr durch eine Unterlassungserklärung mit angemessener, d.h. ausreichend hoher, Vertragsstrafe auszuräumen.[48]

10 Häufig macht der Verletzte in der Abmahnung neben dem Unterlassungsanspruch weitere Ansprüche wie z.B. **Kostenerstattungs-**, **Schadensersatz-** und **Auskunftsansprüche** geltend. Das ist ohne

---

42 OLG Bremen, NJW-RR 1988, 625; OLG Hamburg, WRP 1986, 292; OLG München, WRP 1979, 888; WRP 1981, 601; MD VSW 1989, 778, 781; *Harte-Bavendamm/Henning-Bodewig/Brüning*, § 12 UWG Rn. 61.
43 BGH, NJW 2006, 3781 Tz. = GRUR 2007, 164 – Telefax-Werbung II; KG, NJW 2005, 2239; OLG Hamburg, WRP 1986, 292; MD VSW 1990, 1216, 1217; *Köhler/Bornkamm*, § 12 UWG Rn. 1.21; *MüKo-UWG/Ottofülling*, § 12 UWG Rn. 57 ff.
44 BGH, GRUR 1997, 931 – Sekundenschnell; GRUR 2002, 824 – Teilunterwerfung; GRUR 2006, 878 – Vertragsstrafevereinbarung; GRUR 2010, 355 Tz. 18 – Testfundstelle; GRUR 2010, 1120 Tz. 15 – Vollmachtsnachweis; *Köhler/Bornkamm*, § 12 UWG Rn. 1.10; *Harte-Bavendamm/Henning-Bodewig/Brüning*, § 12 UWG Rn. 4 f., 125; *Teplitzky*, Kap. 41 Rn. 5; a.A. *Gloy/Loschelder/Erdmann/Schwippert*, Hdb. WettbewerbsR, § 84 Rn. 14, der (mit guten Gründen) zwischen Abmahnung und Abmahnschreiben unterscheidet; dies hat der BGH aber als Aufspaltung der einheitlichen Erklärung ausdrücklich abgelehnt: GRUR 2010, 1120 Tz. 15 – Vollmachtsnachweis.
45 OLG Hamburg, WRP 1989, 32; OLG Stuttgart, NJW-RR 1987, 344, 345; *Ahrens/Achilles*, Kap. 2 Rn. 32; *Harte-Bavendamm/Henning-Bodewig/Brüning*, § 12 UWG Rn. 46; *Teplitzky*, Kap. 41 Rn. 14.
46 BGH, Urt. v. 16.11.2006 – I ZR 191/03 – Telefonwerbung für »Individualverträge«; OLG Hamburg, WRP 1989, 32, 33; MD VSW 1990, 1216, 1218; OLG Koblenz, WRP 1983, 700, 701; OLG Köln, WRP 1988, 56; OLG München, WRP 1994, 56, 57; OLG Stuttgart, WRP 1985, 53; GK-UWG/*Feddersen*, § 12 B Rn. 37; *Köhler/Bornkamm*, § 12 UWG Rn. 1.6.
47 Vgl. BGH, GRUR 1989, 445, 446 – Professorenbezeichnung in der Arztwerbung; GRUR 1991, 254, 257 – Unbestimmter Unterlassungsantrag 1; GRUR 1993, 579, 581 – Römer GmbH; WRP 1996, 199, 201 – Wegfall der Wiederholungsgefahr I; WRP 1996, 284, 285 – Wegfall der Wiederholungsgefahr II; WRP 1997, 1067, 1069 – Sekundenschnell; GRUR 1999, 509, 511 – Vorratslücken; GRUR 2000, 386 – Preisknaller, GRUR 2000, 907 – Filialleiterfehler.
48 BGH, GRUR 1983, 127, 128 – Vertragsstrafeversprechen; OLG Hamburg, GRUR 1988, 929, 930; OLG Köln, WRP 1996, 226, 230.

weiteres zulässig,⁴⁹ ändert aber nichts daran, dass die Abgabe einer **strafbewehrten Unterlassungserklärung** ausreicht, um die Wiederholungsgefahr entfallen zu lassen. Der Abmahnende ist nicht gehalten, den Abgemahnten darüber zu belehren, dass es zur Beseitigung der Wiederholungsgefahr nicht des Anerkenntnisses der weiter geltend gemachten Ansprüche bedarf.⁵⁰

III. Form der Abmahnung; Anwendung des § 174 BGB

1. Form

Die Abmahnung ist grundsätzlich formfrei.⁵¹ Schon aus Beweisgründen ist jedoch in der Praxis die schriftliche Abmahnung durch einfachen Brief oder durch Einschreiben die Regel. Häufig sind auch Abmahnungen durch Telefax oder E-Mail. In geeigneten Fällen kommt die Einschaltung eines Boten in Betracht.⁵² Bei besonderer Eilbedürftigkeit – z. B. in Messesachen – hält die Rechtsprechung mündliche oder telefonische Abmahnungen nicht nur für zulässig, sondern sogar für geboten.⁵³ In diesen Fällen ist aber besonderes Augenmerk der Frage zu widmen, ob eine Abmahnung zumutbar ist.⁵⁴ Denn auch eine telefonische Abmahnung muss inhaltlich den oben unter Rdn. 3 ff. dargestellten Anforderungen genügen.⁵⁵ Es gibt jedoch Fälle, in denen es dem Verletzten wegen der Komplexität des Sachverhalts nur kaum möglich ist, den Verletzungstatbestand mündlich und insbesondere telefonisch hinreichend konkret zu beschreiben. Das gilt nicht nur für den Vorwurf einer Patent- oder Gebrauchsmusterverletzung, sondern häufig auch dann, wenn es um den Schutz von Geschäftsgeheimnissen oder um Fälle des ergänzenden wettbewerbsrechtlichen Leistungsschutzes geht.

11

2. Zurückweisung der Abmahnung nach § 174 BGB?

Nicht einheitlich wird die Frage beantwortet, ob der Verletzer auch dann Veranlassung zur Klageerhebung gegeben hat, wenn die Abmahnung von einem **Bevollmächtigten** des Abmahnenden ohne Vorlage der Vollmacht ausgesprochen wird und der Abgemahnte die geforderte Unterwerfungserklärung deshalb verweigert. Der Bundesgerichtshof hat unlängst den Streit jedenfalls für den Fall entschieden, dass die Abmahnung ein Angebot zum Abschluss eines Unterwerfungsvertrages enthält.⁵⁶ In diesem Fall könne die Abmahnung ebenso wenig wie das Vertragsangebot nach § 174 BGB zurückgewiesen werden; der Zweck der Abmahnung werde erreicht, weil der Schuldner das Angebot zum Abschluss des Unterwerfungsvertrags annehmen könne, wenn er die Abmahnung in der Sache als berechtigt ansieht. Habe der Vertreter mit Vertretungsmacht gehandelt, komme der Unterwerfungsvertrag mit dem Gläubiger zustande; fehle die Vertretungsmacht, könne der

12

---

49 Bei einer auf Urheberrecht gestützten Abmahnung ist allerdings zu beachten, dass solche Ansprüche gemäß § 97a Abs. 2 Satz 1 Nr. 3 UrhG »als Schadensersatz- und Aufwendungsersatzansprüche aufzuschlüsseln« sind (vgl. auch unten Rdn. 44).
50 OLG München, MD VSW 1989, 778, 783; OLG Stuttgart, WRP 1978, 479, 480. Etwas anderes soll allerdings bei Abmahnungen nach dem UrhG gelten, die gegenüber Verbrauchern ausgesprochen werden; hier können irreführende Darstellungen der Rechtslage zur Unwirksamkeit der Abmahnung führen (vgl. OLG Köln, GRUR-RR 2011, 336 zu § 97a UrhG a. F.).
51 OLG Frankfurt, GRUR 1988, 32; OLG Karlsruhe, WRP 1986, 421; GK-UWG/*Feddersen*, § 12 B Rn. 12; *Teplitzky*, Kap. 41 Rn. 10.
52 OLG Hamburg, WRP 1989, 33; KG, MD VSW 1990, 517, 519; a. A. OLG Hamm, WRP 1979, 563.
53 OLG Frankfurt, WRP 1984, 416, 417; WRP 1984, 560, 561; OLGR 1995, 44, 45; OLG Köln, WRP 1984, 349, 350; WRP 1986, 626, 627; OLG München, WRP 1988, 62, 63; OLG Stuttgart, WRP 1986, 54, 55 f.; a. A. OLG Hamm, VW 1979, 563; *Melullis*, Rn. 786.
54 S. unten Rdn. 22.
55 OLG München, NJWE-WettbR 1998, 65.
56 BGH, GRUR 2010, 1120 Tz. 14 ff. – Vollmachtsnachweis; ebenso; GK-UWG/*Feddersen*, § 12 B Rn. 10; *MüKo-UWG/Ottofülling*, § 12 UWG Rn. 19 ff. (§ 174 BGB soll nur dann unanwendbar sein, wenn die Abmahnung als Angebot zum Abschluss eines Unterwerfungsvertrags ausgestaltet ist). Jedenfalls für diesen Fall lehnt auch das OLG Hamburg eine Anwendung von § 174 BGB ab (MD VSW 2007, 564).

Schuldner den Gläubiger gemäß § 177 Abs. 2 Satz 1 BGB zur Erklärung über die Genehmigung auffordern. Habe der Schuldner Zweifel an der Vertretungsmacht, könne er die Unterwerfungserklärung von der Vorlage einer Vollmachtsurkunde abhängig machen[57].

13 Ist die Abmahnung dagegen nicht mit dem Angebot auf Abschluss eines Unterwerfungsvertrages verbunden, soll nach einer Auffassung § 174 BGB anwendbar sein: Werde die Abmahnung von einem Vertreter des Gläubigers ohne Vorlage der Originalvollmacht ausgesprochen, könne der Verletzer die Abmahnung gemäß § 174 BGB zurückweisen; in einem solchen Fall sei die Abmahnung »wirkungslos« und der Schuldner habe keine Veranlassung zur Klageerhebung gegeben.[58] Dies wird damit begründet, dass die Abmahnung eine geschäftsähnliche Handlung sei, auf die § 174 BGB zwar nicht direkt, aber analog anwendbar sei.[59] Die Abmahnung erfülle ihre Warnfunktion in irreführender Weise, wenn sie ohne Vollmacht ausgesprochen worden sei.[60] Überwiegend wird dagegen eine analoge Anwendung des § 174 BGB abgelehnt.[61] Dem ist zuzustimmen. Zunächst ist es bereits zweifelhaft, ob die Abmahnung eine geschäftsähnliche Handlung ist. Ein solche führt zu einem rechtlichen Erfolg, auf dessen Herbeiführung die Erklärung zwar nicht unmittelbar gerichtet ist, den das Gesetz aber an die Erklärung knüpft.[62] Fraglich ist jedoch insoweit, welcher rechtliche Erfolg durch die Abmahnung *von Gesetzes wegen* herbeigeführt wird. Denn durch die Abmahnung wird das durch die Verletzungshandlung begründete gesetzliche Schuldverhältnis lediglich konkretisiert. Die sich daraus ergebenden Folgen ergeben sich jedoch aus Treu und Glauben und können daher kaum als gesetzliche Folge der Abmahnung angesehen werden. Soweit auf den Aufwendungsersatzanspruch hingewiesen wird, ergibt sich diese Rechtsfolge nach den Grundsätzen der Geschäftsführung ohne Auftrag, ggf. in seinen spezialgesetzlichen Ausformungen (§ 12 UWG Abs. 1; § 97a Abs. 1 UrhG). Die Geschäftsführung ist aber nach zutreffender und im Vordringen befindlicher Auffassung keine geschäftsähnliche Handlung.[63] Selbst wenn man aber die Abmahnung als geschäftsähnliche Handlung ansieht, müssten weitere Voraussetzungen für eine analoge Anwendung des § 174 BGB erfüllt sein, namentlich ist erforderlich, dass eine vergleichbare Interessenlage besteht.[64] Das ist auch in dem Fall zu verneinen, dass die Abmahnung nicht mit einem Angebot auf Abschluss eines Unterwerfungsvertrages verbunden ist. Denn die Interessenlage ist hier nicht anders zu beurteilen. Ist die Abmahnung inhaltlich berechtigt, so besteht für den Abgemahnten ohnehin Anlass, sein Verhalten zu überdenken und ggf. zu ändern; einem Aufwendungsersatzanspruch ist er nur dann ausgesetzt, wenn für die Abmahnung eine Vertretungsbefugnis bestand, wofür der Abmahnende beweisbelastet ist. Das Risiko des Abgemahnten besteht daher allein darin, dass er einem Wettbewerber gegenüber, der ihn nicht abgemahnt hat, eine Unterwerfungserklärung

---

57 Ähnlich bereits: OLG Hamburg, WRP 1982, 478; WRP 1986, 106; MD VSW 2007, 564; KG, KGR 1995, 46; OLG München, WRP 1971, 487, 488; OLG Stuttgart, NJWE-WettbR 2000, 125; *Heinz/Stillner*, WRP 1993, 379, 381; *Melullis*, Rn. 784.
58 OLG Dresden, NJWE-WettbR 1999, 140; OLG Düsseldorf, NJWE-WettbR 1999, 263 = OLGR 2000, 57; Urteil vom 11.8.2009 – 20 U 253/08 mwN. zur eigenen Rechtsprechung; OLG Nürnberg, WRP 1991, 522, 523; so auch *Ohly/Sosnitza/Sosnitza*, § 12 Rn. 11; *Soergel/Leptien*, § 174 BGB Rn. 7; *MüKo-UWG/Ottofülling*, § 12 UWG Rn. 21; *Gloy/Loschelder/Erdmann/Schwippert*, Hdb. WettbewerbsR, § 84 Rn. 14; *Ahrens/Achilles*, Kap. 2 Rn. 15; *Orth*, WRP 2002, 1035; vgl. auch *Ulrich*, WRP 1998, 258.
59 So insbesondere OLG Düsseldorf, Urteil vom 11.8.2009 – 20 U 253/08; *MüKo-UWG/Ottofülling*, § 12 UWG Rn. 21; *Palandt/Grüneberg*, § 174 Rn. 2.
60 *Gloy/Loschelder/Erdmann/Schwippert*, Hdb. WettbewerbsR, § 84 Rn. 14.
61 OLG Brandenburg, MD VSW 2000, 949; OLG Frankfurt, OLGR 2001, 270; KG, GRUR 1988, 79 (Leitsatz); OLG Karlsruhe, NJW-RR 1990, 1323; OLG Köln, WRP 1985, 360, 361; OLG München, WRP 1982, 600, 601; MD VSW 1986, 171, 173; so auch *Ahrens/Deutsch*, 6. Aufl., Kap. 1 Rn. 108; *Busch*, GRUR 2006, 477; *Fezer/Büscher*, § 12 UWG Rn. 11; *Harte-Bavendamm/Henning-Bodewig/Brüning*, § 12 UWG Rn. 31 f.; *Pfister*, WRP 2002, 799; *Teplitzky*, Kap. 41 Rn. 6 ff.
62 BGHZ 47, 352, 357.
63 Eingehend: *Staudinger/Bergmann* (2006), vor §§ 677 ff. Rn. 42 ff. mwN.
64 Vgl. insbesondere *Fezer/Büscher*, § 12 UWG Rn. 11; *Teplitzky*, WRP 2010, 1427, 1428 ff.; s. auch BGH, NJW 2001, 289, 290; *Ulrici*, NJW 2003, 2053 ff. Dies verneinend: GK-UWG/*Feddersen*, § 12 B Rn. 19.

abgibt. Das aber kann er – wie in dem vom Bundesgerichtshof entschiedenen Fall – dadurch verhindern, dass er die Abgabe der Unterwerfungserklärung von einem Vollmachtnachweis abhängig macht. Gibt er ein Angebot auf Abschluss eines Unterwerfungsvertrags gegenüber einem nicht bevollmächtigten Vertreter ab, und nimmt dieser das Angebot an, ohne hierzu bevollmächtigt zu sein, kommt ein Vertrag nicht zustande. Der Verletzer läuft damit zwar Gefahr, erneut berechtigt abgemahnt zu werden, weil die Wiederholungsgefahr nach den für die Drittunterwerfung geltenden Grundsätzen[65] wohl nicht ausgeräumt ist. Er steht damit aber nicht schlechter, als er ohne die vollmachtlose Abmahnung gestanden hätte. Zudem kann er sich hiergegen dadurch schützen, dass er sein Unterwerfungsangebot (auch) unmittelbar gegenüber dem (oder einem) Inhaber des Unterlassungsanspruchs erklärt.

IV. Zugang der Abmahnung

Soweit die Abmahnung ein Vertragsangebot und damit eine Willenserklärung enthält (vgl. oben Rdn. 9), steht die Zugangsbedürftigkeit außer Frage (§ 130 Abs. 1 Satz 1 BGB). Auch die Aufklärungspflicht des Abgemahnten (vgl. unten Rdn. 24 ff.) setzt den Zugang der Abmahnung voraus. Nichts anderes wird für den in § 12 Abs. 1 Satz 2 UWG geregelten gesetzlichen Aufwendungsersatzanspruch gelten können.[66] Nach § 12 Abs. 1 Satz 1 UWG soll der Gläubiger dem Schuldner Gelegenheit geben, den Streit außergerichtlich beizulegen. Die anschließende Formulierung, »soweit die Abmahnung berechtigt ist«, muss daher dahin verstanden werden, dass der Anspruch auf Aufwendungsersatz voraussetzt, dass der Schuldner tatsächlich eine solche Möglichkeit hatte, was den Zugang der Abmahnung voraussetzt. Die Darlegungs- und Beweislast für den Zugang liegt insoweit beim abmahnenden Gläubiger. Nach den Regelungen über die Geschäftsführung ohne Auftrag sind dagegen nach § 670 BGB alle Aufwendungen zu erstatten, die der Geschäftsführer für erforderlich halten durfte, was nicht voraussetzt, dass sie für den Geschäftsherrn (hier also den Abgemahnten) tatsächlich nutzbringend sind.[67]   14

Im Hinblick auf § 93 ZPO liegen die Dinge allerdings anders. Für die Frage, ob der Beklagte Anlass zur Klage gegeben hat, kommt es nämlich auf die Sichtweise des Klägers unter Zugrundelegung eines objektiven Maßstabs an.[68] Daher besteht Anlass zur Klage, wenn der Verletzte eine Abmahnung abgeschickt hat; er darf dann damit rechnen, dass diese dem Verletzer auch zugegangen ist, soweit keine Anhaltspunkte für das Gegenteil vorliegen. Das Risiko des Verlusts des Abmahnschrei-   15

---

65 S. unten B Rdn. 19.
66 KG, WRP 2013, 1061; GK-UWG/*Feddersen*, § 12 B Rn. 22; *Gloy/Loschelder/Erdmann/Schwippert*, Hdb. WettbewerbsR, § 84 Rn. 34; *Köhler/Bornkamm*, § 12 UWG Rn. 1.84; *Ullmann/Hess*, jurisPK-UWG, § 12 Rn. 51; a. A. *Harte-Bavendamm/Henning-Bodewig/Brüning*, § 12 UWG Rn. 82.
67 Vgl. *Palandt/Sprau*, § 670 Rn. 4.
68 OLG Brandenburg, NJW-RR 2007, 1657; *Stein/Jonas/Bork*, § 93 Rn. 13; *Köhler/Bornkamm*, § 12 UWG Rn. 1.43; in diese Richtung auch: BGH, ZIP 2007, 95 mwN.

bens auf dem Postweg trägt danach der Empfänger des Schreibens.[69] Aus dem Ausbleiben einer Reaktion des Abgemahnten darf er den Schluss ziehen, dieser wolle es auf eine gerichtliche Auseinandersetzung ankommen lassen. Den Verletzten trifft allerdings die Darlegungs- und Beweislast dafür, dass er ein ordnungsgemäß frankiertes und adressiertes Abmahnschreiben zur Post gegeben hat.[70] Der Bundesgerichtshof hat diese Auffassung weitgehend bestätigt: der Beklagte trägt die Darlegungs- und Beweislast für diejenigen Umstände, aus denen er – gestützt auf § 93 – herleitet, dass von der grundsätzlichen Kostentragungspflicht der unterlegenen Partei gemäß § 91 abzuweichen ist; den Kläger trifft allerdings eine sekundäre Darlegungslast hinsichtlich der Absendung der Abmahnung.[71] Insoweit ist der Entscheidung uneingeschränkt zuzustimmen. Soweit dort allerdings ausgeführt ist, der Kläger trage das Risiko des Verlusts der Abmahnung, weicht sie von dem oben dargestellten Grundsatz, dass die Frage des Anlasses zur Klageerhebung aus der Sicht des Klägers zu beurteilen sei, ab, ohne hierfür eine Begründung zu geben.[72]

V. Entbehrlichkeit der Abmahnung

16 Im Grundsatz besteht Einigkeit darüber, dass es Fälle gibt, in denen der Verletzer auch ohne vorherige Abmahnung Veranlassung zur Klageerhebung gegeben hat. Maßgeblich ist – auch insoweit[73] – die Sichtweise des Abmahnenden. Es handelt sich aber um Ausnahmen. Der Verletzte, der gerichtliche Hilfe in Anspruch nimmt, ohne dem Verletzer vorher Gelegenheit zu geben, eine strafbewehrte Unterlassungserklärung abzugeben, geht daher ein erhebliches Kostenrisiko ein.

---

69 OLG Braunschweig, NJW 2005, 372; OLG Dresden, Urt. v. 20.4.2004–14 U 19/04 – zitiert nach *Marx*, WRP 2004, 970, 971 (unter Aufgabe der früheren Rechtsprechung – vgl. WRP 1997, 1201); OLG Frankfurt, GRUR 1985, 240; MD VSW 1988, 693, 694; OLGR 2001, 270; OLG Hamburg, NJW-RR 1994, 629; OLG Hamm, WRP 1984, 220, 221; OLG Jena OLG-NL 1998, 110; GRUR-RR 2007, 255; KG, MD VSW 1991, 93, 94; MD VSW 1993, 735, 736; WRP 1994, 39; OLG Karlsruhe, WRP 1982, 351; WRP 1992, 199; WRP 1993, 42; WRP 1997, 477; OLG Koblenz, WRP 1982, 437 (Leitsatz); OLG Köln, GRUR 1984, 142, 143; OLG Stuttgart WRP 1985, 360; OLG Saarbrücken, WRP 1990, 373, 374; OLG Stuttgart WRP 1996, 477, 478; *Ahrens/Deutsch*, 6. Aufl., Kap. 1 Rn. 103; *Burchert*, WRP 1985, 478, 480; HK-WettbR/*Ekey*, § 12 UWG Rn. 44; *Harte-Bavendamm/Henning-Bodewig/Brüning*, § 12 UWG Rn. 24; *Kunath*, WRP 2001, 238; *Melullis*, Rn. 793 ff.; *MüKo-UWG/Ottofülling*, § 12 UWG Rn. 24 ff.; **a. A.** BGH GRUR 2007, 629 – Zugang des Abmahnschreibens; OLG Düsseldorf, NJWE-WettbR 1996, 256; GRUR-RR 2001, 199; KG, WRP 1982, 467, 468; MD VSW 1990, 517, 518; OLG Zweibrücken OLGR 1997, 23, 24; GK-UWG/*Feddersen*, § 12 B Rn. 22; *Köhler/Bornkamm*, § 12 UWG Rn. 1.33a; *Ahrens/Achilles*, Kap. 2 Rn. 40; *Ulrich*, WRP 1998, 124.
70 OLG Köln, GRUR 1984, 142, 143; OLG Stuttgart, WRP 1983, 644. Auch bei einer Abmahnung durch Telefax oder E-Mail hat der Gläubiger die ordnungsgemäße Absendung darzulegen und zu beweisen (OLG Düsseldorf, GRUR 1990, 310; OLG Hamburg, MD VSW 1994, 468; KG, WRP 1994, 39, 40; MD VSW 1994, 1920; **kritisch** *Schmittmann*, WRP 1994, 225, 228 f.).
71 BGH, GRUR 2007, 629 – Zugang des Abmahnschreibens; vgl. auch *Köhler/Bornkamm*, § 12 UWG Rn. 1.33 ff.; OLG Frankfurt, WRP 2009, 347; in diesem Sinne bereits früher OLG Frankfurt, OLGR 1996, 42, 44; OLG Karlsruhe, WRP 2003, 1146.
72 Auch im Hinblick auf die Aufklärungspflicht des Abgemahnten ist auf die Kenntnisse des Abmahnenden abzustellen, BGH, GRUR 1990, 542, 543 f. – Aufklärungspflicht des Unterwerfungsschuldners; eine abweichende Beurteilung im Hinblick auf § 93 erscheint auch insofern nicht systemgerecht. Zustimmend jedoch u. a. *Teplitzky*, Kap. 41 Rn. 6b.
73 S. oben Rdn. 15.

1. Vorsätzliches Handeln und besondere Eilbedürftigkeit

Entgegen einer früher nahezu unangefochtenen herrschenden Meinung[74] folgt nicht allein aus einem vorsätzlichen Handeln des Verletzers, dass eine Abmahnung entbehrlich wäre.[75] Denn es besteht kein Anlass zu der Annahme, ein **Vorsatztäter** werde sich grundsätzlich um eine Abmahnung nicht kümmern. Gerade solche Verletzer, die im Bewusstsein der Rechtswidrigkeit ihres Tuns handeln, sind nämlich erfahrungsgemäß schon aus Kostengründen häufig bereit, sich einer Abmahnung zu beugen.[76] Auch bei vorsätzlichem Handeln des Verletzers kann daher auf eine Abmahnung nur verzichtet werden, wenn sie aus sonstigen Gründen entweder aussichtslos oder unzumutbar ist (vgl. unten Rdn. 19 ff.).

17

Strenge Maßstäbe sind auch bei der Prüfung der Frage anzulegen, ob eine Abmahnung wegen **besonderer Eilbedürftigkeit** entbehrlich ist.[77] Denn die moderne Kommunikationstechnik ermöglicht in besonders eiligen Fällen eine Übermittlung der Abmahnung durch **Telefax** oder auch durch E-Mail, verbunden mit einer kurzen Antwortfrist. Auch eine **mündliche (telefonische) Abmahnung** ist in der Regel zumutbar.[78] Allenfalls in besonders gelagerten (eher theoretischen) Ausnahmefällen kann wegen besonderer Eilbedürftigkeit gänzlich auf eine Abmahnung verzichtet werden.[79] Nach der Rechtsprechung soll sich eine derartige Eilbedürftigkeit daraus ergeben können, dass für den Antragsteller eine auch nur geringe Verzögerung wegen des ansonsten drohenden besonderen Schadens nicht mehr hinnehmbar wäre.[80]

18

2. Vorauszusehende Erfolglosigkeit und Unzumutbarkeit

Entbehrlich ist eine Abmahnung, die voraussichtlich keinen Erfolg haben würde oder dem Verletzten nicht zumutbar ist.[81] Zur Abmahnung vor Erhebung einer negativen Feststellungsklage vgl. unten Rdn. 41.

19

a) Vorauszusehende Erfolglosigkeit der Abmahnung

Der Verletzte darf eine Abmahnung für zwecklos halten, wenn das Verhalten des Verletzers bei vernünftiger Betrachtung den Versuch einer außergerichtlichen Klärung als aussichtslos erscheinen lässt. Hierfür reicht nicht aus, dass die Gegenseite im Vorfeld – etwa auf eine sogenannte Berechtigungsanfrage – die Rechtsansicht vertritt, das beanstandete Verhalten sei rechtmäßig.[82] Aussichtslos erscheint eine Abmahnung aber z. B. dann, wenn der Verletzer eine bereits abgegebene **Unterwerfungserklärung** ohne Einschränkung **widerruft**,[83] wenn er eine bereits beanstandete Ver-

20

---

74 Für *Ahrens*, Wettbewerbsverfahrensrecht, 1983, S. 141, handelte es sich noch um eine »konsolidierte Fallgruppe«.
75 OLG Hamburg, WRP 1995, 1037; MDR 2002, 226; OLG Karlsruhe, WRP 1986, 165, 166; KG, WRP 1988, 167, 168; GRUR 1988, 930; NJW 1993, 3336, 3337; WRP 2003, 101; OLG Koblenz, OLGR 1997, 47; OLG Köln, GRUR 1988, 487; GRUR 1990, 310; OLG München WRP 1996, 930; OLG Oldenburg, GRUR 1990, 548; OLG Saarbrücken, WRP 1988, 198, 199; OLG Stuttgart, OLGR 1998, 5, 7; *Fezer/Büscher*, § 12 UWG Rn. 28; GK-UWG/*Feddersen*, § 12 B Rn. 51; *Harte-Bavendamm/Henning-Bodewig/Brüning*, § 12 UWG Rn. 9; *Köhler/Bornkamm*, § 12 UWG Rn. 1.52; *Teplitzky*, Kap. 41 Rn. 25.
76 *Teplitzky*, Kap. 41 Rn. 25, 35 ff.
77 Vgl. zur früher vorherrschenden (abweichenden) Auffassung *Ahrens*, Wettbewerbsverfahrensrecht, S. 143.
78 Vgl. oben Rdn. 11.
79 OLG Düsseldorf, WRP 1979, 793; OLG Frankfurt, WRP 1984, 416, 417; KG, NJW 1993, 3336, 3337; OLG München, WRP 1988, 62, 63; OLG Schleswig, WRP 2000. 1327; OLG Stuttgart, WRP 1986, 54, 55; *Harte-Bavendamm/Henning-Bodewig/Brüning*, § 12 UWG Rn. 15; *Köhler/Bornkamm*, § 12 UWG Rn. 1.46 f.
80 OLG Düsseldorf, InstGE 6, 120.
81 *Ahrens/Achilles*, Kap. 3 Rn. 16 ff.; *Teplitzky*, Kap. 41 Rn. 21 ff.
82 OLG Hamburg, GRUR 2006, 616.
83 OLG Nürnberg, WRP 1981, 229.

letzungshandlung im Kern fortführt,[84] wenn er auf eine frühere Abmahnung hin wahrheitswidrig abgestritten hat, den beanstandeten Verstoß begangen zu haben,[85] wenn er unter Missachtung einer Unterwerfungserklärung oder gar einer bereits erfolgten Verurteilung im Wesentlichen gleiche Verletzungshandlungen begeht[86] oder wenn eine (erneute) Abmahnung aus anderen Gründen reine Förmelei wäre.[87] Der Verletzte muss auch nicht den Versuch unternehmen, den Verletzer, der sich nicht an sein Unterlassungsversprechen gehalten hat, zu einer erneuten Unterwerfung mit einem höheren Vertragsstrafeversprechen zu bewegen.[88]

Trotz des Fehlens einer Abmahnung hat der Verletzer Veranlassung zur Klageerhebung gegeben, wenn aus seinem **späteren Verhalten** der Schluss gezogen werden kann, dass eine Abmahnung keinen Erfolg gehabt hätte. Das kommt in Betracht, wenn der Schuldner einen Wettbewerbsverstoß nach Zustellung einer einstweiligen Verfügung vorsätzlich unter Missachtung des gerichtlichen Verbots fortsetzt.[89]

Für eine Anwendung von § 93 ZPO ist auch dann kein Raum, wenn der Verletzte zunächst den Erlass einer einstweiligen Verfügung erwirkt und erst danach (oder gleichzeitig) abmahnt (»Schubladenverfügung«), der Verletzer sich aber innerhalb der angemessenen Frist nicht unterwirft.[90] In diesem Fall realisiert sich das Kostenrisiko, mit dem eine Anrufung des Gerichts ohne ordnungsgemäße Abmahnung für den Verletzten grundsätzlich verbunden ist, nicht.[91] Das Gesagte gilt indes nur unter der Voraussetzung, dass der Verletzer bis zum Ablauf der gesetzten Frist keine Kenntnis vom Erlass einer einstweiligen Verfügung erlangt, denn andernfalls besteht auch aus seiner Sicht nicht mehr die Möglichkeit, den Streit außergerichtlich zu erledigen.[92]

21 Nach bislang herrschender Meinung darf auf eine Abmahnung nicht schon deshalb verzichtet werden, weil ein **Dritter** den Verletzer erfolglos **verwarnt** hat.[93] Neuere Stimmen in der Literatur sehen dagegen (zumindest für das neue Recht) einen Zusammenhang zwischen der Frage nach der Erforderlichkeit einer (nochmaligen) Abmahnung und der Erstattungsfähigkeit der durch eine solche Abmahnung verursachten Kosten.[94] Danach gilt: Weiß der Gläubiger nichts von der (vergeblichen) Abmahnung des Dritten, so stellt sich eine nochmalige Abmahnung einerseits als erforderlich und andererseits als berechtigt im Sinne von § 12 Abs. 1 Satz 2 UWG dar. Dagegen kann ein Gläubiger, der von der Drittabmahnung weiß, ohne Kostenrisiko (§ 93) auf eine eigene Abmahnung, für die auch nach dieser Auffassung kein Aufwendungsersatz in Betracht kommt, verzichten, weil der Schuldner von der Möglichkeit, sich auf die Abmahnung des Dritten zu unterwerfen, keinen

---

84 OLG Köln, WRP 1988, 481, 482 f.; OLG Stuttgart, NJW-RR 1987, 426.
85 OLG München, WRP 1996, 930, 931.
86 BGH, GRUR 1990, 542, 543 – Aufklärungspflicht des Unterwerfungsschuldners; OLG Hamburg, NJW-RR 1988, 680; GRUR 1989, 707 f.; KG, MD VSW 1988, 8, 10; OLG Nürnberg, WRP 1981, 290, 291.
87 LG Münster, WRP 2002, 860.
88 *Teplitzky*, Kap. 41 Rn. 37; *Gloy/Loschelder/Erdmann/Schwippert*, Hdb. WettbewerbsR, § 84 Rn. 8 mit zahlreichen Nachweisen.
89 OLG Hamburg, OLGR 2002, 226 = MDR 2002, 716.
90 Zur (fehlenden) Erstattungsfähigkeit der Kosten der Abmahnung in diesem Fall s. unten Rdn. 32 aE.
91 OLG Düsseldorf, WRP 1988, 107, 108; OLG Hamburg, GRUR 1991, 80; WRP 1995, 125; OLG Köln, NJW-RR 1988, 187 f.; MD VSW 1998, 942, 943; OLG München, MD VSW 1993, 332, 334; OLG Stuttgart, WRP 1982, 365 (Leitsatz); GK-UWG/*Feddersen*, § 12 B Rn. 45; *Weisert*, WRP 2007, 504; **a. A.** KG, MD VSW 1988, 1084, 1087; *MüKo-UWG/Ottofülling*, § 12 Rn. 132.
92 KG, KGR 1999, 134; OLG Frankfurt, NJW-RR 2001, 72; OLG München, WRP 1979, 817, 818; OLG Frankfurt, WRP 1986, 404, 405; WRP 1996, 1194; *Köhler/Bornkamm*, § 12 UWG Rn. 1.58; *Melullis*, Rn. 761.
93 OLG Frankfurt, WRP 1982, 589, 590; OLG Hamm, WRP 1979, 805, 806; *Ahrens/Achilles*, Kap. 3 Rn. 7; *Fezer/Büscher*, § 12 UWG Rn. 28; *Ohly/Sosnitza/Sosnitza*, § 12 Rn. 7 (»im Allgemeinen«); differenzierend: *Harte-Bavendamm/Henning-Bodewig/Brüning*, § 12 UWG Rn. 10.
94 *Köhler/Bornkamm*, § 12 UWG Rn. 1.55 f.; *Teplitzky*, Kap. 41 Rn. 27a.

Gebrauch gemacht und hierdurch Veranlassung zur Klageerhebung gegeben hat. Folgt man dieser Meinung, so besteht im ersten der oben genannten Fälle (der Gläubiger weiß nichts von einer früheren Abmahnung) die Gefahr unterschiedlicher Ergebnisse in den verschiedenen Bereichen des gesetzlichen Rechtsschutzes. Denn bei Anwendung der Regeln über die Geschäftsführung ohne Auftrag hängt das Bestehen eines Anspruchs auf Aufwendungsersatz davon ab, dass die Abmahnung dem Abgemahnten objektiv nützlich war und seinem wirklichen oder mutmaßlichen Willen entsprach. Dies kann für weitere (kostenpflichtige) Abmahnungen nicht angenommen werden. Aus diesem Grund hat *Teplitzky*[95] vorgeschlagen, in Übereinstimmung mit der Entscheidung des Gesetzgebers auch bei der Anwendung der Regeln über die Geschäftsführung ohne Auftrag nicht mehr auf das Interesse des Abgemahnten, sondern auf eine (aus der ex-ante-Sicht des Abmahners zu beurteilende) »Berechtigung« abzustellen. Ob sich dieser Vorschlag in der Rechtsprechung durchsetzen wird, bleibt abzuwarten.[96]

Im Übrigen ist zu berücksichtigen, dass die Verweigerung einer Unterwerfung durch den Schuldner auf verschiedenen Gründen beruhen kann, die nicht gegenüber jedem Verletzten gelten müssen. Hat der Verletzer dem Dritten gegenüber sein Verhalten allerdings ausdrücklich als rechtmäßig verteidigt und im Hinblick hierauf eine Unterwerfung verweigert, kann eine erneute Abmahnung als nutzlose Förmelei entbehrlich sein.[97] Erst recht ist eine nochmalige Abmahnung dann nicht geboten, wenn die erste Abmahnung von einem Unternehmen ausgesprochen wurde, das zum selben Konzern gehört wie der weitere Unterlassungsgläubiger, denn in einem solchen Fall ist abzusehen, dass die zweite Abmahnung ebenso wenig Erfolg haben würde wie die erste.[98]

b) Unzumutbarkeit der Abmahnung

Unter dem Gesichtspunkt der **Unzumutbarkeit** entbehrlich ist eine Abmahnung von Serientätern, denen es erkennbar darum geht, die Vorteile des jeweils bewusst begangenen Verstoßes »mitzunehmen«, um sich dann zur Vermeidung weiterer Kosten der ersten Abmahnung zu unterwerfen.[99] Von einem derartigen Fall wird auszugehen sein, wenn der Verletzer, nachdem er sich zuvor innerhalb kürzester Zeit mehrfach wegen ähnlicher Wettbewerbsverletzungen unterworfen hatte, erneut gegen dieselbe Vorschrift des UWG verstößt.[100] Für die Praxis von weit größerer Bedeutung sind die Fälle, in denen zusammen mit dem Unterlassungsanspruch ein Anspruch auf Sicherstellung (Sequestration) verfolgt wird (z.B. zur Sicherung eines Vernichtungsanspruchs nach § 18 MarkenG). Auch hier ist eine Abmahnung nicht in jedem Fall entbehrlich.[101] Indes besteht jedenfalls bei Vertrieb eindeutig gefälschter Markenware aus der maßgeblichen Sicht des Unterlassungsgläubigers (fast) immer die nicht von der Hand zu weisende Besorgnis, der Verletzer werde auf eine Abmahnung mit der Beiseiteschaffung der Plagiate reagieren. In dieser Situation ist dem Verletzten eine Abmahnung

22

---

95 *Teplitzky*, Kap. 41 Rn. 84b ff.
96 Vgl. zum Ganzen auch unten Rdn. 29.
97 OLG Saarbrücken, WRP 1990, 548, 549; *Melullis*, Rn. 765; *Teplitzky*, Kap. 41 Rn. 27.
98 BGH, GRUR 2002, 357 = WRP 2002, 320 – Missbräuchliche Mehrfachabmahnung; OLG Saarbrücken, WRP 1990, 548; krit. hierzu GK-UWG/*Feddersen*, § 12 B Rn. 46.
99 OLG Hamburg NJW-RR 1988, 680; OLG Stuttgart, WRP 1978, 837, 838; *Teplitzky*, Kap. 41 Rn. 39.
100 OLG Koblenz, OLGR 1997, 47.
101 KG, GRUR-RR 2008, 372; OLG Braunschweig, NJW-RR 2005, 508; OLG Hamburg, WRP 1988, 47; OLG Köln, WRP 1984, 641, 642; OLG München, NJWE-WettbR 1999, 239.

nicht zuzumuten.[102] Für eine Anwendung des § 93 zugunsten des nicht abgemahnten Verletzers ist deshalb nur Raum, sofern die Besonderheiten des konkreten Sachverhalts von vornherein erkennen ließen, dass die genannte Gefahr ausnahmsweise nicht bestand.[103]

23 Gibt der Verletzer auf eine ordnungsgemäße Abmahnung keine oder nur eine unzureichende Unterlassungserklärung ab, so bedarf es grundsätzlich keines »Nachfassens« durch den Abmahnenden.[104] Etwas anderes gilt, wenn sich diesem der Schluss auf ein Versehen des Abgemahnten aufdrängen muss, wenn also z. B. der Abgemahnte eine mit Datum und Stempel versehene, aber nicht unterschriebene Unterwerfung übersendet oder innerhalb der gesetzten Frist nur die in Rechnung gestellten Abmahnkosten zahlt.[105]

VI. Aufklärungspflichten nach Abmahnung

1. Rechtsgrundlage der Aufklärungspflicht des Abgemahnten

24 Die rechtswidrige Wettbewerbshandlung des Verletzers begründet zwischen diesem und dem Verletzten ein gesetzliches Schuldverhältnis. Dieses Schuldverhältnis wird durch die Abmahnung weiter konkretisiert und ist den Grundsätzen von Treu und Glauben unterworfen (vgl. § 241 Abs. 2 BGB). Daraus kann sich für den Abgemahnten die Verpflichtung ergeben, den Abmahnenden innerhalb der gesetzten oder doch jedenfalls innerhalb angemessener Frist über Umstände aufzuklären, deren Kenntnis ihn von der Einleitung eines aussichtslosen und mit Kostennachteilen verbundenen Prozesses abhalten kann.[106] Daran hat sich durch die Regelung der Abmahnobliegenheit in § 12 Abs. 1 Satz 1 UWG nichts geändert. Eine derartige Verpflichtung kommt auch gegenüber klagebefugten Verbänden in Betracht.[107]

2. Inhalt der Aufklärungspflicht

25 Zur (fristgemäßen) Beantwortung der Abmahnung und zur Aufklärung ist der Abgemahnte insbesondere dann verpflichtet, wenn er sich wegen derselben Verletzungshandlung bereits einem Dritten unterworfen hat. Eine derartige **Drittunterwerfung** kann die Wiederholungsgefahr auch gegenüber anderen Verletzten entfallen lassen (vgl. unten B, Rdn. 19 ff.). Erhebt ein Verletzter in Unkenntnis einer (ausreichenden) Drittunterwerfung eine Unterlassungsklage, so hat diese mangels Wiederholungsgefahr keine Aussicht auf Erfolg. Eine einseitige Erledigungserklärung nützt dem Kläger

---

102 OLG Düsseldorf, NJWE-WettbR 1998, 234; OLG Frankfurt, GRUR 1983, 753, 756 f.; GRUR 2006, 264; OLG Hamburg, WRP 1978, 146, 147; WRP 1985, 40; KG, WRP 1984, 325, 326; OLG Köln, NJWE-WettbR 2000, 303; OLG Nürnberg, WRP 1995, 427; OLG Stuttgart, NJW-RR 2001, 257, 259; GK-UWG/*Feddersen*, § 12 B Rn. 49; *Berneke*, Rn. 10; *Köhler/Bornkamm*, § 12 UWG Rn. 1.48 f., der allerdings auch auf ein Missbrauchsrisiko hinweist; *Teplitzky*, Kap. 41 Rn. 31. Vgl. auch KG WRP 2003, 101 für einen Fall, in dem der Gläubiger angesichts der von der Gegenseite an den Tag gelegten erheblichen kriminellen Energie befürchten musste, der Schuldner werde auf eine Abmahnung mit einer Verstärkung seiner unzulässigen Absatzbemühungen reagieren.
103 OLG Düsseldorf, WRP 1997, 471, 472.
104 OLG Hamburg, OLGR 2003, 51 (für den Fall, dass der Verletzer eine geringere als die vom Gläubiger im Abmahnschreiben verlangte (angemessene) Vertragsstrafe verspricht).
105 OLG Karlsruhe, MD VSW 1990, 892, 894; OLG Köln, WRP 1983, 42, 43; a. A. KG, WRP 1990, 415, 418.
106 BGH, GRUR 1987, 54, 55 – Aufklärungspflicht des Abgemahnten; GRUR 1987, 640, 641 – Wiederholte Unterwerfung II; GRUR 1988, 313, 314 – Auto F. GmbH; GRUR 1988, 716, 717 – Aufklärungspflicht gegenüber Verbänden; GRUR 1990, 381, 382 – Antwortpflicht des Abgemahnten; BGH, GRUR 2008, 360 Tz. 19 – EURO und Schwarzgeld; zustimmend z. B.: GK-UWG/*Feddersen*, § 12 B Rn. 52 f.; *Fezer/Büscher*, § 12 UWG Rn. 38 ff.; *Harte-Bavendamm/Henning-Bodewig/Brüning*, § 12 UWG Rn. 67 ff.; *Teplitzky*, Kap. 41 Rn. 50 ff.; *Ulrich*, WRP 1985, 117, 121.
107 BGH, GRUR 1988, 716, 717 – Aufklärungspflicht gegenüber Verbänden.

nichts, da die Klage von Anfang an unbegründet war.[108] Deshalb ist es dem Verletzer nach Treu und Glauben zumutbar, den Abmahnenden von der Drittunterwerfung in Kenntnis zu setzen, zumal ihm die Aufklärung keinen unzumutbaren Aufwand bereitet.[109] Die Aufklärungspflicht besteht auch, wenn die Wiederholungsgefahr zum Zeitpunkt der Abmahnung aufgrund der Drittunterwerfung bereits beseitigt war.[110] Zur Erfüllung der Aufklärungspflicht bedarf es der Mitteilung der Drittunterwerfung unter Nennung des Adressaten sowie des Inhalts der Unterlassungserklärung, weil der Abmahnende nur so prüfen kann, ob die Wiederholungsgefahr tatsächlich ausgeräumt ist;[111] eine nur telefonische Unterrichtung genügt nicht.[112]

Eine Aufklärungspflicht besteht auch, wenn der Abgemahnte eine Unterwerfung zunächst ablehnt, seine ablehnende Haltung jedoch später auf die Abmahnung eines Dritten hin geändert und eine Unterlassungserklärung abgegeben hat. Solange er damit rechnen muss, dass der Erstabmahner den Verstoß weiterverfolgt, ist er verpflichtet, ihn ohne schuldhaftes Zögern von der späteren Drittunterwerfung zu unterrichten.[113]

Nach Auffassung des Kammergerichts Berlin ist der Empfänger einer die Wettbewerbsverletzung nicht deutlich kennzeichnenden Abmahnung gehalten, den Abmahnenden darüber zu informieren, warum er die geforderte Unterlassungserklärung nicht abgeben will.[114]

Keiner Aufklärung bedarf es hinsichtlich solcher Umstände, die der Abmahnende aus öffentlichen Registern oder durch behördliche Auskünfte in Erfahrung bringen kann.[115]

3. Rechtsfolgen bei Verletzung der Aufklärungs- und Antwortpflicht

Der Abgemahnte ist dem Abmahnenden aus § 280 Abs. 1 BGB bzw. §§ 280 Abs. 1, 286 BGB zum Schadensersatz verpflichtet, wenn er schuldhaft eine bestehende Aufklärungspflicht verletzt oder mit der Beantwortung der Abmahnung in Verzug gerät.[116] Eine schuldhafte Verletzung der Aufklärungs- und Antwortpflicht setzt voraus, dass der Abgemahnte die Abmahnung erhalten hat; die ordnungsgemäße Absendung durch den Abmahnenden genügt insoweit nicht.[117] Zu ersetzen sind (z.B.) die Kosten eines in Unkenntnis einer ausreichenden Drittunterwerfung eingeleiteten, von vornherein aussichtslosen Prozesses. Auch bei einer vom Abgemahnten zu vertretenden Verzögerung der Antwort auf eine Abmahnung kann der zu ersetzende Verzugsschaden in der Belastung des Abmahnenden mit Prozesskosten bestehen. Allerdings wird der Fall, dass dem Abmahnenden infolge der Verzögerung Prozesskosten entstehen, die er nicht nach den Vorschriften der ZPO erstattet verlangen kann,[118] nach Einführung des § 269 Abs. 3 Satz 2 nicht mehr häufig vorkommen. Der Kläger kann aber, statt die Klage vollständig zurückzunehmen und eine Billigkeitsentscheidung nach § 269 Abs. 3 Satz 2 herbeizuführen, auch nach geltendem Recht die Klage ändern und statt des Unterlassungsanspruchs einen materiell-rechtlichen **Schadensersatzanspruch aus Verzug** geltend machen.[119] Bei einer übereinstimmenden Erledigungserklärung kann ein ohne Beweisauf-

26

---

108 Vgl. BGH, GRUR 1990, 381, 382 – Antwortpflicht des Abgemahnten; GK-UWG/*Paal*, § 8 Rn. 28.
109 BGH, GRUR 1987, 54, 55 – Aufklärungspflicht des Abgemahnten.
110 OLG Köln, MD VSW 1998, 942, 943; GK-UWG/*Feddersen*, § 12 B Rn. 54.
111 GK-UWG/*Feddersen*, § 12 B Rn. 56; *Köhler/Bornkamm*, § 12 UWG Rn. 1.65; *Teplitzky*, Kap. 41 Rn. 52; *Traub*, Anm. zu OLG Frankfurt, WRP 1989, 391, 395.
112 OLG Dresden, WRP 2000, 430.
113 OLG Stuttgart, WRP 1994, 61, 64.
114 KG, WRP 1980, 80, 81.
115 OLG Frankfurt, WRP 1989, 391, 393; GK-UWG/*Feddersen*, § 12 B Rn. 56.
116 BGH, GRUR 1987, 54, 55 – Aufklärungspflicht des Abgemahnten; GRUR 1990, 381, 382 – Antwortpflicht des Abgemahnten; vgl. auch GK-UWG/*Feddersen*, § 12 B Rn. 57.
117 Vgl. *Teplitzky*, Kap. 41 Rn. 6b.
118 Zum früheren Recht: BGH, GRUR 1990, 381, 382 – Antwortpflicht des Abgemahnten.
119 KG, WRP 1989, 659, 660; OLG Köln, NJWE-WettbR 1997, 282, 283 (jeweils zum früheren Recht).

nahme feststellbarer materieller Kostenerstattungsanspruch wegen Verletzung der Aufklärungs- und Antwortpflicht im Rahmen der nach §91a zu treffenden Billigkeitsentscheidung berücksichtigt werden.[120]

Die Darlegungs- und Beweislast für die Behauptung, der Schaden wäre auch bei ordnungsgemäßer Erfüllung der Aufklärungspflicht eingetreten, trägt der Verletzer.[121]

4. Aufklärungspflicht des »Scheinstörers« bei unberechtigter Abmahnung?

27   Die Frage, ob auch eine unberechtigte Abmahnung Antwort- und Aufklärungspflichten des Abgemahnten auslöst, wird unterschiedlich beantwortet. Erörtert wurde das Problem von der Rechtsprechung bislang in erster Linie in Fällen, in denen der Abgemahnte nur dem äußeren Anschein nach als Störer in Betracht kam, tatsächlich aber mit der Wettbewerbsverletzung nichts zu tun hatte. Denkbar sind aber auch Fallgestaltungen, bei denen es bereits an einer wettbewerbswidrigen Handlung fehlt.[122] Eine Auffassung bejaht eine Aufklärungspflicht jedenfalls dann, wenn sich der Abmahnende in einem unverschuldeten Irrtum über die Störereigenschaft befindet und der Abgemahnte diesen Irrtum mitverursacht hat, oder wenn die Parteien derartig in die Angelegenheit »verstrickt« sind, dass ein gerichtlich durchsetzbarer Anspruch gegen den möglichen Verletzer ernstlich in Betracht kommt.[123] Nach der – zutreffenden – Gegenmeinung besteht eine Aufklärungspflicht des zu Unrecht Abgemahnten grundsätzlich nicht, da es in einem solchen Fall an einer Sonderrechtsbeziehung fehlt, die Grundlage für eine Aufklärungspflicht sein könnte[124]. Weder besteht ein gesetzliches Schuldverhältnis, das durch die Abmahnung konkretisiert wird,[125] noch vermag eine unberechtigte Abmahnung ein gesetzliches Schuldverhältnis aus Geschäftsführung ohne Auftrag zu begründen. Aus dem Rechtsinstitut des Verschuldens bei Vertragsverhandlungen (§ 311 Abs. 2 BGB) lässt sich eine Aufklärungspflicht nicht herleiten, weil die einseitige und unberechtigte Aufforderung, der Abgemahnte möge einen Unterlassungsvertrag mit dem Abmahnenden abschließen, keine Schutzpflichten des auf diese Weise Bedrängten begründet. Auch eine entsprechende Anwendung des § 840 kommt nicht in Betracht.[126]

Zu bejahen ist dagegen eine Aufklärungspflicht des Nichtstörers, der sich wegen eines zuvor begangenen Verstoßes gegenüber dem Gläubiger unterworfen hat. Grundlage dieser Aufklärungspflicht ist der zwischen den Parteien bestehende Unterlassungsvertrag, der in besonderem Maße durch Treu und Glauben und das Gebot der gegenseitigen Rücksichtnahme bestimmt wird.[127]

---

120 BGH, MDR 1981, 126; OLG Frankfurt, WRP 1991, 243 *Ahrens/Spätgens*, Kap. 5 Rn. 21; OLG Köln, GRUR-RR 2011, 336.
121 BGH, GRUR 1988, 716, 717 – Aufklärungspflicht gegenüber Verbänden.
122 Vgl. *Teplitzky*, Kap. 41 Rn. 57 und 60 ff.
123 OLG Hamburg, WRP 1969, 119; OLG Köln, GRUR 1991, 74, 75 (aufgegeben durch OLG Köln, GRUR 2001, 525); vgl. auch KG, WRP 1989, 659, 660 f.; GK-UWG/*Kreft*, 1. Aufl., Vor § 13 C Rn. 51 ff.; *Köhler*, Anm. zu LM § 276 (Fa) BGB Nr. 140; *Traub*, Anm. zu OLG Frankfurt, WRP 1989, 391, 393, 395; *Ulrich*, WRP 1985, 117, 121 ff.; *ders.*, ZIP 1990, 1377, 1382; *ders.*, WRP 1995, 282.
124 BGH, WRP 1995, 300, 301 – Kosten bei unbegründeter Abmahnung; KG, WRP 1991, 310, 311 f.; MD VSW 1994, 650, 656 f.; *Borck*, WRP 1985, 311, 317; *Gloy/Loschelder/Erdmann/Schwippert*, Hdb. WettbewerbsR, § 84 Rn. 38; GK-UWG/*Feddersen*, § 12 B Rn. 60; *Melullis*, Rn. 725a; *Harte-Bavendamm/Henning-Bodewig/Brüning*, § 12 UWG Rn. 69; MüKo-UWG/*Ottofülling*, § 12 UWG Rn. 93 ff.; *Teplitzky*, Kap. 41 Rn. 57 ff.; *Ahrens/Spätgens*, Kap. 5 Rn. 13 ff.
125 Vgl. BGH, GRUR 1987, 54, 55 – Aufklärungspflicht des Abgemahnten; GRUR 1987, 640, 641 – Wiederholte Unterwerfung II; GRUR 1990, 381 – Antwortpflicht des Abgemahnten.
126 BGH, WRP 1995, 300, 301 – Kosten bei unbegründeter Abmahnung; a. A. GK-UWG/*Kreft*, UWG, 1. Aufl., Vor § 13 C Rn. 52; *Ulrich*, WRP, 1995, 282, 285.
127 BGH, GRUR 1990, 542, 543 f. – Aufklärungspflicht des Unterwerfungsschuldners.

5. Aufklärungspflicht des Abmahnenden

Die aus dem durch die Rechtsverletzung begründeten gesetzlichen Schuldverhältnis erwachsenen Pflichten (§ 241 Abs. 2 BGB) treffen nicht nur den Abgemahnten, sondern auch den Abmahnenden. Dieser nimmt allerdings bereits durch die Abmahnung auf die Interessen des Schuldners Rücksicht. Daher treffen Aufklärungspflichten in erster Linie den Schuldner. Es kann aber auch der Abgemahnte verpflichtet sein, dem Unterlassungsgläubiger eine solche Auskunft zu erteilen, die dieser zur sachgerechten Wahrnehmung seiner Rechte benötigt.[128] Dies kann aber nur in Ausnahmefällen angenommen werden.

VII. Kosten der Abmahnung

1. Grundlagen des Kostenerstattungsanspruchs

Nach § 12 Abs. 1 Satz 2 UWG kann, soweit die Abmahnung berechtigt war, der Ersatz der erforderlichen Aufwendungen verlangt werden. Mit dieser Regelung soll, wie sich aus der Gesetzesbegründung zu § 12 Abs. 1 UWG ergibt,[129] die Rechtsprechung nachvollzogen werden, die aus den Vorschriften über die Geschäftsführung ohne Auftrag einen Aufwendungsersatz des Abmahnenden abgeleitet hat.[130] Jedenfalls im unmittelbaren Anwendungsbereich des UWG kann ein Aufwendungsersatzanspruch nicht mehr aus den Vorschriften über die Geschäftsführung ohne Auftrag hergeleitet werden, weil insoweit § 12 Abs. 1 Satz 2 UWG als die speziellere Regelung vorgeht.[131]

§ 12 Abs. 1 Satz 2 UWG erfasst auch den Fall, dass sich die Abmahnung gegen eine nur drohende Wettbewerbsverletzung (**Erstbegehungsgefahr**) richtet.[132] Der Anspruch auf Ersatz der erforderlichen Aufwendungen besteht nur, wenn die Abmahnung dem Schuldner zugegangen ist (vgl. oben Rdn. 14). Unter welchen Voraussetzungen eine Abmahnung als »berechtigt« angesehen werden kann, ist nicht abschließend geklärt. Einigkeit besteht, dass eine Abmahnung nur berechtigt sein kann, wenn ihr ein durchsetzbarer Unterlassungsanspruch zugrunde liegt. Der Abmahnende kann deshalb keinen Aufwendungsersatz verlangen, wenn das beanstandete Verhalten nicht wettbewerbswidrig war, wenn die Wiederholungsgefahr bei Zugang der Abmahnung bereits durch Unterwerfung gegenüber einem Dritten (oder ein von dem Dritten erstrittenes Unterlassungsurteil, auf das sich der Schuldner gegenüber dem abmahnenden Gläubiger beruft)[133] ausgeräumt ist oder wenn sich die Abmahnung als missbräuchlich im Sinne von § 8 Abs. 4 UWG darstellt.[134] Auch die Kosten einer zweiten, nunmehr durch einen Rechtsanwalt ausgesprochenen Abmahnung muss der Schuldner nicht ersetzen; das gilt auch dann, wenn es sich um einen Wettbewerbsverband handelt.[135] Eine zweite Abmahnung wegen desselben oder eines kerngleichen Wettbewerbsverstoßes ist nicht berechtigt, wenn der Gläubiger den Schuldner bereits auf die Möglichkeit der Streitbeilegung

---

128 BGH, GRUR 2008, 360 Tz. 19 = NJW 2008, 1001 – EURO und Schwarzgeld.
129 BT-Drucks. 15/1487, S. 25.
130 Vgl. zu dieser Rechtsprechung: BGHZ 52, 393, 399 f. – Fotowettbewerb; GRUR 1973, 384, 385 – Goldene Armbänder; GRUR 1984, 129, 131 – shop in the shop; WRP 1991, 159, 161 – Zaunlasur; GRUR 1992, 176, 177 – Abmahnkostenverjährung; WRP 1994, 177, 179 – Finanzkaufpreis »ohne Mehrkosten«.
131 GK-UWG/*Feddersen*, § 12 B Rn. 2; MüKo-UWG/*Ottofülling*, § 12 UWG Rn. 144; *Ahrens/Scharen*, Kap. 11 Rn. 17; für die entsprechende Regelung in § 97a UrhG ausdrücklich: BT-Drucks. 16/5048, S. 48; a.A. *Schulz*, WRP 2007, 589, 592. Der BGH hat in der Entscheidung GRUR 2010, 257 Tz. 13 ff. – Schubladenverfügung – ausführlich Ansprüche aus GoA auf Ersatz der Abmahnkosten erörtert (und verneint), ohne auf die Konkurrenzproblematik einzugehen.
132 OLG Köln, GRUR 1993, 688 (zur Geschäftsführung ohne Auftrag).
133 Vgl. unten B, Rdn. 19 und 23.
134 Vgl. hierzu BGHZ 149, 371 = GRUR 2002, 357 – Missbräuchliche Mehrfachabmahnung; *Ahrens/Scharen*, Kap. 11 Rn. 11; *Teplitzky*, Kap. 13 Rn. 53.
135 GRUR 2010, 354 Tz. 8 – Kräutertee – unter Aufgabe der früheren gegenteiligen Rspr.; vgl. auch GK-UWG/*Feddersen*, § 12 B Rn. 70.

durch Abgabe einer strafbewehrten Unterlassungserklärung hingewiesen hat.[136] Ob die Kosten einer Abmahnung einen verjährten Unterlassungsanspruch betreffend zu ersetzen sind, wenn die Verjährungseinrede (noch) nicht erhoben worden ist, ist dagegen streitig, im Ergebnis aber wohl zu bejahen.[137]

Schwierigkeiten bereitet die Behandlung des Falls, dass der Verletzer bereits von einem Dritten abgemahnt worden ist und noch keine Unterwerfungserklärung abgegeben hat. Nach den Regeln der Geschäftsführung ohne Auftrag besteht in diesen Fällen ein Anspruch auf Ersatz der Abmahnkosten nicht, denn nur die erste Abmahnung entspricht – was maßgeblich ist – dem Interesse und dem mutmaßlichen Willen des Abgemahnten.[138] Nach einer Auffassung hat sich an dieser Rechtslage durch die Einfügung des § 12 Abs. 1 Satz 2 UWG nichts geändert.[139] Nach einer anderen Auffassung ist eine Abmahnung dagegen so lange berechtigt, wie die Wiederholungsgefahr nicht durch eine hierzu geeignete Unterwerfung ausgeräumt ist.[140] Eine differenzierende Auffassung stellt darauf ab, ob der Gläubiger bei der Abmahnung von früheren Abmahnungen Dritter Kenntnis gehabt hat; nur in diesem Fall entfalle der Anspruch auf Aufwendungsersatz. Berechtigt ist nach dieser Auffassung jede (begründete) Abmahnung, die nicht entbehrlich ist, wenn der Gläubiger Kostennachteile im Fall eines sofortigen Anerkenntnisses des Gegners vermeiden will.[141]

Es spricht viel dafür, an der bisherigen Rechtslage festzuhalten. Zunächst ist daran zu erinnern, dass in Fällen schuldhafter Rechtsverletzungen die Abmahnkosten nach bisher vorherrschender und auch hier vertretener Auffassung als Schadensersatz gemäß § 9 Satz 1 UWG geltend gemacht werden können.[142] In Fällen unverschuldeter Wettbewerbsverstöße dagegen ist es durchaus sachgerecht, einen Ersatzanspruch nur dann zu bejahen, wenn die Abmahnung im Interesse des Schuldners lag. Dass der Gläubiger eines Anspruchs, der nicht auf Schadensersatz gerichtet ist, Rechtsverfolgungskosten ersetzt verlangen kann, ist in unserem Rechtssystem eine Ausnahme, die vor allem dadurch gerechtfertigt werden kann, dass dem Schuldner das Bestehen des Anspruchs nicht bewusst ist. Eine Ausdehnung dieser Möglichkeit ist daher eher systemfremd. Zudem ist zu berücksichtigen, dass der Schuldner möglicherweise einer Vielzahl von Ersatzansprüchen ausgesetzt wird, während das Risiko der Gläubiger auf die eigenen Kosten begrenzt ist. Eine solche Kumulierung des Risikos ist aber ökonomisch bedenklich. Schließlich ergeben sich aus der Gesetzesbegründung keine Anhaltspunkte dafür, dass eine Änderung der Rechtslage beabsichtigt war. Jedenfalls sollte ein Ersatzanspruch ausgeschlossen sein, wenn ein Gläubiger trotz Kenntnis von (ernstzunehmenden) Abmahnungen Dritter eine eigene weitere Abmahnung ausspricht und sich damit im Grenzbereich des § 8 Abs. 4 UWG bewegt.[143]

30 Der Anspruch nach § 12 Abs. 1 Satz 2 UWG setzt nicht voraus, dass die Abmahnung Erfolg hat und zur Unterwerfung des Abgemahnten führt. Entscheidend ist vielmehr, ob sie im Zeitpunkt ihrer Vornahme in der Sache objektiv berechtigt war.[144] Kein Anspruch auf Erstattung von Abmahnkosten besteht, wenn die Abmahnung die tatsächlich begangene Wettbewerbshandlung nicht erfasst.[145] Hat der Gläubiger das Honorar seines Rechtsanwalts noch nicht ausgeglichen, steht ihm grundsätz-

---

136 BGH, GRUR 2013, 307 Tz. 31 – Unbedenkliche Mehrfachabmahnung.
137 Vgl. GK-UWG/*Feddersen*, § 12 B Rn. 67 mwN.
138 BGHZ 149, 371, 374 = GRUR 2002, 357, 358 – Missbräuchliche Mehrfachabmahnung.
139 *Fezer/Büscher*, § 12 UWG Rn. 64; *Ullmann/Hess*, jurisPK-UWG, § 12 Rn. 49; für einen gesondert geprüften Anspruch auf Ersatz von Abmahnkosten aus §§ 683 S. 1, 677, 670 BGB weiterhin auch BGH, GRUR 2010, 257 Tz. 14 – Schubladenverfügung.
140 *Harte-Bavendamm/Henning-Bodewig/Brüning*, § 12 Rn. 83; *Ohly/Sosnitza/Sosnitza*, § 12 Rn. 24.
141 *Köhler/Bornkamm*, § 12 UWG Rn. 1.82; *Ahrens/Scharen*, Kap. 11 Rn. 9; *Teplitzky*, Kap. 41 Rn. 84 c; s. auch oben Rdn. 21.
142 S. unten Rdn. 31.
143 S. hierzu allgemein unten Rdn. 32.
144 BGH, GRUR 1984, 129; 131 – shop in the shop; WRP 1991, 159, 161 – Zaunlasur.
145 BGH, GRUR 2004, 344, 345 – Treue-Punkte.

lich nur ein Anspruch auf Freistellung zu; hat er dem Schuldner allerdings vergeblich eine Frist zur Freistellung gemäß § 250 BGB gesetzt oder hat der Schuldner die Freistellung ernsthaft und endgültig verweigert, wandelt sich der Freistellungsanspruch in einen Zahlungsanspruch um.[146] Auf Zahlung geklagt werden kann jedenfalls dann, wenn der Beklagte eine Verpflichtung zur Erstattung von Abmahnkosten schon dem Grunde nach in Abrede stellt.

Liegen die Voraussetzungen eines **Schadensersatzanspruchs** gemäß § 9 UWG vor, so gehören die dem Wettbewerber entstandenen Abmahnkosten grundsätzlich zu den zu ersetzenden Folgeschäden,[147] wobei ein Zugang der Abmahnung insofern nicht vorausgesetzt ist.[148] Eine Gegenauffassung stimmt dem allerdings nur dann zu, wenn es nicht um einen Einzelverstoß, sondern um eine Dauerhandlung geht, denn in diesem Fall dient die Abmahnung zugleich dazu, den Schaden abzuwehren oder zu mindern.[149] Diese Auffassung stützt sich auf den Schutzzweck des § 9 UWG, der allein auf den Ausgleich der Schäden gerichtet sei, die durch die abgeschlossene Verletzungshandlung entstanden sind; er diene dagegen nicht – wie die Abmahnung in diesen Fällen – der Verhinderung zukünftiger Verstöße. Man wird aber auch die Geltendmachung des Unterlassungsanspruchs als Beseitigung der durch die Rechtsverletzung dem Gläubiger entstandenen Beeinträchtigung verstehen können, weil ein lauterer Wettbewerb erst dann wiederhergestellt ist, wenn die Gefahr weiterer Verstöße ausgeräumt ist. Daher besteht kein Anlass, den Schadensersatzanspruch aus § 9 UWG derart einzuengen. 31

Der Schadensersatzanspruch des Wettbewerbers wird – anders als der Anspruch aus § 12 Abs. 1 Satz 2 UWG – durch eine die Wiederholungsgefahr ausräumende Drittunterwerfung nicht berührt, es sei denn, der Abmahnende habe von ihr gewusst oder fahrlässig nicht gewusst (§ 254 BGB).[150]

Ist die Geltendmachung des Unterlassungsanspruchs unter Berücksichtigung der gesamten Umstände **missbräuchlich**, insbesondere weil sie vorwiegend dazu dient, gegen den Zuwiderhandelnden einen Anspruch auf Ersatz von Aufwendungen oder Kosten der Rechtsverfolgung entstehen zu lassen (§ 8 Abs. 4 UWG), so ist schon die Abmahnung unwirksam mit der Folge, dass ein Anspruch auf Ersatz von Abmahnkosten ausscheidet.[151] 32

Ein Anspruch auf Ersatz von Abmahnkosten besteht außerdem nur dann, wenn der Gläubiger bei der Abmahnung den ernsthaften Willen hat, den Unterlassungsanspruch notfalls gerichtlich durchzusetzen.[152] Erfolgt die Abmahnung erst nach Erwirkung einer einstweiligen Verfügung (»**Schubladenverfügung**«), scheidet ein Erstattungsanspruch aus. Der Gläubiger hat in einem solchen Fall entgegen § 12 Abs. 1 Satz 1 UWG nicht »vor der Einleitung eines gerichtlichen Verfahrens« abgemahnt.[153] Auch auf andere Anspruchsgrundlagen kann sich der Gläubiger nicht stützen. Ein

---

146 OLG Köln, NJOZ 2010, 899 f.; vgl. auch BGH, NJW 2004, 1868, 1869 mwN.
147 BGHZ 52, 393, 396 – Fotowettbewerb; GRUR 1992, 176, 177 – Abmahnkostenverjährung; WRP 220, 320 – Missbräuchliche Mehrfachabmahnung; OLG Düsseldorf, NJW-RR 2002, 122; OLG Karlsruhe, NJW-RR 1996, 688 (alle zum früheren Recht); *Büscher/Dittmer/Schiwi/Dittmer*, Vor § 12 UWG Rn. 93; *Fezer/Büscher*, § 12 UWG Rn. 62; GK-UWG/*Feddersen*, § 12 B Rn. 85; Harte-Bavendamm/Henning-Bodewig/*Brüning*, § 12 UWG Rn. 77 ff., 101 f.; *Teplitzky*, Kap. 41 Rn. 82.
148 GK-UWG/*Feddersen*, § 12 B Rn. 86.
149 *Ahrens/Scharen*, Kap. 11 Rn. 13; zustimmend *Köhler/Bornkamm*, § 9 Rn. 1.29 sowie § 12 UWG Rn. 1.88; MüKo-UWG/*Ottofülling*, § 12 UWG Rn. 147, 150; für diesen Fall auch BGH, GRUR 2007, 631 – Abmahnaktion, der den Meinungsstreit daher nicht entscheiden musste.
150 OLG München, GRUR 1988, 843; *Köhler/Bornkamm*, § 12 UWG Rn. 1.89.
151 *Teplitzky*, Kap. 13 Rn. 53. Vgl. auch BGH, WRP 2002, 320 – Missbräuchliche Mehrfachabmahnung.
152 BGH, NJW 2006, 3781 – Telefax-Werbung II; LG Frankfurt GRUR-RR 2003, 197; vgl. auch *Köhler/Bornkamm*, § 12 UWG Rn. 1.21; **a.A.** *Schulz*, WRP 1990, 658, 660.
153 Vgl. BGH, GRUR 2010, 257 Tz. 9, 13 = WRP 2010, 258 – Schubladenverfügung; GRUR 2010, 354 Tz. 8, 10 = NJW 2010, 1208 = WRP 2010, 525 – Kräutertee; GRUR 2010, 855 Tz. 25 – Folienrollos; OLG Köln, WRP 2008, 379; OLG München, GRUR-RR 2006, 176; *Teplitzky*, Kap. 41 Rn. 86; *Weisert*, WRP 2007, 504, **a.A.** *Schulz*, WRP 2007, 589.

Anspruch aus §§ 683 Satz 1, 677, 670 BGB scheitert jedenfalls[154] daran, dass eine Abmahnung nicht mehr im Interesse des Schuldners liegen kann, wenn bereits eine einstweilige Verfügung gegen ihn vorliegt. Ein Schadensersatzanspruch kommt nicht in Betracht, weil die Kosten der Abmahnung nicht (mehr) erforderlich waren.

33 Ist die Abmahnung nur teilweise berechtigt, so hat der Abmahnende nur Anspruch auf Erstattung von Abmahnkosten in Höhe einer Quote, die sich aus dem Verhältnis des berechtigten Teils der Abmahnung zu dem unberechtigten Teil ergibt; die zu erstattenden Kosten sind also nicht nach dem Streitwert des begründeten Teils der Abmahnung zu berechnen, was für den Abmahnenden wegen der Degression der Gebühren günstiger wäre.[155] Dadurch wird die Rechtsprechung, nach der die Abmahnkostenpauschale, die ein gemäß § 8 Abs. 3 Nr. 2 UWG klagebefugter Verband verlangen kann, auch dann in voller Höhe zu erstatten ist, wenn die Abmahnung nur teilweise begründet war,[156] nicht infrage gestellt.[157]

2. Umfang des Kostenerstattungsanspruchs

34 Der Anspruch auf Aufwendungsersatz nach § 12 Abs. 1 Satz 2 UWG umfasst – ebenso wie der Anspruch auf Schadensersatz – nur die tatsächlich entstandenen und erforderlichen Aufwendungen. Zu diesen gehören, wie in der Gesetzesbegründung betont wird, nicht in jedem Fall die Kosten der Einschaltung eines Rechtsanwalts.[158] Allerdings obliegt es auch einem größeren Unternehmen mit eigener Rechtsabteilung nicht, dieser neben der rechtlichen Überprüfung der eigenen geschäftlichen Aktivitäten auch die Verfolgung wettbewerbsrechtlicher Ansprüche gegen Mitbewerber zu übertragen.[159] Das ist bisher teilweise strenger gehandhabt worden.[160] Kein Erstattungsanspruch steht dagegen einem Rechtsanwalt zu, der sich selbst ein Mandat zur Abmahnung eigener wettbewerbsrechtlicher Ansprüche erteilt, obwohl es sich um einen unschwer zu erkennenden Wettbewerbsverstoß handelt.[161] Auch bei den gemäß § 8 Abs. 3 Nr. 2 bis 4 UWG zur Geltendmachung eines Unterlassungsanspruchs Berechtigten ist regelmäßig von einer Personal- und Sachausstattung auszugehen, die es ihnen ermöglicht, bei Fällen mittleren Schwierigkeitsgrades ohne einen Rechtsanwalt die Ansprüche außergerichtlich geltend zu machen.[162] Beauftragt ein zu diesem Kreis gehörender Gläubiger einen Rechtsanwalt mit der Wahrnehmung seiner Interessen, ohne dass ein Ausnahmefall vorliegt, hat er die Anwaltskosten selbst zu tragen.[163]

---

154 Nach der hier vertretenen Auffassung sind diese Vorschriften allerdings bereits deshalb nicht anwendbar, weil sie durch § 12 Abs. 1 S. 1 UWG als lex specialis verdrängt werden.

155 Vgl. BGH, GRUR 2010, 744 Tz. 52 – Sondernewsletter; GRUR 2012, 949 Tz. 49 – Missbräuchliche Vertragsstrafe; zuvor bereits OLG Köln v. 19.6.2009 – 6 U 20/09; KG, Urt. v. 30.6.2009 – 5 U 73/06; OLG Hamm, Urt. v. 13.8.2009 – 4 U 71/09; *Ullmann/Hess*, jurisPK-UWG, § 12 Rn. 44; **a. A.** OLG Stuttgart, MMR 2010, 284, 286.

156 Vgl. BGH, WRP 1999, 509, 512 – Handy für 0,00 DM; BGHZ 177, 253 = GRUR 2008, 1010 – Tz. 50; GRUR 2009, 413 Tz. 31 = WRP 2009, 300 – Erfokol-Kapseln.

157 BGH, GRUR 2010, 744 Tz. 51 – Sondernewsletter.

158 BT-Drucks. 15/1487, S. 25.

159 BGH, GRUR 2008, 928 Tz. 14 f. – Abmahnkostenersatz; GRUR 2009, 191 Tz. 8 – Auswärtiger Rechtsanwalt VII.

160 Vgl. noch BGH, GRUR 2007, 620 Tz. 13, wo der VI. ZS insbesondere auf die Rspr. des I. ZS Bezug genommen hat.

161 BGH, GRUR 2004, 789 – Selbstauftrag.

162 BT-Drucks. 15/1487, S. 25; BGH, WRP 2004, 495, 496 – Auswärtiger Rechtsanwalt IV; GRUR 2008, 928 Tz. 15 – Abmahnkostenersatz. So auch schon zum früheren Recht BGH, GRUR 1984, 691, 692 – Anwaltsabmahnung; BGHZ 126, 145, 147 – Verbandsausstattung.

163 Das gilt erst recht dann, wenn der Verband zuvor bereits selbst eine Abmahnung ausgesprochen hat, vgl. GRUR 2010, 354 Tz. 8 – Kräutertee – unter Aufgabe der früheren gegenteiligen Rspr.

Ihm steht jedoch ein Anspruch auf (anteilige) Erstattung von Personal- und Sachkosten in Form einer **Unkostenpauschale (Abmahnpauschale)** zu.[164] In die Pauschale dürfen nur durch die eigentliche Abmahntätigkeit verursachte Kosten, nicht aber im Zusammenhang mit anderen Verbandsaktivitäten stehende oder für die zur Erreichung des Satzungszwecks notwendige Ausstattung aufgewendete Mittel einfließen.[165] Diese Kosten sind durch die Zahl der in einem Jahr anfallenden Abmahnungen zu dividieren.[166] Diese Abmahnpauschale ist auch dann in voller Höhe zu erstatten, wenn die Abmahnung nur teilweise begründet war.[167]

35

Wenn die Einschaltung eines Rechtsanwalts erforderlich und dieser nur mit der Abmahnung beauftragt war, hat der Abgemahnte die Geschäftsgebühr nach VV Nr. 2300 RVG zu erstatten. Nichts anderes gilt, wenn der Rechtsanwalt mit der Abmahnung und für den Fall, dass diese keinen Erfolg hat, mit der gerichtlichen Durchsetzung des geltend gemachten Anspruchs beauftragt ist. Der **Geschäftswert** entspricht dem eines entsprechenden Hauptsacheverfahrens.[168] Der **Gebührensatz** beträgt – abhängig vom Umfang und vom Schwierigkeitsgrad – 0,5 bis 2,5. In sowohl durchschnittlich schwierigen wie durchschnittlich umfangreichen Wettbewerbsstreitigkeiten ist eine 1,3-fache Gebühr üblich.[169] Für die Anrechnung der Geschäftsgebühr auf die Verfahrensgebühr eines nachfolgenden gerichtlichen Verfahrens (VV Nr. 3100 RVG) gilt Vorbemerkung 3 Abs. 4 zu VV Nr. 3100 RVG.[170]

36

Die Geschäftsgebühr nach VV Nr. 2300 RVG zählt nicht zu den Kosten des Rechtsstreits und kann nicht im Kostenfestsetzungsverfahren geltend gemacht werden.[171] Dementsprechend wird sie meist im Hauptsacheverfahren mit eingeklagt. Im Verfahren der einstweiligen Verfügung ist das nicht möglich.

37

3. Verjährung

Der Anspruch auf Erstattung von Abmahnkosten aus § 12 Abs. 1 Satz 2 UWG verjährt gemäß § 11 Abs. 1 UWG in sechs Monaten. Dieselbe Verjährungsfrist gilt, wenn die entstandenen Aufwendungen unter dem Gesichtspunkt des Schadensersatzes geltend gemacht werden (§§ 9, 11 Abs. 1 UWG).[172]

38

VIII. Die unbegründete Abmahnung

1. Negative Feststellungsklage

Eine Abmahnung begründet regelmäßig ein Feststellungsinteresse i. S. v. § 256 für eine negative Feststellungsklage des Abgemahnten gegen den Abmahnenden.[173] Zuständig für die negative Feststellungsklage ist jedes Gericht, das für die Unterlassungsklage des Abmahnenden zuständig

39

---

164 BGH, GRUR 1984, 129, 131 – shop in the shop; GRUR 1990, 282, 285 – Wettbewerbsverein IV; WRP 1994, 177, 179 – Finanzkaufpreis »ohne Mehrkosten«; WRP 1996, 199, 202 – Wegfall der Wiederholungsgefahr I; OLG Köln, WRP 1989, 45, 46; WRP 1989, 540, 544; OLG Saarbrücken, WRP 1988, 489, 492; *Eser*, GRUR 1986, 35, 37; *Melullis*, Rn. 810.
165 KG, WRP 1991, 398, 402; GK-UWG/*Feddersen*, § 12 B Rn. 79; *Teplitzky*, Kap. 41 Rn. 94.
166 OLG Köln, WRP 1989, 45, 46; WRP 1989, 540, 544. Wegen der Einzelheiten wird auf die Darstellungen bei *Ahrens/Scharen*, Kap. 11 Rn. 33 sowie bei MüKo-UWG/*Ottofülling*, § 12 UWG Rn. 166 ff. verwiesen.
167 OLG Frankfurt, MD VSW 1991, 165, 167; OLG Schleswig, WRP 1996, 1123, 1125.
168 *Köhler/Bornkamm*, § 12 UWG Rn. 1.96.
169 *Ullmann/Hess*, PK-UWG, § 12 UWG Rn. 41.
170 Zur Anrechnung eingehend: BGH, WRP 2009, 75.
171 BGH, WRP 2006, 237 – Geltendmachung der Anwaltskosten; BGH, NJW 2008, 1323; *Köhler/Bornkamm*, § 12 UWG Rn. 1.92; *Teplitzky*, Kap. 41 Rn. 90.
172 Zum früheren Recht vgl. BGH, GRUR 1992, 176, 177 – Abmahnkostenverjährung.
173 BGH, GRUR 1995, 697, 699 = WRP 1995, 815, 817 – FUNNY PAPER; OLG Stuttgart, WRP 1988, 766, 767.

wäre.[174] Die negative Feststellungsklage des Abgemahnten hindert den Gläubiger nicht an der Erhebung einer Leistungsklage. Er ist grundsätzlich auch nicht verpflichtet, seine Klage als Widerklage vor dem Gericht der Feststellungsklage zu erheben.[175] Keine Einigkeit besteht darüber, ob es sich bei dem Gericht, bei dem eine vom Verletzer erhobene negative Feststellungsklage anhängig ist, um das Gericht der Hauptsache im Sinne von § 937 handelt, mit der Folge, dass dieses Gericht auch für die Entscheidung über einen Antrag des Gläubigers auf Erlass einer einstweiligen Verfügung ausschließlich (§ 802) zuständig ist.[176] Zuzustimmen ist der Auffassung, nach der der Gläubiger nicht gezwungen ist, die einstweilige Verfügung bei dem vom Abgemahnten mit der negativen Feststellungsklage angerufenen Gericht zu beantragen. Es ist nicht erforderlich, dass der Gläubiger, der sich vom Schuldner nicht einen bestimmten Gerichtstand aufzwingen lassen will, vor der Entscheidung im Eilverfahren die der Abmahnung entsprechende Klage in der Hauptsache bei dem von ihm gewählten Gericht einreicht, um auf diese Weise die (ausschließliche) Zuständigkeit dieses Gerichts auch für die Entscheidung im Verfügungsverfahren zu begründen.[177]

40 Das Feststellungsinteresse des Abgemahnten entfällt, wenn der Abmahnende die in der Abmahnung liegende Berühmung eindeutig, ernsthaft, nachhaltig und endgültig aufgibt. Hierfür wird in der Regel erforderlich sein, dass er auf den behaupteten Unterlassungsanspruch verzichtet oder sich in anderer Form einer etwaigen »Gegenabmahnung« unterwirft.[178] Die bloße Erklärung, an der Berühmung werde nicht festgehalten, genügt nicht.[179] Das Feststellungsinteresse entfällt nach der Rechtsprechung des Bundesgerichtshofs auch, wenn der Abmahnende seinerseits Leistungsklage auf Unterlassung erhoben hat und diese Klage nicht mehr einseitig zurückgenommen werden kann.[180] Etwas anderes gilt, wenn das Feststellungsverfahren zu diesem Zeitpunkt entscheidungsreif ist.[181] Auch bei Entscheidungsreife des Feststellungsverfahrens besteht jedoch das Feststellungsinteresse dann nicht weiter, wenn im Verfahren über die Leistungsklage eine Sachentscheidung ergangen ist.[182]

---

174 OLG Köln, GRUR 1978, 658; *Teplitzky*, Kap. 41 Rn. 71; a.A. *Lindacher*, FS v. Gamm, S. 83, 89.
175 BGH, GRUR 1994, 846, 848 – Parallelverfahren II; *Fezer/Büscher*, § 12 UWG Rn. 47. Für Einschränkungen in Sonderfällen *Teplitzky*, FS Lindacher, S. 185, 198; einschränkend auch GK-UWG/*Herrmann*, § 12 A Rn. 472.
176 So: OLG Frankfurt, WRP 1996, 27; *Gloy/Loschelder/Erdmann/Spätgens*, Hdb. WettbewerbsR, § 101 Rn. 60; a.A. (zutreffend) OLG Hamburg, GRUR 2001, 361; *Borck*, WRP 1997, 265 ff.; *Fezer/Büscher*, § 12 UWG Rn. 107; *Fritze*, GRUR 1996, 571 ff.; *Harte-Bavendamm/Henning-Bodewig/Retzer*, § 12 UWG Rn. 355; *Köhler/Bornkamm*, § 12 UWG Rn. 3.3; *Keller*, WRP 2000, 908, 910; *Melullis*, Rn. 186; *Teplitzky*, Kap. 54 Rn. 3; vgl. auch § 937 Rdn. 5. *Steinbeck*, NJW 2007, 1783, begründet dieses Ergebnis mit einer teleologischen Auslegung des § 937 Abs. 1 ZPO.
177 A.A. OLG Frankfurt, NJWE-WettbR 1997, 186.
178 OLG Hamburg, NJW-RR 2003, 411; *Harte-Bavendamm/Henning-Bodewig/Brüning*, Vor § 12 UWG Rn. 123; *Teplitzky*, Kap. 41 Rn. 68.
179 OLG Hamburg, Pharma Recht 2002, 441.
180 BGH, WRP 1987, 459, 460 – Parallelverfahren I; WRP 1994, 810, 812 – Parallelverfahren II; GRUR-RR 2010, 496 (L); a.A. z.B. MüKo-ZPO/*Becker-Eberhard*, § 261 Rn. 65; *Stein/Jonas/Schumann*, § 256 Rn. 126. Es genügt, wenn der Leistungskläger gegenüber Gericht oder Gegner auf die Rücknahme der Leistungsklage verzichtet (*Keller*, WRP 2000, 908, 911).
181 BGH, a.a.O. – Parallelverfahren I; zu weiteren Ausnahmen von dem dargestellten Grundsatz vgl. *Teplitzky*, Kap. 52 Rn. 21.
182 BGH, GRUR 2006, 217 – Detektionseinrichtung I.

Nach herrschender – und zutreffender – Meinung ist eine »**Gegenabmahnung**« des Abgemahnten vor Erhebung der negativen Feststellungsklage grundsätzlich entbehrlich.[183] Der Abmahnende gibt auch ohne eine solche »Gegenabmahnung« Veranlassung zur Erhebung einer negativen Feststellungsklage; für eine Anwendung von § 93 ist kein Raum. Etwas anderes gilt nur, wenn der Abmahnende – für den Abgemahnten erkennbar – von unzutreffenden tatsächlichen Voraussetzungen ausgeht und bei Aufklärung des Irrtums mit einem Verzicht auf den geltend gemachten Unterlassungsanspruch gerechnet werden kann oder wenn seit der Abmahnung ein längerer Zeitraum verstrichen ist und der Abmahnende keine gerichtlichen Schritte eingeleitet hat.[184] Auch nach Zurückweisung eines Verfügungsantrags soll der Beklagte des Verfügungsverfahrens vor Erhebung einer negativen Feststellungsklage zur Vermeidung von Kostennachteilen im Fall eines sofortigen Anerkenntnisses abmahnen müssen.[185] Liegt ein derartiger Ausnahmefall nicht vor, kann der »Gegenabmahner« Kosten (insbesondere Rechtsanwaltskosten), die im Zusammenhang mit einer »Gegenabmahnung« entstanden sind, weder nach § 12 Abs. 1 Satz 2 UWG noch unter dem Gesichtspunkt der Geschäftsführung ohne Auftrag erstattet verlangen.[186] Sie können auch nicht als Kosten der Rechtsverteidigung in einem nachfolgenden Gerichtsverfahren festgesetzt werden.[187]

41

2. Unterlassungs- und Schadensersatzansprüche

Unterlassungs- und Schadensersatzansprüche des zu Unrecht wegen eines (angeblichen) Wettbewerbsverstoßes Abgemahnten bestehen in der Regel nicht. Die Abwehr unbegründeter Ansprüche fällt in den Bereich des allgemeinen Lebensrisikos.[188]

42

Eine wettbewerbsrechtliche Abmahnung ist selbst dann, wenn sie sich gegen rechtmäßiges Verhalten richtet, grundsätzlich nicht wettbewerbswidrig. Nur in Ausnahmefällen kommt ein Verstoß gegen Vorschriften des UWG in Betracht. Liegt eine Wettbewerbshandlung im Sinne von § 2 Abs. 1 Nr. 1 UWG vor, so können die Tatbestände der Anschwärzung (§ 4 Nr. 8 UWG), der gezielten Behinderung nach § 4 Nr. 10 UWG sowie der Irreführung (§ 5 UWG) verwirklicht sein.[189] Eine gezielte und damit unlautere Behinderung liegt nur vor, wenn der Abmahnende von der fehlenden Berechtigung der Abmahnung Kenntnis hat bzw. sich dieser Kenntnis bewusst verschließt, oder wenn zusätzliche unlautere Umstände hinzutreten.[190] In anderen Fällen wäre die Annahme einer unter § 4 Nr. 10 UWG fallenden Behinderung nicht damit vereinbar, dass der zur Geltendmachung

---

183 BGH, WRP 2004, 1032, 1036 – Gegenabmahnung; GRUR 2006, 168 – Unberechtigte Abmahnung; OLG Frankfurt, WRP 1981, 282; GRUR 1989, 705; OLG Hamm, GRUR 1985, 84, 85; OLG Köln, WRP 1986, 428, 429; WRP 1994, 782; OLG München, WRP 1997, 979, 980; OLG Stuttgart, NJWE-WettbR 2000, 100; *Fezer/Büscher*, § 12 UWG Rn. 45; GK-UWG/*Feddersen*, § 12 B Rn. 93; *Harte-Bavendamm/Henning-Bodewig/Brüning*, § 12 UWG Rn. 107; *Gloy/Loschelder/Erdmann/Schwippert*, Hdb. WettbewerbsR, § 84 Rn. 39; *Köhler/Bornkamm*, § 12 UWG Rn. 1.74; *Melullis*, Rn. 1167; *Teplitzky*, Kap. 41 Rn. 74; a. A. KG, WRP 1980, 206, 207; *Borck*, WRP 2001, 20, 26; GK-UWG/*Kreft*, 1. Aufl., Vor § 13 C Rn. 202.
184 OLG Düsseldorf, WRP 1979, 719, 720; OLG Frankfurt, WRP 1981, 282; OLG Hamburg, MD VSW 1994, 464, 465 (Leitsatz); OLG Köln, WRP 1983, 172, 173; OLG München, WRP 1997, 979, 980; *Gloy/Loschelder/Erdmann/Schwippert*, Hdb. WettbewerbsR, § 84 Rn. 39. Vgl. auch OLG Köln, WRP 2004, 782.
185 OLG Oldenburg, WRP 2004, 652.
186 BGH, WRP 2004, 1032, 1036 – Gegenabmahnung; OLG Hamburg, WRP 1983, 422, 423; GK-UWG/*Feddersen*, § 12 B Rn. 63; *Teplitzky*, Kap. 41 Rn. 74; a. A.: *Borck*, WRP 2001, 20; 26; *Kunath*, WRP 2000, 1074, 1075 ff. Vgl. auch *Heidenreich*, WRP 2004, 660.
187 BGH, GRUR 2008, 639 Tz. 7 ff. – Kosten eines Abwehrschreibens.
188 *Ahrens*, NJW 1982, 2477, 2478; *Melullis*, Rn. 49.
189 GK-UWG/*Feddersen*, § 12 B Rn. 97 ff.; *Köhler/Bornkamm*, § 12 UWG Rn. 1.71; MüKo-UWG/*Ottofülling*, § 12 UWG Rn. 106.
190 *Harte-Bavendamm/Henning-Bodewig/Omsels*, § 4 Nr. 10 UWG Rn. 174 f.; *Köhler/Bornkamm*, § 4 UWG Rn. 10.166 ff.; *Ohly/Sosnitza/Ohly*, § 4 Rn. 10/43.

eines Unterlassungsanspruchs Berechtigte den Schuldner nach § 12 Abs. 1 Satz 1 UWG vor Einleitung eines gerichtlichen Verfahrens abmahnen soll.[191] Rechtfertigen vernünftige Überlegungen den Verdacht, es könne ein Wettbewerbsverstoß vorliegen, braucht sich der (möglicherweise) Verletzte durch rechtliche Zweifel nicht von der Abmahnung abhalten zu lassen.[192]

43 Im Regelfall stellt eine Abmahnung wegen eines angeblichen Wettbewerbsverstoßes im Unterschied zur unberechtigten **Schutzrechtsverwarnung**[193] auch keinen Eingriff in den eingerichteten und ausgeübten Gewerbebetrieb dar.[194] Etwas anderes kann allenfalls in Fällen gelten, in denen das allgemeine Wettbewerbsrecht dem Verletzten – wie etwa beim ergänzenden wettbewerbsrechtlichen Leistungsschutz – eine Position gewährt, die der des Inhabers eines gewerblichen Schutzrechts ähnelt.[195]

Höchstrichterlich noch nicht geklärt ist die Streitfrage, ob dem zu Unrecht Abgemahnten aus § 678 BGB ein Schadensersatzanspruch – gerichtet etwa auf den Ersatz von Schutzschrift- oder sonstigen Anwaltskosten – zustehen kann.[196] Ein solcher Anspruch wird sich jedoch allenfalls in Ausnahmefällen begründen lassen, denn es fehlt regelmäßig an einem Übernahmeverschulden. Dieses kann nämlich – schon um Wertungswidersprüche gegenüber der Rechtsprechung zum UWG und zu § 823 BGB zu vermeiden – nicht bejaht werden, wenn der Abmahnende ungeachtet rechtlicher Zweifel eine Abmahnung aufgrund vernünftiger Überlegungen als gerechtfertigt ansehen konnte.[197]

IX. Besonderheiten im Urheberrecht

44 Für den Bereich des Urheberrechts hat die Abmahnung durch das Gesetz gegen unseriöse Geschäftspraktiken in § 97a UrhG eine weitergehende Regelung erfahren. Unverändert geblieben ist der Grundsatz, dass der Rechteinhaber vor der Inanspruchnahme gerichtlicher Hilfe eine Abmahnung aussprechen soll (§ 97a Abs. 1 UrhG). § 97a Abs. 2 UrhG enthält inhaltliche Anforderungen an die Abmahnung, deren Nichteinhaltung die Abmahnung »unwirksam« macht (§ 97a Abs. 2 Satz 2 UrhG). Diese Regelung ist vor dem Hintergrund zu verstehen, dass der Gesetzgeber dem von ihm so bezeichneten »Abmahnwesen« Einhalt gebieten wollte; die Regelung betrifft daher nur einzelne Aspekte und ist – obwohl sie für das gesamte Urheberrecht gilt – wie eine Verbraucherschutzvorschrift ausgestaltet. So müssen in der Abmahnung Name und Firma des Verletzten angegeben werden, wenn dieser die Abmahnung nicht selbst, sondern durch einen Vertreter ausspricht (§ 97a Abs. 2 Satz 1 Nr. 1 UrhG). Dies ist allerdings eine Selbstverständlichkeit, da anderenfalls schon keine Unterlassungserklärung abgegeben werden kann, da diese – wie gezeigt – eine auf den Abschluss eines Vertrags gerichtete Willenserklärung ist, bei der also klar sein muss, an wen sie sich richtet. Dass dies eine gesetzliche Regelung erfahren hat, ist allein dadurch zu erklären, dass damit ein Missstand, der (vereinzelt) im Bereich der Abmahnungen wegen der Teilnahme an einer sog.

---

191 *Omsels*, WRP 2004, 136; *Teplitzky*, Kap. 41 Rn. 76. Zum früheren Recht vgl. etwa: BGH, GRUR 1994, 479 – Suchwort; WRP 2001, 255 – Verbandsklage gegen Vielfachabmahner.
192 BGH, WRP 1965, 97, 99 – Kaugummikugeln.
193 Vgl. hierzu jetzt BGH(GSZ), GRUR 2005, 882 = BGH, NJW 2005, 3141 – Unberechtigte Schutzrechtsverwarnung; GRUR 2006, 432 – Verwarnung aus Kennzeichenrecht II; BGH, GRUR 2006, 433 – Unbegründete Abnehmerverwarnung, GRUR 2006, 219 – Detektionseinrichtung II.
194 BGH, GRUR 1969, 479, 481 – Colle de Collogne; GRUR 2011, 152 Tz. 63 – Kinderhochstühle im Internet; OLG Hamburg, WRP 1983, 422, 423; OLG Hamm, WRP 1980, 216, 217, OLG Köln, GRUR 2001, 525.
195 OLG Frankfurt, NJW-RR 1991, 1006; OLG Hamburg, MD VSW 1992, 93, 94.
196 **Ablehnend (zum alten Recht)**: OLG Köln GRUR 2001, 525; LG Mannheim, GRUR 1985, 328, 329; *Ahrens*, NJW 1982, 2477, 2479; *Melullis*, Rn. 50. Zweifelnd: *Ohly/Sosnitza/Ohly*, § 4 Rn. 10/43.
197 OLG Frankfurt, GRUR 1989, 858, 859; OLG Hamburg, WRP 1983, 422, 425; NJW-RR 2003, 857; OLG Hamm, GRUR 1988, 772, 773; *Berneke*, Rn. 388; *Harte-Bavendamm/Henning-Bodewig/Brüning*, § 12 UWG Rn. 110; kritisch *Melullis*, Rn. 51; *Quiring*, WRP 1983, 317, 322.

Tauschbörse anzutreffen war, angesprochen werden sollte.[198] Auch Nr. 2 spricht mit dem Gebot, dass die Rechtsverletzung »genau zu bezeichnen« sei, eine Selbstverständlichkeit aus, wenn auch nach bisheriger Diktion die Bezeichnung »konkret« sein muss. Nr. 3 enthält eine Regelung für den Fall, dass in der Abmahnung »Zahlungsansprüche« geltend gemacht werden. Solche Ansprüche sind »als Schadensersatz- und Aufwendungsersatzansprüche aufzuschlüsseln«. Dies ist allerdings – wie dargelegt – nicht Teil der eigentlichen Abmahnung. Besondere Schwierigkeiten bereitet Nr. 4, wonach, soweit in der Abmahnung »eine Aufforderung zur Abgabe einer Unterlassungsverpflichtung enthalten ist, anzugeben [ist], inwieweit die vorgeschlagene Unterlassungsverpflichtung über die abgemahnte Rechtsverletzung hinausgeht«. An dieser Vorschrift ist zunächst bemerkenswert, dass – wie gezeigt – die Forderung zur Abgabe einer Unterlassungserklärung für die Wirksamkeit einer Abmahnung zwingend erforderlich ist, während die Vorschrift dahin gelesen werden könnte, dass dies nur fakultativ gilt. Ungenau ist die Vorschrift auch insofern, als nicht »eine Unterlassungsverpflichtung« abgegeben wird; gemeint ist der Fall, dass die Abmahnung den Entwurf einer vorformulierten Unterlassungserklärung enthält und die darin enthaltene Unterlassungsverpflichtung über den Unterlassungsanspruch hinausgeht. Versteht man dies wörtlich (und übertrüge dies auf andere Rechtsgebiete) würde von dem Verletzten, der eine Unterlassungserklärung vorformuliert, in vielen Fällen nahezu Unmögliches verlangt, denn es gelingt in zahlreichen Fällen nicht, den Umfang des Unterlassungsanspruchs präzise zu beschreiben; dies zeigen die nicht seltenen Fälle, in denen (sogar) Oberlandesgerichte in einer Weise tenorieren, die vom Bundesgerichtshof nicht unbeanstandet bleibt.[199] Die Vorschrift sollte daher einschränkend gelesen werden. Sie zielt auf Abmahnungen wegen illegaler Angebote in sog. Tauschbörsen ab und meint (wohl) solche Unterlassungserklärungen, in denen eine Unterlassung hinsichtlich weiterer Werke (insbesondere eines gesamten »Musikrepertoires«) gefordert wird, obwohl Rechte an diesen Werken bisher nicht verletzt worden sind.[200] Sie sollte daher einschränkend dahin verstanden werden, dass nur dann entsprechende Angaben erforderlich sind, wenn eine Unterlassungserklärung sich auf solche Rechte erstreckt, aus denen sich ein Unterlassungsanspruch (bisher) nicht herleiten lässt.[201]

B. Die Unterlassungserklärung

Literatur:

Aigner, Beseitigung der Wiederholungsgefahr bei Abbedingung des § 348 HGB in der strafbewehrten Unterlassungserklärung?, GRUR 2007, 950; *Bernreuther*, Zur Auslegung und Inhaltskontrolle von Vertragsstrafevereinbarungen – Anmerkung zu BGH GRUR 2001, 578, GRUR 2003, 114; *Bornkamm*, Unterlassungstitel und Wiederholungsgefahr, Festschrift für Tilmann, 2003, 769; *Borck*, Über Schwierigkeiten im Gefolge von Mehrfachabmahnungen, WRP 1985, 311; *ders.*, Das Prokrustesbett »Konkrete Verletzungsform«, GRUR 1996, 522; *Conrad*, Abgabe einer Unterlassungserklärung ohne Anerkennung einer Rechts- und Zahlungspflicht und Aufwendungsersatz, WRP 2001, 187; *Dornis/Förster*, Die Unterwerfung: Rechtsnatur und Rechtsnachfolge, GRUR 2006, 195; *Eichelberger*, Die Drittunterwerfung im Wettbewerbsrecht, WRP 2009, 270; *Gruber*, Der wettbewerbsrechtliche Unterlassungsanspruch nach einem »Zweitverstoß«, WRP 1991, 279; *ders.*, Grundsatz des Wegfalls der Wiederholungsgefahr durch Unterwerfung, WRP 1992, 71; *Hartwig*, Die auflösend bedingte Unterlassungs- und Verpflichtungserklärung, FS Pagenberg, 2006, S. 301;

---

198 Die in BT-Drucks. 17/13057, S. 11 zitierten Zahlen des »Vereins gegen den Abmahnwahn e. V.« betreffen diese Fälle.

199 Vgl. beispielhaft: BGH, GRUR 2014, 393 Tz. 49 – wetteronline.de mwN. Verstünde man § 97a Abs. 2 Satz 1 Nr. 4 UrhG in einem solchen weiten Sinne, müsste den Verletzten geraten werden, davon abzusehen, der Abmahnung eine vorformulierte Unterlassungserklärung beizufügen. Das aber widerspräche den Interessen des Verletzers, dem durch eine solche Erklärung ein sicherer Weg gewiesen wird, die gerichtliche Auseinandersetzung zu vermeiden und der häufig durch eine zu weit gefasste Unterlassungserklärung nicht spürbar beeinträchtigt wird.

200 Vgl. OLG Köln, GRUR-RR 2011, 336; OLG Düsseldorf, CR 2012, 187.

201 Zur Möglichkeit, durch eine Rechtsverletzung eine Wiederholungsgefahr nicht nur für Verletzungen desselben Schutzrechts, sondern auch für Verletzungen anderer Schutzrechte zu begründen, vgl. BGH, NJW 2014, 775.

Heckelmann/Hettich, Zur Frage der Angemessenheit von Vertragsstrafen oder: Nachdenken ist angesagt, WRP 2003, 184; *Hess*, Unterwerfung als Anerkenntnis?, *ders.*, Vertragsstrafe bei der Verteilung von Werbematerial, WRP 2004, 296; WRP 2003, 353; *Klein*, Keine Vertragsstrafe für die Schwebezeit, GRUR 2007, 664; *Köhler*, Zum »Wiederaufleben der Wiederholungsgefahr« beim wettbewerblichen Unterlassungsanspruch, GRUR 1989, 804; *ders.*, »Natürliche Handlungseinheit« und »Fortsetzungszusammenhang« bei Verstößen gegen Unterlassungstitel und strafbewehrte Unterlassungserklärungen, WRP 1993, 666; *ders.*, Zur Verjährung des vertraglichen Unterlassungs- und Schadensersatzanspruchs, GRUR 1996, 231; *ders.*, Die notarielle Unterwerfungserklärung – eine Alternative zur strafbewehrten Unterlassungserklärung?, GRUR 2010, 6; *Krüger*, Wiederholungsgefahr – unteilbar?, GRUR 1984, 785; *Kues*, Mehrfachabmahnung und Aufklärungspflicht, WRP 1985, 196; *Nees*, Die angemessene Vertragsstrafe, WRP 1983, 200; *Nieder*, Die vertragsstrafebewehrte Unterwerfung im Prozessvergleich, WRP 2001, 117; *Oppermann*, Unterlassungsantrag und zukünftige Verletzungshandlung, WRP 1989, 713; *Rieble*, Das Ende des Fortsetzungszusammenhangs im Recht der Vertragsstrafe, WM 1995, 828; *Rödding*, Die Rechtsprechung zur Drittunterwerfung – ein Irrweg?, WRP 1988, 514; *Steinbeck*, Die strafbewehrte Unterlassungserklärung – ein zweischneidiges Schwert?, GRUR 1994, 90; *Steines*, Die strafbewehrte Unterlassungserklärung: Einziges Mittel zur Beseitigung der Wiederholungsgefahr?, NJW 1988, 1359; *Teplitzky*, Die Rechtsfolgen der unbegründeten Ablehnung einer strafbewehrten Unterlassungserklärung, GRUR 1983, 609; *ders.*, Unterwerfung und »konkrete Verletzungsform«, WRP 1990, 26; *ders.*, Die (Unterlassungs-)Vertragsstrafe in der neueren BGH-Rechtsprechung, WRP 1994, 709; *ders.*, Zur Frage der überregionalen Drittwirkung einer Unterwerfungserklärung auf Abmahnung eines nur regional tätigen Gläubigers, WRP 1995, 359; *ders.*, Unterwerfung oder Unterlassungsurteil?, WRP 1996, 171; *ders.*, Die wettbewerbsrechtliche Unterwerfung heute – Neuere Entwicklungen eines alten Streitbereinigungsmittels, GRUR 1996, 696; *ders.*, Die jüngste Rechtsprechung des Bundesgerichtshofs zum wettbewerbsrechtlichen Anspruchs- und Verfahrensrecht VIII, GRUR 1997, 691; *ders.*, Die jüngste Rechtsprechung des BGH zum wettbewerbsrechtlichen Anspruchs- und Verfahrensrecht X, GRUR 2003, 272; *ders.*, Aktuelle Probleme der Abmahnung und Unterwerfung sowie des Verfahrens der einstweiligen Verfügung im Wettbewerbs- und Markenrecht, WRP 2005, 654; *ders.*, Die jüngste Rechtsprechung des BGH zum wettbewerbsrechtlichen Anspruchs- und Verfahrensrecht XI, GRUR 2007, 177; *ders.*, Anmerkungen zur ›Entwicklung der Unterwerfungserklärung und ihrer Probleme, Festschrift für H. Köhler, 2014; *Traub*, Die Anwendung des § 278 BGB auf die Erfüllung wettbewerbsrechtlicher Unterlassungsversprechen, Festschrift für Gaedertz, 1992, 563; *Ullmann*, Erstbegehungsgefahr durch Vorbringen im Prozess?, WRP 1996, 1007; *Ulrich*, Die fortgesetzte Handlung im Zivilrecht, WRP 1997, 72; *ders.*, Die Mehrfachverfolgung von Wettbewerbsverstößen durch einem Konzernverbund angehörige, rechtlich selbständige Unternehmen, die auf einem regionalen Markt tätig sind, WRP 1998, 826.

I. Die Beseitigung der Erstbegehungs- und der Wiederholungsgefahr

1 Hält der Abgemahnte den in der Abmahnung erhobenen Vorwurf für begründet oder will er aus sonstigen Gründen eine gerichtliche Auseinandersetzung vermeiden, muss er grundsätzlich eine **strafbewehrte Unterlassungserklärung** abgeben. Das gilt jedenfalls dann, wenn er eine als wettbewerbswidrig beanstandete Handlung bereits begangen hat. Im Wettbewerbsrecht begründet jede Verletzungshandlung, deren Wiederholung möglich ist, eine tatsächliche **Vermutung** für das Vorliegen einer **Wiederholungsgefahr**.[202] Der Verletzer kann die Wiederholungsgefahr grundsätzlich nur dadurch ausräumen, dass er gegenüber dem Gläubiger des Unterlassungsanspruchs eine ernstgemeinte und durch ein Vertragsstrafeversprechen angemessen gesicherte Unterlassungsver-

---

[202] Allgemeine Meinung: GK-UWG/*Paal*, § 8 Rn. 14; *Köhler/Bornkamm*, § 8 UWG Rn. 1.33 f.; *Melullis*, Rn. 574; *Teplitzky*, Kap. 6 Rn. 9. Die Entscheidung BGH, GRUR 1992, 318 – Jubiläumsverkauf betrifft den Ausnahmefall eines Wettbewerbsverstoßes, mit dessen Wiederholung nicht vor Ablauf von 25 Jahren zu rechnen war.

pflichtungserklärung abgibt.[203] Das gilt auch, wenn der Gläubiger ein Verband im Sinne des § 8 Abs. 3 Nr. 2 bis 4 UWG ist.[204] Ein nicht vertragsstrafebewehrtes Unterlassungsversprechen genügt selbst dann nicht, wenn es von einer öffentlich-rechtlichen Körperschaft, die wie ein privates Unternehmen am Geschäftsverkehr teilgenommen hat, stammt.[205] Nur in seltenen Ausnahmefällen kann der Verletzer die Wiederholungsgefahr auf andere Weise als durch die Abgabe einer strafbewehrten Unterlassungserklärung beseitigen. Im Regelfall genügt dazu nicht einmal die Umstellung der Produktion oder die Aufgabe des Geschäftsbetriebs. Etwas anderes gilt nur, wenn die Wiederaufnahme gänzlich ausgeschlossen erscheint.[206] Zu berücksichtigen ist allerdings, dass beim gesetzlichen Unterlassungsanspruch eine aufgrund des persönlichen Verhaltens des Rechtsvorgängers in seiner Person begründete Wiederholungsgefahr als ein tatsächlicher Umstand nicht auf den Rechtsnachfolger, der das Geschäft weiterführt, übergeht.[207] Zur Beseitigung der Wiederholungsgefahr durch ein auf Klage eines Dritten ergangenes (rechtskräftiges) Urteil sowie durch Übernahme einer Unterlassungspflicht in einem Prozessvergleich vgl. unten Rdn. 23.

Weniger strenge Anforderungen sind an den Wegfall einer **Erstbegehungsgefahr** zu stellen. Erstbegehungsgefahr besteht, wenn Tatsachen vorliegen, die die Besorgnis einer unmittelbar bevorstehenden erstmaligen Verletzungshandlung rechtfertigen. Sie kann z. B. durch entsprechende Vorbereitungshandlungen oder dadurch begründet werden, dass der (potenzielle) Verletzer für sich in Anspruch nimmt, in der beanstandeten Weise handeln zu dürfen (Berühmung).[208] Eine Berühmung kann auch in Erklärungen zu sehen sein, die im Rahmen der Rechtsverteidigung in einem gerichtlichen Verfahren abgegeben werden. Hierfür reicht indes nicht aus, dass der Beklagte im Prozess die Auffassung äußert, das beanstandete Verhalten sei nicht wettbewerbswidrig.[209] Eine tatsächliche Vermutung für den Fortbestand der Erstbegehungsgefahr besteht nicht. Zu ihrer Beseitigung genügt

2

---

[203] Ständige Rechtsprechung; vgl. BGH, GRUR 1988, 699, 700 – qm-Preisangaben II; GRUR 1990, 530, 532 – Unterwerfung durch Fernschreiben; GRUR 1990, 617, 624 – Metro III; GRUR 1993, 677, 679 – Bedingte Unterwerfung; GRUR 1994, 304, 306 – Zigarettenwerbung in Jugendzeitschriften; WRP 1996, 199, 201 – Wegfall der Wiederholungsgefahr I; WRP 1996, 284, 285 – Wegfall der Wiederholungsgefahr II; GRUR 2002, 180 – Weit-Vor-Winter-Schluss-Verkauf; NJW 2004, 439 – Mindestverzinsung; GRUR 2008, 996 Tz. 33 – Clone-CD; abweichend für einen besonders gelagerten Fall BGH, GRUR 1994, 443, 445 – Versicherungsvermittlung im öffentlichen Dienst; insgesamt kritisch zu dieser Rechtsprechung *Gruber*, WRP 1992, 71 ff.; *Steines*, NJW 1988, 1359 ff. Nach *Ahrens/Schulte*, 5. Aufl., Kap. 9 Rn. 19 ff., beseitigt die Unterwerfung nicht die Wiederholungsgefahr, sondern nur die für das Vorliegen einer Wiederholungsgefahr sprechende Vermutung. Neuerdings hat *Köhler* den Vorschlag zur Diskussion gestellt, die Wiederholungsgefahr durch eine notarielle Unterwerfungserklärung zu beseitigen, GRUR 2010, 6 ff.
[204] BGH, GRUR 1983, 127, 128 – Vertragsstrafeversprechen.
[205] BGH, GRUR 1991, 769, 771 – Honoraranfrage; GRUR 1994, 516, 517 – Auskunft über Notdienste.
[206] BGH, WRP 1992, 314, 316 – Jubiläumsverkauf; WRP 1998, 739, 740 – Brennwertkessel; GRUR 2001, 453 – TCM-Zentrum; GK-UWG/*Paal*, § 8 Rn. 33; *Teplitzky*, Kap. 7 Rn. 11.
[207] BGH, GRUR 2006, 879 – Flüssiggastank; GRUR 2007, 995 – Schuldnachfolge; *Fezer/Büscher*, § 8 UWG Rn. 156; *Teplitzky*, Kap. 15 Rn. 12; s. auch *Köhler*, WRP 2010, 475: Es kann allerdings u. U. eine Erstbegehungsgefahr bestehen. Im Prozess ist zu berücksichtigen: Wird das Unterlassungsbegehren zum einen mit einer bereits begangenen Verletzungshandlung begründet (Wiederholungsgefahr) und zum anderen auf den Gesichtspunkt der Erstbegehungsgefahr gestützt, so handelt es sich um verschiedene Streitgegenstände (BGH, GRUR 2006, 429 – Schlank-Kapseln). Das hat zur Konsequenz, dass es in einem solchen Fall Sache des Klägers ist, das Vorliegen einer Erstbegehungsgefahr geltend zu machen und zu begründen (*Fezer/Büscher*, § 8 UWG Rn. 97; *Köhler/Bornkamm*, § 8 UWG Rn. 1.21; *Teplitzky*, Kap. 10 Rn. 12).
[208] BGH, GRUR 1987, 125, 126 – Berühmung; GRUR 1990, 687, 688 – Anzeigenpreis II; GRUR 1992, 404, 405 – Systemunterschiede; GRUR 1992, 618, 619 – Pressehaftung II; vgl. aber auch BGH, WRP 1992, 553, 556 – Pajero; GK-UWG/*Paal*, § 8 Rn. 38.
[209] BGH, GRUR 2001, 1174, 1175 = WRP 2001 – Berühmungsaufgabe; *Ullmann*, GRUR 1996, 1007.

deshalb die Aufgabe der Berühmung bzw. die Rückgängigmachung der Vorbereitungshandlung.[210] Ausreichend ist die uneingeschränkte und eindeutige Erklärung, dass die beanstandete Handlung in Zukunft nicht mehr vorgenommen werde.[211]

3 War eine bestimmte Handlung zum Zeitpunkt ihrer Vornahme nicht wettbewerbswidrig, ändern sich aber nachträglich die tatsächlichen Umstände oder die Rechtslage in der Weise, dass die gleiche Handlung in Zukunft unzulässig wäre, so fehlt es – wenn nicht besondere Umstände (wie z.B. eine Berühmung) hinzutreten – sowohl an einer Wiederholungs- als auch an einer Erstbegehungsgefahr.[212] Entsprechendes gilt, wenn die ursprünglich streitige Frage nach der Zulässigkeit eines bestimmten Verhaltens im Verlauf des Rechtsstreits durch Änderung des Gesetzes (im negativen Sinn) entschieden wird und keine Anhaltspunkte darauf schließen lassen, der Beklagte werde sich künftig nicht an der nunmehr eindeutigen Rechtslage orientieren.[213]

4 Auch im Bereich des Eigentumsschutzes nach § 1004 BGB sowie im Allgemeinen Deliktrecht begründet jeder rechtswidrige Eingriff eine tatsächliche Vermutung für das Vorliegen einer Wiederholungsgefahr, an deren Ausräumung durch den Störer bzw. Täter strenge Anforderungen zu stellen sind.[214] Jedoch gilt der Grundsatz, dass es hierzu grundsätzlich einer strafbewehrten Unterlassungserklärung bedarf, nicht mit gleicher Strenge wie im Wettbewerbsrecht. Vielmehr kann der Schwere des Eingriffs, den Umständen der Verletzungshandlung, dem fallbezogenen Grad der Wahrscheinlichkeit einer Wiederholung und vor allem der Motivation des Verletzers für die Entkräftung der Wiederholungsgefahr ein erhebliches Gewicht zukommen.[215]

II. Inhalt der strafbewehrten Unterlassungserklärung

1. Das Unterlassungsversprechen

a) Allgemeines

5 Um zur Beseitigung der Wiederholungsgefahr geeignet zu sein, muss die Unterwerfungserklärung zunächst die Verpflichtung des Schuldners enthalten, das Verhalten, dessen Unterlassung der Verletzte verlangen kann, künftig nicht zu wiederholen. Sie muss also nach Inhalt und Umfang dem Unterlassungsanspruch entsprechen.[216] Eine Erklärung, die sich nur auf die konkrete Verletzungsform bezieht, reicht im Regelfall nicht aus. Denn nach der Rechtsprechung des Bundesgerichtshofs beschränkt sich die durch eine Verletzungshandlung begründete Wiederholungsgefahr nicht auf die genau identische Verletzungsform, sondern umfasst auch alle im Kern gleichartigen Verletzungs-

---

210 BGH, GRUR 1987, 125, 126 – Berühmung; GRUR 1989, 432, 434 – Kachelofenbauer; GRUR 1992, 116, 117 – Topfgucker-Scheck; KG GRUR 2007, 338 (Beseitigung der durch eine Markenanmeldung begründeten Erstbegehungsgefahr durch Rücknahme der Anmeldung und die unzweideutige und vorbehaltlose Erklärung, die Eintragungsabsicht aufgegeben zu haben).
211 BGH, GRUR 2001, 1174, 1175 – Berühmungsaufgabe; GK-UWG/*Paal*, § 8 Rn. 42; a.A. (Erfordernis einer strafbewehrten Unterwerfung) nunmehr für den Fall, dass bereits eine Abmahnung ausgesprochen ist: *Köhler*, GRUR 2011, 879 ff.; zustimmend: *Ohly* in *Ohly/Sosnitza*, § 8 UWG Rn. 33.
212 BGH, GRUR 1997, 665 – Schwerpunktgebiete; WRP 1998, 502, 504 – Monopräparate; NJW 2003, 3202; GK-UWG/*Paal*, § 8 Rn. 32.
213 BGH, GRUR 2002, 717 – Vertretung der Anwalts-GmbH.
214 BGHZ 140, 1, 10 = NJW 1999, 356; MüKo-BGB/*Baldus*, § 1004 BGB Rn. 289 ff.
215 BGH, GRUR 1994, 394, 396 – Bilanzanalyse.
216 BGH, WRP 1996, 199, 201 – Wegfall der Wiederholungsgefahr I; WRP 1996, 284, 285 – Wegfall der Wiederholungsgefahr II; GRUR 2008, 815 Tz. 14 – Buchführungsbüro.

formen.[217] Eine den Anspruch uneingeschränkt abdeckende Unterwerfungserklärung muss deshalb die Verallgemeinerungen einbeziehen, welche zur Erfassung des für den konkreten Verletzungstatbestand Charakteristischen notwendig sind.[218] Allerdings ist es nicht zwingend erforderlich, dass die Erklärung den Anspruchsgegenstand in der erweiterten Form schon nach ihrem Wortlaut erfasst. Unterlassungserklärungen sind nämlich – ebenso wie andere Willenserklärungen – der Auslegung nach den allgemeinen Grundsätzen (§§ 133, 157 BGB) und ohne die für gerichtliche Unterlassungstitel geltenden Einschränkungen zugänglich.[219] Bei der Auslegung kann auch das Verhalten des Schuldners in einem nachfolgenden Rechtsstreit herangezogen werden.[220] Der mit der Abgabe der Unterlassungserklärung im Regelfall verfolgte Zweck, die Wiederholungsgefahr auszuräumen und die Einleitung oder Fortführung eines gerichtlichen Verfahrens entbehrlich zu machen, wird häufig dafür sprechen, dass die Erklärung auch im Kern gleichartige Verletzungsformen erfassen soll.[221] Die Auslegung kann aber auch ergeben, dass sich das Unterlassungsversprechen auf die konkrete Verletzungsform beschränkt. Dabei ist eine eng am Wortlaut orientierte Auslegung umso eher geboten, je höher die versprochene Vertragsstrafe im Verhältnis zur Bedeutung des gesicherten Unterlassungsanspruchs ist.[222] Bei einem vom Abmahnenden vorformulierten Erklärungsinhalt kommt es maßgeblich darauf an, wie dieser aus der Sicht des Abgemahnten zu verstehen ist.[223] Grundsätzlich sollte der Schuldner, zu dessen Lasten bei der Auslegung verbleibende Zweifel gehen, seine Erklärung auf die vom Unterlassungsanspruch des Gläubigers erfassten Verallgemeinerungen erstrecken oder aber mindestens in pauschaler Form zum Ausdruck bringen, dass sein Unterlassungsversprechen sich auch auf zulässige Verallgemeinerungen bezieht.[224] Bestehen hinsichtlich des Inhalts oder der Tragweite einer Unterlassungsverpflichtungserklärung auch nur geringe Zweifel, dann ist sie grundsätzlich nicht geeignet, die Besorgnis eines künftigen Wettbewerbsverstoßes auszuräumen.[225] Derartige Zweifel können sich daraus ergeben, dass der Verletzer sein Unterlassungsversprechen auf die konkrete Verletzungsform beschränkt, obwohl der Gläubiger (in einem Abmahnschreiben oder auf sonstige Weise) eine Unterwerfung verlangt hat, die auch im Kern gleichartige Verletzungsformen erfasst. In solchen Fällen kann davon auszugehen sein, dass der Schuldner nicht den ernstlichen Willen hat, das wettbewerbswidrige Verhalten künftig zu

---

217 BGH, GRUR 1989, 445, 446 – Professorenbezeichnung in der Arztwerbung; GRUR 1993, 579, 581 – Römer GmbH; WRP 1996, 199, 201 – Wegfall der Wiederholungsgefahr I; WRP 1996, 284, 285 – Wegfall der Wiederholungsgefahr II; WRP 1996, 899, 902 – EDV-Geräte; WRP 1997, 1067, 1069 – Sekundenschnell; GRUR 2000, 337, 338 – Preisknaller; GRUR 2000, 907, 909 – Filialleiterfehler; GRUR 2003, 899 – Olympiasiegerin; GRUR 2004, 437 – Fortfall einer Herstellerpreisempfehlung; GK-UWG/*Paal*, § 8 Rn. 17.
218 BGH, WRP 1996, 199, 201 – Wegfall der Wiederholungsgefahr I; WRP 1996, 284, 285 – Wegfall der Wiederholungsgefahr II; GRUR 2002, 180 – Weit-Vor-Winter-Schluss-Verkauf; OLG Frankfurt, WRP 1997, 101; OLG Hamburg, NJW-RR 1996, 166; OLG Stuttgart, WRP 1996, 469, 473; *Oppermann*, WRP 1989, 713 ff.; *Teplitzky*, Kap. 8 Rn. 16; *ders.*, GRUR 1996, 696, 698.
219 BGH, WRP 1991, 654, 656 – Preisvergleichsliste; WRP 1996, 199, 201 – Wegfall der Wiederholungsgefahr I; WRP 1997, 1067, 1069 – Sekundenschnell; GRUR 2001, 85 – Altunterwerfung IV; OLG Köln, OLGR 2001, 54; GK-UWG/*Paal*, § 8 Rn. 22; *Melullis*, Rn. 607; *Teplitzky*, Kap. 8 Rn. 14.
220 BGH, WRP 1996, 199, 201 – Wegfall der Wiederholungsgefahr I; WRP 1998, 296, 301 – Der M.-Markt packt aus.
221 BGH, WRP 1997, 1067, 1069 – Sekundenschnell; GRUR 2003, Olympiasiegerin; OLG Celle, WRP 1995, 638; OLG Hamburg NJWE-WettbR 1996, 249; OLG Köln, WRP 2000, 226.
222 BGH, GRUR 2003, 545 = WRP 2003, 756 – Hotelfoto.
223 BGH, WRP 1997, 1067, 1070 – Sekundenschnell.
224 BGH, WRP 1996, WRP 1996, 284, 285 – Wegfall der Wiederholungsgefahr II; *Teplitzky*, Kap. 8 Rn. 16b; Harte-Bavendamm/Henning-Bodewig/*Brüning*, § 12 UWG Rn. 148.
225 BGH, WRP 1996, 199, 201 – Wegfall der Wiederholungsgefahr; *Köhler/Bornkamm*, § 12 UWG Rn. 1.123.

unterlassen.²²⁶ Infolgedessen entfällt hier die Wiederholungsgefahr (allen Gläubigern gegenüber) auch nicht teilweise.²²⁷ Nimmt allerdings der Gläubiger die eingeschränkte Unterwerfung an, so wird der Unterlassungsvertrag dahin auszulegen sein, dass er nur die konkrete Verletzungsform erfasst, mit der Folge, dass nur durch deren Wiederholung die versprochene Vertragsstrafe verwirkt wird. In einem solchen Fall tritt der (eingeschränkte) Anspruch aus dem Vertrag an die Stelle des gesetzlichen Unterlassungsanspruchs, der entfällt oder jedenfalls aufgrund einer dahin gehenden Vereinbarung vom Gläubiger nicht mehr geltend gemacht werden kann.²²⁸ Der gesetzliche Unterlassungsanspruch wird in der Regel wieder begründet, wenn der Schuldner erneut (kerngleiche) Verletzungshandlungen begeht oder anderweitig eine Begehungsgefahr begründet. Eine Auslegung, nach der der Gläubiger auch für diesen Fall auf Ansprüche verzichtet, die über den Unterlassungsvertrag hinausgehen, wird allenfalls in Ausnahmefällen in Betracht kommen. Anders verhält es sich, wenn der Schuldner nur hinsichtlich eines Teils der von der Gegenseite geltend gemachten (selbständigen) Ansprüche ein Unterlassungsversprechen abgibt. Dass er hinsichtlich des anderen Teils eine gerichtliche Entscheidung wünscht, begründet keine Zweifel an der Ernstlichkeit der Teilunterwerfung.²²⁹

b) Einschränkungen des Unterlassungsversprechens

6   Grundsätzlich darf die Unterlassungserklärung nicht durch **Bedingungen** oder sonstige **Vorbehalte** eingeschränkt werden.²³⁰ Aufschiebend bedingte oder frei **widerrufbare** Unterlassungsversprechen lassen die Wiederholungsgefahr nicht entfallen. Zulässig sind Befristungen sowie räumliche Beschränkungen, wenn auch der Anspruch des Gläubigers zeitlich oder räumlich begrenzt ist.²³¹ Auflösende Bedingungen können im Einzelfall unschädlich sein. So ist es einer bloßen Vertriebsfirma nicht zuzumuten, eine endgültige und unbedingte Unterlassungserklärung abzugeben, solange nicht im Prozess gegen den Hersteller und Lieferanten eine Entscheidung zu dessen Lasten ergangen ist.²³² Aus dem gleichen Grund dürfen Werbeagenturen, aber auch Spediteure den Bestand ihrer Unterwerfungserklärung davon abhängig machen, dass ihrem Auftraggeber das ihnen gegenüber beanstandete Verhalten endgültig verboten wird.²³³

Darüber hinaus ist eine **auflösende Bedingung** dann mit Sinn und Zweck einer Unterwerfungserklärung vereinbar, wenn sie in einer Änderung der Rechtslage oder in deren verbindlicher Klärung in entsprechendem Sinne besteht. Ist die Rechtmäßigkeit des beanstandeten Verhaltens durch eine

---

226 OLG Köln, GRUR-RR 2010, 339; OLG Hamburg, MD 2010, 732; Nimmt allerdings der Gläubiger die eingeschränkte Unterwerfung an, so wird der Unterlassungsvertrag dahin auszulegen sein, dass er nur die konkrete Verletzungsform erfasst (OLG Hamburg, MD VSW 2004, 192, 200; OLG Köln, NJWE-WettbR 1996, 36; *Teplitzky*, Kap. 41 Rn. 16 a). Weitere Gläubiger werden durch eine derartige Vereinbarung, die die Wiederholungsgefahr unberührt lässt, nicht an einem Vorgehen gegen den Schuldner gehindert.
227 BGH, GRUR 2000, 438, 441 – Gesetzeswiederholende Unterlassungsanträge; *Harte-Bavendamm/Henning-Bodewig/Brüning*, § 12 UWG Rn. 146. Einschränkend wohl OLG Frankfurt, WRP 1997, 101: Wiederholungsgefahr wird hinsichtlich der konkreten Verletzungsform, die Gegenstand der Unterwerfung ist, beseitigt. Zweifelnd *Teplitzky*,. Kap. 8 Rn. 16a.
228 OLG Frankfurt, GRUR-RR 2003, 198; OLG Hamburg, MD-VSW 2004, 192; OLG Hamm NJWE-WettbR 1999, 90, OLG Köln, NJWE-WettbR 1996, 36; OLG Stuttgart WRP 1997, 1219; *Ahrens/Achilles*, Kap. 9 Rn. 2.; *Harte-Bavendamm/Henning-Bodewig/Brüning*, § 12 UWG Rn. 174; *Ohly/Sosnitza/Ohly*, § 8 Rn. 53; *Teplitzky*, Kap. 7 Rn. 10; *Köhler/Bornkamm*, § 12 UWG Rn. 1.135 und 1.173.
229 BGH, WRP 2001, 549 – ZOCOR;GRUR, 2002, 824 – Teilunterwerfung.
230 BGH, GRUR 1987, 748, 749 – Getarnte Werbung II; GRUR 2008, 815 Tz. 14 – Buchführungsbüro; KG, WRP 1987, 322, 323; GK-UWG/*Paal*, § 8 Rn. 19.
231 *Teplitzky*, GRUR 1996, 696, 699; OLG Hamburg, GRUR-RR 2009, 446, zu einer im Streitfall unzulässigen territorialen Beschränkung.
232 BGH, GRUR 1957, 342, 347 f. – Underberg; *Teplitzky*, Kap. 8 Rn. 8.
233 BGH, GRUR 1957, 352, 354 – Taeschner (Pertussin II); GRUR 1973, 208, 210 – Neues aus der Medizin.

Änderung des Gesetzes oder durch höchstrichterliche Rechtsprechung verbindlich geklärt, besteht kein Anlass, den Schuldner an der übernommenen Verpflichtung festzuhalten.[234] Dagegen wird die Wiederholungsgefahr nicht beseitigt, wenn die auflösende Bedingung eine rechtsbeständige, nur unter dem Vorbehalt einer Änderung der Rechtslage stehende Erfüllung des Unterlassungsanspruchs verhindert und darauf abzielt, den Streit – verbunden mit einem Wechsel der Parteirollen – in ein anderes Verfahren zu verlagern.[235] Der Verletzer darf die Verbindlichkeit seiner Unterlassungserklärung deshalb nicht von der (künftigen) Entscheidung in einem Hauptsacheverfahren zwischen den Parteien[236] oder davon abhängig machen, dass der Gläubiger im Prozess über die Vertragsstrafe die Wettbewerbswidrigkeit des Verhaltens nachweist, dessen Unterlassung der Schuldner versprochen hat. Auch durch eine Unterwerfung, die die Wirksamkeit des Unterlassungsversprechens nicht von der höchstrichterlichen Klärung einer Rechtsfrage, sondern von der (rechtskräftigen) Entscheidung eines beliebigen anderen Verfahrens abhängig macht, wird die Wiederholungsgefahr nicht ausgeräumt.[237]

Eine aufschiebend befristete Unterwerfung[238] begründet, sofern der Schuldner nachvollziehbare Gründe für das Hinausschieben der Wirksamkeit anführen kann, keine durchgreifenden Zweifel an der Ernsthaftigkeit seiner Erklärung. Eine solche Unterwerfung wird bei Erreichung des bestimmten Anfangstermins wirksam und lässt damit die Wiederholungsgefahr von diesem Zeitpunkt an entfallen.[239] Das Gleiche gilt, sobald feststeht, dass eine auflösende Bedingung nicht mehr eintreten kann.[240] Der Eintritt einer auflösenden Bedingung wirkt nur ex nunc, kann also nicht zum Wegfall der Unterlassungsverpflichtung für die Vergangenheit führen.[241]

2. Verpflichtung zur Zahlung einer Vertragsstrafe

Neben der Unterlassungsverpflichtung muss die Unterwerfungserklärung die Verpflichtung zur Zahlung einer Vertragsstrafe für jeden Fall der Zuwiderhandlung enthalten.[242] Die versprochene Vertragsstrafe muss so hoch sein, dass sich künftige Verletzungshandlungen für den Schuldner

---

234 BGH, GRUR 1993, 677, 679 – Bedingte Unterwerfung; WRP 1997, 318 – Altunterwerfung II; GK-UWG/*Feddersen*, § 12 B Rn. 120; *Köhler/Bornkamm*, § 12 UWG Rn. 1.129; *Teplitzky*, Kap. 8 Rn. 8; s. zur vergleichbaren Problematik bei der Abschlusserklärung auch Anh C Rdn. 7.
235 BGH, GRUR 1993, 677, 679 – Bedingte Unterwerfung; OLG Düsseldorf, GRUR 1992, 208, 209; KG, MD VSW 1992, 565, 566 f.
236 OLG Hamburg, NJOZ 2002, 2285; *Melullis*, Rn. 617; a. A. MüKo-UWG/*Ottofülling*, § 12 UWG Rn. 226; zweifelnd *Teplitzky*, Kap. 8 Rn. 13 sowie Kap. 52 Rn. 11. Zu der Frage, ob eine entsprechende Erklärung den Verfügungsgrund für ein Eilverfahren entfallen lassen kann, vgl. *Ahrens/Singer*, Kap. 45 Rn. 57; *Berneke*, Rn. 59; *Teplitzky*, Kap. 56 Rn. 30.
237 BGH, NJW 1997, 1152, 1154 – Bob Dylan; WRP 1997, 318, 320 Altunterwerfung II; a. A. *Hartwig*, FS Pagenberg, S. 301, 313.
238 An der in der Vorauflage in Widerspruch zu Rdn. 6 verwendeten Formulierung »unter einer aufschiebenden Bedingung ... abgegebene Unterwerfungserklärung« wird nicht festgehalten.
239 BGH, GRUR 2002, 180 – Weit-Vor-Winter-Schluss-Verkauf; OLG Karlsruhe, NJWE-WettbR 1999. 116 = OLGR 1999, 60 = MD VSW 1998, 1264, 1267; *Fezer/Büscher*, § 8 UWG Rn. 70; *Köhler/Bornkamm*, § 12 UWG Rn. 1.133; MüKo-UWG/*Ottofülling*, § 12 UWG Rn. 224; *Teplitzky*, Kap. 8 Rn. 13a; a. A. OLG München, MD VSW 1999, 582, 585. Der Gläubiger ist nicht gehindert, nach Abgabe der aufschiebend befristeten Erklärung eine einstweilige Verfügung gegen den Schuldner zu erwirken und auf diese Weise seinen Unterlassungsanspruch für die Zeit vor dem Wirksamwerden der Erklärung durchzusetzen.
240 Vgl. BGH, WRP 1991, 97, 99 – Abschlusserklärung – zum Fall einer unter einer auflösenden Bedingung abgegebenen Abschlusserklärung (siehe auch unten C, Rdn. 7).
241 BGH, WRP 1997, 318, 320 – Altunterwerfung II; *Köhler/Bornkamm*, § 12 UWG Rn. 1.129.
242 Eine Ausnahme hiervon ist für den Fall anzuerkennen, dass die Unterwerfung im Rahmen eines Prozessvergleichs erfolgt (*Nieder*, WRP 2001, 117; *Harte-Bavendamm/Henning-Bodewig/Brüning*, § 12 UWG Rn. 211 ff.). Zur a. A. neigend *Teplitzky*, Kap. 7 Rn. 10 (Fn. 36), weil auf diese Weise die Haftung für Erfüllungsgehilfen ausgeschlossen werden könne.

wirtschaftlich nicht mehr lohnen. Entscheidend sind hierfür neben weiteren Umständen des Einzelfalls die Art und der Umfang der bereits begangenen Wettbewerbsverletzungen, das Verschulden des Verletzers, die Gefährlichkeit des Verstoßes für den Gläubiger sowie insbesondere Größe und Kapitalausstattung des verletzenden Unternehmens.[243] Auf die Schadensersatzfunktion der Vertragsstrafe kommt es dagegen nicht an.[244]

9   Die Bestimmung der angemessenen Vertragsstrafe kann dem Gläubiger oder einem Dritten überlassen werden (§§ 315, 317 BGB). Dem Bestimmungsberechtigten muss kein bestimmter Rahmen vorgegeben werden.[245] Soweit ein bestimmter Rahmen vereinbart wird (»Vertragsstrafe bis zu ...«), muss die Obergrenze die Höhe eines fest zu vereinbarenden Betrags angemessen übersteigen. In der Regel wird vom Doppelten dieses Betrags auszugehen sein.[246] Grundsätzlich sind die in Betracht kommenden Formen des Vertragsstrafeversprechens untereinander gleichwertig, so dass die Wahl im Regelfall beim Schuldner liegt.[247] Ob dann, wenn die Gefahr eines Massenverstoßes im Wege natürlicher Handlungseinheit droht,[248] das Versprechen einer Vertragsstrafe in bestimmter Höhe die Wiederholungsgefahr ausnahmsweise nicht entfallen lässt, ist noch ungeklärt.[249]

10 Ob die Wiederholungsgefahr entfällt, wenn der Verletzer gegen den Willen des Verletzten ein Vertragsstrafeversprechen **zugunsten eines Dritten** abgibt, der den Verletzer nicht abgemahnt hatte, hängt von den Umständen des Einzelfalls ab. Dabei ist zu berücksichtigen, dass es dem Schuldner, wenn er sich an sein Unterlassungsversprechen halten will, gleichgültig sein kann, wem er die Zahlung der Vertragsstrafe verspricht. Deshalb werden, sofern nicht besondere Umstände vorliegen, Bedenken gegen die Ernstlichkeit des Unterlassungswillens bestehen, wenn der Schuldner nicht bereit ist, das Zahlungsversprechen dem Unterlassungsgläubiger gegenüber abzugeben.[250] Zudem dient die Vertragsstrafe nicht nur der Sicherung der Unterlassungsverpflichtung, sondern zusätzlich der Erlangung eines pauschalierten Schadensausgleichs.[251] Das einen Dritten begünstigende Vertragsstrafenversprechen kann also seiner Funktion nicht vollauf gerecht werden.

11 Unschädlich ist es, wenn der Schuldner die Zahlung einer Vertragsstrafe nur für den Fall einer schuldhaften Zuwiderhandlung verspricht, denn die Beschränkung der Zahlungspflicht auf schuldhafte Verstöße entspricht der ohnehin bestehenden Rechtslage. Eine Umkehr der Beweislast zum Nachteil des Gläubigers ist mit der Beschränkung nicht verbunden.[252]

---

243 BGH, GRUR 1983, 127, 128 f. – Vertragsstrafeversprechen; GRUR 2002, 180 – Weit-Vor-Winter-Schluss-Verkauf; OLG Köln, WRP 1996, 226, 229; GK-UWG/*Feddersen*, § 12 B Rn. 128; kritisch *Nees*, WRP 1983, 200 ff., sowie *Heckelmann/Wettich*, WRP 2003, 184, die maßgeblich auf Umsatz und Rendite des Unternehmens des Verletzers abstellen wollen.
244 BGH, GRUR 1987, 748, 750 – Getarnte Werbung II; *Teplitzky*, Kap. 8 Rn. 19.
245 BGH, GRUR 1990, 1051, 1052 – Vertragsstrafe ohne Obergrenze; GRUR 1994, 146 – Vertragsstrafebemessung.
246 BGH, GRUR 1985, 155, 157 – Vertragsstrafe bis zu ... I; GRUR 1985, 937, 938 – Vertragsstrafe bis zu ... II.
247 *Teplitzky*, Kap. 8 Rn. 22a.
248 Vgl. OLG Köln, WRP 2004, 387.
249 In diese Richtung: *Hess*, WRP 2004, 296; *Teplitzky*, Kap. 8 Rn. 22b.
250 BGH, GRUR 1987, 748, 750 – Getarnte Werbung II; OLG Köln, GRUR 1986, 194; OLG Brandenburg WRP 2000, 427; *Jacobs*, Anm. zu BGH, GRUR 1987, 748, 750 f. – Getarnte Werbung II; *Harte-Bavendamm/Henning-Bodewig/Brüning*, § 12 UWG Rn. 196; MüKo-UWG/*Ottofülling*, § 12 UWG Rn. 264; *Teplitzky*, GRUR 1996, 696, 700; **a.A.** *Staudinger/Rieble* (2009), § 339 BGB Rn. 360 ff.; kritisch auch *Ahrens/Achilles*, Kap. 8 Rn. 31.
251 BGH, GRUR 2010, 355 Tz. 32 mwN. – Testfundstelle.
252 BGH, GRUR 1982, 688, 691 – Senioren-Paß; GRUR 1985, 155, 156 – Vertragsstrafe bis zu ... I.

Die Ernstlichkeit der Unterwerfung eines Kaufmanns wird durch die Abbedingung von § 348 HGB (und die hierdurch eröffnete Möglichkeit einer Herabsetzung der Vertragsstrafe gemäß § 343 BGB) nicht infrage gestellt.[253]

Ein zur Ausräumung der Wiederholungsgefahr geeignetes Unterlassungsversprechen wird im Regelfall auch dann vorliegen, wenn der Schuldner sich nicht auf eine vom Gläubiger verlangte Abrede einlässt, die eine Zusammenfassung wiederholter Zuwiderhandlungen zu einer rechtlichen Einheit ohne Einschränkung ausschließen soll. Eine derartige Abrede ginge über den üblichen Inhalt von Unterlassungsverträgen hinaus. Die Antwort auf die Frage, in welchem Umfang bei mehrfachen Verstößen gegen eine strafbewehrte Unterlassungsverpflichtung Vertragsstrafen verwirkt sind, ist nach der neueren Rechtsprechung des Bundesgerichtshofs aufgrund einer Vertragsauslegung im Einzelfall zu beantworten. Die Lösung kann also nicht aus einem vorgegebenen Rechtsbegriffs des Fortsetzungszusammenhangs abgeleitet werden. Allerdings sind mangels besonderer Abreden wegen des typischen Charakters von Unterlassungsverträgen regelmäßig dieselben Grundsätze heranzuziehen. Nach diesen Grundsätzen werden einzelne Taten, soweit sie sich nach dem objektiven Erklärungsinhalt des konkreten Vertrages als rechtliche Einheit darstellen, jeweils als eine einzige Zuwiderhandlung zu behandeln sein. Andererseits wird eine Zusammenfassung (nachweislich) vorsätzlich begangener Einzelhandlungen sowie solcher Handlungen, denen jeweils größeres Gewicht zukommt, nicht dem Interesse der Parteien entsprechen.[254] Eine Unterlassungserklärung, die sich an diesem Rahmen orientiert, beseitigt, weil der Gläubiger regelmäßig kein schutzwürdiges Interesse an einer über das übliche Maß hinausgehenden Sicherung haben wird, die Wiederholungsgefahr selbst dann, wenn der Gläubiger ausdrücklich einen gänzlichen Verzicht auf die Zusammenfassung von einzelnen Verstößen zu einer rechtlichen Einheit fordert.[255] 12

Höchstrichterlich noch nicht entschieden ist die Frage, ob eine Unterwerfungserklärung, in der der Schuldner die Haftung für das Verschulden seiner Erfüllungsgehilfen im Sinne von § 278 BGB[256] ausschließt, die Wiederholungsgefahr entfallen lässt.[257] Die Frage ist – entgegen der in der Vorauflage vertretenen Auffassung - zu bejahen. Diese war damit begründet worden, der Schuldner müsse entscheiden, ob er eine Unterwerfung oder eine Verurteilung für nachteiliger hält. Er hat nicht die Möglichkeit, durch eine entsprechend formulierte Unterlassungserklärung gleichzeitig den schärferen Sanktionsmöglichkeiten des § 890 (bei einer Verurteilung) und der Erfüllungsgehilfenhaftung gemäß § 278 BGB (im Fall der Unterwerfung) auszuweichen.[258] Dagegen spricht aber, dass 13

---

253 *Harte-Bavendamm/Henning-Bodewig/Brüning*, § 12 UWG Rn. 241; *Köhler/Bornkamm*, § 12 UWG Rn. 1.145; *Teplitzky*, Kap. 8 Rn. 30b; **a. A.** *Aigner*, GRUR 2007, 950. Zu den Schwierigkeiten, die entstehen können, wenn § 348 HGB nicht abbedungen ist, vgl. den Fall BGH, GRUR 2009, 181 Tz. 41 – Kinderwärmkissen.

254 BGH, GRUR 2001, 758 = WRP 2001, 702 = NJW 2001, 2622 – Trainingsvertrag. Vgl. auch *Bernreuther* GRUR 2003, 114.

255 *Köhler/Bornkamm*, § 12 UWG Rn. 1.150; *Teplitzky*, Kap. 8 Rn. 30. Zur früheren Rechtsprechung vgl. BGH, WRP 1993, 240, 243 – Fortsetzungszusammenhang.

256 Zur Haftung des Unterwerfungsschuldners für das Verschulden seiner Erfüllungsgehilfen vgl. BGH, GRUR 1985, 1065, 1066 – Erfüllungsgehilfe; GRUR 1987, 648, 649 – Anwalts-Eilbrief; GRUR 1988, 561, 562 – Verlagsverschulden; WRP 1998, 864, 866 – Verlagsverschulden II.

257 Bejahend: *Bornkamm*, FS Tilmann, S. 769, 775; *Köhler/Bornkamm*, § 12 UWG Rn. 1.156; HK-WettbR/ *Kothoff/Gabel*, § 8 Rn. 21; *Traub*, FS Gaedertz, S. 563 ff., 575; *Staudinger/Rieble* (2009), § 339 BGB Rn. 341.

258 Vgl. KG, MD VSW 1995, 1225; KG MD VSW 1993, 743; OLG Frankfurt, GRUR-RR 2003, 198; *Ullmann/Hess*, jurisPK-UWG, § 12 Rn. 78; *Teplitzky*, WRP 1994, 709, 712; *ders.*, GRUR 1996, 696, 700; *ders.* Kap. 8 Rn. 29. Teilweise wird eine Beschränkung der Haftung auf Handlungen von Mitarbeitern und Beauftragten im Sinne von § 8 Abs. 2 UWG für unschädlich gehalten, *Fezer/Büscher*, § 8 UWG Rn. 71; *Harte-Bavendamm/Henning-Bodewig/Brüning*, § 12 UWG Rn. 189; MüKo-UWG/*Ottofülling*, § 12 UWG Rn. 281. Vermittelnde Positionen werden vertreten von *Ahrens/Schulte*, 5. Aufl., Kap. 10 Rn. 20 f. sowie von *Steinbeck*, GRUR 1994, 90, 93 f.

inzwischen weitgehend anerkannt ist, dass Unterwerfung und Titel möglichst gleich zu behandeln sind. Zudem ist allein entscheidend, ob der Schuldner einen ernsthaften Unterlassungswillen zum Ausdruck gebracht hat. Nach diesem Maßstab lässt es sich kaum begründen, dass der vertragliche Unterlassungsschuldner eine weitergehende Haftung übernehmen muss als ein Titelschuldner, um die Wiederholungsgefahr ausräumen zu können.

Beschränkt der Schuldner sein Vertragsstrafeversprechen auf schuldhafte Verstöße (vgl. oben Rdn. 11), so kann diese Beschränkung nicht dahin ausgelegt werden, dass er damit die Haftung für ein Verschulden seiner Erfüllungsgehilfen ausschließen will.

14 Die Wirksamkeit der Unterwerfungserklärung hängt nicht davon ab, dass der Schuldner den geltend gemachten Unterlassungsanspruch anerkennt oder sich zur Erstattung von Abmahnkosten bereit erklärt.[259] Deshalb ist es unschädlich, wenn der Schuldner seine Erklärung »mit Rechtsbindungswillen, aber ohne Anerkennung einer Rechtspflicht« abgibt.[260] Ein ernsthaftes und vertragsstrafebewehrtes Unterlassungsversprechen beseitigt die Wiederholungsgefahr selbst dann, wenn es unter dem Druck eines Prozesses abgegeben wird.[261]

III. Form der Unterwerfungserklärung, Notwendigkeit des Zugangs

15 An der in Rechtsprechung und Literatur früher überwiegend vertretenen Auffassung, die Wirksamkeit der Unterwerfung hänge nicht von der Einhaltung einer bestimmten Form ab,[262] kann nicht uneingeschränkt festgehalten werden. Vielmehr bedarf die Unterlassungsverpflichtungserklärung, wenn sie **nicht** von einem **Kaufmann** stammt, grundsätzlich der **Schriftform**.[263] Sie ist als Willenserklärung auf den Abschluss eines Unterlassungsvertrags gerichtet. Dieser ist in der Regel als abstraktes Schuldversprechen oder Schuldanerkenntnis im Sinne der §§ 780, 781 BGB und nicht als Vergleich zu werten[264] mit der Folge, dass die Willenserklärung des Schuldners schriftlich erfolgen muss. Wird die Form nicht eingehalten, so kann eine wirksame vertragliche Unterlassungspflicht und insbesondere ein Anspruch des Gläubigers auf Zahlung der für den Fall der Zuwiderhandlung versprochenen Vertragsstrafe nicht entstehen. Eine Erklärung, die nicht geeignet ist, dem Gläubiger die Möglichkeit einer ausreichenden Sanktion zu verschaffen, kann nicht als Ausdruck eines ernsthaften Unterlassungswillens verstanden werden. Nur in Ausnahmefällen und wenn gleichzeitig eine schriftliche Unterlassungserklärung angekündigt und unverzüglich nachgereicht wird, kann eine Unterwerfung ausreichen, die dem Schriftformerfordernis nicht genügt.[265] Bei Übersendung der Unterlassungserklärung per Telefax ist die Schriftform nicht gewahrt, da dem Empfänger hier keine vom Schuldner eigenhändig unterschriebene Erklärung zugeht.[266] **Keiner Form** bedarf die Unterwerfungserklärung eines **Kaufmanns** (§ 350 HGB). Auch in den Fällen, in denen § 780 BGB

---

259 BGH, GRUR 1972, 558, 559 – Teerspritzmaschinen; *Teplitzky*, Kap. 8 Rn. 31. Umgekehrt kann in der Abgabe einer Unterlassungserklärung kein Anerkenntnis einer (zuvor bestehenden) Unterlassungspflicht gesehen werden (*Ahrens/Achilles*, Kap. 8 Rn. 23; *Ahrens/Scharen*, Kap. 11 Rn. 39). Der Schuldner, der sich unterwirft ist deshalb nicht schon im Hinblick auf sein Unterlassungsversprechen zur Zahlung der Abmahnkosten verpflichtet (*Hess*, WRP 2003, 353). Die Gegenmeinung (*Conrad*, WRP 2001, 187) ist abzulehnen.
260 *Köhler/Bornkamm*, § 12 UWG Rn. 1.111.
261 OLG Stuttgart, WRP 1997, 358, 361.
262 BGH, GRUR 1990, 530, 532 – Unterwerfung durch Fernschreiben.
263 *Ahrens/Achilles*, Kap. 8 Rn. 15 ff.; *Fezer/Büscher*, § 8 UWG Rn. 68; GK-UWG/*Paal*, § 8 Rn. 21; *Köhler/Bornkamm*, § 12 UWG Rn. 1.103; *Köhler*, GRUR 1996, 231; *Melullis*, Rn. 619.
264 BGH, GRUR 1995, 678, 679 – Kurze Verjährungsfrist; WRP 1997, 318, 320 – Altunterwerfung II; BGH, GRUR 1998, 953 – Altunterwerfung III; GK-UWG/*Paal*, § 8 Rn. 20; *Gruber*, WRP 1992, 71, 86; *Köhler/Bornkamm*, § 12 UWG Rn. 1.103; a. A. *Harte-Bavendamm/Henning-Bodewig/Brüning*, § 12 UWG Rn. 121 (Schuldversprechen und Vergleich).
265 Zu derartigen Ausnahmen vgl. *Ahrens/Achilles*, Kap. 8 Rn. 18; *Teplitzky*, Kap. 8 Rn. 3.
266 BGH, NJW 1997, 3169, 3170 (zum Schuldbeitritt durch Telefax); *Köhler*, GRUR 1996, 231.

nicht eingreift, liegt eine ernstgemeinte, zur Beseitigung der Wiederholungsgefahr geeignete Unterwerfung jedoch nicht vor, wenn der Schuldner nicht bereit ist, eine fernschriftlich abgegebene Unterlassungserklärung auf Verlangen des Gläubigers schriftlich zu bestätigen.[267] Das gilt erst recht für ein mündliches Unterlassungsversprechen.

Die Unterwerfungserklärung muss dem Gläubiger zugehen.[268] Die Beweislast für den Zugang liegt beim Schuldner, der sich auf den Wegfall der Wiederholungsgefahr beruft.[269]

IV. Die Unterwerfung als Willenserklärung

Die einseitige Unterlassungsverpflichtungserklärung des Schuldners begründet keinen Anspruch des Gläubigers auf Zahlung der versprochenen Vertragsstrafe bei einer Zuwiderhandlung. Ein solcher Anspruch setzt vielmehr einen wirksamen Unterwerfungsvertrag voraus[270]. Auf den Abschluss eines derartigen Vertrags ist die Unterwerfungserklärung als Willenserklärung im Sinne der §§ 145 ff. BGB gerichtet. Vertragsangebot ist sie nicht nur dann, wenn sie ohne vorherige Abmahnung erfolgt, sondern auch in den Fällen, in denen der Abmahnende auf die Übersendung einer vorformulierten Unterlassungserklärung verzichtet hat und die Abmahnung auch ansonsten inhaltlich nicht so bestimmt ist, dass der Schuldner nur noch sein Einverständnis zu erklären braucht. Die Annahme durch den Gläubiger kann dann gemäß § 151 BGB erfolgen.[271] Enthält dagegen die Abmahnung – wie dies in der Praxis weithin üblich ist – ein hinreichend konkretes Unterlassungsverlangen, so ist sie als Vertragsangebot zu werten, welches der Schuldner durch die Unterwerfungserklärung annimmt.[272] Dafür muss aber die Unterwerfungserklärung dem Gläubiger innerhalb der von ihm in der Abmahnung gesetzten (angemessenen) Frist zugehen; geschieht dies nicht, liegt in der Unterwerfungserklärung ein neues Angebot, das der Gläubiger seinerseits annehmen muss.[273] Dabei ist zu beachten, dass die Unterwerfungserklärung grundsätzlich ein unwiderrufliches Angebot darstellt, das unbefristet angenommen werden kann.[274] Wegen der Einzelheiten des Unterlassungsvertrags wird auf die Darstellungen bei *Teplitzky*, Kap. 12 und 20, *Köhler/Bornkamm*, § 12 UWG Rn. 1.113 ff., *Gloy/Loschelder/Erdmann/Schwippert*, Hdb. WettbewerbsR § 84 Rn. 47 ff. sowie GK-UWG/*Feddersen*, § 12 B Rn. 109 ff. verwiesen.

16

V. Die einseitige Unterlassungserklärung

Obwohl erst der Unterlassungsvertrag dem Gläubiger eine Sanktionsmöglichkeit für den Fall eines Verstoßes des Schuldners gegen sein Unterlassungsversprechen verschafft, kann die Wiederholungsgefahr auch durch eine einseitige, vom Gegner nicht angenommene strafbewehrte Unterlassungs-

17

---

267 BGH, GRUR 1990, 530, 532 – Unterwerfung durch Fernschreiben.
268 OLG Hamm, GRUR 1991, 254; KG, WRP 1982, 467, 468; *Fezer/Büscher*, § 8 UWG Rn. 67; *Melullis*, Rn. 623.
269 OLG Hamm, GRUR 1991, 254; *Köhler/Bornkamm*, § 12 UWG Rn. 1.119.
270 BGH, GRUR 2006, 878= NJW-RR 2006, 1477 – Vertragsstrafevereinbarung; GRUR 2010, 355 Tz. 17 ff. – Testfundstelle; OLG Köln, GRUR-RR 2010, 339; *Teplitzky*, Kap. 20 Rn. 7 f.; a.A. *Köhler*, FS Gernhuber, 1993, S. 207 ff.
271 Auch insoweit ist freilich ein nach außen hervortretendes Verhalten des Empfängers erforderlich, aus dem der Annahmewille hervorgeht (BGH, GRUR 2006, 878 – Vertragsstrafevereinbarung); s. auch OLG Köln, GRUR-RR 2010, 339, 340 f.
272 BGH, WRP 1993, 240, 241 – Fortsetzungszusammenhang; WRP 1995, 300, 302 – Kosten bei unbegründeter Abmahnung; GRUR 2002, 824 – Teilunterwerfung; GRUR 2006, 878 – Vertragsstrafevereinbarung; OLG Celle, GRUR 1990, 481; OLG Karlsruhe, WRP 1990, 51, 52; OLG Köln, WRP 1985, 175, 176; WRP 2000, 226; OLGR 2006, 398; OLG Stuttgart, WRP 1997, 1219; *Burchert*, WRP 1985, 478, 479 f.; *Fezer/Büscher*, § 12 UWG Rn. 4; *Harte-Bavendamm/Henning-Bodewig/Brüning*, § 12 UWG Rn. 125; *Köhler/Bornkamm*, § 12 UWG Rn. 1.115; GK-UWG/*Feddersen*, § 12 B Rn. 10; *Teplitzky*, WRP 1994, 709, 710; *ders.*, GRUR 1996, 696.
273 BGH, GRUR 2010, 355 Tz. 18 f. – Testfundstelle.
274 BGH, GRUR 2010, 355 Tz. 21 – Testfundstelle.

erklärung ausgeräumt werden.²⁷⁵ Voraussetzung dafür ist, dass die Erklärung sich als Ausdruck eines ernsthaften Unterlassungswillens darstellt. Dazu gehört insbesondere, dass die versprochene Sanktion geeignet erscheint, den Versprechenden ernsthaft von Wiederholungen der Verletzungshandlung abzuhalten.²⁷⁶ Außerdem muss sichergestellt sein, dass der Gläubiger die Unterwerfungserklärung auch noch nachträglich und selbst nach einer anfänglichen Zurückweisung jederzeit annehmen kann. Hierfür ist erforderlich, dass der Schuldner sein Unterlassungsversprechen (entgegen § 146 BGB) unwiderruflich und unter Verzicht auf die Annahmefrist des § 147 Abs. 2 BGB abgibt.²⁷⁷ Allerdings muss eine entsprechende Klarstellung nicht ausdrücklich erfolgen. Vielmehr ergibt sich die Unwiderruflichkeit der Unterlassungserklärung (mangels einer entsprechenden Einschränkung in der Erklärung selbst) schon aus dem mit ihr verfolgten Zweck, die Wiederholungsgefahr endgültig auszuräumen.²⁷⁸

18 Nimmt der Gläubiger eine zunächst einseitig gebliebene Unterlassungsverpflichtungserklärung nachträglich doch noch an, so kommt der Unterlassungsvertrag mit dem Zugang der Annahmeerklärung (im Fall des § 151 BGB mit der Annahme im Sinne dieser Vorschrift) zustande. Der Vertragsschluss wirkt aber, wenn etwas anderes nicht vereinbart ist, nicht zurück. Ein Anspruch des Gläubigers auf Zahlung der Vertragsstrafe für Verstöße, die nach der Unterwerfungserklärung des Schuldners aber vor deren Annahme durch den Gläubiger begangen wurden, besteht nicht.²⁷⁹

VI. Drittwirkung der Unterwerfung

19 Die Wiederholungsgefahr kann auch aufgrund einer Unterlassungserklärung entfallen, die der Schuldner gegenüber einem anderen Gläubiger abgegeben hat²⁸⁰. Voraussetzung ist jedoch, dass die übernommene Unterlassungsverpflichtung geeignet erscheint, den Verletzer tatsächlich von Wiederholungen der Verletzungshandlung abzuhalten. Ob das der Fall ist, muss unter umfassender Würdigung der Umstände des Einzelfalls und unter Anlegung eines strengen Maßstabs geprüft werden. Dabei kommt es in besonderem Maß darauf an, ob der Dritte, demgegenüber sich der Schuldner unterworfen hat, bereit und geeignet erscheint, die ihm zustehenden Sanktionsmöglichkeiten auszuschöpfen.²⁸¹

20 Drittwirkung kann auch einer Unterlassungserklärung zukommen, die ein überregional tätiges Unternehmen einem Gläubiger gegenüber abgibt, der selbst nur regional tätig ist. Auch in einem solchen Fall besteht häufig kein Anlass, an der Ernstlichkeit des Unterlassungsversprechens zu zweifeln, so dass die Wiederholungsgefahr im gesamten Bundesgebiet entfällt.²⁸² Eine räumliche

---

275 BGH, GRUR 2010, 355 Tz. 21 und 25 – Testfundstelle; GK-UWG/*Feddersen*, § 12 B Rn. 137.
276 BGH, GRUR 1984, 214, 216 – Copy-Charge; GRUR 1985, 155, 156 – Vertragsstrafe bis zu ... I; GRUR 1988, 459, 460 – Teilzahlungsankündigung; GRUR 1990, 1051, 1052 – Vertragsstrafe ohne Obergrenze; WRP 1996, 199, 202 – Wegfall der Wiederholungsgefahr I; kritisch *Rödding*, WRP 1988, 514, 516.
277 Vgl. BGH, GRUR 1984, 593, 595 – adidas Sportartikel; GRUR 1985, 937, 938 – Vertragsstrafe bis zu ... II mit kritischer Anm. *Ahrens*; vgl. auch GK-UWG/*Feddersen*, § 12 B Rn. 138.
278 BGH, GRUR 2010, 355 Tz. 21 – Testfundstelle; GK-UWG/*Feddersen*, § 12 B Rn. 138, 154; *Köhler/Bornkamm*, § 12 UWG Rn. 1.117; *Teplitzky*, Kap. 8 Rn. 37. **A. A.** *Klein*, GRUR 2007, 664.
279 BGH, GRUR 2006, 878 – Vertragsstrafevereinbarung; GRUR 2010, 355 Tz. 17 – Testfundstelle; OLG Köln, GRUR-RR 2010, 339, 340.
280 Eingehend hierzu: *Eichelberger*, WRP 2009, 270 ff.; vgl. auch GK-UWG/*Feddersen*, § 12 B Rn. 141.
281 BGH, GRUR 1983, 186 – Wiederholte Unterwerfung I; GRUR 1987, 640, 641 – Wiederholte Unterwerfung II; GRUR 1989, 758, 759 – Gruppenprofil; KG, MD VSW 1992, 657, 659; MD VSW 1993, 277 f.; OLG Köln, WRP 1986, 506 f.; OLG Hamburg, MD 2009, 762; *Fezer/Büscher*, § 8 Rn. 89; GK-UWG/*Paal*, § 8 Rn. 28; GK-UWG/*Feddersen*, § 12 B Rn. 142; *Köhler/Bornkamm*, § 12 UWG Rn. 1.166 ff.; **kritisch** *Gruber*, GRUR 1991, 354, 361; *Krüger*, GRUR 1984, 785, 791; *Rödding*, WRP 1988, 514 f.
282 BGH, GRUR 2002, 357 = WRP 2002, 320 – Missbräuchliche Mehrfachabmahnung (jedenfalls für den Fall, dass die Unterlassungserklärung gegenüber einem Unternehmen abgegeben wird, das zu einem bundesweit operierenden Konzern gehört); BGH, GRUR 2001, 85 – Altunterwerfung IV; OLG Karlsruhe, WRP 1998, 902; *Eichelberger*, WRP 2009, 270, 274.

Beschränkung der Unterlassungserklärung lässt sich nicht mit dem Argument begründen, auch der Unterlassungsanspruch des Gläubigers bestehe nur in dessen Tätigkeitsbereich. Wettbewerbsrechtliche Unterlassungsansprüche sind nämlich grundsätzlich nicht regional begrenzt, sondern für das gesamte Bundesgebiet gegeben.[283] Will der Abgemahnte jeden Zweifel an der Ernsthaftigkeit seiner Erklärung ausschließen, kann er sich in der Weise unterwerfen, dass er – als Angebot zugunsten eines bundesweit tätigen Zweitgläubigers – für jeden Fall der Zuwiderhandlung die Zahlung einer Vertragsstrafe verspricht, die (auch) von dem Zweitgläubiger verlangt werden kann.[284]

Dass sich der Verletzer dem Dritten ohne entsprechende Abmahnung freiwillig unterworfen hat, begründet nicht in jedem Fall Zweifel an der Ernsthaftigkeit seines Unterlassungswillens. Eine vorherige Abmahnung durch den Gläubiger ist nicht Voraussetzung für eine wirksame Unterwerfung. Ist gewährleistet, dass der Adressat der freiwilligen Unterwerfung bei einer Zuwiderhandlung gegen das Unterlassungsversprechen seine Rechte aus dem Unterlassungsvertrag geltend machen wird, so entfällt auch in einem solchen Fall die Wiederholungsgefahr.[285] Der Auffassung, das Verschweigen der Drittunterwerfung gegenüber einem Zweitabmahner lasse erkennen, dass es an einem ernsthaften Unterlassungswillen fehle,[286] kann nur für solche Fälle zugestimmt werden, in denen der Abgemahnte die Drittunterwerfung hartnäckig oder gar böswillig verschweigt.[287] 21

Der Schuldner hat darzulegen und ggf. zu beweisen, dass die gegenüber einem Dritten abgegebene Unterlassungserklärung geeignet ist, die Wiederholungsgefahr schlechthin zu beseitigen.[288] 22

Zu beachten ist, dass auch ein in einem Hauptsacheverfahren ergangenes rechtskräftiges Unterlassungsurteil die Wiederholungsgefahr im Verhältnis zu sämtlichen Unterlassungsgläubigern entfallen lässt, wenn keine Anhaltspunkte dafür bestehen, dass derjenige Gläubiger, der den Titel erstritten hat, an der Durchsetzung nicht interessiert ist, und wenn zudem der Schuldner sich gegenüber dem am Prozess nicht beteiligten Gläubiger auf das rechtskräftige Urteil beruft und dadurch zu erkennen gibt, dass das Urteil den Streit auch im Verhältnis zu ihm regeln soll.[289] Nichts anderes kann gelten, wenn die Unterlassungsverpflichtung in einen gerichtlichen Vergleich aufgenommen und dem Schuldner danach ein Androhungsbeschluss gemäß § 890 Abs. 2 zugestellt worden ist. In einem solchen Fall bedarf es, weil der Prozessvergleich ein Vollstreckungstitel ist, keines Ver- 23

---

283 BGH, WRP 1999, 421, 442 – Vorratslücken. Zur abweichenden älteren Rechtsprechung verschiedener Oberlandesgerichte vgl. *Ulrich*, WRP 1998, 826, 827. Geht man von der Rechtsprechung des BGH aus, so ist eine Unterwerfungserklärung, die vom Schuldner (ausdrücklich) nur für einen räumlich beschränkten Bereich abgegeben wird, nicht geeignet, die Wiederholungsgefahr entfallen zu lassen. Differenzierend: *Köhler/Bornkamm*, § 12 UWG Rn. 1.134.

284 BGH, GRUR 2002, 357 = WRP 2002, 320 – Missbräuchliche Mehrfachabmahnung; *Teplitzky*, WRP 1995, 359; GK-UWG/*Feddersen*, § 12 B Rn. 148.

285 OLG Frankfurt, WRP 1998, 895, 896; OLG Schleswig, NJWE-WettbR 1998, 91; *Borck*, WRP 1985, 311, 314 f.; *Köhler/Bornkamm*, § 12 UWG Rn. 1.105; *Teplitzky*, Kap. 8 Rn. 41; *Eichelberger*, WRP 2009, 270, 275; a. A. OLG München, WRP 1998, 912, 915; *Ahrens/Scharen*, Kap. 11 Rn. 12; tendenziell auch GK-UWG/*Feddersen*, § 12 B Rn. 145.

286 OLG Frankfurt, WRP 1984, 413, 414; KG, WRP 1986, 678, 680; *Kues*, WRP 1985, 196, 200 f.

287 BGH, GRUR 1987, 640, 641 f. – Wiederholte Unterwerfung II; *Köhler/Bornkamm*, § 12 UWG Rn. 1.174; gänzlich ablehnend *Lindacher* in Anm. zu BGH, GRUR 1987, 54, 56 – Aufklärungspflicht des Abgemahnten; *Teplitzky*, Kap. 8 Rn. 41; vgl. auch GK-UWG/*Feddersen*, § 12 B Rn. 146.

288 BGH, GRUR 1987, 640, 641 – Wiederholte Unterwerfung II. Zur Pflicht des Abgemahnten, den Abmahnenden über die Drittunterwerfung aufzuklären, sowie zu den Folgen eines Verstoßes gegen die Aufklärungspflicht vgl. oben A, Rdn. 24 ff.

289 BGH, GRUR 2003, 450 = WRP 2003, 512 – Begrenzte Preissenkung. Vgl. auch KG, WRP 1998, 71; OLG Karlsruhe, WRP 1996, 453; OLG München, OLGR 1995, 89; *Fezer/Büscher*, § 8 UWG Rn. 94; *Harte-Bavendamm/Henning-Bodewig/Bergmann/Goldmann*, § 8 UWG Rn. 25; *Melullis*, Rn. 588; *Ohly/Sosnitza/Ohly*, § 8 Rn. 21; *Teplitzky*, GRUR 2003, 272, 273; a. A. *Ahrens/Ahrens*, Kap. 55 Rn. 31.

tragsstrafeversprechens des Schuldners, um die Wiederholungsgefahr auch im Verhältnis zu Dritten auszuräumen.[290] Zur Drittwirkung der Abschlusserklärung vgl. unten C, Rdn. 11.

VII. Wirkung der Unterwerfung im Prozess

24 Weil das Bestehen der Wiederholungsgefahr nach herrschender Meinung eine materiell-rechtliche Voraussetzung des Unterlassungsanspruchs ist,[291] führt die Beseitigung der Wiederholungsgefahr durch eine inhaltlich ausreichende und ernstgemeinte Unterlassungsverpflichtungserklärung zum Erlöschen des Anspruchs.[292] Eine Verurteilung des Verletzers zur Unterlassung kann der Verletzte nicht mehr erreichen. Wird die Unterlassungsverpflichtungserklärung im Prozess abgegeben, muss der Kläger, will er die Abweisung der Klage vermeiden, den Rechtsstreit hinsichtlich des Unterlassungsantrags in der Hauptsache für erledigt erklären.[293] Unterwirft sich der Schuldner nach Einreichung, aber vor Zustellung der Klage, so ist aus der Sicht des Gläubigers die Klagerücknahme die zweckmäßige Reaktion. In diesem Fall bestimmt sich nach § 269 Abs. 3 Satz 3 die Kostentragungspflicht unter Berücksichtigung des bisherigen Sach- und Streitstandes nach billigem Ermessen. Nichts anderes gilt, wenn nach übereinstimmender Erledigungserklärung gemäß § 91a Abs. 1 über die Kosten zu entscheiden ist. Im Rahmen der Kostenentscheidung nach §§ 91a Abs. 1, 269 Abs. 3 Satz 3 darf nicht unterstellt werden, dass der Beklagte sich durch die Unterlassungserklärung in die Rolle des Unterliegenden begeben habe. Die Unterlassungserklärung ist kein prozessuales Anerkenntnis. Wer sich unterwirft, kann gegenüber weiteren Forderungen des Gläubigers (etwa auf Schadensersatz, Ersatz von Abmahnkosten usw.) weiterhin geltend machen, nicht wettbewerbswidrig gehandelt zu haben.[294] Maßgeblich für die Kostenentscheidung ist deshalb, wie der Rechtsstreit ohne die Klagrücknahme bzw. die übereinstimmende Erledigungserklärung voraussichtlich ausgegangen wäre.[295]

VIII. Unterwerfung und erneuter Verstoß

25 Wiederholt der Schuldner den Wettbewerbsverstoß unter Missachtung seines Unterlassungsversprechens, begründet das erneut die Wiederholungsgefahr.[296] Der Gläubiger kann den durch den erneuten Verstoß begründeten gesetzlichen Unterlassungsanspruch und – wenn zu diesem Zeitpunkt bereits ein Unterlassungsvertrag zustande gekommen war[297] – außerdem auch den vertraglichen Unterlassungsanspruch durchsetzen. Dies schließt die Beseitigung einer fortwirkenden Beeinträchtigung ein.[298] Daneben kann er bei einem schuldhaften[299] Verstoß Zahlung der verwirkten Vertragsstrafe verlangen.[300] Die neue Wiederholungsgefahr kann allenfalls durch eine weitere

---

290 Vgl. oben Rdn. 8 (Fn. 41).
291 BGH, GRUR 1983, 127, 128 – Vertragsstrafeversprechen; GRUR 1990, 534 Abruf-Coupon; a. A. *Melullis*, Rn. 569: Element des Rechtsschutzinteresses.
292 BGH, GRUR 1987, 640, 642 – Wiederholte Unterwerfung II; WRP 1995, 820, 822 – Kurze Verjährungsfrist; GRUR 2010, 355 Tz. 25 – Testfundstelle; GK-UWG/*Feddersen*, § 12 B Rn. 150; a. A. *Köhler*, GRUR 1989, 804, 805: rechtshemmende Einwendung.
293 Kritisch hierzu *Ahrens*, Anm. zu BGH, GRUR 1985, 155, 158 – Vertragsstrafe bis zu ... I.
294 OLG Köln, WRP 1978, 226, 228; *Hess*, WRP 2003, 353.
295 OLG Celle, NJW-RR 1986, 1061 f.; OLG Koblenz, GRUR 1988, 566; OLG Köln, GRUR 1989, 705; OLG Stuttgart, WRP 1984, 567; *Hess*, WRP 2003, 353; a. A. *Conrad*, WRP 2001, 187 (für den Anspruch auf Ersatz von Abmahnkosten).
296 BGH, GRUR 1990, 534 – Abruf-Coupon; WRP 1998, 294, 295 – GS-Zeichen; *Teplitzky*, Kap. 8 Rn. 50.
297 S. hierzu oben Rdn. 16.
298 Vgl. OLG Köln MMR 2010, 782 = MD 2010, 632.
299 Vgl. *Staudinger/Rieble*, (2009) § 339 BGB Rn. 314 mwN.
300 BGH, GRUR 1980, 241, 242 – Rechtsschutzbedürfnis; GRUR 2010, 355 Tz. 17 ff. – Testfundstelle.

Unterwerfungserklärung mit einer gegenüber der ersten erheblich höheren Strafbewehrung ausgeräumt werden.[301]

Der gesetzliche Unterlassungsanspruch kann auch dadurch erneut begründet werden, dass sich der Schuldner von seinem Unterlassungsversprechen lossagt (etwa durch Anfechtung, Kündigung oder Berufung auf den Wegfall der Geschäftsgrundlage). Ein derartiges Verhalten wird in der Regel deutlich machen, dass nunmehr die Gefahr eines erneuten Wettbewerbsverstoßes besteht (Erstbegehungsgefahr).[302] 26

C. Abschlussschreiben und Abschlusserklärung

Literatur:
Ahrens, Die Abschlusserklärung – Zur Simulation der Rechtskraft von Verfügungstiteln, WRP 1997, 907; *Bernreuther*, Zusammentreffen von Unterlassungserklärung und Antrag auf Erlass einer einstweiligen Verfügung, GRUR 2001, 400; *Borck*, Kunstfehler und kalkulierte Risiken beim Umgang mit Unterlassungsverfügungen, WRP 1979, 274; *Günther*, Einfach oder nicht? – Zur Höhe der Geschäftsgebühr bei Abschlussschreiben, WRP 2010, 1440; *Haag*, Nachträglicher Wegfall der Wirkungen einer Abschlusserklärung, WRP 2009, 795; *Jestaedt*, Der Streitgegenstand des wettbewerbsrechtlichen Verfügungsverfahrens, GRUR 1985, 840; *Köhler*, Grenzen der Mehrfachklage und Mehrfachvollstreckung im Wettbewerbsrecht, WRP 1992, 359; *Krenz*, Die Geschäftsführung ohne Auftrag beim wettbewerbsrechtlichen Abschlussschreiben, GRUR 1995, 31; *Lindacher*, Praxis und Dogmatik der wettbewerbsrechtlichen Abschlusserklärung, WRP 1984, 639; *Nill*, Sachliche Zuständigkeit bei Geltendmachung der Kosten von Abschlussschreiben, GRUR 2005, 740; *Scherf*, Wettbewerbliche Unterlassungsverfügung als »Hauptsache«?, WRP 1969, 396; *Spehl*, Abschlussschreiben und Abschlusserklärung im Wettbewerbsverfahrensrecht, 1987; *Teplitzky*, Unterwerfung oder Unterlassungsurteil, WRP 1996, 171; *Ulrich*, Auswirkungen der UWG-Novelle 1994 auf abgeschlossene wettbewerbsrechtliche Streitfälle, WRP 1995, 86; *Völp*, Änderung der Sach- oder Rechtslage bei Unterlassungstiteln, GRUR 1984, 486.

I. Funktion des Abschlussverfahrens

Eine einstweilige Verfügung stellt nur eine vorläufige Regelung dar. Gegen die Beschlussverfügung ist gemäß §§ 936, 924 Abs. 1 unbefristet Widerspruch möglich. Eine durch Urteil – ggf. des Berufungsgerichts – erlassene oder bestätigte einstweilige Verfügung ist auf Antrag gemäß §§ 936, 927 Abs. 1 wegen **veränderter Umstände** aufzuheben, wenn eine dem Verurteilten günstige Entscheidung in der Hauptsache ergangen ist.[303] Eine Aufhebung wegen veränderter Umstände droht auch, wenn der geltend gemachte Unterlassungsanspruch nach Einleitung des Verfügungsverfahrens verjährt. Allerdings wird die Verjährung durch die Zustellung des Antrags auf Erlass einer einstweiligen Verfügung gehemmt (§ 204 Abs. 1 Nr. 9 BGB). Wird der Verfügungsantrag nicht zugestellt, genügt seine Einreichung, soweit die erlassene einstweilige Verfügung innerhalb eines Monats nach Verkündung oder Zustellung an den Gläubiger dem Schuldner zugestellt wird. Jedoch endet die Hemmung gem. § 204 Abs. 2 Satz 1 BGB sechs Monate nach der (formell) rechtskräftigen Entscheidung oder anderweitigen Beendigung des eingeleiteten Verfahrens. Von einer anderweitigen Beendigung ist u. a. auszugehen, wenn gegen eine Beschlussverfügung (zunächst) kein Widerspruch eingelegt wird. Bleibt der Gläubiger bis zum Ablauf der Hemmung untätig, so tritt Verjährung des Anspruchs ein. Die 30-jährige Verjährungsfrist, die § 197 Abs. 1 Nr. 3 BGB für rechtskräftig festgestellte Ansprüche vorsieht, gilt für Titel, die im Verfahren der einstweiligen Verfügung erlassen wurden, nicht. 1

---

301 BGH, GRUR 1990, 534 – Abruf-Coupon; **kritisch** *Gruber*, WRP 1991, 279, 284; einschränkend auch *Teplitzky*, Kap. 8 Rn. 53.
302 BGH, WRP 1997, 312, 316 – Altunterwerfung I; WRP 1997, 318, 324 – Altunterwerfung II; *Teplitzky*, Kap. 8 Rn. 55.
303 Zur Notwendigkeit der Aufhebung der einstweiligen Verfügung gem. § 927 auch nach Abweisung der zugehörigen Hauptsacheklage vgl. BGH, GRUR 1987, 125, 126 – Berührung.

2 Ein Ausweg aus derartigen Schwierigkeiten kann nicht darin gesehen werden, dass der Verletzte Klage zur Hauptsache erhebt, ohne den Ausgang des Verfügungsverfahrens abzuwarten. Allerdings haben Klage und Verfügungsverfahren unterschiedliche Streitgegenstände und Rechtsschutzziele,[304] so dass weder der Einwand der Rechtshängigkeit noch das Fehlen eines Rechtsschutzbedürfnisses die Zulässigkeit des später eingeleiteten Verfahrens infrage stellen können.[305] Jedoch ist ein paralleles Vorgehen im Verfügungs- und Hauptsacheverfahren aufwendig und verursacht zusätzliche Kosten. Im Hinblick hierauf kann ein derartiges Vorgehen nach der Rechtsprechung des Bundesgerichtshofs rechtsmissbräuchlich im Sinne von § 8 Abs. 4 UWG sein und zur Unzulässigkeit der Klage führen.[306]

3 Vor diesem Hintergrund kommt dem Abschlussverfahren erhebliche Bedeutung zu. Mit der Abschlusserklärung des Schuldners hat die Praxis ein Mittel entwickelt, das geeignet ist, die vom Gläubiger erwirkte Unterlassungsverfügung ebenso effektiv und dauerhaft werden zu lassen wie ein Urteil im Hauptsacheverfahren.[307] Zudem lässt die Abschlusserklärung das Rechtsschutzbedürfnis für eine Unterlassungsklage entfallen; das gilt auch, soweit diese auf die Unterlassung kerngleicher Verletzungshandlungen gerichtet ist.[308] Die an den Antragsgegner gerichtete Aufforderung des Antragstellers, eine solche Abschlusserklärung abzugeben, wird als Abschlussschreiben bezeichnet (vgl. unten Rdn. 13 ff.).

II. Die Abschlusserklärung

1. Inhalt der Abschlusserklärung

4 Der notwendige Inhalt der Abschlusserklärung hängt teilweise von der Prozesssituation ab, in der sie abgegeben wird: Bei einer Beschlussverfügung muss der Antragsgegner auf das Recht zum **Widerspruch gemäß §§ 936, 924 verzichten** (ggf. verbunden mit der Rücknahme eines bereits eingelegten Widerspruchs). Ist die Verfügung durch Urteil erlassen oder bestätigt worden, so bedarf es, solange das Urteil nicht formell rechtskräftig ist, des **Verzichts auf die Berufung**.[309] In jedem Fall muss der Verfügungsschuldner auf das Recht **verzichten**, dem Gläubiger gemäß §§ 936, 926 Abs. 1 **Frist zur Erhebung der Hauptsacheklage** setzen zu lassen.[310]

5 Heute besteht Einigkeit darüber, dass der »**Doppelverzicht**« auf Widerspruch und Berufung einerseits und auf das Recht der Fristsetzung zur Klageerhebung andererseits nicht ausreicht,[311] um die einstweilige Verfügung mit den Wirkungen eines Hauptsachetitels auszustatten.[312] Der Antragsgegner bleibt nämlich berechtigt, gemäß § 927 die Aufhebung der einstweiligen Verfügung wegen veränderter Umstände – z.B.: Ablauf der Vollziehungsfrist, Eintritt der Verjährung, Erfolg einer von ihm selbst erhobenen negativen Feststellungsklage – zu beantragen. In der Praxis wird deshalb

---

304 *Jestaedt*, GRUR 1985, 480, 481 f.; vgl. auch § 935 Rdn. 2.
305 BGH, WRP 1973, 23 – Neues aus der Medizin; GRUR 1973, 384 – Goldene Armbänder; OLG Hamm, WRP 1991, 496; KG, NJW-RR 1987, 816; OLG Köln, WRP 1987, 188, 190; WRP 1996, 1214, 1215; NJWE-WettbR 1999, 92.
306 BGH, GRUR 2000, 1089 = WRP 2000, 1269 = NJW 2000, 3566 – Missbräuchliche Mehrfachverfolgung; GRUR 2001, 82 = WRP 2000, 1263 – Neu in Bielefeld I; GRUR 2001, 78 = WRP 2000, 2459 – Falsche Herstellerpreisempfehlung; GRUR 2002, 715 – Scanner-Werbung.
307 BGH, GRUR 1991, 76, 77 – Abschlusserklärung; GRUR 2005, 692 – »statt«-Preis.
308 BGH, GRUR 2010, 855 = WRP 2010, 1035 – Folienrollos.
309 Herrschende Meinung; *Gloy/Loschelder/Erdmann/Spätgens*, Hdb. WettbewerbsR, § 111 Rn. 9.
310 Allgemeine Meinung; vgl. BGH, GRUR 1973, 384 – Goldene Armbänder.
311 Zur früher herrschenden (abweichenden) Meinung vgl. *Ahrens*, Wettbewerbsverfahrensrecht, S. 217; *Borck*, WRP 1979, 274, 278; *Pastor*, Der Wettbewerbsprozess, 3. Aufl., S. 456, 493 ff. jeweils m.w.N.
312 BGH, GRUR 1989, 115 – Mietwagen-Mitfahrt; KG, NJW-RR 1987, 814, 815; OLG Koblenz, GRUR 1986, 94, 95; *Gloy/Loschelder/Erdmann/Spätgens*, Hdb. WettbewerbsR, § 110 Rn. 3; *Harte-Bavendamm/Henning-Bodewig/Retzer*, § 12 UWG Rn. 635 ff.; *MüKo-UWG/Schlingloff*, § 12 UWG Rn. 550 ff.; *Scherf*, WRP 1969, 395, 396 f.

häufig ein **Verzicht auf das Aufhebungsrecht** nach § 927 in die Abschlusserklärung aufgenommen.[313] Die Zulässigkeit eines derartigen umfassenden Verzichts ist allerdings streitig, weil er sich auch auf künftige Aufhebungsgründe erstreckt, deren Entstehung und Tragweite ungewiss ist.[314] Er ist allerdings auch nicht erforderlich. Denn auch gegen ein Urteil in der Hauptsache können nachträglich entstandene Einwendungen gegen den festgestellten Anspruch durch **Vollstreckungsabwehrklage** (§ 767) oder **Abänderungsklage** (§ 323) geltend gemacht werden. Ein Verzicht auf die Rechte aus § 927 ohne weitere Einschränkungen ist daher regelmäßig dahin auszulegen, dass solche Einwendungen, die gegen einen Hauptsachetitel nach § 767 geltend gemacht werden könnten, nicht ausgeschlossen sein sollen.[315] Zu empfehlen sind allerdings Formulierungen, die – auch im Hinblick auf die Möglichkeit späterer Einwendungen – auf die Gleichstellung der einstweiligen Verfügung mit einem rechtskräftigen Hauptsachetitel abzielen. Insoweit ist freilich streitig, ob sämtliche der Erreichung des angestrebten Ziels dienenden Verzichtserklärungen des Schuldners (insbesondere auch der Verzicht auf eine negative Feststellungsklage sowie auf das Recht, Schadensersatzansprüche gemäß § 945 geltend zu machen) ausdrücklich und kumulativ aufzuführen sind[316] oder ob es genügt, wenn in der Abschlusserklärung zum Ausdruck gebracht wird, dass die einstweilige Verfügung nach Bestandskraft und Wirkung einem rechtskräftigen Urteil in der Hauptsache gleichgestellt werden soll.[317] In der Praxis dürften die Interessen beider Parteien durch eine Erklärung gewahrt werden, durch die der Antragsgegner die einstweilige Verfügung als endgültige, einem rechtskräftigen Titel gleichstehende Regelung der Hauptsache anerkennt und in dem hierzu erforderlichen Umfang auf die Rechte aus §§ 924, 926 und 927 (sowie ggf. auf die Berufung) verzichtet.[318] Nicht erforderlich ist der Verzicht auf die Anfechtung der Kostenentscheidung der einstweiligen Verfügung durch Kostenwiderspruch.[319]

Der Verzicht auf Rechtsbehelfe gegen die einstweilige Verfügung muss nicht notwendig ausdrücklich erfolgen; er kann der Erklärung des Schuldners auch durch Auslegung zu entnehmen sein.[320] Eine derartige Auslegung scheidet allerdings aus, wenn einer der in Betracht kommenden Rechtsbehelfe von dem erklärten Verzicht ausdrücklich (und ggf. unter Abweichung von der vom Gläubiger geforderten Erklärung) ausgenommen wird.[321]   6

Die Abschlusserklärung muss sich inhaltlich mit der erlassenen einstweiligen Verfügung decken; einschränkende oder klarstellende Zusätze sind nicht möglich.[322] Unschädlich ist allerdings die Beschränkung auf einzelne in der einstweiligen Verfügung geregelte Streitgegenstände, wenn hierdurch die Vollstreckungsfähigkeit des von der Abschlusserklärung erfassten Teils gewahrt bleibt.[323] Dementsprechend reicht eine Abschlusserklärung, durch die eine ohne Einschränkung erlassene   7

---

313 Diesen Verzicht hält *Spehl*, Abschlussschreiben und Abschlusserklärung im Wettbewerbsverfahrensrecht, S. 62, für notwendig.
314 Gegen die Wirksamkeit eines umfassenden Verzichts: *Ahrens*, Wettbewerbsverfahrensrecht, S. 362 ff.; ders., WRP 1997, 907, 910; *Ahrens/Ahrens*, Kap. 58 Rn. 20; *Scherf*, WRP 1969, 395, 397; vgl. auch oben § 927 Rdn. 11, 40. Einen gänzlichen Verzicht halten für wirksam: *Spehl*, Abschlussschreiben und Abschlusserklärung im Wettbewerbsverfahrensrecht, S. 55 ff. sowie S. 153 ff.; *Teplitzky*, Kap. 43 Rn. 6. Der BGH (GRUR 1987, 125, 126 – Berühmung und GRUR 2009, 1096 Tz. 16 – Mescher weis) hat die Frage offen gelassen.
315 BGH, GRUR 2009, 1096 Tz. 26 = NJW 2009, 3303 – Mescher weis.
316 In diesem Sinne *Ahrens*, WRP 1997, 907, 909 ff.
317 *Köhler/Bornkamm*, § 12 UWG Rn. 3.74; *Melullis*, Rn. 673; MüKo-UWG/*Schlingloff*, § 12 UWG Rn. 552; *Lindacher*, BB 1984, 639, 643; *Teplitzky*, Kap. 43 Rn. 8.
318 OLG Hamm, GRUR 1993, 1001, 1002; KG, MD VSW 1994, 543, 544.
319 *Berneke*, Rn. 336; *Fezer/Büscher*, § 12 UWG Rn. 164; MüKo-UWG/*Schlingloff*, § 12 UWG Rn. 551.
320 OLG Stuttgart, WRP 1996, 152, 153; *Teplitzky*, Kap. 43 Rn. 8.
321 OLG Hamburg, WRP 1995, 648, 649; OLG Hamm, GRUR 1993, 1001, 1003; KG KGR 1995, 86.
322 BGH, GRUR 2005, 692 – »statt«-Preis; OLG Karlsruhe, WRP 1993, 43, 44; *Ahrens/Ahrens*, Kap. 58 Rn. 29.
323 *Harte-Bavendamm/Henning-Bodewig/Retzer*, § 12 UWG Rn. 644.

einstweilige Verfügung entgegen der materiellen Rechtslage[324] in ihrer Wirksamkeit auf den räumlichen Tätigkeitsbereich des Gläubigers beschränkt wird, nicht aus; ihr fehlt die Eignung, die Wiederholungsgefahr auszuräumen.[325] Die Abschlusserklärung darf nicht unter **Vorbehalt** erfolgen, weil sie sonst einem Titel in der Hauptsache nicht mehr gleichstünde. Unwirksam ist deshalb eine Erklärung, die **auflösend bedingt** für den Fall ist, dass der Antragsteller in einem Parallelverfahren gegen einen Dritten unterliegen sollte.[326] Zulässig ist allerdings ein Vorbehalt, dass die Abschlusserklärung ihre Wirksamkeit verlieren soll, wenn eine höchstrichterliche Leitentscheidung ergeht, nach der das untersagte Verhalten eindeutig als rechtmäßig zu beurteilen wäre, denn diese ist wie eine Gesetzesänderung als Einwendung i. S. des § 767 zu behandeln.[327]

2. Form der Abschlusserklärung, Notwendigkeit des Zugangs

8 Eine bestimmte Form der Abschlusserklärung ist im Gesetz nicht vorgeschrieben. Nach herrschender Meinung reicht jedoch eine mündliche Erklärung nicht aus; der Gläubiger hat vielmehr Anspruch auf eine schriftliche Bestätigung.[328] Dem ist schon im Hinblick auf die andernfalls drohenden Beweisschwierigkeiten hinsichtlich der Tragweite der Erklärung sowie deren Verbindlichkeit für den Schuldner zuzustimmen. Eine fernschriftlich abgegebene Abschlusserklärung kann dagegen wirksam sein.[329] Voraussetzung ist freilich, dass der Schuldner auf Wunsch des Gläubigers zur Überlassung des handschriftlich unterzeichneten Originals bereit ist.[330]

Die Abschlusserklärung muss, um wirksam zu werden, dem Gläubiger zugehen. Die Beweislast für den Zugang trifft den Schuldner. Von der Verpflichtung zur Übernahme der entstandenen Kosten hängt die Wirksamkeit der Abschlusserklärung nicht ab.[331]

Die Abschlusserklärung bedarf, um wirksam zu werden, nicht der Annahme durch den Gläubiger.[332]

3. Wirkung der Abschlusserklärung

9 Durch eine ordnungsgemäße Abschlusserklärung wird die einstweilige Verfügung zum endgültigen Titel; das **Rechtsschutzinteresse** für eine **Hauptsacheklage** des Gläubigers entfällt.[333] Aber auch eine negative Feststellungsklage des Schuldners wäre mangels **Feststellungsinteresses** (§ 256) unzulässig.[334] Da die Abschlusserklärung der einstweiligen Verfügung die Wirkung eines rechtskräftigen Urteils in der Hauptsache verleiht und weil ein derartiges Urteil das über einen Schadensersatzan-

---

324 Vgl. BGH, GRUR 1999, 509 = WRP 1999, 241 – Vorratslücken; GRUR 2000, 1089 = WRP 2000, 1269 – Missbräuchliche Mehrfachverfolgung; GRUR 2001, 85 = WRP 2000, 1404 – Altunterwerfung IV.
325 BGH, BGH Report 2001, 46.
326 BGH, GRUR 1991, 76, 77 – Abschlusserklärung. Die Abschlusserklärung wird aber wirksam, wenn die auflösende Bedingung nicht mehr eintreten kann (BGH, a. a. O.).
327 BGH, GRUR 2009, 1096 Tz. 21 ff.
328 KG, GRUR 1991, 258; *Fezer/Büscher*, § 12 UWG Rn. 168; *Harte-Bavendamm/Henning-Bodewig/Retzer*, § 12 UWG Rn. 645; *Köhler/Bornkamm*, § 12 UWG Rn. 3.75.
329 BGH, GRUR 1991, 76, 77 – Abschlusserklärung.
330 KG, MD VSW 1994, 543, 544.
331 *Berneke*, Rn. 340; *Köhler/Bornkamm*, § 12 UWG Rn 3.74; *Teplitzky*, Kap. 43 Rn. 12.
332 *Teplitzky*, Kap. 43 Rn. 9; vgl. aber auch zu ggf. erforderlichen Differenzierungen *Ahrens/Ahrens*, Kap. 58 Rn. 32 ff.
333 BGH, GRUR 1989, 115 – Mietwagen-Mitfahrt; GRUR 1991, 76, 77 – Abschlusserklärung; GRUR 2009, 1096 Tz. 14 – Mescher weis; GRUR 2010, 855 Tz. 16 – Folienrollos; das gilt aber dann nicht, wenn die Parteien darüber streiten, ob eine den Anforderungen genügende Abschlusserklärung des Schuldners vorliegt (OLG Köln, WRP 1998, 791).
334 OLG Koblenz, GRUR 1986, 94, 95.

spruch gemäß § 945 befindende Gericht binden würde,³³⁵ kann der Schuldner den ihm aus der Vollziehung der einstweiligen Verfügung entstandenen Schaden nicht vom Gläubiger ersetzt verlangen. Diese Wirkungen reichen so weit, wie auch der Verbotsumfang der einstweiligen Verfügung, die der Verletzer als endgültige Regelung anerkannt hat; ein Rechtsschutzbedürfnis besteht daher auch nicht für die Verfolgung kerngleicher Verletzungshandlungen.³³⁶ Verletzungshandlungen, die zeitlich nach der Abgabe der Abschlusserklärung erfolgt sind, begründen allerdings wieder eine neue Begehungsgefahr (und ein erneutes Rechtsschutzbedürfnis) und können gesondert verfolgt werden. Es gilt insoweit nichts anderes als nach der Abgabe einer Unterlassungserklärung.³³⁷

Entstehen nachträglich Einwendungen, auf die bei einem Titel in der Hauptsache eine Abänderungsklage gemäß § 323 oder eine Vollstreckungsabwehrklage gemäß § 767 gestützt werden könnten, so kann der Schuldner nach Abgabe einer Abschlusserklärung, die die einstweilige Verfügung einem Titel in der Hauptsache gleichstellt, die Aufhebung der einstweiligen Verfügung wegen veränderter Umstände gemäß §§ 936, 927 verlangen.³³⁸ 10

4. Drittwirkung der Abschlusserklärung

Im Verhältnis zu Dritten kann eine Abschlusserklärung die Wiederholungsgefahr beseitigen, soweit keine Zweifel an der Ernsthaftigkeit der Erklärung sowie an der Entschlossenheit des Gläubigers bestehen, ggf. aus der als endgültig anerkannten einstweiligen Verfügung zu vollstrecken.³³⁹ Ein sachlicher Unterschied zum Fall der Drittunterwerfung besteht nämlich nicht.³⁴⁰ Vielmehr bieten die gegenüber einem Vertragsstrafeversprechen schärferen Sanktionsmöglichkeiten des § 890 eine erhöhte Gewähr gegen neue Verstöße. Die Abschlusserklärung kann ebenso wie die Unterwerfung als Äußerung eines künftigen Unterlassungswillens gedeutet werden. Die Wahl zwischen Abschlusserklärung und Unterwerfung hängt nicht vom Vorhandensein oder Fehlen eines echten Unterlassungswillens, sondern lediglich davon ab, was dem Schuldner im konkreten Fall weniger nachteilig erscheint.³⁴¹ Verteidigt sich allerdings der Schuldner der Abmahnung eines Dritten gegenüber mit der (angeblichen) Rechtmäßigkeit des beanstandeten Verhaltens und verschweigt dabei die Abschlusserklärung, zeigt dies, dass es an einem ernsthaften Unterlassungswillen fehlt. 11

5. Unterwerfung statt Abschlusserklärung

Der Antragsgegner ist, wenn er die Auseinandersetzung mit dem Antragsteller nach dem Erlass einer einstweiligen Verfügung beenden möchte, nicht auf die Möglichkeit beschränkt, eine Abschlusserklärung abzugeben. Es steht ihm frei, sich stattdessen zu unterwerfen und dadurch die 12

---

335 BGH, NJW 1988, 3268.
336 BGH, GRUR 2010, 855 Tz. 17 – Folienrollos.
337 Vgl. hierzu Anh B Rdn. 25 f.
338 *Harte-Bavendamm/Henning-Bodewig/Retzer*, § 12 UWG Rn. 651; *Melullis*, Rn. 675; *Teplitzky*, Kap. 43 Rn. 15.
339 OLG Frankfurt, WRP 1997, 44, 46; OLG Hamburg, WRP 1984, 704; WRP 1995, 240, 241; OLG Hamm, WRP 1991, 125, 126; KG, WRP 1993, 22, 24 f.; WRP 1998, 71, 72; OLG München, OLGR 1999, 222; OLG Zweibrücken, NJWE-WettbR 1999, 66; *Bernreuther*, GRUR 2001, 400, 401; *Fezer/Büscher*, § 12 UWG Rn. 171; *Harte-Bavendamm/Henning-Bodewig/Retzer*, § 12 UWG Rn. 648; *Köhler/Bornkamm*, § 12 Rn. 3.77; GK-UWG/*Schwippert*, § 12 C Rn. 290; *Köhler*, WRP 1992, 359, 363; HK-WettbR/*Kothoff/Gabel*, § 8 UWG Rn. 27; *Melullis*, Rn. 587; *Ohly/Sosnitza/Sosnitza*, § 12 UWG Rn. 192; *Teplitzky*, Kap. 43 Rn. 11a.
340 Zur Beseitigung der Wiederholungsgefahr durch Drittunterwerfung vgl. oben B, Rdn. 19 ff.
341 *Teplitzky*, Kap. 41 Rn. 45 sowie Kap. 43 Rn. 37 unter Hinweis u. a. auf die Haftung des Unterwerfungsschuldners für das Verschulden seiner Erfüllungsgehilfen (§ 278 BGB).

Wiederholungsgefahr auszuräumen. Das gilt auch, wenn der Gläubiger ausdrücklich die Abgabe einer Abschlusserklärung verlangt.[342]

III. Das Abschlussschreiben

1. Rechtliche Bedeutung des Abschlussschreibens

13 Der Schuldner kann die Abschlusserklärung von sich aus abgeben, um sich weitere Kosten zu ersparen.[343] In der Praxis bedarf es jedoch meist einer entsprechenden Aufforderung durch den Gläubiger (Abschlussschreiben). Das Abschlussschreiben ist keine Prozessvoraussetzung für eine Hauptsacheklage. Der Gläubiger muss jedoch mit Kostennachteilen rechnen, wenn er auf ein Abschlussschreiben verzichtet und der Schuldner den geltend gemachten Anspruch sofort anerkennt (§ 93). § 12 Abs. 1 UWG ist auf das Abschlussschreiben nicht unmittelbar anwendbar. Das gilt schon deshalb, weil es nicht auf die Abgabe einer strafbewehrten Unterlassungsverpflichtungserklärung durch den Schuldner abzielt. Es bestehen aber so deutliche Parallelen zwischen Abmahnung und Abschlussschreiben, dass die entsprechende Anwendung von § 12 Abs. 1 UWG und der zur vorgerichtlichen Abmahnung geltenden Grundsätze gerechtfertigt und geboten erscheint.

14 Nach einer erfolglosen vorprozessualen Abmahnung besteht Veranlassung (im Sinne von § 93) sowohl zu einem Antrag auf Erlass einer einstweiligen Verfügung als auch zur Erhebung einer Hauptsacheklage. Der Gläubiger hat die Wahl, in welchem Verfahren er seinen Anspruch geltend machen will. In der Regel nicht zulässig ist allerdings die gleichzeitige Einleitung von Verfügungs- und Hauptsacheverfahren. Nach Einreichung eines Verfügungsantrags wird der Gläubiger abzuwarten haben, ob eine einstweilige Verfügung erlassen und vom Schuldner als endgültige Regelung anerkannt wird, bevor er Klage in der Hauptsache erhebt. Die sofortige Erhebung einer Hauptsacheklage ist in dieser Situation missbräuchlich im Sinne von § 8 Abs. 4 UWG, sofern nicht besondere Umstände vorliegen.[344]

15 Beschränkt sich der Verletzte zunächst auf das Eilverfahren und wird die beantragte einstweilige Verfügung erlassen, bedarf es zur Vermeidung von Kostennachteilen für den Gläubiger eines Abschlussschreibens. Erfahrungsgemäß sind Verletzer nach Erlass einer einstweiligen Verfügung häufig bereit, diese durch Abgabe einer Abschlusserklärung zum endgültigen Titel zu machen. Die einstweilige Verfügung schafft mithin eine neue Situation, in der der Verletzte ohne nochmalige Abmahnung – eben in der Form des Abschlussschreibens – keine Veranlassung zur Klageerhebung hat.[345] Bei einem sofortigen Anerkenntnis des Verletzers sind deshalb im Regelfall die Kosten des Hauptsacheverfahrens gemäß § 93 dem (ohne vorangegangenes Abschlussschreiben) klagenden Verletzten aufzuerlegen. Dieser kann sich nicht mit Erfolg auf eine Abmahnung vor Einleitung des Verfügungsverfahrens berufen. Das gilt selbst dann, wenn sich der Schuldner in einem Verfügungsverfahren über zwei Instanzen gegen den geltend gemachten Unterlassungsanspruch verteidigt hat.[346]

---

342 OLG Bamberg, WRP 2003, 102; OLG Frankfurt, WRP 1978, 829; WRP 1998, 895, 897; OLG Hamburg, NJWE-WettbR 2000, 71; OLG Hamm, WRP 1982, 592, 593; OLG Karlsruhe, OLGR 1998, 72; *Berneke*, Rn. 333; *Bernreuther*, GRUR 2001, 4000, 401; *Köhler/Bornkamm*, § 12 Rn. 3.69; *Teplitzky*, Kap. 43 Rn. 37; a.A. OLG Köln, WRP 1996, 333, 338; *Ahrens*, WRP 1997, 907, 908; *Gloy/Loschelder/Erdmann/Spätgens*, Hdb. WettbewerbsR, § 110 Rn. 11; *Ahrens/Ahrens*, Kap. 58 Rn. 8.
343 Vgl. unten Rdn. 20.
344 Vgl. oben Rdn. 2 und die dort in Fn. 4 genannte Rechtsprechung des BGH.
345 BGH, GRUR 1973, 384, 385 – Goldene Armbänder; OLG Düsseldorf, WRP 1983, 568, 569; GRUR 1991, 479; OLG Hamburg, WRP 1986, 289; OLG Hamm, WRP 1978, 393; KG, WRP 1984, 545, 546; WRP 1984, 547; OLG Koblenz, WRP 1979, 226, 230; OLG Köln, WRP 1987, 188, 190; OLG Zweibrücken, GRUR-RR 2002, 344; *Melullis*, Rn. 747; *Fezer/Büscher*, § 12 UWG Rn. 175; *Harte-Bavendamm/Henning-Bodewig/Retzer*, § 12 UWG Rn. 652; *Teplitzky*, Kap. 43 Rn. 27 f.
346 OLG Celle, OLGR 2000, 88.

Keines Abschlussschreibens bedarf es vor der Geltendmachung von Folgeansprüchen (Auskunft, Schadensersatz), die nicht Gegenstand der Entscheidung im Verfügungsverfahren waren. Derartige Ansprüche kann der Gläubiger auch dann ohne das Risiko einer Kostenentscheidung nach § 93 (zugunsten des Gegners) einklagen, wenn wegen des entsprechenden Unterlassungsanspruchs nach vergeblicher Abmahnung eine einstweilige Verfügung erlassen worden ist.[347]

2. Inhalt des Abschlussschreibens

Das Abschlussschreiben enthält die Aufforderung an den Antragsgegner, eine Abschlusserklärung abzugeben, die den unter Rdn. 3 dargestellten Anforderungen genügt und deshalb geeignet ist, die einstweilige Verfügung zum endgültigen Titel zu machen. Erforderlich ist außerdem die Androhung der Hauptsacheklage für den Fall, dass die Abschlusserklärung nicht fristgerecht abgegeben wird.[348] Die Androhung muss nicht ausdrücklich erfolgen. Häufig wird dem Abschlussschreiben eine vorformulierte Abschlusserklärung beigefügt. Eine Begründung muss das Abschlussschreiben nicht enthalten. Der Gläubiger sollte aber gegenüber anwaltlich nicht vertretenen Schuldnern im eigenen Interesse die Funktion der Abschlusserklärung erläutern.

16

3. Fristsetzung im Abschlussschreiben

Dem Schuldner muss eine angemessene Überlegungsfrist eingeräumt werden.[349] Welche Frist angemessen ist, wird unterschiedlich beurteilt. Entscheidend sind die Umstände des Einzelfalls. Zu berücksichtigen ist, dass der Gläubiger durch die einstweilige Verfügung vorläufig gesichert ist. Im Regelfall muss die Frist mindestens einen Monat seit Zustellung der Verfügung betragen.[350] Ist die gesetzte Frist unangemessen kurz, wird eine angemessene Frist in Lauf gesetzt.[351] Wartet der Gläubiger vor der Übersendung des Abschlussschreibens zunächst mindestens zwei Wochen ab,[352] erscheint es ausreichend, wenn er dem Schuldner eine Frist von weiteren zwei Wochen nach Erhalt des Abschlussschreibens bewilligt. Im Einzelfall, insbesondere bei unmittelbar bevorstehender Verjährung, kommen indes auch deutlich kürzere Fristen in Betracht. Nach Erlass eines Urteils im Verfügungsverfahrens muss der Schuldner in jedem Fall Gelegenheit haben, die Gründe der Entscheidung zur Kenntnis zu nehmen.[353] Bei Erhebung der Hauptsacheklage vor Ablauf der angemessenen Frist und sofortigem Anerkenntnis des Beklagten sind die Kosten gemäß § 93 dem Kläger aufzuerlegen. Das Gleiche gilt, wenn die Abschlusserklärung dem Gläubiger erst nach Ablauf der Frist, aber vor Einreichung der Klage zugegangen ist.[354]

17

---

347 OLG Düsseldorf, OLGR 2001, 460.
348 *Harte-Bavendamm/Henning-Bodewig/Retzer*, § 12 UWG Rn. 656; *Köhler/Bornkamm*, § 12 UWG Rn. 3.71; MüKo-UWG/*Schlingloff*, § 12 UWG Rn. 548; *Teplitzky*, Kap. 43 Rn. 24; a. A. OLG Zweibrücken, GRUR-RR 2002, 344; *Fezer/Büscher*, § 12 UWG Rn. 178; *Gloy/Loschelder/Erdmann/Spätgens*, Hdb. WettbewerbsR, § 111 Rn. 2.
349 *Ahrens/Ahrens*, Kap. 58 Rn. 44; *Harte-Bavendamm/Henning-Bodewig/Retzer*, § 12 UWG Rn. 656; *Köhler/Bornkamm*, § 12 Rn. 3.71; *Teplitzky*, Kap. 43 Rn. 22. Auch hier setzt eine unangemessen kurze Frist eine angemessene in Lauf (*Harte-Bavendamm/Henning-Bodewig/Retzer*, aaO.; zur vergleichbaren Situation bei der Abmahnung vgl. oben A, Rdn. 6). Nach Auffassung des OLG Zweibrücken (GRUR-RR 2002, 344) wird bei Verzicht auf eine Fristsetzung die angemessene Frist in Gang gesetzt.
350 KG, WRP 1978, 213, 214; WRP 1978, 451; WRP 1989, 659, 661; OLG Karlsruhe, WRP 1977, 117, 119; *Ahrens/Ahrens*, Kap. 58 Rn. 44; *Köhler/Bornkamm*, § 12 UWG Rn. 3.71. Für kürzere Frist: OLG Celle, WRP 1996, 757, 758 (12–14 Tage); OLG Frankfurt, WRP 1982, 365 (2 Wochen); *Thesen*, Anm. zu AG Bamberg, WRP 1978, 669, 670 f. (1–2 Wochen).
351 *Ahrens/Ahrens*, Kap. 58 Rn. 44; *Fezer/Büscher*, § 12 Rn. 179.
352 Zu den Gründen für ein solches Abwarten vgl. unten Rdn. 21.
353 OLG Frankfurt, GRUR-RR 2006, 111.
354 OLG Köln, WRP 1984, 505.

4. Form und Zugang

18 Das Abschlussschreiben bedarf nicht der Schriftform. Eine mündliche Aufforderung, eine Abschlusserklärung abzugeben, ist jedoch nicht zweckmäßig und in der Praxis ganz unüblich.[355]

Macht der Verletzer nach einem sofortigen Anerkenntnis im Prozess geltend, er habe keine Veranlassung zur Klageerhebung gegeben (§ 93), weil ihm ein Abschlussschreiben nicht zugegangen sei, trägt er insoweit die Beweislast.[356] Der Gläubiger hat dagegen zu beweisen, dass er ein ordnungsgemäß adressiertes und frankiertes Abschlussschreiben an den Verletzer abgesandt hat. Es gelten die gleichen Grundsätze wie bei der Abmahnung im Sinne von § 12 Abs. 1 UWG. Wie bei der vorprozessualen Abmahnung trägt der Gläubiger das Risiko des Verlusts des abgesandten Schreibens auf dem Postweg.[357]

5. Entbehrlichkeit eines Abschlussschreibens, Notwendigkeit eines nochmaligen Abschlussschreibens

19 Im Einzelfall kann die Übersendung eines Abschlussschreibens entbehrlich sein. Andererseits wird dem Gläubiger unter bestimmten Umständen aber auch ein zweites Abschlussschreiben abverlangt. Entscheidend ist jeweils, in welchem Stadium sich das Verfügungsverfahren bei Erhebung der Hauptsacheklage befindet. Keines Abschlussschreibens bedarf es, wenn der Schuldner Widerspruch gegen die einstweilige Verfügung eingelegt hat und der Gläubiger danach Klage zur Hauptsache erhebt, bevor über den Widerspruch entschieden ist.[358] In dieser Situation besteht Veranlassung zur Klageerhebung, denn es steht mit hinreichender Sicherheit fest, dass der Schuldner zur Abgabe einer Abschlusserklärung nicht bereit ist. Das Gleiche gilt, wenn der Antragsgegner dem Antragsteller nach der Entscheidung über den Widerspruch gemäß § 926 Frist zur Erhebung der Hauptsacheklage hat setzen lassen[359] sowie nach Erhebung einer negativen Feststellungsklage durch den Schuldner.[360]

Wartet dagegen der Gläubiger, obwohl der Antragsgegner ein erstes Abschlussschreiben nicht beantwortet hat, die Entscheidung im Widerspruchs- oder gar im Berufungsverfahren ab, ist ihm, wenn die einstweilige Verfügung bestätigt oder die Berufung des Schuldners zurückgewiesen wird, ein erneutes Abschlussschreiben zumutbar.[361] Deshalb hat er in einem solchen Fall gemäß § 93 die Kosten einer ohne zweites Abschlussschreiben erhobenen Hauptsacheklage zu tragen. Streitig ist die Erforderlichkeit eines weiteren Abschlussschreibens, wenn ein erstes Abschlussschreiben ohne Erfolg geblieben ist, der Schuldner aber später den Widerspruch gegen die einstweilige Verfügung oder eine von ihm eingelegte Berufung zurückgenommen hat.[362]

---

355 *Teplitzky*, Kap. 43 Rn. 26.
356 OLG Düsseldorf, WRP 1979, 862; OLG Stuttgart, WRP 1996, 477; OLG Zweibrücken, GRUR-RR 2002, 344; *Ahrens/Ahrens*, Kap. 58 Rn. 39; *Berneke*, Rn. 349; *Gloy/Loschelder/Erdmann/Spätgens*, Hdb. WettbewerbsR, § 111 Rn. 6; *Harte-Bavendamm/Henning-Bodewig/Retzer*, § 12 UWG Rn. 661.
357 Vgl. oben A, Rdn. 14 Fn. 67. Es ist anzunehmen, dass auch hier nunmehr den Anspruchsinhaber das Risiko des Verlusts des (Abschluss-) Schreibens treffen soll (vgl. *Harte-Bavendamm/Henning-Bodewig/Retzer*, § 12 UWG Rn. 661). Diff. jedoch – wenn auch ohne Begründung – *Ahrens/Ahrens*, Kap. 58 Rn. 47 zum Abschlussschreiben einerseits und *Ahrens/Achilles*, Kap. 2 Rn. 40 zur Abmahnung andererseits.
358 OLG Hamburg, GRUR 1989, 458 (Leitsatz); OLG Hamm, WRP 1991, 496, 497.
359 OLG Hamburg, MD VSW 1994, 464 (Leitsatz).
360 OLG München, OLGR 2001, 283.
361 OLG Düsseldorf, WRP 1983, 568, 569; GRUR 1991, 479; OLG Frankfurt, GRUR-RR 2006, 111; OLG Hamburg, WRP 1986, 289, 290; OLG Köln, WRP 1987, 188, 190 f.; *Harte-Bavendamm/Henning-Bodewig/Retzer*, § 12 UWG Rn. 659; *Melullis*, Rn. 752 f. a. A. KG, WRP 1984, 545, 546; WRP 1984, 547; GK-UWG/*Schwippert*, § 12 B Rn. 268, der allerdings sehr auf die Sichtweise des Gläubigers abstellt, dessen Position jedoch bereits durch den Kostenerstattungsanspruch nicht allzu nachteilig ausgestaltet ist.
362 Gegen die Notwendigkeit eines weiteren Abschlussschreibens: OLG Hamm, NJW-RR 1999, 577; KG, MD VSW 2000, 566; KG WRP 1984, 545 (Berufungsrücknahme); a. A. *Melullis*, Rn. 753.

6. Kosten des Abschlussschreibens, Frist vor Abschlussschreiben

Das Abschlussschreiben ist nach herrschender Meinung gebührenrechtlich nicht dem Eilverfahren, sondern als eine neue, selbständig zu honorierende Angelegenheit im Sinne des § 17 Nr. 4 Lit. b RVG der angedrohten Hauptsacheklage zuzurechnen.[363] Die Kosten des Abschlussschreibens gehören daher nicht zu den erstattungsfähigen Kosten des Verfügungsverfahrens.

Dem Gläubiger steht jedoch ein materiell-rechtlicher **Kostenerstattungsanspruch** zu. Als Anspruchsgrundlage kommen § 12 Abs. 1 Satz 2 UWG in entsprechender Anwendung[364] oder – wenn man eine derartige Analogie nicht für möglich hält[365] – die Vorschriften über die Geschäftsführung ohne Auftrag in Betracht. Außerdem kann das Verlangen nach Erstattung der Kosten für ein Abschlussschreiben unter dem Gesichtspunkt des Schadensersatzes begründet sein.[366]

Ein **Aufwendungsersatzanspruch** scheidet aus, wenn der Schuldner unaufgefordert eine Abschlusserklärung abgibt. Nach überwiegender Meinung muss ihm hierzu Gelegenheit gegeben und deshalb eine Bedenkzeit eingeräumt werden. Sendet der Gläubiger vor Ablauf dieser Frist ein Abschlussschreiben ab, so wendet er nicht erforderliche Kosten auf, für die er keinen Ersatz verlangen kann.[367] Welche Frist angemessen ist, hängt von den Umständen des Einzelfalls ab.[368] Länger als 17 Tage nach Zustellung der einstweiligen Verfügung braucht der Gläubiger nicht zuzuwarten.[369] Im Regelfall ist eine Frist von zwei Wochen ausreichend.[370] Nach Auffassung des Bundesgerichtshofs sprechen gute Gründe für die Auffassung, dass nach einem Urteil im Verfügungsverfahren vom unterlegenen Beklagten vor Ablauf der Berufungsfrist keine Erklärung dazu verlangt werden kann, ob er eine Abschlusserklärung abgeben wolle.[371]

Kein Anspruch auf Ersatz der Kosten für das Abschlussschreiben besteht weiter dann, wenn der Schuldner sich bereits vor Übersendung dieses Schreibens gegenüber dem Gläubiger oder einem

---

363 BGH, GRUR 1973, 384, 385 – Goldene Armbänder; GRUR-RR 2008, 368 Tz. 7 – Gebühren für Abschlussschreiben; GRUR 2010, 1038 Tz. 27 – Kosten für Abschlussschreiben; NJW 2009, 2068; OLG Frankfurt, GRUR 1989, 374; OLG Hamburg, WRP 1981, 470, 473; OLG Hamm, NJW-RR 1986, 1303, 1305; OLG Karlsruhe, WRP 1981, 405, 406; OLG Köln, GRUR 1986, 96; OLG München, WRP 1982, 542; *Ahrens/Ahrens*, Kap. 58 Rn. 49; *Teplitzky*, Kap. 43 Rn. 30.

364 *Köhler/Bornkamm*, § 12 UWG Rn. 3.73; *Nill*, GRUR 2005, 740; vgl. auch *Ahrens/Ahrens*, Kap. 58 Rn. 50 (§ 12 Abs. 1 Satz 2 UWG soll neben den Vorschriften über die Geschäftsführung ohne Auftrag anwendbar sein). Der BGH hat offengelassen, ob sich außerhalb des Wettbewerbsrechts ein Anspruch auf Erstattung der Kosten eines Abschlussschreibens aus § 12 Abs. 1 Satz 2 UWG analog ergeben kann (BGH, WRP 2007, 428).

365 *Teplitzky*, Kap. 43 Rn. 30; GK-UWG/*Feddersen*, § 12 B Rn. 62; so wohl auch BGH, GRUR 2010, 1038 Tz. 26 – Kosten für Abschlussschreiben mwN.

366 BGH, GRUR 1973, 384, 385 – Goldene Armbänder; OLG Frankfurt, GRUR 1989, 374; OLG Hamburg, WRP 1982, 477; OLG Köln, GRUR 1986, 96; *Fezer/Büscher*, § 12 UWG Rn. 181; *Ohly/Sosnitza/Sosnitza*, § 12 UWG Rn. 188.

367 OLG Celle, WRP 1996, 757, 758; OLG Köln, WRP 1987, 188, 191; *Melullis*, Rn. 750; *Teplitzky*, Kap. 43 Rn. 31; a. A. BGH, GRUR 1973, 384, 385 – Goldene Armbänder; GK-UWG/*Schwippert*, § 12 B Rn. 274. Nach *Krenz*, GRUR 1995, 31, soll der Gläubiger darüber hinaus verpflichtet sein, vor Absendung eines Abschlussschreibens dem Schuldner die Übernahme des Geschäfts gemäß § 681 BGB anzuzeigen.

368 OLG Frankfurt, WRP 2003, 1002.

369 OLG Köln, GRUR 1986, 96.

370 OLG Frankfurt, WRP 2003, 1002; GRUR-RR 2003, 274; OLG Hamburg, OLGR 2003, 257 = MDR 2003, 587; OLG Hamm, GRUR-RR 2010, 267, 268; *Berneke*, Rn. 404; *Harte-Bavendamm/Henning-Bodewig/Retzer*, § 12 UWG Rn. 664; *Köhler/Bornkamm*, § 12 UWG Rn. 3.73; MüKo-UWG/*Schlingloff*, § 12 UWG Rn. 557.

371 BGH, GRUR 2006, 349.

Dritten unterworfen hatte[372] oder wenn es zeitlich der Abgabe einer Abschlusserklärung nachfolgt.[373]

22 Die Erstattung von Anwaltskosten kann der Gläubiger verlangen, wenn die Einschaltung eines Rechtsanwalts erforderlich war. Im Ergebnis wird hier nichts anderes gelten können als für die Frage nach der Notwendigkeit der Beauftragung eines Rechtsanwalts bei der Abmahnung. Das bedeutet, dass der Gläubiger die Inanspruchnahme anwaltlicher Hilfe regelmäßig für geboten halten darf. Auch Unternehmen mit eigener Rechtsabteilung sind nicht gehalten, das Abschlussschreiben dort fertigen zu lassen, sondern dürfen sich anwaltlicher Hilfe bedienen.[374] Etwas anderes gilt, soweit keine Besonderheiten vorliegen, für Wirtschaftsverbände und Wettbewerbsvereine sowie für in eigener Sache tätige Rechtsanwälte.[375]

Der Höhe nach steht dem mit der Fertigung eines Abschlussschreibens beauftragten Rechtsanwalt in der Regel eine Geschäftsgebühr gemäß VV Nr. 2300 RVG zu. Diese sieht einen Gebührenrahmen von 0,5 bis 2,5 vor. Eine Gebühr von mehr als 1,3 kann nur gefordert werden, wenn die Tätigkeit umfangreich oder schwierig war. Diese Voraussetzung wird auch dann, wenn man nicht von den Kenntnissen und Erfahrungen eines Spezialisten dem Gebiet des UWG (bzw. des gewerblichen Rechtsschutzes) ausgeht, kaum jemals erfüllt sein. In der Regel handelt es sich bei der Abfassung eines Abschlussschreibens vielmehr um eine Angelegenheit von durchschnittlichem Umfang und Schwierigkeitsgrad, so dass die Regelgebühr von 1,3 anzusetzen ist.[376] Im Einzelfall kann es sich allerdings auch um ein Schreiben einfacher Art im Sinne von VV Nr. 2302 RVG handeln, so wenn die Sach- und Rechtslage durch das einstweilige Verfügungsverfahren aus Sicht beider Parteien geklärt ist und keine weitere Prüfung mehr erforderlich ist.[377]

Maßgeblich für die Berechnung ist der Streitwert des Hauptsacheverfahrens, auf dessen Vermeidung das Abschlussschreiben abzielt. Bleibt das Abschlussschreiben ohne Erfolg, wird die Gebühr nach VV Nr. 2300 RVG zur Hälfte, jedoch höchstens mit einem Gebührensatz von 0,75 auf die im Hauptsacheverfahren anfallende Verfahrensgebühr angerechnet (Vorbemerkung 3 Abs. 4 zu VV Nr. 3100 RVG).[378] Ist dem Rechtsanwalt bereits Klageauftrag erteilt, so erwächst ihm die auf 0,8 reduzierte Verfahrensgebühr nach VV Nr. 3101 Nr. 1 RVG.[379]

---

372 *Köhler/Bornkamm*, § 12 UWG Rn. 3.73.
373 BGH, GRUR 2006, 349; OLG Stuttgart, WRP 2007, 688.
374 BGH, GRUR 2010, 1038 Tz. 23 f. – Kosten für Abschlussschreiben.
375 OLG Stuttgart, WRP 2007, 688; *Fezer/Büscher*, § 12 UWG Rn. 184 und 68; *Köhler/Bornkamm*, § 12 UWG Rn. 3.73; MüKo-UWG/*Schlingloff*, § 12 UWG Rn. 556; *Teplitzky*, Kap. 43 Rn. 32. Keine Erstattungsfähigkeit darüber hinaus für ein Unternehmen mit eigener Rechtsabteilung: *Harte-Bavendamm/Henning-Bodewig/Retzer*, § 12 UWG Rn. 665. Für einer weitergehende Erstattungsfähigkeit dagegen: *Ahrens/Ahrens*, Kap. 58 Rn. 52; *Gloy/Loschelder/Erdmann/Spätgens*, Hdb. WettbewerbsR § 111 Rn. 13. Zur Frage, unter welchen Voraussetzungen die Erstattung von Anwaltskosten für ein Abschlussschreiben außerhalb des Wettbewerbsrechts (unerbetene E-Mail-Werbung gegenüber einem Rechtsanwalt) verlangt werden kann, vgl. BGH, WRP 2007, 428 (Erstattungsfähigkeit für den konkreten Fall verneint).
376 OLG Hamm, WRP 2008, 135. Dies entspricht der Sache nach der Rechtsprechung zum früheren Recht. Dort wurde vielfach eine Mittelgebühr (7,5/10) gemäß § 118 Abs. 1 Nr. 1 BRAGO zugebilligt (OLG Hamburg, WRP 1982, 477; OLG Karlsruhe WRP 1981, 405). Lediglich eine 0,8-fache Gebühr billigt dagegen OLG Hamburg, WRP 2009, 1152 = GRUR-RR 2010, 87 zu, zustimmend *Günther*, WRP 2010, 1440, 1442 mwN.
377 Vgl. BGH, GRUR 2010, 1038 Tz. 32 – Kosten für Abschlussschreiben.
378 Vgl. oben A, Rdn. 36.
379 *Ahrens/Ahrens*, Kap. 58 Rn. 51; *Gloy/Loschelder/Erdmann/Spätgens*, Hdb. WettbewerbsR, § 111 Rn. 13; *Günther/Beyerlein*, WRP 2004, 1222.

§ 936 Anwendung der Arrestvorschriften

Auf die Anordnung einstweiliger Verfügungen und das weitere Verfahren sind die Vorschriften über die Anordnung von Arresten und über das Arrestverfahren entsprechend anzuwenden, soweit nicht die nachfolgenden Paragraphen abweichende Vorschriften enthalten.

Übersicht	Rdn.		Rdn.
I. Ziel der Vorschrift	1	III. Berücksichtigung der Besonderheiten des Verfügungsverfahrens	3
II. Hinsichtlich der einzelnen Vorschriften des Arrestverfahrens gilt	2		

I. Ziel der Vorschrift

Da Arrest und einstweilige Verfügung als Institute des einstweiligen Rechtsschutzes beide der Sicherung der künftigen Verwirklichung von Ansprüchen dienen und da sich beide Institute vornehmlich durch die Art der zu sichernden Ansprüche unterscheiden, liegt es nahe, das Arrest- und das Verfügungsverfahren vergleichbar auszugestalten, soweit sich eben nicht aus dem Charakter der zu sichernden Ansprüche und den unterschiedlichen Sicherheitserfordernissen notwendige Abweichungen ergeben. Dem trägt die Vorschrift Rechnung: Der Gesetzgeber hat das Arrestverfahren im Einzelnen ausgestattet und verweist für das Verfügungsverfahren auf die Arrestregeln, soweit er nicht in den §§ 935, 937–942 abweichende Sondervorschriften erlassen hat. 1

II. Hinsichtlich der einzelnen Vorschriften des Arrestverfahrens gilt

§ 916 Abs. 1 ist nicht anwendbar, da insoweit die §§ 935, 940 abweichende Regelungen enthalten. 2

§ 916 Abs. 2 ist auch im Verfügungsverfahren anwendbar.[1]

§ 917 Abs. 1 ist nicht anwendbar, da der Verfügungsgrund in §§ 935, 940 genauer umschrieben ist.

§ 917 Abs. 2 ist dagegen anwendbar, da er nicht im Widerspruch zu §§ 935, 940 steht, sondern diese Regelungen nur ergänzt.[2]

§ 918 ist nicht anwendbar. § 940 enthält insoweit die speziellere Regelung.[3]

§ 919 ist ebenfalls nicht anwendbar, da die §§ 937, 942 insoweit abschließende Sonderregelungen enthalten.

§ 920 findet uneingeschränkt auch im Verfügungsverfahren Anwendung: Das Gesuch muss auf Erlass einer einstweiligen Verfügung, nicht nur auf »einstweiligen Rechtsschutz« allgemein[4] gerichtet sein. Es muss das Ziel der begehrten gerichtlichen Anordnung bestimmt und unmissverständlich angeben,[5] im Hinblick auf § 938 in der Regel aber nicht die konkrete Maßnahme zur Erreichung dieses Zieles.[6] Verfügungsgrund und Verfügungsanspruch müssen immer schlüssig dargelegt und bis auf die im Gesetz vorgesehenen Ausnahmen auch glaubhaft gemacht[7] sein. In einigen wenigen materiellrechtlichen Vorschriften wird auf die Glaubhaftmachung – nicht die

---

[1] Allgem. Meinung; beispielhaft: *Musielak/Huber*, § 936 Rn. 2; *Thomas/Putzo/Seiler*, § 936 Rn. 2; *Zöller/Vollkommer*, § 936 Rn. 1.
[2] *Musielak/Huber*, § 936 Rn. 2; *Stein/Jonas/Grunsky*, § 936 Rn. 2; *Walker*, Der einstweilige Rechtsschutz, Rn. 238. A. A. (ebenfalls nicht anwendbar): *Thomas/Putzo/Seiler* § 936 Rn. 2.
[3] *Musielak/Huber*, § 936 Rn. 2; *Zöller/Vollkommer*, § 936 Rn. 1.
[4] Einzelheiten: Vor § 935 Rdn. 2.
[5] Einschränkend: OLG Stuttgart, NJW-RR 1997, 521.
[6] Einzelheiten: § 938 Rdn. 3–5, insbesondere zu den Unterschieden, die insoweit für die Sicherungs- und Regelungsverfügung einerseits und die Befriedigungsverfügung andererseits gelten.
[7] OLG München, NJW-RR 1996, 926; Einzelheiten: § 935 Rdn. 6–21.

Schuschke

schlüssige Darlegung[8] – des Verfügungsgrundes verzichtet, so in §§ 885, 889 BGB, 16 Abs. 3 Satz 5 GmbHG, in anderen wird er widerlegbar vermutet, so in § 12 Abs. 2 UWG.[9] Für die Einreichung des Verfügungsgesuches besteht gem. § 920 Abs. 3 vor den Landgerichten kein Anwaltszwang. Da im Verfügungsverfahren gem. § 937 Abs. 2 die mündliche Verhandlung die Regel ist, muss in der Verhandlung aber der Anwaltszwang beachtet werden.[10]

§ 921 Satz 1 wird durch die Sonderregelung des § 937 Abs. 2 verdrängt. In der Praxis wird dies viel zu wenig beachtet und oft ohne jeden Anhaltspunkt einer besonderen Dringlichkeit, die nicht mit der allgemeinen Dringlichkeit für die Durchführung des Verfügungsverfahrens verwechselt werden darf, auf die mündliche Verhandlung, die die Regel sein sollte, verzichtet[11].

§ 921 Satz 2 ist im Verfügungsverfahren anwendbar.[12]

§ 922 ist ebenfalls ohne Einschränkungen anwendbar.[13] Hat das Gericht den Antrag ohne mündliche Verhandlung zurückgewiesen, kann es der sofortigen Beschwerde gegen diese Entscheidung auch in der Weise abhelfen, dass es nunmehr mündliche Verhandlung anordnet.[14] Auch das Beschwerdegericht kann die einstweilige Verfügung noch ohne Anhörung des Antragsgegners im Beschlusswege erlassen[15].

§ 923 ist nicht anwendbar, da § 939 insoweit eine abschließende Sonderregelung enthält.

§ 924 ist im »normalen« Verfügungsverfahren ohne Einschränkungen anwendbar. Ein Widerspruch kann zurückgenommen werden, solange nicht rechtskräftig über ihn entschieden wurde. Ein zurückgenommener Widerspruch andererseits kann erneut eingelegt werden, falls dies nicht im Einzelfall rechtsmissbräuchlich geschieht.[16] Ist allerdings eine »vorläufige« einstweilige Verfügung gem. § 942 Abs. 1 oder Abs. 2 ergangen, tritt an die Stelle des Widerspruchsverfahrens das diesem nachgebildete[17] Rechtfertigungsverfahren nach § 942 Abs. 1.

§ 925 Abs. 1 ist uneingeschränkt, Abs. 2 aber nur modifiziert durch § 939 anwendbar. Die Aufhebung gegen Sicherheitsleistung kommt also nur in besonderen Ausnahmefällen in Betracht. Ein eine einstweilige Verfügung im Widerspruchsverfahren aufhebendes Urteil lässt deren Wirkungen bereits mit der Verkündung, also nicht erst mit Rechtskraft, entfallen. Diese Wirkung kann nicht mit einem Antrag gem. §§ 719, 707 an das Berufungsgericht aufgeschoben werden.[18]

§ 926 ist uneingeschränkt anwendbar[19]. Auch im Verfügungsverfahren wird die Frist zur Erhebung der Hauptsacheklage nur auf Antrag bestimmt. Gibt der Antragsgegner sich mit der in der einstweiligen Verfügung getroffenen Regelung zufrieden, so besteht für ein Hauptsacheverfahren kein Bedürfnis. § 926 will dem Antragsgegner dazu verhelfen, beschleunigt endgültige Klarheit zu erlangen. Sieht er selbst aber insoweit keine Notwendigkeit, bedarf er auch keines besonderen Schutzes. Im kaufmännischen Verkehr, insbesondere unter Wettbewerbern, wird häufig förmlich durch ein

---

8 Näheres: Vor § 935 Rdn. 52, 57.
9 Einzelheiten: Vor § 935 Rdn. 99 ff.
10 OLG Frankfurt, InVo 1998, 362.
11 Danckwerts, GRUR 2008, 763.
12 Allgemeine Meinung; beispielhaft *Stein/Jonas/Grunsky*, § 936 Rn. 4; *Zöller/Vollkommer*, § 936 Rn. 2.
13 AG Waldbröl, DGVZ 1997, 45; *Musielak/Huber*, § 936 Rn. 2; *Zöller/Vollkommer*, § 936 Rn. 2.
14 OLG Hamburg, MDR 2013, 1122; MüKo/*Drescher*, § 922 Rn. 15. **A.A.** Abhilfe in dieser Form nicht möglich: Stein/Jonas/*Grunsky*, § 922 Rn. 8.
15 OLG Frankfurt, GRUR- Prax 2015, 242.
16 OLG Frankfurt, NJW-RR 2013, 703; Thomas/Putzo/*Seiler*, § 924 Rn. 1.
17 OLG Hamm, OLGZ 1989, 340 zur Verwandtschaft der beiden Verfahren.
18 OLG München, FGPrax 2013, 110 mit zahlreichen weiteren Nachweisen.
19 Zum Verhältnis von § 926 zu Art. 50 Abs. 6 TRIPs (WTO-Übereinkommen über handelsbezogene Aspekte der Rechte des Geistigen Eigentums) bei einstweiligen Verfügungen zum Schutze geistigen Eigentums: *Steigüber/Kaneko*, WRP 2013, 873.

sog. **Abschlussschreiben**[20] auf die Antragstellung nach § 926 verzichtet. Ein solcher Verzicht ist grundsätzlich möglich. Ist er dem Rechtspfleger schon bei Eingang des Antrages nach § 926 Abs. 1 bekannt, hat er den Antrag als unzulässig zurückzuweisen. Die vom Rechtspfleger trotz wirksamer Vereinbarung der Parteien, auf Anträge gem. § 926 zu verzichten, gesetzte Frist ist wirksam. Der Antragsteller kann den Verzicht aber noch im Aufhebungsverfahren nach Abs. 2 geltend machen. Er führt dort zur Zurückweisung des Antrages durch Urteil. Auch im umgekehrten Fall, dass der Antragsteller seine materiellen Rechte aus der einstweiligen Verfügung aufgegeben hat, fehlt für einen Antrag aus § 926 das Rechtsschutzbedürfnis. Der Rechtspfleger hat den Antrag, wenn ihm der Verzicht nachgewiesen wird, zurückzuweisen.[21]

§ 927 ist, abgesehen von den sich aus § 939 ergebenden Einschränkungen, anwendbar. Auch auf diesen Antrag kann in einem sog. Abschlussschreiben verzichtet werden. Es gilt dann das zu § 926 Gesagte entsprechend. Einen veränderten Umstand stellt es auch dar, wenn der Schuldner nach Erlass der Eilentscheidung eine strafbewehrte Unterlassungsverpflichtungserklärung abgegeben hat[22]. Keine veränderten Umstände i. S. § 927 Abs. 1 liegen dagegen vor, wenn der Antragsgegner in Erfüllung des Gebotes der einstweiligen Verfügung der titulierten Anordnung nachgekommen ist und allein dadurch das Sicherungsbedürfnis des Antragstellers entfallen ist. Der Titel ist dann schlicht verbraucht.[23] Seine ursprüngliche Rechtmäßigkeit kann nur im Hauptsacheverfahren geklärt werden. Der Antrag nach § 927 kann nicht als »Widerklage« im Rahmen des Hauptsacheverfahrens gestellt werden; denn Verfügungsverfahren und Hauptsacheverfahren sind verfahrensmäßig so unterschiedlich ausgestaltet, dass sie nicht miteinander verquickt werden können.[24]

§ 928 regelt die Vollziehung des Arrestes wie der einstweiligen Verfügung. Die Vollziehung der einstweiligen Verfügung erfolgt regelmäßig nach den Regeln der §§ 883 ff.[25] Lediglich auf eine Geldleistung gerichtete einstweilige Verfügungen werden, und zwar ohne die Beschränkungen des § 930, nach §§ 804 ff. durch Pfändung und Verwertung vollstreckt.

§ 929 ist uneingeschränkt auch bei einstweiligen Verfügungen zu beachten. Besondere Probleme ergeben sich hier bei einstweiligen Verfügungen, die während der Frist im eigentlichen Sinne nicht vollstreckt werden können. In diesen Fällen muss die Parteizustellung die Vollstreckung im engeren Sinne ersetzen.[26]

§ 930 ist bei der Geldleistungsverfügung grundsätzlich nicht entsprechend anwendbar.[27] **Abs. 1 Satz 3** ist dann ausnahmsweise anwendbar, wenn eine auf eine einmalige Geldleistung gerichtete einstweilige Verfügung durch Pfändung einer Geldforderung vollzogen werden soll. Im Einzelfall kann auch **Abs. 3** ausnahmsweise bei Sicherungsverfügungen Anwendung finden.[28]

§ 931, Abs. 3, 1. Teil und Abs. 4 sind entsprechend anwendbar, wenn durch einstweilige Verfügung die Sequestrierung eines Schiffes angeordnet werden soll. Die übrigen Teile der Vorschrift gelten dagegen im Verfügungsverfahren nicht.[29]

---

20 Einzelheiten: Anh. D zu § 935.
21 OLG München, BeckRS 2012, 24289.
22 OLG Stuttgart, OLGR 2008, 924.
23 *Stein/Jonas/Grunsky*, § 936 Rn. 6.
24 So zutreffend: OLG Karlsruhe, BeckRS 2014, 07252. A. A. allerdings OLG Hamburg, GRUR-RR 2007, 20; *Hess*, jurisPK-UWG, § 12 Rn. 190.
25 Einzelheiten: § 928 Rdn. 13 ff.
26 Einzelheiten: § 929 Rdn. 26 ff.
27 Siehe: § 930 Rdn. 18.
28 Siehe: § 930 Rdn. 19.
29 Siehe: § 931 Rdn. 5.

§ 932 Abs. 1 und Abs. 2 sind auf die Vollstreckung einer Befriedigungsverfügung in das unbewegliche Vermögen nicht entsprechend anzuwenden. **Abs. 3** gilt auch für die Wahrung der Vollziehungsfrist bei einstweiligen Verfügungen, die auf eine Eintragung im Grundbuch abzielen.[30]

§ 933 gilt für die Vollziehung einstweiliger Verfügungen nicht.[31] Freiheitsbeschränkende Maßnahmen gegenüber dem Schuldner sind dort nicht denkbar.

934 Abs. 1 ist im Rahmen der Vollziehung einstweiliger Verfügungen nicht entsprechend anwendbar. Dagegen ist die entsprechende Anwendung von **Abs. 2** möglich. In diesem Fall sind dann auch Abs. 3 und Abs. 4 entsprechend anwendbar.[32]

III. Berücksichtigung der Besonderheiten des Verfügungsverfahrens

3   Die Einzelheiten der entsprechenden Anwendung sind bei den jeweiligen Vorschriften dargestellt. Entsprechende Anwendung – auch wenn eine Vorschrift uneingeschränkt anwendbar ist – bedeutet immer, dass keine schematische Übertragung zu erfolgen hat, sondern dass die besonderen Ziele des Verfügungsverfahrens mit bedacht werden müssen.

---

30 Einzelheiten: § 932 Rdn. 20.
31 *Musielak/Huber*, § 936 Rn. 7; *Zöller/Vollkommer*, § 936 Rn. 1; siehe im Übrigen auch: § 933 Rdn. 7.
32 Einzelheiten: § 934 Rdn. 6.

§ 937 Zuständiges Gericht

(1) Für den Erlass einstweiliger Verfügungen ist das Gericht der Hauptsache zuständig.

(2) Die Entscheidung kann in dringenden Fällen sowie dann, wenn der Antrag auf Erlass einer einstweiligen Verfügung zurückzuweisen ist, ohne mündliche Verhandlung ergehen.

Übersicht

		Rdn.			Rdn.
I.	Überblick über den Inhalt der Norm	1		b) Zurückzuweisendes Verfügungsgesuch	13
II.	Zuständigkeit	2	2.	Rechtsbehelfe	15
1.	Gericht der Hauptsache	3	3.	Antrag auf Entscheidung ohne mündliche Verhandlung	16
2.	Amtsgericht der belegenen Sache	6			
3.	Bedeutung des § 937 Abs. 1 außerhalb des Zivilprozesses	7	4.	Bedeutung des Abs. 2 außerhalb des Zivilprozesses	17
III.	Entscheidung ohne mündliche Verhandlung (Abs. 2)	10	IV.	Bedeutung einer Schutzschrift	21
1.	Voraussetzungen	11	V.	Gebühren	22
	a) In dringenden Fällen	12			

Literatur:

Borck, Das rechtliche Gehör im Verfahren auf Erlaß einer einstweiligen Verfügung, MDR 1988, 908; *ders.*, Zuständigkeitserschleichung qua negativer Feststellungsklage?, WRP 1997, 265; *Christoffer*, Die Schutzschrift im arbeitsgerichtlichen Eilverfahren, 2007; *V. Deutsch*, Die Schutzschrift in Theorie und Praxis, GRUR 1990, 327; *Ehler*, Schutzschrift zur Abwehr einer einstweiligen Verfügung auf Unterlassung einer Betriebsänderung, BB 2000, 978; *van Els*, Die Schutzschrift im Verfahren vor dem Familiengericht, FamRZ 1996, 651; *Hilgard*, Die Schutzschrift im Wettbewerbsrecht, 1985; *Leipold*, Die Schutzschrift zur Abwehr einstweiliger Verfügungen gegen Streiks, RdA 1983, 164; *Marly*, Akteneinsicht in arbeitsgerichtliche Schutzschriften vor Anhängigkeit eines Verfahrens, BB 1989, 770; *May*, Die Schutzschrift im Arrest- und Einstweiligen-Verfügungs-Verfahren, 1983; *Schäfer*, Über die Zurückweisung des Antrags auf Erlaß einer einstweiligen Verfügung durch Beschluß, MDR 1986, 979; *Steinbeck*, Ist die negative Feststellungsklage Hauptsache i. S. von § 937 I ZPO?, NJW 2007, 1783; *Teplitzky*, Schutzschrift, Glaubhaftmachung und »besondere« Dringlichkeit bei § 937 Abs. 2 ZPO – drei Beispiele für Diskrepanzen zwischen Theorie und Praxis, WRP 1980, 373; *ders.*, Arrest und einstweilige Verfügung, JuS 1981, 352; *ders.*, Die »Schutzschrift« als vorbeugendes Verteidigungsmittel gegen einstweilige Verfügungen, NJW 1980, 1667; *Thümmel*, Zum Gerichtsstand im Arrestverfahren, NJW 1985, 472; *Vogel*, Schutzschriften auch im Zwangsvollstreckungsverfahren?, NJW 1997, 554; *Walker*, Die Schutzschrift und das elektronische Schutzschriftenregister nach §§ 945a, 945b ZPO, Festschrift Schilken, 2015, 815; *Wehlau/Kalbfus*, Die Schutzschrift im elektronischen Rechtsverkehr, ZRP 2013, 101.

I. Überblick über den Inhalt der Norm

§ 937 enthält zwei vom Arrestverfahren abweichende Vorschriften i. S. d. § 936 über das Verfügungsverfahren. Die Regelung des Abs. 1 über die Zuständigkeit tritt zusammen mit § 942 Abs. 1 im Verfügungsverfahren an die Stelle des § 919. Der Abs. 2 enthält für die Zulässigkeit einer Entscheidung ohne mündliche Verhandlung eine Sonderregelung gegenüber § 922 Abs. 1 Satz 1 i. V. m. § 128 Abs. 4. 1

II. Zuständigkeit

Als zuständiges Gericht für die Entscheidung über ein Verfügungsgesuch kommen wie im Arrestverfahren das Gericht der Hauptsache (§ 937 Abs. 1) und das Amtsgericht der belegenen Sache (§ 942 Abs. 1) in Betracht. Es handelt sich jeweils um eine sachlich und örtlich ausschließliche Zuständigkeit (§ 802). Auch die internationale Zuständigkeit ergibt sich (vergleichbar dem § 919)[1] aus § 937 Abs. 1.[2] 2

---

1 Siehe § 919 Rdn. 3.
2 *Schack*, Internationales Zivilverfahrensrecht, Rn. 475.

§ 937 ZPO Zuständiges Gericht

1. Gericht der Hauptsache

3 Nach § 937 Abs. 1 ist – anders als beim Arrest – für den Erlass einer einstweiligen Verfügung grundsätzlich nur das Gericht der Hauptsache zuständig. Solange die Hauptsache noch nicht anhängig ist, kann der Antragsteller zwischen mehreren in der Hauptsache zuständigen Gerichten wählen (§ 35).[3] Mit der Ausübung dieses Wahlrechts im Eilverfahren legt er sich noch nicht für die Zuständigkeit im Hauptsacheverfahren fest.[4] An eine wirksame Gerichtsstandsvereinbarung (§§ 38, 40) ist der Antragsteller auch im Eilverfahren gebunden.

4 Sobald und solange die Hauptsache anhängig ist, liegt bei diesem angerufenen Gericht auch die Zuständigkeit im Eilverfahren, selbst wenn es in der Hauptsache gar nicht zuständig ist.[5] Das ergibt sich aus dem Sinn des § 937 Abs. 1, wonach dasjenige Gericht im Eilverfahren entscheiden soll, welches mit der Sache ohnehin schon befasst ist oder voraussichtlich noch befasst wird. Durch diese Zuständigkeitsregelung können doppelte Prüfungen bezüglich des materiellen Verfügungsanspruches, der mit dem in der Hauptsache verfolgten Anspruch identisch ist, mit möglicherweise divergierenden Ergebnissen vermieden werden. Die Zuständigkeitskonzentration auf das mit der Hauptsache befasste Gericht erstreckt sich auch auf die dort angerufene Zivilkammer oder die Kammer für Handelssachen.[6] Bei Anhängigkeit der Hauptsache in der Berufungsinstanz ist das Berufungsgericht auch für die einstweilige Verfügung zuständig (§ 943 Abs. 1). In allen anderen Fällen ist als Gericht der Hauptsache das erstinstanzliche Hauptsachegericht anzusehen.

5 Das Gericht der Hauptsache ist ebenso zu bestimmen wie im Fall des § 919.[7] **Hauptsache** ist der materielle Verfügungsanspruch,[8] der im Eilverfahren gesichert oder durchgesetzt werden soll. Ist er Gegenstand einer negativen Feststellungsklage, soll nach einer Ansicht das darüber entscheidende Gericht Hauptsachegericht i. S. v. § 937 Abs. 1 sein.[9] Für einstweilige Verfügungen im Wettbewerbsrecht soll diese Zuständigkeit nach einer verbreiteten Ansicht allerdings nur mit der Maßgabe gelten, dass der Gläubiger auch berechtigt sein muss, sein Gesuch bei dem für die Leistungsklage zuständigen Gericht einzureichen.[10] Nach einer weitergehenden Ansicht soll hier das Gericht der negativen Feststellungsklage gar nicht erst als Hauptsachegericht anzusehen sein, weil § 937 Abs. 1 voraussetze, dass der Gläubiger (und nicht der Schuldner durch Erhebung der negativen Feststellungsklage) das Gericht der Hauptsache wählen konnte.[11] Die frühere Zuständigkeit des Familiengerichts als Hauptsachegericht spielt für § 937 keine Rolle mehr; denn Eilentscheidungen des Familiengerichts ergehen in Form von einstweiligen Anordnungen nach dem FamFG. Eine Besonderheit gilt, wenn in der Hauptsache ein Schiedsgericht zuständig ist. Dann ist als Hauptsachegericht i. S. v. § 937 Abs. 1 nicht etwa das Oberlandesgericht anzusehen, welches nach § 1062 Abs. 1 Nr. 4 für die Vollstreckbarkeitserklärung des Schiedsspruches zuständig ist, sondern dasjenige Amts- oder Landgericht, das ggf. als Hauptsachegericht vereinbart wurde oder das nach allgemeinen Regeln ohne die Schiedsabrede zuständig wäre.[12]

---

3 OLG Köln, NJW-RR 2012, 818, 819.
4 OLG Karlsruhe, NJW 1973, 1509; vgl. MüKo/*Drescher*, § 937 Rn. 2.
5 RGZ 50, 342, 346; OLG Hamburg, MDR 1981, 1027; OLG Hamm, OLGZ 1989, 338; OLG Nürnberg, GRUR 1957, 296; LG Frankfurt, NJW 1990, 652; *Borck*, WRP 1997, 265, 267 f.
6 OLG Zweibrücken, MDR 1989, 272.
7 Siehe § 919 Rdn. 4 ff. und § 943 Rdn. 1.
8 Nicht dagegen der davon möglicherweise abweichende Tatsachenvortrag (OLG Hamburg, WRP 1996, 215, 216).
9 OLG Frankfurt, WRP 1996, 27.
10 *Borck*, WRP 1997, 265, 268; *Fritze*, GRUR 1996, 571; *Melullis*, Handbuch des Wettbewerbsprozesses, Rn. 186; *Teplitzky*, Wettbewerbsrechtliche Anprüche und Verfahren, Kap. 54 Rn. 3.
11 OLG Köln, NJW-RR 2012, 818, 819; vorher schon *Steinbeck*, NJW 2007, 1783, 1784 f.
12 Siehe schon § 919 Rdn. 5 m. w. N. und § 943 Rdn. 2.

2. Amtsgericht der belegenen Sache

Dieses ist anders als beim Arrest nicht etwa wahlweise anstelle des Hauptsachegerichts, sondern gem. § 942 Abs. 1 nur »in dringenden Fällen« sowie gem. § 942 Abs. 2 dann, wenn aufgrund der einstweiligen Verfügung eine Vormerkung oder ein Widerspruch in das Grundbuch eingetragen werden soll, zuständig. Zur Bedeutung dieser vom Arrestverfahren abweichenden Regelung siehe § 942 Rn. 1 f. Eine Zuständigkeit des Amtsgerichts der belegenen Sache ist schließlich in den Fällen nicht gegeben, in denen die §§ 937 Abs. 1, 942 Abs. 1 durch Spezialvorschriften außerhalb der ZPO verdrängt werden. So ist für eine einstweilige Verfügung nach § 12 Abs. 2 UWG das Gericht am Ort der gewerblichen Niederlassung oder am Tatort (§ 14 UWG) zuständig. 6

3. Bedeutung des § 937 Abs. 1 außerhalb des Zivilprozesses

Die Zuständigkeit für einstweilige Anordnungen in **FamFG-Sachen** richtet sich nicht nach § 937, sondern nach § 50 FamFG. Die Regelung entspricht im Wesentlichen den §§ 937 Abs. 1, 942, 943. Bei Anhängigkeit der Hauptsache ist das erst- oder zweitinstanzliche Gericht, bei dem die Hauptsache anhängig ist, auch für eine einstweilige Anordnung zuständig. Ohne anhängiges Hauptsacheverfahren richtet sich die örtliche Zuständigkeit des Gerichts nach den allgemeinen Vorschriften und nach den zahlreichen Sondervorschriften des FamFG. 7

Gem. §§ 62 Abs. 2 Satz 1, 85 Abs. 2 Satz 2 ArbGG findet § 937 Abs. 1 im **Arbeitsgerichtsprozess** Anwendung. Danach ist für einstweilige Verfügungen das Arbeitsgericht der Hauptsache zuständig. Eine Notzuständigkeit des Amtsgerichts ist selbst in dringenden Fällen nicht gegeben,[13] da es sich insoweit um zwei verschiedene Rechtswege handelt.[14] Ist der Arbeitsgerichtsprozess in der Hauptsache vor dem Berufungsgericht anhängig, so ist das LAG auch für den Erlass einstweiliger Verfügungen zuständig (§ 943 Abs. 1). 8

Im **Verwaltungsgerichtsprozess** richtet sich die Zuständigkeit für den Erlass einstweiliger Anordnungen nach § 123 Abs. 2 VwGO. Danach ist das Gericht der Hauptsache zuständig, bei dem das Hauptsacheverfahren bereits anhängig ist oder anhängig zu machen wäre. Das ist grundsätzlich das erstinstanzliche Gericht und, wenn die Hauptsache im Berufungsverfahren anhängig ist, das Berufungsgericht. Entsprechendes gilt für die Zuständigkeit im **sozialgerichtlichen Eilverfahren** nach § 86b Abs. 2 Satz 3 SGG. 9

III. Entscheidung ohne mündliche Verhandlung (Abs. 2)

Die Möglichkeit, ohne mündliche Verhandlung zu entscheiden, ist neben der Ersetzung des Beweises durch bloße Glaubhaftmachung die wesentliche Besonderheit des Eilverfahrens in Abweichung vom Hauptsacheverfahren. Ein Verzicht auf mündliche Verhandlung ist unter verfassungsrechtlichen Gesichtspunkten zwar grundsätzlich möglich,[15] aber wegen des Grundrechts auf rechtliches Gehör (Art. 103 GG) nur dann, wenn es der Zweck des Eilverfahrens erfordert.[16] Ob eine mündliche Verhandlung stattfinden soll oder nicht, entscheidet das Gericht. Die Alleinzuständigkeit des Vorsitzenden ist wie im Arrestverfahren[17] nur bei der Kammer für Handelssachen gegeben, weil durch die Entscheidung über die Notwendigkeit einer mündlichen Verhandlung die Sachentscheidung der Kammer erst vorbereitet wird, sowie dann, wenn die besondere Dringlichkeit schon ein Zusammentreten der Kammer nicht zulässt (§ 944). Die Entscheidung über die Anberaumung der 10

---

13 Siehe § 942 Rdn. 25 f.; *Schwab/Weth/Walker*, ArbGG, § 62 Rn. 113 u. § 85 Rn. 67.
14 Siehe schon § 919 Rdn. 16.
15 Siehe § 922 Rdn. 4.
16 Siehe § 922 Rdn. 5.
17 Siehe § 922 Rdn. 1.

mündlichen Verhandlung oder über einen Verzicht auf diese ist nicht gesondert anfechtbar.[18] Während § 922 Abs. 1 Satz 1 i. V. m. § 128 Abs. 4 für das Arrestverfahren schlicht den Verzicht auf die mündliche Verhandlung für zulässig erklärt,[19] ergibt sich im Umkehrschluss aus § 937 Abs. 2, dass im Verfügungsverfahren die mündliche Verhandlung der Regelfall ist, von dem nur unter den dort genannten Voraussetzungen abgewichen werden darf. Das gilt allerdings nur bei einer Zuständigkeit des Hauptsachegerichts. Ist gem. § 942 Abs. 1 ausnahmsweise das Amtsgericht der belegenen Sache zuständig, kann dieses gem. § 942 Abs. 4 ohne mündliche Verhandlung entscheiden.[20]

1. Voraussetzungen

11 Nach dem Gesetzeswortlaut kann in zwei Fällen auf mündliche Verhandlung verzichtet werden:

a) In dringenden Fällen

12 Erstens braucht eine mündliche Verhandlung in dringenden Fällen nicht stattzufinden. Bei der Auslegung dieser Voraussetzung ist davon auszugehen, dass die Dringlichkeit i. S. d. § 937 Abs. 2 über diejenige Dringlichkeit, die im Rahmen des Verfügungsgrundes ohnehin schon zu verlangen ist,[21] hinausgehen muss.[22] Andernfalls wäre die einschränkende Formulierung in § 937 Abs. 2 sinnlos. Eine gesteigerte Dringlichkeit in diesem Sinne setzt voraus, dass allein die Durchführung einer selbst kurzfristig anberaumten mündlichen Verhandlung den Zweck des Eilverfahrens gefährden würde. So kann die mit der mündlichen Verhandlung verbundene zeitliche Verzögerung, vor allem aber die Warnung des Antragsgegners, einem effektiven einstweiligen Rechtsschutz entgegenstehen.[23] Von dieser Dringlichkeit i. S. d. § 937 Abs. 2 zu unterscheiden ist diejenige i. S. v. § 942 Abs. 1. Dort geht es nicht darum, ob die Durchführung einer mündlichen Verhandlung der Effektivität des einstweiligen Rechtsschutzes entgegensteht, sondern ausschließlich darum, ob schon die Anrufung des Hauptsachegerichts anstelle des leichter erreichbaren Amtsgerichts so zeitaufwendig ist, dass darunter die Wirksamkeit des Rechtsschutzes leidet.[24] Diese Dringlichkeitsvoraussetzungen sind vom Antragsteller glaubhaft zu machen.[25] Das gilt auch bei einstweiligen Unterlassungsverfügungen nach § 12 Abs. 2 UWG; denn nach dieser Vorschrift wird zwar die für den Verfügungsgrund erforderliche Dringlichkeit, nicht aber die erhöhte Dringlichkeit nach § 937 Abs. 2 vermutet.[26] Hält das Gericht die erhöhte Dringlichkeit für gegeben, muss es entgegen dem Wortlaut (»kann«) ohne mündliche Verhandlung entscheiden.[27] Das folgt aus dem rechtsstaatlichen Gebot effektiven Rechtsschutzes. Sofern die erhöhte Dringlichkeit allein auf den Gefahren einer zeitlichen Verzögerung und nicht auf denjenigen Gefahren beruht, die mit einer Warnung des Gegners verbunden

---

18 RGZ 54, 348; *Baumbach/Lauterbach/Hartmann*, § 937 Rn. 9; Hk-ZV/*Haertlein*, § 937 Rn. 3; MüKo/*Drescher*, § 937 Rn. 8; *Stein/Jonas/Grunsky*, § 937 Rn. 9; *Wieczorek/Schütze/Thümmel*, § 937 Rn. 9; *Zöller/Vollkommer*, § 937 Rn. 3.
19 Zur verfassungskonformen, einschränkenden Auslegung des § 922 Abs. 1 vgl. aber § 922 Rn. 3 ff.
20 Zur verfassungskonformen Auslegung des § 942 Abs. 4 vgl. § 942 Rdn. 11.
21 Siehe § 935 Rdn. 16 ff.
22 KG, WRP 1970, 144 f.; OLG Karlsruhe, NJW-RR 1987, 1206; *Gottwald*, § 937 Rn. 10; *Teplitzky*, GRUR 1978, 286; *Traub*, GRUR 1996, 707; *Walker*, Der einstweilige Rechtsschutz, Rn. 284.
23 OLG Karlsruhe, NJW-RR 1987, 1206; *Ahrens/Scharen*, Der Wettbewerbsprozess, Kap. 51 Rn. 3; *Brox/Walker*, Rn. 1634; *Kunath*, WRP 1991, 65; *Lempp*, NJW 1975, 1920; *Teplitzky*, GRUR 1978, 286 und WRP 1980, 373, 374 f.
24 Siehe dazu noch § 942 Rn. 5.
25 Siehe schon § 920 Rn. 29; *Stein/Jonas/Grunsky*, § 937 Rn. 6; *Teplitzky*, GRUR 1978, 286; *Walker*, Der einstweilige Rechtsschutz, Rn. 330, 334.
26 So noch zu § 25 UWG a. F. KG, DB 1979, 642; *Ahrens/Scharen*, Der Wettbewerbsprozess, Kap. 51 Rn. 1; *Baumbach/Hefermehl*, UWG, 22. Aufl. § 25 Rn. 27; *Berger/Skamel*, Kap. 6 Rn. 9; *Teplitzky*, GRUR 1978, 286 und WRP 1980, 373, 376; **a. A.** Alternativkommentar/*Damm*, § 937 Rn. 2 m. w. N.; *Pietzger*, GRUR 1978, 526.
27 MüKo/*Drescher*, § 937 Rn. 6; *Stein/Jonas/Grunsky*, § 937 Rn. 6.

sind, muss das Gericht prüfen, ob es dem Gegner außerhalb einer mündlichen Verhandlung schriftlich oder telefonisch rechtliches Gehör gewährt.[28]

b) Zurückzuweisendes Verfügungsgesuch

Zweitens kann eine Entscheidung nach dem Wortlaut des § 937 Abs. 2, 2. Hs. auch dann ohne mündliche Verhandlung ergehen, wenn **das Verfügungsgesuch zurückzuweisen ist.** Die Zulässigkeit einer Zurückweisung ohne mündliche Verhandlung korrespondiert mit § 922 Abs. 3, wonach der zurückweisende Beschluss dem Gegner nicht mitzuteilen ist. Durch diese Regelung soll eine Warnung des Gegners vermieden werden, was nur dann einen Sinn hat, wenn er auch im vorangegangenen Verfügungsverfahren nicht angehört wurde. Die vom Gesetz bezweckte Erhaltung der Überraschungsmöglichkeit ist für den Antragsteller in solchen Fällen wichtig, in denen er möglichst schnell und ohne Warnung des Gegners das für ihn erfolglos begonnene Verfügungsverfahren in die zweite Instanz bringen oder in der ersten Instanz ein neues Verfügungsgesuch einreichen will.[29]

13

Für den Fall der Zurückweisung des Gesuchs bedarf § 937 Abs. 2, 2. Hs. allerdings einer verfassungskonformen **einschränkenden Auslegung.** Könnte eine Zurückweisung des Gesuchs, die der Gesetzgeber nach dem Wortlaut des Abs. 2 gerade nicht als einen dringenden Fall, sondern als einen Fall neben demjenigen der Dringlichkeit angesehen hat, wirklich immer ohne mündliche Verhandlung erfolgen, läge darin ein Verstoß gegen den Grundsatz des rechtlichen Gehörs (Art. 103 Abs. 1 GG).[30] Dieses »prozessuale Urrecht« des Menschen ist nämlich nur dann einschränkbar, wenn das durch den aus dem Rechtsstaatsprinzip abgeleiteten Anspruch auf effektiven Rechtsschutz geboten ist.[31] Um die Gewährleistung effektiven Rechtsschutzes für den Antragsteller kann es aber nur in solchen Fällen gehen, in denen er trotz Zurückweisung seines Gesuchs aus Sicht des Gerichts noch realistische Chancen hat, in der zweiten Instanz oder mit einem erneuten Gesuch doch noch erfolgreich zu sein. Bei offensichtlich fehlenden Erfolgsaussichten muss das Gericht dagegen vor einer Zurückweisung mangels erhöhter Dringlichkeit mündlich verhandeln.[32] Durch diese verfassungskonforme Auslegung erhält § 937 Abs. 2, 2. Hs. genau dieselbe Bedeutung, die der Gesetzgeber dem nachträglich eingefügten § 62 Abs. 2 Satz 2 ArbGG beigelegt hat.[33]

14

2. Rechtsbehelfe

Welcher Rechtsbehelf gegen die Entscheidung über das Verfügungsgesuch statthaft ist, richtet sich nicht danach, ob eine mündliche Verhandlung stattgefunden hat oder nicht, und auch nicht danach, ob eine mündliche Verhandlung hätte stattfinden müssen, sondern allein nach der äußeren Form der Entscheidung.[34] Wird durch Urteil entschieden, ohne dass das Gericht mündlich verhandelt hat, ist nur die Berufung statthaft. Gegen einen stattgebenden Beschluss kann der Antragsgegner Widerspruch einlegen. Gegen einen zurückweisenden Beschluss findet gem. § 567 Abs. 1 Nr. 2 die sofortige Beschwerde statt, selbst wenn dem Beschluss eine mündliche Verhandlung vorausgegangen war; die für die Berufung geltende Beschränkung des § 511 Abs. 2, 3 findet dann keine Anwendung.[35] Falls das Verfügungsgesuch zu Unrecht ohne mündliche Verhandlung abgewiesen wurde und der Antragsteller dagegen sofortige Beschwerde einlegt, muss das Beschwerdegericht wegen des

15

---

28 Siehe schon § 922 Rdn. 6.
29 BT-Drucks. 11/3621, S. 52.
30 Zum Interesse des Schuldners, selbst vor einer Zurückweisung des Gesuchs rechtliches Gehör zu erhalten, vgl. *Walker*, Der einstweilige Rechtsschutz, Rn. 294.
31 Siehe schon § 922 Rdn. 4.
32 *Walker*, Der einstweilige Rechtsschutz, Rn. 294; für eine einschränkende Auslegung des § 937 Abs. 2 auch KG, WRP 1992, 34, 37 und MDR 1991, 1194.
33 BT-Drucks. 11/3621, S. 56 f. Vgl. dazu noch Rn. 18.
34 MüKo/*Drescher*, § 937 Rn. 8; *Zöller/Vollkommer*, § 937 Rn. 3 a.
35 LG Zweibrücken, NJW-RR 1987, 1199; *Zöller/Vollkommer*, § 937 Rn. 3 a. **A. A.** LG Konstanz, NJW-RR 1995, 1102; *Musielak/Voit/Huber*, § 937 Rn. 6.

Anspruchs auf rechtliches Gehör entweder selbst aufgrund mündlicher Verhandlung entscheiden oder die Sache an das erstinstanzliche Gericht zur erneuten Entscheidung nach mündlicher Verhandlung zurückverweisen (§ 572 Abs. 3).[36]

3. Antrag auf Entscheidung ohne mündliche Verhandlung[37]

16 Das Gericht hat zwar von Amts wegen ohne mündliche Verhandlung zu entscheiden, sofern es die Voraussetzungen für gegeben hält;[38] das schließt jedoch nicht aus, dass der Antragsteller ein solches Verfahren ausdrücklich schon in seinem Verfügungsgesuch beantragt. Von dieser Möglichkeit wird er dann Gebrauch machen, wenn er unter allen Umständen verhindern will, dass der Gegner vor Vollziehung der einstweiligen Verfügung gewarnt wird und wenn er deshalb lieber gar keine Entscheidung in der Sache als eine solche nach mündlicher Verhandlung erhält. Zwar wird ein entsprechender »Antrag« allgemein nur als unverbindliche Anregung an das Gericht angesehen.[39] Der Antragsteller kann sein Interesse an einer Vermeidung einer mündlichen Verhandlung aber dadurch absichern, dass er von vornherein die Rücknahme seines Gesuchs für den Fall erklärt, dass das Gericht seiner Anregung, ohne mündliche Verhandlung zu entscheiden, nicht folgen will. Eine derart durch einen innerprozessualen Vorgang bedingte Rücknahme ist zulässig.[40] Selbst wenn man dieser Ansicht nicht folgt, muss das Gericht die Anregung des Antragstellers jedenfalls zum Anlass für einen richterlichen Hinweis (§ 139) nehmen, wenn es die Anberaumung einer mündlichen Verhandlung beabsichtigt; dann liegt es am Antragsteller, sein Gesuch noch rechtzeitig zurückzunehmen, bevor der Gegner davon erfährt.

4. Bedeutung des Abs. 2 außerhalb des Zivilprozesses

17 In **FamFG-Sachen** kann gem. §§ 51 Abs. 1, 32 und 51 Abs. 2 Satz 2 FamFG ohne mündliche Verhandlung entschieden werden. § 937 ist nicht anwendbar.

18 Für das **arbeitsgerichtliche Urteilsverfahren** wird § 937 Abs. 2 durch § 62 Abs. 2 Satz 2 ArbGG[41] verdrängt. Danach kann die Entscheidung über das Verfügungsgesuch »nur in dringenden Fällen, auch dann, wenn der Antrag zurückzuweisen ist«, ohne mündliche Verhandlung ergehen. Anders als in § 937 Abs. 2, wo die Zurückweisung des Gesuchs neben den dringenden Fällen genannt ist, stellt also § 62 Abs. 2 Satz 2 ArbGG lediglich klar, dass ein dringender Fall auch bei einer Zurückweisung vorliegen kann.[42] Obwohl die Begründungen des Gesetzgebers zu der Neufassung des § 937 Abs. 2[43] und der Einfügung von § 62 Abs. 2 Satz 2 ArbGG[44] es nahe legen, dass entsprechend dem Gesetzeswortlaut im Zivilprozess eine Zurückweisung immer ohne mündliche Verhandlung zulässig sein soll, im Arbeitsgerichtsprozess dagegen nur bei besonderer Dringlichkeit, führt die wegen Art. 103 Abs. 1 GG gebotene verfassungskonforme Auslegung des § 937 Abs. 2 dazu, dass auch im Zivilprozess das Verfügungsgesuch nur bei besonderer Dringlichkeit ohne mündliche Verhandlung zurückgewiesen werden darf.[45] Beide Vorschriften stimmen somit inhaltlich überein, und

---

36 LAG Hamm, BB 1984, 409; OLG Karlsruhe, WRP 1989, 265, 266; *Baumbach/Lauterbach/Hartmann*, § 937 Rn. 9; *Gottwald*, § 937 Rn. 13; MüKo/*Drescher*, § 937 Rn. 10.
37 Siehe Rdn. 11 ff.
38 Vgl. die Nachweise bei § 922 Rdn. 8.
39 *Brox/Walker*, Rn. 1514; *Stein/Jonas/Grunsky*, § 921 Rn. 2; *Walker*, Der einstweilige Rechtsschutz, Rn. 297 f.
40 Eingefügt durch das Rechtspflege-Vereinfachungsgesetz vom 17.12.1990, BGBl. I, S. 2847.
41 *Walker*, Der einstweilige Rechtsschutz, Rn. 742; *Schwab/Weth/Walker*, ArbGG, § 62 Rn. 115; LAG Sachsen, NZA 1998, 223, 224; anders wohl LAG Hessen, NZA-RR 2002, 424, wonach § 62 Abs. 2 ArbGG und § 937 Abs. 2 identisch seien.
42 BT-Drucks. 11/3621, S. 52.
43 BT-Drucks. 11/3621, S. 56 f.
44 Siehe Rdn. 14.
45 *Walker*, Der einstweilige Rechtsschutz, Rn. 292.

zwar in dem Sinne, wie § 62 Abs. 2 Satz 2 ArbGG ausdrücklich formuliert ist.[46] Die Zurückweisung ohne mündliche Verhandlung erfolgt im arbeitsgerichtlichen Urteilsverfahren allerdings gem. § 53 Abs. 1 ArbGG durch den Vorsitzenden allein, auch wenn die engeren Voraussetzungen des § 944 nicht vorliegen.[47]

Für einstweilige Verfügungen im **arbeitsgerichtlichen Beschlussverfahren** verweist § 85 Abs. 2 Satz 2 ArbGG auf die Vorschriften der. Danach findet auch § 937 Abs. 2 Anwendung, sodass eine Entscheidung ohne mündliche Verhandlung nicht von vornherein ausgeschlossen ist.[48] Eine Zurückweisung ohne mündliche Verhandlung kommt aber selbst dann nur bei besonderer Dringlichkeit in Betracht, wenn man eine derartige verfassungskonforme Auslegung des § 937 Abs. 2 entgegen der hier vertretenen Ansicht[49] ablehnt; denn es spricht nichts dafür, dass die Zurückweisung ohne mündliche Verhandlung im Beschlussverfahren unter leichteren Voraussetzungen möglich sein soll, als es in § 62 Abs. 2 Satz 2 ArbGG für das Urteilsverfahren ausdrücklich und bewusst formuliert ist.[50] Im Übrigen ist der Verzicht auf eine mündliche Verhandlung im Beschlussverfahren auch deshalb besonders restriktiv zu handhaben, weil die Schadensersatzregelung des § 945, mit der im zivilprozessualen Eilverfahren die verfahrensrechtliche Benachteiligung des nichtangehörten Antragsgegners kompensiert wird, im arbeitsgerichtlichen Beschlussverfahren nicht gilt (§ 85 Abs. 2 Satz 2 ArbGG). Wird ohne mündliche Verhandlung entschieden, ergeht die Entscheidung abweichend von § 53 Abs. 1 ArbGG im Beschlussverfahren immer durch die gesamte Kammer (§ 85 Abs. 2 Satz 2 ArbGG), sofern nicht die Voraussetzungen des § 944 vorliegen.[51]

19

Für einstweilige Anordnungen im **Verwaltungsgerichtsprozess** verweist § 123 Abs. 3 VwGO gerade nicht auf § 937 Abs. 2. Hier ergibt sich aus den §§ 123 Abs. 4, 101 Abs. 3 VwGO, dass die Entscheidung über ein Eilgesuch aufgrund mündlicher Verhandlung ergehen kann, aber nicht muss. Ob eine mündliche Verhandlung stattfinden soll, entscheidet das Gericht nach pflichtgemäßem Ermessen.[52] Im **sozialgerichtlichen Eilverfahren** gilt § 937 Abs. 2 ebenfalls nicht (vgl. § 86b Abs. 2 Satz 4 SGG). Gem. §§ 124 Abs. 3, 86b Abs. 4 SGG kann das Gericht nach pflichtgemäßem Ermessen ohne mündliche Verhandlung entscheiden.

20

IV. Bedeutung einer Schutzschrift[53]

Entscheidungsgrundlage ist bei einer ohne mündliche Verhandlung angeordneten einstweiligen Verfügung allein der Vortrag des Antragstellers. Nur wenn dem Antragsgegner außerhalb einer mündlichen Verhandlung rechtliches Gehör gewährt wurde,[54] wird sein Vortrag ebenfalls zur Entscheidungsgrundlage. Das dürfte aber der Ausnahmefall sein; denn das Bedürfnis nach einem Verzicht auf mündliche Verhandlung beruht bei einstweiligen Verfügungen zumeist darauf, dass eine Warnung des Antragsgegners vermieden werden soll, was nur möglich ist, wenn dieser überhaupt nicht angehört wird. In solchen Fällen kann sich der Antragsgegner vor Erlass einer einstweiligen Verfügung allenfalls durch Einreichung einer so genannten **Schutzschrift** beim Gericht Gehör ver-

21

---

46 *Walker*, Der einstweilige Rechtsschutz, Rn. 736.
47 Vgl. etwa BAG, BB 1991, 2306, 2308; *Wenzel*, DB 1972, 1290, 1293.
48 Siehe Rdn. 13.
49 *Walker*, Der einstweilige Rechtsschutz, Rn. 889; *Schwab/Weth/Walker*, ArbGG, § 85 Rn. 69; so im Ergebnis auch LAG Nürnberg, NZA-RR 1998, 563.
50 Zur Anwendbarkeit des § 944 im arbeitsgerichtlichen Beschlussverfahren siehe noch § 944 Rn. 8.
51 *Finkelnburg/Dombert/Külpmann*, Vorläufiger Rechtsschutz im Verwaltungsstreitverfahren, Rn. 349; *Kuhla/Hüttenbrink*, Der Verwaltungsprozess, J Rn. 223; *Schoch* in: *Schoch/Schmidt-Aßmann/Pietzner*, VwGO, § 123 Rn. 126.
52 Zu dieser Möglichkeit siehe § 922 Rdn. 3 ff.
53 Ältere Zahlenangaben bei *Engelschall*, GRUR 1972, 103, 104; *Klaka*, GRUR 1979, 593, 594. Weitere Einzelheiten zur Schutzschrift im Wettbewerbsrecht siehe § 945a (*Kessen*).
54 Zur Bedeutung der Schutzschrift im Arbeitsgerichtsprozess vgl. Schwab/Weth/*Walker*, ArbGG, 4. Aufl. 2015, § 62 Rn. 123 ff. Zur Schutzschrift im Verfahren vor dem Familiengericht *van Els*, FamRZ 1996, 651.

schaffen. »Erfunden« wurde die Schutzschrift im Wettbewerbsrecht, weil dort besonders häufig einstweilige Verfügungen ohne mündliche Verhandlung erlassen werden.[55] Auf diesem Gebiet hat die Schutzschrift nach wie vor ihre größte Bedeutung, zumal wettbewerbsrechtliche Unterlassungsverfügungen meist eine faktisch endgültige Wirkung haben und nicht mehr rückgängig gemacht werden können. Schutzschriften werden in der Praxis aber auch in Eilverfahren außerhalb des Wettbewerbsrechts eingereicht,[56] und die mit ihr zusammenhängenden Rechtsfragen stellen sich in allen Rechtsgebieten und in allen Verfahrensarten[57] gleichermaßen.[58] Ab 1.1.2016 hat die Schutzschrift in den §§ 945a, 945b[59] eine rechtliche Grundlage.[60]

V. Gebühren

22 Siehe Vor §§ 916-945b Rdn. 79 ff. und § 922 Rdn. 48 ff.

---

55 Für die Zulässigkeit von Schutzschriften auch im Zwangsvollstreckungsverfahren *Vogel*, NJW 1997, 554.
56 Alternativkommentar/*Damm*, §§ 935, 940 Rn. 25; *Brox/Walker*, Rn. 1633; HdbVR-*Dunkl*, A Rn. 549; *van Els*, FamRZ 1996, 651, 652; *Marly*, BB 1989, 770; *Teplitzky*, NJW 1980, 1667, 1668 und JuS 1981, 435, 436; a. M. *Leipold*, RdA 1983, 164, 167 ff.
57 Dazu *Walker*, FS Schilken, 2015, 819; *Wehlau/Kalbfus*, ZRP 2013, 101.
58 Eingefügt mit Wirkung zum 1.1.2016 durch Art. 1 Nr. 26 des Gesetzes zur Förderung des elektronischen Rechtsverkehrs mit den Gerichten vom 10.10.2013, BGBl. I, S. 3786. Zur Gesetzesbegründung BT-Drucks. 17/12634, S. 35 und 37.
59 Zu Einzelheiten siehe die Kommentierung zu §§ 945a, 945b (*Kessen*).
60 Siehe dazu schon § 922 Rdn. 6.

§ 938 Inhalt der einstweiligen Verfügung

(1) Das Gericht bestimmt nach freiem[1] Ermessen, welche Anordnungen zur Erreichung des Zweckes erforderlich sind.

(2) Die einstweilige Verfügung kann auch in einer Sequestration sowie darin bestehen, dass dem Gegner eine Handlung geboten oder verboten, insbesondere die Veräußerung, Belastung oder Verpfändung eines Grundstücks oder eines eingetragenen Schiffes oder Schiffsbauwerks untersagt wird.

Übersicht

	Rdn.
I. Funktion des Abs. 1	1
1. Verhältnis zu § 253 Abs. 2 Ziff. 2	2
2. Verhältnis zu § 308 Abs. 1	6
II. Einstweilige Verfügung und Hauptsacheverfahren	10
1. Verbot des Hinausgehens über das im Hauptsacheverfahren Erreichbare	11
2. Erfüllung des Hauptsacheanspruchs als Ausnahme	12
3. Zeitliche Begrenzung der Regelung	13
III. Inhaltliche Grenzen möglicher Regelungen im Übrigen	14
1. Erforderlichkeit	15
2. Interessenabwägung	16
3. Möglichkeit der Vollziehung	17
IV. Anwendbarkeit des Abs. 1 auch bei Regelungs- und Befriedigungsverfügungen	18
V. Beispiele einzelner zulässiger Maßnahmen – Abs. 2	19
1. Die Sequestration	20
a) Begriff	20
b) Stellung des Sequesters	21
c) Gerichtsvollzieher als Sequester	22
d) Rechtsbehelfe gegen Maßnahmen des Sequesters	23
e) Vergütung	25
2. Verfügungsverbote	27
a) Inhalt möglicher Verfügungsverbote	28
b) Verfügungsverbote Liegenschaftsrechte betreffend	29
aa) Verhältnis zu Vormerkung und Widerspruch	30
bb) Wirksamwerden; Eintragung ins Grundbuch	31
cc) Vollziehung von Verfügungsverboten	32
3. Erwerbsverbote	33
4. Sonstige Handlungs- und Unterlassungsgebote und Handlungsverbote	34
5. Zulässige Anordnungen im Übrigen	35
VI. Vollziehung einstweiliger Verfügungen	37

Literatur:

Augustin, Der Gerichtsvollzieher als Sequester, Diss., Bonn 1996; *Berlit*, Zur Frage der Einräumung einer Aufbrauchsfrist im Wettbewerbsrecht, Markenrecht und Urheberrecht, WRP 1998, 250; *Danelzik*, § 139 ZPO – Die »Magna Charta« des Zivilprozesses, WRP 1999, 18; *Gleußner*, Die Sequestration gem. § 938 Abs. 2 ZPO und ihre Vergütung, DGVZ 1996, 33; *Habscheid*, Richterliches Erwerbsverbot und Grundbuchrecht, FS Schiedermair, 1976, S. 245; *Hennemann*, Rückkehr des jus ad rem?: Die Sicherung konkurrierender anfechtungsrechtlicher Rückgewähransprüche durch Verfügungsverbote, KTS 2010, 85; *Heydrich*, Das einstweilige Erwerbsverbot an Grundstücken in der Praxis, MDR 1997, 796; *Jauernig*, Der zulässige Inhalt einstweiliger Verfügungen, ZZP 1966 (Bd. 79), 321; *Kargados*, Zur Verfassungsmäßigkeit von gesetzlichen Verboten einstweiligen Rechtsschutzes, inklusive eines generellen Ausschlusses der Hauptsachevorwegnahme, FS Gaul, 1997, S. 265; *Kohler*, Das Verfügungsverbot lebt, JZ 1983, 586; *ders.*, Das Verfügungsverbot gemäß § 938 Abs. 2 ZPO im Liegenschaftsrecht, 1984; *Lickleder*, Die Eintragung eines Rechtshängigkeitsvermerks im Grundbuch, ZZP 2001 (Bd. 114), 195; *Merrem*, Sicherung vertraglicher Verfügungsverbote, JR 1993, 53; *Nies*, Einstweilige Sicherung von Ansprüchen auf Herausgabe, MDR 1993, 937; *Noack*, Begriff der nach § 938 ZPO eingeleiteten Sequestration, JurBüro 1981, 1121; *Piekenbrock*, Umfang und Bedeutung der richterlichen Hinweispflicht, NJW 1999, 1360; *Podehl*, Einstweiliger Rechtsschutz bei Doppelverkäufen, BB 2006, 2484; *Ruhwedel*, Grundlagen und Rechtswirkungen so genannter relativer Verfügungsverbote, JuS 1980, 161; *Schillig*, Eintragungsfähigkeit und Wirksamkeit eines durch einstweilige Verfügung im Beschlusswege erlassenen Veräußerungsverbotes vor Zustellung an den Antragsgegner?, NotBZ 2003, 416; *Ulrich*, Die Aufbrauchsfrist im Verfahren der einstweiligen Verfügung, GRUR 1991, 26; *Wagner*, Rechtsgeschäftliche Unübertragbarkeit und § 137 S. 1 BGB, AcP 1994

---

[1] Sprachlich korrigiert durch Art. 1 Nr. 12 des Gesetzes zur Einführung einer Rechtsbehelfsbelehrung im Zivilprozess und zur Änderung anderer Vorschriften vom 5.12.2012 (BGBl. I 2012, 2418) mit Wirkung vom 1.1.2014.

(Bd. 194), 451; *Weiland*, Die Sicherung konkurrierender Sachleistungsansprüche im Wege einstweiliger Verfügung durch Vormerkung und Verfügungsverbot, 1992; *Wieling*, JuS ad rem durch einstweilige Verfügung, JZ 1982, 839; *Zutt*, Einstweiliger Rechtsschutz bei Stimmbindungen, ZHR 1991 (Bd. 155), 190. Siehe ferner die Literaturangaben vor der *Vorbemerkung vor § 935 ZPO*.

I. Funktion des Abs. 1

1 Das Verfügungsverfahren wird wie das Arrestverfahren (siehe insoweit § 920) durch ein Gesuch an das Gericht eingeleitet. Dieses Gesuch muss zunächst einmal angeben, welches Rechtsschutzziel ganz allgemein angestrebt wird, damit die Entscheidung möglich ist, ob überhaupt einstweiliger Rechtsschutz durch einstweilige Verfügung in Betracht kommt.[2] Soweit das Verfügungsverfahren grundsätzlich statthaft ist, da weder das Arrestverfahren noch speziellere Verfahren des einstweiligen Rechtsschutzes[3] einschlägig sind, muss das Gesuch weiter angeben, welches spezielle Ziel im Hinblick auf die streitige Forderung oder das streitige Rechtsverhältnis verfolgt wird (Sicherung, dass der Anspruch später noch verwirklicht werden kann; Regelung eines einstweiligen Zustandes; teilweise vorläufige Befriedigung des Anspruchs). Letzteres ist nicht etwa erforderlich, weil der Antragsteller – soweit man den einzelnen »Verfügungsarten«[4] überhaupt eine selbstständige Bedeutung beimisst[5] – eine zutreffende Zuordnung zu einer der Verfügungsarten vornehmen müsste; dies ist nicht der Fall.[6] Das verfolgte Ziel muss vielmehr deshalb genau umrissen werden,[7] damit dem Antragsteller nicht mehr an Rechtsschutz zuteil wird, als er selbst für notwendig erachtet, da auch im Verfügungsverfahren insoweit uneingeschränkt die Dispositionsmaxime gilt.[8] Dagegen muss der Antragsteller nicht auch noch die konkrete Maßnahme, wie die Sicherung ausreichend durchgeführt, der erwünschte Zustand vorläufig herbeigeführt werden kann, in seinem Antrag bezeichnen, da die Auswahl der Maßnahme nach Abs. 1 im Ermessen des Gerichts steht.[9] Wird allerdings als vorläufige Maßnahme die (teilweise) Vorabbefriedigung des Antragstellers erstrebt, muss der Antragsteller auch die erstrebte Art der Befriedigung bezeichnen,[10] damit ihm materiell nicht mehr als tatsächlich erstrebt zugesprochen wird. So wäre insbesondere ein Verfügungsantrag, dem Antragsteller vorläufig einen in das Ermessen des Gerichts gestellten Lohnabschlag zuzusprechen, unzulässig.[11] Abs. 1 erweist sich somit weder als abweichende Spezialvorschrift zu § 253 Abs. 2 Ziff. 2 noch zu § 308 Abs. 1 für das Verfügungsverfahren, sondern lediglich als klarstellende Übertragung der allgemeinen Regeln auf die speziellen Bedürfnisse des einstweiligen Rechtsschutzes.

Im Einzelnen gilt:

1. Verhältnis zu § 253 Abs. 2 Ziff. 2

2 Wie in der Klageschrift des Hauptsacheverfahrens auch, so muss im Verfügungsgesuch der Antrag nicht optisch förmlich hervorgehoben sein, er muss aber in den Gründen derart ausformuliert sein, dass ihn das Gericht ohne weiteres von der bloßen Begründung isolieren kann. Der Bestimmt-

---

2 Zur Auslegung eines irrtümlich als Arrestantrag formulierten Verfügungsantrages und umgekehrt siehe: Vor § 935 Rdn. 2.
3 Siehe hierzu: Vor § 935 Rdn. 3–25.
4 Siehe dazu: Vor § 935 Rdn. 28 ff.
5 Siehe dazu: Vor 935 Rdn. 49.
6 Zur praktischen Bedeutungslosigkeit einer differenzierten Untergliederung der »Verfügungsarten« siehe auch *Berger*, Einstweiliger Rechtsschutz im Zivilrecht, Kap. 2 Rn. 13; *Stein/Jonas/Grunsky*, vor § 935 Rn. 10.
7 LAG Jena, NZA-RR 2001, 347; PG/*Fischer*, § 938 Rn. 3.
8 *Musielak/Huber*, § 938 Rn. 5; *Walker*, Der einstweilige Rechtsschutz, Rn. 146.
9 BVerfGE 86, 49; PG/*Fischer*, § 938 Rn. 3; *Zöller/Vollkommer*, § 938 ZPO 2.
10 Allgem. Ansicht; beispielhaft: *Brox/Walker*, 1629; PG/*Fischer*, § 938 Rn. 3; *Stein/Jonas/Grunsky*, vor § 935 Rn. 10; *Teplitzky*, Wettbewerbsrechtliche Ansprüche und Verfahren, Kap. 54 Rn. 38; ders., JuS 1981, 124; *Walker*, Der einstweilige Rechtsschutz, Rn. 151; *Zöller/Vollkommer*, § 938 Rn. 2.
11 *Teplitzky*, JuS 1981, 124.

heit des Antrages steht nicht entgegen, dass sein Wortlaut u. U. misslungen ist und anhand der Begründung der Auslegung bedarf.[12] Das Gericht kann dem Antragsteller insoweit auch Hinweise im Rahmen des § 139 geben.[13] Solche – sachlich formulierten – Hinweise zur bestimmten Antragsfassung begründen nicht die Befürchtung der Befangenheit des Gerichts.[14]

Der Antrag ist bestimmt, wenn er zweifelsfrei erkennen lässt, welchen – einstweiligen – Rechtsschutz der Antragsteller begehrt. Soweit eine Sicherungs- oder Regelungsverfügung erstrebt wird, ist diesem Erfordernis Genüge getan, wenn das Rechtsschutzziel – welcher konkrete Individualanspruch soll gesichert werden – bestimmt bezeichnet ist.[15] Wenn es auch darüber hinaus nicht der bestimmten Angabe der Maßnahmen bedarf, die der Antragsteller seinerseits als geeignet ansieht, die Sicherstellung zu bewirken, so ist eine solche Angabe doch dringend zu empfehlen: Zum einen weiß der Antragsteller selbst am besten, wovon er sich die größtmögliche Sicherheit versprechen kann; zum anderen entspricht es den – durchaus bedenklichen – Gepflogenheiten der meisten Gerichte,[16] den Antrag aus dem Verfügungsgesuch jedenfalls in Beschlussverfügungen – durch »Einrücken wie Bl. ...« – unverändert zu übernehmen, sodass ein zu wenig durchdachter Antrag dann leider auch zu einem unzureichenden Titel führt.[17] Der Antragsteller erleidet durch diese Mehrarbeit keine Nachteile, weder im Hinblick auf den Gesamterfolg seines Gesuches noch in kostenmäßiger Hinsicht, wenn das Gericht im Rahmen seines Ermessens ausnahmsweise eine andere Maßnahme für geeigneter hält.[18]

3

Erstrebt der Antragsteller im Wege der einstweiligen Verfügung eine (teilweise) Vorabbefriedigung seines Anspruchs (Leistungs- oder Befriedigungsverfügung),[19] so muss er die Leistung, die er begehrt, genau bezeichnen. Die zu zahlende Summe ist konkret anzugeben, die zu unterlassende Handlung präzise zu umschreiben,[20] die abzudruckende oder zu sendende Gegendarstellung im genauen Wortlaut in den Antrag aufzunehmen,[21] die dem Antragsteller herauszugebende Sache mit vollstreckungsfähiger Genauigkeit zu umschreiben[22] usw. Hier genügt es also nicht, dass der Antragsteller dem Gericht nur mitteilt, welches Wettbewerbsverhalten des Antragsgegners,[23] welche Presseveröffentlichung usw. ihn stören, oder dass der zur Lohnfortzahlung verpflichtete Antragsgegner seinen Zahlungsverpflichtungen nicht nachkomme, um dann das Gericht nach dessen Ermessen um Maßnahmen des einstweiligen Rechtsschutzes zu ersuchen. Ein solcher Antrag wäre unzulässig und führte, wenn er auf Hinweis (§ 139) nicht nach den Maßstäben präzisiert würde,

4

---

12 BGH, NJW 1975, 2014; BGH, NJW 1983, 1056, BGH, NJW 2001, 445, 447. Enger: *Zöller/Greger*, § 253 Rn. 13 (es genüge nicht, dass der Antrag sich aus der Begründung erschließen lasse).
13 *Danelzik*, WRP 1999, 18; *Piekenbrock*, NJW 1999, 1361; PG/*Prütting*, § 139 ZPO Rn. 9.
14 *Baumbach/Lauterbach/Hartmann*, § 42 Rn. 43; *Piekenbrock*, NJW 1999, 1361; PG/*Mannebeck*, § 41 Rn. 31; *Zöller/Vollkommer*, § 42 Rn. 26.
15 Siehe hierzu das überzeugende Beispiel bei *Teplitzky*, JuS 1981, 124. Ferner: LAG Jena, NZA-RR 2001, 347; PG/*Fischer*, § 938 Rn. 3.
16 Die bei den Gerichten vielfach üblichen Formulare sehen dies leider schon so vor, obwohl ein so ausgefülltes Original in der Gerichtsakte nicht § 313 entspricht, da es selbst ja den Tenor (»die Urteilsformel«) nicht enthält, der erst anderweitig ermittelt werden muss.
17 Zur Frage, ob eine einstweilige Verfügung als Vollstreckungstitel geeignet ist, wenn der Originalbeschluss in der Akte nicht den kompletten ausgeschriebenen Tenor, durch die Angabe: »einrücken wie Bl. ... < >« eine Verweisung auf die Akte enthält: BGH, JurBüro 2003, 608; siehe auch: Vor §§ 704–707 Rdn. 7.
18 Einzelheiten unter Rdn. 6.
19 Einzelheiten und vorwiegende Anwendungsfälle: Vor § 935 Rdn. 31 ff.
20 OLG Karlsruhe, WRP 1985, 509 und 574; WRP 1987, 490; OLG München, WRP 1985, 580.
21 OLG Hamburg, NJW-RR 1995, 1053; einschränkend: OLG Brandenburg, NJW-RR 2000, 326.
22 Siehe hierzu: Vor § 704–707 Rdn. 18.
23 Zur präzisen Fassung des wettbewerbsrechtlichen Unterlassungsanspruchs siehe auch OLG Koblenz, WRP 1991, 599; ferner *Borck*, WRP 2000, 824; *Köhler/Bornkamm*, § 12 UWG Rn. 2.25, 2.37, 2.39; *Piper/Ohly/Sosnitza*, § 12 UWG Rn. 60–66; *Teplitzky*, Wettbewerbsrechtliche Ansprüche und Verfahren, Kap. 54 Rn. 39 mit Kap. 51 Rn. 8–8b sowie vorn: vor § 935 Rdn. 113–115 mit zahlreichen weiteren Nachweisen.

die auch für Leistungsklagen gem. § 253 Abs. 2 Ziff. 2 ZPO gelten,[24] zur Zurückweisung des Verfügungsgesuchs als unzulässig.

5 Da bei der Leistungs-(Befriedigungs-) Verfügung ein auch hinsichtlich der begehrten »Maßnahme« bestimmter Antrag unverzichtbar ist, bedeutet jede inhaltliche Veränderung des Antrages in Richtung auf andere Maßnahmen, soweit diese nicht in der ursprünglich beantragten als Minus enthalten sind – sodass eine teilweise Antragsrücknahme vorläge –, dass in Wahrheit eine neue einstweilige Verfügung beantragt wird.[25] Für diese muss die Dringlichkeit unabhängig vom ursprünglichen Antrag neu geprüft werden. Das Gericht muss zum Erlass dieser Verfügung zudem überhaupt zuständig sein, was insbesondere bei Antragsänderungen im Berufungsverfahren im Hinblick auf §§ 937 Abs. 1, 943 zu beachten ist.

2. Verhältnis zu § 308 Abs. 1

6 Auch im Verfügungsverfahren ist das Gericht nicht befugt, dem Antragsteller etwas zuzusprechen, was dieser nicht beantragt hat. Im Hinblick auf § 938 Abs. 1 bedarf diese Aussage aber gewisser Präzisierungen: Da das Gesuch um Erlass einer **Sicherungs-** oder **Regelungsverfügung** nur das erstrebte Rechtsschutzziel bezeichnen muss, nicht auch die hierzu geeigneten Maßnahmen,[26] ist das Gericht an dennoch vorgeschlagene Maßnahmen auch nur gebunden, wenn der Antragsteller ausdrücklich erklärt, dass er andere Maßnahmen ablehne. Nur auf diesem Wege hat es der Antragsteller in der Hand, das durch Abs. 1 dem Gericht zugestandene Ermessen zu beschränken.[27] Im Übrigen kann das Gericht anstelle der vom Antragsteller vorgeschlagenen Maßnahmen auch andere wählen,[28] soweit diese den Gläubiger nicht weitergehend sichern als die von ihm selbst vorgeschlagene Maßnahme.[29] Denn durch die Benennung der Maßnahme im Antrag legt der Antragsteller das Maß für die Erforderlichkeit des Sicherungsmittels[30] nach oben hin fest. Hat der Gläubiger z. B. zur Sicherung seines Herausgabeanspruchs betreffend einen sicherungsübereigneten Pkw beantragt, anzuordnen, dass der Schuldner es zu unterlassen habe, das Fahrzeug bei einem Geländerennen einzusetzen, kann das Gericht nicht anordnen, dass dieser Pkw vorläufig an einen Sequester herauszugeben sei,[31] wohl aber, dass der Schuldner den Pkw bei dem Rennen nur einsetzen dürfe, wenn er zuvor einen bestimmten Betrag zur Sicherheit für den Gläubiger hinterlege. Bei der Sicherungs- oder der Regelungsverfügung führt der Umstand, dass das Gericht glaubt, die vom Gläubiger vorgeschlagene Maßnahme nicht anordnen zu können (z. B. weil sie den Schuldner ungebührlich belaste oder weil sie nach den Regeln des Vollstreckungsrechts nicht vollziehbar sei), also nur dann zu einer gänzlichen Zurückweisung des Antrages, wenn der Gläubiger alle anderen

---

24 *Ahrens/Jestaedt*, Der Wettbewerbsprozess, Kap. 56 Rn. 3; siehe auch *Borck*, WRP 1977, 458; *Teplitzky*, Wettbewerbsrechtliche Ansprüche und Verfahren, Kap. 54 38.
25 Eine bloße Umformulierung, etwa um für die spätere Vollstreckung mehr Sicherheit zu schaffen, ohne dass eine Änderung in der Sache eintritt, bedeutet aber noch keinen neuen Antrag: KG, GRUR 1988, 78.
26 Siehe oben Rdn. 3.
27 *Baumbach/Lauterbach/Hartmann*, § 938 Rn. 3, verneint auch für diesen Fall die Bindung an die bestimmte Maßnahme.
28 Zur Vielzahl der Maßnahmen, die etwa zur Sicherung eines Herausgabeanspruchs in Betracht kommen, siehe die Auflistung bei *Teplitzky*, JuS 1981, 124; ferner OLG Celle, NJW-RR 1987, 447.
29 Im Einzelnen sehr str.; für eine strikte Bindung an den formulierten Antrag in diesem Fall *Borck*, WRP 1977, 457; dafür, dass zwar ein Minus zu der im Antrag vorgeschlagenen Maßnahme vom Gericht angeordnet werden könne, aber kein aliud: *Stein/Jonas/Grunsky*, vor § 935 Rn. 11; dafür, dass auch ein gleichwertiges aliud angeordnet werden könne: *Baumbach/Lauterbach/Hartmann*, § 938 Rn. 4, 5; *Baur/Stürner/Bruns*, Rn. 53.11; *Brox/Walker*, Rn. 1582; *Thomas/Putzo/Seiler*, § 938 ZPO 2; *Zöller/Vollkommer*, § 938 Rn. 2. Die Rechtsprechung verfährt ganz überwiegend nach der zuletzt genannten Auffassung.
30 Siehe auch unten Rdn. 15.
31 A. A. OLG Naumburg, OLGReport 2001, 295; sehr bedenklich, da das OLG selbst erkennt, dass beide Maßnahmen eine ganz unterschiedliche Sicherungsintensität haben.

Maßnahmen ablehnt oder wenn keine andere gleichwertige oder minder belastende Maßnahme möglich erscheint.

Entsprechend den vorstehenden Regeln ist auch bei der Kostenentscheidung zu verfahren, wenn in der einstweiligen Verfügung der Antrag nicht so, wie vorformuliert, übernommen, sondern eine andere Maßregel als aus der Sicht des Gerichts geeigneter angeordnet wird: Ist sie der beantragten gleichwertig, bedeutet sie für den Gläubiger also die gleiche Sicherheit, so ist der Gläubiger mit seinem Antrag auch nicht teilweise unterlegen. Es bedarf keiner Antragszurückweisung. Dementsprechend sind alle Kosten dem Antragsgegner aufzuerlegen.[32] Stellt die angeordnete Maßnahme zur beantragten dagegen ein Minus dar, da sie dem Gläubiger spürbar weniger Sicherheit bietet, so ist der Antrag teilweise zurückzuweisen, dem Gläubiger sind anteilsmäßig auch Kosten aufzuerlegen. Dieser Fall wird insbesondere anzunehmen sein, wenn der Gläubiger weitergehende Beschränkungen des Schuldners beantragt hatte, als zur Sicherung des Gläubigers erforderlich sind[33] – beantragt war zur Sicherung des Herausgabeanspruchs betreffend einen Pkw dessen Herausgabe an einen Sequester, sodass der Schuldner die Nutzungsmöglichkeit generell verliert; angeordnet wird lediglich die Herausgabe des Kfz-Briefes an einen Sequester, sodass dem Schuldner zwar die Veräußerung des Pkws erschwert, die Nutzung im Übrigen aber weiter ermöglicht wird –. 7

Bei der **Befriedigungs- oder Leistungsverfügung** kann das Gericht die im Antrag vorgeschlagene Maßnahme **nicht** durch eine gleichwertige oder auch weniger belastende **andere** Maßnahme nach eigenem Ermessen ersetzen, es kann vielmehr nur, wenn es dem Antrag nicht entsprechen will, ein im Antrag enthaltenes **Minus** zusprechen, falls ein solches im Wege der Auslegung ermittelbar ist. So kann ein geringerer als der beantragte Lohnabschlag zugesprochen werden,[34] es kann die Unterlassung nur einer von zwei im Antrag genannten Handlungen, der Abdruck der um einen Satz gekürzten, aber im Übrigen unveränderten[35] Gegendarstellung angeordnet werden. Ein zulässiges Minus ist es auch, wenn anstelle der beantragten sofortigen Unterlassung des Vertriebs einer Ware, der Benutzung bestimmter Verpackungen, Werbemittel usw. die Unterlassung erst nach Ablauf einer bestimmten kurzen Aufbrauchsfrist[36] angeordnet wird.[37] 8

Dagegen kann nicht Unterlassung einer anderen als der im Antrag genannten Handlung, Hinterlegung der geforderten Unterhaltsleistungen statt der beantragten Zahlung, Erteilung einer anderen Auskunft als der beantragten verfügt werden. Insbesondere bei Unterlassungsverfügungen muss bei einer beabsichtigten »Umformulierung« des Antrags im Tenor genau geprüft werden, ob das neue Gebot tatsächlich noch vom Antrag gedeckt ist oder ob es sich nicht doch um ein aliud handelt.[38] Nur inhaltliche Klarstellungen, Bereinigungen sprachlicher Unsauberkeiten, Umformulierungen zum Zwecke besserer Allgemeinverständlichkeit sind zulässig. Letzteres ist keine Frage des § 938, sondern ein allgemeines Problem zu § 308, das sich bei der Beurteilung von Leistungsklagen nicht anders stellt als bei einstweiligen Verfügungen. Da das Gericht bei Leistungs- und Befriedigungsverfügungen später kein Ermessen bei der Auswahl der geeigneten Maßnahmen hat, sondern an 9

---

32 Dieser Fall wird die Regel sein, da prinzipiell von der Gleichwertigkeit aller geeigneten Sicherungsmaßnahmen aus der Sicht des Gläubigers auszugehen ist.
33 Typischer Beispielsfall insoweit für die Teilzurückweisung eines Antrages: OLG Naumburg, NJWE-WettbR 1996, 155.
34 Ein aliud wäre es aber, wenn anstelle der beantragten Zahlung des Lohnabschlages dessen bloße Hinterlegung angeordnet würde; bedenklich daher LG Aurich, MDR 1965, 142; siehe unten Rdn. 9.
35 OLG München, NJW 1988, 349; unzulässig wäre es aber, einzelne Sätze umzuformulieren oder den Sinn zu verändern: vgl. OLG Jena, OLG-NL 1994, 58; OLG Hamburg, NJW-RR 1995, 1053.
36 Zum Begriff *Teplitzky*, Wettbewerbsrechtliche Ansprüche und Verfahren, Kap. 57 Rn. 17, 18.
37 OLG Stuttgart, WRP 1989, 832; *Berlit*, WRP 1998, 250; *Köhler/Bornkamm*, § 12 UWG Rn. 3.30; *Teplitzky*, Wettbewerbsrechtliche Ansprüche und Verfahren, Kap. 57 Rn. 23; *Ulrich*, GRUR 1991, 28; a. A. (eine Aufbrauchsfrist sei im Verfügungsverfahren nie möglich): OLG Düsseldorf, NJW-RR 1987, 571; OLG Frankfurt, GRUR 1988, 46; OLG Frankfurt, GRUR 1989, 456; OLG Koblenz, WRP 1991, 599.
38 *Teplitzky*, Wettbewerbsrechtliche Ansprüche und Verfahren, Kap. 54 Rn. 38.

den Antrag gebunden ist, kommt der richterlichen Hinweispflicht (§ 139) auf den sachdienlichen Antrag besondere Bedeutung zu.[39] Das Gericht darf dabei aber die Folgen einer Antragsänderung[40] nicht aus den Augen verlieren; insbesondere ist die Dringlichkeit hinsichtlich jedes neuen Antrages zu beachten.

II. Einstweilige Verfügung und Hauptsacheverfahren

10 Die einstweilige Verfügung dient nicht der endgültigen Klärung der streitigen Rechtsbeziehung der Parteien, und zwar entgegen einer weit verbreiteten Ansicht auch nicht im Bereich des Wettbewerbsrechts und des sonstigen gewerblichen Rechtsschutzes;[41] durch sie soll vielmehr immer nur eine einstweilige Regelung des Rechtsverhältnisses zwischen den Parteien getroffen werden, die die Zeit gewährt, das Hauptsacheverfahren sinnvoll durchzuführen.[42] Aus dieser Sicherungsfunktion, die nicht nur die Sicherungsverfügung, sondern auch die Regelungs- und die Befriedigungsverfügung kennzeichnet, sind wichtige Grenzen für das, was im Verfügungsverfahren an möglichen Maßnahmen angeordnet werden kann, abzuleiten[43]:

1. Verbot des Hinausgehens über das im Hauptsacheverfahren Erreichbare

11 Die angeordnete Maßnahme darf nie über das hinausgehen, was der Gläubiger im Hauptsacheverfahren als Erfüllung des streitigen Anspruchs verlangen kann.[44] Dies ist insbesondere bei der Sicherungs- und Regelungsverfügung, bei denen sich naturgemäß – anders als bei der Befriedigungsverfügung – die zu beantragenden und im Rahmen des richterlichen Ermessens anzuordnenden Maßnahmen nicht – auch nicht teilweise – mit dem späteren Hauptsachetenor decken, von Bedeutung (Beispiel: Ist streitig, ob der Antragsgegner an der Grundstücksgrenze eine über 1,5 m hinausgehende Mauer errichten darf, so kann für die bisher zu einer Höhe von 1,6 m gediehene Mauer ein Baustopp angeordnet werden, allenfalls ein Abtragen auf eine Höhe von 1,5 m, nie aber der völlige Abriss). Für die Geldleistungsverfügung folgt aus diesem Grundsatz, dass der vorläufig zugesprochene Unterhaltsbetrag, die vorläufige Lohnfortzahlung, die vorläufige Schadensersatzrente usw.[45] nur ein Abschlag auf den endgültig zu erwartenden Betrag sein dürfen, damit sich nicht nach Abschluss des Hauptsacheverfahrens eine Überzahlung ergibt.[46]

2. Erfüllung des Hauptsacheanspruchs als Ausnahme

12 Ist es auch über die Fälle der Geldleistungsverfügung hinaus in vielen weiteren Fällen unumgänglich, dass das im Verfügungsverfahren Angeordnete zu einer teilweisen Vorabbefriedigung des Hauptsacheanspruchs führt (Fälle der sog. Leistungs- oder Befriedigungsverfügungen,[47] insbesondere Unterlassungsverfügungen im Wettbewerbsrecht),[48] so folgt doch aus dem Wesen der einstweiligen Verfügung als nur vorläufiger Sicherung, dass auch die Teilbefriedigung des Gläubigers nur in Betracht zu ziehen ist, wenn nicht den Schuldner geringer belastende Eingriffe ebenso erfolgversprechend sind[49] – in einem solchen Fall wäre der auf Befriedigung zielende Antrag zurückzu-

---

39 *Borck*, WRP 1977, 457; *Danelzik*, WRP 1999, 18; *Piekenbrock*, NJW 1999, 1360.
40 Siehe oben Rdn. 5.
41 Näheres: Vor § 935 Rdn. 32, 98 ff., 116.
42 Einzelheiten: Vor § 935 Rdn. 115.
43 Insoweit liegt die gesetzgeberische Fehlleistung im Hinblick auf die neuen Abs. 2 und 3 des § 940a auf der Hand, da hier Befriedigungsverfügungen vorgesehen sind, die diese Grenzen eindeutig überschreiten. Einzelheiten: § 940a Rdn. 18 ff.
44 *Musielak/Huber*, § 938 Rn. 4, 5; *Zöller/Vollkommer*, § 938 Rn. 3.
45 Einzelheiten zu den Anwendungsfällen der Geldleistungsverfügung: Vor § 935 Rdn. 34–38.
46 Einzelheiten: Vor § 935 Rdn. 44 ff, 168 f.
47 Einzelheiten Vor § 935 Rdn. 22 ff.
48 Näheres Vor § 935 Rdn. 98 ff.
49 Vgl. *Stein/Jonas/Grunsky*, § 938 Rn. 8; *Zöller/Vollkommer*, § 938 Rn. 4.

weisen und nicht einfach die andersgeartete Sicherung anzuordnen[50] –. Eine vollständige – vorläufige – Erfüllung des im Hauptsacheverfahren durchzusetzenden materiellrechtlichen Anspruchs im Verfahren über den Erlass einer einstweiligen Verfügung kommt nur dann in Betracht, wenn das Abwarten des Hauptsacheverfahrens den Antragsteller rechtlos stellen würde und praktisch auf eine Rechtsschutzverweigerung durch die Gerichte hinauslaufen würde.[51] Auch in einem solchen Fall haben aber Maßnahmen, die, wenn einmal durchgeführt, nicht nur tatsächlich, sondern auch rechtlich irreversibel sind,[52] zu unterbleiben, etwa die Löschung eines im Grundbuch eingetragenen Rechts[53] – ein solches Recht könnte ja später nur neu an dann bereiter Stelle begründet werden, nicht aber rückwirkend wiederaufleben – oder der Ausschluss eines Gesellschafters aus der Gesellschaft[54] – die Gesellschaft mit ihm müsste neu begründet werden –. Insoweit muss sich der Antragsteller auch dann mit einer ihm geringer sichernden Maßnahme zufrieden geben, wenn sie nicht ausreicht, um alle Nachteile, die ihm durch den Antragsgegner drohen, zu bannen.[55]

3. Zeitliche Begrenzung der Regelung

Die einstweilige Verfügung ist schon ihrer Natur nach nicht auf Dauer angelegt – wenn die Parteien auch vereinbaren können, sie als endgültigen Titel hinzunehmen und auf Anträge nach §§ 926, 927 zu verzichten[56] –, sondern von ihrer Zielsetzung her bis zur endgültigen Entscheidung im Hauptsacheverfahren befristet, ohne dass dies im Tenor ausdrücklich hervorgehoben sein müsste. Da dies aber nicht etwa dazu führt, dass die einstweilige Verfügung von selbst in Wegfall kommt, sobald nur ein inhaltlich abweichender Hauptsachetitel vorgelegt wird, vielmehr noch eine Aufhebungsentscheidung nach § 927 erforderlich ist,[57] wenn der Gläubiger nicht freiwillig auf den Titel verzichtet, ist es bei Titeln, die wiederkehrende Leistungen (etwa monatliche Rentenzahlungen gem. § 843 BGB) oder auf Dauer angelegte Verpflichtungen (z. B. die Weiterbeschäftigung eines gekündigten Arbeitnehmers) zum Gegenstand haben, zweckmäßig, die Verpflichtung im Tenor der Verfügung von vornherein zeitlich zu befristen (»... den Antragsteller einstweilen bis zum ... als ... weiterzubeschäftigen«).[58] Auch sonst kann sich eine ausdrückliche zeitliche Befristung im Tenor, die dann auch ohne Aufhebungsurteil die weitere Vollstreckung künftiger Leistungen ausschließt, empfehlen. Wird etwa durch eine einstweilige Verfügung ein Verbot erlassen und steht zu erwarten, dass der Schuldner demnächst von einem anderen Gericht in anderem Zusammenhang zu einer Leistung verurteilt wird, die er nicht ohne Verstoß gegen das Verbot erbringen kann, so kann von vornherein angeordnet werden, dass die einstweilige Verfügung in dem Augenblick hinfällig wird, in dem die Voraussetzungen zur Vollstreckung aus dem Leistungsurteil erfüllt sind.[59] Es ist aber zu weitgehend, bei allen Befriedigungsverfügungen eine Verpflichtung des Gerichts zu postulieren, von Amts wegen die Maßnahme an eine Frist zu binden, innerhalb derer der Antragsteller Klage zur

---

50 Siehe oben Rdn. 8.
51 OLG Stuttgart, MDR 1964, 604; OLG Frankfurt, NJW 1975, 393; OLG Köln, OLGR 1999, 42; *Baumbach/Lauterbach/Hartmann*, § 938 Rn. 3. Auch diesem Anspruch werden die neu eingefügten Abs. 2 und 3 des § 940a nicht gerecht.
52 Tatsächlich irreversibel ist der Erfolg nahezu aller Unterlassungsverfügungen, da die einmal unterlassene Handlung zwar oft später noch nachgeholt, aber eben nicht zum bereits verstrichenen Zeitpunkt vorgenommen werden kann; dennoch ist dieser tatsächliche Erfolg nicht rechtlich irreversibel; vgl. *Walker*, Der einstweilige Rechtsschutz, Rn. 142, 143; *Stein/Jonas/Grunsky*, § 938 Rn. 14.
53 *Brox/Walker*, Rn. 1582; *Thomas/Putzo/Seiler*, § 938 Rn. 3.
54 PG/*Fischer*, § 938 Rn. 3.
55 So kommt die Löschung eines angeblich zu Unrecht ins Grundbuch eingetragenen Rechts – und nicht nur die Eintragung eines Widerspruchs – auch dann nicht in Betracht, wenn nur die sofortige Löschung es dem Antragsteller ermöglichen würde, dringend benötigte Investitionskredite zu erhalten.
56 Einzelheiten zur sog. Abschlusserklärung siehe Anh. D zu § 935 ZPO.
57 BGH, WRP 1987, 196 OLG Hamm, GRUR 1992, 888; *Teplitzky*, WRP 1987, 149.
58 Siehe auch: Vor § 935 Rdn. 155.
59 OLG Koblenz, NJW-RR 1991, 487.

Hauptsache erheben müsse, damit in jedem Fall die »Vorläufigkeit« der Maßnahme deutlich werde. Es ist Sache des Antragsgegners, die Hauptsacheklage durch einen Antrag gem. § 926 zu beschleunigen. In geeigneten Fällen sollte durch bewussten Verzicht auf jegliche ausdrückliche Befristung den Parteien die Möglichkeit offen gehalten werden, auf das Hauptsacheverfahren zu verzichten.

III. Inhaltliche Grenzen möglicher Regelungen im Übrigen

14 Aus den Besonderheiten des Eilverfahrens, dass nämlich die Verteidigungsmöglichkeiten des Antragsgegners zunächst beschränkt sind und gegebenenfalls ein Vollstreckungstitel gegen ihn in die Welt gesetzt wird, ohne dass ihm rechtliches Gehör gewährt wurde, folgen weitere inhaltliche Schranken für die anzuordnenden Maßnahmen: Es darf nicht mehr, als zur Sicherung des Antragstellers unbedingt erforderlich, angeordnet werden, und auch dies nur, wenn eine Abwägung der Interessen der Parteien ergibt, dass die dem Antragsgegner aus der Vollziehung der konkreten Maßnahme aufgrund einer möglicherweise unberechtigten einstweiligen Verfügung drohenden Nachteile nicht wesentlich größer sind als die vom Antragsteller hinzunehmenden Nachteile, wenn eine weniger weitgehende Maßnahme angeordnet oder er sogar allein auf das Hauptsacheverfahren verwiesen wird. Nur so wird vermieden, dass die einstweilige Verfügung allzu leichtfertig an die Stelle des Hauptsachetitels tritt, weil der Antragsteller nach dem Erlangen des schnellen »Minus« auf das Mehr im Hauptsacheverfahren verzichten kann. Im Einzelnen gilt:

1. Erforderlichkeit

15 Auch wenn das Gericht den Verfügungsgrund und den Verfügungsanspruch schon bejaht hat und bereits im Rahmen dieser Prüfung eine Abwägung der Interessen der Beteiligten vorgenommen[60] und die Möglichkeit einstweiligen Rechtsschutzes grundsätzlich als gegeben angesehen hat, kann es bei der Sicherungs- und Regelungsverfügung die vom Antragsteller vorgeschlagene Maßnahme nicht einfach übernehmen, sondern muss von Amts wegen prüfen, ob nicht gegebenenfalls eine weniger weitgehende, den Antragsgegner weniger belastende Maßnahme in Betracht kommt, die den Sicherungszweck ebenfalls ausreichend erfüllt.[61] Die in der Praxis für Beschlussverfügungen üblichen Formulare erheben leider das Tenorieren nach dem Prinzip des »Einrückens wie ...« zum Regelfall und sehen für eine eigenständige Formulierung der anzuordnenden Maßnahmen durch das Gericht zu wenig Raum vor. Das darf nicht dazu führen, dass die notwendige Erforderlichkeitsprüfung nur aus diesem Grunde unterbleibt. In den Entscheidungsgründen der Urteilsverfügung sollte immer ein Hinweis enthalten sein, dass und warum gerade die angeordnete Maßnahme für erforderlich gehalten wird. Bei der Befriedigungsverfügung erübrigt sich eine gesonderte Prüfung der Erforderlichkeit der anzuordnenden Maßnahme, weil sie sich deckt mit der in jedem Fall, in dem eine (teilweise) Vorabbefriedigung des Hauptsacheanspruchs begehrt wird, notwendigen Prüfung,[62] ob überhaupt einstweiliger Rechtsschutz gewährt werden kann. Selbstverständlich ist bei der Geldleistungsverfügung aber noch die Erforderlichkeit des zuzusprechenden Betrages gesondert zu prüfen und zu begründen.[63]

2. Interessenabwägung

16 Im Einzelfall kann dem Schuldner auch aus einer Maßnahme, die an sich erforderlich ist, um den gefährdeten Anspruch des Gläubigers zu sichern, ein Schaden drohen, der außer Verhältnis zum Anspruchsverlust aufseiten des Gläubigers steht. Kann etwa der Schuldner eine Ware nicht auf einer bestimmten Messe präsentieren, so droht ihm u. U. die Gefahr, die Ware gar nicht mehr auf dem Markt unterbringen zu können. Geht es dem Gläubiger dagegen nur darum, dass die Ware

---

60 Zur Interessenabwägung bei Prüfung des Verfügungsgrundes und des Verfügungsanspruchs sowie bei der Festlegung des Maßstabes für die Glaubhaftmachung siehe: § 935 Rdn. 16, 20 und § 940 Rdn. 13.
61 Siehe auch *Walker*, Der einstweilige Rechtsschutz, Rn. 245.
62 Siehe oben Rdn. 12.
63 Siehe oben Rdn. 8.

nicht mit einem bestimmten Aufdruck, der sich nicht überkleben lässt, präsentiert wird, weil dieser u. U. bei bestimmten Verkehrskreisen, zu denen der Richter nicht zählt, zu Missverständnissen führen kann, so kann eine Interessenabwägung dazu führen, dass der Gläubiger auf einstweiligen Rechtsschutz verzichten und seinen möglichen Anspruch allein im Hauptsacheverfahren durchsetzen muss,[64] weil ein Verbot der Präsentation der Ware auf der Messe unverhältnismäßig wäre. In der Regel wird die Interessenabwägung unter dem Gesichtspunkt der Verhältnismäßigkeit aber nicht zur völligen Versagung des einstweiligen Rechtsschutzes, sondern nur zur Wahl einer Maßnahme führen, die wenigstens eingeschränkten Rechtsschutz gewährt[65].

3. Möglichkeit der Vollziehung

Die angeordnete Maßnahme muss vollziehbar sein.[66] Für eine einstweilige Verfügung als leere Drohgebärde, die dann, wenn der Schuldner dem Ge- oder Verbot nicht folgt, nicht mit den Mitteln des Vollstreckungsrechts durchgesetzt werden kann, fehlt das Rechtsschutzinteresse.[67] Kann etwa ein Gebot ohne die eigenverantwortliche Mitwirkung Dritter, die der Schuldner zur Mitwirkung nicht zwingen kann, nicht befolgt werden, sodass eine Vollziehung gem. § 888 ausscheidet, so darf dieses Gebot erst nicht erlassen werden.[68] Lässt sich die vorzunehmende Handlung nicht präzise genug umschreiben, um auch nur die Frage zu beantworten, ob nach § 887 oder § 888 oder gar nach § 890 vorzugehen sei,[69] kommt ebenfalls keine einstweilige Verfügung in Betracht.

IV. Anwendbarkeit des Abs. 1 auch bei Regelungs- und Befriedigungsverfügungen

Die vorstehenden Erwägungen zum zulässigen Inhalt einstweiliger Verfügungen gelten, obgleich § 938 Abs. 2 ausschließlich Beispielsfälle zur Sicherungsverfügung aufführt, gleichermaßen für die Regelungs- und die Befriedigungsverfügung.[70] § 940 enthält insoweit nichts Abweichendes, ergänzt vielmehr nur die beispielhafte Aufführung möglicher Anordnungsinhalte. Dass das Gericht bei der Befriedigungsverfügung in stärkerem Maße an den Antrag gebunden ist als bei der Sicherungs- und der Regelungsverfügung,[71] ist kein Problem zu § 938, sondern eine Folge aus dem allgemeinen Grundsatz, dass niemand im Zivilprozess mehr oder grundsätzlich anderes erreichen kann, als von ihm selbst erstrebt: Wer die Erfüllung eines Anspruchs erstrebt, will etwas grundsätzlich anderes als dessen bloße Sicherung. Das Maß der Erfüllung ist durch den Antrag festgelegt.

V. Beispiele einzelner zulässiger Maßnahmen – Abs. 2

Wie schon das »auch« im Gesetzeswortlaut zeigt, enthält Abs. 2 keine abschließende Aufzählung der in Betracht kommenden Maßnahmen; es werden nur einige besonders typische und daher häufig anzuordnende Maßnahmen genannt. Grundsätzlich sind der Phantasie der Parteien und des Gerichts nur die obengenannten allgemeinen Grenzen aus dem Zweck und Ziel des einstweiligen Rechtsschutzes heraus gesetzt. So kommen neben den ausdrücklich genannten Geboten oder Ver-

---

64 Dass die Interessenabwägung im Einzelfall bis zur Verweigerung einstweiligen Rechtsschutzes schlechthin führen kann, weil keine geeignete »schonende« Maßnahme ersichtlich ist, zeigt die Rspr. zum einstweiligen Rechtsschutz in Patentsachen; siehe hierzu insbesondere *Schulz/Süchting*, GRUR 1988, 571; siehe aber auch: Vor § 935 Rdn. 120 f.
65 Zur Interessenabwägung auch schon innerhalb der Dringlichkeitsprüfung: *Retzer*, GRUR 2009, 329.
66 *Baur/Stürner/Bruns*, Rn. 53.29; *Zöller/Vollkommer*, § 935 Rn. 4 und 938 ZPO 4; *Stein/Jonas/Grunsky*, § 938 Rn. 20; OLG Düsseldorf, MDR 1986, 328.
67 Zur Zulässigkeit einer feststellenden einstweiligen Verfügung in Ausnahmefällen siehe: Vor § 935 Rdn. 84; ferner: OLG Koblenz, VersR 2008, 1638.
68 *Baur/Stürner/Bruns*, Rn. 53.29; *Brox/Walker*, Rn. 1593 mit weiteren Beispielen.
69 Beispiel: OLG Düsseldorf, MDR 1986, 328. Siehe zur oft schwierigen Abgrenzung der Tenorierung nach §§ 883, 885, 887, 888 auch *Schuschke*, DGVZ 2010, 160.
70 Zu den unterschiedlichen Auffassungen insoweit siehe: § 940 Rdn. 15.
71 Siehe oben Rdn. 8.

boten einer Handlung etwa auch das Gebot, fremde Handlungen zu dulden, oder die Anordnung von vorläufigen Eintragungen (Vormerkung, Widerspruch) ins Grundbuch als denkbare Maßnahmen in Betracht. Aus der Fülle der möglichen Anordnungen seien näher hervorgehoben:

1. Die Sequestration

a) Begriff

20 Sequestration ist die **Verwahrung und Verwaltung**[72] einer Sache (bewegliche Sache ebenso wie Grundstück) oder einer Gesamtheit von Sachen (z. B. ein Nachlass, ein Handelsgeschäft[73] usw.). Die Aufgabe des Sequesters geht also über das bloße Verwahren deutlich hinaus. Der Schwerpunkt liegt auf der Verwaltung der Sache. Dies ist bei der Tenorierung zu beachten. Häufig wird Sequestration angeordnet, wo eine bloße Sicherstellung der Sache nebst Verwahrung ausreichen würde.[74] Bloße Sicherstellung und Verwahrung[75] sind anzuordnen, wenn es darum geht, dem Schuldner die weitere Nutzung (Abnutzung, Wertminderung)[76] und die Möglichkeit der Veräußerung einer Sache unmöglich zu machen, Sequestration dagegen, wenn der sicherzustellende Gegenstand über seine Verwahrung hinaus verwaltet werden muss – ein Handelsgeschäft muss, damit es nicht zum Erliegen kommt, weiterbetrieben werden; Forderungen müssen u. U. gekündigt und eingezogen werden –. Bei einem Grundstück kann anstelle der Sequestration die Zwangsverwaltung entspr. § 146 ff. ZVG angeordnet werden.[77] Geht es um die bloße Sicherstellung (Verwahrung), kann diese Aufgabe dem Gerichtsvollzieher übertragen werden, der sie als typische Tätigkeit in der Zwangsvollstreckung nicht ablehnen darf (§ 154 Abs. 2 GVGA). Dagegen ist der Gerichtsvollzieher nicht verpflichtet, das Amt eines Sequesters zu übernehmen (§ 154 Abs. 1 GVGA).[78] Ist bei der Anordnung einer Sequestration zu erwarten, dass der Schuldner die Sachen nicht freiwillig herausgeben wird, dann sind die Verpflichtung zur Herausgabe an den Sequester und gegebenenfalls in Eilfällen auch die Duldungsanordnung gem. § 758a ZPO[79] mit zu tenorieren, damit der Sequester gegebenenfalls den Gerichtsvollzieher beauftragen kann, dem Schuldner die Sachen im Wege der Zwangsvollstreckung (§§ 883 ff.) wegzunehmen (§ 154 Abs. 1 GVGA). Die Wegnahme ist dann bereits die Vollziehung der einstweiligen Verfügung.[80]

---

72 Zur Definition siehe zunächst § 195 Abs. 1 GVGA; zum Begriff der Sequestration ferner: OLG Koblenz, MDR 1981, 855; OLG München, MDR 1984, 62; *Baumbach/Lauterbach/Hartmann*, § 938 Rn. 21; BeckOK-ZPO/*Mayer*, § 938 Rn. 8; *Gleußner*, DGVZ 1996, 33; Kindl/Meller-Hannich/Wolf/*Haertlein*, § 938 Rn. 14; *Musielak/Huber*, § 938 Rn. 7; PG/*Fischer*, § 938 Rn. 6; *Stein/Jonas/Grunsky*, § 938 Rn. 21.

73 *Stein/Jonas/Grunsky*, § 938 Rn. 23; *Zöller/Vollkommer*, § 938 Rn. 7; a. A. (Sequestration eines Unternehmens als Ganzem nicht möglich): *Baumbach/Lauterbach/Hartmann*, § 938 Rn. 22.

74 Dies liegt u. U. schon am falschen Antrag. Das Gericht muss durch Auslegung ermitteln, ob trotz der Formulierung »Sequestration« nicht von vornherein nur Verwahrung gewollt ist; vgl. KG, JurBüro 1987, 125. Auch im Fall OLG Düsseldorf, OLGReport 2005, 731 wäre die beantragte Sequestrierung über das Ziel hinaus geschossen. Ein falscher Sprachgebrauch liegt auch der Entscheidung OLG Koblenz, OLGReport 2009, 553 zugrunde, wo es lediglich um die Herausgabe und vorläufige Verwahrung eines Schlüssels ging.

75 Zu den Kosten der Verwahrung und zur Haftung des Staates insoweit: OLG Brandenburg, DGVZ 1997, 122.

76 LG Ravensburg, NJW 1987, 139.

77 AG Buchen, ZfIR 2013, 704; Kindl/Meller-Hannich/Wolf/*Haertlein*, § 938 Rn. 17; *Baumbach/Lauterbach/Hartmann*, § 938 Rn. 21; *Stein/Jonas/Grunsky*, § 938 Rn. 24.

78 Übernimmt er die Aufgabe freiwillig, ist er allerdings auch als Sequester und nicht nach den für den Gerichtsvollzieher geltenden Vorschriften zu vergüten: LG Offenburg, DGVZ 1990, 11; OLG Bremen, DGVZ 1999, 137; LG Saarbrücken, DGVZ 1995, 189; LG Hagen, DGVZ 2003, 139; *Musielak/Huber*, § 938 Rn. 7; PG/*Fischer*, § 938 Rn. 6. Zur Vergütung siehe im Einzelnen unten: Rdn. 25.

79 OLG Koblenz, OLGReport 2009, 553.

80 PG/*Fischer*, § 938 Rn. 6; *Zöller/Vollkommer*, 938 Rn. 9.

b) Stellung des Sequesters

Der Sequester hat eine dem Zwangsverwalter nach dem ZVG oder dem Pfleger nach § 1909 BGB ähnliche Stellung: Er ist nicht rechtsgeschäftlicher Vertreter der Parteien, sondern handelt in dem Rahmen, den das Gericht, das ihn bestellt hat,[81] für seine Tätigkeit festgelegt hat, selbstständig. Er ist an Weisungen der Parteien nicht gebunden, steht aber unter Aufsicht des Gerichts.[82] Bei Schlechterfüllung seiner Aufgaben haftet er den Parteien in entspr. Anwendung des § 154 ZVG,[83] nicht der Staat gem. § 839 BGB. Nach überwiegender Meinung[84] soll das bestellende Gericht auch anordnen können, dass die Überwachung des Sequesters dem Vollstreckungsgericht übertragen werde. Da die Sequesterbestellung nicht Zwangsvollstreckung ist,[85] sondern Annex des Anordnungsverfahrens,[86] erscheint dies aber fraglich, da eine Rechtsgrundlage für eine solche Aufgabenübertragung nicht ersichtlich ist.

21

c) Gerichtsvollzieher als Sequester

Ist ausnahmsweise ein **Gerichtsvollzieher als Sequester** bestellt worden, wird er in dieser Funktion nicht als Vollstreckungsorgan tätig, sondern gleichsam als Privatmann[87]. Bei der Übernahme einer Tätigkeit als Sequester handelt es sich für den Gerichtsvollzieher daher um eine genehmigungspflichtige Nebentätigkeit im beamtenrechtlichen Sinne. Er unterliegt bei seiner Sequestertätigkeit allein der Aufsicht des ihn bestellt habenden Prozessgerichts, nicht der für Gerichtsvollzieher im Übrigen geltenden Aufsicht des Vollstreckungsgerichts.[88] Entsprechend müssen sich Rechtsbehelfe gegen seine Tätigkeit[89] auch an das Prozessgericht wenden; seine Vergütung regelt sich nicht nach den GVKostG, sondern erfolgt nach den gleichen Grundsätzen wie für Sequester im Übrigen.[90] Da die Bestellung eines Gerichtsvollziehers zum Sequester für die Partei also keine besonderen Vorteile bringt, sollte von ihr auch mit Rücksicht auf das mit dieser Tätigkeit verbundene Haftungsrisiko im Interesse der Gerichtsvollzieher[91] abgesehen werden. Soweit der Gläubiger ausdrücklich die Bestellung gerade eines Gerichtsvollziehers zum Sequester beantragt hatte, ist das Gericht im Rahmen des § 938 Abs. 1 hieran nicht gebunden. Die Bestellung einer anderen Person zum Sequester wäre keine – auch nicht teilweise – Antragszurückweisung.

22

d) Rechtsbehelfe gegen Maßnahmen des Sequesters

Der Sequester untersteht, wie schon dargelegt, der Aufsicht des ihn bestellenden Gerichts, also des Prozessgerichts, nicht auch gleichzeitig in entspr. Anwendung des § 766 des Vollstreckungsgerichts.[92] Eine solche Doppelaufsicht würde zu unauflösbaren Widersprüchen führen. Gegen die

23

---

81 Zuständig ist das Prozessgericht. Es kann die Bestellung schon in der einstweiligen Verfügung vornehmen, aber auch in einem gesonderten Beschluss: OLG Karlsruhe, Justiz 1989, 190. Erfolgt diese Festlegung des Aufgabenbereichs in einem gesonderten Beschluss neben der einstweiligen Verfügung, ist dieser auch gesondert mit der Beschwerde angreifbar.
82 OLG Karlsruhe, Justiz 1989, 192.
83 Wer eine vertragsähnliche Beziehung allein zum Gläubiger bejaht, kann auch nur diesem gegen den Sequester einen Anspruch aus positiver Forderungsverletzung geben; vgl. *Stein/Jonas/Grunsky*, § 938 Rn. 22.
84 OLG München, MDR 1984, 62; OLG Hamm, MDR 1951, 742; *Thomas/Putzo/Seiler*, § 938 Rn. 9; *Zöller/Vollkommer*, § 938 Rn. 11.
85 PG/*Fischer*, § 938 Rn. 6. A.A.: *Baumbach/Lauterbach/Hartmann*, § 938 Rn. 25.
86 Wie hier: *Zöller/Vollkommer*, § 938 Rn. 9.
87 Kindl/Meller-Hannich/Wolf/*Haertlein*, § 938 Rn. 15.
88 OLG Karlsruhe, Justiz 1989, 192; *Becker-Eberhard* in Gaul/Schilken/Becker-Eberhard, § 25 Rn. 77; *Zöller/Vollkommer*, § 938 Rn. 11. A.A. *Noack*, JurBüro 1981, 1123.
89 Näheres unten Rdn. 23.
90 Siehe unten Rdn. 25; ferner: LG Saarbrücken, DGVZ 1995, 189.
91 *Becker-Eberhard* in Gaul/Schilken/Becker-Eberhard, § 25 Rn. 75, 76.
92 So aber *Noack*, JurBüro 1981, 1123.

eine bestimmte Aufsichtsmaßnahme ablehnende Entscheidung des Prozessgerichts hat der Gläubiger das Rechtsmittel der Beschwerde (§ 567). Die Aufsicht des Gerichts erstreckt sich aber nur auf die Rechtmäßigkeit des Handelns des Sequesters, nicht etwa auch auf die fachliche Zweckmäßigkeit seiner Verwaltungsmaßnahmen. Insofern handelt der Sequester vielmehr selbstständig[93] in dem Rahmen, den ihm der Bestellungsbeschluss abgesteckt hat.

24 Der Sequester kann, wenn er seine Aufgabe für beendet oder auch für undurchführbar ansieht, sein Amt niederlegen.[94] Er kann aber nicht Aufhebung der Sequestration beantragen. Diese Befugnis haben allein die Parteien; denn ein solcher Antrag würde sich gegen den Bestand des Titels selbst richten.

e) Vergütung

25 Die **Vergütung** des Sequesters wird vom Prozessgericht[95], und zwar vom Richter, nicht vom Rechtspfleger,[96] festgesetzt. Durch diese gerichtliche Festsetzung wird ein privatrechtlicher Vergütungsanspruch des Sequesters gegen den Gläubiger gem. §§ 675, 612, 632 BGB begründet.[97] Die Höhe der Vergütung orientiert sich an den für die Zwangsverwalter üblichen Sätzen[98] (153 ZVG analog i. V. mit den Vorschriften der VO über die Geschäftsführung und Vergütung für Zwangsverwalter[99] – ZwangsverwalterVO –). Der Sequester kann seine Vergütung den Einkünften aus der verwalteten Sache entnehmen, soweit diese ausreichen, im Übrigen aus dem Festsetzungsbeschluss als Titel gegen den Gläubiger vollstrecken. Für den Gläubiger ist das Honorar des Sequesters Teil der notwendigen Kosten des Verfügungsverfahrens, die er im Verfahren nach § 104 festsetzen lassen kann, um sie beim Schuldner beizutreiben,[100] die er aber auch als Vollziehungskosten ohne Kostenfestsetzungsbeschluss gem. § 788 beitreiben lassen kann.[101] Der Staat haftet dem Sequester auch dann nicht für seine Kosten, wenn Gläubiger und Schuldner mittellos sind und die Verwaltung der Sache keine Erträge erbringt.[102] § 1835 Abs. 4 Satz 1 BGB ist nicht entsprechend anwendbar.[103] Hat der Gläubiger, was grundsätzlich möglich ist,[104] sich mit dem Sequester auf eine Vergütung geeinigt, kann er diese vereinbarte Vergütung gegen den Schuldner als Kosten des Verfügungsverfahrens nur bis zur Höhe der üblichen Sequestervergütung (Zwangsverwaltergebühren) festsetzen lassen.

---

93 *Stein/Jonas/Grunsky*, § 938 Rn. 22.
94 LG Saarbrücken, DGVZ 1995, 189.
95 OLG Frankfurt, ZInsO 2004, 1079.
96 OLG Köln, Rpfleger 1986, 268; LG Offenburg, DGVZ 1993, 11.
97 BGH, NJW-RR 2005, 1283; OLG Frankfurt, ZInsO 2004, 1079; OLG Bremen, DGVZ 1999, 137; *Baumbach/Lauterbach/Hartmann*, § 938 Rn. 24; *Stein/Jonas/Grunsky*, § 938 Rn. 22.
98 BGH, NJW-RR 2005, 1283; OLG Köln Rpfleger 1986, 268; OLG Frankfurt, NJW-RR 1987, 63; OLG Bremen, DGVZ 1993, 9; *Musielak/Huber*, § 938 Rn. 7; **a. A.**: OLG Frankfurt, ZInsO 2004, 1079; OLG Brandenburg, DZWIR 2001, 74 mit Anm. *Graeber*, DZWIR 2001, 74; LG Nürnberg, DGVZ 1997, 127; LG Wuppertal, DGVZ 1998, 13; LG Hagen, DGVZ 2003, 139 (Bruchteil der Insolvenzverwaltervergütung); *Baumbach/Lauterbach/Hartmann*, § 938 Rn. 24 (Insolvenzverwaltervergütung); LG Saarbrücken, DGVZ 1995, 187; LG Stuttgart, DGVZ 1996, 122; LG Trier, DGVZ 1997, 29; AG Ellwangen, DGVZ 1998, 93 (Vergleichsverwalter); vermittelnd: *Stein/Jonas/Grunsky*, § 938 Rn. 22; *Zöller/Vollkommer*, § 938 Rn. 10 (Zwangsverwalter *oder* Vergleichsverwalter).
99 BGBl. I 2003, S. 2804. Zur Vergütung nach der ZwangsverwalterVO siehe auch *Depré*, ZfIR 2008, 49; *Eickmann*, ZIP 2004, 1736; *Pape*, NZI 2004, 187; *Wedekind*, ZfIR 2005, 74.
100 Ebenso *Stein/Jonas/Grunsky*, § 938 Rn. 22.
101 OLG Hamburg, MDR 1999, 1403; *Baumbach/Lauterbach/Hartmann*, § 788 Rn. 37. Siehe ferner vorn: § 788 Rdn. 26, 28. **A. A.** aber: OLG Brandenburg, Rpfleger 2006, 101; *Gleußner*, DGVZ 1996, 338; *Zöller/Vollkommer*, § 938 Rn. 9.
102 LG Köln, KTS 1983, 634.
103 So aber *Schmidt*, KTS 1983, 637.
104 OLG Hamburg, Rpfleger 1957, 87; *Stein/Jonas/Grunsky*, § 938 Rn. 22.

Der Beschluss des Prozessgerichts, durch den dieses die Sequestervergütung festgesetzt hat, ist von den Parteien und vom Sequester[105] mit der sofortigen Beschwerde gem. §§ 95, 153 ZVG, 793, 569 ZPO analog anfechtbar.[106] Gegen die Festsetzung der dem Gläubiger zu erstattenden Kosten für die Tätigkeit des Sequesters – sie erfolgt wie im Verfahren gem. § 104 auch sonst durch den Rechtspfleger, § 21 Nr. 1 RPflG – ist die sofortige Beschwerde gem. § 104 Abs. 3 gegeben. 26

2. Verfügungsverbote

Im Streit um das Eigentum an einer Sache oder um die Durchsetzung eines Eigentumsbeschaffungsanspruchs muss der die Sache nicht besitzende Anspruchsteller häufig befürchten, dass der durch den mit dem Besitz oder mit einer Grundbucheintragung verbundenen Rechtsschein als Eigentümer ausgewiesene Anspruchsgegner die Sache an gutgläubige Dritte weiterveräußert, sie belastet oder sonst über sie verfügt. Hier liegt es nahe, im Wege des einstweiligen Rechtsschutzes mögliche Veränderungen der augenblicklichen Rechtslage durch entsprechende Verfügungsbeschränkungen oder Verfügungsverbote zu unterbinden. Als Beispiele drohender Verfügungen nennt die Norm die Veräußerung, Belastung oder Verpfändung eines Grundstücks und als Beispiel möglicher Anordnungen des Gerichts die »Untersagung« dieser Verfügungen. Durch die beispielhafte Aufzählung sollen die Anordnungsmöglichkeiten der Gerichte nicht eingeschränkt werden. 27

a) Inhalt möglicher Verfügungsverbote

Verfügungen im materiellrechtlichen Sinne sind Rechtsgeschäfte, die unmittelbar darauf gerichtet sind, auf ein bestehendes Recht einzuwirken, um es zu verändern, zu übertragen, es zu belasten oder aufzuheben.[107] Ein gerichtliches Verfügungsverbot hat nach § 135 Abs. 1 Satz 1, 136 BGB[108] zur Folge, dass wider das Verbot vorgenommene Verfügungen dem Gläubiger gegenüber, der die einstweilige Verfügung erwirkt hat, unwirksam sind. Der Schutz durch § 135 Abs. 1 BGB ist bei Verfügungsverboten, die sich auf bewegliche Sachen beziehen[109], allerdings durch § 135 Abs. 2 BGB stark herabgemindert: Erfolgt die verbotswidrige Verfügung gegenüber einem Gutgläubigen, der die einstweilige Verfügung weder kennt noch grob fahrlässig keine Kenntnis von ihr hat (§ 932, 1207, 1244 BGB), so bleibt sie wirksam (§ 135 Abs. 2 BGB). Das Verfügungsverbot begründet für den Gläubiger kein irgendwie geartetes Recht an der Sache selbst,[110] aus dessen Verletzung dem Gläubiger etwa ein eigenständiger Schadensersatzanspruch erwachsen könnte. Der Schuldner, der verbotswidrig, aber wegen § 135 Abs. 2 BGB letztlich wirksam über die Sache verfügt hat, haftet auf Schadensersatz nur aus dem Grundrechtsverhältnis, das durch das Verfügungsverbot gesichert werden sollte (so aus §§ 435, 440, 325 BGB, wenn die Sicherung der späteren Erfüllung eines Kaufvertrages Anlass der einstweiligen Verfügung war). 28

---

105 Zum eigenen Beschwerderecht des Sequesters: OLG Saarbrücken, DGVZ 1977, 189.
106 H.M.: *Musielak/Huber*, § 938 Rn. 7; *Stein/Jonas/Grunsky*, § 938 Rn. 22; *Zöller/Vollkommer*, § 938 Rn. 11.
107 BGHZ 1, 304; BGHZ 75, 226; BGHZ 101, 26; *Bamberger/Roth/Wendtland*, § 135 BGB Rn. 2; *Palandt/Ellenberger*, Überbl. Vor § 104 BGB Rn. 16; PWW/*Frensch*, § 185 BGB Rn. 2.
108 Obgleich § 136 BGB nur von einem »Veräußerungsverbot« spricht, ist es ganz h. M., dass »Verfügungsverbote« im umfassenden Sinne gemeint sind; beispielhaft: BayObLG, DNotZ 1976, 107; OLG Düsseldorf, NJW-RR 1988, 266; *Bamberger/Roth/Wendtland*, § 136 BGB Rn. 2; *Erman/Palm/Arnold*, § 135, 136 BGB Rn. 1; *Palandt/Ellenberger*, § 136 BGB Rn. 1; PWW/*Ahrens*, § 136 BGB Rn. 2.
109 Zur Sicherung des Anspruchs auf Übereignung einer gekauften beweglichen Sache durch einstweilige Verfügung, die die Übereignung dieser Sache an einen anderen Käufer verbietet: *Podehl*, BB 2006, 2484, 2485. Zur – dagegen nicht möglichen – Sicherung des Anspruchs auf Gebrauchsüberlassung durch das Verbot, den Gebrauch einem Dritten einzuräumen, im Fall der Doppelvermietung, siehe: vor § 935 Rdn. 60.
110 *Kohler*, JZ 1983, 586.

b) Verfügungsverbote Liegenschaftsrechte betreffend

29 Einen stärkeren Schutz gewährleisten Liegenschaften betreffende Verfügungsverbote, sobald sie im Grundbuch eingetragen sind.[111]

aa) Verhältnis zu Vormerkung und Widerspruch

Da das materielle Recht mit den Instituten der **Vormerkung** (§§ 883 ff. BGB) und des **Widerspruchs** (§ 899 BGB) für die Fälle, in denen eine künftige Eintragung eines dinglichen Rechts gesichert oder der wirkliche Rechtsinhaber vor Verfügungen des nur Buchberechtigten geschützt werden sollen, speziellere und auf das Grundbuchrecht auch besser zugeschnittene Sicherungsmöglichkeiten, die auch durch einstweilige Verfügung angeordnet werden können,[112] zur Verfügung stellt, bleibt allerdings für ein Verfügungsverbot, insbesondere ein Veräußerungsverbot, nur wenig Raum. Denn entgegen der überwiegenden Auffassung,[113] die dem Gläubiger offensichtlich ein freies Wahlrecht zwischen Verfügungsverbot, Vormerkung und Widerspruch als Sicherungsmittel einräumt, sind die spezielleren Sicherungsmittel der §§ 883, 899 BGB nicht nur »vorzuziehen«, wenn sie in Betracht kommen,[114] sondern vorrangig;[115] das Veräußerungsverbot (§ 888 Abs. 2 BGB) ist also nur eine Auffangsicherung.

30 Ansprüche, für die ein Veräußerungs- oder ein Verfügungsverbot als Sicherungsmittel in Betracht kommen, sind z. B. der Anspruch auf Duldung der Zwangsvollstreckung (etwa aus dem AnfG),[116] der Anspruch auf Unterlassung bestimmter Belastungen des Grundstücks,[117] aber auch die Gefährdung eines Anwartschaftsrechts, da dieses selbst keinen schuldrechtlichen Anspruch auf Eigentumserwerb gibt.[118] Die Pfändung einer Eigentümergrundschuld kann es für den Vollstreckungsgläubiger zur Sicherung seiner Position erforderlich machen, ein Verfügungsverbot gegen den Eigentümer zu erwirken.[119]

bb) Wirksamwerden; Eintragung ins Grundbuch

31 Das Verfügungsverbot wird mit der Verkündung des Urteils bzw. mit Zustellung der Beschlussverfügung wirksam. Die Eintragung im Grundbuch ist zur Wirksamkeit nicht erforderlich. Sie ist aber immer anzuraten, da das Verfügungsverbot ansonsten durch den guten Glauben redlicher Vertragspartner des Schuldners außer Kraft gesetzt werden könnte (§ 892 Abs. 1 Satz 2 BGB). Die Eintragungsfähigkeit von Veräußerungs- und Verfügungsverboten in das Grundbuch ist zwar nirgends in der GBO ausdrücklich angesprochen, wird aber von § 892 Abs. 1 Satz 2 BGB[120] und auch in anderen gesetzlichen Regelungen[121] ganz selbstverständlich vorausgesetzt. Ist das Verfügungsverbot eingetragen, so muss das Grundbuchamt nachfolgend beantragte Eintragungen, die auf verbotswidrigen Verfügungen beruhen, dennoch vornehmen, da die Eintragung den Gläubiger hinreichend schützt.[122] Ist das Verfügungsverbot noch nicht eingetragen, dem Grundbuchamt aber

---

111 Zur Eintragungsfähigkeit siehe unten Rdn. 31 sowie § 941 Rdn. 3.
112 Siehe auch: Vor § 935 Rdn. 70.
113 *Bamberger/Roth/Kössinger*, § 883 BGB, Rn. 4–8; *Palandt/Bassenge*, § 888 BGB Rn. 10; PWW/*Huhn*, § 888 BGB Rn. 11.
114 So *Baumbach/Lauterbach/Hartmann*, § 938 Rn. 26; Kindl/Meller-Hannich/Wolf/*Haertlein*, § 938 Rn. 20; *Stein/Jonas/Grunsky*, § 938 Rn. 25.
115 Dagegen ausführlich *Kohler*, Das Verfügungsverbot gem. § 938 Abs. 2 im Liegenschaftsrecht, S. 222.
116 OLG Stuttgart, NZI 2010, 277; *Palandt/Bassenge*, § 888 BGB Rn. 10.
117 Zur Problematik *Kohler*, a. a. O., S. 293 ff.
118 Ausführlich *Kohler*, a. a. O., S. 247 ff.
119 OLG Düsseldorf, NJW-RR 1988, 266.
120 *Kohler*, a. a. O., S. 30, 108 ff.; Erman/*Lorenz*, § 888 BGB Rn. 14; *Furtner*, NJW 1964, 747.
121 Z. B. in §§ 70, 72 VAG; hierzu LG Wuppertal, Rpfleger 2008, 418.
122 PWW/*Huhn*, § 888 BGB Rn. 11.

schon bekannt, so ist die Eintragung verbotswidriger Verfügungen zunächst abzulehnen, bis das Verfügungsverbot eingetragen, die Zustimmung des Geschützten zur Eintragung beigebracht oder nachgewiesen wird, dass die Verfügung dem Gesicherten gegenüber wirksam ist.[123]

cc) Vollziehung von Verfügungsverboten

Zur Wahrung der Vollziehungsfrist des § 929 Abs. 2 genügt der Eingang des Eintragungsantrages beim Grundbuchamt. Auch das gerichtliche Eintragungsersuchen ist Vollziehung.[124] Ist keine Eintragung beabsichtigt, so bedarf es zur Fristwahrung der Parteizustellung. 32

3. Erwerbsverbote

Ist ein Grundstückskaufvertrag formunwirksam, besteht nach § 311b Abs. 1 Satz 2 BGB die Möglichkeit, dass der Formmangel durch spätere Eintragung des Erwerbers ins Grundbuch geheilt wird. Hat der Veräußerer die seinerseits zur Umschreibung im Grundbuch erforderlichen Erklärungen bereits abgegeben, hat er faktisch keine Möglichkeit mehr, den Erwerber an der Herbeiführung der (heilenden) Grundbucheintragung zu hindern, obwohl er nach materiellem Recht als Folge des unwirksamen Vertrages Bereicherungsansprüche auf Rückgewähr aller seiner Erklärungen, die dem Gegner die Grundbuchumschreibung ermöglichen, hat. In dieser Situation kann der Veräußerer das – von ihm nicht mehr gewollte – Wirksamwerden des Vertrages nur rechtzeitig verhindern, wenn ihm ein im Eilverfahren zu sichernder Anspruch auf Unterlassung des weiteren Betreibens der Eintragung zugesprochen wird. Die Rechtsprechung[125] hat ein solches Erwerbsverbot seit Langem aus § 888 Abs. 2 BGB hergeleitet, falls nicht beide Parteien den Formmangel gezielt und bewusst – etwa um Steuern zu hinterziehen – herbeigeführt haben (in diesem Fall greift § 814 BGB)[126]. Die Literatur ist dem trotz einiger sehr kritischer Stimmen[127] überwiegend im Ergebnis gefolgt.[128] Dem ist zuzustimmen, da der Gläubiger nicht anders wirkungsvoll zu sichern wäre. Das Erwerbsverbot kann nur gegenüber dem unmittelbaren Vertragspartner des Antragstellers, nicht gegenüber möglichen Dritterwerbern ausgesprochen werden,[129] es sei denn, dass ausnahmsweise ein sittenwidriges Zusammenwirken des Schuldners mit dem Dritten, um dem Gläubiger zu schaden, glaubhaft gemacht wird. Das Erwerbsverbot ist nicht im Grundbuch eintragungsfähig,[130] aber vom Grundbuchamt zu beachten, sobald es ihm bekannt wird.[131] Es wird wirksam mit seinem Erlass bzw. bei Beschlussverfügungen mit deren Zustellung. Es kommt in Wegfall, wenn es durch – auch nur vor- 33

---

123 BGHZ 97, 184, 187; BayObLG, NJW 1954, 1120; BayObLG, Rpfleger 1994, 453; *Bamberger Roth/Kössinger*, § 892 BGB, Rn. 23–25; *Erman/Lorenz*, § 888 BGB Rn. 15 (der Gegenmeinung aber »gute Gründe« bescheinigend); *Kohler*, a. a. O., S. 30; *Palandt/Bassenge*, § 892 BGB Rn. 1; PWW/*Huhn*, § 888 BGB Rn. 11.

124 Siehe auch § 941 Rdn. 4.

125 RGZ 117, 291; 118, 120; OLG Hamm, OLGZ 1970, 438; KG, MDR 1977, 500 und MDR 1994, 727; NJW-RR 2001, 1086; OLG Köln, OLGReport 2001, 308; OLG Naumburg, OLGReport 2003, 484; BayObLG, Rpfleger 1982, 14 und MDR 1997, 595.

126 OLG Köln, OLGReport 2001, 308; OLG Naumburg, OLGReport 2003, 484.

127 So etwa *Flume*, Allgemeiner Teil des Bürgerlichen Gesetzbuches, Bd. 2, 3. Aufl. 1979, § 17, 6 e; Staudinger/*Gursky*, § 888 BGB Rn. 104 und § 878 BGB Rn. 72.

128 *Bamberger/Roth/Kössinger*, § 889 BGB, Rn. 19; *Baur*, Studien zum einstweiligen Rechtsschutz, S. 50; *Brox/Walker*, Rn. 1587; *Erman/Lorenz*, § 888 BGB Rn. 16; *Palandt/Bassenge*, § 888 BGB Rn. 11; *Stein/Jonas/Grunsky*, § 938 Rn. 26; *Zöller/Vollkommer*, § 938 Rn. 12.

129 *Stein/Jonas/Grunsky*, § 938 Rn. 27.

130 BayObLG, MDR 1997, 596; *Erman/Lorenz*, § 888 BGB Rn. 16; *Musielak/Huber*, § 938 Rn. 8; *Palandt/Bassenge*, § 888 BGB Rn. 11; *Stein/Jonas/Grunsky*, § 938 Rn. 26.

131 BayObLG, Rpfleger 1982, 14 und MDR 1997, 595; *Brox/Walker*, Rn. 1587; *Stein/Jonas/Grunsky*, § 938 Rn. 27; *Zöller/Vollkommer*, § 938 Rn. 13.

läufig vollstreckbare[132] – gerichtliche Entscheidung aufgehoben wird. Die Vollziehungsfrist kann nur, da eine Eintragung nicht in Betracht kommt, durch Parteizustellung gewahrt werden.

4. Sonstige Handlungs- und Unterlassungsgebote und Handlungsverbote

34 Als spezielles **Handlungsgebot** aus dem Presserecht ist das Gebot, eine Gegendarstellung abzudrucken oder zu senden, zu nennen.[133] Auch im Wettbewerbsrecht sind Handlungsgebote, etwa bestimmte Aufschriften an bestimmten Gebäuden zu entfernen oder den Gläubiger weiter mit bestimmten Produkten zu beliefern, nicht unüblich.[134] Dominierend im Wettbewerbsrecht und im Recht des gewerblichen Rechtsschutzes sind allerdings **Unterlassungsgebote**, die sich meist weitgehend schon mit dem Anspruch in der Hauptsache decken.[135] Im Nachbarrecht sind sowohl Handlungs- (Beseitigung konkreter Störungen) als auch Unterlassungsgebote (Unterlassung geplanter Baumaßnahmen usw.) sowie **Duldungsgebote** (Hinnahme bestimmter Arbeiten oder der Ablagerung bestimmter Gegenstände) üblich.[136] Im Arbeitsrecht[137] sind Handlungs- (Gewährung von Urlaub, Herausgabe der Arbeitspapiere usw.), Unterlassungs- (Wettbewerbsverbote, Untersagung rechtswidriger Streikhandlungen u. ä.) und Duldungsgebote (Duldung der Abhaltung einer Betriebsversammlung, des Betretens des Betriebsgeländes durch Gewerkschaftsvertreter usw.) möglich und üblich.

5. Zulässige Anordnungen im Übrigen

35 Inwieweit im Einzelfall **feststellende** einstweilige Verfügungen zulässig sind, ist sehr streitig.[138] Grundsätzlich wird man Feststellungen nicht als geeignete Maßnahmen der Anspruchssicherung bzw. zur Regelung des Rechtsfriedens ansehen können. Es sind jedoch seltene Fälle, insbesondere im Arbeitsrecht[139] und im Gesellschaftsrecht[140], ausnahmsweise auch im Versicherungsrecht[141], denkbar[142], in denen die antragstellende Partei rechtlos gestellt würde, wenn das Gericht nicht wenigstens eine vorläufige Feststellung trifft. Die »Vollziehung« i. von § 929 erfolgt bei einer feststellenden Verfügung durch Parteizustellung.

36 Einstweilige Verfügungen auf **Abgabe einer Willenserklärung** kommen ebenfalls nur ausnahmsweise in Betracht, da sie dem Grundsatz widersprechen, dass die Erklärung erst bei Rechtskraft

---

132 *Stein/Jonas/Grunsky*, § 938 Rn. 27.
133 Vor § 935 Rdn. 142 ff.
134 Vor § 935 Rdn. 129.
135 Vor § 935 Rdn. 98 ff.
136 Typische nachbarrechtliche Duldungspflichten finden sich etwa in § 24 NachbG NRW.
137 Einzelheiten: Vor § 935 Rdn. 146 ff.
138 Generell für die Zulässigkeit feststellender einstweiliger Verfügungen: *Bernreuther*, WRP 2010, 1191 (viel zu weitgehend und die Probleme teilweise nicht erkennend); für die Möglichkeit, jedenfalls ausnahmsweise, wenn anders ein erforderlicher Rechtsschutz gar nicht möglich wäre, auch feststellende einstweilige Verfügungen – als Regelungsverfügungen – zuzulassen: OLG Koblenz, VersR 2008, 1638; *Kohler*, ZZP 1990 (Bd. 103), 202; *Vogg*, NJW 1993, 1357; *Stein/Jonas/Grunsky*, vor § 935 Rn. 60. Grundsätzlich und ausnahmslos **gegen** feststellende einstweilige Verfügungen: OLG Naumburg, OLGR 2008, 957; *Berger*, ZZP 1997, 287; *Berger*, Einstweiliger Rechtsschutz im Zivilrecht, 2006, Kap. 2 Rn. 15; *Brox/Walker*, Rn. 1594; *Dütz*, BB 1980, 534; *Jauernig*, ZZP 1966 (Bd. 79), 325; *Zöller/Vollkommer*, § 940 Rn. 8 »Gesellschaftsrecht«. Siehe auch: Vor § 935 Rdn. 84 und § 940 Rdn. 17.
139 Beispiele: *Vogg*, NJW 1993, 1359.
140 Siehe: Vor § 935 Rdn. 84.
141 OLG Koblenz, VersR 2008, 1638.
142 Die von *Bernreuther*, WRP 2010, 1191 ff zur Abwehr unberechtigter Abmahnungen im Wettbewerbsrecht und im Recht des gewerblichen Rechtsschutzes befürwortete einstweilige Verfügung auf negative Feststellung ist immer unzulässig. Im Einzelfall kommt hier eine einstweilige Unterlassungsverfügung in Betracht, weiterhin zu behaupten, ein bestimmtes Wettbewerbsverhalten des Antragstellers sei unzulässig.

der Entscheidung im Hauptsacheprozess als abgegeben gilt.[143] Sie sind aber nicht gänzlich ausgeschlossen,[144] und zwar nicht nur, soweit sie lediglich Nebenpflichten betreffen,[145] sondern auch, soweit der Gläubiger auf die Abgabe der Willenserklärung dringend angewiesen ist, etwa um seinen Lebensunterhalt bestreiten zu können.[146] In diesem letzteren Fall, wenn es dem Gläubiger letztlich um eine Geldleistung geht, deren Vorbereitung die einstweilige Verfügung dient, wird man allerdings die Willenserklärung nicht wie in den übrigen Fällen bereits mit dem Erlass der einstweiligen Verfügung als abgegeben ansehen können,[147] sondern erst mit deren Parteizustellung,[148] da § 929 stets, wenn der Schuldner nicht freiwillig leistet, ein aktives Gläubigerverhalten erfordert, um den Vollziehungserfolg eintreten zu lassen.

VI. Vollziehung einstweiliger Verfügungen

Die Zwangsvollstreckung aus einstweiligen Verfügungen richtet sich nach den allgemeinen Regeln des 8. Buches der ZPO,[149] mit der Besonderheit, dass dann, wenn die im Tenor getroffene Anordnung oder die konkrete Situation – der Schuldner verstößt vorläufig nicht gegen das Unterlassungsgebot; er erfüllt vorläufig seine laufenden Unterhaltsverpflichtungen u. ä. – gegenwärtige Vollstreckungsmaßnahmen nicht zulassen, zur Wahrung der Frist des § 929 Abs. 2 jedenfalls eine Parteizustellung der einstweiligen Verfügung vorzunehmen ist.[150] Im Übrigen ist die Anordnung im Tenor entscheidend, welche Vollstreckungsmaßnahmen beantragt werden können und welche Vollstreckungsorgane einzuschalten sind. Abgesehen von den Geldleistungsverfügungen, die nach den §§ 803 ff. durch Pfändung (§§ 808, 829) bzw. Beschlagnahme nach dem ZVG und durch nachfolgende Verwertung der beschlagnahmten Gegenstände (§§ 814 ff., 835 ff., §§ 66 ff. ZVG) vollstreckt werden, ist im Übrigen regelmäßig nach §§ 883–898 vorzugehen. Besonders häufig in der Praxis sind Unterlassungsverfügungen, die nach § 890 zu vollstrecken sind. Hier ist zu beachten, dass dann, wenn die Ordnungsmittelandrohung nicht bereits unmittelbar in den Titel aufgenommen wurde, zunächst ein die Ordnungsmittel androhender Beschluss (§ 890 Abs. 2) zu erwirken ist, ehe ein Ordnungsgeldantrag gestellt werden kann.

37

Ist die einstweilige Verfügung auf Vornahme einer Eintragung ins Grundbuch gerichtet, so kann das Gericht, das die einstweilige Verfügung erlässt, selbst das Grundbuchamt um Eintragung ersuchen (§ 941). Es steht allerdings im freien Ermessen des Gerichts, ob es diesen Weg geht. Das gerichtliche Ersuchen tritt dann an die Stelle einer Vollziehungshandlung des Gläubigers.[151]

38

---

143 OLG Köln, NJW-RR 1997, 59; LG Bochum, NJW-RR 1998, 1372; *Brox/Walker*, Rn. 1594; *Jauernig*, NJW 1973, 1672; *Stein/Jonas/Grunsky*, vor § 935 Rn. 50, 51.
144 So allerdings OLG Zweibrücken, OLGReport 2008, 939 (zu § 940 ZPO); *Baumbach/Lauterbach/Hartmann*, § 940 Rn. 46.
145 Für diesen Fall OLG Stuttgart, NJW 1973, 908; siehe ferner: § 928 Rdn. 13.
146 *Stein/Jonas/Grunsky*, vor 935 Rn. 50: Zustimmung zur Auszahlung hinterlegter Unterhaltsleistungen oder hinterlegten Arbeitslohnes; siehe ferner OLG Köln, NJW-RR 1997, 59; **A. A.**, soweit es um die Abgabe von Willenserklärungen gegenüber der Hinterlegungsstelle geht – einstweilige Verfügung insoweit sei nicht möglich –: LG Bochum, NJW-RR 1998, 1372.
147 So generell für einstweilige Verfügungen auf Abgabe einer Willenserklärung: *Brox/Walker*, Rn. 1594; *Jauernig*, NJW 1973, 1674; *Stein/Jonas/Grunsky*, vor § 935 Rn. 50.
148 Siehe: § 928 Rdn. 15.
149 Einzelheiten: § 928 Rdn. 13.
150 Einzelheiten: § 929 Rdn. 26.
151 Einzelheiten: § 941 Rdn. 4.

§ 939 Aufhebung gegen Sicherheitsleistung

Nur unter besonderen Umständen kann die Aufhebung einer einstweiligen Verfügung gegen Sicherheitsleistung gestattet werden.

Übersicht

	Rdn.		Rdn.
I. Zweck	1	IV. Wirkungen der Entscheidung	7
II. Voraussetzungen der Aufhebung	3	V. Bedeutung des § 939 außerhalb des Zivilprozesses	8
III. Entscheidung nach § 939	5		

I. Zweck

1 § 939 dient einerseits dem Schutz des Antragsgegners. Durch die Aufhebungsmöglichkeit im Fall einer Sicherheitsleistung kann der aus einer Fehlentscheidung drohende Schaden für den Antragsgegner begrenzt werden. Andererseits berücksichtigt die Norm auch die Interessen des Antragstellers: Dieser soll sich grundsätzlich nicht mit einer Sicherheitsleistung zufrieden geben müssen. Das beruht darauf, dass die als Verfügungsansprüche in Betracht kommenden Individualansprüche sich im Gegensatz zu Geldforderungen durch die Hinterlegung eines Geldbetrages oder Leistung einer anderen Sicherheit nicht sichern lassen.[1] Mit dem als Sicherheit dienenden Geldbetrag könnte allenfalls ein an die Stelle des Erfüllungsanspruchs tretender Schadensersatzanspruch gesichert werden, was aber im Gegensatz zum Arrest gerade nicht Ziel der einstweiligen Verfügung ist. Deshalb scheidet auch eine Abwendung oder Aufhebung der Vollziehung durch Hinterlegung einer Lösungssumme (§§ 923, 934 Abs. 1) bei einstweiligen Verfügungen aus. Wenn der Verfügungsanspruch ausnahmsweise eine Geldforderung ist, weil diese nicht nur (durch Arrest) gesichert, sondern (durch einstweilige Verfügung) befriedigt werden soll,[2] kommt eine Aufhebung gegen Sicherheitsleistung ebenfalls nicht in Betracht. Eine Befriedigungsverfügung setzt voraus, dass der Antragsteller auf eine sofortige Leistung angewiesen ist, sodass ihm weder mit einem Arrest noch mit einer Sicherheitsleistung gedient ist.[3] Die Aufhebungsmöglichkeit nach § 939 hat daher im Gegensatz zur Abwendungsbefugnis nach § 923 Ausnahmecharakter.

2 § 939 verdrängt nicht nur den § 923.[4] Die an enge Voraussetzungen geknüpfte Aufhebungsmöglichkeit schließt ebenso die erleichterte Aufhebung gegen Sicherheitsleistung nach anderen Vorschriften aus. So ist auch im Widerspruchsverfahren und im Aufhebungsverfahren wegen veränderter Umstände eine Aufhebung gegen Sicherheitsleistung des Schuldners nicht gem. §§ 925 Abs. 2, 927 Abs. 1, sondern nur unter den Voraussetzungen des § 939 möglich.[5]

II. Voraussetzungen der Aufhebung

3 Eine Aufhebung gegen Sicherheitsleistung kommt nur unter »besonderen Umständen« in Betracht. Dieses Tatbestandsmerkmal liegt vor, wenn ausnahmsweise der Zweck der einstweiligen Verfügung auch durch Sicherheitsleistung vollständig erreicht wird.[6] Als Schulbeispiele sind zu nennen die einstweilige Verfügung auf Eintragung einer Vormerkung zur Sicherung des Anspruchs auf Eintragung einer Bauhandwerkersicherungshypothek nach § 648 BGB[7] sowie die einstweilige Verfügung

---

1 Alternativkommentar/*Damm*, § 939 Rn. 1; *Baumbach/Lauterbach/Hartmann*, § 939 Rn. 4; *Brox/Walker*, Rn. 1638; HdbZVR/*Kellendorfer*, Kap. 8 Rn. 32; MüKo/*Drescher*, § 939 Rn. 1; PG/*Fischer*, § 939 Rn. 1; *Stein/Jonas/Grunsky*, § 939 Rn. 1; *Zöller/Vollkommer*, § 939 Rn. 1.
2 Zur Leistungs- oder Befriedigungsverfügung siehe Vor § 935 Rn. 31.
3 RG, JW 1905, 155; OLG München, OLGE 37, 190; *Brox/Walker*, Rn. 1638.
4 Siehe schon § 923 Rn. 9.
5 Vgl. schon § 925 Rn. 21 und § 927 Rn. 44.
6 OLG Köln, NJW 1975, 454; OVG Koblenz, NJW 1972, 303; LG Aachen, VersR 1992, 338 f.
7 RGZ 55, 140, 142 ff.; OLG Köln, NJW 1975, 454; LG Aachen, VersR 1992, 338, 339; **a. A.** LG Hamburg, MDR 1971, 851.

zur Sicherung der Rechte des Antragstellers aus einem Vermieterpfandrecht nach § 562 BGB.[8] In beiden Fällen kommt es dem Gläubiger nämlich im Ergebnis auf die Sicherung der Durchsetzbarkeit einer Geldforderung (Vergütung für die Werkleistung, Miete) an. Seinem Sicherungsinteresse kann daher auch durch eine dem Individualanspruch (Einräumung einer Sicherungshypothek) gleichwertige Sicherheitsleistung in Geld oder in Form einer Bürgschaft[9] genügt werden. Das lässt sich verallgemeinern: Besondere Umstände i. S. v. § 939 liegen immer dann vor, wenn der durch einstweilige Verfügung zu sichernde Individualanspruch seinerseits nur der Sicherung einer Geldforderung oder jedenfalls geldwerter Interessen[10] dient.[11]

Mit dem Wegfall des Sicherungsbedürfnisses durch Sicherheitsleistung entfällt nachträglich der Verfügungsgrund, sodass die Aufhebbarkeit der einstweiligen Verfügung wie in anderen Fällen der Erledigung des Verfügungsgrundes (vgl. § 927) konsequent ist. Daraus folgt schon, dass weitere Voraussetzungen für eine Aufhebung nach § 939 nicht vorzuliegen brauchen. Die verbreitete Ansicht, wonach aufseiten des Schuldners Umstände erforderlich sind, die über die durch den Verfügungsvollzug normalerweise eintretende Schädigung hinausgehen,[12] ist unzutreffend. Wenn eine Sicherheitsleistung ausnahmsweise geeignet ist, den Verfügungsgrund nachträglich entfallen zu lassen, besteht kein sachlicher Grund, zusätzlich noch eine erhöhte Schutzbedürftigkeit des Schuldners zu verlangen.[13]

III. Entscheidung nach § 939

Die Gestattung der Aufhebung gegen Sicherheitsleistung kann bereits in der einstweiligen Verfügung selbst getroffen werden.[14] Andernfalls ist sie nach mündlicher Verhandlung durch Endurteil auszusprechen, und zwar entweder im Widerspruchsverfahren,[15] im Berufungsverfahren[16] oder im Verfahren nach § 927. Die Zuständigkeit des Gerichts hängt von dem jeweiligen Verfahren ab.

Die Art und Höhe der Sicherheitsleistung wird vom Gericht nach freiem Ermessen bestimmt (vgl. § 108). Dabei hat das Gericht auf die qualitative Gleichwertigkeit der Sicherheit mit der Sicherung durch einstweilige Verfügung zu achten. Daran kann es bei einer Sicherheit in Form einer Bürgschaft (vgl. § 108 Abs. 1 Satz 2) fehlen.[17] Selbst eine Bankbürgschaft reicht nur dann aus, wenn das Geldinstitut »in jeder Hinsicht als Bürge tauglich« ist.[18] Die Entscheidung ist gem. § 708 Nr. 6 von Amts wegen für vorläufig vollstreckbar zu erklären.

IV. Wirkungen der Entscheidung

Mit Leistung der vom Gericht bestimmten Sicherheit, die noch nicht zur Zeit der Entscheidung vorzuliegen braucht,[19] tritt die einstweilige Verfügung als solche außer Kraft, ohne dass es einer

---

8 PG/*Fischer*, § 939 Rn. 2; *Zöller/Vollkommer*, § 939 Rn. 1.
9 Dazu noch Rdn. 6.
10 MüKo/*Drescher*, § 939 Rn. 2.
11 *Walker*, Der einstweilige Rechtsschutz, Rn. 516.
12 LG Hamburg, MDR 1971, 851; *Baumbach/Lauterbach/Hartmann*, § 939 Rn. 2; *Stein/Jonas/Grunsky*, § 939 Rn. 1; *Thomas/Putzo/Seiler*, § 939 Rn. 2.
13 *Walker*, Der einstweilige Rechtsschutz, Rn. 516; zustimmend *Musielak/Voit/Huber*, § 939 Rn. 2.
14 OLG München, BayJMBl. 1953, 39; *Baumbach/Lauterbach/Hartmann*, § 939 Rn. 5; MüKo/*Drescher*, § 939 Rn. 4; PG/*Fischer*, § 939 Rn. 3; *Stein/Jonas/Grunsky*, § 939 Rn. 3.
15 LG Aachen, VersR 1992, 338.
16 OLG Frankfurt, MDR 1983, 585, 586; OLG Köln, NJW 1975, 454.
17 So grundsätzlich OLG Hamm, OLGZ 1993, 331, 332; LG Hamburg, MDR 1971, 851, 852.
18 OLG Köln, NJW 1975, 454, 455.
19 OLG Köln, NJW 1975, 454, 455; LG Aachen, VersR 1992, 338, 339.

weiteren Entscheidung bedarf.[20] Davon zu unterscheiden ist die Frage, welche Wirkung die Entscheidung für die bereits vollzogenen Vollstreckungsmaßregeln hat: Diese müssen noch nach §§ 775 Nr. 1, 3 und 776 aufgehoben werden.[21]

V. Bedeutung des § 939 außerhalb des Zivilprozesses

8   Bei einstweiligen Anordnungen in **FamFG-Sachen** findet § 939 keine Anwendung. Im **arbeitsgerichtlichen Urteilsverfahren** ist § 939 gem. § 62 Abs. 2 Satz 1 ArbGG anwendbar. Der Aufhebung gegen Sicherheitsleistung steht § 62 Abs. 1 Satz 1, 2 ArbGG, wonach arbeitsgerichtliche Urteile immer ohne Sicherheitsleistung vollstreckbar sind und eine Abwendung der Vollstreckung gegen Sicherheitsleistung des Schuldners ausscheidet, nicht entgegen.[22] Die dem Gläubiger dienende Regelung des § 62 Abs. 1 ArbGG setzt voraus, dass über den zu vollstreckenden Anspruch bereits eine gerichtliche Entscheidung nach umfassender rechtlicher und tatsächlicher Prüfung ergangen ist; daran fehlt es bei einer mit erhöhten Fehlentscheidungsrisiken belasteten Eilentscheidung. Außerdem wird der Gläubiger durch eine Aufhebung gegen Sicherheitsleistung nicht entgegen dem Sinn von § 62 Abs. 1 ArbGG benachteiligt, weil er mit der Sicherheitsleistung nicht weniger erhält als das, was er im Eilverfahren beanspruchen kann. Dient die einstweilige Verfügung ausnahmsweise nicht nur seiner Sicherung, sondern seiner Befriedigung, kommt eine Aufhebung nach § 939 schon nach allgemeinen Regeln nicht in Betracht.[23] – Im **arbeitsgerichtlichen Beschlussverfahren** ist § 939 zwar über § 85 Abs. 2 Satz 2 ArbGG theoretisch anwendbar; in der Praxis spielt diese Vorschrift aber keine Rolle.[24] – Im **Verwaltungsgerichtsprozess** gilt § 939 gem. § 123 Abs. 3 VwGO und im **Sozialgerichtsprozess** gem. § 86b Abs. 2 Satz 4 SGG entsprechend.

---

20 OLG Köln, NJW 1975, 454, 455; OLG München, BayJMBl. 1953, 39; LG Aachen, VersR 1992, 338, 339.
21 Alternativkommentar/*Damm*, § 939 Rn. 5; *Baumbach/Lauterbach/Hartmann*, § 939 Rn. 5; MüKo/*Drescher*, § 939 Rn. 5; *Stein/Jonas/Grunsky*, § 939 Rn. 4; *Walker*, Der einstweilige Rechtsschutz, Rn. 514; Zöller/*Vollkommer*, § 939 Rn. 2.
22 *Dietz/Nikisch*, ArbGG, § 62 Rn. 38; *Walker*, Der einstweilige Rechtsschutz, Rn. 758; *Schwab/Weth/Walker*, ArbGG, § 62 Rn. 120.
23 Siehe oben Rdn. 1.
24 *Walker*, Der einstweilige Rechtsschutz, Rn. 905.

§ 940 Einstweilige Verfügung zur Regelung eines einstweiligen Zustandes

Einstweilige Verfügungen sind auch zum Zwecke der Regelung eines einstweiligen Zustandes in Bezug auf ein streitiges Rechtsverhältnis zulässig, sofern diese Regelung, insbesondere bei dauernden Rechtsverhältnissen zur Abwendung wesentlicher Nachteile oder zur Verhinderung drohender Gewalt oder aus anderen Gründen nötig erscheint.

Übersicht

	Rdn.
I. Anwendungsbereich der Norm	1
II. Der Verfügungsanspruch	2
1. Streitiges Rechtsverhältnis	2
a) In Betracht kommende Rechtsverhältnisse	3
b) Streit der Parteien	4
2. Möglichkeit von Ansprüchen aus diesem Rechtsverhältnis	5
3. Umfang der Schlüssigkeitsprüfung	6
4. Glaubhaftmachung	7
III. Der Verfügungsgrund	8
1. Notwendigkeit einstweiliger Maßnahmen	9
a) Zur Abwendung wesentlicher Nachteile	10
b) Zur Verhinderung drohender Gewalt	11
c) Aus sonstigen Gründen	12
2. Glaubhaftmachung des Verfügungsgrundes	13
3. Widerlegung der Dringlichkeit	14
IV. Zum Inhalt möglicher Regelungen	15
V. Kostentragungspflicht	18
VI. Streitwert	19

I. Anwendungsbereich der Norm

Folgt man der h. M., die drei selbstständige Typen der einstweiligen Verfügung unterscheidet,[1] so normiert § 940 die sog. **Regelungsverfügung.**[2] Die Vorschrift ist gleichzeitig zusammen mit § 935 gesetzliche Grundlage der sog. Leistungs- bzw. Befriedigungsverfügung.[3] Während bei der Sicherungsverfügung des § 935 der einzelne Individualanspruch im Vordergrund steht, dessen künftige Verwirklichung – im Hauptsacheverfahren und mittels des dort dann zu erlangenden Titels – gefährdet erscheint und daher durch vorläufige Maßnahmen gesichert werden soll, geht es bei § 940 darum, innerhalb eines Rechtsverhältnisses bis zur Klärung der Frage im Hauptsacheverfahren, welche der derzeit umstrittenen Rechte oder Pflichten der Parteien in welchem Umfange bestehen, vorläufige Regelungen hinsichtlich der Rechtsbeziehung insgesamt oder einzelner aus ihr folgender Ansprüche zu treffen, weil ein Zuwarten bis zur Hauptsacheentscheidung die eine Partei unzumutbar beeinträchtigen, ihr also wesentliche Nachteile und gravierende Schäden verursachen würde, und ihr deshalb nicht zuzumuten ist.[4] Nicht die drohende Unmöglichkeit der Erfüllung soll einstweilen gebannt werden, sondern ein aus Verzug oder sonstiger Schlechterfüllung drohender Schaden soll abgewendet oder möglichst gering gehalten werden. Auch insoweit geht es letztlich um eine Sicherung der Verwirklichung von Ansprüchen. Von der Leistungs- oder Befriedigungsverfügung unterscheidet sich die Regelungsverfügung nur dadurch, dass jene die streitige Rechtsbeziehung gerade dahin gehend regelt, dass sie die vorläufige (völlige oder teilweise) Befriedigung des Anspruchs anordnet, der zum Streit geführt hat, während die Regelungsverfügung statt dessen Maßnahmen, die diese Befriedigung offen halten, zum Inhalt hat. Die Abgrenzung im Einzelfall kann sehr schwierig sein, weshalb die Praxis die Festlegung auch häufig vermeidet und einfach von der Sache her entscheidet, ob und in welchem Umfange einstweiliger Rechtsschutz durch einstweilige Verfügung erforderlich erscheint.[5] Nach der hier vertretenen Auffassung[6] ist die Unterscheidung

---

[1] Vor § 935 Rdn. 28.
[2] Siehe hierzu auch: Vor § 935 Rdn. 30.
[3] Einzelheiten: Vor § 935 Rdn. 31.
[4] OLG Jena, MDR 2012, 488.
[5] Übersicht über die wichtigsten praktischen Anwendungsfälle der einstweiligen Verfügung: Vor § 935 Rdn. 56 ff.
[6] Siehe: Vor § 935 Rdn. 49.

auch nicht erforderlich, da § 935 einerseits und § 940 andererseits nur den Rahmen abstecken, innerhalb dessen einstweiliger Rechtsschutz durch einstweilige Verfügung erforderlich ist.

II. Der Verfügungsanspruch

1. Streitiges Rechtsverhältnis

2 Auch § 940 dient nicht schlicht der Sicherung des allgemeinen Rechtsfriedens unter sich streitenden Parteien, sondern nur der Sicherung einer ganz konkreten Rechtsbeziehung unter bestimmten Parteien, aus der durchsetzbare Ansprüche hergeleitet werden können[7], auch wenn sie derzeit noch nicht entstanden sind.

Diese konkrete Rechtsbeziehung tritt als »Verfügungsanspruch« an die Stelle des konkreten Individualleistungsanspruchs in § 935. Sie muss ebenso wie dieser substantiiert dargelegt und glaubhaft gemacht werden, soweit nicht im Einzelfall spezialgesetzliche Sonderregeln eingreifen.[8]

a) In Betracht kommende Rechtsverhältnisse

3 Als konkretes Rechtsverhältnis kommen nicht nur vertragliche, auf gewisse Dauer angelegte Schuldverhältnisse wie das Arbeitsverhältnis, der Mietvertrag oder der Bankvertrag in Betracht, sondern auch gesellschaftsrechtliche Rechtsbeziehungen, gesetzliche Schuldverhältnisse aus sozialem oder wirtschaftlichem Kontakt wie das Nachbarrechtsverhältnis oder Wettbewerbsverhältnisse am Markt, ferner die Rechtsbeziehungen zwischen Arbeitgebern und Gewerkschaften oder zwischen Unternehmern und Betriebsrat. Das Rechtsverhältnis kann auch aus einem einmaligen abgeschlossenen Vorgang resultieren (einmalige unerlaubte Handlung, einmalige unwahre Presseveröffentlichung usw.), ja auch nur einen einzigen, nicht auf Dauer angelegten Anspruch zum Gegenstand haben,[9] etwa den Anspruch auf sofortige Rückgabe der durch verbotene Eigenmacht erlangten Sache.[10] Der Begriff des Rechtsverhältnisses ist also ähnlich weit auszulegen wie bei der Feststellungsklage.[11] Entscheidend ist aber, dass es sich um eine rechtliche Beziehung auch zwischen den Parteien des Verfügungsverfahrens handelt, aus der angebliche Pflichten des Antragsgegners gegenüber dem Antragsteller erwachsen.

b) Streit der Parteien

4 Dieses Rechtsverhältnis muss gerade unter den Parteien des Verfügungsverfahrens **streitig sein.** Dies ist nicht nur der Fall, wenn der Antragsgegner die Rechtsbeziehung als solche und die vom Antragsteller aus ihr abgeleiteten Rechte oder Ansprüche ausdrücklich bestreitet – *Beispiel: Die übrigen Gesellschafter bestreiten, dass der Antragsteller überhaupt Mitgesellschafter ist und zur Gesellschafterversammlung eingeladen werden muss* –, sondern auch, wenn in das Rechtsverhältnis schlicht durch die Verletzungshandlung eingegriffen wird – *Beispiel: Der Nachbar beginnt mit Baumaßnahmen über der Grundstücksgrenze* – oder durch eine Verletzungshandlung das Rechtsverhältnis erst begründet wird – *Beispiel: Der unwahre Presseartikel erscheint ohne Vorankündigung* – oder wenn sogar erst eine Verletzungshandlung droht – *Beispiel: Der Mitwettbewerber macht durch entsprechende Ankündigungen deutlich, dass er bei nächster Gelegenheit mit einer unzulässigen Werbekampagne beginnen werde* –. Im letzteren Falle muss allerdings bereits eine ganz konkrete Verletzungshandlung unmittelbar bevorstehen und nicht nur theoretisch zu befürchten sein.[12] Nicht ausreichend ist etwa, dass die

---

7 So auch die ganz überwiegende Meinung; beispielhaft *Brox/Walker*, Rn. 1591; *Stein/Jonas/Grunsky*, § 940 Rn. 2; *Thomas/Putzo/Seiler*, § 940 Rn. 2; *Walker*, Der einstweilige Rechtsschutz, Rn. 115; **a. A** (Ein Anspruch müsse sich aus dem Rechtsverhältnis nicht ergeben): *Zöller/Vollkommer*, § 940 Rn. 2.
8 Einzelheiten hierzu: § 935 Rdn. 1–11.
9 Allgemeine Meinung; beispielhaft: *Stein/Jonas/Grunsky*, 940 Rn. 4.
10 Siehe insoweit: vor § 935 Rdn. 34.
11 Allgemeine Meinung; beispielhaft: *Musielak/Huber*, § 940 Rn. 3; PG/*Fischer*, § 940 Rn. 2.
12 *Zöller/Vollkommer*, § 940 Rn. 2.

Parteien im Wettbewerb miteinander stehen, und dass andere Mitwettbewerber bereits bestimmte Missbräuche haben einreißen lassen, sodass – verbunden mit der Lebenserfahrung, dass schlechte Vorbilder alsbald abfärben – ganz allgemein zu befürchten ist, der Antragsgegner werde demnächst dem schlechten Beispiel folgen. Für eine entsprechende Unterlassungsverfügung fehlte es in einem solchen Fall nicht nur am Verfügungsgrund, sondern bereits am »streitigen« Rechtsverhältnis, also am Verfügungsanspruch.

2. Möglichkeit von Ansprüchen aus diesem Rechtsverhältnis

Bei dem streitigen Rechtsverhältnis muss es sich um ein solches handeln, aus dem konkrete materiellrechtliche **Ansprüche** des Antragstellers gegen den Antragsgegner möglich sind,[13] wenn sie auch im Augenblick noch nicht bereits entstanden sein müssen. Denn letztlich erfolgt die Regelung im Hinblick auf die Sicherung dieser Ansprüche, nicht zur Gewährleistung des Rechtsfriedens im Allgemeinen.[14] Dies ergibt sich schon daraus, dass der »allgemeine Rechtsfrieden« nicht Gegenstand eines Hauptsacheverfahrens sein könnte, der Zwang gem. § 926 Abs. 1 zur Durchführung des Hauptsacheverfahrens aber nach Erwirkung einer Regelungsverfügung ebenso gilt wie nach einer Sicherungsverfügung.[15]

3. Umfang der Schlüssigkeitsprüfung

Das Rechtsverhältnis, der vom Antragsteller aus ihm abgeleitete (mögliche) Anspruch und die Umstände, aus denen folgt, dass das Rechtsverhältnis zwischen den Parteien streitig ist, sind vom Antragsteller so substantiiert darzulegen, dass eine uneingeschränkte **Schlüssigkeitsprüfung**[16] durch das Gericht möglich ist. Es gelten insoweit die gleichen Grundsätze, wie sie bei § 935 dargestellt wurden.[17] Ist das Vorbringen des Antragstellers nicht schlüssig im Hinblick auf ein konkretes streitiges Ansprüche des Antragstellers beinhaltendes Rechtsverhältnis, so ist der Antrag auf Erlass der einstweiligen Verfügung zurückzuweisen, auch wenn das Gericht durchaus einen Regelungsbedarf zur Wahrung des Rechtsfriedens sähe. Soll sich der Streit um das Rechtsverhältnis aus einer konkreten Verletzungshandlung ergeben, so ist nicht nur die Handlung als solche darzulegen, sondern auch, woraus die Rechtswidrigkeit dieser Störung abzuleiten sei.[18] Es ist also nicht erst Sache des Antragsgegners, sich zu rechtfertigen.

4. Glaubhaftmachung

Alle Umstände, die der Antragsteller darlegen muss, damit die erforderliche Schlüssigkeitsprüfung im Hinblick auf den Verfügungsanspruch durchgeführt werden kann, sind von ihm auch **glaubhaft zu machen**. Hinsichtlich des Maßes der Glaubhaftmachung und hinsichtlich der in Betracht kommenden Mittel zur Glaubhaftmachung gilt das zu § 935 Gesagte[19] auch hier uneingeschränkt: Der Antragsgegner muss die Glaubhaftmachung nur dahin gehend erschüttern, dass jedenfalls keine überwiegende Wahrscheinlichkeit mehr zugunsten der vom Antragsteller darzulegenden Tatsachen spricht. Bei offen gebliebenem Verfügungsanspruch ist eine einstweilige Verfügung auch dann nicht möglich, wenn eine Interessenabwägung ergibt, dass die Nachteile einer negativen Entscheidung für

---

13 OLG Koblenz, NJW-RR 1986, 1039; OLG Stuttgart, NJW-RR 1986, 1448; *Stein/Jonas/Grunsky*, § 940 Rn. 2.
14 **A.A.** (§ 940 ZPO diene »vielmehr der Sicherung des Rechtsfriedens«): *Baumbach/Lauterbach/Hartmann*, § 940 Rn. 2.
15 *Walker*, Der einstweilige Rechtsschutz, Rn. 115.
16 *Baumgärtel*, AcP 1968, 401; *Baur*, Studien zum einstweiligen Rechtsschutz, 28; *Stein/Jonas/Grunsky*, § 940 Rn. 3; *Zöller/Vollkommer*, § 940 Rn. 3.
17 § 935 Rdn. 6–8.
18 *Zöller/Vollkommer*, § 940 Rn. 3.
19 Siehe dort Rdn. 9–16.

den Antragsteller größer sind als die Nachteile einer positiven Entscheidung für den Antragsgegner. Gegebenenfalls kann hier § 921 Abs. 2 Satz 1 im Einzelfall weiterhelfen.

III. Der Verfügungsgrund

8 § 940 umschreibt den Verfügungsgrund der Regelungsverfügung dahin gehend, dass eine Regelung »nötig« erscheinen müsse, insbesondere zur Abwendung wesentlicher Nachteile[20] oder zur Verhinderung drohender Gewalt. So wie sich in § 935 die Erforderlichkeit einer Sicherungsmaßnahme aus der Gefährdung der Verwirklichung des Individualanspruchs ergeben muss, so muss auch hier die Notwendigkeit einer einstweiligen Regelung sich aus einer aktuellen Gefährdung des konkreten Rechtsverhältnisses und damit der aus diesem abzuleitenden Ansprüche ergeben. Es besteht also kein grundsätzlicher Unterschied hinsichtlich des Verfügungsgrundes in § 935 und § 940.[21] Wie schon bei § 935 ist bei der Prüfung, welcher Grad von Gefährdung erforderlich ist,[22] um den Verfügungsgrund bejahen zu können, eine Abwägung der Interessen[23] des Antragstellers und des Antraggegners vorzunehmen.[24]

1. Notwendigkeit einstweiliger Maßnahmen

9 § 940 nennt als Grund für die Notwendigkeit einer einstweiligen Regelung zwei Beispiele, die aber, wie der Zusatz »oder aus anderen Gründen« zeigt, keine selbstständige Bedeutung haben.

a) Zur Abwendung wesentlicher Nachteile

10 Zur Abwendung wesentlicher Nachteile, insbesondere bei dauernden Rechtsverhältnissen, sind Regelungen dann erforderlich, wenn die – u. U. sehr viel – spätere Erfüllung der in Betracht kommenden Ansprüche oder ihre bloße vorläufige Sicherung, etwa durch Blockierung entsprechender Vermögenswerte, dem Zweck dieser Ansprüche nicht in vollem Umfange geregelt werden kann. Dies ist insbesondere bei Ansprüchen auf Arbeitsentgelt[25] der Fall. Hier benötigt der Antragsteller jedenfalls Abschlagzahlungen, um seinen laufenden Lebensunterhalt zu bestreiten. Ohne eine solche Zwischenregelung stünden Nachteile zu befürchten (z. B. Kündigung der Wohnung wegen Mietrückständen, Vollstreckungsmaßnahmen wegen seiner Schulden usw.), die im Fall des Obsiegens in der Hauptsache nicht mehr wettzumachen wären.

b) Zur Verhinderung drohender Gewalt

11 »Gewalt«, die es durch einstweilige Regelungen zu verhindern gilt, droht nicht nur, wenn im unmittelbaren Wortsinne physische oder psychische[26] Gewalt auf den Antragsteller oder seine geschützten Rechtsgüter (z. B. sein Eigentum oder seinen Besitz) einwirkt, sondern im weiteren Sinne durch jede unerlaubte Handlung, insbesondere jede Straftat, die sich gegen den Antragsteller oder ihm Schutzbefohlene richtet.[27] Hierher zählen auch drohende Verstöße gegen die Regeln des lauteren

---

20 OLG Jena, MDR 2012, 488; ferner: LG München, SpuRt 1995, 77: Es gilt ein objektiver und strenger Maßstab. LG München, WuM 2009, 321: In diesem Rahmen ist auch die im Gesetz u. U. bereits vorgegebene Interessenabwägung zu berücksichtigen.
21 Wie hier: *Stein/Jonas/Grunsky*, § 940 Rn. 7; **a. A.** (Verfügungsgrund bei der Regelungsverfügung sei nur eine besondere Form des Rechtsschutzbedürfnisses): *Zöller/Vollkommer*, § 940 Rn. 4.
22 Einzelheiten: § 935 Rdn. 16.
23 Unter Berücksichtigung eventueller Vorgaben des Gesetzgebers: LG München, WuM 2009, 321.
24 Bei § 940 ZPO bejahen das Erfordernis einer Interessenabwägung im Rahmen der Prüfung des Verfügungsgrundes auch diejenigen, die eine solche Abwägung bei § 935 ZPO nicht für notwendig erachten; siehe *Walker*, Der einstweilige Rechtsschutz, Rn. 258.
25 Einzelheiten: Vor § 935 Rdn. 47, 168, 169.
26 Z. B. massive Einschüchterungsversuche: OLG München, ZMR 2013, 541.
27 Für diesen weiten Gewaltbegriff auch: *Stein/Jonas/Grunsky*, § 940 Rn. 11; *Zöller/Vollkommer*, § 940 Rn. 4.

Wettbewerbs[28] oder Eingriffe in geschützte gewerbliche Rechte (Marke, Gebrauchsmuster, Patente, Urheberrechte usw.).[29]

c) Aus sonstigen Gründen

Da die beiden zuvor genannten Beispiele bei Weitem nicht alle Fälle umschreiben, in denen sich einstweilige Regelungen zur Abwehr einer Gefährdung im Hinblick auf Rechtsverhältnisse von Parteien als notwendig erweisen, hat der Gesetzgeber selbst die Auffangformulierung »oder aus anderen Gründen« gleichwertig in die Norm aufgenommen. »Andere Gründe« können auch Mitgliedschaftsinteressen in Vereinen,[30] das Allgemeininteresse an der Verhinderung der Nutzung gesetzwidriger »Allgemeiner Geschäftsbedingungen«[31] oder das Interesse an störungsfreier Ausübung der Mitwirkungsrechte als Betriebsrat[32] sein. Entscheidend ist in diesen Fällen immer, dass das Rechtsverhältnis derart gefährdet ist, dass das Verfahren in der Hauptsache nicht abgewartet werden kann, dass also vorläufige Regelungen notwendig sind, wenn dem Antragsteller nicht der Rechtsschutz versagt werden soll.

12

2. Glaubhaftmachung des Verfügungsgrundes

Hinsichtlich der Glaubhaftmachung des Verfügungsgrundes gelten ebenfalls keine Abweichungen zu § 935[33]: Die vom Antragsteller schlüssig dargelegte Gefährdung des konkreten Rechtsverhältnisses muss bei freier Würdigung der vorliegenden Mittel zur Glaubhaftmachung als überwiegend wahrscheinlich erscheinen. Der Grad der zu fordernden Wahrscheinlichkeit ist auch davon abhängig, wie sehr die erstrebte vorläufige Regelung einer Befriedigung des Anspruchs – oder der Ansprüche – aus dem streitigen Rechtsverhältnis nahe kommt. Zudem ist auch im Rahmen der Prüfung der Glaubhaftmachung des Verfügungsgrundes eine **Interessenabwägung**[34] dahin vorzunehmen, ob der dem Antragsteller bei der Versagung einer einstweiligen Regelung drohende Schaden größer ist als der dem Antragsgegner aus einer letztlich unberechtigten einstweiligen Regelung drohende: Je größer die Gefahren für den Antragsgegner sind, desto höhere Anforderungen sind an die Glaubhaftmachung durch den Antragsteller zu stellen.

13

3. Widerlegung der Dringlichkeit

Soweit im Hinblick auf Regelungsverfügungen die Dringlichkeit aufgrund besonderer gesetzlicher Vorschriften vermutet wird, etwa gem. § 12 Abs. 2 UWG,[35] gilt das bereits zu § 935 Dargestellte[36] uneingeschränkt: Die Vermutung kann sowohl durch den Antragsgegner widerlegt werden als auch durch den Antragsteller selbst, und zwar sowohl durch dessen vorprozessuales Verhalten als auch durch die Art der Prozessführung im Verfügungsverfahren: Die Notwendigkeit vorläufiger Regelungen durch einstweilige Verfügung entfällt, wenn der Antragsteller durch sein eigenes Verhalten, insbesondere durch zu langes Zuwarten vor Anrufung der Gerichte oder durch eine saumselige Prozessführung deutlich macht, dass er es mit der Verfolgung seiner Rechte selbst gar nicht so eilig hat und dass er offensichtlich mit der Gefährdung des streitigen Rechtsverhältnisses leben kann.

14

---

28 Einzelheiten: Vor § 935 Rdn. 98 ff.
29 Einzelheiten: Vor § 935 Rdn. 116 ff.
30 Siehe hierzu: Vor § 935 Rdn. 56.
31 Vor § 935 Rdn. 57.
32 Vor § 935 Rdn. 156 ff.
33 Einzelheiten daher: § 935 Rdn. 20.
34 Ebenso: OLG Saarbrücken, OLGReport 2008, 774; LG München, WuM 2009, 321; *Stein/Jonas/Grunsky*, § 940 Rn. 12; *Zöller/Vollkommer*, § 940 Rn. 4.
35 Einzelheiten: Vor § 935 Rdn. 102 ff. sowie § 935 Rdn. 22.
36 § 935 Rdn. 18.

IV. Zum Inhalt möglicher Regelungen

15 Auch für die Regelungsverfügung gilt § 938:[37] Das Gericht kann also nach freiem Ermessen bestimmen, welche Anordnungen nötig erscheinen, um das gefährdete Rechtsverhältnis zu sichern. Regelungen, die über das hinausgehen, was an Ansprüchen für den Antragsteller aus dem Rechtsverhältnis möglich wäre, die also dem Antragsteller mehr gewähren, als er in einem Hauptsacheverfahren erlangen könnte, sind ausgeschlossen.[38] Der Antrag des Antragstellers ist für die Grenzen des gerichtlichen Ermessens in doppelter Hinsicht von Bedeutung: Zum einen bestimmt er zusammen mit dem vorgetragenen Sachverhalt das Rechtsschutzziel des Antragstellers. Diese Bestimmung ist für das Gericht bindend. Das Ermessen des Gerichts beschränkt sich also von vornherein darauf, geeignete Maßnahmen zur Erreichung dieses Rechtsschutzzieles anzuordnen. An die vom Antragsteller in seinem Antrag vorgeschlagenen Maßnahmen – ein solcher Vorschlag ist nicht zwingend geboten, sondern nur zweckmäßig, um auf die Gedankenrichtung des Gerichts Einfluss zu nehmen; erforderlich ist lediglich die bestimmte Festlegung des Rechtsschutzzieles – ist das Gericht nicht gebunden, es sei denn, dass der Antragsteller ausnahmsweise mitgeteilt hat, dass er nur diese und keine anderen Maßnahmen begehrt. Eine solche Beschränkung des Ermessens des Gerichts wäre möglich.[39] Bei der Befriedigungs- oder Leistungsverfügung bestimmt der Antrag darüber hinaus, in welchem Umfang dem Antragsteller höchstens (vorläufige) Erfüllung seines Anspruchs zugesprochen werden darf: Begehrt der Antragsteller eine bestimmte monatliche Abschlagszahlung auf den Lohn, so kann ihm dann höchstens diese durch einstweilige Verfügung zugesprochen werden, auch wenn das Gericht regelmäßig in Fällen vergleichbarer Art höhere Beträge zuzusprechen pflegt. Begehrt der Antragsteller das Unterlassen ganz bestimmter wettbewerbswidriger Handlungen, so kann er auch höchstens eine diesem Antrag entsprechende Unterlassungsverfügung erhalten. Es ist ohne Belang, dass sich aus seinem Vorbringen ein erheblich weiterreichender Unterlassungsanspruch, der auch noch andere Handlungen des Gegners einschlösse, ergäbe, als der durch seinen Antrag umrissene.

16 Die im Rahmen einer Verfügung gem. § 940 möglichen Regelungen dürfen zwar über eine Erfüllung der sich aus dem streitigen Rechtsverhältnis ergebenden Ansprüche nicht hinausgehen, brauchen sich aber im Übrigen nicht an diesen Ansprüchen zu orientieren. Die Regelung kann also vorläufige – unterhalb der Erfüllungsebene liegende – Maßnahmen beinhalten, die wie im Hauptsacheverfahren als Minus zum Erfüllungsanspruch durchgesetzt werden könnten: Ist z. B. streitig, ob der Antragsgegner dem Antragsteller einen bestimmten Gegenstand zurückgeben muss, den Angestellte des Antragstellers dem Antragsgegner in Unkenntnis des Streits der Parteien irrtümlich ausgehändigt hatten, könnte eine Regelungsverfügung dahin gehen, dass dem Antragsteller vorläufig ein anderer, weniger wertvoller, aber für die Zwecke des Antragstellers ausreichender Gegenstand zur Verfügung gestellt wird.

17 Obwohl in den Fällen, in denen Regelungsverfügungen in Betracht kommen, als Hauptsacheverfahren durchaus auch Feststellungsklagen denkbar sind, kommt eine gerichtliche Feststellung als vorläufige Regelung des streitigen Rechtsverhältnisses nur in ganz seltenen Ausnahmefällen in Betracht,[40] wenn sie auch nicht generell ausgeschlossen ist. Regelmäßig scheitert diese Möglichkeit daran, dass sie nichts »regelt«, weil sie keine durchsetzbaren Pflichten zu einem bestimmten Verhalten oder Bindungswirkungen für nachfolgende Verfahren[41] auslöst. Die angeblich fehlende

---

37 Wie hier *Baur*, Studien zum einstweiligen Rechtsschutz, S. 71; *Baur/Stürner/Bruns*, Rn. 53.19; *Stein/Jonas/Grunsky*, § 940 Rn. 13; *Thomas/Putzo/Seiler*, § 940 Rn. 5; a. A. (§ 938 ZPO sei nicht anwendbar, weil § 940 ZPO insoweit eine eigenständige Regelung enthalte): BGHZ 33, 105, 112; *Walker*, Der einstweilige Rechtsschutz, Rn. 136. Der Streit ist aber letztlich müßig, da sich aus ihm keine praktischen Unterschiede hinsichtlich der möglichen Regelungen ergeben.
38 Einzelheiten insoweit: § 938 Rdn. 11.
39 Einzelheiten: § 938 Rdn. 6.
40 Siehe: Vor § 935 Rdn. 85 und § 938 Rdn. 35; gänzlich gegen diese Möglichkeit: *Brox/Walker*, Rn. 1595.
41 OLG Naumburg, OLGReport 2008, 957.

Vollziehbarkeit wäre allerdings kein Argument;[42] denn es käme jedenfalls eine Vollziehung durch Parteizustellung infrage.

V. Kostentragungspflicht

Hinsichtlich der **Kosten** des Verfügungsverfahrens gilt uneingeschränkt das in § 935 Dargestellte.[43] Dass das Gericht im Rahmen des § 938 eine andere Regelung getroffen hat als die vom Antragsteller angeregte, führt zu einer Teilkostenbelastung des Antragstellers nur dann, wenn der Antragsteller sein Rechtsschutzziel damit nur teilweise erreicht oder wenn er im Fall der Befriedigungs- oder Leistungsverfügung weniger erhält als beantragt.

18

VI. Streitwert

Der Streitwert der Regelungsverfügung ist gem. § 3 durch Schätzung zu ermitteln. Ausgangspunkt ist das Interesse des Antragstellers an der vorläufigen Regelung zum Zeitpunkt der Antragstellung. Wie bei der Sicherungsverfügung sollte der Wert deutlich unter dem des möglichen Hauptsacheverfahrens liegen,[44] und zwar auch dann, wenn absehbar ist, dass die vorläufige Regelung zur endgültigen werden wird. Führt aber die begehrte Befriedigungsverfügung von vorn herein zur endgültigen Befriedigung des Anspruchs (Rückgabe der durch verbotene Eigenmacht entzogenen Sache), ist ein Abschlag nicht gerechtfertigt[45].

19

---

42 A.A. insoweit *Berger*, ZZP 1996 (Bd. 110), 287; *Berger*, Einstweiliger Rechtsschutz im Zivilrecht, Kap. 2 Rn. 19.
43 § 935 Rdn. 24, 25.
44 Einzelheiten: § 935 Rdn. 36, 37.
45 OLG Koblenz, OLGReport 2009, 503.

§ 940a Räumung von Wohnraum

(1) Die Räumung von Wohnraum darf durch einstweilige Verfügung nur wegen verbotener Eigenmacht oder bei konkreter Gefahr für Leib und Leben angeordnet werden.

(2) Die Räumung von Wohnraum darf durch einstweilige Verfügung auch gegen einen Dritten angeordnet werden, der im Besitz der Mietsache ist, wenn gegen den Mieter ein vollstreckbarer Räumungstitel vorliegt und der Vermieter vom Besitzerwerb des Dritten erst nach dem Schluss der mündlichen Verhandlung Kenntnis erlangt hat.

(3) Ist Räumungsklage wegen Zahlungsverzugs erhoben, darf die Räumung von Wohnraum durch einstweilige Verfügung auch angeordnet werden, wenn der Beklage einer Sicherungsanordnung (§ 283a) im Hauptsacheverfahren nicht Folge leistet.

(4) In den Fällen der Absätze 2 und 3 hat das Gericht den Gegner vor Erlass einer Räumungsverfügung anzuhören.

Übersicht

	Rdn.		Rdn.
I. Anwendungsbereich	1	2. Die Verfügungsgründe gem. Abs. 1	11
1. Keine Anwendung auf einstweilige Anordnungen zur Räumung in familiengerichtlichen Verfahren	1	a) Verbotene Eigenmacht	12
		b) Gefahr für Leib und Leben	14
		3. Der Verfügungsgrund gem. Abs. 2	15
a) Räumungsanordnungen unter Ehegatten in Ehe- und Familiensachen	2	4. Der Verfügungsgrund gem. Abs. 3	16
		a) Die Sicherungsanordnung nach § 283a	16
b) Räumungsanordnungen in Gewaltschutzsachen	3	b) Adressaten der Verfügung gem. Abs. 3	18
2. Beschränkung des Anwendungsbereichs auf Wohnraum	4	5. Das Verhältnis der einstweiligen Verfügung nach Abs. 3 zum Räumungsprozess in der Hauptsache	19
a) Der Wohnraumbegriff	5		
b) Keine analoge Anwendung auf Räumungsverfügungen betreffend Gewerberaum	7	6. Bezeichnung des Schuldners in Antrag und Titel	20
3. Zum Begriff der »Räumung«	8	7. Anhörung des Antragsgegners	21
4. Keine Anwendung zur Regelung der Besitz- und Nutzungsverhältnisse innerhalb einer Wohnung	9	8. Keine Räumungsfrist gem. § 721	22
II. Verfahren	10	III. Vollziehung	23
1. Keine Sonderregelung zum Verfügungsanspruch	10	IV. Bedenken gegen die Verfassungsgemäßheit der Abs. 2 und 3	24

Literatur:

Abramenko, Die Durchsetzung von Räumungstiteln gegen Dritte (§ 940a Abs. 2 ZPO), MieRB 2014, 216; *Börstinghaus*, Die neue »Räumungsverfügung« im Wohnraummietprozess, NJW 2014, 2225; *Brudermüller*, Wohnungszuweisung bei Beendigung einer nichtehelichen Lebensgemeinschaft, FamRZ 1994, 207; *Bruns*, Verfahren der einstweiligen Anordnung nach § 1 GewSchG – Grundlagen und ausgewählte Praxisprobleme, FamRZ 2012, 1024; *Finger*, Zusammenwohnen von Eltern und Kindern, WuM 1999, 8; *Fischer*, Wohnungsräumung von Mitbewohnern durch einstweilige Verfügung, ZAP 1998, Fach 4 S. 553; *ders.*, Auswirkungen der »Mietrechtsänderung« auf Räumungsverfahren und -vollstreckung. Kritische Anmerkungen aus der Sicht von (Prozessrechts-) Wissenschaft und Praxis, NZM 2013, 249; *Fleindl*, Räumung von Wohnraum durch einstweilige Verfügung, ZMR 2013, 677; *Fritsche*, Einstweiliger Rechtsschutz im Mietrecht – eine Übersicht zur Rechtsprechung, Rpfleger 2005, 637; *Garbe*, Neuregelung der Wohnungszuweisung und gerichtliches Verfahren, FamRB 2003, 92; *Grziwotz*, Schutz vor Gewalt in Lebensgemeinschaften und vor Nachstellungen, NJW 2002, 872; *Heinemann*, Auswirkungen des § 266 Abs. 1 FamFG auf das Verfahren in Miet- und Wohnungseigentumssachen, MDR 2009, 1026; *Hinz*, Einstweiliger Rechtsschutz in Mietsachen, WuM 2005, 615; *Hohloch*, Wohnungszuweisung und Schutzanordnung bei Gewaltanwendung – insbesondere Vollstreckung, FPR 2008, 430; *Horst*, Räumung von Wohnraum durch einstweilige Verfügung, MDR 2013, 249; *Kloster-Harz/Schmid*, Ehewohnung– Partnerwohnung – Wohngemeinschaften, 1999; *Kluth/Grün*, Die Räumungsverfügung nach § 940 bei gewerblicher Miete, NZM 2001, 1013; *Kobusch*, Eigenmächtiges Handeln bei der Trennung, FPR 1998, 129; *Lehmann-Richter*, Possessorische Besitzschutzansprüche und petitorische Einwendungen im einstweiligen Rechtsschutz, NJW 2003, 1717; *ders.*, Vollstreckung mietrechtlicher Ansprüche nach neuem Recht, NZM

2014, 257; *Maier*, Die Abwehr von Ehestörungen im räumlich-gegenständlichen Bereich der Ehe, Diss., Regensburg 1996; *Neuhaus*, Mietrechtsänderungsgesetz 2013 und Gewerberaummiete, ZMR 2013, 686; *Reih*, § 861 BGB: Einstweiliger zivilrechtlicher Rechtsschutz für Hausbesetzer, ZMR 1998, 11; *Scherer*, Räumungsvollstreckung gegen Hausbesetzer, DGVZ 1993, 132; *Schmid*, Der Angehörige in der Mietwohnung, WuM 2014, 115; *Schur*, Rechtsschutz bei verbotener Eigenmacht im einstweiligen Verfügungsverfahren, ZMR 2000, 802; *Schuschke*, Räumungstitel nach dem FamFG, NZM 2010, 137; *ders.*, Räumungsprozess und Räumungsvollstreckung, 3. Aufl., 2013; *ders.*, § 940a Abs. 2 und Abs. 3 ZPO – Irrwege des Gesetzgebers. FS Eberhard Schilken, 2015, S. 799; *Schwab*, Zivilrechtliche Schutzmöglichkeiten bei häuslicher Gewalt, FamRZ 1999, 1317; *Streyl*, Die Hinterlegungsanordnung und die Räumungsverfügung, NZM 2012, 249; *Theesfeld*, Räumung von Gewerbemietraum durch einstweilige Verfügung, jurisPR-MietR 14/2009 Anm. 6; *Zehelein*, Das Mietrechtsänderungsgesetz in der gerichtlichen Praxis – Prozessuale und dogmatische Aspekte der Mietrechtsreform, WuM 2013, 133.

I. Anwendungsbereich

1. Keine Anwendung auf einstweilige Anordnungen zur Räumung in familiengerichtlichen Verfahren

Die Vorschrift gilt nur für einstweilige Verfügungen gem. §§ 935, 940. Sie beschränkt dagegen nicht die Möglichkeit, vorläufige Regelungen und einstweilige Anordnungen in familiengerichtlichen Verfahren, zu denen nach Inkrafttreten des FamFG auch alle Gewaltschutzsachen zählen, dahin gehend zu erlassen, dass die gemeinsame Wohnung einem der Ehepartner, Lebenspartner oder sonstigen Mitbewohner i. S. v. § 2 Abs. 1 GewSchG allein mit der Folge zugewiesen wird, dass der andere Partner sie räumen muss (§§ 49, 200 ff, 210 ff FamFG).[1] Insoweit sind allein die materiellrechtlichen Voraussetzungen gem. §§ 1361b BGB, 14 LPartG[2] bzw. §§ 1, 2 GewSchG maßgebend. Der einstweilige Rechtsschutz nach dem FamFG verdrängt in diesem Bereich vollständig die Möglichkeit einstweiliger Verfügungen.   1

a) Räumungsanordnungen unter Ehegatten in Ehe- und Familiensachen

Unter Ehegatten ist somit für eine einstweilige Verfügung auf Räumung der bis dato gemeinsam genutzten Wohnung in Anbetracht des vorrangigen Ehewohnungsverfahrens nach §§ 200 ff FamFG sowie der Regelungen zum Gewaltschutz gem. §§ 210 ff. FamFG kein Raum mehr.   2

Familiensache im Sinne des § 266 Abs. 1 Nr. 2 FamFG und daher nicht mehr im Wege der einstweiligen Verfügung regelbar sind jetzt auch die Auseinandersetzungen mit dem in den räumlich-gegenständlichen Bereich der Ehe (also die Ehewohnung) eingedrungenen Ehestörer – den vom anderen Ehegatten in die Ehewohnung mit aufgenommenen Liebhaber –, der, wenn eiliger Rechtsschutz geboten ist, nunmehr durch einstweilige Anordnung nach §§ 49 ff. FamFG aus der Ehewohnung zu weisen ist.[3]

b) Räumungsanordnungen in Gewaltschutzsachen

In Gewaltschutzsachen, unabhängig davon, ob die Beteiligten Ehegatten, ebenspartner, Lebensgefährten oder sonstige Personen (etwa Mitbewohner einer Haushaltsgemeinschaft unter älteren Mitbürgern) sind, verdrängen die §§ 210 ff FamFG, insbesondere § 214 FamFG, die einstweilige Verfügung[4]. Der Anwendungsbereich des § 940a Abs. 1, 2. Alt. beschränkt sich demgegenüber nur noch auf die Fälle der Gewalt gegenüber dem Vermieter und seinem Personal, gegenüber anderen   3

---

[1] Allgemeine Meinung; beispielhaft *Musielak/Huber*, § 940a Rn. 1; *Stein/Jonas/Grunsky*, § 940a Rn. 5. Einzelheiten: *Schuschke*, NZM 2010, 317; *ders.*, Räumungsprozess und Räumungsvollstreckung, 3. Aufl., S. 100 ff.
[2] *Keidel/Giers*, FamFG, 17. Aufl., § 200 FamFG Rn. 6, 7.
[3] *Heinemann*, MDR 2009, 1026; *Keidel/Giers*, § 266 FamFG Rn. 10; *Heiter* in *Prütting/Helms*, FamFG, § 266 FamFG Rn. 43.
[4] *Keidel/Giers*, § 210 FamFG Rn. 1.

Mietern im Mietshaus[5] bzw. gegenüber Dritten, z. B. Nachbarn oder Passanten[6], Gewalttätigkeiten, die auf das Mietverhältnis zurückwirken und den Vermieter zur fristlosen Kündigung berechtigen.

2. Beschränkung des Anwendungsbereichs auf Wohnraum

4   Die Norm befasst sich in Ergänzung der §§ 935, 940 ausschließlich mit einstweiligen Verfügungen, die die Räumung von vom Antragsgegner genutztem Wohnraum betreffen. Hinsichtlich aller anderen Räumungsverfügungen (Gewerberaum, unbebaute Grundstücke; Tiefgaragenstellplätze usw.) gilt das allgemein zur Befriedigungsverfügung auf Herausgabe von Sachen Gesagte[7] ohne die – einerseits einschränkenden, andererseits aber auch den Erlass einer einstweiligen Verfügung erleichternden – Sonderregelungen in § 940a.

a) Der Wohnraumbegriff

5   Obwohl die Vorschrift des **Abs. 1** mietrechtlichen Ursprungs ist, gilt sie nicht nur im Hinblick auf Mietwohnungen,[8] sondern betrifft jeglichen Wohnraum,[9] gleich, worauf der Besitz beruht – Mietvertrag, Pachtvertrag,[10] Heimvertrag,[11] Gefälligkeitsverhältnis, öffentlich-rechtlicher Zuweisung,[12] Arbeitsvertrag oder dinglichem Wohnrecht. Der Begriff des **Wohnraums** ist so weit auszulegen wie in § 721.[13] Es muss sich also nicht um eine reine Wohnung handeln, sondern der Besitzer kann in den Räumen gleichzeitig ein Gewerbe ausüben, die gewerbliche Nutzung kann dem äußeren Anschein nach sogar überwiegen.[14] Entscheidend ist allein, dass der Schuldner in diesen Räumen tatsächlich auch seine persönliche Bleibe hat. Die Anwendbarkeit des § 940a kann nicht dadurch umgangen werden, dass die Parteien den Wohnraum vertraglich dem Gewerbemietrecht unterstellen.[15] Zu welchem Zweck der Raum ursprünglich errichtet wurde (Wohnung, Gartenlaube, Campinganhänger, Kellerraum, Hotelzimmer),[16] ist ohne Belang. Ausschlaggebend ist die heutige tatsächliche Nutzung als Wohnraum.[17] Andererseits gilt die Vorschrift des Abs. 1 auch nur für Wohnraum, nicht für andere Räumlichkeiten,[18] auch nicht, wenn diese künftig vom Gläubiger oder von Dritten als Wohnraum genutzt werden sollen. Hier ist allein § 940[19] anzuwenden, sodass als »andere Gründe« durchaus auch ein dringender Eigenbedarf hinsichtlich dieser sonstigen Räumlichkeiten in Betracht kommen kann. Wegen des endgültigen Charakters einer Räumung wird aber auch in diesen Fällen im Zweifel eine einstweilige Verfügung nur zuzulassen sein, wenn der

---

5   AG Hamburg, BeckRS 2010, 15639.
6   *Börstinghaus*, NJW 2014, 2225, 2226.
7   Siehe: vor § 935 Rdn. 31, 33, 34.
8   So aber OLG Hamm, MDR 1980, 856; LG Wiesbaden, WuM 1997, 447 (Pächterwohnung einer Gaststätte).
9   OLG Köln, OLGReport 1995, 173 (Bau-Wohnwagen); *Baumbach/Lauterbach/Hartmann*, § 940a Rn. 1; *Stein/Jonas/Grunsky*, § 940a Rn. 3; *Thomas/Putzo/Seiler*, § 940a Rn. 1.
10 OLG Köln, ZMR 2007, 114.
11 OLG Celle, OLGReport 2000, 211.
12 AG Neuss, NJW-RR 1991, 1168.
13 Allgm. Meinung; beispielhaft: *Musielak/Huber*, § 940a Rn. 1.
14 Siehe hierzu vorn: § 721 Rdn. 10.
15 A. A.: LG Wiesbaden, WuM 1997, 447.
16 AG Neuss, NJW-RR 1991, 1168.
17 OLG Celle, ZMR 1999, 269; LG Karlsruhe, ZMR 2005, 870 und *Musielak/Huber*, § 940a Rn. 2 stellen dagegen auf die von den Parteien ursprünglich getroffene Zweckbestimmung ab, auch wenn sie der tatsächlichen Nutzung nicht entspricht.
18 *Stein/Jonas/Grunsky*, § 940a Rn. 4.
19 Einzelheiten zur einstweiligen Verfügung auf Räumung von Gewerberäumen: *Kluth/Grün*, NZM 2001, 1013 ff.; siehe ferner OLG Celle, NZM 2001, 194.

Schuldner kein Besitzrecht hat und wenn der Anspruchsinhaber aufgrund einer besonderen Notlage auf die Herausgabe der Räume angewiesen ist.[20]

Die **Absätze 2 und 3** gelten dagegen nur für **Mietwohnungen**. Für Abs. 2 ergibt sich dies schon aus dem unmittelbaren Wortlaut der Norm, der ausdrücklich nur von Mieter und Vermieter spricht. Für Abs. 3 folgt dies aus der Bezugnahme auf § 283a. Eine Kündigung wegen Zahlungsverzuges ist nur bei vertraglichen Nutzungsverhältnissen möglich;[21] dass diese sich auf Wohnraum beziehen müssen, ergibt die amtliche Überschrift zu § 940a. Die Vorschriften sind auf Wohnungen, die aufgrund anderer Anspruchsgrundlagen herauszugeben sind (z.B. in Rückabwicklung eines gescheiterten Kaufvertrages) nicht entsprechend anwendbar.[22]

b) Keine analoge Anwendung auf Räumungsverfügungen betreffend Gewerberaum

Wie bereits die Überschrift der Norm zeigt, aber auch der unzweideutige Wortlaut der Absätze 1–3, gilt die Norm nur für »Wohnraum« betreffende Räumungsverfügungen.[23] Sie ist nicht, auch nicht analog, anwendbar, wenn es um die Räumung von Gewerberaum geht. Für einen »wenn schon, dann erst recht« – Schluss[24] ist bei Spezialvorschriften dieser Art kein Raum, da er auf eine der Gewaltenteilung zuwider laufende Korrektur des Gesetzgebers hinausliefe.[25] Die Anordnung der Räumung von Gewerberaum durch einstweilige Verfügung ist also in den Grenzen möglich, innerhalb derer ganz allgemein Befriedigungsverfügungen gem. §§ 935, 940 im Ausnahmefall möglich sind (umgehende Rückgängigmachung verbotener Eigenmacht; Abwendung von ganz erheblichen Nachteilen für das Mietobjekt[26]; Beseitigung einer ernsthaften und existentiellen Notlage des Antragstellers).[27] Nicht ausreichend ist insoweit, dass kein Nutzungsentgelt mehr bezahlt, die Räume aber uneingeschränkt weiter genutzt werden.[28]

3. Zum Begriff der »Räumung«

§ 940a ist nicht nur anzuwenden, wenn der Tenor der begehrten einstweiligen Verfügung auf »Räumung« oder Herausgabe lauten soll, sondern auch, wenn es darum geht, dem faktisch bereits ausgesperrten Schuldner – das Schloss zur Mietwohnung wurde während einer längeren Abwesenheit des Mieters ausgewechselt – das Wiederbetreten der Räume zu verbieten.[29] Denn auch hier geht es darum, dem Schuldner seine Bleibe zu nehmen. Ebenso ist der Rechtsgedanke des § 940a im Wege der Einwendung entsprechend anwendbar, wenn der Gewalttätige, der nach Ausschreitungen, die eine einstweilige Verfügung auf Räumung gerechtfertigt hätten, aufgrund der StPO verhaftet oder eines Landesunterbringungsgesetzes von der Polizei aus der Wohnung entfernt und in eine psychiatrische Anstalt eingewiesen worden war, nach seiner Entlassung mittels einstweiliger Verfügung

---

20 LG Karlsruhe, ZMR 2005, 869.
21 Thomas/Putzo/*Seiler*, § 940a Rn. 4, 5.
22 LG Arnsberg, NZM 2014, 269.
23 OLG Celle, MDR 2015, 147; KG, NJW 2013, 3588; OLG München, NZM 2015, 167; LG Köln, NJW 2013, 3589 mit Anm. *Börstinghaus*, jurisPR-MietR 22/2013 (Anm. 5).
24 LG Hamburg, NJW 2013, 3666 mit krit. Anm. *Drasdo*, NJW-Spezial 2014, 225, 226 und Anm. *Börstinghaus*, jurisPR-MietR 16/2014 (Anm. 6).
25 Deshalb ist es auch nicht richtig, wie LG Hamburg, NJW 2013, 3666, zwar nicht die Norm selbst unmittelbar analog heranzuziehen, wohl aber deren »Wertungen«.
26 OLG München, NZM 2015, 167.
27 OLG Jena, MDR 2012, 488. Einzelheiten: Vor § 935 Rdn. 33, 34.
28 OLG Düsseldorf, OLGReport 2005, 5; OLG Düsseldorf, ZMR 2009, 444; OLG München, NZM 2015, 167.
29 AG Stuttgart, ZMR 1973, 253; LG Mannheim, WM 1986, 351; LG Berlin, ZMR 1991, 19; AG Waldshut-Tiengen, FamRZ 1994, 523; *Musielak/Huber*, § 940a Rn. 2; *Zöller/Vollkommer*, § 940a Rn. 2; a.A.: *Baumbach/Lauterbach/Hartmann*, § 940a Rn. 4.

wieder Zutritt zur Wohnung begehrt.[30] Seine Aussperrung aus der Wohnung bleibt berechtigt, wenn eine seinerzeit beantragte einstweilige Verfügung gegen ihn weiterhin Bestand hätte.

4. Keine Anwendung zur Regelung der Besitz- und Nutzungsverhältnisse innerhalb einer Wohnung

9 Die Vorschrift ist nicht entsprechend anwendbar, wenn nicht die Räumung der Wohnung schlechthin infrage steht, sondern wenn es nur um die Regelung der Besitz- und Nutzungsverhältnisse innerhalb einer gemeinsamen Wohnung geht (Durchführung einer räumlichen Trennung in der Wohnung). Regelungen dieser Art sind, wenn die Voraussetzungen der §§ 935, 940 vorliegen, uneingeschränkt zulässig.[31] Gleiches gilt, wenn es nicht darum geht, den Schuldner selbst zum Verlassen der Wohnung zu veranlassen, sondern darum, ihm die Überlassung der Räume an Dritte zu untersagen, mag ein solches Begehren auch für den am Verfahren nicht beteiligten Dritten darauf hinauslaufen, dass er zur Räumung veranlasst wird.

II. Verfahren

1. Keine Sonderregelung zum Verfügungsanspruch

10 Die Absätze 1–3 enthalten lediglich Sonderregelungen zum Verfügungsgrund. Sie befreien den Antragsteller nicht von der Pflicht, zur Begründetheit seines Antrages auf Erlass einer einstweiligen Verfügung einen Verfügungsanspruch schlüssig darzulegen[32] und glaubhaft zu machen.[33] Im Fall des Abs. 1 ergibt sich der Verfügungsanspruch entweder aus § 861 BGB oder aus §§ 823 Abs. 1, 1004 BGB und zusätzlich aus § 546 Abs. 1 oder Abs. 2 BGB (Rückgewähranspruch nach Kündigung aus wichtigem Grund). Verfügungsanspruch im Fall des Abs. 2 ist der Herausgabeanspruch gegen die in der Wohnung vorgefundenen weiteren Personen, sei es aus § 546 Abs. 2 BGB, sei es aus § 985 BGB.[34] Auf die schlüssige Darlegung des Verfügungsanspruchs kann nie verzichtet werden.[35] Der im Fall des Abs. 3 glaubhaft zu machende Verfügungsanspruch ist der im Hauptsacheverfahren, in dem die Anordnung gem. § 283a ergangen war, verfolgte Räumungsanspruch.[36] Nach dem Wortlaut des Gesetzes könnte allerdings fraglich sein, ob der ursprüngliche Räumungsanspruch aus § 546 BGB als Verfügungsanspruch gemeint ist, oder ob sich aus der Nichtbefolgung der Sicherungsanordnung ein eigener neuer Räumungsanspruch ergibt.[37] Das hätte allerdings zur fatalen Folge, dass ein Mieter, der bisher gar nicht räumungspflichtig war, aufgrund einer falschen Prognose nach § 283a ZPO räumungspflichtig würde. Der letzteren Meinung kann nach dem Zweck der Vorschrift daher nicht gefolgt werden. Nur der Vermieter, der bereits einen Räumungsanspruch hat, soll durch die Sicherungsanordnung vor weiteren finanziellen Schäden bewahrt werden. Dass vor Erlass der Sicherungsanordnung bereits geprüft werden musste, ob der Zahlungsanspruch auf künftige Nutzungsentschädigung mit »hoher Wahrscheinlichkeit« begründet sein wird, enthebt den Antragsteller *nicht* der Glaubhaftmachung, dass das Mietverhältnis durch Kündigung wirksam beendet wurde und die Wohnung deshalb geräumt zurückzugeben ist.[38]

---

30 OLG Celle, OLGReport 2000, 211.
31 *Baumbach/Lauterbach/Hartmann*, § 940a Rn. 4; *Musielak/Huber*, § 940a Rn. 2; *Stein/Jonas/Grunsky*, § 940a Rn. 4.
32 *Börstinghaus*, NJW 2014, 2225, 2226, 2227.
33 AG Bonn, Beschluss vom 10. 2. 2014 – 204 C 66/14 – (juris) mit insoweit zustimmender, im Übrigen aber kritischer Anm. *Gies*, jurisPR-MietR 22/2014 (Anm. 5).
34 *Feindl*, ZMR 2013, 677, 679.
35 *Börstinghaus*, jurisPR-MietR 10/2013 Anm. 1.
36 *Aufderhaar/Jäger*, ZfIR 2012, 173, 192; *Börstinghaus*, jurisPR-MietR 10/2013 Anm. 1.
37 Hierzu *Artz*, NZM 2013, Heft 20 S. IX.
38 *Flatow*, NJW 2013, 1185, 1191.

2. Die Verfügungsgründe gem. Abs. 1

Verfügungsgrund, den der Gläubiger glaubhaft machen muss, um nach Abs. 1 eine auf Räumung gerichtete einstweilige Verfügung zu erlangen, ist, dass der Schuldner den Wohnraum entweder durch **verbotene Eigenmacht** im Verhältnis zum Gläubiger in Besitz genommen hat oder dass, ausgehend vom Schuldner oder seinen Mitbewohnern[39], eine **konkrete Gefahr** für Leib oder Leben besteht.[40] Die weiteren Voraussetzungen des § 940, dass nämlich die Räumung notwendig sei »zur Abwendung wesentlicher Nachteile oder zur Verhinderung drohender Gewalt oder aus anderen Gründen«, müssen dagegen im Rahmen des § 940a Abs. 1 weder schlüssig dargelegt noch gar glaubhaft gemacht sein.[41]

a) Verbotene Eigenmacht

Die verbotene Eigenmacht ist ein ausreichender »anderer Grund«, der die sofortige Wiederherstellung des alten rechtmäßigen Besitzes allein schon rechtfertigt. Wann verbotene Eigenmacht vorliegt, ist § 858 Abs. 1 BGB zu entnehmen. Eine verbotene Eigenmacht begeht daher nicht der selbst keinen Mietvertrag besitzende Ehegatte, Lebenspartner oder Lebensgefährte, der vom Mieter nach dessen Auszug in der Wohnung zurückgelassen wird, dadurch, dass er dort nun vertragslos allein weiterlebt.[42] Er kann deshalb, soweit nicht im Einzelfall die Voraussetzungen des Abs. 2 vorliegen, nicht durch einstweilige Verfügung aus der Wohnung gewiesen werden. Es bedarf eines »normalen« Räumungstitels gegen ihn.[43] Ob der Gläubiger durch die verbotene Eigenmacht selbst ganz aus dem Besitz gedrängt wurde oder ob sein Besitz nur durch die Inbesitznahme seitens des Schuldners gestört wurde, ist nicht erheblich.

Keine verbotene Eigenmacht liegt vor, wenn im Streit unter Mitbesitzern der bisherige ungestörte Mitbesitz durch Verhaltensweisen eines der Mitbesitzer getrübt wird (§ 866 BGB). In einem solchen Fall kann deshalb auch nicht Räumung der Wohnung schlechthin verlangt werden, sondern unter den Voraussetzungen des § 940 allenfalls eine einstweilige Regelung der Besitz- und Nutzungsverhältnisse.[44]

b) Gefahr für Leib und Leben

Eine **konkrete Gefahr für Leib oder Leben**[45] liegt nicht bereits vor, wenn der auf Hausbesuche angewiesene Vermieter vor dem Mieter[46] irrationale Angst hat, es muss vielmehr für Dritte nachvollziehbare Anhaltspunkte geben, dass erhebliche Gewaltanwendung oder gar die Bedrohung mit dem Tode zu besorgen ist[47]. In einem solchen Fall verdrängt der Schutz des Grundrechts auf Leben und körperliche Unversehrtheit den Schutz des verfassungsrechtlich nicht gleichwertigen Rechts

---

39 Ein anonymer Drohbrief, dessen Urheberschaft seitens des Schuldners allenfalls vermutet werden kann, reicht insoweit zur Glubhaftmachung nicht aus: LG Bonn, jurisPR-MietR 3/2015 mit Anm. *Theesfeld* (Anm. 6).
40 Wie hier: *Brox/Walker*, Rn. 1623; *Musielak/Huber*, § 940a Rn. 1; *Stein/Jonas/Grunsky*, § 940a Rn. 1; *Wolf*, NJW 1980, 1759; *Zöller/Vollkommer*, § 940a Rn. 2.
41 So aber LG Frankfurt, NJW 1980, 1758; *Baumbach/Lauterbach/Hartmann*, § 940a Rn. 3.
42 LG Arnsberg, WuM 1999, 418; AG Menden, NZM 1999, 419. Bei Gewerberaummiete soll dagegen in Fällen dieser Art nach LG Hamburg, ZMR 2003, 493 eine einstweilige Verfügung auf Räumung gegen den zurückgebliebenen Nichtmieter möglich sein, falls die übrigen Voraussetzungen für eine Befriedigungsverfügung vorliegen.
43 *Schuschke*, NZM 2004, 206, 208.
44 Siehe oben, Rdn. 9.
45 Eine Gefährdung des Eigentums reicht nicht aus (z. B. Androhung erheblicher Sachbeschädigungen): OLG Rostock, OLGReport 2007, 128.
46 Dass auch in diesem Fall § 940a eingreifen soll, ergibt die Gesetzesbegründung; zustimmend: *Musielak/Huber*, § 940a Rn. 3.
47 Beispiel: Aufhetzen des gefährlichen Hundes gegen den Vermieter oder Mitmieter: AG Hamburg, BeckRS 2010, 15639.

auf Wohnung.⁴⁸ Allerdings ist hier äußerste Vorsicht geboten; nicht jeder psychische Überdruss, der natürlich die Gesundheit beeinträchtigt und auch als Gewalt empfunden werden kann, rechtfertigt es, den Gegner im Eilverfahren obdachlos zu machen. Insbesondere sind an die Glaubhaftmachung strenge Anforderungen zu stellen⁴⁹, damit nicht unbequeme Mieter allzu leicht aus der Wohnung abgeschoben werden können.

3. Der Verfügungsgrund gem. Abs. 2

15 Die inzwischen unangefochtene Rechtsprechung des BGH, dass gegen jeden (Mit-) Besitzer der zu räumenden Wohnung ein eigener Räumungstitel vorliegen müsse,⁵⁰ führte in der Praxis häufig zu erheblichen Verzögerungen der Zwangsräumung, da oft erst beim Besuch des Gerichtsvollziehers in der zu räumenden Wohnung im Rahmen der Vorbereitung der Vollstreckung festgestellt wurde, dass in der Wohnung außer dem im Titel genannten Schuldner noch weitere Personen lebten, die nach Ansicht des Gerichtsvollziehers als Mitbesitzer oder zwischenzeitlich sogar Alleinbesitzer der Wohnung anzusehen waren. Er musste dann die Räumung ablehnen und dem Gläubiger aufgeben, zunächst auch einen Titel gegen diese Personen vorzulegen. Dies verzögerte nicht nur die eigentliche Räumung, sondern vergrößerte bei zahlungsunfähigen oder zahlungsunwilligen Schuldnern auch den wirtschaftlichen Schaden des Gläubigers. Dem will der neu geschaffene Abs. 2 für diejenigen Gläubiger, die bereits einen vollstreckbaren Räumungstitel⁵¹ gegen den Wohnungsmieter erstritten haben,⁵² abhelfen, indem er ihnen die Möglichkeit einräumt, gegen die weiteren Besitzer (Mit- oder Nachbesitzer) der Wohnung, von deren Besitz sie erst nach dem Schluss der mündlichen Verhandlung im Räumungsprozess Kenntnis erlangt haben, eine einstweilige Verfügung auf Räumung zu erlangen. Verfügungsgrund ist die unerwartete Verzögerung der Räumungsvollstreckung gegen den Hauptmieter, also der Umstand, dass der Durchsetzung des bereits erstrittenen Titels unerwartete Hindernisse entgegenstehen. Der Darlegung weiterer Nachteile für den Antragsstellers oder gar einer weitergehenden Interessenabwägung zugunsten des Antragsstellers bedarf es in der Regel nicht.⁵³ Hier muss allerdings eine Einschränkung gelten, wenn schon im Verfügungsverfahren feststeht, dass die einstweilige Verfügung wegen nachgewiesener Suizidgefährdung des Räumungsschuldners nicht rechtzeitig wird vollzogen werden können⁵⁴.

Dass der Vermieter bei gehöriger Sorgfalt vom Mitbesitz dieser Personen hätte Kenntnis erlangen können, soll nicht ausreichen, den Verfügungsgrund (-die Dringlichkeit –) entfallen zu lassen,⁵⁵ nicht einmal dann, wenn der Vermieter grobfahrlässig Erkenntnisquellen unbeachtet ließ.⁵⁶ Das erscheint jedenfalls dann fraglich, wenn man eine Pflicht des Vermieters (als Nebenpflicht aus dem Mietvertrag) annimmt, sich vor Einleitung des Räumungsprozesses nach etwaigen Mitbewohnern in der Wohnung des Mieters zu erkundigen.⁵⁷

---

48 *Schuschke*, NZM 1999, 481; LG Bochum, NJW-RR 1990, 896; LG Braunschweig, NJW-RR 1991, 832.
49 LG Bonn, jurisPR-MietR 3/2015 (Anm. 6).
50 BGH, NZM 2004, 701; BGH, FamRZ 2005, 269; BGH, NJW 2008, 1959 mit krit. Anm. *Schuschke*.
51 Der Begriff »Räumungstitel« ist nicht eng als allein auf § 546 BGB basierender Titel auszulegen, es reicht auch ein auf §§ 985, 861, 1007 BGB gestützter Herausgabetitel: *Zehelein*, WuM 2013, 133, 141.
52 Als solcher kommt auch die in Rdn. 16 dargestellte einstweilige Verfügung nach Abs. 3 ZPO in Betracht.
53 LG Mönchengladbach, NZM 2014, 132 mit Anm. *Börstinghaus*, jurisPR-MietR 2/2014 (Anm. 5); *Börstinghaus*, NJW 2014, 2225, 2227.
54 *Schuschke*, NZM 2015, 233, 238.
55 *Feindl*, ZMR 2013, 677, 682; *Zehelein*, WuM 2013, 133, 141.
56 *Börstinghaus*, jurisPR-MietR 10/2013 Anm. 1. Noch weiter geht *AG Hanau*, BeckRS 2013, 16983, das die Voraussetzungen für den Erlass einer einstweiligen Verfügung auch dann noch für gegeben ansieht, wenn der Vermieter lange vor der letzten mündlichen Verhandlung bereits über den Mitbesitzer (Ehefrau des Mieters) informiert wird und in der mündlichen Verhandlung auch noch den genauen Namen erfährt. Dies sei zu kurzfristig, um den Mitbesitzer noch in den Prozess einzuführen. Kritisch insoweit zu Recht: Thomas/Putzo/*Seiler*, § 940a ZPO Rn. 3.
57 *Horst*, MDR 2013, 249, 250.

4. Der Verfügungsgrund gem. Abs. 3

a) Die Sicherungsanordnung nach § 283a

Im durch das Mietrechtsänderungsgesetz 2013[58] neu eingefügten § 283a ZPO[59] hat der Gesetzgeber dem Kläger, der in einem Räumungsprozess wegen Zahlungsverzugs, unabhängig davon, ob dieser zu einer ordentlichen oder einer außerordentlichen Kündigung geführt hatte,[60] gleichzeitig auch den Anspruch auf künftige Mieten bzw. künftige Nutzungsentschädigung bis zur tatsächlichen Räumung einklagt, die Möglichkeit eingeräumt, im Rahmen einer Zwischenentscheidung durch Beschluss eine Sicherungsanordnung gegen den Beklagten dahingehend zu erwirken, dass dieser für die jeweils fälligen Miet- und Nutzungsentschädigungsansprüche bereits im laufenden Verfahren Sicherheit leisten müsse. Die Vorschrift lautet:

§ 283a Sicherungsanordnung

(1) Wird eine Räumungsklage mit einer Zahlungsklage aus demselben Rechtsverhältnis verbunden, ordnet das Prozessgericht auf Antrag des Klägers an, dass der Beklagte wegen der Geldforderungen, die nach Rechtshängigkeit der Klage fällig geworden sind, Sicherheit zu leisten hat, soweit

1. die Klage auf diese Forderungen hohe Aussicht auf Erfolg hat und

2. die Anordnung nach Abwägung der beiderseitigen Interessen zur Abwendung besonderer Nachteile für den Kläger gerechtfertigt ist. Hinsichtlich der abzuwägenden Interessen genügt deren Glaubhaftmachung. Streiten die Parteien um das Recht des Klägers, die Geldforderung zu erhöhen, erfasst die Sicherungsanordnung den Erhöhungsbetrag nicht. Gegen die Entscheidung über die Sicherungsanordnung findet die sofortige Beschwerde statt.

(2) Der Beklagte hat die Sicherheitsleistung binnen einer vom Gericht zu bestimmenden Frist nachzuweisen.

(3) Soweit der Kläger obsiegt, ist in einem Endurteil oder einer anderweitigen den Rechtsstreit beendenden Regelung auszusprechen, dass er berechtigt ist, sich aus der Sicherheit zu befriedigen.

(4) Soweit dem Kläger nach dem Endurteil oder nach der anderweitigen Regelung ein Anspruch in Höhe der Sicherheitsleistung nicht zusteht, hat er den Schaden zu ersetzen, der dem Beklagten durch die Sicherheitsleistung entstanden ist. § 717 Absatz 2 Satz 2 gilt entsprechend.

Die Anordnung gem. § 283a Abs. 2 setzt somit voraus, dass der geltend gemachte künftige Zahlungsanspruch in der geltend gemachten Höhe »hohe Aussichten auf Erfolg«,[61] also mehr als nur hinreichende Erfolgsaussichten hat, und dass der mögliche Ausfall der künftigen Zahlungen dem Vermieter über den bloßen Zahlungsausfall hinaus besondere Nachteile[62] bringen werde. Das allgemeine Gläubigerrisiko, mit seinen Zahlungsansprüchen leer auszugehen, genügt insoweit also nicht.[63] Erbringt der Beklagte die nach § 283a ZPO angeordnete Sicherheitsleistung nicht, wobei ein Verschulden insoweit keine Rolle spielt,[64] kann der Kläger nach **Abs. 3** eine einstweilige Verfügung gegen den Beklagten beantragen, durch die die Räumung angeordnet wird. Als **Verfügungsgrund** ist glaubhaft zu machen, dass der Beklagte der im Räumungsprozess ergangenen Sicherungsanordnung nicht Folge geleistet hat. Dies kann, da die Erbringung der Sicherheitsleistung dem Gericht innerhalb

---

58 BGBl. I 2013, 434.
59 Einzelheiten zu diesem neuen Institut: *Börstinghaus*, NJW 2013, 3265.
60 Thomas/Putzo/*Seiler*, § 940a ZPO Rn. 5; *Feindl*, ZMR 2013, 677, 684; *Zehelein*, WuM 2013, 133, 142.
61 Zu diesem neuen Begriff: *Selk*, ZMR 2011, 854, 855; *Zehelein*, WuM 2013, 133, 137, 138.
62 **A.A.** (keine über den bloßen Mietausfall hinausgehende Nachteile erforderlich): AG Hanau, BeckRS 2014, 15711.
63 OLG Celle, BeckRS 2013, 17054 mit Anm. *Börstinghaus*, jurisPR-MietR 21/2013 (Anm. 3) und Anm. *Hinz*, InfoM 2013, 398, 399, 400; *Börstinghaus*, jurisPR- MietR3/2015 (Anm. 4).
64 Streyl, NZM 2013, 249, 269.

einer dem Schuldner durch das Gericht gesetzten Frist anzuzeigen ist (§ 283a Abs. 2 ZPO), durch Verweis auf die Gerichtsakten, in denen sich eine solche Anzeige nicht befindet, erfolgen, aber auch durch Vorlage der Sicherungsanordnung selbst zusammen mit einer Auskunft der Hinterlegungsstelle. Auch hier kann die Dringlichkeit für den Erlass einer einstweiligen Verfügung entfallen, wenn von vornherein feststeht, dass die einstweilige Verfügung nicht wird vollzogen werden können.[65]

b) Adressaten der Verfügung gem. Abs. 3

18 Sehr fraglich ist, ob diese einstweilige Verfügung sich nur gegen denjenigen richten darf, der Schuldner der Sicherungsanordnung war, oder auch gegen alle mit auf Räumung verklagten Mitbesitzer der Wohnung, die, weil sie nicht Mieter waren, also auch keine Miete oder Nutzungsentschädigung schuldeten, nicht Adressaten der Sicherungsanordnung sein konnten.[66] Letzteres ist entschieden abzulehnen, da hinsichtlich dieser Personen jede Verbindung zur Sicherungsanordnung fehlt, also auch jeder Grund fehlt, sie der Garantien eines ordentlichen rechtsstaatlichen Verfahrens mit einer gründlichen Beweisaufnahme zu berauben. Der Verfügungsgrund würde dann ja allein aus dem Verhalten Dritter abgeleitet.

5. Das Verhältnis der einstweiligen Verfügung nach Abs. 3 zum Räumungsprozess in der Hauptsache

19 Die einstweilige Verfügung nach § 940a Abs. 3 ZPO ergeht in einem gesonderten, eigenständigen Verfahren, erledigt also den bisherigen Räumungsprozess in der Hauptsache nicht.[67] Das ursprüngliche Verfahren wird jetzt Hauptsacheverfahren i. S. der §§ 926, 935 ff. ZPO. Die einstweilige Verfügung ist selbstständiger Räumungstitel. Ergeht dann aber im Hauptsacheverfahren später kein Räumungstitel, muss der Kläger dem Räumungsschuldner Schadensersatz nach § 945 ZPO leisten, und zwar, falls die Wohnung noch nicht weitervermietet und der Beklagte nicht anderweitig für ihn zufriedenstellend untergekommen ist, durch erneute Besitzeinweisung in die Wohnung. Andererseits ist für den im Hauptsacheverfahren obsiegenden Schuldner die aufgrund des Verfügungstitels geräumte Wohnung endgültig verloren, wenn der Gläubiger sie sofort weitervermietet hatte. Der Schadensersatzanspruch wird diesen Verlust häufig nicht wirklich ausgleichen können, insbesondere nicht die emotionalen Schäden aufgrund des Verlustes des bisherigen Lebensmittelpunktes.

6. Bezeichnung des Schuldners in Antrag und Titel

20 Die Räumungsverfügung muss wie jeder andere Titel den Schuldner genau bezeichnen. Dies mag im Fall von Haus- oder Wohnungsbesetzungen, also in den Fällen verbotener Eigenmacht gegen den Eigentümer oder Vermieter, oder auch dann, wenn die Mitbewohner ohne Mietvertrag nicht bereit sind, dem Gerichtsvollzieher oder dem Gläubiger ihre Namen zu nennen, gelegentlich schwierig sein. Diese Schwierigkeiten rechtfertigen es aber nicht, hier ausnahmsweise eine Verfügung gegen »Unbekannt« zuzulassen.[68] Erst recht kann der Gerichtsvollzieher diese Personen dann ohne Titel aus der Wohnung entfernen. Es gibt auch keine tatsächliche Vermutung dahingehend, dass Personen, die mit dem bereits verurteilten Räumungsschuldner die Wohnung gemeinsam benutzen und die dem Gerichtsvollzieher ihre Namen nicht nennen wollen, immer Besitzdiener seien. In den

---

65 Siehe oben Rdn. 15.
66 So *Streyl*, NZM 2013, 249, 266; *Feindl*, ZMR 2013, 677, 684; *Zehelein*, WuM 2013, 133, 143; widersprüchlich insoweit: *Börstinghaus*, NJW 2014, 2225, 2228.
67 LG München, ZMR 2013, 541. BGH, WM 2014, 1180: Auch die Vollstreckung der einstweiligen Verfügung führt nicht zur Erledigung der Hauptsache im Räumungsprozess.
68 OLG Köln, NJW 1982, 1888; BezG Potsdam, OLGZ 1993, 327; OLG Oldenburg, NJW-RR 1995, 1164; a. A. aber *Brox/Walker*, Rn. 1629; *Baur/Stürner/Bruns*, Rdn. 39.10; *Majer*, Die Räumungsvollstreckung und ihre effektive Durchsetzung, Diss. Tübingen 2011 (Veröffentlichungen zum Verfahrensrecht Bd. 85), 2012, S. 399 ff.; *Scherer*, DGVZ 1993, 132. *Musielak/Huber*, § 940a Rn. 4, wollen zwar keine einstweilige Verfügung gegen Unbekannt, wohl aber gegen die »bei der Vollziehung angetroffenen Personen« zulassen.

Hausbesetzerfällen ist das Zivilverfahren ungeeignet. Eine Lösung kann hier nur im öffentlichen Recht gefunden werden. In den Fällen der ihre Identität nicht preisgebenden Mitbewohner muss der Vermieter notfalls seinen Mieter auf Auskunft verklagen.

7. Anhörung des Antragsgegners

Im Hinblick auf § 937 Abs. 2 sollte in allen Fällen des § 940a mündliche Verhandlung stattfinden und nur ausnahmsweise bei Gefahr im Verzuge von ihr abgesehen werden. In den Fällen der Abs. 2 und 3 ist die Anhörung des oder der Antragsgegner zwingend auch dann vorgeschrieben, wenn keine mündliche Verhandlung anberaumt wird. In diesem Fall sollte für die schriftliche Anhörung eine Frist bestimmt werden, die dem Antragsgegner eine ausgewogene Antwort unter Beifügung der erforderlichen Glaubhaftmachungsmittel ermöglicht.

8. Keine Räumungsfrist gem. § 721

§ 721 ist im Verfügungsverfahren zugunsten des Schuldners nicht anwendbar,[69] da die Gewährung einer Räumungsfrist in unauflösbarem Widerspruch zur Verpflichtung des sofortigen Vollzuges gem. § 929 stünde. Der Antragsteller muss deshalb auch Vorsicht walten lassen, dem Antragsgegner in einem Widerrufsvergleich eine lange Räumungsfrist zuzugestehen. Im Fall des Widerrufs könnte dieses Zugeständnis als Hinweis auf mangelnde Dringlichkeit aufgefasst werden. Im Einzelfall kann dem Schuldner im Rahmen der Vollziehung noch befristeter Räumungsschutz über § 765a zu gewähren sein.

III. Vollziehung

Die **Vollziehung** der Räumung erfolgt nach §§ 885, 885a durch den Gerichtsvollzieher. Der Räumungsantrag muss innerhalb der Vollziehungsfrist des § 929 beim Gerichtsvollzieher eingegangen sein. Dagegen muss, um die Vollziehungsfrist zu wahren, noch nicht mit der Räumungsvollstreckung als solcher begonnen worden sein.

IV. Bedenken gegen die Verfassungsgemäßheit der Abs. 2 und 3

Die Regelung in den Absätzen 2 und 3 verfehlt nicht nur die Ziele, die der Gesetzgeber für die angebliche Notwendigkeit der Neuregelung proklamiert hat,[70] sie steht auch mit dem ganzen bisherigen System des einstweiligen Rechtsschutzes im Hinblick auf die sog. Befriedigungsverfügung nicht im Einklang und begegnet zudem erheblichen verfassungsrechtlichen Bedenken: Die von Rechtsprechung und Literatur herausgearbeiteten Grenzen der Zulässigkeit des bereits zur Befriedigung der Ansprüche des Gläubigers führenden einstweiligen Rechtsschutzes stehen nicht zur beliebigen Disposition des Gesetzgebers, sondern haben ihren Grund letztlich in Art. 20 Abs. 3 GG und müssen sich daher an den hierzu erarbeiteten Grundsätzen der verfassungsgerichtlichen Rechtsprechung orientieren: Grundsätzlich hat der Bürger im Rechtsstaat Anspruch darauf, dass seine Sache – auch wenn er sich in der Rolle des Beklagten befindet – von den Gerichten in tatsächlicher und rechtlicher Hinsicht nach den Regeln des einschlägigen Prozessrechts umfassend geprüft wird.[71] Das bedeutet, dass ihm ausreichend rechtliches Gehör gewährt und insoweit auch eine angemessene Zeit zur Äußerung eingeräumt und dass seinen erheblichen Beweisangeboten sorgfältig nachgegangen wird. Den Anspruchsgegner verfahrensrechtlich im Eilverfahren nicht endgültig überrollen zu dürfen, verlangt die von der Verfassung gebotene[72] Rechtsschutzgleichheit. Andererseits verlangt es der Justizgewährungsanspruch des Klägers, dass der rechtsstaatliche Schutz für den Beklagten nicht dazu führt, dass die berechtigten Ansprüche des Klägers letztlich nicht mehr realisiert werden können, weil der

---

69 LG Hamburg, NJW-RR 1993, 1233; *Musielak/Huber*, § 940a Rn. 4; *Thomas/Putzo/Seiler*, § 940a Rn. 1; *Zöller/Vollkommer*, § 940a Rn. 1.
70 Im einzelnen hierzu: *Schuschke*, FS Eberhard Schilken, 2015, S. 799.
71 BVerfG (1 BvR 2096/09) NJW 2013, 2882; Maunz-Dürig-*Grzeszick*, GG, Art. 20 VII Rn. 133.
72 *Gaier*, NJW 2013, 2871, 2872.

Beklagte die ihm gewährte Zeit dazu missbraucht, sein Vermögen oder die herauszugebende Sache beiseite zu schaffen oder für sich nicht mehr auszugleichende Vorteile herauszuholen, nicht mehr rückgängig zu machende Zustände zu schaffen usw. Die Sicherungsmöglichkeiten, die der Staat für den Kläger insoweit vorsieht, müssen, da sie in die Grundrechte beider Beteiligten eingreifen, dem Verfassungsgebot der Verhältnismäßigkeit entsprechen:[73] Sie müssen einerseits zur Sicherung des Klägers geeignet, andererseits aber auch erforderlich sein;[74] umgekehrt müssen sie aber auch dem Beklagten zumutbar sein,[75] weil sie ihn nicht im Vorgriff auf die endgültige Entscheidung bereits in nicht wieder gut zu machender Weise schädigen. Sind mehrere Wege erfolgversprechend, muss derjenige gewählt werden, der die geschützten Rechtspositionen am wenigsten beeinträchtigt.[76] All dem widersprechen die einstweiligen Verfügungen in Abs. 2 und 3: In der Regel fehlt es schon an einer existentiellen Notlage für den Antragsteller, die es erforderlich macht, ihm im »Schnellverfahren« eine meist nicht wieder rückgängig zu machende Befriedigung seines Anspruchs zuzusprechen. Im Fall einer schnellen Weitervermietung der Wohnung nach der Räumung wäre eine Rückkehr des Schuldners in seine Wohnung bei für den Gläubiger negativem Ausgang des Hauptsacheverfahrens nicht mehr möglich, und das trotz der herausragenden Bedeutung, die Art. 13 GG dem Schutz der Wohnung als dem privatem Lebensmittelpunkt aller Menschen beimisst und dem Schutz, den Art. 14 GG dem Besitzrecht des Mieters gewährt.[77] Der insoweit zwar mögliche Schadensersatzanspruch gem. § 945 ist kein echter Ausgleich für den Verlust der Wohnung in der vertrauten Umgebung, da dieser subjektive Schaden kaum bezifferbar ist. Insoweit wird der Schuldner durch die Neuregelungen ganz unverhältnismäßig benachteiligt. Der Gesetzgeber sollte die Absätze 2 und 3 daher bei nächster Gelegenheit wieder streichen.

---

73 *Schuschke*, FS Eberhard Schilken, 2015, S. 799.
74 Maunz-Dürig-*Grzeszick*, GG, Art. 20 VII Rn. 112, 113.
75 Maunz-Dürig-*Grzeszick*, GG Art. 20 VII Rn. 117.
76 Maunz-Dürig-*Grzeszick*, GG Art, 20 VII Rn. 113.
77 BGH, BeckRS 2012, 11552.

§ 941 Ersuchen um Eintragungen im Grundbuch usw.

Hat auf Grund der einstweiligen Verfügung eine Eintragung in das Grundbuch, das Schiffsregister oder das Schiffsbauregister zu erfolgen, so ist das Gericht befugt, das Grundbuchamt oder die Registerbehörde um die Eintragung zu ersuchen.

Übersicht	Rdn.		Rdn.
I. Anwendungsbereich	1	IV. Rechtsbehelfe	5
II. Verfahren	2	V. Gebühren	6
III. Wirkungen des Ersuchens	4		

Literatur:
Demharter, Grundbucheintragung auf Ersuchen des Prozessgerichts, Rpfleger 1998, 133; *Dötsch*, Gerichtliches ersuchen beim Grundbuchamt iSd § 941 ZPO als »Falle« bei der Vollziehung einstweiliger Verfügungen?, MDR 2010, 1093; *Quambusch*, Vormerkung der Bauwerkssicherungshypothek ohne Anhörung des Bauherrn, BauR 2000, 184; *Zeising*, Der grundbuchliche Rechtshängigkeitsvermerk – ungeregelt und unentbehrlich?, ZJS 2010, 1.

I. Anwendungsbereich

Die Vorschrift kommt **nur** bei einstweiligen Verfügungen zur Anwendung, die **unmittelbar** auf eine Eintragung im Grundbuch, ins Schiffsregister, Schiffsbauregister oder Register für Pfandrechte an Luftfahrzeugen gerichtet sind, also etwa die Anordnung enthalten, dass am Grundstück des Antragsgegners eine Vormerkung oder ein Widerspruch einzutragen sei, dass ein Verfügungsverbot hinsichtlich des Grundstücks verhängt werde oder dass eine Eintragung wieder zu löschen sei[1]. Dagegen ist die Vorschrift nicht anzuwenden, wenn die Eintragung nur als eine von mehreren denkbaren Vollstreckungsmöglichkeiten nach Wahl des Gläubigers in Betracht kommt.[2] 1

Letzteres ist immer bei der Arrestvollziehung in Grundstücke, eingetragene Schiffe usw. der Fall,[3] da der Gläubiger hier auch auf andere Vermögensstücke zugreifen kann – mag auch das Grundstück im Einzelfall tatsächlich allein als Vollstreckungsobjekt ausreichen –. Gleiches gilt für die Vollziehung von auf eine Geldleistung gerichteten Befriedigungsverfügungen. Auch hier hat, wie bei allen auf eine Geldleistung gerichteten Titeln, der Gläubiger die Wahl, aus welchen Vermögensgegenständen des Schuldners (bewegliche Sachen, Forderungen oder Immobilien) er sich befriedigen will. Die Ausnahme vom Grundsatz, dass Vollstreckungsanträge vom Gläubiger auszugehen haben, ist für den engen Anwendungsbereich des § 941 gerechtfertigt, da hier schon im Tenor der Entscheidung festgelegt ist, welche Eintragung vorzunehmen ist, sodass dem Gläubiger keine Entscheidung abgenommen wird, da aber andererseits gerade in diesen Fällen besondere Eilbedürftigkeit vorliegen wird.

II. Verfahren

Das Gericht, das die einstweilige Verfügung erlassen hat, entscheidet von Amts wegen, ob es das Grundbuchamt usw. um die Eintragung ersucht. Die Entscheidung ergeht nach freiem Ermessen.[4] Ein diesbezüglicher Antrag des Gläubigers ist als bloße Anregung zu verstehen, die nicht mit Gründen beschieden werden muss, wenn das Gericht ihr nicht folgt[5]. Allerdings ist der Gläubiger in 2

---

[1] Kindl/Meller-Hannich/Wolf/*Haertlein*, § 941 Rn. 3.
[2] Allgemeine Meinung; beispielhaft: *Musielak/Huber*, § 941 Rn. 1; *Stein/Jonas/Grunsky*, § 941 Rn. 2; *Zöller/Vollkommer*, § 941 Rn. 1.
[3] *Baur/Stürner/Bruns*, Rn. 54.17.
[4] OLG Koblenz, NJW 1980, 948; *Baumbach/Lauterbach/Hartmann*, § 941 Rn. 3; *Demharter*, Rpfleger 1998, 133; PG/*Fischer*, § 941 Rn. 2; *Thomas/Putzo/Seiler*, § 941 Rn. 1.
[5] Hier liegt eine große Gefahr für den Antragsteller, da leicht übersehen werden kann, dass das Gericht nichts veranlassen wird, sodass Eile im Hinblick auf eigene Veranlassungen zur Wahrung der Vollziehungsfrist geboten ist; vergl. *Dötsch*, MDR 2010, 1093, 1094.

einem solchen Fall zumindest formlos unverzüglich zu verständigen, damit er selbst rechtzeitig – die Vollziehungsfrist des § 929 ist zu beachten – das Ersuchen stellen kann.[6] Die Möglichkeit, dass das Gericht die Eintragungen selbst veranlasst, hindert den Gläubiger im Übrigen nie, von vornherein selbst den Eintragungsantrag zu stellen.[7] Das Ersuchen ist keine Entscheidung des Gerichts zur Sache, sodass es bei Kollegialgerichten nicht vom Spruchkörper ausgehen muss; es handelt sich vielmehr um einen verfahrensbegleitenden Akt des Vorsitzenden.[8] Es ist aber unschädlich, wenn der Spruchkörper das Ersuchen bereits in den Tenor der einstweiligen Verfügung selbst aufgenommen hat. Unzulässig wäre dagegen ein Ersuchen durch die Geschäftsstelle des Gerichts.[9]

3 Dem schriftlichen Ersuchen des Gerichts ist eine Ausfertigung der einstweiligen Verfügung beizufügen. Das Grundbuchamt behandelt das Ersuchen wie das jedes anderen Antragsberechtigten, also unter Beachtung des grundbuchrechtlichen Prioritätsgrundsatzes (§ 17 GBO) ohne Vorrang.[10] Dass nicht nur Vormerkungen und Widersprüche eintragungsfähig sind, sondern auch gerichtliche Verfügungsverbote, ergibt, obwohl die GBO hierzu keine ausdrücklichen Regeln enthält, § 892 Abs. 1 Satz 2 BGB.[11] Während aber Vormerkungen und Widersprüche ihre Wirksamkeit erst ab Eintragung entfalten können, ist ein Verfügungsverbot bereits mit Erlass der einstweiligen Verfügung – bei Beschlussverfügungen mit deren Zustellung an den Schuldner – wirksam. Seine Eintragung verhindert lediglich den gutgläubigen Erwerb vom nicht mehr Verfügungsberechtigten. Das Grundbuchamt hat, wenn es dem Eintragungsersuchen entsprochen hat, nicht nur den Parteien die Eintragung bekannt zu machen, sondern auch dem ersuchenden Gericht. Ebenso ist das Gericht von Amts wegen zu verständigen, wenn seinem Ersuchen nicht Folge geleistet wird.

III. Wirkungen des Ersuchens

4 Auch das gerichtliche Ersuchen ist Vollziehung der einstweiligen Verfügung i. S. von § 929 Abs. 2. Zur Wahrung der Vollziehungsfrist des Abs. 2 bedarf es deshalb keiner weiteren Gläubigerhandlung, insbesondere keiner weiteren Parteizustellung durch den Gläubiger, mehr.[12] Allerdings muss der Gläubiger nun § 929 Abs. 3 Satz 2 beachten. Insoweit ist die Parteizustellung dann doch unersetzbar[13]. Die Frist beginnt mit dem Eingang des Ersuchens beim Grundbuchamt zu laufen (§ 932 Abs. 3 analog). Das Grundbuchamt überprüft die Einhaltung dieser Frist jedoch nicht von Amts wegen. Die trotz Fristversäumnis erfolgte Eintragung ist aber anfechtbar.[14]

Auch auf Ersuchen des Gerichts eingetragene Vormerkungen sind in Vollstreckung der einstweiligen Verfügung erlangt. Es gilt daher, wenn innerhalb der Monatsfrist das Insolvenzverfahren über das Vermögen des Schuldners eröffnet wird, § 88 InsO.[15]

---

6 *Musielak/Huber*, § 941 Rn. 1.
7 *Demharter*, Rpfleger 1998, 133; Kindl/Meller-Hannich/Wolf/*Haertlein*, § 941 Rn. 1.
8 BeckOK-ZPO/*Mayer*, § 941 Rn. 2; *Musielak/Huber*, § 941 Rn. 1; PG/*Fischer*, § 941 Rn. 2; *Stein/Jonas/Grunsky*, § 941 Rn. 3.
9 Baumbach/Lauterbach/*Hartmann*, § 941 Rn. 3; BeckOK-ZPO/*Mayer*, § 941 Rn. 2; *Demharter*, Rpfleger 1999, 133; *Thomas/Putzo/Seiler*, § 941 Rn. 1; *Zöller/Vollkommer*, § 941 Rn. 1.
10 *Brox/Walker*, Rn. 1586.
11 KG, JW 1928, 2466; OLG Köln, NJW-RR 2002, 1595; *Demharter*, Rpfleger 1998, 133; *Stein/Jonas/Grunsky*, § 941 Rn. 2; *Wieczorek/Thümmel*, 3. Aufl., § 941 Rn. 3; *Zöller/Vollkommer*, § 941 Rn. 2. Siehe auch vorn: § 938 Rdn. 31.
12 RGZ 67, 163; OLG Koblenz, NJW 1980, 949; OLG Celle, InVo 2001, 108; *Musielak/Huber*, § 941 Rn. 1; *Zöller/Vollkommer*, § 941 Rn. 2.
13 A.A. (Amtszustellung innerhalb der Frist reiche): *Dötsch*, MDR 2010, 1093, 1095.
14 Siehe auch: § 932 Rdn. 6; ferner OLG Koblenz, NJW 1980, 948.
15 BGHZ 142, 108 mit Anm. *Gerhardt*, EWiR 2000, 81.

IV. Rechtsbehelfe

Folgt das Gericht nicht der Anregung des Gläubigers, das Grundbuchamt (Schiffsregister usw.) um eine Eintragung zu ersuchen, hat der Gläubiger hiergegen keinen Rechtsbehelf.[16] Lehnt das Grundbuchamt das Ersuchen des Gerichts ab, haben sowohl der Gläubiger als auch das ersuchende Gericht,[17] hiergegen die Beschwerde gem. §§ 71 GBO, 11 Abs. 1 RpflG – bei Nichteintragung im Schiffsregister die Beschwerde gem. § 75 SchiffsRegO, bei Nichteintragung ins Register für Pfandrechte an Luftfahrzeugen die Beschwerde gem. § 58 FamFG[18] –. Die Beschwerdeberechtigung des Gerichts kann durch den Gläubiger begrenzt werden: Zieht er das Eintragungsersuchen des Gerichts zurück – wozu er als Herr des Vollziehungsverfahrens jederzeit berechtigt ist – oder verzichtet er ausdrücklich auf die Beschwerde – in einer bloßen Nichtbeteiligung an der Beschwerde des Gerichts liegt aber noch kein Verzicht –, so wird die Beschwerde des Gerichts gegenstandslos. Hält der Schuldner eine Eintragung für unzulässig, so hat er hiergegen, unabhängig davon, ob die Eintragung auf Ersuchen des Gerichts oder des Gläubigers erfolgt ist, die Beschwerde gem. § 71 GBO (§ 75 SchiffsRegO, § 58 FamFG) i. V. mit § 11 RpflG.

5

Die Beschwerde kann auch damit begründet werden, dass der Gläubiger die Frist des § 929 Abs. 3 Satz 2 versäumt habe. Hat das Grundbuchamt eine Eintragung vorgenommen, obwohl bei Eingang des Eintragungsersuchens die Frist des § 929 Abs. 2 bereits verstrichen war, so kann es diese Eintragung auf Antrag des Grundstückseigentümers auch ohne förmliche Beschwerde wieder löschen.[19]

V. Gebühren

Für das Ersuchen als solches an das Grundbuchamt oder Registergericht durch das Gericht entstehen keine Gerichtsgebühren. Ebenso entstehen keine Gerichtsgebühren durch die Beschwerde des Gerichts gegen die Ablehnung seines Ersuchens.

6

Für die Eintragungen durch das Grundbuchamt werden die normalen Gebühren nach dem GNotKG i. V. mit den Anl. 1 und 2 zum GNotKG erhoben.

Der Anwalt erhält die Vollziehungsgebühr nach dem RVG nur, wenn er selbst die Eintragungen beantragt,[20] nicht auch, wenn er lediglich erfolgreich anregt – etwa schon im Verfügungsantrag –, das Gericht möge von sich aus um die erforderlichen Eintragungen ersuchen.[21]

---

16 *Demharter*, Rpfleger 1998, 133; *Stein/Jonas/Grunsky*, § 941 Rn. 3; *Thomas/Putzo/Seiler*, § 941 Rn. 4.
17 OLG Hamm, OLGReportNRW 15/2011 Anm. 8; *Baur/Stürner/Bruns*, Rn. 54.17; *Thomas/Putzo/Seiler*, § 941 Rn. 4; *Zöller/Vollkommer*, § 941 Rn. 1.
18 Jeweils auch i. V. m. § 11 Abs. 1 RpflG.
19 Siehe auch: § 932 Rdn. 13.
20 OLG Hamm, Rpfleger 2002, 541.
21 *Musielak/Huber*, § 941 Rn. 3.

§ 942 Zuständigkeit des Amtsgerichts der belegenen Sache

(1) In dringenden Fällen kann das Amtsgericht, in dessen Bezirk sich der Streitgegenstand befindet, eine einstweilige Verfügung erlassen unter Bestimmung einer Frist, innerhalb der die Ladung des Gegners zur mündlichen Verhandlung über die Rechtmäßigkeit der einstweiligen Verfügung bei dem Gericht der Hauptsache zu beantragen ist.

(2) ¹Die einstweilige Verfügung, auf Grund deren eine Vormerkung oder ein Widerspruch gegen die Richtigkeit des Grundbuchs, des Schiffsregisters oder des Schiffsbauregisters eingetragen werden soll, kann von dem Amtsgericht erlassen werden, in dessen Bezirk das Grundstück gelegen ist oder der Heimathafen oder der Heimatort des Schiffes oder der Bauort des Schiffsbauwerks sich befindet, auch wenn der Fall nicht für dringlich erachtet wird; liegt der Heimathafen des Schiffes nicht im Inland, so kann die einstweilige Verfügung vom Amtsgericht in Hamburg erlassen werden. ²Die Bestimmung der im Absatz 1 bezeichneten Frist hat nur auf Antrag des Gegners zu erfolgen.

(3) Nach fruchtlosem Ablauf der Frist hat das Amtsgericht auf Antrag die erlassene Verfügung aufzuheben.

(4) Die in diesem Paragraphen erwähnten Entscheidungen des Amtsgerichts ergehen durch Beschluss.

Übersicht	Rdn.
I. § 942 als Sondervorschrift gegenüber den Regelungen zum Arrestverfahren	1
II. Die Zuständigkeit des Amtsgerichts	3
1. Dringende Fälle (Abs. 1)	4
2. Eintragung einer Vormerkung oder eines Widerspruchs (Abs. 2)	7
III. Verfahren (Abs. 4)	8
IV. Die Entscheidung des Amtsgerichts	9
1. Form	9
2. Inhalt	10
3. Rechtsbehelfe	11
V. Das Rechtfertigungsverfahren	12
1. Zweck	13
2. Zuständigkeit	14
3. Verfahren	16
4. Entscheidung	17
VI. Das Aufhebungsverfahren (Abs. 3)	18
1. Zweck	19
2. Verfahren	20
3. Entscheidung	21
4. Wirkungen der Aufhebungsentscheidung	22
5. Rechtsbehelfe	23
VII. Bedeutung des § 942 außerhalb des Zivilprozesses	24
VIII. Gebühren	27
1. Gerichtsgebühren	27
2. Anwaltsgebühren	28

Literatur:
Jacobs, Probleme des Rechtfertigungsverfahrens nach § 942 ZPO, NJW 1988, 1365; *Kunath*, Zur Auslegung des Begriffs »dringender Fall« i. S. d. § 942 Abs. 1 ZPO, WRP 1991, 65; *Teplitzky*, Arrest und einstweilige Verfügung, JuS 1981, 122; *Wenzel*, Die Kostenerstattung im Verfahren über eine einstweilige Verfügung des Amtsgerichts, über deren Rechtmäßigkeit vor dem Arbeitsgericht zu verhandeln ist (§ 942 ZPO), BB 1983, 1225.

I. § 942 als Sondervorschrift gegenüber den Regelungen zum Arrestverfahren

1 § 942 ist eine Vorschrift, die ausschließlich für das Verfügungsverfahren gilt. Die Absätze 1 und 2 regeln die Voraussetzungen und Grenzen der Zuständigkeit des Amtsgerichts, sofern diese nicht schon nach Spezialregelungen (z. B. § 14 UWG) gegeben ist. Das Amtsgericht ist erstens nur »in dringenden Fällen« sowie für einstweilige Verfügungen auf Eintragung einer Vormerkung oder eines Widerspruchs und zweitens selbst in diesen Fällen nur für die erste Entscheidung über das Verfügungsgesuch (nicht für das weitere Verfahren) zuständig. Lediglich das Eintragungsersuchen gem. § 941 fällt noch in die Zuständigkeit des Amtsgerichts.[1] Man spricht deshalb auch von der »Notzuständigkeit« des »Amtsgerichts der Zwangsbereitschaft«. Die Absätze 1 und 2 ergänzen die ebenfalls

---

[1] *Thomas/Putzo/Seiler*, § 942 Rn. 1.

nur für das Verfügungsverfahren geltende Regelung des § 937 Abs. 1, wonach grundsätzlich nur das Gericht der Hauptsache zuständig ist. Beide Vorschriften zusammen weichen von der Regelung des § 919 über die Zuständigkeit im Arrestverfahren ab, sodass § 919 nicht zu den Vorschriften gehört, die über § 936 auch auf die Anordnung einstweiliger Verfügungen anwendbar sind. Eine Konsequenz aus der lediglich begrenzten Zuständigkeit des Amtsgerichts ist das in Abs. 1 geregelte Rechtfertigungsverfahren, welches nach Verfügungserlass durch das Amtsgericht einzuleiten ist. Es tritt an die Stelle des Widerspruchsverfahrens gem. § 924. Die in Abs. 3 geregelte Aufhebungsmöglichkeit mangels fristgerechter Einleitung des Rechtfertigungsverfahrens sichert den Sinn dieses Verfahrens ab. Sie hat eine vergleichbare Funktion wie das Aufhebungsverfahren nach § 926 Abs. 2 mangels Klageerhebung in der Hauptsache.

Der Kern des § 942 ist die lediglich **begrenzte Zuständigkeit des Amtsgerichts**. Darin liegt eine Abweichung von der Zuständigkeitsregelung im Arrestverfahren, in dem das Amtsgericht wahlweise neben dem Hauptsachegericht als Arrestgericht angerufen werden kann. Diese Abweichung hat der historische Gesetzgeber damit begründet, die durch die einstweilige Verfügung zu beseitigende Gefahr sei anders als beim Arrest regelmäßig nicht als so dringend anzusehen, dass nicht das Hauptsachegericht angegangen werden könnte.[2] Heute dürfte diese Begründung angesichts des immer mehr erweiterten Anwendungsbereichs der einstweiligen Verfügung nicht mehr haltbar sein.[3] Sachgerecht wäre vielmehr eine identische Zuständigkeitsregelung für das Arrest- und das Verfügungsverfahren.[4] Das lässt sich jedoch nach der derzeitigen Gesetzeslage angesichts der bewussten gesetzgeberischen Entscheidung nicht begründen.

II. Die Zuständigkeit des Amtsgerichts

Zu unterscheiden ist zwischen der Zuständigkeit nach Abs. 1 und derjenigen nach Abs. 2.

1. Dringende Fälle (Abs. 1)

In dringenden Fällen ist dasjenige Amtsgericht zuständig, in dessen Bezirk sich der Streitgegenstand befindet. Die **örtliche Zuständigkeit** hängt also davon ab, wo sich der Gegenstand der einstweiligen Regelung befindet: Bei der Sicherung eines Herausgabeanspruchs ist derjenige Ort maßgeblich, wo sich die herauszugebende Sache befindet. Bei Forderungen kommt es entsprechend § 23 Satz 2 auf den Wohnsitz des Schuldners oder auf den Ort an, an dem sich eine für die Forderung als Sicherheit haftende Sache befindet. Richtet sich der Verfügungsanspruch auf die Vornahme einer Handlung oder Unterlassung, ist Ort des Streitgegenstandes da, wo die Handlung vorzunehmen oder zu unterlassen ist.[5] Der dahinter stehende Gedanke gilt im Übrigen für alle Befriedigungsverfügungen. Bei ihnen kommt es auf den Ort der Erfüllungshandlung an.[6] Zwischen mehreren zuständigen Amtsgerichten kann der Antragsteller wählen. Eine einmal gegebene Zuständigkeit bleibt auch nach der Entfernung des Streitgegenstandes aus dem Bezirk des angerufenen Amtsgerichts bestehen (§ 261 Abs. 3 Nr. 2).

Ein **dringender Fall** setzt mehr voraus als die allgemeine Dringlichkeit, die im Rahmen des Verfügungsgrundes immer gegeben sein muss. Andernfalls wäre die Betonung des dringenden Falles in § 942 Abs. 1 sinnlos. Eine insoweit notwendige erhöhte Dringlichkeit ist dann gegeben, wenn schon mit einer Entscheidung durch das Hauptsachegericht anstelle des Amtsgerichts ein solcher

---

2 Begründung zu den §§ 731–736 des ersten Entwurfs einer CPO, abgedruckt bei *Dahlmanns*, Neudrucke zivilprozessualer Kodifikationen und Entwürfe des 19. Jahrhunderts, Bd. 2, S. 753.
3 *Walker*, Der einstweilige Rechtsschutz, Rn. 269 f.
4 Siehe schon § 919 Rdn. 15.
5 *Teplitzky*, Wettbewerbsrechtliche Ansprüche und Verfahren, Kap. 54 Rn. 9.
6 MüKo/*Drescher*, § 942 Rn. 3; *Stein/Jonas/Grunsky*, § 942 Rn. 3.

Zeitverlust verbunden wäre, der die Effektivität des einstweiligen Rechtsschutzes gefährdet.[7] Das dürfte angesichts der heutigen Verkehrsverbindungen und Kommunikationsmöglichkeiten ein eher seltener Fall sein.[8] Er ist vorstellbar, wenn sich Amtsgericht und Hauptsachegericht nicht an demselben oder einem vergleichbar gut erreichbaren Ort befinden. Ob selbst bei Ortsgleichheit der langsamere Geschäftsbetrieb beim Landgericht die Notzuständigkeit des Amtsgerichts begründet,[9] ist angesichts des in dringenden Fällen gegebenen Alleinentscheidungsrechts des Vorsitzenden gem. § 944 zweifelhaft.[10] Die besondere Dringlichkeit ist vom Antragsteller glaubhaft zu machen.[11]

6 Verneint das angerufene Amtsgericht seine örtliche Zuständigkeit oder die zuständigkeitsbegründende Dringlichkeit, ist das Verfahren auf Antrag an das zuständige Hauptsachegericht zu verweisen.[12] Eine Zuständigkeitsbegründung durch rügelose Einlassung kommt gem. § 40 Abs. 2 Satz 1, 2 nicht in Betracht, weil es sich um eine ausschließliche Zuständigkeit handelt.

2. Eintragung einer Vormerkung oder eines Widerspruchs (Abs. 2)

7 Abs. 2 macht insofern eine Ausnahme von Abs. 1, als in den dort geregelten Fällen eine Zuständigkeit des Amtsgerichts auch dann gegeben ist, wenn kein dringender Fall vorliegt. Das ist die prozessuale Konsequenz aus den §§ 885, 899 BGB, §§ 11 Abs. 1, 21 SchRG, wonach einstweilige Verfügungen, die auf Eintragung einer Vormerkung oder eines Widerspruchs im Grundbuch oder im Schiffsregister gerichtet sind, schon nach materiellem Recht die Glaubhaftmachung eines Verfügungsgrundes nicht voraussetzen. Die für den Verfügungsgrund erforderliche Dringlichkeit wird also nach materiellem Recht, die für die amtsgerichtliche Zuständigkeit erforderliche erhöhte Dringlichkeit wird nach § 942 Abs. 2 kraft Gesetzes vermutet. Der Gesetzeswortlaut »kann erlassen« hat nur die Bedeutung von »ist auch zuständig«. Dagegen steht dem angerufenen Amtsgericht kein Ermessen zu; es muss die einstweilige Verfügung erlassen, wenn die Voraussetzungen des Abs. 2 sowie die allgemeinen Zulässigkeits- und Begründetheitsvoraussetzungen vorliegen.[13] Die örtliche Zuständigkeit hängt davon ab, in welchem Amtsgerichtsbezirk sich das Grundstück, der Heimathafen/Heimatort (§ 6 BinnSchG)[14] des Schiffes oder der Bauort des Schiffsbauwerks befindet. Falls der Heimathafen des Schiffes im Ausland liegt, ist das Amtsgericht Hamburg örtlich zuständig (§ 942 Abs. 2 Satz 1, 2. Halbs.). Für die Eintragung einer Vormerkung oder eines Widerspruchs in das Register für Pfandrechte an Luftfahrzeugen ist gem. § 99 Abs. 3 LuftfzRG dasjenige Amtsgericht örtlich zuständig, in dessen Bezirk das Luftfahrt-Bundesamt seinen Sitz hat (Braunschweig).

III. Verfahren (Abs. 4)

8 Das Amtsgericht entscheidet über das Verfügungsgesuch durch Beschluss. Dieser kann gem. § 128 Abs. 4 ohne mündliche Verhandlung ergehen. Die Anberaumung einer mündlichen Verhandlung steht allerdings nicht im freien Ermessen des Gerichts. Sie kommt nur in Betracht, wenn die Effektivität des einstweiligen Rechtsschutzes darunter nicht leidet. Insoweit ist es von Bedeutung, dass nach § 942 Abs. 1 schon die Zuständigkeit des Amtsgerichts voraussetzt, dass der Zeitverlust, der mit der Anrufung des Hauptsachegerichts anstelle des Amtsgerichts verbunden ist, zwecks Wirk-

---

7 *Baumbach/Lauterbach/Hartmann*, § 942 Rn. 4; Hk-ZV/*Haertlein*, § 942 Rn. 2; *Jacobs*, NJW 1988, 1365; *Lempp*, NJW 1975, 1920; MüKo/*Drescher*, § 942 Rn. 4; PG/*Fischer*, § 942 Rn. 2; *Stein/Jonas/Grunsky*, § 942 Rn. 2; *Thomas/Putzo/Seiler*, § 942 Rn. 2; *Zöller/Vollkommer*, § 942 Rn. 1.
8 *Nirk/Kurtze*, Wettbewerbsstreitigkeiten, Rn. 210.
9 So *Baumbach/Lauterbach/Hartmann*, § 942 Rn. 4.
10 So wohl auch *Jacobs*, NJW 1988, 1365; MüKo/*Drescher*, § 942 Rn. 4; *Stein/Jonas/Grunsky*, § 942 Rn. 2.
11 *Baumbach/Lauterbach/Hartmann*, § 942 Rn. 4; *Kunath*, WRP 1991, 65, 66; MüKo/*Drescher*, § 942 Rn. 5; *Thomas/Putzo/Seiler*, § 942 Rn. 2; *Zöller/Vollkommer*, § 942 Rn. 1.
12 OLG Koblenz, NJW 1963, 1460; *Jacobs*, NJW 1988, 1365; *Lempp*, NJW 1975, 1920. Allgemein zur Möglichkeit der Verweisung im Eilverfahren siehe schon Vor §§ 916-945b Rn. 58.
13 *Baumbach/Lauterbach/Hartmann*, § 942 Rn. 5; *Jacobs*, NJW 1988, 1365; *Stein/Jonas/Grunsky*, § 942 Rn. 5.
14 Nicht maßgeblich ist der jeweilige Aufenthaltsort.

samkeit des Rechtsschutzes vermieden werden muss.[15] Liegt diese Voraussetzung vor, wird aber meist auch eine mündliche Verhandlung ausscheiden, weil die mit ihrer Durchführung verbundene Verzögerung regelmäßig größer sein wird als der Zeitverlust, der durch den Weg an das Hauptsachegericht entsteht.[16] Eine mündliche Verhandlung wird daher am ehesten in den Fällen des Abs. 2 in Betracht kommen, wenn das Gericht den konkreten Fall nicht für dringlich erachtet. Ist allerdings eine konkrete Dringlichkeit glaubhaft gemacht, hat das Amtsgericht auch über Verfügungsgesuche nach Abs. 2 ohne mündliche Verhandlung zu entscheiden.

IV. Die Entscheidung des Amtsgerichts

1. Form

Das Amtsgericht entscheidet stets durch Beschluss, auch wenn ausnahmsweise eine (nach § 128 Abs. 4 nicht erforderliche) mündliche Verhandlung stattgefunden hat.[17] Die Sonderregelung des § 922 Abs. 1 Satz 1, wonach trotz freigestellter mündlicher Verhandlung die Entscheidung durch Endurteil ergeht, sofern eine mündliche Verhandlung stattgefunden hat, gilt nicht für das in § 942 besonders geregelte Verfahren vor dem Amtsgericht, welches selbst innerhalb des Eilverfahrens nur zu einer vorläufigen Entscheidung führt.

9

2. Inhalt

In der Hauptsache wird entweder das Verfügungsgesuch zurückgewiesen oder die beantragte einstweilige Verfügung erlassen. Bei Erlass der einstweiligen Verfügung hat das Gericht dem Antragsteller im Fall des Abs. 1 von Amts wegen, im Fall des Abs. 2 auf Antrag des Gegners eine Frist für die Einleitung des Rechtfertigungsverfahrens vor dem Gericht der Hauptsache zu setzen. Damit wird bezweckt, dass die Rechtmäßigkeit der einstweiligen Verfügung möglichst schnell von dem »eigentlich zuständigen« Hauptsachegericht überprüft wird. Aus diesem Zweck folgt, dass die Frist kurz bemessen sein muss. Allgemein wird eine Frist von höchstens einer Woche als angemessen angesehen.[18] Der Lauf der Frist beginnt mit Zustellung, falls eine solche nicht stattgefunden hat, mit Aushändigung der einstweiligen Verfügung an den Antragsteller.[19] Die Frist kann gem. § 224 Abs. 2 zwar verlängert werden, weil es sich um eine richterliche Frist handelt. Eine solche Verlängerung dürfte jedoch wegen des Zwecks der kurzen Frist allenfalls in seltenen Ausnahmefällen in Betracht kommen. Die einstweilige Verfügung ist auch dann wirksam, wenn die Fristsetzung im Beschluss versehentlich unterblieben ist.[20] Die Fristsetzung kann entsprechend § 321 durch den Richter[21] ergänzt werden. Selbst diese Ergänzung ist nicht erforderlich, wenn eine der Parteien das Rechtfertigungsverfahren inzwischen eingeleitet hat oder wenn der Gegner den Verfügungsanspruch erfüllt oder die Rechtmäßigkeit der einstweiligen Verfügung anerkennt.[22] Der Beschluss enthält wie jede Eilanordnung eine Entscheidung über die Kosten des Verfahrens, deren Inhalt sich nach §§ 91 ff. richtet.

10

---

15 Siehe Rdn. 5.
16 *Brox/Walker*, Rn. 1634; *MüKo/Drescher*, § 942 Rn. 9; *Stein/Jonas/Grunsky*, § 942 Rn. 6; *Walker*, Der einstweilige Rechtsschutz, Rn. 289; *Zöller/Vollkommer*, § 942 Rn. 2.
17 RGZ 13, 319, 324; 147, 129, 132; *Baumbach/Lauterbach/Hartmann*, § 942 Rn. 7; *Gottwald*, § 942 Rn. 16; *Hk-ZV/Haertlein*, § 942 Rn. 5; *MüKo/Drescher*, § 942 Rn. 9; *PG/Fischer*, § 942 Rn. 4; *Stein/Jonas/Grunsky*, § 942 Rn. 6; *Thomas/Putzo/Seiler*, § 942 Rn. 4; *Zöller/Vollkommer*, § 942 Rn. 3; a. M. *Lempp*, NJW 1975, 1920, 1921.
18 Alternativkommentar/*Damm*, § 942 Rn. 6; *MüKo/Drescher*, § 942 Rn. 11; *Stein/Jonas/Grunsky*, § 942 Rn. 8; *Zöller/Vollkommer*, § 942 Rn. 3.
19 *Baumbach/Lauterbach/Hartmann*, § 942 Rn. 7; *HdbVR-Dunkl*, A Rn. 539; *Zöller/Vollkommer*, § 942 Rn. 3.
20 OLG München, MDR 1960, 681.
21 Nicht durch den Rechtspfleger (arg. e § 20 Nr. 14 RPflG).
22 *Stein/Jonas/Grunsky*, § 942 Rn. 8.

3. Rechtsbehelfe

11 Gegen einen zurückweisenden Beschluss steht dem Antragsteller die sofortige Beschwerde nach § 567 Abs. 1 Nr. 2 zu. Daran wird der Antragsteller aber in der Regel nicht interessiert sein, weil er durch ein neues Gesuch eine Entscheidung des zuständigen Gerichts der Hauptsache im Zweifel schneller erlangen kann als eine Beschwerdeentscheidung.[23] Einen stattgebenden Beschluss muss der Gläubiger zwar ohnehin im Rechtfertigungsverfahren überprüfen lassen. Aber auch der Schuldner kann die Initiative ergreifen und selbst eine schnelle Durchführung des Rechtfertigungsverfahrens beantragen.[24] Diese Möglichkeit kommt der Einlegung eines Widerspruchs nach § 924 gleich; denn auch über diesen müsste angesichts der begrenzten Zuständigkeit des Amtsgerichts das Gericht der Hauptsache entscheiden.[25] Deshalb ist es unerheblich, ob man die Initiative des Schuldners rechtlich als Einleitung des Rechtfertigungsverfahrens oder als Einlegung des Widerspruchs ansieht.

V. Das Rechtfertigungsverfahren

12 Es ist vom Antragsteller vor dem Gericht der Hauptsache zu beantragen, wenn das Amtsgericht der Zwangsbereitschaft eine einstweilige Verfügung erlassen hat.

1. Zweck

13 Das Rechtfertigungsverfahren tritt an die Stelle des sonst gegen eine Beschlussverfügung möglichen Widerspruchsverfahrens. Es erfüllt daher grundsätzlich auch denselben Zweck wie dieses.[26] Der Verfügungsprozess wird in derselben Instanz mit Durchführung einer mündlichen Verhandlung fortgesetzt. Anders als beim Widerspruch liegt die Initiative zur Einleitung des Rechtfertigungsverfahrens zwar nach dem Gesetzeswortlaut nicht beim Antragsgegner, sondern beim Antragsteller. Darin liegt aber kein wesentlicher Unterschied, weil auch der Antragsgegner selbst sofort die Einleitung des Rechtfertigungsverfahrens beantragen kann.[27] Ebenso wie der Widerspruch[28] lässt auch das Rechtfertigungsverfahren die Rechte des Antragsgegners unberührt, Fristsetzung nach § 926 Abs. 1 zu beantragen und die Aufhebungsverfahren nach § 926 Abs. 2 und § 927 zu betreiben.[29] Die Aufhebung nach § 927 z. B. wegen Versäumung der Vollziehungsfrist nach § 929 Abs. 2 kann auch im Rechtfertigungsverfahren beantragt werden.[30] Zuständig für diese Verfahren ist allerdings abweichend von den Regelungen in den §§ 926 Abs. 1, 927 Abs. 2 immer das Gericht der Hauptsache.[31]

2. Zuständigkeit

14 Der einzige wesentliche Unterschied zwischen dem Widerspruchs- und dem Rechtfertigungsverfahren besteht darin, dass im Rechtfertigungsverfahren keine Selbstüberprüfung durch das Amtsgericht, welches die einstweilige Verfügung erlassen hat, stattfindet. Zuständig ist allein das Gericht der Hauptsache, was zu der Regelzuständigkeit nach § 937 Abs. 1 passt. Der Gesetzgeber hat im Verfügungsverfahren dem Hauptsachegericht eine größere Entscheidungskompetenz beigemessen

---

23 MüKo/*Drescher*, § 942 Rn. 12; *Zöller/Vollkommer*, § 942 Rn. 4.
24 RGZ 67, 159, 161 f.; 147, 129, 132; OLG München, GRUR 1960, 387; *Brox/Walker*, Rn. 1641; HdbVR-*Dunkl*, A Rn. 545; *Mädrich*, Das Verhältnis der Rechtsbehelfe des Antragsgegners im einstweiligen Verfügungsverfahren, S. 32; PG/*Fischer*, § 942 Rn. 5; *Stein/Jonas/Grunsky*, § 942 Rn. 11; *Zöller/Vollkommer*, § 942 Rn. 7.
25 RGZ 147, 129, 132; OLG Hamm, OLGZ 1989, 338, 340.
26 Siehe dazu § 924 Rn. 7; OLG Hamm, OLGZ 1989, 338, 340; Alternativkommentar/*Damm*, § 942 Rn. 8; HdbVR-*Dunkl*, A Rn. 545 f.; *Mädrich*, Das Verhältnis der Rechtsbehelfe des Antragsgegners im einstweiligen Verfügungsverfahren, S. 30; *Stein/Jonas/Grunsky*, § 942 Rn. 11; *Zöller/Vollkommer*, § 942 Rn. 7.
27 Siehe Rdn. 11.
28 Siehe § 924 Rdn. 4.
29 MüKo/*Drescher*, § 942 Rn. 14; *Stein/Jonas/Grunsky*, § 942 Rn. 12.
30 OLG Düsseldorf, NJOZ 2012, 1500.
31 SchlHOLG, MDR 1997, 391 f.

als dem Amtsgericht.³² Ob das in dieser Pauschalität sachlich gerechtfertigt ist, erscheint nicht zwingend, zumal im Arrestverfahren gerade nicht das Hauptsachegericht, sondern das ursprünglich angerufene Amtsgericht selbst über einen eingelegten Widerspruch entscheidet. Die im Verfügungsverfahren geregelte Zuständigkeitsaufspaltung zwischen Amtsgericht und Hauptsachegericht führt dazu, dass in derselben Instanz zwei verschiedene Gerichte mit der Sache befasst werden. Das ist wenig prozessökonomisch und führt im Ergebnis nicht einmal zu der beabsichtigten Verfahrensbeschleunigung.³³

Für die Bestimmung des Gerichts der Hauptsache ist der Zeitpunkt der Antragstellung maßgeblich. Bei Anhängigkeit der Hauptsache ist das mit der Sache befasste Gericht auch für das Rechtfertigungsverfahren zuständig, selbst wenn es in der Hauptsache gar nicht zuständig ist; insoweit gilt das Gleiche wie bei der Zuständigkeit des Hauptsachegerichts nach § 937 Abs. 1.³⁴ Ist die Hauptsache noch nicht anhängig, gelten die allgemeinen Zuständigkeitsregeln. Unter mehreren zuständigen Gerichten kann der Antragsteller wählen. Bei Anrufung eines unzuständigen Gerichts, z. B. des Amtsgerichts, kann die Sache gem. § 281 auf Antrag an das zuständige Gericht verwiesen werden.³⁵

3. Verfahren

Das Rechtfertigungsverfahren entspricht dem Widerspruchsverfahren.³⁶ Der Antragsteller hat beim Gericht der Hauptsache die Ladung des Gegners zur Verhandlung über die Rechtmäßigkeit der einstweiligen Verfügung zu beantragen. Dieser Ladungsantrag enthält stillschweigend den Antrag, die einstweilige Verfügung zu bestätigen.³⁷ Neben dem Antragsteller hat auch der Antragsgegner das Recht, die Ladung zum Rechtfertigungsverfahren zu beantragen.³⁸ Das Gericht der Hauptsache beraumt eine mündliche Verhandlung an, zu der es beide Parteien lädt. Die Zustellung der Ladung erfolgt an den jeweiligen Prozessbevollmächtigten (§ 172 Abs. 1), sofern ein solcher im Verfahren vor dem Amtsgericht bestellt war.³⁹ Bei Säumnis einer Partei gelten die §§ 330 ff. Die entscheidungserheblichen Tatsachen brauchen nicht bewiesen, sondern nur glaubhaft gemacht zu werden (§§ 920 Abs. 2, 294). Schon während des Rechtfertigungsverfahrens kann die Vollziehung der einstweiligen Verfügung vom Hauptsachegericht analog § 924 Abs. 3 Satz 2 einstweilen eingestellt werden.⁴⁰ Auch das ist eine Folge daraus, dass das Rechtfertigungsverfahren an die Stelle des Widerspruchsverfahrens tritt, für welches der § 924 Abs. 3 Satz 2 unmittelbar gilt.

4. Entscheidung

Die Entscheidung ergeht durch Endurteil. Die einstweilige Verfügung wird entweder bestätigt oder aufgehoben. Eine Aufhebung gegen Sicherheitsleistung kommt nur in den engen Grenzen des § 939 in Betracht. Maßgeblich für die Entscheidung ist wie im Widerspruchsverfahren die Sach- und Rechtslage am Schluss der mündlichen Verhandlung. Es kommt also darauf an, ob die einstweilige Verfügung zu diesem Zeitpunkt gerechtfertigt ist.⁴¹ Daraus folgt, dass die Frage, ob für die

---

32 Vgl. die Begründung zu §§ 761, 765 des dritten Entwurfs einer CPO von 1874, abgedruckt bei *Hahn*, Materialien zur ZPO, S. 477 f.
33 *Walker*, Der einstweilige Rechtsschutz, Rn. 532 f.
34 Siehe § 937 Rdn. 7.
35 OLG Hamm, OLGZ 1989, 338, 340; OLG Koblenz, NJW 1963, 1460; LG Frankfurt, NJW 1975, 1932. Siehe allgemein zur Möglichkeit der Verweisung im Eilverfahren Vor §§ 916-945b Rn. 58.
36 OLG Hamm, OLGZ 1989, 338, 340; *Zöller/Vollkommer*, § 942 Rn. 7.
37 *Baumbach/Lauterbach/Hartmann*, § 942 Rn. 10; HdbVR-*Dunkl* A Rn. 545; *Stein/Jonas/Grunsky*, § 942 Rn. 10.
38 Siehe Rdn. 11.
39 *Baumbach/Lauterbach/Hartmann*, § 942 Rn. 10; *Stein/Jonas/Grunsky*, § 942 Rn. 13.
40 OLG Düsseldorf, NJW 1970, 254; *Walker*, Der einstweilige Rechtsschutz, Rn. 602.
41 *Baumbach/Lauterbach/Hartmann*, § 942 Rn. 11; MüKo/*Drescher*, § 942 Rn. 16; *Stein/Jonas/Grunsky*, § 942 Rn. 13; *Wieczorek/Schütze/Thümmel*, § 942 Rn. 14; *Zöller/Vollkommer*, § 942 Rn. 7.

ursprüngliche Verfügungsanordnung durch das Amtsgericht überhaupt die erhöhte Dringlichkeit nach § 942 Abs. 1 vorlag, keine Rolle mehr spielt und daher auch gar nicht geprüft wird.[42] Gleiches gilt für die örtliche Zuständigkeit des Amtsgerichts, sofern nur das jetzt angerufene Hauptsachegericht zuständig ist.[43] Ferner hängt die Entscheidung im Rechtfertigungsverfahren nicht davon ab, ob der Antrag auf Ladung zu diesem Verfahren innerhalb der gem. § 942 Abs. 1 gesetzten Frist gestellt wurde; denn der Antrag kann gem. § 231 Abs. 2 nachgeholt werden.[44] Die Kostenentscheidung bezieht sich wie diejenige im Widerspruchsverfahren[45] nicht nur auf das Rechtfertigungsverfahren, sondern auch auf die Kosten des vorangegangenen Verfahrens vor dem Amtsgericht.[46] Das Aufhebungsurteil wird nach § 708 Nr. 6 für vorläufig vollstreckbar erklärt. Es hat die gleiche Wirkung wie die Aufhebung im Widerspruchsverfahren. Es ergeht noch in der ersten Instanz und ist daher gleichbedeutend mit der erstinstanzlichen Abweisung des Verfügungsgesuchs. Die einstweilige Verfügung verliert daher schon vor Rechtskraft jegliche Wirkung, und bereits getroffene Vollstreckungsmaßregeln sind gem. § 776 aufzuheben.[47] Gegen das Endurteil findet – wie gegen die Entscheidung über den Widerspruch[48] – die Berufung, im Fall eines Versäumnisurteils der Einspruch (§ 338) statt. Die Revision ist ausgeschlossen (§ 542 Abs. 2 Satz 1).

VI. Das Aufhebungsverfahren (Abs. 3)

18 Wird das Rechtfertigungsverfahren nicht innerhalb der nach Abs. 1 gesetzten Frist eingeleitet, hat das Amtsgericht die von ihm selbst erlassene einstweilige Verfügung auf Antrag aufzuheben. Ausnahmsweise erfolgt die Aufhebung durch das Hauptsachegericht, wenn dieses aufgrund eines vom Schuldner gestellten Antrags[49] mit der Sache befasst ist.[50]

1. Zweck

19 Die Aufhebungsmöglichkeit nach Abs. 3 hat eine ähnliche Bedeutung wie diejenige nach § 926 Abs. 2.[51] Sie sichert den Zweck des Rechtfertigungsverfahrens ab. Wenn der Gläubiger sich der mündlichen Verhandlung vor dem Gericht der Hauptsache nicht stellt, wird er so behandelt, als sei er mit seinem Verfügungsantrag gescheitert. Die Vergleichbarkeit zwischen § 942 Abs. 3 und § 926 Abs. 2 zeigt sich auch in den Folgen der Aufhebung. In beiden Fällen ist der Antragsteller wie bei einer von Anfang an ungerechtfertigten einstweiligen Verfügung gem. § 945 zum Schadensersatz verpflichtet. Die Aufhebungsandrohung des Abs. 3 ist daher ein wirksames Druckmittel zur Befolgung der Fristsetzung nach Abs. 1.

2. Verfahren

20 Die Aufhebung erfolgt nicht von Amts wegen, sondern nur auf Antrag des Schuldners. Sofern dieser ausnahmsweise bereits im Anordnungsverfahren vor dem Amtsgericht beteiligt war,[52] kann er den Antrag vorsorglich schon zusammen mit seinem Antrag auf Zurückweisung des Verfügungs-

---

42 MüKo/*Drescher*, § 942 Rn. 15; *Zöller*/*Vollkommer*, § 942 Rn. 7.
43 MüKo/*Drescher*, § 942 Rn. 6; *Stein*/*Jonas*/*Grunsky*, § 942 Rn. 3.
44 OLG Hamm, MDR 1965, 305; *Baumbach*/*Lauterbach*/*Hartmann*, § 942 Rn. 13; HdbVR-*Dunkl*, A Rn. 542; *Mädrich*, Das Verhältnis der Rechtsbehelfe des Antragsgegners im einstweiligen Verfügungsverfahren, S. 74; *Stein*/*Jonas*/*Grunsky*, § 942 Rn. 16; *Thomas*/*Putzo*/*Seiler*, § 942 Rn. 9; *Zöller*/*Vollkommer*, § 942 Rn. 5; siehe dazu noch Rn. 21.
45 Siehe § 925 Rn. 13.
46 *Wenzel*, BB 1983, 1225, 1226.
47 *Walker*, Der einstweilige Rechtsschutz, Rn. 534.
48 Siehe § 925 Rdn. 19 ff.
49 Siehe Rdn. 11.
50 *Zöller*/*Vollkommer*, § 942 Rn. 5.
51 Siehe dazu § 926 Rdn. 1 f.
52 Siehe Rdn. 8.

gesuchs stellen. Nach dem Wortlaut des Abs. 4 i. V. m. § 128 Abs. 4 braucht über die Aufhebung zwar nicht mündlich verhandelt zu werden. Doch wird das Amtsgericht selten einen Grund haben, auf mündliche Verhandlung zu verzichten;[53] denn eine erhöhte zeitliche Dringlichkeit ist in aller Regel nicht mehr gegeben. Auf jeden Fall muss dem Antragsteller vor der Aufhebung rechtliches Gehör gewährt werden.[54]

3. Entscheidung

Die Entscheidung ergeht immer durch Beschluss, auch wenn eine mündliche Verhandlung stattgefunden hat. § 922, wonach im Fall einer mündlichen Verhandlung durch Urteil entschieden wird, findet wie im Anordnungsverfahren vor dem Amtsgericht[55] keine Anwendung. Ob die einstweilige Verfügung aufgehoben wird, hängt allein davon ab, ob das Rechtfertigungsverfahren durch den Antragsteller oder durch den Antragsgegner eingeleitet wurde. Sofern das Rechtfertigungsverfahren z. Z. der Entscheidung im Aufhebungsverfahren anhängig ist, spielt es keine Rolle, ob es wirklich innerhalb der nach Abs. 1 gesetzten Frist oder erst später beantragt wurde; denn es kann gem. § 231 Abs. 2 nachgeholt werden,[56] und zwar bis zum Schluss der mündlichen Verhandlung der ersten Instanz oder – falls eine solche nicht stattfindet – bis zur Beschlussfassung.[57] Eine Einleitung des Rechtfertigungsverfahrens erst in der Rechtsmittelinstanz des Aufhebungsverfahrens ist dagegen mit dem Charakter des Eilverfahrens nicht vereinbar und kann daher die Aufhebung nach Abs. 3 nicht verhindern. In dem Aufhebungsbeschluss sind dem unterliegenden Antragsteller die Kosten des gesamten Verfahrens aufzuerlegen. Der Beschluss ist zu begründen.

21

4. Wirkungen der Aufhebungsentscheidung

Trotz der funktionellen Parallelität zwischen der Aufhebung nach Abs. 3 und derjenigen nach § 926 Abs. 2 entsprechen die Wirkungen der Aufhebungsentscheidung nach Abs. 3 denen der Aufhebung im Widerspruchsverfahren und im Rechtfertigungsverfahren.[58] Die Aufhebung kommt in allen genannten Fällen einer erstinstanzlichen Abweisung des Gesuchs gleich. Deshalb ist schon vor Rechtskraft des Aufhebungsbeschlusses nicht nur jede weitere Vollziehung der einstweiligen Verfügung unzulässig, sondern es sind auch die bereits vollzogenen Maßregeln aufzuheben. Obsiegt der Antragsteller im Rechtsmittelverfahren, muss er die einstweilige Verfügung neu vollziehen.

22

5. Rechtsbehelfe

Die Rechtsbehelfe gegen die Aufhebungsentscheidung unterscheiden sich notwendigerweise von denen gegen die Aufhebung nach §§ 925 Abs. 2, 926 Abs. 2, weil dort jeweils durch Urteil entschieden wird. Der Antragsgegner kann sich gegen die Zurückweisung des Aufhebungsantrags mit der sofortigen Beschwerde nach § 567 Abs. 1 Nr. 2 wehren. Dieses Rechtsmittel steht dem Antragsteller gegen einen Aufhebungsbeschluss nicht zu, da im Fall der Aufhebung die Voraussetzungen des § 567 Abs. 1 gerade nicht vorliegen. Eine sofortige Beschwerde nach § 793 ist ebenfalls unstatthaft, da die Aufhebung keine Entscheidung im Zwangsvollstreckungsverfahren ist. Damit der Antragsteller überhaupt eine Möglichkeit hat, sich gegen die Aufhebung, die immerhin eine Schadensersatzpflicht nach § 945 begründet, zu wehren, wird ihm die sofortige Beschwerde analog § 934

23

---

53 Alternativkommentar/*Damm*, § 942 Rn. 10; *Stein/Jonas/Grunsky*, § 942 Rn. 16.
54 Alternativkommentar/*Damm*, § 942 Rn. 10; *Baumbach/Lauterbach/Hartmann*, § 942 Rn. 13; *Mädrich*, Das Verhältnis der Rechtsbehelfe des Antragsgegners im einstweiligen Verfügungsverfahren, S. 76 mit Fn. 450; MüKo/*Drescher*, § 942 Rn. 17; *Stein/Jonas/Grunsky*, § 942 Rn. 16; *Thomas/Putzo/Seiler*, § 942 Rn. 6; *Wieczorek/Schütze/Thümmel*, § 942 Rn. 16; *Zöller/Vollkommer*, § 942 Rn. 5.
55 Siehe Rdn. 9.
56 Siehe Rdn. 17.
57 Vgl. OLG Hamburg, WRP 1976, 777; OLG Hamm, MDR 1965, 305; KG, MDR 1971, 767, 768; *Mädrich*, Das Verhältnis der Rechtsbehelfe des Antragsgegners im einstweiligen Verfügungsverfahren, S. 74.
58 *Walker*, Der einstweilige Rechtsschutz, Rn. 565. Siehe schon Rn. 17.

Abs. 4 zugestanden, und zwar auch dann, wenn die Aufhebungsentscheidung unzutreffend durch Urteil ergangen ist.[59]

VII. Bedeutung des § 942 außerhalb des Zivilprozesses

24   In **FamFG-Sachen** ist § 942 nicht anwendbar. In besonders dringenden Fällen ergibt sich die Zuständigkeit aus § 50 Abs. 2 FamFG.

25   Für das **arbeitsgerichtliche Urteilsverfahren** verweist zwar § 62 Abs. 2 ArbGG auch auf § 942. Das bedeutet aber nicht, dass im Arbeitsgerichtsprozess für den Erlass einer einstweiligen Verfügung neben dem Arbeitsgericht der Hauptsache in dringenden Fällen das Amtsgericht zuständig wäre. Die bis zum 31.12.1990 zum früheren Recht verbreitet vertretene Bejahung einer amtsgerichtlichen Notzuständigkeit[60] ist seit der Änderung der §§ 17 ff. GVG, §§ 2 f., 48 f. ArbGG durch das vierte VwGO-Änderungsgesetz vom 17.12.1990[61] überholt. Die Arbeitsgerichtsbarkeit ist seitdem auch gegenüber der Zivilgerichtsbarkeit ein eigenständiger Rechtsweg, sodass eine amtsgerichtliche Zuständigkeit im arbeitsgerichtlichen Eilverfahren ausgeschlossen ist.[62] § 942 kann allenfalls in dem Sinne Anwendung finden, dass bei erhöhter Dringlichkeit neben dem Arbeitsgericht der Hauptsache das Arbeitsgericht der belegenen Sache zuständig ist.[63] Das mag für den Antragsteller interessant sein, wenn die Hauptsache bereits vor dem schlechter zu erreichenden LAG anhängig ist. Bei einer Zuständigkeit des Arbeitsgerichts der Zwangsbereitschaft gelten auch die Regelungen über das Rechtfertigungsverfahren vor dem Arbeitsgericht der Hauptsache und über die Aufhebung nach § 942 Abs. 3.[64] Im Übrigen sollte der Wegfall der Notzuständigkeit des Amtsgerichts Anlass sein, auch in der Arbeitsgerichtsbarkeit einen Eildienst an Wochenenden und Feiertagen einzurichten. Das wird schon jetzt verbreitet praktiziert, wenn während laufender oder bevorstehender Arbeitskämpfe mit Verfügungsgesuchen zu rechnen ist.

26   Für das **arbeitsgerichtliche Beschlussverfahren** gilt § 942 über § 85 Abs. 2 Satz 2 ArbGG entsprechend, allerdings mit derselben Einschränkung wie im arbeitsgerichtlichen Urteilsverfahren.[65] Im **Verwaltungsgerichtsprozess** ist § 942 nicht anwendbar; die Vorschrift ist von der Verweisung in § 123 Abs. 3 VwGO ausgenommen. Gleiches gilt gem. § 86b Abs. 2 Satz 4 SGG im **sozialgerichtlichen Eilverfahren**.

---

59 *Baumbach/Lauterbach/Hartmann*, § 942 Rn. 14; *Stein/Jonas/Grunsky*, § 942 Rn. 18; *Zöller/Vollkommer*, § 942 Rn. 6.
60 LAG Bremen, BB 1982, 2188; LAG Hamm, MDR 1980, 698; *Baur*, ZTR 1989, 419; *Brox* in *Brox/Rüthers*, Arbeitskampfrecht, Rn. 760; *Heinze*, RdA 1986, 273, 275; *Luckscheiter*, Der einstweilige Rechtsschutz gegen Streiks, 1989, S. 162; *Stein/Jonas/Grunsky*, § 942 Rn. 20; *Wenzel*, BB 1983, 1225 f.
61 BGBl. I, S. 2809.
62 *Baur* in: *Gift/Baur*, Das Urteilsverfahren vor den Gerichten für Arbeitssachen, C Rn. 2; *Berger/Boemke*, Kap. 14 Rn. 20 ff.; GMP/*Germelmann*, § 62 ArbGG Rn. 79, 81; HdbVR-*Baur*, B Rn. 3; *Koch*, NJW 1991, 1856, 1858; MüKo/*Drescher*, § 942 Rn. 20; *Schwab/Weth/Walker*, § 62 ArbGG Rn. 114; *Walker*, Der einstweilige Rechtsschutz, Rn. 735; a. M. *Baumbach/Lauterbach/Hartmann*, § 942 Rn. 1; *Gottwald*, § 942 Rn. 27; *Stein/Jonas/Grunsky*, § 942 Rn. 20; *Wieczorek/Schütze/Thümmel*, § 942 Rn. 3; *Zöller/Vollkommer*, § 942 Rn. 1. Zur vergleichbaren Problematik bei § 919 vgl. schon § 919 Rn. 16.
63 *Walker*, Der einstweilige Rechtsschutz, Rn. 735.
64 *Walker*, Der einstweilige Rechtsschutz, Rn. 752.
65 *Walker*, Der einstweilige Rechtsschutz, Rn. 881, 908; *Schwab/Weth/Walker*, § 85 ArbGG Rn. 67; ebenso *Berger/Boemke*, Kap. 14 Rn. 40.

VIII. Gebühren

1. Gerichtsgebühren[66]

Das Rechtfertigungsverfahren bildet mit dem Verfahren vor dem Amtsgericht gebührenrechtlich eine Einheit (GKG-KV Vorbem. 1.4), sodass die 1,5-Verfahrensgebühr nach GKG-KV Nr. 1410 nur einmal entsteht. Da die Entscheidung immer durch Beschluss ergeht, kommt es auch nicht zu einer Erhöhung der Gebühr. Für die Aufhebung nach Abs. 3 entsteht keine Gebühr, weil in GKG-KV Vorbem. Nr. 1.4 nur die Aufhebungen nach § 926 Abs. 2 und § 927 erwähnt sind. Im Beschwerdeverfahren gegen den Aufhebungsbeschluss nach Abs. 3 fällt eine 1,5-Gebühr nach GKG-KV Nr. 1430 an.

27

2. Anwaltsgebühren[67]

Das Rechtfertigungsverfahren bildet wie das Widerspruchsverfahren (§ 16 Nr. 5 RVG) mit dem Verfahren vor dem Amtsgericht nur eine Angelegenheit. Die jeweiligen Gebühren fallen daher nur einmal an. Da im Rechtfertigungsverfahren eine mündliche Verhandlung stattfindet, entsteht jetzt auch eine 1,2-Terminsgebühr nach RVG-VV Teil 3 Vorbem. 3 Abs. 3 i. V. m. Nr. 3104. Wird der Anwalt des Gegners erstmals im Rechtfertigungsverfahren tätig, erhält er trotzdem die vollen Gebühren.

28

---

[66] Siehe schon Vor §§ 916–945b Rdn. 79 ff. und § 922 Rdn. 48.
[67] Siehe schon Vor §§ 916–945b Rdn. 82 ff. und § 922 Rdn. 51.

§ 943 Gericht der Hauptsache

(1) (Als Gericht der Hauptsache im Sinne der Vorschriften dieses Abschnitts ist das Gericht des ersten Rechtszuges und, wenn die Hauptsache in der Berufungsinstanz anhängig ist, das Berufungsgericht anzusehen.

(2) Das Gericht der Hauptsache ist für die nach § 109 zu treffenden Anordnungen ausschließlich zuständig, wenn die Hauptsache anhängig ist oder anhängig gewesen ist.

Übersicht	Rdn.		Rdn.
I. Gericht der Hauptsache (Abs. 1)	1	a) Wegfall der Veranlassung bei Gläubigersicherheit	7
II. Zuständigkeit für Anordnungen nach § 109 (Abs. 2)	3	b) Wegfall der Veranlassung bei Schuldnersicherheit	8
1. Bedeutung der Zuständigkeitsregelung	4	III. Bedeutung des § 943 außerhalb des Zivilprozesses	9
2. Anwendungsbereich der Zuständigkeitsregelung	5		
3. Voraussetzung einer Anordnung nach § 109	6		

I. Gericht der Hauptsache (Abs. 1)

1 § 943 fasst in den beiden Absätzen zwei Regelungen zusammen, die wenig miteinander zu tun haben. Abs. 1 ist eine Definitionsnorm zu den §§ 919, 927 Abs. 2, 937 Abs. 1, 942 Abs. 1 und 943 Abs. 2, in denen es jeweils um die Zuständigkeit des Gerichts der Hauptsache geht. »Hauptsache« im Sinne der Vorschrift ist der materielle Arrest- oder Verfügungsanspruch, dessen Durchsetzbarkeit im Eilverfahren gesichert werden soll. Als Gericht des ersten Rechtszuges gilt bei Anhängigkeit der Hauptsache das tatsächlich angerufene Gericht, selbst wenn ein anderes Gericht in der Hauptsache zuständig wäre. Bei Anhängigkeit der Hauptsache beim Revisionsgericht ist nicht dieses, sondern das Gericht des ersten Rechtszuges als das Gericht der Hauptsache anzusehen.[1]

2 Ist in der Hauptsache ein **Schiedsgericht** zuständig, gilt als Hauptsachegericht nicht etwa das Oberlandesgericht, welches gem. § 1062 Abs. 1 Nr. 4 für die Vollstreckbarerklärung des Schiedsspruches erstinstanzlich zuständig ist. Gericht der Hauptsache ist dann vielmehr dasjenige Amts- oder Landgericht, welches gegebenenfalls als Hauptsachegericht vereinbart wurde oder nach allgemeinen Regeln ohne die Schiedsvereinbarung zuständig wäre.[2] Das ist nicht automatisch das Gericht am Ort des schiedsrichterlichen Verfahrens gem. § 1043, selbst wenn dieses von den Parteien vereinbart wurde;[3] denn für die Wahl des Gerichtsstandes können andere Kriterien maßgeblich sein als für die Festlegung des Schiedsgerichtsortes.

II. Zuständigkeit für Anordnungen nach § 109 (Abs. 2)

3 Abs. 2 ist eine Kompetenznorm. Danach ist das Gericht der Hauptsache ausschließlich zuständig für die Anordnung der Rückgabe einer Sicherheit (§ 109), wenn die Hauptsache anhängig (gewesen) ist.

1. Bedeutung der Zuständigkeitsregelung

4 § 943 Abs. 2 verdrängt in seinem Anwendungsbereich als lex specialis die Zuständigkeitsbestimmung in § 109, wonach für die dort geregelte Anordnung das Gericht zuständig ist, das die Bestel-

---

[1] Siehe schon § 919 Rn. 9; BGH, WM 1976, 134 und 1201; Alternativkommentar/*Damm*, § 943 Rn. 1; *Thomas/Putzo/Seiler*, § 943 Rn. 1.

[2] *Baumbach/Lauterbach/Hartmann*, § 919 Rn. 5.

[3] So aber *Zöller/Vollkommer*, § 919 Rn. 3; zur früheren Regelung des Schiedsverfahrensrechts auch OLG Hamburg, NJW 1997, 749.

lung der Sicherheit angeordnet oder zugelassen hat. Demgegenüber ist nach § 943 Abs. 2 selbst dann, wenn die Sicherheitsleistung vom Amtsgericht (§§ 919, 942 Abs. 1) angeordnet wurde, für die Rückgabeanordnung doch das Hauptsachegericht zuständig, falls es mit der Hauptsache befasst ist oder war. Im letzten Fall ist gem. Abs. 1 immer das erstinstanzliche Hauptsachegericht zuständig. Falls die Hauptsache bei einem Schiedsgericht anhängig ist, liegt die Zuständigkeit für die Rückgabeanordnung bei dem staatlichen Gericht, welches die Sicherheit angeordnet hat.[4] Die Anhängigkeit der Hauptsache ist als zuständigkeitsbegründende Voraussetzung immer von demjenigen zu beweisen, der sich darauf beruft.[5] Das ist in dem Fall, in dem der Antrag nach § 109 beim Amtsgericht (§§ 919, 942 Abs. 1) gestellt wird, die jeweils andere Partei, die im Hinblick auf § 943 Abs. 2 die amtsgerichtliche Zuständigkeit rügt.[6]

2. Anwendungsbereich der Zuständigkeitsregelung

Die »nach § 109 zu treffenden Anordnungen« kommen in allen Fällen in Betracht, in denen im Eilverfahren eine Sicherheit geleistet wurde, deren Veranlassung weggefallen ist. Eine Sicherheitsleistung des Gläubigers dient immer der Durchsetzbarkeit eines Schadensersatzanspruchs nach § 945. Sie kann Voraussetzung für die Arrestanordnung sein (§ 921), für die Bestätigung des Arrestes im Widerspruchsverfahren (§ 925 Abs. 2), im Aufhebungsverfahren nach § 927[7] und im Rechtfertigungsverfahren nach § 942 Abs. 1.[8] Eine Sicherheitsleistung des Schuldners kommt in Betracht zur Abwendung und Aufhebung der Arrestvollziehung (§§ 923, 934) sowie als Voraussetzung für die Aufhebung der angeordneten Eilmaßnahme im Widerspruchsverfahren (§ 925 Abs. 2) und im Aufhebungsverfahren nach § 927, bei einstweiligen Verfügungen jeweils mit der Einschränkung aus § 939.

3. Voraussetzung einer Anordnung nach § 109

Voraussetzung für die Anordnung der Rückgabe einer geleisteten Sicherheit ist nach § 109, dass die **Veranlassung für eine Sicherheit weggefallen** ist. Für die Frage, wann das bei einer Sicherheitsleistung im Eilverfahren angenommen werden kann, ist zu unterscheiden:

a) Wegfall der Veranlassung bei Gläubigersicherheit

Die Veranlassung für eine **Sicherheitsleistung des Gläubigers** entfällt, wenn es keinen Schadensersatzanspruch des Schuldners nach § 945 zu sichern gibt. Das ist der Fall, wenn eine Vollziehung wegen Ablaufs der Frist des § 929 Abs. 2, 3 nicht mehr möglich ist, weil dann auch kein zu sichernder Vollziehungsschaden entstehen kann. Gleiches gilt, wenn der Gläubiger in der Hauptsache rechtskräftig obsiegt; dann steht fest, dass der Arrest- oder Verfügungsanspruch besteht, sodass ein Schadensersatzanspruch nach § 945 ausscheidet. Zwar kann in diesem Fall die Eilanordnung mangels Arrest- oder Verfügungsgrundes ursprünglich ungerechtfertigt sein, doch reicht das für einen Schadensersatzanspruch nicht aus.[9] Ferner besteht keine Veranlassung mehr für die Sicherheitsleistung, wenn der Schuldner den Arrest- oder Verfügungsanspruch freiwillig erfüllt hat, ohne dass er sich damit nur dem Druck einer drohenden Vollziehung gebeugt hat; denn diese Art der freiwilligen Erfüllung führt ebenfalls nicht zu einem ersatzfähigen Vollziehungsschaden.[10] Bei einer Aufhebung der Eilanordnung besteht jedenfalls dann kein Grund mehr für eine Sicherheitsleistung, wenn vorher noch keine Vollziehung erfolgt ist. Selbst bei einer Vollziehung und anschließender

---

[4] *Baumbach/Lauterbach/Hartmann*, § 943 Rn. 2; *Stein/Jonas/Grunsky*, § 943 Rn. 2.
[5] *Baumbach/Lauterbach/Hartmann*, § 943 Rn. 2.
[6] MüKo/*Drescher*, § 943 Rn. 2; *Stein/Jonas/Grunsky*, § 943 Rn. 2.
[7] § 927 Rdn. 31.
[8] § 942 Rdn. 23.
[9] Siehe § 945 Rdn. 18.
[10] § 945 Rdn. 46.

Aufhebung nach § 926 Abs. 2 oder nach § 942 Abs. 3, die grundsätzlich gem. § 945 schadensersatzbegründend ist, kommt eine Anordnung nach § 109 in Betracht, wenn dem Schuldner durch die Vollziehung ersichtlich kein Schaden entstanden ist und auch nicht mehr entstehen kann[11] oder wenn ein solcher Schaden bereits ersetzt ist. Bei der Prüfung, ob allein ein längerer Zeitablauf seit der Aufhebung das Sicherungsbedürfnis des Schuldners, der bis dahin keinen Schaden angemeldet hat, entfallen lässt,[12] ist angesichts des möglicherweise erst spät erkennbaren Vollziehungsschadens besondere Vorsicht geboten.[13] Die Veranlassung für die Sicherheitsleistung fällt nicht schon dann weg, wenn der Arrest- oder Verfügungsbefehl nicht angefochten und ggf. rechtskräftig wird; denn die für einen Schadensersatzanspruch maßgebliche, von Anfang an fehlende Berechtigung der Eilanordnung kann sich noch im Hauptsacheverfahren erweisen.[14]

b) Wegfall der Veranlassung bei Schuldnersicherheit

8 Die Veranlassung für eine **Sicherheitsleistung des Schuldners** entfällt, wenn der Gläubiger kein schützenswertes Interesse an der Sicherung der Durchsetzbarkeit seines Arrest- oder Verfügungsanspruches mehr hat. Diese Voraussetzung ist gegeben, wenn der zu sichernde Anspruch durch Erfüllung oder Erfüllungssurrogate erloschen ist oder wenn durch rechtskräftige Abweisung der Hauptsacheklage feststeht, dass der Gläubiger gar keinen zu sichernden Anspruch hat.[15] Ferner fällt mit der Aufhebung der Eilanordnung nach §§ 925 Abs. 2, 926 Abs. 2, 927, 942 Abs. 3 oder im Rechtsmittelverfahren die rechtliche Grundlage und damit die Veranlassung der Sicherheitsleistung weg, und zwar schon vor Rechtskraft der Aufhebungsentscheidung.[16] Ausnahmsweise bleibt trotz Aufhebung das Sicherungsbedürfnis des Gläubigers bestehen, wenn die Aufhebung gerade von einer Sicherheitsleistung abhängig gemacht wird (§ 925 Abs. 2) oder wegen des Erbietens zur Sicherheitsleistung erfolgt (§ 927 Abs. 1).[17]

III. Bedeutung des § 943 außerhalb des Zivilprozesses

9 Im Arrestverfahren in **Familienstreitsachen** gilt § 943 gem. § 119 Abs. 2 FamFG entsprechend. Bei einstweiligen Anordnungen nach dem FamFG bestimmt sich das Gericht der Hauptsache nach § 50 Abs. 1 FamFG, der dem § 943 Abs. 1 entspricht. Im **Arbeitsgerichtsprozess** ist § 943 über die Verweisungen in den §§ 62 Abs. 2, 85 Abs. 2 Satz 2 ArbGG anwendbar. Abs. 2 spielt allerdings schon deshalb keine Rolle, weil es die Zuständigkeitsaufspaltung zwischen Gericht der Hauptsache und Amtsgericht nicht gibt, sodass das Hauptsachegericht schon nach § 109 für die in dieser Vorschrift geregelten Anordnungen zuständig ist. Im **Verwaltungsgerichtsprozess** wird § 943 Abs. 1 durch § 123 Abs. 2 VwGO ersetzt. § 943 Abs. 2 ist ebenfalls nicht anwendbar. Im **sozialgerichtlichen Eilverfahren** gilt an Stelle des § 943 der § 86b Abs. 2 Satz 3 SGG.

---

11 RGZ 50, 376, 378; 61, 300.
12 Vgl. dazu RGZ 50, 376, 378; 61, 300; 97, 127, 130.
13 MüKo/*Drescher*, § 943 Rn. 4; *Zöller/Vollkommer*, § 943 Rn. 4.
14 RGZ 72, 27, 28 f.
15 OLG München, BB 1975, 764.
16 OLG Düsseldorf, NJW-RR 1987, 511, 512; siehe schon § 923 Rn. 7.
17 MüKo/*Drescher*, § 943 Rn. 6; *Zöller/Vollkommer*, § 943 Rn. 8.

§ 944 Entscheidung des Vorsitzenden bei Dringlichkeit

In dringenden Fällen kann der Vorsitzende über die in diesem Abschnitt erwähnten Gesuche, sofern deren Erledigung eine mündliche Verhandlung nicht erfordert, anstatt des Gerichts entscheiden.

Übersicht

	Rdn.			Rdn.
I.	Zweck. 1		2. Dringlichkeit	4
II.	Voraussetzungen 2		III. Die Entscheidung des Vorsitzenden. . . .	5
1.	Entbehrlichkeit einer mündlichen Verhandlung 3		IV. Bedeutung des § 944 außerhalb des Zivilprozesses	6

I. Zweck

Die Vorschrift dient dem Antragsteller. Sie hat verfahrensbeschleunigenden Charakter und gehört damit zu den für das Eilverfahren charakteristischen Besonderheiten. Sie trägt dem Umstand Rechnung, dass bei einem Kollegialgericht schon mit dem Zusammentreten des Spruchkörpers ein Zeitverlust verbunden sein kann, der einem effektiven einstweiligen Rechtsschutz entgegensteht. Dieses Problem stellt sich vor allem bei den Kammern für Handelssachen[1] und bei den (Landes-)Arbeitsgerichten;[2] denn die Handelsrichter und die ehrenamtlichen Richter sind im Zweifel nicht jederzeit sogleich verfügbar. Deshalb ermöglicht § 944 unter bestimmten Voraussetzungen eine Alleinentscheidung durch den Vorsitzenden. Diese Vorschrift gilt sowohl im einstweiligen Verfügungs- als auch im Arrestverfahren. 1

II. Voraussetzungen

Die Alleinzuständigkeit des Vorsitzenden hängt von zwei Voraussetzungen ab: Es muss sich um einen dringenden Fall handeln, dessen Erledigung ohne mündliche Verhandlung möglich ist. 2

1. Entbehrlichkeit einer mündlichen Verhandlung

Nach § 944 kann der Vorsitzende nur solche Entscheidungen allein treffen, die ohne mündliche Verhandlung ergehen können. Dabei geht es um die Entscheidung nach den §§ 921, 922, 926 Abs. 1, 930 Abs. 1 Satz 3 (i. V. m. § 834), 934 Abs. 3, 937 Abs. 2, 941, 942 Abs. 4, 943 Abs. 2. In mehreren dieser Fälle hängt schon die Entbehrlichkeit einer mündlichen Verhandlung entweder aufgrund des ausdrücklichen Gesetzeswortlauts (§§ 937 Abs. 2, 942 Abs. 4, 1 i. V. m. § 128 Abs. 4) oder wegen des Grundrechts auf rechtliches Gehör gem. Art. 103 Abs. 1 GG[3] von einer erhöhten Dringlichkeit ab. Der Gesetzgeber geht davon aus, dass es in allen Fällen, in denen schon eine mündliche Verhandlung erforderlich ist, auch möglich sein muss, bis zum Termin den gesamten Spruchkörper zusammenzurufen. 3

2. Dringlichkeit

Mit der Dringlichkeit ist nicht diejenige gemeint, die schon für den Arrest- oder Verfügungsgrund vorausgesetzt wird. Andernfalls wäre diese Tatbestandsvoraussetzung des § 944 sinnlos. Die somit erforderliche erhöhte Dringlichkeit ist aber auch nicht identisch mit derjenigen des § 937 Abs. 2 und der des § 942 Abs. 1. Erhöhte Dringlichkeit nach § 937 Abs. 2 setzt voraus, dass die mit einer mündlichen Verhandlung verbundene Zeitverzögerung oder/und die Warnung des Gegners im Interesse eines wirksamen Rechtsschutzes vermieden werden muss.[4] Die davon zu unterscheidende, 4

---

1 LG Zweibrücken, NJW-RR 1986, 715.
2 *Walker*, Der einstweilige Rechtsschutz, Rn. 271. Vgl. zu einem solchen Fall BAG, BB 1991, 2306.
3 Dazu § 922 Rdn. 3.
4 Siehe § 937 Rdn. 20.

ebenfalls erhöhte Dringlichkeit nach § 942 Abs. 1 ist gegeben, wenn der mit der Anrufung des Hauptsachegerichts verbundene Zeitverlust einem effektiven Rechtsschutz entgegenstehen würde.[5] Dagegen bedeutet Dringlichkeit i. S. v. § 944, dass der Zeitablauf bis zum Zusammentreten des Spruchkörperkollegiums die Wirksamkeit des einstweiligen Rechtsschutzes gefährdet.[6] Die Dringlichkeitsstufen der §§ 944 und 942 Abs. 1 treffen niemals zusammen, da beim Amtsgericht ohnehin der Amtsrichter allein entscheidet. Bei einer Zuständigkeit des Landgerichts der Hauptsache müssen die Dringlichkeitsstufen des § 937 Abs. 2 und des § 944 kumulativ vorliegen.[7] Der Antragsteller, der eine schnelle Entscheidung durch den Vorsitzenden begehrt, muss die erhöhte Dringlichkeit i. S. v. § 944 glaubhaft machen.[8] Das gilt auch im einstweiligen Verfügungsverfahren auf Unterlassung wettbewerbswidriger Handlungen; die Dringlichkeitsvermutung nach § 12 Abs. 2 UWG ist hier (ebenso wie bei § 937 Abs. 2)[9] nicht einschlägig.[10]

III. Die Entscheidung des Vorsitzenden

5 Der Vorsitzende entscheidet durch Beschluss. Er kann die beantragte Eilanordnung erlassen oder das Gesuch abweisen. Bei einer Abweisung kommt der Antragsteller zwar ohnehin nicht in den Genuss eines schnellen Titels, doch muss das entgegen einer verbreiteten Ansicht[11] einer erhöhten Dringlichkeit i. S. v. § 944 nicht notwendig entgegenstehen. Das Interesse des Antragstellers, auch eine Zurückweisung seines Gesuchs ohne jeden Zeitverlust zu erhalten, um möglichst schnell sofortige Beschwerde einlegen zu können, kann im Einzelfall selbst die Zurückweisung als »dringlich« i. S. v. § 944 erscheinen lassen.[12] Der Vorsitzende ist nach dem klaren Gesetzeswortlaut nicht berechtigt, eine mündliche Verhandlung anzuberaumen. Wenn er die erhöhte Dringlichkeit als Voraussetzung für sein Alleinentscheidungsrecht nicht für gegeben hält, kann er das Spruchkörperkollegium zusammenrufen. Dieses entscheidet dann, ob eine mündliche Verhandlung stattfinden soll.[13] Ausnahmsweise ist eine Terminsanberaumung des Vorsitzenden der Kammer für Handelssachen vor ihm zulässig, wenn sich beide Parteien mit der unbeschränkten Entscheidungsbefugnis des Vorsitzenden einverstanden erklärt haben (vgl. § 349 Abs. 3);[14] das setzt allerdings voraus, dass der Gegner von dem Verfügungsantrag unterrichtet wurde und Gelegenheit für die Abgabe der Einverständniserklärung erhielt. Gegen die Entscheidung des Vorsitzenden nach § 944 sind dieselben Rechtsbehelfe gegeben wie gegen einen Beschluss des Spruchkörpers.

IV. Bedeutung des § 944 außerhalb des Zivilprozesses

6 Im Arrestverfahren in **Familienstreitsachen** gilt § 944 gem. § 119 Abs. 2 FamFG entsprechend. Die Vorschrift kann von Bedeutung sein, wenn der Arrest vom Berufungsgericht als Hauptsachegericht angeordnet wird.

---

5 Siehe § 942 Rdn. 8.
6 *Ahrens/Scharen*, Der Wettbewerbsprozess, Kap. 51 Rn. 25; Hk-ZV/*Haertlein*, § 944 Rn. 3; MüKo/*Drescher*, § 944 Rn. 3; PG/*Fischer*, § 944 Rn. 2; *Stein/Jonas/Grunsky*, § 944 Rn. 2; *Teplitzky*, Wettbewerbsrechtliche Ansprüche und Verfahren, Kap. 55 Rn. 2; *Thomas/Putzo/Seiler*, § 944 Rn. 1; *Walker*, Der einstweilige Rechtsschutz, Rn. 271; *Zöller/Vollkommer*, § 944 Rn. 1.
7 Vgl. OLG Karlsruhe, NJW-RR 1987, 1206.
8 *Walker*, Der einstweilige Rechtsschutz, Rn. 330 und 271.
9 Siehe § 937 Rn. 12 (auch mit Nachweisen zur Gegenansicht).
10 *Teplitzky*, WRP 1980, 373, 375; *ders.*, GRUR 1978, 286; *Zöller/Vollkommer*, § 944 Rn. 1.
11 *Gottwald*, § 944 Rn. 5; *Zöller/Vollkommer*, § 944 Rn. 1; zu § 937 Abs. 2 ebenso OLG Frankfurt, MDR 1979, 945; KG, MDR 1979, 590; OLG München, NJW 1975, 1569.
12 OLG Karlsruhe, NJW-RR 1987, 1206 f.; OLG Koblenz, NJW 1980, 2588, 2589 (zu § 937 Abs. 2); LG Zweibrücken, NJW-RR 1986, 715; MüKo/*Drescher*, § 944 Rn. 3; *Stein/Jonas/Grunsky*, § 944 Rn. 4.
13 MüKo/*Drescher*, § 944 Rn. 4.
14 OLG Koblenz, WRP 1981, 115, 117.

Im **arbeitsgerichtlichen Urteilsverfahren** wird § 944 von § 53 Abs. 1 ArbGG verdrängt.[15] Danach werden die nicht aufgrund einer mündlichen Verhandlung ergehenden Beschlüsse vom Vorsitzenden allein erlassen. Auf eine erhöhte Dringlichkeit kommt es anders als nach § 944 nicht an. Das weitergehende Alleinentscheidungsrecht des Vorsitzenden nach § 53 Abs. 1 ArbGG gilt auch im Eilverfahren[16] und geht als Spezialregelung dem § 944 vor.

Im **arbeitsgerichtlichen Beschlussverfahren** findet § 53 Abs. 1 ArbGG keine Anwendung. Nach § 85 Abs. 2 Satz 2 ArbGG gelten zwar die Vorschriften der ZPO über die einstweilige Verfügung entsprechend, aber mit der Maßgabe, »dass die Entscheidungen durch Beschluss der Kammer ergehen«. Angesichts dieses Gesetzeswortlauts soll nach verbreiteter Ansicht § 944 im arbeitsgerichtlichen Beschlussverfahren nicht anwendbar sein.[17] Nach der Gegenansicht schließt § 85 Abs. 2 Satz 2 ArbGG lediglich die Anwendung des § 53 Abs. 1 ArbGG aus, sodass grundsätzlich Beschlüsse ohne mündliche Verhandlung durch die gesamte Kammer zu fassen seien; dagegen werde § 944 durch § 85 Abs. 2 Satz 2 ArbGG nicht berührt, sodass bei besonders dringlichen Fällen der Vorsitzende ohne die ehrenamtlichen Richter entscheiden könne.[18] Der Wortlaut des § 85 Abs. 2 Satz 2 ArbGG spricht zwar eher für die erstgenannte Ansicht. Der Sinn des § 944 kommt dagegen auch im arbeitsgerichtlichen Beschlussverfahren zum Tragen. Die Gefahr, dass bis zu einer Beratung der gesamten Kammer zu viel Zeit vergeht, ist im arbeitsgerichtlichen Beschlussverfahren genau so groß wie im Urteilsverfahren und im Arbeitsgerichtsprozess insgesamt wegen der Beteiligung der nicht ständig präsenten ehrenamtlichen Richter noch größer als im Zivilprozess. Es wäre sachlich nicht begründbar, wenn zwar bei einer aus drei zumeist schnell verfügbaren Berufsrichtern bestehenden Zivilkammer beim Landgericht in dringenden Fällen der Vorsitzende allein entscheiden könnte, nicht aber bei einem mit im Zweifel nur schwer erreichbaren ehrenamtlichen Richtern besetzten Spruchkörper in der Arbeitsgerichtsbarkeit. Die besseren Gründe sprechen mithin dafür, § 944 auch im arbeitsgerichtlichen Beschlussverfahren anzuwenden.[19]

Im **verwaltungsgerichtlichen** und im **sozialgerichtlichen Eilverfahren** findet § 944 keine Anwendung (arg. e § 123 Abs. 3 VwGO, § 86b Abs. 2 Satz 4 SGG).

---

15 *Berger/Boemke*, Kap. 14 Rn. 14; GMP/*Germelmann*, § 62 ArbGG Rn. 86; *Walker*, Der einstweilige Rechtsschutz, Rn. 736; *Schwab/Weth/Walker*, § 62 ArbGG Rn. 117; *Wenzel*, NZA 1984, 112, 114a. M. *Baur* in: *Gift/Baur*, Das Urteilsverfahren vor den Gerichten für Arbeitssachen, J Rn. 69; HdbVR-*Baur*, B Rn. 8.
16 GMP/*Germelmann*, § 53 ArbGG Rn. 17 und § 62 Rn. 86; GWBG/*Benecke*, § 53 ArbGG Rn. 6.
17 BAG, BB 1991, 2306, 2308; ArbG Hamm, DB 1972, 342f.; *Baumbach/Lauterbach/Hartmann*, § 944 Rn. 4; GMP/*Matthes*, § 85 ArbGG Rn. 45; MüKo/*Drescher*, § 944 Rn. 5; *Simitis/Weiss*, DB 1973, 1240, 1252.
18 *Berger/Boemke*, Kap. 14 Rn. 41; *Dütz*, ZfA 1972, 246, 256f.; GMP/*Greiner*, § 85 ArbGG Rn. 27; *Schwab/Weth/Walker*, § 85 ArbGG Rn. 68; *Wenzel*, NZA 1984, 112, 115.
19 In der Sache zustimmend *Francken*, NJW 2007, 1792, 1793; *Francken/Natter/Rieker*, NZA 2007, 833, 836 und NZA 2008, 377, 383f. Einzelheiten mit zahlreichen Nachweisen zum Meinungsstand bei *Walker*, Der einstweilige Rechtsschutz, Rn. 882ff.

§ 945 Schadensersatzpflicht

Erweist sich die Anordnung eines Arrestes oder einer einstweiligen Verfügung als von Anfang an ungerechtfertigt oder wird die angeordnete Maßregel auf Grund des § 926 Abs. 2 oder des § 942 Abs. 3 aufgehoben, so ist die Partei, welche die Anordnung erwirkt hat, verpflichtet, dem Gegner den Schaden zu ersetzen, der ihm aus der Vollziehung der angeordneten Maßregel oder dadurch entsteht, dass er Sicherheit leistet, um die Vollziehung abzuwenden oder die Aufhebung der Maßregel zu erwirken.

Literatur:
Ahrens, Der Schadensersatzanspruch nach § 945 ZPO im Streit der Zivilsenate, FS Piper, 1996, 31; *Altmeppen*, Die Bindung des Schuldners an Unterlassungsurteile in ihrer Abhängigkeit von der Sicherheitsleistung und der Veranlasserhaftung des Gläubigers, WM 1989, 1157; *Borck*, Die Vollziehung und die Vollstreckung von Unterlassungstiteln, WRP 1993, 374; *Fischer*, Hat das im einstweiligen Rechtsschutz ergangene rechtskräftige Urteil Bedeutung für den Schadensersatzanspruch aus § 945 ZPO?, FS Merz, 1992, 81; *Gaul*, Die Haftung aus der Vollziehung eines ungerechtfertigten Steuerarrestes und Steuerbescheids, JZ 2013, 760; *Gehrlein*, Schadensersatz aus § 945 ZPO in Wettbewerbssachen – Erleichterungen und Schwierigkeiten bei der Verfolgung des Anspruches, MDR 2000, 687; *Gleußner*, Schadensersatz nach § 945 ZPO bei Unterlassungsverfügungen auch ohne Vollziehung?, MDR 1996, 451; *Grunsky*, Grundlagen des einstweiligen Rechtsschutzes, JuS 1976, 277; *Häsemeyer*, Schadenshaftung im Zivilrechtsstreit, 1979; *Kaup*, Das Schadensersatzrisiko nach § 945 ZPO, JuS 1982, 876; *Kienzle*, Schadensersatz bei einstweiligen Verfügungen in England und Deutschland, 2000; *König*, Die verschuldensunabhängige Haftung für »ungerechtfertigten« einstweiligen Rechtsschutz (§ 394 EO), JBl 2005, 205 (zum österreichischen Recht); *Münzberg*, Der Schutzbereich der Normen §§ 717 Abs. 2, 945 ZPO, FS Lange, 1992, 599; *Pietzcker*, Die Gefahr analoger Ausdehnung der Haftung nach § 945 ZPO, GRUR 1980, 442; *Saenger*, Zur Schadensersatzpflicht bei vorzeitigen Vollstreckungsmaßnahmen des materiell berechtigten Gläubigers, JZ 1997, 222; *Schilken*, Grundfragen zum Schadensersatzanspruch nach § 945 ZPO, Festgabe 50 Jahre BGH, Bd. III, 2000, 593; *Stolz*, Einstweiliger Rechtsschutz und Schadensersatzpflicht, 1989; *Teplitzky*, Zur Bindungswirkung gerichtlicher Vorentscheidungen im Schadensersatzprozeß nach § 945 ZPO, NJW 1984, 850; *ders.*, Ist die den Verfügungsanspruch verneinende summarische Entscheidung im Schadensersatzprozeß nach § 945 ZPO bindend?, DRiZ 1985, 179; *Ulrich*, Die Befolgung und Vollziehung einstweiliger Unterlassungsverfügungen sowie der Schadensersatzanspruch gemäß § 945 ZPO, WRP 1991, 361; *ders.*, Ersatz des durch die Vollziehung entstandenen Schadens gemäß § 945 ZPO auch ohne Vollziehung, WRP 1999, 82.

Übersicht

		Rdn.
I.	Zweck	1
II.	Voraussetzungen	5
1.	Erster Fall: Anordnung von Anfang an ungerechtfertigt	6
	a) Ursache für die fehlende Rechtfertigung	8
	aa) Kein Arrest- oder Verfügungsanspruch	9
	bb) Kein Arrest- oder Verfügungsgrund	13
	cc) Unzulässigkeit des Gesuchs	16
	dd) Fehlende Glaubhaftmachung	17
	b) Bindung des Schadensersatzrichters	18
	aa) Entscheidung in der Hauptsache	19
	bb) Entscheidung im Eilverfahren	21
	(1) Differenzierende Lösung	22
	(2) Keine Bindungswirkung	25

		Rdn.
2.	Zweiter Fall: Aufhebung nach § 926 Abs. 2	26
3.	Dritter Fall: Aufhebung nach § 942 Abs. 3	29
4.	Bedeutung der Fristversäumung nach § 929 Abs. 2, 3	31
III.	Der Schadensersatzanspruch	32
1.	Anwendung allgemeiner Regeln	33
2.	Gläubiger des Schadensersatzanspruchs	36
3.	Vollziehungsschaden	39
	a) Vollziehung	40
	b) Anordnungsschaden	42
	c) Verfahrenskosten	43
	d) Sicherheitsleistung	44
	e) Abwendung durch freiwillige Erfüllung	45
IV.	Der Schadensersatzprozess	50
V.	Bedeutung des § 945 außerhalb des Zivilprozesses	52

a) Ursache für die fehlende Rechtfertigung

Der Gesetzeswortlaut deutet zwar darauf hin, als komme es auf die Ursache für die fehlende Rechtfertigung nicht an.[23] Aus dem Zweck des § 945[24] ergeben sich insoweit jedoch Einschränkungen.

aa) Kein Arrest- oder Verfügungsanspruch

Die Anordnung war ungerechtfertigt, wenn von Anfang an kein Arrest- oder Verfügungsanspruch vorlag.[25] Die Eilanordnung ist dann im Widerspruch zur materiellen Rechtslage ergangen. Der aus dem Vollzug einer solchen Anordnung resultierende Schaden des Gegners ist nach § 945 zu ersetzen. Ein Sonderfall, in dem der Verfügungsanspruch von Anfang an fehlte, ist dann gegeben, wenn die Eilanordnung auf einen Anspruch gestützt wird, der kraft Gesetzes nur ein einstweiliger Anspruch ist und dessen vorläufige Wirkung rückwirkend beseitigt werden kann. Das war etwa nach der früheren Fassung des Patentgesetzes der Fall, wenn eine einstweilige Verfügung auf einer bekannt gemachten Patentanmeldung beruhte und später die Erteilung des Patents versagt wurde; denn nach den §§ 30 Abs. 1 Satz 2, 35 Abs. 2 Satz 2 PatG a. F. genoss die bekannt gemachte Patentanmeldung ausdrücklich nur einen einstweiligen Schutz, und die Wirkungen dieses einstweiligen Schutzes galten mit Versagung des Patents als nicht eingetreten.[26] Gleiches gilt, wenn eine Unterlassungsverfügung auf ein Gebrauchsmuster gestützt wird, welches zwar bei Verfügungserlass angemeldet und eingetragen war, später aber im Gebrauchsmusterlöschungsverfahren gelöscht wurde, weil die sachlichen Voraussetzungen für seinen Schutz (§ 5 a. F., heute § 1 GebrMG) nicht vorlagen. Die Löschung beseitigt nämlich mit rückwirkender Kraft das Scheinrecht, dem von Anfang an keine Schutzwirkung zukam.[27]

Die Anordnung gilt selbst dann als ungerechtfertigt i. S. v. § 945, wenn der Antragsteller den ursprünglich fehlenden **Anspruch nachträglich erworben** hat. In diesem Fall ist allerdings nur derjenige Schaden ersatzfähig, der durch die Vollziehung der ursprünglich fehlerhaften Eilanordnung vor Erwerb des Anspruches eingetreten ist.[28] Wenn umgekehrt der ursprünglich bestehende Arrest- oder Verfügungsanspruch nachträglich weggefallen ist, greift § 945 nicht ein.[29] Bei einem nachträglichen Wegfall kann der Gegner Aufhebung nach § 927 beantragen und sich gegen die Vollziehung mit der Vollstreckungsgegenklage (§ 767) wehren. Daneben ist ein verschuldensunabhängiger Schadensersatzanspruch nicht erforderlich. Der nachträgliche Wegfall des titulierten Anspruches gehört auch nicht zu den typischen Risiken, die mit der Vollstreckung aus einem lediglich einstweiligen Titel verbunden sind.[30] Hierher wurde lange Zeit von der h. M. auch der Fall gezählt, dass eine einstweilige Verfügung auf ein Patent gestützt wurde, welches später durch Urteil für nichtig erklärt wurde.[31] Der BGH[32] hat dagegen einen Schadensersatzanspruch nach § 945 bei nachträglicher Nichtigerklärung eines Patents, aus dem eine einstweilige Verfügung erwirkt worden ist, im Hinblick auf die ex-tunc-Wirkung der Nichtigerklärung bejaht.

---

23 So auch die Formulierung in BGH, WM 1988, 1352, 1354.
24 Siehe oben Rdn. 1 ff.
25 Unstreitig; vgl. nur BGH, NJW 1988, 3268, 3269; *Baur*, Studien zum einstweiligen Rechtsschutz, S. 104; *Walker*, Der einstweilige Rechtsschutz, Rn. 443.
26 Dazu BGH, NJW 1979, 2565, 2566; zustimmend *Stein/Jonas/Grunsky*, § 945 Rn. 19; *Zöller/Vollkommer*, § 945 Rn. 8.
27 Siehe nochmals BGH, NJW 1979, 2565, 2566.
28 *Walker*, Der einstweilige Rechtsschutz, Rn. 443.
29 *Gaul/Schilken/Becker-Eberhard*, § 80 Rn. 5; *MüKo/Drescher*, § 945 Rn. 9; *Stein/Jonas/Grunsky*, § 945 Rn. 19; *Zöller/Vollkommer*, § 945 Rn. 8.
30 *Walker*, Der einstweilige Rechtsschutz, Rn. 443.
31 So bis 3. Aufl., § 945 Rn. 6; *Schwerdtner*, GRUR 1968, 9, 17; *Stein/Jonas/Grunsky*, § 945 Rn. 19; *Zöller/Vollkommer*, § 945 Rn. 8; **offen gelassen** von BGH, NJW 1979, 2565, 2566.
32 BGH, NJW-RR 2006, 621, 623.

11 Beruft sich der Antragsgegner, der vor Erlass des Arrestes oder der einstweiligen Verfügung nicht angehört wurde, nachher auf **Verjährung** oder übt er nachträglich ein zum Erlöschen des Anspruchs führendes **Gestaltungsrecht** aus, dessen Voraussetzungen schon vorher vorlagen, muss § 945 nach seinem Zweck wie bei einem von Anfang an fehlenden Anspruch anwendbar sein; denn die Nichtberücksichtigung der Einrede oder des Gestaltungsrechts vor der Anordnung der Eilmaßnahme beruht gerade auf der unterbliebenen Beteiligung des Gegners und damit auf einem Risiko, welches durch § 945 ausgeglichen werden soll.[33]

12 Wird nach Anordnung der Eilmaßnahme die anspruchsbegründende **Norm vom Bundesverfassungsgericht für nichtig erklärt**, ist nach ganz h. M.[34] § 945 ebenfalls anwendbar. Die Nichtigerklärung bedeutet einen rückwirkenden Wegfall des Anspruches. Die Anwendung des § 945 in diesem Fall belegt die unter Rn. 1 aufgestellte These, dass nicht nur die gerade auf dem summarischen Charakter des Eilverfahrens beruhenden Schäden ersetzt werden sollen; denn das Risiko der Nichtigerklärung einer Norm durch das Bundesverfassungsgericht besteht unabhängig von der Verfahrensart. Die Schadensersatzpflicht beruht hier vielmehr auf dem Risiko, welches allgemein mit der Vollstreckung aus noch nicht endgültigen Entscheidungen verbunden ist. Daraus folgt gleichzeitig, dass eine Nichtigerklärung erst nach rechtskräftigem Obsiegen des Gläubigers in der Hauptsache keine Schadensersatzpflicht begründet;[35] denn in diesem Fall beruht ein durch die Vollziehung eingetretener Schaden gar nicht auf der Vorläufigkeit des Titels. Der rechtskräftige Hauptsachetitel bleibt trotz Nichtigerklärung der entscheidungserheblichen Norm in seinem Bestand unberührt (§ 79 Abs. 2 Satz 1 BVerfGG). Daran ist der Richter im Schadensersatzprozess nach § 945 gebunden.[36]

bb) Kein Arrest- oder Verfügungsgrund

13 Wenn bei Erlass der Eilanordnung zwar der materielle Anspruch, aber kein Arrest- oder Verfügungsgrund vorlag, hätte die Eilanordnung ebenfalls nicht ergehen dürfen. Sie ist insofern als ungerechtfertigt anzusehen. Deshalb wird in solchen Fällen von der ganz h. M. die Anwendung des § 945 bejaht.[37]

14 Diese h. M., die das ursprüngliche Fehlen eines Arrestgrundes dem Fehlen eines Arrestanspruchs im Rahmen von § 945 gleichsetzt, bedarf einer Klarstellung. Zwar liegt das Tatbestandsmerkmal »von Anfang an ungerechtfertigt« nach seinem Wortlaut auch bei Fehlen der Eilbedürftigkeit vor. Trotzdem kann allein das Fehlen des Anordnungsgrundes bei gleichzeitigem Vorliegen eines fälligen und durchsetzbaren materiellen Anspruches nicht zu einem nach § 945 ersatzfähigen Schaden führen. Der Schuldner eines fälligen Anspruches hat kein schutzwürdiges Interesse daran, durch Nichterfüllung des Anspruches einen rechtswidrigen Zustand so lange aufrechtzuerhalten, bis der Gläubiger den Anspruch aufgrund eines im Hauptsacheverfahren erstrittenen Titels vollstrecken kann. Es ist

---

33 *Walker*, Der einstweilige Rechtsschutz, Rn. 444 f.
34 BGH, NJW 1970, 1459; OLG Düsseldorf, NJW-RR 1987, 1205; KG, GRUR 1987, 571; *Gaul/Schilken/Becker-Eberhard*, § 80 Rn. 5; HdbVR-*Dunkl*, A Rn. 435; HdbZVR/*Kellendorfer*, Kap. 8 Rn. 120; MüKo/*Drescher*, § 945 Rn. 9; *Stein/Jonas/Grunsky*, § 945 Rn. 19; *Zöller/Vollkommer*, § 945 Rn. 4.
35 BGH, WM 1988, 1428, 1429; NJW 1970, 1459, 1460; OLG Düsseldorf, NJW-RR 1987, 1205; *Brox/Walker*, Rn. 1565.
36 BGH, WM 1988, 1428; *Walker*, Der einstweilige Rechtsschutz, Rn. 447. Vgl. dazu auch Rn. 19.
37 BGH, JZ 1992, 748, 751; BGHZ 30, 123, 126; WM 1988, 1352; OLG Karlsruhe, WRP 1984, 102, 105; Alternativkommentar/*Damm*, § 945 Rn. 3; *Baur*, Studien zum einstweiligen Rechtsschutz, S. 104; *Baumbach/Lauterbach/Hartmann*, § 945 Rn. 7; *Berger/Becker-Eberhard*, Kap. 10 Rn. 35; *Ebmeier/Schöne*, Rn. 362; *Fischer*, FS Merz, S. 81, 90; *Gaul/Schilken/Becker-Eberhard*, § 80 Rn. 5; *Gottwald*, § 945 Rn. 8; HdbVR-*Dunkl*, A Rn. 442; HdbZVR/*Kellendorfer*, Kap. 8 Rn. 119; Hk-ZPO/*Kemper*, § 945 Rn. 5; Hk-ZV/*Haertlein*, § 945 Rn. 8; MüKo/*Drescher*, § 945 Rn. 10; *Münzberg*, FS Lange, S. 599, 603; PG/*Fischer*, § 945 Rn. 3; *Saenger*, JZ 1997, 222, 227 f.; *Schilken*, Festgabe 50 Jahre BGH, Bd. III, 593, 605; *Stein/Jonas/Grunsky*, § 945 Rn. 20; *Wieczorek/Schütze/Thümmel*, § 945 Rn. 11; *Zöller/Vollkommer*, § 945 Rn. 8.

nicht der Sinn des § 945, dem Schuldner einen Anspruch auf Ersatz eines Vollziehungsschadens zu gewähren, den er selbst durch eine unberechtigte Leistungsverweigerung provoziert hat.[38] Dieses Ergebnis ist im Übrigen bei Unterlassungsverfügungen, bei deren Erlass zwar kein Verfügungsgrund, wohl aber ein materieller Verfügungsanspruch bestand, verbreitet anerkannt.[39] Folglich ist entweder schon der Tatbestand des § 945 teleologisch in dem Sinne zu reduzieren, dass beim bloßen Fehlen eines Anordnungsgrundes das Merkmal »ungerechtfertigt« verneint wird,[40] oder es muss in solchen Fällen jedenfalls ein ersatzfähiger Vollziehungsschaden verneint werden.[41]

Unstrittig ist das Vorbringen des Schuldners, zum Zeitpunkt des Erlasses der Eilmaßnahme habe der Anordnungsgrund gefehlt, im Schadensersatzprozess nach § 945 jedenfalls dann unerheblich, wenn der Anordnungsgrund kraft Gesetzes vermutet wird (z. B. §§ 885 Abs. 1 Satz 2, 899 Abs. 2 Satz 2 BGB, 12 Abs. 2 UWG). Zu Recht wird vom Schuldner in diesen Fällen verlangt, die gesetzliche Vermutung bereits im Eilverfahren zu widerlegen.[42]

cc) Unzulässigkeit des Gesuchs

Eine Eilanordnung kann sich auch deshalb als ungerechtfertigt erweisen, weil sie trotz **Unzulässigkeit des Gesuchs** ergangen ist. Deshalb führt nach einer Mindermeinung die Vollziehung einer solchen Eilanordnung, die trotz Fehlens einer Prozessvoraussetzung erlassen wurde, zu einem Schadensersatzanspruch nach § 945.[43] Für dieses Ergebnis spricht zwar, dass die Zulässigkeitsvoraussetzungen ebenso wie die Begründetheitsvoraussetzungen nur glaubhaft gemacht werden müssen und daher dem typischen Fehlentscheidungsrisiko des Eilverfahrens unterliegen. Trotzdem lässt sich allein mit der Unzulässigkeit des Gesuchs ein Schadensersatzanspruch nicht begründen.[44] Ein solcher muss nämlich ebenso wie beim Fehlen des Arrest- oder Verfügungsgrundes daran scheitern, dass bei einer Vollziehung jedenfalls kein ersatzfähiger Schaden entsteht. Sofern der Antragsteller einen fälligen und durchsetzbaren Anspruch hatte, ändert die (z. B. wegen Anrufung eines unzuständigen Gerichts) Unzulässigkeit des Gesuchs nichts daran, dass der Antragsgegner diesen Anspruch hätte erfüllen müssen und damit einen Vollziehungsschaden hätte vermeiden können. § 945 bezweckt nicht, den Antragsgegner für seine objektiv rechtswidrige Leistungsverweigerung mit einem Schadensersatzanspruch zu belohnen.

dd) Fehlende Glaubhaftmachung

Selbst bei **fehlender Glaubhaftmachung** der objektiv vorliegenden Voraussetzungen für den Arrest oder die einstweilige Verfügung erweist sich deren Erlass zwar als von Anfang an ungerechtfertigt.[45]

---

38 *Brox/Walker*, Rn. 1563; *Bruns*, ZZP 65 (1952), 67, 71; *Stolz*, Einstweiliger Rechtsschutz und Schadensersatzpflicht, S. 77 f.; *Walker*, Der einstweilige Rechtsschutz, Rn. 449.
39 BGH, NJW 1990, 122, 125; 1981, 2579; RGZ 65, 66, 67 f.; OLG Düsseldorf, WRP 1978, 384, 385; *Baur/Stürner/Bruns*, Rn. 54.22; *Melullis*, Handbuch des Wettbewerbsprozesses, Rn. 298.
40 So *Bruns*, ZZP 65 (1952), 67, 71; ihm folgend *Stolz*, Einstweiliger Rechtsschutz und Schadensersatzpflicht, S. 78; im Ergebnis ebenso *Altmeppen*, WM 1989, 1157, 1164; *Teplitzky*, Wettbewerbsrechtliche Ansprüche und Verfahren, Kap. 36 Rn. 5.
41 Vgl. nur BGHZ 126, 368, 374 f.; BGH, NJW 1990, 122, 125; *Walker*, Der einstweilige Rechtsschutz, Rn. 450.
42 Vgl. MüKo/*Drescher*, § 945 Rn. 11; *Zöller/Vollkommer*, § 945 Rn. 8.
43 *Ahrens*, Der Wettbewerbsprozess, Kap. 62 Rn. 2; *Baumbach/Lauterbach/Hartmann*, § 945 Rn. 7; *Fischer*, FS Merz, S. 81, 90.
44 OLG Düsseldorf, MDR 1961, 606; OLG Karlsruhe, WRP 1984, 102, 105; Alternativkommentar/*Damm*, § 945 Rn. 3; *Baur*, Studien zum einstweiligen Rechtsschutz, S. 104 f.; *Brox/Walker*, Rn. 1563; *Gaul/Schilken/Becker-Eberhard*, § 80 Rn. 5; *Gottwald*, § 945 Rn. 9; HdbVR-*Dunkl*, A Rn. 443; Hk-ZV/*Haertlein*, § 945 Rn. 9; MüKo/*Drescher*, § 945 Rn. 12; *Musielak/Voit/Huber*, § 945 Rn. 3; *Schilken*, Festgabe 50 Jahre BGH, Bd. III, 593, 607; *Stein/Jonas/Grunsky*, § 945 Rn. 21; *Wieczorek/Schütze/Thümmel*, § 945 Rn. 12 (Ausnahme bei fehlender internationaler Zuständigkeit); *Zöller/Vollkommer*, § 945 Rn. 8.
45 So BGH, WM 1988, 1352, 1354.

Dennoch reicht ein Glaubhaftmachungsmangel nicht aus, um einen Schadensersatzanspruch nach § 945 zu begründen.[46] Die Gegenansicht[47] überzeugt nicht. Die ursprünglich fehlende Glaubhaftmachung ändert nämlich ebenso wenig wie die fehlende Eilbedürftigkeit und die Unzulässigkeit des Gesuchs etwas daran, dass der Gegner die Erfüllung eines objektiv vorliegenden, fälligen und durchsetzbaren Anspruchs zu Unrecht verweigert hat. Ihm entsteht durch die Vollziehung der Eilanordnung kein ersatzfähiger Schaden. Er macht sich vielmehr selbst nach §§ 280, 281, 286 BGB ersatzpflichtig, da er spätestens mit Klageerhebung in Verzug kommt. Etwas anderes gilt nur dann, wenn dem Antragsteller auch der Beweis seines Anspruchs im Hauptsacheverfahren nicht gelingt; aber dann ist eben davon auszugehen, dass gar kein materieller Anspruch[48] besteht und nicht nur die Glaubhaftmachung gefehlt hat.

b) Bindung des Schadensersatzrichters

18   Wenn der Richter im Schadensersatzprozess prüft, ob die Anordnung von Anfang an ungerechtfertigt war, ist fraglich, ob er dabei immer eine eigene Entscheidung trifft oder ob er an eine andere gerichtliche Entscheidung gebunden ist. Das Problem der Bindung des Schadensersatzrichters stellt sich natürlich nur dann, wenn überhaupt schon eine rechtskräftige gerichtliche Entscheidung ergangen ist. Daran fehlt es, falls der Hauptsacheprozess gar nicht eingeleitet oder jedenfalls noch nicht rechtskräftig abgeschlossen wurde und das Eilverfahren etwa durch Rücknahme des Gesuchs, durch Vergleich, durch übereinstimmende Erledigungserklärung[49] oder dadurch beendet wurde, dass der Antragsgegner keinen Widerspruch gegen den Arrest- oder Verfügungsbeschluss eingelegt hat. Gleiches gilt, wenn das Eilverfahren durch ein Verzichtsurteil beendet wurde, das nicht mit Gründen versehen ist.[50] Jedenfalls in diesen Fällen entscheidet der Schadensersatzrichter frei darüber, ob die Anordnung von Anfang an ungerechtfertigt war.[51]

aa) Entscheidung in der Hauptsache

19   An die materielle Rechtskraft einer Entscheidung in der Hauptsache über den Arrest- oder Verfügungsanspruch ist der Richter im Schadensersatzprozess gebunden.[52] Dass gilt auch dann, wenn eine für die Hauptsacheentscheidung maßgebliche Norm später vom Bundesverfassungsgericht für nichtig erklärt wurde[53] oder wenn sich die für den Ausgang der Hauptsacheentscheidung ausschlaggebende Rechtsauffassung nachträglich ändert.[54] Die materielle Rechtskraft bleibt hier nach allgemeinen Regeln unangefochten. Das gilt allerdings nur in dem Umfang, wie die Rechtskraft der

---

46   So beiläufig BGH, LM Nr. 25 zu § 945 ZPO; Alternativkommentar/*Damm*, § 945 Rn. 3; *Baur*, Studien zum einstweiligen Rechtsschutz, S. 105; *Brox/Walker*, Rn. 1563; *Bruns*, ZZP 65 (1952), 67, 69 f.; *Gaul/Schilken/Becker-Eberhard*, § 80 Rn. 51; *Gottwald*, § 945 Rn. 10; HdbVR-*Dunkl*, A Rn. 443; HdbZVR/*Kellendorfer*, Kap. 8 Rn. 119; Hk-ZV/*Haertlein*, § 945 Rn. 9; MüKo/*Drescher*, § 945 Rn. 12; *Musielak/Voit/Huber*, § 945 Rn. 3; *Schilken*, Festgabe 50 Jahre BGH, Bd. III, 593, 607; Stein/Jonas/*Grunsky*, § 945 Rn. 22; *Walker*, Der einstweilige Rechtsschutz, Rn. 455; *Wieczorek/Schütze/Thümmel*, § 945 Rn. 12; *Zöller/Vollkommer*, § 945 Rn. 8.
47   BGH, WM 1988, 1352, 1354; *Baumbach/Lauterbach/Hartmann*, § 945 Rn. 7; vgl. ferner RGZ 58, 236, 241; wohl auch *Münzberg*, FS Lange, S. 599, 603.
48   Siehe oben Rdn. 9.
49   BGH, LM Nr. 25 zu § 945 ZPO.
50   BGH, WRP 1998, 877, 879.
51   Vgl. nur RGZ 106, 289, 292; 157, 14, 18; *Baur*, Studien zum einstweiligen Rechtsschutz, S. 105; *Brox/Walker*, Rn. 1564; *Klauser*, MDR 1981, 711, 716; *Teplitzky*, Wettbewerbsrechtliche Ansprüche und Verfahren, Kap. 36 Rn. 12.
52   BGH, WM 1988, 1352, 1354; OLG Karlsruhe, WRP 1984, 102, 104; *Baur*, Studien zum einstweiligen Rechtsschutz, S. 105; *Brox/Walker*, Rn. 1565; *Bruns*, ZZP 65 (1952), 67, 69; *Fischer*, FS Merz, S. 81; PG/*Fischer*, § 945 Rn. 5; *Schilken*, Festgabe 50 Jahre BGH, Bd. III, 593, 613; *Teplitzky*, NJW 1984, 850.
53   Siehe dazu Rdn. 12.
54   OLG Hamm, WRP 1986, 620, 622; *Brox/Walker*, Rn. 1565; MüKo/*Drescher*, § 945 Rn. 9.

Hauptsache reicht.[55] Wurde etwa die Klage in der Hauptsache als unzulässig abgewiesen, liegt gar keine Entscheidung über den materiellen Anspruch vor, an die der Schadensersatzrichter gebunden sein könnte.[56] Selbst bei einer Abweisung der Hauptsacheklage als unbegründet steht mit bindender Wirkung lediglich fest, dass dem Kläger der geltend gemachte materielle Anspruch nicht zusteht oder jedenfalls nicht durchsetzbar ist. Jedoch muss der Schadensersatzrichter selbstständig prüfen, ob dieses für ihn verbindliche Ergebnis auch schon zur Zeit des Arrest- oder Verfügungserlasses (»von Anfang an«) galt, sofern die Abweisung der Hauptsacheklage damit begründet wurde, der (vom Gericht offen gelassene) Anspruch sei jedenfalls verjährt,[57] oder sofern sich der Gläubiger darauf beruft, der Anspruch habe ursprünglich bestanden und sei erst später weggefallen.[58]

Zudem entfaltet die Hauptsacheentscheidung eine Bindungswirkung nur bezüglich des materiellen Arrest- oder Verfügungsanspruchs, nicht aber bezüglich des Arrest- oder Verfügungsgrundes.[59] Denn die ursprüngliche Eilbedürftigkeit ist nicht Gegenstand der Hauptsacheentscheidung. Diese Einschränkung der Bindungswirkung spielt aber im Schadensersatzprozess keine Rolle, da entgegen der ganz h. M. allein das Fehlen eines Anordnungsgrundes bei gleichzeitigem Vorliegen eines materiellen Anspruchs ohnehin nicht zu einem Schadensersatzanspruch nach § 945 führt.[60] Die ursprüngliche Eilbedürftigkeit braucht der Schadensersatzrichter also gar nicht zu prüfen.

bb) Entscheidung im Eilverfahren

Auch im Eilverfahren können rechtskräftige Entscheidungen ergehen,[61] die zur Zeit des Schadensersatzprozesses bereits vorliegen. Das sind die Arrest- und Verfügungsurteile nach Ablauf der Berufungsfrist sowie die Entscheidungen des Berufungs- und des Beschwerdegerichts. Der Meinungsstand dazu, ob und in welchem Umfang der Schadensersatzrichter an eine formell rechtskräftige **Entscheidung im Eilverfahren** gebunden ist, hat sich in den letzten Jahren gewandelt.

(1) Differenzierende Lösung

Nach **früher h. M.** war eine Bindungswirkung (nur) hinsichtlich derjenigen Merkmale anzunehmen, über die im Eilverfahren (angeblich) endgültig entschieden wird. Daraus ergab sich folgende **Differenzierung**:

Eine Bestätigung der Eilanordnung sollte den Schadensersatzrichter nur bezüglich des Anordnungsgrundes binden, weil dieser in der Hauptsache nicht geprüft werde und damit endgültig feststehe.[62] Die Entscheidung über den materiellen Anspruch habe dagegen bis zur Hauptsacheentscheidung nur einstweiligen Charakter und entfalte daher insoweit keine Bindungswirkung.[63]

---

55 BGH, NJW-RR 1992, 998, 999; *Teplitzky*, Wettbewerbsrechtliche Ansprüche und Verfahren, Kap. 36 Rn. 15.
56 *Stein/Jonas/Grunsky*, § 945 Rn. 25; *Zöller/Vollkommer*, § 945 Rn. 11.
57 *Brox/Walker*, Rn. 1565.
58 *Stein/Jonas/Grunsky*, § 945 Rn. 25; *Teplitzky*, NJW 1984, 850; *Zöller/Vollkommer*, § 945 Rn. 11.
59 Alternativkommentar/*Damm*, § 945 Rn. 9; *Baumbach/Lauterbach/Hartmann*, § 945 Rn. 11; HdbVR-Dunkl, A Rn. 446; MüKo/*Drescher*, § 945 Rn. 15; PG/*Fischer*, § 945 Rn. 5; *Stein/Jonas/Grunsky*, § 945 Rn. 25; *Schilken*, Festgabe 50 Jahre BGH, Bd. III, 593, 613 f.; *Teplitzky*, NJW 1984, 850, 851; *Thomas/Putzo/Seiler*, § 945 Rn. 8; *Zöller/Vollkommer*, § 945 Rn. 11.
60 Siehe dazu Rdn. 14.
61 Dazu § 922 Rdn. 51.
62 RGZ 58, 236, 241 f.; 65, 66, 67; 67, 365, 367; 72, 27, 29; 157, 14, 19; OLG Hamburg, MDR 1956, 304, 305; *Baumbach/Lauterbach/Hartmann*, § 945 Rn. 14; *Schwerdtner*, NJW 1970, 597, 599; **offen gelassen** von BGH, JZ 1992, 748, 751.
63 Auch heute noch ganz h. M.; BGH, JZ 1992, 748, 751; RGZ 58, 236, 241 f.; 72, 27, 29; 106, 289, 292; 157, 14, 18; OLG Hamburg, MDR 1956, 304, 305; *Baumbach/Lauterbach/Hartmann*, § 945 Rn. 14; *Fischer*, FS Merz, S. 81, 89; *Schwerdtner*, NJW 1970, 597, 599; *Teplitzky*, NJW 1984, 850.

24 Eine rechtskräftige Abweisung oder Aufhebung einer Eilanordnung wegen ursprünglich fehlender Voraussetzungen binde den Schadensersatzrichter immer, auch wenn sie mit dem Fehlen des materiellen Anspruchs begründet sei.[64] Denn das Merkmal »von Anfang an« werde ebenso wie der Arrestgrund im Hauptsacheverfahren gar nicht geprüft, sodass die Entscheidung im Eilverfahren insoweit endgültig sei. Wenn dagegen die rechtskräftige Aufhebungsentscheidung auf nachträglich eingetretene Umstände gestützt werde, ergebe sich daraus für den Schadensersatzrichter keine Bindungswirkung, weil dieser allein die ursprüngliche Berechtigung zu prüfen habe.[65]

(2) Keine Bindungswirkung

25 Nach richtiger, inzwischen **h. M.** entfaltet die rechtskräftige Entscheidung im Eilverfahren für den Schadensersatzrichter **keinerlei Bindungswirkung**.[66] Auf eine Bindungswirkung bezüglich des Arrestgrundes kommt es von vornherein gar nicht an, weil das Vorliegen des Arrestgrundes für den Schadensersatzanspruch nach § 945 ohne Bedeutung ist.[67] Der Ausschluss jeglicher Bindungswirkung bezüglich der Entscheidung über den materiellen Arrest- oder Verfügungsanspruch ergibt sich erstens daraus, dass der Streitgegenstand im Eilverfahren nicht identisch ist mit demjenigen des Schadensersatzprozesses: Während es in diesem um den zu sichernden Anspruch geht, wird in jenem über den Anspruch auf einstweilige Sicherung der Vollstreckung des materiellen Anspruchs entschieden.[68] Dementsprechend wird auch die materielle Rechtskraft der Eilentscheidung durch die Entscheidung nach § 945 gar nicht berührt.[69] Zweitens wäre eine Bindung des Schadensersatzrichters an eine Entscheidung im Eilverfahren nicht damit vereinbar, dass diese vor allem wegen der bloßen Glaubhaftmachung und des möglichen Verzichts auf mündliche Verhandlung mit erhöhten Fehlentscheidungsrisiken zum Nachteil des Schuldners belastet sind. Diese Fehlentscheidungsrisiken müssen in einem nachfolgenden Prozess unter Ausschöpfung aller Beweismittel korrigierbar sein. Das nachfolgende Verfahren kann auch der Schadensersatzprozess sein. Es wäre unverständlich, in dem mit allen Verfahrensgarantien ausgestatteten Prozess das Gericht an eine Entscheidung zu binden, der lediglich eine summarische Prüfung zu Grunde liegt.[70]

2. Zweiter Fall: Aufhebung nach § 926 Abs. 2

26 Der Wortlaut des § 945 knüpft die Schadensersatzpflicht des Gläubigers allein an den formalen Tatbestand der Aufhebung mangels fristgerechter Klageerhebung in der Hauptsache an. Daraus

---

64 BGH, NJW 1992, 2297, 2298; NJW 1988, 3268 f.; NJW 1985, 1959; *Baumbach/Lauterbach/Hartmann*, § 945 Rn. 12; *Fischer*, FS Merz, S. 81, 91; *Schwerdtner*, NJW 1970, 597.
65 *Baumbach/Lauterbach/Hartmann*, § 945 Rn. 12.
66 OLG Karlsruhe, WRP 1984, 102, 104; KG, NJW-RR 1987, 448; *Ahrens*, FS Piper, S. 31, 35 ff.; Alternativkommentar/*Damm*, § 945 Rn. 9; *Baur*, Studien zum einstweiligen Rechtsschutz, S. 105 ff.; *Berger/Becker-Eberhard*, Kap. 10 Rn. 45 ff.; *Brox/Walker*, Rn. 1567; *Bruns*, ZZP 65 (1952), 67, 69 f.; *Gottwald*, § 945 Rn. 13; Hk-ZV/*Haertlein*, § 945 Rn. 11; *Jauernig/Berger*, § 36 Rn. 21; *Melullis*, Handbuch des Wettbewerbsprozesses, Rn. 294; MüKo/*Drescher*, § 945 Rn. 16 f.; *Gaul/Schilken/Becker-Eberhard*, § 80 Rn. 7; *Schilken*, Festgabe 50 Jahre BGH, Bd. III, 593, 610 ff.; *Stein/Jonas/Grunsky*, § 945 Rn. 28 ff.; *Teplitzky*, WRP 1987, 149, 151; *ders.*, Wettbewerbsrechtliche Ansprüche und Verfahren, Kap. 36 Rn. 18; *Thomas/Putzo/Seiler*, § 945 Rn. 9, 10; *Walker*, Der einstweilige Rechtsschutz, Rn. 462 ff.; *Wieczorek/Schütze/Thümmel*, § 945 Rn. 17; *Zöller/Vollkommer*, § 945 Rn. 9.
67 Siehe oben Rdn. 14.
68 Siehe Vor §§ 916–945b Rdn. 31; *Walker*, Der einstweilige Rechtsschutz, Rn. 155.
69 Siehe § 922 Rn. 43; *Stein/Jonas/Grunsky*, § 945 Rn. 28; *Zöller/Vollkommer*, § 945 Rn. 9.
70 OLG Karlsruhe, WRP 1984, 102, 104; *Ahrens*, Der Wettbewerbsprozess, Kap. 62 Rn. 16; *Teplitzky*, NJW 1984, 850, 851; *Walker*, Der einstweilige Rechtsschutz, Rn. 464.

schließt die ganz h. M., dass der Schadensersatzrichter an eine solche Aufhebung gebunden sei.[71] Auf die materielle Berechtigung des Gläubigers komme es ebenso wenig an wie darauf, ob die Aufhebung nach § 926 Abs. 2 zu Recht erfolgt sei.

Diese Ansicht erweckt allerdings für den Fall Unbehagen, dass sich im Hauptsacheprozess, der auch nach Aufhebung der Eilanordnung nach § 926 Abs. 2 noch eingeleitet werden kann, herausstellt, dass der Arrest- oder Verfügungsanspruch von Anfang an gegeben war. In diesem Fall würde eine Schadensersatzpflicht des Gläubigers im Widerspruch zur materiellen Rechtslage stehen. Die Aufhebung nach § 926 Abs. 2 ändert nichts daran, dass der Schuldner – ebenso wie beim Fehlen des Arrestgrundes oder einem bloßen Zulässigkeits- oder Glaubhaftmachungsmangel[72] – den Anspruch des Gläubigers zu Unrecht nicht erfüllt und durch seine rechtswidrige Leistungsverweigerung den Vollziehungsschaden selbst provoziert hat. Ein solcher Schaden ist nach dem Sinn des § 945 nicht ersatzfähig.[73] § 945, 2. Fall hat wohl nur die Funktion, dass bei einer Aufhebung nach § 926 Abs. 2 die von Anfang an fehlende Berechtigung der Eilanordnung vermutet wird; diese Vermutung kann der Gläubiger aber durch ein rechtskräftiges Obsiegen in der Hauptsache widerlegen.

27

Haben lediglich die Voraussetzungen einer Aufhebung nach 926 Abs. 2 vorgelegen, ohne dass überhaupt eine Aufhebungsentscheidung erfolgt ist, ist § 945, 2. Fall nicht entsprechend anwendbar.[74] Das gilt auch für den Fall, dass das Gericht die Aufhebung zu Unrecht auf § 927 stützt, anstatt sie mit einer Versäumung der Klagefrist nach § 926 Abs. 1 zu begründen. Um die Voraussetzungen von § 945, 2. Fall herbeizuführen, hätte der Schuldner zuvor die fehlerhaft begründete Aufhebungsentscheidung im Rechtsmittelverfahren abändern lassen müssen. Im umgekehrten Fall, in dem die Aufhebungsentscheidung auf § 926 Abs. 2 gestützt wird, obwohl allein die Voraussetzungen von § 927 vorliegen, lässt die wohl h. M.[75] den vom Gläubiger vorgebrachten Einwand der fehlerhaften Aufhebungsbegründung noch im Schadensersatzprozess nach § 945 zu. Für diese Ansicht sprechen prozessökonomische Erwägungen. Ansonsten wäre der Gläubiger nämlich gezwungen, die Begründung der Aufhebungsentscheidung im Rechtsmittelverfahren vorsorglich für den hypothetischen Fall anzugreifen, dass der Schuldner später einen Vollziehungsschaden nach § 945 geltend macht.[76]

28

3. Dritter Fall: Aufhebung nach § 942 Abs. 3

Für diesen Fall knüpft der Wortlaut des § 945 ebenso wie für die Aufhebung nach § 926 Abs. 2 allein an einen Formaltatbestand an. Deshalb werden der zweite und der dritte Fall des § 945 von der ganz h. M. gemeinsam und mit denselben Erwägungen behandelt; für einen Schadensersatz-

29

---

71 OLG Karlsruhe, WRP 1984, 102, 104; Alternativkommentar/*Damm*, § 945 Rn. 4; *Gaul/Schilken/Becker-Eberhard*, § 80 Rn. 8; *Gottwald*, § 945 Rn. 15; HdbZVR/*Kellendorfer*, Kap. 8 Rn. 121; MüKo/*Drescher*, § 945 Rn. 18; Hk-ZV/*Haertlein*, § 945 Rn. 12; PG/*Fischer*, § 945 Rn. 7; *Schilken*, Festgabe 50 Jahre BGH, Bd. III, 593, 608; *Schlüter*, ZZP 80 (1967), 447, 460; Stein/Jonas/*Grunsky*, § 945 Rn. 33; *Teplitzky*, NJW 1984, 850, 852; Thomas/Putzo/*Seiler*, § 945 Rn. 11; Wieczorek/Schütze/*Thümmel*, § 945 Rn. 18; Zöller/*Vollkommer*, § 945 Rn. 12.
72 Siehe oben Rdn. 13–17.
73 Vgl. *Ahrens*, Der Wettbewerbsprozess, Kap. 62 Rn. 6, 28 f.; Brox/*Walker*, Rn. 1568; *Häsemeyer*, Schadenshaftung im Zivilrechtsstreit, S. 116; *Stolz*, Einstweiliger Rechtsschutz und Schadensersatzpflicht, S. 91; *Walker*, Der einstweilige Rechtsschutz, Rn. 466.
74 BGH, NJW-RR 1992, 998, 999; *Teplitzky*, Wettbewerbsrechtliche Ansprüche und Verfahren, Kap. 36 Rn. 22.
75 Stein/Jonas/*Grunsky*, § 945 Rn. 35; Zöller/*Vollkommer*, § 945 Rn. 12.
76 So *Mädrich*, Das Verhältnis der Rechtsbehelfe des Antragsgegners im einstweiligen Verfügungsverfahren, S. 47; wohl auch Alternativkommentar/*Damm*, § 945 Rn. 4.

anspruch sei bei einer Aufhebung mangels Einleitung des Rechtfertigungsverfahrens die materielle Rechtslage ohne Bedeutung.⁷⁷

30 Bei einer Aufhebung nach § 942 Abs. 3 sprechen aber noch gewichtigere Gründe als bei einer solchen nach § 926 Abs. 2 dafür, eine Schadensersatzpflicht des Gläubigers zu verneinen, sofern er im Hauptsacheverfahren, welches trotz Aufhebung nach § 942 Abs. 3 noch durchgeführt werden kann, obsiegt. In diesem Fall müsste er nämlich auch dann keinen Ersatz leisten, wenn sein Gesuch in einem tatsächlich durchgeführten Rechtfertigungsverfahren zurückgewiesen worden wäre. Es ist nicht Zweck des § 945, den Antragsteller, der sogleich in der Hauptsache klagt (und obsiegt), dafür mit einer Schadensersatzverpflichtung zu bestrafen, dass er nicht vorher noch ein (möglicherweise erfolgloses) Rechtfertigungsverfahren durchgeführt hat. § 945, 3. Fall sollte daher eher in dem Sinne verstanden werden, dass bei einer Aufhebung nach § 942 Abs. 3 vermutet wird, die Anordnung sei von Anfang an nicht gerechtfertigt gewesen; diese Vermutung kann der Gläubiger aber durch ein Obsiegen in der Hauptsache widerlegen.⁷⁸

4. Bedeutung der Fristversäumung nach § 929 Abs. 2, 3

31 Die Versäumung der Vollziehungs- oder der Zustellungsfrist nach § 929 Abs. 2, 3 ähnelt zwar auf den ersten Blick der Fristversäumung nach § 926 Abs. 1 und § 942 Abs. 1. Trotzdem hat der Gesetzgeber jene Fälle bewusst nicht in die Regelung des § 945 einbezogen. Der Zweck der Fristen in § 929 Abs. 2, 3 besteht im Gegensatz zu demjenigen der Fristen nach §§ 926 Abs. 1, 942 Abs. 1 nicht darin, die Berechtigung der Eilanordnung schnell überprüfen zu lassen, sondern lediglich darin, eine Vollziehung unter wesentlich veränderten Umständen zu verhindern.⁷⁹ Veränderte Umstände besagen aber gerade nichts über die ursprüngliche Berechtigung der Eilanordnung.⁸⁰ Deshalb kommt auch eine analoge Anwendung des § 945 bei Versäumung der Vollziehungs- oder Zustellungsfrist nicht in Betracht.⁸¹ Wenn der Gläubiger den Zweck des § 929 Abs. 2, 3 durch Fristversäumung vereitelt, muss er zwar mit einer Aufhebung nach § 927 rechnen; eine Schadensersatzpflicht ist aber mit einer solchen Aufhebung gerade nicht verbunden.

III. Der Schadensersatzanspruch

32 Die Rechtsfolge des § 945 besteht darin, dass der Antragsteller dem Gegner den Schaden zu ersetzen hat, der ihm aus der Vollziehung der angeordneten Maßregel oder dadurch entsteht, dass er Sicherheit leistet, um die Vollziehung abzuwenden oder die Aufhebung der Maßregel zu erwirken.

1. Anwendung allgemeiner Regeln

33 Für Inhalt, Umfang und Durchsetzbarkeit des Schadensersatzanspruches gelten – wie beim Schadensersatzanspruch nach § 717 Abs. 2 – die allgemeinen Regelungen des BGB.⁸² Der Anspruch ist daher in erster Linie auf Naturalrestitution (§ 249 BGB) gerichtet. Er umfasst unmittelbare und

---

77 Vgl. etwa OLG Karlsruhe, WRP 1984, 102, 104; Alternativkommentar/*Damm*, § 945 Rn. 4; *Baumbach/Lauterbach/Hartmann*, § 945 Rn. 8; *Ebmeier/Schöne*, Rn. 364; *Fischer*, FS Merz, S. 81, 86; *Gaul/Schilken/Becker-Eberhard*, § 80 Rn. 8; *Gottwald*, § 945 Rn. 16; MüKo/*Drescher*, § 945 Rn. 18; Hk-ZV/*Haertlein*, § 945 Rn. 12; *Stein/Jonas/Grunsky*, § 945 Rn. 33; *Teplitzky*, NJW 1984, 850, 852; *Thomas/Putzo/Seiler*, § 945 Rn. 11; *Zöller/Vollkommer*, § 945 Rn. 12.
78 *Walker*, Der einstweilige Rechtsschutz, Rn. 468; de lege ferenda auch *Baur*, Studien zum einstweiligen Rechtsschutz, S. 103.
79 Siehe § 929 Rdn. 6.
80 BGH, MDR 1964, 224.
81 BGH, MDR 1964, 224; *Gaul/Schilken/Becker-Eberhard*, § 80 Rn. 8; MüKo/*Drescher*, § 945 Rn. 19; *Stolz*, Einstweiliger Rechtsschutz und Schadensersatzpflicht, S. 93; *Walker*, Der einstweilige Rechtsschutz, Rn. 469; *Wieczorek/Schütze/Thümmel*, § 945 Rn. 19; *Zöller/Vollkommer*, § 945 Rn. 12; **a. M.** *Stein/Jonas/Grunsky*, § 945 Rn. 34.
82 BGH, NJW-RR 2015, 541, 544.

mittelbare Schäden.[83] Selbst Gesundheitsschäden des Schuldners sind ersatzfähig, sofern sie auf der Vollziehung beruhen.[84] In diesem Fall können unter den Voraussetzungen der §§ 844 Abs. 2, 845 BGB sogar mittelbar Geschädigte einen eigenen Ersatzanspruch haben.[85] Schmerzensgeld ist ebenfalls zu leisten, sofern die Voraussetzungen des § 253 Abs. 2 BGB vorliegen, der anders als § 847 BGB a. F. auch bei einer verschuldensunabhängigen Haftung wie derjenigen nach § 945 gilt. Die Höhe des ersatzfähigen Schadens (etwa der Wertverlust, der Nutzungsausfall oder der entgangene Gewinn einer gepfändeten, an den Sequester herausgegebenen oder mit einem Verfügungsverbot belasteten Sache) ist oft schwierig zu ermitteln. Hier hilft § 287 Abs. 1, wonach die Höhe des Schadens vom Gericht nach freier Überzeugung zu schätzen ist.[86] Die Grundsätze der Vorteilsausgleichung finden Anwendung.[87] So ist etwa die Wertsteigerung einer beweglichen oder unbeweglichen Sache, die wegen der Vollziehung der Eilanordnung nicht veräußert werden konnte, zu berücksichtigen.

Ein **Mitverschulden** des Antragsgegners (Schuldners) kann sich nach § 254 BGB anspruchsmindernd auswirken.[88] Das ist dann anzunehmen, wenn der Gegner schuldhaft den Anordnungsgrund setzt,[89] wenn er im Eilverfahren nachlässig vorträgt oder eine ihm mögliche Glaubhaftmachung versäumt, wenn er von der ihm eingeräumten Abwendungsbefugnis durch Sicherheitsleistung trotz Möglichkeit und Zumutbarkeit keinen Gebrauch macht,[90] wenn er den Antragsteller nicht auf die Gefahr eines ungewöhnlich hohen Schadens aufmerksam macht,[91] wenn er einen sich aufdrängenden Widerspruch[92] oder einen aussichtsreichen Einspruch gegen ein Versäumnisurteil[93] nicht einlegt oder wenn er es unterlässt, beschlagnahmte Gelder zinsgünstig anzulegen.[94] Ein solches Mitverschulden ist allerdings nur dann zu berücksichtigen, wenn es sich auf den Eintritt des allein ersatzfähigen Vollziehungsschadens[95] bezieht. Ob dazu auch der nachlässige Vortrag und die versäumte Glaubhaftmachung im Arrestverfahren gehören, ist zweifelhaft, da beides jedenfalls unmittelbar nur für die Anordnung, nicht aber für die Vollziehung der Eilmaßnahme ursächlich ist.[96] Angesichts der gesetzlichen Risikoverteilung des § 945 kommt ein vollständiger Wegfall des Schadensersatzanspruches gem. § 254 BGB nicht schon bei einem überwiegenden Mitverschulden des Antragsgegners, sondern nur bei dessen Alleinverschulden in Betracht. Trifft dagegen auch den Gläubiger zusätzlich zu seiner Risikohaftung auch nur eine geringe Verschuldensquote, ist diese mit der Risikohaftung des Gläubigers zusammenzurechnen und kann selbst bei einem groben Mitverschulden des Gegners nicht zu einem vollständigen Wegfall des Schadensersatzanspruches führen.[97]

Für die **Verjährung** des Schadensersatzanspruches aus § 945 gilt die allgemeine dreijährige Verjährungsvorschrift des § 195 BGB. Die für den Beginn dieser Frist maßgebliche Kenntnis des geschädigten Antragsgegners vom Schaden und der Person des Ersatzpflichtigen liegt dann vor, wenn

---

83 BGHZ 96, 1, 2.
84 RGZ 143, 118, 120; *Brox/Walker*, Rn. 1570; *Stein/Jonas/Grunsky*, § 945 Rn. 8.
85 Siehe noch unten Rdn. 36.
86 BGH, WM 1989, 1296; MüKo/*Drescher*, § 945 Rn. 26.
87 BGHZ 77, 151; *Brox/Walker*, Rn. 1570; MüKo/*Drescher*, § 945 Rn. 26.
88 BGHZ 120, 261; WM 1989, 1296, 1298; NJW 1978, 2024; MDR 1974, 130; OLG Hamburg, VersR 1987, 356, 357; OLG München, WRP 1996, 784, 785 ff.
89 BGH, LM Nr. 8 zu § 945 ZPO; BGH, NJW 2006, 2557 (Übertragung des letzten nennenswerten Vermögensteils durch einen illiquiden Schuldner auf einen nahen Angehörigen); BGH, NJW 2006, 2767, 2769.
90 BGHZ 120, 261.
91 BGH, WM 1990, 1171.
92 OLG München, WRP 1996, 784.
93 BGH, NJW 2006, 2557, 2560.
94 BGH, WM 1990, 1171.
95 Siehe dazu noch Rdn. 39 ff.
96 Ebenso *Teplitzky*, Wettbewerbsrechtliche Ansprüche und Verfahren, Kap. 36 Rn. 39.
97 BGH, JZ 1990, 604; *Stein/Jonas/Grunsky*, § 945 Rn. 9; *Walker*, Der einstweilige Rechtsschutz, Rn. 473.

eine Schadensersatzklage aufgrund der dem Antragsgegner bekannten Tatsachen bei verständiger Würdigung so viel Erfolgsaussicht hat, dass sie ihm zumutbar ist.[98] Dieser Fall wird regelmäßig erst mit der Aufhebung der Eilmaßnahme zum Abschluss des Eilverfahrens[99] oder mit der Rücknahme des Eilantrags[100] gegeben sein. Allein die Versäumung der Vollziehungsfrist reicht nicht aus.[101] Falls die Parteien über den der Eilanordnung zugrunde liegenden materiellen Anspruch nicht im Eil-, sondern im Hauptsacheverfahren streiten, beginnt die Verjährungsfrist jedenfalls mit rechtskräftiger Abweisung der Hauptsacheklage zu laufen.[102] Ein nicht rechtskräftiges Urteil in der Hauptsache zugunsten des Antragsgegners reicht dann aus, wenn es in hohem Maße dafür spricht, dass die Eilanordnung von Anfang an nicht gerechtfertigt war.[103] In seltenen Ausnahmefällen kommt ein früherer Zeitpunkt in Betracht, falls die Sach- und Rechtslage eindeutig geklärt ist.[104]

2. Gläubiger des Schadensersatzanspruchs

36 Der Schadensersatzanspruch steht grundsätzlich dem Adressaten der Eilanordnung zu, der die Vollziehung der einstweiligen Verfügung über sich ergehen lassen musste oder abgewendet hat. Das ist regelmäßig der Antragsgegner, ausnahmsweise ein Dritter, falls sich die Eilanordnung fehlerhafterweise gegen ihn richtet.[105] Das ergibt sich aus dem Wortlaut des § 945. Danach ist nur der »ihm« (dem Gegner) entstandene Schaden zu ersetzen. Eine Ausnahme besteht gem. §§ 844 Abs. 2, 845 BGB[106] kraft Gesetzes, wenn die Vollziehung zum Tod des Schuldners oder zu einer Beeinträchtigung seiner Gesundheit geführt hat: Hier steht auch den lediglich mittelbar Geschädigten (Unterhalts- oder Dienstberechtigten) ein eigener Ersatzanspruch zu.[107]

37 Ein **Dritter** kann von der Vollziehung aber auch dann betroffen sein, wenn er nicht fehlerhafterweise Adressat der Eilanordnung ist und wenn kein Fall der §§ 844 Abs. 2, 845 BGB gegeben ist. Das ist der Fall, wenn bei der Vollziehung gegen den Antragsgegner in das Eigentum des Dritten eingegriffen wird. Hier geht es um das Problem der **Vollstreckung in schuldnerfremde Sachen**,[108] allerdings bezogen auf das Eilverfahren. Nach verbreiteter Ansicht soll in solchen Fällen der Antragsgegner befugt sein, den beim Dritten entstandenen Vollziehungsschaden im Wege der Drittschadensliquidation nach § 945 zu liquidieren.[109] Das wird damit begründet, dass der Dritte nicht schlechter stehen dürfe als der Antragsgegner, zumal der Eingriff in sein Vermögen sogar doppelt fehlerhaft sei, weil er als Dritter nicht Adressat der zudem fehlerhaften Eilanordnung sei. Der Dritte wäre aber schlechter gestellt, wenn er seinen Schaden nur nach Delikts- oder Bereicherungsrecht ersetzt verlangen könnte, während der von der Vollziehung selbst betroffene Antragsgegner einen verschuldensunabhängigen Schadensersatzanspruch habe.

---

98 BGH, NJW 1993, 2303.
99 Siehe nochmals BGH, NJW 1992, 2297; BGHZ 75, 1.
100 BGH, NJW 2003, 2610, 2611 (auch dazu, wann eine Antragsrücknahme nicht ausreicht).
101 BGH, NJW 2003, 2610, 2612.
102 BGH, NJW 1993, 863; NJW 1992, 2297.
103 BGH, NJW 2003, 2610, 2612; offen gelassen von BGH, NJW 2006, 2557, 2558.
104 Vgl. RGZ 157, 14; *Brox/Walker*, Rn. 1571; *Stein/Jonas/Grunsky*, § 945 Rn. 10.
105 *Stein/Jonas/Grunsky*, § 945 Rn. 12; *Thomas/Putzo/Seiler*, § 945 Rn. 13.
106 Siehe schon Rdn. 33.
107 Alternativkommentar/*Damm*, § 945 Rn. 7; *Brox/Walker*, Rn. 1570; *Gaul/Schilken/Becker-Eberhard*, § 80 Rn. 9; Hk-ZV/*Haertlein*, § 945 Rn. 3; MüKo/*Drescher*, § 945 Rn. 20; *Stein/Jonas/Grunsky*, § 945 Rn. 14; *Zöller/Vollkommer*, § 945 Rn. 13a.
108 Zu den sich daraus ergebenden Ansprüchen siehe allgemein *Brox/Walker*, Rn. 456 ff.
109 Alternativkommentar/*Damm*, § 945 Rn. 7; MüKo/*Drescher*, § 945 Rn. 20; *Thomas/Putzo/Seiler*, § 945 Rn. 13.

Gegen diese Ansicht spricht allerdings der Wortlaut des § 945.¹¹⁰ Zudem ist zweifelhaft, ob der Drittschaden vom Zweck des § 945 überhaupt erfasst wird. Der Schaden des Dritten beruht nämlich nicht auf den besonderen Fehlentscheidungsrisiken des Eilverfahrens und auch nicht auf den Gefahren, die bei jeder Vollstreckung vor Endgültigkeit des Titels bestehen, sondern allein darauf, dass er nicht Adressat des Titels ist. Der Dritte hat aber kein berechtigtes Interesse daran, nur deshalb neben den allgemeinen bei der Vollstreckung in schuldnerfremde Sachen bestehenden Ansprüchen zusätzlich einen (vom Antragsgegner geltend zu machenden) verschuldensunabhängigen Schadensersatzanspruch zu erhalten, nur weil die Vollziehung des gar nicht gegen ihn gerichteten Titels auch noch aus anderen, nicht seinem Schutz dienenden Gründen ungerechtfertigt war.¹¹¹ Der bei der Vollziehung zu Unrecht in Anspruch genommene Dritte kann seinen Schaden mithin nur unter den Voraussetzungen des Delikts- oder Bereicherungsrechts ersetzt bekommen.¹¹² 38

3. Vollziehungsschaden

Nur der adäquat kausal durch die Vollziehung der angeordneten Maßregel¹¹³ entstandene Schaden ist ersatzfähig. 39

Ein typischer Vollziehungsschaden ist der entgangene Gewinn, der bei einem ohne die Pfändung, Sequestration oder Herausgabe der Sache möglichen Verkauf erzielt worden wäre.¹¹⁴ Zu ersetzen ist dem Schuldner auch die Vermögenseinbuße, die darauf zurückzuführen ist, dass ihm infolge der Vollziehung des im Eilverfahren ergangenen Titels die zur Abwicklung eines gewinnträchtigen Geschäfts notwendigen Mittel fehlen.¹¹⁵ Gleiches gilt für Schäden, die darauf beruhen, dass beschlagnahmte Gegenstände des Schuldnervermögens, insbesondere ein mit einer Zwangshypothek belastetes Grundstück, nicht mehr zur Kreditsicherung einsetzbar sind.¹¹⁶ Zu den Vollziehungsschäden gehören ferner solche Schäden, die dem Schuldner durch Maßnahmen zur Geringhaltung eines Vollziehungsschadens entstehen. Das kann etwa bei erhöhten Aufwendungen für zusätzliche Werbemaßnahmen zwecks Begrenzung der gewinnschmälernden Folgen einer Unterlassungsverfügung der Fall sein.¹¹⁷ Wird eine Befriedigungsverfügung vollzogen, umfasst der Schadensersatzanspruch auch die Rückgewähr der beigetriebenen Leistung.¹¹⁸ Ob ein geleistetes Ordnungsgeld i. S. v. § 890 einen Vollziehungsschaden darstellt, ist umstritten.¹¹⁹

a) Vollziehung

Vollziehung bedeutet nichts anderes als »Vollstreckung« (§ 928).¹²⁰ Deshalb reicht allein der Vollziehungsantrag nicht aus, weil er noch nicht Bestandteil der Vollstreckung ist. Von Vollziehung kann 40

---

110 Darauf abstellend BGH, NJW 1994, 1413, 1416; MDR 1981, 132, 133; MDR 1962, 125, 126; RGZ 121, 185, 188.
111 *Walker*, Der einstweilige Rechtsschutz, Rn. 475.
112 Vgl. RGZ 121, 185, 189; BGH, MDR 1962, 125, 126; Baumbach/Lauterbach/Hartmann, § 945 Rn. 17; *Gottwald*, § 945 Rn. 20; HdbVR-*Dunkl*, A Rn. 457; Hk-ZV/*Haertlein*, § 945 Rn. 3; Stein/Jonas/*Grunsky*, § 945 Rn. 13; *Stolz*, Einstweiliger Rechtsschutz und Schadensersatzpflicht, S. 123 f.; *Walker*, Der einstweilige Rechtsschutz, Rn. 475.
113 Die vollzogene Eilmaßnahme muss von einem deutschen Gericht angeordnet worden sein; andernfalls gilt § 945 nicht (OLG Nürnberg, WRP 1992, 509).
114 Vgl. BGHZ 77, 151; BGH, NJW 2006, 2767, 2768.
115 BGHZ 85, 110, 114.
116 RG, JW 1907, 485. – Vgl. aber auch Rdn. 42.
117 BGHZ 122, 172.
118 Vgl. nur *Stolz*, Einstweiliger Rechtsschutz und Schadensersatzpflicht, S. 102.
119 **Verneinend** KG, GRUR 1987, 571 m.w.N.; Baumbach/Lauterbach/Hartmann, § 945 Rn. 21; Berger/Becker-Eberhard, Kap. 10 Rn. 68; MüKo/*Drescher*, § 945 Rn. 25; Zöller/Vollkommer, § 945 Rn. 14 b; **bejahend** (allerdings zu § 717 Abs. 2) *Schuschke*, § 717 Rn. 12.
120 Siehe Vor §§ 916–945b Rn. 68.

nach allgemeinen Grundsätzen erst mit der ersten gegen den Antragsgegner gerichteten Handlung des Vollstreckungsorgans gesprochen werden.[121] Andererseits ist aber nicht nur der Schaden zu ersetzen, der durch eine abgeschlossene Vollziehung entstanden ist. Vielmehr reicht es aus, wenn er auf einer begonnenen Vollziehung beruht. Maßgeblich ist, ob der Schuldner sich dem Druck der begonnenen Vollziehung gebeugt hat.[122] Das folgt aus dem Zweck der in §945 angeordneten Risikohaftung. Riskant ist nämlich bereits die Einleitung der Vollziehung, auch wenn sie später nicht abgeschlossen wird.[123]

41 Eine Besonderheit gilt für den Vollziehungsbeginn bei einstweiligen Verfügungen, die auf Unterlassung gerichtet sind. Solche Unterlassungsverfügungen werden gar nicht durch ein Vollstreckungsorgan vollzogen, weil eine Unterlassung nicht zwangsweise durchsetzbar ist.[124] Erst die Zuwiderhandlung gegen das Unterlassungsgebot wird durch Ordnungsmittel (§ 890) sanktioniert. Wenn der Schuldner ein solches Ordnungsmittel nicht riskieren will, muss er sich freiwillig an die Unterlassungsverfügung halten. Zu der Frage, ob und unter welchen Voraussetzungen auch der Schaden, der durch eine freiwillige Befolgung der Unterlassungsverfügung entsteht, nach § 945 ersatzfähig ist, vgl. noch Rn. 48.

b) Anordnungsschaden

42 Nicht ersatzfähig ist der sog. Anordnungsschaden, der allein aufgrund der Anordnung der Eilmaßnahme und unabhängig davon entsteht, ob diese überhaupt vollzogen wird. Dazu gehört neben einer Gesundheitsbeeinträchtigung des Antragsgegners, die nur dann ersatzfähig ist, sofern sie wirklich auf der Vollziehung beruht, vor allem der allein durch das Bekanntwerden der Eilmaßnahme entstehende Verlust der Kreditwürdigkeit.[125] Solche Anordnungsschäden sind nur unter den Voraussetzungen eines verschuldensabhängigen deliktischen Schadensersatzanspruches zu ersetzen.[126] Der Grund für die Ausklammerung der Anordnungsschäden liegt darin, dass nicht das Betreiben des gesetzlich zugelassenen Eilverfahrens, sondern erst die Vollstreckung aus einem noch nicht endgültigen, mit besonderen Fehlentscheidungsrisiken belasteten Titel auf Gefahr des Gläubigers geht.[127]

Erst recht nicht nach § 945 ersatzfähig ist ein Schaden, der dem Schuldner nicht durch die Vollziehung einer Eilanordnung oder durch Vollziehungsabwendung,[128] sondern deshalb entstanden ist, weil er bereits die Anordnung eines Arrestes oder einer einstweiligen Verfügung abgewendet hat. Ein solcher Schaden kann etwa dadurch entstehen, dass der Schuldner zur Abwendung einer Eilanordnung die vom Gläubiger begehrte Leistung oder Sicherung unter dem Vorbehalt einer Klärung im Hauptsacheverfahren erbringt[129] oder dass der Gläubiger aus einem Prozessvergleich

---

121 OLG Köln, JurBüro 1989, 870.
122 BGH, NJW-RR 2015, 541, 542; BGHZ 120, 73; WM 1989, 927, 930; *Altmeppen*, WM 1989, 1157, 1163.
123 Vgl. BGH, NJW 1990, 122, 124; *Altmeppen*, WM 1989, 1157, 1163; *Walker*, Der einstweilige Rechtsschutz, Rn. 478.
124 BGH, NJW-RR 2015, 541, 542; RGZ 40, 383.
125 BGH, NJW 1988, 3268, 3269; RGZ 143, 118, 123; *Stolz*, Einstweiliger Rechtsschutz und Schadensersatzpflicht, S. 107 f.
126 BGH, WM 1988, 1352, 1355; OLG Saarbrücken, NJW-RR 1998, 1039; HdbVR-*Dunkl*, A Rn. 459; MüKo/*Drescher*, § 945 Rn. 24; *Stein/Jonas/Grunsky*, § 945 Rn. 6; *Teplitzky*, Wettbewerbsrechtliche Ansprüche und Verfahren, Kap. 36 Rn. 25; *Zöller/Vollkommer*, § 945 Rn. 14 a.
127 Vgl. BGHZ 30, 123, 126; NJW 1990, 122, 124; WM 1990, 1171, 1172.
128 Siehe Rdn. 44 ff.
129 HdbVR-*Dunkl*, A Rn. 439; *Stein/Jonas/Grunsky*, § 945 Rn. 3; vgl. auch OLG Köln, NJW 1996, 1290, 1292.

vorgeht, mit dem die Parteien das Eilverfahren beendet haben.[130] Stellt sich in diesen Fällen später heraus, dass eine Eilanordnung ungerechtfertigt gewesen wäre, haftet der Gläubiger nur bei Verschulden (§§ 823 ff. BGB), nicht hingegen nach § 945. Auf diese Folgen muss der Rechtsanwalt seinen Mandanten z. B. im Vorfeld eines im Eilverfahren abgeschlossenen Vergleichs hinweisen.[131]

c) Verfahrenskosten

Die Verfahrenskosten, die dem Antragsgegner im Anordnungs-, Widerspruchs- und Aufhebungsverfahren als der im Eilverfahren unterliegenden Partei entstanden sind, beruhen nicht auf der Vollziehung, sondern wurden bereits durch das Erkenntnisverfahren verursacht. Sie sind daher nach h. M. nicht gem. § 945, sondern nur unter den Voraussetzungen eines Schadensersatzanspruches nach materiellem Recht (Verzug, unerlaubte Handlung) ersatzfähig.[132] Das hat zwar zur Folge, dass der in der Hauptsache obsiegende Antragsgegner in der Regel mit den Kosten des Eilverfahrens belastet bleibt, doch ist das die notwendige Konsequenz aus der rechtlichen Trennung zwischen Eil- und Hauptsacheverfahren. Eine entsprechende Anwendung des § 945 kann entgegen einer z. T. vertretenen Ansicht[133] nicht damit gerechtfertigt werden, dass nach den §§ 600 Abs. 2, 302 Abs. 4 Satz 2 auch der Beklagte, der zunächst im Urkundsprozess oder unter dem Vorbehalt der Aufrechnung gem. §§ 599, 302 Abs. 1 verurteilt wird, die Kosten dieses Verfahrens nicht zu tragen habe, wenn er im Nachverfahren obsiege. Denn an einer den §§ 600 Abs. 2, 302 Abs. 4 Satz 2 vergleichbaren ausdrücklichen Regelung über die Verfahrenskosten fehlt es gerade, soweit es um das Verhältnis zwischen den Kosten im Eil- und im Hauptsacheverfahren geht. Der Grund dafür liegt darin, dass es sich hierbei um zwei selbstständige Verfahrensarten handelt, die mit verschiedenen Ergebnissen und folgerichtig auch mit verschiedenen Kostenentscheidungen enden können.[134] Deshalb scheidet auch eine entsprechende Anwendung der Kostenregelungen, die auf die viel enger zusammenhängenden Verfahrensabschnitte in anderen Verfahrensarten zugeschnitten sind, aus.[135]

43

d) Sicherheitsleistung

Kraft Gesetzes ist dem ersatzfähigen Vollziehungsschaden derjenige Schaden gleichgestellt, der dem Antragsgegner dadurch entsteht, dass dieser **Sicherheit leistet**, um die Vollziehung abzuwenden oder die Aufhebung der Maßregel zu erwirken. Damit sind die Zahlung der Lösungssumme nach § 923 sowie die Sicherheitsleistung nach §§ 925 Abs. 2, 927 Abs. 1, 939 gemeint. Der dadurch entstehende Schaden kann bei Hinterlegung von Geld oder Wertpapieren in einem Zins- oder Kursverlust, bei Inanspruchnahme einer Bürgschaft oder Aufnahme eines Kredits in den damit verbundenen Kosten bestehen. Die Ersatzfähigkeit auch dieses durch Sicherheitsleistung entstehenden Schadens ist notwendig, weil der Antragsgegner im Rahmen seiner Schadensminderungspflicht gem. § 254 BGB sogar gehalten sein kann, einen höheren Vollziehungsschaden durch Sicherheitsleistung abzuwenden.[136] Außerdem kann nur so verhindert werden, dass der Antragsgegner eine Vollziehung nur deshalb über sich ergehen lässt, damit er einen Schadensersatzanspruch erhält, dessen Durchsetzbarkeit im Übrigen immer mit Risiken verbunden ist.

44

---

130 OLG Karlsruhe, OLGZ 1979, 370, 372; LG Kiel, MDR 1958, 928; **a. A.** OLG Frankfurt, FamRZ 1988, 88.
131 BGH, MDR 1956, 281.
132 BGHZ 122, 172; 45, 251, 252; OLG Hamburg, WRP 1979, 141, 142; OLG Köln, WRP 1991, 507; *Brox/Walker*, Rn. 1569; *Gottwald*, § 945 Rn. 29; HdbVR-*Dunkl*, A Rn. 459; MüKo/*Drescher*, § 945 Rn. 24; *Saenger*, JZ 1997, 222, 225; *Teplitzky*, Wettbewerbsrechtliche Ansprüche und Verfahren, Kap. 36 Rn. 36; *Zöller/Vollkommer*, § 945 Rn. 14 b.
133 *Löwer*, ZZP 75 (1962), 232, 239 f., 242; *Stein/Jonas/Grunsky*, § 945 Rn. 6.
134 BGHZ 45, 251, 254 f.
135 Siehe nochmals BGHZ 45, 251, 254 f.
136 Siehe schon Rdn. 34; BGHZ 120, 261.

e) Abwendung durch freiwillige Erfüllung

45 Der Schaden, der dem Schuldner dadurch entsteht, dass er die Vollziehung durch eine **freiwillige Erfüllung abwendet**, ist nach dem Wortlaut des § 945 nicht ersatzfähig. Das ist in solchen Fällen einleuchtend, in denen eine Sicherheitsleistung ausreicht, um die Vollziehung abzuwenden. Dann leistet der Schuldner mit der Erfüllung nämlich mehr als notwendig ist; ein Schaden, der gerade auf der über die Sicherheitsleistung hinausgehenden Erfüllung beruht, ist schon gem. § 254 BGB nicht nach § 945 zu ersetzen.[137] Die Vollziehungsabwendung durch bloße Sicherheitsleistung ist allerdings grundsätzlich nur beim Arrest (§§ 923, 925 Abs. 2, 927 Abs. 1), dagegen in der Regel nicht bei einstweiligen Verfügungen möglich (vgl. § 939); denn die Sicherung oder Durchsetzung von Individualansprüchen lässt sich zumeist nicht durch eine Sicherheitsleistung erreichen, und bei den ausnahmsweise auf Geldzahlung gerichteten Befriedigungsverfügungen kommt eine Abwendung durch bloße Sicherheitsleistung aufgrund des Zwecks der Befriedigungsverfügung nicht in Betracht.[138] In diesen Fällen ist die freiwillige Erfüllung für den Schuldner die einzige Möglichkeit, die Vollziehung abzuwenden. Die Erfüllung tritt damit unter dem Gesichtspunkt der Vollziehungsabwendung an die Stelle der Sicherheitsleistung, sodass auch der durch sie entstehende Schaden nach § 945 ersatzfähig ist.[139] Allein bei dieser Auslegung des § 945 kann verhindert werden, dass der Antragsgegner die Vollziehung nur deshalb über sich ergehen lässt, damit er in den Genuss eines Schadensersatzanspruches kommt.[140] Ferner entspricht diese Auslegung der ausdrücklichen Regelung in § 717 Abs. 2, was trotz der abweichenden Formulierung auch vom historischen Gesetzgeber gewollt war.[141]

46 Die unter diesen Voraussetzungen grundsätzlich zu bejahende Ersatzfähigkeit des Erfüllungsschadens setzt in jedem Einzelfall voraus, dass die freiwillige Erfüllung wirklich **zur Abwendung der Vollziehung** erfolgt ist. Die Kausalität zwischen Erfüllung und Vollziehungsabwendung ist – anders als beim »echten Vollziehungsschaden«[142] – nicht erst dann gegeben, wenn die Vollziehung schon begonnen hat. Die Vollziehung soll ja gerade von vornherein abgewendet werden. Allerdings kann von einer Vollziehungsabwendung i. S. v. § 945 nur gesprochen werden, wenn die Vollziehung so konkret droht, dass der Antragsgegner jederzeit mit ihr rechnen muss.[143] Bei einer Erfüllung ohne den konkreten Druck einer drohenden Vollstreckung würde sich kein vom Gläubiger geschaffenes Risiko verwirklichen, sodass auch die verschuldensunabhängige Risikohaftung nicht gerechtfertigt wäre.[144]

47 Von welchem **Zeitpunkt** an die Vollstreckung konkret droht, ist für die Beschlussverfügung anders zu beurteilen als für die Urteilsverfügung. Die **Beschlussverfügung** wird gem. §§ 922 Abs. 2, 936 erst mit der Parteizustellung wirksam. Mit der vom Gläubiger veranlassten Zustellung bringt dieser gleichzeitig zum Ausdruck, dass er von der einstweiligen Verfügung Gebrauch machen will; andernfalls könnte er ja mit der Zustellung warten. Die Parteizustellung ist somit einerseits für die Wirksamkeit der einstweiligen Verfügung notwendig, hat andererseits aber auch die Funktion einer letz-

---

137 *Walker*, Der einstweilige Rechtsschutz, Rn. 487; **abweichend** wohl *Baumbach/Lauterbach/Hartmann*, § 945 Rn. 19; *Zöller/Vollkommer*, § 945 Rn. 15, wonach entsprechend § 717 Abs. 2 der bei allen freiwilligen Leistungen entstehende Schaden zu ersetzen sei.
138 Siehe schon § 923 Rdn. 10; § 925 Rdn. 21; § 927 Rdn. 44; § 939 Rdn. 1.
139 BGHZ 120, 73; NJW 1974, 642, 644; *Baur*, Studien zum einstweiligen Rechtsschutz, S. 107; *Brox/Walker*, Rn. 1670; *Gaul/Schilken/Becker-Eberhard*, § 80 Rn. 9; *Stolz*, Einstweiliger Rechtsschutz und Schadensersatzpflicht, S. 102; *Ulrich*, WRP 1991, 361, 363; *ders.*, WRP 1999, 82, 84 f.; *Walker*, Der einstweilige Rechtsschutz, Rn. 487.
140 *Baur*, Studien zum einstweiligen Rechtsschutz, S. 108; *Borck*, WRP 1977, 556; *Stein/Jonas/Grunsky*, § 945 Rn. 7.
141 Einzelheiten bei *Walker*, Der einstweilige Rechtsschutz, Rn. 486.
142 Siehe Rdn. 39 ff.
143 Vgl. BGHZ 120, 73, 82 sowie zu § 717 BGH, NJW 1976, 2162, 2163; LG Bochum, VersR 1980, 659.
144 Siehe schon Rdn. 42.

ten Mahnung. Eine freiwillige Erfüllung nach der Parteizustellung erfolgt somit »zur Abwendung der Vollziehung« und kann zu einem nach § 945 ersatzfähigen Schaden führen.[145] Eine **Urteilsverfügung** wird dagegen schon mit ihrer Verkündung (§ 310 Abs. 1) wirksam. Allein die Verkündung oder die nachfolgende Amtszustellung in Abschrift (§ 317 Abs. 1) bedeutet aber noch nicht, dass sich automatisch die Vollziehung anschließt. Die Vollziehungsinitiative liegt grundsätzlich[146] beim Gläubiger, der deutlich machen muss, ob er das mit der Vollziehung eines im Eilverfahren erstrittenen Titels verbundene Schadensersatzrisiko in Kauf nehmen will. Bei einer Erfüllung, die schon vor einer entsprechenden Vollziehungsinitiative des Gläubigers liegt, verwirklicht sich noch kein vom Gläubiger geschaffenes Risiko. Eine Vollziehungsinitiative kann etwa darin liegen, dass der Gläubiger eine Sicherheit leistet, von der die Vollziehung einer einstweiligen Verfügung abhängig gemacht worden ist (vgl. § 921), dass er die einstweilige Verfügung zusätzlich zu der ohnehin erfolgenden Amtszustellung auch noch im Parteibetrieb zustellen lässt[147] oder dass er die Vollziehung beantragt. Eine freiwillige Erfüllung nach Kenntnis von einer so zum Ausdruck gebrachten Vollziehungsabsicht erfolgt dann zur Abwendung der Vollziehung und kann zu einem nach § 945 ersatzfähigen Schaden führen.[148] In jedem Fall ist dem Schuldner zu empfehlen, dem Gläubiger durch einen ausdrücklichen Vorbehalt klarzumachen, dass die Leistung nicht zum Zwecke der Erfüllung, sondern ausschließlich zur Abwendung der Zwangsvollstreckung erfolgt.[149]

Eine davon abweichende Besonderheit gilt für die **freiwillige Erfüllung einer Unterlassungsverfügung**. Sofern die einstweilige Verfügung nicht die für eine Vollstreckung notwendige Androhung eines Ordnungsmittels nach § 890 Abs. 2 enthält, fehlt es noch an einer Vollstreckungsvoraussetzung. Befolgt der Schuldner das Unterlassungsgebot trotzdem, erfüllt er ohne konkreten Vollstreckungsdruck, sodass § 945 nicht eingreift.[150] Sofern dagegen für den Fall einer Zuwiderhandlung die Androhung eines Ordnungsmittels bereits in der Verfügung ausgesprochen ist, was in aller Regel der Fall ist, kann schon die erste Zuwiderhandlung mit einem Ordnungsmittel sanktioniert werden. Wenn der Schuldner das vermeiden will, muss er das Unterlassungsgebot daher bereits von dem Zeitpunkt an beachten, in dem die Unterlassungsverfügung wirksam wird. Das ist bei der **Beschlussverfügung** der Moment, in dem die Verfügung dem Schuldner im Parteibetrieb zugestellt wird (§§ 922 Abs. 2, 936).[151] Wird einem Verkäufer durch Beschlussverfügung die Veräußerung eines Geschäftsbetriebes untersagt und tritt der Käufer in Kenntnis, aber noch vor der Zustellung der einstweiligen Verfügung vom Übernahmevertrag zurück, beruht das Scheitern des Vertrages nicht auf der Vollziehung, sodass ein dem Verkäufer entstehender Schaden nicht nach § 945 ersatzfähig ist.[152] § 945 greift ferner nicht ein, sobald der von der Unterlassungsverfügung ausgehende Vollstreckungsdruck (etwa durch Rücknahme des Verfügungsantrags) entfällt.[153] Eine **Urteilsverfügung** wird im Zeitpunkt ihrer Verkündung (§ 310 Abs. 1) wirksam. Sie hat deshalb bereits von diesem Zeitpunkt an eine vollstreckungsrechtliche Wirkung, ohne dass es noch auf eine Vollziehungsinitiative des Gläubigers ankommt. Von diesem Zeitpunkt an ist ein Schaden, der durch

---

145 So im Ergebnis BGH, VersR 1985, 358, 359; OLG Frankfurt, OLGZ 1982, 346, 349; OLG Hamm, NJW-RR 1986, 679.
146 Siehe aber noch Rdn. 48.
147 BGH, NJW 1990, 122, 124; BAG, NZA 1994, 791, 792.
148 *Walker*, Der einstweilige Rechtsschutz, Rn. 490 f.
149 Vgl. BAG, NZA 1994, 791, 792; OLG Hamm, NJW 1975, 1843.
150 BGHZ 120, 73, 82; 131, 141, 144 mit zust. Anm. *Walker*, EWiR 1996, 47 f.; *Gleußner*, MDR 1996, 451, 454; *Mankowski*, JR 1996, 375.
151 BGH, NJW-RR 2015, 541, 542; NJW 2006, 2767, 2768.
152 OLG Saarbrücken, NJW-RR 1998, 1039.
153 BGH, NJW-RR 2015, 541, 543; OLG Karlsruhe, NJW-RR 2003, 1708, 1709.

freiwillige Beachtung des Unterlassungsgebotes entsteht, unter den weiteren Voraussetzungen des § 945 ersatzfähig.[154]

49 Das ist allerdings nicht unbestritten.[155] Nach der **Gegenansicht** erfolgt auch bei einer durch Urteil erlassenen Unterlassungsverfügung eine freiwillige Erfüllung nur dann »zur Abwendung der Vollziehung«, wenn eine besondere Vollziehungsinitiative des Gläubigers vorausgegangen sei.[156] Der Gläubiger bringe seinen Vollziehungswillen regelmäßig durch eine Parteizustellung, unter Umständen aber auch durch andere Maßnahmen (z. B. durch Antrag auf Festsetzung von Ordnungsmitteln)[157] oder Erklärungen zum Ausdruck. Die Notwendigkeit einer solchen Initiative ergebe sich daraus, dass der Gläubiger nach § 945 nur für ein eigenes riskantes Vollstreckungsverhalten einzustehen habe. Eine vorherige freiwillige Befolgung einer Unterlassungsverfügung geschehe daher nicht zur Abwendung der Vollziehung und löse auch keinen Schadensersatzanspruch nach § 945 aus. – Gegen diese Ansicht spricht, dass der Schuldner bis zur Parteizustellung geradezu zum sanktionslosen Verstoß gegen die Unterlassungsverfügung verlockt wird. Zwar ist es richtig, dass der Gläubiger auch bei Unterlassungsverfügungen die Möglichkeit haben muss, selbst darüber zu entscheiden, ob er auf ihre Durchsetzung verzichtet oder das Risiko einer Schadensersatzpflicht nach § 945 in Kauf nimmt.[158] Diese Möglichkeit besteht aber auch dann, wenn man der einstweiligen Verfügung bereits ab ihrer Verkündung eine vollstreckungsrechtliche Wirkung beimisst. Der Gläubiger kann nämlich gegenüber dem Schuldner auf eine Vollziehung der Verfügung (vorläufig) verzichten.[159] In diesem Fall braucht der Schuldner bei einer Zuwiderhandlung kein Ordnungsmittel zu befürchten, hat aber andererseits bei einer Befolgung des Unterlassungsgebots keinen Schadensersatzanspruch. Verzichtet der Gläubiger nicht auf die Vollziehung, ist der Schuldner zur Beachtung der Unterlassungsverfügung schon von deren Verkündung an verpflichtet; andererseits steht ihm aber unter den weiteren Voraussetzungen des § 945 ein Schadensersatzanspruch zu.[160]

IV. Der Schadensersatzprozess

50 Die prozessuale Geltendmachung des Schadensersatzanspruches erfolgt in einem ordentlichen Zivilprozess. Der Anspruch kann seinerseits im vorläufigen Verfahren gesichert werden. Eine Geltendmachung in dem noch anhängigen Eilverfahren scheidet hingegen aus,[161] zumal es an einer

---

154 OLG Bremen, WRP 1979, 791 f.; OLG Celle, NJW-RR 1990, 122; OLG Hamburg, WRP 1980, 341, 342 (einschränkend aber jetzt in OLGZ 1994, 472, 473); OLG Koblenz, NJW 1980, 948, 949; OLG Stuttgart, WRP 1981, 291, 292; WRP 1997, 350, 353 und WRP 1997, 873, 875 (jeweils zur Vollziehung i. S. v. § 929 II); Alternativkommentar/*Damm*, § 945 Rn. 6; *Baur*, Studien zum einstweiligen Rechtsschutz, S. 108; *Bork*, WRP 1989, 360, 365 f.; *Knieper*, WRP 1997, 815 (zur Vollziehung i. S. v. § 929 Abs. 2); MüKo/*Drescher*, § 945 Rn. 21; *Münzberg*, FS Lange, S. 599, 616 f.; *Stein/Jonas/Grunsky*, § 945 Rn. 7; *Ulrich*, WRP 1991, 361, 364; *Walker*, Der einstweilige Rechtsschutz, Rn. 492 ff.; *Zöller/Vollkommer*, § 945 Rn. 14.
155 Zum Meinungsstand *Ulrich*, WRP 1999, 82.
156 Vgl. RGZ 51, 129, 131 ff.; OLG Hamburg, FamRZ 1988, 521, 522; OLG Köln, WRP 1979, 817; OLG München, WRP 1979, 398; *Altmeppen*, WM 1989, 1157, 1163 f.; *Borck*, WRP 1977, 556, 561; *Schmidt-v. Rhein*, NJW 1976, 792.
157 BGH, WM 1989, 927 ff.; 1990, 2089; BAG, NZA 1994, 791, 792; OLG Koblenz, WRP 1991, 671 ff.; *Teplitzky*, Wettbewerbsrechtliche Ansprüche und Verfahren, Kap. 36 Rn. 33.
158 Vgl. nur *Ahrens*, Wettbewerbsverfahrensrecht, S. 183 m. w. N. in Fn. 67.
159 OLG Bremen, WRP 1979, 791, 792; OLG Hamburg, WRP 1980, 341, 342 (einschränkend aber in OLGZ 1994, 472, 473); OLG Koblenz, WRP 1991, 671, 673; OLG Stuttgart, WRP 1981, 291, 292; *Teplitzky*, Wettbewerbsrechtliche Ansprüche und Verfahren, Kap. 36 Rn. 32.
160 *Walker*, Der einstweilige Rechtsschutz, Rn. 494 m. w. N.; *Teplitzky*, Wettbewerbsrechtliche Ansprüche und Verfahren, Kap. 36 Rn. 32; **a. M.** aber *Schuschke*, oben § 929 Rdn. 26, 28 f., zur Vollziehung von Unterlassungsverfügungen im Zusammenhang mit der Einhaltung der Vollziehungsfrist nach § 929 Abs. 2.
161 RGZ 58, 236, 239; *Baumbach/Lauterbach/Hartmann*, § 945 Rn. 16; *Brox/Walker*, Rn. 1572; MüKo/*Drescher*, § 945 Rn. 32; *Stein/Jonas/Grunsky*, § 945 Rn. 36; *Zöller/Vollkommer*, § 945 Rn. 7.

dem § 717 Abs. 2 Satz 2 vergleichbaren Vorschrift fehlt. Der Grund dafür liegt darin, dass das summarische Verfahren mit bloßer Glaubhaftmachung zur endgültigen Klärung des Schadensersatzanspruches nicht geeignet ist. Eine Ausnahme besteht nur dann, wenn der Schuldner eine auf Geldzahlung gerichtete Befriedigungsverfügung erfüllt hat und die Höhe der Zahlung unstreitig ist; dann bestehen keine Bedenken dagegen, dass aus Gründen der Prozessökonomie über den Rückzahlungsanspruch bereits im Widerspruchs- oder Rechtfertigungsverfahren mitentschieden wird.[162] Der Anspruch kann entweder im Wege der Leistungsklage (auch in Form der Widerklage) oder in einem gegen den Schuldner gerichteten Hauptsacheprozess durch Aufrechnung[163] geltend gemacht werden. Da der Anspruch zum bürgerlichen Recht gehört, ist der Rechtsweg zu den ordentlichen Gerichten auch dann gegeben, wenn die ungerechtfertigte Eilanordnung nach § 123 Abs. 3 VwGO, § 86b Abs. 2 SGG oder § 324 Abs. 1 AO erlassen wurde[164] und ihre Grundlage im öffentlichen Recht hatte.[165] Die sachliche Zuständigkeit richtet sich gem. § 23 Nr. 1 GVG nach der Höhe des Streitgegenstandes. Für die örtliche Zuständigkeit kommt neben dem allgemeinen Gerichtsstand am Wohnsitz des Beklagten (§ 13) der besondere Gerichtsstand der unerlaubten Handlung (§ 32) in Betracht.[166]

Für die **Beweislast** gelten folgende Regeln: Der Schuldner muss als Kläger den Eintritt eines Schadens sowie die Kausalität zwischen Vollziehung oder Vollziehungsabwendung und eingetretenem Schaden beweisen. Dagegen braucht er nicht nachzuweisen, dass die Eilanordnung von Anfang an ungerechtfertigt war.[167] Vielmehr trägt der Gläubiger als Beklagter die Beweislast dafür, dass sein Eilgesuch von Anfang an gerechtfertigt war.[168] Das ergibt sich aus den Besonderheiten des § 945. Die Eilanordnung »erweist« sich nämlich nicht nur dann als ungerechtfertigt, wenn die tatsächlichen Voraussetzungen des Arrest- oder Verfügungsanspruches bewiesenermaßen nicht vorlagen, sondern auch dann, wenn sich diese Voraussetzungen nicht nachweisen lassen. Folglich muss der Gläubiger, der sich eines Arrest- oder Verfügungsanspruches berühmt, dessen Entstehungsvoraussetzungen beweisen. An dieser Regel ändert sich durch seine Parteirolle als Beklagter im Schadensersatzprozess nichts.

51

V. Bedeutung des § 945 außerhalb des Zivilprozesses

Vor Inkrafttreten des FamFG war lange umstritten, ob § 945 in **Familiensachen** in denjenigen Fällen entsprechend anwendbar ist, in denen es an einer Regelung über den Ausgleich von Nachteilen aufgrund der Vollziehung fehlerhafter Eilanordnungen fehlt.[169] Der BGH hatte wiederholt die entsprechende Anwendung des § 945 abgelehnt.[170] Das seit 1.1.2009 geltende FamFG differenziert: Nach § 119 Abs. 2 Satz 2 FamFG gilt § 945 bei der Vollziehung von Arresten in Familienstreitsachen i. s. v. § 112 FamFG entsprechend. Gem. § 119 Abs. 1 Satz 2 FamFG gilt § 945 ferner bei der Vollziehung von einstweiligen Anordnungen in Familienstreitsachen nach § 112 Nr. 2 und 3 FamFG (Güterrechtssachen nach § 261 Abs. 1 FamFG und sonstige Familienrechtssachen nach

52

---

162 OLG Frankfurt, JW 1931, 2378; *Brox/Walker*, Rn. 1670; *Stein/Jonas/Grunsky*, § 945 Rn. 36; *Thomas/Putzo/Seiler*, § 945 Rn. 12; *Zöller/Vollkommer*, § 945 Rn. 7; **a. M.** Hk-ZV/*Haertlein*, § 945 Rn. 33; *Musielak/Voit/Huber*, § 945 Rn. 10; PG/*Fischer*, § 945 Rn. 13.
163 OLG Schleswig, FamRZ 1986, 707.
164 Zur Anwendbarkeit des § 945 in diesen Fällen vgl. noch Rdn. 58, 59.
165 BGHZ 78, 127, 128 f.; 30, 123, 128 ff.; *Brox/Walker*, Rn. 1572, 1576 f.; **a. M.** (Verwaltungsrechtsweg) BVerwGE 18, 72, 77 f.; *Finkelnburg/Dombert/Külpmann*, Vorläufiger Rechtsschutz im Verwaltungsstreitverfahren, Rn. 547; *Kopp/Schenke*, § 123 VwGO Rn. 43.
166 BGHZ 75, 1; *Baumbach/Lauterbach/Hartmann*, § 945 Rn. 16; *Brox/Walker*, Rn. 1573; *Stein/Jonas/Grunsky*, § 945 Rn. 11; *Zöller/Vollkommer*, § 945 Rn. 3.
167 So aber RGZ 157, 14, 21.
168 BGH, LM Nr. 25 zu § 945 ZPO Leitsatz 2; vorher schon BGH, JZ 1988, 977, 979 mit zust. Anm. *Stolz*.
169 Zum Meinungsstand bis zum Inkrafttreten des FamFG am 1.9.2009 siehe § 945 Rn. 41 in der 4. Aufl.
170 BGH, ZZP 113 (2000), 485, 490 mit insoweit krit. Anm. *Berger*, 492, 497 ff.; NJW 1984, 2095, 2097; 1985, 1074, 1075.

§ 266 FamFG jeweils nebst Lebenspartnerschaftssachen nach § 269 FamFG) entsprechend. Für die Vollziehung von einstweiligen Anordnungen in Unterhaltssachen (§ 112 Nr. 1 FamFG) wird § 945 dagegen in § 119 Abs. 1 Satz 2 FamFG bewusst[171] nicht für anwendbar erklärt. In den **anderen FamFG-Sachen** findet § 945 ebenfalls keine Anwendung.

53 Im **arbeitsgerichtlichen Urteilsverfahren** ist § 945 über § 62 Abs. 2 Satz 1 ArbGG unmittelbar anwendbar. Da der Schadensersatzanspruch bezüglich Verjährung[172] und Gerichtsstand[173] wie ein deliktischer Anspruch behandelt wird, ist es konsequent, ihn auch bei der Bestimmung des Rechtsweges so einzuordnen. Deshalb sind die Arbeitsgerichte zur Entscheidung über den Schadensersatzanspruch zuständig; denn die in dem Erwirken einer ungerechtfertigten Eilanordnung liegende »unerlaubte Handlung« erfolgt – soweit es um Gegenstände des Urteilsverfahrens geht – entweder im Zusammenhang mit einem Arbeitsverhältnis (§ 2 Abs. 1 Nr. 3 d ArbGG) oder zum Zwecke des Arbeitskampfes (§ 2 Abs. 1 Nr. 2 ArbGG).

54 Hat ein Arbeitnehmer nach Kündigung seines Arbeitsverhältnisses gem. § 102 Abs. 5 Satz 1 BetrVG durch einstweilige Verfügung seinen **besonderen Weiterbeschäftigungsanspruch** bis zum rechtskräftigen Abschluss des Kündigungsrechtsstreits durchgesetzt, ist er dem Arbeitgeber auch dann nicht gem. § 945 zum Schadensersatz verpflichtet, wenn er im Kündigungsschutzverfahren rechtskräftig unterliegt.[174] Die einstweilige Verfügung auf Weiterbeschäftigung ist nämlich nur von den formellen Voraussetzungen des § 102 Abs. 5 Satz 1 BetrVG abhängig.[175] Sie erweist sich nicht schon dann als ungerechtfertigt, wenn nach rechtskräftigem Abschluss des Kündigungsverfahrens feststeht, dass die Kündigung sozial gerechtfertigt war.

55 Dagegen greift § 945 ein, wenn der Arbeitnehmer seinen sog. **allgemeinen Weiterbeschäftigungsanspruch** außerhalb des Anwendungsbereiches von § 102 Abs. 5 BetrVG im Wege der einstweiligen Verfügung durchgesetzt hat und nachher im Kündigungsschutzprozess unterliegt.[176] Mit der Beendigung des Arbeitsverhältnisses durch wirksame Kündigung fällt nämlich der Rechtsgrund für den allgemeinen Weiterbeschäftigungsanspruch, der mangels Anwendbarkeit des § 102 Abs. 5 Satz 1 BetrVG nur in dem Arbeitsverhältnis liegen kann,[177] weg. Die einstweilige Verfügung erweist sich dann als von Anfang an ungerechtfertigt.

56 Wenn umgekehrt der Arbeitgeber sich gem. § 102 Abs. 5 Satz 2 BetrVG durch einstweilige Verfügung von der **Weiterbeschäftigungspflicht hat entbinden** lassen, ist er dem Arbeitnehmer nach § 945 schadensersatzpflichtig, sofern sich die einstweilige Verfügung als ungerechtfertigt erweist, weil die Voraussetzungen des § 102 Abs. 5 Satz 2 Nr. 1–3 BetrVG nicht vorlagen.[178] In diesen Fällen ist allerdings sorgfältig zu prüfen, ob dem Arbeitnehmer durch die Vollziehung überhaupt ein Schaden entstanden ist, zumal er unter den Voraussetzungen der §§ 615 Satz 1, 293 ff. BGB auch bei Nichtbeschäftigung einen Vergütungsanspruch hat.[179]

57 Im **arbeitsgerichtlichen Beschlussverfahren** ist die Anwendung des § 945 durch § 85 Abs. 2 Satz 2 ArbGG ausdrücklich ausgeschlossen. Das gilt über den Wortlaut des § 85 Abs. 2 Satz 2 ArbGG hinaus nicht nur für Angelegenheiten des Betriebsverfassungsgesetzes, sondern auch für die

---

171 Vgl. BT-Drs. 16/6308, S. 226.
172 Siehe Rdn. 35.
173 Siehe Rdn. 50.
174 *Eich*, DB 1986, 692, 698; GWBG/*Benecke*, ArbGG, § 62 Rn. 40; MüKo/*Drescher*, § 945 Rn. 36; *Walker*, Der einstweilige Rechtsschutz, Rn. 754; *Schwab/Weth/Walker*, § 62 ArbGG Rn. 156.
175 Vgl. nur BAG, ZIP 1991, 1092, 1093; DB 1987, 1045.
176 *Baur*, ZTR 1989, 419, 427; *Eich*, DB 1986, 692, 698; *Feichtinger*, DB 1983, 939, 943; *v. Hoyningen-Huene*, BB 1988, 264, 269; *Löwisch*, DB 1978, Beilage 7, S. 8; *Walker*, DB 1988, 1596; *Schwab/Weth/Walker*, § 62 ArbGG Rn. 156.
177 BAG (GS) DB 1985, 2197 ff., 2201; *Künzl*, BB 1989, 1261, 1265; *v. Hoyningen-Huene*, BB 1988, 264.
178 MüKo/*Drescher*, § 945 Rn. 36; *Schwab/Weth/Walker*, § 62 ArbGG Rn. 156.
179 *Walker*, Der einstweilige Rechtsschutz, Rn. 756.

anderen Materien des § 2a Abs. 1 ArbGG.[180] Der Grund für diese Besonderheit des einstweiligen Rechtsschutzes im Beschlussverfahren liegt darin, dass der Betriebsrat und die anderen Organe des Betriebsverfassungsgesetzes, des Sprecherausschussgesetzes, des Personalvertretungsgesetzes und des Mitbestimmungsgesetzes (vgl. § 2a Abs. 1 ArbGG) wegen Vermögenslosigkeit von vornherein als Ersatzschuldner ausscheiden.[181] Umgekehrt erleiden sie durch die Vollziehung einer gegen sie gerichteten einstweiligen Verfügung keinen ersatzfähigen Vermögensschaden, zumal sie ohnehin vom Arbeitgeber finanziert werden.[182]

Bei einstweiligen Anordnungen im **Verwaltungsgerichtsprozess** und im **Sozialgerichtsprozess** gilt § 945 gem. § 123 Abs. 3 VwGO bzw. § 86b Abs. 2 Satz 4 SGG entsprechend. Für die klageweise Geltendmachung des Schadensersatzanspruches ist nach der Rechtsprechung des BGH der Rechtsweg zu den Zivilgerichten gegeben.[183] Ob neben dem Adressaten der einstweiligen Anordnung auch der Beigeladene, in dessen Rechtskreis durch die Vollziehung der einstweiligen Anordnung ein Schaden entstanden ist, Gläubiger des Schadensersatzanspruches sein kann, ist umstritten.[184]

58

Ferner ist § 945 in mehreren **besonderen Verfahrensarten**, in denen der Ausgleich von Nachteilen durch die Vollziehung unberechtigter Eilanordnungen nicht geregelt ist, entsprechend anwendbar. Dazu zählten bis zur Neuregelung des WEG mit Wirkung zum 1.7.2007[185] einstweilige Anordnungen im Verfahren der freiwilligen Gerichtsbarkeit in Wohnungseigentumssachen (§§ 44 Abs. 3 Satz 1, 43 Abs. 1 WEG); denn der allgemeine Rechtsgedanke, wonach die Vollstreckung aus einem noch nicht endgültigen Titel auf Gefahr des Gläubigers erfolgt, gilt auch dort.[186] Inzwischen richtet sich der einstweilige Rechtsschutz in WEG-Sachen unmittelbar nach den §§ 935 ff. Für einstweilige Anordnungen durch das Finanzgericht verweist § 114 Abs. 3 FGO ausdrücklich auf § 945. Diese Verweisung betrifft zwar nicht unmittelbar den Steuerarrest gem. § 324 AO; nach Sinn und Zweck ist § 945 jedoch auch hier entsprechend anwendbar, wenn der Arrest gegen den Steuerschuldner verhängt wurde, obwohl der Arrestanspruch von Anfang an fehlte.[187] Dagegen führt die Vollziehung eines unrichtigen Steuerbescheides nicht zu einem verschuldensunabhängigen Schadensersatzanspruch des Steuerpflichtigen gegen die Finanzbehörde; denn der Gesetzgeber hat dem Allgemeininteresse an alsbaldiger Erfüllung der Steuerschuld den Vorrang gegenüber dem Einzelinteresse des Steuerschuldners eingeräumt.[188] Auch die Vollziehung eines Erstattungsbescheides durch die Verwaltung ist nicht mit der Vollstreckung aus einem einstweiligen Titel vergleichbar; denn sie erfolgt nicht aufgrund einer (privaten) Risikoabwägung des Gläubigers, sondern im öffentlichen Interesse. Daher hat der Betroffene nach Aufhebung des vollzogenen Erstattungsbescheides

59

---

180 GMP/*Matthes*, § 85 ArbGG Rn. 51; GWBG/*Greiner*, § 85 ArbGG Rn. 33.
181 *Dütz*, ZfA 1972, 247, 250; GWBG/*Greiner*, § 85 ArbGG Rn. 33; *Schwab/Weth/Walker*, § 85 ArbGG Rn. 78.
182 *Walker*, Der einstweilige Rechtsschutz, Rn. 789, 902.
183 Siehe schon Rdn. 50 auch mit Nachweisen zur Gegenansicht.
184 **Verneinend** BGHZ 78, 127, 128 f.; *Baur*, Studien zum einstweiligen Rechtsschutz, S. 112 f.; *Berger/Becker-Eberhard*, Kap. 10 Rn. 9; *Finkelnburg/Dombert/Külpmann*, Vorläufiger Rechtsschutz im Verwaltungsstreitverfahren, Rn. 538; HdbVR-*Dunkl*, A Rn. 435; *Kopp/Schenke*, § 123 VwGO Rn. 44; MüKo/*Drescher*, § 945 Rn. 34; *Schoch*, Vorläufiger Rechtsschutz und Risikoverteilung im Verwaltungsrecht, S. 1745; *ders.* in: *Schoch/Schmidt-Aßmann/Pietzner*, § 123 VwGO Rn. 200; **bejahend** *Grunsky*, JuS 1982, 177, 179; *Retzlaff*, NJW 1999, 3224.
185 Gesetz vom 26.3.2007, BGBl. I, 370.
186 BGHZ 120, 261; 111, 148, 153; *Stein/Jonas/Grunsky*, § 945 Rn. 15; *Thomas/Putzo/Seiler*, § 945 Rn. 5; *Zöller/Vollkommer*, § 945 Rn. 4; **a. M.** KG, NJW-RR 1992, 211.
187 BGHZ 30, 123, 128 ff.; *Baumbach/Lauterbach/Hartmann*, § 945 Rn. 4; *Brox/Walker*, Rn. 1577; *Gaul*, JZ 2013, 760, 765 ff.; MüKo/*Drescher*, § 945 Rn. 34; *Stein/Jonas/Grunsky*, § 945 Rn. 15; *Thomas/Putzo/Seiler*, § 945 Rn. 5; **offengelassen** von BGH, NJW-RR 2012, 1490, 1491.
188 BGHZ 39, 77, 79 f.; bestätigt in BGH, NJW-RR 2012, 1490, 1491 (krit. dazu *Gaul*, JZ 2013, 760, 770); *Baur/Stürner/Bruns*, Rn. 52.30; *Brox/Walker*, Rn. 1578; *Stein/Jonas/Grunsky*, § 945 Rn. 15.

keinen Anspruch aus § 945.[189] Schließlich ist § 945 entsprechend anwendbar, wenn die aufgrund eines Landespressegesetzes erwirkte und vollzogene gerichtliche Anordnung auf Veröffentlichung einer Gegendarstellung als von Anfang an unrichtig aufgehoben wird.[190] Ob § 945 entsprechend anwendbar ist, wenn sich eine einstweilige Anordnung der Kartellbehörde nach § 60 GWB als von Anfang an ungerechtfertigt erweist, ist umstritten.[191]

---

189 BSG, MDR 1996, 847, 848.
190 BGHZ 62, 7; MüKo/*Drescher*, § 945 Rn. 9; *Thomas/Putzo/Seiler*, § 945 Rn. 5; *Zöller/Vollkommer*, § 945 Rn. 4; a. M. OLG Hamburg, MDR 1972, 333; *Baumbach/Lauterbach/Hartmann*, § 945 Rn. 5.
191 **Bejahend** *Wieczorek/Schütze/Thümmel*, § 945 Rn. 4; **verneinend** MüKo/*Drescher*, § 945 Rn. 33; *Schmidt* in *Immenga/Mestmäcker*, GWB, 4. Aufl., § 60 Rn. 28; *Stein/Jonas/Grunsky*, § 945 Rn. 15 a.

§ 945a Einreichung von Schutzschriften

(1) Die Länder führen ein zentrales, länderübergreifendes elektronisches Register für Schutzschriften (Schutzschriftenregister). Schutzschriften sind vorbeugende Verteidigungsschriftsätze gegen erwartete Anträge auf Arrest oder einstweilige Verfügung.

(2) Eine Schutzschrift gilt als bei allen ordentlichen Gerichten der Länder eingereicht, sobald sie in das Schutzschriftenregister eingestellt ist. Schutzschriften sind sechs Monate nach ihrer Einstellung zu löschen.

(3) Die Gerichte erhalten Zugriff auf das Register über ein automatisiertes Abrufverfahren. Die Verwendung der Daten ist auf das für die Erfüllung der gesetzlichen Aufgaben Erforderliche zu beschränken. Abrufvorgänge sind zu protokollieren.

(§ 945a trifft mit Wirkung zum 1.1.2016 in Kraft)

§ 945b Verordnungsermächtigung

Das Bundesministerium der Justiz hat durch Rechtsverordnung mit Zustimmung des Bundesrates die näheren Bestimmungen über die Einrichtung und Führung des Registers, über die Einreichung von Schutzschriften zum Register, über den Abruf von Schutzschriften aus dem Register, über die Erhebung von Gebühren sowie über die Einzelheiten der Datenübermittlung und -speicherung sowie der Datensicherheit und der Barrierefreiheit zu treffen.

Übersicht	Rdn.		Rdn.
I. Begriff und Anwendungsbereich	1	3. Auswirkung der Schutzschrift auf die Bestimmung des Zustellungsadressaten gem. § 176	10
II. Inhalt und Wirkungen der Schutzschrift	6		
1. Form	6	III. Kosten der Schutzschrift	11
2. Zulässiger Vortrag und Umfang der Berücksichtigungspflicht	7		

Literatur:
Ahrens, Der Wettbewerbsprozess, 7. Aufl., 2014; *Anders*, Die Zustellung einstweiliger Verfügungen nach dem Zustellungsreformgesetz, WRP 2003, 204; *Bacher*, Das Gesetz zur Förderung des elektronischen Rechtsverkehrs, MDR 2014, 998; *Berneke*, Die einstweilige Verfügung in Wettbewerbssachen, 2. Aufl., 2003; *Borck*, Kostenfestsetzung aufgrund von Schutzschrift-Hinterlegung?, WRP 1978, 262; *ders.*, Das rechtliche Gehör im Verfahren auf Erlass einer einstweiligen Verfügung, MDR 1988, 908; *Bülow*, Zur prozessrechtlichen Stellung des Antragsgegners im Beschlussverfahren von Arrest und Einstweiliger Verfügung, ZZP 98 (1985), 274; *Deutsch*, Die Schutzschrift in Theorie und Praxis, GRUR 1990, 327; *Ekey/Klippel/Kotthoff/Meckel/Plass*, Heidelberger Kommentar zum Wettbewerbsrecht, 2. Aufl., 2005; *Fezer*, Lauterkeitsrecht, UWG, 2. Aufl., 2010; *Gloy/Loschelder/Erdmann*, Handbuch des Wettbewerbsrechts (Hdb. WettbewerbsR), 4. Aufl., 2010; *Günther/Beyerlein*, Abmahnen nach dem RVG – Ein Gebühren-Eldorado?, WRP 2004, 1222; *Harte-Bavendamm/Henning-Bodewig*, UWG, 3. Aufl., 2013; *Heil*, Der Antrag auf Verweisung an die Kammer für Handelssachen (§ 98 Abs. 1 GVG) in einer Schutzschrift, WRP 2014, 24; *Heermann/Schlingloff*, Münchener Kommentar zum Lauterkeitsrecht, 2. Aufl. 2014; *Hilgard*, Die Schutzschrift im Wettbewerbsrecht, 1985; *Köhler/Bornkamm*, Wettbewerbsrecht, 33. Aufl., 2015; *May*, Die Schutzschrift im Arrest- und einstweiligen Verfügungsverfahren, 1983; *Melullis*, Handbuch des Wettbewerbsprozesses, 3. Aufl., 2000; *ders.*, Die Bestimmung des Zustellungsempfängers bei Beschlussverfügungen, WRP 1982, 249; *Schulz*, Die Rechte des Hinterlegers einer Schutzschrift, WRP 2009, 1472 ff.; *Ohly/Sosnitza*, UWG, Gesetz gegen den unlauteren Wettbewerb, 6. Aufl., 2014; *Schütze*, Zur Zustellung nach § 176 ZPO im einstweiligen Verfügungsverfahren, BB 1978, 589; *Schwippert*, Staatliches elektronisches Register für Schutzschriften, MarkenR 2014, 6; *Teplitzky*, Wettbewerbsrechtliche Ansprüche und Verfahren, 10. Aufl., 2011; *ders.*, Die »Schutzschrift« als vorbeugendes Verteidigungsmittel gegen einstweilige Verfügungen, NJW 1980, 1667; *ders.*, Schutzschrift, Glaubhaftmachung und »besondere Dringlichkeit« bei § 937 Abs. 2 ZPO – drei Beispiele für Diskrepanzen zwischen Theorie und Praxis, WRP 1980, 373; *Teplitzky/Peifer/Leistner*, UWG-Großkommentar, 2. Aufl., Band 3, 2015; *Walker*, Die Schutzschrift und das elektronische Schutzschriftenregister nach §§ 945a, 945b ZPO, in: FS Schilken, 2014, S. 819; *Wehlau*, Die Schutzschrift, 2011; *Wehlau/Kalbfus*, Die Schutzschrift im elektronischen Rechtsverkehr, ZRP 2013, 101.

I. Begriff und Anwendungsbereich

1 Ein Arrest kann gemäß § 922 Abs. 1 und eine einstweilige Verfügung gemäß § 937 Abs. 2 ohne mündliche Verhandlung und ohne vorherige Anhörung des Gegners erlassen werden. Von dieser Möglichkeit wird insbesondere bei Wettbewerbsstreitigkeiten häufig Gebrauch gemacht.[1] Durch ein solches Verbot kann der als Verletzer in Anspruch Genommene erheblich beeinträchtigt werden. Hat er Anlass für die Annahme, dass die Beantragung einer gegen ihn gerichteten einstweiligen Verfügung kurz bevorsteht (etwa weil er auf eine Abmahnung hin die geforderte Unterlassungserklärung nicht abgegeben hat), kann er ein Interesse daran haben, dem Gericht seinen Standpunkt nicht erst im Widerspruchsverfahren, sondern schon vor der Entscheidung über den Erlass einer Beschlussverfügung zu unterbreiten.

---

1 **Kritisch** hierzu *Teplitzky*, WRP 1980, 373, 374 f.; *ders.*, NJW 1980, 1667, 1668; s. hierzu auch *Danckwerts*, GRUR 2008, 763 ff.

Diesem Interesse trägt die **Schutzschrift** als vorbeugendes Verteidigungsmittel gegen einen befürchteten Antrag auf Erlass einer einstweiligen Verfügung oder eines Arrestes Rechnung.[2] Als Schutzschrift wird ein Schriftsatz bezeichnet, den der Abgemahnte beim zuständigen Gericht einreicht und in dem er beantragt, den erwarteten Antrag auf Erlass einer einstweiligen Verfügung zurückzuweisen, jedenfalls aber eine einstweilige Verfügung nicht ohne mündliche Verhandlung zu erlassen.[3] Schutzschriften haben insbesondere im Bereich des gewerblichen Rechtsschutzes große Bedeutung, aber auch im Arbeitsrecht, etwa wenn eine Gewerkschaft den Erlass einer einstweiligen Verfügung befürchtet, durch die Warnstreiks verboten werden soll, oder wenn ein Arbeitgeber einen Verfügungsantrag gegen eine Betriebsänderung erwartet.[4]

Die Schutzschrift war bisher im Gesetz nicht geregelt, findet aber nunmehr in §§ 945a, 945b sowie § 49c BRAO Erwähnung und damit auch die ausdrückliche Anerkennung des Gesetzgebers. Diese Vorschriften regeln aber nur einen Teilbereich der Schutzschrift, nämlich die Einrichtung eines zentralen Schutzschriftenregisters. Dieses trägt der Problematik Rechnung, dass in Fällen, in denen mehrere Gerichtsstände bestehen, der Antragsgegner nicht wissen kann, bei welchem Gericht der Verfügungs- oder der Arrestantrag eingeht und bei dem er daher die Schutzschrift einreichen muss, damit sie Beachtung finden kann. Diese Schwierigkeit besteht insbesondere im gewerblichen Rechtsschutz und im Presserecht, wo aufgrund des sog. »fliegenden Gerichtsstands« oft bundesweit eine Inanspruchnahme droht. Darüber hinaus ist im Verfahren auf Erlass einer einstweiligen Verfügung in Fällen besonderer Dringlichkeit stets auch das Amtsgericht der belegenen Sache zuständig (§ 942 Abs. 1). Im Hinblick hierauf ist bereits bisher die Einreichung gleichlautender Schutzschriften bei mehreren Gerichten empfehlenswert und üblich.[5] Dies ist mit erheblichem Aufwand und Kosten[6] verbunden. Einen Ausweg aus diesem Dilemma bietet bereits derzeit die Europäische EDV-Akademie des Rechts (EEAR) an. Dort können Schutzschriften in elektronischer Form hinterlegt werden, die von Gerichten, bei denen Anträge auf Erlass einer einstweiligen Verfügung eingehen, eingesehen werden können. Zahlreiche Gerichte haben sich bereits verpflichtet, das Register zu konsultieren;[7] einige wichtige Gerichte fehlen jedenfalls zurzeit aber noch.[8] Auch für die Hinterlegung in diesem Register kann eine (prozessuale) Kostenerstattung nicht verlangt werden.[9]

Durch das Gesetz zur Förderung des elektronischen Rechtsverkehrs mit den Gerichten sind nunmehr die Länder verpflichtet, mit Wirkung zum 1.1.2016 ein zentrales Schutzschriftenregister zu errichten. Mit Wirkung zum 1.1.2017 ist der Rechtsanwalt gemäß § 49c BRAO n. F. verpflichtet, »Schutzschriften ausschließlich zum Schutzschriftenregister nach § 945a der Zivilprozessordnung einzureichen«. §§ 945a und 945b enthalten jedoch nur die Rechtsgrundlage für die Einrichtung dieses Registers und Vorgaben für die technische und organisatorische Ausgestaltung.[10] Diese obliegt den Ländern, muss aber bundeseinheitlich erfolgen. Dies wird durch die nach § 945b zu erlassende Verordnung sichergestellt, in der »die näheren Bestimmungen über die Einrichtung und Führung des Registers, über die Einreichung von Schutzschriften zum Register, über den Abruf von Schutzschriften aus dem Register, über die Erhebung von Gebühren sowie über die Einzelheiten der

---

2 OLG München, WRP 1992, 811.
3 *Ahrens/Spätgens*, Kap. 7, Rn. 4; *Deutsch*, GRUR 1990, 327; *May*, Die Schutzschrift im Arrest- und einstweiligen Verfügungsverfahren, S. 11; *Teplitzky*, NJW 1980, 1667; vgl. auch § 937 Rdn. 20.
4 Vgl. *Walker*, FS Schilken, S. 819, 820 mwN.
5 *Melullis*, Rn. 44; *Teplitzky*, Kap. 55, Rn. 52.
6 Eine prozessuale Kostenerstattung kann nämlich nur hinsichtlich derjenigen Kosten verlangt werden, die durch die Schutzschrift bei dem Gericht angefallen sind, bei dem später der (Verfügungs-) Antrag gestellt wird (vgl. OLG Hamburg, GRUR-RR 2014, 96; GK-UWG/*Schwippert*, § 12 C Rn. 122).
7 Der aktuelle Stand ist auf der Internetseite https://www.schutzschriftenregister.de/Informationen/Gerichte.aspx einsehbar.
8 Für Einzelheiten des Verfahrens s. *Schulz*, WRP 2009, 1472, 1474 f.
9 OLG Hamburg GRUR-RR 2014, 96. Auch Ansprüche aus GoA bestehen insoweit nicht, vgl. LG Hamburg, ZUM 2012, 74; offengelassen von OLG Düsseldorf, JurBüro 2000, 423.
10 Vgl. BT-Drucks. 17/12634, S. 35.

Datenübermittlung und -speicherung sowie der Datensicherheit und der Barrierefreiheit zu treffen« sind. § 945b ist daher bereits zum 1.7.2014 in Kraft getreten.

5 Das Schutzschriftenregister wird nur für den Bereich der ordentlichen Gerichtsbarkeit mit Ausnahme der Verfahren nach §§ 49 ff. FamFG und das arbeitsgerichtliche Verfahren (§§ 62 Abs. 2, 85 Abs. 2 ArbGG n. F.) eingeführt. Die verfahrensrechtliche Verbindlichkeit des Registers wird dadurch hergestellt, dass gemäß § 945a Abs. 2 die in das Register eingestellte Schutzschrift »als bei allen ordentlichen Gerichten der Länder eingereicht« gilt. Aus datenschutzrechtlichen Gründen und um die Suche nach Schutzschriften zu erleichtern, werden die in das Register eingestellten Schutzschriften nach sechs Monaten gelöscht.[11] Damit wird zugleich dem Umstand Rechnung getragen, dass vorläufiger Rechtsschutz nur in Fällen von Eilbedürftigkeit gewährt wird und daher ein längeres Vorhalten von Schutzschriften in aller Regel nicht erforderlich sein dürfte. Zur Einsicht berechtigt sind ausschließlich Gerichte (§ 945a Abs. 3 Satz 1) und dies auch nur beschränkt »auf das für die Erfüllung der gesetzlichen Aufgaben Erforderliche« (§ 945a Abs. 3 Satz 2). Eine Recherche ist also nur dann zulässig, wenn das Gericht mit einem konkreten Antrag auf vorläufigen Rechtsschutz befasst ist.[12] Damit diese Vorgaben beachtet und kontrolliert werden können, ist jeder Abrufvorgang gemäß § 945a Abs. 3 Satz 3 zu protokollieren. Der (potentielle) Antragsteller hat dagegen – wie bisher – vor Einreichung seines Antrags kein Recht auf Einsicht in eine hinterlegte Schutzschrift; ein solches Recht besteht erst, wenn durch den Antrag ein Verfahren anhängig geworden ist, zu dessen Akten (auch) die Schutzschrift zu nehmen ist.[13]

II. Inhalt und Wirkungen der Schutzschrift

1. Form

6 Die Schutzschrift muss schriftlich eingereicht werden; ein mündliches »Schutzgesuch« ist unbeachtlich. Dies galt bereits bisher,[14] und findet nunmehr ausdrücklich in § 937 Abs. 1 Satz 2 eine Bestätigung, da dort die Schutzschrift als »Verteidigungsschriftsatz« definiert ist. Da im Arrest- wie auch im einstweiligen Verfügungsverfahren kein Anwaltszwang herrscht (§§ 936, 920 Abs. 3, 78 Abs. 3), besteht ein solcher auch nicht für die Einreichung einer Schutzschrift.[15] Daran ändert sich durch das Inkrafttreten des § 945a nichts.[16] Eine ursprünglich vorgesehene Beschränkung des Kreises derjenigen, die zur Einreichung einer Schutzschrift berechtigt sind, auf Rechtsanwälte, Gewerkschaften und Arbeitgeberverbände,[17] ist nicht Gesetz geworden. Wird die Schutzschrift allerdings von einem Rechtsanwalt eingereicht, so ist dieser ab dem 1.1.2017 verpflichtet, diese *ausschließlich* zum Schutzschriftenregister einzureichen (§ 49c BRAO n. F.).

2. Zulässiger Vortrag und Umfang der Berücksichtigungspflicht

7 In der Regel beschränkt sich das Vorbringen in der Schutzschrift nicht darauf, das Vorliegen eines Verfügungsgrundes oder – noch enger – der Voraussetzungen des § 937 Abs. 2 in Zweifel zu ziehen. Vielmehr wird in den meisten Schutzschriften versucht, den in der Abmahnung erhobenen Vorwurf zu entkräften. Der Einreicher der Schutzschrift tritt dem (vermuteten) Vorbringen des Antragstellers in der Antragsbegründung entgegen. Gleichzeitig macht er seine eigene Darstellung glaubhaft oder kündigt eine Glaubhaftmachung wenigstens an. Diese Ausführungen zur Sache

---

11 BT-Drucks. 17/12634, S. 36.
12 Vgl. BT-Drucks. 17/12634, S. 36.
13 Vgl. GK-UWG/*Schwippert*, § 12 C Rn. 124; *Walker*, FS Schilken, S. 819, 826 f.
14 *Ahrens/Spätgens*, Kap. 7 Rn. 6.
15 *Berneke*, Rn. 126; *Gloy/Loschelder/Erdmann/Loschelder*, Hdb. WettbewerbsR § 96 Rn. 3; GK-UWG/*Schwippert*, § 12 C Rn. 120.
16 *Walker*, FS Schilken, S. 819, 823.
17 Vgl. BR-Drucks. 503/12, S. 9, 72 f.

müssen vom Gericht berücksichtigt werden.[18] Dies schließt einen etwaigen Antrag auf Verweisung an die Kammer für Handelssachen ein.[19] Das folgt aus dem Gebot der Gewährung **rechtlichen Gehörs** (Art. 103 Abs. 1 GG). Im Verfügungsverfahren wird bereits durch den Eingang des Antrags bei Gericht ein Prozessrechtsverhältnis zwischen den Parteien begründet,[20] in dessen Rahmen der Antragsgegner rechtliches Gehör beanspruchen kann. Dieser Grundsatz ist im Eilverfahren nur insoweit eingeschränkt, als eine Anhörungspflicht vor Erlass einer Beschlussverfügung nicht besteht. § 937 Abs. 2 berechtigt das Gericht aber nicht, Ausführungen eines Antragsgegners, der sich von sich aus vor der Entscheidung über den Antrag am Verfahren beteiligt, nicht zur Kenntnis zu nehmen und deshalb (möglicherweise) eine inhaltlich falsche Entscheidung zu treffen. Selbst bei besonderer Eilbedürftigkeit darf sich das Gericht nicht über erhebliches Vorbringen in einer Schutzschrift hinwegsetzen und den Antragsgegner auf das Widerspruchsverfahren verweisen.[21] § 945a Abs. 2 Satz 1, der bestimmt, dass eine zum Schutzschriftenregister eingestellte Schutzschrift als bei allen ordentlichen Gerichten der Länder eingereicht gilt, setzt diese Berücksichtigungspflicht erkennbar voraus. Das Gericht ist nach neuem Recht daher verpflichtet, im Schutzschriftenregister entsprechend zu recherchieren.[22] Nach bisherigem Recht dagegen besteht eine gesetzliche Verpflichtung zu einer entsprechenden Recherche nicht und kann auch aus dem Anspruch auf rechtliches Gehör nicht abgeleitet werden.[23]

Auch wenn die Schutzschrift den Vortrag des Antragstellers entkräftet, kann der Verfügungsantrag nicht ohne weiteres unter Hinweis auf die Schutzschrift zurückgewiesen werden, denn auch dem Antragsteller ist rechtliches Gehör zu gewähren. Das führt in der Praxis in der Regel zur Bestimmung eines Termins zur mündlichen Verhandlung. Es kann auch die Schutzschrift dem Antragsteller zur Stellungnahme zugeleitet und danach im schriftlichen Verfahren durch Beschluss entschieden werden.[24] Das kommt aber nur dann in Betracht, wenn dadurch das Verfahren nicht unnötig verzögert wird.

Ist der Vortrag in der Schutzschrift dagegen nicht erheblich, steht dem Erlass einer Beschlussverfügung nichts entgegen. Die Einreichung einer Schutzschrift begründet für sich genommen keine Pflicht des Gerichts, eine mündliche Verhandlung anzuberaumen.[25] In einem solchen Fall sollte das

---

18 BGH, NJW 2003, 1257 – Kosten der Schutzschrift I; GRUR 2008, 640 Tz. 14 – Kosten der Schutzschrift III; *Bülow*, ZZP 98 (1985), 274, 282f.; *Deutsch*, GRUR 1990, 327, 328; GK-UWG/*Schwippert*, § 12 C Rn. 123; *Gloy/Loschelder/Erdmann/Loschelder*, Hdb. WettbewerbsR, § 96 Rn. 3; *Gloy/Loschelder/Erdmann/Spätgens*, Hdb. WettbewerbsR § 97 Rn. 39; *Harte-Bavendamm/Henning-Bodewig/Retzer*, § 12 UWG Rn. 617; *Ahrens/Spätgens*, Kap. 7 Rn. 21 f.; *Teplitzky*, Anm. zu OLG Düsseldorf, GRUR 1988, 404, 406. Siehe auch § 937 Rdn. 15.
19 GK-UWG/*Schwippert*, § 12 C Rn. 123; *Heil*, WRP 2014, 24 ff.
20 Vgl. unten Rdn. 9.
21 *Harte-Bavendamm/Henning-Bodewig/Retzer*, § 12 UWG Rn. 623; a.A. *Berneke*, Rn. 129; MüKo-UWG/*Ottofülling*, § 12 UWG Rn. 409.
22 Vgl. auch BT-Drucks. 17/12634, S. 36. Es besteht allerdings keine fortlaufende Rechercheverpflichtung, so dass nur solche Schutzschriften berücksichtigt werden müssen, die bereits zum Zeitpunkt des Eingangs des Verfügungs- bzw. Arrestantrags in das Register eingestellt sind (vgl. *Walker*, FS Schilken, S. 819, 825).
23 Vgl. *Walker*, FS Schilken, S. 819, 822.
24 *Bülow*, ZZP 98 (1985), 274, 281 f.; *Deutsch*, GRUR 1990, 327, 328; HK-WettbR/*Ekey*, Vor §§ 12 ff. UWG Rn. 32; *Köhler/Bornkamm*, § 12 UWG Rn. 3.40; GK-UWG/*Schwippert*, § 12 C RN. 125; *Hilgard*, Die Schutzschrift im Wettbewerbsrecht, S. 39 f.; *Ahrens/Spätgens*, Kap. 7 Rn. 5; *Teplitzky*, Kap. 55 Rn. 52; a.A. OLG Hamburg, JurBüro 1983, 1819; KG WRP 1999, 547; *Berneke*, Rn. 129 und 169; *Borck*, MDR 1988, 908, 912 f.; *Melullis*, Rn. 47; differenzierend *Harte-Bavendamm/Henning-Bodewig/Retzer*, § 12 UWG Rn. 623 (Entscheidung nach schriftlicher Anhörung des Gegners nur, wenn bei mündlicher Verhandlung nicht hinnehmbare Verzögerung der Entscheidung droht).
25 *Deutsch*, GRUR 1990, 327, 328; *Harte-Bavendamm/Henning-Bodewig/Retzer*, § 12 UWG Rn. 618; *Danckwerts*, GRUR 2008, 763, 765.

Gericht in dem Beschluss, mit dem die einstweilige Verfügung erlassen wird, zu erkennen geben, dass die Schutzschrift vorgelegen hat und zur Kenntnis genommen wurde.

Dass das Vorbringen in der Schutzschrift zu berücksichtigen ist, kann sich auch zum Nachteil des Einreichers auswirken, nämlich wenn ein nicht oder nicht hinreichend glaubhaft gemachter Vortrag des Antragstellers in der Schutzschrift unstreitig gestellt wird mit der Folge, dass erst diese den Erlass einer Beschlussverfügung ermöglicht.[26]

9 Es ist noch nicht abschließend geklärt, welche Informationsrechte der Einreicher einer Schutzschrift hat. Hier stehen die ratio legis des § 922 Abs. 3 auf der einen und des § 299 auf der anderen Seite miteinander in Konflikt.[27] § 922 Abs. 3 schützt die berechtigten Interessen des Antragstellers allerdings allenfalls so lange, bis der den Verfügungsantrag zurückweisende Beschluss rechtskräftig geworden ist.[28] Jedenfalls danach ist dem Antragsgegner auf seinen Antrag hin, der auch bereits in der Schutzschrift enthalten sein kann, Akteneinsicht zu gewähren, d.h. insbesondere der Verfügungsantrag zuzuleiten.[29]

3. Auswirkung der Schutzschrift auf die Bestimmung des Zustellungsadressaten gem. § 176

10 Weitere verfahrensrechtliche Wirkungen löst die Schutzschrift aus, wenn sich in ihr ein Rechtsanwalt unmissverständlich zum Prozessbevollmächtigten des Antragsgegners für das nachfolgende Verfügungsverfahren bestellt hat.[30] In diesem Fall müssen nach herrschender Meinung sowohl die Ladung zum Termin als auch eine erlassene Beschlussverfügung[31] gemäß § 172 an den Anwalt zugestellt werden.[32] Eine Zustellung an den Schuldner selbst genügt nicht und hat zur Folge, dass es an einer wirksamen Vollziehung fehlt. Voraussetzung für eine Zustellung an den Anwalt ist allerdings, dass dem Zustellungsveranlasser – im Rahmen der Vollziehung also dem Antragsteller – bekannt ist oder bekannt sein muss, dass sich für den Antragsgegner ein Prozessbevollmächtigter gemeldet hat. Dabei kann dem Antragsteller nicht zugemutet werden, sich beim Gericht nach dem Vorliegen einer Schutzschrift zu erkundigen. Auch die Kenntnis von der Einreichung einer Schutzschrift reicht für sich genommen nicht aus, denn der Antragsteller ist nicht gehalten, Nachforschungen darüber anzustellen, ob sich in ihr ein Anwalt zum Prozessbevollmächtigten des Antragsgegners bestellt

---

26 *Berneke*, Rn. 129; *Deutsch*, GRUR 1990, 327, 328; *Ahrens/Spätgens*, Kap. 7 Rn. 5; *Harte-Bavendamm/Henning-Bodewig/Retzer*, § 12 UWG Rn. 620; *Teplitzky*, Kap. 55 Rn. 52; a. A. *Borck*, MDR 1988, 908, 913, der eine Berücksichtigung der Schutzschrift zulasten des Einreichers für treuwidrig hält.
27 Vgl. OLG Rostock, Beschl. v. 23.9.2010 – 3 W 159/10, bei juris.
28 S. aber auch § 937 Rdn. 17 und die Nachweise dort zur Kritik an dieser Auffassung.
29 Vgl. *Gloy/Loschelder/Erdmann/Spätgens*, Hdb. WettbR, § 97 Rn. 52; *Schulz*, WRP 2009, 1472, 1476.
30 Zu dieser Voraussetzung vgl. OLG Düsseldorf, GRUR 1984, 79, 81; OLG Frankfurt, MD VSW 1987, 1192, 1193; OLG Hamburg, OLGR 1997, 263; *Melullis*, Rn. 227. Die Bestellung zum Prozessbevollmächtigten für ein einstweiliges Verfügungsverfahren erfolgt bisweilen auch in der Antwort auf ein Abmahnschreiben (OLG Köln, GRUR 2001, 456). Auch insoweit bedarf es aber einer eindeutigen Erklärung. Es genügt nicht, dass ein Rechtsanwalt die vorprozessuale Korrespondenz geführt oder mitgeteilt hat, ihm sei »Zustellungsvollmacht« erteilt worden, OLG Düsseldorf, GRUR-RR 2005, 102; OLG Hamburg, OLGR 2006, 297; OLGR 2006, 565; MD VSW 2007, 566; OLG Köln GRUR-RR 2005, 143; *Köhler/Bornkamm*, § 12 UWG Rn. 3.63; *Teplitzky*, WRP 2005, 654; a. A. *Anders*, WRP 2003, 204; diff. *Harte-Bavendamm/Henning-Bodewig/Retzer*, § 12 UWG Rn. 529. Dass sich ein Rechtsanwalt als Prozessvertreter für ein »Hauptsacheverfahren« gemeldet hat, soll gleichfalls nicht ausreichen (OLG Nürnberg, MDR 2002, 232).
31 Zur Vollziehung der Unterlassungsverfügung durch Parteizustellung vgl. oben § 929 Rdn. 26 ff.
32 OLG Düsseldorf, GRUR 1984, 79, 80 f.; OLG Frankfurt, NJW-RR 1986, 587; OLG Hamburg, JurBüro 1980, 771; GRUR 1987, 66 (Leitsatz); OLGR 2002, 407; OLGR 2006, 572; OLG Karlsruhe, WRP 1986, 166, 167; WRP 1987, 44, 46; OLG Köln, GRUR-RR 2001, 71; GRUR 2001, 456; *Fezer/Büscher*, § 12 UWG Rn. 157; *Gloy/Loschelder/Erdmann/Spätgens*, Hdb. WettbewerbsR § 97 Rn. 35; *Teplitzky*, Kap. 55 Rn. 43.

hat.³³ Eine Zustellung an den Prozessbevollmächtigten ist aber geboten, wenn dieser im Rubrum der einstweiligen Verfügung als solcher bezeichnet ist oder wenn dem Antragsteller zusammen mit der Beschlussverfügung die Schutzschrift zugestellt wird. Schon um Unklarheiten in diesem Punkt möglichst zu vermeiden, sollte das Gericht die Schutzschrift dem Antragsteller nicht nur bei Anberaumung einer mündlichen Verhandlung (zusammen mit der Ladung zum Termin), sondern auch bei Erlass einer Beschlussverfügung zustellen.³⁴

III. Kosten der Schutzschrift

Durch die Beauftragung eines Rechtsanwalts mit der Einreichung einer Schutzschrift entstehen dem Abgemahnten Kosten, die er, wenn der Abmahnende keinen Verfügungsantrag stellt, nur erstattet verlangen kann, wenn die Voraussetzungen eines Schadensersatzanspruchs wegen unberechtigter Abmahnung erfüllt sind.³⁵ Eine prozessuale Kostenerstattungspflicht besteht in einem solchen Fall nicht. Nichts anderes gilt, wenn der Verfügungsantrag nicht bei dem Gericht eingeht, bei dem der Antragsgegner eine Schutzschrift hinterlegt hat.³⁶ 11

Der Auftrag, eine Schutzschrift bei Gericht einzureichen, ist immer ein Auftrag, in einem Gerichtsverfahren tätig zu werden, so dass, wenn bereits ein allgemeiner Verfahrensauftrag vorliegt, die Verfahrensgebühr nach VV Nr. 3100 ff. RVG entsteht.³⁷ Vertritt der mit der Einreichung der Schutzschrift beauftragte Rechtsanwalt den Beklagten auch im späteren Eilverfahren, so handelt es sich um eine Angelegenheit.³⁸ 12

Der Antragsteller hat dem Antragsgegner die Kosten der Schutzschrift gemäß §§ 91 Abs. 1, 269 Abs. 3 zu erstatten; dies gilt auch dann, wenn der **Antrag** gemäß § 937 Abs. 2 durch **Beschluss zurückgewiesen** oder vom Antragsteller **zurückgenommen** wird³⁹. Bei einer Antragsrücknahme ergeht die Kostenentscheidung allerdings nur auf einen entsprechenden Kostenantrag gemäß § 269 Abs. 4 hin. Für die Kostenentscheidung ist es unerheblich, ob der Antragsgegner durch Zuleitung des Verfügungsantrags oder auf sonstige Weise in das Verfahren hineingezogen worden ist.⁴⁰ Im Verfügungsverfahren entsteht bereits durch die Einreichung des Antrags ein Prozessrechtsverhältnis. Der Antragsgegner ist Partei dieses Prozessrechtsverhältnisses, denn das Gericht kann zu seinen 13

---

33 OLG Düsseldorf, GRUR 1984, 79, 81; OLG Frankfurt, NJW-RR 1986, 587, 588; GRUR 1988, 858 (Leitsatz); OLG Hamburg, GRUR 1987, 66 (Leitsatz); GRUR-RR 2003, 105 (keine erneute Zustellung, wenn Antragsteller nachträglich erfährt, dass sich für die Gegenseite ein Prozessbevollmächtigter bestellt hatte); OLG Karlsruhe, WRP 1986, 166, 167; OLG Stuttgart, WRP 1996, 90, 91; *Melullis*, Rn. 227; vgl. auch oben § 929 Rdn. 30.
34 *Berneke*, Rn. 129; *Ahrens/Spätgens*, Kap. 7 Rn. 18.
35 Vgl. Anh zu § 935 Rdn. 42 ff.
36 OLG Düsseldorf, OLGR 2000, 207 = JurBüro 2000, 423.
37 S. auch unten Rdn. 11; s. auch *N. Schneider*, AGS 2008, 275 zu dem Fall, dass Schutzschriften bei mehreren Gerichten eingereicht werden.
38 *Gerold/Schmidt/Müller/Rabe*, RVG, 21. Aufl., Anhang II Rn. 166 und Rn. 173.
39 BGH, GRUR 2003, 456 = WRP 2003, 516 = NJW 2003, 1257 – Kosten der Schutzschrift I; GRUR 2007, 727 Tz. 15 = WRP 2007, 786 – Kosten der Schutzschrift II; GRUR 2008, 640 = WRP 2008, 951 – Kosten der Schutzschrift III; zur abweichenden Auffassung s. § 937 Rdn. 17.
40 OLG Bamberg, OLGR 1999, 228; OLG Düsseldorf (10. ZS), WRP 1995, 499, 500; OLG Frankfurt, WRP 1996, 117 (Aufgabe der früheren Rechtsprechung); NJWE-WettbR 2000, 149; OLG Hamburg, WRP 1977, 495, 496; KG, GRUR 1985, 325; WRP 1988, 240, 241; WRP 1999, 547; OLG Karlsruhe, WRP 1986, 352; OLGR 2000, 436; OLG Koblenz, WRP 1982, 539, 540; OLG Köln, NJW 1973, 2071; OLG München, WRP 1983, 358; NJW 1993, 1604; OLG Nürnberg, WRP 1977, 596, 597; OLG Rostock, OLGR 1995, 213; OLG Saarbrücken, OLGR 1998, 336; OLG Stuttgart, WRP 1979, 818, 819; *Berneke*, Rn. 390; *Deutsch*, GRUR 1990, 327, 331; *Gloy/Loschelder/ErdmannSpätgens*, Hdb. WettbewerbsR, § 97 Rn. 50 f.; *Hilgard*, Die Schutzschrift im Wettbewerbsrecht, S. 69; *Melullis*, Rn. 824; *Ahrens/Spätgens*, Kap. 7 Rn. 30 ff.; *Teplitzky* in Anm. zu OLG Düsseldorf, GRUR 1988, 404, 406; *ders.*, Kap. 55 Rn. 56 sowie § 937 Rn. 17; **a. A.** OLG Düsseldorf (2. ZS), GRUR 1988, 404, 405.

Lasten entscheiden, ohne ihn zuvor am Verfahren beteiligt zu haben. Mit der Schutzschrift sucht der (potenzielle) Antragsgegner eine Entscheidung zugunsten des Antragstellers zu verhindern. Die Schutzschrift soll ihre Wirkung ausschließlich innerhalb des durch den (erwarteten) Verfügungsantrag begründeten Prozessrechtsverhältnisses entfalten. Das ist auch dann nicht anders, wenn sie (zufällig) schon vor dem Verfügungsantrag bei Gericht eingeht. Auch in diesem Fall sind die Schutzschriftkosten mithin erstattungsfähig.[41]

Die Erstattungsfähigkeit hängt nicht davon ab, dass die Schutzschrift für die Rücknahme des Antrags oder für die Zurückweisung durch Beschluss ursächlich geworden ist.[42] Ebenso wenig kommt es darauf an, ob die Schutzschrift mit dem Streitgegenstand des tatsächlich eingeleiteten Verfahrens der einstweiligen Verfügung vollständig übereinstimmt. Es genügt, dass sich die Schutzschrift hinsichtlich des anhängig gewordenen Verfügungsverfahrens als ein taugliches Mittel der vorbeugenden Rechtsverteidigung darstellt.[43]

14 Im Unterschied zur Rechtslage unter Geltung der BRAGO[44] entsteht gemäß VV Nr. 3101 Nr. 1 eine volle und nicht nur eine reduzierte Verfahrensgebühr, die dann auch in dieser Höhe erstattungsfähig ist.[45] Voraussetzung ist lediglich, dass die Schutzschrift – was ihrem Zweck entsprechend allerdings regelmäßig der Fall sein wird – Tatsachen- oder Rechtsausführungen zur Sache und nicht nur Verfahrensanträge enthält.

15 Geht eine Schutzschrift erst nach Rücknahme oder Zurückweisung des Verfügungsantrags bei Gericht ein, war sie objektiv nicht mehr zur Rechtsverteidigung geeignet und erforderlich im Sinne des § 91 Abs. 1.[46] Darauf, ob der Antragsgegner von diesen Umständen Kenntnis hatte, kommt es insofern nicht an. Hat der Verfahrensbevollmächtigte des Antragsgegners das Geschäft schon vor der Rücknahme oder Zurückweisung des Antrags betrieben, so steht ihm allerdings eine 0,8-fache Verfahrensgebühr gem. Nrn. 3100, 3101 VV RVG zu. Hierfür genügt jede Geschäftstätigkeit des Verfahrensbevollmächtigten für das Verfahren, selbst wenn sie nicht dem Gericht gegenüber erfolgt; es kann also etwa die Entgegennahme des Auftrags sowie erster Informationen ausreichen.[47] Diese Kosten können dann festgesetzt werden, wenn die Gebühren zu einem Zeitpunkt entstanden sind, in dem das Prozessrechtsverhältnis noch bestand – also vor der Rücknahme oder Zurückweisung des Antrags.[48]

---

[41] OLG Bremen, JurBüro 1991, 940; KG, Rpfleger 1980, 437; OLG München, JurBüro 1985, 401; OLG Stuttgart, JurBüro 1980, 878, 879; *Deutsch*, GRUR 1990, 327, 331; a. A. OLG Düsseldorf, WRP 1986, 331, 332; GRUR 1988, 404, 405.
[42] KG, WRP 1999, 547; OLG Karlsruhe, OLGR 2000, 436.
[43] OLG Köln, OLGR 1996, 51.
[44] Vgl. hierzu BGH, GRUR 2003, 456 = WRP 2003, 516 = NJW 2003, 1257 – Kosten der Schutzschrift I.
[45] BGH, GRUR 2008, 640 – Kosten der Schutzschrift III; OLG Hamburg, OLGR 2007, 276; OLG Nürnberg, NJW-RR 2005, 941; *Gerold/Schmidt/Müller/Rabe*, RVG, 21. Aufl., Anhang II Rn. 170; MüKo-UWG/*Schlingloff* § 12 UWG Rn. 416; *Musielak/Huber*, § 922 Rn. 16; *Teplitzky*, Kap. 55 Rn. 57.
[46] BGH, GRUR 2007, 727 Tz. 16 f. = WRP 2007, 786 – Kosten der Schutzschrift II; *Ahrens/Spätgens*, Kap. 7 Rn. 37; *Köhler/Bornkamm*, § 12 UWG Rn. 3.41; *Ohly/Sosnitza/Sosnitza*, § 12 UWG Rn. 135; a. A. KG, JurBüro 1993, 486; OLG Frankfurt, OLGR 2006, 793; *Berneke*, Rn. 391.
[47] BGH, GRUR 2007, 727, Tz. 18 – Kosten der Schutzschrift II.
[48] BGH. a. a. O.; *Schulz*, WRP 2009, 1472, 1478.

Buch 11. Justizielle Zusammenarbeit in der Europäischen Union

§§ 1067–1078

Auf Abdruck und Kommentierung der Abschnitte 1–3 (§§ 1067–1078) wird verzichtet.

Abschnitt 4. Europäische Vollstreckungstitel nach der Verordnung (EG) Nr. 805/2004

Vor §§ 1079–1086: Die Entstehungsgeschichte

Übersicht	Rdn.		Rdn.
I. Systemwechsel durch die EuVTVO	1	III. Systematik des 4. Abschnitts	3
II. Nationale Durchführungsbestimmungen	2		

Literatur:
Halfmeier, Die Vollstreckungsabwehrklage im Recht der internationalen Zuständigkeit, IPRax 2007, 381; *Hess*, Europäischer Vollstreckungstitel und nationale Vollstreckungsabwehrklage, IPRax 2004, 493; *Strasser*, Exequaturverfahren nach EuGVVO und europäischer Vollstreckungstitel – von der besonderen Verantwortung des Rechtspflegers in der Praxis, Rpfleger 2008, 547; *Wagner*, Das Gesetz zur Durchführung der Verordnung (EG) Nr. 805/2004 zum Europäischen Vollstreckungstitel – unter besonderer Berücksichtigung der Vollstreckungsabwehrklage, IPRax 2005, 401; siehe im Übrigen die Literaturangaben in der Einleitung zur EuVTVO.

I. Systemwechsel durch die EuVTVO

Durch die Verordnung (EG) Nr. 805/2004 des Europäischen Parlaments und des Rates vom 21.4.2004 zur Einführung eines europäischen Vollstreckungstitels für unbestrittene Forderungen (EuVTVO) ist ein Systemwechsel vollzogen worden, mit dem es ermöglicht wird, für bestimmte zivilrechtliche Titel aus einem Mitgliedstaat der EU mit Ausnahme Dänemarks die nationale Vollstreckungswirkung auf die anderen Mitgliedstaaten zu erstrecken, ohne dass es eines gesonderten Vollstreckbarkeitsverfahrens bedarf. Es handelt sich hierbei um gerichtliche Entscheidungen, die aufgrund eines Anerkenntnisses oder einer Säumnis des Schuldners ergangen sind sowie um gerichtliche Vergleiche und öffentliche Urkunden vor Notaren oder Behörden der Mitgliedstaaten über der Höhe nach bestimmte und nicht von einer Gegenleistung abhängige Geldforderungen.[1]

1

II. Nationale Durchführungsbestimmungen

Mit Inkrafttreten der EuVTVO erwies es sich als notwendig, Durchführungsbestimmungen zu schaffen. Diese sind vom Gesetzgeber nicht in das AVAG, sondern in die ZPO integriert worden, weil im AVAG das Vollstreckbarkeitsverfahren herkömmlicher Art geregelt ist, das mit der EuVTVO wegen der hiervon erfassten Titel gerade abgeschafft wird.[2] Weil eine als Europäischer Vollstreckungstitel bestätigte Entscheidung aus einem anderen Mitgliedstaat der EU in Deutschland unter den gleichen Bedingungen zu vollstrecken ist, wie eine hier ergangene (Art. 20 Abs. 1 EuVTVO), ist die ZPO der richtige Standort für die Durchführungsbestimmungen.

2

---

[1] Vgl. näher die Anm. zu Art. 3, 4 EuVTVO.
[2] Gesetzesbegründung BR-Drucks. 88/05, S. 13.

III. Systematik des 4. Abschnitts

3 Die EuVTVO ist gem. deren Art. 33 ab dem 21.10.2005 anwendbar. Unter dem gleichen Datum ist auch das EG-Vollstreckungstitel-Durchführungsgesetz in Kraft getreten.[3] Der durch dieses Gesetz u. a. neu in das 11. Buch der ZPO über die Justizielle Zusammenarbeit in der EU eingefügte 4. Abschnitt regelt in Titel 1 die Ausstellung, die Berichtigung und den Widerruf der Bestätigungen zu inländischen Titeln, die in einem anderen Mitgliedstaat vollstreckt werden sollen. Im Titel 2 befinden sich sodann Bestimmungen zu Entscheidungen, gerichtlichen Vergleichen und öffentlichen Urkunden, die in einem anderen Mitgliedsland als Europäischer Vollstreckungstitel bestätigt worden sind und in Deutschland vollstreckt werden sollen.

---

3 Gesetz zur Durchführung der Verordnung (EG) Nr. 805/2004 des Europäischen Parlaments und des Rates vom 21.4.2004 zur Einführung eines europäischen Vollstreckungstitels für unbestrittene Forderungen vom 18.8.2005, BGBl. I 2477.

Titel 1. Bestätigung inländischer Titel als Europäische Vollstreckungstitel

§ 1079 Zuständigkeit

Für die Ausstellung der Bestätigungen nach
1. Artikel 9 Abs. 1, Artikel 24 Abs. 1, Artikel 25 Abs. 1 und
2. Artikel 6 Abs. 2 und 3

der Verordnung (EG) Nr. 805/2004 sind die Gerichte, Behörden oder Notare zuständig, denen die Erteilung einer vollstreckbaren Ausfertigung des Titels obliegt.

Übersicht	Rdn.		Rdn.
I. Anwendungsbereich...............	1	III. Zuständigkeit bei öffentlichen Urkunden...........................	3
II. Zuständigkeit bei Entscheidungen und gerichtlichen Vergleichen............	2	IV. Problem Anwaltsvergleiche nach §§ 796a–c.......................	4

I. Anwendungsbereich

§ 1079 erfasst alle in der EuVTVO vorgesehenen Bestätigungen für in Deutschland ergangene gerichtliche Entscheidungen (Art. 9 EuVTVO), gerichtliche Vergleiche (Art. 24 Abs. 1 EuVTVO) und öffentliche Urkunden (Art. 25 Abs. 1 EuVTVO). Die Vorschrift gilt auch für die Ausstellung einer Ersatzbestätigung nach Einlegung eines Rechtsbehelfs i. S. d. Art. 6 Abs. 3 EuVTVO und der Bescheinigung über die Nichtvollstreckbarkeit bzw. Beschränkung der Vollstreckbarkeit nach Art. 6 Abs. 2 EuVTVO.

II. Zuständigkeit bei Entscheidungen und gerichtlichen Vergleichen

Durch § 1079 wird die Zuständigkeit für die Ausstellung der Bestätigung in Deutschland ergangener Entscheidungen bzw. hier geschlossener Vergleiche als Europäischer Vollstreckungstitel an diejenige für die Klauselerteilung angelehnt. Es entscheidet daher gem. § 724 Abs. 2, 795b grundsätzlich das Gericht des ersten Rechtszugs und, solange der Rechtsstreit bei einem höheren Gericht anhängig ist, dieses Gericht. Funktionell zuständig ist infolge des neu gefassten § 20 Nr. 11 RPflG der Rechtspfleger.

III. Zuständigkeit bei öffentlichen Urkunden

Bei öffentlichen Urkunden haben gem. § 797 Abs. 2 die Notare oder Behörden, bei denen sich die Urkunden in Verwahrung befinden, die vollstreckbare Ausfertigung und damit die Bestätigung zu erteilen. Für Jugendamtsurkunden mit einer Unterhaltsverpflichtung nach § 59 Abs. 1 Nr. 3, 4 SGB VIII begründet – der ebenfalls neu gefasste – § 60 Satz 3 Ziff. 1 SGB VIII eine Zuständigkeit der Beamten oder Angestellten des Jugendamtes, denen die Beurkundung der Verpflichtungserklärung übertragen ist.

IV. Problem Anwaltsvergleiche nach §§ 796a–c

Die rechtliche Einordnung von Anwaltsvergleichen nach § 796a in das System der EuVTVO ist zweifelhaft. Richtiger Auffassung nach handelt es sich bei solchen, die gem. § 796b von dem Prozessgericht für vollstreckbar erklärt worden sind, um gerichtlich gebilligte Vergleiche i. S. d. Art. 24 Abs. 1 EuVTVO, während ein notariell gem. § 796c für vollstreckbar erklärter Anwaltsvergleich als öffentliche Urkunde i. S. d. Art. 25 Abs. 1 EuVTVO einer Bestätigung als Europäischer Vollstreckungstitel zugänglich sein dürfte.[1] In der ersten Alternative besteht daher eine Zuständigkeit

---

[1] Siehe näher Art. 3, 4 EuVTVO Rdn. 6.

des Prozessgerichts. In der zweiten Alternative hat der verwahrende Notar die Bestätigung als Europäischer Vollstreckungstitel zu erteilen.[2]

---

[2] Ebenso *Thomas/Putzo/Hüßtege*, § 1079 Rn. 1.

§ 1080 Entscheidung

(1) Bestätigungen nach Artikel 9 Abs. 1, Artikel 24 Abs. 1, Artikel 25 Abs. 1 und Artikel 6 Abs. 3 der Verordnung (EG) Nr. 805/2004 sind ohne Anhörung des Schuldners auszustellen. Eine Ausfertigung der Bestätigung ist dem Schuldner von Amts wegen zuzustellen.

(2) Wird der Antrag auf Ausstellung einer Bestätigung zurückgewiesen, so sind die Vorschriften über die Anfechtung der Entscheidung über die Erteilung einer Vollstreckungsklausel entsprechend anzuwenden.

Übersicht	Rdn.		Rdn.
I. Zweck der Norm und Auswirkungen des Abs. 1	1	IV. Sonderfall der Bescheinigung nach § 6 Abs. 2 EuVTVO	7
II. Verfahren	3	V. Kostenentscheidung und Gebühren	8
III. Rechtsbehelfe	4		

I. Zweck der Norm und Auswirkungen des Abs. 1

Im nationalen Klauselerteilungsverfahren ist eine Anhörung des Schuldners nicht zwingend vorgesehen, jedoch nach § 730 unter bestimmten Voraussetzungen durchaus möglich. Zudem stehen dem Schuldner durch die Möglichkeit einer Klauselerinnerung nach § 732 und ggf. einer Beschwerde nach § 567 Abs. 1 Nr. 2 sowie im Fall einer Zulassung der Rechtsbeschwerde nach § 574 im Klauselverfahren umfassende Rechtsschutzmöglichkeiten zur Verfügung. Dagegen hat zur Wahrung des Überraschungseffekts im Vollstreckbarkeitserklärungsverfahren nach EU-Recht und aufgrund zwischen- bzw. multinationaler Übereinkommen in Art. 41 Satz 1 Brüssel-I-VO und § 6 AVAG eine Entscheidung generell ohne Anhörung des Schuldners zu ergehen. Kompensiert wird die fehlende Anhörung durch die nachträgliche Gewährung rechtlichen Gehörs in dem sowohl nach der Brüssel-I-VO wie auch dem AVAG kontradiktorisch ausgestalteten Beschwerdeverfahren vor dem OLG und die Beschränkung der Zwangsvollstreckung auf Sicherungsmaßnahmen bis zum Ablauf der Beschwerdefrist (Art. 47 Abs. 3 Brüssel-I-VO, § 18 AVAG). § 1080 Abs. 1 Satz 1 überträgt den Grundsatz der fehlenden Anhörung aus dem Vollstreckbarkeitsverfahren auf die Ausstellung der Bestätigung nach der EuVTVO. Dies ist auf den ersten Blick konsequent und steht sicherlich in Einklang mit der Zielsetzung der EuVTVO, die grenzüberschreitende Vollstreckung innerhalb der EU effektiver und zügiger zu gestalten. Die Wirkungen der fehlenden Anhörung sind indes gravierender. Die Vollstreckung ist nach der in § 1080 Abs. 1 Satz 1 vorgesehenen Zustellung an den Schuldner uneingeschränkt möglich und nicht lediglich auf Sicherungsmaßnahmen beschränkt. Dem Schuldner steht zudem weder nach der EuVTVO noch wegen des in Art. 10 Abs. 4 EuVTVO enthaltenen strikten Verbots eines Rechtsbehelfs gegen eine Bestätigung nach nationalem Recht das Rechtsmittel der Beschwerde an eine höhere Instanz zur Verfügung. Ihm verbleibt nur der in seinen Wirkungen eher begrenzte Weg eines Antrags auf Berichtigung oder Widerruf der Bestätigung gem. Art. 10 Abs. 1 EuVTVO i. V. m. § 1091 an das Gericht, das die Bestätigung ausgestellt hat. 1

Eine Vergleichbarkeit des Verfahrens zur Ausstellung der Bestätigung mit dem innerstaatlichen Klauselverfahren besteht daher schon wegen der nur eingeschränkten Rechtsschutzmöglichkeiten entgegen teilweise vertretener Postulate[1] keineswegs. Es macht einen großen Unterschied, ob – wie nach der ZPO oder im Vollstreckbarkeitsverfahren herkömmlicher Art – gegen einen Titel Rechtsbehelfs- bzw. Rechtsmittelmöglichkeiten sowohl im Erkenntnis- wie auch im Klauselerteilungsverfahren bestehen oder – wie nach der EuVTVO – nur im Erkenntnis-, nicht aber in dem klauselähnlichen Bestätigungsverfahren. 2

---

[1] *Musielak/Lackmann*, § 1080 Rn. 1.; *Thomas/Putzo/Hüßtege*, § 1080 Rn. 1; *Rauscher/Pabst*, EuZPR/EuIPR, Art. 9 EG-VollstrTitelVO Rn. 7.

II. Verfahren

3 Die ohne Anhörung des Schuldners ergangene Bestätigung ist auf einem der Formblätter des Anhangs zu erteilen, also dem Formblatt I für die Bestätigung einer Entscheidung gem. Art. 9 Abs. 1 EuVTVO, dem Formblatt II für einen gerichtlichen Vergleich i. S. d. Art. 24 Abs. 1 EuVTVO, dem Formblatt III für eine öffentliche Urkunde i. S. d. § 25 Abs. 1 EuVTVO, dem Formblatt V für die Ersatzbestätigung infolge eines Rechtsbehelfs gem. Art. 6 Abs. 3 EuVTVO.

III. Rechtsbehelfe

4 Für den Fall der Zurückweisung des Antrags auf Erteilung einer Bestätigung verweist § 1080 Abs. 2 auf die Vorschriften über die Anfechtung der Entscheidung über die Erteilung der Vollstreckungsklausel. Aus dem nicht ganz geglückten Wortlaut der Norm wird teilweise hergeleitet, dass mehr für eine Verweisung auf die Klauselerinnerung spreche.[2] Dies kann jedoch nicht richtig sein, weil es sich bei der Klauselerinnerung um einen Rechtsbehelf des Schuldners handelt. Art. 10 EuVTVO schließt indes einen derartigen Rechtsbehelf kategorisch und ohne Spielraum für den nationalen Gesetzgeber aus. Richtiger Ansicht nach bezieht sich die Norm daher nur auf die negative Entscheidung, also nur auf Fälle der Ablehnung des Antrags auf Ausstellung der Bestätigung. Das statthafte Rechtsmittel hiergegen ist bei gerichtlichen Entscheidungen und Vergleichen die sofortige Beschwerde gem. § 11 Abs. 1 RPflG i. V. m. §§ 567 und im Fall der Zulassung die Rechtsbeschwerde gem. § 574 Abs. 1 Nr. 2.[3] Bei öffentlichen Urkunden von Notaren steht dem Gläubiger die Beschwerde nach § 54 BeurkG zur Verfügung; entsprechendes gilt gem. § 1 Abs. 2 BeurkG bei öffentlichen Urkunden von Behörden, z. B. denen des Jugendamtes nach § 59 Abs. 1 Nr. 3, 4 SGB VIII.[4]

5 Die Ausdehnung von bestätigten Titeln gegen Rechtsnachfolger oder Vermögensübernehmer i. S. d. §§ 727–729 ist in der EuVTVO nicht vorgesehen, Hieraus wurde in der Vorauflage gefolgert, dass die §§ 727, 729 ZPO nicht anwendbar seien.[5] Näher liegt es indes, eine Regelungslücke anzunehmen, die mit einer entsprechenden Anwendung der §§ 727 ff. ZPO einschließlich einer fakultativen Anhörung des Schuldners entsprechend § 730 zu schließen ist.[6] Dies gilt vor allem vor dem Hintergrund, dass in dem ähnlich gelagerten Fall der Erteilung einer Bescheinigung nach Art. 53 und 60 Brüssel-Ia-VO der nationale Gesetzgeber nunmehr in § 1111 Abs. 1 Satz 2 ZPO ausdrücklich die Fälle des § 726 Absatz 1 und der §§ 727 bis 729 nennt und für diesen Fall dem Gericht die Möglichkeit einer Anhörung des Schuldners eröffnet. Damit dürfte bei einer Rechtsnachfolge oder Vermögensübernahme für den Gläubiger, der die nach den §§ 727 bis 729 erforderlichen Nachweise nicht beibringen kann, eine Klage auf Erteilung der Bestätigung entsprechend § 731 ZPO zulässig sein. Umgekehrt dürfte der Schuldner für den Fall einer titelübertragenden Bestätigung Klage analog § 768 erheben können. Der unklare Wortlaut des § 1080 schließt dies nicht aus.

6 Bei bedingten Titeln wird die entsprechende Anwendung des § 726 erwogen.[7] Auch eine Klage des Gläubigers auf Erteilung einer Bestätigung entsprechend § 731 wird in diesem Fall für zulässig erachtet.[8] Praktisch werden dürfte eine solche nach dem Wortlaut des § 1080 durchaus mögliche

---

[2] *Thomas/Putzo/Hüßtege*, § 1080 Rn. 3; siehe auch *Leible/Lehmann*, NotBZ 2004, 453, 459.

[3] OLG Stuttgart, IPRax 2009, 342; OLG Düsseldorf, RPfl 2010, 504; *Geimer/Schütze/Hilbig*, IRV, Art. 9 EuVTVO Rn. 35j.; *Prütting/Gehrlein/Halfmeier*, § 1080 Rn. 3; *Rauscher/Pabst*, EuZPR/EuIPR, Art. 9 EG-VollstrTitelVO Rn. 15. MüKo/*Adolphsen*, § 1080 Rn. 61; a. A. *Thomas/Putzo/Hüßtege*, § 1080 Rn. 3; Wieczorek/Schütze, § 1080 Rn. 3.

[4] *Musielak/Lackmann*, § 1080 Rn. 3; *Rauscher/Pabst*, EuZPR/EuIPR, Art. 9 EG-VollstrTitelVO Rn. 15. MüKo/*Adolphsen*, § 1080 Rn. 61.

[5] Dort § 1080 Rn. 5; ebenso *Rauscher/Pabst*, EuZPR/EuIPR, Art. 9 EG-VollstrTitelVO Rn. 24.

[6] *Geimer/Schütze/Hilbig*, IRV, Art. 6 EuVTVO Rn. 17; *Zöller/Geimer*, § 1080 Rn. 24.

[7] *Geimer/Schütze/Hilbig*, IRV, Art. 6 EuVTVO Rn. 14.

[8] *Rauscher/Pabst*, EuZPR/EuIPR, Art. 9 EG-VollstrTitelVO Rn. 17.

Anwendung der §§ 726, 731 aber kaum, da Art. 4 Ziff. 1. EuVTVO nur die Bestätigung von Titeln über bestimmte und nicht von einer anderen Leistung abhängige Geldforderungen erlaubt, die fällig sind oder deren Fälligkeitsdatum im Titel angegeben ist.[9]

IV. Sonderfall der Bescheinigung nach § 6 Abs. 2 EuVTVO

Wegen der auf Antrag des Schuldners auszustellenden Bestätigung über die Nichtvollstreckbarkeit oder die Einschränkung der Vollstreckbarkeit besteht zwar die Zuständigkeitsregel des § 1079. In § 1080 Abs. 1 ist die Bescheinigung indes ausdrücklich ausgenommen, weil das hierin vorgesehene Verfahren (keine Anhörung und Zustellung der Bestätigung an den Schuldner) auf eine von ihm selbst beantragte Bescheinigung naturgemäß nicht passt. Dem Gläubiger ist nach allgemeinen prozessualen Regeln rechtliches Gehör zu gewähren.[10] Ferner ist § 1080 Abs. 2 anwendbar. Beiden Parteien steht daher ggf. das Rechtsmittel der sofortigen Beschwerde bzw. der Beschwerde nach § 54 BeurkG zu.[11] 7

V. Kostenentscheidung und Gebühren

Einer Kostenentscheidung bedarf es wegen des nur einseitigen Verfahrens nicht. Für die Ausstellung der Bestätigung fällt eine gem. § 22 Abs. 3 GKG von dem Antragsteller zu erhebende Festgebühr von 20,00 Euro gem. KV Nr. 1513 GKG an, während die anwaltliche Tätigkeit grundsätzlich nicht gesondert zu vergüten ist (§ 19 Abs. 1 Satz 2 Nr. 9 RVG). Nur dann, wenn sein Mandat sich auf die Erwirkung einer Bestätigung beschränkt, erhält der Rechtsanwalt die 0,3 Gebühren nach VV Nr. 3309, 3310 RVG für die Tätigkeit in der Zwangsvollstreckung. 8

Wenn der Notar für die Erteilung der Bestätigung zuständig ist, beträgt die Festgebühr gem. Nr. 23805 KV GNotKG ebenfalls 20,00 Euro. Kostenschuldner ist auch hier der Antragsteller (§ 29 Nr. 1 GNotKG). 9

In dem kontradiktorisch ausgestalteten Beschwerdeverfahren hat eine Kostenentscheidung zu ergehen. Gerichtskosten in Form einer Festgebühr von 60,00 Euro fallen gem. KV Nr. 1523 GKG nur im Fall einer Verwerfung oder Zurückweisung der Beschwerde an. Der Anwalt erhält die 0,5 Verfahrens- und ggfls. Terminsgebühr nach VV Nr. 3500, 3513 RVG. 10

---

9 Siehe Art. 3, 4 EuVTVO Rn. 7.
10 A. A. *Geimer/Schütze/Hilbig*, IRV, Art. 6 EuVTVO Rn. 60: Anhörung möglich aber nicht notwendig.
11 Amtliche Begründung BR-Drucks. 88/05 S. 24; *Musielak/Lackmann*, § 1080 Rn. 5; a. A. *Wieczorek/Schütze*, § 1080 Rn. 5: Erinnerung nach § 732.

§ 1081 Berichtigung und Widerruf

(1) Ein Antrag nach Artikel 10 Abs. 1 der Verordnung (EG) Nr. 805/2004 auf Berichtigung oder Widerruf einer gerichtlichen Bestätigung ist bei dem Gericht zu stellen, das die Bestätigung ausgestellt hat. Über den Antrag entscheidet dieses Gericht. Ein Antrag auf Berichtigung oder Widerruf einer notariellen oder behördlichen Bestätigung ist an die Stelle zu richten, die die Bestätigung ausgestellt hat. Die Notare oder Behörden leiten den Antrag unverzüglich dem Amtsgericht, in dessen Bezirk sie ihren Sitz haben, zur Entscheidung zu.

(2) Der Antrag auf Widerruf durch den Schuldner ist nur binnen einer Frist von einem Monat zulässig. Ist die Bestätigung im Ausland zuzustellen, beträgt die Frist zwei Monate. Sie ist eine Notfrist und beginnt mit der Zustellung der Bestätigung, jedoch frühestens mit der Zustellung des Titels, auf den sich die Bestätigung bezieht. In dem Antrag auf Widerruf sind die Gründe darzulegen, weshalb die Bestätigung eindeutig zu Unrecht erteilt worden ist.

(3) § 319 Abs. 2 und 3 ist auf die Berichtigung und den Widerruf entsprechend anzuwenden.

Übersicht	Rdn.		Rdn.
I. Vorgaben der EuVTVO	1	III. Rechtsmittel	4
II. Verfahren	2	IV. Kostenentscheidung und Gebühren	6

I. Vorgaben der EuVTVO

1 Für den Antrag stellt die Verordnung mit dem Antrag gem. Formblatt VI eine fakultative Hilfe zur Verfügung. Ansonsten ist die Ausgestaltung des Berichtigungs- und Widerrufsverfahrens gem. Art. 10 Abs. 2 EuVTVO den einzelnen Mitgliedssaaten überlassen. Dadurch haben sie zugleich die Ermächtigung erhalten, Rechtsbehelfe vorzusehen. Diese sind durch Abs. 4 EuVTVO nicht ausgeschlossen, weil die Norm sich nur auf Rechtsbehelfe außerhalb des Berichtigungs- oder Widerrufsverfahrens bezieht. Im Verfahren selbst können auch für den Schuldner Rechtsbehelfe vorgesehen werden.[1]

II. Verfahren

2 Gem. § 1081 Abs. 1 sind die Anträge in Deutschland an die Stelle zu richten, die die Bestätigung ausgestellt hat, und zwar ein Berichtigungsantrag unbefristet und ein Widerrufsantrag bei Inlandsaufenthalt innerhalb einer Notfrist von einem Monat bzw. bei Zustellung der Bestätigung im Ausland von zwei Monaten. Diese Frist wird teilweise als europarechtswidrig angesehen, weil die Verordnung keine Frist vorsehe.[2] Dem kann indes nicht gefolgt werden: Art. 10 Abs. 2 EuVTVO überlässt das Verfahren ohne Vorgabe den einzelnen Mitgliedstaaten. Hierzu gehören auch die Formalien für die Schutzanträge. Es konnte dem nationalen Gesetzgeber daher nicht verwehrt werden, eine Frist vorzusehen, die als solche der Rechtssicherheit dient[3] und die von ihrer Dauer her Belange des Schuldners wahrt, indem sie sich an der Rechtsmittelfrist in Art. 43 Abs. 5 Brüssel-I-VO orientiert.[4] Der Widerrufsantrag ist zudem zu begründen (§ 1081 Abs. 2).

3 Es entscheidet das jeweilige Gericht, wiederum gem. § 20 Nr. 11 RPflG mit funktioneller Zuständigkeit des Rechtspflegers. Dies gilt gem. § 1081 Abs. 1 Satz 2, § 60 Abs. 1 Nr. 2 SGB VIII auch dann, wenn die Bestätigung von einem Notar oder Behörde erteilt worden ist, und zwar hat das

---

1 *Rauscher/Pabst*, EuZPR, Art. 10 EG-VollstrTitelVO Rn. 19; *Wagner*, IPRax 2005, 401, 404.
2 *Prütting/Gehrlein/Halfmeier*, § 1083 Rn. 2 u. Art. 10 EuVTVO Rn. 4; *Thomas/Putzo/Hüßtege*, ZPO § 1081 Rn. 3; *Leible/Lehmann*, NotBZ 2004, 453, 460.
3 *Wagner*, IPRax 2005, 401, 404; *Geimer/Schütze/Hilbig*, IRV, Art. 10 EuVTVO Rn. 32; *Wieczorek/Schütze*, § 1081 Rn. 10; MüKo/*Adolphsen*, § 1081 Rn. 8.
4 Gesetzesbegründung BR-Drucks. 88/05 S. 25.

für ihren Bezirk zuständige Amtsgericht über die Anträge zu befinden. Rechtliches Gehör ist dem Gläubiger nach allgemeinen Regeln zu gewähren. Eine ggf. erfolgte Berichtigung oder ein Widerruf ist auf dem Formblatt zu vermerken (§ 1081 Abs. 3 i. V. m. § 319 Abs. 2).

III. Rechtsmittel

Für die Anfechtung der Entscheidung ordnet § 1081 Abs. 3 eine entsprechende Anwendung des § 319 Abs. 3 an mit der Folge, dass bei der Ablehnung eines Berichtigungs- oder Widerrufsantrag nur die befristete Rechtspflegererinnerung gem. § 11 Abs. 2 RPflG eingelegt werden kann.[5] Dann, wenn der Richter ausnahmsweise selbst, etwa aufgrund einer Vorlage nach § 5 Abs. 2 RPflG entschieden hat, besteht keine Rechtsschutzmöglichkeit. Demgegenüber ist bei einer stattgebenden Entscheidung für den Gläubiger ggf. die sofortige Beschwerde gem. § 11 Abs. 1 RPflG i. V. m. § 567 ff. eröffnet.[6] Dies soll auch dann gelten, wenn auf eine Rechtspflegererinnerung hin erst der Richter im Verfahren nach § 11 Abs. 2 ZPO einen Widerruf ausgesprochen hat.[7] Dem hat sich der BGH mit einer am Wortlaut der Norm orientierten Auslegung angeschlossen.[8]

Damit ordnet der deutsche Gesetzgeber mit Billigung der Rechtsprechung eine europarechtlich nicht vorgegebene Bevorzugung des Gläubigers an. Es ist nicht einzusehen und wohl auch verfassungsrechtlich nicht unproblematisch, dass der Gläubiger etwa die Frage, ob ein Verstoß gegen Erteilungsvoraussetzungen vorliegt und ob dieser »eindeutig« ist, weitergehender einer gerichtlichen Überprüfung zugänglich machen kann, als der Schuldner. Während der Ausschluss eines Rechtsmittels für den Fall des Erfolgs eines Antrags bei unmittelbarer Anwendung des § 319 jede Partei treffen kann, wirkt er sich im Fall eines Widerrufsantrags nur zulasten des Schuldners aus.

IV. Kostenentscheidung und Gebühren

Einer Kostenentscheidung bedarf es für die erstinstanzliche Entscheidung nicht, weil das GKG keinen Gebührentatbestand vorsieht und auch anwaltliche Gebühren nicht anfallen (§ 19 Abs. 1 Satz 2 Nr. 9 RVG). Wegen des Beschwerdeverfahrens gilt das zu § 1080 Ausgeführte entsprechend.[9]

---

5 OLG Zweibrücken, Rpfleger 2009, 222.
6 OLG Stuttgart, NJW-RR 2009, 934; *Zöller/Geimer*, § 1081 Rn. 8; Rellermeyer Rpfleger 2005, 289 [401].
7 OLG Nürnberg, Rpfleger 2009, 873.
8 BGH, IPRax 2013, 267.
9 Siehe dort Rn. 8.

Titel 2. Zwangsvollstreckung aus Europäischen Vollstreckungstiteln im Inland

§ 1082 Vollstreckungstitel

Aus einem Titel, der in einem anderen Mitgliedstaat der Europäischen Union nach der Verordnung (EG) Nr. 805/2004 als Europäischer Vollstreckungstitel bestätigt worden ist, findet dieZwangsvollstreckung im Inland statt, ohne dass es einer Vollstreckungsklausel bedarf.

1 Mit der Vorschrift wird klarstellend die Regelung in Art. 5 EuVTVO, dass es für die Vollstreckung einer in eines anderen Mitgliedstaat als Europäischer Vollstreckungstitel bestätigten Titels keiner Vollstreckbarerklärung bedarf, entsprechend der Systematik der EuVTVO dahingehend ergänzt, dass auch keine Vollstreckungsklausel erforderlich ist. Die Bestätigung ersetzt die Klausel. Im Übrigen gelten die nationalen Vorschriften über Vollstreckungsvoraussetzungen, Vollstreckungshindernisse, die Erinnerung nach § 766 gegen die Art und Weise der Zwangsvollstreckung sowie über die Rechtsmittel des 8. Buches der ZPO einschließlich der Vollstreckungsabwehrklage, wie durch § 1086 klargestellt wird.[1] Ist der ausländische Titel unklar, hat das Vollstreckungsorgan diesen nach allgemeinen Grundsätzen auszulegen. Dabei darf es außerhalb des Titels liegende Umstände grundsätzlich nicht berücksichtigen.[2]

2 Ergänzend sind die Vorschriften des Art. 20 Abs. 2 EuVTVO über die dem Vollstreckungsorgan vorzulegenden Unterlagen[3] und Anträge des Schuldners nach den Art. 21 und 23 EuVTVO auf Verweigerung, Aussetzung oder Beschränkung der Zwangsvollstreckung zu beachten. Ein Nachweis einer Zustellung der Bestätigung als Europäischer Vollstreckungstitel gehört hierzu nicht. Sieht – wie dies z. B. in Österreich der Fall ist[4] – das ausländische Recht anders als das deutsche in § 1080 Abs. 1 Satz 2 eine – von der EuVTVO nicht verlangte – Zustellung der Bestätigung nicht vor, darf ein entsprechender Nachweis bei einer Vollstreckung in Deutschland nicht verlangt werden. Insbesondere liegt hierin entgegen einer teilweise vertretenen Ansicht kein Verstoß gegen Art. 6 EMRK bzw. Art. 47 EU-Grundrechtscharta i. V. m. Art. 6 EUV; denn der Schuldner kann immer noch Rechtsbehelfe im Ursprungsmitgliedstaat geltend machen und im Vollstreckungsstaat einen Antrag auf Aussetzung bzw. Beschränkung der Vollstreckung nach Art. 23 EuVTVO stellen.[5]

---

1 *Zöller/Geimer*, § 1082 Rn. 3.
2 BGH, Rpfleger 2010, 222 = EuZW 2010, 159.
3 Siehe hierzu Art. 20 EuVTVO Rdn. 2–4.
4 Siehe dazu OGH Wien, IPRax 2008, 440 mit Anm. *Bittmann* S. 445.
5 *Bittmann*, IPRax 2008, 445, 446; *Prütting/Gehrlein/Halfmeier*, § 1082 Rn. 2; *Thomas/Putzo/Hüßtege*, § 1082 Rn. 1; a. A. LG München II, JurBüro 2011, 382 sowie *Zöller/Geimer*, § 1082 Rn. 8, der wegen Art. 6 Abs. 1 EMRK eine Zustellung der Bestätigung mit Beginn der Zwangsvollstreckung fordert.

§ 1083 Übersetzung

Hat der Gläubiger nach Artikel 20 Abs. 2 Buchstabe c der Verordnung (EG) Nr. 805/2004 eine Übersetzung vorzulegen, so ist diese in deutscher Sprache zu verfassen und von einer hierzu in einem der Mitgliedstaaten der Europäischen Union befugten Person zu beglaubigen.

§ 1083 enthält eine Konkretisierung des Art. 20 Abs. 2 lit. c) EuVTVO wonach eine ggf. vorzulegende Übersetzung in einer Amtssprache des Vollstreckungsmitgliedstaates oder einer sonstigen von dem Mitgliedstaat zugelassenen Sprache zu erfolgen hat und wonach die Übersetzung von einer in einem Mitgliedstaat befugten Person zu beglaubigen ist. Eine entsprechende Mitteilung ist gem. Art. 30 lit. b EuVTVO an die Kommission erfolgt. Die Notwendigkeit zur Vorlage einer Übersetzung dürfte sich allerdings nur bei der Bestätigung und auch dort nur dann ergeben, wenn das Formblatt um individuelle Zusätze ergänzt worden ist.[1] Noch weiter geht nunmehr Art. 42 Abs. 4 Brüssel-Ia-VO, wonach eine Übersetzung der Bescheinigung aus dem Ursprungsstaat mit dem die Vollstreckbarkeit dokumentiert wird, nur dann verlangt werden darf, wenn das Vollstreckungsorgan das Verfahren ohne eine solche Übersetzung nicht fortsetzen kann. Wegen dieses klar zum Ausdruck gebrachten Willens des europäischen Normgebers, die Anforderung einer Übersetzung auf das Notwendigste zu beschränken, dürfte der gegenteiligen Ansicht, die wegen § 184 GVG und zur Sicherung ordnungsgemäßer Tätigkeit der Vollstreckungsorgane stets eine Übersetzung verlangt, der Boden entzogen sein.

---

[1] LG München II, JurBüro 2011, 382; *MüKo/Adolfsen*, § 1083 Rn. 1; *Thomas/Putzo/Hüßtege*, § 1083 Rn. 1; a. A. *Prütting/Gehrlein/Halfmeier*, § 1083 Rn. 1; *Rauscher/Pabst*, EuZPR/EuIPR, Art. 20 EG-VollstrTitelVO Rn. 13; siehe Art. 20 EuVTVO Rdn. 4.

§ 1084 Anträge nach den Artikeln 21 und 23 der Verordnung (EG) Nr. 805/2004

(1) Für Anträge auf Verweigerung, Aussetzung oder Beschränkung der Zwangsvollstreckung nach den Artikeln 21 und 23 der Verordnung (EG) Nr. 805/2004 ist das Amtsgericht als Vollstreckungsgericht zuständig. Die Vorschriften des Buches 8 über die örtliche Zuständigkeit des Vollstreckungsgerichts sind entsprechend anzuwenden. 3Die Zuständigkeit nach den Sätzen 1 und 2 ist ausschließlich.

(2) Die Entscheidung über den Antrag nach Artikel 21 der Verordnung (EG) Nr. 805/2004 ergeht durch Beschluss. 2Auf die Einstellung der Zwangsvollstreckung und die Aufhebung der bereits getroffenen Vollstreckungsmaßregeln sind § 769 Abs. 1 und 3 sowie § 770 entsprechend anzuwenden. 3Die Aufhebung einer Vollstreckungsmaßregel ist auch ohne Sicherheitsleistung zulässig.

(3) Über den Antrag auf Aussetzung oder Beschränkung der Vollstreckung nach Artikel 23 der Verordnung (EG) Nr. 805/2004 wird durch einstweilige Anordnung entschieden. Die Entscheidung ist unanfechtbar.

Übersicht	Rdn.		Rdn.
I. Normzweck	1	IV. § 1084 Abs. 3, Anträge gem. Art. 23 EuVTVO	9
II. Zuständigkeit	2	1. Entscheidung durch einstweilige Anordnung	10
1. Sachliche Zuständigkeit	3	2. Entscheidung nach pflichtgemäßem Ermessen	11
2. Örtliche Zuständigkeit	4	V. Kostenentscheidung und Gebühren	12
3. Funktionelle Zuständigkeit	5	1. Gerichtskosten	13
III. § 1084 Abs. 2, Verweigerung der Vollstreckung nach Art. 21 Abs. 1 EuVTVO	6	2. Anwaltskosten	14
1. Verfahren	7		
2. Rechtsmittel	8		

I. Normzweck

1 In den Art. 21 und 23 EuVTVO ist der Grundsatz, dass der Schuldner sich nur im Ursprungsmitgliedstaat gegen eine als Europäischer Vollstreckungstitel bestätigte Entscheidung wenden kann, für zwei Fallkonstellationen durchbrochen. Art. 21 Abs. 1 EuVTVO ermöglicht in dem seltenen Fall einer hierin näher umschriebenen »Titelkollision« einen Antrag des Schuldners im Vollstreckungsmitgliedstaat auf Verweigerung der Zwangsvollstreckung.[1] Dann, wenn er im Ursprungsmitgliedstaat einen nach dortigem Recht in Verbindung mit Art. 19 EuVTVO zulässigen Rechtsbehelf gegen die ergangene Entscheidung eingelegt oder einen Antrag auf Berichtigung bzw. Widerruf der Bestätigung nach Art. 10 gestellt hat, kann zudem gem. Art. 23 EuVTVO für die Dauer des Rechtsbehelfsverfahrens die Vollstreckung auf Sicherungsmaßnahmen beschränkt, von einer Sicherheitsleistung abhängig gemacht oder »unter außergewöhnlichen Umständen« ausgesetzt werden.[2]

II. Zuständigkeit

2 § 1084 Abs. 1 regelt die Zuständigkeit für Anträge des Schuldners auf Verweigerung, Beschränkung oder Aussetzung der Zwangsvollstreckung, und zwar – wie Satz 3 klarstellt – als ausschließliche.

1. Sachliche Zuständigkeit

3 Satz 1 begründet eine sachliche Zuständigkeit des Amtsgerichts als Vollstreckungsgericht. Dies erfolgte insbesondere vor dem Hintergrund, dass bei der Bescheidung der Anträge nach Art. 21 und 23 EuVTVO materiell rechtliche Einwendungen gegen den zu vollstreckenden Anspruch nicht zu prüfen sind und der europäische Gesetzgeber eine Ausweitung des vereinfachten Verfahrens nach dem Vorbild

---
[1] Siehe näher Art. 21 EuVTVO Rdn. 1.
[2] Siehe näher Art. 23 EuVTVO Rdn. 1–3.

der EuVTVO anstrebt.[3] Es sollte daher eine Einpassung in das bereits bestehende inländische System der sachlichen und funktionellen Zuständigkeiten auf dem Gebiet des Vollstreckungsrechts erfolgen.[4]

2. Örtliche Zuständigkeit

Wegen der örtlichen Zuständigkeit kommen wegen der globalen Verweisung in Satz 2 als Gerichtsstände entweder der Ort der (beabsichtigten) Zwangsvollstreckung (§ 764 Abs. 2) oder des Wohnsitzes des Schuldners bzw. beim Fehlen eines Wohnsitzes der Gerichtsstand des Vermögens in Betracht (§ 828 Abs. 2 i. V. m. § 23). Bei mehreren in Betracht kommenden Gerichtsständen dürfte dem Schuldner ein Wahlrecht zustehen.[5] Ferner wird eine Auffangzuständigkeit des Amtsgerichts Berlin-Schöneberg angenommen.[6] Dafür besteht indes keine Notwendigkeit. Wenn keiner der Gerichtsstände der §§ 764 Abs. 2, 828 Abs. 2 eingreift, ist nicht ersichtlich, dass dem Gläubiger in Deutschland eine Zugriffsmöglichkeit eröffnet ist. Gleichwohl und bei welchem Gericht auch immer gestellte Schutzanträge des Schuldners nach den Art. 21 und 23 EuVTVO wären wegen Fehlens eines Rechtsschutzinteresses ohnehin unzulässig.

3. Funktionelle Zuständigkeit

Funktionell zuständig für die Entscheidung über die Schutzanträge des Schuldners ist der Richter. Eine Übertragung auf den Rechtspfleger erschien dem Gesetzgeber wegen der ggf. zu prüfenden »Titelkollision« nicht angemessen.[7] Dies ist sachgerecht; denn im Rahmen eines Schutzantrags sind unter Umständen nicht einfach zu beantwortende Fragen zur Identität des Streitgegenstandes verschiedener Verfahren zu prüfen, und zwar im Rahmen von Rechtsstreitigkeiten, die nach unterschiedlichen Verfahrensordnungen abgelaufen sind.

III. § 1084 Abs. 2, Verweigerung der Vollstreckung nach Art. 21 Abs. 1 EuVTVO

In Fällen einer »Titelkollision« entscheidet das Vollstreckungsgericht über einen Antrag auf Verweigerung der Vollstreckung nach fakultativer mündlicher Verhandlung (§ 128 Abs. 4) durch Beschluss.

1. Verfahren

Dem Gläubiger ist rechtliches Gehör zu gewähren. Unter Umständen ist die Feststellung der Voraussetzungen des Art. 21 Abs. 1 EuVTVO schwierig, insbesondere deshalb weil hierzu nach lit. c) auch die Feststellung gehört, dass die Unvereinbarkeit der als Europäischer Vollstreckungstitel bestätigten Entscheidung mit einer früheren Entscheidung im gerichtlichen Verfahren des Ursprungsmitgliedstaates nicht geltend gemacht worden ist und nicht geltend gemacht werden konnte, also dem Vollstreckungsgericht der damalige Verfahrensablauf vermittelt werden muss. Deshalb sind nach § 1084 Abs. 2 Satz 2 einstweilige Anordnungen entsprechend § 769 Abs. 1 und 3 sowie § 770 möglich. Nach pflichtgemäßem Ermessen des Vollstreckungsgerichts kann hierzu gem. Satz 3 auch die Aufhebung einer Vollstreckungsmaßnahme ohne Sicherheitsleistung gehören. Wegen des damit verbunden Rangverlustes sollte hiervon aber nur bei besonders hoher Erfolgsaussicht des Antrags Gebrauch gemacht werden.[8] Die Rechtsnatur der einstweiligen Anordnung bedingt, dass sie mit der Entscheidung über den Rechtsbehelf im Ursprungsmitgliedstaat hinfällig wird.[9]

---

3 Siehe hierzu Einleitung zu EuVTVO Rdn. 4.
4 Gesetzesbegründung BR-Drucks. 88/05 S. 27.
5 *Musielak/Lackmann*, § 1084 Rn. 2.
6 *Zöller/Geimer*, § 1084 Rn. 2.
7 Gesetzesbegründung BR-Drucks. 88/05 S. 28.
8 *Musielak/Lackmann*, § 1084 Rn. 3.
9 *Wagner*, IPRax 2005, 401, 404.

2. Rechtsmittel

8 Die Entscheidung in der Hauptsache ist eine solche im Zwangsvollstreckungsverfahren mit der Folge, dass hiergegen die sofortige Beschwerde nach § 793 eröffnet ist.[10]

IV. § 1084 Abs. 3, Anträge gem. Art. 23 EuVTVO

9 Sinn und Zweck des § 23 EuVTVO ist es, dass der Schuldner nach Einlegung von Rechtsbehelfen gegen die Entscheidung oder die Bestätigung im Ursprungsmitgliedstaat für die Dauer des Verfahrens auf Antrag gegen Vollstreckungsmaßnahmen geschützt werden soll.

1. Entscheidung durch einstweilige Anordnung

10 Entsprechend den Vorschriften der §§ 707, 719, die bei deutschen Titeln für derartige Fälle Schutzmöglichkeiten bieten, sieht § 1084 Abs. 3 vor, dass das Vollstreckungsgericht über einen Antrag nach Art. 23 EuVTVO im Wege einer nicht anfechtbaren einstweiligen Anordnung entscheidet. Trotz der Unanfechtbarkeit ist – ebenso wie bei Entscheidungen nach § 707 – jederzeit eine Abänderung oder Aufhebung der einstweiligen Anordnung möglich. Deshalb kann in Eilfällen von der grundsätzlich notwendigen Gewährung rechtlichen Gehörs für den Gläubiger zunächst abgesehen werden, sofern dieses unverzüglich nachgeholt wird.[11]

2. Entscheidung nach pflichtgemäßem Ermessen

11 Das Vollstreckungsgericht entscheidet nach pflichtgemäßem Ermessen darüber, ob es eine Anordnung erlässt und ggfls. welche der in Art. 23 lit. a) bis c) EuVTVO vorgesehenen Maßnahmen er trifft, ob es also die Vollstreckung auf Sicherungsmaßnahmen beschränkt, ob es die Vollstreckung von einer Sicherheitsleitung abhängig macht oder ob es das Vollstreckungsverfahren ganz aussetzt. Ermessensmaßstäbe sind dabei eine Prognose zur Erfolgsaussicht des im Ursprungsmitgliedstaat eingelegten Rechtsbehelfs sowie die Wahrscheinlichkeit, dass eine bedingungslose Vollstreckung zu einem nicht wiedergutzumachenden Schaden führt.[12]

V. Kostenentscheidung und Gebühren

12 Das Verfahren ist sowohl für den Antrag auf Verweigerung der Vollstreckung nach Abs. 2 i. V. m. Art. 21 Abs. 1 EuVTVO wie auch für den Antrag auf Aussetzung oder Beschränkung der Vollstreckung nach Abs. 3 i. V. m. Art. 23 EuVTVO kontradiktorisch ausgestaltet Da zudem die nachstehend aufgeführten Gebühren anfallen, hat eine Kostenentscheidung nach Maßgabe der §§ 91 ff. zu ergehen.

1. Gerichtskosten

13 Es fällt sowohl bei Anträgen gem. Art. 21 EuVTVO wie auch solchen nach Art. 23 EuVTVO eine gerichtliche Festgebühr von 30,00 Euro gemäß KV Nr. 2119 GKG an. Kostenschuldner sind der Antragsteller (22 Abs. 3 GKG) und der Entscheidungsschuldner (§ 29 Nr. 1 GKG), also in der Regel der Unterlegene.

2. Anwaltskosten

14 Für den Rechtsanwalt ist das Verfahren nach § 1084 eine besondere Angelegenheit (§ 18 Nr. 6 RVG). Er erhält die 0,3 Verfahrens- und ggf. Terminsgebühr für die Tätigkeit im Zwangsvollstreckungsverfahren (VV Nr. 3309, 3310 RVG). Eine Tätigkeit im Zusammenhang mit einer vorläufigen Einstellung gem. § 1084 Abs. 2 Satz 2 ist normalerweise mit der Verfahrensgebühr abgegolten

---

10 *Musielak/Lackmann*, § 1084 Rn. 3; *Zöller/Geimer*, § 1084 Rn. 2.
11 *Wieczorek/Schütze*, § 1084 Rn. 17.
12 Siehe näher Art. 23 EuVTVO Rdn. 3.

(§ 19 Abs. 1 Satz 2 Nr. 11 RVG). Nur wenn eine abgesonderte Verhandlung hierüber angeordnet werden sollte, fallen die 0,5 Verfahrens- und Terminsgebühr nach VV Nr. 3328, 3328 RVG an.

§ 1085 Einstellung der Zwangsvollstreckung

Die Zwangsvollstreckung ist entsprechend den §§ 775 und 776 auch dann einzustellen oder zu beschränken, wenn die Ausfertigung einer Bestätigung über die Nichtvollstreckbarkeit oder über die Beschränkung der Vollstreckbarkeit nach Artikel 6 Abs. 2 der Verordnung (EG) Nr. 805/2004 vorgelegt wird.

Übersicht	Rdn.		Rdn.
I. Zweck der Norm	1	IV. Fortsetzung der Zwangsvollstreckung	4
II. Einstellung und Aufhebung	2	V. Rechtsbehelfe	5
III. Anwendbarkeit des § 775 im Übrigen	3		

I. Zweck der Norm

1   Gem. Art. 6 Abs. 1 lit. a) EuVTVO reicht es für die Zwangsvollstreckung aus einem Europäischen Vollstreckungstitel aus, dass dieser vollstreckbar ist. Rechtskraft ist nicht erforderlich.[1] Falls nachträgliche Abänderungen des Titels oder der Vollstreckbarkeit erfolgen, hat der Schuldner gem. Art. 6 Abs. 2 EuVTVO die Möglichkeit, eine Bescheinigung über die Nichtvollstreckbarkeit oder die Beschränkung der Vollstreckbarkeit zu erwirken. Für deutsche Titel richtet sich das entsprechende Verfahren nach den §§ 1079, 1080. Für Titel aus anderen Mitgliedstaaten der EU ermöglicht § 1085 eine entsprechende Anwendung der §§ 775, 776.

II. Einstellung und Aufhebung

2   Einschlägig können die Einstellungsmöglichkeiten nach § 775 Nr. 1 und Nr. 2 sein. Im Fall einer Nichtvollstreckbarkeitsbescheinigung, aus der hervorgeht, dass der ausländische Titel aufgehoben oder nicht mehr vollstreckbar ist, sind bereits getroffene Zwangsvollstreckungsmaßnahmen gem. § 776 Satz 1 aufzuheben. Bei einer bloßen Beschränkung der Zwangsvollstreckung, etwa im Fall einer nur zeitweiligen Aussetzung oder der Anordnung einer Sicherheitsleistung greift § 776 Satz 2 ein mit der Folge, dass die Maßnahmen bestehen bleiben. Die Abgrenzung kann im Einzelfall schwierig sein, weil es von der jeweiligen nationalen Prozessordnung im Ursprungsmitgliedstaat abhängt, welchen Wirkungen beschränkende Entscheidungen auf bereits getroffene Vollstreckungsmaßnahmen zukommen Wegen der Vielgestaltigkeit der in Betracht kommenden Entscheidungen sah sich der deutsche Gesetzgeber außerstande, eine abschließende Regelung hinsichtlich der Aufhebung oder des Bestehenbleibens von bereits getroffenen Maßregeln zu treffen, und es wird in jedem Einzelfall zu prüfen sein, mit welchem Tatbestand des § 775 die ausländische Entscheidung korrespondiert und welche Rechtsfolge des § 776 hierzu passt.[2]

III. Anwendbarkeit des § 775 im Übrigen

3   Aus der sprachlichen Fassung des § 1085 (»auch dann«) folgt, dass die unmittelbare Anwendung des § 775 unberührt bleibt.[3] In Betracht kommen daher die Fälle der Nr. 3–5, also der Beibringung von Nachweisen für eine Sicherheitsleistung, für eine Befriedigung des Gläubigers oder eine von ihm bewilligte Stundung. Auch wenn es um Erlöschenstatbestände geht, ist die Anwendung dieser Vorschriften mit Art. 21 Abs. 2 EuVTVO, der eine inhaltliche Überprüfung des Europäischen Vollstreckungstitels verbietet, wegen der von einem Vollstreckungsorgan ohne weiteres zu beurteilenden formalisierten Voraussetzungen, vereinbar. Ein etwaiger Streit über das Bestehen der Forderung,

---

[1] Siehe Art. 6 EuVTVO Rdn. 3.
[2] Gesetzesbegründung BR-Drucks. 88/05 S. 28.
[3] *HK-ZV/Stürner*, § 1085 ZPO Rn. 2; *Musielak/Lackmann*, § 1085 Rn. 1; MüKo/*Adolphsen*, § 1085 Rn. 3.

der sich nach einer Fortsetzung der Zwangsvollstreckung auf einen Antrag des Gläubigers hin entzündet, ist allerdings im Ursprungsmitgliedstaat auszutragen.[4]

IV. Fortsetzung der Zwangsvollstreckung

Fortzusetzen ist die Zwangsvollstreckung entsprechend den zu § 775 Nr. 1. und 2. geltenden Grundsätzen[5] dann, wenn der Gläubiger seinerseits nachweist, dass die Entscheidung, die der Bescheinigung über die Nichtvollstreckbarkeit oder die Beschränkung der Vollstreckung zugrunde liegt, im Ursprungsmitgliedsstaat aufgehoben oder außer Kraft getreten ist. Als Nachweismöglichkeit kommt insbesondere die Vorlage einer Ersatzbestätigung gem. § 6 Abs. 3 EuVTVO i. V. m. dem Formblatt V In Betracht. 4

V. Rechtsbehelfe

Es gelten die zu § 775 dargestellten Grundsätze,[6] allerdings mit der Maßgabe, dass die Entscheidung des Gerichts im Ursprungsmitgliedstaat über die Nichtvollstreckbarkeit oder die Beschränkung der Zwangsvollstreckung von den Vollstreckungsorganen nicht von Amts wegen, sondern erst nach Vorlage der Bescheinigung gem. Art. 6 Abs. 2 EuVTVO zu beachten ist. 5

---

4 *Prütting/Gehrlein/Halfmeier*, § 1085 Rn. 2.
5 Siehe hierzu § 775 Rdn. 13.
6 Siehe § 775 Rdn. 14 f.

§ 1086 Vollstreckungsabwehrklage

(1) Für Klagen nach § 795 Satz 1 in Verbindung mit § 767 ist das Gericht ausschließlich örtlich zuständig, in dessen Bezirk der Schuldner seinen Wohnsitz hat, oder, wenn er im Inland keinen Wohnsitz hat, das Gericht, in dessen Bezirk die Zwangsvollstreckung stattfinden soll oder stattgefunden hat. Der Sitz von Gesellschaften oder juristischen Personen steht dem Wohnsitz gleich.

(2) § 767 Abs. 2 ist entsprechend auf gerichtliche Vergleiche und öffentliche Urkunden anzuwenden.

Übersicht	Rdn.			Rdn.
I. Zweck der Norm	1	IV.	Klage aus § 826 BGB gegen einen Europäischen Vollstreckungstitel	8
II. Zuständigkeit	2			
III. Präklusion	4			

I. Zweck der Norm

1 Heftig umstritten war und ist die Frage, ob die Vollstreckungsabwehrklage gem. § 767, welche die Geltendmachung materiell-rechtlicher Einwendungen gegen den titulierten Anspruch ermöglicht, zum Vollstreckungsverfahren i. S. d. Art. 20 Abs. 1 Satz 1 EuVTVO gehört, für das das Recht des Vollstreckungsmitgliedstaats maßgeblich ist.[1] Der deutsche Gesetzgeber hat sich auf den Standpunkt gestellt, dass die Klage in dem von der EuVTVO unberührt gelassenen 8. Buch der ZPO dem Vollstreckungsverfahren zugeordnet sei und dass die Zulassung dieser Klage nicht auf eine gem. Art. 21 Abs. 2 EuVTVO unzulässige Überprüfung der Entscheidung in der Sache hinauslaufe, weil mit ihr nur Einwendungen vorgebracht werden könnten, deren Berücksichtigung im Ursprungsmitgliedstaat noch nicht möglich gewesen sei.[2] Er hat deswegen in § 1086 für Klagen nach § 767 eine örtliche Zuständigkeit am Wohn- bzw. Firmensitz des Schuldners und bei Schuldnern, die im Inland keinen Sitz haben, am Ort der Zwangsvollstreckungsmaßnahme bestimmt. Auch wenn das formale Abstellen auf die Zugehörigkeit der Klage zum 8. Buch der ZPO als fragwürdig erscheint, ist das weitere Argument des Gesetzgebers richtig. Die Klage aus § 767 richtet sich gerade nicht gegen den Titel selbst, sondern gegen den titulierten Anspruch.[3] Das OLG Köln hat sich inzwischen der h. M. angeschlossen. Es sieht ebenfalls § 1086 als europarechtskonform an und hält deswegen eine Vollstreckungsabwehrklage gegen einen als Europäischer Vollstreckungstitel bestätigten Vergleich aus einem anderen Mitgliedstaat für zulässig.[4] Eine gegen diese Entscheidung eingelegte Nichtzulassungsbeschwerde hat der BGH zurückgewiesen.[5]

II. Zuständigkeit

2 Die **internationale Zuständigkeit** deutscher Gerichte für eine Vollstreckungsabwehrklage gegen einen Europäischen Vollstreckungstitel folgt aus Art. 24 Nr. 5 Brüssel-Ia-VO, da auch die materiell rechtlichen Klagen, die die Vollstreckbarkeit eines Titels oder einer einzelnen Vollstreckungsmaßnahme infrage stellen, zu den Verfahren gehören, welche die Zwangsvollstreckung aus Ent-

---

[1] **Ablehnend** *Halfmeier*, IPRax 2007, 381, 387; *Hess*, EuZPR S. 552 ff. u. IPRax 2004, 493; *Hess/Bittmann*, IPRax 2008, 305, 311; *Leible/Freitag*, S. 122; *Leible/Lehmann*, NotBZ 2004, 453, 461; *Prütting/Gehrlein/Halfmeier*, § 1086 Rn. 3; **bejahend** *Kropholler*, EuZPR Art. 20 Rn. 12 Zöller/*Geimer*, § 1086 Rn. 3; *Geimer/Schütze/Hilbig*, IRV, Art. 20 EuVTVO Rn. 50; *Thomas/Putzo/Hüßtege*, § 1086 Rn. 1; *Schack*, IZPR Rn. 1058; *Stürner*, GPR 2010, 43, 46; *Wagner*, IPRax 2005, 401, 405.
[2] BR-Drucks. 88/05 S. 29; ähnlich wohl auch die Rechtslage in Polen, wo ebenfalls eine Vollstreckungsabwehrklage gegen einen bestätigten Titel für zulässig angesehen wird, vgl. *Taborowski*, IPRax 2007, 250.
[3] Siehe den Hinweis bei *Schlosser*, Art. 22 Rn. 25.
[4] OLG Köln, IHR 2014, 140.
[5] BGH, Beschluss vom 3.9.2013 – VIII ZR 400/12 (nicht veröffentlicht).

scheidungen betreffen.⁶ Bei der **Aufrechnung** ist allerdings zu beachten, dass eine internationale Zuständigkeit deutscher Gerichte nach Art. 24 Nr. 5 Brüssel-Ia-VO nur dann besteht, wenn mit einer Gegenforderung aufgerechnet wird, für deren selbstständige Geltendmachung die Gerichte des Vollstreckungsstaates zuständig wären.⁷

Örtlich zuständig ist das Gericht des Wohnsitzes des Schuldners, ersatzweise das Gericht der (beabsichtigten) Zwangsvollstreckung. Die sachliche Zuständigkeit ist nicht geregelt und richtet sich daher nach den allgemeinen Vorschriften der §§ 23–23b, 71 GVG. Zu beachten ist, dass Unterhaltssachen nicht zu den gem. Art. 2 Abs. 2 lit. b) EuVTVO vom sachlichen Anwendungsbereich der EuVTVO ausgenommenen Familiensachen gehören.⁸ Über Vollstreckungsabwehrklagen gegen einen bestätigten Unterhaltstitel hat daher das Familiengericht zu entscheiden.⁹ 3

III. Präklusion

Problematisch ist § 1086 Abs. 2, wonach die Präklusionsnorm des § 767 Abs. 2 auch auf gerichtliche Vergleiche und vollstreckbare Urkunden Anwendung findet. Nach innerstaatlichem Recht können bei diesen Titeln im Hinblick auf § 797 Abs. 4 bzw. wegen der Tatsache, dass ein Vergleich nicht der Rechtskraft fähig ist, auch nicht präkludierte Einwendungen im Rahmen der Vollstreckungsabwehrklage geltend gemacht werden. Der Gesetzgeber sah sich zwar in korrekter Auslegung der Art. 20, 24 Abs. 2, 25 EuVTVO außerstande, bei öffentlichen Urkunden und Vergleichen derartige Einwendungen bei bestätigen Europäischen Vollstreckungstiteln zu ermöglichen. Damit ist er aber in Konflikt geraten zu Art. 20 Abs. 1 Satz 2 und Art. 3 GG. In Deutschland ist es einem Gläubiger nunmehr möglich, einen in einem anderen Mitgliedstaat als Europäischer Vollstreckungstitel bestätigten Vergleich oder eine entsprechende öffentliche Urkunde nicht lediglich zu den »gleichen«, sondern zu besseren Bedingungen zu vollstrecken, als einen hier ergangenen Titel. Das ist europarechtswidrig. Zugleich wird ohne sachlich gerechtfertigten Grund der Inhaber eines in Deutschland ohne weitere Voraussetzungen vollstreckbaren ausländischen Titels privilegiert gegenüber einen Gläubiger, der einen inländischen Titel in Händen hat.¹⁰ 4

Zudem hat der Gesetzgeber mit der Anordnung der entsprechenden Anwendung des § 767 Abs. 2 auf gerichtliche Vergleiche und öffentliche Urkunden nicht bedacht, dass es möglicherweise auch gerichtliche Entscheidungen aus anderen Mitgliedstaaten gibt, die einem deutschen Kostenfestsetzungsbeschluss entsprechen. Da im Kostenfestsetzungsverfahren gem. §§ 103 ff. materiell-rechtliche Einwendungen nicht vorgebracht werden können, findet § 767 Abs. 2 auf entsprechende Beschlüsse keine Anwendung.¹¹ Zur Vermeidung einer unzulässigen Überprüfung der ausländischen Entscheidung wird daher bei solchen, die einem deutschen Kostenfestsetzungsbeschluss entsprechen, eine entsprechende Anwendung des § 1086 Abs. 2 vorgeschlagen.¹² 5

Unklar ist der Zeitpunkt, der für die Präklusion bei Vergleichen und öffentlichen Urkunden maßgeblich ist, da es einen »Schluss der mündlichen Verhandlung« nicht gibt und bei derartigen Titeln auch ein »Einspruch« im Ursprungsmitgliedstaat regelmäßig nicht möglich sein dürfte. Deshalb dürfte auf den Zeitpunkt abzustellen sein, zu dem der Titel wirksam wird, also etwa bei einem Widerrufsvergleich der Ablauf der Widerrufsfrist oder bei einem aufschiebend bedingten Titel der Eintritt der Bedingung.¹³ 6

---

6 Streitig, siehe Art. 24 Brüssel-Ia-VO Rdn. 2.
7 Siehe Art. 24 Brüssel-Ia-VO Rdn. 4.
8 Siehe näher Art. 2 EuVTVO Rdn. 2.
9 Gesetzesbegründung BR-Drucks. 88/05 S. 29.
10 *Leible/Lehmann*, NotBZ 2004, 453, 461 Fn. 78, die von einer »paradoxen« Situation sprechen.
11 Siehe näher § 767 Rdn. 31.
12 *Musielak/Lackmann*, § 1086 Rn. 3.
13 Ähnlich *Thomas/Putzo/Hüßtege*, 1086 Rn. 3: Zeitpunkt der »Errichtung des Titels«; **a. A.** *Prütting/Gehrlein/Halfmeier*, § 1086 Rn. 6: Zeitpunkt der Ausstellung der Bestätigung.

7 Für den Rechtsanwender kaum noch durchschaubar wird das nationale System der Präklusion einer Vollstreckungsabwehrklage gegen einen gerichtlichen Vergleich oder eine öffentliche Urkunde durch die neue Vorschrift des § 1117. Hiernach ist bei Vergleichen oder öffentlichen Urkunden, die gem. Art. 39 der seit dem 10.1.2015 geltenden Brüssel-Ia-VO in einem anderen Mitgliedstaat unmittelbar vollstreckbar sind, im Gegensatz zu § 1086 Abs. 2 und § 66 Abs. 1 AUG die Präklusionsnorm des § 767 Abs. 2 nicht anwendbar. Nachvollziehbar ist diese Abweichung nicht, da nach den Art. 58, 59 Brüssel-Ia-VO i. V. m. dem sinngemäß anzuwendenden Art. 39 Brüssel-Ia-VO auch hier das Verbot der Nachprüfung des ausländischen Titels in der Sache gilt.[14]

IV. Klage aus § 826 BGB gegen einen Europäischen Vollstreckungstitel

8 In Fällen der Erschleichung eines ausländischen Titels und ggf. einer Bestätigung kommt nach innerstaatlichem Recht auch eine Klage auf Herausgabe der Bestätigung oder auf Unterlassung der Zwangsvollstreckung aus § 826 BGB in Betracht. Wenn die Zwangsvollstreckung in Deutschland erfolgt oder erfolgen soll, dürften zum einen gem. Art. 7 Ziff. 2 Brüssel-Ia-VO deutsche Gerichte zuständig sein. Auch dürften deutsche Sachnormen jedenfalls dann zur Anwendung kommen, wenn der Schuldner seinen gewöhnlichen Aufenthalt in Deutschland hat. Im Anwendungsbereich von Rom II tritt in Deutschland die durch das ausländische Urteil geschaffene Vermögensgefährdung ein mit der Folge, dass dort der Erfolgsort i. S. d. Art. 4 Abs. 1 der VO (EG) Nr. 864/2007 liegt. Sofern noch Art. 40 EGBGB einschlägig ist, ist nach dessen Abs. 1 Satz 2 auf Verlangen des Geschädigten ebenfalls deutsches Recht anwendbar. In der Literatur wird daher teilweise allgemein eine Klage auf Herausgabe eines Europäischen Vollstreckungstitels als statthaft angesehen.[15] Richtigerweise wird man wohl differenzieren müssen. Wenn es um Umstände anlässlich der Erwirkung der ausländischen Entscheidung und/oder der Bestätigung geht, steht das Verfahren in dem anderen Mitgliedstaat auf dem Prüfstand. Das strikte Verbot des Art. 21 Abs. 2 EuVTVO, die Entscheidung oder die Bestätigung im Vollstreckungsmitgliedstaat zu überprüfen, dürfte daher der Zulässigkeit einer Klage aus § 826 BGB entgegenstehen.[16] Anders dürfte es dagegen sein, wenn die unerlaubte Handlung in der Ausnutzung einer nachträglich für unrichtig erkannten Entscheidung oder Bestätigung liegt, was unter besonderen Umständen ebenfalls einer Klage aus § 826 BGB zum Erfolg verhelfen kann.[17] In diesem Fall dürfte die Sperrwirkung des Art. 21 Abs. 2 EuVTVO nicht eingreifen und eine Klage zulässig sein.[18]

---

14 Näher § 1117 Rdn. 5.
15 *Rauscher*, Vollstreckungstitel Rn. 67, 178.
16 *Kropholler*, Art. 20 Rn. 12; *Rauscher/Pabst*, EuZPR/EuIPR, Art. 20 EG-VollstrTitelVO Rn. 37; *Geimer/Schütze/Hilbig*, IRV, Art. 20 EuVTVO Rn. 59.
17 Vgl. z. B. *Palandt/Sprau*, § 826 BGB Rn. 52 mit Nachweisen.
18 A. A. *Prütting/Gehrlein/Halfmeier*, § 1086 Rn. 2; *Stürner*, GPR 2010, 43, 47; *HK-ZV/Stürner*, § 1086 ZPO Rn. 2.

Abschnitt 5. Europäisches Mahnverfahren nach der Verordnung (EG) Nr. 1896/2006

Vor §§ 1087–1096 Die Entstehungsgeschichte

Literatur:
Freitag/Leible, Erleichterung der grenzüberschreitenden Forderungsbeitreibung in Europa: Das Europäische Mahnverfahren, BB 2008, 2750; *Heger*, Europa ganz praktisch – Das Gesetz zur Verbesserung der grenzüberschreitenden Forderungsdurchsetzung und Zustellung, DStR 2009, 435; *Vollkommer/Huber*, Neues Europäisches Zivilverfahrensrecht in Deutschland – Das Gesetz zur Verbesserung der grenzüberschreitenden Forderungsdurchsetzung und Zustellung, NJW 2009, 1105; siehe im Übrigen die Literaturangaben in der Einleitung zur EuMahnVO.

Seit dem 12.12.2008 gilt die EuMahnVO, die im europarechtlichen Teil kommentiert ist. Mit ihr wird einem Gläubiger für grenzüberschreitenden Zivil- und Handelssachen eine fakultative und zusätzliche Alternative zu dem herkömmliche Auslandsmahnverfahren gem. § 688 Abs. 3 ZPO i.V.m. § 32 Abs. 1 AVAG zur Verfügung gestellt. Dieses europäische Mahnverfahren ist in Abweichung vom deutschen nicht zwei- sondern einstufig. 1

Die notwendigen Ausführungsbestimmungen sind im Gesetz vom 30.10.2008 zur Verbesserung der grenzüberschreitenden Forderungsdurchsetzung und Zustellung enthalten, das neben einer Änderung der Zustellvorschriften im 11. Buch der ZPO die Schaffung der neuen Abschnitte 5 wegen der EuMahnVO und 6 wegen der EuBagatellVO vorsieht.[1] Die – hier nicht behandelten – Titel 1 bis 3 des Abschnittes 5 betreffen Vorschriften zum Verfahren über den Erlass eines vollstreckbaren Europäischen Zahlungsbefehls in Deutschland und Rechtsmittel hiergegen. Die nationalen Ausführungsvorschriften zur Zwangsvollstreckung aus einem Europäischen Zahlungsbefehl, der in Deutschland oder einem anderen Mitgliedstaat der EU erlassen worden ist, finden sich in Titel 4. 2

Zuständig für den Erlass ist in Deutschland gem. § 1087 alleine das AG Wedding mit funktioneller Zuständigkeit des Rechtspflegers (§ 20 Nr. 7 RPflG). Eine Ausnahme besteht allerdings für arbeitsrechtliche Streitigkeiten. Hierfür ist eine Konzentration nicht vorgesehen. Vielmehr ist gem. § 46b Abs. 2 ArbGG das jeweilige Arbeitsgericht zuständig, das im Urteilsverfahren für eine entsprechende Klage nach der Brüssel-Ia-VO zuständig wäre.[2] 3

Europäische Zahlungsbefehle, die in Deutschland erlassen und für vollstreckbar erklärt worden sind, werden nach Art. 19 EuMahnVO in allen Mitgliedstaaten der EU außer Dänemark automatisch anerkannt und bedürfen dort keiner gesonderten Vollstreckbarerklärung. Die Zwangsvollstreckung richtet sich nach dem Recht des jeweiligen Vollstreckungsstaats. 4

---

1 BGBl. I 2122.
2 Zum Erlass eines Europäischen Zahlungsbefehls in Deutschland sowie zum Einspruch hiergegen und einem Antrag auf Überprüfung in Ausnahmefällen siehe näher *Vollkommer/Huber*, NJW 2009, 1105, 1106.

Titel 1 Allgemeine Vorschriften

§ 1087 Zuständigkeit

Für die Bearbeitung von Anträgen auf Erlass und Überprüfung sowie die Vollstreckbarerklärung eines Europäischen Zahlungsbefehls nach der Verordnung (EG) Nr. 1896/2006 ist das Amtsgericht Wedding in Berlin ausschließlich zuständig.

1   Die Zuständigkeit des Amtsgerichts Wedding besteht gem. § 29 AUG auch in Unterhaltssachen, wenn Ansprüche im Wege eines Europäischen Zahlungsbefehls geltend gemacht werden. Die EUMahnVO bleibt auch nach Inkrafttreten der EuUnterhaltsVO weiter anwendbar und wird durch diese nicht verdrängt.[1]

---

1 *HK-ZV/Meller-Hannich*, vor AUG Rn. 8; *Prütting/Gehrlein/Hau*, FamFG, Anh. 1 zu § 110 Rn. 7.

§ 1088 Maschinelle Bearbeitung

(1) Der Antrag auf Erlass des Europäischen Zahlungsbefehls und der Einspruch können in einer nur maschinell lesbaren Form bei Gericht eingereicht werden, wenn diese dem Gericht für seine maschinelle Bearbeitung geeignet erscheint. § 130a Abs. 3 gilt entsprechend.

(2) Der Senat des Landes Berlin bestimmt durch Rechtsverordnung, die nicht der Zustimmung des Bundesrates bedarf, den Zeitpunkt, in dem beim Amtsgericht Wedding die maschinelle Bearbeitung der Mahnverfahren eingeführt wird; er kann die Ermächtigung durch Rechtsverordnung auf die Senatsverwaltung für Justiz des Landes Berlin übertragen.

§ 1089 Zustellung

(1) Ist der Europäische Zahlungsbefehl im Inland zuzustellen, gelten die Vorschriften über das Verfahren bei Zustellungen von Amts wegen entsprechend. Die §§ 185 bis 188 sind nicht anzuwenden.

(2) Ist der Europäische Zahlungsbefehl in einem anderen Mitgliedstaat der Europäischen Union zuzustellen, gelten die Vorschriften der Verordnung (EG) Nr. 1393/2007 sowie für die Durchführung § 1068 Abs. 1 und § 1069 Abs. 1 entsprechend.

Titel 2 Einspruch gegen den Europäischen Zahlungsbefehl

§ 1090 Verfahren nach Einspruch

(1) Im Fall des Artikels 17 Abs. 1 der Verordnung (EG) Nr. 1896/2006 fordert das Gericht den Antragsteller mit der Mitteilung nach Artikel 17 Abs. 3 der Verordnung (EG) Nr. 1896/2006 auf, das Gericht zu bezeichnen, das für die Durchführung des streitigen Verfahrens zuständig ist. Das Gericht setzt dem Antragsteller hierfür eine nach den Umständen angemessene Frist und weist ihn darauf hin, dass dem für die Durchführung des streitigen Verfahrens bezeichneten Gericht die Prüfung seiner Zuständigkeit vorbehalten bleibt. Die Aufforderung ist dem Antragsgegner mitzuteilen.

(2) Nach Eingang der Mitteilung des Antragstellers nach Absatz 1 Satz 1 gibt das Gericht, das den Europäischen Zahlungsbefehl erlassen hat, das Verfahren von Amts wegen an das vom Antragsteller bezeichnete Gericht ab. § 696 Abs. 1 Satz 3 bis 5, Abs. 2, 4 und 5 sowie § 698 gelten entsprechend.

(3) Die Streitsache gilt als mit Zustellung des Europäischen Zahlungsbefehls rechtshängig geworden, wenn sie nach Übersendung der Aufforderung nach Absatz 1 Satz 1 und unter Berücksichtigung der Frist nach Absatz 1 Satz 2 alsbald abgegeben wird.

§ 1091 Einleitung des Streitverfahrens

§ 697 Abs. 1 bis 3 gilt entsprechend.

Titel 3 Überprüfung des Europäischen Zahlungsbefehls in Ausnahmefällen

§ 1092 Verfahren

(1) Die Entscheidung über einen Antrag auf Überprüfung des Europäischen Zahlungsbefehls nach Artikel 20 Abs. 1 oder Abs. 2 der Verordnung (EG) Nr. 1896/2006 ergeht durch Beschluss. Der Beschluss ist unanfechtbar.

(2) Der Antragsgegner hat die Tatsachen, die eine Aufhebung des Europäischen Zahlungsbefehls begründen, glaubhaft zu machen.

(3) Erklärt das Gericht den Europäischen Zahlungsbefehl für nichtig, endet das Verfahren nach der Verordnung (EG) Nr. 1896/2006.

(4) Eine Wiedereinsetzung in die Frist nach Artikel 16 Abs. 2 der Verordnung (EG) Nr. 1896/2006 findet nicht statt.

Titel 4 Zwangsvollstreckung aus dem Europäischen Zahlungsbefehl

§ 1093 Vollstreckungsklausel

Aus einem nach der Verordnung (EG) Nr. 1896/2006 erlassenen und für vollstreckbar erklärten Europäischen Zahlungsbefehl findet die Zwangsvollstreckung im Inland statt, ohne dass es einer Vollstreckungsklausel bedarf.

Übersicht	Rdn.		Rdn.
I. Zweck der Norm	1	III. Nach der EuMahnVO vorzulegende Urkunden	3
II. Geltung des nationalen Vollstreckungsrechts	2		

I. Zweck der Norm

1 Mit der Vorschrift wird klarstellend die Regelung in Art. 19 EuMahnVO, dass es für die Vollstreckung eines Europäischen Zahlungsbefehls keiner Vollstreckbarerklärung bedarf, dahingehend ergänzt, dass auch keine Vollstreckungsklausel erforderlich ist. Dies gilt nicht nur für Europäische Zahlungsbefehle aus einem anderen Mitgliedstaat, sondern zur Vermeidung einer Inländerdiskriminierung auch für solche, die im Inland durch das AG Wedding oder die Arbeitsgerichte erlassen worden sind.[1] Bei einer Rechtsnachfolge auf Schuldner oder Gläubigerseite dürfte aber entsprechend § 796 Abs. 1 ZPO eine titelübertragende Klausel erforderlich sein.[2] Es finden daher die §§ 727 ff. Anwendung, aber wegen der Zuständigkeit des Gerichts, das den Titel geschaffen hat, nur für in Deutschland erlassene Europäische Zahlungsbefehle.[3]

II. Geltung des nationalen Vollstreckungsrechts

2 Im Übrigen gelten die nationalen Vorschriften über Vollstreckungsvoraussetzungen, Vollstreckungshindernisse, die Erinnerung nach § 766 gegen die Art und Weise der Zwangsvollstreckung sowie über die Rechtsmittel des 8. Buches der ZPO einschließlich der Vollstreckungsabwehrklage, wie durch § 1096 Abs. 2 Satz 2 klargestellt wird. Die Erinnerung nach § 766 und die Rechtsmittel der Zwangsvollstreckung, also die sofortige Beschwerde nach § 793 bzw. die befristete Rechtspflegererinnerung und die Grundbuchbeschwerde nach § 71 GBO stehen dem Schuldner auch dann zur Verfügung, wenn sich erst nach einer Vollstreckbarerklärung gem. Art. 18 EuMahnVO herausstellt, dass die Zustellung des Europäischen Zahlungsbefehls nicht gem. den Mindestvorschriften der Art. 13-15 EuMahnVO erfolgt ist. Da diese Konstellation in der EuMahnVO nicht geregelt ist, finden nach Auffassung des EuGH über deren Art. 26 ergänzend die nationalen Rechtsvorschriften zur Abwehr ungerechtfertigter Vollstreckungsmaßnahmen Anwendung.[4]

III. Nach der EuMahnVO vorzulegende Urkunden

3 Ferner sind dem Vollstreckungsorgan die in Art. 21 Abs. EuMahnVO genannten Unterlagen, also eine Ausfertigung des für vollstreckbar erklärten Europäischen Zahlungsbefehls auf den Formblättern E nach Anhang V der EuMahnVO (Europäischer Zahlungsbefehl selbst) und G nach Anhang VII (Erklärung über die Vollstreckbarkeit) vorzulegen. Beizubringen ist ggf. auch eine Übersetzung.

---

[1] Gesetzesbegründung BR-Drucks. 95/08 S. 36; *Zöller/Geimer*, § 1093 Rn. 2.
[2] *Rauscher/Gruber* EuZPR/EuIPR Art. 19 EG-Mahn-VO Rn. 2.
[3] A.A. *Musielak/Voit*, Vorbemerkung Einführung EuMahnVO Rn. 29, der wegen der Gleichstellung innerstaatlicher Titel und solcher aus anderen Mitgliedstaaten in § 794 Abs. 1 Nr. 6 generell die Anwendung der §§ 727 ff. für zulässig hält.
[4] EuGH, EuZW 2014, 916 mit ablehnender Anmerkung *Sujecki* S. 917 (Überprüfungsverfahren vor dem Ursprungsgericht nach Art. 20 EuMahnVO ist anwendbar); siehe auch vor EuMahnVO Rn. 9.

Ein Nachweis der Zustellung des Europäischen Zahlungsbefehls kann dagegen nicht verlangt werden; denn die EuMahnVO sieht dies nicht vor. Außerdem ist die Zustellung gem. Art. 18 Abs. 1 EuMahnVO bereits Voraussetzung dafür, dass ein Europäischer Zahlungsbefehl überhaupt für vollstreckbar erklärt werden konnte.[5]

---

5 So zutreffend *Prütting/Gehrlein/Halfmeier*, § 1093 Rn. 1; missverständlich die Gesetzesbegründung BR-Drucks. 95/08 S. 36, wonach vom Vollstreckungsorgan »insbesondere die sonstigen Voraussetzungen der Zwangsvollstreckung nach § 750 ZPO« zu prüfen sind; siehe zu der Zustellproblematik auch § 1082 Rdn. 2. u. § 1107 Rdn. 2.

§ 1094 Übersetzung

Hat der Gläubiger nach Artikel 21 Abs. 2 Buchstabe b der Verordnung (EG) Nr. 1896/2006 eine Übersetzung vorzulegen, so ist diese in deutscher Sprache zu verfassen und von einer in einem der Mitgliedstaaten der Europäischen Union hierzu befugten Person zu beglaubigen.

1 Die Norm entspricht der gleichgelagerten Vorschrift des § 1083. Auch hier ist eine Übersetzung nur in den Fällen beizubringen, in denen die Formblätter um individuelle Angaben ergänzt worden sind.[1] Von der durch Art. 21 Abs. 2 Buchst. b) EuMahnVO eröffneten Möglichkeit, neben der eigenen Amtssprache weitere Sprachen zuzulassen, hat der deutsche Gesetzgeber mit Recht keinen Gebrauch gemacht.

---

[1] Gesetzesbegründung BR-Drucks. 95/08 S. 36; *Zöller/Geimer*, § 1094 Rn. 1; a.A. *Prütting/Gehrlein/Halfmeier*, § 1094 Rn. 1; siehe im Übrigen § 1083 Rdn. 1 und die dortigen Nachweise.

§ 1095 Vollstreckungsschutz und Vollstreckungsabwehrklage gegen den im Inland erlassenen Europäischen Zahlungsbefehl

(1) Wird die Überprüfung eines im Inland erlassenen Europäischen Zahlungsbefehls nach Artikel 20 der Verordnung (EG) Nr. 1896/2006 beantragt, gilt § 707 entsprechend. Für die Entscheidung über den Antrag nach § 707 ist das Gericht zuständig, das über den Antrag nach Artikel 20 der Verordnung (EG) Nr. 1896/2006 entscheidet.

(2) Einwendungen, die den Anspruch selbst betreffen, sind nur insoweit zulässig, als die Gründe, auf denen sie beruhen, nach Zustellung des Europäischen Zahlungsbefehls entstanden sind und durch Einspruch nach Artikel 16 der Verordnung (EG) Nr. 1896/2006 nicht mehr geltend gemacht werden können.

Übersicht

	Rdn.		Rdn.
I. Zweck der Norm	1	III. Erfüllungseinwand und Präklusion im Rahmen einer Vollstreckungsabwehrklage	4
II. Entsprechende Anwendung des § 707	2		

I. Zweck der Norm

Die Vorschrift betrifft nur in Deutschland erlassene Europäische Zahlungsbefehle. Hierfür stehen dem Schuldner grundsätzlich die gleichen Rechtsbehelfe einschließlich der Vollstreckungsabwehrklage zur Verfügung wie bei einem sonstigen Vollstreckungstitel nach der ZPO. Da die EuMahnVO keine Regelungen für die Vollstreckung eines Europäischen Zahlungsbefehls in dem Mitgliedstaat enthält, in dem er erlassen wurde, war es dem deutschen Gesetzgeber unbenommen, hierfür ergänzende Regelungen zu treffen. Dies ist in Abs. 1 durch die Anordnung einer entsprechenden Anwendung des § 707 ZPO für den Fall eines Überprüfungsantrags nach Art. 20 EuMahnVO sowie durch die Präklusionsregelung des Abs. 2 im Rahmen einer Vollstreckungsabwehrklage geschehen. Die europarechtliche Zulässigkeit einer solchen Vollstreckungsabwehrklage oder sonstiger nach nationalem Recht zulässiger Klagen, z. B. einer solchen auf Herausgabe des Titels wird auch von Vertretern der Meinung, welche sie zu sonstigen nationalen Ausführungsbestimmungen (§§ 1086, 1096, 1109, § 12 AVAG) verneinen, für in Deutschland erlassene Titel nicht infrage gestellt.[1]

II. Entsprechende Anwendung des § 707

Der Überprüfungsantrag nach Art. 20 EuMahnVO ist vergleichbar mit einem **Wiedereinsetzungsantrag**. Deshalb hielt der Gesetzgeber eine entsprechende Anwendung des § 707 für angezeigt.[2] Damit werden einem Schuldner im Inland ähnliche Rechtsbehelfe zur Verfügung gestellt, wie er sie im Fall einer grenzüberschreitenden Vollstreckung nach den Artt. 22, 23 EuMahnVO hätte.

Entsprechend der **Zuständigkeitsverteilung** in § 707 ist das Gericht, das über den Überprüfungsantrag nach Art. 20 EuMahnVO zu entscheiden hat, auch für den Schutzantrag zuständig. Für in Deutschland erlassene Europäische Zahlungsbefehle ist dies entweder das AG Wedding oder das Arbeitsgericht, das den Titel geschaffen hat. Dieses Gericht kann am ehesten beurteilen, ob und ggf. Bedingungen die einstweilige Einstellung der Zwangsvollstreckung geboten ist. Prüfungsmaßstab ist dabei die Erfolgsaussicht des Antrags nach Art. 20 EuMahnVO[3]

---

1 *Prütting/Gehrlein/Halfmeier*, § 1095, Rn. 1; *Preuß* ZZP 122, 3, 23 f.; zum Meinungsstand siehe § 1086 Rn. 1, § 12 AVAG Rn. 2 f., Art. 45 Brüssel-I-VO Rn. 5 f.
2 Gesetzesbegründung BR-Drucks. 95/08, S. 36 f.
3 Gesetzesbegründung BR-Drucks. 95/08 S. 37; *Zöller/Geimer*, § 1095 Rn. 3.

III. Erfüllungseinwand und Präklusion im Rahmen einer Vollstreckungsabwehrklage

4 In Art. 22 Abs. 2 EuMahnVO wird die **Erfüllung der titulierten Forderung** als Grund für eine Verweigerung der Vollstreckung aufgeführt. Damit sind von der Systematik der Norm her allerdings nur Erfüllungstatbestände zulässig, die nach Erlass des Titels entstanden sind.[4] Nach § 1095 Abs. 2 ZPO können Einwendungen gegen einen in Deutschland erlassenen Europäischen Zahlungsbefehl in Anlehnung an § 796a ZPO nur auf solche Gründe gestützt werden, die nach Zustellung des Zahlungsbefehls entstanden sind und durch Einspruch nicht mehr geltend gemacht werden können. Zulässig ist damit insbesondere der Einwand der Erfüllung, wenn der Schuldner nach Zustellung des Europäischen Zahlungsbefehls zahlt, aber keinen Einspruch einlegt und der Gläubiger gleichwohl die Vollstreckung betreibt.[5]

5 Zuständig für die Entscheidung über eine Vollstreckungsabwehrklage ist entsprechend § 1086 Abs. 1 ZPO das Prozessgericht am Wohnort des Schuldners und in Ermangelung eines solchen im Inland am Vollstreckungsort.[6]

6 Da sich die Zwangsvollstreckung grundsätzlich nach dem 8. Buch der ZPO richtet, bleibt es dem Schuldner daneben unbenommen, **liquide Erfüllungstatbestände** durch Vorlage der in § 775 Nr. 4 und 5 genannten Urkunden geltend zu machen. Die EuMahnVO enthält keine Regelungen, die dem entgegenstehen.[7]

---

[4] *Rauscher/Gruber*, EuZPR/EuIPR, Art. 22 EG-MahnVO Rn. 32; Thomas/Putzo/Hüßtege, Art. 22 Rn. 6; **a.A.** *Preuß*, ZZP 122, 3, 27; *Prütting/Gehrlein/Halfmeier*, Anhang nach § 1095, Art. 22 EuMVO Rn. 3.
[5] Gesetzesbegründung BR-Drucks. 95/08 S. 37.
[6] *Vollkommer/Huber*, NJW 2009, 1105, 1107; siehe näher § 1086 Rn. 2 f.; **a.A.** *Rauscher/Gruber*, EuZPR/EuIPR, Art. 22 EG-MahnVO Rn. 37: ausschließliche Zuständigkeit des Amtsgerichts als Vollstreckungsgericht.
[7] *Preuß*, ZZP 122, 3, 28; *Rauscher/Gruber*, EuZPR/EuIPR, Art. 22 EG-MahnVO Rn. 38; *Vollkommer/Huber*, NJW 2009, 1105, 1107.

§ 1096 Anträge nach den Artikeln 22 und 23 der Verordnung (EG) Nr. 1896/2006; Vollstreckungsabwehrklage

(1) Für Anträge auf Verweigerung der Zwangsvollstreckung nach Artikel 22 Abs. 1 der Verordnung (EG) Nr. 1896/2006 gilt § 1084 Abs. 1 und 2 entsprechend. Für Anträge auf Aussetzung oder Beschränkung der Zwangsvollstreckung nach Artikel 23 der Verordnung (EG) Nr. 1896/2006 ist § 1084 Abs. 1 und 3 entsprechend anzuwenden.

(2) Für Anträge auf Verweigerung der Zwangsvollstreckung nach Artikel 22 Abs. 2 der Verordnung (EG) Nr. 1896/2006 gilt § 1086 Abs. 1 entsprechend. Für Klagen nach § 795 Satz 1 in Verbindung mit § 767 sind § 1086 Abs. 1 und § 1095 Abs. 2 entsprechend anzuwenden.

Übersicht	Rdn.		Rdn.
I. Zweck der Norm	1	IV. § 1096 Abs. 2, Erfüllungseinwand und Vollstreckungsabwehrklage	4
II. § 1096 Abs. 1 Satz 1, Verweigerung der Vollstreckung nach Art. 22 Abs. 1 Satz 1 EuMahnVO	2	V. Klage aus § 826 BGB gegen einen Europäischen Zahlungsbefehl	10
III. § 1096 Abs. 1 Satz 2, Aussetzung oder Beschränkung der Vollstreckung nach Art. 23 EuMahnVO	3	VI. Kostenentscheidung und Gebühren	11

I. Zweck der Norm

Es handelt sich um eine Ausführungsnorm für Rechtsbehelfe, die in Deutschland gegen die Vollstreckung aus einem Europäischen Zahlungsbefehl möglich sind, der aus einem anderen Mitgliedstaat stammt. Da die einschlägigen Bestimmungen der Art. 22 und 23 EuMahnVO denjenigen der Art. 21 und 23 EuVTVO nachgebildet sind, ist dies gesetzestechnisch durch eine Verweisung auf die Vorschriften über die Vollstreckung aus einem Europäischen Vollstreckungstitel geschehen. 1

II. § 1096 Abs. 1 Satz 1, Verweigerung der Vollstreckung nach Art. 22 Abs. 1 Satz 1 EuMahnVO

Abs. 1 Satz 1 betrifft Fälle der **Titelkollision** nach Art. 22 Abs. 1 EuMahnVO. Für entsprechende Anträge des Schuldners auf Verweigerung der Zwangsvollstreckung ist gem. § 1084 Abs. 1, 2 das Amtsgericht als Vollstreckungsgericht ausschließlich zuständig, und zwar wegen der unter Umständen schwierigen Überprüfung mit funktioneller Zuständigkeit des Richters. Wegen der Einzelheiten zum Verfahren und wegen der Rechtsbehelfe wird auf die Rn. 1 bis 8 zu § 1084 Bezug genommen. 2

III. § 1096 Abs. 1 Satz 2, Aussetzung oder Beschränkung der Vollstreckung nach Art. 23 EuMahnVO

Sinn und Zweck des § 23 EuMahnVO ist es, dass der Schuldner nach Einlegung von Rechtsbehelfen gegen einen Europäischen Zahlungsbefehl im Ursprungsmitgliedstaat für die Dauer des Verfahrens auf Antrag gegen Vollstreckungsmaßnahmen geschützt werden soll. Er hat deshalb die Möglichkeit, parallel hierzu die Beschränkung der Vollstreckung auf Sicherungsmaßnahmen, die Anordnung einer Sicherheitsleistung durch den Gläubiger sowie ausnahmsweise die Aussetzung des Vollstreckungsverfahrens zu beantragen. Für derartige Anträge ist auch hier der **Richter des Amtsgerichts** ausschließlich zuständig. Dieser entscheidet allerdings wegen des nur vorläufigen Charakters der Entscheidung über entsprechende Schutzanträge nach § 1084 Abs. 3 entsprechend §§ 707, 719 durch eine nicht anfechtbare aber jederzeit abänderbare **einstweilige Anordnung**. 3

IV. § 1096 Abs. 2, Erfüllungseinwand und Vollstreckungsabwehrklage

In Art. 22 Abs. 2 EuMahnVO wird die Erfüllung der titulierten Forderung als Grund für eine Verweigerung der Vollstreckung aufgeführt. Wegen der Ähnlichkeit zur Vollstreckungsabwehrklage hat der Gesetzgeber deshalb in § 1096 Abs. 2 die entsprechende Anwendung der für Vollstreckungs- 4

§ 1096 ZPO Anträge nach den Art. 22 und 23 der Verordnung (EG) Nr. 1896/2006

abwehrklagen gegen Europäische Vollstreckungstitel geltenden Regelung angeordnet. Derartige Klagen sind deshalb vor dem Prozessgericht am Wohnort des Schuldners oder in Ermangelung eines solchen im Inland am Vollstreckungsort zu erheben.[1] Die internationale Zuständigkeit deutscher Gerichte folgt dabei aus Art. 24 Nr. 5 Brüssel-IA-VO bzw. für ältere Titel aus Art. 22 Nr. 5 Brüssel-I-VO.[2]

5 Auch hier ist es – wie bei § 1086 ZPO – streitig, ob die **Zulassung der Vollstreckungsabwehrklage** gegen Titel aus einem anderen Mitgliedstaat europarechtskonform ist.[3] Dies dürfte beim Europäischen Zahlungsbefehl schon deshalb zu bejahen sein, weil Art. 22 Abs. 2 EuMahnVO ausdrücklich den Erfüllungseinwand ermöglicht und es dem nationalen Gesetzgeber freigestellt ist, wie er das entsprechende Verfahren ausgestaltet.[4] Wegen der Beschränkung auf nach Titelerlass entstandene Einwendungen handelt es sich auch nicht um eine nach Art. 22 Abs. 3 EuMahnVO verbotene Überprüfung des Europäischen Zahlungsbefehls in der Sache.

6 Art. 22 Abs. 2 EuMahnVO betrifft allerdings nur den Fall, dass der Schuldner den titulierten »Betrag ... entrichtet hat«, also die **Erfüllung durch Zahlung**. Eine analoge Anwendung dieser autonom auszulegenden Norm auf andere Erlöschenstatbestände entgegen ihrem klaren Wortlaut ist nicht möglich.[5] Durch die Zulassung der Vollstreckungsabwehrklage wird der Schuldner nach nationalem Recht darüber hinaus in die Lage versetzt, auch andere Gründe für ein Erlöschen oder eine Verminderung der titulierten Forderung geltend zu machen.[6] Bei der **Aufrechnung** ist zu beachten, dass eine internationale Zuständigkeit deutscher Gerichte aus Art. 24 Nr. 5 Brüssel-Ia-VO bzw. für ältere Titel aus Art. 22 Nr. 5 Brüssel-I-VO nur dann besteht, wenn mit einer Gegenforderung aufgerechnet wird, für deren selbstständige Geltendmachung die Gerichte des Vollstreckungsstaates zuständig wären.[7]

7 Zuständig für die Entscheidung über eine Vollstreckungsabwehrklage ist entsprechend § 1086 Abs. 1 ZPO wie im Fall des § 1095 das Prozessgericht am Wohnort des Schuldners und in Ermangelung eines solchen im Inland am Vollstreckungsort.[8]

8 Wegen der **Präklusion** gilt infolge der Verweisung in § 1096 Abs. 2 Satz 2 auch für die Vollstreckung aus einem Europäischen Zahlungsbefehl, der aus einem anderen Mitgliedstaat stammt, ebenfalls die an § 796a angelehnte Norm des § 1095 Abs. 2. Einwendungen können mithin nur auf solche Gründe gestützt werden, die nach Zustellung des Zahlungsbefehls entstanden sind und durch Einspruch nicht mehr geltend gemacht werden können.[9]

9 **Liquide Erfüllungstatbestände** können durch Vorlage der der in § 775 Nr. 4 und 5 genannten Urkunden geltend gemacht werden.[10]

---

1 Gesetzesbegründung BR-Drucks. 95/08 S. 37.
2 Strittig, siehe Art. 24 Brüssel-Ia-VO Rn. 2.
3 Bejahend *Rauscher/Gruber*, EuZPR/EuIPR, Art. 22 EG-MahnVO Rn. 39–44; *Schlosser*, Art. 22 EuMahnVO Rn. 4; *Zöller/Geimer*, § 1096 Rn. 3; verneinend *Hess/Bittmann*, IPRax 2008, 305, 311; *Prütting/Gehrlein/Halfmeier*, § 1096 Rn. 3.
4 *Preuß*, ZZP 122, 3, 34 schlägt unter Verneinung der Zulässigkeit der Vollstreckungsabwehrklage deshalb einen »besonderen Rechtsbehelf« vor.
5 *Rauscher/Gruber*, EuZPR/EuIPR, Art. 22 EG-MahnVO Rn. 330; Thomas/Putzo/Hüßtege, Art. 22 EuMVVO Rn. 5; **a. A.** Musielak/Voit, Vor §§ 1087 ff. Rn. 33a.
6 Gesetzesbegründung BR-Drucks. 95/08 S. 37.
7 Siehe Art. 24 Brüssel-Ia-VO Rn. 4.
8 *Vollkommer/Huber*, NJW 2009, 1105, 1107; siehe näher § 1086 Rn. 2 f.; **a. A.** *Rauscher/Gruber*, EuZPR/EuIPR, Art. 22 EG-MahnVO Rn. 37: ausschließliche Zuständigkeit des Amtsgerichts als Vollstreckungsgericht.
9 Siehe § 1095 Rdn. 5.
10 Siehe § 1095 Rdn. 6.

V. Klage aus § 826 BGB gegen einen Europäischen Zahlungsbefehl

Eine Klage aus § 826 BGB dürfte dann zulässig sein, wenn die unerlaubte Handlung auf der Ausnutzung eines nachträglich für unrichtig erkannten Europäischen Zahlungsbefehl beruht; denn dann dürfte das strikte Verbot des Art. 22 Abs. 3 EuMahnVO, den Titel in der Sache nachzuprüfen, nicht eingreifen.[11]

VI. Kostenentscheidung und Gebühren

Wegen des kontradiktorischen Charakters der Verfahren auf Verweigerung, Aussetzung oder Beschränkung der Vollstreckung hat eine Kostenentscheidung nach den Grundsätzen der §§ 91 ff. zu ergehen. In Verfahren gem. § 1096 Abs. 1 i. V. m. § 1084 fällt eine gerichtliche Festgebühr von 30,00 € gem. KV Nr. 2119 GKG an. Für den Anwalt sind diese Verfahren eine besondere Angelegenheit (§ 18 Nr. 6 RVG). Es gelten insoweit die gleichen Grundsätze wie bei dem gleichgelagerten Verfahren nach § 1084. Auf diese wird daher verwiesen.[12] Wegen der Vollstreckungsabwehrklage nach § 1096 Abs. 2 gelten die allgemeinen Regelungen für entsprechende Klagen.

---

11 Siehe § 1086 Rdn. 8.
12 § 1084 Rdn. 12–14.

Abschnitt 6 Europäisches Verfahren für geringfügige Forderungen nach der Verordnung (EG) Nr. 861/2007

Vor §§ 1097–1109 Die Entstehungsgeschichte

Literatur:
Heger, Europa ganz praktisch – Das Gesetz zur Verbesserung der grenzüberschreitenden Forderungsdurchsetzung und Zustellung, DStR 2009, 435; *Nardone*, Das Europäische Verfahren für geringfügige Forderungen, Rpfleger 2009, 72; *Netzer*, Die Ausführungsbestimmungen zum Europäischen Verfahren für geringfügige Forderungen im deutschen Recht, ZNotP 2010, 183; *Wedel*, Zur Problematik der Kostenerstattung im Europäischen Verfahren für geringfügige Forderungen, JurBüro 2010, 286; *Vollkommer/Huber*, Neues Europäisches Zivilverfahrensrecht in Deutschland – Das Gesetz zur Verbesserung der grenzüberschreitenden Forderungsdurchsetzung und Zustellung, NJW 2009, 1105; siehe im Übrigen die Literaturangaben in der Einleitung zur EuBagatellVO.

1 Seit dem 1.1.2009 gilt die EuBagatellVO, die im europarechtlichen Teil kommentiert ist. Mit ihr steht einem Rechtsuchenden in allen Mitgliedstaaten der EU mit Ausnahme Dänemarks ein eigenes europarechtliches streitiges Zivilverfahren für Streitigkeiten mit einem Streitwert bis 2.000,00 € zur Verfügung. Der Rechtsuchende hat damit für grenzüberschreitenden Zivil- und Handelssachen, d. h. in Verfahren, in denen mindestens eine Partei seinen Wohnsitz oder gewöhnlichen Aufenthalt in einem anderen Mitgliedstaat als dem des angerufenen Gerichts hat,[1] eine fakultative und zusätzliche Alternative zu dem herkömmliche Zivilprozess bzw. dem nationalen Bagatellverfahren nach §§ 495a ff. zur Verfügung.

2 Beschreitet ein Rechtsuchender den Weg nach der EuBagatellVO gilt diese unmittelbar. Wenn und soweit die Verordnung nichts anderes bestimmt, ist im Übrigen gem. Art. 19 EuBagatellVO das Verfahrensrecht des Mitgliedstaates anzuwenden, in dem der Prozess geführt wird. Die deswegen notwendigen Ausführungsbestimmungen für dieses weitgehend formalisierte Verfahren sind im Gesetz vom 30.10.2008 zur Verbesserung der grenzüberschreitenden Forderungsdurchsetzung und Zustellung enthalten, das neben einer Änderung der Zustellvorschriften im 11. Buch der ZPO die Schaffung neuer Abschnitte 5 wegen der EuMahnVO und 6 wegen der EuBagatellVO vorsieht.[2] Dessen – hier nicht behandelter – Titel 1 betrifft Vorschriften zum Erkenntnisverfahren und dessen Titel 2 Regelungen zur Zwangsvollstreckung.

3 Verfassungsrechtlich nicht unbedenkliche Ungereimtheiten ergeben sich allerdings daraus, dass der Gesetzgeber eine **Abstimmung nationaler Vorschriften mit dem Verfahren nach des EuBagatellVO** versäumt hat. Dies gilt etwa wegen der Wertgrenze von 600,00 € des § 459a für das nationale Bagatellverfahren oder wegen der vorläufigen Vollstreckbarkeit ohne Sicherheitsleistung bei einer Verurteilung nur bis 1.250,00 €, während solche nach der EuBagatellVO alle, also bis zu 2.000,00 € ohne Sicherheitsleistung vorläufig vollstreckbar sind. Sachliche Gründe beispielsweise dafür, dass im nationalen Verfahren selbst bei einem Wert unter 600,00 € auf Antrag des Beklagten immer mündlich zu verhandeln ist, im europäischen Verfahren bei einem Wert bis 2.000,00 € ein Antrag des Beklagten auf Verhandlung zwar zu bescheiden ist, aber weiter im Ermessen des Gerichts steht, bestehen nicht. Ähnliches gilt bei der Beweisaufnahme nach Ermessen, die national nur bei einem Wert bis 600,00 € möglich ist, nach der EuBagatellVO aber bis zu einem Wert von 2.000,00 €. Zudem kann ein Kläger sich durch die Wahl der Verfahrensart in eine günstigere Position bringen, während der Beklagte, dem die Verfahrensart aufgezwungen wird, z. B. damit rechnen muss, bei einer Verteidigung auf das von dem Kläger – u. U. bewusst nur zur Minimierung des Kostenrisikos – gewählten europäischen Verfahrens selbst im Fall eines Obsiegens einen Teil seiner an

---

[1] Siehe Vor EuBagatellVO Rdn. 3.
[2] BGBl. I, 2122.

sich nach den Maßstäben des § 91 Abs. 1 notwendigen Kosten nicht erstattet zu bekommen.[3] Die »Waffengleichheit« der Parteien ist damit infrage gestellt.

---

3 Kritisch wegen der Kostenfrage auch *Rauscher/Varga*, EuZPR/EuIPR, Art. 16 EG-BagatellVO Rn. 5.

Titel 1 Erkenntnisverfahren

§ 1097 Einleitung und Durchführung des Verfahrens

(1) Die Formblätter gemäß der Verordnung (EG) Nr. 861/2007 und andere Anträge oder Erklärungen können als Schriftsatz, als Telekopie oder nach Maßgabe des § 130a als elektronisches Dokument bei Gericht eingereicht werden.

(2) Im Falle des Artikels 4 Abs. 3 der Verordnung (EG) Nr. 861/2007 wird das Verfahren über die Klage ohne Anwendung der Vorschriften der Verordnung (EG) Nr. 861/2007 fortgeführt.

§ 1098 Annahmeverweigerung auf Grund der verwendeten Sprache

Die Frist zur Erklärung der Annahmeverweigerung nach Artikel 6 Abs. 3 der Verordnung (EG) Nr. 861/2007 beträgt eine Woche. Sie ist eine Notfrist und beginnt mit der Zustellung des Schriftstücks. Der Empfänger ist über die Folgen einer Versäumung der Frist zu belehren.

§ 1099 Widerklage

(1) Eine Widerklage, die nicht den Vorschriften der Verordnung (EG) Nr. 861/2007 entspricht, ist außer im Fall des Artikels 5 Abs. 7 Satz 1 der Verordnung (EG) Nr. 861/2007 als unzulässig abzuweisen.

(2) Im Fall des Artikels 5 Abs. 7 Satz 1 der Verordnung (EG) Nr. 861/2007 wird das Verfahren über die Klage und die Widerklage ohne Anwendung der Vorschriften der Verordnung (EG) Nr. 861/2007 fortgeführt. Das Verfahren wird in der Lage übernommen, in der es sich zur Zeit der Erhebung der Widerklage befunden hat.

§ 1100 Mündliche Verhandlung

(1) Das Gericht kann den Parteien sowie ihren Bevollmächtigten und Beiständen gestatten, sich während einer Verhandlung an einem anderen Ort aufzuhalten und dort Verfahrenshandlungen vorzunehmen. § 128a Abs. 1 Satz 2 und Abs. 3 bleibt unberührt.

(2) Die Bestimmung eines frühen ersten Termins zur mündlichen Verhandlung (§ 275) ist ausgeschlossen.

§ 1101 Erkenntnisverfahren

(1) Das Gericht kann die Beweise in der ihm geeignet erscheinenden Art aufnehmen, soweit Artikel 9 Abs. 2 und 3 der Verordnung (EG) Nr. 861/2007 nichts anderes bestimmt.

(2) Das Gericht kann einem Zeugen, Sachverständigen oder einer Partei gestatten, sich während einer Vernehmung an einem anderen Ort aufzuhalten. § 128a Abs. 2 Satz 2, 3 und Abs. 3 bleibt unberührt.

§ 1102 Urteil

Urteile bedürfen keiner Verkündung. Die Verkündung eines Urteils wird durch die Zustellung ersetzt.

§ 1103 Säumnis

Äußert sich eine Partei binnen der für sie geltenden Frist nicht oder erscheint sie nicht zur mündlichen Verhandlung, kann das Gericht eine Entscheidung nach Lage der Akten erlassen. § 251a ist nicht anzuwenden.

§ 1104 Erkenntnisverfahren

(1) Liegen die Voraussetzungen des Artikels 18 Abs. 1 der Verordnung (EG) Nr. 861/2007 vor, wird das Verfahren fortgeführt; es wird in die Lage zurückversetzt, in der es sich vor Erlass des Urteils befand. Auf Antrag stellt das Gericht die Nichtigkeit des Urteils durch Beschluss fest.

(2) Der Beklagte hat die tatsächlichen Voraussetzungen des Artikels 18 Abs. 1 der Verordnung (EG) Nr. 861/2007 glaubhaft zu machen.

Titel 2 Zwangsvollstreckung

§ 1105 Zwangsvollstreckung inländischer Titel

(1) Urteile sind für vorläufig vollstreckbar ohne Sicherheitsleistung zu erklären. § 712 und § 719 Abs. 1 Satz 1 in Verbindung mit § 707 sind nicht anzuwenden.

(2) Für Anträge auf Beschränkung der Zwangsvollstreckung nach Artikel 15 Abs. 2 in Verbindung mit Artikel 23 der Verordnung (EG) Nr. 861/2007 ist das Gericht der Hauptsache zuständig. Die Entscheidung ergeht im Wege einstweiliger Anordnung. Sie ist unanfechtbar. Die tatsächlichen Voraussetzungen des Artikels 23 der Verordnung (EG) Nr. 861/2007 sind glaubhaft zu machen.

Übersicht	Rdn.		Rdn.
I. Zweck der Norm	1	III. Vollstreckungsschutzanträge des Schuldners	4
II. Vorläufige Vollstreckbarkeit	2		

I. Zweck der Norm

1　Die Vorschrift enthält ergänzende Bestimmungen für die Zwangsvollstreckung aus Urteilen nach der EuBagatellVO, die in Deutschland erlassen werden. Diese sind notwendig, weil derartige Urteile immer ohne Sicherheitsleistung vorläufig vollstreckbar sind und der Schuldner die Möglichkeit hat, eigenständige Rechtsbehelfe einzulegen, nämlich Anträge auf Aussetzung oder Beschränkung der Zwangsvollstreckung nach Art. 23 EuBagatellVO zu stellen.

II. Vorläufige Vollstreckbarkeit

2　Nach der EuBagatellVO ergangene Urteile sind unabhängig von der Wertgrenze von 1.250,00 € immer **ohne Sicherheitsleistung vorläufig vollstreckbar** und damit gegenüber nationalen Titeln privilegiert.[1] Anders als nach § 708 ZPO bedarf es auch keines Ausspruchs zur vorläufigen Vollstreckbarkeit. Gleichwohl schreibt § 1105 Abs. 1 Satz 1 für das Verfahren in Deutschland eine entsprechende Tenorierung vor. Damit soll zum einen die Zwangsvollstreckung im Inland erleichtert und zum anderen verdeutlicht werden, dass diese Titel vollstreckungsrechtlich anderen im Inland erlassenen Urteilen gleichstehen.[2]

3　Für die Vollstreckung in einem anderen Mitgliedstaat sieht die auf Antrag nach Art. 20 EuBagatellVO auf dem **Formblatt D** gem. Anlage IV zur Verordnung zu erteilende Bestätigung den vorgedruckten Text vor, dass das Urteil »in einem anderen Mitgliedstaat anerkannt und vollstreckt wird, ...«[3]

III. Vollstreckungsschutzanträge des Schuldners

4　Gegen eine Vollstreckung ohne Sicherheitsleistung bereits vor Rechtskraft kann sich der Schuldner nach Art. 23 EuBagatellVO im Vollstreckungsstaat mit einem **Antrag auf Aussetzung oder Beschränkung der Zwangsvollstreckung** wenden. Hiernach kann die Vollstreckung auf Sicherungsmaßnahmen beschränkt, von einer Sicherheitsleistung abhängig gemacht oder »unter außergewöhnlichen Umständen« ausgesetzt werden. Dies gilt gem. Art. 15 Abs. 2 auch dann, wenn in dem Staat vollstreckt werden soll, in dem das Urteil ergangen ist. Da diese Schuldnerschutzvorschriften die spezielleren sind und Anträge nach §§ 712 und § 719 Abs. 1 Satz 1 i. V. m. § 707 ausschließen,

---

[1] Vor §§ 1097–1109, Rn. 3.
[2] Gesetzesbegründung BR-Drucks. 95/08 S. 42.
[3] Abdruck im Anhang zur EuBagatellVO.

werden sie in § 1105 Satz 1 für unanwendbar erklärt. Von einem Ausschluss des § 719 Abs. 1 Satz 2 wurde abgesehen, da das Verfahren nach der EuBagatellVO keine Versäumnisurteile kennt.[4]

§ 1105 Abs. 2 ordnet für einen Schutzantrag nach Art. 15 Abs. 2, 23 EuBagatellVO wegen der Parallelität zu den ausgeschlossenen nationalen Schutzanträgen nach den §§ 712, 719 mit Recht eine **Zuständigkeit des Prozessgerichts** an, bei dem ein Rechtsmittel nach nationalem Recht, etwa eine Berufung oder der europarechtliche Rechtsbehelf des Art. 18 EuBagatellVO auf Überprüfung des Urteils wegen der Nichteinhaltung von Mindeststandards anhängig ist. 5

Da die Entscheidung über einen Schutzantrag auf Beschränkung oder Aussetzung regelmäßig eilbedürftig ist, ist in § 1105 Abs. 2 Satz 2 eine Entscheidung durch eine nicht anfechtbare, aber jederzeit abänderbare **einstweilige Anordnung** vorgesehen. Sie ist nach Satz 3 nicht anfechtbar, aber jederzeit abänderbar.[5] Wegen der tatsächlichen Voraussetzungen reicht nach Satz 4 eine **Glaubhaftmachung**. 6

---

4 Gesetzesbegründung BR-Drucks. 95/08 S. 43.
5 Gesetzesbegründung BR-Drucks. 95/08 S. 43; *Zöller/Geimer*, § 1105 Rn. 5.

§ 1106 Bestätigung inländischer Titel

(1) Für die Ausstellung der Bestätigung nach Artikel 20 Abs. 2 der Verordnung (EG) Nr. 861/2007 ist das Gericht zuständig, dem die Erteilung einer vollstreckbaren Ausfertigung des Titels obliegt.

(2) Vor Ausfertigung der Bestätigung ist der Schuldner anzuhören. Wird der Antrag auf Ausstellung einer Bestätigung zurückgewiesen, so sind die Vorschriften über die Anfechtung der Entscheidung über die Erteilung einer Vollstreckungsklausel entsprechend anzuwenden.

Übersicht	Rdn.		Rdn.
I. Zweck der Norm	1	III. Rechtsmittel	3
II. Bestätigungsverfahren	2		

I. Zweck der Norm

1 Voraussetzung für die Zwangsvollstreckung aus einem in Deutschland nach der EuBagatellVO ergangenen Urteil ist alleine die Bestätigung als im europäischen Verfahren für geringfügige Forderungen ergangener Titel nach Art. 20 Abs. 2 EuBagatellVO i. V. m. dem Formblatt D gem. Anlage IV.[1]. In § 1106 Abs. 1 wird wegen der in Deutschland ergangenen Titel entsprechend der Regelung in § 1079 für die Bestätigung eines Europäischen Vollstreckungstitels nach der EuVTVO systematisch richtig eine Zuständigkeit des Gerichts angeordnet, dem auch die Erteilung einer vollstreckbaren Ausfertigung gem. § 724 obliegt. Funktionell zuständig ist der Rechtspfleger (§ 20 Nr. 11 RPflG).

II. Bestätigungsverfahren

2 Die in § 1105 Abs. 2 Satz 1 vorgesehene **Anhörung** des Schuldners sah der Gesetzgeber als notwendig an, weil eine solche anders als bei einer Bestätigung nach der EuVTVO nicht nachgeholt werden könne, da eine Möglichkeit der Berichtigung oder des Widerrufs nicht vorgesehen sei.[2] Hiergegen wird zum Teil in der Lit. eingewandt, dass die Sachlage nicht vergleichbar sei, weil dem anders als nach der EuVTVO ein kontradiktorisches Verfahren vorausgegangen sei, in dem der Schuldner rechtliches Gehör gehabt habe. Auch § 724 sehe keine vorherige Anhörung vor. Die Norm verzögere daher nur das Verfahren und sei daher weder mit dem Äquivalenz-, noch mit dem Effektivitätsgebot des Gemeinschaftsrechts vereinbar.[3] Dagegen wird jedoch mit Recht eingewandt, dass der Schuldner sich ohne Anhörung nicht gegen eine Bestätigung wehren könne, da die EuBagatellVO einen der Klauselerinnerung nach § 732 vergleichbaren Rechtsbehelf nicht kenne.[4] Eine **Zustellung** der Bestätigung ist wegen der fehlenden Möglichkeit eines fristgebundenen Widerrufs nicht erforderlich.[5]

III. Rechtsmittel

3 Entsprechend der für die Bestätigung nach der EuVTVO in § 1080 Abs. 2 getroffenen Regelung stehen dem Gläubiger im Fall einer Zurückweisung des Antrags auf Ausstellung der Bestätigung die Rechtsmittel des Klauselverfahrens zur Verfügung, also wegen der Zuständigkeit des Rechtspflegers (§ 20 Nr. 11 RPflG) die sofortige Beschwerde nach § 11 Abs. 1 RPflG i. V. m. §§ 567 ff. und im Fall der Zulassung die Rechtsbeschwerde gem. § 574 Abs. 1 Nr. 2.[6]

---

1 Abdruck im Anhang zur EuBagatellVO.
2 Gesetzesbegründung BR-Drucks. 95/08 S. 44.
3 *Hess/Bittmann*, IPRax 2008, 305, 313.
4 *Prütting/Gehrlein/Halfmeier*, § 1106 Rn. 2.
5 Gesetzesbegründung BR-Drucks. 95/08 S. 44.
6 Siehe näher § 1080 Rdn. 4.

§ 1107 Ausländische Vollstreckungstitel

Aus einem Titel, der in einem Mitgliedstaat der Europäischen Union nach der Verordnung (EG) Nr. 861/2007 ergangen ist, findet die Zwangsvollstreckung im Inland statt, ohne dass es einer Vollstreckungsklausel bedarf.

Übersicht	Rdn.		Rdn.
I. Zweck der Norm	1	III. Nach der EuBagatellVO vorzulegende Unterlagen	3
II. Lücke bei Handlungs-, Duldungs- und Unterlassungstiteln	2		

I. Zweck der Norm

Mit der Vorschrift wird klarstellend die Regelung in Art. 15 Abs. 1 EuBagatellVO, dass ein Urteil auch ohne besonderen Ausspruch vollstreckbar ist, klarstellend dahingehend ergänzt, dass auch **keine Vollstreckungsklausel** erforderlich ist. Die Bestätigung ersetzt die Klausel. Im Übrigen gelten die nationalen Vorschriften über Vollstreckungsvoraussetzungen, Vollstreckungshindernisse, die Erinnerung nach § 766 gegen die Art und Weise der Zwangsvollstreckung sowie über die Rechtsmittel des 8. Buches der ZPO einschließlich der Vollstreckungsabwehrklage, wie durch § 1109 Abs. 2 mit der hierin enthaltenen Verweisung auf § 1086 klargestellt wird.[1] Ist der ausländische Titel unklar, hat das Vollstreckungsorgan diesen nach allgemeinen Grundsätzen auszulegen. Dabei darf es außerhalb des Titels liegende Umstände grundsätzlich nicht berücksichtigen.[2]

II. Lücke bei Handlungs-, Duldungs- und Unterlassungstiteln

Unklar und bei den Durchführungsbestimmungen nicht berücksichtigt ist die Vollstreckung von Titeln aus einem anderen Mitgliedsland, welche die Vornahme von Handlungen oder ein Duldungs- bzw. Unterlassungsgebot zum Gegenstand haben. Die hierzu in den §§ 887, 888, 890 angeordnete Zuständigkeit des Prozessgerichts passt nicht, da dieses im Ausland liegt. Da aber der Gläubiger europarechtlich das Recht hat, den von ihm erwirkten Titel in jedem Mitgliedsland zu vollstrecken, ist ihm auch in Deutschland eine entsprechende Möglichkeit zu eröffnen. Es bietet sich daher an, die Regelungslücke dadurch zu schließen, dass in entsprechende Anwendung der für die Vollstreckungsabwehrklage in § 1109 i.V.m. § 1086 getroffenen Regelung eine Zuständigkeit des Gerichts am Wohnsitz des Schuldners bzw. in Ermangelung eines solchen im Inland am Vollstreckungsort begründet wird.

III. Nach der EuBagatellVO vorzulegende Unterlagen

Ergänzend sind die Vorschriften des Art. 20 Abs. 2 EuVTVO über die dem Vollstreckungsorgan **vorzulegenden Unterlagen**, nämlich
- eine Ausfertigung des Urteils,
- eine Ausfertigung der Bestätigung gem. Art. 20 EuBagatellVO i.V.m. dem Formblatt gem. Anhang IV,
- falls erforderlich eine Übersetzung der Bestätigung in eine Amtssprache des Vollstreckungsmitgliedstaates bzw. in eine dort zugelassene Verfahrenssprache, die von einer in einem Mitgliedstaat befugten Person erstellt worden ist

sowie ggf. Anträge des Schuldners nach den Art. 21 und 23 EuVTVO auf Verweigerung, Aussetzung oder Beschränkung der Zwangsvollstreckung zu beachten. Ein Nachweis einer Zustellung der

---

1 *Zöller/Geimer*, § 1082 Rn. 3.
2 BGH, Rpfleger 2010, 222 = EuZW 2010, 159.

Bestätigung als Europäischer Vollstreckungstitel gehört hierzu nicht und kann daher nicht verlangt werden, wenn das ausländische Recht anders als das deutsche eine solche nicht vorsieht.[3]

---

[3] *Prütting/Gehrlein/Halfmeier*, § 1107 Rn. 1; missverständlich die Gesetzesbegründung BR-Drucks. 95/08 S. 44 u. *Zöller/Geimer*, § 1107 Rn. 2, die allgemein darauf verweisen, dass die Voraussetzungen des § 750 vorliegen müssten; siehe zu der Problematik auch § 1082 Rdn. 2. u. § 1093 Rdn. 3.

§ 1108 Übersetzung

Hat der Gläubiger nach Artikel 21 Abs. 2 Buchstabe b der Verordnung (EG) Nr. 861/2007 eine Übersetzung vorzulegen, so ist diese in deutscher Sprache zu verfassen und von einer in einem der Mitgliedstaaten der Europäischen Union hierzu befugten Person zu erstellen.

Anders als nach der EuVTVO oder der EuMahnVO braucht gem. Art. 21 Abs. 2 Buchst. b) Satz 3 eine vorzulegende Übersetzung nicht von einer ermächtigten Person beglaubigt, sondern nur erstellt zu sein. Dies wird in § 1108 in Abweichung zu § 1083 und 1094 in das nationale Recht übertragen. Auch hier ist eine Übersetzung nur in den Fällen beizubringen, in denen das für die Bestätigung vorgesehene Formblatt D um individuelle Angaben ergänzt worden ist.[1] Von der durch Art. 21 Abs. 2 Buchst. b) EuBagatellVO eröffneten Möglichkeit, neben der eigenen Amtssprache weitere Sprachen zuzulassen, hat der deutsche Gesetzgeber mit Recht keinen Gebrauch gemacht.

---

[1] Gesetzesbegründung BR-Drucks. 95/08 S. 36; *Zöller/Geimer*, § 1108 Rn. 1; a. A. *Prütting/Gehrlein/Halfmeier*, § 11108 Rdn. 1; siehe im Übrigen § 1083 Rn. 1 und die dortigen Nachweise.

§ 1109 Anträge nach den Artikeln 22 und 23 der Verordnung (EG) Nr. 861/2007; Vollstreckungsabwehrklage

(1) Auf Anträge nach Artikel 22 der Verordnung (EG) Nr. 861/2007 ist § 1084 Abs. 1 und 2 entsprechend anzuwenden. Auf Anträge nach Artikel 23 der Verordnung (EG) Nr. 861/2007 ist § 1084 Abs. 1 und 3 entsprechend anzuwenden.

(2) § 1086 gilt entsprechend.

Übersicht	Rdn.			Rdn.
I. Zweck der Norm	1	III.	§ 1109 Abs. 1 Satz 2, Aussetzung oder Beschränkung der Vollstreckung nach Art. 23 EuBagatellVO	3
II. § 1109 Abs. 1 Satz 1, Ablehnung der Vollstreckung nach Art. 22 Abs. EuBagatellVO	2	IV.	§ 1109 Abs. 2, Vollstreckungsabwehrklage	4
		V.	Kostenentscheidung und Gebühren	7

I. Zweck der Norm

1 Es handelt sich um eine Ausführungsnorm für Rechtsbehelfe, die in Deutschland gegen die Vollstreckung aus einem nach der EuBagatellVO ergangenen Titel möglich sind, der aus einem anderen Mitgliedstaat stammt. Da die einschlägigen Bestimmungen der Art. 22 und 23 EuBagatellVO denjenigen der Art. 21 und 23 EuVTVO nachgebildet sind, ist dies gesetzestechnisch durch eine Verweisung auf die Vorschriften über die Vollstreckung aus einem Europäischen Vollstreckungstitel geschehen.

II. § 1109 Abs. 1 Satz 1, Ablehnung der Vollstreckung nach Art. 22 Abs. EuBagatellVO

2 Abs. 1 Satz 1 betrifft Fälle der **Titelkollision** nach Art. 22 Abs. 1 EuBagatellVO. Für entsprechende Anträge des Schuldners auf Ablehnung der Zwangsvollstreckung ist gem. § 1084 Abs. 1, 2 das **Amtsgericht als Vollstreckungsgericht** ausschließlich zuständig, und zwar wegen der unter Umständen schwierigen Überprüfung mit funktioneller Zuständigkeit des Richters. Wegen der Einzelheiten zum Verfahren und wegen der Rechtsbehelfe wird auf die Rn. 1 bis 8 zu § 1084 Bezug genommen.

III. § 1109 Abs. 1 Satz 2, Aussetzung oder Beschränkung der Vollstreckung nach Art. 23 EuBagatellVO

3 Sinn und Zweck des § 23 EuBagatellVO ist es, dass der Schuldner nach Einlegung von Rechtsbehelfen im Ursprungsmitgliedstaat für die Dauer des Verfahrens auf Antrag gegen Vollstreckungsmaßnahmen geschützt werden soll. Er hat deshalb die Möglichkeit, parallel hierzu die Beschränkung der Vollstreckung auf Sicherungsmaßnahmen, die Anordnung einer Sicherheitsleistung durch den Gläubiger sowie ausnahmsweise die Aussetzung des Vollstreckungsverfahrens zu beantragen. Für derartige Anträge ist auch hier der **Richter des Amtsgerichts** ausschließlich zuständig. Dieser entscheidet allerdings wegen des nur vorläufigen Charakters der Entscheidung über entsprechende Schutzanträge nach § 1084 Abs. 3 **entsprechend §§ 707, 719** durch eine nicht anfechtbare aber jederzeit abänderbare einstweilige Anordnung.

IV. § 1109 Abs. 2, Vollstreckungsabwehrklage

4 Auch bei Urteilen aus einem anderen Mitgliedstaat, die nach der EuBagatellVO ergangen sind, ist es – wie bei § 1086 ZPO – streitig, ob die **Zulassung der Vollstreckungsabwehrklage** gegen Titel aus einem anderen Mitgliedstaat europarechtskonform ist.[1] Dies dürfte zu bejahen sein. Wegen

---

[1] Bejahend *Rauscher/Varga*, EuZPR/EuIPR, Art. 22 EG-BagatellVO Rn. 8; *Vollkommer/Huber*, NJW 2009, 1105, 1108; verneinend *Hess/Bittmann*, IPRax 2008. 305, 313; *Prütting/Gehrlein/Halfmeier*, § 1109 Rn. 3.

der Beschränkung auf nach Titelerlass entstandene Einwendungen handelt es sich nicht um eine nach Art. 22 Abs. 2 EuBagatellVO verbotene Überprüfung des Europäischen Zahlungsbefehls in der Sache.

Zuständig für die Entscheidung über eine Vollstreckungsabwehrklage ist entsprechend § 1086 Abs. 1 ZPO das **Prozessgericht am Wohnort des Schuldners** und in Ermangelung eines solchen im Inland am Vollstreckungsort.² Die internationale Zuständigkeit deutscher Gerichte folgt dabei aus Art. 24 Nr. 5 Brüssel-Ia-VO bzw. für ältere Titel aus Art. 22 Nr. 5 Brüssel-I-VO.³

Wegen der **Präklusion** ist § 767 Abs. 2 zu beachten. **Liquide Erfüllungstatbestände** können durch Vorlage der in § 775 Nr. 4 und 5 genannten Urkunden geltend gemacht werden.⁴ Eine **Klage aus § 826 BGB** dürfte dann zulässig sein, wenn die unerlaubte Handlung in der Ausnutzung eines nachträglich für unrichtig erkannten Europäischen Zahlungsbefehl beruht; denn dann dürfte das strikte Verbot des Art. 22 Abs. 2 EuBagatellVO, den Titel in der Sache nachzuprüfen, nicht eingreifen.⁵

V. Kostenentscheidung und Gebühren

Wegen des kontradiktorischen Charakters der Verfahren auf Ablehnung, Aussetzung oder Beschränkung der Vollstreckung hat eine Kostenentscheidung nach den Grundsätzen der §§ 91 ff. zu ergehen. In Verfahren gem. § 1109 Abs. 1 i. V. m. § 1084 fällt eine gerichtliche Festgebühr von 30,00 € gem. KV Nr. 2119 GKG an. Für den Anwalt sind diese Verfahren eine besondere Angelegenheit (§ 18 Nr. 6 RVG). Es gelten insoweit die gleichen Grundsätze wie bei dem gleichgelagerten Verfahren nach § 1084. Auf diese wird daher verwiesen.⁶ Wegen der Vollstreckungsabwehrklage nach § 1096 Abs. 2 gelten die allgemeinen Regelungen für entsprechende Klagen.

---

2 Siehe näher § 1086 Rdn. 2 f.
3 Strittig, siehe Art. 24 Brüssel-Ia-VO Rdn. 4.
4 Siehe § 1095 Rdn. 6.
5 Siehe § 1086 Rdn. 8.
6 § 1084 Rdn. 12–14.

Abschnitt 7 Anerkennung und Vollstreckung nach der Verordnung (EU) Nr. 1215/2012

Vor §§ 1110–1117 Die Entstehungsgeschichte

Übersicht	Rdn.		Rdn.
I. Systemwechsel durch die Brüssel-Ia-VO	1	II. Nationale Durchführungsbestimmungen	2

Literatur: *Gössl*, Die Vollstreckung von dynamischen Zinssätzen unter der neuen EuGVVO, NJW 2014, 3479; *Hau*, Brüssel Ia-VO Neue Regeln für die Anerkennung und Vollstreckung ausländischer Entscheidungen in Zivil- und Handelssachen, MDR 2014, 1417; *Von Hein*, Die Neufassung der Europäischen Gerichtsstands- und Vollstreckungsverordnung (EuGVVO), RIW 2013, 97; *Hess*, Die Reform der EuGVVO und die Zukunft des Europäischen Zivilprozessrechts, IPRax 2011, 125; *Kieninger*, Die Abschaffung des Vollstreckbarerklärungsverfahrens in der EuGVVO und die Zukunft des Verbraucherschutzes, VuR 2011, 243; *Tarec*, Die Neufassung der Brüssel I-Verordnung, NJW 2014, 2395.

I. Systemwechsel durch die Brüssel-Ia-VO

1 Ab dem 10.01.2015 gilt die Verordnung über die gerichtliche Zuständigkeit und die Anerkennung und Vollstreckung gerichtlicher Entscheidungen in Zivil- und Handelssachen vom 12.12.2012 – **Brüssel-Ia-VO oder EuGVVO 2012**.[1] Sie ersetzt von diesem Zeitpunkt an die Verordnung Nr. 44/2001,[2] also die »alte« EuGVVO – Brüssel I – und es wird mit ihr der mit der EuVTVO, der EUMahnVO und der EuBagatellVO eingeleitete Systemwechsel für Titel in Zivil- und Handelssachen zu einem – vorläufigen – Abschluss gebracht. Nunmehr entfällt nämlich das Vollstreckbarkeitsverfahren für alle Urteile aus gerichtlichen Verfahren, die nach dem 10.1.2015 eingeleitet und für gerichtliche Vergleiche und öffentliche Urkunden, die nach diesem Zeitpunkt geschaffen worden sind.[3] Trotz des Fortfalls der mit dem Vollstreckbarkeitsverfahren verbundenen Kontrolle gerichtlicher Entscheidungen aus einem anderen Mitgliedsstaats auf elementare Rechtsverletzungen ist der Schuldner nunmehr in Bezug hierauf nicht rechtlos gestellt. So ist es im Vollstreckungsmitgliedstaat weiterhin möglich, die Vollstreckung einer Entscheidung auf Antrag des Schuldners zu versagen, wenn im Ursprungsmitgliedstaat wesentliche Verfahrensgrundsätze verletzt wurden oder die Vollstreckung der Entscheidung dem ordre public des Vollstreckungsstaats offensichtlich widersprechen würde (Art. 45 – 51 Brüssel-Ia-VO).

II. Nationale Durchführungsbestimmungen

2 Für die notwendigen nationalen Durchführungsvorschriften ist – wie bei der EuVTVO, der EU-Mahn-VO und der EuBagatellVO – die ZPO der richtige Standort. Die ergänzenden nationalen Vorschriften zu der Verordnung Nr. 44/2001 waren zwar im AVAG enthalten. Dieses Gesetz bezieht sich indes in seinem Kern auf das Vollstreckbarkeitsverfahren herkömmlicher Art, das durch die Brüssel-Ia-VO gerade abgeschafft wird. Dies war für den Gesetzgeber mit Recht Anlass, durch das Gesetz zur Durchführung der Verordnung (EU) Nr. 1215/2012 sowie zur Änderung sonstiger Vorschriften vom 8.7.2014[4] u. a. die §§ 794, 795 und das 11. Buch der ZPO um einen 7. Abschnitt zu ergänzen.[5] Dabei befasst sich der Titel 1 (§§ 1110, 1111) mit den für eine Durchsetzung inländischer Vollstreckungstitel in einem anderen Mitgliedstaat erforderlichen Bescheinigungen und der Titel 2 (§§ 1112-1117) mit der Durchsetzung ausländischer Vollstreckungstitel im Inland.

---

1 ABl. EU Nr. L351 S. 1, zuletzt geändert durch die VO Nr. 542/2014 – Abl. Nr. L 163/1.
2 Siehe Anhang.
3 Siehe Anhang.
4 BGBl. I, S. 890.
5 Gesetzesbegründung BT-Drucks. 18/823 S. 15 f.; siehe auch vor §§ 1079 – 1086 Rdn. 2.

Titel 1 Bescheinigung über inländische Titel

§ 1110 Zuständigkeit

Für die Ausstellung der Bescheinigung nach den Artikeln 53 und 60 der Verordnung (EU) Nr. 1215/2012 sind die Gerichte oder Notare zuständig, denen die Erteilung einer vollstreckbaren Ausfertigung des Titels obliegt.

Übersicht	Rdn.		Rdn.
I. Anwendungsbereich..................	1	III. Zuständigkeit bei öffentlichen Urkunden...........................	3
II. Zuständigkeit bei Entscheidungen und gerichtlichen Vergleichen...........	2	IV. Problem Anwaltsvergleiche nach §§ 796a–c.......................	4

I. Anwendungsbereich

Die Vorschrift regelt die nationale Zuständigkeit für die Ausstellung von Bescheinigungen nach Art. 53 und Art. 60 Brüssel-Ia-VO i. V. m. den Anhängen I und II der Verordnung zu innerstaatlichen Titeln, die in einem anderen Mitgliedstaat ohne Vollstreckbarerklärung vollstreckt werden sollen. Wie bei den Durchführungsbestimmungen zur EuVTVO (§ 1079) soll nach dem Willen des Gesetzgebers die Bescheinigung von der Stelle auszustellen sein, der bei inländischen Titeln die Erteilung einer vollstreckbaren Ausfertigung obliegt; denn mit ihr soll ebenso wie mit der Vollstreckungsklausel die Funktion, der Bestand und die Vollstreckbarkeit des Titels dokumentiert werden. Die mehrfache Ausstellung der Bescheinigung, etwa für die Vollstreckung in mehreren Mitgliedstaaten ist ohne weiteres möglich. Auch ist es nicht notwendig, dass zuvor eine vollstreckbare Ausfertigung des Titels erteilt wurde.[1]

II. Zuständigkeit bei Entscheidungen und gerichtlichen Vergleichen

Durch § 1110 wird die Zuständigkeit für die Ausstellung der Bestätigung in Deutschland ergangener Entscheidungen bzw. hier geschlossener Vergleiche an diejenige für die Klauselerteilung angelehnt. Es entscheidet daher gem. §§ 724 Abs. 2, 795b grundsätzlich das Gericht des ersten Rechtszugs und, solange der Rechtsstreit bei einem höheren Gericht anhängig ist, dieses Gericht. Funktionell zuständig ist entsprechend den bisherigen Regelungen in § 20 Nrn. 10 und 11 RpflG für vergleichbare unmittelbar in anderen Mitgliedstaaten vollstreckbare Titel nach der EuUnterhaltsVO, der EuVTVO und der EuBagatellVO infolge des neu gefassten § 20 Nr. 11 RpflG der Rechtspfleger.

III. Zuständigkeit bei öffentlichen Urkunden

Bei öffentlichen Urkunden haben gem. § 797 Abs. 2 Satz 1 die Notare, bei denen sich die Urkunden in Verwahrung befinden, die vollstreckbare Ausfertigung zu erteilen. Deren Zuständigkeit wird demzufolge in § 1110 auch für die Ausstellung der Bescheinigungen angeordnet. Anders als in § 1079 für die Ausstellung einer Bestätigung nach der EuVTVO oder in § 57 AVAG für eine Bescheinigung nach der bisherigen Brüssel-I-VO wird in § 1110 keine Zuständigkeit der Behörden begründet. Der Grund liegt darin, dass Unterhaltstitel, also auch von einer Behörde ausgestellte Jugendamtsurkunden mit einer Unterhaltsverpflichtung nach § 59 Abs. 1 Nr. 3, 4 i. V. m. § 60 Satz 3 Ziff. 1 SGB VIII, anders als noch nach der früheren Brüssel-I-VO in Art. 1 Abs. 2 e Brüssel-Ia-VO vom Anwendungsbereich der Verordnung ausgenommen sind. Deren Vollstreckbarkeit richtet sich nunmehr nach der EuUnterhaltsVO.[2]

---

1 Gesetzesbegründung BT-Drucks. 18/823 S. 15 f.
2 Gesetzesbegründung BT-Drucks. 18/823 S. 20.

IV. Problem Anwaltsvergleiche nach §§ 796a-c

4 Die rechtliche Einordnung von Anwaltsvergleichen nach § 796a in das System der Brüssel-Ia-VO ist problematisch. Richtiger Auffassung nach sind diejenigen, die gem. § 796b von dem Prozessgericht für vollstreckbar erklärt worden sind, als gerichtliche Vergleiche i. S. d. Art. 59 Brüssel-Ia-VO einzuordnen, sodass eine Zuständigkeit des Prozessgerichts besteht. Demgegenüber dürfte es sich bei notariell gem. § 796c für vollstreckbar erklärten Anwaltsvergleichen um öffentliche Urkunden i. S. d. Art. 58 Brüssel-I-VO handeln, mit der Folge einer Zuständigkeit des verwahrenden Notars für die Ausstellung einer Bescheinigung.[3]

---

[3] Siehe zu der Problematik auch § 1079 Rdn. 4.

§ 1111 Verfahren

(1) Bescheinigungen nach den Artikeln 53 und 60 der Verordnung (EU) Nr. 1215/2012 sind ohne Anhörung des Schuldners auszustellen. In den Fällen des § 726 Absatz 1 und der §§ 727 bis 729 kann der Schuldner vor der Ausstellung der Bescheinigung gehört werden. Eine Ausfertigung der Bescheinigung ist dem Schuldner von Amts wegen zuzustellen.

(2) Für die Anfechtbarkeit der Entscheidung über die Ausstellung der Bescheinigung nach Absatz 1 gelten die Vorschriften über die Anfechtbarkeit der Entscheidung über die Erteilung der Vollstreckungsklausel entsprechend.

Übersicht	Rdn.		Rdn.
I. Zweck der Norm	1	III. Rechtsbehelfe	3
II. Verfahren	2	IV. Kostenentscheidung und Gebühren	4

I. Zweck der Norm

Im herkömmlichen Vollstreckbarkeitsverfahren nach EU-Recht und aufgrund zwischen- bzw. multinationaler Übereinkommen hat zur Wahrung des Überraschungseffekts nach Art. 41 Satz 1 Brüssel-I-VO bzw. § 6 AVAG eine Entscheidung generell ohne Anhörung des Schuldners zu ergehen. Kompensiert wird die fehlende Anhörung durch die nachträgliche Gewährung rechtlichen Gehörs in dem sowohl nach der Brüssel-I-VO wie auch dem AVAG kontradiktorisch ausgestalteten Beschwerdeverfahren vor dem OLG und die Beschränkung der Zwangsvollstreckung auf Sicherungsmaßnahmen bis zum Ablauf der Beschwerdefrist (Art. 47 Abs. 3 Brüssel-I-VO, § 18 AVAG). Mit den Bescheinigungen nach den Art. 53 und 60 Brüssel-Ia-VO soll nunmehr ein Gläubiger in die Lage versetzt werden gegenüber den zuständigen Stellen in anderen Mitgliedstaaten die Vollstreckbarkeit eines in einem Staat erwirkten Titels nachzuweisen. Einer Bescheinigung kommt daher eine ähnliche Wirkung zu wie einer vollstreckbaren Ausfertigung nach § 724. Es war daher sachgerecht, dass der nationale Gesetzgeber das Verfahren für die Ausstellung einer Bescheinigung für einen in Deutschland erwirkten Titel dem des Klauselverfahrens angeglichen hat. Anders als bei der in ihrem Wortlaut missglückten Vorschrift für die Ausstellung einer Bestätigung nach der EuVTVO hat er dabei auch klargestellt, dass die Vorschriften für titelergänzende und titelübertragende Klauseln der §§ 726 ff. ebenfalls gelten.[1]

1

II. Verfahren

Die Bescheinigung ist auf einem der Formblätter des Anhangs zu erteilen, also dem Formblatt I für die Bescheinigung über eine Entscheidung gem. Art. 53 Brüssel-Ia-VO oder dem Formblatt II für eine öffentliche Urkunde oder einen gerichtlichen Vergleich nach Art. 60 Brüssel-Ia-VO. Wie bei den §§ 724 ff. ist eine fakultative Anhörung des Schuldners nur in bei titelergänzenden und titelübertragenden Bescheinigungen möglich. Den Verzicht auf eine Anhörung im Normalfall einer »einfachen« Bescheinigung begründet der Gesetzgeber damit, dass damit dem Sinn und Zweck der Brüssel-Ia-VO Rechnung getragen werden sollte, den freien Verkehr von Titeln weiter zu vereinfachen.[2] Den Interessen des Schuldners ist dadurch hinreichend Rechnung getragen, dass ihm nach § 43 Abs. 1 Brüssel-Ia-VO die Bescheinigung immer vor der ersten Vollstreckungshandlung zuzustellen ist. Die hierzu in § 1111 Abs. 1 Satz 3 vorgesehene Zustellung der Bescheinigung von Amts wegen besteht unabhängig davon, ob sie für eine gerichtliche Entscheidung, eine öffentliche Urkunde oder einen gerichtlichen Vergleich ausgestellt wurde und dient der Verfahrensbeschleu-

2

---

[1] Zur Kritik und zu den Auslegungsproblemen bei § 1080 siehe dort Rdn. 1 f. und 4 ff.
[2] Gesetzesbegründung BT-Drucks. 18/823 S. 20.

nigung.³ Nicht nur der bei den Gerichten nach §22 Nr. 11 RpflG funktionell zuständige Rechtspfleger, sondern auch ein Notar hat daher von Amts wegen zuzustellen.

III. Rechtsbehelfe

3   Die in §1111 angeordnete entsprechende Anwendung der Rechtsmittel des Klauselverfahrens gilt sowohl für den Schuldner wie auch für den Gläubiger, falls sein Antrag auf Ausstellung einer Bescheinigung zurückgewiesen wurde. Das statthafte Rechtsmittel ist deshalb bei gerichtlichen Entscheidungen und Vergleichen für den Schuldner die Klauselerinnerung nach §732 und für den Gläubiger die sofortige Beschwerde gem. §11 Abs. 1 RPflG i.V.m. §§ 567 sowie im Fall der Zulassung die Rechtsbeschwerde gem. §574 Abs. 1 Nr. 2. Bei öffentlichen Urkunden von Notaren steht dem Gläubiger die Beschwerde nach §54 BeurkG zur Verfügung. Dazu, ob zu den entsprechend anwendbaren Vorschriften »über die Anfechtbarkeit der Entscheidung über die Erteilung der Vollstreckungsklausel« auch die Klagen nach den §§731, 768 gehören, schweigt der Gesetzgeber trotz der Probleme, die sich an §1080 entzündet haben. Dies dürfte zu bejahen sein.⁴

IV. Kostenentscheidung und Gebühren

4   Einer Kostenentscheidung bedarf es nur dann, wenn das gerichtliche Verfahren bei einer Anhörung des Schuldners kontradiktorisch war. Für die Ausstellung der Bescheinigung fällt eine gem. §22 Abs. 3 GKG von dem Antragsteller zu erhebende Festgebühr von 20,00 Euro gem. KV Nr. 1513 GKG an, während die anwaltliche Tätigkeit grundsätzlich nicht gesondert zu vergüten ist (§19 Abs. 1 Satz 2 Nr. 9 RVG). Nur dann, wenn sein Mandat sich auf die Erwirkung einer Bestätigung beschränkt, erhält der Rechtsanwalt die 0,3 Gebühren nach VV Nr. 3309, 3310 RVG für die Tätigkeit in der Zwangsvollstreckung.

5   Wenn der Notar für die Erteilung der Bestätigung zuständig ist, beträgt die Festgebühr gem. Nr. 23805 KV GNotKG ebenfalls 20,00 Euro. Kostenschuldner ist auch hier der Antragsteller (§29 Nr. 1 GNotKG).

6   In dem kontradiktorisch ausgestalteten Beschwerdeverfahren hat eine Kostenentscheidung zu ergehen. Gerichtskosten in Form einer Festgebühr von 60,00 Euro fallen gem. KV Nr. 1523 GKG nur im Fall einer Verwerfung oder Zurückweisung der Beschwerde an. Der Anwalt erhält die 0,5 Verfahrens- und ggfls. Terminsgebühr nach VV Nr. 3500, 3513 RVG.

---

3 Gesetzesbegründung BT-Drucks. 18/823 S. 20.
4 Ebenso *Thomas/Putzo/Hüßtege*, §1111 Rn. 4; siehe auch §1080 Rn. 5 f.

Titel 2 Anerkennung und Vollstreckung ausländischer Titel im Inland

§ 1112 Entbehrlichkeit der Vollstreckungsklausel

Aus einem Titel, der in einem anderen Mitgliedstaat der Europäischen Union vollstreckbar ist, findet die Zwangsvollstreckung im Inland statt, ohne dass es einer Vollstreckungsklausel bedarf.

Wie bei sonstigen Regelungen zu EU-Rechtsakten, bei denen das Verfahren zur Vollstreckbarerklärung abgeschafft wurde (§§ 1082, 1093, 1107 sowie § 30 Abs. 1 AUG), wird konsequent auch bei Titeln aus anderen Mitgliedstaaten, die nach der Brüssel-Ia-VO vollstreckt werden sollen, auf eine Vollstreckungsklausel verzichtet. Die ausländische Bescheinigung nach den Art. 53, 60 Brüssel-Ia-VO ersetzt die Klausel. Allerdings hat das Vollstreckungsorgan als Vorfrage zu klären, ob überhaupt die Brüssel-Ia-VO anwendbar ist (siehe deren Art. 1). Ferner hat es zu prüfen, ob die in Art. 42 Abs. 1, 2 Brüssel-Ia-VO genannten Unterlagen vorgelegt wurden und ob die Voraussetzungen des Art. 43 Abs. 1 Brüssel-Ia-VO erfüllt sind, ob also die Bescheinigung vor der Vollstreckungsmaßnahme zugestellt ist und spätestens zu diesem Zeitpunkt auch der ausländische Titel. Ist der ausländische Titel unklar, hat das Vollstreckungsorgan diesen nach allgemeinen Grundsätzen auszulegen. Dabei darf es außerhalb des Titels liegende Umstände grundsätzlich nicht berücksichtigen.[1]

Im Übrigen gelten die nationalen Vorschriften über Vollstreckungsvoraussetzungen einschließlich des – allerdings durch die Sonderregelung des Art. 43 Abs. 1 Brüssel-Ia-VO teilweise verdrängten – § 750 über Vollstreckungshindernisse, die Erinnerung nach § 766 gegen die Art und Weise der Zwangsvollstreckung sowie die Rechtsmittel des 8. Buches der ZPO einschließlich der Vollstreckungsabwehrklage, wie durch § 1117 klargestellt wird. Denn nach Art. 41 Abs. 1 ist das Recht des Vollstreckungsstaates maßgeblich und ein in einem anderen Mitgliedstaat ergangener Titel wird zu den gleichen Bedingungen vollstreckt wie ein inländischer Titel.[2] Von einer gesonderten Regelung für den Fall, dass die Vollstreckung von einer Sicherheitsleistung durch den Gläubiger abhängt, hat der Gesetzgeber abgesehen. Er sieht in der nach Art. 42 Abs. 1 bzw. Abs. 2 Brüssel-Ia-VO vorzulegenden Bescheinigung wegen der hierin nach Ziffer 4.4 des Anhangs I vorzunehmenden Eintragungen mit alternativen Antworten zu der Frage, ob die Entscheidungen im Ursprungsmitgliedstaat vollstreckbar ist, ohne dass weitere Bedingungen erfüllt sein müssen, einen tauglichen Nachweis i. S. d. § 751.[3]

---

1 BGH, EuZW 2010, 159.
2 Gesetzesbegründung BT-Drucks. 18/823 S. 21.
3 Gesetzesbegründung BT-Drucks. 18/823 S. 21.

§ 1113 Übersetzung oder Transliteration

Hat eine Partei nach Artikel 57 der Verordnung (EU) Nr. 1215/2012 eine Übersetzung oder eine Transliteration vorzulegen, so ist diese in deutscher Sprache abzufassen und von einer in einem Mitgliedstaat der Europäischen Union hierzu befugten Person zu erstellen.

1 § 1113 enthält eine Konkretisierung des Art. 57 Abs. 1 Brüssel-Ia-VO, wonach eine ggf. vorzulegende Übersetzung oder Transliteration in einer Amtssprache des Vollstreckungsmitgliedstaates oder einer sonstigen von dem Mitgliedsstaat zugelassenen Sprache zu erfolgen hat. Von der durch Art. 57 Abs. 2 Brüssel-Ia-VO eröffneten Möglichkeit, neben der eigenen Amtssprache weitere Sprachen für die Bescheinigung nach den Anhängen I und II zuzulassen, hat der deutsche Gesetzgeber mit Recht keinen Gebrauch gemacht. Anders als nach der EuVTVO oder der EuMahnVO braucht gem. Art. 57 Abs. 3 Brüssel-Ia-VO eine vorzulegende Übersetzung nicht von einer befugten Person beglaubigt, sondern nur erstellt zu sein.

2 Verlangt werden darf eine Übersetzung gem. Artt. 37 Abs. 2 Satz 3, 42 Abs. 4 Brüssel-Ia-VO nur dann, wenn das Vollstreckungsorgan das Verfahren ohne eine solche Übersetzung nicht fortsetzen kann. Die Notwendigkeit hierfür dürfte sich nur dann ergeben, wenn das Formblatt um individuelle Zusätze ergänzt worden ist.[1] Wegen des klar zum Ausdruck gebrachten Willens des europäischen Normgebers, die Anforderung einer Übersetzung auf das Notwendigste zu beschränken, dürfte der zu anderen Verordnungen vertretenen gegenteiligen Ansicht, die wegen § 184 GVG und zur Sicherung ordnungsgemäßer Tätigkeit der Vollstreckungsorgane stets eine Übersetzung verlangt, der Boden entzogen sein.[2]

---

1 Gesetzesbegründung BT-Drucks. 17/823 S. 21.
2 Siehe § 1083 Rdn. 1 und Art. 20 EuVTVO Rdn. 4.

§ 1114 Anfechtung der Anpassung eines Titels

Für die Anfechtung der Anpassung eines Titels (Artikel 54 der Verordnung (EU) Nr. 1215/2012) sind folgende Rechtsgrundlagen entsprechend anzuwenden:

1. § 766 im Fall von Maßnahmen des Gerichtsvollziehers oder des Vollstreckungsgerichts,
2. § 793 im Fall von Entscheidungen des Vollstreckungsgerichts oder von Vollstreckungsmaßnahmen des Prozessgerichts und
3. § 71 der Grundbuchordnung im Fall von Vollstreckungsmaßnahmen des Grundbuchamts.

Ein Standardproblem bei der Durchsetzung eines ausländischen Titels in Deutschland ist dessen Konkretisierung, falls dieser nach nationalen Kriterien keinen vollstreckungsfähigen Inhalt hat.[1] Art. 54 Brüssel-Ia-VO erfasst auf der Grundlage der Rechtsprechung des EuGH den weitergehenden Fall, dass ein vollstreckungsfähiger Titel aus einem Mitgliedstaat mit dem Vollstreckungsrecht in einem anderen Mitgliedstaat nicht kompatibel ist, etwa weil er eine nach dem dortigen Recht nicht bekannte Maßnahme enthält.[2] Für diesen Fall soll nach Möglichkeit im Vollstreckungsstaat eine Anpassung erfolgen.

Für die Art und Weise der Anpassung ist nach Erwägungsgrund 28 zur Brüssel-Ia-VO das Recht des Vollstreckungsstaates maßgeblich. Der deutsche Gesetzgeber hat keinen Anlass gesehen, hierfür besondere Zuständigkeitsregeln zu schaffen. Vielmehr bleibt die Anpassung den jeweils mit einem Auftrag befassten Vollstreckungsorganen überlassen, da mit der Anpassung keine Abänderung des Titels verbunden ist, sondern es letztlich um die Ermittlung des vollstreckungsfähigen Inhalts der Entscheidung im Wege der Auslegung des Titels geht.[3]

In § 1114 ist deshalb nur die in Art. 54 Abs. 2 Brüssel-Ia-VO vorgesehene Anfechtungsmöglichkeit für beide Parteien geregelt, und zwar konsequent und zutreffend in der Weise, dass für die Parteien die allgemeinen Rechtsbehelfsmöglichkeiten des Vollstreckungsrechts eröffnet sind.

---

1 Siehe § 722 Rdn. 6, Art. 34 Brüssel-I-VO Rdn. 3, § 8 AVAG Rdn. 4.
2 Näher Art. 54 Brüssel-Ia-VO Rdn. 1.
3 Gesetzesbegründung BT-Drucks. 18/823 S. 22.

§ 1115 Versagung der Anerkennung oder der Vollstreckung

(1) Für Anträge auf Versagung der Anerkennung oder der Vollstreckung (Artikel 45 Absatz 4 und Artikel 47 Absatz 1 der Verordnung (EU) Nr. 1215/2012) ist das Landgericht ausschließlich zuständig.

(2) Örtlich zuständig ist ausschließlich das Landgericht, in dessen Bezirk der Schuldner seinen Wohnsitz hat. Hat der Schuldner im Inland keinen Wohnsitz, ist ausschließlich das Landgericht zuständig, in dessen Bezirk die Zwangsvollstreckung durchgeführt werden soll. Der Sitz von Gesellschaften und juristischen Personen steht dem Wohnsitz gleich.

(3) Der Antrag auf Versagung kann bei dem zuständigen Landgericht schriftlich eingereicht oder mündlich zu Protokoll der Geschäftsstelle erklärt werden.

(4) Über den Antrag auf Versagung entscheidet der Vorsitzende einer Zivilkammer durch Beschluss. Der Beschluss ist zu begründen und kann ohne mündliche Verhandlung ergehen. Der Antragsgegner ist vor der Entscheidung zu hören.

(5) Gegen die Entscheidung findet die sofortige Beschwerde statt. Die Notfrist des § 569 Absatz 1 Satz 1 beträgt einen Monat und beginnt mit der Zustellung der Entscheidung. Gegen den Beschluss des Beschwerdegerichts findet die Rechtsbeschwerde statt.

(6) Über den Antrag auf Aussetzung oder Beschränkung der Vollstreckung und den Antrag, die Vollstreckung von der Leistung einer Sicherheit abhängig zu machen (Artikel 44 Absatz 1 der Verordnung (EU) Nr. 1215/2012), wird durch einstweilige Anordnung entschieden. Die Entscheidung ist unanfechtbar.

Übersicht

		Rdn.			Rdn.
I.	Zweck der Norm	1	5.	Tenor der Entscheidung	8
II.	Verfahren	2	III.	Rechtsbehelfe	9
1.	Sachliche und örtliche Zuständigkeit	2	IV.	Einstweiliger Rechtsschutz	12
2.	Verfahrensgrundsätze	4	V.	Erledigung der Hauptsache	13
3.	Sachaufklärung	5	VI.	Kostenentscheidung, Streitwert und	
4.	Säumnis des Antragstellers	7		Gebühren	14

I. Zweck der Norm

1 Der Vorschrift des § 1115 wird in Zukunft erhebliche praktische Bedeutung zukommen, da sie die zentrale Norm ist, mit der das neue Konzept der Brüssel-Ia-VO in nationales Recht umgesetzt wird. Dieses besteht darin, den Schuldnerschutz gegen Entscheidungen, die unter Missachtung elementarer Rechtsgrundsätze zustande gekommen sind, unter Ausschaltung des herkömmlichen Zwischenschritts des Vollstreckbarerklärungsverfahrens in das eigentliche Vollstreckungsverfahren zu verlagern. Dies erfolgt durch das Antragsverfahren nach den Artt. 45 – 47 Brüssel-Ia-VO, mit dem der Schuldner die vorgesehene automatische Anerkennung beseitigen bzw. sich gegen die Vollstreckung der Entscheidung aus einem anderen Mitgliedstaat wenden kann. Entsprechend anwendbar ist die Norm wegen Art. 36 Abs. 2 Brüssel.Ia.VO auf das selbständige Anerkennungsverfahren mit dem die Anerkennungsfähigkeit einer Entscheidung festgestellt werden soll.[1]

---

[1] *Thomas/Putzo/Hüßtege*, § 1115 Rn 1.

II. Verfahren

1. Sachliche und örtliche Zuständigkeit

Die Norm orientiert sich an der Zuständigkeitskonzeption des § 3 AVAG.² Dem liegt die sachgerechte Erwägung des Gesetzgebers zugrunde, dass das Antragsverfahren nach Artt. 45 ff. Brüssel-Ia-VO mit dem Vollstreckbarkeitsverfahren herkömmlicher Art vergleichbar sei, die Brüssel-Ia-VO weite Bereiche des Zivil- und Handelsrechts erfasse, mitunter über die Vollstreckbarkeit hoher Forderungen sowie über komplexe Sachverhalte zu entscheiden sei und die Prüfung der Versagungsgründe des Art. 45 Brüssel-Ia-VO schwierige Rechtsfragen aufwerfen könne.

Nach Abs. 1 besteht daher eine ausschließliche **sachliche Zuständigkeit** des Landgerichts. **Örtlich** ist nach Abs. 2 das Landgericht ausschließlich zuständig, in dessen Bezirk der Schuldner seinen Wohn- bzw. Firmensitz hat oder – in Ermangelung eines solchen – in dessen Bezirk vollstreckt wird bzw. werden soll. **Funktionell** besteht – ebenfalls nach der Konzeption des § 3 Abs. 3 AVAG – eine Entscheidungskompetenz des Vorsitzenden einer Zivilkammer. Dieser ist eigenständiges Organ und nicht Einzelrichter i. S. d. §§ 348, 348a ZPO. Im Fall seiner Verhinderung entscheidet der geschäftsplanmäßige Vertreter.³

2. Verfahrensgrundsätze

Nach Abs. 3 kann der Versagungsantrag zur Gewährleistung einer effektiven Verteidigung des Schuldners und zur Entlastung des Verfahrens von Förmlichkeiten, insbesondere vom Anwaltszwang nach § 78 schriftlich oder zu Protokoll der Geschäftsstelle gestellt werden.⁴ Die Entscheidung ergeht durch einen zu begründenden Beschluss in einem kontradiktorischen Verfahren mit freigestellter mündlicher Verhandlung. Abs. 4 Satz 2 sieht eine Pflicht des Gerichts zur Anhörung des Gläubigers vor. Gleichwohl wird von dessen Beteiligung dann abgesehen werden können, wenn der Antrag unzulässig oder erkennbar nicht begründet ist. Dadurch werden schützenswerte Interessen des Gläubigers nicht verletzt. Ihm werden im Gegenteil Anwaltskosten erspart, die unter Umständen nicht vom Beschwerdeführer beigetrieben werden können. Seinem Informationsinteresse ist dadurch hinreichend Rechnung getragen, dass ihm ein Beschluss, mit dem ein Antrag ohne mündliche Verhandlung als unzulässig verworfen oder als unbegründet zurückgewiesen wird, gem. § 329 Abs. 2 formlos mitzuteilen ist.⁵

3. Sachaufklärung

Anders als noch im Vollstreckbarkeitsverfahren herkömmlicher Art erster Instanz hat der mit der Sache befasste Vorsitzende der Zivilkammer nunmehr auf der Grundlage des Vorbringens des Antragstellers, also ohne Amtsermittlung den Sachverhalt zu etwaigen Versagungsgründen von Amts wegen aufzuklären, dabei vorgelegte Urkunden, insbesondere die Bescheinigung nach Art. 53 kritisch zu hinterfragen und angebotenen Beweisen zu erheblichen Tatsachen nachzugehen.⁶ Gegenüber der bisher lediglich formalen Prüfung nach Art. 41 Brüssel-I-VO, die sich gerade nicht auf etwaige Vollstreckbarkeitsversagungsgründe erstreckte, wird daher diejenige nach neuem Recht wesentlich komplexer sein und derjenigen im bisherigen Beschwerdeverfahren vor dem OLG nach Art. 44 f. Brüssel-I-VO i. V. m. § 13 AVAG entsprechen.

Für eine eventuell notwendig werdende Beweisaufnahme gelten nicht die strengen Beweisregeln der §§ 355 ff. ZPO. Vielmehr ist auch ohne Zustimmung der Parteien nach § 284 ZPO der **Frei-**

---

2 Im Anhang.
3 *Thomas/Putzo/Hüßtege*, § 1115 Rn 1; siehe auch § 3 AVAG Rdn. 3.
4 So die Erwägungen des Gesetzgebers in der Gesetzesbegründung BT-Drucks. 18/823 S. 22.
5 Siehe auch § 11 AVAG Rdn. 3 zu dem gleich gelagerten Problem der Anhörung des Beschwerdegegners nach § 13 Abs. 1 Satz 2 AVAG.
6 Siehe Art. 45 Brüssel-Ia-VO Rdn. 3, 9.

beweis möglich. Dadurch wird das Gericht aber nur bei der Gewinnung von Beweismitteln und im Beweisverfahren freier gestellt. Dagegen werden die Anforderungen an das Beweismaß nicht verringert. Entscheidungserhebliche Tatsachen müssen also auch im Freibeweisverfahren zur vollen richterlichen Überzeugung bewiesen werden.[7]

4. Säumnis des Antragstellers

7 Eine streitige Sachentscheidung hat auch dann zu ergehen, wenn der Antragsteller in einer evtl. angeordneten mündlichen Verhandlung säumig bleibt. Ein »Versäumnisbeschluss« entsprechend § 330 ZPO ist in dem im Gesetz nur vorgesehenen Beschlussverfahren nicht statthaft.[8]

5. Tenor der Entscheidung

8 Im Fall eines erfolglosen Antrags ist dieser zurückzuweisen. Bei einer positiven Entscheidung ist die Zwangsvollstreckung aus der genau bezeichneten Entscheidung für unzulässig zu erklären. Betrifft der angenommene Versagungsgrund nur einen Teil der Entscheidung, ist die Unzulässigkeit ebenfalls mit genauer Bezeichnung auf diesen Teil zu beschränken. Auch dürfte es zur Vermeidung von Rangverlusten für den Gläubiger zulässig und in vielen Fällen auch empfehlenswert sein, den Beschluss über die Unzulässigkeit der Zwangsvollstreckung aus der Entscheidung mit einem **Rechtskraftvorbehalt** zu versehen.

III. Rechtsbehelfe

9 Durch Art. 49 Abs. 1 Brüssel-Ia-VO ist jeder Partei die Möglichkeit eröffnet, im Fall einer Beschwer gegen die Entscheidung über einen Versagungsantrag einen Rechtsbehelf einzulegen. Das für die Rechtsnatur maßgebliche nationale Recht sieht hierfür in § 1115 Abs. 5 das Rechtsmittel der **sofortigen Beschwerde** vor. Beschwerdegericht ist nach allgemeinen Regeln das OLG. Die **Beschwerdefrist** beträgt allerdings abweichend von § 569 Abs. 1 Satz 1 einen **Monat** und wird nur durch Zustellung in Gang gesetzt, also auch dann, wenn der Beschluss aufgrund mündlicher Verhandlung ergangen und nach § 329 Abs. 1 verkündet worden ist. Mit der Dauer der Beschwerdefrist soll der grenzüberschreitenden Prozesssituation Rechnung getragen werden. Damit ähnelt das Rechtsmittel der Beschwerde im Vollstreckbarkeitsverfahren nach § 11 AVAG, die ebenfalls – falls das einschlägige Abkommen keine längere Frist vorsieht – innerhalb eines Monats ab Zustellung einzulegen ist.

10 Wenn – was i. d. R. der Fall sein wird – die erstinstanzliche Entscheidung ohne mündliche Verhandlung ergangen ist, ist für die sofortige Beschwerde § 569 Abs. 3 anzuwenden mit der Folge, dass sie nicht dem Anwaltszwang unterliegt.[9] Hierzu und wegen weiterer Einzelheiten des Beschwerdeverfahrens wird auf die Ausführungen zu Art. 49 Brüssel-Ia-VO verwiesen.[10]

11 Nach Art. 50 Brüssel-Ia-VO können die Mitgliedsländer gegen die Beschwerdeentscheidung einen weiteren Rechtsbehelf zulassen. Von dieser Möglichkeit hat der deutsche Gesetzgeber Gebrauch gemacht, indem er – ebenfalls entsprechend der Regelung im Vollstreckbarkeitsverfahren (dort § 14 AVAG) – gem. Abs. 5 Satz 2 die **Rechtsbeschwerde** zum BGH für statthaft erklärt hat. Deren Zulässigkeit im Übrigen richtet sich nach den §§ 574 Abs. 2, 575.

IV. Einstweiliger Rechtsschutz

12 Gem. Art. 44 Abs. 1 Brüssel-Ia-VO kann ein Schuldner den Antrag auf Versagung der Vollstreckung mit einem Antrag auf deren vorläufige Aussetzung oder Beschränkung verbinden bzw. beantragen,

---

7 BGH, NJW 2008, 1531 mit zust. Anm. *Geimer*, LMK 2008, 253019.
8 BGHZ 166, 278 für die Vollstreckbarkeitserklärung eines Schiedsspruchs nach § 1025 Abs. 4 i. V. m. §§ 1061 bis 1065 ZPO.
9 Ebenso *Thomas/Putzo/Hüßtege*, § 1115 ZPO Rn. 4.
10 Art. 49 Brüssel-Ia-VO Rdn. 4.

die Vollstreckung von einer Sicherheitsleistung abhängig zu machen. Da es sich hierbei um vorläufige Eilentscheidungen handelt, sieht § 1115 Abs. 6 in Parallele zu der vergleichbaren Norm des § 1084 Abs. 3 für Anträge über die Aussetzung oder Beschränkung nach Art. 23 EuVTVO eine Entscheidung im Wege einer nicht anfechtbaren einstweiligen Anordnung durch den in der Hauptsache zur Entscheidung berufenen Vorsitzenden der Zivilkammer des Landgerichts bzw. des Rechtsmittelgerichts vor.[11] Trotz der Unanfechtbarkeit ist – ebenso wie bei Entscheidungen nach § 707 – jederzeit eine Abänderung oder Aufhebung der einstweiligen Anordnung möglich. Deshalb kann in Eilfällen von der grundsätzlich notwendigen Gewährung rechtlichen Gehörs für den Gläubiger zunächst abgesehen werden, sofern dieses unverzüglich nachgeholt wird.[12]

V. Erledigung der Hauptsache

Falls übereinstimmende Erledigungserklärungen vorliegen, hat eine Kostenentscheidung nach billigem Ermessen entsprechend § 91a ZPO zu ergehen. Allerdings stellt die Aufhebung des ausländischen Urteils im Urteilsstaat während des Verfahrens keine Erledigung der Hauptsache dar. Vielmehr betreibt ein Gläubiger die Zwangsvollstreckung aus einem nur vorläufig vollstreckbaren Titel auf sein eigenes Risiko. Durch die Aufhebung des Titels hat sich diese rückwirkend als unberechtigt erwiesen mit der Folge, dass der Schuldner, dessen Antrag nach Art. 46 Brüssel-I-aVO durch die Zwangsvollstreckung veranlasst worden war, auf eine – einseitige – Erledigungserklärung hin nicht mit Kosten belastet werden kann. 13

VI. Kostenentscheidung, Streitwert und Gebühren

Es handelt sich um ein kontradiktorisches Verfahren, das ähnlich ausgestaltet ist, wie das Vollstreckungsverfahren vor dem Prozessgericht bei der Handlungs- und Unterlassungsvollstreckung nach den §§ 887 – 890. Entsprechend § 891 Abs. 1 Satz 3 hat daher eine **Kostenentscheidung** nach den allgemeinen Grundsätzen der §§ 91 ff. zu ergehen.[13] Bei einer **Rücknahme** des Antrags findet § 269 Abs. 3 ZPO entsprechende Anwendung. 14

Entsprechend den zu dem Vollstreckbarkeitsverfahren herkömmlicher Art geltenden Grundsätzen ist der **Streitwert** nach der vollstreckbaren Hauptforderung zuzüglich der im Ursprungsmitgliedstaat mit ausgeurteilten bezifferten Kosten ohne sonstige Kosten und ohne Zinsen zu bemessen.[14] 15

Die Vergleichbarkeit des Antragsverfahrens mit dem Vollstreckbarkeitsverfahren herkömmlicher Art und dem hierdurch entstehenden gerichtlichen Prüfungsaufwand hat den Gesetzgeber veranlasst, hierfür in Ergänzung des KV Nr. 1510 GKG ebenfalls eine Gebühr von 240,00 EURO anzusetzen.[15] Diese ermäßigt sich gem. KV Nr. 1511 GKG auf 90,00 Euro, wenn der Antrag vor der mündlichen Verhandlung zurückgenommen wird bzw. dann, wenn eine Verhandlung nicht stattfindet, bevor eine Entscheidung auf die Geschäftsstelle gelangt. Der Anwalt erhält eine 1,3 Verfahrensgebühr und ggf. weitere Gebühren gem. VV Nr. 3100 ff. RVG. 16

---

11 Zur Zuständigkeit in der Rechtsmittelinstanz: Erwägungsgrund 31 zur Brüssel-Ia-VO sowie *Zöller/Stöber/Herget*, § 707 Rn. 6.
12 Siehe § 1084 Rdn. 10.
13 **A. A.** *Thomas/Putzo/Hüßtege*, § 1115 ZPO Rn. 3 und Art. 47 EuGVVO Rn. 9: Es gilt § 788 ZPO.
14 Siehe § 8 AVAG Rdn. 14.
15 Gesetzesbegründung BT-Drucks. 18/823 S. 26.

§ 1116 Wegfall oder Beschränkung der Vollstreckbarkeit im Ursprungsmitgliedstaat

Auf Antrag des Schuldners (Artikel 44 Absatz 2 der Verordnung (EU) Nr. 1215/2012) ist die Zwangsvollstreckung entsprechend § 775 Nummer 1 und 2 und § 776 auch dann einzustellen oder zu beschränken, wenn der Schuldner eine Entscheidung eines Gerichts des Ursprungsmitgliedstaats über die Nichtvollstreckbarkeit oder über die Beschränkung der Vollstreckbarkeit vorlegt. Auf Verlangen des Vollstreckungsorgans ist eine Übersetzung der Entscheidung vorzulegen. § 1108 gilt entsprechend.

Übersicht	Rdn.		Rdn.
I. Zweck der Norm	1	IV. Anwendbarkeit des § 775 im Übrigen	5
II. Einstellung und Aufhebung	2	V. Fortsetzung der Zwangsvollstreckung	6
III. Beibringung eines Nachweises	3	VI. Rechtsbehelfe	7

I. Zweck der Norm

1 § 1115 Abs. 6 regelt den in Art. 44 Abs. 1 Brüssel-Ia-VO normierten Fall, dass der Schuldner einen Antrag auf Versagung der Vollstreckung im Vollstreckungsstaat mit einem Antrag auf Gewährung vorläufigen Rechtsschutzes verbindet. Von § 1116 ist dagegen zunächst die in Art. 44 Abs. 2 Brüssel-Ia-VO geregelte Situation erfasst, dass der Titel – vorläufig – seine Vollstreckbarkeit verloren hat, weil diese im Ursprungsstaat ausgesetzt worden ist. Erfasst ist zudem der in der Brüssel-Ia-VO nicht ausdrücklich geregelte Fall, dass der Titel im Ursprungsstaat aufgehoben worden ist, was sich ebenfalls unmittelbar auf die Vollstreckung auswirkt. Für beide Fälle sieht Satz 1 entsprechend der für den Europäischen Vollstreckungstitel in § 1085 und für die Unterhaltsvollstreckung ohne Exequatur nach der EuUnterhaltsVO in § 32 AUG[1] getroffenen Regelungen eine entsprechende Anwendung der §§ 775, 776 vor.

II. Einstellung und Aufhebung

2 Einschlägig sind zunächst die in der Norm genannten Einstellungsmöglichkeiten nach § 775 Nr. 1 und Nr. 2. Im Fall des Nachweises, dass der ausländische Titel aufgehoben oder nicht mehr vollstreckbar ist, sind bereits getroffene Zwangsvollstreckungsmaßnahmen gem. § 776 Satz 1 aufzuheben. Bei einer bloßen Beschränkung der Zwangsvollstreckung, etwa im Fall einer nur zeitweiligen Aussetzung oder der Anordnung einer Sicherheitsleistung greift § 776 Satz 2 ein mit der Folge, dass die Maßnahmen bestehen bleiben. Die Abgrenzung kann im Einzelfall schwierig sein, weil es von der jeweiligen nationalen Prozessordnung im Ursprungsmitgliedstaat abhängt, welchen Wirkungen beschränkende Entscheidungen auf bereits getroffene Vollstreckungsmaßnahmen zukommen.[2] Es wird daher in jedem Einzelfall zu prüfen sein, mit welchem Tatbestand des § 775 die ausländische Entscheidung korrespondiert und welche Rechtsfolge des § 776 hierzu passt.[3]

III. Beibringung eines Nachweises

3 Art. 44 Abs. 2 Brüssel-Ia-VO regelt nicht, welche Nachweise der Schuldner beibringen muss, um eine Aussetzung der Zwangsvollstreckung zu erreichen. Der nationale Gesetzgeber konnte daher die Anforderungen für den Nachweis frei regeln. § 1116 Satz 1 sieht hierzu die Vorlage der Entscheidung aus dem Ursprungsmitgliedstaat über die Nichtvollstreckbarkeit oder über die Beschränkung der Vollstreckbarkeit vor. Anders als nach § 4 AVAG wird dabei nicht die Vorlage einer Ausfertigung der Entscheidung verlangt. Die Einreichung einer Urkunde, welche hinreichend sicher die Gewähr dafür bietet, dass sie von einem Gericht des Ursprungsmitgliedstaates stammt, dürfte ausreichen,

---

1 Im Anhang.
2 Siehe § 1085 Rdn. 2.
3 Gesetzesbegründung BT-Drucks. 18/823 S 23.

etwa einer solchen, die mit einer Urteilsabschrift i. S. d. § 317 Abs. 1 Satz 1 in der ab dem 1.7.2014 geltenden Fassung vergleichbar ist.

Eine Übersetzung der Entscheidung, auf die der Antrag nach § 1116 Satz 1 gestützt ist, braucht nach Satz 2 nur auf Verlangen des Vollstreckungsorgans eingereicht zu werden. Die Vorlage ist also nicht zwingend. Dadurch soll der Prüfungsaufwand für die Vollstreckungsorgane möglichst gering gehalten werden.[4] Die Vorlage sollte jedoch zur Ermöglichung einer hinreichend sicheren Entscheidungsgrundlage, immer dann verlangt werden, wenn das Vollstreckungsorgan die Sprache des Ursprungsmitgliedstaates nicht sicher beherrscht.

IV. Anwendbarkeit des § 775 im Übrigen

Aus der sprachlichen Fassung des § 1116 Satz 1 (»auch dann«) folgt, dass die unmittelbare Anwendung des § 775 unberührt bleibt.[5] In Betracht kommen daher die Fälle der Nr. 3–5, also der Beibringung von Nachweisen für eine Sicherheitsleistung, für eine Befriedigung des Gläubigers oder eine von ihm bewilligte Stundung. Auch wenn es um Erlöschenstatbestände geht, ist die Anwendung dieser Vorschriften mit Art. 52 Brüssel-Ia-VO, der eine inhaltliche Überprüfung des Titels aus einem anderen Mitgliedstaat verbietet, wegen der von einem Vollstreckungsorgan ohne weiteres zu beurteilenden formalisierten Voraussetzungen, vereinbar.

V. Fortsetzung der Zwangsvollstreckung

Fortzusetzen ist die Zwangsvollstreckung entsprechend den zu § 775 Nr. 1 und 2 geltenden Grundsätzen[6] dann, wenn der Gläubiger seinerseits nachweist, dass die Entscheidung, die der Einstellungsentscheidung zugrunde liegt, im Ursprungsmitgliedsstaat aufgehoben oder außer Kraft getreten ist.

VI. Rechtsbehelfe

Sowohl für den Schuldner im Fall einer für ihn negativen Entscheidung über den Antrag nach § 1116 wie auch für den Gläubiger im Fall einer positiven Bescheidung bestehen Anfechtungsmöglichkeiten nach den zu § 775 dargestellten Grundsätzen.[7]

---

4 Gesetzesbegründung BT-Drucks. 18/823 S. 23.
5 Siehe § 1085 Rdn. 3 und die dortigen Nachweise.
6 Siehe hierzu § 775 Rdn. 13.
7 Siehe § 775 Rdn. 14 f.

§ 1117 Vollstreckungsabwehrklage

(1) Für Klagen nach § 795 Satz 1 in Verbindung mit § 767 gilt § 1086 Absatz 1 entsprechend.

(2) Richtet sich die Klage gegen die Vollstreckung aus einem gerichtlichen Vergleich oder einer öffentlichen Urkunde, ist § 767 Absatz 2 nicht anzuwenden.

Übersicht

	Rdn.		Rdn.
I. Zweck der Norm	1	1. Entscheidungen	4
II. Zuständigkeit	2	2. Öffentliche Urkunden und Vergleiche	5
III. Präklusion	4	IV. Klage aus § 826 BGB	6

I. Zweck der Norm

1   Problematisch ist, ob die Vollstreckungsabwehrklage nach § 767 zum Vollstreckungsverfahren gehört, für das gem. Art. 41 Abs. 1 Satz 1 Brüssel-Ia-VO das Recht des Vollstreckungsstaats maßgeblich ist. Zu der gleichgelagerten Problematik bei den übrigen europäischen Rechtsinstrumenten, bei denen eine Vollstreckung ausländischer Titel ohne den Zwischenschritt des Exequaturverfahrens möglich ist, also den Verfahren nach der EuVTVO, der EuMahnVO und der EuBagatellVO ist die Frage streitig. Der nationale Gesetzgeber hat dies in der Vergangenheit in Einklang mit der überwiegenden Meinung zunächst für das Verfahren nach der EuVTVO in § 1086 und sodann durch die Anordnung einer entsprechenden Anwendung dieser Norm in § 1096 Abs. 2 für Einwendungen gegen den in einem Europäischen Zahlungsbefehl titulierten Anspruch und in § 1109 Abs. 2 für das Verfahren nach der EuBagatellVO zu Recht bejaht und die Vollstreckungsabwehrklage zugelassen.[1] In konsequenter Fortsetzung dieser Linie hat er in § 1117 Abs. 1 durch eine entsprechende Anwendung des § 1086 Abs. 1 auch gegen ausländische Titel, die nach der Brüssel-Ia-VO unmittelbar vollstreckbar sind, die Möglichkeit der Erhebung einer Vollstreckungsabwehrklage eröffnet.[2]

II. Zuständigkeit

2   Die **internationale Zuständigkeit** deutscher Gerichte für eine Vollstreckungsabwehrklage gegen einen Titel in einem anderen Mitgliedstaat, der in Deutschland vollstreckt werden soll, folgt aus Art. 24 Nr. 5 Brüssel-Ia-VO, da auch die materiell rechtlichen Klagen, die die Vollstreckbarkeit eines Titels oder einer einzelnen Vollstreckungsmaßnahme infrage stellen, zu den Verfahren gehören, welche die Zwangsvollstreckung aus Entscheidungen betreffen.[3] Bei der **Aufrechnung** ist allerdings zu beachten, dass eine internationale Zuständigkeit deutscher Gerichte nach Art. 24 Nr. 5 Brüssel-Ia-VO nur dann besteht, wenn mit einer Gegenforderung aufgerechnet wird, für deren selbstständige Geltendmachung die Gerichte des Vollstreckungsstaates zuständig wären.[4]

3   Infolge des entsprechend anwendbaren § 1086 ist das Gericht des Wohnsitzes des Schuldners, ersatzweise das Gericht der (beabsichtigten) Zwangsvollstreckung **örtlich zuständig**. Die **sachliche Zuständigkeit** ist nicht geregelt und richtet sich daher nach den allgemeinen Vorschriften der §§ 23–23b, 71 GVG.

---

1 Siehe auch § 1086 Rdn. 1, § 1096 Rdn. 5 und § 1109 Rdn. 4 und Art. 24 Brüssel-Ia-VO Rdn. 2 jeweils mit Nachweisen zum Meinungsstand.
2 Zustimmend *Thomas/Putzo/Hüßtege*, § 1117 Rn. 1.
3 Streitig, siehe Art. 24 Brüssel-Ia-VO Rdn. 2.
4 Siehe Art 24 Brüssel-Ia-VO Rdn. 4.

III. Präklusion

1. Entscheidungen

Dem Verbot der Überprüfung der ausländischen Entscheidung in der Sache aus Art. 39 Brüssel-Ia-VO ist dadurch Rechnung getragen, das nach § 795 Satz 1 für gerichtliche Entscheidungen die Präklusionsvorschrift des § 767 Abs. 2 entsprechend anzuwenden ist. Mit der nur entsprechenden Anwendung soll sichergestellt werden, dass Besonderheiten des ausländischen Erkenntnisverfahrens Rechnung getragen werden kann. Es wird für die Präklusion maßgeblich darauf ankommen, ob die mit der Vollstreckungsabwehrklage vorgebrachten Einwendungen erst nach dem Zeitpunkt entstanden sind, zu dem sie im Verfahren vor dem Ursprungsstaat spätestens hätten geltend gemacht werden können.[5]

2. Öffentliche Urkunden und Vergleiche

Richtet sich eine Vollstreckungsabwehrklage gegen die Vollstreckung aus einer in einem anderen Mitgliedstaat errichteten öffentlichen Urkunde oder einem dort geschlossenen gerichtlichen Vergleich gilt nach § 1117 Abs. 2 die Präklusionsvorschrift des § 767 Abs. 2 nicht. Das steht in Gegensatz zu den Regelungen für öffentliche Urkunden und Vergleiche, die als Europäischer Vollstreckungstitel bestätigt worden sind oder nach der EuUnterhaltsVO ohne Exequaturverfahren vollstreckt werden können. Für diese Rechtsinstrumente hat der deutsche Gesetzgeber in § 1086 Abs. 2 und in § 66 Abs. 1 AUG den Schuldner mit Entscheidungen, die vor Erlass des Titels entstanden sind, präkludiert, weil er gemeint hat, damit dem Verbot der Überprüfung des ausländischen Titels in der Sache Rechnung tragen zu müssen.[6] Nunmehr nimmt er eine gänzlich andere Auslegung des europarechtlichen Rechtsinstruments vor und blendet das auch nach der Brüssel-Ia-VO geltende Verbot der révision au fond bei öffentlichen Urkunden und Vergleichen aus. In den für die Vollstreckung aus öffentlichen Urkunden und gerichtlichen Vergleichen maßgeblichen Vorschriften der Artt. 58 und 59 Brüssel-Ia-VO wird u. a. die sinngemäße Anwendung der Vorschriften des Abschnitts 4 von Kapitel III angeordnet. Damit gilt auch Art. 39 Brüssel-Ia-VO mit dem hierin enthaltenen strikten Verbot der Überprüfung des ausländischen Titels in der Sache. Die europarechtliche Rechtslage ist also vergleichbar mit derjenigen nach den anderen Rechtsinstrumenten. Zur Begründung für die abweichende Auslegung verweist der Gesetzgeber lediglich darauf, dass nach Art. 41 Abs. 1 Satz 2 Brüssel-Ia-VO öffentliche Urkunden und Vergleiche aus einem anderen Mitgliedstaat zu den gleichen Bedingungen vollstreckt werden wie inländische Titel dieser Art.[7] Das ist zwar richtig; die Klippe des Art. 39 Brüssel-Ia-VO wird damit allerdings nicht umschifft und keine nachvollziehbare Begründung für die abweichende Auslegung gegenüber den Vorschriften in der EuVTVO und der EuUnterhaltsVO geliefert. Gleichzeitig ist das nationale System der Geltendmachung von materiell-rechtlichen Einwendungen gegen Titel aus einem anderen Mitgliedstaat für den Rechtsanwender kaum noch nachvollziehbar geworden und es bleibt zu hoffen, dass der EuGH bald Gelegenheit bekommt, Klarheit zu schaffen.

IV. Klage aus § 826 BGB

In Fällen der Erschleichung eines ausländischen Titels kommt nach innerstaatlichem Recht auch eine Klage auf Herausgabe der Bestätigung oder auf Unterlassung der Zwangsvollstreckung aus § 826 BGB in Betracht. Wenn es um Umstände anlässlich der Erwirkung der ausländischen Entscheidung und/oder der Bestätigung geht, steht das Verfahren in dem anderen Mitgliedstaat auf codem Prüfstand. Das strikte Verbot des Art. 39 Brüssel-Ia-VO, die Entscheidung im Vollstreckungsmitgliedstaat zu überprüfen, dürfte daher der Zulässigkeit einer Klage aus § 826 BGB entgegenstehen. Anders dürfte es dagegen sein, wenn die unerlaubte Handlung in der Ausnutzung

---

5 Gesetzesbegründung BT-Drucks. 18/823 S. 23.
6 Zur Kritik hieran siehe § 1086 Rdn. 4-7.
7 Gesetzesbegründung BT-Drucks. 18/823 S. 24.

§ 1117 ZPO Vollstreckungsabwehrklage

einer nachträglich für unrichtig erkannten Entscheidung oder Bestätigung liegt, was unter besonderen Umständen einer Klage aus § 826 BGB zum Erfolg verhelfen kann.[8]

---

[8] Zu der vergleichbaren Konstellation bei einer Klage aus § 826 BGB gegen eine als Europäischer Vollstreckungstitel bestätigte Entscheidung strittig; siehe dazu § 1086 Rdn. 8 mit Nachweisen.

Gesetz zur Ausführung zwischenstaatlicher Verträge und zur Durchführung von Abkommen der Europäischen Union auf dem Gebiet der Anerkennung und Vollstreckung in Zivil- und Handelssachen (Anerkennungs- und Vollstreckungsausführungsgesetz – AVAG)

in der Fassung der Neubekanntmachung vom 3.12.2009

Vor AVAG

Übersicht

	Rdn.			Rdn.
I. Allgemeiner Überblick.............	1	II.	Gesetzessystematik................	5

Literatur:
Baumann, Die Anerkennung und Vollstreckung ausländischer Entscheidungen in Unterhaltssachen (§ 9), 1989; *Eichel*, Europarechtliche Fallstricke im Vollstreckbarkeitsverfahren nach dem AVAG und dem neuen Auslandsunterhaltsgesetz (AUG), GPR 2011, 193; *Geimer*, Das neue Gesetz zur Ausführung zwischenstaatlicher Anerkennungs- und Vollstreckungsverträge in Zivil- und Handelssachen (Anerkennungs- und Vollstreckungsausführungsgesetz – AVAG), NJW 1988, 2157; *Hess*, Die Unzulässigkeit materiell-rechtlicher Einwendungen im Beschwerdeverfahren nach Art. 43 ff. EuGVVO, IPRax 2008, 25; *Hök*, Das allgemeine Gesetz zur Ausführung zwischenstaatlicher Vollstreckungsverträge, JurBüro 1988, 1453 und 1989, 159; *Hilbig-Lugani*, Die Änderungen im AUG und AVAG durch das Durchführungsgesetz zum Haager Unterhaltsübereinkommen 2007, FamRBint 2013, 74; *Hub*, Die Neuregelung der Anerkennung und Vollstreckung in Zivil- und Handelssachen und das familienrechtliche Anerkennungs- und Vollstreckungsverfahren, NJW 2001, 3145; *Münzberg*, Berücksichtigung oder Präklusion sachlicher Einwendungen im Exequaturverfahren trotz Art. 45 Abs. 1 VO (EG) Nr. 44/2001, in FS Geimer, 2002, S. 745; *Seebach*, Das notarielle Zeugnis über die unbeschränkte Zwangsvollstreckung aus ausländischen Notarurkunden nach EuGVVO und AVAG, MittBayNot 2013, 200.

I. Allgemeiner Überblick

Zu den internationalen Übereinkommen und den bilateralen Verträgen über die Anerkennung und Vollstreckung gerichtlicher Entscheidungen und anderer Titel gab es in der Vergangenheit gesonderte Ausführungsgesetze, die sich aber immer mehr anglichen. Anlässlich des Verfahrens zur Ratifizierung des deutsch-spanischen Vertrages vom 14.11.1983 regte der Bundesrat deshalb an, für diesen Vertrag, für internationale Übereinkommen sowie für künftige Anerkennungs- und Vollstreckungsverträge ein einheitliches Ausführungsgesetz zu schaffen. Dies geschah sodann mit dem Gesetz zur Ausführung zwischenstaatlicher Anerkennungs- und Vollstreckungsverträge in Zivil- und Handelssachen vom 30.5.1988 (AVAG 1988). Nach Erlass der Verordnung (EG) Nr. 1347/2000 des Rates über die Zuständigkeit und die Anerkennung und Vollstreckung von Entscheidungen in Ehesachen und in Verfahren betreffend die elterliche Verantwortung für die gemeinsamen Kinder der Ehegatten vom 29.5.2000 – EuEheVO – (Brüssel II)[1] ergab sich die Notwendigkeit einer Neufassung des AVAG, das am 19.2.2001 verkündet wurde (AVAG 2001)[2] und schon kurze Zeit später wegen der zum 1.3.2002 in Kraft tretenden Brüssel-I-VO novelliert werden musste.[3] Nachdem

1

---

[1] ABl. EG Nr. L 160/19 vom 30.6.2000.
[2] Gesetz zur Ausführung zwischenstaatlicher Verträge und zur Durchführung von Verordnungen der Europäischen Gemeinschaft auf dem Gebiet der Anerkennung und Vollstreckung in Zivil- und Handelssachen vom 19.2.2001 – BGBl. 2 I 288, ber. 436.
[3] Gesetz zur Änderung des Anerkennungs- und Vollstreckungsausführungsgesetzes vom 30.1.2002 – BGBl. I 564.

Vor AVAG

die EuEheVO vom 29.5.2000 durch diejenige vom 22.11.2003 (Brüssel IIa) ersetzt worden war[4], wurde unter Aufhebung der §§ 50–54 AVAG mit dem IntFamRVG vom 26.1.2005 ein eigenes familienrechtliches Ausführungsgesetz geschaffen.[5]

2   In der Folgezeit wurden wiederholt Änderungen des AVAG erforderlich. Aus Anlass des Inkrafttretens des Übereinkommens vom 30.10.2007 über die gerichtliche Zuständigkeit und die Anerkennung und Vollstreckung in Zivil- und Handelssachen – LugÜ 2007[6] zwischen der Europäischen Gemeinschaft sowie Island, Norwegen und der Schweiz wurde das Gesetz schließlich am 3.12.2009 mit Wirkung ab dem 1.1.2010 neu verkündet.[7]

3   Die grenzüberschreitende Durchsetzung von Unterhaltsansprüchen in der EU richtete sich in der Vergangenheit im Wesentlichen nach der Brüssel-I-VO mit der Folge, dass hierfür ergänzend das AVAG maßgeblich war. Gleiches galt nach § 1 Nr. 1 lit. c AVAG aF für die in der Praxis nicht seltenen Vollstreckbarkeitsverfahren nach den HUVÜ 1973. Im Rahmen der Durchführungsbestimmungen zur EuUnterhaltsVO wurden – zum Teil durch die wörtliche Übernahme von Vorschriften des AVAG – die gesamten nationalen Vorschriften zur Unterhaltsvollstreckung nach EU-Recht sowie aufgrund internationaler Verträge aus dem AVAG und weiteren Ausführungsgesetzen herausgelöst und in dem Auslandsunterhaltsgesetz vom 23.5.2011 – AUG – gebündelt sowie eine Zuständigkeit der Familiengerichte begründet.[8]

4   Weitere Änderungen erfolgten zuletzt durch das Gesetz zur Durchführung der Verordnung (EU) Nr. 1215/2012 sowie zur Änderung sonstiger Vorschriften vom 8.7.2014.[9] Nachdem mit der VO Nr. 1215/2012 – Brüssel-Ia-VO – auf europäischer Ebene mit Wirkung ab dem 10.1.2015 – mit einigen Ausnahmen – das Vollstreckbarkeitsverfahren herkömmlicher Art abgeschafft war, war dies für den Gesetzgeber Anlass den Anwendungsbereich des AVAG weiter zu beschränken und die Durchführungsbestimmungen zur Brüssel-Ia-VO in einen neu geschaffenen 7. Abschnitt des 11. Buches der ZPO zu verlagern. Dies war konsequent, nachdem bereits die europäischen Rechtsakte, die schon vorher eine unmittelbare Vollstreckung von Titeln aus einem anderen Mitgliedstaat ermöglichten (EuVTVO; EuMahnVO, EuBagatellVO) im 11. Buch ihren Standort gefunden hatten. Infolge dieses Systemwechsels und der Ausgliederung der Unterhaltsvollstreckung wird das AVAG zunehmend an Bedeutung verlieren.

II. Gesetzessystematik

5   Der Anwendungsbereich des AVAG ist der Auflistung in § 1 zu entnehmen. Infolge der Herauslösung der Unterhaltsvollstreckung und nunmehr auch der Brüssel-I-VO hat sich dieser weitgehend reduziert. Neben den in § 1 Abs. 1 Nr. 1 lit. c) bis e) genannten bilateralen Verträgen sind dies die alten multilateralen Übereinkommen auf europäischer Ebene, nämlich das EuGVÜ und das LugÜ (§ 1 Abs. 1 Nr. 1 lit. a) und b)) sowie das Übereinkommen der Europäischen Union mit den verbliebenen früheren EFTA-Staaten (Island, Norwegen, Schweiz) – **LugÜ 2007** – (§ 1 Abs. 1 Nr. 2). Die hierin genannten unterschiedlichen Regelwerke (bi- und multilaterale Verträge bedingen ein Regel-, Ausnahmeverhältnis. Dem trägt der Gesetzesaufbau Rechnung, indem in einem Allgemeinen Teil (§§ 1–34 AVAG) neben dem Geltungsbereich allgemeine Grundsätze zum Ablauf des Vollstreckbarkeitsverfahrens normiert sowie in einem Besonderen Teil Sonderregeln für einzelne Abkommen

---

4   Verordnung (EG) Nr. 2201/2003 des Rates über die Zuständigkeit und die Anerkennung und Vollstreckung von Entscheidungen in Ehesachen und in Verfahren betreffend die elterliche Verantwortung und zur Aufhebung der Verordnung (EG) Nr. 1347/2000 – ABl. EU L 338 S. 1.
5   Gesetz zur Aus- und Durchführung bestimmter Rechtsinstrumente auf dem Gebiet des internationalen Familienrechts – BGBl. I 162.
6   ABl. EU Nr. L 339 S. 1.
7   BGBl. I 3830.
8   BGBl. I 898; siehe auch vor EuUnterhaltsVO Rdn. 2.
9   BGBl. I S. 890.

den. Insbesondere für das in der Praxis relevante Verfahren nach dem LugÜ 2007 vorgesehbau nicht gerade zur Übersichtlichkeit bei, denn der Gesetzgeber hatte sowohl bei trägt ässung des AVAG wie auch bei der früheren, bei der die inzwischen abgelöste Brüsselder Anwendungsbereich des Gesetzes fiel, auch die Rechtsprechung des EuGH zu berücknach der Inhalt von gemeinschaftsrechtlichen Regelungen in nationalen Gesetzen holt werden darf, weil ansonsten die Tatsache ihrer unmittelbaren Geltung verschleiert nte.[10] Da die Europäische Union selbst Vertragspartner des LugÜ ist, handelt es sich esem Abkommen um unmittelbar geltendes EU-Recht. Dies wiederum hat dazu geführt, Art. 55 Abs. 1 AVAG – letztlich ohne nennenswerte Auswirkungen auf den Verfahrensie dort genannten Vorschriften des Allgemeinen Teils im Vollstreckbarkeitsverfahren nach Ü 2007 keine Anwendung finden. Wegen dieser Intransparenz ist der Kommentierung :lnen Vorschriften jeweils ein Hinweis zum Anwendungsbereich der Norm vorangestellt.

---

10 EuGHE 1985, 1057, 1074.

§ 1 AVAG Anwendungsbereich

Teil 1. Allgemeines

Abschnitt 1. Anwendungsbereich; Begriffsbestimmungen

§ 1 Anwendungsbereich

(1) Diesem Gesetz unterliegen
1. die Ausführung folgender zwischenstaatlicher Verträge (Anerkennungs- und Vollstreckungsverträge):
   a) Übereinkommen vom 27. September 1968 über die gerichtliche Zuständigkeit und die Vollstreckung gerichtlicher Entscheidungen in Zivil- und Handelssachen BGBl. II 1972 S. 773);
   b) Übereinkommen vom 16. September 1988 über die gerichtliche Zuständigkeit und die Vollstreckung gerichtlicher Entscheidungen in Zivil- und Handelssachen (BGBl. II 1994 S. 2658);
   c) Vertrag vom 17. Juni 1977 zwischen der Bundesrepublik Deutschland und dem Königreich Norwegen über die gegenseitige Anerkennung und Vollstreckung gerichtlicher Entscheidungen und anderer Schuldtitel in Zivil- und Handelssachen BGBl. II 1981 S. 341);
   d) Vertrag vom 27. Juli 1977 zwischen der Bundesrepublik Deutschland und dem Staat Israel über die gegenseitige Anerkennung und Vollstreckung gerichtlicher Entscheidungen in Zivil- und Handelssachen (BGBl. II 1980 S. 925);
   e) Vertrag vom 14. November 1983 zwischen der Bundesrepublik Deutschland und Spanien über die Anerkennung und Vollstreckung von gerichtlichen Entscheidungen und Vergleichen sowie vollstreckbaren öffentlichen Urkunden in Zivil- und Handelssachen (BGBl. II 1987 S. 34).
2. die Durchführung des Übereinkommens vom 30.10.2007 über die gerichtliche Zuständigkeit und die Anerkennung und Vollstreckung von Entscheidungen in Zivil- und Handelssachen.

(2) Abkommen nach Absatz 1 Nummer 2 werden als unmittelbar geltendes Recht der Europäischen Union durch die Durchführungsbestimmungen dieses Gesetzes nicht berührt. Unberührt bleiben auch die Regelungen der Anerkennungs- und Vollstreckungsverträge; dies gilt insbesondere für die Regelungen über
1. den sachlichen Anwendungsbereich,
2. die Art der Entscheidungen und sonstigen Titel, die im Inland anerkannt und zur Zwangsvollstreckung zugelassen werden können,
3. das Erfordernis der Rechtskraft der Entscheidungen,
4. die Art der Urkunden, die im Verfahren vorzulegen sind und
5. die Gründe, die zur Versagung der Anerkennung oder Zulassung der Zwangsvollstreckung führen.

(3) Der Anwendungsbereich des Auslandsunterhaltsgesetzes vom 23. Mai 2011 (BGBl. I S. 898) bleibt unberührt.

Übersicht	Rdn.		Rdn.
I. Anwendungsbereich des Gesetzes	1	III. Subsidiäre Geltung der ZPO und Prüfungsreihenfolge	5
II. Vorrang des LugÜ 2007 und der Übereinkommen	4	IV. Teilexequatur	6

I. Anwendungsbereich des Gesetzes

1 Abs. 1 enthält eine abschließende Regelung des Anwendungsbereiches des Gesetzes. Soweit sich die Vollstreckbarkeit ausländischer Entscheidungen nach sonstigen bi- oder multilateralen Abkommen richtet, gelten die hierzu seinerzeit erlassenen Ausführungsgesetze weiter.

Ferner bezieht sich der Anwendungsbereich des AVAG nur auf solche Regelungswerke, die ein Vollstreckbarkeitsverfahren erfordern. Dies ist bei den EU-Verordnungen, bei denen der europäische Normgeber den Systemwechsel vollzogen und das Vollstreckbarkeitsverfahren herkömmlicher Art abgeschafft hat – also bei der Brüssel-Ia-VO, der EuVTVO, der EuMahnVO und der EuBagatellVO – nicht der Fall. Weil hiernach Titel aus einem Mitgliedstaat der EU ohne gesondertes Vollstreckbarkeitsverfahren in einem anderen Mitgliedstaat genau so vollstreckbar sind, wie eine dort ergangene Entscheidung, sind die notwendigen nationalen Durchführungsbestimmungen systematisch richtig mit den §§ 1079–1117 in die ZPO integriert.

Die Anwendbarkeit des in § 1 Abs. 1 lit. e aufgeführten deutsch-israelischen Vertrags und damit des AVAG wird in der Rechtsprechung auch auf Entscheidungen erstreckt, die von Gerichten im Westjordanland, also dem von der palästinensischen Autonomieregierung verwalteten Gebiet ergangen sind.[1]

II. Vorrang des LugÜ 2007 und der Übereinkommen

Durch Abs. 2 wird klargestellt, dass Regelungen im LugÜ 2007 und in den in Abs. 1 aufgeführten Abkommen Vorrang haben vor denjenigen des AVAG. Dabei ist die Aufzählung in Nr. 1 nicht abschließend.[2] Abs. 3 enthält lediglich einen klarstellenden Hinweis, dass für die Unterhaltsvollstreckung nicht das AVAG, sondern das AUG einschlägig ist.

III. Subsidiäre Geltung der ZPO und Prüfungsreihenfolge

Für den Fall, dass es Regelungen zu verfahrensrechtlichen Fragen weder in unmittelbar geltenden europäischen Rechtsnormen bzw. den einschlägigen Abkommen, noch im AVAG gibt, gelten subsidiär die Vorschriften der ZPO.[3] Es ist daher wie folgt zu prüfen:
1. Ist das LugÜ 2007 oder eines der in § 1 Abs. 1 AVAG aufgelisteten Abkommen einschlägig?
2. Ist die zu beurteilende Verfahrensfrage im LugÜ 2007 oder dem anwendbaren Abkommen geregelt?
3. Gibt es zu der Frage eine Vorschrift im Allgemeinen Teil des AVAG?
4. Ist im Besonderen Teil des AVAG (§§ 35–56) ggf. eine Sonderregelung enthalten?
5. Welche Vorschrift der ZPO kann ggf. für die Problemlösung herangezogen werden?

IV. Teilexequatur

Fällt eine Entscheidung nur teilweise in den Anwendungsbereich eines der Abkommen, z. B. wenn neben einer Verurteilung zu einer Zahlung, die nach dem LugÜ 2007 für vollstreckbar erklärt werden kann, auch eine nach Art. 1 Abs. 2 lit. a des Abkommens vom Anwendungsbereich ausgenommene Regelung erbrechtlicher Fragen erfolgt, kann eine Teilexequatur im Verfahren nach dem AVAG beantragt werden (vgl. auch Art. 48 LugÜ 2007). Demgegenüber richtet sich wegen des ausgenommenen Teils, also im Beispielsfall wegen der erbrechtlichen Entscheidung das Vollstreckbarkeitsverfahren nach dem einschlägigen Übereinkommen mit dem jeweiligen Urteilsstaat in Verbindung mit dem hierzu erlassenen Ausführungsgesetz oder, falls es ein solches Übereinkommen nicht gibt, nach den §§ 722, 723 ZPO.

§ 2 Begriffsbestimmungen

Im Sinne dieses Gesetzes sind
1. Mitgliedstaat jeder Mitgliedstaat der Europäischen Union,

---

1 OLG München FamRZ 2000, 1172.
2 *Zöller/Geimer*, § 1 AVAG Rn. 3.
3 Gesetzesbegründung zum AVAG 1988, BT-Drucks. 11/351 S. 17.

2. **Titel** jede Entscheidung, jeder gerichtliche Vergleich und jede öffentliche Urkunden, auf die oder den der jeweils auszuführende Anerkennungs- und Vollstreckungsvertrag nach § 1 Absatz 1 Nummer 1 oder das jeweils durchzuführende Abkommen nach § 1 Absatz 1 Nummer 2 Anwendung findet, und
3. **Vertragsstaat** jeder Staat, mit dem die Bundesrepublik Deutschland einen Anerkennungs- und Vollstreckungsvertrag nach § 1 Absatz 1 Nummer 1 abgeschlossen hat.

Abschnitt 2. Zulassung der Zwangsvollstreckung aus ausländischen Titeln

§ 3 Zuständigkeit

(1) Für die Vollstreckbarerklärung von Titeln aus einem anderen Staat ist das Landgericht ausschließlich zuständig.

(2) Örtlich zuständig ist ausschließlich das Gericht, in dessen Bezirk der Verpflichtete seinen Wohnsitz hat, oder, wenn er im Inland keinen Wohnsitz hat, das Gericht, in dessen Bezirk die Zwangsvollstreckung durchgeführt werden soll. Der Sitz von Gesellschaften und juristischen Personen steht dem Wohnsitz gleich.

(3) Über den Antrag auf Erteilung der Vollstreckungsklausel entscheidet der Vorsitzende einer Zivilkammer.

Übersicht	Rdn.		Rdn.
I. Anwendungsbereich der Norm	1	III. Örtliche Zuständigkeit	3
II. Sachliche Zuständigkeit	2	IV. Funktionelle Zuständigkeit	4

I. Anwendungsbereich der Norm

1 Gem. § 55 gilt die Vorschrift des § 3 wegen des Grundsatzes, dass der Inhalt von gemeinschaftsrechtlichen Regelungen in nationalen Gesetzen nicht wiederholt werden darf[1], nicht, soweit sich das Vollstreckbarkeitsverfahren nach dem LugÜ 2007 richtet. Insoweit ist Art. 39 LugÜ 2007 i. V. m. der Anlage II zur LugÜ 2007 maßgeblich.

II. Sachliche Zuständigkeit

2 Die ausschließliche Zuständigkeit des Landgerichts bezieht sich nur auf die in § 1 Abs. 1 aufgeführten Abkommen, allerdings mit der Maßgabe, dass – anders als nach früherer Rechtslage[2] – sich die Vollstreckung von **Unterhaltsentscheidungen** auch dann nur nach dem **AUG** richtet, wenn diese in den Anwendungsbereich eines der Abkommen fallen, wie dies z. B. beim LugÜ 2007 der Fall ist.

III. Örtliche Zuständigkeit

3 Anders als nach Art. 39 LugÜ 2007, der nach Wahl des Gläubigers die gleichberechtigten Gerichtsstände des Wohnortes des Antragsgegners und des (potentiellen) Vollstreckungsortes zur Verfügung stellt[3], ist nach § 3 Abs. 2 primär das Gericht des Wohn- oder Firmensitzes des Antragsgegners und nur subsidiär das Gericht des Vollstreckungsortes ausschließlich zuständig. Bei einem Vollstreckbarkeitsantrag, der gegen mehrere Antragsgegner gerichtet ist, ist in entsprechender Anwendung des Art. 6 Nr. 1 LugÜ 2007 jedes Landgericht zuständig, in dem einer der Antragsgegner seinen

---

1 Siehe Vor AVAG Rdn. 5.
2 Siehe Vorauflage § 3 AVAG Rdn. 2.
3 Siehe Art. 39 Brüssel-I-VO Rdn. 3.

Wohnsitz hat.[4] Da der Schuldner im erstinstanzlichen Verfahren gem. § 6 nicht anzuhören ist, kann er die Rüge einer fehlenden örtlichen Zuständigkeit auch noch im Beschwerdeverfahren erheben. § 571 Abs. 2 Satz 2 ZPO gilt deshalb nicht.[5] Für das Rechtsbeschwerdeverfahren ist die Rüge indes durch § 17 Abs. 1 Satz 2 ausgeschlossen.

IV. Funktionelle Zuständigkeit

Der Vorsitzende der Zivilkammer ist kraft der ihm durch § 3 Abs. 3 verliehenen originären Zuständigkeit eigenständiger Spruchkörper und auch kein Einzelrichter i. S. d. §§ 348, 348a ZPO.[6] Er kann deswegen weder seine Aufgaben an ein anderes Kammermitglied delegieren, noch ist eine Vorlage an die Kammer zur Übernahme gem. § 348 Abs. 3 ZPO möglich. Im Fall seiner Verhinderung entscheidet sein geschäftsplanmäßiger Vertreter.[7]

4

§ 4 Antragstellung

(1) Der in einem anderen Staat vollstreckbare Titel wird dadurch zur Zwangsvollstreckung zugelassen, dass er auf Antrag mit der Vollstreckungsklausel versehen wird.

(2) Der Antrag auf Erteilung der Vollstreckungsklausel kann bei dem zuständigen Gericht schriftlich eingereicht oder mündlich zu Protokoll der Geschäftsstelle erklärt werden.

(3) Ist der Antrag entgegen § 184 des Gerichtsverfassungsgesetzes nicht in deutscher Sprache abgefasst, so kann das Gericht dem Antragsteller aufgeben, eine Übersetzung des Antrages beizubringen, deren Richtigkeit von einer
1. in einem Mitgliedstaat der Europäischen Union oder in einem anderen Vertragsstaat des Abkommens über den Europäischen Wirtschaftsraum oder
2. in einem Vertragsstaat des jeweils auszuführenden Anerkennungs- und Vollstreckungsvertrages

hierzu befugten Person bestätigt worden ist.

(4) Der Ausfertigung des Titels, der mit der Vollstreckungsklausel versehen werden soll und seiner Übersetzung, soweit eine solche vorgelegt wird, sollen zwei Abschriften beigefügt werden.

Übersicht	Rdn.		Rdn.
I. Funktion der Vollstreckungsklausel	1	II. Antrag	2

I. Funktion der Vollstreckungsklausel

Die Erteilung der Vollstreckungsklausel nach § 4 Abs. 1 hat eine andere Funktion als die innerstaatliche Klausel nach den §§ 724 ff. ZPO Letztere stellt »nur« die Vollstreckbarkeit und Vollstreckungsreife eines Titels zugunsten eines bestimmten Gläubigers gegen einen bestimmten Schuldner mit Bindungswirkung für die Vollstreckungsorgane fest.[1] Dagegen wird durch die Klausel nach § 4 Abs. 1 überhaupt erst ein inländischer Titel geschaffen, d. h. der ausländischen Entscheidung wird

1

---

4 *Musielak/Lackmann*, § 3 AVAG Rn. 2; *Rauscher/Mankowski*, EuZPR/EuIPR, Art. 39 Brüssel I-VO Rn. 7; *Zöller/Geimer*, § 3 AVAG Rn. 2; a. A. für das Ausf.G zum deutsch-österr. Vertrag: BayObLG, NJW 1988, 2184.
5 OLG Köln, OLGReport 1993, 172 = RIW 1993, 498; RIW 2004, 868; OLGReport 2008, 98.
6 OLG Köln, IPRax 2003, 354; zu der Frage, ob evtl. im Verfahren nach der Brüssel-I-VO auch der Vorsitzende einer Kammer für Handelssachen zuständig sein kann siehe Art. 39 Brüssel-I-VO Rn. 1.
7 *Thomas/Putzo/Reichold*, § 568 ZPO Rn. 2; *Zöller/Geimer*, § 3 AVAG Rn. 2.
1 Siehe näher Vor §§ 724–734 Rdn. 1.

rechtsgestaltend die Vollstreckbarkeit im Inland verliehen.[2] Ihr kommt daher die gleiche Funktion zu, wie einem Vollstreckungsurteil nach den §§ 722, 723.[3]

II. Antrag

2 Wegen der durch § 4 Abs. 2 eröffneten Möglichkeit der Antragstellung zu Protokoll der Geschäftsstelle besteht kein Anwaltszwang (§ 78 Abs. 5 ZPO). Im Hinblick auf Abs. 3 ist die Einreichung des Antrags in deutscher Sprache keine Zulässigkeitsvoraussetzung. Da der Vorsitzende der Zivilkammer in einem solchen Fall die Einreichung einer Übersetzung verlangen »kann«, die den Anforderungen der Nr. 1 oder 2 entspricht, also ganz von einer solchen absehen kann[4], hat er auch die Möglichkeit, sich mit einer unbeglaubigten Übersetzung zu begnügen.[5] Sieht der Vorsitzende der Zivilkammer von der Vorlage einer Übersetzung ab, weil er die Sprache in der der Antrag abgefasst ist, beherrscht, so sind auch das Beschwerde- oder das Rechtsbeschwerdegericht befugt, dem Antragsteller die Beibringung einer Übersetzung der Antragsschrift aufzugeben.[6] Auch ein Mangel der Schriftform des Antrags kann ggf. durch Nachholung der Unterschrift im Verlaufe des Verfahrens geheilt werden.[7]

3 Bei etwaigen **Mängeln des Antrags**, die nicht selten sind, weil auch anwaltliche Vertreter von Gläubigern nicht immer mit den Besonderheiten des Vollstreckbarkeitsverfahrens vertraut sind, hat der Vorsitzende der Zivilkammer gem. § 139 ZPO zu veranlassen, dass ein sachdienlicher Antrag gestellt wird und die Bescheinigung gem. Art. 54 LugÜ 2007 i. V. m. dem Anhang V zur LugÜ 2007 oder die nach dem anzuwendenden Abkommen erforderlichen Urkunden sowie die gem. Art. 4 Abs. 3 erforderlichen Abschriften beigebracht werden. Insbesondere hat er zu veranlassen, dass bei ausländischen Titeln, die nach deutschem Verständnis nicht hinreichend bestimmt sind, ergänzende Angaben – etwa zur Höhe eines Zinsanspruchs – gemacht werden, die eine Konkretisierung des Titels ermöglichen.[8]

§ 5 Zustellungsempfänger

(1) Hat die antragstellende Person keinen Zustellungsbevollmächtigten im Sinn des § 184 Abs. 1 Satz 1 der Zivilprozessordnung benannt, so können bis zur nachträglichen Benennung eines Zustellungsbevollmächtigten alle Zustellungen an sie durch Aufgabe zur Post (§ 184 Abs. 1 Satz 2 und Abs. 2 der Zivilprozessordnung) bewirkt werden.

(2) Absatz 1 gilt nicht, wenn die antragstellende Person einen Verfahrensbevollmächtigten für das Verfahren benannt hat, an den im Inland zugestellt werden kann.

Übersicht	Rdn.		Rdn.
I. Zweck der Norm	1	II. Vertretung durch einen Bevollmächtigten	2

---

2 *Zöller/Geimer*, § 4 AVAG Rn. 1.
3 Siehe dazu § 722 Rdn. 3.
4 Gesetzesbegründung zum AVAG 1988, BT-Drucks. 11/351 S. 19.
5 BGHZ 75, 167.
6 Gesetzesbegründung zum AVAG 1988, BT-Drucks. 11/351 S. 19.
7 OLG Nürnberg IPRspr. 2011, 706, nachfolgend BGH, B. v. 28.6.2012 mit Verwerfung einer Rechtsbeschwerde wegen Fehlens der Voraussetzungen des § 574 Abs. 2 ZPO (keine Divergenz).
8 Siehe hierzu näher Art. 38 Brüssel-I-VO Rdn. 4–8.

I. Zweck der Norm

Die Verpflichtung zur Benennung eines inländischen Zustellungsempfängers soll der Vereinfachung und Beschleunigung des Verfahrens dienen.[1] Nennenswerte praktische Bedeutung hat die Vorschrift nicht, da die fehlende Benennung nur dazu führt, dass Zustellungen durch Aufgabe zur Post bewirkt werden können, aber ansonsten sanktionslos bleibt. Damit wird nur das Risiko der Fehlleitungen von Postsendungen auf den Antragsteller verlagert.

II. Vertretung durch einen Bevollmächtigten

Durch das Änderungsgesetz vom 17.4.2007 wurden mit Wirkung ab dem 1.7.2007 der Wortlaut der Norm an § 17 IntFamRVG angeglichen sowie die bisherigen Abs. 2 bis 4 durch den neuen Abs. 2 ersetzt.[2] Verfahrensbevollmächtigter kann neben einem in Deutschland zugelassenen Rechtsanwalt jede Person sein, die nach dem Gesetz über die Tätigkeit europäischer Rechtsanwälte in Deutschland vom 9.3.2000[3] berechtigt ist, im Inland als Rechtsanwalt aufzutreten. Soweit kein Anwaltszwang besteht, also im erstinstanzlichen Verfahren und im Beschwerdeverfahren vor dem OLG, solange keine mündliche Verhandlung angeordnet ist (§ 13 Abs. 2), kann auch eine sonstige natürliche oder juristische Person, an die im Inland zugestellt werden kann, bevollmächtigt werden.[4]

§ 6 Verfahren

(1) Das Gericht entscheidet ohne Anhörung des Verpflichteten.

(2) Die Entscheidung ergeht ohne mündliche Verhandlung. Jedoch kann eine mündliche Verhandlung mit dem Antragsteller oder seinem Bevollmächtigten stattfinden, wenn der Antragsteller oder der Bevollmächtigte hiermit einverstanden ist und die Erörterung der Beschleunigung dient.

(3) Im ersten Rechtszug ist die Vertretung durch einen Rechtsanwalt nicht erforderlich.

Übersicht

	Rdn.		Rdn.
I. Anwendungsbereich	1	III. Auswirkungen einer Insolvenzeröffnung	4
II. Einseitiges Verfahren	2		

I. Anwendungsbereich

Gem. Art. 55 Abs. 1 ist Abs. 1 wegen des inhaltsgleichen Art. 41 Satz 2 LugÜ 2007 im Verfahren nach der LugÜ 2007 nicht anwendbar.

II. Einseitiges Verfahren

Das Vollstreckbarkeitsverfahren ist in erster Instanz nur einseitig ohne Äußerungsmöglichkeit für den Schuldner ausgestaltet. Anders als im nationalen Klauselverfahren, bei dem zwar ebenfalls in der Regel keine Anhörung des Schuldners erfolgt, aber wegen § 730 ZPO möglich ist, ist die fehlende Beteiligung des Schuldners in diesem Verfahrensabschnitt zur Gewährleistung einer effektiven und schnellen Vollstreckungsmöglichkeit abgesehen von dem Sonderfall der Anhörung auf Antrag des

---

[1] Gesetzesbegründung zum AVAG 1988 – BT-Drucks. 11/351 S. 19 – sowie zum Änderungsgesetz vom 17.4.2007 – BR-Drucks. 547/06 S. 12.
[2] Anerkennungs- und VollstreckungsausführungsG-ÄndG v. 17.4.2007 – BGBl. I 529 – i. V. m. der Bekanntmachung v. 12.6.2007 – BGBl. I 1058.
[3] BGBl. I 182 berechtigt 1349.
[4] Gesetzesbegründung zum Änderungsgesetz v. 17.4.2007 – BR-Drucks. 547/06 S. 12.

Gläubigers gem. § 7 Abs. 2 zwingend.¹ Zur Erreichung des Beschleunigungseffekts kann auf einen entsprechenden Antrag des Antragstellers mit ihm oder seinem Bevollmächtigten, nicht aber mit dem Antragsgegner einseitig mündlich verhandelt werden.²

3   Soweit für das Verfahren Regelungen im AVAG nicht erfolgt sind, findet die ZPO subsidiär Anwendung.³ Daneben gelten – etwa wegen der Gerichtssprache – die Vorschriften des GVG.

III. Auswirkungen einer Insolvenzeröffnung

4   Umstritten ist es, ob die Eröffnung des Insolvenzverfahrens über das Vermögen des Schuldners entsprechend § 240 ZPO zu einer Unterbrechung des Vollstreckbarkeitsverfahrens führt. In der Rechtsprechung der OLG wird dies für das erstinstanzliche Verfahren mit Recht verneint.⁴ Dagegen dürfte für das kontradiktorische Beschwerdeverfahren § 240 ZPO entsprechend anwendbar sein und zwar nicht nur bei einer Inlandsinsolvenz, sondern auch bei einer Auslandsinsolvenz, die in den Anwendungsbereich der EuInsO fällt.⁵

§ 7 Vollstreckbarkeit ausländischer Titel in Sonderfällen

(1) Hängt die Zwangsvollstreckung nach dem Inhalt des Titels von einer dem Berechtigten obliegenden Sicherheitsleistung, dem Ablauf einer Frist oder dem Eintritt einer anderen Tatsache ab oder wird die Vollstreckungsklausel zu Gunsten eines anderen als des im Titel bezeichneten Berechtigten oder gegen einen anderen als den darin bezeichneten Verpflichteten beantragt, so ist die Frage, inwieweit die Zulassung der Zwangsvollstreckung von dem Nachweis besonderer Voraussetzungen abhängig ist oder ob der Titel für oder gegen einen anderen vollstreckbar ist, nach dem Recht des Staates zu entscheiden, in dem der Titel errichtet ist. Der Nachweis ist durch Urkunden zu führen, es sei denn, dass die Tatsachen bei dem Gericht offenkundig sind.

(2) Kann der Nachweis durch Urkunden nicht geführt werden, so ist auf Antrag des Berechtigten der Verpflichtete zu hören. In diesem Fall sind alle Beweismittel zulässig. Das Gericht kann auch die mündliche Verhandlung anordnen.

Übersicht	Rdn.		Rdn.
I. Anwendungsbereich der Norm	1	II. Regelungsgehalt	3

I. Anwendungsbereich der Norm

1   Gem. Art. 55 Abs. 1 sind Abs. 1 Satz 2 sowie Abs. 2 im Verfahren nach dem LugÜ 2007 nicht anwendbar. Dem liegt die Erwägung des Gesetzgebers zugrunde, dass die bisher geltende Brüssel-I-VO, der das LugÜ 2007 inhaltlich entspricht, zwar für die in § 7 Abs. 1 Satz 1 geregelten Sonderfälle keine ausdrückliche Regelung treffe, aber in den Art. 41, 53 bis 56 allgemeine Vorschriften über die Anhörung des Antragsgegners und über die Beweisführung enthalte, welche für entsprechende nationale Regelungen keinen Raum lasse. Dies schließe aber nicht aus, dass eine auf Sinn und Zweck abstellende Auslegung zu denselben Ergebnissen führen könne, wie die durch Art. 55 Abs. 1

---

1 Siehe näher Art. 41 Brüssel-I-VO Rdn. 1.
2 Gesetzesbegründung zum AVAG 1988, BT-Drucks. 11/351 S. 20; *Musielak/Lackmann*, § 6 AVAG Rn. 2; a. A. *Geimer/Schütze*, EuZVR, Art. 41 EuGVVO Rn. 5 u. *Zöller/Geimer*, § 6 AVAG Rn. 1: Ladung des Antragsgegners auf Antrag des Antragstellers möglich.
3 Siehe § 1 AVAG Rdn. 5.
4 OLG Zweibrücken, NZI 2001, 148; OLG Frankfurt, IPRax 2002, 35 mit Anm. *Rinne* S. 28; OLG Bamberg, IPRax 2007, 454 mit Anm. *Gruber*.
5 OLG Köln, ZIP 2007, 2287 mit Anm. Cranshaw, jurisPR-InsR 6/2008 Anm. 3.

ausgeschlossenen Teile des § 7.[1] Dem wird man mit der Maßgabe zustimmen können, dass in erster Instanz wegen des strikten und ausnahmslosen Anhörungsverbotes des Gegners in Art. 41 Satz 1 Brüssel-I-VO zwar ausnahmsweise eine mündliche Verhandlung – nur – mit dem Antragsteller oder Beweiserhebungen, etwa die Einholung eines Rechtsgutachtens nach § 293 ZPO möglich sind, dass aber eine Anhörung oder eine sonstige Beteiligung des Antragsgegners zu unterbleiben hat. Auch bei den Titeln des § 7 Abs. 1 Satz 1 bleibt das Verfahren daher im Anwendungsbereich des LugÜ 2007 in erster Instanz immer nur einseitig.[2]

Raum für eine weitere Sachaufklärung durch entsprechende Anwendung des § 7 Abs. 2 Satz 2 ist aber im erstinstanzlichen Verfahren dann nicht, wenn sich bereits aus einem ergänzenden Zusatz in der Bescheinigung nach Art. 54 LugÜ 2007 i. V. m. der Anlage V ergibt, dass eine nach dem Recht des Mitgliedstaates erforderliche Bedingung für die Vollstreckbarkeit eingetreten, etwa der Nachweis einer Sicherheitsleistung erbracht ist. Es ist dann Sache des Schuldners im kontradiktorischen Beschwerdeverfahren den Gegenbeweis der Unrichtigkeit der Bescheinigung zu führen.[3]

II. Regelungsgehalt

Abweichend von den §§ 726, 727 ZPO brauchen die Nachweise für Voraussetzungen, von denen die Vollstreckbarkeit des ausländischen Titels abhängt oder aus denen sich eine Rechtsnachfolge auf der Gläubiger- oder Schuldnerseite ergibt, nicht durch öffentliche oder öffentlich beglaubigte Urkunden erbracht werden. Vielmehr reicht die Vorlage von Privaturkunden oder ggf. eine sonstige Beweisführung gem. § 7 Abs. 2 aus. Unbeschadet des Umstandes, dass sich nach § 7 Abs. 1 Satz 1 die Frage, inwieweit die Vollstreckbarkeit von dem Nachweis besonderer Voraussetzungen oder einer Rechtsnachfolge abhängig ist, nach dem Recht des Urteilsstaates richtet, erfolgt durch Satz 2 eine gesonderte Regelung über die **Form des Nachweises**. Die Vorlage einer Privaturkunde genügt daher auch dann, wenn im Urteilsstaat ein Nachweis durch öffentliche oder öffentlich beglaubigte Urkunden erforderlich ist.[4] Zu beachten ist aber, dass etwaige in den einzelnen Übereinkommen geregelte Besonderheiten zur Vorlage von Urkunden gem. § 1 Abs. 2 Nr. 4 Vorrang haben.[5]

§ 8 Entscheidung

(1) Ist die Zwangsvollstreckung aus dem Titel zuzulassen, so beschließt das Gericht, dass der Titel mit der Vollstreckungsklausel zu versehen ist. In dem Beschluss ist die zu vollstreckende Verpflichtung in deutscher Sprache wiederzugeben. Zur Begründung des Beschlusses genügt in der Regel die Bezugnahme das durchzuführende Abkommen der Europäischen Union oder den auszuführenden Anerkennungs- und Vollstreckungsvertrag sowie auf von dem Antragsteller vorgelegte Urkunden. Auf die Kosten des Verfahrens ist § 788 der Zivilprozessordnung entsprechend anzuwenden.

(2) Ist der Antrag nicht zulässig oder nicht begründet, so lehnt ihn das Gericht durch mit Gründen versehenen Beschluss ab. Die Kosten sind dem Antragsteller aufzuerlegen.

---

1 Gesetzesbegründung zum Änderungsgesetz v. 30.1.2002 – BT-Drucks. 14/7207 S. 7.
2 Siehe auch MüKo/*Gottwald*, § 41 EuGVO Rn. 3; *Musielak/Lackmann*, § 7 AVAG Rn. 1 sowie *Eichel* GPR 2011, 193 mit Nachweisen zum Meinungsstand.
3 *Rauscher/Mankowski*, EuZPR/EuIPR, Art. 38 Brüssel I-VO Rn. 20.
4 OLG Köln, OLGReport 1998, 436 = InVo 1999, 116 (für einen österr. Titel).
5 Gesetzesbegründung zum AVAG 1988, BT-Drucks. 11/351 S. 20.

Übersicht

		Rdn.			Rdn.
I.	Anwendungsbereich	1	2.	Erfolgreicher Antrag	10
II.	Stattgebende Entscheidung	2	3.	Teilweise erfolgreicher Antrag	11
III.	Ablehnende Entscheidung	7	4.	Erledigung der Hauptsache	12
IV.	Kostenentscheidung	8	5.	Rücknahme des Antrags	13
1.	Nicht begründeter Antrag	9	V.	Gebühren und Streitwert	14

I. Anwendungsbereich

1 Die Vorschrift findet auch für die Vollstreckbarerklärung nach Art. 41 LugÜ 2007 Anwendung, da ihr Geltungsbereich durch Art. 55 nicht ausgenommen oder modifiziert ist. Der BGH hat allerdings im Einklang mit der h. M. in der Literatur für die Parallelnormen der Art. 38 ff. Brüssel-I-VO ein **Rechtsschutzinteresse** für einen Antrag auf Vollstreckbarerklärung für den Fall verneint, dass der Gläubiger bereits über einen Europäischen Vollstreckungstitel verfügt.[1] Diese Auffassung erscheint wegen Art. 27 EuVTVO, der dem Gläubiger ein Wahlrecht zubilligt, und wegen der Auslegungskompetenz des EuGH als zweifelhaft.[2] Eine Einschränkung dieses Wahlrechts durch nationale prozessuale Grundsätze, welche die Zulässigkeit des europäischen Verfahrens einschränken, dürfte daher nicht gerechtfertigt sein. Jedenfalls hätte der BGH dies nicht ohne Vorlage an den EuGH gem. Art. 267 AEUV so judizieren dürfen.[3]

II. Stattgebende Entscheidung

2 Hält das Gericht den Antrag für begründet, erklärt es durch Beschluss die Entscheidung für vollstreckbar. Zur Begründung reicht gem. § 8 Abs. 1 Satz 3 in der Regel die Bezugnahme auf das einschlägige Abkommen und die vorgelegten Urkunden.

3 Bei der Fassung des Beschlusses sind vor allem in den Fällen, in denen die Vollstreckbarkeitserklärung nur teilweise, mit Modifikationen (z. B. wegen zwischenzeitlicher Teilzahlungen) oder mit Konkretisierungen[4] erfolgt, verschiedene Fassungen möglich, sei es dass die Ursprungsentscheidung ihrem Wortlaut nach wiedergegeben und ggf. eingeschränkt wird, sei es dass sie neu gefasst wird. Für den Normalfall könnte ein Tenor wie folgt lauten:

»*Auf Antrag des Antragstellers wird angeordnet, dass das Urteil des ... vom ... – AZ – mit der (Teil-)Vollstreckungsklausel zu versehen ist. Die zu vollstreckende Verpflichtung lautet:*

(Wiedergabe des übersetzten Tenors)«

Eine bestimmte Wortwahl ist allerdings nicht vorgesehen. In Art. 38 LugÜ 2007 ist nur vorgesehen, dass der Titel »für vollstreckbar« zu erklären ist. Wegen der Einzelheiten des Verfahrens ist nach Art. 40 Abs. 1 LugÜ 2007 das Recht des Mitgliedstaates maßgeblich. Deshalb kann ein Tenor, der dahin geht, dass der ausländische Titel für das Gebiet der Bundesrepublik Deutschland »für vollstreckbar erklärt« wird, dahingehend ausgelegt werden, dass hierin zugleich die in § 8 Abs. 1 Satz 1 vorgesehene Klauselerteilungsanordnung liegt.[5]

4 Im Fall einer **Konkretisierung** kann ggf. in Ergänzung zum Wortlaut des ausländischen Tenors eine klarstellende Feststellung erfolgen, z. B.:

»*Es wird festgestellt, dass sich die gesetzlichen Zinsen für das Jahr 2005 auf 8,5 %, für das Jahr 2006 auf 8,2 % und für das Jahr 2007 auf 8 % belaufen*«.

---

1 BGH, NJW-RR 2010, 571 mit weiteren Nachweisen; zustimmend *Bittmann*, IPRax 2011, 55; kritisch *Hess*, EuZPR S. 555 u. *Pfeiffer*, LMK 2010, 303291; siehe näher Art. 27 EuVTVO Rn. 1.
2 *Hess*, EuZPR S. 555.
3 *Pfeiffer*, LMK 2010, 303291.
4 Siehe § 4 Rn. 3 und Art. 38 Brüssel-I-VO Rn. 4–8.
5 OLG Dresden, NJW-RR 2010, 716.

Entscheidend ist es alleine, dass sich aus der Erklärung selbst für die Vollstreckungsorgane eindeutig und zweifelsfrei der Umfang der Vollstreckbarkeit des Titels in Deutschland entnehmen lässt. Eine **Umrechnung** des auf eine ausländische Währung lautenden Titels in Euro findet im Tenor des Beschlusses nicht statt; sie wird erst vom Vollstreckungsorgan bei der Zwangsvollstreckung zum Tageskurs vorgenommen.[6]

Wegen der durch § 9 Abs. 1, letzter Satz angeordneten Notwendigkeit der Festsetzung einer Sicherheitsleistung, mit der der Schuldner die Zwangsvollstreckung aus einem Geldleistungstitel abwenden darf, solange nur die Sicherungsvollstreckung betrieben werden darf, also bis zum Ablauf der Beschwerdefrist bzw. der Entscheidung des OLG über die Beschwerde, ist es sinnvoll, dass deren Höhe bereits in der Anordnung des Vorsitzenden bestimmt wird;[7] denn der für die Klauselerteilung zuständige Urkundsbeamte der Geschäftsstelle dürfte damit überfordert sein.

III. Ablehnende Entscheidung

Hält der Vorsitzende der Zivilkammer den Antrag nicht für begründet, ist dieser durch einen gem. Art. 8 Abs. 2 Satz 1 mit Gründen zu versehenden Beschluss zurückzuweisen. Da hiergegen dem Gläubiger gem. § 11 unbefristet eine Beschwerdemöglichkeit eröffnet ist, kann materielle Rechtskraft erst eintreten, wenn das OLG die Zurückweisung bestätigt hat und die Monatsfrist des § 15 Abs. 2 für die Einlegung der Rechtsbeschwerde abgelaufen ist.[8]

IV. Kostenentscheidung

Regelungen zur Kostenlast finden sich im AVAG nur für den Fall, dass ein Antrag in vollem Umfang begründet ist oder nicht. Für sonstige Konstellationen sind daher die Vorschriften der subsidiär geltenden ZPO anwendbar. Im Einzelnen:

1. Nicht begründeter Antrag

Ist der Antrag nicht begründet, sind die Kosten gem. § 8 Abs. 2 Satz 2 dem Antragsteller aufzuerlegen.

2. Erfolgreicher Antrag

Bei einem erfolgreichen Antrag gilt nach § 8 Abs. 1 Satz 3 wegen der Kosten § 788 ZPO entsprechend. Die Vorschrift erfasst allerdings nur die Kosten des Verfahrens zur Erteilung der Vollstreckungsklausel vor dem Vorsitzenden der Zivilkammer, nicht aber Kosten, die dem Gläubiger in seinem Heimatstaat zur Vorbereitung der Zwangsvollstreckung erwachsen. Können diese letzteren Kosten nach dem Recht des Heimatstaates dort mit der titulierten Hauptsumme ohne Weiteres beigetrieben werden, so können sie hier im Wege der Konkretisierung im Ausspruch der Vollstreckbarkeit beziffert werden.[9] Zweifelhaft ist die Zuständigkeit für die **Festsetzung** der dem Antragsteller im Vollstreckbarkeitsverfahren erwachsenen Kosten. Während das OLG München früher entsprechend § 788 Abs. 2 ZPO das Amtsgericht als Vollstreckungsgericht für zuständig ansah,[10] nimmt es nunmehr in Anlehnung an eine Entscheidung des BGH zur Festsetzung der Kosten für eine Bürgschaft zur Abwendung der Zwangsvollstreckung[11] eine Zuständigkeit des Prozessgerichts

---

6 Siehe § 723 Rn. 5.
7 *Musielak/Lackmann*, § 8 AVAG Rn. 2.
8 Vgl. zu dem Rechtskraftproblem bei Zurückweisung eines Antrags wegen Fehlens von Unterlagen Art. 41 Brüssel-I-VO Rn. 4.
9 OLG Köln, InVo 2000, 289; enger OLG Saarbrücken, InVo 2002, 78: Vorherige Bezifferung durch einen Kostenfestsetzungsbeschluss im Urteilsstaat notwendig.
10 OLG München, FamRZ 2002, 408.
11 BGH, NJW-RR 2008, 515.

für den Fall an, dass eine Zwangsvollstreckung aus dem für vollstreckbar erklärten Titel (noch) nicht stattgefunden hat.[12]

3. Teilweise erfolgreicher Antrag

11 Für den Fall, dass der Antrag nur teilweise Erfolg hat und die Zuvielforderung verhältnismäßig geringfügig war, gilt § 92 Abs. 2 ZPO entsprechend.[13] Ansonsten hat in Anwendung des Maßstabes des § 92 Abs. 1 ZPO eine Quotierung zu erfolgen.

4. Erledigung der Hauptsache

12 Eine Erledigung der Hauptsache kommt allenfalls erst in dem kontradiktorischen Beschwerdeverfahren in Betracht.[14] Falls übereinstimmende Erledigungserklärungen vorliegen, hat eine Kostenentscheidung nach billigem Ermessen entsprechend § 91a ZPO zu ergehen.[15] Allerdings stellt die Aufhebung des ausländischen Urteils im Urteilsstaat während des Vollstreckbarkeitsverfahrens keine Erledigung der Hauptsache dar. Vielmehr betreibt ein Gläubiger das Vollstreckbarkeitsverfahren aus einem nur vorläufig vollstreckbaren Titel auf sein eigenes Risiko. Durch die Aufhebung des Titels hat sich damit der Antrag auf Klauselerteilung rückwirkend als unberechtigt erwiesen mit der Folge, dass der Antragsgegner auf eine – einseitige – Erledigungserklärung hin nicht mit Kosten belastet werden kann. Vielmehr sind ihm im Fall der Aufhebung des Titels erst im Verlaufe des Beschwerdeverfahrens unter Aufhebung der erstinstanzlichen Vollstreckbarkeitsentscheidung die Kosten gem. § 788 Abs. 3 ZPO zu erstatten.[16]

5. Rücknahme des Antrags

13 Bei einer Rücknahme des Antrags findet § 269 Abs. 3 ZPO entsprechende Anwendung. Wegen der Veranlasserhaftung des Antragstellers gegenüber der Gerichtskasse besteht Anlass für eine Kostenentscheidung aber erst dann, wenn der Antragsgegner am Verfahren beteiligt ist, also abgesehen von dem Sonderfall des § 7 Abs. 2 normalerweise erst im Beschwerdeverfahren.

V. Gebühren und Streitwert

14 Der Streitwert für das Verfahren ist nach der vollstreckbaren Hauptforderung zuzüglich der im Ursprungsstaat mit ausgeurteilten bezifferten Kosten ohne sonstige Kosten und ohne Zinsen zu bemessen.[17] Soweit der Titel auf eine ausländische Währung lautet, ist gem. § 40 GKG der Wechselkurs bei Eingang des Antrags bzw. in der Rechtsmittelinstanz bei Eingang des Rechtsmittels maßgeblich.[18]

15 An Kosten fällt eine gerichtliche Festgebühr von 240,00 Euro gem. Nr. KV Nr. 1510 GKG an. Diese ermäßigt sich gem. KV Nr. 1511 GKG auf 90,00 Euro, wenn der Antrag zurückgenommen wird, bevor mündlich verhandelt worden ist oder – für den Normalfall eines Verfahrens ohne mündliche Verhandlung – bevor eine Entscheidung auf die Geschäftsstelle gelangt. Der Anwalt erhält eine 1,3 Verfahrensgebühr und ggf. weitere Gebühren gem. VV Nr. 3100 ff. RVG.

---

12 OLG München, NJW-RR 2008, 1665.
13 OLG Saarbrücken, IPRax 1990, 232.
14 BGH, NJW-RR 2010, 571 mit Anm. *Pfeiffer*, LMK 2010, 303291.
15 OLG Zweibrücken, OLGReport 1998, 414; a. A. *Rauscher/Mankowski*, EuZPR/EuIPR, Art. 41 Brüssel I-VO Rn. 14: Erledigungserklärung im AVAG nicht vorgesehen.
16 OLG Düsseldorf, IPRax 1998, 279 mit Anm. *Hau* S. 255; *Schack* IZVR S. 351.
17 BGH, Rpfleger 1957, 15; OLG Köln, OLGReport 1994, 236.
18 BGH, FamRZ 2010, 365.

§ 9 Vollstreckungsklausel

(1) Auf Grund des Beschlusses nach § 8 Abs. 1 erteilt der Urkundsbeamte der Geschäftsstelle die Vollstreckungsklausel in folgender Form:

»Vollstreckungsklausel nach § 4 des Anerkennungs- und Vollstreckungsausführungsgesetzes. Gemäß dem Beschluss des ... (Bezeichnung des Gerichts und des Beschlusses) ist die Zwangsvollstreckung aus ... (Bezeichnung des Titels) zu Gunsten ... (Bezeichnung des Berechtigten) gegen ... (Bezeichnung des Verpflichteten) zulässig.

Die zu vollstreckende Verpflichtung lautet:

... (Angabe der dem Verpflichteten aus dem ausländischen Titel obliegenden Verpflichtung in deutscher Sprache; aus dem Beschluss nach § 8 Abs. 1 zu übernehmen). Die Zwangsvollstreckung darf über Maßregeln zur Sicherung nicht hinausgehen, bis der Gläubiger eine gerichtliche Anordnung oder ein Zeugnis vorlegt, dass die Zwangsvollstreckung unbeschränkt stattfinden darf.«

Lautet der Titel auf eine Leistung von Geld, so ist der Vollstreckungsklausel folgender Zusatz anzufügen:

»Solange die Zwangsvollstreckung über Maßregeln zur Sicherung nicht hinausgehen darf, kann der Schuldner die Zwangsvollstreckung durch Leistung einer Sicherheit in Höhe von ... (Angabe des Betrages, wegen dessen der Berechtigte vollstrecken darf) abwenden.«

(2) Wird die Zwangsvollstreckung nur für einen oder mehrere der durch die ausländische Entscheidung zuerkannten oder in einem anderen ausländischen Titel niedergelegten Ansprüche oder nur für einen Teil des Gegenstandes der Verpflichtung zugelassen, so ist die Vollstreckungsklausel als »Teil-Vollstreckungsklausel nach § 4 des Anerkennungs- und Vollstreckungsausführungsgesetzes vom 19. Februar 2001 (BGBl. I, S. 288)« zu bezeichnen.

(3) Die Vollstreckungsklausel ist von dem Urkundsbeamten der Geschäftsstelle zu unterschreiben und mit dem Gerichtssiegel zu versehen. Sie ist entweder auf die Ausfertigung des Titels oder auf ein damit zu verbindendes Blatt zu setzen. Falls eine Übersetzung des Titels vorliegt, ist sie mit der Ausfertigung zu verbinden.

Übersicht	Rdn.		Rdn.
I. Klauselerteilung	1	II. Unvollständige Klausel	2

I. Klauselerteilung

Die Zustellung einer nicht ordnungsgemäß unterzeichneten Vollstreckungsklausel ist unwirksam und setzt daher keine Notfristen in Lauf.[1] Beschwerdefähig ist aber nur die Anordnung der Klauselerteilung durch den Vorsitzenden der Zivilkammer nach § 8 Abs. 1, nicht aber die Klauselerteilung durch den Urkundsbeamten der Geschäftsstelle.

II. Unvollständige Klausel

Für den Fall, dass die Klausel den nach Abs. 1 erforderlichen Vermerk nicht enthält, dass die Zwangsvollstreckung zunächst nicht über Maßregeln zur Sicherung nicht hinausgehen darf, ist es streitig, ob der Schuldner die erforderliche Ergänzung mit der Vollstreckungserinnerung gem. § 766 ZPO[2] oder mit der Klauselerinnerung gem. § 732 ZPO[3] erreichen kann. Zutreffend dürfte

---

1 BGH, NJW-RR 1998, 141.
2 So *Zöller/Geimer*, § 9 AVAG Rn. 1.
3 So *Musielak/Lackmann*, § 9 AVAG Rn. 2.

Letzteres sein, da das Vollstreckbarkeitsverfahren noch nicht zum Zwangsvollstreckungsverfahren gehört und der Urkundsbeamte der Geschäftsstelle kein Vollstreckungsorgan ist.

§ 10 Bekanntgabe der Entscheidung

(1) Im Falle des § 8 Abs. 1 sind dem Verpflichteten eine beglaubigte Abschrift des Beschlusses, eine beglaubigte Abschrift des mit der Vollstreckungsklausel versehenen Titels und gegebenenfalls seiner Übersetzung sowie der in § 8 Abs. 1 Satz 3 in Bezug genommenen Urkunden von Amts wegen zuzustellen.

(2) Muss die Zustellung an den Verpflichteten im Ausland oder durch öffentliche Bekanntmachung erfolgen und hält das Gericht die Beschwerdefrist nach § 11 Abs. 3 Satz 1 nicht für ausreichend, so bestimmt es in dem Beschluss nach § 8 Abs. 1 oder nachträglich durch besonderen Beschluss, der ohne mündliche Verhandlung ergeht, eine längere Beschwerdefrist. Die Bestimmungen über den Beginn der Beschwerdefrist bleiben auch im Fall der nachträglichen Festsetzung unberührt.

(3) Dem Antragsteller sind eine beglaubigte Abschrift des Beschlusses nach § 8, im Falle des § 8 Abs. 1 ferner eine mit der Vollstreckungsklausel versehene Ausfertigung des Titels und eine Bescheinigung über die bewirkte Zustellung zu übersenden. In den Fällen des Absatzes 2 ist die festgesetzte Frist für die Einlegung der Beschwerde auf der Bescheinigung über die bewirkte Zustellung zu vermerken.

Übersicht	Rdn.		Rdn.
I. Anwendungsbereich	1	III. Bekanntgabe an den Antragsteller	3
II. Zustellung an den Antragsgegner	2		

I. Anwendungsbereich

1 Die Möglichkeit zur Verlängerung der Beschwerdefrist gem. Abs. 2 besteht nicht im Anwendungsbereich des LugÜ 2007, da durch dessen Art. 43 Abs. 5 Satz 2 bei einem Wohnsitz des Schuldners in einem Mitgliedsland der EU die Beschwerdefrist auf zwei Monate festgeschrieben ist. Ergänzend hatte der deutsche Gesetzgeber durch § 55 Abs. 2 in der ab dem 1.7.2007 geltenden Fassung bestimmt, dass in allen Fällen, in denen eine Verordnung oder ein Abkommen der EU anwendbar ist und der Schuldner seinen Wohnsitz im Ausland hat, also nicht nur in einem Mitgliedstaat, sondern auch in einem **Drittstaat** die Beschwerdefrist generell zwei Monate beträgt. Dies war in Anlehnung an § 24 Abs. 2 IntFamRVG aus Gründen der Rechtsvereinfachung geschehen.[1] In der seit dem 10.1.2015 geltenden Fassung gilt die Vorschrift – abgesehen von Altfällen – nur noch im Anwendungsbereich des LugÜ 2007.

II. Zustellung an den Antragsgegner

2 Die förmliche Zustellung an den Antragsgegner ist zwingend; ohne eine solche werden die Beschwerdefristen des Art. 43 LugÜ 2007 bzw. der §§ 11 Abs. 2, 55 Abs. 2 nicht in Lauf gesetzt; eine bloße faktische Kenntnisnahme reicht hierfür nicht aus.[2]

III. Bekanntgabe an den Antragsteller

3 § 10 Abs. 3 sieht lediglich eine formlose Übermittlung der Vollstreckbarkeitserklärung, der mit der Klausel versehenen Ausfertigung des ausländischen Titels und einer Bescheinigung über die Zustellung an den Antragsgegner vor. Es sollte jedoch wegen der zu übermittelnden Originalunterlagen aus Beweisgründen ebenfalls eine förmliche Zustellung erfolgen. Geboten dürfte dies im Hinblick

---

[1] Gesetzesbegründung zum Änderungsgesetz vom 17.4.2007, BR-Drucks. 546/06 S. 13.
[2] EuGHE, I 2006, 1579 = IPRax 2007, 215 mit krit. Anm. *Heiderhoff* S. 202.

auf § 329 Abs. 3 ZPO wegen der Kostenentscheidung zugunsten der Staatskasse dann sein, wenn der Antrag des Gläubigers zurückgewiesen wird.[3]

Die Aufzählung der an den Antragsteller zu übermittelnden Urkunden in § 10 Abs. 3 deutet darauf hin, dass die Bekanntgabe erst nach Zustellung an den Schuldner und Rücklauf eines entsprechenden Nachweises zu erfolgen hat.[4] Deshalb wird die Norm teilweise als europarechtswidrig angesehen, weil sie gegen das Gebot der »unverzüglichen« Mitteilung an den Gläubiger gem. Art. 42 Abs. 1 Brüssel-I-VO verstoße und verhindere, dass die schon vor der Zustellung an den Schuldner mögliche Sicherungsvollstreckung betrieben werden könne.[5] Diese Auslegung ist indes nicht zwingend. Vielmehr schließt § 10 Abs. 3 nicht aus, dass auf ein entsprechendes Begehren des Antragstellers hin die Übermittlung an ihn auch sukzessive erfolgt, also zunächst die Übersendung der Vollstreckbarkeitsanordnung sowie der mit der Klausel versehenen Ausfertigung des Titels. Die Zustellungsbescheinigung kann dann zu gegebener Zeit nachgereicht werden.[6]

4

Abschnitt 3. Beschwerde, Vollstreckungsabwehrklage

§ 11 Einlegung der Beschwerde; Beschwerdefrist

(1) Die Beschwerde gegen die im ersten Rechtszug ergangene Entscheidung über den Antrag auf Erteilung der Vollstreckungsklausel wird bei dem Beschwerdegericht durch Einreichen einer Beschwerdeschrift oder durch Erklärung zu Protokoll der Geschäftsstelle eingelegt. Beschwerdegericht ist das Oberlandesgericht. Der Beschwerdeschrift soll die für ihre Zustellung erforderliche Zahl von Abschriften beigefügt werden.

(2) Die Zulässigkeit der Beschwerde wird nicht dadurch berührt, dass sie statt bei dem Beschwerdegericht bei dem Gericht des ersten Rechtszuges eingelegt wird; die Beschwerde ist unverzüglich von Amts wegen an das Beschwerdegericht abzugeben.

(3) Die Beschwerde des Verpflichteten gegen die Zulassung der Zwangsvollstreckung ist innerhalb eines Monats, im Falle des § 10 Abs. 2 Satz 1 innerhalb der nach dieser Vorschrift bestimmten längeren Frist einzulegen. Die Beschwerdefrist beginnt mit der Zustellung nach § 10 Abs. 1. Sie ist eine Notfrist.

(4) Die Beschwerde ist dem Beschwerdegegner von Amts wegen zuzustellen.

Übersicht	Rdn.			Rdn.
I. Anwendungsbereich................	1	IV.	Beschwerde des Schuldners..........	4
II. Einlegung der Beschwerde...........	2	V.	Beschwerde des Gläubigers..........	6
III. Beteiligung des Beschwerdegegners....	3			

I. Anwendungsbereich

Abs. 1 Satz 2 gilt wegen der inhaltsgleichen Bestimmung des OLG als Beschwerdegericht in der Anlage III zum LugÜ 2007 gem. Art. 55 Abs. 1 im Anwendungsbereich der Verordnung nicht. Entsprechendes gilt wegen der eigenständigen Regelung der Beschwerdefrist in Art. 43 Abs. 5 LugÜ

1

---

3 *Geimer/Schütze*, EuZVR, Art. 42 EuGVVO Rn. 6; *Musielak/Lackmann*, § 8 AVAG Rn. 3; *Rauscher/Mankowski*, EuZPR/EuIPR, Art. 42 Brüssel I-VO Rn. 4.
4 So OLG Saarbrücken, NJW-RR 1994, 639.
5 *Geimer/Schütze*, EuZVR, Art. 42 EuGVVO Rn. 10; *Schlosser*, Art. 42 EuGVVO Rn. 1; *Zöller/Geimer*, § 10 AVAG Rn. 2.
6 *Rauscher/Mankowski*, EuZPR/EuIPR, Art. 42 Brüssel I-VO Rn. 3; *Musielak/Lackmann*, § 10 AVAG Rn. 3; *Hess*, EuZPR S. 357, Fußnote 1045.

§ 11 AVAG Einlegung der Beschwerde; Beschwerdefrist

2007 für Abs. 3. Ferner werden durch Art. 55 Abs. 2 die Fristen des Art. 43 Abs. 5 LugÜ 2007 auch auf Angehörige von Drittstaaten ausgedehnt.[1]

II. Einlegung der Beschwerde

2 Eingelegt werden kann die Beschwerde gem. § 11 Abs. 1 Satz 1 schriftlich oder zu Protokoll der Geschäftsstelle. Der Vertretung durch einen zugelassenen Rechtsanwalt bedarf es gem. §§ 13 Abs. 2, 78 Abs. 3 ZPO nur dann, wenn eine mündliche Verhandlung angeordnet wird.[2] Letzteres wird nur selten erforderlich sein, etwa dann, wenn der Sachverhalt durch persönliche Anhörung der Parteien oder durch Vernehmung von Zeugen aufzuklären ist.

III. Beteiligung des Beschwerdegegners

3 Im Rahmen des Beschwerdeverfahrens vor dem OLG wird das bisher nur einseitige Verfahren erstmals kontradiktorisch; denn in § 11 Abs. 4 ist bestimmt, dass die Beschwerdeschrift dem Gegner von Amts wegen zuzustellen ist. Gleichwohl wird von einer Beteiligung des Gegners dann abgesehen werden können, wenn das Rechtsmittel unzulässig oder erkennbar nicht begründet ist.[3] Dadurch werden schützenswerte Interessen des Gegners nicht verletzt. Ihm werden im Gegenteil Anwaltskosten erspart, die unter Umständen nicht vom Beschwerdeführer beigetrieben werden können. Seinem Informationsinteresse ist dadurch hinreichend Rechnung getragen, dass ihm gem. § 13 Abs. 3 die Entscheidung des Beschwerdegerichts zuzustellen ist.

IV. Beschwerde des Schuldners

4 Die Beschwerde des Schuldners gegen die Vollstreckbarkeitserklärung ist gem. § 11 Abs. 3 sowie im Anwendungsbereich des LugÜ 2007 gem. deren Art. 43 Abs. 2, 5 Satz 1 i. V. m. § 55 Abs. 2 befristet. Sie ist bei dem Beschwerdegericht, also dem OLG einzulegen.

5 In § 11 Abs. 2 ist allerdings weiter bestimmt, dass die Zulässigkeit der Beschwerde nicht dadurch berührt wird, dass sie statt bei dem Beschwerdegericht bei dem Gericht des ersten Rechtszugs eingelegt wird. Die Norm steht im Anwendungsbereich des LugÜ 2007 möglicherweise in Widerspruch zu dessen Art. 43 Abs. 2, Abs. 5 LugÜ 2007 und wäre deshalb wirkungslos. Jedoch ist das Vertrauen desjenigen, der entsprechend der – möglicherweise unwirksamen – nationalen gesetzlichen Regelung sein Rechtsmittel bei dem Landgericht eingelegt hat, schützenswert und seine Beschwerde in Anwendung des auch europarechtlich verankerten Meistbegünstigungsgrundsatzes auch dann als rechtzeitig eingelegt zu behandeln, wenn die Akte erst nach Ablauf der Rechtsmittelfrist bei dem OLG eingeht.[4] Die Möglichkeit der Fristwahrung durch Einreichung bei dem Ausgangsgericht ändert aber nichts daran, dass nur das OLG über die Beschwerde zu entscheiden hat. Eine Abhilfebefugnis des Vorsitzenden der Zivilkammer des Landgerichts entsprechend § 572 ZPO besteht daher nicht.[5]

V. Beschwerde des Gläubigers

6 Im Fall der Ablehnung des Antrags auf Vollstreckbarkeitserklärung steht dem Gläubiger gem. Art. 43 Abs. 1 i. V. m. der Anlage III zum LugÜ 2007 ebenfalls die Beschwerde zu, die allerdings nicht an eine Frist gebunden ist.

7 Wenn der Vorsitzende der Zivilkammer zu Unrecht den Antrag zurückgewiesen hat, wird teilweise die Auffassung vertreten, dass das OLG die Sache ohne Anhörung des Schuldners entsprechend

---

1 Siehe § 10 AVAG Rdn. 1.
2 Vgl. *Zöller/Geimer*, § 11 AVAG Rn. 4.
3 Vgl. *Geimer/Schütze*, EuZVR, Art. 43 EuGVVO Rn. 53.
4 OLG Köln, OLGReport 2004, 237 = InVo 2004, 473; siehe weiter Art. 43 Brüssel-I-VO Rdn. 5.
5 BT-Drucks. 11/351 S. 22; OLG Köln, InVo 2004, 472.

§ 572 Abs. 3 ZPO zurückverweisen könne.[6] Jedenfalls für den Geltungsbereich des LugÜ 2007 dürfte dem indes nicht zu folgen sein.[7]

§ 12 Einwendungen gegen den zu vollstreckenden Anspruch im Beschwerdeverfahren

(1) Der Verpflichtete kann mit der Beschwerde, die sich gegen die Zulassung der Zwangsvollstreckung aus einer Entscheidung richtet, auch Einwendungen gegen den Anspruch selbst insoweit geltend machen, als die Gründe, auf denen sie beruhen, erst nach dem Erlass der Entscheidung entstanden sind.

(2) Mit der Beschwerde, die sich gegen die Zulassung der Zwangsvollstreckung aus einem gerichtlichen Vergleich oder einer öffentlichen Urkunde richtet, kann der Verpflichtete die Einwendungen gegen den Anspruch selbst ungeachtet der in Absatz 1 enthaltenen Beschränkung geltend machen.

Übersicht	Rdn.		Rdn.
I. Anwendungsbereich	1	III. Begriff der Einwendungen	3
II. Zulassung materiell rechtlicher Einwendungen	2	IV. Verhältnis zu § 323 ZPO	4

I. Anwendungsbereich

Gem. §§ 44 Abs. 3, 49 Abs. 2 gilt für die Verträge mit Norwegen und Israel Abs. 2 nicht, Abs. 1 mit der Maßgabe, dass dieser auch auf Vergleiche Anwendung findet. Für den Geltungsbereich der Brüssel-I-VO sieht das Gesetz die Anwendung des § 12 vor. Gem. § 55 Abs. 1 in der Fassung des Gesetzes vom 20.2.2013[1] gilt die Norm zudem nicht im Verfahren nach der Brüssel-I-VO. Damit hat der Gesetzgeber auf die Entscheidung des EuGH vom 13.10.2011 – C 139/10 – reagiert, wonach im Vollstreckbarkeitsverfahren nach den Art. 38 ff. Brüssel-I-VO der Erfüllungseinwand nicht geltend gemacht werden kann.[2] Entsprechendes gilt gem. § 55 Abs. 1 in der ab dem 10.1.2015 geltenden Fassung für das Vollstreckbarkeitsverfahren nach dem LugÜ 2007. Der Norm kommt daher nur noch eine geringe praktische Bedeutung zu.

II. Zulassung materiell rechtlicher Einwendungen

Nach § 12 Abs. 1 kann der Schuldner bei gerichtlichen Entscheidungen mit seiner Beschwerde auch Einwendungen materiellrechtlicher Art gegen den titulierten Anspruch geltend machen, soweit sie nach Erlass der ausländischen Entscheidung entstanden sind. Letztlich muss er dies sogar, weil er ansonsten mit einer grundsätzlich statthaften Vollstreckungsabwehrklage gem. § 14 Abs. 1 Nr. 1. und 2. präkludiert wäre. § 12 Abs. 2 erlaubt die Geltendmachung von Einwendungen gegen den titulierten Anspruch auch dann, wenn sie vor Errichtung der Urkunde bzw. vor Abschluss des Vergleichs entstanden sind. Der Schuldner ist also hiermit anders als bei Entscheidungen nicht präkludiert.

III. Begriff der Einwendungen

Der Begriff der Einwendungen i. S. d. Art. 12 Abs. 1 ist deckungsgleich mit dem in § 767 ZPO. Er bezieht sich also nur auf rechtsvernichtende und rechtshemmende Gründe gegen die Vollstreckbar-

---

6 OLG Düsseldorf, IPRax 2004, 251 = RIW 2003, 622; *Geimer/Schütze*, EuZVR, Art. 43 EuGVVO Rn. 51, 62; *Zöller/Geimer*, Art. 43 Rn. 7; *Stürner*, IPRax 1985, 254.
7 Siehe näher Art. 43 Brüssel-I-VO Rdn. 7.
1 BGBl. I S. 273.
2 EuGH NJW 2011, 3506; zur Problematik siehe § 12 Rdn. 2 ff. der Vorauflage.

keit des Titels.³ So kann die Rechtskraft einer Ehescheidung dazu führen, dass die Vollstreckbarkeit eines ausländischen Titels auf Zahlung von Trennungsunterhalt auf einen Einwand des Schuldners hin bis zu deren Eintritt zu beschränken ist.⁴

IV. Verhältnis zu § 323 ZPO

4 Rechtsändernde Tatsachen können schließlich nach allgemeiner Meinung nur im Rahmen einer Abänderungsklage gem. § 323 ZPO, die auch gegen einen in Deutschland für vollstreckbar erklärten ausländischen Titel statthaft ist, geltend gemacht werden. Voraussetzung hierfür ist allerdings, dass für eine entsprechende Klage überhaupt eine internationale Zuständigkeit deutscher Gerichte besteht.⁵

§ 13 Verfahren und Entscheidung über die Beschwerde

(1) Das Beschwerdegericht entscheidet durch Beschluss, der mit Gründen zu versehen ist und ohne mündliche Verhandlung ergehen kann. Der Beschwerdegegner ist vor der Entscheidung zu hören.

(2) Solange eine mündliche Verhandlung nicht angeordnet ist, können zu Protokoll der Geschäftsstelle Anträge gestellt und Erklärungen abgegeben werden. Wird die mündliche Verhandlung angeordnet, so gilt für die Ladung § 215 der Zivilprozessordnung.

(3) Eine vollständige Ausfertigung des Beschlusses ist dem Berechtigten und dem Verpflichteten auch dann von Amts wegen zuzustellen, wenn der Beschluss verkündet worden ist.

(4) Soweit nach dem Beschluss des Beschwerdegerichts die Zwangsvollstreckung aus dem Titel erstmals zuzulassen ist, erteilt der Urkundsbeamte des Beschwerdegerichts die Vollstreckungsklausel. § 8 Abs. 1 Satz 2 und 4, §§ 9 und 10 Abs. 1 und 3 Satz 1 sind entsprechend anzuwenden. Ein Zusatz, dass die Zwangsvollstreckung über Maßregeln der Sicherung nicht hinausgehen darf, ist nur aufzunehmen, wenn das Beschwerdegericht eine Anordnung nach diesem Gesetz (§ 22 Abs. 2, § 40 Abs. 1 Nr. 1 oder § 45 Abs. 1 Nr. 1) erlassen hat. Der Inhalt des Zusatzes bestimmt sich nach dem Inhalt der Anordnung.

Übersicht	Rdn.		Rdn.
I. Anwendungsbereich	1	IV. Kostenentscheidung	7
II. Verfahren	2	V. Gebühren	8
III. Entscheidung des Oberlandesgerichts	3		

I. Anwendungsbereich

1 Die Vorschrift gilt uneingeschränkt.

II. Verfahren

2 Zum Verfahren wird auf die Anmerkungen zu § 11 sowie auf die nachfolgende Rdn. 4 verwiesen. Im Geltungsbereich des LuGÜ sowie bei Alttiteln, für die noch die EuGVÜ anzuwenden ist, besteht zusätzlich die durch § 36 eröffnete Möglichkeit, auf Antrag des Schuldners für den Lauf einer Rechtsmittelfrist bzw. nach Einlegung eines Rechtsmittels im Urteilsstaat das Verfahren auszusetzen.¹

---

3 OLG Düsseldorf, FamRZ 2002, 1422 mit Anm. *Gottwald*.
4 BGH, NJW 2010, 1750.
5 BGH, FamRZ 2007, 989.
1 Siehe zu der entsprechenden Regelung in Art. 43 Abs. 4 Brüssel-I-VO dort Rdn. 1.

III. Entscheidung des Oberlandesgerichts

Das OLG entscheidet auch dann, wenn mündlich verhandelt worden ist, durch **Beschluss**, und zwar in der Besetzung des § 122 GVG mit drei Richtern, nicht durch den originären Einzelrichter des § 567 ZPO. Diese Norm findet nach inzwischen gefestigter Rechtsprechung der OLG, die auch in der Literatur nicht angezweifelt wird, keine Anwendung, weil der in erster Instanz zur Entscheidung berufene Vorsitzende der Zivilkammer eine eigene funktionelle Zuständigkeit hat und nicht Einzelrichter i. S. d. §§ 348, 348a ZPO ist.[2] Der Beschluss ist mit Gründen zu versehen und hat wegen der Statthaftigkeit einer Rechtsbeschwerde gem. § 15 den maßgeblichen Sachverhalt, über den entschieden wird, wiederzugeben.[3]

3

Eine streitige Sachentscheidung hat auch dann zu ergehen, wenn der Antragsteller in einer nach § 13 Abs. 2 Satz 2 angeordneten mündlichen Verhandlung säumig bleibt. Ein »Versäumnisbeschluss« entsprechend § 330 ZPO ist in dem im Gesetz nur vorgesehenen Beschlussverfahren nicht statthaft.[4]

4

Tatsachen, die eventuell einen Anerkennungsversagungsgrund rechtfertigen, sind zwar von Amts wegen zu prüfen, etwa anhand der nach der einschlägigen Verordnung oder Abkommen von dem Gläubiger vorzulegenden Urkunden, aber nicht von Amts wegen zu ermitteln. Für eine eventuell notwendig werdende Beweisaufnahme gelten nicht die strengen Beweisregeln der §§ 355 ff. ZPO. Vielmehr ist – wie im Beschwerdeverfahren nach den §§ 567 ff. ZPO – auch ohne Zustimmung der Parteien nach § 284 ZPO der **Freibeweis** möglich. Dadurch wird das Gericht aber nur bei der Gewinnung von Beweismitteln und im Beweisverfahren freier gestellt. Dagegen werden die Anforderungen an das Beweismaß nicht verringert. Entscheidungserhebliche Tatsachen müssen also auch in diesem Verfahren zur vollen richterlichen Überzeugung bewiesen werden.[5]

Eine **einstweilige Einstellung der Zwangsvollstreckung** ohne Sicherheitsleistung für die Dauer des Beschwerdeverfahrens, etwa entsprechend § 570 Abs. 3 ZPO ist wegen der in Art. 46 LugÜ 2007 und den §§ 20–22 getroffenen Sonderregelungen nicht zulässig und auch nicht erforderlich, weil der Gläubiger bis zur Entscheidung des OLG über die Beschwerde ohnehin nur die Sicherungsvollstreckung betreiben kann.[6]

5

Wenn das OLG die Beschwerde nicht insgesamt zurückweist, sondern ganz oder teilweise stattgibt, hat es die Vollstreckbarkeitserklärung selbst zu fassen bzw. zu modifizieren.[7]

6

IV. Kostenentscheidung

Für die Kostenentscheidung ist zu differenzieren: Im Fall einer ganz oder teilweise erfolgreichen Beschwerde des Gläubigers gilt – gegebenenfalls mit einer entsprechenden Quotelung – gem. § 13 Abs. 4 Satz 2 i. V. m. § 8 Abs. 1 Satz 4 die Vorschrift des § 788 ZPO entsprechend. Soweit sie zurückgewiesen wird, findet § 97 Abs. 1 ZPO Anwendung. Bei einer ganz oder teilweise erfolgreichen Beschwerde des Schuldners fehlt es an Regelungen im AVAG. Es gelten daher die allgemeinen Vorschriften der §§ 91 ff. ZPO.[8] Im Übrigen gelten die unter den Rdn. 8–13 zu § 8 dargestellten Grundsätze.

7

---

2 OLG Köln, IPRax 2003, 354; OLG Stuttgart, OLGReport 2003, 102; OLG Zweibrücken, IPRax 2006, 49; *Rauscher/Mankowski*, EuZPR/EuIPR Art. 43 Brüssel I-VO Rn. 12 mit weiteren Nachweisen.
3 BGH, NJW 2002, 2648.
4 BGHZ 166, 278 für die gleich gelagerte Situation der Vollstreckbarkeitserklärung eines Schiedsspruchs nach § 1025 Abs. 4 i. V. m. §§ 1061 bis 1065 ZPO.
5 BGH, NJW 2008, 1531 mit zust. Anm. *Geimer*, LMK 2008, 253019.
6 OLG Koblenz, JurBüro 2008, 51; OLG Köln, IPRax 2003, 354.
7 Siehe hierzu § 8 Rdn. 3–6 sowie Art. 41 Brüssel-I-VO Rdn. 6.
8 *Thomas/Putzo/Hüßtege* (35. Auflage), Art. 43 EuGVVO Rn. 21.

V. Gebühren

8 Es fällt eine gerichtliche Festgebühr von 360,00 Euro gem. KV Nr. 1520 GKG an. Diese ermäßigt sich auf 90,00 Euro gem. KV Nr. 1521 GKG bei Rücknahme vor der Begründung und auf 180,00 Euro gem. KV Nr. 1522 GKG bei Rücknahme vor der mündlichen Verhandlung bzw. dann, wenn eine Verhandlung nicht stattfindet, bevor eine Entscheidung auf die Geschäftsstelle gelangt. Der Anwalt erhält eine 1,6 Verfahrensgebühr und ggf. weitere Gebühren gem. VV Nr. 3200 ff. und VV Vorbem. 3.2.1.Nr. 3 RVG.

§ 14 Vollstreckungsabwehrklage

(1) Ist die Zwangsvollstreckung aus einem Titel zugelassen, so kann der Verpflichtete Einwendungen gegen den Anspruch selbst in einem Verfahren nach § 767 der Zivilprozessordnung nur geltend machen, wenn die Gründe, auf denen seine Einwendungen beruhen, erst
1. nach Ablauf der Frist, innerhalb deren er die Beschwerde hätte einlegen können, oder
2. falls die Beschwerde eingelegt worden ist, nach Beendigung dieses Verfahrens

entstanden sind.

(2) Die Klage nach § 767 der Zivilprozessordnung ist bei dem Gericht zu erheben, das über den Antrag auf Erteilung der Vollstreckungsklausel entschieden hat. Soweit die Klage einen Unterhaltstitel zum Gegenstand hat, ist das Familiengericht zuständig; für die örtliche Zuständigkeit gelten die Vorschriften des Gesetzes über das Verfahren in Familiensachen und in den Angelegenheiten der freiwilligen Gerichtsbarkeit.

Übersicht	Rdn.		Rdn.
I. Anwendungsbereich	1	III. Zuständigkeit	4
II. Regelungsgehalt	2		

I. Anwendungsbereich

1 Die Vorschrift gilt im Vollstreckbarkeitsverfahren nach der Brüssel-I-VO und dem LugÜ 2007 nicht.[1]

II. Regelungsgehalt

2 Die Norm ist im Zusammenhang mit § 12 zu sehen. Wenn der Antragsgegner gehalten ist, materiell rechtliche Einwendungen gegen den titulierten Anspruch bereits im Vollstreckbarkeitsverfahren vorzutragen, ist es nur konsequent, ihn im Rahmen einer Vollstreckungsabwehrklage mit diesen Ansprüchen zu präkludieren. Maßgeblicher Zeitpunkt ist der Ablauf der Rechtsmittelfrist für die Beschwerde nach § 11 zum OLG bzw. der Abschluss des Beschwerdeverfahrens. Erst im Rechtsbeschwerdeverfahren beim BGH entstandene Einwendungen kann der Schuldner uneingeschränkt mit der Vollstreckungsabwehrklage geltend machen.[2]

3 Unabhängig von einer etwaigen Präklusion gem. § 14 Abs. 1 bleibt es dem Schuldner indes unbenommen, seine Einwendungen im Urteilsstaat, falls sie nach dortigem Recht zulässig sind, vorzubringen. Erreicht er dadurch eine Aufhebung oder Abänderung des ausländischen Titels, kann er dies im Verfahren nach § 27 geltend machen und dadurch auch eine Aufhebung bzw. Änderung der Vollstreckbarerklärung erreichen.[3]

---

1 Näher § 12 Rdn. 1.
2 BGH, NJW 2002, 2181.
3 *Musielak/Lackmann*, § 14 AVAG Rn. 3; *Zöller/Geimer*, § 14 AVAG Rn. 1.

III. Zuständigkeit

Soweit eine Vollstreckungsabwehrklage statthaft ist, ist zu beachten, dass in Abweichung von § 767 Abs. 1 ZPO für eine Klage gegen einen **Unterhaltstitel** nicht das Landgericht als »Prozessgericht« des ersten Rechtszugs, sondern gem. Art. 14 Abs. 2 Satz 2 das Familiengericht zuständig ist. 4

Abschnitt 4. Rechtsbeschwerde

§ 15 Statthaftigkeit und Frist

(1) Gegen den Beschluss des Beschwerdegerichts findet die Rechtsbeschwerde nach Maßgabe des § 574 Abs. 1 Nr. 1, Abs. 2 der Zivilprozessordnung statt.

(2) Die Rechtsbeschwerde ist innerhalb eines Monats einzulegen.

(3) Die Rechtsbeschwerdefrist ist eine Notfrist und beginnt mit der Zustellung des Beschlusses (§ 13 Abs. 3).

Übersicht	Rdn.		Rdn.
I. Rechtsbeschwerde	1		

I. Rechtsbeschwerde

Gegen die Entscheidungen des OLG über die Beschwerde, sei es des Schuldners, sei es des Gläubiges ist die Rechtsbeschwerde auch ohne besondere Zulassung nach Maßgabe des § 574 Abs. 1 Nr. 1, Abs. 2 ZPO zum BGH statthaft. Ihre Zulässigkeit hängt also davon ab, ob die Rechtssache grundsätzliche Bedeutung hat oder eine Entscheidung hierüber zur Fortbildung des Rechts bzw. der Sicherung einer einheitlichen Rechtsprechung dient. Nicht anfechtbar sind allerdings Entscheidungen des Beschwerdegerichts nach Art. 46 Abs. 1, 3 LugÜ 2007 über die Aussetzung bzw. Anordnung einer Sicherheitsleistung.[1] Wenn aber das OLG die Vollstreckbarkeit bejaht hat, ist der BGH seinerseits befugt, entsprechende Anordnungen zu treffen. 1

§ 16 Einlegung und Begründung

(1) Die Rechtsbeschwerde wird durch Einreichen der Beschwerdefrist bei dem Bundesgerichtshof eingelegt.

(2) Die Rechtsbeschwerde ist zu begründen. § 575 Abs. 2 bis 4 der Zivilprozessordnung ist entsprechend anzuwenden. Soweit die Rechtsbeschwerde darauf gestützt wird, dass das Beschwerdegericht von einer Entscheidung des Gerichtshofs der Europäischen Union abgewichen sei, muss die Entscheidung, von der der angefochtene Beschluss abweicht, bezeichnet werden.

(3) Mit der Beschwerdeschrift soll eine Ausfertigung oder beglaubigte Abschrift des Beschlusses, gegen den sich die Rechtsbeschwerde richtet, vorgelegt werden.

Übersicht	Rdn.		Rdn.
I. Einlegung der Rechtsbeschwerde	1		

---

1 Siehe Art. 46 Brüssel-I-VO Rn. 6.

I. Einlegung der Rechtsbeschwerde

1 Die Verweisung auf § 575 Abs. 2 bis 4 ZPO hat die Folge, dass die Rechtsbeschwerde nur durch einen beim BGH zugelassenen Rechtsanwalt eingelegt werden kann.[1] Die Einreichung des Rechtsmittels beim OLG wahrt die Frist nicht.[2]

Die Zulässigkeitsgründe sind in der Begründung der Rechtsbeschwerde schlüssig und substantiiert darzulegen; nur diese werden vom BGH geprüft.[3]

§ 17 Verfahren und Entscheidung

(1) Der Bundesgerichtshof kann nur überprüfen, ob der Beschluss auf einer Verletzung des Rechts der Europäischen Union, eines Anerkennungs- und Vollstreckungsvertrages, sonstigen Bundesrechts oder einer anderen Vorschrift beruht, deren Geltungsbereich sich über den Bezirk eines Oberlandesgerichts hinaus erstreckt. Er darf nicht prüfen, ob das Gericht seine örtliche Zuständigkeit zu Unrecht angenommen hat.

(2) Der Bundesgerichtshof kann über die Rechtsbeschwerde ohne mündliche Verhandlung entscheiden. Auf das Verfahren über die Rechtsbeschwerde sind § 574 Abs. 4, § 576 Abs. 3 und § 577 der Zivilprozessordnung entsprechend anzuwenden.

(3) Soweit die Zwangsvollstreckung aus dem Titel erstmals durch den Bundesgerichtshof zugelassen wird, erteilt der Urkundsbeamte der Geschäftsstelle dieses Gerichts die Vollstreckungsklausel. § 8 Abs. 1 Satz. 2 und 4, §§ 9 und 10 Abs. 1 und 3 Satz 1 gelten entsprechend. Ein Zusatz über die Beschränkung der Zwangsvollstreckung entfällt.

Abschnitt 5. Beschränkung der Zwangsvollstreckung auf Sicherungsmaßregeln und unbeschränkte Fortsetzung der Zwangsvollstreckung

§ 18 Beschränkung kraft Gesetzes

Die Zwangsvollstreckung ist auf Sicherungsmaßregeln beschränkt, solange die Frist zur Einlegung der Beschwerde noch läuft und solange über die Beschwerde noch nicht entschieden ist.

§ 19 Prüfung der Beschränkung

Einwendungen des Verpflichteten, dass bei der Zwangsvollstreckung die Beschränkung auf Sicherungsmaßregeln nach dem auszuführenden Anerkennungs- und Vollstreckungsvertrag, nach § 18 dieses Gesetzes oder auf Grund einer auf diesem Gesetz beruhenden Anordnung (§ 22 Abs. 2, §§ 40, 45) nicht eingehalten werde, oder Einwendungen des Berechtigten, dass eine bestimmte Maßnahme der Zwangsvollstreckung mit dieser Beschränkung vereinbar sei, sind im Wege der Erinnerung nach § 766 der Zivilprozessordnung bei dem Vollstreckungsgericht (§ 764 der Zivilprozessordnung) geltend zu machen.

§ 20 Sicherheitsleistung durch den Verpflichteten

(1) Solange die Zwangsvollstreckung aus einem Titel, der auf Leistung von Geld lautet, nicht über Maßregeln der Sicherung hinausgehen darf, ist der Verpflichtete befugt, die Zwangsvoll-

---

1 BGH, NJW 2002, 2181.
2 Gesetzesbegründung zum AVAG 1988, BT-Drucks. 11/351 S. 24; *Zöller/Geimer*, § 16 AVAG Rn. 1.
3 BGH, NJW-RR 2009, 1292 u. 2010, 784.

streckung durch Leistung einer Sicherheit in Höhe des Betrages abzuwenden, wegen dessen der Berechtigte vollstrecken darf.

(2) Die Zwangsvollstreckung ist einzustellen und bereits getroffene Maßregeln sind aufzuheben, wenn der Verpflichtete durch eine öffentliche Urkunde die zur Abwendung der Zwangsvollstreckung erforderliche Sicherheitsleistung nachweist.

§ 21 Versteigerung beweglicher Sachen

Ist eine bewegliche Sache gepfändet und darf die Zwangsvollstreckung nicht über Maßregeln zur Sicherung hinausgehen, so kann das Vollstreckungsgericht auf Antrag anordnen, dass die Sache versteigert und der Erlös hinterlegt werde, wenn sie der Gefahr einer beträchtlichen Wertminderung ausgesetzt ist oder wenn ihre Aufbewahrung unverhältnismäßige Kosten verursachen würde.

Übersicht

	Rdn.		Rdn.
I. Anwendungsbereich der §§ 18–21	1	III. Rechtsbehelf des Schuldners	3
II. Regelungsgehalt	2		

I. Anwendungsbereich der §§ 18–21

§ 18 gilt im Vollstreckbarkeitsverfahren nach der Brüssel-I-VO und dem LugÜ 2007 nicht.[1] Die §§ 19–21 finden dagegen uneingeschränkt Anwendung. 1

II. Regelungsgehalt

Dem Gläubiger wird es ermöglicht, die Sicherungsvollstreckung zu betreiben. Über die Art der möglichen Maßnahmen verhält das Gesetz sich abgesehen von den Sonderfall der ausnahmsweisen Versteigerung gem. § 21 nicht. Als Maßnahmen kommen in Betracht die Sicherungsvollstreckung gem. § 720a ZPO, die Vorpfändung gem. § 845 ZPO, die Vorschriften der §§ 928, 930–932 ZPO über die Vollziehung des Arrestes sowie zur Sicherung anderer Ansprüche als Geldansprüche eine einstweilige Verfügung gem. den §§ 938, 940 ZPO. Gericht der Hauptsache ist dabei der für die Vollstreckbarerklärung funktionell zuständige Vorsitzende der Zivilkammer und nicht die Kammer.[2] Teilweise wird bei anderen als Geldleistungsansprüchen auch die Anordnung einer Sicherheitsleistung für den Gläubiger in entsprechender Anwendung des Art. 46 Abs. 3 LugÜ 2007 für zulässig erachtet.[3] 2

III. Rechtsbehelf des Schuldners

Durch § 19 wird dem Schuldner dann, wenn die Vollstreckung nicht auf Sicherungsmaßnahmen beschränkt wurde, generell die Erinnerung gem. § 766 zur Verfügung gestellt. Dies gilt auch dann, wenn nach der ZPO ein anderer Rechtsbehelf möglich wäre.[4] 3

---

1 Näher § 12 Rdn. 1.
2 Siehe zu den verschiedenen Möglichkeiten *Geimer/Schütze*, EuZVR, Art. 47 EuGVVO Rn. 9; *Thomas/Putzo/Hüßtege* (35. Auflage), Art. 47 Rn. 4; *Rauscher/Mankowski*, EuZPR/EuIPR, Art. 47 Brüssel-VO Rn. 19, 20; *Schlosser*, Art. 47 EuGVVO Rn. 4 a.
3 *Musielak/Lackmann*, § 18 AVAG Rn. 2.
4 *Zöller/Geimer*, § 19 AVAG Rn. 1.

§ 22 Unbeschränkte Fortsetzung der Zwangsvollstreckung; besondere gerichtliche Anordnungen

(1) Weist das Beschwerdegericht die Beschwerde des Verpflichteten gegen die Zulassung der Zwangsvollstreckung zurück oder lässt es auf die Beschwerde des Berechtigten die Zwangsvollstreckung aus dem Titel zu, so kann die Zwangsvollstreckung über Maßregeln zur Sicherung hinaus fortgesetzt werden.

(2) Auf Antrag des Verpflichteten kann das Beschwerdegericht anordnen, dass bis zum Ablauf der Frist zur Einlegung der Rechtsbeschwerde (§ 15) oder bis zur Entscheidung über diese Beschwerde die Zwangsvollstreckung nicht oder nur gegen Sicherheitsleistung über Maßregeln zur Sicherung hinausgehen darf. Die Anordnung darf nur erlassen werden, wenn glaubhaft gemacht wird, dass die weiter gehende Vollstreckung dem Verpflichteten einen nicht zu ersetzenden Nachteil bringen würde. § 713 der Zivilprozessordnung ist entsprechend anzuwenden.

(3) Wird Rechtsbeschwerde eingelegt, so kann der Bundesgerichtshof auf Antrag des Verpflichteten eine Anordnung nach Absatz 2 erlassen. Der Bundesgerichtshof kann auf Antrag des Berechtigten eine nach Absatz 2 erlassene Anordnung des Beschwerdegerichts abändern oder aufheben.

§ 23 Unbeschränkte Fortsetzung der durch das Gericht des ersten Rechtszuges zugelassenen Zwangsvollstreckung

(1) Die Zwangsvollstreckung aus dem Titel, den der Urkundsbeamte der Geschäftsstelle des Gerichts des ersten Rechtszuges mit der Vollstreckungsklausel versehen hat, ist auf Antrag des Berechtigten über Maßregeln zur Sicherung hinaus fortzusetzen, wenn das Zeugnis des Urkundsbeamten der Geschäftsstelle dieses Gerichts vorgelegt wird, dass die Zwangsvollstreckung unbeschränkt stattfinden darf.

(2) Das Zeugnis ist dem Berechtigten auf seinen Antrag zu erteilen,
1. wenn der Verpflichtete bis zum Ablauf der Beschwerdefrist keine Beschwerdeschrift eingereicht hat;
2. wenn das Beschwerdegericht die Beschwerde des Verpflichteten zurückgewiesen und keine Anordnung nach § 22 Abs. 2 erlassen hat;
3. wenn der Bundesgerichtshof die Anordnung des Beschwerdegerichts nach § 22 Abs. 2 aufgehoben hat (§ 22 Abs. 3 Satz 2) oder
4. wenn der Bundesgerichtshof den Titel zur Zwangsvollstreckung zugelassen hat.

(3) Aus dem Titel darf die Zwangsvollstreckung, selbst wenn sie auf Maßregeln der Sicherung beschränkt ist, nicht mehr stattfinden, sobald ein Beschluss des Beschwerdegerichts, dass der Titel zur Zwangsvollstreckung nicht zugelassen werde, verkündet oder zugestellt ist.

§ 24 Unbeschränkte Fortsetzung der durch das Beschwerdegericht zugelassenen Zwangsvollstreckung

(1) Die Zwangsvollstreckung aus dem Titel, zu dem der Urkundsbeamte der Geschäftsstelle des Beschwerdegerichts die Vollstreckungsklausel mit dem Zusatz erteilt hat, dass die Zwangsvollstreckung auf Grund der Anordnung des Gerichts nicht über Maßregeln der Sicherung hinausgehen darf (§ 13 Abs. 4 Satz 3), ist auf Antrag des Berechtigten über Maßregeln zur Sicherung hinaus fortzusetzen, wenn das Zeugnis des Urkundsbeamten der Geschäftsstelle dieses Gerichts vorgelegt wird, dass die Zwangsvollstreckung unbeschränkt stattfinden darf.

(2) Das Zeugnis ist dem Berechtigten auf seinen Antrag zu erteilen,
1. wenn der Verpflichtete bis zum Ablauf der Frist zur Einlegung der Rechtsbeschwerde (§ 15 Abs. 2) keine Beschwerdeschrift eingereicht hat;

2. wenn der Bundesgerichtshof die Anordnung des Beschwerdegerichts nach § 22 Abs. 2 aufgehoben hat (§ 22 Abs. 3 Satz 2) oder
3. wenn der Bundesgerichtshof die Rechtsbeschwerde des Verpflichteten zurückgewiesen hat.

Übersicht	Rdn.		Rdn.
I. Anwendungsbereich der §§ 22–24	1	2. Schutzanträge des Schuldners nach Einlegung einer Rechtsbeschwerde	4
II. Zweck der Normen und Verfahren	2	III. Zeugnis nach § 24	5
1. Schutzanträge des Schuldners vor Einlegung einer Rechtsbeschwerde	3	IV. Gebühren für das Zeugnis	6

I. Anwendungsbereich der §§ 22–24

Für die Verträge mit Norwegen und Israel enthalten die §§ 40–42 bzw. 45–47 Sonderregelungen. Ansonsten gelten die Vorschriften uneingeschränkt. Allerdings wird § 22 Abs. 2, 3 nach einer umstrittenen Auffassung in der Literatur teilweise für europarechtswidrig gehalten.[1] Der BGH teilt diese Bedenken nicht.[2] 1

II. Zweck der Normen und Verfahren

Gem. § 18 bzw. gem. Art. 47 Abs. 3 LugÜ 2007 findet bis zum Ablauf der Beschwerdefrist bzw. bis zur Entscheidung des OLG über eine Beschwerde des Schuldners nur die Sicherungsvollstreckung statt. Nach einer Zurückweisung der Beschwerde des Schuldners ist dem Gläubiger durch § 22 Abs. 1 die Möglichkeit zur uneingeschränkten Zwangsvollstreckung eröffnet. Um dem Gläubiger nach Ablauf der Beschwerdefrist bzw. nach Zurückweisung der Beschwerde einen Nachweis gegenüber den Vollstreckungsorganen zu ermöglichen, ist ihm gem. § 23 auf Antrag ein **Zeugnis über die uneingeschränkte Fortführung der Zwangsvollstreckung** zu erteilen. 2

1. Schutzanträge des Schuldners vor Einlegung einer Rechtsbeschwerde

Der Schuldner, der Beschwerde eingelegt hat, hat zwar keine Möglichkeit vor dem OLG für die Dauer des Beschwerdeverfahrens Vollstreckungsschutzanträge zu stellen, wofür wegen der ohnehin zunächst nur möglichen Sicherungsvollstreckung kein Bedürfnis besteht[3]. Indes kann er gem. § 22 Abs. 2 beantragen, dass das OLG bis zum Ablauf der Frist zur Einlegung der Rechtsbeschwerde oder bis zur Entscheidung über dieses Rechtsmittel die Vollstreckung weiter auf Sicherungsmittel beschränkt oder von einer Sicherheitsleistung abhängig macht. 3

2. Schutzanträge des Schuldners nach Einlegung einer Rechtsbeschwerde

Nach Einlegung der Rechtsbeschwerde ist nach § 22 Abs. 3 nur noch der BGH für Schutzanträge zuständig.[4] Er kann seinerseits eine zuvor ergangene Anordnung des OLG ändern oder aufheben sowie auf Antrag des Schuldners ebenfalls Anordnungen nach Abs. 2 erlassen. Entsprechend seiner Rspr. zu § 712 ZPO verlangt der BGH allerdings, dass »grundsätzlich« schon während des Beschwerdeverfahrens beim OLG ein Antrag nach § 22 Abs. 2 gestellt wird. Unterlässt der Schuldner dies, riskiert er daher, dass sein Antrag schon aus diesem Grund zurückgewiesen wird. Zudem kommt eine positive Bescheidung des Antrags nach § 22 Abs. 3 Satz 1 i. V. m. Abs. 2 nur dann in Betracht, wenn die Rechtsbeschwerde auch Aussicht auf Erfolg hat.[5] 4

---

1 Zum Meinungsstand siehe *Eichel* GPR 2011, 193.
2 BGH, FamRZ 2009, 1402 mit Anm. *Hau*.
3 OLG Koblenz, JurBüro 2008, 51; OLG Köln, IPRax 2003, 354.
4 OLG Köln, Beschluss vom 16.11.2014 – 16 W 7/13 – (bisher nicht veröffentlicht, aber in der Datenbank NRWE unter Angabe des Aktenzeichens abrufbar).
5 BGH, FamRZ 2009, 1402 mit kritischer Anm. *Hau*.

III. Zeugnis nach § 24

5   Für den Fall, dass die Klausel gem. § 13 Abs. 4 von dem Urkundsbeamten der Geschäftsstelle des Oberlandesgerichts erteilt worden ist, ist der Antrag auf Erteilung eines Zeugnisses über die unbeschränkte Fortsetzung der Zwangsvollstreckung gem. Art. 24 dorthin zu richten. Für diesen Fall ist das Zeugnis zu erteilen, wenn bis zum Ablauf der Rechtsbeschwerdefrist kein Rechtsmittel eingelegt worden ist, wenn der BGH eine Beschränkung der Zwangsvollstreckung durch das Oberlandesgericht aufgehoben oder er die Rechtsbeschwerde des Schuldners zurückgewiesen hat.

IV. Gebühren für das Zeugnis

6   Gerichtsgebühren fallen nicht an. Die anwaltliche Tätigkeit ist wegen § 19 Abs. 1 Satz 1 RVG wohl ebenfalls nicht gesondert zu vergüten.

Abschnitt 6. Feststellung der Anerkennung einer ausländischen Entscheidung

§ 25 Verfahren und Entscheidung in der Hauptsache

(1) Auf das Verfahren, das die Feststellung zum Gegenstand hat, ob eine Entscheidung aus einem anderen Staat anzuerkennen ist, sind die §§ 3 bis 6, § 8 Abs. 2, die §§ 10 bis 12, § 13 Abs. 1 bis 3, die §§ 15 und 16 sowie § 17 Abs. 1 bis 3 entsprechend anzuwenden.

(2) Ist der Antrag auf Feststellung begründet, so beschließt das Gericht, dass die Entscheidung anzuerkennen ist.

§ 26 Kostenentscheidung

In den Fällen des § 25 Abs. 2 sind die Kosten dem Antragsgegner aufzuerlegen. Dieser kann die Beschwerde (§ 11) auf die Entscheidung über den Kostenpunkt beschränken. In diesem Falle sind die Kosten dem Antragsteller aufzuerlegen, wenn der Antragsgegner nicht durch sein Verhalten zu dem Antrag auf Feststellung Veranlassung gegeben hat.

Abschnitt 7. Aufhebung oder Änderung der Beschlüsse über die Zulassung der Zwangsvollstreckung oder die Anerkennung

§ 27 Verfahren nach Aufhebung oder Änderung des für vollstreckbar erklärten ausländischen Titels im Ursprungsstaat

(1) Wird der Titel in dem Staat, in dem er errichtet worden ist, aufgehoben oder abgeändert und kann der Verpflichtete diese Tatsache in dem Verfahren der Zulassung der Zwangsvollstreckung nicht mehr geltend machen, so kann er die Aufhebung oder Änderung der Zulassung in einem besonderen Verfahren beantragen.

(2) Für die Entscheidung über den Antrag ist das Gericht ausschließlich zuständig, das im ersten Rechtszug über den Antrag auf Erteilung der Vollstreckungsklausel entschieden hat.

(3) Der Antrag kann bei dem Gericht schriftlich oder durch Erklärung zu Protokoll der Geschäftsstelle gestellt werden. Über den Antrag kann ohne mündliche Verhandlung entschieden werden. Vor der Entscheidung, die durch Beschluss ergeht, ist der Berechtigte zu hören. § 13 Abs. 2 und 3 gilt entsprechend.

(4) Der Beschluss unterliegt der Beschwerde nach den §§ 567–577 der Zivilprozessordnung. Die Notfrist für die Einlegung der sofortigen Beschwerde beträgt einen Monat.

(5) Für die Einstellung der Zwangsvollstreckung und die Aufhebung bereits getroffener Vollstreckungsmaßregeln sind die §§ 769 und 770 der Zivilprozessordnung entsprechend anzuwenden. Die Aufhebung einer Vollstreckungsmaßregel ist auch ohne Sicherheitsleistung zulässig.

Übersicht	Rdn.		Rdn.
I. Anwendungsbereich	1	V. Kostenentscheidung	5
II. Zweck der Norm	2	VI. Rechtsmittel	6
III. Zuständigkeit	3	VII. Gebühren	7
IV. Verfahren und Entscheidung	4		

I. Anwendungsbereich

Im Fall einer Vollstreckbarerklärung ist der Anwendungsbereich uneingeschränkt. Probleme, die in der Vergangenheit mit Vollstreckbarerklärungen wegen desinzwischen außer Kraft getretenen § 39 bei Vollstreckbarerklärungen nach dem HUVÜ 1973 bestanden haben,[1] stellen sich nach der Herauslösung dieses Abkommens aus dem AVAG und Einbeziehung in das AUG nicht mehr.

1

II. Zweck der Norm

Dem Gläubiger steht mit dem Vollstreckbarkeitsverfahren ein einfaches Verfahren zur Verfügung, um die Voraussetzungen für die Durchsetzung eines ausländischen Titels im Inland zu schaffen. Umgekehrt soll der Schuldner in den Fällen, in denen er etwaige Veränderungen in der Vollstreckbarkeit des ausländischen Titels nicht mehr mit Rechtsmitteln im Vollstreckbarkeitsverfahren geltend machen kann, in einem einfachen Verfahren eine Aufhebung bzw. Anpassung der Vollstreckbarkeitserklärung an eine Aufhebung oder Einschränkung der Vollstreckbarkeit des ausländischen Titels erwirken können.[2] Den Weg hierzu eröffnet § 27. Ein solcher Fall kann etwa eintreten, wenn nach Ablauf der Beschwerdefrist des § 11 Abs. 3 bzw. des § 43 Abs. 5 LugÜ 2007 auf ein Rechtsmittel des Schuldners hin im Ursprungsstaat die Vollstreckbarkeit der Entscheidung aufgehoben oder einstweilen eingestellt wird.[3]

2

III. Zuständigkeit

Ausschließlich zuständig für die Entscheidung über den Aufhebungs- oder Änderungsantrag ist gem. § 27 das Gericht, das in erster Instanz über den Vollstreckbarkeitsantrag entschieden hat. Dies ist gem. § 3 Abs. 3 bzw. gem. Art. 39 LugÜ 2007 i. V. m. dem Anhang II der Verordnung der Vorsitzende einer Zivilkammer des Landgerichts, der kraft der ihm verliehenen originären Zuständigkeit neben der Kammer und dem Einzelrichter einen eigenständigen Spruchkörper bildet.[4] Der Wille des Gesetzgebers ging zwar dahin, eine Zuständigkeit der Kammer zu begründen.[5] Dieser Wille hat indes im Gesetz keinen Ausdruck gefunden.

3

IV. Verfahren und Entscheidung

Der Vorsitzende der Zivilkammer entscheidet gem. § 27 Abs. 3 nach freigestellter mündlicher Verhandlung, hat jedoch zuvor den Gläubiger zu hören Eilmaßnahmen in entsprechender Anwendung der §§ 769, 770 ZPO sind möglich, einschließlich einer Aufhebung von Vollstreckungsmaßnahmen ohne Sicherheitsleistung (§ 27 Abs. 5).

4

---

1 Siehe Vorauflage Rdn. 1.
2 Gesetzesbegründung zum AVAG 1988, BT-Drucks. 11/351 S. 28.
3 BGH, WM 2010, 897; OLG Köln, B.v. 13.4.2010 – 16 W 12/10.
4 Siehe § 3 Rdn. 4.
5 Gesetzesbegründung zum AVAG 1988, BT-Drucks. 11/351 S. 28.

V. Kostenentscheidung

5 Über die Kosten des Verfahrens nach § 27 enthält das Gesetz keine Regelung. Die §§ 91 ff. ZPO sind daher einschlägig.

VI. Rechtsmittel

6 Die Entscheidung des Vorsitzenden der Zivilkammer ist für beide Parteien mit der Beschwerde anfechtbar, für die eine entsprechende Anwendung der §§ 569–577 ZPO angeordnet ist. Dies bedingt zugleich, dass eine Entscheidung über eine etwaige Abhilfe gem. § 572 ZPO zu ergehen hat und auch im Beschwerdeverfahren einstweilige Maßnahmen gem. § 570 ZPO möglich sind.

VII. Gebühren

7 Es wird eine gerichtliche Festgebühr von 240,00 Euro gem. KV Nr. 1510 GKG erhoben. Diese ermäßigt sich auf 90,00 Euro gem. KV Nr. 1511 GKG bei Rücknahme vor der mündlichen Verhandlung bzw. dann, wenn eine Verhandlung nicht stattfindet, bevor eine Entscheidung auf die Geschäftsstelle gelangt. Der Anwalt erhält eine 1,3 Verfahrensgebühr und ggf. weitere Gebühren gem. VV Nr. 3100 ff. RVG.

§ 28 Schadensersatz wegen ungerechtfertigter Vollstreckung

(1) Wird die Zulassung der Zwangsvollstreckung auf die Beschwerde (§ 11) oder die Rechtsbeschwerde (§ 15) aufgehoben oder abgeändert, so ist der Berechtigte zum Ersatz des Schadens verpflichtet, der dem Verpflichteten durch die Vollstreckung des Titels oder durch eine Leistung zur Abwendung der Vollstreckung entstanden ist. Das Gleiche gilt, wenn die Zulassung der Zwangsvollstreckung nach § 27 aufgehoben oder abgeändert wird, sofern die zur Zwangsvollstreckung zugelassene Entscheidung zum Zeitpunkt der Zulassung nach dem Recht des Staates, in dem sie ergangen ist, noch mit einem ordentlichen Rechtsmittel angefochten werden konnte.

(2) Für die Geltendmachung des Anspruchs ist das Gericht ausschließlich zuständig, das im ersten Rechtszug über den Antrag, den Titel mit der Vollstreckungsklausel zu versehen, entschieden hat.

§ 29 Aufhebung oder Änderung ausländischer Entscheidungen, deren Anerkennung festgestellt ist

Wird die Entscheidung in dem Staat, in dem sie ergangen ist, aufgehoben oder abgeändert und kann die davon begünstigte Partei diese Tatsache nicht mehr in dem Verfahren über den Antrag auf Feststellung der Anerkennung (§ 25) geltend machen, so ist § 27 Abs. 1 bis 4 entsprechend anzuwenden.

Abschnitt 8. Vorschriften für Entscheidungen deutscher Gerichte und für das Mahnverfahren

§ 30 Vervollständigung inländischer Entscheidungen zur Verwendung im Ausland

(1) Will eine Partei ein Versäumnis- oder Anerkenntnisurteil, das nach § 313b der Zivilprozessordnung in verkürzter Form abgefasst ist, in einem anderen Vertrags- oder Mitgliedstaat geltend machen, so ist das Urteil auf ihren Antrag zu vervollständigen. Der Antrag kann bei dem Gericht schriftlich oder durch Erklärung zu Protokoll der Geschäftsstelle gestellt werden. Über den Antrag wird ohne mündliche Verhandlung entschieden.

(2) Zur Vervollständigung des Urteils sind der Tatbestand und die Entscheidungsgründe nachträglich abzufassen, von den Richtern besonders zu unterschreiben und der Geschäftsstelle zu übergeben; der Tatbestand und die Entscheidungsgründe können auch von Richtern unterschrieben werden, die bei dem Urteil nicht mitgewirkt haben.

(3) Für die Berichtigung des nachträglich abgefassten Tatbestandes gilt § 320 der Zivilprozessordnung entsprechend. Jedoch können bei der Entscheidung über einen Antrag auf Berichtigung auch solche Richter mitwirken, die bei dem Urteil oder der nachträglichen Anfertigung des Tatbestands nicht mitgewirkt haben.

(4) Die vorstehenden Absätze gelten entsprechend für die Vervollständigung von Arrestbefehlen, einstweiligen Anordnungen und einstweiligen Verfügungen, die in einem anderen Vertrags- oder Mitgliedstaat geltend gemacht werden sollen und nicht mit einer Begründung versehen sind.

§ 31 Vollstreckungsklausel zur Verwendung im Ausland

Vollstreckungsbescheide, Arrestbefehle und einstweilige Verfügungen, deren Zwangsvollstreckung in einem anderen Land betrieben werden soll, sind auch dann mit der Vollstreckungsklausel zu versehen, wenn dies für eine Zwangsvollstreckung im Inland nach § 796 Abs. 1, § 929 Abs. 1 und § 936 der Zivilprozessordnung oder nach § 53 Abs. 1 des Gesetzes über das Verfahren in Familiensachen und in Angelegenheiten der freiwilligen Gerichtsbarkeit nicht erforderlich wäre.

§ 32 Mahnverfahren mit Zustellung im Ausland

(1) Das Mahnverfahren findet auch statt, wenn die Zustellung des Mahnbescheids in einem anderen Vertrags- oder Mitgliedstaat erfolgen muss. In diesem Fall kann der Anspruch auch die Zahlung einer bestimmten Geldsumme in ausländischer Währung zum Gegenstand haben.

(2) Macht der Antragsteller geltend, dass das Gericht auf Grund einer Gerichtsstandsvereinbarung zuständig sei, so hat er dem Mahnantrag die erforderlichen Schriftstücke über die Vereinbarung beizufügen.

(3) Die Widerspruchsfrist (§ 692 Abs. 1 Nr. 3 der Zivilprozessordnung) beträgt einen Monat.

Abschnitt 9. Verhältnis zu besonderen Anerkennungsverfahren; Konzentrationsermächtigung

§ 33

(weggefallen)

§ 34 Konzentrationsermächtigung

(1) Die Landesregierungen werden für die Durchführung dieses Gesetzes ermächtigt, durch Rechtsverordnung die Entscheidung über Anträge auf Erteilung der Vollstreckungsklausel zu ausländischen Titeln in Zivil- und Handelssachen, über Anträge auf Aufhebung oder Abänderung dieser Vollstreckungsklausel und über Anträge auf Feststellung der Anerkennung einer ausländischen Entscheidung für die Bezirke mehrerer Landgerichte einem von ihnen zuzuweisen, sofern dies der sachlichen Förderung oder schnelleren Erledigung der Verfahren dient. Die Ermächtigung kann für jeden der in § 1 Absatz 1 Nummer 1 Buchstabe a und b genannten Anerkennungs- und Vollstreckungsverträge und für das in § 1 Absatz 1 Nummer 2 Buchstabe b und c genannte Abkommen der Europäischen Union einzeln ausgeübt werden.

(2) Die Landesregierungen können die Ermächtigung durch Rechtsverordnung auf die Landesjustizverwaltungen übertragen.

Teil 2. Besonderes

Abschnitt 1. Übereinkommen über die gerichtliche Zuständigkeit und Vollstreckung gerichtlicher Entscheidungen in Zivil- und Handelssachen vom 27. September 1968 und vom 16. September 1988

§ 35 Sonderregelungen über die Beschwerdefrist

(1) Die Frist für die Beschwerde des Verpflichteten gegen die Zulassung der Zwangsvollstreckung beträgt zwei Monate und beginnt von dem Tage an zu laufen, an dem die Entscheidung dem Verpflichteten entweder in Person oder in seiner Wohnung zugestellt worden ist, wenn der Verpflichtete seinen Wohnsitz oder Sitz in einem anderen Vertragsstaat dieses Übereinkommens hat. Eine Verlängerung dieser Frist wegen weiter Entfernung ist ausgeschlossen. § 10 Absatz 2 und 3 Satz 2 sowie § 11 Absatz 3 Satz 1 und 2 finden in diesen Fällen keine Anwendung.

§ 36 Aussetzung des Beschwerdeverfahrens

(1) Das Oberlandesgericht kann auf Antrag des Verpflichteten seine Entscheidung über die Beschwerde über die Zulassung der Zwangsvollstreckung aussetzen, wenn gegen die Entscheidung im Ursprungsstaat ein ordentliches Rechtsmittel eingelegt oder die Frist hierfür noch nicht verstrichen ist; in letzterem Fall kann das Oberlandesgericht eine Frist bestimmen, innerhalb deren das Rechtsmittel einzulegen ist. Das Gericht kann die Zwangsvollstreckung auch von einer Sicherheitsleistung abhängig machen.

(2) Absatz 1 ist im Verfahren auf Feststellung der Anerkennung einer Entscheidung (§§ 25 und 26) entsprechend anzuwenden.

Abschnitt 2. (weggefallen)

§ 37 – 39

(weggefallen)

Gesetz zur Geltendmachung von Unterhaltsansprüchen im Verkehr mit ausländischen Staaten (Auslandsunterhaltsgesetz – AUG) vom 23.5.2011

Vor AUG

Übersicht	Rdn.		Rdn.
I. Allgemeiner Überblick.............	1	II. Gesetzessystematik................	5

Literatur:
Andrae, Das neue Auslandsunterhaltsgesetz, NJW 2011, 2545; *Atteslander-Dürrenmatt*, Vollstreckung bedingter Unterhaltstitel nach schweizerischem Recht in Deutschland, IPRax 2002, 508; *Baumann*, Die Anerkennung und Vollstreckung ausländischer Entscheidungen in Unterhaltssachen (§ 9), 1989; *Botur*, Besonderheiten bei der Vollstreckbarerklärung englischer Unterhaltsentscheidungen in Deutschland, FPR 2010, 519; *Breuer*, Übernationale Rechtsgrundlagen für die Anerkennung und Vollstreckbarkeit von Unterhaltstiteln, FamRB 2014, 30: *Eichel*, Europarechtliche Fallstricke im Vollstreckbarkeitsverfahren nach dem AVAG und dem neuen Auslandsunterhaltsgesetz (AUG) GPR 2011, 193; *Gruber*, Die Vollstreckbarkeit ausländischer Unterhaltstitel – altes und neues Recht, IPRax 2013, 325; *Hau*, Fallstudie zur internationalen Durchsetzung von Unterhaltsforderungen, FamRBint 2012, 19; *Heger*, Gerichtliche Zuständigkeiten nach der EuUntVO für die Geltendmachung von Kindes-, Trennungs- und Nacheheunterhalt, FPR 2013, 1; *Heger/Selg*, Die europäische Unterhaltsverordnung und das neue Ausländerunterhaltsgesetz, FamRZ 2011, 1101; *Hess/Spanken*, Die Durchsetzung von Unterhaltstiteln mit Auslandsbezug nach dem AUG, FPR 2013, 27; *Hilbig-Lugani*, Die Änderungen im AUG und AVAG durch das Durchführungsgesetz zum Haager Unterhaltsübereinkommen 2007, FamRBint 2013, 74; *Hohloch*, Grenzüberschreitende Unterhaltsvollstreckung, FPR 2004, 315; *ders.*, Internationale Vollstreckung familienrechtlicher Titel, FPR 2012, 495; *Janzen*, Die neuen Haager Übereinkünfte zum Unterhaltsrecht und die Arbeiten an einer EG-Unterhaltsverordnung, FPR 2008, 218; *Martiny*, Grenzüberschreitende Unterhaltsdurchsetzung nach europäischem und internationalem Recht, FamRZ 2008, 1681; *ders.*, Geltendmachung und Durchsetzung von auf öffentliche Einrichtungen übergegangenen Unterhaltsforderungen, insbesondere internationale Zuständigkeit, Anerkennung und Vollstreckung, FamRZ 2014, 429; *Nohe*, Unterhaltsrealisierung im Ausland, FPR 2013, 31; *Rieck*, Durchsetzung und Abänderung eines in einem durch das Haager Unterhaltsprotokoll gebundenen EU-Mitgliedstaat geschlossenen Unterhaltsvergleichs in Deutschland, FamFR 2013, 558; *Riegner*, Die verfahrensrechtliche Behandlung von Unterhaltsstreitverfahren mit Auslandsbezug nach dem FamFG, FPR 2013, 4; *Unger*, Internationale Unterhaltsrealisierung in der EU und weltweit, FamRZ 2013, 1941; *Veith*, Die Rolle der Zentralen Behörde und des Jugendamts bei der Geltendmachung und Durchsetzung von Unterhaltsforderungen, FPR 2013, 46.

I. Allgemeiner Überblick

Die grenzüberschreitende Durchsetzung von Unterhaltsansprüchen richtete sich in der Vergangenheit schon wegen der Lage Deutschlands in Mitteleuropa im Wesentlichen nach der Brüssel-I-VO und dem LugÜ, dem Parallelabkommen mit Island, Norwegen und der Schweiz. Letzteres wurde in der Folgezeit abgelöst durch das LuGÜ 2007. Ein Systemwechsel trat schließlich durch die EuUnterhaltsVO ein, mit dem das Vollstreckbarkeitsverfahren herkömmlicher Art innerhalb der EU außer für Titel aus Großbritannien und Dänemark entfiel. 1

Daneben gibt es verschiedene multilaterale Verträge mit zum Teil unterschiedlichen Vertragsstaaten, die speziell der grenzüberschreitenden Durchsetzung von gesetzlichen Unterhaltsansprüchen dienen. Es sind dies: 2

a) das Haager Übereinkommen über die internationale Geltendmachung von Unterhaltsleistungen für Kinder und andere Familienangehörige vom 23.11.2007 – HUÜ 2007 –,[1]

---

[1] Text abrufbar über die Webseite der Haager Konferenz für Internationales Privatrecht unter http://www.hcch.net.

b) das Haager Übereinkommen über die Anerkennung und Vollstreckung von Unterhaltsentscheidungen vom 2.10.1973 – **HUÜ 1973** –,[2]
c) das Haager Übereinkommen über die Anerkennung und Vollstreckung von Entscheidungen auf dem Gebiet der Unterhaltspflicht gegenüber Kindern vom 15.4.1958 – **HUÜ 1958** –,[3]
d) das New Yorker UN-Übereinkommen über die Geltendmachung von Unterhaltsansprüchen im Ausland vom 20.6.1956 – **UNUÜ 1956** –,[4] welches die Geltendmachung von Unterhaltsansprüchen in den Vertragsstaaten über hierin vorgesehene Stellen ermöglicht. In Deutschland ist das Bundesamt für Justiz zuständige Übermittlungs- und Empfangsstelle.[5]

Die Durchführungsbestimmungen zu den genannten Rechtsinstrumenten sowie zu bilateralen Verträgen mit einzelnen Staaten befanden sich im Wesentlichen im **AVAG** (vgl. die enumerative Auflistung in § 1 AVAG aF),[6] zum Teil, so beim **HUÜ 1958** in einem eigenen Ausführungsgesetz vom 18.7.1961.[7]

3 Auf nationaler Ebene sollte zudem das Gesetz zur Geltendmachung von Unterhaltsansprüchen im Verkehr mit ausländischen Staaten vom 19.12.1986 – **AUG 1986** –[8] die Verfolgung und Durchsetzung von Unterhaltsansprüchen im Ausland erleichtern, wenn völkerrechtliche Verträge bzw. internationale Übereinkommen nicht bestanden, aber mit dem betreffenden Staat die Gegenseitigkeit verbürgt war.

4 Bei der notwendigen Schaffung von Durchführungsbestimmungen zur **EUUnterhaltsVO** wurden – zum Teil durch die wörtliche Übernahme von Vorschriften des AVAG – die gesamten nationalen Vorschriften zur Unterhaltsvollstreckung aus dem AVAG und weiteren Ausführungsgesetzen herausgelöst und in dem Auslandsunterhaltsgesetz vom 23.5.2011 – **AUG** – gebündelt sowie eine Zuständigkeit der Familiengerichte begründet.[9] Es dient damit in Ergänzung zum **IntFamRVG** im Wesentlichen als Aus- und Durchführungsgesetz zu unmittelbar geltenden europarechtlichen Regelungen und völkerrechtlichen Verträgen zum internationalen Unterhaltsverfahrensrecht (enumerative Auflistung in § 1 Abs. 1 Ziff. 1 und 2 AUG). Daneben ist der ursprüngliche Zweck beibehalten worden. Gem. § 1 Abs. 1 Nr. 3, Abs. 2 AUG dient es weiterhin der Geltendmachung von gesetzlichen Unterhaltsansprüchen im Verkehr mit solchen Staaten bzw. Teilstaaten oder Provinzen, bei denen der Bundesminister der Justiz die Verbürgung der Gegenseitigkeit festgestellt und im BGBl. bekannt gemacht hat (förmliche Gegenseitigkeit). Die gerichtliche und außergerichtliche Verfolgung der Ansprüche erfolgt nach den §§ 4 ff. AUG über eine Zentrale Behörde als Empfangs- und Übermittlungsbehörde, mit deren Aufgaben das Bundesamt für Justiz betraut ist.[10] Derzeit ist der Rechtsverkehr mit 48 US-amerikanischen Bundesstaaten, 11 kanadischen Provinzen und der Republik Südafrika eröffnet. Eine aktuelle Vertragsstaatenliste kann über die Internetseite des Bundesamtes für Justiz aufgerufen werden.[11] Unterhaltstitel aus den Vertragsstaaten können zudem gem. § 64 Abs. 1 AUG im Verfahren nach § 110 Abs. 1, 2 FamFG für vollstreckbar erklärt werden, und zwar auch dann, wenn sie nicht rechtskräftig sind. Ferner ist nach Maßgabe des § 64 Abs. 2

---

2 BGBl. II 1986, 826.
3 BGBl. II 1961, 1006; Liste der Vertragsstaaten im Justizportal NRW unter www.justiz.nrw.de/Bibliothek/ir_online_db/ir_html/vertragsstaaten15041958.htm.
4 BGBl. II 1959, 149.
5 Liste der Vertragsstaaten unter www.bundesjustizamt.de/DE/Themen/Buergerdienste/AU/UN/Vertragsstaaten/Vertragsstaaten_node.html (Unterschiedliche Schreibweisen beachten!).
6 Im Anhang der Vorauflage.
7 BGBl. I 1033.
8 BGBl. I 1986, 2563 in der Fassung des Gesetzes vom 17.12.2006 – BGBl. I 2006, 3171.
9 BGBl. I 898; siehe auch Vor EuUnterhaltsVO Rn. 2.
10 Näher zu den Aufgaben der Zentralen Behörde nach dem AUG und zur Rechtsnatur ihrer Entscheidungen (Justizverwaltungsakt gem. § 23 EGGVG) *Veith*, FPR 2013, 51.
11 Http://www.bundesjustizamt.de/DE/Themen/Buergerdienste/AU/AUG/Vertragsstaaten/Staatenliste_node.html.

AUG i.V.m. § 238 FamFG nach einer Vollstreckbarerklärung auf Antrag eine Abänderung der festgesetzten Unterhaltsleistung möglich.

II. Gesetzessystematik

Das Gesetz enthält im **Kapitel 1** einen **allgemeinen Teil** mit einer Auflistung des Anwendungsbereichs in § 1 und der Bestimmung in § 2, dass ergänzend das **FamFG** gilt. Allerdings leidet – wie beim AVAG – die Übersichtlichkeit des Gesetzes dadurch, dass für einzelne Rechtsinstrumente Abweichungen bestehen und daher jeweils zu prüfen ist, ob bestimmte allgemeine Vorschriften überhaupt oder nur modifiziert gelten. Daneben befasst sich das Kapitel 1 im Wesentlichen mit der Einrichtung und den Aufgaben des Bundesamtes für Justiz als **Zentraler Behörde**, der gerade in Unterhaltssachen bedeutsamen **Verfahrenskostenhilfe** sowie Regeln über die **internationale und die örtliche Zuständigkeit**. Im **Kapitel 2** finden sich sodann die Vorschriften über die **Anerkennung und Vollstreckung** (§§ 30 ff.) mit einer Differenzierung entsprechend der EuUnterhaltsVO für **Verfahren mit oder ohne Exequatur** und Normen über die Vollstreckung aufgrund von völkerrechtlichen Verträgen und das in Rn. 4 erwähnte Verfahren bei förmlicher Gegenseitigkeit. Im **Kapitel 3** ist sodann die **Vollstreckung im Inland** geregelt (§§ 65 ff) mit einer Bezugnahme auf § 120 FamFG und insbesondere mit Normen über die Vollstreckungsabwehrklage und Schadensersatz wegen ungerechtfertigter Vollstreckung. Das **Kapitel 4** enthält in den §§ 70 ff. Regelungen, mit denen die **Vollstreckung deutscher Unterhaltstitel im Ausland** vorbereitet werden soll (z.B. Zuständigkeit für notwendige Bescheinigungen, Bezifferung dynamisierter Unterhaltstitel, Vollstreckungsklausel, Mahnverfahren). Das Kapitel 5 befasst sich schließlich in den §§ 76 f. mit **Kosten** für Übersetzungen durch die Zentrale Behörde und mit **Übergangsvorschriften**.

Kapitel 1 Allgemeiner Teil

Abschnitt 1 Anwendungsbereich; Begriffsbestimmungen

§ 1 Anwendungsbereich

(1) Dieses Gesetz dient
1. der Durchführung folgender Verordnung und folgender Abkommen der Europäischen Union:
   a) der Verordnung (EG) Nr. 4/2009 des Rates vom 18. Dezember 2008 über die Zuständigkeit, das anwendbare Recht, die Anerkennung und Vollstreckung von Entscheidungen und die Zusammenarbeit in Unterhaltssachen (ABl. L 7 vom 10.1.2009, S. 1);
   b) des Abkommens vom 19. Oktober 2005 zwischen der Europäischen Gemeinschaft und dem Königreich Dänemark über die gerichtliche Zuständigkeit und die Anerkennung und Vollstreckung von Entscheidungen in Zivil- und Handelssachen (ABl. L 299 vom 16.11.2005, S. 62), soweit dieses Abkommen auf Unterhaltssachen anzuwenden ist;
   c) des Übereinkommens vom 30. Oktober 2007 über die gerichtliche Zuständigkeit und die Anerkennung und Vollstreckung von Entscheidungen in Zivil- und Handelssachen (ABl. L 339 vom 21.12.2007, S. 3), soweit dieses Übereinkommen auf Unterhaltssachen anzuwenden ist;
2. der Ausführung folgender völkerrechtlicher Verträge:
   a) des Haager Übereinkommens vom 23. November 2007 über die internationale Geltendmachung der Unterhaltsansprüche von Kindern und anderen Familienangehörigen (ABl. L 192 vom 22.7.2011, S. 51) nach Maßgabe des Beschlusses des Rates der Europäischen Union vom 9. Juni 2011 (ABl. L 192 vom 22.7.2011, S. 39) über die Genehmigung dieses Übereinkommens;
   b) des Haager Übereinkommens vom 2. Oktober 1973 über die Anerkennung und Vollstreckung von Unterhaltsentscheidungen (BGBl. 1986 II S. 826);

c) des Übereinkommens vom 16. September 1988 über die gerichtliche Zuständigkeit und die Vollstreckung gerichtlicher Entscheidungen in Zivil- und Handelssachen (BGBl. 1994 II S. 2658), soweit dieses Übereinkommen auf Unterhaltssachen anzuwenden ist;
d) des New Yorker UN-Übereinkommens vom 20. Juni 1956 über die Geltendmachung von Unterhaltsansprüchen im Ausland (BGBl. 1959 II S. 150);
3. der Geltendmachung von gesetzlichen Unterhaltsansprüchen, wenn eine der Parteien im Geltungsbereich dieses Gesetzes und die andere Partei in einem anderen Staat, mit dem die Gegenseitigkeit verbürgt ist, ihren gewöhnlichen Aufenthalt hat.

Die Gegenseitigkeit nach Satz 1 Nummer 3 ist verbürgt, wenn das Bundesministerium der Justiz dies festgestellt und im Bundesgesetzblatt bekannt gemacht hat (förmliche Gegenseitigkeit). Staaten im Sinne des Satzes 1 Nummer 3 sind auch Teilstaaten und Provinzen eines Bundesstaates.

(2) Regelungen in völkerrechtlichen Vereinbarungen gehen, soweit sie unmittelbar anwendbares innerstaatliches Recht geworden sind, den Vorschriften dieses Gesetzes vor. Die Regelungen der in Absatz 1 Satz 1 Nummer 1 genannten Verordnung und Abkommen werden als unmittelbar geltendes Recht der Europäischen Union durch die Durchführungsbestimmungen dieses Gesetzes nicht berührt.

§ 2 Allgemeine gerichtliche Verfahrensvorschriften

Soweit in diesem Gesetz nichts anderes geregelt ist, werden die Vorschriften des Gesetzes über das Verfahren in Familiensachen und in den Angelegenheiten der freiwilligen Gerichtsbarkeit angewendet.

§ 3 Begriffsbestimmungen

Im Sinne dieses Gesetzes
1. sind Mitgliedstaaten die Mitgliedstaaten der Europäischen Union,
2. sind völkerrechtliche Verträge multilaterale und bilaterale Anerkennungs- und Vollstreckungsverträge,
3. sind Berechtigte
    a) natürliche Personen, die einen Anspruch auf Unterhaltsleistungen haben oder geltend machen,
    b) öffentlich-rechtliche Leistungsträger, die Unterhaltsansprüche aus übergegangenem Recht geltend machen, soweit die Verordnung (EG) Nr. 4/2009 oder der auszuführende völkerrechtliche Vertrag auf solche Ansprüche anzuwenden ist,
4. sind Verpflichtete natürliche Personen, die Unterhalt schulden oder denen gegenüber Unterhaltsansprüche geltend gemacht werden,
5. sind Titel gerichtliche Entscheidungen, gerichtliche Vergleiche und öffentliche Urkunden, auf welche die durchzuführende Verordnung oder der jeweils auszuführende völkerrechtliche Vertrag anzuwenden ist,
6. ist Ursprungsstaat der Staat, in dem ein Titel errichtet worden ist, und
7. ist ein Exequaturverfahren das Verfahren, mit dem ein ausländischer Titel zur Zwangsvollstreckung im Inland zugelassen wird.

Abschnitt 2 Zentrale Behörde

§ 4 Zentrale Behörde

(1) Zentrale Behörde für die gerichtliche und außergerichtliche Geltendmachung von Ansprüchen in Unterhaltssachen nach diesem Gesetz ist das Bundesamt für Justiz. Die zentrale Behörde

verkehrt unmittelbar mit allen zuständigen Stellen im In- und Ausland. Mitteilungen leitet sie unverzüglich an die zuständigen Stellen weiter.

(2) Das Verfahren der zentralen Behörde gilt als Justizverwaltungsverfahren.

(3) Das Bundesministerium der Justiz wird ermächtigt, Aufgaben der zentralen Behörde entsprechend Artikel 51 Absatz 3 der Verordnung (EG) Nr. 4/2009 oder Artikel 6 Absatz 3 des Haager Übereinkommens vom 23. November 2007 über die internationale Geltendmachung der Unterhaltsansprüche von Kindern und anderen Familienangehörigen auf eine andere öffentliche Stelle zu übertragen oder eine juristische Person des Privatrechts mit den entsprechenden Aufgaben zu beleihen. Die Beliehene muss grundlegende Erfahrungen bei der Durchsetzung von Unterhaltsansprüchen im Ausland nachweisen können. Den Umfang der Aufgabenübertragung legt das Bundesministerium der Justiz fest. Die Übertragung ist vom Bundesministerium der Justiz im Bundesanzeiger bekannt zu geben. Die Beliehene unterliegt der Fachaufsicht des Bundesministeriums der Justiz. § 5 Absatz 6 und die §§ 7 und 9 werden auf die Tätigkeit der Beliehenen nicht angewendet.

§ 5 Aufgaben und Befugnisse der zentralen Behörde

(1) Die gerichtliche und außergerichtliche Geltendmachung von Unterhaltsansprüchen nach diesem Gesetz erfolgt über die zentrale Behörde als Empfangs- und Übermittlungsstelle.

(2) Die zentrale Behörde unternimmt alle geeigneten Schritte, um den Unterhaltsanspruch des Berechtigten durchzusetzen. Sie hat hierbei die Interessen und den Willen des Berechtigten zu beachten.

(3) Im Anwendungsbereich der Verordnung (EG) Nr. 4/2009 richten sich die Aufgaben der zentralen Behörde nach den Artikeln 50, 51, 53 und 58 dieser Verordnung.

(4) Im Anwendungsbereich des Haager Übereinkommens vom 23. November 2007 über die internationale Geltendmachung der Unterhaltsansprüche von Kindern und anderen Familienangehörigen richten sich die Aufgaben der zentralen Behörde nach den Artikeln 5, 6, 7 und 12 dieses Übereinkommens.

(5) Die zentrale Behörde gilt bei eingehenden Ersuchen als bevollmächtigt, im Namen des Antragstellers selbst oder im Wege der Untervollmacht durch Vertreter außergerichtlich oder gerichtlich tätig zu werden. Sie ist insbesondere befugt, den Unterhaltsanspruch im Wege eines Vergleichs oder eines Anerkenntnisses zu regeln. Falls erforderlich, darf sie auch einen Unterhaltsantrag stellen und die Vollstreckung eines Unterhaltstitels betreiben.

(6) Die zentrale Behörde übermittelt die von den Verpflichteten eingezogenen Unterhaltsgelder an die Berechtigten nach den für Haushaltsmittel des Bundes geltenden Regeln. Satz 1 gilt für die Rückübermittlung überzahlter Beträge oder für andere bei der Wahrnehmung der Aufgaben der zentralen Behörde erforderlich werdende Zahlungen entsprechend.

§ 6 Unterstützung durch das Jugendamt

Wird die zentrale Behörde tätig, um Unterhaltsansprüche Minderjähriger und junger Volljähriger, die das 21. Lebensjahr noch nicht vollendet haben, geltend zu machen und durchzusetzen, kann sie das Jugendamt um Unterstützung ersuchen.

Abschnitt 3 Ersuchen um Unterstützung in Unterhaltssachen

Unterabschnitt 1 Ausgehende Ersuchen

§ 7 Vorprüfung durch das Amtsgericht; Zuständigkeitskonzentration

(1) Die Entgegennahme und Prüfung eines Antrages auf Unterstützung in Unterhaltssachen erfolgt durch das für den Sitz des Oberlandesgerichts, in dessen Bezirk der Antragsteller seinen gewöhnlichen Aufenthalt hat, zuständige Amtsgericht. Für den Bezirk des Kammergerichts entscheidet das Amtsgericht Pankow-Weißensee.

(2) Das Vorprüfungsverfahren ist ein Justizverwaltungsverfahren.

(3) Für das Vorprüfungsverfahren werden keine Kosten erhoben.

§ 8 Inhalt und Form des Antrages

(1) Der Inhalt eines an einen anderen Mitgliedstaat mit Ausnahme des Königreichs Dänemark gerichteten Antrages richtet sich nach Artikel 57 der Verordnung (EG) Nr. 4/2009.

(2) Der Inhalt eines an einen anderen Vertragsstaat des Haager Übereinkommens vom 23. November 2007 über die internationale Geltendmachung der Unterhaltsansprüche von Kindern und anderen Familienangehörigen gerichteten Antrages richtet sich nach Artikel 11 dieses Übereinkommens.

(3) In den nicht von den Absätzen 1 und 2 erfassten Fällen soll der Antrag alle Angaben enthalten, die für die Geltendmachung des Anspruchs von Bedeutung sein können, insbesondere
1. den Familiennamen und die Vornamen des Berechtigten; ferner seine Anschrift, den Tag seiner Geburt, seine Staatsangehörigkeit, seinen Beruf oder seine Beschäftigung sowie gegebenenfalls den Namen und die Anschrift seines gesetzlichen Vertreters,
2. den Familiennamen und die Vornamen des Verpflichteten; ferner seine Anschrift, den Tag, den Ort und das Land seiner Geburt, seine Staatsangehörigkeit, seinen Beruf oder seine Beschäftigung, soweit der Berechtigte diese Angaben kennt, und
3. nähere Angaben
    a) über die Tatsachen, auf die der Anspruch gestützt wird;
    b) über die Art und Höhe des geforderten Unterhalts;
    c) über die finanziellen und familiären Verhältnisse des Berechtigten, sofern diese Angaben für die Entscheidung bedeutsam sein können;
    d) über die finanziellen und familiären Verhältnisse des Verpflichteten, soweit diese bekannt sind.

Ein Antrag eines Berechtigten im Sinne des § 3 Nummer 3 Buchstabe b soll die in den Nummern 1 und 3 Buchstabe c genannten Angaben der Person enthalten, deren Anspruch übergegangen ist.

(4) Einem Antrag nach Absatz 3 sollen die zugehörigen Personenstandsurkunden und andere sachdienliche Schriftstücke beigefügt sein. Das in § 7 benannte Gericht kann von Amts wegen alle erforderlichen Ermittlungen anstellen.

(5) In den Fällen des Absatzes 3 ist der Antrag vom Antragsteller, von dessen gesetzlichem Vertreter oder von einem bevollmächtigten Vertreter unter Beifügung einer Vollmacht zu unterschreiben. Soweit dies nach dem Recht des zu ersuchenden Staates erforderlich ist, ist die Richtigkeit der Angaben vom Antragsteller oder von dessen gesetzlichem Vertreter eidesstattlich zu versichern. Besonderen Anforderungen des zu ersuchenden Staates an Form und Inhalt des Ersuchens ist zu genügen, soweit dem keine zwingenden Vorschriften des deutschen Rechts entgegenstehen.

(6) In den Fällen des Absatzes 3 ist der Antrag an die Empfangsstelle des Staates zu richten, in dem der Anspruch geltend gemacht werden soll.

§ 9 Umfang der Vorprüfung

(1) Der Vorstand des Amtsgerichts oder der im Rahmen der Verteilung der Justizverwaltungsgeschäfte bestimmte Richter prüft
1. in Verfahren mit förmlicher Gegenseitigkeit (§ 1 Absatz 1 Satz 1 Nummer 3), ob nach dem deutschen Recht die beabsichtigte Rechtsverfolgung hinreichende Aussicht auf Erfolg haben würde,
2. in den übrigen Fällen, ob der Antrag mutwillig oder offensichtlich unbegründet ist.

Bejaht er in den Fällen des Satzes 1 Nummer 1 die Erfolgsaussicht, stellt er hierüber eine Bescheinigung aus, veranlasst deren Übersetzung in die Sprache des zu ersuchenden Staates und fügt diese Unterlagen dem Ersuchen bei.

(2) Hat die beabsichtigte Rechtsverfolgung keine hinreichende Aussicht auf Erfolg (Absatz 1 Satz 1 Nummer 1) oder ist der Antrag mutwillig oder offensichtlich unbegründet (Absatz 1 Satz 1 Nummer 2), lehnt der Richter die Weiterleitung des Antrages ab. Die ablehnende Entscheidung ist zu begründen und dem Antragsteller mit einer Rechtsmittelbelehrung zuzustellen. Sie ist nach § 23 des Einführungsgesetzes zum Gerichtsverfassungsgesetz anfechtbar.

(3) Liegen keine Ablehnungsgründe vor, übersendet das Gericht den Antrag nebst Anlagen und vorliegenden Übersetzungen mit je drei beglaubigten Abschriften unmittelbar an die zentrale Behörde.

(4) Im Anwendungsbereich des New Yorker UN-Übereinkommens vom 20. Juni 1956 über die Geltendmachung von Unterhaltsansprüchen im Ausland (BGBl. 1959 II S. 150) legt der Richter in den Fällen des Absatzes 2 Satz 1 den Antrag der zentralen Behörde zur Entscheidung über die Weiterleitung des Antrages vor.

§ 10 Übersetzung des Antrages

(1) Der Antragsteller hat dem Antrag nebst Anlagen von einem beeidigten Übersetzer beglaubigte Übersetzungen in der Sprache des zu ersuchenden Staates beizufügen. Die Artikel 20, 28, 40, 59 und 66 der Verordnung (EG) Nr. 4/2009 bleiben hiervon unberührt. Ist im Anwendungsbereich des jeweils auszuführenden völkerrechtlichen Vertrages eine Übersetzung von Schriftstücken in eine Sprache erforderlich, die der zu ersuchende Staat für zulässig erklärt hat, so ist die Übersetzung von einer Person zu erstellen, die zur Anfertigung von Übersetzungen in einem der Vertragsstaaten befugt ist.

(2) Beschafft der Antragsteller trotz Aufforderung durch die zentrale Behörde die erforderliche Übersetzung nicht selbst, veranlasst die zentrale Behörde die Übersetzung auf seine Kosten.

(3) Das nach § 7 Absatz 1 zuständige Amtsgericht befreit den Antragsteller auf Antrag von der Erstattungspflicht für die Kosten der von der zentralen Behörde veranlassten Übersetzung, wenn der Antragsteller die persönlichen und wirtschaftlichen Voraussetzungen einer ratenfreien Verfahrenskostenhilfe nach § 113 des Gesetzes über das Verfahren in Familiensachen und in den Angelegenheiten der freiwilligen Gerichtsbarkeit in Verbindung mit § 115 der Zivilprozessordnung erfüllt.

(4) § 1077 Absatz 4 der Zivilprozessordnung bleibt unberührt.

§ 11 Weiterleitung des Antrages durch die zentrale Behörde

(1) Die zentrale Behörde prüft, ob der Antrag den förmlichen Anforderungen des einzuleitenden ausländischen Verfahrens genügt. Sind diese erfüllt, so leitet sie den Antrag an die im Ausland zuständige Stelle weiter. Soweit erforderlich, fügt sie dem Ersuchen eine Übersetzung dieses Gesetzes bei.

(2) Die zentrale Behörde überwacht die ordnungsmäßige Erledigung des Ersuchens.

(3) Lehnt die zentrale Behörde die Weiterleitung des Antrages ab, ist § 9 Absatz 2 Satz 2 und 3 entsprechend anzuwenden.

§ 12 Registrierung eines bestehenden Titels im Ausland

Liegt über den Unterhaltsanspruch bereits eine inländische gerichtliche Entscheidung oder ein sonstiger Titel im Sinne des § 3 Nummer 5 vor, so kann der Berechtigte auch ein Ersuchen auf Registrierung der Entscheidung im Ausland stellen, soweit das dort geltende Recht dies vorsieht. Die §§ 7 bis 11 sind entsprechend anzuwenden; eine Prüfung der Gesetzmäßigkeit des vorgelegten inländischen Titels findet nicht statt.

Unterabschnitt 2 Eingehende Ersuchen

§ 13 Übersetzung des Antrages

(1) Ist eine Übersetzung von Schriftstücken erforderlich, so ist diese in deutscher Sprache abzufassen.

(2) Die Richtigkeit der Übersetzung ist von einer Person zu beglaubigen, die in den nachfolgend genannten Staaten hierzu befugt ist:
1. in einem der Mitgliedstaaten oder in einem anderen Vertragsstaat des Abkommens über den Europäischen Wirtschaftsraum;
2. in einem Vertragsstaat des jeweils auszuführenden völkerrechtlichen Vertrages oder
3. in einem Staat, mit dem die Gegenseitigkeit förmlich verbürgt ist (§ 1 Absatz 1 Satz 1 Nummer 3).

(3) Die zentrale Behörde kann es ablehnen, tätig zu werden, solange Mitteilungen oder beizufügende Schriftstücke nicht in deutscher Sprache abgefasst oder in die deutsche Sprache übersetzt sind. Im Anwendungsbereich der Verordnung (EG) Nr. 4/2009 ist sie hierzu jedoch nur befugt, wenn sie nach dieser Verordnung eine Übersetzung verlangen darf.

(4) Die zentrale Behörde kann in Verfahren mit förmlicher Gegenseitigkeit (§ 1 Absatz 1 Satz 1 Nummer 3) im Verkehr mit bestimmten Staaten oder im Einzelfall von dem Erfordernis einer Übersetzung absehen und die Übersetzung selbst besorgen.

§ 14 Inhalt und Form des Antrages

(1) Der Inhalt eines Antrages aus einem anderen Mitgliedstaat mit Ausnahme des Königreichs Dänemark richtet sich nach Artikel 57 der Verordnung (EG) Nr. 4/2009.

(2) Der Inhalt eines Antrages aus einem anderen Vertragsstaat des Haager Übereinkommens vom 23. November 2007 über die internationale Geltendmachung der Unterhaltsansprüche von Kindern und anderen Familienangehörigen richtet sich nach Artikel 11 dieses Übereinkommens.

(3) In den nicht von den Absätzen 1 und 2 erfassten Fällen soll der Antrag alle Angaben enthalten, die für die Geltendmachung des Anspruchs von Bedeutung sein können, insbesondere

1. bei einer Indexierung einer titulierten Unterhaltsforderung die Modalitäten für die Berechnung dieser Indexierung und
2. bei einer Verpflichtung zur Zahlung von gesetzlichen Zinsen den gesetzlichen Zinssatz sowie den Beginn der Zinspflicht.

Im Übrigen gilt § 8 Absatz 3 entsprechend.

(4) In den Fällen des Absatzes 3 soll der Antrag vom Antragsteller, von dessen gesetzlichem Vertreter oder von einem bevollmächtigten Vertreter unter Beifügung einer Vollmacht unterschrieben und mit einer Stellungnahme der ausländischen Stelle versehen sein, die den Antrag entgegengenommen und geprüft hat. Diese Stellungnahme soll auch den am Wohnort des Berechtigten erforderlichen Unterhaltsbetrag nennen. Der Antrag und die Anlagen sollen zweifach übermittelt werden. Die zugehörigen Personenstandsurkunden und andere sachdienliche Schriftstücke sollen beigefügt und sonstige Beweismittel genau bezeichnet sein.

§ 15 Behandlung einer vorläufigen Entscheidung

In Verfahren mit förmlicher Gegenseitigkeit (§ 1 Absatz 1 Satz 1 Nummer 3) gilt eine ausländische Entscheidung, die ohne die Anhörung des Verpflichteten vorläufig und vorbehaltlich der Bestätigung durch das ersuchte Gericht ergangen ist, als eingehendes Ersuchen auf Erwirkung eines Unterhaltstitels. § 8 Absatz 3 und § 14 Absatz 3 Satz 1 gelten entsprechend.

Abschnitt 4 Datenerhebung durch die zentrale Behörde

§ 16 Auskunftsrecht der zentralen Behörde zur Herbeiführung oder Änderung eines Titels

(1) Ist der gegenwärtige Aufenthaltsort des Berechtigten oder des Verpflichteten nicht bekannt, so darf die zentrale Behörde zur Erfüllung der ihr nach § 5 obliegenden Aufgaben bei einer zuständigen Meldebehörde Angaben zu dessen Anschriften sowie zu dessen Haupt- und Nebenwohnung erheben.

(2) Soweit der Aufenthaltsort nach Absatz 1 nicht zu ermitteln ist, darf die zentrale Behörde folgende Daten erheben:
1. von den Trägern der gesetzlichen Rentenversicherung die dort bekannte derzeitige Anschrift, den derzeitigen oder zukünftigen Aufenthaltsort des Betroffenen;
2. vom Kraftfahrt-Bundesamt die Halterdaten des Betroffenen nach § 33 Absatz 1 Satz 1 Nummer 2 des Straßenverkehrsgesetzes;
3. wenn der Betroffene ausländischen Streitkräften angehört, die in Deutschland stationiert sind, von der zuständigen Behörde der Truppe die ladungsfähige Anschrift des Betroffenen.

(3) Kann die zentrale Behörde den Aufenthaltsort des Verpflichteten nach den Absätzen 1 und 2 nicht ermitteln, darf sie einen Suchvermerk im Zentralregister veranlassen.

§ 17 Auskunftsrecht zum Zweck der Anerkennung, Vollstreckbarerklärung und Vollstreckung eines Titels

(1) Ist die Unterhaltsforderung tituliert und weigert sich der Schuldner, auf Verlangen der zentralen Behörde Auskunft über sein Einkommen und Vermögen zu erteilen, oder ist bei einer Vollstreckung in die vom Schuldner angegebenen Vermögensgegenstände eine vollständige Befriedigung des Gläubigers nicht zu erwarten, stehen der zentralen Behörde zum Zweck der Anerkennung, Vollstreckbarerklärung und Vollstreckung eines Titels die in § 16 geregelten Auskunftsrechte zu. Die zentrale Behörde darf nach vorheriger Androhung außerdem

1. von den Trägern der gesetzlichen Rentenversicherung den Namen, die Vornamen, die Firma sowie die Anschriften der derzeitigen Arbeitgeber der versicherungspflichtigen Beschäftigungsverhältnisse des Schuldners erheben;
2. bei dem zuständigen Träger der Grundsicherung für Arbeitsuchende einen Leistungsbezug nach dem Zweiten Buch Sozialgesetzbuch – Grundsicherung für Arbeitsuchende – abfragen;
3. das Bundeszentralamt für Steuern ersuchen, bei den Kreditinstituten die in § 93b Absatz 1 der Abgabenordnung bezeichneten Daten des Schuldners abzurufen (§ 93 Absatz 8 der Abgabenordnung);
4. vom Kraftfahrt-Bundesamt die Fahrzeug- und Halterdaten nach § 33 Absatz 1 des Straßenverkehrsgesetzes zu einem Fahrzeug, als dessen Halter der Schuldner eingetragen ist, erheben.

(2) Daten über das Vermögen des Schuldners darf die zentrale Behörde nur erheben, wenn dies für die Vollstreckung erforderlich ist.

§ 18 Benachrichtigung über die Datenerhebung

(1) Die zentrale Behörde benachrichtigt den Antragsteller grundsätzlich nur darüber, ob ein Auskunftsersuchen nach den §§ 16 und 17 erfolgreich war.

(2) Die zentrale Behörde hat den Betroffenen unverzüglich über die Erhebung von Daten nach den §§ 16 und 17 zu benachrichtigen, es sei denn, die Vollstreckung des Titels würde dadurch vereitelt oder wesentlich erschwert werden. Ungeachtet des Satzes 1 hat die Benachrichtigung spätestens 90 Tage nach Erhalt der Auskunft zu erfolgen.

§ 19 Übermittlung und Löschung von Daten

(1) Die zentrale Behörde darf personenbezogene Daten an andere öffentliche und nichtöffentliche Stellen übermitteln, wenn dies zur Erfüllung der ihr nach § 5 obliegenden Aufgaben erforderlich ist. Die Daten dürfen nur für den Zweck verwendet werden, für den sie übermittelt worden sind.

(2) Daten, die zum Zweck der Anerkennung, Vollstreckbarerklärung oder Vollstreckung nicht oder nicht mehr erforderlich sind, hat die zentrale Behörde unverzüglich zu löschen. Die Löschung ist zu protokollieren. § 35 Absatz 3 des Bundesdatenschutzgesetzes bleibt unberührt.

Abschnitt 5 Verfahrenskostenhilfe

§ 20 Voraussetzungen für die Bewilligung von Verfahrenskostenhilfe

Auf die Bewilligung von Verfahrenskostenhilfe ist § 113 Absatz 1 des Gesetzes über das Verfahren in Familiensachen und in den Angelegenheiten der freiwilligen Gerichtsbarkeit in Verbindung mit den §§ 114 bis 127 der Zivilprozessordnung entsprechend anzuwenden, soweit in diesem Gesetz nichts anderes bestimmt ist.

§ 21 Zuständigkeit für Anträge auf Verfahrenskostenhilfe nach der Richtlinie 2003/8/EG

(1) Abweichend von § 1077 Absatz 1 Satz 1 der Zivilprozessordnung erfolgt in Unterhaltssachen die Entgegennahme und Übermittlung von Anträgen natürlicher Personen auf grenzüberschreitende Verfahrenskostenhilfe nach § 1076 der Zivilprozessordnung durch das für den Sitz des Oberlandesgerichts, in dessen Bezirk der Antragsteller seinen gewöhnlichen Aufenthalt hat, zuständige Amtsgericht. Für den Bezirk des Kammergerichts entscheidet das Amtsgericht Pankow-Weißensee.

(2) Für eingehende Ersuchen gilt § 1078 Absatz 1 Satz 1 der Zivilprozessordnung.

§ 22 Verfahrenskostenhilfe nach Artikel 46 der Verordnung (EG) Nr. 4/2009 und den Artikeln 14 bis 17 des Haager Übereinkommens vom 23. November 2007 über die internationale Geltendmachung der Unterhaltsansprüche von Kindern und anderen Familienangehörigen

(1) Eine Person, die das 21. Lebensjahr noch nicht vollendet hat, erhält unabhängig von ihren wirtschaftlichen Verhältnissen Verfahrenskostenhilfe für Anträge
1. nach Artikel 56 der Verordnung (EG) Nr. 4/2009 gemäß Artikel 46 dieser Verordnung und
2. nach Kapitel III des Haager Übereinkommens vom 23. November 2007 über die internationale Geltendmachung der Unterhaltsansprüche von Kindern und anderen Familienangehörigen gemäß Artikel 15 dieses Übereinkommens.

Durch die Bewilligung von Verfahrenskostenhilfe wird sie endgültig von der Zahlung der in § 122 Absatz 1 der Zivilprozessordnung genannten Kosten befreit. Absatz 3 bleibt unberührt.

(2) Die Bewilligung von Verfahrenskostenhilfe kann nur abgelehnt werden, wenn der Antrag mutwillig oder offensichtlich unbegründet ist. In den Fällen des Artikels 56 Absatz 1 Buchstabe a und b der Verordnung (EG) Nr. 4/2009 und des Artikels 10 Absatz 1 Buchstabe a und b des Haager Übereinkommens vom 23. November 2007 über die internationale Geltendmachung der Unterhaltsansprüche von Kindern und anderen Familienangehörigen und in Bezug auf die von Artikel 20 Absatz 4 dieses Übereinkommens erfassten Fälle werden die Erfolgsaussichten nicht geprüft.

(3) Unterliegt der Antragsteller in einem gerichtlichen Verfahren, kann das Gericht gemäß Artikel 67 der Verordnung (EG) Nr. 4/2009 und gemäß Artikel 43 des Haager Übereinkommens vom 23. November 2007 über die internationale Geltendmachung der Unterhaltsansprüche von Kindern und anderen Familienangehörigen eine Erstattung der im Wege der Verfahrenskostenhilfe verauslagten Kosten verlangen, wenn dies unter Berücksichtigung der finanziellen Verhältnisse des Antragstellers der Billigkeit entspricht.

§ 23 Verfahrenskostenhilfe für die Anerkennung, Vollstreckbarerklärung und Vollstreckung von unterhaltsrechtlichen Titeln

Hat der Antragsteller im Ursprungsstaat für das Erkenntnisverfahren ganz oder teilweise Verfahrenskostenhilfe erhalten, ist ihm für das Verfahren der Anerkennung, Vollstreckbarerklärung und Vollstreckung der Entscheidung Verfahrenskostenhilfe zu bewilligen. Durch die Bewilligung von Verfahrenskostenhilfe wird der Antragsteller endgültig von der Zahlung der in § 122 Absatz 1 der Zivilprozessordnung genannten Kosten befreit. Dies gilt nicht, wenn die Bewilligung nach § 124 Absatz 1 Nummer 1 der Zivilprozessordnung aufgehoben wird.

§ 24 Verfahrenskostenhilfe für Verfahren mit förmlicher Gegenseitigkeit

Bietet in Verfahren gemäß § 1 Absatz 1 Satz 1 Nummer 3 die beabsichtigte Rechtsverfolgung eingehender Ersuchen hinreichende Aussicht auf Erfolg und erscheint sie nicht mutwillig, so ist dem Berechtigten auch ohne ausdrücklichen Antrag Verfahrenskostenhilfe zu bewilligen. In diesem Fall hat er weder Monatsraten noch aus dem Vermögen zu zahlende Beträge zu leisten. Durch die Bewilligung von Verfahrenskostenhilfe wird der Berechtigte endgültig von der Zahlung der in § 122 Absatz 1 der Zivilprozessordnung genannten Kosten befreit, sofern die Bewilligung nicht nach § 124 Absatz 1 Nummer 1 der Zivilprozessordnung aufgehoben wird.

Abschnitt 6 Ergänzende Zuständigkeitsregelungen; Zuständigkeitskonzentration

§ 25 Internationale Zuständigkeit nach Artikel 3 Buchstabe c der Verordnung (EG) Nr. 4/2009

(1) Die deutschen Gerichte sind in Unterhaltssachen nach Artikel 3 Buchstabe c der Verordnung (EG) Nr. 4/2009 zuständig, wenn
1. Unterhalt im Scheidungs- oder Aufhebungsverbund geltend gemacht wird und die deutschen Gerichte für die Ehe- oder die Lebenspartnerschaftssache nach den folgenden Bestimmungen zuständig sind:
   a) im Anwendungsbereich der Verordnung (EG) Nr. 2201/2003 des Rates vom 27. November 2003 über die Zuständigkeit und die Anerkennung von Entscheidungen in Ehesachen und in Verfahren betreffend die elterliche Verantwortung und zur Aufhebung der Verordnung (EG) Nr. 1347/2000 (ABl. L 338 vom 23.12.2003, S. 1) nach Artikel 3 Absatz 1 dieser Verordnung,
   b) nach § 98 Absatz 1 des Gesetzes über das Verfahren in Familiensachen und in den Angelegenheiten der freiwilligen Gerichtsbarkeit oder
   c) nach § 103 Absatz 1 des Gesetzes über das Verfahren in Familiensachen und in den Angelegenheiten der freiwilligen Gerichtsbarkeit;
2. Unterhalt in einem Verfahren auf Feststellung der Vaterschaft eines Kindes geltend gemacht wird und die deutschen Gerichte für das Verfahren auf Feststellung der Vaterschaft international zuständig sind nach
   a) § 100 Nummer 1 des Gesetzes über das Verfahren in Familiensachen und in den Angelegenheiten der freiwilligen Gerichtsbarkeit und sowohl der Berechtigte als auch der Verpflichtete Deutsche sind,
   b § 100 Nummer 2 des Gesetzes über das Verfahren in Familiensachen und in den Angelegenheiten der freiwilligen Gerichtsbarkeit.

(2) Absatz 1 Nummer 1 Buchstabe b und c ist nicht anzuwenden, wenn deutsche Gerichte auf Grund der deutschen Staatsangehörigkeit nur eines der Beteiligten zuständig sind.

§ 26 Örtliche Zuständigkeit

(1) Örtlich zuständig nach Artikel 3 Buchstabe c der Verordnung (EG) Nr. 4/2009 ist das Amtsgericht,
1. bei dem die Ehe- oder Lebenspartnerschaftssache im ersten Rechtszug anhängig ist oder war, solange die Ehe- oder Lebenspartnerschaftssache anhängig ist;
2. bei dem das Verfahren auf Feststellung der Vaterschaft im ersten Rechtszug anhängig ist, wenn Kindesunterhalt im Rahmen eines Abstammungsverfahrens geltend gemacht wird.

In den Fällen des Satzes 1 Nummer 2 gilt für den Erlass einer einstweiligen Anordnung § 248 Absatz 2 des Gesetzes über das Verfahren in Familiensachen und in den Angelegenheiten der freiwilligen Gerichtsbarkeit.

(2) § 233 des Gesetzes über das Verfahren in Familiensachen und in den Angelegenheiten der freiwilligen Gerichtsbarkeit bleibt unberührt.

§ 27 Örtliche Zuständigkeit für die Auffang- und Notzuständigkeit

Sind die deutschen Gerichte nach den Artikeln 6 oder 7 der Verordnung (EG) Nr. 4/2009 international zuständig, ist ausschließlich das Amtsgericht Pankow-Weißensee in Berlin örtlich zuständig.

§ 28 Zuständigkeitskonzentration; Verordnungsermächtigung

(1) Wenn ein Beteiligter seinen gewöhnlichen Aufenthalt nicht im Inland hat, entscheidet über Anträge in Unterhaltssachen in den Fällen des Artikels 3 Buchstabe a und b der Verordnung (EG) Nr. 4/2009 ausschließlich das für den Sitz des Oberlandesgerichts, in dessen Bezirk der Antragsgegner oder der Berechtigte seinen gewöhnlichen Aufenthalt hat, zuständige Amtsgericht. Für den Bezirk des Kammergerichts ist das Amtsgericht Pankow-Weißensee zuständig.

(2) Die Landesregierungen werden ermächtigt, diese Zuständigkeit durch Rechtsverordnung einem anderen Amtsgericht des Oberlandesgerichtsbezirks oder, wenn in einem Land mehrere Oberlandesgerichte errichtet sind, einem Amtsgericht für die Bezirke aller oder mehrerer Oberlandesgerichte zuzuweisen. Die Landesregierungen können diese Ermächtigung durch Rechtsverordnung auf die Landesjustizverwaltungen übertragen.

§ 29 Zuständigkeit im Anwendungsbereich der Verordnung (EG) Nr. 1896/2006

In Bezug auf die Zuständigkeit im Anwendungsbereich der Verordnung (EG) Nr. 1896/2006 des Europäischen Parlaments und des Rates vom 12. Dezember 2006 zur Einführung eines Europäischen Mahnverfahrens (ABl. L 399 vom 30.12.2006, S. 1) bleibt § 1087 der Zivilprozessordnung unberührt.

Kapitel 2 Anerkennung und Vollstreckung von Entscheidungen

Abschnitt 1 Verfahren ohne Exequatur nach der Verordnung (EG) Nr. 4/2009

§ 30 Verzicht auf Vollstreckungsklausel; Unterlagen

(1) Liegen die Voraussetzungen der Artikel 17 oder 48 der Verordnung (EG) Nr. 4/2009 vor, findet die Vollstreckung aus dem ausländischen Titel statt, ohne dass es einer Vollstreckungsklausel bedarf.

(2) Das Formblatt, das dem Vollstreckungsorgan nach Artikel 20 Absatz 1 Buchstabe b oder Artikel 48 Absatz 3 der Verordnung (EG) Nr. 4/2009 vorzulegen ist, soll mit dem zu vollstreckenden Titel untrennbar verbunden sein.

(3) Hat der Gläubiger nach Artikel 20 Absatz 1 Buchstabe d der Verordnung (EG) Nr. 4/2009 eine Übersetzung oder ein Transkript vorzulegen, so sind diese Unterlagen von einer Person, die in einem der Mitgliedstaaten hierzu befugt ist, in die deutsche Sprache zu übersetzen.

§ 31 Anträge auf Verweigerung, Beschränkung oder Aussetzung der Vollstreckung nach Artikel 21 der Verordnung (EG) Nr. 4/2009

(1) Für Anträge auf Verweigerung, Beschränkung oder Aussetzung der Vollstreckung nach Artikel 21 der Verordnung (EG) Nr. 4/2009 ist das Amtsgericht als Vollstreckungsgericht zuständig. Örtlich zuständig ist das in § 764 Absatz 2 der Zivilprozessordnung benannte Gericht.

(2) Die Entscheidung über den Antrag auf Verweigerung der Vollstreckung (Artikel 21 Absatz 2 der Verordnung (EG) Nr. 4/2009) ergeht durch Beschluss. § 770 der Zivilprozessordnung ist entsprechend anzuwenden. Der Beschluss unterliegt der sofortigen Beschwerde nach § 793 der Zivilprozessordnung. Bis zur Entscheidung nach Satz 1 kann das Gericht Anordnungen nach § 769 Absatz 1 und 3 der Zivilprozessordnung treffen.

(3) Über den Antrag auf Aussetzung oder Beschränkung der Zwangsvollstreckung (Artikel 21 Absatz 3 der Verordnung (EG) Nr. 4/2009) entscheidet das Gericht durch einstweilige Anordnung. Die Entscheidung ist unanfechtbar.

§ 32 Einstellung der Zwangsvollstreckung

Die Zwangsvollstreckung ist entsprechend § 775 Nummer 1 und 2 und § 776 der Zivilprozessordnung auch dann einzustellen oder zu beschränken, wenn der Schuldner eine Entscheidung eines Gerichts des Ursprungsstaats über die Nichtvollstreckbarkeit oder über die Beschränkung der Vollstreckbarkeit vorlegt. Auf Verlangen ist eine Übersetzung der Entscheidung vorzulegen. In diesem Fall ist die Entscheidung von einer Person, die in einem Mitgliedstaat hierzu befugt ist, in die deutsche Sprache zu übersetzen.

§ 33 Einstweilige Einstellung bei Wiedereinsetzung, Rechtsmittel und Einspruch

(1) Hat der Schuldner im Ursprungsstaat Wiedereinsetzung beantragt oder gegen die zu vollstreckende Entscheidung einen Rechtsbehelf oder ein Rechtsmittel eingelegt, gelten die §§ 707, 719 Absatz 1 der Zivilprozessordnung und § 120 Absatz 2 Satz 2 und 3 des Gesetzes über das Verfahren in Familiensachen und in den Angelegenheiten der freiwilligen Gerichtsbarkeit.

(2) Zuständig ist das in § 35 Absatz 1 und 2 bestimmte Gericht.

§ 34 Bestimmung des vollstreckungsfähigen Inhalts eines ausländischen Titels

(1) Lehnt das Vollstreckungsorgan die Zwangsvollstreckung aus einem ausländischen Titel, der keiner Vollstreckungsklausel bedarf, mangels hinreichender Bestimmtheit ab, kann der Gläubiger die Bestimmung des vollstreckungsfähigen Inhalts (Konkretisierung) des Titels beantragen. Zuständig ist das in § 35 Absatz 1 und 2 bestimmte Gericht.

(2) Der Antrag kann bei dem Gericht schriftlich gestellt oder zu Protokoll der Geschäftsstelle erklärt werden. Das Gericht kann über den Antrag ohne mündliche Verhandlung entscheiden. Vor der Entscheidung, die durch Beschluss ergeht, wird der Schuldner angehört. Der Beschluss ist zu begründen.

(3) Konkretisiert das Gericht den ausländischen Titel, findet die Vollstreckung aus diesem Beschluss statt, ohne dass es einer Vollstreckungsklausel bedarf. Der Beschluss ist untrennbar mit dem ausländischen Titel zu verbinden und dem Schuldner zuzustellen.

(4) Gegen die Entscheidung ist die Beschwerde nach dem Gesetz über das Verfahren in Familiensachen und in den Angelegenheiten der freiwilligen Gerichtsbarkeit statthaft. § 61 des Gesetzes über das Verfahren in Familiensachen und in den Angelegenheiten der freiwilligen Gerichtsbarkeit ist nicht anzuwenden.

Abschnitt 2 Gerichtliche Zuständigkeit für Verfahren zur Anerkennung und Vollstreckbarerklärung ausländischer Entscheidungen

§ 35 Gerichtliche Zuständigkeit; Zuständigkeitskonzentration; Verordnungsermächtigung

(1) Über einen Antrag auf Feststellung der Anerkennung oder über einen Antrag auf Vollstreckbarerklärung eines ausländischen Titels nach den Abschnitten 3 bis 5 entscheidet ausschließlich das Amtsgericht, das für den Sitz des Oberlandesgerichts zuständig ist, in dessen Zuständigkeitsbezirk

1. sich die Person, gegen die sich der Titel richtet, gewöhnlich aufhält oder
2. die Vollstreckung durchgeführt werden soll.

Für den Bezirk des Kammergerichts entscheidet das Amtsgericht Pankow-Weißensee.

(2) Die Landesregierungen werden ermächtigt, diese Zuständigkeit durch Rechtsverordnung einem anderen Amtsgericht des Oberlandesgerichtsbezirks oder, wenn in einem Land mehrere Oberlandesgerichte errichtet sind, einem Amtsgericht für die Bezirke aller oder mehrerer Oberlandesgerichte zuzuweisen. Die Landesregierungen können diese Ermächtigung durch Rechtsverordnung auf die Landesjustizverwaltungen übertragen.

(3) In einem Verfahren, das die Vollstreckbarerklärung einer notariellen Urkunde zum Gegenstand hat, kann diese Urkunde auch von einem Notar für vollstreckbar erklärt werden im Anwendungsbereich
1. der Verordnung (EG) Nr. 4/2009 oder
2. des Übereinkommens vom 30. Oktober 2007 über die gerichtliche Zuständigkeit und die Anerkennung und Vollstreckung von Entscheidungen in Zivil- und Handelssachen.

Die Vorschriften für das Verfahren der Vollstreckbarerklärung durch ein Gericht gelten sinngemäß.

Abschnitt 3 Verfahren mit Exequatur nach der Verordnung (EG) Nr. 4/2009 und den Abkommen der Europäischen Union

Unterabschnitt 1 Zulassung der Zwangsvollstreckung aus ausländischen Titeln

§ 36 Antragstellung

(1) Der in einem anderen Staat vollstreckbare Titel wird dadurch zur Zwangsvollstreckung zugelassen, dass er auf Antrag mit der Vollstreckungsklausel versehen wird.

(2) Der Antrag auf Erteilung der Vollstreckungsklausel kann bei dem zuständigen Gericht schriftlich eingereicht oder mündlich zu Protokoll der Geschäftsstelle erklärt werden.

(3) Ist der Antrag entgegen § 184 des Gerichtsverfassungsgesetzes nicht in deutscher Sprache abgefasst, so kann das Gericht von dem Antragsteller eine Übersetzung verlangen, deren Richtigkeit von einer Person bestätigt worden ist, die in einem der folgenden Staaten hierzu befugt ist:
1. in einem Mitgliedstaat oder in einem anderen Vertragsstaat des Abkommens über den Europäischen Wirtschaftsraum oder
2. in einem Vertragsstaat des jeweils auszuführenden völkerrechtlichen Vertrages.

(4) Der Ausfertigung des Titels, der mit der Vollstreckungsklausel versehen werden soll, und seiner Übersetzung, soweit eine solche vorgelegt wird, sollen je zwei Abschriften beigefügt werden.

Die Vorschrift entspricht § 4 AVAG. Die Ausführungen dort gelten entsprechend. 1

§ 37 Zustellungsempfänger

(1) Hat der Antragsteller in dem Antrag keinen Zustellungsbevollmächtigten im Sinne des § 184 Absatz 1 Satz 1 der Zivilprozessordnung benannt, so können bis zur nachträglichen Benennung alle Zustellungen an ihn durch Aufgabe zur Post (§ 184 Absatz 1 Satz 2 und Absatz 2 der Zivilprozessordnung) bewirkt werden.

(2) Absatz 1 gilt nicht, wenn der Antragsteller einen Verfahrensbevollmächtigten für das Verfahren benannt hat, an den im Inland zugestellt werden kann.

(3) Die Absätze 1 und 2 sind auf Verfahren nach der Verordnung (EG) Nr. 4/2009 nicht anzuwenden.

1   Die Absätze 1 und 2 entsprechen § 5 AVAG. Die Ausführungen dort gelten entsprechend.

§ 38 Verfahren

(1) Die Entscheidung ergeht ohne mündliche Verhandlung. Jedoch kann eine mündliche Erörterung mit dem Antragsteller oder seinem Bevollmächtigten stattfinden, wenn der Antragsteller oder der Bevollmächtigte hiermit einverstanden ist und die Erörterung der Beschleunigung dient.

(2) Im ersten Rechtszug ist die Vertretung durch einen Rechtsanwalt nicht erforderlich.

1   Die Vorschrift entspricht § 6 AVAG. Die Ausführungen dort gelten entsprechend.

§ 39 Vollstreckbarkeit ausländischer Titel in Sonderfällen

(1) Hängt die Zwangsvollstreckung nach dem Inhalt des Titels von einer dem Gläubiger obliegenden Sicherheitsleistung, dem Ablauf einer Frist oder dem Eintritt einer anderen Tatsache ab oder wird die Vollstreckungsklausel zugunsten eines anderen als des in dem Titel bezeichneten Gläubigers oder gegen einen anderen als den darin bezeichneten Schuldner beantragt, so ist die Frage, inwieweit die Zulassung der Zwangsvollstreckung von dem Nachweis besonderer Voraussetzungen abhängig oder ob der Titel für oder gegen den anderen vollstreckbar ist, nach dem Recht des Staates zu entscheiden, in dem der Titel errichtet ist. Der Nachweis ist durch Urkunden zu führen, es sei denn, dass die Tatsachen bei dem Gericht offenkundig sind.

(2) Kann der Nachweis durch Urkunden nicht geführt werden, so ist auf Antrag des Antragstellers der Antragsgegner zu hören. In diesem Fall sind alle Beweismittel zulässig. Das Gericht kann auch die mündliche Verhandlung anordnen.

1   Die Vorschrift entspricht § 7 AVAG. Die Ausführungen dort gelten entsprechend.

§ 40 Entscheidung

(1) Ist die Zwangsvollstreckung aus dem Titel zuzulassen, so beschließt das Gericht, dass der Titel mit der Vollstreckungsklausel zu versehen ist. In dem Beschluss ist die zu vollstreckende Verpflichtung in deutscher Sprache wiederzugeben. Zur Begründung des Beschlusses genügt in der Regel die Bezugnahme auf die Verordnung (EG) Nr. 4/2009 oder auf den jeweils auszuführenden völkerrechtlichen Vertrag sowie auf von dem Antragsteller vorgelegte Urkunden. Auf die Kosten des Verfahrens ist § 788 der Zivilprozessordnung entsprechend anzuwenden.

(2) Ist der Antrag nicht zulässig oder nicht begründet, so lehnt ihn das Gericht durch mit Gründen versehenen Beschluss ab. Die Kosten sind dem Antragsteller aufzuerlegen.

(3) Der Beschluss wird mit Bekanntgabe an die Beteiligten wirksam.

1   Die Vorschrift entspricht in den Absätzen 1 und 2 der Parallelnorm des § 8 AVAG. Die Ausführungen dort gelten entsprechend. Abs. 3 trägt dem Verfahren nach dem FamFG Rechnung.

§ 41 Vollstreckungsklausel

(1) Auf Grund des Beschlusses nach § 40 Absatz 1 erteilt der Urkundsbeamte der Geschäftsstelle die Vollstreckungsklausel in folgender Form:

»Vollstreckungsklausel nach § 36 des Auslandsunterhaltsgesetzes vom 23. Mai 2011 (BGBl. I S. 898). Gemäß dem Beschluss des ... (Bezeichnung des Gerichts und des Beschlusses) ist die

Zwangsvollstreckung aus ... (Bezeichnung des Titels) zugunsten ... (Bezeichnung des Gläubigers) gegen ... (Bezeichnung des Schuldners) zulässig.

Die zu vollstreckende Verpflichtung lautet:

... (Angabe der dem Schuldner aus dem ausländischen Titel obliegenden Verpflichtung in deutscher Sprache; aus dem Beschluss nach § 40 Absatz 1 zu übernehmen).

Die Zwangsvollstreckung darf über Maßregeln zur Sicherung nicht hinausgehen, bis der Gläubiger eine gerichtliche Anordnung oder ein Zeugnis vorlegt, dass die Zwangsvollstreckung unbeschränkt stattfinden darf.«

Lautet der Titel auf Leistung von Geld, so ist der Vollstreckungsklausel folgender Zusatz anzufügen:

»Solange die Zwangsvollstreckung über Maßregeln zur Sicherung nicht hinausgehen darf, kann der Schuldner die Zwangsvollstreckung durch Leistung einer Sicherheit in Höhe von ... (Angabe des Betrages, wegen dessen der Gläubiger vollstrecken darf) abwenden.«

(2) Wird die Zwangsvollstreckung nur für einen oder mehrere der durch die ausländische Entscheidung zuerkannten oder in einem anderen ausländischen Titel niedergelegten Ansprüche oder nur für einen Teil des Gegenstands der Verpflichtung zugelassen, so ist die Vollstreckungsklausel als »Teil-Vollstreckungsklausel nach § 36 des Auslandsunterhaltsgesetzes vom 23. Mai 2011 (BGBl. I S. 898)« zu bezeichnen.

(3) Die Vollstreckungsklausel ist von dem Urkundsbeamten der Geschäftsstelle zu unterschreiben und mit dem Gerichtssiegel zu versehen. Sie ist entweder auf die Ausfertigung des Titels oder auf ein damit zu verbindendes Blatt zu setzen. Falls eine Übersetzung des Titels vorliegt, ist sie mit der Ausfertigung zu verbinden.

Die Vorschrift entspricht § 9 AVAG. Die Ausführungen dort gelten entsprechend.   1

§ 42 Bekanntgabe der Entscheidung

(1) Lässt das Gericht die Zwangsvollstreckung zu (§ 40 Absatz 1), sind dem Antragsgegner eine beglaubigte Abschrift des Beschlusses, eine beglaubigte Abschrift des mit der Vollstreckungsklausel versehenen Titels und gegebenenfalls seiner Übersetzung sowie der gemäß § 40 Absatz 1 Satz 3 in Bezug genommenen Urkunden von Amts wegen zuzustellen. Dem Antragsteller sind eine beglaubigte Abschrift des Beschlusses, die mit der Vollstreckungsklausel versehene Ausfertigung des Titels sowie eine Bescheinigung über die bewirkte Zustellung zu übersenden.

(2) Lehnt das Gericht den Antrag auf Erteilung der Vollstreckungsklausel ab (§ 40 Absatz 2), ist der Beschluss dem Antragsteller zuzustellen.

Parallelnorm ist § 10 AVAG.   1

Unterabschnitt 2 Beschwerde, Rechtsbeschwerde

§ 43 Beschwerdegericht; Einlegung der Beschwerde; Beschwerdefrist

(1) Beschwerdegericht ist das Oberlandesgericht.

(2) Die Beschwerde gegen die im ersten Rechtszug ergangene Entscheidung über den Antrag auf Erteilung der Vollstreckungsklausel wird bei dem Gericht, dessen Beschluss angefochten wird, durch Einreichen einer Beschwerdeschrift oder durch Erklärung zu Protokoll der Geschäftsstelle eingelegt. Der Beschwerdeschrift soll die für ihre Zustellung erforderliche Zahl von Abschriften beigefügt werden.

(3) § 61 des Gesetzes über das Verfahren in Familiensachen und in den Angelegenheiten der freiwilligen Gerichtsbarkeit ist nicht anzuwenden.

(4) Die Beschwerde des Antragsgegners gegen die Zulassung der Zwangsvollstreckung ist einzulegen
1. im Anwendungsbereich der Verordnung (EG) Nr. 4/2009 und des Abkommens vom 19. Oktober 2005 zwischen der Europäischen Gemeinschaft und dem Königreich Dänemark über die gerichtliche Zuständigkeit und die Anerkennung und Vollstreckung von Entscheidungen in Zivil- und Handelssachen innerhalb der Frist des Artikels 32 Absatz 5 der Verordnung (EG) Nr. 4/2009,
2. im Anwendungsbereich des Übereinkommens vom 30. Oktober 2007 über die gerichtliche Zuständigkeit und die Anerkennung und Vollstreckung von Entscheidungen in Zivil- und Handelssachen
   a) innerhalb eines Monats nach Zustellung, wenn der Antragsgegner seinen Wohnsitz im Inland hat, oder
   b) innerhalb von zwei Monaten nach Zustellung, wenn der Antragsgegner seinen Wohnsitz im Ausland hat.

Die Frist beginnt mit dem Tag, an dem die Vollstreckbarerklärung dem Antragsgegner entweder persönlich oder in seiner Wohnung zugestellt worden ist. Eine Verlängerung dieser Frist wegen weiter Entfernung ist ausgeschlossen.

(5) Die Beschwerde ist dem Beschwerdegegner von Amts wegen zuzustellen.

1 Die Vorschrift weicht von der Parallelnorm des § 11 AVAG wegen der anders strukturierten Verfahrenslage deutlich ab.

§ 44

(weggefallen)

§ 45 Verfahren und Entscheidung über die Beschwerde

(1) Das Beschwerdegericht entscheidet durch Beschluss, der mit Gründen zu versehen ist und ohne mündliche Verhandlung ergehen kann. Der Beschwerdegegner ist vor der Entscheidung zu hören.

(2) Solange eine mündliche Verhandlung nicht angeordnet ist, können zu Protokoll der Geschäftsstelle Anträge gestellt und Erklärungen abgegeben werden. Wird die mündliche Verhandlung angeordnet, so gilt für die Ladung § 215 der Zivilprozessordnung.

(3) Eine vollständige Ausfertigung des Beschlusses ist dem Antragsteller und dem Antragsgegner auch dann von Amts wegen zuzustellen, wenn der Beschluss verkündet worden ist.

(4) Soweit nach dem Beschluss des Beschwerdegerichts die Zwangsvollstreckung aus dem Titel erstmals zuzulassen ist, erteilt der Urkundsbeamte der Geschäftsstelle des Beschwerdegerichts die Vollstreckungsklausel. § 40 Absatz 1 Satz 2 und 4, §§ 41 und 42 Absatz 1 sind entsprechend anzuwenden. Ein Zusatz, dass die Zwangsvollstreckung über Maßregeln zur Sicherung nicht hinausgehen darf, ist nur aufzunehmen, wenn das Beschwerdegericht eine Anordnung nach § 52 Absatz 2 erlassen hat. Der Inhalt des Zusatzes bestimmt sich nach dem Inhalt der Anordnung.

1 Die Vorschrift entspricht mit Modifikationen, die durch das Verfahren nach dem FamFG bedingt sind, § 13 AVAG. Die Ausführungen dort gelten entsprechend.

§ 46 Statthaftigkeit und Frist der Rechtsbeschwerde

(1) Gegen den Beschluss des Beschwerdegerichts findet die Rechtsbeschwerde statt.

(2) Die Rechtsbeschwerde ist innerhalb eines Monats einzulegen.

(3) Die Rechtsbeschwerdefrist beginnt mit der Zustellung des Beschlusses (§ 45 Absatz 3).

(4) § 75 des Gesetzes über das Verfahren in Familiensachen und in den Angelegenheiten der freiwilligen Gerichtsbarkeit ist nicht anzuwenden.

Die Vorschrift entspricht mit Modifikationen, die durch das Verfahren nach dem FamFG bedingt sind, § 15 AVAG. Die Ausführungen dort gelten entsprechend.   1

§ 47 Einlegung und Begründung der Rechtsbeschwerde

(1) Die Rechtsbeschwerde wird durch Einreichen der Beschwerdeschrift beim Bundesgerichtshof eingelegt.

(2) Die Rechtsbeschwerde ist zu begründen. § 71 Absatz 1 Satz 1 des Gesetzes über das Verfahren in Familiensachen und in den Angelegenheiten der freiwilligen Gerichtsbarkeit ist nicht anzuwenden. Soweit die Rechtsbeschwerde darauf gestützt wird, dass das Beschwerdegericht von einer Entscheidung des Gerichtshofs der Europäischen Union abgewichen sei, muss die Entscheidung, von der der angefochtene Beschluss abweicht, bezeichnet werden.

Die Vorschrift entspricht § 16 AVAG. Die Ausführungen dort gelten entsprechend.   1

§ 48 Verfahren und Entscheidung über die Rechtsbeschwerde

(1) Der Bundesgerichtshof kann nur überprüfen, ob der Beschluss auf einer Verletzung des Rechts der Europäischen Union, eines einschlägigen völkerrechtlichen Vertrages oder sonstigen Bundesrechts oder einer anderen Vorschrift beruht, deren Geltungsbereich sich über den Bezirk eines Oberlandesgerichts hinaus erstreckt.

(2) Der Bundesgerichtshof kann über die Rechtsbeschwerde ohne mündliche Verhandlung entscheiden. Auf das Verfahren über die Rechtsbeschwerde sind die §§ 73 und 74 des Gesetzes über das Verfahren in Familiensachen und in den Angelegenheiten der freiwilligen Gerichtsbarkeit entsprechend anzuwenden.

(3) Soweit die Zwangsvollstreckung aus dem Titel erstmals durch den Bundesgerichtshof zugelassen wird, erteilt der Urkundsbeamte der Geschäftsstelle dieses Gerichts die Vollstreckungsklausel. § 40 Absatz 1 Satz 2 und 4, §§ 41 und 42 Absatz 1 gelten entsprechend. Ein Zusatz über die Beschränkung der Zwangsvollstreckung entfällt.

Unterabschnitt 3 Beschränkung der Zwangsvollstreckung auf Sicherungsmaßregeln und unbeschränkte Fortsetzung der Zwangsvollstreckung

§ 49 Prüfung der Beschränkung

Einwendungen des Schuldners, dass bei der Zwangsvollstreckung die Beschränkung auf Sicherungsmaßregeln nach der Verordnung (EG) Nr. 4/2009 oder dem auszuführenden völkerrechtlichen Vertrag oder auf Grund einer auf diesem Gesetz beruhenden Anordnung (§ 52 Absatz 2) nicht eingehalten werde, oder Einwendungen des Gläubigers, dass eine bestimmte Maßnahme der Zwangsvollstreckung mit dieser Beschränkung vereinbar sei, sind im Wege der Erinnerung nach § 766 der Zivilprozessordnung bei dem Vollstreckungsgericht (§ 764 der Zivilprozessordnung) geltend zu machen.

1   Die Vorschrift entspricht § 29 AVAG. Die Ausführungen zu §§ 18 – 21 AVAG gelten entsprechend.

§ 50 Sicherheitsleistung durch den Schuldner

(1) Solange die Zwangsvollstreckung aus einem Titel, der auf Leistung von Geld lautet, nicht über Maßregeln der Sicherung hinausgehen darf, ist der Schuldner befugt, die Zwangsvollstreckung durch Leistung einer Sicherheit in Höhe des Betrages abzuwenden, wegen dessen der Gläubiger vollstrecken darf.

(2) Die Zwangsvollstreckung ist einzustellen und bereits getroffene Vollstreckungsmaßregeln sind aufzuheben, wenn der Schuldner durch eine öffentliche Urkunde die zur Abwendung der Zwangsvollstreckung erforderliche Sicherheitsleistung nachweist.

1   Die Vorschrift entspricht § 20 AVAG. Die Ausführungen zu §§ 18 – 21 AVAG gelten entsprechend.

§ 51 Versteigerung beweglicher Sachen

Ist eine bewegliche Sache gepfändet und darf die Zwangsvollstreckung nicht über Maßregeln zur Sicherung hinausgehen, so kann das Vollstreckungsgericht auf Antrag anordnen, dass die Sache versteigert und der Erlös hinterlegt werde, wenn sie der Gefahr einer beträchtlichen Wertminderung ausgesetzt ist oder wenn ihre Aufbewahrung unverhältnismäßige Kosten verursachen würde.

1   Die Vorschrift entspricht § 21 AVAG. Die Ausführungen zu §§ 18 – 21 AVAG gelten entsprechend.

§ 52 Unbeschränkte Fortsetzung der Zwangsvollstreckung; besondere gerichtliche Anordnungen

(1) Weist das Beschwerdegericht die Beschwerde des Schuldners gegen die Zulassung der Zwangsvollstreckung zurück oder lässt es auf die Beschwerde des Gläubigers die Zwangsvollstreckung aus dem Titel zu, so kann die Zwangsvollstreckung über Maßregeln zur Sicherung hinaus fortgesetzt werden.

(2) Auf Antrag des Schuldners kann das Beschwerdegericht anordnen, dass bis zum Ablauf der Frist zur Einlegung der Rechtsbeschwerde oder bis zur Entscheidung über diese Beschwerde die Zwangsvollstreckung nicht oder nur gegen Sicherheitsleistung über Maßregeln zur Sicherung hinausgehen darf. Die Anordnung darf nur erlassen werden, wenn glaubhaft gemacht wird, dass die weiter gehende Vollstreckung dem Schuldner einen nicht zu ersetzenden Nachteil bringen würde. § 713 der Zivilprozessordnung ist entsprechend anzuwenden.

(3) Wird Rechtsbeschwerde eingelegt, so kann der Bundesgerichtshof auf Antrag des Schuldners eine Anordnung nach Absatz 2 erlassen. Der Bundesgerichtshof kann auf Antrag des Gläubigers eine nach Absatz 2 erlassene Anordnung des Beschwerdegerichts abändern oder aufheben.

1   Die Vorschrift entspricht § 22 AVAG. Die Ausführungen zu §§ 22 – 24 AVAG gelten entsprechend.

§ 53 Unbeschränkte Fortsetzung der durch das Gericht des ersten Rechtszuges zugelassenen Zwangsvollstreckung

(1) Die Zwangsvollstreckung aus dem Titel, den der Urkundsbeamte der Geschäftsstelle des Gerichts des ersten Rechtszuges mit der Vollstreckungsklausel versehen hat, ist auf Antrag des Gläubigers über Maßregeln zur Sicherung hinaus fortzusetzen, wenn das Zeugnis des Urkunds-

beamten der Geschäftsstelle dieses Gerichts vorgelegt wird, dass die Zwangsvollstreckung unbeschränkt stattfinden darf.

(2) Das Zeugnis ist dem Gläubiger auf seinen Antrag zu erteilen,
1. wenn der Schuldner bis zum Ablauf der Beschwerdefrist keine Beschwerdeschrift eingereicht hat,
2. wenn das Beschwerdegericht die Beschwerde des Schuldners zurückgewiesen und keine Anordnung nach § 52 Absatz 2 erlassen hat,
3. wenn der Bundesgerichtshof die Anordnung des Beschwerdegerichts nach § 52 Absatz 2 aufgehoben hat (§ 52 Absatz 3 Satz 2) oder
4. wenn der Bundesgerichtshof den Titel zur Zwangsvollstreckung zugelassen hat.

(3) Aus dem Titel darf die Zwangsvollstreckung, selbst wenn sie auf Maßregeln der Sicherung beschränkt ist, nicht mehr stattfinden, sobald ein Beschluss des Beschwerdegerichts, dass der Titel zur Zwangsvollstreckung nicht zugelassen werde, verkündet oder zugestellt ist.

Die Vorschrift entspricht § 23 AVAG. Die Ausführungen zu §§ 22 – 24 AVAG (gelten entsprechend. 1

§ 54 Unbeschränkte Fortsetzung der durch das Beschwerdegericht zugelassenen Zwangsvollstreckung

(1) Die Zwangsvollstreckung aus dem Titel, zu dem der Urkundsbeamte der Geschäftsstelle des Beschwerdegerichts die Vollstreckungsklausel mit dem Zusatz erteilt hat, dass die Zwangsvollstreckung auf Grund der Anordnung des Gerichts nicht über Maßregeln zur Sicherung hinausgehen darf (§ 45 Absatz 4 Satz 3), ist auf Antrag des Gläubigers über Maßregeln zur Sicherung hinaus fortzusetzen, wenn das Zeugnis des Urkundsbeamten der Geschäftsstelle dieses Gerichts vorgelegt wird, dass die Zwangsvollstreckung unbeschränkt stattfinden darf.

(2) Das Zeugnis ist dem Gläubiger auf seinen Antrag zu erteilen,
1. wenn der Schuldner bis zum Ablauf der Frist zur Einlegung der Rechtsbeschwerde (§ 46 Absatz 2) keine Beschwerdeschrift eingereicht hat,
2. wenn der Bundesgerichtshof die Anordnung des Beschwerdegerichts nach § 52 Absatz 2 aufgehoben hat (§ 52 Absatz 3 Satz 2) oder
3. wenn der Bundesgerichtshof die Rechtsbeschwerde des Schuldners zurückgewiesen hat.

Die Vorschrift entspricht § 24 AVAG. Die Ausführungen zu §§ 22 – 24 AVAG gelten entsprechend. 1

Unterabschnitt 4 Feststellung der Anerkennung einer ausländischen Entscheidung

§ 55 Verfahren

(1) Auf das Verfahren, das die Feststellung zum Gegenstand hat, ob eine Entscheidung aus einem anderen Staat anzuerkennen ist, sind die §§ 36 bis 38, 40 Absatz 2, die §§ 42 bis 45 Absatz 1 bis 3, die §§ 46, 47 sowie 48 Absatz 1 und 2 entsprechend anzuwenden.

(2) Ist der Antrag auf Feststellung begründet, so beschließt das Gericht, die Entscheidung anzuerkennen.

§ 56 Kostenentscheidung

In den Fällen des § 55 Absatz 2 sind die Kosten dem Antragsgegner aufzuerlegen. Dieser kann die Beschwerde (§ 43) auf die Entscheidung über den Kostenpunkt beschränken. In diesem Fall sind die Kosten dem Antragsteller aufzuerlegen, wenn der Antragsgegner durch sein Verhalten keine Veranlassung zu dem Antrag auf Feststellung gegeben hat.

Abschnitt 4 Anerkennung und Vollstreckung von Unterhaltstiteln nach völkerrechtlichen Verträgen

Unterabschnitt 1 Allgemeines

§ 57 Anwendung von Vorschriften

Auf die Anerkennung und Vollstreckbarerklärung von ausländischen Unterhaltstiteln nach den in § 1 Absatz 1 Satz 1 Nummer 2 bezeichneten völkerrechtlichen Verträgen sind die Vorschriften der §§ 36 bis 56 entsprechend anzuwenden, soweit in diesem Abschnitt nichts anderes bestimmt ist.

§ 58 Anhörung

Das Gericht entscheidet in dem Verfahren nach § 36 ohne Anhörung des Antragsgegners.

§ 59 Beschwerdefrist

(1) Die Beschwerde gegen die im ersten Rechtszug ergangene Entscheidung über den Antrag auf Erteilung der Vollstreckungsklausel ist innerhalb eines Monats nach Zustellung einzulegen.

(2) Muss die Zustellung an den Antragsgegner im Ausland oder durch öffentliche Bekanntmachung erfolgen und hält das Gericht die Beschwerdefrist nach Absatz 1 nicht für ausreichend, so bestimmt es in dem Beschluss nach § 40 oder nachträglich durch besonderen Beschluss, der ohne mündliche Verhandlung ergeht, eine längere Beschwerdefrist. Die nach Satz 1 festgesetzte Frist für die Einlegung der Beschwerde ist auf der Bescheinigung über die bewirkte Zustellung (§ 42 Absatz 1 Satz 2) zu vermerken. Die Bestimmungen über den Beginn der Beschwerdefrist bleiben auch im Fall der nachträglichen Festsetzung unberührt.

§ 59a Einwendungen gegen den zu vollstreckenden Anspruch im Beschwerdeverfahren

(1) Der Schuldner kann mit der Beschwerde, die sich gegen die Zulassung der Zwangsvollstreckung aus einer Entscheidung richtet, auch Einwendungen gegen den Anspruch selbst insoweit geltend machen, als die Gründe, auf denen sie beruhen, erst nach dem Erlass der Entscheidung entstanden sind.

(2) Mit der Beschwerde, die sich gegen die Zulassung der Zwangsvollstreckung aus einem gerichtlichen Vergleich oder einer öffentlichen Urkunde richtet, kann der Schuldner die Einwendungen gegen den Anspruch selbst ungeachtet der in Absatz 1 enthaltenen Beschränkung geltend machen.

§ 60 Beschränkung der Zwangsvollstreckung kraft Gesetzes

Die Zwangsvollstreckung ist auf Sicherungsmaßregeln beschränkt, solange die Frist zur Einlegung der Beschwerde noch läuft und solange über die Beschwerde noch nicht entschieden ist.

Unterabschnitt 2 Anerkennung und Vollstreckung von Unterhaltstiteln nach dem Haager Übereinkommen vom 23. November 2007 über die internationale Geltendmachung der Unterhaltsansprüche von Kindern und anderen Familienangehörigen

§ 60a Beschwerdeverfahren im Bereich des Haager Übereinkommens

Abweichend von § 59 gelten für das Beschwerdeverfahren die Fristen des Artikels 23 Absatz 6 des Haager Übereinkommens.

Unterabschnitt 3 Anerkennung und Vollstreckung von Unterhaltstiteln nach dem Haager Übereinkommen vom 2. Oktober 1973 über die Anerkennung und Vollstreckung von Unterhaltsentscheidungen

§ 61 Einschränkung der Anerkennung und Vollstreckung

(1) Öffentliche Urkunden aus einem anderen Vertragsstaat werden nur anerkannt und vollstreckt, wenn dieser Staat die Erklärung nach Artikel 25 des Übereinkommens abgegeben hat.

(2) Die Anerkennung und Vollstreckung von Entscheidungen aus einem anderen Vertragsstaat über Unterhaltsansprüche zwischen Verwandten in der Seitenlinie und zwischen Verschwägerten ist auf Verlangen des Antragsgegners zu versagen, wenn
1. nach den Sachvorschriften des Rechts desjenigen Staates, dem der Verpflichtete und der Berechtigte angehören, eine Unterhaltspflicht nicht besteht oder
2. der Verpflichtete und der Berechtigte nicht die gleiche Staatsangehörigkeit haben und keine Unterhaltspflicht nach dem am gewöhnlichen Aufenthaltsort des Verpflichteten geltenden Recht besteht.

§ 62 Beschwerdeverfahren im Anwendungsbereich des Haager Übereinkommens

(1) Abweichend von § 59 Absatz 2 Satz 1 beträgt die Frist für die Beschwerde des Schuldners gegen die Zulassung der Zwangsvollstreckung zwei Monate, wenn die Zustellung an den Schuldner im Ausland erfolgen muss.

(2) Das Oberlandesgericht kann seine Entscheidung über die Beschwerde gegen die Zulassung der Zwangsvollstreckung auf Antrag des Schuldners aussetzen, wenn gegen die Entscheidung im Ursprungsstaat ein ordentliches Rechtsmittel eingelegt wurde oder die Frist hierfür noch nicht verstrichen ist. Im letzteren Fall kann das Oberlandesgericht eine Frist bestimmen, innerhalb der das Rechtsmittel einzulegen ist. Das Gericht kann die Zwangsvollstreckung auch von einer Sicherheitsleistung abhängig machen.

(3) Absatz 2 ist in Verfahren auf Feststellung der Anerkennung einer Entscheidung entsprechend anwendbar.

Unterabschnitt 4 Übereinkommen über die gerichtliche Zuständigkeit und die Vollstreckung gerichtlicher Entscheidungen in Zivil- und Handelssachen vom 16. September 1988

§ 63 Sonderregelungen für das Beschwerdeverfahren

(1) Die Frist für die Beschwerde des Antragsgegners gegen die Entscheidung über die Zulassung der Zwangsvollstreckung beträgt zwei Monate und beginnt von dem Tage an zu laufen, an dem die Entscheidung dem Antragsgegner entweder in Person oder in seiner Wohnung zugestellt worden ist, wenn der Antragsgegner seinen Wohnsitz oder seinen Sitz in einem anderen Vertragsstaat dieses Übereinkommens hat. Eine Verlängerung dieser Frist wegen weiter Entfernung ist ausgeschlossen. § 59 Absatz 2 ist nicht anzuwenden.

(2) § 62 Absatz 2 und 3 ist entsprechend anzuwenden.

Abschnitt 5 Verfahren bei förmlicher Gegenseitigkeit

§ 64 Vollstreckbarkeit ausländischer Titel

(1) Die Vollstreckbarkeit ausländischer Titel in Verfahren mit förmlicher Gegenseitigkeit nach § 1 Absatz 1 Satz 1 Nummer 3 richtet sich nach § 110 Absatz 1 und 2 des Gesetzes über das Verfahren in Familiensachen und in den Angelegenheiten der freiwilligen Gerichtsbarkeit. Die Rechtskraft der Entscheidung ist für die Vollstreckbarerklärung nicht erforderlich.

(2) Ist der ausländische Titel für vollstreckbar zu erklären, so kann das Gericht auf Antrag einer Partei in seinem Vollstreckungsbeschluss den in dem ausländischen Titel festgesetzten Unterhaltsbetrag hinsichtlich Höhe und Dauer der zu leistenden Zahlungen abändern. Ist die ausländische Entscheidung rechtskräftig, so ist eine Abänderung nur nach Maßgabe des § 238 des Gesetzes über das Verfahren in Familiensachen und in den Angelegenheiten der freiwilligen Gerichtsbarkeit zulässig.

Kapitel 3 Vollstreckung, Vollstreckungsabwehrantrag, besonderes Verfahren; Schadensersatz

Abschnitt 1 Vollstreckung, Vollstreckungsabwehrantrag, besonderes Verfahren

§ 65 Vollstreckung

Für die Vollstreckung von ausländischen Unterhaltstiteln gilt § 120 Absatz 1 des Gesetzes über das Verfahren in Familiensachen und in den Angelegenheiten der freiwilligen Gerichtsbarkeit, soweit in der Verordnung (EG) Nr. 4/2009 und in diesem Gesetz nichts anderes bestimmt ist.

§ 66 Vollstreckungsabwehrantrag

(1) Ist ein ausländischer Titel nach der Verordnung (EG) Nr. 4/2009 ohne Exequaturverfahren vollstreckbar oder nach dieser Verordnung oder einem der in § 1 Absatz 1 Satz 1 Nummer 1 genannten Abkommen für vollstreckbar erklärt, so kann der Schuldner Einwendungen, die sich gegen den Anspruch selbst richten, in einem Verfahren nach § 120 Absatz 1 des Gesetzes über das Verfahren in Familiensachen und in den Angelegenheiten der freiwilligen Gerichtsbarkeit in Ver-

bindung mit § 767 der Zivilprozessordnung geltend machen. Handelt es sich bei dem Titel um eine gerichtliche Entscheidung, so gilt dies nur, soweit die Gründe, auf denen die Einwendungen beruhen, erst nach dem Erlass der Entscheidung entstanden sind.

(2) Ist die Zwangsvollstreckung aus einem Titel nach einem der in § 1 Absatz 1 Satz 1 Nummer 2 genannten Übereinkommen zugelassen, so kann der Schuldner Einwendungen gegen den Anspruch selbst in einem Verfahren nach § 120 Absatz 1 des Gesetzes über das Verfahren in Familiensachen und in den Angelegenheiten der freiwilligen Gerichtsbarkeit in Verbindung mit § 767 der Zivilprozessordnung nur geltend machen, wenn die Gründe, auf denen seine Einwendungen beruhen, erst entstanden sind:
1. nach Ablauf der Frist, innerhalb derer er die Beschwerde hätte einlegen können, oder
2. falls die Beschwerde eingelegt worden ist, nach Beendigung dieses Verfahrens.

(3) Der Antrag nach § 120 Absatz 1 des Gesetzes über das Verfahren in Familiensachen und in den Angelegenheiten der freiwilligen Gerichtsbarkeit in Verbindung mit § 767 der Zivilprozessordnung ist bei dem Gericht zu stellen, das über den Antrag auf Erteilung der Vollstreckungsklausel entschieden hat. In den Fällen des Absatzes 1 richtet sich die Zuständigkeit nach § 35 Absatz 1 und 2.

Die Vorschrift entspricht in ihrem wesentlichen Regelungsgehalt § 14 AVAG, ist aber deutlich differenzierter. 1

§ 67 Verfahren nach Aufhebung oder Änderung eines für vollstreckbar erklärten ausländischen Titels im Ursprungsstaat

(1) Wird der Titel in dem Staat, in dem er errichtet worden ist, aufgehoben oder geändert und kann der Schuldner diese Tatsache in dem Verfahren zur Zulassung der Zwangsvollstreckung nicht mehr geltend machen, so kann er die Aufhebung oder Änderung der Zulassung in einem besonderen Verfahren beantragen.

(2) Für die Entscheidung über den Antrag ist das Gericht ausschließlich zuständig, das im ersten Rechtszug über den Antrag auf Erteilung der Vollstreckungsklausel entschieden hat.

(3) Der Antrag kann bei dem Gericht schriftlich oder zu Protokoll der Geschäftsstelle gestellt werden. Über den Antrag kann ohne mündliche Verhandlung entschieden werden. Vor der Entscheidung, die durch Beschluss ergeht, ist der Gläubiger zu hören. § 45 Absatz 2 und 3 gilt entsprechend.

(4) Der Beschluss unterliegt der Beschwerde. Die Frist für die Einlegung der Beschwerde beträgt einen Monat. Im Übrigen sind die §§ 58 bis 60, 62, 63 Absatz 3 und die §§ 65 bis 74 des Gesetzes über das Verfahren in Familiensachen und in den Angelegenheiten der freiwilligen Gerichtsbarkeit entsprechend anzuwenden.

(5) Für die Einstellung der Zwangsvollstreckung und die Aufhebung bereits getroffener Vollstreckungsmaßregeln sind die §§ 769 und 770 der Zivilprozessordnung entsprechend anzuwenden. Die Aufhebung einer Vollstreckungsmaßregel ist auch ohne Sicherheitsleistung zulässig.

Die Vorschrift entspricht § 27 AVAG. Die dortigen Ausführungen gelten entsprechend. 1

§ 68 Aufhebung oder Änderung ausländischer Entscheidungen, deren Anerkennung festgestellt ist

Wird die Entscheidung in dem Staat, in dem sie ergangen ist, aufgehoben oder abgeändert und kann die davon begünstigte Partei diese Tatsache nicht mehr in dem Verfahren über den Antrag auf Feststellung der Anerkennung geltend machen, so ist § 67 Absatz 1 bis 4 entsprechend anzuwenden

Abschnitt 2 Schadensersatz wegen ungerechtfertigter Vollstreckung

§ 69 Schadensersatz wegen ungerechtfertigter Vollstreckung

(1) Wird die Zulassung der Zwangsvollstreckung auf die Beschwerde (§ 43) oder die Rechtsbeschwerde (§ 46) aufgehoben oder abgeändert, so ist der Gläubiger zum Ersatz des Schadens verpflichtet, der dem Schuldner durch die Vollstreckung des Titels oder durch eine Leistung zur Abwendung der Vollstreckung entstanden ist.

(2) Das Gleiche gilt, wenn
1. die Zulassung der Zwangsvollstreckung nach § 67 aufgehoben oder abgeändert wird, sofern die zur Zwangsvollstreckung zugelassene Entscheidung zum Zeitpunkt der Zulassung nach dem Recht des Staates, in dem sie ergangen ist, noch mit einem ordentlichen Rechtsmittel angefochten werden konnte oder
2. ein nach Artikel 17 der Verordnung (EG) Nr. 4/2009 ohne Exequaturverfahren vollstreckbarer Titel im Ursprungsstaat aufgehoben wurde und der Titel zum Zeitpunkt der Zwangsvollstreckungsmaßnahme noch mit einem ordentlichen Rechtsmittel hätte angefochten werden können.

(3) Für die Geltendmachung des Anspruchs ist das Gericht ausschließlich zuständig, das im ersten Rechtszug über den Antrag, den Titel mit der Vollstreckungsklausel zu versehen, entschieden hat. In den Fällen des Absatzes 2 Nummer 2 richtet sich die Zuständigkeit nach § 35 Absatz 1 und 2.

Kapitel 4 Entscheidungen deutscher Gerichte; Mahnverfahren

§ 70 Antrag des Schuldners nach Artikel 19 der Verordnung (EG) Nr. 4/2009

(1) Der Antrag des Schuldners auf Nachprüfung der Entscheidung gemäß Artikel 19 der Verordnung (EG) Nr. 4/2009 ist bei dem Gericht zu stellen, das die Entscheidung erlassen hat. § 719 Absatz 1 der Zivilprozessordnung ist entsprechend anwendbar.

(2) Hat der Schuldner den Antrag nicht innerhalb der Frist des Artikels 19 Absatz 2 der Verordnung (EG) Nr. 4/2009 eingereicht oder liegen die Voraussetzungen des Artikels 19 Absatz 1 der Verordnung (EG) Nr. 4/2009 nicht vor, weist das Gericht den Antrag durch Beschluss zurück. Der Beschluss kann ohne mündliche Verhandlung ergehen.

(3) Liegen die Voraussetzungen des Artikels 19 der Verordnung (EG) Nr. 4/2009 vor, so wird das Verfahren fortgeführt. Es wird in die Lage zurückversetzt, in der es sich vor Eintritt der Versäumnis befand. Die §§ 343 bis 346 der Zivilprozessordnung werden entsprechend angewendet. Auf Antrag des Schuldners ist die Zwangsvollstreckung auch ohne Sicherheitsleistung einzustellen.

§ 71 Bescheinigungen zu inländischen Titeln

(1) Die Gerichte, Behörden oder Notare, denen die Erteilung einer vollstreckbaren Ausfertigung obliegt, sind zuständig für die Ausstellung
1. des Formblatts nach Artikel 20 Absatz 1 Buchstabe b, Artikel 28 Absatz 1 Buchstabe b, Artikel 40 Absatz 2 und Artikel 48 Absatz 3 der Verordnung (EG) Nr. 4/2009,
2. der Bescheinigungen nach den Artikeln 54, 57 und 58 des Übereinkommens vom 30. Oktober 2007 über die gerichtliche Zuständigkeit und die Anerkennung und Vollstreckung von Entscheidungen in Zivil- und Handelssachen.

(2) Soweit nach Absatz 1 die Gerichte für die Ausstellung des Formblatts oder der Bescheinigungen zuständig sind, werden diese Unterlagen von dem Gericht des ersten Rechtszuges ausgestellt oder, wenn das Verfahren bei einem höheren Gericht anhängig ist, von diesem. Funktionell

zuständig ist die Stelle, der die Erteilung einer vollstreckbaren Ausfertigung obliegt. Für die Anfechtbarkeit der Entscheidung über die Ausstellung des Formblatts oder der Bescheinigung gelten die Vorschriften über die Anfechtbarkeit der Entscheidung über die Erteilung der Vollstreckungsklausel entsprechend.

(3) Die Ausstellung des Formblatts nach Artikel 20 Absatz 1 Buchstabe b und Artikel 48 Absatz 3 der Verordnung (EG) Nr. 4/2009 schließt das Recht auf Erteilung einer Klausel nach §724 der Zivilprozessordnung nicht aus.

§72 Bezifferung dynamisierter Unterhaltstitel zur Zwangsvollstreckung im Ausland

Soll ein Unterhaltstitel, der den Unterhalt nach §1612a des Bürgerlichen Gesetzbuchs als Prozentsatz des Mindestunterhalts festsetzt, im Ausland vollstreckt werden, gilt §245 des Gesetzes über das Verfahren in Familiensachen und in den Angelegenheiten der freiwilligen Gerichtsbarkeit.

§73 Vervollständigung inländischer Entscheidungen zur Verwendung im Ausland

(1) Will ein Beteiligter einen Versäumnis- oder Anerkenntnisbeschluss, der nach §38 Absatz 4 des Gesetzes über das Verfahren in Familiensachen und in den Angelegenheiten der freiwilligen Gerichtsbarkeit in verkürzter Form abgefasst worden ist, in einem anderen Vertrags- oder Mitgliedstaat geltend machen, so ist der Beschluss auf Antrag dieses Beteiligten zu vervollständigen. Der Antrag kann bei dem Gericht, das den Beschluss erlassen hat, schriftlich gestellt oder zu Protokoll der Geschäftsstelle erklärt werden. Über den Antrag wird ohne mündliche Verhandlung entschieden.

(2) Zur Vervollständigung des Beschlusses sind die Gründe nachträglich abzufassen, von den Richtern gesondert zu unterschreiben und der Geschäftsstelle zu übergeben; die Gründe können auch von Richtern unterschrieben werden, die bei dem Beschluss nicht mitgewirkt haben.

(3) Für die Berichtigung der Sachverhaltsdarstellung in den nachträglich abgefassten Gründen gelten §113 Absatz 1 Satz 2 des Gesetzes über das Verfahren in Familiensachen und in den Angelegenheiten der freiwilligen Gerichtsbarkeit und §320 der Zivilprozessordnung. Jedoch können bei der Entscheidung über einen Antrag auf Berichtigung auch solche Richter mitwirken, die bei dem Beschluss oder der nachträglichen Abfassung der Gründe nicht mitgewirkt haben.

(4) Die vorstehenden Absätze gelten entsprechend für die Vervollständigung von Arrestbefehlen und einstweiligen Anordnungen, die in einem anderen Vertrags- oder Mitgliedstaat geltend gemacht werden sollen und nicht mit einer Begründung versehen sind.

§74 Vollstreckungsklausel zur Verwendung im Ausland

Vollstreckungsbescheide, Arrestbefehle und einstweilige Anordnungen, deren Zwangsvollstreckung in einem anderen Vertrags- oder Mitgliedstaat betrieben werden soll, sind auch dann mit der Vollstreckungsklausel zu versehen, wenn dies für eine Zwangsvollstreckung im Inland nach §796 Absatz 1, §929 Absatz 1 der Zivilprozessordnung und nach §53 Absatz 1 und §119 des Gesetzes über das Verfahren in Familiensachen und in den Angelegenheiten der freiwilligen Gerichtsbarkeit nicht erforderlich wäre.

§75 Mahnverfahren mit Zustellung im Ausland

(1) Das Mahnverfahren findet auch statt, wenn die Zustellung des Mahnbescheids in einem anderen Vertrags- oder Mitgliedstaat erfolgen muss. In diesem Fall kann der Anspruch auch die Zahlung einer bestimmten Geldsumme in ausländischer Währung zum Gegenstand haben.

(2) Macht der Antragsteller geltend, dass das angerufene Gericht auf Grund einer Gerichtsstandsvereinbarung zuständig sei, so hat er dem Mahnantrag die erforderlichen Schriftstücke über die Vereinbarung beizufügen.

(3) Die Widerspruchsfrist (§ 692 Absatz 1 Nummer 3 der Zivilprozessordnung) beträgt einen Monat.

Kapitel 5   Kosten; Übergangsvorschriften

Abschnitt 1   Kosten

§ 76   Übersetzungen

Die Höhe der Vergütung für die von der zentralen Behörde veranlassten Übersetzungen richtet sich nach dem Justizvergütungs- und Entschädigungsgesetz.

Abschnitt 2   Übergangsvorschriften

§ 77   Übergangsvorschriften

(1) Die Anerkennung und Vollstreckbarerklärung eines ausländischen Unterhaltstitels richtet sich für die am 18. Juni 2011 bereits eingeleiteten Verfahren nach dem Anerkennungs- und Vollstreckungsausführungsgesetz in der Fassung vom 3. Dezember 2009 (BGBl. I S. 3830) im Anwendungsbereich
1. der Verordnung (EG) Nr. 44/2001 des Rates vom 22. Dezember 2000 über die gerichtliche Zuständigkeit und die Anerkennung und Vollstreckung von Entscheidungen in Zivil- und Handelssachen (ABl. L 12 vom 16.1.2001, S. 1),
2. des Abkommens vom 19. Oktober 2005 zwischen der Europäischen Gemeinschaft und dem Königreich Dänemark über die gerichtliche Zuständigkeit und die Anerkennung und Vollstreckung von Entscheidungen in Zivil- und Handelssachen (ABl. L 299 vom 16.11.2005, S. 62),
3. des Übereinkommens vom 30. Oktober 2007 über die gerichtliche Zuständigkeit und die Anerkennung und Vollstreckung von Entscheidungen in Zivil- und Handelssachen (ABl. L 339 vom 21.12.2007, S. 3),
4. des Übereinkommens vom 16. September 1988 über die gerichtliche Zuständigkeit und die Vollstreckung gerichtlicher Entscheidungen in Zivil- und Handelssachen (BGBl. 1994 II S. 2658) und
5. des Haager Übereinkommens vom 2. Oktober 1973 über die Anerkennung und Vollstreckung von Unterhaltsentscheidungen (BGBl. 1986 II S. 826).

(2) Die Anerkennung und Vollstreckbarerklärung eines ausländischen Titels richtet sich für Verfahren mit förmlicher Gegenseitigkeit (§ 1 Absatz 1 Satz 1 Nummer 3), die am 18. Juni 2011 bereits eingeleitet sind, nach dem Auslandsunterhaltsgesetz vom 19. Dezember 1986 (BGBl. I S. 2563), das zuletzt durch Artikel 4 Absatz 10 des Gesetzes vom 17. Dezember 2006 (BGBl. I S. 3171) geändert worden ist.

(3) Die gerichtliche Zuständigkeit für am 18. Juni 2011 noch nicht abgeschlossene Unterhaltssachen und anhängige Verfahren auf Gewährung von Verfahrenskostenhilfe bleibt unberührt.

(4) Die §§ 30 bis 34 sind nur auf Titel anwendbar, die auf der Grundlage des Haager Protokolls vom 23. November 2007 über das anwendbare Recht (ABl. L 331 vom 16.12.2009, S. 19) ergangen sind.

(5) Die §§ 16 bis 19 sind auch auf Ersuchen anzuwenden, die bei der zentralen Behörde am 18. Juni 2011 bereits anhängig sind.

Verordnung (EU) Nr. 1215/2012 des Europäischen Parlaments und des Rates vom 12. Dezember 2012 über die gerichtliche Zuständigkeit und die Anerkennung und Vollstreckung von Entscheidungen in Zivil- und Handelssachen – Brüssel-Ia-VO –

Vor Brüssel-Ia-VO

Übersicht

		Rdn.
I.	**Überblick zur Entwicklung im europäischen Rechtsraum**	1
1.	Brüsseler Übereinkommen (EuGVÜ)	2
2.	Lugano-Übereinkommen (LugÜ)	4
3.	Brüssel-I-VO (EuGVVO)	5
4.	Abkommen der EU zur Erweiterung des Anwendungsbereichs der Brüssel-I-VO	7
	a) Dänemark	7
	b) Lugano-Staaten	8
5.	Systemwechsel – Abschaffung des Exequaturverfahrens	10
	a) EuVTVO	11
	b) EuMahnVO	12
	c) EuBagatellVO	13
	d) EuUnterhaltsVO	14

		Rdn.
6.	Weitere Rechtsakte der EU	15
	a) EuMedRL	15
	b) EU-ErbrechtsVO	16
	c) vorläufige Kontenpfändung	17
II.	**Ende des Exequaturverfahrens in Europa – Die Brüssel-Ia-VO**	18
III.	**Geltungsbereich der Brüssel-Ia-VO**	19
1.	Sachlich	19
2.	Zeitlich	20
3.	Räumlich	22
IV.	**Auslegung der Brüssel-Ia-VO**	23
V.	**Entsprechungstabelle (Anhang III)**	24
VI.	**Nationale Durchführungsvorschriften**	25
VII.	**Hinweis zur Bearbeitung**	26
VIII.	**Erwägungsgründe**	27

Literatur:

Alio, Die Neufassung der Brüssel I-Verordnung, NJW 2014, 2395; *Atteslander-Dürrenmatt*, Vollstreckung bedingter Unterhaltstitel nach schweizerischem Recht in Deutschland, IPRax 2002, 508; *Bach*, Grenzüberschreitende Vollstreckung in Europa, 2008; *Becker/Müller*, Internationale Urteilsanerkennung und Art. 66 EuGVO, IPRax 2006, 432; *Bittmann*, Das Verhältnis der EuVTVO zur EuGVVO, IPRax 2011, 55; *Böttger*, Deutsche einstweilige Verfügungen: Durchsetzung im europäischen Ausland, GRURPrax 2013, 484; *Botur*, Besonderheiten bei der Vollstreckbarerklärung englischer Unterhaltsentscheidungen in Deutschland, FPR 2010, 519; *ders.*, Aktuelle Probleme grenzüberschreitender Vollstreckung europäischer Unterhaltstitel nach der Brüssel I-VO, FamRZ 2010, 1860; *Brand*, Grenzüberschreitender Verbraucherschutz in der EU – Ungereimtheiten und Wertungswidersprüche im System des europäischen Kollisions- und Verfahrensrechts, IPRax 2013, 126; *Breuer*, Übernationale Rechtsgrundlagen für die Anerkennung und Vollstreckbarkeit von Unterhaltstiteln, FamRB 2014, 30; *Bruns*, Zwangsgeld zugunsten des Gläubigers – ein europäisches Zukunftsmodell?, ZZP 118 (2005), 3; *Classen*, Effektive und kohärente Justizgewährleistung im europäischen Rechtsschutzverbund, JZ 2006, 157; *Cypra*, Die Rechtsbehelfe im Verfahren der Vollstreckbarerklärung nach dem EuGVÜ. Unter besonderer Berücksichtigung der Ausgestaltung in Deutschland und Frankreich, 1996; *Dietze/Schnichels*, Die aktuelle Rechtsprechung des EuGH zum EuGVÜ und zur EuGVVO – Übersicht über die Jahre 2006 und 2007, EuZW 2007, 687 und 2009, 33; *Eilers*, Maßnahmen des einstweiligen Rechtsschutzes im Europäischen Zivilrechtsverkehr, 1991; *Geimer*, Freizügigkeit vollstreckbarer Urkunden im Europäischen Wirtschaftraum, IPRax 2000, 366; *ders.*, Das EuGVVO-Beschwerdeverfahren an der Schnittstelle von europäischem Gemeinschaftsrecht und nationalem Recht, IPRax 2003, 338; *Giebel*, Die Vollstreckung von Ordnungsmittelbeschlüssen gem. § 890 ZPO im EU-Ausland, IPRax 2009, 324; *Gössl*, Die Vollstreckung von dynamischen Zinssätzen unter der neuen EuGVVO, NJW 2014, 3479; *Gottwald* (Hrsg.), Revision der EuGVÜ, Veröffentlichungen der Wissenschaftlichen Vereinigung für Internationales Verfahrensrecht e. V., Bd. 11, 2000; *Gruber*, Inländisches Vollstreckbarerklärungsverfahren und Auslandskonkurs, IPRax 2007, 426; *ders.*, Die Vollstreckbarkeit ausländischer Unterhaltstitel – altes und neues Recht, IPRax 2013, 325; *Grundmann*, Anerkennung und Vollstreckung ausländischer einstweiliger Maßnahmen nach IPRG und Lugano-Übereinkommen, Diss. Basel, 1995; *Halfmeier*, Die Vollstreckungsgegenklage im Recht der internationalen Zuständigkeit, IPRax 2007, 381; *Harsági/Kengyel*, Anwendungsprobleme des Europäischen Zivilverfahrensrechts in Mittel- und Osteuropa, IPRax 2009, 533; *dies.*, Grenzüberschreitende Vollstreckung in der Europäischen Union, 2011; *Hau*, Der Einwand des Prozessbetrugs im Brüssel I – Exequaturverfahren, IPRax, 2006, 20; *ders.*, Brüssel Ia-VO Neue Regeln für die Anerkennung und Vollstreckung ausländischer Entscheidungen in Zivil- und Handelssachen, MDR 2014, 1417; *Heiderhoff*, Fiktive Zustellung und Titelmobilität, IPRax 2013, 309; *v. Hein*, Die Neufassung der Europäischen Gerichtsstands- und Vollstreckungsverordnung, RIW 2013, 97; *Heinig,* Die Konkurrenz der EuGVVO mit dem übrigen Gemeinschaftsrecht GPR 2010, 36; *Heinze,* Europäische Urteilsfreizügigkeit von Entscheidungen ohne vorheriges rechtliches Gehör, ZZP 120 (2007), 303; *ders.,* Beweissicherung im europäischen Zivilprozessrecht, IPRax 2008, 480; *Hess,* Die intertemporale Anwendung des europäischen Zivilprozessrechts in den EU-Beitrittsstaaten, IPRax 2004, 374; *ders.,* Die Unzulässigkeit materiell rechtlicher Einwendungen im Beschwerdeverfahren nach Art. 43 ff. EuGVVO, IPRax 2008, 25; *ders.,* Europäisches Zwangsvollstreckungsrecht: Herausforderungen und rechtspolitische Perspektiven, DGVZ 2010, 45; *ders.,* Schiedsgerichtsbarkeit und europäisches Zivilprozessrecht, JZ 2014, 538; *Heß/Hub,* Die vorläufige Vollstreckbarkeit ausländischer Urteile im Binnenmarktprozess, IPRax 2003, 93; *Hess/ Pfeiffer/Schlosser,* The Brussels I-Regulation (EC) No 44/2001, 2008; *Heß/Vollkommer,* Die begrenzte Freizügigkeit einstweiliger Maßnahmen nach Art. 24 EuGVÜ, IPRax 1999, 220 u. IPRax 2000, 370; *Hohloch,* Grenzüberschreitende Unterhaltsvollstreckung, FPR 2004, 315; *Hub,* Die Neuregelung der Anerkennung und Vollstreckung in Zivil- und Handelssachen und das familienrechtliche Anerkennungs- und Vollstreckungsverfahren, NJW 2001, 3145; *Hüßtege,* Ferienwohnung im Ausland als Spielball der Gerichte?, IPRax 2001, 31; *Janzen,* Die neuen Haager Übereinkünfte zum Unterhaltsrecht und die Arbeiten an einer EG-Unterhaltsverordnung, FPR 2008, 218; *Jayme/Kohler,* Europäisches Kollisionsrecht 2000: Interlokales Privatrecht oder universelles Gemeinschaftsrecht?, IPRax 2000, 454; *dies.,* Europäisches Kollisionsrecht 2007: Windstille im Erntefeld der Integration, IPRax 2007, 493; *Kayser/Dornblüth,* Anerkennung und Vollstreckbarerklärung italienischer Zahlungsbefehle nach der EuGVVO, ZIP 2013, 57; *Keßler,* Die Vollstreckbarkeit und ihr Beweis gem. Art. 31 und 47 Nr. 1 EuGVÜ, 1998; *Kienle,* Effektiver Zugang zum (doppelten) Recht? Ein Zwischenruf zum Verhältnis von EuGVO und EuVTVO, EuZW 2010, 334; *Kondring,* Vom stillen Ende der Remise au Parquet in Europa; RIW 2007, 330; *Leible/Freitag,* Forderungsbeitreibung in der EU, 2008; *Leutner,* Die vollstreckbare Urkunde im europäischen Rechtsverkehr, Diss. Freiburg 1996; *Lindacher,* Europäisches Zustellrecht – Die VO(EG) Nr. 1348/2000 –, ZZP 114 (2001), 179; *Lüke,* Europäisches Zivilverfahrensrecht – das Problem der Abstimmung zwischen EuInsO und EuGVÜ, FS Schütze, 1999, S. 467; *Mankowski,* Entwicklungen im Internationalen Privat- und Prozessrecht 2003/2004 (Teil 2), RIW 2004, 587; *ders.,* Entwicklungen im Internationalen Privat- und Prozessrecht 2004/2005 (Teil 2), RIW 2005, 561; *ders.,* Im Dschungel der für die Vollstreckbarerklärung ausländischer Unterhaltsentscheidungen einschlägigen Abkommen und ihrer Ausführungsgesetze, IPRax 2000, 188; *ders.,* EuGVVO, Brüssel Ia-VO und Spezialübereinkommen, TranspR 2014, 129; *Mansel/Thorn/Wagner,* Europäisches Kollisionsrecht 2009: Hoffnungen durch den Vertrag von Lissabon, IPRax 2010, 1; *Martiny,* Grenzüberschreitende Unterhaltsdurchsetzung nach europäischem und internationalem Recht, FamRZ 2008, 1681; *Micklitz/ Rott,* Vergemeinschaftung des EuGVÜ in der Verordnung (EG) Nr. 44/2001, EuZW 2002, 15; C. *Müller,* Die Anwendung des Art. 34 Nr. 4 EuGVVO auf Entscheidungen aus ein und demselben Mitgliedstaat, IPRax 2009, 484; *K.J. Müller,* Notarielle Vollstreckungstitel, RNotZ 2010, 167; *Nelle,* Titel und Vollstreckung im internationalen Rechtsverkehr. Einwendungen gegen den titulierten Anspruch im deutschen und europäischen Zivilprozeßrecht, 2000; *Nielsen,* Brussels I and Denmark, IPRax 2007, 506; *Oberhammer,* The Abolition of Exequatur, IPRax 2010, 197; *Pohl,* Die Neufassung der Brüssel I-VO – Im Spannungsfeld zwischen Vertrauen und Kontrolle, IPRax 2013, 109; *Jens Christian Rausch,* Sicherheitsleistung bei Zwangsvollstreckung im Inland und europäischen Ausland: vorläufige Vollstreckbarkeit und Abwendungsbefugnis durch Sicherheitsleistung unter dem EuGVÜ und dem Lugano-Übereinkommen, Diss. Bonn 1999; *Hans Rausch,* Unterhaltsvollstreckung im Ausland, FPR 2007, 448; *Richter,* Die rügelose Einlassung des Verbrauchers im Europäischen Zivilprozessrecht, RIW 2006, 578; *Roth,* Systembedingt offene Auslandstitel, IPRax 2006, 22; *ders.,* Remise au Parquet und Auslandszustellung nach dem Haager Zustellungsübereinkommen von 1965, IPRax 2000, 497; *Schilling,* Das Exequatur und die EMRK, IPRax 2011, 31; *Schlosser,* Der EuGH und das Europäische Gerichtsstands- und Vollstreckungsübereinkommen, NJW 1977, 457; *ders.,* Anerkennung und Vollstreckung englischer »freezing injunctions«, IPRax 2006, 300; *ders.,* »Brüssel I« und Schiedsgerichtsbarkeit, SchiedsVZ 2009, 129; *ders.,* EuGVVO und einstweiliger Rechtsschutz betreffend schiedsbefangener Ansprüche, IPRax 2009, 416; *Smyrek,* Einheitlicher Rechtsraum – nur in der Theorie, RIW 2005, 695; *Schnichels/Stege,* Die Rechtsprechung des EuGH zur EuGVVO und zum EuGVÜ – Übersicht über die Jahre 2008 und 2009, EuZW 2010, 807; *dies.,* Die Entwicklung des europäischen Zivilprozessrechts im Bereich der EuGVVO im Jahr 2012, EuZW 2013, 809; *dies.,* Die Entwicklung des europäischen Zivilprozessrechts im Bereich der EuGVVO im Jahr 2013, EuZW 2014, 808; *Seebach,* Das notarielle Zeugnis über die unbeschränkte Zwangsvollstreckung aus ausländischen Notarurkunden nach EuGVVO und AVAG, MittBayNot 2013, 200; *Stadler,* Inländisches Zwangsgeld bei grenzüberschreitender Handlungsvollstreckung, IPRax 2003, 430; *Stürner,* Anerkennungsrechtlicher und europäischer Ordre Publik als Schranke der Vollstreckbarerklärung – der Bundesgerichtshof und die Staatlichkeit der Europäischen Union, BGH-Festgabe, Bd. III, 2000, S. 677; *ders.,* Das grenzübergreifende Vollstreckungsverfahren in der Europäischen Union, FS Henckel, 1995, S. 863; *Schütze,* Full Faith and Credit in der EU – Die Ablösung des EuGVÜ durch die VO (EG) Nr. 44/2001, IHR 2001, 135; *Stoffregen,* Grenzüberschreitende Vollstreckung von Ordnungsgeldern, WRP 2010, 839; *Strasser,* Abänderung und Vollstreckung von Unterhaltstiteln aus dem EU-Ausland in Deutschland, FPR 2007, 451; *ders.,* Exequaturverfahren nach EuGVVO und europäischer Vollstreckungstitel – von der besonderen Verantwortung des Rechtspflegers in der Praxis, Rpfleger 2008, 547; *Sujecki,* Die Möglichkeiten und Grenzen der Abschaffung des ordre-public Vorbehalts im Europäischen Zivilprozessrecht, ZEuP 2008, 458; *ders.*, Die Entwicklung des europäischen Privat- und Zivilprozessrechts im Jahr 2013; EuZW 2014, 291; *Thomale*, Brüssel I und die EU- Osterweiterung – Zum raumzeitlichen Anwendungsbereich der EuGVVO, IPRax 2014, 239; *Vogel*, Internationales Familienrecht – Veränderungen und Auswirkungen durch die neue EU-Verordnung, MDR 2000, 1045; *Wagner*, Vollstreckbarerklärungsverfahren nach der EuGVVO und Erfüllungseinwand – Dogmatik vor Pragmatismus? IPRax 2012, 326; *ders.*, Aktuelle Entwicklungen in der europäischen Zusammenarbeit in Zivilsachen, NJW 2010, 1707 und NJW 2011, 1404; *ders.*, Die Vereinheitlichung des Internationalen Privat- und Zivilverfahrensrechts zehn Jahre nach Inkrafttreten des Amsterdamer Vertrags, NJW 2009, 1911; *ders.*, Die Anerkennung und Vollstreckung von Entscheidungen nach der Brüssel II-Verordnung, IPRax 2001, 73; *ders.*, Die geplante Reform des Brüsseler und des Lugano-Übereinkommens, IPRax 1998, 241; *ders.*, Die Rechtsinstrumente der justiziellen Zusammenarbeit in Zivilsachen – Eine Bestandsaufnahme, NJW 2013, 3128; *ders.*, Fünfzehn Jahre justizielle Zusammenarbeit in Zivilsachen, IPRax 2014, 217; *Wagner/Janzen*, Das Lugano-Übereinkommen vom 30.10.2007, IPRax 2010, 298; *Wittwer*, Die EuGH-Rechtsprechung zum Europäischen Zivilprozessrecht aus den Jahren 2007 und 2008, ZEuP 2009, 564; *Wolf*, Die Anerkennungsfähigkeit von Entscheidungen im Rahmen eines niederländischen kort geding-Verfahrens nach dem EuGVÜ, EuZW 2000, 11; *Zerr*, Prozesstaktik bei Arrestverfahren innerhalb Europas nach der Neufassung der EuGVVO, EuZW 2013, 292.

I. Überblick zur Entwicklung im europäischen Rechtsraum

Von der Konzeption der ZPO her bilden die §§ 722, 723 ZPO die Grundlage für die Vollstreckung ausländischer Urteile im Inland. Seit deren Erlass hat sich indes zunächst durch zwischenstaatliche Verträge, später durch multinationale Vereinbarungen und schließlich durch unmittelbar geltendes EG-Recht die Situation grundlegend geändert mit der Folge, dass Klagen nach den §§ 722, 723 ZPO weitgehend verdrängt werden durch die in den Spezialregelungen i. d. R. vorgesehenen Klauselverfahren.[1] Dabei kommt der Entwicklung im europäischen Rechts- und Wirtschaftsraum naturgemäß die größte Bedeutung zu.

1. Brüsseler Übereinkommen (EuGVÜ)

Ursprüngliche Grundlage des europäischen Anerkennungs- und Vollstreckungsrechts ist Art. 230 EWGV. Hierin heißt es u. a., dass die Mitgliedstaaten, untereinander Verhandlungen einleiten, um zugunsten ihrer Staatsangehörigen die Vereinfachung von Förmlichkeiten für die gegenseitige Anerkennung und Vollstreckung richterlicher Entscheidungen und Schiedssprüche sicherzustellen. Bei den daraufhin aufgenommenen Verhandlungen zeichnete sich alsbald die fehlende Notwendigkeit einer Regelung für Schiedssprüche ab, da sich weltweit das UN-Übereinkommen über die Anerkennung und Vollstreckung von Schiedssprüchen vom 10.6.1958 immer mehr durchsetzte, das in der Bundesrepublik Deutschland bereits im Jahr 1961 ratifiziert worden war[2] und auf das seit der Neufassung des 10. Buches der ZPO durch das Gesetz zur Neuregelung des Schiedsverfahrens vom 22.12.1997[3] in § 1061 ZPO verwiesen wird. Weiter wurde festgestellt, dass eine hinreichende Legitimationsgrundlage für die Anerkennung von Entscheidungen eines Gerichts aus einem anderen EWG-Staat nur dann bestand, wenn zugleich auch ein neues, einheitliches System der internationalen Zuständigkeit geschaffen wurde, das so eigentlich in Art. 230 EWGV nicht angelegt war.[4]

Schließlich wurde am 27.9.1968 auf einer Sitzung des Ministerrates der sechs Gründungsmitglieder der EWG (Belgien, Deutschland, Frankreich, Italien, Luxemburg, Niederlande) das »Brüsseler Übereinkommen über die gerichtliche Zuständigkeit und die Vollstreckung gerichtlicher Entscheidungen in Zivil- und Handelssachen« (EuGVÜ) nebst einem Zusatzprotokoll unterzeichnet. Das Übereinkommen ist am 1.2.1973 in Kraft getreten[5] und um das Luxemburger Auslegungsprotokoll

---

1 Siehe die Übersicht Vor §§ 722–723 ZPO Rdn. 13 –19.
2 BGBl. II 1961, 121.
3 BGBl. I 1997, 3224 mit Änderung BGBl. I 1998, 1481, 1583.
4 *Schlosser*, Einl. Rn. 4.
5 ABl. EG 1972 L 299; BGBl. II 1972, 773; letzte Fassung BGBl. II 1998, 1412.

vom 3.6.1971 ergänzt worden.⁶ Das Protokoll sieht ein dem Art. 177 EWGV nachgebildetes Vorlageverfahren bestimmter nationaler Gerichte an den EuGH vor.

Anlässlich der Aufnahme neuer Mitgliedsländer, die sich in den Beitrittsübereinkommen verpflichteten, u. a. dem EuGVÜ beizutreten und diesbezüglich Verhandlungen mit den ursprünglichen Mitgliedstaaten aufzunehmen, erfolgten jeweils Neufassungen des Übereinkommens mit zum Teil weit reichenden Änderungen.⁷

2. Lugano-Übereinkommen (LugÜ)

4 Am 16.9.1988 wurde von den Vertretern der damaligen Mitgliedsländer der EWG und der EFTA (Finnland, Island, Norwegen, Österreich, Schweden, Schweiz) das »Lugano-Übereinkommen über die gerichtliche Zuständigkeit und die Vollstreckung gerichtlicher Entscheidungen in Zivil- und Handelssachen« (LugÜ) unterzeichnet.⁸ Diesem Übereinkommen, das im Sinne einer weiteren europäischen Rechtsvereinheitlichung mit Modifikationen im Wesentlichen die Regelungen des EuGVÜ übernimmt, ist später noch Polen beigetreten. Nach dem Beitritt der übrigen Vertragsstaaten zur EU hat es – abgesehen von »Alttiteln« – Bedeutung nur noch im Verhältnis zu Island, Norwegen und der Schweiz.

3. Brüssel-I-VO (EuGVVO)

5 Der Durchbruch zu einer originären Normsetzung erfolgte in Art. 65 EGV in der Fassung des Vertrags von Amsterdam vom 1.5.1999, der es dem Europäischen Rat ermöglichte, im Wege einer Verordnung, also durch unmittelbar geltendes sekundäres Gemeinschaftsrecht u. a. Maßnahmen bezüglich »der Anerkennung und Vollstreckung gerichtlicher Entscheidungen in Zivil- und Handelssachen zu treffen« einschließlich der Befugnis der »Beseitigung der Hindernisse für eine reibungslose Abwicklung von Zivilverfahren«. Aufgrund von Vorarbeiten, die mit einem Vorschlag der Kommission zur Modernisierung des EuGVÜ vom 22.12.1997 begonnen hatten, legte die Kommission unmittelbar nach Inkrafttreten des Amsterdamer Vertrags am 14.7.1999 einen Verordnungsvorschlag vor,⁹ der nach Anhörung des Europäischen Parlaments leicht verändert¹⁰ und schließlich mit geringen Modifikationen vom Rat verabschiedet wurde.¹¹

6 Mit Inkrafttreten des Vertrages von Lissabon am 1.9.2009 ist der Katalog der Maßnahmen, die der europäische Gesetzgeber im Bereich der justiziellen Zusammenarbeit in Zivilsachen erlassen kann, in Art. 81 AEUV neu gefasst und präzisiert worden. Er erfasst u. a. in Abs. 2 a) die Sicherstellung der gegenseitigen Anerkennung und Vollstreckung gerichtlicher und außergerichtlicher Entscheidungen zwischen den Mitgliedstaaten.

4. Abkommen der EU zur Erweiterung des Anwendungsbereichs der Brüssel-I-VO

a) Dänemark

7 Aus Verfassungsgründen ist Dänemark gehindert, sich an den auf Art. 81 AEUV (ex Art. 65 EGV) gestützten Maßnahmen zur justiziellen Zusammenarbeit in der EU zu beteiligen. Deshalb war auch nach Inkrafttreten der Brüssel-I-VO im Verhältnis zu Dänemark weiterhin das EuGVÜ

---

6 BGBl. II. 1972, 845; letzte Fassung BGBl. II 1998, 1411; Text abgedruckt bei *Geimer/Schütze*, EuZVR unter B.3.
7 Vgl. näher *Schlosser*, Einl. Rn. 9–13 und *Geimer/Schütze*, EuZVR, Einl. Rn. 31–36 zur Brüssel-I-VO jeweils auch zu den Zeitpunkten des Inkrafttretens der Abkommen im Verhältnis zu den neuen Mitgliedsländern; Texte der Beitrittsübereinkommen abgedruckt bei *Geimer/Schütze*, EuZVR unter B.4–B.7.
8 BGBl. II 1994, 2658.
9 KOM (1999) 348 = BR-Drucks. 534/99.
10 KOM (2000) 689.
11 Zur Kompetenz des Rates zur Verabschiedung der Verordnung siehe Vorauflage, vor EuGVVO Rn. 6.

anwendbar.[12] Am 1.7.2007 ist sodann das Abkommen vom 19.10.2005 zwischen der Europäischen Gemeinschaft und dem Königreich Dänemark über die gerichtliche Zuständigkeit und die Anerkennung und Vollstreckung von Entscheidungen in Zivil- und Handelssachen in Kraft getreten.[13] Mit diesem Abkommen wurde die Anwendbarkeit der Brüssel-I-VO vertraglich auf Dänemark erstreckt. Damit ist das EuGVÜ, das lange Jahre maßgeblich zur Rechtsvereinheitlichung in Europa beigetragen hat, nur noch auf Alttitel anwendbar.

b) Lugano-Staaten

Auf der Grundlage eines Ratsbeschlusses vom 14./15.10.2002 hatte der Europäische Rat die Kommission zur Aufnahme von Verhandlungen im Hinblick auf die Annahme eines »neuen Übereinkommens von Lugano« ermächtigt. Ziel dieser Verhandlungen war es, das »neue Lugano-Abkommen« mit den nicht der EU beigetretenen Staaten des LugÜ (Island, Norwegen, Schweiz) so zu gestalten, dass es möglichst weitgehend der Brüssel-I-VO entspricht. Da es zweifelhaft war, ob für den Abschluss des Abkommens ausschließlich die Gemeinschaft oder diese gemeinsam mit ihren Mitgliedstaaten zuständig ist, hatte der Rat gem. § 300 Abs. 6 EGV ein Gutachten des EuGH eingeholt. Dieser hat eine ausschließliche Zuständigkeit der Gemeinschaft bejaht.[14] Schließlich wurde am 30.10.2007 das Übereinkommen über die gerichtliche Zuständigkeit und die Anerkennung und Vollstreckung in Zivil- und Handelssachen – **LugÜ 2007** –[15] zwischen der Europäischen Gemeinschaft (ohne Dänemark), Island, Norwegen und der Schweiz sowie Dänemark, das aus den vorgenannten Gründen nicht von der Gemeinschaft vertreten werden konnte, geschlossen. Dieses ist nach Hinterlegung der Ratifikationsurkunden durch die Gemeinschaft sowie Norwegen und Dänemark **seit dem 1.1.2010** im Verhältnis zwischen der EU als Rechtsnachfolgerin der EG zu Norwegen und im Verhältnis zwischen Dänemark und Norwegen in Kraft. Im Verhältnis zur Schweiz gilt es seit dem 1.1.2011 und zu Island seit dem 1.5.2011.[16] Für die Schweiz gilt allerdings ein Vorbehalt, wonach der Anerkennungsversagungsgrund des Art. 34 Nr. 2 Brüssel-I-VO nicht eingreift, wenn der säumige Beklagte die Einlegung eines ihm möglichen Rechtsmittels unterlassen hat. Von diesem hat sie auch Gebrauch gemacht.[17] Weitere Staaten können nach Art. 70 unter bestimmten Voraussetzungen dem Abkommen beitreten. Dies können sowohl Drittstaaten wie auch EU-Mitgliedstaaten wegen ihrer überseeischen Gebiete sein, für welche die Brüssel-I-VO gem. Art. 52 Abs. 2 EUV i. V. m. Art. 355 AEUV nicht gilt.[18]

Das LugÜ 2007 stimmt in den Art. 1 bis 62 – abgesehen von dem genannten Schweizer Vorbehalt – nahezu wortgleich mit der Brüssel-I-VO überein. Innerstaatlich bedingte das LugÜ 2007 u. a. Änderungen des AVAG, das aus diesem Anlass neu bekannt gemacht wurde und in der Neufassung zeitgleich mit dem Übereinkommen am 1.1.2010 in Kraft getreten ist.[19]

5. Systemwechsel – Abschaffung des Exequaturverfahrens

Auf europäischer Ebene sind zunächst vier weitere Verordnungen erlassen worden, mit denen der angestrebte Systemwechsel[20] vollzogen, also das Exequaturverfahren für bestimmte Titel abgeschafft und – teilweise mit Ausnahmen – eine unmittelbare Vollstreckung in einem anderen Mitgliedsland der EU ermöglicht wurde.

---

12 Vgl. Erwägungsgrund 21 und Art. 1 Abs. 3 EuGVVO.
13 ABl. EU 2005 L 299 S. 62; Bekanntmachung zum Inkrafttreten ABl. EU 2007 L 94 S. 70.
14 Gutachten 1/03 vom 7.2.2003.
15 ABl. EU Nr. L 339 S. 1.
16 ABl. EU Nr. L 138 S. 1.
17 Siehe Art. 34 Brüssel-I-VO Rn. 4.
18 Siehe näher zur Entstehungsgeschichte und zum Anwendungsbereich des LugÜ 2007 *Wagner/Jansen*, IPRax 2010, 298.
19 BGBl. I 2009 2862 u. 3830.
20 Siehe auch Vor §§ 722, 723 ZPO Rdn. 4.

a) EuVTVO

11 Die seit dem 21.10.2005 anwendbare Verordnung (EG) Nr. 805/2004 des Europäischen Parlaments und des Rates vom 21.4.2004 zur Einführung eines europäischen Vollstreckungstitels für unbestrittene Forderungen – EuVTVO –[21] erlaubt bei Anerkenntnis- und Versäumnisurteilen sowie bei Vergleichen und öffentlichen Urkunden aufgrund einer im Ursprungsmitgliedstaat erteilten Bestätigung die Zwangsvollstreckung in einem anderen Mitgliedstaat.

b) EuMahnVO

12 Die Verordnung (EG) Nr. 1896/2006 des europäischen Parlaments und des Rates vom 12.12.2006 zur Einführung eines Europäischen Mahnverfahrens – EuMahnVO –, die seit dem 12.12.2008 gilt,[22] eröffnet bei grenzüberschreitenden Streitigkeiten eine unmittelbare Vollstreckungsmöglichkeit aus einem vom Ursprungsgericht in einem anderen Mitgliedstaat für vollstreckbar erklärten europäischen Zahlungsbefehl.

c) EuBagatellVO

13 Am 1.8.2007 ist die Verordnung (EG) Nr. 861/2007 des europäischen Parlaments und des Rates vom 11.7.2007 zur Einführung eines europäischen Verfahrens für geringfügige Forderungen – EuBagatellVO – in Kraft getreten.[23] Die Verordnung mit ihren für die juristische Praxis relevanten Teilen ermöglicht seit dem 1.1.2009 bei Nettohauptforderungen bis 2.000,00 Euro in grenzüberschreitenden Fällen ein gesondertes Verfahren. In diesem Verfahren ergangene Urteile sind unmittelbar in anderen Mitgliedsländern vollstreckbar.

d) EuUnterhaltsVO

14 Seit dem 18.6.2011 sind aufgrund der Verordnung (EG) Nr. 4/2009 des Rates vom 18.12.2008 über die Zuständigkeit, das anwendbare Recht, die Anerkennung und Vollstreckung von Entscheidungen und die Zusammenarbeit in Unterhaltssachen – EuUnterhaltsVO – Unterhaltstitel aus dem Anwendungsbereich der Brüssel-I-VO und der EuVTVO herausgelöst und es wurde damit ein eigenständiges Regelwerk für die Durchsetzung von Unterhaltsansprüchen geschaffen. Hiernach sind Unterhaltstitel – außer solchen aus Großbritannien und Dänemark – auch dann in einem anderen Mitgliedstaat unmittelbar vollstreckbar, wenn sie in einem streitigen Verfahren ergangen sind.[24]

6. Weitere Rechtsakte der EU

a) EuMedRL

15 Am 13.6.2008 ist die Richtlinie 2008/52/EG des Europäischen Parlaments und des Rates v. 21.5.2008 über bestimmte Aspekte der Mediation in Zivil- und Handelssachen – EuMedRL – in Kraft getreten.[25] Diese enthält u. a. in Art. 6 Vorgaben an die Mitgliedsländer der EU für die Vollstreckbarkeit von Vereinbarungen in grenzüberschreitenden Fällen, die gem. Art. 12 bis zum 21.5.2011 umzusetzen waren, allerdings in Deutschland wegen der Vollstreckbarkeit von Mediationsvereinbarungen als Vergleiche nach § 794 Nr. 1, öffentliche Urkunden nach § 794 Nr. 5 oder für vollstreckbar erklärte Anwaltsvergleiche nach §§ 796a ff. keine gesetzgeberischen Maßnahmen erforderte.[26] Soll die Vereinbarung in einem anderen Mitgliedsland vollstreckt werden, ist der gleiche Weg wie bei anderen inländischen Titeln einzuhalten, also entweder im Inland eine Bestätigung

---

21 ABl. EU Nr. L 143 S. 15; Kommentierung in diesem Buch.
22 ABl. EU L 399 S. 1 v. 30.12.2006; Kommentierung in diesem Buch.
23 ABl. EU L 199 S. 1 v. 31.7.2007; Kommentierung in diesem Buch.
24 ABl. EU L 77 S. 1 v. 10.1.2009, Kommentierung in diesem Buch.
25 ABl. EU Nr. L 136 S. 3 v. 24.5.2008, dazu näher *Hess* EuZPR S. 597 ff.; *Sujeki*, EuZW 2010, 7.
26 Siehe auch vor §§ 722, 723 ZPO Rdn. 9.

des Vergleichs bzw. der öffentlichen Urkunde nach der EuVTVO einzuholen oder in dem anderen Mitgliedstaat das Verfahren der Vollstreckbarkeitserklärung nach Art. 38 ff. Brüssel-I-VO zu betreiben.[27]

b) EU-ErbrechtsVO

Die Lücke, die sich daraus ergibt, dass nach dessen Art. 1 Abs. 2 a) die Brüssel-I-VO nicht auf das Erbrecht anwendbar war (jetzt Art. 1 Abs. 2 f Brüssel-Ia-VO), wurde durch die Verordnung (EU) Nr. 650/2012 des Europäischen Parlaments und des Rates vom 4.7.2012 über die Zuständigkeit, das anzuwendende Recht, die Anerkennung und Vollstreckung von Entscheidungen und die Annahme und Vollstreckung öffentlicher Urkunden in Erbsachen sowie zur Einführung eines Europäischen Nachlasszeugnisses – EU-ErbrechtsVO – geschlossen.[28] Diese Verordnung, die in ihren wesentlichen Teilen am 17.8.2015 in Kraft treten wird und die sowohl für Verfahren der streitigen wie auch der freiwilligen Gerichtsbarkeit anzuwenden ist, enthält in ihren Art. 39 bis 58 ein Anerkennungs- und Vollstreckungskonzept, das auf demjenigen der Brüssel-I-VO beruht.

16

c) vorläufige Kontenpfändung

Ab dem 18.1.2017 wird die Verordnung (EU) Nr. 655/2014 vom 15.5.2014 zur Einführung eines Verfahrens für einen Beschluss zur vorläufigen Kontenpfändung anwendbar sein.[29] Mit ihr soll die grenzüberschreitende Eintreibung von Forderungen erleichtert werden. Sie gilt in allen Zivil- und Handelssachen mit einem in Art. 2 aufgeführten Katalog von Ausnahmen (Güterstände, Testaments- und Erbrecht, Forderungen aus Insolvenzverfahren, soziale Sicherheit, Schiedsgerichtbarkeit). Der durch die Verordnung eingeführte Pfändungsbeschluss soll es einem Gläubiger ermöglichen, seine Forderung in einem einseitigen Verfahren vor dem Gericht der Hauptsache **ohne Anhörung des Schuldners** schon während oder gar vor dem Hauptsacheverfahren durch einen Zugriff auf Konten in anderen Mitgliedstaaten zu sichern. So soll gewährleistet werden, dass der Schuldner seine Vermögensmittel nicht während des Hauptsacheverfahrens beiseite schafft und die spätere Vollstreckung damit vereitelt oder erschwert wird. Während mit den sonstigen neueren Verordnungen der EU durch die Abschaffung des Exequaturverfahrens die Erlangung eines Vollstreckungstitels in grenzüberschreitenden Fällen vereinfacht wurde, soll durch den Beschluss über die vorläufige Kontenpfändung Vermögen des Schuldners sichergestellt werden, damit ein Titel tatsächlich auch durchgesetzt werden kann.[30]

17

II. Ende des Exequaturverfahrens in Europa – Die Brüssel-Ia-VO

Nach Vorarbeiten der Kommission, denen u.a. eine umfassende Evaluation über die Erfahrungen mit der Brüssel-I-VO im sog. »Heidelberg Report« zugrunde lag,[31] verabschiedete der Europäische Rat am 10.11.2009 das »Stockholmer Programm«. Hierin heißt es u.a., der Rat vertrete die Auffassung, dass der Prozess der Abschaffung aller zwischengeschalteten Maßnahmen (Exequaturverfahren) während des von dem Programm abgedeckten Zeitraums (2010 – 2014) fortgeführt werden sollte. Gleichzeitig sollte die Abschaffung der Exequaturverfahren von einer Reihe von Schutzvorkehrungen begleitet werden.[32] Am 14.12.2010 legte die Kommission ihren Vorschlag für eine Neufassung der Brüssel-I-VO vor.[33] Auf der Grundlage dieses Entwurfs erging mit Änderungen schließlich die Verordnung (EU) des Europäischen Parlaments und des Rates über die gerichtliche

18

---

27 *Sujecki*, EuZW 2010, 7, 10.
28 ABl. EU Nr. L 201 S. 107.
29 ABl. EU Nr. L 189 S. 59.
30 *Sujecki*, EWS 2011, 414.
31 *Hess/Pfeiffer/Schlosser*, The Brussels I-Regulation (EC) No 44/2001, 2008; auch abrufbar unter http://ec.europa.eu/civiljustice/news/docs/study_application_brussels_1_en.pdf.
32 ABl. EU 2010 Nr. C 115/1 S. 13; siehe auch Erwägungsgrund 2 der Brüssel-Ia-VO.
33 KOM (2010) 748 endg.

Vor Brüssel-Ia-VO

Zuständigkeit und die Anerkennung und Vollstreckung gerichtlicher Entscheidungen in Zivil- und Handelssachen vom 12.12.2012 – **Brüssel Ia** –.[34] Diese hat ihre **Rechtsgrundlage** in Art. 67 Abs. 4 und Art. 82 Abs. 2 lit. a), c), e) AEUV und sieht unter teilweiser Abweichung von dem Kommissionsentwurf u. a. eine **Abschaffung des Exequaturverfahrens** und deren Ersetzung durch **Kontrollmechanismen im Vollstreckungsstaat** vor. Damit wurde gegenüber dem bisherigen Recht mit dem Zwischenschritt des Vollstreckbarkeitsverfahrens die Durchsetzung eines Titels in einem anderen Mitgliedstaat deutlich erleichtert und letztlich ein »umgekehrtes Verfahren« geschaffen. Die Vollstreckbarkeit eines in einem Mitgliedstaat erwirkten Titels besteht in allen anderen Mitgliedstaaten von vornherein wie ein Titel aus dem Vollstreckungsstaat und braucht nicht erst bei den Gerichten dieses Staates erwirkt werden. Es ist stattdessen Sache des Schuldners aktiv zu werden, wenn er die Vollstreckbarkeit der Entscheidung beseitigen will.[35]

III. Geltungsbereich der Brüssel-Ia-VO

1. Sachlich

19 Die Brüssel-Ia-VO ist in sachlicher Hinsicht anwendbar auf alle Zivil- und Handelssachen, soweit sie nicht in dem Ausnahmekatalog des Art. 1 Abs. 2 ausdrücklich ausgeschlossen sind, wie dies etwa bei Personenstandsachen (einschließlich Ehesachen), Statusklagen oder Betreuungssachen der Fall ist. Gesetzliche Unterhaltspflichten, bei denen die grenzüberschreitende Durchsetzung inzwischen ihre Grundlage in der EuUnterhaltsVO hat, sind anders noch als ursprünglich in der Brüssel-Ia-VO vorgesehen, von dem Ausnahmekatalog ebenfalls erfasst.

2. Zeitlich

20 In zeitlicher Hinsicht ist die Verordnung gem. den Art. 66 Abs. 2, 81 für solche Klagen und öffentliche Urkunden anwendbar, die seit dem 10.1.2015 erhoben bzw. errichtet worden sind. Entsprechendes gilt für gerichtliche Vergleiche, die ab diesem Zeitpunkt geschlossen und gebilligt worden sind. Die Brüssel-I-VO ist gem. Art. 80 seit dem 10.1.2015 aufgehoben. Jedoch gilt sie gem. Art. 66 Abs. 2 Brüssel-Ia-VO weiterhin für Titel in ihrem Anwendungsbereich und zwar
- für Entscheidungen, die in gerichtlichen Verfahren ergangen sind, die vor dem 10. Januar 2015 eingeleitet wurden,
- für vor diesem Zeitpunkt förmlich errichtete oder eingetragene öffentliche Urkunden
- sowie für vor diesem Zeitpunkt gebilligte oder geschlossene gerichtliche Vergleiche.

21 Der **Begriff der Klageerhebung** ist in Art. 32 autonom dahin definiert, dass hierfür – anders als nach deutschem Recht – die Einreichung der Klage bei Gericht oder bei der für die Zustellung zuständigen Stelle ausreicht. Zu dieser Lösung hatte sich der europäische Gesetzgeber schon bei der Brüssel-I-VO (dort Art. 30) wegen der Probleme entschieden, die sich im Anwendungsbereich des EuGVÜ aufgrund der unterschiedlichen einzelstaatlichen Festlegungen des Zeitpunkts der Rechtshängigkeit ergeben hatten.[36] Insbesondere sollte damit das »forum shopping« vermieden werden, nämlich der Versuch einer Partei in einem Land, bei dem nach nationalem Recht die Rechtshängigkeit bereits mit Klageeinreichung eintritt, eine Klage einzureichen. Dies hatte die Folge, dass gem. Art. 21 EuGVÜ das Gericht des Landes, in dem eine Sache infolge der zeitlichen Verzögerung durch die Zustellung erst später rechtshängig wurde, gezwungen war, sein Verfahren zunächst auszusetzen.[37]

---

[34] ABl. EU Nr. L 351/1, zuletzt geändert durch die VO Nr. 542/2014 – ABl. Nr. L 163/1; zur Entstehungsgeschichte siehe näher *v. Hein*, RIW 2013, 97.
[35] *Pohl*, IPRax 2013, 109, 112; *v. Hein*, RIW 2013, 97, 109.
[36] Ziff. 15 der Erwägungsgründe.
[37] Vgl. z. B. *Rauscher/Leible*, EuZPR/EuIPR, Art. 30 Brüssel I-VO Rn. 1.

3. Räumlich

Wie die bisherige Brüssel-I-VO gilt die neue Verordnung in allen Mitgliedstaaten der EU.[38] Maßgeblich für den territorialen Geltungsbereich der Brüssel-I-VO ist Art. 355 AEUV (ex Art. 299 EGV).[39] Dänemark, dem es aufgrund des Abkommens vom 19.10.2005 (Rn. 7) freigestellt ist, sich an Änderungen der Brüssel-I-VO zu beteiligen, hat der Kommission mit Schreiben vom 20.12.2012 mitgeteilt, dass es die Brüssel-Ia-VO innerstaatlich umsetzen wird.[40]

22

IV. Auslegung der Brüssel-Ia-VO

Die Brüssel-Ia-VO ist sekundäres Gemeinschaftsrecht und daher autonom unter Einbeziehung sonstigen Gemeinschaftsrechts auszulegen. Maßgebliche Bedeutung kommt dabei der Rechtsprechung des EuGH, auch zu den Vorgängern der Verordnung, dem EuGVÜ und der Brüssel-I-VO zu. Er hat wegen des Vorabentscheidungsverfahrens die alleinige Auslegungskompetenz. Dieses ist nach Inkrafttreten des Vertrages von Lissabon in Art. 267 AEUV geregelt. Dabei ist die vorher aus Art. 68 I EGV folgende Einschränkung der Vorlagemöglichkeit auf das letztinstanzlich zuständige nationale Gericht entfallen. Auch die Instanzgerichte können daher im Bereich der justiziellen Zusammenarbeit ein Vorabentscheidungsersuchen an den EuGH richten, müssen dies aber nicht. Eine Vorlagepflicht besteht weiterhin nur für das letztinstanzlich zuständige Gericht. Bei dessen Bestimmung hat eine konkrete Betrachtungsweise zu erfolgen. Entscheidend ist es alleine, ob gegen eine Entscheidung des Gerichts, für das sich die Auslegungsfrage stellt, noch ein Rechtsmittel möglich ist.[41]

23

V. Entsprechungstabelle (Anhang III)

Eine Reihe von Vorschriften hat sich gegenüber der Brüssel-I-VO nicht oder nicht wesentlich geändert, wohl allerdings deren Nummerierung in den einzelnen Artikeln. Einen Vergleich und einen Überblick zu den früheren Normen ermöglicht die Entsprechungstabelle im Anhang III. Diese beruht auf Art. 80, wonach Bezugnahmen auf die – aufgehobene – Brüssel-I-VO nunmehr als solche nach der neuen Verordnung gelten und nach Maßgabe der Entsprechungstabelle zu lesen sind.

24

VI. Nationale Durchführungsvorschriften

Infolge des Fortfalls des Vollstreckbarkeitsverfahrens herkömmlicher Art waren auf nationaler Ebene nur ergänzende Bestimmungen zu treffen, die den Gläubigern inländischer Titel eine Vollstreckungsmöglichkeit in anderen Mitgliedstaaten schaffen sowie umgekehrt einerseits ausländischen Gläubigern die Durchsetzung in Deutschland ermöglichen und andererseits einen Schuldner in die Lage versetzen, die in der Brüssel-Ia-VO vorgesehenen Schutzmechanismen greifen zu lassen. Systematisch richtiger Standort für die notwendige Anpassung des nationalen Rechts ist wie bei den übrigen europäischen Rechtsinstrumenten, die eine unmittelbare Vollstreckung eines ausländischen Titels ermöglichen (EuVTVO, EuMahnVO, EuBagatellVO), die ZPO. Dem hat der deutsche Gesetzgeber durch das Gesetz zur Durchführung der Verordnung (EU) Nr. 1215/2012 sowie zur Änderung sonstiger Vorschriften vom 8.7.2014[42] Rechnung getragen. Durch das Gesetz wurden u. a. die §§ 794, 795 ZPO modifiziert und das 11. Buch der ZPO um einen 7. Abschnitt ergänzt.[43]

25

---

38 Zur Beteiligung Großbritanniens und Irlands siehe Erwägungsgrund 40.
39 Zu Ausnahmen nach Art. 52 Abs. 2 EUV i. V. m. Art. 355 AEUV (ex Art. 299 Abs. 3–6 EGV) z. B. für die britischen Kanalinseln oder überseeische Gebiete von Mitgliedsländern siehe *Rauscher/Staudinger*, EuZPR/EuIPR, Einl. Brüssel I-VO Rdn. 16–18 und oben Rdn. 8.
40 ABl. EU 2013 L 79 S. 4.
41 Vgl. die Nachweise bei *Rauscher/Staudinger*, EuZPR/EuIPR, Einl Brüssel I-VO Rn. 45; *Geimer/Schütze*, EuZVR, Einl. zur EuGVVO Rn. 162.
42 BGBl. I S. 890.
43 Gesetzesbegründung BT-Drucks. 18/823 S. 15 f.; siehe auch vor § 1079 – 1086 ZPO Rdn. 2.

Dabei befasst sich der Titel 1 (§§ 1110, 1111) mit den für eine Durchsetzung inländischer Vollstreckungstitel in einem anderen Mitgliedstaat erforderlichen Bescheinigungen und der Titel 2 (§§ 1112-1117) mit der Durchsetzung ausländischer Vollstreckungstitel im Inland.

VII. Hinweis zur Bearbeitung

26 Von der Ausrichtung des Werkes beschränkt sich die nachstehende Kommentierung im Wesentlichen auf die Kapitel III und IV der Verordnung (Art. 36–58), ergänzt um die Zuständigkeitsregel des Art. 24 Nr. 5 in Zwangsvollstreckungssachen, die den einstweiligen Rechtsschutz betreffende Vorschrift des Art. 35 sowie die das Verhältnis zu fortgeltenden Vollstreckbarkeitsabkommen regelnden Art. 70, 71.

In den Kapiteln III. und IV. wurden ferner mit Verweisungen auf etwaige Besonderheiten die jeweiligen Entsprechungen der Normen in der EuGVÜ bzw. dem LugÜ aufgeführt. Abweichungen im Text des LugÜ 2007 von dem der Brüssel-I-VO ergeben sich vor allem aus der Natur des Abkommens (z. B. »Übereinkommen« statt »Verordnung« oder »durch dieses Übereinkommen gebundener Staat« statt »Mitgliedstaat«). Von einer gesonderten Wiedergabe des Textes wird daher abgesehen.

Da Rechtsprechung und Literatur, die zum EuGVÜ und zur Brüssel-I-VO ergangen ist, häufig auch zum neuen Recht ohne weiteres übertragen werden kann, erfolgen Zitate hieraus in der Regel ohne besondere Kennzeichnung.

VIII. Erwägungsgründe

27 Einzelheiten zur Entstehungsgeschichte und zu den Motiven des Europäischen Verordnungsgebers ergeben sich aus den nachstehenden Erwägungsgründen.

DAS EUROPÄISCHE PARLAMENT UND DER RAT DER EUROPÄISCHEN UNION —

(0) gestützt auf den Vertrag über die Arbeitsweise der Europäischen Union, insbesondere auf Artikel 67 Absatz 4 und Artikel 81 Absatz 2 Buchstaben a, c und e,

auf Vorschlag der Europäischen Kommission,

nach Zuleitung des Entwurfs des Gesetzgebungsakts an die nationalen Parlamente,

nach Stellungnahme des Europäischen Wirtschafts- und Sozialausschusses,

gemäß dem ordentlichen Gesetzgebungsverfahren,

in Erwägung nachstehender Gründe:

(1) (1)Am 21. April 2009 hat die Kommission einen Bericht über die Anwendung der Verordnung (EG) Nr. 44/2001 des Rates vom 22. Dezember 2000 über die gerichtliche Zuständigkeit und die Anerkennung und Vollstreckung von Entscheidungen in Zivil- und Handelssachen (3) angenommen. Dem Bericht zufolge herrscht allgemein Zufriedenheit mit der Funktionsweise der genannten Verordnung, doch könnten die Anwendung bestimmter Vorschriften, der freie Verkehr gerichtlicher Entscheidungen sowie der Zugang zum Recht noch weiter verbessert werden. Da einige weitere Änderungen erfolgen sollen, sollte die genannte Verordnung aus Gründen der Klarheit neu gefasst werden.

(2) (2)Der Europäische Rat hat auf seiner Tagung vom 10./11. Dezember 2009 in Brüssel ein neues mehrjähriges Programm mit dem Titel »Das Stockholmer Programm — Ein offenes und sicheres Europa im Dienste und zum Schutz der Bürger« angenommen. Im Stockholmer Programm vertritt der Europäische Rat die Auffassung, dass der Prozess der Abschaffung aller zwischengeschalteten Maßnahmen (Exequaturverfahren) während des von dem Programm abgedeckten Zeitraums fortgeführt werden sollte. Gleichzeitig sollte die Abschaffung der Exequaturverfahren von einer Reihe von Schutzvorkehrungen begleitet werden.

(3) (3)Die Union hat sich zum Ziel gesetzt, einen Raum der Freiheit, der Sicherheit und des Rechts zu erhalten und weiterzuentwickeln, indem unter anderem der Zugang zum Recht, insbesondere durch den Grundsatz der gegenseitigen Anerkennung gerichtlicher und außergerichtlicher Entscheidungen in Zivilsachen, erleichtert wird. Zum schrittweisen Aufbau eines solchen Raums hat die Union im Bereich der justiziellen Zusammenarbeit in Zivilsachen, die einen grenzüberschreitenden Bezug aufweisen, Maßnahmen zu erlassen, insbesondere wenn dies für das reibungslose Funktionieren des Binnenmarkts erforderlich ist.

(4) (4)Die Unterschiede zwischen bestimmten einzelstaatlichen Vorschriften über die gerichtliche Zuständigkeit und die Anerkennung von Entscheidungen erschweren das reibungslose Funktionieren des Binnenmarkts. Es ist daher unerlässlich, Bestimmungen zu erlassen, um die Vorschriften über die internationale Zuständigkeit in Zivil- und Handelssachen zu vereinheitlichen und eine rasche und unkomplizierte Anerkennung und Vollstreckung von Entscheidungen zu gewährleisten, die in einem Mitgliedstaat ergangen sind.

(5) (5)Diese Bestimmungen fallen in den Bereich der justiziellen Zusammenarbeit in Zivilsachen im Sinne von Artikel 81 des Vertrags über die Arbeitsweise der Europäischen Union (AEUV).

(6) (6)Um den angestrebten freien Verkehr der Entscheidungen in Zivil- und Handelssachen zu verwirklichen, ist es erforderlich und angemessen, dass die Vorschriften über die gerichtliche Zuständigkeit und die Anerkennung und Vollstreckung von Entscheidungen im Wege eines Unionsrechtsakts festgelegt werden, der verbindlich und unmittelbar anwendbar ist.

(7) (7)Am 27. September 1968 schlossen die seinerzeitigen Mitgliedstaaten der Europäischen Gemeinschaften auf der Grundlage von Artikel 220 vierter Gedankenstrich des Vertrags zur Gründung der Europäischen Wirtschaftsgemeinschaft das Übereinkommen von Brüssel über

die gerichtliche Zuständigkeit und die Vollstreckung gerichtlicher Entscheidungen in Zivil- und Handelssachen, dessen Fassung danach durch die Übereinkommen über den Beitritt neuer Mitgliedstaaten zu diesem Übereinkommen geändert wurde (»Brüsseler Übereinkommen von 1968«). Am 16. September 1988 schlossen die seinerzeitigen Mitgliedstaaten der Europäischen Gemeinschaften und bestimmte EFTA-Staaten das Übereinkommen von Lugano über die gerichtliche Zuständigkeit und die Vollstreckung gerichtlicher Entscheidungen in Zivil- und Handelssachen (»Übereinkommen von Lugano von 1988«), das ein Parallelübereinkommen zu dem Brüsseler Übereinkommen von 1968 darstellt. Am 1. Februar 2000 wurde das Übereinkommen von Lugano von 1988 auf Polen anwendbar.

(8) (8)Am 22. Dezember 2000 nahm der Rat die Verordnung (EG) Nr. 44/2001 an, die das Brüsseler Übereinkommen von 1968 im Verhältnis der Mitgliedstaaten zueinander mit Ausnahme Dänemarks hinsichtlich der Hoheitsgebiete der Mitgliedstaaten ersetzt, die in den Anwendungsbereich des AEUV fallen. Mit dem Beschluss 2006/325/EG des Rates schloss die Gemeinschaft mit Dänemark ein Abkommen über die Anwendung der Bestimmungen der Verordnung (EG) Nr. 44/2001 in Dänemark. Das Übereinkommen von Lugano von 1988 wurde durch das am 30. Oktober 2007 von der Gemeinschaft, Dänemark, Island, Norwegen und der Schweiz in Lugano unterzeichnete Übereinkommen über die gerichtliche Zuständigkeit und die Anerkennung und Vollstreckung von Entscheidungen in Zivil- und Handelssachen (»Übereinkommen von Lugano von 2007«) geändert.

(9) (9)Das Brüsseler Übereinkommen von 1968 gilt weiter hinsichtlich der Hoheitsgebiete der Mitgliedstaaten, die in seinen territorialen Anwendungsbereich fallen und die aufgrund der Anwendung von Artikel 355 AEUV von der vorliegenden Verordnung ausgeschlossen sind.

(10Der sachliche Anwendungsbereich dieser Verordnung sollte sich, von einigen genau festgelegten Rechtsgebieten abgesehen, auf den wesentlichen Teil des Zivil- und Handelsrechts erstrecken; aufgrund der Annahme der Verordnung (EG) (10Der sachliche Anwendungsbereich dieser Verordnung sollte sich, von einigen genau festgelegten Rechtsgebieten abgesehen, auf den wesentlichen Teil des Zivil- und Handelsrechts erstrecken; aufgrund der Annahme der Verordnung (EG) Nr. 4/2009 des Rates vom 18. Dezember 2008 über die Zuständigkeit, das anwendbare Recht, die Anerkennung und Vollstreckung von Entscheidungen und die Zusammenarbeit in Unterhaltssachen sollten insbesondere die Unterhaltspflichten vom Anwendungsbereich dieser Verordnung ausgenommen werden.

(11) (11)Für die Zwecke dieser Verordnung sollten zu den Gerichten der Mitgliedstaaten auch gemeinsame Gerichte mehrerer Mitgliedstaaten gehören, wie der Benelux-Gerichtshof, wenn er seine Zuständigkeit in Angelegenheiten ausübt, die in den Anwendungsbereich dieser Verordnung fallen. Daher sollten Entscheidungen dieser Gerichte gemäß dieser Verordnung anerkannt und vollstreckt werden.

(12) (12)Diese Verordnung sollte nicht für die Schiedsgerichtsbarkeit gelten. Sie sollte die Gerichte eines Mitgliedstaats nicht daran hindern, die Parteien gemäß dem einzelstaatlichen Recht an die Schiedsgerichtsbarkeit zu verweisen, das Verfahren auszusetzen oder einzustellen oder zu prüfen, ob die Schiedsvereinbarung hinfällig, unwirksam oder nicht erfüllbar ist, wenn sie wegen eines Streitgegenstands angerufen werden, hinsichtlich dessen die Parteien eine Schiedsvereinbarung getroffen haben.

Entscheidet ein Gericht eines Mitgliedstaats, ob eine Schiedsvereinbarung hinfällig, unwirksam oder nicht erfüllbar ist, so sollte diese Entscheidung ungeachtet dessen, ob das Gericht darüber in der Hauptsache oder als Vorfrage entschieden hat, nicht den Vorschriften dieser Verordnung über die Anerkennung und Vollstreckung unterliegen.

Hat hingegen ein nach dieser Verordnung oder nach einzelstaatlichem Recht zuständiges Gericht eines Mitgliedstaats festgestellt, dass eine Schiedsvereinbarung hinfällig, unwirksam oder nicht erfüllbar ist, so sollte die Entscheidung des Gerichts in der Hauptsache dennoch gemäß dieser

Verordnung anerkannt oder vollstreckt werden können. Hiervon unberührt bleiben sollte die Zuständigkeit der Gerichte der Mitgliedstaaten, über die Anerkennung und Vollstreckung von Schiedssprüchen im Einklang mit dem am 10. Juni 1958 in New York unterzeichneten Übereinkommen über die Anerkennung und Vollstreckung ausländischer Schiedssprüche (»Übereinkommen von New York von 1958«) zu entscheiden, das Vorrang vor dieser Verordnung hat.

Diese Verordnung sollte nicht für Klagen oder Nebenverfahren insbesondere im Zusammenhang mit der Bildung eines Schiedsgerichts, den Befugnissen von Schiedsrichtern, der Durchführung eines Schiedsverfahrens oder sonstigen Aspekten eines solchen Verfahrens oder für eine Klage oder eine Entscheidung in Bezug auf die Aufhebung, die Überprüfung, die Anfechtung, die Anerkennung oder die Vollstreckung eines Schiedsspruchs gelten.

(13) (13) Zwischen den Verfahren, die unter diese Verordnung fallen, und dem Hoheitsgebiet der Mitgliedstaaten muss ein Anknüpfungspunkt bestehen. Gemeinsame Zuständigkeitsvorschriften sollten demnach grundsätzlich dann Anwendung finden, wenn der Beklagte seinen Wohnsitz in einem Mitgliedstaat hat.

(14) (14) Beklagte ohne Wohnsitz in einem Mitgliedstaat sollten im Allgemeinen den einzelstaatlichen Zuständigkeitsvorschriften unterliegen, die im Hoheitsgebiet des Mitgliedstaats gelten, in dem sich das angerufene Gericht befindet. Allerdings sollten einige Zuständigkeitsvorschriften in dieser Verordnung unabhängig vom Wohnsitz des Beklagten gelten, um den Schutz der Verbraucher und der Arbeitnehmer zu gewährleisten, um die Zuständigkeit der Gerichte der Mitgliedstaaten in Fällen zu schützen, in denen sie ausschließlich zuständig sind, und um die Parteiautonomie zu achten.

(15) (15) Die Zuständigkeitsvorschriften sollten in hohem Maße vorhersehbar sein und sich grundsätzlich nach dem Wohnsitz des Beklagten richten. Diese Zuständigkeit sollte stets gegeben sein außer in einigen genau festgelegten Fällen, in denen aufgrund des Streitgegenstands oder der Vertragsfreiheit der Parteien ein anderes Anknüpfungskriterium gerechtfertigt ist. Der Sitz juristischer Personen muss in der Verordnung selbst definiert sein, um die Transparenz der gemeinsamen Vorschriften zu stärken und Kompetenzkonflikte zu vermeiden.

(16) (16) Der Gerichtsstand des Wohnsitzes des Beklagten sollte durch alternative Gerichtsstände ergänzt werden, die entweder aufgrund der engen Verbindung zwischen Gericht und Rechtsstreit oder im Interesse einer geordneten Rechtspflege zuzulassen sind. Das Erfordernis der engen Verbindung soll Rechtssicherheit schaffen und verhindern, dass die Gegenpartei vor einem Gericht eines Mitgliedstaats verklagt werden kann, mit dem sie vernünftigerweise nicht rechnen konnte. Dies ist besonders wichtig bei Rechtsstreitigkeiten, die außervertragliche Schuldverhältnisse infolge der Verletzung der Privatsphäre oder der Persönlichkeitsrechte einschließlich Verleumdung betreffen.

(17) (17) Der Eigentümer eines Kulturguts im Sinne des Artikels 1 Nummer 1 der Richtlinie 93/7/EWG des Rates vom 15. März 1993 über die Rückgabe von unrechtmäßig aus dem Hoheitsgebiet eines Mitgliedstaats verbrachten Kulturgütern sollte eine auf Eigentum gestützte Zivilklage gemäß dieser Verordnung zur Wiedererlangung dieses Gutes vor dem Gericht des Ortes, an dem sich das Kulturgut zum Zeitpunkt der Anrufung des Gerichts befindet, erheben können. Solche Klagen sollten nach der Richtlinie 93/7/EWG eingeleitete Verfahren unberührt lassen.

(18) (18) Bei Versicherungs-, Verbraucher- und Arbeitsverträgen sollte die schwächere Partei durch Zuständigkeitsvorschriften geschützt werden, die für sie günstiger sind als die allgemeine Regelung.

(19) (19) Vorbehaltlich der in dieser Verordnung festgelegten ausschließlichen Zuständigkeiten sollte die Vertragsfreiheit der Parteien hinsichtlich der Wahl des Gerichtsstands, außer bei Versicherungs-, Verbraucher- und Arbeitsverträgen, wo nur eine begrenztere Vertragsfreiheit zulässig ist, gewahrt werden.

(20) (20) Stellt sich die Frage, ob eine Gerichtsstandsvereinbarung zugunsten eines Gerichts oder der Gerichte eines Mitgliedstaats materiell nichtig ist, so sollte sie nach dem Recht einschließlich des Kollisionsrechts des Mitgliedstaats des Gerichts oder der Gerichte entschieden werden, die in der Vereinbarung bezeichnet sind.

(21) (21) Im Interesse einer abgestimmten Rechtspflege müssen Parallelverfahren so weit wie möglich vermieden werden, damit nicht in verschiedenen Mitgliedstaaten miteinander unvereinbare Entscheidungen ergehen. Es sollte eine klare und wirksame Regelung zur Klärung von Fragen der Rechtshängigkeit und der im Zusammenhang stehenden Verfahren sowie zur Verhinderung von Problemen vorgesehen werden, die sich aus der einzelstaatlich unterschiedlichen Festlegung des Zeitpunkts ergeben, von dem an ein Verfahren als rechtshängig gilt. Für die Zwecke dieser Verordnung sollte dieser Zeitpunkt autonom festgelegt werden.

(22) (22) Um allerdings die Wirksamkeit von ausschließlichen Gerichtsstandsvereinbarungen zu verbessern und missbräuchliche Prozesstaktiken zu vermeiden, ist es erforderlich, eine Ausnahme von der allgemeinen Rechtshängigkeitsregel vorzusehen, um eine befriedigende Regelung in einem Sonderfall zu erreichen, in dem es zu Parallelverfahren kommen kann. Dabei handelt es sich um den Fall, dass ein Verfahren bei einem Gericht, das nicht in einer ausschließlichen Gerichtsstandsvereinbarung vereinbart wurde, anhängig gemacht wird und später das vereinbarte Gericht wegen desselben Anspruchs zwischen denselben Parteien angerufen wird. In einem solchen Fall muss das zuerst angerufene Gericht das Verfahren aussetzen, sobald das vereinbarte Gericht angerufen wurde, und zwar so lange, bis das letztere Gericht erklärt, dass es gemäß der ausschließlichen Gerichtsstandsvereinbarung nicht zuständig ist. Hierdurch soll in einem solchen Fall sichergestellt werden, dass das vereinbarte Gericht vorrangig über die Gültigkeit der Vereinbarung und darüber entscheidet, inwieweit die Vereinbarung auf den bei ihm anhängigen Rechtsstreit Anwendung findet. Das vereinbarte Gericht sollte das Verfahren unabhängig davon fortsetzen können, ob das nicht vereinbarte Gericht bereits entschieden hat, das Verfahren auszusetzen.

Diese Ausnahmeregelung sollte nicht für Fälle gelten, in denen die Parteien widersprüchliche ausschließliche Gerichtsstandsvereinbarungen geschlossen haben oder in denen ein in einer ausschließlichen Gerichtsstandsvereinbarung vereinbartes Gericht zuerst angerufen wurde. In solchen Fällen sollte die allgemeine Rechtshängigkeitsregel dieser Verordnung Anwendung finden.

(23) (23) Diese Verordnung sollte eine flexible Regelung enthalten, die es den Gerichten der Mitgliedstaaten ermöglicht, vor den Gerichten von Drittstaaten anhängige Verfahren zu berücksichtigen, wobei insbesondere die Frage, ob eine in einem Drittstaat ergangene Entscheidung in dem betreffenden Mitgliedstaat nach dem Recht dieses Mitgliedstaats anerkannt und vollstreckt werden kann, sowie die geordnete Rechtspflege zu berücksichtigen sind.

(24) (24) Bei der Berücksichtigung der geordneten Rechtspflege sollte das Gericht des betreffenden Mitgliedstaats alle Umstände des bei ihm anhängigen Falles prüfen. Hierzu können Verbindungen des Streitgegenstands und der Parteien zu dem betreffenden Drittstaat zählen wie auch die Frage, wie weit das Verfahren im Drittstaat zu dem Zeitpunkt, an dem ein Verfahren vor dem Gericht des Mitgliedstaats eingeleitet wird, bereits fortgeschritten ist, sowie die Frage, ob zu erwarten ist, dass das Gericht des Drittstaats innerhalb einer angemessenen Frist eine Entscheidung erlassen wird.

Dabei kann auch die Frage geprüft werden, ob das Gericht des Drittstaats unter Umständen, unter denen ein Gericht eines Mitgliedstaats ausschließlich zuständig wäre, im betreffenden Fall ausschließlich zuständig ist.

(25) (25) Unter den Begriff einstweilige Maßnahmen einschließlich Sicherungsmaßnahmen sollten zum Beispiel Anordnungen zur Beweiserhebung oder Beweissicherung im Sinne der Artikel 6 und 7 der Richtlinie 2004/48/EG des Europäischen Parlaments und des Rates vom 29. April 2004 zur Durchsetzung der Rechte des geistigen Eigentums fallen. Nicht mit eingeschlossen

sein sollten Maßnahmen, die nicht auf Sicherung gerichtet sind, wie Anordnungen zur Zeugenvernehmung. Die Anwendung der Verordnung (EG) Nr. 1206/2001 des Rates vom 28. Mai 2001 über die Zusammenarbeit zwischen den Gerichten der Mitgliedstaaten auf dem Gebiet der Beweisaufnahme in Zivil- oder Handelssachen sollte hiervon unberührt bleiben.

(26) (26)Das gegenseitige Vertrauen in die Rechtspflege innerhalb der Union rechtfertigt den Grundsatz, dass eine in einem Mitgliedstaat ergangene Entscheidung in allen Mitgliedstaaten anerkannt wird, ohne dass es hierfür eines besonderen Verfahrens bedarf. Außerdem rechtfertigt die angestrebte Reduzierung des Zeit- und Kostenaufwands bei grenzüberschreitenden Rechtsstreitigkeiten die Abschaffung der Vollstreckbarerklärung, die der Vollstreckung im ersuchten Mitgliedstaat bisher vorausgehen musste. Eine von den Gerichten eines Mitgliedstaats erlassene Entscheidung sollte daher so behandelt werden, als sei sie im ersuchten Mitgliedstaat ergangen.

(27) (27)Für die Zwecke des freien Verkehrs von gerichtlichen Entscheidungen sollte eine in einem Mitgliedstaat ergangene Entscheidung in einem anderen Mitgliedstaat selbst dann anerkannt und vollstreckt werden, wenn sie gegen eine Person ohne Wohnsitz in einem Mitgliedstaat ergangen ist.

(28) (28)Enthält eine Entscheidung eine Maßnahme oder Anordnung, die im Recht des ersuchten Mitgliedstaats nicht bekannt ist, so wird diese Maßnahme oder Anordnung, einschließlich des in ihr bezeichneten Rechts, soweit möglich an eine Maßnahme oder Anordnung angepasst, mit der nach dem Recht dieses Mitgliedstaats vergleichbare Wirkungen verbunden sind und die ähnliche Ziele verfolgt. Wie und durch wen diese Anpassung zu erfolgen hat, sollte durch die einzelnen Mitgliedstaaten bestimmt werden.

(29) (29)Die unmittelbare Vollstreckung ohne Vollstreckbarerklärung einer in einem anderen Mitgliedstaat ergangenen Entscheidung im ersuchten Mitgliedstaat sollte nicht die Achtung der Verteidigungsrechte beeinträchtigen. Deshalb sollte der Schuldner die Versagung der Anerkennung oder der Vollstreckung einer Entscheidung beantragen können, wenn er der Auffassung ist, dass einer der Gründe für die Versagung der Anerkennung vorliegt. Hierzu sollte der Grund gehören, dass ihm nicht die Gelegenheit gegeben wurde, seine Verteidigung vorzubereiten, wenn die Entscheidung in einer Zivilklage innerhalb eines Strafverfahrens in Abwesenheit ergangen ist. Auch sollten hierzu die Gründe gehören, die auf der Grundlage eines Abkommens zwischen dem ersuchten Mitgliedstaat und einem Drittstaat geltend gemacht werden könnten, das nach Artikel 59 des Brüsseler Übereinkommens von 1968 geschlossen wurde.

(30) (30)Eine Partei, die die Vollstreckung einer in einem anderen Mitgliedstaat ergangenen Entscheidung anficht, sollte so weit wie möglich im Einklang mit dem Rechtssystem des ersuchten Mitgliedstaats in der Lage sein, im selben Verfahren außer den in dieser Verordnung genannten Versagungsgründen auch die im einzelstaatlichen Recht vorgesehenen Versagungsgründe innerhalb der nach diesem Recht vorgeschriebenen Fristen geltend zu machen. Allerdings sollte die Anerkennung einer Entscheidung nur versagt werden, wenn mindestens einer der in dieser Verordnung genannten Versagungsgründe gegeben ist.

(31) (31)Solange ein Verfahren zur Anfechtung der Vollstreckung einer Entscheidung anhängig ist, sollten die Gerichte des ersuchten Mitgliedstaats während des gesamten Verfahrens aufgrund einer solchen Anfechtung, einschließlich dagegen gerichteter Rechtsbehelfe, den Fortgang der Vollstreckung unter der Voraussetzung zulassen können, dass die Vollstreckung einer Beschränkung unterliegt oder eine Sicherheit geleistet wird.

(32) (32)Um den Schuldner über die Vollstreckung einer in einem anderen Mitgliedstaat ergangenen Entscheidung zu unterrichten, sollte die gemäß dieser Verordnung ausgestellte Bescheinigung — erforderlichenfalls zusammen mit der Entscheidung — dem Schuldner innerhalb einer angemessenen Frist vor der ersten Vollstreckungsmaßnahme zugestellt werden. In diesem Zusammenhang sollte als erste Vollstreckungsmaßnahme die erste Vollstreckungsmaßnahme nach einer solchen Zustellung gelten.

(33) (33) Werden einstweilige Maßnahmen, einschließlich Sicherungsmaßnahmen, von einem Gericht angeordnet, das in der Hauptsache zuständig ist, so sollte ihr freier Verkehr nach dieser Verordnung gewährleistet sein. Allerdings sollten einstweilige Maßnahmen, einschließlich Sicherungsmaßnahmen, die angeordnet wurden, ohne dass der Beklagte vorgeladen wurde, nicht gemäß dieser Verordnung anerkannt und vollstreckt werden, es sei denn, die die Maßnahme enthaltende Entscheidung ist dem Beklagten vor der Vollstreckung zugestellt worden. Dies sollte die Anerkennung und Vollstreckung solcher Maßnahmen gemäß einzelstaatlichem Recht nicht ausschließen. Werden einstweilige Maßnahmen, einschließlich Sicherungsmaßnahmen, von einem Gericht eines Mitgliedstaats angeordnet, das für die Entscheidung in der Hauptsache nicht zuständig ist, sollte die Wirkung dieser Maßnahmen auf das Hoheitsgebiet des betreffenden Mitgliedstaats gemäß dieser Verordnung beschränkt werden.

(34) (34) Um die Kontinuität zwischen dem Brüsseler Übereinkommen von 1968, der Verordnung (EG) Nr. 44/2001 und dieser Verordnung zu wahren, sollten Übergangsvorschriften vorgesehen werden. Dies gilt auch für die Auslegung des Brüsseler Übereinkommens von 1968 und der es ersetzenden Verordnungen durch den Gerichtshof der Europäischen Union.

(35) (35) Um die internationalen Verpflichtungen, die die Mitgliedstaaten eingegangen sind, zu wahren, darf sich diese Verordnung nicht auf von den Mitgliedstaaten geschlossene Übereinkommen in besonderen Rechtsgebieten auswirken.

(36) (36) Unbeschadet der Pflichten der Mitgliedstaaten nach den Verträgen sollte diese Verordnung nicht die Anwendung der bilateralen Übereinkünfte und Vereinbarungen berühren, die vor dem Inkrafttreten der Verordnung (EG) Nr. 44/2001 zwischen einem Drittstaat und einem Mitgliedstaat geschlossen wurden und in dieser Verordnung geregelte Angelegenheiten betreffen.

(37) (37) Um sicherzustellen, dass die im Zusammenhang mit der Anerkennung oder Vollstreckung von Entscheidungen, öffentlichen Urkunden und gerichtlichen Vergleichen nach dieser Verordnung zu verwendenden Bescheinigungen stets auf dem neuesten Stand sind, sollte der Kommission die Befugnis übertragen werden, gemäß Artikel 290 AEUV Rechtsakte hinsichtlich Änderungen der Anhänge I und II dieser Verordnung zu erlassen. Es ist besonders wichtig, dass die Kommission bei ihren vorbereitenden Arbeiten angemessene Konsultationen auch auf Expertenebene durchführt. Bei der Vorbereitung und Ausarbeitung delegierter Rechtsakte sollte die Kommission dafür sorgen, dass die einschlägigen Dokumente dem Europäischen Parlament und dem Rat gleichzeitig, rechtzeitig und auf angemessene Weise übermittelt werden.

(38) (38) Diese Verordnung steht im Einklang mit den Grundrechten und Grundsätzen, die mit der Charta der Grundrechte der Europäischen Union anerkannt wurden, insbesondere mit dem in Artikel 47 der Charta verbürgten Recht auf einen wirksamen Rechtsbehelf und ein unparteiisches Gericht.

(39) (39) Da das Ziel dieser Verordnung auf der Ebene der Mitgliedstaaten nicht hinreichend verwirklicht werden kann und besser auf Unionsebene zu erreichen ist, kann die Union im Einklang mit dem Subsidiaritätsprinzip nach Artikel 5 des Vertrags über die Europäische Union (EUV) tätig werden. In Übereinstimmung mit dem in demselben Artikel genannten Grundsatz der Verhältnismäßigkeit geht diese Verordnung nicht über das zur Erreichung dieses Ziels erforderliche Maß hinaus.

(40) (40) Das Vereinigte Königreich und Irland haben sich gemäß Artikel 3 des dem EUV und dem seinerzeitigen Vertrag zur Gründung der Europäischen Gemeinschaft beigefügten Protokolls über die Position des Vereinigten Königreichs und Irlands an der Annahme und Anwendung der Verordnung (EG) Nr. 44/2001 beteiligt. Gemäß Artikel 3 des dem EUV und dem AEUV beigefügten Protokolls Nr. 21 über die Position des Vereinigten Königreichs und Irlands hinsichtlich des Raums der Freiheit, der Sicherheit und des Rechts haben das Vereinigte Königreich und Irland mitgeteilt, dass sie sich an der Annahme und Anwendung dieser Verordnung beteiligen möchten.

(41) (41)Gemäß den Artikeln 1 und 2 des dem EUV und dem AEUV beigefügten Protokolls Nr. 22 über die Position Dänemarks beteiligt sich Dänemark nicht an der Annahme dieser Verordnung und ist weder durch diese Verordnung gebunden noch zu ihrer Anwendung verpflichtet; dabei steht es Dänemark jedoch gemäß Artikel 3 des Abkommens vom 19. Oktober 2005 zwischen der Europäischen Gemeinschaft und dem Königreich Dänemark über die gerichtliche Zuständigkeit und die Anerkennung und Vollstreckung von Entscheidungen in Zivil- und Handelssachen frei, die Änderungen der Verordnung (EG) Nr. 44/2001 anzuwenden —

Kapitel I Anwendungsbereich und Begriffsbestimmungen

Art. 1

(1) Diese Verordnung ist in Zivil- und Handelssachen anzuwenden, ohne dass es auf die Art der Gerichtsbarkeit ankommt. Sie gilt insbesondere nicht für Steuer- und Zollsachen sowie verwaltungsrechtliche Angelegenheiten oder die Haftung des Staates für Handlungen oder Unterlassungen im Rahmen der Ausübung hoheitlicher wRechte (acta iure imperii).

(2) Sie ist nicht anzuwenden auf:
a) den Personenstand, die Rechts- und Handlungsfähigkeit sowie die gesetzliche Vertretung von natürlichen Personen, die ehelichen Güterstände oder Güterstände aufgrund von Verhältnissen, die nach dem auf diese Verhältnisse anzuwendenden Recht mit der Ehe vergleichbare Wirkungen entfalten,
b) Konkurse, Vergleiche und ähnliche Verfahren,
c) die soziale Sicherheit,
d) die Schiedsgerichtsbarkeit,
e) Unterhaltspflichten, die auf einem Familien-, Verwandtschafts- oder eherechtlichen Verhältnis oder auf Schwägerschaft beruhen,
f) das Gebiet des Testaments- und Erbrechts, einschließlich Unterhaltspflichten, die mit dem Tod entstehen.

Art. 2

Für die Zwecke dieser Verordnung bezeichnet der Ausdruck
s) »Entscheidung« jede von einem Gericht eines Mitgliedstaats erlassene Entscheidung ohne Rücksicht auf ihre Bezeichnung wie Urteil, Beschluss, Zahlungsbefehl oder Vollstreckungsbescheid, einschließlich des Kostenfestsetzungsbeschlusses eines Gerichtsbediensteten.
Für die Zwecke von Kapitel III umfasst der Ausdruck »Entscheidung« auch einstweilige Maßnahmen einschließlich Sicherungsmaßnahmen, die von einem nach dieser Verordnung in der Hauptsache zuständigen Gericht angeordnet wurden. Hierzu gehören keine einstweiligen Maßnahmen einschließlich Sicherungsmaßnahmen, die von einem solchen Gericht angeordnet wurden, ohne dass der Beklagte vorgeladen wurde, es sei denn, die Entscheidung, welche die Maßnahme enthält, wird ihm vor der Vollstreckung zugestellt;
b) »gerichtlicher Vergleich« einen Vergleich, der von einem Gericht eines Mitgliedstaats gebilligt oder vor einem Gericht eines Mitgliedstaats im Laufe eines Verfahrens geschlossen worden ist;
c) »öffentliche Urkunde« ein Schriftstück, das als öffentliche Urkunde im Ursprungsmitgliedstaat förmlich errichtet oder eingetragen worden ist und dessen Beweiskraft
  i) sich auf die Unterschrift und den Inhalt der öffentlichen Urkunde bezieht und
  ii) durch eine Behörde oder eine andere hierzu ermächtigte Stelle festgestellt worden ist;
d) »Ursprungsmitgliedstaat« den Mitgliedstaat, in dem die Entscheidung ergangen, der gerichtliche Vergleich gebilligt oder geschlossen oder die öffentliche Urkunde förmlich errichtet oder eingetragen worden ist;

e) »ersuchter Mitgliedstaat« den Mitgliedstaat, in dem die Anerkennung der Entscheidung geltend gemacht oder die Vollstreckung der Entscheidung, des gerichtlichen Vergleichs oder der öffentlichen Urkunde beantragt wird;
f) »Ursprungsgericht« das Gericht, das die Entscheidung erlassen hat, deren Anerkennung geltend gemacht oder deren Vollstreckung beantragt wird.

Art. 3

Für die Zwecke dieser Verordnung umfasst der Begriff »Gericht« die folgenden Behörden, soweit und sofern sie für eine in den Anwendungsbereich dieser Verordnung fallende Angelegenheit zuständig sind:
a) in Ungarn, bei summarischen Mahnverfahren (fizetési meghagyásos eljárás), den Notar (közjegyző),
b) in Schweden, bei summarischen Mahnverfahren (betalningsföreläggande) und Beistandsverfahren (handräckning), das Amt für Beitreibung (Kronofogdemyndigheten).

Kapitel II Zuständigkeit

Abschnitt 1 Allgemeine Bestimmungen

Art. 4

(1) Vorbehaltlich der Vorschriften dieser Verordnung sind Personen, die ihren Wohnsitz im Hoheitsgebiet eines Mitgliedstaats haben, ohne Rücksicht auf ihre Staatsangehörigkeit vor den Gerichten dieses Mitgliedstaats zu verklagen.

(2) Auf Personen, die nicht dem Mitgliedstaat, in dem sie ihren Wohnsitz haben, angehören, sind die für Staatsangehörige dieses Mitgliedstaats maßgebenden Zuständigkeitsvorschriften anzuwenden.

Art. 5

(1) Personen, die ihren Wohnsitz im Hoheitsgebiet eines Mitgliedstaats haben, können vor den Gerichten eines anderen Mitgliedstaats nur gemäß den Vorschriften der Abschnitte 2 bis 7 dieses Kapitels verklagt werden.

(2) Gegen die in Absatz 1 genannten Personen können insbesondere nicht die innerstaatlichen Zuständigkeitsvorschriften, welche die Mitgliedstaaten der Kommission gemäß Artikel 76 Absatz 1 Buchstabe a notifizieren, geltend gemacht werden.

Art. 6

(1) Hat der Beklagte keinen Wohnsitz im Hoheitsgebiet eines Mitgliedstaats, so bestimmt sich vorbehaltlich des Artikels 18 Absatz 1, des Artikels 21 Absatz 2 und der Artikel 24 und 25 die Zuständigkeit der Gerichte eines jeden Mitgliedstaats nach dessen eigenem Recht.

(2) Gegenüber einem Beklagten, der keinen Wohnsitz im Hoheitsgebiet eines Mitgliedstaats hat, kann sich unabhängig von ihrer Staatsangehörigkeit jede Person, die ihren Wohnsitz im Hoheitsgebiet eines Mitgliedstaats hat, in diesem Mitgliedstaat auf die dort geltenden Zuständigkeitsvorschriften, insbesondere auf diejenigen, welche die Mitgliedstaaten der Kommission gemäß Artikel 76 Absatz 1 Buchstabe a notifizieren, wie ein Staatsangehöriger dieses Mitgliedstaats berufen.

Art. 7

Eine Person, die ihren Wohnsitz im Hoheitsgebiet eines Mitgliedstaats hat, kann in einem anderen Mitgliedstaat verklagt werden:
1. a) wenn ein Vertrag oder Ansprüche aus einem Vertrag den Gegenstand des Verfahrens bilden, vor dem Gericht des Ortes, an dem die Verpflichtung erfüllt worden ist oder zu erfüllen wäre;
   b) im Sinne dieser Vorschrift — und sofern nichts anderes vereinbart worden ist — ist der Erfüllungsort der Verpflichtung
      - für den Verkauf beweglicher Sachen der Ort in einem Mitgliedstaat, an dem sie nach dem Vertrag geliefert worden sind oder hätten geliefert werden müssen;
      - für die Erbringung von Dienstleistungen der Ort in einem Mitgliedstaat, an dem sie nach dem Vertrag erbracht worden sind oder hätten erbracht werden müssen;
   c) ist Buchstabe b nicht anwendbar, so gilt Buchstabe a;
2. wenn eine unerlaubte Handlung oder eine Handlung, die einer unerlaubten Handlung gleichgestellt ist, oder wenn Ansprüche aus einer solchen Handlung den Gegenstand des Verfahrens bilden, vor dem Gericht des Ortes, an dem das schädigende Ereignis eingetreten ist oder einzutreten droht;
3. wenn es sich um eine Klage auf Schadenersatz oder auf Wiederherstellung des früheren Zustands handelt, die auf eine mit Strafe bedrohte Handlung gestützt wird, vor dem Strafgericht, bei dem die öffentliche Klage erhoben ist, soweit dieses Gericht nach seinem Recht über zivilrechtliche Ansprüche erkennen kann;
4. wenn es sich um einen auf Eigentum gestützten zivilrechtlichen Anspruch zur Wiedererlangung eines Kulturguts im Sinne des Artikels 1 Nummer 1 der Richtlinie 93/7/EWG handelt, der von der Person geltend gemacht wurde, die das Recht auf Wiedererlangung eines solchen Gutes für sich in Anspruch nimmt, vor dem Gericht des Ortes, an dem sich das Kulturgut zum Zeitpunkt der Anrufung des Gerichts befindet;
5. wenn es sich um Streitigkeiten aus dem Betrieb einer Zweigniederlassung, einer Agentur oder einer sonstigen Niederlassung handelt, vor dem Gericht des Ortes, an dem sich diese befindet;
6. wenn es sich um eine Klage gegen einen Begründer, Trustee oder Begünstigten eines Trust handelt, der aufgrund eines Gesetzes oder durch schriftlich vorgenommenes oder schriftlich bestätigtes Rechtsgeschäft errichtet worden ist, vor den Gerichten des Mitgliedstaats, in dessen Hoheitsgebiet der Trust seinen Sitz hat;
7. wenn es sich um eine Streitigkeit wegen der Zahlung von Berge- und Hilfslohn handelt, der für Bergungs- oder Hilfeleistungsarbeiten gefordert wird, die zugunsten einer Ladung oder einer Frachtforderung erbracht worden sind, vor dem Gericht, in dessen Zuständigkeitsbereich diese Ladung oder die entsprechende Frachtforderung
   a) mit Arrest belegt worden ist, um die Zahlung zu gewährleisten, oder
   b) mit Arrest hätte belegt werden können, jedoch dafür eine Bürgschaft oder eine andere Sicherheit geleistet worden ist;

   diese Vorschrift ist nur anzuwenden, wenn behauptet wird, dass der Beklagte Rechte an der Ladung oder an der Frachtforderung hat oder zur Zeit der Bergungs- oder Hilfeleistungsarbeiten hatte.

Art. 8

Eine Person, die ihren Wohnsitz im Hoheitsgebiet eines Mitgliedstaats hat, kann auch verklagt werden:
1. wenn mehrere Personen zusammen verklagt werden, vor dem Gericht des Ortes, an dem einer der Beklagten seinen Wohnsitz hat, sofern zwischen den Klagen eine so enge Beziehung gegeben ist, dass eine gemeinsame Verhandlung und Entscheidung geboten erscheint, um zu vermeiden, dass in getrennten Verfahren widersprechende Entscheidungen ergehen könnten;

Art. 13 Brüssel-Ia-VO

2. wenn es sich um eine Klage auf Gewährleistung oder um eine Interventionsklage handelt, vor dem Gericht des Hauptprozesses, es sei denn, dass die Klage nur erhoben worden ist, um diese Person dem für sie zuständigen Gericht zu entziehen;
3. wenn es sich um eine Widerklage handelt, die auf denselben Vertrag oder Sachverhalt wie die Klage selbst gestützt wird, vor dem Gericht, bei dem die Klage selbst anhängig ist;
4. wenn ein Vertrag oder Ansprüche aus einem Vertrag den Gegenstand des Verfahrens bilden und die Klage mit einer Klage wegen dinglicher Rechte an unbeweglichen Sachen gegen denselben Beklagten verbunden werden kann, vor dem Gericht des Mitgliedstaats, in dessen Hoheitsgebiet die unbewegliche Sache belegen ist.

Art. 9

Ist ein Gericht eines Mitgliedstaats nach dieser Verordnung zur Entscheidung in Verfahren wegen einer Haftpflicht aufgrund der Verwendung oder des Betriebs eines Schiffes zuständig, so entscheidet dieses oder ein anderes an seiner Stelle durch das Recht dieses Mitgliedstaats bestimmtes Gericht auch über Klagen auf Beschränkung dieser Haftung.

Abschnitt 3 Zuständigkeit für Versicherungssachen

Art. 10

Für Klagen in Versicherungssachen bestimmt sich die Zuständigkeit unbeschadet des Artikels 6 und des Artikels 7 Nummer 5 nach diesem Abschnitt.

Art. 11

(1) Ein Versicherer, der seinen Wohnsitz im Hoheitsgebiet eines Mitgliedstaats hat, kann verklagt werden:
a) vor den Gerichten des Mitgliedstaats, in dem er seinen Wohnsitz hat,
b) in einem anderen Mitgliedstaat bei Klagen des Versicherungsnehmers, des Versicherten oder des Begünstigten vor dem Gericht des Ortes, an dem der Kläger seinen Wohnsitz hat, oder
c) falls es sich um einen Mitversicherer handelt, vor dem Gericht eines Mitgliedstaats, bei dem der federführende Versicherer verklagt wird.

(2) Hat der Versicherer im Hoheitsgebiet eines Mitgliedstaats keinen Wohnsitz, besitzt er aber in einem Mitgliedstaat eine Zweigniederlassung, Agentur oder sonstige Niederlassung, so wird er für Streitigkeiten aus ihrem Betrieb so behandelt, wie wenn er seinen Wohnsitz im Hoheitsgebiet dieses Mitgliedstaats hätte.

Art. 12

Bei der Haftpflichtversicherung oder bei der Versicherung von unbeweglichen Sachen kann der Versicherer außerdem vor dem Gericht des Ortes, an dem das schädigende Ereignis eingetreten ist, verklagt werden. Das Gleiche gilt, wenn sowohl bewegliche als auch unbewegliche Sachen in ein und demselben Versicherungsvertrag versichert und von demselben Schadensfall betroffen sind.

Art. 13

(1) Bei der Haftpflichtversicherung kann der Versicherer auch vor das Gericht, bei dem die Klage des Geschädigten gegen den Versicherten anhängig ist, geladen werden, sofern dies nach dem Recht des angerufenen Gerichts zulässig ist.

(2) Auf eine Klage, die der Geschädigte unmittelbar gegen den Versicherer erhebt, sind die Artikel 10, 11 und 12 anzuwenden, sofern eine solche unmittelbare Klage zulässig ist.

(3) Sieht das für die unmittelbare Klage maßgebliche Recht die Streitverkündung gegen den Versicherungsnehmer oder den Versicherten vor, so ist dasselbe Gericht auch für diese Personen zuständig.

Art. 14

(1) Vorbehaltlich der Bestimmungen des Artikels 13 Absatz 3 kann der Versicherer nur vor den Gerichten des Mitgliedstaats klagen, in dessen Hoheitsgebiet der Beklagte seinen Wohnsitz hat, ohne Rücksicht darauf, ob dieser Versicherungsnehmer, Versicherter oder Begünstigter ist.

(2) Die Vorschriften dieses Abschnitts lassen das Recht unberührt, eine Widerklage vor dem Gericht zu erheben, bei dem die Klage selbst gemäß den Bestimmungen dieses Abschnitts anhängig ist.

Art. 15

Von den Vorschriften dieses Abschnitts kann im Wege der Vereinbarung nur abgewichen werden,
1. wenn die Vereinbarung nach der Entstehung der Streitigkeit getroffen wird,
2. wenn sie dem Versicherungsnehmer, Versicherten oder Begünstigten die Befugnis einräumt, andere als die in diesem Abschnitt angeführten Gerichte anzurufen,
3. wenn sie zwischen einem Versicherungsnehmer und einem Versicherer, die zum Zeitpunkt des Vertragsabschlusses ihren Wohnsitz oder gewöhnlichen Aufenthalt in demselben Mitgliedstaat haben, getroffen ist, um die Zuständigkeit der Gerichte dieses Mitgliedstaats auch für den Fall zu begründen, dass das schädigende Ereignis im Ausland eintritt, es sei denn, dass eine solche Vereinbarung nach dem Recht dieses Mitgliedstaats nicht zulässig ist,
4. wenn sie von einem Versicherungsnehmer geschlossen ist, der seinen Wohnsitz nicht in einem Mitgliedstaat hat, ausgenommen soweit sie eine Versicherung, zu deren Abschluss eine gesetzliche Verpflichtung besteht, oder die Versicherung von unbeweglichen Sachen in einem Mitgliedstaat betrifft, oder
5. wenn sie einen Versicherungsvertrag betrifft, soweit dieser eines oder mehrere der in Artikel 16 aufgeführten Risiken deckt.

Art. 16

Die in Artikel 15 Nummer 5 erwähnten Risiken sind die folgenden:
1. sämtliche Schäden
    a) an Seeschiffen, Anlagen vor der Küste und auf hoher See oder Luftfahrzeugen aus Gefahren, die mit ihrer Verwendung zu gewerblichen Zwecken verbunden sind,
    b) an Transportgütern, ausgenommen Reisegepäck der Passagiere, wenn diese Güter ausschließlich oder zum Teil mit diesen Schiffen oder Luftfahrzeugen befördert werden;
2. Haftpflicht aller Art mit Ausnahme der Haftung für Personenschäden an Passagieren oder Schäden an deren Reisegepäck,
    a) aus der Verwendung oder dem Betrieb von Seeschiffen, Anlagen oder Luftfahrzeugen gemäß Nummer 1 Buchstabe a, es sei denn, dass — was die letztgenannten betrifft — nach den Rechtsvorschriften des Mitgliedstaats, in dem das Luftfahrzeug eingetragen ist, Gerichtsstandsvereinbarungen für die Versicherung solcher Risiken untersagt sind,
    b) für Schäden, die durch Transportgüter während einer Beförderung im Sinne von Nummer 1 Buchstabe b verursacht werden;

3. finanzielle Verluste im Zusammenhang mit der Verwendung oder dem Betrieb von Seeschiffen, Anlagen oder Luftfahrzeugen gemäß Nummer 1 Buchstabe a, insbesondere Fracht- oder Charterverlust;
4. irgendein zusätzliches Risiko, das mit einem der unter den Nummern 1 bis 3 genannten Risiken in Zusammenhang steht;
5. unbeschadet der Nummern 1 bis 4 alle »Großrisiken« entsprechend der Begriffsbestimmung in der Richtlinie 2009/138/EG des Europäischen Parlaments und des Rates vom 25. November 2009 betreffend die Aufnahme und Ausübung der Versicherungs- und der Rückversicherungstätigkeit (Solvabilität II) [14].

Abschnitt 4 Zuständigkeit bei Verbrauchersachen

Art. 17

(1) Bilden ein Vertrag oder Ansprüche aus einem Vertrag, den eine Person, der Verbraucher, zu einem Zweck geschlossen hat, der nicht der beruflichen oder gewerblichen Tätigkeit dieser Person zugerechnet werden kann, den Gegenstand des Verfahrens, so bestimmt sich die Zuständigkeit unbeschadet des Artikels 6 und des Artikels 7 Nummer 5 nach diesem Abschnitt,
a) wenn es sich um den Kauf beweglicher Sachen auf Teilzahlung handelt,
b) wenn es sich um ein in Raten zurückzuzahlendes Darlehen oder ein anderes Kreditgeschäft handelt, das zur Finanzierung eines Kaufs derartiger Sachen bestimmt ist, oder
c) in allen anderen Fällen, wenn der andere Vertragspartner in dem Mitgliedstaat, in dessen Hoheitsgebiet der Verbraucher seinen Wohnsitz hat, eine berufliche oder gewerbliche Tätigkeit ausübt oder eine solche auf irgendeinem Wege auf diesen Mitgliedstaat oder auf mehrere Staaten, einschließlich dieses Mitgliedstaats, ausrichtet und der Vertrag in den Bereich dieser Tätigkeit fällt.

(2) Hat der Vertragspartner des Verbrauchers im Hoheitsgebiet eines Mitgliedstaats keinen Wohnsitz, besitzt er aber in einem Mitgliedstaat eine Zweigniederlassung, Agentur oder sonstige Niederlassung, so wird er für Streitigkeiten aus ihrem Betrieb so behandelt, wie wenn er seinen Wohnsitz im Hoheitsgebiet dieses Mitgliedstaats hätte.

(3) Dieser Abschnitt ist nicht auf Beförderungsverträge mit Ausnahme von Reiseverträgen, die für einen Pauschalpreis kombinierte Beförderungs- und Unterbringungsleistungen vorsehen, anzuwenden.

Art. 18

(1) Die Klage eines Verbrauchers gegen den anderen Vertragspartner kann entweder vor den Gerichten des Mitgliedstaats erhoben werden, in dessen Hoheitsgebiet dieser Vertragspartner seinen Wohnsitz hat, oder ohne Rücksicht auf den Wohnsitz des anderen Vertragspartners vor dem Gericht des Ortes, an dem der Verbraucher seinen Wohnsitz hat.

(2) Die Klage des anderen Vertragspartners gegen den Verbraucher kann nur vor den Gerichten des Mitgliedstaats erhoben werden, in dessen Hoheitsgebiet der Verbraucher seinen Wohnsitz hat.

(3) Die Vorschriften dieses Artikels lassen das Recht unberührt, eine Widerklage vor dem Gericht zu erheben, bei dem die Klage selbst gemäß den Bestimmungen dieses Abschnitts anhängig ist.

Art. 19

Von den Vorschriften dieses Abschnitts kann im Wege der Vereinbarung nur abgewichen werden,

1. wenn die Vereinbarung nach der Entstehung der Streitigkeit getroffen wird,
2. wenn sie dem Verbraucher die Befugnis einräumt, andere als die in diesem Abschnitt angeführten Gerichte anzurufen, oder
3. wenn sie zwischen einem Verbraucher und seinem Vertragspartner, die zum Zeitpunkt des Vertragsabschlusses ihren Wohnsitz oder gewöhnlichen Aufenthalt in demselben Mitgliedstaat haben, getroffen ist und die Zuständigkeit der Gerichte dieses Mitgliedstaats begründet, es sei denn, dass eine solche Vereinbarung nach dem Recht dieses Mitgliedstaats nicht zulässig ist.

Abschnitt 5 Zuständigkeit für individuelle Arbeitsverträge

Art. 20

(1) Bilden ein individueller Arbeitsvertrag oder Ansprüche aus einem individuellen Arbeitsvertrag den Gegenstand des Verfahrens, so bestimmt sich die Zuständigkeit unbeschadet des Artikels 6, des Artikels 7 Nummer 5 und, wenn die Klage gegen den Arbeitgeber erhoben wurde, des Artikels 8 Nummer 1 nach diesem Abschnitt.

(2) Hat der Arbeitgeber, mit dem der Arbeitnehmer einen individuellen Arbeitsvertrag geschlossen hat, im Hoheitsgebiet eines Mitgliedstaats keinen Wohnsitz, besitzt er aber in einem Mitgliedstaat eine Zweigniederlassung, Agentur oder sonstige Niederlassung, so wird er für Streitigkeiten aus ihrem Betrieb so behandelt, wie wenn er seinen Wohnsitz im Hoheitsgebiet dieses Mitgliedstaats hätte.

Art. 21

(1) Ein Arbeitgeber, der seinen Wohnsitz im Hoheitsgebiet eines Mitgliedstaats hat, kann verklagt werden:
a) vor den Gerichten des Mitgliedstaats, in dem er seinen Wohnsitz hat, oder
b) in einem anderen Mitgliedstaat
   i) ivor dem Gericht des Ortes, an dem oder von dem aus der Arbeitnehmer gewöhnlich seine Arbeit verrichtet oder zuletzt gewöhnlich verrichtet hat, oder
   ii) wenn der Arbeitnehmer seine Arbeit gewöhnlich nicht in ein und demselben Staat verrichtet oder verrichtet hat, vor dem Gericht des Ortes, an dem sich die Niederlassung, die den Arbeitnehmer eingestellt hat, befindet oder befand.

(2) Ein Arbeitgeber, der seinen Wohnsitz nicht im Hoheitsgebiet eines Mitgliedstaats hat, kann vor dem Gericht eines Mitgliedstaats gemäß Absatz 1 Buchstabe b verklagt werden.

Art. 22

(1) Die Klage des Arbeitgebers kann nur vor den Gerichten des Mitgliedstaats erhoben werden, in dessen Hoheitsgebiet der Arbeitnehmer seinen Wohnsitz hat.

(2) Die Vorschriften dieses Abschnitts lassen das Recht unberührt, eine Widerklage vor dem Gericht zu erheben, bei dem die Klage selbst gemäß den Bestimmungen dieses Abschnitts anhängig ist.

Art. 23

Von den Vorschriften dieses Abschnitts kann im Wege der Vereinbarung nur abgewichen werden,
1. wenn die Vereinbarung nach der Entstehung der Streitigkeit getroffen wird oder

Art. 24 Brüssel-Ia-VO

2. wenn sie dem Arbeitnehmer die Befugnis einräumt, andere als die in diesem Abschnitt angeführten Gerichte anzurufen.

Abschnitt 6 Ausschließliche Zuständigkeiten

Art. 24

Ohne Rücksicht auf den Wohnsitz der Parteien sind folgende Gerichte eines Mitgliedstaats ausschließlich zuständig:

1. für Verfahren, welche dingliche Rechte an unbeweglichen Sachen sowie die Miete oder Pacht von unbeweglichen Sachen zum Gegenstand haben, die Gerichte des Mitgliedstaats, in dem die unbewegliche Sache belegen ist.
   Jedoch sind für Verfahren betreffend die Miete oder Pacht unbeweglicher Sachen zum vorübergehenden privaten Gebrauch für höchstens sechs aufeinander folgende Monate auch die Gerichte des Mitgliedstaats zuständig, in dem der Beklagte seinen Wohnsitz hat, sofern es sich bei dem Mieter oder Pächter um eine natürliche Person handelt und der Eigentümer sowie der Mieter oder Pächter ihren Wohnsitz in demselben Mitgliedstaat haben;
2. für Verfahren, welche die Gültigkeit, die Nichtigkeit oder die Auflösung einer Gesellschaft oder juristischen Person oder die Gültigkeit der Beschlüsse ihrer Organe zum Gegenstand haben, die Gerichte des Mitgliedstaats, in dessen Hoheitsgebiet die Gesellschaft oder juristische Person ihren Sitz hat. Bei der Entscheidung darüber, wo der Sitz sich befindet, wendet das Gericht die Vorschriften seines Internationalen Privatrechts an;
3. für Verfahren, welche die Gültigkeit von Eintragungen in öffentliche Register zum Gegenstand haben, die Gerichte des Mitgliedstaats, in dessen Hoheitsgebiet die Register geführt werden;
4. für Verfahren, welche die Eintragung oder die Gültigkeit von Patenten, Marken, Mustern und Modellen sowie ähnlicher Rechte, die einer Hinterlegung oder Registrierung bedürfen, zum Gegenstand haben, unabhängig davon, ob die Frage im Wege der Klage oder der Einrede aufgeworfen wird, die Gerichte des Mitgliedstaats, in dessen Hoheitsgebiet die Hinterlegung oder Registrierung beantragt oder vorgenommen worden ist oder aufgrund eines Unionsrechtsakts oder eines zwischenstaatlichen Übereinkommens als vorgenommen gilt.
   Unbeschadet der Zuständigkeit des Europäischen Patentamts nach dem am 5. Oktober 1973 in München unterzeichneten Übereinkommen über die Erteilung europäischer Patente sind die Gerichte eines jeden Mitgliedstaats für alle Verfahren ausschließlich zuständig, welche die Erteilung oder die Gültigkeit eines europäischen Patents zum Gegenstand haben, das für diesen Mitgliedstaat erteilt wurde;
5. für Verfahren, welche die Zwangsvollstreckung aus Entscheidungen zum Gegenstand haben, die Gerichte des Mitgliedstaats, in dessen Hoheitsgebiet die Zwangsvollstreckung durchgeführt werden soll oder durchgeführt worden ist.

Übersicht

	Rdn.		Rdn.
I. Parallelnorm des Art. 24 Nr. 5 in der Brüssel-I-VO	1	III. Einzelfälle	4
II. Reichweite des Art 24 Nr. 5	2	IV. Nationale Durchführungsbestimmungen	5

I. Parallelnorm des Art. 24 Nr. 5 in der Brüssel-I-VO

1 Art. 24 Nr. 5 entspricht in vollem Umfang der Vorgängerregelung in Art. 22 Nr. 5 Brüssel-I-VO. Die hierzu ergangene Rechtsprechung sowie die in der Literatur entwickelten Grundsätze können daher uneingeschränkt übernommen werden.

II. Reichweite des Art 24 Nr. 5

Zwangsvollstreckung ist hoheitliche Tätigkeit. Ihre Ausübung und Überprüfung soll daher im Rahmen eines ausschließlichen Gerichtsstands den Gerichten des Mitgliedstaates zugewiesen werden, auf dessen Gebiet die Zwangsvollstreckung durchgeführt werden soll oder durchgeführt worden ist.[1] Uneinheitlich wird indes der Anwendungsbereich der Norm beurteilt. Nach der Rechtsprechung des EuGH ist er durch für alle Mitgliedstaaten einheitliche autonome Definitionen festzulegen. Es sollen Verfahren erfasst werden, »die sich aus der Inanspruchnahme von Zwangsmitteln, insbesondere bei der Herausgabe oder Pfändung von beweglichen oder unbeweglichen Sachen im Hinblick auf die Vollstreckung von Entscheidungen ergeben«.[2] Dies schließt gegen die Zwangsvollstreckung als solche gerichtete Abwehrmaßnahmen des Schuldners ein,[3] erfasst aber **nur kontradiktorische Maßnahmen**, nicht den Erlass einzelner Vollstreckungsakte auf einen nur einseitigen Antrag des Gläubigers.[4] Die Schwierigkeiten bestehen darin, dass die Grenzlinien zwischen Erkenntnis- und Vollstreckungsverfahren international nicht einheitlich verlaufen.[5]

Nach dem Wortlaut der Norm bezieht sich die Zuständigkeit nur auf die Zwangsvollstreckung aus »**Entscheidungen**«. Dies ist allerdings vor dem Hintergrund zu sehen, dass sowohl in der Bezeichnung der Verordnung wie auch an verschiedenen Stellen der Erwägungsgründe immer nur »Entscheidungen« erwähnt sind, obwohl nach Art. 57 und 58 auch öffentliche Urkunden und gerichtliche Vergleiche für vollstreckbar erklärt werden können. Der Begriff dürfte daher auch in Art. 22 Nr. 5 als Oberbegriff für alle Titel aus anderen Mitgliedstaaten stehen. Ferner ist im Rahmen der Auslegung zu berücksichtigen, dass die Norm aus der Brüssel-I-VO übernommen wurde und hierin auch bei öffentlichen Urkunden und gerichtlichen Vergleichen nur die Vollstreckbarkeitserklärung nach deren Art. 38 ff., also letztlich eine Entscheidung eines Hoheitsträgers (in Deutschland: Gericht oder Notar) Grundlage für die Vollstreckung eines aus einem anderen Mitgliedstaat stammenden Titels war. Inzwischen hat sich die Ausgangslage geändert, weil nunmehr auch öffentliche Urkunden und gerichtliche Vergleiche unmittelbar Grundlage einer Vollstreckung in einem anderen Mitgliedstaat sein können, und zwar in Deutschland mit der logischen Konsequenz, dass der Gesetzgeber auch hiergegen die Möglichkeit einer Vollstreckungsabwehrklage eröffnet und in § 1117 Abs. 1 ZPO einen nationalen örtlichen Gerichtsstand geschaffen hat. Es liegt daher nahe, entgegen dem historisch bedingten zu engen Wortlaut des Art. 24 Nr. 5 die internationale Zuständigkeit auch hierauf zu erstrecken.[6]

III. Einzelfälle

Nachfolgend werden einige **Beispiele** aufgelistet, in denen es zweifelhaft sein kann, ob die Verfahren in den Anwendungsbereich des Art. 24 Nr. 5 fallen.
– Vollstreckungserinnerung gem. § 766 ZPO: *ja*,[7]

---

1 *Kropholler/v. Hein*, Art. 22 EuGVVO Rn. 59.
2 EuGHE 1992 I 2149 = IPRax 1993, 28 mit Anm. *Schlosser* S. 17.
3 *Rauscher/Mankowski*, EuZPR, Art. 22 Brüssel I-VO Rn. 54.
4 Vgl. *Kropholler/v. Hein*, Art. 22 Rn. 61; *Stein/Jonas/Wagner*, Art. 22 EuGVVO Rn. 108 f.; a. A. *Rauscher/Mankowski*, EuZPR/EuIPR, Art. 22 Brüssel I-VO Rn. 57.
5 *Geimer/Schütze*, EuZVR Art. 22 EuGVVO Rn. 267.
6 OLG Köln, IHR 2014, 140; *Rauscher/Pabst*, EuZPR/EuIPR, Art. 20 EG-Vollstr.TitelVO Rn. 36; *Zöller/Geimer*, § 1086 Rn. 4; a. A. *Prütting/Gehrlein/Halfmeier*, § 1086 Rn. 2;.
7 *Kropholler/v. Hein*, Art. 22 Rn. 61; *Rauscher/Mankowski*, EuZPR/EuIPR, Art. 22 Brüssel I-VO Rn. 55.

- Vollstreckungsabwehrklage: *ja*,[8] aber Einwand des Erlöschens der titulierten Forderung wegen einer Aufrechnung mit einer Gegenforderung ist nur bei einer solchen Gegenforderung möglich, für deren selbstständige Geltendmachung die Gerichte des Vollstreckungsstaates zuständig wären,[9]
- Drittwiderspruchsklage gem. § 771 ZPO: *ja*,[10]
- Klage auf Auskehr des Versteigerungserlöses: *nein*, da Rechtmäßigkeit der Zwangsvollstreckung bloße Vorfrage,[11]
- Abänderungsklage nach § 323 ZPO: *nein*,[12]
- Schadensersatzklage nach §§ 717, 945 ZPO: wohl *nein*,[13]
- Durchführung einer Zwangsversteigerung: *ja*,[14]
- Gläubigeranfechtungsklage: *nein*,[15]
- Klage auf Herausgabe eines Vollstreckungstitels aus § 826 BGB: *nein*,[16]
- negative Feststellungsklage zur Abwehr drohender Zwangsvollstreckung: wohl *nein*,[17]
- Verhängung von Zwangsgeld: *nein* wegen der Sonderregelung des Art. 49,[18]
- generell Anordnungen nach §§ 887–890 ZPO: *nein*, da sie ihrerseits noch der Vollstreckung bedürfen,[19]
- Anträge auf einstweiligen Rechtsschutz (Arrest, einstweilige Verfügung, einstweilige Anordnung: *nein* wegen der Sonderregelung des Art. 35 (= Art. 31 Brüssel-I-VO),[20]
- Vollziehung einer einstweiligen Verfügung: *nein*,[21]
- Abgabe der eidesstattlichen Versicherung: wohl *nein*.[22]

IV. Nationale Durchführungsbestimmungen

5   Wie bereits in Rn. 1 erwähnt, wurde in § 1117 Abs. 1 ZPO eine nationale Zuständigkeitsregelung für eine Vollstreckungsabwehrklage gegen einen Titel aus einem anderen Mitgliedstaat geschaffen. Infolge einer Bezugnahme auf § 795 ZPO n. F. gilt für gerichtliche Entscheidungen die Präklusionsnorm des § 767 Abs. 2 entsprechend. Anders ist es nach § 1117 Abs. 2 ZPO bei öffentlichen Urkun-

---

[8] EuGHE 1985, 2267 sowie obiter dictum in EuGH, EuZW 2011, 869 mit ablehnender Anm. *Bach*; BGH, NJW 2014, 2798: OLG Köln, IHR 2014, 140; *Geimer/Schütze*, EuZVR, Art. 22 Rn. 268; *Prütting/Gehrlein/Pfeiffer*, Art. 22 EuGVO Rn. 5; *Rauscher/Mankowski*, EuZPR/EuIPR, Art. 22 Brüssel I-VO Rn. 55; *Stein/Jonas/Wagner*, Art. 22 EuGVVO Rn. 114; *Wagner*, IPRax 2005, 401, 406: **a. A.** *Nelle*, S. 366 ff.; *Hess* EuZPR S. 309 u. IPRax 2008, 25; *Halfmeier*, IPRax 2007, 381, 385; *Prütting/Gehrlein/Halfmeier*, § 1086 ZPO Rn. 2; zur Problematik siehe auch § 1117 ZPO Rn. 1.
[9] *Kropholler/v. Hein*, Art. 22 Rn. 61; *Prütting/Gehrlein/Pfeiffer*, Art. 22 EuGVO Rn. 5.
[10] OLG Hamm, IPRax 2001, 339 mit Anm. *Roth* S. 323; *Stein/Jonas/Wagner*, Art. 22 EuGVVO Rn. 109.
[11] OLG Hamm IPRax 2001, 339 mit Anm. *Roth* S. 323, 324; *Rauscher/Mankowski*, EuZPR/EuIPR, Art. 22 Brüssel I-VO Rn. 55.
[12] *Kropholler/v. Hein*, Art. 22 Rn. 61.
[13] *Geimer/Schütze*, EuZVR, Art. 22 Rn. 272; *Kropholler/v. Hein*, Art. 22 Rn. 62; *Rauscher/Mankowski*, EuZPR/EuIPR, Art. 22 Brüssel I-VO Rn. 59; *Roth*, IPRax 2001, 323, 324; **a. A.** *Wolf*, NJW 1973, 397, 401.
[14] *Rauscher/Mankowski*, EuZPR/EuIPR, Art. 22 Brüssel I-VO Rn. 55.
[15] EuGHE 1992 I 2149 = IPRax 1993, 28 mit Anm. *Schlosser* S. 17; *Stein/Jonas/Wagner*, Art. 22 EuGVVO Rn. 115.
[16] *Rauscher/Mankowski*, EuZPR/EuIPR, Art. 22 Brüssel I-VO Rn. 58; *Schlosser*, Art. 22 EuGVVO Rn. 26.
[17] OGH Wien, IPRax 1999, 47 mit ablehnender Anm. *Roth*; *Kropholler/v. Hein*, Art. 22 EuGVVO Rn. 22.
[18] *Kropholler/v. Hein*, Art. 22 Rn. 61.
[19] *Schlosser*, Art. 22 EuGVVO Rn. 26.
[20] *Kropholler/v. Hein*, Art. 22 Rn. 61; *Thomas/Putzo/Hüßtege* (35. Auflage), Art. 22 EuGVVO Rn. 19.
[21] KG, IPRax 1999, 236 mit Anm. *Mennicke* S. 202, 204; *Rauscher/Mankowski*, EuZPR/EuIPR, Art. 22 Brüssel I-VO Rn. 59.
[22] OLG Köln, InVo 2004, 424; OLG Saarbrücken IPRax 2001, 456 mit Anm. *Jestaedt* S. 438; *Geimer/Schütze*, EuZVR, Art. 22 EuGVVO Rn. 273; *Heß*, Rpfleger 1996, 91; *Kropholler/v. Hein*, Art. 22 Rn. 61; **a. A.** *Rauscher/Mankowski*, EuZPR/EuIPR, Art. 22 Brüssel I-VO Rn. 57.

den und gerichtlichen Vergleichen, bei denen § 767 Abs. 2 ZPO nicht anzuwenden ist, Obwohl dies der Rechtslage bei derartigen Titeln aus Deutschland entspricht, ist die Regelung gleichwohl ungereimt, weil sich der nationale Gesetzgeber bei öffentlichen Urkunden und gerichtlichen Vergleichen, die als Europäischer Vollstreckungstitel tituliert sind oder nach der EuUnterhaltsVO vollstreckbar sind, in § 1086 Abs. 2 ZPO und in § 66 Abs. 1 AUG genau anders entschieden und eine Präklusion angeordnet hat.[23]

Art. 25

(1) Haben die Parteien unabhängig von ihrem Wohnsitz vereinbart, dass ein Gericht oder die Gerichte eines Mitgliedstaats über eine bereits entstandene Rechtsstreitigkeit oder über eine künftige aus einem bestimmten Rechtsverhältnis entspringende Rechtsstreitigkeit entscheiden sollen, so sind dieses Gericht oder die Gerichte dieses Mitgliedstaats zuständig, es sei denn, die Vereinbarung ist nach dem Recht dieses Mitgliedstaats materiell nichtig. Dieses Gericht oder die Gerichte dieses Mitgliedstaats sind ausschließlich zuständig, sofern die Parteien nichts anderes vereinbart haben. Die Gerichtsstandsvereinbarung muss geschlossen werden:
a) schriftlich oder mündlich mit schriftlicher Bestätigung,
b) in einer Form, welche den Gepflogenheiten entspricht, die zwischen den Parteien entstanden sind, oder
c) im internationalen Handel in einer Form, die einem Handelsbrauch entspricht, den die Parteien kannten oder kennen mussten und den Parteien von Verträgen dieser Art in dem betreffenden Geschäftszweig allgemein kennen und regelmäßig beachten.

(2) Elektronische Übermittlungen, die eine dauerhafte Aufzeichnung der Vereinbarung ermöglichen, sind der Schriftform gleichgestellt.

(3) Ist in schriftlich niedergelegten Trust-Bedingungen bestimmt, dass über Klagen gegen einen Begründer, Trustee oder Begünstigten eines Trust ein Gericht oder die Gerichte eines Mitgliedstaats entscheiden sollen, so ist dieses Gericht oder sind diese Gerichte ausschließlich zuständig, wenn es sich um Beziehungen zwischen diesen Personen oder ihre Rechte oder Pflichten im Rahmen des Trust handelt.

(4) Gerichtsstandsvereinbarungen und entsprechende Bestimmungen in Trust-Bedingungen haben keine rechtliche Wirkung, wenn sie den Vorschriften der Artikel 15, 19 oder 23 zuwiderlaufen oder wenn die Gerichte, deren Zuständigkeit abbedungen wird, aufgrund des Artikels 24 ausschließlich zuständig sind.

(5) Eine Gerichtsstandsvereinbarung, die Teil eines Vertrags ist, ist als eine von den übrigen Vertragsbestimmungen unabhängige Vereinbarung zu behandeln.

Die Gültigkeit der Gerichtsstandsvereinbarung kann nicht allein mit der Begründung in Frage gestellt werden, dass der Vertrag nicht gültig ist.

Art. 26

(1) Sofern das Gericht eines Mitgliedstaats nicht bereits nach anderen Vorschriften dieser Verordnung zuständig ist, wird es zuständig, wenn sich der Beklagte vor ihm auf das Verfahren einlässt. Dies gilt nicht, wenn der Beklagte sich einlässt, um den Mangel der Zuständigkeit geltend zu machen oder wenn ein anderes Gericht aufgrund des Artikels 24 ausschließlich zuständig ist.

(2) In Streitigkeiten nach den Abschnitten 3, 4 oder 5, in denen der Beklagte Versicherungsnehmer, Versicherter, Begünstigter eines Versicherungsvertrags, Geschädigter, Verbraucher oder Arbeitnehmer ist, stellt das Gericht, bevor es sich nach Absatz 1 für zuständig erklärt, sicher, dass

---

23 Zur Kritik näher § 1117 ZPO Rdn. 2 und § 1086 Rdn. 4-7.

der Beklagte über sein Recht, die Unzuständigkeit des Gerichts geltend zu machen, und über die Folgen der Einlassung oder Nichteinlassung auf das Verfahren belehrt wird.

Abschnitt 8 Prüfung der Zuständigkeit und der Zulässigkeit des Verfahrens

Art. 27

Das Gericht eines Mitgliedstaats hat sich von Amts wegen für unzuständig zu erklären, wenn es wegen einer Streitigkeit angerufen wird, für die das Gericht eines anderen Mitgliedstaats aufgrund des Artikel 24 ausschließlich zuständig ist.

Art. 28

(1) Lässt sich der Beklagte, der seinen Wohnsitz im Hoheitsgebiet eines Mitgliedstaats hat und der vor dem Gericht eines anderen Mitgliedstaats verklagt wird, auf das Verfahren nicht ein, so hat sich das Gericht von Amts wegen für unzuständig zu erklären, wenn seine Zuständigkeit nicht nach dieser Verordnung begründet ist.

(2) Das Gericht hat das Verfahren so lange auszusetzen, bis festgestellt ist, dass es dem Beklagten möglich war, das verfahrenseinleitende Schriftstück oder ein gleichwertiges Schriftstück so rechtzeitig zu empfangen, dass er sich verteidigen konnte oder dass alle hierzu erforderlichen Maßnahmen getroffen worden sind.

(3) An die Stelle von Absatz 2 tritt Artikel 19 der Verordnung (EG) Nr. 1393/2007 des Europäischen Parlaments und des Rates vom 13. November 2007 über die Zustellung gerichtlicher und außergerichtlicher Schriftstücke in Zivil- oder Handelssachen in den Mitgliedstaaten (Zustellung von Schriftstücken) [15], wenn das verfahrenseinleitende Schriftstück oder ein gleichwertiges Schriftstück nach der genannten Verordnung von einem Mitgliedstaat in einen anderen zu übermitteln war.

(4) Ist die Verordnung (EG) Nr. 1393/2007 nicht anwendbar, so gilt Artikel 15 des Haager Übereinkommens vom 15. November 1965 über die Zustellung gerichtlicher und außergerichtlicher Schriftstücke im Ausland in Zivil- und Handelssachen, wenn das verfahrenseinleitende Schriftstück oder ein gleichwertiges Schriftstück nach dem genannten Übereinkommen im Ausland zu übermitteln war.

Abschnitt 9 Anhängigkeit und im Zusammenhang stehende Verfahren

Art. 29

(1) Werden bei Gerichten verschiedener Mitgliedstaaten Klagen wegen desselben Anspruchs zwischen denselben Parteien anhängig gemacht, so setzt das später angerufene Gericht unbeschadet des Artikels 31 Absatz 2 das Verfahren von Amts wegen aus, bis die Zuständigkeit des zuerst angerufenen Gerichts feststeht.

(2) In den in Absatz 1 genannten Fällen teilt das angerufene Gericht auf Antrag eines anderen angerufenen Gerichts diesem unverzüglich mit, wann es gemäß Artikel 32 angerufen wurde.

(3) Sobald die Zuständigkeit des zuerst angerufenen Gerichts feststeht, erklärt sich das später angerufene Gericht zugunsten dieses Gerichts für unzuständig.

Art. 30

(1) Sind bei Gerichten verschiedener Mitgliedstaaten Verfahren, die im Zusammenhang stehen, anhängig, so kann jedes später angerufene Gericht das Verfahren aussetzen.

(2) Ist das beim zuerst angerufenen Gericht anhängige Verfahren in erster Instanz anhängig, so kann sich jedes später angerufene Gericht auf Antrag einer Partei auch für unzuständig erklären, wenn das zuerst angerufene Gericht für die betreffenden Verfahren zuständig ist und die Verbindung der Verfahren nach seinem Recht zulässig ist.

(3) Verfahren stehen im Sinne dieses Artikels im Zusammenhang, wenn zwischen ihnen eine so enge Beziehung gegeben ist, dass eine gemeinsame Verhandlung und Entscheidung geboten erscheint, um zu vermeiden, dass in getrennten Verfahren widersprechende Entscheidungen ergehen könnten.

Art. 31

(1) Ist für die Verfahren die ausschließliche Zuständigkeit mehrerer Gerichte gegeben, so hat sich das zuletzt angerufene Gericht zugunsten des zuerst angerufenen Gerichts für unzuständig zu erklären.

(2) Wird ein Gericht eines Mitgliedstaats angerufen, das gemäß einer Vereinbarung nach Artikel 25 ausschließlich zuständig ist, so setzt das Gericht des anderen Mitgliedstaats unbeschadet des Artikels 26 das Verfahren so lange aus, bis das auf der Grundlage der Vereinbarung angerufene Gericht erklärt hat, dass es gemäß der Vereinbarung nicht zuständig ist.

(3) Sobald das in der Vereinbarung bezeichnete Gericht die Zuständigkeit gemäß der Vereinbarung festgestellt hat, erklären sich die Gerichte des anderen Mitgliedstaats zugunsten dieses Gerichts für unzuständig.

(4) Die Absätze 2 und 3 gelten nicht für Streitigkeiten, die in den Abschnitten 3, 4 oder 5 genannt werden, wenn der Kläger Versicherungsnehmer, Versicherter, Begünstigter des Versicherungsvertrags, Geschädigter, Verbraucher oder Arbeitnehmer ist und die Vereinbarung nach einer in den genannten Abschnitten enthaltenen Bestimmung nicht gültig ist.

Art. 32

(1) Für die Zwecke dieses Abschnitts gilt ein Gericht als angerufen:
a) zu dem Zeitpunkt, zu dem das verfahrenseinleitende Schriftstück oder ein gleichwertiges Schriftstück bei Gericht eingereicht worden ist, vorausgesetzt, dass der Kläger es in der Folge nicht versäumt hat, die ihm obliegenden Maßnahmen zu treffen, um die Zustellung des Schriftstücks an den Beklagten zu bewirken, oder
b) falls die Zustellung an den Beklagten vor Einreichung des Schriftstücks bei Gericht zu bewirken ist, zu dem Zeitpunkt, zu dem die für die Zustellung verantwortliche Stelle das Schriftstück erhalten hat, vorausgesetzt, dass der Kläger es in der Folge nicht versäumt hat, die ihm obliegenden Maßnahmen zu treffen, um das Schriftstück bei Gericht einzureichen.

Die für die Zustellung verantwortliche Stelle im Sinne von Buchstabe b ist die Stelle, die die zuzustellenden Schriftstücke zuerst erhält.

(2) Das Gericht oder die für die Zustellung verantwortliche Stelle gemäß Absatz 1 vermerkt das Datum der Einreichung des verfahrenseinleitenden Schriftstücks oder gleichwertigen Schriftstücks beziehungsweise das Datum des Eingangs der zuzustellenden Schriftstücke.

Art. 33

(1) Beruht die Zuständigkeit auf Artikel 4 oder auf den Artikeln 7, 8 oder 9 und ist bei Anrufung eines Gerichts eines Mitgliedstaats wegen desselben Anspruchs zwischen denselben Parteien ein Verfahren vor dem Gericht eines Drittstaats anhängig, so kann das Gericht des Mitgliedstaats das Verfahren aussetzen, wenn
a) zu erwarten ist, dass das Gericht des Drittstaats eine Entscheidung erlassen wird, die in dem betreffenden Mitgliedstaat anerkannt und gegebenenfalls vollstreckt werden kann, und
b) das Gericht des Mitgliedstaats davon überzeugt ist, dass eine Aussetzung des Verfahrens im Interesse einer geordneten Rechtspflege erforderlich ist.

(2) Das Gericht des Mitgliedstaats kann das Verfahren jederzeit fortsetzen, wenn
a) das Verfahren vor dem Gericht des Drittstaats ebenfalls ausgesetzt oder eingestellt wurde,
b) das Gericht des Mitgliedstaats es für unwahrscheinlich hält, dass das vor dem Gericht des Drittstaats anhängige Verfahren innerhalb einer angemessenen Frist abgeschlossen wird, oder
c) die Fortsetzung des Verfahrens im Interesse einer geordneten Rechtspflege erforderlich ist.

(3) Das Gericht des Mitgliedstaats stellt das Verfahren ein, wenn das vor dem Gericht des Drittstaats anhängige Verfahren abgeschlossen ist und eine Entscheidung ergangen ist, die in diesem Mitgliedstaat anerkannt und gegebenenfalls vollstreckt werden kann.

(4) Das Gericht des Mitgliedstaats wendet diesen Artikel auf Antrag einer der Parteien oder, wenn dies nach einzelstaatlichem Recht möglich ist, von Amts wegen an.

Art. 34

(1) Beruht die Zuständigkeit auf Artikel 4 oder auf den Artikeln 7, 8 oder 9 und ist bei Anrufung eines Gerichts eines Mitgliedstaats vor einem Gericht eines Drittstaats ein Verfahren anhängig, das mit dem Verfahren vor dem Gericht des Mitgliedstaats in Zusammenhang steht, so kann das Gericht des Mitgliedstaats das Verfahren aussetzen, wenn
a) eine gemeinsame Verhandlung und Entscheidung der in Zusammenhang stehenden Verfahren geboten erscheint, um zu vermeiden, dass in getrennten Verfahren widersprechende Entscheidungen ergehen könnten,
b) zu erwarten ist, dass das Gericht des Drittstaats eine Entscheidung erlassen wird, die in dem betreffenden Mitgliedstaat anerkannt und gegebenenfalls vollstreckt werden kann, und
c) das Gericht des Mitgliedstaats davon überzeugt ist, dass die Aussetzung im Interesse einer geordneten Rechtspflege erforderlich ist.

(2) Das Gericht des Mitgliedstaats kann das Verfahren jederzeit fortsetzen, wenn
a) das Gericht des Mitgliedstaats es für wahrscheinlich hält, dass die Gefahr widersprechender Entscheidungen nicht mehr besteht,
b) das Verfahren vor dem Gericht des Drittstaats ebenfalls ausgesetzt oder eingestellt wurde,
c) das Gericht des Mitgliedstaats es für unwahrscheinlich hält, dass das vor dem Gericht des Drittstaats anhängige Verfahren innerhalb einer angemessenen Frist abgeschlossen wird, oder
d) die Fortsetzung des Verfahrens im Interesse einer geordneten Rechtspflege erforderlich ist.

(3) Das Gericht des Mitgliedstaats kann das Verfahren einstellen, wenn das vor dem Gericht des Drittstaats anhängige Verfahren abgeschlossen ist und eine Entscheidung ergangen ist, die in diesem Mitgliedstaat anerkannt und gegebenenfalls vollstreckt werden kann.

(4) Das Gericht des Mitgliedstaats wendet diesen Artikel auf Antrag einer der Parteien oder, wenn dies nach einzelstaatlichem Recht möglich ist, von Amts wegen an.

Art. 35 Brüssel-Ia-VO

Abschnitt 10 Einstweilige Maßnahmen einschließlich Sicherungsmaßnahmen

Art. 35

Die im Recht eines Mitgliedstaats vorgesehenen einstweiligen Maßnahmen einschließlich Sicherungsmaßnahmen können bei den Gerichten dieses Mitgliedstaats auch dann beantragt werden, wenn für die Entscheidung in der Hauptsache das Gericht eines anderen Mitgliedstaats zuständig ist.

Übersicht

		Rdn.			Rdn.
I.	Entstehungsgeschichte	1	3.	Abgrenzung Sicherungsmaßnahmen – Beweisanordnungen	8
II.	Zweck der Norm	2	IV.	Nachweise im Vollstreckungsstaat	10
III.	Einstweilige Maßnahmen	3	V.	Zuständigkeitsgrundsätze	11
1.	Leistungsverfügungen	4			
2.	Eilmaßnahmen ohne rechtliches Gehör	5			

Literatur:
Böttger, Deutsche einstweilige Verfügungen: Durchsetzung im europäischen Ausland, GRURPrax 2013, 484; *Dickinson*, Provisional Measures in the »Brussels I« Review – Disturbing the Status Quo?, IPRax 2010, 203; *Eilers*, Maßnahmen des einstweiligen Rechtsschutzes im Europäischen Zivilrechtsverkehr, 1991; *Eisermann*, Einstweilige Maßnahmen auf dem Gebiet der Brüssel I-VO, 2011; *Garber*, Einstweiliger Rechtsschutz nach der EuGVVO, 2011; *Heinze*, Beweissicherung im europäischen Zivilprozessrecht, IPRax 2008, 480; *Heß/Vollkommer*, Die begrenzte Freizügigkeit einstweiliger Maßnahmen nach Art. 24 EuGVÜ, IPRax 1999, 220 u. IPRax 2000, 370; *Lindacher*, Einstweiliger Rechtsschutz in Wettbewerbssachen unter dem Geltungsregime von Brüssel I, FS Leipold 2009, S. 251; *Mankowski*, Selbständige Beweisverfahren und einstweiliger Rechtsschutz in Europa, JZ 2005, 1144; *Schlosser*, EuGVVO und einstweiliger Rechtsschutz betreffend schiedsbefangener Ansprüche, IPRax 2009, 416; *ders.*, Aus Frankreich: Neues zum transnationalen einstweiligen Rechtsschutz in der EU, IPRax 2012, 88; *Schneider*, Die Leistungsverfügung im niederländischen, deutschen und europäischen Zivilprozessrecht, 2013; *Zerr*, Prozesstaktik bei Arrestverfahren innerhalb Europas nach der Neufassung der EuGVVO, EuZW 2013, 292.

I. Entstehungsgeschichte

Die Norm stimmt mit einer sprachlichen Modifikation zu »Sicherungsmaßnahmen« im Wesentlichen mit ihrem **Vorläufer Art. 31 Brüssel-I-VO** überein. Zu Art. 31 hatten sich mehrere – vom EuGH nur teilweise geklärte – Streitfragen entwickelt, welche die internationale Zuständigkeit für einstweilige Maßnahmen, die Anerkennung und Vollstreckung von Entschließungen, bei denen dem Schuldner zuvor kein rechtliches Gehör gewährt worden war, und die Abgrenzung der Norm zur EuBewVO betrafen. Unter Abweichung von dem Kommissionsvorschlag, der die Möglichkeit von Eilmaßnahmen ohne vorherige Anhörung des Antragsgegners und ohne deren Zustellung vor der Vollstreckung vorsah, entsprach die schließlich verabschiedete Norm als solche ihrer Vorläuferin. Jedoch erfolgte durch Art. 2 lit. a infolge eine Neudefinition des Begriffs der »Entscheidung« eine Erweiterung des Anwendungsbereich und durch Erwägungsgrund 25 eine Auslegungshilfe für »Sicherungsmaßnahmen« (Rn. 5 – 8).[1] 1

II. Zweck der Norm

Für einstweilige Maßnahmen enthält Art. 35 eine über die Zuständigkeitsregeln der Verordnung hinausgehende Erweiterung auf nationale Zuständigkeitsvorschriften mit der Folge, dass sie auch von einem Gericht angeordnet werden können, das in der Hauptsache unzuständig wäre. Der Gläubiger kann sich also entscheiden, ob er sich an ein nach der Brüssel-Ia-VO zuständiges Gericht wendet oder die einstweilige Maßnahme an einem nur nach nationalem Recht möglichen Gerichtsstand beantragt, etwa in Deutschland an dem durch Art. 5 (Art. 3 Brüssel-I-VO) ausgeschlossenen 2

---

[1] Zur Entstehungsgeschichte der Norm näher *v. Hein*, RIW 2013, 97, 107 f.

Gerichtsstand des Vermögens nach § 23 ZPO. Die Anrufung des nur nach nationalem Recht zuständigen Gerichts setzt indes nach der auch für die Neufassung weiterhin aktuellen Rechtsprechung des EuGH zur Brüssel-I-VO voraus, dass zwischen dem Gegenstand der einstweiligen Maßnahme und der gebietsbezogenen Zuständigkeit des Mitgliedstaates eine »**reale Verknüpfung**« besteht.[2] Dies wäre etwa dann der Fall, wenn im Erlassstaat tatsächlich eine Zugriffsmöglichkeit eröffnet[3] bzw. im Bezirk des anordnenden Gerichts eine **ortsnahe Vollstreckung** möglich ist.[4]

III. Einstweilige Maßnahmen

3   Der Begriff der einstweiligen Maßnahmen ist vertragsautonom auszulegen und erfasst solche Maßnahmen, die eine Veränderung der Sach- und Rechtslage verhindern sollen, um Rechte zu sichern, deren Anerkennung im Übrigen bei dem für die Hauptsache zuständigen Gericht beantragt wird.[5] Er umfasst nach deutschem Recht,
- einen Arrest (§ 916 ZPO),
- eine einstweilige Verfügung einschließlich einer Leistungsverfügung nach den §§ 935, 940 ZPO.

1. Leistungsverfügungen

4   Bei **Leistungsverfügungen** ist zu beachten, dass diese nach der Rechtsprechung des EuGH nur dann eine einstweilige Maßnahme darstellen, wenn die Rückzahlung des zugesprochenen Betrages an den Antragsgegner im Fall einer Klageabweisung in der Hauptsache gewährleistet ist, was wegen § 945 ZPO der Fall sein dürfte,[6] und die Maßnahme nur bestimmte Vermögensgegenstände betrifft, die sich im örtlichen Zuständigkeitsbereich des angerufenen Gerichts befinden.[7] Ob diese engen Voraussetzungen auch dann gelten, wenn die Leistungsverfügung zur Befriedigung elementarer Lebensbedürfnisse einer Partei dient – etwa für die Begleichung von ärztlichen Behandlungskosten – ist zweifelhaft[8] und dürfte zu verneinen sein.

2. Eilmaßnahmen ohne rechtliches Gehör

5   Zweifelhaft war es in der Vergangenheit, ob auch solche Titel des einstweiligen Rechtsschutzes, die ohne vorheriges rechtliches Gehör des Schuldners ergangen waren (sog. ex parte-Maßnahmen), wie etwa deutsche Arreste oder einstweilige Verfügungen, die ohne mündliche Verhandlung ergangen waren, in einem anderen Mitgliedstaat vollstreckt werden konnten. Hierzu hatte der EuGH zum EuGVÜ eine klare Linie vorgegeben. Anerkennungsfähig sind nur solche gerichtlichen Entschließungen, bei denen dem Schuldner vor Eintritt der Vollstreckbarkeit im Ursprungsmitgliedstaat **rechtliches Gehör** gewährt worden war, sei es dass der Entscheidung ein kontradiktorisches Verfahren zugrunde gelegen hatte bzw. – im Fall der Säumnis – für den Schuldner die Möglichkeit zur Verteidigung bestanden hatte, sei es dass – wie etwa beim italienischen oder polnischen Zahlungsbefehl – die Maßnahme erst mit Ablauf der Einspruchsfrist vollstreckbar wird.[9] Die entsprechenden Grundsätze hat der BGH entgegen der überwiegend in der Literatur vertretenen Auffassung sowie unter Aufhebung der gegenteiligen Entscheidung der Vorinstanz[10] auch auf das Vollstreckbarkeitsverfahren nach der Brüssel-I-VO übertragen, da nur solche gerichtlichen Entschließungen, denen

---

2 EuGH, EuZW 1999, 413.
3 *Zöller/Geimer*, Art. 31 EuGVVO Rn. 7.
4 *Hess*, EuZPR S. 369.
5 EuGHE I 2005, 3481 = IPRax 2007, 208 mit Anm. *Hess/Zhou* S. 183.
6 *Thomas/Putzo/Hüßtege*, Art. 35 EuGVVO Rn. 1.
7 EuGH, EuZW 1999, 413 und 727.
8 *Rauscher/Leible*, EuZPR/EuIPR, Art. 31 Brüssel I-VO Rn. 12.
9 EuGHE 1980, 1553 = IPRax 1981, 95; EuGHE 1999 I, 2277.
10 OLG Schleswig, OLGReport 2005, 520.

ein – potentiell – kontradiktorisches Verfahren zugrunde gelegen habe, »Entscheidungen« i. S. d. Art. 32 Brüssel-I-VO darstellten.[11]

Nunmehr findet sich nach dem Muster anderer neuerer Rechtsinstrumente der EU die Definition für eine »**Entscheidung**« bereits in vorangestellten Begriffsbestimmungen, und zwar in Art. 2 lit. a). In dessen Unterabs. 2 ist in Satz 1 bestimmt, dass auch einstweilige Maßnahmen einschließlich Sicherungsmaßnahmen, die von einem nach der Verordnung in der Hauptsache zuständigen Gericht angeordnet wurden, Entscheidungen darstellen. Satz 2 enthält dann die Ausnahme, dass hierzu keine solchen vorläufigen Maßnahmen gehören, die ohne Vorladung des Beklagten angeordnet worden sind, es sei denn, dass ihm die Entschließung vor der Vollstreckung zugestellt wurde. Diese Begriffsbestimmung bezieht sich zwar nicht auf den Fall des Art. 35, also einer einstweiligen Maßnahme eines Gerichts, dass nur nach nationalem Recht, aber nicht nach der Verordnung in der Hauptsache zuständig ist. In Erwägungsgrund 33 ist aber ergänzend ausgeführt, dass durch Art. 2 lit. a) die Anerkennung und Vollstreckung solcher Maßnahmen eines in der Hauptsache nicht nach der Verordnung zuständigen Gerichts zwar nicht ausgeschlossen, jedoch die Wirkung dieser Maßnahmen auf das Hoheitsgebiet des betreffenden Mitgliedstaates beschränkt werden sollte.

6

Zusammenfassend lässt sich damit feststellen, dass einstweiligen Maßnahmen, die ohne rechtliches Gehör ergangen sind, auch weiterhin die Anerkennung und Vollstreckung in einem anderen Mitgliedstaat zu versagen ist, es sei denn die Entscheidung wird dem Antragsgegner vor der Vollstreckung zugestellt.[12] Da wegen eines ohne mündliche Verhandlung bzw. ohne Anhörung des Antragsgegners angeordneten Arrestes oder einer einstweiligen Verfügung keine Amtszustellung, sondern in § 922 Abs. 2 ZPO eine Parteizustellung vorgesehen ist, ist eine Zustellung vor der Vollstreckung nicht gewährleistet mit der Folge, dass sich bei ihnen gegenüber der früheren Rechtslage nichts geändert hat. Sie können weiterhin nicht in anderen Mitgliedstaaten durchgesetzt werden. Auch bei einstweiligen Maßnahmen eines nicht in der Hauptsache nach der Brüssel-Ia-VO zuständigen Gerichts verbleibt es bei der bisherigen Rechtslage mit dem Erfordernis der »realen Verknüpfung«. Sie können zwar, wenn das nationale Recht dies zulässt, dort beantragt werden, entfalten aber auch nur dort und nicht in anderen Mitgliedstaaten Wirkung.[13] Sie machen daher nur dann Sinn, wenn im Erlassstaat auch eine Vollstreckungsmöglichkeit eröffnet ist.

7

3. Abgrenzung Sicherungsmaßnahmen – Beweisanordnungen

Weiterhin problematisch ist es auch, was unter einstweiligen »**Sicherungsmaßnahmen**« zu verstehen ist und wie das Verhältnis des Art. 35 zur EuBewVO ist. Dies war zur Brüssel-I-VO u. a. zu der Frage umstritten, ob das **selbstständige Beweisverfahren** nach den §§ 485 ff. ZPO eine einstweilige Maßnahme darstellt.[14] Die Neufassung in Art. 35 enthält zwar eine kleine Änderung in der Terminologie gegenüber Art. 31 Brüssel-I-VO, ist aber nicht mit einer Begriffsänderung verbunden; insbesondere fehlt es weiterhin an einer Definition des Begriffs, was in der Literatur ebenfalls kritisiert wird.[15] Ausgangspunkt bleibt daher auch weiter die Rechtsprechung des EuGH zum früheren Recht. Dieser hat den Charakter einer einstweiligen Maßnahme verneint für einen niederländischen Antrag auf eine vorgezogene Vernehmung eines Zeugen, um es dem Antragsteller zu ermöglichen, die Zweckmäßigkeit einer eventuellen Klage einzuschätzen, die Grundlage für eine solche Klage festzustellen und die Erheblichkeit der geltend zu machenden Klagegründe zu beurteilen.[16] Fraglich blieb aber in der Vergangenheit, ob diese Entscheidung auch auf die Anordnung

8

---

[11] BGH, RIW 2007, 217 mit Nachweisen zum Meinungsstand; kritisch hierzu *Mankowski*, EWiR, Art. 32 EuGVVO 1/07, 329; BGH v. 10.12.2009 – IX ZB 143/07 (juris).
[12] Kritisch zur Neukonzeption *v. Hein*, RIW 2013, 97, 107 f; *Zerr*, EuZW 2013, 292.
[13] Siehe auch *Böttger*, GRUR-Prax 2013, 484.
[14] Vgl. die Nachweise bei *Rauscher/Leible*, EuZPR/EuIPR, Art. 31 Brüssel I-VO Rn. 13 und *Thomas/Putzo/Hüßtege*, Art. 35 EuGVVO Rn. 2; *Zöller/Geimer*, Art. 31 EuGVVO Rn. 17.
[15] *V. Hein*, RIW 2013, 97, 108 mit Nachweisen.
[16] EuGHE I 2005, 3481 = IPRax 2007, 208 mit Anm. *Hess/Zhou* S. 183.

einer Zeugenvernehmung unter den wesentlich engeren Voraussetzungen des § 485 ZPO übertragen werden kann.[17] Die Interpretation des Begriffs durch den Normgeber in Erwägungsgrund 25 ist wenig hilfreich und trägt kaum zur Klärung bei. In Satz 1 wird ausgeführt, dass »zum Beispiel« auch Anordnungen zur Beweiserhebung oder Beweissicherung nach der Richtlinie 2004/48/EG zur Durchsetzung des geistigen Eigentums[18] unter den Begriff »einstweilige Maßnahmen einschließlich Sicherungsmaßnahmen« fielen. Nach Satz 2 sollten aber Maßnahmen, die nicht auf eine Sicherung gerichtet seien, »wie Anordnungen zur Zeugenvernehmung« nicht mit eingeschlossen sein, wobei dies wiederum nicht so recht nachvollziehbar ist. Man denke z. B. an den Fall der Anordnung einer Vernehmung eines im Sterben liegenden Zeugen. Zu einem etwaigen Vorrang der EuBewVO ergibt sich ebenfalls keine Klärung. Hierzu heißt es in Satz 3 nur, dass die Anwendung der EuBewVO unberührt bleiben sollte.

9   Auch zu dem Problempunkt der Zuständigkeit für einstweilige Sicherungsmaßnahmen bleibt nur das Fazit, dass sich gegenüber der bisherigen weitgehend unklaren Rechtslage kaum etwas geändert hat und eine weitere Klärung durch den EuGH abzuwarten bleibt.

IV. Nachweise im Vollstreckungsstaat

10   Eine aufgrund der extraordinären Zuständigkeit nach Art. 35 erlassene einstweilige Maßnahme entfaltet nur Wirkungen im Erlassstaat.[19] Dagegen können Maßnahmen eines in der Hauptsache zuständigen Gerichts wie andere Titel in einem anderen Mitgliedstaat vollstreckt werden. Damit das Vollstreckungsorgan in dem ersuchten Mitgliedstaat feststellen kann, ob es sich tatsächlich um eine »Entscheidung« i. S. d. Art. 2 lit. a), Unterabschnitt 2 handelt (siehe Rn. 6), stellt Art. 42 Abs. 2 lit. b), c) besondere Anforderungen.

In der **Bescheinigung nach Art. 53 i. V. m. dem Anhang I** hat eine Beschreibung der Maßnahme zu erfolgen, in der neben der Bestätigung einer Vollstreckbarkeit im Ursprungsstaat festzustellen ist, dass das Gericht in der Hauptsache zuständig ist. Falls die Entschließung, wie etwa in Deutschland ein ohne mündliche Verhandlung ergangener Arrest, ohne Vorladung des Antragsgegners erlassen wurde, ist zusätzlich ein Nachweis der Zustellung der Entscheidung beizubringen. Da die notwendige Beschreibung über die formularmäßig vorgesehenen Angaben hinausgeht, dürfte das Vollstreckungsorgan, das der Sprache des Ursprungsstaats nicht mächtig ist, regelmäßig berechtigt und wohl auch verpflichtet sein, gem. Art. 43 Abs. 3 eine Übersetzung oder Transliteration der Bescheinigung zu verlangen.

V. Zuständigkeitsgrundsätze

11   Zunächst ist das nach den Art. 4 bis 26 in der Hauptsache zuständige Gericht auch für die Anordnung einstweiliger oder sichernder Maßnahmen zuständig, ohne dass es weiterer Voraussetzungen bedarf.[20]

12   Ist eine Hauptsache bereits anhängig, so kann das hiermit befasste Gericht im Rahmen seiner allgemeinen Zuständigkeit nach den Art. 4 bis 26, also ebenfalls unabhängig von Art. 35 und ebenfalls ohne weitere Voraussetzungen auch einstweilige Maßnahmen treffen.[21]

---

17 Verneinend Art. 31 EuGVVO Rn. 4 der Vorauflage.
18 ABl. EU L 157 S. 45.
19 Erwägungsgrund 33.
20 EuGH, EuZW 1999, 413.
21 EuGH, EuZW 1999, 413.

Ist eine Hauptsache bereits anhängig und soll bei einem anderen als dem nach den Art. 4 bis 26 zuständigen Gericht eine einstweilige Maßnahme erlassen werden, so dürfte dies ebenfalls aufgrund der allgemeinen Zuständigkeit möglich sein.[22] **13**

Soll bei einem nur nach Art. 35 aufgrund nationalem Recht zuständigen Gericht eine einstweilige Maßnahme erlassen werden, besteht unabhängig davon, ob eine Hauptsache bereits anhängig ist oder nicht, eine Zuständigkeit des nationalen Gerichts nur unter den engen Voraussetzungen, die der EuGH aufgestellt hat, also nur bei einer »realen Verknüpfung« zum Entscheidungsstaat und der Sicherung eines Rückgewähranspruchs bei einer Leistungsverfügung. **14**

Besteht zwischen den Parteien eine Schiedsvereinbarung mit der Folge, dass für Streitigkeiten hieraus keine Hauptsachezuständigkeit gegeben ist (Art. 1 Abs. 2 lit. d), können einstweilige Maßnahmen nur unter den engen Voraussetzungen des Art. 35 ergehen.[23] **15**

Kapitel III Anerkennung und Vollstreckung

Abschnitt 1 Anerkennung

Art. 36

(1) Die in einem Mitgliedstaat ergangenen Entscheidungen werden in den anderen Mitgliedstaaten anerkannt, ohne dass es hierfür eines besonderen Verfahrens bedarf.

(2) Jeder Berechtigte kann gemäß dem Verfahren nach Abschnitt 3 Unterabschnitt 2 die Feststellung beantragen, dass keiner der in Artikel 45 genannten Gründe für eine Versagung der Anerkennung gegeben ist.

(3) Wird die Anerkennung in einem Rechtsstreit vor dem Gericht eines Mitgliedstaats, dessen Entscheidung von der Versagung der Anerkennung abhängt, verlangt, so kann dieses Gericht über die Anerkennung entscheiden.

Übersicht	Rdn.		Rdn.
I. Parallelnorm	1	IV. Inzidentanerkennung, Abs. 3	5
II. Anerkennung kraft Gesetzes, Abs. 1	2	V. Beweislast	6
III. Gesondertes Anerkennungsverfahren, Abs. 2	3		

I. Parallelnorm

Die Norm stimmt in den Absätzen 1 und 3 mit ihren Vorläufern in § 33 Abs. 1 Brüssel-I-VO überein. Die Änderungen im Absatz 2 beruhen auf dem Systemwechsel des Wegfalls des gesonderten Exequaturverfahrens. **1**

---

22 Streitig, siehe *Rauscher/Leible*, EuZPR/EuIPR, Art. 31 Brüssel I-VO Rn. 17 u. *Hess*, EuZPR S. 369 jeweils mit Nachweisen zum Meinungsstand.
23 EuGH, EuZW 1999, 413; BGH, NJW-RR 2009, 999 mit Anm. *Schlosser*, IPRax 2009. 416; *Thomas/Putzo/Hüßtege*, Art. 35 EuGVVO Rn. 4; a. A. *Heß/Vollkommer*, IPRax 1999, 220, 227; *Rauscher/Leible*, EuZPR/EuIPR, Art. 31 Brüssel I-VO Rn. 20; *Schlosser*, Art. 31 EuGVVO Rn. 25: Geltung der Art. 2, 5–24 EuGVVO, wenn das nationale Recht einstweilige Maßnahmen trotz einer Schiedsabrede zulässt, z. B. in Deutschland in § 1033.

II. Anerkennung kraft Gesetzes, Abs. 1

2 Durch Abs. 1 wird klargestellt, dass die Entscheidungen eines anderen Mitgliedstaates ipso jure anerkannt werden, d. h. im Rahmen einer **Wirkungserstreckung** werden ihr die gleichen rechtlichen Wirkungen zugeschrieben wie im Ursprungsmitgliedstaat.[1] Dies soll auch dann gelten, wenn sie gegen eine Person ohne Wohnsitz in einem Mitgliedstaat ergangen ist.[2] Hergeleitet wird die Wirkungserstreckung aus dem »gegenseitigen Vertrauen in die Rechtspflege innerhalb der Union«.[3] Für die Vollstreckungswirkung eines Urteils gelten die Sondervorschriften der Art. 39 ff. Im Übrigen erfasst die Anerkennung alle prozessualen Wirkungen der Entscheidungen, also die materielle Rechtskraft, die zur Abweisung einer Klage mit identischem Streitgegenstand als unzulässig führt, die Präklusionswirkung wegen der Tatsachen, die im Vorprozess hätten vorgebracht werden können, die Gestaltungswirkung und prozessuale Drittwirkungen, etwa entsprechend den §§ 68, 74 Abs. 3 ZPO.[4] Ist der Umfang der Wirkungen des Urteils im Ursprungsmitgliedstaat größer als derjenige einer vergleichbaren Entscheidung im Zweitstaat, so sind auch diese Wirkungen uneingeschränkt anzuerkennen.[5] Ggf. sind gem. Art. 54 Entscheidungen mit einer Anordnung oder Maßnahme, die im Recht des ersuchten Mitgliedstaates nicht vorgesehen sind, im Wege einer Auslegung an dortige Maßnahmen oder Anordnungen anzupassen, die mit vergleichbaren Wirkungen verbunden sind und ähnliche Ziele verfolgen.[6]

III. Gesondertes Anerkennungsverfahren, Abs. 2

3 Bei nicht vollstreckbaren Gestaltungs- oder Feststellungsurteilen kann Streit über deren Anerkennungsfähigkeit und damit ein Bedürfnis für eine entsprechende rechtskräftige Feststellung entstehen. Den Weg hierzu eröffnet Art. 36 Abs. 2. Das Verfahren richtet sich nach den Art. 46 ff. Zuständig für die Entscheidung über einen entsprechenden Antrag ist daher in Deutschland gem. den Art. 47 Abs. 1, 75 lit. a) i. V. m. § 1115 ZPO in ausschließlicher Zuständigkeit der Vorsitzende einer Zivilkammer des Landgerichts am Wohnort des Schuldners bzw. bei wohnsitzlosen Personen dort, wo die Entscheidung Wirkungen entfalten soll. Wegen des Gleichlaufs des Verfahrens kann der Antrag auch als Gegenantrag zu einem Antrag des Schuldners nach Art. 46 auf Versagung der Vollstreckung gestellt werden. Wegen der unterschiedlichen Verfahrensart und der unterschiedlichen Zuständigkeiten, insbesondere wegen der bei einer Klage nicht möglichen funktionellen Zuständigkeit des Vorsitzenden einer Zivilkammer ist es dagegen nicht möglich, dass der Gläubiger den Anerkennungsantrag in Verbindung mit einer hilfsweise erhobenen Leistungsklage stellt.[7]

4 Streitig zu Art. 33 Abs. 2 Brüssel-I-VO ist es, ob nur ein positiver oder auch ein negativer Feststellungsantrag statthaft ist. Die wohl überwiegende Meinung verneint dies.[8] Hierzu bringt die Neufassung Klarheit. Die Norm ermöglicht schon von seinem – keiner weiteren Auslegung mehr fähigen – eindeutigen Wortlaut her nur einen Antrag des Titelgläubigers, also nur einen positiven Antrag; denn nur jeder »Berechtigte« kann den Antrag stellen und nur mit dem Inhalt, dass keiner

---

1 EuGHE 1988, 645 = NJW 1989, 663; EuGH, EuZW 2013, 60, zum Begriff der Entscheidung siehe Art. 35 Rdn. 5 – 7 und Art. 39 Rdn. 2 - 4.
2 Erwägungsgrund 27.
3 Erwägungsgrund 26.
4 *HK-ZV/Mäsch*, Art. 33 Rn. 4–8.
5 BGH, FamRZ 2008, 400 für die Rechtskraftwirkungen einer österreichischen Oppositionsklage im Verhältnis zu einer späteren deutschen Vollstreckungsabwehrklage; *Geimer/Schütze*, EuZVR, Art. 34 EuGVVO Rn. 13.
6 Siehe auch Erwägungsgrund 28 und Art. 54 Rdn. 1 - 3.
7 *Kropholler/v. Hein* Art. 33 EuGVVO Rn. 5, 6.
8 *Hess*, EuZPR, S. 339; *Kropholler/v. Hein*, Art. 33 Rn. 7; *Micklitz/Rott* EuZW 2002, 15, 16; MüKo/*Gottwald*, Art. 33 EuGVO Rn. 13; *Prütting/Gehrlein/Schinkels*, Art. 33 EuGVVO Rn. 5; *Rauscher/Leible*, EuZPR/EuIPR Art. 33 Brüssel I-VO Rn. 13; a. A. *Geimer/Schütze*, EuZVR, Art. 33 Rn. 85, 86; HK-ZV/*Mäsch*, Art. 33 Rn. 17; *Schlosser* Art. 33 Rn. 4.

der Anerkennungsversagungsgründe des Art. 45 vorliegt.[9] Dem Schuldner bleibt allerdings wie zur früheren Rechtslage die Möglichkeit der Erhebung einer Feststellungsklage nach nationalem Recht, dass Art. 45 einer Anerkennung entgegensteht, die aber in Deutschland gem. § 256 Abs. 1 ZPO ein Rechtsschutzinteresse erfordert. Dieses dürfte regelmäßig fehlen; denn er kann den einfacheren Weg eines **Anerkennungsversagungsantrags** nach den Art. 45 Abs. 4, 46 i. V. m. § 1115 ZPO gehen.

IV. Inzidentanerkennung, Abs. 3

Für den Fall, dass die Anerkennung einer Entscheidung aus einem anderen Mitgliedstaat in einem Verfahren eine entscheidungserhebliche Vorfrage bildet, kann hierüber nach Art. 36 Abs. 3 inzident, also in den Gründen entschieden werden. Voraussetzung hierfür ist, dass die in Art. 37 genannten Urkunden vorgelegt werden. Ferner darf noch keine rechtskräftige Entscheidung über einen Feststellungsantrag nach Art. 36 Abs. 2 ergangen sein. Die Inzidententscheidung selbst erwächst nicht in Rechtskraft, sodass in einem späteren Verfahren nach Abs. 2 eine abweichende Entscheidung ergehen kann. Um dem vorzubeugen, wird es für zulässig erachtet, dass das Gericht, in dessen Verfahren sich die Vorfrage stellt, hierüber auf einen entsprechenden Antrag im Wege eines der Rechtskraft fähigen Zwischenfeststellungsurteils nach § 256 Abs. 2 ZPO entscheidet.[10]

V. Beweislast

Da nach Art. 36 Abs. 1 die Anerkennung einer Entscheidung aus einem anderen Mitgliedstaat in den anderen Mitgliedstaaten ipso jure erfolgt, bilden Anerkennungsversagungsgründe die Ausnahme. Deswegen liegt sowohl bei Anträgen des Gläubigers nach Abs. 2 wie auch im Rahmen einer Inzidentanerkennung die **Beweislast** beim Schuldner.[11]

Art. 37

(1) Eine Partei, die in einem Mitgliedstaat eine in einem anderen Mitgliedstaat ergangene Entscheidung geltend machen will, hat Folgendes vorzulegen:

a) eine Ausfertigung der Entscheidung, die die für ihre Beweiskraft erforderlichen Voraussetzungen erfüllt, und

b) die nach Artikel 53 ausgestellte Bescheinigung.

(2) Das Gericht oder die Behörde, bei dem oder der eine in einem anderen Mitgliedstaat ergangene Entscheidung geltend gemacht wird, kann die Partei, die sie geltend macht, gegebenenfalls auffordern, eine Übersetzung oder eine Transliteration des Inhalts der in Absatz 1 Buchstabe b genannten Bescheinigung nach Artikel 57 zur Verfügung zu stellen. Kann das Gericht oder die Behörde das Verfahren ohne eine Übersetzung der eigentlichen Entscheidung nicht fortsetzen, so kann es oder sie die Partei auffordern, eine Übersetzung der Entscheidung statt der Übersetzung des Inhalts der Bescheinigung zur Verfügung zu stellen.

Übersicht	Rdn.		Rdn.
I. Normzweck	1	II. Vorzulegende Unterlagen	2

---

9 *Thomas/Putzo/Hüßtege*, Art. 36 EuGVVO Rn. 5; *Hau*, MDR 2014, 1417.
10 *Rauscher/Leible*, EuZPR/EuIPR Art. 33 Brüssel I-VO Rn. 17; *Schlosser*, Art. 33 Rn. 5; *Thomas/Putzo/Hüßtege*, Art. 35 EuGVVO Rn. 11; a. A. *Hau*, MDR 2014, 1417.
11 Siehe auch Art. 45 Rdn. 2.

Art. 38 Brüssel-Ia-VO

I. Normzweck

1 Die Norm hat in der Brüssel-I-VO keine Entsprechung und sie gilt nicht nur für das Anerkennungs-, sondern auch für das Vollstreckungsverfahren.[1] Mit ihr sollen die Gerichte in dem Staat, in dem die gerichtliche Entschließung aus einem anderen Mitgliedstaat geltend gemacht wird, etwa infolge von Anträgen nach Art. 36 Abs. 2, 3, in die Lage versetzt werden zu überprüfen, ob es sich überhaupt um eine gerichtliche Entschließung handelt, die in den Anwendungsbereich der Brüssel-Ia-VO fällt und ob diese eine »Entscheidung« i. S. d. Art. 2 lit. a) darstellt.

II. Vorzulegende Unterlagen

2 Die in der Formulierung aus Art. 53 Brüssel-I-VO übernommene Notwendigkeit der Vorlage von Ausfertigungen bedingt, dass die Einreichung von einfachen Abschriften oder Kopien nicht ausreicht.[2] Die des Weiteren vorzulegende Bescheinigung nach Art. 53 i. V. m. Anhang I ist so gestaltet, dass ihr wesentlicher Inhalt von der zuständigen Stelle im ersuchten Staat unter Umständen auch dann erschlossen werden kann, wenn die Sprache, in der sie ausgestellt ist, nicht verstanden wird. Sie kann zwar nach Abs. 2 Satz 2 eine Übersetzung der Bescheinigung anfordern, braucht dies aber nicht. Hierdurch wird das Verfahren deutlich vereinfacht.

3 Eine Übersetzung der Entscheidung selbst anstelle einer Übersetzung der Bescheinigung kann/darf gem. Abs. 2 Satz 2 nur dann angefordert werden, wenn die ersuchte Stelle das Verfahren ohne eine solche Übersetzung nicht fortsetzen kann. Die Notwendigkeit hierfür dürfte sich nur dann ergeben, wenn das Formblatt um individuelle Zusätze ergänzt worden ist. Wegen dieses klar zum Ausdruck gebrachten Willens des europäischen Normgebers, die Anforderung einer Übersetzung auf das Notwendigste zu beschränken, dürfte der zu anderen Verordnungen vertretenen gegenteiligen Ansicht, die wegen § 184 GVG und zur Sicherung ordnungsgemäßer Tätigkeit der ersuchten Stellen stets eine Übersetzung verlangt, der Boden entzogen sein.[3]

4 Übersetzungen bzw. Transliterationen sind gem. Art. 57 grundsätzlich in der Amtssprache bzw. den Amtssprachen oder sonstigen dort nach nationalem Recht zugelassenen Verfahrenssprachen des Mitgliedstaates abzufassen, in dem die Entscheidung geltend gemacht oder ein Antrag gestellt wird. Sie sind von Personen zu erstellen, die in irgendeinem Mitgliedstaat hierzu befugt sind. § 1113 ZPO ordnet hierzu ergänzend an, dass die vorzulegenden Übersetzungen oder Transliterationen in deutscher Sprache abgefasst sein müssen.

Art. 38

Das Gericht oder die Behörde, bei dem bzw. der eine in einem anderen Mitgliedstaat ergangene Entscheidung geltend gemacht wird, kann das Verfahren ganz oder teilweise aussetzen, wenn
a) die Entscheidung im Ursprungsmitgliedstaat angefochten wird oder
b) die Feststellung, dass keiner der in Artikel 45 genannten Gründe für eine Versagung der Anerkennung gegeben ist, oder die Feststellung, dass die Anerkennung aus einem dieser Gründe zu versagen ist, beantragt worden ist.

Übersicht	Rdn.		Rdn.
I. Parallelnormen und Anwendungsbereich	1	III. Ermessensentscheidung	6
II. Normzweck	2		

---

1 *Thomas/Putzo/Hüßtege*, Art. 37 EuGVVO Rn. 1.
2 Siehe Art. 20 EuVTVO Rdn. 3 mit Nachweisen.
3 Siehe § 1083 ZPO Rdn. 1, § 1113 ZPO Rdn. 2.

I. Parallelnormen und Anwendungsbereich

Die Norm hat lediglich zu lit. a) eine **Entsprechung in Art. 37 Abs. 1 Brüssel-I-VO**. Zu lit. a) bezieht sie sich nur auf die Fälle der Inzidentanerkennung nach Art. 36 Abs. 3. Lit. b) erfasst in der ersten Alternative den Anerkennungsantrag des Gläubigers nach Art. 36 Abs. 2 i. V. m. Art. 46 und in der zweiten den gegenteiligen Fall eines Anerkennungsversagungsantrags des Schuldners nach Art. 45 Abs. 4 i. V. m. Art. 46.[1]

1

II. Normzweck

Die Norm gibt einem Schuldner die Möglichkeit, ein Verfahren, das die Anerkennung einer Entscheidung zum Gegenstand hat, vorläufig zu blockieren, wenn entweder im Ursprungsmitgliedstaat ein Rechtsmittel gegen die Entscheidung anhängig ist (lit a) oder eine der beiden Parteien außerhalb des Ursprungsmitgliedstaates ein Verfahren nach den Art. 36 Abs. 2, 45, 46 anhängig gemacht hat (lit. b).

2

Nach lit. a) reicht es für eine Aussetzung aus, dass die Entscheidung, deren Anerkennung problematisch ist, im Ursprungsmitgliedstaat »angefochten« wird, während für ihre Entsprechung im Rahmen eines Verfahrens auf Versagung der Vollstreckung nach Art. 51 die Einlegung eines »ordentlichen Rechtsbehelfs« erforderlich ist. Sie kann mithin von ihrem Wortlaut her auch außerordentliche Rechtsbehelfe wie z. B. eine nach dem Recht des Ursprungsmitgliedstaats statthafte Verfassungsbeschwerde oder einen Wiederaufnahmeantrag umfassen. Zu der ähnlich gelagerten Vorschrift des Art. 23 EuVTVO, bei der ein bloßer »Rechtsbehelf« vorläufige Schutzmaßnahmen rechtfertigt, wird dies zu Recht von der überwiegenden Meinung bejaht.[2] Hier scheint eine abweichende Auffassung geboten, da nach dem Konzept der Verordnung, Gründe, die im Einzelfall einer ipso jure eintretenden Anerkennung entgegenstehen können, gleichzeitig solche sind, mit denen sich ein Schuldner gegen eine Vollstreckung wenden kann und umgekehrt. Auch in der Entsprechungstabelle gem. Anhang III ist Art. 38 lit. a) als dem Art. 37 Abs. 1 Brüssel-I-VO entsprechend aufgeführt. Diese Vorläufernorm verlangt aber die Einlegung eines »ordentlichen« Rechtsbehelfs. Näher liegt es daher, dass es sich um eine sprachliche Ungenauigkeit handelt und auch von der Neuregelung nur »ordentliche« Rechtsbehelfe erfasst sind.[3]

3

Es ist nicht erforderlich, dass das von der lit. b) erfasste Verfahren in dem gleichen Mitgliedstaat anhängig ist, in dem über eine etwaige Aussetzung zu entscheiden ist. Eine derartige Beschränkung ist der Norm nicht zu entnehmen. Sind z. B. wegen eines in Deutschland anhängigen Verfahrens die Anerkennungswirkungen einer Entscheidung aus Frankreich streitig und problematisch und wendet sich der Schuldner auch in Polen mit einem Anerkennungsversagungsantrag nach Art. 45 Abs. 4 i. V. m. Art. 46 gegen die Entscheidung, so ist dies ein Fall, in dem ggf. in Deutschland eine Aussetzung in Betracht kommt.

4

Die Aussetzung gilt wegen ihres Schutzzwecks nur für die Dauer des weiteren Verfahrens. Sie sind auch bzw. gerade dann möglich, wenn es noch keine Auswirkungen auf die Durchsetzbarkeit der Entscheidung hat, z. B. wenn nach einem Einspruch gegen ein deutsches Versäumnisurteil eine einstweilige Einstellung der Zwangsvollstreckung (noch) nicht erfolgt ist.

5

III. Ermessensentscheidung

Bei der Entscheidung über den Antrag handelt es sich um eine Ermessensentscheidung. Ermessensmaßstäbe sind dabei eine Prognose zur Erfolgsaussicht des im Ursprungsmitgliedstaat eingelegten

6

---

1 Siehe Art. 36 Rdn. 3 – 5.
2 Siehe Art. 23 EuVTVO Rdn. 2.
3 Im Ergebnis ebenso *Thomas/Putzo/Hüßtege*, Art. 38 EuGVVO Rn. 3.

Rechtsbehelfs bzw. der gestellten Anträge sowie die Wahrscheinlichkeit, dass ohne die Aussetzung ein nicht wiedergutzumachender Schaden eintritt.[4]

Abschnitt 2 Vollstreckung

Art. 39

Eine in einem Mitgliedstaat ergangene Entscheidung, die in diesem Mitgliedstaat vollstreckbar ist, ist in den anderen Mitgliedstaaten vollstreckbar, ohne dass es einer Vollstreckbarerklärung bedarf.

Übersicht	Rdn.		Rdn.
I. Normzweck	1	3. Großbritannien	10
II. Vollstreckbare »Entscheidungen«	2	4. Italien	11
III. Zivil- und Handelssache	5	5. Niederlande	12
IV. Gericht	6	6. Österreich	13
V. Einzelfälle	7	7. Polen	14
1. Deutschland	8	8. Schweiz	15
2. Frankreich	9		

I. Normzweck

1 Art. 39 enthält die zentrale Norm und den Programmsatz des Endes des Vollstreckbarkeitsverfahrens herkömmlicher Art für gerichtliche Entscheidungen in Zivil- und Handelssachen. Nach Erwägungsgrund 26 sollen Entscheidungen von Gerichten eines Mitgliedstaates so behandelt werden, als seien sie im ersuchten Staat ergangen. Dies wird zum einen mit dem gegenseitigen Vertrauen in die Rechtspflege innerhalb der Union und zum anderen damit begründet, dass auch die Reduzierung des Zeit- und Kostenaufwands bei grenzüberschreitenden Rechtsstreitigkeiten die Abschaffung des Exequaturverfahrens rechtfertige.[1]

II. Vollstreckbare »Entscheidungen«

2 Art. 2 a) enthält im Unterabs. 1 eine Definition des Begriffs der Entscheidung, die derjenigen in Art. 32 Brüssel-I-VO und zuvor schon in Art. 25 EuGVÜ entspricht. Unter diesen autonom auszulegenden Begriff fallen alle Entschließungen von Rechtsprechungsorganen der Mitgliedstaaten, die einem Bürger etwas zusprechen oder aberkennen. Dabei ist es rechtlich unerheblich, in welcher Form sie ergangen sind, welchen Inhalt sie haben, ob sie rechtskräftig sind und welcher Funktionsträger innerhalb eines Gerichts sie erlassen hat.[2]

Deshalb zählen hierzu etwa neben richterlichen Urteilen oder Beschlüssen auch vom Rechtspfleger erlassene **Vollstreckungsbescheide** oder **Kostenfestsetzungsbeschlüsse**. Auch Entscheidungen, die im Wege der Vollstreckung im ersuchten Staat ergangen sind, können in den Anwendungsbereich des Art. 39 fallen. Wenn z. B. ein im Ursprungsmitgliedstaat ergangener Titel auf Vornahme einer vertretbaren Handlung in Deutschland vollstreckt werden soll, kann der Gläubiger die Rechte geltend machen, die ihm das deutsche Vollstreckungsrecht zur Verfügung stellt, also nach § 887

---

4 Näher Art. 44 Rdn. 3.

1 Zu der in den Mitgliedstaaten unterschiedlichen durchschnittlichen Verfahrensdauer, Verzögerungen bei der Beschaffung der angeforderten Unterlagen für die Vollstreckbarerklärung und zu den Kosten instruktiv die Erhebungen von *Hess* in *Hess/Pfeiffer/Schlosser,* The Brussels I-Regulation (EC) No 44/2001, Rn. 514–518.

2 *Schlosser,* Art. 32 Rn. 1 ff.

Abs. 1, 2 ZPO vorgehen.³ Eine darauf beruhende Verurteilung des Schuldners zur Zahlung eines **Kostenvorschusses** stellt wiederum eine neue vollstreckbare Entscheidung i. S. d. Art. 39 dar, die jetzt ihrerseits im Ursprungsmitgliedstaat oder in einem anderen Mitgliedstaat, in dem der Gläubiger eine Möglichkeit zur Realisierung der Forderung sieht, vollstreckt werden kann.

Ob und in welchem Umfang eine Entscheidung aus einem anderen Mitgliedstaat vollstreckbar ist, hat das Vollstreckungsorgan im Wege der **Auslegung des Titels** zu ermitteln. Dies kann nach der Rspr. des BGH auch dazu führen, dass Kosten oder sonstige Forderungen, die im ausländischen Vollstreckungstitel nicht ausdrücklich erwähnt werden, im Inland vollstreckt werden können, sofern sie im Erststaat ohne eine solche Titulierung im Wege der Zwangsvollstreckung beigetrieben werden können und festgestellt werden kann, dass nach den ausländischen Tenorierungsgewohnheiten der Entscheidung ein Leistungsbefehl gegen den Antragsgegner zu entnehmen ist.⁴ Erforderlich ist es aber, dass die weiteren Forderungen bzw. Kosten in der Bescheinigung gem. Art. 53 nachvollziehbar dargestellt werden. Eine Neutenorierung im Rahmen einer Konkretisierung des Leistungsbefehls, wie dies im Vollstreckbarkeitsverfahren herkömmlicher Art möglich und geboten war,⁵ scheidet dagegen aus.⁶ Speziell geregelt, ist indes der Sonderfall, dass die ausländische Entscheidung Maßnahmen oder Anordnungen enthält, die im Recht des Vollstreckungsstaates unbekannt sind. Für diesen Fall hat gem. Art. 54 eine nach Möglichkeit eine Anpassung an eine im Recht des Vollstreckungsstaates bekannte Maßnahme oder Anordnung zu erfolgen.

Lässt sich der vollstrekungsfähige Inhalt einer ausländischen Entscheidung nicht durch Auslegung ermitteln und ist auch keine Anpassung nach Art. 54 möglich, ist der Antrag zurückzuweisen. Dem Gläubiger stehen sodann die Rechtbehelfe bzw. Rechtsmittel des Vollstreckungsrechts zur Verfügung (§§ 766, 793 ZPO, § 71 GBO). Für diesen Fall dürfte auch die im inländischen Vollstreckungsrecht zulässige **Klage gem. § 256 ZPO auf Feststellung eines bestimmten Titelinhaltes**⁷ zulässig ein.⁸ Der gegenteiligen Ansicht, die unter Bezugnahme auf Rechtsprechung des BGH zum Vollstreckbarkeitsverfahren nach dem EuGVÜ die Zulässigkeit einer Feststellungsklage deshalb ablehnt, weil ein nach deutschen Maßstäben – z. B. wegen Unbestimmtheit - nicht vollstreckbarer Titel gegen den nationalen ordre public gem. Art. 45 Nr. 1 verstoße,⁹ ist abzulehnen. Sie ist mit der Neukonzeption der Brüssel-Ia-VO, nach der Entscheidungen aus einem anderen Mitgliedstaat gem. Art. 41. wie inländische zu behandeln und die Vollstreckungshindernisse des Art. 45 nur auf Antrag des Schuldners zu beachten sind, nicht vereinbar.

Umstritten, aber zu bejahen, ist es, ob **Prozessurteile**, mit denen eine Klage als unzulässig abgewiesen wird, in den Anwendungsbereich des Art. 39 fallen.¹⁰ Bloße **Zwischenentscheidungen** ohne Außenwirkung über den weiteren Verfahrensfortgang zählen hierzu jedenfalls nicht.¹¹ 3

Problematisch kann es sein, ob Titel, die im Verfahren des einstweiligen Rechtsschutzes ergangen sind, vollstreckbare Entscheidungen darstellen. Nach Art. 2 a) Unterabs. 2 ist dies im Anschluss an Rechtsprechung des EuGH zu Art. 25 EuGVÜ zwar grundsätzlich der Fall, aber nur dann, wenn 4

---

3 Vgl. zu Art. 32 Brüssel-I-VO OLG Köln, InVo 2006, 332.
4 ⁴BGH, NJW 2014, 702.
5 Siehe § 722 ZPO Rdn 6, Art. 34 Brüssel-I-VO Rdn. 4 - 8, § 8 AVAG Rdn. 4.
6 *Thomas/Putzo/Hüßtege*, Art. 39 EuGVVO Rn. 6.
7 BGH NJW 1997, 2320.
8 *Gössl*, NJW 2014, 3479, 3482.
9 *Thomas/Putzo/Hüßtege*, Art. 39 EuGVVO Rn. 5.
10 EuGH, EuZW 2013, 60 für den Fall der Verneinung einer Zuständigkeit des angerufenen Gerichts wegen einer Gerichtsstandsvereinbarung; generell bejahend *Roth*, IPRax 2014, 136 (Anm. zu EuGH a. a. O.); *HK-ZV/Mäsch*, Art. 32 EuGVVO Rn. 4; *Kropholler/v. Hein*, Vorbem. Art. 33 Rn. 13; *Prütting/Gehrlein/Schinkels*, Art. 32 EuGVO Rn. 2; verneinend *Zöller-Geimer*, Art. 32 EuGVVO Rn. 11.
11 OLG Hamburg, IPRax 2000, 530 mit zustimmender Anm. *Försterling* S. 499; OLG Hamm, RIW 1989, 566 mit kritischer Anm. *Bloch* S. 467 für ein französisches Beweissicherungsverfahren; *HK-ZV/Mäsch*, Art. 32 EuGVVO Rn. 2; *Rauscher/Leible*, EuZPR/EuIPR, Art. 32 Brüssel I-VO Rn. 8.

dem Schuldner entweder zuvor rechtliches Gehör gewährt oder ihm die Entscheidung vor der Vollstreckung zugestellt worden war.[12]

III. Zivil- und Handelssache

5 Weitere Voraussetzung für die Vollstreckbarkeit einer Entscheidung ist es, dass sie in einer Zivil- und Handelssache i. S. d. Art. 1 ergangen ist. Darüber, ob dies der Fall ist, entscheidet das Vollstreckungsorgan ohne Bindung an die Rechtsansicht des Ausgangsgerichts, allerdings unter Beachtung des aus Art. 52 folgenden Gebots, die ausländische Entscheidung keineswegs in der Sache nachzuprüfen.[13] Maßgeblich für die Abgrenzung ist alleine die Rechtsnatur des titulierten Anspruchs mit der Folge, dass ggf. auch Entscheidungen von Gerichten der freiwilligen Gerichtsbarkeit,[14] von Strafgerichten[15] oder von Verwaltungsgerichten vollstreckt werden können. Ausgenommen sind daher neben öffentlich-rechtlichen Titeln insbesondere solche, die die ehelichen Güterstände oder das Erbrecht betreffen. Handelt es sich um einen Titel, der nur teilweise in den Anwendungsbereich der Verordnung fällt, ist es gem. Art. 48 möglich, nur diesen Teil nach den Art. 32 ff. für vollstreckbar zu erklären.

IV. Gericht

6 Es muss sich zudem um einen Titel handeln, der von einem staatlichen Gericht eines Mitgliedstaates geschaffen ist.[16] So können etwa Entscheidungen von Schiedsgerichten (Art. 1 Abs. 2 d), Verwaltungsbehörden, kirchlichen Arbeitsgerichten oder von Gerichten supra- oder internationaler Organisationen nicht für vollstreckbar erklärt werden.[17]

Insbesondere die Frage der Einbeziehung der Schiedsgerichtbarkeit war im Normsetzungsverfahren umstritten. Es ist schließlich entsprechend der bisherigen Rechtslage bei deren Ausschluss geblieben. Dementsprechend ist in Erwägungsgrund 12 Abs. 2 festgehalten, dass Entscheidungen eines staatlichen Gerichts, mit denen es die Nichtigkeit, Unwirksamkeit oder Nichterfüllbarkeit einer Schiedsgerichtsvereinbarung in der Hauptsache oder im Rahmen einer Zwischenentscheidung feststellt, nicht anerkannt und vollstreckt werden können. Erwägungsgrund 13 behandelt dagegen entsprechend der Rechtsprechung des EuGH zur Brüssel-I-VO[18] den Fall, dass Entscheidungen eines staatlichen Gerichts in der Hauptsache auch dann in anderen Mitgliedstaaten vollstreckt werden können, wenn das Gericht als Vorfrage über die Wirksamkeit einer Schiedsabrede befunden hat.[19]

V. Einzelfälle

7 Nachfolgend werden einige **Beispiele** aufgelistet, in denen es zweifelhaft sein kann, ob es sich um eine vollstreckbare »Entscheidung« handelt. Die ihnen zugrunde liegenden Entscheidungen sind zwar zu Art. 32 Brüssel-I-VO ergangen, können aber auf die neue Rechtslage übertragen werden.

1. Deutschland

8 – Arreste oder einstweilige Verfügungen nur dann, wenn zuvor rechtliches Gehör gewährt worden ist, also ohne mündliche Verhandlung *nein*, nach Verhandlung *ja*;[20]

---

12 Siehe hierzu näher Art. 35 Rdn. 5 – 7.
13 *Roth*, IPRax 2014, 97 Fn. 62; *Zöller/Geimer*, Art. 32 EuGVVO Rn. 17 zum bisherigen Recht.
14 Z. B. in den bis zum 1.7.2007 eingegangenen WEG-Sachen nach § 43 Abs. 1 WEG a. F.
15 EuGHE I 1993, 1963 = NJW 1993, 2091; BGHZ 123, 268 = NJW 1993, 3269.
16 Zur Erstreckung des Begriffs »Gericht« auch auf einen ungarischen Notar und das schwedische Amt für Beitreibung für summarische Mahnverfahren siehe Art. 3.
17 *Kropholler/v. Hein*, Art. 32 EuGVVO Rn. 12 mit weiteren Beispielen.
18 EuGH NJW 2009, 1655.
19 Näher zum Problem der Schiedsgerichtbarkeit *v. Hein* RIW 2013, 97, 99, *Pohl*, IPRax 2014, 109, 110.
20 BGHZ 140, 395; siehe auch Art. 35 Rn. 7.

- Gerichtskostenrechnung: *nein*, da es sich um einen Akt der Justizverwaltung und damit um eine öffentlich-rechtliche Forderung handelt;[21]
- Ordnungsgeldbeschlüsse gem. § 890 ZPO: *ja*, trotz der öffentlich-rechtlichen Vollstreckung in Deutschland nach der Justizbeitreibungsordnung, da ihr Ursprung in einer zivilrechtlichen Auseinandersetzung über einen von dem Gläubiger geltend gemachten Verstoß gegen einen Unterlassungstitel liegt;[22]
- Kostenfestsetzungsbeschlüsse, die ein Anwalt gegen die eigene Partei gem. § 11 RVG erwirkt, unabhängig von der Gerichtsbarkeit und der Rechtsnatur des Hauptsacheverfahrens: *ja*, da der Anspruch aus dem Mandatsverhältnis herrührt und damit eine »Zivil- und Handelssache« i. S. d. des Art. 1 vorliegt;[23]
- Kostenfestsetzungsbeschlüsse gegen die Gegenpartei nur dann, wenn das Verfahren in der Hauptsache eine »Zivil- und Handelssache« i. S. d. Art. 1 war und in der Hauptsache rechtliches Gehör gewährt worden war, also z. B. nicht bei einem Kostenfestsetzungsbeschluss, der auf der Kostenentscheidung einer ohne mündliche Verhandlung ergangenen einstweiligen Verfügung beruht,[24] wohl aber z. B. bei einem solchen, der zwar nicht einem Zivilprozess erlassen worden ist, aber gleichwohl eine Zivil- und Handelssache zum Gegenstand hat, wie dies z. B. bei einem Kostenfestsetzungsbeschluss der Fall ist, der gem. § 13a Abs. 3 FGG nach Abschluss eines vor dem Inkrafttreten der WEG-Novelle eingeleiteten WEG-Verfahrens durch das Gericht der freiwilligen Gerichtsbarkeit erlassen worden ist.

2. Frankreich

- eine französische einstweilige Verfügung (ordonnance de référé): *ja*, da in einem kontradiktorischen Verfahren erlassen;[25]
- ein von einem französischen Gerichtsvollzieher aufgrund der Nichtzahlung eines Schecks ausgestellter Vollstreckungstitel (titre exécutoire): *nein*, aber evtl. öffentliche Urkunde i. S. d. Art. 57;[26]
- ein vom zuständigen Präsidenten des Tribunal de Grande Instance für vollstreckbar erklärter Kostenfestsetzungsbeschluss des Präsidenten einer französischen Anwaltskammer (ordonnance exécutoire): *ja*.[27]

3. Großbritannien

- die vom englischen High Court abgestempelte und dem Beklagten zugestellte Klageschrift (claim form): *nein*;[28]
- »freezing order«: nur, wenn zuvor rechtliches Gehör gewährt wurde.[29]

---

[21] BGH, IPRspr 2000, 391; KG, KGR 2005, 881.
[22] BGH, Rpfleger 2010, 523 mit zust. Anm. *Heggen*; anders noch die Vorinstanz OLG München, Rpfleger 2009, 396 und Teile der Lit., z. B. *Hess*, EuZVR S. 354; *Bruns*, ZZP 118, 3, 15; siehe auch Art. 55 Rn. 3 mit weiteren Nachweisen zum Meinungsstand und allgemein zu Ordnungsgeldern EuGH EuZW 2011, 686.
[23] *Kropholler/v. Hein*, Art. 32 EuGVVO Rn. 9.
[24] *Kropholler/v. Hein*, Art. 32 EuGVVO Rn. 11.
[25] OLG Hamm, NJW-RR 1995, 189.
[26] OLG Saarbrücken, InVo 1999, 249.
[27] BGH, NJW-RR 2006, 143; *Nagel/Gottwald*, S. 693; *Gruber*, JR 2006, 429.
[28] *Kropholler/v. Hein*, Art. 32 EuGVVO Rn. 9.
[29] OLG Karlsruhe, FamRZ 2001, 1624; *Nagel/Gottwald* S. 693.

4. Italien

11
- ein dem Schuldner zugestellter und nach Ablauf der festgesetzten Widerspruchsfrist (40 bis 60 Tage) für vollstreckbar erklärter Mahnbescheid (decreto ingiuntivo): *ja*,[30] aber nicht, wenn der Mahnbescheid sofort in vollstreckbarer Form erlassen wurde (decreto ingiuntivo immediamente esecutico);[31]
- eine im laufenden Erkenntnisverfahren ergangene richterliche Anordnung auf vorläufige Zahlung der Klagesumme (ordinanza inguiuntiva di pagamento): *ja*;[32]
- eine zur Vorbereitung der Zwangsvollstreckung notwendige und mit einem Dispens des Gerichts wegen der einzuhaltenden Formalien versehene anwaltliche Leistungsaufforderung (atto die precetto): *nein*, da sie nicht von einem Rechtsprechungsorgan herrührt,[33]
- ein ohne vorherige Anhörung des Antragsgegners erlassener Arrestbeschluss: *nein*.[34]

5. Niederlande

12
- Gerichtliche Vollstreckbarerklärung eines von der niederländischen Standesvereinigung festgesetzten Anwaltshonorars: wohl *ja*.[35]

6. Österreich

13
- ein erst nach Ablauf der Einspruchsfrist vollstreckbarer Zahlungsbefehl: *ja*.[36]

7. Polen

14
- ein erst nach Ablauf der Widerspruchsfrist vollstreckbarer Zahlungsbefehl: *ja*.

8. Schweiz

15
- ein gesetzliches Surrogat eines vollstreckbaren schweizerischen Urteils, auch ohne dass in der Schweiz der Beitreibungsweg beschritten und das Verfahren der definitiven Rechtseröffnung durchgeführt wurde.

Art. 40

Eine vollstreckbare Entscheidung umfasst von Rechts wegen die Befugnis, jede Sicherungsmaßnahme zu veranlassen, die im Recht des ersuchten Mitgliedstaats vorgesehen ist.

Übersicht	Rdn.		Rdn.
I. Parallelnorm und Normzweck	1	III. Art der Sicherungsmaßnahmen in	
II. Voraussetzungen	2	Deutschland	3

I. Parallelnorm und Normzweck

1 Die Vorschrift hat in der Brüssel-I-VO keine unmittelbare Entsprechung. Jedoch ermöglichte Art. 47 Brüssel-I-VO gleich gelagerte Sicherungsmaßnahmen im Vollstreckungsstaat bevor dort eine Voll-

---

30 EuGH, IPRax 1996, 262; OLG Zweibrücken InVo 2006, 363, OLG Celle OLGReport 2007, 118; OLG Stuttgart, Beschl. v. 25.8.2010 – 5 W 33/08 (juris); *Kruis*, IPRax 2001, 56.
31 OLG Zweibrücken, InVo 2006, 212; OLG Stuttgart, Beschl. v. 25.8.2010 – 5 W 33/08 (juris); siehe zum Ganzen auch *Kayser/Dornblüth*, ZIP 213, 57.
32 OGH Wien, ZfRV 2000, 231; OLG Zweibrücken, InVo 2006, 362; OLG Stuttgart, NJW-RR 1998, 280.
33 OLG Köln, Beschl. v. 8.5.2006 – 16 Wx 13/06 – (juris).
34 BGH, Beschl. v. 10.12.2009 – IX ZB 143/07 – (juris).
35 *Tepper*, IPRax 1996, 401, offen gelassen von OLG Düsseldorf IPRax 1996, 415.
36 LG Freiburg, Beschluss vom 22.5.2002 – 2 O 165/02 – (juris).

streckbarerklärung ergangen war. Es handelt sich um eine Ergänzung zu Art. 39, die inhaltsgleich ist mit Art. 18 EuUnterhaltsVO. Es wird klargestellt, dass die Möglichkeit, einen ausländischen Titel im ersuchten Staat zu vollstrecken, die Befugnis einschließt, die dort nach nationalem Recht vorgesehenen Sicherungsmaßnahmen zu beantragen, um zu verhindern, dass der Schuldner Maßnahmen zur Vereitelung einer späteren Zwangsvollstreckung trifft. Endgültige Zustände dürfen dabei nicht geschaffen werden. Für eine Sicherung kann trotz der Möglichkeit, zugleich aus der Entscheidung des Ursprungstaates zu vollstrecken, ein Bedürfnis bestehen, etwa weil sich die Ausstellung einer Bescheinigung nach Art. 53 oder die gem. Art. 43 notwendige Zustellung von Entscheidung und Bescheinigung vor der ersten Vollstreckungsmaßnahme verzögert.[1] Auch kann es legitim sein, dass ein Gläubiger zur Wahrung des Überraschungseffekts unmittelbar nach Erlass einer vollstreckbaren Entscheidung und vor der Zustellung von Entscheidung und Bescheinigung Sicherungsmaßnahmen ergreift. Dass dies möglich ist, stellt Art. 43 Abs. 3 klar. Bei einem nur gegen eine Sicherheit vorläufig vollstreckbaren Titel könnte auch eine Maßnahme in Betracht kommen, die nach nationalem Recht ohne die Sicherheitsleistung einen sichernden Zugriff auf Schuldnervermögen eröffnet, wie dies etwa in Deutschland bei der Sicherungsvollstreckung nach § 720a ZPO der Fall ist.

II. Voraussetzungen

Es muss eine zumindest vorläufig vollstreckbare Entscheidung in einem anderen Mitgliedstaat ergangen sein. Ferner dürfte es entsprechend Art. 42 Abs. 1 lit. a) notwendig sein, eine Ausfertigung der Entscheidung ggf. nebst Übersetzung oder Transliteration einzureichen. Dagegen ist die Vorlage der Bescheinigung nach Art. 42 Abs. 1 lit. b) i. V. m. Art. 53 in diesem Verfahrensstadium nicht unbedingt erforderlich, zumal sie unter Umständen noch nicht erteilt oder zugestellt ist. Schließlich sind die nach nationalem Recht für die Sicherungsmaßnahme notwendigen Voraussetzungen beizubringen.[2]

III. Art der Sicherungsmaßnahmen in Deutschland

In Betracht kommen die typischen vorläufigen Sicherungsmaßnahmen nach der ZPO, also der persönliche oder dingliche Arrest nach den §§ 916 ff., die einstweilige Verfügung nach den §§ 935 ff., die Vorpfändung nach § 845 und die in Rn. 1 genannte Sicherheitsvollstreckung nach § 720a.

Art. 41

(1) Vorbehaltlich der Bestimmungen dieses Abschnitts gilt für das Verfahren zur Vollstreckung der in einem anderen Mitgliedstaat ergangenen Entscheidungen das Recht des ersuchten Mitgliedstaats. Eine in einem Mitgliedstaat ergangene Entscheidung, die im ersuchten Mitgliedstaat vollstreckbar ist, wird dort unter den gleichen Bedingungen vollstreckt wie eine im ersuchten Mitgliedstaat ergangene Entscheidung.

(2) Ungeachtet des Absatzes 1 gelten die im Recht des ersuchten Mitgliedstaats für die Verweigerung oder Aussetzung der Vollstreckung vorgesehenen Gründe, soweit sie nicht mit den in Artikel 45 aufgeführten Gründen unvereinbar sind.

(3) Von der Partei, die die Vollstreckung einer in einem anderen Mitgliedstaat ergangenen Entscheidung beantragt, kann nicht verlangt werden, dass sie im ersuchten Mitgliedstaat über eine Postanschrift verfügt. Es kann von ihr auch nicht verlangt werden, dass sie im ersuchten Mitgliedstaat über einen bevollmächtigten Vertreter verfügt, es sei denn, ein solcher Vertreter ist ungeachtet der Staatsangehörigkeit oder des Wohnsitzes der Parteien vorgeschrieben.

---

[1] *HK-ZV/Garber*, § 18 EuUnterhaltsVO Rn. 1 f. zu der für vollstreckbare Unterhaltstitel vergleichbaren Rechtslage; ferner *Alio*, NJW 2014, 2395, 2397.
[2] *HK-ZV/Garber*, § 18 EuUnterhaltsVO Rn. 8.

Art. 41 Brüssel-Ia-VO

Übersicht	Rdn.		Rdn.
I. Parallelnorm und Normzweck	1	III. Domizil und Vertretung des Gläubigers .	7
II. Anwendung des nationalen Vollstreckungsrechts, Abs. 1, 2	2		

I. Parallelnorm und Normzweck

1 Die Norm ist Folge des Paradigmenwechsels zur unmittelbaren Vollstreckbarkeit in einem anderen Mitgliedstaat und hat deshalb keine Entsprechung in der Brüssel-I-VO. In den Absätzen 1 und 2 wird klargestellt, dass vollstreckbare Entscheidungen aus dem Ursprungsstaat für den Gläubiger unter den gleichen Bedingungen vollstreckbar sind wie solche aus dem Vollstreckungsstaat selbst und der Schuldner über die gleichen Abwehrmöglichkeiten verfügt wie nach nationalem Recht. Durch Absatz 3 wird nationalen Vorschriften begegnet, durch die Parteien gehalten sind, für eine Erreichbarkeit im Inland während eines laufenden Verfahrens Sorge zu tragen.

II. Anwendung des nationalen Vollstreckungsrechts, Abs. 1, 2

2 Die Durchführung der Vollstreckung einer Entscheidung aus einem anderen Mitgliedstaat richtet sich nach dem Recht des Vollstreckungsstaats. Dies war vordergründig auch nach bisherigem Recht so. Nur war nach der Brüssel-I-VO nicht der ausländische Titel, sondern die nationale Vollstreckbarerklärung Grundlage für die Zwangsvollstreckung. Nunmehr ist dies bereits der ausländische Titel selbst. Es gelten daher die nationalen Vorschriften des Vollstreckungsrechts, allerdings mit Vorrang etwaiger Regelungen in der Verordnung. Zudem dürfen die Gründe für eine Verweigerung oder Aussetzung nicht mit den in Art. 45 aufgeführten Gründen unvereinbar sein.

3 Einer Vollstreckungsklausel bedarf es nicht. Diese wird durch die im Ursprungsstaat ausgestellte Bescheinigung nach Art. 53 ersetzt, in der Bestand und die Vollstreckbarkeit der Entscheidung dokumentiert sind.[1] Dem hat der deutsche Gesetzgeber Rechnung getragen, indem er in § 1112 ZPO angeordnet hat, dass es keiner Vollstreckungsklausel bedarf.

4 Als Vorfrage hat das Vollstreckungsorgan zu klären, ob es sich überhaupt um eine Zivil- und Handelssache i. S. d. Art. 1 handelt und keines der Rechtsgebiete aus dem Katalog der Ausnahmen eingreift.[2] Ferner hat es zu prüfen, ob die in Art. 42 Abs. 1, 2 genannten Unterlagen vorgelegt wurden und ob die Voraussetzungen des Art. 43 Abs. 1 erfüllt sind, ob also die Bescheinigung vor der Vollstreckungsmaßnahme zugestellt wurde und spätestens zu diesem Zeitpunkt auch der ausländische Titel. Ist der ausländische Titel unklar, hat das Vollstreckungsorgan diesen nach allgemeinen Grundsätzen auszulegen.[3]

5 In Deutschland gelten die Vorschriften über **Vollstreckungsvoraussetzungen** einschließlich des § 750 ZPO, der allerdings durch die Sonderregelung des Art. 43 Abs. 1 teilweise verdrängt wird, über **Vollstreckungshindernisse**, die **Erinnerung nach § 766 ZPO** gegen die Art und Weise der Zwangsvollstreckung, die Gewährung von **Vollstreckungsschutz nach § 765a ZPO** sowie über die **Rechtsmittel des 8. Buches der ZPO** einschließlich der **Vollstreckungsabwehrklage**, wie durch § 1117 klargestellt wird. Denn nach Art. 41 Abs. 1 ist das Recht des Vollstreckungsstaates maßgeblich und ein in einem anderen Mitgliedstaat ergangener Titel wird zu den gleichen Bedingungen vollstreckt wie ein inländischer Titel.[4] Von einer gesonderten Regelung für den Fall, dass die Vollstreckung von einer Sicherheitsleistung durch den Gläubiger abhängt, hat der deutsche Gesetzgeber abgesehen, da er in der vorzulegenden Bescheinigung gem. Art. 53 wegen der hierin nach Ziffer 4.4 des Anhangs I vorzunehmenden Eintragungen mit alternativen Antworten zu der Frage, ob die

---

[1] *V. Hein*, IPRax 2014, 97, 109.
[2] Siehe Art. 39 Rdn. 9.
[3] Zu Auslegungsgrundsätzen siehe Art. 39 Rdn. 2.
[4] Zur Vollstreckungsabwehrklage strittig; siehe hierzu Art. 24 Rdn. 2 und § 1117 ZPO Rdn. 1.

Entscheidungen im Ursprungsmitgliedstaat vollstreckbar ist, ohne dass weitere Bedingungen erfüllt sein müssen, einen tauglichen Nachweis i. S. d. § 751 Abs. 2 sieht.[5]

Zum Beschwerdeverfahren nach Art. 43 Brüssel-I-VO hat der EuGH entschieden, dass die Geltendmachung des Erfüllungseinwands durch den Schuldner nicht möglich sei. Er hält es jedoch für zulässig, dass der Einwand vom Vollstreckungsgericht des Vollstreckungsmitgliedstaates im Rahmen seines Verfahrensrechts geprüft wird.[6] Nach Erwägungsgrund 30 zur Brüssel-Ia-VO sollte eine Partei, die die Vollstreckung einer in einem anderen Mitgliedstaat ergangenen Entscheidung anficht, so weit wie nach dem Recht des Vollstreckungsstaates möglich, außer den Versagungsgründen des Art. 45 im selben Verfahren auch die im nationalen Recht vorgesehenen Versagungsgründe geltend machen können.[7] Der deutsche Gesetzgeber hat sich indes für eine andere Lösung entschieden, indem er in § 1115 ZPO nur das nationale Verfahren bei der Geltendmachung von Versagungsgründen geregelt und für materielle Einwendungen, die auch im sonstigen nationalen Recht geltende Lösung gewählt hat, nämlich den Titelschuldner über § 1117 ZPO auf die Erhebung der Vollstreckungsabwehrklage verwiesen hat. Liquide Erfüllungstatbestände kann der Schuldner ohnehin nach den §§ 775, 776 unmittelbar gegenüber den Vollstreckungsorganen geltend machen. 6

III. Domizil und Vertretung des Gläubigers

Nach Art. 40 Abs. 2 Brüssel-I-VO war ein Gläubiger, der eine Exequaturentscheidung in einem anderen Mitgliedstaat beantragen wollte, gehalten dort entweder ein – dem deutschem Recht fremdes – Wahldomizil zu begründen oder einen Zustellungsbevollmächtigten zu benennen. Der 2. Alternative entspricht § 5 AVAG, der auch die Benennung nicht anwaltlicher Bevollmächtigter vorsieht. In Abkehr von der Vorgängerregelung enthält Abs. 3 nunmehr ein ausdrückliches Verbot derartiger Regelungen. Auch hierdurch soll einem Gläubiger die Inanspruchnahme der Vollstreckungsorgane und Gerichte in einem anderen Mitgliedstaat erleichtert werden. Ob dieser Effekt eintritt, ist allerdings zweifelhaft; denn es kann selbst bei einem anwaltlichen Bevollmächtigten eines Gläubigers aus einem anderen Mitgliedstaat kaum erwartet werden, dass er mit Einzelheiten des Vollstreckungsrechts in einem anderen Mitgliedstaat vertraut ist. Nationale Regelungen, die generell eine Vertretung, z. B. durch einen Rechtsanwalt für bestimmte Verfahren unabhängig von der Staatsangehörigkeit oder dem Wohnsitz einer Partei vorsehen, sind aber zulässig, wie Abs. 3 Satz 2, letzter Halbsatz klarstellt. 7

Art. 42

(1) Soll in einem Mitgliedstaat eine in einem anderen Mitgliedstaat ergangene Entscheidung vollstreckt werden, hat der Antragsteller der zuständigen Vollstreckungsbehörde Folgendes vorzulegen:
a) eine Ausfertigung der Entscheidung, die die für ihre Beweiskraft erforderlichen Voraussetzungen erfüllt, und
b) die nach Artikel 53 ausgestellte Bescheinigung, mit der bestätigt wird, dass die Entscheidung vollstreckbar ist, und die einen Auszug aus der Entscheidung sowie gegebenenfalls relevante Angaben zu den erstattungsfähigen Kosten des Verfahrens und der Berechnung der Zinsen enthält.

(2) Soll in einem Mitgliedstaat eine in einem anderen Mitgliedstaat ergangene Entscheidung vollstreckt werden, mit der eine einstweilige Maßnahme einschließlich einer Sicherungsmaßnahme angeordnet wird, hat der Antragsteller der zuständigen Vollstreckungsbehörde Folgendes vorzulegen:

---

5 BT-Drucks. 18/823 S. 21.
6 EuGH EuZW 2011, 869.
7 Siehe auch *v. Hein*, IPRax 2014, 97, 110.

a) eine Ausfertigung der Entscheidung, die die für ihre Beweiskraft erforderlichen Voraussetzungen erfüllt,
b) die nach Artikel 53 ausgestellte Bescheinigung, die eine Beschreibung der Maßnahme enthält und mit der bestätigt wird, dass
   i) das Gericht in der Hauptsache zuständig ist,
   ii) die Entscheidung im Ursprungsmitgliedstaat vollstreckbar ist, und
c) wenn die Maßnahme ohne Vorladung des Beklagten angeordnet wurde, den Nachweis der Zustellung der Entscheidung.

(3) Die zuständige Vollstreckungsbehörde kann gegebenenfalls vom Antragsteller gemäß Artikel 57 eine Übersetzung oder Transliteration des Inhalts der Bescheinigung verlangen.

(4) Die zuständige Vollstreckungsbehörde darf vom Antragsteller eine Übersetzung der Entscheidung nur verlangen, wenn sie das Verfahren ohne eine solche Übersetzung nicht fortsetzen kann.

Übersicht	Rdn.		Rdn.
I. Parallelnorm und Normzweck	1	III. Vorzulegende Unterlagen bei Entscheidungen über einstweilige Maßnahmen, Abs. 2	3
II. Vorzulegende Unterlagen bei Entscheidungen in der Hauptsache	2	IV. Übersetzungen, Abs. 3, 4	4

I. Parallelnorm und Normzweck

1 Die Norm hat in der Brüssel-I-VO keine Entsprechung. In den Absätzen 1 und 2 wird differenziert zwischen den Anforderungen an die vorzulegenden Unterlagen bei Entscheidungen in der Hauptsache und denjenigen bei Entscheidungen über einstweilige Maßnahmen. Mit ihr sollen die Gerichte in dem Staat, in dem die Entscheidung vollstreckt werden soll, in die Lage versetzt werden zu überprüfen, ob es sich überhaupt um eine gerichtliche Entschließung handelt, die in den Anwendungsbereich der Brüssel-Ia-VO fällt und ob diese eine »Entscheidung« i. S. d. Art. 2 lit. a) darstellt, ob sie im Ursprungsstaat vollstreckbar ist und welchen vollstreckungsfähigen Inhalt sie hat. Ähnliche Vorschriften finden sich in den übrigen europäischen Rechtsinstrumenten, die eine unmittelbare Vollstreckung erlauben, nämlich in Art. 20 Abs. 2 EuVTVO, Art. 21 Abs. 2 EuMahnVO, Art. 21 Abs. 2 EuBagatellVO und Art. 20 Abs. 1 EuUnterhaltsVO.

II. Vorzulegende Unterlagen bei Entscheidungen in der Hauptsache

2 Die Anforderungen an die Vorlage von Unterlagen bei Vollstreckungsanträgen zu Entscheidungen in der Hauptsache sind teilweise identisch mit denjenigen im Fall der Geltendmachung der Anerkennung einer Entscheidung. Auf die Ausführungen zu Art. 37 Rn. 2 wird daher verwiesen. Da anders als bei der Frage, ob die Entscheidung anerkennungsfähig ist, von einem Vollstreckungsorgan eine konkrete Maßnahme sowie unter Umständen die Beitreibung von Zinsen und Kosten begehrt wird, hat die vorzulegende Bescheinigung nach Art. 53 neben der Bestätigung der Vollstreckbarkeit einen Auszug aus der Entscheidung sowie Ausführungen zu erstattungsfähigen Kosten und zur Berechnung der Zinsen, die in verschiedenen Mitgliedstaaten nur z. B. als »gesetzliche Zinsen« ausgeurteilt werden, zu enthalten. Auf die Anforderungen des Art. 42 Abs. 1 lit. b) beziehen sich die Rubriken 4.6 und 4.7 jeweils mit Untergruppen des Formblatts Anhang I.

III. Vorzulegende Unterlagen bei Entscheidungen über einstweilige Maßnahmen, Abs. 2

3 Soll eine einstweilige Maßnahme vollstreckt werden, kann es zweifelhaft sein, ob diese überhaupt eine vollstreckungsfähige Entscheidung ist. Voraussetzung hierfür ist es nach I Art. 2 lit. a) Unterabs. 2, dass sie von einem Gericht erlassen ist, dass nach der Verordnung auch in der Hauptsache

zuständig wäre und nicht von einem Gericht stammt, dass nur aufgrund der außerordentlichen Zuständigkeit nach nationalem Recht i. V. m. Art. 35 tätig geworden ist. Soweit die Maßnahme ohne vorheriges rechtliches Gehör des Antragsgegners angeordnet worden ist, ist es weiter notwendig, dass sie dem Antragsgegner vor der Vollstreckung zugestellt worden ist.[1] Um dem Vollstreckungsorgan eine Überprüfung auch wegen dieser Voraussetzungen zu ermöglichen, hat die Bescheinigung nach Art. 53 zudem eine Beschreibung der Maßnahme und die Bestätigung zu enthalten, dass das Gericht in der Hauptsache zuständig ist. Hierauf beziehen sich die Rubriken 4.6.2 nebst Untergruppen in dem Formblatt zum Anhang I. Ferner ist die Zustellung der Entscheidung, für die bei Entscheidungen in der Hauptsache deren Bestätigung in der Bescheinigung nach Art. 53 ausreicht, dem Vollstreckungsorgan gesondert nachzuweisen.

IV. Übersetzungen, Abs. 3, 4

Die Absätze 3 und 4, mit denen die Voraussetzungen für die Vorlage von Übersetzungen oder Transliterationen normiert sind, entsprechen inhaltlich Art. 37 Abs. 4. Auf die Rn. 2 – 4 zu Art. 37 wird daher verwiesen. 4

Art. 43

(1) Soll eine in einem anderen Mitgliedstaat ergangene Entscheidung vollstreckt werden, so wird die gemäß Artikel 53 ausgestellte Bescheinigung dem Schuldner vor der ersten Vollstreckungsmaßnahme zugestellt. Der Bescheinigung wird die Entscheidung beigefügt, sofern sie dem Schuldner noch nicht zugestellt wurde.

(2) Hat der Schuldner seinen Wohnsitz in einem anderen Mitgliedstaat als dem Ursprungsmitgliedstaat, so kann er eine Übersetzung der Entscheidung verlangen, um ihre Vollstreckung anfechten zu können, wenn die Entscheidung nicht in einer der folgenden Sprachen abgefasst ist oder ihr keine Übersetzung in einer der folgenden Sprachen beigefügt ist:
a) einer Sprache, die er versteht, oder
b) der Amtssprache des Mitgliedstaats, in dem er seinen Wohnsitz hat, oder, wenn es in diesem Mitgliedstaat mehrere Amtssprachen gibt, in der Amtssprache oder einer der Amtssprachen des Ortes, an dem er seinen Wohnsitz hat.

Wird die Übersetzung der Entscheidung gemäß Unterabsatz 1 verlangt, so darf die Zwangsvollstreckung nicht über Sicherungsmaßnahmen hinausgehen, solange der Schuldner die Übersetzung nicht erhalten hat.

Dieser Absatz gilt nicht, wenn die Entscheidung dem Schuldner bereits in einer der in Unterabsatz 1 genannten Sprachen oder zusammen mit einer Übersetzung in eine dieser Sprachen zugestellt worden ist.

(3) Dieser Artikel gilt nicht für die Vollstreckung einer in einer Entscheidung enthaltenen Sicherungsmaßnahme oder wenn der Antragsteller Sicherungsmaßnahmen gemäß Artikel 40 erwirkt.

Übersicht	Rdn.		Rdn.
I. Normzweck 1		II. Regelungsinhalt 2	

I. Normzweck

Art. 43 hat in der Brüssel-I-VO keine Entsprechung. Die Norm ist Folge des Paradigmenwechsels und stellt einen der Schutzmechanismen dar, mit denen sichergestellt werden soll, dass dem Schuldner effektive Verteidigungsmöglichkeiten gegen seiner Meinung nach nicht gerechtfertigte Voll- 1

---

[1] Näher Art. 35 Rdn. 5 – 7.

streckungsmaßnahmen eröffnet werden, er insbesondere in die Lage versetzt wird, einen etwaigen Vollstreckungsversagungsantrag nach den Art. 45, 46 zu stellen.

II. Regelungsinhalt

2 Durch Abs. 1 wird gewährleistet, dass die Vollstreckung erst beginnen darf, wenn dem Schuldner die zu vollstreckende Entscheidung und die – eine Vollstreckungsklausel ersetzende – Bescheinigung nach Art. 53 vor der ersten Vollstreckungsmaßnahme zugestellt werden, und zwar nach Erwägungsgrund 32 »innerhalb einer angemessenen Frist.« Es obliegt daher den Vollstreckungsorganen zu prüfen, welche Frist »angemessen« ist. Dies ist von ihrem Zweck her zu beurteilen, die Zustellung soll nämlich nach Erwägungsgrund 32 dazu dienen, den Schuldner über die Vollstreckung der in einem anderen Mitgliedstaat ergangenen Entscheidung zu unterrichten. Von diesem bloßen Unterrichtungszweck her dürfte **eine kurze, auf nur wenige Tage bemessene Frist** durchaus angemessen sein. Soweit vertreten wird, dass mit der Frist dem Schuldner auch Gelegenheit gegeben werden soll, die Vollstreckung durch eine freiwillige Zahlung abzuwenden,[1] wird der wegen des Wegfalls des Überraschungseffekts ohnehin schon hohe Schuldnerschutz überdehnt. Eine Zahlung wäre unter Umständen nicht innerhalb von nur wenigen Tagen grenzüberschreitend zu bewirken und würde eine längere Frist bedingen. Eine solche erhöht aber zugleich die Möglichkeit, Vermögen dem drohenden Zugriff des Gläubigers zu entziehen.

3 Die Norm verdrängt die nationale Vorschrift des § 750 ZPO, die eine Zustellung des Titels gleichzeitig mit der ersten Vollstreckungsmaßnahme ausreichen lässt. Dadurch ist der Schuldner einerseits besser geschützt, andererseits ist der Überraschungseffekt einer Vollstreckungsmaßnahme dadurch nicht mehr gewährleistet. Einem Gläubiger, der befürchten muss, dass sich ein Schuldner dem Zugriff auf sein Vermögen entziehen wird, kann daher nur geraten werden, von seiner Befugnis nach Art. 40 Gebrauch zu machen, schon vor der Zustellung im Vollstreckungsstaat Sicherungsmaßnahmen zu ergreifen, z. B. in Deutschland bei einem Zahlungstitel eine Vorpfändung nach § 845 ZPO zu veranlassen.[2] Dass ein Gläubiger dieses Recht unabhängig von den Anforderungen an die Zustellung von Entscheidung und Bescheinigung und unabhängig von den weiteren Anforderungen des Abs. 2 hat, wird in Abs. 3 klargestellt. Möglich bleiben nach Abs. 3 auch Sicherungsmaßnahmen, die bereits in der zu vollstreckbaren Entscheidung enthalten sind.

4 Das in Abs. 2 näher geregelte Recht auf eine Übersetzung gilt nur für Schuldner, die ihren Wohnsitz außerhalb des Ursprungsmitgliedstaates haben, nicht aber bei einem Wohnsitz im Entscheidungsstaat. Ein Deutscher, der z. B. – wie dies häufig der Fall ist – seinen Lebensabend auf einer spanischen Insel verbringt, hat daher auch dann keinen Anspruch auf die Übersetzung einer Entscheidung eines spanischen Gerichts, wenn er die spanische Sprache nicht oder nur unzureichend versteht. Das Verlangen des Schuldners nach einer Übersetzung der zu vollstreckenden Entscheidung ist an das mit dem Antrag des Gläubigers befasste Vollstreckungsorgan zu richten; denn nur dieses ist in der Lage, die Vollstreckungsmaßnahme gem. Abs. 2 Unterabs. 2 auf eine Sicherung zu beschränken und die Verwertung zurückzustellen bis ein Nachweis erbracht ist, dass der Schuldner die Übersetzung erhalten hat.

Art. 44

(1) Wurde eine Versagung der Vollstreckung einer Entscheidung gemäß Abschnitt 3 Unterabschnitt 2 beantragt, so kann das Gericht im ersuchten Mitgliedstaat auf Antrag des Schuldners
a) das Vollstreckungsverfahren auf Sicherungsmaßnahmen beschränken,
b) die Vollstreckung von der Leistung einer vom Gericht zu bestimmenden Sicherheit abhängig machen oder

---

[1] *Pohl*, IPRax 2013, 109, 113.
[2] Dazu Art. 40 Rdn. 1 – 3.

c) das Vollstreckungsverfahren insgesamt oder teilweise aussetzen.

(2) Die zuständige Behörde des ersuchten Mitgliedstaats setzt das Vollstreckungsverfahren auf Antrag des Schuldners aus, wenn die Vollstreckbarkeit der Entscheidung im Ursprungsmitgliedstaat ausgesetzt ist.

Übersicht

		Rdn.			Rdn.
I.	Parallelnorm	1	2.	Ermessensentscheidung	3
II.	Antrag des Schuldners nach Abs. 1	2	3.	Nationales Recht	4
1.	Anwendungsbereich	2	III.	Antrag des Schuldners nach Abs. 2	5

I. Parallelnorm

Die Vorschrift hat in der Brüssel-I-VO keine Entsprechung. Abs. 2 entspricht Art. 21 Abs. 3, Unterabs. 2 EuUnterhaltsVO. Möglichkeiten zur Beschränkung oder Aussetzung der Zwangsvollstreckung bzw. zur Anordnung einer Sicherheitsleistung sehen die übrigen europäischen Rechtsinstrumente nur für den Fall vor, dass im Ursprungsmitgliedstaat Überprüfungsanträge gestellt worden sind (Art. 23 EuVTVO; Art. 23 EuMahnVO; Art. 23 EuBagatellVO). Hintergrund ist, dass bei diesen Rechtsinstrumenten die Überprüfung von Entscheidungen auf die Einhaltung von Mindeststandards vom Vollstreckbarkeitsverfahren herkömmlicher Art in die Gerichte des Ursprungsstaates verlagert worden ist. Nach der Brüssel-Ia-VO ist zwar auch eine Verlagerung erfolgt, aber auf das Vollstreckungsverfahren im ersuchten Staat.[1]

II. Antrag des Schuldners nach Abs. 1

1. Anwendungsbereich

Voraussetzung für die Anwendung des Abs. 1 ist es, dass der Schuldner einen Versagungsantrag nach den Art. 45, 46 gestellt hat. Um zu verhindern, dass bis zur Entscheidung über den Versagungsantrag die Vollstreckung weiter betrieben wird, kann der Schuldner bei dem mit dem Hauptantrag befassten Gericht, also in Deutschland bei dem Vorsitzenden einer Zivilkammer am Landgericht seines Wohnortes oder ggf. des Vollstreckungsortes (§ 1115 Abs. 1 – 4 ZPO) als vorläufige Schutzmaßnahmen – zweckmäßigerweise in einem Haupt- und Hilfsverhältnis beginnend mit dem weitestgehenden Antrag nach lit. c) – beantragen, dass das Vollstreckungsverfahren ausgesetzt, auf Sicherungsmaßnahmen beschränkt oder die Vollstreckung von einer Sicherheitsleistung abhängig gemacht wird. Die entsprechenden Schutzmaßnahmen gelten nur für die Dauer des Verfahrens über den Versagungsantrag.

2. Ermessensentscheidung

Bei der Entscheidung über den Antrag handelt es sich wie bei Art. 38 um eine Ermessensentscheidung. Ermessensmaßstäbe sind dabei eine Prognose zur Erfolgsaussicht des Versagungsantrags sowie die Wahrscheinlichkeit, dass eine bedingungslose Vollstreckung zu einem nicht wiedergutzumachenden Schaden führt. Anders als bei den europäischen Rechtsinstrumenten mit einer Überprüfungsmöglichkeit im Ursprungsstaat (Rn. 1), bei denen eine Aussetzung nur »unter außergewöhnlichen Umständen« in Betracht kommt, ist das Ermessen des mit dem Versagungsantrag befassten Gerichts auch nach der lit. c) im Verhältnis zu den übrigen Schutzmaßnahmen nicht gebunden. Es kann daher relativ frei entscheiden, welche der drei in Abs. 1 lit. a) – c) genannten es in der jeweiligen Verfahrenssituation für gerechtfertigt hält.

---

[1] Siehe weiter Art. 45 Rdn. 1.

3. Nationales Recht

4 Parallel zu der vergleichbaren Norm des § 1084 Abs. 3 für Anträge über die Aussetzung oder Beschränkung nach Art. 23 EuVTVO sieht § 1115 Abs. 6 ZPO eine Entscheidung im Wege einer nicht anfechtbaren einstweiligen Anordnung durch das mit dem Versagungsantrag befasste Gericht vor. Trotz der Unanfechtbarkeit ist – ebenso wie bei Entscheidungen nach § 707 ZPO – jederzeit eine Abänderung oder Aufhebung der einstweiligen Anordnung möglich. Deshalb kann in Eilfällen von der grundsätzlich notwendigen Gewährung rechtlichen Gehörs für den Gläubiger zunächst abgesehen werden, sofern dieses unverzüglich nachgeholt wird.[2]

III. Antrag des Schuldners nach Abs. 2

5 Adressat eines Antrags nach Abs. 2 ist nicht das mit einem Versagungsantrag befasste Gericht. Vielmehr ist dieser an das mit einem Auftrag des Gläubigers befasste Vollstreckungsorgan zu richten. Die Norm betrifft die Situation, dass der Entscheidung, die in einem anderen Staat vollstreckt wird, ihre Vollstreckbarkeit vorläufig genommen wurde, weil diese im Ursprungsmitgliedstaat ausgesetzt wurde. Damit ist auch die Grundlage für die Vollstreckung entfallen und die Vollstreckungsorgane haben ihrerseits das Verfahren auszusetzen. Anders als nach Abs. 1 besteht hierzu kein Ermessen, sondern wegen des vorläufigen Wegfalls der Vollstreckbarkeit eine Pflicht.

Abschnitt 3 Versagung der Anerkennung und Vollstreckung

Unterabschnitt 1 Versagung der Anerkennung

Art. 45

(1) Die Anerkennung einer Entscheidung wird auf Antrag eines Berechtigten versagt, wenn
a) die Anerkennung der öffentlichen Ordnung (ordre public) des ersuchten Mitgliedstaats offensichtlich widersprechen würde;
b) dem Beklagten, der sich auf das Verfahren nicht eingelassen hat, das verfahrenseinleitende Schriftstück oder ein gleichwertiges Schriftstück nicht so rechtzeitig und in einer Weise zugestellt worden ist, dass er sich verteidigen konnte, es sei denn, der Beklagte hat gegen die Entscheidung keinen Rechtsbehelf eingelegt, obwohl er die Möglichkeit dazu hatte;
c) die Entscheidung mit einer Entscheidung unvereinbar ist, die zwischen denselben Parteien im ersuchten Mitgliedstaat ergangen ist;
d) die Entscheidung mit einer früheren Entscheidung unvereinbar ist, die in einem anderen Mitgliedstaat oder in einem Drittstaat in einem Rechtsstreit wegen desselben Anspruchs zwischen denselben Parteien ergangen ist, sofern die frühere Entscheidung die notwendigen Voraussetzungen für ihre Anerkennung im ersuchten Mitgliedstaat erfüllt, oder
e) die Entscheidung unvereinbar ist
 i) mit Kapitel II Abschnitte 3, 4 oder 5, sofern der Beklagte Versicherungsnehmer, Versicherter, Begünstigter des Versicherungsvertrags, Geschädigter, Verbraucher oder Arbeitnehmer ist, oder
 ii) mit Kapitel II Abschnitt 6.

(2) Das mit dem Antrag befasste Gericht ist bei der Prüfung, ob eine der in Absatz 1 Buchstabe e angeführten Zuständigkeiten gegeben ist, an die tatsächlichen Feststellungen gebunden, aufgrund deren das Ursprungsgericht seine Zuständigkeit angenommen hat.

---

2 Siehe § 1115 ZPO Rdn. 7.

(3) Die Zuständigkeit des Ursprungsgerichts darf, unbeschadet des Absatzes 1 Buchstabe e, nicht nachgeprüft werden. Die Vorschriften über die Zuständigkeit gehören nicht zur öffentlichen Ordnung (ordre public) im Sinne des Absatzes 1 Buchstabe a.

(4) Der Antrag auf Versagung der Anerkennung ist gemäß den Verfahren des Unterabschnitts 2 und gegebenenfalls des Abschnitts 4 zu stellen.

Übersicht	Rdn.
I. Allgemeines	1
1. Normzweck	1
2. Antragserfordernis, Verfahren und Beweislast	2
II. Prüfungsumfang, insbes. zur internationalen Zuständigkeit des Ursprungsgerichts.	5
III. Anerkennungsversagungsgründe	7
1. Verstoß gegen den ordre public, Abs. 1 lit. a)	7
2. Nicht hinreichende Verteidigungsmöglichkeit bei Säumnis, Abs. 1 lit. b)	9
3. »Titelkollisionen«, Abs. 1 lit c) und d)	13
IV. Ausnahmsweise Überprüfung der Zuständigkeit, Abs. 1 lit. e)	15
1. Versicherungs-, Verbrauchersachen und individuelle Arbeitsverträgen	17
2. Ausschließliche Zuständigkeiten nach Art. 24	18
3. Abkommen mit Drittstaaten gem. Art. 72	19

I. Allgemeines

1. Normzweck

Im Vollstreckbarkeitsverfahren herkömmlicher Art nach den Art. 38 ff. Brüssel-I-VO waren infolge der Bezugnahme in Art. 41 die Anerkennungsversagungsgründe der Art. 34, 35 Brüssel-I-VO die zentralen Schutzvorschriften für den Schuldner. Diese Versagungsgründe sind nunmehr unter einer Erweiterung gegenüber dem früheren Art. 35 Brüssel-I-VO in Art. 45 zusammengefasst. Zusammen mit der Möglichkeit für den Schuldner die Versagungsgründe im Verfahren nach den Art. 46 ff. im Vollstreckungsmitgliedstaat geltend zu machen, bilden sie die Grundlage für das »**umgekehrte Verfahren**«. Die Vollstreckbarkeit eines in einem Mitgliedstaat erwirkten Titels besteht in allen anderen Mitgliedstaaten von vornherein wie ein dortiger Titel und braucht nicht erst bei den Gerichten des Vollstreckungsstaates erwirkt werden. Es ist stattdessen Sache des Schuldners mit einem Versagungsantrag aktiv zu werden, wenn er die Vollstreckbarkeit der Entscheidung beseitigen will.[1] Gleichzeitig wird ihm die Möglichkeit eröffnet, praktisch die gleiche gerichtliche Kontrolle wie im Exequaturverfahren herkömmlicher Art zu erlangen, und zwar im Vollstreckungsstaat. Er ist deswegen anders als bei Überprüfungsanträgen nach der. EuVTVO, der EuMahnVO und de EuBagatellVO nicht nur auf Schutz durch eine Art »Selbstkontrolle« der Gerichte im Ursprungsstaat angewiesen. Dort geht es um unbestrittene Ansprüche oder um Bagatellforderungen, während bei der Vollstreckung nach der Brüssel-Ia-VO dem ausländischen Titel streitige Verfahren mit erheblichen Summen zugrunde liegen oder Allgemeininteressen des Vollstreckungsstaates tangiert sein können. Ein vollständiger Verzicht auf die Möglichkeit inländischer Kontrolle ausländischer Titel war daher im Normsetzungsverfahren nicht durchsetzbar.[2]

2. Antragserfordernis, Verfahren und Beweislast

Da nach Art. 36 Abs. 1 die Anerkennung einer Entscheidung aus einem anderen Mitgliedstaat in den anderen Mitgliedstaaten ipso jure erfolgt, werden Anerkennungsversagungsgründe gem. Art. 45 Abs. 4 i. V. m. Art. 46 ff. nur auf Antrag des Schuldners geprüft. Wegen des Antrags selbst und des Verfahrens wird auf die für die Versagung der Vollstreckung einschlägigen Vorschriften der Art. 46 bis 51 und die allgemein für die Anerkennung und Vollstreckung einer gerichtlichen Entscheidung

---

1 Hierzu vor Brüssel-Ia-VO Rdn. 18.
2 *V. Hein*, RIW 2013, 97, 109 mit weiteren Einzelheiten zum Normsetzungsverfahren; dazu auch *Pohl*, IPRax 2013, 109, 112.

in einem anderen Mitgliedstaat geltenden Vorschriften der Art. 52 bis 57 (Abschnitt 4) verwiesen. Die Ausführungen zu den einzelnen in Abs. 4 in Bezug genommenen Vorschriften gelten daher entsprechend.

3 Wegen der Anerkennung einer Entscheidung aus dem Ursprungsstaat in anderen Mitgliedstaaten ipso jure werden mit der Berufung auf Versagungsgründe Ausnahmetatbestände geltend gemacht. Es besteht also ein Regel-Ausnahme-Verhältnis mit der Folge, dass die **Beweislast** bzw. Feststellungslast für einen der Gründe des Art. 45 Abs. 1 grundsätzlich beim Schuldner liegt.[3] Der BGH nimmt zwar für das Vollstreckbarkeitsverfahren nach der Brüssel-I-VO eine Berücksichtigung der Versagungsgründe von Amts wegen an, allerdings unter Beachtung des zivilprozessualen Beibringungsgrundsatzes, also **ohne Ermittlung der entsprechenden Tatsachen von Amts wegen**. Gründe für einen Versagungsgrund können sich aber z. B. bereits aus den von dem Gläubiger nach Art. 53 darzulegenden Daten über die Zustellung des verfahrenseinleitenden Schriftstücks ergeben. Rechtfertigen diese den Versagungsgrund, ist er vom Beschwerdegericht auch dann zu berücksichtigen, wenn der Schuldner sich hierauf nicht beruft.[4] Diese Grundsätze dürften trotz des Systemwechsels auch für Versagungsanträge nach Art. 45 gelten. Es ist zwar Sache des Schuldners Tatsachen für einen etwaigen Versagungsgrund aufzuzeigen. Das sodann mit der Sache befasste Gericht hat jedoch daraufhin den Sachverhalt einschließlich der beigebrachten Unterlagen umfassend zu prüfen, wie inzwischen auch der EuGH zum Versagungsgrund des Art. 34 Nr. 2 Brüssel-I-VO (nunmehr Art. 45 Abs. 1 lit. b) entschieden hat (näher Rn. 9). Verbleiben nach Ausschöpfung aller Tatsachen und Erhebung angebotener Beweise Zweifel, geht dies zulasten des Schuldners.

4 Entsprechendes gilt, wenn der Gläubiger mit einem Antrag nach Art. 36 Abs. 2 die Feststellung beantragt, dass keiner der Anerkennungsversagungsgründe des Art. 45 vorliegt oder wenn in einem sonstigen Verfahren eine Inzidentprüfung nach Art. 36 Abs. 3 erfolgt.[5]

II. Prüfungsumfang, insbes. zur internationalen Zuständigkeit des Ursprungsgerichts

5 In Art. 45 ist abschließend aufgelistet, aus welchen Gründen einer Entscheidung aus einem anderen Mitgliedstaat die Anerkennung zu versagen ist. Infolge der Bezugnahme in Art. 46 gelten die Vorschriften auch für Anträge des Schuldners auf Versagung der Vollstreckung, bei denen sie – wie zuvor im Vollstreckbarkeitsverfahren herkömmlicher Art – in der zivilprozessualen Praxis die größte Rolle spielen werden.

6 Nach Art. 45 Abs. 3 findet grundsätzlich keine Überprüfung der internationalen Zuständigkeit des Ursprungsgerichts statt. Dabei auch klargestellt wird, dass eine solche auch nicht im Rahmen einer ordre public-Kontrolle erfolgen darf. Das Gericht des Anerkennungsstaates ist daher unabhängig davon, ob die Bejahung der Zuständigkeit des Erstgerichts zutreffend war oder nicht, hieran gebunden, und zwar auch dann, wenn die Anwendbarkeit der EuGVVO übersehen und deshalb nationales Recht angewandt oder die Zuständigkeit auf einen durch Art. 5 Abs. 2 ausgeschlossenen nationalen Gerichtsstand gestützt worden war.[6] Der Grundsatz greift auch ein, wenn das Gericht des Erststaates seine Zuständigkeit gegenüber einen im Anerkennungsstaat wohnenden Beklagten zu Unrecht auf eine Vorschrift gestützt hat, die auf das Kriterium der Staatsangehörigkeit abstellt.[7] Auch steht der Umstand, dass die Entscheidung eines Mitgliedstaates ein Grundstück in einem Gebiet betrifft, über das der Staat keine Kontrolle ausübt, einer Anerkennung und Vollstreckung

---

3 BGH, NJW-RR 2002, 1151; *MüKo/Gottwald*, Art. 34 EuGVO Rn. 8.
4 Siehe BGH, EuZW 2008, 251 = NJW-RR 2008, 586 mit Nachweisen zum Meinungsstand.
5 Siehe auch Art. 36 Rdn. 6.
6 OLG Frankfurt, IPRax 2002, 523.
7 EuGH, NJW 2000, 1853.

nicht entgegen.⁸ Angesichts des klaren Wortlauts des Abs. 3 ist eine – ausnahmsweise – Überprüfung der Zuständigkeit nur in den in Abs. 1 lit. e) aufgelisteten Fällen möglich.

III. Anerkennungsversagungsgründe

1. Verstoß gegen den ordre public, Abs. 1 lit. a)

Der Versagungsgrund entspricht Art. 34 Nr. 1 Brüssel-I-VO. Er greift nur bei »offensichtlichen« Verstößen gegen den materiellen oder verfahrensrechtlichen ordre public des Anerkennungs- bzw. Vollstreckungsstaates und ist nach der Rechtsprechung des EuGH eng auszulegen.⁹ Wegen seiner Konkretisierung kann auf die Grundsätze verwiesen werden, die zu dem gleich gelagerten § 328 Abs. 1 Nr. 4 ZPO entwickelt worden sind.¹⁰ Daneben kann aber auch eine offensichtliche Missachtung von Grundsätzen des Gemeinschaftsrechts sowie des Rechts auf ein faires Verfahren i. S. von Art. 47 GRCh, das grds. auch ein Recht auf eine Begründung gerichtlicher Entscheidungen enthält, einen ordre public Verstoß begründen.¹¹ Entsprechendes gilt, wenn eine Partei im Ursprungsmitgliedstaat mit gerichtlichen Sanktionen belegt wird, welche »eine offensichtliche und unverhältnismäßige Beeinträchtigung des Anspruchs auf rechtliches Gehör« i. S. d. Art. 6 EMRK darstellen.¹² 7

In dem nach Art. 1 auf Zivil- und Handelssachen beschränkten Anwendungsbereich der Brüssel-Ia-VO dürften in der Regel nur Verstöße gegen den verfahrensrechtlichen ordre public relevant werden.¹³ Eine entsprechende Rüge war im Vollstreckbarkeitsverfahren herkömmlicher Art im Wege einer Art »Notbremse« ein nicht seltener Einwand von Schuldnern, denen die Brisanz des ausländischen Verfahrens auch für den Zugriff auf inländisches Vermögen häufig nicht bewusst war und Versäumnisurteil gegen sich ergehen ließen. Wenn das Fehlen eines »geordneten rechtsstaatlichen Verfahrens«¹⁴ gerügt wird, ist das mit einem Versagungsantrag befasste Gericht zu einer näheren und zeitintensiven Befassung mit der ausländischen Verfahrensordnung gezwungen, obwohl Fälle, in denen letztendlich ein Verstoß festgestellt wurde, selten sind.¹⁵ Die Beurteilung unter Umständen schwieriger Rechtsfragen bei hohen Forderungen und komplexen Sachverhalten im Rahmen von Versagungsanträgen war für den deutschen Gesetzgeber mit Recht Anlass, in § 1115 Abs. 1, 4 ZPO für Versagungsanträge eine ausschließliche sachliche Zuständigkeit des Landgerichts mit einer funktionellen Zuständigkeit des Vorsitzenden einer Zivilkammer zu begründen.¹⁶ 8

---

8 EUGHE 2009 I, 3571 wg. eines Urteils eines zypriotischen Gerichts über ein Grundstück im türkisch kontrollierten Nordzypern.
9 So schon zum EuGVÜ EuGHE 1994, I 2237; EuGHE 2000 I 1935 u. 2973.
10 *Schlosser*, Art. 34–36 EuGVVO Rn. 3.
11 EuGH, EuZW 2012, 912 mit Anm. *Bach*; *Roth*, IPRax 2013, 402; *Schnichels/Stege*, EuZW 2013, 809, 815; EUGH, NJW 2000, 2185; *Prütting/Gehrlein/Schinkels*, Art. 34 EuGVO Rn. 2.
12 EuGH, EuZW 2009, 422 mit Anm. *Sujecki* S. 424 sowie *Schinkels*, LMK 2009, 289819; dem EuGH ebenfalls unter Betonung der Unverhältnismäßigkeit prozessualer Sanktionen folgend BGH, FamRZ 2009, 2069 mit Anm. *Gottwald* S. 2074 für den gleich gelagerten Versagungsgrund des Art. 5 Nr. 1 HUVÜ 1973.
13 *Schlosser*, Art. 34–36 EuGVVO Rn. 2; *Würdinger*, IPRax 2013, 322.
14 So die Formel in BGH, NJW 1990, 2201.
15 Vgl. die Übersichten bei *Schlosser*, Art. 34–36 EuGVVO Rn. 2–7 sowie aus neuerer Zeit EuGH, RIW 2014, 830: kein Verstoß beim Fehlen einer Begründung zur Berechnung der Höhe von Beträgen oder bei schwerwiegenden wirtschaftlichen Folgen einer einstweiligen Maßnahme; BVerfG, FPR 2004, 402: kein Verstoß bei israelischer Verurteilung zu existenzgefährdenden Unterhaltszahlungen; OLG Düsseldorf, IPRax 2013, 349 mit Anm. *Würdinger* S. 322: kein Verstoß bei einer Erhöhung einer titulierten Forderung um 50 % bei Verzug; andererseits BGH, FamRZ 2009, 1816 mit Anm. *Henrich* sowie *Rauscher*, LMK, 2009, 293153: Ordre public Verstoß bei einem polnischem Vaterschaftsfeststellungs- und Unterhaltsurteil, das nach Gewährung rechtlichen Gehörs für den Schuldner auf nicht medizinisch überprüften Angaben einer nahen Angehörigen des Kindes zur Vaterschaft des Schuldners beruht; kritisch hierzu *Schilling*, IPRax 2011, 31.
16 BT-Drucks. 18/823 S. 22; siehe auch § 1115 ZPO Rn. 2.

Art. 45 Brüssel-Ia-VO

2. Nicht hinreichende Verteidigungsmöglichkeit bei Säumnis, Abs. 1 lit. b)

9 Der Versagungsgrund des Abs. 1 lit. b) ist identisch mit Art. 34 Nr. 2 Brüssel-I-VO und betrifft Fälle, in denen dem säumig gebliebenen Schuldner **bei Einleitung des Verfahrens** nicht oder nicht hinreichend rechtliches Gehör gewährt wurde. Es handelt sich um den in der Praxis wichtigsten Anerkennungsversagungsgrund.[17] Wegen sonstiger Gehörsverletzungen im Verlaufe des Verfahrens ist auf den Auffangtatbestand der ordre public-Kontrolle nach Nr. 1 zurückzugreifen. Die Norm erlaubt dem mit einem Versagungsantrag befassten Gericht eine umfassende Prüfung tatsächlicher Art, wie der EuGH zu Art. 34 Nr. 2 Brüssel-I-VO entschieden hat. Hierzu hat er weiter ausgeführt, dass die Vorlage einer Bescheinigung nach Art. 54 Brüssel-I-VO über das Datum der Klageerhebung die Prüfungsbefugnis nicht einschränke, zumal sich hieraus nicht ergebe, ob die Zustellung so rechtzeitig und in einer Weise erfolgt ist, dass der Beklagte sich verteidigen konnte. Das Gericht sei befugt, eine **Beurteilung sämtlicher Beweise** vorzunehmen und somit ggf. nachzuprüfen, ob diese Beweise mit den Angaben in der Bescheinigung übereinstimmten. Eine Beschränkung des Umfangs des Nachprüfungsrechts des Gerichts des Vollstreckungsstaates alleine aufgrund der Vorlage der Bescheinigung würde der gebotenen Kontrolle der Wahrung der Verteidigungsrechte des Beklagten ihre praktische Wirksamkeit nehmen.[18] Diese Ausführungen des EuGH lassen sich ohne Weiteres auf das Verfahren nach den Art. 45, 46 übertragen. Die mit Versagungsanträgen befassten Gerichte haben daher bei entsprechenden Rügen die Bescheinigung nach Art. 53 kritisch zu hinterfragen und ggf. zu den einzelnen Voraussetzungen des Abs. 1 lit. b) Beweis zu erheben.

10 Der ordnungsgemäßen **Zustellung des verfahrenseinleitenden Schriftstücks** kam vor Inkrafttreten der Brüssel-I-VO besondere Bedeutung zu. Fehler hierbei führten gem. Art. 27 Nr. 2 EuGVÜ/LugÜ dazu, dass im Fall einer Säumnisentscheidung deren Anerkennung zwingend zu versagen war, und zwar nach der Rechtsprechung des EuGH auch dann, wenn der Schuldner es unterlassen hatte, ein Rechtsmittel einzulegen, obwohl er die Möglichkeit hierzu hatte.[19] In bewusster Abkehr von dieser Rechtsprechung, die in der Literatur zum Teil heftig kritisiert worden war,[20] war in Art. 34 Nr. 2 Brüssel-I-VO bestimmt, dass der Schuldner sich auf einen Zustellungsmangel nicht mehr berufen kann, wenn er die Einlegung eines Rechtsmittels unterlassen hatte. Ferner bedurfte es nicht mehr der oftmals schwierigen und diffizilen Prüfung, ob das verfahrenseinleitende Schriftstück nach dem Recht des Urteilsstaates ordnungsgemäß zugestellt worden war. Vielmehr ist die Anerkennung nach der in Abs. 1 lit b) übernommenen Fassung des früheren Art. 34 Nr. 2 Brüssel-I-VO nur noch dann zu versagen, wenn es nicht so rechtzeitig und nicht in einer Weise zugestellt worden ist, dass der Schuldner sich ordnungsgemäß verteidigen konnte. Es kommt mithin nicht mehr darauf an, ob die Zustellung nach dem Recht des Urteilsstaates ordnungsgemäß war, sondern nur noch, ob sie so erfolgt ist, dass tatsächlich eine Verteidigungsmöglichkeit bestand.[21] Diese Neuregelung vereinfacht das Prüfungsverfahren nicht nur deutlich, sondern wird auch der ratio legis, nämlich der **Gewährleistung rechtlichen Gehörs**[22] besser gerecht, als die Fassung in Art. 27 Nr. 2 EuGVÜ/LugÜ, bei der u. U. nur formale Zustellfehler, die die Verteidigungsmöglichkeit des Schuldners an sich nicht beeinträchtigten, einer Vollstreckbarkeitserklärung entgegen stehen. Allerdings kann die Ordnungsgemäßheit der Zustellung im Rahmen der Sachverhaltsermittlung von Bedeutung sein. Schwerwiegende Mängel bei der Zustellung können nämlich regelmäßig ein starkes Indiz dafür sein, dass dem Schuldner im Ursprungsmitgliedstaat kein ausreichendes rechtliches Gehör bei der Verfahrenseinleitung gewährt worden ist.[23] Problematisch erscheint von daher auch die Frage, ob

---

17 *Hess/Pfeiffer/Schlosser*, Brussels I Regulation Rn. 474.
18 EuGH, EuZW 2012, 912 mit Anm. *Bach*; *Roth*, IPRax 2013, 402; *Schnichels/Stege*, EuZW 2013, 809, 815.
19 EuGH, EuZW 1990, 352, EuZW 1993, 39; ihm folgend BGH, NJW 1993, 2688 = IPRax 1993, 396.
20 Insbes. *Geimer*, NJW 1973 2139, 2142, der deswegen den Justizgewährungsanspruch des Gläubigers als gefährdet ansieht.
21 BGH, NJW-RR 2007, 638; NJW-RR 2008, 586; *Zöller/Geimer*, Art. 34 EuGVVO Rn. 22.
22 *Kropholler/v. Hein*, Art. 34 EuGVVO Rn. 22.
23 BGH, NJW-RR 2008, 586 = EuZW 2008, 251.

das Fehlen einer Übersetzung dazu führt, dass keine hinreichende Verteidigungsmöglichkeit für den Schuldner bestand. Dies wird zum Teil mit der Erwägung verneint, Zustellungen von Schriftstücken nach den Art. 4 ff. EuZVO seien grundsätzlich auch ohne deren Übersetzung zulässig und deren Fehlen begründe nur ein Annahmeverweigerungsrecht des Empfängers. Mache er hiervon keinen Gebrauch, könne er sich nicht nachträglich auf den Mangel berufen.[24]

Die **Rechtzeitigkeit der Zustellung ist** auf einen Versagungsantrag hin unabhängig von den Feststellungen des Ursprungsgericht eigenständig zu prüfen, und zwar aufgrund einer wertenden Einzelfallbetrachtung, die weder auf der Grundlage des Rechts des Ursprungs- noch des Vollstreckungsstaates getroffen werden kann.[25] Daraufob die jeweiligen nationalen Ladungs- oder Einlassungsfristen eingehalten sind, kommt es nicht an. Als Faustformel wird man sagen können, dass drei Wochen, in der Regel reichen und eine Woche in der Regel (aber nicht ausnahmslos) zu kurz ist.[26] Zu beachten ist aber, dass es bei der Bestimmung der Frist alleine auf den tatsächlichen Zugang des Schriftstücks bei dem Beklagten ankommt, und zwar auch dann, wenn die Zustellung nach dem Recht des Ursprungsstaates bereits mit Eingang des Ersuchens bei dem um Zustellung ersuchten deutschen Gericht bewirkt ist.[27] Indes bedarf es nicht in allen Fällen einer tatsächlichen Kenntnisnahme, nämlich dann nicht, wenn der Schuldner das Fehlen der Möglichkeit zur rechtzeitigen Kenntnisnahme selbst zu vertreten hat.[28] Auch im grenzüberschreitenden Rechtsverkehr soll nicht derjenige Schuldner begünstigt werden, der sich den Gerichten im Ursprungsstaat durch Aufenthalt an einem unbekannten Ort entzieht. Deswegen kann auch eine **fiktive oder öffentliche Ladung** ausreichend sein.[29] Dies gilt aber dann nicht, wenn die öffentliche Zustellung nicht auf zurechenbarem Verhalten des Schuldners beruht, sondern sich der Gläubiger die Bewilligung erschlichen hatte[30] oder die öffentliche Zustellung schon nach dem Recht des Ursprungsmitgliedstaates wegen nicht genügender Nachforschungen nach dem Aufenthaltsort des Beklagten nicht hätte angeordnet werden dürfen.[31]

11

Auf einen Zustellungsmangel kann der Schuldner sich allerdings dann nicht berufen, wenn er die **Einlegung eines ihm möglichen Rechtsmittels unterlassen** hatte. Hierfür reicht es nicht aus, dass der Schuldner von der Existenz des Versäumnisurteils erfahren hat. Vielmehr ist es nach der Rechtsprechung des EuGH erforderlich, dass er »tatsächlich Kenntnis von dessen Inhalt durch eine Zustellung erlangt hatte, die so rechtzeitig erfolgte, dass er sich vor dem Gericht des Ursprungsstaats verteidigen konnte«.[32] Erst recht steht die tatsächliche Einlegung eines entsprechenden Rechtsmittels einer Anwendung des Abs. 2 lit b) entgegen.[33] Selbst dann, wenn dem Schuldner die zu vollstreckende Entscheidung zusammen mit der Bescheinigung gem. Anhang I erst zu dem nach Art. 43 spätestens möglichen Zeitpunkt, nämlich unmittelbar vor der ersten Vollstreckungsmaßnahme zugestellt wird und ihm zu diesem Zeitpunkt im Ursprungsmitgliedstaat noch ein Rechtsbehelf zur Verfügung steht, kann er sich nicht auf den Versagungsgrund des Abs. 2 lit b) berufen. Er kann das Rechtsmittel einlegen und sodann bei dem Gericht oder dem Vollstreckungsorgan, das

12

---

24 So OLG Bamberg, IPRspr 2006, 437; *MüKo/Gottwald*, Art. 34 EuGVO Rn. 28; *Botur*, FamRZ 2010, 1860, 1864; **a. A.** OLG Zweibrücken, NJW-RR 2006, 207 u. OLG Hamburg, OLGReport 2009, 188.
25 EuGHE 1981, 1593; EuGHE 1985, 1779.
26 Vgl. z. B. OLG Köln, OLGReport 2002, 130 = ZMR 2002, 348: 1 Woche in einer Mietsache bei im Urteilsstaat wohnenden Beklagten reicht; weitere Beispiele bei *Rauscher/Leible*, EuZPR/EuIPR, Art. 34 Brüssel I-VO Rn. 35.
27 OLG Köln, NJW-RR 2002, 360; *Rauscher/Leible*, EuZPR/EuIPR, Art. 34 Brüssel I-VO Rn. 36.
28 BGH, NJW 1992, 1239.
29 BGH, NJW 2008, 1531 mit zust. Anm. *Geimer*, LMK 2008, 253019; *Thomas/Putzo/Hüßtege* (35. Auflage), Art. 34 EuGVVO Rn. 9.
30 OLG Köln, NJW-RR 2001, 1576 = IHR 2001, 165.
31 *Botur*, FamRZ 2010, 1860, 1865.
32 EuGH, NJW 2007, 825.
33 EUGHE 2009 I, 3571.

mit der Sache befasst ist, eine Aussetzung des Verfahrens nach Art. 38 Abs. 1 beantragen. Falls er im Ursprungsstaat keinen Wohnsitz hat, der dortigen Sprache nicht mächtig ist und noch keine Übersetzung der Entscheidung erhalten hat, hat er zudem die Möglichkeit vorläufigen Vollstreckungsschutz nach Art. 43 Abs. 2 zu erwirken.

3. »Titelkollisionen«, Abs. 1 lit c) und d)

13 Die ebenfalls als Ausnahmevorschriften eng auszulegenden lit. c) und d) des Abs. 1 entsprechen Art. 34 Nr. 3 und 4 Brüssel-I-VO. Sie setzen voraus, dass jeweils »Entscheidungen« i. S. d. Art. 36 miteinander kollidieren.[34] Ferner müssen die Entscheidungen zwischen denselben Parteien ergangen sein. Unvereinbar sind sie dann, wenn sich die rechtskraftfähigen Feststellungen widersprechen, wenn sie also Rechtsfolgen haben, die sich gegenseitig ausschließen.[35] Eine Identität der Streitgegenstände ist dagegen nicht erforderlich.[36] So besteht eine »Titelkollision« zwischen einem Leistungsurteil auf Zahlung von Schadensersatz wegen Nichterfüllung und einem Urteil das den Vertrag für nichtig erklärt.[37] Dagegen steht wegen der nur summarischen Prüfung die Versagung von Prozesskostenhilfe im Inland einem ausländischen Leistungsurteil wegen des gleichen Anspruchs nicht entgegen.[38]

14 Der Versagungsgrund der **lit. c)** setzt voraus, dass das anzuerkennende oder für vollstreckbar zu erklärende Urteil aus einem anderen Mitgliedstaat mit einer **inländischen Entscheidung** übereinstimmt. Auf die zeitliche Reihenfolge der Entscheidungen kommt es dabei nicht an. Demgegenüber ist es bei der **lit. d)** unerheblich, wo die mit dem anzuerkennenden Urteil kollidierende andere Entscheidung ergangen ist, ob im Inland, in einem anderen Mitgliedsland der EU oder in einem Drittstaat. Ferner gilt bei der Nr. 4 das **Prioritätsprinzip**. Es ist also die frühere der beiden Entscheidungen anzuerkennen. Auf unvereinbare Entscheidungen aus demselben Mitgliedstaat ist der Versagungsgrund der lit. d) dagegen weder unmittelbar noch analog anwendbar.[39]

IV. Ausnahmsweise Überprüfung der Zuständigkeit, Abs. 1 lit. e)

15 Abs. 1 lit. e) hat seinen Vorläufer in Art. 35 Abs. 1 Brüssel-I-VO. Gegenüber dieser Vorschrift wurde der Anwendungsbereich zum Schutz von Parteien mit struktureller Unterlegenheit noch ausgeweitet, weil nunmehr auch Verfahren nach Abschnitt 5 des Kapitels 2, also Streitigkeiten aus individuellen Arbeitsverträgen mit einbezogen worden sind.[40] Im Rahmen der Neufassung wurde ein weiterer Streitpunkt beseitigt. Zu Art. 35 Brüssel-I-VO war es nämlich problematisch und streitig, ob entgegen deren Wortlaut die Norm im Wege einer teleologischen Reduktion dahingehend ausgelegt werden konnte, dass sich nur die strukturell unterlegene Partei auf das Anerkennungshindernis berufen kann.[41] Die Neuregelung stellt dies klar und erstreckt das Anerkennungshindernis auf Fälle, in denen der Beklagte Versicherungsnehmer, Versicherter, Begünstigter des Versicherungsvertrags, Geschädigter, Verbraucher oder Arbeitnehmer ist.[42]

---

34 Zum Begriff siehe Art. 39 Rdn. 2–4.
35 EuGH, NJW 2002, 2087.
36 *Thomas/Putzo/Hüßtege*, Art. 45 EuGVVO Rn. 22.
37 HK-ZV/*Mäsch*, Art. 34 EuGVVO Rn. 39.
38 BGH, NJW 1984, 568.
39 EuGH EuZW 2013, 903 mit ablehn. Anm. *Mäsch*; siehe auch die Vorlageentscheidung des BGH, NJW 2012, 1472, mit Nachweisen zum Meinungsstand.
40 Zur Kritik an der früheren Regelung *Kropholler/v. Hein*, Art. 35 EuGVVO Rn. 10 mit weiteren Nachweisen.
41 So OLG Düsseldorf, NJW-RR 2006, 1079; *Geimer/Schütze*, EuZVR, Art. 35 EuGVVO Rn. 16–18; *Kropholler/v. Hein*, Art. 35 EuGVVO Rn. 8; *Rauscher/Leible*, EuZPR/EuIPR, Art. 35 Brüssel I-VO Rn. 6; *Schlosser*, Art. 34–36 EuGVVO Rn. 31; **a.A**;*Prütting/Gehrlein/Schinkels*, Art. 35 EuGVO Rn. 4; *Thomas/Putzo/Hüßtege* (35. Auflage) Art. 35 EuGVVO Rn. 3.
42 A.A. weiterhin *Thomas/Putzo/Hüßtege*, Art. 45 EuGVVO Rn. 29.

Die in Abs. 1 lit. e) aufgelisteten Fälle sollen eine abschließende Regelung darstellen (Rn. 4). Möglicherweise bedürfen sie aber von ihrem Sinn und Zweck her einer Korrektur (unten Rn. 17 und 19). Steht fest, dass die dort genannten Vorschriften nicht verletzt sind, findet eine weitere Überprüfung der Zuständigkeit nicht statt.[43] Wegen der Feststellung der Tatsachen, die zur Begründung der in Abs. 1 aufgelisteten Zuständigkeiten notwendig sind, wird durch Abs. 2 eine Bindung des Anerkennungsgerichts angeordnet, die sich aber nicht auf die aus diesen Tatsachen gezogenen rechtlichen Schlussfolgerungen erstreckt.[44] Ansonsten gilt die Bindung uneingeschränkt, insbesondere für an sich anerkennungsfreundliche Tatsachen und auch für neue Tatsachen, die im Verfahren des Ursprungsgerichts bereits hätten geltend gemacht werden können.[45]

1. Versicherungs-, Verbrauchersachen und individuelle Arbeitsverträgen

Welche Verfahren erfasst sind und zu wessen Zweck sie dient, ist nunmehr klar der Norm zu entnehmen (Rn. 13). Zu beachten ist, dass eine rügelose Einlassung auch in den Verfahren, die in lit. e) aufgelistet sind, nach Art. 26 Abs. 1 möglich ist mit der Folge, dass der Versagungsgrund nicht eingreift.[46] Dies kann allerdings dann nicht gelten, wenn das Ursprungsgericht die für Versicherungs- und Verbrauchersachen sowie Streitigkeiten aus individuellen Arbeitsverträgen in Art. 26 Abs. 2 vorgeschriebene Belehrung des strukturell unterlegenen Beklagten unterlassen hat, er also nicht über sein Recht, die Unzuständigkeit des angerufenen Gerichts zu rügen, und über die Folgen einer Einlassung oder Nichteinlassung aufgeklärt worden ist.[47]

2. Ausschließliche Zuständigkeiten nach Art. 24

Ein etwaiger Verstoß gegen eine ausschließliche Zuständigkeit nach dem 6. Abschnitt des Kapitels II (Art. 24) ist von einem angerufenen Gericht stets **von Amts** wegen zu beachten. Eine Verletzung begründet daher konsequenterweise ein Anerkennungshindernis. Da Art. 24 eine ausschließliche Zuständigkeit **nur für Mitgliedstaaten** begründet, ist eine solche, die von einem Drittstaat beansprucht wird, unbeachtlich.[48]

3. Abkommen mit Drittstaaten gem. Art. 72

Nach Art. 72 Brüssel-I-VO war für die Mitgliedstaaten die Möglichkeit eröffnet, mit Drittstaaten Vereinbarungen dahingehend zu treffen, dass Entscheidungen gegen die in dem Drittland lebenden Personen nicht anerkannt werden, sofern sie auf einen der exorbitanten Gerichtsstände des Art. 3 Abs. 2 EuGVÜ gestützt sind, also z. B. in Deutschland auf den Gerichtsstand des Vermögens nach § 23 ZPO. Zur Wahrung derartiger völkerrechtlicher Verpflichtungen konnte hierauf nach Art. 35 Abs. 1 letzte Alternative (... »oder ein Fall des Art. 72 vorliegt«) ein Anerkennungshindernis gestützt werden. In Abs. 1 lit. e) fehlt gleichwohl dieser Zusatz. Hierbei dürfte es sich um ein bloßes Redaktionsversehen handeln; denn Art. 72 Brüssel-I-VO wurde unverändert in Art. 72 der neuen Verordnung übernommen. Auch ist in Erwägungsgrund 36 ausgeführt, dass die Verordnung nicht die Anwendung der bilateralen Übereinkünfte und Vereinbarungen berühren soll, die vor dem Inkrafttreten der Brüssel-I-VO zwischen einem Drittstaat und einem Mitgliedstaat geschlossen wurden. Schließlich wird in Erwägungsgrund 29 Satz 4 ausdrücklich erwähnt, dass zu den Anerkennungs- und Vollstreckungsversagungsgründen auch die Gründe gehören sollten, die sich aus

---

43 BGH, EuLF 2006, II 54 – II-56 mit Anm. *Stürner*, jurisPR-BGHZivilR 11/2007 Anm. 4; OLG Köln, RIW 2004, 866 = IHR 2005, 174 als Vorinstanz; siehe auch Rdn. 4.
44 OLG Stuttgart, NJW-RR 2001, 858.
45 *Kropholler/v. Hein*, Art. 35 EuGVVO Rn. 21; *Thomas/Putzo/Hüßtege*, Art. 45 Rn. 31.
46 OLG Koblenz, IPRax 2001, 334 mit abl. Anm. *Mankowski* S. 310; *Rauscher/Leible*, EuZPR/EuIPR, Art. 35 Brüssel I-VO Rn. 6;.
47 So mit Recht *v. Hein*, RIW 2013, 97, 109.
48 So die ganz überwiegende Meinung, siehe die Nachweise bei *Rauscher/Leible*, EuZPR/EuIPR, Art. 35 Brüssel I-VO Rn. 8; a. A. *Grundmann*, IPRax 1985, 249, 253.

derartigen Abkommen mit Drittstaaten ergeben.[49] Im Wortlaut des Abs. 1 lit. e) findet dieser Wille des Gesetzgebers allerdings – wohl versehentlich – keine Stütze.

Unterabschnitt 2 Versagung der Vollstreckung

Art. 46

Die Vollstreckung einer Entscheidung wird auf Antrag des Schuldners versagt, wenn festgestellt wird, dass einer der in Artikel 45 genannten Gründe gegeben ist.

Übersicht	Rdn.		Rdn.
I. Regelungsgehalt.................	1	II. Antragserfordernis und Beweislast.....	2

I. Regelungsgehalt

1 Art. 46 ist das Pendant zu Art. 45 Abs. 4, der unmittelbar nur den Fall betrifft, dass der Schuldner sich gegen die Anerkennung einer gerichtlichen Entscheidung wenden will. Aus Art. 46 folgt sein Recht, sich auch gegen eine seiner Meinung nach nicht gerechtfertigte Vollstreckung aus einer ausländischen gerichtlichen Entscheidung durch die Geltendmachung von Versagungsgründen zur Wehr zu setzen.

II. Antragserfordernis und Beweislast

2 Die Prüfung etwaiger Versagungsgründe erfolgt nach Art. 46 nur auf Antrag des Schuldners. Die Formalien für diesen Antrag richten sich bzgl. der vorzulegenden Unterlagen nach Art. 47 Abs. 3, 4 und im Übrigen nach dem nationalen Recht des Vollstreckungsmitgliedstaates (Art. 47 Abs. 1, 2). In Deutschland ist § 1115 ZPO einschlägig.[1] Auch hier liegt wie bei einem Antrag nach Art. 45 Abs. 4 die Darlegungs- und Beweislast beim Schuldner. Es hat zwar eine Amtsprüfung etwaiger Versagungsgründe zu erfolgen, aber keine Amtsermittlung.[2]

Art. 47

(1) Der Antrag auf Versagung der Vollstreckung ist an das Gericht zu richten, das der Kommission von dem betreffenden Mitgliedstaat gemäß Artikel 75 Buchstabe a mitgeteilt wurde.

(2) Für das Verfahren zur Versagung der Vollstreckung ist, soweit es nicht durch diese Verordnung geregelt ist, das Recht des ersuchten Mitgliedstaats maßgebend.

(3) Der Antragsteller legt dem Gericht eine Ausfertigung der Entscheidung und gegebenenfalls eine Übersetzung oder Transliteration der Entscheidung vor.

Das Gericht kann auf die Vorlage der in Unterabsatz 1 genannten Schriftstücke verzichten, wenn ihm die Schriftstücke bereits vorliegen oder wenn es das Gericht für unzumutbar hält, vom Antragsteller die Vorlage der Schriftstücke zu verlangen. Im letztgenannten Fall kann das Gericht von der anderen Partei verlangen, diese Schriftstücke vorzulegen.

(4) Von der Partei, die die Versagung der Vollstreckung einer in einem anderen Mitgliedstaat ergangenen Entscheidung beantragt, kann nicht verlangt werden, dass sie im ersuchten Mitgliedstaat über eine Postanschrift verfügt. Es kann von ihr auch nicht verlangt werden, dass sie im

---

49 *V. Hein*, RIW 2013, 97, 109.
1 Näher Art. 47 Rdn. 3 – 15.
2 Näher Art. 45 Rdn. 3.

ersuchten Mitgliedstaat über einen bevollmächtigten Vertreter verfügt, es sei denn, ein solcher Vertreter ist ungeachtet der Staatsangehörigkeit oder des Wohnsitzes der Parteien vorgeschrieben.

Übersicht

		Rdn.			Rdn.
I.	Anwendungsbereich und Regelungsgehalt	1	4.	Tenor der Entscheidung	13
II.	Zuständiges Gericht, Abs. 1	3	IV.	Erledigung der Hauptsache	14
III.	Verfahrensgrundsätze, Abs. 2	5	V.	Kostenentscheidung, Streitwert und Gebühren	15
1.	Prüfungsumfang	7	VI.	Vorzulegende Unterlagen, Abs. 3	16
2.	Sachaufklärung	10	VII.	Domizil und Vertretung des Antragstellers, Abs. 4	19
3.	Säumnis des Antragstellers	12			

I. Anwendungsbereich und Regelungsgehalt

Art. 47 betrifft unmittelbar die Einleitung eines Verfahrens, mit dem Vollstreckbarkeitsversagungsgründe geltend gemacht werden. Infolge der Bezugnahme in Art. 45 Abs. 4 und in Art. 36 Abs. 2 gilt die Vorschrift entsprechend für Anerkennungsversagungsanträge von Schuldnern und für Anträge von Gläubigern, mit denen die Feststellung begehrt wird, dass keiner der Gründe des Art. 45 vorliegt. Da derartige Anträge relativ selten sind und die grenzüberschreitende Durchsetzung von Entscheidungen i. d. R. die Vollstreckung von Leistungstiteln betrifft, erschöpft sich die praktische Bedeutung der Norm im Wesentlichen in ihrem unmittelbaren Anwendungsbereich, also im Vollstreckungsverfahren. 1

Auch das in Art. 47 geregelte Verfahren über Versagungsanträge ist von dem Grundsatz beherrscht, der das Kapitel III der Brüssel-Ia-VO über die Anerkennung und Vollstreckung prägt, dass europarechtlich nur einige Vorgaben gelten und im Übrigen das Recht des Vollstreckungsstaates maßgeblich ist. Vorgegeben sind in Abs. 3 die Anforderungen an die Unterlagen, die der Antragsteller vorzulegen hat. Durch Absatz 4 wird zudem nationalen Vorschriften begegnet, durch die Parteien gehalten sind, für eine Erreichbarkeit im Inland während eines laufenden Verfahrens Sorge zu tragen. Nationale Vorschriften sind dagegen gem. Abs. 1 und 2 maßgeblich für die Bestimmung des Gerichts, an das Versagungsanträge zu richten sind, sowie für das gerichtliche Verfahren über derartige Anträge. 2

II. Zuständiges Gericht, Abs. 1

In den Anhängen II – IV der Brüssel-I-VO war festgelegt, bei welchen Gerichten der Mitgliedstaaten Vollstreckbarkeitsanträge nach Art. 41 einzureichen waren, bei welchem Gericht Rechtsbehelfe nach Art. 43 Abs. 2 einzulegen waren und welches Rechtsmittel nach Art. 44 statthaft war. Für Deutschland waren dies in erster Instanz der Vorsitzende einer Kammer des Landgerichts, für die 2. Instanz das OLG und schließlich die der BGH für eine Rechtsbeschwerde. Die nationalen Durchführungsvorschriften hierzu hatten ihren Standort im AVAG.[1] Die Brüssel-Ia-VO enthält eine flexiblere Regelung, indem sie in Art. 75 Abs. 1 den Mitgliedstaaten lediglich aufgibt, bis zu deren Inkrafttreten am 10.1.2015 der Kommission mitzuteilen, an welches Gericht Anträge nach Art. 47 Abs. 1 zu richten sind, bei welchem Gericht der Rechtsbehelf nach Art. 49 Abs. 2 einzulegen und bei welchen Gerichten ein weiterer Rechtsbehelf einzureichen ist. Diese Angaben sollen den Rechtsuchenden nach Art. 75 Abs. 2 in geeigneter Weise, insbesondere über das Europäische Justizielle Netz in Zivilsachen zur Verfügung gestellt werden. In Deutschland sind in dem ebenfalls am 10.1.2015 in Kraft getretenen § 1115 ZPO für die drei Instanzen Zuständigkeiten und Rechtsmittelverfahren bestimmt worden, die denen der Brüssel-I-VO entsprechen. Dem liegt die sachgerechte Erwägung des Gesetzgebers zugrunde, dass das Antragsverfahren nach Art. 45 ff. mit dem Vollstreckbarkeitsverfahren herkömmlicher Art vergleichbar sei, die Brüssel-Ia-VO weite Bereiche 3

---

[1] Ebenfalls im Anhang kommentiert.

des Zivil- und Handelsrechts erfasse, mitunter über die Vollstreckbarkeit hoher Forderungen sowie über komplexe Sachverhalte zu entscheiden sei und die Prüfung der Versagungsgründe des Art. 45 Brüssel-Ia-VO schwierige Rechtsfragen aufwerfen könne.[2]

4 Nach § 1115 Abs. 1 besteht eine ausschließliche **sachliche Zuständigkeit** des Landgerichts. **Örtlich** ist nach Abs. 2 das Landgericht ausschließlich zuständig, in dessen Bezirk der Schuldner seinen Wohn- bzw. Firmensitz hat oder – in Ermangelung eines solchen – in dessen Bezirk vollstreckt wird bzw. werden soll. **Funktionell** besteht – ebenfalls nach der Konzeption des § 3 Abs. 3 AVAG – eine Entscheidungskompetenz des Vorsitzenden einer Zivilkammer. Dieser ist eigenständiges Organ und nicht Einzelrichter i. S. d. §§ 348, 348a ZPO. Im Fall seiner Verhinderung entscheidet der geschäftsplanmäßiger Vertreter.[3]

III. Verfahrensgrundsätze, Abs. 2

5 Für das Verfahren ist nach Art. 47 Abs. 2 ebenfalls das **Recht des Vollstreckungsstaates** maßgeblich. Nach § 1115 Abs. 3 kann der Versagungsantrag zur Gewährleistung einer effektiven Verteidigung des Schuldners und zur Entlastung des Verfahrens von Förmlichkeiten, insbesondere vom Anwaltszwang nach § 78 ZPO schriftlich oder zu Protokoll der Geschäftsstelle gestellt werden.[4] Die Entscheidung ergeht durch einen zu begründenden **Beschluss** in einem kontradiktorischen Verfahren mit freigestellter mündlicher Verhandlung. § 1115 Abs. 4 Satz 2 ZPO sieht eine Pflicht des Gerichts zur Anhörung des Gläubigers vor. Gleichwohl wird von dessen Beteiligung dann abgesehen werden können, wenn der Antrag unzulässig oder erkennbar nicht begründet ist. Dadurch werden schützenswerte Interessen des Gläubigers nicht verletzt. Ihm werden im Gegenteil Anwaltskosten erspart, die unter Umständen nicht vom Beschwerdeführer beigetrieben werden können. Seinem Informationsinteresse ist dadurch hinreichend Rechnung getragen, dass ihm ein Beschluss, mit dem ein Antrag ohne mündliche Verhandlung als unzulässig verworfen oder als unbegründet zurückgewiesen wird, gem. § 329 Abs. 2 ZPO formlos mitzuteilen ist.[5]

6 Da Anordnung einer – freigestellten – mündlichen Verhandlung dürfte nur dann zweckmäßig sein, wenn der Sachverhalt durch Anhörung der Parteien, bzw. durch Zeugen- oder Parteivernehmung aufzuklären ist. Für diesen Fall bedarf es einer anwaltlichen Vertretung der Parteien gem. § 78 Abs. 1 ZPO. Die Möglichkeit, den Antrag zu Protokoll der Geschäftsstelle zu erklären, befreit nur für diese Prozesshandlung, nicht aber für die dem Anwaltszwang unterliegende mündliche Verhandlung vor dem Landgericht.[6] Eine etwaige fehlende Vertretung bleibt jedoch i. d. R. ohne verfahrensrechtliche Folgen, da eine Säumnisentscheidung nicht möglich ist (Rn. 12).

1. Prüfungsumfang

7 Gegenstand der Prüfung sind zunächst die zwischen den Parteien streitigen Versagungsgründe gem. Art. 45 Abs. 1. Nach Erwägungsgrund 30 Satz 2 sollen jedoch, sofern das nationale Recht dies zulässt, nach Möglichkeit auch sonstige Gründe geltend gemacht werden können. Es soll also zu einer Verfahrenskonzentration kommen. Nach Satz 2 darf die Anerkennung einer Entscheidung in einem solchen Fall jedoch nur dann versagt werden, wenn mindestens einer der Gründe des Art. 45 Abs. 1 gegeben ist. Begrenzt ist eine etwaige Prüfung weiterer Gründe zudem durch Art. 52, wonach die ausländische Entscheidung keinesfalls in der Sache selbst nachgeprüft werden darf. Ein Schuldner ist daher mit allen Einwendungen präkludiert, die er bereits im Urteilsstaat hätte geltend machen können.

---

[2] Gesetzesbegründung BT-Drucks. 18/823 S. 22.
[3] Siehe § 3 AVAG Rdn. 3.
[4] So die Erwägungen des Gesetzgebers in der Gesetzesbegründung BT-Drucks. 18/823 S. 22.
[5] Siehe auch § 11 AVAG Rdn. 3 zu dem gleich gelagerten Problem der Anhörung des Beschwerdegegners nach § 13 Abs. 1 Satz 2 AVAG.
[6] *Thomas/Putzo/Hüßtege*, § 78 ZPO, Rn. 14.

Nach nationalem Recht kann einem Titel durch eine **Vollstreckungsabwehrklage** des Schuldners nach § 767 ZPO aufgrund materiell-rechtlicher Einwendungen gegen den titulierten Anspruch die Vollstreckbarkeit genommen werden. Damit handelt es sich um einen der in Erwägungsgrund 30 angesprochenen Fälle. Für die Geltendmachung derartiger Einwendungen hat der deutsche Gesetzgeber indes im Einklang mit den allgemeinen Regeln im 8. Buch der ZPO in 1117 Abs. 1 ZPO durch eine entsprechende Anwendung des § 1086 Abs. 1 ZPO die Möglichkeit der Erhebung einer Vollstreckungsabwehrklage mit einer entsprechenden Anwendung der Präklusionsvorschrift des § 767 Abs. 2 ZPO eröffnet.[7] Dem Verbot der Überprüfung der ausländischen Entscheidung in der Sache aus Art. 52 ist dadurch Rechnung getragen, das nach § 795 Satz 1 ZPO für gerichtliche Entscheidungen die Präklusionsvorschrift des § 767 Abs. 2 ZPO entsprechend anzuwenden ist. Diese Lösung ist sachgerecht; denn eine Bündelung mit dem Verfahren nach Art. 47 macht wenig Sinn, da eine positive Entscheidung über etwaige materiell-rechtliche Einwendungen des Schuldners nach Erwägungsgrund 30 Satz 2 ohnehin nur ergehen kann, wenn wegen einer der Versagungsgründe des Art. 45 die Vollstreckung unzulässig ist.[8]

8

Im Vollstreckbarkeitsverfahren herkömmlicher Art hat sich verschiedentlich herausgestellt, dass der Schuldner in einer Entscheidung aus einem anderen Mitgliedstaat unzureichend bezeichnet war, z. B. als »Josef Müller«, statt der wahren Schuldnerin »Josef Müller GmbH«. In derartigen Fällen wurde eine Beschwerde des »**Scheinschuldners**« gegen eine Vollstreckbarerklärung für zulässig erachtet, die auf den Vortrag, er sei nicht Titelschuldner gestützt war.[9] Entsprechendes dürfte wegen Erwägungsgrund 30 nunmehr für das Verfahren über den Versagungsantrag gelten. Nur nutzt dies dem Schuldner wegen Satz 2 des Erwägungsgrundes wie bei der Vollstreckungsabwehrklage wenig. Ihm ist es ohnehin unbenommen, die Rüge gegenüber dem zuständigen Vollstreckungsorgan zu erheben und ggf. die in der konkreten Situation statthaften Rechtsbehelfe des Vollstreckungsrechts einzulegen (§ 766 ZPO, § 11 Abs. 2 RPflG i. V. m. § 793 ZPO, § 71 GBO); denn die Vollstreckungsorgane haben die Identität des Titelschuldners mit dem Vollstreckungsschuldner unter Beachtung des Beibringungsgrundsatzes von Amts wegen aufzuklären. Etwaige Zweifel gehen zulasten des Gläubigers.[10] Die Frage, gegen wen die gerichtliche Entscheidung gerichtet ist, ist allerdings nach dem Recht des Urteilsstaates zu beurteilen.[11]

9

2. Sachaufklärung

Anders als noch im Vollstreckbarkeitsverfahren herkömmlicher Art erster Instanz hat der mit der Sache befasste Vorsitzende der Zivilkammer nunmehr auf der Grundlage des Vorbringens des Antragstellers, also ohne Amtsermittlung den Sachverhalt, zu etwaigen Versagungsgründen von Amts wegen aufzuklären, vorgelegte Urkunden, insbesondere die Bescheinigung nach Art 53 kritisch zu hinterfragen und angebotenen Beweisen zu erheblichen Tatsachen nachzugehen.[12] Gegenüber der bisher lediglich formalen Prüfung nach Art. 41 Brüssel-I-VO, die sich gerade nicht auf etwaige Vollstreckbarkeitsversagungsgründe erstreckte, wird daher diejenige nach neuem Recht wesentlich komplexer sein und derjenigen im bisherigen Beschwerdeverfahren vor dem OLG nach Art. 44 f. Brüssel-I-VO i. V. m. § 13 AVAG entsprechen.

10

Für eine eventuell notwendig werdende Beweisaufnahme gelten nicht die strengen Beweisregeln der §§ 355 ff. ZPO. Vielmehr ist auch ohne Zustimmung der Parteien nach § 284 ZPO der **Freibeweis** möglich. Dadurch wird das Gericht aber nur bei der Gewinnung von Beweismitteln und im Beweisverfahren freier gestellt. Dagegen werden die Anforderungen an das Beweismaß nicht

11

---

7 Siehe Art. 41 Rdn. 6 und § 1117 ZPO Rdn. 1 – 4.
8 Ebenso *Thomas/Putzo/Hüßtege*, Art. 46 EuGVVO Rn. 5 mit weiteren Nachweisen auch zu teilweise abweichenden Meinungen.
9 Näher Art. 45 Brüssel-I-VO Rdn. 2 mit weiteren Nachweisen.
10 *MüKo/Heßler*, § 750 ZPO Rn. 26 ff.
11 Siehe Art. 45 Rdn. 2.
12 Siehe Art. 45 Rdn. 3, 9.

Art. 47 Brüssel-Ia-VO

verringert. Entscheidungserhebliche Tatsachen müssen also auch in diesem Verfahren zur vollen richterlichen Überzeugung bewiesen werden.[13]

3. Säumnis des Antragstellers

12 Eine streitige Sachentscheidung hat auch dann zu ergehen, wenn der Antragsteller in einer evtl. angeordneten mündlichen Verhandlung säumig bleibt. Ein »Versäumnisbeschluss« entsprechend § 330 ZPO ist in dem im Gesetz nur vorgesehenen Beschlussverfahren nicht statthaft.[14]

4. Tenor der Entscheidung

13 Im Fall eines erfolglosen Antrags ist dieser zurückzuweisen. Bei einer positiven Entscheidung ist die Zwangsvollstreckung aus der genau bezeichneten Entscheidung für unzulässig zu erklären. Betrifft der angenommene Versagungsgrund nur einen Teil der Entscheidung, ist die Unzulässigkeit ebenfalls mit genauer Bezeichnung auf diesen Teil zu beschränken. Auch dürfte es zur Vermeidung von Rangverlusten für den Gläubiger zulässig und in vielen Fällen auch empfehlenswert sein, den Beschluss über die Unzulässigkeit der Zwangsvollstreckung aus der Entscheidung mit einem **Rechtskraftvorbehalt** zu versehen.

IV. Erledigung der Hauptsache

14 Falls übereinstimmende Erledigungserklärungen vorliegen, hat eine Kostenentscheidung nach billigem Ermessen entsprechend § 91a ZPO zu ergehen.[15] Allerdings stellt die Aufhebung des ausländischen Urteils im Urteilsstaat während des Verfahrens keine Erledigung der Hauptsache dar. Vielmehr betreibt ein Gläubiger die Zwangsvollstreckung aus einem nur vorläufig vollstreckbaren Titel auf sein eigenes Risiko. Durch die Aufhebung des Titels hat sich diese rückwirkend als unberechtigt erwiesen mit der Folge, dass der Schuldner, dessen Antrag nach Art. 46 Brüssel-I-a-VO durch die Zwangsvollstreckung veranlasst worden war, auf eine – einseitige – Erledigungserklärung hin nicht mit Kosten belastet werden kann.

V. Kostenentscheidung, Streitwert und Gebühren

15 Es handelt sich um ein kontradiktorisches Verfahren, das ähnlich ausgestaltet ist, wie das Vollstreckungsverfahren vor dem Prozessgericht bei der Handlungs- und Unterlassungsvollstreckung nach den §§ 887 – 890. Entsprechend § 891 Abs. 1 Satz 3 hat daher eine **Kostenentscheidung** nach den allgemeinen Grundsätzen der §§ 91 ff. zu ergehen.[16] Bei einer **Rücknahme** des Antrags findet § 269 Abs. 3 ZPO entsprechende Anwendung.

Der **Streitwert** ist wie bei den zu Vollstreckbarkeitsverfahren herkömmlicher Art geltenden Grundsätzen nach der vollstreckbaren Hauptforderung zuzüglich der im Ursprungsmitgliedstaat mit ausgeurteilten bezifferten Kosten ohne sonstige Kosten und ohne Zinsen zu bemessen.[17]

Die Vergleichbarkeit des Antragsverfahrens mit dem Vollstreckbarkeitsverfahren herkömmlicher Art und dem hierdurch entstehenden gerichtlichen Prüfungsaufwand hat den Gesetzgeber veranlasst, hierfür in Ergänzung des KV Nr. 1510 GKG ebenfalls eine **Gebühr** von 240,00 EURO anzusetzen.[18] Diese ermäßigt sich gem. KV Nr. 1511 GKG auf 90,00 Euro, wenn der Antrag vor

---

13 BGH, NJW 2008, 1531 mit zust. Anm. *Geimer*, LMK 2008, 253019.
14 BGHZ 166, 278 für die Vollstreckbarkeitserklärung eines Schiedsspruchs nach § 1025 Abs. 4 i.V.m. §§ 1061 bis 1065 ZPO.
15 OLG Zweibrücken, OLGReport 1998, 414; a.A. *Rauscher/Mankowski*, EuZPR/EuIPR, Art. 41 Brüssel I-VO Rn. 14.
16 A.A. *Thomas/Putzo/Hüßtege*, § 1115 ZPO Rn. 3 und Art. 47 EuGVVO Rn. 9: Es gilt § 788 ZPO.
17 Siehe § 8 AVAG Rdn. 14.
18 Gesetzesbegründung BT-Drucks. 18/823 S. 26.

der mündlichen Verhandlung zurückgenommen wird bzw. dann, wenn eine Verhandlung nicht stattfindet, bevor eine Entscheidung auf die Geschäftsstelle gelangt.. Der **Anwalt** erhält eine 1,3 Verfahrensgebühr und ggf. weitere Gebühren gem. VV Nr. 3100 ff. RVG.

VI. Vorzulegende Unterlagen, Abs. 3

Abs. 3 Unterabs. 1 verlangt von dem Antragsteller die Vorlage einer Ausfertigung und ggf. einer Übersetzung oder Transliteration der zu vollstreckenden Entscheidung. Wie bei Art. 37 und Art. 42 reicht daher die bloße Vorlage von Kopien nicht.[19] Eine Übersetzung oder Transliteration wird anders als im formalisierten Vollstreckungsverfahren bei dem Antragsverfahren nach den Art. 46 ff. regelmäßig dann notwendig sein, wenn der zur Entscheidung berufene Vorsitzende der zuständigen Zivilkammer des Landgerichts die Sprache des Ursprungsstaates nicht sicher beherrscht; denn es sind unter Umständen komplexe Sachverhalte und schwierige Rechtsfragen zu beurteilen, bei denen es auf Details der Entscheidung ankommen kann. Anders als bei Vollstreckungsanträgen nach Art. 42 wird die Vorlage der für etwaige Versagungsgründe nicht unbedingt aussagekräftigen Bescheinigung nach Art. 53 nicht verlangt. Eine Einreichung der Bescheinigung zusammen mit dem Antrag dürfte sich gleichwohl empfehlen, um dem Gericht sofort eine möglichst breite Beurteilungsgrundlage zu geben und eine evtl. im Einzelfall notwendige Anforderung im Rahmen einer Auflage nach § 142 ZPO zu vermeiden.

16

Es ist selbstverständlich, dass es der Einreichung der Urkunden dann nicht bedarf, wenn diese dem Gericht bereits vorliegen, wie Abs. 3 Unterabs. 2, 1. Alt. klarstellt. Dies dürfte in Deutschland indes kaum greifen, da das für Versagungsanträge ausschließlich zuständige Landgericht in der Regel nicht mit Vollstreckungsaufträgen befasst ist und der zuständige Vorsitzende einer Zivilkammer allenfalls dann über einschlägige Unterlagen verfügt, wenn seine Kammer zugleich mit einer Beschwerde gegen Entscheidungen des Vollstreckungsgerichts nach § 793 ZPO befasst ist.

17

Nach Abs. 3, Unterabs. 2, 2. Alt. kann von einer Vorlage der Unterlagen durch den Antragsteller dann abgesehen werden, wenn das Gericht ein entsprechendes Verlangen für unzumutbar hält. Stattdessen kann der Antragsgegner – i. d. R. der Gläubiger – zur Vorlage aufgefordert werden. Es handelt sich um eine Entscheidung, die das mit dem Antrag befasste Gericht nach pflichtgemäßem Ermessen zu treffen hat, bei der es primär auf die Einschätzung des mit der Sache befassten Richters dazu ankommt, inwieweit der Antragsteller mit gerichtlichen Abläufen vertraut ist. Im Vollstreckbarkeitsverfahren herkömmlicher Art ergaben sich zu Reaktionen des Schuldners auf gerichtliche Auflagen nicht selten Probleme. Dort konnten bzw. – soweit es zu anderen Rechtsinstrumenten noch anwendbar ist – können Beschwerden nach § 11 Abs. 1 AVAG schriftlich oder zu Protokoll der Geschäftsstelle erklärt werden. Sie unterliegen also nicht dem Anwaltszwang.[20] Bei den deswegen statthaften persönlich eingelegten Rechtsmitteln fanden sich häufig solche von erkennbar geschäfts- und rechtsunerfahrenen Schuldnern, denen erst mit der Zustellung der Volltreckbarerklärung nach § 10 Abs. 1 AVAG bewusst wurde, dass die ausländische Entscheidung dem Gläubiger einen Zugriff auf Inlandsvermögen eröffnet. Eine gleichgelagerte Situation kann sich im Rahmen von Versagungsanträgen ergeben, da diese gem. § 1115 Abs. 2 ZPO ebenfalls schriftlich eingereicht oder zu Protokoll der Geschäftsstelle erklärt werden können. Der persönliche Antrag eines ungewandten Schuldners dürfte also eine typische Situation sein, bei der nicht dem Antragsteller, sondern dem Antragsgegner die Vorlage der Unterlagen aufgegeben werden sollte.

18

VII. Domizil und Vertretung des Antragstellers, Abs. 4

Die Norm entspricht Art. 41 Abs. 3, der gleichlautende Bestimmungen bezüglich des Domizils und der Vertretung des Gläubigers enthält, der eine Entscheidung in einem anderen Mitgliedstaat vollstreckt. Nach Art. 47 Abs. 4 soll auch dem Antragsteller in einem Verfahren nach den Art. 46 ff.,

19

---

19 Art. 37 Rdn. 2.
20 Näher § 11 AVAG Rdn. 2.

also – unbeschadet des Antragsrechts des Gläubigers nach Art. 36 Abs. 2 – im Regelfall der Schuldner die Inanspruchnahme der Gerichte in einem anderen Mitgliedstat erleichtert werden. Ob dieser Effekt eintreten wird, erscheint zweifelhaft.[21]

Art. 48

Das Gericht entscheidet unverzüglich über den Antrag auf Versagung der Vollstreckung.

1 Art. 48 statuiert eine Pflicht für die nationalen Gerichte, unverzüglich tätig zu werden und ist den Art. 41 Satz 1, 45 Abs. 1 Satz 2 Brüssel-I-VO für das Vollstreckbarkeitsverfahren herkömmlicher Art nachgebildet. Da der Versagungsantrag auch in einem Rechtsbehelfsverfahren nach Art. 49 und ggf. Art. 50 Gegenstand des gerichtlichen Verfahrens ist, gilt die Pflicht in allen Instanzen, also in Deutschland gem. § 1115 Abs. 5 ZPO auch für das mit einer sofortigen Beschwerde befasste OLG und für den BGH im Fall einer dort anhängigen Rechtsbeschwerde.

2 Sanktionen für den Fall einer zögerlichen Verfahrensweise sind allerdings nicht vorgesehen, sodass sich die praktische Bedeutung der Norm letztlich in einem bloßen Appell erschöpft. Angesichts der großen zeitlichen Differenzen, die sich bereits bei dem nur einseitigen erstinstanzlichen Verfahren nach den Art. 39 ff. Brüssel-I-VO bei der durchschnittlichen Erledigungsdauer in den verschiedenen Mitgliedstaaten gezeigt haben,[1] steht zu befürchten, dass auch zu den Versagungsanträgen neuer Art deren Dauer in den einzelnen Ländern unterschiedlich sein wird. Dies gilt umso mehr, als sich nunmehr das Verfahren nicht mehr nur auf eine rein formale Prüfung ohne rechtliches Gehör des Schuldners beschränkt, sondern bereits erstinstanzlich – wie früher erst das Rechtsbehelfsverfahren nach Art. 43 Brüssel-I-VO (in Deutschland vor dem OLG) – kontradiktorisch ausgestaltet ist. Zudem bedarf es einer umfassenden Sachaufklärung und ggf. der Erhebung angebotener Beweise.[2]

3 Wegen der fehlenden Sanktionsmöglichkeit bei einer Verletzung der Pflicht zur unverzüglichen Entscheidung bleibt den betroffenen Parteien nur noch die Möglichkeit bei überlanger Verfahrensdauer Rechtsbehelfe gegen den Grundsatz des fairen Verfahrens gem. den Art. 6 Abs. 1, 13 EMRK geltend zu machen, also in Deutschland gem. den §§ 198 ff. GVG Verzögerungsrügen zu erheben und ggf. Entschädigungsansprüche zu stellen. Beide Parteien können von einer zögerlichen Sachbehandlung durch das mit der Sache befasste Gericht betroffen sein: der Schuldner, dem der Zugriff auf ihm gehörende, aber gepfändete Vermögenswerte entzogen ist, und der Gläubiger, der seine Forderung über längere Zeit nicht realisieren kann, weil die Verwertung blockiert ist.

Art. 49

(1) Gegen die Entscheidung über den Antrag auf Versagung der Vollstreckung kann jede Partei einen Rechtsbehelf einlegen.

(2) Der Rechtsbehelf ist bei dem Gericht einzulegen, das der Kommission von dem betreffenden Mitgliedstaat gemäß Artikel 75 Buchstabe b mitgeteilt wurde.

Übersicht	Rdn.		Rdn.
I. Parallelnorm und Regelungsgehalt	1	1. Statthaftigkeit der sofortigen Beschwerde und Formalien	2
II. Umsetzung in Deutschland – sofortige Beschwerde, § 1115 Abs. 5 ZPO	2	2. Verfahrensgrundsätze	5

---

21 Näher hierzu und zum Regelungsgehalt der Norm Art. 41 Rdn. 7.
1 Siehe Art. 39 Rdn. 1.
2 Siehe Art. 47 Rdn. 9 f.

Art. 49 Brüssel-Ia-VO

I. Parallelnorm und Regelungsgehalt

Gem. Art. 49 Abs. 1 ist wie nach Art. 43 Abs. 1 Brüssel-I-VO gegen die erstinstanzliche Entscheidung im Vollstreckbarkeitsverfahren herkömmlicher Art ein Rechtsbehelf statthaft. An welches Gericht dieser zu richten ist, ist entsprechend der Regelung in Art. 47 Abs. 1 nach Abs. 2 den einzelnen Mitgliedstaaten überlassen.[1] Über den bloßen Wortlaut hinaus gilt Abs. 2 nicht nur für die Benennung des Gerichts durch die Mitgliedstaaten, sondern auch für Formalien des Rechtsbehelfs und die Ausgestaltung des Verfahrens; denn das Rechtsbehelfsverfahren ist Teil des Verfahrens über einen Versagungsantrag, für den gem. Art. 47 Abs. 2 das Recht des Vollstreckungsstaates maßgeblich ist.

II. Umsetzung in Deutschland – sofortige Beschwerde, § 1115 Abs. 5 ZPO

1. Statthaftigkeit der sofortigen Beschwerde und Formalien

Das für die Rechtsnatur maßgebliche nationale Recht sieht gegen Entscheidungen über einen Antrag nach Art. 46 in § 1115 Abs. 5 ZPO das Rechtsmittel der sofortigen **Beschwerde** vor. Beschwerdegericht ist nach allgemeinen Regeln das OLG.

Die Beschwerdefrist beträgt abweichend von § 569 Abs. 1 Satz 1 ZPO einen Monat und wird nur durch Zustellung in Gang gesetzt, also auch dann wenn der Beschluss aufgrund mündlicher Verhandlung ergangen und nach § 329 Abs. 1 ZPO verkündet worden ist. Mit der Dauer der Beschwerdefrist soll der grenzüberschreitenden Prozesssituation Rechnung getragen werden. Damit ähnelt das Rechtsmittel der Beschwerde im Vollstreckbarkeitsverfahren nach § 11 AVAG, die ebenfalls – falls das einschlägige Abkommen keine längere Frist vorsieht – innerhalb eines Monats ab Zustellung einzulegen ist.

Problematisch ist die Frage, ob die Einlegung der Beschwerde dem vor dem OLG geltenden Anwaltszwang nach § 78 ZPO unterliegt. Nach früherem Recht war dies nicht der Fall, da in § 11 Abs. 1 Satz 1 AVAG die Möglichkeit der Einlegung der Beschwerde zu Protokoll der Geschäftsstelle bestand und deshalb die Ausnahme vom Anwaltszwang des § 78 Abs. 3 ZPO eingriff. Auch das weitere Verfahren vor dem OLG unterlag, solange keine mündliche Verhandlung angeordnet war, nicht dem Anwaltszwang.[2] Bei § 1115 ZPO wollte der Gesetzgeber (nur?) die »Einleitung des Verfahrens von Förmlichkeiten (insbesondere Anwaltszwang, ...)« entlasten.[3] Mangels Sonderregelung zur Form der Beschwerde gilt daher § 569 ZPO. Zu dieser Norm ist es in der Rspr. und Literatur umstritten, ob in den Fällen, in denen – wie vorliegend nach § 1115 Abs. 3 ZPO – der erstinstanzliche Antrag zu Protokoll der Geschäftsstelle erklärt werden kann und eine Entscheidung ohne mündliche Verhandlung ergangen war, die Ausnahme vom Anwaltszwang nach § 569 Abs. 3 ZPO eingreift.[4] Richtiger Ansicht nach besteht jedenfalls in den Fällen, in denen – was i. d. R. der Fall sein wird – der nach § 1115 Abs. 4 Satz 1 ZPO zuständige Vorsitzende der Zivilkammer ohne mündliche Verhandlung entschieden hat, kein Anwaltszwang für die Einlegung der sofortigen Beschwerde.[5]

2. Verfahrensgrundsätze

Über die sofortige Beschwerde hat der Zivilsenat in seiner geschäftsplanmäßigen Besetzung und nicht nach § 368 der Einzelrichter zu entscheiden; denn der Vorsitzende der Zivilkammer ist kraft

---

1 Näher Art. 47 Rdn. 3.
2 Siehe § 11 AVAG Rdn. 2.
3 Gesetzesbegründung BT-Drucks. 18/823 S. 23.
4 Vgl. § 922 ZPO Rn. 39 und *MüKo/Lipp*, § 569 ZPO Rn. 17 f. jeweils mit umfangreichen Übersichten über den Meinungsstand.
5 Ebenso *Thomas/Putzo/Hüßtege*, § 1115 ZPO Rn. 4.

Art. 51 Brüssel-Ia-VO

der ihm durch § 1115 Abs. 4 Satz 1 ZPO verliehenen originären Zuständigkeit eigenständiger Spruchkörper und kein Einzelrichter i. S. d. §§ 348, 348a ZPO.[6]

6 Es gelten grundsätzlich die allgemeinen Regeln der §§ 567 ff. ZPO; insbesondere besteht anders als bei der europarechtlich abweichend ausgestalteten Beschwerde nach Art. 43 Brüssel-I-VO i. V. m. § 11 AVAG eine Abhilfebefugnis des Vorsitzenden der Zivilkammer nach § 572 ZPO.[7] Jedoch hat wegen einer etwaigen Einstellung der Zwangsvollstreckung das Antragsverfahren nach Art. 44 i. V. m. § 1115 Abs. 6 ZPO Vorrang vor § 570 ZPO. Ferner dürfte § 572 Abs. 3 ZPO, wonach bei einer begründeten Beschwerde die Sache an das erstinstanzliche Gericht zurückgewiesen werden kann, wegen der aus Art. 48 folgenden Pflicht zur unverzüglichen Entscheidung in der Sache keine Anwendung finden.

Art. 50

Gegen die Entscheidung, die über den Rechtsbehelf ergangen ist, kann nur ein Rechtsbehelf eingelegt werden, wenn der betreffende Mitgliedstaat der Kommission gemäß Artikel 75 Buchstabe c mitgeteilt hat, bei welchen Gerichten ein weiterer Rechtsbehelf einzulegen ist.

1 Nach Art. 50 Brüssel-Ia-VO können die Mitgliedsländer gegen die Beschwerdeentscheidung einen weiteren Rechtsbehelf zulassen. Von dieser Möglichkeit hat der deutsche Gesetzgeber Gebrauch gemacht, indem er – ebenfalls entsprechend der Regelung im Vollstreckbarkeitsverfahren (dort § 14 AVAG) – gem. Abs. 5 Satz 2 die Rechtsbeschwerde zum BGH für statthaft erklärt hat.

Deren Zulässigkeit im Übrigen richtet sich nach den §§ 574 Abs. 2, 575 ZPO, Entsprechendes gilt für die beim BGH zu treffenden Entscheidungen. Jedoch hat wegen einer etwaigen Einstellung der Zwangsvollstreckung das Antragsverfahren nach Art. 44 i. V. m. § 1115 Abs. 6 ZPO Vorrang vor § 575 Abs. 5 i. V. m. 570 ZPO.

Art. 51

(1) Das mit einem Antrag auf Verweigerung der Vollstreckung befasste Gericht oder das nach Artikel 49 oder Artikel 50 mit einem Rechtsbehelf befasste Gericht kann das Verfahren aussetzen, wenn gegen die Entscheidung im Ursprungsmitgliedstaat ein ordentlicher Rechtsbehelf eingelegt wurde oder die Frist für einen solchen Rechtsbehelf noch nicht verstrichen ist. Im letztgenannten Fall kann das Gericht eine Frist bestimmen, innerhalb derer der Rechtsbehelf einzulegen ist.

(2) Ist die Entscheidung in Irland, Zypern oder im Vereinigten Königreich ergangen, so gilt jeder im Ursprungsmitgliedstaat statthafte Rechtsbehelf als ordentlicher Rechtsbehelf im Sinne des Absatzes 1.

Übersicht	Rdn.		Rdn.
I. Parallelnorm und Regelungsgehalt	1	V. Ermessensentscheidung und -maßstab	6
II. Anwendungsbereich und Voraussetzungen	2	VI. Rechtsmittel	8
III. Zulässige Schutzanordnungen	4	VII. Bereichsausnahme für Irland, Großbritannien und Zypern	9
IV. Verfahren	5		

I. Parallelnorm und Regelungsgehalt

1 Die Vorschrift ist in beiden Absätzen fast identisch mit dem früheren Art. 46 Brüssel-I-VO, der für das Vollstreckbarkeitsverfahren herkömmlicher Art ebenfalls eine Aussetzung auf Antrag des

---

6 Siehe § 3 AVAG Rdn. 3.
7 Zum früheren Recht siehe § 11 AVAG Rdn. 5.

Schuldners ermögliche, allerdings nur für die beiden Rechtsmittelinstanzen nach Art. 43 oder 44 Brüssel-I-VO, in denen sich ein Schuldner nur auf Vollstreckbarkeitsversagungsgründe berufen konnte (in Deutschland vor dem OLG und dem BGH).

Sie betrifft den Fall, dass im Vollstreckungsmitgliedstaat gegen die Zwangsvollstreckung aus einer vorläufig vollstreckbaren Entscheidung ein Versagungsantrag nach Art. 46 anhängig ist und im Ursprungsmitgliedstaat entweder ein Rechtsbehelf bereits eingelegt oder dessen Einreichung noch möglich ist.

II. Anwendungsbereich und Voraussetzungen

Erfasst sind sowohl das Verfahren erster Instanz über einen Vesagungsantrag des Schuldners nach Art. 46 wie auch dasjenige in den Rechtsmittelinstanzen, also in Deutschland nach § 1115 Abs. 4, 5 ZPO Verfahren vor dem Vorsitzenden der Zivilkammer des Landgerichts, vor dem OLG oder vor dem BGH. 2

Voraussetzung für eine Aussetzung ist die Einlegung eines »**ordentlichen Rechtsbehelfs**« im Ursprungsmitgliedstaat oder der Umstand, dass die Frist für einen derartigen Rechtsbehelf noch nicht abgelaufen ist. Der Begriff ist autonom auszulegen und erfasst nach der Rechtsprechung des EuGH jeden »Rechtsbehelf, der zur Aufhebung oder Abänderung der dem Anerkennungs- oder Klauselerteilungsverfahren nach dem Übereinkommen zugrunde liegenden Entscheidung führen kann und für dessen Einlegung im Urteilsstaat eine gesetzliche Frist bestimmt ist, die durch die Entscheidung selbst in Lauf gesetzt wird.«[1] 3

III. Zulässige Schutzanordnungen

Als Schutzanordnung nennt Art. 51 nur die Aussetzung des Verfahrens über einen Versagungsantrag, die ggf. mit einer Fristsetzung zur Einlegung eines Rechtsbehelfs im Ursprungsstaat verbunden werden kann. Damit geht der Schutz des Schuldners weiter als nach Art. 46 Brüssel-I-VO, dessen Abs. 3 es dem Gericht ermöglichte, die Zwangsvollstreckung von einer Sicherheitsleistung abhängig zu machen, also eine für den Gläubiger weniger einschneidende Maßnahme zu treffen. Die Fristsetzung, die für den Fall vorgesehen ist, dass die Rechtsmittelfrist noch läuft, macht letztlich nur dann Sinn, wenn mit einer längeren Frist zu rechnen ist, etwa weil nach dem im Ursprungsstaat geltenden Vorschriften die Rechtsmittelfrist mangels Zustellung noch nicht läuft oder deutlich längere als die kurzen Fristen von zwei Wochen bzw. einem Monat in Deutschland gelten. Über den Lauf der Rechtsbehelfsfrist sollte sich das mit der Sache befasste Gericht daher vor seiner Entscheidung vergewissern, etwa durch Auflagen an die Parteien oder Nutzung sonstiger Informationsquellen etwa des Europäischen Justiziellen Netzes in Zivil- und Handelssachen (EJN).[2] 4

IV. Verfahren

Das Aussetzungsverfahren richtet sich nach dem jeweiligen nationalen Recht, also in Deutschland nach den §§ 148 ff. ZPO. Die Aussetzung endet, sobald über den Rechtsbehelf im Ursprungsmitgliedstaat entschieden ist. 5

V. Ermessensentscheidung und -maßstab

Ebenfalls abweichend von Art. 46 Brüssel-I-VO setzt eine Aussetzung nach Art. 51 keinen Antrag des Schuldners voraus. Vielmehr »kann« das mit einem Vollstreckungsversagungsantrag befasste Gericht aussetzen; es entscheidet also nach **pflichtgemäßem Ermessen**. Dadurch, dass das Gericht von Amts wegen und unabhängig von einem etwaigen Antrag des Schuldners gehalten ist, bei einer 6

---

[1] EuGHE 1979, 2185; zu dem abweichenden Begriff der Einlegung eines »Rechtsbehelfs« in Art. 23 EuVTVO und zu den hierzu vertretenen Meinungen siehe Art. 23 EuVTVO Rn. 2; vgl. auch Art. 44 Rdn. 3.
[2] http://ec.europa.eu/civiljustice/index_de.htm.

Kenntnis von einem Rechtsbehelf im Ursprungsmitgliedstaat oder einer dort noch bestehenden Rechtsbehelfsmöglichkeit eine etwaige Aussetzung des Verfahrens zu prüfen, wird der Schutz insbesondere von nicht anwaltlich vertretenen und mit Verfahrensfragen kaum vertrauten Schuldnern erhöht.

7 Die **Ermessensmaßstäbe** wurden zu Art. 46 Brüssel-I-VO nicht immer einheitlich beurteilt. Teilweise wurde nur auf die Erfolgsaussicht des Rechtsmittels im Ursprungsmitgliedstaat abgestellt.[3] Den wegen des Verbots der Nachprüfung der ausländischen Entscheidung in der Sache richtigen Weg haben der EuGH[4] und ihm folgend der BGH vorgegeben. Hiernach kann ein Aussetzungsantrag nur auf solche Gründe gestützt werden, die der Schuldner vor dem Gericht des Ursprungsstaates noch nicht geltend machen konnte.[5] Eine Prognose zur Erfolgsaussicht des Rechtsmittels unter Einbeziehung einer solchen zur etwaigen Präklusion im Ursprungsmitgliedstaat ist erst der zweite Schritt, der in die Ermessensausübung einfließen kann. Wenn das Prozessrecht des Ursprungsmitgliedstaats eine Berücksichtigung der geltend gemachten Gründe nicht erlaubt oder – was z. B. bei einem internationalen Warenkauf auf der Grundlage des UN-Kaufrechtsabkommens auch das mit einem Versagungsantrag befasste Gericht ohne Einarbeitung in eine fremde Rechtsordnung beurteilen kann – die Gründe nicht oder kaum geeignet sind, den titulierten Anspruch zu Fall zu bringen, scheidet eine Aussetzung aus.[6] Diese Grundsätze gelten auch für die Entscheidung nach Art. 51.

VI. Rechtsmittel

8 Die Entscheidung über eine etwaige Aussetzung ist nicht anfechtbar.[7] Wenn aber die Vorinstanz eine Aussetzung abgelehnt hat, kann das mit einem Rechtsmittel in der Hauptsache befasste Gericht, also das OLG und bei eine rRechtsbeschwerde der BGH seinerseits aussetzen.

VII. Bereichsausnahme für Irland, Großbritannien und Zypern

9 Die Sonderregelung in Abs. 2 war ebenfalls bereits in Art. 46 Abs. 2 Brüssel-I-VO enthalten. Da die in Abs. 1 vorausgesetzte Unterscheidung zwischen einem ordentlichen und einem außerordentlichen Rechtsbehelf in den common law Staaten unbekannt ist, wird die Differenzierung in Abs. 2 für Irland, Großbritannien und Zypern aufgegeben. Die Aussetzungsmöglichkeit besteht daher bei jedem der in diesen Ländern statthaften Rechtsbehelfe.[8]

Abschnitt 4 Gemeinsame Vorschriften

Art. 52

Eine in einem Mitgliedstaat ergangene Entscheidung darf im ersuchten Mitgliedstaat keinesfalls in der Sache selbst nachgeprüft werden.

1 Art. 52 enthält das **Verbot der révision au fond**. Dieses war nicht nur bereits in den Art. 36 und 45 Brüssel-I-VO enthalten, sondern ist ein allgemeines Prinzip der Anerkennung ausländischer Gerichtsentscheidungen, das den völkerrechtlichen Anerkennungs- und Vollstreckbarkeitserklä-

---

3 Z. B. OLG Saarbrücken, RIW 1998, 632; OLG Düsseldorf, OLGReport 1997, 117; OLG Köln, OLGReport 1996, 98; *Geimer/Schütze*, EuZVR, Art. 46 EuGVVO Rn. 19 f.; *Grunsky*, IPRax 1995, 220; *Rauscher/Mankowski*, EuZPR/EuIPR Art. 46 Brüssel I-VO Rn. 13.
4 EuGHE I 1991, 4743.
5 BGH, NJW 1994, 2156 = IPRax 1995, 243; OLG Köln, InVo 2005, 250; OLG Stuttgart, Beschl. v. 25.8.2010 – 5 W 33/08 (juris); *Kropholler/v. Hein*, Art. 46 Rn. 5; *Stadler*, IPRax 1995, 220.
6 Vgl. Art. 46 Brüssel-I-VO Rdn. 2.
7 BGH, NJW 1994, 2156.
8 *HK-ZV/Mäsch*, Art. 46 EuGVVO Rn. 6.

rungen sowie dem autonomen deutschen Recht in § 723 Abs. 1 ZPO zugrunde liegt.[1] Das Verbot bedeutet, dass – abgesehen von den im Einzelnen aufgelisteten Versagungsgründen des Art. 45 Abs. 1 – weder das Verfahren des Ursprungsgerichts, noch die tatsächlichen Feststellungen oder rechtlichen Würdigungen seiner Entscheidung auf Fehler hin überprüft werden dürfen.[2] Die Norm ist zugleich Ausdruck des gegenseitigen Vertrauens in die Rechtspflege innerhalb der Union, das es nach Erwägungsgrund 26 rechtfertigt, von den Gerichten eines Mitgliedstaates erlassene Entscheidungen so zu behandeln, als seien sie im ersuchten Mitgliedstaat ergangen.

Art. 53

Das Ursprungsgericht stellt auf Antrag eines Berechtigten die Bescheinigung unter Verwendung des Formblatts in Anhang I aus.

Übersicht

	Rdn.			Rdn.
I.	Parallelnormen	1	IV. Bescheinigungen für Entscheidungen	
II.	Zweck und Inhalt der Bescheinigung	2	aus Deutschland	5
III.	Ausstellung der Bescheinigung	4		

I. Parallelnormen

Nach Art. 54 Brüssel-I-VO war einem Vollstreckbarkeitsantrag die auf einem Formblatt nach Anhang V vom Ursprungsgericht ausgefüllte Bescheinigung beizufügen, aus der sich die wesentlichen Verfahrensdaten ergaben.[1] Die auszufüllenden Rubriken waren dabei so standardisiert, dass sich ihr Inhalt einem Adressaten des Vollstreckbarkeitsantrags unter Umständen auch ohne Übersetzung selbst dann erschloss, wenn er der Sprache des Ursprungsstaates nicht mächtig war. Ein Systemwechsel erfolgte sodann mit der EuVTVO, nach der eine als Europäischer Vollstreckungstitel bestätigte Entscheidung unmittelbar in anderen Mitgliedstaaten vollstreckbar ist. Hierbei ist die nach § 6 EuVTVO ausgestellte Bestätigung neben einer Ausfertigung der zu vollstreckenden Entscheidung den Vollsteckungsorganen im ersuchten Staat vorzulegen (Art. 20 Abs. 2 EuVTVO). Entsprechendes gilt für die Bestätigung nach Art. 20 Abs. 2 EuBagatellVO und nach Art. 20 EuUnterhaltsVO für den unter Verwendung des jeweiligen Formblatts nach Anhang I erstellten Entscheidungsauszug.

1

II. Zweck und Inhalt der Bescheinigung

Die ähnlich ausgestaltete Bescheinigung nach Art. 53 dient neben der Ausfertigung der Entscheidung als Vollstreckungsgrundlage. Sie ist nach Art. 43 Abs. 1 in Verbindung mit Erwägungsgrund 32 »innerhalb einer angemessenen Frist« vor der ersten Vollstreckungsmaßnahme zuzustellen und ist mit der hierin enthaltenen Bestätigung, dass die Entscheidung im Ursprungsstaat vollstreckbar ist, einem Vollstreckungsantrag beizufügen (Art. 42 Abs. 1).[2] Ihr Zweck ist es daher, den **Bestand und die Vollstreckbarkeit der Entscheidung** zu dokumentieren und hat daher die gleiche Funktion wie auf nationaler Ebene die Vollstreckungsklausel.[3] Einer solchen bedarf es daher nach § 1112 ZPO für die Vollstreckung einer Entscheidung aus einem anderen Mitgliedstaat nicht.

2

Wegen ihres Zwecks, den Bestand und die Vollstreckbarkeit einer Entscheidung zu dokumentieren, hat die Bescheinigung die aus **Anhang I** ersichtlichen detaillierten Angaben zum Ursprungsgericht, zu den Parteien, zum Tenor in der Hauptsache sowie zu Zinsen und Kosten und zur Vollstreckbar-

3

---

1 *HK-ZV/Mäsch*, Art. 36 EuGVVO Rn. 1.
2 EuGH, NJW 2000, 2185; siehe auch Art. 36 Brüssel-I-VO Rn. 1.
1 Einzelheiten siehe Art. 54 ff. Brüssel-I-VO Rdn. 1 f.
2 Zur Frist näher Art. 43 Rdn. 2, 3.
3 *V. Hein*, RIW 2013, 97, 109; § 1112 ZPO Rn. 1.

keit (z. B. unbedingt oder nur unter bestimmten Voraussetzungen bzw. gegen einzelne Personen) zu enthalten. Hierzu ist das Formblatt entweder durch ein Ankreuzen von Kontrollkästchen oder durch Ergänzungen von vorgedrucktem Text zu vervollständigen.

Probleme kann dabei insbesondere der **Zinsausspruch** bereiten. Wenn – wie in einigen Mitgliedstaaten üblich – »gesetzliche« Zinsen ausgeurteilt wurden, muss sich deren Berechnung nebst der Gesetzesgrundlage aus der Bescheinigung zu ergeben. Entsprechend der Regelung im Anhang I zur EuVTVO kann aber auch die Angabe bestimmter Prozentpunkte über dem Basiszins der EZB ausreichen.[4] Bei sonstigen dynamischen Zinssätzen, etwa § 247 BGB oder einem ähnlichen Basiszins in einem anderen Mitgliedstaat (z. B. in Frankreich, Italien oder den Niederlanden) sollten bezogen auf den zu vollstreckenden Zeitraum die konkreten dynamischen Bezugspunkte angegeben und – ggf. nebst Übersetzung – die einschlägige Norm angeführt werden.[5] Ist der ausländische Basiszins über eine allgemein zugängliche Internetadresse für das Vollstreckungsorgan leicht und ohne Rechercheaufwand feststellbar und bestehen bezüglich des Zugangs zu der Quelle auch keine Sprachprobleme, etwa weil sie eine deutsche Übersetzung anbietet, dürfte aber im Einzelfall auch die Angabe bestimmer Prozentpunkte über dem ausländischen Basiszins unter gleichzeitiger Angabe der Quelle eine hinreichende Grundlage für die Durchsetzung des Zinsanspruchs bieten.

Wegen der besonderen Voraussetzungen, die für die **Vollstreckbarkeit einstweiliger Anordnungen oder Maßnahmen** in anderen Mitgliedstaaten gelten, sind diese ggf. ebenfalls zu dokumentieren.[6] Ferner ist im Hinblick auf den Versagungsgrund des Art. 45 Abs. 1 lit b) anzugeben, ob der Beklagte säumig geblieben ist und wann ihm für diesen Fall das verfahrenseinleitende Schriftstück zugestellt worden ist. Wegen dieser detaillierten Angaben soll eine kostspielige Übersetzung der zu vollstreckenden Entscheidung möglichst vermieden werden.[7] Eine solche darf gem. Art. 42 Abs. 4 von dem Vollstreckungsorgan nur ausnahmsweise, nämlich nur dann verlangt werden, wenn es das Verfahren ohne ein solche Übersetzung nicht fortsetzen kann.[8]

III. Ausstellung der Bescheinigung

4   Zuständig für die Ausstellung der Bescheinigung ist das **Ursprungsgericht**. Dieses hat neben den im Detail auszufüllenden Angaben – u. a. zur Vollstreckbarkeit – insbesondere zu prüfen, ob der sachliche Anwendungsbereich der Brüssel-Ia-VO eröffnet ist und die Ausstellung abzulehnen, wenn es sich z. B. um eine nach Art. 1 Abs. 2 lit. f) ausgenommene Erbschaftssache handelt.[9] Unabhängig hiervon entbindet diese Prüfung das mit einem Auftrag befasste Vollstreckungsorgan nicht von seiner Pflicht, eigenständig nachzuprüfen, ob die zu vollstreckende Entscheidung eine Zivil- und Handelssache i. S. d. Art. 1 betrifft.[10]

IV. Bescheinigungen für Entscheidungen aus Deutschland

5   Da die Bescheinigung nach Art. 53 die Vollstreckungsklausel ersetzt, hat der deutsche Gesetzgeber in den §§ 1110 f. ZPO die Zuständigkeit und das Verfahren für die Ausstellung einer Bescheinigung für einen in Deutschland erwirkten Titel, der in einem anderen Mitgliedstaat vollstreckt werden soll, **dem nationalen Klauselverfahren angeglichen.**

6   Nach § 1110 ZPO sind für die Ausstellung der Bescheinigung die Gerichte (sowie für notarielle Urkunden die Notare) zuständig, denen die Erteilung einer vollstreckbaren Ausfertigung des Titels

---

[4] Siehe dazu näher Art. 3, 4 EuVTVO Rdn. 11.
[5] Zu der Zinsproblematik eingehend Gössl, NJW 2014, 3479.
[6] Siehe Art. 35 Rdn. 5 – 7 und Art. 42 Rdn. 3.
[7] *Pohl,* IPRax 2013, 109, 113.
[8] Näher Art. 37 Rn. 3.
[9] *Pohl,* IPRax 2013, 109, 113.
[10] Siehe Art. 39 Rdn. 5.

obliegt. Es entscheidet daher gem. §§ 724 Abs. 2, 795b ZPO grundsätzlich das Gericht des ersten Rechtszugs und, solange der Rechtsstreit bei einem höheren Gericht anhängig ist, dieses Gericht. **Funktionell zuständig** ist infolge des neu gefassten § 20 Nr. 11 RPflG der **Rechtspfleger**.[11]

Nach § 1111 Abs. 1 Satz 1 ZPO sind die Bescheinigungen **grds. ohne Anhörung des Schuldners** auszustellen. Wie bei den §§ 724 ff. ZPO ist eine fakultative Anhörung des Schuldners nur bei titelergänzenden und titelübertragenden Bescheinigungen möglich. Den Interessen des Schuldners ist dadurch hinreichend Rechnung getragen, dass ihm nach § 43 Abs. 1 Brüssel-Ia-VO die Bescheinigung immer vor der ersten Vollstreckungshandlung zuzustellen ist. Die hierzu in § 1111 Abs. 1 Satz 3 ZPO vorgesehene Zustellung der Bescheinigung von Amts wegen dient der Verfahrensbeschleunigung.[12] Anders als bei der in ihrem Wortlaut missglückten Vorschrift für die Ausstellung einer Bestätigung nach der EuVTVO hat der nationale Gesetzgeber auch klargestellt, dass die Vorschriften für titelergänzende und titelübertragende Klauseln der §§ 726 ff ebenfalls gelten.[13] 7

Die in § 1111 Abs. 2 ZPO angeordnete entsprechende Anwendung der **Rechtsmittel des Klauselverfahrens** gilt sowohl für den Schuldner wie auch für den Gläubiger, falls sein Antrag auf Ausstellung einer Bescheinigung zurückgewiesen wurde. Das statthafte Rechtsmittel ist deshalb bei gerichtlichen Entscheidungen und Vergleichen für den Schuldner die Klauselerinnerung nach § 732 und für den Gläubiger die sofortige Beschwerde gem. § 11 Abs. 1 RPflG i. V. m. §§ 567 ZPO und im Fall der Zulassung die Rechtsbeschwerde gem. § 574 Abs. 1 Nr. 2 ZPO. Bei öffentlichen Urkunden von Notaren steht dem Gläubiger die Beschwerde nach § 54 BeurkG zur Verfügung. Dazu, ob zu den entsprechend anwendbaren Vorschriften »über die Anfechtbarkeit der Entscheidung über die Erteilung der Vollstreckungsklausel« auch die Klagen nach den §§ 731, 768 ZPO gehören, schweigt der Gesetzgeber trotz der Probleme, die sich an § 1080 ZPO entzündet haben. Dies dürfte zu bejahen sein.[14] 8

Wegen der Kostenentscheidung und der anfallenden Gebühren wird auf die Rn. 4 – 8 zu § 1111 ZPO verwiesen 9

Art. 54

(1) Enthält eine Entscheidung eine Maßnahme oder Anordnung, die im Recht des ersuchten Mitgliedstaats nicht bekannt ist, so ist diese Maßnahme oder Anordnung soweit möglich an eine im Recht dieses Mitgliedstaats bekannte Maßnahme oder Anordnung anzupassen, mit der vergleichbare Wirkungen verbunden sind und die ähnliche Ziele und Interessen verfolgt.

Eine solche Anpassung darf nicht dazu führen, dass Wirkungen entstehen, die über die im Recht des Ursprungsmitgliedstaats vorgesehenen Wirkungen hinausgehen.

(2) Jede Partei kann die Anpassung der Maßnahme oder Anordnung vor einem Gericht anfechten.

(3) Die Partei, die die Entscheidung geltend macht oder deren Vollstreckung beantragt, kann erforderlichenfalls aufgefordert werden, eine Übersetzung oder Transliteration der Entscheidung zur Verfügung zu stellen.

Übersicht	Rdn.		Rdn.
I. Normzweck und Regelungsgehalt	1	II. Umsetzung in Deutschland, § 1114 ZPO	3

---

11 Näher § 1110 ZPO Rdn. 2 – 4.
12 Gesetzesbegründung BT-Drucks. 18/823 S. 20.
13 Zur Kritik und zu den Auslegungsproblemen bei § 1080 ZPO siehe dort Rdn. 1 f. und 4 ff.
14 Ebenso *Thomas/Putzo/Hüßtege*, § 1111 ZPO Rn. 4; siehe auch § 1080 ZPO Rdn. 5 f.

Art. 55 Brüssel-Ia-VO

I. Normzweck und Regelungsgehalt

1 Ein Standardproblem bei der Durchsetzung eines ausländischen Titels in Deutschland ist im Vollstreckbarkeitsverfahren herkömmlicher Art dessen Konkretisierung, falls dieser keinen vollstreckungsfähigen Inhalt hat.[1] Der Zwischenschritt der Schaffung eines im Vollstreckungsstaat nach dessen Anforderungen an die Vollstreckungseignung durchsetzbaren Titels mit einer Neutenorierung[2] ist indes nunmehr fortgefallen und eine Konkretisierung nicht mehr möglich.[3] Vielmehr hat nunmehr das Vollstreckungsorgan im Wege der Auslegung des Titels aus dem Ursprungsmitgliedstaat eigenständig dessen vollstreckungsfähigen Inhalt festzustellen.[4]

Mit Urteil vom 12.4.2011 – C 239/09 – hatte sich der EuGH mit der weitergehenden Frage zu befassen, welche Folgen es hat, wenn ein Titel mit dem Recht im Vollstreckungsstaat nicht kompatibel ist, weil er eine nach dem dortigen Recht nicht bekannte Maßnahme (Zwangsgeld wegen der Verletzung einer Gemeinschaftsmarke) enthält. Hierzu hat er entschieden, dass das mit der Maßnahme verfolgte Ziel von dem zuständigen Gericht im Vollstreckungsstaat zu erreichen ist, »indem es die einschlägigen Bestimmungen des innerstaatlichen Rechts dieses Staates, die der Befolgung dieses Verbots in gleichwertigere Weise zu gewährleisten vermögen, heranzieht.«[5] Eine derartige Fallkonstellation ist von Art. 54 erfasst und damit die Rechtsprechung des EuGH in diesem Punkt kodifiziert.[6]

2 Die Art und Weise der Anpassung und die Bestimmung der hierfür zuständigen Stelle ist nach Erwägungsgrund 28 den Mitgliedstaaten überlassen. Europarechtlich ist hierzu in den Absätzen 2 und 3 vorgegeben, dass jede Partei die Anpassung vor Gericht anfechten könne und die Partei, welche die Entscheidung geltend macht oder einen Vollstreckungsauftrag erteilt, aufgefordert werden kann, eine Übersetzung oder Transliteration der Entscheidung zur Verfügung zu stellen. Diese Erweiterung des Rechts auf eine Übersetzung pp. gegenüber den nur eingeschränkten Voraussetzungen der Art. 37 Abs. 2 Satz 2, 42 Abs. 4 ist dadurch gerechtfertigt, dass es in den Fällen, in denen eine Anpassung im Raum steht, auf jedes Detail in der ausländischen Entscheidung ankommt.

II. Umsetzung in Deutschland, § 1114 ZPO

3 Der **deutsche Gesetzgeber** hat keinen Anlass gesehen, für die Anpassung besondere Zuständigkeitsregeln zu schaffen. Vielmehr bleibt die Anpassung den jeweils mit einem Auftrag befassten Vollstreckungsorganen überlassen. In § 1114 ZPO ist deshalb nur die Anfechtungsmöglichkeit für beide Parteien geregelt, und zwar konsequent und zutreffend in der Weise, dass für die Parteien die allgemeinen Rechtsbehelfsmöglichkeiten des Vollstreckungsrechts eröffnet sind, also die Erinnerung nach § 766 ZPO bei Maßnahmen des Gerichtsvollziehers oder des Vollstreckungsgerichts, die sofortige Beschwerde nach § 793 ZPO bei Entscheidungen des Vollstreckungs- oder Prozessgerichts und die Beschwerde nach § 71 GBO bei Vollstreckungsmaßnahmen des Grundbuchamts.

Art. 55

In einem Mitgliedstaat ergangene Entscheidungen, die auf Zahlung eines Zwangsgelds lauten, sind im ersuchten Mitgliedstaat nur vollstreckbar, wenn die Höhe des Zwangsgelds durch das Ursprungsgericht endgültig festgesetzt ist.

---

1 Siehe § 722 ZPO Rdn 6, Art. 34 Brüssel-I-VO Rdn. 4 - 8, § 8 AVAG Rdn. 4.
2 Siehe dazu Art. 38 Brüssel-I-VO Rn. 4 – 8 und § 8 AVAG Rn. 3.
3 *Thomas/Putzo/Hüßtege*, Art. 39 EuGVVO Rn. 5.
4 Näher Art. 39 Rdn. 2.
5 EuGH, EuZW 2011, 686.
6 *V. Hein*, RIW 2013, 97, 110.

Art. 55 Brüssel-Ia-VO

Übersicht	Rdn.		Rdn.
I. Parallelvorschrift und Zweck der Norm.	1	II. Voraussetzungen	3

I. Parallelvorschrift und Zweck der Norm

Art. 55 enthält gesonderte Anforderungen an die Bestimmtheit eines auf Zahlung eines Zwangsgeldes lautenden Titels. Die Vorschrift entspricht mit identischem Regelungsgehalt dem für das Vollstreckbarkeitsverfahren geltenden Art. 49 Brüssel-I-VO. 1

Die Vollstreckbarkeit eines Zwangsgeldes in dem ersuchten Mitgliedstaat setzt voraus, dass bereits im Ursprungsmitgliedstaat die Höhe des zu zahlenden Betrages endgültig festgesetzt ist.[1] Die normalerweise eröffnete Möglichkeit einer konkretisierenden Auslegung scheidet bei derartigen Titeln aus.[2] Der Gläubiger hat bei Handlungs- oder Unterlassungstiteln ein Wahlrecht, ob er im Urteilsstaat ein Zwangsgeld der Höhe nach festsetzen und die Entscheidung anschließend im Vollstreckungsstaat für vollstreckbar erklären lässt oder ob er den Ursprungstitel direkt im Vollstreckungsstaat für vollstreckbar erklären lässt und anschließend eine dort eröffnete Möglichkeit zur Durchsetzung von Zwangsgeld wahrnimmt, also in Deutschland nach den §§ 887–890 ZPO vor dem Prozessgericht vorgeht.[3] Unberührt von Art. 55 bleibt die in Art. 54 gesondert geregelte Situation, dass es sich bei dem von dem Ursprungsgericht angeordneten Zwangsgeld um eine Maßnahme handelt, die im Recht des Vollstreckungsstaates unbekannt ist.[4] 2

II. Voraussetzungen

Bei der ausländischen Zwangsgeldentmaßnahme muss es sich um eine Entscheidung i. S. d. Art. 2 handeln, sodass Entschließungen in einem nur einseitigen Verfahren ohne Äußerungsmöglichkeit für den Schuldner und ohne Zustellung oder einstweilige Maßnahmen eines nicht nach der Verordnung in der Hauptsache zuständigen Gerichts ausscheiden.[5] Sie muss ferner für den Fall eines Verstoßes gegen eine Handlungs- oder Unterlassungsverpflichtung die Zahlung einer Geldsumme zum Gegenstand haben. Unerheblich ist es dabei, ob die Geldleistung an den Gläubiger zu zahlen ist oder – wie ein Ordnungsgeld nach § 890 ZPO – der Staatskasse zugutekommt. 3

Ob es sich bei Zwangs- oder Ordnungsgeldbeschlüssen gem. §§ 888, 890 ZPO, bei denen die Mittel bei der Vollstreckung in Deutschland dem Justizfiskus zufließen um eine Zivil- und Handelssache handelt, war umstritten. Der BGH hat dies mit der zutreffenden Begründung bejaht, dass ihr Ursprung in einer zivilrechtlichen Auseinandersetzung über einen von dem Gläubiger geltend gemachten Verstoß gegen einen Unterlassungstitel liege.[6] Der EuGH hat inzwischen auf Vorlage eines niederländischen Gerichts zu dem inhaltsgleichen Art. 1 Brüssel-I-VO ebenfalls entschieden, dass hiervon auch eine Verurteilung zur Zahlung eines Ordnungsgeldes erfasst ist, die ergangen ist, um eine gerichtliche Entscheidung in einer Zivil- und Handelssache durchzusetzen.[7]

---

1 OLG Köln, InVo 2004, 473 = RIW 2004, 868.
2 *Geimer/Schütze*, EuZVR, Art. 49 EuGVVO Rn. 1.
3 OLG Köln, IPRax 2003, 446 mit zust. Anm. *Stadler*, S. 430; OLG Köln, InVo 2006, 332; OLG Hamburg, OLGReport 2005, 666; HK-ZV/*Mäsch*, Art. 49 EuGVVO Rn. 2; *Rauscher/Mankowski*, EuZPR/EuIPR, Art. 49 Brüssel I-VO Rn. 8; *Thomas/Putzo/Hüßtege*, Art. 49 EuGVVO Rn. 1.
4 EuGH, EuZW 2011, 686; siehe auch Art. 54 Rn. 1.
5 Siehe Art. 35 Rdn. 5 – 7 und Art. 39 Rdn. 2 f.
6 BGH, Rpfleger 2010, 523 mit zust. Anm. *Heggen* u. die h. M. in der Lit.; z. B. *Geimer/Schütze*, EuZVR, Art. 49 EuGVVO Rn. 2; *Kropholler/v. Hein*, Art. 49 EuGVVO Rn. 1; *Schlosser*, Art. 49 EuGVVO Rn. 8; *Stadler*, IPRax 2003, 430; *Giebel*, IPRax 2009, 324; anders noch die Vorinstanz OLG München, Rpfleger 2009, 396 und Teile der Lit., z. B. *Hess*, EuZVR S. 354; *Bruns* ZZP 118, 3, 15; *H. Stoffregen*, WRP 2010, 839.
7 EuGH, NJW 2011, 3568.

Art. 58 Brüssel-Ia-VO

Art. 56

Der Partei, die in einem Mitgliedstaat eine in einem anderen Mitgliedstaat ergangene Entscheidung vollstrecken will, darf wegen ihrer Eigenschaft als Ausländer oder wegen Fehlens eines Wohnsitzes oder Aufenthalts im ersuchten Mitgliedstaat eine Sicherheitsleistung oder Hinterlegung, unter welcher Bezeichnung es auch sei, nicht auferlegt werden.

1 Die Norm hat ihren Vorläufer in Art. 51 Brüssel-I-VO und verschafft dem allgemeinen europarechtlichen **Diskriminierungsverbot** Geltung. Da es nur darauf ankommt, ob die zu vollstreckende Entscheidung in einem anderen Mitgliedstaat ergangen ist, gilt sie auch im Verhältnis zu Drittstaatlern, die aus einem solchen Titel vollstrecken wollen. Das Verbot betrifft nur das Vollstreckungsverfahren und gilt nur für die beiden in der Norm genannten Gründe. Sicherheitsleistungen, die aus anderen Gründen als der ausländischen Staatsangehörigkeit oder des ausländischen Sitzes der betroffenen Partei nach nationalem Recht verlangt werden können, werden von Art. 56 nicht berührt.[1] Parallelvorschriften sind Art. 20 Abs. 3 EuVTVO und Art. 21 Abs. 4 EuBagatellVO.

Art. 57

(1) Ist nach dieser Verordnung eine Übersetzung oder Transliteration erforderlich, so erfolgt die Übersetzung oder Transliteration in die Amtssprache des betreffenden Mitgliedstaats oder, wenn es in diesem Mitgliedstaat mehrere Amtssprachen gibt, nach Maßgabe des Rechts dieses Mitgliedstaats in die oder in eine der Verfahrenssprachen des Ortes, an dem eine in einem anderen Mitgliedstaat ergangene Entscheidung geltend gemacht oder ein Antrag gestellt wird.

(2) Bei den in den Artikeln 53 und 60 genannten Formblättern kann eine Übersetzung oder Transliteration auch in eine oder mehrere andere Amtssprachen der Organe der Union erfolgen, die der betreffende Mitgliedstaat für diese Formblätter zugelassen hat.

(3) Eine Übersetzung aufgrund dieser Verordnung ist von einer Person zu erstellen, die zur Anfertigung von Übersetzungen in einem der Mitgliedstaaten befugt ist.

1 Die sich selbst erklärende Norm enthält die Anforderungen an beizubringende Übersetzungen. Ergänzend bestimmt die nationale Durchführungsvorschrift des § 1113 ZPO, dass diese in deutscher Sprache abzufassen sind. Von der durch Art. 57 Abs. 2 eröffneten Möglichkeit, neben der eigenen Amtssprache weitere Sprachen für die Bescheinigung nach den Art. 53 und 60 zuzulassen, hat der deutsche Gesetzgeber mit Recht keinen Gebrauch gemacht. Anders als nach der EuVTVO oder der EuMahnVO braucht gem. Art. 57 Abs. 3 eine vorzulegende Übersetzung nicht von einer befugten Person beglaubigt, sondern nur erstellt zu sein.

Kapitel IV Öffentliche Urkunden und gerichtliche Vergleiche

Art. 58

(1) Öffentliche Urkunden, die im Ursprungsmitgliedstaat vollstreckbar sind, sind in den anderen Mitgliedstaaten vollstreckbar, ohne dass es einer Vollstreckbarerklärung bedarf. Die Zwangsvollstreckung aus der öffentlichen Urkunde kann nur versagt werden, wenn sie der öffentlichen Ordnung (ordre public) des ersuchten Mitgliedstaats offensichtlich widersprechen würde.

Die Vorschriften des Kapitels III Abschnitt 2, des Abschnitts 3 Unterabschnitt 2 und des Abschnitts 4 sind auf öffentlichen Urkunden sinngemäß anzuwenden.

---

1 *HK-ZV/Mäsch*, Art. 51 EuGVVO Rn. 2.

Art. 58 Brüssel-Ia-VO

(2) Die vorgelegte öffentliche Urkunde muss die Voraussetzungen für ihre Beweiskraft erfüllen, die im Ursprungsmitgliedstaat erforderlich sind.

Übersicht

	Rdn.		Rdn.
I. Parallelvorschriften und Regelungsgehalt	1	III. Vollstreckung außerhalb des Ursprungsmitgliedstaates	5
II. Begriff	2		

I. Parallelvorschriften und Regelungsgehalt

Die Vorschrift entspricht Art. 57 Brüssel-I-VO für das Vollstreckbarkeitsverfahren und ermöglicht die Durchsetzung öffentlicher Urkunden in anderen Mitgliedstaaten. Die inhaltliche Änderung betrifft nur den Wegfall des § 57 Abs. 2 Brüssel-I-VO, der sich auf beurkundete Unterhaltsvereinbarungen, z. B. in Deutschland vor den Jugendämtern, bezog und seit Inkrafttreten der EuUnterhaltsVO ohnehin gegenstandslos war (vgl. Art. 68 Abs. 1 EuUnterhaltsVO). Parallelvorschriften sind Art. 25 EuVTVO und Art. 48 EuUnterhaltsVO. 1

II. Begriff

Wegen des Begriffs der öffentlichen Urkunde enthält Art. 2 lit. c) eine **Legaldefinition**. Hiernach muss es sich handeln um 2
a) ein Schriftstück, das als öffentliche Urkunde im Ursprungsmitgliedstaat förmlich errichtet oder eingetragen worden ist und dessen Beweiskraft
   i) sich auf die Unterschrift und den Inhalt der öffentlichen Urkunde bezieht und
   ii) durch eine Behörde oder eine andere hierzu ermächtigten Stelle festgestellt worden ist;

Die Urkunde muss in einem Mitgliedstaat errichtet worden und dort vollstreckbar sein, d. h. aus ihr muss dort unmittelbar die Zwangsvollstreckung betrieben werden können. Konsularische Urkunden sind dabei dem Entsendestaat zuzuordnen.[1] 3

Zweifelhaft kann die Einordnung von deutschen **Anwaltsvergleichen** nach §§ 796a bis c ZPO sein, die entweder vom Prozessgericht oder von einem Notar für vollstreckbar erklärt worden sind. Diese werden teilweise als öffentliche Urkunden angesehen,[2] teilweise nicht.[3] Richtiger Ansicht nach dürfte es sich bei gerichtlich für vollstreckbar erklärten Anwaltsvergleichen um gerichtliche Vergleiche i. S. d. Art. 59 handeln und bei den notariell für vollstreckbar erklärten um öffentliche Urkunden.[4] 4

III. Vollstreckung außerhalb des Ursprungsmitgliedstaates

Infolge der Anordnung der entsprechenden Anwendung der Vorschriften über die Vollstreckung gerichtlicher Entscheidungen sind öffentliche Urkunden aus einem Mitgliedstaat unter den gleichen Bedingungen in anderen Mitgliedstaaten vollstreckbar. Die in Abschnitt 3, Unterabschnitt I geregelten Versagungsgründe des Art. 45 Abs. 1 gelten indes nicht, da dieser in Art. 58 Abs. 2 nicht in Bezug genommen ist. Dafür wird in Abs. 1 Satz 2 entsprechend der Regelung in Art. 57 Abs. 1 Brüssel-I-VO gesondert der Versagungsgrund des offensichtlichen ordre public-Verstoßes beibehalten, nur dass dieser nunmehr in das Vollstreckungsverfahren verlagert und mit einem Antrag des Schuldners entsprechend Art. 46 geltend zu machen ist. 5

---

1 *Thomas/Putzo/Hüßtege*, Art. 57 EuGVVO Rn. 3 f.; OLG Köln, OLGReport 2008, 159: eine bloße Unterschriftsbeglaubigung ohne Beurkundung einer Erklärung reicht nicht.
2 *HK-ZV/Mäsch*, Art. 57 EuGVVO Rn. 10; *Rauscher/Staudinger*, EuZPR/EuIPR, Art. 57 Brüssel I-VO Rn. 5; *Thomas/Putzo/Hüßtege*, Art. 58 Rn. 2.
3 *Musielak/Lackmann*, Art. 57, 58 EuGVVO aF Rn. 1.
4 Siehe näher Art. 4 EuVTVO Rdn. 6.

6 Für die entsprechend Art. 42 Abs. 1 lit. b) mit dem Vollstreckungsantrag neben einer Ausfertigung der Urkunde vorzulegende Vollstreckbarkeitsbescheinigung gilt gem. Art. 60 das gesonderte **Formblatt gemäß Anhang II**, das in Deutschland gem. § 1110 von dem Notar auszustellen ist, dem die Erteilung der vollstreckbaren Ausfertigung obliegt.[5]

Art. 59

Gerichtliche Vergleiche, die im Ursprungsmitgliedstaat vollstreckbar sind, werden in den anderen Mitgliedstaaten unter denselben Bedingungen wie öffentliche Urkunden vollstreckt.

1 Auch Art. 59 entspricht inhaltlich seinem Vorgänger Art. 58 Brüssel-I-VO, indem gerichtliche Vergleiche hinsichtlich der Vollstreckbarkeit in anderen Mitgliedstaaten öffentlichen Urkunden gleichgestellt werden. Parallelvorschriften sind Art. 24 EuVTVO und Art. 48 EuUnterhaltsVO.

2 «Gerichtlicher Vergleich« ist nach der Legaldefinition des Art. 2 lit. b) ein Vergleich, der von einem Gericht in einem Mitgliedstaat gebilligt oder vor einem Gericht eines Mitgliedstaats im Laufe eines Verfahrens geschlossen worden ist. In Deutschland sind dies die Titel des § 794 Nr. 1 ZPO einschließlich eines Vergleiches, dessen Zustandekommen und Inhalt das Gericht gem. § 278 Abs. 6 ZPO nach einem schriftlichen Vergleichsvorschlag der Parteien oder der schriftlichen Annahme eines gerichtlichen Vergleichsvorschlags bestätigt hat. Auch ein Rechtspfleger ist ein Rechtsprechungsorgan, deshalb kann auch ein Vergleich vollstreckt werden, der im Rahmen der übertragenen Zuständigkeiten vor ihm geschlossen worden ist,[1] nicht aber einer vor einer Gütestelle, die von der Landesjustizverwaltung eingerichtet oder anerkannt worden ist. Letzterer dürfte aber als öffentliche Urkunde nach Art. 58 für vollstreckbar erklärt werden können.[2]

Art. 60

Die zuständige Behörde oder das Gericht des Ursprungsmitgliedstaats stellt auf Antrag eines Berechtigten die Bescheinigung mit einer Zusammenfassung der in der öffentlichen Urkunde beurkundeten vollstreckbaren Verpflichtung oder der in dem gerichtlichen Vergleich beurkundeten Parteivereinbarung unter Verwendung des Formblatts in Anhang II aus.

1 Die Norm ist das Pendant zu Art. 53 für die Vollstreckung von öffentlichen Urkunden und Vergleichen in einem anderen Mitgliedstaat. Das **Formblatt nach Anhang II**, das für die Bescheinigung auszufüllen ist, entspricht von seinem Aufbau und seiner Struktur her demjenigen für gerichtliche Entscheidungen gem. dem Anhang I, ist aber den Besonderheiten für die Vollstreckung aus einer öffentlichen Urkunde oder einem gerichtlichen Vergleich angepasst.

2 Die **Zuständigkeit** für die Ausstellung der Bescheinigungen richtet sich in Deutschland nach § 1110 ZPO. Bei **gerichtlichen Vergleichen** sind dies – wie bei der Zuständigkeit für gerichtliche Entscheidungen – mit funktioneller Zuständigkeit des Rechtspflegers die Gerichte, denen die Erteilung der vollstreckbaren Ausfertigung obliegt.[1] Bei öffentlichen Urkunden haben gem. § 797 Abs. 2 Satz 1 ZPO die Notare, bei denen sich die Urkunden in Verwahrung befinden, die vollstreckbare Ausfertigung zu erteilen. Deren Zuständigkeit wird demzufolge in § 1110 ZPO auch für die Ausstellung der Bescheinigungen angeordnet.

3 Das Verfahren für die Ausstellung der Bescheinigungen und die Anfechtbarkeit getroffener Entscheidungen sind in § 1111 ZPO geregelt und dem Verfahren über die Erteilung einer Vollstreckungsklausel angeglichen. Wegen der Einzelheiten des Verfahrens, der statthaften **Rechtsmittel**

---

5 Näher Art. 60 Rdn. 2.
1 *Rellermeyer*, Rpfleger 2005, 389, 392; *Rauscher/Pabst*, EuZPR/EuIPR, Art. 3 EG-VollstrTitel-VO Rn. 6.
2 Siehe auch Art. 3 f. EuVTVO Rdn. 4.
1 Näher Art. 53 Rdn. 6 und § 1110 ZPO Rdn. 2.

sowie der ggf. zu treffenden **Kostenentscheidung** und anfallender **Gebühren** wird auf die Ausführungen zu § 1111 ZPO Rdn. 2 – 6 verwiesen.

Kapitel V Allgemeine Vorschriften

Art. 61

Im Rahmen dieser Verordnung bedarf es hinsichtlich Urkunden, die in einem Mitgliedstaat ausgestellt werden, weder der Legalisation noch einer ähnlichen Förmlichkeit.

Art. 62

(1) Ist zu entscheiden, ob eine Partei im Hoheitsgebiet des Mitgliedstaats, dessen Gerichte angerufen sind, einen Wohnsitz hat, so wendet das Gericht sein Recht an.

(2) Hat eine Partei keinen Wohnsitz in dem Mitgliedstaat, dessen Gerichte angerufen sind, so wendet das Gericht, wenn es zu entscheiden hat, ob die Partei einen Wohnsitz in einem anderen Mitgliedstaat hat, das Recht dieses Mitgliedstaats an.

Art. 63

(1) Gesellschaften und juristische Personen haben für die Anwendung dieser Verordnung ihren Wohnsitz an dem Ort, an dem sich
a) ihr satzungsmäßiger Sitz,
b) ihre Hauptverwaltung oder
c) ihre Hauptniederlassung befindet.

(2) Im Falle Irlands, Zyperns und des Vereinigten Königreichs ist unter dem Ausdruck »satzungsmäßiger Sitz« das registered office oder, wenn ein solches nirgendwo besteht, der place of incorporation (Ort der Erlangung der Rechtsfähigkeit) oder, wenn ein solcher nirgendwo besteht, der Ort, nach dessen Recht die formation (Gründung) erfolgt ist, zu verstehen.

(3) Um zu bestimmen, ob ein Trust seinen Sitz in dem Mitgliedstaat hat, bei dessen Gerichten die Klage anhängig ist, wendet das Gericht sein Internationales Privatrecht an.

Art. 64

Unbeschadet günstigerer innerstaatlicher Vorschriften können Personen, die ihren Wohnsitz im Hoheitsgebiet eines Mitgliedstaats haben und die vor den Strafgerichten eines anderen Mitgliedstaats, dessen Staatsangehörigkeit sie nicht besitzen, wegen einer fahrlässig begangenen Straftat verfolgt werden, sich von hierzu befugten Personen vertreten lassen, selbst wenn sie persönlich nicht erscheinen. Das Gericht kann jedoch das persönliche Erscheinen anordnen; wird diese Anordnung nicht befolgt, so braucht die Entscheidung, die über den Anspruch aus einem Rechtsverhältnis des Zivilrechts ergangen ist, ohne dass sich der Angeklagte verteidigen konnte, in den anderen Mitgliedstaaten weder anerkannt noch vollstreckt zu werden.

Art. 65

(1) Die in Artikel 8 Nummer 2 und Artikel 13 für eine Gewährleistungs- oder Interventionsklage vorgesehene Zuständigkeit kann in den Mitgliedstaaten, die in der von der Kommission nach Artikel 76 Absatz 1 Buchstabe b und Artikel 76 Absatz 2 festgelegten Liste aufgeführt sind, nur geltend gemacht werden, soweit das einzelstaatliche Recht dies zulässt. Eine Person, die ihren Wohnsitz in einem anderen Mitgliedstaat hat, kann aufgefordert werden, nach den Vorschriften

über die Streitverkündung gemäß der genannten Liste einem Verfahren vor einem Gericht dieser Mitgliedstaaten beizutreten.

(2) Entscheidungen, die in einem Mitgliedstaat aufgrund des Artikels 8 Nummer 2 oder des Artikels 13 ergangen sind, werden nach Kapitel III in allen anderen Mitgliedstaaten anerkannt und vollstreckt. Die Wirkungen, welche die Entscheidungen, die in den in der Liste nach Absatz 1 aufgeführten Mitgliedstaaten ergangen sind, gemäß dem Recht dieser Mitgliedstaaten infolge der Anwendung von Absatz 1 gegenüber Dritten haben, werden in den allen Mitgliedstaaten anerkannt.

(3) Die in der Liste nach Absatz 1 aufgeführten Mitgliedstaaten übermitteln im Rahmen des durch die Entscheidung 2001/470/EG des Rates [16] errichteten Europäischen Justiziellen Netzes für Zivil- und Handelssachen (»Europäisches Justizielles Netz«) Informationen darüber, wie nach Maßgabe ihres innerstaatlichen Rechts die in Absatz 2 Satz 2 genannten Wirkungen der Entscheidungen bestimmt werden können.

Kapitel VI Übergangsvorschriften

Art. 66

(1) Diese Verordnung ist nur auf Verfahren, öffentliche Urkunden oder gerichtliche Vergleiche anzuwenden, die am 10. Januar 2015 oder danach eingeleitet, förmlich errichtet oder eingetragen bzw. gebilligt oder geschlossen worden sind.

(2) Ungeachtet des Artikels 80 gilt die Verordnung (EG) Nr. 44/2001 weiterhin für Entscheidungen, die in vor dem 10. Januar 2015 eingeleiteten gerichtlichen Verfahren ergangen sind, für vor diesem Zeitpunkt förmlich errichtete oder eingetragene öffentliche Urkunden sowie für vor diesem Zeitpunkt gebilligte oder geschlossene gerichtliche Vergleiche, sofern sie in den Anwendungsbereich der genannten Verordnung fallen.

Kapitel VII Verhältnis zu anderen Rechtsinstrumenten

Art. 67

Diese Verordnung berührt nicht die Anwendung der Bestimmungen, die für besondere Rechtsgebiete die gerichtliche Zuständigkeit oder die Anerkennung und Vollstreckung von Entscheidungen regeln und in Unionsrechtsakten oder in dem in Ausführung dieser Rechtsakte harmonisierten einzelstaatlichen Recht enthalten sind.

Art. 68

(1) Diese Verordnung tritt im Verhältnis zwischen den Mitgliedstaaten an die Stelle des Brüsseler Übereinkommens von 1968, außer hinsichtlich der Hoheitsgebiete der Mitgliedstaaten, die in den territorialen Anwendungsbereich des genannten Übereinkommens fallen und aufgrund der Anwendung von Artikel 355 AEUV von dieser Verordnung ausgeschlossen sind.

(2) Soweit diese Verordnung die Bestimmungen des Brüsseler Übereinkommens von 1968 zwischen den Mitgliedstaaten ersetzt, gelten Verweise auf dieses Übereinkommen als Verweise auf die vorliegende Verordnung.

Art. 69

Diese Verordnung ersetzt unbeschadet der Artikel 70 und 71 im Verhältnis zwischen den Mitgliedstaaten die Übereinkünfte, die sich auf dieselben Rechtsgebiete erstrecken wie diese Verordnung. Ersetzt werden insbesondere die Übereinkünfte, die in der von der Kommission nach Artikel 76 Absatz 1 Buchstabe c und Artikel 76 Absatz 2 festgelegten Liste aufgeführt sind.

Art. 70

(1) Die in Artikel 69 genannten Übereinkünfte behalten ihre Wirksamkeit für die Rechtsgebiete, auf die diese Verordnung nicht anzuwenden ist.

(2) Sie bleiben auch weiterhin für die Entscheidungen, öffentlichen Urkunden und gerichtlichen Vergleiche wirksam, die vor dem Inkrafttreten der Verordnung (EG) Nr. 44/2001 ergangen, förmlich errichtet oder eingetragen bzw. gebilligt oder geschlossen worden sind.

Art. 70 hat seine Vorläufer in Art. 70 Brüssel-I-VO. Die Norm stellt klar, dass die in dem vorhergehenden Artikel genannten und noch nach Art. 76 von der Kommission festzulegenden bilateralen Verträge der Mitgliedstaaten ihre Geltung behalten, soweit die Verordnung entweder in sachlicher oder in zeitlicher Hinsicht nicht anwendbar ist. In zeitlicher Hinsicht dürften Probleme nur im Verhältnis zu den in den letzten Jahren beigetretenen neuen Mitgliedstaaten auftreten, da nicht nur die Brüssel-I-VO, sondern bereits das EuGVÜ in Art. 55 eine dem Art. 69 entsprechende Regelung hatte. Sachlich kann die Fortgeltung der Staatsverträge insbesondere bei den durch Art. 1 Abs. 2 lit. a und d ausgenommenen Streitigkeiten aus dem ehelichen Güterrecht, dem Erbrecht und der Schiedsgerichtsbarkeit relevant werden.

Art. 71

(1) Diese Verordnung lässt Übereinkünfte unberührt, denen die Mitgliedstaaten angehören und die für besondere Rechtsgebiete die gerichtliche Zuständigkeit, die Anerkennung oder die Vollstreckung von Entscheidungen regeln.

(2) Um eine einheitliche Auslegung des Absatzes 1 zu sichern, wird er in folgender Weise angewandt:
a) Diese Verordnung schließt nicht aus, dass ein Gericht eines Mitgliedstaats, der Vertragspartei einer Übereinkunft über ein besonderes Rechtsgebiet ist, seine Zuständigkeit auf eine solche Übereinkunft stützt, und zwar auch dann, wenn der Beklagte seinen Wohnsitz im Hoheitsgebiet eines Mitgliedstaats hat, der nicht Vertragspartei einer solchen Übereinkunft ist. In jedem Fall wendet dieses Gericht Artikel 28 dieser Verordnung an.
b) Entscheidungen, die in einem Mitgliedstaat von einem Gericht erlassen worden sind, das seine Zuständigkeit auf eine Übereinkunft über ein besonderes Rechtsgebiet gestützt hat, werden in den anderen Mitgliedstaaten nach dieser Verordnung anerkannt und vollstreckt.

Sind der Ursprungsmitgliedstaat und der ersuchte Mitgliedstaat Vertragsparteien einer Übereinkunft über ein besonderes Rechtsgebiet, welche die Voraussetzungen für die Anerkennung und Vollstreckung von Entscheidungen regelt, so gelten diese Voraussetzungen. In jedem Fall können die Bestimmungen dieser Verordnung über die Anerkennung und Vollstreckung von Entscheidungen angewandt werden.

Die Vorschrift verweist auf vorrangige Spezialabkommen zu bestimmten Sachgebieten.[1] Die Verweisung steht jedoch unter der Maßgabe, dass für den Titelgläubiger in jedem Fall die Möglichkeit besteht, das Vollstreckungsverfahren nach den Art. 39 ff. in Anspruch zu nehmen (Art. 71 Abs. 2 lit. b Unterabs. 2 Satz 9 2), wenn das Spezialabkommen insoweit keinen Vorrang beansprucht.

---

1 Eine Übersicht findet sich bei *MüKo/Gottwald*, Art. 71 EuGVO Rn. 2.

Art. 75 Brüssel-Ia-VO

Ist das Spezialabkommen im Hinblick auf die Ausgestaltung des Verfahrens offen, besteht keine Notwendigkeit, dem Gläubiger das effektive Vollstreckungsverfahren nach der Brüssel-Ia-VO vorzuenthalten. Der Gläubiger kann in diesen Fällen nach seiner freien Entscheidung das ihm am zweckmäßigsten erscheinende Verfahren auswählen.[2]

Art. 72

Diese Verordnung lässt Vereinbarungen unberührt, durch die sich die Mitgliedstaaten vor Inkrafttreten der Verordnung (EG) Nr. 44/2001 nach Artikel 59 des Brüsseler Übereinkommens von 1968 verpflichtet haben, Entscheidungen der Gerichte eines anderen Vertragsstaats des genannten Übereinkommens gegen Beklagte, die ihren Wohnsitz oder gewöhnlichen Aufenthalt im Hoheitsgebiet eines Drittstaats haben, nicht anzuerkennen, wenn die Entscheidungen in den Fällen des Artikels 4 des genannten Übereinkommens nur in einem der in Artikel 3 Absatz 2 des genannten Übereinkommens angeführten Gerichtsstände ergehen können.

Art. 73

(1) Diese Verordnung lässt die Anwendung des Übereinkommens von Lugano von 2007 unberührt.

(2) Diese Verordnung lässt die Anwendung des Übereinkommens von New York von 1958 unberührt.

(3) Diese Verordnung lässt die Anwendung der bilateralen Übereinkünfte und Vereinbarungen zwischen einem Drittstaat und einem Mitgliedstaat unberührt, die vor dem Inkrafttreten der Verordnung (EG) Nr. 44/2001 geschlossen wurden und in dieser Verordnung geregelte Angelegenheiten betreffen.

Kapitel VIII Schlussvorschriften

Art. 74

Die Mitgliedstaaten übermitteln im Rahmen des Europäischen Justiziellen Netzes für Zivil- und Handelssachen eine Beschreibung der einzelstaatlichen Vollstreckungsvorschriften und -verfahren, einschließlich Angaben über die Vollstreckungsbehörden, sowie Informationen über alle Vollstreckungsbeschränkungen, insbesondere über Schuldnerschutzvorschriften und Verjährungsfristen, im Hinblick auf die Bereitstellung dieser Informationen für die Öffentlichkeit.

Die Mitgliedstaaten halten diese Informationen stets auf dem neuesten Stand.

Art. 75

Die Mitgliedstaaten teilen der Kommission bis zum 10. Januar 2014 mit,
a) an welches Gericht der Antrag auf Versagung der Vollstreckung gemäß Artikel 47 Absatz 1 zu richten ist;
b) bei welchen Gerichten der Rechtsbehelf gegen die Entscheidung über den Antrag auf Versagung der Vollstreckung gemäß Artikel 49 Absatz 2 einzulegen ist;
c) bei welchen Gerichten ein weiterer Rechtsbehelf gemäß Artikel 50 einzulegen ist und

---

2 BGH, FamRZ 2007, 989 für das Verhältnis zum HUVÜ 1973; *Geimer/Schütze*, EuZVR, Art. 71 EuGVVO Rn. 22; *Thomas/Putzo/Hüßtege*, Art. 71 EuGVVO Rn. 5; *Kropholler/v. Hein*, Art. 71 EuGVVO Rn. 5; *Rauscher/Mankowski*, EuZPR/EuIPR, Art. 71 Brüssel I-VO Rn. 18.

d) welche Sprachen für die Übersetzung der Formblätter nach Artikel 57 Absatz 2 zugelassen sind.

Die Angaben werden von der Kommission in geeigneter Weise, insbesondere über das Europäische Justizielle Netz für Zivil- und Handelssachen, der Öffentlichkeit zur Verfügung gestellt.

Art. 76

(1) Die Mitgliedstaaten notifizieren der Kommission
a) die Zuständigkeitsvorschriften nach Artikel 5 Absatz 2 und Artikel 6 Absatz 2,
b) die Regeln für die Streitverkündung nach Artikel 65 und
c) die Übereinkünfte nach Artikel 69.

(2) Die Kommission legt anhand der in Absatz 1 genannten Notifizierungen der Mitgliedstaaten die jeweiligen Listen fest.

(3) Die Mitgliedstaaten notifizieren der Kommission alle späteren Änderungen, die an diesen Listen vorgenommen werden müssen. Die Kommission passt diese Listen entsprechend an.

(4) Die Kommission veröffentlicht die Listen und alle späteren Änderungen dieser Listen im Amtsblatt der Europäischen Union.

(5) Die Kommission stellt der Öffentlichkeit alle nach den Absätzen 1 und 3 notifizierten Informationen auf andere geeignete Weise, insbesondere über das Europäische Justizielle Netz, zur Verfügung.

Art. 77

Der Kommission wird die Befugnis übertragen, gemäß Artikel 78 in Bezug auf die Änderung der Anhänge I und II delegierte Rechtsakte zu erlassen.

Art. 78

(1) Die der Kommission übertragene Befugnis zum Erlass delegierter Rechtsakte unterliegt den Bedingungen dieses Artikels.

(2) Die Befugnis zum Erlass delegierter Rechtsakte gemäß Artikel 77 wird der Kommission auf unbestimmte Zeit ab dem 9. Januar 2013 übertragen.

(3) Die Befugnisübertragung gemäß Artikel 77 kann vom Europäischen Parlament oder vom Rat jederzeit widerrufen werden. Der Beschluss über den Widerruf beendet die Übertragung der darin genannten Befugnisse. Der Beschluss tritt am Tag nach Veröffentlichung des Beschlusses im Amtsblatt der Europäischen Union oder zu einem späteren, in dem Beschluss festgelegten Zeitpunkt in Kraft. Er berührt nicht die Gültigkeit bereits in Kraft getretener delegierter Rechtsakte.

(4) Sobald die Kommission einen delegierten Rechtsakt erlässt, übermittelt sie ihn gleichzeitig dem Europäischen Parlament und dem Rat.

(5) Ein gemäß Artikel 77 erlassener delegierter Rechtsakt tritt nur in Kraft, wenn weder das Europäische Parlament noch der Rat innerhalb einer Frist von zwei Monaten nach Übermittlung dieses Rechtsakts an das Europäische Parlament und den Rat Einwände erhoben hat oder wenn vor Ablauf dieser Frist sowohl das Europäische Parlament als auch der Rat der Kommission mitgeteilt haben, dass sie keine Einwände zu erheben beabsichtigen. Diese Frist wird auf Initiative des Europäischen Parlaments oder des Rates um zwei Monate verlängert.

Art. 79

Die Kommission legt dem Europäischen Parlament, dem Rat und dem Europäischen Wirtschafts- und Sozialausschuss bis zum 11. Januar 2022 einen Bericht über die Anwendung dieser Verordnung vor. Dieser Bericht enthält auch eine Bewertung der Frage, ob die Zuständigkeitsvorschriften weiter ausgedehnt werden sollten auf Beklagte, die ihren Wohnsitz nicht in einem Mitgliedstaat haben, wobei der Funktionsweise dieser Verordnung und möglichen Entwicklungen auf internationaler Ebene Rechnung zu tragen ist. Dem Bericht wird gegebenenfalls ein Vorschlag zur Änderung dieser Verordnung beigefügt.

Art. 80

Die Verordnung (EG) Nr. 44/2001 wird durch diese Verordnung aufgehoben. Bezugnahmen auf die aufgehobene Verordnung gelten als Bezugnahmen auf die vorliegende Verordnung und sind nach Maßgabe der Entsprechungstabelle in Anhang III zu lesen.

Verordnung (EG) Nr. 44/2001 des Rates vom 22. Dezember 2000 über die gerichtliche Zuständigkeit und die Anerkennung und Vollstreckung von Entscheidungen in Zivil- und Handelssachen

Vor Brüssel-I-VO

Übersicht	Rdn.			Rdn.
I. Entstehungsgeschichte	1	III.	Auslegung der Brüssel-I-VO	6
II. Geltungsbereich	2	IV.	Grundzüge des Vollstreckbarkeitsverfahrens	7
1. Sachlich	2	V.	Hinweis zur Bearbeitung	10
2. Zeitlich	3			
3. Räumlich	5			

Literatur:
Es wird auf die Literaturübersicht zu der Brüssel-Ia-VO verwiesen.

I. Entstehungsgeschichte

Einen Überblick über die Entstehungsgeschichte der Brüssel-I-VO und ihres Vorläufers, dem EuGVÜ, findet sich in der Kommentierung vor Brüssel-Ia-VO Rdn. 1 – 5. 1

II. Geltungsbereich

1. Sachlich

Die Brüssel-I-VO ist in sachlicher Hinsicht anwendbar auf alle Zivil- und Handelssachen, soweit 2
sie nicht in dem Ausnahmekatalog des Art. 1 Abs. 2 ausdrücklich ausgeschlossen sind, wie dies etwa bei Personenstandsachen (einschließlich Ehesachen), Statusklagen oder Betreuungssachen der Fall ist. Unterhaltsentscheidungen sind von dieser Ausnahme nicht erfasst, und zwar auch dann nicht, wenn sie im Rahmen einer einstweiligen Anordnung akzessorisch zu einem anhängigen Scheidungsverfahren ergehen. Allerdings gilt dies nur noch für Alttitel, da sich die Vollstreckbarkeit von Titeln, die ab dem 18.6.2010 geschaffen worden sind, nur noch nach der EuUnterhaltsVO richtet.

2. Zeitlich

In zeitlicher Hinsicht ist die Verordnung gem. den Art. 66 Abs. 1, 76 für solche Klagen und öffent- 3
liche Urkunden anwendbar, die nach deren Inkrafttreten am 1.3.2002 erhoben bzw. errichtet worden sind. Unter bestimmten Voraussetzungen reicht es gem. Art. 66 Abs. 2 aber auch aus, dass nur die gerichtliche Entscheidung nach dem Inkrafttreten der Verordnung erlassen worden ist; insbesondere ist dies dann der Fall, wenn die Klage zu einem Zeitpunkt eingereicht wurde, zu dem der jeweilige Mitgliedstaat bereits dem EuGVÜ oder dem LuGÜ beigetreten war. Der **Begriff der Klageerhebung** ist in Art. 30 autonom dahin definiert, dass hierfür – anders als nach deutschem Recht – die Einreichung der Klage bei Gericht oder bei der für die Zustellung zuständigen Stelle ausreicht.

Die Verordnung ist durch Art. 80 Brüssel-Ia-VO an sich aufgehoben. Jedoch gilt sie gem. Art. 66 4
Abs. 2 Brüssel-Ia-VO weiterhin für Titel in ihrem Anwendungsbereich, und zwar
- für Entscheidungen, die vor dem 10. Januar 2015 eingeleiteten gerichtlichen Verfahren ergangen sind,
- für vor diesem Zeitpunkt förmlich errichtete oder eingetragene öffentliche Urkunden
- sowie für vor diesem Zeitpunkt gebilligte oder geschlossene gerichtliche Vergleiche.

3. Räumlich

5 Maßgeblich für den territorialen Geltungsbereich der Brüssel-I-VO ist Art. 355 AEUV (ex Art. 299 EGV).[1] Sie gilt in allen Mitgliedsländern der EU einschließlich der am 1.5.2004 und 1.1.2007 beigetretenen Staaten. nachdem Großbritannien und Irland sich an der Annahme und Verwendung der Verordnung beteiligt haben und sie staatsvertraglich auf Dänemark erstreckt worden ist,[2]

III. Auslegung der Brüssel-I-VO

6 Die Brüssel-I-VO ist sekundäres Gemeinschaftsrecht und daher autonom unter Einbeziehung sonstigen Gemeinschaftsrechts auszulegen. Maßgebliche Bedeutung kommt dabei der Rechtsprechung des EuGH, auch zur Vorgängerin der Verordnung, dem EuGVÜ zu. Er hat wegen des Vorabentscheidungsverfahrens die alleinige Auslegungskompetenz. Dieses ist nach Inkrafttreten des Vertrages von Lissabon in Art. 267 AEUV geregelt. Dabei ist die vorher aus Art. 68 I EGV folgende Einschränkung der Vorlagemöglichkeit auf das letztinstanzlich zuständige nationale Gericht entfallen. Auch die Instanzgerichte können daher im Bereich der justiziellen Zusammenarbeit ein Vorabentscheidungsersuchen an den EuGH richten, müssen dies aber nicht. Eine Vorlagepflicht besteht weiterhin nur für das letztinstanzlich zuständige Gericht. Bei dessen Bestimmung hat eine konkrete Betrachtungsweise zu erfolgen. Entscheidend ist es alleine, ob gegen eine Entscheidung des Gerichts, für das sich die Auslegungsfrage stellt, noch ein Rechtsmittel möglich ist.[3]

IV. Grundzüge des Vollstreckbarkeitsverfahrens

7 Die Brüssel-I-VO eröffnet eine Vollstreckungsmöglichkeit für im Ursprungsstaat vollstreckbare gerichtliche Entscheidungen (Art. 32), öffentliche Urkunden (Art. 57) und Prozessvergleiche (Art. 58) und bietet gegenüber einem Vorgehen nach dem EuGVÜ oder sonstigen zwischenstaatlichen Übereinkommen deutliche Vorteile.

8 Als **Grundregel** bestimmt Art. 33 Abs. 1, dass die in einem Mitgliedstaat ergangenen Entscheidungen in den anderen Mitgliedstaaten anzuerkennen sind, ohne dass es eines besonderen Verfahrens bedarf. Die Brüssel-I-VO zählt in den Art. 34, 35 lediglich verschiedene Anerkennungs- und Vollstreckbarkeitserklärungshindernisse auf, die zudem – anders als noch im Verfahren nach dem EuGVÜ – der Klauselerteilung nicht entgegenstehen, sondern ggf. erst im Beschwerdeverfahren vom Schuldner geltend zu machen sind. In Art. 41 ist nämlich bestimmt, dass nach Erfüllung der Förmlichkeiten des Art 53 die ausländische Entscheidung unverzüglich für vollstreckbar zu erklären ist, und zwar ohne dass eine Prüfung nach den Art. 34, 35 erfolgt. Damit verfolgt der Verordnungsgeber das erklärte Ziel, das Verfahren »rasch und effizient« zu gestalten. Die Vollstreckbarerklärung einer Entscheidung müsse »daher fast automatisch nach einer einfachen formalen Prüfung der vorgelegten Schriftstücke erfolgen, ohne dass das Gericht die Möglichkeit habe, von Amts wegen eines der in dieser Verordnung vorgesehenen Vollstreckungshindernisse aufzugreifen«.[4]

9 Bei den zu erfüllenden **Förmlichkeiten** handelt es sich zum einen um die Vorlage einer Ausfertigung der Entscheidung, die für vollstreckbar erklärt werden soll. Zum anderen ist ein **Formblatt gem. Anlage V** zur Verordnung einzureichen, das auf Antrag von dem Gericht des Ursprungsstaates ausgestellt wird und die wesentlichen Verfahrensdaten enthält.

---

1 Zu Ausnahmen nach Art. 52 Abs. 2 EUV i. V. m. Art. 355 AEUV (ex Art. 299 Abs. 3–6 EGV) z. B. für die britischen Kanalinseln oder überseeische Gebiete von Mitgliedsländern siehe *Rauscher/Staudinger*, EuZPR/EuIPR, Einl. Brüssel I-VO Rn. 16–18 und oben Rn. 8.
2 Siehe vor Brüssel-Ia-VO Rdn. 7.
3 Vgl. die Nachweise bei *Rauscher/Staudinger*, EuZPR/EuIPR, Einl Brüssel I-VO Rn. 45; *Geimer/Schütze*, EuZVR, Einl. zur EuGVVO Rn. 162.
4 Ziff. 17 der Erwägungsgründe.

Anders als noch nach Art. 47 Nr. 1 EuGVÜ/LugÜ bedarf es um des Überraschungseffekts willen vor allem keines Nachweises der Zustellung der Entscheidung im Ursprungsstaat. Die Zustellung ist daher insgesamt entbehrlich, wenn sie im Ursprungsstaat keine Vollstreckbarkeitsbedingung ist.[5]

V. Hinweis zur Bearbeitung

Von der Ausrichtung des Werkes her und im Hinblick darauf, dass für Titel aus gerichtlichen Verfahren, die ab dem 10.1.2015 eingeleitet wurden und für öffentliche Urkunden, die ab diesem Zeitpunkt errichtet wurden, die Brüssel-Ia-VO gilt, die Brüssel-I-VO also nur noch auf Altfälle anwendbar bleibt, beschränken sich der Abdruck und die Kommentierung auf die Kapitel III und IV der Verordnung (Art. 32–58), ergänzt um die Zuständigkeitsregel des Art. 22 Nr. 5 in Zwangsvollstreckungssachen, die den einstweiligen Rechtsschutz betreffende Vorschrift des Art. 31 sowie die das Verhältnis zu fortgeltenden Vollstreckbarkeitsabkommen regelnden Art. 70, 71.

Kapitel II Zuständigkeit

Abschnitt 6 Ausschließliche Zuständigkeiten

Art. 22

Ohne Rücksicht auf den Wohnsitz sind ausschließlich zuständig:

1. ...

...

5. für Verfahren, welche die Zwangsvollstreckung aus Entscheidungen zum Gegenstand haben, die Gerichte des Mitgliedstaats, in dessen Hoheitsgebiet die Zwangsvollstreckung durchgeführt werden soll oder durchgeführt worden ist.

Die Regelung der ausschließlichen Zuständigkeit in Zwangsvollstreckungssachen findet sich jetzt inhaltsgleich mit Art. 22 Nr. 5 in Art. 24 Nr. 5 Brüssel-Ia-VO. Da es deswegen keine Unterschiede zwischen altem und neuem Recht gibt, wird auf die dortige Kommentierung verwiesen.

Abschnitt 10 Einstweilige Maßnahmen einschließlich solcher, die auf eine Sicherung gerichtet sind

Art. 31

Die im Recht eines Mitgliedstaats vorgesehenen einstweiligen Maßnahmen einschließlich solcher, die auf eine Sicherung gerichtet sind, können bei den Gerichten dieses Staates auch dann beantragt werden, wenn für die Entscheidung in der Hauptsache das Gericht eines anderen Mitgliedstaats auf Grund dieser Verordnung zuständig ist.

Nachfolgeregelung ist Art. 35 Brüssel-Ia-VO. Gegenüber der Rechtslage zu Art. 31 haben sich keine wesentlichen Änderungen ergeben. Da es deswegen kaum Unterschiede zwischen altem und neuem Recht gibt, wird auf die dortige Kommentierung verwiesen.

---

5 Siehe näher Art. 53–56 Rdn. 4.

Art. 32 Brüssel-I-VO

Kapitel III Anerkennung und Vollstreckung

Art. 32

Unter »Entscheidung« im Sinne dieser Verordnung ist jede von einem Gericht eines Mitgliedstaats erlassene Entscheidung zu verstehen, ohne Rücksicht auf ihre Bezeichnung wie Urteil, Beschluss, Zahlungsbefehl oder Vollstreckungsbescheid, einschließlich des Kostenfestsetzungsbeschlusses eines Gerichtsbediensteten.

Übersicht

	Rdn.		Rdn.
I. Anwendungsbereich	1	III. Gericht	6
II. Zivil- und Handelssache	5	IV. Einzelfälle	7

I. Anwendungsbereich

1 Art. 32 enthält den zentralen Begriff für das Anerkennungs- und Vollstreckbarkeitserklärungsverfahren. Anerkannt und ggf. für vollstreckbar erklärt werden können nämlich nur »**gerichtliche Entscheidungen**«.[1] Unter diesen autonom auszulegenden Begriff fallen alle Entschließungen von Rechtsprechungsorganen der Mitgliedstaaten, die einem Bürger etwas zusprechen oder aberkennen. Dabei ist es rechtlich unerheblich, in welcher Form sie ergangen sind, welchen Inhalt sie haben, ob sie rechtskräftig sind und welcher Funktionsträger innerhalb eines Gerichts sie erlassen hat.[2] Dem entspricht inhaltlich auch die Neuregelung in **Art. 2 lit a) Brüssel-Ia-VO**.

2 Deshalb zählen hierzu etwa neben Urteilen auch vom Rechtspfleger erlassene **Vollstreckungsbescheide** oder **Kostenfestsetzungsbeschlüsse**. Auch Entscheidungen, die nach einem Vollstreckbarkeitserklärungsverfahren im Vollstreckungsstaat ergangen sind, können in den Anwendungsbereich des Art. 32 fallen. Wenn z. B. ein im Ursprungsmitgliedstaat ergangener Titel auf Vornahme einer vertretbaren Handlung in Deutschland für vollstreckbar erklärt wird, kann der Gläubiger anschließend die Rechte geltend machen, die ihm das deutsche Vollstreckungsrecht zur Verfügung stellt, also nach § 887 Abs. 1, 2 ZPO vorgehen.[3] Eine darauf beruhende Verurteilung des Schuldners zur Zahlung eines **Kostenvorschusses** stellt wiederum eine Entscheidung i. S. d. Art. 32 dar, die jetzt ihrerseits im Ursprungsmitgliedstaat oder in einem anderen Mitgliedstaat, in dem der Gläubiger eine Möglichkeit zur Realisierung der Forderung sieht, für vollstreckbar erklärt werden kann.

3 Umstritten, aber wohl zu bejahen, ist es, ob **Prozessurteile**, mit denen eine Klage als unzulässig abgewiesen wird, in den Anwendungsbereich der Art. 32 ff. fallen.[4] Bloße **Zwischenentscheidungen** über den weiteren Verfahrensfortgang zählen hierzu jedenfalls nicht,[5] ebenso wenig Entscheidungen anderer Mitgliedstaaten über die Anerkennung oder Vollstreckbarerklärung von Entscheidungen aus Drittstaaten (sog. Doppelexequierung).[6]

---

1 Wegen der Vollstreckbarkeitserklärung von öffentlichen Urkunden und Vergleichen siehe Kapitel IV.
2 *Schlosser*, Art. 32 Rdn. 1 ff.
3 Vgl. OLG Köln, InVo 2006, 332, Prozessgericht i. S. d. § 887 Abs. 1 ZPO ist in diesem Fall der für die Vollstreckbarkeitserklärung zuständige Vorsitzende einer Zivilkammer des Landgerichts.
4 Bejahend *HK-ZV/Mäsch*, Art. 32 EuGVVO Rn. 4; *Kropholler/v. Hein*, Vorbem. Art. 33 Rn. 13; *Prütting/Gehrlein/Schinkels*, Art. 32 EuGVO Rn. 2; verneinend *Geimer/Schütze*, EuZVR, Art. 32 EuGVVO Rn. 17; *Thomas/Putzo/Hüßtege* (35. Auflage), Art. 32 EuGVVO Rn. 1.
5 OLG Hamburg, IPRax 2000, 530 mit zustimmender Anm. *Försterling* S. 499; OLG Hamm, RIW 1989, 566 mit kritischer Anm. *Bloch* S. 467 für ein französisches Beweissicherungsverfahren; *HK-ZV/Mäsch*, Art. 32 EuGVVO Rn. 2; *Rauscher/Leible*, EuZPR/EuIPR, Art. 32 Brüssel I-VO Rn. 8.
6 *Kropholler/v. Hein*, Art. 32 EuGVVO Rn. 15.

Zweifelhaft kann es sein, ob auch nur vorläufige Titel oder solche im **Verfahren des einstweiligen Rechtsschutzes** eine »Entscheidung« i. S. d. Art. 32 darstellen.[7]

II. Zivil- und Handelssache

Weitere Voraussetzung für die Anwendung der Art. 32 ff. ist es, dass der Titel in einer Zivil- und Handelssache i. S. d. Art. 1 ergangen ist. Darüber, ob dies der Fall ist, entscheidet der Exequaturrichter ohne Bindung an die Rechtsansicht des Ausgangsgerichts, allerdings unter Beachtung des aus Art. 45 Abs. 2 folgenden Gebots, die ausländische Entscheidung keineswegs in der Sache nachzuprüfen.[8] Maßgeblich für die Abgrenzung ist alleine die Rechtsnatur des titulierten Anspruchs mit der Folge. dass ggf. auch Entscheidungen von Gerichten der freiwilligen Gerichtsbarkeit,[9] von Strafgerichten[10] oder von Verwaltungsgerichten anerkannt und für vollstreckbar erklärt werden können. Ausgenommen sind daher neben öffentlich-rechtlichen Titeln insbesondere solche, die die ehelichen Güterstände oder das Erbrecht betreffen. Handelt es sich um einen Titel, der nur teilweise in den Anwendungsbereich der Verordnung fällt, ist es gem. Art. 48 möglich, nur diesen Teil nach den Art. 32 ff. für vollstreckbar zu erklären.

III. Gericht

Es muss sich zudem um einen Titel handeln, der von einem staatlichen Gericht eines Mitgliedslandes geschaffen ist.[11] So können etwa Entscheidungen von Schiedsgerichten (Art. 1 Abs. 2 d), Verwaltungsbehörden, kirchlichen Arbeitsgerichten oder von Gerichten supra- oder internationaler Organisationen nicht für vollstreckbar erklärt werden.[12] Einer Anerkennung und Vollstreckbarerklärung zugänglich ist aber wiederum ein von einem Gericht eines Mitgliedstaates für vollstreckbar erklärter Schiedsspruch, da hier der Titel durch ein Rechtsprechungsorgan geschaffen wurde.[13]

IV. Einzelfälle

Beispiele, in denen es zweifelhaft sein kann, ob es sich um eine »Entscheidung« i. S. d. Art. 32 bzw. Art. 25 EuGVÜ/LugÜ handelt, sind in der Kommentierung zu Art. 39 Brüssel-Ia-VO Rn. 8 – 15 aufgelistet.

Abschnitt 1 Anerkennung

Art. 33

(1) Die in einem Mitgliedstaat ergangenen Entscheidungen werden in den anderen Mitgliedstaaten anerkannt, ohne dass es hierfür eines besonderen Verfahrens bedarf.

(2) Bildet die Frage, ob eine Entscheidung anzuerkennen ist, als solche den Gegenstand eines Streites, so kann jede Partei, welche die Anerkennung geltend macht, in dem Verfahren nach den Abschnitten 2 und 3 dieses Kapitels die Feststellung beantragen, dass die Entscheidung anzuerkennen ist.

---

7 Siehe hierzu näher Art. 35 Brüssel-Ia-VO Rdn. 5 – 7.
8 *Zöller/Geimer*, Art. 32 EuGVVO Rn. 17.
9 Z. B. in den bis zum 1.7.2007 eingegangenen WEG-Sachen nach § 43 Abs. 1 WEG a. F.
10 EuGHE I 1993, 1963 = NJW 1993, 2091; BGHZ 123, 268 = NJW 1993, 3269.
11 Zur Erstreckung des Begriffs »Gericht« auch auf das schwedische Amt für Beitreibung für Mahnverfahren siehe Art. 62 EuGVVO.
12 *Kropholler/v. Hein*, Art. 32 EuGVVO Rn. 12 mit weiteren Beispielen.
13 OLG Frankfurt, IHR 2006, 212 mit Bspr. *Borges*, IHR 2006, 206.

Art. 33 Brüssel-I-VO

(3) Wird die Anerkennung in einem Rechtsstreit vor dem Gericht eines Mitgliedstaats, dessen Entscheidung von der Anerkennung abhängt, verlangt, so kann dieses Gericht über die Anerkennung entscheiden.

Übersicht

	Rdn.		Rdn.
I. Anerkennung kraft Gesetzes, Abs. 1	1	III. Inzidentanerkennung, Abs. 3	4
II. Gesondertes Anerkennungsverfahren, Abs. 2	2		

I. Anerkennung kraft Gesetzes, Abs. 1

1   Durch Abs. 1 wird klargestellt, dass die Entscheidungen eines anderen Mitgliedstaates ipso jure anerkannt werden, d. h. im Rahmen einer **Wirkungserstreckung** werden ihr die gleichen rechtlichen Wirkungen zugeschrieben wie im Ursprungsmitgliedstaat.[1] Die Norm wurde unverändert in **Art. 36 Abs. 1 Brüssel-Ia-VO** übernommen. Auf die dortige Kommentierung wird daher verwiesen.

II. Gesondertes Anerkennungsverfahren, Abs. 2

2   Bei nicht vollstreckbaren Gestaltungs- oder Feststellungsurteilen kann Streit über deren Anerkennungsfähigkeit und damit ein Bedürfnis für eine entsprechende rechtskräftige Feststellung entstehen. Den Weg hierzu eröffnet Art. 33 Abs. 2. Das Verfahren richtet sich gem. dem letzten Halbsatz nach den Art. 38 ff. Zuständig für die Entscheidung über einen entsprechenden Antrag ist daher in Deutschland der Vorsitzende einer Zivilkammer des Landgerichts. der nach Art. 41 in einem einseitigen Verfahren ohne Anhörung des Gegners entscheidet.[2] Kontradiktorisch ist erst das Beschwerdeverfahren gem. § 43 vor dem OLG.[3] Wegen des Gleichlaufs des Verfahrens kann der Antrag auch in Verbindung mit einem Antrag auf Vollstreckbarerklärung gestellt werden, nicht aber wegen der unterschiedlichen Verfahrensart in Verbindung mit einer hilfsweise erhobenen Leistungsklage.[4]

3   Streitig ist es, ob nach Art. 33 Abs. 2 nur ein positiver oder auch ein negativer Feststellungsantrag statthaft ist. Der im Jenard-Bericht zu dem gleich lautenden Art. 26 EuGVÜ dokumentierte Wille der damaligen Vertragsparteien und der Wortlaut »jede Partei, welche die Anerkennung geltend macht« könne »beantragen, dass die Entscheidung anzuerkennen ist« lassen ziemlich eindeutig den Schluss zu, dass nur positive Anträge erfasst sind. Sinn und Zweck der Norm sprechen dagegen, da auch die Partei, die eine Entscheidung nicht für anerkennungsfähig hält, ein Interesse daran haben kann, die Frage durch eine der Rechtskraft fähige gerichtliche Entscheidung klären zu lassen. Einer deswegen in Betracht kommenden analogen Anwendung der Norm dürfte jedoch der Umstand entgegenstehen, dass durch Art. 21 Abs. 3 der zeitlich früher erlassenen EuEheVO vom 29.5.2000 (Brüssel II) ausdrücklich ein Antrag auf »Anerkennung oder Nichtanerkennung« einer Entscheidung, also auch ein negativer Feststellungsantrag ermöglicht wird. Der Partei bleibt allerdings die Möglichkeit der Erhebung einer entsprechenden Feststellungsklage nach nationalem Recht, die aber – anders als ein Antrag nach Art. 33 Abs. 2 – in Deutschland gem. § 256 Abs. 1 ZPO ein Rechtsschutzinteresse erfordert.[5] Nach der Neuregelung in Art. 36 Abs. 1 Brüssel-Ia-VO kann nur der »Berechtigte« einen Feststellungsantrag stellen. Damit hat die h. M. nunmehr eine normative Grundlage, die auch bei der Auslegung des Art. 33 Abs. 2 zu berücksichtigen ist.

---

1 EuGHE 1988, 645 = NJW 1989, 663.
2 *Geimer/Schütze*, EuZVR Art. 33 Rn. 104.
3 Siehe dazu näher Art. 43 Rdn. 3–12.
4 *Kropholler/v. Hein* Art. 33 EuGVVO Rn. 5, 6.
5 *Hess*, EuZPR, S. 339; *Kropholler/v. Hein*, Art. 33 Rn. 7; *Micklitz/Rott* EuZW 2002, 15 [16]; MüKo/*Gottwald*, Art. 33 EuGVO Rn. 13; *Musielak/Stadler*, Art. 33 EuGVVO Rn. 3; *Rauscher/Leible*, EuZPR/EuIPR Art. 33 Brüssel I-VO Rn. 13; a.A. *Geimer/Schütze*, EuZVR, Art. 33 Rn. 85, 86; HK-ZV/*Mäsch*, Art. 33 Rn. 17; *Schlosser* Art. 33 Rn. 4.

III. Inzidentanerkennung, Abs. 3

Abs. 2 wurde ebenfalls unverändert in **Art. 36 Abs. 3 Brüssel-Ia-VO** übernommen. Auf die dortige Kommentierung wird daher verwiesen. 4

Art. 34

Eine Entscheidung wird nicht anerkannt, wenn
1. die Anerkennung der öffentlichen Ordnung (ordre public) des Mitgliedstaats, in dem sie geltend gemacht wird, offensichtlich widersprechen wurde;
2. dem Beklagten, der sich auf das Verfahren nicht eingelassen hat, das verfahrenseinleitende Schriftstück oder ein gleichwertiges Schriftstück nicht so rechtzeitig und in einer Weise zugestellt worden ist, dass er sich verteidigen konnte, es sei denn, der Beklagte hat gegen die Entscheidung keinen Rechtsbehelf eingelegt, obwohl er die Möglichkeit dazu hatte;
3. sie mit einer Entscheidung unvereinbar ist, die zwischen denselben Parteien in dem Mitgliedstaat, in dem die Anerkennung geltend gemacht wird, ergangen ist;
4. sie mit einer früheren Entscheidung unvereinbar ist, die in einem anderen Mitgliedstaat oder in einem Drittstaat zwischen denselben Parteien in einem Rechtsstreit wegen desselben Anspruchs ergangen ist, sofern die frühere Entscheidung die notwendigen Voraussetzungen für ihre Anerkennung in dem Mitgliedstaat erfüllt, in dem die Anerkennung geltend gemacht wird.

Übersicht	Rdn.		Rdn.
I. Allgemeines	1	IV. »Titelkollisionen«, Nr. 3, 4.	4
II. Verstoß gegen den ordre public, Nr. 1	2	V. Besonderheiten nach dem EuGVÜ/LugÜ	5
III. Nicht hinreichende Verteidigungsmöglichkeit bei Säumnis, Nr. 2	3	VI. Besonderheiten nach dem LugÜ 2007	6

Literatur:
Bälz/Marienfeld, Missachtung einer Schiedsklausel als Anerkennungshindernis i. S. v. Art. 34-35 EuGVVO?, RIW 2003, 51; *Geimer*, Enge Auslegung der Ausnahmeklausel des Art. 34 Nr. 2 EuGVVO, IPRax 2008, 498; *Hau*, Der Einwand des Prozessbetrugs im Brüssel I – Exequaturverfahren, IPRax, 2006, 20; *Müller*, Die Anwendung des Art. 34 Nr. 4 EuGVVO auf Entscheidungen aus ein- und demselben Mitgliedstaat, IPRax 2009, 484; *Roth*, Zur verbleibenden Bedeutung der ordnungsgemäßen Zustellung bei Art. 34 Nr. 2 EuGVVO, IPRax 2008, 501; *ders.*, Der Einwand der Nichtzustellung des verfahrenseinleitenden Schriftstücks (Art. 34 Nr. 2, 54 EuGVVO) und die Anforderungen an Versäumnisurteile im Lichte des Art. 34 Nr. 1 EuGVVO, IPRax 2013, 402; *ders.*, Mahnverfahren im System des Art. 34 Nr. 2 EuGVVO, IPRax 2014, 49; *Schilling*, Das Exequatur und die EMRK, IPRax 2011, 31; *Sujecki*, Die Möglichkeiten und Grenzen der Abschaffung des ordre public-Vorbehalts im Europäischen Zivilprozessrecht, ZEuP 2008, 458.

I. Allgemeines

In den Art. 34, 35 ist abschließend aufgelistet, aus welchen Gründen einer Entscheidung aus einem anderen Mitgliedstaat die Anerkennung zu versagen ist. Infolge der Bezugnahme in Art. 41 gelten die Vorschriften auch für das Vollstreckbarkeitsverfahren, in dem sie in der zivilprozessualen Praxis, in der es in der Regel um die Durchsetzung von (Geld-) Leistungsansprüchen geht, die größte Rolle spielen. Da nach Art. 33 die Anerkennung einer Entscheidung aus einem anderen Mitgliedstaat die Regel bildet, liegt die **Beweislast** für einen der in den Art. 34, 35 genannten Versagungsgründe bei demjenigen, der die Anerkennung verhindern will.[1] 1

---

1 BGH, NJW-RR 2002, 1151; *MüKo/Gottwald*, Art. 34 EuGVO Rn. 8; siehe auch Art. 45 Rdn. 1.

Art. 34 Brüssel-I-VO

II. Verstoß gegen den ordre public, Nr. 1

2 Der Versagungsgrund des Art. 34 Nr. 1, der nur bei »offensichtlichen« Verstößen gegen den materiellen oder Verfahrensrechtlichen ordre public des Anerkennungs- bzw. Vollstreckungsstaates eingreift, ist nach der Rechtsprechung des EuGH eng auszulegen[2] Er wurde in **Art. 45 Abs. 1 lit. a) Brüssel-Ia-VO** unverändert in das neu gestaltete Anerkennungs- und Vollstreckungsversagungsverfahren nach den Art. 45 ff. Brüssel-Ia-VO übernommen. Auf Rn. 7 f. der Kommentierung zu Art. 45 Brüssel-Ia-VO wird daher verwiesen.

III. Nicht hinreichende Verteidigungsmöglichkeit bei Säumnis, Nr. 2

3 Der Versagungsgrund des Art. 34 Nr. 2 betrifft Fälle, in denen dem säumig gebliebenen Schuldner bei Einleitung des Verfahrens nicht oder nicht hinreichend rechtliches Gehör gewährt wurde. Es handelt sich um den in der Praxis wichtigsten Anerkennungsversagungsgrund.[3] Wegen sonstige Gehörsverletzungen im Verlaufe des Verfahrens ist auf den Auffangtatbestand der ordre public-Kontrolle nach Nr. 1 zurückzugreifen. Auch dieser Versagungsgrund wurde in **Art. 45 Abs. 1 lit. b)** unverändert in die Brüssel-Ia-VO übernommen. Das dort unter der Rn. 9 – 12 Ausgeführte gilt entsprechend für Entscheidungen, auf die noch die Brüssel-I-VO oder das LugÜ 2007 anzuwenden ist. Für Entscheidungen aus der **Schweiz** ist ein zu diesem Versagungsgrund erklärter **Vorbehalt** zu beachten (unten Rn. 6).

IV. »Titelkollisionen«, Nr. 3, 4

4 Die als Ausnahmevorschriften eng auszulegenden Art. 34 Nr. 3 und 4. setzen voraus, dass jeweils Entscheidungen i. S. d. Art. 32 miteinander kollidieren.[4] Wegen der Einzelheiten zu diesen ebenfalls in die Neuregelung übernommenen Versagungsgründen wird auf die Ausführungen zu Art. 45 Brüssel-Ia-VO Rn. 13, 14 Bezug genommen.

V. Besonderheiten nach dem EuGVÜ/LugÜ

5 Der ordnungsgemäßen **Zustellung des verfahrenseinleitenden Schriftstücks** kam vor Inkrafttreten der EuGVVO besondere Bedeutung zu. Fehler hierbei führen nämlich anders als nach Art. 34 gem. Art. 27 Nr. 2 EuGVÜ/LugÜ dazu, dass im Falle einer Säumnisentscheidung deren Anerkennung zwingend zu versagen ist, und zwar nach der Rechtsprechung des EuGH auch dann, wenn der Schuldner es unterlassen hatte, ein Rechtsmittel einzulegen, obwohl er die Möglichkeit hierzu hatte.[5]. Einem Versuch des OLG Köln, wegen der bewussten Abkehr des europäischen Gesetzgebers bei Versäumnisentscheidungen von der Rechtsprechung des EuGH in entsprechender Anwendung des Art. 34 Nr. 2 auch bei Entscheidungen, auf die Art. 27 Nr. 2 EuGVÜ/LugÜ anwendbar ist, einen Zustellmangel dann für unbeachtlich anzusehen, wenn der Schuldner es versäumt hat, ein ihm mögliches Rechtsmittel einzulegen, hat der BGH eine Absage erteilt und zugleich keinen Anlass für eine Vorlage an den EuGH gesehen.[6]

VI. Besonderheiten nach dem LugÜ 2007

6 Nach Art. 3 Abs. 1 des Protokolls 1 zum LugÜ 2007 hat die Schweiz die Möglichkeit einen **Vorbehalt** zu erklären, soweit der Anerkennungsversagungsgrund des Art. 34 Nr. 2 dann nicht eingreift, wenn der Schuldner es unterlassen hat, einen ihm möglichen Rechtsbehelf gegen eine Säumnisentscheidung einzulegen. Von diesem Vorbehalt hat sie mit Bundesbeschluss vom 9.12.2009 Gebrauch

---

[2] EuGHE 1994, I 2237; EuGHE 2000 I 1935 u. 2973.
[3] *Hess/Pfeiffer/Schlosser*, Brussels I Regulation Rn. 474.
[4] Vgl. hierzu Art. 32 Rdn. 2–6.
[5] EuGH, EuZW 1990, 352, EuZW 1993, 39; ihm folgend BGH, NJW 1993, 2688 = IPRax 1993, 396.
[6] BGH, NJW 2004, 3189.

gemacht.[7] Weitere Staaten, die nach Art. 70 Abs. 1 lit. c LuGÜ 2007 die Möglichkeit haben, dem Übereinkommen beizutreten, können ebenfalls diesen Vorbehalt erklären.

Art. 35

(1) Eine Entscheidung wird ferner nicht anerkannt, wenn die Vorschriften der Abschnitte 3, 4 und 6 des Kapitels II verletzt worden sind oder wenn ein Fall des Artikels 72 vorliegt.

(2) Das Gericht oder die sonst befugte Stelle des Mitgliedstaats, in dem die Anerkennung geltend gemacht wird, ist bei der Prüfung, ob eine der in Absatz 1 angeführten Zuständigkeiten gegeben ist, an die tatsächlichen Feststellungen gebunden, auf Grund deren das Gericht des Ursprungsmitgliedstaats seine Zuständigkeit angenommen hat.

(3) Die Zuständigkeit der Gerichte des Ursprungsmitgliedstaats darf, unbeschadet der Bestimmungen des Absatzes 1, nicht nachgeprüft werden. Die Vorschriften über die Zuständigkeit gehören nicht zur öffentlichen Ordnung (ordre public) im Sinne des Artikels 34 Nummer 1.

Übersicht	Rdn.		Rdn.
I. Grundsatz der Nichtüberprüfung der Zuständigkeit des Erstgerichts	1	1. Versicherungs- und Verbrauchersachen . .	4
II. Ausnahmsweise Überprüfung der Zuständigkeit	2	2. Ausschließliche Zuständigkeiten nach Art. 22	5
		3. Abkommen mit Drittstaaten gem. Art. 72	6

I. Grundsatz der Nichtüberprüfung der Zuständigkeit des Erstgerichts

Nach Art. 35 Abs. 3 findet grundsätzlich keine Überprüfung der internationalen Zuständigkeit des Erstgerichts statt, wobei auch klargestellt wird, dass dies auch nicht im Rahmen einer ordre public-Kontrolle erfolgen darf. Das Gericht des Anerkennungsstaates ist daher unabhängig davon, ob die Bejahung der Zuständigkeit des Erstgerichts zutreffend war oder nicht, hieran gebunden, und zwar auch dann, wenn die Anwendbarkeit der EuGVVO übersehen und deshalb nationales Recht angewandt oder die Zuständigkeit auf einen durch Art. 3 Abs. 2 ausgeschlossenen nationalen Gerichtsstand gestützt worden war.[1] Der Grundsatz greift auch ein, wenn das Gericht des Erststaates seine Zuständigkeit gegenüber einen im Anerkennungsstaat wohnenden Beklagten zu Unrecht auf eine Vorschrift gestützt hat, die auf das Kriterium der Staatsangehörigkeit abstellt.[2] Auch steht der Umstand, dass die Entscheidung eines Mitgliedstaates ein Grundstück in einem Gebiet betrifft, über das der Staat keine Kontrolle ausübt, einer Anerkennung und Vollstreckung nicht entgegen.[3] Angesichts des klaren Wortlauts des Abs. 3 ist eine – ausnahmsweise – Überprüfung der Zuständigkeit nur in den in Abs. 1 aufgelisteten Fällen möglich. 1

II. Ausnahmsweise Überprüfung der Zuständigkeit

Die in Abs. 1 aufgelisteten Fälle stellen eine abschließende Regelung dar.[4] Steht fest, dass die dort genannten Vorschriften nicht verletzt sind, findet eine weitere Überprüfung der Zuständigkeit nicht statt.[5] Wegen der Feststellung der Tatsachen, die zur Begründung der in Abs. 1 aufgelisteten Zuständigkeiten notwendig sind, wird durch Abs. 2 eine **Bindung des Anerkennungsgerichts** ange- 2

---

7 Abrufbar unter http://www.admin.ch/ch/d/as/2010/5601.pdf.
1 OLG Frankfurt, IPRax 2002, 523.
2 EuGH, NJW 2000, 1853.
3 EUGHE 2009 I, 3571 wg. eines Urteils eines zypriotischen Gerichts über ein Grundstück im türkisch kontrollierten Nordzypern.
4 Kritisch zu den Ausnahmen Hess, EuZPR S. 352.
5 BGH, EuLF 2006, II 54 – II-56 mit Anm. *Stürner*, jurisPR-BGHZivilR 11/2007 Anm. 4; OLG Köln, RIW 2004, 866 = IHR 2005, 174 als Vorinstanz.

ordnet, die sich aber nicht auf die aus diesen Tatsachen gezogenen rechtlichen Schlussfolgerungen erstreckt.[6] Ansonsten gilt die Bindung uneingeschränkt und gilt auch für an sich anerkennungsfreundliche Tatsachen und auch für neue Tatsachen, die im Verfahren des Ursprungsgerichts bereits hätten geltend gemacht werden können.[7]

3 **Streitigkeiten über individuelle Arbeitsverträge** sind von der Zuständigkeitsüberprüfung ausgenommen, da der Abschnitt 5 des Kapitels II, in dem sich die entsprechenden Zuständigkeitsregeln befinden, in Art. 35 Abs. 1 nicht in Bezug genommen wird. Nach der Neuregelung ist dies anders; denn in **Art. 45 Abs. 1 lit. e) Brüssel-Ia-VO** wurden Streitigkeiten aus individuellen Arbeitsverträgen mit in die Zuständigkeitsüberprüfung einbezogen.

1. Versicherungs- und Verbrauchersachen

4 Zum Schutz des in der Regel sozial schwächeren Versicherungsnehmers oder Verbrauchers besteht bei einer Verletzung der Zuständigkeitsvorschriften des Kapitels 3 für Versicherungssachen (Art. 8–14 und des Kapitels 4 für Verbrauchersachen (Art. 15–17) ein Anerkennungshindernis. Wegen dieses Schutzzweckes wird die Norm überwiegend im Wege einer teleologischen Reduktion dahingehend ausgelegt, dass sich nur der Versicherungsnehmer bzw. Verbraucher auf das Anerkennungshindernis berufen könne.[8] Die Neuregelung in **Art. 45 Abs. 1 lit. e) Brüssel-Ia-VO** stellt dies klar und erstreckt das Anerkennungshindernis nur auf Fälle, in denen der Beklagte Versicherungsnehmer, Versicherter, Begünstigter des Versicherungsvertrags, Geschädigter, Verbraucher (oder Arbeitnehmer) ist. Eine rügelose Einlassung, die nach Art. 24 auch in Versicherungs- oder Verbrauchersachen möglich ist, ist allerdings zu beachten.[9]

2. Ausschließliche Zuständigkeiten nach Art. 22

5 Ein etwaiger Verstoß gegen eine ausschließliche Zuständigkeit nach dem 6. Abschnitt des Kapitels II (§ 22) ist von einem angerufenen Gericht stets **von Amts** wegen zu beachten. Eine Verletzung begründet daher konsequenterweise ein Anerkennungshindernis. Da Art. 22 eine ausschließliche Zuständigkeit **nur für Mitgliedstaaten** begründet, ist eine solche, die von einem Drittstaat beansprucht wird, unbeachtlich.[10]

3. Abkommen mit Drittstaaten gem. Art. 72

6 Durch Art. 72 ist für die Mitgliedstaaten die Möglichkeit eröffnet, mit Drittstaaten Vereinbarungen dahingehend zu treffen, dass Entscheidungen gegen die in dem Drittland lebenden Personen nicht anerkannt werden, sofern sie auf einen der exorbitanten Gerichtsstände des Art. 3 Abs. 2 gestützt sind, also z. B. in Deutschland auf den Gerichtsstand des Vermögens nach § 23 ZPO. Zur Wahrung derartiger völkerrechtlicher Verpflichtungen kann hierauf eine Nichtanerkennung gestützt werden.

Art. 36

Die ausländische Entscheidung darf keinesfalls in der Sache selbst nachgeprüft werden.

---

6 OLG Stuttgart, NJW-RR 2001, 858.
7 *Kropholler/v. Hein*, Art. 35 EuGVVO Rn. 21; *Thomas/Putzo/Hüßtege* (35. Auflage), Art. 35 Rn. 6.
8 OLG Düsseldorf, NJW-RR 2006, 1079; *Geimer/Schütze*, EuZVR, Art. 35 EuGVVO Rn. 16–18; *Kropholler/v. Hein*, Art. 35 EuGVVO Rn. 8; *Rauscher/Leible*, EuZPR/EuIPR, Art. 35 Brüssel I-VO Rn. 6; *Schlosser*, Art. 34–36 EuGVVO Rn. 31; a.A; *Prütting/Gehrlein/Schinkels*, Art. 35 EuGVO Rn. 4; *Thomas/Putzo/Hüßtege* (35. Auflage), Art. 35 Rn. 3.
9 OLG Koblenz, IPRax 2001, 334 mit abl. Anm. *Mankowski* S. 310; *Rauscher/Leible*, EuZPR/EuIPR, Art. 35 Brüssel I-VO Rn. 6; *Thomas/Putzo/Hüßtege* (35. Auflage), Art. 35 EuGVVO Rn. 3.
10 So die ganz überwiegende Meinung, siehe die Nachweise bei *Rauscher/Leible*, EuZPR/EuIPR, Art. 35 Brüssel I-VO Rn. 8; a. A. *Grundmann*, IPRax 1985, 249, 253.

Art. 29 EuGVÜ/LugÜ
Die ausländische Entscheidung darf keinesfalls in der Sache selbst nachgeprüft werden.

Das in Art. 36 enthaltene Verbot einer sachlichen Überprüfung einer Entscheidung aus einem anderen Mitgliedstaat (**révision au fond**) führt dazu, dass weder in materiell- noch in verfahrensrechtlicher Hinsicht einer Kontrolle möglich ist. Sowohl die tatsächlichen Feststellungen wie auch die rechtliche Würdigung sind damit einer Nachprüfung entzogen.[1] Neben der Prüfung, ob die Entscheidung überhaupt in den Anwendungsbereich der EuGVVO fällt, verbleibt lediglich die Überprüfung auf etwaige Versagungsgründe i. S. d. Art. 34, 35.[2] Dabei ist allerdings zu beachten, dass im Feststellungsverfahren gem. Art. 33 Abs. 2 erstinstanzlich eine solche Überprüfung ausgeschlossen ist (Art. 41 Satz 1) und es Sache des Schuldners ist, durch Einlegung einer Beschwerde das OLG zu einer Kontrolle zu veranlassen (Art. 45).

Art. 37

(1) Das Gericht eines Mitgliedstaats, vor dem die Anerkennung einer in einem anderen Mitgliedstaat ergangenen Entscheidung geltend gemacht wird, kann das Verfahren aussetzen, wenn gegen die Entscheidung ein ordentlicher Rechtsbehelf eingelegt worden ist.

(2) Das Gericht eines Mitgliedstaats, vor dem die Anerkennung einer in Irland oder im Vereinigten Königreich ergangenen Entscheidung geltend gemacht wird, kann das Verfahren aussetzen, wenn die Vollstreckung der Entscheidung im Ursprungsmitgliedstaat wegen der Einlegung eines Rechtsbehelfs einstweilen eingestellt ist.

Übersicht	Rdn.		Rdn.
I. Anwendungsbereich	1	IV. Verfahren	4
II. Ordentlicher Rechtsbehelf	2	V. Sonderregelung des Abs. 2	5
III. Ermessensentscheidung	3		

I. Anwendungsbereich

Die Vorschrift, deren Absatz 1 in **Art. 38 lit. a) Brüssel-Ia-VO** eine Entsprechung hat, bezieht sich nur auf die Fälle, der Inzidentanerkennung gem. Art. 33 Abs. 1, 3. Für ein selbstständiges Anerkennungsverfahren ist Art. 33 Abs. 2 einschlägig; für das Vollstreckbarkeitsverfahren sind die Art. 38 ff. maßgeblich mit gesonderten Voraussetzungen für eine Aussetzung in Art. 46 Abs. 1.

II. Ordentlicher Rechtsbehelf

Voraussetzung für eine Aussetzungsmöglichkeit ist nach Abs. 1 die Einlegung eines ordentlichen Rechtsbehelfs im Ursprungsmitgliedstaat. Der Begriff ist autonom auszulegen und erfasst nach der Rechtsprechung des EuGH jeden »Rechtsbehelf, der zur Aufhebung oder Abänderung der dem Anerkennungs- oder Klauselerteilungsverfahren nach dem Übereinkommen zugrunde liegenden Entscheidung führen kann und für dessen Einlegung im Urteilsstaat eine gesetzliche Frist bestimmt ist, die durch die Entscheidung selbst in Lauf gesetzt wird«.[1]

III. Ermessensentscheidung

Ob das Gericht des Zweitstaates aussetzt, steht in dessen pflichtgemäßen Ermessen und setzt keinen Antrag voraus. Bei der Ausübung seines Ermessens hat das Gericht die Parteiinteressen, insbe-

---

1 EuGH, NJW 2000, 2185.
2 *HK-ZV/Mäsch*, Art. 35 EuGVVO Rn. 1.
1 EuGHE 1979, 2185; vgl. näher Art. 46 Rdn. 2.

sondere im Hinblick auf einen ohne Aussetzung drohenden Schaden zu berücksichtigen und zu prüfen, ob die Entscheidung überhaupt anerkennungsfähig ist oder ob Versagungsgründe nach den Art. 34, 35 vorliegen; denn eine Aussetzung scheidet von vornherein aus, wenn feststeht, dass die Entscheidung des Ursprungsmitgliedstaates nicht anerkannt werden kann.[2]

IV. Verfahren

4 Das Aussetzungsverfahren richtet sich nach dem jeweiligen nationalen Recht, also in Deutschland nach den §§ 148 ff. ZPO. Die Aussetzung endet, sobald über den Rechtsbehelf im Ursprungsmitgliedstaat entschieden ist.

V. Sonderregelung des Abs. 2

5 Mit Art. 37 Abs. 2 wird dem Umstand Rechnung getragen, dass in den common law Staaten nicht zwischen ordentlichen und außerordentlichen Rechtsbehelfen differenziert wird und dass Entscheidungen weder durch den Lauf einer Rechtsmittelfrist, noch durch die Einlegung eines Rechtsbehelfs ihre Vollstreckbarkeit verlieren. Es wird hierdurch eine zusätzliche Aussetzungsmöglichkeit eröffnet, die neben diejenige nach Abs. 1 tritt.[3]

Abschnitt 2 Vollstreckung

Art. 38

(1) Die in einem Mitgliedstaat ergangenen Entscheidungen, die in diesem Staat vollstreckbar sind, werden in einem anderen Mitgliedstaat vollstreckt, wenn sie dort auf Antrag eines Berechtigten für vollstreckbar erklärt worden sind.

(2) Im Vereinigten Königreich jedoch wird eine derartige Entscheidung in England und Wales, in Schottland oder in Nordirland vollstreckt, wenn sie auf Antrag eines Berechtigten zur Vollstreckung in dem betreffenden Teil des Vereinigten Königreichs registriert worden ist.

Übersicht	Rdn.		Rdn.
I. Voraussetzungen der Vollstreckbarerklärung	1	3. Antrag eines Berechtigten	9
1. Vollstreckbarkeit der Entscheidung im Ursprungsmitgliedstaat	2	4. keine vorherige Zustellung der Entscheidung	10
2. Bestimmtheit der Entscheidung	4	II. Verfahren	11

Literatur:
Roth, Der Streit um die Schuldneridentität im Verfahren der Vollstreckbarerklärung nach Art. 41, 43 EuGVVO, IPRax 2007, 423; *ders.*, Das Verfahren über die Zulassung der Zwangsvollstreckung nach Art. 38 ff. EuGVVO als geschlossenes System, IPRax 2010, 154;

I. Voraussetzungen der Vollstreckbarerklärung

1 Art. 38 nennt die Voraussetzungen für die Vollstreckung eines in einem Mitgliedstaat ergangenen Urteils in einem andern Mitgliedstaat, nämlich die Vollstreckbarkeit im Ursprungsstaat und einen Antrag des Gläubigers. Auf öffentliche Urkunden (Art. 57) und Prozessvergleiche (Art. 58) ist die Vorschrift entsprechend anzuwenden. Etwaige Unklarheiten bei der Frage, wer genau Partei des

---

[2] *Rauscher/Leible*, EuZPR/EuIPR Art. 37 Brüssel I-VO Rn. 5.
[3] *HK-ZV/Mäsch*, Art. 37 EuGVVO Rn. 6.

Ursprungsprozesses war, sind – auch unter Heranziehung späterer Prozessvorgänge, etwa einer Einlassung – durch Auslegung zu ermitteln.[1]

1. Vollstreckbarkeit der Entscheidung im Ursprungsmitgliedstaat

Das Erfordernis der Vollstreckbarkeit ist erfüllt, wenn die ausländische Entscheidung nach dem Recht des Urteilsstaates in formeller Hinsicht vollstreckbar ist[2] Dabei genügt eine vorläufige Vollstreckbarkeit. Kann die Entscheidung nach dem Recht des Urteilsstaates aber nicht, auch nicht vorläufig vollstreckt werden, so ist seine Vollstreckung in dem Vollstreckungsstaat nicht möglich.[3] Entsprechendes gilt, wenn auf ein Rechtsmittel des Schuldners hin im Ursprungsmitgliedstaat die Vollstreckbarkeit der Entscheidung aufgehoben oder einstweilen eingestellt wird. In diesem Fall liegen die Voraussetzungen für eine Vollstreckbarkeitserklärung nicht mehr vor.[4] Allerdings ist das Vollstreckbarkeitsverfahren von der eigentlichen Zwangsvollstreckung zu unterscheiden. Tatsächliche Schwierigkeiten bei der Vollstreckung ändern daher nichts an einer – durch Urkunden nach Art. 53, 54 nachgewiesenen – Vollstreckbarkeit einer Entscheidung und stehen daher einer Vollstreckbarkeitserklärung nicht entgegen.[5]

2

Der Nachweis der Vollstreckbarkeit ist erbracht, wenn die Bescheinigung nach den Art. 53 Abs. 2, 54 i. V. m. dem Anhang V vorgelegt wird. Für die Vollstreckbarkeit von Zwangsgeldentscheidungen ist jedoch die Sondervorschrift des Art. 49 zu beachten.

3

2. Bestimmtheit der Entscheidung

Zur Vollstreckbarkeit einer Entscheidung gehört auch, dass sie einen hinreichend bestimmten Inhalt hat.[6] Dies kann in der Praxis Probleme bereiten, wenn z. B. ein **Unterhaltstitel** aus einem der Lugano-Staaten nicht ziffernmäßig bestimmt ist, sondern etwa auf Zahlung von Regelunterhalt lautet, der sich kraft Gesetzes um bestimmte Zuschläge erhöht, oder wenn eine Rente kraft Gesetzes einer bestimmten Erhöhung unterliegt bzw. an einen ausländischen Index geknüpft ist. Häufig erfolgt auch nur der Ausspruch, dass der Beklagte auf die Hauptforderung die »gesetzlichen« oder »gerichtlichen **Zinsen**« zu zahlen habe. In all diesen Fällen eines nach deutschem Verständnis nicht hinreichend bestimmten und daher nicht zur Vollstreckung geeigneten Titels, kann das deutsche Exequaturgericht den Antrag nicht einfach zurückweisen, sondern hat der ausländischen Entscheidung nach Möglichkeit auch in Deutschland Geltung zu verschaffen. Er hat deshalb das – z. B. zum Beginn der Verzinsungspflicht oder zur Höhe der Zinsen – maßgebliche ausländische Recht bzw. die einschlägigen Indices zu ermitteln und anschließend den Tenor entsprechend zu konkretisieren, allerdings nur, soweit die Grundlagen für die Berechnung leicht und sicher feststellbar sind.[7] Diese Ermittlung wird in der Regel dadurch geschehen, dass dem Gläubiger eine Auflage zur nachvollziehbaren Darlegung der ausländischen Rechtsgrundlage gemacht wird. Im Rahmen der dem Gericht gem. § 293 ZPO obliegenden Pflicht zur Amtsermittlung des ausländischen Rechts kann es nämlich die Mitwirkung des Gläubigers in Anspruch nehmen.[8] Eventuell

4

---

1 BGH, NJW-RR 2009, 391; zu Titeln auf Zahlung von Kindesunterhalt, die von einem Elternteil erwirkt worden sind, siehe *Botur* FamRZ 2010, 1860, 1866.
2 EuGH, IPRax 2000, 18.
3 BGH, NJW-RR 2006, 1290.
4 BGH, WM 2010, 897; OLG Köln, Beschluss vom 13.4.2010 – 16 W 12/10 (juris).
5 EuGHE 2009 I, 3571.
6 BGHZ 122, 16; siehe auch § 722 ZPO Rdn. 6.
7 BGH, FamRZ 1986, 45; BGH, NJW 1990, 3084; BGHZ 122, 16; OLG Düsseldorf, NJWE-FER 2001, 220; OLG Köln, OLGReport 2003, 264; OLG Köln, FamRZ 2000, 1164 (LS); OLG Schleswig, FamRZ 1994, 53; *Zöller/Geimer* § 722 ZPO Rn. 41; ebenso OGH Wien, ZfRV 2004, 156 für einen deutschen Titel, in dem *»der nach der dt. RegelbetragVO in der jeweils geltenden Fassung zustehende Unterhalt«* zugesprochen wurde.
8 BGHZ 122, 16.

besitzt das Gericht – etwa wegen wiederholter Befassung mit einschlägigen Problemen – bereits eine entsprechende Kenntnis und kann deshalb bereits von sich aus die notwendige Konkretisierung vornehmen. Dies wird aber selten sein, zumal beispielsweise zur Verzinsung in verschiedenen Ländern nur eine gesetzliche Grundnorm besteht und die Höhe der Zinsen jährlich oder sonst in regelmäßigen Abständen neu bestimmt wird (so etwa in Belgien, Frankreich, Italien, Niederlande). Die mit den entsprechenden Auflagen verbundene zeitliche Verzögerung kann beträchtlich sein, weil es in der Regel erforderlich ist, dass der mit der Vollstreckbarkeitserklärung beauftragte Anwalt sich selbst erst die entsprechende Kenntnis von seinem ausländischen Ansprechpartner vermitteln lässt. Entsprechenden Auflagen steht Art. 41 nicht entgegen; denn die Pflicht zur »unverzüglichen« Entscheidung schließt es nicht aus, jedem Gläubiger diejenige Zeit zu gewähren, die erforderlich ist, einen zulässigen Antrag auf Vollstreckbarerklärung zu stellen.[9]

5 Eine Konkretisierung scheidet indes dann aus, wenn sich die Bemessungsfaktoren auf ein individuelles Vertragsverhältnis beziehen, dessen Einzelheiten in der Regel nur die Vertragsparteien kennen oder wenn bei dem Anknüpfungsmaßstab mehrfache Interpretationen möglich sind.[10]

6 In dem nur einseitigen Vollstreckbarkeitsverfahren erster Instanz dürfte eine **Beweiserhebung** wie in einem Erkenntnisverfahren, also durch Einholung eines Rechtsgutachtens gem. § 293 ZPO wegen der Pflicht zur unverzüglichen Entscheidung ausscheiden. In den Fällen, in denen also die Grundlagen für die Konkretisierung des Titels nicht leicht und sicher feststellbar sind, etwa wegen der Notwendigkeit einer Beweiserhebung oder weil sich nicht klären lässt, welche Rechtsordnung das ausländische Gericht überhaupt seiner Entscheidung etwa auf Zahlung »gesetzlicher Zinsen« zugrunde gelegt hat,[11] oder weil der Gläubiger seiner Mitwirkungsobliegenheit nicht bzw. nicht hinreichend nachkommt, bleibt dem Gericht daher nur die Möglichkeit, den Antrag auf Vollstreckbarerklärung zurückzuweisen, allerdings nur wegen des unbestimmten Teils des Titels. Wegen des unproblematischen Teils, also z. B. wegen des Basisbetrags einer Unterhaltsrente oder wegen der Hauptforderung ohne Zinsen hat dagegen eine Vollstreckbarkeitserklärung zu erfolgen.

7 Ähnliches gilt, wenn der Gläubiger wegen solcher **Verfahrenskosten** vollstrecken will, die in der ausländischen Entscheidung nicht betragsmäßig ausgewiesen sind oder die durch Vollstreckungsversuche im Ursprungsstaat entstanden sind. Grundsätzlich kann auch insoweit eine Vollstreckbarkeitserklärung erfolgen, aber nur dann, wenn nach dem maßgeblichen ausländischen Recht eine Beitreibung auch ohne gesonderten Titel zusammen mit dem Vollstreckungstitel möglich ist, es also eine dem § 788 Abs. 1 ZPO entsprechende Regelung gibt.[12] Es gilt ferner nach der Rspr. des BGH der Grundsatz, dass im Rahmen der Auslegung und Konkretisierung eines ausländischen Vollstreckungstitels auch solche Forderungen, die im ausländischen Vollstreckungstitel nicht ausdrücklich erwähnt werden, im Inland für vollstreckbar erklärt werden, sofern sie im Erststaat ohne eine solche Titulierung im Wege der Zwangsvollstreckung beigetrieben werden können.[13]

8 Schließlich kann es immer wieder Fälle geben, in denen die Unterhaltsrente oder deren Höhe von »**Bedingungen**« im weitesten Sinne oder von anderen Merkmalen abhängig ist.[14] So hatte das OLG Karlsruhe im Verfahren nach dem LugÜ über die Vollstreckbarkeit eines schweizerischen Urteils zu entscheiden, in dem ein Vater verurteilt worden war, für einen Sohn Unterhalt zu zahlen, und zwar u. a. bis zur Volljährigkeit und darüber hinaus »bis zum 25. Lebensjahr, falls das Kind fortgesetzt einer geregelten Ausbildung nachgeht« (»jusqu'à 25 ans si l'enfant poursuit des études sérieuses et

---

9 BGHZ 122, 16.
10 OLG Köln, FamRZ 2012, 384.
11 OLG Köln, InVo 2005, 250 = IPRax 2006, 51 mit abl. Anm. *Roth* S. 22.
12 OLG Köln, InVo 2000, 289 = OLGReport Köln 2000, 188.
13 BGH, NJW 2014, 702.
14 Nach dem Inkrafttreten der EuUnterhaltsVO kann dies wegen deren Art. 68 Abs. 1, mit dem Unterhaltssachen vom Anwendungsbereich der Brüssel-I-VO ausgenommen wurden, nur noch im Verhältnis zu den Lugano-Staaten Island, Norwegen und Schweiz relevant werden.

suivies«). Es hat den Titel wegen des Volljährigenunterhalts mit Recht als zu unbestimmt angesehen und weiter ausgeführt, seiner Vollstreckbarerklärung stehe der deutsche ordre public entgegen, weil die Prüfung der Bedingung »si l‹ enfant poursuit des études sérieuses et suivies« einem Erkenntnisverfahren vorbehalten werden müsse.[15]

3. Antrag eines Berechtigten

Berechtigter ist jeder, der sich im Ursprungsmitgliedstaat auf den Titel berufen kann, also in der Regel der ausgewiesene Titelgläubiger oder dessen Rechtsnachfolger.[16] Antragsgegner ist der Titelschuldner oder dessen Rechtsnachfolger.[17] Die Wirksamkeit der Rechtsnachfolge richtet sich gem. § 7 Abs. 1 Satz 1 AVAG nach dem Recht des Ursprungsmitgliedstaates.

4. keine vorherige Zustellung der Entscheidung

Anders als noch nach Art. 47 Nr. 1 EuGVÜ/LugÜ bedarf es nach zutreffender Auffassung um des Überraschungseffekts willen keines Nachweises der Zustellung der Entscheidung im Ursprungsstaat. Die Zustellung ist daher insgesamt entbehrlich, wenn sie im Ursprungsstaat keine Vollstreckbarkeitsbedingung ist.[18]

II. Verfahren

Die Formalien für den Antrag und des damit eingeleiteten Verfahrens richten sich nach den Art. 39 bis 42, 53–56 in Verbindung mit den §§ 4–10 AVAG.

Art. 39

(1) Der Antrag ist an das Gericht oder die sonst befugte Stelle zu richten, die in Anhang II aufgeführt ist.

(2) Die örtliche Zuständigkeit wird durch den Wohnsitz des Schuldners oder durch den Ort, an dem die Zwangsvollstreckung durchgeführt werden soll, bestimmt.

Übersicht	Rdn.			Rdn.
I. Sachliche Zuständigkeit bei Entscheidungen und Vergleichen............	1	III.	örtliche Zuständigkeit..............	3
II. Sachliche Zuständigkeit bei öffentlichen Urkunden......................	2	IV.	Besonderheiten nach dem EuGVÜ/LugÜ........................	5

I. Sachliche Zuständigkeit bei Entscheidungen und Vergleichen

Zur Entscheidung über den Antrag ist gem. Art. 39 Abs. 1 i. V. m. der Anlage II der Vorsitzende einer »Kammer« des Landgerichts berufen. Für die Vollstreckbarkeit von Prozessvergleichen gilt gem. Art. 58 Satz 1 entsprechendes. Der – nach deutschem GVG – unscharfe Begriff der »Kammer« wurde unverändert aus Art. 32 EuGVÜ übernommen. In dessen Ergänzung war in § 3 Abs. 3 AVAG 1988 bestimmt, dass der Vorsitzende einer »Zivilkammer« zuständig sei. Anders als noch bei dem

---

15 OLG Karlsruhe, FamRZ 2002, 1420 mit Anm. *Atteslander-Dürrenmatt*, IPRax 2002, 508; der BGH hat die Rechtsbeschwerde des Schuldners als unzulässig verworfen, weil das OLG seine Entscheidung auf ein »2. Bein gestellt« und festgestellt hatte, dass der Titel auch nach schweizerischem Recht nicht vollstreckbar sei und daher der Rechtssache keine grundsätzliche Bedeutung i. S. d. § 574 Abs. 2 Nr. 1. ZPO zukomme, vgl. BGH, FPR 2004, 478.
16 *Kropholler/v. Hein*, Art. 38 Rn. 15.
17 Zum Problem der Identität von Titelschuldner und Antragsgegner vgl. Art. 45 Rdn. 2.
18 Siehe näher Art. 53–56 Rdn. 4 und die dortigen Nachweise zum Meinungsstand.

zwischenstaatlichen Übereinkommen des EuGVÜ ist aber nunmehr keine eigenständige einzelstaatliche Regelung zu einem bereits in dem sekundären Gemeinschaftsrecht geregelten Sachverhalt mehr möglich. Deshalb gilt die Regelung in § 3 Abs. 3 AVAG 2001, wonach über den Vollstreckbarkeitsantrag der Vorsitzende einer Zivilkammer entscheidet, gem. § 55 Abs. 1 AVAG im Anwendungsbereich der EuGVVO nicht. Eine Auslegung der somit alleine maßgeblichen Regelung in der Anlage II könnte daher durchaus dahin gehen, dass bei Handelssachen i. S. d. §§ 95 ff. GVG nicht der Vorsitzende einer Zivilkammer, sondern einer Kammer für Handelssachen zuständig ist. Von der historischen Entwicklung her wird man aber gerade wegen der unveränderten Übernahme der Zuständigkeitsregelung aus dem EuGVÜ deren bei Erlass der EuGVVO bekannte jahrzehntelange Interpretation durch den deutschen Gesetzgeber bei der Auslegung zu berücksichtigen haben. Zuständig dürfte also nur der Vorsitzende einer Zivilkammer sein.[1]

II. Sachliche Zuständigkeit bei öffentlichen Urkunden

2   Für den Fall, dass eine öffentliche Urkunde für vollstreckbar erklärt werden soll, kann die Erklärung auch durch einen Notar erfolgen. Diese ursprünglich nur in § 55 Abs. 2 AVAG enthaltene Zuständigkeitsregelung, zu der es fraglich war, ob sie mit dem höherrangigen EU-Recht, die nur die Zuständigkeit des Vorsitzenden einer Kammer des Landgerichts vorsah, in Einklang stand, ergibt sich nunmehr unmittelbar aus der Anlage II. Sie bezieht sich nicht nur auf notarielle, sondern auf alle öffentliche Urkunden, also auch auf solche, die von einer Behörde aufgenommen worden sind, wie dies z. B. bei den Jugendamtsurkunden über Unterhaltsverpflichtungen deutschen Rechts nach § 59 Abs. 1 Nr. 3, 4 SGB VIII der Fall ist. Der Gläubiger hat also ein Wahlrecht, ob er bei einer öffentlichen Urkunde seinen Antrag an das Landgericht richtet oder diesen bei einem Notar stellt.

III. örtliche Zuständigkeit

3   Die örtliche Zuständigkeit ergibt sich aus Art. 39 Abs. 2, wonach der Wohnsitz des Schuldners oder der Ort maßgeblich ist, an dem die Zwangsvollstreckung durchgeführt werden soll. Anders noch als nach Art. 32 Abs. 2 EuGVÜ/LugÜ, mit einer nur subsidiären Geltung des Gerichtsstands des Vollstreckungsortes für den Fall, dass der Schuldner im Vollstreckungsstaat keinen Wohnsitz hatte, sind nunmehr nach dem klaren Wortlaut der Regelungen beide Zuständigkeiten gleichberechtigt und der Gläubiger hat ein Wahlrecht.[2] Dieses kann auch dazu führen, dass mehrere Gerichte eines Vollstreckungsstaates zuständig sind, etwa weil der Schuldner Vermögen in verschiedenen Gerichtsbezirken hat.[3] Durch die gleichberechtigte Geltung verschiedener örtlicher Gerichtsstände soll die Effizienz des Rechtsschutzes für den Gläubiger verstärkt und ihm ggf. die Möglichkeit einer Vorratsvollstreckbarkeitserklärung verschafft werden.[4] Wegen der nicht mehr vorhandenen Verknüpfung von Wohnsitz und potentiellem Vollstreckungsort sollte es für die Zuständigkeit nach Art. 39 Abs. 2 ausreichen, wenn der Gläubiger substantiiert behauptet, an dem betreffenden Ort wegen dort vorhandener vermögenswerter Rechte vollstrecken zu wollen.[5] Unter dieser Voraussetzung kann auch bei wohnsitzlosen Schuldnern eine Vollstreckbarkeitserklärung erreicht werden,[6] und zwar ohne dass es einer Glaubhaftmachung zu potentiellen Vollstreckungsobjekten im Bezirk des angerufenen

---

1   Im Ergebnis offen gelassen, aber ebenfalls mit Tendenz zu der vertretenen Meinung OLG Köln, InVo 2004, 472.
2   *Schlosser*, Art. 39 Rn. 2; a. A. *MüKo/Gottwald*, Art. 39 EuGVVO Rn. 10: weiterhin nur subsidiäre Geltung des Vollstreckungsortes.
3   *Kropholler/v. Hein*, Art. 39 EuGVVO Rn. 6.
4   *Geimer/Schütze*, EuZVR, Art. 39 EuGVVO Rn. 2.
5   Vgl. OLG Köln, OLGReport 2004, 222 = IPRspr 2004, 340; *Kropholler/v. Hein*, Art. 39 EuGVVO Rn. 8; *MüKo/Gottwald*, Art. 39 EuGVVO Rn. 10; *Rauscher/Mankowski*, EuZPR/EuIPR Art. 39 Brüssel I-VO Rn. 10.
6   Anders OLG Saarbrücken, RIW 1993, 672 zu Art. 32 Abs. 2 EuGVÜ.

Gerichts bedarf.⁷ Möglichen Missbräuchen eines Gläubigers, denen zu begegnen, Grund der restriktiveren Regelung in Art. 31 Abs. 2 EuGVÜ/LugÜ war,⁸ kann ggf. dadurch Rechnung getragen werden, dass Kosten von Verfahren, die ohne tragfähigen Grund eingeleitet worden sind, nicht als notwendig i. S. d. § 8 Abs. 1 Satz 4 AVAG i. V. m. § 788 Abs. 1 ZPO angesehen werden.

Da sich Art. 39 nicht nur auf Anträge an das Gericht, sondern auch an eine nach dem Anhang II »sonst befugte Stelle« bezieht, dürfte die Regelung über die örtliche Zuständigkeit in Abs. 2 auch für die Vollstreckbarerklärung durch einen Notar gelten, d. h. nicht jeder Notar, sondern nur derjenige, der seinen Amtssitz am Wohnort des Schuldners oder am Vollstreckungsort hat, ist zuständig.⁹ 4

IV. Besonderheiten nach dem EuGVÜ/LugÜ

Wie unter Rn. 3 näher ausgeführt wurde, gilt der Gerichtsstand des Vollstreckungsortes gem. Art. 32 Abs. 2 EuGVÜ/LugÜ nur subsidiär bei wohnsitzlosen Personen. Ferner ist § 3 Abs. 3 AVAG anzuwenden, d. h. sachlich zuständig ist auch in Handelssachen i. S. d. §§ 95 ff. GVG auf jeden Fall der Vorsitzende einer Zivilkammer. 5

Art. 40

(1) Für die Stellung des Antrags ist das Recht des Vollstreckungsmitgliedstaats maßgebend.

(2) Der Antragsteller hat im Bezirk des angerufenen Gerichts ein Wahldomizil zu begründen. Ist das Wahldomizil im Recht des Vollstreckungsmitgliedstaats nicht vorgesehen, so hat der Antragsteller einen Zustellungsbevollmächtigten zu benennen.

(3) Dem Antrag sind die in Artikel 53 angeführten Urkunden beizufügen.

Übersicht	Rdn.		Rdn.
I. Antragstellung, Abs. 1, 3	1	II. Wahldomizil oder Zustellungsbevollmächtigter, Abs. 2.................	3

I. Antragstellung, Abs. 1, 3

Wegen der Formalien für den Antrag ist europarechtlich in Art. 40 Abs. 3 nur vorgegeben, dass die in Art. 53 genannten Urkunden, also eine Ausfertigung des Titels, die Bescheinigung gem. dem Anhang V zur Verordnung bzw. eine gleichwertige Urkunde und auf Anforderung des Gerichts eine beglaubigte Übersetzung vorzulegen sind. Im Übrigen, also z. B. wegen der Form und des Inhalts, des Ortes und der Art der Einreichung, der Sprache, eines etwaigen Anwaltszwanges und der Beibringung von Nachweisen, etwa zu einer Rechtsnachfolge richten sich die Anforderungen gem. Art. 40 Abs. 1 nach dem Recht des Vollstreckungsmitgliedstaates. 1

In **Deutschland** ist die Ausgestaltung des erstinstanzlichen Verfahrens in den §§ 3–10 AVAG erfolgt; für das Beschwerde- und das Rechtsbeschwerdeverfahren gelten die §§ 11–17 AVAG. Soweit Regelungen im AVAG nicht erfolgt sind, findet die ZPO subsidiär Anwendung.¹ Daneben gelten – etwa wegen der Gerichtssprache – die Vorschriften des GVG. 2

II. Wahldomizil oder Zustellungsbevollmächtigter, Abs. 2

Mit der Verpflichtung zur Begründung eines Wahldomizils oder der Benennung eines Zustellungsbevollmächtigten sollen zur Beschleunigung des Verfahrens Zustellungen im Vollstreckungsmit- 3

---

7 Anders *Schlosser*, Art. 39 EuGVVO Rn. 2.
8 Bericht *Jenard* zu Art. 32 EuGVÜ.
9 *Fleischhauer*, MittBayNot 2002, 15, 20.
1 Siehe z. B. OLG Frankfurt, OLGReport 2001, 100.

gliedstaat ermöglicht und dem Antragsgegner die Einlegung eines Rechtsmittels erleichtert werden.[2] Da das Institut des Wahldomizils dem deutschen Prozessrecht fremd ist, greift die 2. Alternative der Benennung eines **Zustellungsbevollmächtigten**. Deren Ausgestaltung ist in § 5 AVAG erfolgt, der auch die Benennung nicht anwaltlicher Bevollmächtigter vorsieht. Als Sanktion für die fehlende Benennung ist in Art. 5 Abs. 1 AVAG bestimmt, dass Zustellungen durch Aufgabe zur Post gem. § 184 Abs. 1 ZPO bewirkt werden können. Dies gilt gem. Abs. 3 nicht, wenn der Antragsteller durch einen Rechtsanwalt oder einen sonstigen Verfahrensbevollmächtigten vertreten wird; denn deren Verfahrensvollmacht enthält gem. § 81 ZPO ohnehin die Bevollmächtigung zur Entgegennahme von Zustellungen.

4   Da die fehlende Benennung eines Zustellbevollmächtigten letztlich nur das Risiko der Fehlleitung von Postsendungen auf den Antragsteller verlagert, aber ansonsten nach deutschem Recht sanktionslos bleibt, kann der mit Art. 40 Abs. 2 erhoffte Beschleunigungseffekt häufig nicht erreicht werden, etwa dann, wenn Anträge von Rechtsanwälten oder Firmenvertretern aus anderen Mitgliedsländern gestellt werden, die in einem kaum verständlichen Deutsch abgefasst sind, sodass sich die Notwendigkeit zeitverzögernder Rückfragen ergibt. Zudem sind Inlandszustellungen dann nicht möglich, wenn der Schuldner nicht im Inland wohnt, aber dort eine Vollstreckbarerklärung am Gerichtsstand des Vollstreckungsortes gem. Art. 39 Abs. 2, 2. Alt. erfolgen soll. Für ihn besteht aber keine Verpflichtung zur Bestellung eines Zustellungsbevollmächtigten mit der Folge, dass Zustellungen nach der EuZustellVO zu bewirken sind, die in manchen Mitgliedsländern zu erheblichen Verzögerungen führen können.

5   Die Neuregelung enthält in Art. 41 Abs. 3 Brüssel-Ia-VO für den Gläubiger, der einen Vollstreckungsantrag stellt, und in Art. 47 Abs. 4 Brüssel-Ia-VO für den Schuldner und Antragsteller eines Vollstreckungsversagungsantrags abweichend von Abs. 2 ein Verbot der Pflicht zur Begründung eines Wahldomizils oder der Benennung eines Bevollmächtigten im Vollstreckungsstaat, es sei denn, das ein Vertreter nach allgemeinen Regeln notwendig ist, z. B. ein Anwaltszwang bei bestimmten Gerichten.

Art. 41

Sobald die in Artikel 53 vorgesehenen Förmlichkeiten erfüllt sind, wird die Entscheidung unverzüglich für vollstreckbar erklärt, ohne dass eine Prüfung nach den Artikel 34 und 35 erfolgt. Der Schuldner erhält in diesem Abschnitt des Verfahrens keine Gelegenheit, eine Erklärung abzugeben.

Übersicht	Rdn.		Rdn.
I. Verfahren	1	V. Besonderheiten nach dem EuGVÜ/	
II. Prüfungsumfang	2	LugÜ	8
III. Ablehnende Entscheidung	4	VI. Gebühren und Streitwert	9
IV. Stattgebende Entscheidung	5		

I. Verfahren

1   Das Vollstreckbarkeitsverfahren ist in erster Instanz nur einseitig ohne Äußerungsmöglichkeit für den Schuldner ausgestaltet. Anders als im nationalen Klauselverfahren, bei dem zwar ebenfalls in der Regel keine Anhörung des Schuldners erfolgt, aber wegen § 730 ZPO möglich ist, ist die fehlende Beteiligung des Schuldners in diesem Verfahrensabschnitt zur Gewährleistung einer effektiven und schnellen Vollstreckungsmöglichkeit zwingend. Selbst eine Schutzschrift, die er eingereicht hat, ist nicht zu beachten.[1] Dies verstößt nicht gegen das Gebot der Gewährung rechtlichen

---

2 EuGHE 1986, 2437; *Rauscher/Mankowski*, EuZPR/EuIPR Art. 40 Brüssel I-VO Rn. 7.
1 [1]EuGHE 1986, 2437.

Gehörs aus Art. 103 Abs. 1 GG; denn der Schuldner hat die Möglichkeit, Beschwerde einzulegen und sich im Rahmen des nunmehr kontradiktorischen Verfahrens zu äußern. Auch ist er dadurch geschützt, dass gem. Art. 47 Abs. 3 bis zum Ablauf der Beschwerdefrist und gegebenenfalls bis zur Entscheidung des OLG über die Beschwerde nur die Sicherungsvollstreckung möglich ist.[2] Auch im nationalen Klauselverfahren ist der Schuldner in der Regel auf nachträglichen Rechtsschutz gem. §§ 731, 732 ZPO angewiesen.[3]

II. Prüfungsumfang

In Satz 1 ist ausdrücklich bestimmt, dass Vollstreckbarkeitsversagungsgründe gem. den Art. 34, 35 nicht zu berücksichtigen sind. Die Prüfung ist daher zur Gewährung einer raschen und effektiven Vollstreckung eine rein formale,[4] beschränkt auf

– die Anwendbarkeit der Verordnung in sachlicher (Art. 1) und zeitlicher (Art. 66 Abs. 1) Hinsicht,
– das Vorhandensein einer den Anforderungen der Art. 32, 38 entsprechenden Entscheidung,
– die örtliche Zuständigkeit des Gerichts gem. Art. 39 Abs. 2,
– die Vorlage der gem. Art. 40, 53 erforderlichen Urkunden.

Trotz der nur formalen Prüfung kann sich bereits das erstinstanzliche Verfahren wegen notwendiger Rückfragen zeitaufwändig gestalten, vor allem dann, wenn der Titel nach deutschem Verständnis ganz oder in Teilen nicht hinreichend bestimmt und daher zu konkretisieren ist.[5] Probleme können auch wegen der beizubringenden Urkunden auftauchen, etwa zu der Frage, ob das vorgelegte Exemplar der Entscheidung eine »Ausfertigung« i. S. d. Art. 53 darstellt, was wiederum nach dem, gegebenenfalls vom Antragsteller darzulegenden Recht des Ursprungsmitgliedstaates zu beurteilen ist.

III. Ablehnende Entscheidung

Hält der Vorsitzende der Zivilkammer den Antrag nicht für begründet, ist er durch einen gem. Art. 8 Abs. 2 Satz 1 AVAG mit Gründen zu versehenden Beschluss zurückzuweisen. Die Kosten sind gem. § 8 Abs. 2 Satz 2 AVAG dem Antragsteller aufzuerlegen. Da hiergegen dem Gläubiger gem. Art. 43 Abs. 1 i. V. m. § 11 AVAG unbefristet eine Beschwerdemöglichkeit eröffnet ist, kann materielle Rechtskraft erst eintreten, wenn das OLG die Zurückweisung bestätigt hat und die Monatsfrist des § 15 Abs. 2 AVAG für die Einlegung der Rechtsbeschwerde abgelaufen ist. Für diesen Fall treten die Rechtskraftwirkungen mit der Unzulässigkeit eines Folgeantrags auch dann ein, wenn die Zurückweisung darauf beruht, dass trotz Fristsetzung nach Art. 55 die dem Antrag beizubringenden Unterlagen nicht vorgelegt worden sind.[6]

IV. Stattgebende Entscheidung

Hält das Gericht den Antrag für begründet, erklärt es durch Beschluss die Entscheidung für vollstreckbar. Zur Begründung reicht gem. § 8 Abs. 1 Satz 3 AVAG in der Regel die Bezugnahme auf die EuGVVO und die vorgelegten Urkunden. Wegen der Kosten gilt gem. § 8 Abs. 1 Satz 4 AVAG die Vorschrift des § 788 ZPO entsprechend.

Bei der Fassung des Beschlusses sind vor allem in den Fällen, in denen die Vollstreckbarkeitserklärung nur teilweise, mit Modifikationen (z. B. wegen zwischenzeitlicher Teilzahlungen) oder mit

---

2 *Musielak/Lackmann*, Art. 41 EuGVVO Rn. 1; *Schlosser*, Art. 41 EuGVVO Rn. 1.
3 Abweichend *Geimer/Schütze*, EuZVR, Art. 41 Rn. 5: Ladung des Antragsgegners auf Antrag des Antragstellers ist möglich.
4 Erwägungsgrund 17.
5 Siehe dazu näher Art. 38 Rdn. 4–8.
6 OLG Köln, InVo 2006, 446 = OLGReport 2006, 776; *Zöller/Geimer*, § 722 ZPO Rn. 77; **a. A.** *Rauscher/Mankowski*, EuZPR/EuIPR Art. 40 Brüssel I-VO Rn. 13.

Konkretisierungen erfolgt, verschiedene Fassungen möglich, sei es dass die Ursprungsentscheidung ihrem Wortlaut nach wiedergegeben und ggf. eingeschränkt wird, sei es dass sie neu gefasst wird, sei es dass in Ergänzung zum Wortlaut des ausländischen Tenors eine klarstellende Feststellung erfolgt, z. B.: »Es wird festgestellt, dass sich die gesetzlichen Zinsen für das Jahr 2002 auf 8,5 %, für das Jahr 2003 auf 8,2 % und für das Jahr 2004 auf 8 % belaufen«. Entscheidend ist es alleine, dass sich aus der Erklärung selbst für die Vollstreckungsorgane eindeutig und zweifelsfrei der Umfang der Vollstreckbarkeit des Titels in Deutschland entnehmen lässt.

7 Bei **Unterhaltstiteln**, bei denen nach deutschem Recht eine **Vorratspfändung** möglich ist, taucht allerdings auch das Problem auf, dass etwa die künftige Entwicklung »gesetzlicher Zinsen« unbekannt und nicht prognostizierbar ist.[7] Für diesen Fall dürfte es zulässig und geboten sein, die eigentliche Konkretisierung für die Zukunft den Vollstreckungsorganen zu überlassen, ihnen aber hierfür in der Vollstreckbarkeitserklärung genaue Maßstäbe vorzugeben,[8] etwa bei einem französischen Titel dahingehend, dass sich für die Zeit ab ... die Höhe der gesetzlichen Zinsen nach Art. L 313–2 und 313–3 des code monétaire et financier i. V. m. der Festsetzung durch das für das jeweilige Jahr geltende decrét (Verordnung) der französischen Regierung zu richten hat. Das Vollstreckungsorgan kann sich sodann von dem Gläubiger gezielt die entsprechenden Vorschriften nebst Übersetzung vorlegen lassen und hieraus die Zinsen bestimmen. Entsprechendes sollte für zukünftige Veränderungen eines ausländischen Gesetzes oder eines Index gelten, an die die Höhe einer Unterhaltsrente geknüpft ist. Eine weniger pragmatische Betrachtungsweise würde zwangsläufig dazu führen, dass etwa ein Gläubiger nur wegen der Konkretisierung der Zinsen oder einer Indexänderung Jahr für Jahr ergänzende Vollstreckbarkeitserklärungsanträge stellen müsste, für die man ihm wegen des Grundsatzes, dass dem ausländischen Titel nach Möglichkeit Geltung zu verschaffen ist, das Rechtsschutzbedürfnis nicht absprechen könnte.

V. Besonderheiten nach dem EuGVÜ/LugÜ

8 Art. 34 Abs. 2 EuGVÜ/LugÜ sieht ausdrücklich eine Prüfung etwaiger Vollstreckungsversagungsgründe gem. den Art. 27, 28 von Amts wegen bereits im erstinstanzlichen Verfahren vor. Dies kann insbesondere bei Säumnisentscheidungen, bei denen gem. Art. 27 Nr. 2 EuGVÜ/LugÜ festzustellen ist, dass das verfahrenseinleitende Schriftstück dem Schuldner »ordnungsgemäß« zugestellt worden ist, und zwar nach dem in der Regel dem Exequaturrichter nicht bekannten Prozessrecht des Ursprungsstaates[9] zu Verzögerungen führen und damit die Effektivität späterer Vollstreckungsmaßnahmen infrage stellen.

VI. Gebühren und Streitwert

9 Der Streitwert für das Verfahren ist nach der vollstreckbaren Hauptforderung zuzüglich der im Ursprungsmitgliedstaat mit ausgeurteilten bezifferten Kosten ohne sonstige Kosten und ohne Zinsen zu bemessen.[10] Soweit der Titel auf eine ausländische Währung lautet, ist gem. § 40 GKG der Wechselkurs bei Eingang des Antrags bzw. in der Rechtsmittelinstanz bei Eingang des Rechtsmittels maßgeblich.[11] An Kosten fällt eine gerichtliche Festgebühr von 240,00 Euro gem. KV Nr. 1510 GKG an. Diese ermäßigt sich gem. KV Nr. 1511 GKG auf 90,00 Euro, wenn der Antrag vor der mündlichen Verhandlung bzw. dann, wenn eine Verhandlung nicht stattfindet, bevor eine Entscheidung auf die Geschäftsstelle gelangt zurückgenommen wird. Der Anwalt erhält eine 1,3 Verfahrensgebühr und ggf. weitere Gebühren gem. VV Nr. 3100 ff. RVG.

---

7 Nach dem Inkrafttreten der EuUnterhaltsVO kann dies wegen deren Art. 68 Abs. 1, mit dem Unterhaltssachen vom Anwendungsbereich der Brüssel-I-VO ausgenommen wurden, nur noch im Verhältnis zu den Lugano-Staaten Island, Norwegen und Schweiz relevant werden.
8 So zutreffend *Schlosser*, a. a. O. Art. 38 Rn. 13 unter Hinweis auf BGH, RIW 1993, 585.
9 Siehe näher Art. 34 Rdn. 5.
10 BGH, Rpfleger 1957, 15; OLG Köln, OLGReport 1994, 236.
11 BGH, FamRZ 2010, 365.

Art. 42

(1) Die Entscheidung über den Antrag auf Vollstreckbarerklärung wird dem Antragsteller unverzüglich in der Form mitgeteilt, die das Recht des Vollstreckungsmitgliedstaats vorsieht.

(2) Die Vollstreckbarerklärung und, soweit dies noch nicht geschehen ist, die Entscheidung werden dem Schuldner zugestellt.

Art. 35 EuGVÜ/LugÜ

Die Entscheidung, die über den Antrag ergangen ist, teilt der Urkundsbeamte der Geschäftsstelle dem Antragsteller unverzüglich in der Form mit, die das Recht des Vollstreckungsstaats vorsieht

Wegen der Übermittlung der Entscheidung ist durch Art. 42 Abs. 2 europarechtlich nur die **Zustellung der Vollstreckbarerklärung an den Schuldner** vorgesehen. Dies dient zum einen dem Schutz der Verteidigungsrechte des Vollstreckungsschuldners. Zum anderen hat die förmliche Zustellung eine Beweisfunktion, indem sie die exakte Berechnung der in Art. 43 Abs. 5 vorgesehenen zwingenden Rechtsbehelfsfrist ermöglicht.[1] Voraussetzung für die Sicherungsvollstreckung gem. Art. 47 Abs. 3 ist die vorherige Zustellung indes nicht.[2] 1

Die **Bekanntgabe der Entscheidung an den Gläubiger**, und zwar sowohl der stattgebenden wie auch der ablehnenden ist nach Art. 42 Abs. 1 dem nationalen Gesetzgeber überlassen. In Deutschland ist hierzu § 10 Abs. 5 AVAG einschlägig, der lediglich eine formlose Übermittlung vorsieht. Es sollte jedoch wegen der Kostenentscheidung zugunsten der Staatskasse eine förmliche Zustellung gem. § 329 Abs. 3 ZPO erfolgen.[3] 2

Art. 43

(1) Gegen die Entscheidung über den Antrag auf Vollstreckbarerklärung kann jede Partei einen Rechtsbehelf einlegen.

(2) Der Rechtsbehelf wird bei dem in Anhang III aufgeführten Gericht eingelegt.

(3) Über den Rechtsbehelf wird nach den Vorschriften entschieden, die für Verfahren mit beiderseitigem rechtlichen Gehör maßgebend sind.

(4) Lässt sich der Schuldner auf das Verfahren vor dem mit dem Rechtsbehelf des Antragstellers befassten Gericht nicht ein, so ist Artikel 26 Absätze 2 bis 4 auch dann anzuwenden, wenn der Schuldner seinen Wohnsitz nicht im Hoheitsgebiet eines Mitgliedstaats hat.

(5) Der Rechtsbehelf gegen die Vollstreckbarerklärung ist innerhalb eines Monats nach ihrer Zustellung einzulegen. Hat der Schuldner seinen Wohnsitz im Hoheitsgebiet eines anderen Mitgliedstaats als dem, in dem die Vollstreckbarerklärung ergangen ist, so beträgt die Frist für den Rechtsbehelf zwei Monate und beginnt von dem Tage an zu laufen, an dem die Vollstreckbarerklärung ihm entweder in Person oder in seiner Wohnung zugestellt worden ist. Eine Verlängerung dieser Frist wegen weiter Entfernung ist ausgeschlossen.

---

1 EuGHE I 2006, 1579 = IPRax 2007, 215 mit krit. Anm. *Heiderhoff* S. 202; *Rauscher/Mankowski*, EuZPR/EuIPR Art. 42 Brüssel I-VO Rn. 5.
2 *Musielak/Lackmann*, Art. 42 EuGVVO Rn. 2.
3 *Geimer/Schütze*, EuZVR, Art. 42 EuGVVO Rn. 6.

Art. 43 Brüssel-I-VO

Übersicht	Rdn.		Rdn.
I. Allgemeines	1	1. Anhörung des Gegners	11
II. Beschwerde des Schuldners	4	2. Aussetzung	12
III. Beschwerde des Gläubigers	6	3. Tatsachenfeststellung	14
IV. Beschwerde eines Dritten	8	VII. Entscheidung des Oberlandesgerichts	15
V. Prüfungsumfang	9	VIII. Gebühren	17
VI. Verfahrensablauf	10		

Literatur:
Geimer, Das EuGVVO-Beschwerdeverfahren an der Schnittstelle von europäischem Gemeinschaftsrecht und nationalem Recht, IPRax 2003, 338; *Halfmeier*, Die Vollstreckungsgegenklage im Recht der internationalen Zuständigkeit, IPRax 2007, 381; *Hess*, Die Unzulässigkeit materiell rechtlicher Einwendungen im Beschwerdeverfahren nach Art. 43 ff. EuGVVO, IPRax 2008, 25; *Münzberg*, Berücksichtigung oder Präklusion sachlicher Einwendungen im Exequaturverfahren trotz Art. 45 Abs. 1 VO (EG) Nr. 44/2001, FS Geimer S. 745; *Nelle*, Titel und Vollstreckung im internationalen Rechtsverkehr. Einwendungen gegen den titulierten Anspruch im deutschen und europäischen Zivilprozeßrecht, 2000; *Roth*, Das Vorbringen nachträglich entstandener, unstreitiger Einwendungen im Rechtsbehelfsverfahren, JZ 2007, 898; *ders.*, Das Verfahren über die Zulassung der Zwangsvollstreckung nach Art. 38 ff. EuGVVO als geschlossenes System, IPRax 2010, 154

I. Allgemeines

1 In Art. 43 werden die in den Art. 35, 27, 40 EuGVÜ/LugÜ unterschiedlich ausgestalteten Rechtsbehelfe für Gläubiger und Schuldner durch einen einheitlichen Rechtsbehelf ersetzt. In Deutschland ist dies gem. dem Anhang III zur Verordnung in Verbindung mit § 11 Abs. 1 Satz 1 AVAG die Beschwerde zum OLG.

2 **Eingelegt** werden kann die Beschwerde gem. § 11 Abs. 1 Satz 1 AVAG schriftlich oder zu Protokoll der Geschäftsstelle. Der Vertretung durch einen zugelassenen Rechtsanwalt bedarf es gem. Art. 43 Abs. 2 i. V. m. § 13 Abs. 2 AVAG, § 78 Abs. 3 ZPO nur dann, wenn eine mündliche Verhandlung angeordnet wird.[1] Letzteres wird nur selten erforderlich sein, etwa dann, wenn der Sachverhalt durch persönliche Anhörung der Parteien oder durch Vernehmung von Zeugen aufzuklären ist.

3 Im Rahmen des Beschwerdeverfahrens vor dem OLG wird das bisher nur einseitige Verfahren erstmals kontradiktorisch, wie in Art. 43 Abs. 3 ausdrücklich bestimmt ist. Für eine eventuell notwendig werdende Beweisaufnahme gelten nicht die strengen Beweisregeln der §§ 355 ff. ZPO. Vielmehr ist – wie im Beschwerdeverfahren nach den §§ 567 ff. ZPO – der Freibeweis möglich.[2]

II. Beschwerde des Schuldners

4 Die Beschwerde des Schuldners gegen die Vollstreckbarkeitserklärung ist befristet. Sie ist gem. Art. 43 Abs. 2, 5 Satz 1 in Verbindung mit dem Anhang III für in Deutschland wohnende Schuldner innerhalb einer Frist von einem Monat ab Zustellung der Vollstreckbarerklärung bei dem OLG einzulegen.[3] Eine ordnungsgemäße Zustellung ist unabdingbar für den Lauf der Beschwerdefrist; eine bloße faktische Kenntnisnahme reicht hierfür nicht aus.[4]

5 In § 11 Abs. 2 AVAG ist allerdings weiter bestimmt, dass die Zulässigkeit der Beschwerde nicht dadurch berührt wird, dass sie statt bei dem Beschwerdegericht bei dem Gericht des ersten Rechtszugs eingelegt wird. Es ist problematisch, ob diese nationale Norm, mit der der Gesetzgeber der

---

1 Vgl. *Zöller/Geimer*, § 11 AVAG Rn. 4.
2 BGH, FamRZ 2008, 390.
3 Falls der Schuldner im Ausland wohnt, was vor allem in grenznahen Bezirken gar nicht so selten ist, etwa wenn Lohnansprüche gegen seinen deutschen Arbeitgeber gepfändet werden sollen, beträgt die Beschwerdefrist gem. Art. 43 Abs. 5 S. 2 EuGVVO zwei Monate.
4 EuGH, IPRax 2007, 215 mit krit. Anm. *Heiderhoff* S. 202; *Rauscher/Mankowski*, EuZPR/EuIPR Art. 43 Brüssel I-VO Rn. 15 a.

Gefahr begegnen will, dass ein Schuldner, der nicht weiß, dass abweichend von § 569 Abs. 1 ZPO die Beschwerde nur beim OLG eingelegt werden kann, seine Rechte verliert,[5] in Widerspruch steht zu höherrangigem Gemeinschaftsrecht, nämlich Art. 43 Abs. 2, Abs. 5 und deshalb im Anwendungsbereich der Verordnung gegenstandslos ist.[6] Unabhängig von dieser Zweifelsfrage dürfte indes das Vertrauen desjenigen, der entsprechend der – möglicherweise unwirksamen – nationalen gesetzlichen Regelung sein Rechtsmittel bei dem Landgericht eingelegt hat, schützenswert sein und seine Beschwerde in Anwendung des auch europarechtlich verankerten Meistbegünstigungsgrundsatzes auch dann als rechtzeitig eingelegt zu behandeln sein, wenn die Akte erst nach Ablauf der Rechtsmittelfrist bei dem OLG eingeht.[7] Die Möglichkeit der Fristwahrung durch Einreichung bei dem Ausgangsgericht ändert aber nichts daran, dass nur das OLG über die Beschwerde zu entscheiden hat. Eine Abhilfebefugnis des Vorsitzenden der Zivilkammer des Landgerichts entsprechend § 572 ZPO besteht daher nicht.[8]

III. Beschwerde des Gläubigers

Im Fall der Ablehnung des Antrags auf Vollstreckbarkeitserklärung steht dem Gläubiger gem. Art. 43 Abs. 1 i. V. m. der Anlage III ebenfalls die Beschwerde zu, die allerdings nicht an eine Frist gebunden ist.

6

Wenn der Vorsitzende der Zivilkammer zu Unrecht den Antrag zurückgewiesen hat, wird teilweise die Auffassung vertreten, dass das OLG die Sache ohne Anhörung des Schuldners entsprechend § 572 Abs. 3 ZPO zurückverweisen könne.[9] Hintergrund dieser Auffassung ist der Gedanke, dem Gläubiger, dessen Antrag zu Unrecht abgelehnt worden ist, den Überraschungseffekt zu wahren. Sie steht indes in Widerspruch zu Art. 43 Abs. 3, in dem unmissverständlich bestimmt ist, dass über den Rechtsbehelf nach den Vorschriften entschieden wird, die für Verfahren mit beiderseitigem rechtlichem Gehör gelten. Ein nur einseitiges Verfahren ohne Anhörung des Schuldners vor dem Rechtsmittelgericht ist hiernach nicht möglich. Zu der inhaltlich gleichen Regelung in Art. 40 Abs. 2 EuGVÜ hat der EuGH deshalb zu Recht entschieden, dass es von der streitigen Natur des Verfahrens vor dem Rechtsmittelgericht keine Ausnahme gibt.[10] Der Verordnungsgeber hat für Fälle, in denen ein Gläubiger in einem an sich für ihn einfachen und formalisierten Verfahren erster Instanz erfolglos geblieben war, der Wahrung rechtlichen Gehörs Vorrang eingeräumt vor den Interessen des Gläubigers an einer zügigen und für den Schuldner überraschenden Vollstreckung. Ggf. mag der Gläubiger, wenn er einen Arrest- oder Verfügungsgrund glaubhaft machen kann, einen dinglichen Arrest oder eine einstweilige Verfügung beantragen.[11] Diese Möglichkeit mag noch unter der Geltung des EuGVÜ/LugÜ zweifelhaft gewesen sein.[12] Gem. Art. 47 Abs. 1 ist nur noch die Anerkennungsfähigkeit der ausländischen Entscheidung Grundvoraussetzung für Maßnahmen des einstweiligen Rechtsschutzes nach nationalem Recht und eröffnet daher bereits vor oder während des Vollstreckbarkeitsverfahrens die Möglichkeit zur Sicherung des im Ausland ausgeurteilten Anspruchs nach den §§ 916 ff. ZPO.[13]

7

---

5 BT-Drucks. 11/351 S. 22.
6 Dazu tendierend *Schlosser*, Art 43 EuGVVO Rn. 20; für eine Wirksamkeit *Zöller/Geimer*, § 11 AVAG Rn. 4.
7 OLG Köln, OLGReport 2004, 237 = InVo 2004, 473.
8 BT-Drucks. 11/351 S. 22; OLG Köln, InVo 2004, 472.
9 OLG Düsseldorf, IPRax 2004, 251 = RIW 2003, 622; *Geimer/Schütze*, EuZVR, Art. 43 EuGVVO Rn. 51, 62; *Zöller/Geimer*, Art. 43 Rn. 7; *Stürner*, IPRax 1985, 254.
10 EuGHE 1984, 3033; ebenso *Linke*, IPRax 1991, 92; *Mankowski*, IPRax 2004, 220.
11 *Rauscher/Mankowski*, EuZPR/EuIPR, Art. 43 Brüssel I-VO Rn. 10: *Schlosser*, Art. 43 Rn. 21.
12 Vgl. die Bedenken von *Stürner*, IPRax 1985, 254.
13 *Mankowski*, IPRax 2004, 220.

IV. Beschwerde eines Dritten

8   Ein Dritter, etwa ein anderer Gläubiger eines Schuldners kann gegen eine Vollstreckbarkeitsentscheidung dann keine Beschwerde einlegen, wenn er an dem Verfahren in dem Ursprungsmitgliedstaat nicht beteiligt war, und zwar auch dann nicht, wenn das innerstaatliche Recht ihm dies ermöglicht; denn das Vollstreckbarkeitsverfahren nach den Art. 38 ff. stellt ein eigenständiges, geschlossenes System dar. Nach Art. 43 kann aber nur der Schuldner oder der Antragsteller, dessen Antrag abgelehnt worden war, einen Rechtsbehelf einlegen. Hierdurch sind weitergehende Rechtsschutzmöglichkeiten nach nationalem Recht ausgeschlossen.[14]

V. Prüfungsumfang

9   Der Prüfungsumfang für das OLG ist durch Art. 45 begrenzt, wonach die ausländische Entscheidung keinesfalls in der Sache nachgeprüft werden darf und die Vollstreckbarerklärung nur aus einem der Anerkennungsversagungsgründe der Art. 34, 35 verweigert werden kann.[15]

VI. Verfahrensablauf

10 Das nunmehr kontradiktorisch ausgestaltete Verfahren eröffnet verschiedene Alternativen.

1. Anhörung des Gegners

11 Gem. Art. 43 Abs. 3 ist in einem Verfahren mit »beiderseitigem rechtlichen Gehör« zu entscheiden. Ergänzend bestimmt § 11 Abs. 4 AVAG, dass die Beschwerdeschrift dem Gegner von Amts wegen zuzustellen ist. Gleichwohl wird von einer Beteiligung des Gegners dann abgesehen werden können, wenn das Rechtsmittel unzulässig oder erkennbar nicht begründet ist.[16] Dadurch werden schützenswerte Interessen des Gegners nicht verletzt. Ihm werden im Gegenteil Anwaltskosten erspart, die unter Umständen nicht vom Beschwerdeführer beigetrieben werden können. Seinem Informationsinteresse ist dadurch hinreichend Rechnung getragen, dass ihm gem. § 13 Abs. 3 AVAG die Entscheidung des Beschwerdegerichts zuzustellen ist.

2. Aussetzung

12 Für den Fall, dass sich der Schuldner auf ein Rechtsmittel des Gläubigers nicht einlässt, ist gem. Art. 43 Abs. 4 i. V. m. Art. 26 Abs. 2–4 das Verfahren so lange auszusetzen, bis festgestellt ist, dass er die für eine effektive Verteidigung notwendigen Urkunden rechtzeitig erhalten hat. Hierzu gehört nicht nur die Beschwerdeschrift mit der Aufforderung zur Stellungnahme und gegebenenfalls der Ladung zur mündlichen Verhandlung,[17] sondern auch und vor allem der Antrag nebst beigefügten Urkunden.[18] Der Antrag und nicht die Beschwerdeschrift ist das verfahrenseinleitende Schriftstück und nur hieraus, nicht aber aus der Beschwerdeschrift, die wegen der fehlenden Pflicht zur Begründung unter Umständen wenig aussagekräftig ist, kann der Schuldner zuverlässig entnehmen, was Gegenstand des Verfahrens ist. Der Zwang zur Aussetzung besteht allerdings dann nicht, wenn die Beschwerde des Gläubigers ohnehin als unzulässig oder unbegründet zu verwerfen bzw. zurückzuweisen ist.

13 Eine in das Ermessen des Gerichts gestellte Aussetzungsmöglichkeit besteht gem. Art. 46 dann, wenn gegen die Entscheidung im Ursprungsmitgliedstaat entweder ein ordentliches Rechtsmittel eingelegt ist oder die Rechtsmittelfrist noch nicht abgelaufen ist.[19]

---

14 EuGH, NJW 2009, 1937 = IPRax 2010, 167 mit zustimmender Anm. *H. Roth* S. 154.
15 Siehe dazu näher Art. 45 Rdn. 1.
16 Vgl. *Geimer/Schütze*, EuZVR, Art. 43 EuGVVO Rn. 55.
17 So aber *Geimer/Schütze*, EuZVR, Art. 43 EuGVVO Rn. 53; *Musielak/Lackmann*, Art. 43 Rn. 4.
18 *Rauscher/Mankowski*, EuZPR/EuIPR, Art. 43 Brüssel I-VO Rn. 11.
19 Siehe Art. 46 Rdn. 2 f.

3. Tatsachenfeststellung

Durch die Beschwerde wird gem. § 13 Abs. 1, 2 AVAG ein Beschlussverfahren mit freigestellter mündlicher Verhandlung eingeleitet. Eine ggf. notwendige Tatsachenfeststellung braucht daher nicht im Wege einer förmlichen Beweiserhebung gem. § 355 ff. ZPO zu erfolgen. Vielmehr ist – wie im Beschwerdeverfahren nach den §§ 567 ff. ZPO – auch ohne Zustimmung der Parteien nach § 284 ZPO der **Freibeweis** möglich. Dadurch wird das Gericht aber nur bei der Gewinnung von Beweismitteln und im Beweisverfahren freier gestellt. Dagegen werden die Anforderungen an das Beweismaß nicht verringert. Entscheidungserhebliche Tatsachen müssen also auch in diesem Verfahren zur vollen richterlichen Überzeugung bewiesen werden.[20]

14

VII. Entscheidung des Oberlandesgerichts

Das OLG entscheidet gem. § 13 Abs. 1 AVAG durch einen mit Gründen zu versehenden Beschluss, und zwar in der Besetzung des § 122 GVG mit drei Richtern, nicht durch den originären Einzelrichter des § 567 ZPO. Diese Norm findet nach inzwischen gefestigter Rechtsprechung der OLG, die auch in der Literatur nicht angezweifelt wird, keine Anwendung, weil der in erster Instanz zur Entscheidung berufene Vorsitzende der Zivilkammer eine eigene funktionelle Zuständigkeit hat und nicht Einzelrichter i. S. d. §§ 348, 348a ZPO ist[21]

15

Wenn das OLG die Beschwerde nicht insgesamt zurückweist, sondern ganz oder teilweise stattgibt, hat es die Vollstreckbarkeitserklärung selbst zu fassen bzw. zu modifizieren.[22] Für die **Kostenentscheidung** ist zu differenzieren: Im Fall einer ganz oder teilweise erfolgreichen Beschwerde des Gläubigers gilt – gegebenenfalls mit einer entsprechenden Quotelung – gem. § 13 Abs. 4 Satz 2 i. V. m. § 8 Abs. 1 Satz 4 AVAG die Vorschrift des § 788 ZPO entsprechend. Soweit sie zurückgewiesen wird, findet § 97 Abs. 1 ZPO Anwendung. Bei einer ganz oder teilweise erfolgreichen Beschwerde des Schuldners sowie für weitere Verfahrenssituationen (Rücknahme des Rechtsmittels oder des Antrags; Erledigung der Hauptsache) fehlt es an Regelungen im AVAG. Es gelten daher die allgemeinen Vorschriften der §§ 91 ff. ZPO.[23]

16

VIII. Gebühren

An Gerichtskosten fallen an: eine gerichtliche Festgebühr von 360,00 Euro gem. KV Nr. 1520 GKG mit Ermäßigung auf 90,00 Euro gem. KV Nr. 1521 GKG bei Rücknahme vor der Begründung und Ermäßigung auf 180,00 Euro gem. KV Nr. 1522 GKG bei Rücknahme vor der mündlichen Verhandlung bzw. dann, wenn eine Verhandlung nicht stattfindet, bevor eine Entscheidung auf die Geschäftsstelle gelangt. Der Anwalt erhält eine 1,6 Verfahrensgebühr und ggf. weitere Gebühren gem. VV Nr. 3200 ff. u. VV Vorbem. 3.2.1. Nr. 3 RVG.

17

Art. 44

Gegen die Entscheidung, die über den Rechtsbehelf ergangen ist, kann nur ein Rechtsbehelf nach Anhang IV eingelegt werden.

Übersicht	Rdn.		Rdn.
I. Rechtsbeschwerde	1		

---

20 BGH, NJW 2008, 1531 mit zust. Anm. *Geimer* LMK 2008, 253019.
21 OLG Köln, IPRax 2003, 354; OLG Stuttgart, OLGReport 2003, 102; OLG Zweibrücken, IPRax 2006, 49; *Rauscher/Mankowski*, EuZPR/EuIPR Art. 43 Brüssel I-VO Rn. 12 mit weiteren Nachweisen.
22 Siehe hierzu Art. 41 Rdn. 6.
23 *Thomas/Putzo/Hüßtege* (35. Auflage), Art. 43 EuGVVO Rn. 21, 22; siehe näher § 8 AVAG Rdn. 8–13.

Art. 45 Brüssel-I-VO

I. Rechtsbeschwerde

1 Gegen die Entscheidungen des OLG über die Beschwerde, sei es des Schuldners, sei es des Gläubiges ist die Rechtsbeschwerde auch ohne besondere Zulassung nach Maßgabe des § 574 Abs. 1 Nr. 1, Abs. 2 ZPO zum BGH statthaft. Ihre Zulässigkeit hängt also davon ab, ob die Rechtssache grundsätzliche Bedeutung hat oder eine Entscheidung hierüber zur Fortbildung des Rechts bzw. der Sicherung einer einheitlichen Rechtsprechung dient. Da sie eine »normale« Rechtsbeschwerde ist, kann sie nur durch einen beim BGH zugelassenen Rechtsanwalt eingelegt werden.[1] Nicht anfechtbar sind allerdings Entscheidungen des Beschwerdegerichts nach Art. 46 Abs. 1, 3 über die Aussetzung bzw. Anordnung einer Sicherheitsleitung. Wenn aber das OLG die Vollstreckbarkeit bejaht hat, ist der BGH seinerseits befugt, entsprechende Anordnungen zu treffen.

Art. 45

(1) Die Vollstreckbarerklärung darf von dem mit einem Rechtsbehelf nach Artikel 43 oder Artikel 44 befassten Gericht nur aus einem der in den Artikeln 34 und 35 aufgeführten Gründe versagt oder aufgehoben werden. Das Gericht erlässt seine Entscheidung unverzüglich.

(2) Die ausländische Entscheidung darf keinesfalls in der Sache selbst nachgeprüft werden.

Übersicht	Rdn.		Rdn.
I. Prüfungsumfang nach Art. 45	1	II. Materiell-rechtliche Einwendungen	5

I. Prüfungsumfang nach Art. 45

1 Durch Art. 45 wird unter Wiederholung des Art. 36 in Abs. 2, wonach die ausländische Entscheidung keinesfalls in der Sache nachgeprüft werden darf, nochmals betont, dass der Prüfungsumfang auch im Beschwerdeverfahren nur begrenzt ist, sich jedoch ergänzend zu der erstinstanzlichen Prüfungskompetenz auch auf etwaige Anerkennungs- und Vollstreckbarkeitsversagungsgründe der Art. 34, 35 zu erstrecken hat. Streitig ist es, ob ein Versagungsgrund, etwa eine nicht rechtzeitige Zustellung des verfahrenseinleitenden Schriftstücks von dem OLG von Amts wegen zu berücksichtigen ist oder ob der Schuldner sich hierauf berufen muss. Der BGH nimmt mit Recht eine Berücksichtigung von Amts wegen an, allerdings in Deutschland unter Beachtung des zivilprozessualen Beibringungsgrundsatzes, also ohne Ermittlung der entsprechenden Tatsachen von Amts wegen. Gründe für einen Versagungsgrund können sich aber z. B. bereits aus den von dem Gläubiger nach Art. 53, 54 darzulegenden Daten über die Zustellung des verfahrenseinleitenden Schriftstücks ergeben. Rechtfertigen diese den Versagungsgrund, ist er vom Beschwerdegericht auch dann zu berücksichtigen, wenn der Schuldner sich hierauf nicht beruft.[1]

2 Auch wenn Dritte im Vollstreckbarkeitsverfahren nicht beteiligt und damit auch nicht beschwerdebefugt sind,[2] wird man dem in der Vollstreckbarkeitserklärung aufgeführten Schuldner wegen seiner fehlenden Beteiligung in erster Instanz des Weiteren den Einwand nicht abschneiden können, er sei nur ein »**Scheinschuldner**«, also überhaupt nicht derjenige, gegen den sich die ausländische Entscheidung richtet.[3] Gegen wen die ausländische Entscheidung, z. B. im Fall einer nicht näher spezifizierten Firmen- bzw. Etablissementbezeichnung vollstreckbar i. S. d. Art. 38 ist, ist sodann nach dem Recht des Urteilsstaates zu beurteilen.[4]

---

1 BGH, MDR 2002, 962.
1 Siehe BGH, EuZW 2008, 251 = NJW-RR 2008, 586 mit Nachweisen zum Meinungsstand.
2 EuGHE 1985, 1981; *Geimer/Schütze*, EuZVR, Art. 43 EuGVVO Rn. 16–22.
3 OLG Köln, OLGReport 1996, 8; *Musielak/Lackmann*, Art. 46 EuGVVO Rn. 1.
4 OLG Köln, Beschl. v. 11.5.2005 – 16 W 40/04 – n. v.

Unberührt von dieser Erweiterung ist all das nochmals durchzuchecken, was Gegenstand der Überprüfung durch den Vorsitzenden der Zivilkammer war bzw. gewesen sein sollte, also z. B. ob die Entscheidung in den Anwendungsbereich der Norm fällt, ob der Titel vollstreckbar ist[5] oder ob das eingereichte Exemplar der Entscheidung eine »Ausfertigung« i. S. d. Art. 53 ist.[6] Im Hinblick darauf, dass die Urkunden in erster Instanz im Original vorgelegen haben und im Fall einer Vollstreckbarerklärung die dann vom Urkundsbeamten der Geschäftsstelle zu erteilende Klausel gem. § 9 Abs. 3 AVAG auf die vorgelegte Ausfertigung zu setzen oder mit dieser zu verbinden ist und diese vom Gläubiger häufig für die Durchführung der Sicherungsvollstreckung benötigt wird, kann sich das Beschwerdegericht aber in der Regel mit der Vorlage von anwaltlich beglaubigten Kopien begnügen.

3

Falls sich bei der Überprüfung herausstellt, dass in erster Instanz etwas übersehen, aber der Fehler noch korrigierbar ist, etwa bei einer fehlenden Konkretisierung des Zinsanspruchs, stellt sich die Frage, wie eine Korrektur verfahrensmäßig in die Wege geleitet werden kann. Wegen des Verschlechterungsverbotes für den Rechtsmittelführer dürfte dies nur dadurch möglich sein, dass dem Gläubiger mit der Anheimgabe einer Antragsänderung ein entsprechender Hinweis erteilt und der geänderte Antrag als **Anschlussbeschwerde** i. S. d. § 567 Abs. 3 ZPO behandelt wird.

4

II. Materiell-rechtliche Einwendungen

Nach § 12 Abs. 1 AVAG a. F. konnte der Schuldner mit seiner Beschwerde auch **Einwendungen materiell rechtlicher Art** gegen den titulierten Anspruch geltend machen, soweit sie nach Erlass der ausländischen Entscheidung entstanden sind. Letztlich musste er dies sogar, weil er ansonsten mit einer grundsätzlich statthaften Vollstreckungsabwehrklage gem. § 14 Abs. 1 Nr. 1. und 2. AVAG präkludiert wäre. Gem. § 55 Abs. 1 AVAG in der Fassung des Gesetzes vom 20.2.2013[7] gilt § 12 jedoch nicht mehr im Verfahren nach der Brüssel-I-VO. Damit hat der Gesetzgeber auf die Entscheidung des EuGH vom 13.10.2011 – C 139/10 – reagiert, wonach im Vollstreckbarkeitsverfahren nach den Artt. 38 ff. Brüssel-I-VO der Erfüllungseinwand nicht geltend gemacht werden kann.[8] Ein Schuldner kann daher materiell-rechtliche Einwendungen nur durch eine Vollstreckungsabwehrklage nach § 56 AVAG i. V. m. § 767 ZPO verfolgen. Dies soll selbst dann gelten, wenn diese unstreitig oder rechtskräftig festgestellt sind.[9] Daneben bleibt dem Schuldner die Möglichkeit, liquide Erfüllungstatbestände gegenüber den Vollstreckungsorganen geltend zu machen und die Einstellung sowie ggf. die Aufhebung von Vollstreckungsmaßnahmen nach den §§ 775, 776 ZPO zu erwirken.

5

Entsprechendes gilt für das Vollstreckbarkeitsverfahren nach dem **LugÜ 2007**. Nach § 55 Abs. 1 AVAG in der seit dem 10.1.2015 geltenden Fassung findet auch hier § 12 AVAG keine Anwendung.

Art. 46

(1) Das nach Artikel 43 oder Artikel 44 mit dem Rechtsbehelf befasste Gericht kann auf Antrag des Schuldners das Verfahren aussetzen, wenn gegen die Entscheidung im Ursprungsmitgliedstaat ein ordentlicher Rechtsbehelf eingelegt oder die Frist für einen solchen Rechtsbehelf noch nicht verstrichen ist; in letzterem Fall kann das Gericht eine Frist bestimmen, innerhalb deren der Rechtsbehelf einzulegen ist.

---

5 BGH, WM 2010, 897.
6 BGH, EuZW 2008, 251 – NJW-RR 2008, 586.
7 BGBl. I S. 273.
8 EuGH, NJW 2011, 3506; zur Problematik siehe Art. 45 EuGVVO Rn. 5 f. der Vorauflage.
9 *Thomas/Putzo/Hüßtege* (35. Auflage), Art. 45 EuGVVO Rn. 3a.

Art. 46 Brüssel-I-VO

(2) Ist die Entscheidung in Irland oder im Vereinigten Königreich ergangen, so gilt jeder im Ursprungsmitgliedstaat statthafte Rechtsbehelf als ordentlicher Rechtsbehelf im Sinne von Absatz 1.

(3) Das Gericht kann auch die Zwangsvollstreckung von der Leistung einer Sicherheit, die es bestimmt, abhängig machen.

Übersicht	Rdn.		Rdn.
I. Allgemeines	1	IV. Ermessensmaßstäbe für eine Sicherheitsleistung	5
II. Anwendungsvoraussetzungen	2		
III. Ermessensmaßstäbe für eine Aussetzung	3	V. Rechtsmittel	6

I. Allgemeines

1 Neben den »normalen« Entscheidungsalternativen einer – ggf. teilweisen Stattgabe oder Zurückweisung der Beschwerde – hat das OLG dann, wenn gegen die Entscheidung im Ursprungsmitgliedstaat ein ordentlicher Rechtsbehelf eingelegt oder die Rechtsmittelfrist noch nicht verstrichen ist, gem. Art. 46 Abs. 1, 3 auf Antrag auch die Möglichkeit, das Verfahren auszusetzen oder die Zwangsvollstreckung von einer Sicherheitsleistung abhängig zu machen. Die Norm dient – wie Art. 37 für das Anerkennungsverfahren – dem Schutz des Schuldners und der Verhinderung von widersprüchlichen Entscheidungen. Es steht im Ermessen des Beschwerdegerichts, ob und gegebenenfalls von welchen der Entscheidungsalternativen es Gebrauch macht. Eine **einstweilige Einstellung der Zwangsvollstreckung** ohne Sicherheitsleistung für die Dauer des Beschwerdeverfahrens, etwa entsprechend § 570 Abs. 3 ZPO ist wegen der in Art. 46 und den §§ 20–22 AVAG getroffenen Sonderregelungen nicht zulässig und auch nicht erforderlich, weil der Gläubiger bis zur Entscheidung des OLG über die Beschwerde gem. Art. 47 Abs. 3 ohnehin nur die Sicherungsvollstreckung betreiben kann.[1]

II. Anwendungsvoraussetzungen

2 Eine Schutzanordnung nach Abs. 1 oder 3 ergeht nur auf **Antrag des Schuldners**. Weitere Voraussetzung ist die Einlegung oder die noch bestehende Möglichkeit zur Einlegung eines »**ordentlichen Rechtsbehelfs**«. Diesen Begriff hat der EuGH dahingehend definiert, dass es ein solcher sei, der zur Aufhebung oder Abänderung der zu vollstreckenden Entscheidung führen könne, sofern dieser Rechtsbehelf innerhalb einer gesetzlichen Frist einzulegen ist, die mit Erlass der Entscheidung beginnt.[2] Hierzu kann in Verfahren des einstweiligen Rechtsschutzes auch die Einleitung des Hauptsacheverfahrens gehören, etwa wenn das Gericht aus Gründen der Verfahrensbeschleunigung keinen eigenen Rechtsbehelf zulässt[3] oder eine kraft Gesetzes nicht anfechtbare vorläufige Verurteilung erfolgt.[4] Rechtsbehelfe, die einer deutschen Wiederaufnahmeklage entsprechen, zählen hierzu indes nicht.[5]

III. Ermessensmaßstäbe für eine Aussetzung

3 Die Voraussetzungen für eine Aussetzung werden – auch in der Rechtsprechung der OLG – nicht immer einheitlich beurteilt. Teilweise wird hierzu nur auf die Erfolgsaussicht des Rechtsmittels im

---

[1] OLG Koblenz, JurBüro 2008, 51; OLG Köln, IPRax 2003, 354.
[2] EuGHE 1977, 2175.
[3] BGH, RIW 1986, 813 zum italienischen Arrestverfahren.
[4] OLG Stuttgart, RIW 1997, 684 zu einer »ordinanza ingiuntiva di pagamento« nach Art. 186 ter d. italienischen CPC.
[5] OLG Karlsruhe, RIW 1986, 467 für einen franz. »recours en revision«; OLG Köln, OLGReport 2003, 294 für eine polnische Wiederaufnahmeklage.

Ursprungsmitgliedstaat abgestellt.⁶ Den wegen des Verbots der Nachprüfung der ausländischen Entscheidung in der Sache richtigen Weg haben der EuGH⁷ und ihm folgend der BGH vorgegeben. Hiernach kann ein Aussetzungsantrag nur auf solche Gründe gestützt werden, die der Schuldner vor dem Gericht des Ursprungsstaates noch nicht geltend machen konnte.⁸ Eine Prognose zur Erfolgsaussicht des Rechtsmittels unter Einbeziehung einer solchen zur etwaigen Präklusion im Ursprungsmitgliedstaat ist erst der zweite Schritt, der in die Ermessensausübung einfließen kann. Wenn das Prozessrecht des Ursprungsmitgliedstaats eine Berücksichtigung der geltend gemachten Gründe nicht erlaubt, oder – was z. B. bei einem internationalen Warenkauf auf der Grundlage des UN-Kaufrechtsabkommens auch der Exequaturrichter ohne Einarbeitung in eine fremde Rechtsordnung beurteilen kann – die Gründe nicht oder kaum geeignet sind, den titulierten Anspruch zu Fall zu bringen, scheidet eine Aussetzung aus.

In Abweichung von diesen Grundsätzen kommt eine – ggf. mit einer Fristsetzung zur Einlegung des Rechtsmittels zu verbindende – Aussetzung auch dann in Betracht, wenn dem Schuldner das verfahrenseinleitende Schriftstück nicht so rechtzeitig oder nicht in einer Weise zugestellt wurde, dass er sich verteidigen konnte, und ihm die ergangene Säumnisentscheidung erst mit dem Vollstreckbarkeitsantrag zugestellt wird. Wenn ihm zu diesem Zeitpunkt im Ursprungsmitgliedstaat noch ein Rechtsbehelf möglich ist, kann er sich auf den Versagungsgrund des Art. 34 Nr. 2 nicht berufen. Ihm ist jedoch durch eine Aussetzung die Möglichkeit zu eröffnen, die unter Verletzung seines Anspruchs auf rechtliches Gehör ergangene Entscheidung noch anzufechten und Vollstreckungsschutz zu erlangen.⁹

IV. Ermessensmaßstäbe für eine Sicherheitsleistung

Anders ist es indes bei der Anordnung einer Sicherheitsleistung. Hierdurch wird dem ausländischen Titel die Vollstreckbarkeit im Inland nicht vorübergehend genommen, sondern die Durchsetzung des Anspruchs lediglich von einer zusätzlichen Voraussetzung, abhängig gemacht. Deshalb ist bei der Entscheidung hierüber auf alle Umstände des Falles einschließlich einer Prognose zur Erfolgsaussicht des ausländischen Rechtsbehelfs abzustellen, sofern die Parteien dem Gericht hierfür hinreichende Beurteilungsgrundlagen vortragen. Als Sicherheitsleistung kommt nicht nur die Bürgschaft eines »inländischen« Kreditinstituts i. S. d. § 108 ZPO in Betracht, sondern auch eine solche eines Instituts aus einem anderen Mitgliedstaat der EU.¹⁰

V. Rechtsmittel

Die Entscheidungen des OLG nach Art. 46 Abs. 1, 3 über die Aussetzung bzw. Anordnung einer Sicherheitsleistung sind nicht anfechtbar.¹¹ Wenn aber das OLG die Vollstreckbarkeit bejaht hat, ist der BGH wegen der Bezugnahme auch auf den Rechtsbehelf nach Art. 44 in Abs. 1, also in Deutschland auf die Rechtsbeschwerde seinerseits befugt, entsprechende Anordnungen zu treffen.

Art. 47

(1) Ist eine Entscheidung nach dieser Verordnung anzuerkennen, so ist der Antragsteller nicht daran gehindert, einstweilige Maßnahmen einschließlich solcher, die auf eine Sicherung gerichtet

---

6 Z. B. OLG Saarbrücken, RIW 1998, 632; OLG Düsseldorf, OLGReport 1997, 117; OLG Köln, OLGReport 1996, 98; *Geimer/Schütze*, EuZVR, Art. 46 EuGVVO Rn. 19 f.; *Grunsky*, IPRax 1995, 220; *Rauscher/Mankowski*, EuZPR/EuIPR Art. 46 Brüssel I-VO Rn. 13.
7 EuGHE I 1991, 4743.
8 BGH, NJW 1994, 2156 = IPRax 1995, 243; OLG Köln, InVo 2005, 250; OLG Stuttgart, Beschl. v. 25.8.2010 – 5 W 33/08 (juris); *Kropholler/v. Hein*, Art. 46 Rn. 5; *Stadler*, IPRax 1995, 220.
9 BGH, NJW-RR 2010, 1001 mit zust. Anm. *Gebauer*, LMK 2010, 308042.
10 OLG Köln, InVo 2005, 250; *Thomas/Putzo/Hüßtege*, § 108 ZPO Rn. 7.
11 BGH, NJW 1994, 2156.

sind, nach dem Recht des Vollstreckungsmitgliedstaats in Anspruch zu nehmen, ohne dass es einer Vollstreckbarerklärung nach Artikel 41 bedarf.

(2) Die Vollstreckbarerklärung gibt die Befugnis, solche Maßnahmen zu veranlassen.

(3) Solange die in Artikel 43 Absatz 5 vorgesehene Frist für den Rechtsbehelf gegen die Vollstreckbarerklärung läuft und solange über den Rechtsbehelf nicht entschieden ist, darf die Zwangsvollstreckung in das Vermögen des Schuldners nicht über Maßnahmen zur Sicherung hinausgehen.

Übersicht	Rdn.			Rdn.
I. Allgemeines	1	IV.	Art der Sicherheitsmaßnahmen	4
II. Einstweilige Maßnahmen vor einer Vollstreckbarerklärung, Abs. 1	2	V.	Besonderheiten nach dem EuGVÜ/ LugÜ	6
III. Einstweilige Maßnahmen nach einer Vollstreckbarerklärung, Abs. 2, 3	3			

I. Allgemeines

1 Art. 47 ermöglicht dem Gläubiger einstweilige Maßnahmen und differenziert dabei in den Abs. 1 und 2 zwischen solchen vor und nach einer Vollstreckbarerklärung. Insbesondere die Möglichkeit, vor einer Vollstreckbarerklärung, Sicherungsmaßnahmen zu ergreifen, erlaubt dem Gläubiger einen effektiven Zugriff auf potentielle Vollstreckungsobjekte, unter Umständen in mehreren Mitgliedstaaten, um bei erfolgreicher Sicherung entscheiden zu können, wo er ein Vollstreckbarkeitsverfahren betreibt.[1]

II. Einstweilige Maßnahmen vor einer Vollstreckbarerklärung, Abs. 1

2 Die dem Gläubiger durch Art. 47 Abs. 1 eröffnete einstweilige Zugriffsmöglichkeit auf Schuldnervermögen alleine aufgrund der Entscheidung aus einem anderen Mitgliedstaat setzt voraus, das die Entscheidung vollstreckbar und anerkennungsfähig ist. Letzteres bedeutet, dass wegen des Fehlens einer Art. 41 entsprechenden Regelung von dem mit dem Antrag befassten Gericht oder Vollstreckungsorgan auch etwaige Anerkennungsversagungsgründe bereits in diesem Verfahrensabschnitt zu prüfen sind.[2] Hierzu bedarf es wiederum der Vorlage der in Art. 53 ff. genannten Urkunden, insbesondere der Bescheinigung nach Art. 54 i. V. m. dem Formblatt gem. Anhang V.[3] So kann z. B. bei einer Säumnisentscheidung anhand des Formblattes festgestellt werden, ob das verfahrenseinleitende Schriftstück rechtzeitig zugestellt worden ist.

III. Einstweilige Maßnahmen nach einer Vollstreckbarerklärung, Abs. 2, 3

3 Nach einer Vollsteckbarerklärung ist dem Gläubiger weiterhin die Möglichkeit eröffnet, die in Abs. 1 genannten Maßnahmen zu ergreifen. Durch Abs. 3 wird indes seine Befugnis für den Fall der Einlegung eines Rechtsmittels gegen die Vollstreckbarerklärung weiterhin auf eine bloße Sicherungsvollstreckung begrenzt, was wegen der fehlenden Beteiligung des Schuldners am erstinstanzlichen Vollstreckbarkeitsverfahren zu dessen Schutz auch notwendig ist.

IV. Art der Sicherheitsmaßnahmen

4 Welche Art der Sicherungsmaßnahmen möglich sind, bestimmt sich nach nationalem Recht, in Deutschland nach den §§ 19–24 AVAG. Ergänzend gelten die Vorschriften der ZPO. Als Maß-

---

[1] *HK-ZV/Mäsch*, Art. 47 EuGVVO Rn. 2; *Kropholler/v. Hein*, Art. 47 EuGVVO Rn. 6.
[2] *Rauscher/Mankowski*, EuZPR/EuIPR, Art. 47 Brüssel I-VO Rn. 7; *Thomas/Putzo/Hüßtege* (35. Auflage), Art. 47 Rn. 2; a. A. *Heß/Hub*, IPRax 2003, 93, 94.
[3] *HK-ZV/Mäsch*, Art. 47 EuGVVO Rn. 4; *Thomas/Putzo/Hüßtege* (35. Auflage), Art. 47 EuGVVO Rn. 2; a. A. *Heß/Hub*, IPRax 2003, 93, 98; *Rauscher/Mankowski*, EuZPR/EuIPR, Art. 47 Brüssel I-VO Rn. 10.

nahmen kommen in Betracht die Sicherungsvollstreckung gem. §720a ZPO, die Vorpfändung gem. §845 ZPO, die Vorschriften der §§928, 930–932 ZPO über die Vollziehung des Arrestes sowie zur Sicherung anderer Ansprüche als Geldansprüche eine einstweilige Verfügung gem. den §§938, 940 ZPO.[4]

Der Schuldner ist dadurch geschützt, dass er die Zwangsvollstreckung aus einem Geldleistungstitel gegen Sicherheitsleistung abwenden kann (§20 AVAG) und er die Möglichkeit hat, gegen Vollstreckungsmaßnahmen, die den nach Art. 47 zulässigen Rahmen überschreiten, mit der Erinnerung nach §766 ZPO vorzugehen (§19 AVAG). 5

V. Besonderheiten nach dem EuGVÜ/LugÜ

In Art. 39 EuGVÜ/LugÜ ist nur die nunmehr in Art. 47 Abs. 3 enthaltene Beschränkung von Vollstreckungsmaßnahmen auf die Sicherungsvollstreckung nach Einlegung eines Rechtsmittels beziehungsweise während des Laufs der Rechtsmittelfrist geregelt. Die durch Art. 47 Abs. 1 eröffnete Möglichkeit zu einer einstweiligen Sicherung vor Vollstreckbarerklärung besteht nicht. 6

Art. 48

(1) Ist durch die ausländische Entscheidung über mehrere mit der Klage geltend gemachte Ansprüche erkannt und kann die Vollstreckbarerklärung nicht für alle Ansprüche erteilt werden, so erteilt das Gericht oder die sonst befugte Stelle sie für einen oder mehrere dieser Ansprüche.

(2) Der Antragsteller kann beantragen, dass die Vollstreckbarerklärung nur für einen Teil des Gegenstands der Verurteilung erteilt wird.

Übersicht	Rdn.		Rdn.
I. Teilvollstreckung wegen der Rechtsnatur der Entscheidung	1	II. Teilvollstreckung auf Antrag des Gläubigers	2

I. Teilvollstreckung wegen der Rechtsnatur der Entscheidung

Art. 48 Abs. 1 betrifft die Fälle, in denen neben einer vollstreckbaren Entscheidung, z. B. einer Verurteilung zur Zahlung eines Geldbetrages noch ein anderer Ausspruch ergangen ist, z. B. die Feststellung eines Rechtsverhältnisses. Erfasst sind hiervon auch die Fälle, in denen nur ein Teil der Entscheidung in den sachlichen Anwendungsbereich der Verordnung fällt, z. B. die Verurteilung zur Zahlung von Unterhalt in einem Verbundurteil mit anderen durch Art. 1 Abs. 2 lit. a als »Personenstandsachen« ausgenommenen familiengerichtlichen Entscheidungen, z. B. eine Ehescheidung, Güterrechts- oder Sorgerechtsregelungen. 1

II. Teilvollstreckung auf Antrag des Gläubigers

Art. 48 Abs. 2 erlaubt dem Gläubiger, seinen Antrag nur auf einen Teil des vollstreckbaren Anspruchs zu beschränken. Dies kann aus Kostengründen in Fällen zweifelhafte Realisierungsmöglichkeit angezeigt sein, wodurch die Möglichkeit einer späteren Vollstreckbarkeitserklärung im Übrigen nicht ausgeschlossen wird.[1] Auch kann eine **liquide Teilerfüllung** erfolgt sein, z. B. wenn in einer in Grenzgebieten nicht seltenen Verurteilung zur Räumung und Zahlung rückständiger Miete bereits geräumt ist und nur noch der Zahlungsanspruch vollstreckt werden soll. 2

---

4 *Hess*, EuZPR S. 363; *Leible/Freitag*, S. 177; *Prütting/Gehrlein/Schinkels*, Art. 47 EuGVO Rn. 1; einschränkend *Schlosser*, Art. 47 EuGVVO Rn 2: nur Vorpfändung und Arrest mit Glaubhaftmachung des Arrestgrundes.
1 *HK-ZV/Mäsch*, Art. 48 EuGVVO Rn. 5.

Art. 49

Ausländische Entscheidungen, die auf Zahlung eines Zwangsgelds lauten, sind im Vollstreckungsmitgliedstaat nur vollstreckbar, wenn die Höhe des Zwangsgelds durch die Gerichte des Ursprungsmitgliedstaats endgültig festgesetzt ist.

Übersicht	Rdn.		Rdn.
I. Zweck der Norm	1	II. Voraussetzungen	2

Literatur:
Giebel, Die Vollstreckung von Ordnungsmittelbeschlüssen gem. § 890 ZPO im EU-Ausland, IPRax 2009, 324; *Stoffregen*, Grenzüberschreitende Vollstreckung von Ordnungsgeldern, WRP 2010, 839.

I. Zweck der Norm

1   Art. 49 enthält gesonderte Anforderungen an die Bestimmtheit eines auf Zahlung eines Zwangsgeldes lautenden Titels. Hierzu muss bereits im Ursprungsmitgliedstaat die Höhe des zu zahlenden Betrages endgültig festgesetzt sein.[1] Die normalerweise durch Art. 38 eröffnete Möglichkeit einer Konkretisierung[2] scheidet bei derartigen Titeln aus.[3] Der Gläubiger hat bei Handlungs- oder Unterlassungstiteln ein Wahlrecht, ob er im Urteilsstaat ein Zwangsgeld der Höhe nach festsetzen und die Entscheidung anschließend im Vollstreckungsstaat für vollstreckbar erklären lässt oder ob er den Ursprungstitel direkt im Vollstreckungsstaat für vollstreckbar erklären lässt und anschließend eine dort eröffnete Möglichkeit zur Durchsetzung von Zwangsgeld wahrnimmt, also in Deutschland nach den §§ 887–890 ZPO vorgeht.[4] Prozessgericht i. S. d. §§ 887–890 ZPO ist dabei der funktionell für die Titel schaffende Vollstreckbarerklärung zuständige Vorsitzende einer Zivilkammer.[5]

Problematisch ist die Frage, wie zu verfahren ist, wenn das von dem Ursprungsgericht angeordnete Zwangsgeld zwar endgültig festgesetzt ist, also die Anforderungen des Art. 49 an sich erfüllt sind, es sich aber um eine Maßnahme handelt, die im Recht des Vollstreckungsstaates unbekannt ist. Hierzu hat der EuGH mit Urteil vom 12.4.2011 – C 239/09 – entschieden, dass das mit der Maßnahme des Ursprungsgerichts (in concreto ein Zwangsgeld wegen Verletzung einer Gemeinschaftsmarke) verfolgte Ziel von dem zuständigen Gericht im Vollstreckungsstaat zu erreichen ist, »indem es die einschlägigen Bestimmungen des innerstaatlichen Rechts dieses Staates, die der Befolgung dieses Verbots in gleichwertigere Weise zu gewährleisten vermögen, heranzieht.«[6] Hieraus kann ein allgemeiner Grundsatz hergeleitet werden, der nunmehr in Art. 54 Brüssel-Ia-VO normiert ist.[7]

II. Voraussetzungen

2   Bei der ausländischen Zwangsgeldentscheidung muss es sich um eine Entscheidung i. S. d. Art. 32 handeln, sodass Entschließungen in einem nur einseitigen Verfahren ohne Äußerungsmöglichkeit für den Schuldner ausscheiden.[8] Sie muss ferner für den Fall eines Verstoßes gegen eine Handlungs- oder Unterlassungsverpflichtung die Zahlung einer Geldsumme zum Gegenstand haben. Unerhe-

---

1 OLG Köln, InVo 2004, 473 = RIW 2004, 868.
2 Siehe Art. 38 Rdn. 4–8.
3 *Geimer/Schütze*, EuZVR, Art. 49 EuGVVO Rn. 1.
4 OLG Köln, IPRax 2003, 446 mit zust. Anm. *Stadler* S. 430; OLG Köln, InVo 2006, 332; OLG Hamburg, OLGReport 2005, 666; *HK-ZV/Mäsch*, Art. 49 EuGVVO Rn. 2; *Rauscher/Mankowski*, EuZPR/EuIPR, Art. 50 Brüssel I-VO Rn. 8.
5 OLG Köln, InVo 2006, 332.
6 EuGH, EuZW 2011, 686.
7 Siehe Art. 54 Brüssel-Ia-VO Rdn. 1.
8 Siehe Art. 32 Rdn. 4.

blich ist es dabei, ob die Geldleistung an den Gläubiger zu zahlen ist oder – wie ein Ordnungsgeld nach § 890 ZPO – der Staatskasse zugute kommt.[9]

Umstritten ist es, ob Zwangs- oder Ordnungsgeldbeschlüsse gem. §§ 888, 890 ZPO, bei denen die Mittel bei der Vollstreckung in Deutschland dem Justizfiskus zufließen eine Zivil- und Handelssache i. S. d. Art. 1 Abs. 1 darstellen. Dies hat der BGH nunmehr mit der zutreffenden Begründung bejaht, dass ihr Ursprung in einer zivilrechtlichen Auseinandersetzung über einen von dem Gläubiger geltend gemachten Verstoß gegen einen Unterlassungstitel liege.[10] 3

Art. 50

Ist dem Antragsteller im Ursprungsmitgliedstaat ganz oder teilweise Prozesskostenhilfe oder Kosten- und Gebührenbefreiung gewährt worden, so genießt er in dem Verfahren nach diesem Abschnitt hinsichtlich der Prozesskostenhilfe oder der Kosten- und Gebührenbefreiung die günstigste Behandlung, die das Recht des Vollstreckungsmitgliedstaats vorsieht.

Übersicht	Rdn.		Rdn.
I. Erstreckung der Prozesskostenhilfe	1	II. Besonderheiten nach dem EuGVÜ/LugÜ	4

Art. 44 EuGVÜ/LugÜ

Ist dem Antragsteller im Ursprungsstaat ganz oder teilweise das Prozesskostenhilfe oder Kosten- und Gebührenbefreiung gewährt worden, so genießt er in dem Verfahren nach den Artikeln 32 bis 35 hinsichtlich der Prozesskostenhilfe oder der Kosten- und Gebührenbefreiung die günstigste Behandlung, die das Recht des Vollstreckungsstaats vorsieht.

Der Antragsteller, welcher die Vollstreckung einer Entscheidung einer Verwaltungsbehörde begehrt, die in Dänemark in Unterhaltssachen ergangen ist, kann im Vollstreckungsstaat Anspruch auf die in Absatz 1 genannten Vorteile erheben, wenn er eine Erklärung des dänischen Justizministeriums darüber vorlegt, dass er die wirtschaftlichen Voraussetzungen für die vollständige oder teilweise Bewilligung der Prozesskostenhilfe oder für die Kosten- und Gebührenbefreiung erfüllt.

I. Erstreckung der Prozesskostenhilfe

Durch Art. 50 wird eine dem Antragsteller im Ursprungsmitgliedstaat bewilligte Prozesskostenhilfe auf das Vollstreckbarkeitsverfahren erstreckt, und zwar wegen der globalen Verweisung auf den Abschnitt 2. der Verordnung, auf alle hierin geregelten Verfahren, also nicht nur auf das erstinstanzliche, sondern auch auf das Beschwerde- und das Rechtsbeschwerdeverfahren gem. den Art. 43, 44, das Zwangsvollstreckungsverfahren gem. Art. 47 und ein etwaiges selbstständiges Anerkennungsverfahren gem. Art. 33 Abs. 2.[1] Inhaltlich ist dem Antragsteller stets die günstigste Behandlung des Vollstreckungsstaates zu gewähren, also in Deutschland die Bewilligung von Prozesskostenhilfe ohne Eigenbeteiligung unter Beiordnung eines Rechtsanwalts.[2] Dies gilt auch dann, wenn ihm im Ursprungsmitgliedstaat nur teilweise Prozesskostenhilfe gewährt worden war.[3] 1

---

9 *HK-ZV/Mäsch*, Art. 49 EuGVVO Rn. 1 m. w. N.
10 BGH, Rpfleger 2010, 523 mit zust. Anm. *Heggen* u. die h. M. in der Lit.; z. B. *Geimer/Schütze*, EuZVR, Art. 49 EuGVVO Rn. 2; *Kropholler/v. Hein*, Art. 49 EuGVVO Rn. 1; *Schlosser*, Art. 49 EuGVVO Rn. 8; *Stadler*, IPRax 2003, 430; *Giebel*, IPRax 2009, 324; anders noch die Vorinstanz OLG München, Rpfleger 2009, 396 und Teile der Lit., z. B. *Hess*, EuZVR S. 354; *Bruns* ZZP 118, 3, 15; *H. Stoffregen*, WRP 2010, 839.

1 *HK-ZV/Mäsch*, Art. 50 EuGVVO Rn. 2; *Rauscher/Mankowski*, EuZPR/EuIPR, Art. 50 Brüssel I-VO Rn. 4.
2 *Musielak/Lackmann*, Art. 50 EuGVVO Rn. 1.
3 *Thomas/Putzo/Hüßtege* (35. Auflage), Art. 50 EuGVVO Rn. 3.

Art. 53 Brüssel-I-VO

2 Ein neues PKH-Verfahren ist nicht durchzuführen; indes empfiehlt sich zur Vermeidung von Rückfragen durch mit der Materie nicht unbedingt vertraute Rechtsanwälte und Kostenbeamte eine – klarstellende – Entscheidung über die Bewilligung bzw. Erstreckung und deren Umfang. Zum Nachweis der Bewilligung im Ursprungsmitgliedstaat ist lediglich die Bescheinigung gem. Anhang V vorzulegen, gegebenenfalls eine sonstige Urkunde gem. Art. 55.

3 Durch Art. 50 ist die Möglichkeit nicht ausgeschlossen, dass ein Antragsteller, der im Ursprungsmitgliedstaat keine Prozesskostenhilfe erhalten hat, eine solche für das Vollstreckbarkeitsverfahren beantragt. Die Bewilligung kann dann jedoch nur unter den Voraussetzungen der §§ 114 ff. ZPO erfolgen. Zu beachten ist, dass Art. 50 nur für den Antragsteller gilt. Dem Schuldner und Antragsgegner kann Prozesskostenhilfe deshalb ebenfalls nur unter den Voraussetzungen der §§ 114 ff. ZPO gewährt werden.

II. Besonderheiten nach dem EuGVÜ/LugÜ

4 Art. 44 EuGVÜ/LugÜ enthält ebenfalls eine Erstreckung der Prozesskostenhilfe, aber nach Abs. 1 nur auf das erstinstanzliche Verfahren. Für Rechtsmittelverfahren und für die Zwangsvollstreckung bedarf es daher einer gesonderten Bewilligung nach den Maßstäben der §§ 114 ff. ZPO.

Art. 51

Der Partei, die in einem Mitgliedstaat eine in einem anderen Mitgliedstaat ergangene Entscheidung vollstrecken will, darf wegen ihrer Eigenschaft als Ausländer oder wegen Fehlens eines inländischen Wohnsitzes oder Aufenthalts eine Sicherheitsleistung oder Hinterlegung, unter welcher Bezeichnung es auch sei, nicht auferlegt werden.

Art. 45 EuGVÜ/LugÜ

Der Partei, die in einem Vertragsstaat eine in einem anderen Vertragsstaat ergangene Entscheidung vollstrecken will, darf wegen ihrer Eigenschaft als Ausländer oder wegen Fehlens eines inländischen Wohnsitzes oder Aufenthalts eine Sicherheitsleistung oder Hinterlegung, unter welcher Bezeichnung es auch sei, nicht auferlegt werden.

Art. 52

Im Vollstreckungsmitgliedstaat dürfen im Vollstreckbarerklärungsverfahren keine nach dem Streitwert abgestuften Stempelabgaben oder Gebühren erhoben werden.

1 Den Vorgaben des Art. 52 trägt das GKG Rechnung, indem für das erstinstanzliche Verfahren eine Festgebühr von 240,00 Euro gem. KV Nr. 1510 GKG und für das Beschwerdeverfahren eine solche von 360,00 Euro gem. KV Nr. 1520 GKG vorgesehen sind, die sich jeweils unter bestimmten Voraussetzungen bei einer Rücknahme auf geringere Festbeträge ermäßigen.

Abschnitt 3 Gemeinsame Vorschriften

Art. 53

(1) Die Partei, die die Anerkennung einer Entscheidung geltend macht oder eine Vollstreckbarerklärung beantragt, hat eine Ausfertigung der Entscheidung vorzulegen, die die für ihre Beweiskraft erforderlichen Voraussetzungen erfüllt.

(2) Unbeschadet des Artikels 55 hat die Partei, die eine Vollstreckbarerklärung beantragt, ferner die Bescheinigung nach Artikel 54 vorzulegen.

Art. 54

Das Gericht oder die sonst befugte Stelle des Mitgliedstaats, in dem die Entscheidung ergangen ist, stellt auf Antrag die Bescheinigung unter Verwendung des Formblatts in Anhang V dieser Verordnung aus.

Art. 55

(1) Wird die Bescheinigung nach Artikel 54 nicht vorgelegt, so kann das Gericht oder die sonst befugte Stelle eine Frist bestimmen, innerhalb deren die Bescheinigung vorzulegen ist oder sich mit einer gleichwertigen Urkunde begnügen oder von der Vorlage der Bescheinigung befreien, wenn es oder sie eine weitere Klärung nicht für erforderlich hält.

(2) Auf Verlangen des Gerichts oder der sonst befugten Stelle ist eine Übersetzung der Urkunden vorzulegen. Die Übersetzung ist von einer hierzu in einem der Mitgliedstaaten befugten Person zu beglaubigen.

Art. 56

Die in Artikel 53 und in Artikel 55 Absatz 2 angeführten Urkunden sowie die Urkunde über die Prozessvollmacht, falls eine solche erteilt wird, bedürfen weder der Legalisation noch einer ähnlichen Förmlichkeit.

Übersicht	Rdn.		Rdn.
I. Förmliche Voraussetzungen eines Voll-		streckbarkeitsantrags	1

I. Förmliche Voraussetzungen eines Vollstreckbarkeitsantrags

Bei den gem. Art. 53–55 zu erfüllenden Förmlichkeiten handelt es sich zum einen um die Vorlage einer **Ausfertigung** der Entscheidung, die für vollstreckbar erklärt werden soll. Zum anderen ist ein **Formblatt gem. Anlage V** zur Verordnung einzureichen, das auf Antrag von dem Gericht des Ursprungsstaates ausgestellt wird und die wesentlichen Verfahrensdaten enthält. Es sind dies neben den Daten der ausstellenden Stelle nähere Angaben zu dem Gericht, dass die Entscheidung erlassen hat bzw. vor dem der Prozessvergleich geschlossen worden ist, Datum und Aktenzeichen der Entscheidung/des Prozessvergleichs, die Namen der Parteien, der Wortlaut der Entscheidung/des Vergleichs bzw. die Verweisung auf eine entsprechende Anlage, ggf. die Namen der Parteien, denen Prozesskostenhilfe gewährt wurde und die Erklärung, dass die Entscheidung/der Prozessvergleich im Ursprungsmitgliedstaat vollstreckbar ist.[1] 1

Für den Fall einer **Säumnisentscheidung** ist zudem anzugeben, wann das verfahrenseinleitende Schriftstück dem Schuldner zugestellt worden ist. Für **öffentliche Urkunden** gibt es ein spezielles **Formular gem. Anhang VI**. Beide Formulare sind so standardisiert und so aufgebaut, dass auch der nicht mit der Sprache des Ursprungsstaates vertraute Leser im Vollstreckungsstaat sie im Normalfall auch ohne Übersetzung entschlüsseln kann. 2

Beglaubigte Übersetzungen der einzureichenden Urkunden sind nur auf Verlangen des Gerichts vorzulegen (Art. 55 Abs. 2). Fehlt die Bescheinigung, kann das Gericht entweder eine Frist zur Vorlage bestimmen, sich mit einer gleichwertigen Urkunde begnügen oder sogar ganz von einer Beibringung absehen (Art. 55 Abs. 1). Letzteres kann z. B. in Betracht kommen, wenn kein Fall einer Säumnisentscheidung vorliegt und sich alle Daten einschließlich eines Ausspruchs bzw. einer 3

---

1 Das Formblatt lässt sich im Europäischen Justizportal unter dem Link https://e-justice.europa.eu/content_judgements_in_civil_and_commercial_matters_forms-273-de.do online ausfüllen und herunterladen.

Erklärung zur Vollstreckbarkeit aus der vorgelegten Entscheidung ergeben. Gleichwertige Urkunden können z. B. beglaubigte Abschriften von Dokumenten aus der Gerichtsakte des Ursprungsmitgliedstaates sein.[2]

4 Anders als noch nach Art. 47 Nr. 1 EuGVÜ/LugÜ ist um des Überraschungseffekts willen **kein Nachweis der Zustellung der Entscheidung** im Ursprungsstaat erforderlich.[3] Die Zustellung ist daher insgesamt entbehrlich, wenn sie im Ursprungsstaat keine Voraussetzung der Zwangsvollstreckung ist,[4] wie dies etwa bei der Titel schaffenden Erklärung der Vollstreckbarkeit und Vollstreckung zu einem italienischen Mahnbescheid (decreto ingiuntivo) der Fall ist.[5] Anders ist es indes wegen § 750 ZPO in Deutschland, wo zudem die Vollstreckung von einer Vollstreckungsklausel abhängig ist. Deshalb hat der Urkundsbeamte der Geschäftsstelle auf der Grundlage des von dem Vorsitzenden der Zivilkammer erlassenen Vollstreckbarkeitsbeschlusses zunächst die Klausel zu erteilen und diese auf der von dem Gläubiger eingereichten Ausfertigung oder ein damit zu verbindendes Blatt zu setzen (§ 9 Abs. 1, 3 AVAG). Eine beglaubigte Abschrift des mit der Klausel versehenen Titels ist sodann dem Schuldner von Amts wegen zuzustellen (§ 10 Abs. 1 AVAG) und der Gläubiger erhält eine Bescheinigung über die bewirkte Zustellung (§ 10 Abs. 3 AVAG). Damit wird er in die Lage versetzt, die Sicherungsvollstreckung zu betreiben, die gem. Art. 47 Abs. 3 bis zum Ablauf der Beschwerdefrist bzw. der Entscheidung des Beschwerdegerichts zunächst nur möglich ist.

Kapitel IV Öffentliche Urkunden und Prozessvergleiche

Art. 57

(1) Öffentliche Urkunden, die in einem Mitgliedstaat aufgenommen und vollstreckbar sind, werden in einem anderen Mitgliedstaat auf Antrag in dem Verfahren nach den Artikeln 38 ff. für vollstreckbar erklärt. Die Vollstreckbarerklärung ist von dem mit einem Rechtsbehelf nach Artikel 43 oder Artikel 44 befassten Gericht nur zu versagen oder aufzuheben, wenn die Zwangsvollstreckung aus der Urkunde der öffentlichen Ordnung (ordre public) des Vollstreckungsmitgliedstats offensichtlich widersprechen würde.

(2) Als öffentliche Urkunden im Sinne von Absatz 1 werden auch vor Verwaltungsbehörden geschlossene oder von ihnen beurkundete Unterhaltsvereinbarungen oder -verpflichtungen angesehen.

(3) Die vorgelegte Urkunde muss die Voraussetzungen für ihre Beweiskraft erfüllen, die in dem Mitgliedstaat, in dem sie aufgenommen wurde, erforderlich sind.

(4) Die Vorschriften des Abschnitts 3 des Kapitels III sind sinngemäß anzuwenden. Die befugte Stelle des Mitgliedstaats, in dem eine öffentliche Urkunde aufgenommen worden ist, stellt auf Antrag die Bescheinigung unter Verwendung des Formblatts in Anhang VI dieser Verordnung aus.

Übersicht	Rdn.		Rdn.
I. Begriff	1	II. Verfahren der Vollstreckbarerklärung ...	4

---

[2] BGH, EuZW 2008, 251.
[3] *HK-ZV/Mäsch*, Art. 38 EuGVVO Rn. 17; *Kropholler/v. Hein*, Art. 38 Rn. 8; *Rauscher/Mankowski*, EuZPR/EuIPR, Art. 38 Rn. 29 Brüssel I-VO Rn. 28, 29; *Schlosser*, Art. 53 EuGVVO Rn. 4; a. A. *Thomas/Putzo/Hüßtege* (35. Auflage), Art. 38 Rn. 7.
[4] *Schlosser*, Art. 53 EuGVVO Rn. 4.
[5] OLG Köln, IPRspr. 2004, 379.

Art. 58 Brüssel-I-VO

I. Begriff

Wegen der öffentlichen Urkunde enthält Art. 4 Nr. 3 EuVTVO eine teilweise mit Art. 57 Abs. 2 inhaltlich deckungsgleiche **Legaldefinition**. Hiernach muss es sich handeln um 1

a) ein Schriftstück, das als öffentliche Urkunde aufgenommen oder registriert worden ist, wobei die Beurkundung
   i) sich auf die Unterschrift und den Inhalt der Urkunde bezieht und
   ii) von einer Behörde oder einer anderen von dem Ursprungsmitgliedstaat hierzu ermächtigten Stelle vorgenommen worden ist;

oder

b) eine vor einer Verwaltungsbehörde geschlossene oder von ihr beurkundete Unterhaltsvereinbarung oder -verpflichtung.

Die Urkunde muss in einem Mitgliedstaat errichtet worden und dort vollstreckbar sein, d. h. aus ihr muss dort unmittelbar die Zwangsvollstreckung betrieben werden können. Dies ist z. B. der Fall bei Unterhaltsvereinbarungen bzw. -verpflichtungen vor einer Verwaltungsbehörde, etwa die beim Jugendamt beurkundeten Erklärungen nach §59 Abs. 1 Satz 1 Nr. 3, 4 SGB VIII. Konsularische Urkunden sind dabei dem Entsendestaat zuzuordnen.[1] 2

Problematisch kann die Einordnung von deutschen **Anwaltsvergleichen** nach §§ 796a bis c ZPO sein, die entweder vom Prozessgericht oder von einem Notar für vollstreckbar erklärt worden sind. Diese werden teilweise als öffentliche Urkunden angesehen,[2] teilweise nicht.[3] Richtiger Ansicht nach dürfte es sich bei gerichtlich für vollstreckbar erklärten Vergleichen um Prozessvergleiche i. S. d. Art. 58 handeln und bei den notariell für vollstreckbar erklärten um öffentliche Urkunden.[4] 3

II. Verfahren der Vollstreckbarerklärung

Die Art. 38 ff. sind sinngemäß anzuwenden. Wegen der Bescheinigung der Vollstreckbarkeit gibt es ein gesondertes Formular gem. dem Anhang VI. Zuständig für die Entscheidung ist nach Wahl des Antragstellers entweder der Vorsitzende einer Zivilkammer oder ein Notar am Wohnort des Antragsgegners bzw. am Vollstreckungsort.[5] Als einziger Versagungsgrund kommt ein Verstoß gegen den ordre public in Betracht, der aber gem. Abs. 1 Satz 2 wie bei einer Entscheidung erst im Beschwerde- oder Rechtsbeschwerdeverfahren geprüft werden kann. 4

Art. 58

Vergleiche, die vor einem Gericht im Laufe eines Verfahrens geschlossen und in dem Mitgliedstaat, in dem sie errichtet wurden, vollstreckbar sind, werden in dem Vollstreckungsmitgliedstaat unter denselben Bedingungen wie öffentliche Urkunden vollstreckt. Das Gericht oder die sonst befugte Stelle des Mitgliedstaats, in dem ein Prozessvergleich geschlossen worden ist, stellt auf Antrag die Bescheinigung unter Verwendung des Formblatts in Anhang V dieser Verordnung aus.

Übersicht	Rdn.		Rdn.
I. Begriff	1	II. Verfahren der Vollstreckbarerklärung	2

---

[1] *Thomas/Putzo/Hüßtege* (35. Auflage), Art. 57 EuGVVO Rn. 3, 4. OLG Köln, OLGReport 2008, 159: eine bloße Unterschriftsbeglaubigung ohne Beurkundung einer Erklärung reicht nicht.
[2] *HK-ZV/Mäsch*, Art. 57 EuGVVO Rn. 10; *Rauscher/Staudinger*, EuZPR/EuIPR, Art. 57 Brüssel I-VO Rn. 5;.
[3] *Musielak/Lackmann*, Art. 57, 58 Rn. 1.
[4] Siehe näher Art. 3, 4 EuVTVO Rdn. 6.
[5] Siehe näher Art. 39 Rdn. 2, 4.

Art. 60 Brüssel-I-VO

I. Begriff

1 Erfasst sind nur Vergleiche, die »vor einem Gericht« eines Mitgliedstaates geschlossen worden sind. In Deutschland sind dies die Titel des §794 Nr. 1 ZPO einschließlich eines Vergleiches, dessen Zustandekommen und Inhalt das Gericht gem. §278 Abs. 6 ZPO nach einem schriftlichen Vergleichsvorschlag der Parteien oder der schriftlichen Annahme eines gerichtlichen Vergleichsvorschlags bestätigt hat. Auch ein Rechtspfleger ist ein Rechtsprechungsorgan, deshalb kann auch ein Vergleich für vollstreckbar erklärt werden, der im Rahmen der übertragenen Zuständigkeiten vor ihm geschlossen worden ist,[1] nicht aber einer vor einer Gütestelle, die von der Landesjustizverwaltung eingerichtet oder anerkannt worden ist. Letzterer dürfte aber als öffentliche Urkunde nach Art. 57 für vollstreckbar erklärt werden können.[2]

II. Verfahren der Vollstreckbarerklärung

2 Da Vergleiche »wie öffentliche Urkunden« vollstreckt werden können, gelten verfahrensmäßig nur wenige Besonderheiten. Beizubringen ist die auch für gerichtliche Entscheidungen einschlägige Bescheinigung gem. dem Anhang V. Auch besteht nur eine gerichtliche Zuständigkeit für die Entscheidung über den Vollstreckbarkeitsantrag.

Kapitel V Allgemeine Vorschriften

Art. 59

(1) Ist zu entscheiden, ob eine Partei im Hoheitsgebiet des Mitgliedstaats, dessen Gerichte angerufen sind, einen Wohnsitz hat, so wendet das Gericht sein Recht an.

(2) Hat eine Partei keinen Wohnsitz in dem Mitgliedstaat, dessen Gerichte angerufen sind, so wendet das Gericht, wenn es zu entscheiden hat, ob die Partei einen Wohnsitz in einem anderen Mitgliedstaat hat, das Recht dieses Mitgliedstaats an.

Art. 60

(1) Gesellschaften und juristische Personen haben für die Anwendung dieser Verordnung ihren Wohnsitz an dem Ort, an dem sich
 a) ihr satzungsmäßiger Sitz,
 b) hre Hauptverwaltung oder
 c) ihre Hauptniederlassung

befindet.

(2) Im Falle des Vereinigten Königreichs und Irlands ist unter dem Ausdruck »satzungsmäßiger Sitz« das registered office oder, wenn ein solches nirgendwo besteht, der place of incorporation (Ort der Erlangung der Rechtsfähigkeit) oder, wenn ein solcher nirgendwo besteht, der Ort, nach dessen Recht die formation (Gründung) erfolgt ist, zu verstehen.

(3) Um zu bestimmen, ob ein trust seinen Sitz in dem Vertragsstaat hat, bei dessen Gerichten die Klage anhängig ist, wendet das Gericht sein Internationales Privatrecht an.

---

[1] *Rellermeyer*, Rpfleger 2005, 389, 392; *Rauscher/Pabst* EuZPR/EuIPR, Art. 3 EG-VollstrTitel-VO Rn. 6.
[2] *MüKo/Gottwald*, Art. 58 EuGVVO Rn. 2; a. A. *Geimer/Schütze*, EuZVR, Art. 58 EuGVVO Rn. 7: ebenfalls Vergleich i.s.d. Art. 58.

Art. 61

Unbeschadet günstigerer innerstaatlicher Vorschriften können Personen, die ihren Wohnsitz im Hoheitsgebiet eines Mitgliedstaats haben und die vor den Strafgerichten eines anderen Mitgliedstaats, dessen Staatsangehörigkeit sie nicht besitzen, wegen einer fahrlässig begangenen Straftat verfolgt werden, sich von hierzu befugten Personen vertreten lassen, selbst wenn sie persönlich nicht erscheinen. Das Gericht kann jedoch das persönliche Erscheinen anordnen; wird diese Anordnung nicht befolgt, so braucht die Entscheidung, die über den Anspruch aus einem Rechtsverhältnis des Zivilrechts ergangen ist, ohne dass sich der Angeklagte verteidigen konnte, in den anderen Mitgliedstaaten weder anerkannt noch vollstreckt werden.

Art. 62

Bei den summarischen Verfahren betalningsföreläggande (Mahnverfahren) und handräckning (Beistandsverfahren) in Schweden umfasst der Begriff »Gericht« auch die schwedische kronofogdemyndighet (Amt für Betreibung).

Art. 63

(1) Eine Person, die ihren Wohnsitz im Hoheitsgebiet Luxemburg hat und vor dem Gericht eines anderen Mitgliedstaats auf Grund des Artikels 5 Nummer 1 verklagt wird, hat die Möglichkeit, die Unzuständigkeit dieses Gerichts geltend zu machen, wenn sich der Bestimmungsort für die Lieferung beweglicher Sachen oder die Erbringung von Dienstleistungen in Luxemburg befindet.

(2) Befindet sich der Bestimmungsort für die Lieferung beweglicher Sachen oder die Erbringung von Dienstleistungen nach Absatz 1 in Luxemburg, so ist eine Gerichtsstandsvereinbarung nur rechtswirksam, wenn sie schriftlich oder mündlich mit schriftlicher Bestätigung im Sinne von Artikel 23 Absatz 1 Buchstabe a) angenommen wurde.

(3) Der vorliegende Artikel ist nicht anwendbar auf Verträge über Finanzdienstleistungen.

(4) Dieser Artikel gilt für die Dauer von sechs Jahren ab Inkrafttreten dieser Verordnung.

Art. 64

(1) Bei Streitigkeiten zwischen dem Kapitän und einem Mitglied der Mannschaft eines in Griechenland oder in Portugal eingetragenen Seeschiffs über die Heuer oder sonstige Bedingungen des Dienstverhältnisses haben die Gerichte eines Mitgliedstaats zu überprüfen, ob der für das Schiff zuständige diplomatische oder konsularische Vertreter von der Streitigkeit unterrichtet worden ist. Sie können entscheiden, sobald dieser Vertreter unterrichtet ist.

(2) Dieser Artikel gilt für die Dauer von sechs Jahren ab Inkrafttreten dieser Verordnung.

Art. 65

(1) [1]Die in Artikel 6 Nummer 2 und Artikel 11 für eine Gewährleistungs- oder Interventionsklage vorgesehene Zuständigkeit kann in Deutschland, Österreich und Ungarn nicht geltend gemacht werden. Jede Person, die ihren Wohnsitz in einem anderen Mitgliedstaat hat, kann vor Gericht geladen werden
a) in Deutschland nach den §§ 68 und 72 bis 74 der Zivilprozessordnung, die für die Streitverkündung gelten,
b) in Österreich nach § 21 der Zivilprozessordnung, der für die Streitverkündung gilt,

---

[1] Art. 65 Abs. 1 und 2 geändert mit Wirkung vom 1.5.2004 durch Akte v. 16.4.2003 (ABl. Nr. L 236 S. 33).

c) n Ungarn nach den §§ 58 bis 60 der Zivilprozessordnung (Polgári perrendtartás), die für die Streitverkündung gelten.

(2) Entscheidungen, die in den anderen Mitgliedstaaten aufgrund des Artikels 6 Nummer 2 und des Artikels 11 ergangen sind, werden in Deutschland, Österreich und Ungarn nach Kapitel III anerkannt und vollstreckt. Die Wirkungen, welche die in diesen Staaten ergangenen Entscheidungen nach Absatz 1 gegenüber Dritten haben, werden auch in den anderen Mitgliedstaaten anerkannt.

Kapitel VI Übergangsvorschriften

Art. 66

(1) Die Vorschriften dieser Verordnung sind nur auf solche Klagen und öffentliche Urkunden anzuwenden, die erhoben bzw. aufgenommen worden sind, nachdem diese Verordnung in Kraft getreten ist.

(2) Ist die Klage im Ursprungsmitgliedstaat vor dem Inkrafttreten dieser Verordnung erhoben worden, so werden nach diesem Zeitpunkt erlassene Entscheidungen nach Maßgabe des Kapitels III anerkannt und zur Vollstreckung zugelassen.
a) wenn die Klage im Ursprungsmitgliedstaat erhoben wurde, nachdem das Brüsseler Übereinkommen oder das Übereinkommen von Lugano sowohl im Ursprungsmitgliedstaat als auch in dem Mitgliedstaat, in dem die Entscheidung geltend gemacht wird, in Kraft getreten war.
b) in allen anderen Fällen, wenn das Gericht auf Grund von Vorschriften zuständig war, die mit den Zuständigkeitsvorschriften des Kapitels II oder eines Abkommens übereinstimmen, das im Zeitpunkt der Klageerhebung zwischen dem Ursprungsmitgliedstaat und dem Mitgliedstaat, in dem die Entscheidung geltend gemacht wird, in Kraft war.

Kapitel VII Verhältnis zu anderen Rechtsinstrumenten

Art. 67

Diese Verordnung berührt nicht die Anwendung der Bestimmungen, die für besondere Rechtsgebiete die gerichtliche Zuständigkeit oder die Anerkennung und Vollstreckung von Entscheidungen regeln und in gemeinschaftlichen Rechtsakten oder in dem in Ausführung dieser Akte harmonisierten einzelstaatlichen Recht enthalten sind.

Art. 68

(1) Diese Verordnung tritt im Verhältnis zwischen den Mitgliedstaaten an die Stelle des Brüsseler Übereinkommens, außer hinsichtlich der Hoheitsgebiete der Mitgliedstaaten, die in den territorialen Anwendungsbereich dieses Übereinkommens fallen und auf Grund der Anwendung von Artikel 299 des Vertrags zur Gründung der Europäischen Gemeinschaft von der vorliegenden Verordnung ausgeschlossen sind.

(2) Soweit diese Verordnung die Bestimmungen des Brüsseler Übereinkommens zwischen den Mitgliedstaaten ersetzt, gelten Verweise auf dieses Übereinkommen als Verweise auf die vorliegende Verordnung.

Art. 69

¹Diese Verordnung ersetzt unbeschadet des Artikels 66 Absatz 2 und des Artikels 70 im Verhältnis zwischen den Mitgliedstaaten die nachstehenden Abkommen und Verträge:
- das am 8. Juli 1899 in Paris unterzeichnete belgisch-französische Abkommen über die gerichtliche Zuständigkeit, die Anerkennung und die Vollstreckung von gerichtlichen Entscheidungen, Schiedssprüchen und öffentlichen Urkunden;
- das am 28. März 1925 in Brüssel unterzeichnete belgisch-niederländische Abkommen über die Zuständigkeit der Gerichte, den Konkurs sowie die Anerkennung und die Vollstreckung von gerichtlichen Entscheidungen, Schiedssprüchen und öffentlichen Urkunden;
- das am 23. November 1927 in Lissabon unterzeichnete Abkommen zwischen der Tschechoslowakischen Republik und Portugal über die Anerkennung und Vollstreckung gerichtlicher Entscheidungen, das zwischen der Tschechischen Republik und Portugal noch in Kraft ist;
- das am 3. Juni 1930 in Rom unterzeichnete französisch-italienische Abkommen über die Vollstreckung gerichtlicher Urteile in Zivil- und Handelssachen;
- das am 18. Januar 1934 in Paris unterzeichnete britisch-französische Abkommen über die gegenseitige Vollstreckung gerichtlicher Entscheidungen in Zivil- und Handelssachen mit Protokoll;
- das am 2. Mai 1934 in Brüssel unterzeichnete britisch-belgische Abkommen über die gegenseitige Vollstreckung gerichtlicher Entscheidungen in Zivil- und Handelssachen mit Protokoll;
- das am 9. März 1936 in Rom unterzeichnete deutsch-italienische Abkommen über die Anerkennung und Vollstreckung gerichtlicher Entscheidungen in Zivil- und Handelssachen;
- das am 16. Dezember 1954 in Wien unterzeichnete Abkommen zwischen der Föderativen Volksrepublik Jugoslawien und der Republik Österreich über die justizielle Zusammenarbeit;
- das am 25. Oktober 1957 in Wien unterzeichnete belgisch-österreichische Abkommen über die gegenseitige Anerkennung und Vollstreckung von gerichtlichen Entscheidungen und öffentlichen Urkunden betreffend Unterhaltsverpflichtungen;
- das am 30. Juni 1958 in Bonn unterzeichnete deutsch-belgische Abkommen über die gegenseitige Anerkennung und Vollstreckung von gerichtlichen Entscheidungen, Schiedssprüchen und öffentlichen Urkunden in Zivil- und Handelssachen;
- das am 6. März 1959 in Budapest unterzeichnete Abkommen zwischen der Volksrepublik Polen und der Volksrepublik Ungarn über die Rechtshilfe in Zivil-, Familien- und Strafsachen;
- das am 17. April 1959 in Rom unterzeichnete niederländisch-italienische Abkommen über die Anerkennung und Vollstreckung gerichtlicher Entscheidungen in Zivil- und Handelssachen;
- den am 6. Juni 1959 in Wien unterzeichneten deutsch-österreichischen Vertrag über die gegenseitige Anerkennung und Vollstreckung von gerichtlichen Entscheidungen, Vergleichen und öffentlichen Urkunden in Zivil- und Handelssachen;
- das am 16. Juni 1959 in Wien unterzeichnete belgisch-österreichische Abkommen über die gegenseitige Anerkennung und Vollstreckung von gerichtlichen Entscheidungen, Schiedssprüchen und öffentlichen Urkunden auf dem Gebiet des Zivil- und Handelsrechts;
- das am 18. Juni 1959 in Athen unterzeichnete Abkommen zwischen der Föderativen Volksrepublik Jugoslawien und dem Königreich Griechenland über die gegenseitige Anerkennung und Vollstreckung gerichtlicher Entscheidungen;
- das am 6. Februar 1960 in Warschau unterzeichnete Abkommen zwischen der Volksrepublik Polen und der Föderativen Volksrepublik Jugoslawien über die Rechtshilfe in Zivil- und Strafsachen, das nun zwischen Polen und Slowenien in Kraft ist;
- das am 18. März 1960 in Belgrad unterzeichnete Abkommen zwischen der Föderativen Volksrepublik Jugoslawien und der Republik Österreich über die gegenseitige Anerkennung und

---

1 Art. 69 zuletzt geändert mit Wirkung vom 1.1.2007 durch VO v. 20.11.2006 (ABl. Nr. L 363 S. 1).

- die Vollstreckung von Schiedssprüchen und schiedsgerichtlichen Vergleichen in Handelssachen;
- das am 14. Juli 1960 in Bonn unterzeichnete deutsch-britische Abkommen über die gegenseitige Anerkennung und Vollstreckung von gerichtlichen Entscheidungen in Zivil- und Handelssachen;
- den am 14. Juli 1961 in Wien unterzeichneten britisch-österreichischen Vertrag über die gegenseitige Anerkennung und Vollstreckung gerichtlicher Entscheidungen in Zivil- und Handelssachen und das am 6. März 1970 in London unterzeichnete Protokoll;
- das am 10. Oktober 1961 in Wien unterzeichnete Abkommen zwischen der Föderativen Volksrepublik Jugoslawien und der Republik Österreich über die gegenseitige Anerkennung und die Vollstreckung gerichtlicher Entscheidungen in Unterhaltssachen;
- den am 4. November 1961 in Athen unterzeichneten Vertrag zwischen der Bundesrepublik Deutschland und dem Königreich Griechenland über die gegenseitige Anerkennung und Vollstreckung von gerichtlichen Entscheidungen, Vergleichen und öffentlichen Urkunden in Zivil- und Handelssachen;
- das am 6. April 1962 in Rom unterzeichnete belgisch-italienische Abkommen über die Anerkennung und Vollstreckung von gerichtlichen Entscheidungen und anderen vollstreckbaren Titeln in Zivil- und Handelssachen;
- den am 30. August 1962 in Den Haag unterzeichneten deutsch-niederländischen Vertrag über gegenseitige Anerkennung und Vollstreckung gerichtlicher Entscheidungen und anderer Schuldtitel in Zivil- und Handelssachen;
- das am 6. Februar 1963 in Den Haag unterzeichnete niederländisch-österreichische Abkommen über die gegenseitige Anerkennung und Vollstreckung von gerichtlichen Entscheidungen und öffentlichen Urkunden auf dem Gebiet des Zivil- und Handelsrechts;
- das am 11. Dezember 1963 in Wien unterzeichnete polnisch-österreichische Abkommen über die gegenseitigen Beziehungen in Zivilsachen und über Urkunden;
- den am 20. Januar 1964 in Belgrad unterzeichneten Vertrag zwischen der Tschechoslowakischen Sozialistischen Republik und der Sozialistischen Föderativen Republik Jugoslawien über die Schlichtung von Rechtsbeziehungen in Zivil-, Familien- und Strafsachen, der zwischen der Tschechischen Republik, der Slowakei und Slowenien noch in Kraft ist;
- das am 7. Februar 1964 in Rom unterzeichnete britisch-italienische Abkommen über die gegenseitige Anerkennung und Vollstreckung gerichtlicher Entscheidungen in Zivil- und Handelssachen und das am 14. Juli 1970 in Rom unterzeichnete Zusatzprotokoll;
- das am 15. Juli 1966 in Wien unterzeichnete französisch-österreichische Abkommen über die Anerkennung und die Vollstreckung von gerichtlichen Entscheidungen und öffentlichen Urkunden auf dem Gebiet des Zivil- und Handelsrechts;
- das am 5. April 1967 in Warschau geschlossene polnisch-französische Abkommen über das anwendbare Recht, die Rechtsprechung und die Vollstreckung gerichtlicher Entscheidungen im Bereich des Personenstands- und Familienrechts;
- das am 17. November 1967 in Den Haag unterzeichnete britisch-niederländische Abkommen über die gegenseitige Anerkennung und Vollstreckung gerichtlicher Entscheidungen in Zivilsachen;
- das am 28. Mai 1969 in Paris unterzeichnete französisch-spanische Abkommen über die Anerkennung und Vollstreckung von gerichtlichen Entscheidungen und Schiedssprüchen in Zivil- und Handelssachen;
- das am 18. Mai 1971 in Paris unterzeichnete Abkommen zwischen den Regierungen Jugoslawiens und Frankreichs über Anerkennung und die Vollstreckung gerichtlicher Entscheidungen in Zivil- und Handelssachen;
- das am 29. Juli 1971 in Luxemburg unterzeichnete luxemburgisch-österreichische Abkommen über die Anerkennung und die Vollstreckung von gerichtlichen Entscheidungen und öffentlichen Urkunden auf dem Gebiet des Zivil- und Handelsrechts;

- das am 16. November 1971 in Rom unterzeichnete italienisch-österreichische Abkommen über die Anerkennung und Vollstreckung von gerichtlichen Entscheidungen in Zivil- und Handelssachen, von gerichtlichen Vergleichen und von Notariatsakten;
- das am 22. Mai 1973 in Madrid unterzeichnete italienisch-spanische Abkommen über die Rechtshilfe und die Anerkennung und Vollstreckung gerichtlicher Entscheidungen in Zivil- und Handelssachen;
- das am 12. Dezember 1973 in Belgrad unterzeichnete Abkommen zwischen der Sozialistischen Föderativen Republik Jugoslawien und dem Königreich Belgien über die Anerkennung und Vollstreckung gerichtlicher Entscheidungen in Unterhaltssachen;
- das am 11. Oktober 1977 in Kopenhagen unterzeichnete Übereinkommen zwischen Dänemark, Finnland, Island, Norwegen und Schweden über die Anerkennung und Vollstreckung gerichtlicher Entscheidungen in Zivilsachen;
- das am 8. Oktober 1979 in Budapest unterzeichnete ungarisch-griechische Abkommen über die Rechtshilfe in Zivil- und Strafsachen;
- das am 24. Oktober 1979 in Athen unterzeichnete polnisch-griechische Abkommen über die Rechtshilfe in Zivil- und Strafsachen;
- das am 31. Juli 1980 in Budapest unterzeichnete ungarisch-französische Abkommen über die Rechtshilfe in Zivil- und Familiensachen und über die Anerkennung und Vollstreckung gerichtlicher Entscheidungen sowie die Rechtshilfe in Strafsachen und die Auslieferung;
- den am 22. Oktober 1980 in Athen unterzeichneten Vertrag zwischen der Tschechoslowakischen Sozialistischen Republik und der Hellenischen Republik über die Rechtshilfe in Zivil- und Strafsachen, der zwischen der Tschechischen Republik, der Slowakei und Griechenland noch in Kraft ist;
- das am 30. November 1981 in Nikosia unterzeichnete Abkommen zwischen der Republik Zypern und der Volksrepublik Ungarn über die Rechtshilfe in Zivil- und Strafsachen;
- der am 23. April 1982 in Nikosia unterzeichnete Vertrag zwischen der Tschechoslowakischen Sozialistischen Republik und der Republik Zypern über die Rechtshilfe in Zivil- und Strafsachen, das zwischen der Tschechischen Republik, der Slowakei und Zypern noch in Kraft ist;
- das am 16. September 1982 in Stockholm unterzeichnete österreichisch-schwedische Abkommen über die Anerkennung und die Vollstreckung von Entscheidungen in Zivilsachen;
- den am 14. November 1983 in Bonn unterzeichneten deutsch-spanischen Vertrag über die Anerkennung und Vollstreckung von gerichtlichen Entscheidungen und Vergleichen sowie vollstreckbaren öffentlichen Urkunden in Zivil- und Handelssachen;
- das am 17. Februar 1984 in Wien unterzeichnete österreichisch-spanische Abkommen über die Anerkennung und die Vollstreckung von gerichtlichen Entscheidungen, Vergleichen und vollstreckbaren öffentlichen Urkunden in Zivil- und Handelssachen;
- das am 5. März 1984 in Nikosia unterzeichnete Abkommen zwischen der Republik Zypern und der Republik Griechenland über die rechtliche Zusammenarbeit in Zivil-, Familien-, Handels- und Strafsachen;
- den am 10. Mai 1984 in Paris unterzeichneten Vertrag zwischen der Regierung der Tschechoslowakischen Sozialistischen Republik und der Regierung der Französischen Republik über die Rechtshilfe und die Anerkennung und Vollstreckung gerichtlicher Entscheidungen in Zivil-, Familien- und Handelssachen, der zwischen der Tschechischen Republik, der Slowakei und Frankreich noch in Kraft ist;
- das am 19. September 1984 in Nikosia unterzeichnete Abkommen zwischen der Republik Zypern und der Sozialistischen Föderativen Republik Jugoslawien über die Rechtshilfe in Zivil- und Strafsachen, das nun zwischen Zypern und Slowenien in Kraft ist;
- den am 6. Dezember 1985 in Prag unterzeichneten Vertrag zwischen der Tschechoslowakischen Sozialistischen Republik und der Italienischen Republik über die Rechtshilfe in Zivil- und Strafsachen, der zwischen der Tschechischen Republik, der Slowakei und Italien noch in Kraft ist;
- das am 17. November 1986 in Wien unterzeichnete finnisch-österreichische Abkommen über die Anerkennung und die Vollstreckung von Entscheidungen in Zivilsachen;

- den am 4. Mai 1987 in Madrid unterzeichneten Vertrag zwischen der Tschechoslowakischen Sozialistischen Republik und dem Königreich Spanien über die Rechtshilfe sowie die Anerkennung und Vollstreckung gerichtlicher Entscheidungen in Zivilsachen, der zwischen der Tschechischen Republik, der Slowakei und Spanien noch in Kraft ist;
- den am 21. Dezember 1987 in Warschau unterzeichneten Vertrag zwischen der Tschechoslowakischen Sozialistischen Republik und der Volksrepublik Polen über die Rechtshilfe und die Schlichtung von Rechtsbeziehungen in Zivil-, Familien-, Arbeits- und Strafsachen, der zwischen der Tschechischen Republik, der Slowakei und Polen noch in Kraft ist;
- den am 28. März 1989 in Bratislava unterzeichneten Vertrag zwischen der Tschechoslowakischen Sozialistischen Republik und der Volksrepublik Ungarn über die Rechtshilfe und die Schlichtung von Rechtsbeziehungen in Zivil-, Familien-, und Strafsachen, der zwischen der Tschechischen Republik, der Slowakei und Ungarn noch in Kraft ist;
- das am 28. April 1989 in Warschau unterzeichnete polnisch-italienische Abkommen über gerichtliche Hilfe und die Anerkennung und Vollstreckung gerichtlicher Entscheidungen in Zivilsachen;
- den am 29. Oktober 1992 in Prag unterzeichneten Vertrag zwischen der Tschechischen Republik und der Slowakischen Republik über die von Gerichten geleistete Rechtshilfe sowie Schlichtung bestimmter rechtlicher Beziehungen in Zivil- und Strafsachen;
- das am 11. November 1992 in Tallinn unterzeichnete Abkommen zwischen der Republik Lettland, der Republik Estland und der Republik Litauen über Rechtshilfe und Rechtsbeziehungen;
- das am 26. Januar 1993 in Warschau unterzeichnete Abkommen zwischen der Republik Polen und der Republik Litauen über Rechtshilfe und Rechtsbeziehungen in Zivil-, Familien-, Arbeits- und Strafsachen;
- das am 23. Februar 1994 in Riga unterzeichnete Abkommen zwischen der Republik Lettland und der Republik Polen über Rechtshilfe und Rechtsbeziehungen in Zivil-, Familien-, Arbeits- und Strafsachen;
- das am 14. November 1996 in Nikosia unterzeichnete Abkommen zwischen der Republik Zypern und der Republik Polen über die rechtliche Zusammenarbeit in Zivil- und Strafsachen;
- das am 27. November 1998 in Tallinn unterzeichnete estnisch-polnische Abkommen über Rechtshilfe und Rechtsbeziehungen in Zivil-, Arbeits- und Strafsachen.
- und, insoweit als er in Kraft ist,
- den am 24. November 1961 in Brüssel unterzeichneten belgisch-niederländisch-luxemburgischen Vertrag über die gerichtliche Zuständigkeit, den Konkurs, die Anerkennung und die Vollstreckung von gerichtlichen Entscheidungen, Schiedssprüchen und öffentlichen Urkunden.
- das am 2. Juli 1930 in Sofia unterzeichnete Abkommen zwischen Bulgarien und Belgien über bestimmte justizielle Fragen;
- das am 23. März 1956 in Sofia unterzeichnete Abkommen zwischen der Volksrepublik Bulgarien und der Föderativen Volksrepublik Jugoslawien über gegenseitige Rechtshilfe, das zwischen Bulgarien und Slowenien noch in Kraft ist;
- den am 7. Oktober 1958 in Bukarest unterzeichneten Vertrag zwischen der Volksrepublik Rumänien und der Volksrepublik Ungarn über die Rechtshilfe in Zivil-, Familien- und Strafsachen;
- den am 25. Oktober 1958 in Prag unterzeichneten Vertrag zwischen der Volksrepublik Rumänien und der Tschechoslowakischen Republik über die Rechtshilfe in Zivil-, Familien- und Strafsachen, der zwischen Rumänien und der Slowakei noch in Kraft ist;
- das am 3. Dezember 1958 in Sofia unterzeichnete Abkommen zwischen der Volksrepublik Bulgarien und der Volksrepublik Rumänien über die Rechtshilfe in Zivil-, Familien- und Strafsachen;

– den am 18. Oktober 1960 in Belgrad unterzeichneten Vertrag zwischen der Volksrepublik Rumänien und der Föderativen Volksrepublik Jugoslawien über Rechtshilfe mit Protokoll, der zwischen Rumänien und Slowenien noch in Kraft ist;
– das am 4. Dezember 1961 in Warschau unterzeichnete Abkommen zwischen der Volksrepublik Bulgarien und der Volksrepublik Polen über die Rechtshilfe in Zivil-, Familien- und Strafsachen;
– das am 17. November 1965 in Wien unterzeichnete Abkommen zwischen der Sozialistischen Republik Rumänien und der Republik Österreich über die Rechtshilfe in Zivil- und Familiensachen sowie über die Gültigkeit und Zustellung von Schriftstücken mit Protokoll;
– das am 16. Mai 1966 in Sofia unterzeichnete Abkommen zwischen der Volksrepublik Bulgarien und der Volksrepublik Ungarn über die Rechtshilfe in Zivil-, Familien- und Strafsachen;
– das am 19. Oktober 1972 in Bukarest unterzeichnete Abkommen zwischen der Sozialistischen Republik Rumänien und der Hellenischen Republik über die Rechtshilfe in Zivil- und Strafsachen mit Protokoll;
– das am 11. November 1972 in Bukarest unterzeichnete Abkommen zwischen der Sozialistischen Republik Rumänien und der Italienischen Republik über die Rechtshilfe in Zivil- und Strafsachen;
– das am 5. November 1974 in Paris unterzeichnete Abkommen zwischen der Sozialistischen Republik Rumänien und der Französischen Republik über die Rechtshilfe in Zivil- und Handelssachen;
– das am 30. Oktober 1975 in Bukarest unterzeichnete Abkommen zwischen der Sozialistischen Republik Rumänien und dem Königreich Belgien über die Rechtshilfe in Zivil- und Handelssachen;
– das am 10. April 1976 in Athen unterzeichnete Abkommen zwischen der Volksrepublik Bulgarien und der Hellenischen Republik über die Rechtshilfe in Zivil- und Strafsachen;
– das am 25. November 1976 in Sofia unterzeichnete Abkommen zwischen der Volksrepublik Bulgarien und der Tschechoslowakischen Sozialistischen Republik über die Rechtshilfe und die Regelung von Beziehungen in Zivil-, Familien- und Strafsachen;
– das am 15. Juni 1978 in London unterzeichnete Abkommen zwischen der Sozialistischen Republik Rumänien und dem Vereinigten Königreich Großbritannien und Nordirland über die Rechtshilfe in Zivil- und Handelssachen;
– das am 30. Oktober 1979 in Bukarest unterzeichnete Zusatzprotokoll zum Abkommen zwischen der Sozialistischen Republik Rumänien und dem Königreich Belgien über die Rechtshilfe in Zivil- und Handelssachen;
– das am 30. Oktober 1979 in Bukarest unterzeichnete Abkommen zwischen der Sozialistischen Republik Rumänien und dem Königreich Belgien über die Anerkennung und Vollstreckung gerichtlicher Entscheidungen in Unterhaltssachen;
– das am 6. November 1980 in Bukarest unterzeichnete Abkommen zwischen der Sozialistischen Republik Rumänien und dem Königreich Belgien über die Anerkennung und Vollstreckung gerichtlicher Entscheidungen in Scheidungssachen;
– das am 29. April 1983 in Nikosia unterzeichnete Abkommen zwischen der Volksrepublik Bulgarien und der Republik Zypern über die Rechtshilfe in Zivil- und Strafsachen;
– das am 18. Januar 1989 in Sofia unterzeichnete Abkommen zwischen der Volksrepublik Bulgarien und der Regierung der Französischen Republik über die gegenseitige Rechtshilfe in Zivilsachen;
– das am 18. Mai 1990 in Rom unterzeichnete Abkommen zwischen der Volksrepublik Bulgarien und der Italienischen Republik über die Rechtshilfe und die Vollstreckung von Entscheidungen in Zivilsachen;
– das am 23. Mai 1993 in Sofia unterzeichnete Abkommen zwischen der Republik Bulgarien und dem Königreich Spanien über die gegenseitige Rechtshilfe in Zivilsachen;
– den am 11. Juli 1994 in Bukarest unterzeichneten Vertrag zwischen Rumänien und der Tschechischen Republik über die Rechtshilfe in Zivilsachen;

- das am 17. November 1997 in Bukarest unterzeichnete Abkommen zwischen Rumänien und dem Königreich Spanien über die gerichtliche Zuständigkeit und die Anerkennung und Vollstreckung von Entscheidungen in Zivil- und Handelssachen;
- das am 17. November 1997 in Bukarest unterzeichnete Abkommen zwischen Rumänien und dem Königreich Spanien – Zusatzabkommen zum Haager Übereinkommen über den Zivilprozess (Den Haag, 1. März 1954);
- den am 15. Mai 1999 in Bukarest unterzeichneten Vertrag zwischen Rumänien und der Republik Polen über die Rechtshilfe und die Rechtsbeziehungen in Zivilsachen.

Art. 70

(1) Die in Artikel 69 angeführten Abkommen und Verträge behalten ihre Wirksamkeit für die Rechtsgebiete, auf die diese Verordnung nicht anzuwenden ist.

(2) Sie bleiben auch weiterhin für die Entscheidungen und die öffentlichen Urkunden wirksam, die vor Inkrafttreten dieser Verordnung ergangen oder aufgenommen sind.

Übersicht

	Rdn.		Rdn.
I. Teilweise Fortgeltung von Staatsverträgen			1

I. Teilweise Fortgeltung von Staatsverträgen

1 Durch Art. 70 wird klargestellt, dass die in dem vorhergehenden Artikel aufgelisteten und durch die Verordnung ersetzten bilateralen Verträge der Mitgliedstaaten ihre Geltung behalten, soweit die EuGVVO entweder in sachlicher oder in zeitlicher Hinsicht nicht anwendbar ist. In zeitlicher Hinsicht dürften Probleme nur im Verhältnis zu den in den letzten Jahren beigetretenen neuen Mitgliedstaaten auftreten, da das EuGVÜ in Art. 55 eine dem Art. 69 entsprechende Regelung hatte, Sachlich kann die Fortgeltung der Staatsverträge insbesondere bei den durch Art. 1 Abs. 2 lit. a und d ausgenommenen Streitigkeiten aus dem ehelichen Güterrecht, dem Erbrecht und der Schiedsgerichtbarkeit relevant werden.

Art. 71

(1) Diese Verordnung lässt Übereinkommen unberührt, denen die Mitgliedstaaten angehören und die für besondere Rechtsgebiete die gerichtliche Zuständigkeit, die Anerkennung oder die Vollstreckung von Entscheidungen regeln.

(2) Um eine einheitliche Auslegung des Absatzes 1 zu sichern, wird dieser Absatz in folgender Weise angewandt:
a) Diese Verordnung schließt nicht aus, dass ein Gericht eines Mitgliedstaats, der Vertragspartei eines Übereinkommens über ein besonderes Rechtsgebiet ist, seine Zuständigkeit auf ein solches Übereinkommen stützt, und zwar auch dann, wenn der Beklagte seinen Wohnsitz im Hoheitsgebiet eines Mitgliedstaats hat, der nicht Vertragspartei eines solchen Übereinkommens ist. In jedem Fall wendet dieses Gericht Artikel 26 dieser Verordnungen an.
b) Entscheidungen, die in einem Mitgliedstaat von einem Gericht erlassen worden sind, das seine Zuständigkeit auf ein Übereinkommen über ein besonderes Rechtsgebiet gestützt hat, werden in den anderen Mitgliedstaaten nach dieser Verordnung anerkannt und vollstreckt.
  - Sind der Ursprungsmitgliedstaat und der ersuchte Mitgliedstaat Vertragsparteien eines Übereinkommens über ein besonderes Rechtsgebiet, welches die Voraussetzungen für die Anerkennung und Vollstreckung von Entscheidungen regelt, so gelten diese Voraussetzungen. In jedem Fall können die Bestimmungen dieser Verordnung über das Verfahren zur Anerkennung und Vollstreckung von Entscheidungen angewandt werden.

Übersicht	Rdn.		Rdn.
I. Zweck der Norm	1		

I. Zweck der Norm

Die Vorschrift verweist auf vorrangige Spezialabkommen zu bestimmten Sachgebieten.[1] Die Verweisung steht jedoch unter der Maßgabe, dass für den Titelgläubiger in jedem Fall die Möglichkeit besteht, das Verfahren der Vollstreckbarerklärung nach den Art. 38 ff. in Anspruch zu nehmen (Art. 71 Abs. 2 lit. b Satz 3), wenn das Spezialabkommen insoweit keinen Vorrang beansprucht. Ist das Spezialabkommen im Hinblick auf die Ausgestaltung des Verfahrens offen, besteht keine Notwendigkeit, dem Gläubiger das effektive Vollstreckbarerklärungsverfahren nach der EuGVVO vorzuenthalten. Der Gläubiger kann in diesen Fällen nach seiner freien Entscheidung das ihm am zweckmäßigsten erscheinende Verfahren aus Art. 38 ff. einerseits und dem Spezialabkommen andererseits – in Verbindung mit den jeweiligen Ausführungsgesetzen – auswählen.[2] Das für den Gläubiger günstigste Verfahren dürfte in der Regel dasjenige nach der EuGVVO sein mit den nur wenigen Formalien und einer Verfahrensgestaltung, die – etwa durch die Verlagerung der Prüfung von Versagungsgründen in die Beschwerdeinstanz – eine zügige und effektive Vollstreckung sichert.

Art. 72

Diese Verordnung lässt Vereinbarungen unberührt, durch die sich die Mitgliedstaaten vor Inkrafttreten dieser Verordnung nach Artikel 59 des Brüsseler Übereinkommens verpflichtet haben, Entscheidungen der Gerichte eines anderen Vertragsstaats des genannten Übereinkommens gegen Beklagte, die ihren Wohnsitz oder gewöhnlichen Aufenthalt im Hoheitsgebiet eines dritten Staates haben, nicht anzuerkennen, wenn die Entscheidungen in den Fällen des Artikels 4 des genannten Übereinkommens nur in einem der in Artikel 3 Absatz 2 des genannten Übereinkommens angeführten Gerichtsstände ergehen können.

Kapitel VIII Schlussvorschriften

Art. 73

Die Kommission legt dem Europäischen Parlament, dem Rat und dem Wirtschafts- und Sozialausschuss spätestens fünf Jahre nach Inkrafttreten dieser Verordnung einen Bericht über deren Anwendung vor. Diesem Bericht sind gegebenenfalls Vorschläge zur Anpassung der Verordnung beizufügen.

Art. 74

(1) Die Mitgliedstaaten notifizieren der Kommission die Texte, durch welche die Listen in den Anhängen I bis IV geändert werden. Die Kommission passt die betreffenden Anhänge entsprechend an.

(2) Aktualisierungen oder technische Anpassungen der in den Anhängen V und VI wiedergegebenen Formblätter werden nach dem in Artikel 75 Absatz 2 genannten Beratungsverfahren beschlossen.

---

1 Eine Übersicht findet sich bei *MüKo/Gottwald*, Art. 71 EuGVO Rn. 2.
2 BGH, FamRZ 2007, 989 für das Verhältnis zum HUVÜ 1973; *Geimer/Schütze*, EuZVR, Art. 71 EuGVVO Rn. 22; *Kropholler/v. Hein*, Art. 71 EuGVVO Rn. 5; *Rauscher/Mankowski*, EuZPR/EuIPR, Art. 71 Brüssel I-VO Rn. 18.

Verordnung (EG) Nr. 805/2004 des Europäischen Parlaments und des Rates vom 21. April 2004 zur Einführung eines europäischen Vollstreckungstitels für unbestrittene Forderungen – EuVTVO –

Vor EuVTVO

Übersicht	Rdn.			Rdn.
I. Allgemeiner Überblick	1	1.	Mahnverfahren	5
II. Räumlicher und zeitlicher Geltungsbereich	2	2.	Bagatellforderungen	6
		3.	Unterhaltsansprüche	7
III. Auslegung der EuVTVO	3	4.	Brüssel-Ia-VO	8
IV. Maßnahmenprogramm der EU	4	V.	Erwägungsgründe	10

Literatur:
[1]*Adolfsen/Bachmann*, Die Bestätigung von Zug um Zug-Titeln als Europäische Vollstreckungstitel, IPRax 2014, 267; *Bach*, Grenzüberschreitende Vollstreckung in Europa, 2008; *Berger*, Einstweiliger Rechtsschutz im Zivilrecht, 2006; *Bittmann*, Der Kostenfestsetzungsbeschluss nach § 104 ZPO als Europäischer Vollstreckungstitel, Rpfleger 2009, 369; *ders.*, Das Verhältnis der EuVTVO zur EuGVVO, IPRax 2011, 55; *ders.*, Der Europäische Vollstreckungstitel – einfach und gut, AnwBl. 2011, 378; *Brand*, Grenzüberschreitender Verbraucherschutz in der EU – Ungereimtheiten und Wertungswidersprüche im System des europäischen Kollisions- und Verfahrensrechts, IPRax 2013, 126; *Breuer*, Übernationale Rechtsgrundlagen für die Anerkennung und Vollstreckbarkeit von Unterhaltstiteln, FamRB 2014, 30; *Coester-Waltjen*, Der neue Europäische Vollstreckungstitel, JURA 2005, 394; *dies.*, Einige Überlegungen zu einem künftigen europäischen Vollstreckungstitel, in FS Beys, 2003, 183; *Giebel*, Die Vollstreckung von Ordnungsmittelbeschlüssen gem. § 890 ZPO im EU-Ausland, IPRax 2009, 324; *ders.*, Fünf Jahre Europäischer Vollstreckungstitel in der deutschen Gerichtspraxis – Zwischenbilanz und fortbestehender Klärungsbedarf, IPRax 2011, 529; *Gruber*, Die Vollstreckbarkeit ausländischer Unterhaltstitel – altes und neues Recht, IPRax 2013, 325; *Halfmeier*, Die Vollstreckungsgegenklage im Recht der internationalen Zuständigkeit, IPRax 2007, 381; *Harsági/Kengyel*, Anwendungsprobleme des Europäischen Zivilverfahrensrechts in Mittel- und Osteuropa, IPRax 2009, 533; *dies.*, Grenzüberschreitende Vollstreckung in der Europäischen Union, 2011; *Heiderhoff*, Fiktive Zustellung und Titelmobilität, IPRax 2013, 309; *Heinig*, Die Konkurrenz der EuGVVO mit dem übrigen Gemeinschaftsrecht, GPR 2010, 36; *Hess*, Europäischer Vollstreckungstitel und nationale Vollstreckungsgegenklage, IPRax 2004, 493; *Hüßtege*, Der Europäische Vollstreckungstitel in: *Gottwald*, Perspektiven der Justiziellen Zusammenarbeit in Zivilsachen in der Europäischen Union S. 113 ff.; *ders.*, Der Europäische Vollstreckungstitel in der Praxis, IPRax 2009, 321; *Jennissen*, Der Europäische Vollstreckungstitel, InVo 2006, 218 u. 263; *Kienle*, Effektiver Zugang zum (doppelten) Recht? Ein Zwischenruf zum Verhältnis von EuGVO und EuVTVO, EuZW 2010, 334; *König*, EuVTVO: Belehrungserfordernisse und Anwendungsbereich, IPRax 2008, 141; *Kropholler/v. Hein*, Europäisches Zivilprozeßrecht, 9. Auflage, 2011; *Leible/Freitag*, Forderungsbeitreibung in der EU, 2008; *Leible/Lehmann*, Die Verordnung über den Europäischen Vollstreckungstiteln für unbestrittene Forderungen und ihre Auswirkungen auf die notarielle Praxis, NotBZ 2004, 453; *Luckey*, Gerichtsvollzieher ohne Grenzen, ProzRB 2005, 242; *Mankowski*, Prozessualer Verbraucherschutz beim Europäischen Vollstreckungstitel, VuR 2010, 16; *Mansel/Thorn/Wagner*, Europäisches Kollisionsrecht 2009: Hoffnungen durch den Vertrag von Lissabon, IPRax 2010, 1; *Müller*, Notarielle Vollstreckungstitel, RNotZ 2010, 167; *Oberhammer*, The Abolition of Exequatur, IPRax 2010, 197; *Rauscher*, Der Europäische Vollstreckungstitel für unbestrittene Forderungen, 2004; *Rellermeyer*, Der Europäische Vollstreckungstitel für unbestrittene Forderungen, Rpfleger, 2005, 389; *Riedel*, Europäische Vollstreckungstitel für unbestrittene Forderungen – VO (EG) 805/2004, ProzRB 2005, 324; *Röthel/Sparmann*, Der europäische Vollstreckungstitel für unbestrittene Forderungen, WM 2006, 2285; *Roth*, Probleme um die Bestätigung als Europäischer Vollstreckungstitel nach der EuVTVO, IPRax 2013, 239; *Stadler*, Das Europäische Zivilprozessrecht – Wie viel Beschleunigung verträgt Europa?, IPRax 2004, 2; *dies.*, Kritische Anmerkungen zum Europäischen Vollstreckungstitel, RIW 2004, 801; *Stein*, Der Europäische Vollstreckungstitel für unbestrittene Forderungen tritt in Kraft – Aufruf zu einer nüchternen Betrachtung, IPRax 2004, 181; *ders.*, Der Europäische Vollstreckungstitel für unbestrittene Forderungen – Einstieg in den Ausstieg aus dem Exequaturverfahren bei Auslandsvollstreckung, EuZW 2004, 679; *Stoffregen*, Grenzüberschreitende Vollstreckung von Ordnungsgeldern, WRP 2010, 839; *Strasser*;

---

[1] ABl. EU L 143 S. 15, ber. ABl. EU 2005 L 97 S. 64; EU-Dok.-Nr. 3 2004 R 0805; zuletzt geändert durch Art. 1 ÄndVO (EG) 1869/2005 vom 16.11.2005 (ABl. EU L 300 S. 6).

Vor EuVTVO

Exequaturverfahren nach EuGVVO und europäischer Vollstreckungstitel – von der besonderen Verantwortung des Rechtspflegers in der Praxis, Rpfleger 2008, 547; *Stürner*, Rechtsschutz gegen fehlerhafte Europäische Vollstreckungstitel, GPR 2010, 43, *Sujecki*, Niederländisches Gesetz zur Durchführung der Verordnung (EG) Nr. 805/2004 zum Europäischen Vollstreckungstitel, IPRax, 2006 525; *ders.*, Die Europäische Mediationsrichtlinie, EuZW 2010, 7; *Taborowski*, Der Europäische Vollstreckungstitel für unbestrittene Forderungen – ein kurzer Überblick aus polnischer Sicht, IPRax 2007, 250; *Wagner*, Vom Brüsseler Übereinkommen über die Brüssel I-Verordnung zum Europäischen Vollstreckungstitel, IPRax 2002, 75; *ders.*, Die neue EG-Verordnung zum Europäischen Vollstreckungstitel, IPRax 2005, 189; *ders.*, Der Europäische Vollstreckungstitel, NJW 2005, 1157; *ders.*, Die Rechtsinstrumente der justiziellen Zusammenarbeit in Zivilsachen – Eine Bestandsaufnahme, NJW 2013, 3128; *Yessiou-Faltsi*, Die Folgen des Europäischen Vollstreckungstitels für das Vollstreckungsrecht in Europa in: *Gottwald*, Perspektiven der Justiziellen Zusammenarbeit in Zivilsachen in der Europäischen Union, S. 215.

I. Allgemeiner Überblick

1 Für ausländische Titel gilt der Grundsatz, dass ihr die Vollstreckbarkeit im Rahmen eines gesonderten Exequaturverfahrens originär verliehen werden muss.[2] Für die Vollstreckung eines in einem Mitgliedsland der EU ergangenen Titels in einem anderen Mitgliedsland trifft dieser Grundsatz inzwischen für bestimmte Titel nicht mehr zu und wird aller Voraussicht nach in Zukunft weiter eingeschränkt werden. Gestützt auf die Ermächtigung in Art. 65 lit. c), 65 lit. a) EGV in der Fassung des Vertrags von Amsterdam vom 2.10.1997 hat der Europäische Verordnungsgeber zunächst für einen Teilbereich familienrechtlicher Titel, nämlich für Umgangsentscheidungen in Art. 41 EuEheVO vom 1.3.2005 (Brüssel IIa) das Exequaturverfahren abgeschafft und bestimmt, dass diese unter bestimmten Voraussetzungen in allen Mitgliedstaaten unmittelbar vollstreckbar sind. Dieser Systemwechsel ist sodann mit der EuVTVO allgemein für zivilrechtliche Titel vollzogen worden, indem die nationale Vollstreckungswirkung eines Titels auf die anderen Mitgliedstaaten erstreckt wird ohne dass es eines gesonderten Vollstreckbarkeitsverfahrens bedarf.[3] Der Anwendungsbereich der EuVTVO ist zwar scheinbar eng, da er sich nur auf »unbestrittene Forderungen«[4] erstreckt. Nach Schätzung des Europäischen Wirtschafts- und Sozialausschusses haben indessen 80 % der gerichtlichen Entscheidungen, die in einem anderen Mitgliedstaat als dem Ursprungsmitgliedstaat vollstreckt werden sollen, derartige Forderungen zum Gegenstand.[5]

II. Räumlicher und zeitlicher Geltungsbereich

2 Die EuVTVO gilt in allen Mitgliedstaaten der EU einschließlich der am 1.5.2004 und 1.1.2007 beigetretenen Mittel- und Südosteuropäischen Staaten, aber mit Ausnahme Dänemarks, das sich aus Verfassungsgründen nicht an den Maßnahmen zur justiziellen Zusammenarbeit beteiligt.[6] Die EuVTVO ist gem. deren Art. 33 am 21.1.2005 in Kraft getreten und findet Anwendung auf gerichtliche Entscheidungen, die seit diesem Zeitpunkt ergangen sind bzw. auf gerichtliche Vergleiche und öffentliche Urkunden, die seitdem geschlossen bzw. errichtet worden sind. Das Verfahren zur Bestätigung der Titel als Europäischer Vollstreckungstitel ist allerdings erst seit dem 21.10.2005 möglich. Seit diesem Tag gilt auch das deutsche Durchführungsgesetz,[7] mit dem die ZPO sowie weitere Gesetze an die Vorgaben der EuVTVO angepasst wurden.

---

2 Siehe § 722 ZPO Rdn. 3.
3 *Rauscher*, Vollstreckungstitel Rn. 2, 13.
4 Siehe dazu Art. 3, 4 Rdn. 12–17.
5 Stellungnahme vom 11.12.2002 – KOM (2002) 159 endg. unter Ziff. 3.1 – ABl. EG 2003 C 85 S. 1.
6 Art. 2 Abs. 3; Art. 69 EGV i. V. m. Art. 1, 2 des Protokolls zum Amsterdamer Vertrag – ABl. EG 1997 C 340/101 –.
7 Art. 3 S. 1 des EG-Vollstreckungstitel-Durchführungsgesetzes.

III. Auslegung der EuVTVO

Die EuVTVO ist sekundäres Gemeinschaftsrecht und daher autonom unter Einbeziehung sonstigen Gemeinschaftsrechts auszulegen.[8] Maßgebliche Bedeutung kommt dabei der Rechtsprechung des EuGH insbesondere zum EuGVÜ und zur EuGVVO zu. Dieser hat auch zur EuVTVO wegen des Vorabentscheidungsverfahrens nach Art. 234 EGV die alleinige Auslegungskompetenz. Dieses ist nach Inkrafttreten des Vertrages von Lissabon jetzt in Art. 267 AEUV geregelt. Dabei ist die vorher aus Art. 68 I EGV folgende Einschränkung der Vorlagemöglichkeit auf das letztinstanzlich zuständige nationale Gericht entfallen. Auch die Instanzgerichte können daher im Bereich der justiziellen Zusammenarbeit ein Vorabentscheidungsersuchen an den EuGH richten, müssen dies aber nicht. Eine Vorlagepflicht besteht weiterhin nur für das letztinstanzlich zuständige Gericht. Es gilt insoweit eine konkrete Betrachtungsweise. Entscheidend ist es alleine, ob gegen eine Entscheidung des Gerichts, für das sich die Auslegungsfrage stellt, noch ein Rechtsmittel möglich ist.[9]

3

IV. Maßnahmenprogramm der EU

Mit der EuVTVO erfolgte ein erster Schritt im Rahmen eines Maßnahmenprogramm zur Umsetzung des Grundsatzes der gegenseitigen Anerkennung gerichtlicher Entscheidungen in Zivil- und Handelssachen, das der Rat der EU und die Kommission am 24.11.2000 beschlossen hatte und das als dritte Stufe für alle Rechtsgebiete die Abschaffung des Exequaturverfahrens vorsieht.[10] In Umsetzung dieses Ziels sind weitere Rechtsakte ergangen.

4

1. Mahnverfahren

Seit dem 12.12.2008 gilt die Verordnung (EG) Nr. 1896/2006 des europäischen Parlaments und des Rates vom 12.12.2006 zur Einführung eines Europäischen Mahnverfahrens – EuMahnVO –.[11]

5

2. Bagatellforderungen

Am 1.8.2007 ist die Verordnung (EG) Nr. 861/2007 des europäischen Parlaments und des Rates vom 11.7.2007 zur Einführung eines europäischen Verfahrens für geringfügige Forderungen (Nettohauptforderungen bis 2.000 Euro) – EuBagatellVO – in Kraft getreten. Anwendbar ist sie mit ihren für die juristische Praxis relevanten Teilen seit dem 1.1.2009.

6

3. Unterhaltsansprüche

Seit dem 18.6.2011 sind aufgrund der Verordnung (EG) Nr. 4/2009 des Rates vom 18.12.2008 über die Zuständigkeit, das anwendbare Recht, die Anerkennung und Vollstreckung von Entscheidungen und die Zusammenarbeit in Unterhaltssachen – EuUnterhaltsVO – Unterhaltstitel aus dem Anwendungsbereich der EuGVVO und der EuVTVO herausgelöst und es wurde ein eigenständiges Regelwerk für die Durchsetzung von Unterhaltsansprüchen geschaffen. Hiernach sind Unterhaltstitel außer in Großbritannien und Dänemark auch dann in einem anderen Mitgliedstaat unmittelbar vollstreckbar, wenn sie in einem streitigen Verfahren ergangen sind.[12]

7

4. Brüssel-Ia-VO

Ein – vorläufiger – Abschluss des Maßnahmenprogramms zur gegenseitigen Anerkennung gerichtlicher Entscheidungen innerhalb der EU erfolgte mit der Verordnung über die gerichtliche

8

---

8 BGH, NJW 2010, 1883; *Rauscher/Pabst*, EuZPR/EuIPR Einl EG-Vollstr.TitelVO Rn. 36.
9 Vgl. die Nachweise bei *Rauscher/Staudinger*, EuZPR/EuIPR, Einl Brüssel I-VO Rn. 45; *Geimer/Schütze*, EuZVR, Einl. EuGVVO Rn. 162.
10 ABl. EG 2001 C 12 S. 1; Kommentierung in diesem Buch.
11 ABl. EU L 399 S. 1 vom 30.12.2006; Kommentierung in diesem Buch.
12 ABl. EU L 7 S. 1 vom 10.1.2009; Kommentierung in diesem Buch.

Zuständigkeit und die Anerkennung und Vollstreckung gerichtlicher Entscheidungen in Zivil- und Handelssachen vom 12.12.2012 – **Brüssel Ia** –.[13] Sie gilt ab dem 10.01.2015 und ersetzt von diesem Zeitpunkt an die Verordnung Nr. 44/2001. Durch diese Verordnung entfällt in Zivil- und Handelssachen das Vollstreckbarkeitsverfahren für alle Urteile aus gerichtlichen Verfahren, die nach dem 10.1.2015 eingeleitet und für gerichtliche Vergleiche und öffentlichen Urkunden, die nach diesem Zeitpunkt geschaffen worden sind.[14]

9   Die notwendigen nationalen Durchführungsvorschriften zur EuVTVO wurden durch das EG-Vollstreckungstitel-Durchführungsgesetz[15] mit einem neuen 4. Abschnitt in das 11. Buch der ZPO über die Justizielle Zusammenarbeit in der EU eingefügt. Dessen Titel 1 (§§ 1079 – 1081) befasst sich mit der Ausstellung, der Berichtigung und dem Widerruf der Bestätigungen zu inländischen Titeln, die in einem anderen Mitgliedstaat vollstreckt werden sollen. Im Titel 2 (§§ 1082 – 1086) befinden sich sodann Bestimmungen zu Entscheidungen, gerichtlichen Vergleichen und öffentlichen Urkunden, die in einem anderen Mitgliedsland als Europäischer Vollstreckungstitel bestätigt worden sind und in Deutschland vollstreckt werden sollen.[16]

V. Erwägungsgründe

10 Einzelheiten zur Entstehungsgeschichte und zu den Motiven des Europäischen Verordnungsgebers ergeben sich aus den nachstehenden Erwägungsgründen:

DAS EUROPÄISCHE PARLAMENT UND DER RAT DER EUROPÄISCHEN UNION

gestützt auf den Vertrag zur Gründung der Europäischen Gemeinschaft, insbesondere auf Artikel 61 Buchstabe c) und Artikel 67 Absatz 5 zweiter Gedankenstrich,

auf Vorschlag der Kommission,

nach Stellungnahme des Europäischen Wirtschafts- und Sozialausschusses,

gemäß dem Verfahren des Artikels 251 des Vertrags,

in Erwägung nachstehender Gründe:

(1) Die Gemeinschaft hat sich zum Ziel gesetzt, einen Raum der Freiheit, der Sicherheit und des Rechts, in dem der freie Personenverkehr gewährleistet ist, zu erhalten und weiterzuentwickeln. Dazu erlässt die Gemeinschaft unter anderem im Bereich der justiziellen Zusammenarbeit in Zivilsachen die für das reibungslose Funktionieren des Binnenmarkts erforderlichen Maßnahmen.

(2) Am 3. Dezember 1998 nahm der Rat den Aktionsplan des Rates und der Kommission zur bestmöglichen Umsetzung der Bestimmungen des Amsterdamer Vertrags über den Aufbau eines Raums der Freiheit, der Sicherheit und des Rechts4 an (Wiener Aktionsplan).

(3) Auf seiner Tagung vom 15. und 16. Oktober 1999 in Tampere bekräftigte der Europäische Rat den Grundsatz der gegenseitigen Anerkennung gerichtlicher Entscheidungen als Eckpfeiler für die Schaffung eines echten europäischen Rechtsraums.

---

13 ABl. EU Nr. L351 S. 1, zuletzt geändert durch die VO Nr. 542/2014 – Abl. Nr. L 163/1.
14 Siehe Anhang.
15 Gesetz zur Durchführung der Verordnung (EG) Nr. 805/2004 des Europäischen Parlaments und des Rates vom 21.4.2004 zur Einführung eines europäischen Vollstreckungstitels für unbestrittene Forderungen vom 18.8.2005, BGBl. I 2477.
16 Zur Entstehung siehe vor §§ 1079 – 1086 ZPO Rdn. 2.

(4) Am 30. November 2000 verabschiedete der Rat ein Programm über Maßnahmen zur Umsetzung des Grundsatzes der gegenseitigen Anerkennung gerichtlicher Entscheidungen in Zivil- und Handelssachen. Dieses Programm sieht in seiner ersten Phase die Abschaffung des Vollstreckbarerklärungsverfahrens, d. h. die Einführung eines Europäischen Vollstreckungstitels für unbestrittene Forderungen vor.

(5) Der Begriff »unbestrittene Forderung« sollte alle Situationen erfassen, in denen der Schuldner Art oder Höhe einer Geldforderung nachweislich nicht bestritten hat und der Gläubiger gegen den Schuldner entweder eine gerichtliche Entscheidung oder einen vollstreckbaren Titel, der die ausdrückliche Zustimmung des Schuldners erfordert, wie einen gerichtlichen Vergleich oder eine öffentliche Urkunde, erwirkt hat.

(6) Ein fehlender Widerspruch seitens des Schuldners im Sinne von Artikel 3 Absatz 1 Buchstabe b) liegt auch dann vor, wenn dieser nicht zur Gerichtsverhandlung erscheint oder einer Aufforderung des Gerichts, schriftlich mitzuteilen, ob er sich zu verteidigen beabsichtigt, nicht nachkommt.

(7) Diese Verordnung sollte auch für Entscheidungen, gerichtliche Vergleiche und öffentliche Urkunden über unbestrittene Forderungen und solche Entscheidungen gelten, die nach Anfechtung von als Europäischer Vollstreckungstitel bestätigten Entscheidungen, gerichtlichen Vergleichen und öffentlichen Urkunden ergangen sind.

(8) Der Europäische Rat hat in seinen Schlussfolgerungen von Tampere die Auffassung vertreten, dass der Zugang zur Vollstreckung einer Entscheidung in einem anderen Mitgliedstaat als dem, in dem die Entscheidung ergangen ist, durch den Verzicht auf die dort als Voraussetzung einer Vollstreckung erforderlichen Zwischenmaßnahmen beschleunigt und vereinfacht werden sollte. Eine Entscheidung, die vom Gericht des Ursprungsmitgliedstaats als Europäischer Vollstreckungstitel bestätigt worden ist, sollte im Hinblick auf die Vollstreckung so behandelt werden, als wäre sie im Vollstreckungsmitgliedstaat ergangen. So erfolgt beispielsweise im Vereinigten Königreich die Registrierung einer bestätigten ausländischen Entscheidung nach den gleichen Vorschriften wie die Registrierung einer Entscheidung aus einem anderen Teil des Vereinigten Königreichs und darf nicht mit einer inhaltlichen Überprüfung der ausländischen Entscheidung verbunden sein. Die Umstände der Vollstreckung dieser Entscheidung sollten sich weiterhin nach innerstaatlichem Recht richten.

(9) Dieses Verfahren sollte gegenüber dem Vollstreckbarerklärungsverfahren der Verordnung (EG) Nr. 44/2001 des Rates vom 22. Dezember 2000 über die gerichtliche Zuständigkeit und die Anerkennung und Vollstreckung von Entscheidungen in Zivil- und Handelssachen6 einen erheblichen Vorteil bieten, der darin besteht, dass auf die Zustimmung des Gerichts eines zweiten Mitgliedstaats mit den daraus entstehenden Verzögerungen und Kosten verzichtet werden kann.

(10) Auf die Nachprüfung einer gerichtlichen Entscheidung, die in einem anderen Mitgliedstaat über eine unbestrittene Forderung in einem Verfahren ergangen ist, auf das sich der Schuldner nicht eingelassen hat, kann nur dann verzichtet werden, wenn eine hinreichende Gewähr besteht, dass die Verteidigungsrechte beachtet worden sind.

(11) Diese Verordnung soll der Förderung der Grundrechte dienen und berücksichtigt die Grundsätze, die insbesondere mit der Charta der Grundrechte der Europäischen Union anerkannt wurden. Sie zielt insbesondere darauf ab, die uneingeschränkte Wahrung des Rechts auf ein faires Verfahren, wie es in Artikel 47 der Charta verankert ist, zu gewährleisten.

(12) Für das gerichtliche Verfahren sollten Mindestvorschriften festgelegt werden, um sicherzustellen, dass der Schuldner so rechtzeitig und in einer Weise über das gegen ihn eingeleitete Verfahren, die Notwendigkeit seiner aktiven Teilnahme am Verfahren, wenn er die Forderung bestreiten will, und über die Folgen seiner Nichtteilnahme unterrichtet wird, dass er Vorkehrungen für seine Verteidigung treffen kann.

(13) Wegen der Unterschiede im Zivilprozessrecht der Mitgliedstaaten, insbesondere bei den Zustellungsvorschriften, müssen die Mindestvorschriften präzise und detailliert definiert sein. So kann insbesondere eine Zustellungsform, die auf einer juristischen Fiktion beruht, im Hinblick auf die Einhaltung der Mindestvorschriften nicht als ausreichend für die Bestätigung einer Entscheidung als Europäischer Vollstreckungstitel angesehen werden.

(14) Alle in den Artikeln 13 und 14 aufgeführten Zustellungsformen sind entweder durch eine absolute Gewissheit (Artikel 13) oder ein hohes Maß an Wahrscheinlichkeit (Artikel 14) dafür gekennzeichnet, dass das zugestellte Schriftstück dem Empfänger zugegangen ist. In der zweiten Kategorie sollte eine Entscheidung nur dann als Europäischer Vollstreckungstitel bestätigt werden, wenn der Ursprungsmitgliedstaat über einen geeigneten Mechanismus verfügt, der es dem Schuldner unter bestimmten Voraussetzungen ermöglicht, eine vollständige Überprüfung der Entscheidung gemäß Artikel 19 zu verlangen, und zwar dann, wenn das Schriftstück dem Empfänger trotz Einhaltung des Artikels 14 ausnahmsweise nicht zugegangen ist.

(15) Die persönliche Zustellung an bestimmte andere Personen als den Schuldner selbst gemäß Artikel 14 Absatz 1 Buchstaben a) und b) sollte die Anforderungen der genannten Vorschriften nur dann erfüllen, wenn diese Personen das betreffende Schriftstück auch tatsächlich erhalten haben.

(16) Artikel 15 sollte auf Situationen Anwendung finden, in denen der Schuldner sich nicht selbst vor Gericht vertreten kann, etwa weil er eine juristische Person ist, und in denen er durch eine gesetzlich bestimmte Person vertreten wird, sowie auf Situationen, in denen der Schuldner eine andere Person, insbesondere einen Rechtsanwalt, ermächtigt hat, ihn in dem betreffenden gerichtlichen Verfahren zu vertreten.

(17) Die für die Nachprüfung der Einhaltung der prozessualen Mindestvorschriften zuständigen Gerichte sollten gegebenenfalls eine einheitliche Bestätigung als Europäischer Vollstreckungstitel ausstellen, aus der die Nachprüfung und deren Ergebnis hervorgeht.

(18) Gegenseitiges Vertrauen in die ordnungsgemäße Rechtspflege in den Mitgliedstaaten rechtfertigt es, dass das Gericht nur eines Mitgliedstaats beurteilt, ob alle Voraussetzungen für die Bestätigung der Entscheidung als Europäischer Vollstreckungstitel vorliegen, so dass die Vollstreckung der Entscheidung in allen anderen Mitgliedstaaten möglich ist, ohne dass im Vollstreckungsmitgliedstaat zusätzlich von einem Gericht nachgeprüft werden muss, ob die prozessualen Mindestvorschriften eingehalten worden sind.

(19) Diese Verordnung begründet keine Verpflichtung für die Mitgliedstaaten, ihr innerstaatliches Recht an die prozessualen Mindestvorschriften in dieser Verordnung anzupassen. Entscheidungen werden in anderen Mitgliedstaaten jedoch nur dann effizienter und schneller vollstreckt, wenn diese Mindestvorschriften beachtet werden, so dass hier ein entsprechender Anreiz für die Mitgliedstaaten besteht, ihr Recht dieser Verordnung anzupassen.

(20) Dem Gläubiger sollte es frei stehen, eine Bestätigung als Europäischer Vollstreckungstitel für unbestrittene Forderungen zu beantragen oder sich für das Anerkennungs- und Vollstreckungsverfahren nach der Verordnung (EG) Nr. 44/2001 oder für andere Gemeinschaftsrechtsakte zu entscheiden.

(21) Ist ein Schriftstück zum Zwecke der Zustellung von einem Mitgliedstaat in einen anderen Mitgliedstaat zu versenden, so sollte diese Verordnung, insbesondere die darin enthaltenen Zustellungsvorschriften, zusammen mit der Verordnung (EG) Nr. 1348/2000 des Rates vom 29. Mai 2000 über die Zustellung gerichtlicher und außergerichtlicher Schriftstücke in Zivil- oder Handelssachen in den Mitgliedstaaten7, und insbesondere mit deren Artikel 14 in Verbindung mit den Erklärungen der Mitgliedstaaten nach deren Artikel 23, gelten.

(22) Da die Ziele der beabsichtigten Maßnahmen auf Ebene der Mitgliedstaaten nicht ausreichend erreicht werden können und daher wegen ihres Umfangs und ihrer Wirkungen besser auf

Gemeinschaftsebene zu erreichen sind, kann die Gemeinschaft im Einklang mit dem in Artikel 5 des Vertrags niedergelegten Subsidiaritätsprinzip tätig werden. Entsprechend dem in demselben Artikel genannten Verhältnismäßigkeitsprinzip geht diese Verordnung nicht über das zur Erreichung dieser Ziele erforderliche Maß hinaus.

(23) Die zur Durchführung dieser Verordnung erforderlichen Maßnahmen sollten gemäß dem Beschluss 1999/468/EG des Rates vom 28. Juni 1999 zur Festlegung der Modalitäten für die Ausübung der der Kommission übertragenen Durchführungsbefugnisse8 erlassen werden.

(24) Gemäß Artikel 3 des dem Vertrag über die Europäische Union und dem Vertrag zur Gründung der Europäischen Gemeinschaft beigefügten Protokolls über die Position des Vereinigten Königreichs und Irlands haben diese Mitgliedstaaten mitgeteilt, dass sie sich an der Annahme und Anwendung dieser Verordnung beteiligen möchten.

(25) Dänemark beteiligt sich gemäß den Artikeln 1 und 2 des dem Vertrag über die Europäische Union und dem Vertrag zur Gründung der Europäischen Gemeinschaft beigefügten Protokolls über die Position Dänemarks nicht an der Annahme dieser Verordnung, die für Dänemark somit nicht bindend oder anwendbar ist.

(26) Gemäß Artikel 67 Absatz 5 zweiter Gedankenstrich des Vertrags ist für die in dieser Verordnung geregelten Maßnahmen ab dem 1. Februar 2003 das Mitentscheidungsverfahren anzuwenden -

Kapitel I Gegenstand, Anwendungsbereich und Begriffsbestimmungen

Art. 1 Gegenstand

Mit dieser Verordnung wird ein Europäischer Vollstreckungstitel für unbestrittene Forderungen eingeführt, um durch die Festlegung von Mindestvorschriften den freien Verkehr von Entscheidungen, gerichtlichen Vergleichen und öffentlichen Urkunden in allen Mitgliedstaaten zu ermöglichen, ohne dass im Vollstreckungsmitgliedstaat ein Zwischenverfahren vor der Anerkennung und Vollstreckung angestrengt werden muss.

Art. 1 hat keinen eigenständigen Regelungsgehalt, sondern umschreibt im Anschluss an die Erwägungsgründe das Ziel des europäischen Verordnungsgebers, die unmittelbare Durchsetzung von Titel aus einem Mitgliedsland in einem anderen zu ermöglichen, die Titel also innerhalb der EU »frei verkehren«[1] zu lassen. Trotz dieser nur deklaratorischen Bedeutung kommt der Norm jedenfalls bei der Auslegung der Verordnung maßgebliche Bedeutung zu; denn »der Verordnungszweck ist in Form eines formellen Gesetzes in die Verordnung inkorporiert.«[2]

Art. 2 Anwendungsbereich

(1) Diese Verordnung ist in Zivil- und Handelssachen anzuwenden, ohne dass es auf die Art der Gerichtsbarkeit ankommt. Sie erfasst insbesondere nicht Steuer- und Zollsachen, verwaltungsrechtliche Angelegenheiten sowie die Haftung des Staates für Handlungen oder Unterlassungen im Rahmen der Ausübung hoheitlicher Rechte (»acta jure imperii«).

(2) Diese Verordnung ist nicht anzuwenden auf
a) den Personenstand, die Rechts- und Handlungsfähigkeit sowie die gesetzliche Vertretung von natürlichen Personen, die ehelichen Güterstände, das Gebiet des Erbrechts einschließlich des Testamentsrechts;

---

1 *RauscherPabst*, EZPR/EuIPR Art. 1 EG-VollstrTitelVO Rn. 1.
2 So treffend *Geimer/Schütze/Arnold*, IRV, Art. 1 EuVTVO Rn. 1.

b) Konkurse, Vergleiche und ähnliche Verfahren;
c) die soziale Sicherheit;
d) die Schiedsgerichtsbarkeit.

(3) In dieser Verordnung bedeutet der Begriff »Mitgliedstaaten« die Mitgliedstaaten mit Ausnahme Dänemarks.

Übersicht

		Rdn.			Rdn.
I.	Sachlicher Anwendungsbereich	1	IV.	Verhältnis zur Brüssel-I-VO	6
II.	Unterhaltssachen	2	V.	Verhältnis zur Brüssel-Ia-VO	8
III.	Zwangs- und Ordnungsgeldbeschlüsse	4			

I. Sachlicher Anwendungsbereich

1   Der Anwendungsbereich der EuVTVO ist trotz einer teilweise abgeänderten sprachlichen Fassung deckungsgleich mit dem der Brüssel-I-VO und ihrem Vorläufer, dem EuGVÜ.[1] Sie gilt in allen Zivil- und Handelssachen, soweit sie nicht in dem Ausnahmekatalog des Art. 2 Abs. 2 ausdrücklich ausgeschlossen sind, wie dies etwa bei Personenstandsachen (einschließlich Ehesachen), Statusklagen, Betreuungssachen oder Erbschaftsangelegenheiten der Fall ist. Auf die Rechtsprechung, insbesondere des EuGH zum EuGVÜ und zur EuGVVO kann daher in Zweifelsfragen zurückgegriffen werden.

II. Unterhaltssachen

2   In der bisherigen Praxis der Vollstreckbarkeitserklärung nach der Brüssel-I-VO spielten vor allem Unterhaltsentscheidungen aus einem anderen Mitgliedstaat eine große Rolle. Derartige Entscheidungen waren von der Ausnahme in Art. 2 Abs. 2 lit. a) bzw. Art. 1 Abs. 1 lit. a) Brüssel-I-VO nicht erfasst und damit für Titel, die bis zum Inkrafttreten der EuUnterhVO am 18.6.2011 ergangen sind,[2] einer Bestätigung als Europäischem Vollstreckungstitel zugänglich. Deutlich wird dies vor allem durch Art. 4 Nr. 3 lit. b), wonach vor einer Verwaltungsbehörde geschlossene oder von ihr beurkundete Unterhaltsvereinbarungen oder -verpflichtungen den öffentlichen Urkunden im Sinne der Verordnung zugeordnet werden. Eine Zivilsache im Sinne des Art. 2 Abs. 1 bleiben Unterhaltsentscheidungen auch dann, wenn sie im Rahmen einer einstweiligen Anordnung akzessorisch zu einem anhängigen Scheidungsverfahren ergehen.[3] Schwierigkeiten kann allerdings die Abgrenzung von Unterhaltsentscheidungen zu den vom Anwendungsbereich der EuVTVO ausgeschlossenen güterrechtlichen Entscheidungen bereiten.[4]

3   Abgesehen von Alttiteln ist die EuVTVO seit Inkrafttreten der EuUnterhaltsVO ab dem 18.6.2011 (Art. 76 Abs. 3) nur noch auf **Titel aus Großbritannien** anwendbar. Gem. Art. 68 Abs. 2 EuUnterhaltsVO gilt sie nämlich nur noch für solche Unterhaltstitel, die in einem Mitgliedstaat ausgestellt wurden, der nicht durch das Haager Unterhaltsprotokoll von 2007 gebunden ist.[5] Dies sind nur Großbritannien und Dänemark, das nach § 2 Abs. 3 ohnehin von der EuVTVO ausgenommen ist.[6]

---

[1] *Hüßtege*, Vollstreckungstitel S. 115, 120.
[2] Siehe Vor EuVTVO Rdn. 7.
[3] Vgl. EuGHE 1980, 731; BGH, NJW 1980, 2022 zu der gleich lautenden Regelung des Art. 1 II EuGVÜ; *Zöller/Geimer* Art. 1 EuGVVO Rn. 27.
[4] Näher mit Nachweisen Rn. 2 der Vorauflage.
[5] Siehe vor EuUnterhaltsVO Rdn. 9.
[6] Näher *Prütting/Helms/Hau*, § 110 FamFG Anh. Rn. 176 ff.

III. Zwangs- und Ordnungsgeldbeschlüsse

Umstritten war es, ob Zwangs- oder Ordnungsgeldbeschlüsse gem. §§ 888, 890 ZPO, bei denen die Mittel bei der Vollstreckung in Deutschland dem Justizfiskus zufließen eine Zivil- und Handelssache i. S. d. Art. 2 Abs. 1 Satz 1 darstellen. Dies hat der BGH mit der zutreffenden Begründung bejaht, dass ihr Ursprung in einer zivilrechtlichen Auseinandersetzung über einen von dem Gläubiger geltend gemachten Verstoß gegen einen Unterlassungstitel liege.[7] Gleichwohl sind derartige Beschlüsse derzeit nicht einer Bestätigung als Europäischer Vollstreckungstitel zugänglich, da der deutsche Gesetzgeber es – anders als für das Erkenntnisverfahren – für das Verfahren nach §§ 887 ff. ZPO versäumt hat, die nach Art. 17 erforderlichen Belehrungen in die ZPO einzubauen.[8] 4

Der EuGH hat inzwischen auf Vorlage eines niederländischen Gerichts zu dem inhaltsgleichen Art. 1 Brüssel-I-VO ebenfalls entschieden, dass hiervon auch eine Verurteilung zur Zahlung eines Ordnungsgeldes erfasst ist, die ergangen ist, um eine gerichtliche Entscheidung in einer Zivil- und Handelssache durchzusetzen.[9] Damit ist die Streitfrage jetzt jedenfalls für die Praxis geklärt. 5

IV. Verhältnis zur Brüssel-I-VO

Zu beachten ist, dass die EuVTVO in ihrem Anwendungsbereich für Titel aus Verfahren, die vor Inkrafttreten der Brüssel-Ia-VO am 10.1.2015 eingeleitet worden sind, die hierfür noch anwendbare Brüssel-I-VO nicht ersetzt. Einem Gläubiger ist es freigestellt, ob er eine Bestätigung als Europäischer Vollstreckungstitel beantragt oder das Anerkennungs- und Vollstreckungsverfahren nach der Brüssel-I-VO betreibt.[10] Allerdings verneinen die h. M. in der Literatur und ihr folgend der BGH ein Rechtsschutzbedürfnis des Gläubigers für ein Vollstreckbarkeitsverfahren nach Art. 38 ff. Brüssel-I-VO für den Fall, dass er bereits über eine Bestätigung als Europäischer Vollstreckungstitel verfügt.[11] 6

Unter Umständen bleibt allerdings auch bei Titeln, die an sich einer Bestätigung als Europäischer Vollstreckungstitel zugänglich sind, nur der herkömmliche Weg des Vollstreckbarkeitserklärungsverfahrens nach der Brüssel-I-VO, weil es an der für eine Bestätigung weiter erforderlichen Voraussetzungen fehlt. So ist der Verbraucherbegriff der EuVTVO ein anderer als der der Brüssel-I-VO. Gem. Art. 6 I d) können Entscheidungen, die Verträge betreffen, welche der Schuldner nicht für berufliche oder gewerbliche Zwecke geschlossen hat, nur dann als Europäischer Vollstreckungstitel bestätigt werden, wenn sie in seinem Wohnsitzstaat ergangen sind. Demgegenüber besteht der Verbrauchergerichtsstand des Art. 16 Brüssel-I-VO nur bei bestimmten in Art. 15 Brüssel-I-VO enumerativ aufgeführten Verträgen, etwa einem Ratenkauf. Dies hat die Folge, dass z. B. bei einem Kauf ohne Teilzahlungsabrede für eine Säumnisentscheidung, die in dem Mitgliedsland am Wohnsitz des Gläubigers ergangen ist, eine Bestätigung als Europäischer Vollstreckungstitel nicht möglich ist. Dagegen könnte der Schuldner sich nicht erfolgreich gegen eine Vollstreckbarerklärung wenden, weil der Vertrag nicht von den Art. 15, 16 Brüssel-I-VO erfasst ist und deshalb der Hinderungsgrund des Art. 35 Brüssel-I-VO nicht eingreift. 7

---

[7] BGH, Rpfleger 2010, 523 mit zust. Anm. *Heggen* u. die h. M. in der Lit.; z. B. *Geimer/Schütze*, EuZVR, Art. 49 EuGVVO, Rn. 2; *Kropholler/v. Hein*, Art. 49 EuGVVO Rn. 1; *Schlosser*, Art. 49 EuGVVO Rn. 8; *Stadler*, IPRax 2003, 430; *Giebel*, IPRax 2009, 324; anders noch die Vorinstanz OLG München, Rpfleger 2009, 396 und Teile der Lit., z. B. *Hess*, EuZVR S. 354; *Bruns*, ZZP 118, 3, 15; H. *Stoffregen*, WRP 2010, 839.
[8] BGH a. a. O.
[9] EuGH NJW 2011, 3568.
[10] Art. 27 und Erwägungsgrund 20.
[11] Siehe Art. 27 Rdn. 1.

V. Verhältnis zur Brüssel-Ia-VO

8 Die vorstehend genannten Grundsätze gelten auch im Verhältnis zu der neuen Brüssel-Ia-VO. Auch wenn nunmehr ein Gläubiger nicht mehr den Weg des Vollstreckbarkeitsverfahrens zur Erlangung eines in anderen Mitgliedstaaten vollstreckbaren Titels zu gehen braucht, kann es sich für ihn empfehlen, z. B. bei Säumnisentscheidungen eine Bestätigung als Europäischer Vollstreckungstitel zu beantragen. Dem Schuldner stehen für diesen Fall im Vollstreckungsstaat nur die eingeschränkten Verteidigungsmöglichkeiten der Art. 21 und 23 (Verweigerung, Aussetzung oder Beschränkung der Vollstreckung) zu. Insbesondere hat er im Vollstreckungsstaat selbst solche schwerwiegenden Verfahrensverstöße im Ursprungsmitgliedstaat hinzunehmen, die so gewichtig sind, dass sie in einem Vollstreckbarkeitsverfahren herkömmlicher Art den Einwand eines Verstoßes gegen den ordre public des Vollstreckungsstaates begründen könnten und die gerade bei Säumnisentscheidungen durchaus vorkommen können.[12] Demgegenüber kann der Schuldner nach den Art. 45, 46 Brüssel-Ia-VO weiterhin die »klassischen« Vollstreckungsversagungsgründe der bisherigen Art. 34, 35 Brüssel-I-VO geltend machen und damit im Vollstreckungsmitgliedstaat u. a. eine ordre public-Kontrolle erreichen. Diese Überprüfungsmöglichkeit hat sich lediglich aus dem fortgefallenen »Zwischenschritt« des Exequaturverfahrens in das eigentliche Vollstreckungsverfahren verlagert.

Art. 3 Vollstreckungstitel, die als Europäischer Vollstreckungstitel bestätigt werden

(1) Diese Verordnung gilt für Entscheidungen, gerichtliche Vergleiche und öffentliche Urkunden über unbestrittene Forderungen.

Eine Forderung gilt als »unbestritten«, wenn
a) der Schuldner ihr im gerichtlichen Verfahren ausdrücklich durch Anerkenntnis oder durch einen von einem Gericht gebilligten oder vor einem Gericht im Laufe eines Verfahrens geschlossenen Vergleich zugestimmt hat oder
b) der Schuldner ihr im gerichtlichen Verfahren zu keiner Zeit nach den maßgeblichen Verfahrensvorschriften des Rechts des Ursprungsmitgliedstaats widersprochen hat oder
c) der Schuldner zu einer Gerichtsverhandlung über die Forderung nicht erschienen oder dabei nicht vertreten worden ist, nachdem er zuvor im gerichtlichen Verfahren der Forderung widersprochen hatte, sofern ein solches Verhalten nach dem Recht des Ursprungsmitgliedstaats als stillschweigendes Zugeständnis der Forderung oder des vom Gläubiger behaupteten Sachverhalts anzusehen ist oder
d) der Schuldner die Forderung ausdrücklich in einer öffentlichen Urkunde anerkannt hat.

(2) Diese Verordnung gilt auch für Entscheidungen, die nach Anfechtung von als Europäischer Vollstreckungstitel bestätigten Entscheidungen, gerichtlichen Vergleichen oder öffentlichen Urkunden ergangen sind.

Art. 4 Begriffsbestimmungen

Im Sinne dieser Verordnung gelten folgende Begriffsbestimmungen:
1. »Entscheidung«: jede von einem Gericht eines Mitgliedstaats erlassene Entscheidung ohne Rücksicht auf ihre Bezeichnung wie Urteil, Beschluss, Zahlungsbefehl oder Vollstreckungsbescheid, einschließlich des Kostenfestsetzungsbeschlusses eines Gerichtsbediensteten.
2. »Forderung«: eine Forderung auf Zahlung einer bestimmten Geldsumme, die fällig ist oder deren Fälligkeitsdatum in der Entscheidung, dem gerichtlichen Vergleich oder der öffentlichen Urkunde angegeben ist.
3. »Öffentliche Urkunde«:

---

[12] BGH, NJW 2014, 2363 mit Anm. *Engel/Singbartl* EWiR 2014, 603; *Kramme*, GPR 2014, 296, *Kreutz*, Rpfleger 2014, 530 u. *Sujecki*, EuZW 2014, 559; zur Problematik siehe auch Art. 5 Rdn. 2.

a) ein Schriftstück, das als öffentliche Urkunde aufgenommen oder registriert worden ist, wobei die Beurkundung
   i) sich auf die Unterschrift und den Inhalt der Urkunde bezieht und
   ii) von einer Behörde oder einer anderen von dem Ursprungsmitgliedstaat hierzu ermächtigten Stelle vorgenommen worden ist;
   oder
b) eine vor einer Verwaltungsbehörde geschlossene oder von ihr beurkundete Unterhaltsvereinbarung oder -verpflichtung.

4. »Ursprungsmitgliedstaat«: der Mitgliedstaat, in dem eine Entscheidung ergangen ist, ein gerichtlicher Vergleich gebilligt oder geschlossen oder eine öffentliche Urkunde ausgestellt wurde und in dem diese als Europäischer Vollstreckungstitel zu bestätigen sind.
5. »Vollstreckungsmitgliedstaat«: der Mitgliedstaat, in dem die Vollstreckung der/des als Europäischer Vollstreckungstitel bestätigten Entscheidung, gerichtlichen Vergleichs oder öffentlichen Urkunde betrieben wird.
6. »Ursprungsgericht«: das Gericht, das mit dem Verfahren zum Zeitpunkt der Erfüllung der Voraussetzungen nach Artikel 3 Absatz 1 Buchstaben a), b), und c) befasst war.
7. Bei den summarischen Mahnverfahren in Schweden (betalningsföreläggande) umfasst der Begriff »Gericht« auch die schwedische kronofogdemyndighet (Amt für Beitreibung).

Übersicht	Rdn.		Rdn.
I. Erfasste Titel	1	1. Anerkenntnisurteile, Vergleiche und öffentliche Urkunden	13
1. Entscheidungen	2	2. Säumnisentscheidungen	14
2. Vergleiche	4	3. Von Anfang an unbestrittene Forderungen	15
3. Öffentliche Urkunden	5	4. Nicht mehr bestrittene Forderungen	18
4. Problem Anwaltsvergleiche	6	IV. Entscheidung nach einem Rechtsbehelf oder Rechtsmittel	19
II. Forderung	7	V. Säumnis im Berufungsverfahren	20
1. Mischtitel	8		
2. Regelunterhaltstitel	10		
3. Zinsforderung	11		
III. Unbestrittenheit der Forderung	12		

I. Erfasste Titel

Einer Bestätigung als Europäischem Vollstreckungstitel zugänglich sind gem. Art. 3 Abs. 1 Entscheidungen, gerichtliche Vergleiche und öffentliche Urkunden über unbestrittene Forderungen. Über die jeweiligen Merkmale enthält die VO weitgehend autonome Legaldefinitionen. Im Einzelnen: 1

1. Entscheidungen

Gem. Art. 4 Abs. 1 Ziff. 1 ist jede von einem Gericht – nicht einer Behörde – eines Mitgliedstaats erlassene Entscheidung erfasst. Dies gilt ohne Rücksicht auf ihre Bezeichnung wie Urteil, Beschluss, Zahlungsbefehl oder Vollstreckungsbescheid. Klargestellt wird auch, dass Kostenfestsetzungsbeschlüsse eines »Gerichtsbediensteten« Entscheidungen darstellen. Hiervon zu unterscheiden ist die nicht von einem Rechtsprechungsorgan (Richter, Rechtspfleger) sondern von dem Kostenbeamten erstellte Gerichtskostenrechnung. Ihr liegen Gebühren und Auslagen zugrunde, die der Staat dafür erhebt, dass er seine Organe den Bürgern zur Entscheidung von Streitigkeiten zur Verfügung stellt. Sie betrifft deswegen eine öffentlich-rechtliche Forderung[1] und nicht eine zivilrechtliche i. S. d. Art. 2. Eine Bestätigung kann daher nicht erteilt werden. Von dem Erfordernis, dass die Entscheidung von einem »Gericht« erlassen sein muss, wird allerdings in Art. 4 Abs. 1 Nr. 7 eine Ausnahme gemacht, indem dort auch solche, die in Schweden von dem für summarische Mahnverfahren 2

---

[1] BGH, IPRspr. 2000, 391, 392.

zuständigen Amt für Beitreibung erlassen worden sind, dem Anwendungsbereich der EuVTVO unterstellt werden.

3 Art. 4 Abs. 1 Nr. 1ist inhaltlich identisch mit Art. 32 Brüssel-I-VO[2] und mit gleichem Wortlaut übernommen in die Definition des Begriffs der Entscheidung in Art. 2 lt. a) Brüssel-Ia-VO. In seinen Anwendungsbereich fallen in Deutschland neben Urteilen die Titel des § 794 Ziff. 2. ZPO (Kostenfestsetzungsbeschlüsse), Ziff. 2. lit. a) (Kindesunterhaltsbeschlüsse) Ziff. 3. (z. B. Zwangsgeldbeschlüsse nach § 888 ZPO) und Ziff. 4. (Vollstreckungsbescheide), sofern sie »unbestrittene Forderungen« enthalten, wie dies bei Vollstreckungsbescheiden regelmäßig der Fall sein wird. Auch Entscheidungen im Rahmen des einstweiligen Rechtsschutzes sind einer Bestätigung zugänglich, allerdings entsprechend der zu Art. 32 Brüssel-I-VO überwiegend vertretenen Meinung, insbesondere der Rspr. nur dann, wenn sie in einem kontradiktorischen Verfahren mit vorherigem rechtlichem Gehör für den Antragsgegner ergangen sind.[3]

2. Vergleiche

4 Entscheidungen gleichgestellt sind gerichtliche oder gerichtlich gebilligte Vergleiche. In Deutschland sind dies die Titel des § 794 Nr. 1 ZPO einschließlich eines Vergleiches, deren Zustandekommen und Inhalt das Gericht gem. § 278 Abs. 6 ZPO nach einem schriftlichen Vergleichsvorschlag der Parteien oder der schriftlichen Annahme eines gerichtlichen Vergleichsvorschlags bestätigt hat. Der Vergleich braucht nur ein »gerichtlicher« zu sein. Deshalb gehört hierzu auch ein solcher, der im Rahmen der übertragenen Zuständigkeiten vor einem Rechtspfleger geschlossen wird,[4] nicht aber einer vor einer durch die Landesjustizverwaltung eingerichteten oder anerkannten Gütestelle. Letztere dürften aber als öffentliche Urkunden einer Bestätigung zugänglich sein.[5]

3. Öffentliche Urkunden

5 Nach Art. 4 Ziff. 3 kann schließlich ein Schriftstück, das als öffentliche Urkunde aufgenommen oder registriert worden ist, als Europäischer Vollstreckungstitel bestätigt werden. Voraussetzung hierfür ist, dass sich die Beurkundung auf die Unterschrift und den Inhalt der Urkunde bezieht und von einer Behörde oder einer anderen von dem Ursprungsmitgliedstaat hierzu ermächtigten Stelle vorgenommen worden ist. Hierzu zählen auch Unterhaltsvereinbarungen bzw. -verpflichtungen vor einer Verwaltungsbehörde, etwa die beim Jugendamt beurkundeten Erklärungen nach § 59 Abs. 1 Satz 1 Nr. 3, 4 SGB VIII.[6] Allerdings findet für aus Deutschland stammende Unterhaltstitel seit Inkrafttreten der EuUnterhaltsVO die EuVTVO keine Anwendung mehr, sodass Art. 4 Nr. 3 lit. b) nur noch für Unterhaltsvereinbarungen aus Großbritannien relevant werden könnte.[7]

4. Problem Anwaltsvergleiche

6 Zweifelhaft ist die Einordnung der Anwaltsvergleiche, die nach gerichtlicher oder notarieller Vollstreckbarerklärung einen in Deutschland zur Zwangsvollstreckung geeigneten Titel darstellen können (§§ 796a–796c ZPO). Sowohl der ursprüngliche wie auch der nach 1. Lesung im Europäischen Parlament geänderte Kommissionsvorschlag sahen eine Formulierung vor, die Art. 58 Brüssel-I-VO entspricht, nämlich dass als Europäischer Vollstreckungstitel auch Vergleiche bestätigt werden können, die »vor einem Gericht im Laufe eines Verfahrens geschlossen wurden«.[8] Gestützt hierauf

---

2 *Geimer/Schütze/Arnold*, IRV, Art. 4 EuVTVO Rn. 3.
3 *Geimer/Schütze/Arnold*, IRV, Art. 4 EuVTVO Rn. 5 mit Nachweisen zum Meinungsstand.
4 *Rellermeyer*, Rpfleger 2005, 389, 392; *Rauscher/Pabst*, EuZPR/EuIPR, Art. 3 EG-VollstrTitel-VO Rn. 11.
5 *Rellermeyer*, Rpfleger 2005, 389, 392.
6 *Rellermeyer*, Rpfleger 2005, 389, 392.
7 Näher Art. 2 Rdn. 3.
8 KOM (2002) 159 endg; KOM (2003) 341.

sowie auf eine Äußerung der Kommission[9] wird teilweise davon ausgegangen, dass es sich bei einem für vollstreckbar erklärten Anwaltsvergleich nicht um einen Vergleich i. S. d. EuVTVO handele.[10] Dies ist sicherlich richtig im Fall der Vollstreckbarerklärung durch einen Notar nach § 796c ZPO, weil es sich nach Art. 24 um einen gerichtlichen Vergleich handeln muss. Nicht berücksichtigt wird dabei, dass die schließlich verabschiedete Norm nicht mehr mit Art. 58 Brüssel-I-VO identisch ist. Art. 24 Brüssel-I-VO enthält nämlich neben dem Vergleich, der »vor einem Gericht im Laufe des Verfahrens« geschlossen wurde, noch die weitere Alternative des Vergleichs, »der von einem Gericht gebilligt worden ist«. Davon sind mithin anders als in Art. 58 Brüssel-I-VO auch ursprünglich außergerichtlich geschlossene Vergleiche erfasst, und die gerichtliche Vollstreckbarkeitserklärung nach §§ 796a, b ZPO lässt sich daher ohne weiteres in die Alternative der gerichtlichen Billigung des Vergleichs einordnen.[11] Der notariell gem. § 796c ZPO für vollstreckbar erklärte Anwaltsvergleich dürfte letztlich ebenfalls einer Bestätigung als Europäischer Vollstreckungstitel zugänglich sein, und zwar gem. Art. 25 als öffentliche Urkunde.[12]

II. Forderung

Auch der Begriff der »Forderung« ist autonom definiert, und zwar dahingehend, dass hiervon nur Forderungen auf Zahlung einer bestimmten Geldsumme erfasst sind, die fällig sind oder deren Fälligkeitsdatum in der Entscheidung, dem gerichtlichen Vergleich oder der öffentlichen Urkunde angegeben ist. Dies ist auch bei Titeln auf Zahlung wiederkehrender Leistungen der Fall,[13] nicht dagegen bei Titeln, bei denen ein Abhängigkeitsverhältnis der Geldforderung zu einer anderen Leistung besteht, etwa bei Zug um Zug-Verurteilungen.[14] Genauer wäre es daher, von einem Vollstreckungstitel über »**unbestrittene Geldforderungen**« zu sprechen. Hintergrund für die Beschränkung ist es, dass mit der EuVTVO Neuland betreten wird und bei Geldforderungen der vollstreckungsrechtliche Inhalt einer Entscheidung am leichtesten zu ermitteln ist.[15]

1. Mischtitel

Einer Bestätigung als Europäischer Vollstreckungstitel zugänglich sind jedoch gem. Art. 8 Verurteilungen zu Zahlungen, die ohne Abhängigkeitsverhältnis gleichzeitig mit einer anderen Verurteilung ausgesprochen werden, etwa ein Versäumnisurteil auf Räumung und Zahlung des rückständigen Mietzinses. Hier kann nach einem Umzug des Schuldners in ein Nachbarland der Zahlungstitel als Europäischer Vollstreckungstitel durchgesetzt werden. In Betracht kommen auch Unterhaltsentscheidungen in einem Verbundurteil, die (noch) nicht von der EuUnterhaltsVO erfasst sind,[16] oder – was nach deutschem Recht nicht möglich aber bei Entscheidungen aus anderen Mitgliedstaaten nicht selten ist – eine Entscheidung, in der neben einer keiner Bestätigung zugänglichen

---

9 KOM (2004) 90 unter 3.3.2 zu Art. 25.
10 *Rellermeyer*, Rpfleger 2005, 389, 392 unter Bezugnahme auf die wohl h. M. in der Lit. zu Art. 58 EuGVVO mit Darstellung des Meinungsstandes in Fn. 51.
11 Ebenso *Leible/Lehmann*, NotBZ 2004, 453, 456; *Wagner*, IPRax 2005, 189, 192; *Musielak/Voit*, § 796b ZPO Rn. 4; *Kropholler/v. Hein*, Art. 24 EuVTVO Rn. 2.
12 *Rellermeyer*, Rpfleger 2005, 389, 392; *Leible/Lehmann*, NotBZ 2004, 453, 456; *Musielak/Voit* § 796c ZPO Rn. 4; *Kropholler/v. Hein*, Art. 24 EuVTVO Rn. 2; siehe zu dem Problem des Anwaltsvergleichs auch Art. 58 Brüssel-Ia-VO Rdn. 4.
13 KOM (2002) 159 Nr. 3 zu Art. 3.
14 Geimer/Schütze/*Arnold*, IRV, Art. 4 EuVTVO Rn. 16; *Kropholler/v. Hein*, Art. 4 EuVTVO Rn. 5; *Rauscher*, Vollstreckungstitel Rn. 51; *Wagner*, IPRax 2005, 189, 192; a. A. OLG Karlsruhe, IPRax 2014, 287; *Adolfsen/Bachmann*, IPRax 2014, 267; *Rellermeyer*, Rpfleger 2005, 389, 399; MüKo/*Adolphsen*, §§ 1079 ff. ZPO Rn. 24, § 1080 ZPO Rn. 59.
15 Siehe *Wagner*, IPRax 2005, 189 Fn 63.
16 Siehe Art. 2 Rdn. 3.

Entscheidung in der Hauptsache, etwa einer Klageabweisung für die andere Partei ein Kostenerstattungsanspruch mit einem bestimmten Betrag tituliert wird.[17]

9 Das Problem einer nur teilweisen Bestätigung als Europäischer Vollstreckungstitel stellt sich nicht nur bei gerichtlichen Titeln, sondern auch bei öffentlichen Urkunden. Wenn die Regelungen in einer öffentlichen Urkunde nur teilweise in den sachlichen Anwendungsbereich der EuVTVO gem. deren Art. 1 Abs. 1 fallen, während weitere von dem Katalog der Ausnahmen nach Abs. 2 erfasst sind – etwa im Rahmen eines Scheidungsfolgenvereinbarung oder einer Erbauseinandersetzung – ist eine Bestätigung als Europäischer Vollstreckungstitel nur für den von Art. 1 Abs. 1 erfassten Teil möglich.[18]

2. Regelunterhaltstitel

10 Zweifelhaft ist es, ob ein dynamisierter Unterhaltstitel, der den Unterhalt eines minderjährigen Kindes nach § 1612a BGB als Prozentsatz des jeweiligen Regelbetrags nach der RegelbetragVO festsetzt, auf Zahlung einer »bestimmten Geldsumme« gerichtet ist.[19] Um gleichwohl eine Bestätigung als Europäischer Vollstreckungstitel zu ermöglichen,[20] war ursprünglich in § 790 ZPO in der ab 21.10.2005 geltenden Fassung vorgesehen, dass der geschuldete Unterhalt durch die für die Erteilung einer vollstreckbaren Ausfertigung zuständige Stelle (Gerichte, Behörden oder Notare) auf Antrag auf dem Titel zu beziffern ist. Mit Inkrafttreten des FGG-Reformgesetzes am 1.9.2009 ist diese Norm durch die inhaltsgleiche Vorschrift des § 245 FamFG ersetzt worden. Praktische Bedeutung hat dies seit Inkrafttreten der EuUnterhaltsVO allerdings nur noch für Alttitel.[21]

3. Zinsforderung

11 Probleme kann auch die Titulierung von Zinsansprüchen bereiten. In verschiedenen Mitgliedstaaten der EU (z. B. in Belgien, Frankreich, Italien, Niederlande) wurden bisher häufig nur »gesetzliche Zinsen« entweder ab einem bestimmten Datum oder gar nur als »gerichtliche Zinsen«, also solche ab Rechtshängigkeit ohne Angabe eines bestimmten Datums zugesprochen. Derartige, nach deutschem Verständnis nicht hinreichend bestimmte und damit an sich nicht zur Vollstreckung geeignete Entscheidungen bedürfen im Vollstreckbarkeitsverfahren herkömmlicher Art der Konkretisierung.[22] Da dieses Verfahren nunmehr wegfällt, war zu gewährleisten, dass der Zinsausspruch bereits im Ursprungsmitgliedsstatt in einer in allen anderen Mitgliedsländern, also auch in Deutschland in einer zur Vollstreckung geeigneten Weise hinreichend bestimmt bezeichnet wird. Deshalb sind nach Art. 16 lit. c bei einer Zinsforderung der Zinssatz und der Zinszeitraum bereits im verfahrenseinleitenden Schriftstück anzugeben, es sei denn das Recht des Ursprungsmitgliedstaates sieht eine automatische Anrechnung von Zinsen vor. In diesem Fall hat dann aber die Konkretisierung in der Bestätigung zu erfolgen. In den Formblättern I, II, III und V ist nämlich vorgesehen, dass der Zinssatz in »...%« oder in »...% über dem Basissatz der Europäischen Zentralbank[23]« und der Zeitpunkt der Fälligkeit der Zinsen anzugeben ist.

---

17 *Rauscher*, Vollstreckungstitel Rn. 70; *Wagner*, IPRax 2005, 189, 196.
18 *Geimer/Schütze/Arnold*, IRV, Art. 4 EuVTVO Rn. 20 mit Beispiel: Bestätigung nur wegen der Regelungen über einen Arbeitsvertrag zwischen Ehegatten in einer Scheidungsfolgenvereinbarung mit weiteren Regelungen über Zugewinn und Versorgungsausgleich.
19 *Wagner*, IPRax 2005, 401, 409; verneinend *Zöller/Geimer*, § 1079 ZPO Rn. 7.
20 Gesetzesbegründung BR-Drucks. 88/05 S. 21.
21 Siehe Art. 2 Rdn. 3.
22 Siehe § 722 ZPO Rdn. 6 und Art. 38 Brüssel-I-VO Rdn. 4 - 8.
23 Das ist der von der EZB auf ihre Hauptrefinanzierungsoperationen angewendete Zinssatz. Dieser ist nicht identisch mit dem »Basiszinssatz« des § 247 BGB, für den der Zinssatz der Hauptfinanzierungsoperationen lediglich eine Bezugsgröße darstellt, sondern liegt um 0,88 Prozentpunkte höher, vgl. *Rellermeyer*, S. 398. Für die deutschen Vollstreckungsorgane, die gewohnt sind, mit den Tabellen zu §§ 247, 288 BGB zu arbeiten, heißt es also wachsam zu sein und sich neu zu orientieren.

III. Unbestrittenheit der Forderung

Art. 3 Abs. 1 enthält zwei unterschiedliche Gruppen »unbestrittener Forderungen«, nämlich die aktiv und die passiv unbestrittenen,[24] die dadurch gekennzeichnet sind, dass das Schutzbedürfnis für den Schuldner unterschiedlich ist.

1. Anerkenntnisurteile, Vergleiche und öffentliche Urkunden

Die erste Gruppe, die aktiv unbestrittenen Forderungen des Art. 3 Abs. 1 lit. a) und d) erfasst die Fälle, in denen der Schuldner durch eigenes Tätig werden (Anerkenntnis im gerichtlichen Verfahren, Mitwirken an einem Vergleich, Übernahme einer Verbindlichkeit in einer öffentlichen Urkunde) die Forderung selbst ausdrücklich unstreitig gestellt hat. In derartigen Fällen ist er nicht schutzbedürftig und die Mindestvoraussetzungen der Art. 12–19 für die Bestätigung als Europäischer Vollstreckungstitel gelten nicht. Zu berücksichtigen ist aber, dass die Forderung sowohl dem Grunde wie auch der Höhe nach unstreitig sein muss.[25]

2. Säumnisentscheidungen

Besondere Probleme wirft die Verordnung deshalb auf, weil sie sich auch auf passiv unbestrittene Forderungen erstreckt, also auch die Fälle erfasst, in denen ein Schuldner untätig geblieben ist, indem er entweder von Anfang an einer Forderung nicht widersprochen hat (Art. 3 Abs. 1 lit. b) oder nach einem ursprünglichen Widerspruch zu einem späteren Zeitpunkt säumig geblieben ist (Art. 3 Abs. 1 lit. c). Die Einbeziehung der Säumnisfälle beruht auf der Vermutung des europäischen Gesetzgebers, dass der Schuldner durch den fehlenden Widerspruch im gerichtlichen Verfahren bzw. durch seine Säumnis zum Ausdruck bringt, die Forderung nicht oder nicht mehr bestreiten zu wollen.[26] Nicht unbedenklich ist die Erstreckung auf Säumnisentscheidungen insbesondere deswegen, weil die Ursachen für die fehlende Reaktion des Schuldners gerade bei grenzüberschreitenden Rechtsstreitigkeiten vielfältig sein können und entgegen dem ursprünglichen Vorschlag der Kommission auch nicht rechtskräftige Entscheidungen als Europäischer Vollstreckungstitel bestätigt werden können. Es können daher in hohem Maße Belange individuellen Schuldnerschutzes oder – in Verbrauchersachen – einer strukturellen Unterlegenheit einer Partei tangiert sein. Deswegen steht die Wissenschaft trotz des umfangreichen Katalogs der Mindeststandards, die gem. Art. 12–19 eingehalten sein müssen, der Einbeziehung von Säumnisentscheidungen weitgehend kritisch gegenüber.[27] Deutlich wird die Problematik auch in der Entscheidung des BGH vom 24.4.2014 – VII ZB 28/13 –, in der er zu Recht nach einer Bestätigung einer Säumnisentscheidung als Europäischer Vollstreckungstitel eine ordre public-Kontrolle im Vollstreckungsstaat ablehnt.[28] Plastisch heißt es hierin unter der juris Rn. 25: »*Fehlentscheidungen in Einzelfällen, die sich daraus ergeben, dass die Gerichte eines Mitgliedstaates eine Entscheidung als europäischen Vollstreckungstitel bestätigen, obwohl diese unter Missachtung der Verfahrensvorschriften der Art. 13 bis 17 EuVTVO zustande gekommen ist, sind entsprechend dem Willen des Verordnungsgebers ebenso wie Fehlentscheidungen innerstaatlicher Gerichte hinzunehmen.*«

---

24 So die plastische Differenzierung von *Rauscher*, Vollstreckungstitel Rn. 52–54.
25 Erwägungsgrund Nr. 5; *Rauscher*, Vollstreckungstitel Rn. 53.
26 *Hüßtege*, Vollstreckungstitel S. 121.
27 *Jayme/Kohler*, IPRax 2004, 481, 486; *Rott*, EuZW 2005, 167, 168; *Mankowski*, RIW 2004, 587 f.; insbes. *Stadler*, IPRax 2004, 2, 5 ff. mit der provokanten Frage »Beschleunigung um jeden Preis?«; *ders.*, RIW 2004, 801 ff. u. *Rauscher*, Vollstreckungstitel Rn. 15 ff.; dagegen wiederum *Stein*, IPRax 2004, 181 ff.; eher positiv auch *Hüßtege*, Vollstreckungstitel S. 137 u. *Kropholler/v. Hein*, Art. 5 EuVTVO Rn. 5.
28 BGH NJW 2014, 2363; siehe auch Art. 2 Rn. 7.

3. Von Anfang an unbestrittene Forderungen

15 Zu den von Anfang an unbestritten gebliebenen Forderungen des Art. 3 Abs. 1 lit. b) zählen z. B. deutsche Vollstreckungsbescheide sowie die Urteile, die darauf beruhen, dass der Beklagte zu keinem Zeitpunkt prozessual beachtlich die Forderung bestritten hat. Unwidersprochen geblieben ist eine Forderung auch dann, wenn der Schuldner nicht zur Gerichtsverhandlung erschienen oder einer Aufforderung des Gerichts zur schriftlichen Verteidigungsanzeige nicht nachgekommen war.[29]

16 Damit sind in Deutschland auch die nach schriftlichem Vorverfahren ergehenden Versäumnisurteile des § 331 Abs. 3 ZPO einer Bestätigung als Europäischer Vollstreckungstitel zugänglich.[30] Wegen der Beachtlichkeit eines Widerspruchs verweist Art. 3 Abs. 1 lit. b) auf die »maßgeblichen Verfahrensvorschriften des Ursprungsmitgliedstaats«, also auf das jeweilige nationale Recht. Dies hat die Folge, dass in Deutschland etwa im Fall einer Säumnis im früheren ersten Termin ein vorheriger schriftsätzlicher Klageabweisungsantrag oder im Verfahren vor den Landgerichten das Erscheinen der nicht anwaltlich vertretenen Partei unbeachtlich ist. Auf anfänglicher Säumnis beruhend ist auch die Verwerfung eines Einspruchs gegen ein Versäumnisurteil als unzulässig gem. § 341 ZPO; denn die Verwerfung impliziert, dass der an sich gegen ein Versäumnisurteil statthafte Einspruch eben nicht in einer nach deutschem Prozessrecht beachtlichen Art und Weise eingelegt worden ist.

17 Ein bloßes Bestreiten der Zuständigkeit des angerufenen Gerichts ohne eine – zumindest hilfsweise – Einlassung zur Sache reicht ebenfalls nicht.[31] Ist dagegen eine nach der jeweiligen nationalen Prozessordnung formal beachtliche Einlassung zur Sache erfolgt, kommt es auf deren Inhalt nicht an. Auch eine materiell-rechtlich offensichtlich unbegründete Verteidigung, etwa die Berufung auf eine fehlende Zahlungsfähigkeit steht einer Bestätigung entgegen.[32]

4. Nicht mehr bestrittene Forderungen

18 Von dieser Alternative erfasst sind die Fälle, in denen der Beklagte nach ursprünglich prozessual beachtlichem Bestreiten im Verlaufe des weiteren Verfahrens säumig bleibt. Dies sind nach deutschem Prozessrecht folgende Fälle eines Versäumnisurteils:[33]
– nach einem den Erlass eines Vollstreckungsbescheids hindernden Widerspruch gegen einen Mahnbescheid bleibt der Beklagte im streitigen Verfahren säumig;
– nach einer rechtzeitigen Anzeige der Verteidigungsabsicht im schriftlichen Vorverfahren bleibt der Beklagte im Haupttermin säumig;
– nach einer prozessual beachtlichen Verteidigung im ersten Termin bleibt der Beklagte in einem späteren Termin säumig;
– nach einem zulässigen Einspruch gegen ein Versäumnisurteil ergeht wegen Säumnis im Einspruchstermin ein zweites Versäumnisurteil gem. § 345 ZPO.

Dagegen beruht eine Entscheidung nach Lage der Akten bei Säumnis des Beklagten in einem späteren Termin unter Einbeziehung seines Verteidigungsvorbringens und ggfls. Würdigung erhobener Beweise gem. § 331a ZPO nicht auf der Zugeständnisfiktion des Art. 3 Abs. 1 lit. c). Eine Bestätigung als Europäischer Vollstreckungstitel ist daher nicht möglich.[34]

IV. Entscheidung nach einem Rechtsbehelf oder Rechtsmittel

19 Für das Rechtsbehelfs- oder Rechtsmittelverfahren ist in Art. 3 Abs. 2 bestimmt, dass die Verordnung auch für Entscheidungen gilt, die nach Anfechtung von bestätigten Titeln ergangen sind. Für

---

29 Erwägungsgrund Nr. 6.
30 Vgl. *Hüßtege*, Vollstreckungstitel S. 121.
31 *Rauscher/Pabst*, EuZPR/EuIPR Art. 3 EG-VollstrTitelVO Rn. 22 f.
32 *Rauscher*, Vollstreckungstitel Rn. 57.
33 *Rauscher*, Vollstreckungstitel Rn. 58.
34 *Rauscher*, Vollstreckungstitel Rn. 60.

Entscheidungen, die auf einen nach der jeweiligen nationalen Prozessordnung eingelegten Rechtsbehelf hin ergehen, ist gem. Art 6 Abs. 3 i. V. m. dem Formblatt Anhang V eine eigene Bestätigung, die Ersatzbestätigung, vorgesehen, die an die Stelle der ursprünglichen Bestätigung tritt und diese gem. Abschnitt B. des Formblatts ersetzt. Streitig ist es, ob die Rechtsmittel- bzw. Rechtsbehelfsentscheidung selbst in einem unstreitigen Verfahren ergangen sein muss oder ob die Ersatzbestätigung auch dann zu erteilen ist, wenn, ein Rechtsmittel gegen eine unstreitige Entscheidung, etwa ein Einspruch gegen ein Versäumnisurteil nach einem streitigen Verfahren zurückgewiesen wird.[35]

V. Säumnis im Berufungsverfahren

Wenn der Beklagte und Berufungsbeklagten, der nach streitigem Verfahren in erster Instanz obsiegt hat, im Verhandlungstermin des Berufungsverfahrens säumig bleibt und gegen ihn ein die Klage stattgebendes Versäumnisurteil gem. den §§ 525, 331 ZPO ergeht, handelt es sich um den typischen Fall einer nicht mehr bestrittenen Forderung, die vom Berufungsgericht tituliert wird. Einer Bestätigung der Entscheidung als Europäischer Vollstreckungstitel steht daher nichts entgegen. Anders ist dagegen der Fall zu beurteilen, dass die Berufung des in erster Instanz durch streitiges Urteil zur Zahlung verurteilten Beklagten und Berufungsklägers wegen Nichterscheinens in der Berufungsverhandlung durch Versäumnisurteil nach § 539 Abs. 1 ZPO zurückgewiesen wird. In diesem Fall bleibt das Urteil erster Instanz Vollstreckungstitel. Dieses ist aber ein streitiges und daher einer Bestätigung als Europäischer Vollstreckungstitel nicht zugänglich.[36]

20

Kapitel II Der Europäische Vollstreckungstitel

Art. 5 Abschaffung des Vollstreckbarerklärungsverfahrens

Eine Entscheidung, die im Ursprungsmitgliedstaat als Europäischer Vollstreckungstitel bestätigt worden ist, wird in den anderen Mitgliedstaaten anerkannt und vollstreckt, ohne dass es einer Vollstreckbarerklärung bedarf und ohne dass die Anerkennung angefochten werden kann.

Übersicht	Rdn.			Rdn.
I. Systemwechsel	1	II.	Anerkennung der ausländischen Entscheidung	3

I. Systemwechsel

Art. 5 beschreibt programmatisch den mit der Verordnung vollzogenen Systemwechsel. In ihrem Anwendungsbereich gibt es für Titel aus dem Ursprungsmitgliedstaat in anderen Mitgliedstaaten weder ein Anerkennungs- noch ein Vollstreckbarerklärungsverfahren. Die Vorschrift betrifft nur Entscheidungen i. S. d. Art. 4 Ziff. 1. Für Vergleiche und öffentliche Urkunden gibt es in Art. 24 Abs. 2 und 25 Abs. 2 entsprechende Regelungen, allerdings mit dem Unterschied, dass dort die Anerkennung nicht erwähnt ist.

1

Durch Art. 5 i. V. m. Art. 20 wird die Prüfung der Vollstreckbarkeit eines Titels in einem anderen Mitgliedsland vom Vollstreckungsstaat auf den Ursprungsmitgliedstaat verlagert. Dessen Gerichten obliegt alleine die Prüfung, ob die in der Verordnung vorgesehenen Voraussetzungen für eine Bestätigung einer Entscheidung als Europäischer Vollstreckungstitel und damit für eine Vollstreckbarkeit eingehalten worden sind, ob etwa die Zustellung des verfahrenseinleitenden Schriftstücks im Wege der Ersatzzustellung so rechtzeitig erfolgt ist, dass der Schuldner Vorkehrungen für seine

2

---

35 Vgl. näher Art. 6 EuVTVO Rdn. 14.
36 *Kropholler/v. Hein*, Art. 3 EuVTVO Rn. 9; *Rauscher*, Vollstreckungstitel Rn. 60.

Verteidigung hätte treffen können. Gerade die grenzüberschreitende Zustellung hat sich bei Säumnisentscheidungen im Rahmen des bisherigen Vollstreckbarkeitsverfahrens nach dem EuGVÜ und nach der Brüssel-I-VO als neuralgischer Punkt erwiesen.[1] Nunmehr ist im Vollstreckungsmitgliedstaat selbst bei groben Verstößen gegen Verfahrensgarantien keine Korrektur mehr möglich.[2] Der europäische Gesetzgeber rechtfertigt den Systemwechsel mit dem gegenseitigen Vertrauen in die ordnungsgemäße Rechtspflege in den Mitgliedsländern.[3] Ob dieses Vertrauen tatsächlich gerechtfertigt ist, wird die Zukunft erweisen müssen. Jedenfalls dürften wegen der Rechtsschutzgarantie des Art. 19 Abs. 4 Satz 1 GG geäußerte verfassungsrechtliche Bedenken gegen die Verlagerung der Kontrolle auf Gerichte eines anderen Mitgliedstaates[4] im Hinblick auf die Übertragung von Hoheitsrechten auf die EU durch Art. 23 Abs. 1 GG nicht durchgreifen.[5]

II. Anerkennung der ausländischen Entscheidung

3 Zweifelhaft ist die Reichweite der in Art. 5 neben der Vollstreckung ausgesprochenen Anerkennung einer Entscheidung. Die Zweifel gründen sich darauf, dass die Verordnung nur für Entscheidungen über Geldforderungen gilt, die im Ursprungsmitgliedstaat vollstreckbar sind (Art. 4 Ziff. 2 i. V. m. Art. 6 Abs. 1 a), Fragen einer etwaigen Anerkennungsfähigkeit, die etwa bei Gestaltungsurteilen auftauchen können, stellen sich daher bei der Durchsetzung eines Europäischen Vollstreckungstitels in einem anderen Mitgliedsland nicht. Teilweise wird daher vertreten, dass die Verpflichtung der Mitgliedstaaten zur Anerkennung eines bestätigten Titels nur für Zwecke der Vollstreckung, also lediglich im Zwangsvollstreckungsverfahren bestehe. Dies habe die Folge, dass bei Vorliegen von Anerkennungshindernissen i. S. d. Art. 34, 35 Brüssel-I-VO, etwa bei einem Verstoß gegen den ordre public das aufgrund einer Vollstreckungsmaßnahme Beigetriebene mit einer Bereicherungsklage heraus verlangt werden könne oder im Rahmen einer Vollstreckungsabwehrklage der dolo petit-Einwand möglich sei.[6] Die überwiegende Meinung entnimmt indes mit Recht der fehlenden Erwähnung der Anerkennung bei Vergleichen und öffentlichen Urkunden sowie der Zielsetzung und Systematik der EuVTVO mit seinen eigenständigen Regeln zur Zuständigkeit und zur Sicherung von Mindeststandards der Vorschrift des Art. eine Verpflichtung der Mitgliedsländer zur Anerkennung der als Europäischer Vollstreckungstitel bestätigten Entscheidung für alle hiermit in einem materiellen Zusammenhang stehenden Verfahren. Damit ist dem Schuldner auch im Rahmen einer Klage auf Herausgabe des durch die Zwangsvollstreckung Erlangten oder im Rahmen einer Vollstreckungsabwehrklage die Geltendmachung von Anerkennungshinderungsgründen i. S. d. Art. 34, 35 Brüssel-I-VO abgeschnitten.[7] Dem entspricht es, dass nach nationalem deutschen Recht, nämlich in § 1086 ZPO die entsprechende Anwendung des § 767 Abs. 2 ZPO für Vollstreckungsabwehrklagen gegen einen bestätigten Titel aus einem anderen Mitgliedstaat angeordnet ist, also nur Einwendungen möglich sind, die nach Erlass des ausländischen Vollstreckungstitels entstanden sind. Seine Anerkennung steht damit auch im Rahmen einer Vollstreckungsabwehrklage nicht zur Disposition.

Art. 6 Voraussetzungen für die Bestätigung als Europäischer Vollstreckungstitel

(1) Eine in einem Mitgliedstaat über eine unbestrittene Forderung ergangene Entscheidung wird auf jederzeitigen Antrag an das Ursprungsgericht als Europäischer Vollstreckungstitel bestätigt, wenn

---

1 Siehe auch Art. 3, 4 Rdn. 14.
2 BGH, NJW 2014, 2363.
3 Ziff. 18 der Erwägungsgründe.
4 *Stadler*, IPRax 2004, 2, 8.
5 *Kropholler/v. Hein*, Art. 5 EuVTVO Rn. 12; zur Problematik siehe auch Art. 2 Rn. 8.
6 *Coester-Waltjen*, FS Beys, 183, 193.
7 *Geimer/Schütze/Hilbig*, IRV, Art. 5 EuVTVO Rn. 26 ff.; *Rauscher*, Vollstreckungstitel Rn. 66; *Rauscher/Pabst*, EuZPR/EuIPR Art. 5 EG-VollstrTitelVO Rn. 5–8; *Kropholler/v. Hein*, Art. 5 EuVTVO Rn. 1.

a) die Entscheidung im Ursprungsmitgliedstaat vollstreckbar ist, und
b) die Entscheidung nicht im Widerspruch zu den Zuständigkeitsregeln in Kapitel II Abschnitte 3 und 6 der Verordnung (EG) Nr. 44/2001 steht, und
c) das gerichtliche Verfahren im Ursprungsmitgliedstaat im Fall einer unbestrittenen Forderung im Sinne von Artikel 3 Absatz 1 Buchstabe b) oder c) den Voraussetzungen des Kapitels III entsprochen hat, und
d) die Entscheidung in dem Mitgliedstaat ergangen ist, in dem der Schuldner seinen Wohnsitz im Sinne von Artikel 59 der Verordnung (EG) Nr. 44/2001 hat, sofern
   – die Forderung unbestritten im Sinne von Artikel 3 Absatz 1 Buchstabe b) oder c) ist,
   – sie einen Vertrag betrifft, den eine Person, der Verbraucher, zu einem Zweck geschlossen hat, der nicht der beruflichen oder gewerblichen Tätigkeit dieser Person zugerechnet werden kann und
   – der Schuldner der Verbraucher ist.

(2) Ist eine als Europäischer Vollstreckungstitel bestätigte Entscheidung nicht mehr vollstreckbar oder wurde ihre Vollstreckbarkeit ausgesetzt oder eingeschränkt, so wird auf jederzeitigen Antrag an das Ursprungsgericht unter Verwendung des Formblatts in Anhang IV eine Bestätigung der Nichtvollstreckbarkeit bzw. der Beschränkung der Vollstreckbarkeit ausgestellt.

(3) Ist nach Anfechtung einer Entscheidung, die als Europäischer Vollstreckungstitel gemäß Absatz 1 bestätigt worden ist, eine Entscheidung ergangen, so wird auf jederzeitigen Antrag unter Verwendung des Formblatts in Anhang V eine Ersatzbestätigung ausgestellt, wenn diese Entscheidung im Ursprungsmitgliedstaat vollstreckbar ist; Artikel 12 Absatz 2 bleibt davon unberührt.

Übersicht	Rdn.		Rdn.
I. Voraussetzungen für eine Bestätigung	1	4. Mindeststandards bei Versäumnisentscheidungen	7
1. Antrag des Gläubigers	2	5. Verbraucherschutz	8
2. Vollstreckbarkeit im Ursprungsmitgliedstaat	3	II. Nichtvollstreckbarkeitsbescheinigung	11
3. Beachtung bestimmter Zuständigkeitsregeln	5	III. Ersatzbestätigung	13

I. Voraussetzungen für eine Bestätigung

In Art. 6 werden die Voraussetzungen aufgeführt, die erfüllt sein müssen, damit eine gerichtliche Entscheidung als Europäischer Vollstreckungstitel bestätigt werden kann, die eine in den sachlichen Anwendungsbereich des Art. 2 fallende unbestrittene Forderung betrifft. Dies geschieht dreistufig in Art. 6 Abs. 1 lit. a–c, indem Verfahrensvoraussetzungen genannt (lit. a), enumerativ Gründe aufgeführt, die ggfls. einer Betätigung entgegenstehen (lit. b, c) und schließlich besondere Regeln zum Verbraucherschutz normiert werden (lit. d). 1

1. Antrag des Gläubigers

Die Bestätigung einer Entscheidung als Europäischer Vollstreckungstitel setzt gem. Art. 6 Abs. 1 Satz 1 einen Antrag des Gläubigers an das Ursprungsgericht voraus, der nach allgemeiner Meinung jederzeit, also vorsorglich auch bereits bei Einreichung der Klage gestellt werden kann. Eines solchen gesonderten Antrags bedarf es schon deshalb, weil bei Klageerhebung noch nicht feststeht, ob die eingeklagte Forderung unbestritten bleiben wird und es zudem dem Kläger auch nach einem Anerkenntnis- oder Versäumnisurteil wegen Art. 27 unbenommen ist, das Vollstreckbarkeitsverfahren nach der Brüssel-I-VO oder – für Titel aus Verfahren, die nach dem 10.01.2015 eingeleitet wurden – die Vollstreckung nach der Brüssel-Ia-VO zu betreiben. Auch kann sich nach einem Verfahren ohne erkennbaren Auslandsbezug erst im Verlaufe der Zeit herausstellen, dass gegen den Schuldner eventuell in einem anderen Mitgliedstaat eine Vollstreckungsmöglichkeit eröffnet ist, 2 sodass erst dann für den Gläubiger überhaupt Anlass besteht, eine Bestätigung als Europäischer Vollstreckungstitel zu erwirken.

2. Vollstreckbarkeit im Ursprungsmitgliedstaat

3 Der ursprüngliche Kommissionsvorschlag sah vor, dass die zu bestätigende Entscheidung im Ursprungsmitgliedstaat vollstreckbar und rechtskräftig sein sollte.[1] Das Erfordernis der Rechtskraft wurde jedoch in der Endphase des Normgebungsverfahrens fallengelassen[2] und es reicht die bloße Vollstreckbarkeit der Entscheidung (Art. 6 Abs. 1 lit. b), des Vergleichs (Art. 24 Abs. 1) oder der öffentlichen Urkunde (Art. 25 Abs. 1) aus. Der Begriff der Vollstreckbarkeit ist identisch mit demjenigen in Art. 38 Abs. 1 Brüssel-I-VO und schließt nach dort einhelliger Meinung vorläufig vollstreckbare Entscheidungen ein.[3] Entsprechendes gilt für die EuVTVO,[4] die dem Gericht im Vollstreckungsmitgliedstaat in Fällen eines Rechtsbehelfs im Ursprungsmitgliedstaat gem. Art. 23 die Möglichkeit eröffnet, die Vollstreckung zu beschränken oder das Verfahren auszusetzen.

4 Maßgeblich dafür, ob die Entscheidung vollstreckbar ist, ist nach dem klaren Wortlaut des Art. 6 Abs. 1 lit. a alleine das Recht des Ursprungsmitgliedstaates. Darauf, ob die Art der Entscheidung auch im Vollstreckungsmitgliedstaat vollstreckbar wäre, kommt es nicht an.[5] In Art. 54 Abs. 1 Brüssel-Ia-VO ist dieser Grundsatz nunmehr ausdrücklich normiert und bestimmt, dass in den Fällen, in denen eine Entscheidung eine Maßnahme oder Anordnung enthält, die im Recht des Vollstreckungsstaates nicht bekannt ist, die Entscheidung soweit möglich an eine im Recht des Vollstreckungsstaates bekannte Maßnahme oder Anordnung mit vergleichbaren Wirkungen sowie ähnlichen Zielen und Interessen anzupassen ist. Der Rechtsgedanke dieser Norm kann ohne weiteres entsprechend im Rahmen der EuVTVO herangezogen werden. Ebenso ist eine entsprechende Anwendung der nationalen Durchführungsvorschrift des § 1114 ZPO möglich, die als Rechtsmittel für eine Anpassung durch den Gerichtsvollzieher die Erinnerung nach § 766 ZPO, für eine solche durch das Vollstreckungsgericht die sofortige Beschwerde nach § 793 ZPO und für eine solche durch das Grundbuchamt die Beschwerde nach § 71 GBO vorsieht.

3. Beachtung bestimmter Zuständigkeitsregeln

5 Grundsätzlich steht eine Verletzung von Zuständigkeitsvorschriften sowohl nach der Brüssel-I-VO und Brüssel-Ia-VO wie auch nach der EuVTVO einer Vollstreckung einer Entscheidung in einem anderen Mitgliedstaat nicht entgegen. Entsprechend der Regelung in Art. 35 Brüssel-I-VO können jedoch gem. Art. 6 Abs. 1 lit. b Entscheidungen, und zwar alle einschließlich der Anerkenntnisurteile nur als Europäische Vollstreckungstitel bestätigt werden, wenn die Zuständigkeitsregeln des Abschnittes 3 der Brüssel-I-VO (Versicherungssachen, nunmehr Art. 10 ff. Brüssel-Ia-VO) und des Abschnittes 6 (ausschließliche Zuständigkeiten, nunmehr Art. 24 Brüssel-Ia-VO) eingehalten sind. Im Fall einer Verletzung dieser Regeln ist eine Vollstreckung der Entscheidung in einem anderen Mitgliedstaat daher weder nach der Brüssel-I-VO oder der Brüssel-Ia-VO noch nach der EuVTVO möglich. Der in der Praxis bedeutsame Unterschied besteht allerdings darin, dass der Schuldner den Mangel nach der Brüssel-I-VO im Vollstreckungsmitgliedstaat – in der Regel zugleich sein Heimatland – durch Rechtsmittel. gem. Art. 43, 44 Brüssel-I-VO, also in Deutschland durch Beschwerde zum OLG und im Fall der Zulassung durch den BGH durch Rechtsbeschwerde geltend machen kann. Gleiches gilt nunmehr nach Art. 45, 47, 49, 50 Brüssel-Ia-VO i. V. m. § 1115 ZPO. Damit ist nach der Brüssel-I-VO und der Brüssel-Ia-VO ein sicheres Kontrollsystem eröffnet, während dem Schuldner nach der EuVTVO nur die Möglichkeit bleibt, gem. Art. 10 Abs. 1 lit. b einen Antrag an

---

[1] Art. 5 Abs. 1 a) des Entwurfs – ABl. EG C 203 S. 86, 88 v. 27.8.2002 –.
[2] Gemeinsamer Standpunkt des Rates vom 6.2.2004 – ABl. EG C 79E S. 59, 80 v. 30.3.2004.
[3] Vgl. etwa *Zöller/Geimer*, Art. 38 EuGVVO Rn. 9.
[4] *Wagner*, IPRax 2005, 189, 193.
[5] *Geimer/Schütze/Hilbig*, IRV, Art. 6 EuVTVO Rn. 10.

das Ursprungsgericht auf Widerruf der Bestätigung zu stellen. Dessen Begründetheit hängt zudem von einem unbestimmten Rechtsbegriff ab, dessen Ausfüllung durch den EuGH abzuwarten bleibt.

Zu beachten ist, dass gem. Art. 24 Abs. 3 und 25 Abs. 3 bei Vergleichen und öffentlichen Urkunden die Verletzung von Zuständigkeitsregeln einer Bestätigung als Europäischer Vollstreckungstitel nicht entgegensteht. Einzige Voraussetzung für eine Bestätigung ist daher bei ihnen neben dem Antrag des Gläubigers die Vollstreckbarkeit im Ursprungsmitgliedstaat, also in Deutschland die Erfüllung der Voraussetzungen des § 794 Ziff. 1., 4. lit. b, 5 ZPO.

4. Mindeststandards bei Versäumnisentscheidungen

Im Fall einer nicht oder nicht mehr bestrittenen Forderung i. S. d. Art. 3 Abs. 1 lit. b oder c, also bei Säumnisentscheidungen sollen die Mechanismen der Verordnung greifen, die einen Schuldnerschutz gewährleisten. Dies wird durch die Verweisung in Art. 6 Abs. 1 lit. c auf das Kapitel III der Verordnung sichergestellt. Es sind dies die Vorschriften
– der Art. 13 bis 15 über die Form der Zustellung des verfahrenseinleitenden Schriftstücks an den Schuldner,
– des Art. 16 über die Unterrichtung des Schuldners zu Einzelheiten der Forderung,
– des Art. 1 über die Unterrichtung des Schuldners über die Formalien für ein Bestreiten der Forderung und über die Konsequenzen einer Säumnis,
– des Art. 18 über die Voraussetzungen für eine Heilung im Fall einer Verletzung der Art. 13–17,
– des Art. 19 über die Möglichkeit eines Rechtsbehelfs im Fall einer unverschuldeten Säumnis.

Wegen der Einzelheiten wird auf die Anmerkungen zu den einzelnen Vorschriften verwiesen.

5. Verbraucherschutz

Nach Art. 35 Brüssel-I-VO (nunmehr Art. 45 Abs. 1 lit. e Brüssel-Ia-VO) stellt auch eine Nichtbeachtung der Zuständigkeitsregeln über den Verbrauchergerichtsstand des Abschnittes 4 ein Anerkennungshindernis dar. Von einer sinngemäßen Einbeziehung dieses Hinderungsgrundes in die EuVTVO wurde abgesehen, und zwar bewusst, um ein eigenständiges System des Verbraucherschutzes zu schaffen.[6] Dies ist durch Art. 6 Abs. 1 lit. d) geschehen. Hiernach kann eine Entscheidung
– über eine nicht oder nicht mehr bestrittene Forderung nach Art. 3 Abs. 1 lit. b oder c), also eine Säumnisentscheidung,[7]
– gegen einen Verbraucher als Schuldner,
– über eine Geldforderung,
– die einen Vertrag betrifft, den der Verbraucher zu einem Zweck geschlossen hat, der nicht seiner beruflichen oder gewerblichen Tätigkeit zugeordnet werden kann,

nur dann als Europäischer Vollstreckungstitel bestätigt werden, wenn die Entscheidung in dem Land ergangen ist, in dem der Schuldner seinen Wohnsitz hat. Der Begriff des Wohnsitzes wiederum richtet sich gem. i. V. m. Art. 59 Brüssel-I-VO nach dem jeweiligen nationalen Recht.

Damit geht der Verbraucherschutz weiter, als nach der Brüssel-I-VO, in deren Art. 15 nur für Klagen aus bestimmten Verträgen gegen einen Verbraucher der Wohnsitzgerichtsstand begründet ist (nunmehr Art. 17 Brüssel-Ia-VO). Die EuVTVO erfasst dagegen alle Verträge eines Verbrauchers ohne beruflichen oder gewerblichen Bezug.[8] Der Verordnungsgeber hat sich zum Zwecke der Minimierung von Fehlerquellen bewusst dafür entschieden, den Verbraucherschutz losgelöst von den

---

[6] *Wagner*, IPRax 2005, 189, 194.
[7] So zutreffend aufgrund des klaren Wortlauts und unter Ablehnung der Meinung, dass es sich um ein Redaktionsversehen handele und deshalb auch Anerkenntnisurteile davon erfasst seien, *Wagner*, IPRax 2005, 189, 194; ebenso *Leible/Lehmann*, S. 457.
[8] *Stadler*, IPRax 2004, 801, 804; *Wagner*, IPRax 2005, 189, 194.

Feinheiten des Art. 15 Brüssel-I-VO zu regeln und dabei in Kauf zu nehmen, dass hiervon auch Fälle erfasst werden, in denen keine ausschließliche Zuständigkeit nach der Brüssel-I-VO besteht.[9] Bei Entscheidungen gegen einen Verbraucher macht daher eine Bestätigung als Europäischer Vollstreckungstitel nur Sinn, wenn sie in seinem Wohnsitzland ergangen sind, aber in einem anderen Mitgliedsland vollstreckt werden sollen. Wegen der Freizügigkeit in den alten Mitgliedstaaten ist gerade in Grenzgebieten bereits jetzt auch der Fall nicht selten, dass ein Schuldner im Nachbarland arbeitet und wegen eines in einem im Wohnortland ergangenen Titel dessen Arbeitseinkommen gepfändet werden soll. Die praktische Bedeutung der EuVTVO auch für Titel gegen Verbraucher dürfte daher größer sein, als teilweise angenommen wird.[10]

10 Umstritten ist allerdings die Reichweite des Art. 6 Abs. 1 lit. d). Einigkeit besteht zunächst darin, dass die Norm für außervertragliche Ansprüche, insbesondere solche aus Delikt nicht gilt. Ein Teil der Literatur entnimmt allerdings insbesondere dem Wortlaut, dass hiervon auch Verfahren eines Verbrauchers gegen einen anderen Verbraucher erfasst seien.[11] Demgegenüber soll nach anderer Meinung Art. 6 Abs. 1 lit. d) wegen des Schutzzwecks der Norm nur bei Klagen eines beruflich oder gewerblich Handelnden gegen einen Verbraucher eingreifen.[12] Der EuGH hat nunmehr mit Urteil vom 5.12.2013 entschieden. dass die Norm nicht auf Verträge anzuwenden ist, die zwischen nicht berufs- oder gewerbebezogen handelnden Personen geschlossen wurden. Er begründet dies damit, dass es nach dem Wortlaut der Norm zwar keine Rolle spiele, ob der Vertragspartner des Verbrauchers Unternehmer sei oder nicht. Das mit ihr verfolgte Ziel diene indes der Beseitigung struktureller Ungleichheit bei Verträgen zwischen Unternehmern und Verbrauchern. Nur mit einer derartigen Auslegung sei auch die Kohärenz des Unionsrechts gewährleistet; denn nur so könnten Wertungswidersprüche zu Art. 15 Brüssel-I-VO und Art. 6 Abs. 1 der Verordnung (EG) Nr. 583/2008 vom 17.6.2008 – Rom-I-VO – vermieden werden. Beiden Normen liege ebenfalls die Erwägung zugrunde, den Verbraucher als schwächerem Vertragspartner gegenüber einem berufs- oder gewerbebezogen Handelnden zu schützen.[13]

II. Nichtvollstreckbarkeitsbescheinigung

11 Durch Art. 6 Abs. 2 wird für den Schuldner die Möglichkeit eröffnet, einen Nachweis zu erlangen, der nach Erteilung einer Bestätigung als Europäischer Vollstreckungstitel inzwischen eingetretenen Veränderungen der Vollstreckbarkeit im Ursprungsmitgliedstaat, etwa infolge einer Aussetzung oder der Anordnung einer Sicherheitsleistung Rechnung trägt. Voraussetzung hierfür ist ein an das Ursprungsgericht zu richtender und jederzeit möglicher Antrag des Schuldners.

12 In Deutschland haben die Rechtspfleger der Gerichte, die Notare und Behörden, die für die Erteilung einer vollstreckbaren Ausfertigung zuständig sind, die Bescheinigung zu erteilen (§ 1079 ZPO i. V. m. § 20 Nr. 11 RPflG). Im Fall einer Vollstreckung von Europäischen Vollstreckungstiteln aus anderen Mitgliedstaaten wird der Schuldner durch eine solche Bescheinigung in die Lage versetzt, die Einstellung oder Beschränkung der Zwangsvollstreckung gem. § 775 ZPO und die Aufhebung gem. 776 ZPO zu erwirken (§ 1085 ZPO).[14]

---

9 *Stein*, IPRax 2004, 181, 189; siehe auch Art. 2 Rn. 6.
10 So etwa *Kropholler/v. Hein*, Art. 6 EuVTVO Rn. 14. Kritisch wegen des Verbraucherschutzes *Wieczorek/ Schütze*, Vor §§ 1079–1086 Rn. 1.
11 *Geimer/Schütze/Hilbig*, IRV, Art. 6 EuVTVO Rn. 43; *Prütting/Gehrlein/Halfmeier*, Art. 6 EuVTVO Rn. 5; *Rauscher/Pabst*, EuZPR/EuIPR Art. 5 EG-VollstrTitelVO Rn. 40.
12 Z. B. *Zöller/Geimer*, Art. 6 EuVTVO Rn. 3; *Mankowski*, VUR 2010, 16.
13 EuGH, NJW 2014, 841 mit – zum Teil kritischer – Anm. *Klöpfer/Ramić*, GPR 2014, 107, *Mankowski*, EWiR 2014, 371, *Sujecki*, EuZW 2014, 149 und *Thode*, jurisPR-PrivBauR 5/2014 Anm. 6.
14 Vgl. die Anmerkungen zu § 1079 ZPO und § 1085 ZPO.

III. Ersatzbestätigung

Für Entscheidungen, die nach Anfechtung von bestätigten Titeln ergangen sind, ist gem. Art 6 Abs. 3 i. V. m. dem Formblatt Anhang V eine eigene Bestätigung, die Ersatzbestätigung, vorgesehen, die an die Stelle der ursprünglichen Bestätigung tritt und diese gem. Abschnitt B. des Formblatts ersetzt.[15] Die Ersatzbestätigung wird ebenfalls nur auf Antrag erteilt, und zwar in Deutschland ebenfalls durch den Rechtspfleger des Gerichts, das für die Erteilung einer vollstreckbaren Ausfertigung zuständig ist (§ 1079 ZPO i. V. m. § 20 Nr. 11 RPflG).

13

Streitig ist die Auslegung des Art. 6 Abs. 3. Während teilweise die Auffassung vertreten wird, dass hiervon nur die Fälle erfasst seien, in denen die Rechtsbehelfs- oder Rechtsmittelentscheidung darauf beruht, dass entweder der eingelegte Rechtsbehelf nicht zulässig war oder der Anfechtende erneut säumig geblieben ist,[16] gilt sie nach anderer Meinung auch für Sachentscheidungen nach streitiger Verhandlung über eine Anfechtung des ursprünglichen Titels.[17] Letzterem dürfte zu folgen sein. Hierfür sprechen sowohl der Wortlaut des Art. 3 Abs. 2, der keinen Hinweis darauf enthält, dass auch der auf eine Anfechtung des Titels hin ergangenen Entscheidung eine unbestrittene Forderung zugrunde zu liegen hat, der Wille des Verordnungsgebers[18] und vor allem der systematische Zusammenhang. Einer gesonderten Bestätigung für die Rechtsmittel- bzw. die Rechtsbehelfsentscheidung hätte es nämlich ansonsten schwerlich bedurft. Ein Urteil mit dem eine prozessual nicht beachtliche Anfechtung, etwa ein verspäteter oder nicht formgerechter Einspruch gegen ein Versäumnisurteil verworfen wird, ließe sich in die Kategorie der von Anfang an unbestrittenen Forderungen einordnen, während z. B. der Fall eines technischen zweiten Versäumnisurteils, das auf einen zulässigen Einspruch hin nach erneuter Säumnis im Einspruchstermin ergeht, eine nicht mehr bestrittene Forderung betrifft. Zudem korrespondiert Abs. 3 mit Abs. 2. Durch die nach Abs. 2 auszustellende Bescheinigung über die Nichtvollstreckbarkeit bzw. Beschränkung der Vollstreckbarkeit nach Einlegung eines Rechtsbehelfs wird der Schuldner in die Lage versetzt, gegenüber den Vollstreckungsorganen im Vollstreckungsmitgliedstaat die eingetretene Veränderung geltend zu machen. Nach einer ihm günstigen Rechtsbehelfsentscheidung kann der Gläubiger seinerseits diesen Nachweis durch Vorlage der Gegenbestätigung entkräften. Diese Nachweismöglichkeit, die in Deutschland wegen der in § 1085 angeordneten entsprechenden Anwendung der §§ 775, 776 ZPO nach Vorlage einer Bescheinigung gem. Abs. 2 für die Fortsetzung der Zwangsvollstreckung erforderlich ist, würde ihm abgeschnitten, wenn er die Ersatzbestätigung nach streitiger Entscheidung über den Rechtsbehelf nicht erhielte.

14

Art. 7 Kosten in Verbindung mit dem gerichtlichen Verfahren

Umfasst eine Entscheidung eine vollstreckbare Entscheidung über die Höhe der mit dem gerichtlichen Verfahren verbundenen Kosten, einschließlich Zinsen, wird sie auch hinsichtlich dieser Kosten als Europäischer Vollstreckungstitel bestätigt, es sei denn, der Schuldner hat im gerichtlichen Verfahren nach den Rechtsvorschriften des Ursprungsmitgliedstaats der Verpflichtung zum Kostenersatz ausdrücklich widersprochen.

Übersicht	Rdn.		Rdn.
I. Anwendungsbereich	1	II. Kostenfestsetzungsbeschluss nach § 104 ZPO	3

---

15 Siehe Art. 3, 4 Rdn. 19.
16 *Rauscher*, Vollstreckungstitel Rn. 60, 76; *Rauscher/Pabst*, EuZPR/EuIPR, Art. 3 EG-VollstrTitelVO Rn. 49; *Schlosser*, Art. 4 VTVO Rn. 7; *Rellermeyer*, Rpfleger 2005, 389, 396.
17 *Coester-Waltjen*, JURA 2005, 394; *Kropholler/v. Hein*, Art. 6 EuVTVO Rn. 18; *Stein*, EuZW 2004, 679; *Wagner*, IPRax 2005, 189.
18 Erwägungsgrund Nr. 7; Mitteilung der Kommission an das EP vom 9.2.2004 – KOM (2004) 90 unter 3.3.2 zu Art. 10 –.

Art. 7 EuVTVO Kosten in Verbindung mit dem gerichtlichen Verfahren

I. Anwendungsbereich

1 Durch Art. 7 wird klargestellt, dass Kostenentscheidungen ebenfalls einer Bestätigung als Europäischer Vollstreckungstitel zugänglich sind. Voraussetzung hierfür ist allerdings, dass auch die übrigen Voraussetzungen für eine Bestätigung vorliegen, also insbesondere dass die Entscheidung in einem Verfahren ergangen ist, das gem. Art. 2 in den sachlichen Anwendungsbereich der Verordnung fällt, was z. B. nicht bei einer erbrechtlichen Streitigkeit der Fall ist. Ferner muss auch die Kostenforderung »unbestritten« sein, was z. B. bei einem Anerkenntnis unter Verwahrung gegen die Kostenlast nicht der Fall ist.[1] Auch ist zu berücksichtigen, dass die Forderung der Höhe nach bestimmt i. S. d. Art. 4 Ziff. 2. sein muss. Deswegen sind die typischen isolierten Kostengrundentscheidungen deutschen Rechts, z. B. nach Erledigung der Hauptsache gem. § 91a Abs. 1 ZPO, nach Rücknahme einer Klage gem. § 269 Abs. 3 ZPO oder einer Berufung gem. § 515 Abs. 3 ZPO einer Bestätigung nicht zugänglich, wohl aber ein Kostenfestsetzungsbeschluss nach § 104 ZPO.[2]

2 Weitere Voraussetzungen für die Bestätigung sind streitig, und zwar aufgrund unterschiedlicher Auslegung der Wendung, dass »auch« Kostenentscheidungen betätigt werden können. Dem wird zum Teil nur klarstellende Bedeutung beigemessen. Es seien »auch« Kostenentscheidungen als Europäischer Vollstreckungstitel geeignet, ohne dass dies bei dem Hauptausspruch der Fall sein muss. Damit wäre auch bei klageabweisenden Urteilen oder solchen, die nicht auf eine Geldforderung lauten, wegen einer bezifferten Kostenentscheidung eine Bestätigung möglich.[3] Demgegenüber leitet eine andere Meinung aus Art. 7 eine limitierte Akzessorietät zwischen der Entscheidung in der Hauptsache und der darin enthaltenen Kostenentscheidung her. Nur dann, wenn in der Hauptsache eine bestätigungsfähige Entscheidung über eine unbestrittene Forderung ergangen sei, könne »auch« eine hierin enthaltene bezifferte Kostenentscheidung bestätigt werden.[4] Dem dürfte zu folgen sein; denn isolierte Kostenentscheidungen, wie z. B. ein Kostenfestsetzungsbeschluss nach § 104 ZPO sind ohnehin schon – wie die ausdrückliche Erwähnung in Art. 4 Ziff. 1 deutlich macht – unabhängig von einer in der Hauptsache ergangenen Entscheidung einer Bestätigung zugänglich.[5]

II. Kostenfestsetzungsbeschluss nach § 104 ZPO

3 Das deutsche Recht differenziert bei der Kostenforderung zwischen der Entscheidung dem Grunde nach und einem gesonderten Verfahren zur Höhe. Hierzu wird vertreten, dass nach einem Streit im Hauptsacheverfahren um die Kosten dem Grunde nach, z. B. im Fall des § 91a Abs. 1 ZPO ein Kostenfestsetzungsbeschluss bestätigt werden könne, wenn im Festsetzungsverfahren kein Bestreiten der Höhe nach mehr erfolge.[6] Diese Betrachtungsweise trägt allerdings dem Umstand nicht hinreichend Rechnung, dass eine Forderung nicht nur der Höhe nach, sondern auch dem Grunde nach unstrittig sein muss. Die verfahrensmäßige Trennung kann nicht dazu führen, dass das frühere Bestreiten unbeachtlich ist. Vielmehr wird für eine Bestätigung eines Kostenfestsetzungsbeschluss als Europäischer Vollstreckungstitel vorauszusetzen sein, dass die Entscheidung in der Hauptsache

---

1 *Kropholler/v. Hein*, Art. 7 EuVTVO Rn. 2.
2 *Wagner*, IPRax 2005, 189, 196.
3 *Geimer/Schütze/Hilbig*, IRV, Art. 7 EuVTVO Rn. 16; *Rauscher*, Vollstreckungstitel Rn. 74; *Rauscher/Pabst*, EuZPR/EuIPR, Art. 7 EG-VollstrTitelVO Rn. 6.
4 *Kropholler/v. Hein*, Art. 7 EuVTVO Rn. 2; *Prütting/Gehrlein/Halfmeier*, Art. 7 EuVTVO Rn. 2; *Thomas/Putzo/Hüßtege*, Art. 7 EuVTVO Rn. 1.
5 Siehe auch OLG München, NJW-RR 2007, 1582; MüKo/*Adolphsen*, § 1079 ZPO Rn. 4.
6 *Bittmann*, Rpfleger 2009, 934; *Rauscher/Pabst*, EuZPR/EuIPR, Art. 7 EG-VollstrTitelVO Rn. 19; *Geimer/Schütze/Hilbig*, IRV, Art. 7 EuVTVO Rn. 16 f. offengelassen, aber in der Tendenz bejahend OLG München NJW-RR 2007, 1582.

bestätigungsfähig ist und der Schuldner – sei es im Erkenntnis- oder Kostenfestsetzungsverfahren – der Verpflichtung zum Kostenersatz nicht ausdrücklich widersprochen hat.[7]

Auch wenn ein solcher Widerspruch nicht erfolgt, ist derzeit die Bestätigung eines isolierten Kostenfestsetzungsbeschlusses als Europäischer Vollstreckungstitel nicht möglich; denn eine Belehrung des Kostenschuldners über die Möglichkeit die Forderung zu bestreiten und Konsequenzen des Nichtbestreitens nach Art. 17 bei der Zustellung des Festsetzungsantrags sind gesetzlich nicht vorgesehen. Daher ist die Einhaltung dieses Mindeststandards nicht gewährleistet.[8] Eine Heilung nach Art. 18 Abs. 1 scheidet aus, da nur bei der Zustellung eines Versäumnisurteils, nicht aber bei einem Kostenfestsetzungsbeschluss eine Rechtsmittelbelehrung vorgesehen ist. Eine Heilungsmöglichkeit nach Art. 18 Abs. 2 besteht nur bei Zustellungsmängeln gemäß Art. 13 und 14, nicht aber bei Belehrungsmängeln nach Art. 16 und 17.[9]   4

Art. 8 Teilbarkeit der Bestätigung als Europäischer Vollstreckungstitel

Wenn die Entscheidung die Voraussetzungen dieser Verordnung nur in Teilen erfüllt, so wird die Bestätigung als Europäischer Vollstreckungstitel nur für diese Teile ausgestellt.

Übersicht	Rdn.		Rdn.
I. Nur teilweise bestätigungsfähiger Titel .	1	II. Beschränkter Antrag	2

I. Nur teilweise bestätigungsfähiger Titel

Entsprechend der in Art. 48 Brüssel-I-VO getroffenen Regelung soll es durch Art. 8 ermöglicht werden, für Titel, die nur teilweise die Voraussetzungen für eine Bestätigung als Europäischer Vollstreckungstitel erfüllen, eine Teilbestätigung zu erteilen. Die Gründe hierfür können unterschiedlich sein. So kann nur ein Teil des Urteilsausspruchs in den sachlichen Anwendungsbereich der Verordnung fallen, etwa die Titulierung von Unterhaltsansprüchen in einem Verbundurteil, in dem zugleich eine Scheidung ausgesprochen wird oder güterrechtliche Ansprüche aus der Ehe tituliert werden. Unter Umständen betrifft auch nur ein Teil des Titels eine Geldforderung i. S. d. Art. 4 Ziff. 2 oder es ist neben einem Ausspruch, der keinen vollstreckungsfähigen Inhalt hat, eine auf Zahlung eines bestimmten Betrags lautende Kostenentscheidung ergangen. Zu denken ist auch an den nicht seltenen Fall eines Teilanerkenntnisurteils und eines streitigen Urteils über die restliche Forderung.   1

II. Beschränkter Antrag

Der Antragsteller hat es in der Hand, den Umfang zu bestimmen, in dem der Titel bestätigt werden soll. Er kann daher auch dann, wenn an sich der gesamte Titel bestätigungsfähig ist, seinen Antrag auf einen Teil begrenzen.[1] In einem solchen Fall ist nur für diesen Teil das Antragserfordernis des Art. 6 Abs. 1 a erfüllt und damit nur insoweit der Titel bestätigungsfähig.   2

---

7 *Wagner*, IPRax 2005, 189, 196; OLG Stuttgart, NJW-RR 2007, 1583; MüKo/*Adolphsen*, Vor §§ 1079 ZPO Rn. 4.
8 OLG Stuttgart, NJW-RR 2009, 934; *Bittmann*, Rpfleger 2009, 369; Rauscher/*Pabst*, EuZPR/EuIPR, Art. 7 EG-VollstrTitelVO Rn. 23.
9 BGH, Rpfleger 2010, 527 mit zustimmender Anm. Heggen; OLG Stuttgart, NJW-RR 2009, 934; *Bittmann*, Rpfleger 2009, 934; Rauscher/*Pabst*, EuZPR/EuIPR, Art. 7 EG-VollstrTitelVO Rn. 23; *Geimer/Schütze/Hilbig*, IRV, Art. 7 EuVTVO Rn. 18 f; a. A. H. Roth IPRax 2008, 235.
1 *Geimer/Schütze/Hilbig*, IRV, Art. 8 EuVTVO Rn. 4; *RauscherPabst*, EuZPR/EuIPR, Art. 8 EG-VollstrTitelVO Rn. 4.

Art. 9 Ausstellung der Bestätigung als Europäischer Vollstreckungstitel

(1) Die Bestätigung als Europäischer Vollstreckungstitel wird unter Verwendung des Formblatts in Anhang I ausgestellt.

(2) Die Bestätigung als Europäischer Vollstreckungstitel wird in der Sprache ausgestellt, in der die Entscheidung abgefasst ist.

Übersicht	Rdn.		Rdn.
I. Verwendung von Formblättern	1	II. Nationales Recht	2

I. Verwendung von Formblättern

1   Die Verordnung enthält in ihren Anhängen fünf Formblätter für die verschiedenen Bestätigungen sowie ein weiteres Formblatt für einen Berichtigungs- oder Widerrufsantrag nach Art. 1. Die Formblätter, die in den Sprechen aller Mitgliedstaaten zur Verfügung stehen, sind so aufgebaut, dass regelmäßig nur Kästchen anzukreuzen bzw. Namen, Adressen und Zahlen einzutragen sind. Die einheitliche Struktur soll es einem Vollstreckungsorgan in einem anderen Mitgliedstaat ermöglichen, die Bestätigung auch dann inhaltlich zu erfassen, wenn er die Sprache des Ursprungsmitgliedstaates nicht versteht. Wenn das Vollstreckungsorgan gleichwohl eine Übersetzung oder Transkription für erforderlich hält, kann diese gem. Art. 20 Abs. 2 lit. c Brüssel-I-VO vom Gläubiger verlangt werden.[1]

II. Nationales Recht

2   Gem. § 1079 ZPO i. V. m. § 20 Nr. 11 RPflG sind die Bestätigungen von den Rechtspflegern der Gerichte, den Notaren und den Behörden auszustellen, denen die Erteilung einer vollstreckbaren Ausfertigung des Titels obliegt. Sie werden gem. § 1080 Abs. 1 ZPO ohne Anhörung des Schuldners erteilt und sind dem Schuldner zuzustellen. Für den Fall einer Ablehnung des Antrags gelten gem. § 1080 Abs. 2 ZPO für den Gläubiger die Rechtsmittel des Klauselverfahrens. Für Jugendamtsurkunden besteht gem. § 60 Satz 3 Ziff. 1 SGB VIII eine Zuständigkeit der Beamten oder Angestellten des Jugendamtes, denen die Beurkundung der Verpflichtungserklärung übertragen ist.

Art. 10 Berichtigung oder Widerruf der Bestätigung als Europäischer Vollstreckungstitel

(1) Die Bestätigung als Europäischer Vollstreckungstitel wird auf Antrag an das Ursprungsgericht
a)   berichtigt, wenn die Entscheidung und die Bestätigung aufgrund eines materiellen Fehlers voneinander abweichen;
b)   widerrufen, wenn sie hinsichtlich der in dieser Verordnung festgelegten Voraussetzungen eindeutig zu Unrecht erteilt wurde.

(2) Für die Berichtigung oder den Widerruf der Bestätigung als Europäischer Vollstreckungstitel ist das Recht des Ursprungsmitgliedstaats maßgebend.

(3) Die Berichtigung oder der Widerruf der Bestätigung als Europäischer Vollstreckungstitel können unter Verwendung des Formblatts in Anhang VI beantragt werden.

(4) Gegen die Ausstellung einer Bestätigung als Europäischer Vollstreckungstitel ist kein Rechtsbehelf möglich.

---

[1] Siehe näher Art. 20 Rdn. 4.

Übersicht

	Rdn.		Rdn.
I. Anwendungsbereich	1	IV. Antrag auf Berichtigung oder Widerruf	5
II. Berichtigung der Bestätigung	2	V. Nationales Recht	6
III. Widerruf der Bestätigung	3		

I. Anwendungsbereich

Die Vorschrift des Art. 10 gilt unmittelbar nur für Entscheidungen, ist aber auf Vergleiche und öffentliche Urkunden entsprechend anwendbar (Art. 24 Abs. 3, 25 Abs. 3). Mit ihr wird der Rechtsschutz des Schuldners gegen eine Bestätigung als Europäischer Vollstreckungstitel in den Ursprungsmitgliedstaat verlagert und erheblich eingeschränkt. Ihm stehen nur die in Abs. 1 bezeichneten Anträge an das Ursprungsgericht auf Berichtigung und Widerruf zu. Jeder sonstige Rechtsbehelf ist durch Abs. 4 ausgeschlossen. Der Schuldner steht sich also deutlich schlechter als nach innerstaatlichen Recht, das ihm mit der Klauselerinnerung nach § 732 ZPO und ggf. der sofortigen Beschwerde sowie der Rechtsbeschwerde umfassenden Rechtsschutz ermöglicht. Hintergrund ist der Wille der Kommission, Vollstreckungsverfahren zu beschleunigen und den Rechtsschutz des Schuldners auf Rechtsbehelfe gegen die Entscheidung selbst zu beschränken, was zum Teil in der Literatur heftig kritisiert und als rechtsstaatlich höchst bedenklich angesehen wird.[1]   1

II. Berichtigung der Bestätigung

Eine Berichtigung nach Art. 10 Abs. 1 lit. a) ist dann möglich, wenn Bestätigung und Titel »aufgrund eines materiellen Fehlers voneinander abweichen«. Erfasst hiervon die sollen Fälle sein, in denen Angaben aus dem Titel, etwa infolge falscher Schreibweise des Namens oder der Anschrift der Parteien unzutreffend in die Bestätigung übertragen wurden.[2] Das Antragsrecht steht sowohl dem Gläubiger wie auch dem Schuldner zu.   2

III. Widerruf der Bestätigung

Größere praktische Bedeutung dürfte dem Widerruf nach Art. 10 Abs. 1 lit. b) zukommen. Dieser kann dann eingelegt werden, wenn die Bestätigung »hinsichtlich der in dieser Verordnung festgelegten Voraussetzungen eindeutig zu Unrecht erteilt wurde«. Erfasst hiervon sind zum einen Fälle, in denen entweder die sachlichen Voraussetzungen für die Anwendung der EuVTVO nicht vorlagen, z.B. bei einem Titel über eine gem. Art. 2 Abs. 1 ausgenommene Zugewinnausgleichsforderung, oder die Forderung zu Unrecht als »unbestritten« i.S.d. Art. 3 angesehen wurde oder gegen Art. 6 verstoßen wurde, etwa weil der Titel gegen einen Verbraucher außerhalb seines Wohnortstaates ergangen war. Zum anderen können über einen derartigen Antrag ggfls. Verstöße gegen die Mindeststandards der Art. 12 ff. geltend gemacht werden. Da aber etwaige Verstöße »eindeutig« sein müssen, verbleibt dem mit dem Antrag befassten Organ des Ursprungsmitgliedstaates viel Interpretationsspielraum. Die dem Schuldner verbleibende Möglichkeit, mit Rechtsmitteln oder Rechtsbehelfen gegen den der Bestätigung zugrunde liegenden Titel vorzugehen,[3] hilft ihm dann nicht weiter, wenn im Zeitpunkt der Zustellung der Bestätigung wegen des Titels Rechtsmittelfristen bereits abgelaufen sind.   3

Für einen typischen Fall bietet allerdings das Formblatt gem. Anlage VI, das für Anträge auf Widerruf gem. Art. 10 Abs. 3 benutzt werden kann, aber nicht benutzt werden muss, eine Auslegungshilfe. Dort ist nämlich unter 6.6.1 der angesprochene Fall einer Entscheidung über eine Verbrauchersache im Nichtwohnsitzstaat des Verbrauchers als ggfls. anzukreuzende Alternative für einen Widerrufsgrund vorgegeben. Generell wird man vor diesem Hintergrund sagen müssen, dass zweifelsfrei   4

---

1 *Schack*, IZPR, Rn. 1053 f.; vgl. auch *Rauscher*, Vollstreckungstitel Rn. 36: Opferung gebotener Rechtsbehelfe für das politische Ziel der Überbeschleunigung.
2 BR-Drucks. 88/05 S. 24; *Prütting/Gehrlein/Halfmeier*, Art. 10 EuVTVO Rn. 2.
3 S. den Hinweis in der BR-Drucks. 88/05 S. 24.

feststehende Verstöße gegen die Voraussetzungen für die Erteilung einer Bestätigung letztlich einen Widerrufsantrag zum Erfolg verhelfen können, aber wohlgemerkt wegen der Überprüfung durch das Ausgangsgericht nur können. Die inzwischen h. M. in Deutschland sieht mit Recht alles, was unrichtig ist, als »eindeutig« unrichtig an.[4]

IV. Antrag auf Berichtigung oder Widerruf

5   Für den Antrag stellt die Verordnung mit dem Formblatt VI eine fakultative Hilfe zur Verfügung. Ansonsten ist die Ausgestaltung des Berichtigungs- und Widerrufsverfahren gem. Art. 10 Abs. 2 den einzelnen Mitgliedstaaten überlassen. Dadurch haben sie zugleich die Ermächtigung erhalten, Rechtsbehelfe vorzusehen. Diese sind durch Abs. 4 nicht ausgeschlossen, weil die Vorschrift sich nur auf Rechtsbehelfe außerhalb des Berichtigungs- oder Widerrufsverfahrens bezieht.[5]

V. Nationales Recht

6   In Deutschland ist die Ausgestaltung des Berichtigungs- und Widerrufsverfahrens in § 1081 ZPO i. V. m. § 20 Nr. 11 RPflG erfolgt. Zuständig ist der Rechtspfleger des Gerichts, das die Bestätigung ausgestellt hat oder in dessen Bezirk der Notar bzw. die Behörde ihren Sitz haben. Wegen der Einzelheiten und zu den Rechtsmitteln für den Gläubiger oder den Schuldner wird auf die Anmerkungen zu § 1081 ZPO verwiesen.

Art. 11 Wirkung der Bestätigung als Europäischer Vollstreckungstitel

Die Bestätigung als Europäischer Vollstreckungstitel entfaltet Wirkung nur im Rahmen der Vollstreckbarkeit der Entscheidung.

Übersicht	Rdn.		Rdn.
I. Zweck der Norm	1	II. Auslegungsprobleme	2

I. Zweck der Norm

1   Art. 11 ist Ausdruck des allgemeinen Grundsatzes, dass die Vollstreckbarkeit eines Titels im Ausland nicht weiter reicht als im Inland. Ist etwa die Entscheidung im Ursprungsmitgliedstaat aufgrund eines Rechtsbehelfs nicht mehr oder nur eingeschränkt vollstreckbar, berechtigt eine weitergehende Bestätigung nicht mehr zu einer unbeschränkten Vollstreckung.[1] Erfolgt eine solche gleichwohl, kann der Schuldner dem mit einem Antrag an das Ursprungsgericht auf Erteilung einer Bescheinigung gem. Art. 6 Abs. 2 über die Nichtvollstreckbarkeit bzw. die Beschränkung der Vollstreckbarkeit begegnen.

II. Auslegungsprobleme

2   Problematisch ist es, ob Art. 11 die Wirkungen der Bestätigung auf die Vollstreckbarkeit begrenzt. Dies dürfte trotz des missverständlichen Wortlauts zu verneinen sein.[2] Offen ist auch die Frage des Verhältnisses zu einer nach dem nationalen Recht des Vollstreckungsmitgliedstaates eventuell zulässigen Klage auf Herausgabe des bestätigten Vollstreckungstitels nach Deliktsrecht, also in

---

[4] *Wagner*, IPRax 2005, 189, 197; *Geimer/Schütze/Hilbig*, IRV, Art. 10 EuVTVO Rn. 44 f; MüKo/*Adolphsen*, § 1081 ZPO Rn. 5; *Prütting/Gehrlein/Halfmeier*, Art. 10 EuVTVO Rn. 3.
[5] *Rauscher/Pabst*, EuZPR/EuIPR, Art. 10 EG-VollstrTitelVO Rn. 19; *Wagner*, IPRax 2005, 401, 404.
[1] KOM (2004) 90, 9; *Kropholler/v. Hein*, Art. 11 EuVTVO Rn. 1.
[2] *Rauscher/Pabst*, EuZPR/EuIPR, Art. 11 EG-VollstrTitelVO Rn. 4 f.; a. A. *Thomas/Putzo/Hüßtege*, Art. 11 EuVTVO Rn. 1; siehe zu der Problematik auch Art. 5 Rn. 3 und die dortigen Nachweise.

Deutschland einer Klage aus § 826 BGB. Diese wird teilweise allgemein für zulässig angesehen.[3] Richtig dürfte es sein, zu differenzieren: Wenn es um Umstände anlässlich der Erwirkung der ausländischen Entscheidung und/oder der Bestätigung geht, geht es um das einer Überprüfung im Vollstreckungsmitgliedstaat entzogene Verfahren in dem anderen Mitgliedstaat. Anders dürfte es dagegen sein, wenn die unerlaubte Handlung in der Ausnutzung einer nachträglich für unrichtig erkannten Entscheidung oder Bestätigung liegt, also erst die Vollstreckung aus dem bestätigten Titel sich als sittenwidrig darstellt. Für diesen Fall dürfte eine Herausgabeklage aus § 826 BGB zulässig sein.[4]

Kapitel III Mindestvorschriften für Verfahren über umstrittene Forderungen

Art. 12 Anwendungsbereich der Mindestvorschriften

(1) Eine Entscheidung über eine unbestrittene Forderung im Sinne von Artikel 3 Absatz 1 Buchstabe b) oder c) kann nur dann als Europäischer Vollstreckungstitel bestätigt werden, wenn das gerichtliche Verfahren im Ursprungsmitgliedstaat den verfahrensrechtlichen Erfordernissen nach diesem Kapitel genügt hat.

(2) Dieselben Erfordernisse gelten auch für die Ausstellung der Bestätigung als Europäischer Vollstreckungstitel oder einer Ersatzbestätigung im Sinne des Artikels 6 Absatz 3 für eine Entscheidung, die nach Anfechtung einer Entscheidung ergangen ist, wenn zum Zeitpunkt dieser Entscheidung die Bedingungen nach Artikel 3 Absatz 1 Buchstabe b) oder c) erfüllt sind.

Übersicht	Rdn.		Rdn.
I. Zweck der Norm	1	II. Auswirkungen auf nationales Recht....	2

I. Zweck der Norm

Die Mindeststandards des Kapitel III gelten gem. Art. 12 Abs. 1 nur für Säumnisentscheidungen i. S. d. Art. 3 Abs. 1 lit. b) oder c) einschließlich der im Rechtsbehelfsverfahren ergangenen. Mit ihnen soll sichergestellt werden, dass bei einem Schuldner, der sich nicht bzw. nicht mehr am Verfahren beteiligt hat, die Bestätigung als Europäischer Vollstreckungstitel nur erfolgt, wenn dessen Verteidigungsrechte, insbesondere sein Recht auf ein faires Verfahren gem. Art. 47 der Charta der Grundrechte der EU gewahrt sind.[1]

II. Auswirkungen auf nationales Recht

Durch Art. 12 wird keine Verpflichtung der Mitgliedstaaten begründet, ihre eigenen prozessualen Vorschriften den Mindeststandards des Kapitel III anzupassen.[2] Wenn sie dies nicht tun, laufen sie indes Gefahr, dass ihre Säumnisentscheidungen nicht als Europäische Vollstreckungstitel bestätigt werden können und der mit der Verordnung erstrebte Zweck einer effizienten und raschen Durchsetzung in anderen Mitgliedstaaten nicht eintreten kann.

In Deutschland sind derartige Anpassungen durch das zeitgleich mit der Verordnung am 21.10.2005 in Kraft getretene Durchführungsgesetz erfolgt.[3] Die Änderungen betreffen im Wesentlichen nur

---

3 *Zöller/Geimer*, Art. 11 EuVTVO Rn. 4; *Rauscher*, Vollstreckungstitel Rn. 67.
4 So jetzt auch *Rauscher/Pabst*, EuZPR/EuIPR, Art. 20 EG-VollstrTitelVO Rn. 37; vgl. auch § 1086 ZPO Rdn. 8.
1 Erwägungsgründe 10 ff.
2 Erwägungsgrund 19.
3 BGBl. 2005 I 2477.

die Belehrungserfordernisse des Art. 17, während im Übrigen, insbesondere bei den Zustellvorschriften, kein Anpassungsbedarf bestand. Versäumt wurde es aber bei gerichtlichen Entscheidungen außerhalb des Erkenntnisverfahrens, z. B. bei isolierten Kostenfestsetzungsbeschlüssen nach §§ 104 ff. ZPO und Ordnungsmittelbeschlüssen nach §§ 887 ff. ZPO die nach Art. 17 vorgeschriebenen Belehrungen vorzusehen. Diese können daher auch dann, wenn der Schuldner den Ansprüchen nicht entgegen tritt, nicht als Europäischer Vollstreckungstitel bestätigt werden.[4]

Art. 13 Zustellung mit Nachweis des Empfangs durch den Schuldner

(1) Das verfahrenseinleitende Schriftstück oder ein gleichwertiges Schriftstück kann dem Schuldner wie folgt zugestellt worden sein:
a) durch persönliche Zustellung, bei der der Schuldner eine Empfangsbestätigung unter Angabe des Empfangsdatums unterzeichnet, oder
b) durch persönliche Zustellung, bei der die zuständige Person, die die Zustellung vorgenommen hat, ein Dokument unterzeichnet, in dem angegeben ist, dass der Schuldner das Schriftstück erhalten hat oder dessen Annahme unberechtigt verweigert hat und an welchem Datum die Zustellung erfolgt ist, oder
c) durch postalische Zustellung, bei der der Schuldner die Empfangsbestätigung unter Angabe des Empfangsdatums unterzeichnet und zurückschickt, oder
d) durch elektronische Zustellung wie beispielsweise per Fax oder E-Mail, bei der der Schuldner eine Empfangsbestätigung unter Angabe des Empfangsdatums unterzeichnet und zurückschickt.

(2) Eine Ladung zu einer Gerichtsverhandlung kann dem Schuldner gemäß Absatz 1 zugestellt oder mündlich in einer vorausgehenden Verhandlung über dieselbe Forderung bekannt gemacht worden sein, wobei dies im Protokoll dieser Verhandlung festgehalten sein muss.

Art. 14 Zustellung ohne Nachweis des Empfangs durch den Schuldner

(1) Das verfahrenseinleitende Schriftstück oder ein gleichwertiges Schriftstück sowie eine Ladung zu einer Gerichtsverhandlung kann dem Schuldner auch in einer der folgenden Formen zugestellt worden sein:
a) persönliche Zustellung unter der Privatanschrift des Schuldners an eine in derselben Wohnung wie der Schuldner lebende Person oder an eine dort beschäftigte Person;
b) wenn der Schuldner Selbstständiger oder eine juristische Person ist, persönliche Zustellung in den Geschäftsräumen des Schuldners an eine Person, die vom Schuldner beschäftigt wird;
c) Hinterlegung des Schriftstücks im Briefkasten des Schuldners;
d) Hinterlegung des Schriftstücks beim Postamt oder bei den zuständigen Behörden mit entsprechender schriftlicher Benachrichtigung im Briefkasten des Schuldners, sofern in der schriftlichen Benachrichtigung das Schriftstück eindeutig als gerichtliches Schriftstück bezeichnet oder darauf hingewiesen wird, dass die Zustellung durch die Benachrichtigung als erfolgt gilt und damit Fristen zu laufen beginnen;
e) postalisch ohne Nachweis gemäß Absatz 3, wenn der Schuldner seine Anschrift im Ursprungsmitgliedstaat hat;
f) elektronisch, mit automatisch erstellter Sendebestätigung, sofern sich der Schuldner vorab ausdrücklich mit dieser Art der Zustellung einverstanden erklärt hat.

(2) Für die Zwecke dieser Verordnung ist eine Zustellung gemäß Absatz 1 nicht zulässig, wenn die Anschrift des Schuldners nicht mit Sicherheit ermittelt werden kann.

(3) Die Zustellung nach Absatz 1 Buchstaben a) bis d) wird bescheinigt durch

---

4 Näher Art. 2 Rdn. 4 und Art. 7 Rdn. 4.

a) ein von der zuständigen Person, die die Zustellung vorgenommen hat, unterzeichnetes Schriftstück mit den folgenden Angaben:
 i) die gewählte Form der Zustellung und
 ii) das Datum der Zustellung sowie,
 iii) falls das Schriftstück einer anderen Person als dem Schuldner zugestellt wurde, der Name dieser Person und die Angabe ihres Verhältnisses zum Schuldner,
oder
b) eine Empfangsbestätigung der Person, der das Schriftstück zugestellt wurde, für die Zwecke von Absatz 1 Buchstaben a) und b).

Übersicht

		Rdn.			Rdn.
I.	Zustellfehler als Kernproblem grenzüberschreitender Verfahren	1	3.	Ersatzzustellung mit Zustellungsbescheinigung oder Empfangsbekenntnis	6
II.	Konzept der EuVTVO	2	4.	Ersatzzustellung ohne Nachweis	7
III.	Kriterien für die Zustellung des verfahrenseinleitenden Schriftstücks	3	IV.	Zustellung der Ladung	8
1.	Ausschluss fiktiver Zustellformen	4	V.	Verhältnis zu den nationalen Zustellvorschriften	9
2.	Persönliche Zustellung an den Schuldner	5			

I. Zustellfehler als Kernproblem grenzüberschreitender Verfahren

Die Befassung mit Fehlern im Rahmen der grenzüberschreitenden Zustellung, die dazu führen können, dass ein Schuldner unverschuldet keine Kenntnis von der Einleitung eines gerichtlichen Verfahrens erhielt, war in der Vergangenheit eines der Hauptprobleme im Rahmen des Vollstreckbarkeitsverfahrens.[1] Nach Art. 27 Nr. 2 EuGVÜ/LGVÜ hing bzw. hängt die Anerkennung von Säumnisentscheidungen nämlich u. a. davon ab, dass die Zustellung des verfahrenseinleitenden Schriftstücks »ordnungsgemäß« war, und zwar nach dem Recht des Urteilsstaates. Dies führte zum einen dazu, dass sich das Exequaturgericht mit ihm unbekannten ausländischen Zustellnormen zu befassen hatte. Zum anderen konnte ein etwaiger Fehler die Folge haben, dass – etwa bei ausschließlichen Zuständigkeiten – ein rechtskräftiges ausländisches Versäumnisurteil für den Gläubiger wirtschaftlich wertlos war, weil nach der Rechtsprechung des EuGH der Zustellfehler auch dann einer Anerkennung im Vollstreckungsstaat entgegenstand, wenn der Schuldner es unterlassen hatte, einen ihm möglichen Rechtsbehelf gegen das Versäumnisurteil einzulegen.[2] Eine flexiblere Handhabung ermöglichte sodann die Brüssel-I-VO, nach deren Art. 34 Nr. 2 die Zustellung an den Schuldner nur noch in einer Weise zu erfolgen braucht, »dass er sich verteidigen konnte«. Es wird also nicht mehr auf die formell ordnungsgemäße Zustellung, sondern pragmatisch auf die tatsächliche Verteidigungsmöglichkeit im konkreten Fall abgestellt. Ferner kann – in bewusster Abkehr von der Rspr. des EuGH zu Art. 27 Nr. 2 EuGVÜ – nach Art. 34 Nr. 2 Brüssel-I-VO ein Zustellfehler durch die Nichteinlegung eines Rechtsbehelfs geheilt werden.

II. Konzept der EuVTVO

Mit der EuVTVO wird versucht, einerseits durch ein autonomes und von den nationalen Rechtsordnungen losgelöstes Zustellsystem mögliche Fehlerquellen zu minimieren, andererseits berechtigten Interessen des Gläubigers, der – soweit Zustellungen nach nationalem Recht nicht im Parteibetrieb

---

1 Vgl. etwa die Fallkonstellationen BayObLG, FamRZ 2000, 1170; OLG Düsseldorf, InVo 2001, 145; OLG Köln, OLGReport 2003, 111 u. nachfolgend die Nichtzulassungsentscheidung BGH, NJW 2004, 3189; OLG Köln, NJW-RR 2002, 360 u. NJW-RR, 2001, 1576.
2 EuGH, EuZW 1990, 352, 354; EuZW 1993, 39, 42; ihm folgend BGH, NJW 1993, 2688 = IPRax 1993, 396; NJW 2004, 3189 u. WuM 2005, 203; dagegen insbes. *Geimer*, NJW 1973, 2139, 2142; *Zöller/Geimer*, § 328 ZPO Rn. 133 sowie für die Zeit ab Verabschiedung der EuGVVO OLG Köln, OLGReport 2002, 212 u. IPRax 2004, 115.

erfolgen, sondern von den Gerichten veranlasst werden – für etwaige Fehler nicht verantwortlich ist, dadurch Rechnung zu tragen, dass ebenfalls eine Heilungsmöglichkeit normiert wird.

III. Kriterien für die Zustellung des verfahrenseinleitenden Schriftstücks

3   Die Art und Weise, wie die Zustellung des verfahrenseinleitenden Schriftstücks zu erfolgen hat, ist in der EuVTVO nicht geregelt. Diese richtet sich – je nach prozessualer Situation – nach der Eu-ZustellVO, dem Haager Zustellübereinkommen oder dem einschlägigen nationalen Recht. In den Art. 13–15 werden nur Kriterien vorgegeben, die erfüllt sein müssen, damit eine Säumnisentscheidung als Europäischer Vollstreckungstitel bestätigt werden kann.[3]

1. Ausschluss fiktiver Zustellformen

4   Fehlerquellen sollen dadurch ausgeschaltet werden, dass zunächst alle Formen fiktiver Zustellungen ausgeschlossen werden, die nach einigen nationalen Rechtsordnungen möglich sind, z. B. die deutsche öffentliche Zustellung oder die französische remise au parquet.[4] Zudem soll eine Bestätigung als Europäischer Vollstreckungstitel nur dann erfolgen, wenn unabhängig von den nach nationalem Recht bzw. der EuZustellVO möglichen Zustellarten bestimmte in den Art. 13, 14 statuierte Formen eingehalten wurden, die es nach Auffassung des Verordnungsgeber wegen einer persönlichen Übergabe als sicher oder aufgrund bestimmter Formen der Ersatzzustellung als in hohem Maße wahrscheinlich erscheinen lassen, dass der Schuldner das zuzustellende Schriftstück auch erhalten hat.[5]

2. Persönliche Zustellung an den Schuldner

5   Art. 13 Abs. 1 enthält zunächst einen Katalog der Fälle persönlicher Zustellung des verfahrenseinleitenden Schriftstücks an den Schuldner. Dies sind alternativ
   a) ein von dem Schuldner unter Angabe des Datums unterzeichnetes Empfangsbekenntnis über eine persönliche Übergabe,[6]
   b) ein von einer Zustellperson unterzeichnetes Protokoll mit der Angabe, dass der Schuldner das Schriftstück erhalten oder dessen Annahme unberechtigt verweigert hat und an welchem Datum dies geschehen ist,[7]
   c) ein von dem Schuldner unter Angabe des Datums unterzeichnetes und zurückgeschicktes Empfangsbekenntnis über eine postalische Zustellung,
   d) die elektronische Zustellung (per Fax oder E-Mail), bei der der Schuldner ebenfalls ein Empfangsbekenntnis unter Angabe des Datums unterzeichnet und – ggf. auf elektronischem Weg – zurückschickt.

3. Ersatzzustellung mit Zustellungsbescheinigung oder Empfangsbekenntnis

6   Neben der persönlichen Zustellung sind bestimmte Formen der Ersatzzustellung möglich, bei denen dokumentiert ist, dass das Schriftstück in den Empfangsbereich des Empfängers gelangt ist, nämlich nach Art. 14 Abs. 1 lit. a) bis d)

---

3 *Rauscher/Pabst*, EuZPR/EuIPR, Art. 13 EG-VollstrTitelVO Rn. 1.
4 Erwägungsgrund 13; *Stadler*, IPRax 2004, 2, 6; *Stein*, IPRax 2004, 181, 188.
5 Erwägungsgrund 14; kritisch hierzu *Stadler*, RIW 2004, 801, 806 f.; siehe auch *Hüßtege* Vollstreckungstitel S. 137, der in einer nicht in allen Fällen gewährleisteten Koordinierung des Zustellsystems der EuVTVO mit den jeweiligen nationalen Rechten einen Schwachpunkt der VO sieht.
6 Nicht hierher gehört wegen der besonderen Voraussetzungen der lit. c) für die postalische Zustellung ein einfaches Übergabe-Einschreiben; *Rauscher*, Vollstreckungstitel Rn. 110.
7 Die Frage, ob die Annahmeverweigerung »unberechtigt« ist, richtet sich wiederum nicht nach der VO, sondern den jeweils einschlägigen Zustellnormen; krit. wegen der Fassung der Vorschrift MüKo/*Adolphsen*, § 1080 ZPO Rn. 20.

a) die persönliche Zustellung unter der Privatanschrift des Schuldners an eine in der Wohnung lebende oder beschäftigte Person,
b) bei Selbstständigen oder juristischen Personen die persönliche Zustellung in den Geschäftsräumen des Schuldners an eine dort beschäftigte Person,
c) die Hinterlegung des Schriftstücks im Briefkasten des Schuldners,
d) die Hinterlegung des Schriftstücks beim Postamt oder den zuständigen Behörden mit schriftlicher Benachrichtigung des Schuldners, in der eine eindeutige Bezeichnung des Schriftstücks erfolgt und die den Hinweis enthält, dass die Zustellung durch die Benachrichtigung als erfolgt gilt und damit Fristen zu laufen beginnen.

In all diesen Fällen der Ersatzzustellung ist gem. Art. 14 Abs. 3 der Nachweis der Zustellung dadurch zu führen, dass die Zustellperson ein Schriftstück unterzeichnet, in dem die Zustellform, das Datum der Zustellung, der Namen der Empfangsperson und ihr Verhältnis zum Schuldner angegeben sind. In den beiden Alternativen der Übergabe an eine Empfangsperson kann die Zustellung auch durch ein Empfangsbekenntnis dieser Person geführt werden.

4. Ersatzzustellung ohne Nachweis

Schließlich gibt es zwei Fälle, in denen ein Empfangsnachweis ganz entbehrlich ist. Zum einen erlaubt Art. 14 Abs. 1 lit. e) für den Fall, dass der Schuldner im Ursprungsmitgliedstaat wohnt, eine postalische Zustellung ohne Nachweis. Zum anderen reicht gem. Abs. 1 lit. f) eine automatisch erstellte elektronische Sendebestätigung, also etwa das Protokoll des Absenderfaxgerätes dann aus, wenn der Schuldner sich vorab ausdrücklich mit dieser Zustellart einverstanden erklärt hatte.

IV. Zustellung der Ladung

Die vorgenannten Zustellformen sind auch für die Ladung zur mündlichen Verhandlung zu beachten, um nach Säumnis des Schuldners eine Bestätigung der gerichtlichen Entscheidung als Europäischer Vollstreckungstitel zu erhalten. Allerdings kann die Ladung gem. Art. 13 Abs. 2 auch durch eine protokollierte Bekanntgabe in der vorhergehenden Verhandlung erfolgen.

V. Verhältnis zu den nationalen Zustellvorschriften

Durch die Art. 13, 14 werden die Mitgliedstaaten nicht verpflichtet, ihre eigenen Zustellformen den Mindeststandards anzupassen. Deren Fehlen führt nur dazu, dass eine Säumnisentscheidung nicht als Europäischer Vollstreckungstitel bestätigt werden kann. Dem Gläubiger bleibt es dagegen unbenommen, im Vollstreckungsmitgliedstaat das Vollstreckbarkeitsverfahren nach der Brüssel-I-VO bzw. bei Titeln aus Verfahren, die ab dem 10.1.2015 eingeleitet worden sind, nach der Brüssel-Ia-VO zu vollstrecken. Hier wäre es dann Sache des Schuldners ggf. den Vollstreckbarkeits- bzw. Vollstreckungsversagungsgrund des Art. 34 Nr. 2 Brüssel-I-VO bzw. Art. 45 Abs. 1 lit. b) Brüssel-Ia-VO geltend zu machen. Er müsste also selbst aktiv werden und es läge bei ihm, darzulegen und ggf. zu beweisen, dass ihm das verfahrenseinleitende Schriftstück nicht rechtzeitig und in einer Weise zugestellt wurde, dass er sich nicht verteidigen konnte und er zudem keine Möglichkeit zur Einlegung eines Rechtsmittels gegen die Entscheidung hatte.

So hindert ein unbekannter Aufenthalt des Beklagten nicht die öffentliche Zustellung des verfahrenseinleitenden Schriftstücks nach nationalem Recht und ggf. den Erlass eines – nach Brüssel-I-VO bzw. Brüssel-Ia-VO zu vollstreckenden – Versäumnisurteils, »sofern sich das angerufene Gericht vorher vergewissert hat, dass alle Nachforschungen, die der Sorgfaltsgrundsatz und der Grundsatz von Treu und Glauben gebieten, vorgenommen worden sind, um den Beklagten ausfindig zu machen«.[8]

---

8 EuGH EuZW 2012, 381 mit Anm. *Heiderhoff*, IPRax 2013, 309.

11 In Deutschland entsprechen die einschlägigen Vorschriften der §§ 166 ff. ZPO abgesehen von dem Sonderfall der fiktiven Zustellung im Wege der öffentlichem Zustellung gem. §§ 185 ff. ZPO, den Standards der EuVTVO, weshalb im Rahmen des EG-Vollstreckungstitel-Durchführungsgesetzes kein Änderungsbedarf gesehen wurde.[9]

Art. 15 Zustellung an die Vertreter des Schuldners

Die Zustellung gemäß Artikel 13 oder Artikel 14 kann auch an den Vertreter des Schuldners bewirkt worden sein.

Übersicht Rdn. Rdn.
I. Vertreter .... 1 II. Reichweite der Norm 2

I. Vertreter

1 Ladung und verfahrenseinleitenden Schriftstück können gem. Art. 15 in allen nach den Art. 13, 14 zulässigen Formen auch an einen Vertreter des Schuldners erfolgen. Dies kann ein gesetzlicher Vertreter sein, etwa bei einer juristischen Person oder bei der Zustellung an einen nach § 1896 BGB bestellten rechtlichen Betreuer innerhalb des ihm übertragenen Aufgabenkreises. Zulässig ist aber auch die Zustellung an einen gewillkürten Vertreter, insbesondere an einen speziell zur Vertretung im gerichtlichen Verfahren Bevollmächtigten, insbesondere einen Rechtsanwalt.[1] Die Wirksamkeit der Vertreterbestellung selbst ist nach dem jeweiligen nationalen Sachnormen zu beurteilen.

II. Reichweite der Norm

2 Die durch Art. 15 uneingeschränkt ermöglichte Zustellung an einen materiell-rechtlich wirksam bestellten Vertreter ist unabhängig davon zulässig, ob eine solche nach nationalem Prozessrecht im Erkenntnisverfahren statthaft war. Selbst wenn letzteres nicht der Fall gewesen sein sollte, reicht die Zustellung an den Vertreter für die Ausstellung einer Bestätigung als Europäischer Vollstreckungstitel.[2]

Art. 16 Ordnungsgemäße Unterrichtung des Schuldners über die Forderung

Um sicherzustellen, dass der Schuldner ordnungsgemäß über die Forderung unterrichtet worden ist, muss das verfahrenseinleitende Schriftstück oder das gleichwertige Schriftstück folgende Angaben enthalten haben:
a) den Namen und die Anschrift der Parteien;
b) die Höhe der Forderung;
c) wenn Zinsen gefordert werden, den Zinssatz und den Zeitraum, für den Zinsen gefordert werden, es sei denn, die Rechtsvorschriften des Ursprungsmitgliedstaats sehen vor, dass gesetzliche Zinsen automatisch der Hauptforderung hinzugefügt werden;
d) die Bezeichnung des Forderungsgrundes.

---

9 Amtliche Begründung, BR-Drucks. 88/05 S. 15; *Zöller/Geimer* § 1079 ZPO Rn. 4; einschränkend *Geimer/Schütze/Arnold*, IRV, Art. 14 EuVTVO Rn. 28; *Rauscher*, Vollstreckungstitel, Rn. 124 u. 126 sowie *Rellermeyer*, Rpfleger 2005, 389, 395, Fn. 104, die bei einer Zustellung gem. § 178 Abs. 1 Nr. 3 ZPO i. V. m. § 181 ZPO die Hinweispflicht des Art. 14 Abs. 1 lit. d) EuVTVO nicht als hinreichend gewahrt ansehen.
1 Erwägungsgrund 16.
2 *Zöller/Geimer*, Art. 15 EuVTVO Rn. 2; *RauscherPabst*, EuZPR/EuIPR, Art. 15 EG-VollstrTitelVO Rn. 3.

Ordnungsgemäße Unterrichtung des Schuldners über die Verfahrensschritte **Art. 17 EuVTVO**

Übersicht	Rdn.		Rdn.
I. Unterrichtung über die Forderung	1	II. Auswirkungen auf Klagen bzw. Mahngesuche nach der ZPO	2

I. Unterrichtung über die Forderung

Weitere Mindeststandards sind in Art. 16 enthalten. Während die Art. 13, 14 Anforderungen an die Form der Zustellung normieren, betreffen sie den Inhalt des verfahrenseinleitenden Schriftstücks, um sicherzustellen, dass der Schuldner weiß, wogegen er sich zu verteidigen hat. Es sind dies Angaben 1

a) zu Namen und Anschrift der Parteien,
b) zur Höhe der Forderung
c) zum Zinssatz und Zinszeitraum, es sei denn nach dem Recht des Ursprungsmitgliedstaat erfolgt eine automatische Anrechnung eines gesetzlichen Zinssatzes
d) zur Bezeichnung des Forderungsgrundes.

II. Auswirkungen auf Klagen bzw. Mahngesuche nach der ZPO

Den Anforderungen des Art. 16 entspricht der Mahnantrag des § 690 ZPO, weil eine nur schlagwortartige Umschreibung des Forderungsgrundes ausreicht. Dagegen dürfte im Fall eines unbezifferten Schmerzensgeldantrags die Höhe der Forderung nicht hinreichend bestimmt bezeichnet sein.[1] In Fällen mit potentieller Auslandsberührung, sollte sich ein Anwalt daher überlegen, ob nicht besser ein bezifferter Betrag in einem einigermaßen realistischen Bereich eingeklagt und ggfls. ein Kostenrisiko für den Mandanten in Kauf genommen wird. 2

Art. 17 Ordnungsgemäße Unterrichtung des Schuldners über die Verfahrensschritte zum Bestreiten der Forderung

In dem verfahrenseinleitenden Schriftstück, einem gleichwertigen Schriftstück oder einer Ladung zu einer Gerichtsverhandlung oder in einer zusammen mit diesem Schriftstück oder dieser Ladung zugestellten Belehrung muss deutlich auf Folgendes hingewiesen worden sein:

a) auf die verfahrensrechtlichen Erfordernisse für das Bestreiten der Forderung; dazu gehören insbesondere die Frist, innerhalb deren die Forderung schriftlich bestritten werden kann bzw. gegebenenfalls der Termin der Gerichtsverhandlung, die Bezeichnung und die Anschrift der Stelle, an die die Antwort zu richten bzw. vor der gegebenenfalls zu erscheinen ist, sowie die Information darüber, ob die Vertretung durch einen Rechtsanwalt vorgeschrieben ist;
b) auf die Konsequenzen des Nichtbestreitens oder des Nichterscheinens, insbesondere die etwaige Möglichkeit einer Entscheidung oder ihrer Vollstreckung gegen den Schuldner und der Verpflichtung zum Kostenersatz.

Übersicht	Rdn.		Rdn.
I. Belehrung über Formalien	1	III. Umsetzung in der ZPO	5
II. Fehlen einer autonomen Einlassungsfrist	3		

I. Belehrung über Formalien

Gerade bei grenzüberschreitenden Verfahren, bei denen der Schuldner die ausländische Rechtsordnung in der Regel nicht kennt und auch nicht zu kennen braucht, gehört es zu einem wirksamen Schuldnerschutz, dass er über die für eine wirksame Verteidigung einzuhaltenden Formalien sowie über die Konsequenzen einer fehlenden bzw. nicht wirksamen Verteidigung belehrt wird. Deshalb 1

---

1 *Geimer/Schütze/Arnold*, IRV, Art. 16 EuVTVO Rn. 5; *Rauscher*, Vollstreckungstitel Rn. 139.

Art. 17 EuVTVO Ordnungsgemäße Unterrichtung des Schuldners über die Verfahrensschritte

hat nach Art. 17 bei verfahrenseinleitenden Schriftstücken sowie Ladungen, und zwar allen eine »deutliche« Belehrung über die nach der jeweiligen Verfahrensordnung einzuhaltenden Formalien zu erfolgen. Sie hat insbesondere zu enthalten,
- die Frist, innerhalb deren die Forderung schriftlich bestritten werden kann,
- ggfls. den Termin der Verhandlung
- die Bezeichnung und Anschrift der Stelle, an die die Antwort zu richten ist oder bei der man zu erscheinen hat,
- die Information darüber, ob eine anwaltliche Vertretung vorgeschrieben ist.
- die Konsequenzen des Nichtbestreitens oder Nichterscheinens, insbesondere die etwaige Möglichkeit einer Entscheidung oder ihrer Vollstreckung und der Verpflichtung zum Kostenersatz

2 Die Sprache, in der die Belehrung zu erfolgen hat, ist in der EuVTVO nicht geregelt. Es gilt daher im Normalfall einer grenzüberschreitenden Zustellung im räumlichen Anwendungsbereich der EuVTVO die Regel des Art. 8 Eu-ZustellVO mit der Möglichkeit des Empfängers, ggfls. bei einer fehlenden Übersetzung in die Sprache seines Heimatstaates die Annahme zu verweigern.[1]

II. Fehlen einer autonomen Einlassungsfrist

3 Entgegen dem ursprünglichen Kommissionsvorschlag[2] wurde davon abgesehen, eine autonome Einlassungsfrist für den Schuldner zu normieren, weil nach Auffassung des Rates darauf vertraut werden kann, dass das Recht der Mitgliedstaaten ausreichende Fristen für die Vorbereitung der Verteidigung nach Zustellung eines verfahrenseinleitenden Schriftstücks oder einer Ladung vorsehe.[3] Auch hieran hat sich in der Literatur Kritik entzündet, weil etwa mit einer Zustellung nach dem System der remise au parquet und einer parallel hierzu verlaufenen persönlichen Zustellung nationale Fristen bereits mit der Niederlegung des Schriftstücks bei der Staatsanwaltschaft zu laufen beginnen und im Zeitpunkt der u. U. deutlich späteren persönlichen Zustellung bzw. Ersatzzustellung nach den Art. 13, 14 keine hinreichende Möglichkeit mehr für eine rechtzeitige Verteidigung bestehe.[4]

4 Die entsprechende Besorgnis dürfte nicht gerechtfertigt sein. Wegen Art. 19 kann eine Säumnisentscheidung nur dann als Europäischer Vollstreckungstitel bestätigt werden, wenn das nationale Recht für die hierin aufgelisteten Fälle unverschuldeter Säumnis die Möglichkeit eines Rechtsbehelfs eröffnet.[5] Der Fall, dass eine Ersatzzustellung nach Art. 14, z. B. in den Geschäftsräumen des Schuldners nicht rechtzeitig erfolgt ist, ist unmittelbar in Art. 19 Abs. 1 lit. a) geregelt. Ein erhebliches zeitliches Auseinanderklaffen zwischen der Niederlegung des verfahrenseinleitenden Schriftstücks und einer parallel veranlassten Zustellung an den Schuldner persönlich dürfte des Weiteren »besondere Umstände« i. S. d. Art. 19 Abs. 1 lit. b) begründen. Dass ein Schuldner, der meint, unverschuldet säumig geblieben zu sein, gezwungen wird, selbst durch die Einlegung eines Rechtsbehelfs tätig zu werden, ist nicht zu viel verlangt und entspricht auch deutschem Recht, das für derartige Fälle ebenfalls eine umgehende Initiative des Schuldners verlangt, nämlich ein Wiedereinsetzungsgesuch binnen zwei Wochen ab Behebung des Hindernisses. Deshalb dürfte die Kritik an dem Fehlen einer autonomen Einlassungsfrist letztlich nicht durchgreifen.

---

1 *Rauscher/Pabst*, EuZPR/EuIPR, Art. 17 EG-VollstrTitelVO Rn. 6.
2 Art. 15 des Entwurfs, der eine Frist von 14 Tagen bei Wohnsitz des Schuldners im Ursprungsmitgliedstaat und von 28 Tagen bei einem Sitz in einem anderen Mitgliedstaat vorsah.
3 KOM (2004) 90 Ziff. 3.3.2 zu Art. 15.
4 *Rauscher*, Vollstreckungstitel Rn. 107 sowie – exemplarisch – der eine belgische Zustellung betreffende Fall OLG Köln, NJW-RR 2002, 360.
5 Siehe zu den Fallgruppen Art. 19 Rdn. 2–4.

III. Umsetzung in der ZPO

Den Anforderungen des Art. 17 genügte das deutsche Recht bisher nur für das Mahnverfahren (vgl. § 692 ZPO i. V. m. den Vordrucken nach § 703c).[6] Dagegen war insbesondere für den Fall der Säumnis im Klageverfahren keine Belehrung vorgeschrieben. Durch Ergänzungen der §§ 215, 276 Abs. 2 und § 338 ZPO sowie durch Neufassung des § 499 ZPO aufgrund des Durchführungsgesetzes sind nunmehr die gesetzlichen Voraussetzungen dafür geschaffen, dass alle deutschen Säumnisentscheidungen als Europäische Vollstreckungstitel bestätigt werden können.

Dagegen hat der Gesetzgeber es versäumt für das Kostenfestsetzungsverfahren eine Belehrung vorzusehen. Deshalb können Kostenfestsetzungsbeschlüsse schon aus diesem Grund in Deutschland derzeit nicht als Europäische Vollstreckungstitel bestätigt werden.[7] Entsprechendes gilt für Ordnungsmittelbeschlüsse nach den §§ 887 ff. ZPO.[8] Für das Beschlussverfahren im einstweiligen Rechtsschutz ohne vorherige Anhörung des Antragsgegners sieht die ZPO naturgemäß ebenfalls keine Belehrung des Schuldners vor. Nach zutreffender Auffassung handelt es sich indes hierbei nicht um eine »Entscheidung« i. S. d. Art. 4 Nr. 1, da hierunter nur Entschließungen eines Gerichts fallen, die in einem kontradiktorischen Verfahren ergangen sind, wie nunmehr in Art. 2 lit. a Satz 2 und 3 Brüssel-Ia-VO klargestellt wird. Eine Bestätigung als Europäischer Vollstreckungstitel scheidet daher von vornherein aus.

Art. 18 Heilung der Nichteinhaltung von Mindestvorschriften

(1) Genügte das Verfahren im Ursprungsmitgliedstaat nicht den in den Artikeln 13 bis 17 festgelegten verfahrensrechtlichen Erfordernissen, so sind eine Heilung der Verfahrensmängel und eine Bestätigung der Entscheidung als Europäischer Vollstreckungstitel möglich, wenn
  a) die Entscheidung dem Schuldner unter Einhaltung der verfahrensrechtlichen Erfordernisse nach Artikel 13 oder Artikel 14 zugestellt worden ist, und
  b) der Schuldner die Möglichkeit hatte, einen eine uneingeschränkte Überprüfung umfassenden Rechtsbehelf gegen die Entscheidung einzulegen, und er in oder zusammen mit der Entscheidung ordnungsgemäß über die verfahrensrechtlichen Erfordernisse für die Einlegung eines solchen Rechtsbehelfs, einschließlich der Bezeichnung und der Anschrift der Stelle, bei der der Rechtsbehelf einzulegen ist, und gegebenenfalls der Frist unterrichtet wurde, und
  c) der Schuldner es versäumt hat, einen Rechtsbehelf gegen die Entscheidung gemäß den einschlägigen verfahrensrechtlichen Erfordernissen einzulegen.

(2) Genügte das Verfahren im Ursprungsmitgliedstaat nicht den verfahrensrechtlichen Erfordernissen nach Artikel 13 oder Artikel 14, so ist eine Heilung dieser Verfahrensmängel möglich, wenn durch das Verhalten des Schuldners im gerichtlichen Verfahren nachgewiesen ist, dass er das zuzustellende Schriftstück so rechtzeitig persönlich bekommen hat, dass er Vorkehrungen für seine Verteidigung treffen konnte.

Übersicht	Rdn.		Rdn.
I. Heilung von Verfahrensmängeln	1	2. Heilung durch Versäumung eines Rechtsbehelfs	3
1. Heilung durch Zugang	2	II. Umsetzung in der ZPO	4

---

6 Vgl. BR-Drucks. 88/05 S. 15.
7 Siehe näher Art. 7 Rdn. 4.
8 Siehe näher Art. 2 Rdn. 4.

Art. 18 EuVTVO — Heilung der Nichteinhaltung von Mindestvorschriften

I. Heilung von Verfahrensmängeln

1 Ähnlich wie nach Art. 34 Nr. 2 Brüssel-I-VO hat der Gesetzgeber durch Art. 18 versucht einen Ausgleich zu finden zwischen der Wahrung von Mindeststandards zum Schuldnerschutz und den Interessen des Gläubigers, der z. B. im Fall einer Zustellung von Amts wegen für Fehler nichts kann oder einen Schuldner hat, der wegen offenkundig gewordener Interesselosigkeit an einer Verteidigung letztlich nicht schutzwürdig ist. Gebildet worden sind zwei Gruppen einer Heilungsmöglichkeit, nämlich zum einen eine solche durch den Nachweis eines rechtzeitigen Zugangs des verfahrenseinleitenden Schriftstücks (Abs. 2) und zum anderen eine solche durch die Versäumung eines Rechtsbehelfs (Abs. 1).

1. Heilung durch Zugang

2 Eine Verletzung der Zustellvorschriften der Art. 13, 14 steht gem. Art. 18 Abs. 2 einer Bestätigung als Europäischer Vollstreckungstitel dann nicht entgegen, wenn durch das Verhalten des Schuldners im gerichtlichen Verfahren nachgewiesen ist, dass er das zuzustellende Schriftstück so rechtzeitig persönlich bekommen hat, dass er Vorkehrungen für seine Verteidigung treffen konnte. Das wäre etwa dann der Fall, wenn der Schuldner frühzeitig vor einem Verhandlungstermin schriftlich auf die Klagegründe eingeht, aber im Termin säumig bleibt oder sonst nach der nationalen Prozessordnung zu beachtende Formalien, etwa die Beauftragung eines Rechtsanwalts mit seiner Vertretung nicht beachtet. Ein Nachweis der Zustellung, der nicht durch das Verhalten des Schuldners »im gerichtlichen Verfahren« dokumentiert ist, reicht nach dem klaren Wortlaut nicht. Stellt das Gericht ein entsprechendes Verhalten und eine deswegen eingetretene Heilung fest, hat es dies in der Bestätigung zu vermerken.[1]

2. Heilung durch Versäumung eines Rechtsbehelfs

3 Nach Erlass einer Säumnisentscheidung kann eine Heilung dadurch eintreten, dass der Schuldner weiter untätig bleibt. Dies setzt gem. Art. 18 Abs. 1 kumulativ voraus, dass
a) die Säumnisentscheidung dem Schuldner unter Beachtung der Art. 13, 14 zugestellt wurde,
b) der Schuldner die Möglichkeit zu einem Rechtsbehelf hatte, der eine umfassende Überprüfung der Entscheidung ermöglicht, und er über die Formalien dieses Rechtsbehelfs belehrt wurde,
c) er es gleichwohl versäumt hat einen der einschlägigen Verfahrensordnung entsprechenden Rechtsbehelf einzulegen.

Auch bei einer Heilung nach Art. 18 Abs. 1 hat eine entsprechende Feststellung in der Bestätigung zu erfolgen.[2]

II. Umsetzung in der ZPO

4 Der deutsche Einspruch, der gem. § 342 ZPO den Prozess in den Stand vor Eintritt der Säumnis zurückversetzt, stellt einen umfassenden Rechtsbehelf i. S. d. Art. 16 Abs. 1 dar. Nachdem der Gesetzgeber mit dem Durchführungsgesetz zur Verordnung in § 338 Satz 2 ZPO auch die notwendige Belehrung über die Formalien des Rechtsbehelfs eingeführt hat, sind deutsche Versäumnisurteile und Vollstreckungsbescheide einer Heilung zugänglich.

5 Anders ist es dagegen bei Kostenfestsetzungsbeschlüssen. Der Gesetzgeber hat es nämlich versäumt für das Kostenfestsetzungsverfahren eine Belehrung vorzusehen. Da nach Art. 18 Abs. 2 nur Zustellungsmängel geheilt werden können, nicht aber solche der in Art. 16, 17 vorgesehenen Belehrun-

---

[1] Spalte 11.1 des Formblatts gem. Anhang I.
[2] Spalte 11.2 des Formblatts gem. Anhang I.

gen, sind für Kostenfestsetzungsbeschlüsse Bestätigungen als Europäische Vollstreckungstitel nicht möglich.[3] Entsprechendes gilt für Ordnungsmittelbeschlüsse nach den §§ 887 ff. ZPO.[4]

Art. 19 Mindestvorschriften für eine Überprüfung in Ausnahmefällen

(1) Ergänzend zu den Artikeln 13 bis 18 kann eine Entscheidung nur dann als Europäischer Vollstreckungstitel bestätigt werden, wenn der Schuldner nach dem Recht des Ursprungsmitgliedstaats berechtigt ist, eine Überprüfung der Entscheidung zu beantragen, falls
- a) i) das verfahrenseinleitende oder ein gleichwertiges Schriftstück oder gegebenenfalls die Ladung zu einer Gerichtsverhandlung in einer der in Artikel 14 genannten Formen zugestellt wurden, und
  - ii) die Zustellung ohne Verschulden des Schuldners nicht so rechtzeitig erfolgt ist, dass er Vorkehrungen für seine Verteidigung hätte treffen können,

oder
- b) der Schuldner aufgrund höherer Gewalt oder aufgrund außergewöhnlicher Umstände ohne eigenes Verschulden der Forderung nicht widersprechen konnte,

wobei in beiden Fällen jeweils vorausgesetzt wird, dass er unverzüglich tätig wird.

(2) Dieser Artikel berührt nicht die Möglichkeit der Mitgliedstaaten, eine Überprüfung der Entscheidung unter großzügigeren Bedingungen als nach Absatz 1 zu ermöglichen.

Übersicht	Rdn.		Rdn.
I. Zweck der Norm	1	III. Unverzügliches Tätigwerden	5
II. Fallgruppen	2	IV. Möglichkeit weitergehender nationaler Rechtsbehelfe	6
1. Nicht rechtzeitige Ersatzzustellung	3		
2. Höhere Gewalt	4		

I. Zweck der Norm

Mit Art. 19 wird der Zweck verfolgt, ein Korrektiv für die Fälle einzubauen, in denen der Schuldner das ihm zuzustellende Schriftstück nicht rechtzeitig erhalten hat oder er ohne sein Verschulden an einer rechtzeitigen Verteidigungsmöglichkeit gehindert war. Nur dann, wenn in dem jeweiligen Ursprungsmitgliedstaat für derartige Fälle ein Rechtsbehelf zur Verfügung steht, ist eine Bestätigung von Säumnisentscheidungen als Europäischer Vollstreckungstitel möglich. Dadurch wird mittelbar ein nicht unerheblicher Druck auf die Mitgliedstaaten ausgeübt, ihre Verfahrensordnungen dem Art. 19 anzupassen und einen entsprechenden Rechtsbehelf vorzusehen.[1]

1

II. Fallgruppen

Art. 19 enthält zwei Gruppen, zu denen das nationale Recht einen Rechtsbehelf vorsehen muss.

2

1. Nicht rechtzeitige Ersatzzustellung

Wenn das verfahrenseinleitende Schriftstück bzw. die Ladung dem Schuldner im Wege der Ersatzzustellung gem. Art. 14 zugestellt wurde, soll durch Art. 19 Abs. 1 lit. a) dem Risiko Rechnung getragen werden, dass ihn das Schriftstück tatsächlich nicht zugegangen ist.[2] Der Rechtsbehelf muss also die Fälle abdecken, dass
– eine Ersatzzustellung erfolgte

3

---

[3] Siehe näher Art. 7 Rdn. 4.
[4] Siehe näher Art. 2 Rdn. 4.
[1] *Rauscher/Pabst*, EuZPR/EuIPR, Art. 19 EG-VollstrTitelVO Rn. 5.
[2] Erwägungsgrund 14.

– und
– ohne Verschulden des Schuldners die Zustellung nicht so rechtzeitig erfolgte, dass er Vorkehrungen für seine Verteidigung hätte treffen können.

2. Höhere Gewalt

4   Im Gegensatz zu Art. 19 Abs. 1 lit. a) erfasst lit. b) alle Zustellformen, also auch die Zustellung an den Schuldner persönlich gem. Art. 13 und verlangt für alle Situationen, in denen der Schuldner ohne eigenes Verschulden infolge höherer Gewalt oder außergewöhnlicher Umstände an einer Verteidigung gegen die Forderung gehindert war, einen Rechtsbehelf. Die Ausfüllung der beiden unbestimmten Rechtsbegriffe »höhere Gewalt« und »außergewöhnliche Umstände« in den Mitgliedstaaten, die ihr Rechtsbehelfssystem auf diese beiden Mindeststandards beschränken bzw. beschränkt haben, bleibt abzuwarten. Letztlich dürften hiervon alle Umstände erfasst sein, die den Schuldner daran gehindert haben, sich gegen die Forderung zu wenden.[3]

III. Unverzügliches Tätigwerden

5   Der für beide Fallgruppen vorgesehene Nachsatz, dass der Rechtsbehelf jeweils voraussetzt, dass der Schuldner unverzüglich tätig wird, begründet keine Obliegenheit für den Schuldner. Eine solche wäre auch schlecht denkbar bei einer Norm, die sich auf das Rechtsbehelfssystem der Mitgliedstaaten bezieht, also an die nationalen Gesetzgeber adressiert ist. Mit der Bezugnahme auf das »unverzügliche Tätigwerden« soll lediglich klargestellt werden, dass es einer Bestätigung nicht entgegensteht, wenn das nationale Recht Fristen für den Rechtsbehelf vorsieht, mit dem eine unverschuldete Säumnis geltend gemacht wird,[4] wie dies etwa bei der Frist von zwei Wochen für ein Wiedereinsetzungsgesuch gem. § 234 ZPO der Fall ist.

IV. Möglichkeit weitergehender nationaler Rechtsbehelfe

6   Im Hinblick darauf, dass in der Verordnung lediglich Mindestgarantien für die Bestätigung normiert sind, können die Mitgliedstaaten großzügigere Überprüfungsmöglichkeiten für den Fall der unverschuldeten Säumnis vorsehen. Dies ist in Deutschland der Fall. Die §§ 338, 700 ZPO ermöglichen einen Einspruch gegen ein Versäumnisurteil oder einen Vollstreckungsbescheid unabhängig von der Ursache der Säumnis und unabhängig von einem Verschulden des Schuldners. Zudem ist der Schuldner nach Erlass einer Säumnisentscheidung dadurch geschützt, dass der Lauf der Einspruchsfrist nach § 339 Abs. 1 ZPO an die wirksame Zustellung des Urteils bzw. des Vollstreckungsbescheids anknüpft und bei unverschuldeter Fristversäumnis eine Überprüfungsmöglichkeiten durch das Wiedereinsetzungsverfahren nach den §§ 234 ff. ZPO eröffnet ist. Der Gesetzgeber hat daher bei der Anpassung der ZPO an die Verordnung insoweit mit Recht keinen Handlungsbedarf gesehen.[5]

Kapitel IV Vollstreckung

Art. 20 Vollstreckungsverfahren

(1) Unbeschadet der Bestimmungen dieses Kapitels gilt für das Vollstreckungsverfahren das Recht des Vollstreckungsmitgliedstaats.

Eine als Europäischer Vollstreckungstitel bestätigte Entscheidung wird unter den gleichen Bedingungen vollstreckt wie eine im Vollstreckungsmitgliedstaat ergangene Entscheidung.

---

[3] *Geimer/Schütze/Arnold*, IRV, Art. 19 EuVTVO Rn. 15.
[4] *Rauscher/Pabst*, EuZPR/EuIPR, Art. 19 EG-VollstrTitelVO Rn. 15.
[5] BR-Drucks. 88/05 S. 15.

(2) Der Gläubiger ist verpflichtet, den zuständigen Vollstreckungsbehörden des Vollstreckungsmitgliedstaats Folgendes zu übermitteln:
a) eine Ausfertigung der Entscheidung, die die für ihre Beweiskraft erforderlichen Voraussetzungen erfüllt, und
b) eine Ausfertigung der Bestätigung als Europäischer Vollstreckungstitel, die die für ihre Beweiskraft erforderlichen Voraussetzungen erfüllt, und
c) gegebenenfalls eine Transkription der Bestätigung als Europäischer Vollstreckungstitel oder eine Übersetzung dieser Bestätigung in die Amtssprache des Vollstreckungsmitgliedstaats oder – falls es in diesem Mitgliedstaat mehrere Amtssprachen gibt – nach Maßgabe der Rechtsvorschriften dieses Mitgliedstaats in die Verfahrenssprache oder eine der Verfahrenssprachen des Ortes, an dem die Vollstreckung betrieben wird, oder in eine sonstige Sprache, die der Vollstreckungsmitgliedstaat zulässt. Jeder Mitgliedstaat kann angeben, welche Amtssprache oder Amtssprachen der Organe der Europäischen Gemeinschaft er neben seiner oder seinen eigenen für die Ausstellung der Bestätigung zulässt. Die Übersetzung ist von einer hierzu in einem der Mitgliedstaaten befugten Person zu beglaubigen.

(3) Der Partei, die in einem Mitgliedstaat eine Entscheidung vollstrecken will, die in einem anderen Mitgliedstaat als Europäischer Vollstreckungstitel bestätigt wurde, darf wegen ihrer Eigenschaft als Ausländer oder wegen Fehlens eines inländischen Wohnsitzes oder Aufenthaltsorts eine Sicherheitsleistung oder Hinterlegung, unter welcher Bezeichnung es auch sei, nicht auferlegt werden.

Übersicht

		Rdn.			Rdn.
I.	Verweisung auf nationales Vollstreckungsrecht (Abs. 1)	1	II.	Zu übermittelnde Urkunden (Abs. 2) . . .	2
			III.	Diskriminierungsverbot (Abs. 3)	5

I. Verweisung auf nationales Vollstreckungsrecht (Abs. 1)

20 Abs. 1 enthält wegen der Zwangsvollstreckung aus einer als Europäischer Vollstreckungstitel bestätigten Entscheidung eine umfassende Verweisung auf das Recht des Vollstreckungsmitgliedstaates einschließlich der nach der nationalen Rechtsordnung vorgesehenen Rechtsbehelfe,[1] also für eine Vollstreckung in Deutschland auf das 8. Buch der ZPO. Dazu gehört auch – wie § 1086 ZPO klarstellt – die Vollstreckungsabwehrklage.[2] Ergänzt werden die nationalen Vorschriften nur durch die besonderen Regelungen der Art. 20 Abs. 2 bis 23.

Die Verweisung auf nationales Vollstreckungsrecht hat die Folge, dass auch die allgemeinen Grundsätze für die Vollstreckbarkeit eines Titels gelten, insbesondere hat das nationale Vollstreckungsorgan unklare Bezeichnungen, etwa zur Person des Vollstreckungsschuldners, nach seinen eigenen Grundsätzen auszulegen. Deshalb können in Deutschland außerhalb des Titels liegende Umstände grundsätzlich nicht berücksichtigt werden.[3]

II. Zu übermittelnde Urkunden (Abs. 2)

Dem Gericht oder der sonst zuständigen Stelle im Vollstreckungsmitgliedstaat sind vorzulegen:
a) eine Ausfertigung der Entscheidung,
b) eine Ausfertigung der Bestätigung,
c) ggf. eine Transkription oder eine Übersetzung der Bestätigung, die von einer in einem Mitgliedstaat befugten Person beglaubigt ist.

---

1 Kom (2002) 159, 15.
2 OLG Köln, IHR 2014, 140.
3 BGH, EuZW 2010, 159.

3 Die in der Formulierung aus Art. 53 Brüssel-I-VO übernommene Notwendigkeit der Vorlage von Ausfertigungen bedingt, dass die Vorlage von einfachen Abschriften oder Fotokopien nicht ausreicht.[4] Mit dem Formerfordernis soll verhindert werden, dass gegen den Schuldner aus dem bestätigten Titel mehrfach vollstreckt wird.[5]

4 Wegen des Titels selbst ist die Beibringung einer Übersetzung weder vorgesehen, noch erforderlich, da Vollstreckungsgrundlage nur die Bestätigung ist, aus der sich alle notwendigen Daten ergeben.[6] Transkriptionen, etwa aus der griechischen oder nunmehr nach dem Beitritt Bulgariens aus der kyrillischen Schrift oder Übersetzungen sind deswegen auch nur wegen der Bestätigung beizubringen.[7] Die Notwendigkeit hierfür dürfte sich allerdings nur dann ergeben, wenn das Formblatt um individuelle Zusätze ergänzt worden ist. Noch weiter geht Art. 42 Abs. 4 Brüssel-Ia-VO, wonach eine Übersetzung der Bescheinigung aus dem Ursprungsstaat mit dem die Vollstreckbarkeit dokumentiert wird, nur dann verlangt werden darf, wenn das Vollstreckungsorgan das Verfahren ohne eine solche Übersetzung nicht fortsetzen kann. Wegen dieses klar zum Ausdruck gebrachten Willens des europäischen Normgebers, die Anforderung einer Übersetzung auf das Notwendigste zu beschränken, dürfte der gegenteiligen Ansicht, die wegen § 184 GVG und zur Sicherung ordnungsgemäßer Tätigkeit der Vollstreckungsorgane stets eine Übersetzung verlangt, der Boden entzogen sein.[8][9]

III. Diskriminierungsverbot (Abs. 3)

5 Durch Art. 20 Abs. 3 wird in Anlehnung an Art. 51 Brüssel-I-VO dem allgemeinen europäischen Diskriminierungsverbot auch für das grenzüberschreitende Vollstreckungsverfahren Geltung verschafft. Da es nur darauf ankommt, dass der Titel in einem anderen Mitgliedsland ergangen ist, gilt es auch im Verhältnis zu Drittstaatlern, die eine als Europäischer Vollstreckungstitel bestätigte Entscheidung erwirkt haben.[10] Das Verbot betrifft nur das Vollstreckungsverfahren und gilt nur für die beiden in der Norm genannten Gründe. Sicherheitsleistungen, die aus anderen Gründen als der ausländischen Staatsangehörigkeit oder des ausländischen Sitzes der betroffenen Partei nach nationalem Recht verlangt werden können, werden von Art. 56 nicht berührt.[11] Parallelvorschriften sind Art. 56 Brüssel-Ia-VO und Art. 21 Abs. 4 EuBagatellVO.

Art. 21 Verweigerung der Vollstreckung

(1) Auf Antrag des Schuldners wird die Vollstreckung vom zuständigen Gericht im Vollstreckungsmitgliedstaat verweigert, wenn die als Europäischer Vollstreckungstitel bestätigte Entscheidung mit einer früheren Entscheidung unvereinbar ist, die in einem Mitgliedstaat oder einem Drittland ergangen ist, sofern
a) die frühere Entscheidung zwischen denselben Parteien wegen desselben Streitgegenstands ergangen ist und

---

4 *Geimer/Schütze*, EuZVR, Art. 53 EuGVVO Rn. 2.
5 *Rauscher*, Vollstreckungstitel Rn. 175.
6 *Rauscher/Pabst*, EuZPR/EuIPR, Art. 9 EG-VollstrTitelVO Rn. 3.
7 Vgl. *Rauscher*, Vollstreckungstitel Rn. 177.
8 **Wie hier** LG München II, JurBüro 2011, 382; *Geimer/Schütze/Hilbig*, Art. 20 EuGVVO Rn. 13; *MüKoZPO/Adolfsen*, § 1083 Rn. 1; *Thomas/Putzo/Hüßtege*, § 1083 Rn. 1; **a.A.** *Prütting/Gehrlein/Halfmeier*, § 1083 Rn. 1; *Rauscher/Pabst*, EuZPR/EuIPR, Art. 20 EG-VollstrTitelVO Rn. 13; siehe Art. 20 EuVTVO Rn. 4.
9 AG Fürstenfeldbrück, JurBüro 2010, 53; LG München II, Beschluss v. 19.1.2010 – 6 T 6032/09; juris; *Kropholler/v. Hein*, Art. 20 EuVTVO Rn. 7; *Thomas/Putzo/Hüßtege*, § 1083 Rn. 1; **a.A.** *Rauscher/Pabst*, EuZPR/EuIPR, Art. 20 EG-VollstrTitelVO Rn. 13 f.
10 *Rauscher/Pabst*, EuZPR/EuIPR, Art. 20 EG-VollstrTitelVO Rn. 23.
11 *HK-ZV/Mäsch*, Art. 51 EuGVVO Rn. 2.

b) die frühere Entscheidung im Vollstreckungsmitgliedstaat ergangen ist oder die notwendigen Voraussetzungen für ihre Anerkennung im Vollstreckungsmitgliedstaat erfüllt und
c) die Unvereinbarkeit im gerichtlichen Verfahren des Ursprungsmitgliedstaats nicht geltend gemacht worden ist und nicht geltend gemacht werden konnte.

(2) Weder die Entscheidung noch ihre Bestätigung als Europäischer Vollstreckungstitel dürfen im Vollstreckungsmitgliedstaat in der Sache selbst nachgeprüft werden.

Übersicht	Rdn.		Rdn.
I. Titelkollision (Abs. 1)	1	III. Nationales Recht	5
II. Einwendungsausschluss (Abs. 2)	3		

I. Titelkollision (Abs. 1)

Unbeschadet des Grundsatzes, dass sich die Zwangsvollstreckung nach dem Recht des Vollstreckungsmitgliedsstaats richtet, gibt die EuVTVO dem Schuldner in beschränktem Umfang eigene Rechtsbehelfe im Vollstreckungsmitgliedstaat. So kann er im Fall einer »Titelkollision« einen Antrag auf Verweigerung der Zwangsvollstreckung stellen. Die Voraussetzungen hierfür ergeben sich aus Art. 21 Abs. 1, nämlich dass

– die ausländische Entscheidung mit einer früheren Entscheidung zwischen denselben Parteien und mit demselben Streitgegenstand nicht übereinstimmt,
– die frühere Entscheidung entweder im Vollstreckungsmitgliedstaat ergangen ist oder dort die Voraussetzungen für eine Anerkennung vorliegen,[1]
– die Titelkollision im Verfahren vor dem Ursprungsgericht nicht geltend gemacht worden ist und nicht geltend gemacht werden konnte.

Jedenfalls wegen der letztgenannten Voraussetzung dürften Verweigerungsanträge ohnehin selten sein und in der Sache allenfalls in besonders gelagerten Ausnahmefällen Erfolg haben. Die Vorschrift ist bei notariellen Urkunden und gerichtlichen Vergleichen nicht anwendbar (Art. 24 Abs. 3, 25 Abs. 3). Bei Anerkenntnisurteilen stellt der Schuldner selbst die Forderung unstreitig und kann sich normalerweise schon im Verfahren auf eine ihm günstige andere gerichtliche Entscheidung berufen. Bei Säumnisentscheidungen bestehen in der Regel innerstaatliche Rechtsbehelfe, auch wenn der Schuldner – aus welchen Gründen auch immer – zunächst keine Möglichkeit hatte, den Erlass der Entscheidung zu verhindern. In Fällen unverschuldeter Säumnis muss ihm ohnehin auf jeden Fall ein Rechtsbehelf zur Verfügung stehen, da ansonsten wegen Art. 19 eine Bestätigung nicht möglich ist.

II. Einwendungsausschluss (Abs. 2)

Art. 21 Abs. 2 übernimmt das im Vollstreckbarkeitsverfahren herkömmlicher Art in Art. 45 Abs. 2 Brüssel-I-VO und in dessen Vorläufer Art. 34 Abs. 3 EuGVÜ enthaltene strikte Verbot der Überprüfung der ausländischen Entscheidung in der Sache für die Zwangsvollstreckung aus einer als Europäischer Vollstreckungstitel bestätigten Entscheidung in einem andere Mitgliedstaat. Gem. Art. 24 Abs. 3 und Art. 25 Abs. 3 findet Art. 21 Abs. 2 anders als Abs. 1 auf gerichtliche Vergleiche und öffentliche Urkunden entsprechende Anwendung.

Aus dem strikten Verbot der Überprüfung des Titels in der Sache ist herzuleiten, dass außer im Fall der Unvereinbarkeit zweier Entscheidungen gem. Abs. 1 sonstige Einwendungen gegen den Titel, die Bestätigung und den titulierten Anspruch nicht möglich sind. Deshalb hat die Norm weit reichende Wirkung.[2] Sie bedingt z. B. dass im Rahmen der nach deutschem Recht möglichen Vollstreckungsabwehrklage die nur für Urteile geltende Präklusionsnorm des § 767 Abs. 2 ZPO mit der

---

[1] Erfasst sind daher auch Fälle einer Titelkollision mit einer Entscheidung aus einem Drittstaat.
[2] *Geimer/Schütze/Hilbig*, IRV, Art. 21 EuVTVO Rn. 27; *Kropholler/v. Hein*, Art. 21 EuVTVO Rn. 8.

Art. 23 EuVTVO Aussetzung oder Beschränkung der Vollstreckung

hierin enthaltenen Beschränkung auf nachträglich entstandene Einwendungen auch auf bestätigte Vergleiche und öffentliche Urkunden zu erstrecken war (§ 1086 Abs. 2 ZPO).[3]

III. Nationales Recht

5 Über Anträge nach Art. 21 entscheidet in Deutschland mit funktioneller Zuständigkeit des Richters das nach § 828 Abs. 2 ZPO zuständige Amtsgericht als Vollstreckungsgericht und zwar durch Beschluss mit der Möglichkeit zum Erlass einstweiliger Anordnungen entsprechend §§ 769, 770 ZPO (§ 1084 Abs. 1, 3 ZPO).[4]

Art. 22 Vereinbarungen mit Drittländern

Diese Verordnung lässt Vereinbarungen unberührt, durch die sich die Mitgliedstaaten vor Inkrafttreten der Verordnung (EG) Nr. 44/2001 im Einklang mit Artikel 59 des Brüsseler Übereinkommens über die gerichtliche Zuständigkeit und die Vollstreckung gerichtlicher Entscheidungen in Zivil- und Handelssachen verpflichtet haben, Entscheidungen insbesondere der Gerichte eines anderen Vertragsstaats des genannten Übereinkommens gegen Beklagte, die ihren Wohnsitz oder gewöhnlichen Aufenthalt im Hoheitsgebiet eines Drittlands haben, nicht anzuerkennen, wenn die Entscheidungen in den Fällen des Artikels 4 des genannten Übereinkommens nur in einem der in Artikel 3 Absatz 2 des genannten Übereinkommens angeführten Gerichtsstände ergehen können.

1 Der Norm, mit denen es den Mitgliedstaaten ermöglicht werden soll, zuvor eingegangenen völkerrechtlichen Verpflichtungen nachzukommen, kommt in Deutschland keine Bedeutung zu, da kein relevantes Abkommen in Kraft ist.[1]

Art. 23 Aussetzung oder Beschränkung der Vollstreckung

Hat der Schuldner
– einen Rechtsbehelf gegen eine als Europäischer Vollstreckungstitel bestätigte Entscheidung eingelegt, wozu auch ein Antrag auf Überprüfung im Sinne des Artikels 19 gehört, oder
– die Berichtigung oder den Widerruf einer Bestätigung als Europäischer Vollstreckungstitel gemäß Artikel 10 beantragt,

so kann das zuständige Gericht oder die befugte Stelle im Vollstreckungsmitgliedstaat auf Antrag des Schuldners
a) das Vollstreckungsverfahren auf Sicherungsmaßnahmen beschränken oder
b) die Vollstreckung von der Leistung einer von dem Gericht oder der befugten Stelle zu bestimmenden Sicherheit abhängig machen oder
c) unter außergewöhnlichen Umständen das Vollstreckungsverfahren aussetzen.

Übersicht

	Rdn.		Rdn.
I. Anwendungsbereich	1	III. Ermessensentscheidung	3
II. Schutz bei außerordentlichen Rechtsbehelfen	2	IV. Nationales Recht	4

---

3 Vgl. näher § 1086 ZPO Rdn. 4 - 7.
4 Vgl. näher Anmerkungen zu § 1084 ZPO.
1 *Rauscher/Pabst*, EuZPR/EuIPR, Art. 22 EG-VollstrTitelVO Rn. 2; *Wagner*, IPRax 2005, 189, 198.

I. Anwendungsbereich

Wenn der Schuldner den Rechtsbehelf nach Art. 19 oder einen sonstigen nach dem Recht des Ursprungsmitgliedstaats zulässigen Rechtsbehelf gegen die Entscheidung eingelegt bzw. dort einen Berichtigungs- oder Widerrufsantrag gegen die Bestätigung gestellt hat, kann gem. Art. 23 im Vollstreckungsmitgliedsstaat, die Vollstreckung auf Sicherungsmaßnahmen beschränkt, von einer Sicherheitsleistung abhängig gemacht oder »unter außergewöhnlichen Umständen« ausgesetzt werden. Die entsprechenden Schutzmaßnahmen gelten nur für die Dauer des Rechtsbehelfsverfahrens. Sie sind auch bzw. gerade dann möglich, wenn der Rechtsbehelf noch keine Auswirkungen auf die Vollstreckbarkeit hat, also z. B. wenn nach einem Einspruch gegen ein deutsches Versäumnisurteil eine einstweilige Einstellung der Zwangsvollstreckung (noch) nicht erfolgt ist.

II. Schutz bei außerordentlichen Rechtsbehelfen

Problematisch ist es, ob auch außerordentliche Rechtsbehelfe, etwa eine nach dem Recht des Ursprungsmitgliedstaats statthafte Verfassungsbeschwerde oder ein Wiederaufnahmeantrag eine Anordnung nach Art. 23 rechtfertigen. Dies dürfte zu bejahen sein, da für ähnlich gelagerte vorläufige Schutzmaßnahmen gem. Art. 46 Brüssel-I-VO ein »ordentlicher Rechtsbehelf« eingelegt sein muss, während nach Art. 23 ein nicht näher eingegrenzter bloßer »Rechtsbehelf« genügt.[1] Nach einer weitergehenden Auffassung soll auch eine Individualbeschwerde zum EGMR nach Art. 34 EMRK einen Rechtsbehelf i. S. d. Art. 23 darstellen.[2]

III. Ermessensentscheidung

Bei der Entscheidung über den Antrag handelt es sich um eine Ermessensentscheidung. Ermessensmaßstäbe sind dabei eine Prognose zur Erfolgsaussicht des im Ursprungsmitgliedstaat eingelegten Rechtsbehelfs sowie die Wahrscheinlichkeit, dass eine bedingungslose Vollstreckung zu einem nicht wiedergutzumachenden Schaden führt.[3] Für eine Aussetzung, die dem bestätigten Europäischen Vollstreckungstiteln die Vollstreckbarkeit vorübergehend gänzlich nimmt, ist jedoch das Ermessen in Art. 23 lit. c) dahingehend eingeschränkt, dass eine entsprechende Anordnung nur »unter außergewöhnlichen Umständen« in Betracht ergehen kann. Hierzu können Fälle gehören, in denen mit dem Rechtsbehelf im Ursprungsmitgliedstaat ein Verstoß gegen den ordre public des Vollstreckungsmitgliedstaates gerügt wird.[4] Zu denken ist aber auch an den seltenen Fall, dass durch die Vollstreckungsmaßnahme selbst grundrechtlich geschützte Bereiche des Schuldners tief greifend betroffen sein können, etwa bei einer ernsthaften Suizidgefahr.

IV. Nationales Recht

Über Anträge nach Art. 23 entscheidet in Deutschland mit funktioneller Zuständigkeit des Richters das nach § 828 Abs. 2 ZPO zuständige Amtsgericht als Vollstreckungsgericht, und zwar im Wege einer nicht anfechtbaren einstweiligen Anordnung (§ 1084 Abs. 1, 3 ZPO).[5]

---

1 A. A. *Zöller/Geimer*, Art. 23 EuVTVO Rn. 2.
2 *Geimer/Schütze/Hilbig*, IRV, Art. 23 EuVTVO Rn. 14; *Prütting/Gehrlein/Halfmeier*, Art. 23 EuVTVO Rn. 2; *MüKo/Adolfsen*, Anh. §§ 1079 ff., Art. 23 EuVTVO Rn. 6; *Rauscher*, Vollstreckungstitel, Rn. 178 und *Rauscher/Pabst*, EuZPR/EuIPR, Art. 23 EG-VollstrTitelVO Rn. 2, 10; dagegen *Wagner*, IPRax 2005, 189, 198 und *Kropholler/v. Hein*, Art. 23 EuVTVO Rn. 4.
3 KOM (2002) 159, 15; *Kropholler/v. Hein*, Art. 23 EuVTVO Rn. 6; weitergehend *Geimer/Schütze/Hilbig*, IRV, Art. 23 EuVTVO Rn. 18, wonach wegen der schwierigen Feststellbarkeit der Erfolgsaussicht eines Rechtsmittels in einem anderen Mitgliedstaat außer bei einem »von vornherein aussichtslosem« Rechtsmittel i. d. R. eine Anordnung nach Art. 23 a) oder b) ergehen sollte.
4 *Rauscher*, Vollstreckungstitel Rn. 182.
5 Vgl. näher Anmerkungen zu § 1084 ZPO.

Kapitel V Gerichtliche Vergleiche und öffentliche Urkunden

Art. 24 Gerichtliche Vergleiche

(1) Ein Vergleich über eine Forderung im Sinne von Artikel 4 Nummer 2, der von einem Gericht gebilligt oder vor einem Gericht im Laufe eines Verfahrens geschlossen wurde, und der in dem Mitgliedstaat, in dem er gebilligt oder geschlossen wurde, vollstreckbar ist, wird auf Antrag an das Gericht, das ihn gebilligt hat oder vor dem er geschlossen wurde, unter Verwendung des Formblatts in Anhang II als Europäischer Vollstreckungstitel bestätigt.

(2) Ein Vergleich, der im Ursprungsmitgliedstaat als Europäischer Vollstreckungstitel bestätigt worden ist, wird in den anderen Mitgliedstaaten vollstreckt, ohne dass es einer Vollstreckbarerklärung bedarf und ohne dass seine Vollstreckbarkeit angefochten werden kann.

(3) Die Bestimmungen von Kapitel II (mit Ausnahme von Artikel 5, Artikel 6 Absatz 1 und Artikel 9 Absatz 1) sowie von Kapitel IV (mit Ausnahme von Artikel 21 Absatz 1 und Artikel 22) finden entsprechende Anwendung.

Art. 25 Öffentliche Urkunden

(1) Eine öffentliche Urkunde über eine Forderung im Sinne von Artikel 4 Absatz 2, die in einem Mitgliedstaat vollstreckbar ist, wird auf Antrag an die vom Ursprungsmitgliedstaat bestimmte Stelle unter Verwendung des Formblatts in Anhang III als Europäischer Vollstreckungstitel bestätigt.

(2) Eine öffentliche Urkunde, die im Ursprungsmitgliedstaat als Europäischer Vollstreckungstitel bestätigt worden ist, wird in den anderen Mitgliedstaaten vollstreckt, ohne dass es einer Vollstreckbarerklärung bedarf und ohne dass ihre Vollstreckbarkeit angefochten werden kann.

(3) Die Bestimmungen von Kapitel II (mit Ausnahme von Artikel 5, Artikel 6 Absatz 1 und Artikel 9 Absatz 1) sowie von Kapitel IV (mit Ausnahme von Artikel 21 Absatz 1 und Artikel 22) finden entsprechende Anwendung.

1 Wegen der Einbeziehung von Vergleichen und der öffentlichen Urkunden sowie wegen der von den Art. 24, 25 erfassten Titel wird auf die Anmerkungen zu den Art. 3, 4 verwiesen.

Kapitel VI Übergangsbestimmung

Art. 26 Übergangsbestimmung

Diese Verordnung gilt nur für nach ihrem Inkrafttreten ergangene Entscheidungen, gerichtlich gebilligte oder geschlossene Vergleiche und aufgenommene oder registrierte öffentliche Urkunden.

1 Die Verordnung ist gem. Art. 33 am 21.1.2005 in Kraft getreten, gilt jedoch in ihren für die juristische Praxis relevanten Teilen erst ab dem 21.10.2005. Erst ab diesem Zeitpunkt können Bestätigungen als Europäischer Vollstreckungstitel erteilt werden, allerdings gem. Art. 27 nachträglich auch für solche Entscheidungen, Vergleiche und öffentliche Urkunden aus der Zeit vor dem 21.1.2005.

Kapitel VII Verhältnis zu anderen Rechtsakten der Gemeinschaft

Art. 27 Verhältnis zur Verordnung (EG) Nr. 44/2001

Diese Verordnung berührt nicht die Möglichkeit, die Anerkennung und Vollstreckung einer Entscheidung über eine unbestrittene Forderung, eines gerichtlichen Vergleichs oder einer öffentlichen Urkunde gemäß der Verordnung (EG) Nr. 44/2001 zu betreiben.

Der BGH verneint im Einklang mit der h. M. in der Literatur ein Rechtsschutzinteresse für einen Antrag auf Vollstreckbarerklärung nach Art. 38 ff. Brüssel-I-VO für den Fall, dass der Gläubiger bereits über einen Europäischen Vollstreckungstitel verfügt.[1] Diese Auffassung erscheint zweifelhaft. Art. 27 erlaubt ausdrücklich, dass der Gläubiger beide Verfahren parallel betreibt und kann sich dasjenige aussuchen, das sich für ihn als das schnellere oder sonst effektivere erweist.[2] Eine Einschränkung dieses Wahlrechts durch nationale prozessuale Grundsätze, welche die Zulässigkeit des europäischen Verfahrens einschränken, dürfte daher nicht gerechtfertigt sein. Jedenfalls hätte der BGH dies nicht ohne Vorlage an den EuGH gem. Art. 267 AEUV so judizieren dürfen.[3] 1

Die EuVTVO bleibt auch neben der neuen Brüssel-Ia-VO anwendbar. Wegen der Einzelheiten wird auf Art. 2 Rn. 8 verwiesen. 2

Art. 28 Verhältnis zur Verordnung (EG) Nr. 1348/2000

Diese Verordnung lässt die Anwendung der Verordnung (EG) Nr. 1348/2000 unberührt.

Kapitel VIII Allgemeine und Schlussbestimmungen

Art. 29 Informationen über Vollstreckungsverfahren und -behörden

Die Mitgliedstaaten arbeiten zusammen, um der Öffentlichkeit und den Fachkreisen folgende Informationen zur Verfügung zu stellen:
a) Informationen über die Vollstreckungsverfahren und -methoden in den Mitgliedstaaten und
b) Informationen über die zuständigen Vollstreckungsbehörden in den Mitgliedstaaten,

insbesondere über das mit der Entscheidung 2001/470/EG des Rates[1] eingerichtete Europäische Justizielle Netz für Zivil- und Handelssachen.

Art. 30 Angaben zu den Rechtsbehelfen, Sprachen und Stellen

(1) Die Mitgliedstaaten teilen der Kommission Folgendes mit:
a) das in Artikel 10 Absatz 2 genannte Berichtigungs- und Widerrufsverfahren sowie das in Artikel 19 Absatz 1 genannte Überprüfungsverfahren;
b) die gemäß Artikel 20 Absatz 2 Buchstabe c) zugelassenen Sprachen;
c) die Listen der in Artikel 25 genannten Stellen;

sowie alle nachfolgenden Änderungen.

(2) Die Kommission macht die nach Absatz 1 mitgeteilten Informationen durch Veröffentlichung im Amtsblatt der Europäischen Union und durch andere geeignete Mittel öffentlich zugänglich.

---

1 BGH, NJW-RR 2010, 571 mit weiteren Nachweisen zustimmend *Bittmann*, IPRax 2011, 55.
2 *Hess*, EuZPR S. 555.
3 *Pfeiffer*, LMK 2010, 303291.
1 [Amtl. Anm.:] ABl. L 174 vom 27.6.2001, S. 25.

Art. 31 Änderungen der Anhänge

Änderungen der Formblätter in den Anhängen werden gemäß dem in Artikel 32 Absatz 2 genannten Beratungsverfahren beschlossen.

Art. 32 Ausschuss

(1) Die Kommission wird von dem in Artikel 75 der Verordnung (EG) Nr. 44/2001 vorgesehenen Ausschuss unterstützt.

(2) Wird auf diesen Absatz Bezug genommen, so gelten die Artikel 3 und 7 des Beschlusses 1999/468/EG unter Beachtung von dessen Artikel 8.

(3) Der Ausschuss gibt sich eine Geschäftsordnung.

Verordnung (EG) Nr. 1896/2006 des Europäischen Parlaments und des Rates vom 12. Dezember 2006 zur Einführung eines Europäischen Mahnverfahrens – EuMahnVO –

Vor EuMahnVO

Übersicht

		Rdn.			Rdn.
I.	Überblick	1	V.	Zwangsvollstreckung	11
II.	Sachlicher Anwendungsbereich	2	VI.	Autonomer Vollstreckungsschutz für den Schuldner	12
III.	Antrag und Verfahren	4	VII.	Erwägungsgründe	13
IV.	Vollstreckbarerklärung durch das Ursprungsgericht	10			

Literatur:

Graf v. Bernstorff, Mahnverfahren, Forderungsdurchsetzung und Kontenpfändung in der EU, RIW 2007, 88; *Einhaus*, Qual der Wahl: Europäisches oder internationales deutsches Mahnverfahren, IPRax 2008, 323; *ders.*, Erste Erfahrungen mit dem Europäischen Zahlungsbefehl, EuZW 2011, 865; *Freitag*, Rechtsschutz des Schuldners gegen den Europäischen Zahlungsbefehl nach der EuMahnVO, IPrax 2007, 509; *Freitag/Leible*, Forderungsbeitreibung in der EU, 2008; *dies.*, Erleichterung der grenzüberschreitenden Forderungsbeitreibung in Europa: Das Europäische Mahnverfahren, BB 2008, 2750; *Heinig*, Die Konkurrenz der EuGVVO mit dem übrigen Gemeinschaftsrecht, GPR 2010, 36; *Heger*, Europa ganz praktisch – Das Gesetz zur Verbesserung der grenzüberschreitenden Forderungsdurchsetzung und Zustellung, DStR 2009, 435; *Heiderhoff*, Fiktive Zustellung und Titelmobilität, IPRax 2013, 309; *Hess/Bittmann*, Die Verordnungen zur Einführung eines Europäischen Mahnverfahrens und eines Europäischen Verfahrens für geringfügige Forderungen – ein substantieller Integrationsschritt im Europäischen Zivilprozessrecht, IPRax 2008, 305; *Jäger-Maillet*, Das Europäische Mahnverfahren – Hinweise für die Beistände in den Jugendämtern, JAmt 2009, 169; *Koutsoukou*, Einspruch gegen den Europäischen Zahlungsbefehl als rügelose Einlassung? IPRax 2014, 44; *Mock*, Verschuldete und unverschuldete Fristsäumnis im Europäischen Mahnverfahren, IPRax 2014, 309; *Niesert/Stöckel*, Aktuelle Entwicklungen im Europäischen Zivilprozessrecht, Das Europäische Mahnverfahren und das Europäische Bagatellverfahren in der (insolvenzrechtlichen) Praxis, NZI 2010, 638; *Preuß*, Erlass und Überprüfung des Europäischen Zahlungsbefehls, ZZP 122 (2009), 3; *Rellermeyer*, Grundzüge des Europäischen Mahnverfahrens, Rpfleger 2009, 11; *Röthel/Sparmann*, Das Europäische Mahnverfahren, WM 2007, 1101; *Sujecki*, Das Europäische Mahnverfahren, NJW 2007, 1622; *ders.*, Europäisches Mahnverfahren – Geänderter Verordnungsvorschlag, EuZW 2006, 330; *Vollkommer/Huber*, Neues Europäisches Zivilverfahrensrecht in Deutschland – Das Gesetz zur Verbesserung der grenzüberschreitenden Forderungsdurchsetzung und Zustellung, NJW 2009, 1105; *Wagner*, Zur Vereinheitlichung des Internationalen Privat- und Zivilverfahrensrechts, EuZW 2006, 424; *ders.*, Die Rechtsinstrumente der justiziellen Zusammenarbeit in Zivilsachen – Eine Bestandsaufnahme, NJW 2013, 3128.

I. Überblick

Auf europäischer Ebene gilt seit dem 12.12.2008 die Verordnung (EG) Nr. 1896/2006 des europäischen Parlaments und des Rates vom 12.12.2006 zur Einführung eines Europäischen Mahnverfahrens – EuMahnVO –.[1] Zum gleichen Zeitpunkt sind auch die deutschen Ausführungsbestimmungen in Kraft getreten, für die ein 5. Abschnitt in das 11. Buch der ZPO eingefügt worden ist (§§ 1087–1096 ZPO). Mit dem Verfahren sollen auf europäischer Ebene zum einen unbestrittene Geldforderungen schneller durchgesetzt und Verfahrenskosten verringert werden. Zum anderen werden in der Verordnung nach dem Muster der EuVTVO **Mindestvorschriften** festgelegt, bei deren Einhaltung die Zwischenverfahren im Vollstreckungsmitgliedstaat, die bisher für die Anerkennung und Vollstreckung erforderlich waren, entfallen. Das Verfahren stellt lediglich eine fakultative und zusätzliche Alternative zu nationalen Mahnverfahren dar,[2] sodass einem Gläubiger in Deutschland weiterhin das herkömmliche Auslandsmahnverfahren gem. § 688 Abs. 3

1

---

1 ABl. EU L 399/1 v. 30.12.2006.
2 Erwägungsgrund 10.

ZPO i. V. m. § 32 Abs. 1 AVAG offen steht.³ Es ist in grenzüberschreitenden Zivil- und Handelssachen anzuwenden, ohne dass es auf die Art der Gerichtsbarkeit ankommt. »**Grenzüberschreitend**« ist gem. Art. 3 Abs. 1 eine Rechtssache dann, wenn mindestens eine der Parteien ihren Wohnsitz oder gewöhnlichen Aufenthalt in einem anderen Mitgliedstaat als dem des befassten Gerichts hat. Dänemark ist wie bei der EuVTVO vom Geltungsbereich der Verordnung ausgenommen.

II. Sachlicher Anwendungsbereich

2 Die Verordnung ist gem. Art. 2 nicht anzuwenden auf Steuer- und Zollsachen, verwaltungsrechtliche Angelegenheiten sowie Staatshaftungsansprüche. Von der Anwendung ausgeschlossen sind auch
 – die ehelichen Güterstände,
 – Konkurse, Verfahren im Zusammenhang mit dem Abwickeln zahlungsunfähiger Unternehmen oder anderer juristischer Personen, gerichtliche Vergleiche, Vergleiche und ähnliche Verfahren,
 – soziale Sicherheit,
 – Ansprüche aus außervertraglichen Schuldverhältnissen, soweit diese nicht Gegenstand einer Vereinbarung zwischen den Parteien oder eines Schuldanerkenntnisses sind, oder diese sich nicht auf bezifferte Schuldbeträge beziehen, die sich aus gemeinsamem Eigentum an unbeweglichen Sachen ergeben.

3 Ein europäischer Zahlungsbefehl ist auch in Unterhaltssachen möglich. Es besteht kein Vorrang der EuUnterhaltsVO. Nach deren Art. 68 hat sie Vorrang nur gegenüber der Brüssel-I-VO und der EuVTVO. Die EuMahnVO ist hierin nicht erwähnt und bleibt auch in Unterhaltssachen anwendbar, wie auch der deutsche Gesetzgeber durch die Zuständigkeitsregel des § 29 AUG mit einem Verweis auf § 1087 ZPO deutlich macht.⁴

III. Antrag und Verfahren

4 Der Antrag ist unter Verwendung eines Formblatts entweder in Papierform oder auf dem in dem jeweiligen Mitgliedsland zulässigen elektronischen Weg zu stellen. Betrifft die Forderung einen Vertrag, den ein Verbraucher zu einem Zweck geschlossen hat, der nicht der beruflichen oder gewerblichen Tätigkeit dieser Person zugerechnet werden kann, und ist der Verbraucher Antragsgegner, so sind nur die Gerichte des Mitgliedstaats ausschließlich zuständig, in welchem der Antragsgegner seinen Wohnsitz hat (Art. 6 Abs. 2 i. V. m. Art. 59 Brüssel-I-VO). Wegen des Zwecks der Norm, strukturelle Ungleichheit zu beseitigen, gilt dies aber nur für Verträge eines Verbrauchers mit einem beruflich oder gewerbsmäßig Handelnden. Verträge zwischen zwei Verbrauchern fallen nicht darunter, wie der EuGH zu der gleich gelagerten Norm des Art. 6 Abs. 1 lit. d) EuVTVO entschieden hat.⁵ Im Übrigen enthält Art. 6 Abs. 1 wegen der internationalen Zuständigkeit eine allgemeine Verweisung auf die Zuständigkeitsvorschriften der Brüssel-I-VO. Dagegen ist die sachliche, örtliche und funktionelle Zuständigkeit nicht geregelt und deren Bestimmung den Mitgliedstaaten vorbehalten.

5 Die Formalien für den Antrag sind in Art. 7 geregelt, und zwar abschließend.⁶ Die gerichtliche Prüfung hat sich nicht nur auf die dort vorgesehenen Formalien zu beschränken, sondern sich auch darauf zu erstrecken, ob die Forderung »begründet erscheint« (Art. 8). Dies dürfte dahin zu verstehen sein, dass sowohl eine bloße Plausibilitäts- wie auch eine Schlüssigkeitsprüfung möglich

---

3 *Sujecki*, NJW 2007, 1622.
4 *HK-ZV/Meller-Hannich*, vor AUG Rn. 8; *Prütting/Gehrlein/Hau*, FamFG, Anh. 1 zu § 110 Rn. 7.
5 EuGH, NJW 2014, 841; siehe auch Art. 6 EuVTVO Rdn. 10.
6 EuGH, EuZW 2013, 147.

ist und es daher letztlich den einzelnen Mitgliedstaaten überlassen ist, den Prüfungsmaßstab festzulegen.⁷ Mindestens hat aber eine »summarische Prüfung der Formalanforderungen« stattzufinden.⁸

Sind die Voraussetzungen für einen Antrag auf Erlass eines Europäischen Zahlungsbefehls erfüllt, so erlässt das Gericht diesen so bald wie möglich, in der Regel binnen dreißig Tagen nach Einreichung des entsprechenden Antrags. Hierin wird der Antragsgegner darüber belehrt, dass er entweder den Forderungsbetrag an den Antragsteller zahlen oder gegen den Europäischen Zahlungsbefehl bei dem Ursprungsgericht Einspruch einlegen kann. Die Einspruchsfrist beträgt dreißig Tage ab dem Zeitpunkt der Zustellung des Zahlungsbefehls an den Antragsgegner. Legt der Antragsgegner Einspruch ein, gilt dies auch dann nicht als rügelose Einlassung i. S. d. Art. 6 i. V. m. Art. 24 Brüssel-I-VO bzw. Art. 26 Abs. 1 Brüssel-Ia-VO, wenn er diesen mit Einwendungen in der Sache begründet.⁹ Für die Zustellung enthalten die Art. 13, 14 **Mindestschutzvorschriften**, die denjenigen der Art. 13, 14 EuVTVO entsprechen. 6

Legt der Antragsgegner Einspruch gegen den Europäischen Zahlungsbefehl ein, so wird das Verfahren vor dem zuständigen Gericht des Ursprungsmitgliedstaats nach dem entsprechenden nationalen Zivilprozessrecht weitergeführt, es sei denn der Antragsteller hat beantragt, das Verfahren in einem solchen Fall zu beenden. 7

Nach Ablauf der Einspruchsfrist von dreißig Tagen ist der Antragsgegner nach der Verordnung berechtigt, bei dem Ursprungsgericht eine Überprüfung des Europäischen Zahlungsbefehls unter den in Art. 20 umschriebenen Fällen eines fehlenden Verschuldens an der Fristversäumnis oder einem Erlass des Zahlungsbefehls »offensichtlich zu Unrecht« zu beantragen. Ähnlich wie im nationalen deutschen Zivilprozessrecht (§ 85 Abs. 2 ZPO) rechtfertigt die Versäumung der Einspruchsfrist aufgrund eines Fehlverhaltens des Vertreters des Antragsgegners keine Überprüfung nach Art. 20.¹⁰ Weist das Gericht einen solchen Antrag des Antragsgegners, der einem **Wiedereinsetzungsgesuch** nach deutschem Recht entspricht, zurück, bleibt der Europäische Zahlungsbefehl in Kraft. Entscheidet das Gericht hingegen, dass die Überprüfung gerechtfertigt ist, so wird der Europäische Zahlungsbefehl für nichtig erklärt. 8

Nach (umstrittener) Ansicht des EuGH findet das Überprüfungsverfahren nach Art. 20 wegen seines Ausnahmecharakters in dem hierin nicht aufgeführten Fall, dass die Zustellung des Europäischen Zahlungsbefehls nicht gem. den Mindestvorschriften der Art. 13-15 erfolgt ist, keine Anwendung. Vielmehr beginne in einem solchen Fall die Einspruchsfrist des Art. 16 nicht zu laufen und die Vollstreckbarerklärung durch das Ursprungsgericht nach Art. 18 sei ungültig. Der Antragsgegner müsse allerdings die Möglichkeit haben, diesen Fehler im Vollstreckungsverfahren geltend zu machen und zwar, da dieser Fall in der EuMahnVO nicht geregelt sei, nach den gem. Art. 26 ergänzend geltenden nationalen Rechtsvorschriften.¹¹ In Deutschland sind dies die Erinnerung nach § 766 ZPO und die Rechtsmittel der Zwangsvollstreckung, also die sofortige Beschwerde nach § 793 ZPO bzw. die befristete Rechtspflegererinnerung und die Grundbuchbeschwerde nach § 71 GBO. 9

---

7 *Sujecki*, NJW 2007, 1622, 1624; a. A. *Hess*, EuZPR S. 564 u. *Schlosser* Art. 8 EuMahnVO Rn. 1 ff.: Prüfung auf innere Stimmigkeit bzw. limitierte Schlüssigkeits- und Plausibilitätsprüfung nach österreichischem Vorbild; enger *Leible/Freitag*, Forderungsbeitreibung, S. 94: Prüfung ausschließlich auf gravierende und aus dem Antrag selbst ohne weiteres erkennbare Mängel, die auch einen Einspruch des Schuldners begründen bzw. die den Schuldner nach deutschem Verständnis zur Geltendmachung eines Anspruchs aus § 826 BGB berechtigen würden.
8 *Preuss*, ZZP 122, 3, 8; *Prütting/Gehrlein/Halfmeier*, Art. 6 EuMahnVO Rn. 2.
9 EuGH, IPRax 2014, 64 mit Anm. *Koutsoukou* IPRax 2014, 44.
10 EuGH, IPRax 2014, 340 mit Anm. *Mock*, IPRax 2014, 309.
11 EuGH, EuZW 2014, 916 mit ablehnender Anm. *Sujeki*, S. 917, der wie zuvor das vorlegende AG Wedding und Stimmen in der deutschen Literatur, z. B. *Thomas/Putzo/Hüßtege*, Art. 13 EuMVVO Rn. 4 einer – zumindest entsprechenden – Anwendung des Art. 20 den Vorzug gibt.

IV. Vollstreckbarerklärung durch das Ursprungsgericht

10 Wenn kein Einspruch eingelegt wird, erklärt das Ursprungsgericht gem. Art. 18 den Zahlungsbefehl – ebenfalls unter Verwendung eines Formblatts – für vollstreckbar. Damit wird nicht lediglich – wie beim Europäischen Vollstreckungstitel – einem nationalen Titel durch eine Bestätigung die europaweite Vollstreckbarkeit zuerkannt, sondern im Ergebnis ein **originärer europäischer Titel** ausgefertigt[12]. In Art. 19 wird klargestellt, dass mit der Verordnung das **Exequaturverfahren abgeschafft**, d. h. der Europäische Zahlungsbefehl in den anderen Mitgliedstaaten anerkannt und vollstreckt wird, ohne dass es dort einer Vollstreckbarerklärung bedarf und ohne dass seine Anerkennung angefochten werden kann. Im Unterschied zum deutschen Mahnverfahren wird also nach dem Muster anderer europäischer Rechtsordnungen der Titel in einem **einstufigen Verfahren**, nämlich durch den Erlass des Zahlungsbefehls und dessen Vollstreckbarerklärung nach Ablauf der Einspruchsfrist geschaffen.

V. Zwangsvollstreckung

11 Die Zwangsvollstreckung aus einem Europäischen Zahlungsbefehl hat gem. Art. 21 Abs. 1 nach dem Recht des Vollstreckungsmitgliedstats zu erfolgen, und zwar unter den gleichen Bedingungen wie eine dort ergangene Entscheidung. Dies hat der deutsche Gesetzgeber dadurch klargestellt, dass er in § 794 Abs. 1 Nr. 6 ZPO den für vollstreckbar erklärten Europäischen Zahlungsbefehl in die Liste der Titel aufgenommen hat, aus denen neben Urteilen die Zwangsvollstreckung stattfindet.

Dem Gericht oder der sonst zuständigen Stelle im Vollstreckungsmitgliedstaat sind gem. Art. 21 Abs. 2 vorzulegen:
– eine Ausfertigung des vom Ursprungsgericht für vollstreckbar erklärten Europäischen Zahlungsbefehls
– ggfls. eine Übersetzung des Europäischen Zahlungsbefehls in die Sprache des Vollstreckungsmitgliedstaates, die von einer in einem Mitgliedstaat befugten Person beglaubigt ist.

VI. Autonomer Vollstreckungsschutz für den Schuldner

12 Unbeschadet des Grundsatzes, dass sich die Zwangsvollstreckung nach dem Recht des Vollstreckungsmitgliedstaats richtet, gibt die EuMahnVO dem Schuldner nach dem Muster der EuVTVO in den Art. 22 und 23 in beschränktem Umfang eigene Rechtsbehelfe, nämlich die Möglichkeit, im Vollstreckungsmitgliedstaat im Fall einer »**Titelkollision**« einen Antrag auf Verweigerung der Vollstreckung zu stellen. Wenn er im Ursprungsmitgliedstaat einen Überprüfungsantrag gem. Art. 20 gestellt hat, kann zudem im Vollstreckungsmitgliedstaat auf Antrag die Vollstreckung auf Sicherungsmaßnahmen beschränkt, von einer Sicherheitsleistung abhängig gemacht oder »unter außergewöhnlichen Umständen« ausgesetzt werden.[13]

Zusätzlich wird in Art. 22 Abs. 2 die **Erfüllung der titulierten Forderung** als Grund für eine Verweigerung der Vollstreckung aufgeführt. Damit sind von der Systematik der Norm her allerdings nur Erfüllungstatbestände zulässig, die nach Erlass des Titels entstanden sind.[14] Nach § 1095 Abs. 2 ZPO können Einwendungen gegen einen in Deutschland erlassenen Europäischen Zahlungsbefehl in Anlehnung an § 796a ZPO nur auf solche Gründe gestützt werden, die nach Zustellung des Zahlungsbefehls entstanden sind und durch Einspruch nicht mehr geltend gemacht werden können.[15]

---

12 *Hess/Bittmann*, IPRax 2008, 305, 309.
13 Siehe dazu die Anm. zu Art. 21 u. Art. 23 EuVTVO.
14 *Rauscher/Gruber*, EuZPR/EuIPR, Art. 22 EG-MahnVO Rn. 32; *Thomas/Putzo/Hüßtege*, Art. 22 Rn. 6; a. A. *Preuß*, ZZP 122, 3, 27; *Prütting/Gehrlein/Halfmeier*, Anhang nach § 1096, Art. 22 EuMVO Rn. 3.
15 Siehe dazu näher § 1095 ZPO Rdn. 4.

VII. Erwägungsgründe

Einzelheiten zur Entstehungsgeschichte und zu den Motiven des Europäischen Verordnungsgebers ergeben sich aus den nachstehenden Erwägungsgründen: 13

DAS EUROPÄISCHE PARLAMENT UND DER RAT DER EUROPÄISCHEN UNION –

gestützt auf den Vertrag zur Gründung der Europäischen Gemeinschaft, insbesondere auf Artikel 61 Buchstabe c,

auf Vorschlag der Kommission,

nach Stellungnahme des Europäischen Wirtschafts- und Sozialausschusses,

gemäß dem Verfahren des Artikels 251 des Vertrages,

in Erwägung nachstehender Gründe:

(1) Die Gemeinschaft hat sich zum Ziel gesetzt, einen Raum der Freiheit, der Sicherheit und des Rechts, in dem der freie Personenverkehr gewährleistet ist, zu erhalten und weiterzuentwickeln. Zur schrittweisen Schaffung eines solchen Raums erlässt die Gemeinschaft unter anderem im Bereich der justiziellen Zusammenarbeit in Zivilsachen mit grenzüberschreitendem Bezug die für das reibungslose Funktionieren des Binnenmarkts erforderlichen Maßnahmen.

(2) Gemäß Artikel 65 Buchstabe c des Vertrags schließen diese Maßnahmen die Beseitigung der Hindernisse für eine reibungslose Abwicklung von Zivilverfahren ein, erforderlichenfalls durch Förderung der Vereinbarkeit der in den Mitgliedstaaten geltenden zivilrechtlichen Verfahrensvorschriften.

(3) Auf seiner Tagung am 15. und 16. Oktober 1999 in Tampere forderte der Europäische Rat den Rat und die Kommission auf, neue Vorschriften zu jenen Aspekten auszuarbeiten, die unabdingbar für eine reibungslose justizielle Zusammenarbeit und einen verbesserten Zugang zum Recht sind, und nannte in diesem Zusammenhang ausdrücklich auch das Mahnverfahren.

(4) Am 30. November 2000 verabschiedete der Rat ein gemeinsames Programm der Kommission und des Rates über Maßnahmen zur Umsetzung des Grundsatzes der gegenseitigen Anerkennung gerichtlicher Entscheidungen in Zivil- und Handelssachen [3]. Darin wird die Schaffung eines besonderen, gemeinschaftsweit einheitlichen oder harmonisierten Verfahrens zur Erwirkung einer gerichtlichen Entscheidung in speziellen Bereichen, darunter die Beitreibung unbestrittener Forderungen, in Erwägung gezogen. Dies wurde durch das vom Europäischen Rat am 5. November 2004 angenommene Haager Programm, in dem eine zügige Durchführung der Arbeiten am Europäischen Zahlungsbefehl gefordert wird, weiter vorangebracht.

(5) Am 20. Dezember 2002 nahm die Kommission ein Grünbuch über ein Europäisches Mahnverfahren und über Maßnahmen zur einfacheren und schnelleren Beilegung von Streitigkeiten mit geringem Streitwert an. Mit dem Grünbuch wurde eine Anhörung zu den möglichen Zielen und Merkmalen eines einheitlichen oder harmonisierten Europäischen Mahnverfahrens zur Beitreibung unbestrittener Forderungen eingeleitet.

(6) Für die Wirtschaftsbeteiligten der Europäischen Union ist die rasche und effiziente Beitreibung ausstehender Forderungen, die nicht Gegenstand eines Rechtsstreits sind, von größter Bedeutung, da Zahlungsverzug eine der Hauptursachen für Zahlungsunfähigkeit ist, die vor allem die Existenz von kleinen und mittleren Unternehmen bedroht und für den Verlust zahlreicher Arbeitsplätze verantwortlich ist.

(7) Alle Mitgliedstaaten versuchen, dem Problem der Beitreibung unzähliger unbestrittener Forderungen beizukommen, die meisten Mitgliedstaaten im Wege eines vereinfachten Mahn-

verfahrens, doch gibt es bei der inhaltlichen Ausgestaltung der einzelstaatlichen Vorschriften und der Effizienz der Verfahren erhebliche Unterschiede. Überdies sind die derzeitigen Verfahren in grenzüberschreitenden Rechtssachen häufig entweder unzulässig oder praktisch undurchführbar.

(8) Der daraus resultierende erschwerte Zugang zu einer effizienten Rechtsprechung bei grenzüberschreitenden Rechtssachen und die Verfälschung des Wettbewerbs im Binnenmarkt aufgrund des unterschiedlichen Funktionierens der verfahrensrechtlichen Instrumente, die den Gläubigern in den einzelnen Mitgliedstaaten zur Verfügung stehen, machen eine Gemeinschaftsregelung erforderlich, die für Gläubiger und Schuldner in der gesamten Europäischen Union gleiche Bedingungen gewährleistet.

(9) Diese Verordnung hat Folgendes zum Ziel: die Vereinfachung und Beschleunigung grenzüberschreitender Verfahren im Zusammenhang mit unbestrittenen Geldforderungen und die Verringerung der Verfahrenskosten durch Einführung eines Europäischen Mahnverfahrens sowie die Ermöglichung des freien Verkehrs Europäischer Zahlungsbefehle in den Mitgliedstaaten durch Festlegung von Mindestvorschriften, bei deren Einhaltung die Zwischenverfahren im Vollstreckungsmitgliedstaat, die bisher für die Anerkennung und Vollstreckung erforderlich waren, entfallen.

(10) Das durch diese Verordnung geschaffene Verfahren sollte eine zusätzliche und fakultative Alternative für den Antragsteller darstellen, dem es nach wie vor freisteht, sich für die im nationalen Recht vorgesehenen Verfahren zu entscheiden. Durch diese Verordnung sollen mithin die nach nationalem Recht vorgesehenen Mechanismen zur Beitreibung unbestrittener Forderungen weder ersetzt noch harmonisiert werden.

(11) Der Schriftverkehr zwischen dem Gericht und den Parteien sollte soweit wie möglich mit Hilfe von Formblättern abgewickelt werden, um die Abwicklung der Verfahren zu erleichtern und eine automatisierte Verarbeitung der Daten zu ermöglichen.

(12) Bei der Entscheidung darüber, welche Gerichte dafür zuständig sind, einen Europäischen Zahlungsbefehl zu erlassen, sollten die Mitgliedstaaten dem Erfordernis, den Zugang der Bürger zur Justiz zu gewährleisten, gebührend Rechnung tragen.

(13) Der Antragsteller sollte verpflichtet sein, in dem Antrag auf Erlass eines Europäischen Zahlungsbefehls Angaben zu machen, aus denen die geltend gemachte Forderung und ihre Begründung klar zu entnehmen sind, damit der Antragsgegner anhand fundierter Informationen entscheiden kann, ob er Einspruch einlegen oder die Forderung nicht bestreiten will.

(14) Dabei muss der Antragsteller auch eine Bezeichnung der Beweise, der zum Nachweis der Forderung herangezogen wird, beifügen. Zu diesem Zweck sollte in dem Antragsformular eine möglichst erschöpfende Liste der Arten von Beweisen enthalten sein, die üblicherweise zur Geltendmachung von Geldforderungen angeboten werden.

(15) Die Einreichung eines Antrags auf Erlass eines Europäischen Zahlungsbefehls sollte mit der Entrichtung der gegebenenfalls fälligen Gerichtsgebühren verbunden sein.

(16) Das Gericht sollte den Antrag, einschließlich der Frage der gerichtlichen Zuständigkeit und der Bezeichnung der Beweise, auf der Grundlage der im Antragsformular enthaltenen Angaben prüfen. Dies ermöglicht es dem Gericht, schlüssig zu prüfen, ob die Forderung begründet ist, und unter anderem offensichtlich unbegründete Forderungen oder unzulässige Anträge auszuschließen. Die Prüfung muss nicht von einem Richter durchgeführt werden.

(17) Gegen die Zurückweisung des Antrags kann kein Rechtsmittel eingelegt werden. Dies schließt allerdings eine mögliche Überprüfung der zurückweisenden Entscheidung in derselben Instanz im Einklang mit dem nationalen Recht nicht aus.

(18) Der Europäische Zahlungsbefehl sollte den Antragsgegner darüber aufklären, dass er entweder den zuerkannten Betrag an den Antragsteller zu zahlen hat oder, wenn er die Forderung

bestreiten will, innerhalb von 30 Tagen eine Einspruchsschrift versenden muss. Neben der vollen Aufklärung über die vom Antragsteller geltend gemachte Forderung sollte der Antragsgegner auf die rechtliche Bedeutung des Europäischen Zahlungsbefehls und die Folgen eines Verzichts auf Einspruch hingewiesen werden.

(19) Wegen der Unterschiede im Zivilprozessrecht der Mitgliedstaaten, insbesondere bei den Zustellungsvorschriften, ist es notwendig, die im Rahmen des Europäischen Mahnverfahrens anzuwendenden Mindestvorschriften präzise und detailliert zu definieren. So sollte insbesondere eine Zustellungsform, die auf einer juristischen Fiktion beruht, im Hinblick auf die Einhaltung der Mindestvorschriften nicht als ausreichend für die Zustellung eines Europäischen Zahlungsbefehls angesehen werden.

(20) Alle in den Artikeln 13 und 14 aufgeführten Zustellungsformen gewähren entweder eine absolute Gewissheit (Artikel 13) oder ein hohes Maß an Wahrscheinlichkeit (Artikel 14) dafür, dass das zugestellte Schriftstück dem Empfänger zugegangen ist.

(21) Die persönliche Zustellung an bestimmte andere Personen als den Antragsgegner selbst gemäß Artikel 14 Absatz 1 Buchstaben a und b sollte die Anforderungen der genannten Vorschriften nur dann erfüllen, wenn diese Personen den Europäischen Zahlungsbefehl auch tatsächlich erhalten haben.

(22) Artikel 15 sollte auf Situationen Anwendung finden, in denen der Antragsgegner sich nicht selbst vor Gericht vertreten kann, etwa weil er eine juristische Person ist, und in denen er durch einen gesetzlichen Vertreter vertreten wird, sowie auf Situationen, in denen der Antragsgegner eine andere Person, insbesondere einen Rechtsanwalt, ermächtigt hat, ihn in dem betreffenden gerichtlichen Verfahren zu vertreten.

(23) Der Antragsgegner kann seinen Einspruch unter Verwendung des in dieser Verordnung enthaltenen Formblatts einreichen. Die Gerichte sollten allerdings auch einen in anderer Form eingereichten schriftlichen Einspruch berücksichtigen, sofern dieser klar erklärt ist.

(24) Ein fristgerecht eingereichter Einspruch sollte das Europäische Mahnverfahren beenden und zur automatischen Überleitung der Sache in einen ordentlichen Zivilprozess führen, es sei denn, der Antragsteller hat ausdrücklich erklärt, dass das Verfahren in diesem Fall beendet sein soll. Für die Zwecke dieser Verordnung sollte der Begriff »ordentlicher Zivilprozess« nicht notwendigerweise im Sinne des nationalen Rechts ausgelegt werden.

(25) Nach Ablauf der Frist für die Einreichung des Einspruchs sollte der Antragsgegner in bestimmten Ausnahmefällen berechtigt sein, eine Überprüfung des Europäischen Zahlungsbefehls zu beantragen. Die Überprüfung in Ausnahmefällen sollte nicht bedeuten, dass der Antragsgegner eine zweite Möglichkeit hat, Einspruch gegen die Forderung einzulegen. Während des Überprüfungsverfahrens sollte die Frage, ob die Forderung begründet ist, nur im Rahmen der sich aus den vom Antragsgegner angeführten außergewöhnlichen Umständen ergebenden Begründungen geprüft werden. Zu den anderen außergewöhnlichen Umständen könnte auch der Fall zählen, dass der Europäische Zahlungsbefehl auf falschen Angaben im Antragsformular beruht.

(26) Gerichtsgebühren nach Artikel 25 sollten beispielsweise keine Anwaltshonorare oder Zustellungskosten einer außergerichtlichen Stelle enthalten.

(27) Ein Europäischer Zahlungsbefehl, der in einem Mitgliedstaat ausgestellt wurde und der vollstreckbar geworden ist, sollte für die Zwecke der Vollstreckung so behandelt werden, als ob er in dem Mitgliedstaat ausgestellt worden wäre, in dem die Vollstreckung betrieben wird. Gegenseitiges Vertrauen in die ordnungsgemäße Rechtspflege in den Mitgliedstaaten rechtfertigt es, dass das Gericht nur eines Mitgliedstaats beurteilt, ob alle Voraussetzungen für den Erlass eines Europäischen Zahlungsbefehls vorliegen und der Zahlungsbefehl in allen anderen Mitgliedstaaten vollstreckbar ist, ohne dass im Vollstreckungsmitgliedstaat zusätzlich von einem Gericht geprüft

werden muss, ob die prozessualen Mindestvorschriften eingehalten worden sind. Unbeschadet der in dieser Verordnung enthaltenen Vorschriften, insbesondere der in Artikel 22 Absätze 1 und 2 und in Artikel 23 enthaltenen Mindestvorschriften, sollte das Verfahren der Vollstreckung des Europäischen Zahlungsbefehls nach wie vor im nationalen Recht geregelt bleiben.

(28) Die Berechnung der Fristen sollte nach Maßgabe der Verordnung (EWG, Euratom) Nr. 1182/71 des Rates vom 3. Juni 1971 zur Festlegung der Regeln für die Fristen, Daten und Termine [4] erfolgen. Der Antragsgegner sollte darüber unterrichtet sowie darauf hingewiesen werden, dass dabei die gesetzlichen Feiertage in dem Mitgliedstaat des Gerichts, das den Europäischen Zahlungsbefehl erlässt, berücksichtigt werden.

(29) Da die Ziele dieser Verordnung, nämlich die Schaffung eines einheitlichen, zeitsparenden und effizienten Instruments zur Beitreibung unbestrittener Geldforderungen in der Europäischen Union, auf Ebene der Mitgliedstaaten nicht ausreichend verwirklicht werden können und wegen ihres Umfangs und ihrer Wirkung daher besser auf Gemeinschaftsebene zu verwirklichen sind, kann die Gemeinschaft im Einklang mit dem in Artikel 5 des Vertrags niedergelegten Subsidiaritätsprinzip tätig werden. Entsprechend dem in demselben Artikel genannten Grundsatz der Verhältnismäßigkeit geht diese Verordnung nicht über das für die Erreichung dieser Ziele erforderliche Maß hinaus.

(30) Die zur Durchführung dieser Verordnung erforderlichen Maßnahmen sind nach Maßgabe des Beschlusses 1999/468/EG des Rates vom 28. Juni 1999 zur Festlegung der Modalitäten für die Ausübung der der Kommission übertragenen Durchführungsbefugnisse [5] zu erlassen.

(31) Das Vereinigte Königreich und Irland haben gemäß Artikel 3 des dem Vertrag über die Europäische Union und dem Vertrag zur Gründung der Europäischen Gemeinschaft beigefügten Protokolls über die Position des Vereinigten Königreichs und Irlands mitgeteilt, dass sie sich an der Annahme und Anwendung der vorliegenden Verordnung beteiligen möchten.

(32) Gemäß den Artikeln 1 und 2 des dem Vertrag über die Europäische Union und dem Vertrag zur Gründung der Europäischen Gemeinschaft beigefügten Protokolls über die Position Dänemarks beteiligt sich Dänemark nicht an der Annahme dieses Beschlusses, der für Dänemark nicht bindend und nicht auf Dänemark anwendbar ist —

HABEN FOLGENDE VERORDNUNG ERLASSEN:

Art. 1 Gegenstand

(1) Diese Verordnung hat Folgendes zum Ziel:
a) Vereinfachung und Beschleunigung der grenzüberschreitenden Verfahren im Zusammenhang mit unbestrittenen Geldforderungen und Verringerung der Verfahrenskosten durch Einführung eines Europäischen Mahnverfahrens, und
b) Ermöglichung des freien Verkehrs Europäischer Zahlungsbefehle in den Mitgliedstaaten durch Festlegung von Mindestvorschriften, bei deren Einhaltung die Zwischenverfahren im Vollstreckungsmitgliedstaat, die bisher für die Anerkennung und Vollstreckung erforderlich waren, entfallen.

(2) Diese Verordnung stellt es dem Antragsteller frei, eine Forderung im Sinne von Artikel 4 im Wege eines anderen Verfahrens nach dem Recht eines Mitgliedstaats oder nach Gemeinschaftsrecht durchzusetzen.

Art. 2 Anwendungsbereich

(1) Diese Verordnung ist in grenzüberschreitenden Rechtssachen in Zivil- und Handelssachen anzuwenden, ohne dass es auf die Art der Gerichtsbarkeit ankommt. Sie erfasst insbesondere

nicht Steuer- und Zollsachen, verwaltungsrechtliche Angelegenheiten sowie die Haftung des Staates für Handlungen oder Unterlassungen im Rahmen der Ausübung hoheitlicher Rechte (»acta jure imperii«).

(2) Diese Verordnung ist nicht anzuwenden auf
a) die ehelichen Güterstände, das Gebiet des Erbrechts einschließlich des Testamentsrechts,
b) Konkurse, Verfahren im Zusammenhang mit dem Abwickeln zahlungsunfähiger Unternehmen oder anderer juristischer Personen, gerichtliche Vergleiche, Vergleiche und ähnliche Verfahren,
c) die soziale Sicherheit,
d) Ansprüche aus außervertraglichen Schuldverhältnissen, soweit
  i) diese nicht Gegenstand einer Vereinbarung zwischen den Parteien oder eines Schuldanerkenntnisses sind,
  oder
  ii) diese sich nicht auf bezifferte Schuldbeträge beziehen, die sich aus gemeinsamem Eigentum an unbeweglichen Sachen ergeben.

(3) In dieser Verordnung bedeutet der Begriff »Mitgliedstaat« die Mitgliedstaaten mit Ausnahme Dänemarks.

Art. 3 Grenzüberschreitende Rechtssachen

(1) Eine grenzüberschreitende Rechtssache im Sinne dieser Verordnung liegt vor, wenn mindestens eine der Parteien ihren Wohnsitz oder gewöhnlichen Aufenthalt in einem anderen Mitgliedstaat als dem des befassten Gerichts hat.

(2) Der Wohnsitz wird nach den Artikeln 59 und 60 der Verordnung (EG) Nr. 44/2001 des Rates vom 22. Dezember 2000 über die gerichtliche Zuständigkeit und die Anerkennung und Vollstreckung von Entscheidungen in Zivil- und Handelssachen [6] bestimmt.

(3) Der maßgebliche Augenblick zur Feststellung, ob eine grenzüberschreitende Rechtssache vorliegt, ist der Zeitpunkt, zu dem der Antrag auf Erlass eines Europäischen Zahlungsbefehls nach dieser Verordnung eingereicht wird.

Art. 4 Europäisches Mahnverfahren

Das Europäische Mahnverfahren gilt für die Beitreibung bezifferter Geldforderungen, die zum Zeitpunkt der Einreichung des Antrags auf Erlass eines Europäischen Zahlungsbefehls fällig sind.

Art. 5 Begriffsbestimmungen

Im Sinne dieser Verordnung bezeichnet der Ausdruck
1. »Ursprungsmitgliedstaat« den Mitgliedstaat, in dem ein Europäischer Zahlungsbefehl erlassen wird,
2. »Vollstreckungsmitgliedstaat« den Mitgliedstaat, in dem die Vollstreckung eines Europäischen Zahlungsbefehls betrieben wird,
3. »Gericht« alle Behörden der Mitgliedstaaten, die für einen Europäischen Zahlungsbefehl oder jede andere damit zusammenhängende Angelegenheit zuständig sind,
4. »Ursprungsgericht« das Gericht, das einen Europäischen Zahlungsbefehl erlässt.

Art. 6 Zuständigkeit

(1) Für die Zwecke der Anwendung dieser Verordnung wird die Zuständigkeit nach den hierfür geltenden Vorschriften des Gemeinschaftsrechts bestimmt, insbesondere der Verordnung (EG) Nr. 44/2001.

(2) Betrifft die Forderung jedoch einen Vertrag, den eine Person, der Verbraucher, zu einem Zweck geschlossen hat, der nicht der beruflichen oder gewerblichen Tätigkeit dieser Person zugerechnet werden kann, und ist der Verbraucher Antragsgegner, so sind nur die Gerichte des Mitgliedstaats zuständig, in welchem der Antragsgegner seinen Wohnsitz im Sinne des Artikels 59 der Verordnung (EG) Nr. 44/2001 hat.

Art. 7 Antrag auf Erlass eines Europäischen Zahlungsbefehls

(1) Der Antrag auf Erlass eines Europäischen Zahlungsbefehls ist unter Verwendung des Formblatts A gemäß Anhang I zu stellen.

(2) Der Antrag muss Folgendes beinhalten:
a) die Namen und Anschriften der Verfahrensbeteiligten und gegebenenfalls ihrer Vertreter sowie des Gerichts, bei dem der Antrag eingereicht wird;
b) die Höhe der Forderung einschließlich der Hauptforderung und gegebenenfalls der Zinsen, Vertragsstrafen und Kosten;
c) bei Geltendmachung von Zinsen der Zinssatz und der Zeitraum, für den Zinsen verlangt werden, es sei denn, gesetzliche Zinsen werden nach dem Recht des Ursprungsmitgliedstaats automatisch zur Hauptforderung hinzugerechnet;
d) den Streitgegenstand einschließlich einer Beschreibung des Sachverhalts, der der Hauptforderung und gegebenenfalls der Zinsforderung zugrunde liegt;
e) eine Bezeichnung der Beweise, die zur Begründung der Forderung herangezogen werden;
f) die Gründe für die Zuständigkeit, und
g) den grenzüberschreitenden Charakter der Rechtssache im Sinne von Art. 3.

(3) In dem Antrag hat der Antragsteller zu erklären, dass er die Angaben nach bestem Wissen und Gewissen gemacht hat, und anerkannt, dass jede vorsätzliche falsche Auskunft angemessene Sanktionen nach dem Recht des Ursprungsmitgliedstaats nach sich ziehen kann.

(4) Der Antragsteller kann in einer Anlage zu dem Antrag dem Gericht gegenüber erklären, dass er die Überleitung in ein ordentliches Verfahren im Sinne des Artikels 17 für den Fall ablehnt, dass der Antragsgegner Einspruch einlegt. Dies hindert den Antragsteller nicht daran, das Gericht zu einem späteren Zeitpunkt, in jedem Fall aber vor Erlass des Zahlungsbefehls, hierüber zu informieren.

(5) Die Einreichung des Antrags erfolgt in Papierform oder durch andere — auch elektronische — Kommunikationsmittel, die im Ursprungsmitgliedstaat zulässig sind und dem Ursprungsgericht zur Verfügung stehen.

(6) Der Antrag ist vom Antragsteller oder gegebenenfalls von seinem Vertreter zu unterzeichnen. Wird der Antrag gemäß Absatz 5 auf elektronischem Weg eingereicht, so ist er nach Artikel 2 Nummer 2 der Richtlinie 1999/93/EG des Europäischen Parlaments und des Rates vom 13. Dezember 1999 über gemeinschaftliche Rahmenbedingungen für elektronische Signaturen [7] zu unterzeichnen. Diese Signatur wird im Ursprungsmitgliedstaat anerkannt, ohne dass weitere Bedingungen festgelegt werden können.

Eine solche elektronische Signatur ist jedoch nicht erforderlich, wenn und insoweit es bei den Gerichten des Ursprungsmitgliedstaats ein alternatives elektronisches Kommunikationssystem gibt, das einer bestimmten Gruppe von vorab registrierten und authentifizierten Nutzern zur

Verfügung steht und die sichere Identifizierung dieser Nutzer ermöglicht. Die Mitgliedstaaten unterrichten die Kommission über derartige Kommunikationssysteme.

Art. 8 Prüfung des Antrags

Das mit einem Antrag auf Erlass eines Europäischen Zahlungsbefehls befasste Gericht prüft so bald wie möglich anhand des Antragsformulars, ob die in den Artikeln 2, 3, 4, 6 und 7 genannten Voraussetzungen erfüllt sind und ob die Forderung begründet erscheint. Diese Prüfung kann im Rahmen eines automatisierten Verfahrens erfolgen.

Art. 9 Vervollständigung und Berichtigung des Antrags

(1) Das Gericht räumt dem Antragsteller die Möglichkeit ein, den Antrag zu vervollständigen oder zu berichtigen, wenn die in Artikel 7 genannten Voraussetzungen nicht erfüllt sind und die Forderung nicht offensichtlich unbegründet oder der Antrag unzulässig ist. Das Gericht verwendet dazu das Formblatt B gemäß Anhang II.

(2) Fordert das Gericht den Antragsteller auf, den Antrag zu vervollständigen oder zu berichtigen, so legt es dafür eine Frist fest, die ihm den Umständen nach angemessen erscheint. Das Gericht kann diese Frist nach eigenem Ermessen verlängern.

Art. 10 Änderung des Antrags

(1) Sind die in Artikel 8 genannten Voraussetzungen nur für einen Teil der Forderung erfüllt, so unterrichtet das Gericht den Antragsteller hiervon unter Verwendung des Formblatts C gemäß Anhang III. Der Antragsteller wird aufgefordert, den Europäischen Zahlungsbefehl über den von dem Gericht angegebenen Betrag anzunehmen oder abzulehnen; er wird zugleich über die Folgen seiner Entscheidung belehrt. Die Antwort des Antragstellers erfolgt durch Rücksendung des von dem Gericht übermittelten Formblatts C innerhalb der von dem Gericht gemäß Artikel 9 Absatz 2 festgelegten Frist.

(2) Nimmt der Antragsteller den Vorschlag des Gerichts an, so erlässt das Gericht gemäß Artikel 12 einen Europäischen Zahlungsbefehl für den Teil der Forderung, dem der Antragsteller zugestimmt hat. Die Folgen hinsichtlich des verbleibenden Teils der ursprünglichen Forderung unterliegen nationalem Recht.

(3) Antwortet der Antragsteller nicht innerhalb der von dem Gericht festgelegten Frist oder lehnt er den Vorschlag des Gerichts ab, so weist das Gericht den Antrag auf Erlass eines Europäischen Zahlungsbefehls insgesamt zurück.

Art. 11 Zurückweisung des Antrags

(1) Das Gericht weist den Antrag zurück,
a) wenn die in den Artikeln 2, 3, 4, 6 und 7 genannten Voraussetzungen nicht erfüllt sind, oder
b) wenn die Forderung offensichtlich unbegründet ist, oder
c) wenn der Antragsteller nicht innerhalb der von dem Gericht gemäß Artikel 9 Absatz 2 gesetzten Frist seine Antwort übermittelt, oder
d) wenn der Antragsteller gemäß Artikel 10 nicht innerhalb der von dem Gericht gesetzten Frist antwortet oder den Vorschlag des Gerichts ablehnt.

Der Antragsteller wird anhand des Formblatts D gemäß Anhang IV von den Gründen der Zurückweisung in Kenntnis gesetzt.

(2) Gegen die Zurückweisung des Antrags kann kein Rechtsmittel eingelegt werden.

(3) Die Zurückweisung des Antrags hindert den Antragsteller nicht, die Forderung mittels eines neuen Antrags auf Erlass eines Europäischen Zahlungsbefehls oder eines anderen Verfahrens nach dem Recht eines Mitgliedstaats geltend zu machen.

Art. 12 Erlass eines Europäischen Zahlungsbefehls

(1) Sind die in Artikel 8 genannten Voraussetzungen erfüllt, so erlässt das Gericht so bald wie möglich und in der Regel binnen 30 Tagen nach Einreichung eines entsprechenden Antrags einen Europäischen Zahlungsbefehl unter Verwendung des Formblatts E gemäß Anhang V.

Bei der Berechnung der 30-tägigen Frist wird die Zeit, die der Antragsteller zur Vervollständigung, Berichtigung oder Änderung des Antrags benötigt, nicht berücksichtigt.

(2) Der Europäische Zahlungsbefehl wird zusammen mit einer Abschrift des Antragsformulars ausgestellt. Er enthält nicht die vom Antragsteller in den Anlagen 1 und 2 des Formblatts A gemachten Angaben.

(3) In dem Europäischen Zahlungsbefehl wird der Antragsgegner davon in Kenntnis gesetzt, dass er
a) entweder den im Zahlungsbefehl aufgeführten Betrag an den Antragsteller zahlen kann, oder
b) gegen den Europäischen Zahlungsbefehl bei dem Ursprungsgericht Einspruch einlegen kann, indem er innerhalb von 30 Tagen ab dem Zeitpunkt der Zustellung des Zahlungsbefehls an ihn seinen Einspruch versendet.

(4) In dem Europäischen Zahlungsbefehl wird der Antragsgegner davon unterrichtet, dass
a) der Zahlungsbefehl ausschließlich auf der Grundlage der Angaben des Antragstellers erlassen und vom Gericht nicht nachgeprüft wurde,
b) der Zahlungsbefehl vollstreckbar wird, wenn nicht bei dem Gericht nach Art. 16 Einspruch eingelegt wird,
c) im Falle eines Einspruchs das Verfahren von den zuständigen Gerichten des Ursprungsmitgliedstaats gemäß den Regeln eines ordentlichen Zivilprozesses weitergeführt wird, es sei denn, der Antragsteller hat ausdrücklich beantragt, das Verfahren in diesem Fall zu beenden.

(5) Das Gericht stellt sicher, dass der Zahlungsbefehl dem Antragsgegner gemäß den nationalen Rechtsvorschriften in einer Weise zugestellt wird, die den Mindestvorschriften der Artikel 13, 14 und 15 genügen muss.

Art. 13 Zustellung mit Nachweis des Empfangs durch den Antragsgegner

Der Europäische Zahlungsbefehl kann nach dem Recht des Staats, in dem die Zustellung erfolgen soll, dem Antragsgegner in einer der folgenden Formen zugestellt werden:
a) durch persönliche Zustellung, bei der der Antragsgegner eine Empfangsbestätigung unter Angabe des Empfangsdatums unterzeichnet,
b) durch persönliche Zustellung, bei der die zuständige Person, die die Zustellung vorgenommen hat, ein Dokument unterzeichnet, in dem angegeben ist, dass der Antragsgegner das Schriftstück erhalten hat oder dessen Annahme unberechtigt verweigert hat und an welchem Datum die Zustellung erfolgt ist,
c) durch postalische Zustellung, bei der der Antragsgegner die Empfangsbestätigung unter Angabe des Empfangsdatums unterzeichnet und zurückschickt,

d) durch elektronische Zustellung wie beispielsweise per Fax oder E-Mail, bei der der Antragsgegner eine Empfangsbestätigung unter Angabe des Empfangsdatums unterzeichnet und zurückschickt.

Art. 14 Zustellung ohne Nachweis des Empfangs durch den Antragsgegner

(1) Der Europäische Zahlungsbefehl kann nach dem Recht des Staats, in dem die Zustellung erfolgen soll, dem Antragsgegner auch in einer der folgenden Formen zugestellt werden:
a) persönliche Zustellung unter der Privatanschrift des Antragsgegners an eine in derselben Wohnung wie der Antragsgegner lebende Person oder an eine dort beschäftigte Person;
b) wenn der Antragsgegner Selbstständiger oder eine juristische Person ist, persönliche Zustellung in den Geschäftsräumen des Antragsgegners an eine Person, die vom Antragsgegner beschäftigt wird;
c) Hinterlegung des Zahlungsbefehls im Briefkasten des Antragsgegners;
d) Hinterlegung des Zahlungsbefehls beim Postamt oder bei den zuständigen Behörden mit entsprechender schriftlicher Benachrichtigung im Briefkasten des Antragsgegners, sofern in der schriftlichen Benachrichtigung das Schriftstück eindeutig als gerichtliches Schriftstück bezeichnet oder darauf hingewiesen wird, dass die Zustellung durch die Benachrichtigung als erfolgt gilt und damit Fristen zu laufen beginnen;
e) postalisch ohne Nachweis gemäß Absatz 3, wenn der Antragsgegner seine Anschrift im Ursprungsmitgliedstaat hat;
f) elektronisch, mit automatisch erstellter Sendebestätigung, sofern sich der Antragsgegner vorab ausdrücklich mit dieser Art der Zustellung einverstanden erklärt hat.

(2) Für die Zwecke dieser Verordnung ist eine Zustellung nach Absatz 1 nicht zulässig, wenn die Anschrift des Antragsgegners nicht mit Sicherheit ermittelt werden kann.

(3) Die Zustellung nach Absatz 1 Buchstaben a, b, c und d wird bescheinigt durch
a) ein von der zuständigen Person, die die Zustellung vorgenommen hat, unterzeichnetes Schriftstück mit den folgenden Angaben:
   i) die gewählte Form der Zustellung, und
   ii) das Datum der Zustellung sowie, und
   iii) falls der Zahlungsbefehl einer anderen Person als dem Antragsgegner zugestellt wurde, der Name dieser Person und die Angabe ihres Verhältnisses zum Antragsgegner,
oder
b) eine Empfangsbestätigung der Person, der der Zahlungsbefehl zugestellt wurde, für die Zwecke von Absatz 1 Buchstaben a und b.

Art. 15 Zustellung an einen Vertreter

Die Zustellung nach den Artikeln 13 oder 14 kann auch an den Vertreter des Antragsgegners bewirkt werden.

Art. 16 Einspruch gegen den Europäischen Zahlungsbefehl

(1) Der Antragsgegner kann beim Ursprungsgericht Einspruch gegen den Europäischen Zahlungsbefehl unter Verwendung des Formblatts F gemäß Anhang VI einlegen, das dem Antragsgegner zusammen mit dem Europäischen Zahlungsbefehl zugestellt wird.

(2) Der Einspruch muss innerhalb von 30 Tagen ab dem Tag der Zustellung des Zahlungsbefehls an den Antragsgegner versandt werden.

(3) Der Antragsgegner gibt in dem Einspruch an, dass er die Forderung bestreitet, ohne dass er dafür eine Begründung liefern muss.

(4) Der Einspruch ist in Papierform oder durch andere – auch elektronische – Kommunikationsmittel, die im Ursprungsmitgliedstaat zulässig sind und dem Ursprungsgericht zur Verfügung stehen, einzulegen.

(5) Der Einspruch ist vom Antragsgegner oder gegebenenfalls von seinem Vertreter zu unterzeichnen. Wird der Einspruch gemäß Absatz 4 auf elektronischem Weg eingelegt, so ist er nach Artikel 2 Nummer 2 der Richtlinie 1999/93/EG zu unterzeichnen. Diese Signatur wird im Ursprungsmitgliedstaat anerkannt, ohne dass weitere Bedingungen festgelegt werden können.

Eine solche elektronische Signatur ist jedoch nicht erforderlich, wenn und insoweit es bei den Gerichten des Ursprungsmitgliedstaats ein alternatives elektronisches Kommunikationssystem gibt, das einer bestimmten Gruppe von vorab registrierten und authentifizierten Nutzern zur Verfügung steht und die sichere Identifizierung dieser Nutzer ermöglicht. Die Mitgliedstaaten unterrichten die Kommission über derartige Kommunikationssysteme.

Art. 17 Wirkungen der Einlegung eines Einspruchs

(1) Wird innerhalb der in Artikel 16 Absatz 2 genannten Frist Einspruch eingelegt, so wird das Verfahren vor den zuständigen Gerichten des Ursprungsmitgliedstaats gemäß den Regeln eines ordentlichen Zivilprozesses weitergeführt, es sei denn, der Antragsteller hat ausdrücklich beantragt, das Verfahren in einem solchen Fall zu beenden.

Hat der Antragsteller seine Forderung im Wege des Europäischen Mahnverfahrens geltend gemacht, so wird seine Stellung in nachfolgenden ordentlichen Zivilprozessen durch keine Maßnahme nach nationalem Recht präjudiziert.

(2) Die Überleitung in ein ordentliches Zivilverfahren im Sinne des Absatzes 1 erfolgt nach dem Recht des Ursprungsmitgliedstaats.

(3) Dem Antragsteller wird mitgeteilt, ob der Antragsgegner Einspruch eingelegt hat und ob das Verfahren als ordentlicher Zivilprozess weitergeführt wird.

Art. 18 Vollstreckbarkeit

(1) Wurde innerhalb der Frist des Artikels 16 Absatz 2 unter Berücksichtigung eines angemessenen Zeitraums für die Übermittlung kein Einspruch beim Ursprungsgericht eingelegt, so erklärt das Gericht den Europäischen Zahlungsbefehl unter Verwendung des Formblatts G gemäß Anhang VII unverzüglich für vollstreckbar. Das Ursprungsgericht überprüft das Zustellungsdatum des Europäischen Zahlungsbefehls.

(2) Unbeschadet des Absatzes 1 richten sich die Voraussetzungen der Zwangsvollstreckung für die Vollstreckbarkeit nach den Rechtsvorschriften des Ursprungsmitgliedstaats.

(3) Das Gericht übersendet dem Antragsteller den vollstreckbaren Europäischen Zahlungsbefehl.

Art. 19 Abschaffung des Exequaturverfahrens

Der im Ursprungsmitgliedstaat vollstreckbar gewordene Europäische Zahlungsbefehl wird in den anderen Mitgliedstaaten anerkannt und vollstreckt, ohne dass es einer Vollstreckbarerklärung bedarf und ohne dass seine Anerkennung angefochten werden kann.

Art. 20 Überprüfung in Ausnahmefällen

(1) Nach Ablauf der in Artikel 16 Absatz 2 genannten Frist ist der Antragsgegner berechtigt, bei dem zuständigen Gericht des Ursprungsmitgliedstaats eine Überprüfung des Europäischen Zahlungsbefehls zu beantragen, falls
- a) i) der Zahlungsbefehl in einer der in Artikel 14 genannten Formen zugestellt wurde, und
  - ii) die Zustellung ohne Verschulden des Antragsgegners nicht so rechtzeitig erfolgt ist, dass er Vorkehrungen für seine Verteidigung hätte treffen können,

  oder
- b) der Antragsgegner aufgrund höherer Gewalt oder aufgrund außergewöhnlicher Umstände ohne eigenes Verschulden keinen Einspruch gegen die Forderung einlegen konnte,

wobei in beiden Fällen vorausgesetzt wird, dass er unverzüglich tätig wird.

(2) Ferner ist der Antragsgegner nach Ablauf der in Artikel 16 Absatz 2 genannten Frist berechtigt, bei dem zuständigen Gericht des Ursprungsmitgliedstaats eine Überprüfung des Europäischen Zahlungsbefehls zu beantragen, falls der Europäische Zahlungsbefehl gemessen an den in dieser Verordnung festgelegten Voraussetzungen oder aufgrund von anderen außergewöhnlichen Umständen offensichtlich zu Unrecht erlassen worden ist.

(3) Weist das Gericht den Antrag des Antragsgegners mit der Begründung zurück, dass keine der Voraussetzungen für die Überprüfung nach den Absätzen 1 und 2 gegeben ist, bleibt der Europäische Zahlungsbefehl in Kraft.

Entscheidet das Gericht, dass die Überprüfung aus einem der in den Absätzen 1 und 2 genannten Gründe gerechtfertigt ist, wird der Europäische Zahlungsbefehl für nichtig erklärt.

Art. 21 Vollstreckung

(1) Unbeschadet der Bestimmungen dieser Verordnung gilt für das Vollstreckungsverfahren das Recht des Vollstreckungsmitgliedstaats.

Ein vollstreckbar gewordener Europäischer Zahlungsbefehl wird unter den gleichen Bedingungen vollstreckt wie eine im Vollstreckungsmitgliedstaat vollstreckbar gewordene Entscheidung.

(2) Zur Vollstreckung in einem anderen Mitgliedstaat legt der Antragsteller den zuständigen Vollstreckungsbehörden dieses Mitgliedstaats folgende Dokumente vor:
- a) eine Ausfertigung des von dem Ursprungsgericht für vollstreckbar erklärten Europäischen Zahlungsbefehls, die die für seine Beweiskraft erforderlichen Voraussetzungen erfüllt, und
- b) gegebenenfalls eine Übersetzung des Europäischen Zahlungsbefehls in die Amtssprache des Vollstreckungsmitgliedstaats oder — falls es in diesem Mitgliedstaat mehrere Amtssprachen gibt — nach Maßgabe der Rechtsvorschriften dieses Mitgliedstaats in die Verfahrenssprache oder eine der Verfahrenssprachen des Ortes, an dem die Vollstreckung betrieben wird, oder in eine sonstige Sprache, die der Vollstreckungsmitgliedstaat zulässt. Jeder Mitgliedstaat kann angeben, welche Amtssprache oder Amtssprachen der Organe der Europäischen Union er neben seiner oder seinen eigenen für den Europäischen Zahlungsbefehl zulässt. Die Übersetzung ist von einer hierzu in einem der Mitgliedstaaten befugten Person zu beglaubigen.

(3) Einem Antragsteller, der in einem Mitgliedstaat die Vollstreckung eines in einem anderen Mitgliedstaat erlassenen Europäischen Zahlungsbefehls beantragt, darf wegen seiner Eigenschaft als Ausländer oder wegen Fehlens eines inländischen Wohnsitzes oder Aufenthaltsorts im Vollstreckungsmitgliedstaat eine Sicherheitsleistung oder Hinterlegung, unter welcher Bezeichnung es auch sei, nicht auferlegt werden.

Art. 22 Verweigerung der Vollstreckung

(1) Auf Antrag des Antragsgegners wird die Vollstreckung vom zuständigen Gericht im Vollstreckungsmitgliedstaat verweigert, wenn der Europäische Zahlungsbefehl mit einer früheren Entscheidung oder einem früheren Zahlungsbefehl unvereinbar ist, die bzw. der in einem Mitgliedstaat oder einem Drittland ergangen ist, sofern

a) die frühere Entscheidung oder der frühere Zahlungsbefehl zwischen denselben Parteien wegen desselben Streitgegenstands ergangen ist,
und

b) die frühere Entscheidung oder der frühere Zahlungsbefehl die notwendigen Voraussetzungen für die Anerkennung im Vollstreckungsmitgliedstaat erfüllt,
und

c) die Unvereinbarkeit im gerichtlichen Verfahren des Ursprungsmitgliedstaats nicht geltend gemacht werden konnte.

(2) Auf Antrag wird die Vollstreckung ebenfalls verweigert, sofern und insoweit der Antragsgegner den Betrag, der dem Antragsteller in einem Europäischen Zahlungsbefehl zuerkannt worden ist, an diesen entrichtet hat.

(3) Ein Europäischer Zahlungsbefehl darf im Vollstreckungsmitgliedstaat in der Sache selbst nicht nachgeprüft werden.

Art. 23 Aussetzung oder Beschränkung der Vollstreckung

Hat der Antragsgegner eine Überprüfung nach Artikel 20 beantragt, so kann das zuständige Gericht im Vollstreckungsmitgliedstaat auf Antrag des Antragsgegners

a) das Vollstreckungsverfahren auf Sicherungsmaßnahmen beschränken,
oder

b) die Vollstreckung von der Leistung einer von dem Gericht zu bestimmenden Sicherheit abhängig machen,
oder

c) unter außergewöhnlichen Umständen das Vollstreckungsverfahren aussetzen.

Art. 24 Rechtliche Vertretung

Die Vertretung durch einen Rechtsanwalt oder sonstigen Rechtsbeistand ist nicht zwingend
a) für den Antragsteller im Hinblick auf die Beantragung eines Europäischen Zahlungsbefehls,
b) für den Antragsgegner bei Einlegung des Einspruchs gegen einen Europäischen Zahlungsbefehl.

Art. 25 Gerichtsgebühren

(1) Die Gerichtsgebühren eines Europäischen Mahnverfahrens und eines ordentlichen Zivilprozesses, der sich an die Einlegung eines Einspruchs gegen den Europäischen Zahlungsbefehl in einem Mitgliedstaat anschließt, dürfen insgesamt nicht höher sein als die Gerichtsgebühren eines ordentlichen Zivilprozesses ohne vorausgehendes Europäisches Mahnverfahren in diesem Mitgliedstaat.

(2) Für die Zwecke dieser Verordnung umfassen die Gerichtsgebühren die dem Gericht zu entrichtenden Gebühren und Abgaben, deren Höhe nach dem nationalen Recht festgelegt wird.

Art. 26 Verhältnis zum nationalen Prozessrecht

Sämtliche verfahrensrechtlichen Fragen, die in dieser Verordnung nicht ausdrücklich geregelt sind, richten sich nach den nationalen Rechtsvorschriften.

Art. 27 Verhältnis zur Verordnung (EG) Nr. 1348/2000

Diese Verordnung berührt nicht die Anwendung der Verordnung (EG) Nr. 1348/2000 des Rates vom 29. Mai 2000 über die Zustellung gerichtlicher und außergerichtlicher Schriftstücke in Zivil- und Handelssachen in den Mitgliedstaaten.

Verordnung (EG) Nr. 861/2007 des Europäischen Parlaments und des Rates vom 11. Juli 2007 zur Einführung eines europäischen Verfahrens für geringfügige Forderungen – EuBagatellVO –

Vor EuBagatellVO

Übersicht
		Rdn.
I.	Überblick	1
II.	Zweck der Verordnung	2
III.	Geltungsbereich	3
IV.	Antrag und Verfahren	4
V.	Vollstreckbarkeit des Urteils im Ursprungsmitgliedstaat	6
VI.	Vollstreckbarkeit des Urteils in anderen Mitgliedstaaten	7
VII.	Zwangsvollstreckung	9
VIII.	Autonomer Vollstreckungsschutz für den Schuldner	10
IX.	Reformbestrebungen	11
X.	Erwägungsgründe	12

Literatur:

Graf v. Bernstorff, Mahnverfahren, Forderungsdurchsetzung und Kontenpfändung in der EU, RIW 2007, 88; *Breuer*, Übernationale Rechtsgrundlagen für die Anerkennung und Vollstreckbarkeit von Unterhaltstiteln, FamRB 2014, 30; *Gruber*, Die Vollstreckbarkeit ausländischer Unterhaltstitel – altes und neues Recht, IPRax 2013, 325; *Hackenberg*, Small-Claims-Verordnung: Neue Wege zur Durchsetzung grenzüberschreitender Forderungen in der EU, BC 2007, 338; *Haibach*, Zur Einführung des ersten europäischen Zivilprozessverfahrens: Verordnung (EG) Nr. 861/07, EuZW 2008, 137; *Hau*, Das neue europäische Verfahren zur Beitreibung geringfügiger Forderungen, JuS 2008, 1056; *Heinig*, Die Konkurrenz der EuGVVO mit dem übrigen Gemeinschaftsrecht, GPR 2010, 36; *Hess/Bittmann*, Die Verordnungen zur Einführung eines Europäischen Mahnverfahrens und eines Europäischen Verfahrens für geringfügige Forderungen – ein substantieller Integrationsschritt im Europäischen Zivilprozessrecht, IPRax 2008. 305; *Jahn*, Das Europäische Verfahren für geringfügige Forderungen, NJW 2007, 2890; *Kotzur*, Die Regelung der Kosten in der EuBagatellVO – Anreiz oder Unsicherheitsfaktor? GPR 2014, 98; *Leible/Freitag*, Forderungsbeitreibung in der EU, 2008; *Nardone*, Das Europäische Verfahren für geringfügige Forderungen, Rpfleger 2009, 72; *Netzer*, Die Ausführungsbestimmungen zum Europäischen Verfahren für geringfügige Forderungen im deutschen Recht, ZNotP 2010, 183; *Mayer/Lindemann*, Grenzüberschreitende Rechtsdurchsetzung mit dem Europäischen Verfahren für geringfügige Forderungen, DAR 2013, 692; *dies.*, Einklagung von Fluggastrechten mit dem Europäischen Verfahren für geringfügige Forderungen, NJW 2012, 2317; *Niesert/Stöckel*, Aktuelle Entwicklungen im Europäischen Zivilprozessrecht, Das Europäische Mahnverfahren und das Europäische Bagatellverfahren in der (insolvenzrechtlichen) Praxis, NZI 2010, 638; *Mayer/Lindemann*, Zum Stand des Verfahrens über den Vorschlag für eine Verordnung des Europäischen Parlaments und des Rates zur Einführung eines europäischen Verfahrens für geringfügige Forderungen, BRAK-Mitt. 2006, 207; *Mayer/Lindemann/Haibach*, Small Claims Verordnung – Klage, Verfahren, Urteil und Vollstreckung geringfügiger Forderungen in Europa, 2010; *Nardone*, Das Europäische Verfahren für geringfügige Forderungen, Rpfleger 2009, 72; *Vollkommer/Huber*, Neues Europäisches Zivilverfahrensrecht in Deutschland – Das Gesetz zur Verbesserung der grenzüberschreitenden Forderungsdurchsetzung und Zustellung, NJW 2009, 1105; *Wagner*, Zur Vereinheitlichung des Internationalen Privat- und Zivilverfahrensrechts, EuZW 2006, 424; *ders.*, Die Rechtsinstrumente der justiziellen Zusammenarbeit in Zivilsachen – Eine Bestandsaufnahme, NJW 2013, 3128; *Wedel*, Zur Problematik der Kostenerstattung im Europäischen Verfahren für geringfügige Forderungen, JurBüro 2010, 286

I. Überblick

Am 15.3.2005 hat die Europäische Kommission einen Vorschlag für eine Verordnung zur Einführung eines europäischen Verfahrens für geringwertige Forderungen (»Small-Claims-Verordnung«) vorgelegt,[1] der allerdings in der ursprünglichen Form nicht die Billigung des Rates und des Parlamentes fand.[2] In abgeänderter Form ist die Verordnung am 11.7.2007 verabschiedet und nach

1

---

1 KOM (2005) 87.
2 Siehe zu Einzelheiten des Verfahrens, *Rauscher/Varga*, EuZPR/EuIPR, Einl. EG-BagatellVO Rn. 1–24; *Mayer/Lindemann*, BRAK-Mitt. 2006, 207 sowie den Bericht von *Mayer* (Berichterstatter des Rechtsausschusses) vom 7.11.2006 – Plenarsitzungsdokument A6–0387/2006 endg.

Vor EuBagatellVO

Verkündung im Amtsblatt der EU seit dem 1.1.2009 anwendbar.[3] Seit diesem Zeitpunkt gelten auch die deutschen Ausführungsbestimmungen, für die durch das Gesetz zur Verbesserung der grenzüberschreitenden Forderungsdurchsetzung und Zwangsvollstreckung[4] ein 6. Abschnitt in das 11. Buch der ZPO eingefügt worden ist.[5]

II. Zweck der Verordnung

2 Nach § 495a ZPO ist vor den Amtsgerichten in Verfahren mit einem Streitwert bis 600 Euro ein vereinfachtes Verfahren möglich, bei dem das Gericht die Verfahrensweise nach billigem Ermessen bestimmt und nur auf Antrag mündlich zu verhandeln ist. Ähnliche vereinfachte Verfahrensweisen haben andere Mitgliedstaaten (Frankreich, Großbritannien, Irland, Schweden, Spanien) ebenfalls eingeführt, wobei allerdings die Wertgrenze schwankt zwischen den 600 Euro des § 495a ZPO in Deutschland und ca. 6.260 Euro (5000 Pfund) in England und Wales.[6] Auch die Zivilprozessordnungen Österreichs, Finnlands, der Niederlande und anderer Mitgliedstaaten enthalten eine Reihe von Verfahrensvereinfachungen gegenüber dem ordentlichen Verfahren, die unterhalb einer bestimmten Streitwertgrenze Anwendung finden.[7] Mit der »Small-Claims-Verordnung« sollen Hindernisse für ein schnelles Urteil mit geringen Kosten in grenzüberschreitenden Fällen beseitigt werden. Zugleich soll durch die Schaffung gleicher Bedingungen für Gläubiger und Schuldner in der gesamten EU Wettbewerbsverzerrungen begegnet sowie die Anerkennung und Vollstreckung von Urteilen aus anderen Mitgliedsländern erleichtert werden.[8] Durch dieses neue Erkenntnisverfahren wurde nunmehr für geringfügige Forderungen ein originär europäisches Verfahren geschaffen.[9]

III. Geltungsbereich

3 Die Verordnung ist gem. Art. 2 anwendbar in grenzüberschreitenden Zivil- und Handelssachen, ohne dass es auf die Art der Gerichtsbarkeit ankommt. Voraussetzung ist dabei, dass der **Streitwert** ohne Zinsen, Kosten und Auslagen bei Eingang der Klage **2.000 Euro** nicht überschreitet, und zwar – wie Art. 5 Abs. 5 zu entnehmen ist – unabhängig davon, ob die Klage auf eine Geldzahlung gerichtet ist oder nicht. »**Grenzüberschreitend**« ist gem. Art. 3 Abs. 1 eine Rechtssache dann, wenn mindestens eine der Parteien ihren Wohnsitz oder gewöhnlichen Aufenthalt i. S. d. Art. 59, 60 Brüssel-I-VO in einem anderen Mitgliedstaat als dem des befassten Gerichts hat. Solange sich das angerufene Gericht in einem anderen Mitgliedstaat befindet, ist daher die EuBagatellVO auch dann anwendbar, wenn beide Parteien ihren Wohnort oder Firmensitz im gleichen Mitgliedstaat haben.[10] Dänemark ist wie bei der EuVTVO und der EuMahnVO vom Geltungsbereich der Verordnung ausgenommen. Sie ist gem. Art. 2 Abs. 1 Satz 2, Abs. 2 nicht anzuwenden auf Steuer- und Zollsachen, verwaltungsrechtliche Angelegenheiten sowie Staatshaftungsansprüche. Von der Anwendung ausgeschlossen sind – unter Erweiterung der Kataloge in der Brüssel-I-VO und der EuVTVO – auch das Unterhaltsrecht, das Arbeitsrecht, Miete und Pacht unbeweglicher Sachen mit Ausnahme von Klagen wegen Geldforderungen sowie die Verletzung der Privatsphäre oder der Persönlichkeitsrechte, einschließlich der Verletzung der Ehre.

---

3 ABl. EU L 199 S. 1 vom 31.7.2007.
4 BGBl. I 2008, 2122.
5 §§ 1097–1109 ZPO.
6 Siehe die Übersichten bei Rauscher/*Varga*, EuZPR/EuIPR, Einl. EG-BagatellVO Rn. 36–54; *Mayer/Lindemann*, BRAK-Mitt. 2006, 207, 208 mit Auflistung der übrigen Wertgrenzen in Fußnote 11.
7 KOM (2005) 87 Ziffer 2.2.2.
8 Erwägungsgründe 7 und 8.
9 *Hess/Bittmann*, IPRax 2008, 305, 311.
10 Bezirksgericht Schwechat (Österreich), RRa 2012, 101; *Prütting/Gehrlein/Halfmeier*, Anhang nach § 1109, Art. 3 VO 861/2007 Rn. 1.

IV. Antrag und Verfahren

Das Verfahren nach der »Small-Claims-Verordnung« wird alternativ zu innerstaatlichen Verfahrensweisen angeboten (Art. 1 Satz 1). Die Klage ist unter Verwendung eines Formblatts entweder in Papierform oder auf dem in dem jeweiligen Mitgliedsland zulässigen elektronischen Weg einzureichen. Die internationale Zuständigkeit des angerufenen Gerichts bestimmt sich dabei nach den Art. 2 – 24 Brüssel-I-VO[11] bzw. Art. 4 bis 26 Brüssel-Ia-VO. Wenn das Gericht der Meinung ist, dass die Klage nicht in den Anwendungsbereich der Verordnung fällt und sie auf einen entsprechenden Hinweis hin nicht zurückgenommen wird, hat das Gericht mit ihr wie eine solche im normalen Klageverfahren des jeweiligen Mitgliedstaates zu verfahren (Art. 4 Abs. 1, 3). Ist die Klage offensichtlich unzulässig oder offensichtlich unbegründet und kommt der Kläger einer Aufforderung zur Vervollständigung nicht oder nur unzureichend nach, ist sie gem. Art. 4 Abs. 4 Satz 3 abzuweisen, und zwar ohne dass sie zuvor dem Beklagten zugestellt wurde.[12]

Ist die Small-Claims-Verordnung anwendbar, ist das sich an die Klage anschließende Verfahren **grundsätzlich schriftlich** abzuwickeln, und zwar ohne Anwaltszwang sowie unter weiterer Verwendung von Formblättern auch für die Klageerwiderung und eine etwaige Widerklage. Die Anordnung einer mündlichen Verhandlung – gegebenenfalls per Videokonferenz – steht im Ermessen des Gerichts, das aber die Ablehnung eines entsprechenden Antrags einer Partei schriftlich zu begründen hat. Eine Rüge des Beklagten, dass der Wert einer nicht lediglich auf eine Geldforderung gerichteten Klage die Bagatellgrenze von 2.000 Euro übersteige, hat das Gericht durch nicht anfechtbaren Beschluss zu bescheiden (Art. 5). Weitere Grundsätze für das Erkenntnisverfahren einschließlich einer etwaigen Beweisaufnahme zu der die »einfachste und am wenigsten aufwändige Form« zu wählen ist, den Verfahrensabschluss nebst Kostenentscheidung und – etwaigen nach nationalem Recht möglichen – Rechtsmitteln, enthalten die Art. 6–14, 16, 17, 19.

V. Vollstreckbarkeit des Urteils im Ursprungsmitgliedstaat

Nach Art. 15 Abs. 1 ist ein im Verfahren nach der Verordnung ergangenes Urteil, das auch dann zu erlassen ist, wenn der Beklagte bzw. Widerbeklagte sich innerhalb der Klageerwiderungsfrist von 30 Tagen nicht geäußert hat, ungeachtet eines möglichen Rechtsmittels ohne Sicherheitsleitung vollstreckbar. Jedoch hat der Säumige – wie nach Art. 19 EuVTVO und Art. 20 EuMahnVO – in den in Art. 18 umschriebenen Fällen eines fehlenden Verschuldens an der Einhaltung der Erwiderungsfrist die Möglichkeit, beim Ursprungsgericht eine Überprüfung des Urteils zu beantragen.[13] Weist das Gericht den Antrag zurück, bleibt das Urteil in Kraft. Entscheidet das Gericht hingegen, dass die Überprüfung gerechtfertigt ist, so ist es nichtig. Rechtsmittel gegen ergangene Urteile richten sich gem. Art. 19 nach nationalem Recht.

VI. Vollstreckbarkeit des Urteils in anderen Mitgliedstaaten

In Art. 20 wird klargestellt, dass mit der Verordnung das **Exequaturverfahren abgeschafft ist**, d. h. ein im Verfahren nach der Small-Claims-Verordnung ergangenes Urteil wird in den anderen Mitgliedstaaten anerkannt und vollstreckt, ohne dass es dort einer Vollstreckbarerklärung bedarf und ohne dass seine Anerkennung angefochten werden kann.

Als Grundlage für die Vollstreckung in anderen Mitgliedstaaten stellt das Ursprungsgericht auf Antrag des Gläubigers das nachstehend abgedruckte **Formblatt D** gem. Anhang IV aus. Dem sind unter abschließender Wiederholung des Programmsatzes des Art. 20 zur unmittelbaren Vollstreckbarkeit Einzelheiten zu den Parteien, dem Gericht und dem Inhalt des Urteils in standardisierter

---

11 Landesgericht Korneuburg (Österreich), RRa 2013, 53.
12 AG Geldern, IPRspr. 2011, Nr. 253, 645; *Prütting/Gehrlein/Halfmeier*, Art. 4 EuBagatellVO Rn. 2.
13 Siehe zu den Voraussetzungen Art. 19 EuVTVO Rdn. 2–6.

und damit unter Umständen auch ohne entsprechende Sprachkenntnisse verständlicher Form zu entnehmen.

VII. Zwangsvollstreckung

9 Die Zwangsvollstreckung aus einem Urteil nach der »Small-Claims-Verordnung« hat gem. Art. 21 Abs. 1 nach dem Recht des Vollstreckungsmitgliedstaats zu erfolgen, und zwar unter den gleichen Bedingungen wie eine dort ergangene Entscheidung. Dem Gericht oder der sonst zuständigen Stelle im Vollstreckungsmitgliedstaat sind gem. Art. 21 Abs. 2 vorzulegen:
- eine Ausfertigung des Urteils,
- eine Ausfertigung der Bestätigung gem. Art. 20 i. V. m. dem Formblatt gem. Anhang IV
- falls erforderlich eine Übersetzung der Bestätigung in eine Amtssprache des Vollstreckungsmitgliedstaates bzw. in eine dort zugelassene Verfahrenssprache, die von einer in einem Mitgliedstaat befugten Person erstellt worden ist.

VIII. Autonomer Vollstreckungsschutz für den Schuldner

10 Unbeschadet des Grundsatzes, dass sich die Zwangsvollstreckung nach dem Recht des Vollstreckungsmitgliedstats richtet, gibt die »Small-Claims-Verordnung« dem Schuldner nach dem Muster der EuVTVO in den Art. 22 und 23 in beschränktem Umfang **eigene Rechtsbehelfe**. Im Fall einer »Titelkollision« kann er im Vollstreckungsmitgliedstaat einen Antrag auf Ablehnung der Vollstreckung stellen. Wenn er im Ursprungsmitgliedstaat ein Rechtsmittel eingelegt hat bzw. die Einlegung eines Rechtsmittels noch möglich ist oder er einen Überprüfungsantrag gem. Art. 18 gestellt hat, kann zudem im Vollstreckungsmitgliedstaat auf Antrag die Vollstreckung auf Sicherungsmaßnahmen beschränkt, von einer Sicherheitsleistung abhängig gemacht oder »unter außergewöhnlichen Umständen« ausgesetzt werden.[14]

IX. Reformbestrebungen

11 Am 19.11.2013 hat die Europäische Kommission einen Reformvorschlag vorgelegt, mit dem die Akzeptanz des »noch wenig bekannten« und »wenig genutzten« Verfahrens nach der EuBagatellVO erhöht werden soll. Der Vorschlag sieht u. a. eine erhebliche Ausweitung des Anwendungsbereichs der Verordnung auf Ansprüche bis zu einem Wert von 10.000,00 EURO, eine Verbesserung der elektronischen Kommunikation und eine Verpflichtung der Gerichte vor, für mündliche Verhandlungen und Beweisaufnahmen Telefon- und Videokonferenzen oder andere Telekommunikationsmittel zu nutzen.[15]

X. Erwägungsgründe

12 Einzelheiten zur Entstehungsgeschichte und zu den Motiven des Europäischen Verordnungsgebers ergeben sich aus den nachstehenden Erwägungsgründen:

DAS EUROPÄISCHE PARLAMENT UND DER RAT DER EUROPÄISCHEN UNION —

gestützt auf den Vertrag zur Gründung der Europäischen Gemeinschaft, insbesondere auf Artikel 61 Buchstabe c und Artikel 67,

auf Vorschlag der Kommission,

nach Stellungnahme des Europäischen Wirtschafts- und Sozialausschusses,

---

14 Siehe dazu die Anm. zu Art. 21 u. Art. 23 EuVTVO.
15 COM (2013) 794 final; siehe auch *Sujecki*, ZRP 2014, 84; *Huber*, GPR 2014, 242.

gemäß dem Verfahren des Artikels 251 des Vertrages,

in Erwägung nachstehender Gründe:

(1) Die Gemeinschaft hat sich zum Ziel gesetzt, einen Raum der Freiheit, der Sicherheit und des Rechts, in dem der freie Personenverkehr gewährleistet ist, zu erhalten und weiterzuentwickeln. Zur schrittweisen Schaffung eines solchen Raums erlässt die Gemeinschaft unter anderem im Bereich der justiziellen Zusammenarbeit in Zivilsachen mit grenzüberschreitendem Bezug die für das reibungslose Funktionieren des Binnenmarkts erforderlichen Maßnahmen.

(2) Gemäß Artikel 65 Buchstabe c des Vertrags schließen diese Maßnahmen die Beseitigung der Hindernisse für eine reibungslose Abwicklung von Zivilverfahren ein, erforderlichenfalls durch Förderung der Vereinbarkeit der in den Mitgliedstaaten geltenden zivilrechtlichen Verfahrensvorschriften.

(3) Bisher hat die Gemeinschaft in diesem Bereich unter anderem bereits folgende Maßnahmen erlassen: Verordnung (EG) Nr. 1348/2000 des Rates vom 29. Mai 2000 über die Zustellung gerichtlicher und außergerichtlicher Schriftstücke in Zivil- oder Handelssachen in den Mitgliedstaaten, Verordnung (EG) Nr. 44/2001 des Rates vom 22. Dezember 2000 über die gerichtliche Zuständigkeit und die Anerkennung und Vollstreckung von Entscheidungen in Zivil- und Handelssachen, Entscheidung 2001/470/EG des Rates vom 28. Mai 2001 über die Einrichtung eines Europäischen Justiziellen Netzes für Zivil- und Handelssachen, Verordnung (EG) Nr. 805/2004 des Europäischen Parlaments und des Rates vom 21. April 2004 zur Einführung eines europäischen Vollstreckungstitels für unbestrittene Forderungen und Verordnung (EG) Nr. 1896/2006 des Europäischen Parlaments und des Rates vom 12. Dezember 2006 zur Einführung eines Europäischen Mahnverfahrens.

(4) Der Europäische Rat forderte auf seiner Tagung vom 15. und 16. Oktober 1999 in Tampere den Rat und die Kommission auf, gemeinsame Verfahrensregeln für vereinfachte und beschleunigte grenzüberschreitende Gerichtsverfahren bei verbraucher- und handelsrechtlichen Ansprüchen mit geringem Streitwert zu verabschieden.

(5) Am 30. November 2000 verabschiedete der Rat ein gemeinsames Programm der Kommission und des Rates über Maßnahmen zur Umsetzung des Grundsatzes der gegenseitigen Anerkennung gerichtlicher Entscheidungen in Zivil- und Handelssachen 1. In dem Programm wird auf die Vereinfachung und Beschleunigung der Beilegung grenzüberschreitender Streitigkeiten Bezug genommen. Dies wurde durch das vom Europäischen Rat am 5. November 2004 angenommene Haager Programm 2, in dem eine aktive Durchführung der Arbeiten zu geringfügigen Forderungen gefordert wird, weiter vorangebracht.

(6) Am 20. Dezember 2002 nahm die Kommission ein Grünbuch über ein Europäisches Mahnverfahren und über Maßnahmen zur einfacheren und schnelleren Beilegung von Streitigkeiten mit geringem Streitwert an. Mit dem Grünbuch wurde eine Konsultation über Maßnahmen zur Vereinfachung und Beschleunigung von Streitigkeiten mit geringem Streitwert eingeleitet.

(7) Viele Mitgliedstaaten haben vereinfachte zivilrechtliche Verfahren für Bagatellsachen eingeführt, da der Zeit-/Kostenaufwand und die Schwierigkeiten, die mit der Rechtsverfolgung verbunden sind, nicht unbedingt proportional zum Wert der Forderung abnehmen. Die Hindernisse für ein schnelles Urteil mit geringen Kosten verschärfen sich in grenzüberschreitenden Fällen. Es ist daher erforderlich, ein europäisches Verfahren für geringfügige Forderungen einzuführen. Ziel eines solchen europäischen Verfahrens sollte der erleichterte Zugang zur Justiz sein. Die Verzerrung des Wettbewerbs im Binnenmarkt aufgrund des unterschiedlichen Funktionierens der verfahrensrechtlichen Instrumente, die den Gläubigern in den einzelnen Mitgliedstaaten zur Verfügung stehen, machen eine Gemeinschaftsregelung erforderlich, die für Gläubiger und Schuldner in der gesamten Europäischen Union gleiche Bedingungen gewährleistet. Bei der Festsetzung der Kosten für die Behandlung von Klagen im Rahmen des europäischen Verfahrens für geringfügige Forderungen sollten die Grundsätze der Einfachheit, der Schnelligkeit und der

Verhältnismäßigkeit berücksichtigt werden müssen. Zweckdienlicherweise sollten die Einzelheiten zu den zu erhebenden Gebühren veröffentlicht werden und die Modalitäten zur Festsetzung dieser Gebühren transparent sein.

(8) Mit dem europäischen Verfahren für geringfügige Forderungen sollten Streitigkeiten mit geringem Streitwert in grenzüberschreitenden Fällen vereinfacht und beschleunigt und die Kosten verringert werden, indem ein fakultatives Instrument zusätzlich zu den Möglichkeiten geboten wird, die nach dem Recht der Mitgliedstaaten bestehen und unberührt bleiben. Mit dieser Verordnung sollte es außerdem einfacher werden, die Anerkennung und Vollstreckung eines Urteils zu erwirken, das im europäischen Verfahren für geringfügige Forderungen in einem anderen Mitgliedstaat ergangen ist.

(9) Diese Verordnung soll der Förderung der Grundrechte dienen und berücksichtigt insbesondere die Grundsätze, die mit der Charta der Grundrechte der Europäischen Union anerkannt wurden. Das Gericht sollte das Recht auf ein faires Verfahren sowie den Grundsatz des kontradiktorischen Verfahrens wahren, insbesondere wenn es über das Erfordernis einer mündlichen Verhandlung und über die Erhebung von Beweisen und den Umfang der Beweisaufnahme entscheidet.

(10) Zur Vereinfachung der Berechnung des Streitwertes sollten dabei Zinsen, Ausgaben und Auslagen unberücksichtigt bleiben. Dies sollte weder die Befugnis des Gerichts, diese in seinem Urteil zuzusprechen, noch die nationalen Zinsberechnungsvorschriften berühren.

(11) Zur Erleichterung der Einleitung des europäischen Verfahrens für geringfügige Forderungen sollte der Kläger ein Klageformblatt ausfüllen und beim zuständigen Gericht einreichen. Das Klageformblatt sollte nur bei einem zuständigen Gericht eingereicht werden.

(12) Dem Klageformblatt sollten gegebenenfalls zweckdienliche Beweisunterlagen beigefügt werden. Dies steht der Einreichung weiterer Beweisstücke durch den Kläger während des Verfahrens jedoch nicht entgegen. Der gleiche Grundsatz sollte für die Antwort des Beklagten gelten.

(13) Die Begriffe »offensichtlich unbegründet« im Zusammenhang mit der Zurückweisung einer Forderung und »unzulässig« im Zusammenhang mit der Abweisung einer Klage sollten nach Maßgabe des nationalen Rechts bestimmt werden.

(14) Das europäische Verfahren für geringfügige Forderungen sollte schriftlich durchgeführt werden, sofern nicht das Gericht eine mündliche Verhandlung für erforderlich hält oder eine der Parteien einen entsprechenden Antrag stellt. Das Gericht kann einen solchen Antrag ablehnen. Diese Ablehnung kann nicht separat angefochten werden.

(15) Die Parteien sollten nicht verpflichtet sein, sich durch einen Rechtsanwalt oder sonstigen Rechtsbeistand vertreten zu lassen.

(16) Der Begriff der »Widerklage« sollte im Sinne des Artikels 6 Absatz 3 der Verordnung (EG) Nr. 44/2001 Verordnung (EG) Nr. 44/2001 als Widerklage verstanden werden, die auf denselben Vertrag oder Sachverhalt wie der Klage selbst gestützt wird. Die Artikel 2 und 4 sowie Artikel 5 Absätze 3, 4 und 5 sollten entsprechend für Widerklagen gelten.

(17) Macht der Beklagte während des Verfahrens ein Recht auf Aufrechnung geltend, so sollte diese Forderung nicht als Widerklage im Sinne dieser Verordnung gelten. Daher sollte der Beklagte nicht verpflichtet sein, das in Anhang I vorgegebene Klageformblatt A für die Inanspruchnahme eines solchen Rechts zu verwenden.

(18) Der Empfangsmitgliedstaat für die Zwecke der Anwendung des Artikels 6 sollte der Mitgliedstaat sein, in dem die Zustellung oder in den die Versendung eines Schriftstücks erfolgt. Damit die Kosten verringert und die Fristen verkürzt werden, sollten Unterlagen den Parteien vorzugsweise durch Postdienste mit Empfangsbestätigung zugestellt werden, aus der das Datum des Empfangs hervorgeht.

(19) Eine Partei kann die Annahme eines Schriftstücks zum Zeitpunkt der Zustellung oder durch Rücksendung innerhalb einer Woche verweigern, wenn dieses nicht in einer Sprache abgefasst ist, die die Partei versteht oder die Amtssprache des Empfangsmitgliedstaates ist, (wenn es in diesem Mitgliedstaat mehrere Amtssprachen gibt, der Amtssprache oder einer der Amtssprachen des Ortes, an dem die Zustellung erfolgen soll oder an den das Schriftstück gesandt werden soll) und ihm auch keine Übersetzung in diese Sprache beiliegt.

(20) Bei der mündlichen Verhandlung und der Beweisaufnahme sollten die Mitgliedstaaten vorbehaltlich der nationalen Rechtsvorschriften des Mitgliedstaats, in dem das Gericht seinen Sitz hat ist, den Einsatz moderner Kommunikationsmittel fördern. Das Gericht sollte sich für die einfachste und kostengünstigste Art und Weise der Beweisaufnahme entscheiden.

(21) Die praktische Hilfestellung, die die Parteien beim Ausfüllen der Formblätter erhalten sollen, sollte Informationen zur technischen Verfügbarkeit und zum Ausfüllen der Formblätter umfassen.

(22) Informationen zu Verfahrensfragen können auch vom Gerichtspersonal nach Maßgabe des einzelstaatlichen Rechts erteilt werden.

(23) Angesichts des Ziels dieser Verordnung, Streitigkeiten mit geringem Streitwert in grenzüberschreitenden Rechtssachen zu vereinfachen und zu beschleunigen, sollte das Gericht auch in den Fällen, in denen diese Verordnung keine Frist für einen bestimmten Verfahrensabschnitt vorsieht, so schnell wie möglich tätig werden.

(24) Die Berechnung der in dieser Verordnung vorgesehenen Fristen sollte nach Maßgabe der Verordnung (EWG, Euratom) Nr. 1182/71 des Rates vom 3. Juni 1971 zur Festlegung der Regeln für die Fristen, Daten und Termine erfolgen.

(25) Zur schnelleren Durchsetzung geringfügiger Forderungen sollte das Urteil ohne Rücksicht auf seine Anfechtbarkeit und ohne Sicherheitsleistung vollstreckbar sein, sofern in dieser Verordnung nichts anderes bestimmt ist.

(26) Immer wenn in dieser Verordnung auf Rechtsmittel Bezug genommen wird, sollten alle nach dem einzelstaatlichen Recht möglichen Rechtsmittel umfasst sein.

(27) Dem Gericht muss eine Person angehören, die nach nationalem Recht dazu ermächtigt ist, als Richter tätig zu sein.

(28) Wenn das Gericht eine Frist setzt, sollte es die betroffene Partei über die Folgen der Nichtbeachtung dieser Frist informieren.

(29) Die unterlegene Partei sollte die Kosten des Verfahrens tragen. Die Kosten des Verfahrens sollten nach einzelstaatlichem Recht festgesetzt werden. Angesichts der Ziele der Einfachheit und der Kosteneffizienz sollte das Gericht anordnen, dass eine unterlegene Partei lediglich die Kosten des Verfahrens tragen muss, einschließlich beispielsweise sämtlicher Kosten, die aufgrund der Tatsache anfallen, dass sich die Gegenpartei durch einen Rechtsanwalt oder sonstigen Rechtsbeistand hat vertreten lassen, oder sämtlicher Kosten für die Zustellung oder Übersetzung von Dokumenten, die im Verhältnis zum Streitwert stehen oder die notwendig waren.

(30) Um die Anerkennung und Vollstreckung zu erleichtern, sollte ein im europäischen Verfahren für geringfügige Forderungen ergangenes Urteil in einem anderen Mitgliedstaat anerkannt werden und vollstreckbar sein, ohne dass es einer Vollstreckbarerklärung bedarf und ohne dass die Anerkennung angefochten werden kann.

(31) Es sollte Mindeststandards für die Überprüfung eines Urteils in den Fällen geben, in denen der Beklagte nicht imstande war, die Forderung zu bestreiten.

(32) Im Hinblick auf die Ziele der Einfachheit und Kosteneffizienz sollte die Partei, die ein Urteil vollstrecken lassen will, in dem Vollstreckungsmitgliedstaat – außer bei den Stellen, die gemäß

dem einzelstaatlichen Recht dieses Mitgliedstaats für das Vollstreckungsverfahren zuständig sind – keine Postanschrift nachweisen und auch keinen bevollmächtigten Vertreter haben müssen.

(33) Kapitel III dieser Verordnung sollte auch auf die Kostenfestsetzungsbeschlüsse durch Gerichtsbedienstete aufgrund eines im Verfahren nach dieser Verordnung ergangenen Urteils Anwendung finden.

(34) Die zur Durchführung dieser Verordnung erforderlichen Maßnahmen sollten gemäß dem Beschluss 1999/468/EG des Rates vom 28. Juni 1999 zur Festlegung der Modalitäten für die Ausübung der der Kommission übertragenen Durchführungsbefugnisse erlassen werden.

(35) Insbesondere sollte die Kommission die Befugnis erhalten, die zur Durchführung dieser Verordnung erforderlichen Maßnahmen im Zusammenhang mit Aktualisierungen oder technischen Änderungen der in den Anhängen vorgegebenen Formblätter zu erlassen. Da es sich hierbei um Maßnahmen von allgemeiner Tragweite handelt, die eine Änderung bzw. Streichung von nicht wesentlichen Bestimmungen und eine Hinzufügung neuer nicht wesentlicher Bestimmungen der vorliegenden Verordnung bewirken, sind diese Maßnahmen gemäß dem Regelungsverfahren mit Kontrolle des Artikels 5 a des Beschlusses 1999/468/EG zu erlassen.

(36) Da die Ziele dieser Verordnung, nämlich die Schaffung eines Verfahrens zur Vereinfachung und Beschleunigung von Streitigkeiten mit geringem Streitwert in grenzüberschreitenden Rechtssachen und die Reduzierung der Kosten, auf Ebene der Mitgliedstaaten nicht ausreichend verwirklicht werden können und daher wegen ihres Umfangs und ihrer Wirkung besser auf Gemeinschaftsebene zu verwirklichen sind, kann die Gemeinschaft im Einklang mit dem in Artikel 5 des Vertrags niedergelegten Subsidiaritätsprinzip tätig werden. Entsprechend dem in demselben Artikel genannten Grundsatz der Verhältnismäßigkeit geht diese Verordnung nicht über das zur Erreichung dieser Ziele erforderliche Maß hinaus.

(37) Das Vereinigte Königreich und Irland haben gemäß Artikel 3 des dem Vertrag über die Europäische Union und dem Vertrag zur Gründung der Europäischen Gemeinschaft beigefügten Protokolls über die Position des Vereinigten Königreichs und Irlands mitgeteilt, dass sie sich an der Annahme und Anwendung dieser Verordnung beteiligen möchten.

(38) Gemäß den Artikeln 1 und 2 des dem Vertrag über die Europäische Union und dem Vertrag zur Gründung der Europäischen Gemeinschaft beigefügten Protokolls über die Position Dänemarks beteiligt sich Dänemark nicht an der Annahme dieser Verordnung, die für Dänemark nicht bindend und nicht auf Dänemark anwendbar ist –

HABEN FOLGENDE VERORDNUNG ERLASSEN:

Kapitel I Gegenstand und Anwendungsbereich

Art. 1 Gegenstand

Mit dieser Verordnung wird ein europäisches Verfahren für geringfügige Forderungen eingeführt, damit Streitigkeiten in grenzüberschreitenden Rechtssachen mit geringem Streitwert einfacher und schneller beigelegt und die Kosten hierfür reduziert werden können. Das europäische Verfahren für geringfügige Forderungen steht den Rechtssuchenden als eine Alternative zu den in den Mitgliedstaaten bestehenden innerstaatlichen Verfahren zur Verfügung.

Mit dieser Verordnung wird außerdem die Notwendigkeit von Zwischenverfahren zur Anerkennung und Vollstreckung der in anderen Mitgliedstaaten im Verfahren für geringfügige Forderungen ergangenen Urteile beseitigt.

Art. 2 Anwendungsbereich
1. Diese Verordnung gilt für grenzüberschreitende Rechtssachen in Zivil- und Handelssachen, ohne dass es auf die Art der Gerichtsbarkeit ankommt, wenn der Streitwert der Klage ohne Zinsen, Kosten und Auslagen zum Zeitpunkt des Eingangs beim zuständigen Gericht 2 000 EUR nicht überschreitet. Sie erfasst insbesondere nicht Steuer- und Zollsachen, verwaltungsrechtliche Angelegenheiten sowie die Haftung des Staates für Handlungen oder Unterlassungen im Rahmen der Ausübung hoheitlicher Rechte (»acta iure imperii«).
2. Diese Verordnung ist nicht anzuwenden auf:
   a) den Personenstand, die Rechts- und Handlungsfähigkeit sowie die gesetzliche Vertretung von natürlichen Personen;
   b) die ehelichen Güterstände, das Unterhaltsrecht und das Gebiet des Erbrechts einschließlich des Testamentsrechts,
   c) Konkurse, Verfahren im Zusammenhang mit der Abwicklung zahlungsunfähiger Unternehmen oder anderer juristischer Personen, gerichtliche Vergleiche, Vergleiche und ähnliche Verfahren,
   d) die soziale Sicherheit,
   e) die Schiedsgerichtsbarkeit,
   f) das Arbeitsrecht,
   g) die Miete oder Pacht unbeweglicher Sachen, mit Ausnahme von Klagen wegen Geldforderungen,
   oder
   h) die Verletzung der Privatsphäre oder der Persönlichkeitsrechte, einschließlich der Verletzung der Ehre.
3. In dieser Verordnung bedeutet der Begriff »Mitgliedstaat« die Mitgliedstaaten mit Ausnahme Dänemarks.

Art. 3 Grenzüberschreitende Rechtssachen
1. Eine grenzüberschreitende Rechtssache im Sinne dieser Verordnung liegt vor, wenn mindestens eine der Parteien ihren Wohnsitz oder gewöhnlichen Aufenthalt in einem anderen Mitgliedstaat als dem des angerufenen Gerichts hat.
2. Der Wohnsitz bestimmt sich nach den Artikeln 59 und 60 der Verordnung (EG) Nr. 44/2001.
3. Maßgeblicher Augenblick zur Feststellung, ob eine grenzüberschreitende Rechtssache vorliegt, ist der Zeitpunkt, zu dem das Klageformblatt beim zuständigen Gericht eingeht.

Kapitel II Das europäische Verfahren für geringfügige Forderungen

Art. 4 Einleitung des Verfahrens
1. Der Kläger leitet das europäische Verfahren für geringfügige Forderungen ein, indem er das in Anhang I vorgegebene Klageformblatt A ausgefüllt direkt beim zuständigen Gericht einreicht oder diesem auf dem Postweg übersendet oder auf anderem Wege übermittelt, der in dem Mitgliedstaat, in dem das Verfahren eingeleitet wird, zulässig ist, beispielsweise per Fax oder E-Mail. Das Klageformblatt muss eine Beschreibung der Beweise zur Begründung der Forderung enthalten; gegebenenfalls können ihm als Beweismittel geeignete Unterlagen beigefügt werden.
2. Die Mitgliedstaaten teilen der Kommission mit, welche Übermittlungsarten sie zulassen. Diese Mitteilung wird von der Kommission bekannt gemacht.
3. Fällt die erhobene Klage nicht in den Anwendungsbereich dieser Verordnung, so unterrichtet das Gericht den Kläger darüber. Nimmt der Kläger die Klage daraufhin nicht zurück, so verfährt das Gericht mit ihr nach Maßgabe des Verfahrensrechts des Mitgliedstaats, in dem das Verfahren durchgeführt wird.

Art. 5 EuBagatellVO Durchführung des Verfahrens

4. Sind die Angaben des Klägers nach Ansicht des Gerichts unzureichend oder nicht klar genug, oder ist das Klageformblatt nicht ordnungsgemäß ausgefüllt und ist die Klage nicht offensichtlich unbegründet oder nicht offensichtlich unzulässig, so gibt das Gericht dem Kläger Gelegenheit, das Klageformblatt zu vervollständigen oder zu berichtigen oder ergänzende Angaben zu machen oder Unterlagen vorzulegen oder die Klage zurückzunehmen, und setzt hierfür eine Frist fest. Das Gericht verwendet dafür das in Anhang II vorgegebene Formblatt B. Ist die Klage offensichtlich unbegründet oder offensichtlich unzulässig oder versäumt es der Kläger, das Klageformblatt fristgerecht zu vervollständigen oder zu berichtigen, so wird die Klage zurück- bzw. abgewiesen.
5. Die Mitgliedstaaten sorgen dafür, dass das Klageformblatt bei allen Gerichten, in denen das europäische Verfahren für geringfügige Forderungen eingeleitet werden kann, erhältlich ist.

Art. 5 Durchführung des Verfahrens

1. Das europäische Verfahren für geringfügige Forderungen wird schriftlich durchgeführt. Das Gericht hält eine mündliche Verhandlung ab, wenn es diese für erforderlich hält oder wenn eine der Parteien einen entsprechenden Antrag stellt. Das Gericht kann einen solchen Antrag ablehnen, wenn es der Auffassung ist, dass in Anbetracht der Umstände des Falles ein faires Verfahren offensichtlich auch ohne mündliche Verhandlung sichergestellt werden kann. Die Ablehnung ist schriftlich zu begründen. Gegen die Abweisung des Antrags ist kein gesondertes Rechtsmittel zulässig.
2. Nach Eingang des ordnungsgemäß ausgefüllten Klageformblatts füllt das Gericht Teil I des in Anhang III vorgegebenen Standardantwortformblatts C aus.
Es stellt dem Beklagten gemäß Artikel 13 eine Kopie des Klageformblatts und gegebenenfalls der Beweisunterlagen zusammen mit dem entsprechend ausgefüllten Antwortformblatt zu. Diese Unterlagen sind innerhalb von 14 Tagen nach Eingang des ordnungsgemäß ausgefüllten Klageformblatts abzusenden.
3. Der Beklagte hat innerhalb von 30 Tagen nach Zustellung des Klageformblatts und des Antwortformblatts zu antworten, indem er Teil II des Formblatts C ausfüllt und es gegebenenfalls mit als Beweismittel geeigneten Unterlagen an das Gericht zurücksendet oder indem er auf andere geeignete Weise ohne Verwendung des Antwortformblatts antwortet.
4. Innerhalb von 14 Tagen nach Eingang der Antwort des Beklagten ist eine Kopie der Antwort gegebenenfalls zusammen mit etwaigen als Beweismittel geeigneten Unterlagen an den Kläger abzusenden.
5. Macht der Beklagte in seiner Antwort geltend, dass der Wert einer nicht lediglich auf eine Geldzahlung gerichteten Klage die in Artikel 2 Absatz 1 festgesetzten Wertgrenze übersteigt, so entscheidet das Gericht innerhalb von 30 Tagen nach Absendung der Antwort an den Kläger, ob die Forderung in den Anwendungsbereich dieser Verordnung fällt. Gegen diese Entscheidung ist ein gesondertes Rechtsmittel nicht zulässig.
6. Etwaige Widerklagen, die mittels Formblatt A zu erheben sind, sowie etwaige Beweisunterlagen werden dem Kläger gemäß Artikel 13 zugestellt. Die Unterlagen sind innerhalb von 14 Tagen nach deren Eingang bei Gericht abzusenden.
Der Kläger hat auf eine etwaige Widerklage innerhalb von 30 Tagen nach Zustellung zu antworten.
7. Überschreitet die Widerklage die in Artikel 2 Absatz 1 festgesetzte Wertgrenze, so werden die Klage und die Widerklage nicht nach dem europäischen Verfahren für geringfügige Forderungen, sondern nach Maßgabe des Verfahrensrechts des Mitgliedstaats, in dem das Verfahren durchgeführt wird, behandelt.
Artikel 2 und Artikel 4 sowie die Absätze 3, 4 und 5 des vorliegenden Artikels gelten entsprechend für Widerklagen.

Art. 6 Sprachen

1. Das Klageformblatt, die Antwort, etwaige Widerklagen, die etwaige Antwort auf eine Widerklage und eine etwaige Beschreibung etwaiger Beweisunterlagen sind in der Sprache oder einer der Sprachen des Gerichts vorzulegen.
2. Werden dem Gericht weitere Unterlagen nicht in der Verfahrenssprache vorgelegt, so kann das Gericht eine Übersetzung der betreffenden Unterlagen nur dann anfordern, wenn die Übersetzung für den Erlass des Urteils erforderlich erscheint.
3. Hat eine Partei die Annahme eines Schriftstücks abgelehnt, weil es nicht in
    a) der Amtssprache des Empfangsmitgliedstaats oder – wenn es in diesem Mitgliedstaat mehrere Amtssprachen gibt – der Amtssprache oder einer der Amtssprachen des Ortes, an dem die Zustellung erfolgen soll oder an den das Schriftstück gesandt werden soll, oder
    b) einer Sprache, die der Empfänger versteht,
   abgefasst ist, so setzt das Gericht die andere Partei davon in Kenntnis, damit diese eine Übersetzung des Schriftstücks vorlegt.

Art. 7 Abschluss des Verfahrens

1. Innerhalb von 30 Tagen, nachdem die Antworten des Beklagten oder des Klägers unter Einhaltung der Frist des Artikels 5 Absatz 3 oder Absatz 6 eingegangen sind, erlässt das Gericht ein Urteil oder verfährt wie folgt:
    a) Es fordert die Parteien innerhalb einer bestimmten Frist, die 30 Tage nicht überschreiten darf, zu weiteren die Klage betreffenden Angaben auf,
    b) es führt eine Beweisaufnahme nach Artikel 9 durch,
    c) es lädt die Parteien zu einer mündlichen Verhandlung vor, die innerhalb von 30 Tagen nach der Vorladung stattzufinden hat.
2. Das Gericht erlässt sein Urteil entweder innerhalb von 30 Tagen nach einer etwaigen mündlichen Verhandlung oder nach Vorliegen sämtlicher Entscheidungsgrundlagen. Das Urteil wird den Parteien gemäß Artikel 13 zugestellt.
3. Ist bei dem Gericht innerhalb der in Artikel 5 Absatz 3 oder Absatz 6 gesetzten Frist keine Antwort der betreffenden Partei eingegangen, so erlässt das Gericht zu der Klage oder der Widerklage ein Urteil.

Art. 8 Mündliche Verhandlung

Das Gericht kann eine mündliche Verhandlung über Video-Konferenz oder unter Zuhilfenahme anderer Mittel der Kommunikationstechnologie abhalten, wenn die entsprechenden technischen Mittel verfügbar sind.

Art. 9 Beweisaufnahme

1. Das Gericht bestimmt die Beweismittel und den Umfang der Beweisaufnahme, die im Rahmen der für die Zulässigkeit von Beweisen geltenden Bestimmungen für sein Urteil erforderlich sind. Es kann die Beweisaufnahme mittels schriftlicher Aussagen von Zeugen oder Sachverständigen oder schriftlicher Parteivernehmung zulassen. Des Weiteren kann es die Beweisaufnahme über Video-Konferenz oder mit anderen Mitteln der Kommunikationstechnologie zulassen, wenn die entsprechenden technischen Mittel verfügbar sind.
2. Das Gericht kann Sachverständigenbeweise oder mündliche Aussagen nur dann zulassen, wenn dies für sein Urteil erforderlich ist. Dabei trägt es den Kosten Rechnung.
3. Das Gericht wählt das einfachste und am wenigsten aufwändige Beweismittel.

Art. 10 Vertretung der Parteien

Die Vertretung durch einen Rechtsanwalt oder einen sonstigen Rechtsbeistand ist nicht verpflichtend.

Art. 11 Hilfestellung für die Parteien

Die Mitgliedstaaten gewährleisten, dass die Parteien beim Ausfüllen der Formblätter praktische Hilfestellung erhalten können.

Art. 12 Aufgaben des Gerichts

1. Das Gericht verpflichtet die Parteien nicht zu einer rechtlichen Würdigung der Klage.
2. Das Gericht unterrichtet die Parteien erforderlichenfalls über Verfahrensfragen.
3. Soweit angemessen, bemüht sich das Gericht um eine gütliche Einigung der Parteien.

Art. 13 Zustellung von Unterlagen

1. Unterlagen werden durch Postdienste mit Empfangsbestätigung zugestellt, aus der das Datum des Empfangs hervorgeht.
2. Ist eine Zustellung gemäß Absatz 1 nicht möglich, so kann die Zustellung auf eine der Arten bewirkt werden, die in den Artikeln 13 und 14 der Verordnung (EG) Nr. 805/2004 festgelegt sind.

Art. 14 Fristen

1. Setzt das Gericht eine Frist fest, so ist die betroffene Partei über die Folgen der Nichteinhaltung dieser Frist zu informieren.
2. Das Gericht kann die Fristen nach Artikel 4 Absatz 4, Artikel 5 Absätze 3 und 6 und Artikel 7 Absatz 1 ausnahmsweise verlängern, wenn dies notwendig ist, um die Rechte der Parteien zu wahren.
3. Kann das Gericht die Fristen nach Artikel 5 Absätze 2 bis 6 sowie Artikel 7 ausnahmsweise nicht einhalten, veranlasst es so bald wie möglich die nach diesen Vorschriften erforderlichen Verfahrensschritte.

Art. 15 Vollstreckbarkeit des Urteils

1. Das Urteil ist ungeachtet eines möglichen Rechtsmittels vollstreckbar. Es darf keine Sicherheitsleistung verlangt werden.
2. Art. 23 ist auch anzuwenden, wenn das Urteil in dem Mitgliedstaat zu vollstrecken ist, in dem es ergangen ist.

Art. 16 Kosten

Die unterlegene Partei trägt die Kosten des Verfahrens. Das Gericht spricht der obsiegenden Partei jedoch keine Erstattung für Kosten zu, soweit sie nicht notwendig waren oder in keinem Verhältnis zu der Klage stehen.

Art. 17 Rechtsmittel

1. Die Mitgliedstaaten teilen der Kommission mit, ob ihr Verfahrensrecht ein Rechtsmittel gegen ein im europäischen Verfahren für geringfügige Forderungen ergangenes Urteil zulässt und innerhalb welcher Frist das Rechtsmittel einzulegen ist. Diese Mitteilung wird von der Kommission bekannt gemacht.
2. Artikel 16 gilt auch für das Rechtsmittelverfahren.

Art. 18 Mindeststandards für die Überprüfung des Urteils
1. Der Beklagte ist berechtigt, beim zuständigen Gericht des Mitgliedstaats, in dem das Urteil im europäischen Verfahren für geringfügige Forderungen ergangen ist, eine Überprüfung des Urteils zu beantragen, sofern
    i) ihm das Klageformblatt oder die Ladung zur Verhandlung ohne persönliche Empfangsbestätigung gemäß Artikel 14 der Verordnung (EG) Nr. 805/2004 zugestellt wurde und
    ii) die Zustellung ohne sein Verschulden nicht so rechtzeitig erfolgt ist, dass er Vorkehrungen für seine Verteidigung hätte treffen können,
    oder
    b) der Beklagte aufgrund höherer Gewalt oder aufgrund außergewöhnlicher Umstände ohne eigenes Verschulden daran gehindert war, das Bestehen der Forderung zu bestreiten,
    wobei in beiden Fällen vorausgesetzt wird, dass er unverzüglich tätig wird.
2. Lehnt das Gericht die Überprüfung mit der Begründung ab, dass keiner der in Absatz 1 genannten Gründe zutrifft, so bleibt das Urteil in Kraft.

Entscheidet das Gericht, dass die Überprüfung aus einem der in Absatz 1 genannten Gründe gerechtfertigt ist, so ist das im europäischen Verfahren für geringfügige Forderungen ergangene Urteil nichtig.

Art. 19 Anwendbares Verfahrensrecht

Sofern diese Verordnung nichts anderes bestimmt, gilt für das europäische Verfahren für geringfügige Forderungen das Verfahrensrecht des Mitgliedstaats, in dem das Verfahren durchgeführt wird.

Kapitel III Anerkennung und Vollstreckung in einem anderen Mitgliedstaat

Art. 20 Anerkennung und Vollstreckung
1. Ein im europäischen Verfahren für geringfügige Forderungen ergangenes Urteil wird in einem anderen Mitgliedstaat anerkannt und vollstreckt, ohne dass es einer Vollstreckbarerklärung bedarf und ohne dass die Anerkennung angefochten werden kann.
2. Auf Antrag einer Partei fertigt das Gericht eine Bestätigung unter Verwendung des in Anhang IV vorgegebenen Formblatts D zu einem im europäischen Verfahren für geringfügige Forderungen ergangenen Urteil ohne zusätzliche Kosten aus.

Art. 21 Vollstreckungsverfahren
1. Unbeschadet der Bestimmungen dieses Kapitels gilt für das Vollstreckungsverfahren das Recht des Vollstreckungsmitgliedstaats.
Jedes im europäischen Verfahren für geringfügige Forderungen ergangene Urteil wird unter den gleichen Bedingungen vollstreckt wie ein im Vollstreckungsmitgliedstaat ergangenes Urteil.
2. Die Partei, die die Vollstreckung beantragt, muss Folgendes vorlegen:
    a) eine Ausfertigung des Urteils, die die Voraussetzungen für den Nachweis seiner Echtheit erfüllt; und
    b) eine Ausfertigung der Bestätigung im Sinne des Artikels 20 Absatz 2 sowie, falls erforderlich, eine Übersetzung davon in die Amtssprache des Vollstreckungsmitgliedstaats oder – falls es in diesem Mitgliedstaat mehrere Amtssprachen gibt – nach Maßgabe der Rechtsvorschriften dieses Mitgliedstaats in die Verfahrenssprache oder eine der Verfahrenssprachen des Ortes, an dem die Vollstreckung betrieben wird, oder in eine sonstige Sprache, die der Vollstreckungsmitgliedstaat zulässt. Jeder Mitgliedstaat kann angeben, welche Amtssprache oder Amtssprachen der Organe der Europäischen Union er neben

seiner oder seinen eigenen für das europäische Verfahren für geringfügige Forderungen zulässt. Der Inhalt des Formblatts D ist von einer Person zu übersetzen, die zur Anfertigung von Übersetzungen in einem der Mitgliedstaaten befugt ist.
3. Für die Vollstreckung eines Urteils, das in dem europäischen Verfahren für geringfügige Forderungen in einem anderen Mitgliedstaat erlassen worden ist, darf von der Partei, die die Vollstreckung beantragt, nicht verlangt werden, dass sie im Vollstreckungsstaat über
   a) einen bevollmächtigten Vertreter oder
   b) eine Postanschrift
   außer bei den Vollstreckungsagenten verfügt.
4. Von einer Partei, die in einem Mitgliedstaat die Vollstreckung eines im europäischen Verfahren für geringfügige Forderungen in einem anderen Mitgliedstaat ergangenen Urteils beantragt, darf weder wegen ihrer Eigenschaft als Ausländer noch wegen Fehlens eines inländischen Wohnsitzes oder Aufenthaltsorts im Vollstreckungsmitgliedstaat eine Sicherheitsleistung oder Hinterlegung, unter welcher Bezeichnung auch immer, verlangt werden.

Art. 22 Ablehnung der Vollstreckung
1. Auf Antrag der Person, gegen die die Vollstreckung gerichtet ist, wird die Vollstreckung vom zuständigen Gericht im Vollstreckungsmitgliedstaat abgelehnt, wenn das im europäischen Verfahren für geringfügige Forderungen ergangene Urteil mit einem früheren in einem Mitgliedstaat oder einem Drittland ergangenen Urteil unvereinbar ist, sofern
   a) das frühere Urteil zwischen denselben Parteien wegen desselben Streitgegenstandes ergangen ist,
   b) das frühere Urteil im Vollstreckungsmitgliedstaat ergangen ist oder die Voraussetzungen für die Anerkennung im Vollstreckungsmitgliedstaat erfüllt und
   c) die Unvereinbarkeit im gerichtlichen Verfahren des Mitgliedstaats, in dem das Urteil im europäischen Verfahren für geringfügige Forderungen ergangen ist, nicht geltend gemacht wurde und nicht geltend gemacht werden konnte.
2. Keinesfalls darf ein im europäischen Verfahren für geringfügige Forderungen ergangenes Urteil im Vollstreckungsmitgliedstaat in der Sache selbst nachgeprüft werden.

Art. 23 Aussetzung oder Beschränkung der Vollstreckung

Hat eine Partei ein im europäischen Verfahren für geringfügige Forderungen ergangenes Urteil angefochten oder ist eine solche Anfechtung noch möglich oder hat eine Partei eine Überprüfung nach Artikel 18 beantragt, so kann das zuständige Gericht oder die zuständige Behörde im Vollstreckungsmitgliedstaat auf Antrag der Partei, gegen die sich die Vollstreckung richtet,
a) das Vollstreckungsverfahren auf Sicherungsmaßnahmen beschränken
b) die Vollstreckung von der Leistung einer von dem Gericht zu bestimmenden Sicherheit abhängig machen oder
c) unter außergewöhnlichen Umständen das Vollstreckungsverfahren aussetzen.

Kapitel IV Schlussbestimmungen

Art. 24 Information

Die Mitgliedstaaten arbeiten insbesondere im Rahmen des gemäß der Entscheidung 2001/470/EG eingerichteten Europäischen Justiziellen Netzes für Zivil- und Handelssachen zusammen, um die Öffentlichkeit und die Fachwelt über das europäische Verfahren für geringfügige Forderungen, einschließlich der Kosten, zu informieren.

Art. 25 Angaben zu den zuständigen Gerichten, den Kommunikationsmitteln und den Rechtsmitteln

1. Die Mitgliedstaaten teilen der Kommission bis zum 1. Januar 2008 mit,
    a) welche Gerichte dafür zuständig sind, ein Urteil im europäischen Verfahren für geringfügige Forderungen zu erlassen;
    b) welche Kommunikationsmittel für die Zwecke des europäischen Verfahrens für geringfügige Forderungen zulässig sind und den Gerichten nach Artikel 4 Absatz 1 zur Verfügung stehen;
    c) ob nach ihrem Verfahrensrecht Rechtsmittel im Sinne des Artikels 17 eingelegt werden können und bei welchem Gericht sie eingelegt werden können;
    d) welche Sprachen nach Artikel 21 Absatz 2 Buchstabe b zugelassen sind; und
    e) welche Behörden für die Vollstreckung zuständig sind und welche Behörden für die Zwecke der Anwendung des Artikels 23 zuständig sind.

Die Mitgliedstaaten unterrichten die Kommission über alle späteren Änderungen dieser Angaben.

(2) Die Kommission macht die nach Absatz 1 mitgeteilten Angaben durch Veröffentlichung im Amtsblatt der Europäischen Union und durch alle anderen geeigneten Mittel öffentlich zugänglich.

Art. 26 Durchführungsmaßnahmen

Die Maßnahmen zur Änderung nicht wesentlicher Bestimmungen dieser Verordnung, einschließlich durch Hinzufügung neuer nicht wesentlicher Bestimmungen, die eine Aktualisierung oder eine technische Änderung der Formblätter in den Anhängen bewirken, werden nach dem in Artikel 27 Absatz 2 genannten Regelungsverfahren mit Kontrolle erlassen.

Art. 27 Ausschuss

(1) Die Kommission wird von einem Ausschuss unterstützt.

(2) Wird auf diesen Absatz Bezug genommen, so gelten Artikel 5 a Absätze 1 bis 4 und Artikel 7 des Beschlusses 1999/468/EG unter Beachtung von dessen Artikel 8.

Art. 28 Überprüfung

Die Kommission legt dem Europäischen Parlament, dem Rat und dem Europäischen Wirtschafts- und Sozialausschuss bis zum 1. Januar 2014 einen detaillierten Bericht über die Überprüfung des Funktionierens des europäischen Verfahrens für geringfügige Forderungen, einschließlich der Wertgrenze einer Klage gemäß Artikel 2 Absatz 1, vor. Dieser Bericht enthält eine Bewertung des Funktionierens des Verfahrens und eine erweiterte Folgenabschätzung für jeden Mitgliedstaat.

Zu diesem Zweck, und damit gewährleistet ist, dass die vorbildliche Praxis in der Europäischen Union gebührend berücksichtigt wird und die Grundsätze der besseren Rechtsetzung zum Tragen kommen, stellen die Mitgliedstaaten der Kommission Angaben zum grenzüberschreitenden Funktionieren des europäischen Verfahrens für geringfügige Forderungen zur Verfügung. Diese Angaben beziehen sich auf die Gerichtsgebühren, die Schnelligkeit des Verfahrens, die Effizienz, die Benutzerfreundlichkeit und die internen Verfahren für geringfügige Forderungen der Mitgliedstaaten.

Dem Bericht der Kommission werden gegebenenfalls Vorschläge zur Anpassung der Verordnung beigefügt.

Verordnung (EG) Nr. 4/2009 des Rates vom 18. Dezember 2008 über die Zuständigkeit, das anwendbare Recht, die Anerkennung und Vollstreckung von Entscheidungen und die Zusammenarbeit in Unterhaltssachen – EuUnterhaltsVO –

Vor EuUnterhaltsVO

Übersicht

	Rdn.
I. Überblick	1
II. Zweck der Verordnung	3
III. Sachlicher und räumlicher Geltungsbereich	4
IV. Erkenntnisverfahren	6
1. Zuständigkeit in der Hauptsache	6
2. Zuständigkeit für einstweiligen Rechtsschutz	7
3. Anwendbares Recht	8
V. Anerkennung und Vollstreckung	9
1. Entscheidung aus einem Mitgliedstaat, der durch das Haager Protokoll von 2007 gebunden ist	10
2. Entscheidung aus einem Mitgliedstaat, der durch das Haager Protokoll von 2007 nicht gebunden ist	17
3. Gemeinsame Vorschriften	18
4. Gerichtliche Vergleiche und öffentliche Urkunden	19
VI. Zugang zum Recht und Zusammenarbeit	20
VII. Formblätter	21
VIII. Erwägungsgründe	22

Literatur:

Andrae, Zum Verhältnis der Haager Unterhaltskonvention 2007 und des Haager Protokolls zur geplanten EU-Unterhaltsverordnung, FPR 2008, 196; *dies.,* Der Unterhaltsregress öffentlicher Einrichtungen nach dem EuUntVO, dem HUÜ 2007 und dem HUP, FPR 2013, 38; *Boele-Woelki/Mom,* Vereinheitlichung des internationalen Unterhaltsrechts in der Europäischen Union – ein historischer Schritt, FPR 2010, 485; *Botur,* Besonderheiten bei der Vollstreckbarerklärung englischer Unterhaltsentscheidungen in Deutschland, FPR 2010, 519; *Breuer,* Übernationale Rechtsgrundlagen für die Anerkennung und Vollstreckbarkeit von Unterhaltstiteln, FamRB 2014, 30; *Finger,* Neue kollisionsrechtliche Regeln für Unterhaltsforderungen, JR 2012, 51; *Fornasier,* Der nacheheliche Unterhalt im italienischen Recht und seine Durchsetzung in Deutschland, FPR 2010, 524; *Gruber,* Die neue EG-Unterhaltsverordnung, IPRax 2010, 128; *ders.,* Die Vollstreckbarkeit ausländischer Unterhaltstitel – altes und neues Recht, IPRax 2013, 325; *Gsell/Netzer,* Vom grenzüberschreitenden zum potentiell grenzüberschreitenden Sachverhalt – Art. 19 EuUnterhVO als Paradigmenwechsel im Europäischen Zivilverfahrensrecht, IPRax 2010, 403; *Hau,* die Zuständigkeitsgründe der Europäischen Unterhaltsverordnung, FamRZ 2010, 516; *ders.,* Fallstudie zur internationalen Durchsetzung von Unterhaltsforderungen, FamRBint 2012, 19; *Heger,* Die europäische Unterhaltsverordnung, ZKJ 2010, 52; *ders.,* Gerichtliche Zuständigkeiten nach der EuUntVO für die Geltendmachung von Kindes-, Trennungs- und Nacheheunterhalt, FPR 2013, 1; *Heger/Selg,* Die europäische Unterhaltsverordnung und das neue Ausländerunterhaltsgesetz, FamRZ 2011, 1101; *Hess,* Europäisches Zwangsvollstreckungsrecht: Herausforderungen und rechtspolitische Perspektiven, DGVZ 2010, 45; *Hess/Spanken,* Die Durchsetzung von Unterhaltstiteln mit Auslandsbezug nach dem AUG, FPR 2013, 27; *Hilbig-Lugani,* Die Änderungen im AUG und AVAG durch das Durchführungsgesetz zum Haager Unterhaltsübereinkommen 2007, FamRBint 2013, 74; *Hohloch,* Internationale Vollstreckung familienrechtlicher Titel, FPR 2012, 495; *Kleffmann/Kleffmann,* Die Entwicklung des Unterhaltsrechts im Jahr 2013, FuR 2014, 2; *Janzen,* Die neuen Haager Übereinkünfte zum Unterhaltsrecht und die Arbeiten an einer EG-Unterhaltsverordnung, FPR 2008, 218; *Mankowski,* Hängepartie dank Kodifikationspolitik – Oder: Die neuen Leiden des Internationalen Unterhaltsrechts, FamRZ 2010, 1487; *Martini,* Geltendmachung und Durchsetzung von auf öffentliche Einrichtungen übergegangenen Unterhaltsforderungen, insbesondere internationale Zuständigkeit, Anerkennung und Vollstreckung, FamRZ 2014, 429; *Nohe,* Unterhaltsrealisierung im Ausland, FPR 2013, 31; *Rieck,* Durchsetzung und Abänderung eines in einem durch das Haager Unterhaltsprotokoll gebundenen EU-Mitgliedstaat geschlossenen Unterhaltsvergleichs in Deutschland, FamFR 2013, 558; *Unger,* Internationale Unterhaltsrealisierung in der EU und weltweit, FamRZ 2013, 1941; *Veith,* Die Rolle der Zentralen Behörde und des Jugendamts bei der Geltendmachung und Durchsetzung von Unterhaltsforderungen, FPR 2013, 46; *Wagner,* Aktuelle Entwicklungen in der europäischen Zusammenarbeit in Zivilsachen, NJW 2010, 1707; *ders.,* Die Rechtsinstrumente der justiziellen Zusammenarbeit in Zivilsachen – Eine Bestandsaufnahme, NJW 2013, 3128.

Vor EuUnterhaltsVO

I. Überblick

1 Die grenzüberschreitende Unterhaltsvollstreckung innerhalb der EU richtete sich bisher nach der Brüssel-I-VO. Bei Säumnisentscheidungen, Anerkennungsurteilen, Vergleichen und vollstreckbaren Urkunden war zudem eine Bestätigung als Europäischer Vollstreckungstitel nach der EuVTVO möglich. Daneben konnte im Verhältnis zu einzelnen Staaten auch die Anerkennung und Vollstreckung nach dem Haager Übereinkommen vom 2.10.1973 über die Anerkennung und Vollstreckung von Unterhaltsentscheidungen – HUVÜ 1973 – bzw. dem Übereinkommen vom 15.4.1958 über die Anerkennung und Vollstreckung von Entscheidungen auf dem Gebiet der Unterhaltspflicht gegenüber Kindern – HUVÜ 1958 – erfolgen.[1]

Ab dem 18.6.2011 gilt ein eigenständiges Regelwerk, nämlich die Verordnung (EG) Nr. 4/2009 des Rates vom 18. Dezember 2008 über die Zuständigkeit, das anwendbare Recht, die Anerkennung und Vollstreckung von Entscheidungen und die Zusammenarbeit in Unterhaltssachen – EuUnterhaltsVO -.[2] Diese Verordnung wurde aufgrund Art. 65 EGV (jetzt Art. 81 AEUV) erlassen und verdrängt nach ihrem Art. 68 in Unterhaltssachen die Brüssel-I-VO ganz sowie die EuVTVO in allen Mitgliedstaaten mit Ausnahme von Titeln aus Großbritannien, das nicht an das Haager Protokoll über das in Unterhaltssachen vom 23.11.2007 anzuwendende Recht gebunden ist. Ein europäischer Zahlungsbefehl ist dagegen auch in Unterhaltssachen möglich. Es besteht insofern kein Vorrang der EuUnterhaltsVO. Nach deren Art. 68 hat sie Vorrang nur gegenüber der Brüssel-I-VO und der EuVTVO. Die EuMahnVO ist hierin nicht erwähnt und bleibt auch in Unterhaltssachen anwendbar, wie auch der deutsche Gesetzgeber durch die Zuständigkeitsregel des § 29 AUG mit einem Verweis auf § 1087 ZPO deutlich macht.[3]

2 Die deutschen Durchführungsbestimmungen zu der EuUnterhaltsVO haben ihren Standort weder im AVAG, noch im elften Buch der ZPO, noch in den Vorschriften über die internationale Vollstreckung des FamFG, sondern im **Auslandsunterhaltsgesetz – AUG –**, ,das aus diesem Anlass neu gefasst wurde.[4] Soweit in Unterhaltssachen noch **ein Exequaturverfahren herkömmlicher Art** notwendig sein wird, was im Verhältnis zu Dänemark und Großbritannien und zu vorher ergangenen Titeln der Fall sein wird, die erst nach dem 18.6.2011 vollstreckt werden sollen, wurden die Vorschriften des AVAG inhaltsgleich in das AUG aufgenommen. Anders als nach dem AVAG ist nach Art. 27 EuUnterhaltsVO i. V. m. § 35 Abs. 1 AUG in erster Instanz nicht der Vorsitzende einer Zivilkammer des Landgerichts, sondern ein Familiengericht, nämlich das »zentrale« Amtsgericht am Sitz des OLG bzw. für den Bezirk des KG das AG Berlin-Weißensee zuständig. § 35 Abs. 2 AUG enthält eine Ermächtigung für die Bundesländer, ein anderes Amtsgericht als Konzentrationsgericht zu bestimmen. Für das Verfahren gilt ergänzend nicht mehr die ZPO, sondern – systematisch korrekt – das FamFG. Für das Beschwerdeverfahren verbleibt es nach § 43 Abs. 1 AUG bei einer Zuständigkeit des OLG.

II. Zweck der Verordnung

3 Ziel der EuUnterhaltsVO ist es, die Stellung von Unterhaltsgläubigern zu verbessern.[5] Sie nicht isoliert zu sehen, sondern steht im Zusammenhang mit dem Haager Übereinkommen vom 23.11.2007 über die internationale Geltendmachung der Unterhaltsansprüche von Kindern und anderen Fami-

---

1 Ein umfassender Überblick über die durch Europarecht, völkerrechtliche Verträge und nationales Recht getroffenen Regelungen zur Unterhaltsvollstreckung mit einem Abdruck des HUVÜ 1973 sowie des UNUÜ 1956 findet sich bei *Prütting/Helms/Hau*, FamFG, § 110 Anhänge 1, 6 und 7; siehe auch vor §§ 722–723 ZPO Rn. 8ff.
2 ABl. EU Nr. L 7 S. 1 vom 10.1.2009.
3 *HK-ZV/Meller-Hannich*, vor AUG Rn. 8; *Prütting/Gehrlein/Hau*, FamFG, Anh. 1 zu § 110 Rn. 7.
4 Im Anhang.
5 *Gruber*, IPRax 2010, 128, 129.

lienangehörigen – **HUVÜ 2007** –[6] sowie dem **Haager Protokoll** über das auf Unterhaltspflichten anzuwendende Recht – Haager Protokoll von 2007 –.[7] Durch sie soll ein geschlossenes rechtliches System für die Geltendmachung von Unterhalt in Fällen mit grenzüberschreitendem Bezug gebildet werden.[8] Die Anwendung von internationalen Übereinkommen und Vereinbarungen, etwa des **HUVÜ 1973** wird zwar nach Art. 69 Abs. 1 durch die Verordnung nicht berührt; indes hat nach Abs. 2 im Verhältnis der Mitgliedstaaten zueinander die Verordnung Vorrang. Für Entscheidungen, die ab dem 18.6.2011 ergangen sind, ist mithin innerhalb der EU die Anerkennung und Vollstreckung von Unterhaltsentscheidungen nicht mehr nach dem HUVÜ 1973, sondern nur noch nach der EuUnterhaltsVO möglich.

III. Sachlicher und räumlicher Geltungsbereich

Gem. Art. 1 Abs. 1 gilt die EuUnterhaltsVO in sachlicher Hinsicht für alle Unterhaltspflichten, die auf einem Familien-, Verwandschafts- oder eherechtlichen Verhältnis oder auf Schwägerschaft beruhen.[9] Ihr Anwendungsbereich ist aber – wie in Erwägungsgrund 45 deutlich gemacht wird – grundsätzlich beschränkt auf **grenzüberschreitende Fälle**, also Rechtssachen, bei denen mindestens eine der Parteien ihren Wohnsitz oder gewöhnlichen Aufenthalt in einem anderen Mitgliedstaat als dem des befassten Gerichts hat.[10] Allerdings wurde mit dem für den Fall einer Säumnisentscheidung durch Art. 19 eröffneten Nachprüfungsantrag ein europarechtlich einheitlicher Rechtsbehelf geschaffen, der weder voraussetzt, dass die Unterhaltssache einen grenzüberschreitenden Bezug aufweist, noch dass die Vollstreckung in einem anderen Mitgliedstaat bevorsteht.[11] Ähnliches gilt für den in Deutschland wegen der §§ 704, 708 ff. ZPO nicht einschlägigen Art. 39, in dem angeordnet ist, dass das Ursprungsgericht eine Entscheidung ungeachtet eines etwaigen Rechtsbehelfs auch dann für vorläufig vollstreckbar erklären kann, wenn das innerstaatliche Gericht dies nicht vorsieht.[12]

4

Die EuUnterhaltsVO findet in ihren wesentlichen Teilen innerhalb der gesamten EU Anwendung. Großbritannien und Irland haben erklärt, an der Verordnung teilnehmen zu wollen. Dänemark, das an der justiziellen Zusammenarbeit in Zivilsachen aus Verfassungsgründen nicht teilnimmt,[13] hat gem. dem Abkommen vom 10.10.2005 mit der EG erklärt, dass es die mit der EuUnterhaltsVO vorgenommenen Änderungen der Brüssel-I-VO umsetzen will.[14] Damit gilt die Verordnung mit Ausnahme der Regelungen des Art. 15 über das anzuwendende Recht und der Art. 49 ff. über die Zusammenarbeit der zentralen Behörden auch im Verhältnis zu Dänemark.[15]

5

---

6 Deutschsprachige Übersetzung unter www.hcch.net/upload/text38d.pdf.
7 ABl. EU Nr. L 331 S. 17 vom 16.12.2009; Text und Kommentierung bei *Rauscher*, EuZPR/EuIPR, Bearbeitung 2010.
8 *Boele-Woelki/Mom*, FPR 2010, 485.
9 Zu dem nach Erwägungsgrund 11 autonom auszulegenden Begriff der Unterhaltssache siehe Art. 2 EuVTVO Rn. 2; problematisch ist, ob sich der Anwendungsbereich auch auf homosexuelle Ehen oder Lebenspartnerschaften erstreckt, vgl. *Gruber*, IPRax 2010, 128, 130.
10 Siehe die entsprechend anwendbaren Legaldefinitionen in. Art. 3 Abs. 1 EuBagatellVO und Art 3 Abs. 1 EuMahnVO.
11 *Rauscher/Andrae/Schimrick*, EuZPR/EuIPR, Art. 19 EG-UntVO Rn. 7; *Gsell/Netzer*, IPRax 2010, 403, die hierin eine Kompetenzüberschreitung des europäischen Gesetzgebers sehen.
12 *Rauscher/Andrae/Schimrick*, EuZPR/EuIPR, Art. 39 EG-UntVO Rn. 3–5; *Gruber*, IPRax 2010, 128, 138.
13 Siehe dazu Vor Brüssel-Ia-VO Rdn. 7.
14 ABl. EU Nr. L 149 S. 80 vom 12.6.2009.
15 Zu Einzelheiten siehe BR-Drucks. 854/10 S. 49.

IV. Erkenntnisverfahren

1. Zuständigkeit in der Hauptsache

6 Im Kapitel II (Art. 3 bis 14) finden sich Regelungen zur internationalen Zuständigkeit der Gerichte der Mitgliedstaaten im Erkenntnisverfahren, zur Rechtshängigkeit, zum Säumnisverfahren sowie zur Verfahrensweise bei einer Anhängigkeit von Unterhaltssachen in mehreren Mitgliedstaaten. Der Zuständigkeitskatalog ist abschließend und schließt einen Rückgriff auf einzelstaatliche Regelungen zur internationalen Zuständigkeit aus. Dabei wurde der Wohnsitz als Anknüpfungspunkt für die Zuständigkeit durch den autonom auszulegenden Begriff des gewöhnlichen Aufenthalts verdrängt. Art. 3 sieht **nach Wahl des Klägers vier alternative Zuständigkeiten** einschließlich einer Annexzuständigkeit bei Anhängigkeit einer Personenstandssache und der Möglichkeit, den Unterhalt als Nebenentscheidung eines Verfahrens über die elterliche Sorge zu regeln. **Gerichtsstandsvereinbarungen** sind nach Art. 4 möglich, allerdings nicht für Unterhaltsansprüche minderjähriger Kinder. Auch eine **rügelose Einlassung** kann nach Art. 5 zuständigkeitsbegründend sein. Schließlich ist in Art. 6 eine **Auffangzuständigkeit** der Gerichte des Heimatstaates beider Ehegatten sowie in Art. 7 eine **Notzuständigkeit** zur Gewährleitung des Justizgewährungsanspruchs einer Person vorgesehen, der voraussetzt, dass ein »ausreichender Bezug« zu dem betreffenden Mitgliedstaat besteht.[16]

2. Zuständigkeit für einstweiligen Rechtsschutz

7 Für Maßnahmen des einstweiligen Rechtsschutzes besteht eine zweispurige Zuständigkeit. Zum einen erfasst die Zuständigkeit eines Gerichts für eine Hauptsacheentscheidung nach den Art. 3–7 ohne Weiteres auch eine solche für Maßnahmen des einstweiligen Rechtsschutzes. Zum anderen können nach Art. 14 entsprechend der Regelung in Art. 24 EuGVÜ/Art. 31 Brüssel-I-VO Maßnahmen, die nach nationalem Recht zulässig sind, also in Deutschland einstweilige Anordnungen nach den §§ 246 ff. FamFG in einem Mitgliedstaat auch dann beantragt werden, wenn für die Entscheidung in der Hauptsache das Gericht eines anderen Mitgliedstaates zuständig wäre. Allerdings dürfte auch hier die Rspr. des EuGH zu Art. 24 EuGVÜ zu berücksichtigen sein, dass zwischen dem Gegenstand der einstweiligen Maßnahme und der gebietsbezogenen Zuständigkeit des Mitgliedstaates eine »**reale Verknüpfung**« besteht.[17] Dies wäre etwa dann der Fall, wenn im Erlassstaat tatsächlich eine Zugriffsmöglichkeit eröffnet bzw. im Bezirk des anordnenden Gerichts eine ortsnahe Vollstreckung möglich ist.[18] Zweifelhaft ist es allerdings, ob auch das weitere Kriterium, mit dem der EuGH die nationale Zuständigkeit für Maßnahmen des einstweiligen Rechtsschutz eingeschränkt hat, nämlich dass bei **Leistungsverfügungen** die Rückzahlung des zugesprochenen Betrages an den Antragsgegner im Fall einer Klageabweisung in der Hauptsache gewährleistet sein muss,[19] auch im Rahmen des Art. 14 Anwendung findet. Dies dürfte zu bejahen sein mit der Folge, dass nur sichernde Maßnahmen, etwa die Anordnung von Verfügungssperren über Vermögensgegenstände erwirkt werden können. Der Unterhaltsberechtigte, der darauf angewiesen ist, für den Anordnungszeitraum mit den notwendigen Mitteln für den Lebensunterhalt ausgestattet zu werden, wird hierdurch nicht rechtlos gestellt. Ihm bleibt es nämlich unbenommen, an einem der Gerichtsstände der Hauptsache nach den Art. 2–7 einstweilige Maßnahmen auf Zahlung von

---

16 Vgl. näher *Rauscher/Andrae*, EuZPR/EuIPR, Vorbem. vor Art. 3 ff EG-UntVO Rn 5–11.
17 EuGH; EuZW 1999, 413.
18 *Rauscher/Andrae*, EuZPR/EuIPR, Art. 14 EG-UntVO Rn. 13; siehe auch Art. 31 EuGVVO Rn. 1; abweichend *Hau*, FamRZ 2010, 516, 519, der meint, dass Art. 14 wegen der Notzuständigkeit des Art. 7 keine eigenständige Bedeutung zukomme und Kriterien zur Eingrenzung der Zuständigkeit bei der Auslegung des Art. 7 zu berücksichtigen seien.
19 Siehe dazu Art. 35 Brüssel-Ia-VO Rdn. 4.

Unterhalt zu erwirken. Nur der zusätzliche Gerichtsstand des Art. 14 steht ihm für ein Leistungsbegehren nicht zur Verfügung.[20]

3. Anwendbares Recht

Die Verordnung verzichtet auf eine eigenständige Regelung zu dem auf Unterhaltspflichten anzuwendenden Recht. Stattdessen ist in Art. 15 bestimmt, dass für die Mitgliedstaaten, die durch das Haager Protokoll von 2007 gebunden sind, die in dem Protokoll enthaltenen Regelungen maßgeblich sind. Dies beruht darauf, dass die EU, die am 3.4.2007 der Haager Konferenz beigetreten war, für das unterhaltsrechtliche Kollisionsrecht ein Nebeneinander unterschiedlicher Normen verhindern wollte. Dies gilt allerdings nicht für Großbritannien, das durch das Haager Protokoll von 2007 nicht gebunden ist.[21]

V. Anerkennung und Vollstreckung

Die Verordnung stellt für die Anerkennung und Vollstreckung von Titeln (Entscheidungen, Vergleiche und öffentlichen Urkunden) nach Art. 16 zwei unterschiedliche Regelungssysteme zur Verfügung, nämlich zum einen für Staaten, die durch das Haager Protokoll von 2007 gebunden sind, die unmittelbare Vollstreckung und zum anderen für die nicht hieran gebundenen Mitgliedstaaten Großbritannien und Dänemark das Exequaturverfahren herkömmlicher Art. **Das Exequaturverfahren gilt allerdings nur für Titel aus Großbritannien und Dänemark**, während umgekehrt Titel aus anderen Mitgliedstaaten, etwa aus Deutschland dort nach Maßgabe der Art. 17 ff. ohne weiteres anzuerkennen und zu vollstrecken sind.[22] Ferner ist es gem. Art. 75 Abs. 2 a) auch im Verhältnis zu allen Mitgliedstaaten für solche Titel anzuwenden, die vor dem 18.6.2011 ergangen sind und deren Anerkennung und Vollstreckung danach beantragt wird.

1. Entscheidung aus einem Mitgliedstaat, der durch das Haager Protokoll von 2007 gebunden ist

Die Anerkennung und Vollstreckung richtet sich nach Abschnitt 1 (Art. 17 bis 22). Hiernach sind vollstreckbare Entscheidungen aus einem Mitgliedstaat, der durch das Haager Protokoll von 2007 gebunden ist, **in einem anderen Mitgliedstaat unmittelbar vollstreckbar**. Das Zwischenverfahren der Vollstreckbarerklärung ist nach Art. 17 Abs. 2 nicht mehr erforderlich. Ebenso wenig bedarf es – anders als nach der EuVTVO – einer Bestätigung als Vollstreckungstitel. Vorzulegen sind nur die in Art. 20 aufgelisteten Urkunden. Außer für den Fall eines Rechtsmittels können die Vollstreckungsorgane nur noch **Übersetzungen** des mit dem Vollstreckungsantrag einzureichenden Formblatts nach Anhang I verlangen, nicht aber der zu vollstreckenden Entscheidung. Dies erspart Zeit und Geld und erhöht die Effizienz der Vollstreckungsmaßnahme.

Durch Art. 20 ist klargestellt, dass das Bestehen eines Titels dem Unterhaltsgläubiger die Möglichkeit gibt, die im Vollstreckungsstaat zur Verfügung stehenden Sicherungsmaßnahmen zu veranlassen.[23] In Deutschland kommen hierfür die Vorpfändung nach § 845 ZPO sowie die in § 721a ZPO

---

20 *Rauscher/Andrae*, EuZPR/EuIPR, Art. 14 EG-UntVO Rn. 9; a. A. *Rauscher/Leible*, EuZPR, Art. 31 Brüssel I-VO Rn. 12; abweichend auch *Prütting/Helms/Hau*, § 110 FamFG, Anhang 3 EuUntVO Rn. 78, der wegen der Notzuständigkeit des Art. 7 keinen Bedarf für einen Rückgriff auf nationale Zuständigkeitsregeln bei Eilentscheidungen sieht.
21 Siehe näher *Boele-Woelki/Mom*, FPR 2010, 485.
22 *Prütting/Helms/Hau*, § 110 FamFG, Anhang 3 EuUntVO Rn. 111.
23 Diese Norm ist an die Stelle der im ursprünglichen Entwurf der Kommission vom 15.12.2005 – KOM(2005) 649 endgültig – vorgesehenen autonomen europarechtlichen Vollstreckungsmöglichkeiten, etwa der Anordnung monatlicher Pfändungen und vorübergehender Kontensperrungen getreten, die sich wegen der unterschiedlichen Vollstreckungssysteme in den einzelnen Mitgliedstaaten nicht realisieren ließ.

vorgesehenen Maßnahmen, also die Pfändung beweglichen Vermögens und die Eintragung einer Sicherungshypothek oder die Anordnung und Vollziehung eines Arrestes in Betracht.[24]

12 Mindestvorschriften zum Verfahren sind trotz der fehlenden Angleichung der Rechtssysteme in der EU nicht vorgesehen mit der Folge, dass der Schuldner auf **Rechtsbehelfe** im Ursprungsmitgliedstaat und im Vollstreckungsstaat angewiesen ist.[25] Folgende stehen ihm zur Verfügung:

13 Eine **Verletzung rechtlichen Gehörs** kann der Schuldner, der sich auf das Verfahren nicht eingelassen hat, mit dem **Nachprüfungsantrag beim Ursprungsgericht nach Art. 19** geltend machen. Dieser autonome europarechtliche Rechtsbehelf steht ihm auch in Fällen zu, in denen das Verfahren zunächst noch keinen Bezug zu einem anderen Mitgliedstaat hat.[26] Der Antrag kann zum einen darauf gestützt werden, dass ihm das verfahrenseinleitende Schriftstück oder ein gleichwertiges Schriftstück nicht rechtzeitig und in einer Weise zugestellt worden ist, dass er sich verteidigen konnte. In dieser Alternative entspricht er – allerdings mit der Maßgabe, dass der Antrag beim Ursprungsgericht zu stellen ist – dem Anerkennungsversagungsgrund des Art. 34 Nr. 2 Brüssel-I-VO. Auf die hierzu entwickelten Grundsätze kann daher Bezug genommen werden.[27] Zum anderen hat eine Nachprüfung zu erfolgen, wenn der Schuldner aufgrund höherer Gewalt oder aufgrund außergewöhnlicher Umstände ohne eigenes Verschulden nicht in der Lage war, Einspruch gegen die Unterhaltsforderung zu erheben. Dieser Nachprüfungsgrund, der Art. 19 Abs. 1 b) EuVTVO nachgebildet ist, betrifft mithin Umstände, die nach der Zustellung des verfahrenseinleitenden Schriftstücks entstanden sind. Höhere Gewalt betrifft Umstände außerhalb der Sphäre des Schuldners, etwa das Nichterscheinen zu einem Termin infolge eines Naturereignisses oder etwa ein Feststecken in einem liegen gebliebenen Zug oder mit dem Auto im Stau trotz rechtzeitigen Fahrtantritts. Sonstige besondere Umstände können dagegen auch aus dem Einflussbereich des Schuldners kommen, z. B. eine plötzliche schwere Erkrankung. Die **Beweislast** für den geltend gemachten Nachprüfungsgrund liegt beim Schuldner.[28] In beiden Alternativen scheitert der Antrag allerdings dann, wenn der Schuldner es unterlassen hat, einen ihm möglichen Rechtsbehelf, etwa in Deutschland einen Einspruch gegen ein Versäumnisurteil einzulegen. Die Rechtsfolgen der Entscheidung über den Antrag auf Nachprüfung sind in Abs. 3 geregelt, nämlich entweder dessen Zurückweisung oder die Nichtigkeitserklärung der Ursprungsentscheidung, deren verjährungsunterbrechende Wirkung aber erhalten bleibt. Zudem wird klargestellt, dass der ursprünglich eingeklagte Unterhalt rückwirkend weiter geltend gemacht werden kann.

14 Für den Fall, dass in Deutschland aus einer Unterhaltsentscheidung eines anderen Mitgliedstaates vollstreckt werden soll und dort ein Nachprüfungsantrag nach Art. 19 gestellt oder ein Rechtsmittel eingelegt ist, sieht § 33 AUG die Möglichkeit einer **vorläufigen Einstellung** der Zwangsvollstreckung entsprechend §§ 707, 719 Abs. 1 ZPO und § 120 Abs. 2 Satz 2 und 3 FamFG vor.

15 Im **Vollstreckungsmitgliedstaat** stehen dem Unterhaltsschuldner die Rechtsbehelfe des Art. 21 zu. Da die Vollstreckbarkeit derjenigen eines nationalen Titels entspricht, gelten zunächst die **Rechtsbehelfe des nationalen Vollstreckungsrechts**, wie durch Abs. 1 klargestellt wird, also etwa die Erinnerung nach § 766 ZPO und die sofortige Beschwerde gem. § 793 ZPO, jeweils i. V. m. § 120 Abs. 1 FamFG. Auch die Vollstreckungsabwehrklage wird man hierzu zu rechnen haben.[29] Daneben bestehen die autonomen Rechte der Abs. 2 und 3. Es sind dies die Anträge auf **Verweige-**

---

[24] *Rauscher/Andrae/Schimrick*, EuZPR/EuIPR, Art. 18 EG-UntVO Rn. 4.
[25] *Rauscher/Andrae*/Schimrick, EuZPR/EuIPR, Art. 17 EG-UntVO Rn. 8.
[26] »Potentiell grenzüberschreitender Sachverhalt«, so *Gsell/Netzer*, IPRax 2010, 403; siehe auch Rn. 4.
[27] Siehe Art. 34 Brüssel-I-VO Rdn. 3 und Art. 45 Brüssel-Ia-VO Rdn. 9 - 12.
[28] Vgl. zum Ganzen *Rauscher/Andrae/Schimrick*, EuZPR/EuIPR, Art. 19 EG-UntVO Rn. 18–20.
[29] So der deutsche Gesetzgeber in § 66 AUG u. Gesetzesbegründung BR-Drucks. 854/10 S. 82; *Prütting/Helms/Hau*, § 110 FamFG, Anhang 3 EuUntVO Rn. 107; *Rauscher/Andrae/Schimrick*, EuZPR/EuIPR, Art. 21 EG-UntVO Rn. 9; **a. A.** ein Teil der Literatur zur EuVTVO, EuMahnVO und EuBagatellVO, siehe § 1086 Rdn. 1, § 1096 Rdn. 5, § 1109 Rdn. 4.

rung der Vollstreckung wegen inzwischen eingetretener **Verjährung** nach dem Recht entweder des Ursprungs- oder des Vollstreckungsmitgliedstaates mit einer Maßgeblichkeit der längeren Frist oder wegen einer **Titelkollision**. Ferner besteht die Möglichkeit einer Aussetzung des Vollstreckungsverfahrens, wenn im Ursprungsmitgliedstaat ein Antrag auf Nachprüfung nach Art. 19 gestellt oder dort das Verfahren ausgesetzt ist.

Bei Entscheidungen aus anderen Mitgliedstaaten kann sich ergeben, dass sie den deutschen Anforderungen an die Bestimmtheit eines Titels nicht entsprechen, etwa wegen der Koppelung an einen Index. Um gleichwohl der ausländischen Entscheidung Geltung zu verschaffen, besteht im herkömmlichen Exequaturverfahren die Möglichkeit einer nachträglichen Konkretisierung.[30] Um trotz des Fortfalls des Zwischenverfahrens Probleme bei der Vollstreckung zu begegnen kann der Unterhaltsgläubiger gem. § 34 AUG die **Bestimmung des vollstreckungsfähigen Inhalts einer Entscheidung** beantragen, allerdings wegen der unter Umständen erforderlichen Ermittlung nicht bei dem Vollstreckungsgericht, sondern bei dem gem. § 35 AUG für das Vollstreckbarkeitsverfahren herkömmlicher Art zuständige »zentrale« Amtsgericht – Familiengericht – am Sitz des OLG.[31] 16

2. Entscheidung aus einem Mitgliedstaat, der durch das Haager Protokoll von 2007 nicht gebunden ist

Für Titel **aus Großbritannien und Dänemark**, die durch das Haager Protokoll von 2007 nicht gebunden sind, sieht Abschnitt 2 (Art. 23–37) die Anerkennung und ein Vollstreckbarkeitsverfahren herkömmlicher Art nach dem Muster der Art. 32 ff. Brüssel-I-VO vor. Insofern erfolgen nur Modifikationen in Details, die den Besonderheiten der Unterhaltsvollstreckung angepasst sind. 17

3. Gemeinsame Vorschriften

Abschnitt 3 enthält in den Art. 39 bis 43 gemeinsame Vorschriften für die Anerkennung und Vollstreckung in allen Mitgliedstaaten. Es ist dies zunächst der bereits angesprochene Art. 39 mit der Möglichkeit trotz entgegenstehenden nationalen Rechts eine Unterhaltsentscheidung für vollstreckbar zu erklären. Die formellen Voraussetzungen für die Geltendmachung einer anerkannten Entscheidung werden in Art. 40 aufgelistet. Ferner wird in Art. 41 Abs. 1 klargestellt, dass für das Zwangsvollstreckungsverfahren das Recht des Vollstreckungsmitgliedstaates gilt und vollstreckbare Entscheidungen aus einem anderen Mitgliedstaat nationalen Titeln gleichgestellt sind. Um die Kosten gering zu halten,[32] ist ein Unterhaltsgläubiger nach Art. 41 Abs. 2 abweichend von Art. 40 Abs. 2 Brüssel-I-VO nicht verpflichtet, im Vollstreckungsmitgliedstaat ein Wahldomizil zu begründen oder dort einen Zustellungsbevollmächtigten zu benennen. Das Grundprinzip der grenzüberschreitenden Vollstreckung, nämlich das Verbot der Überprüfung der Ursprungsentscheidung im Vollstreckungsstaat ist in Art. 42 enthalten. Bedeutung kommt dem zunächst für das in Abschnitt 2 geregelte Exequaturverfahren herkömmlicher Art zu. Indes läuft er auch bei unmittelbaren Zwangsvollstreckung nach Abschnitt 1 nicht ins Leere;[33] denn hieraus ergibt sich auch, dass nationale Rechtsbehelfe, die die Vollstreckbarkeit einer Entscheidung beseitigen, wie etwa die deutsche Vollstreckungsabwehrklage nur auf solche Gründe gestützt werden können, die erst nach Erlass der Entscheidung ergangen sind. Art. 43 sieht schließlich einen gleichen Rang von Unterhaltsforderungen und entstandenen Kosten vor. 18

4. Gerichtliche Vergleiche und öffentliche Urkunden

Art. 48 sieht die Anwendung der Bestimmungen der Verordnung auch für gerichtliche Vergleiche und öffentliche Urkunden sowie deren Anerkennung und Vollstreckung in gleicher Weise 19

---

30 Siehe dazu Art. 38 Brüssel-I-VO Rdn. 4 u. § 722 ZPO Rdn. 6.
31 Gesetzesbegründung BR-Drucks. 854/10 S. 76.
32 Vgl. Erwägungsgrund 27.
33 So aber *Rauscher/Andrae/Schimrick*, EuZPR/EuIPR, Art. 42 EG-UntVO Rn. 2.

wie Entscheidungen vor. Damit können insbesondere die in Deutschland für die Titulierung von Unterhaltsansprüchen bedeutsamen vollstreckbaren **Jugendamtsurkunden** nach §§ 59 Abs. 1 Satz 1 Nr. 3, 4, 60 SGB VIII, die nach dem 18.6.2011 errichtet sind, in den anderen Mitgliedstaaten unmittelbar vollstreckt werden.

VI. Zugang zum Recht und Zusammenarbeit

20 Der gerade in Unterhaltssachen wichtigen **Prozesskostenhilfe** ist mit den Art. 44 bis 47 ein eigenes Kapitel gewidmet. Hierin ist autonom der Umfang der Bewilligung bestimmt und vorgesehen, dass Anträge entweder unmittelbar von den Parteien bei Gericht eingereicht oder von **Zentralen Behörden** der Mitgliedstaaten übermittelt werden. Die Aufgabenstellung der Zentralen Behörden und Regeln für ihre Zusammenarbeit mit denen anderer Mitgliedstaaten finden sich in Kapitel VII (Art. 48–63). In Deutschland ist nach § 4 AUG Zentrale Behörde das schon bisher mit der Durchsetzung von Unterhaltsansprüchen nach dem New Yorker UN-Übereinkommen über die Geltendmachung von Unterhaltsansprüchen im Ausland vom 20.6.1956 – **UNUÜ 1956** – zuständige Bundesamt für Justiz.[34]

VII. Formblätter

21 Die EuUnterhVO enthält nach dem Muster anderer Rechtsakte der EU zur justiziellen Zusammenarbeit in den Anhängen I bis IX verschiedene Formblätter. Die für die Anerkennung und Vollstreckung maßgeblichen Anhänge I bis IV sind nach dem Text der Verordnung abgedruckt.

VIII. Erwägungsgründe

22 Einzelheiten zur Entstehungsgeschichte und zu den Motiven des Europäischen Verordnungsgebers ergeben sich aus den nachstehenden Erwägungsgründen.

DER RAT DER EUROPÄISCHEN UNION —

gestützt auf den Vertrag zur Gründung der Europäischen Gemeinschaft, insbesondere auf Artikel 61 Buchstabe c und Artikel 67 Absatz 2,

auf Vorschlag der Kommission,

nach Stellungnahme des Europäischen Parlaments[1],

nach Stellungnahme des Europäischen Wirtschafts- und Sozialausschusses[2],

in Erwägung nachstehender Gründe:

(1) Die Gemeinschaft hat sich zum Ziel gesetzt, einen Raum der Freiheit, der Sicherheit und des Rechts, in dem der freie Personenverkehr gewährleistet ist, zu erhalten und weiterzuentwickeln. Zur schrittweisen Schaffung eines solchen Raums erlässt die Gemeinschaft unter anderem Maßnahmen im Bereich der justiziellen Zusammenarbeit in Zivilsachen mit grenzüberschreitenden Bezügen, soweit dies für das reibungslose Funktionieren des Binnenmarkts erforderlich ist.

(2) Nach Artikel 65 Buchstabe b des Vertrags betreffen solche Maßnahmen unter anderem die Förderung der Vereinbarkeit der in den Mitgliedstaaten geltenden Kollisionsnormen und der Vorschriften zur Vermeidung von Kompetenzkonflikten.

---

34 Siehe vor §§ 722–723 ZPO Rdn. 16.
1 Stellungnahme des Europäischen Parlaments vom 13. Dezember 2007 (ABl. C 323 E vom 18.12.2008 S. 420) und Stellungnahme des Europäischen Parlaments vom 4. Dezember 2008 infolge erneuter Anhörung (noch nicht im Amtsblatt veröffentlicht).
2 Stellungnahme des Europäischen Wirtschafts- und Sozialausschusses nach nicht obligatorischer Anhörung (ABl. C 185 vom 8.8.2006, S. 35).

(3) Die Gemeinschaft hat hierzu unter anderem bereits folgende Maßnahmen erlassen: die Verordnung (EG) Nr. 44/2001 des Rates vom 22. Dezember 2000 über die gerichtliche Zuständigkeit und die Anerkennung und Vollstreckung von Entscheidungen in Zivil- und Handelssachen[3], die Entscheidung 2001/470/EG des Rates vom 28. Mai 2001 über die Einrichtung eines Europäischen Justiziellen Netzes für Zivil- und Handelssachen[4], die Verordnung (EG) Nr. 1206/2001 des Rates vom 28. Mai 2001 über die Zusammenarbeit zwischen den Gerichten der Mitgliedstaaten auf dem Gebiet der Beweisaufnahme in Zivil- oder Handelssachen[5], die Richtlinie 2003/8/EG des Rates vom 27. Januar 2003 zur Verbesserung des Zugangs zum Recht bei Streitsachen mit grenzüberschreitendem Bezug durch Festlegung gemeinsamer Mindestvorschriften für die Prozesskostenhilfe in derartigen Streitsachen[6], die Verordnung (EG) Nr. 2201/2003 des Rates vom 27. November 2003 über die Zuständigkeit und die Anerkennung und Vollstreckung von Entscheidungen in Ehesachen und in Verfahren betreffend die elterliche Verantwortung[7], die Verordnung (EG) Nr. 805/2004 des Europäischen Parlaments und des Rates vom 21. April 2004 zur Einführung eines europäischen Vollstreckungstitels für unbestrittene Forderungen[8] sowie die Verordnung (EG) Nr. 1393/2007 des Europäischen Parlaments und des Rates vom 13. November 2007 über die Zustellung gerichtlicher und außergerichtlicher Schriftstücke in Zivil- oder Handelssachen in den Mitgliedstaaten (Zustellung von Schriftstücken)[9].

(4) Der Europäische Rat hat auf seiner Tagung vom 15. und 16. Oktober 1999 in Tampere den Rat und die Kommission aufgefordert, besondere gemeinsame Verfahrensregeln für die Vereinfachung und Beschleunigung der Beilegung grenzüberschreitender Rechtsstreitigkeiten unter anderem bei Unterhaltsansprüchen festzulegen. Er hat ferner die Abschaffung der Zwischenmaßnahmen gefordert, die notwendig sind, um die Anerkennung und Vollstreckung einer in einem anderen Mitgliedstaat ergangenen Entscheidung, insbesondere einer Entscheidung über einen Unterhaltsanspruch, im ersuchten Staat zu ermöglichen.

(5) Am 30. November 2000 wurde ein gemeinsames Maßnahmenprogramm der Kommission und des Rates zur Umsetzung des Grundsatzes der gegenseitigen Anerkennung gerichtlicher Entscheidungen in Zivil- und Handelssachen[10] verabschiedet. Dieses Programm sieht die Abschaffung des Exequaturverfahrens bei Unterhaltsansprüchen vor, um die Wirksamkeit der Mittel, die den Anspruchsberechtigten zur Durchsetzung ihrer Ansprüche zur Verfügung stehen, zu erhöhen.

(6) Am 4. und 5. November 2004 hat der Europäische Rat auf seiner Tagung in Brüssel ein neues Programm mit dem Titel »Haager Programm zur Stärkung von Freiheit, Sicherheit und Recht in der Europäischen Union« (nachstehend das »Haager Programm« genannt)[11] angenommen.

(7) Der Rat hat auf seiner Tagung vom 2. und 3. Juni 2005 einen Aktionsplan des Rates und der Kommission[12] angenommen, mit dem das Haager Programm in konkrete Maßnahmen umgesetzt wird und in dem die Annahme von Vorschlägen zur Unterhaltspflicht als notwendig erachtet wird.

(8) Im Rahmen der Haager Konferenz für Internationales Privatrecht haben die Gemeinschaft und ihre Mitgliedstaaten an Verhandlungen teilgenommen, die am 23. November 2007 mit der Annahme des Übereinkommens über die internationale Geltendmachung der Unterhaltsansprü-

---

3 ABl. L 12 vom 16.1.2001, S. 1.
4 ABl. L 174 vom 27.6.2001, S. 25.
5 ABl. L 174 vom 27.6.2001, S. 1.
6 ABl. L 26 vom 31.1.2003, S. 41.
7 ABl. L 338 vom 23.12.2003, S. 1.
8 ABl. L 143 vom 30.4.2004, S. 15.
9 ABl. L 324 vom 10.12.2007, S. 79.
10 ABl. C 12 vom 15.1.2001, S. 1.
11 ABl. C 53 vom 3.3.2005, S. 1.
12 ABl. C 198 vom 12.8.2005, S. 1.

che von Kindern und anderen Familienangehörigen (nachstehend das »Haager Übereinkommen von 2007« genannt) und des Protokolls über das auf Unterhaltspflichten anzuwendende Recht (nachstehend das »Haager Protokoll von 2007« genannt) abgeschlossen wurden. Daher ist diesen beiden Instrumenten im Rahmen der vorliegenden Verordnung Rechnung zu tragen.

(9) Es sollte einem Unterhaltsberechtigten ohne Umstände möglich sein, in einem Mitgliedstaat eine Entscheidung zu erwirken, die automatisch in einem anderen Mitgliedstaat ohne weitere Formalitäten vollstreckbar ist.

(10) Um dieses Ziel zu erreichen, sollte ein gemeinschaftliches Rechtsinstrument betreffend Unterhaltssachen geschaffen werden, in dem die Bestimmungen über Kompetenzkonflikte, Kollisionsnormen, die Anerkennung, Vollstreckbarkeit und die Vollstreckung von Entscheidungen sowie über Prozesskostenhilfe und die Zusammenarbeit zwischen den Zentralen Behörden zusammengeführt werden.

(11) Der Anwendungsbereich dieser Verordnung sollte sich auf sämtliche Unterhaltspflichten erstrecken, die auf einem Familien-, Verwandtschafts-, oder eherechtlichen Verhältnis oder auf Schwägerschaft beruhen; hierdurch soll die Gleichbehandlung aller Unterhaltsberechtigten gewährleistet werden. Für die Zwecke dieser Verordnung sollte der Begriff »Unterhaltspflicht« autonom ausgelegt werden.

(12) Um den verschiedenen Verfahrensweisen zur Regelung von Unterhaltsfragen in den Mitgliedstaaten Rechnung zu tragen, sollte diese Verordnung sowohl für gerichtliche Entscheidungen als auch für von Verwaltungsbehörden ergangene Entscheidungen gelten, sofern jene Behörden Garantien insbesondere hinsichtlich ihrer Unparteilichkeit und des Anspruchs der Parteien auf rechtliches Gehör bieten. Diese Behörden sollten daher sämtliche Vorschriften dieser Verordnung anwenden.

(13) Aus den genannten Gründen sollte in dieser Verordnung auch die Anerkennung und Vollstreckung gerichtlicher Vergleiche und öffentlicher Urkunden sichergestellt werden, ohne dass dies das Recht einer der Parteien eines solchen Vergleichs oder einer solchen Urkunde berührt, solche Instrumente vor einem Gericht des Ursprungsmitgliedstaats anzufechten.

(14) In dieser Verordnung sollte vorgesehen werden, dass der Begriff »berechtigte Person« für die Zwecke eines Antrags auf Anerkennung und Vollstreckung einer Unterhaltsentscheidung auch öffentliche Aufgaben wahrnehmende Einrichtungen umfasst, die das Recht haben, für eine unterhaltsberechtigte Person zu handeln oder die Erstattung von Leistungen zu fordern, die der berechtigten Person anstelle von Unterhalt erbracht wurden. Handelt eine öffentliche Aufgaben wahrnehmende Einrichtung in dieser Eigenschaft, so sollte sie Anspruch auf die gleichen Dienste und die gleiche Prozesskostenhilfe wie eine berechtigte Person haben.

(15) Um die Interessen der Unterhaltsberechtigten zu wahren und eine ordnungsgemäße Rechtspflege innerhalb der Europäischen Union zu fördern, sollten die Vorschriften über die Zuständigkeit, die sich aus der Verordnung (EG) Nr. 44/2001 ergeben, angepasst werden. So sollte der Umstand, dass ein Antragsgegner seinen gewöhnlichen Aufenthalt in einem Drittstaat hat, nicht mehr die Anwendung der gemeinschaftlichen Vorschriften über die Zuständigkeit ausschließen, und auch eine Rückverweisung auf die innerstaatlichen Vorschriften über die Zuständigkeit sollte nicht mehr möglich sein. Daher sollte in dieser Verordnung festgelegt werden, in welchen Fällen ein Gericht eines Mitgliedstaats eine subsidiäre Zuständigkeit ausüben kann.

(16) Um insbesondere Fällen von Rechtsverweigerung beggnen zu können, sollte in dieser Verordnung auch eine Notzuständigkeit (forum necessitatis) vorgesehen werden, wonach ein Gericht eines Mitgliedstaats in Ausnahmefällen über einen Rechtsstreit entscheiden kann, der einen engen Bezug zu einem Drittstaat aufweist. Ein solcher Ausnahmefall könnte gegeben sein, wenn ein Verfahren sich in dem betreffenden Drittstaat als unmöglich erweist, beispielsweise aufgrund eines Bürgerkriegs, oder wenn vom Kläger vernünftigerweise nicht erwartet werden kann, dass er ein Verfahren in diesem Staat einleitet oder führt. Die Notzuständigkeit kann jedoch nur

ausgeübt werden, wenn der Rechtsstreit einen ausreichenden Bezug zu dem Mitgliedstaat des angerufenen Gerichts aufweist, wie beispielsweise die Staatsangehörigkeit einer der Parteien.

(17) In einer zusätzlichen Zuständigkeitsvorschrift sollte vorgesehen werden, dass — außer unter besonderen Umständen — ein Verfahren zur Änderung einer bestehenden Unterhaltsentscheidung oder zur Herbeiführung einer neuen Entscheidung von der verpflichteten Person nur in dem Staat eingeleitet werden kann, in dem die berechtigte Person zu dem Zeitpunkt, zu dem die Entscheidung ergangen ist, ihren gewöhnlichen Aufenthalt hatte und in dem sie weiterhin ihren gewöhnlichen Aufenthalt hat. Um eine gute Verknüpfung zwischen dem Haager Übereinkommen von 2007 und dieser Verordnung zu gewährleisten, sollte diese Bestimmung auch für Entscheidungen eines Drittstaats, der Vertragspartei jenes Übereinkommens ist, gelten, sofern das Übereinkommen zwischen dem betreffenden Staat und der Gemeinschaft in Kraft ist, und in dem betreffenden Staat und in der Gemeinschaft die gleichen Unterhaltspflichten abdeckt.

(18) Für die Zwecke der Anwendung dieser Verordnung sollte vorgesehen werden, dass der Begriff »Staatsangehörigkeit« in Irland durch den Begriff »Wohnsitz« ersetzt wird; gleiches gilt für das Vereinigte Königreich, sofern diese Verordnung in diesem Mitgliedstaat nach Artikel 4 des Protokolls über die Position des Vereinigten Königreichs und Irlands, das dem Vertrag über die Europäische Union und dem Vertrag zur Gründung der Europäischen Gemeinschaft beigefügt ist, anwendbar ist.

(19) Im Hinblick auf eine größere Rechtssicherheit, Vorhersehbarkeit und Eigenständigkeit der Vertragsparteien sollte diese Verordnung es den Parteien ermöglichen, den Gerichtsstand anhand bestimmter Anknüpfungspunkte einvernehmlich zu bestimmen. Um den Schutz der schwächeren Partei zu gewährleisten, sollte eine solche Wahl des Gerichtsstands bei Unterhaltspflichten gegenüber einem Kind, das das 18. Lebensjahr noch nicht vollendet hat, ausgeschlossen sein.

(20) In dieser Verordnung sollte vorgesehen werden, dass für die Mitgliedstaaten, die durch das Haager Protokoll von 2007 gebunden sind, die in jenem Protokoll enthaltenen Bestimmungen über Kollisionsnormen gelten. Hierzu sollte eine Bestimmung aufgenommen werden, die auf das genannte Protokoll verweist. Die Gemeinschaft wird das Haager Protokoll von 2007 rechtzeitig abschließen, um die Anwendung dieser Verordnung zu ermöglichen. Um der Möglichkeit Rechnung zu tragen, dass das Haager Protokoll von 2007 nicht für alle Mitgliedstaaten gilt, sollte hinsichtlich der Anerkennung, der Vollstreckbarkeit und der Vollstreckung von Entscheidungen zwischen den Mitgliedstaaten, die durch das Haager Protokoll von 2007 gebunden sind und jenen, die es nicht sind, unterschieden werden.

(21) Es sollte im Rahmen dieser Verordnung präzisiert werden, dass diese Kollisionsnormen nur das auf die Unterhaltspflichten anzuwendende Recht bestimmen; sie bestimmen nicht, nach welchem Recht festgestellt wird, ob ein Familienverhältnis besteht, das Unterhaltspflichten begründet. Die Feststellung eines Familienverhältnisses unterliegt weiterhin dem einzelstaatlichen Recht der Mitgliedstaaten, einschließlich ihrer Vorschriften des internationalen Privatrechts.

(22) Um die rasche und wirksame Durchsetzung einer Unterhaltsforderung zu gewährleisten und missbräuchlichen Rechtsmitteln vorzubeugen, sollten in einem Mitgliedstaat ergangene Unterhaltsentscheidungen grundsätzlich vorläufig vollstreckbar sein. Daher sollte in dieser Verordnung vorgesehen werden, dass das Ursprungsgericht die Entscheidung für vorläufig vollstreckbar erklären können sollte, und zwar auch dann, wenn das einzelstaatliche Recht die Vollstreckbarkeit von Rechts wegen nicht vorsieht und auch wenn nach einzelstaatlichem Recht ein Rechtsbehelf gegen die Entscheidung eingelegt wurde oder noch eingelegt werden könnte.

(23) Um die mit den Verfahren gemäß dieser Verordnung verbundenen Kosten zu begrenzen, wäre es zweckdienlich, so umfassend wie möglich auf die modernen Kommunikationstechnologien zurückzugreifen, insbesondere bei der Anhörung der Parteien.

(24) Die durch die Anwendung der Kollisionsnormen gebotenen Garantien sollten es rechtfertigen, dass Entscheidungen in Unterhaltssachen, die in einem durch das Haager Protokoll von

2007 gebundenen Mitgliedstaat ergangen sind, ohne weiteres Verfahren und ohne jegliche inhaltliche Prüfung im Vollstreckungsmitgliedstaat in den anderen Mitgliedstaaten anerkannt werden und vollstreckbar sind.

(25) Alleiniger Zweck der Anerkennung einer Unterhaltsentscheidung in einem Mitgliedstaat ist es, die Durchsetzung der in der Entscheidung festgelegten Unterhaltsforderung zu ermöglichen. Sie bewirkt nicht, dass dieser Mitgliedstaat das Familien-, Verwandtschafts-, eherechtliche oder auf Schwägerschaft beruhende Verhältnis anerkennt, auf der die Unterhaltspflichten, die Anlass zu der Entscheidung gegeben haben, gründen.

(26) Für Entscheidungen, die in einem nicht durch das Haager Protokoll von 2007 gebundenen Mitgliedstaat ergangen sind, sollte in dieser Verordnung ein Verfahren zur Anerkennung und Vollstreckbarerklärung vorgesehen werden. Dieses Verfahren sollte sich an das Verfahren und die Gründe für die Verweigerung der Anerkennung anlehnen, die in der Verordnung (EG) Nr. 44/2001 vorgesehen sind. Zur Beschleunigung des Verfahrens und damit die berechtigte Person ihre Forderung rasch durchsetzen kann, sollte vorgesehen werden, dass die Entscheidung des angerufenen Gerichts außer unter außergewöhnlichen Umständen innerhalb bestimmter Fristen ergehen muss.

(27) Ferner sollten die Formalitäten für die Vollstreckung, die Kosten zulasten des Unterhaltsberechtigten verursachen, so weit wie möglich reduziert werden. Hierzu sollte in dieser Verordnung vorgesehen werden, dass der Unterhaltsberechtigte nicht verpflichtet ist, über eine Postanschrift oder einen bevollmächtigten Vertreter im Vollstreckungsmitgliedstaat zu verfügen, ohne damit im Übrigen die interne Organisation der Mitgliedstaaten im Bereich der Vollstreckungsverfahren zu beeinträchtigen.

(28) Zur Begrenzung der mit den Vollstreckungsverfahren verbundenen Kosten sollte keine Übersetzung verlangt werden, außer wenn die Vollstreckung angefochten wird, und unbeschadet der Vorschriften für die Zustellung der Schriftstücke.

(29) Um die Achtung der Grundsätze eines fairen Verfahrens zu gewährleisten, sollte in dieser Verordnung vorgesehen werden, dass ein Antragsgegner, der nicht vor dem Ursprungsgericht eines durch das Haager Protokoll von 2007 gebundenen Mitgliedstaats erschienen ist, in der Phase der Vollstreckung der gegen ihn ergangenen Entscheidung die erneute Prüfung dieser Entscheidung beantragen kann. Der Antragsgegner sollte diese erneute Prüfung allerdings innerhalb einer bestimmten Frist beantragen, die spätestens ab dem Tag laufen sollte, an dem in der Phase des Vollstreckungsverfahrens seine Vermögensgegenstände zum ersten Mal ganz oder teilweise seiner Verfügung entzogen wurden. Dieses Recht auf erneute Prüfung sollte ein außerordentliches Rechtsbehelf darstellen, das dem Antragsgegner, der sich in dem Verfahren nicht eingelassen hat, gewährt wird, und das nicht die Anwendung anderer außerordentlicher Rechtsbehelfe berührt, die nach dem Recht des Ursprungsmitgliedstaats bestehen, sofern diese Rechtsbehelfe nicht mit dem Recht auf erneute Prüfung nach dieser Verordnung unvereinbar sind.

(30) Um die Vollstreckung einer Entscheidung eines durch das Haager Protokoll von 2007 gebundenen Mitgliedstaats in einem anderen Mitgliedstaat zu beschleunigen, sollten die Gründe für eine Verweigerung oder Aussetzung der Vollstreckung, die die verpflichtete Person aufgrund des grenzüberschreitenden Charakters der Unterhaltspflicht geltend machen könnte, begrenzt werden. Diese Begrenzung sollte nicht die nach einzelstaatlichem Recht vorgesehenen Gründe für die Verweigerung oder Aussetzung beeinträchtigen, die mit den in dieser Verordnung angeführten Gründen nicht unvereinbar sind, wie beispielsweise die Begleichung der Forderung durch die verpflichtete Person zum Zeitpunkt der Vollstreckung oder die Unpfändbarkeit bestimmter Güter.

(31) Um die grenzüberschreitende Durchsetzung von Unterhaltsforderungen zu erleichtern, sollte ein System der Zusammenarbeit zwischen den von den Mitgliedstaaten benannten Zentralen Behörden eingerichtet werden. Diese Behörden sollten die berechtigten und die verpflichteten Personen darin unterstützen, ihre Rechte in einem anderen Mitgliedstaat geltend zu machen,

indem sie die Anerkennung, Vollstreckbarerklärung und Vollstreckung bestehender Entscheidungen, die Änderung solcher Entscheidungen oder die Herbeiführung einer Entscheidung beantragen. Sie sollten ferner erforderlichenfalls Informationen austauschen, um die verpflichteten und die berechtigten Personen ausfindig zu machen und soweit erforderlich deren Einkünfte und Vermögen festzustellen. Sie sollten schließlich zusammenarbeiten und allgemeine Informationen auszutauschen sowie die Zusammenarbeit zwischen den zuständigen Behörden ihres Mitgliedstaats fördern.

(32) Eine nach dieser Verordnung benannte Zentrale Behörde sollte ihre eigenen Kosten tragen, abgesehen von speziell festgelegten Ausnahmen, und jeden Antragsteller unterstützen, der seinen Aufenthalt in ihrem Mitgliedstaat hat. Das Kriterium für das Recht einer Person auf Unterstützung durch eine Zentrale Behörde sollte weniger streng sein als das Anknüpfungskriterium des »gewöhnlichen Aufenthalts«, das sonst in dieser Verordnung verwendet wird. Das Kriterium des »Aufenthalts« sollte jedoch die bloße Anwesenheit ausschließen.

(33) Damit sie die unterhaltsberechtigten und -verpflichteten Personen umfassend unterstützen und die grenzüberschreitende Durchsetzung von Unterhaltsforderungen optimal fördern können, sollten die Zentralen Behörden gewisse personenbezogene Daten einholen können. Diese Verordnung sollte daher die Mitgliedstaaten verpflichten sicherzustellen, dass ihre Zentralen Behörden Zugang zu solchen Angaben bei den öffentlichen Behörden oder Stellen, die im Rahmen ihrer üblichen Tätigkeiten über die betreffenden Angaben verfügen, erhalten. Es sollte jedoch jedem Mitgliedstaat überlassen bleiben, die Modalitäten für diesen Zugang festzulegen. So sollte ein Mitgliedstaat befugt sein, die öffentlichen Behörden oder Verwaltungen zu bezeichnen, die gehalten sind, der Zentralen Behörde die Angaben im Einklang mit dieser Verordnung zur Verfügung zu stellen, gegebenenfalls einschließlich der bereits im Rahmen anderer Regelungen über den Zugang zu Informationen benannten öffentlichen Behörden oder Verwaltungen. Bezeichnet ein Mitgliedstaat öffentliche Behörden oder Verwaltungen, sollte er sicherstellen, dass seine Zentrale Behörde in der Lage ist, Zugang zu den gemäß dieser Verordnung erforderlichen Angaben, die im Besitz jener Behörden oder Verwaltungen sind, zu erhalten. Die Mitgliedstaaten sollten ferner befugt sein, ihrer Zentralen Behörde den Zugang zu den erforderlichen Angaben bei jeder anderen juristischen Person zu ermöglichen, die diese besitzt und für deren Verarbeitung verantwortlich ist.

(34) Im Rahmen des Zugangs zu personenbezogenen Daten sowie deren Verwendung und Weiterleitung ist es angebracht, die Anforderungen der Richtlinie 95/46/EG des Europäischen Parlaments und des Rates vom 24. Oktober 1995 zum Schutz natürlicher Personen bei der Verarbeitung personenbezogener Daten und zum freien Datenverkehr[13], wie sie in das einzelstaatliche Recht der Mitgliedstaaten umgesetzt ist, zu beachten.

(35) Es ist angebracht, die spezifischen Bedingungen für den Zugang zu personenbezogenen Daten, deren Verwendung und Weiterleitung für die Anwendung dieser Verordnung festzulegen. In diesem Zusammenhang wurde die Stellungnahme des Europäischen Datenschutzbeauftragten[14] berücksichtigt. Die Benachrichtigung der von der Datenerhebung betroffenen Person sollte im Einklang mit dem einzelstaatlichen Recht erfolgen. Es sollte jedoch die Möglichkeit vorgesehen werden, diese Benachrichtigung zu verzögern, um zu verhindern, dass die verpflichtete Person ihre Vermögensgegenstände transferiert und so die Durchsetzung der Unterhaltsforderung gefährdet.

(36) Angesichts der Verfahrenskosten sollte eine sehr günstige Regelung der Prozesskostenhilfe vorgesehen werden, nämlich die uneingeschränkte Übernahme der Kosten in Verbindung mit Verfahren betreffend Unterhaltspflichten gegenüber Kindern, die das 21. Lebensjahr noch nicht

---

13 ABl. L 281 vom 23.11.1995, S. 31.
14 ABl. C 242 vom 7.10.2006, S. 20.

vollendet haben, die über die Zentralen Behörden eingeleitet wurden. Folglich sollten die aufgrund der Richtlinie 2003/8/EG bestehenden Vorschriften über die Prozesskostenhilfe in der Europäischen Union durch spezifische Vorschriften ergänzt werden, mit denen ein besonderes System der Prozesskostenhilfe in Unterhaltssachen geschaffen wird. Dabei sollte die zuständige Behörde des ersuchten Mitgliedstaats befugt sein, in Ausnahmefällen die Kosten bei einem unterlegenen Antragsteller, der eine unentgeltliche Prozesskostenhilfe bezieht, beizutreiben, sofern seine finanziellen Verhältnisse dies zulassen. Dies wäre insbesondere bei einer vermögenden Person, die wider Treu und Glauben gehandelt hat, der Fall.

(37) Darüber hinaus sollte für andere als die im vorstehenden Erwägungsgrund genannten Unterhaltspflichten allen Parteien die gleiche Behandlung hinsichtlich der Prozesskostenhilfe bei der Vollstreckung einer Entscheidung in einem anderen Mitgliedstaat garantiert werden. So sollten die Bestimmungen dieser Verordnung über die Weitergewährung der Prozesskostenhilfe so ausgelegt werden, dass sie eine solche Hilfe auch einer Partei gewähren, die beim Verfahren zur Herbeiführung oder Änderung einer Entscheidung im Ursprungsmitgliedstaat keine Prozesskostenhilfe erhalten hat, die aber später im selben Mitgliedstaat im Rahmen eines Antrags auf Vollstreckung der Entscheidung in den Genuss der Prozesskostenhilfe gekommen ist. Gleichermaßen sollte eine Partei, die berechtigterweise ein unentgeltliches Verfahren vor einer der in Anhang X aufgeführten Verwaltungsbehörden in Anspruch genommen hat, im Vollstreckungsmitgliedstaat in den Genuss der günstigsten Prozesskostenhilfe oder umfassendsten Kosten- und Gebührenbefreiung kommen, sofern sie nachweisen kann, dass sie diese Vergünstigungen auch im Ursprungsmitgliedstaat erhalten hätte.

(38) Um die Kosten für die Übersetzung von Beweisunterlagen zu reduzieren, sollte das angerufene Gericht unbeschadet der Verteidigungsrechte und der für die Zustellung der Schriftstücke geltenden Vorschriften die Übersetzung dieser Unterlagen nur verlangen, wenn sie tatsächlich notwendig ist.

(39) Um die Anwendung dieser Verordnung zu erleichtern, sollte eine Verpflichtung für die Mitgliedstaaten vorgesehen werden, der Kommission die Namen und Kontaktdaten ihrer Zentralen Behörden sowie sonstige Informationen mitzuteilen. Diese Informationen sollten Praktikern und der Öffentlichkeit durch eine Veröffentlichung im Amtsblatt der Europäischen Union oder durch Ermöglichung des elektronischen Zugangs über das mit der Entscheidung 2001/470/EG eingerichtete Europäische Justizielle Netz für Zivil- und Handelssachen bereitgestellt werden. Darüber hinaus sollte die Verwendung der in dieser Verordnung vorgesehenen Formblätter die Kommunikation zwischen den Zentralen Behörden erleichtern und beschleunigen und die elektronische Vorlage von Ersuchen ermöglichen.

(40) Die Beziehung zwischen dieser Verordnung und den bilateralen Abkommen oder multilateralen Übereinkünften in Unterhaltssachen, denen die Mitgliedstaaten angehören, sollte geregelt werden. Dabei sollte vorgesehen werden, dass die Mitgliedstaaten, die Vertragspartei des Übereinkommens vom 23. März 1962 zwischen Schweden, Dänemark, Finnland, Island und Norwegen über die Geltendmachung von Unterhaltsansprüchen sind, dieses Übereinkommen weiterhin anwenden können, da es günstigere Bestimmungen über die Anerkennung und die Vollstreckung enthält als diese Verordnung. Was künftige bilaterale Abkommen in Unterhaltssachen mit Drittstaaten betrifft, sollten die Verfahren und Bedingungen, unter denen die Mitgliedstaaten ermächtigt wären, in ihrem eigenen Namen solche Abkommen auszuhandeln und zu schließen, im Rahmen der Erörterung eines von der Kommission vorzulegenden Vorschlags zu diesem Thema festgelegt werden.

(41) Die Berechnung der in dieser Verordnung vorgesehenen Fristen und Termine sollte nach Maßgabe der Verordnung (EWG, Euratom) Nr. 1182/71 des Rates vom 3. Juni 1971 zur Festlegung der Regeln für die Fristen, Daten und Termine[15] erfolgen.

(42) Die zur Durchführung dieser Verordnung erforderlichen Maßnahmen sollten nach Maßgabe des Beschlusses 1999/468/EG des Rates vom 28. Juni 1999 zur Festlegung der Modalitäten für die Ausübung der der Kommission übertragenen Durchführungsbefugnisse erlassen[16] werden.

(43) Insbesondere sollte die Kommission die Befugnis erhalten, alle Änderungen der in dieser Verordnung vorgesehenen Formblätter nach dem in Artikels 3 des Beschlusses 1999/468/EG genannten Beratungsverfahren des zu erlassen. Für die Erstellung der Liste der Verwaltungsbehörden, die in den Anwendungsbereich dieser Verordnung fallen, sowie der Liste der zuständigen Behörden für die Bescheinigung von Prozesskostenhilfe sollte die Kommission die Befugnis erhalten, das Verwaltungsverfahren nach Artikel 4 jenes Beschlusses anzuwenden.

(44) Diese Verordnung sollte die Verordnung (EG) Nr. 44/2001 ändern, indem sie deren auf Unterhaltssachen anwendbare Bestimmungen ersetzt. Vorbehaltlich der Übergangsbestimmungen dieser Verordnung sollten die Mitgliedstaaten bei Unterhaltssachen, ab dem Zeitpunkt der Anwendbarkeit dieser Verordnung die Bestimmungen dieser Verordnung über die Zuständigkeit, die Anerkennung, die Vollstreckbarkeit und die Vollstreckung von Entscheidungen und über die Prozesskostenhilfe anstelle der entsprechenden Bestimmungen der Verordnung (EG) Nr. 44/2001 anwenden.

(45) Da die Ziele dieser Verordnung, nämlich die Schaffung eines Instrumentariums zur effektiven Durchsetzung von Unterhaltsforderungen in grenzüberschreitenden Situationen und somit zur Erleichterung der Freizügigkeit der Personen innerhalb der Europäischen Union, auf Ebene der Mitgliedstaaten nicht hinreichend verwirklicht und daher aufgrund des Umfangs und der Wirkungen dieser Verordnung besser auf Gemeinschaftsebene erreicht werden können, kann die Gemeinschaft im Einklang mit dem in Artikel 5 des Vertrags niedergelegten Subsidiaritätsprinzip tätig werden. Entsprechend dem in demselben Artikel genannten Grundsatz der Verhältnismäßigkeit geht diese Verordnung nicht über das für die Erreichung dieser Ziele erforderliche Maß hinaus.

(46) Gemäß Artikel 3 des dem Vertrag über die Europäische Union und dem Vertrag zur Gründung der Europäischen Gemeinschaft beigefügten Protokolls über die Position des Vereinigten Königreichs und Irlands hat Irland mitgeteilt, dass es sich an der Annahme und Anwendung dieser Verordnung beteiligen möchte.

(47) Gemäß den Artikeln 1 und 2 des dem Vertrag über die Europäische Union und dem Vertrag zur Gründung der Europäischen Gemeinschaft beigefügten Protokolls über die Position des Vereinigten Königreichs und Irlands beteiligt sich das Vereinigte Königreich nicht an der Annahme dieser Verordnung, und ist weder durch diese gebunden noch zu ihrer Anwendung verpflichtet. Dies berührt jedoch nicht die Möglichkeit für das Vereinigte Königreich, gemäß Artikel 4 des genannten Protokolls nach der Annahme dieser Verordnung mitzuteilen, dass es die Verordnung anzunehmen wünscht.

(48) Gemäß den Artikeln 1 und 2 des dem Vertrag über die Europäische Union und dem Vertrag zur Gründung der Europäischen Gemeinschaft beigefügten Protokolls über die Position Dänemarks beteiligt sich Dänemark nicht an der Annahme dieser Verordnung und ist weder durch diese gebunden noch zu ihrer Anwendung verpflichtet, unbeschadet der Möglichkeit für Dänemark, den Inhalt der an der Verordnung (EG) Nr. 44/2001 vorgenommenen Änderungen gemäß Artikel 3 des Abkommens vom 19. Oktober 2005 zwischen der Europäischen Gemeinschaft und

---

15 ABl. L 124 vom 8.6.1971, S. 1.
16 ABl. L 184 vom 17.7.1999, S. 23.

dem Königreich Dänemark über die gerichtliche Zuständigkeit und die Anerkennung und Vollstreckung von Entscheidungen in Zivil- und Handelssachen[17] anzuwenden.

HAT FOLGENDE VERORDNUNG ERLASSEN:

Kapitel I Anwendungsbereich und Begriffsbestimmungen

Art. 1 Anwendungsbereich

(1) Diese Verordnung findet Anwendung auf Unterhaltspflichten, die auf einem Familien-, Verwandtschafts-, oder eherechtlichen Verhältnis oder auf Schwägerschaft beruhen.

(2) In dieser Verordnung bezeichnet der Begriff »Mitgliedstaat« alle Mitgliedstaaten, auf die diese Verordnung anwendbar ist.

Art. 2 Begriffsbestimmungen

(1) Im Sinne dieser Verordnung bezeichnet der Begriff
1. »Entscheidung« eine von einem Gericht eines Mitgliedstaats in Unterhaltssachen erlassene Entscheidung ungeachtet ihrer Bezeichnung wie Urteil, Beschluss, Zahlungsbefehl oder Vollstreckungsbescheid, einschließlich des Kostenfestsetzungsbeschlusses eines Gerichtsbediensteten. Für die Zwecke der Kapitel VII und VIII bezeichnet der Begriff »Entscheidung« auch eine in einem Drittstaat erlassene Entscheidung in Unterhaltssachen;
2. »gerichtlicher Vergleich« einen von einem Gericht gebilligten oder vor einem Gericht im Laufe eines Verfahrens geschlossenen Vergleich in Unterhaltssachen;
3. »öffentliche Urkunde«
    a) ein Schriftstück in Unterhaltssachen, das als öffentliche Urkunde im Ursprungsmitgliedstaat förmlich errichtet oder eingetragen worden ist und dessen Beweiskraft
        i) sich auf die Unterschrift und den Inhalt der öffentlichen Urkunde bezieht und
        ii) durch eine Behörde oder eine andere hierzu ermächtigte Stelle festgestellt worden ist; oder
    b) eine mit einer Verwaltungsbehörde des Ursprungsmitgliedstaats geschlossene oder von ihr beglaubigte Unterhaltsvereinbarung;
4. »Ursprungsmitgliedstaat« den Mitgliedstaat, in dem die Entscheidung ergangen, der gerichtliche Vergleich gebilligt oder geschlossen oder die öffentliche Urkunde ausgestellt worden ist;
5. »Vollstreckungsmitgliedstaat« den Mitgliedstaat, in dem die Vollstreckung der Entscheidung, des gerichtlichen Vergleichs oder der öffentlichen Urkunde betrieben wird;
6. »ersuchender Mitgliedstaat« den Mitgliedstaat, dessen Zentrale Behörde einen Antrag nach Kapitel VII übermittelt;
7. »ersuchter Mitgliedstaat« den Mitgliedstaat, dessen Zentrale Behörde einen Antrag nach Kapitel VII erhält;
8. »Vertragsstaat des Haager Übereinkommens von 2007« einen Vertragsstaat des Haager Übereinkommens vom 23. November 2007 über die internationale Geltendmachung der Unterhaltsansprüche von Kindern und anderen Familienangehörigen (nachstehend »Haager Übereinkommen von 2007« genannt), soweit dieses Übereinkommen zwischen der Gemeinschaft und dem betreffenden Staat anwendbar ist;
9. »Ursprungsgericht« das Gericht, das die zu vollstreckende Entscheidung erlassen hat;
10. »berechtigte Person« jede natürliche Person, der Unterhalt zusteht oder angeblich zusteht;

---

[17] ABl. L 299 vom 16.11.2005, S. 62.

11. »verpflichtete Person« jede natürliche Person, die Unterhalt leisten muss oder angeblich leisten muss.

(2) Im Sinne dieser Verordnung schließt der Begriff »Gericht« auch die Verwaltungsbehörden der Mitgliedstaaten mit Zuständigkeit in Unterhaltssachen ein, sofern diese Behörden ihre Unparteilichkeit und das Recht der Parteien auf rechtliches Gehör garantieren und ihre Entscheidungen nach dem Recht des Mitgliedstaats, in dem sie ihren Sitz hat,
i) vor Gericht angefochten oder von einem Gericht nachgeprüft werden können und
ii) eine mit einer Entscheidung eines Gerichts zu der gleichen Angelegenheit vergleichbare Rechtskraft und Wirksamkeit haben.

Die betreffenden Verwaltungsbehörden sind in Anhang X aufgelistet. Dieser Anhang wird auf Antrag des Mitgliedstaats, in dem die betreffende Verwaltungsbehörde ihren Sitz hat, nach dem Verwaltungsverfahren des Art. 73 Absatz 2 erstellt und geändert.

(3) Im Sinne der Art. 3, 4 und 6 tritt der Begriff »Wohnsitz« in den Mitgliedstaaten, die diesen Begriff als Anknüpfungspunkt in Familiensachen verwenden, an die Stelle des Begriffs »Staatsangehörigkeit«.

Im Sinne des Art. 6 gilt, dass Parteien, die ihren »Wohnsitz« in verschiedenen Gebietseinheiten desselben Mitgliedstaats haben, ihren gemeinsamen »Wohnsitz« in diesem Mitgliedstaat haben.

Kapitel II Zuständigkeit

Art. 3 Allgemeine Bestimmungen

Zuständig für Entscheidungen in Unterhaltssachen in den Mitgliedstaaten ist
a) das Gericht des Ortes, an dem der Beklagte seinen gewöhnlichen Aufenthalt hat, oder
b) das Gericht des Ortes, an dem die berechtigte Person ihren gewöhnlichen Aufenthalt hat, oder
c) das Gericht, das nach seinem Recht für ein Verfahren in Bezug auf den Personenstand zuständig ist, wenn in der Nebensache zu diesem Verfahren über eine Unterhaltssache zu entscheiden ist, es sei denn, diese Zuständigkeit begründet sich einzig auf der Staatsangehörigkeit einer der Parteien, oder
d) das Gericht, das nach seinem Recht für ein Verfahren in Bezug auf die elterliche Verantwortung zuständig ist, wenn in der Nebensache zu diesem Verfahren über eine Unterhaltssache zu entscheiden ist, es sei denn, diese Zuständigkeit beruht einzig auf der Staatsangehörigkeit einer der Parteien.

Art. 4 Gerichtsstandsvereinbarungen

(1) Die Parteien können vereinbaren, dass das folgende Gericht oder die folgenden Gerichte eines Mitgliedstaats zur Beilegung von zwischen ihnen bereits entstandenen oder künftig entstehenden Streitigkeiten betreffend Unterhaltspflichten zuständig ist bzw. sind:
a) ein Gericht oder die Gerichte eines Mitgliedstaats, in dem eine der Parteien ihren gewöhnlichen Aufenthalt hat;
b) ein Gericht oder die Gerichte des Mitgliedstaats, dessen Staatsangehörigkeit eine der Parteien besitzt;
c) hinsichtlich Unterhaltspflichten zwischen Ehegatten oder früheren Ehegatten

i) das Gericht, das für Streitigkeiten zwischen den Ehegatten oder früheren Ehegatten in Ehesachen zuständig ist, oder
   ii) ein Gericht oder die Gerichte des Mitgliedstaats, in dem die Ehegatten mindestens ein Jahr lang ihren letzten gemeinsamen gewöhnlichen Aufenthalt hatten.

Die in den Buchstaben a, b oder c genannten Voraussetzungen müssen zum Zeitpunkt des Abschlusses der Gerichtsstandsvereinbarung oder zum Zeitpunkt der Anrufung des Gerichts erfüllt sein.

Die durch Vereinbarung festgelegte Zuständigkeit ist ausschließlich, sofern die Parteien nichts anderes vereinbaren.

(2) Eine Gerichtsstandsvereinbarung bedarf der Schriftform. Elektronische Übermittlungen, die eine dauerhafte Aufzeichnung der Vereinbarung ermöglichen, erfüllen die Schriftform.

(3) Dieser Art. gilt nicht bei einer Streitigkeit über eine Unterhaltspflicht gegenüber einem Kind, das noch nicht das 18. Lebensjahr vollendet hat.

(4) Haben die Parteien vereinbart, dass ein Gericht oder die Gerichte eines Staates, der dem am 30. Oktober 2007 in Lugano unterzeichneten Übereinkommen über die gerichtliche Zuständigkeit und die Anerkennung und Vollstreckung von Entscheidungen in Zivil- und Handelssachen[1] (nachstehend »Übereinkommen von Lugano« genannt) angehört und bei dem es sich nicht um einen Mitgliedstaat handelt, ausschließlich zuständig sein soll bzw. sollen, so ist dieses Übereinkommen anwendbar, außer für Streitigkeiten nach Absatz 3.

Art. 5 Durch rügelose Einlassung begründete Zuständigkeit

Sofern das Gericht eines Mitgliedstaats nicht bereits nach anderen Vorschriften dieser Verordnung zuständig ist, wird es zuständig, wenn sich der Beklagte auf das Verfahren einlässt. Dies gilt nicht, wenn der Beklagte sich einlässt, um den Mangel der Zuständigkeit geltend zu machen.

Art. 6 Auffangzuständigkeit

Ergibt sich weder eine Zuständigkeit eines Gerichts eines Mitgliedstaats gemäß der Art. 3, 4 und 5 noch eine Zuständigkeit eines Gerichts eines Staates, der dem Übereinkommen von Lugano angehört und der kein Mitgliedstaat ist, gemäß der Bestimmungen dieses Übereinkommens, so sind die Gerichte des Mitgliedstaats der gemeinsamen Staatsangehörigkeit der Parteien zuständig.

Art. 7 Notzuständigkeit (forum necessitatis)

Ergibt sich keine Zuständigkeit eines Gerichts eines Mitgliedstaats gemäß der Art. 3, 4, 5 und 6, so können die Gerichte eines Mitgliedstaats in Ausnahmefällen über den Rechtsstreit entscheiden, wenn es nicht zumutbar ist oder es sich als unmöglich erweist, ein Verfahren in einem Drittstaat, zu dem der Rechtsstreit einen engen Bezug aufweist, einzuleiten oder zu führen.

Der Rechtsstreit muss einen ausreichenden Bezug zu dem Mitgliedstaat des angerufenen Gerichts aufweisen.

Art. 8 Verfahrensbegrenzung

(1) Ist eine Entscheidung in einem Mitgliedstaat oder einem Vertragsstaat des Haager Übereinkommens von 2007 ergangen, in dem die berechtigte Person ihren gewöhnlichen Aufenthalt hat, so kann die verpflichtete Person kein Verfahren in einem anderen Mitgliedstaat einleiten,

---

[1] ABl. L 339 vom 21.12.2007, S. 3.

um eine Änderung der Entscheidung oder eine neue Entscheidung herbeizuführen, solange die berechtigte Person ihren gewöhnlichen Aufenthalt weiterhin in dem Staat hat, in dem die Entscheidung ergangen ist.

(2) Absatz 1 gilt nicht,
a) wenn die gerichtliche Zuständigkeit jenes anderen Mitgliedstaats auf der Grundlage einer Vereinbarung nach Art. 4 zwischen den Parteien festgelegt wurde;
b) wenn die berechtigte Person sich aufgrund von Art. 5 der gerichtlichen Zuständigkeit jenes anderen Mitgliedstaats unterworfen hat;
c) wenn die zuständige Behörde des Ursprungsstaats, der dem Haager Übereinkommen von 2007 angehört, ihre Zuständigkeit für die Änderung der Entscheidung oder für das Erlassen einer neuen Entscheidung nicht ausüben kann oder die Ausübung ablehnt; oder
d) wenn die im Ursprungsstaat, der dem Haager Übereinkommen von 2007 angehört, ergangene Entscheidung in dem Mitgliedstaat, in dem ein Verfahren zur Änderung der Entscheidung oder Herbeiführung einer neuen Entscheidung beabsichtigt ist, nicht anerkannt oder für vollstreckbar erklärt werden kann.

Art. 9 Anrufung eines Gerichts

Für die Zwecke dieses Kapitels gilt ein Gericht als angerufen
a) zu dem Zeitpunkt, zu dem das verfahrenseinleitende Schriftstück oder ein gleichwertiges Schriftstück bei Gericht eingereicht worden ist, vorausgesetzt, dass der Kläger es in der Folge nicht versäumt hat, die ihm obliegenden Maßnahmen zu treffen, um die Zustellung des Schriftstücks an den Beklagten zu bewirken, oder
b) falls die Zustellung an den Beklagten vor Einreichung des Schriftstücks bei Gericht zu bewirken ist, zu dem Zeitpunkt, zu dem die für die Zustellung verantwortliche Stelle das Schriftstück erhalten hat, vorausgesetzt, dass der Kläger es in der Folge nicht versäumt hat, die ihm obliegenden Maßnahmen zu treffen, um das Schriftstück bei Gericht einzureichen.

Art. 10 Prüfung der Zuständigkeit

Das Gericht eines Mitgliedstaats, das in einer Sache angerufen wird, für die es nach dieser Verordnung nicht zuständig ist, erklärt sich von Amts wegen für unzuständig.

Art. 11 Prüfung der Zulässigkeit

(1) Lässt sich ein Beklagter, der seinen gewöhnlichen Aufenthalt im Hoheitsgebiet eines anderen Staates als des Mitgliedstaats hat, in dem das Verfahren eingeleitet wurde, auf das Verfahren nicht ein, so setzt das zuständige Gericht das Verfahren so lange aus, bis festgestellt ist, dass es dem Beklagten möglich war, das verfahrenseinleitende Schriftstück oder ein gleichwertiges Schriftstück so rechtzeitig zu empfangen, dass er sich verteidigen konnte oder dass alle hierzu erforderlichen Maßnahmen getroffen wurden.

(2) Anstelle des Absatzes 1 dieses Art. findet Art. 19 der Verordnung (EG) Nr. 1393/2007 Anwendung, wenn das verfahrenseinleitende Schriftstück oder ein gleichwertiges Schriftstück nach Maßgabe jener Verordnung von einem Mitgliedstaat in einen anderen zuzustellen war.

(3) Sind die Bestimmungen der Verordnung (EG) Nr. 1393/2007 nicht anwendbar, so gilt Art. 15 des Haager Übereinkommens vom 15. November 1965 über die Zustellung gerichtlicher und außergerichtlicher Schriftstücke im Ausland in Zivil- und Handelssachen, wenn das verfahrenseinleitende Schriftstück oder ein gleichwertiges Schriftstück nach Maßgabe dieses Übereinkommens ins Ausland zu übermitteln war.

Art. 12 Rechtshängigkeit

(1) Werden bei Gerichten verschiedener Mitgliedstaaten Verfahren wegen desselben Anspruchs zwischen denselben Parteien anhängig gemacht, so setzt das später angerufene Gericht das Verfahren von Amts wegen aus, bis die Zuständigkeit des zuerst angerufenen Gerichts feststeht.

(2) Sobald die Zuständigkeit des zuerst angerufenen Gerichts feststeht, erklärt sich das später angerufene Gericht zugunsten dieses Gerichts für unzuständig.

Art. 13 Aussetzung wegen Sachzusammenhang

(1) Sind bei Gerichten verschiedener Mitgliedstaaten Verfahren, die im Zusammenhang stehen, anhängig, so kann jedes später angerufene Gericht das Verfahren aussetzen.

(2) Sind diese Verfahren in erster Instanz anhängig, so kann sich jedes später angerufene Gericht auf Antrag einer Partei auch für unzuständig erklären, wenn das zuerst angerufene Gericht für die betreffenden Verfahren zuständig ist und die Verbindung der Verfahren nach seinem Recht zulässig ist.

(3) Verfahren stehen im Sinne dieses Art. im Zusammenhang, wenn zwischen ihnen eine so enge Beziehung gegeben ist, dass eine gemeinsame Verhandlung und Entscheidung geboten erscheint, um zu vermeiden, dass in getrennten Verfahren widersprechende Entscheidungen ergehen könnten.

Art. 14 Einstweilige Maßnahmen einschließlich Sicherungsmaßnahmen

Die im Recht eines Mitgliedstaats vorgesehenen einstweiligen Maßnahmen einschließlich solcher, die auf eine Sicherung gerichtet sind, können bei den Gerichten dieses Staates auch dann beantragt werden, wenn für die Entscheidung in der Hauptsache das Gericht eines anderen Mitgliedstaats aufgrund dieser Verordnung zuständig ist.

Kapitel III Anwendbares Recht

Art. 15 Bestimmung des anwendbaren Rechts

Das auf Unterhaltspflichten anwendbare Recht bestimmt sich für die Mitgliedstaaten, die durch das Haager Protokoll vom 23. November 2007 über das auf Unterhaltspflichten anzuwendende Recht (nachstehend »Haager Protokoll von 2007« genannt) gebunden sind, nach jenem Protokoll.

Kapitel IV Anerkennung, Vollstreckbarkeit und Vollstreckung von Entscheidungen

Art. 16 Geltungsbereich dieses Kapitels

(1) Dieses Kapitel regelt die Anerkennung, die Vollstreckbarkeit und die Vollstreckung der unter diese Verordnung fallenden Entscheidungen.

(2) Abschnitt 1 gilt für Entscheidungen, die in einem Mitgliedstaat, der durch das Haager Protokoll von 2007 gebunden ist, ergangen sind.

(3) Abschnitt 2 gilt für Entscheidungen, die in einem Mitgliedstaat, der nicht durch das Haager Protokoll von 2007 gebunden ist, ergangen sind.

(4) Abschnitt 3 gilt für alle Entscheidungen.

Abschnitt 1 In einem Mitgliedstaat, der durch das Haager Protokoll von 2007 gebunden ist, ergangene Entscheidungen

Art. 17 Abschaffung des Exequaturverfahrens

(1) Eine in einem Mitgliedstaat, der durch das Haager Protokoll von 2007 gebunden ist, ergangene Entscheidung wird in einem anderen Mitgliedstaat anerkannt, ohne dass es hierfür eines besonderen Verfahrens bedarf und ohne dass die Anerkennung angefochten werden kann.

(2) Eine in einem Mitgliedstaat, der durch das Haager Protokoll von 2007 gebunden ist, ergangene Entscheidung, die in diesem Staat vollstreckbar ist, ist in einem anderen Mitgliedstaat vollstreckbar, ohne dass es einer Vollstreckbarerklärung bedarf.

Art. 18 Sicherungsmaßnahmen

Eine vollstreckbare Entscheidung umfasst von Rechts wegen die Befugnis, alle auf eine Sicherung gerichteten Maßnahmen zu veranlassen, die im Recht des Vollstreckungsmitgliedstaats vorgesehen sind.

Art. 19 Recht auf Nachprüfung

(1) Ein Antragsgegner, der sich im Ursprungsmitgliedstaat nicht auf das Verfahren eingelassen hat, hat das Recht, eine Nachprüfung der Entscheidung durch das zuständige Gericht dieses Mitgliedstaats zu beantragen, wenn
a) ihm das verfahrenseinleitende Schriftstück oder ein gleichwertiges Schriftstück nicht so rechtzeitig und in einer Weise zugestellt worden ist, dass er sich verteidigen konnte, oder
b) er aufgrund höherer Gewalt oder aufgrund außergewöhnlicher Umstände ohne eigenes Verschulden nicht in der Lage gewesen ist, Einspruch gegen die Unterhaltsforderung zu erheben,

es sei denn, er hat gegen die Entscheidung keinen Rechtsbehelf eingelegt, obwohl er die Möglichkeit dazu hatte.

(2) Die Frist für den Antrag auf Nachprüfung der Entscheidung beginnt mit dem Tag, an dem der Antragsgegner vom Inhalt der Entscheidung tatsächlich Kenntnis genommen hat und in der Lage war, entsprechend tätig zu werden, spätestens aber mit dem Tag der ersten Vollstreckungsmaßnahme, die zur Folge hatte, dass die Vermögensgegenstände des Antragsgegners ganz oder teilweise dessen Verfügung entzogen wurden. Der Antragsgegner wird unverzüglich tätig, in jedem Fall aber innerhalb einer Frist von 45 Tagen. Eine Verlängerung dieser Frist wegen weiter Entfernung ist ausgeschlossen.

(3) Weist das Gericht den Antrag auf Nachprüfung nach Absatz 1 mit der Begründung zurück, dass keine der Voraussetzungen für eine Nachprüfung nach jenem Absatz erfüllt ist, bleibt die Entscheidung in Kraft.

Entscheidet das Gericht, dass eine Nachprüfung aus einem der in Absatz 1 genannten Gründe gerechtfertigt ist, so wird die Entscheidung für nichtig erklärt. Die berechtigte Person verliert jedoch nicht die Vorteile, die sich aus der Unterbrechung der Verjährungs- oder Ausschlussfristen ergeben, noch das Recht, im ursprünglichen Verfahren möglicherweise zuerkannte Unterhaltsansprüche rückwirkend geltend zu machen.

Art. 20 Schriftstücke zum Zwecke der Vollstreckung

(1) Für die Vollstreckung einer Entscheidung in einem anderen Mitgliedstaat legt der Antragsteller den zuständigen Vollstreckungsbehörden folgende Schriftstücke vor:
a) eine Ausfertigung der Entscheidung, die die für ihre Beweiskraft erforderlichen Voraussetzungen erfüllt,
b) einen Auszug aus der Entscheidung, den die zuständige Behörde des Ursprungsmitgliedstaats unter Verwendung des in Anhang I vorgesehenen Formblatts erstellt hat;
c) gegebenenfalls ein Schriftstück, aus dem die Höhe der Zahlungsrückstände und das Datum der Berechnung hervorgehen;
d) gegebenenfalls eine Transskript oder eine Übersetzung des Inhalts des in Buchstabe b genannten Formblatts in die Amtssprache des Vollstreckungsmitgliedstaats oder — falls es in diesem Mitgliedstaat mehrere Amtssprachen gibt — nach Maßgabe des Rechts dieses Mitgliedstaats in die Verfahrenssprache oder eine der Verfahrenssprachen des Ortes, an dem die Vollstreckung betrieben wird, oder in eine sonstige Sprache, für die der Vollstreckungsmitgliedstaat erklärt hat, dass er sie zulässt. Jeder Mitgliedstaat kann angeben, welche Amtssprache oder Amtssprachen der Organe der Europäischen Union er neben seiner oder seinen eigenen für das Ausfüllen des Formblatts zulässt.

(2) Die zuständigen Behörden des Vollstreckungsmitgliedstaats können vom Antragsteller nicht verlangen, dass dieser eine Übersetzung der Entscheidung vorlegt. Eine Übersetzung kann jedoch verlangt werden, wenn die Vollstreckung der Entscheidung angefochten wird.

(3) Eine Übersetzung aufgrund dieses Art. ist von einer Person zu erstellen, die zur Anfertigung von Übersetzungen in einem der Mitgliedstaaten befugt ist.

Art. 21 Verweigerung oder Aussetzung der Vollstreckung

(1) Die im Recht des Vollstreckungsmitgliedstaats vorgesehenen Gründe für die Verweigerung oder Aussetzung der Vollstreckung gelten, sofern sie nicht mit der Anwendung der Absätze 2 und 3 unvereinbar sind.

(2) Die zuständige Behörde des Vollstreckungsmitgliedstaats verweigert auf Antrag der verpflichteten Person die Vollstreckung der Entscheidung des Ursprungsgerichts insgesamt oder teilweise, wenn das Recht auf Vollstreckung der Entscheidung des Ursprungsgerichts entweder nach dem Recht des Ursprungsmitgliedstaats oder nach dem Recht des Vollstreckungsmitgliedstaats verjährt ist, wobei die längere Verjährungsfrist gilt.

Darüber hinaus kann die zuständige Behörde des Vollstreckungsmitgliedstaats auf Antrag der verpflichteten Person die Vollstreckung der Entscheidung des Ursprungsgerichts insgesamt oder teilweise verweigern, wenn die Entscheidung mit einer im Vollstreckungsmitgliedstaat ergangenen Entscheidung oder einer in einem anderen Mitgliedstaat oder einem Drittstaat ergangenen Entscheidung, die die notwendigen Voraussetzungen für ihre Anerkennung im Vollstreckungsmitgliedstaat erfüllt, unvereinbar ist.

Eine Entscheidung, die bewirkt, dass eine frühere Unterhaltsentscheidung aufgrund geänderter Umstände geändert wird, gilt nicht als unvereinbare Entscheidung im Sinne des Unterabsatzes 2.

(3) Die zuständige Behörde des Vollstreckungsmitgliedstaats kann auf Antrag der verpflichteten Person die Vollstreckung der Entscheidung des Ursprungsgerichts insgesamt oder teilweise aussetzen, wenn das zuständige Gericht des Ursprungsmitgliedstaats mit einem Antrag auf Nachprüfung der Entscheidung des Ursprungsgerichts nach Art. 19 befasst wurde.

Darüber hinaus setzt die zuständige Behörde des Vollstreckungsmitgliedstaats auf Antrag der verpflichteten Person die Vollstreckung der Entscheidung des Ursprungsgerichts aus, wenn die Vollstreckbarkeit im Ursprungsmitgliedstaat ausgesetzt ist.

Art. 22 Keine Auswirkung auf das Bestehen eines Familienverhältnisses

Die Anerkennung und Vollstreckung einer Unterhaltsentscheidung aufgrund dieser Verordnung bewirkt in keiner Weise die Anerkennung von Familien-, Verwandtschafts-, oder eherechtlichen Verhältnissen oder Schwägerschaft, die der Unterhaltspflicht zugrunde liegen, die zu der Entscheidung geführt hat.

Abschnitt 2 In einem Mitgliedstaat, der nicht durch das Haager Protokoll von 2007 gebunden ist, ergangene Entscheidungen

Art. 23 Anerkennung

(1) Die in einem Mitgliedstaat, der nicht durch das Haager Protokoll von 2007 gebunden ist, ergangenen Entscheidungen werden in den anderen Mitgliedstaaten anerkannt, ohne dass es hierfür eines besonderen Verfahrens bedarf.

(2) Bildet die Frage, ob eine Entscheidung anzuerkennen ist, als solche den Gegenstand eines Streites, so kann jede Partei, welche die Anerkennung geltend macht, in dem Verfahren nach diesem Abschnitt die Feststellung beantragen, dass die Entscheidung anzuerkennen ist.

(3) Wird die Anerkennung in einem Rechtsstreit vor dem Gericht eines Mitgliedstaats, dessen Entscheidung von der Anerkennung abhängt, verlangt, so kann dieses Gericht über die Anerkennung entscheiden.

Art. 24 Gründe für die Versagung der Anerkennung

Eine Entscheidung wird nicht anerkannt,
a) wenn die Anerkennung der öffentlichen Ordnung (ordre public) des Mitgliedstaats, in dem sie geltend gemacht wird, offensichtlich widersprechen würde. Die Vorschriften über die Zuständigkeit gehören nicht zur öffentlichen Ordnung (ordre public);
b) wenn dem Antragsgegner, der sich in dem Verfahren nicht eingelassen hat, das verfahrenseinleitende Schriftstück oder ein gleichwertiges Schriftstück nicht so rechtzeitig und in einer Weise zugestellt worden ist, dass er sich verteidigen konnte, es sei denn, der Antragsgegner hat gegen die Entscheidung keinen Rechtsbehelf eingelegt, obwohl er die Möglichkeit dazu hatte;
c) wenn sie mit einer Entscheidung unvereinbar ist, die zwischen denselben Parteien in dem Mitgliedstaat, in dem die Anerkennung geltend gemacht wird, ergangen ist;
d) wenn sie mit einer früheren Entscheidung unvereinbar ist, die in einem anderen Mitgliedstaat oder in einem Drittstaat zwischen denselben Parteien in einem Rechtsstreit wegen desselben Anspruchs ergangen ist, sofern die frühere Entscheidung die notwendigen Voraussetzungen für ihre Anerkennung in dem Mitgliedstaat erfüllt, in dem die Anerkennung geltend gemacht wird.

Eine Entscheidung, die bewirkt, dass eine frühere Unterhaltsentscheidung aufgrund geänderter Umstände geändert wird, gilt nicht als unvereinbare Entscheidung im Sinne der Buchstaben c oder d.

Art. 25 Aussetzung des Anerkennungsverfahrens

Das Gericht eines Mitgliedstaats, vor dem die Anerkennung einer Entscheidung geltend gemacht wird, die in einem Mitgliedstaat ergangen ist, der nicht durch das Haager Protokoll von 2007 gebunden ist, setzt das Verfahren aus, wenn die Vollstreckung der Entscheidung im Ursprungsmitgliedstaat wegen der Einlegung eines Rechtsbehelfs einstweilen eingestellt ist.

Art. 26 Vollstreckbarkeit

Eine Entscheidung, die in einem Mitgliedstaat ergangen ist, der nicht durch das Haager Protokoll von 2007 gebunden ist, die in diesem Staat vollstreckbar ist, wird in einem anderen Mitgliedstaat vollstreckt, wenn sie dort auf Antrag eines Berechtigten für vollstreckbar erklärt worden ist.

Art. 27 Örtlich zuständiges Gericht

(1) Der Antrag auf Vollstreckbarerklärung ist an das Gericht oder an die zuständige Behörde des Vollstreckungsmitgliedstaats zu richten, das beziehungsweise die der Kommission von diesem Mitgliedstaat gemäß Art. 71 notifiziert wurde.

(2) Die örtliche Zuständigkeit wird durch den Ort des gewöhnlichen Aufenthalts der Partei, gegen die die Vollstreckung erwirkt werden soll, oder durch den Ort, an dem die Vollstreckung durchgeführt werden soll, bestimmt.

Art. 28 Verfahren

(1) Dem Antrag auf Vollstreckbarerklärung sind folgende Schriftstücke beizufügen:
a) eine Ausfertigung der Entscheidung, die die für ihre Beweiskraft erforderlichen Voraussetzungen erfüllt,
b) einen durch das Ursprungsgericht unter Verwendung des Formblatts in Anhang II erstellten Auszug aus der Entscheidung, unbeschadet des Art. 29;
c) gegebenenfalls eine Transskript oder eine Übersetzung des Inhalts des in Buchstabe b genannten Formblatts in die Amtssprache des Vollstreckungsmitgliedstaats oder — falls es in diesem Mitgliedstaat mehrere Amtssprachen gibt — nach Maßgabe des Rechts dieses Mitgliedstaats — in die oder eine der Verfahrenssprachen des Ortes, an dem der Antrag gestellt wird, oder in eine sonstige Sprache, die der Vollstreckungsmitgliedstaat für zulässig erklärt hat. Jeder Mitgliedstaat kann angeben, welche Amtssprache oder Amtssprachen der Organe der Europäischen Union er neben seiner oder seinen eigenen für das Ausfüllen des Formblatts zulässt.

(2) Das Gericht oder die zuständige Behörde, bei dem beziehungsweise bei der der Antrag gestellt wird, kann vom Antragsteller nicht verlangen, dass dieser eine Übersetzung der Entscheidung vorlegt. Eine Übersetzung kann jedoch im Rahmen des Rechtsbehelfs nach Art. 32 oder Art. 33 verlangt werden.

(3) Eine Übersetzung aufgrund dieses Art. ist von einer Person zu erstellen, die zur Anfertigung von Übersetzungen in einem der Mitgliedstaaten befugt ist.

Art. 29 Nichtvorlage des Auszugs

(1) Wird der Auszug nach Art. 28 Absatz 1 Buchstabe b nicht vorgelegt, so kann das Gericht oder die zuständige Behörde eine Frist bestimmen, innerhalb deren er vorzulegen ist, oder sich mit einem gleichwertigen Schriftstück begnügen oder von der Vorlage des Auszugs befreien, wenn es eine weitere Klärung nicht für erforderlich hält.

(2) In dem Fall nach Absatz 1 ist auf Verlangen des Gerichts oder der zuständigen Behörde eine Übersetzung der Schriftstücke vorzulegen. Die Übersetzung ist von einer Person zu erstellen, die zur Anfertigung von Übersetzungen in einem der Mitgliedstaaten befugt ist.

Art. 30 Vollstreckbarerklärung

Sobald die in Art. 28 vorgesehenen Förmlichkeiten erfüllt sind, spätestens aber 30 Tage nachdem diese Förmlichkeiten erfüllt sind, es sei denn, dies erweist sich aufgrund außergewöhnlicher

Umstände als nicht möglich, wird die Entscheidung für vollstreckbar erklärt, ohne dass eine Prüfung gemäß Art. 24 erfolgt. Die Partei, gegen die die Vollstreckung erwirkt werden soll, erhält in diesem Abschnitt des Verfahrens keine Gelegenheit, eine Erklärung abzugeben.

Art. 31 Mitteilung der Entscheidung über den Antrag auf Vollstreckbarerklärung

(1) Die Entscheidung über den Antrag auf Vollstreckbarerklärung wird dem Antragsteller unverzüglich in der Form mitgeteilt, die das Recht des Vollstreckungsmitgliedstaats vorsieht.

(2) Die Vollstreckbarerklärung und, soweit dies noch nicht geschehen ist, die Entscheidung werden der Partei, gegen die die Vollstreckung erwirkt werden soll, zugestellt.

Art. 32 Rechtsbehelf gegen die Entscheidung über den Antrag

(1) Gegen die Entscheidung über den Antrag auf Vollstreckbarerklärung kann jede Partei einen Rechtsbehelf einlegen.

(2) Der Rechtsbehelf wird bei dem Gericht eingelegt, das der betreffende Mitgliedstaat der Kommission nach Art. 71 notifiziert hat.

(3) Über den Rechtsbehelf wird nach den Vorschriften entschieden, die für Verfahren mit beiderseitigem rechtlichen Gehör maßgebend sind.

(4) Lässt sich die Partei, gegen die die Vollstreckung erwirkt werden soll, in dem Verfahren vor dem mit dem Rechtsbehelf des Antragstellers befassten Gericht nicht ein, so ist Art. 11 auch dann anzuwenden, wenn die Partei, gegen die die Vollstreckung erwirkt werden soll, ihren gewöhnlichen Aufenthalt nicht im Hoheitsgebiet eines Mitgliedstaats hat.

(5) Der Rechtsbehelf gegen die Vollstreckbarerklärung ist innerhalb von 30 Tagen nach ihrer Zustellung einzulegen. Hat die Partei, gegen die die Vollstreckung erwirkt werden soll, ihren gewöhnlichen Aufenthalt im Hoheitsgebiet eines anderen Mitgliedstaats als dem, in dem die Vollstreckbarerklärung ergangen ist, so beträgt die Frist für den Rechtsbehelf 45 Tage und beginnt von dem Tage an zu laufen, an dem die Vollstreckbarerklärung ihr entweder in Person oder in ihrer Wohnung zugestellt worden ist. Eine Verlängerung dieser Frist wegen weiter Entfernung ist ausgeschlossen.

Art. 33 Rechtsmittel gegen die Entscheidung über den Rechtsbehelf

Die über den Rechtsbehelf ergangene Entscheidung kann nur im Wege des Verfahrens angefochten werden, das der betreffende Mitgliedstaat der Kommission nach Art. 71 notifiziert hat.

Art. 34 Versagung oder Aufhebung einer Vollstreckbarerklärung

(1) Die Vollstreckbarerklärung darf von dem mit einem Rechtsbehelf nach Art. 32 oder Art. 33 befassten Gericht nur aus einem der in Art. 24 aufgeführten Gründe versagt oder aufgehoben werden.

(2) Vorbehaltlich des Art. 32 Absatz 4 erlässt das mit einem Rechtsbehelf nach Art. 32 befasste Gericht seine Entscheidung innerhalb von 90 Tagen nach seiner Befassung, es sei denn, dies erweist sich aufgrund außergewöhnlicher Umstände als nicht möglich.

(3) Das mit einem Rechtsbehelf nach Art. 33 befasste Gericht erlässt seine Entscheidung unverzüglich.

Art. 35 Aussetzung des Verfahrens

Das mit einem Rechtsbehelf nach Art. 32 oder Art. 33 befasste Gericht setzt auf Antrag der Partei, gegen die die Vollstreckung erwirkt werden soll, das Verfahren aus, wenn die Vollstreckung der Entscheidung im Ursprungsmitgliedstaat wegen der Einlegung eines Rechtsbehelfs einstweilen eingestellt ist.

Art. 36 Einstweilige Maßnahmen einschließlich Sicherungsmaßnahmen

(1) Ist eine Entscheidung nach diesem Abschnitt anzuerkennen, so ist der Antragsteller nicht daran gehindert, einstweilige Maßnahmen einschließlich solcher, die auf eine Sicherung gerichtet sind, nach dem Recht des Vollstreckungsmitgliedstaats in Anspruch zu nehmen, ohne dass es einer Vollstreckbarerklärung nach Art. 30 bedarf.

(2) Die Vollstreckbarerklärung umfasst von Rechts wegen die Befugnis, solche Maßnahmen zu veranlassen.

(3) Solange die in Art. 32 Absatz 5 vorgesehene Frist für den Rechtsbehelf gegen die Vollstreckbarerklärung läuft und solange über den Rechtsbehelf nicht entschieden ist, darf die Zwangsvollstreckung in das Vermögen der Partei, gegen die die Vollstreckung erwirkt werden soll, nicht über Maßnahmen zur Sicherung hinausgehen.

Art. 37 Teilvollstreckbarkeit

(1) Ist durch die Entscheidung über mehrere mit dem Antrag geltend gemachte Ansprüche erkannt worden und kann die Vollstreckbarerklärung nicht für alle Ansprüche erteilt werden, so erteilt das Gericht oder die zuständige Behörde sie für einen oder mehrere dieser Ansprüche.

(2) Der Antragsteller kann beantragen, dass die Vollstreckbarerklärung nur für einen Teil des Gegenstands der Entscheidung erteilt wird.

Art. 38 Keine Stempelabgaben oder Gebühren

Im Vollstreckungsmitgliedstaat dürfen im Vollstreckbarerklärungsverfahren keine nach dem Streitwert abgestuften Stempelabgaben oder Gebühren erhoben werden.

Abschnitt 3 Gemeinsame Bestimmungen

Art. 39 Vorläufige Vollstreckbarkeit

Das Ursprungsgericht kann die Entscheidung ungeachtet eines etwaigen Rechtsbehelfs für vorläufig vollstreckbar erklären, auch wenn das innerstaatliche Recht keine Vollstreckbarkeit von Rechts wegen vorsieht.

Art. 40 Durchsetzung einer anerkannten Entscheidung

(1) Eine Partei, die in einem anderen Mitgliedstaat eine im Sinne des Art. 17 Absatz 1 oder des Abschnitt 2 anerkannte Entscheidung geltend machen will, hat eine Ausfertigung der Entscheidung vorzulegen, die die für ihre Beweiskraft erforderlichen Voraussetzungen erfüllt.

(2) Das Gericht, bei dem die anerkannte Entscheidung geltend gemacht wird, kann die Partei, die die anerkannte Entscheidung geltend macht, gegebenenfalls auffordern, einen vom Ursprungs-

gericht erstellten Auszug unter Verwendung des Formblatts in Anhang I beziehungsweise in Anhang II vorzulegen.

Das Ursprungsgericht erstellt diesen Auszug auch auf Antrag jeder betroffenen Partei.

(3) Gegebenenfalls übermittelt die Partei, die die anerkannte Entscheidung geltend macht, eine Transskript oder eine Übersetzung des Inhalts des in Absatz 2 genannten Formblatts in die Amtssprache des betreffenden Mitgliedstaats oder — falls es in diesem Mitgliedstaat mehrere Amtssprachen gibt — nach Maßgabe der Rechtsvorschriften dieses Mitgliedstaats — in die oder eine der Verfahrenssprachen des Ortes, an dem die anerkannte Entscheidung geltend gemacht wird, oder in eine sonstige Sprache, die der betreffende Mitgliedstaat für zulässig erklärt hat. Jeder Mitgliedstaat kann angeben, welche Amtssprache oder Amtssprachen der Organe der Europäischen Union er neben seiner oder seinen eigenen für das Ausfüllen des Formblatts zulässt.

(4) Eine Übersetzung aufgrund dieses Art. ist von einer Person zu erstellen, die zur Anfertigung von Übersetzungen in einem der Mitgliedstaaten befugt ist.

Art. 41 Vollstreckungsverfahren und Bedingungen für die Vollstreckung

(1) Vorbehaltlich der Bestimmungen dieser Verordnung gilt für das Verfahren zur Vollstreckung der in einem anderen Mitgliedstaat ergangenen Entscheidungen das Recht des Vollstreckungsmitgliedstaats. Eine in einem Mitgliedstaat ergangene Entscheidung, die im Vollstreckungsmitgliedstaat vollstreckbar ist, wird dort unter den gleichen Bedingungen vollstreckt wie eine im Vollstreckungsmitgliedstaat ergangene Entscheidung.

(2) Von der Partei, die die Vollstreckung einer Entscheidung beantragt, die in einem anderen Mitgliedstaat ergangen ist, kann nicht verlangt werden, dass sie im Vollstreckungsmitgliedstaat über eine Postanschrift oder einen bevollmächtigten Vertreter verfügt, außer bei den Personen, die im Bereich der Vollstreckungsverfahren zuständig sind.

Art. 42 Verbot der sachlichen Nachprüfung

Eine in einem Mitgliedstaat ergangene Entscheidung darf in dem Mitgliedstaat, in dem die Anerkennung, die Vollstreckbarkeit oder die Vollstreckung beantragt wird, in der Sache selbst nicht nachgeprüft werden.

Art. 43 Kein Vorrang der Eintreibung von Kosten

Die Eintreibung von Kosten, die bei der Anwendung dieser Verordnung entstehen, hat keinen Vorrang vor der Geltendmachung von Unterhaltsansprüchen.

Kapitel V Zugang zum Recht

Art. 44 Anspruch auf Prozesskostenhilfe

(1) Die an einem Rechtsstreit im Sinne dieser Verordnung beteiligten Parteien genießen nach Maßgabe der in diesem Kapitel niedergelegten Bedingungen effektiven Zugang zum Recht in einem anderen Mitgliedstaat, einschließlich im Rahmen von Vollstreckungsverfahren und Rechtsbehelfen.

In den Fällen gemäß Kapitel VII wird der effektive Zugang zum Recht durch den ersuchten Mitgliedstaat gegenüber jedem Antragsteller gewährleistet, der seinen Aufenthalt im ersuchenden Mitgliedstaat hat.

(2) Um einen solchen effektiven Zugang zu gewährleisten, leisten die Mitgliedstaaten Prozesskostenhilfe im Einklang mit diesem Kapitel, sofern nicht Absatz 3 gilt.

(3) In den Fällen gemäß Kapitel VII ist ein Mitgliedstaat nicht verpflichtet, Prozesskostenhilfe zu leisten, wenn und soweit die Verfahren in diesem Mitgliedstaat es den Parteien gestatten, die Sache ohne Prozesskostenhilfe zu betreiben, und die Zentrale Behörde die nötigen Dienstleistungen unentgeltlich erbringt.

(4) Die Voraussetzungen für den Zugang zu Prozesskostenhilfe dürfen nicht enger als diejenigen, die für vergleichbare innerstaatliche Fälle gelten, sein.

(5) In Verfahren, die Unterhaltspflichten betreffen, wird für die Zahlung von Verfahrenskosten keine Sicherheitsleistung oder Hinterlegung gleich welcher Bezeichnung auferlegt.

Art. 45 Gegenstand der Prozesskostenhilfe

Nach diesem Kapitel gewährte Prozesskostenhilfe ist die Unterstützung, die erforderlich ist, damit die Parteien ihre Rechte in Erfahrung bringen und geltend machen können und damit sichergestellt werden kann, dass ihre Anträge, die über die Zentralen Behörden oder direkt an die zuständigen Behörden übermittelt werden, in umfassender und wirksamer Weise bearbeitet werden. Sie umfasst soweit erforderlich Folgendes:
a) eine vorprozessuale Rechtsberatung im Hinblick auf eine außergerichtliche Streitbeilegung;
b) den Rechtsbeistand bei Anrufung einer Behörde oder eines Gerichts und die rechtliche Vertretung vor Gericht;
c) eine Befreiung von den Gerichtskosten und den Kosten für Personen, die mit der Wahrnehmung von Aufgaben während des Prozesses beauftragt werden, oder eine Unterstützung bei solchen Kosten;
d) in Mitgliedstaaten, in denen die unterliegende Partei die Kosten der Gegenpartei übernehmen muss, im Falle einer Prozessniederlage des Empfängers der Prozesskostenhilfe auch die Kosten der Gegenpartei, sofern die Prozesskostenhilfe diese Kosten umfasst hätte, wenn der Empfänger seinen gewöhnlichen Aufenthalt im Mitgliedstaat des angerufenen Gerichts gehabt hätte;
e) Dolmetscherleistungen;
f) Übersetzung der vom Gericht oder von der zuständigen Behörde verlangten und vom Empfänger der Prozesskostenhilfe vorgelegten Schriftstücke, die für die Entscheidung des Rechtsstreits erforderlich sind;
g) Reisekosten, die vom Empfänger der Prozesskostenhilfe zu tragen sind, wenn das Recht oder das Gericht des betreffenden Mitgliedstaats die Anwesenheit der mit der Darlegung des Falles des Empfängers befassten Personen bei Gericht verlangen und das Gericht entscheidet, dass die betreffenden Personen nicht auf andere Weise zur Zufriedenheit des Gerichts gehört werden können.

Art. 46 Unentgeltliche Prozesskostenhilfe bei Anträgen auf Unterhaltsleistungen für Kinder, die über die Zentralen Behörden gestellt werden

(1) Der ersuchte Mitgliedstaat leistet unentgeltliche Prozesskostenhilfe für alle von einer berechtigten Person nach Art. 56 gestellten Anträge in Bezug auf Unterhaltspflichten aus einer Eltern-Kind-Beziehung gegenüber einer Person, die das 21. Lebensjahr noch nicht vollendet hat.

(2) Ungeachtet des Absatzes 1 kann die zuständige Behörde des ersuchten Mitgliedstaats in Bezug auf andere Anträge als solche nach Art. 56 Absatz 1 Buchstaben a und b die Gewährung unentgeltlicher Prozesskostenhilfe ablehnen, wenn sie den Antrag oder einen Rechtsbehelf für offensichtlich unbegründet erachtet.

Art. 47 Fälle, die nicht unter Art. 46 fallen

(1) In Fällen, die nicht unter Art. 46 fallen, kann vorbehaltlich der Art. 44 und 45 die Gewährung der Prozesskostenhilfe gemäß dem innerstaatlichen Recht insbesondere von den Voraussetzungen der Prüfung der Mittel des Antragstellers oder der Begründetheit des Antrags abhängig gemacht werden.

(2) Ist einer Partei im Ursprungsmitgliedstaat ganz oder teilweise Prozesskostenhilfe oder Kosten- und Gebührenbefreiung gewährt worden, so genießt sie ungeachtet des Absatzes 1 in jedem Anerkennungs-, Vollstreckbarerklärungs- oder Vollstreckungsverfahren hinsichtlich der Prozesskostenhilfe oder der Kosten- und Gebührenbefreiung die günstigste oder umfassendste Behandlung, die das Recht des Vollstreckungsmitgliedstaats vorsieht.

(3) Hat eine Partei im Ursprungsmitgliedstaat ein unentgeltliches Verfahren vor einer in Anhang X aufgeführten Verwaltungsbehörde in Anspruch nehmen können, so hat sie ungeachtet des Absatzes 1 in jedem Anerkennungs-, Vollstreckbarerklärungs- oder Vollstreckungsverfahren Anspruch auf Prozesskostenhilfe nach Absatz 2. Zu diesem Zweck muss sie ein von der zuständigen Behörde des Ursprungsmitgliedstaats erstelltes Schriftstück vorlegen, mit dem bescheinigt wird, dass sie die wirtschaftlichen Voraussetzungen erfüllt, um ganz oder teilweise Prozesskostenhilfe oder Kosten- und Gebührenbefreiung in Anspruch nehmen zu können.

Die für die Zwecke dieses Absatzes zuständigen Behörden sind in Anhang XI aufgelistet. Dieser Anhang wird nach dem Verwaltungsverfahren des Art. 73 Absatz 2 erstellt und geändert.

Kapitel VI Gerichtliche Vergleiche und öffentliche Urkunden

Art. 48 Anwendung dieser Verordnung auf gerichtliche Vergleiche und öffentliche Urkunden

(1) Die im Ursprungsmitgliedstaat vollstreckbaren gerichtlichen Vergleiche und öffentlichen Urkunden sind in einem anderen Mitgliedstaat ebenso wie Entscheidungen gemäß Kapitel IV anzuerkennen und in der gleichen Weise vollstreckbar.

(2) Die Bestimmungen dieser Verordnung gelten, soweit erforderlich, auch für gerichtliche Vergleiche und öffentliche Urkunden.

(3) Die zuständige Behörde des Ursprungsmitgliedstaats erstellt auf Antrag jeder betroffenen Partei einen Auszug des gerichtlichen Vergleichs oder der öffentlichen Urkunde unter Verwendung, je nach Fall, der in den Anhängen I und II oder in den Anhängen III und IV vorgesehenen Formblätter.

Kapitel VII Zusammenarbeit der Zentralen Behörden

Art. 49 Bestimmung der Zentralen Behörden

(1) Jeder Mitgliedstaat bestimmt eine Zentrale Behörde, welche die ihr durch diese Verordnung übertragenen Aufgaben wahrnimmt.

(2) Einem Mitgliedstaat, der ein Bundesstaat ist, einem Mitgliedstaat mit mehreren Rechtssystemen oder einem Mitgliedstaat, der aus autonomen Gebietseinheiten besteht, steht es frei, mehrere Zentrale Behörden zu bestimmen, deren räumliche und persönliche Zuständigkeit er festlegt. Macht ein Mitgliedstaat von dieser Möglichkeit Gebrauch, so bestimmt er die Zentrale Behörde, an die Mitteilungen zur Übermittlung an die zuständige Zentrale Behörde in diesem

Staat gerichtet werden können. Wurde eine Mitteilung an eine nicht zuständige Zentrale Behörde gerichtet, so hat diese die Mitteilung an die zuständige Zentrale Behörde weiterzuleiten und den Absender davon in Kenntnis zu setzen.

(3) Jeder Mitgliedstaat unterrichtet die Kommission im Einklang mit Art. 71 über die Bestimmung der Zentralen Behörde oder der Zentralen Behörden sowie über deren Kontaktdaten und gegebenenfalls deren Zuständigkeit nach Absatz 2.

Art. 50 Allgemeine Aufgaben der Zentralen Behörden

(1) Die Zentralen Behörden
a) arbeiten zusammen, insbesondere durch den Austausch von Informationen, und fördern die Zusammenarbeit der zuständigen Behörden ihrer Mitgliedstaaten, um die Ziele dieser Verordnung zu verwirklichen;
b) suchen, soweit möglich, nach Lösungen für Schwierigkeiten, die bei der Anwendung dieser Verordnung auftreten.

(2) Die Zentralen Behörden ergreifen Maßnahmen, um die Anwendung dieser Verordnung zu erleichtern und die Zusammenarbeit untereinander zu stärken. Hierzu wird das mit der Entscheidung 2001/470/EG eingerichtete Europäische Justizielle Netz für Zivil- und Handelssachen genutzt.

Art. 51 Besondere Aufgaben der Zentralen Behörden

(1) Die Zentralen Behörden leisten bei Anträgen nach Art. 56 Hilfe, indem sie insbesondere
a) diese Anträge übermitteln und entgegennehmen;
b) Verfahren bezüglich dieser Anträge einleiten oder die Einleitung solcher Verfahren erleichtern.

(2) In Bezug auf diese Anträge treffen die Zentralen Behörden alle angemessenen Maßnahmen, um
a) Prozesskostenhilfe zu gewähren oder die Gewährung von Prozesskostenhilfe zu erleichtern, wenn die Umstände es erfordern;
b) dabei behilflich zu sein, den Aufenthaltsort der verpflichteten oder der berechtigten Person ausfindig zu machen, insbesondere in Anwendung der Art. 61, 62 und 63;
c) die Erlangung einschlägiger Informationen über das Einkommen und, wenn nötig, das Vermögen der verpflichteten oder der berechtigten Person einschließlich der Belegenheit von Vermögensgegenständen zu erleichtern, insbesondere in Anwendung der Art. 61, 62 und 63;
d) gütliche Regelungen zu fördern, um die freiwillige Zahlung von Unterhalt zu erreichen, wenn angebracht durch Mediation, Schlichtung oder ähnliche Mittel;
e) die fortlaufende Vollstreckung von Unterhaltsentscheidungen einschließlich der Zahlungsrückstände zu erleichtern;
f) die Eintreibung und zügige Überweisung von Unterhalt zu erleichtern;
g) unbeschadet der Verordnung (EG) Nr. 1206/2001 die Beweiserhebung, sei es durch Urkunden oder durch andere Beweismittel, zu erleichtern;
h) bei der Feststellung der Abstammung Hilfe zu leisten, wenn dies zur Geltendmachung von Unterhaltsansprüchen notwendig ist;
i) Verfahren zur Erwirkung notwendiger vorläufiger Maßnahmen, die auf das betreffende Hoheitsgebiet beschränkt sind und auf die Absicherung des Erfolgs eines anhängigen Unterhaltsantrags abzielen, einzuleiten oder die Einleitung solcher Verfahren zu erleichtern;
j) unbeschadet der Verordnung (EG) Nr. 1393/2007 die Zustellung von Schriftstücken zu erleichtern.

(3) Die Aufgaben, die nach diesem Art. der Zentralen Behörde übertragen sind, können in dem vom Recht des betroffenen Mitgliedstaats vorgesehenen Umfang von öffentliche Aufgaben wahrnehmenden Einrichtungen oder anderen der Aufsicht der zuständigen Behörden dieses Mitgliedstaats unterliegenden Stellen wahrgenommen werden. Der Mitgliedstaat teilt der Kommission gemäß Art. 71 die Bestimmung solcher Einrichtungen oder anderen Stellen sowie deren Kontaktdaten und Zuständigkeit mit.

(4) Dieser Art. und Art. 53 verpflichten eine Zentrale Behörde nicht zur Ausübung von Befugnissen, die nach dem Recht des ersuchten Mitgliedstaats ausschließlich den Gerichten zustehen.

Art. 52 Vollmacht

Die Zentrale Behörde des ersuchten Mitgliedstaats kann vom Antragsteller eine Vollmacht nur verlangen, wenn sie in seinem Namen in Gerichtsverfahren oder in Verfahren vor anderen Behörden tätig wird, oder um einen Vertreter für diese Zwecke zu bestimmen.

Art. 53 Ersuchen um Durchführung besonderer Maßnahmen

(1) Eine Zentrale Behörde kann unter Angabe der Gründe eine andere Zentrale Behörde auch dann ersuchen, angemessene besondere Maßnahmen nach Art. 51 Absatz 2 Buchstaben b, c, g, h, i und j zu treffen, wenn kein Antrag nach Art. 56 anhängig ist. Die ersuchte Zentrale Behörde trifft, wenn sie es für notwendig erachtet, angemessene Maßnahmen, um einem potenziellen Antragsteller bei der Einreichung eines Antrags nach Art. 56 oder bei der Feststellung behilflich zu sein, ob ein solcher Antrag gestellt werden soll.

(2) Im Falle eines Ersuchens hinsichtlich besonderer Maßnahmen im Sinne des Art. 51 Absatz 2 Buchstaben b und c holt die ersuchte Zentrale Behörde die erbetenen Informationen ein, erforderlichenfalls in Anwendung von Art. 61. Informationen nach Art. 61 Absatz 2 Buchstaben b, c und d dürfen jedoch erst eingeholt werden, wenn die berechtigte Person eine Ausfertigung einer zu vollstreckenden Entscheidung, eines zu vollstreckenden gerichtlichen Vergleichs oder einer zu vollstreckenden öffentlichen Urkunde, gegebenenfalls zusammen mit dem Auszug nach den Art. 20, 28 oder 48, vorlegt.

Die ersuchte Zentrale Behörde übermittelt die eingeholten Informationen an die ersuchende Zentrale Behörde. Wurden diese Informationen in Anwendung von Art. 61 eingeholt, wird dabei nur die Anschrift des potenziellen Antragsgegners im ersuchten Mitgliedstaat übermittelt. Im Rahmen eines Ersuchens im Hinblick auf die Anerkennung, die Vollstreckbarkeitserklärung oder die Vollstreckung wird dabei im Übrigen nur angegeben, ob überhaupt Einkommen oder Vermögen der verpflichteten Person in diesem Staat bestehen.

Ist die ersuchte Zentrale Behörde nicht in der Lage, die erbetenen Informationen zur Verfügung zu stellen, so teilt sie dies der ersuchenden Zentralen Behörde unverzüglich unter Angabe der Gründe mit.

(3) Eine Zentrale Behörde kann auf Ersuchen einer anderen Zentralen Behörde auch besondere Maßnahmen in einem Fall mit Auslandsbezug treffen, der die Geltendmachung von Unterhaltsansprüchen betrifft und im ersuchenden Mitgliedstaat anhängig ist.

(4) Die Zentralen Behörden verwenden für Ersuchen nach diesem Art. das in Anhang V vorgesehene Formblatt.

Art. 54 Kosten der Zentralen Behörde

(1) Jede Zentrale Behörde trägt die Kosten, die ihr durch die Anwendung dieser Verordnung entstehen.

(2) Die Zentralen Behörden dürfen vom Antragsteller für ihre nach dieser Verordnung erbrachten Dienstleistungen keine Gebühren erheben, außer für außergewöhnliche Kosten, die sich aus einem Ersuchen um besondere Maßnahmen nach Art. 53 ergeben.

Für die Zwecke dieses Absatzes gelten die Kosten im Zusammenhang mit der Feststellung des Aufenthaltsorts der verpflichteten Person nicht als außergewöhnlich.

(3) Die ersuchte Zentrale Behörde kann sich die außergewöhnlichen Kosten nach Absatz 2 nur erstatten lassen, wenn der Antragsteller im Voraus zugestimmt hat, dass die Dienstleistungen mit einem Kostenaufwand in der betreffenden Höhe erbracht werden.

Art. 55 Übermittlung von Anträgen über die Zentralen Behörden

Anträge nach diesem Kapitel sind über die Zentrale Behörde des Mitgliedstaats, in dem der Antragsteller seinen Aufenthalt hat, bei der Zentralen Behörde des ersuchten Mitgliedstaats zu stellen.

Art. 56 Zur Verfügung stehende Anträge

(1) Eine berechtigte Person, die Unterhaltsansprüche nach dieser Verordnung geltend machen will, kann Folgendes beantragen:
a) Anerkennung oder Anerkennung und Vollstreckbarerklärung einer Entscheidung;
b) Vollstreckung einer im ersuchten Mitgliedstaat ergangenen oder anerkannten Entscheidung;
c) Herbeiführen einer Entscheidung im ersuchten Mitgliedstaat, wenn keine Entscheidung vorliegt, einschließlich, soweit erforderlich, der Feststellung der Abstammung;
d) Herbeiführen einer Entscheidung im ersuchten Mitgliedstaat, wenn die Anerkennung und Vollstreckbarerklärung einer Entscheidung, die in einem anderen Staat als dem ersuchten Mitgliedstaat ergangen ist, nicht möglich ist;
e) Änderung einer im ersuchten Mitgliedstaat ergangenen Entscheidung;
f) Änderung einer Entscheidung, die in einem anderen Staat als dem ersuchten Mitgliedstaat ergangen ist.

(2) Eine verpflichtete Person, gegen die eine Unterhaltsentscheidung vorliegt, kann Folgendes beantragen:
a) Anerkennung einer Entscheidung, die die Aussetzung oder Einschränkung der Vollstreckung einer früheren Entscheidung im ersuchten Mitgliedstaat bewirkt;
b) Änderung einer im ersuchten Mitgliedstaat ergangenen Entscheidung;
c) Änderung einer Entscheidung, die in einem anderen Staat als dem ersuchten Mitgliedstaat ergangen ist.

(3) Bei Anträgen nach diesem Art. werden der Beistand und die Vertretung nach Art. 45 Buchstabe b durch die Zentrale Behörde des ersuchten Mitgliedstaats entweder unmittelbar oder über öffentliche Aufgaben wahrnehmende Einrichtungen oder andere Stellen oder Personen geleistet.

(4) Sofern in dieser Verordnung nichts anderes bestimmt ist, werden Anträge gemäß den Absätzen 1 und 2 nach dem Recht des ersuchten Mitgliedstaats behandelt und unterliegen den in diesem Mitgliedstaat geltenden Zuständigkeitsvorschriften.

Art. 57 Inhalt des Antrags

(1) Für Anträge nach Art. 56 ist das in Anhang VI oder in Anhang VII vorgesehene Formblatt zu verwenden.

(2) Anträge nach Art. 56 müssen mindestens folgende Angaben enthalten:
a) eine Erklärung in Bezug auf die Art des Antrags oder der Anträge;

b) den Namen und die Kontaktdaten des Antragstellers, einschließlich seiner Anschrift und seines Geburtsdatums;
c) den Namen und, sofern bekannt, die Anschrift sowie das Geburtsdatum des Antragsgegners;
d) den Namen und das Geburtsdatum jeder Person, für die Unterhalt verlangt wird;
e) die Gründe, auf die sich der Antrag stützt;
f) wenn die berechtigte Person den Antrag stellt, Angaben zu dem Ort, an dem die Unterhaltszahlungen geleistet oder an den sie elektronisch überwiesen werden sollen;
g) den Namen und die Kontaktdaten der Person oder Stelle in der Zentralen Behörde des ersuchenden Mitgliedstaats, die für die Bearbeitung des Antrags zuständig ist.

(3) Für die Zwecke des Absatzes 2 Buchstabe b kann die persönliche Anschrift des Antragstellers im Falle familiärer Gewalt durch eine andere Anschrift ersetzt werden, sofern das innerstaatliche Recht des ersuchten Mitgliedstaats nicht vorschreibt, dass der Antragsteller für die Zwecke des Verfahrens seine persönliche Anschrift angibt.

(4) Wenn angebracht und soweit bekannt, muss der Antrag außerdem Folgendes enthalten:
a) Angaben über die finanziellen Verhältnisse der berechtigten Person;
b) Angaben über die finanziellen Verhältnisse der verpflichteten Person, einschließlich des Namens und der Anschrift des Arbeitgebers der verpflichteten Person, sowie Art und Belegenheit der Vermögensgegenstände der verpflichteten Person;
c) alle anderen Angaben, die es gestatten, den Aufenthaltsort des Antragsgegners ausfindig zu machen.

(5) Dem Antrag sind alle erforderlichen Angaben oder schriftlichen Belege einschließlich gegebenenfalls Unterlagen zum Nachweis des Anspruchs des Antragstellers auf Prozesskostenhilfe beizufügen. Anträgen nach Art. 56 Absatz 1 Buchstaben a und b und Absatz 2 Buchstabe a sind je nach Fall nur die in den Art. 20, 28 oder 48 oder die in Art. 25 des Haager Übereinkommens von 2007 aufgeführten Schriftstücke beizufügen.

Art. 58 Übermittlung, Entgegennahme und Bearbeitung der Anträge und Fälle durch die Zentralen Behörden

(1) Die Zentrale Behörde des ersuchenden Mitgliedstaats ist dem Antragsteller behilflich, sicherzustellen, dass der Antrag alle Schriftstücke und Angaben umfasst, die nach Kenntnis dieser Behörde für seine Prüfung notwendig sind.

(2) Nachdem sich die Zentrale Behörde des ersuchenden Mitgliedstaats davon überzeugt hat, dass der Antrag den Erfordernissen dieser Verordnung entspricht, übermittelt sie ihn der Zentralen Behörde des ersuchten Mitgliedstaats.

(3) Innerhalb von 30 Tagen ab dem Tag des Eingangs des Antrags bestätigt die ersuchte Zentrale Behörde den Eingang des Antrags unter Verwendung des in Anhang VIII vorgesehenen Formblatts, benachrichtigt die Zentrale Behörde des ersuchenden Mitgliedstaats über die ersten Maßnahmen, die zur Bearbeitung des Antrags getroffen wurden oder werden, und fordert gegebenenfalls die von ihr für notwendig erachteten zusätzlichen Schriftstücke oder Angaben an. Innerhalb derselben Frist von 30 Tagen teilt die ersuchte Zentrale Behörde der ersuchenden Zentralen Behörde den Namen und die Kontaktdaten der Person oder Dienststelle mit, die damit beauftragt ist, Fragen im Hinblick auf den Stand des Antrags zu beantworten.

(4) Innerhalb von 60 Tagen nach der Empfangsbestätigung unterrichtet die ersuchte Zentrale Behörde die ersuchende Zentrale Behörde über den Stand des Antrags.

(5) Die ersuchende und die ersuchte Zentrale Behörde unterrichten einander
a) über die Person oder Dienststelle, die für einen bestimmten Fall zuständig ist;
b) über den Stand des Verfahrens

und beantworten Auskunftsersuchen rechtzeitig.

(6) Die Zentralen Behörden behandeln einen Fall so zügig, wie es eine sachgemäße Prüfung seines Gegenstands zulässt.

(7) Die Zentralen Behörden benutzen untereinander die schnellsten und effizientesten Kommunikationsmittel, die ihnen zur Verfügung stehen.

(8) Eine ersuchte Zentrale Behörde kann die Bearbeitung eines Antrags nur ablehnen, wenn offensichtlich ist, dass die Voraussetzungen dieser Verordnung nicht erfüllt sind. In diesem Fall unterrichtet die betreffende Zentrale Behörde die ersuchende Zentrale Behörde umgehend unter Verwendung des in Anhang IX vorgesehenen Formblatts über die Gründe für ihre Ablehnung.

(9) Die ersuchte Zentrale Behörde kann einen Antrag nicht allein deshalb ablehnen, weil zusätzliche Schriftstücke oder Angaben erforderlich sind. Die ersuchte Zentrale Behörde kann die ersuchende Zentrale Behörde jedoch auffordern, solche zusätzlichen Schriftstücke oder Angaben zu übermitteln. Geschieht dies nicht innerhalb von 90 Tagen oder einer von der ersuchten Zentralen Behörde gesetzten längeren Frist, so kann diese Behörde beschließen, die Bearbeitung des Antrags zu beenden. In diesem Fall unterrichtet sie die ersuchende Zentrale Behörde unter Verwendung des in Anhang IX vorgesehenen Formblatts.

Art. 59 Sprachenregelung

(1) Das Formblatt für das Ersuchen oder den Antrag ist in der Amtssprache des ersuchten Mitgliedstaats oder, wenn es in diesem Mitgliedstaat mehrere Amtssprachen gibt, der Amtssprache oder einer der Amtssprachen des Ortes, an dem sich die betreffende Zentrale Behörde befindet, oder in einer sonstigen Amtssprache der Organe der Europäischen Union, die der ersuchte Mitgliedstaat für zulässig erklärt hat, auszufüllen, es sei denn, die Zentrale Behörde dieses Mitgliedstaats verzichtet auf eine Übersetzung.

(2) Unbeschadet der Art. 20, 28, 40 und 66 werden die dem Formblatt für das Ersuchen oder den Antrag beigefügten Schriftstücke nur dann in die gemäß Absatz 1 bestimmte Sprache übersetzt, wenn eine Übersetzung für die Gewährung der beantragten Hilfe erforderlich ist.

(3) Die sonstige Kommunikation zwischen den Zentralen Behörden erfolgt in der nach Absatz 1 bestimmten Sprache, sofern die Zentralen Behörden nichts anderes vereinbaren.

Art. 60 Zusammenkünfte

(1) Zur leichteren Anwendung dieser Verordnung finden regelmäßig Zusammenkünfte der Zentralen Behörden statt.

(2) Die Einberufung dieser Zusammenkünfte erfolgt im Einklang mit der Entscheidung 2001/470/EG.

Art. 61 Zugang der Zentralen Behörden zu Informationen

(1) Nach Maßgabe dieses Kapitels und abweichend von Art. 51 Absatz 4 setzt die ersuchte Zentrale Behörde alle geeigneten und angemessenen Mittel ein, um die Informationen gemäß Absatz 2 einzuholen, die erforderlich sind, um in einem bestimmten Fall den Erlass, die Änderung, die Anerkennung, die Vollstreckbarerklärung oder die Vollstreckung einer Entscheidung zu erleichtern.

Die Behörden oder Verwaltungen, die im Rahmen ihrer gewöhnlichen Tätigkeit im ersuchten Mitgliedstaat über die Informationen nach Absatz 2 verfügen und für ihre Verarbeitung im Sinne der Richtlinie 95/46/EG verantwortlich sind, stellen diese Informationen vorbehaltlich der Beschränkungen, die aus Gründen der nationalen oder öffentlichen Sicherheit gerechtfertigt sind, der ersuchten Zentralen Behörde auf Anfrage in den Fällen, in denen die ersuchte Zentrale Behörde keinen direkten Zugang zu diesen Informationen hat, zur Verfügung.

Die Mitgliedstaaten können die Behörden oder Verwaltungen bestimmen, die geeignet sind, der ersuchten Zentralen Behörde die Informationen nach Absatz 2 zur Verfügung zu stellen. Nimmt ein Mitgliedstaat eine solche Bestimmung vor, so achtet er darauf, dass er die Behörden und Verwaltungen so auswählt, dass seine Zentrale Behörde Zugang zu den erforderlichen Informationen gemäß diesem Art. erhält.

Andere juristische Personen, die im ersuchten Mitgliedstaat über die Informationen nach Absatz 2 verfügen und für ihre Verarbeitung im Sinne der Richtlinie 95/46/EG verantwortlich sind, stellen diese Informationen der ersuchten Zentralen Behörde auf Anfrage zur Verfügung, wenn sie nach dem Recht des ersuchten Mitgliedstaats dazu befugt sind.

Die ersuchte Zentrale Behörde leitet die so erlangten Informationen erforderlichenfalls an die ersuchende Zentrale Behörde weiter.

(2) Bei den Informationen im Sinne dieses Art. muss es sich um solche handeln, über die die Behörden, Verwaltungen oder Personen nach Absatz 1 bereits verfügen. Diese Informationen sind angemessen und erheblich und gehen nicht über das Erforderliche hinaus; sie betreffen Folgendes:
a) Anschrift der verpflichteten oder der berechtigten Person,
b) Einkommen der verpflichteten Person,
c) Nennung des Arbeitgebers der verpflichteten Person und/oder der Bankverbindung(en) der verpflichteten Person und
d) Vermögen der verpflichteten Person.

Zur Herbeiführung oder Änderung einer Entscheidung kann die ersuchte Zentrale Behörde nur die Angaben nach Buchstabe a anfordern.

Für die Anerkennung, Vollstreckbarerklärung oder Vollstreckung einer Entscheidung kann die ersuchte Zentrale Behörde alle Angaben nach Unterabsatz 1 anfordern. Die Angaben nach Buchstabe d können jedoch nur dann angefordert werden, wenn die Angaben nach den Buchstaben b und c nicht ausreichen, um die Vollstreckung der Entscheidung zu ermöglichen.

Art. 62 Weiterleitung und Verwendung der Informationen

(1) Die Zentralen Behörden leiten die in Art. 61 Absatz 2 genannten Informationen innerhalb ihres Mitgliedstaats je nach Fall an die zuständigen Gerichte, die für die Zustellung von Schriftstücken zuständigen Behörden und die mit der Vollstreckung einer Entscheidung betrauten zuständigen Behörden weiter.

(2) Jede Behörde oder jedes Gericht, der/dem Informationen aufgrund von Art. 61 übermittelt wurden, darf diese nur zur Erleichterung der Durchsetzung von Unterhaltsforderungen verwenden.

Mit Ausnahme der Informationen, die sich einzig darauf beziehen, ob eine Anschrift, Einkommen oder Vermögen im ersuchten Mitgliedstaat bestehen, dürfen, vorbehaltlich der Anwendung von Verfahrensregeln vor einem Gericht, die Informationen nach Art. 61 Absatz 2 nicht der Person gegenüber offen gelegt werden, die die ersuchende Zentrale Behörde angerufen hat.

(3) Jede Behörde, die eine ihr aufgrund von Art. 61 übermittelte Information bearbeitet, bewahrt diese nur so lange auf, wie es für die Zwecke, für die die Information übermittelt wurde, erforderlich ist.

(4) Jede Behörde, die ihr aufgrund von Art. 61 übermittelte Informationen bearbeitet, gewährleistet die Vertraulichkeit dieser Informationen nach Maßgabe des innerstaatlichen Rechts.

Art. 63 Benachrichtigung der von der Erhebung der Informationen betroffenen Person

(1) Die Benachrichtigung der von der Erhebung der Informationen betroffenen Person über die Übermittlung dieser Informationen in Teilen oder ihrer Gesamtheit erfolgt gemäß dem innerstaatlichen Recht des ersuchten Mitgliedstaats.

(2) Falls diese Benachrichtigung die Gefahr birgt, die wirksame Geltendmachung des Unterhaltsanspruchs zu beeinträchtigen, kann sie um höchstens 90 Tage ab dem Tag, an dem die Informationen der ersuchten Zentralen Behörde übermittelt wurden, aufgeschoben werden.

Kapitel VIII Öffentliche Aufgaben wahrnehmende Einrichtungen

Art. 64 Öffentliche Aufgaben wahrnehmende Einrichtungen als Antragsteller

(1) Für die Zwecke eines Antrags auf Anerkennung und Vollstreckbarerklärung von Entscheidungen oder für die Zwecke der Vollstreckung von Entscheidungen schließt der Begriff »berechtigte Person« eine öffentliche Aufgaben wahrnehmende Einrichtung, die für eine unterhaltsberechtigte Person handelt, oder eine Einrichtung, der anstelle von Unterhalt erbrachte Leistungen zu erstatten sind, ein.

(2) Für das Recht einer öffentliche Aufgaben wahrnehmenden Einrichtung, für eine unterhaltsberechtigte Person zu handeln oder die Erstattung der der berechtigten Person anstelle von Unterhalt erbrachten Leistung zu fordern, ist das Recht maßgebend, dem die Einrichtung untersteht.

(3) Eine öffentliche Aufgaben wahrnehmende Einrichtung kann die Anerkennung und Vollstreckbarerklärung oder Vollstreckung folgender Entscheidungen beantragen:
a) einer Entscheidung, die gegen eine verpflichtete Person auf Antrag einer öffentliche Aufgaben wahrnehmenden Einrichtung ergangen ist, welche die Bezahlung von Leistungen verlangt, die anstelle von Unterhalt erbracht wurden;
b) einer zwischen einer berechtigten und einer verpflichteten Person ergangenen Entscheidung, soweit der der berechtigten Person Leistungen anstelle von Unterhalt erbracht wurden.

(4) Die öffentliche Aufgaben wahrnehmende Einrichtung, welche die Anerkennung und Vollstreckbarerklärung einer Entscheidung geltend macht oder deren Vollstreckung beantragt, legt auf Verlangen alle Schriftstücke vor, aus denen sich ihr Recht nach Absatz 2 und die Erbringung von Leistungen an die berechtigte Person ergeben.

Kapitel IX Allgemeine Bestimmungen und Schlussbestimmungen

Art. 65 Legalisation oder ähnliche Förmlichkeiten

Im Rahmen dieser Verordnung bedarf es weder der Legalisation noch einer ähnlichen Förmlichkeit.

Art. 66 Übersetzung der Beweisunterlagen

Unbeschadet der Art. 20, 28 und 40 kann das angerufene Gericht für Beweisunterlagen, die in einer anderen Sprache als der Verfahrenssprache vorliegen, nur dann eine Übersetzung von den Parteien verlangen, wenn es der Ansicht ist, dass dies für die von ihm zu erlassende Entscheidung oder für die Wahrung der Verteidigungsrechte notwendig ist.

Art. 67 Kostenerstattung

Unbeschadet des Art. 54 kann die zuständige Behörde des ersuchten Mitgliedstaats von der unterliegenden Partei, die unentgeltliche Prozesskostenhilfe aufgrund von Art. 46 erhält, in Ausnahmefällen und wenn deren finanzielle Verhältnisse es zulassen, die Erstattung der Kosten verlangen.

Art. 68 Verhältnis zu anderen Rechtsinstrumenten der Gemeinschaft

(1) Vorbehaltlich des Art. 75 Absatz 2 wird mit dieser Verordnung die Verordnung (EG) Nr. 44/2001 dahin gehend geändert, dass deren für Unterhaltssachen geltende Bestimmungen ersetzt werden.

(2) Diese Verordnung tritt hinsichtlich Unterhaltssachen an die Stelle der Verordnung (EG) Nr. 805/2004, außer in Bezug auf Europäische Vollstreckungstitel über Unterhaltspflichten, die in einem Mitgliedstaat, der nicht durch das Haager Protokoll von 2007 gebunden ist, ausgestellt wurden.

(3) Im Hinblick auf Unterhaltssachen bleibt die Anwendung der Richtlinie 2003/8/EG vorbehaltlich des Kapitels V von dieser Verordnung unberührt.

(4) Die Anwendung der Richtlinie 95/46/EG bleibt von dieser Verordnung unberührt.

Art. 69 Verhältnis zu bestehenden internationalen Übereinkommen und Vereinbarungen

(1) Diese Verordnung berührt nicht die Anwendung der Übereinkommen und bilateralen oder multilateralen Vereinbarungen, denen ein oder mehrere Mitgliedstaaten zum Zeitpunkt der Annahme dieser Verordnung angehören und die die in dieser Verordnung geregelten Bereiche betreffen, unbeschadet der Verpflichtungen der Mitgliedstaaten gemäß Art. 307 des Vertrags.

(2) Ungeachtet des Absatzes 1 und unbeschadet des Absatzes 3 hat diese Verordnung im Verhältnis der Mitgliedstaaten untereinander jedoch Vorrang vor Übereinkommen und Vereinbarungen, die sich auf Bereiche, die in dieser Verordnung geregelt sind, erstrecken und denen Mitgliedstaaten angehören.

(3) Diese Verordnung steht der Anwendung des Übereinkommens vom 23. März 1962 zwischen Schweden, Dänemark, Finnland, Island und Norwegen über die Geltendmachung von Unterhaltsforderungen durch die ihm angehörenden Mitgliedstaaten nicht entgegen, da dieses Übereinkommen in Bezug auf die Anerkennung, die Vollstreckbarkeit und die Vollstreckung von Entscheidungen Folgendes vorsieht:
a) vereinfachte und beschleunigte Verfahren für die Vollstreckung von Entscheidungen in Unterhaltssachen und
b) eine Prozesskostenhilfe, die günstiger ist als die Prozesskostenhilfe nach Kapitel V dieser Verordnung.

Die Anwendung des genannten Übereinkommens darf jedoch nicht bewirken, dass dem Antragsgegner der Schutz nach den Art. 19 und 21 dieser Verordnung entzogen wird.

Art. 70 Der Öffentlichkeit zur Verfügung gestellte Informationen

Die Mitgliedstaaten übermitteln im Rahmen des durch die Entscheidung 2001/470/EG eingerichteten Europäischen Justiziellen Netzes für Zivil- und Handelssachen die folgenden Informationen im Hinblick auf ihre Bereitstellung für die Öffentlichkeit:
a) eine Beschreibung der nationalen Rechtsvorschriften und Verfahren, die Unterhaltspflichten betreffen,
b) eine Beschreibung der zur Erfüllung der Verpflichtungen aus Art. 51 getroffenen Maßnahmen,

c) eine Beschreibung darüber, wie ein effektiver Zugang zum Recht gemäß Art. 44 gewährleistet wird, und
d) eine Beschreibung der nationalen Vollstreckungsvorschriften und -verfahren, einschließlich Informationen über alle Vollstreckungsbeschränkungen, insbesondere über Vorschriften zum Schutz von verpflichteten Personen und zu Verjährungsfristen.

Die Mitgliedstaaten halten diese Informationen stets auf dem neuesten Stand.

Art. 71 Informationen zu Kontaktdaten und Sprachen

(1) Die Mitgliedstaaten teilen der Kommission spätestens bis zum 18. September 2010 Folgendes mit:
a) die Namen und Kontaktdaten der für Anträge auf Vollstreckbarerklärung gemäß Art. 27 Absatz 1 und für Rechtsbehelfe gegen Entscheidungen über derartige Anträge gemäß Art. 32 Absatz 2 zuständigen Gerichte oder Behörden;
b) die in Art. 33 genannten Rechtsbehelfe;
c) das Nachprüfungsverfahren zum Zweck der Anwendung von Art. 19 sowie die Namen und Kontaktdaten der zuständigen Gerichte;
d) die Namen und Kontaktdaten ihrer Zentralen Behörden sowie gegebenenfalls deren Zuständigkeitsbereiche gemäß Art. 49 Absatz 3;
e) die Namen und Kontaktdaten der öffentlichen oder sonstigen Stellen sowie gegebenenfalls deren Zuständigkeitsbereiche gemäß Art. 51 Absatz 3;
f) die Namen und Kontaktdaten der Behörden, die für Vollstreckungssachen im Sinne des Art. 21 zuständig sind;
g) die Sprachen, die für Übersetzungen der in den Art. 20, 28 und 40 genannten Schriftstücke zugelassen sind;
h) die Sprache oder Sprachen, die von ihren Zentralen Behörden für die Kommunikation mit den anderen Zentralen Behörden gemäß Art. 59 zugelassen sind.

Die Mitgliedstaaten unterrichten die Kommission über spätere Änderungen dieser Angaben.

(2) Die Kommission veröffentlicht die gemäß Absatz 1 mitgeteilten Angaben im Amtsblatt der Europäischen Union, mit Ausnahme der in den Buchstaben a, c und f genannten Anschriften und anderen Kontaktdaten der Gerichte und Behörden.

(3) Die Kommission hält alle gemäß Absatz 1 mitgeteilten Angaben auf andere geeignete Weise, insbesondere über das mit der Entscheidung 2001/470/EG eingerichtete Europäische Justizielle Netz für Zivil- und Handelssachen, für die Öffentlichkeit zugänglich.

Art. 72 Änderung der Formblätter

Änderungen der in dieser Verordnung vorgesehenen Formblätter werden nach dem Beratungsverfahren gemäß Art. 73 Absatz 3 beschlossen.

Art. 73 Ausschuss

(1) Die Kommission wird von dem durch Art. 70 der Verordnung (EG) Nr. 2201/2003 eingesetzten Ausschuss unterstützt.

(2) Wird auf diesen Absatz Bezug genommen, so gelten die Art. 4 und 7 des Beschlusses 1999/468/EG.

Der Zeitraum nach Art. 4 Absatz 3 des Beschlusses 1999/468/EG wird auf drei Monate festgesetzt.

(3) Wird auf diesen Absatz Bezug genommen, so gelten die Art. 3 und 7 des Beschlusses 1999/468/EG.

Art. 74 Überprüfungsklausel

Die Kommission legt dem Europäischen Parlament, dem Rat und dem Europäischen Wirtschafts- und Sozialausschuss bis spätestens fünf Jahre nach dem Beginn der Anwendbarkeit gemäß Art. 76, dritter Unterabsatz einen Bericht über die Anwendung dieser Verordnung vor; dazu gehört auch eine Bewertung der praktischen Erfahrungen im Bereich der Zusammenarbeit zwischen den Zentralen Behörden, insbesondere hinsichtlich ihres Zugangs zu den Informationen, über die Behörden und Verwaltungen verfügen, und eine Bewertung der Funktionsweise des Anerkennungs-, Vollstreckbarerklärungs- und Vollstreckungsverfahrens, das auf Entscheidungen anwendbar ist, die in einem Mitgliedstaat, der nicht durch das Haager Protokoll von 2007 gebunden ist, ergangen sind. Dem Bericht werden erforderlichenfalls Vorschläge zur Anpassung dieser Verordnung beigefügt.

Art. 75 Übergangsbestimmungen

(1) Diese Verordnung findet vorbehaltlich der Absätze 2 und 3 nur auf nach dem Datum ihrer Anwendbarkeit eingeleitete Verfahren, gebilligte oder geschlossene gerichtliche Vergleiche und ausgestellte öffentliche Urkunden Anwendung.

(2) Kapitel IV Abschnitte 2 und 3 findet Anwendung auf
a) Entscheidungen, die in den Mitgliedstaaten vor dem Tag des Beginns der Anwendbarkeit dieser Verordnung ergangen sind und deren Anerkennung und Vollstreckbarerklärung nach diesem Zeitpunkt beantragt wird;
b) Entscheidungen, die nach dem Tag des Beginns der Anwendbarkeit dieser Verordnung in Verfahren, die vor diesem Zeitpunkt eingeleitet wurden, ergangen sind, soweit diese Entscheidungen für die Zwecke der Anerkennung und Vollstreckung in den Anwendungsbereich der Verordnung (EG) Nr. 44/2001 fallen.

Die Verordnung (EG) Nr. 44/2001 gilt weiterhin für die am Tag des Beginns der Anwendbarkeit dieser Verordnung laufenden Anerkennungs- und Vollstreckungsverfahren.

Die Unterabsätze 1 und 2 geltend sinngemäß auch für in den Mitgliedstaaten gebilligte oder geschlossene gerichtliche Vergleiche und ausgestellte öffentliche Urkunden.

(3) Kapitel VII über die Zusammenarbeit zwischen Zentralen Behörden findet auf Ersuchen und Anträge Anwendung, die ab dem Tag des Beginns der Anwendung dieser Verordnung bei der Zentralen Behörde eingehen.

Stichwortverzeichnis

Fett gedruckte Zahlen bezeichnen die Paragraphen, mager gedruckte Zahlen die jeweiligen Randnummern.

Abänderung
- des Vollstreckungstitels ZPO **§ 717** 2 ff.
- Erstattungspflicht des Gläubigers ZPO **§ 717** 22 ff.
- Schadensersatz wegen voreiliger Vollstreckung ZPO **§ 717** 4 f., 8, 11 ff.

Abänderungsklage ZPO **§ 924** 3
- u. Aufhebungsverfahren gem. § 927 ZPO **§ 927** 6
- Verhältnis zur Vollstreckungsabwehrklage ZPO **Vor §§ 765a–777** 16; **§ 767** 6; **Anhang zu § 767** 1

Abdrucke aus Schuldnerverzeichnis ZPO **§ 882g** 1 ff.; **Anhang zu § 882g**
- Auskünfte aus ZPO **§ 882g** 7
- Bewilligung ZPO **§ 882g**
- Bezieher von ZPO **§ 882g** 1 ff.
- Datenschutz ZPO **§ 882g** 11 ff.
- Löschung von Verzeichnissen aus ZPO **§ 882g** 14; **Anhang zu § 882g**
- Vernichtung ZPO **§ 882g** 12
- Zusammenfassung zu Listen ZPO **§ 882g** 9

Abgabe der Vermögensauskunft, sofortige ZPO **Vor §§ 765a–777**
- Widerspruch ZPO **Vor §§ 765a–777** 11; **§ 766** 12

Abgabe schriftlicher Erklärungen
- Vollstreckung des Anspruchs auf ZPO **§ 888** 16

Abgabenvollstreckung ZPO **§ 717** 32

Abhilfebefugnis
- des Rechtspflegers ZPO **§ 766** 30; **Anhang zu § 793** 5 f., 11

Ablieferung
- des Erlöses ZPO **§ 819** 6
- des Versteigerungsgegenstandes an den Ersteher ZPO **§ 817** 10; **§ 825** 16, 17, 18
- gepfändeten Geldes ZPO **§ 815** 2
- herauszugebender Gegenstände an den Gläubiger ZPO **§ 883** 14

Abmahnung ZPO **Anhang zu § 935** A 1 ff.
- Abmahnpauschale ZPO **Anhang zu § 935** A 35 f.
- Abmahnschreiben ZPO **Anhang zu § 935** A 14 f.
  - Verlust des – auf dem Postweg ZPO **Anhang zu § 935** A 15
- Androhung eines Gerichtsverfahrens ZPO **Anhang zu § 935** A 6 ff.
- Antwortpflicht ZPO **Anhang zu § 935** A 26 ff.
- Aufklärungspflicht ZPO **Anhang zu § 935** A 24 ff.
- Aufwendungsersatzanspruch ZPO **Anhang zu § 935** A 29 f.
- Bedeutung ZPO **Anhang zu § 935** A 1 f.
- Begriff ZPO **Anhang zu § 935** A 1 f.
- Berechtigungsanfrage ZPO **Anhang zu § 935** A 20
- Beweislast ZPO **Anhang zu § 935** A 15
- Darlegungslast ZPO **Anhang zu § 935** A 15
- Drittabmahnung ZPO **Anhang zu § 935** A 21
- Drittunterwerfung ZPO **Anhang zu § 935** A 25
- durch Bevollmächtigten ZPO **Anhang zu § 935** A 12
- Entbehrlichkeit der ZPO **Anhang zu § 935** A 16 ff.
- Erstbegehungsgefahr ZPO **Anhang zu § 935** A 29
- Form ZPO **Anhang zu § 935** A 11
  - mündlich ZPO **Anhang zu § 935** A 11, 18
  - per E-Mail ZPO **Anhang zu § 935** A 11
  - per Telefax ZPO **Anhang zu § 935** A 11, 18
  - schriftlich ZPO **Anhang zu § 935** A 11
  - telefonisch ZPO **Anhang zu § 935** A 11, 18
- Funktion der ZPO **Anhang zu § 935** A 2
- Gegenabmahnung ZPO **Anhang zu § 935** A 41
- im Arbeitsrecht ZPO **Vor § 935** 163
- im Baurecht ZPO **Vor § 935** 66
- Inhalt der ZPO **Anhang zu § 935** A 3 ff.
- Kosten ZPO **Anhang zu § 935** A 29 ff., 2, 37
- Kostenrisiko ZPO **Anhang zu § 935** A 15, 20
- negative Feststellungsklage ZPO **Anhang zu § 935** A 39 f.
- Nichtstörer ZPO **Anhang zu § 935** A 27
- Scheinstörer ZPO **Anhang zu § 935** A 27
- Schubladenverfügung ZPO **Anhang zu § 935** A 20
- Schutzrechtsverwarnung ZPO **Anhang zu § 935** A 43
- u. Anerkenntnis ZPO **Anhang zu § 935** A 15
- u. Auskunftsanspruch ZPO **Anhang zu § 935** A 10
- u. besondere Eilbedürftigkeit ZPO **Anhang zu § 935** A 18
- u. Kartellrecht ZPO **Anhang zu § 935** A 1
- u. Kostenerstattungsanspruch ZPO **Anhang zu § 935** A 29, 10
  - Rechtsanwalt, eigenes Mandat ZPO **Anhang zu § 935** A 34
- u. Presserecht ZPO **Anhang zu § 935** A 1
- u. Schadensersatzanspruch ZPO **Anhang zu § 935** A 26, 10, 31, 42
- u. Unterlassungsklagengesetz ZPO **Anhang zu § 935** A 1
- u. Urheberrecht ZPO **Anhang zu § 935** A 1

Stichwortverzeichnis

– u. vorsätzliches Handeln ZPO **Anhang zu** § 935 A 17
– u. Wettbewerbsprozess ZPO **Anhang zu** § 935 A 1, 3
– Übermaßabmahnung ZPO **Anhang zu** § 935 A 9
– unbegründete ZPO **Anhang zu** § 935 A 39 f.
– unberechtigte ZPO **Anhang zu** § 935 A 27
– Unkostenpauschale ZPO **Anhang zu** § 935 A 35
– Unterlassungsanspruch ZPO **Anhang zu** § 935 A 32, 42
– Unterlassungserklärung, strafbewehrte ZPO **Anhang zu** § 935 A 4 ff., 10
 – Frist ZPO **Anhang zu** § 935 A 6 ff.
– Unterwerfungserklärung ZPO **Anhang zu** § 935 A 20
– Unzumutbarkeit der ZPO **Anhang zu** § 935 A 22 f.
– Verjährung ZPO **Anhang zu** § 935 A 38
– Verletzungstatbestand ZPO **Anhang zu** § 935 A 9
– Versendungsform ZPO **Anhang zu** § 935 A 15
– Vertragsstrafe ZPO **Anhang zu** § 935 A 4
– Verwarnung ZPO **Anhang zu** § 935 A 1, 21
– Vollmacht ZPO **Anhang zu** § 935 A 12
– vorauszusehende Erfolglosigkeit der ZPO **Anhang zu** § 935 A 19 f.
– wettbewerbsrechtliche ZPO **Anhang zu** § 935 A 42
– Wiederholungsgefahr ZPO **Anhang zu** § 935 A 9, 31
– Zugang der ZPO **Anhang zu** § 935 A 14 ff.
Abriss eines Gebäudes ZPO § 885 2; § 887 2, 10
Abschlagszahlungen auf den Lohn ZPO **Vor** § 935 47; § 940 15
Abschlusserklärung ZPO **Anhang zu** § 935 C 4 ff.
– Abänderungsklage (§ 323) ZPO **Anhang zu** § 935 C 10
– Bedingung, auflösende ZPO **Anhang zu** § 935 C 7
– Doppelverzicht ZPO **Anhang zu** § 935 C 5
– Drittwirkung ZPO **Anhang zu** § 935 C 11
– Form der ZPO **Anhang zu** § 935 C 8
– Inhalt der ZPO **Anhang zu** § 935 C 4
– Rechtsschutzinteresse ZPO **Anhang zu** § 935 C 2, 9
– schriftliche Bestätigung der ZPO **Anhang zu** § 935 C 8
– u. Abänderungsklage (§ 323) ZPO **Anhang zu** § 935 C 5
– u. Feststellungsinteresse ZPO **Anhang zu** § 935 C 9
– u. Hauptsacheklage ZPO **Anhang zu** § 935 C 9
– u. Vollstreckungsabwehrklage (§ 767) ZPO **Anhang zu** § 935 C 5
– unter Vorbehalt ZPO **Anhang zu** § 935 C 7
– Unterwerfung ZPO **Anhang zu** § 935 C 12

– Verzicht auf Aufhebungsrecht gem. § 927 ZPO **Anhang zu** § 935 C 5; § 927 11
– Verzicht auf Berufung ZPO **Anhang zu** § 935 C 4
– Verzicht auf Fristsetzung gem. § 926 Abs. 1 ZPO **Anhang zu** § 935 C 4; § 926 8, 40
– Verzicht auf Rechtsbehelfe ZPO **Anhang zu** § 935 C 6
– Verzicht auf Widerspruchsverfahren gem. § 924 ZPO **Anhang zu** § 935 C 4
– Wiederholungsgefahr ZPO **Anhang zu** § 935 C 11 f.
– Wirkung der ZPO **Anhang zu** § 935 C 9
– Zugang der ZPO **Anhang zu** § 935 C 8
Abschlussschreiben ZPO § 936 2; **Anhang zu** § 935 C 13 ff.
– Aufwendungsersatzanspruch ZPO **Anhang zu** § 935 C 21
– Bedeutung ZPO **Anhang zu** § 935 C 13
– Entbehrlichkeit ZPO **Anhang zu** § 935 C 19
– Form ZPO **Anhang zu** § 935 C 18
– Fristsetzung im ZPO **Anhang zu** § 935 C 17
– Inhalt des ZPO **Anhang zu** § 935 C 16
– Kosten ZPO **Anhang zu** § 935 C 20 ff.
– Kostenerstattungsanspruch ZPO **Anhang zu** § 935 C 20
– nochmaliges ZPO **Anhang zu** § 935 C 19
– Rechtsanwaltskosten ZPO **Anhang zu** § 935 C 22
– Zugang ZPO **Anhang zu** § 935 C 18
Abschlussverfahren ZPO **Anhang zu** § 935 C 1 ff.
– veränderte Umstände ZPO **Anhang zu** § 935 C 1
Abtretung
– u. Anhebung der Pfändungsfreigrenzen ZPO § 850f 1
Abwehrfeststellungsklage
– des Drittschuldners ZPO § 840 15
Abweichende Verwertungsart ZPO § 825; § 844
Abwendung der Zwangsvollstreckung
– und Schadensersatz ZPO § 717 10
Abwendungsbefugnis
– Abgrenzung zur vorläufigen Vollstreckbarkeit ZPO § 923 2
– arbeitsgerichtliches Verfahren ZPO § 923 10
– Art der Sicherheit ZPO § 923 3
– Aufhebung gegen Sicherheitsleistung ZPO § 939 1
– Befriedigungsverfügung ZPO § 923 10
– bei der Sicherungsvollstreckung ZPO § 720a 7 f.
– Dispositionsmaxime ZPO § 923 5
– einstweilige Verfügung ZPO § 923 9
– Familienstreitsachen ZPO § 923 10
– Hinterlegung von gepfändetem Geld oder Versteigerungserlös bei ZPO § 720 3
– Hinterlegungsgesetze ZPO § 923 6
– in den Fällen von § 708 Nr. 4 bis 11 ZPO § 711
– Kosten des Arrestverfahrens ZPO § 923 5

Stichwortverzeichnis

- Lösungssumme ZPO § 923 1 ff.
  - Festsetzung der ZPO § 923 3
  - Hinterlegung der ZPO § 923 6 ff.
  - Höhe der ZPO § 923 5
- Nachweis durch öffentliche Urkunde ZPO § 923 8
- Pfandrecht ZPO § 923 7
- Rückforderungsanspruch gegen den Staat ZPO § 923 7
- Sicherheitsleistung ZPO § 923 2, 6, 8
- verwaltungsgerichtliches Verfahren ZPO § 923 10
- Wirkung der Hinterlegung ZPO § 923 7

Aktenabschrift ZPO § 760

Akteneinsicht
- Gerichtsvollzieher ZPO § 760
  - ArbGG, VwGO ZPO § 760 8
  - elektronische Akten ZPO § 760 4
  - Rechtsbehelfe ZPO § 760 5 ff.
- Schutzschrift ZPO § 945a; § 945b 9

Akzessorische Rechte ZPO § 857 3 f.

Alleinentscheidungsrecht des Vorsitzenden
- arbeitsgerichtliches Verfahren ZPO § 944 1, 7 f.
- Entbehrlichkeit der mündlichen Verhandlung ZPO § 944 3
- erhöhte Dringlichkeit ZPO § 944 4
- FamFG-Verfahren ZPO § 944 6
- Kammer für Handelssachen ZPO § 944 1, 5
- verwaltungsgerichtliches Verfahren ZPO § 944 9
- Zweck ZPO § 944 1

Allgemeine Geschäftsbedingungen
- u. eR ZPO **Vor** § 935 57
- u. Vollstreckungsunterwerfung ZPO § 794 59 f.

Allgemeine Härteklausel ZPO **Vor** §§ 765a–777 29; § 765a

Allgemeiner Rechtsschutz
- Verhältnis zum eR ZPO **Vor** §§ 916–945b 3

Allgemeiner Verbraucherpreisindex ZPO **Vor** §§ 704–707 14

Altenteil
- Pfändungsschutz ZPO § 850b 15

Altersvorsorge
- Pfändungsschutz für ZPO § 851c; § 851d

Amtsermittlung
- FamFG-Verfahren ZPO **Vor** § 935 20
- im arbeitsgerichtlichen Beschlussverfahren ZPO § 920 30

Amtsgericht
- allgemeine Zuständigkeit ZPO § 942 1 ff.
- der belegenen Sache ZPO § 937 6; § 942 1 ff.
  - begrenzte Zuständigkeit ZPO § 942 1
  - Dringlichkeit i. S. d. § 942 ZPO § 942 3 f.
  - Eintragung einer Vormerkung ZPO § 942 7
  - Eintragung eines Widerspruchs ZPO § 942 7
  - FamFG-Verfahren ZPO § 942 24
  - Form der Entscheidung ZPO § 942 9
  - Inhalt der Entscheidung ZPO § 942 10
  - mündliche Verhandlung ZPO § 942 8
  - örtliche Zuständigkeit ZPO § 942 3
  - Rechtsbehelfe gegen Entscheidung ZPO § 942 11
  - Verfahren ZPO § 942 8
- Zuständigkeit im arbeitsgerichtlichen Verfahren ZPO § 942 24
- Zuständigkeit im verwaltungsgerichtlichen Verfahren ZPO § 942 24

Amtshaftung
- bei Außerkrafttreten der vorläufigen Vollstreckbarkeit ZPO § 717 3
- bei Entscheidungen im Eilverfahren ZPO § 922 14
- für Schäden bei Durchsuchung ZPO § 758a 51 f.
- Gerichtsvollzieher ZPO **Vor** §§ 753–763 5

Amtsniederlegung
- des Sequesters ZPO § 938 24

Amtspflichtverletzung der Vollstreckungsorgane ZPO **Vor** §§ 753–763 5; Anhang zu § 771 16, 17

Amtswiderspruch bei Zwangshypotheken ZPO § 867 28

Amtszustellung
- im arbeitsgerichtlichen Verfahren ZPO **Vor** § 935 176
- im Eilverfahren ZPO § 922 30, 45 f.
- Vollstreckungsvoraussetzung ZPO § 750 28, 32
- Vollziehung von Eilanordnungen ZPO § 929 23, 28

Andere Vermögensrechte
- Vollstreckung in ZPO § 857

Anderkonten
- Pfändung ZPO § 829 15

Änderung der Unpfändbarkeitsvoraussetzungen
- bei der Lohnpfändung ZPO § 850c 9; § 850g

Änderung des unpfändbaren Betrages
- bei der Lohnpfändung ZPO § 850f

Anderweitige Rechtshängigkeit ZPO **Vor** §§ 916–945b 32 f.

Anderweitige Verwertung
- bewegliche Sache ZPO **Vor** § 814 2, 4; § 825 2 ff.
- Gebühren ZPO § 825 28
- unter Eigentumsvorbehalt verkaufte Sache ZPO Anhang zu § 825
- von Forderungen und Rechten ZPO § 844 2, 4; § 857 12

Androhung
- von Ordnungsmitteln ZPO § 890 16 ff.
- von Zwangsgeld ZPO § 888 23

Anerkenntnis ZPO § 935 25; Anhang zu § 935 A 2; **Vor** §§ 916–945b 49; § 927 32

Anerkennung ausländischer Entscheidungen
- Brüssel-Ia-VO **Art. 36** 1 ff.; EuVTVO **Art. 5** 3
- Aussetzung ZPO § 1084; Brüssel-Ia-VO **Art. 38** 1 ff.; EuVTVO **Art. 23** 1
- Feststellungsantrag Brüssel-Ia-VO **Art. 36** 4; **Art. 45** 4; Brüssel-I-VO **Art. 33** 3

Stichwortverzeichnis

- Gerichtliche Entscheidung Brüssel-I-VO **Art. 32** 1
  - Einzelfälle Brüssel-I-VO **Art. 32** 7
- Gesondertes Anerkennungsverfahren Brüssel-Ia-VO **Art. 36** 3 f.; Brüssel-I-VO **Art. 33** 2
- Inzidentanerkennung Brüssel-Ia-VO **Art. 36** 5; Brüssel-I-VO **Art. 33** 4
- Kostenfestsetzungsbeschluss Brüssel-I-VO **Art. 32** 2
- Kostenvorschuss Brüssel-I-VO **Art. 32** 2
- Prioritätsprinzip Brüssel-Ia-VO **Art. 45** 14
- Prozessurteil Brüssel-I-VO **Art. 32** 3
- Rechtsbehelfe Brüssel-Ia-VO **Art. 38** 3; Brüssel-I-VO **Art. 37** 2
- Säumnis Brüssel-Ia-VO **Art. 45** 9 ff.; Brüssel-I-VO **Art. 34** 3
- Titelkollision ZPO **§ 1084** 1; Brüssel-Ia-VO **Art. 45** 13 ff.; Brüssel-I-VO **Art. 34** 4; EuVTVO **Art. 21** 1
- Verfahren des einstweiligen Rechtsschutzes Brüssel-Ia-VO **Art. 35**; Brüssel-I-VO **Art. 31**; **Art. 32** 4
- Versagung der Anerkennung oder der Vollstreckung
  - Einstweiliger Rechtsschutz ZPO **§ 1115** 12
  - Erledigung der Hauptsache ZPO **§ 1115** 13
  - Kostenentscheidung, Streitwert, Gebühren ZPO **§ 1115** 14 ff.
  - Rechtsbehelfe ZPO **§ 1115** 9 ff.
  - Säumnis des Antragstellers ZPO **§ 1115** 7
  - Tenor ZPO **§ 1115** 8
  - Verfahren ZPO **§ 1115** 2 ff.
- Verstoß gegen den ordre public Brüssel-Ia-VO **Art. 45** 7 f.; Brüssel-I-VO **Art. 34** 2
- Verweigerung der Zwangsvollstreckung ZPO **§ 1084**; EuVTVO **Art. 21** 2
- Vollstreckungsbescheid Brüssel-I-VO **Art. 32** 2
- Wirkungserstreckung Brüssel-Ia-VO **Art. 36** 2; Brüssel-I-VO **Art. 33** 1
- Zivil- und Handelssache Brüssel-I-VO **Art. 32** 5
- Zuständigkeit, Überprüfung der Brüssel-Ia-VO **Art. 45** 2, 6, 15 f.; Brüssel-I-VO **Art. 35** 1 ff.; **Art. 36**
- Zustellung des verfahrenseinleitenden Schriftstücks Brüssel-Ia-VO **Art. 45** 10; Brüssel-I-VO **Art. 34** 5

Anerkennung ausländischer Urteile ZPO **§ 723** 3 f.

Anerkennung und Vollstreckung ausländischer Titel im Inland
- Entbehrlichkeit der Vollstreckungsklausel ZPO **§ 1112** 1 f.
- Übersetzung oder Transliteration ZPO **§ 1113** 1 f.

Anerkennung und Vollstreckung nach der Verordnung (EU) Nr. 1215/2012 ZPO **Vor §§ 1110–1117** 1 f.
- Anwaltsvergleiche ZPO **§ 1110** 4
- Anwendungsbereich ZPO **§ 1110** 1
- Kostenentscheidung und Gebühren ZPO **§ 1111** 4 ff.
- Rechtsbehelfe ZPO **§ 1111** 3
- Verfahren ZPO **§ 1111** 2
- Zuständigkeit
  - bei Entscheidungen und gerichtlichen Vergleichen ZPO **§ 1110** 2
  - bei öffentlichen Urkunden ZPO **§ 1110** 3

Anerkennung und Vollstreckung von Titeln nach EuUnterhaltsVO EuUnterhaltsVO **Vor** 9 ff.

Anerkennungs- und Vollstreckbarkeitserklärungsverfahren Brüssel-Ia-VO **Vor** 10 ff.; Brüssel-I-VO **Vor** 7 ff.

Anfechtbare Vollstreckungsakte
- Entstehung des Pfändungsrechts ZPO **Vor §§ 803–804** 15
- Rechtsbehelfe
  - im Verteilungsverfahren ZPO **§ 872** 3; **§ 878** 13
  - rückwirkende Heilung während des Rechtsbehelfsverfahrens ZPO **§ 766** 39
  - während des Vollstreckungsverfahrens **Vor §§ 765a–777** 3, 4; **§ 766** 1, 2, 3, 4, 5, 6, 7, 8, 9, 10, 11, 12; **Vor §§ 803–804** 6
- Wegfall der Anfechtbarkeit durch Beendigung der Zwangsvollstreckung ZPO **§ 766** 31; **Vor §§ 803–804** 15

Anfechtbarkeit
- der Vollstreckungsforderung und Vollstreckungsabwehrklage ZPO **§ 767** 23, 33
- des Rechtserwerbs und Drittwiderspruchsklage ZPO **§ 771** 3 f.

Anfechtung der Anpassung eines Titels (Art. 54 der Verordnung (EU) Nr. 1215/2012 ZPO **§ 1114** 1 ff.

Anfechtung des Prozessvergleichs
- Geltendmachung ZPO **§ 767** 29; **§ 794** 19

Anfechtungsgesetz
- u. eR ZPO **§ 928** 6

Angemessenheitsklausel ZPO **§ 811** 22

Anhängigkeit der Hauptsacheklage ZPO **§ 919** 6 ff.; **§ 926** 10

Anhörung
- bei der Durchsuchungsanordnung ZPO **§ 758a** 42
- bei der Erinnerung ZPO **§ 766** 33
- bei der Klauselerteilung ZPO **Vor §§ 724–734** 10; **§ 730** 1, 2, 3, 4
- bei der Räumungsverfügung ZPO **§ 940a** 21
- bei der Vollstreckung ausländischer Entscheidungen Brüssel-Ia-VO **Art. 53** 7; Brüssel-I-VO **Art. 43** 7, 11
- bei der Vorläufigen Anordnung (§ 769) ZPO **§ 769** 5
- beim Verfahren auf Zulassung der Austauschpfändung ZPO **§ 811a** 8
- beim Vollstreckungsschutz ZPO **§ 765a** 41

Stichwortverzeichnis

- beim Wiedereinsetzungs- und Wiederaufnahmeantrag ZPO § 707 7
- rechtliches Gehör ZPO **Einf.** 6, 7, 8; § 707 7; § 730 3 f.; § 758a 42; § 765a 41; § 766 33; § 829 36; **Anhang zu** § 829 32; § 850b 5; § 850f 11; § 887 25; § 888 28; § 890 22; § 891 2 f.; § 894 9
- vor dem Erlass des Ordnungsmittelbeschlusses ZPO § 890 22

Anlieferungs-Referenzmenge (MilchabgabenVO) ZPO § 857 5

Anmeldung von Forderungen im Teilungsverfahren ZPO § 873 2

Annahmeverzug des Schuldners ZPO § 756 6 ff., 17, 19 f.; § 765 3, 4; § 867 4

Anordnungsschaden ZPO § 945 42
- Abgrenzung zum Vollziehungsschaden ZPO § 945 42
- Ersatzfähigkeit des ZPO § 945 42
- u. Fehlentscheidungsrisiko ZPO § 945 42

Anschlussberufung
- im Widerspruchsverfahren ZPO § 925 19

Anschlusspfändung ZPO § 758a 9; § 803 8; § 829 51
- ArbGG, VwGO, AO ZPO § 826 9
- Unabhängigkeit von der Erstpfändung ZPO § 826 7
- vereinfachte ZPO § 826 6

Anstalten des öffentlichen Rechts
- Vollstreckung gegen ZPO § 882a 3

Anteilsrechte als Vollstreckungsgegenstand ZPO § 857 21 ff., 38 ff.

Antrag als Vollstreckungsvoraussetzung ZPO **Einf.** 10; § 750 10; § 753 1, 2, 3, 4, 5, 6, 7; § 802a 4; § 802c 8; § 802f 2; § 802g 10, 25; § 802l 2; § 829 33; § 887 19; § 888 24; § 890 9

Antrag auf allg. Vollstreckungsschutz ZPO § 765a 34; § 767 9

Antrag auf Durchsuchungsanordnung ZPO § 758a 31

Antrag auf eR ZPO **Vor** §§ 916–945b 23 ff.
- Bestimmtheit ZPO **Vor** §§ 916–945b 25
- Verbindung mit Vollziehungsantrag ZPO **Vor** §§ 916–945b 74; § 930 7

Antragsgegner
- Prozessfähigkeit ZPO **Vor** §§ 916–945b 30

Antragsteller
- Prozessfähigkeit ZPO **Vor** §§ 916–945b 30

Anwaltsgebühren ZPO § 788 5
- Aufhebungsverfahren ZPO § 926 47; § 927 45 f.
- bei Aufhebung der Arrestvollziehung ZPO § 934 7
- bei der Arrestvollziehung ZPO § 930 20
- bei der Räumungsvollstreckung ZPO § 885 45
- bei Forderungspfändung ZPO § 829 74
- bei Herausgabevollstreckung ZPO § 883 21 f.
- im Anordnungsverfahren ZPO § 922 51; § 935 38
- im Eilverfahren ZPO **Vor** §§ 916–945b 82; § 922 51 f.
- im Rechtfertigungsverfahren ZPO § 942 28
- im Verteilungsverfahren ZPO § 872 5
  - bei Widerspruchsklage ZPO § 878 21
- im Widerspruchsverfahren ZPO § 925 28

Anwaltsvergleich
- als öffentliche Urkunde nach Brüssel-Ia-VO Brüssel-Ia-VO **Art.** 58 3
- als öffentliche Urkunde nach Brüssel-I-VO Brüssel-I-VO **Art.** 57 3
- als Vollstreckungstitel ZPO § 794 43, 44
- vollstreckbare Ausfertigung ZPO § 797 3
- Vollstreckbarerklärung ZPO § 796a–796c
  - durch das Prozessgericht ZPO § 796b
  - durch den Notar ZPO § 796c
  - Gebühren ZPO § 796b 6; § 796c 9

Anwaltszwang
- in der Zwangsvollstreckung ZPO **Einf.** 9; **Vor** §§ 724–734 8; § 724 4; § 887 19; § 888 24; § 890 9, 22; § 891 1

Anwartschaftsrecht
- an beweglichen Sachen ZPO § 802c 22; § 857 13 ff.
- an Grundstücken ZPO § 857 20
- Geltendmachung mit der Drittwiderspruchsklage ZPO § 771 23 f.
- Pfändung ZPO **Vor** §§ 803–863 2; § 848 10; § 857 13 ff.

Anwesenheitsrecht des Gläubigers ZPO § 758 11
- Befugnisse des Gläubigers ZPO § 758 12
- Widerstand des Schuldners ZPO § 758 13

Arbeitnehmersparzulage
- Pfändung ZPO **Anhang zu** § 829 18

Arbeitseinkommen
- Änderung der Unpfändbarkeitsvoraussetzungen ZPO § 850g
  - Änderung maßgeblicher Umstände ZPO § 850g 3
  - ArbGG, VwGO, AO ZPO § 850g 8
  - Rechtsbehelfe ZPO § 850g 6
  - Verfahren ZPO § 850g 4
- Änderung des unpfändbaren Betrages ZPO § 850f
  - ArbGG, VwGO, AO ZPO § 850f 21
  - äußerste Grenze der Pfändbarkeit ZPO § 850f 14
  - Dynamisierungsregelung ZPO § 850f 18
  - erweiterte Vollstreckung ZPO § 850f 17
  - Kosten ZPO § 850f 20
  - Prioritätsprinzip ZPO § 850f 15
  - privilegierte Pfändung ZPO § 850f 10
  - Rechtsbehelfe ZPO § 850f 19
- Begriff ZPO § 850 9, 11
- Berechnung des pfändbaren ZPO § 850e
  - ArbGG, VwGO, AO ZPO § 850e 18
  - Lohnabtretungen ZPO § 850e 4
  - Lohnvorschüsse ZPO § 850e 3

2423

Stichwortverzeichnis

- Naturalleistungen ZPO § 850e 12 f.
- Nettoeinkommen ZPO § 850e 2
- Zusammenrechnung mehrerer Arbeitseinkommen ZPO § 850e 5, 6, 7
- Zusammenrechnung von Arbeitseinkommen u. Sozialleistungen ZPO § 850e 8, 9, 10, 11
- Eigengeld des Strafgefangenen ZPO § 850 11; § 851 4
- erweiterte Vollstreckung in höheres ZPO § 850f 17
- Grundfreibetrag ZPO § 850c 3 f., 7
- nicht wiederkehrend zahlbares ZPO § 850i 3
- Pfändung fortlaufender Bezüge ZPO § 832
- Pfändung von ZPO § 829 33 ff.; § 850 1; § 850c 9; § 850e 2, 3, 4, 5, 6
- Pfändung zu Gunsten Unterhaltsberechtigter ZPO § 850d; § 850g
- Pfändungsfreier Mehrverdienst ZPO § 850c 5
- Pfändungsgrenzen ZPO § 850c
- Pfändungsschutz für ZPO § 850 3, 4, 5, 6, 7, 8, 9; § 850a–850g; § 850k
- Verschleierung von ZPO § 850h
- Zusammenrechnung mehrerer ZPO § 850e 5, 6
- Zusammenrechnung mit sonstigen Bezügen ZPO § 850e 8, 9, 10

Arbeitsgericht
- als Prozessgericht des ersten Rechtszuges ZPO § 767 14
- im Einziehungsprozess ZPO § 835 7
- qualitative Bedeutung des eR ZPO Vor §§ 916–945b 7 f.
- Rechtsweg ZPO Vor §§ 916–945b 28; § 919 16

Arbeitsgerichtliche Titel
- Vollstreckung ZPO § 704 1, 2; § 705 8
- vorläufige Vollstreckbarkeit, keine ZPO Vor §§ 708–720a 4

Arbeitsgerichtliches Eilverfahren
- Zustellung von Amts wegen ZPO Vor § 935 176

Arbeitsgerichtliches Verfahren
- Abweichungen vom Zivilprozess ZPO Vor §§ 916–945b 93
- Abwendungsbefugnis ZPO § 923 10
- Arrestgericht ZPO § 919 16
- Aufhebung gegen Sicherheitsleistung ZPO § 939 8
- Aufhebungsverfahren gem. § 926 Abs. 2 ZPO § 926 44
- Aufhebungsverfahren gem. § 927 ZPO § 927 45
- Aufhebungsverfahren gem. § 942 Abs. 3 ZPO § 942 24
- Beschlussverfahren ZPO Vor §§ 916–945b 93; Vor § 935 146, 176 ff.
- dinglicher Arrest ZPO § 917 18
- Eilkompetenz des Vorsitzenden ZPO § 944 7 f.
- Fristsetzung nach § 926 Abs. 1 ZPO § 926 44
- Hauptsachegericht ZPO § 937 7, 11
- Kosten ZPO Vor §§ 916–945b 93
- Lösungssumme ZPO § 923 10
- mündliche Verhandlung ZPO § 922 10; § 937 18 f.
- Notzuständigkeit des Amtsgerichts i. S. v. § 942 Abs. 1 ZPO § 942 24
- persönlicher Arrest ZPO § 918 6
- Rechtfertigungsverfahren ZPO § 942 24
- Schadensersatz (§ 945) ZPO § 945 53 f.
- Sicherheitsleistung ZPO § 921 10 f.
- u. Schiedsverfahren ZPO Vor § 935 52
- Untersuchungsgrundsatz ZPO § 920 30
- Urteilsverfahren ZPO Vor §§ 916–945b 93; Vor § 935 147
- Vollziehungsfrist ZPO § 929 49
- Widerspruchsverfahren ZPO § 924 24; § 925 23

Arbeitskampfrecht
- einstweilige Verfügung ZPO Vor § 935 171, 176
- Interessenabwägung ZPO Vor § 935 171
- Schadensersatz ZPO § 945 53
- Verfügungsgrund ZPO Vor § 935 171 f.

Arbeitsleistung
- Vollstreckung des Anspruchs auf ZPO § 887 14; § 888 6, 40

Arbeitslohn
- Streitwert ZPO § 935 37
- Weiterzahlung des ZPO Vor § 935 47, 168 f.; § 940 9

Arbeitspapiere ZPO Vor § 935 148
- Anspruch auf Herausgabe ZPO Vor § 935 148
- Verfügungsgrund ZPO Vor § 935 148

Arbeitspflicht ZPO Vor § 935 164 f.
- Verfügungsanspruch ZPO Vor § 935 164 f.
- Verfügungsgrund ZPO Vor § 935 166 f.

Arbeitszeit, Teilzeitanspruch ZPO Vor § 935 162
- Verurteilung zur Verteilung der ZPO § 894 6

Arbeitszeugnis
- Vollstreckung auf Erteilung ZPO § 888 8; § 894 2

Arrest
- Abgrenzung zur eV ZPO Vor §§ 916–945b 11 f.; Vor § 935 1 f.
- Arrestanspruch ZPO § 916 4; § 920 4, 5
- Arrestgrund ZPO § 920 4, 6
- Arten ZPO Vor §§ 916–945b 13; § 916 1
- Bedeutung ZPO § 916 1 ff.
- einstweilige Einstellung der Vollziehung ZPO § 924 20
- FamFG-Verfahren ZPO Vor §§ 916–945b 91 f.; § 925 23; § 927 45; § 943 9; § 944 6
 - Schadensersatz ZPO § 945 52
- Familienstreitsachen ZPO § 921 16; § 924 23; § 926 43
- im arbeitsgerichtlichen Beschlussverfahren ZPO § 916 17
- im Strafprozess ZPO Vor §§ 916–945b 98; § 917 18; § 927 27
- Neuerlass ZPO § 929 40
- Sicherungszweck ZPO § 916 1 ff.
- strafprozessualer dinglicher ZPO § 927 27

Stichwortverzeichnis

- Streitgegenstand ZPO **Vor §§ 916–945b** 21
- u. Befriedigungsverfügung ZPO **Vor §§ 916–945b** 12, 34
- u. Sicherungsverfügung ZPO **Vor §§ 916–945b** 12, 34
- Umdeutung ZPO **Vor § 935** 2
- zur Sicherung der Zwangsvollstreckung in ein Schiff ZPO **§ 917** 10 ff.

Arrestanordnung ZPO **§ 922** 19

Arrestanspruch ZPO **§ 916** 4; **§ 920** 4, 5
- arbeitsgerichtliches Verfahren ZPO **§ 916** 17
- Arrestzweck ZPO **§ 916** 1
- bedingter Anspruch ZPO **§ 916** 8, 10
- Befriedigungsverfügung ZPO **§ 916** 14, 16
- Begründetheit des Gesuchs ZPO **Vor §§ 916–945b** 42 ff.; **§ 916** 4 ff.
- betagter Anspruch ZPO **§ 916** 8, 9
- Duldungsanspruch ZPO **§ 916** 6
- Geldforderungen ZPO **§ 916** 3, 5 f.
- geldwerte Forderungen ZPO **§ 916** 7
- Glaubhaftmachung ZPO **§ 920** 17 ff.
  - Beweisbedürftig ZPO **§ 920** 23
  - Beweismaß ZPO **§ 920** 19
  - Beweismittel ZPO **§ 920** 20
  - Entbehrlichkeit der ZPO **§ 920** 28
  - Gegenstand der ZPO **§ 920** 22
  - Grundsatz freier Beweiswürdigung ZPO **§ 920** 21
  - im arbeitsgerichtlichen Verfahren ZPO **§ 920** 30
  - im verwaltungsgerichtlichen Verfahren ZPO **§ 920** 30
  - Zeitpunkt der ZPO **§ 920** 24
- Glaubhaftmachungslast ZPO **§ 920** 25 f.
- Haftungsansprüche ZPO **§ 916** 6
- Inhalt ZPO **§ 916** 5
- Klagbarkeit ZPO **Vor §§§ 916–945b** 44; **§ 916** 8
- künftige Ansprüche ZPO **§ 916** 8, 11 f.
- Leistungsverfügung ZPO **§ 916** 14, 16
- Nachschieben von Arrestansprüchen ZPO **§ 925** 9, 11
- Schadensersatz bei Fehlen eines ZPO **§ 945** 8 ff.
- sozialgerichtliches Verfahren ZPO **§ 916** 17
- verwaltungsgerichtliches Verfahren ZPO **§ 916** 17
- Vollstreckungsmöglichkeit ZPO **Vor §§ 916–945b** 45; **§ 916** 1 ff., 8

Arrestarten ZPO **Vor §§ 916–945b** 13; **§ 922** 19
- Antrag ZPO **§ 920** 2, 7

Arrestatorium
- u. Inhibitorium ZPO **§ 829** 54

Arrestbefehl ZPO **§ 925** 11 ff.; **§ 926** 9; **§ 928** 1
- Abänderung des ZPO **§ 925** 15
- Aufhebung des ZPO **§ 925** 13 f.; **§ 926** 11
- Bestätigung des ZPO **§ 925** 11
- richterliche Anordnung der Durchsuchung ZPO **§ 758a** 28

- Sicherheitsleistung ZPO **§ 925** 11 ff.
- Urschrift des ZPO **§ 928** 3
- Vorpfändung ZPO **§ 930** 11

Arrestbeschluss
- Begründung ZPO **§ 922** 26
- Rechtsbehelfe ZPO **§ 922** 37 ff.; **§ 924** 2 f.
- Schlüssigkeitsprüfung ZPO **§ 922** 18
- Verbindung mit Pfändungsbeschluss ZPO **Vor §§ 916–945b** 74; **§ 922** 31; **§ 930** 7
- Widerspruch ZPO **§ 924**
  - arbeitsgerichtliches Verfahren ZPO **§ 924** 24
  - aufschiebende Wirkung ZPO **§ 924** 19
  - FamFG-Verfahren ZPO **§ 924** 23
  - Form des ZPO **§ 924** 13
  - Frist ZPO **§ 924** 14
  - Gegenstand des ZPO **§ 924** 12
  - Rücknahme des ZPO **§ 924** 17
  - sozialgerichtliches Verfahren ZPO **§ 924** 24
  - Verfahren ZPO **§ 924** 18
  - verwaltungsgerichtliches Verfahren ZPO **§ 924** 24
  - Widerspruchsberechtigung ZPO **§ 924** 8
  - Widerspruchsrecht ZPO **§ 924** 15 f.
  - Zuständigkeit ZPO **§ 924** 9 ff.
- Zustellung ZPO **§ 922** 31 f.

Arrestgericht
- als Vollstreckungsgericht ZPO **§ 930** 7 f.
- Anhängigkeit der Hauptsache ZPO **§ 919** 6, 11
- arbeitsgerichtliches Urteilsverfahren ZPO **§ 919** 16
- Berufungsgericht ZPO **§ 919** 9
- der belegenen Sache ZPO **§ 919** 12 ff.
- Familiengericht ZPO **§ 919** 4, 16
- Forderungen als Arrestgegenstand ZPO **§ 919** 13
- Fristsetzung gem. § 926 Abs. 1 ZPO **§ 926** 12
- Gericht der Hauptsache ZPO **§ 919** 4, 9 f.
- Gerichtsstandsvereinbarungen ZPO **§ 919** 1, 11
- Hauptsachegericht ZPO **§ 919** 6 ff.
- internationale Zuständigkeit ZPO **§ 919** 3
- Kammer für Handelssachen ZPO **§ 919** 4
- Mahnverfahren ZPO **§ 919** 6, 9
- Schiedsgericht ZPO **§ 919** 5
- u. Aufhebungsverfahren gem. § 926 Abs. 2 ZPO **§ 926** 27
- Verhältnis des § 919 zu § 942 ZPO **§ 919** 15
- Verweisung ZPO **§ 919** 1
- Wahlrecht zwischen mehreren ZPO **§ 919** 1, 12
- Widerklage ZPO **§ 919** 4
- Zuständigkeitsordnung ZPO **§ 919** 1 f.

Arrestgesuch ZPO **§ 920** 1
- Antrag ZPO **§ 920** 7
- Antragsgegner ZPO **§ 920** 5
- Antragsteller ZPO **§ 920** 5
- Anwaltszwang ZPO **§ 920** 3
- arbeitsgerichtliches Verfahren ZPO **§ 920** 30
- Arrestanspruch ZPO **§ 920** 4, 5
- Arrestgegenstand ZPO **§ 920** 8

2425

Stichwortverzeichnis

- Arrestgrund   ZPO § 920 4, 6
- Begründetheit   ZPO **Vor §§ 916–945b** 42 ff.
- Bestimmtheit   ZPO § 920 7
- Beweisbedürftigkeit   ZPO § 920 23
- Bezeichnung des   ZPO § 920 4
- Dispositionsmaxime   ZPO § 920 2, 7
- eidesstattliche Versicherung   ZPO § 920 20, 21
- Entscheidung über das   ZPO § 921
- Familienstreitsachen   ZPO § 920 30
- Form des   ZPO § 920 3
- Glaubhaftmachung   ZPO § 920 17 ff.; § 921 2 ff.
- Hemmung der Verjährung   ZPO § 920 10
- Inhalt des   ZPO § 920 4 ff.
- mündliche Verhandlung   ZPO § 922 1, 2, 3, 4, 5, 6, 7, 8, 9, 10
  - im arbeitsgerichtlichen Verfahren   ZPO § 922 10
  - Verzicht auf   ZPO § 922 4 f.
- Notwendigkeit   ZPO § 920 1
- Rechtsbehelfe   ZPO § 924 1 ff.
- Rechtsfolgen   ZPO § 920 10
- Rechtshängigkeit   ZPO § 920 10 ff.
- Rechtshängigkeit mehrerer Anträge   ZPO § 920 12 f.
- Rücknahme des   ZPO § 920 14
- Sicherheitsleistung   ZPO § 921 2 ff.
  - Anordnung   ZPO § 921 6 f.
  - Anwendungsbereich   ZPO § 921 3
  - Außerhalb der ZPO   ZPO § 921 10
  - Bemessung   ZPO § 921 5
  - im arbeitsgerichtlichen Verfahren   ZPO § 921 16
  - im verwaltungsgerichtlichen Verfahren   ZPO § 921 16
  - Trotz Glaubhaftmachung   ZPO § 921 11 ff.
  - Voraussetzungen   ZPO § 921 4
- Verbindung mit Vollziehungsantrag   ZPO **Vor §§ 916–945b** 74; § 920 4; § 930 7
- Verjährungsunterbrechung   ZPO § 920 10
- Zulässigkeit   ZPO **Vor §§ 916–945b** 23 ff.

Arrestgrund   ZPO § 920 4, 6
- als Zulässigkeits-/Begründetheitsvoraussetzung   ZPO **Vor §§ 916–945b** 40 f., 46; § 917 2
- Arrestgesuch   ZPO § 920 4, 6
- Auslandsvollstreckung   ZPO **Vor §§ 916–945b** 85; § 917 9, 17; § 920 28
- Ausschluss   ZPO § 917 14 ff.
- dinglicher Arrest   ZPO § 917 1 ff.
- Entbehrlichkeit   ZPO § 917 10 ff.
- fehlender   ZPO § 945 13 ff., 20
- gesetzliche Vermutung des   ZPO § 945 15
- Glaubhaftmachung   ZPO § 920 17 ff.
  - bei Zwangsvollstreckung in ein Schiff   ZPO § 917 12
  - Beweisbehelfe   ZPO § 920 23
  - Beweismaß   ZPO § 920 19
  - Beweismittel   ZPO § 920 20
  - Entbehrlichkeit der   ZPO § 920 28

- Gegenstand der   ZPO § 920 22
- Grundsatz freier Beweiswürdigung   ZPO § 920 21
- im arbeitsgerichtlichen Verfahren   ZPO § 920 30
- im verwaltungsgerichtlichen Verfahren   ZPO § 920 30
- Zeitpunkt der   ZPO § 920 24
- Glaubhaftmachungslast   ZPO § 920 25 f.
- Gläubigerkonkurrenz   ZPO § 917 8
- Interessenabwägung   ZPO **Vor §§ 916–945b** 46; § 917 4; § 918 4
- persönlicher Arrest   ZPO § 918 1 ff.
- Schadensersatz bei fehlendem   ZPO § 945 13 ff., 20
- schlechte Vermögenslage   ZPO § 917 7
- Schuldnervermögen   ZPO § 918 2
- u. Rechtsschutzbedürfnis   ZPO § 917 2
- u. stattgebendes Hauptsacheurteil   ZPO § 927 25
- u. Vollziehungsschaden (§ 945)   ZPO § 945 14
- Veräußerung, beabsichtigte   ZPO § 917 6
- Vollstreckungsvereitelung/-erschwerung   ZPO § 717 2 ff.

Arresthypothek
- Durchführung der Vollstreckung   ZPO § 932 2 ff.
- Antrag   ZPO § 932 2 ff.
- Bearbeitung durch das Grundbuchamt   ZPO § 932 7 ff.
- Vollziehungsfrist   ZPO § 932 6
- Erwerb durch Eigentümer   ZPO § 932 14 f.
- Grundbuchgeschäft   ZPO § 932 5
- Höchstbetrag   ZPO § 932 4
- Höchstbetragssicherungshypothek   ZPO § 932 10, 16
- Rangsicherung   ZPO § 932 12
- Rechtsbehelfe   ZPO § 932 13
- Sicherungshöchstbetragshypothek   ZPO § 932 8
- u. Befriedigungsverfügung   ZPO § 932 19 f.
- u. Hauptsacheurteil   ZPO § 932 16 f.
- Umschreibung in eine Zwangshypothek   ZPO § 932 16 f.
- Vollstreckung in eine   ZPO § 932 18
- Vollstreckungsklausel   ZPO § 932 3, 7
- Wesen   ZPO § 932 10
- Wirkungen   ZPO § 932 12
- Zweck   ZPO § 932 1
- Zwischenverfügung gem. § 18 Abs. 2 GBO   ZPO § 932 7

Arrestpfandrecht   ZPO § 930 3, 13

Arresturteil
- Gebühren   ZPO § 922 48 ff.
- Rechtsbehelfe   ZPO § 922 27, 34 f.; § 924 2 f.
- Schlüssigkeitsprüfung   ZPO § 922 16
- Tenor   ZPO § 922 19
  - Auslandsbezug   ZPO § 922 26
  - Begründung   ZPO § 922 26 f.

– Kostenentscheidung ZPO § 922 19
– vorläufige Vollstreckbarkeit ZPO § 717 1; § 922 20
– weitere Anordnungen ZPO § 922 25
– Verbindung mit Pfändungsbeschluss ZPO **Vor §§ 916–945b** 74; § 922 31; § 930 7
– Zustellung ZPO § 922 29

Arrestverfahren
– ohne mündliche Verhandlung ZPO § 937 10
– Rechtskraft ZPO § 922 42 ff.
– Zuständigkeit des Amtsgerichts ZPO § 919 4

Arrestvollziehung
– allgemeine Vollstreckungsregeln ZPO § 928 3 ff.
– Antrag ZPO § 928 4
– Arrestpfandrecht ZPO § 930 3, 13
– Aufhebung ZPO § 934 1 ff.
  – Gebühren ZPO § 934 7
  – mündliche Verhandlung ZPO § 934 4
  – Rechtsbehelfe ZPO § 934 5
  – Verfahren ZPO § 934 2
– Aufhebungsverfahren ZPO § 928 21; § 934 2
– bei Auslandsbezug ZPO **Vor §§ 916–945b** 85 ff.
– Eröffnung des Insolvenzverfahrens ZPO § 928 4
– Gebühren ZPO § 930 20
– Gefahr im Verzug ZPO **Vor §§ 916–945b** 76; § 928 5; § 930 2
– in bewegliche Sachen ZPO § 928 7 f.; § 930 2 ff.
  – nichteingetragene Schiffe ZPO § 931 1
  – Pfändung von Bargeld ZPO § 930 4
  – Pfändung von Herausgabeansprüchen ZPO § 930 5
  – Sachpfändung ZPO § 930 2 f.
  – Versteigerung verderblicher oder schwer aufzubewahrender Gegenstände ZPO § 930 6
– in Forderungen ZPO § 928 7 f.
  – Arrestgericht als Vollstreckungsgericht ZPO § 930 7 f.
  – Pfändung sonstiger Vermögensrechte i. S. v. § 857 ZPO § 930 10
  – Pfändung von Geldforderung ZPO § 930 9
  – Rechtspfleger ZPO § 930 7
  – Vorpfändung ZPO § 930 11
– in Schiffe, Schiffsbauwerke u. Luftfahrzeuge ZPO § 928 10; § 930 12; § 931 1 ff.
  – ausländische Luftfahrzeuge ZPO § 931 6
  – Hafen ZPO § 931 1
  – Hafenbehörde ZPO § 931 3
  – inländische Luftfahrzeuge ZPO § 931 6
  – Lösungssumme ZPO § 931 3
  – Registerpfandrecht ZPO § 931 6
  – Schiffsregister ZPO § 931 2 f.
  – Sperrwirkung des § 7 LuftFzgG ZPO § 931 6
  – Vormerkung ZPO § 931 2
– in unbewegliches Vermögen ZPO § 928 9
– Kosten ZPO § 928 23
– Nachtzeit ZPO **Vor §§ 916–945b** 76; § 928 5
– Rangwahrung ZPO § 930 13 ff.
– Rechtsbehelfe ZPO § 928 20 ff.; § 930 17

– richterliche Durchsuchungsanordnung ZPO **Vor §§ 916–945b** 76; § 928 5; § 930 2
– Sonn- u. Feiertage ZPO **Vor §§ 916–945b** 76; § 928 5
– u. Anfechtungsgesetz ZPO § 928 6
– u. Befriedigungsverfügung ZPO § 930 18 f.
– Vermögensauskunft ZPO § 928 8
– Vollstreckungsabwehrklage ZPO § 928 21

Arten des einstweiligen Rechtsschutzes ZPO **Vor §§ 916–945b** 11 ff.

Arzt- und Hebammenpraxis
– Pfändung ZPO § 811 48

Aufbrauchfrist ZPO § 938 8

Aufenthaltsermittlung des Schuldners ZPO § 755 4 ff.; § 788 21

Aufhebung
– der Pfändung, bei Nichterreichen des Mindestgebots ZPO § 817a 6
– des Vollstreckungstitels ZPO § 717 2
  – abgabenrechtlicher Leistungs- oder Heranziehungsbescheid ZPO § 717 5
  – Geltendmachung in der Zwangsvollstreckung ZPO § 775 1, 6
  – Prozessvergleich ZPO § 717 6
  – Schadensersatz wegen voreiliger Vollstreckung ZPO § 717 4, 8, 11 ff.
  – vollstreckbare Urkunde ZPO § 717 6
  – Wirkung ZPO § 717 2
– eines Arbeitsvertrages, Verurteilung zur Zustimmung ZPO § 894 5
– von Amts wegen ZPO § 926 5
– von Vollstreckungsmaßregeln ZPO § 776 2 ff.
  – Rechtsbehelfe ZPO § 776 6
– wegen veränderter Umstände ZPO § 927 1 ff., 18
– wegen Versäumung der Hauptsacheklage ZPO § 926 25 ff.
– wegen Versäumung des Rechtfertigungsverfahrens ZPO § 942 18 ff.

Aufhebung der Arrestvollziehung (§ 934)
– Antrag ZPO § 934 2
– Gebühren ZPO § 934 7
– Rechtsbehelfe ZPO § 934 5
– u. eV ZPO § 934 6
– Verfahren ZPO § 928 21; § 934 2
– Vollstreckungsgericht ZPO § 934 2
– Zweck ZPO § 934 1

Aufhebung gegen Sicherheitsleistung (§ 939)
– »besondere Umstände« ZPO § 939 3
– Art u. Höhe der Sicherheitsleistung ZPO § 939 6
– Bankbürgschaft ZPO § 939 5
– Entscheidung des Gerichts ZPO § 939 5
– FamFG-Verfahren ZPO § 939 8
– im arbeitsgerichtlichen Verfahren ZPO § 939 8
– im sozialgerichtlichen Verfahren ZPO § 939 8
– im verwaltungsgerichtlichen Verfahren ZPO § 939 8

– Verhältnis zu § 923   ZPO § 939 1
– Voraussetzungen   ZPO § 939 3
– Wirkungen der Entscheidung   ZPO § 939 7
– Zweck   ZPO § 939 1
Aufhebungsbeschluss (§ 942 Abs. 3) ZPO § 942 21
Aufhebungsurteil
– im Rechtfertigungsverfahren   ZPO § 942 17
– im Verfahren nach § 926 Abs. 2   ZPO § 926 34
– im Verfahren nach § 927 Abs. 1   ZPO § 927 30
– im Widerspruchsverfahren   ZPO § 925 10
Aufhebungsverfahren (§ 926 Abs. 2) ZPO § 926 25
– Antrag   ZPO § 926 27
– Arrestvollziehung   ZPO § 926 32
– Aufhebungsurteil   ZPO § 926 34
– Begründetheit   ZPO § 926 31
– Bindung des Schadensersatzrichters   ZPO § 945 26 ff.
– Entscheidung   ZPO § 926 34
– FamFG-Verfahren   ZPO § 926 43
– Gebühren   ZPO § 926 46 ff.
– Hauptsacheentscheidung   ZPO § 926 34
– Hauptsacheklage   ZPO § 926 38 f., 42
– im arbeitsgerichtlichen Verfahren   ZPO § 926 44
– Kostenentscheidung   ZPO § 926 34
– Rechtsmittel   ZPO § 926 37
– Rechtsschutzinteresse   ZPO § 926 28
– sozialgerichtliches Verfahren   ZPO § 926 44
– u. Aufhebungsverfahren gem. § 927   ZPO § 927 6; § 945 28
– u. Aufhebungsverfahren gem. § 942 Abs. 3   ZPO § 942 18
– u. eV   ZPO § 926 38 ff.
– u. Schadensersatz   ZPO § 926 1; § 945 26 ff.
– Unterhaltszahlung   ZPO § 926 38
– Verfahren   ZPO § 926 32
– Verhältnis zu anderen Rechtsbehelfen   ZPO § 926 26
– verwaltungsgerichtliches Verfahren   ZPO § 926 44
– vorläufige Vollstreckbarkeit   ZPO § 926 34
– Zulässigkeit   ZPO § 926 27
– Zuständigkeit   ZPO § 926 27
– Zweck   ZPO § 926 1
Aufhebungsverfahren (§ 927)
– Antrag   ZPO § 927 9
– Antragsteller   ZPO § 927 9
– Anwaltszwang   ZPO § 927 9
– arbeitsgerichtliches Verfahren   ZPO § 927 45
– Aufhebungsurteil   ZPO § 927 30
– clausula rebus sic stantibus   ZPO § 927 1
– einstweilige Einstellung der Vollziehung   ZPO § 924 20
– Entscheidung   ZPO § 927 30 f.
– FamFG-Verfahren   ZPO § 927 45
– Gebühren   ZPO § 927 48
– Hauptsacheentscheidung   ZPO § 927 30

– Kostenentscheidung   ZPO § 927 32
– Maßregeln, bereits vollzogene   ZPO § 927 38
– Nachträglichkeit   ZPO § 927 18
– Rechtsmittel   ZPO § 927 39
– Rechtsschutzinteresse   ZPO § 927 16
– Teilaufhebung   ZPO § 927 12
  – Änderung der Kostenentscheidung   ZPO § 927 12
  – beschränkte materielle Rechtskraft   ZPO § 927 18
  – Präklusion i. S. v. § 767   ZPO § 927 18
  – veränderte Umstände   ZPO § 927 18
– u. eV   ZPO § 927 40
– Verfahren   ZPO § 927 29
– Verhältnis zu anderen Rechtsbehelfen   ZPO § 927 3
  – Abänderungsklage gem. § 323   ZPO § 927 6
  – Aufhebungsverfahren gem. § 926 Abs. 2   ZPO § 926 26; § 927 6; § 945 28
  – Aufhebungsverfahren gem. § 942 Abs. 3   ZPO § 942 18
  – Berufung   ZPO § 927 5
  – Fristsetzung gem. § 926 Abs. 1   ZPO § 926 3; § 927 6
  – Vollstreckungsabwehrklage   ZPO § 927 6
  – Widerspruch   ZPO § 924 4; § 925 7; § 927 3
– verwaltungsgerichtliches Verfahren   ZPO § 927 45
– Verzicht auf   ZPO § 927 11
– vorläufige Vollstreckbarkeit   ZPO § 927 35
– Wegfall einer Arrestvoraussetzung   ZPO § 927 20
  – Ablauf der Frist des § 926 Abs. 1   ZPO § 927 26
  – Ablauf der Sicherheitsleistungsfrist gem. §§ 921 Abs. 2, 925 Abs. 2   ZPO § 927 26
  – Ablauf der Vollziehungsfrist   ZPO § 927 26
  – Abweisung der Hauptsacheklage, rechtskräftige   ZPO § 927 22
  – Änderung der höchstrichterlichen Rechtsprechung   ZPO § 927 23
  – Arrestanspruch, materieller   ZPO § 927 20
  – Erbieten zur Sicherheitsleistung   ZPO § 927 28
  – Erledigung des Arrestgrundes   ZPO § 927 24
  – Eröffnung des Insolvenzverfahrens   ZPO § 927 27
  – Nichtigerklärung einer Norm durch das Bundesverfassungsgericht   ZPO § 927 23; § 945 12
  – stattgebendes Hauptsacheurteil   ZPO § 927 25
– Wirkungen   ZPO § 927 37
  – Aufhebung vollzogener Vollstreckungsmaßregeln   ZPO § 927 38
  – Unzulässigkeit weiterer Vollziehung des Arrestes   ZPO § 927 37
– Zuständigkeit   ZPO § 927 14

– Zweck ZPO § 927 1
Aufhebungsverfahren (§ 942 Abs. 3) ZPO § 942 18 ff.
– Antrag ZPO § 942 20
– Bindung des Schadensersatzrichters ZPO § 945 26 ff.
– Entscheidung ZPO § 942 21 f.
– Gebühren ZPO § 942 27 f.
– im arbeitsgerichtlichen Verfahren ZPO § 942 24
– mündliche Verhandlung ZPO § 942 20
– Rechtsbehelfe ZPO § 942 23
– sozialgerichtliches Verfahren ZPO § 942 24
– u. Aufhebung einer eV gem. § 927 ZPO § 927 40
– u. Aufhebungsverfahren gem. § 926 Abs. 2 ZPO § 926 25 f.
– u. Schadensersatz (§ 945) ZPO § 945 29
– Verfahren ZPO § 942 20
– Verhältnis zu anderen Aufhebungsverfahren ZPO § 942 18
– verwaltungsgerichtliches Verfahren ZPO § 942 24
– Wirkungen der Aufhebungsentscheidung ZPO § 942 22
– Zweck ZPO § 942 18
Aufklärungspflicht des Abgemahnten ZPO Anhang zu § 935 A 24 ff.
– Drittunterwerfung ZPO **Anhang zu § 935 A** 25
– Nichtstörer ZPO **Anhang zu § 935 A** 27
– Rechtsfolgen bei Verletzung der ZPO **Anhang zu § 935 A** 26
– Scheinstörer ZPO **Anhang zu § 935 A** 27
Auflassungsanspruch
– Durchsetzung in der Zwangsvollstreckung ZPO § 894 5
– Pfändung ZPO § 848 5, 6, 7, 8, 9
Auflassungsanwartschaft ZPO § 848 10; § 857 20
Aufopferungshaftung ZPO § 945 4
Aufrechnung
– durch den Drittschuldner ZPO § 835 8
– durch den Vollstreckungsschuldner und Präklusion ZPO § 767 23, 32
Aufschub
– der Vollstreckung ZPO § 802b 9
Aufwandsentschädigung
– u. Pfändungsschutz ZPO § 850a 7
Auktionator, privater ZPO § 818 2
Auseinandersetzungsvertrag (§ 2042 Abs. 1 BGB)
– Verurteilung auf Zustimmung ZPO § 894 5
Ausfallhaftung ZPO § 938 25
Ausfertigung der einstw. Verfügung ZPO § 929 30
Ausgewogenheit des Rechtsschutzes ZPO **Vor §§ 916–945b** 6
Ausgleichsansprüche
– Dritteigentümer ZPO Einf. 16; **Anhang zu § 771**
– Schuldner ZPO **Vor §§ 765a–777** 30; § 767 46
Ausgleichsgemeinschaft ZPO § 739 3

Auskehr
– des Erlöses nach Versteigerung ZPO **Vor § 814** 6; § 819 6, 8
– vom Drittschuldner hinterlegter Beträge ZPO **Vor §§ 872–882** 6
Auskunft
– über Aufenthaltsort des Schuldners ZPO § 755 4 ff.
– über persönliche Verhältnisse ZPO § 802c 20
Auskunft aus Schuldnerverzeichnis ZPO § 882f 1 ff.
– Auskunft aus Abdrucken ZPO § 882g 7
– Auskunftsrecht des Schuldners ZPO § 882f 2
– Einsichtsrecht des Gläubigers ZPO § 882f 3
– Erforderlichkeit der Auskunft ZPO § 882f 2
– Gebühren ZPO § 882f 7
Auskunftsansprüche ZPO **Vor § 935** 36 f., 167
– gegen den Drittschuldner ZPO § 829 62; § 840 2
– gegen den Schuldner nach Forderungspfändung ZPO § 836 7
– Pfändung von ZPO § 857 3; **Anhang zu § 829** 14
– Zwangsvollstreckung wegen ZPO § 883 2; § 888 12
Auskunftsobliegenheiten des Drittschuldners
– Abwehrfeststellungsklage ZPO § 840 15
– Auskunftserteilung ZPO § 840 6
– Auskunftsverlangen ZPO § 840 3
– Gebühren bei Abnahme der Auskunft ZPO § 840 17
– Inhalt der Auskunft ZPO § 840 7
– Rechtscharakter der Auskunft ZPO § 840 8
– Schadensersatz ZPO § 840 9, 10, 11, 12, 13, 14
Auskunftspflicht
– Auftrag ZPO § 802c 8
– des Schuldners ZPO § 802c 2 ff.
  – juristische Person ZPO § 802c 13 ff.
  – natürliche Person ZPO § 802c 11 f.
– Rechtsschutzbedürfnis ZPO § 802c 9
– Titel ZPO § 802c 6 f.
– Partei kraft Amtes ZPO § 802c 16
Auskunftsrechte
– des Gerichtsvollziehers ZPO § 802l
  – Adressaten und Gegenstände ZPO § 802l 7, 8, 9, 10
  – Gebühren ZPO § 802l 14
  – Information des Gläubigers ZPO § 802l 12 f.
  – Löschung nicht erforderlicher Daten ZPO § 802l 11
  – Mindestwert der titulierten Forderung ZPO § 802l 5 f.
Ausländische Urteile
– als Vollstreckungstitel ZPO **Vor §§ 722–723** 1; § 722; Brüssel-Ia-VO **Art. 25**; EuVTVO **Vor** 1
– Streitwert ZPO § 722 8
– Widerklage ZPO § 722 9
Ausländischer Drittschuldner

Stichwortverzeichnis

- bei der Forderungspfändung ZPO **Vor §§ 828–863** 2 ff.; **§ 829** 22, 48, 49
Ausländisches Gerichtsverfahren
- fristgerechte Klageerhebung ZPO **§ 926** 20
Auslandsunterhaltsgesetz ZPO **Vor §§ 722–723** 19; AUG **Vor**
- Allgemeiner Überblick AUG **Vor** 1 ff.
- Anerkennung und Vollstreckung AUG **§§ 30 ff.** »Verweis korrekt?«
- Anwendungsbereich AUG **§ 1**
- Begriffsbestimmung AUG **§ 3**
- Beschwerde, Rechtsbeschwerde AUG **§§ 43 ff.** »Verweis korrekt?«
- Entscheidung deutscher Gerichte AUG **§ 70**
- Gesetzessystematik AUG **Vor** 5
- Inhalt und Form des Antrags AUG **§ 14**; **§ 8**
- Kosten AUG **§ 76**
- Mahnverfahren AUG **§ 76**
- Schadensersatz AUG **§ 69**
- Übersetzung des Antrags AUG **§ 13**
- Verfahrenskostenhilfe AUG **§§ 20 ff.** »Verweis korrekt?«
- Vollstreckung AUG **§ 65**
- Vollstreckungsabwehrantrag AUG **§ 66**
- Vorprüfung durch das Amtsgericht, Zuständigkeitskonzentration AUG **§§ 25 ff.** »Verweis korrekt?«; **§ 7**
- Zwangsvollstreckung aus ausländischen Titeln AUG **§§ 36 ff.** »Verweis korrekt?«
Auslandsvollstreckung ZPO **Vor §§ 916–945b** 85 ff.; **§ 920** 28
Auslösungsgelder
- u. Pfändungsschutz ZPO **§ 850a** 9
Ausschließliche Gerichtsstände
- ArbGG, VwGO ZPO **§ 802** 4
- Klageänderung in Berufungsinstanz ZPO **§ 802** 2
- nach der Brüssel-Ia-VO Brüssel-Ia-VO **Art. 24**; **Art. 45** 18
- nach der Brüssel-I-VO Brüssel-I-VO **Art. 22** 1; **Art. 35** 5
- Verweisung ZPO **§ 802** 3
Ausschluss eines Gesellschafters ZPO **Vor § 935** 76 ff.
Außenwirtschaftsgesetz ZPO **Vor §§ 916–945b** 90
Außerbesitzsetzung ZPO **§ 885** 7 ff.
Außerkrafttreten der vorläufigen Vollstreckbarkeit ZPO **§ 717** 1 ff.
Aussetzung
- der Vollziehung von Entscheidungen ZPO **§ 766** 40; **§ 776** 3; **§ 793** 9
- im Verfahren auf Anerkennung ausländischer Entscheidungen Brüssel-Ia-VO **Art. 38** 2 ff.
- im Verfahren auf Vollstreckung ausländischer Entscheidungen Brüssel-Ia-VO **Art. 44**; Brüssel-I-VO **Art. 43** 12 f.; **Art. 46** 3 f.
- mögliche ZPO **Vor §§ 916–945b** 59
- zwingende ZPO **Vor §§ 916–945b** 60
- gem. **§ 153** ZPO **Vor §§ 916–945b** 61
- gem. **§ 17a** GVG ZPO **Vor §§ 916–945b** 62
- gem. **§ 97 Abs. 5** ArbGG ZPO **Vor §§ 916–945b** 61
- gem. **Art. 100** GG ZPO **Vor §§ 916–945b** 39, 61
- gem. **Art. 267** AEUV ZPO **Vor §§ 916–945b** 62
Aussetzung der Zwangsvollstreckung nach Art. 23 EuBagatellVO ZPO **Vor §§ 1097–1109**
Aussperrung ZPO **Vor § 935** 174
Austauschpfändung ZPO **§ 811** 40, 48; **§ 811a**
- Angemessenheit ZPO **§ 811a** 9 f.
- ArbGG, VwGO, AO ZPO **§ 811a** 21
- Durchführung der ZPO **§ 811a** 12, 13, 14, 15, 16
- Ersatzleistung ZPO **§ 811a** 3, 4, 5, 6
- Kaufähnliches Rechtsverhältnis ZPO **§ 811a** 17
- Kosten ZPO **§ 811a** 20
- Rechtsbehelfe ZPO **§ 811a** 18 f.
- vorläufige ZPO **§ 811b**
Auszüge aus Urkunden nach EuUnterhaltsVO EuUnterhaltsVO **Anh. I–IV**
Auszugsansprüche
- Pfändungsschutz ZPO **§ 850b** 15
Autonome Einlassungsfrist EuVTVO **Art. 17** 3
AVAG ZPO **Vor § 916** 86; AVAG **Vor**
- Anwendungsbereich AVAG **§ 1** 1 ff.
- Gesetzessystematik AVAG **Vor** 5
- Überblick AVAG **Vor** 1 ff.
Bagatellforderungen EuVTVO **Vor** 6
Bank- u. Wertpapierrecht
- Bankbürgschaften ZPO **§ 917** 15; **Vor § 935** 90
- Bankgarantie ZPO **Vor § 935** 91 f.
- Dokumentenverkehr ZPO **Vor § 935** 93
- eR im ZPO **Vor § 935** 87
- Garantieversprechen ZPO **Vor § 935** 90
- Scheckverkehr ZPO **Vor § 935** 88
- Wechselrecht ZPO **Vor § 935** 89
Bankanstalt
- des öffentlichen Rechts, Vollstreckung gegen ZPO **§ 882a** 2
Bankbürgschaften u. Garantieversprechen ZPO **Vor § 935** 90
- als Sicherheitsleistung ZPO **§ 709** 5; **§ 751** 12
- Kosten einer Bankbürgschaft als Vollstreckungskosten ZPO **§ 788** 20
- Kosten einer Bankbürgschaft als Vollstreckungsschaden ZPO **§ 717** 12; **§ 788** 31
Bankgarantie ZPO **Vor § 935** 91 f.
Bankguthaben
- Einstweilige Anordnung ZPO **§ 850k** 13
- Pfändung ZPO **Anhang zu § 829** 1, 2, 3, 4, 5, 6, 7, 8; **§ 835** 18; **§ 850k**
- Pfändungsaufhebung ZPO **§ 850k** 6, 7, 8
- Vorabfreigabe ZPO **§ 850k** 9, 10, 11, 12
Bankvertrag ZPO **Anhang zu § 829** 1
Bargeld

- Pfändung von ZPO § 808 9
- Vollstreckungsschutz bei Pfändung von ZPO § 811 50

Basispfändungsschutz ZPO § 850k 10, 11
Bauhandwerkersicherungshypothek ZPO **Vor** § 935 29, 65 ff.; § 939 3
- Vormerkung für ZPO § 926 42

Baurechtliche Arbeitsgemeinschaft (ARGE)
- Eintragung einer Zwangshypothek zu Gunsten ZPO § 867 10

Bedeutung des einstweiligen Rechtsschutzes
- Arrestarten ZPO **Vor** §§ 916–945b 13; § 916 1
- im arbeitsgerichtlichen Verfahren ZPO **Vor** §§ 916–945b 93
  - qualitative ZPO **Vor** §§ 916–945b 9
  - quantitative ZPO **Vor** §§ 916–945b 7 f.
- im Zivilprozess ZPO **Vor** §§ 916–945b 7 f.
  - qualitative ZPO **Vor** §§ 916–945b 9
  - quantitative ZPO **Vor** §§ 916–945b 7 f.

Bedingt pfändbare Bezüge ZPO § 850b
Bedingte Ansprüche ZPO § 916 8 ff.
Bedingte Leistungen
- Vollstreckung des Anspruchs auf ZPO § 829 6, 7

Bedingte Rücknahme des Gesuchs ZPO § 920 10
Beendigung der Zwangsvollstreckung ZPO § 766 31; **Anhang zu** § 771 1; § 819 2
Befreiungsanspruch
- zwangsweise Durchsetzung eines ZPO § 887 13

Befriedigung
- des Gläubigers ZPO § 754 9, 10, 11; § 815 10, 11, 12; § 818 1; § 819 4; § 835 16; § 882c 3
- keine ausreichende ZPO § 807 16
- des Schuldners ZPO § 756 17

Befriedigungsverfügung ZPO **Vor** §§ 916–945b 9, 14 ff.; § 918 5; **Vor** § 935 29, 31 ff.; § 938 8 f.; § 940 1
- Abschlagszahlung auf den Lohn ZPO **Vor** § 935 47
- Abwendungsbefugnis ZPO § 923 2
- Amtsausübung eines Betriebsratsmitglieds ZPO **Vor** § 935 183
- Antrag ZPO § 920 16; § 938 9
- Antragsbindung des Gerichts ZPO § 938 8 f.
- Antragstellung ZPO § 938 4
- Anwendungsfälle, typische ZPO § 935 5
- Arbeitspapiere ZPO **Vor** § 935 148
- Auskunftsansprüche ZPO **Vor** § 935 36
- Belieferung, vorläufige ZPO **Vor** § 935 39
- Beschäftigung ZPO **Vor** § 935 156 f.
- Beseitigung ZPO **Vor** § 935 43
- Beteiligungsrechte des Betriebsrats ZPO **Vor** § 935 185
- einstweilige Einstellung der Vollziehung ZPO § 924 20, 22
- endgültige Wirkung ZPO **Vor** §§ 916–945b 9
- Entbindung von der Weiterbeschäftigungspflicht ZPO **Vor** § 935 158 f.
- Erholungs- u. Bildungsurlaub ZPO **Vor** § 935 147
- Gegendarstellung ZPO **Vor** § 935 35
- Geldleistung ZPO **Vor** § 935 47 f.
- Herausgabe ZPO **Vor** § 935 33 f.
- Herausgabe von Arbeitspapieren ZPO **Vor** § 935 148; § 935 5
- Interessenabwägung ZPO **Vor** §§ 916–945b 46
- Internet-Domain ZPO **Vor** § 935 40
- konkrete Maßnahme ZPO § 920 16
- Netzzugangsanspruch ZPO **Vor** § 935 41
- praktische Relevanz ZPO **Vor** §§ 916–945b 14
- presserechtliche Gegendarstellung ZPO **Vor** § 935 35
- Rechtsgrundlage ZPO § 935 1
- Streitgegenstand ZPO **Vor** §§ 916–945b 21
- Streitwert ZPO § 940 19
- typische Anwendungsfälle ZPO § 935 5
- u. Arrest ZPO **Vor** §§ 916–945b 12, 34; § 916 14 f.
- u. Arresthypothek ZPO § 932 19 f.
- u. Arrestvollziehung ZPO § 930 18 f.
- u. Sicherheitsleistung ZPO § 921 15
- u. Sicherungsverfügung ZPO § 935 1
- u. Widerspruchsverfahren ZPO § 924 22
- u. Unterhaltsleistung ZPO **Vor** § 935 33
- Unterlassung ZPO **Vor** § 935 32
- Urlaub ZPO **Vor** § 935 147
- Verfügungsantrag ZPO § 920 16
- Vergütung ZPO **Vor** § 935 168
- Vollziehungsschaden (§ 945) ZPO § 945 39, 50
- Vorwegnahme der Hauptsache ZPO **Vor** §§ 916–945b 9
- Weiterbeschäftigung ZPO **Vor** § 935 156 f.
- Widerruf einer Behauptung ZPO **Vor** § 935 38
- Zulässigkeit ZPO **Vor** §§ 916–945b 6

Befristete Rechtspflegererinnerung ZPO § 766 11; **Anhang zu** § 793 7 ff.
Befugnisse des Vollstreckungsgerichts
- Pfändungsschutzkonto ZPO § 850k 14

Beginn der Zwangsvollstreckung ZPO § 750 1; § 766 31
Begründetheit des Gesuchs ZPO **Vor** §§ 916–945b 42 ff.
- Arrest- oder Verfügungsanspruch ZPO **Vor** §§ 916–945b 42 f.; § 916 4 ff.
- Arrest- oder Verfügungsgrund ZPO **Vor** §§ 916–945b 40, 46; § 917 1
- Verhältnis zur Zulässigkeit ZPO **Vor** §§ 916–945b 23

Begründung der Eilentscheidung ZPO § 922 26 ff.
- stattgebende Beschlüsse ZPO § 922 28
- Urteile ZPO § 922 27
- zurückweisende Beschlüsse ZPO § 922 27

Begründung des Anspruchs
- im Eilverfahren ZPO **Vor** §§ 916–945b 42; § 922 16; § 935 6 ff.; § 940 6

Behältnisse ZPO § 758 2, 4 f.

Stichwortverzeichnis

Behinderung im Wettbewerb ZPO **Anhang zu § 935 A** 42
Bekanntgabe der Entscheidung nach dem AVAG AVAG **§ 10**
Bekanntmachung des Versteigerungstermins
– der Präsenzversteigerung ZPO **§ 814** 9; **§ 816** 5
Beliehener
– als Gerichtsvollzieher ZPO **Einf.** 5; **Vor §§ 753–763** 8 ff.
Bereicherungsklage
– nach Verteilungsverfahren ZPO **§ 878** 18, 19, 20
Berliner Räumung ZPO **§ 885** 26, 34
Berufung
– u. Aufhebungsverfahren gem. § 927 ZPO **§ 927** 5
– u. Fristsetzung gem. § 926 Abs. 1 ZPO **§ 926** 3
– u. Widerspruchsverfahren ZPO **§ 924** 2, 3; **§ 925** 16
Berufungsrechtszug
– Einstellung der Zwangsvollstreckung ZPO **§ 719** 1 ff.
Beschaffungsanspruch
– Vollstreckung in einen ZPO **§ 847** 3
– Vollstreckung wegen eines ZPO **Vor §§ 883–898** 3; **§ 883** 3; **§ 887** 1 ff.
Beschäftigungsanspruch
– im gekündigten Arbeitsverhältnis ZPO **Vor § 935** 153 f.
– im ungekündigten Arbeitsverhältnis ZPO **Vor § 935** 153
– Interessenabwägung ZPO **Vor § 935** 156
Beschäftigungsanspruch des Arbeitnehmers
– Zwangsvollstreckung ZPO **§ 888** 6
Beschlagnahme
– Erzeugnisse eines Grundstücks ZPO **§ 865** 6, 8
– Forderungen ZPO **§ 829** 54
– Früchte eines Grundstücks ZPO **§ 810**; **§ 865** 6
– Grundstückszubehör ZPO **§ 865** 3, 4, 5
– körperliche Sachen ZPO **Vor §§ 803–804** 2
Beschluss im Eilverfahren ZPO **§ 922** 13 f., 17, 19
– Amtszustellung ZPO **§ 922** 45 f.
– Arrestanordnung ZPO **§ 922** 19
– Begründung ZPO **§ 922** 26 ff.
– Beschwerde ZPO **§ 922** 39 f.
– Bindung des Hauptsacherichters ZPO **§ 922** 43
– Entscheidungsform, falsche ZPO **§ 922** 41
– FamFG ZPO **§ 922** 10
– Grundlagen ZPO **§ 922** 15
– im arbeitsgerichtlichen Verfahren ZPO **§ 922** 46; **§ 927** 39
– Inhalt ZPO **§ 922** 19
– Kostenentscheidung ZPO **§ 922** 19
– Kostenpauschale ZPO **§ 922** 19
– Lösungssumme ZPO **§ 922** 19
– Mitteilung der Entscheidungsgründe ZPO **§ 922** 29 f.
– Pfändungsbeschluss, gleichzeitige Anordnung ZPO **§ 922** 31
– Rechtskraft ZPO **§ 922** 42 f.
– Sicherheitsleistung ZPO **§ 922** 25
– stattgebender ZPO **§ 922** 37
– Tenor ZPO **§ 922** 19
– u. eV ZPO **§ 922** 45
– Vollziehungsfrist ZPO **§ 922** 44
– vorläufige Vollstreckbarkeit ZPO **§ 922** 20
– Widerspruch gegen ZPO **§ 922** 37
– zurückweisender ZPO **§ 922** 32, 39 f.
– Zustellung ZPO **§ 922** 31
Beschlusstitel im Eilverfahren ZPO **§ 929** 12 f.
Beschlussverfahren, arbeitsgerichtliches ZPO **Vor §§ 916–945b** 93; **Vor § 935** 176 ff.
– Amtsermittlungsgrundsatz ZPO **§ 920** 30
– Arrestgericht ZPO **§ 919** 15; **§ 926** 44; **§ 927** 45
– besonderes Verfahren nach BetrVG ZPO **Vor § 935** 177
– Beweislast ZPO **§ 920** 30
– Beweismittel ZPO **§ 920** 30
– dinglicher Arrest ZPO **§ 917** 18
– Eilkompetenz des Vorsitzenden ZPO **Vor § 935** 176; **§ 944** 8
– Fallgruppen im Eilverfahren ZPO **Vor § 935** 176 ff.
– Fristsetzung (§ 926 Abs. 1) ZPO **§ 926** 44
– Glaubhaftmachung ZPO **§ 920** 30
– Kammerbeteiligung ZPO **Vor § 935** 176; **§ 944** 8
– Kosten ZPO **Vor §§ 916–945b** 93
– Lösungssumme ZPO **§ 923** 10
– mündliche Verhandlung ZPO **§ 922** 10; **§ 937** 19
– Notzuständigkeit des Amtsgerichts (§ 942 Abs. 1) ZPO **§ 942** 24
– persönlicher Arrest ZPO **§ 918** 6
– Rechtfertigungsverfahren ZPO **§ 942** 24
– Rechtsbehelfe ZPO **§ 922** 46
– Schadensersatz (§ 945) ZPO **§ 921** 16; **Vor § 935** 176; **§ 945** 57
– Sicherheitsleistung ZPO **§ 921** 16, 10; **§ 925** 25
– u. Arrest ZPO **§ 916** 17
– u. Aufhebungsverfahren (§ 926 Abs. 2) ZPO **§ 926** 44
– u. Aufhebungsverfahren (§ 927) ZPO **§ 927** 45
– Vollstreckbarkeit vor Rechtskraft ZPO **§ 925** 25
– Vollziehungsfrist ZPO **§ 929** 49
– Widerspruchsverfahren ZPO **§ 924** 24; **§ 925** 25
– Zustellung von Amts wegen ZPO **§ 922** 46; **Vor § 935** 176
Beschränkte Erbenhaftung ZPO **§ 780**; **§ 781**; **§ 782**; **§ 783**; **§ 785**
Beschränkte Haftung des Schuldners ZPO **Vor §§ 765a–777** 28
Beschränkte persönliche Dienstbarkeit ZPO **§ 857** 36

Beschränkung der Zwangsvollstreckung ZPO § 775 5, 12; § 776 1
Beschwer ZPO § 793 5
– Dritter durch Vollstreckungsmaßnahmen ZPO § 766 25
Beschwerde
– gegen Tätigkeit des Grundbuchamtes im Vollstreckungsverfahren ZPO § 766 4; § 848 13; **Vor** §§ 864–871 7; § 867 28
– im Klauselerteilungsverfahren ZPO **Vor** §§ 724–734 13
– nach dem AVAG AVAG § 11
– Rechtsbeschwerde ZPO § 793 12
Beschwerde, sofortige
– gegen Beschluss im Eilverfahren ZPO § 922 39; § 923 5; § 924 2, 6; § 925 16 ff.; § 926 16; § 937 15; § 942 11, 23
– gegen Entscheidungen des Insolvenzgerichts ZPO § 793 1
– gegen Entscheidungen im Zwangsvollstreckungsverfahren ZPO **Vor** §§ 765a–777 3 ff.; § 793
    – ArbGG, VwGO, AO ZPO § 793 15
    – Begründetheit ZPO § 793 7
    – Beschwerdebefugnis ZPO § 793 5
    – Beschwerdeverfahren ZPO § 793 9
    – Gebühren ZPO § 793 14
    – Rechtsbehelf ZPO § 793 12
    – Rechtsschutzbedürfnis ZPO § 793 6
    – Zulässigkeit ZPO § 793 2
Beschwerdefähige Beschlüsse
– als Vollstreckungstitel ZPO § 794 37 ff.
Besitz
– am Vollstreckungsgut nach der Pfändung ZPO § 808 13
– Drittwiderspruchsklage ZPO § 771 29 f.
– Prüfung durch den Gerichtsvollzieher ZPO § 808 1, 2, 3, 4; § 809 1
Besitz- u. Nutzungsverhältnisse ZPO § 940a 9 f.
Besitzeinweisung bei Räumungsvollstreckung ZPO § 885 11 f.
Besitzlose gesetzliche Pfandrechte
– Geltendmachung in der Zwangsvollstreckung ZPO § 805 8
Besitzverhältnisse
– nach Pfändung ZPO § 808 13
Besondere Umstände i. S. v. § 939 ZPO § 939 3
Bestätigung
– Berichtigung und Widerruf ZPO § 1081
– Kosten und Gebühren ZPO § 1080 8 ff.
– nach der EuVTVO ZPO § 1080 1 ff.
– Rechtsbehelfe ZPO § 1080 4 f.
– Sonderfall ZPO § 1080 7
– Verfahren ZPO § 1080 3
Bestimmtheit
– bei landesrechtlichen Vollstreckungstiteln ZPO § 801 2
– des Anspruchs in vollstreckbare Urkunden ZPO § 794 54

– des Titels als Voraussetzung seiner Vollstreckbarkeit ZPO **Vor** §§ 704–707 8, 9, 10, 11, 12, 13, 14, 15, 16, 17, 18, 19
– des Titels bei Vollstreckung nach § 894 ZPO § 894 3
– des Unterlassungstitels ZPO § 890 12
– des Vollstreckungsobjekts bei der Forderungspfändung ZPO § 829 39 ff.
– von Gläubigern und Schuldnern in vollstreckbare Urkunde ZPO § 794 56
Bestimmtheit des Gesuchs
– Arrestantrag ZPO § 920 7
– Verfügungsantrag ZPO § 920 16
Betagte Ansprüche
– Arrestanspruch ZPO § 916 8 f.
Betretensverbot ZPO § 940a 8, 9
Betreuungssachen
– Einstweiliger Rechtsschutz ZPO **Vor** §§ 916–945b 91 f.
Betriebskostenabrechnung
– eV auf Gewährung von Einsicht ZPO **Vor** § 935 188
– Vollstreckung auf Erteilung ZPO § 894 2
Betriebsrat
– als Gläubiger/Schuldner unvertretbarer Handlungen ZPO § 888 11, 38
– Amtsausübung eines Mitglieds ZPO **Vor** § 935 183 f.
– Beteiligungsrechte ZPO **Vor** § 935 185 ff.
– u. Schadensersatz (§ 945) ZPO **Vor** § 935 176
– Wahl ZPO **Vor** § 935 179
Betriebsratswahl
– Abbruch ZPO **Vor** § 935 179
– Anfechtung ZPO **Vor** § 935 179
– Bedürfnis nach eR ZPO **Vor** § 935 179
Betriebsvereinbarung ZPO **Vor** § 935
– eV auf Unterlassung von Verstößen dagegen ZPO **Vor** § 935 188
Betriebsverfassungsrecht ZPO **Vor** § 935 176 f.
Betriebsversammlung ZPO **Vor** § 935 180
– eR auf Verschiebung od. Untersagung ZPO **Vor** § 935 180
– Ort u. Zeit ZPO **Vor** § 935 180
Bevorrechtigte Pfändung
– wegen Unterhaltsvollstreckung ZPO § 850d
Bewegliche Sachen ZPO § 883 5
Bewegliches Vermögen ZPO **Vor** §§ 803–863 1, 2, 3
Beweisbedürftigkeit
– im Eilverfahren ZPO § 920 22, 23
– Zulässigkeitsvoraussetzungen ZPO § 920 22
Beweismaß ZPO § 920 19
Beweismittel ZPO § 920 20
Beweiswürdigung ZPO § 920 21
Bewilligung für den Bezug von Abdrucken und die Erteilung von Listen ZPO § 882g 1 f.; Anhang zu § 882g

Stichwortverzeichnis

BGB–Gesellschaft siehe auch GbR und Gesellschaft Bietberechtigung
– siehe auch Gesellschaft bürgerlichen Rechts
– Adressat der Zustellung ZPO § 750 34 f.
– Bezeichnung im Titel ZPO § 750 21 a
– in der Zwangsvollstreckung ZPO § 736; § 859 2, 3, 4, 5, 6, 7; **Vor** §§ 735, 736 3 f.

Bietberechtigung
– bei der Versteigerung ZPO § 816 9 f.

Bildungsurlaub ZPO **Vor** § 935 147
– Verfügungsgrund ZPO **Vor** § 935 147

Billigkeitsprüfung
– bei bedingt pfändbaren Bezügen ZPO § 850b 3
– bei der erweiterten Forderungspfändung ZPO § 850f 9, 13
– bei der Pfändung von Sozialansprüchen ZPO **Anhang zu** § 829 32, 33; § 850e 10
– bei Überwälzung von Vollstreckungskosten auf den Gläubiger ZPO § 788 36
– im Rahmen des allgemeinen Vollstreckungsschutzes ZPO § 765a 18, 30

Bindung des Hauptsacherichters ZPO § 922 43
Bindung des Schadensersatzrichters ZPO § 945 18 ff.
– an Aufhebungsentscheidung gem. §§ 926 Abs. 2, 942 Abs. 3 ZPO § 945 26 ff.
– an Entscheidungen im Eilverfahren ZPO § 945 21 ff.
– an Hauptsacheentscheidung ZPO § 945 19

Blankettbeschluss ZPO § 850c 9
Blankowechsel(-scheck)
– Pfändung ZPO § 831 4

Blindenzulagen ZPO § 850a 15
Börsen- oder Marktpreis
– von Wertpapieren ZPO § 821 3, 4, 5, 6, 7

Briefgrundschuld
– Pfändung ZPO § 857 25

Briefhypothek
– Pfändung ZPO § 830 3, 4, 5, 6

Briefrentenschuld ZPO § 897 3

Bruchteilseigentum
– an Grundstücken ZPO § 864 5, 6, 7, 8
– Vollstreckung in ZPO § 857 21 ff.

Bruchteilsgemeinschaft
– Anteilspfändung ZPO § 857 21 ff.
– Verurteilung auf Zustimmung zur Teilung ZPO § 894 5

Brüsseler Übereinkommen Brüssel-Ia-VO **Vor** 2 f.
Brüssel-Ia-VO ZPO § 890 54; **Vor** §§ 916–945b 86; § 919 3; § 920 28; Brüssel-Ia-VO **Vor**
Brüssel-I-VO Brüssel-I-VO **Vor**

Bruttolohnurteile
– als Vollstreckungstitel ZPO **Vor** §§ 704–707 17

Buchgrundschuld
– Pfändung ZPO § 857 25

Buchhypothek
– als Zwangshypothek ZPO § 867 17
– Pfändung ZPO § 830 7 f.

Bund
– Vollstreckung gegen ZPO § 882a 3

Bundeseisenbahnvermögen
– Vollstreckung in ZPO § 882a 10

Bundesliga
– Pfändung des Teilnahmerechts am Wettbewerb einer ZPO § 857 58

Bürge ZPO § 917 15

Bürgschaft
– als Sicherheitsleistung ZPO § 751 12
– Aufhebung einer eV gegen ZPO § 939 5
– keine selbstständige Pfändung der Ansprüche aus einer ZPO § 829 64; § 851 10; § 857 3

Büroinventar
– Pfändung ZPO § 811 41

Clausula rebus sic stantibus ZPO § 927 1

Computer
– Pfändung ZPO § 811 25, 41, 48

Darlegungslast ZPO § 916 10; § 920 26; § 935 7 f.
– Hinweis auf Einwendungen u. Einreden des Antragsgegners ZPO § 935 8

Darlehensanspruch
– Pfändbarkeit ZPO **Anhang zu** § 829 12; § 851 4

Datenerhebung
– zur Ermittlung des Aufenthaltsortes
– bei den Trägern der gesetzlichen Rentenversicherung ZPO § 755 7
   – bei Meldebehörde ZPO § 755 4
   – beim Ausländerzentralregister ZPO § 755 6
   – beim Kraftfahrt-Bundesamt ZPO § 755 8

Datenschutz
– und Auskunftsrechte des Gerichtsvollziehers ZPO § 802l 11
– und Schuldnerverzeichnis ZPO § 882f 5; § 882g 2 ff.
– und Vermögensverzeichnis ZPO § 802k 14

Dauerpfändung ZPO § 751 7

Dauerwohnrecht
– Pfändung ZPO § 857 37

DDR
– u. Vollstreckungsabwehrklage (§ 767) ZPO **Anhang zu** § 767 1
– Umrechnung von DDR-Mark auf Euro ZPO **Vor** §§ 802a–882h 4
– Vollstreckung von Titeln aus der früheren ZPO **Vor** §§ 704–707 5, 22; § 704 1; **Vor** §§ 722–723 21; § 744a 1, 3

Depotbank ZPO § 886 3

Detektivkosten ZPO § 788 21

Deutsche Bahn
– Vollstreckung ZPO § 882a 2, 10

Deutsche Gerichtsbarkeit
– als Zulässigkeitsvoraussetzung ZPO **Vor** §§ 916–945b 27

Dienst- und Versorgungsbezüge
– nicht wiederkehrende ZPO § 850i 2
– u. Pfändungsschutz ZPO § 850 10

Stichwortverzeichnis

Dienstaufsichtsbeschwerde ZPO **Vor §§ 753–763** 17; **§ 766** 17
Diensteinkommen
– Pfändung ZPO **§ 833**
Dienstkleidung u. Dienstausrüstungsgegenstände
– Pfändung ZPO **§ 811** 49
Dienstleistungen
– Vollstreckung des Anspruchs auf ZPO **§ 887** 14; **§ 888** 6, 50
– Vollstreckung in Ansprüche auf ZPO **§ 851** 2
Dinglicher Arrest
– Auslandsvollstreckung ZPO **§ 917** 9
– Ausschluss eines Arrestgrundes ZPO **§ 917** 14 f.
– Bankbürgschaft ZPO **§ 917** 15
– Brüssel-Ia-VO-Staat, bei Vollstreckung in ZPO **§ 917** 9
– Bürge ZPO **§ 917** 15
– Einkommensausfälle ZPO **§ 917** 7
– Familienstreitsachen ZPO **§ 917** 18
– Gläubigerkonkurrenz ZPO **§ 917** 8
– im arbeitsgerichtlichen Verfahren ZPO **§ 917** 18
– Individualanspruch ZPO **§ 917** 16
– inländisches Vermögen ZPO **§ 917** 9
– Interessenabwägung, keine ZPO **§ 917** 4
– konkret festzustellender Arrestgrund ZPO **§ 917** 5 f.
– Naturereignisse ZPO **§ 917** 7
– Präventionsprinzip ZPO **§ 917** 8
– Prioritätsprinzip ZPO **§ 917** 8
– Prozessökonomie ZPO **§ 917** 1
– rechtliche Einordnung ZPO **§ 917** 1
– Rechtsschutzinteresse ZPO **§ 917** 1
– schlechte Vermögenslage des Schuldners ZPO **§ 917** 7
– Sicherung, anderweitige ZPO **§ 917** 15
– Staatsvertrag, Verbürgung durch ZPO **§ 917** 9
– steuerrechtlicher ZPO **§ 928** 11
– Strafprozess ZPO **§ 928** 11
– u. eV ZPO **§ 917** 17
– unwiderlegliche Vermutung gem. § 917 Abs. 2 ZPO **§ 917** 9
– Vereitelungsabsicht ZPO **§ 917** 3
– Vereitelungshandlung des Schuldners ZPO **§ 917** 6
– Verfügungsbeschränkungen ZPO **§ 917** 15
– Vollstreckungserschwerung ZPO **§ 917** 3
– Vollstreckungsmöglichkeit, anderweitige ZPO **§ 917** 16
– vom Schuldner nicht zu vertretende Umstände ZPO **§ 917** 7
Dispositionskredit
– Pfändung ZPO **Anhang zu § 829** 9, 12
Dispositionsmaxime ZPO **§ 920** 2, 7; **§ 923** 5; **§ 938** 1
Dokumentenverkehr
– u. eR ZPO **Vor § 935** 93
Doppelnatur des Prozessvergleichs ZPO **§ 794** 2
Doppelpfändung
– des Anwartschaftsrechts ZPO **§ 857** 16
Doppelvermietung ZPO **Vor § 935** 49
Doppelverzicht ZPO **Anhang zu § 935 C** 5
Dringlichkeit ZPO **§ 922** 45; **§ 935** 15; **§ 937** 11; **§ 940** 14; **§ 944** 4
– FamFG-Verfahren ZPO **§ 942** 24
– i. S. v. § 12 II UWG ZPO **Vor § 935** 102 ff., 110
– i. S. v. § 942 Abs. 1 ZPO **§ 942** 4, 5
– u. Alleinentscheidungsrecht des Vorsitzenden ZPO **§ 944** 4 f.
– Verzicht auf mündliche Verhandlung ZPO **§ 937** 11
– Wegfall bei Rücknahme des Antrags ZPO **Vor §§ 916–945b** 33
Drittbetroffenheit
– und Vollstreckungsschutz ZPO **§ 765a** 27, 33
Dritter
– Aufbewahrungsinteresse ZPO **§ 885** 36
– Berliner Räumung ZPO **§ 885a**
– Erinnerungsbefugnis ZPO **§ 766** 23
– Herausgabevollstreckung gegen ZPO **§ 883** 11 ff.; **§ 886**
– Pfändung bei Dritten ZPO **§ 809** 2
– Pfändung von Sachen Dritter ZPO **Vor §§ 803–804** 3, 15; **§ 808** 4
– Räumungsvollstreckung ZPO **§ 885a**
 – Vermieterpfandrecht ZPO **§ 885a** 3
– Räumungsvollstreckung gegen Dritte als Mitbewohner ZPO **§ 885** 17 ff.
 – Personelle Teilräumung ZPO **§ 885** 25
– Rechtsbehelfe durch die Vollstreckung betroffener Dritter ZPO **Vor §§ 765a–777** 24; **§ 766** 25; **§ 771**; **§ 805**
– Widerspruch betroffener Dritter bei Wohnungsdurchsuchung ZPO **§ 758a** 29, 49
Drittschuldner
– Auskunftspflicht des ZPO **§ 840** 1, 2, 3, 4, 5, 6, 7, 8
– Einwendungen und Einreden im Einziehungsprozess ZPO **§ 835** 8, 9, 10, 11, 12
– Erinnerungsbefugnis ZPO **§ 766** 23; **§ 829** 70
– Fehlen eines ZPO **§ 857** 9 f.
– Vertrauensschutz ZPO **§ 836** 3 f., 6
– Zahlungsverbot ZPO **§ 829** 42, 54
Drittschuldnerauskunft ZPO **§ 929** 21
Drittschützende Wirkung
– Pfändung ZPO **§ 811** 39
Drittunterwerfung ZPO **Anhang zu § 935 A** 25; **Anhang zu § 935 B** 21 ff.
Drittwiderspruchsklage
– Abgrenzung zu anderen Rechtsbehelfen ZPO **Vor §§ 765a–777** 24; **§ 771** 6, 7, 8, 9
 – Feststellungsklage ZPO **§ 771** 8
 – Herausgabeklage ZPO **§ 771** 7
 – Klage auf vorzugsweise Befriedigung ZPO **§ 771** 9
 – Widerspruchsklage (§ 878) ZPO **§ 771** 9
– Anfechtungsrecht ZPO **§ 771** 34

2435

- Begründetheit ZPO §771 15, 16, 17, 18, 19, 20, 21, 22, 23, 24, 25, 26, 27, 28, 29, 30, 31, 32, 33, 34, 35, 36
- bei relativen Verfügungsverboten ZPO §772
  - Rechtsbehelfe ZPO §772 5, 6, 7
  - Wirkung ZPO §772 4
- des Ehegatten ZPO §774
- des Nacherben ZPO §773
  - Rechtsbehelfe ZPO §773 2
  - Wirkung ZPO §773 2
- die Veräußerung hindernde Rechte ZPO **Vor §§765a–777** 24; §771 15, 16, 17, 18, 19, 20, 21, 22, 23, 24, 25, 26, 27, 28, 29, 30, 31, 32, 33, 34, 35, 36
  - Anfechtungsrechte ZPO §771 34
  - Anwartschaftsrecht ZPO §771 23 f.
  - Besitz ZPO §771 29 f.
  - Eigentum ZPO §771 18 f.
  - erbrechtliche Bindungen ZPO §771 32
  - familienrechtliche Übernahmerechte ZPO §771 31
  - familienrechtliche Verfügungsbeschränkungen ZPO §771 31
  - Forderungsinhaberschaft ZPO §771 22
  - Herausgabeansprüche ZPO §771 30
  - Hypothekengläubiger ZPO §771 26
  - Nießbrauch ZPO §771 25
  - Pfandrechte ZPO §771 27 f.
  - Recht zur Befriedigung aus einem Grundstück ZPO §810 8
  - Rückgewährungsanspruch (§ 143 InsO) ZPO §771 33
  - Sicherungseigentum ZPO §771 21
  - Treugut ZPO §771 20
  - vermögensrechtlicher Rückübertragungsanspruch ZPO §771 35
  - Vorbehaltseigentum ZPO §771 19
  - Zurückbehaltungsrecht (§ 273 BGB) ZPO §771 36
- Durchgriffshaftung ZPO §771 44
- einstweilige Anordnung ZPO §771 51
- Einwendungen des Beklagten ZPO §771 37 ff.
  - Anfechtbarkeit ZPO §771 39
  - besseres Recht ZPO §771 38
  - unzulässige Rechtsausübung ZPO §771 40 ff.
- Gebühren ZPO §771 52
- Klageantrag ZPO §771 12
- Kosten ZPO §771 49
- Rangbessere Realgläubiger ZPO §810 8
- Rechtskraftwirkung ZPO §771 4 f.
- Rechtsnatur ZPO §771 3
- Rechtsschutzbedürfnis ZPO §771 13 f.
- Streitgegenstand ZPO §771 3
- Streitwert ZPO §771 52
- Treugut ZPO §771 20
- vorläufige Vollstreckbarkeit ZPO §771 50
- Zulässigkeit ZPO §771 10, 11, 12, 13, 14
- Zuständigkeit ZPO §771 11

Drittwirkung
- der Abschlusserklärung ZPO **Anhang zu §935** C 11

Duldungsansprüche
- u. Geldansprüche ZPO §916 6
- Vollstreckung wegen ZPO **Vor §§802a–882h** 3

Duldungsgebote ZPO §938 34

Duldungspflicht
- von Mitbewohnern ZPO §758a 29 f.

Duldungstitel ZPO **Vor §§864–871** 5; §890 3
- Durchsuchungserlaubnis ZPO §758a 26

Duldungsvollstreckung ZPO §890
- Durchsuchungserlaubnis ZPO §758a 26
- in Abgrenzung zur Handlungsvollstreckung ZPO §887 5

Durchschreiten
- von Wohnraum ZPO §758a 12

Durchsuchung von Wohnungen und Behältnissen ZPO §758 2 ff.; §758a 1, 3 ff.
- Abgabenvollstreckung ZPO §758 21
- Anordnung durch den Richter ZPO §758a
- Anwesenheitsrecht des Gläubigers ZPO §758 11 f.
- Arbeits- und Geschäftsräume ZPO §758 3
- ArbGG, VwGO, AO ZPO §758 21
- Behältnisse ZPO §758 4
- bei der Herausgabevollstreckung ZPO §758a 27
- bei Gefahr im Verzug ZPO §758a 19
- bei Haftbefehl ZPO §758a 23
- bei Mitbesitz Dritter ZPO §758a 29
- Beschluss über die Anordnung der Zwangsverwaltung ZPO §758a 25
- Durchsuchung ZPO §758 2; §758a 10 ff.
- Einwilligung des Schuldners ZPO §758a 13
- für mehrere Gläubiger ZPO §758a 17
- im Rahmen der Räumungsvollstreckung ZPO §758a 23; §885 16
- Kosten ZPO §758 20
- Rechtsbehelfe ZPO §758 14 ff.
- richterliche Erlaubnis ZPO §758a
- Taschenpfändung ZPO §758 4; §758a 8
- Wohnung ZPO §758 3; §758a 5 ff.
- zur Unzeit ZPO §758a

Durchsuchungsanordnung ZPO §758a 1 ff.; **Vor §§916–945b** 76; §928 5; §930 2
- Antrag ZPO §758a 31
- ArbGG, VwGO, AO ZPO §758a 70
- bei Arrestbefehl ZPO §758a 27
- bei Herausgabevollstreckung ZPO §758a 27
- bei Räumung von Wohnraum ZPO §758a 23
- bei Vollstreckung wegen Herausgabe beweglicher Sachen ZPO §758a 27; §883 9
- Beschluss ZPO §758a 43
- Dringlichkeit ZPO §758a 20
- Duldungsvollstreckung ZPO §758a 26
- Entbehrlichkeit der ZPO §758a 13 ff.; §883 10
- Glaubhaftmachung der Voraussetzungen ZPO §758a 41

Stichwortverzeichnis

- Kosten ZPO § 758a 53
- rechtliches Gehör ZPO § 758a 42
- Rechtsmittel ZPO § 758a 47 f.
- Rechtsschutzbedürfnis ZPO § 758a 39 f.
- Verfahren ZPO § 758a 31 ff.
- Voraussetzungen ZPO § 758a 38 ff.
- Zuständigkeit ZPO § 758a 36

Durchsuchungserfolg
- Gefährdung des ZPO § 758a 19

Dynamisierungsregelung
- Pfändungsschutz ZPO § 850f 18

eBay
- anderweitige Verwertung ZPO § 825 23
- öffentliche Versteigerung ZPO § 814 4 f.

EEG ZPO **Vor** § 935
- Auskunftsanspruch ZPO **Vor** § 935 37

Effektiver Rechtsschutz ZPO **Vor** §§ 916–945b 6
- im Beschlussverfahren des eR ZPO § 922 4, 5, 7

EG-Recht ZPO **Vor** §§ 722–723 1 ff.

Ehe
- Vollstreckung auf Eingehung der ZPO § 888 49

Eheähnliche Lebensgemeinschaft ZPO **Vor** §§ 739–745 4; § 758a 29; § 811 22, 28, 33; § 850d 4

Ehegatte
- Gewahrsamsvermutung ZPO § 739 3, 4, 5, 6, 7, 8, 9, 10, 11, 12, 13
- Pfändungsschutz zu Gunsten des ZPO § 811 12, 22, 28, 32, 33; § 850b 11; § 850c 4
- Räumungsvollstreckung gegen mitbesitzenden ZPO § 885 17
- Zwangsvollstreckung gegen ZPO **Vor** §§ 739–745 1, 2, 3

Ehegattenunterhalt ZPO **Vor** § 935 44

Ehemaklerlohn ZPO **Anhang zu** § 767 3

Ehestörer ZPO **Vor** § 935 9; § 940a 2

Ehewohnung
- Schutz der ZPO **Vor** § 935 9 f.; § 940a 1

Ehrverletzende Äußerungen
- Vollstreckung des Widerrufsanspruchs ZPO § 888 3, 13

Eidesstattliche Versicherung
- ArbGG, VwGO, AO ZPO § 802c 39
- bei fruchtloser Pfändung ZPO § 802d 4
- bei Herausgabevollstreckung ZPO § 883 17, 18, 19, 20, 24
- bei Verweigerung der Wohnungsdurchsuchung ZPO § 807 14, 15
- bei Vollsteckung wegen Herausgabe eines Kindes ZPO § 883 24
- der Vermögensauskunft ZPO § 802c 37
- Ergänzung/Nachbesserung des Vermögensverzeichnisses ZPO § 802d 41; § 802f 38; § 802g 24
- Ergänzungsversicherung ZPO § 802d 32
- Glaubhaftmachung (§ 294) ZPO § 920 20, 21; § 935 10
- nach bürgerlichem Recht ZPO § 889

- Anwendungsbereich ZPO § 889 1
- Gebühren ZPO § 889 9
- Rechtsbehelfe ZPO § 889 8
- Verfahren ZPO § 889 2
- Vertretung ZPO § 889 5
- Zuständigkeit ZPO § 889 3, 6
- u. Arrestvollziehung ZPO § 928 8
- Verfahren zur Abnahme ZPO § 802c 37
- Vollstreckung des Anspruchs auf e. V. nach materiellem Recht ZPO § 889
- Voraussetzungen für die Sofortabnahme der Vermögensauskunft ZPO § 807 4 ff.; § 883 17, 18, 19, 20, 24
- wiederholte Vermögensauskunft ZPO § 802d 19
- zur Durchsetzung von Auskunftsansprüchen nach Überweisung ZPO § 836 16 ff., 16
- Gebühren ZPO § 836 19
- Zuständigkeit zur Abnahme der Vermögensauskunft ZPO § 802e

Eigengeld
- des Strafgefangenen ZPO § 850 11; § 851 4

Eigenmacht, verbotene ZPO § 940a 11 f.

Eigentümergrundschuld
- Pfändung ZPO § 857 27 f.
- Umwandlung der Zwangshypothek in eine ZPO § 868 2, 3, 4, 5, 6
- Verwertung ZPO § 857 28

Eigentums- und Vermögensgemeinschaft ZPO § 744a

Eigentumsübergang
- bei Eigentumszuweisung im Rahmen sonstiger Verwertung ZPO § 825 16
- nach Vollstreckung eines Übereignungsanspruchs ZPO § 897 1, 4
- nach Zuschlag ZPO § 817 10

Eigentumsvorbehalt
- Geltendmachung in der Zwangsvollstreckung ZPO § 771 19; § 805 18; **Anhang zu** § 825
- u. Pfändungsschutz ZPO § 811 5, 6, 7, 8, 9, 10

Eingetragener Verein
- in der Zwangsvollstreckung ZPO **Vor** §§ 735–749 4

Einigungsstelle nach BetrVG
- Bildung der ZPO **Vor** § 935 185, 187

Einkommensausfall
- als Arrestgrund ZPO § 917 7

Einlassungsfrist ZPO **Vor** §§ 916–945b 55

Einrede
- der Ausländersicherheit ZPO **Vor** §§ 916–945b 37
- der Kostenerstattung des Vorprozesses ZPO **Vor** §§ 916–945b 38
- des Schiedsvertrages ZPO **Vor** §3 916–945b 36
- im einseitigen Eilverfahren ZPO § 920 26

Einseitiges Verfahren ZPO § 920 26

Einstellung der Versteigerung
- bei privater Auktion ZPO § 818 3

Einstellung der Zwangsvollstreckung

2437

Stichwortverzeichnis

- einstweilige ZPO § 707; § 719; § 732 17; § 765a 43, 50; § 766 47; § 769; § 771 51; § 775 12; § 776 1; § 793 9
  - Antrag und allgemeiner Vollstreckungsschutz ZPO § 707 4
  - aus einem Versäumnisurteil nach Einspruch ZPO § 719 6
  - Gebühren ZPO § 707 20; § 719 23
  - im Berufungsrechtszug ZPO § 719 1 ff.
  - im Revisionsrechtszug ZPO § 719 10 ff.
  - nicht zu ersetzender Nachteil ZPO § 719 15
  - Rechtsbehelfe ZPO § 707 16 ff.; § 719 9, 22
  - Sicherheitsleistung ZPO § 707 9 ff.; § 719 2, 5, 6, 19
  - überwiegendes Interesse ZPO § 719 18
  - Verfahren ZPO § 707 5 ff.; § 719 1 ff., 10 ff.
  - Wirkungen des Einstellungsbeschlusses ZPO § 707 15
- Einstweilige ZPO § 775 4
- endgültige ZPO § 757 3; § 776
- in der sofortigen Beschwerde ZPO § 793 9
- Rechtsbehelfe ZPO § 732 18; § 769 14, 15, 16; § 775 14 f.

Einstellungsantrag
- Allgemeiner Vollstreckungsschutz ZPO § 707 4

Einstweilige Anordnung
- durch das Finanzgericht
  - u. Schadensersatz (§ 945) ZPO § 945 59
- durch die Kartellbehörde
  - u. Schadensersatz (§ 945) ZPO § 945 59
- FamFG-Verfahren ZPO Vor §§ 916–945b 20, 91 f.; § 926 38; § 927 45; Vor § 935 7 ff.; § 940a 1
  - Räumung von Wohnraum ZPO § 940a 1
  - Rechtsmittel ZPO Vor § 935 24
  - Schadensersatz ZPO § 945 52
  - Sicherheitsleistung ZPO § 939 8
  - Verfahrensregeln ZPO Vor § 935 21
  - Vollstreckung ZPO Vor § 935 25
  - Zuständigkeit ZPO § 937 7
- im familiengerichtlichen Verfahren ZPO Vor § 935 3
- im verfassungsgerichtlichen Verfahren ZPO Vor §§ 916–945b 97
- im verwaltungsgerichtlichen Verfahren
  - u. Schadensersatz (§ 945) ZPO § 945 58
- in der freiwilligen Gerichtsbarkeit ZPO Vor § 935 7 ff.
  - u. Schadensersatz (§ 945) ZPO § 945 59
- in der Zwangsvollstreckung ZPO Vor § 935 4 f.
- in Unterhalts- und Ehesachen
  - als Vollstreckungstitel ZPO § 794 40
- u. Klage auf Unterlassung der Zwangsvollstreckung gem. § 826 BGB ZPO Vor § 935 4
- u. selbständiges Beweisverfahren ZPO Vor § 935 6
- u. Selbsthilfehandlungen ZPO Vor § 935 27
- Verhältnis zur eV ZPO Vor § 935 3

Einstweilige Einstellung der Vollziehung ZPO § 924 20; § 929 5, 10
- Arrest ZPO § 924 20
- Aufhebungsverfahren gem. § 926 Abs. 2 ZPO § 924 20; § 926 32
- Aufhebungsverfahren gem. § 927 ZPO § 924 20
- Begründetheit ZPO Vor §§ 916–945b 42
- bei Befriedigungsverfügung ZPO § 924 20, 22
- Rechtfertigungsverfahren ZPO § 924 20 f.
- u. Sicherheitsleistung ZPO § 924 20

Einstweilige Maßnahmen
- nach der Brüssel-Ia-VO Brüssel-Ia-VO Art. 35 2 ff.
- nach der Brüssel-I-VO Brüssel-I-VO Art. 31 1
- selbstständiges Beweisverfahren Brüssel-Ia-VO Art. 35 8
- Zuständigkeit Brüssel-Ia-VO Vor 11 ff.

Einstweilige Regelungen ZPO § 732 17; § 765a 42; § 766 47; § 769 8, 9, 10; § 850k 13

Einstweilige Verfügung
- Antrag ZPO § 920 16, 29
- Arten ZPO Vor §§ 916–945b 14; Vor § 935 28 ff.; § 935 1
- Aufhebung gegen Sicherheitsleistung ZPO § 939 1 ff.
- Belieferung des Gläubigers ZPO Vor § 935 39
- Beschluss im Eilverfahren ZPO § 922 46
- FamFG-Verfahren ZPO Vor §§ 916–945b 20, 91 f.; Vor § 935 7 ff.
- Inhalt der Maßnahme ZPO § 938 1 ff.
- Netzzugangs- bzw. Durchleitungsanspruch ZPO Vor § 935 41
- Neuerlass ZPO § 929 40
- Sicherheitsleistung als Ersatz f. Glaubhaftmachung ZPO § 921 9
- Sicherheitsleistung trotz Glaubhaftmachung ZPO § 921 15
- u. Abwendungsbefugnis ZPO § 923 10
- u. Arrest ZPO Vor §§ 916–945b 11 f.; Vor § 935 1 f.
- u. Aufhebungsverfahren gem. § 926 Abs. 2 ZPO § 926 38 ff.
- u. Aufhebungsverfahren gem. § 927 Abs. 1 ZPO § 927 40
- u. Aufhebungsverfahren gem. § 942 Abs. 3 ZPO § 942 18 ff.
- u. AVAG AVAG § 21 2
- u. Bauhandwerkersicherungshypothek ZPO Vor § 935 65 ff.
- u. dinglicher Arrest ZPO § 917 17
- u. einstweilige Anordnung der ZPO ZPO Vor §§ 916–945b 20; Vor § 935 3 ff.
- u. Eintragungen im Handelsregister ZPO Vor § 935 74
- u. Erbrecht ZPO Vor § 935 73
- u. Europäisches Gemeinschaftsrecht ZPO Vor § 935 55
- u. Familienrecht ZPO Vor § 935 7 ff., 72

Stichwortverzeichnis

- u. Fristsetzung gem. § 926 Abs. 1 ZPO **§ 926** 38
- u. Grundbucheintragungen ZPO **Vor § 935** 70
- u. Hauptsacheverfahren ZPO **§ 938** 10 ff.
- u. Mietrecht ZPO **Vor § 935** 48 ff., 58 ff.
- u. Notstand ZPO **Vor § 935** 27
- u. Notwehr ZPO **Vor § 935** 27
- u. Schiedsverfahren ZPO **Vor § 935** 50 ff.
  - arbeitsrechtliche Schiedssprüche ZPO **Vor § 935** 52
  - Schiedskommissionen der politischen Parteien ZPO **Vor § 935** 54
  - Schiedsverfahren nach §§ 1025 ff. ZPO ZPO **Vor § 935** 51
  - Vereins-, Verbands- u. Parteischiedsgerichtsbarkeit ZPO **Vor § 935** 53
- u. Selbsthilfe ZPO **Vor § 935** 27
- u. Straf- u. Verwaltungszwangsverfahren ZPO **Vor § 935** 26
- u. Unterhaltsrecht ZPO **Vor § 935** 11, 44
- u. Vereinsrecht ZPO **Vor § 935** 56
- u. Wettbewerbsrecht ZPO **Anhang zu § 935 Vorbem.** 1
- Übertragung einer Internet-Domain ZPO **Vor § 935** 40
- Umdeutung ZPO **Vor § 935** 2
- Verfügungsanspruch ZPO **§ 935** 5 f.
- Verfügungsgrund ZPO **§ 935** 14 ff.
- Vollziehung ZPO **§ 928** 13; **§ 938** 17, 37
- Vollziehung in Schiffe u. Luftfahrzeuge ZPO **§ 931** 5 f.
- Zuständigkeit ZPO **§ 937** 2

Einstweilige Verfügung u. Aufhebungsverfahren (§ 926 Abs. 2) ZPO **§ 926** 38 ff.
- Abschlusserklärung ZPO **§ 926** 40
- Ausschluss der Hauptsacheklage ZPO **§ 926** 39
- Besonderheiten gegenüber d. Arrest ZPO **§ 926** 39
- Durchsetzung presserechtlicher Gegendarstellungsansprüche ZPO **§ 926** 39
- eV durch das AG des § 942 ZPO **§ 926** 41
- Gegenstand der Hauptsacheklage ZPO **§ 926** 42
  - Bauhandwerkersicherungshypothek, Vormerkung für ZPO **§ 926** 42
- Zuständigkeit für Aufhebung ZPO **§ 926** 41

Einstweilige Verfügung u. Aufhebungsverfahren (§ 927 Abs. 1)
- Verzicht auf Rechte aus § 927 ZPO **§ 927** 40
- Wegfall des materiellen Verfügungsanspruches ZPO **§ 927** 40
- Wegfall des Verfügungsgrundes ZPO **§ 927** 40

Einstweilige Verfügung, Inhalt der
- Arbeitsrecht ZPO **§ 938** 34 f.
- Befristung der Verpflichtung ZPO **§ 938** 13
- Duldungsgebote ZPO **§ 938** 34
- Erforderlichkeit d. Maßnahme ZPO **§ 938** 15
- Erfüllung, vollständige ZPO **§ 938** 12
- Erwerbsverbote ZPO **§ 938** 33
- feststellende eV ZPO **§ 938** 35

- Frist ZPO **§ 938** 13
- Gesellschaftsrecht ZPO **§ 938** 35
- Grenzen der durch eV angeordneten Maßnahme ZPO **§ 938** 11 ff.
- Handlungsgebot (aus dem Presserecht) ZPO **§ 938** 34
- Individualanspruch ZPO **§ 938** 3
- Interessenabwägung ZPO **§ 938** 16
- Kostenentscheidung ZPO **§ 938** 7
- Lohnzahlung ZPO **§ 938** 11
- Nachbarrecht ZPO **§ 938** 34
- Schadensersatzrente ZPO **§ 938** 11
- Sequestration ZPO **§ 938** 20 ff.
- Sicherung d. Antragstellers ZPO **§ 938** 14
- Sicherungsfunktion ZPO **§ 938** 10
- Teilbefriedigung des Gläubigers ZPO **§ 938** 12
- u. Hauptsacheverfahren ZPO **§ 938** 10 f.
- Umformulierung des Antrags ZPO **§ 938** 9
- Unterlassungsgebote d. UWG ZPO **§ 938** 34
- Unterlassungsverfügung ZPO **§ 938** 37
- Veräußerungsverbot ZPO **§ 938** 29
- Verfügungen ZPO **§ 938** 28
- Verfügungsverbote ZPO **§ 938** 27 ff., 31
- Verhältnismäßigkeit ZPO **§ 938** 16
- Vollziehung d. eV ZPO **§ 938** 17, 37
- Vorabbefriedigung ZPO **§ 938** 4, 12
- Vorläufigkeit der Maßnahme ZPO **§ 938** 13
- Vormerkung ZPO **§ 938** 29
- Wettbewerbsrecht ZPO **§ 938** 34
- Widerspruch ZPO **§ 938** 29
- Willenserklärung, Abgabe einer ZPO **§ 938** 36

Einstweiliger Rechtsschutz
- Arrest-/Verfügungsgrund ZPO **Vor §§ 916–945b** 40 f., 46
- Arten ZPO **Vor §§ 916–945b** 11 ff.
- Begründetheit ZPO **Vor §§ 916–945b** 42 ff.
- durch Schiedsgerichte ZPO **Vor §§ 916–945b** 35
- Einreden, prozesshindernde ZPO **Vor § 916** 35 ff.
  - der Kostenerstattung des Vorprozesses ZPO **Vor § 916** 38
  - der Prozesskostensicherheit ZPO **Vor § 916** 37
  - der Schiedsgerichtsbarkeit ZPO **Vor § 916** 35
- endgültige Wirkung ZPO **Vor §§ 916–945b** 9
- FamFG
  - Gebühren ZPO **Vor §§ 916–945b** 91
- FamFG-Verfahren ZPO **Vor §§ 916–945b** 20, 91 f.
- finanzgerichtliches Verfahren ZPO **Vor §§ 916–945b** 95
  - Gebühren ZPO **Vor §§ 916–945b** 95
- Funktion ZPO **Vor §§ 916–945b** 1 ff.
- Gebühren ZPO **Vor §§ 916–945b** 77 ff.; **§ 922** 48 ff.
- gegenwärtig einklagbar ZPO **Vor §§ 916–945b** 44

Stichwortverzeichnis

- im arbeitsgerichtlichen Beschlussverfahren   ZPO **Vor §§ 916–945b** 93; **§ 916** 17; **Vor § 935** 176
  - Gebühren   ZPO **Vor §§ 916–945b** 93
- im arbeitsgerichtlichen Urteilsverfahren   ZPO **Vor §§ 916–945b** 93; **§ 916** 17; **Vor § 935** 147
- mit Auslandsberührung   ZPO **Vor §§ 916–945b** 85 ff.
  - Arrestbefehle eines anderen Brüssel-Ia-VO-Staates   ZPO **Vor §§ 916–945b** 86
  - Arrestgrund bei Auslandsvollstreckung   ZPO **Vor §§ 916–945b** 85; **§ 917** 9
  - Ausländersicherheit   ZPO **Vor §§ 916–945b** 37, 85
  - Auslandsvollstreckung   ZPO **Vor §§ 916–945b** 85 ff.; **§ 917** 9
  - Bilaterale Vollstreckungsabkommen   ZPO **Vor §§ 916–945b** 86
  - Internationale Zuständigkeit   ZPO **Vor §§ 916–945b** 85; **§ 919** 3
- Parteifähigkeit   ZPO **Vor §§ 916–945b** 30
- Postulationsfähigkeit   ZPO **Vor §§ 916–945b** 30
- praktische Relevanz   ZPO **Vor §§ 916–945b** 7 f.
- Prozessfähigkeit   ZPO **Vor §§ 916–945b** 30
- Prozessführungsbefugnis   ZPO **Vor §§ 916–945b** 30
- Prozessvoraussetzungen   ZPO **Vor §§ 916–945b** 26 ff.
- qualitative Bedeutung   ZPO **Vor §§ 916–945b** 9
- quantitative Bedeutung   ZPO **Vor §§ 916–945b** 7 f.
  - Arbeitsgerichtsbarkeit   ZPO **Vor §§ 916–945b** 7 f.
  - ordentliche Gerichtsbarkeit   ZPO **Vor §§ 916–945b** 7 f.
- Rechtshängigkeit   ZPO **Vor § 916** 32 f
  - verschiedene Eilgesuche   ZPO **Vor § 916** 33
- Rechtsschutzinteresse   ZPO **Vor § 916** 39
- Rechtsweg   ZPO **Vor §§ 916–945b** 28
- sozialgerichtliches Verfahren   ZPO **Vor §§ 916–945b** 96; **§ 916** 17
  - Gebühren   ZPO **Vor §§ 916–945b** 96
- Streitgegenstand   ZPO **Vor §§ 916–945b** 21, 31
- Streitwert   ZPO **Vor §§ 916–945b** 77
- u. Anfechtungsgesetz   ZPO **§ 928** 6
- u. einstweilige Anordnungen außerhalb der ZPO   **Vor §§ 916–945b** 20
- u. Erbrecht   ZPO **Vor § 935** 73
- u. europäisches Gemeinschaftsrecht   ZPO **Vor § 935** 55
- u. Familienrecht   ZPO **Vor § 935** 7 ff., 72
- u. Kartellrecht   ZPO **Vor § 935** 129 f.
- u. Mietrecht   ZPO **Vor § 935** 48 ff.
- u. Recht der AGB   ZPO **Vor § 935** 57
- u. Vereinsrecht   ZPO **Vor § 935** 56
- u. vorläufige Vollstreckbarkeit   ZPO **Vor §§ 916–945b** 18
- Verfahrensrecht, besonderes   ZPO **Vor §§ 916–945b** 52 ff.; **§ 920** 18 ff.; **§ 922** 3 ff.; **§ 937** 10 ff.
- verfassungsgerichtliches Verfahren   ZPO **Vor §§ 916–945b** 97
  - Gebühren   ZPO **Vor §§ 916–945b** 97
- Verhältnis zum allgemeinen Rechtsschutz   ZPO **Vor §§ 916–945b** 3
- Verhältnis zum Hauptsacheverfahren   ZPO **Vor §§ 916–945b** 21
- verwaltungsgerichtliches Verfahren   ZPO **Vor §§ 916–945b** 94; **§ 916** 17; **§ 922** 10
  - Gebühren   ZPO **Vor §§ 916–945b** 94
- Zulässigkeit   ZPO **Vor §§ 916–945b** 23 ff.
- Zuständigkeit   ZPO **Vor §§ 916–945b** 29

Einstweiliger Rechtsschutz im Arbeitsrecht
- allgemeiner Beschäftigungsanspruch   ZPO **Vor § 935** 153
- Amtsausübung eines Betriebsratsmitglieds   ZPO **Vor § 935** 183 f.
- Arbeitspapiere   ZPO **Vor § 935** 148 f.
- Beteiligungsrechte des Betriebsrats   ZPO **Vor § 935** 185
- Betriebsratswahl   ZPO **Vor § 935** 179
- Betriebsversammlung   ZPO **Vor § 935** 180
- Bildung einer Einigungsstelle   ZPO **Vor § 935** 185, 188
- Entbindung von der Weiterbeschäftigungspflicht   ZPO **Vor § 935** 156 f.
- Erfüllung der Arbeitspflicht   ZPO **Vor § 935** 164 f.
- Erholungs- u. Bildungsurlaub   ZPO **Vor § 935** 147
- im arbeitsgerichtlichen Beschlussverfahren   ZPO **Vor §§ 916–945b** 93; **Vor § 935** 176; **§ 916** 17
  - Gebühren   ZPO **Vor §§ 916–945b** 93
- im arbeitsgerichtlichen Urteilsverfahren   ZPO **Vor §§ 916–945b** 93; **§ 916** 17; **Vor § 935** 147
  - Gebühren   ZPO **Vor §§ 916–945b** 93
- im Arbeitskampfrecht   ZPO **Vor § 935** 171 ff.
- Lohnzahlung   ZPO **Vor § 935** 168
- Schulungsveranstaltungen   ZPO **Vor § 935** 181
- u. Unterlassung mitwirkungsbedürftiger Maßnahmen des Arbeitgebers   ZPO **Vor § 935** 186 ff.
- Weiterbeschäftigungsanspruch   ZPO **Vor § 935** 156 f.
- Wettbewerbsverbote   ZPO **Vor § 935** 166
- Zutrittsrecht von Gewerkschaftsbeauftragten   ZPO **Vor § 935** 182

Einstweiliger Rechtsschutz im Bank- u. Wertpapierrecht   ZPO **Vor § 935** 87 ff.
- Bankbürgschaften u. Garantieversprechen   ZPO **Vor § 935** 90
- Bankgarantie   ZPO **Vor § 935** 91 f.
- Dokumentenakkreditiv   ZPO **Vor § 935** 93
- Scheckverkehr   ZPO **Vor § 935** 88
- Wechselrecht   ZPO **Vor § 935** 89

Einstweiliger Rechtsschutz im Bank- und Wertpapierrecht
- Girokonto   ZPO **Vor § 935** 96

Einstweiliger Rechtsschutz im Presse- u. Medienrecht   ZPO **Vor § 935** 138 ff.
– Gegendarstellung   ZPO **Vor § 935** 142
– Handlungsgebot   ZPO **§ 938** 34
– vorbeugender Unterlassungsanspruch   ZPO **Vor § 935** 139
– Widerruf   ZPO **Vor § 935** 144
Einstweiliger Rechtsschutz u. Gesellschaftsrecht   ZPO **Vor § 935** 76 ff.
– Abstimmungen innerhalb der Gesellschaft   ZPO **Vor § 935** 77
– Geschäftsführungs- u. Vertretungsbefugnis   ZPO **Vor § 935** 79 f.
– Rechte u. Pflichten der anderen Gesellschafter   ZPO **Vor § 935** 82
– Rechte u. Pflichten der anderen Organe der Gesellschaft   ZPO **Vor § 935** 83
Einstweiliger Rechtsschutz u. gewerblicher Rechtsschutz   ZPO **Vor § 935** 116 ff.
– Auskunftspflicht   ZPO **Vor § 935** 117, 119, 120, 123
– Geschmacksmuster- u. Gebrauchsmustersachen   ZPO **Vor § 935** 119
– Markenrecht   ZPO **Vor § 935** 116
– Patentsachen   ZPO **Vor § 935** 120
– Urheberrechtssachen   ZPO **Vor § 935** 123
Einstweiliger Rechtsschutz u. Schiedsverfahren   ZPO **Vor §§ 916–945b** 35; **Vor § 935** 50
– Schiedsverfahren in Arbeitsstreitigkeiten   ZPO **Vor § 935** 52
– Schiedsverfahren nach §§ 1025 ff.   ZPO **Vor § 935** 51
– Vereins-, Verbands- u. Parteischiedsgerichtsbarkeit   ZPO **Vor § 935** 53 f.
Einstweiliger Rechtsschutz u. unlauterer Wettbewerb Anh.   ZPO **Vor § 935** 98 ff.; **Anhang zu § 935 Vorbem.** 1
– § 12 II UWG   ZPO **Vor § 935** 98 f.
– Abmahnung   ZPO **Anhang zu § 935 A** 1 ff.
– Abschlusserklärung   ZPO **§ 924** 16; **Anhang zu § 935 C** 4 ff.
– Abschlussschreiben   ZPO **§ 924** 16; **Anhang zu § 935 C** 13 ff.
– Abschlussverfahren   ZPO **Anhang zu § 935 C** 1 ff.
– Dringlichkeit   ZPO **Vor § 935** 102 ff., 110
– Kerntheorie   ZPO **Vor § 935** 113
– Schutzschrift   ZPO **Anhang zu § 935 A** 1 ff.; **§ 945a**; **§ 945b** 3, 1 ff.
– Unterlassungserklärung   ZPO **§ 935** 30; **Anhang zu § 935 A** 4, 10; **Anhang zu § 935 B** 1 ff.
– Unterlassungsgebote   ZPO **§ 938** 34
– Unterlassungsverfügung   ZPO **Anhang zu § 935 Vorbem.** 1; **§ 938** 12
– Verzicht auf mündliche Verhandlung   ZPO **§ 937** 11
– Zuständigkeit   ZPO **Vor § 935** 111 f.

Eintragung der Zwangshypothek   ZPO **§ 867** 2 ff., 8 ff.
Eintragung einer Vormerkung   ZPO **§ 942** 7
Eintragung eines Widerspruchs   ZPO **§ 942** 7
Eintragung im Grundbuch (§ 941)
– Anwendungsbereich   ZPO **§ 941** 1
– Arrestvollziehung   ZPO **§ 941** 1
– Ausrichtung auf   ZPO **§ 941** 1
– Behandlung durch Grundbuchamt   ZPO **§ 941** 3
– Gebühren   ZPO **§ 941** 6
– Rechtsbehelfe   ZPO **§ 941** 5
– Verfahren   ZPO **§ 941** 2
– Vorsitzender u. Antrag auf   ZPO **§ 941** 2
– Wirkungen des Ersuchens   ZPO **§ 941** 4
Eintragung in Schuldnerverzeichnis   ZPO **§ 882b** 3, 4, 5
– Rechtsbehelfe   ZPO **§ 882c** 7; **§ 882d**
Eintragungsbewilligung   ZPO **§ 895** 1
Einwendungen   ZPO **§ 920** 26
Einwendungen im Beschwerdeverfahren nach AVAG   **AVAG § 12**
– Verfahren und Entscheidung über Beschwerde   **AVAG § 13**
Einzelzwangsvollstreckung   ZPO **Einf.** 4
Einziehung
– von Teilbeträgen   ZPO **§ 802b** 12
Einziehungsprozess
– gegen den Drittschuldner   ZPO **§ 788** 26; **§ 835** 6, 7, 8, 9, 10, 11, 12, 13, 14; **§ 850h** 5
Einziehungsverbot
– an Schuldner (Inhibitorium)   ZPO **§ 829** 59
Eisenbahn   ZPO **§ 871**
Elterngeld   ZPO **§ 850e** 9
Endgültige Wirkung
– des einstweiligen Rechtsschutzes   ZPO **Vor §§ 916–945b** 9; **§ 926** 39
Endurteile
– Rechtskraft   ZPO **§ 704** 2 ff.
– Vorläufige Vollstreckbarkeit   ZPO **§ 704** 2 ff.
Energiebelieferung
– einstw. Verfügung auf   ZPO **Vor § 935** 39, 49
Entbindung von der Weiterbeschäftigungspflicht   ZPO **Vor §§ 916–945b** 9; **Vor § 935** 156 f.
– u. Schadensersatz (§ 945)   ZPO **§ 945** 53
– Verfügungsanspruch   ZPO **Vor § 935** 156 f.
– Verfügungsgrund   ZPO **Vor § 935** 156 f.
Entgangener Gewinn
– als Vollziehungsschaden (§ 945)   ZPO **§ 945** 39
Entscheidung
– im Vollstreckungsverfahren   ZPO **§ 766** 6
Entscheidung ohne mündliche Verhandlung   ZPO **§ 937** 10 ff.
– Antrag   ZPO **§ 937** 16
– Arrestverfahren   ZPO **§ 937** 10
– Entscheidungsgrundlage   ZPO **§ 937** 21
– eV   ZPO **§ 937** 10
– Fristsetzung (§ 926 Abs. 1)   ZPO **§ 926** 12

- im arbeitsgerichtlichen Verfahren ZPO § 937 18 f.
- im sozialgerichtlichen Verfahren ZPO § 937 20
- im verwaltungsgerichtlichen Verfahren ZPO § 937 20
- in dringenden Fällen ZPO § 937 11
- Rechtsbehelfe ZPO § 937 15
- u. Schutzschrift ZPO § 937 21 ff.
- u. Zurückweisung des Gesuchs ZPO § 937 13
- UWG ZPO § 937 11
- Voraussetzungen ZPO § 937 11

Entscheidungen
- nach der Brüssel-Ia-VO Brüssel-Ia-VO Art. 24 3; Art. 39 2

Entstrickung ZPO § 776 1, 2

Entziehung der Geschäftsführungsbefugnis ZPO Vor § 935 79 f.

Erbbaugrundbuch ZPO § 896 2

Erbbaurecht ZPO Vor §§ 864–871 2; § 864 3; § 870 1

Erbe
- Einreden gegen Nachlassgläubiger ZPO § 782
- Einreden gegen persönliche Gläubiger ZPO § 783
- Haftungsbeschränkung ZPO Vor §§ 747–749 1; § 780–785
- Klauselumschreibung ZPO § 727 5, 21
- Vollstreckungsabwehrklage des ZPO § 785
- Zwangsvollstreckung gegen ZPO Vor §§ 747–749

Erbrecht
- eR im ZPO Vor § 935 73

Erbschaftsannahme
- Vollstreckung in den Nachlass vor der ZPO § 778 2
  - Rechtsmittel ZPO § 778 4
- Vollstreckung wegen Eigenverbindlichkeiten des Erben ZPO § 778 3

Erbschaftsnutzungen
- Pfändungsbeschränkungen bei ZPO § 863

Erbschein
- FamFG-Verfahren ZPO Vor § 935 73

Erfüllungsansprüche
- Zwangsvollstreckung wegen werkvertraglicher ZPO § 888 14

Erfüllungseinwand
- gegenüber den Vollstreckungsorganen ZPO Vor §§ 765a–777 20; § 775 10, 11
- Geltendmachung in der Handlungsvollstreckung ZPO § 887 22 ff.; § 888 21, 22, 46
- mit der Vollstreckungsabwehrklage ZPO § 767 23

Erfüllungsgehilfen
- in der Zwangsvollstreckung ZPO Einf. 16; Anhang zu § 771 7; § 890 34

Ergänzung/Nachbesserung des Vermögensverzeichnisses ZPO § 802d 27 ff.; § 802f 38

Ergänzungshaftanordnung ZPO § 802g 24

Erholungsurlaub ZPO Vor § 935 147
- Verfügungsgrund ZPO Vor § 935 147

Erinnerung
- Abhilfebefugnis ZPO § 766 30
- Anhörung ZPO § 766 33
- ArbGG, VwGO, AO ZPO § 766 3
- Begründetheit ZPO § 766 37
- Beweislast ZPO § 766 34
- des nicht zur Herausgabe bereiten Dritten ZPO § 809 8
- einstweilige Maßnahmen ZPO § 766 47
- Gebühren ZPO § 766 43
- gegen Ablehnung der Haftentlassung ZPO § 802i 11
- gegen Art und Weise der Zwangsvollstreckung ZPO Vor §§ 765a–777 3, 4; § 766
- gegen Aufschub der Haftvollstreckung ZPO § 802h 11
- gegen Entscheidungen des Rechtspflegers ZPO § 766 6; Anhang zu § 793 7 ff.
- gegen Haftentlassung ZPO § 802i 10
- gegen Vorpfändung ZPO § 766 28
- im Klauselverfahren ZPO Vor §§ 724–734 13, 14; § 732
  - Gebühren ZPO § 732 15
- Kosten ZPO § 766 43
- Rechtskraft ZPO § 766 46
- Rechtsmittel ZPO § 766 45
- Rechtsschutzinteresse ZPO § 766 31, 36
- statthafte Einwendungen ZPO § 766 13 f.
  - Abgrenzung zur Dienstaufsichtsbeschwerde ZPO § 766 17
  - Parteivereinbarungen ZPO § 766 15
  - Überprüfung des Kostenansatzes ZPO § 766 19
  - Verfahrensrügen ZPO § 766 13
  - Zwangsmaßnahmen des Gerichtsvollziehers ZPO § 766 18
- Tenor ZPO § 766 40
- Verfahren ZPO § 766 27 ff.
- Zulässigkeit ZPO § 766 36
- Zuständigkeit ZPO § 766 28

Erinnerungsbefugnis ZPO § 766 20 ff.

Erinnerungsverfahren ZPO § 766 27 ff.

Erkenntnisverfahren ZPO Vor §§ 916–945b 47 ff.
- allg. Verfahrensrecht ZPO Vor §§ 916–945b 47 ff.; § 920 3 ff., 7, 11, 14
- Anerkenntnis ZPO Vor §§ 916–945b 49
- Aussetzung ZPO Vor §§ 916–945b 59, 60, 61, 62, 63
- Einlassungsfrist ZPO Vor §§ 916–945b 55
- Erledigungserklärung ZPO Vor §§ 916–945b 50
- Glaubhaftmachungslast ZPO Vor §§ 916–945b 66; § 920 25 f.
- kurzfristige Terminierung ZPO Vor §§ 916–945b 55
- Ladungsfrist ZPO Vor §§ 916–945b 55
- Prozesskostenhilfe ZPO Vor §§ 916–945b 48

- Rechtsbehelfe ZPO **Vor** §§ 916–945b 51
- Säumnis ZPO **Vor** §§ 916–945b 48
- Schriftsatzfrist ZPO **Vor** §§ 916–945b 57
- Schutzschrift ZPO **Vor** §§ 916–945b 48, 67; § 937 21 ff.
- Vertagung gem. § 227 ZPO **Vor** §§ 916–945b 64
- Verweisung nach § 17a Abs. 2 GVG ZPO **Vor** §§ 916–945b 58
- Verweisung nach § 281 ZPO **Vor** §§ 916–945b 58
- Verzicht ZPO **Vor** §§ 916–945b 49
- Zurückverweisung im Rechtsmittelverfahren ZPO **Vor** §§ 916–945b 65
- Zurückweisung verspäteten Vortrages ZPO **Vor** §§ 916–945b 49

Erledigungserklärung
- im Aufhebungsverfahren (§ 927) ZPO § 927 32
- im Eilverfahren ZPO **Vor** §§ 916–945b 50
- im Verfügungsverfahren ZPO § 935 30 ff.
  - beidseitige Erledigungserklärung ZPO § 935 30
  - einseitige Erledigungserklärung ZPO § 935 32
  - Unterlassungsverpflichtungserklärung ZPO § 935 30
- im Widerspruchsverfahren ZPO § 925 8
- u. Abmahnung ZPO **Anhang zu** § 935 A 2 ff.
- u. Fristsetzung gem. § 926 Abs. 1 ZPO § 926 24
- u. Kosten ZPO § 922 48

Erlösverteilung
- auf Grund Teilungsplanes ZPO § 876 1
- durch den Gerichtsvollzieher ZPO § 819 6, 8; § 827 3
- nach der Zwangsversteigerung eines Grundstücks ZPO **Vor** §§ 872–882 4

Ermächtigungsbeschluss
- zur Ersatzvornahme ZPO § 887 26 ff.

Ermittlung
- des Aufenthaltsortes des Schuldners ZPO § 755 4 ff.
- von Schuldnervermögen ZPO § 806a

Ersatzhaft ZPO § 888 27, 32, 43 f.
Ersatzordnungshaft ZPO § 890 43, 53
Ersatzvornahme ZPO § 887 26, 33 f.; § 892 1
Ersatzzwangshaft ZPO § 888 32

Erschwerniszulagen
- u. Pfändungsschutz ZPO § 850a 9

Erstattungspflicht des Gläubigers
- nach Aufhebung oder Abänderung eines Vollstreckungstitels ZPO § 717 22
  - Geltendmachung ZPO § 717 28
  - Umfang ZPO § 717 26
  - Verhältnis zu den allgemeinen Anspruchsnormen des BGB ZPO § 717 23 f.
  - Verhältnis zum Schadensersatzanspruch nach 717 Abs. 2 ZPO § 717 30 f.
- nach beendeter Zwangsvollstreckung ZPO § 767 46; **Anhang zu** § 771 2, 3, 4, 5, 6, 13; § 829 30

Erstbegehungsgefahr ZPO **Vor** § 935 108 f.; **Anhang zu** § 935 A 29; **Anhang zu** § 935 B 2

Erteilung
- eines Buchauszuges oder einer Abrechnung ZPO § 887 11 f.

Erwägungsgründe zur EuBagatellVO EuBagatellVO **Vor** 12
Erwägungsgründe zur EuMahnVO EuMahnVO **Vor** 13
Erwägungsgründe zur EuUnterhaltsVO EuUnterhaltsVO **Vor** 22

Erweiterter Pfändungsschutz
- Abwägung ZPO § 850f 9
- Ältere Verbindlichkeiten des Schuldners ZPO § 850f 7
- Anhörung des Gläubigers ZPO § 850f 5
- Belange des Gläubigers ZPO § 850f 5
- Besondere Bedürfnisse des Gläubigers ZPO § 850f 7
- Freiwillige und faktische Unterhaltspflichten des Schuldners ZPO § 850f 8
- individueller Sozialhilfebedarf des Schuldners ZPO § 850f 6
- Wohnbedarf des Schuldners ZPO § 850f 6

Erwerbsgeschäft ZPO § 741 2
Erwerbstätigkeit ZPO § 811 38
Erwerbsverbot ZPO § 938 33
Erzeugnisse eines Grundstücks ZPO § 865 2, 6, 8

Erziehungsgelder
- u. Pfändungsschutz ZPO § 850a 13
- Zusammenrechnung mit Arbeitseinkommen ZPO § 850e 8

EU ZPO **Vor** §§ 722–723 3 ff.
- Abschaffung des Exequaturverfahrens Brüssel-Ia-VO **Vor** 10 ff., 18
  - Auslegung Brüssel-Ia-VO Brüssel-Ia-VO **Vor** 23
  - Geltungsbereich der Brüssel-Ia-VO Brüssel-Ia-VO **Vor** 19 ff.
- bilaterale Verträge ZPO **Vor** §§ 722–723 18; § 722 1; Brüssel-Ia-VO **Art.** 73
- bilaterale Verträge mit Nicht EU-Mitgliedern ZPO **Vor** §§ 722–723 17
- Exequaturverfahren ZPO **Vor** §§ 722–723 4; EuVTVO **Vor** 8 f., 1; EuMahnVO **Vor** 10; EuBagatellVO **Vor** 7; EuUnterhaltsVO **Vor** 2
- Gemeinschaftsrecht ZPO **Vor** §§ 722–723 14 ff.
- Lugano-Übereinkommen Brüssel-Ia-VO **Vor** 4, 8 f.

EuGVÜ ZPO § 917; § 919 3; § 920 28; Brüssel-Ia-VO **Vor** 2 f.

Euro ZPO **Vor** §§ 802a–882h 4
- Pfändungstabellen ZPO § 850c Anlage
- Zwangshypothek ZPO § 866 6; § 867 2

Europäische wirtschaftliche Interessenvereinigung

Stichwortverzeichnis

- Anteilspfändung   ZPO § 859 12
Europäischer Vollstreckungstitel   ZPO Vor §§ 1079–1086; Vor §§ 916–945b 88; EuVTVO Vor 1 ff.; Art. 1
- Anerkenntnisurteile   EuVTVO Art. 4 13
- Anwaltsvergleich   ZPO § 1079 4; EuVTVO Art. 4 6
- Anwendungsbereich der EuVTVO   EuVTVO Art. 2 1 ff.
- Aussetzung oder Einschränkung der Vollstreckbarkeit   EuVTVO Anh. IV
- Bestätigung als   EuVTVO Art. 6 1 ff.; Art. 7 1 ff.
  - Ausstellung der   EuVTVO Art. 9
  - Berichtigung der   EuVTVO Art. 10 2
  - durch Entscheidung   EuVTVO Anh. I
  - durch öffentliche Urkunde   EuVTVO Anh. III
  - durch Vergleich   EuVTVO Anh. II
  - Mindeststandards   EuVTVO Art. 12 1 ff.; Art. 16; Art. 17; Art. 19
  - teilweise bestätigungsfähiger Titel   EuVTVO Art. 8
  - Widerruf der   EuVTVO Anh. VI; Art. 10 3
  - Wirkung der   EuVTVO Art. 11
- dynamisierter Unterhaltstitel   EuVTVO Art. 4 10
- Einwendungsausschluss   EuVTVO Art. 21 3
- Ersatzbestätigung   EuVTVO Anh. V; Art. 6 13 f.
- Heilung   EuVTVO Art. 18
- Kostenentscheidung   EuVTVO Art. 7
- Mischtitel   EuVTVO Art. 4 10
- Nichtvollstreckbarkeitsbescheinigung   EuVTVO Art. 6 11 f.
- öffentliche Urkunde   EuVTVO Art. 4 5, 13; Art. 25
- Rechtsmittel   EuVTVO Art. 6 4
- Säumnisentscheidung   EuVTVO Art. 4 14, 20; Art. 6 5
- Titelkollision   EuVTVO Art. 21 1
- unbestrittene Forderungen   EuVTVO Art. 4 12 ff.
- Verbraucherschutz   EuVTVO Art. 6 8 ff.
- Vergleich   EuVTVO Art. 4 4, 13; Art. 24
- Vollstreckbarerklärungsverfahren   EuVTVO Art. 5
- Vollstreckbarkeit im Ursprungsmitgliedstaat   EuVTVO Art. 6 3 ff.
- Vollstreckungsklausel   ZPO § 1082
- Vollstreckungsverfahren   EuVTVO Art. 20
  - Diskriminierungsverbot   EuVTVO Art. 20 5
  - Übersetzungen   EuVTVO Art. 20 4
- Zinsforderung   EuVTVO Art. 4 11
- Zuständigkeit   ZPO § 1079 2 f.
- Zustellung
  - an die Vertreter des Schuldners   EuVTVO Art. 15
  - Ausschluss fiktiver Zustellformen   EuVTVO Art. 14 4
  - Ersatzzustellung   EuVTVO Art. 14 6 f.
  - mit Nachweis des Empfangs   EuVTVO Art. 13
  - ohne Nachweis des Empfangs   EuVTVO Art. 14

Europäischer Zahlungsbefehl   ZPO § 795 3
- als Vollstreckungstitel   ZPO § 794 71

Europäisches Anerkennungs- und Vollstreckungsübereinkommen   ZPO Vor §§ 722–723 14; Brüssel-Ia-VO Vor 1 ff.

Europäisches Gemeinschaftsrecht
- eR im   ZPO Vor § 935 55

Europäisches Mahnverfahren   EuVTVO Vor 5; EuMahnVO Vor 1
- Antrag   EuMahnVO 4
- Anwendungsbereich   EuMahnVO 2
- Erwägungsgründe   EuMahnVO 13
- Gesetzestext   EuMahnVO 13
- Verfahren   EuMahnVO 4 ff.
- Vollstreckbarerklärung   EuMahnVO 10
- Vollstreckungsschutz   EuMahnVO 12
- Zwangsvollstreckung   EuMahnVO 11

Europäisches Mahnverfahren für geringfügige Forderungen nach der Verordnung (EG) Nr. 861/2007   ZPO Vor §§ 1097–1109

Europäisches Mahnverfahren nach der Verordnung (EG) Nr. 1896/2006   ZPO Vor §§ 1087–1096

EuUnterhaltsVO   EuVTVO Vor 7; Art. 2 3; Art. 4 5, 8, 10; EuMahnVO Vor 3
- Anerkennung und Vollstreckung   EuUnterhaltsVO Vor 9 ff.
  - Exequaturverfahren   EuUnterhaltsVO Vor 9
  - Jugendamtsurkunden   EuUnterhaltsVO Vor 19
  - Prozesskostenhilfe   EuUnterhaltsVO Vor 20
- Anwendungsbereich der EuUnterhaltsVO   EuUnterhaltsVO Vor 1 ff.
- Auslandsunterhaltsgesetz (AUG)   EuUnterhaltsVO Vor 2
- Formblätter   EuUnterhaltsVO Vor 21; Anhang I–IV
- Zuständigkeiten   EuUnterhaltsVO Vor 6
  - für einstweiligen Rechtsschutz   EuUnterhaltsVO Vor 7

EuVTVO   ZPO § 890 54; §§ 916–945b 88

Exequaturverfahren in Unterhaltssachen   EuUnterhaltsVO Vor 2

Exterritoriale
- Zwangsvollstreckung   ZPO § 829 21

FamFG-Verfahren
- Abgrenzung zum Zivilprozess   ZPO Vor § 935 14
- Amtsermittlung   ZPO Vor § 935 20
- Antrag auf mündliche Verhandlung   ZPO § 924 23
- Arrest   ZPO § 924 23; § 925 23; § 927 45; § 943 9; § 944 6; § 945 52
- Arrestgericht   ZPO § 919 16

– Aufhebung gegen Sicherheitsleistung ZPO § 939 8
– Aufhebungsverfahren ZPO § 926 38; § 927 45
– Dringlichkeit ZPO § 942 24
– Eilkompetenz des Vorsitzenden ZPO § 944 6
– Einleitung des Hauptsacheverfahrens ZPO § 926 38
– Einstweilige Anordnung ZPO **Vor** § 935 7 ff.; § 924 23; § 926 38, 43; § 927 45; § 939 8; § 945 52
   – Anfechtung ZPO **Vor** § 935 24
   – Beschluss ZPO **Vor** § 935 23
   – Ermessen des Gerichts ZPO **Vor** § 935 23
   – Gehörsrüge ZPO **Vor** § 935 24
   – mündliche Verhandlung ZPO **Vor** § 935 22
   – Rechtsmittel ZPO **Vor** § 935 24
   – Verfahrensregeln ZPO **Vor** § 935 21
   – Vollstreckung ZPO **Vor** § 935 25
   – Zuständigkeit ZPO **Vor** § 935 18; § 937 7
– Einstweilige Einstellung
   – bei Zwangsvollstreckung ZPO § 719 8, 21
– Einstweiliger Rechtsschutz ZPO **Vor** §§ 916– 945b 20, 91 f.
– Erbschein ZPO **Vor** § 935 73
– Gericht der Hauptsache ZPO § 943 9
– Glaubhaftmachung ZPO **Vor** § 935 20
– mündliche Verhandlung ZPO § 937 17
– Räumung von Wohnraum ZPO § 940a 1 ff.
– Rechtsbehelfe im eR
   – bei falscher Verfahrensart ZPO **Vor** § 935 15
– Schadensersatz ZPO § 945 52
– u. einstweilige Anordnung ZPO § 940a 1
– Vollstreckung ZPO **Einf.** 2
– Vollstreckung von Titeln ZPO **Einf.** 2
– Vollstreckungsklausel ZPO **Vor** §§ 724–734 6; **Vor** § 935 25
– Vollstreckungstitel ZPO **Vor** §§ 704–707 2
– Vorabentscheidung ZPO § 718 9
– vorläufige Vollstreckbarkeit, keine ZPO **Vor** §§ 708–720a 5
– Widerspruchsverfahren ZPO § 924 23
– Zuständigkeit ZPO § 919 16; § 942 24; § 943 9; § 944 6
Familiengericht ZPO § 937 5, 7
– als Arrestgericht ZPO § 919 4
– als Hauptsachegericht ZPO § 937 5, 7
– Zuständigkeiten im Rahmen der Zwangsvollstreckung ZPO § 767 14; § 771 11; § 887 20; § 888 25; § 890 10
Familiengerichtliches Verfahren ZPO § 937 5, 7
– Einstweiliger Rechtsschutz ZPO **Vor** §§ 916– 945b 20, 91 f.
– u. Schadensersatz (§ 945) ZPO § 945 52
Familienpapiere
– Pfändung ZPO § 811 56
Familienrecht
– Ehestörer ZPO **Vor** § 935 9 f.
– Schutz der Ehewohnung ZPO **Vor** § 935 9 f.

– u. eR ZPO **Vor** § 935 7 ff., 72
– Unterhaltsrecht ZPO **Vor** § 935 11, 44
Familiensachen
– Einstweilige Anordnung
– Anfechtung ZPO **Vor** § 935 24
– Einstweiliger Rechtsschutz ZPO **Vor** §§ 916– 945b 20, 91 f.; **Vor** § 935 7 ff.
– Räumung von Wohnraum ZPO § 940a 1
Familienstreitsachen
– Abwendung ZPO § 923 10
– Anordnung der Klageerhebung ZPO § 926 43
– Arrest ZPO § 919 4, 16; § 924 23; § 925 23; § 926 43; § 927 45; § 943 9
   – Schadensersatz ZPO § 945 52
– Arrestgesuch ZPO § 920 30
– dinglicher Arrest
   – Arrestgrund ZPO § 917 18
– Eilkompetenz des Vorsitzenden ZPO § 944 6
– Einstellung bei Rechtsmittel und Einspruch ZPO § 719 21
– Einstweilige Anordnung ZPO § 926 38, 43
   – Schadensersatz ZPO § 945 52
– Einstweiliger Rechtsschutz ZPO **Vor** §§ 916– 945b 91 f.; § 916 17
– persönlicher Arrest
   – Arrestgrund ZPO § 918 6
– Schadensersatz ZPO § 945 52
– Sicherheitsleistung bei Arrest ZPO § 921 16
– Widerspruchsverfahren ZPO § 924 23
Familienunterhalt
– Berücksichtigung bei der Forderungspfändung ZPO § 850c 4; § 850f 8, 9; § 850g 3; § 850k 10
Faustpfand ZPO § 804 2
Faustpfandforderung ZPO § 838
Fehlentscheidungsrisiko
– durch Glaubhaftmachung ZPO § 945 25, 42
– durch Verzicht auf mündliche Verhandlung ZPO **Vor** §§ 916–945b 54
– u. Anordnungsschaden ZPO § 945 42
– u. Berücksichtigung einer Schutzschrift ZPO **Vor** §§ 916–945b 67
– u. Glaubhaftmachungslast ZPO **Vor** §§ 916– 945b 66; § 920 26
Fehler im Vollstreckungsverfahren
– Auswirkungen auf das Pfändungspfandrecht ZPO **Vor** §§ 803–804 15
– Geltendmachung im Verteilungsverfahren ZPO § 872 4; § 878 13
– Geltendmachung während des Vollstreckungsverfahrens ZPO **Vor** §§ 765a–777 3
– Heilung vor Beendigung der Zwangsvollstreckung ZPO § 766 39; **Vor** §§ 803–804 7
– keine Zwischenverfügung bei Beantragung einer Zwangshypothek ZPO § 867 8
Fernsehgerät
– Pfändung ZPO § 811 23, 41
Festsetzung der Vollstreckungskosten ZPO § 788 30

2445

Stichwortverzeichnis

Feststellungsklage
– bei § 926 ZPO § 926 3
– fristgerechte Klageerhebung ZPO § 926 1
– negative ZPO § 937 5
Feststellungsverfügung ZPO Vor §§ 916–945b 14 ff.; § 940 17
Fiktion
– von Willenserklärungen ZPO § 894 8 ff.
Finanzgerichtliches Verfahren ZPO Vor §§ 916–945b 95
Finanzierter Teilzahlungskauf
– u. anderweitige Verwertung ZPO Anhang zu § 825 8
Firma als Schuldnerin ZPO § 750 19 f.
Firmenänderung
– bei der Parteibezeichnung ZPO § 750 23
Firmenname
– Unpfändbarkeit ZPO § 857 53
Firmenübernahme
– Klauselerteilung bei ZPO § 727 6; § 729 3, 6
Flurstücke ZPO § 864 2
Forderungspfändung
– Anhörung des Schuldners ZPO § 829 36; § 834
– bei nicht übertragbaren Forderungen ZPO § 851
– Berechnung der erfassten Beträge durch den Drittschuldner ZPO § 829 43
– Bestimmtheit des Antrages ZPO § 829 33, 39, 40, 41
– elektronischer Antrag ZPO § 829 33
– Gebühren und Kosten ZPO § 829 73, 74, 75, 76, 77
– mehrfache Pfändung ZPO § 829 51
– Überblick über die wichtigsten Forderungsarten ZPO Anhang zu § 829
– Verbindung von Arrest- u. Vollziehungsantrag ZPO Vor §§ 916–945b 51; § 920 4; § 930 7
– Verbindung von Arrestanordnung u. Pfändungsbeschluss ZPO Vor §§ 916–945b 74; § 930 7
– verbriefte Forderungen ZPO § 830 3; Anhang zu § 829 16, 17, 18, 19; § 831
– Verfahrensgrundsätze ZPO § 829 33, 34, 35, 36, 37, 38, 39, 40, 41, 42, 43, 44, 45, 46, 47, 48, 49, 50, 51
– Zuständigkeit ZPO § 828
Formblätter nach EuUnterhaltsVO EuUnterhaltsVO Vor 21
Formblätter nach EUUnterhaltsVO EuUnterhaltsVO Anhang I–IV
Formular für die Zwangsvollstreckung ZPO § 829 33; § 930 7
Fortlaufende Bezüge
– Pfändung ZPO § 832; § 833; § 850 17
Fortsetzung der Zwangsvollstreckung ZPO § 775 13
– nach Tod des Schuldners ZPO § 779
Fotokopiergerät
– Pfändung ZPO § 811 41, 48

Frankfurter Räumung ZPO § 885 30
Freiberuflich Tätige
– Vollstreckungsschutz bei Forderungspfändung ZPO § 850 17; § 850i 2, 3, 4, 5, 6
Freigabe des Pfändungsgutes ZPO § 771 49; § 776 1; § 843 2
Freihändiger Verkauf ZPO Vor § 814 2; § 821 3, 4; § 825 15; § 844 2; § 857 12, 43
Freiheitsentziehungssachen
– Einstweiliger Rechtsschutz ZPO Vor §§ 916–945b 91 f.
Freistellungsanspruch
– Vollstreckung eines ZPO Vor §§ 802a–882h 3
– Zwangsvollstreckung in einen ZPO § 851 5
Freiwillige Erfüllung
– bei Unterlassungsverfügungen ZPO § 945 48
– u. Schadensersatz (§ 945) ZPO § 945 45 ff.
– u. Vollziehungsabwendung ZPO § 945 45 ff.
– u. Vollziehungsschaden ZPO § 945 45 ff.
Freiwillige Gerichtsbarkeit
– Einstweiliger Rechtsschutz ZPO Vor §§ 916–945b 91 f.; Vor § 935 7 ff.
Freiwillige Leistungen
– des Schuldners ZPO § 754 4, 5, 6, 7, 8, 9, 10, 11, 12; § 815 12
Fremdauskunft ZPO § 802l
Fremdgrundschuld
– Pfändung ZPO § 857 25 f.
Fremdwährungsschulden ZPO Vor §§ 802a–882h 5
Fristen
– für die Vollziehung ZPO § 929 6 ff.
– im Eilverfahren ZPO Vor §§ 916–945b 55
– zur Einleitung des Rechtfertigungsverfahrens ZPO § 942 10
– zur Klageerhebung ZPO § 926 23
Fristgerechte Klageerhebung gem. § 926 Abs. 1 ZPO § 926 18 ff.
– Einhaltung der Frist ZPO § 926 23
– Erledigungserklärung ZPO § 926 24
– Klagegegenstand ZPO § 926 21
– Klagerücknahme ZPO § 926 24
– maßgeblicher Zeitpunkt ZPO § 926 24
– Parteien ZPO § 926 18
– richtige Klageart ZPO § 926 20
– Zulässigkeit der Klage ZPO § 926 22
Fristsetzung nach § 926 Abs. 1 ZPO § 926 3 ff.
– Abschlusserklärung in Wettbewerbsstreitigkeiten ZPO § 926 8
– Antrag auf ZPO § 926 5
  – Verbindung mit Antrag auf Abweisung ZPO § 926 6
– Anwaltszwang ZPO § 926 6
– Aufhebung von Amts wegen ZPO § 926 5
– Bemessung d. Frist ZPO § 926 15
– Bestand eines Arrestbefehls ZPO § 926 9
– durch Beschluss ZPO § 926 13
– Gebühren ZPO § 926 46

Stichwortverzeichnis

- im arbeitsgerichtlichen Verfahren ZPO §926 44
- im verwaltungsgerichtlichen Verfahren ZPO §926 44
- keine Anhängigkeit der Hauptsacheklage ZPO §926 10
- Kostenwiderspruch ZPO §926 8
- ohne mündliche Verhandlung ZPO §926 12
- Rechtsbehelfe des Gläubigers ZPO §926 16
  - gegen Entscheidung des Rechtspflegers ZPO §926 16
  - gegen Entscheidung des Richters ZPO §926 16
- Rechtsbehelfe des Schuldners ZPO §926 16
  - einfache Beschwerde ZPO §926 16
- Rechtspfleger ZPO §926 12
- Rechtsschutzinteresse ZPO §926 11
- u. Aufhebungsverfahren gem. §927 ZPO §927 26
- u. eV ZPO §926 38
- Verhältnis zu anderen Rechtsbehelfen ZPO §926 3
  - Aufhebungsverfahren gem. §927 ZPO §926 3; §927 6
  - Berufung ZPO §926 3
  - Kostenwiderspruch ZPO §926 3
  - negative Feststellungsklage ZPO §926 3
  - Widerspruch ZPO §926 3
- Verzicht auf ZPO §926 8
- Zuständigkeit ZPO §926 5, 12
- Zweck ZPO §926 1

Fristversäumung
- gem. §926 Abs.2 ZPO §926 25
- gem. §929 Abs.2 ZPO §929 6 ff., 20 ff.
- u. Entscheidung nach §927 ZPO §927 26
- gem. §942 Abs.3 ZPO §942 21

Früchte auf dem Halm ZPO Vor §§803–863 2; §864 2
- Durchführung der Pfändung ZPO §810 5
- Kenntlichmachung der Pfändung ZPO §810 6
- Voraussetzungen der Pfändung ZPO §810 5 f.
- Zeitraum der Pfändbarkeit ZPO §810 4

Fruchtloser Pfändungsversuch ZPO §802c 10
Funktion des eR ZPO Vor §§916–945b 1 ff.
- Schutz des Gläubigers vor Vereitelungshandlung des Schuldners ZPO Vor §§916–945b 5
- Sicherung des Gläubigers vor Nachteilen durch Zeitablauf ZPO Vor §§916–945b 3
- u. Vorwegnahme der Hauptsache ZPO Vor §§916–945b 6

Garantiehaftung ZPO §945 4
GbR siehe auch Gesellschaft bürgerlichen
- Eintragung einer Zwangshypothek zu Gunsten ZPO §867 10

Gebot
- in der Mobiliarversteigerung ZPO §817 6; §817a 3

Gebrauchsmuster- u. Designsachen
- eR bei ZPO Vor §935 119

- Gefährdungshaftung ZPO §945 8
- Zwangsvollstreckung in ZPO §857 44, 49

Gebrauchsmusterlöschungsgesetz ZPO §945 8

Gebühren
- Aufhebungsverfahren ZPO §926 46 f.; §927 48
- für Vollstreckbarerklärung eines Anwaltsvergleichs
  - durch das Prozessgericht ZPO §796b 6
  - durch den Notar ZPO §796c 9
- im Anordnungsverfahren ZPO §922 48 f.; §935 38
  - bei Aufhebung der Arrestvollziehung ZPO §934 7
  - bei der Arrestvollziehung ZPO §930 20
  - für Eintragung durch GB-Amt ZPO §941 6
  - für Ersuchen an GB-Amt ZPO §941 6
  - im Eilverfahren ZPO Vor §§916–945b 79
  - im Vollstreckungsverfahren, des Grundbuchamtes als Vollstreckungsorgan ZPO **Einf.** 17
  - im Vollstreckungsverfahren, des Rechtsanwaltes ZPO **Einf.** 18
  - im Vollstreckungsverfahren, des Vollstreckungsgerichts ZPO **Einf.** 17
- im Rechtfertigungsverfahren ZPO §942 27 f.
- sofortige Beschwerde ZPO §793 14
- Widerspruchsverfahren ZPO §925 27 f.

Gebührenansprüche eines Rechtsanwalts
- Pfändung von ZPO §832 5

Gefahr für Leib und Leben ZPO §765a 19; §940a 14

Gefahr im Verzug
- u. Durchsuchungsanordnung ZPO Vor §§916–945b 76; §928 5; §930 2

Gefahrtragung
- bei Erlösablieferung ZPO §819 4
- bei freiwilliger Leistung an den Gerichtsvollzieher ZPO §754 10; §815 12
- nach Pfändung von Bargeld ZPO §815 10

Gefangenengeld
- Pfändungsschutz ZPO §850 11

Gegenabmahnung ZPO Anhang zu §935 A 41

Gegendarstellungsanspruch
- presserechtlicher ZPO Vor §§916–945b 9; §926 39; Vor §935 35
- Wiedergabe ZPO Vor §935 142

Gegenleistung
- Angebot durch den Gerichtsvollzieher ZPO §756 6
- bei Zwangsvollstreckung auf Abgabe einer Willenserklärung ZPO §894 9
- Nachweis der Befriedigung des Schuldners ZPO §756 18; §765 3

Gegenseitigkeit ZPO §917 9; §920 28
Gegenverfügung ZPO §935 35
Gehaltsforderungen ZPO §832 2

Gehörsrüge
- Einstellung der Zwangsvollstreckung ZPO §707 1

Geld

Stichwortverzeichnis

- Betrag in Euro   ZPO **Vor §§ 802a–882h** 4 f.
- freiwilligen Zahlung   ZPO **§ 815** 12
- Gefahrtragung   ZPO **§ 815** 10
- Hinterlegung von   ZPO **§ 815** 4, 5, 6, 7, 8, 9
- Pfändung von   ZPO **§ 808** 9; **§ 815** 1; **§ 850k** 14 ff.
- Verwertung von   ZPO **§ 815**

Geldforderung   ZPO **§ 916** 1 ff.; **§ 922** 19; **§ 929** 1; **§ 930** 9
- Begriff   ZPO **Vor §§ 802a–882h** 1 ff.
- Zwangsvollstreckung in eine   ZPO **Vor §§ 828–863** 1; **§ 829 ff.**«Verweis korrekt?»;; **Anhang zu § 829**
- Zwangsvollstreckung wegen einer   ZPO **Vor §§ 803–804**; **§ 808 ff.**«Verweis korrekt?»;

Geldleistungsverfügung   ZPO **§ 924** 22; **Vor § 935** 47; **§ 935** 5, 17; **§ 938** 12
- Abschlusserklärung des Gläubigers   ZPO **§ 935** 3
- aktuelle Notlage   ZPO **§ 935** 17
- als Befriedigungsverfügung   ZPO **Vor § 935** 47 f.
- Antragszurückweisung   ZPO **§ 938** 12
- Erforderlichkeit der Maßnahme   ZPO **§ 938** 15
- Lohnzahlung   ZPO **Vor § 935** 168

Geldsortenschuld   ZPO **Vor §§ 802a–882h** 1; **§ 829** 5

Geldstückschuld   ZPO **Vor §§ 802a–882h** 1; **§ 829** 5

Geldwerte Forderung   ZPO **§ 916** 7

Gemischt-privat-öffentlich-rechtliche Theorie   ZPO **Vor §§ 803–804** 14, 15, 16, 17, 18, 19, 20

Genossenschaftsregister   ZPO **§ 896** 2

Gerichtlicher Rechtsschutz
- Durchsetzung subjektiver Rechte   ZPO **Vor §§ 916–945b** 1
- Funktion   ZPO **Vor §§ 916–945b** 1

Gerichtsgebühren   ZPO **§ 788** 4
- Aufhebungsverfahren   ZPO **§ 926** 46; **§ 927** 48
- bei der Arrestvollziehung   ZPO **§ 930** 20
- bei Forderungspfändung   ZPO **§ 829** 73
- im Anordnungsverfahren   ZPO **§ 922** 48; **§ 935** 38
- im Aufhebungsverfahren   ZPO **§ 927** 48
- im Eilverfahren   ZPO **Vor §§ 916–945b** 79
- im Rechtfertigungsverfahren   ZPO **§ 942** 27
- im Verteilungsverfahren   ZPO **§ 872** 5
  – bei Widerspruchsklage   ZPO **§ 878** 21
- im Widerspruchsverfahren   ZPO **§ 925** 27

Gerichtsstände, ausschließliche   ZPO **§ 802**

Gerichtsstandsvereinbarung   ZPO **§ 919** 1, 11; **§ 937** 3 f.

Gerichtsvollzieher   ZPO **Vor §§ 753–763** 1 ff.; **§ 802a**; **§ 923** 8
- abweichende Verwertung   ZPO **§ 825** 2 ff.
- als Sequester   ZPO **§ 938** 20, 22
- als Vollstreckungsorgan   ZPO **Vor §§ 753–763** 5 ff.
- Angebot der Leistung durch   ZPO **§ 756** 6 ff.
  – annahmeverzugsbegründendes   ZPO **§ 756** 6

- Aufrechnung   ZPO **§ 756** 16
- bewegliche Sache   ZPO **§ 756** 10
- Forderung abtreten   ZPO **§ 756** 14
- Geldzahlung   ZPO **§ 756** 16
- Grundstücksübereignung   ZPO **§ 756** 13
- Handlung   ZPO **§ 756** 15
- wörtliches und Annahmeverweigerung des Schuldners   ZPO **§ 756** 8
- Annahme der Leistung durch den   ZPO **§ 754** 5
- Aufenthaltsermittlung des Schuldners   ZPO **§ 755** 4 ff.
- Aufforderungen u. Mitteilungen   ZPO **§ 763** 2
- Aufgaben in der Zwangsvollstreckung   ZPO **Vor §§ 753–763** 10, 14; **§ 802a** 1
- Auskunft und Datenerhebung bei Behörden   ZPO **§ 755** 4 ff.
- Auskunftsrechte   ZPO **§ 802l**
- Auszahlung des Erlöses   ZPO **§ 819** 5, 6, 7, 8
- Beamter   ZPO **Vor §§ 753–763** 2
- Beauftragung   ZPO **§ 754** 3
- Befangenheit   ZPO **Vor §§ 753–763** 17
- Befugnisse   ZPO **§ 754** 2 ff.; **§ 758a** 44
- Beliehener   ZPO **Vor §§ 753–763** 8
- Benachrichtigung des Schuldners u. des Gläubigers   ZPO **§ 808** 16
- Bietberechtigung, bei der Versteigerung   ZPO **§ 816** 11
- Dienstaufsichtsbeschwerde   ZPO **Vor §§ 753–763** 17
- Dienstbehörde des   ZPO **Vor §§ 753–763** 11
- Durchführung der Pfändung   ZPO **§ 808** 8, 9, 10, 11, 12
- Empfang des Erlöses   ZPO **§ 819** 1, 2, 3, 4
- Erinnerungsbefugnis   ZPO **§ 766** 26
- Ermächtigung des   ZPO **§ 754** 2 ff., 16 ff.; **§ 755**
- Ermittlung von Forderungen   ZPO **§ 806a**
- Fragerecht   ZPO **§ 802f** 29; **§ 806a** 3
- Gefahr im Verzug   ZPO **§ 758a** 19 ff.
- Gefahrübergang   ZPO **§ 819** 4
- Gewaltanwendung   ZPO **§ 758** 8 f.; **§ 892** 2 ff.
- Haftung für Tätigkeiten des   ZPO **Einf.** 16; **Vor §§ 753–763** 5; **Anhang zu § 771** 16
- Kosten für Tätigkeit der   ZPO **Vor §§ 753–763** 15, 20; **§ 753** 6; **§ 758** 20; **§ 758a** 53
- Legitimation   ZPO **§ 754** 17 f.
- Offensichtliches Dritteigentum   ZPO **§ 808** 5
- Privatisierung   ZPO **Vor §§ 753–763** 8
- Prüfung der Eigentumsverhältnisse   ZPO **§ 808** 4 f.
- Rechtsbehelfe des Gerichtsvollziehers in der Zwangsvollstreckung   ZPO **Vor §§ 753–763** 18; **§ 766** 26
- Rechtsbehelfe gegen die Tätigkeit des Gerichtsvollziehers in der Zwangsvollstreckung   ZPO **Vor §§ 753–763** 17; **§ 754** 15; **§ 758** 14 ff.; **§ 758a** 49; **Vor §§ 765a–777** 4; **§ 766** 13, 14, 15, 16, 17, 18, 19

- Rechtsverhältnisse des   ZPO **Vor §§ 753–763** 1 ff.
- Reformüberlegungen   ZPO **Vor §§ 753** 8 ff.
- Regelbefugnisse   ZPO **§ 802a** 2, 3, 4
- Schadensersatz   ZPO **§ 758** 17; **§ 758a** 51 f.
- Schätzung durch   ZPO **§ 813** 3
- Stellung des   ZPO **Vor §§ 753–763**
- Verfolgungsrecht des   ZPO **§ 758** 19; **§ 808** 14; **§ 809** 7
- Verhaftung durch den   ZPO **§ 802g** 25 ff.; **§ 888** 45; **§ 933** 3
- Vollstreckungsauftrag   ZPO **§ 755** 3; **§ 802a** 3, 4
- Weisungsgebundenheit   ZPO **Vor §§ 753–763** 4, 7
- Wirkungskreis des   ZPO **Vor §§ 753–763** 12
- Zurückweisung des Vollstreckungsantrags durch den   ZPO **§ 753** 8
- Zuständigkeit   ZPO **Vor §§ 753–763** 12
- Zwangsbefugnisse   ZPO **§ 758** 5

Gerichtsvollziehergebühren   ZPO **§ 788** 4
- bei Forderungspfändung/Zustellung der Beschlüsse   ZPO **§ 829** 74
- bei Herausgabevollstreckung   ZPO **§ 883** 21 f.

Geringfügige Forderung   EuBagatellVO **Vor** 1 ff.
- Streitwert   EuBagatellVO **Vor** 2, 11
- Verfahren   EuBagatellVO **Vor** 4 f., 11
- Vollstreckungsschutz   EuBagatellVO **Vor** 10
- Zwangsvollstreckung   EuBagatellVO **Vor** 9

Geringfügige Forderung EuBagatellVO
- Vollstreckbarkeit   EuBagatellVO **Vor** 6 ff.

Gesamtgut   ZPO **Vor §§ 739–745** 3; **§ 739** 3; **§ 740–745**; **§ 774**; **§ 860**

Gesamthandanteile
- Vollstreckung in   ZPO **§ 859**

Gesamthandeigentum
- Vollstreckung in   ZPO **Vor §§ 735, 736** 1, 2, 3, 4; **§ 736** 2

Gesamthypothek   ZPO **§ 867** 22

Gesamtschuldner
- Vollstreckung gegen   ZPO **§ 733** 8; **§ 750** 25; **§ 771** 45

Gesamtvollstreckung
- Bedeutung für Zwangshypothek   ZPO **§ 867** 21

Geschäftsanteil
- Pfändung   ZPO **§ 857** 39 ff.

Geschäftsbücher
- Pfändung   ZPO **§ 811** 54

Gesellschaft bürgerlichen Rechts *siehe auch* Gesellschaftsanteile
- Kündigung durch Gläubiger   ZPO **§ 859** 6
- Stellung in der Zwangsvollstreckung   ZPO **Vor §§ 735, 736** 3 f.; **§ 736**
- Vollstreckung in den Gesellschaftsanteil   ZPO **§ 857** 38; **§ 859** 2, 3, 4, 5, 6, 7, 8
- Nebenrechte   ZPO **§ 857** 40

Gesellschaftsanteile
- Vollstreckung in   ZPO **§ 857** 38; **§ 859** 2, 3, 4, 5, 6, 7, 8, 9, 10, 11, 12, 13, 14
- Nebenrechte   ZPO **§ 857** 40

Gesellschaftsrecht
- eR im   ZPO **Vor § 935** 76 ff.

Gesellschaftsvermögen
- Vollstreckung in   ZPO **§ 857** 22; **§ 859** 16

Gesetzlicher Vertreter des Schuldners
- Bezeichnung im Titel   ZPO **§ 750** 24

Gestaltungsklage
- prozessuale   ZPO **§ 767** 12; **§ 771** 3
- sonstige Vermögensrechte   ZPO **§ 857** 3, 6

Geständnis   ZPO **Vor §§ 916–945b** 49; **§ 920** 23

Gesuch
- Begründetheit   ZPO **Vor §§ 916–945b** 42 ff.
- Glaubhaftmachung   ZPO **§ 920** 17 ff.
- Inhalt   ZPO **§ 920** 4
- mehrere nebeneinander   ZPO **§ 920** 12 f.
- Rechtsfolgen   ZPO **§ 920** 10
- Rücknahme   ZPO **§ 920** 14
- Zulässigkeit   ZPO **Vor §§ 916–945b** 23 ff.

Gewährleistungsausschlus
- bei anderweitiger Verwertung   ZPO **§ 825** 27

Gewährleistungsrechte
- bei der Austauschpfändung   ZPO **§ 811a** 17
- bei Erwerb im Rahmen der Zwangsvollstreckung   ZPO **§ 806**

Gewahrsam des Schuldners   ZPO **§ 808** 1, 2, 3; **§ 883** 11; **§ 885** 17

Gewahrsam Dritter   ZPO **§ 883** 11; **§ 886**
- Gebühren für Überweisung nach § 886   ZPO **§ 886** 8

Gewahrsamsvermutung
- für Ehegatten und Lebenspartner   ZPO **§ 739**; **§ 808** 3

Gewalt
- als Verfügungsgrund   ZPO **§ 940** 9; **§ 940a** 15

Gewaltanwendung
- durch den Gerichtsvollzieher   ZPO **§ 758** 8 ff.

Gewaltschutzsachen   ZPO **§ 892a**
- Bestimmtheit des Unterlassungstitels   ZPO **§ 890** 12
- Einstweiliger Rechtsschutz   ZPO **Vor §§ 916–945b** 91 f.; **Vor § 935** 8
- Räumung von Wohnraum   ZPO **§ 940a** 3
- Vollstreckung nach § 894   ZPO **§ 894** 4

Gewerbliche Schutzrechte
- Pfändung   ZPO **§ 857** 44 ff.

Gewerblicher Rechtsschutz
- eR im   ZPO **Vor § 935** 116 ff.
- u. Abmahnung   ZPO **Anhang zu § 935 A** 1

Gewerkschaft
- als Parteien in der Zwangsvollstreckung   ZPO **Vor §§ 735, 736** 11 f.
- Zutrittsrecht   ZPO **Vor § 935** 187

Girokonto
- Einstweiliger Rechtsschutz   ZPO **Vor § 935** 96

Girovertrag
- Pfändung von Ansprüchen aus   ZPO **Anhang zu § 829** 2 ff., 9, 10, 11, 12, 13, 14; **§ 851** 4

Stichwortverzeichnis

Glaubhaftmachung ZPO § 922 15, 36; § 935 9 f., 20 f.; § 940 7, 13
- Beweisbedürftigkeit ZPO § 920 23
- Beweismaß ZPO § 920 19
- Beweismittel ZPO § 920 20; § 935 10
- eidesstattliche Versicherung ZPO § 935 10
- Entbehrlichkeit der ZPO § 920 28
- FamFG-Verfahren ZPO Vor § 935 20
- freie Beweiswürdigung ZPO § 920 21
- Gegenstand ZPO § 920 22
- Glaubhaftmachungslast ZPO Vor §§ 916–945b 66; § 920 25 f.
- Schadensersatz bei fehlender ZPO § 945 17, 25, 33
- u. Aufhebungsverfahren gem. § 926 Abs. 2 ZPO § 926 32
- u. Fehlentscheidungsrisiko ZPO § 945 25, 42
- u. Sicherheitsleistung ZPO § 920 28; § 935 13
- Verfahrensbeschleunigung ZPO § 920 18 f.
- Verfügungsgrund ZPO § 935 20
- Vollziehungsschaden (§ 945) bei fehlender ZPO § 945 17
- von Zulässigkeitsvoraussetzungen ZPO § 920 22
- Wahrscheinlichkeitsgrad ZPO § 935 9
- Zeitpunkt ZPO § 920 24

Glaubhaftmachungslast ZPO Vor §§ 916–945b 66; § 920 25 f.
- Ausnahmen ZPO § 935 21 f.
- im Eilverfahren ZPO Vor §§ 916–945b 66; § 920 25 f.
- im einseitigen Eilverfahren ZPO § 920 26

Gläubiger
- Bezeichnung des ZPO § 750 13 f.
- Personenwechsel ZPO § 750 16

Gläubigeranfechtung
- Drittwiderspruchsklage ZPO § 771 34
- Klage auf vorzugsweise Befriedigung ZPO § 805 19

Gläubigereigene Sachen
- Zwangsvollstreckung in ZPO § 808 7; § 811 4; Anhang zu § 825 1

Gläubigergleichbehandlung ZPO § 917 8

Gläubigerkonkurrenz
- als Arrestgrund ZPO § 917 8

Gläubigerwechsel
- nach Titelerlangung ZPO § 727 4, 5, 6, 7, 8, 9, 10, 11, 12, 13, 14, 15, 16, 17, 18

GmbH in Gründung
- als Partei der Zwangsvollstreckung ZPO Vor §§ 735, 736 7 f.

GmbH-Geschäftsanteile
- Pfändung ZPO § 857 31

Grabstein
- Pfändung ZPO § 811 60

Grundbuchamt
- als Vollstreckungsorgan ZPO § 866 1; § 867 2, 28

Grundbuchberichtigungsanspruch
- Pfändung ZPO § 857 27

Grundbuchbeschwerde ZPO § 830 10; Vor §§ 864–871 7; § 867 28; § 895 11

Grundbucheintragung
- Antrag durch das Gericht ZPO § 938 38
- aufgrund Verurteilung zur Abgabe einer Willenserklärung ZPO § 895
- einer Arresthypothek ZPO § 932 7 ff.
- Ersuchen um ZPO § 941 1 ff.
- u. eV ZPO Vor § 935 70
- Vormerkung ZPO § 942 7
- Widerspruch ZPO § 942 7

Grunddienstbarkeit
- Pfändung ZPO § 857 36

Grundfreibetrag
- beim Arbeitseinkommen ZPO § 850c 4

Grundrechte
- Schutz in der Zwangsvollstreckung ZPO Einf. 5, 6

Grundschuld
- Pfändung ZPO § 857 25 ff.

Grundschuldurkunde
- Erteilung der vollstreckbaren Ausfertigung ZPO § 726 4, 8

Grundstück ZPO § 864 2
- Anspruch auf Herausgabe von ZPO § 885
- mehrfache Pfändung eines Anspruchs auf ZPO § 855

Grundstücksgleiche Rechte ZPO § 864 3; § 870

Grundstückszubehör ZPO § 865 3, 4, 5

Gütergemeinschaft
- Anteilspfändung ZPO § 860

Güterrechtssachen
- Einstweiliger Rechtsschutz ZPO Vor §§ 916–945b 20
- Schadensersatz ZPO § 945 52

Gütertrennung ZPO § 739 3

Gütestelle
- Vergleich als Vollstreckungstitel ZPO § 794 30; § 797a 1

Güteverfahren ZPO § 794 30

Gutglaubensschutz
- bei Erwerb einer Vormerkung durch Zwangsvollstreckung ZPO § 898 2
- beim Erwerb gepfändeter Sachen ZPO Vor §§ 803–804 9
- im Hinblick auf Grundbucheintragungen ZPO § 867 19; § 898 1
- im Versteigerungsverfahren ZPO § 817 10

Gütliche und zügige Erledigung ZPO § 802b 2 f.

Haager Zivilprozessübereinkommen ZPO § 918 1

Haft
- Aussetzung zur Besorgung von Unterlagen ZPO § 802i 8 f.
- Dauer ZPO § 802j 2 ff.
- Entlassung ZPO § 802i 5 ff.
- erneute ZPO § 802j 5 ff.

– konkurrierende Auskunftsverfahren ZPO § 802i 13
– Rechtsbehelfe ZPO § 933 5 f.; § 802j 10
– u. persönlicher Sicherheitsarrest ZPO § 933 2 ff.
– wiederholte ZPO § 802j 9 ff.
– zur Erzwingung der Abgabe der Vermögensauskunft ZPO § 802g; § 802h; § 802j; § 836 7

Haftaufschub ZPO § 802h 3 ff.
Haftbefehl ZPO § 802g; § 933 3
– ArbGG, VwGO, AO ZPO § 802g 33 ff.
– Rechtsbehelfe ZPO § 802g 15 ff.
– Verbrauch ZPO § 802i 5, 7; § 802j 7 f.
– Voraussetzungen ZPO § 802g 2 ff.
– Zustellung ZPO § 802g 28

Haftdauer ZPO § 802j 2 ff.
Haftentlassung ZPO § 802i 5 ff.
Haftpflichtversicherung
– Pfändung ZPO Anhang zu § 829 26

Haftung
– des Gläubigers bei Verletzung von Drittrechten ZPO Einf. 16; Vor §§ 765a–777 34
– des Staates für Fehler der Vollstreckungsorgane ZPO Anhang zu § 771 16, 17
– nach voreiliger Vollstreckung ZPO § 717 4, 5, 6, 7, 8, 9, 10, 11, 12, 13, 14, 15, 16, 17, 18, 19, 20, 21, 22, 23, 24, 25, 26

Haftungsansprüche ZPO § 916 6
Haftungsbeschränkung der Erben ZPO § 780; § 781; § 782; § 783; § 785
Haftungsbeschränkung in der See- und Binnenschifffahrt ZPO § 786a

Haftvollstreckung
– ArbGG, VwGO, AO ZPO § 802h 13; § 802i 15
– Aufschub ZPO § 802h 3 ff.
– Aussetzung ZPO § 802i 8 f.
– Entlassung
– Erinnerung ZPO § 802i 10 f.
– Frist ZPO § 802h 2
– Haftfähigkeit ZPO § 802h 7 ff.
– Tiere ZPO § 802h 6

Hamburger Räumung ZPO § 885 31
Handelsregister
– eV u. Eintragung im ZPO Vor § 935 74
– Löschung einer Firma ZPO § 894 5

Handlungsgebot
– im Presserecht ZPO § 938 34

Handlungsvollstreckung ZPO § 887; § 888
– Ausschluss ZPO § 888 48 ff.; § 888a
– in Abgrenzung zu anderen Vollstreckungsarten ZPO Vor §§ 883–898 3; § 887 1 ff.
– Verfahrenshandlungen im Steuerfestsetzungsverfahren ZPO § 887 18; § 888 15

Handwerkerlebensversicherungen
– bedingte Pfändbarkeit ZPO § 850b 17

Härteklausel ZPO Vor §§ 765a–777 29; § 765a
Hauptsacheentscheidung
– u. Arrestvollziehung ZPO § 930 13 ff.

– u. Bindung des Schadensersatzrichters ZPO § 945 19

Hauptsachegericht ZPO § 937 1 ff.; § 943 1
– bei negativer Feststellungsklage ZPO § 937 5
– Erlass einer eV ZPO § 937 3
– FamFG-Verfahren ZPO § 943 9
– Familiengericht ZPO § 937 5, 7
– Gebühren ZPO § 937 22
– Gerichtsstandsvereinbarung ZPO § 937 3
– im arbeitsgerichtlichen Verfahren ZPO § 937 7, 11
– im verwaltungsgerichtlichen Verfahren ZPO § 937 7; § 943 9
– Schiedsgericht ZPO § 919 5; § 937 5; § 943 2
– u. Arrestgericht ZPO § 919 4, 9 f.
– u. Rückgabeanordnung gem. § 109 ZPO § 943 3
– Verzicht auf mündliche Verhandlung ZPO § 937 10 ff.
– Wahlrecht nach § 35 ZPO § 937 3

Hauptsacheverfahren
– Ausschluss kraft Gesetzes ZPO § 926 39
– bei Rechtshängigkeit einstweiligen Rechtsschutzes ZPO Vor §§ 916–945b 21
– FamFG-Verfahren ZPO § 926 38
– Frist zur Einleitung des ZPO § 926 3 ff.
– fristgerechte Einleitung ZPO § 926 18 ff.

Hausbesetzer, Räumungsvollstreckung ZPO § 885 14
Hausbesetzungen ZPO § 920 16; § 940a 1, 15, 18
Hausgeld
– des Strafgefangenen ZPO § 850 11

Hausrat
– Pfändungsschutz ZPO § 811 22 ff.; § 812

Haustiere
– bei Räumungsvollstreckung ZPO § 885 10
– Unpfändbarkeit ZPO § 765a 17, 27, 33; § 811c

Heilung fehlerhafter Vollstreckungsakte
– Einfluss auf Rechtsbehelfe ZPO § 766 39
– Rückwirkung ZPO Vor §§ 803–804 18

Heimarbeitsentgelt
– Pfändungsschutz ZPO § 850i 8

Heirats- u. Geburtsbeihilfen
– Pfändungsschutz ZPO § 850a 12

Hemmung der Verjährung ZPO Vor §§ 916–945b 21; § 920 10

Herausgabe eines Kindes ZPO § 722 1; Vor §§ 724–734 6; § 883 6

Herausgabeansprüche ZPO § 930 5; Vor § 935 33 f.
– schuldrechtliche H. als die Veräußerung hindernde Rechte ZPO § 771 30
– Verfügungsgrund ZPO Vor § 935 148
– Vollstreckung in Ansprüche auf H. beweglicher Sachen ZPO § 847
– Gebühren ZPO § 847 9
– Vollstreckung in Ansprüche auf H. von Grundstücken ZPO § 848

2451

– Vollstreckung wegen H. auf bestimmte bewegliche Sachen ZPO § 883
– Vollstreckung wegen H. auf Wohnraum ZPO § 885 15 ff.
– Vollstreckung wegen H. eines Kindes ZPO § 722 1; **Vor §§ 724–734** 6; § 883 6
– Vollstreckung wegen H. von Grundstücken ZPO § 885

Herausgabebereitschaft
– Betreten der Wohnung ZPO § 809 5
– der besitzenden Dritten ZPO § 809 3
– freiwillige Herausgabe ZPO § 809 4
– materielle Berechtigung an der Sache ZPO § 809 6
– Mitgewahrsam ZPO § 809 1

Herausgabepflicht
– bezüglich Urkunden mit Unterlagen über gepfändete Forderungen ZPO § 836 8 ff.

Herausgabetitel
– richterliche Anordnung bei ZPO § 758a 27

Herausgabeverfügung ZPO **Vor** § 935 33
– verbotene Eigenmacht ZPO **Vor** § 935 33

Herausgabevollstreckung
– ArbGG, VwGO, AO ZPO § 883 26
– Gebühren ZPO § 883 21 f.
– Leistung vertretbarer Sachen ZPO § 884
– Überblick ZPO **Vor §§ 883–898**

Herrenloses Grundstück
– Vollstreckung ZPO § 787

Herrenloses Schiff
– Vollstreckung ZPO § 787

Herstellung der ehelichen Gemeinschaft ZPO § 888 49

Herstellung einer Sache
– Vollstreckung des Anspruchs auf ZPO § 883 3; § 887 3; § 888 14

Hilfspfändung ZPO § 739 4; § 830 3

Hinterbliebene
– Begriff ZPO § 851c 3
– Vollstreckung in Bezüge ZPO § 850 13
– Witwen- und Waisenrente ZPO § 850b 16

Hinterbliebenenbezüge
– Pfändungsschutz ZPO § 850 13

Hinterlegung
– bei mehrfacher Forderungspfändung ZPO § 853 2 ff.; § 854 3
– der Lösungssumme ZPO § 923 6
– des Versteigerungserlöses ZPO § 720 3; § 827 4
– durch Drittschuldner ZPO § 853
– Hinterlegungsgesetze ZPO § 923 6
– im Verteilungsverfahren ZPO § 872 1 f.; § 876 3
– Nachweis über die ZPO § 751 11
– Vollstreckung eines Anspruchs auf ZPO § 887 16
– von gepfändetem Geld ZPO § 720 3; § 815 4, 5, 6, 7, 8, 9
– Wirkung ZPO § 923 7

– zum Zwecke der Sicherheitsleistung ZPO § 709 5; § 711 2
– zur Abwendung der Zwangsvollstreckung ZPO § 839

Höchstbetragshypothek ZPO § 830 1; § 837 4
Höchstbetragssicherungshypothek ZPO § 932 10
Höchstpersönliche Forderungen ZPO § 851 4
Hoheitlichen Zwecken dienende Forderung
– keine Vollstreckung in ZPO § 829 21

Honoraransprüche
– Pfändung ZPO § 850i 2; § 857 48

Hypothek
– als die Veräußerung hinderndes Recht ZPO § 771 26
– Briefhypothek ZPO § 830 3 ff.; § 837 2; § 897 3
– Buchhypothek ZPO § 830 7 f.; § 837 3
– Höchstbetragssicherungshypothek ZPO § 837 4
– Pfändung der durch Hypothek gesicherten Forderung ZPO § 830
– Überweisung einer Hypothekenforderung ZPO § 837
– Verwertung ZPO § 837

Hypothekenhaftung
– u. Immobiliarvollstreckung ZPO § 865 2 ff., 6 ff.

Identitätsabweichung
– zwischen Titel und Klausel ZPO § 750 13

Immaterialgüterrechte
– Pfändung ZPO § 857 44 ff.

Immaterieller Schaden ZPO § 945 32

Immobiliarvollstreckung
– ArbGG, VwGO, AO ZPO **Vor §§ 864–871** 8
– Grundstücke ZPO § 864 2
– Grundstücksgleiche Rechte ZPO § 864 3
– Rechtsbehelfe ZPO **Vor §§ 864–871** 6
– Schiffsbauregister ZPO § 864 4
– Schuldnerschutz ZPO § 765a 11
– Überblick ZPO **Vor §§ 864–871**
– Zwangsvollstreckung in Zubehör ZPO § 865 3 f.

Inbesitznahme
– Pfändung durch ZPO § 808 8, 9, 10, 11, 12

Individualansprüche ZPO **Vor §§ 916–945b** 11 f.; § 917 16; § 935 5

Individualzwangsvollstreckung, Vollstreckungsschutz ZPO § 765a 6 ff.

Indiztatsachen ZPO § 935 6

Indossable Papiere
– Pfändung ZPO § 831

Inhaberpapiere
– Vollstreckung in ZPO § 821 2; § 831 1

Inhalt des Gesuches ZPO § 920 4
Inhibitorium ZPO § 829 54
Inkassozession ZPO § 829 14

Insolvenz
– Abgabe der Vermögensauskunft ZPO § 802c 5, 16
– Anordnung der befristeten Unpfändbarkeit
  – Antrag ZPO § 850l 2

– entgegenstehende Gläubigerinteressen ZPO § 850l 3
– Rechtsbehelfe ZPO § 850l 5
– Einrichtung ZPO § 850k 4 f.
– im Verfahren nach der AVAG AVAG § 6 4
– Insolvenzanfechtungsrecht und Drittwiderspruchsklage ZPO § 771 33
– keine Einzelzwangsvollstreckung während der ZPO Einf. 4
– Pfändungsschutz ZPO § 850i 12
– Pfändungsschutzkonto ZPO § 850k 18
– Rückschlagsperre ZPO Vor §§ 803–804 20; § 867 21
– Titelumschreibung auf Insolvenzverwalter ZPO § 728 9
– u. Änderung des unpfändbaren Betrages ZPO § 850f 4
– Vollstreckungsschutz ZPO § 765a 7
Insolvenzgeld
– Pfändungsschutz ZPO § 850 18
Insolvenzverfahren
– als Aufhebungsgrund i. S. v. § 927 Abs. 1 ZPO § 927 27
– u. Arrestvollziehung ZPO § 928 4
Insolvenzverwalter ZPO § 924 8
– Eintragung einer Zwangshypothek ZPO § 867 10
Interessenabwägung
– Amtsausübung eines Betriebsratsmitglieds ZPO Vor § 935 183
– beim Weiterbeschäftigungsanspruch ZPO Vor § 935 153 f.
– dinglicher Arrest ZPO Vor §§ 916–945b 46; § 917 3
– Entbindung von der Weiterbeschäftigungspflicht ZPO Vor § 935 156
– persönlicher Arrest ZPO Vor §§ 916–945b 46; § 918 4
– u. Inhalt der eV ZPO § 938 16
– Verfügungsgrund ZPO Vor §§ 916–945b 46; § 940 13
  – Befriedigungsverfügung ZPO Vor §§ 916–945b 46
  – Regelungsverfügung ZPO § 940 13
  – Sicherungsverfügung ZPO Vor §§ 916–945b 46; § 935 16
Internationale Forderungsvollstreckung
– durch deutsche Gerichte ZPO Vor §§ 828–863 2 ff.
Internet-Domain ZPO § 857 9, 57
Internetversteigerung ZPO § 814 4 f.
Jahresendbezüge ZPO § 850a 11
Jubiläumszuwendung
– Pfändungsschutz ZPO § 850a 4
Jugendamt
– Urkunden ZPO § 797 8, 13
Jugendvertreter

– Entbindung von der Weiterbeschäftigungspflicht ZPO Vor § 935 159
– Weiterbeschäftigungsanspruch ZPO Vor § 935 157
Juristische Person
– Abgabe der Vermögensauskunft durch Vertreter ZPO § 802c 13 ff.
– Ordnungsmittel gegen Vertreter ZPO § 890 45
– Zwangsmittel gegen Vertreter ZPO § 888 36
Juristische Person des öffentlichen Rechts ZPO Vor §§ 883–898 4
– Gebühren ZPO § 882a 11
Justizgewährungsanspruch ZPO Vor §§ 916–945b 1 f.
Kalendertag u. Vollstreckungsbeginn ZPO § 751
Kammer für Handelssachen
– Alleinentscheidungsrecht des Vorsitzenden ZPO § 944 1, 5
– als Arrestgericht ZPO § 919 4
Kapitallebensversicherung
– Vollstreckung in ZPO § 829 40, 59; **Anhang zu** § 829 21; § 850 16; § 851 4; § 851c 3
Karenzentschädigung
– Pfändungsschutz ZPO § 850 15
Kartellrecht
– eR im ZPO Vor § 935 129 f.
Kerntheorie
– im Rahmen der Unterlassungsvollstreckung ZPO § 890 24 ff.
Kindergeld
– Bedeutung für den Mindestbedarf des Schuldners ZPO § 850f 14
– Zwangsvollstreckung in Anspruch auf ZPO § 850d 22, 24; § 850e 8, 9; § 850f 14; § 850i 9
Kindesunterhaltsbeschluss EuVTVO Art. 4 3
Kindschaftssachen
– Einstweiliger Rechtsschutz ZPO Vor §§ 916–945b 20, 91 f.
Kiosk
– Pfändung ZPO § 811 41
Kirche
– Vollstreckung gegen ZPO § 882a 3
Klagbarkeit
– des Arrestanspruchs ZPO Vor §§ 916–945b 44; § 916 8
– des Verfügungsanspruchs ZPO Vor §§ 916–945b 42
Klage
– auf Erteilung einer Vollstreckungsklausel ZPO § 731
– auf Unterlassung weiterer Zwangsvollstreckung ZPO Anhang zu § 767
– auf vorzugsweise Befriedigung ZPO § 805
– gegen Vollstreckungsklausel ZPO § 768
  – Abgrenzung zur Klauselerinnerung ZPO § 768 2
  – Abgrenzung zur Vollstreckungsabwehrklage ZPO § 768 2

2453

Stichwortverzeichnis

- Begründetheit ZPO § 768 4 ff.
- Präklusion (§ 767 Abs. 2) ZPO § 768 7
- Rechtsschutzbedürfnis ZPO § 768 3
- Streitwert ZPO § 768 8
- Tenor ZPO § 768 6
- u. Schadensersatz nach § 717 Abs. 2 ZPO § 717 5
- Zulässigkeit ZPO § 768 3
- Zuständigkeit ZPO § 768 3

Klageerhebung, Anordnung der ZPO § 926 3 ff.
- Abschlusserklärung ZPO § 926 8
- Antrag auf Prozesskostenhilfe ZPO § 926 20
- Arrestbefehl ZPO § 926 9
- Art der Klage ZPO § 926 20
- Entscheidung ZPO § 926 13 f.
- FamFG-Verfahren ZPO § 926 38, 43
- Frist ZPO § 926 15, 23 ff.
- Gegenstand der Klage ZPO § 926 21
- Hauptsacheklage ZPO § 926 10
- Mahnverfahren ZPO § 926 20
- Parteien ZPO § 926 18
- Rechtsbehelfe ZPO § 926 16
- Rechtsschutzinteresse ZPO § 926 11
- Verfahren ZPO § 926 12
- Verhältnis zu anderen Rechtsbehelfen ZPO § 926 3
- Verzicht auf Antrag nach § 926 Abs. 1 ZPO § 926 8, 11, 40
- Voraussetzungen ZPO § 926 5 ff.
- Zulässigkeit ZPO § 926 22
- Zuständigkeit ZPO § 926 12

Klageerhebung, fristgerechte ZPO § 926 18 ff.

Klauselerinnerung
- Abgrenzung zur Klage gegen Vollstreckungsklausel ZPO § 768 2
- Einstweilige Anordnung ZPO § 732 17 f.
- Gebühren ZPO § 732 15
- Rechtsbehelf ZPO § 732 16 ff.
- u. Schadensersatz nach § 717 Abs. 2 ZPO § 717 5
- Zulässigkeit ZPO § 732 2 ff.

Kleidung
- Pfändung ZPO § 811 25

Kommanditgesellschaft
- als Partei der Zwangsvollstreckung ZPO **Vor** §§ 735, 736 5
- Pfändung des Anteils an einer ZPO § 859 14
- Verwertung des gepfändeten KG-Anteils ZPO § 859 9

Konkurrentenschutz
- im Arbeitsrecht ZPO **Vor** § 935 166 f.

Konkurrenz anderer Gläubiger
- als Arrestgrund ZPO § 917 8

Konkurrenz der Rechtsbehelfe
- in der Zwangsvollstreckung ZPO **Vor** §§ 765a–777 38 ff.

Kontoguthaben
- Schutz in der Zwangsvollstreckung ZPO § 835 18; § 850a 6; § 850k

Kontokorrentkonto ZPO Anhang zu § 829 9 ff.
- Vollstreckung in ZPO § 829 7; **Anhang zu** § 829 2; § 851 15

Körper- oder Gesundheitsverletzung
- Renten wegen ZPO § 850b 9

Körperschaften des öffentlichen Rechts
- Vollstreckung gegen ZPO § 882a 3

Kostbarkeiten
- Pfändung von ZPO § 808 9
- Schätzung von ZPO § 813 4

Kosten
- der Abmahnung ZPO **Anhang zu § 935 A** 29 ff.
- der Arrestvollziehung ZPO § 928 23
- der Austauschpfändung ZPO § 811 26
- der Schutzschrift ZPO § 937 21; § 945a; § 945b 11 ff.
- der Zwangsvollstreckung
  - Beitreibung ZPO **Einf.** 17; § 788 28, 29, 30
  - Berechnung durch den Gerichtsvollzieher ZPO § 788 29, 39
  - Erstattung an Schuldner ZPO § 788 31, 32, 33, 34, 35
  - Festsetzung ZPO § 788 30
  - Kostentragungspflicht ZPO § 788 2, 3, 4, 5; § 808 12
  - Rechtsbehelfe ZPO § 788 37, 38, 39
  - Übersicht über notwendige ZPO § 788 17, 18, 19, 20, 21, 22, 23, 24, 25, 26, 27
  - Vollstreckung Zug-um-Zug ZPO § 788 23
- des Abschlussschreibens ZPO **Anhang zu § 935 C** 20 ff.
- Durchsuchung ZPO § 758 20
- Quittung ZPO § 757 15

Kostenentscheidung
- im Rahmen der Handlungs- und Unterlassungsvollstreckung ZPO § 788 15; § 887 28; § 888 39; § 890 48
- im Rahmen der vollstreckungsrechtlichen Rechtsbehelfe ZPO § 766 43; § 788 6

Kostenerstattung, Einrede der ZPO **Vor** §§ 916–945b 38
- bei Rücknahme des Gesuchs ZPO § 920 14
- bei Schutzschrift ZPO § 945a; § 945b 11 ff.

Kostenerstattungsanspruch ZPO **Anhang zu § 935 A** 29
- Aufwendungsersatzanspruch ZPO **Anhang zu § 935 A** 29
- Erstbegehungsgefahr ZPO **Anhang zu § 935 A** 29
- Geschäftsführung ohne Auftrag ZPO **Anhang zu § 935 A** 29 f., 32
- Schubladenverfügung ZPO **Anhang zu § 935 A** 32
- Umfang des ZPO **Anhang zu § 935 A** 34
  - Abmahnpauschale ZPO **Anhang zu § 935 A** 35

Zwangsverwaltung ZPO § 866 2; § 869
– bei Nießbrauch an einem Grundstück ZPO **Vor** §§ 737, 738 4
Zwangsvollstreckungsformularverordnung ZPO § 829 33
Zweckgebundene Forderungen
– Vollstreckung in ZPO § 851 5, 6, 7, 8

Zwecklose Pfändung ZPO § 803 6, 7, 8, 9, 10
– in der Zwangsversteigerung nach ZVG ZPO § 803 9
Zwischenverfügung
– bei Eintragung der Zwangshypothek ZPO § 867 8, 9

- Rechtsanwaltskosten ZPO **Anhang zu § 935** A 34 ff.
- Unkostenspauschale ZPO **Anhang zu § 935** A 35

Kostenfestsetzungsbeschluss ZPO § 795 2; § 795a; § 798; Brüssel-Ia-VO Art. 39 2; Brüssel-I-VO Art. 32 2; EuVTVO Art. 4 3
- als Vollstreckungstitel ZPO § 794 32

Kostenmischentscheidung ZPO § 925 18

Kostenpauschale ZPO § 922 19

Kostenrisiko ZPO **Anhang zu § 935** A 2

Kostenverzeichnis ZPO **Vor §§ 916–945b** 79; § 922 48; § 925 27; § 926 46; § 927 48; § 942 27

Kostenvorschuss
- für die Ersatzvornahme ZPO § 887 29, 35

Kostenwiderspruch ZPO § 924 12, 16; § 925 18; § 926 3, 8; § 935 25

Kraftfahrzeug
- Pfändung ZPO § 811 26, 41

Kreditanstalt
- des öffentlichen Rechts, Vollstreckung gegen ZPO § 882a 2

Kreditkosten
- als Kosten der Zwangsvollstreckung ZPO § 788 20
- als Schaden aus voreiliger Vollstreckung ZPO § 717 11, 12

Kreditlinie
- Unpfändbarkeit des Rechts auf Ausnutzung der ZPO **Anhang zu § 829** 9 f., 12; § 851 4

Küchengeräte
- Pfändung ZPO § 811 23

Kundenkartei
- Pfändung ZPO § 811 54

Kündigung
- Kündigungsbefugnis als unselbstständiges Nebenrecht ZPO § 829 64; § 851 10
- von Gesellschaftsverträgen durch Vollstreckungsgläubiger ZPO § 859 6, 7, 9, 10, 11

Künftige Ansprüche ZPO § 926 1
- Arrestansprüche ZPO **Vor §§ 916–945b** 44; § 916 8, 11
- Verfügungsansprüche ZPO § 916 16

Künftige Forderungen ZPO § 829 7

Ladungsfrist ZPO **Vor §§ 916–945b** 55

Land- und Forstwirtschaft ZPO § 811 30 f.; § 813 8; § 851a
- Zahlungsansprüche des Landwirtes nach VO (EG) Nr. 1782/2003 ZPO § 857 5

Länder
- Vollstreckung gegen ZPO § 882a 3

Landesrechtliche Vollstreckungstitel ZPO § 801

Landverpächterpfandrecht ZPO § 805 8

Lastkraftwagen
- Pfändung ZPO § 811 41

Leasingnehmer
- Pfändung des Nutzungsrechts ZPO § 857 54

Lebenspartner ZPO § 808 3; § 850c 4; § 850d 2, 14; § 850h 8 ff.; § 850i 5; § 851c 3; § 863 1
- Gewahrsamsvermutung ZPO § 739 3, 4, 5, 6, 7, 8, 9, 10, 11, 12, 13
- Pfändungsschutz zu Gunsten des ZPO § 811 12, 22, 28, 32, 33, 39, 56 f.

Lebensversicherung
- Handwerkerlebensversicherung ZPO § 850b 17
- Kapitallebensversicherung ZPO § 851c 3
- Kleinstlebensversicherung ZPO § 850b 17
- Pfändungsschutz (Altersvorsorge) ZPO § 851c; § 851d
- Vollstreckung in ZPO **Anhang zu § 829** 21, 24

Legitimationspapiere ZPO § 836 9

Legitimationswirkung ZPO § 754 17 f.

Leistungsklage
- fristgerechte Klageerhebung ZPO § 926 20

Listen aus Abdrucken des Schuldnerverzeichnisses ZPO § 882g 9; **Anhang zu § 882g**

Lizenzanalogie ZPO § 890 20

Lizenzverträge
- Pfändung ZPO § 857 50

Lohnpfändung ZPO § 832; § 833; § 850; § 850a–850l

Lohnrückstände ZPO § 850h 17

Lohnschiebung ZPO § 850h 2, 3, 4, 5, 6

Lohnsteuererstattungsanspruch ZPO **Anhang zu § 829** 42

Lohnsteuerjahresausgleich
- Pfändung der Erstattungsansprüche ZPO **Anhang zu § 829** 42

Lohnverschleierung ZPO § 850 h 7, 8, 9, 10, 11, 12, 13, 14, 15

Lohnzahlungsverfügung ZPO **Vor § 935** 168 f.; § 938 11
- Streitwert des Verfügungsverfahrens ZPO § 935 37

Löschung der Zwangshypothek ZPO § 867 28

Löschung im Schuldnerverzeichnis
- Nachweis der Befriedigung ZPO § 882e 4
- wegen Fristablaufs ZPO § 882e 1
- Wegfall des Eintragungsgrundes ZPO § 882e 5; **Anhang zu § 882h**
- Zuständigkeit ZPO § 882e 2, 8

Löschung von Verzeichnissen aus Abdrucken und Listen ZPO § 882g 12 ff.

Löschungsanspruch ZPO § 895 1, 8

Lösungssumme ZPO § 923 1 f.
- als Vollziehungsschaden (§ 945) ZPO § 945 44
- Arten ZPO § 923 3
- Beschluss im Eilverfahren ZPO § 922 19
- Festsetzung ZPO § 923 3
- Hinterlegung ZPO § 923 6
- Höhe ZPO § 923 5
- im arbeitsgerichtlichen Verfahren ZPO § 923 10
- im Urteilstenor ZPO § 922 19
- Leistung durch Dritten ZPO § 923 6
- u. Sicherheitsleistung nach § 939 ZPO § 939 1

Stichwortverzeichnis

- Zweck ZPO § 923 1
- **Luftfahrzeuge** ZPO **Vor** §§ 864–871 3
- **Lugano-Übereinkommen** ZPO § 919 3; **Vor** §§ 722–723 16; Brüssel-Ia-VO **Vor** 8 f., 4
- **Mahnverfahren** ZPO § 919 6; § 926 1
- **Mängel des ersteigerten Gegenstandes** ZPO § 817 9
- **Markenrecht**
  - Pfändung ZPO § 857 52
- **Maßnahmen**
  - des Vollstreckungsgerichts in der Zwangsvollstreckung ZPO § 766 6
- **Materielle Ausgleichsansprüche** ZPO **Vor** §§ 765a–777 30 ff.; **Anhang zu § 771** 1 ff.
- **Materielle Rechtskraft** ZPO § 922 43 f.
- **Materiellrechtliche Einwendungen**
  - Berücksichtigung durch Vollstreckungsorgane ZPO § 766 13; § 767 1; § 775 10
  - Geltendmachung durch Drittschuldner ZPO § 835 9
  - Geltendmachung im Klauselverfahren ZPO **Vor** §§ 724–734 11; § 724 6
  - Rechtsbehelfe auf Grund **Vor** §§ 765a–777 13 ff.
  - Vollstreckungsabwehrklage ZPO § 767
- **Mediationsvereinbarung**
  - als Vollstreckungstitel ZPO § 794 46
- **Medienrecht**
  - eR im ZPO **Vor** § 935 138 ff.
- **Mehrarbeitsvergütung** ZPO § 850a 2
- **Mehrfache Pfändung**
  - Klage bei ZPO § 856
  - u. Anschlusspfändung ZPO § 826 1 f.
  - von Forderungen ZPO § 829 52; § 853; § 854; § 855; § 855a
  - von Herausgabeansprüchen ZPO § 847 5
  - von körperlichen Sachen ZPO § 827
- **Mehrkontenverbot**
  - Pfändungsschutzkonto ZPO § 850k 6, 7, 8
- **Mehrverdienst**
  - Pfändungsgrenzen ZPO § 850c 5
- **Meistbegünstigungsgrundsatz** ZPO § 925 17
- **Meistgebot** ZPO § 817 7
- **Meldebehörde**
  - Datenerhebung bei ZPO § 755 4
- **Miet- und Pachtzinsforderungen**
  - Beschlagnahme ZPO § 865 6 ff.
- **Mietansprüche**
  - Pfändungsschutz ZPO § 851b
  - Vorauspfändung ZPO § 832 3
- **Mieter**
  - Pfändung von Nutzungsrechten ZPO § 857 54
- **Mieterhöhungsverlangen**
  - Verurteilung auf Zustimmung ZPO § 894 5
- **Mieterschutz**
  - in der Zwangsvollstreckung ZPO § 721 5; § 765a 36; § 794a 1, 8
- **Mietrecht**

- eR im ZPO **Vor** § 935 58 ff.
- **MilchabgabenVO** ZPO § 857 5
- **Mindestbetrag**
  - der Zwangshypothek ZPO § 866 6, 7, 8
- **Mindestgebot** ZPO § 817a
- **Mitberechtigung**
  - an Forderungen und Rechten, Vollstreckung in ZPO § 857 23
- **Mitbestimmung des Betriebsrates** ZPO **Vor** § 935 185 ff.
- **Mitbewohner** ZPO § 758a 29
  - Räumung von Wohnraum ZPO § 940a 1, 18
- **Miteigentum**
  - Anteilspfändung ZPO § 857 21 ff.
- **Miterbenanteil**
  - Vollstreckung in ZPO § 859 17 ff.
- **Miterbengemeinschaft**
  - als Vollstreckungsschuldner ZPO § 747
- **Mitgewahrsam Dritter** ZPO § 758a 29; § 809 1; § 883 11; § 885 17
- **Mitteilungen des Gerichtsvollziehers** ZPO § 763 2
- **Mitverschulden**
  - u. Schadensersatz gem. § 945 ZPO § 945 33
- **Möbel**
  - Pfändung ZPO § 811 23
- **Multilaterale Verträge** ZPO **Vor** §§ 722–723 16; § 722 1
- **Mündliche Verhandlung** ZPO § 922 8
  - Antrag auf Entscheidung ohne ZPO § 937 16
  - Entbehrlichkeit der ZPO § 926 12; § 942 8; § 944 3
  - FamFG-Verfahren ZPO § 924 23; § 937 17
  - u. Aufhebungsverfahren gem. § 942 ZPO § 942 20
  - Zulässigkeit des Verzichts ZPO § 922 4
- **Musterrolle** ZPO § 896 2
- **Mutterschaftsgeld**
  - Zusammenrechnung mit Arbeitseinkommen ZPO § 850e 9
- **Nacherbfolge**
  - Drittwiderspruchsklage des Nacherben ZPO § 773
  - Klauselerteilung bei ZPO § 728 2, 3, 4, 5
- **Nachholung**
  - der Zustellung ZPO § 929 44 ff.
  - des Hauptsacheverfahrens ZPO § 926 24
  - des Rechtfertigungsverfahrens ZPO § 942 17
- **Nachlass**
  - Vollstreckung in ZPO **Vor** §§ 747–749 1; § 747 2; § 778 1 ff.; § 779 1 ff.
- **Nachlassgläubiger** ZPO § 782
- **Nachlassinsolvenz** ZPO § 780 2, 5; § 782 2; § 784 3
- **Nachlasspfleger** ZPO § 779 2
- **Nachlassverwalter** ZPO § 728 9; § 779 2; § 784 2
- **Nachpfändung** ZPO § 803 5
- **Nachschieben von Arrestansprüchen** ZPO § 925 9, 11

Stichwortverzeichnis

Nachträgliche Veränderung der Umstände ZPO § 926 11; § 927 19
Nachtzeit
– außerhalb von Wohnungen ZPO § 758a 66 ff.
– in Wohnungen ZPO § 758a 56 ff.
– Rechtsbehelfe ZPO § 758a 64, 69
– richterliche Erlaubnis ZPO § 758a 56 ff.
– unbillige Härte ZPO § 758a 67
– Vollstreckung zur ZPO § 758a 2, 54 ff.; § 928 5
– Zuständigkeit ZPO § 758a 59
Nachverfahren
– Aufhebung des Vorbehaltsurteils im ZPO § 707 1; § 717 4; § 775 7
Namensänderung
– bei der Parteibezeichnung ZPO § 750 15, 23
Namenspapiere ZPO § 821 2; § 822
Nationale Durchführungsbestimmungen ZPO Vor §§ 1079–1086 2
NATO–Truppenstatut ZPO § 829 22; § 890 44
Naturalleistungen
– als Arbeitseinkommen ZPO § 811 32
– Zusammenrechnung mit Arbeitseinkommen ZPO § 850e 12 f.
Naturereignisse
– als dinglicher Arrestgrund ZPO § 917 7
Natürliche Handlungseinheit ZPO § 890 29
Negative Feststellungsklage
– Hauptsachegericht ZPO § 937 5
– u. Abmahnung ZPO Anhang zu § 935 A 39 ff.
– u. Unterlassungstitel ZPO § 890 24
Nettoeinkommen
– als Grundlage der Pfändungsgrenzen ZPO § 850e 2, 3, 4
Nichtanwesenheit ZPO § 759
– bei Vollstreckung ZPO § 759 3 ff.
Nichteheliche Lebensgemeinschaft
– Gewahrsamsvermutung ZPO Vor §§ 739–745 5; § 739 5
– Räumungsvollstreckung ZPO § 885 17
– Wohnungsdurchsuchung ZPO § 758a 29
Nichtige Vollstreckungsakte ZPO Vor §§ 803–804 4, 5
Nichtigerklärung einer Norm durch das BVerfG
– Bindung des Schadensersatzrichters ZPO § 945 19
– Wegfall des Arrestgrundes durch ZPO § 927 23; § 945 12
Nichtigkeitsklage ZPO § 767 4
Nichtrechtsfähiger Verein
– als Partei in der Zwangsvollstreckung ZPO § 735; Vor §§ 735, 736 1 f.
– Vollstreckung gegen Vereinsmitglieder ZPO § 735 5 f.
– Vollstreckung in das Vereinsvermögen ZPO § 735 2 ff.
– Vollstreckung nach Auflösung ZPO § 735 8
Nichtstörer ZPO Anhang zu § 935 A 27
Nichtvermögensrechte
– Vollstreckung in ZPO § 857 2
Nichtvollstreckbarkeitsbescheinigung ZPO § 1085 1 f.
Nichtzulassungsbeschwerde ZPO Vor §§ 916–945b 51; § 924 2
Nießbrauch
– als die Veräußerung hinderndes Recht ZPO § 771 25
– Titelumschreibung ZPO § 738
– Vollstreckung bei ZPO Vor §§ 737, 738
  – Erbschaftsnießbrauch ZPO § 737 6
  – Vermögensnießbrauch ZPO § 737 1 ff.
– Vollstreckung in ZPO § 857 34 f.
Notar
– Einstweiliger Rechtsschutz gegen ZPO Vor § 935 13
– Klauselerteilung durch ZPO § 750 36 f.
Notarielle Urkunde
– als Vollstreckungstitel ZPO § 794 48, 49, 50, 51, 52, 53, 54, 55, 56, 57, 58, 59, 60, 61, 62, 63, 64, 65, 66, 67, 68, 69, 70, 71, 72, 73; § 797 2 ff.
– Klauselerteilung ZPO Vor §§ 724–734 9; § 797 2, 3, 4, 5, 6, 7
– Unterlassungsverpflichtung ZPO § 890 10
Notarielle Vollstreckbarerklärung
– eines Anwaltsvergleiches ZPO § 796c
Notfristzeugnis ZPO § 706 7 f.
Notlage
– als Verfügungsgrund ZPO Vor §§ 916–945b; Vor § 935 44 ff.; § 935 17; § 940a 14
Notwendige Vollstreckungskosten ZPO § 788 7, 17, 18, 19, 20, 21, 22, 23, 24, 25, 26, 27
Notwendigkeit ZPO § 940 8 ff.
Nutzungsrecht
– Bestimmtheit des Titels bei Vollstreckung nach § 894 ZPO § 894 3
– des Leasingnehmers und des Mieters, Pfändung ZPO § 857 54
Obdachlosigkeit
– Bedeutung bei der Räumungsvollstreckung ZPO § 885 15, 27
Offene Handelsgesellschaft
– Drittwiderspruchsklage des Gesellschafters ZPO § 771 42
– Kündigungsrecht des Vollstreckungsgläubigers ZPO § 859 9, 11
– Vollstreckung gegen Gesellschafter einer OHG ZPO § 859 1, 9 ff.
– Vollstreckung gegen OHG ZPO Vor §§ 735, 736 5
– Vollstreckung in Gesellschaftsanteil an einer OHG ZPO § 859 9 ff.
Öffentliche Bekanntmachung
– der Präsenzversteigerung ZPO § 816 5
Öffentliche Versteigerung
– beweglicher Sachen ZPO § 814; § 816; § 817
– Gebühren ZPO § 814 10
– Einstellung ZPO § 818

Stichwortverzeichnis

- Rechtsbehelfe ZPO § 818 5
- Internetversteigerung ZPO § 814 4 f.
- Präsenzversteigerung ZPO § 814 3

Öffentliches Buch und Register ZPO § 896 2

Öffentlich-rechtliche Befugnisse
- als Vollstreckungsobjekt ZPO § 857 4

Öffentlich-rechtliche Theorie ZPO Vor §§ 803–804 11

Öffnung verschlossener Türen und Behältnisse
- durch den Gerichtsvollzieher ZPO § 758 5, 6

Orden und Ehrenzeichen
- Pfändung ZPO § 811 58

Ordentliche Gerichtsbarkeit
- quantitative Bedeutung des eR ZPO Vor §§ 916–945b 7 f.
- Verhältnis zur Arbeitsgerichtsbarkeit ZPO Vor §§ 916–945b 28; § 919 16; § 942 24

Orderpapiere ZPO § 831 1, 2

Ordnungsgeld ZPO § 890 17, 42, 52, 55

Ordnungsgemäßes Gesuch ZPO Vor §§ 916–945b 25; § 920 2, 4 f.

Ordnungshaft ZPO § 890 44 f., 53 f.

Ordnungsmittel
- Duldungsgebot ZPO § 890 3
- Ersatzordnungshaft ZPO § 890 17, 43
- Funktion der ZPO § 890 5, 6, 7, 8
- Gebühren ZPO § 890 62
- Kosten ZPO § 890 48, 60
- Rechtsbehelfe ZPO § 890 57 ff.
- Rechtsbehelfsbelehrung ZPO § 890 49
- Rechtscharakter ZPO § 890 5, 6, 7, 8, 42
- Rechtsnachfolge ZPO § 890 45
- Rückzahlung geleisteter Ordnungsgelder ZPO § 890 55
- Sicherheitsleistung ZPO § 890 50
- Streitwert ZPO § 890 62
- Titel ZPO § 890 1, 12 ff.
- u. Insolvenzverfahren ZPO § 890 23
- u. Schadensersatz (§ 945) ZPO § 945 39, 40, 48
- u. Vollziehungsschaden (§ 945) ZPO § 945 39, 40, 48
- Unterlassungsgebot ZPO § 890 2
- Verfahren ZPO § 890 9 ff.
  - Androhung ZPO § 890 16 ff.
  - Antrag ZPO § 890 9
  - Anwaltszwang ZPO § 890 9, 22
  - Beweislastverteilung ZPO § 890 40
  - Einwendungen ZPO § 890 36 ff.
  - Erledigung ZPO § 890 13
  - Rechtsschutzbedürfnis ZPO § 890 21
  - Zuständigkeit ZPO § 890 10
- Verhängung gegen Vertreter des Schuldners ZPO § 890 45
- Verschulden ZPO § 890 30 ff.
- Vertragsstrafensprechen ZPO § 890 19
- Vollstreckung verhängten ZPO § 890 51 ff.
- Zuwiderhandlung ZPO § 890 24 ff.
  - mehrfache ZPO § 890 29

- Zeitpunkt der ZPO § 890 28

Ordnungsmittelantrag
- als Vollziehung ZPO § 928 14; § 929 23, 28 f.

Ordnungsmittelbeschluss ZPO § 890 9, 11, 37, 41, 49

Ordnungsmittelfestsetzung ZPO § 890 45 ff.

Organe der Zwangsvollstreckung
- als öffentliche Amtsträger ZPO Einf. 5; Vor §§ 753–763 5, 6, 7

Ort der Versteigerung ZPO § 816 3; § 825 14

Örtliche Zuständigkeit
- als Zulässigkeitsvoraussetzung ZPO Vor §§ 916–945b 29

Pacht
- Pfändungsschutz ZPO § 851b

Partei kraft Amtes
- Pflicht zur Vermögensauskunft ZPO § 802c 16
- Titelumschreibung für und gegen ZPO § 728 9

Parteibezeichnung
- Anforderungen an die Bestimmtheit der ZPO Vor §§ 704–707 8, 9, 10, 11; § 750 13, 14, 15, 16, 17, 18, 19, 20, 21, 22, 23, 24, 25

Parteifähigkeit
- als Zulässigkeitsvoraussetzung ZPO Vor §§ 916–945b 30
- im Vollstreckungsverfahren ZPO Einf. 9

Parteiherrschaft
- in der Zwangsvollstreckung ZPO Einf. 10, 11, 12

Parteivereinbarungen ZPO § 766 15
- über Pfändungsschutz ZPO § 811 14 ff.

Parteizustellung ZPO § 938 37
- u. Schadensersatz (§ 945) ZPO § 945 47
- u. Vollziehung ZPO § 928 14; § 929 27 ff.

Partnerschaftsgesellschaft
- als Partei der Zwangsvollstreckung ZPO Vor §§ 735, 736 5
- Anteilspfändung ZPO § 859 13

Patentgesetz ZPO § 945 8

Patentrecht
- Zwangsvollstreckung in ZPO § 857 50 f.

Patentrolle ZPO § 896 2

Patentsachen ZPO Vor § 935 120

PC
- Pfändung ZPO § 811 25, 41, 48

Persönliche Arbeitsleistung ZPO § 811 34; § 887 14; § 888 10

Persönlicher Arrest
- Arrestantrag ZPO § 920 7
- Arrestgrund ZPO § 918 1 ff.
- Erforderlichkeit ZPO § 918 3
- Familienstreitsachen ZPO § 918 6
- Geldforderung ZPO § 918 1
- im arbeitsgerichtlichen Verfahren ZPO § 918 6
- im verwaltungsgerichtlichen Verfahren ZPO § 918 6
- Interessenabwägung ZPO Vor §§ 916–945b 46; § 918 4

2458

- pfändbares Schuldnervermögen ZPO § 918 2
- Sicherheitsleistung ohne Glaubhaftmachung ZPO § 921 4
- Subsidiarität ZPO § 918 3
- u. eV ZPO § 918 5
- Verhältnismäßigkeitsprüfung ZPO § 918 4
- Vollziehung ZPO § 928 12
  - Anwendbarkeit bei eV ZPO § 933 7
  - Art der ZPO § 933 1
  - Haft ZPO § 933 1, 3
  - Haftbefehl ZPO § 933 3
  - Haftvollzug ZPO § 933 3
  - mildere freiheitsbeschränkende Maßnahmen ZPO § 933 2
  - Rechtsmittel ZPO § 933 5 f.
  - Überhaft ZPO § 933 8
  - Vollstreckungsorgan ZPO § 933 2
- Zahlungsfähigkeit ZPO § 918 2
- Zweck ZPO § 918 1

Persönlichkeitsrechte
- Vollstreckung in ZPO § 857 2

Pfandanzeige ZPO § 808 10

Pfändbarkeit bei Unterhaltsansprüchen ZPO § 850k 14

Pfandgläubiger
- Verzicht des ZPO § 843

Pfandrecht
- als Nebenrecht der gepfändeten Forderung ZPO § 838
- besitzloses ZPO § 805 8
- des Frachtführers und des Spediteurs ZPO § 805 8
- des Gastwirts ZPO § 805 8
- Geltendmachung gegenüber Zwangsvollstreckung ZPO § 771 27, 28; § 805 8
- keine selbständige Pfändung ZPO § 829 64; § 851 10

Pfandsiegel ZPO § 808 10

Pfändung
- Alleingewahrsam des Schuldners ZPO § 808 1
- an Sonn- u. Feiertagen ZPO § 928 5
- anderer Vermögensrechte ZPO § 857
- beweglicher Sachen ZPO Vor §§ 803–863 1, 2; Vor §§ 808–827 1; § 808 10, 11, 12; § 854
  - Gebühren ZPO § 808 19
- eigener Sachen des Gläubigers ZPO § 808 7
- erweiterter Pfändungsschutz des Schuldners ZPO § 850f 5
- Gebühren ZPO § 808 19
- Nichtigkeit und Anfechtbarkeit ZPO Vor §§ 803–804 2, 3, 4, 5, 6, 7
- privilegierte ZPO § 850f 10 ff.
- sonstige Vermögensgegenstände ZPO § 930 10
- verbriefter Forderungen ZPO § 821 1, 2; § 831
- von Ansprüchen auf Herausgabe ZPO § 846–849
- von Bargeld ZPO § 808 9; § 930 4

- von Forderungen ZPO § 829; **Anhang zu § 829**; § 930 9
  - Hinterlegung ZPO § 853 4 ff.
  - höchstpersönliche ZPO § 851 4
  - mehrfache Pfändung ZPO § 853
  - Nichtübertragbarkeit ZPO § 851 2 ff., 11 ff.
  - unselbstständige Nebenrechte ZPO § 851 10
  - zweckgebundene ZPO § 851 5, 6, 7, 8, 9
- von Herausgabeansprüchen ZPO § 930 5
- von Sachen ZPO § 930 2 f.
- von Software ZPO Vor §§ 803–863 2; § 857 44, 47
- zur Nachtzeit ZPO § 928 5

Pfändung eines Kontoguthabens ZPO § 833a; 850l
- Anordnung der Unpfändbarkeit ZPO 850l 2 ff.
- Aufhebung der Anordnung ZPO 850l 4
- Entstehung des Pfändungspfandrechts ZPO § 833a 5
- Gebühren bei Aufhebung und Anordnung der Unpfändbarkeit ZPO 850l 6
- in der Abgabenvollstreckung ZPO § 833a 6

Pfändung eines Kontoguthabens nach der Verordnung (VO) Nr. 655/2014 v. 15.05.2014 ZPO Vor §§ 722–723 12

Pfändungsbeschluss
- Bestimmtheit ZPO § 829 39, 40, 41, 42, 43, 44
- Verbindung mit Arrestanordnung ZPO Vor §§ 916–945b 74; § 922 31; § 930 7
- Zustellung ZPO § 829 45, 46, 47, 48

Pfändungsbeschränkungen
- bei Eigentumsvorbehalt des Gläubigers ZPO § 811 5 ff.
- bei Pfändung beweglicher Sachen ZPO § 811; § 811c; § 812
- bei Pfändung von Arbeitseinkommen ZPO § 850 2, 3, 4, 5, 6; § 850a 2, 3, 4, 5, 6, 7, 8, 9, 10, 11; § 850c; § 850e
- bei Pfändung von Forderungen allgemein ZPO § 829 20, 21, 22, 23, 24, 25, 26, 27, 28, 29, 30, 31, 32
- bei Pfändung von Kontoguthaben ZPO § 850k
- bei Pfändung von Sozialleistungen ZPO **Anhang zu § 829** 30, 31, 32, 33, 34, 35, 36, 37, 38; § 850d 22, 23, 24; § 850e 8, 9, 10
- bei Vollstreckung von Unterhaltsansprüchen ZPO § 850d

Pfändungsfreigrenze ZPO § 850c 2
- Reduzierung der ZPO § 850c 4

Pfändungspfandrecht ZPO Vor §§ 916–945b 73; § 930 3, 13
- Ablösungsrecht dinglich Berechtigter ZPO § 804 8
- ArbGG, VwGO, AO ZPO § 804 9
- Bedeutung für den Gläubiger ZPO Vor §§ 803–804
- Entstehung ZPO Vor §§ 803–804 15

Stichwortverzeichnis

- Erlöschen durch gutgläubigen Erwerb ZPO **Vor §§ 803–804** 19
- gutgläubiger Erwerb eines Vorrangs ZPO **§ 804** 6
- Rang ZPO **Vor §§ 803–804** 17, 18; **§ 804** 2, 3, 4, 5
- Rückschlagsperre nach § 89 InsO ZPO **Vor §§ 803–804** 20
- Theorien ZPO **Vor §§ 803–804** 11, 12, 13, 14, 15, 16, 17, 18, 19, 20

Pfändungsprotokoll ZPO **§ 762**
- bei Durchsuchungsanordnung ZPO **§ 758a** 18
- Beweiskraft ZPO **§ 762** 8
- Bezeichnung der unpfändbaren Gegenstände ZPO **§ 762** 6
- Gebühren ZPO **§ 762** 9

Pfändungsschutz
- Einkünfte aus kapitalistischer Tätigkeit ZPO **§ 850i** 2

Pfändungsschutzkonto ZPO **§ 829** 25, 31; **Anhang zu § 829** 3, 5 ff., 30; **§ 850k**
- Anordnung der befristeten Unpfändbarkeit ZPO **§ 850l**
  - Antrag ZPO **§ 850l** 2
  - entgegenstehende Gläubigerinteressen ZPO **§ 850l** 3
  - Rechtsbehelfe ZPO **§ 850l** 5
- Einrichtung ZPO **§ 850k** 4 f.
- Gelegenheit zur Antragstellung ZPO **§ 835** 18
- Kontoführungsgebühr ZPO **§ 850k** 17

Pfändungstabelle ZPO **Anh. 850c**

Pfandverkauf
- keine Gewährleistung ZPO **§ 806**

Pflichtteilsanspruch
- Pfändung des ZPO **§ 829** 7; **§ 852**

P-Konto ZPO **§ 850k**

Politische Partei
- als Partei der Zwangsvollstreckung ZPO **Vor §§ 735, 736** 13

Polizei
- Unterstützung des Gerichtsvollziehers ZPO **§ 758** 10

Postspargutaben
- Pfändung ZPO **Anhang zu § 829** 16; **§ 850k**

Postulationsfähigkeit ZPO **Vor §§ 916–945b** 30

Präklusion
- beim Vollstreckungsbescheid ZPO **§ 796** 2
- im Aufhebungsverfahren ZPO **§ 927** 11, 19
- von Einwendungen ZPO **§ 767** 32, 33, 34, 35, 36, 37, 38, 46

Prämiensparvertrag
- Pfändung ZPO **Anhang zu § 829** 17

Präsente Beweismittel ZPO **Vor §§ 916–945b** 64; **§ 920** 20

Presserecht
- eR im ZPO **Vor § 935** 138 ff.
- Gegendarstellung ZPO **Vor §§ 916–945b** 9; **§ 926** 39; **Vor § 935** 35, 142 f.; **§ 935** 19
- u. Abmahnung ZPO **Anhang zu § 935 A** 1
- Widerruf ZPO **Vor § 935** 38, 144

Prioritätsprinzip
- Allgemeines ZPO **§ 720a** 1
- bei der Arresthypothek ZPO **§ 932** 12
- bei der Arrestvollziehung ZPO **§ 930** 3
- u. dinglicher Arrest ZPO **§ 917** 8
- u. Erweiterung der Pfändbarkeit ZPO **§ 850f** 15
- u. Lohnverschleierung ZPO **§ 850h** 16
- u. Rang der Pfändungspfandrechte ZPO **Vor §§ 803–804** 17 f.; **§ 804** 4 ff.

Privater Auktionator ZPO **§ 818** 2

Privatgutachten ZPO **§ 920** 20

Privatrechtliche Theorie ZPO **Vor §§ 803–804** 13

Privilegierte Pfändung ZPO **§ 850f** 10, 11, 12, 13, 14, 15, 16
- Äußerste Grenze der Belastbarkeit ZPO **§ 850f** 14
- Ermessen des Rechtspflegers ZPO **§ 850f** 13
- Forderungen aus vorsätzlicher unerlaubter Handlung ZPO **§ 850f** 10
- Insolvenzverfahren ZPO **§ 850f** 16
- Kindergeld ZPO **§ 850f** 14

Protokoll
- über Vollstreckungshandlungen ZPO **§ 762**

Prozessfähigkeit
- als Zulässigkeitsvoraussetzung ZPO **Vor §§ 916–945b** 30
- der Parteien des Vollstreckungsverfahrens ZPO **Einf.** 9; **§ 750** 11
- des Schuldners bei der Handlungsvollstreckung ZPO **§ 888** 35

Prozessführungsbefugnis ZPO **Einf.** 9; **Vor §§ 916–945b** 30

Prozessgericht
- als Vollstreckungsorgan ZPO **Vor §§ 765a–777** 5; **§ 887** 20; **§ 888** 25; **§ 890** 10
- Vollstreckbarerklärung eines Anwaltsvergleiches ZPO **§ 796b**

Prozessgrundrecht
- auf rechtliches Gehör ZPO **§ 924** 6, 10

Prozesshindernis
- anderweitige Rechtshängigkeit ZPO **Vor §§ 916–945b** 32 f.; **§ 920** 16

Prozesskostenhilfe ZPO **Einf.** 19; **Vor §§ 916–945b** 48; **§ 926** 20; **§ 935** 29
- bei der Vorpfändung ZPO **§ 845** 12
- beim Vollstreckbarkeitsverfahren Brüssel-I-VO **Art. 50** 1 ff.

Prozesskostenhilfe nach EuUnterhaltsVO EuUnterhaltsVO **Vor** 20

Prozesskostensicherheit ZPO **Vor §§ 916–945b** 37, 85

Prozesskostenvorschuss
- Einstweilige Verfügung ZPO **§ 937** 5

Prozessökonomie
- u. dinglicher Arrest ZPO **§ 917** 1

Prozessrechtliche Notfrist ZPO **§ 929** 7

Prozessvergleich
- als Vollstreckungstitel   ZPO § 794 26, 27, 28, 29
- Beteiligung Dritter   ZPO § 794 25
- Geltendmachung seiner Unwirksamkeit   ZPO § 767 29; § 794 19
- Inhalt   ZPO § 794 3, 4
- Mängel   ZPO § 794 18 ff.
- Rechtsnatur   ZPO § 794 1
- u. Schadensersatz (§ 945)   ZPO § 945 42
- unter Widerrufsvorbehalt   ZPO § 794 13
- Wirksamkeitsvoraussetzungen   ZPO § 794 8, 9, 10, 11, 12
- Wirkungen   ZPO § 794 16

Prozessvollmacht
- Fortgeltung in der Zwangsvollstreckung   ZPO § 750 11

Prozessvoraussetzung
- Schadensersatz bei Fehlen   ZPO § 945 16
- Vollziehungsschaden (§ 945) bei Fehlen   ZPO § 945 16

Qualitative Bedeutung des eR   ZPO Vor §§ 916–945b 9

Quantitative Bedeutung des eR   ZPO § 916 9 f.

Quittung   ZPO § 754 7; § 757
- ArbGG, VwGO   ZPO § 757 16
- Erteilung   ZPO § 757 10 f.
- Rechtsbehelfe   ZPO § 757 14
- Vermerk von Teilleistungen   ZPO § 757 12
- Vollstreckung des Anspruchs auf Erteilung   ZPO § 894 2

Radiogerät
- Pfändung   ZPO § 811 24

Rang
- Bedeutung bei Pfändung   ZPO Vor §§ 803–804 17, 18; § 804 2, 4
- bei gleichzeitiger Pfändung   ZPO § 804 4
- bei Pfändung der Auflassungsanwartschaft   ZPO § 857 20
- der Arresthypothek   ZPO § 932 16 f.
- der Vorpfändung   ZPO § 845 6
- der Zwangshypothek   ZPO § 867 20
- des Arrestpfandrechts   ZPO § 930 3, 13

Rangordnung
- mehrerer Unterhaltsberechtigter   ZPO § 850d 13, 14, 15, 16

Rangverlust
- bei Aufhebung im Widerspruchsverfahren   ZPO § 925 14

Ratenzahlung   ZPO § 754 5, 13; § 802b 8, 10, 12 f.; § 882c 4

Räumung von Wohnraum   ZPO § 885 3 ff.; § 940a 1 ff.
- Anwendungsbereich   ZPO § 940a 1, 2, 3, 4, 5, 6, 7, 8, 9
- Aussperrung   ZPO § 940a 8
- Besitz- u. Nutzungsverhältnisse   ZPO § 940a 9
- Betretensverbot   ZPO § 940a 8 f.
- Eigenmacht, verbotene   ZPO § 940a 12 f.
- einstweilige Anordnung im familiengerichtlichen Verfahren   ZPO § 940a 1 ff.
- FamFG-Verfahren   ZPO § 940a 1 ff.
- Gebühren   ZPO § 885 45
- Gefahr, konkrete   ZPO § 940a 11, 14
- Gewerbemietrecht   ZPO § 940a 7
- Hausbesetzungen   ZPO § 940a 20
- Kostenvorschuss   ZPO § 885 33
- Landesunterbringungsgesetz   ZPO § 940a 8
- Mitbesitz Dritter   ZPO § 885 13 ff.; § 940a 15
- Räumung   ZPO § 940a 8
- Räumungsverfügung   ZPO § 940a 20
- Rechtsbehelfe   ZPO § 885 42
- Schuldnerschutz   ZPO Vor § 935 59
- Verfahren   ZPO § 940a 10
- Verfügungsanspruch   ZPO § 940a 10
- Verfügungsgründe   ZPO § 940a 11 ff.
- Vollziehung   ZPO § 940a 23
- Wohnraumbegriff   ZPO § 940a 5

Räumungsgut
- Verkauf   ZPO § 885 37 ff.
- Verwahrung   ZPO § 885 29 ff.

Räumungsschutz   ZPO § 885 28

Räumungsverfügung   ZPO Vor § 935 34; § 940a 20
- u. Durchsuchungsanordnung   ZPO Vor §§ 916–945b 76
- u. Verfügungsgrund   ZPO § 940a 11 ff.

Räumungsvergleich   ZPO § 794a

Räumungsvollstreckung
- (Haus-) Tiere   ZPO § 885 10
- ArbGG, VwGO, AO   ZPO § 885 46
- beschränkte
  - Dokumentationspflicht   ZPO § 885a 5, 7
  - Durchführung   ZPO § 885a 5
  - Gebühren   ZPO § 885a 18
  - Hinweispflicht   ZPO § 885a 6
  - Kosten   ZPO § 885a 17
  - Verfahren mit verbliebenen Sachen   ZPO § 885a 9, 10, 11, 12, 13, 14, 15, 16
- Besitzeinweisung   ZPO § 885 11, 12
- Durchführung   ZPO § 758a 13 ff.; § 883 10; § 885 3 ff.
- Durchsuchungsanordnung   ZPO § 885 16
- Frankfurter Modell   ZPO § 885 30
- Gebühren   ZPO § 885 45
- gegen Ehegatten, Kinder und andere Mitbewohner   ZPO § 885 17 ff.
- gegen Lebenspartner   ZPO § 885 23
- gegen nichteheliche Lebensgefährten   ZPO § 885 23
- gegen Untermieter   ZPO § 885 19
- gegen WG-Mitglieder   ZPO § 885 23
- Gläubigerschutz   ZPO § 765a 38
- Hamburger Räumung   ZPO § 885 31
- Hausbesetzer   ZPO § 885 14
- Interessenabwägung   ZPO § 721 12 f.

Stichwortverzeichnis

- Klauselerteilung bei Verpflichtung im Titel zur Ersatzraumbeschaffung ZPO §726 4
- Mieterschutz ZPO §721 3 ff.
- Mitbesitz Dritter ZPO §885 17 ff.; §940a 15
- Räumungsfrist ZPO §721 6, 7, 8, 9, 10, 11, 12, 13, 14, 15, 16, 17, 18; §794a 2
  - Fristbewilligung ZPO §794a 2, 3
  - Fristverkürzung ZPO §721 16; §794a 4
  - Fristverlängerung ZPO §721 15; §794a 4
  - Gewährung auf Antrag ZPO §721 6
  - Höchstdauer der ZPO §721 14
  - im Verfügungsverfahren ZPO §940a 22
  - Interessenabwägung ZPO §721 11 ff.
  - Prüfung von Amts wegen ZPO §721 6
  - Rechtsbehelfe ZPO §721 19 f.
  - Verhältnis zum materiellen Recht ZPO §721 5, 17 f.
  - Wohnraum ZPO §721 10
- Räumungsurteil ZPO §721 1, 6
- Rechtsbehelfe ZPO §885 42 ff.
- Schuldnerschutz ZPO §765a 19; §885 20
  - bei Selbstjustiz ZPO Vor §935 59
- Suizid ZPO §765a 19 f.
- unbekannte Hausbesetzer ZPO §885 14
- unpfändbare u. nicht verwertbare Sachen ZPO §885 26, 41
- Verkauf eingelagerten Räumungsguts ZPO §885 37 ff.
- Vermieterpfandrecht ZPO §885 34
- Verwirkung ZPO §885 3
- Vollstreckungsauftrag, beschränkter ZPO §885a 4
  - Bindung an ZPO §885a 6
- Vollstreckungsschutz ZPO §765a 38
- Vollstreckungstitel ZPO §885 2
- Wegschaffung der Sachen des Schuldners ZPO §885 7 f., 29, 30, 31, 32, 33, 34, 35
- Wegschaffung von Tieren ZPO §885 10
- wiederholte ZPO §885 4 f.
- Zurückbehaltung von Räumungsgut durch den Gläubiger ZPO §885 26
- Zuschlagsbeschluss als Räumungstitel ZPO §721 1

Reallast
- Vollstreckung in ZPO §857 33

Rechnungslegung
- Vollstreckung auf ZPO §887 11; §888 12

Rechte und Pflichten des Kreditinstituts ZPO §850k 15, 16, 17

Rechtfertigungsverfahren ZPO §922 45; §942 12 ff.
- Antrag auf Ladung zum ZPO §942 16
- Bedeutung ZPO §942 1
- einstweilige Einstellung der Vollziehung ZPO §924 20 f.
- Entscheidung im ZPO §942 17
- Frist für die Einleitung des ZPO §942 10
- Gebühren ZPO §942 27

- im arbeitsgerichtlichen Verfahren ZPO §942 24
- im verwaltungsgerichtlichen Verfahren ZPO §942 24
- Kostenentscheidung ZPO §942 17
- Nachholung ZPO §942 17
- Rechtsbehelfe ZPO §942 17
- Schadensersatz mangels Einleitung eines ZPO §945 29
- Verfahren ZPO §942 16
- Verhältnis zum Aufhebungsverfahren gem. §927 ZPO §927 41
- Zuständigkeit ZPO §942 14
- Zustellung der Ladung ZPO §942 16
- Zweck ZPO §942 13

Rechtliches Gehör ZPO §922 27, 3 ff.; Einf. 6 ff.
- Entscheidung in dringenden Fällen ZPO §937 10
- im Beschlussverfahren ZPO §922 27
- im Urteilsverfahren ZPO §922 27
- u. Schutzschrift ZPO §937 21; §945a; §945b 7 f.

Rechtsanwalts- u. Notarpraxis
- Pfändung ZPO §811 48

Rechtsbehelfe
- bei Verstößen gegen §750 ZPO §750 46
- gegen Entscheidungen des Rechtspflegers ZPO Anhang zu §793 2, 3, 4, 5, 6, 7, 8, 9, 10, 11, 12, 13, 14, 15, 16

Rechtsbehelfe bei der Vollstreckung ausländischer Entscheidungen Brüssel-Ia-VO Art. 38 3; Art. 49; Art. 50; Art. 51; Brüssel-I-VO Art. 37 1 ff.; Art. 43; Art. 44; Art. 45 4 f.; Art. 46 2

Rechtsbehelfe des Antragsgegners ZPO §924 1 ff.
- Aufhebung nach §926 Abs. 2 ZPO §926 25 ff.
- Aufhebung nach §927 ZPO §927 1 ff.
- Aufhebung nach §942 Abs. 3 ZPO §942 18 ff.
- Fristsetzung zur Klageerhebung ZPO §926 3 ff.
- Meistbegünstigungsgrundsatz ZPO §925 17
- Rechtfertigungsverfahren ZPO §922 45; §942 12 ff.
- Widerspruch ZPO §924 3

Rechtsbehelfe im Klauselverfahren ZPO Vor §§724–734 13, 14; Vor §§765a–777 2

Rechtsbehelfe in der Zwangsvollstreckung ZPO Vor §§765a–777 3, 4, 5, 6, 7, 8, 9, 10, 11, 12, 13, 14, 15, 16, 17, 18, 19, 20, 21, 22, 23, 24, 25, 26, 27, 28, 29
- gegen Entscheidungen ZPO Vor §§765a–777 8
- gegen Verpflichtung zur sofortigen Abgabe der Vermögensauskunft ZPO Vor §§765a–777 11; §766 12
- gegen Vollstreckungsmaßnahmen ZPO Vor §§765a–777 5
- materiellrechtliche Einwendungen ZPO Vor §§765a–777 13
- Vorläufiger Rechtsschutz ZPO Vor §§765a–777 12

Rechtsbeschwerde ZPO § 793 12; AVAG § 15 1; § 16 1; Brüssel-Ia-VO Art. 49; Art. 50; Brüssel-I-VO Art. 44
– Ausschluss der ZPO § 922 35, 39, 40, 46; § 924 6

Rechtsgrundlage
– der Befriedigungsverfügung ZPO § 935 1

Rechtshängigkeit ZPO § 920 10 ff.; § 935 30
– als Zulässigkeitsvoraussetzung ZPO Vor §§ 916–945b 32 f.
– Beginn ZPO Vor §§ 916–945b 47; § 920 10
– mehrere identische Gesuche ZPO Vor §§ 916–945b 34; § 920 12
– mehrere verschiedene Gesuche ZPO Vor §§ 916–945b 34; § 920 13
– Wirkungen ZPO § 920 10

Rechtskraft
– bei arbeitsgerichtlichen Urteilen ZPO § 705 8
– entgegenstehende ZPO Vor §§ 916–945b 31; § 922 43 f.
– formelle ZPO § 704 2 f.; § 705
– materielle ZPO § 705; Vor §§ 765a–777 15
– Umfang bei Beschluss im Eilverfahren ZPO § 922 42 f.
– Umfang bei Prozess- u. Sachurteil ZPO § 922 42 f.

Rechtskraftzeugnis ZPO § 706 2, 3, 4, 5, 6, 7, 8, 9, 10, 11
– bei Ablauf von Notfristen ZPO § 706 7
– Gebühren ZPO § 706 13

Rechtsmittel ZPO § 922 34, 39
– FamFG-Verfahren
  – Einstweilige Anordnung ZPO Vor § 935 24
– im Aufhebungsverfahren
  – § 942 ZPO § 942 23
  – gem. § 926 ZPO § 926 37
– im Aufhebungsverfahren gem. § 927 ZPO § 927 39
– im Widerspruchsverfahren ZPO § 925 16 ff.
– Meistbegünstigungsgrundsatz ZPO § 925 17

Rechtsmittelverzicht ZPO § 705 5

Rechtspfleger
– Aufgabenabgrenzung zum Richter ZPO § 930 7
– Klauselerteilung durch ZPO Vor §§ 724–734 9, 13; § 724 10; § 726 1; § 727 32; § 750 36 ff.
– Rechtsbehelfe gegen die Vollstreckungstätigkeit des ZPO Anhang zu § 793 2, 3, 4, 5, 6, 7, 8, 9, 10, 11, 12, 13, 14, 15, 16

Rechtspflegererinnerung ZPO § 766 11; Anhang zu § 793 9 ff.; § 926 16

Rechtsschutzbedürfnis
– als Zulässigkeitsvoraussetzung ZPO Vor §§ 916–945b 39
– Antrag nach Art. 38 ff. Brüssel-I-VO AVAG § 8 1
– für Anordnungsverfahren nach § 926 Abs. 1 ZPO § 926 11
– für Aufhebungsverfahren nach § 926 Abs. 2 ZPO § 926 28
– für Aufhebungsverfahren nach § 927 ZPO § 927 16
– für sofortige Beschwerde ZPO § 793 6
– für Widerspruchsverfahren ZPO § 924 5
– u. Abschlusserklärung ZPO Anhang zu § 935 C 9
– u. Aussetzung des Verfahrens ZPO Vor §§ 916–945b 59

Rechtsschutzziel ZPO § 938 1; § 940 15

Rechtsverhältnis (§ 940) ZPO § 940 2 ff.

Rechtsweg
– als Sachentscheidungsvoraussetzung ZPO Vor §§ 916–945b 28
– Anwendbarkeit des § 17a GVG im Eilverfahren
  – in Bürgerlichen Rechtsstreitigkeiten ZPO Vor §§ 916–945b 28
  – in Sachen des FamFG ZPO Vor §§ 916–945b 28
– Verhältnis zwischen ordentlicher u. Arbeitsgerichtsbarkeit ZPO Vor §§ 916–945b 28; § 919 16; § 942 1

Reederei
– als Partei in der Zwangsvollstreckung ZPO Vor §§ 735, 736 6

Regelung (§ 940) ZPO § 940 1, 15 ff.

Regelungsverfügung ZPO Vor § 935 30, 31; § 940 1 ff.
– Abgrenzungsversuche ZPO § 940 1
– Begriff ZPO § 940 1
– Dringlichkeitsvermutung ZPO § 940 14
– Feststellungsverfügung ZPO § 940 17
– gerichtliches Ermessen ZPO § 938 6
– Gewalt ZPO § 940 9
– Individualleistungsanspruch ZPO § 940 2
– Inhalt möglicher Regelungen ZPO § 940 15 f.
– Interessenabwägung ZPO § 940 13
– Kosten ZPO § 940 18
– Rechtsschutzziel ZPO § 940 15
– Rechtsverhältnis ZPO § 940 3 ff.
– Streitwert ZPO § 940 19
– Verfügungsanspruch ZPO § 940 2 ff.
– Verfügungsantrag ZPO § 940 15
– Verfügungsgrund ZPO § 940 8 ff.
– Verhältnis zu anderen Verfügungsarten ZPO Vor §§ 916–945b 14
– wesentliche Nachteile ZPO § 940 9

Register für Pfandrechte an Luftfahrzeugen ZPO § 942 7

Registerpfandrecht ZPO § 931 6

Rektapapiere ZPO § 821 1, 2; § 831 1

Renten
– Berufsunfähigkeitsrente ZPO § 850b 9; § 851c 3
– Betriebsrente ZPO § 850 12
– gesetzliche Renten ZPO Anhang zu § 829 30 ff.; § 851c 1
– Pfändungsschutz für ZPO § 851c; § 851d
– Unterhaltsrenten ZPO § 850b 10
– Versicherungsrenten ZPO § 850 16

2463

Stichwortverzeichnis

Rentenschuld
- Pfändung ZPO § 857 32

Restitutionsklage ZPO § 767 4

Revision
- Ausschluss im Eilverfahren ZPO § 922 35

Revisionsrechtszug
- Einstellung der Zwangsvollstreckung ZPO § 719 10 ff.

Richterliche Erlaubnis
- Durchsuchung ZPO **Vor §§ 916–945b** 76; § 928 5; § 930 2
- Nachtvollstreckung ZPO § 928 5

Richterliche Hinweispflicht ZPO § 938 9

Richterspruchprivileg bei Beschluss im Eilverfahren ZPO § 922 14

Risikohaftung ZPO § 945 4

Rückgabe der Sicherheit nach § 109 ZPO § 943 3
- Anordnung einer Sicherheitsleistung ZPO § 943 3
- Anwendungsbereich des § 943 Abs. 2 ZPO § 943 5
- Bedeutung der Zuständigkeitsregelung ZPO § 943 3
- erstinstanzliches Hauptsachegericht ZPO § 943 3
- Sicherheitsleistung des Gläubigers ZPO § 943 6
- Sicherheitsleistung des Schuldners ZPO § 943 8
- Voraussetzungen ZPO § 943 6

Rücknahme im Eilverfahren
- Aufhebungsverfahren ZPO § 927 32
- des Gesuchs ZPO § 920 14
- und Wegfall der Dringlichkeit ZPO **Vor §§ 916–945b** 33

Rückschlagsperre ZPO **Vor §§ 803–804** 20; § 867 21

Ruhegelder
- Pfändungsschutz ZPO § 850 12

Sachliche Betriebsmittel ZPO § 811 34

Sachliche Zuständigkeit
- als Zulässigkeitsvoraussetzung ZPO **Vor §§ 916–945b** 29

Sachnutzungsgewährung
- Pfändungsschutz ZPO § 850i 7

Sachpfändung ZPO § 930 2 f.

Sachschadensversicherung
- Pfändung ZPO **Anhang zu § 829** 28

Sachverständigengutachten ZPO § 756 21

Sachverständiger
- Schätzung durch ZPO § 813 3

Sammelverwahrung ZPO § 886 3

Säumnis
- im Verteilungstermin ZPO § 877

Schadensersatz
- bei Aufhebung eines vorläufig vollstreckbaren Urteils ZPO § 717 2, 3, 4, 5, 6, 7, 8, 9, 10, 11, 12, 13, 14, 15, 16, 17, 18, 19, 20, 21
  - Abgabenvollstreckung ZPO § 717 32
  - Anwendungsbereich ZPO § 717 4, 5, 6, 7
- Einwendungen u. Einreden des Schadensersatzpflichtigen ZPO § 717 14 f.
- Geltendmachung des Schadensersatzanspruchs ZPO § 717 18, 19, 20, 21
- Inzidentantrag ZPO § 717 18 f.
- Leistung des Schuldners ZPO § 717 10
- Leistungsklage ZPO § 717 20
- Parteien des Schadensersatzanspruchs ZPO § 717 16 f.
- prozessuale Gefährdungshaftung ZPO § 717 9
- selbstständige Leistungsklage ZPO § 717 20
- Umfang der Schadensersatzpflicht ZPO § 717 11, 12, 13
- Verhältnis zum Bereicherungsanspruch nach § 717 Abs. 3 ZPO § 717 23 f.
- Vollstreckungsgläubiger ZPO § 717 17
- Vollstreckungsschuldner ZPO § 717 16
- Voraussetzungen ZPO § 717 8
- Widerklage ZPO § 717 21
- bei einstweiliger Weiterbeschäftigung ZPO § 945 53
- bei Entbindung von der Weiterbeschäftigung ZPO § 945 53
- bei freiwilliger Erfüllung ZPO § 945 45 ff.
- bei Gewaltanwendung durch Gerichtsvollzieher ZPO § 758 17
- bei Versäumung der Vollziehungsfrist ZPO § 945 31
- bei Verstoss gegen Unterlassungsverfügung ZPO § 945 48
- bei Vollstreckung aus Urkunde durch anderen Gläubiger ZPO § 799a
  - Geltendmachung ZPO § 799a 14
  - Voraussetzungen ZPO § 799a 4, 5, 6, 7, 8, 9, 10, 11, 12
- bei Vollstreckung in schuldnerfremde Sache ZPO **Einf.** 16; **Vor §§ 765a–777** 36 f.; **Anhang zu § 771** 7, 8, 9, 10, 11, 12, 14
- bei Vollstreckung in schuldnerfremde Sachen ZPO § 945 37
- bei Vollziehungsabwendung ZPO § 945 44 ff.
- des zu Unrecht unterlegenen Antragstellers ZPO § 945 1
- durch die Kartellbehörde ZPO § 945 59
- ersatzfähiger Schaden ZPO § 945 39 f.
- FamFG-Verfahren ZPO § 945 52
- fehlende Glaubhaftmachung ZPO § 945 17, 25, 33
- fehlende Prozessvoraussetzung ZPO § 945 16
- fehlender Anordnungsanspruch ZPO § 945 8 ff.
- fehlender Anordnungsgrund ZPO § 945 13 ff., 20
- Garantiehaftung ZPO § 945 4
- Gefährdungshaftung ZPO § 945 4
- Gerichtsstand ZPO § 945 50
- Gläubiger ZPO § 945 36, 58
- i. S. d. § 945 ZPO § 922 43

- Anordnungsschaden ZPO § 945 42
- Aufopferungshaftung ZPO § 945 4
- bei anfänglich ungerechtfertigter Anordnung ZPO § 945 5 ff.
- bei arbeitskampfbezogenen Verfügungen ZPO § 945 53
- bei Aufhebung nach § 926 Abs. 2 ZPO § 926 1; § 945 26 ff.
- bei Aufhebung nach § 942 Abs. 3 ZPO § 945 29
- Beweislast ZPO § 945 51
- Bindung des Schadensersatzrichters ZPO § 945 18 ff.
- im arbeitsgerichtlichen Beschlussverfahren ZPO § 945 57
- im arbeitsgerichtlichen Urteilsverfahren ZPO § 945 53
- im Beschlussverfahren ZPO § 922 43
- in Angelegenheiten des BetrVG ZPO **Vor** § 935 176
— im familiengerichtlichen Verfahren ZPO § 945 52
— im finanzgerichtlichen Verfahren ZPO § 945 59
— im verwaltungsgerichtlichen Verfahren ZPO § 945 58
— Mitverschulden des Gegners ZPO § 945 33
— nach unterlassener Auskunftserteilung ZPO § 840 9, 10, 11, 12, 13, 14
— nach verfahrensrechtlich fehlerhafter Vollstreckung ZPO **Vor §§ 753–763** 5; **Anhang zu § 771** 16
— nachträgliche Geltendmachung eines Gestaltungsrechts ZPO § 945 11
— nachträgliche Nichtigerklärung eines Patents ZPO § 945 10
— nachträglicher Erwerb u. Wegfall des Arrestanspruchs ZPO § 945 10
— prozessuale Geltendmachung ZPO § 945 50
— Realisierbarkeit ZPO § 945 50 ff.
— Rechtsweg ZPO § 945 50, 58
— Risikohaftung ZPO § 945 4
— Schaden durch freiwillige Erfüllung ZPO § 945 45 ff.
— Schaden durch Sicherheitsleistung ZPO § 945 44
— Schädigung Dritter ZPO § 945 32, 36 f.
— Schmerzensgeld ZPO § 945 32
— u. Ordnungsmittel i. S. v. § 890 ZPO § 945 39, 40, 48
— u. Sicherheitsleistung ZPO § 945 44
— Umfang ZPO § 717 11 ff.; § 945 32
— Verfahrenskosten ZPO § 945 43
— Verfassungswidrigkeit der Anspruchsgrundlage ZPO § 945 12, 19
— Vergleich mit § 717 Abs. 2 ZPO § 945 3, 45, 50
— Verjährung ZPO § 945 35
— Verjährung des Anordnungsanspruchs ZPO § 945 11

- Vollziehungsschaden ZPO § 945 39 ff.
- Voraussetzungen ZPO § 945 5 ff.
  - Vorteilsausgleichung ZPO § 945 32
  - Zweck ZPO § 945 1 ff., 27, 29, 40

Schadensersatzrente ZPO § 938 11

Schätzung
- bei landwirtschaftlichen Betrieben ZPO § 813 8, 9
- des Wertes der Vollstreckungsobjekte ZPO § 813
- durch Gerichtsvollzieher oder Sachverständigen ZPO § 813 3 ff.

Scheck
- Pfändung ZPO § 808 9; § 831 1, 3

Scheckverkehr
- eR im ZPO **Vor § 935** 88

Scheinstörer ZPO **Anhang zu § 935** A 27

Schenker
- Pfändung des Herausgabeanspruchs des ZPO § 852

Schiedsamtsgesetze ZPO § 794 30; § 797 9; § 801 1

Schiedsgericht
- als Arrestgericht ZPO § 919 5
- als Gericht der Hauptsache ZPO § 937 5; § 943 2
- eR durch ZPO **Vor §§ 916–945b** 35; **Vor § 935** 50

Schiedsgerichtsverfahren
- einstw. Rechtsschutz im ZPO **Vor § 935** 51 ff.
- fristgerechte Klageerhebung i. S. v. § 926 Abs. 1 ZPO § 926 20
- u. Aufhebungsverfahren gem. § 927 ZPO § 927 14

Schiedssprüche ZPO § 717 4; § 794 42

Schiedsvergleich ZPO § 717 4

Schiedsvertrag, Einrede des ZPO **Vor §§ 916–945b** 35

Schiffe u. Luftfahrzeuge ZPO § 864 4; § 870a; § 885
- Vollziehung des eR in ZPO § 931 1, 5, 6

Schiffsbauwerk ZPO § 870a

Schiffshypothek ZPO § 800a; § 830a; § 837a

Schiffspart
- Vollstreckung in ZPO § 858
  - Gebühren ZPO § 858 4

Schlechterfüllung des Sequesters ZPO § 938 21

Schlüssigkeitsprüfung ZPO § 922 16
- im arbeitsgerichtlichen Beschlussverfahren ZPO § 922 17 f., 45
- u. Arrestgesuch ZPO § 920 5
- u. Berücksichtigung einer Schutzschrift ZPO § 935 7
- uneingeschränkte im Eilverfahren ZPO **Vor §§ 916–945b** 43; § 922 16; § 935 6 ff.; § 940 6

Schmerzensgeld ZPO § 945 32
- als Vollziehungsschaden (§ 945) ZPO § 945 32

Schmuck

2465

Stichwortverzeichnis

- Pfändung   ZPO § 811 25
- **Schnellverfahren**   ZPO **Vor § 935** 32
- **Schornsteinfeger**
  - Zusatzversorgung   ZPO § 851 2
- **Schriftsatzfrist**   ZPO **Vor §§ 916–945b** 57
- **Schubladenverfügung**   ZPO **Anhang zu § 935 A** 20
- **Schuldner**
  - Bezeichnung des   ZPO § 750 17 ff.
  - gesetzlicher Vertreter   ZPO § 750 24
- **Schuldnerfremde Sachen**
  - Eigentumserwerb des Erstehers nach Ablieferung   ZPO § 817 10
  - Pfändung   ZPO **Vor §§ 803–804** 15; § 808 4, 5, 6, 7
  - Schadensersatz wegen Vollstreckung in   ZPO **Anhang zu § 771** 7, 8, 9, 10, 11, 12, 14
- **Schuldnerschutz**
  - bei Pfändung beweglicher Sachen   ZPO § 811; § 811c; § 812
  - bei Pfändung von Arbeitseinkommen   ZPO § 850 2, 3, 4, 5, 6; § 850a 2, 3, 4, 5, 6, 7, 8, 9, 10, 11; § 850e 2, 3; § 850f 5, 6, 7, 8, 9
  - bei Räumungsvollstreckung   ZPO § 721; § 765a 19; § 794a; § 885 28
  - bei sittenwidriger Härte   ZPO § 765a
- **Schuldnerschutzvorschriften**   ZPO § 765a 2
- **Schuldnervermögen, pfändbares**   ZPO § 918 2
  - Ermittlung durch Gerichtsvollzieher   ZPO § 806a
- **Schuldnerverzeichnis**   ZPO **Vor §§ 882b–882h;** § 882b; § 882d 7; § 882h
  - Abdrucke aus   ZPO § 882g; **Anhang zu** § 882g
  - Einsicht   ZPO § 882f; **Anhang zu** § 882h
  - Einstweilige Aussetzung der Eintragung   ZPO § 882d 6
  - Eintragungen   ZPO § 882b 3, 4, 5
  - Eintragungsanordnung   ZPO § 882c
    - Rechtsbehelfe   ZPO § 882c 7; § 882d
  - Eintragungsgründe   ZPO § 882b 1 f.
  - Eintragungsverzeichnis
    - Widerspruch des Schuldners   ZPO § 882d
  - Erteilung von Abdrucken   ZPO § 882g; **Anhang zu § 882g**
  - Inhalt   ZPO § 882b 4 f.; **Anhang zu § 882h**
  - Listen aus Abdrucken   ZPO § 882g 9 ff.; **Anhang zu § 882g**
  - Löschung der Eintragung   ZPO § 882e; **Anhang zu § 882h**
  - personenbezogene Daten   ZPO § 882b 4
  - Rechtsbehelfe   ZPO § 882b 6; § 882d 1 ff.
  - veranlassungsbezogene Daten   ZPO § 882b 5
  - Verfassungsgemäßheit   ZPO **Vor §§ 882b–882h** 5
  - Verordnungsermächtigung   ZPO § 882g 15; § 882h 3
  - Zuständigkeit   ZPO **Vor §§ 882b–882h** 3; § 882h

- **Schuldnerverzeichnisabdruckverordnung**   ZPO § 882g 2; **Anhang zu § 882g**
- **Schuldnerverzeichnisführungsverordnung**   ZPO § 882f 1 f.; **Anhang zu § 882h**
- **Schuldnerverzug**
  - Beendigung durch Leistung an Gerichtsvollzieher   ZPO § 754 12
- **Schuldübernahme**
  - als Rechtsnachfolge   ZPO § 727 22
- **Schulungsveranstaltung für Betriebsratsmitglieder**
  - Zulässigkeit des eR   ZPO **Vor § 935** 181
- **Schutzanordnung**   ZPO § 713
- **Schutzantrag**   ZPO § 712
- **Schutzrechtsverwarnung**   ZPO **Anhang zu § 935 A** 43
- **Schutzschrift**   ZPO **Vor §§ 916–945b** 48, 67; § 751 15; § 922 31; § 935 7; § 937 21 ff.; § 945a; § 945b 1 ff.
  - Akteneinsicht   ZPO § 945a; § 945b 9
  - Anwaltszustellung   ZPO § 945a; § 945b 10
  - Anwendungsbereich   ZPO § 945a; § 945b 3
  - Begriff   ZPO § 945a; § 945b 1 f.
  - Berücksichtigung durch das Gericht   ZPO § 937 21; § 945a; § 945b 7 f.
  - Einsichtsrecht   ZPO § 945a; § 945b 9
  - Form   ZPO § 945a; § 945b 6
  - für Prozesskostenhilfeantrag   ZPO **Vor §§ 916–945b** 48
  - im Beschlussverfahren   ZPO § 922 6, 17
  - Inhalt   ZPO § 945a; § 945b 7
  - Kosten   ZPO § 945a; § 945b 11 ff.
  - Rechte des Antragstellers bei Einreichung   ZPO § 945a; § 945b 9
  - u. rechtliches Gehör   ZPO § 937 21; § 945a; § 945b 7
  - Zentrales Schutzschriftenregister   ZPO § 945a; § 945b 3 ff.
  - Zustellungsadressat   ZPO § 945a; § 945b 10
- **Schwangerschaftsabbruch**   ZPO **Vor § 935** 12
- **Schwimmdock**   ZPO § 870a 1
- **Seerechtliche Haftungsbeschränkung**   ZPO § 786a
- **Selbsthilfe**   ZPO **Vor § 935** 27
- **Selbstständige Vermögensrechte**   ZPO § 857 3 f.
- **Selbstständiges Beweisverfahren**   ZPO **Vor § 935** 6, 59
- **Selbstwiderlegung**   ZPO § 935 18
- **Sequestration**   ZPO § 938 20 ff.
  - Abgrenzung zu Sicherstellung u. Verwahrung   ZPO § 938 20
  - Amtsniederlegung   ZPO § 938 24
  - Aufhebung der   ZPO § 938 25
  - Ausfallhaftung   ZPO § 938 25
  - Begriff   ZPO § 938 20
  - Beschwerde   ZPO § 938 23
  - Doppelaufsicht   ZPO § 938 23
  - Gerichtsvollzieher als Sequester   ZPO § 938 20, 22
  - Grundstück   ZPO § 938 20

- Haftung ZPO § 938 21
- Rechtsbehelfe ZPO § 938 23 f.
- Schlechterfüllung ZPO § 938 21
- Stellung des Sequesters ZPO § 938 21
- Vergütung u. Festsetzung ZPO § 938 22, 25 f.
- Verwertungsbefugnis ZPO § 930 19
- Weisungen ZPO § 938 21

Sicherheitsleistung
- als Vollstreckungsvoraussetzung ZPO § 751 8, 9, 10, 11, 12
- Anordnung einer ZPO § 943 3
- Aufhebung der eV gegen ZPO § 939 1 ff.
- bei Befriedigungsverfügung ZPO § 921 15
- bei Teilvollstreckung ZPO § 752
- bei Vollstreckung ausländischer Entscheidungen Brüssel-I-VO Art. 46 1, 5
- bei Wiedereinsetzen in den vorigen Stand ZPO § 707 9
- bei Zwangshypothek ZPO § 867 1
- Bürgschaft ZPO § 939 3
- des Gläubigers ZPO § 943 6
- des Schuldners ZPO § 943 8
- einstweilige Einstellung der Vollziehung ZPO § 924 20
- Erbieten zur ZPO § 927 28
- FamFG-Verfahren ZPO § 939 8
- im Klauselverfahren ZPO § 726 2
- im Tenor ZPO § 922 25
- Kosten der ZPO § 788 20
- Rückgabe ZPO § 715
  - Gebühren ZPO § 715 7
  - Rechtsmittel ZPO § 715 6
  - Verfahren ZPO § 715 2 f.
- Rücknahmeverfahren nach § 109 ZPO § 943 3 ff.
- u. Abwendungsbefugnis gem. § 923 ZPO § 923 2
- u. Arrestgesuch ZPO § 920 4, 5
- u. Aufhebungsverfahren gem. § 927 ZPO § 927 28
- u. Glaubhaftmachung ZPO § 920 28; § 935 13
- u. Schadensersatz (§ 945) ZPO § 945 44
- u. Vollziehungsabwendung ZPO § 945 44
- u. Vollziehungsschaden (§ 945) ZPO § 945 44
- Vollstreckung wegen ZPO § 887 16
- vorläufige Vollstreckbarkeit auf Antrag ohne ZPO § 710
- vorläufige Vollstreckbarkeit gegen ZPO § 709
- Zugriff der obsiegenden Partei ZPO § 715 4 f.
- zur Abwendung der Vollziehung ZPO § 945 44
- zur Abwendung der Zwangsvollstreckung ZPO § 711 2; § 712 5 ff.; § 717 10; § 720 2 ff.
- Zuständigkeit des Hauptsachegerichts ZPO § 943 3

Sicherheitsleistung i. S. d. § 921
- als Ersatz für Glaubhaftmachung ZPO § 921 2 ff.
  - Anordnung der ZPO § 921 6

- Anwendungsbereich ZPO § 921 3
- arbeitsgerichtliches Verfahren ZPO § 921 10
- Bemessung der ZPO § 921 5
- Beschluss ZPO § 921 6
- Beweismöglichkeit im Hauptsacheverfahren ZPO § 921 4
- Bewertung des § 921 Abs. 2 S. 1 ZPO § 921 8
- Fristsetzung ZPO § 921 6
- im verwaltungsgerichtlichen Verfahren ZPO § 921 10
- Interesse, berechtigtes ZPO § 921 4
- persönlicher Arrest ZPO § 921 4
- Rechtsbehelf ZPO § 921 7
- u. eV ZPO § 921 9
- Überzeugung des Gerichts ZPO § 921 4
- Untersuchungsgrundsatz ZPO § 921 10
- Voraussetzungen ZPO § 921 4
- Pflicht zur (§§ 921 Abs. 2, 925 Abs. 2) u. Aufhebungsverfahren (§ 927 Abs. 1) ZPO § 927 26
- trotz Glaubhaftmachung ZPO § 921 11
- Befriedigungsverfügung ZPO § 921 15
- Ermessensausübung ZPO § 921 13 f.
- im arbeitsgerichtlichen Verfahren ZPO § 921 16
- im verwaltungsgerichtlichen Verfahren ZPO § 921 16
- u. eV ZPO § 921 15
- Voraussetzungen ZPO § 921 13
- Zweck ZPO § 921 11

Sicherungsanordnung
- Nichtbefolgung als Verfügungsgrund ZPO § 940a 16 f.

Sicherungsgrundschuld ZPO § 857 25
- Erteilung der vollstreckbaren Ausfertigung ZPO § 726 4, 8

Sicherungsgut
- Pfändung in durch Sicherungsgut gesicherte Forderung ZPO § 829 64; § 838

Sicherungshöchstbetragshypothek ZPO § 932 8

Sicherungshypothek ZPO § 932 1, 10
- Erwerb in der Zwangsvollstreckung ZPO § 848 6, 7, 8, 9; § 857 20; § 867 17

Sicherungsübereignung
- Geltendmachung gegenüber Vollstreckungsgläubiger ZPO § 771 21; § 805 18

Sicherungsverfügung ZPO Vor § 935 29; § 935 1 ff.
- Erledigung ZPO § 935 30 ff.
- gerichtliches Ermessen ZPO § 938 6
- Interessenabwägung ZPO Vor §§ 916–945b 46; § 935 16
- Kosten ZPO § 935 24
- neben and. Verfügungsarten ZPO Vor §§ 916–945b 14, 34
- neben Befriedigungsverfügung ZPO § 935 1
- Rechtsschutzinteresse ZPO § 935 23
- Selbstwiderlegung der Dringlichkeit ZPO § 935 18

Stichwortverzeichnis

- Sicherungsmittel ZPO **Vor § 935** 29
- Streitgegenstand ZPO **§ 935** 1 f.
- Streitwert ZPO **§ 935** 36
- typische Anwendungsfälle ZPO **§ 935** 5
- u. Arrest ZPO **Vor §§ 916–945b** 12, 34
- Verfügungsanspruch ZPO **§ 935** 5 f.
  - Darlegungslast ZPO **§ 935** 8
  - Glaubhaftmachung ZPO **§ 935** 9 ff.
  - Schlüssigkeitsprüfung ZPO **§ 935** 6, 13, 16
- Verfügungsantrag ZPO **§ 920** 16; **§ 935** 2
- Verfügungsgrund ZPO **Vor §§ 916–945b** 46; **§ 935** 14 ff.
  - Glaubhaftmachung ZPO **§ 935** 20 f.
- Verjährung ZPO **§ 935** 27 ff.
- Vollstreckbarkeit des Verfügungsanspruchs ZPO **Vor §§ 916–945b** 45; **§ 935** 26

Sicherungsvollstreckung ZPO **§ 720a** 1, 2, 3, 4, 5, 6
- Abwendungsbefugnis des Schuldners ZPO **§ 720a** 7 f.
- Arrestvollziehung ZPO **§ 928** 1, 7
- Gebühren ZPO **§ 720a** 10
- nach AVAG AVAG **§ 21** 2
- Wartefrist ZPO **§ 750** 40
- Zustellung der Klausel ZPO **§ 750** 40 ff.

Siegelanlegung
- Pfändung durch ZPO **§ 808** 10

Sittenwidrige Erschleichung oder Ausnutzung eines unrichtigen Titels ZPO **Anhang zu § 767**

Sittenwidrige Härte
- Schuldnerschutz ZPO **§ 765a** 18 ff.

Sittenwidrige Vollstreckung ZPO **Vor §§ 765a–777** 21

Sofortabnahme der Vermögensauskunft ZPO **§ 807**
- Antrag ZPO **§ 807** 8 ff.
- Ausschluss ZPO **§ 807** 18
- Gründe ZPO **§ 807** 13 ff.
- Rechtsbehelfe ZPO **§ 807** 20 ff.

Sofortige Beschwerde ZPO **Vor §§ 765a–777** 3 ff.; **§ 766** 6; **Anhang zu § 793** 3
- Abhilfebefugnis des Rechtspflegers ZPO **Anhang zu § 793** 5 f.
- ArbGG, VwGO, AO ZPO **§ 793** 15
- Begründetheit ZPO **§ 793** 7
- Beschwerdebefugnis ZPO **§ 793** 5
- Beschwerdeverfahren ZPO **§ 793** 9
- Gebühren ZPO **§ 793** 14
- gegen Entscheidung des Insolvenzgerichts ZPO **§ 793** 1
- gem. § 91a Abs. 2 im Widerspruchsverfahren ZPO **§ 925** 18
- gem. § 99 Abs. 2 im Widerspruchsverfahren ZPO **§ 925** 18
- im Eilverfahren ZPO **§ 922** 39; **§ 923** 5; **§ 924** 2, 6; **§ 925** 16 ff.; **§ 926** 16; **§ 937** 15; **§ 942** 11, 23
  - Anwaltszwang ZPO **§ 924** 2

- Rechtsmittel ZPO **§ 793** 12
- Rechtsschutzinteresse ZPO **§ 793** 6
- Zulässigkeit ZPO **§ 793** 2

Software ZPO **Vor §§ 803–863** 2; **§ 857** 44, 47

Sonderformen
- der Verwertung ZPO **§ 857** 12

Sondergut
- bei Gütergemeinschaft ZPO **§ 740** 1, 5

Sonderkonten
- Pfändung ZPO **§ 829** 16

Sondernutzungsrechte
- eines Wohnungseigentümers, Pfändbarkeit ZPO **§ 851** 3; **§ 864** 9

Sonn- u. Feiertage
- richterliche Erlaubnis ZPO **Vor §§ 916–945b** 76
- Vollstreckung an ZPO **§ 758a** 54 ff.; **§ 928** 5

Sonstige Vermögensrechte
- Vollstreckung in ZPO **§ 857**

Sozialer Pfändungsschutz ZPO **§ 850 ff.** »Verweis korrekt?«;; **§ 811** 1
- ArbGG, VwGO, AO ZPO **§ 811** 65; **§ 850** 19
- bei beweglichen Sachen ZPO **§ 811**
- bei gläubigereigenen Sachen ZPO **§ 811** 5, 6, 7, 8, 9, 10
- bei Herausgabevollstreckung ZPO **§ 883** 13
- bei nicht wiederkehrenden Bezügen ZPO **§ 850i**
- beim Arbeitseinkommen ZPO **§ 850f**
- beim Bankguthaben ZPO **§ 850k**
- Erweiterung des ZPO **§ 850f** 5 ff.
- Kosten ZPO **§ 811** 64
- u. gesellschaftlicher Wandel ZPO **§ 811** 2
- Verzicht auf ZPO **§ 811** 15

Sozialgerichtliches Verfahren, einstweiliger Rechtsschutz ZPO **Vor §§ 916–945b** 96; **§ 916** 17; **§ 922** 46; **§ 924** 24; **§ 925** 23; **§ 926** 44; **§ 937** 9, 20; **§ 939** 8; **§ 942** 24; **§ 943** 8; **§ 944** 9; **§ 945** 58

Sozialhilfe
- als Verfügungsgrund ZPO **§ 935** 17

Sozialhilfebedarf
- erweiterter Pfändungsschutz ZPO **§ 850f** 6

Sozialleistungen
- Pfändungsschutz ZPO **Anhang zu § 829** 32, 33; **§ 850** 18; **§ 850i** 9; **§ 850k** 17
- Sozialgeheimnis ZPO **Anhang zu § 829** 37
- Vollstreckung in ZPO **Anhang zu § 829** 30, 31, 32, 33, 34, 35, 36, 37, 38; **§ 850c** 14; **§ 850d** 22, 23, 24; **§ 850f** 3
- Zusammenrechnung mit Arbeitseinkommen ZPO **§ 850e** 8, 9, 10, 11

Sparbuch ZPO **§ 930** 9
- Pfändung ZPO **§ 829** 49; **Anhang zu § 829** 16

Sparvertrag
- Pfändung ZPO **Anhang zu § 829** 16 f.

Sprungrevision ZPO **§ 922** 34

Staatenimmunität ZPO **§ 829** 21

Staatsvertrag, Verbürgung durch ZPO **§ 917** 9

Statistik
- zum eR ZPO **Vor §§ 916–945b** 7 f.

Sterbe- u. Gnadenbezüge ZPO § 850a 14
Steuererklärung
– Abgabe der ZPO § 887 18; § 888 15
– Mitwirkung ZPO § 888 15
Steuererstattungsansprüche
– Mitwirkung bei Geltendmachung ZPO § 888 15
– Pfändung ZPO § 829 7, 9; **Anhang zu § 829** 39, 40, 41, 42, 43; § 850 11
Steuerklasse
– Lohnverschleierung ZPO § 850h 11
Steuern, ausländische ZPO § 850e 2; § 850f 2
Stiftungen des öffentlichen Rechts
– Vollstreckung gegen ZPO § 882a 3
Stille Gesellschaft
– Anteilspfändung ZPO § 859 15
Stimmbindungsvertrag ZPO § 894 5
Strafen und Zwangsmittel ZPO § 888 31
Strafgefangenenentgelt ZPO § 850 11
Strafprozess
– Arrest im ZPO **Vor §§ 916–945b** 98; § 927 27; § 928 11
Strafverfolgungsentschädigungsansprüche
– bedingte Pfändbarkeit ZPO § 850b 9
Streik ZPO **Vor § 935** 171 ff.
Streikgeld
– Pfändungsschutz ZPO § 850 11
Streitgegenstand
– Arrest ZPO **Vor §§ 916–945b** 21
– Befriedigungsverfügung ZPO **Vor §§ 916–945b** 21
– Eilverfahren u. Hauptsacheverfahren ZPO **Vor §§ 916–945b** 21; § 935 2
– Sicherungsverfügung ZPO § 935 2
Streitverkündung
– Pflicht zur ZPO § 841
– Schadensersatz ZPO § 841 3
Streitwert
– bei Befriedigungsverfügungen ZPO § 935 36; § 940 19
– beim Verfügungsverfahren ZPO § 935 36 ff.
– Weiterzahlung des Arbeitslohns ZPO § 935 37
– wettbewerbsrechtlicher Unterlassungsanspruch ZPO § 935 36
Studienbeihilfen ZPO § 850a 13
Stufenklage ZPO § 889 1
Stundung
– durch den Einziehungsberechtigten ZPO § 835 4
– Nachweis in der Zwangsvollstreckung ZPO § 767 22; § 775 10
Subsidiarität
– des persönlichen Arrestes ZPO § 918 3
Surrogat
– Fortsetzung des Pfandrechts am ZPO § 819 1
Taschengeldanspruch
– Pfändung ZPO § 850 9; § 850b 11; § 851 4
Taschenpfändung

– Durchsuchungsanordnung ZPO § 758 4; § 758a 8
Tatsachen
– als Entscheidungsgrundlage ZPO § 922 15
– u. Glaubhaftmachung ZPO § 920 22
Teilaufhebung ZPO § 927 12
Teilbeträge
– Einziehung von ZPO § 754 13; § 802b 4 ff.
Teileigentumsgrundbuch ZPO § 896 2
Teilleistung
– Tilgung durch ZPO § 802b 5, 6, 12; § 882c 4
Teilleistungen
– Annahme durch den Gerichtsvollzieher ZPO § 754 5
– Vermerk auf Quittung ZPO § 757 12
Teilrechtskraftzeugnis ZPO § 706 11
Teilungsplan ZPO § 874; § 875 1; § 876; § 880 1; § 882 1
– Anfertigung ZPO § 874 1
– Berichtigung des ZPO § 876 3
– Reihenfolge der Forderungen ZPO § 874 4
– Terminsbestimmung ZPO § 875
– Vorwegabzug ZPO § 874 2
– Widerspruch gegen ZPO § 876 1 f.
Teilungsversteigerung
– Vollstreckungsschutz ZPO § 765a 9
Teilvollstreckung
– Abwendungsbefugnis des Schuldners
– defensive ZPO § 752 7
– offensive ZPO § 752 8
– bei ausländischen Entscheidungen Brüssel-I-VO Art. 48 1 f.
– Sicherheitsleistung des Gläubigers
  – bei mehrfacher Vollstreckung ZPO § 752 6
  – Höhe der ZPO § 752 2
  – Nachweis der ZPO § 752 5
Teilzahlungskauf ZPO **Anhang zu § 825** 8 f.
Terminierung
– im Eilverfahren ZPO **Vor §§ 916–945b** 55; § 922 2, 36
Terminsbestimmung im Verteilungsverfahren ZPO § 875
Testamentsvollstrecker ZPO § 728 6
– Klauselerteilung für und gegen ZPO § 749 1, 2, 3, 4, 5
Theorien zur Pfändung des Anwartschaftsrechts
– Doppelpfändung ZPO § 857 16
– Rechtspfändung ZPO § 857 14
– Rechtspfändung in Form der Sachpfändung ZPO § 857 17
– reine Sachpfändung ZPO § 857 15
Tiere in der Zwangsvollstreckung ZPO § 811c; § 885 10, 32; § 887 10
Titelerstreckung
– Klauselerteilung zum Zwecke der ZPO **Vor §§ 724–734** 7; § 727
Titelkollision ZPO **Vor §§ 1087–1096**
Tod des Schuldners ZPO § 779

Stichwortverzeichnis

Trauringe
– Pfändung ZPO § 811 57
Treuegelder
– Pfändungsschutz ZPO § 850a 4
Treuhänder
– Drittwiderspruchsklage ZPO § 771 16, 20, 30, 46
Treuhandkonto
– Pfändung ZPO § 829 15
Treuhandverhältnis
– Ansprüche aus ZPO § 857 56
Überbrückungsgeld Überbrückungsgeld
– (Strafvollzug) ZPO § 850 11
Übereignungsansprüche
– Vollstreckung in ZPO § 847 3
– Vollstreckung wegen ZPO **Vor** §§ 883–898 1; § 897 1 ff.
Übergabe des Titels ZPO § 757
Übergabeersatz
– bei Eigentumserwerb durch Vollstreckung ZPO § 897 1
Übergang von der Zwangshypothek zur Zwangsversteigerung ZPO § 867 25, 26, 27
Übermaßabmahnung ZPO **Anhang zu** § 935 A 9
Übermaßverbot ZPO § 765a 32
Überpfändung ZPO § 803 2, 3, 4, 5
Überprüfungsantrag nach Art. 20 EuMahnVO EuMahnVO **Vor** 8; EuMahnVO 9
– Entsprechende Anwendung des § 707 ZPO **Vor** §§ 1087–1096
Überraschungszweck ZPO **Vor** §§ 916–945b 5
– u. Vollziehung ZPO **Vor** §§ 916–945b 74
Übersetzung ZPO § 1083
Überstundenvergütung
– Vollstreckung in ZPO § 850a 2
Übertragbarkeit
– einer Forderung als Pfändungsvoraussetzung ZPO § 851
Überweisung
– an Zahlungs Statt ZPO § 835 16, 17; § 857 12
– Auskunftspflicht ZPO § 836 7
– Auslegung des Überweisungsbeschlusses ZPO § 835 2
– Ausschluss der Überweisung ZPO § 720a 1, 4; § 835 1; § 844 1
– Drittschuldnerschutz ZPO § 836 3
– Herausgabe von Urkunden ZPO § 836 14
– Unterstützungspflicht des Schuldners ZPO § 836 7
– zur Einziehung ZPO § 835 4, 5, 6, 7, 8, 9, 10, 11, 12, 13, 14, 15; § 857 12
– Zustellung des Überweisungsbeschlusses ZPO § 835 3
Überweisungsbeschluss
– Gebühren ZPO § 835 21
Überziehungskredit
– Pfändung ZPO **Anhang zu** § 829 9; § 851 4
Umfang der Zwangsvollstreckung

– ArbGG, VwGO, AO, JBeitrO ZPO **Vor** §§ 864–871 8
Umgangs- und Besuchsregelungen ZPO **Vor** § 935 11
Umsatzsteuerlich geforderte Rechnung
– Vollstreckung auf Erteilung ZPO § 894 2
Umschreibung
– von Namenspapieren ZPO § 822
Unanfechtbare Verfügungen
– des Rechtspflegers ZPO **Anhang zu** § 793 15
Unbewegliches Vermögen
– ArbGG, VwGO, AO, JBeitrO ZPO **Vor** §§ 864–871 8
– Gegenstände der Zwangsvollstreckung in das ZPO § 864
– Herausgabevollstreckung ZPO § 885 1
– Überblick über die Vollstreckungsmöglichkeiten in das ZPO **Vor** §§ 864–871 1, 2; § 866 1, 2, 3, 4, 5
– Umfang der Zwangsvollstreckung ZPO § 865
– Unterscheidung zwischen beweglichem u. ZPO **Vor** §§ 803–863 1
Unentgeltliche Zuwendungen
– bedingte Pfändbarkeit ZPO § 850b 14
Unerlaubte Handlung
– Vollstreckung einer Forderung aus ZPO § 850f 10, 11, 12, 13
Unfallversicherung
– Pfändung ZPO **Anhang zu** § 829 25
Ungerechtfertigte Eilanordnung ZPO § 945 5 ff.
Ungetrennte Früchte ZPO § 824
– Beschlagnahmtes Grundstück ZPO § 810 7
– Durchführung der Pfändung ZPO § 810 5 f.
– Realgläubiger ZPO § 810 8; § 824 6
– Verwertung ZPO § 824
Unlauterer Wettbewerb
– eR im ZPO **Vor** § 935 98 ff.
Unpfändbarkeit
– Änderung der Voraussetzungen ZPO § 850g
– Anordnung der befristeten ZPO § 850l
– Verstoß gegen Unpfändbarkeitsvorschriften ZPO § 811 13; § 829 27, 28, 29, 30, 31, 32
– Verzicht auf Unpfändbarkeit ZPO **Einf.** 11; § 811 15 f.
– von Forderungen ZPO § 829 20, 21, 22, 23, 24, 25, 26, 27, 28, 29, 30, 31, 32; § 850a; § 850b; § 851 2, 3, 4, 5, 6, 7, 8, 9, 10
– von körperlichen Sachen ZPO § 811; § 811c; § 812
Unterbringungssachen
– Einstweiliger Rechtsschutz ZPO **Vor** §§ 916–945b 91 f.
Unterhalt
– Anspruch von Ehegatten u. Kindern ZPO **Vor** § 935 44 f., 44, 9 b
– Befriedigungsverfügung ZPO **Vor** § 935 44 ff.
– Betrag ZPO § 938 11
– eV im Unterhaltsrecht ZPO **Vor** § 935 11, 44

Unterhaltsabänderungsbeschluss ZPO § 794 35
Unterhaltsansprüche
– Änderung des unpfändbaren Betrages ZPO § 850f 1
– Anerkennung u. Vollstreckung von Unterhaltsentscheidungen EuVTVO **Vor 7; Art. 2** 2
– Auslandsunterhaltsgesetz ZPO **Vor §§ 722–723** 19; EuUnterhaltsVO **Vor** 2
– bevorrechtigte ZPO **§ 850d** 19
– Gesetzliche ZPO **§ 850d** 4
– Pfändungsgrenzen ZPO **§ 850d**
– Rangfolge der Unterhaltsberechtigten ZPO **§ 850d** 9, 13, 14, 15, 16
– Unterhaltsberechtigung ZPO **§ 850d** 6
– Unterhaltsrückstände, Vollstreckung wegen ZPO **§ 850d** 12
– Vollstreckung in ZPO **§ 850b** 10, 11, 12, 13
– Vollstreckung wegen ZPO **§ 850d**
– Vorratspfändung ZPO **§ 850d** 17
Unterhaltsberechtigte
– eigenes Einkommen von ZPO **§ 850c** 10
– Konkurrenz mehrerer Unterhaltsberechtigter in der Zwangsvollstreckung ZPO **§ 850d** 9, 13, 14, 15, 16
Unterhaltsbeschlüsse
– im vereinfachten Verfahren ZPO **§ 794** 35
Unterhaltsleistungsverfügung ZPO **Vor § 935** 44
Unterhaltsrückstände
– Vollstreckung wegen ZPO **§ 850d** 12
Unterhaltssachen
– Aufhebungsverfahren ZPO **§ 927** 6
– Einstweiliger Rechtsschutz ZPO **Vor §§ 916–945b** 20, 91 f.; **Vor § 935** 10, 44 ff.
– FamFG-Verfahren ZPO **§ 945** 52
– Prozesskostenvorschuss ZPO **§ 937** 5
– Zahlung künftigen Unterhalts ZPO **§ 937** 5
Unterhaltstitel
– dynamisierter EuVTVO **Art. 4** 10
Unterhaltungselektronik
– Pfändung ZPO **§ 811** 62
Unterlassungsanspruch ZPO **Vor § 935** 98 ff.; **§ 935** 5
Unterlassungserklärung, strafbewehrte ZPO **§ 935** 30; **Anhang zu § 935 A** 9 f., 4; **Anhang zu § 935 B** 1 ff.
– als Willenserklärung ZPO **Anhang zu § 935 B** 16
– Bedingung, auflösende ZPO **Anhang zu § 935 B** 6
– befristete Unterwerfung ZPO **Anhang zu § 935 B** 7
– Drittunterwerfung ZPO **Anhang zu § 935 B** 21
– Drittwirkung ZPO **Anhang zu § 935 B** 19 f.
– Einrede des Fortsetzungszusammenhangs ZPO **Anhang zu § 935 B** 12
– einseitige ZPO **Anhang zu § 935 B** 17
– erneuter Verstoß ZPO **Anhang zu § 935 B** 25
– Erstbegehungsgefahr ZPO **Anhang zu § 935 B** 2
– Berühmung ZPO **Anhang zu § 935 B** 2
– Form der ZPO **Anhang zu § 935 B** 15
– Frist für ZPO **Anhang zu § 935 A** 6 f.
– Inhalt der ZPO **Anhang zu § 935 B** 5 ff.
– u. Widerrufsvorbehalt ZPO **Anhang zu § 935 B** 6
– Übermaßabmahnung ZPO **Anhang zu § 935 A** 9
– Unterlassungsversprechen ZPO **Anhang zu § 935 B** 5, 12
– Verstoß ZPO **Anhang zu § 935 B** 25
– Vertragsstrafenverpflichtung ZPO **Anhang zu § 935 B** 8 f.
– Vorbehalte ZPO **Anhang zu § 935 B** 6
– Wiederholungsgefahr ZPO **Anhang zu § 935 A** 9; **Anhang zu § 935 B** 1
– Vermutung ZPO **Anhang zu § 935 B** 1
– Wirkung im Prozess ZPO **Anhang zu § 935 B** 24
– Zugang der ZPO **Anhang zu § 935 B** 15
Unterlassungsgebot im Wettbewerbsrecht ZPO **§ 938** 34
Unterlassungsklage ZPO **Vor §§ 765a–777** 18; **§ 765a** 14
Unterlassungsverfügung ZPO **§ 922** 45; **Vor § 935** 32, 57
– im Arbeitskampfrecht ZPO **Vor § 935** 171 f.
– in wettbewerbsrechtlichen Streitigkeiten ZPO **Anhang zu § 935 Vorbem.** 1; **§ 938** 12
– Streitwert ZPO **§ 935** 36
– Verzicht auf Aufhebungsverfahren gem. § 927 Abs. 1 ZPO **§ 927** 11
– Parteizustellung ZPO **§ 929** 26 ff.
– Schadensersatz bei Verstoß gegen ZPO **§ 945** 48
– u. freiwillige Erfüllung ZPO **§ 945** 48
– u. Gebrauchsmusterlöschungsverfahren ZPO **§ 945** 8
– u. Verzicht auf Fristsetzung für Hauptsacheklage ZPO **§ 926** 40
– u. Vollziehungsabwendung durch freiwillige Erfüllung ZPO **§ 945** 45 ff., 48
– u. Vollziehungsschaden ZPO **§ 945** 40
– u. Vorwegnahme der Hauptsache ZPO **§ 926** 40
– Vollziehung ZPO **§ 928** 14; **§ 929** 26 ff.; **§ 945** 8
Unterlassungsvollstreckung
– Abgrenzung zur Handlungsvollstreckung ZPO **§ 890** 2, 4
– Androhung der Ordnungsmittel ZPO **§ 890** 16 ff.
– Kerntheorie ZPO **§ 890** 24 ff.
– Tateinheit und Fortsetzungszusammenhang ZPO **§ 890** 29
– Verschuldenserfordernis ZPO **§ 890** 30 ff.
– Wegfall des Titels nach Zuwiderhandlung ZPO **§ 890** 13
Untermieter
– Räumungsvollstreckung gegen ZPO **§ 885** 13

2471

Stichwortverzeichnis

Unterrichtung
- nach der EuVTVO   EuVTVO **Art. 16** 1; **Art. 17** 1

Untersuchungsgrundsatz
- im arbeitsgerichtlichen Beschlussverfahren   ZPO **§ 920** 30
- u. Glaubhaftmachung   ZPO **§ 921** 10

Unterwerfung unter die sofortige Zwangsvollstreckung   ZPO **§ 794** 58, 59, 60, 61, 62, 63, 64; **§ 799a** 5
- Eintragung im Grundbuch   ZPO **§ 800** 5
- in AGB   ZPO **§ 794** 59 f.
- in Urkunde gegen den jeweiligen Eigentümer   ZPO **§ 800** 2 ff.
- Stellvertretung   ZPO **§ 794** 63

Unterwerfungsvertrag   ZPO **Anhang zu § 935 A** 9

Unvertretbare Handlungen
- Vollstreckung wegen   ZPO **§ 888**
- Gebühren   ZPO **§ 888** 55

Unzeit
- Vollstreckung zur   ZPO **§ 758a** 54 ff.

Urheberhoraranspruch   ZPO **§ 857** 48

Urheberrechte
- Pfändung   ZPO **§ 857** 45 ff.

Urheberrechtssachen   ZPO **Vor § 935** 123 ff.

Urkunde
- Herausgabepflicht des Schuldners   ZPO **§ 836** 8 ff.
- vollstreckbare Urkunde als Titel   ZPO **§ 794** 47, 48, 49, 50, 51, 52, 53, 54, 55, 56, 57, 58, 59, 60, 61, 62, 63, 64, 65, 66, 67, 68, 69, 70, 71, 72, 73; **§ 797**; EuVTVO **Art. 4** 5

Urkundsbeamter der Geschäftsstelle   ZPO **Vor §§ 724–734** 9, 13; **§ 724** 9
- Klauselerteilung durch   ZPO **§ 726** 1; **§ 795b**

Urlaub
- Verfügungsanspruch   ZPO **Vor § 935** 147
- Verfügungsgrund   ZPO **Vor § 935** 147

Urlaubsgeldanspruch
- Urlaubsabgeltung   ZPO **§ 850a** 3; **§ 851** 4
- Urlaubsvergütung   ZPO **§ 850a** 3
- Vollstreckung in   ZPO **§ 850a** 3, 4, 5, 6

Urteilsergänzungsverfahren   ZPO **§ 716**
- Berichtigungsverfahren   ZPO **§ 716** 2
- Ergänzungsverfahren   ZPO **§ 716** 2
- Gebühren   ZPO **§ 716** 4

Urteilsurschrift   ZPO **§ 734**

Urteilsverfahren, arbeitsgerichtliches Eilverfahren   ZPO **Vor §§ 916–945b** 93; **Vor § 935** 146
- Arrestgericht   ZPO **§ 919** 16; **§ 926** 44; **§ 927** 45
- Aufhebung gegen Sicherheitsleistung (§ 939)   ZPO **§ 939** 8
- Berufung   ZPO **§ 922** 46
- dinglicher Arrest   ZPO **§ 917** 18
- Eilkompetenz des Vorsitzenden   ZPO **§ 937** 18; **§ 944** 7
- Entbindung von der Weiterbeschäftigungspflicht   ZPO **Vor § 935** 156 f.; **§ 945** 53
- Fallgruppen im Eilverfahren   ZPO **Vor § 935** 147 ff.
- Fristsetzung (§ 926 Abs. 1)   ZPO **§ 926** 44
- Gericht der Hauptsache   ZPO **§ 937** 7; **§ 943** 9
- Glaubhaftmachung   ZPO **§ 920** 30
- Kosten   ZPO **Vor §§ 916–945b** 93
- Lösungssumme   ZPO **§ 923** 10
- mündliche Verhandlung   ZPO **§ 922** 10
- Notzuständigkeit des Amtsgerichts (§ 942 Abs. 1)   ZPO **§ 942** 24
- persönlicher Arrest   ZPO **§ 918** 6
- Revision   ZPO **§ 922** 46
- Schadensersatz (§ 945)   ZPO **§ 945** 53
- Sicherheitsleistung   ZPO **§ 921** 10, 16
- u. Arrest   ZPO **§ 916** 17
- u. Aufhebungsverfahren (§ 926 Abs. 2)   ZPO **§ 926** 44
- u. Aufhebungsverfahren (§ 927)   ZPO **§ 927** 45
- Verzicht auf mündliche Verhandlung   ZPO **§ 937** 18
- Vollziehungsfrist   ZPO **§ 929** 49
- Weiterbeschäftigungsanspruch   ZPO **Vor § 935** 153 ff.; **§ 945** 53
- Widerspruchsverfahren   ZPO **§ 924** 24; **§ 925** 23
- Zustellung von Amts wegen   ZPO **§ 922** 46

Urteilsverfahren, einstweiliger Rechtsschutz   ZPO **§ 922** 12, 14
- Anwaltszwang   ZPO **§ 922** 2
- arbeitsgerichtliches   ZPO **Vor §§ 916–945b** 93; **Vor § 935** 146
- Endscheidungsform, falsche   ZPO **§ 922** 41
- Endurteil, erstinstanzliches   ZPO **§ 922** 12, 17
- Entscheidungsgründe   ZPO **§ 922** 27
- Entscheidungsgrundlage   ZPO **§ 922** 15
- Glaubhaftmachung   ZPO **§ 922** 15, 36
- rechtliches Gehör   ZPO **§ 922** 11
- Schadensersatzanspruch   ZPO **§ 922** 43
- Schlüssigkeitsprüfung   ZPO **§ 922** 16
- Tatsachenvortrag   ZPO **§ 922** 15
- Terminierung   ZPO **§ 922** 2, 20, 36
- verfahrensbeschleunigende Besonderheiten   ZPO **§ 922** 36
- Vertagung   ZPO **§ 922** 15
- Zurückweisung als verspätet   ZPO **§ 922** 15
- Zustellung der Entscheidungsgründe   ZPO **§ 922** 29 f.

Urteilsverfügung
- Vollziehung   ZPO **§ 929** 28 ff.
- Vollziehungsabwendung bei   ZPO **§ 945** 47 f.

Vaterschaftsfeststellungsverfahren
- Einstweilige Anordnung   ZPO **Vor §§ 916–945b** 92

Veränderte Umstände   ZPO **§ 927** 18

Verarmter Schenker   ZPO **§ 852**

Veräußerungsverbot   ZPO **§ 938** 27
- nach Pfändung   ZPO **Vor §§ 803–804** 1 ff.

Verbotene Eigenmacht   ZPO **Vor § 935** 34; **§ 940a** 12 f.

Verbraucherschutzverband
– u. Abmahnung   ZPO **Anhang zu § 935** A 5
Verbrauchssteuern   ZPO **§ 805** 14
Verbürgung der Gegenseitigkeit   ZPO **§ 917** 9, 17; **§ 920** 28
Vereinfachtes Verfahren
– über den Unterhalt Minderjähriger   ZPO **§ 794** 35
Vereinsrecht
– eR im   ZPO **Vor § 935** 56
Vereitelungsgefahr   ZPO **§ 917** 3, 5
Verfahrenskosten
– Ersatzfähigkeit nach § 945   ZPO **§ 945** 43
Verfahrenskostenhilfe   ZPO **§ 867** 32
Verfahrensrecht
– besonderes im eR   ZPO **Vor §§ 916–945b** 52 ff.; **§ 920** 17 ff.; **§ 922** 3 ff.; **§ 937** 10 ff.
– im Erkenntnisverfahren des eR   ZPO **Vor §§ 916–945b** 47 ff.; **§ 920** 3 ff., 7, 11, 14
Verfallsklausel   ZPO **§ 726** 6
Verfassungsrechtliches Verfahren
– einstweilige Anordnungen   ZPO **Vor §§ 916–945b** 97
Verfassungswidrigkeit der Anspruchsgrundlage   ZPO **§ 945** 12, 19
Verfolgungsrecht des Gerichtsvollziehers   ZPO **§ 758** 19; **§ 808** 14; **§ 809** 7
Verfügungsanspruch   ZPO **Vor §§ 916–945b** 42 ff.; **§ 935** 5
– Amtsausübung eines Betriebsratsmitglieds   ZPO **Vor § 935** 182 f.
– auf Beschäftigung   ZPO **Vor § 935** 153
– auf Erholungs- u. Bildungsurlaub   ZPO **Vor § 935** 147
– auf Räumung von Wohnraum   ZPO **§ 940a** 10
– auf Vergütung   ZPO **Vor § 935** 168
– auf Verschiebung o. Untersagung einer Betriebsversammlung   ZPO **Vor § 935** 180
– auf Weiterbeschäftigung   ZPO **Vor § 935** 153 ff.
– auf Zutritt zum Betrieb   ZPO **Vor § 935** 182
– Begründetheit des Gesuchs   ZPO **Vor §§ 916–945b** 42 f.
– bei Betriebsratswahlen   ZPO **Vor § 935** 179
– bei Regelungsverfügung   ZPO **§ 940** 2 ff.
– bei Sicherungsverfügung   ZPO **§ 935** 5 f.
– Beteiligungsrecht des Betriebsrats   ZPO **Vor § 935** 185
– Einhaltung von Wettbewerbsverboten   ZPO **Vor § 935** 167
– Entbindung von der Weiterbeschäftigungspflicht   ZPO **Vor § 935** 156 f.
– Erfüllung der Arbeitspflicht   ZPO **Vor § 935** 164 f.
– Glaubhaftmachung   ZPO **§ 935** 9 f.; **§ 940** 7
– Herausgabe von Arbeitspapieren   ZPO **Vor § 935** 148 f.
– im Arbeitskampfrecht   ZPO **Vor § 935** 171 ff.
– Individualleistungsanspruch   ZPO **§ 935** 5

– konkreter materiellrechtlicher Anspruch   ZPO **§ 940** 5
– konkretes Rechtsverhältnis   ZPO **§ 940** 3
– schlüssige Darlegung   ZPO **§ 935** 6 ff.; **§ 940** 6
  – Abhängigkeit vom Tatsachenvortrag des Antragsgegners   ZPO **§ 935** 7
  – Darlegungslast für anspruchsvernichtende u. -hindernde Einreden   ZPO **§ 935** 8
  – Indiztatsachen   ZPO **§ 935** 6
  – Schutzschrift   ZPO **§ 935** 7
  – technische Sachverhalte   ZPO **§ 935** 6
  – uneingeschränkte Schlüssigkeitsprüfung   ZPO **§ 935** 6
– streitiges Rechtsverhältnis   ZPO **§ 940** 4
– u. Aufhebungsverfahren gem. § 927   ZPO **§ 927** 40
– Vollstreckbarkeit   ZPO **§ 935** 23
– Zahlungsanspruch   ZPO **§ 935** 5
Verfügungsantrag   ZPO **§ 920** 16
– Antragsänderung   ZPO **§ 938** 5, 9
– Antragsbindung des Gerichts   ZPO **§ 938** 6
– Antragstellung bei Vorabbefriedigung eines Anspruchs   ZPO **§ 938** 4
– Befriedigungsverfügung   ZPO **§ 920** 16
– Bestimmtheit   ZPO **§ 920** 16; **§ 938** 3
– Bindung des Gerichts   ZPO **§ 920** 16
– Kostenentscheidung   ZPO **§ 938** 7
– Räumung gegen Hausbesetzer   ZPO **§ 920** 16
– Rechtshängigkeit, anderweitige   ZPO **§ 920** 16; **§ 935** 2
– Regelungsverfügung   ZPO **§ 940** 15
– Sicherungsverfügung   ZPO **§ 920** 16
– u. Arrestgesuch   ZPO **§ 920** 16
– Verhältnis zu § 253 Abs. 2 Ziff. 2   ZPO **§ 938** 2
– Verhältnis zu § 308 Abs. 1   ZPO **§ 938** 6
Verfügungsarten   ZPO **Vor §§ 916–945b** 14; **Vor § 935** 28 ff.
– Abgrenzungskriterien   ZPO **Vor § 935** 28
– Befriedigungsverfügung   ZPO **Vor §§ 916–945b** 14, 34; **Vor § 935** 31 ff.
– Regelungsverfügung   ZPO **Vor § 935** 30
– Sicherungsverfügung   ZPO **Vor § 935** 29
Verfügungsgrund   ZPO **§ 935** 14 ff.
– (Weiter-)Beschäftigungsanspruch   ZPO **Vor § 935** 156 f.
– als Begründetheitsvoraussetzung   ZPO **Vor §§ 916–945b** 40, 46
– als Zulässigkeitsvoraussetzung   ZPO **Vor §§ 916–945b** 40, 46; **§ 917** 2
– Amtsausübung eines Betriebsratsmitglieds   ZPO **Vor § 935** 183 f.
– auf Vergütung   ZPO **§ 940** 9
– Befriedigungsverfügung   ZPO **Vor §§ 916–945b** 46
– bei Betriebsratswahlen   ZPO **Vor § 935** 179
– Beteiligungsrecht des Betriebsrates   ZPO **Vor § 935** 185
– Dringlichkeit   ZPO **Vor § 935** 27; **§ 940** 14

- Entbindung von der Weiterbeschäftigungspflicht ZPO **Vor § 935** 156 f.
- Erfüllung der Arbeitspflicht ZPO **Vor § 935** 164 f.
- Erholungs- u. Bildungsurlaub ZPO **Vor § 935** 147
- Erleichterungen für den Antragsteller ZPO **§ 935** 19
- Gewalt ZPO **§ 940** 9
- Glaubhaftmachung ZPO **§ 935** 20
  - Ausnahmen von der Glaubhaftmachungspflicht ZPO **§ 935** 21 f.
- Herausgabe von Arbeitspapieren ZPO **Vor § 935** 148 f.
- im Arbeitskampfrecht ZPO **Vor § 935** 171 ff.
- Interessenabwägung ZPO **Vor §§ 916–945b** 46; **§ 940** 13
- Notlage ZPO **§ 935** 17
- Notwendigkeit ZPO **§ 940** 8
- Räumungsverfügung ZPO **§ 940a** 11 ff.
- Regelungsverfügung ZPO **§ 940** 7 ff.
- Selbstwiderlegung ZPO **§ 935** 18
- Sicherungsverfügung ZPO **Vor §§ 916–945b** 46
- u. Aufhebungsverfahren gem. § 927 ZPO **§ 927** 40
- uneingeschränkte Schlüssigkeitsprüfung ZPO **§ 935** 15
- verbotene Eigenmacht ZPO **§ 940a** 12 f.
- Verschiebung o. Untersagung einer Betriebsversammlung ZPO **Vor § 935** 179
- Wegfall, nachträglicher ZPO **§ 939** 3
- wesentliche Nachteile, zur Abwendung von ZPO **§ 940** 9
  - Anspruch auf Arbeitsentgelt ZPO **§ 940** 9
- Zutritt zum Betrieb ZPO **Vor § 935** 182

Verfügungsverbote ZPO **§ 938** 27, 31
- relatives ZPO **§ 772** 1 ff.; **Vor §§ 803–804** 3

Verfügungsverfahren
- Anerkenntnis ZPO **§ 935** 25
- Anwendbarkeit der Arrestvorschriften ZPO **§ 936** 2
- Erledigung der Hauptsache ZPO **§ 935** 30 ff.
- Gebühren ZPO **§ 935** 38
- Gegenverfügung ZPO **Vor § 935** 37
- Kosten ZPO **§ 935** 24 f.
- Kostenwiderspruch ZPO **§ 935** 25
- ohne mündliche Verhandlung ZPO **§ 937** 10
- Rechtshängigkeit ZPO **§ 935** 30
- Streitgegenstand ZPO **§ 935** 2
- Streitwert ZPO **§ 935** 36 ff.
  - Weiterzahlung des Arbeitslohns ZPO **§ 935** 37
  - wettbewerbsrechtliche Unterlassungsverfügung ZPO **§ 935** 36
- u. Hauptsacheprozess ZPO **§ 935** 3
  - Schutz vor doppelter Vollstreckung ZPO **§ 935** 3

- Übergang zum ordentlichen Verfahren ZPO **§ 935** 4
- Verjährungsunterbrechung ZPO **§ 935** 27
- Vollstreckbarkeit ZPO **§ 935** 26

Vergaberecht ZPO **Vor § 935** 130
Vergleich ZPO **Vor §§ 765a–777** 17; **§ 794** 1 ff.; EuVTVO **Art. 4** 4
- Anwaltsvergleich ZPO **§ 794** 43, 44; **§ 796a–796c**; EuVTVO **Art. 4** 6
- außergerichtlicher ZPO **§ 794** 31
- Gütestellenvergleich ZPO **§ 794** 30; **§ 797a**
- Prozessvergleich ZPO **§ 794** 1 ff.
- Räumungsvergleich ZPO **§ 794a**
- Schiedsperson ZPO **§ 797** 8
- sonstige ZPO **§ 794** 30
- Unwirksamkeit ZPO **§ 796a** 10 f.
- Vollstreckbarerklärung ZPO **§ 795b**

Verhaftung des Schuldners ZPO **§ 802g** 25 ff.; **§ 802j**; **§ 933** 3
- Abwendung ZPO **§ 802g** 29
- Antrag ZPO **§ 802g** 25
- in Wohnräumen Dritter ZPO **§ 802g** 27
- wiederholte ZPO **§ 802j**
- Zuständigkeit ZPO **§ 802g** 25, 27

Verhältnismäßigkeit
- beim persönlichen Arrest ZPO **§ 918** 4
- u. eV ZPO **§ 938** 16

Verhältnismäßigkeitsgrundsatz ZPO **Einf.** 5; **Vor §§ 753–763** 6; **§ 765a** 18

Verjährung
- des Anordnungsanspruchs ZPO **§ 945** 11
- des Anspruchs auf Abmahnkosten ZPO **Anhang zu § 935 A** 38
- des Schadensersatzanspruchs (§ 945) ZPO **§ 945** 35
- Hemmung ZPO **Vor §§ 916–945b** 21; **§ 920** 10; **§ 928** 19; **§ 935** 27
- Prozesskostenhilfegesuch ZPO **§ 935** 29

Vermieterpfandrecht
- als Sicherheit für Aufhebung einer einstweiligen Verfügung ZPO **§ 939** 3
- Geltendmachung in der Räumungsvollstreckung ZPO **§ 885** 26, 34
- Klage auf vorzugsweise Befriedigung ZPO **§ 805** 8

Vermögensauskunft ZPO **§ 802c**; **§ 802d**; **§ 802e**; **§ 802f**; **§ 882c** 2
- des verhafteten Schuldners ZPO **§ 802i**
  - Teilnahme des Gläubigers ZPO **§ 802i** 4
  - Zuständigkeit ZPO **§ 802j** 3
- Eidesstattliche Versicherung ZPO **§ 802c** 7
- erneute ZPO **§ 802d**
  - Abgrenzung zur Ergänzung/Nachbesserung ZPO **§ 802d** 27, 28, 29, 30, 31, 32, 33, 34, 35, 36, 37, 38, 39, 40, 41
  - Rechtsbehelfe ZPO **§ 802d** 24
  - Verfahren ZPO **§ 802d** 19, 20, 21, 22

- Voraussetzungen ZPO § 802d 3, 4, 5, 6, 7, 8, 9, 10, 11, 12, 13, 14, 15, 16, 17, 18
- Wesentliche Veränderung der Vermögensverhältnisse ZPO § 802d 10, 11, 12, 13, 14, 15, 16, 17
- im eR ZPO § 928 8, 18; § 929 14
- Inhalt und Umfang ZPO § 802c 17 ff.
  - Forderungen ZPO § 802c 24 ff.
  - körperliche Sachen ZPO § 802c 21 ff.
  - Sonstiges ZPO § 802c 31 ff.
- Kosten und Gebühren ZPO § 802f 40
- nach Pfändungsversuch ZPO § 807
- Rechtsbehelfe ZPO § 802f 37
- Schadensersatzanspruch des Schuldners ZPO § 802f 39
- Sofortige Abnahme ZPO § 807
- Verfahren zur Abnahme ZPO § 802f 2 ff.
  - Aufhebung und Verlegung des Termins ZPO § 802f 21, 22, 23, 24, 25, 26
  - Belehrung des Schuldners ZPO § 802f 17
  - Nachbesserung ZPO § 802f 38
  - Terminfestsetzung ZPO § 802f 9 ff.
- Widerspruch gegen sofortige Abnahme ZPO § 807 20
- Zuständigkeit des Gerichtsvollziehers ZPO § 802e

Vermögensmasse ZPO Vor §§ 735–749

Vermögensrechte
- Abgrenzung zu Nichtvermögensrechten ZPO § 857 2
- Anlieferungs-Referenzmenge (MilchabgabenVO) ZPO § 857 5
- Drittschuldner ZPO § 857 9
- einzelne ZPO § 857 13 ff.
- Einziehungsrechte ZPO § 857 4
- öffentlichrechtliche Befugnisse ZPO § 857 4
- Pfändung ZPO § 857 7 ff.
- selbstständige und unselbstständige ZPO § 857 3 f.
- Verwertung ZPO § 857 12

Vermögensrechte, anderer
- Zwangsvollstreckung in ZPO § 857
  - Gebühren ZPO § 857 60

Vermögensübernahme
- Einwendung gegen Drittwiderspruchsklage ZPO § 771 43
- Klauselerteilung bei ZPO § 729 2, 6

Vermögensverzeichnis ZPO § 802k; Vor §§ 882b–882h 4; § 882c 3
- Abrufberechtigte Stellen ZPO § 802k 6, 7, 8, 9
- als elektronisches Dokument ZPO § 802d 23
- Ausdruck für Schuldner ZPO § 802f 33
- Datenschutz ZPO § 802k 14
- Ergänzung/Nachbesserung ZPO § 802d 27 ff., 41; § 802f 38
- Ergänzung/Nachbesserung nach eidesstattlicher Versicherung
  - Ergänzungshaftanordnung ZPO § 802g 24

- Errichtung ZPO § 802f 27
- Hinterlegung ZPO § 802f 34; § 802k 2
- Löschung ZPO § 802k 5
- Rechtsbehelfe ZPO § 802f 37
- Übermittlung an Gläubiger ZPO § 802d 19 ff.; § 802f 34 f.
- Verwaltung ZPO § 802k 12 ff.
- Zuständigkeit ZPO § 802k 2, 10 f.

Vermögensverzeichnisverordnung ZPO § 802k 15

Vermögenswirksame Leistungen ZPO § 850 11

Vermutete Tatsachen
- u. Glaubhaftmachung ZPO § 920 23

Verpächterpfandrecht ZPO § 805 8

Versäumnisurteil
- einstweilige Einstellung der Zwangsvollstreckung nach Einspruch ZPO § 719 6
- im Verteilungsverfahren ZPO § 881
- Präklusionswirkung ZPO § 767 34
- vollstreckbares Endurteil ZPO § 704 1
- vorläufige Vollstreckbarkeit ZPO § 708 3; § 709 6

Versäumnisverfahren
- im Widerspruchsverfahren ZPO § 925 18

Verschleiertes Arbeitseinkommen ZPO § 850h
- Anwendbarkeit zu Gunsten der Insolvenzmasse ZPO § 850h 20

Verschulden
- u. Schadensersatz ZPO § 945 1
- u. Verfügungsgrund ZPO § 935 18

Versicherungs- u. Versorgungsvorschriften ZPO § 850i 9

Versicherungsforderungen
- Vollstreckung in ZPO Anhang zu § 829 21, 22, 23, 24, 25, 26, 27, 28

Versicherungsrecht
- Einstweiliger Rechtsschutz ZPO Vor § 935 135 ff.

Versicherungsrenten
- Pfändungsschutz ZPO § 850 16

Versorgungswerk, berufsständisches ZPO § 851 2

Versorgungszusage ZPO § 894 5

Versteigerung
- beweglicher Sachen ZPO Vor §§ 808–827 1; § 814; § 816 3, 4, 5, 6, 7, 8, 9, 10, 11; § 817 , ; § 817a
- Ablieferung der Sache ZPO § 817 10
- Anderweitige Versteigerung ZPO § 817 14
- ArbGG, VwGO, AO ZPO § 817 20
- Einstellung der ZPO § 818
- Erlösempfang ZPO § 819
- Ersteigerung durch Gläubiger ZPO § 817 15 f.
- Gebot ZPO § 817 6
- Gebühren ZPO § 814 10
- Gefahrübergang ZPO § 819 4
- Internetversteigerung ZPO § 814 4 f.
- Mindestgebot ZPO § 817a
- privater Auktionator ZPO § 818 2

Stichwortverzeichnis

- Rechtsbehelfe ZPO § 817 17, 18, 19
- Versteigerungsbedingungen ZPO § 817 4
- Vorbereitung der ZPO § 817 2 f.
- Zahlung ZPO § 817 13
- Zuschlag ZPO § 817 9
- verderblicher o. schwer zu verwahrender Gegenstände ZPO § 930 6
- von Rechten und Forderungen ZPO § 844 2, 4

Versteigerungsbedingungen ZPO § 817 4

Versteigerungserlös
- Eigentumsverhältnisse am ZPO § 819 3

Versteigerungstermin
- in der Mobiliarvollstreckung ZPO § 816 1, 2; § 817 4, 6

Verstöße
- gegen § 750, Folgen ZPO § 750 44 ff.

Verstrickung
- gepfändeter Forderungen ZPO Vor §§ 803–804 2, 3, 4, 5, 6, 7, 8, 9; § 829 54, 55, 56, 57, 58, 59
- gepfändeter Sachen ZPO Vor §§ 803–804 2, 3, 4, 5, 6, 7, 8, 9; § 808 8, 9, 10, 11, 12, 13, 14
  - Beendigung ZPO Vor §§ 803–804 23, 4, 5, 6, 7, 8, 9
  - öffentliche Beschlagnahme ZPO Vor §§ 803–804 2
  - relatives Verfügungsverbot ZPO Vor §§ 803–804 3

Vertagung ZPO Vor §§ 916–945b 64; § 922 15

Verteilungsgericht ZPO § 873 1; § 879 2 f.

Verteilungsverfahren
- ArbGG, VwGO, AO ZPO Vor §§ 872–882 7
- Gebühren ZPO § 872 5
- Rechtsbehelfe ZPO § 872 4
- Teilnehmer am ZPO Vor §§ 872–882 2
- Teilungsplan ZPO § 874; § 882
- Voraussetzungen der Einleitung des ZPO § 872 1, 2, 3
- Widerspruchsklage ZPO § 878 1, 2, 3, 4, 5, 6, 7, 8, 9, 10, 11, 12, 13, 14, 15, 16, 17; § 879; § 880
  - ArbGG, VwGO, AO ZPO § 878 22
  - Bereicherungsklage ZPO § 878 18
  - Gebühren ZPO § 878 21
  - Monatsfrist ZPO § 878 8
  - Rechtsnatur ZPO § 878 2
  - Tenor ZPO § 880
  - Versäumnisurteil ZPO § 881
  - Verteidigungsmöglichkeiten des Beklagten ZPO § 878 16
  - Vorrangiges Recht ZPO § 878 9
  - Widerspruchsgründe ZPO § 878 10, 11, 12, 13, 14, 15
  - Zuständigkeit ZPO § 878 5; § 879

Vertragspfandrecht
- Drittwiderspruchsklage ZPO § 771 27
- Pfändung einer durch Vertragspfandrecht gesicherten Forderung ZPO § 829 64; § 838

Vertragsstrafe
- Verhältnis zum Ordnungsgeld ZPO § 890 18, 38

Vertragsstrafenversprechen ZPO Anhang zu § 935 B 8
- zu Gunsten eines Dritten ZPO Anhang zu § 935 B 10

Vertretbare Handlungen
- Vollstreckung wegen ZPO § 887 6 ff., 19 ff.
  - Gebühren ZPO § 887 38

Vertretbare Sachen
- Herausgabe von ZPO § 884

Verwahrung
- des Räumungsgutes ZPO § 885 29 ff.
- gepfändeter Sachen ZPO § 808 9
- Schadensersatzansprüche wegen mangelhafter ZPO Vor §§ 753–763 5

Verwaltungsgerichtliches Eilverfahren
- Amtsermittlungsgrundsatz ZPO § 920 30
- Aufhebung gegen Sicherheitsleistung (§ 939) ZPO § 939 8
- Bedeutung des eR im ZPO Vor §§ 916–945b 94
- Beschwerde nach § 146 VwGO ZPO § 924 24
- Beweislast ZPO § 920 30
- Beweismittel ZPO § 920 30
- durch Beschluss ZPO § 922 46
- einstweilige Anordnung nach § 123 VwGO ZPO § 916 17; § 917 18
- einstweilige Einstellung der Vollstreckung ZPO § 924 24
- Gericht der Hauptsache ZPO § 937 7
- Glaubhaftmachung ZPO § 920 30
- Lösungssumme ZPO § 923 10
- mündliche Verhandlung ZPO § 922 10; § 937 20
- persönlicher Arrest ZPO § 918 6
- Schadensersatz (§ 945) ZPO § 945 58
- Sicherheitsleistung ZPO § 921 10, 16
- u. Arrest ZPO § 916 17
- u. Aufhebungsverfahren (§ 926 Abs. 2) ZPO § 926 44
- u. Aufhebungsverfahren (§ 927) ZPO § 927 45
- Zuständigkeit ZPO § 937 7
- Zustellung von Amts wegen ZPO § 922 47

Verwarnung ZPO Anhang zu § 935 A 1, 21

Verweisung
- gem. § 17a Abs. 2 GVG ZPO Vor §§ 916–945b 28, 58
- gem. § 281 ZPO Vor §§ 916–945b 58; § 924 11; § 925 10

Verwertung
- andere Verwertungsart ZPO § 825 2 ff.
  - andere Art ZPO § 825 15
  - andere Person als Gerichtsvollzieher ZPO § 825 21, 22, 23, 24, 25, 26, 27
  - anderer Ort ZPO § 825 13
  - Eigentumszuweisung an bestimmte Person ZPO § 825 16, 17, 18

- Gebühren ZPO § 825 28
- bei zweckloser Pfändung ZPO § 803 7
- einer unter Eigentumsvorbehalt verkauften Sache ZPO **Anhang zu § 825**
- gepfändeter anderer Vermögensrechte ZPO § 857 12
- gepfändeter Geldforderungen ZPO § 835 1, 2; § 844 1, 2, 3, 4
- gepfändeter körperlicher Sachen ZPO **Vor § 814** 1, 2, 3, 4, 5, 6
- gepfändeter verbriefter Forderungen ZPO § 829 3; § 831 2
- Internetversteigerung ZPO § 814 4 f.
- ungetrennter Früchte ZPO § 824 2 ff.

Verwertungshindernisse ZPO § 814 8

Verwirkung der Vollstreckungsmöglichkeit ZPO § 885 3

Verzicht
- auf Aufhebungsverfahren gem. § 927 ZPO § 927 11; **Anhang zu § 935** C 5
- auf Berufung ZPO **Anhang zu § 935** C 4
- auf den titulierten Anspruch ZPO § 767 23; § 775 10; § 843 1
- auf die Rechte aus der Pfändung ZPO § 834 3, 4
- auf Einhaltung des § 750 ZPO § 750 45
- auf Fristsetzung nach § 926 Abs. 1 ZPO § 926 8, 40; **Anhang zu § 935** C 4
- auf Vollstreckungsschutz ZPO **Einf.** 11; § 765a 34; § 811 15 f.; § 829 30
- auf Widerspruchsverfahren gem. § 924 ZPO **Anhang zu § 935** C 4

Verzicht auf mündliche Verhandlung
- Antrag ZPO § 937 16
- Arrestverfahren ZPO § 937 10
- einstweiliges Verfügungsverfahren ZPO § 937 10
- im arbeitsgerichtlichen Verfahren ZPO § 937 18 f.
- im verwaltungsgerichtlichen Verfahren ZPO § 937 20
- in dringenden Fällen ZPO § 937 11
- Rechtsbehelfe ZPO § 937 15
- UWG ZPO § 937 11
- Zurückweisung ZPO § 937 13

Verzögerte Beitreibung
- Schadensersatz bei ZPO § 842

Verzugsschadensersatzanspruch ZPO **Anhang zu § 935** A 26

Vollstreckbare Ausfertigung
- allgemeiner Überblick ZPO **Vor §§ 724–734** 1, 2, 3, 4; § 724 5
- Auslieferung der V. A. an Schuldner ZPO § 757 3
- bei bedingten Leistungen ZPO § 726
  - Abgabe einer Willenserklärung ZPO § 726 16
  - Anhörung des Schuldners ZPO § 726 11
  - Beweisführung ZPO § 726 8 ff.
- Beweislast ZPO § 726 6 f.
- fehlerhafte ZPO § 726 18
- nach §§ 803-893 ZPO zu vollstreckende Titel ZPO § 726 15
- Zug-um-Zug ZPO § 726 14 ff.
- bei Firmenfortführung ZPO § 729
- bei Nacherbfolge ZPO § 728
  - Titelumschreibung ZPO § 728 2 f.
- bei Vermögensübernahme ZPO § 729
- eines außergerichtlichen Vergleichs ZPO § 797 3
- eines Gütestellenvergleichs ZPO § 797a
- Erstausfertigung ZPO § 733 4
- Erteilung einer weiteren ZPO § 733 13; § 797 4
- für und gegen Rechtsnachfolger ZPO § 727
  - Erbe ZPO § 727 5, 21, 34
  - Forderungsabtretung ZPO § 727 12
  - Forderungsübertragung ZPO § 727 7 ff.
  - Gebühren ZPO § 727 40
  - Gläubiger ZPO § 727 4, 14, 22, 28, 31, 40
  - Hoheitsakt ZPO § 727 11
  - Rechtsmittel ZPO § 727 39
  - Remboursregress ZPO § 727 8
  - Schuldner ZPO § 727 20 ff.
  - Urkunde ZPO § 727 33 ff.
  - Verfahren ZPO § 727 32
- Gebühren ZPO **Vor §§ 724–734** 16
- gerichtlicher u. notarieller Urkunden ZPO § 797 2 ff.
- Rechtsbehelfe ZPO **Vor §§ 724–734** 13 ff.
- Rückgabe an Schuldner ZPO § 757 3; **Anhang zu § 767** 6
- Testamentsvollstrecker ZPO § 728 1, 6 f.
- Titel ohne ZPO **Vor §§ 722–723** 4
- Unterhaltstitel ZPO § 724 3
- Urkunden des Jugendamtes ZPO § 797 8
- Zuständigkeit zur Erteilung der ZPO **Vor §§ 724–734** 9; § 724 9 f.; § 733 2; § 797 2, 3 ff., 8, 9

Vollstreckbare Urkunde ZPO § 794 47, 48, 49, 50, 51, 52, 53, 54, 55, 56, 57, 58, 59, 60, 61, 62, 63, 64, 65, 66, 67, 68, 69, 70, 71
- für Schiffshypothek ZPO § 800a
- gegen den jeweiligen Eigentümer ZPO § 800
  - Grundbucheintragung ZPO § 800 5
  - Unterwerfung ZPO § 800 2 f.
  - Zuständigkeit ZPO § 800 7
  - Zustellung ZPO § 800 6
- Inhalt der ZPO § 794 49, 50, 51, 52, 53, 54, 55
- Rechtsnachfolge ZPO § 799
- Schadensersatz ZPO § 799a

Vollstreckbarerklärung
- ausländischer Arreste ZPO **Vor §§ 916–945b** 89
- von Anwaltsvergleichen ZPO § 794 44; § 796a-c
- durch das Prozessgericht ZPO § 796b
- durch den Notar ZPO § 796c
- von Schiedssprüchen ZPO § 794 42
- von Vergleichen ZPO § 795b 3

2477

Vollstreckbarkeit
- des Arrestanspruchs ZPO **Vor §§ 916–945b** 45; **§ 916** 1 ff., 8
- des Verfügungsanspruchs ZPO **Vor §§ 916–945b** 45; **§ 935** 26

Vollstreckung ausländischer Entscheidungen
- Abschaffung des Vollstreckbarkeitsverfahren ZPO **Vor §§ 722–723** 11; EuVTVO **Vor** 8
- Anhörung Brüssel-I-VO **Art. 43** 7, 11
- Antrag Brüssel-I-VO **Art. 38** 9; **Art. 39**; **Art. 40** 1
- auf Zahlung eines Zwangsgeldes Brüssel-Ia-VO **Art. 55**; Brüssel-I-VO **Art. 49**
- Aussetzung Brüssel-I-VO **Art. 43** 12
- Bestimmtheit der Entscheidung Brüssel-I-VO **Art. 38** 4 ff.
- Gebühren Brüssel-I-VO **Art. 41** 9
- Gerichtliche Entscheidung Brüssel-Ia-VO **Art. 39** 6
  - Einzelfälle Brüssel-Ia-VO **Art. 39** 7 ff.
- Kostenfestsetzungsbeschluss Brüssel-Ia-VO **Art. 39** 2
- Kostenvorschuss Brüssel-Ia-VO **Art. 39** 2
- nach der Verordnung (EU) Nr. 1215/2012 ZPO **Vor §§ 1110–1117** 1 f.
- Prozessurteil Brüssel-Ia-VO **Art. 39** 2
- Streitwert Brüssel-I-VO **Art. 41** 9
- Teilvollstreckung Brüssel-I-VO **Art. 48**
- Verfahren Brüssel-Ia-VO **Art. 41**; **Art. 42**; Brüssel-I-VO **Art. 38** 11
- Vollstreckbarerklärung
  - Einstweilige Maßnahmen Brüssel-Ia-VO **Art. 40**; Brüssel-Ia-VO **Art. 47** 2 ff.
  - Rechtsbehelfe Brüssel-Ia-VO **Art. 49**; **Art. 50**; Brüssel-I-VO **Art. 44**; **Art. 45**
- Vollstreckbarkeit im Ursprungsstaat Brüssel-Ia-VO **Art. 39**; Brüssel-I-VO **Art. 38**
- Vollstreckbarkeitserklärung Brüssel-I-VO **Art. 41** 6 f.; **Art. 42** 1; **Art. 43** 4
  - Aufhebung bzw. Anpassung der AVAG **§ 27** 2 ff.
  - Rechtsbehelfe Brüssel-Ia-VO **Art. 49**; Brüssel-I-VO **Art. 43**
- Vollstreckbarkeitsverfahren Brüssel-I-VO **Vor** 7 ff.; **Art. 41** 1; **Art. 57** 4; EuVTVO **Vor** 1; **Art. 5** 1 f.
- Vollstreckbarkeitsversagungsgründe Brüssel-Ia-VO **Art. 45**; Brüssel-I-VO **Art. 41** 2
- Vollstreckungsbescheid Brüssel-Ia-VO **Art. 39** 2
- Wegfall oder Beschränkung der Vollstreckbarkeit im Ursprungsmitgliedstaat
  - Anwendbarkeit des § 775 ZPO **§ 1116** 5
  - Beibringung eines Nachweises ZPO **§ 1116** 3
  - Fortsetzung der Zwangsvollstreckung ZPO **§ 1116** 6
  - Rechtsbehelfe ZPO **§ 1116** 7
- Zivil- und Handelssache Brüssel-Ia-VO **Art. 39** 5

- Zuständigkeit Brüssel-I-VO **Art. 39**
- Zustellung Brüssel-Ia-VO **Art. 43**; Brüssel-I-VO **Art. 38** 10; **Art. 40** 3 f.

Vollstreckung im Ausland ZPO **Vor §§ 916–945b** 85 ff.; **§ 917** 9; **§ 920** 28

Vollstreckung in schuldnerfremde Sachen
- u. Schadensersatz (§ 945) ZPO **§ 945** 37

Vollstreckung zur Unzeit ZPO **§ 758a** 53 ff.

Vollstreckungsabkommen ZPO **Vor §§ 916–945b** 86

Vollstreckungsabwehrklage
- Abgrenzung zu anderen Rechtsbehelfen ZPO **§ 767** 2, 3, 4, 5, 6, 7, 8, 9, 10
- Beweislast ZPO **§ 767** 40
- gegen Europäischen Vollstreckungstitel ZPO **§ 1086**; **§ 1117** 1 ff.
  - Klage nach § 826 ZPO **§ 1117** 6
  - Präklusion ZPO **§ 1117** 4 f.
  - Zuständigkeit ZPO **§ 1117** 2 f.
- Geltendmachung von Vollstreckungsvereinbarungen ZPO **§ 766** 15; **§ 767** 27, 38 f.
- Konzentrationsgrundsatz ZPO **§ 767** 44
- materiellrechtliche Ausgleichsansprüche ZPO **§ 767** 46
- mögliche materiellrechtliche Einwendungen ZPO **§ 767** 21, 22, 23, 24, 25, 26, 27, 28, 29, 30, 31
- Präklusion ZPO **§ 767** 32, 33, 34, 35, 36, 37, 38, 46; **§ 796** 2; **§ 797** 14; **§ 797a** 3; **§ 1086** 4 ff.; AVAG **§ 12** 2; **§ 14** 2
- prozessuale Gestaltungsklage ZPO **§ 767** 12
- Rechtsnatur ZPO **§ 767** 11
- Rechtsschutzbedürfnis ZPO **§ 767** 18
- Schiedsabrede ZPO **§ 767** 16
- Sonderformen ZPO **§ 767** 47 ff.
  - Eigentümer- und Vermögensgemeinschaft ZPO **§ 744a**
  - Erbe ZPO **§ 785**
  - Gütergemeinschaft ZPO **§ 786**
  - Minderjährige ZPO **§ 786**
- Sonderregelungen nach AVAG AVAG **§ 56**
- Streitgegenstand ZPO **§ 767** 11 f.
- Tenor ZPO **§ 767** 41
- u. angeordneter Arrest ZPO **§ 924** 3
- u. Arrestvollziehung ZPO **§ 928** 21
- u. Aufhebungsverfahren gem. § 927 ZPO **§ 927** 6
- Veränderung der tatsächlichen Verhältnisse ZPO **§ 767** 26
- Zulässigkeitsvoraussetzungen ZPO **§ 767** 13, 14, 15, 16, 17, 18
- Zuständigkeit ZPO **§ 767** 14; **§ 796** 3; **§ 797** 15

Vollstreckungsabwendung ZPO **§ 839**

Vollstreckungsakt
- nachfolgender ZPO **§ 758a** 17

Vollstreckungsandrohung
- Kosten der ZPO **§ 788** 17

Vollstreckungsantrag ZPO § 750 10; § 753 1, 2, 3; § 802a 3, 4
- ArbGG, VwGO, AO ZPO § 753 10
- bei Vollstreckungsbescheiden ZPO **§ 829a**
- elektronischer ZPO § 753 3
- Form ZPO § 753 2, 3, 4
- Formularzwang ZPO § 753 3
- Inhalt ZPO § 753 5, 6
- Rechtsbehelfe gegen Ablehnung oder Nichtbeachtung des ZPO § 753 9
- Rücknahme des ZPO § 753 8

Vollstreckungsaufschub ZPO § 802b 9

Vollstreckungsauftrag ZPO § 754
- Teilauftrag ZPO § 754 18
- Überschreitung ZPO § 754 19

Vollstreckungsbeginn
- ArbGG, VwGO, AO ZPO § 751 16
- Eintritt eines Kalendertages ZPO § 751 2 ff.
- Nachweis der Sicherheitsleistung ZPO § 751 8 ff.

Vollstreckungsbescheid
- als Titel ZPO § 794 41; § 796; Brüssel-Ia-VO **Art. 2**; Brüssel-I-VO **Art. 32** 2

Vollstreckungserinnerung
- Abgrenzungen ZPO **Vor §§ 765a–777** 3; § 766 6, 7, 8, 9, 10, 11, 12
- Abhilfebefugnis ZPO § 766 30
- ArbGG, VwGO, AO ZPO § 766 3
- Begründetheit ZPO § 766 37 f.
- Beweislast ZPO § 766 34
- einstweilige Maßnahmen ZPO § 766 47
- Erinnerungsbefugnis ZPO § 766 20, 21, 22, 23, 24, 25, 26
- Gebühren ZPO § 766 43
- Insolvenzgericht ZPO § 766 28
- Kosten ZPO § 766 43
- maßgeblicher Zeitpunkt ZPO § 766 39
- rechtliches Gehör ZPO § 766 33
- Rechtskraft ZPO § 766 46
- Rechtsmittel ZPO § 766 45
- Rechtsschutzinteresse ZPO § 766 31, 36
- Tenor ZPO § 766 40
- Zulässigkeitsvoraussetzungen ZPO § 766 36
- Zuständigkeit ZPO § 766 28

Vollstreckungsgericht
- Amtsgericht ZPO § 764 1 f.; § 766 28
- Aufgabenverteilung ZPO § 764 7; § 828 3 f.
- funktionelle Zuständigkeit ZPO § 764 7
- Insolvenzgericht ZPO § 766 28
- örtliche Zuständigkeit ZPO § 764 5, 6; § 828 5, 6, 7, 8, 9
- sachliche Zuständigkeit ZPO § 764 1; § 828 1, 9
- zentrales ZPO § 802k 2, 10 f.
- Zug-um-Zug-Vollstreckung ZPO § 765

Vollstreckungsgewalt ZPO **Einf.** 5

Vollstreckungshandlung
- Begriff ZPO § 762 2
- Protokoll über ZPO § 762 3 ff.

Vollstreckungsimmunität ZPO § 829 21

Vollstreckungsklausel
- allgemeiner Überblick ZPO **Vor §§ 724–734**
- Anhörung des Schuldners ZPO § 730
- Antrag und Antragsberechtigung ZPO § 724 3, 4
- Ausnahmen ZPO § 929 3 f.
- außergerichtlicher Anwaltsvergleich ZPO § 797 3
- Berichtigung der ZPO § 725 4
- einfache Klauseln ZPO **Vor §§ 724–734** 7
- Entbehrlichkeit im Eilverfahren ZPO § 929 1 f.
- Erforderlichkeit ZPO **Vor §§ 724–734** 5; § 724 2
- FamFG-Verfahren ZPO **Vor §§ 724–734** 6; **Vor** § 935 25
- Folgen funktioneller Unzuständigkeit ZPO § 750 8
- Gebühren ZPO **Vor §§ 724–734** 16
- gerichtliche und notarielle Urkunden ZPO § 797
- Gesamtschuldner ZPO § 725 5
- Gütestellenvergleich ZPO § 797a
- Klage auf Erteilung der ZPO § 731
  - Gebühren ZPO § 731 8
  - Rechtskraft ZPO § 731 9
  - Rechtsschutzbedürfnis ZPO § 731 6
  - Zuständigkeit ZPO § 731 5
- Klage gegen ZPO § 768
- Nachweis der besonderen Voraussetzungen einer qualifizierten Klausel ZPO § 726 8, 9, 10, 11, 12; § 727 32, 33, 34, 35, 36, 37
- Notar ZPO **Vor §§ 724–734** 10
- Qualifizierte Klauseln ZPO **Vor §§ 724–734** 7; § 726 3, 4, 5; § 728; § 729
- Rechtsbehelfe im Klauselverfahren ZPO **Vor §§ 724–734 13, 14**; § 731; § 732; § 768; § 797 10 ff.; § 797a 2
- Rechtspfleger ZPO **Vor §§ 724–734** 9, 11, 13; § 724 9 f.
- Urkundsbeamter ZPO § 724 9, 10
- Urkunftsbeamter ZPO **Vor §§ 724–734** 9 ff.
- Verfahren ZPO **Vor §§ 724–734** 8
- Verfahren nach der AVAG AVAG § 4 1; § 9
- Wortlaut ZPO § 725 2
- Zuständigkeit zur Erteilung ZPO **Vor §§ 724–734** 9; § 724 9 f.
- Zustellung vor Beginn der Vollstreckung ZPO § 750 36 ff.

Vollstreckungskosten ZPO § 788 1, 6 ff.

Vollstreckungsmaßnahme ZPO § 766 6

Vollstreckungsschutz
- allgemeiner ZPO **Vor §§ 765a–777** 13; § 765a 6 ff.
- Antrag ZPO § 765a 34
- ArbGG, VwGO, AO ZPO § 765a 57
- Aufhebung ZPO § 765a 49

Stichwortverzeichnis

- bei der Räumungsvollstreckung   ZPO § 765a 38
- bei Drittbetroffenheit   ZPO § 765a 27, 33
- bei Insolvenz   ZPO § 765a 7
- besondere Umstände   ZPO § 765a 16 f.
- Eilaufschub durch Gerichtsvollzieher   ZPO § 765a 50
- einstweilige Anordnung   ZPO § 765a 42
- Entscheidung   ZPO § 765a 43
- hoheitlichen Zwecken dienende Forderung   ZPO § 829 21
- Kosten   ZPO § 765a 51
- Rechtskraft   ZPO § 765a 45
- Rechtsmittel   ZPO § 765a 46
- Rechtsschutzbedürfnis   ZPO § 765a 40
- Schutzbedürfnis des Gläubigers   ZPO § 765a 30 ff.
- sittenwidrige Härte   ZPO § 765a 18 ff.
- Teilungsversteigerung   ZPO § 765a 9
- veränderte Sachlage   ZPO § 765a 49
- Verfahren   ZPO § 765a 34 ff.
- Zeitpunkt   ZPO § 765a 36 f.
- Zuständigkeit   ZPO § 765a 35

Vollstreckungsschutzverfahren   ZPO **Vor** §§ 765a–777 29

Vollstreckungsstandschaft   ZPO **Einf.** 9; § 727 15, 18, 31; § 767 23; § 794 65

Vollstreckungstitel   ZPO **Vor** §§ 704–707 1 ff.
- Bestimmtheit   ZPO **Vor** §§ 704–707 13 ff.
- Divergenz von Tenor und Entscheidungsgründen   ZPO **Vor** §§ 704–707 19
- FamFG-Verfahren   ZPO **Vor** §§ 704–707 2
- Geltungsbereich   ZPO **Vor** §§ 704–707 22
- Geltungsdauer   ZPO **Vor** §§ 704–707 20 f.
- landesrechtliche   ZPO § 801
- nationale und internationale   ZPO **Vor** §§ 704–707 2 ff.
- Parteibezeichnung   ZPO § 750 13, 17 ff.
- Parteien des   ZPO **Vor** §§ 704–707 8 ff.
- sonstige   ZPO § 794

Vollstreckungsunterwerfung   ZPO § 794 58 ff.; § 796a 5; § 799a 5; § 800 2 ff.
- des Ehegatten   ZPO § 794 61

Vollstreckungsurteil
- zu ausländischem Titel   ZPO § 722 3 ff.; § 723 1 ff.

Vollstreckungsvereinbarung
- bei Forderungspfändung   ZPO § 829 59
- Berücksichtigung von   ZPO § 766 15; § 767 27
- u. Vollziehungsfrist   ZPO § 929 7
- Zulässigkeit von   ZPO **Einf.** 11, 12, 15; § 811 14 f.

Vollstreckungsvereitelung
- als Arrestgrund   ZPO § 917 3

Vollziehung der Eilanordnung
- an Sonn- u. Feiertagen   ZPO **Vor** §§ 916–945b 76; § 928 5
- Anfechtbarkeit   ZPO § 928 6
- Aufhebung   ZPO § 934 1 ff.
- ausländische Arrestbefehle   ZPO **Vor** §§ 916–945b 86 ff.
- dinglicher Arrest   ZPO **Vor** §§ 916–945b 71; § 930 1 ff.
- Durchführung   ZPO **Vor** §§ 916–945b 71; § 928 12 ff.
- einstweilige Einstellung   ZPO § 924 20 ff.; § 929 5
- Eintragung im Grundbuch   ZPO § 941 1 ff.
- in schuldnerfremde Sachen   ZPO § 945 37
- ohne Vollstreckungsklausel   ZPO **Vor** §§ 916–945b 74
- persönlicher Arrest   ZPO § 933 2 ff.
- Pfändung   ZPO § 930 9 ff.
- Pfändungsbeschluss   ZPO **Vor** §§ 916–945b 74; § 930 7
- Räumung   ZPO § 940a 23
- richterliche Durchsuchungsanordnung   ZPO **Vor** §§ 916–945b 76; § 928 5; § 930 2
- Sequestration   ZPO § 938 20 ff.
- u. eV   ZPO § 928 13 ff.; § 938 17, 37
- u. Schadensersatz   ZPO § 945 45 ff.
- Verhaftung des Schuldners   ZPO § 933 3
- Verzicht auf   ZPO § 945 48
- Vollstreckungsrecht, allgemeines   ZPO **Vor** §§ 916–945b 69 ff.
- Vollstreckungsrecht, besonderes der §§ 929 ff.   ZPO **Vor** §§ 916–945b 72 ff.
- Vollziehungsantrag   ZPO **Vor** §§ 916–945b 70; § 928 4
- vollziehungsfähiger Inhalt   ZPO **Vor** §§ 916–945b 70; § 928 3, 13 ff.
- Vollziehungsfrist   ZPO **Vor** §§ 916–945b 75; § 929 6 ff.
- Vollziehungsvoraussetzung   ZPO **Vor** §§ 916–945b 70
- vor Zustellung   ZPO **Vor** §§ 916–945b 74; § 929 43 ff.
  - arbeitsgerichtliches Verfahren   ZPO § 929 49
  - Beschlusstitel   ZPO § 929 46
  - Empfangsbekenntnis   ZPO § 929 45
  - Folgen der Fristversäumung   ZPO § 929 47
  - Fristwahrung   ZPO § 929 45 f.
  - Grundsatz des § 750 Abs. 1   ZPO § 929 43
  - Heilung von Zustellungsmängeln   ZPO § 929 46
  - mangelhafte Zustellung   ZPO § 929 46
  - Rechtsbehelfe   ZPO § 929 48
  - Voraussetzungen   ZPO § 929 44
- Wirkung auf Hauptsachevollstreckung   ZPO **Vor** §§ 916–945b 73
- zur Nachtzeit   ZPO **Vor** §§ 916–945b 76; § 928 5

Vollziehung einer eV   ZPO § 928 1, 13; § 938 17, 37
- Abdruck einer presserechtlichen Gegendarstellung   ZPO § 928 13

– auf Abgabe einer Willenserklärung ZPO § 928 15
– auf einmalige o. fortlaufende Geldzahlung ZPO § 928 17
– Duldungsverfügung ZPO § 928 14
– einer Unterlassungsverfügung ZPO § 928 14
– Eintragung im Grundbuch ZPO § 928 16
– Hemmung der Verjährung ZPO § 928 19
– Herausgabe einer Sache an Sequester ZPO § 928 13
– Herausgabe von Räumlichkeiten einer Gaststätte ZPO § 928 13
– Kosten ZPO § 928 23
– nach §§ 883–888 ZPO § 928 13
– Rechtsbehelfe ZPO § 928 20 ff.
– u. Vollziehungsfrist ZPO § 929 23
– Vermögensauskunft ZPO § 928 18
– Zutritt zu Räumlichkeiten ZPO § 928 13
Vollziehungsabwendung ZPO § 945 44 ff.
– bei Beschlussverfügung ZPO § 945 47 f.
– bei Unterlassungsverfügung ZPO § 945 48
– bei Urteilsverfügung ZPO § 945 47
– durch freiwillige Erfüllung ZPO § 945 45 ff.
– durch Sicherheitsleistung ZPO § 945 44
– u. Vollziehungsschaden (§ 945) ZPO § 945 44
– Zeitpunkt ZPO § 945 47 f.
Vollziehungsfrist ZPO § 922 44; § 928 2; § 929 6 ff.
– Ablauf u. Aufhebungsverfahren gem. § 927 ZPO § 927 26
– Arresthypothek ZPO § 932 6
– Beginn ZPO § 929 9
– Einhaltung bei der Arrestvollziehung ZPO § 929 20 ff.
  – bei fehlerhaften Vollstreckungsmaßnahmen ZPO § 929 22
  – mit Beginn der Vollziehungsmaßnahme ZPO § 929 21
  – mit Vorpfändung ZPO § 929 20
– Einhaltung bei der Vollziehung einer eV ZPO § 929 23 ff.
  – bei Auslandszustellungen ZPO § 929 32
  – bei Beschlussverfügungen ZPO § 929 27
  – bei Geldleistungsverfügungen ZPO § 929 33
  – bei Parteizustellung ZPO § 929 26
  – bei Regelungsverfügungen ZPO § 929 34
  – bei Unterlassungsverfügungen ZPO § 929 28 ff.
  – bei Vornahme einer best. Handlung ZPO § 929 33
  – fingierter Zustellungszeitpunkt ZPO § 929 31
  – Vollziehung ohne staatliche Vollstreckungshilfe ZPO § 929 24
– Ende ZPO § 929 16
– für die Vollziehung ZPO § 929 35
– im arbeitsgerichtlichen Beschlussverfahren ZPO § 929 6 ff., 49
– im Beschlussverfahren ZPO § 922 44

– nach Bestätigung im Rechtsbehelfsverfahren ZPO § 929 11 ff.
– nach Neuerlass ZPO § 929 40 f.
– prozessrechtliche Notfrist ZPO § 929 7
– Rechtsbehelfe des Schuldners ZPO § 929 36 ff.
– Schadensersatz bei Versäumung ZPO § 945 31
– u. Verzicht auf Vollziehung ZPO § 929 39
– u. Zustellungsmängel ZPO § 929 31
– Unterbrechung ZPO § 929 10
– Wiedereinsetzung ZPO § 929 7
Vollziehungsmaßnahme ZPO § 929 21 f.
Vollziehungsschaden ZPO § 945 14, 16 f., 32, 36 f., 39 ff.
– Abgrenzung vom Anordnungsschaden ZPO § 945 42
– Begriff ZPO § 945 39 f.
– bei Befriedigungsverfügungen ZPO § 945 39, 50
– bei Durchsetzung des Weiterbeschäftigungsanspruchs ZPO § 945 53
– bei Entbindung von der Weiterbeschäftigung ZPO § 945 53
– bei Unterlassungsverfügungen ZPO § 945 40
– bei Vollstreckung in schuldnerfremde Sachen ZPO § 945 37
– bei Vollziehungsabwendung ZPO § 945 44 ff.
– eines Dritten ZPO § 945 32, 36 f.
– entgangener Gewinn ZPO § 945 39
– Ersatz des ZPO § 945 39 ff.
– infolge Sicherheitsleistung ZPO § 945 44
– Ordnungsmittel i. S. v. § 890 ZPO § 945 39, 40, 48 f.
– prozessuale Geltendmachung ZPO § 945 50
– Schmerzensgeld ZPO § 945 32
– u. fehlende Glaubhaftmachung ZPO § 945 17
– u. fehlende Prozessvoraussetzung ZPO § 945 16
– u. fehlender Arrestgrund ZPO § 945 14
– u. freiwillige Erfüllung ZPO § 945 45 ff.
– Umfang ZPO § 945 32
– Verfahrenskosten ZPO § 945 43
– Vorteilsausgleichung ZPO § 945 32
Vorabentscheidung ZPO § 718
– Anwendung in Familienstreitsachen ZPO § 718 9
Vorabfreigabe ZPO § 850k 9 ff.
Vorauspfändung ZPO § 751 7
Vorbehalt der beschränkten Erbenhaftung
– Beschränkung der Haftung ZPO § 780 2
– Besteuerungsverfahren ZPO § 780 15
– Funktion ZPO § 780 1
– Kosten ZPO § 780 9 f.
– Mahnverfahren ZPO § 780 7
– Nachlassinsolvenz ZPO § 780 3, 5
– Rechtsbehelfe ZPO § 780 13 f.
– Schiedsverfahren ZPO § 780 11
– Tenor ZPO § 780 6
Vorbehaltseigentum
– u. Pfändungsschutz ZPO § 811 4

2481

Stichwortverzeichnis

- u. Vorzugsklage   ZPO § 805 18
- Vollstreckung des Gläubigers in eigenes   ZPO § 808 7; § 811 5 ff.

Vorbehaltsgut bei Gütergemeinschaft   ZPO § 740 1, 5

Vorbehaltsurteil
- als Titel   ZPO § 704 1
- Aufhebung im Nachverfahren   ZPO § 717 4

Vorerbe   ZPO § 728 1; § 859 22

Vorläufige Anordnungen
- Antragsablehnung   ZPO § 769 7
- AO   ZPO § 769 17
- im Urteil   ZPO § 770
  - AO   ZPO § 770 4
  - Rechtsbehelfe   ZPO § 770 3
  - Verfahren   ZPO § 770 2
- Kosten   ZPO § 769 13
- Notentscheidung   ZPO § 769 12
- Rechtsbehelfe   ZPO § 769 14 ff.
- Verfahren   ZPO § 769 2
- Zuständigkeit   ZPO § 769 3

Vorläufige Austauschpfändung
- ArbGG, VwGO, AO   ZPO § 811b 5
- Rechtsbehelfe   ZPO § 811b 4

Vorläufige Vollstreckbarkeit   ZPO § 704 2 ff.; Vor §§ 708–720a 1, 2, 3, 4, 5, 6; § 708; § 709; § 710
- Anträge zur   ZPO § 714
- arbeitsgerichtlicher Urteile   ZPO Vor §§ 708–720a 4
- Außerkrafttreten der   ZPO § 717 2 f.
  - Beachtung durch Vollstreckungsorgan   ZPO § 717 3
- Familienstreitsachen   ZPO Vor §§ 708–720a 5
- u. Verhältnis zur Abwendungsbefugnis   ZPO § 923 2
- von arbeitsgerichtlichen Urteilen im Eilverfahren   ZPO § 922 20
- von Beschlüssen im Eilverfahren   ZPO § 922 20
- Wegfall der   ZPO Vor §§ 708–720a 7; § 717
- Wirkung   ZPO Vor §§ 708–720a 6

Vorläufige Vollstreckbarkeit von Urteilen nach der EuBagatellVO   ZPO Vor §§ 1097–1109

Vormerkung   ZPO § 938 29
- Bauhandwerkersicherungshypothek   ZPO § 928 16; Vor § 935 65 ff.
- gutgläubiger Erwerb in der Zwangsvollstreckung   ZPO § 898 2
- Vollstreckung in   ZPO § 857 3
- Zuständigkeit des Amtsgerichts gem. § 942   ZPO § 942 7

Vorpfändung   ZPO § 929 20, 23; § 930 11
- bedingt pfändbare Bezüge   ZPO § 850b 7
- Durchführung   ZPO § 845 4
- Gebühren   ZPO § 845 12
- Insolvenzverfahren   ZPO § 845 10
- Kosten   ZPO § 845 12
- Rechtsbehelfe   ZPO § 845 11
- sonstige Vermögensrechte   ZPO § 857 11

- Voraussetzungen   ZPO § 845 2, 3
- Wartefrist   ZPO § 750 41
- Wirkung   ZPO § 845 6 f.
- Zustellung   ZPO § 750 41 f.; § 845 4

Vorrangiges Befriedigungsrecht   ZPO Vor §§ 765a–777 26

Vorrangiges Recht am Erlös   ZPO Vor §§ 765a–777 27

Vorratspfändung   ZPO § 751 6; § 850d 17; Brüssel-I-VO Art. 41 7

Vorteilsausgleichung
- u. Schadensersatz (§ 945)   ZPO § 945 32

Vorwegnahme der Hauptsache
- u. Befriedigungsverfügung   ZPO Vor §§ 916–945b 9

Vorwegpfändung   ZPO § 811d

Vorzugsklage
- ArbGG, VwGO, AO   ZPO § 805 25
- Begründetheit   ZPO § 805 8, 9, 10, 11, 12, 13, 14, 15, 16, 17, 18
- Beweislast   ZPO § 805 20
- Einstweilige Anordnung   ZPO § 805 22
- Einwendungen des Beklagten   ZPO § 805 19
- Gebühren   ZPO § 805 24
- Pfandrechte   ZPO § 805 8
- Rechtsnatur   ZPO § 805 2
- Rechtsschutzbedürfnis   ZPO § 805 6
- Sicherungs- und Vorbehaltseigentum   ZPO § 805 18
- Vorzugsrechte   ZPO § 805 14
- Zulässigkeit   ZPO § 805 3, 4, 5, 6
- Zuständigkeit   ZPO § 805 4

Vorzugsrechte   ZPO § 805 14
- Schicksal bei Pfändung der Hauptforderung   ZPO § 829 62; § 857 3

Vorzugsweise Befriedigung   ZPO § 805

VwGO-Änderungsgesetz, (viertes)   ZPO Vor §§ 916–945b 28

Wahl des Betriebsrats
- eR   ZPO Vor § 935 179

Wahldomizil   Brüssel-Ia-VO Art. 41 7; Brüssel-I-VO Art. 40 3 ff.

Wahrscheinlichkeit   ZPO § 935 9
- u. Glaubhaftmachung   ZPO § 920 19

Währung   ZPO Vor §§ 802a–882h 4 f.

Warenzeichenrecht (Markenrecht)   ZPO Vor § 935 116

Warenzeichenrolle   ZPO § 896 2

Wartefristen
- außerhalb der ZPO   ZPO § 750 43
- bei Anwaltsvergleichen   ZPO § 794 44
- bei der Sicherungsvollstreckung   ZPO § 750 40 ff.
- bei der Vorpfändung   ZPO § 750 41 f.
- bei einem Kostenfestsetzungsbeschluss   ZPO § 798
- bei vollstreckbaren Urkunden   ZPO § 750 42

Wechsel   ZPO § 831 2, 3, 4

Wechselrecht
- eR im ZPO Vor § 935 89

Wegfall der vorläufigen Vollstreckbarkeit
- u. Schadensersatz (§ 945) ZPO § 945 3, 45, 50

Wegnahme
- bei Herausgabevollstreckung ZPO § 883 14
- Pfändung durch ZPO § 808 11 f.
- von Geld ZPO § 815 10, 11

WEG-Sachen
- Einstweiliger Rechtsschutz ZPO Vor § 935 71
- Parteibezeichnung ZPO Vor §§ 704–707 11

Weihnachtsgeld ZPO § 850a 11

Weisungsgebundenheit des Gerichtsvollziehers ZPO Vor §§ 753–763 7

Weiterbeschäftigungsanspruch ZPO Vor § 935 153 ff.
- allgemeiner ZPO Vor § 935 153
- Entbindung vom ZPO Vor § 935 158
- im Kündigungsschutzprozess ZPO Vor § 935 156 f.
- nach § 102 Abs. 5 S. 1 BetrVG ZPO Vor § 935 157 ff.
- nach § 78a Abs. 2 BetrVG ZPO Vor § 935 157, 159
- u. Erledigungserklärung ZPO § 935 30
- u. Schadensersatz (§ 945) ZPO § 945 53
- u. Vollziehungsschaden (§ 945) ZPO § 945 53
- Verfügungsgrund ZPO Vor § 935 153 ff.
- vorläufiger ZPO § 935 30

Weitere vollstreckbare Ausfertigung ZPO § 733; § 797 4
- Gebühren ZPO § 733 13

Wertpapiere
- Börsen- oder Marktpreis ZPO § 821 3, 4, 5, 6, 7
- Inhaberschecks ZPO § 821 8
- Pfändung von ZPO § 808 9; § 821 1, 2; § 831 1, 2, 3, 4, 5
- Verwertung von ZPO § 821

Wertpapierrecht
- eR im ZPO Vor § 935 87 ff.

Wertsicherungsklausel
- und Bestimmtheit des Titels ZPO Vor §§ 704–707 19

Wettbewerbsrecht
- § 12 UWG ZPO Vor § 935 98 f.
- Abmahnung ZPO Anhang zu § 935 A 1 ff.
- Abschlusserklärung ZPO § 924 16; § 927 11; Anhang zu § 935 B 4 ff.
- Abschlussschreiben ZPO § 924 16; Anhang zu § 935 B 13 ff.
- Abschlussverfahren ZPO Anhang zu § 935 B 1 ff.
- Dringlichkeit ZPO Vor § 935 102 ff., 110
- Einstweiliger Rechtsschutz im ZPO Anhang zu § 935 Vorbem. 1
- eR im ZPO Vor § 935 98 ff.
- Kerntheorie ZPO Vor § 935 113
- Schutzschrift ZPO § 945a; § 945b 1 ff.
- Unterlassungserklärung ZPO § 935 30; Anhang zu § 935 A 4, 11; Anhang zu § 935 B 1 ff.
- Unterlassungsgebote ZPO § 938 34
- Unterlassungstitel ZPO § 890 25, 26, 27
- Unterlassungsverfügung ZPO Anhang zu § 935 Vorbem. 1; § 938 12
- Verzicht auf mündliche Verhandlung ZPO § 937 11
- Zuständigkeit ZPO Vor § 935 111 f.

Wettbewerbsverbot ZPO Vor § 935 82, 166 f.

Widerklage
- beim Arrestgericht ZPO § 919 4

Widerruf
- ehrkränkender Behauptungen ZPO § 888 13

Widerruf einer Behauptung ZPO Vor § 935 38
- pressrechtlicher ZPO Vor § 935 144

Widerspruch
- anderweitige Rechtshängigkeit ZPO § 924 5; § 927 3
- Aufhebungsverfahren ZPO § 924 4
- Begründung ZPO § 924 13
- Berechtigung ZPO § 924 8
- des besitzenden Dritten ZPO § 809 2
- durch Insolvenzverwalter ZPO § 924 8
- durch Rechtsnachfolger ZPO § 924 8
- Einlegung ZPO § 924 13
- entgegenstehende Rechtskraft ZPO § 924 5
- FamFG-Verfahren ZPO § 924 23
- Form ZPO § 924 13
- Frist ZPO § 924 14
- gegen Arrestbeschluss ZPO § 922 37; § 924 6 ff.
- gegen die Sofortabnahme der Vermögensauskunft ZPO § 807 20
- gegen erfolgte Pfändung ZPO § 777
  - Kosten ZPO § 777 10
  - Pfandrecht ZPO § 777 3, 4, 6
  - Sicherungseigentum ZPO § 777 5
  - Verfahren ZPO § 777 10
  - Voraussetzungen ZPO § 777 2, 3, 4, 5, 6, 7, 8, 9
  - Zurückbehaltungsrecht ZPO § 777 3, 7
- gegen Teilungsplan ZPO § 876 2, 3, 4
- gegen Zahlungsvereinbarung ZPO § 802b 10 f., 15 ff.
- Gegenstand des Widerspruchs ZPO § 924 12
- Kostenwiderspruch ZPO § 924 12, 16
- nachträglicher Wegfall von Arrestgrund o. Arrestanspruch ZPO § 924 4
- u. Aufhebungsverfahren gem. § 926 Abs. 2 ZPO § 926 25
- u. Aufhebungsverfahren gem. § 927 ZPO § 927 3
- Verhältnis zu anderen Rechtsbehelfen ZPO § 924 2 ff.
- Verlust des Widerspruchsrechts ZPO § 924 15
- Verwirkung ZPO § 924 15
- Vollwiderspruch ZPO § 924 12
- Wahlrecht ZPO § 924 5; § 927 3

Stichwortverzeichnis

- Wiederholung des   ZPO § 924 17
- Wirkung   ZPO § 924 19
- Zweck   ZPO § 924 6

Widerspruch gem. § 899 BGB
- Zuständigkeit des Amtsgerichts gem. § 942   ZPO § 942 7

Widerspruchsentscheidung
- Abänderung eines Arrestbefehls   ZPO § 925 15
- Anerkenntnis   ZPO § 925 13
- Anschlussberufung   ZPO § 925 19
- Aufhebung eines Arrestbefehls   ZPO § 925 13, 19
- Aufhebungsverfahren   ZPO § 925 7
- Bestätigung des Arrestbefehls   ZPO § 925 11
- Bindung an Arrestbefehl   ZPO § 925 6
- Gegenstand   ZPO § 925 5
- im arbeitsgerichtlichen Verfahren   ZPO § 925 23
- Insolvenzverfahren   ZPO § 925 11
- Kostenentscheidung   ZPO § 925 10
- Kostenmischentscheidung   ZPO § 925 18
- maßgeblicher Zeitpunkt   ZPO § 925 6
- Rechtsmittel   ZPO § 925 16 ff.
- Sicherheitsleistung   ZPO § 925 11 f.
- u. Erledigungserklärung   ZPO § 925 8
- u. eV   ZPO § 925 20
- Vollstreckbarkeitsentscheidung   ZPO § 925 10
- Vollziehungsaufhebung   ZPO § 925 14
- von Anfang an ungerechtfertigt   ZPO § 925 7
- Wirkung   ZPO § 925 14

Widerspruchsklage
- gegen Teilungsplan   ZPO § 878 1, 2, 3, 4, 5, 6, 7, 8, 9, 10, 11, 12, 13, 14, 15, 16, 17
  - Urteilstenor   ZPO § 880
  - Versäumnisurteil   ZPO § 881
  - Zuständigkeit   ZPO § 879

Widerspruchsverfahren   ZPO § 924 6; § 925 1; § 938 29
- Anerkenntnis   ZPO § 924 12
- Antragsänderung   ZPO § 925 11
- Anwaltszwang   ZPO § 924 13
- arbeitsgerichtliches Verfahren   ZPO § 924 24; § 925 23
- einstweilige Einstellung der Vollstreckung   ZPO § 924 24
- einstweiliges Verfügungsverfahren   ZPO § 924 21
  - Entscheidung   ZPO § 925 6, 10
  - eV durch Beschluss   ZPO § 924 21
  - fehlerhafte   ZPO § 925 17
  - Inhalt der   ZPO § 925 10
  - Kostenentscheidung   ZPO § 925 10
  - Unterlassungs- u. Geldleistungsverfügung   ZPO § 924 22
  - unzulässiger Widerspruch   ZPO § 925 10
  - Vollstreckbarkeitsentscheidung   ZPO § 925 10
  - Wirkung der   ZPO § 925 10
  - Zeitpunkt der   ZPO § 925 6
- FamFG-Verfahren   ZPO § 924 23

- Gebühren   ZPO § 925 27 f.
- Gegenstand des   ZPO § 925 5
- Glaubhaftmachung   ZPO § 925 4
- Hauptsacheentscheidung   ZPO § 925 10
- im verwaltungsgerichtlichen Verfahren   ZPO § 924 24; § 925 23
- mündliche Verhandlung   ZPO § 925 1 f.
- Nachschieben o. Austauschen eines Arrestanspruchs   ZPO § 925 9, 11
- nachträglich eingetretene Umstände   ZPO § 925 7
- Parteien   ZPO § 925 1
- Rechtsmittel   ZPO § 925 16 ff.
- Rücknahme des   ZPO § 924 17
- sozialgerichtliches Verfahren   ZPO § 924 24; § 925 23
- u. Aufhebungsverfahren   ZPO § 924 4; § 925 7; § 927 3
- unzuständiges Gericht   ZPO § 924 11; § 925 10, 13
- Verzicht   ZPO § 924 12, 16
- Zuständigkeit   ZPO § 924 9 f.

Widerstand   ZPO § 759
- bei Vollstreckung   ZPO § 759 2

Widerstand des Schuldners
- bei Vollstreckung   ZPO § 759 2
- gegen Vornahme einer zu duldenden Handlung   ZPO § 892

Widerstand des Schuldners gegen Vollstreckung   ZPO § 758 8, 13

Wiederaufnahmeklage
- Einstellung der Zwangsvollstreckung   ZPO § 707 1

Wiedereinsetzung
- Einstellung der Zwangsvollstreckung   ZPO § 707 1

Wiederholte Vollstreckung
- Besitzeinweisung
- bei brachliegenden Grundstücken   ZPO § 885 12

Wiederholungsgefahr   ZPO **Vor** § 935 108 f.; **Anhang zu § 935 A** 9; **Anhang zu § 935 B** 1

Wiederkehrende Leistungen
- Vollziehungsfrist   ZPO § 929 25 f.

Willenserklärung, Abgabe einer   ZPO § 938 36
- Eintragung im Grundbuch, Schiffsregister oder Schiffsbauregister   ZPO § 895
- im Klauselverfahren   ZPO § 726 16
- u. Anwaltsvergleich   ZPO § 796a 7
- u. eV   ZPO § 928 15
- u. vollstreckbare Urkunde   ZPO § 794 51
- Vollstreckung des Anspruchs auf Abgabe   ZPO § 888 5; § 889 1; § 894 5 ff.; § 895

Witwen- u. Waisenrenten
- bedingte Pfändbarkeit   ZPO § 850b 16

Wohnbedarf
- angemessene Aufwendungen für   ZPO § 850f 6

Wohngeld

– Zusammenrechnung mit Arbeitseinkommen ZPO § 850e 9

Wohngemeinschaft
– Räumungsvollstreckung ZPO § 885 13, 23
– Wohnungsdurchsuchung ZPO § 758 9

Wohnraumbegriff ZPO § 940a 4

Wohnraummietverhältnis
– u. Anwaltsvergleich ZPO § 796a 9
– u. vollstreckbare Urkunde ZPO § 794 53

Wohnung ZPO § 758 3; § 758a 5

Wohnungsdurchsuchung ZPO § 758 3; § 758a 10, 11, 12; § 806a 2; § 807 14 f.

Wohnungseigentum
– Sondernutzungsrecht, Vollstreckung in ZPO § 851 3
– Vollstreckung in ZPO § 864 9

Wohnungseigentümergemeinschaft
– als Partei der Zwangsvollstreckung ZPO **Vor** §§ 735, 736 9 f.; **Vor** §§ 704–707 11
– Bezeichnung im Titel ZPO **Vor** §§ 704–707 11; § 750 13
– Eintragung einer Zwangshypothek zu Gunsten ZPO § 867 10

Wohnungseigentumsverfahren
– einstw. Rechtsschutz im ZPO **Vor** § 935 71

Wohnungsgrundbuch ZPO § 896 2

Wohnungsrechte
– Pfändung ZPO § 857 36

Wörtliches Angebot ZPO § 756 2, 6 ff.

Zahlkind ZPO § 850d 24

Zählkind ZPO § 850d 24

Zahlung ZPO § 817 13

Zahlungsaufforderung
– Kosten der ZPO § 788 17

Zahlungsvereinbarung ZPO § 802b 5 ff.; § 882c 4
– ArbGG, VwGO, AO ZPO § 802b 19
– Erinnerung ZPO § 802b 17
– Ermächtigung des Gerichtsvollziehers ZPO § 754 5
– Widerspruch des Gläubigers ZPO § 802b 15 f.

Zahlungsvereinbarungen
– Ermächtigung des Gerichtsvollziehers ZPO § 754 2

Zeugen
– Hinzuziehung bei Vollstreckungshandlungen ZPO § 759 1 ff.

Zeugniserteilung
– Durchsetzung des Anspruchs auf ZPO § 888 8

Zinsen
– Pfändung ZPO § 829 62

Zivil- und Handelssachen
– Ausführung zwischenstaatlicher Anerkennungs- und Vollstreckungsverträge in AVAG **Vor** 1 ff.
– Erledigung AVAG § 8 12
– Gebühren und Streitwert AVAG § 8 14
– Kosten AVAG § 8 8 ff.
– Rücknahme AVAG § 8 13
– Teilexequatur AVAG § 1 6

– Umrechnung AVAG § 8 5
– Verfahren AVAG § 6 2
– Zuständigkeit AVAG § 3 2 ff.

Zubehör
– Vollstreckung in Grundstückszubehör ZPO § 865 3, 4, 5

Zugang der Abmahnung ZPO **Anhang zu § 935 A** 14 ff.

Zugewinnausgleich ZPO § 916 13

Zugewinngemeinschaft ZPO § 739 3

Zug-um-Zug-Leistung
– Abgabe einer Willenserklärung ZPO § 726 16; § 894 9
– Angebot durch Gerichtsvollzieher ZPO § 756 6 ff.
– Annahmeverweigerung des Schuldners ZPO § 756 8
– ArbGG, VwGO ZPO § 756 26; § 765 7
– Klauselerteilung ZPO § 726 15, 16, 17; § 894 9
– Nachweis der Befriedigung ZPO § 756 17 f.; § 765 3 ff.
– Nachweis des Annahmeverzuges ZPO § 756 19; § 765 3
– Nachweis einer Vollstreckungsmaßnahme des Gerichtsvollziehers ZPO § 765 5
– Rechtsbehelfe ZPO § 756 24 f.; § 765 6

Zulässigkeit des Gesuchs ZPO **Vor** §§ 916–945b 23 ff.
– anderweitige Rechtshängigkeit ZPO **Vor** §§ 916–945b 32 f.
– Arrest-/Verfügungsgrund ZPO **Vor** §§ 916–945b 40; § 917 1
– deutsche Gerichtsbarkeit ZPO **Vor** §§ 916–945b 27
– Einrede der Ausländersicherheit ZPO **Vor** §§ 916–945b 37
– Einrede der Kostenerstattung ZPO **Vor** §§ 916–945b 38
– Einrede des Schiedsvertrages ZPO **Vor** §§ 916–945b 35
– entgegenstehende Rechtskraft ZPO **Vor** §§ 916–945b 31; § 922 43 f.
– ordnungsgemäßes Gesuch ZPO **Vor** §§ 916–945b 25; § 917 2, 5 f.
– Parteifähigkeit ZPO **Vor** §§ 916–945b 30
– Postulationsfähigkeit ZPO **Vor** §§ 916–945b 30
– Prozessfähigkeit ZPO **Vor** §§ 916–945b 30
– Prozessführungsbefugnis ZPO **Vor** §§ 916–945b 30
– Rechtsschutzbedürfnis ZPO **Vor** §§ 916–945b 39
– Rechtsweg ZPO **Vor** §§ 916–945b 28
– u. Schadensersatz (§ 945) ZPO § 945 16
– Zuständigkeit
– örtliche ZPO **Vor** §§ 916–945b 29
– sachliche ZPO **Vor** §§ 916–945b 29

Zurückbehaltungsrecht
– Allgemeines ZPO § 805 14

Stichwortverzeichnis

– Geltendmachung in der Zwangsvollstreckung ZPO § 767 22
– Kaufmännisches ZPO § 805 14
Zurückverweisung
– im Rechtsmittelverfahren des eR ZPO **Vor §§ 916–945b** 65
Zurückweisung als verspätet ZPO § 922 15
Zurückweisung des Gesuchs
– ohne mündliche Verhandlung ZPO § 922 7, 36, 40; § 937 13
Zuschlag
– in der Mobiliarversteigerung ZPO § 817 9
Zuschlagsbeschluss
– als Vollstreckungstitel ZPO **Vor §§ 704–707** 1; § 721 1
Zuständigkeit
– als Zulässigkeitsvoraussetzung ZPO **Vor §§ 916–945b** 29
– bei negativer Feststellungsklage ZPO § 937 5
– des Amtsgerichts der belegenen Sache ZPO § 919 12 ff.; § 937 6; § 942 1 ff.
– des Gerichts der Hauptsache ZPO § 937 6
– FamFG-Verfahren ZPO § 919 16; § 937 7; § 942 24; § 943 9; § 944 6
 – Einstweilige Anordnung ZPO **Vor § 935** 18
– im arbeitsgerichtlichen Eilverfahren ZPO § 937 7; § 942 24
– im Aufhebungsverfahren gem. § 926 Abs. 2 ZPO § 926 27
– im Aufhebungsverfahren gem. § 927 ZPO § 927 14
– im Rechtfertigungsverfahren ZPO § 942 14
– im Schadensersatzprozess ZPO § 945 50
– im sozialgerichtlichen Eilverfahren ZPO § 937 7
– im verwaltungsgerichtlichen Eilverfahren ZPO § 937 7
– im Widerspruchsverfahren ZPO § 924 9
– internationale ZPO **Vor §§ 916–945b** 85; § 919 3
– örtliche ZPO **Vor §§ 916–945b** 29
– sachliche ZPO **Vor §§ 916–945b** 29
– u. eR nach UWG ZPO **Vor § 935** 111
– zur Fristsetzung gem. § 926 Abs. 1 ZPO § 926 12
Zuständigkeit nach EuUnterhaltsVO EuUnterhaltsVO **Vor** 6 ff.
Zustellung
– Adressat der ZPO § 750 33
– ArbGG, VwGO, AO ZPO § 750 48
– bei der Sicherungsvollstreckung ZPO § 750 40
– bei Pfändung eines Gesellschaftsanteils ZPO § 859 2
– bei Vorpfändung ZPO § 845 4
– der Entscheidung ZPO § 922 29 ff.
– der Vollstreckungsklausel ZPO § 720a 3; § 750 38 ff.
– des Nachweises bei Leistung Zug um Zug ZPO § 756 21

– des Pfändungs- und Überweisungsbeschlusses ZPO § 829 45, 46, 47, 48
– des Titels ZPO § 720a 3; § 750 26 ff.
– im Ausland ZPO § 922 31
– nach der EuVTVO EuVTVO **Art. 13**; **Art. 14**; **Art. 15**; **Art. 18**; **Art. 19**
– Parteizustellung ZPO § 929 26 ff.
– Rechtsbehelfe bei Verstößen ZPO § 750 46
– Sinn ZPO § 750 26
– u. Schutzschrift ZPO § 945a; § 945b 10
– u. Vollziehung ZPO § 929 9
– Verzicht auf die Einhaltung ZPO § 750 45
– von Unterlassungsverfügungen ZPO § 750 30
– Zustellfehler im grenzüberschreitenden Verfahren EuVTVO **Art. 14** 1
– Zustellungsmängel, Heilung ZPO § 750 47
– Zustellungsmangel, Heilung ZPO § 922 31; § 929 31 f.
Zutrittsrecht
– eines Betriebsratsmitglieds ZPO **Vor § 935** 183
– von Gewerkschaftsbeauftragten ZPO **Vor § 935** 182
Zwangsbefugnisse des Gerichtsvollziehers ZPO § 758 1, 2, 3, 4, 5, 6, 7, 8, 9, 10
Zwangsgeld ZPO § 888 32, 43
Zwangsgeldbeschluss EuVTVO **Art. 4** 3
Zwangshaft ZPO § 888 33, 45
– und Haftentschädigung ZPO § 888 47
Zwangshypothek ZPO **Vor §§ 864–871** 7; § 866 1, 6, 7, 8; § 867; § 868 1, 2, 3, 4, 5, 6
– Abgabenvollstreckung ZPO § 867 26
– Akzessorietät ZPO § 867 18
– Belastung mehrerer Grundstücke ZPO § 867 22
– Berichtigung des Grundbuchs ZPO § 868 7
– Buchhypothek ZPO § 867 17
– Eintragung ZPO § 867
– Eintragung für Zinsen ZPO § 866 2
– Gutgläubiger Erwerb ZPO § 867 19
– Heilung ZPO § 867 20
– Mindestbetrag ZPO § 866 6
– Nachträgliche Unwirksamkeit ZPO § 867 21
– Rangwahrende Zwischenverfügung ZPO § 867 9
– Rechtsbehelfe ZPO § 867 28, 29, 30, 31
– Reihenfolge der Bearbeitung ZPO § 867 8
– Sicherheitsleistung ZPO § 867 1
– Umwandlung in Eigentümergrundschuld ZPO § 868 2
– Verfahrenskostenhilfe ZPO § 867 32
Zwangslizenz im Urheberrecht ZPO **Vor § 935** 123
Zwangsmittel ZPO § 888 30 ff.
Zwangsversteigerung ZPO § 866 3; § 867 25, 26, 27; § 869
– bei Nießbrauch an einem Grundstück ZPO **Vor §§ 737, 738** 4
– Verbot der zwecklosen Pfändung ZPO § 803 9
– Vollstreckungsgericht ZPO § 764 5 ff.

2486